Heidelberger Kommentar

DS-GVO/BDSG
Datenschutz-Grundverordnung
Bundesdatenschutzgesetz

Herausgegeben von

Prof. Dr. Rolf Schwartmann

Andreas Jaspers

Prof. Dr. Gregor Thüsing

Prof. Dr. Dieter Kugelmann

Bearbeitet von

Michael Atzert
Antonia Buchmann
Lucia Burkhardt
Miriam Claus
Lars Dietze
Levent Ferik, LL.M.
Prof. Dr. Lorenz Franck
Prof. Dr. Dieter Frey, LL.M. (Brügge)
Prof. Klaus Gennen
Maximilian Hermann
Felix Hilgert, LL.M.
Rolf Hünermann
Dr. Tobias Jacquemain, LL.M.
Andreas Jaspers
Prof. Dr. Tobias O. Keber
Dr. Lutz Martin Keppeler
Dr. David Klein, LL.M. (Washington)
Sascha Kremer
Prof. Dr. Dieter Kugelmann
Sabine Leutheusser-Schnarrenberger

Prof. Dr. Mario Martini
Robin L. Mühlenbeck
Thomas Müthlein
Prof. Dr. Heinz-Joachim Pabst
Fritz-Ulli Pieper, LL.M.
Yvette Reif, LL.M.
Dr. Philipp Richter
Steve Ritter
Sebastian Rombey
Sandra Römer
Maria Christina Rost
Dr. Matthias Rudolph
Dr. Maximilian Schmidt
Adrian Schneider
Prof. Dr. Rolf Schwartmann
Prof. Dr. Margrit Seckelmann
Prof. Dr. Gregor Thüsing, LL.M. (Harvard)
Dr. Johannes Traut
Steffen Weiß
Tim Wybitul

2., neu bearbeitete Auflage 2020

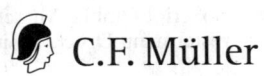

Bibliografische Information der Deutschen Nationalbibliothek

Die Deutsche Nationalbibliothek verzeichnet diese Publikation in der Deutschen Nationalbibliografie; detaillierte bibliografische Daten sind im Internet über <http://dnb.d-nb.de> abrufbar.

ISBN 978-3-8114-5565-8

E-Mail: kundenservice@cfmueller.de

Telefon: +49 89 2183 7923
Telefax: +49 89 2183 7620

www.cfmueller.de

© 2020 C.F. Müller, Waldhofer Straße 100, 69123 Heidelberg

Dieses Werk, einschließlich aller seiner Teile, ist urheberrechtlich geschützt. Jede Verwertung außerhalb der engen Grenzen des Urheberrechtsgesetzes ist ohne Zustimmung des Verlages unzulässig und strafbar. Dies gilt insbesondere für Vervielfältigungen, Übersetzungen, Mikroverfilmungen und die Einspeicherung und Verarbeitung in elektronischen Systemen.

Satz: TypoScript GmbH, München
Druck: Westermann Druck, Zwickau

Vorwort zur 2. Auflage

Die zweite Auflage des Heidelberger Kommentars zur Datenschutz-Grundverordnung und zum Bundesdatenschutzgesetz legen wir gut zwei Jahre nach dem Erscheinen der Erstauflage im Mai 2018 und damit zugleich nach zwei Jahren Wirksamkeit der DS-GVO vor. In dieser Zeit haben sich Rechtsprechung, Aufsichtspraxis und Schrifttum zum Datenschutzrecht rasant entwickelt. Einige der Fragen, die sich vor zwei Jahren gestellt haben und am „grünen Tisch" beantwortet werden mussten, sind mittlerweile gerichtlich entschieden oder durch Aufsichtspraxis unterlegt. Die Entscheidungen des Europäischen Gerichtshofs insbesondere zur gemeinsamen Verantwortlichkeit und zur Form der Einwilligung für Online-Geschäfte sind einerseits Marksteine, andererseits fällt die Umsetzung in der Praxis der Wirtschaft schwer. Aufsichtsbehörden sind bislang in Einzelfällen dazu übergegangen, äußerst empfindliche Bußgelder zu verhängen, deren rechtliche Belastbarkeit teils noch aktuell überprüft wird. Die Ergebnisse dürften Einfluss auf die rechtliche Bewertung der Bußgeldberechnungsmodelle der Datenschutzkonferenz haben. Die Instanzgerichte entscheiden noch sehr unterschiedlich und Betroffene und Verantwortliche warten ebenso auf Klärung wie die Aufsichtsbehörden. Aktuell wird das europäische Datenschutzrecht evaluiert und es erhält weitere Impulse. Das Abschlussgutachten der Datenethikkommission von 2019 hat einen Fokus auf die Kontrolle algorithmischer Systeme beim Einsatz „künstlicher Intelligenz" gelegt und Empfehlungen zu deren Einsatz in der Wirtschaft gegeben. Zugleich hat sie sich für neue Modelle des Einwilligungsmanagements bis hin zu Datentreuhandmodellen ausgesprochen. Zusammenschlüsse aus Angehörigen von Wirtschaft und Aufsicht ergreifen Initiativen, etwa bei der Entwicklung eines Codes of Conduct zur Pseudonymisierung. Die Neuauflage fällt zeitlich in die „Corona-Krise", unter der die Wirtschaft in Europa erheblich leidet und die zugleich mit exponentiell wachsender Verarbeitung insbesondere digitaler Daten einhergeht, denkt man an den Einsatz von Videokonferenzsystemen oder Apps und anderer technischer Mittel zur Bekämpfung der Pandemie.

Was muss der Heidelberger Kommentar zur DS-GVO und zum BDSG im Juli 2020 leisten? Er hat zunächst die Aufgabe, klare Einordnungen des komplexen Rechtsstandes zwischen europäischem und nationalem Recht vorzunehmen. Zugleich soll er in der von vielen – auch rechtlichen – Unsicherheiten geprägten Zeit Impulse für einen sicheren und angemessenen Umgang mit den datenschutzrechtlichen Pflichten geben. In Zeiten schnell steigender Datenverarbeitungen muss ein Weg gefunden werden, der den Betroffenen einen effektiven Schutz ihrer Rechtspositionen gewährt und Verantwortlichen datenschutzkonform Spielraum für ihre datenbasierten und zunehmend datengetriebenen Geschäftsmodelle lässt. Der Kommentar soll insbesondere Rechtsprechung, Datenschutzaufsicht, Betroffenen und Verantwortlichen in der Wirtschaft Lösungen anbieten, die Datenschutz und unternehmerische Freiheiten in ein angemessenes und zugleich in der unternehmerischen Praxis abbildbares Verhältnis setzen.

Die Kommentierung befindet sich auf dem Stand von Juli 2020 und war wegen der dynamischen Entwicklungen im Datenschutzrecht an vielen Stellen grundlegend zu überarbeiten und zu ergänzen. Die Kommentierungen wurden auch unter Hinzu-

Vorwort zur 2. Auflage

nahme neuer Mitwirkender sowohl bei der DS-GVO als auch beim BDSG teilweise deutlich ausgebaut. Der Umfang des Kommentars ist um rund 400 Seiten und damit etwa um ein Viertel angewachsen. Neben den zahlreichen Neuerungen war es uns wichtig, im gebotenen Umfang auf die rechtlichen Anforderungen der Corona-Pandemie und deren Zusammenspiel mit dem Pandemie- und Infektionsrecht eingehen zu können.

In formaler Hinsicht hat der Verlag dem Wunsch der Herausgeber Rechnung getragen, die Kommentierung des BDSG optisch hervorzuheben, um die unterschiedlichen Rechtsquellen besser unterscheidbar zu machen. Da sich das BDSG in die von den Öffnungsklauseln der DS-GVO geöffneten Spielräume innerstaatlichen Rechts setzt, haben wir den bewährten Ansatz der „eingeschobenen" Kommentierung des BDSG beibehalten. So kann das Zusammenspiel des europäischen und nationalen Rechts angemessen aufgegriffen und kohärent dargestellt werden.

Die Herausgeber danken allen Autorinnen und Autoren herzlich für den engagierten und disziplinierten Einsatz bei der Erstellung der Neuauflage und dem C.F. Müller Verlag für das Lektorat. Besonderer Dank gilt Frau Lucia Burkhardt sowie den Herren Robin Mühlenbeck und David Merten von der Kölner Forschungsstelle für Medienrecht für die umsichtige und sorgfältige Unterstützung bei der Umsetzung der komplexen redaktionellen Details der kombinierten Kommentierung von DS-GVO und BDSG.

Köln, Bonn und Mainz im Juli 2020

Rolf Schwartmann
Andreas Jaspers
Gregor Thüsing
Dieter Kugelmann

Vorwort zur 1. Auflage

Die EU-Datenschutz-Grundverordnung (DS-GVO) schafft mit Wirkung zum 25.5.2018 ein in weiten Teilen einheitliches und in allen Mitgliedstaaten der Europäischen Union unmittelbar anwendbares Datenschutzrecht. Es enthält substantielle Änderungen, namentlich etwa mit Blick auf umfangreiche Betroffenenrechte, eine völlige Neuausrichtung der Datenschutzaufsicht und die deutlich erweiterte Möglichkeit, hohe Bußgelder von bis zu 4 Prozent des Vorjahresumsatzes der Unternehmen zu verhängen. Neben den harmonisierten Regelungen werden bestimmte Bereiche, wie zum Beispiel der Beschäftigtendatenschutz, die Zulässigkeit der Datenverarbeitung der öffentlichen Stellen und eine Reihe weiterer Bereiche in unterschiedlichem Ausmaß den Gesetzgebern der Mitgliedstaaten zur Regelung überlassen.

Mit diesem Werk legen wir eine Kommentierung sowohl des europäischen als auch des deutschen bundesrechtlichen Datenschutzrechts im BDSG von 2017 vor, sofern es die Datenschutz-Grundverordnung betrifft. Die Einschränkung bezieht sich auf die Teile 3 und 4 des BDSG (2017), die keine Relevanz für private Stellen besitzen, weil sie Datenverarbeitungen zwischen Behörden betreffen. Der Teil 3 des BDSG betrifft nicht die DS-GVO, sondern setzt die Richtlinie (EU) 2016/680 zum Datenschutz für Justiz und Polizeibehörden um. Die Kommentierung der im Kontext der DS-GVO nicht einschlägigen Normen nur im Sinne der Vollständigkeit erschien uns als nicht notwendig.

Der Fokus dieses Heidelberger Kommentars liegt ganz in der Tradition dieser Reihe auf den Anforderungen der unternehmerischen und behördlichen Praxis.

Das Werk enthält dem Grunde nach gleichrangige Kommentierungen von DS-GVO und BDSG, wobei die Ausführungen zum BDSG in diejenigen zur DS-GVO integriert sind. Auf diese Weise kann den der DS-GVO nur „zugeordneten" und die Lücken der DS-GVO füllenden Normen im nationalen Recht systematisch und im Wege der Darstellung Rechnung getragen werden.

Weil der Anwendungsbereich des BDSG im Rahmen der Öffnungsklauseln im Verhältnis zur DS-GVO zumindest grundsätzlich gering ist, nimmt die Kommentierung der Grundverordnung naturgemäß den weitaus größeren Teil ein. Wo es uns angebracht erschien, insbesondere beim europarechtlich nicht geregelten Beschäftigtendatenschutz, aber auch in wichtigen Praxisbereichen wie der Videoüberwachung sind das BDSG und sein Verhältnis zur DS-GVO eingehend kommentiert. An anderen Stellen war es ausreichend, die Normen des BDSG, immer unter Berücksichtigung ihrer Bedeutung, weniger eingehend zu bearbeiten.

Die Kommentierungen folgen grundsätzlich jeweils demselben Aufbau. Nach einer normspezifischen Literaturübersicht erfolgt zunächst jeweils eine Einordnung der Normen mit Blick auf ihre Hintergründe und die zugehörigen Erwägungsgründe. An die eigentliche Kommentierung der Vorschriften schließen sich, soweit geboten, Praxishinweise an. Hier wird zwischen der Relevanz für öffentliche Stellen, für nichtöffentliche Stellen sowie für betroffene Personen und Aufsichtsbehörden differenziert.

Vorwort zur 1. Auflage

Auf diese Weise können die Interessen unterschiedlicher Herkunft unmittelbar und gezielt adressiert werden.

Wo die Normen der DS-GVO – insbesondere in deren Art. 6 – in ihren Untergliederungen unterschiedliche Bereiche regeln und zudem durch Vorschriften des BDSG ergänzt werden, sind hier einzelne Absätze innerhalb der Vorschrift unterschiedlichen Bearbeitern zugewiesen.

Die Mitwirkenden am Kommentar sind im Wesentlichen Praktiker, insbesondere im Datenschutz spezialisierte Rechtsanwälte und Vertreter der Datenschutzaufsicht sowie praxisorientierte Wissenschaftler. Eine Besonderheit des Kommentars liegt darin, dass er sowohl mit Blick auf die Herausgeberschaft als auch bei der Auswahl der Autorinnen und Autoren die beiden Pole der Wirtschaft und Aufsicht miteinander vereint. Wir haben die Verantwortlichkeiten der Herausgeber im Wesentlichen so zugewiesen, dass *Rolf Schwartmann* die Kapitel zur Zulässigkeit der Datenverarbeitung, den Betroffenenrechten, den Beschränkungen sowie die Vorschriften zu Verhaltensregeln und Zertifizierungen und zu den Rechtsbehelfen und Sanktionen betreut. *Andreas Jaspers* hat sich der Vorschriften zum organisatorischen Datenschutz sowie zum Verantwortlichen und zur Auftragsverarbeitung sowie zum Datenschutzbeauftragten angenommen. Die Vorschriften des Beschäftigtendatenschutzes und des kirchlichen Datenschutzes unterstehen der Herausgeberschaft von *Gregor Thüsing*. Die Normen über die Aufsicht wurden unter der Verantwortung von *Dieter Kugelmann* kommentiert.

Der Zeitpunkt des Erscheinens der Kommentierung ist mit Bedacht gewählt. Er fällt im Wesentlichen mit der Anwendbarkeit der bereits seit 25.5.2016 geltenden DS-GVO am 25.5.2018 zusammen. Alle an der Kommentierung Beteiligten waren in den zurückliegenden beiden Jahren – sei es in der unternehmerischen und anwaltlichen Praxis oder in der Aufsicht – intensiv mit der Vorbereitung der Umstellung des Datenschutzrechts nach DS-GVO und seit Sommer 2017 auch nach dem neuen BDSG befasst. In dieser Zeit konnten zahlreiche Konstellationen und deren mögliche Lösung im Hinblick auf das neue Datenschutzrecht durchdacht und erörtert werden. Zugleich konnten die umfangreich erschienene Literatur und die auf deutscher und europäischer Ebene entwickelten Arbeitshilfen bis in den März 2018 hinein berücksichtigt werden.

Die Herausgeber danken allen Autorinnen und Autoren, die an dem Werk mitgewirkt haben. Frau stud. iur. Luisa Kleinen und Herrn stud. iur. David Merten danken wir für die wertvolle Unterstützung bei der Endredaktion. Für die konstruktive Betreuung des Werkes bedanken wir uns beim Verlag.

Köln, Bonn und Mainz im März 2018

Rolf Schwartmann
Andreas Jaspers
Gregor Thüsing
Dieter Kugelmann

Nutzungshinweis zur Zuordnung DS-GVO und BDSG

Die Datenschutz-Grundverordnung ist ein europäischer Rechtsakt, den Art. 288 AEUV nicht nennt. Formal betrachtet, handelt es sich dabei zwar um eine Verordnung (Regulation), wie es sich aus Art. 99 Abs. 1 DS-GVO klar ergibt. Bei der amtlichen Kurzbezeichnung formuliert der europäische Rechtsgeber aber einerseits unschärfer und andererseits präziser. Hier wird nämlich die Bezeichnung Datenschutz-Grundverordnung, DS-GVO (General Data Protection Regulation, GDPR), eingeführt. Inhaltlich enthält die Verordnung in der Tat zahlreiche Öffnungsklauseln, die unter den dort genannten Voraussetzungen Sonderwege eröffnen. Das führt im Ergebnis dazu, dass der Kundendatenschutz faktisch weitgehend harmonisiert ist, der Beschäftigtendatenschutz hingegen über die umfassende Öffnungsklausel des Art. 88 DS-GVO in den Mitgliedstaaten vom Grundsatz her speziell geregelt werden muss. Gerade im Beschäftigtendatenschutz wird deutlich, dass die Mitgliedstaaten jedenfalls teilweise auch nicht auf die Nutzung der Öffnungsklauseln verzichten können. Für die Konsistenz und Einheitlichkeit des Rechts ist das ein Problem, gleichwohl ist es den Notwendigkeiten einer Harmonisierung in einem Bereich geschuldet, die sich bei der Komplexität des Regelungsgegenstandes nicht starr vollziehen lässt.

Wir haben uns in dieser Kommentierung wegen des besonderen Zusammenspiels von DS-GVO und dem die Öffnungsklauseln ausfüllenden mitgliedstaatlichen Recht in der Systematik der Darstellung für eine besondere Vorgehensweise entschieden, die diese Regelungssystematik aufgreift.[1] Sie besteht darin, dass die Kommentierungen des BDSG an den Stellen in die Kommentierung der DS-GVO – so wie sie in den Kolumnenüberschriften genannt sind – eingebettet sind, dort wo sie relevant werden. Mit Hilfe der nachfolgenden Tabelle können Normen aus dem BDSG leicht aufgefunden werden. Die hervorgehobenen Fundstellen verweisen hierbei jeweils auf eine ausführliche Kommentierung der Norm; die übrigen auf diejenigen Stellen, an denen die Norm hierüber hinaus Relevanz entfaltet. Da die Öffnungsklauseln nicht in jedem Fall eindeutige Zuordnungen erlauben, beruht die hier getroffene Zuordnung auf einer Wertung. Vor diesem Hintergrund erklärt es sich, dass die §§ 45–85 BDSG n.F., da sie eine Umsetzung der Richtlinie (EU) 2016/680 darstellen, in der folgenden Übersicht nicht enthalten sind.

Schwartmann

---

[1] Vgl. dazu schon *Schwartmann/Jaspers (Hrsg.)* Datenschutz-Grundverordnung und Bundesdatenschutzgesetz, Vorschriftensammlung.

Nutzungshinweis zur Zuordnung DS-GVO und BDSG

BDSG n.F.	Art. DS-GVO	Fundstellen
§ 1	Art. 2	**Art. 2 Rn. 58 ff.** Art. 2 Rn. 10 ff.
§ 2	Art. 4	**Art. 4 Anh., S. 135**
§ 3	Art. 6	**Art. 6 Rn. 108 ff.**
§ 4	Art. 6	**Art. 6 Anh., S. 268** Art. 6 Rn. 219, 223
	Art. 23	Art. 23 Rn. 74 ff.
§ 5	Art. 37	**Art. 37 Rn. 6 ff., 28, 38, 47, 50, 52**
§ 6	Art. 38	**Art. 38 Rn. 2 f., 8, 15, 24**
§ 7	Art. 39	**Art. 39 Rn. 2 ff.,** Art. 39 Rn. 22, 24
	Art. 38	Art. 38 Rn. 33
§ 8	Art. 54	**Art. 54 Rn. 3 ff., 32**
	Art. 52	Art. 52 Rn. 4 ff.
§ 9	Art. 55	**Art. 55 Rn 4 ff., 39, 75**
§ 10	Art. 52	**Art. 52 Rn. 4**
§ 11	Art. 53	**Art. 53 Rn. 2 ff., 23 ff., 35**
	Art. 54	**Art. 54 Rn. 8 ff.**
	Art. 46	Art. 46 Rn. 35
§ 12	Art. 54	**Art. 54 Rn. 3 ff., 14,** Art. 54 Rn. 33, 57
	Art. 53	Art. 53 Rn. 2 ff., 42 f., 49 f.
	Art. 52	Art. 52 Rn. 4 ff.
§ 13	Art. 54	**Art. 54 Rn. 3 ff., 12 f., 16 ff.** Art. 54 Rn. 50, 53 f., 63 ff.
	Art. 52	Art. 52 Rn. 4 ff.
§ 14	Art. 57	**Art. 57 Rn. 28 ff.** Art. 57 Rn. 4 f., 54, 63, 76
§ 15	Art. 59	**Art. 59 Rn. 2, 24**
§ 16	Art. 58	**Art. 58 Rn. 5 ff.** Art. 58 Rn. 84 f., 156 ff.
	Art. 31	Art. 31 Rn. 4 f.

Nutzungshinweis zur Zuordnung DS-GVO und BDSG

BDSG n.F.	Art. DS-GVO	Fundstellen
§ 17	Art. 51	**Art. 51 Rn. 5 ff., 49 ff.**
	Art. 68	**Art. 68 Rn. 61 f., 74 f., 91 ff.**
	Art. 54	Art. 54 Rn. 3, 5, 35
	Art. 60	Art. 60 Rn. 7 f., 11
	Art. 63	Art. 63 Rn. 23, 30
	Art. 64	Art. 64 Rn. 4, 38
	Art. 65	Art. 65 Rn. 29
	Art. 66	Art. 65 Rn. 4
	Art. 67	Art. 67 Rn. 15
	Art. 69	Art. 69 Rn. 24
§ 18	Art. 68	**Art. 68 Rn. 95 ff.**
	Art. 51	Art. 51 Rn. 5, 8, 52, 53 ff.
	Art. 54	Art. 54 Rn. 3, 5, 35
	Art. 63	Art. 63 Rn. 23, 30
	Art. 64	Art. 64 Rn. 4, 38
	Art. 65	Art. 65 Rn. 29
	Art. 66	Art. 65 Rn. 4
§ 19	Art. 55	**Art. 55 Rn. 47 ff.** Art. 55 Rn. 4 ff., 42
	Art. 60	**Art. 60 Rn. 7 ff.**
	Art. 51	Art. 51 Rn. 5, 9 f.
	Art. 54	Art. 54 Rn. 3, 5, 35
	Art. 56	Art. 56 Rn. 8 ff., 51 f.
	Art. 63	Art. 63 Rn. 23, 30
	Art. 65	Art. 65 Rn. 29
	Art. 66	Art. 65 Rn. 4
§ 20	Art. 78	**Art. 78 Rn. 11, 40 ff., 61 f., 67, 80 ff.**
	Art. 51	Art. 51 Rn. 63
§ 21	Art. 58	**Art. 58 Rn. 9, 166**
	Art. 40	Art. 40 Rn. 7
	Art. 51	Art. 51 Rn. 63
	Art. 77	Art. 77 Rn. 5, 7

Nutzungshinweis zur Zuordnung DS-GVO und BDSG

BDSG n.F.	Art. DS-GVO	Fundstellen
§ 22	Art. 9	**Art. 9 Rn. 103 ff.** Art. 9 Rn. 6
	Art. 32	Art. 32 Rn. 9
	Art. 37	Art. 37 Rn. 31
§ 23	Art. 6	**Art. 6 Rn. 260 ff.** Art. 6 Rn. 224, 257
§ 24	Art. 6	**Art. 6 Rn. 275 ff.** Art. 6 Rn. 62, 224, 257
§ 25	Art. 6	**Art. 6 Anh. S. 282 ff.**
§ 26	Art. 88	**Art. 88 Anh. S. 1802 ff.** Art. 88 Rn. 47 ff., 54 f.
	Art. 10	Art. 10 Rn. 6 f.
§ 27	Art. 9	**Art. 9 Rn. 235 ff.** Art. 9 Rn. 7
	Art. 15	Art. 15 Rn. 46 f.
	Art. 21	Art. 21 Rn. 9, 123
	Art. 89	Art. 89 Rn. 55 ff.
§ 28	Art. 9	**Art. 9 Rn. 250 ff.** Art. 9 Rn. 8
	Art. 6	Art. 6 Rn. 146 ff.
	Art. 15	Art. 15 Rn. 48
	Art. 20	Art. 20 Rn. 2, 17
	Art. 89	Art. 89 Rn. 58 ff.
§ 29	Art. 13	**Art. 13 Rn. 68 ff.** Art. 13 Rn. 5, 105
	Art. 34	**Art. 34 Rn. 34 ff.**
	Art. 14	Art. 14 Rn. 6, 16, 78
	Art. 15	Art. 15 Rn. 49
	Art. 58	Art. 58 Rn. 10, 70, 75
	Art. 90	Art. 90 Rn. 3 ff., 18
§ 30	Art. 15	**Art. 15 Anh. S. 506**
§ 31	Art. 22	**Art. 22 Rn. 13 ff., 92 ff., 190**
§ 32	Art. 13	**Art. 13 Rn. 75 ff.** Art. 13 Rn. 6

Nutzungshinweis zur Zuordnung DS-GVO und BDSG

BDSG n.F.	Art. DS-GVO	Fundstellen
§ 33	Art. 14	**Art. 14 Rn. 80 ff.** Art. 14 Rn. 6, 16
§ 34	Art. 15	**Art. 15 Anh. S. 508**
§ 35	Art. 17	**Art. 17 Anh. S. 558** Art. 17 Rn. 13
§ 36	Art. 21	**Art. 21 Rn. 51 ff.** Art. 21 Rn. 8
§ 37	Art. 22	**Art. 22 Rn. 159 ff.** Art. 22 Rn. 13 ff., 145
§ 38	Art. 37	**Art. 37 Rn. 29 ff.**
	Art. 38	Art. 38 Rn. 21, 25, 27
§ 39	Art. 43	**Art. 43 Rn. 14 ff.** Art. 43 Rn. 11, 2
§ 40	Art. 58	**Art. 58 Anh. S. 1413**
	Art. 31	**Art. 31 Rn. 4 f.**
	Art. 54	Art. 54 Rn. 3, 34
	Art. 55	Art. 55 Rn. 4 ff., 40, 42, 45 ff., 77
§ 41	Art. 83	**Art. 83 Anh. S. 1698 ff.** Art. 83 Rn. 15, 30 f., 106
	Art. 58	Art. 58 Rn. 87, 169
	Art. 84	Art. 84 Rn. 22
§ 42	Art. 84	**Art. 84 Anh. S. 1735**
	Art. 33	Art. 33 Rn. 96 ff.
	Art. 34	Art. 34 Rn. 50
§ 43	Art. 83	**Art. 83 Anh. S. 1716 ff.** Art. 83 Rn. 118 f., 133 f.
	Art. 33	Art. 33 Rn. 96 ff.
	Art. 34	Art. 34 Rn. 50
§ 44 Abs. 1, 2 § 44 Abs. 3	Art. 79	**Art. 79 Rn. 4, 22, 30 ff., 37 ff.**
	Art. 27	**Art. 27 Rn. 69 f.**
	Art. 79	Art. 79 Rn. 5, 23

Bearbeiterverzeichnis

Dipl.-Jur. Michael Atzert — Art. 21–22
GDD e.V., Bonn

Antonia Buchmann — Art. 57–58 (zusammen mit Kugelmann), 59
Der Landesbeauftragte für den Datenschutz und die Informationsfreiheit Rheinland-Pfalz, Mainz

Lucia Burkhardt — § 25 BDSG (zusammen mit Schwartmann), §§ 30, 34 BDSG (zusammen mit Schwartmann/Klein), §§ 40–43 BDSG (zusammen mit Schwartmann)
Kölner Forschungsstelle für Medienrecht, Technische Hochschule Köln

Miriam Claus — Art. 10 (zusammen mit Jaspers)
GDD e.V., Bonn

Lars Dietze — Art. 31, 60–62
Bundesministerium für Verkehr und digitale Infrastruktur, Bonn

Levent Ferik, LL.M. — Art. 35–36
Rechtsanwalt, GDD e.V., Bonn

Prof. Dr. Lorenz Franck — Art. 33–34
Hochschule des Bundes für öffentliche Verwaltung, Brühl

Prof. Dr. Dieter Frey, LL.M. — Art. 85
(Brügge)
Rechtsanwalt, Fachanwalt für Urheber- und Medienrecht, Fachanwalt für Sportrecht, Köln; University of Applied Sciences Europe

Prof. Klaus Gennen — Art. 40–41 (zusammen mit Schwartmann)
Rechtsanwalt, Fachanwalt für IT-Recht und Fachanwalt für Arbeitsrecht, Köln

Maximilian Hermann, LL.M. — Art. 4 Nr. 2–4, 6, 8–10, 12, 17–19, 25–26 (zusammen mit Schwartmann), Art. 5 (zusammen mit Jaspers/Schwartmann)
Rechtsanwalt

Felix Hilgert, LL.M. — Art. 8 (zusammen mit Schwartmann)
Rechtsanwalt, Köln

Bearbeiterverzeichnis

Rolf Hünermann Rechtsanwalt, Frankfurt am Main	Art. 44–45
Dr. Tobias Jacquemain, LL.M. GDD e.V., Bonn	Art. 1, 6 (Vorspann), Abs. 1 lit. c–e, Abs. 2, 3 (zusammen mit Schwartmann), § 4 BDSG (zusammen mit Schwartmann), Art. 11 (zusammen mit Jaspers/Schwartmann), Art. 82 (zusammen mit Schwartmann/Keppeler), Art. 83–84 (zusammen mit Schwartmann)
Andreas Jaspers Rechtsanwalt, GDD e.V., Bonn	Art. 5 (zusammen mit Schwartmann/Hermann), 9 (zusammen mit Schwartmann/Mühlenbeck), Art. 10 (zusammen mit Claus), 11 (zusammen mit Schwartmann/Jacquemain), 37–39 (zusammen mit Reif)
Prof. Dr. Tobias O. Keber Hochschule der Medien (HdM) Stuttgart	Art. 16 (zusammen mit Keppeler), Art. 18–19 (zusammen mit Keppeler), Art. 25 (zusammen mit Keppeler)
Dr. Lutz Martin Keppeler Rechtsanwalt, Köln	Art. 16 (zusammen mit Keber), Anhang § 35 BDSG, Art. 18–19 (zusammen mit Keber), Art. 25 (zusammen mit Keber), Art. 77 (zusammen mit Schwartmann), Art. 80–81 (zusammen mit Schwartmann), 82 (zusammen mit Schwartmann/Jacquemain)
Dr. David Klein, LL.M. (Washington) Rechtsanwalt, Hamburg	Art. 6 Abs. 1 lit. a–b (zusammen mit Schwartmann), f (zusammen mit Schwartmann), Art. 7 (zusammen mit Schwartmann), Art. 15 (zusammen mit Schwartmann), §§ 30, 34 BDSG (zusammen mit Schwartmann), Art. 46 (zusammen mit Pieper), 48–49 (zusammen mit Pieper)
Sascha Kremer Rechtsanwalt, Pulheim	Art. 24, 26–29
Prof. Dr. Dieter Kugelmann Deutsche Hochschule der Polizei, Münster	Art. 51–52, 55–56 (zusammen mit Römer), 57–58 (zusammen mit Buchmann)
Sabine Leutheusser-Schnarrenberger Rechtsanwältin, Tutzing	Art. 17
Prof. Dr. Mario Martini Deutsche Universität für Verwaltungswissenschaften Speyer	Art. 68–69

Bearbeiterverzeichnis

Robin L. Mühlenbeck Kölner Forschungsstelle für Medienrecht, Technische Hochschule Köln	Art. 4 Nr. 1, 5, 7, 11, 13–16, 20–24 (zusammen mit Schwartmann), Art. 6 Abs. 4 (zusammen mit Schwartmann/Pieper), Art. 9, §§ 22, 27, 28 BDSG (zusammen mit Jaspers/Schwartmann), Art. 89, §§ 27 Abs. 2 und 28 Abs. 2 BDSG (zusammen mit Schwartmann/Wybitul), § 3 BDSG (zusammen mit Pabst/Schwartmann)
Thomas Müthlein Rechtsanwalt, Frechen	Art. 30
Prof. Dr. Heinz-Joachim Pabst Fachhochschule für öffentliche Verwaltung NRW, Köln	Art. 2, 3, 6 Abs. 1 lit. c, d, e, 23, §§ 1, 2 BDSG, § 3 BDSG (zusammen mit Schwartmann/Mühlenbeck)
Fritz-Ulli Pieper, LL.M. Rechtsanwalt, Düsseldorf	Art. 6 Abs. 4 (zusammen mit Schwartmann/Mühlenbeck), 46 (zusammen mit Klein), Art. 49 (zusammen mit Klein), Art. 50
Yvette Reif, LL.M. Rechtsanwältin, GDD e.V., Bonn	Art. 37–39 (zusammen mit Jaspers)
Dr. Philipp Richter Der Landesbeauftragte für den Datenschutz und die Informationsfreiheit Rheinland-Pfalz, Mainz	Art. 94–99
Steve Ritter Bundesamt für Sicherheit in der Informationstechnik, Bonn	Art. 32
Sebastian Rombey Institut für Arbeitsrecht, Rhein. Friedrich-Wilhelms-Universität Bonn	Art. 91 (zusammen mit Thüsing)
Sandra Römer Der Landesbeauftragte für den Datenschutz und die Informationsfreiheit Rheinland-Pfalz, Mainz	Art. 53–54, 55–56 (zusammen mit Kugelmann)
Maria Christina Rost Der Hessische Datenschutzbeauftragte, Wiesbaden	Art. 63–67
Dr. Matthias Rudolph Rechtsanwalt, Fachanwalt für Urheber- und Medienrecht, Köln	Art. 20
Dr. Maximilian Schmidt Rechtsanwalt, Köln	Art. 86 (zusammen mit Thüsing), 87, § 26 BDSG (zusammen mit Thüsing)
Adrian Schneider Rechtsanwalt, Köln	Art. 12–14 (zusammen mit Schwartmann), Art. 78–79

Bearbeiterverzeichnis

Prof. Dr. Rolf Schwartmann Kölner Forschungsstelle für Medienrecht, Technische Hochschule Köln, GDD e.V., Bonn	Art. 1 (zusammen mit Jacquemain), § 3 BDSG (zusammen mit Pabst/Mühlenbeck) Art. 4 Nr. 2–4, 6, 8–10, 12, 17–19, 25–26 (zusammen mit Hermann), 4 Nr. 1, 5, 7, 11, 13–16, 20–24 (zusammen mit Mühlenbeck), Art. 5 (zusammen mit Jaspers/Hermann), Art. 6 (Vorspann, zusammen mit Jacquemain), 6 Abs. 1 lit. a–b (zusammen mit Klein), f (zusammen mit Klein), 6 Abs. 1 lit. c–e, Abs. 2, 3 (zusammen mit Jacquemain), 6 Abs. 4 (zusammen mit Pieper/Mühlenbeck), § 4 BDSG (zusammen mit Jacquemain), § 25 BDSG (zusammen mit Burkhardt), Art. 7 (zusammen mit Klein), Art. 8 (zusammen mit Hilgert), Art. 9, §§ 22, 27, 28 BDSG (zusammen mit Jaspers/Mühlenbeck), Art. 11 (zusammen mit Jaspers/Jacquemain), Art. 12–14 (zusammen mit Schneider), Art. 15 (zusammen mit Klein), §§ 30, 34 (zusammen mit Klein und Burkhardt), Art. 40–41 (zusammen mit Gennen), Art. 42–43 (zusammen mit Weiß), § 40 BDSG (zusammen mit Burkhardt), Art. 77 (zusammen mit Keppeler), Art. 81 (zusammen mit Keppeler), Art. 82 (zusammen mit Keppeler/Jacquemain), Art. 83–84 (zusammen mit Jacquemain), §§ 40–43 BDSG (zusammen mit Burkhardt), Art. 89, §§ 27 Abs. 2, 28 Abs. 2 BDSG (zusammen mit Mühlenbeck/Wybitul)
Prof. Dr. Margrit Seckelmann Deutsches Forschungsinstitut für öffentliche Verwaltung Speyer	Art. 70–76, 92–93
Prof. Dr. Gregor Thüsing, LL.M. (Harvard) Institut für Arbeitsrecht, Rhein. Friedrich-Wilhelms-Universität Bonn	Art. 86 (zusammen mit Schmidt), Art. 88 (zusammen mit Traut), § 26 BDSG (zusammen mit Schmidt) Art. 91 (zusammen mit Rombey)
Dr. Johannes Traut Rechtsanwalt, Köln	Art. 47, 88 (zusammen mit Thüsing)
Steffen Weiß Rechtsanwalt, Hamburg	Art. 42–43 (zusammen mit Schwartmann)
Tim Wybitul Rechtsanwalt, Fachanwalt für Arbeitsrecht, Frankfurt am Main	Art. 89, §§ 27 Abs. 2, 28 Abs. 2 BDSG (zusammen mit Schwartmann/Mühlenbeck), Art. 90

Zitiervorschlag

HK DS-GVO/BDSG *Bearbeiter*

Inhaltsverzeichnis

Vorwort zur 2. Auflage	V
Vorwort zur 1. Auflage	VII
Nutzungshinweis zur Zuordnung DS-GVO und BDSG	IX
Bearbeiterverzeichnis	XV
Abkürzungsverzeichnis	XXVII
Allgemeines Literaturverzeichnis	XXXV

Verordnung (EU) 2016/679 des Europäischen Parlaments und des Rates zum Schutz natürlicher Personen bei der Verarbeitung personenbezogener Daten, zum freien Datenverkehr und zur Aufhebung der Richtlinie 95/46/EG/ Bundesdatenschutzgesetz 1

Kapitel I
Allgemeine Bestimmungen

Artikel 1	Gegenstand und Ziele	3
Artikel 2	Sachlicher Anwendungsbereich	6
	§ 1 BDSG Anwendungsbereich des Gesetzes	9
Artikel 3	Räumlicher Anwendungsbereich	24
Artikel 4	Begriffsbestimmungen	32
	§ 2 BDSG Begriffsbestimmungen	135

Kapitel II
Grundsätze

Artikel 5	Grundsätze für die Verarbeitung personenbezogener Daten	143
Artikel 6	Rechtmäßigkeit der Verarbeitung	166
	§ 3 BDSG Verarbeitung personenbezogener Daten durch öffentliche Stellen	202
	§ 23 BDSG Verarbeitung zu anderen Zwecken durch öffentliche Stellen	256
	§ 24 BDSG Verarbeitung zu anderen Zwecken durch nichtöffentliche Stellen	260
	§ 4 BDSG Videoüberwachung öffentlich zugänglicher Räume	268
	§ 25 BDSG Datenübermittlungen durch öffentliche Stellen ...	282
Artikel 7	Bedingungen für die Einwilligung	291

Inhaltsverzeichnis

Artikel 8		Bedingungen für die Einwilligung eines Kindes in Bezug auf Dienste der Informationsgesellschaft	305
Artikel 9		Verarbeitung besonderer Kategorien personenbezogener Daten	324
	§ 22 BDSG	Verarbeitung besonderer Kategorien personenbezogener Daten	352
	§ 27 BDSG	Datenverarbeitung zu wissenschaftlichen oder historischen Forschungszwecken und zu statistischen Zwecken	381
	§ 28 BDSG	Datenverarbeitung zu im öffentlichen Interesse liegenden Archivzwecken	384
Artikel 10		Verarbeitung von personenbezogenen Daten über strafrechtliche Verurteilungen und Straftaten	385
Artikel 11		Verarbeitung, für die eine Identifizierung der betroffenen Person nicht erforderlich ist	390

Kapitel III
Rechte der betroffenen Person

Abschnitt 1		Transparenz und Modalitäten	397
	Artikel 12	Transparente Information, Kommunikation und Modalitäten für die Ausübung der Rechte der betroffenen Person	397
Abschnitt 2		Informationspflicht und Recht auf Auskunft zu personenbezogenen Daten	420
	Artikel 13	Informationspflicht bei Erhebung von personenbezogenen Daten bei der betroffenen Person	420
	§ 29 BDSG	Rechte der betroffenen Person und aufsichtsbehördliche Befugnisse im Fall von Geheimhaltungspflichten	444
	§ 32 BDSG	Informationspflicht bei Erhebung von personenbezogenen Daten bei der betroffenen Person	446
	Artikel 14	Informationspflicht, wenn die personenbezogenen Daten nicht bei der betroffenen Person erhoben wurden	458
	§ 33 BDSG	Informationspflicht, wenn die personenbezogenen Daten nicht bei der betroffenen Person erhoben wurden	483

	Artikel 15	Auskunftsrecht der betroffenen Person	491
		§ 30 BDSG Verbraucherkredite	506
		§ 34 BDSG Auskunftsrecht der betroffenen Person	508
Abschnitt 3	Berichtigung und Löschung		517
	Artikel 16	Recht auf Berichtigung	517
	Artikel 17	Recht auf Löschung („Recht auf Vergessenwerden")	527
		§ 35 BDSG Recht auf Löschung	558
	Artikel 18	Recht auf Einschränkung der Verarbeitung	561
	Artikel 19	Mitteilungspflicht im Zusammenhang mit der Berichtigung oder Löschung personenbezogener Daten oder der Einschränkung der Verarbeitung ..	570
	Artikel 20	Recht auf Datenübertragbarkeit	575
Abschnitt 4	Widerspruchsrecht und automatisierte Entscheidungsfindung im Einzelfall		608
	Artikel 21	Widerspruchsrecht	608
		§ 36 BDSG Widerspruchsrecht	622
	Artikel 22	Automatisierte Entscheidungen im Einzelfall einschließlich Profiling	638
		§ 31 BDSG Schutz des Wirtschaftsverkehrs bei Scoring und Bonitätsauskünften	663
		§ 37 BDSG Automatisierte Entscheidung im Einzelfall einschließlich Profiling	673
Abschnitt 5	Beschränkungen		680
	Artikel 23	Beschränkungen	680

Kapitel IV
Verantwortlicher und Auftragsverarbeiter

Abschnitt 1	Allgemeine Pflichten		695
	Artikel 24	Verantwortung des für die Verarbeitung Verantwortlichen	695
	Artikel 25	Datenschutz durch Technikgestaltung und durch datenschutzfreundliche Voreinstellungen	703
	Artikel 26	Gemeinsam Verantwortliche	733
	Artikel 27	Vertreter von nicht in der Union niedergelassenen Verantwortlichen oder Auftragsverarbeitern	766
	Artikel 28	Auftragsverarbeiter	794

	Artikel 29	Verarbeitung unter der Aufsicht des Verantwortlichen oder des Auftragsverarbeiters	848
	Artikel 30	Verzeichnis von Verarbeitungstätigkeiten	854
	Artikel 31	Zusammenarbeit mit der Aufsichtsbehörde	884
Abschnitt 2	Sicherheit personenbezogener Daten		893
	Artikel 32	Sicherheit der Verarbeitung	893
	Artikel 33	Meldung von Verletzungen des Schutzes personenbezogener Daten an die Aufsichtsbehörde	935
	Artikel 34	Benachrichtigung der von einer Verletzung des Schutzes personenbezogener Daten betroffenen Person	963
Abschnitt 3	Datenschutz-Folgenabschätzung und vorherige Konsultation ...		975
	Artikel 35	Datenschutz-Folgenabschätzung	975
	Artikel 36	Vorherige Konsultation	1022
Abschnitt 4	Datenschutzbeauftragter		1032
	Artikel 37	Benennung eines Datenschutzbeauftragten	1032
	§ 5 BDSG	Benennung	1037
	§ 38 BDSG	Datenschutzbeauftragter nichtöffentlicher Stellen	1044
	Artikel 38	Stellung des Datenschutzbeauftragten	1055
	§ 6 BDSG	Stellung	1058
	Artikel 39	Aufgaben des Datenschutzbeauftragten	1071
	§ 7 BDSG	Aufgaben	1073
Abschnitt 5	Verhaltensregeln und Zertifizierung		1085
	Artikel 40	Verhaltensregeln	1085
	Artikel 41	Überwachung der genehmigten Verhaltensregeln ..	1124
	Artikel 42	Zertifizierung	1144
	Artikel 43	Zertifizierungsstellen	1162
	§ 39 BDSG	Akkreditierung	1168

Kapitel V
Übermittlungen personenbezogener Daten an Drittländer oder an internationale Organisationen

	Artikel 44	Allgemeine Grundsätze der Datenübermittlung	1179
	Artikel 45	Datenübermittlung auf der Grundlage eines Angemessenheitsbeschlusses	1182
	Artikel 46	Datenübermittlung vorbehaltlich geeigneter Garantien	1197
	Artikel 47	Verbindliche interne Datenschutzvorschriften	1204

	Artikel 48	Nach dem Unionsrecht nicht zulässige Übermittlung oder Offenlegung	1226
	Artikel 49	Ausnahmen für bestimmte Fälle	1229
	Artikel 50	Internationale Zusammenarbeit zum Schutz personenbezogener Daten	1242

Kapitel VI
Unabhängige Aufsichtsbehörden

Abschnitt 1	Unabhängigkeit		1247
	Artikel 51	Aufsichtsbehörde	1247
	Artikel 52	Unabhängigkeit	1261
	§ 10 BDSG	Unabhängigkeit des BfDI	1263
	Artikel 53	Allgemeine Bedingungen für die Mitglieder der Aufsichtsbehörde	1273
	Artikel 54	Errichtung der Aufsichtsbehörde	1287
	§ 11 BDSG	Ernennung und Amtszeit des BfDI	1289
	§ 12 BDSG	Amtsverhältnis des BfDI	1289
	§ 13 BDSG	Rechte und Pflichten des BfDI	1299
Abschnitt 2	Zuständigkeit, Aufgaben und Befugnisse		1301
	Artikel 55	Zuständigkeit	1301
	§ 9 BDSG	Zuständigkeit des BfDI	1303
	§ 19 BDSG	Zuständigkeiten in Angelegenheiten der Europäischen Union	1313
	Artikel 56	Zuständigkeit der federführenden Aufsichtsbehörde	1321
	Artikel 57	Aufgaben	1341
	§ 14 BDSG	Aufgaben des BfDI	1350
	Artikel 58	Befugnisse	1371
	§ 16 BDSG	Befugnisse des BfDI	1377
	§ 21 BDSG	Antrag der Aufsichtsbehörde auf gerichtliche Entscheidung bei angenommener Rechtswidrigkeit eines Beschlusses der Europäischen Kommission	1378
	§ 40 BDSG	Aufsichtsbehörden der Länder	1413
	Artikel 59	Tätigkeitsbericht	1422
	§ 15 BDSG	Tätigkeitsbericht des BfDI	1423

Kapitel VII
Zusammenarbeit und Kohärenz

Abschnitt 1	Zusammenarbeit	1431
	Artikel 60 Zusammenarbeit zwischen der federführenden Aufsichtsbehörde und den anderen betroffenen Aufsichtsbehörden	1431
	Artikel 61 Gegenseitige Amtshilfe	1447
	Artikel 62 Gemeinsame Maßnahmen der Aufsichtsbehörden	1461
Abschnitt 2	Kohärenz	1472
	Artikel 63 Kohärenzverfahren	1472
	Artikel 64 Stellungnahme des Ausschusses	1481
	Artikel 65 Streitbeilegung durch den Ausschuss	1492
	Artikel 66 Dringlichkeitsverfahren	1499
	Artikel 67 Informationsaustausch	1504
Abschnitt 3	Europäischer Datenschutzausschuss	1509
	Artikel 68 Europäischer Datenschutzausschuss	1509
	§ 17 BDSG Vertretung im Europäischen Datenschutzausschuss, zentrale Anlaufstelle	1533
	§ 18 BDSG Verfahren der Zusammenarbeit der Aufsichtsbehörden des Bundes und der Länder	1534
	Artikel 69 Unabhängigkeit	1538
	Artikel 70 Aufgaben des Ausschusses	1558
	Artikel 71 Berichterstattung	1569
	Artikel 72 Verfahrensweise	1574
	Artikel 73 Vorsitz	1579
	Artikel 74 Aufgaben des Vorsitzes	1583
	Artikel 75 Sekretariat	1590
	Artikel 76 Vertraulichkeit	1595

Kapitel VIII
Rechtsbehelfe, Haftung und Sanktionen

Artikel 77 Recht auf Beschwerde bei einer Aufsichtsbehörde	1599
Artikel 78 Recht auf wirksamen gerichtlichen Rechtsbehelf gegen eine Aufsichtsbehörde	1609
§ 20 BDSG Gerichtlicher Rechtsschutz	1616

Artikel 79	Recht auf wirksamen gerichtlichen Rechtsbehelf gegen Verantwortliche oder Auftragsverarbeiter ...	1623
	§ 44 BDSG Klagen gegen den Verantwortlichen oder Auftragsverarbeiter	1624
Artikel 80	Vertretung von betroffenen Personen	1631
Artikel 81	Aussetzung des Verfahrens	1639
Artikel 82	Haftung und Recht auf Schadenersatz	1645
Artikel 83	Allgemeine Bedingungen für die Verhängung von Geldbußen	1661
	§ 41 BDSG Anwendung der Vorschriften über das Bußgeld- und Strafverfahren	1698
	§ 43 BDSG Bußgeldvorschriften	1716
Artikel 84	Sanktionen	1727
	§ 42 BDSG Strafvorschriften	1735

Kapitel IX
Vorschriften für besondere Verarbeitungssituationen

Artikel 85	Verarbeitung und Freiheit der Meinungsäußerung und Informationsfreiheit	1741
Artikel 86	Verarbeitung und Zugang der Öffentlichkeit zu amtlichen Dokumenten	1773
Artikel 87	Verarbeitung der nationalen Kennziffer	1778
Artikel 88	Datenverarbeitung im Beschäftigungskontext	1782
	§ 26 BDSG Datenverarbeitung für Zwecke des Beschäftigungsverhältnisses	1802
Artikel 89	Garantien und Ausnahmen in Bezug auf die Verarbeitung zu im öffentlichen Interesse liegenden Archivzwecken, zu wissenschaftlichen oder historischen Forschungszwecken und zu statistischen Zwecken	1825
Artikel 90	Geheimhaltungspflichten	1849
Artikel 91	Bestehende Datenschutzvorschriften von Kirchen und religiösen Vereinigungen oder Gemeinschaften	1856

Kapitel X
Delegierte Rechtsakte und Durchführungsrechtsakte

Artikel 92	Ausübung der Befugnisübertragung	1871
Artikel 93	Ausschussverfahren	1875

Kapitel XI
Schlussbestimmungen

Artikel 94	Aufhebung der Richtlinie 95/46/EG	1881
Artikel 95	Verhältnis zur Richtlinie 2002/58/EG	1888
Artikel 96	Verhältnis zu bereits geschlossenen Übereinkünften	1894
Artikel 97	Berichte der Kommission	1899
Artikel 98	Überprüfung anderer Rechtsakte der Union zum Datenschutz	1905
Artikel 99	Inkrafttreten und Anwendung	1907

Anhänge 1911
    Anhang 1   Erwägungsgründe der DS-GVO 1913
    Anhang 2   BDSG n.F. 1965

Stichwortverzeichnis 2021

Abkürzungsverzeichnis

a.A.	andere/r Ansicht
Abk.	Abkommen
abl.	ablehnend
Abs.	Absatz
abw.	abweichend
a.E.	am Ende
AEUV	Vertrag über die Arbeitsweise der Europäischen Union
a.F.	alte Fassung
AfP	Zeitschrift für Medien- und Kommunikationsrecht
AG	Amtsgericht/Aktiengesellschaft
AGVwGO Rlp	Landesgesetz zur Ausführung der Verwaltungsgerichtsordnung (Rheinland-Pfalz)
ähnl.	ähnlich
AiB	Arbeitsrecht im Betrieb (Zeitschrift)
AkkStelleG	Gesetz über die Akkreditierungsstelle
allg.	allgemein
allg.M.	allgemeine Meinung
ÄndG	Änderungsgesetz
ÄndVO	Änderungsverordnung
Anm.	Anmerkung
ArbG	Arbeitgeber
ArbN	Arbeitnehmer
ArbRAktuell	Arbeitsrecht Aktuell (Zeitschrift)
ArbRB	Der Arbeits-Rechtsberater (Zeitschrift)
ArchivG NRW	Archivgesetz Nordrhein-Westfale
Art.	Artikel
AT	Allgemeiner Teil
Auernhammer-*Bearbeiter*	*Eßer/Kramer/von Lewinski* DSGVO BDSG: Datenschutz-Grundverordnung, Bundesdatenschutzgesetz und Nebengesetze, Kommentar
ausf.	ausführlich
BAnz	Bundesanzeiger
BArchG	Gesetz über die Nutzung und Sicherung von Archivgut des Bundes
BayLDA	Bayerisches Landesamt für Datenschutzaufsicht
BB	Betriebs-Berater (Zeitschrift)
BBG	Bundesbeamtengesetz
BCR	Bindung Corporate Rules
BDSG	Bundesdatenschutzgesetz
BeckOK DatenSR-*Bearbeiter*	Beck'scher Online-Kommentar Datenschutzrecht

Abkürzungsverzeichnis

Begr.	amtliche Begründung
Bek.	Bekanntmachung
ber.	berichtigt
Beschl.	Beschluss
Bf	Beschwerdeführer
BfDI	Der Bundesbeauftragte für den Datenschutz und die Informationssicherheit
BGBl.	Bundesgesetzblatt
BGHR	BGH-Rechtsprechung, herausgegeben von den Richtern des Bundesgerichtshofes (zitiert nach Paragraph, Stichwort und Nummer)
BImSchG	Bundes-Immissionsschutzgesetz
BlnBDI	Berliner Beauftragte für Datenschutz und Informationsfreiheit
BlnDG	Berliner Datenschutzgesetz
BKAG	Gesetz über das Bundeskriminalamt und die Zusammenarbeit des Bundes und der Länder in kriminalpolizeilichen Angelegenheiten
BNetzA	Bundesnetzagentur
BORA	Berufsordnung Rechtsanwälte
BPolG	Gesetz über die Bundespolizei
BRAO	Bundesrechtsanwaltsordnung
BR-Drucks.	Bundesratsdrucksache
BremDSGVOAG	Bremisches Ausführungsgesetz zur EU-Datenschutz-Grundverordnung
BRJ	Bonner Rechtsjournal
BSIG	Gesetz über das Bundesamt für Sicherheit in der Informationstechnologie
Bsp.	Beispiel
Bspr.	Besprechung
bspw.	beispielsweise
BT	Bundestag
BT-Drucks.	Bundestagsdrucksache
BT-GeschO	Geschäftsordnung des dt. Bundestages
BVerfGE	Entscheidungen des Bundesverfassungsgerichts (zitiert nach Band und Seite)
BVerwG	Bundesverwaltungsgericht
BYOD	Bring Your Own Device
bzgl.	bezüglich
bzw.	beziehungsweise
CB	Compliance-Berater (Zeitschrift)
CCZ	Corporate Compliance Zeitschrift
CLOUD Act	Clarifying Lawful Overseas Use of Data Act
CLSR	Computer Law & Security Review
CMLR	Common Market Law Review
COPPA	Children's Online Privacy Protection Act
CR	Computer und Recht (Zeitschrift)

Abkürzungsverzeichnis

CRi	Computer Law Review International (Journal)
CuA	Computer und Arbeit
DAkkS	Deutsche Akkreditierungsstelle GmbH
Dako	Datenschutz konkret
DANA	Datenschutznachrichten (Zeitschrift)
DB	Der Betrieb (Zeitschrift)
DD-Kreis	Düsseldorfer-Kreis
De-Mail-G	De-Mail-Gesetz
ders.	derselbe
d.h.	das heißt
digma	Zeitschrift für Datenrecht und Informationssicherheit
Diss.	Dissertation
DIVSI	Deutsches Institut für Vertrauen und Sicherheit im Internet
DIVSI magazin	Zeitschrift des Deutschen Instituts für Vertrauen und Sicherheit im Internet
DNotZG	Deutsche Notar Zeitschrift
DÖV	Die öffentliche Verwaltung (Zeitschrift)
DSAnpUG-EU	Datenschutz-Anpassungs- und -Umsetzungsgesetz EU
DSB	Datenschutz-Berater (Zeitschrift)
DSFA	Datenschutz-Ffolgenabschätzung
DSG Bbg	Brandenburgisches Datenschutzgesetz
DSG-EKD	Kirchengesetz über den Datenschutz der Evangelischen Kirche in Deutschland
DSG Rlp	Landesdatenschutzgesetz Rheinland-Pfalz
DSG SH	Landesdatenschutz Schleswig-Holstein
DS-GVO	Datenschutz-Grundverordnung
DSK	Datenschutzkonferenz
DSRI	Deutsche Stiftung für Recht und Informatik
DSRL	Richtlinie 95/46/EG des Europäischen Parlaments und des Rates vom 24. Oktober 1995 zum Schutz natürlicher Personen bei der Verarbeitung personenbezogener Daten und zum freien Datenverkehr
DuD	Datenschutz und Datensicherheit (Zeitschrift)
EDPB	European Data Protection Board
Edpl	European Data Protection Law Review
EDSA	Europäischer Datenschutzausschuss
EDSA-GO	Geschäftsordnung des Europäischen Datenschutzausschusses
EDSB	Europäischer Datenschutzbeauftragter
EGMR	Europäischer Gerichtshof für Menschenrechte
EG StGB	Einführungsgesetz zum Strafgesetzbuch
Ehmann/Selmayr-*Bearbeiter*	Datenschutz-Grundverordnung: DS-GVO, Kommentar
einschr.	einschränkend
EMRK	Europäische Menschenrechtskonvention
ENISA	Europäische Agentur für Netz- und Informationssicherheit
entspr.	entsprechend

Abkürzungsverzeichnis

EnWZ	Zeitschrift für das gesamte Recht der Energiewirtschaft
erg.	ergänzend
Erl.	Erlass, Erläuterung
EuGVVO	Verordnung über die gerichtliche Zuständigkeit und die Anerkennung und Vollstreckung von Entscheidungen in Zivil- und Handelssachen
EuZA	Europäische Zeitschrift für Arbeitsrecht
EUZBBG	Gesetz über die Zusammenarbeit von Bundesregierung und Deutschem Bundestag in Angelegenheiten der Europäischen Union
EUZBLG	Gesetz über die Zusammenarbeit von Bund und Ländern in Angelegenheiten der Europäischen Union
EuZW	Europäische Zeitschrift für Wirtschaftsrecht
EZB	Europäische Zentralbank
f.; ff.	folgende
FA	Finanzamt
FEDMA	Federal Emergency Management Agency
FinDAG	Gesetz über die Bundesanstalt für Finanzdienstleistungsaufsicht
Fn.	Fußnote
FRA	European Union Agency for Fundamental Rights
FS	Festschrift
GASP	Gemeinsame Außen- und Sicherheitspolitik
GDD	Gesellschaft für Datenschutz und Datensicherheit e.V.
GenDG	Gendiagnostikgesetz
gem.	gemäß
GeschGhG	Geschäftsgeheimnisgesetz
GewArch	Gewerbe Archiv (Zeitschrift)
GewO	Gewerbeordnung
GG	Grundgesetz
ggf.	gegebenenfalls
Gierschmann-*Bearbeiter*	Kommentar EU-Datenschutz-Grundverordnung
Gola-*Bearbeiter*	DS-GVO: Datenschutz-Grundverordnung VO (EU) 2016/679, Kommentar
GRCh	Charta der Grundrechte der Eutopäischen Union
GRUR	Gewerblicher Rechtsschutz und Urheberrecht (Zeitschrift)
GRUR-Prax	Gewerblicher Rechtsschutz und Urheberrecht. Praxis Immaterialgüter- und Wettbewerbsrecht (Zeitschrift)
Hessischer DSB	Hessischer Datenschutzbeauftragter
h.M.	herrschende Meinung
HmbBfDI	Der Hamburgische Beauftragte für Datenschutz und Informationsfreiheit
HmbDSG	Hamburgisches Datenschutzgesetz
HmbVerf	Verfassung der Freien und Hansestadt Hamburg
Hs.	Halbsatz

Abkürzungsverzeichnis

i.d.F.	in der Fassung
IDPL	International Data Privacy Law (Zeitschrift)
i.Erg.	im Ergebnis
IFG	Informationsfreiheitsgesetz
IMI	Internal Market Information System (Binnenmarktinformationssystem)
insb.	insbesondere
IPbpR	Internationaler Pakt über bürgerliche und politische Rechte
i.S.d.	im Sinne des
i.S.v.	im Sinne von
ITSiG	IT-Sicherheitsgesetz
i.V.m.	in Verbindung mit
JM	Juris – Die Monatszeitschrift
JMStV	Jugendmedienschutz-Staatsvertrag
JuSchG	Jugendschutzgesetz
JZ	Juristen-Zeitung
Kap.	Kapitel
KDG	Gesetz über den Kirchlichen Datenschutz
KDR-OG	Kirchliche Datenschutzregelung der Ordensgemeinschaft päpstlichen Rechts
KI	Künstliche Intelligenz
Komitologie-VO	Verordnung (EU) Nr. 182/2011 des Europäischen Parlaments und des Rates vom 16.2.2011 zur Festlegung der allgemeinen Regeln und Grundsätze, nach denen die Mitgliedstaaten die Wahrnehmung der Durchführungsbefugnisse durch die Kommission kontrollieren
K&R	Kommunikation und Recht (Zeitschrift)
krit.	kritisch
KritV	Kritische Vierteljahresschrift für Gesetzgebung und Rechtswissenschaft
KUG	Kunsturhebergesetzes
Kühling/Buchner-*Bearbeiter*	DS-GVO/BDSG – Datenschutz-Grundverordnung/Bundesdatenschutzgesetz, Kommentar
KWG	Gesetz über das Kreditwesen
LDI NRW	Landesbeauftragte für den Datenschutz und Informationsfreiheit Nordrhein- Westfalen
LDSG SH	Landesdatenschutzgesetz Schleswig-Holstein
LfD Sachsen-Anhalt	Landesbeauftragter für den Datenschutz Sachsen-Anhalt
LfDI BaWü	Der Landesbauftragte für den Datenschutz und die Informationsfreiheit Baden-Württemberg
LL 1/2019	Leitlinien des EDSA 1/2019 über Verhaltensregeln und Überwachungsstellen gem. der Verordnung (EU) 2016/679
LMedienG	Landesmediengesetz

Abkürzungsverzeichnis

LVwA Sachsen-Anhalt	Landesverwaltungsamt Sachsen-Anhalt
MiFID II-RL	Richtlinien über Märkte für Finanzinstrumente
MiLoG	Mindeslohngesetz
MMR	MultiMedia und Recht (Zeitschrift)
MoU	Memorandum of Understanding
MR-Int	Medien und Recht International (Zeitschrift)
MStV	Medienstaatsvertrag
MStV-E	Entwurf zum Medienstaatsvertrag
m.w.N.	mit weiteren Nachweisen
NetzDG	Netzwerkdurchsetzungsgesetz
n.F.	neue Fassung
NIS-RL	Richtlinie (EU) 2016/1148 vom 6.7.2016 über Maßnahmen zur Gewährleistung eines hohen gemeinsamen Sicherheitsniveaus von Netz- und Informationssystemen in der Union
NJW	Neue Juristische Wochenschrift (Zeitschrift)
Nr.	Nummer
NVwZ	Neue Zeitschrift für Verwaltungsrecht
NZA	Neue Zeitschrift für Arbeitsrecht
NZWist	Neue Zeitschrift für Wirtschafts-, Steuer- und Unternehmensstrafrecht
öAT	Zeitschrift für das öffentliche Arbeits- und Tarifrecht
Ö-DSG	Datenschutzgesetz Österreich
ÖPNV	Öffentlicher Personennahverkehr
Paal/Pauly-*Bearbeiter*	Datenschutz-Grundverordnung Bundesdatenschutzgesetz – DS-GVO BDSG, Kommentar
PAuswG	Personalausweisgesetz
PersF	Personalführung (Zeitschrift)
PharmR	Pharmarecht (Zeitschrift)
PinG	PinG Privacy in Germany – Datenschutz und Compliance (Zeitschrift)
Plath-*Bearbeiter*	DSGVO/BDSG: Kommentar zu DS-GVO und BDSG und den Datenschutzbestimmungen des TMG und TKG
PM	Pressemitteilung
PostG	Postgesetz
RÄStV	Rundfunkänderungsstaatsvertrag
RdErl.	Runderlass
RDG	Gesetz über außergerichtliche Rechtsdienstleistungen
Rdschr.	Rundschreiben
RDV	Recht der Datenverarbeitung (Zeitschrift)
RdVerf.	Rundverfügung
RefE	Referentenentwurf
RegBl.	Regierungsblatt

Abkürzungsverzeichnis

RegE	Regierungsentwurf
ReNEUAL	Research Network on EU Administrative Law
RfTmStV	Staatsvertrag über Rundfunk und Telemedien
RL	Richtlinie
Rn.	Randnummer
Rpfleger	Der deutsche Rechtspfleger (Zeitschrift)
Rspr.	Rechtsprechung
RStBl.	Reichssteuerblatt
RStV	Rundfunkstaatsvertrag
S.	Satz, Seite
SaarlDSG	Saarländisches Datenschutzgesetz
SächsDSG	Sächsisches Datenschutzgesetz
Schaffland/Wiltfang	Datenschutz-Grundverordnung (DS-GVO), Bundesdatenschutzgesetz (BDSG), Loseblatt
SGB I	Erstes Buch Sozialgesetzbuch – Allgemeiner Teil
SGB V	Fünftes Buch Sozialgesetzbuch – Gesetzliche Krankenversicherung
SGB VII	Siebtes Buch Sozialgesetzbuch – Gesetzliche Unfallversicherung
SGB X	Zehntes Buch Sozialgesetzbuch – Sozialverwaltungsverfahren und Sozialdatenschutz
SGB XI	Elftes Buch Sozialgesetzbuch – Soziale Pflegeversicherung
Simitis-*Bearbeiter*	Bundesdatenschutzgesetz, Kommentar
s.o.	siehe oben
sog.	so genannte/r/s
SterBerG	Steuerberatungsgesetz
StGB	Strafgesetzbuch
str.	Streitig
StVG	Straßenverkehrsgesetz
s.u.	siehe unten
SV	Sachverständiger
SVR	Sozialversicherungsrecht Rechtsprechung (Zeitschrift)
SWD	Arbeitsdokumente und gemeinsame Arbeitsdokumente der Dienststellen der EU
Sydow-*Bearbeiter*	Europäische Datenschutzgrundverordnung, Handkommentar
Taeger/Gabel-*Bearbeiter*	DSGVO BDSG, Kommentar
TATuP	Zeitschrift für Technologiefolgenabschätzung in Theorie und Praxis
ThürDSG	Thüringer Datenschutzgesetz
TKG	Telekommunikationsgesetz
TKÜ	Telekommunikationsüberwachung
TMG	Telemediengesetz
TOM	Technische und organisatorische Maßnahmen
TÜ	Telefonüberwachung

Abkürzungsverzeichnis

u.a.	unter anderem; und andere
UAbs.	Unterabsatz
UIG	Umweltinformationsgesetz
UKlaG	Gesetz über Unterlassungsklagen bei Verbraucherrechts- und anderen Verstößen
Urt.	Urteil
u.U.	unter Umständen
UWG	Gesetz gegen den unlauteren Wettbewerb
VerwArch	Verwaltungsarchiv (Zeitschrift)
vgl.	Vergleiche
VO	Verordnung
VOBl.	Verordnungsblatt
von der Groeben/ Schwarze/Hatje-*Bearbeiter*	Europäisches Unionsrecht, Kommentar
VuR	Verbraucher und Recht (Zeitschrift)
VVT	Verzeichnis von Verarbeitungstätigkeiten
VwGO	Verwaltungsgerichtsordnung
VwVfG	Verwaltungsverfahrensgesetz
Wedde	EU-Datenschutz-Grundverordnung, Kurzkommentar mit Synopse BDSG – EU-DSGVO
WP	Working Paper
WRP	Wettbewerb in Recht und Praxis (Zeitschrift)
ZaöR	Zeitschrift für ausländisches öffentliches Recht und Völkerrecht
ZASt	Zentrale Anlaufstelle
ZAT	Zeitschrift für Arbeitsrecht und Tarifpolitik in Kirche und Caritas
ZD	Zeitschrift für Datenschutz
ZD-Aktuell	Newsdienst der Zeitschrift für Datenschutz
ZensVorG	Zensusvorbereitungsgesetz
ZESAR	Zeitschrift für europäisches Sozial- und Arbeitsrecht
ZEuP	Zeitschrift für Europäisches Privatrecht
ZFA	Zeitschrift für Arbeitsrecht
Zfm	Zeitschrift für Medienwissenschaft
ZG	Zeitschrift für Gesetzgebung
Ziff.	Ziffer
ZMV	Die Mitarbeitervertretung, Zeitschrift für die Praxis der Mitarbeitervertretung in den Einrichtungen der katholischen und evangelischen Kirche
ZPO	Zivilprozessordnung
ZRP	Zeitschrift für Rechtspolitik
ZStW	Zeitschrift für die gesamte Strafrechtswissenschaft
ZUM	Zeitschrift für Urheber- und Medienrecht
ZWH	Zeitschrift für Wirtschaftsstrafrecht und Haftung im Unternehmen

Allgemeines Literaturverzeichnis

Albrecht/Jotzo Das neue Datenschutzrecht der EU, 2016 (zit.: *Albrecht/Jotzo* Das neue Datenschutzrecht der EU)
Däubler/Wedde/Weichert/Sommer EU-DSGVO und BDSG, Kompaktkommentar, 2020 (zit.: *Däubler/Wedde u.a.* Art. Rn.)
Ehmann/Selmayr (Hrsg.) Datenschutz-Grundverordnung: DS-GVO, Kommentar, 2. Aufl. 2018 (zit.: Ehmann/Selmayr-*Bearbeiter* Art. Rn.)
Eßer/Kramer/von Lewinski (Hrsg.) DSGVO BDSG – Datenschutz-Grundverordnung, Bundesdatenschutzgesetz und Nebengesetze, Kommentar, 6. Aufl. 2018 (zit.: Auernhammer-*Bearbeiter* Art. Rn.)
Gierschmann/Schlender/Stentzel/Veil (Hrsg.) Kommentar Datenschutz-Grundverordnung, 2017 (zit.: Gierschmann-*Bearbeiter* Art. Rn.)
Gola (Hrsg.) DS-GVO – Datenschutz-Grundverordnung VO (EU) 2016/679, Kommentar, 2. Aufl. 2018 (zit.: Gola-*Bearbeiter* Art. Rn.)
Gola/Heckmann (Hrsg) Bundesdatenschutzgesetz BDSG, Kommentar, 13. Aufl. 2019 (zit.: Gola/Heckmann-*Bearbeiter* § Rn.)
Kühling/Buchner (Hrsg.) DS-GVO/BDSG – Datenschutz-Grundverordnung, Bundesdatenschutzgesetz, 2. Aufl. 2018 (zit.: Kühling/Buchner-*Bearbeiter* Art. Rn.)
Kühling/Klar/Sackmann Datenschutzrecht, 4. Aufl. 2018 (zit.: *Kühling/Klar/Sackmann* Datenschutzrecht, S.)
Kühling/Martini u.a. Die Datenschutz-Grundverordnung und das nationale Recht, 2016 (zit.: *Kühling/Martini u.a.* Die Datenschutz-Grundverordnung und das nationale Recht, S.)
Paal/Pauly (Hrsg.) Datenschutz-Grundverordnung Bundesdatenschutzgesetz – DS-GVO BDSG, Kommentar, 2. Aufl. 2018 (zit.: Paal/Pauly-*Bearbeiter* Art. Rn.)
Plath (Hrsg.) DSGVO/BDSG – Kommentar zu DSGVO, BDSG und den Datenschutzbestimmungen des TMG und TKG, 3. Aufl. 2018 (zit.: Plath-*Bearbeiter* Art. Rn.)
Roßnagel (Hrsg.) Europäische Datenschutz-Grundverordnung, Vorrang des Unionsrechts – Anwendbarkeit des nationalen Rechts, 2016 (zit.: Roßnagel-*Bearbeiter* Europäische Datenschutz-Grundverordnung, S.)
Schaffland/Wiltfang Datenschutz-Grundverordnung (DS-GVO)/Bundesdatenschutzgesetz (BDSG), Loseblatt (zit.: *Schaffland/Wiltfang* Art. Rn.)
Schantz/Wolff Das neue Datenschutzrecht, Datenschutz-Grundverordnung und Bundesdatenschutzgesetz in der Praxis, 2017 (zit.: *Schantz/Wolff* Das neue Datenschutzrecht, Rn.)
Seckelmann (Hrsg.) Digitalisierte Verwaltung, Vernetztes E-Government, 2. Aufl. 2019 (zit.: Seckelmann-*Bearbeiter* E-Government, S.)
Simitis (Hrsg.) Bundesdatenschutzgesetz, Kommentar, 8. Aufl. 2014 (zit.: Simitis-*Bearbeiter* § BDSG Rn.)
Simitis/Hornung/Spiecker gen. Döhmann (Hrsg.) Datenschutzrecht – DSGVO mit BDSG, Kommentar, 2019 (zit.: Simitis/Hornung/Spiecker gen. Döhmann-*Bearbeiter* Art. Rn.)

Literaturverzeichnis

Sydow (Hrsg.) Europäische Datenschutzgrundverordnung, Handkommentar, 2. Aufl. 2018 (zit.: Sydow-*Bearbeiter* Art.   Rn.   )

Taeger/Gabel (Hrsg.) DSGVO BDSG, 3. Aufl. 2019 (zit.: Taeger/Gabel-*Bearbeiter* Art. Rn.   )

von der Groeben/Schwarze/Hatje (Hrsg.) Europäisches Unionsrecht, Kommentar, 7. Aufl. 2015 (zit.: von der Groeben/Schwarze/Hatje-*Bearbeiter* Art.   Rn.   )

Wedde EU-Datenschutz-Grundverordnung, Kurzkommentar mit Synopse BDSG – EU-DSGVO, 2016 (zit.: *Wedde*)

Wolff/Brink Beck'scher Online-Kommentar Datenschutzrecht (zit.: BeckOK DatenSR-*Bearbeiter* Art.   Rn.   )

Wybitul EU-Datenschutz-Grundverordnung, 2017 (zit.: *Wybitul* EU-Datenschutz-Grundverordnung, S.   )

Verordnung (EU) 2016/679 des Europäischen Parlaments und des Rates zum Schutz natürlicher Personen bei der Verarbeitung personenbezogener Daten, zum freien Datenverkehr und zur Aufhebung der Richtlinie 95/46/EG (Datenschutz-Grundverordnung)

Bundesdatenschutzgesetz (BDSG)[1]

---

1 **Anm. d. Verlages:**
  Dieses Gesetz wurde verkündet als Artikel 1 des Datenschutz-Anpassungs- und -Umsetzungsgesetzes EU und ist am 25.5.2018 in Kraft getreten.

Kapitel I
Allgemeine Bestimmungen

Artikel 1 Gegenstand und Ziele

(1) Diese Verordnung enthält Vorschriften zum Schutz natürlicher Personen bei der Verarbeitung personenbezogener Daten und zum freien Verkehr solcher Daten.

(2) Diese Verordnung schützt die Grundrechte und Grundfreiheiten natürlicher Personen und insbesondere deren Recht auf Schutz personenbezogener Daten.

(3) Der freie Verkehr personenbezogener Daten in der Union darf aus Gründen des Schutzes natürlicher Personen bei der Verarbeitung personenbezogener Daten weder eingeschränkt noch verboten werden.

– *ErwG: 1–14*

Übersicht

	Rn		Rn
I. Art. 1 – Allgemeines	1	III. Schutz der Grundrechte und	
II. Gegenstand der DS-GVO (Abs. 1)	2	Grundfreiheiten (Abs. 2)	5
		IV. Freier Datenverkehr (Abs. 3)	8

Literatur: *Abel* Umsetzung der Selbstregulierung im Datenschutz – Probleme und Lösungen, RDV 2003, 11; *Albrecht* Das neue EU-Datenschutzrecht – von der Richtlinie zur Verordnung, CR 2016, 88; *Bergt* Sanktionierung von Verstößen gegen die Datenschutz-Grundverordnung, DuD 2017, 555; *Bizer* Ziele und Elemente der Modernisierung des Datenschutzrechts, DuD 2001, 274; *Brühann* Mindeststandards oder Vollharmonisierung des Datenschutzes in der EG – Zugleich ein Beitrag zur Systematik von Richtlinien zur Rechtsangleichung im Binnenmarkt in der Rechtsprechung des Europäischen Gerichtshofs, EuZW 2009, 639; *Buchner* Grundsätze und Rechtmäßigkeit der Datenverarbeitung unter der DS-GVO, DuD 2016, 155; *ders.* Privacy, in den Exter, European Health Law 2017, 273; *Ehlers* Europäische Grundrechte und Grundfreiheiten, 4. Aufl. 2014; *Ehlers/Fehling/Pünder* Besonderes Verwaltungsrecht, Bd. 1, 3. Aufl. 2012; *Eichenhofer* Privatheit im Internet als Vertrauensschutz. Eine Neukonstruktion der Europäischen Grundrechte auf Privatleben und Datenschutz, Der Staat 2016, 41; *Eisenbarth* Kommt das Volkszählungsurteil nun durch den EuGH? – Der Europäische Datenschutz nach Inkrafttreten des Vertrags von Lissabon, JZ 2011, 169; *Frenz* Handbuch Europarecht, Bd. 5, 2010; *ders.* Annäherung von europäischen Grundrechten und Grundfreiheiten, NVwZ 2011, 961; *Gutwirt/Leenes/De Gert/Poullet* Data Protection: In Good Health?, 2012; *Härting/Schneider* Das Dilemma der Netzpolitik, Zeitschrift für Rechtspolitik 2011, 233; *Herbst* Was sind personenbezogene Daten?, NVwZ 2016, 902; *Jaeckel* The Duty to Protect Fundamental Rights in the European Community, European Law Review 2003, 508; *Kühling/Martini* Die Datenschutz-Grundverordnung: Revolution oder Evolution im europäischen und deutschen Datenschutzrecht?, EuZW 2016, 448; *Laue* Öffnungsklauseln in der DS-GVO – Öffnung wohin?, ZD 2016, 463; *Lenaerts* Die EU-Grundrechtecharta: Anwendbarkeit und Auslegung, EuR 2012, 3; *Lynskey* The foundations of EU data protection law. Oxford, 2015; *Masing* Herausforderungen des Datenschutzes, NJW 2012, 2305; *Nebel/Richter* Datenschutz bei Internetdiensten nach der DS-GVO, ZD 2012, 407; *Nitsch* Datenschutz und Informationsgesellschaft, ZRP 1995, 361; *Pötters* Grundrechte und Beschäftigtendatenschutz, 2013; *ders.* Primärrechtliche Vorgaben für eine Reform des Datenschutzrechts, RDV 2015, 10; *Roßnagel* Modernisierung des Datenschutzrechts für eine Welt allgegenwärtiger Datenverarbeitung, MMR 2005, 71;

Schantz Die Datenschutz-Grundverordnung – Beginn einer neuen Zeitrechnung im Datenschutzrecht, NJW 2016, 1841; *Schneider/Härting* Wird der Datenschutz nun endlich internettauglich? – Warum der Entwurf einer Datenschutz-Grundverordnung enttäuscht, ZD 2012, 199; *Schmidt* Datenschutz für „Beschäftigte" – Grund und Grenzen bereichsspezifischer Regelung, 2017; *Simitis* Die informationelle Selbstbestimmung – Grundbedingung einer verfassungskonformen Informationsordnung, NJW 1994, 398; *ders.* Datenschutz und die Europäische Gemeinschaft, RDV 1990, 3; *Stentzel* Das Grundrecht auf ...?, PinG 2015, 185 ff.; *Streinz/Michl* Die Drittwirkung des europäischen Datenschutzgrundrechts (Art. 8 GRCh) im deutschen Privatrecht, EuZW 2011, 384; *Sydow/Kring* Die Datenschutzgrundverordnung zwischen Technikneutralität und Technikbezug, ZD 2014, 271; *Tinnefeld* Sapere aude! Über Informationsfreiheit, Privatheit und Raster, NJW 2007, 625; *dies.* Meinungsfreiheit durch Datenschutz – Voraussetzung einer zivilen Rechtskultur, ZD 2015, 22; *Weichert* „Sensitive Daten" revisited, DuD 2017, 538; *Whitman* The Two Western Cultures of Privacy: Dignity Versus Liberty, The Yale Law Journal 2004, 115; *Wuermeling* Handelshemmnis Datenschutz, 2000.

I. Art. 1 – Allgemeines

1 Art. 1 bestimmt den Regelungsgegenstand und die Ziele der DS-GVO. Diese stimmen mit dem amtlichen Titel der DS-GVO überein, wonach der Sekundärrechtsakt Recht „zum Schutz natürlicher Personen bei der Verarbeitung personenbezogener Daten, zum freien Datenverkehr und zur Aufhebung der Richtlinie 95/46/EG" beinhaltet. Der Verordnungsgeber hat sich anders als zuvor für die Verordnung als Rechtsakt entschieden, damit innerhalb der Union ein gleichmäßiges Datenschutzniveau für natürliche Personen gewährleistet ist.[1] Diese löst die DSRL ab, knüpft aber inhaltlich ausdrücklich an sie an.[2] Dieser Aspekt ist nicht gering zu schätzen, weil der Inhalt der DS-GVO bei Auslegungskonflikten innerhalb seiner in Art. 1 definierten Schutzziele zu interpretieren und auszulegen ist.

II. Gegenstand der DS-GVO (Abs. 1)

2 Die DS-GVO verfolgt mit ihren Vorschriften zwei Ziele: Neben dem Schutz natürlicher Personen durch die Verarbeitung personenbezogener Daten ist dies der freie Verkehr personenbezogener Daten in der Union. Der Dualismus des Regelungsgegenstands entspricht Art. 16 Abs. 2 S. 1 AEUV. Die Ziele der DSRL, welche durch die Grundverordnung ersetzt wird, besitzen zwar nach wie vor Gültigkeit.[3] Doch nicht nur hinsichtlich der Wahl des Rechtsakts zur Regelung des Datenschutzes und des freien Datenverkehrs unterscheiden sich die beide Sekundärrechtsakte, sondern auch in ihrer Kompetenzgrundlage. Die damalige Befugnis zum Erlass von Maßnahmen stand im Zusammenhang mit dem Binnenmarkt, was in Bezug auf den Datenschutz als Persönlichkeitsschutz nicht vollumfänglich der Fall ist, für die Regelung der Datenverarbeitung als Harmonisierungsmaßnahme aber problemlos greift.[4] Dem Abbau von

---

1 Vgl. ErwG 13.
2 Vgl. ErwG 9.
3 Vgl. ErwG 9 S. 1.
4 Simitis-*Simitis* EG-Datenschutzrichtlinie, 1997, Einleitung, Rn. 6, 8. Als Rechtsgrundlage diente Art. 100a EWG-Vertrag, eingefügt durch Art. 18 Einheitliche Europäische Akte (EEA), ABl. L 169 v. 29.6.1987, 1; heute: Art. 114 AEUV.

Handelshemmnissen dient auch die DS-GVO.[5] Auf die Binnenmarktdimension des Datenschutzrechts verweist das Ziel des freien Datenverkehrs.[6] Das reibungslose Funktionieren des Binnenmarkts erfordert, dass der freie Verkehr personenbezogener Daten in der Union nicht aus Gründen des Schutzes natürlicher Personen bei der Verarbeitung personenbezogener Daten eingeschränkt oder verboten wird.[7]

Die Regelung des Datenschutzrechts in Form der DS-GVO kann auch als Anpassung an die Veränderung im Primärrecht verstanden werden. Art. 16 Abs. 1 AEUV als Entsprechung des Art. 8 Abs. 1 GRCh normieren seit dem Jahr 2009 gemeinsam das Recht auf Datenschutz auf Primärrechtsebene. Art. 16 Abs. 2 AEUV wurde erst durch den Vertrag von Lissabon eingefügt und ist die Grundlage der DS-GVO.[8] Die Grundverordnung dient also nicht mehr nur der Verwirklichung des Binnenmarkts, sondern gleichermaßen unmittelbar dem Schutz des von Art. 8 GRCh und Art. 16 Abs. 1 AEUV verbürgten Grundrechts.[9]   3

Im Ergebnis fasst Abs. 1 die beiden Folgeabsätze als eine Art „Programmnorm" zusammen, indem er feststellt, dass die DS-GVO insgesamt die inhaltlich gleichen Ziele, den Schutz natürlicher Personen bei der Verarbeitung personenbezogener Daten als auch den freien Verkehr mit solchen Daten, regelt.[10]   4

III. Schutz der Grundrechte und Grundfreiheiten (Abs. 2)

Nach Abs. 2 verfolgt die DS-GVO in Übereinstimmung mit Art. 1 Abs. 1 DSRL den Schutz der Grundrechte und Grundfreiheiten natürlicher Personen und hebt dabei deren Recht auf Schutz der sie betreffenden Daten hervor. Aufgrund des unmittelbaren Zusammenhangs zwischen dem grundrechtlichen Schutz personenbezogener Daten im AEU-Vertrag mit der die EU-Kompetenz begründenden Norm Art. 16 Abs. 2 AEUV kann eine Schutzpflicht, die mithin zum Erlass eines Datenschutzkonzepts verpflichtet, abgeleitet werden.[11] Die DS-GVO dient der Erfüllung dieser Schutzpflicht.   5

Der Schutz der sie betreffenden personenbezogenen Daten ist ein Grundrecht jeder natürlichen Person ungeachtet ihrer Staatsangehörigkeit oder ihres Aufenthaltsortes.[12] Die DS-GVO verfolgt ausdrücklich den Schutz dieses Grundrechts. Das Recht auf Schutz der personenbezogenen Daten ist kein uneingeschränktes Recht.[13] Das Primärrecht sieht in Art. 8 Abs. 2 S. 1 GRCh eine Einschränkung vor, wonach Daten nur nach Treu und Glauben für festgelegte Zwecke und mit Einwilligung der betroffenen Person oder auf einer sonstigen gesetzlich geregelten legitimen Grundlage verarbeitet werden dürfen. Das damit kodifizierte Verbot mit Erlaubnisvorbehalt, das Recht auf Auskunft (Art. 8 Abs. 2 S. 2 GRCh) sowie die Überwachung des   6

---

5 Vgl. ErwG 9 S. 2 und 3 und ErwG 13; Vgl. auch *Albrecht/Jotzo* Das neue Datenschutzrecht der EU, 2017, 38.
6 Vgl. Grabitz/Hilf/Nettesheim-*Sobotta* Art. 16 AEUV Rn. 32.
7 ErwG 13 S. 2.
8 Vgl. ErwG 12.
9 Vgl. auch *Albrecht/Jotzo* Das neue Datenschutzrecht der EU, 2017, 44.
10 Paal/Pauly-*Ernst* Art. 1 Rn. 2.
11 *EuGH* v. 6.10.2015 – C-362/14, ECLI:EU:C:2015:650, Schrems, Rn. 72.
12 Vgl. ErwG 14 S. 1.
13 ErwG 4 S. 1.

Datenschutzes durch eine unabhängige Stelle (Art. 8 Abs. 3 GRCh) finden in der DS-GVO ihre sekundärrechtliche Konkretisierung.

7 Die Vorschriften zum Schutz natürlicher Personen bei der Verarbeitung ihrer personenbezogenen Daten richten sich sowohl gegen öffentliche als auch gegen private Datenverarbeiter.[14]

IV. Freier Datenverkehr (Abs. 3)

8 Der freie Verkehr personenbezogener Daten in der Union darf aus Gründen des Schutzes der von der Datenverarbeitung Betroffenen weder eingeschränkt noch verboten werden (Abs. 3). Insoweit darf der Datenschutz nach Abs. 3 keine innereuropäische Verkehrsbeschränkung begründen. Diese Behauptung hält einer Überprüfung aber nicht stand. Tatsächlich beinhaltet die DS-GVO zahlreiche datenflussbeschränkende Normen in Form von diversen Auflagen und strengen Rechtmäßigkeitsvoraussetzungen.[15] Das Schutzziel, so wie es auch in Art. 1 Abs. 2 DSRL geregelt war, hat durch die zwischenzeitliche Normierung einer Kompetenzgrundlage im AEUV ihre ursprüngliche Funktion, über den Binnenmarktbezug zur Rechtsetzungsbefugnis beizutragen, verloren und nimmt nun eine unklare Stellung ein.[16]

9 Gewährleistet die DS-GVO ein hohes Datenschutzniveau, darf der Verkehr personenbezogener Daten innerhalb der Union weder beschränkt noch untersagt werden.[17] Dazu besteht auch keine Veranlassung. Der Unionsgerichtsbarkeit nach ist das Schutzziel des freien Datenverkehrs durch Vereinheitlichung herzustellen, aber hierbei ein hohes datenschutzrechtliches Schutzniveau zu gewährleisten.[18] Dieses Verständnis erstreckt sich auch auf die DS-GVO, denn durch die zwischenzeitliche Veränderung des Primärrechts hat die grundrechtliche Zielrichtung der Datenschutzgesetzgebung der EU ein noch stärkeres Gewicht erhalten als zum Zeitpunkt des Erlasses der DSRL.[19]

10 Bedeutung gewinnt das Schutzziel vor allem bei der Nutzung von Daten in verschiedenen Mitgliedstaaten. Dieses trägt dazu bei gleichen Wettbewerbsbedingungen innerhalb der Union zu schaffen.[20]

Artikel 2 Sachlicher Anwendungsbereich

(1) Diese Verordnung gilt für die ganz oder teilweise automatisierte Verarbeitung personenbezogener Daten sowie für die nichtautomatisierte Verarbeitung personenbezogener Daten, die in einem Dateisystem gespeichert sind oder gespeichert werden sollen.

---

14 *EuGH* v. 13.5.2014 – C-131/12, ECLI:EU:C:2014:317, Google Spain.
15 Vgl. Auernhammer-*Lewinski* Art. 1 DS-GVO Rn. 8 f.; Plath-*Plath* Art. 1 Rn. 6.
16 Vgl. Sydow-*Sydow* Art. 1 Rn. 16 ff., 21.
17 Vgl. ErwG 6 S. 5.
18 *EuGH* v. 6.11.2003 – C-101/01, ECLI:EU:C:2003:596, Lindqvist, Rn. 95 f.; *EuGH* v. 9.3.2010 – C-518/07, ECLI:EU:C:2010:125, Kommission/Deutschland, Rn. 22; *EuGH* v. 24.11.2011, C-468/10, ECLI:EU:C:2011:77, ASNEF, Rn. 28 f.
19 BeckOK DatenSR-*Schantz* Art. 1 Rn. 2 f.
20 Vgl. *Schantz* NJW 2016, 1841, 1842.

Sachlicher Anwendungsbereich Art. 2

(2) Diese Verordnung findet keine Anwendung auf die Verarbeitung personenbezogener Daten

a) im Rahmen einer Tätigkeit, die nicht in den Anwendungsbereich des Unionsrechts fällt,
b) durch die Mitgliedstaaten im Rahmen von Tätigkeiten, die in den Anwendungsbereich von Titel V Kapitel 2 EUV fallen,
c) durch natürliche Personen zur Ausübung ausschließlich persönlicher oder familiärer Tätigkeiten,
d) durch die zuständigen Behörden zum Zwecke der Verhütung, Ermittlung, Aufdeckung oder Verfolgung von Straftaten oder der Strafvollstreckung, einschließlich des Schutzes vor und der Abwehr von Gefahren für die öffentliche Sicherheit.

(3) [1]Für die Verarbeitung personenbezogener Daten durch die Organe, Einrichtungen, Ämter und Agenturen der Union gilt die Verordnung (EG) Nr. 45/2001. [2]Die Verordnung (EG) Nr. 45/2001 und sonstige Rechtsakte der Union, die diese Verarbeitung personenbezogener Daten regeln, werden im Einklang mit Artikel 98 an die Grundsätze und Vorschriften der vorliegenden Verordnung angepasst.

(4) Die vorliegende Verordnung lässt die Anwendung der Richtlinie 2000/31/EG und speziell die Vorschriften der Artikel 12 bis 15 dieser Richtlinie zur Verantwortlichkeit der Vermittler unberührt.

– *ErwG: 13–21*
– *BDSG n.F.: § 1*

Übersicht

	Rn		Rn
A. Einordnung und Hintergrund	1	4. Manuelle Datenverarbeitung	29
I. Erwägungsgründe	1	III. Ausnahmenkatalog nach Abs. 2	31
1. Erwägungsgrund 14	2	1. Tätigkeit außerhalb der Anwendbarkeit des Unionsrechts	32
2. Erwägungsgrund 15	3		
3. Erwägungsgrund 16	4		
4. Erwägungsgrund 17	5		
5. Erwägungsgrund 18	6	2. Datenverarbeitung seitens der Mitgliedstaaten im Bereich der GASP	36
6. Erwägungsgrund 19	7		
7. Erwägungsgrund 20	8		
8. Erwägungsgrund 21	9	3. Persönliche und private Datenverarbeitung	37
II. BDSG n.F.	10		
III. Normengenese und -umfeld	15	4. Strafrechtliche Tätigkeiten und Schutz der öffentlichen Sicherheit	44
1. DSRL	15		
2. BDSG a.F.	16		
B. Kommentierung (Art. 2)	17	IV. Tätigwerden der EU-Organe und ihrer Einrichtungen	49
I. Allgemeines: Zweck, Bedeutung, Systematik/Verhältnis zu anderen Vorschriften	17	V. Fortgesetzte Anwendbarkeit der E-Commerce-Richtlinie	52
II. Sachlicher Anwendungsbereich (Abs. 1)	24	VI. Exkurs: Anwendbarkeit ePrivacy-Richtlinie, TKG und TMG	53
1. Personenbezogene Daten	25		
2. Verarbeitung	26		
3. Automatisierte Datenverarbeitung	27	1. Anwendbarkeit des Telekommunikationsgesetzes	54

Pabst

Art. 2   Sachlicher Anwendungsbereich

	Rn		Rn
2. Anwendbarkeit des Telemediengesetzes	57	aa) § 1 Abs. 4 S. 2 Nr. 1	75
		bb) § 1 Abs. 4 S. 2 Nr. 2	84
VII. § 1 BDSG n.F. Anwendungsbereich des Gesetzes	58	cc) § 1 Abs. 4 S. 2 Nr. 3	85
1. Allgemeines	58	c) Ergänzende Anwendbarkeit des BDSG	
2. Normadressaten	59	außerhalb des Satzes 2	86
a) Öffentliche Stellen des Bundes und der Länder als Normadressaten	60	6. Vorrangige Geltung des DS-GVO als unmittelbar geltendes Recht	93
b) Nichtöffentliche Stellen	64	7. Klarstellung bezüglich der Gleichstellung von Staaten mit Mitgliedstaaten der EU (Abs. 6 und 7)	94
3. Subsidiarität des BDSG	67		
4. Vorrang vor dem VwVfG	69		
5. Anwendungsbereich	72		
a) Grundsatz der umfänglichen Anwendbarkeit für öffentliche Stellen	73	8. Ergänzende Anwendung des DS-GVO und des BDSG auf einzelne Datenverarbeitungen öffentlicher Stellen	96
b) Voraussetzungen der Anwendbarkeit auf nichtöffentliche Stellen	74		

Literatur: *Albrecht* Das neue EU-Datenschutzrecht – von der Richtlinie zur Verordnung, CR 2016, 88; *Ashkar* Durchsetzung und Sanktionierung des Datenschutzrechts nach den Entwürfen der Datenschutz-Grundverordnung, DuD 2015, 796; *Dieterich* Rechtsdurchsetzungsmöglichkeiten nach der DS-GVO – Einheitlicher Rechtsrahmen führt nicht zwangsläufig zu einheitlicher Rechtsanwendung, ZD 2016, 260; *Faust/Spittka/Wybitul* Milliardenbußgelder nach der DS-GVO? Ein Überblick über die neuen Sanktionen bei Verstößen gegen den Datenschutz, ZD 2016, 120; *Härting* Datenschutzreform in Europa: Einigung im EU-Parlament, CR 2013, 715; *Hartung/Reintzsch* Die datenschutzrechtliche Haftung nach der EU-Datenschutzreform, ZWH 2013, 129; *Kehr* EU-Datenschutz-Grundverordnung – Überblick über die wesentlichen Modifizierungen für Unternehmen, CB 2016, 421; *Lüdemann/Wenzel* Zur Funktionsfähigkeit der Datenschutzaufsicht in Deutschland, RDV 2015, 285; *Neun/Lubitzsch* EU-Datenschutz-Grundverordnung – Behördenvollzug und Sanktionen, BB 2016, 1538; *Nguyen* Die zukünftige Datenschutzaufsicht in Europa – Anregungen für den Trilog zu Kap. VI bis VII der DS-GVO, ZD 2015, 265; *Spindler* Die neue EU-Datenschutz-Grundverordnung, DB 2016, 937; *Thüsing/Traut* The Reform of the European Data Protection Law: Harmonisation at Last?, Intereconomics 2013, 271.

A. Einordnung und Hintergrund

I. Erwägungsgründe

1 Art. 2 nimmt die Erwägungsgründe 14 bis 21 in Bezug.

2 **1. Erwägungsgrund 14.** ErwG 14 enthält die Begrenzung der Anwendbarkeit der DS-GVO auf die Verarbeitung der personenbezogenen Daten natürlicher Personen ungeachtet ihrer Staatsangehörigkeit oder ihres Aufenthaltsorts. Die Verarbeitung bezüglich juristischer Personen und insbesondere als juristische Personen gegründeter Unternehmen ist ausdrücklich ausgenommen.

3 **2. Erwägungsgrund 15.** ErwG 15 unterstreicht den Grundsatz der Technologieneutralität, weshalb auch manuelle Datenverarbeitungsvorgänge jedenfalls im Falle der Speicherung oder der beabsichtigten Speicherung in Dateisystemen dem Anwendungsbereich der DS-GVO unterfallen.

3. Erwägungsgrund 16. ErwG 16 will die Anwendbarkeit der DS-GVO insbesondere im Bereich der nationalen Sicherheit in der Hand der Mitgliedstaaten belassen und im Bereich der gemeinsamen Außen- und Sicherheitspolitik ausschließen.   4

4. Erwägungsgrund 17. ErwG 17 nimmt die datenverarbeitende Tätigkeit der EU-Organe, ihrer Einrichtungen, Ämter und Agenturen von der Geltung der DS-GVO insbesondere zugunsten der VO (EG) 45/2001 aus, verlangt aber die Sicherstellung eines kohärenten Datenschutzrechts durch Anpassung bestehender Datenschutzvorschriften an die DS-GVO.   5

5. Erwägungsgrund 18. ErwG 18 erläutert beispielhaft die sog. Haushaltsausnahme, durch die die Verarbeitung von personenbezogenen Daten, die von einer natürlichen Person zur Ausübung ausschließlich persönlicher oder familiärer Tätigkeiten und somit ohne Bezug zu einer beruflichen oder wirtschaftlichen Tätigkeit von der Geltung der DS-GVO ausgenommen wird.   6

6. Erwägungsgrund 19. ErwG 19 nimmt die Ausnahme zugunsten der Datenverarbeitung zuständiger nationaler Behörden zum Zwecke der Verhütung, Ermittlung, Aufdeckung oder Verfolgung von Straftaten oder der Strafvollstreckung, einschließlich des Schutzes vor und der Abwehr von Gefahren für die öffentliche Sicherheit auf.   7

7. Erwägungsgrund 20. ErwG 20 mahnt die Privilegierung der Arbeit von Justizbehörden und Gerichten zur Achtung der richterlichen Unabhängigkeit an.   8

8. Erwägungsgrund 21. ErwG stellt klar, dass die Vorschriften der E-Commerce-Richtlinie 2000/31/EG, insbesondere deren Art. 12 bis 15, durch die DS-GVO nicht verdrängt werden. Dies geschieht im Sinne der Zwecksetzung der Richtlinie, durch Sicherstellung des freien Verkehrs von Diensten der Informationsgesellschaft zwischen den Mitgliedstaaten dazu beizutragen, dass der Binnenmarkt einwandfrei funktioniert.   9

II. BDSG n.F.

Die in § 1 Abs. 1 BDSG a.F. enthaltene Zwecksetzung des BDSG hat in § 1 BDSG n.F. keinen Eingang gefunden. § 1 BDSG n.F. entspricht in Abs. 1 im Wesentlichen der Vorschrift des § 1 Abs. 2 BDSG a.F., nimmt aber bezüglich der Geltung für nichtöffentliche Stellen die Begrifflichkeit des Art. 2 Abs. 1 in Bezug, wenn die Geltung für die ganz oder teilweise automatisierte Verarbeitung personenbezogener Daten sowie die nichtautomatisierte Verarbeitung personenbezogener Daten, die in einem Dateisystem gespeichert sind oder gespeichert werden sollen, angeordnet wird.   10

Abs. 2 stellt klar, dass das BDSG n.F. gegenüber anderen datenschutzrechtlichen Vorschriften zurücktritt, aber subsidiäre Geltung behält. Abs. 3 nimmt wortgleich den früheren Abs. 4 auf. Abs. 4 passt die Anwendungsregelung insbesondere bezüglich der Geltung für nichtöffentliche Stellen wiederum an die Begrifflichkeit der DS-GVO an, indem die Norm bspw. zwischen Verantwortlichen und Auftragsverarbeitern differenziert; im Übrigen bestimmt Nr. 3 des Abs. 4 die Anwendung des Gesetzes für Verantwortliche und Auftragsverarbeiter, die – ohne eine Niederlassung in der EU oder im EWR zu haben – dennoch in den Anwendungsbereich der DS-GVO fallen. Im Übrigen wird in Abs. 2 S. 2 die Geltung jedenfalls der Vorschriften über den DSB und dessen Befugnisse angeordnet.   11

Art. 2 / § 1 BDSG   Sachlicher Anwendungsbereich

12 Abs. 5 bestimmt, dass das BDSG n.F. dort nicht gilt, wo die DS-GVO unmittelbare Anwendung findet. Gemäß Abs. 6 werden die EWR-Staaten und die Schweiz den Mitgliedstaaten der EU gleichgestellt, wobei alle übrigen Staaten als Drittstaaten gelten.

13 Für den Bereich der Datenverarbeitung nach Art. 1 Abs. 1 der Richtlinie (EU) 2016/680 des Europäischen Parlaments und des Rates vom 27.4.2016 zum Schutz natürlicher Personen bei der Verarbeitung personenbezogener Daten durch die zuständigen Behörden zum Zweck der Verhütung, Ermittlung, Aufdeckung oder Verfolgung von Straftaten oder der Strafvollstreckung sowie zum freien Datenverkehr und zur Aufhebung des Rahmenbeschlusses 2008/977/JI des Rates stehen gem. Abs. 7 bei der Umsetzung, Anwendung und Entwicklung des Schengen-Besitzstands assoziierte Staaten den Mitgliedstaaten der Europäischen Union gleich, wobei alle übrigen Staaten wieder als Drittstaaten gelten.

14 Gemäß Abs. 8 schließlich sollen für Verarbeitungen öffentlicher Stellen, die nicht in den Anwendungsbereich der DS-GVO und der Richtlinie (EU) 2016/680 fallen, die DS-GVO und jedenfalls Teile 1 und 2 des BDSG n.F. entsprechend Anwendung finden.

III. Normengenese und -umfeld

15 **1. DSRL.** Die DSRL enthielt in Art. 3 eine Art. 2 in Teilen entsprechende Vorschrift, insbesondere bezüglich einzelner Ausnahmen nach Art. 2 Abs. 2.

16 **2. BDSG a.F.** § 1 BDSG a.F. war in Teilen wortgleich, enthielt aber mangels Verordnungsrechts auf Ebene der EU insbesondere keine Abgrenzungsvorschriften gegenüber unmittelbar geltenden Vorschriften des EU-Rechts.

B. Kommentierung (Art. 2)

I. Allgemeines: Zweck, Bedeutung, Systematik/Verhältnis zu anderen Vorschriften

17 Art. 2 Abs. 1 beschreibt den sachlichen Anwendungsbereich der DS-GVO orientiert an den Zielen, die insbesondere in Art. 1 skizziert werden, aber auch bereits mit der DSRL verfolgt wurden, nämlich den Schutz natürlicher Personen durch Gefährdungen des allgemeinen Persönlichkeitsrechts, die mit der automatisierten Datenverarbeitung oder der Speicherung von Daten in Dateisystemen[1] auf Grundlage manueller Datenverarbeitung einhergehen. Die Erfassung von Vorgängen manueller Datenverarbeitung soll einer Umgehung der Anwendbarkeit des DS-GVO vorbeugen.[2]

18 Die DS-GVO konkretisiert so die Rechte von Unionsbürgern nach Art. 8 GRCh, wonach jede Person das Recht auf Schutz der sie betreffenden personenbezogenen Daten hat. Dabei wird aber nicht jede Art der Datenverarbeitung in Bezug genom-

---

1 Vgl. zur weiten Auslegung des Begriffs „Dateisystems" anhand des in der Datenschutzrichtlinie verwendeten Vorläuferbegriffs „Datei" durch den *EuGH* v. 10.7.2018 – C-25/17, ECLI:EU:C:2018:551, Zeugen Jehovas; *Schwartmann/Mühlenbeck* HK DS-GVO Art. 4 Rn. 110 ff. Die Voraussetzungen einer Datei sind für den *EuGH* dann erfüllt, „sofern es sich um eine Sammlung personenbezogener Daten handelt und diese Daten nach bestimmten Kriterien so strukturiert sind, dass sie in der Praxis zur späteren Verwendung leicht wiederauffindbar sind", Rn. 62.
2 Gola-*Gola* Art. 2 Rn. 1.

men, sondern lediglich die in Abs. 1 genannten. Zugleich verfolgt Art. 2 Abs. 1 das Ziel, den grenzüberschreitenden Verkehr mit personenbezogenen Daten zu harmonisieren und zu regulieren.

Ausnahmen von der Geltung der Verordnung regelt insbesondere Abs. 2, wonach die Verordnung auf Verarbeitung personenbezogener Daten in den dort genannten Fällen keine Anwendung findet, obgleich die Voraussetzungen des Art. 2 Abs. 1 erfüllt sind. 19

Abs. 3 regelt die fortgesetzte Anwendbarkeit der Verordnung (EG) Nr. 45/2001 auf die Tätigkeit der Unionsorgane und ihrer Untergliederungen, zugleich die Anwendbarkeit weiterer Rechtsakte, die die Datenverarbeitung durch die Unionsorgane zum Gegenstand haben; zugleich wird vorgeschrieben, dass die betreffenden Rechtsakte an die Regelungen der DS-GVO anzupassen sind. 20

Schließlich bestimmt Abs. 4 die Fortgeltung der E-Commerce-Richtlinie 2000/31/EG bezogen auf die Verantwortlichkeit von Vermittlern. 21

Insbesondere Art. 2 Abs. 1 nimmt Teile der Begrifflichkeit nach Art. 4, „personenbezogene Daten" (Art. 4 Nr. 1), „Verarbeitung" (Art. 4 Nr. 2) und „Dateisystem" (Art. 4 Nr. 6) in Bezug. 22

Art. 2 entspricht insbesondere bezüglich der grundsätzlichen Anwendbarkeit sowie bezüglich der wesentlichen Ausnahmetatbestände Art. 3 DSRL. In Abweichung zur DSRL sind über Abs. 3 nunmehr auch die Unionsorgane und ihre Einrichtungen jedenfalls mittelbar Adressaten der DS-GVO, indem auf die Verordnung (EG) Nr. 45/2001 verwiesen wird, die an die Grundsätze des DS-GVO angepasst werden soll. Der Vorschlag des EU-Parlaments, die Verordnung (EG) Nr. 45/2001 für die Organe und Einrichtungen der Union vorrangig gelten zu lassen, soweit die der DS-GVO nicht spezieller seien, wurde zugunsten der Anpassungsregelung in Abs. 3 fallengelassen.[3] Die ursprünglich diskutierte Herausnahme der Datenverarbeitung im öffentlichen Bereich wurde zugunsten der Öffnungsklausel nach Art. 6 Abs. 2 verworfen. 23

II. Sachlicher Anwendungsbereich (Abs. 1)

Art. 2 Abs. 1 erstreckt die Anwendbarkeit des DS-GVO auf die Verarbeitung personenbezogener Daten im automatisierten und nicht-automatisierten Verfahren. ErwG 14 stellt klar, dass nur die Verarbeitung von Daten natürlicher Personen erfasst sein soll, nicht aber die Verarbeitung personenbezogener Daten juristischer Personen und insbesondere als juristische Person gegründeter Unternehmen, einschließlich Name, Rechtsform oder Kontaktdaten der juristischen Person. 24

1. Personenbezogene Daten. Personenbezogene Daten sind demnach gem. Art. 4 Nr. 1 solche Information, die sich auf eine identifizierte oder identifizierbare natürliche Person beziehen. Zentral ist damit die Identifizierbarkeit der Person anhand der betreffenden Daten, sei es direkt oder indirekt, insbesondere mittels Zuordnung zu einer Kennung wie einem Namen, zu einer Kennnummer, zu Standortdaten, zu einer Online-Kennung oder zu einem oder mehreren besonderen Merkmalen. Gemeint sind somit Daten, die Ausdruck der physischen, physiologischen, genetischen, psychischen, wirtschaftlichen, kulturellen oder sozialen Identität dieser natürlichen Person sind. 25

---

3 Kühling/Buchner-*Kühling/Raab* Art. 2 Rn. 7.

Art. 2   Sachlicher Anwendungsbereich

Die Begrifflichkeit nach Art. 4 Nr. 1 orientiert sich insoweit ihrerseits am Wortlaut von Art. 2 lit. a DSRL, der aber für sich genommen bereits umstritten war.[4]

26 **2. Verarbeitung.** Als Verarbeitung wird – in Abweichung zum Wortlaut des § 1 BDSG a.F., wo von „Umgang mit personenbezogenen Daten" gesprochen wurde – gem. der Begrifflichkeit des Art. 4 Nr. 2 jeder Vorgang, der personenbezogene Daten betrifft, angesehen.[5]

27 **3. Automatisierte Datenverarbeitung.** Vom Vorliegen einer automatisierten Datenverarbeitung ist immer dann auszugehen, wenn die Verarbeitung in einer Datenverarbeitungsanlage geschieht. Dass hierfür keine Beispiele benannt werden, kann im Zusammenhang mit ErwG 15 gesehen werden, dem zufolge der Schutz natürlicher Personen technologieneutral sein und nicht von den verwendeten Techniken abhängen soll. Folge ist zugleich eine weite Auslegung des Begriffs der automatisierten Datenverarbeitung[6], der dann alle technischen Einrichtungen erfasst, die im Zuge der Benutzung personenbezogene Daten – ggf. auch nur in geringem Umfang und kurzfristig – speichern, verarbeiten oder vermitteln. Dies können somit auch Computer, digitale Kopierer, Videoüberwachungssysteme, jedenfalls bei kontinuierlicher Speicherung von Informationen,[7] oder Smart-Home-Anwendungen sein.

28 Erfasst vom Begriff der automatisierten Datenverarbeitung sind auch teilautomatisierte Vorgänge, etwa bei manueller Eingabe von Daten in ein System, das diese dann automatisiert weiterverarbeitet. Eine teilautomatisierte Datenverarbeitung liegt auch vor, sofern bezüglich einer analogen Datensammlung eine automatisierte Indizierung mit dem Ziel leichterer Auffindbarkeit von Daten erzeugt wird.[8] Auch hier gilt wieder, dass entsprechend des ErwG 15 eine Umgehung der DS-GVO möglichst ausgeschlossen sein soll.

29 **4. Manuelle Datenverarbeitung.** Gemäß dem Grundsatz der Technologieneutralität nach ErwG 15 wird auch die manuelle Datenvereinbarung erfasst, sofern die manuell erhobenen Daten in einem Dateisystem gespeichert werden oder gespeichert werden sollen. Der Begriff des Dateisystems ist wiederum unter Rückgriff auf Art. 4 zu bestimmen. Hier wird der Begriff unter Nr. 6 beschrieben wird als „strukturierte Sammlung personenbezogener Daten, die nach bestimmten Kriterien zugänglich ist, unabhängig davon, ob sie zentral, dezentral oder nach funktionalen oder geografischen Gesichtspunkten geordnet geführt wird".[9] Die Formulierung stimmt insoweit mit Art. 2 lit. c DSRL überein, der als Ausgangspunkt aber noch den Begriff der Datei zugrunde legte; entsprechend war auch eine Vorfassung im Gesetzgebungsverfahren formuliert. Der Begriff „Dateisystem" entspricht dem des „filing system" in der englischen Fassung.

---

4 *EuGH* v. 19.10.2016 – C-582/14, Breyer/Deutschland, EuZW 2016, 909, 910 f.; auch Kühling/Buchner-*Kühling/Raab* Art. 2 Rn. 14. Allgemein *Schwartmann/Mühlenbeck* HK DS-GVO Art. 4 Rn. 9 ff.
5 Gola-*Gola* Art. 2 Rn. 4; *Laue/Kremer* Das neue Datenschutzrecht in der betrieblichen Praxis, § 1 Rn. 8 f.; *Schwartmann/Mühlenbeck* HK DS-GVO Art. 4 Rn. 48 ff.
6 Paal/Pauly-*Ernst* Art. 2 Rn. 5; *Laue/Kremer* Das neue Datenschutzrecht in der betrieblichen Praxis, § 1 Rn. 8 f.
7 *EuGH* v. 11.12.2014 – C-212/13, Rynea/ÚYad pro ochranu osobních údaju, EuZW 2015, 234, 235.
8 Kühling/Buchner-*Kühling/Raab* Art. 2 Rn. 16.
9 Siehe hierzu *Schwartmann/Mühlenbeck* HK DS-GVO Art. 4 Rn. 110 ff.

Damit fällt eine manuelle Datenerhebung, die nicht im weitesten Sinne darauf ausgerichtet ist, die Daten in ein entsprechendes System zu überführen, trotz ihrer persönlichkeitsrechtsrelevanten Auswirkungen nicht in den Anwendungsbereich der DS-GVO.[10] Eine Weiterverarbeitung von Daten auf dem Papier wäre so jedenfalls nicht erfasst, wenn sie bspw. in einer unsortierten Akte zusammengefasst werden. Sobald aber Daten in einer nach bestimmten Kriterien sortierten – wenn auch analogen – Ablage zusammengefasst werden, etwa in Karteikartensystemen oder in nach festgelegten Gesichtspunkten geführten Personal- oder Krankenakten, liegt eine Speicherung i.S.d. Art. 2 Abs. 1 vor.[11] Die Anforderungen an den Umstand, dass Daten „gespeichert werden sollen", sind nicht zu hoch anzusetzen. Hierzu ist insbesondere keine zielgerichtete Absicht im Moment der manuellen Datenerhebung vonnöten. Es reicht aus, dass die Möglichkeit in Betracht gezogen wird; ebenso schadet nicht, dass die Entscheidung über die Speicherung erst noch von einer übergeordneten Stelle getroffen werden muss. 30

III. Ausnahmenkatalog nach Abs. 2

Art. 2 Abs. 2 führt vier Fälle der Verarbeitung personenbezogener Daten auf, auf die die DS-GVO keine Anwendung findet. 31

1. Tätigkeit außerhalb der Anwendbarkeit des Unionsrechts. Nach Art. 2 Abs. 2 lit. a findet die Verordnung keine Anwendung auf Tätigkeiten, die nicht in den Anwendungsbereich des Unionsrechts fallen. Unter Zugrundelegen des ErwG 16 sind dies Tätigkeiten etwa im Rahmen der nationalen Sicherheit. 32

Die Vorschrift korrespondiert mit der begrenzten Rechtsetzungsbefugnis der Union, wie sie sich aus Art. 16 Abs. 2 AEUV ergibt. Nach Art. 16 Abs. 2 AEUV erlassen das Parlament und der Rat Vorschriften über den Schutz natürlicher Personen bei der Verarbeitung personenbezogener Daten, sofern diese durch die Organe, Einrichtungen und sonstigen Stellen der Union erfolgt, sowie durch die Mitgliedstaaten im Rahmen der Ausübung von Tätigkeiten, die in den Anwendungsbereich des Unionsrechts fallen. Im Umkehrschluss ist diejenige Tätigkeit der Nationalstaaten, die nicht von der Rechtsetzungsbefugnis der Union erfasst ist, zugleich von der Geltung des DS-GVO ausgenommen. 33

Unter Zugrundelegung des ErwG 16 können dies Tätigkeiten sein, die mit der Verarbeitung personenbezogener Daten einhergehen, etwa im Rahmen der nationalen Sicherheit. Erfasst von der Geltung der DS-GVO ist dagegen der Bereich der polizeilich-justiziellen Zusammenarbeit nach Art. 81–86 AEUV. 34

Ausgenommen von der Geltung der Verordnung sind über die in ErwG 16 genannten Fragen der nationalen Sicherheit hinaus aber alle Tätigkeiten, die ein Mitgliedstaat in denjenigen Bereichen entfaltet, die nach den üblichen Abgrenzungskriterien, dem Prinzip der begrenzten Einzelermächtigung, der Verhältnismäßigkeit und der Subsidiarität den Nationalstaaten zustehen.[12] 35

---

10 Gola-*Gola* Art. 2 Rn. 7; *Laue/Kremer* Das neue Datenschutzrecht in der betrieblichen Praxis, § 1 Rn. 10.
11 Paal/Pauly-*Ernst* Art. 2 Rn. 9; Gola-*Gola* Art. 2 Rn. 8.
12 In diesem Sinne Ehmann/Selmayr-*Zerdick* Art. 2 Rn. 5.

36 **2. Datenverarbeitung seitens der Mitgliedstaaten im Bereich der GASP.** Ausgenommen ist weiter eine Verarbeitung personenbezogener Daten durch die Mitgliedstaaten im Rahmen des auswärtigen Handelns und der Gemeinsamen Außen- und Sicherheitspolitik (GASP) gem. Titel V Kapitel 2 EUV (Art. 23–46 EUV). Die Ausnahme liegt darin begründet, dass Art. 39 EUV eine eigene Ermächtigungsgrundlage enthält, aufgrund derer der Rat Vorschriften erlassen kann über den Schutz natürlicher Personen bei der Verarbeitung personenbezogener Daten durch die Mitgliedstaaten im Rahmen der Ausübung von Tätigkeiten, die in den Anwendungsbereich des Titel V Kapitel 2 fallen.[13] Insoweit ist zweifelhaft, ob der Datenschutz – jedenfalls nach Erlass derartiger Vorschriften – unmittelbar an Art. 7 und 8 GRCh zu messen ist.

37 **3. Persönliche und private Datenverarbeitung.** Der Ausnahmetatbestand des Art. 2 Abs. 2 lit. c, die sog. „Haushaltsausnahme" oder auch das Haushaltsprivileg, war bereits Bestandteil des Art. 3 Abs. 2 2. Spiegelstrich der DSRL und des BDSG a.F. Die Regelung folgt dem Gedanken, dass die häusliche Privatsphäre ihrerseits den grundrechtlichen Schutz des allgemeinen Persönlichkeitsrechts genießt und so von der staatlichen Regelungsbefugnis ausgenommen sein soll.[14]

38 ErwG 18 enthält nur ansatzweise Hinweise auf den Umfang der Regelung. So soll „auch das Führen eines Schriftverkehrs oder von Anschriftenverzeichnissen oder die Nutzung sozialer Netze und Online-Tätigkeiten im Rahmen solcher Tätigkeiten" Ausdruck persönlicher oder familiärer Datenverarbeitungstätigkeiten sein können. Insbesondere Art. 4 enthält insoweit keine Definitionen der Begriffe „persönlich" und „familiär".[15] Sprachlich ist eine Abweichung festzustellen zum Wortlaut etwa der englischen und der französischen Fassung, die anstelle des Begriffs „private" in der deutschen Fassung die Begriffe „household" bzw. „domestique" verwenden. Die genannten Fassungen dürften somit den Regelungsgehalt besser zum Ausdruck bringen, weil sie stärker als die deutsche Fassung auf die häusliche Privatsphäre abstellen.

39 Der Abgrenzung bedarf die Vorschrift insoweit, als – wie ErwG 18 dies ausführt – auch bei häuslicher Datenverarbeitung kein Bezug zu einer beruflichen oder wirtschaftlichen Tätigkeit bestehen darf. Damit sind neben der Erfassung und Pflege bspw. rein familiärer Kontaktdaten auch Datensammlungen erfasst, die über den privaten Kreis hinausgehen, also Dritte außerhalb des Familienkreises betreffen, so über Prominente, Sportler oder sonstige außenstehende Personen, die für den Privaten von Interesse sind, etwa im Rahmen eines privaten Hobbies.[16] Fehlt derartigen Verarbeitungsvorgängen der wirtschaftlich-berufliche Bezug, sind auch diese von der Geltung der DS-GVO ausgenommen. Somit dürfte etwa die Beobachtung des Eingangsbereichs privat genutzter Wohnhäuser mittels einer Videokamera nicht der DS-GVO unterfallen.[17]

40 Die Nutzung sozialer Netzwerke im häuslich-privaten Bereich ist dann von der Geltung der DS-GVO ausgenommen, wenn der Kreis der Zugriffsberechtigten auf das jeweilige Datum begrenzt ist. Wird die Information an eine unbestimmte Vielzahl von

---

13 So Paal/Pauly-*Ernst* Art. 2 Rn. 12 und auch Kühling/Buchner-*Kühling/Raab* Art. 2 Rn. 22.
14 In diesem Sinne Sydow-*Ennöckl* Art. 2 Rn. 10; auch *Gola/Lepperhoff* ZD 2016, 9, 12.
15 Vgl. insoweit auch *Roßnagel/Nebel/Richter* ZD 2015, 455, 456.
16 *Gola/Lepperhoff* ZD 2016, 9.
17 Vgl. *Veil* NVwZ 2019, 1126, 1134.

Personen verbreitet, muss hierfür die DS-GVO trotz des grundsätzlich privaten Rahmens der Nutzung gelten.[18] Dies steht im Übrigen im Einklang mit der Rechtsprechung des EuGH zu Art. 3 Abs. 1, 2, Art. 8 Abs. 1 DSRL, wonach auch die private Nutzung des Internets dann der Richtlinie unterfällt, wenn die betreffenden Daten einer unbegrenzte Zahl von Personen zugänglich gemacht werden.[19] Deswegen ist eine Beschränkung der Privilegierung bei Nutzung sozialer Netzwerke auf einen engen Familien- und Freundeskreis zu fordern.[20] Ob die Ausnahme nach lit. c greift, ist damit aber letztlich einzelfallabhängig.

Besteht eine Verbindung zu beruflicher oder wirtschaftlicher Betätigung, gleich in welcher konkreten Ausgestaltung diese stattfindet, greift die Ausnahme nach lit. c nicht. Dies gilt nach zutreffender Ansicht auch, wenn die Tätigkeit nicht auf Gewinnerzielung angelegt ist, also auch bei Datenverarbeitung in ehrenamtlicher Funktion; letztere dient gerade nicht nur persönlichen Zwecken.[21] **41**

Das Kriterium der Ausschließlichkeit einer Datenverarbeitung zu persönlichen oder privaten Zwecken führt zugleich dazu, dass eine private Datenverarbeitung, die sowohl den privaten wie den geschäftlichen Bereich betrifft, nicht der Privilegierung nach lit. c unterfallen kann.[22] Ob gerade bei gemischten Dateien bzw. Nutzungen eine Abgrenzung nach dem Schwerpunkt der jeweiligen Datenverarbeitung vorzugswürdig wäre,[23] kann insoweit bezweifelt werden, als die zunehmende Durchdringung auch des privaten Bereichs mit beruflichen Aspekten und die wachsenden technischen Möglichkeiten eine eher restriktive Auslegung fordern.[24] Ob eine Abgrenzung nach dem Schwerpunkt praktikabler wäre als das Kriterium der Ausschließlichkeit,[25] ist letztlich nicht nachweisbar; eine solche Vorgehensweise würde sich im Zweifel noch eher in Beweisfragen im Einzelfall aufreiben. **42**

Wenn sich die Nutzung sozialer Netzwerke im Rahmen der Ausnahme nach lit. c bewegt, stellt ErwG 18 zugleich klar, dass die Ausnahme sich nicht auf den Diensteanbieter bezieht.[26] **43**

4. Strafrechtliche Tätigkeiten und Schutz der öffentlichen Sicherheit. Die Ausnahme nach lit. d zugunsten des Tätigwerdens zuständiger Behörden in den Bereichen der Prävention von Straftaten, der Strafverfolgung und -vollstreckung sowie auf dem Gebiet des Schutzes und der Abwehr von Gefahren bezogen auf die öffentliche Sicherheit galt bereits bei der DSRL. **44**

---

18 Hierzu auch die Stellungnahme des Europäischen Datenschutzbeauftragten zum Datenschutzpaket der Kommission v. 7.3.2012, dort Rn. 91: „It is without prejudice to a stricter requirement for a genuine personal and private link, to prevent that individuals making data available to several hundreds or even thousands of individuals would automatically fall under the exemption."
19 *EuGH* v. 6.11.2003 – C-101/01, Lindquist, EuZW 2004, 245, 248 f.
20 *Gola/Lepperhoff* ZD 2016, 9, 10.
21 *Gola/Lepperhoff* ZD 2016, 9, 9.
22 *Gola/Lepperhoff* ZD 2016, 9, 10 unter Bezugnahme auf Auernhammer-*Kamlah* § 27 BDSG a.F. Rn. 18. Auch Kühling/Buchner-*Kühling/Raab* Art. 2 Rn. 26.
23 So offenbar Kühling/Buchner-*Kühling/Raab* Art. 2 Rn. 28.
24 In diesem Sinne *Gola/Lepperhoff* ZD 2016, 9, 10.
25 Wiederum Kühling/Buchner-*Kühling/Raab* Art. 2 Rn. 28.
26 Vgl. Gola-*Gola* Art. 2 Rn. 26, zuvor Rn. 23 ff., auch zur Kritik an der Ausgestaltung der Haushaltsausnahme.

45 Die betreffenden Fragen werden in der parallel zur DS-GVO erlassenen RL (EU) 2016/680 geregelt. Durch die Ausnahme nach lit. d werden die Handlungsspielräume der national zuständigen Behörden nicht zuletzt im Datenaustausch zum Zwecke effektiven polizeilichen Handelns erweitert, ohne dass die Rechte der Betroffenen übermäßig eingeschränkt werden sollen. Zugleich wird durch die Beschränkung auf datenschutzrechtliche Mindeststandards auf die Souveränität der Mitgliedstaaten im Bereich der polizeilichen Tätigkeiten mehr Rücksicht genommen.[27] Nutzen die Mitgliedstaaten die in Art. 1 Abs. 3 RL (EU) 2016/680 angelegte Möglichkeit zur Normierung höherer Schutzstandards, führt dies dazu, dass ein Handeln im Rahmen dieser Standards verstärkt an nationalen Grundrechten und durch die nationalen Gerichte, für die Bundesrepublik insbesondere das Bundesverfassungsgericht, überprüft werden kann.[28]

46 Die Formulierung „einschließlich des Schutzes vor und der Abwehr von Gefahren für die öffentliche Sicherheit" beruht auf dem Bestreben der Mitgliedstaaten im Rechtsetzungsverfahren, den gesamten Bereich der öffentlichen Sicherheit und Ordnung in den Anwendungsbereich der RL (EU) 2016/680 fallen zu lassen.[29] Die Verwendung des Begriffs „einschließlich" im 2. Hs. stellt klar, dass die hier angesprochene Gefahrenabwehr eine solche im Kontext der Verhütung, Ermittlung, Aufdeckung oder Verfolgung von Straftaten i.S.d. 1. Hs. sein muss.[30] Nur bei diesem engen Verständnis ist zudem sichergestellt, dass die Mitgliedstaaten sich nicht bei jeder beliebigen Gefährdung der öffentlichen Sicherheit der Bindung durch die DS-GVO entziehen können. Insbesondere scheidet eine solche Loslösung über lit. d bezüglich eventueller Maßnahmen zur Bekämpfung der Corona-Pandemie aus, die bei einem weiten Verständnis als Gefahr für die öffentliche Sicherheit gedeutet werden könnte. Hier kommen den Mitgliedstaaten allenfalls, aber immerhin, die Öffnungsklauseln nach Art. 6 Abs. 1 lit. d oder Art. 9 Abs. 2 lit. h oder i zugute.[31]

47 ErwG 19 führt dementsprechend an, dass nur die in lit. d genannten Tätigkeiten von der Privilegierung erfasst sind; andere Aufgaben, die den für repressives oder präventives Handeln zuständigen Behörden übertragen sind oder werden, unterfallen weiterhin der Geltung der DS-GVO.[32] Zugleich ist auch das Handeln unzuständiger Behörden auf dem Tätigkeitsfeld nach lit. d weiterhin der DS-GVO unterworfen.[33] Dies gilt gleichermaßen für das Tätigwerden nichtöffentlicher Stellen auf dem Gebiet der Strafverfolgung.[34]

48 Die Tätigkeit der Justizbehörden und Gerichte unterfällt grundsätzlich der DS-GVO, allerdings rät ErwG 20 ausdrücklich dazu, im Interesse der Unabhängigkeit der Gerichte deren Tätigkeit nicht durch Aufsichtsbehörden, sondern durch in der Justiz angesiedelte Stellen überprüfen zu lassen.[35]

---

27 Sydow-*Daniel Ennöckl* Art. 2 Rn. 14.
28 So zutreffend Kühling/Buchner-*Kühling/Raab* Art. 2 Rn. 29.
29 *Albrecht/Jotzo* Das neue Datenschutzrecht der EU, Teil 3 Rn. 27.
30 *Albrecht/Jotzo* Das neue Datenschutzrecht der EU, Teil 3 Rn. 27.
31 Vgl. unten Art. 6 Rn. 87.
32 Vgl. Gola-*Gola* Art. 2 Rn. 27.
33 Sydow-*Daniel Ennöckl* Art. 2 Rn. 15.
34 Kühling/Buchner-*Kühling/Raab* Art. 2 Rn. 30.
35 Vgl. dazu auch Paal/Pauly-*Ernst* Art. 2 Rn. 23.

Sachlicher Anwendungsbereich — Art. 2

IV. Tätigwerden der EU-Organe und ihrer Einrichtungen

49 Art. 2 Abs. 3 sieht vor, dass das Handeln der EU-Organe und ihrer Einrichtungen, der Ämter und der Agenturen weiterhin der Anwendung der VO (EG) 45/2001 unterfällt. Diese ist auf Grundlage des früheren Art. 286 Abs. 2 EG erlassen worden. Sie ist nach Inkrafttreten des Lissabon-Vertrages so auszulegen, dass Datenverarbeitungsvorgänge bezüglich personenbezogener Daten von Organen, Einrichtungen und sonstigen Stellen der EU, die ganz oder teilweise in den Anwendungsbereich des EU-Rechts fallen, der vorgenannten Verordnung unterfallen.[36]

50 Um „einen soliden und kohärenten Rechtsrahmen im Bereich des Datenschutzes in der Union zu gewährleisten", sieht ErwG 17 vor, dass die VO (EG) 45/2001, gestützt auf Art. 98, auf Vorschlag der Kommission an die Aussagen der DS-GVO anzupassen ist. Dies gilt auch für alle übrigen Rechtsakte der Union, die Datenverarbeitungen durch EU-Organe und Einrichtungen zum Gegenstand haben.

51 Der Kritik aus dem EU-Parlament und den Mitgliedstaaten, die einheitliche Datenschutzregelungen für die gesamte Union befürworteten, begegnete die Kommission mit der Ankündigung, die erforderlichen Anpassungen des bestehenden Datenschutzrechts binnen zweier Jahre nach Annahme der DS-GVO anzustoßen.[37] Seit Januar 2017 liegt ein entsprechender Gesetzgebungsvorschlag seitens der Kommission vor.[38]

V. Fortgesetzte Anwendbarkeit der E-Commerce-Richtlinie

52 Durch Art. 2 Abs. 4 wird die Richtlinie 2000/31/EG für weiterhin anwendbar erklärt. ErwG 21 bezieht dies insbesondere auf Art. 12–15 der Richtlinie zur Verantwortlichkeit von Anbietern reiner Vermittlungsdienste. Durch die E-Commerce-Richtlinie wird insoweit klargestellt, dass die Anbieter reiner Vermittlungsdienste bei bestimmten Tätigkeiten, so insbesondere dem Durchleiten von Daten, der Zwischenspeicherung oder des Hostings, von der Haftung freigestellt werden. Ziel der Richtlinie in den betreffenden Vorschriften ist ausweislich des ErwG 21, „dass der Binnenmarkt einwandfrei funktioniert, indem sie den freien Verkehr von Diensten der Informationsgesellschaft zwischen den Mitgliedstaaten sicherstellt". Abs. 4 ist rein deklaratorischer Natur.[39]

VI. Exkurs: Anwendbarkeit ePrivacy-Richtlinie, TKG und TMG

53 Art. 2 trifft keine Aussage zum Verhältnis der DS-GVO zur ePrivacy-RL (RL 2002/58/EG. Hierzu führt Art. 95 aus, dass die DS-GVO „natürlichen oder juristischen Personen in Bezug auf die Verarbeitung in Verbindung mit der Bereitstellung öffentlich zugänglicher elektronischer Kommunikationsdienste in öffentlichen Kommunikationsnetzen in der Union keine zusätzlichen Pflichten auf(erlege), soweit sie besonderen in der Richtlinie 2002/58/EG festgelegten Pflichten unterliegen, die dasselbe Ziel verfolgen."

---

36 Ehmann/Selmayr-*Zerdick* Art. 2 Rn. 14.
37 *Albrecht/Jotzo* Das neue Datenschutzrecht der EU, Teil 3 Rn. 20.
38 Vgl. Vorschlag für eine Verordnung des Europäischen Parlaments und des Rates zum Schutz natürlicher Personen bei der Verarbeitung personenbezogener Daten durch die Organe, Einrichtungen und sonstigen Stellen der Union, zum freien Datenverkehr und zur Aufhebung der Verordnung (EG) Nr. 45/2001 und des Beschlusses Nr. 1247/2002/EG, COM(2017) 8 final v. 10.1.2017.
39 So auch Ehmann/Selmayr-*Zerdick* Art. 2 Rn. 17.

54 **1. Anwendbarkeit des Telekommunikationsgesetzes.** So gehen weite Teile des Telekommunikationsgesetzes, die auf die ePrivacy-RL zurückgehen, der DS-GVO vor.

55 Damit gehen die Sondervorschriften zum Telekommunikationsdatenschutz nach der ePrivacy-RL nach allgemeinem Verständnis dann den Vorschriften der DS-GVO vor, sofern sie „dasselbe Ziel verfolgen." In der Konsequenz bleiben diejenigen Vorschriften auch des deutschen Rechtes anwendbar, soweit sie auf entsprechenden Vorschriften der ePrivacy-RL für öffentlich zugängliche Telekommunikationsdienste in öffentlichen Kommunikationsnetzen beruhen.

56 Dies sind, bezogen auf das TKG, insbesondere die §§ 91 ff. TKG.[40] Soweit §§ 91 ff. TKG Regelungen auch für Anbieter nicht öffentlich zugänglicher Kommunikationsdienste enthält, beruhen diese nicht auf der ePrivacy-RL, so dass insoweit wieder die DS-GVO gilt.[41] Sofern aber zu den Anbietern nichtöffentlicher Kommunikationsdienste öffentliche Stellen gehören, können diese wiederum nach Art. 6 Abs. 1, 2 und 3 von der Geltung der DS-GVO ausgenommen werden.

57 **2. Anwendbarkeit des Telemediengesetzes.** §§ 11 ff. TMG enthalten bereichsspezifische Datenschutzregelungen für Telemediendienste, also für Informations- und Kommunikationsdienste, die vornehmlich über das Internet angeboten werden. Die Vorschriften des Telemediengesetzes beruhen nur ausnahmsweise auf der ePrivacy-RL und verdrängen daher regelmäßig die Anwendbarkeit der DS-GVO nicht.[42] Allerdings können die Mitgliedstaaten gem. Art. 6 Abs. 2, 3 Öffnungsklauseln zugunsten öffentlicher Stellen formulieren, so dass dann wiederum die Vorschriften des TMG auf entsprechende Dienste, die durch Behörden oder Beliehene – vgl. insoweit Art. 6 Abs. 1 lit. c[43] – erbracht werden, anwendbar bleiben.[44] Zugleich kann das TMG speziellere Vorschriften gegenüber dem BDSG n.F. enthalten. So geht nach der Rechtsprechung des BGH § 14 Abs. 3–5 TMG § 24 Abs. 1 BDSG vor.[45]

VII. § 1 BDSG n.F. Anwendungsbereich des Gesetzes

58 **1. Allgemeines.** § 1 BDSG beschreibt den sachlichen Anwendungsbereich des BDSG in Ansehung der DS-GVO. Er nimmt dabei die Begrifflichkeit der DS-GVO auf und beschreibt zugleich die Abgrenzung zu den unmittelbar geltenden Normen des EU-Datenschutzrechts.

59 **2. Normadressaten.** § 1 Abs. 1 BDSG beschreibt die Normadressaten bezogen auf öffentliche und nichtöffentliche Stellen.

60 **a) Öffentliche Stellen des Bundes und der Länder als Normadressaten.** § 1 Abs. 1 S. 1 Nr. 1 und 2 dient der Abgrenzung der Geltung des BDSG für öffentliche Stellen des Bundes und der Länder. Einbezogen sind gem. § 1 Abs. 1 S. 1 Nr. 1 zunächst die öffentlichen Stellen des Bundes, die wie bislang in § 2 Abs. 1 definiert werden. Demnach sind öffentliche Stellen des Bundes die Behörden, die Organe der Rechts-

---

40 Schantz/Wolff-*Wolff* Das neue Datenschutzrecht, Rn. 265.
41 Schantz/Wolff-*Wolff* Das neue Datenschutzrecht, Rn. 269.
42 Vgl. insoweit auch die Kommentierung zu Art. 95.
43 Vgl. unten Art. 6 Rn. 68 ff.
44 Roßnagel-*Geminn/Richter* Rn. 270, dort auch Rn. 270 ff. zur Anwendbarkeit der §§ 11 ff. TMG gegenüber der DS-GVO im Einzelnen.
45 *BGH* v. 24.9.2019, WRP 2020, 81, 85.

pflege und andere öffentlich-rechtlich organisierte Einrichtungen des Bundes, der bundesunmittelbaren Körperschaften, Anstalten und Stiftungen des öffentlichen Rechts sowie deren Vereinigungen ungeachtet ihrer Rechtsform, einschließlich der aus dem Sondervermögen Deutsche Bundespost durch Gesetz hervorgegangenen Unternehmen, soweit ihnen Ausschließlichkeitsrechte zustehen. Damit sind alle Ebenen der öffentlich-rechtlichen Tätigkeit des Bundes erfasst, sowohl im Bereich der unmittelbaren wie der mittelbaren Staatsverwaltung.[46]

Die Einbeziehung der öffentlichen Stellen der Länder, die in § 2 Abs. 2 definiert sind als „die Behörden, die Organe der Rechtspflege und andere öffentlich-rechtlich organisierte Einrichtungen eines Landes, einer Gemeinde, eines Gemeindeverbandes oder sonstiger der Aufsicht des Landes unterstehender juristischer Personen des öffentlichen Rechts sowie deren Vereinigungen ungeachtet ihrer Rechtsform", sind über § 1 Abs. 1 S. 1 Nr. 2 einbezogen, soweit nicht vorrangiges Landesrecht gilt, und soweit Bundesrecht ausgeführt wird (lit. a) oder die betreffenden Stellen als Organe der Rechtspflege tätig sind und es sich nicht um Verwaltungsangelegenheiten handelt (lit. b). Aufgrund der Existenz von Landesdatenschutzgesetzen in allen Ländern ist die betreffende Vorschrift weithin gegenstandslos, allerdings gelten Vorschriften des BDSG in den Ländern jedenfalls, soweit das Landesdatenschutzrecht keine eigene Regelung enthält.[47]

Allerdings steht es den Ländern nicht frei, diejenigen Stellen des Landes, die nicht Aufgaben der öffentlichen Verwaltung wahrnehmen, von der Geltung des BDSG auszunehmen.

Über § 1 Abs. 1 S. 1 Nr. 2 lit. b sind die Organe der Rechtspflege, soweit sie nicht verwaltende Tätigkeiten wahrnehmen, unter dem Vorbehalt der Nichtexistenz vorrangigen Landesrechts in weiterem Umfang der Geltung des BDSG unterworfen.[48] Umfasst sind hier bspw. auch die Staatsanwaltschaften und Strafvollzugsbehörden,[49] sofern sie nicht verwaltende Tätigkeiten ausüben. Rechtsanwälte wiederum sind zwar Organe der Rechtspflege, aber keine des Bundes oder der Länder. Dagegen unterfallen die Notare der Geltung der (Landes-)Datenschutzgesetze.[50]

b) Nichtöffentliche Stellen. Für nichtöffentliche Stellen gilt das BDSG, sofern diese ganz oder teilweise automatisierte Verarbeitung personenbezogener Daten, sowie nichtautomatisierte Verarbeitung personenbezogener Daten vornehmen, die in einem Dateisystem gespeichert sind oder gespeichert werden sollen. Das BDSG nimmt insoweit die Begrifflichkeit der DS-GVO auf.

Nichtöffentliche Stellen sind gem. § 2 Abs. 4 natürliche und juristische Personen, Gesellschaften und andere Personenvereinigungen des privaten Rechts, soweit sie nicht unter die Abs. 1 bis 3 fallen. In Fällen einer Wahrnehmung hoheitlicher Aufgaben, also einer Beleihung, gelten die genannten nichtöffentlichen Stelle als öffentliche Stellen und unterfallen dann § 1 Abs. 1 S. 1.

---

46 Gola/Schomerus-*Körffer/Klug/Gola* BDSG a.F., § 1 Rn. 19.
47 Simitis-*Dammann* BDSG a.F., § 1 Rn. 125.
48 Simitis-*Dammann* BDSG a.F., § 1 Rn. 131.
49 Gola/Schomerus-*Körffer/Klug/Gola* BDSG a.F., § 2 Rn. 11.
50 Für NRW *BGH* v. 30.7.1990, NJW 1991, 568, 568; auch *Lüke/Dutt* Rpfleger 1984, 253, 255 f.

Art. 2 / § 1 BDSG   Sachlicher Anwendungsbereich

66 § 1 Abs. 1 S. 2 nimmt im Übrigen das Haushaltsprivileg nach Art. 2 Abs. 2 lit. c auf, indem die Norm anordnet, dass das BDSG nicht anwendbar ist, wenn die Verarbeitung durch natürliche Personen zur Ausübung ausschließlich persönlicher oder familiärer Tätigkeiten erfolgt. Die Regelung entspricht insoweit auch § 1 Abs. 2 Nr. 3 BDSG a.F.

67 **3. Subsidiarität des BDSG.** Gemäß § 1 Abs. 2 ist das BDSG subsidiär gegenüber spezielleren datenschutzrechtlichen Vorschriften des Bundes. Dies gilt für Rechtvorschriften jeden Ranges, nicht aber für Tarifverträge und Betriebsvereinbarungen, auch wenn diese für allgemeinverbindlich erklärt sind.[51]

Der Vorrang gilt nur, „soweit" die betreffende Vorschrift vorrangige Regelungen enthält. Das BDSG bekommt damit insoweit eine Funktion als Auffangvorschrift, gegebenenfalls zur Schließung von Gesetzeslücken.[52]

68 Zugleich gehen alle spezialgesetzlich geregelten Geheimhaltungsvorschriften (etwa Sozialgeheimnis, § 35 SGB I, Steuergeheimnis, § 30 AO, Betriebs- und Geschäftsgeheimnisse, § 17 UWG) vor. Ausdrücklich angeordnet ist auch die vorrangige Geltung nicht gesetzlich geregelter Geheimhaltungspflichten, wie etwa das Anwaltsgeheimnis und das Patientengeheimnis.

69 **4. Vorrang vor dem VwVfG.** Wie bereits unter Geltung des § 1 Abs. 4 BDSG a.F. geht das BDSG entsprechend § 1 Abs. 3 den Vorschriften den VwVfG vor, soweit bei Ermittlung eines Sachverhalts personenbezogene Daten verarbeitet werden.

70 Die Anordnung des § 1 Abs. 4 BDSG a.F. betraf insbesondere das Verhältnis zwischen § 4 Abs. 2 BDSG a.F. und §§ 24, 26 VwVfG bezüglich Amtsermittlungsgrundsatz und Beweismitteln im Verwaltungsverfahren. Hier setzte § 4 Abs. 2 BDSG a.F. voraus, dass die Datenerhebung vorrangig beim Betroffenen stattzufinden hatte,[53] womit der Behörde bezüglich der Datenerhebung bei Dritten erhebliche Grenzen gesetzt wurden.

71 Eine Parallel-Vorschrift zu § 4 Abs. 2 BDSG a.F. fehlt im BDSG. Die Grundsätze der Direkterhebung ergeben sich mittlerweile vorrangig aus Art. 5 Abs. 1 lit. a. Damit tritt die Bedeutung des § 1 Abs. 3 gegenüber der Vorfassung zurück.

72 **5. Anwendungsbereich.** Während § 1 Abs. 1 die Normadressaten regelt, regelt Abs. 4 den Anwendungsbereich des BDSG. Abs. 4 differenziert zwischen öffentlichen und nichtöffentlichen Stellen.

73 **a) Grundsatz der umfänglichen Anwendbarkeit für öffentliche Stellen.** Für öffentliche Stellen wird in S. 1 – gleichsam deklaratorisch – zunächst die Anwendbarkeit des BDSG als Ganzes ausgesprochen.

74 **b) Voraussetzungen der Anwendbarkeit auf nichtöffentliche Stellen.** S. 2 knüpft die Anwendbarkeit für nichtöffentliche Stellen an Voraussetzungen, die teils kumulativ, teils alternativ vorliegen müssen. So ist unter Zugrundelegen der Gesetzesbegründung anzunehmen, dass wenn ein Fall des § 1 Abs. 4 S. 2 Nr. 1 gegeben ist, die

---

51 Vgl. schon Gola/Schomerus-*Körffer/Klug/Gola* BDSG a.F., § 1 Rn. 23.
52 Vgl. insoweit auch Paal/Pauly-*Ernst* § 1 BDSG Rn. 7.
53 Gola/Schomerus-*Körffer/Klug/Gola* BDSG a.F., § 4 Rn. 21.

Sachlicher Anwendungsbereich **Art. 2 / § 1 BDSG**

Voraussetzungen der Nr. 2 oder der Nr. 3 hinzutreten müssen, damit das BDSG Anwendung findet.[54]

aa) § 1 Abs. 4 S. 2 Nr. 1. Gemäß § 1 Abs. 4 S. 2 Nr. 1 ist das BDSG auf nichtöffentliche Stellen anwendbar, wenn diese als Verantwortliche oder als Auftragsverarbeiter personenbezogene Daten im Inland verarbeiten. 75

Der Begriff des Verantwortlichen, des Auftragsverarbeiters und der Verarbeitung kann unter Rückgriff auf Art. 4 Nr. 2, 7 und 8 bestimmt werden. 76

Art. 4 Nr. 2 meint mit Verarbeitung „jeden mit oder ohne Hilfe automatisierter Verfahren ausgeführten Vorgang oder jede solche Vorgangsreihe im Zusammenhang mit personenbezogenen Daten wie das Erheben, das Erfassen, die Organisation, das Ordnen, die Speicherung, die Anpassung oder Veränderung, das Auslesen, das Abfragen, die Verwendung, die Offenlegung durch Übermittlung, Verbreitung oder eine andere Form der Bereitstellung, den Abgleich oder die Verknüpfung, die Einschränkung, das Löschen oder die Vernichtung."[55] 77

Zu beachten ist allerdings, dass gem. § 26 Abs. 1 BDSG im Bereich des Beschäftigtendatenschutzes auch für die Verarbeitung personenbezogener Daten einschließlich besonderer Kategorien personenbezogener Daten eingreift, wenn diese nicht in einem Dateisystem gespeichert werden oder gespeichert werden sollen; in der Folge ist auch der Zettelkasten, der unsortiert Vermerke über Beschäftigte enthält, vom BDSG erfasst.[56] 78

Zugleich muss allein aus Gründen der mangelnden Unterscheidbarkeit davon ausgegangen werden, dass das BDSG auch grenzüberschreitende Verarbeitungsvorgänge erfassen muss.[57] 79

Nach Art. 4 Nr. 7 ist Verantwortlicher „die natürliche oder juristische Person, Behörde, Einrichtung oder andere Stelle, die allein oder gemeinsam mit anderen über die Zwecke und Mittel der Verarbeitung von personenbezogenen Daten entscheidet; sind die Zwecke und Mittel dieser Verarbeitung durch das Unionsrecht oder das Recht der Mitgliedstaaten vorgegeben, so können der Verantwortliche beziehungsweise die bestimmten Kriterien seiner Benennung nach dem Unionsrecht oder dem Recht der Mitgliedstaaten vorgesehen werden".[58] 80

Art. 4 Nr. 8 ist Auftragsverarbeiter „eine natürliche oder juristische Person, Behörde, Einrichtung oder andere Stelle, die personenbezogene Daten im Auftrag des Verantwortlichen verarbeitet".[59] 81

---

54 BT-Drucks. 18/11325, S. 80: „Nach Abs. 4 Satz 1 Nummer 1 findet das Gesetz auf Datenverarbeitung im Inland Anwendung. Abs. 4 Satz 1 Nummer 2 bestimmt, dass die Vorschriften des BDSG nur dann zur Anwendung kommen, wenn eine Datenverarbeitung durch eine in Deutschland ansässige Niederlassung vorliegt. Abs. 4 Satz 1 Nummer 3 entspricht § 1 Abs. 5 Satz 2 BDSG a. F."
55 Vgl. unten *Schwartmann/Mühlenbeck* HK DS-GVO Art. 4 Rn. 48 ff.
56 Vgl. insoweit auch Gola/Heckmann-*Gola/Reif* § 1 BDSG Rn. 9.
57 BeckOK DatenSR-*Gusy/Eichenhofer* § 1 BDSG Rn. 100.
58 Vgl. unten *Schwartmann/Mühlenbeck* HK DS-GVO Art. 4 Rn. 121 ff.
59 Vgl. unten *Schwartmann/Mühlenbeck* HK DS-GVO Art. 4 Rn. 171 ff.

Art. 2 / § 1 BDSG — Sachlicher Anwendungsbereich

82 Für die Person des Verantwortlichen wie des Auftragsverarbeiters kommt es auf die Staatsangehörigkeit nicht an; das BDSG folgt insoweit dem Territorialprinzip.[60]

83 Auszunehmen aus den vorgenannten Definition des Art. 4 Nr. 7 und der Nr. 8 ist jeweils die Behörde, die öffentliche Stelle i.S.d. BDSG ist.

84 **bb) § 1 Abs. 4 S. 2 Nr. 2.** Ergänzend ordnet Nr. 2 die Anwendbarkeit des BDSG nur auf solche nichtöffentlichen Stellen an, die personenbezogene Daten i.S.d. Nr. 1 verarbeiten und eine Niederlassung im Inland haben. Die Vorschrift richtet sich, wie aus dem Kontext der Nr. 3 zu entnehmen ist, an Stellen, die aus einem EU-Mitgliedstaat mit einer Niederlassung in der Bundesrepublik tätig werden. Wie unter Geltung des § 1 Abs. 5 S. 1 BDSG a.F. ist anzunehmen, dass die Verarbeitung durch eine feste Einrichtung im Inland, gleich in welcher Organisationsform, erfolgen muss.[61]

85 **cc) § 1 Abs. 4 S. 2 Nr. 3.** Sofern die Voraussetzungen der Nr. 2 nicht vorliegen, ist das BDSG dennoch auf solche nichtöffentlichen Stellen anwendbar, die aus Staaten außerhalb der EU stammen, aber in den Anwendungsbereich der DS-GVO fallen. Dies ist als Bezugnahme auf Art. 3 Abs. 2 und 3 zu verstehen, wonach die DS-GVO zunächst (Art. 3 Abs. 2) Anwendung auf die Verarbeitung personenbezogener Daten von betroffenen Personen findet, die sich in der Union befinden, durch einen nicht in der Union niedergelassenen Verantwortlichen oder Auftragsverarbeiter, wenn die Datenverarbeitung im Zusammenhang damit steht, (lit. a) betroffen Personen in der Union Waren oder Dienstleistungen anzubieten, unabhängig davon, ob von diesen betroffenen Personen eine Zahlung zu leisten ist, oder (lit. b) das Verhalten betroffener Personen zu beobachten, soweit ihr Verhalten in der Union erfolgt. Weiterhin findet sie (Art. 3 Abs. 3) Anwendung auf die Verarbeitung personenbezogener Daten durch einen nicht in der Union niedergelassenen Verantwortlichen an einem Ort, der aufgrund Völkerrechts dem Recht eines Mitgliedstaats unterliegt.

86 **c) Ergänzende Anwendbarkeit des BDSG außerhalb des Satzes 2.** Auch wenn die Voraussetzungen des S. 2, genauer der dortigen Nr. 2 und 3, nicht vorliegen, finden auf Verantwortliche und Auftragsverarbeiter dem Wortlaut nach jedenfalls §§ 8 bis 21 und §§ 39 bis 44 Anwendung.

87 Dies bedeutet zunächst, dass die betreffenden Datenverarbeiter den Vorschriften über die Aufsichtsbehörden auf nationaler und EU-Ebene unterliegen, einschließlich der denkbaren Rechtsbehelfe gegen Handlungen dieser Organe (§§ 8 bis 21). Dass die betreffenden Vorschriften Anwendung finden sollen, erscheint partiell undifferenziert. So ist theoretisch denkbar, dass Verantwortliche oder Auftragsdatenverarbeiter, die nicht nach S. 2 vom BDSG erfasst sind, der Zuständigkeit der oder der Bundesbeauftragten unterfallen, der seine Befugnisse nach § 16 Abs. 1 ausüben könnte. Ist dies ausnahmsweise der Fall, ist es vertretbar, aber nicht notwendig, die Vorschriften über die oder den Bundesbeauftragten nach §§ 8 bis 15 in ihrer Gesamtheit bezüglich Errichtung und Organisation einzubeziehen, ebenso §§ 17 bis 19. Eine Anwendbarkeit der Befugnisse nach § 16 Abs. 2 dagegen ist nicht vorstellbar. Wenn man den ausnahmsweisen Fall der Einbeziehung der Stellen nach S. 2 als möglich erachtet, ist es dann wiederum nachvollziehbar, die Vorschif-

---

60 BeckOK DatenSR-*Gusy/Eichenhofer* § 1 BDSG Rn. 99.
61 So zur früheren Rechtslage Gola/Schomerus-*Körffer/Klug/Gola* BDSG a.F., § 1 Nr. 28.

ten über denkbare Rechtsbehelfe, §§ 20, 21 einzubeziehen, dies aber wiederum nur höchst vorsorglich.

Zudem sollen jedenfalls §§ 39 bis 44 gelten. Dies würde die Vorschriften über die Akkreditierungsstellen (§ 39), sowie die Vorschriften zu Aufsichtsbehörden (§ 40), die Sanktionsmöglichkeiten (§§ 41 bis 43) und Rechtsbehelfe gegen Datenverarbeiter (§ 44) betreffen. **88**

Wenn man die Möglichkeit einer relevanten Datenverarbeitung bei Stellen nach Satz 3 sieht, wäre die Einbeziehung des § 38 aus dem 3. Kapitel des 2. Teils zu erwägen, die das Gesetz derzeit nicht vorsieht, da bei den betreffenden Stellen jedenfalls eine Datenverarbeitung stattfindet, die die Benennung einer oder eines DSB rechtfertigen könnte. **89**

Wenig nachvollziehbar ist dagegen die Einbeziehung nur des § 39 aus dem 3. Kapitel des 2. Teils, der die Akkreditierung als Zertifizierungsstelle nach Art. 42 Abs. 1 S. 1 betrifft, und der im Kontext des S. 3 wenig Sinn macht. **90**

Konsequenter erscheint dann wieder die Einbeziehung der §§ 40 bis 44. Sollte der S. 3 einschlägig sein, bietet § 40 eine Zuständigkeitszuordnung der betreffenden Aufsichtsbehörden. Sollte eine Stelle nach S. 3 außerhalb des S. 2 Daten verarbeiten, ist es theoretisch denkbar, dass sie sich rechtswidrig verhalten und Sanktionen nach dem fünften Kapitel des zweiten Teils unterworfen sind, und dass Klagen gegen sie erhoben werden, die nach § 44 zu behandeln sind. **91**

Insgesamt scheinen die Verweisnormen nach S. 3 abgesehen von der Einbeziehung der §§ 40 bis 44 allerdings überprüfungswürdig. Allerdings hat der Gesetzgeber in der jüngsten Novelle des BDSG[62] nicht reagiert. **92**

6. Vorrangige Geltung des DS-GVO als unmittelbar geltendes Recht. Der Hinweis auf die vorrangige Geltung der DS-GVO vor den Vorschriften des BDSG folgt aus dem Charakter der DS-GVO als Verordnung i.S.d. Art. 288 UAbs. 2 AEUV. Die Vorschrift hat insoweit deklaratorischen Charakter, findet laut Gesetzesbegründung aber ihre Rechtfertigung darin, dass wenn in diesem Kapitel punktuelle Wiederholungen von sowie Verweise auf Bestimmungen aus der DS-GVO erfolgten, dies aus Gründen der Verständlichkeit und Kohärenz geschehe und die unmittelbare Geltung der DS-GVO unberührt lasse: „Durch den integrativen Ansatz, gemeinsame Bestimmungen ‚vor die Klammer' zu ziehen, trägt der Gesetzgeber diesem hier besonderen Umstand Rechnung und mindert die Herausforderungen für den Rechtsanwender soweit europarechtlich vertretbar unter gleichzeitiger normökonomischer Entlastung des Fachrechts."[63] **93**

7. Klarstellung bezüglich der Gleichstellung von Staaten mit Mitgliedstaaten der EU (Abs. 6 und 7). § 1 Abs. 6 und 7 BDSG dienen der Klarstellung, welche Staaten bei Datenverarbeitungen zu Zwecken des Art. 2 (Abs. 6) und zu Zwecken des Art. 1 Abs. 1 der Richtlinie (EU) 2016/680 zum Schutz natürlicher Personen bei der Verarbeitung personenbezogener Daten durch die zuständigen Behörden zum Zweck der **94**

---

62 Zweites Gesetz zur Anpassung des Datenschutzrechts an die Verordnung (EU) 2016/679 und zur Umsetzung der Richtlinie (EU) 2016/680 (Zweites Datenschutz-Anpassungs- und Umsetzungsgesetz EU – 2. DSAnpUG-EU), BGBl. I 2019 S. 1626 ff.
63 Vgl. BT-Drucks. 18/11325, S. 80.

Art. 3 Räumlicher Anwendungsbereich

95 Verhütung, Ermittlung, Aufdeckung oder Verfolgung von Straftaten oder der Strafvollstreckung sowie zum freien Datenverkehr und zur Aufhebung des Rahmenbeschlusses 2008/977/JI des Rates den Mitgliedstaaten der EU gleichstehen.[64]

95 Dies sind gem. Abs. 6 bezüglich der Datenverarbeitung nach Art. 2 die Vertragsstaaten über den Europäischen Wirtschaftsraum (Island, Norwegen, Liechtenstein) und die Schweiz, gem. Abs. 7 bzw. der Richtlinie (EU) 2016/680 die bei der Umsetzung, Anwendung und Entwicklung des Schengen-Besitzstands assoziierten Staaten (Island, Norwegen und die Schweiz). Andere Staaten gelten jeweils als Drittstaaten.

96 **8. Ergänzende Anwendung des DS-GVO und des BDSG auf einzelne Datenverarbeitungen öffentlicher Stellen.** Abs. 8 ordnet an, dass für Verarbeitungen personenbezogener Daten im Rahmen von Tätigkeiten, die weder dem Anwendungsbereich der Verordnung (EU) 2016/679 noch der Richtlinie (EU) 2016/680 unterfallen, die Verordnung (EU) 2016/679 und Teil 1 und Teil 2 des BDSG entsprechende Anwendung finden.

97 Damit wird klargestellt, dass auch für diejenige Tätigkeit öffentlicher Stellen, die von der Geltung der vorgenannten EU-Rechtsakte ausgenommen sind, ein datenschutzrechtliches Vollregime gilt, jedenfalls soweit das BDSG oder ein anderes Gesetz keine spezielle Regelung enthält. Die Vorschrift hat damit Auffangcharakter. Laut Entwurfsbegründung dient die hervorgehobene Anwendbarkeit lediglich der Klarstellung, wobei sich die Anwendbarkeit des BDSG insoweit bereits aus § 1 Abs. 1 S. 1 ergibt.[65]

Artikel 3 Räumlicher Anwendungsbereich

(1) Diese Verordnung findet Anwendung auf die Verarbeitung personenbezogener Daten, soweit diese im Rahmen der Tätigkeiten einer Niederlassung eines Verantwortlichen oder eines Auftragsverarbeiters in der Union erfolgt, unabhängig davon, ob die Verarbeitung in der Union stattfindet.

(2) Diese Verordnung findet Anwendung auf die Verarbeitung personenbezogener Daten von betroffenen Personen, die sich in der Union befinden, durch einen nicht in der Union niedergelassenen Verantwortlichen oder Auftragsverarbeiter, wenn die Datenverarbeitung im Zusammenhang damit steht

a) betroffenen Personen in der Union Waren oder Dienstleistungen anzubieten, unabhängig davon, ob von diesen betroffenen Personen eine Zahlung zu leisten ist;

b) das Verhalten betroffener Personen zu beobachten, soweit ihr Verhalten in der Union erfolgt.

(3) Diese Verordnung findet Anwendung auf die Verarbeitung personenbezogener Daten durch einen nicht in der Union niedergelassenen Verantwortlichen an einem Ort, der aufgrund Völkerrechts dem Recht eines Mitgliedstaats unterliegt.

– *ErwG: 22–25*

---

64 BT-Drucks. 18/11325, S. 80.
65 BT-Drucks. 18/11325, S. 80.

Räumlicher Anwendungsbereich   Art. 3

Übersicht

	Rn		Rn
A. Einordnung und Hintergrund	1	III. Räumlicher Anwendungsbereich ohne Niederlassung in der Union (Abs. 2)	22
I. Erwägungsgründe	1		
1. Erwägungsgrund 22	2	1. Kreis der geschützten Personen	23
2. Erwägungsgrund 23	3		
3. Erwägungsgrund 24	4	2. Anwendbarkeit ohne Niederlassung	25
4. Erwägungsgrund 25	5		
II. Normengenese und -umfeld	6	a) Anknüpfung an (beabsichtigte) Erbringung von Waren- und Dienstleistungsgeboten (lit. a)	28
B. Kommentierung	7		
I. Allgemeines: Zweck, Bedeutung, Systematik/Verhältnis zu anderen Vorschriften	7		
II. Räumlicher Anwendungsbereich bei Niederlassung in der Union (Abs. 1)	13	b) Anknüpfung an Verhaltensbeobachtung (lit. b)	34
		3. Nichtexistenz einer Schutzlücke	38
1. Kreis der geschützten Personen	14	4. Kritik	39
2. Anforderungen an das Merkmal der Niederlassung	16	IV. Erstreckung der räumlichen Anwendung aufgrund Völkerrechts	40
		C. Praxistipps	42

Literatur: *Albrecht* Das neue EU-Datenschutzrecht – von der Richtlinie zur Verordnung, CR 2016, 88; *Ashkar* Durchsetzung und Sanktionierung des Datenschutzrechts nach den Entwürfen der Datenschutz-Grundverordnung, DuD 2015, 796; *Dieterich* Rechtsdurchsetzungsmöglichkeiten nach der DS-GVO – Einheitlicher Rechtsrahmen führt nicht zwangsläufig zu einheitlicher Rechtsanwendung, ZD 2016, 260; *Härting* Datenschutzreform in Europa: Einigung im EU-Parlament, CR 2013, 715; *Hartung/Reintzsch* Die datenschutzrechtliche Haftung nach der EU-Datenschutzreform, ZWH 2013, 129; *Kehr* EU-Datenschutz-Grundverordnung-Überblick über die wesentlichen Modifizierungen für Unternehmen, CB 2016, 421; *Lüdemann/Wenzel* Zur Funktionsfähigkeit der Datenschutzaufsicht in Deutschland, RDV 2015, 285; *Neun/Lubitzsch* EU-Datenschutz-Grundverordnung – Behördenvollzug und Sanktionen, BB 2016, 1538; *Nguyen* Die zukünftige Datenschutzaufsicht in Europa – Anregungen für den Trilog zu Kap. VI bis VII der DS-GVO, ZD 2015, 265; *Spindler* Die neue EU-Datenschutz-Grundverordnung, DB 2016, 937; *Thüsing/Traut* The Reform of the European Data Protection Law: Harmonisation at Last?, Intereconomics 2013, 271.

A. Einordnung und Hintergrund

I. Erwägungsgründe

Art. 3 nimmt die Erwägungsgründe 22–25 in Bezug. **1**

1. Erwägungsgrund 22. ErwG 22 geht davon aus, dass jede Datenverarbeitung im **2** Rahmen der Tätigkeit einer Niederlassung von Datenverarbeitern in der Union, ob als Verantwortliche oder als Auftragsverarbeiter, der Geltung des DS-GVO unterliegen soll, ungeachtet des Ortes der eigentlichen Datenverarbeitung. Zugleich formuliert ErwG 22 Anforderungen an die Niederlassung als „feste Einrichtung", ungeachtet der gewählten Organisationsform.

2. Erwägungsgrund 23. ErwG 23 geht von der Notwendigkeit aus, dass eine Daten- **3** verarbeitung, die durch einen nicht in der EU niedergelassenen Verantwortlichen

Art. 3 Räumlicher Anwendungsbereich

oder Auftragsverarbeiter erfolgt, jedenfalls dann der DS-GVO unterfallen soll, wenn die Verarbeitung dazu dient, den betroffenen Personen gegen Entgelt oder unentgeltlich Waren oder Dienstleistungen anzubieten. Ein entsprechendes Anbieten ist dann gegeben, wenn der Datenverarbeiter dies offensichtlich beabsichtigt. Dies soll etwa bei Vertrieb über Websites anzunehmen sein, wenn die Seite eine in der EU gebräuchliche Sprache oder Währung vorgibt, und die Möglichkeit zum Warenerwerb bietet. Dies soll auch gelten, wenn der Verantwortliche Kunden oder Nutzer erwähnt, die in der Union ansässig sind.

4 **3. Erwägungsgrund 24.** ErwG 24 sieht die Anwendbarkeit der DS-GVO insbesondere dann als geboten, wenn der Verantwortliche oder der Auftragsverarbeiter das Verhalten einer Person beobachtet und dieses Verhalten innerhalb der Union erfolgt. Dies soll immer dann der Fall sein, wenn Internetaktivitäten nachvollzogen oder Techniken angewendet werden, die die Profilerstellung bezüglich einer Person ermöglichen.

5 **4. Erwägungsgrund 25.** ErwG 25 will sicherstellen, dass die DS-GVO auch auf solche Datenverarbeitungen Anwendung findet, die außerhalb der EU stattfinden, die aufgrund Völkerrechts aber dem Recht eines Mitgliedstaates unterfallen, so etwa im Bereich diplomatischer oder konsularischer Vertretungen.

II. Normengenese und -umfeld

6 Art. 3 führt bspw. bzgl. der Verpflichtung für nicht in der EU niedergelassene Verantwortliche und Auftragsverarbeiter, nach Art. 27, einen Vertreter i.S.d. Art. 4 Nr. 17 in der Union zu benennen, die Regelung nach Art. 4 Abs. 2 DSRL fort.

B. Kommentierung

I. Allgemeines: Zweck, Bedeutung, Systematik/Verhältnis zu anderen Vorschriften

7 Durch den Wechsel von der Richtlinie zur Rechtsform der Verordnung nach Art. 288 UAbs. 2 AEUV wird die Notwendigkeit einer Abgrenzung der Geltung des nationalen Rechts für Unternehmen in den unterschiedlichen Mitgliedstaaten weithin überflüssig.

8 Das in Abs. 1 niederlegte Niederlassungsprinzip bringt keine wesentliche Neuerung gegenüber der Rechtslage nach der DSRL.

9 Anders verhält es sich mit der Regelung nach Abs. 2, wonach das Marktortprinzip auch auf nicht in der Union niedergelassene Verantwortliche und Auftragsverarbeiter ausgedehnt wird. Die Regelung ist insoweit von erheblicher Bedeutung für Diensteanbieter wie etwa Cloud-Betreiber, die außerhalb der EU ansässig sind.

10 Die Vorschrift trägt nicht zuletzt dem Umstand Rechnung, dass in Übereinstimmung mit internationalen Handelsvorschriften, etwa Art. XIV des Allgemeinen Abkommens über den Handel mit Dienstleistungen (General Agreement on Trade in Services – GATS), in Ansehung der Notwendigkeit des allgemeinen Persönlichkeitsrechts Ausnahmen vom Freihandel zum Schutz personenbezogener Daten normiert werden dürfen.[1] So darf entsprechend ErwG 23 natürlichen Person der gem. dieser Verordnung gewährleistete Schutz nicht vorenthalten werden, wenn die Verarbeitung personenbezogener Daten dazu dient, diesen betroffenen Personen gegen Entgelt oder unentgeltlich Waren oder Dienstleistungen anzubieten.

---

1 Ehmann/Selmayr-*Zedick* Art. 3 Rn. 1.

Die Regelung des Art. 3 liegt auf der Linie der Rechtsprechung des EuGH, der zur DSRL entschieden hat, dass diese im Interesse des Schutzes personenbezogener Daten einen besonders weiten räumlichen Anwendungsbereich finden sollte.[2]   11

Die Erstreckung des Schutzes der DS-GVO auf diplomatische und konsularische Vertretungen, die aufgrund Völkerrechts dem Recht von Mitgliedstaaten unterfallen, entspricht letztlich der Praxis auf Grundlage der DSRL.   12

II. Räumlicher Anwendungsbereich bei Niederlassung in der Union (Abs. 1)

Zu trennen ist bezüglich des räumlichen Anwendungsbereichs zunächst zwischen dem Kreis der geschützten Personen und dem Kreis der Normunterworfenen, der sich über das Merkmal der Niederlassung bestimmt.   13

1. Kreis der geschützten Personen. Irrelevant ist jedenfalls der Aufenthaltsort der betroffenen natürlichen Person; auch wenn eine nicht in der EU ansässige natürliche Person nicht annehmen dürfte, dem Datenschutzregime des EU-Rechts zu unterfallen, lässt sich aus ErwG 14 („Der durch diese Verordnung gewährte Schutz sollte für die Verarbeitung der personenbezogenen Daten natürlicher Personen ungeachtet ihrer Staatsangehörigkeit oder ihres Aufenthaltsorts gelten.") herleiten, dass bei Ansässigkeit bspw. eines Auftragsverarbeiters in der EU, der im Auftrag des Verantwortlichen Daten von nicht in der EU ansässigen Personen verarbeitet, auch der Schutz der DS-GVO greift; aus dem Text des Art. 3 Abs. 1 lassen sich insoweit auch keine gegenteiligen Schlüsse ziehen.[3]   14

Rechtsfolge ist zugleich, dass auch die Übermittlung personenbezogener Daten an Staaten außerhalb der EU und an internationale Organisationen der Geltung der DS-GVO unterfällt, so wie das in Art. 44 angelegt ist.[4]   15

2. Anforderungen an das Merkmal der Niederlassung. Die DS-GVO findet nach Abs. 1 dann Anwendung auf die Verarbeitung personenbezogener Daten, wenn diese im Rahmen der Tätigkeit einer Niederlassung eines Verantwortlichen oder eines Auftragsverarbeiters in einem Mitgliedstaat der EU stattfindet. Die Vorschrift bringt damit ungeachtet der Auslegung der jeweiligen Begriffe eine gewisse Selbstverständlichkeit zum Ausdruck. Maßstab für die örtliche Belegenheit der Niederlassung ist Art. 52 EUV, der durch Art. 355 AEUV konkretisiert wird.   16

Für die Begriffe der Verarbeitung personenbezogener Daten durch Verantwortliche und Auftragsverarbeiter sei auf Art. 4 Nr. 1, 2, 7 und 8 verwiesen.   17

Zentral ist der Begriff der Niederlassung. Diese ist gegeben, wenn entsprechend ErwG 22 die effektive und tatsächliche Ausübung einer Tätigkeit in einer festen Einrichtung erfolgt.[5] Die Anforderungen an eine solche Niederlassung sind relativ gering. Die Niederlassung muss von gewisser Beständigkeit sein; für die Frage der effektiven und tatsächlichen Ausübung der Tätigkeit ist deren Eigenart mit zu betrachten. Auf   18

---

2 *EuGH* v. 13.5.2014 – C-131/12 (Google Inc. und Google Spain SL ./. Agencia Española de Protección de Datos), NJW 2014, 2257, 2260, Rn. 54.
3 Vgl. insoweit auch BeckOK DatenSR/*Hanloser* Art. 3 Rn. 24.
4 Paal/Pauly-*Ernst* Art. 3 Rn. 22.
5 *EuGH* v. 1.10.2015 – C-230/14, Weltimmo, EuZW 2015, 3636, 3639, Rn. 41, zu Art. 4 Abs. 1 lit. a RL 95/46/EG.

Grundlage der DSRL sollte nach der Rechtsprechung des EuGH das Vorhandensein nur eines Vertreters in einem Mitgliedstaat als ausreichend für die Annahme einer Niederlassung anzusehen sein.[6] Ob diese Rechtsprechung in Ansehung der DS-GVO, dort Art. 27, haltbar bleibt, ist zu bezweifeln, weil jedenfalls mit der formellen Bestellung eines Vertreters eben für Tätigkeiten i.S.d. Art. 3 Abs. 2 gerade nicht die Begründung einer Niederlassung verbunden sein soll.[7] Gleichwohl ist die vorgenannte Rechtsprechung exemplarisch für die geringen Anforderungen, die an eine Niederlassung zu stellen sind.

19 ErwG 22 stellt klar, dass die gewählte Rechtsform ohne Belang für die Annahme einer Niederlassung ist. Nicht erforderlich ist das Vorhandensein einer Tochtergesellschaft; eine Zweigstelle des Unternehmens mit ggf. nur einem Büro ist – den Nachweis einer effektiven Ausübung einer wirtschaftlichen Tätigkeit unterstellt – ausreichend.[8] Dies ist anzunehmen, wenn von einer Stelle in einem Unionsstaat Datenverarbeitungsvorgänge durch Personen inhaltlich gesteuert werden oder unterstützende Tätigkeiten für notwendige Datenverarbeitungsvorgänge, bspw. in Verkaufsstellen oder Repräsentanzen des Diensteanbieters, erfolgen.[9] Die Existenz sachlicher Betriebsmittel in einem Mitgliedstaat – bspw. ein ferngewarteter Server – kann auf das Vorhandensein einer Niederlassung hindeuten.[10] Auch ist eine Niederlassung anzunehmen, wenn von dort aus Datenverarbeitungsanlagen technisch gesteuert werden.[11] Nimmt man eine tatsächliche Tätigkeit als Maßstab für das Vorhandensein einer Niederlassung, würde wiederum die Existenz lediglich eines Briefkastens in einem Mitgliedstaat nicht für die Annahme einer Niederlassung ausreichen.

20 Entsprechend dem eindeutigen Wortlaut des Art. 3 Abs. 1 muss der Datenverarbeitungsvorgang selbst nicht zwingend innerhalb der Union stattfinden. Voraussetzung ist nur, dass die Datenverarbeitung der Tätigkeit der Niederlassung dient.

21 Irrelevant für die Einstufung einer Einrichtung als Niederlassung ist der Sitz des Verantwortlichen.[12] So kann einerseits neben dem statuarischen Sitz in einem Staat außerhalb der EU eine Niederlassung in Form einer Zweigstelle oder einer Tochtergesellschaft existieren. Andererseits ist im Falle einer Briefkastenfirma deren Adresse möglicherweise der offizielle Firmensitz, der dann aber nicht der Ort der effektiven Ausübung der wirtschaftlichen Tätigkeit ist.[13]

III. Räumlicher Anwendungsbereich ohne Niederlassung in der Union (Abs. 2)

22 Wiederum kann getrennt werden zwischen den geschützten Personen und den Normunterworfenen. Bezüglich Letzterer betrifft Art. 3 Abs. 2 in der Endfassung nunmehr auch Auftragsverarbeiter ohne Sitz in der EU; in der Entwurfsfassung waren lediglich

---

6 *EuGH* v. 1.10.2015 – C-230/14, Weltimmo, EuZW 2015, 3636, 3639, Rn. 30, zu Art. 4 Abs. 1 lit. a RL 95/46/EG; Paal/Pauly-*Ernst* Art. 3 Rn. 7.
7 BeckOK DatenSR-*Hanloser* Art. 3 Rn. 15.
8 In diesem Sinne Paal/Pauly-*Ernst* Art. 3 Rn. 8; auch BeckOK DatenSR-*Hanloser* Art. 3 Rn. 20.
9 Forgó/Helfrich/Schneider-*Borges* Betrieblicher Datenschutz, Kap. 3 Rn. 85.
10 BeckOK DatenSR-*Hanloser* Art. 3 Rn. 16.
11 Forgó/Helfrich/Schneider-*Borges* Betrieblicher Datenschutz, Kap. 3 Rn. 85.
12 So auch BeckOK DatenSR-*Hanloser* Art. 3 Rn. 19.
13 Paal/Pauly-*Ernst* Art. 3 Rn. 3, spricht insoweit vom „effektiven Verwaltungssitz".

Verantwortliche ohne Sitz in der EU erfasst, was aber eher als Versehen anzusehen gewesen sein dürfte.

1. Kreis der geschützten Personen. Geschützt sind nach Abs. 2 nur Personen, „die sich in der Union befinden", ohne dass aber gesteigerte Anforderungen an die Dauer des Aufenthalts, dessen Verfestigung oder dessen Rahmen gestellt würden. Es reichen kurzfristige Aufenthalte aus. Auch ist die Staatsangehörigkeit der betroffenen Personen ohne Belang. Dem entspricht auch die englische Fassung, die die offene Formulierung „who are in the Union" verwendet. Insbesondere werden nicht die im Gesetzgebungsverfahren erwogenen Begriffe „ansässig" oder „residing" bzw. „mit Wohnsitz" oder „domiciled" verwendet. 23

Andererseits kann sich ein Unionsbürger, der sich im Moment der Verarbeitung in einem Drittstaat aufhält, bspw. bei Inanspruchnahme von Leistungen im Ausland, die mit der Verarbeitung von Daten verbunden ist, nicht auf den Schutz der DS-GVO berufen.[14] 24

2. Anwendbarkeit ohne Niederlassung. Art. 3 Abs. 2 enthält eine wesentliche Neuerung für Fälle, die bislang umstritten waren, nämlich diejenigen einer Datenverarbeitung außerhalb der EU, wenn der Verantwortliche oder der Auftragsverarbeiter keine Niederlassung (bzw. keinen Sitz) in der EU hat. Für diese Fälle wird der räumliche Anwendungsbereich der DS-GVO unter den Voraussetzungen des Art. 3 Abs. 2 lit. a und b erweitert. Diese Entwicklung ist in der EuGH-Rechtsprechung unter Geltung der DSRL bereits ansatzweise vorgezeichnet worden[15] und ist nunmehr positivrechtlich normiert. Durch Abs. 2 wird für die räumliche Anwendbarkeit der DS-GVO nunmehr auf das sog. Marktortprinzip abgestellt. 25

Die Ausweitung der DS-GVO wird teilweise als protektionistisch kritisiert,[16] dient aber letztlich dazu, auf dem Binnenmarkt bezogen auf den datenschutzrechtlichen Rahmen gleiche Marktbedingungen für alle Wirtschaftsteilnehmer zu schaffen. Die Wirkung der DS-GVO ist dabei intraterritorial und nicht – was völkerrechtlich bedenklich wäre – extraterritorial, da sie auf eine unternehmerische Betätigung im Binnenmarkt abstellt.[17] Dies wird nicht zuletzt durch die zweifache territoriale Anknüpfung der Leistungserbringung in der Union gegenüber Personen in der Union, sichergestellt.[18] Ziel ist insoweit ein „level playing field".[19] 26

Entsprechend ist die Entscheidung von Marktteilnehmern, in der Union wirtschaftlich tätig zu sein, mit der Entscheidung verknüpft, dann auch die datenschutzrechtlichen Regeln der Union zu akzeptieren. Letztlich stellt die Statuierung des Marktortprinzips jedenfalls eine Möglichkeit dar, hohe Datenschutzstandards für die natürlichen Perso- 27

---

14 Kühling/Buchner-*Klar* Art. 3 Rn. 19.
15 *EuGH* v. 13.5.2014 – C-131/12 (Google Inc. und Google Spain SL ./. Agencia Española de Protección de Datos), NJW 2014, 2257, 2260, Rn. 52. Vgl. auch *Schantz* NJW 2016, 1841, 1842; *Kühling/Martini* EuZW 2016, 448, 450.
16 Vgl. *Klar* DuD 2017, 533, 534 m.w.N.
17 Vgl. auch Ehmann/Selmayr-*Ehmann/Selmayr* Einführung Rn. 23; und Kühling/Buchner-*Klar* Art. 3 Rn. 22. Insoweit ist die Zwischenüberschrift bei *Wybitul* BB 2016, 1077, 1078, „VII. Globale Anwendung des DS-GVO" zumindest missverständlich; im Weiteren spricht der Autor (S. 1079) der Verordnung sogar „extraterritoriale Wirkung" zu.
18 Sowie Kühling/Buchner-*Klar* Art. 3 Rn. 22.
19 *Albrecht* CR 2016, 88, 90.

nen in der Union beizubehalten. Ansonsten würde der Datenschutz als wesentliches grundrechtliches Anliegen der Unionsbürger absehbar durch Verlagerung der Datenverarbeitungstätigkeit auf Stellen außerhalb der Union ausgehöhlt werden. Insbesondere wird vermieden, dass Anbieter von Leistungen im Wege des „forum shopping" durch die Wahl des Sitzes die – datenschutzrechtlich betrachtet – günstigste Rechtslage verfügbar machen.[20]

28 **a) Anknüpfung an (beabsichtigte) Erbringung von Waren- und Dienstleistungsgeboten (lit. a).** Art. 3 Abs. 2 lit. a erstreckt den räumlichen Anwendungsbereich der DS-GVO auf Sachverhalte, bei denen ein Verantwortlicher oder ein Auftragsverarbeiter ohne Sitz oder Niederlassung in der Union personenbezogene Daten zu dem Zweck verarbeitet, natürlichen Personen in der EU Waren oder Dienstleistungen anzubieten.

29 ErwG 23 führt hierzu aus: „Um festzustellen, ob dieser Verantwortliche oder Auftragsverarbeiter betroffenen Personen, die sich in der Union befinden, Waren oder Dienstleistungen anbietet, sollte festgestellt werden, ob der Verantwortliche oder Auftragsverarbeiter offensichtlich beabsichtigt, betroffenen Personen in einem oder mehreren Mitgliedstaaten der Union Dienstleistungen anzubieten."

30 Nicht ausreichend ist in Übereinstimmung mit ErwG 23 zunächst die reine Zugänglichkeit einer Internetseite bzw. die Angabe einer E-Mail-Adresse. Die Frage, ob ein Anbieten von Waren und Dienstleistungen in der Union beabsichtigt ist, kann nur anhand von Indizien festgestellt werden. Kein allein tragendes Indiz ist die auf einer Website verwendete Sprache, auch sofern diese einer Sprache in einem Mitgliedstaat der Union entspricht, jedenfalls wenn die Sprache in Drittstaaten, so dem Sitzstaat des Anbieters, gebräuchlich ist.

31 Notwendig ist vielmehr eine umfassende Betrachtung. Dabei werden Merkmale wie die verwendete Sprache, das Zurverfügungstellen tatsächlicher Angebote, Angaben zu akzeptierten Währungen, insbesondere solche von Mitgliedstaaten der Union, oder von EU-Kredit- und Bezahlungskarten, gezielte Werbung in Mitgliedstaaten in der dort üblichen Sprache, aber auch die tatsächliche Leistungserbringung herangezogen.[21]

32 Erfasst sind auch vorbereitende Datenerhebungen, so die Erstellung von Bilddateien, wenn diese dazu bestimmt und notwendig sind, in Internetangebote („street view") einzufließen.[22] Zu bemerken ist, dass die Angebote über Internet der häufigste, aber nicht der einzige Anwendungsfall des Art. 3 Abs. 2 lit. a ist. Anknüpfungspunkt ist die Datenerhebung i.S.d. DS-GVO, nicht die Art des Angebots. Damit würden auch Datenerhebungen im Zuge postalischer oder telefonischer Kontakte die Anwendung der DS-GVO auslösen.[23]

33 Ohne Belang ist die Entgeltlichkeit oder Unentgeltlichkeit der Leistung; hierunter sind bspw. entsprechende Angebote von Suchmaschinen, Filehosting-Dienste oder soziale Netzwerke zu fassen.[24] Dabei ist zugleich zu beachten, dass häufig auch Ange-

---

20 *Art.-29-Datenschutzgruppe* „Stellungnahme 8/2010 zum anwendbaren Recht", WP 179, S. 39; *Albrecht* CR 2016, 88, 90.
21 Paal/Pauly-*Ernst* Art. 3 Rn. 16; *Art.-29-Datenschutzgruppe* „Stellungnahme 8/2010 zum anwendbaren Recht", WP 179, S. 39 f.
22 *Klar* DuD 2013, 109, 113.
23 So auch Gola-*Piltz* Art. 3 Rn. 29.
24 Paal/Pauly-*Ernst* Art. 3 Rn. 17.

bote, die für den privaten Nutzer unentgeltlich sind, durch Dritte, etwa Werbeanbieter, finanziert werden und damit im Ergebnis nicht als unentgeltlich anzusehen sind.[25]

b) Anknüpfung an Verhaltensbeobachtung (lit. b). Der räumliche Anwendungsbereich wird nach Art. 3 Abs. 2 lit. b auch dann eröffnet, wenn ein Verantwortlicher oder ein Auftragsverarbeiter ohne Niederlassung in der Union personenbezogene Daten im Zusammenhang mit der Beobachtung des Verhaltens einer natürlichen Person verarbeitet. 34

Der Begriff der Verhaltensbeobachtung ist nicht definiert. Entsprechend ErwG 24 ist danach zu fragen, „ob [...] Internetaktivitäten nachvollzogen werden, einschließlich der möglichen nachfolgenden Verwendung von Techniken zur Verarbeitung personenbezogener Daten, durch die von einer natürlichen Person ein Profil erstellt wird, das insbesondere die Grundlage für sie betreffende Entscheidungen bildet oder anhand dessen ihre persönlichen Vorlieben, Verhaltensweisen oder Gepflogenheiten analysiert oder vorausgesagt werden sollen." 35

Anders als bei lit. a, bei dem neben der Anknüpfung an Internetaktivitäten noch andere Formen der Kontaktherstellung denkbar sind, bezieht sich lit. b nahezu ausschließlich auf die Beobachtung im Internet bzw. auf die Benutzung sozialer Medien oder von Apps. 36

Die Bezugnahme auf die Erstellung von Profilen in der Art, wie sie ErwG 24 voraussetzt, zeigt zudem, dass sich die Beobachtung nicht auf punktuelle Erfassungsvorgänge beschränken darf. Vielmehr ist eine umfassende Überwachung von natürlichen Personen unter Zuhilfenahme von Datenverarbeitungstechniken gemeint.[26] Hierzu zählt die Verwendung sog. „Cookies", alle Formen des Webtracking und auch der „Like"-Button.[27] Gegenstand der Beobachtung kann auch die physische Fortbewegung einer Person sein.[28] Als Beobachtung ist nur die gewollte Ausspähung durch technische Vorkehrungen gemeint, die also ein aktives Verhalten des Beobachtenden voraussetzt. Das Merkmal ist damit nicht bereits durch zufälliges ungewolltes Übermitteln von Daten erfüllt.[29] Dies folgt bereits daraus, dass auf solche Weise keine lit. b genügende Profilbildung möglich sein dürfte. Auf den Zweck der Beobachtung kommt es dagegen nicht an. Vielmehr stehen wirtschaftliche, wissenschaftliche, politische oder sonstige Zwecksetzungen gleichwertig nebeneinander.[30] 37

3. Nichtexistenz einer Schutzlücke. Teilweise wird die Annahme einer Schutzlücke diskutiert, wenn ein Verantwortlicher oder ein Auftragsverarbeiter zwar den Hauptsitz in einem Drittstaat hat, über eine Niederlassung in der Union verfügt, die Verarbeitung personenbezogener Daten jedoch nicht im Rahmen der Tätigkeiten dieser Niederlassung geschieht; dann wäre lit. a nicht einschlägig. Gegen die Einschlägigkeit von lit. b würde dann sprechen, dass der Betreffende über eine Niederlassung ver- 38

---

25 Insoweit dürfte die Forderung, die Anwendbarkeit nicht „auf gänzlich kostenfreie Angebote" auszuweiten – so *Klar* DuD 2013, 109, 113 – mangels Abgrenzbarkeit schwer durchzusetzen sein.
26 *Klar* ZD 2013, 109, 113.
27 *Schantz* NJW 2016, 1841, 1842; Ehmann/Selmayr-*Zedick* Art. 3 Rn. 19.
28 Gola-*Piltz* Art. 3 Rn. 33.
29 So ausdrücklich Gola-*Piltz* Art. 3 Rn. 31.
30 Paal/Pauly-*Ernst* Art. 3 Rn. 20.

Art. 4 — Begriffsbestimmungen

fügt.[31] Dem kann zunächst mit der Argumentation widersprochen werden, dass einerseits die Anforderungen an das Merkmal der Datenverarbeitung „im Rahmen der Tätigkeit" nach dem Vorgesagten relativ gering sind. Darüber hinaus ist zu bedenken, dass nach zutreffender Auslegung nur relevante Niederlassungen dem Bereich des lit. a unterfallen.[32] So ist es kaum vorstellbar, dass Verantwortliche oder Auftragsverarbeiter Profilermittlungen auf dem Gebiet der Union durchführen und zum Zweck der Nichtgeltung des DS-GVO minimale Niederlassungen im Unionsgebiet errichten, die gezielt keine datenschutzrelevante Tätigkeit entfalten sollen.

39 **4. Kritik.** Fraglich bleibt, ob die Erweiterung des räumlichen Anwendungsbereichs tatsächlich eine effektive und praktikable[33] Möglichkeit zur Durchsetzung des Datenschutzregimes darstellt.[34] So mögen vielleicht große im Nicht-EU-Ausland ansässige Internet-Konzerne über den Sanktionsapparat der DS-GVO belangt werden können. Die Vielzahl kleinerer Anbieter dagegen dürfte sich dagegen eher entziehen können. Dennoch stellt die Regelung des Art. 3 Abs. 2 jedenfalls einen begrüßenswerten Versuch dar, den Grundrechtsschutz natürlicher Personen zu effektivieren.

IV. Erstreckung der räumlichen Anwendung aufgrund Völkerrechts

40 Die DS-GVO ist gem. Art. 3 Abs. 3 räumlich auch dann anwendbar, wenn Orte in einem Drittstaat aufgrund völkerrechtlicher Regelungen nicht der Hoheitsgewalt des betreffenden Staates, sondern der eines Mitgliedstaates unterliegen. Die Verarbeitung personenbezogener Daten an einem solchen Ort unterliegt der Geltung der DS-GVO.

41 Erfasst sind entsprechend ErwG 25 Datenverarbeitungsvorgänge in diplomatischen oder konsularischen Vertretungen, einschließlich mobiler Datenverarbeitungen durch Mitarbeiter im Rahmen des diplomatischen Schutzes.[35]

C. Praxistipps

42 Die räumliche Erstreckung des Anwendungsbereichs insbesondere auf Grundlage des Art. 3 Abs. 2 ist so weit, dass jedem Verantwortlichen oder Auftragsverarbeiter aus Drittstaaten zu raten ist, bei datenschutzrelevanten Kontakten mit dem Unionsgebiet das eigene Verhalten vorsichtshalber anhand der Regelungen der DS-GVO kritisch zu hinterfragen.

Artikel 4 Begriffsbestimmungen

Im Sinne dieser Verordnung bezeichnet der Ausdruck:

1. „personenbezogene Daten" alle Informationen, die sich auf eine identifizierte oder identifizierbare natürliche Person (im Folgenden „betroffene Person") beziehen; als identifizierbar wird eine natürliche Person angesehen, die direkt oder indirekt, insbesondere mittels Zuordnung zu einer Kennung wie einem Namen, zu einer Kennnummer, zu Standortdaten, zu einer Online-Kennung oder zu einem oder

---

31 So Gola-*Piltz* Art. 3 Rn. 34 f.
32 So auch *Art.-29-Datenschutzgruppe* „Stellungnahme 8/2010 zum anwendbaren Recht", WP 179, S. 23 f.
33 So Kühling/Buchner-*Klar* Art. 3 Rn. 21.
34 Skeptisch insoweit *Härting* BB 2012, 459, 466.
35 Statt vieler Paal/Pauly-*Ernst* Art. 3 Rn. 21.

mehreren besonderen Merkmalen, die Ausdruck der physischen, physiologischen, genetischen, psychischen, wirtschaftlichen, kulturellen oder sozialen Identität dieser natürlichen Person sind, identifiziert werden kann;

2. „Verarbeitung" jeden mit oder ohne Hilfe automatisierter Verfahren ausgeführten Vorgang oder jede solche Vorgangsreihe im Zusammenhang mit personenbezogenen Daten wie das Erheben, das Erfassen, die Organisation, das Ordnen, die Speicherung, die Anpassung oder Veränderung, das Auslesen, das Abfragen, die Verwendung, die Offenlegung durch Übermittlung, Verbreitung oder eine andere Form der Bereitstellung, den Abgleich oder die Verknüpfung, die Einschränkung, das Löschen oder die Vernichtung;

3. „Einschränkung der Verarbeitung" die Markierung gespeicherter personenbezogener Daten mit dem Ziel, ihre künftige Verarbeitung einzuschränken;

4. „Profiling" jede Art der automatisierten Verarbeitung personenbezogener Daten, die darin besteht, dass diese personenbezogenen Daten verwendet werden, um bestimmte persönliche Aspekte, die sich auf eine natürliche Person beziehen, zu bewerten, insbesondere um Aspekte bezüglich Arbeitsleistung, wirtschaftliche Lage, Gesundheit, persönliche Vorlieben, Interessen, Zuverlässigkeit, Verhalten, Aufenthaltsort oder Ortswechsel dieser natürlichen Person zu analysieren oder vorherzusagen;

5. „Pseudonymisierung" die Verarbeitung personenbezogener Daten in einer Weise, dass die personenbezogenen Daten ohne Hinzuziehung zusätzlicher Informationen nicht mehr einer spezifischen betroffenen Person zugeordnet werden können, sofern diese zusätzlichen Informationen gesondert aufbewahrt werden und technischen und organisatorischen Maßnahmen unterliegen, die gewährleisten, dass die personenbezogenen Daten nicht einer identifizierten oder identifizierbaren natürlichen Person zugewiesen werden;

6. „Dateisystem" jede strukturierte Sammlung personenbezogener Daten, die nach bestimmten Kriterien zugänglich sind, unabhängig davon, ob diese Sammlung zentral, dezentral oder nach funktionalen oder geografischen Gesichtspunkten geordnet geführt wird;

7. „Verantwortlicher" die natürliche oder juristische Person, Behörde, Einrichtung oder andere Stelle, die allein oder gemeinsam mit anderen über die Zwecke und Mittel der Verarbeitung von personenbezogenen Daten entscheidet; sind die Zwecke und Mittel dieser Verarbeitung durch das Unionsrecht oder das Recht der Mitgliedstaaten vorgegeben, so kann der Verantwortliche beziehungsweise können die bestimmten Kriterien seiner Benennung nach dem Unionsrecht oder dem Recht der Mitgliedstaaten vorgesehen werden;

8. „Auftragsverarbeiter" eine natürliche oder juristische Person, Behörde, Einrichtung oder andere Stelle, die personenbezogene Daten im Auftrag des Verantwortlichen verarbeitet;

9. „Empfänger" eine natürliche oder juristische Person, Behörde, Einrichtung oder andere Stelle, der personenbezogene Daten offengelegt werden, unabhängig davon, ob es sich bei ihr um einen Dritten handelt oder nicht. Behörden, die im Rahmen eines bestimmten Untersuchungsauftrags nach dem Unionsrecht oder dem Recht der Mitgliedstaaten möglicherweise personenbezogene Daten erhalten, gelten jedoch nicht als Empfänger; die Verarbeitung dieser Daten durch die genannten Behörden erfolgt im Einklang mit den geltenden Datenschutzvorschriften gemäß den Zwecken der Verarbeitung;

Art. 4 — Begriffsbestimmungen

10. „Dritter" eine natürliche oder juristische Person, Behörde, Einrichtung oder andere Stelle, außer der betroffenen Person, dem Verantwortlichen, dem Auftragsverarbeiter und den Personen, die unter der unmittelbaren Verantwortung des Verantwortlichen oder des Auftragsverarbeiters befugt sind, die personenbezogenen Daten zu verarbeiten;
11. „Einwilligung" der betroffenen Person jede freiwillig für den bestimmten Fall, in informierter Weise und unmissverständlich abgegebene Willensbekundung in Form einer Erklärung oder einer sonstigen eindeutigen bestätigenden Handlung, mit der die betroffene Person zu verstehen gibt, dass sie mit der Verarbeitung der sie betreffenden personenbezogenen Daten einverstanden ist;
12. „Verletzung des Schutzes personenbezogener Daten" eine Verletzung der Sicherheit, die, ob unbeabsichtigt oder unrechtmäßig, zur Vernichtung, zum Verlust, zur Veränderung, oder zur unbefugten Offenlegung von beziehungsweise zum unbefugten Zugang zu personenbezogenen Daten führt, die übermittelt, gespeichert oder auf sonstige Weise verarbeitet wurden;
13. „genetische Daten" personenbezogene Daten zu den ererbten oder erworbenen genetischen Eigenschaften einer natürlichen Person, die eindeutige Informationen über die Physiologie oder die Gesundheit dieser natürlichen Person liefern und insbesondere aus der Analyse einer biologischen Probe der betreffenden natürlichen Person gewonnen wurden;
14. „biometrische Daten" mit speziellen technischen Verfahren gewonnene personenbezogene Daten zu den physischen, physiologischen oder verhaltenstypischen Merkmalen einer natürlichen Person, die die eindeutige Identifizierung dieser natürlichen Person ermöglichen oder bestätigen, wie Gesichtsbilder oder daktyloskopische Daten;
15. „Gesundheitsdaten" personenbezogene Daten, die sich auf die körperliche oder geistige Gesundheit einer natürlichen Person, einschließlich der Erbringung von Gesundheitsdienstleistungen, beziehen und aus denen Informationen über deren Gesundheitszustand hervorgehen;
16. „Hauptniederlassung"
    a) im Falle eines Verantwortlichen mit Niederlassungen in mehr als einem Mitgliedstaat den Ort seiner Hauptverwaltung in der Union, es sei denn, die Entscheidungen hinsichtlich der Zwecke und Mittel der Verarbeitung personenbezogener Daten werden in einer anderen Niederlassung des Verantwortlichen in der Union getroffen und diese Niederlassung ist befugt, diese Entscheidungen umsetzen zu lassen; in diesem Fall gilt die Niederlassung, die derartige Entscheidungen trifft, als Hauptniederlassung;
    b) im Falle eines Auftragsverarbeiters mit Niederlassungen in mehr als einem Mitgliedstaat den Ort seiner Hauptverwaltung in der Union oder, sofern der Auftragsverarbeiter keine Hauptverwaltung in der Union hat, die Niederlassung des Auftragsverarbeiters in der Union, in der die Verarbeitungstätigkeiten im Rahmen der Tätigkeiten einer Niederlassung eines Auftragsverarbeiters hauptsächlich stattfinden, soweit der Auftragsverarbeiter spezifischen Pflichten aus dieser Verordnung unterliegt;
17. „Vertreter" eine in der Union niedergelassene natürliche oder juristische Person, die von dem Verantwortlichen oder Auftragsverarbeiter schriftlich gemäß Artikel 27 bestellt wurde und den Verantwortlichen oder Auftragsverarbeiter in Bezug auf die ihnen jeweils nach dieser Verordnung obliegenden Pflichten vertritt;

18. „Unternehmen" eine natürliche oder juristische Person, die eine wirtschaftliche Tätigkeit ausübt, unabhängig von ihrer Rechtsform, einschließlich Personengesellschaften oder Vereinigungen, die regelmäßig einer wirtschaftlichen Tätigkeit nachgehen;
19. „Unternehmensgruppe" eine Gruppe, die aus einem herrschenden Unternehmen und den von diesem abhängigen Unternehmen besteht;
20. „verbindliche interne Datenschutzvorschriften" Maßnahmen zum Schutz personenbezogener Daten, zu deren Einhaltung sich ein im Hoheitsgebiet eines Mitgliedstaats niedergelassener Verantwortlicher oder Auftragsverarbeiter verpflichtet im Hinblick auf Datenübermittlungen oder eine Kategorie von Datenübermittlungen personenbezogener Daten an einen Verantwortlichen oder Auftragsverarbeiter derselben Unternehmensgruppe oder derselben Gruppe von Unternehmen, die eine gemeinsame Wirtschaftstätigkeit ausüben, in einem oder mehreren Drittländern;
21. „Aufsichtsbehörde" eine von einem Mitgliedstaat gemäß Artikel 51 eingerichtete unabhängige staatliche Stelle;
22. „betroffene Aufsichtsbehörde" eine Aufsichtsbehörde, die von der Verarbeitung personenbezogener Daten betroffen ist, weil
    a) der Verantwortliche oder der Auftragsverarbeiter im Hoheitsgebiet des Mitgliedstaats dieser Aufsichtsbehörde niedergelassen ist,
    b) diese Verarbeitung erhebliche Auswirkungen auf betroffene Personen mit Wohnsitz im Mitgliedstaat dieser Aufsichtsbehörde hat oder haben kann oder
    c) eine Beschwerde bei dieser Aufsichtsbehörde eingereicht wurde;
23. „grenzüberschreitende Verarbeitung" entweder
    a) eine Verarbeitung personenbezogener Daten, die im Rahmen der Tätigkeiten von Niederlassungen eines Verantwortlichen oder eines Auftragsverarbeiters in der Union in mehr als einem Mitgliedstaat erfolgt, wenn der Verantwortliche oder Auftragsverarbeiter in mehr als einem Mitgliedstaat niedergelassen ist, oder
    b) eine Verarbeitung personenbezogener Daten, die im Rahmen der Tätigkeiten einer einzelnen Niederlassung eines Verantwortlichen oder eines Auftragsverarbeiters in der Union erfolgt, die jedoch erhebliche Auswirkungen auf betroffene Personen in mehr als einem Mitgliedstaat hat oder haben kann;
24. „maßgeblicher und begründeter Einspruch" einen Einspruch gegen einen Beschlussentwurf im Hinblick darauf, ob ein Verstoß gegen diese Verordnung vorliegt oder ob beabsichtigte Maßnahmen gegen den Verantwortlichen oder den Auftragsverarbeiter im Einklang mit dieser Verordnung steht, wobei aus diesem Einspruch die Tragweite der Risiken klar hervorgeht, die von dem Beschlussentwurf in Bezug auf die Grundrechte und Grundfreiheiten der betroffenen Personen und gegebenenfalls den freien Verkehr personenbezogener Daten in der Union ausgehen;
25. „Dienst der Informationsgesellschaft" eine Dienstleistung im Sinne des Artikels 1 Absatz 1 Buchstabe b der Richtlinie (EU) 2015/1535 des Europäischen Parlaments und des Rates[1];

---

1 Richtlinie (EU) 2015/1535 des Europäischen Parlaments und des Rates vom 9. September 2015 über ein Informationsverfahren auf dem Gebiet der technischen Vorschriften und der Vorschriften für die Dienste der Informationsgesellschaft (ABl. L 241 vom 17.9.2015, S. 1).

Art. 4 — Begriffsbestimmungen

26. „internationale Organisation" eine völkerrechtliche Organisation und ihre nachgeordneten Stellen oder jede sonstige Einrichtung, die durch eine zwischen zwei oder mehr Ländern geschlossene Übereinkunft oder auf der Grundlage einer solchen Übereinkunft geschaffen wurde.
– BDSG n.F.: § 2

Übersicht

		Rn			Rn
A.	Einordnung und Hintergrund	1		5. Verfahren und technisch-organisatorische Anforderungen der Pseudonymisierung	97
B.	Kommentierung	2		6. Anwendungsszenarien zu Art und Verfahren der Pseudonymisierung	101
I.	Art. 4: Allgemeines	2			
II.	Art. 4 Nr. 1: Personenbezogene Daten	9			
	1. Allgemeines	9	VII.	Art. 4 Nr. 6: Dateisystem	110
	2. Persönlicher Schutzumfang	13		1. Allgemeines	110
	a) Betroffene Person	13		2. Begriff des „Dateisystems"	116
	b) Juristische Personen	14			
	c) Verstorbene	16		3. Digitalisierung von Daten und Akten	120
	d) Ungeborenes Leben (nasciturus)	25	VIII.	Art. 4 Nr. 7: Verantwortlicher	121
	3. Sachlicher Schutzumfang	26		1. Allgemeines	121
	a) Information	26		2. Zweck der Vorschrift	128
	b) Personenbezug der Information	29		3. Tatbestandsmerkmale des Verantwortlichen im Einzelnen	130
	c) Identifizierte oder identifizierbare Person	31		a) Normadressaten	131
	d) Anonyme Daten	43		b) Alleinige oder gemeinsame Verantwortliche	139
	e) Einzelbeispiele	44			
III.	Art. 4 Nr. 2: Verarbeitung	48		c) Entscheidungsbefugnisse über Zweck und Mittel	153
	1. Allgemeines	48			
	2. Inhalt	54		d) Abgrenzung zur Auftragsverarbeitung	155
	3. Praxishinweise	58			
IV.	Art. 4 Nr. 3: Einschränkung der Verarbeitung	59		4. Einzelfälle/Praxisbeispiele/Praxishinweise	158
	1. Allgemeines	59			
	2. Inhalt	64	IX.	Art. 4 Nr. 8: Auftragsverarbeiter	171
	3. Praxisbeispiele	67			
V.	Art. 4 Nr. 4: Profiling	69		1. Allgemeines	171
	1. Allgemeines	69		2. Inhalt	175
	2. Scoring	75		a) Privilegierung der Auftragsdatenverarbeitung	175
	3. Pflichten beim Profiling	78			
VI.	Art. 4 Nr. 5: Pseudonymisierung	79		b) Datenverarbeitung im Auftrag	177
	1. Allgemeines	79			
	2. Anforderungen an die Pseudonymisierung	89		3. Einzelfälle/Praxisbeispiele	183
	3. Abgrenzung zur Anonymisierung	93	X.	Art. 4 Nr. 9: Empfänger	186
	4. Verschlüsselte Daten	96			

		Rn			Rn
	1. Allgemeines	186		3. Hauptniederlassung des Auftragsverarbeiters	280
	2. Inhalt	189		4. Hauptniederlassung bei einer Unternehmensgruppe	283
	a) Empfangende Stelle	190			
	b) Begriff der Offenlegung	193			
	3. Ausnahmen bei Behörden	196	XVIII.	Art. 4 Nr. 17: Vertreter	284
XI.	Art. 4 Nr. 10: Dritter	199		1. Allgemeines	284
	1. Allgemeines	199		2. Begriff des Vertreters und Regelungszweck	287
	2. Inhalt	201	XIX.	Art. 4 Nr. 18: Unternehmen	295
	3. Praxisbeispiele	204			
XII.	Art. 4 Nr. 11: Einwilligung	205		1. Allgemeines	295
	1. Allgemeines	205		2. Inhalt	296
	2. Inhalt	211	XX.	Art. 4 Nr. 19: Unternehmensgruppe	300
XIII.	Art. 4 Nr. 12: Verletzung des Schutzes personenbezogener Daten	222		1. Allgemeines	300
				2. Bedeutung	303
	1. Allgemeines	222	XXI.	Art. 4 Nr. 20: Verbindliche interne Datenschutzvorschriften	307
	2. Inhalt	224			
XIV.	Art. 4 Nr. 13: Genetische Daten	233	XXII.	Art. 4 Nr. 21: Aufsichtsbehörde	315
	1. Allgemeines	233	XXIII.	Art. 4 Nr. 22: Betroffene Aufsichtsbehörde	319
	2. Systematik und Verhältnis zu anderen Vorschriften	235		1. Niederlassung im Hoheitsgebiet der Aufsichtsbehörde (Art. 4 Nr. 22 lit. a)	323
	3. Umfang des Schutzes „genetischer Daten"	237			
XV.	Art. 4 Nr. 14: Biometrische Daten	244		2. Erhebliche Auswirkungen auf Betroffene mit Wohnsitz im Mitgliedstaat der Aufsichtsbehörde (Art. 4 Nr. 22 lit. b)	325
	1. Allgemeines	244			
	2. Tatbestandsmerkmale „biometrischer Daten"	247			
	3. Praxisbeispiele	253			
XVI.	Art. 4 Nr. 15: Gesundheitsdaten	257		3. Einreichung einer Beschwerde (Art. 4 Nr. 22 lit. c)	327
	1. Allgemeines	257			
	2. Inhalt und Reichweite des Begriffs der Gesundheitsdaten	260	XXIV.	Art. 4 Nr. 23: Grenzüberschreitende Verarbeitung	329
				1. Niederlassungen in unterschiedlichen Mitgliedstaaten (lit. a)	335
	3. Praxisbeispiele	266			
XVII.	Art. 4 Nr. 16: Hauptniederlassung	267		2. Erhebliche Auswirkungen auf Betroffene in unterschiedlichen Mitgliedstaaten (lit. b)	338
	1. Allgemeines	267			
	a) Abgrenzung zum Begriff der Niederlassung	268			
			XXV.	Art. 4 Nr. 24: Maßgeblicher und begründeter Einspruch	340
	b) Systematik und Verhältnis zu anderen Vorschriften der DS-GVO	271			
			XXVI.	Art. 4 Nr. 25: Dienst der Informationsgesellschaft	346
	2. Hauptniederlassung des Verantwortlichen	275		1. Allgemeines	346

Art. 4 Begriffsbestimmungen

	Rn		Rn
2. Inhalt	348	2. Inhalt	353
XXVII. Art. 4 Nr. 26: Internationale Organisation	351	Anhang § 2 BDSG Begriffsbestimmungen	
1. Allgemeines	351		

Literatur: *Art.-29-Datenschutzgruppe* zu „personenbezogenen Daten" (WP 136); *dies.* zu „Anonymisierungstechniken" (WP 216); *dies.* zu den Begriffen „für die Verarbeitung Verantwortlicher" und „Auftragsverarbeiter" (WP 169); *dies.* zu „Arbeitspapieren über genetische Daten" v. 17.3.2004 (WP 91); *dies.* zu „Entwicklungen im Bereich biometrischer Technologien". 27.4.2014 (WP 193); *dies.* Annex zum Brief v. 5.2.2015 „Health data in apps and devices"; *Benedikt* Die geplante ePrivacy-Verordnung und ihr Verhältnis zur DS-GVO und zum Telemediengesetz, DSB 2018, 80; *BITKOM-Pressemitteilung* v. 5.3.2014: „Großes Wachstum bei Big Data"[2]; *Brinkert/Stolze/Heidrich* Der Tod und das Soziale Netzwerk – Digitaler Nachlass in Theorie und Praxis, ZD 2013, 153; *Brisch/Pieper* Das Kriterium der „Bestimmbarkeit" bei Big Data-Analyseverfahren, CR 2015, 724; *Brössler/Hurtz* Regierung einigt sich auf Tracing-App – und Kritiker sind begeistert, S. Z. v. 26.4.2020[3]; *Budras* Big Data: Google weiß, wo die Grippe lauert, faz.net v. 15.11.2014[4]; *Buermeyer/Abele/Bäcker* Corona-Tracking & Datenschutz: kein notwendiger Widerspruch, Gastbeitrag auf netzpolitik.org v. 29.3.2020[5]; *Datenethikkommission der Bundesregierung* Abschlussgutachten v. Okt. 2019[6]; *Deusch* Der digitale Nachlass vor dem BGH und die Praxisfolgen, ZEV 2018, 687; *Dörr/Schwartmann* Medienrecht, 6. Aufl. 2019; *DSK* Beschluss des DSK zu Facebook-Fanpages v. 5.9.2018; *dies.* Positionierung zur Verantwortlichkeit und Rechenschaftspflicht bei Facebook-Fanpages sowie der aufsichtsbehördlichen Zuständigkeit; *dies.* Positionsbestimmung der DSK v. 26.4.2018; *dies.* Orientierungshilfe der Aufsichtsbehörden für Anbieter von Telemedien v. 3.5.2019; *EDPS* Guidelines on the concepts of controller, processor and joint controllership under Regulation (EU) 2018/1725 v. 7.11.2019; *EU Kommission* Questions and Answers – Data protection reform, Brussels, 21 December 2015[7]; *Franzen/Gallner/Oetker* Kommentar zum europäischen Arbeitsrecht, 2. Aufl. 2018; *GDD* Praxishilfe XV – Die gemeinsame Verantwortlichkeit nach Art. 26 DS-GVO (Joint Controllership)[8]; *dies.* Praxishilfe ePrivacy I, 2018[9]; *dies.* Praxishilfe XVI – Videokonferenzen und Datenschutz[10];

---

2 Abrufbar unter http://www.bitkom.org/Presse/Presseinformation/Grosses-Wachstum-bei-Big-Data.html, zuletzt abgerufen am 15.4.2020.
3 Abrufbar unter https://www.sueddeutsche.de/digital/corona-tracing-dezentral-regierung-1.4888963, zuletzt abgerufen am 28.4.2020.
4 Abrufbar unter http://www.faz.net/aktuell/wirtschaft/netzwirtschaft/google-flutrends-big-data-kann-helfen-uns-gegen-krankheiten-zu-wappnen-13268389.html, zuletzt abgerufen am 15.4.2020.
5 Abrufbar unter https://netzpolitik.org/2020/corona-tracking-datenschutz-kein-notwendiger-widerspruch/, zuletzt abgerufen am 15.4.2020.
6 Abrufbar unter https://www.bmi.bund.de/SharedDocs/downloads/DE/publikationen/themen/it-digitalpolitik/gutachten-datenethikkommission-kurzfassung.pdf?__blob=publicationFile&v=4, zuletzt abgerufen am 15.4.2020.
7 Abrufbar unter http://europa.eu/rapid/press-release_MEMO-15-6385_en.pdf, zuletzt abgerufen am 15.4.2020.
8 Abrufbar unter https://www.gdd.de/downloads/praxishilfen/GDDPraxishilfe_15_JointControllership_1.0.pdf, zuletzt abgerufen am 15.4.2020.
9 Abrufbar unter https://www.gdd.de/downloads/praxishilfen/001_ePrivacy_01.pdf, zuletzt abgerufen am 15.4.2020.
10 Abrufbar unter https://www.gdd.de/downloads/praxishilfen/gdd-praxishilfe_xvi-videokonferenzen-und-datenschutz, zuletzt abgerufen am 15.4.2020.

Gola/Schomerus BDSG, 12. Aufl. 2015; *Golland* Reichweite des „Joint Controllership", K&R, 2019, 533; *Hardenberg* Genetische Gesundheitsdaten in der Individualisierten Medizin, Hinreichender Persönlichkeitsschutz oder rechtlicher Regelungsbedarf?, ZD 2014, 115; *Härting/Gössling* Gemeinsame Verantwortlichkeit bei einer Facebook-Fanpage NJW 2018, 2523; *Helbing* Big Data und der datenschutzrechtliche Grundsatz der Zweckbindung, K&R 2015, 145; *Heldt* Gesichtserkennung: Schlüssel oder Spitzel?, MMR 2019, 285; *Hoeren/Sieber/Holznagel* Handbuch Multimedia-Recht, 45. Aufl. 2017; *Hoffmann* Entwicklung des Internetrechts bis Ende 2018, NJW 2019, 481; *Hurtz* App zum Ärgern, S. Z. v. 21.4.2020, S. 5; *Kartheuser/Nabulsi* Abgrenzungsfragen bei gemeinsam Verantwortlichen, MMR 2019, 717; *Katko/Babaei-Beigi* Accountability statt Einwilligung? – Führt Big Data zum Paradigmenwechsel im Datenschutz? MMR 2014, 360; *Klas/Möhrke-Sobolewski* Digitaler Nachlass – Erbenschutz trotz Datenschutz, NJW 2015, 3473; *Koós/Englisch* Eine „neue" Auftragsdatenverarbeitung? – Gegenüberstellung der aktuellen Rechtslage und der DS-GVO in der Fassung des LIBE-Entwurfs, ZD 2014, 276; *Kremer* Plugins nach dem EuGH: Cookie Consent und Joint Controller überall?, CR 2019, 676; *Lang* Rechtskonformer Einsatz von Cookies, K&R, 2019, 698; *Laue/Kremer* Das neue Datenschutzrecht in der betrieblichen Praxis, 2. Aufl. 2019; *Lee/Cross* (Gemeinsame) Verantwortlichkeit beim Einsatz von Drittinhalten auf Websites, MMR 2019, 559; *Marshall* Datenpannen – „neue" Meldepflicht nach der europäischen DS-GVO?, DuD 2015, 183; *Martini* Der digitale Nachlass und die Herausforderung postmortalen Persönlichkeitsschutzes im Internet, JZ 2012, 1145; *ders.* Facebook, die Lebenden und die Toten – Der digitale Nachlass aus telekommunikations- und datenschutzrechtlicher Sicht JZ 2019, 235; *Martini/Weinzierl* Mandated Choice: der Zwang zur Entscheidung auf dem Prüfstand von Privacy by Default, KW 2019, 287; *Mayen* DAV-Stellungnahme Nr. 34/2013; *Monreal* Der für die Verarbeitung Verantwortliche – das unbekannte Wesen des deutschen Datenschutzrechts – Mögliche Konsequenzen aus einem deutschen Missverständnis, ZD 2014, 611; *Nebel* Datenschutzrechtliche Verantwortlichkeit bei der Nutzung von Fanpages und Social Plug-ins, RDV 2019, 9; *Nink/Pohle* Die Bestimmbarkeit des Personenbezugs – Von der IP-Adresse zum Anwendungsbereich der Datenschutzgesetze, MMR 2015/563; *Preuß* Digitaler Nachlass – Vererbbarkeit eines Kontos bei einem sozialen Netzwerk, NJW 2018, 3146; *Reif* Gemeinsame Verantwortung beim Lettershopverfahren – praktische Konsequenz der EUGH-Rechtsprechung zu den „Fanpages" und „Zeugen Jehovas", RDV 2019, 30; *Sattler* Gemeinsame Verantwortlichkeit – getrennte Pflichten, GRUR 2019, 1023; *Scheppach* Und jetzt: Ihr Wetter, Technology Review vom 6.5.2015[11]; *Schreiber* Gemeinsame Verantwortlichkeit gegenüber Betroffenen und Aufsichtsbehörden, ZD 2019, 55; *Schwartmann* Praxishandbuch Medien-, IT- und Urheberrecht, 4. Aufl. 2018; *ders.* Editorial RDV 2019, 51; *Schwartmann/Benedikt/Jacquemain* Die ePrivacy-VO kommt: Reichweitenmessung und Nutzungsprofile über Cookies zwischen DSGVO und ePrivacy-VO, PinG 2018, 150; *Schwartmann/Hermann/Mühlenbeck* Datenschutzrechtliche Zulässigkeit der Kenntlichmachung des Entzuges eines Doktorgrades in (Online-)Bibliothekskatalogen v. Sept. 2018[12]; *dies.* Die Veröffentlichung des Entzuges von Doktorgraden und der Datenschutz, RDV 2018, 252; *Schwartmann/Jacquemain* DataAgenda Arbeitspapier 02 – Personenfotografie: DS-GVO vs. KUG[13]; *dies.* DataAgenda Arbeitspapier 04 – EuGH: Facebook Fanpages[14]; *dies.* DataAgenda-Arbeitspapier 05 – „Cookies" richtig setzen:

---

11 Abrufbar unter http://www.heise.de/tr/artikel/Und-jetzt-Ihr-Wetter-2599595.html, zuletzt abgerufen am 15.4.2020.
12 Abrufbar unter https://ombudsman-fuer-die-wissenschaft.de/wp-content/uploads/2019/06/Schwartmann_Gutachten_Ombudsman_26092018.pdf, zuletzt abgerufen am 15.4.2020.
13 Abrufbar unter https://dataagenda.de/wp-content/uploads/2019/09/190925_Arbeitspapier_02.pdf, zuletzt abgerufen am 15.4.2020.
14 Abrufbar unter https://dataagenda.de/wp-content/uploads/2019/09/190926_Arbeitspapier_04.pdf, zuletzt abgerufen am 15.4.2020.

Anwendbarkeit des TMG?[15]; *dies.* DataAgenda Arbeitspapier 10 – Die EuGH-Rechtsprechung zum Joint-Controllership?[16]; *Schwartmann/Jacquemain/Mühlenbeck* DataAgenda Arbeitspapier 17 – Positionen zur Zulässigkeit von Handytracking wegen Corona-Pandemie[17]; *Schwartmann/Keber/Mühlenbeck* Social Media, 2. Aufl. 2018; *Schwartmann/Mühlenbeck* Die Corona-App und der Datenschutz, F.A.Z. Einspruch v. 6.4.2020; *Schwartmann/ Weiß* Whitepaper zur Pseudonymisierung der Fokusgruppe Datenschutz, 2017[18]; *dies.* Anforderungen an den datenschutzkonformen Einsatz von Pseudonymisierungslösungen, 2018[19]; *dies.* Entwurf für einen Code of Conduct zum Einsatz DS-GVO konformer Pseudonymisierung, 2019[20]; *dies.* Ein Entwurf für einen Code of Conduct zum Einsatz DS-GVO konformer Pseudonymisierung, RDV 2020, 71; *Specht-Riemschneider/Schneider* Die gemeinsame Verantwortlichkeit im Datenschutzrecht, MMR 2019, 503; *Thüsing/Kugelmann/Schwartmann* Datenschutz-Experten beurteilen Corona-App in F.A.Z. v. 9.4.2020; *Weichert* Big Data und Datenschutz – Chancen und Risiken einer neuen Form der Datenanalyse, ZD 2013, 251; *Wissenschaftlicher Dienst des Deutschen Bundestages* Ausarbeitung zu Einzelfragen zum Handy-Tracking in Deutschland im Zusammenhang mit der Corona-Pandemie 2020[21]; *Ziebarth* Google als Geheimnishüter? Verantwortlichkeit der Suchmaschinenbetreiber nach dem EuGH-Urteil, ZD 2014, 394.

A. Einordnung und Hintergrund

1 Einordnung und Hintergrund der Begriffsbestimmungen ergeben sich unmittelbar aus der nachfolgenden Kommentierung. Auf die einschlägigen Erwägungsgründe wird in der Kommentierung zur jeweiligen Begriffsbestimmung Bezug genommen. Wichtige Zusammenhänge mit dem BDSG a.F., der DSRL und dem BDSG n.F. lassen sich auch den jeweiligen Kommentierungen entnehmen.

B. Kommentierung

I. Art. 4: Allgemeines

2 Art. 4 legt die Bedeutung und Reichweite der wesentlichen Begriffe des europäischen Datenschutzrechts fest. Die Norm ist nicht abschließend. Daneben finden sich in Art. 51 („**Aufsichtsbehörde**") und Art. 68 („**Ausschuss**") sowie in Art. 5 bei der Festlegung der fundamentalen Grundsätze für die Verarbeitung personenbezogener Daten (z.B. „Rechtmäßigkeit", „Zweckbindung", „Transparenz", „Verhältnismäßigkeit" und „Rechenschaft") sowie in Art. 9 hinsichtlich **besonderer Kategorien personenbezoge-**

---

15 Abrufbar unter https://dataagenda.de/wp-content/uploads/2019/09/190926_Arbeitspapier_ 05.pdf, zuletzt abgerufen am 15.4.2020.
16 Abrufbar unter https://dataagenda.de/wp-content/uploads/2019/10/DataAgenda-Arbeitspapier-10_Die-EuGH-Rechtsprechung-zum-Joint-Controllership.pdf, zuletzt abgerufen am 15.4.2020.
17 Abrufbar unter https://dataagenda.de/wp-content/uploads/2020/04/DataAgenda-Arbeitspapier-17_Factsheet_Positionen_Handytracking.pdf, zuletzt abgerufen am 15.4.2020.
18 Abrufbar unter https://www.gdd.de/downloads/whitepaper-zur-pseudonymisierung, zuletzt abgerufen am 20.4.2020.
19 Abrufbar unter https://www.gdd.de/downloads/anforderungen-an-datenschutzkonforme-pseudonymisierung, zuletzt abgerufen am 20.4.2020.
20 Abrufbar unter https://www.de.digital/DIGITAL/Redaktion/DE/Digital-Gipfel/Download/ 2019/p9-code-of-conduct.pdf?__blob=publicationFile&v=2, zuletzt abgerufen am 20.4.2020.
21 Abrufbar unter https://www.bundestag.de/resource/blob/692998/ c88738c96c087f66748ac75a0a7788b2/WD-3-098-20-pdf-data.pdf, zuletzt abgerufen am 4.5.2020.

ner Daten erklärende Umschreibungen mit definierendem Charakter.[22] Der Begriff „Kind" wird weder in Art. 8 selbst noch in Art. 4 definiert.[23] Für die Anwendung des Art. 8 bedarf es aber wegen der geregelten Altersgrenze keiner genaueren Definition.[24] Diese leitet sich gem. Art. 8 Abs. 3 aus dem Recht der Mitgliedstaaten ab.[25]

Im Vergleich zur Vorgängervorschrift des Art. 2 DSRL erweitert Art. 4 den Katalog der legaldefinierten Begriffe. Fanden sich in Art. 2 DSRL noch acht Definitionen, hat Art. 4 26 Ziffern. Hinzugekommen sind Begriffe wie „Profiling", „Pseudonymisierung", „Gesundheitsdaten", „Hauptniederlassung" und „grenzüberschreitende Verarbeitung". 3

Gleichwohl erfasst der umfangreiche Katalog der DS-GVO nicht alle Definitionen, die das BDSG a.F. auf nationaler Ebene beinhaltete. Hier verfolgt die DS-GVO einen anderen Ansatz. Der Begriff der „Verarbeitung" des Art. 4 Nr. 2 fasst etwa die Begriffe „Erheben, Speichern, Verändern, Nutzen" des § 3 Abs. 3 bis 5 BDSG a.F. zusammen und die Definition der Beschäftigten aus § 3 Abs. 1 BDSG a.F. hat ebenfalls keinen Eingang in den Katalog der DS-GVO gefunden. Auch die Begriffe „öffentliche und nichtöffentliche Stellen" aus § 2 BDSG a.F. werden in der DS-GVO nicht legaldefiniert.[26] 4

Aufgrund der inhaltlichen Ähnlichkeit der Definitionen zu denen der DSRL kann teilweise an das bisher geltende Verständnis der Begrifflichkeiten angeknüpft werden. Im Falle neuer Definitionen eröffnen sich demgegenüber Handlungsspielräume für neue Auslegungen und Begriffsinterpretationen für den Rechtsanwender.[27] Damit bei der Auslegung der Begriffsdefinitionen keine sprachlichen Abweichungen erfolgen und unterschiedliche Begriffsverständnisse entstehen, die zu einer uneinheitlichen Rechtsanwendung führen können, ist zu beachten, dass die Verordnung auch in allen anderen Amtssprachen der EU authentisch abgefasst ist. Im Zweifel sind daher bei einer Auslegung andere Sprachversionen heranzuziehen und Diskrepanzen mit den gängigen Auslegungsmethoden zu beseitigen.[28] Faktisch – nicht rechtlich – dürfte die englische Sprachfassung häufig besonders hilfreich sein. 5

Durch die unmittelbare Geltung der DS-GVO stellt sich die Frage, ob und inwieweit nationale Gesetzgeber eigene Begriffsdefinitionen auf mitgliedstaatlicher Ebene erlassen oder beibehalten können.[29] Im Ausgangspunkt bedarf es für die Schaffung mitgliedstaatlichen Rechts im Geltungsbereich der DS-GVO stets einer **Öffnungsklausel** der DS-GVO. Im Hinblick auf die Frage, welche Regelungsbefugnisse den Mitgliedstaaten im Rahmen der Begriffsdefinitionen verbleiben, ist zwischen zwei Fallkonstellationen zu unterscheiden: Zum einen ist fraglich, ob die Mitgliedstaaten abweichende Begriffsbestimmungen zu den Begriffsdefinitionen der DS-GVO erlassen dürfen, indem sie die 6

---

22 Plath-*Schreiber* Art. 4 Rn. 1 sowie Auernhammer-*Eßer* Art. 4 Rn. 2.
23 In der Entwurfsfassung der DS-GVO war eine Definition vorgesehen. Vgl. dazu Auernhammer-*Eßer* Art. 4 Rn. 3.
24 Sydow-*Kampert* Art. 8 Rn. 8.
25 Vgl. dazu Art. 8 Rn. 62; Auernhammer-*Eßer* Art. 4 Rn. 4.
26 Dazu auch Sydow-*Ziebarth* Art. 4 Rn. 4, Gola-*Gola* Art. 4 Rn. 1; Auernhammer-*Eßer* Art. 4 Rn. 5 sowie Plath-*Schreiber* Art. 4 Rn. 2.
27 So auch Auernhammer-*Eßer* Art. 4 Rn. 3.
28 So auch Sydow-*Ziebarth* Art. 4 Rn. 5.
29 Vgl. dazu Schantz/Wolff-*Wolff* Das neue Datenschutzrecht, Rn. 218 ff.; Schwartmann/Pabst-Schwartmann/Mühlenbeck DSG NRW, § 4 Rn. 6 ff.

Definitionen der DS-GVO modifizieren oder einschränken. Zum anderen stellt sich die Frage, ob die Mitgliedstaaten Begriffsbestimmungen im nationalen Recht vornehmen dürfen, die selbst nicht im Katalog von Art. 4 DS-GVO enthalten sind.

7 In Bezug auf die Zulässigkeit einer Modifikation der Begriffsbestimmungen der DS-GVO durch mitgliedstaatliche Regelungen fehlt es an einer Öffnungsklausel im Rahmen von Art. 4 DS-GVO. Abweichungen kommen nur im Rahmen von Öffnungsklauseln, etwa nach Art. 6 Abs. 1 S. 1 lit. e i.V.m. Abs. 2 und 3 DS-GVO[30] oder Art. 23 DS-GVO[31] in Betracht, die aber nicht auf Art. 4 DS-GVO Bezug nehmen.[32] Für Abweichungen von Art. 4 DS-GVO fehlt es also an einer Öffnung für mitgliedstaatliches Recht. Dies ist konsequent, da andernfalls das Ziel der Harmonisierung des europäischen Datenschutzrechts durch Erlass mitgliedstaatlicher Regelungen konterkariert würde.

8 Hinsichtlich des Erlasses von Begriffsbestimmungen, die nicht durch die DS-GVO festgelegt wurden, ist ebenfalls problematisch, dass Art. 4 DS-GVO selbst keine Öffnungsklausel enthält, die den Mitgliedstaaten den Erlass weitergehender spezifischer Begriffsbestimmungen ermöglicht. Eine derartige Öffnungsklausel enthält lediglich Art. 6 Abs. 1 S. 1 lit. e i.V.m. Abs. 2 und 3 S. 3 DS-GVO.[33] Dies würde aber voraussetzen, dass es sich bei der Begriffsbestimmung um eine spezifische Regelung i.S.v. Art. 6 Abs. 3 S. 3 DS-GVO handelt.[34] Dies erscheint zweifelhaft.[35] Fraglich ist daher, ob die DS-GVO in dem Sinne abschließend ist, dass sie auch den Erlass mitgliedstaatlicher Begriffsbestimmungen sperrt, die selbst nicht Bestandteil der DS-GVO sind. Für diese Sichtweise spricht neben dem Fehlen einer Öffnung im Rahmen von Art. 4 DS-GVO, dass andernfalls die Mitgliedstaaten durch den Erlass von Begriffsdefinitionen darüber entscheiden könnten, ob die sonstigen Regelungen der DS-GVO Anwendung finden oder nicht. Dies ist mit der unmittelbaren Wirkung der DS-GVO und dem Ziel der Harmonisierung des Datenschutzrechts in Europa unvereinbar.

II. Art. 4 Nr. 1: Personenbezogene Daten

9 **1. Allgemeines.** Da der Anwendungsbereich der DS-GVO nur dann eröffnet ist, wenn personenbezogene Daten i.S.d. Art. 4 Nr. 1 verarbeitet werden, ist diese Bestimmung für den europäischen Datenschutz, insbesondere die Betroffenenrechte, zentral.[36]

---

30 Dazu Ehmann/Selmayr-*Heberlein* Art. 6 Rn. 35 ff.; Simitis/Hornung/Spiecker gen. Döhmann-*Roßnagel* Art. 6 Abs. 2 Rn. 16 ff. sowie Art. 6 Abs. 3 Rn. 13 ff.; *Schwartmann/Hermann/Mühlenbeck* Datenschutzrechtliche Zulässigkeit der Kenntlichmachung des Entzuges eines Doktorgrades in (Online-)Bibliothekskatalogen, S. 5 ff. und 21 ff. sowie *dies.* RDV 2018, 252 ff.; Schantz/Wolff-*Wolff* Das neue Datenschutzrecht, Rn. 219.
31 Vgl. dazu *Pabst* Art. 23 Rn. 11 ff.
32 Dazu im Rahmen von § 4 DSG NRW vgl. Schwartmann/Pabst-*Schwartmann/Mühlenbeck* DSG NRW, § 4 Rn. 6 ff.
33 Kühling/Buchner-*Buchner/Petri* Art. 6 Rn. 195; Sydow-*Reimer* Art. 6 Rn. 36; *Schwartmann/Hermann/Mühlenbeck* Datenschutzrechtliche Zulässigkeit der Kenntlichmachung des Entzuges eines Doktorgrades in (Online-)Bibliothekskatalogen, S. 5 ff. und 21 ff. sowie RDV 2018, 252, 252 f.
34 Dazu vgl. Schwartmann/Pabst-*Schwartmann/Mühlenbeck* DSG NRW § 4 Rn. 10 f.
35 Schwartmann/Pabst-*Schwartmann/Mühlenbeck* DSG NRW § 4 Rn. 10 f.
36 Dazu auch Gierschmann-*Buchholtz/Stentzel* Art. 4 Nr. 1 Rn. 1; Kühling/Buchner-*Klar/Kühling* Art. 4 Nr. 1 Rn. 1 sowie Auernhammer-*Eßer* Art. 4 Nr. 1 Rn. 6.

Nach Art. 4 Nr. 1 sind alle Informationen, die sich auf eine identifizierte oder identifi- 10
zierbare natürliche Person beziehen, „personenbezogene Daten". Nach Art. 2 lit. a
DSRL sind personenbezogene Daten „alle Informationen über eine bestimmte oder
bestimmbare natürliche Person". Folglich wurden die Begriffe „**bestimmt**" und
„**bestimmbar**" lediglich durch „**identifiziert**" und „**identifizierbar**" ersetzt. Nach ErwG
26 zu Art. 2 lit. a DSRL sollten zur „Bestimmbarkeit alle Mittel berücksichtigt werden, die vernünftigerweise entweder von einem Verantwortlichen für die Verarbeitung oder von einem Dritten eingesetzt werden könnten, um die betreffende Person
zu bestimmen". ErwG 26 S. 3 zur DS-GVO spricht nunmehr davon, dass „zur Identifizierbarkeit alle Mittel berücksichtigt werden, die von dem Verantwortlichen oder
einer anderen Person nach allgemeinem Ermessen wahrscheinlich genutzt werden".
Inhaltlich ergeben sich aus der neuen Formulierung keine abweichenden Erkenntnisse, weil sie ebenfalls nur auf eine Wahrscheinlichkeitsprognose abstellt.[37]

Auch § 3 Abs. 1 BDSG a.F. sprach im Rahmen von personenbezogenen Daten von 11
„Einzelangaben über eine bestimmte oder bestimmbare natürliche Person". Insoweit
steht Art. 4 Nr. 1 in der bisherigen Datenschutz-Tradition und bringt im Vergleich zur
bisherigen Rechtslage unter der DSRL und dem BDSG als Vorgängerregelungen
keine grundlegenden Neuerungen hinsichtlich der Reichweite des Personenbezugs.[38]

Von den allgemeinen personenbezogenen Daten sind die besonderen Kategorien von 12
Daten[39] und die personenbezogenen Daten über strafrechtliche Verurteilungen und
Straftaten[40] zu unterscheiden.[41] Laut des ErwG 26 S. 5 gelten die Grundsätze des
Datenschutzes nicht für anonyme Daten, die insofern das Gegenstück zu den perso-
nenbezogenen Daten bilden.[42]

2. Persönlicher Schutzumfang. – a) Betroffene Person. Personenbezogene Daten sind 13
nur solche Informationen, die sich auf eine bestimmte oder bestimmbare bzw. identi-
zierte oder identifizierbare natürliche Person beziehen. Die DS-GVO bezeichnet
diese Person „betroffene Person" und unterstellt diese durch die Betroffenenrechte
einem besonderen Schutz. Im Umkehrschluss folgt daraus, dass nicht-personenbezo-
gene Daten, also anonyme Daten nicht unter die DS-GVO fallen (vgl. dazu Rn. 43),
wohl aber pseudonymisierte Daten, die bei Aufhebung der Pseudonymisierung zu
einer Identifizierbarkeit führen.[43] Der Schutz anonymer Daten kann aber aus anderen
Rechtsvorschriften folgen.[44] Wenngleich es sich bei der DS-GVO um eine Regelung
des europäischen Datenschutzrechts handelt, fallen auch Nicht-EU-Bürger unter

---

37 Übereinstimmend Gierschmann-*Buchholtz/Stentzel* Art. 4 Nr. 1 Rn. 5; Auernhammer-*Eßer*
   Art. 4 Nr. 1 Rn. 11 sowie Kühling/Buchner-*Klar/Kühling* Art. 4 Nr. 1 Rn. 2.
38 So auch Gierschmann-*Buchholtz/Stentzel* Art. 4 Nr. 1 Rn. 3 f. sowie Kühling/Buchner-*Klar/
   Kühling* Art. 4 Nr. 1 Rn. 1 f.
39 Vgl. Kommentierung zu Art. 9.
40 Vgl. Kommentierung zu Art. 10.
41 BeckOK DatenSR-*Schild* Art. 4 Rn. 3.
42 Vgl. dazu Kühling/Buchner-*Klar/Kühling* Art. 4 Nr. 1 Rn. 1 sowie Sydow-*Ziebarth* Art. 4
   Nr. 1 Rn. 24 f.
43 Vgl. dazu Rn. 79 ff.
44 Dazu auch Sydow-*Ziebarth* Art. 4 Nr. 1 Rn. 9 sowie Kühling/Buchner-*Klar/Kühling* Art. 4
   Nr. 1 Rn. 3.

Art. 4 Nr. 1 — Begriffsbestimmungen

diese Begriffsdefinition, sofern ihre Daten im Geltungsbereich von Art. 3 verarbeitet werden.[45] Dies folgt auch aus ErwG 14.

14 **b) Juristische Personen.** Die DS-GVO schützt, wie auch schon das BDSG a.F., ausschließlich natürliche Personen. So stellt ErwG 14 S. 2 klar, dass die DS-GVO nicht für die Verarbeitung personenbezogener Daten juristischer Personen und insbesondere als juristische Personen gegründete Unternehmen gilt. ErwG 14 S. 2 nennt dabei exemplarisch Name, Rechtsform und Kontaktdaten der juristischen Person. Demzufolge fallen juristische Personen und Personengemeinschaften, wie offene Handelsgesellschaften, aus dem Schutzbereich der Vorschrift heraus. Gleichwohl können die Mitgliedstaaten Regelungen hinsichtlich eines Unternehmenspersönlichkeitsschutzes erlassen – wie es etwa in Italien oder Luxemburg der Fall ist –[46], auch wenn dies von der DS-GVO nicht vorgesehen ist.[47] Zudem ist zu beachten, dass sich Informationen über eine juristische Person oder Personengruppe gleichsam auf eine identifizierte oder identifizierbare natürliche (Einzel-)Person beziehen können, z.B. im Falle einer Ein-Personen-Gesellschaft oder einer Ein-Mann-GmbH wodurch dann diese Information zu einem personenbezogenen Datum werden kann.[48]

15 Gleichwohl ist nicht zu übersehen, dass auch juristische Personen im Hinblick auf die Wahrung ihrer digitalen Souveränität schutzbedürftig sind.[49] Insoweit findet aber nicht die DS-GVO, sondern bereichsspezifische Regelungen wie etwa das Geschäftsgeheimnisgesetz (GeschGehG) als Umsetzung der RL 2016/943 Anwendung.[50]

16 **c) Verstorbene.** Aus ErwG 27 S. 1 folgt, dass die DS-GVO nicht für die personenbezogenen Daten Verstorbener gilt. Insofern gibt es keinen „postmortalen Datenschutz"[51]. Gleichwohl bestimmt ErwG 27 S. 2, dass die Mitgliedstaaten Vorschriften für die Verarbeitung der personenbezogenen Daten Verstorbener vorsehen können. Darüber hinaus darf nicht außer Acht gelassen werden, dass Daten eines Verstorbenen womöglich einen Bezug zu einer lebenden Person haben und damit einen Personenbezug aufweisen können, wie etwa Angaben zum Vermögen des Erblassers oder Informationen hinsichtlich vererblicher Krankheiten des Verstorbenen.[52]

---

45 Vgl. dazu die Kommentierung zu Art. 3. So auch Kühling/Buchner-*Klar/Kühling* Art. 4 Nr. 1 Rn. 3 sowie Sydow-*Ziebarth* Art. 4 Nr. 1 Rn. 10.
46 Vgl. dazu *Art.-29-Datenschutzgruppe* WP 136 zu „personenbezogenen Daten", S. 28 sowie Plath-*Schreiber* Art. 4 Nr. 1 Rn. 5.
47 Plath-*Schreiber* Art. 4 Nr. 1 Rn. 5; Auernhammer-*Eßer* Art. 4 Nr. 1 Rn. 8.
48 Zustimmend Auernhammer-*Eßer* Art. 4 Nr. 1 Rn. 8; Sydow-*Ziebarth* Art. 4 Nr. 1 Rn. 13; Kühling/Buchner-*Klar/Kühling* Art. 4 Nr. 1 Rn. 4.
49 Dazu *DEK* Gutachten v. Oktober 2019, S. 95.
50 *DEK* Gutachten v. Oktober 2019, S. 95.
51 Begriff aus Auernhammer-*Eßer* Art. 4 Nr. 1 Rn. 9. Dazu auch *DEK* Gutachten v. Oktober 2019, S. 110 ff.
52 Weitere Bsp. bei Kühling/Buchner-*Klar/Kühling* Art. 4 Nr. 1 Rn. 5; Auernhammer-*Eßer* Art. 4 Nr. 1 Rn. 9.

Datenschutzrechtlich ist hierbei insbesondere der sog. **digitale Nachlass**[53] von besonderer Relevanz. Hierbei stellt sich zum einen die Frage nach einer Vererbbarkeit von Daten und Kommunikationsinhalten, also wem die Daten und Inhalte, die in dem Account des verstorbenen Nutzers zu Lebzeiten generiert und gespeichert wurden, im Erbfall zustehen.[54] Zum anderen stellt sich in datenschutzrechtlicher Hinsicht die Frage nach der Rechtmäßigkeit einer Datenverarbeitung durch Freigabe und Übermittlung von Daten sowohl des Erblassers als auch der Kommunikationspartner an die Erben.[55] Die Diskussion um den digitalen Nachlass geriet insbesondere durch eine Klage von Eltern, die Zugang zum Facebook-Nutzerkonto ihrer verstorbenen Tochter und den darin enthaltenen Kommunikationsdaten begehrten,[56] in den Fokus.

17

Das LG Berlin stellte fest, dass auch ein digitaler Nachlass nach §§ 1922, 2047 Abs. 2, 2373 S. 2 BGB vererbbar sei[57] sowie dass das Datenschutzrecht ausgehend von § 3 BDSG a.F. zwar keine Anwendung auf die Daten der verstorbenen Tochter finden könne, im Hinblick auf die personenbezogenen Daten Dritter aber anwendbar sei.[58] Gleichwohl erfolge kein datenschutzrechtlich rechtfertigungsbedürftiger Eingriff in die Rechte Dritter, da die Eltern nach § 1922 BGB in die Rechtsposition ihrer Tochter eingetreten seien.[59] Das Datenschutzrecht stehe insofern hinter dem Erbrecht zurück.[60] Um unbillige Ergebnisse und Wertungswidersprüche zu vermeiden seien die Eltern als Erben aber als „Betroffene" anzusehen, so dass ihnen ein Auskunftsanspruch nach § 34 BDSG a.F. zustehe.[61] Dementsprechend verpflichtete das LG Berlin Facebook dazu, den Eltern den Zugang zum Nutzerkonto zu gewähren.

18

Das KG Berlin ließ die Frage eines digitalen Erbes letztlich offen,[62] lehnte aber demgegenüber einen Auskunftsanspruch der Eltern unter Verweis auf einen Verstoß gegen das Fernmeldegeheimnis aus § 88 Abs. 1 und 3 TKG sowie Art. 10 GG ab.[63] Das Fernmeldegeheimnis schütze insofern als bereichsspezifisches Datenschutzrecht auch die Kommunikationsdaten Dritter, so dass den Eltern als insoweit „anderen" mangels Erforderlichkeit nach § 88 Abs. 3 S. 1 TKG der Zugang zum Nutzerkonto ihrer Tochter versperrt sei.[64]

19

---

53 Zum digitalen Nachlass vgl. etwa *LG Berlin* v. 17.12.2015 – 20 O 172/15 = ZEV 2016, 189; *KG Berlin* v. 31.5.2017 – 21 U 9/16 = ZEV 2017, 386; *BGH* v. 12.07.2018 – III ZR 183/17 = NJW 2018, 3178; *Dörr/Schwartmann* Medienrecht Rn. 318; *Martini* JZ 2012, 1145; *ders.* JZ 2019, 235; *Preuß* NJW 2018, 3146; *Deusch* ZEV 2018, 687; *Hoffmann* NJW 2019, 481, 484; *Klas/Möhrke-Sobolewski* NJW 2015, 3473. Dazu auch *DEK* Gutachten v. Oktober 2019, S. 110 ff.
54 Dazu *Dörr/Schwartmann* Medienrecht, Rn. 318.
55 Vgl. dazu *Dörr/Schwartmann* Medienrecht, Rn. 318.
56 Vgl. dazu *LG Berlin* v. 17.12.2015 – 20 O 172/15 = ZEV 2016, 189; *KG Berlin* v. 31.5.2017 – 21 U 9/16 = ZEV 2017, 386; *BGH* v. 12.7.2018 – III ZR 183/17 = NJW 2018, 3178 sowie *Dörr/Schwartmann* Medienrecht, Rn. 318.
57 *LG Berlin* v. 17.12.2015 – 20 O 172/15, Rn. 24 f. = ZEV 2016, 189, 191.
58 *LG Berlin* v. 17.12.2015 – 20 O 172/15, Rn. 41 ff. = ZEV 2016, 189, 193 f. unter Hinweis auf *Brinkert/Stolze/Heidrich* ZD 2013, 153, 155; *Klas/Möhrke-Sobolewski* NJW 2015, 3473, 3476.
59 *LG Berlin* v. 17.12.2015 – 20 O 172/15, Rn. 43 = ZEV 2016, 189, 194.
60 *LG Berlin* v. 17.12.2015 – 20 O 172/15, Rn. 43 = ZEV 2016, 189, 194 unter Hinweis u.a. auf *Herzog* NJW 2013, 3745, 3751; *Mayen* DAV-Stellungnahme, 69, 75.
61 *LG Berlin* v. 17.12.2015 – 20 O 172/15, Rn. 44 = ZEV 2016, 189, 194.
62 *KG Berlin* v. 31.5.2017 – 21 U 9/16, Rn. 55 = ZEV 2017, 386, 387.
63 *KG Berlin* v. 31.5.2017 – 21 U 9/16, Rn. 66 und 75 ff. = ZEV 2017, 386, 390 ff.
64 *KG Berlin* v. 31.5.2017 – 21 U 9/16, Rn. 75 ff. = ZEV 2017, 386, 391 f.

20 Der BGH[65] gewährte wiederum den Eltern als Erben ihrer Tochter den Zugang zum Nutzerkonto. Das Gericht führte dabei zunächst aus, dass das Fernmeldegeheimnis dem Zugangsbegehren nicht entgegenstehe, da die Eltern als Erben insoweit keine „anderen" i.S.v. § 88 Abs. 3 S. 1 TKG seien.[66] Im Hinblick auf die datenschutzrechtliche Zulässigkeit der Zugangsgewährung differenziert der BGH wie folgt: Ein digitaler Nachlass, hier in Gestalt des Nutzungsvertrages als Accountverhältnis, ist vererbbar.[67] Die Anwendbarkeit der DS-GVO lässt der BGH offen, stellt aber fest, dass die datenschutzrechtlichen Belange der Erblasserin selbst im Falle einer Anwendbarkeit nicht betroffen seien, da sich die DS-GVO nach ErwG 27 nur auf die Daten lebender Personen erstrecke.[68] Die datenschutzrechtliche Zulässigkeit der Verarbeitung der personenbezogenen Daten der Kommunikationspartner durch die Übermittlung und Bereitstellung der Inhalte an die Erben folge dann aus Art. 6 Abs. 1 S. 1 lit. b und f.[69] Die Übermittlung und Bereitstellung von Inhalten auf dem Nutzerkonto der Erblasserin sei insoweit eine vertragliche Hauptleistungspflicht im Rahmen des Nutzervertrages zwischen Facebook und der Erblasserin und daher auch gegenüber den Erben erforderlich i.S.v. Art. 6 Abs. 1 S. 1 lit. b.[70] Der Eintritt des Erbfalls ändere an der datenschutzrechtlichen Beurteilung nichts, da Facebook weiterhin seiner Verpflichtung gegenüber dem nunmehr Berechtigten (den Erben) nachkomme, was eine Datenverarbeitung nach Art. 6 Abs. 1 S. 1 lit. b rechtfertige.[71] Ferner sei die Datenverarbeitung auch nach Art. 6 Abs. 1 S. 1 lit. f zulässig, da die berechtigten Interessen der Erben – im konkreten Fall die Geltendmachung eines vertraglichen Hauptleistungsanspruchs auf Zugangsgewährung zu den gespeicherten Inhalten sowie Abwehr von Schadensersatzansprüchen – die Interessen der Kommunikationspartner überwiegen zumal diese ihre personenbezogenen Daten freiwillig und selbstbestimmt übermittelt hätten und dabei auch mit dem Risiko einer Kenntnisnahme der Inhalte durch Dritte rechnen müssten.[72] Der BGH stellt somit klar, dass das datenschutzrechtliche Risiko, dass Dritte Zugang zu auf einem Nutzerkonto gespeicherten Kommunikationsinhalten erhalten, letztlich bei den Nutzern und Kommunikationspartnern liegt.[73]

21 Ob sich die Zulässigkeit der Datenverarbeitung tatsächlich bereits aus Art. 6 Abs. 1 S. 1 lit. b ergibt, kann bezweifelt werden.[74] Das Gericht überträgt letztlich die ursprünglich bestehende Notwendigkeit der Datenverarbeitung zur Vertragserfüllung im Rahmen des Nutzungsverhältnisses auf den Erbfall mit der Begründung, dass die Erben in diese Rechtsposition eintreten. Die erbrechtlichen Folgen derart pauschal auf das Datenschutzrecht zu übertragen, kann allerdings nicht überzeugen. Problematisch ist insbesondere, dass der BGH so die Rechtfertigung einer uneingeschränkten

---

65 *BGH* v. 12.7.2018 – III ZR 183/17 = NJW 2018, 3178.
66 *BGH* v. 12.7.2018 – III ZR 183/17, Rn. 58 = NJW 2018, 3178, 3183.
67 Vgl. dazu *BGH* v. 12.7.2018 – III ZR 183/17, Rn. 21 ff. = NJW 2018, 3178, 3179.
68 *BGH* v. 12.7.2018 – III ZR 183/17, Rn. 67 = NJW 2018, 3178, 3184. Vgl. dazu auch *Preuß* NJW 2018, 3146, 3147.
69 *BGH* v. 12.7.2018 – III ZR 183/17, Rn. 69 f. = NJW 2018, 3178, 3184 f.
70 *BGH* v. 12.7.2018 – III ZR 183/17, Rn. 72 = NJW 2018, 3178, 3185.
71 *BGH* v. 12.7.2018 – III ZR 183/17, Rn. 72 f. = NJW 2018, 3178, 3185.
72 *BGH* v. 12.7.2018 – III ZR 183/17, Rn. 88 f. = NJW 2018, 3178, 3187.
73 *BGH* v. 12.7.2018 – III ZR 183/17, Rn. 42 = NJW 2018, 3178, 3181 sowie *Preuß* NJW 2018, 3146, 3147.
74 Dazu auch *Preuß* NJW 2018, 3146, 3147 sowie *Dörr/Schwartmann* Medienrecht, Rn. 318.

Zugänglichmachung der Daten der Kommunikationspartner gegenüber den Erben ermöglicht.[75] Die Annahme des Gerichts, die Kommunikationspartner erteilten Facebook einen zeitlich unbegrenzten Auftrag, die jeweiligen Daten und Inhalte auf dem Nutzerkonto des Anderen (hier des Erblassers) bereit zu stellen,[76] berücksichtigt insofern zum einen nicht, dass die Kommunikationspartner Inhalte nicht bloß an ein Nutzerkonto, sondern an eine konkrete Person übermitteln wollen und daher die unbeschränkte Abrufbarkeit der Inhalte nicht unabhängig von der Person des Empfängers zeitlich unbegrenzt fortbestehen soll.[77] Zum anderen kann die Begründung der Zulässigkeit der Datenverarbeitung über Art. 6 Abs. 1 S. 1 lit. b zu folgender Konstellation führen: Sofern der Nutzer als späterer Erblasser zu Lebzeiten Inhalte vom Konto löscht, der Dienst (hier Facebook) die Inhalte aber lediglich entfernt, ohne sie vom auch Server zu löschen, so könnten die Erben über den Eintritt in die Rechtsposition auch die noch auf dem Server gespeicherten Daten und nicht nur die über das Nutzerkonto abrufbaren Daten von Facebook herausverlangen. Daran zeigt sich, dass die vom Gericht bemühte Analogie zur Vererbbarkeit von Briefen oder Tagebüchern im Hinblick auf die Vererbbarkeit von Nutzerkonten und der Zulässigkeit der Datenverarbeitung letztlich nicht zielführend ist.[78] Denn der Erblasser kann Briefe oder Tagebuchaufzeichnungen vernichten und so Einfluss darauf nehmen, welche Inhalte den Erben letztlich zur Verfügung stehen. Diese Möglichkeit besteht bei digitalen Inhalten aber nicht zwangsläufig. Dies zeigt, dass die aus der erbrechtlichen Wertung folgende Annahme eines unbeschränkten Zugriffs auf die Kommunikationsinhalte nicht uneingeschränkt auf das Datenschutzrecht übertragen werden kann. Es bedarf zumindest stets einer Prüfung der Erforderlichkeit im konkreten Einzelfall.

Im Hinblick auf eine Zulässigkeit der Datenverarbeitung nach Art. 6 Abs. 1 S. 1 lit. f ist eine Abwägung der Interessen der Erblasser mit den Interessen der Kommunikationspartner im konkreten Einzelfall erforderlich.[79] Dabei ist im Hinblick auf minderjährige Nutzer auch Art. 8 zu beachten. Aus dem Urteil des BGH lässt sich jedenfalls keine allgemeine Aussage dahingehend entnehmen, dass Erben stets ein berechtigtes Interesse am Zugang zum Nutzerkonto des Erblassers haben.[80] Eine im Hinblick auf den Einzelfall bezogene Interessenabwägung bleibt stets erforderlich. Hierbei ist auch zu prüfen, ob die Interessenlage es rechtfertigt, dass die Erben Zugang zu allen auf dem Nutzerkonto gespeicherten Kommunikationsdaten erhalten oder ob es im Sinne der Datensparsamkeit auch ausreicht, den Zugang auf einzelne Kommunikationsinhalte zu beschränken. **22**

In praktischer Hinsicht ist es ratsam, dass Nutzer bereits zu Lebzeiten Dispositionen hinsichtlich der Zugriffsrechte und Verfügbarkeit von Inhalten treffen.[81] Es dürfte **23**

---

75 Simitis/Hornung/Spiecker gen. Döhmann-*Dix* Art. 15 Rn. 9.
76 *BGH* v. 12.7.2018 – III ZR 183/17, Rn. 73 = NJW 2018, 3178, 3185.
77 In diese Richtung ebenfalls Simitis/Hornung/Spiecker gen. Döhmann-*Dix* Art. 15 Rn. 9.
78 Übereinstimmend *DEK* Gutachten v. Oktober 2019, S. 110.
79 Zur Interessenabwägung vgl. Kommentierung von *Schwartmann/Klein* zu Art. 6 Abs. 1 S. 1 lit. f Rn. 108 ff.
80 *Preuß* NJW 2018, 3146, 3147.
81 Dazu *DEK* Gutachten v. Oktober 2019, S. 110 sowie *Deusch* ZEV 2018, 687, 690.

daher zweckmäßig sein, Nutzern eine Entscheidung über den Datenumgang im Todesfall abzuverlangen.[82]

24 Rechtssicherheit kann letztlich nur der Gesetzgeber schaffen, indem er entsprechend ErwG 27 eine Regelung trifft, die den Zugriff von Erben auf die Inhalte und Kommunikationsdaten, die auf dem Nutzerkonto des Erblassers gespeichert sind, festlegt und dabei die Vertraulichkeitsinteressen der von der Datenverarbeitung betroffenen Kommunikationspartner mit den Interessen der Erben entsprechend den Vorgaben der DS-GVO in Einklang bringt.[83]

25 **d) Ungeborenes Leben (nasciturus).** Die Frage, ob auch das ungeborene Leben bzw. auch Daten, die sich auf ein noch ungeborenes Kind beziehen, einen Personenbezug im Sinne der DS-GVO aufweisen, wird durch die Verordnung selbst nicht unmittelbar beantwortet. Die Art.-29-Datenschutzgruppe lässt diese Frage offen.[84] Da aber im Fokus der DS-GVO insbesondere die Betroffenenrechte stehen, deren Ausübung nur durch einen bereits lebenden im Sinne von geborenen Menschen erfolgen kann, liegt – unabhängig von der Frage der fehlenden Rechtssubjektivität – die Annahme nahe, dass Daten ungeborener Kinder noch keinen Personenbezug aufweisen.[85]

26 **3. Sachlicher Schutzumfang. – a) Information.** Ausweislich des Normtextes des Art. 4 Nr. 1 umfasst der Begriff der personenbezogenen Daten auf den ersten Blick „alle Informationen". Voraussetzung ist dabei, dass diese Informationen Personenbezug aufweisen. Insoweit ist der Begriff grundsätzlich weit zu verstehen und erfasst sowohl persönliche Informationen wie etwa den Namen oder die Anschrift, als auch äußere Merkmale wie Geschlecht, Größe oder Gewicht. Darüber hinaus zählen hierzu auch weitere Informationen wie etwa Meinungen, Vermögensverhältnisse oder bestehende vertragliche Beziehungen.[86]

27 Unerheblich ist demgegenüber in welcher Form die Informationen verkörpert oder ausgestaltet sind. Sie können in jedem Format oder auf jedem Datenträger verkörpert und auf beliebigen Datenträgern gespeichert und abrufbar sein.[87]

28 Unklar ist, ob die Information eine persönlichkeitsrechtliche Implikation aufweisen muss, also ob der Datenschutz ausschließlich an das personenbezogene Datum anknüpft oder auch andere Schutzgüter wie das Persönlichkeitsrecht maßgeblich sind.

---

82 *Dörr/Schwartmann* Medienrecht, Rn. 318; *Schwartmann/Ohr* Praxishandbuch Medienrecht, Kap. 11 Rn. 43 f.
83 Dazu *DEK* Gutachten v. Oktober 2019, S. 111 sowie *Deusch* ZEV 2018, 687, 690; Simitis/Hornung/Spiecker gen. Döhmann-*Dix* Art. 15 Rn. 9.
84 *Art.-29-Datenschutzgruppe* WP 136 zu „personenbezogenen Daten", S. 26 f. sowie Kühling/Buchner-*Klar/Kühling* Art. 4 Nr. 1 Rn. 7.
85 „In welchem Umfang Datenschutzbestimmungen vor der Geburt Anwendung finden, richtet sich nach dem allgemeinen Standpunkt der nationalen Rechtssysteme". Zustimmend insoweit Kühling/Buchner-*Klar/Kühling* Art. 4 Nr. 1 Rn. 7, Sydow-*Ziebarth* Art. 4 Nr. 1 Rn. 12. Manche gehen sogar von einer Vorwirkung der DS-GVO aus, so etwa Auernhammer-*Eßer* Art. 4 Nr. 1 Rn. 10, allerdings unter Rückgriff auf das BDSG a.F.
86 Vgl. zu dieser Aufzählung weitere Beispiele in Kühling/Buchner-*Klar/Kühling* Art. 4 Nr. 1 Rn. 8.
87 Zustimmend insoweit Auernhammer-*Eßer* Art. 4 Nr. 1 Rn. 7 sowie Sydow-*Ziebarth* Art. 4 Nr. 1 Rn. 8; Kühling/Buchner-*Klar/Kühling* Art. 4 Nr. 1 Rn. 9.

In diesem Zusammenhang betonen manche[88], dass eine Entpersonalisierung des Datenschutzes drohe, wenn dieser ausschließlich an das Datum als solches anknüpfe, während andere[89] mit Blick auf die Rechtsprechung des BVerfG[90] davon ausgehen, dass es im Rahmen einer automatisierten Datenverarbeitung grundsätzlich kein „unerhebliches", weil nicht personenbezogenes Datum geben könne.

b) Personenbezug der Information. Der Wortlaut des Art. 4 Nr. 1 besagt, dass sich die Information auf eine natürliche Person beziehen muss. Der **Personenbezug** macht die Person somit zur „betroffenen" Person und eröffnet ihr die Betroffenenrechte der DS-GVO. Aus dem Wortlaut der Verordnung ergibt sich darüber hinaus zum einen, dass der Personenbezug ein eigenständiges Tatbestandsmerkmal darstellt, dass unabhängig von einer Identifizierung bzw. Identifizierbarkeit zu prüfen ist, sowie, dass ein nicht-personenbezogenes Datum nicht dem Anwendungsbereich der DS-GVO unterfällt.[91] 29

Keinen Personenbezug weisen demzufolge **Sachdaten** auf, wie z.B. die Aussage „Der Kölner Dom ist rund 157 Meter hoch". Anderseits ist stets zu beachten, dass auch bei Sachdaten ein Personenbezug angelegt sein kann. Dies ist bspw. bei Anruflisten der Fall, weil diese Daten (Telefonnummer, Anrufzeit) Informationen über die beteiligten Personen, wie etwa deren Privatleben, soziale Beziehungen oder unter Umständen sogar den Wohnort, enthalten.[92] Grundsätzlich muss die Abgrenzung zwischen einem Sachdatum und einem personenbezogenen Datum einem kontextbezogenen Ansatz folgen: So hat die Art.-29-Datenschutzgruppe festgestellt, dass ein personenbezogenes Datum dann vorliegen kann, wenn in dem Datum ein „**Inhaltselement**" („dann vorhanden, wenn (...) Informationen über eine bestimmte Person gegeben werden, und zwar unabhängig vom Zweck aufseiten des für die Verarbeitung Verantwortlichen oder eines Dritten oder von den Auswirkungen dieser Information auf die betroffene Person"), ein „**Zweckelement**" („gegeben, wenn die Daten unter Berücksichtigung aller Begleitumstände mit dem Zweck verwendet werden bzw. verwendet werden könnten, eine Person zu beurteilen, in einer bestimmten Weise zu behandeln oder ihre Stellung oder ihr Verhalten zu beeinflussen") oder ein „**Ergebniselement**" (dann gegeben, wenn „ihre Verwendung unter Berücksichtigung aller jeweiligen Begleitumstände auf die Rechte und Interessen einer bestimmten Person auswirken könnte") vorhanden ist.[93] Grenzfälle ergeben sich in datenschutzrechtlicher Hinsicht insbesondere bei Wearables, wo tragbare und an das Internet angeschlossene Computersysteme Daten, wie Laufwege einer Person, generieren.[94] Insofern ist stets sorgsam zu prüfen, ob einem Datum ein Personenbezug innewohnt. Faktisch wird es im Ergebnis nur wenige Daten geben, die sich einer Auswertung mit Blick auf den Personenbezug entziehen. Auch der durch einen Regensensor ohne menschliches Zutun in Gang gesetzte Scheibenwischer eines Fahrzeugs lässt Rückschlüsse über die vom Fahrer 30

---

88 So etwa Gierschmann-*Buchholtz/Stentzel* Art. 4 Nr. 1 Rn. 2.
89 Vgl. dazu etwa Kühling/Buchner-*Klar/Kühling* Art. 4 Nr. 1 Rn. 9.
90 *BVerfG* v. 15.12.1983 – 1 BvR 209/83, BVerfGE 65, 1, 45.
91 So auch Kühling/Buchner-*Klar/Kühling* Art. 4 Nr. 1 Rn. 11; Sydow-*Ziebarth* Art. 4 Nr. 1 Rn. 9.
92 Bsp. aus WP 136 der *Art.-29-Datenschutzgruppe* S. 13 sowie Kühling/Buchner-*Klar/Kühling* Art. 4 Nr. 1 Rn. 13 f.
93 Vgl. dazu WP 136 der *Art.-29-Datenschutzgruppe* S. 11 f.
94 Weitere Bsp. in Kühling/Buchner-*Klar/Kühling* Art. 4 Nr. 1 Rn. 14 f.

bestimmte Fahrstrecke zu, die durch den Regen geführt hat. Im Zeitalter des Internet of Things und Internet of Services werden darüber hinaus vermehrt **Datenzugangsdebatten** jenseits des Personenbezugs geführt.[95] Hierbei geht es insbesondere um die Frage, wie eine datenwirtschaftliche Wertschöpfung von nicht-personenbezogenen Daten (etwa Maschinendaten) im Rahmen digitaler Geschäftsmodelle gefördert werden kann, um auch die Potenziale nicht-personenbezogener Daten für Wissenschaft, Wirtschaft und Gesellschaft nutzbar zu machen. Konkrete Vorschläge und Handlungsempfehlungen finden sich dazu insbesondere im **Gutachten der Datenethikkommission der Bundesregierung**, die ihren Abschlussbericht im Oktober 2019 vorlegte.[96]

31   c) **Identifizierte oder identifizierbare Person.** Die Information muss sich nach Art. 4 Nr. 1 auf eine „identifizierte oder identifizierbare" Person beziehen. Für die rechtliche Beurteilung ist es im Rahmen von Art. 4 Nr. 1 ohne Belang unter welchen Begriff sich ein Tatbestand subsumieren lässt. Während die DS-GVO den Begriff der identifizierbaren Person ausführt, wird der Begriff der identifizierten Person nicht näher erläutert.

32   Grundsätzlich ist daher davon auszugehen, dass eine Person dann i.S.d. Art. 4 Nr. 1 **identifiziert** ist, wenn ohne Schwierigkeiten die Identität der Person aus der Information selbst ermittelt werden kann, etwa weil der Name oder die Anschrift bekannt sind. Insgesamt kann eine Person daher dann als identifiziert gelten, wenn keine zusätzlichen Informationen mehr notwendig sind, um die Person zu identifizieren.[97]

33   Hinsichtlich der Frage, wann eine Person als **identifizierbar** einzustufen ist, äußert sich die DS-GVO in Art. 4 Nr. 1 demgegenüber ausdrücklich: Dies ist dann der Fall, wenn die Person direkt oder indirekt, insbesondere mittels Zuordnung zu einer Kennung, wie einem Namen zu einer Kennnummer, zu Standortdaten, zu einer Online-Kennung oder zu einem oder mehreren besonderen Merkmalen, die Ausdruck der physischen, physiologischen, genetischen, psychischen, wirtschaftlichen, kulturellen oder sozialen Identität dieser natürlichen Person sind, identifiziert werden kann. Entscheidend für das Merkmal einer Identifizierbarkeit ist somit, dass eine vorhandene Information als solche für eine Identifizierung nicht ausreicht, sondern diese vielmehr erst durch die Zuhilfenahme und Verknüpfung mehrerer Informationen miteinander ermöglicht wird.[98]

34   Um festzustellen, ob eine Person identifizierbar ist, sind laut ErwG 26 S. 3 alle Mittel zu berücksichtigen, die von dem Verantwortlichen oder einer anderen Person **nach allgemeinem Ermessen wahrscheinlich genutzt werden**, um die natürliche Person direkt oder indirekt zu identifizieren. Bei diesen Mitteln sind nach ErwG 26 S. 4 alle Faktoren, wie Kosten und Zeitaufwand der Identifizierung sowie verfügbare Technologien und technologische Entwicklungen zu berücksichtigen, wobei dieser Katalog nicht abschließend ist. Daraus folgt, dass nach den Vorgaben der DS-GVO eine Abwägung erforderlich ist, bei der die Erfolgsaussichten einer Identifizierung in Relation zu Verhältnismäßigkeitserwägungen gesetzt werden.[99]

---

[95] Vgl. dazu ausführlich *DEK* Gutachten v. Oktober 2019, S. 141 ff.
[96] *DEK* Gutachten v. Oktober 2019, S. 141 ff.
[97] Auernhammer-*Eßer* Art. 4 Nr. 1 Rn. 12; Sydow-*Ziebarth* Art. 4 Nr. 1 Rn. 17; Kühling/Buchner-*Klar/Kühling* Art. 4 Nr. 1 Rn. 18 f.
[98] So auch Sydow-*Ziebarth* Art. 4 Nr. 1 Rn. 17; Kühling/Buchner-*Klar/Kühling* Art. 4 Nr. 1 Rn. 18 sowie Auernhammer-*Eßer* Art. 4 Nr. 1 Rn. 14.
[99] Kühling/Buchner-*Klar/Kühling* Art. 4 Nr. 1 Rn. 22 sowie *Nink/Pohle* MMR 2015, 563, 564 f.

Begriffsbestimmungen   Art. 4 Nr. 1

Fraglich ist insbesondere, wann unter rechtlichen Gesichtspunkten bzw. anhand wel- 35
cher Maßstäbe eine „Identifizierbarkeit" der Person anzunehmen ist. Hierzu existieren im Ausgangspunkt zwei verschiedene Begründungsansätze: Ein relativer Ansatz stellt maßgeblich darauf ab, ob der für die Datenverarbeitung **Verantwortliche** anhand der ihm zur Verfügung stehenden Informationen und Mittel einen Personenbezug herstellen kann, während ein absoluter Ansatz es demgegenüber bereits genügen lässt, dass ein **Dritter** den Personenbezug herstellen könnte.[100]

Da weder die DS-GVO noch die ErwG in dieser Hinsicht eine eindeutige Aussage 36
treffen, lässt sich die Frage, welches Verständnis Art. 4 Nr. 1 zugrunde liegt nur im Wege der Auslegung ermitteln: Der Wortlaut des ErwG 26 S. 3 nennt neben dem Verantwortlichen auch „andere Personen", was für ein weites Begriffsverständnis im Sinne eines absoluten Ansatzes spricht. Einschränkend verlangt ErwG 26 S. 3 aber, dass die Nutzung der Mittel „nach allgemeinem Ermessen wahrscheinlich" ist. Dies ist bei einem Dritten häufig dann der Fall, wenn dieser die personenbezogenen Daten selbst verarbeitet, so dass der Dritte selbst an der Identifizierung beteiligt sein muss.[101] Darüber hinaus spricht die in ErwG 26 angedeutete Notwendigkeit einer Verhältnismäßigkeitsprüfung für einen relativen Ansatz.

Die Art.-29-Datenschutzgruppe geht ebenfalls davon aus, dass eine „rein hypotheti- 37
sche Möglichkeit der Herstellung eines Personenbezugs noch nicht ausreicht, um die Person als bestimmbar anzusehen"[102] und folgt damit ebenfalls einem relativen Verständnis.

Unter teleologischen Erwägungen scheint eine absolute Betrachtungsweise darüber 38
hinaus zu der widersprüchlich anmutenden Folge zu führen, dass datenverarbeitende Unternehmen grundsätzlich jegliche Daten als personenbezogen ansehen müssten, wenn es für die Identifizierbarkeit auch unter Umständen auf die (ungewisse) Kenntnis und Mittel Dritter ankäme. Eine derartige Rechtsunsicherheit in der Praxis kann im System des Datenschutzrechts nicht gewollt sein.[103] Denn in der Konsequenz würden die Unterschiede in den Begrifflichkeiten von „identifiziert" und „identifizierbar" faktisch eingeebnet und den Wortlaut der Verordnung sinnwidrig erscheinen lassen. Hinzu tritt, dass im Falle eines absoluten Ansatzes faktisch keine anonymisierten Daten mehr existieren könnten, so dass dieses Rechtsinstitut ebenfalls ausgehebelt würde.[104] Ergänzend lässt sich anführen, dass bei einem absoluten Verständnis des Art. 4 Nr. 1 auch rechtswidrig erlangte Kenntnisse und Mittel Dritter in die Betrachtung einbezogen würden.[105]

Auch der **EuGH** folgt in der Rechtssache Breyer gegen BRD[106] einem relativen Ver- 39
ständnis, indem er annimmt, dass „eine dynamische IP-Adresse, über die ein Nutzer

---

100 Vgl. zu dem Meinungsstreit auch Simits-*Dammann* § 3 Rn. 23 ff.; *Bergt* ZD 2015, 365 ff.; Gierschmann-*Buchholtz/Stentzel* Art. 4 Nr. 1 Rn. 8 f.; Plath-*Schreiber* Art. 4 Nr. 1 Rn. 9 sowie Auernhammer-*Eßer* Art. 4 Nr. 1 Rn. 15.
101 Gierschmann-*Buchholtz/Stentzel* Art. 4 Nr. 1 Rn. 9; Kühling/Buchner-*Klar/Kühling* Art. 4 Nr. 1 Rn. 26.
102 *Art.-29-Datenschutzgruppe* WP 136 zu „personenbezogenen Daten", S. 17.
103 Vgl. dazu Gierschmann-*Buchholtz/Stentzel* Art. 4 Nr. 1 Rn. 11.
104 So auch Gierschmann-*Buchholtz/Stentzel* Art. 4 Nr. 1 Rn. 11.
105 Gierschmann-*Buchholtz/Stentzel* Art. 4 Nr. 1 Rn. 11; Sydow-*Ziebarth* Art. 4 Nr. 1 Rn. 23.
106 *EuGH* v. 19.10.2016 – C-582/14.

die Internetseite eines Telemedienanbieters aufgerufen hat, für Letzteren ein personenbezogenes Datum [ist], soweit ein Internetzugangsanbieter über weitere zusätzliche Daten verfügt, die in Verbindung mit der **dynamischen IP-Adresse** die Identifizierung des Nutzers ermöglichen". Gegenstand des Verfahrens war die Speicherung von IP-Adressen durch den Betreiber einer Webseite bei deren Aufruf. Der BGH hatte dem EuGH insbesondere die Frage vorgelegt, ob dynamische IP-Adressen ein „personenbezogenes Datum" seien, wenn der Internetzugangsanbieter über Zusatzwissen verfügt, mit dem eine Identifizierung des Besuchers ermöglicht wird.[107] Schon der Generalanwalt vertrat die Ansicht, dass eine IP-Adresse für den Telemedienanbieter ein personenbezogenes Datum sei, wenn der Internetzugangsanbieter über Zusatzwissen verfüge, um den Besucher der Internetseite zu identifizieren, wobei nur solche als „Dritte" angesehen werden könnten, an die sich der Telemedienanbieter vernünftigerweise halten könne, um mit vernünftigem Aufwand deren zusätzliche Kenntnisse zu nutzen.[108] Der EuGH ist dem Generalanwalt im Wesentlichen gefolgt, indem er betont, dass eine dynamische IP-Adresse jedenfalls dann als personenbezogenes Datum einzustufen ist, wenn der Webseitenbetreiber über die rechtlichen Mittel verfügt den Besucher der Internetseite mithilfe des Internetzugangsanbieters als Dritten zu bestimmen. Entscheidend ist somit die Perspektive des Verantwortlichen und die Identifizierbarkeit mithin danach zu bemessen, ob das Zusatzwissen Dritter für diesen zugänglich gemacht werden kann.[109]

40 Im Ergebnis ist daher eine vermittelnde Position vorzugswürdig, die eine Identifizierbarkeit maßgeblich von den Kenntnissen, Mitteln und Möglichkeiten des Verantwortlichen abhängig macht, indem dieser die Identifikation mit den ihm zur Verfügung stehenden Mitteln im Rahmen der o.g. Verhältnismäßigkeitserwägungen vornehmen kann.[110] Weil aber bei Licht betrachtet kaum Fälle denkbar sind, in denen man nach der vom EuGH aufgestellten Grundsätze die Personenbeziehbarkeit ablehnen kann, kommt dessen relativer Ansatz einem absoluten faktisch sehr nahe.

41 Auch die **Datenethikkommission** der Bundesregierung hat zu der Frage des Personenbezugs von Daten in ihrem Abschlussgutachten vom Oktober 2019 Stellung genommen und dabei insbesondere die Notwendigkeit zur Schaffung von mehr Rechtssicherheit betont. Dementsprechend empfiehlt sie die Entwicklung von Fallgruppen, in denen ein Personenbezug anzunehmen ist. Dementsprechend sind für die Annahme eines Personenbezugs das **Herausgreifen**, die **Verknüpfbarkeit** sowie eine **Inferenz** entscheidend.[111] Mit Herausgreifen ist die Möglichkeit gemeint, mithilfe singulärer Merkmale aus einem Datenbestand Datensätze zu einzelnen Personen zu isolieren.[112] Mit Verknüpfbarkeit ist die Möglichkeit gemeint mindestens zwei Datensätze, die dieselbe Person betreffen mithilfe übereinstimmender Werte zu verknüpfen.[113] Inferenz

---

107 *BGH* v. 28.10.2014 – VI ZR 135/13; ZD 2015, 80 ff.
108 *EuGH* Schlussanträge v. 12.5.2016 – C-584/14, Rn. 67 ff.
109 *EuGH* v. 19.10.2016 – C-582/14 Rn. 47,49 sowie Gierschmann-*Buchholtz/Stentzel* Art. 4 Nr. 1 Rn. 14 ff.; Auernhammer-*Eßer* Art. 4 Nr. 1 Rn. 15.
110 Gierschmann-*Buchholtz/Stentzel* Art. 4 Nr. 1 Rn. 12; Sydow-*Ziebarth* Art. 4 Nr. 1 Rn. 37.
111 *DEK* Gutachten v. Oktober 2019, S. 129.
112 *DEK* Gutachten v. Oktober 2019, S. 129.
113 *DEK* Gutachten v. Oktober 2019, S. 129.

Begriffsbestimmungen   Art. 4 Nr. 1

meint die Möglichkeit, den Wert eines Merkmals mit einer signifikanten Wahrscheinlichkeit von den Werten einer Reihe von anderen Merkmalen abzuleiten.[114]

Die Empfehlungen der Datenethikkommission bieten für Rechtsanwender eine Möglichkeit die Wahrscheinlichkeit des Vorliegens eines Personenbezugs von Daten anhand von Fallgruppen näher bestimmen und damit Risiken einer Fehleinschätzung minimieren zu können. Insofern liefern die Empfehlungen wichtige Auslegungsparameter für Schaffung von mehr Rechtssicherheit.   **42**

d) Anonyme Daten. Aus ErwG 26 S. 5 folgt, dass die Grundsätze des Datenschutzes nicht für anonyme Informationen, die sich nicht auf eine identifizierte oder identifizierbare natürliche Person beziehen, oder personenbezogene Daten, die in einer Weise anonymisiert wurden, dass die betroffene Person nicht mehr identifiziert werden kann, gelten. Folglich bilden laut den Vorgaben der Verordnung das personenbezogene Datum und das anonyme Datum Gegensätze. In der Folge fallen anonymisierte Daten – anders als pseudonymisierte – aus dem Anwendungsbereich der DS-GVO heraus.[115] Ob eine Person nicht mehr identifiziert werden kann, richtet sich nach den in ErwG 26 S. 3 und 4 aufgeführten Maßstäben[116]. Hinsichtlich der Frage, welche technischen Vorgaben an eine Anonymisierung zu stellen sind, trifft die DS-GVO auch in ErwG 26 keine Aussage. Es kommen sowohl das Aggregieren von Daten, als auch eine absolute, faktische oder formale Anonymisierung etwa durch das vollkommene Verschlüsseln von Daten oder das bloße Weglassen von Informationen, so dass eine Identifizierbarkeit ausscheidet, in Betracht.[117]   **43**

e) Einzelbeispiele. Wie dargelegt, stellen dynamische **IP-Adressen** für den Internetzugangsanbieter personenbezogene Daten dar. Für den Betreiber einer Webseite gilt dies, wenn dieser über die rechtlichen Mittel verfügt, um eine Identifikation der betroffenen Person vorzunehmen, etwa weil er vernünftigerweise über die Mittel verfügt an die Daten zu gelangen (vgl. dazu die Kommentierung in diesem Kapitel unter Rn. 34).   **44**

Lichtbilder von Personen stellen unter den Voraussetzungen von ErwG 51 personenbezogene Daten dar.[118] In diesem Zusammenhang ist insbesondere Art. 4 Nr. 14 (vgl. Rn. 246) zu beachten. Im Zuge dessen stellt sich auch die Frage nach dem Konkurrenzverhältnis von DS-GVO und KUG (vgl. dazu Kommentierung in Art. 13 Rn. 101 ff. und Art. 85 Rn. 39).[119]   **45**

---

114 *DEK* Gutachten v. Oktober 2019, S. 129.
115 So auch Sydow-*Ziebarth* Art. 4 Nr. 1 Rn. 24 f. sowie Kühling/Buchner-*Klar/Kühling* Art. 4 Nr. 1 Rn. 31 f.
116 Vgl. dazu Rn. 34.
117 Übereinstimmend Sydow-*Ziebarth* Art. 4 Nr. 1 Rn. 26 f. sowie Kühling/Buchner-*Klar/Kühling* Art. 4 Nr. 1 Rn. 33 f.
118 Hierbei ist insbesondere das Konkurrenzverhältnis von KUG und DS-GVO zu beachten, vgl. dazu *Frey* i.R.v. Art. 85 Abs. 2.
119 Vgl. dazu etwa *Schwartmann/Jacquemain* DataAgenda – Arbeitspapier 02; *OLG Köln* v. 18.6.2018 – 15 W 27/18; *OLG Köln* v. 8.10.2018 – 15 U 110/18, Rn. 18. Offen gelassen in *LG Frankfurt a.M.* v. 13.9.2018 – 2-03 O 283/18 = K&R 2018, 733 ff.; *HmbBfD* Vermerk: Rechtliche Bewertung von Fotografien einer überschaubaren Anzahl von Menschen nach der DS-GVO außerhalb des Journalismus, abrufbar unter https://datenschutz-hamburg.de/assets/pdf/Vermerk_Fotografie_DSGVO.pdf, zuletzt abgerufen am 15.4.2020; *Benedikt/Kranig* ZD 2019, 4, 5 ff. sowie *Frey* zu Art. 85.

46 Im Hinblick auf **E-Mail-Adressen** kommt diesen dann ein Personenbezug zu, wenn anhand der in der Adresse angegebenen Informationen eine Identifikation der Person möglich ist. So wird insbesondere Role-Accounts (wie etwa datenschutz-info@example.com) in der Regel ein Personenbezug fehlen.

47 Die Frage des Personenbezugs wird derzeit (Stand: Juni 2020) insbesondere im Hinblick auf die sog. „**Corona-App**" virulent diskutiert.[120] Vgl. dazu die Ausführungen zur Pseudonymisierung im Rahmen von Art. 4 Nr. 5 Rn. 109.

III. Art. 4 Nr. 2: Verarbeitung

48 **1. Allgemeines.** Art. 4 Nr. 2 definiert den Begriff der Verarbeitung als jeden mit oder ohne Hilfe automatisierter Verfahren ausgeführten Vorgang oder jede solche Vorgangsreihe im Zusammenhang mit personenbezogenen Daten.

49 Als **Beispiele** nennt Art. 4 Nr. 2 das Erheben, das Erfassen, das Organisieren, das Ordnen, die Speicherung, die Anpassung oder Veränderung, das Auslesen, das Abfragen, die Verwendung, die Offenlegung durch Übermittlung, Verbreitung oder eine andere Form der Bereitstellung, den Abgleich oder die Verknüpfung, die Einschränkung, das Löschen oder die Vernichtung von personenbezogenen Daten. Die Aufzählung ist nicht abschließend und bringt zum Ausdruck, dass jeglicher Umgang mit personenbezogenen Daten eine Verarbeitung im Sinne der DS-GVO darstellt.[121] Wie die Konkretisierungen belegen, ist der Begriff der Verarbeitung schon nach dem Schutzzweck der DS-GVO weit zu verstehen und kann sich sowohl auf den Inhalt des personenbezogenen Datums als auch auf das personenbezogene Datum als abstraktes Datum sowie auf das Zusammenspiel von mehreren personenbezogenen Daten beziehen.[122]

50 Ausgehend von dieser weiten Definition der Verarbeitung, die zur Folge hat, das jeder Umgang mit personenbezogenen Daten als ein Verarbeiten im Sinne der DS-GVO zu klassifizieren ist und damit einen datenschutzrechtlichen Tatbestand darstellt, muss der für die Verarbeitung Verantwortliche über eine Legitimation für die Verarbeitung verfügen.[123] Soweit also ein Datum Personenbezug aufweist, ist jeder Vorgang, der in

---

120 Zur Diskussion vgl. *Thüsing/Kugelmann/Schwartmann* Datenschutz-Experten beurteilen Corona-App, F.A.Z. v. 9.4.2020; *Schwartmann/Mühlenbeck* Die Corona-App und der Datenschutz, F.A.Z. Einspruch v. 6.4.2020; *Schwartmann/Jacquemain/Mühlenbeck* Data-Agenda Arbeitspapier Nr. 17: Positionen zur Zulssäigkeit von Handytracking wegen Corona-Pandemie, abrufbar unter https://dataagenda.de/wp-content/uploads/2020/04/DataAgenda-Arbeitspapier-17_Factsheet_Positionen_Handytracking.pdf, zuletzt abgerufen am 14.4.2020; sowie *Science Media Center* Rapid Reaction zur Frage nach der Verwendung von Bewegungsdaten der Bevölkerung zur Eindämmung von COVID-19 mit Stellungnahmen u.a. von *Weichert, Golla, Müller-Quade, Schwartmann/Mühlenbeck, Martini* abrufbar unter https://www.sciencemediacenter.de/alle-angebote/rapid-reaction/details/news/verwendung-von-bewegungsdaten-der-bevoelkerung-zur-eindaemmung-von-covid-19/, zuletzt abgerufen am 14.4.2020; *Buermeyer/Abele/Bäcker* Gastbeitrag auf netzpolitik.org: Corona-Tracking & Datenschutz: kein notwendiger Widerspruch v. 29.03.2020, abrufbar unter https://netzpolitik.org/2020/corona-tracking-datenschutz-kein-notwendiger-widerspruch/, zuletzt abgerufen am 14.4.2020.
121 Auernhammer-*Eßer* Art. 4 Rn. 17, Plath-*Schreiber* Art. 4 Rn. 12.
122 Schantz/Wolff-*Schantz* Das neue Datenschutzrecht, Rn. 309.
123 So auch Auernhammer-*Eßer* Art. 4, Rn. 18.

Verbindung mit dem Datum steht, eine Datenverarbeitung, die in den Anwendungsbereich der DS-GVO fällt.

In zahlreichen Normen der DS-GVO ist der Begriff der Verarbeitung ein wesentliches Tatbestandsmerkmal. Eine grundlegende Norm zur Verarbeitung ist Art. 6, wonach diese nur dann rechtmäßig ist, wenn sie auf einer der in Art. 6 Abs. 1 angegebenen Rechtsgrundlagen beruht.[124] Zu beachten sind ebenfalls die Grundsätze des Art. 5, die für jede Verarbeitung gelten.[125] **51**

Hinsichtlich der Verwendung des Begriffs der Verarbeitung nach der DS-GVO in der Praxis ist festzuhalten, dass bei der bisherigen Benennung des Trias „erheben, verarbeiten, übermitteln" alle Vorgänge gemeint sind, die der in Art. 4 Nr. 2 genannte Oberbegriff „verarbeiten" erfasst. Es ist zu empfehlen aus Gründen der Rechtssicherheit möglichst darauf zu verzichten, Teilschritten, wie „erheben" und „übermitteln", eine eigene Bezeichnung zu geben. So sollte der Begriff „Nutzung" nicht verwendet werden. Dieser findet sich nicht in der Definition des Art. 4 Nr. 2 und ist daher mit Rechtsunsicherheit behaftet. **52**

In der Rechtssache C-40/17 (Fashion ID)[126] befasste sich der EuGH mit der Frage, ob der Betreiber einer Website, der in dieser Website ein Social-Plugin einbindet, das den Browser des Besuchers der Website veranlasst, Inhalte des Anbieters dieses Plugins anzufordern und hierzu personenbezogene Daten des Besuchers an diesen Anbieter zu übermitteln, als für die Verarbeitung Verantwortlicher angesehen werden kann, obwohl dieser Betreiber keinen Einfluss auf die Verarbeitung der auf diese Weise an den Anbieter übermittelten Daten hat.[127] In diesem Zusammenhang führte der EuGH aus, dass die Verantwortlichkeit verschiedener Akteure im Rahmen eines Datenverarbeitungsvorgangs für verschiedene Phasen unterschiedlich zu beurteilen sei.[128] Die Verarbeitung personenbezogener Daten könne „aus einem oder mehreren Vorgängen bestehen, von denen jeder eine der verschiedenen Phasen betrifft, die eine Verarbeitung personenbezogener Daten umfassen kann".[129] Die Verarbeitung personenbezogener Daten kann daraus resultierend auch als Verarbeitungskette bezeichnet werden.[130] Die Ansicht des EuGH verdeutlicht, dass der Begriff der Verarbeitung weit zu verstehen ist, um einen (voll-)umfänglichen Schutz der vom Datenverarbeitungsvorgang betroffenen Personen zu gewährleisten. **53**

2. Inhalt. Im Gegensatz zur deutschen Datenschutztradition nach dem BDSG mit ihrem differenzierenden Begriffsverständnis geht die DS-GVO von einem **umfassenden Verarbeitungsbegriff** aus. So hat man in Deutschland in der Vergangenheit jeden einzelnen Verarbeitungsschritt vom Erheben bis zum Nutzen definiert und geregelt. Dies ist nun wegen des einheitlichen Verarbeitungsbegriffs nach der DS-GVO nicht **54**

---

124 Vgl. Kommentierung zu Art. 6.
125 Kühling/Buchner-*Herbst* Art. 4 Nr. 2 Rn. 2; Vgl. auch Kommentierung zu Art. 5.
126 Vgl. dazu auch Rn. 140 ff.
127 *EuGH* v. 29.7.2019 – C-40/17, ECLI:EU:C:2019:629, Rn. 64.
128 *EuGH* v. 29.7.2019 – C-40/17, ECLI:EU:C:2019:629, Fashion ID, Rn. 70.
129 *EuGH* v. 29.7.2019 – C-40/17, ECLI:EU:C:2019:629, Fashion ID, Rn. 72.
130 Vgl. *EuGH* v. 29.7.2019 – C-40/17, ECLI:EU:C:2019:629, Fashion ID, Rn. 74.

mehr möglich. Damit entfällt auch die bisherige wörtliche Privilegierung der Auftragsverarbeitung, wie sie noch in BDSG a.F. enthalten war.[131]

55 Erfasst von der Definition der Verarbeitung nach Art. 4 Nr. 2 sind alle Arten des Umgangs mit personenbezogenen Daten von der Erhebung bis zur Vernichtung. Die DS-GVO differenziert nicht nach Intensität, Dauer oder der verwendeten Verarbeitungstechnik.[132] Dies macht insbesondere ErwG 15 deutlich, wonach der Schutz natürlicher Personen technologieneutral und nicht von den verwendeten Techniken abhängen soll. Lediglich unstrukturierte Akten oder Aktensammlungen sowie ihre Deckblätter sind laut ErwG 15 vom Anwendungsbereich der Verordnung ausgenommen.

56 Da der Begriff der Verarbeitung nicht nach der Dauer des Vorgangs differenziert fällt auch die nur kurzzeitige Verwendung weniger, scheinbar unbedeutender personenbezogener Daten grundsätzlich in den Anwendungsbereich der DS-GVO.[133] Beispielhaft kann hier die Zwischenspeicherung personenbezogener Daten im Cache eines Browsers genannt werden.[134]

57 Der Begriff der Verarbeitung der DS-GVO umfasst sowohl die automatisierte, als auch die nichtautomatisierte Verarbeitung personenbezogener Daten. Automatisiert ist eine Verarbeitung personenbezogener Daten durch eine Maschine, wenn sie ohne menschliche Einwirkung stattfindet.[135] So zum Beispiel, die kontinuierliche Videoüberwachung und Aufzeichnung der Aufnahmen auf einer Festplatte.[136] Ausweislich ErwG 15 S. 2 fällt auch eine nichtautomatisierte Verarbeitung, die manuell ohne jedes technische Hilfsmittel erfolgt, in den Anwendungsbereich der DS-GVO. Voraussetzung dafür ist zusätzlich, dass die personenbezogenen Daten in einem Dateisystem[137] gesichert werden oder gespeichert werden sollen.[138]

58 **3. Praxishinweise.** Aufgrund des weiten Verarbeitungsbegriffs ist es aus Sicht des Rechtsanwenders ratsam, bei jedem Umgang mit personenbezogenen Daten von einer Verarbeitung i.S.d. DS-GVO auszugehen.[139] Andernfalls drohen erhebliche Sanktionen nach Art. 82 ff. Die Verarbeitung bedarf immer einer Legitimierung. Zu beachten ist daneben, dass Auftragsverarbeitungen unter der DS-GVO nicht mehr privilegiert sind. Nach aktueller Rechtslage bedarf jede Auftragsverarbeitung einer gesetzlichen Erlaubnis. Bestehende Auftragsverarbeitungen sollten daher auf ihre Rechtmäßigkeit hin überprüft werden.

IV. Art. 4 Nr. 3: Einschränkung der Verarbeitung

59 **1. Allgemeines.** Die Einschränkung der Verarbeitung nach Art. 4 Nr. 3 ist die Markierung gespeicherter personenbezogener Daten mit dem Ziel, ihre künftige Verarbeitung einzuschränken. Die Verarbeitungseinschränkung ist ein zulässiges „Minus" zum

---

131 Siehe zur Privilegierung der Auftragsverarbeitung nach der DS-GVO vertiefend Kommentierung von *Kremer* Art. 28 Rn. 57 ff.
132 Gierschmann-*Buchholtz/Stentzel* Art. 4 Nr. 2 Rn. 9.
133 *Laue/Kremer* Das neue Datenschutzrecht in der betrieblichen Praxis, § 1 Rn. 9.
134 Siehe dazu auch Gierschmann-*Buchholtz/Stentzel* Art. 4 Nr. 2 Rn. 9.
135 Schantz/Wolff-*Schantz* Das neue Datenschutzrecht, Rn. 310.
136 *EuGH* NJW 2015, 463 Rn. 25 – Rynes.
137 Zum Begriff „Dateisystem" vgl. Kommentierung zu Art. 4 Nr. 6.
138 ErwG 15 S. 2.
139 *Laue/Kremer* Das neue Datenschutzrecht in der betrieblichen Praxis, § 1 Rn. 10.

Löschen, wenn die personenbezogenen Daten für bestimmte Zwecke nach wie vor rechtmäßig verarbeitet werden dürfen.[140] Inhaltlich entspricht die Einschränkung der Verarbeitung dem bisher gebräuchlichen „Sperren" von Daten.[141] Das Sperren war auch der DSRL nicht fremd. Zwar wurde der Begriff dort nicht definiert. Als eine Form der Verarbeitung personenbezogener Daten wurde das Sperren aber in Art. 2 lit. b ausdrücklich erwähnt. Im deutschen Datenschutzrecht definierte § 3 Abs. 4 Nr. 4 BDSG a.F. das Sperren als das Kennzeichnen gespeicherter personenbezogener Daten, um ihre weitere Verarbeitung oder Nutzung einzuschränken. Diese Definition ist zwar nicht deckungsgleich mit der der DS-GVO. Sie ist aber bereits nah an der Definition der Einschränkung der Verarbeitung nach Art. 4 Nr. 3. Mit § 35 Abs. 1 und 2 BDSG n.F. hält auch der nationale Gesetzgeber an der Berechtigung des Verantwortlichen fest, anstelle einer Löschung eine Verarbeitungseinschränkung (früher: Sperrung) vorzunehmen.[142]

Eine Einschränkung der Verarbeitung kommt immer dann in Betracht, wenn personenbezogene Daten für ihren eigentlichen Zweck nicht mehr benötigt werden, es aber notwendig ist, sie temporär aufzubewahren. Dies kann beispielsweise dann der Fall sein, wenn gesetzliche Aufbewahrungspflichten die Aufbewahrung auch nach Wegfall des Zwecks notwendig machen. Dabei gilt es zu beachten, dass die schlichte Archivierung von Datensätzen keine Einschränkung nach den Vorgaben der DS-GVO ist, denn sie erhält die Verfügungsbefugnis des Verantwortlichen und trennt die Datensätze lediglich vom operativen Geschäft.[143] 60

Die Einschränkung der Verarbeitung ist eine der in Art. 4 Nr. 2 ausdrücklich aufgezählten Verarbeitungsformen. Damit bedarf es zur Einschränkung der Verarbeitung, wie für alle Verarbeitungsvorgänge im Zusammenhang mit personenbezogenen Daten, einer Rechtsgrundlage, die die Norm nicht benennt. In der Regel dürfte die Einschränkung der Verarbeitung personenbezogener Daten bei Vorliegen der sonstigen Voraussetzungen von der ursprünglichen Rechtsgrundlage der Erhebung gedeckt oder als kompatible Weiterverarbeitung nach Art. 6 Abs. 4 einzuordnen sein.[144] 61

Das **Recht des Betroffenen** auf Einschränkung der Verarbeitung ist in Art. 18 normiert. Hier wird der Anspruch des Betroffenen auf Verarbeitungseinschränkung geregelt. Wie die Einschränkung der Verarbeitung tatsächlich zu erfolgen hat, regelt die DS-GVO nicht. Vielmehr regelt Art. 18 Abs. 2, dass im Falle der Einschränkung nur unter besonderen einzeln aufgeführten Bedingungen auf die Daten zugegriffen werden darf.[145] Daneben können auch die Aufsichtsbehörden im Rahmen ihrer Abhilfebefugnisse die Einschränkung anordnen, Art. 58 Abs. 2 lit. g.[146] 62

---

140 Gierschmann-*Veil* Art. 4 Nr. 3 Rn. 1.
141 Ehmann/Selmayr-*Klabunde* Art. 4 Nr. 3 Rn. 20; Plath-*Schreiber* Art. 4 Rn. 14; Auernhammer-*Eßer* Art. 4 Rn. 21.
142 Zu ergänzenden Regelungen zur Verarbeitungseinschränkung siehe auch Kommentierungen zu §§ 27, 28 BDSG n.F.
143 Vgl. Simitis/Hornung/Spiecker gen. Döhmann-*Dix* Art. 4 Nr. 3 Rn. 4.
144 So auch Gierschmann-*Veil* Art. 4 Nr. 3 Rn. 15.
145 BeckOK DatenSR-*Schild* Art. 4 Rn. 60; vgl. Kommentierung zu Art. 18.
146 Albrecht/Jotzo Das neue Datenschutzrecht der EU, Teil 3 A Rn. 5.

Art. 4 Nr. 4

63 Mit der Einschränkung der Verarbeitung in Zusammenhang stehende **Mitteilungspflichten** finden sich in Art. 19, Art. 13 Abs. 2 lit. b, Art. 14 Abs. 2 lit. c und in Art. 15 Abs. 1 lit. e.[147]

64 **2. Inhalt.** Der Definition des Art. 4 Nr. 3 lässt sich entnehmen, dass jedes einzelne Datum, das einer Verarbeitungseinschränkung unterworfen wird, zu markieren ist. Dies kann textlich oder technisch erfolgen.[148]

65 ErwG 67 erläutert Methoden zur Einschränkung der Verarbeitung. Sie können zur Beschränkung der Verarbeitung personenbezogener Daten unter anderem darin bestehen, dass ausgewählte personenbezogene Daten vorübergehend auf ein anderes Verarbeitungssystem so übertragen werden, dass sie für Nutzer gesperrt werden oder dass veröffentlichte Daten vorübergehend von einer Website entfernt werden. In automatisierten Dateisystemen soll die Verarbeitungseinschränkung durch technische Mittel erfolgen.[149] In dem System ist darauf hinzuweisen, dass die Daten einer Verarbeitungseinschränkung unterliegen.[150]

66 Eine Beschränkung der Verarbeitung auf einzelne Verarbeitungszwecke ist möglich. So kann ein Widerspruch gegen die werbliche Verwendung von Adressdaten dazu führen, dass die Daten zwar weiterhin gespeichert und auch für Vertragserfüllungszwecke genutzt werden, aber nicht mehr für Zwecke der Werbung verwendet werden dürfen.[151]

67 **3. Praxisbeispiele.** Eine Verarbeitungseinschränkung nach Art. 4 Nr. 3 dürfte das **Delisting** von Suchergebnissen aus der Ergebnisliste einer Suchmaschine sein. Dabei wird die URL einer Website, die nicht mehr in den Ergebnissen der Suchmaschine auftauchen soll, dergestalt gekennzeichnet, dass bei Eingabe einer bestimmten Suchanfrage die Anzeige dieser URL verhindert wird.[152]

68 Eine weitere Form der Einschränkung der Verarbeitung stellt der Sache nach die Aufbewahrung von **Archivgut** in staatlichen Archiven nach den Archivgesetzen des Bundes und der Länder dar. Aus Sicht der abgebenden Stelle ist das Archivgut nach Abgabe an das Archiv gelöscht, während es im Archiv sicher aufbewahrt wird und für bestimmte Zeit Nutzungsbeschränkungen unterliegt.[153]

V. Art. 4 Nr. 4: Profiling

69 **1. Allgemeines.** Art. 4 Nr. 4 definiert „Profiling" als jede Art der automatisierten Verarbeitung personenbezogener Daten, die darin besteht, dass diese personenbezogenen Daten verwendet werden, um bestimmte persönliche Aspekte, die sich auf eine natürliche Person beziehen, zu bewerten, insbesondere um Aspekte bezüglich Arbeitsleistung, wirtschaftliche Lage, Gesundheit, persönliche Vorlieben, Interessen, Zuverläs-

---

147 Vgl. Kommentierungen zu Art. 19, 13, 14, 15.
148 Gierschmann-*Veil* Art. 4 Nr. 3 Rn. 10.
149 ErwG 67 S. 2.
150 ErwG 67 S. 3.
151 Gierschmann-*Veil* Art. 4 Nr. 3 Rn. 12.
152 Vgl. Gierschmann-*Veil* Art. 4 Nr. 3 Rn. 12, die zutreffend feststellen, dass Art. 18 keinen Tatbestand enthält, der dem Anspruch des Betroffenen gegen den Suchmaschinenbetreiber auf De-listing an sich rechtmäßiger Inhalte gerecht wird.
153 Sydow-*Ziebarth* Art. 4 Rn. 83.

sigkeit, Verhalten, Aufenthaltsort oder Ortswechsel dieser natürlichen Person zu analysieren oder vorherzusagen. Es sind also Vorgänge gemeint, bei denen in der Regel größere Datenmengen zusammengeführt und automatisiert ausgewertet werden, wodurch bspw. besondere Vorlieben und Interessen oder Aufenthaltsorte einzelner betroffener Personen ermittelt werden können.[154] Unerheblich ist nach dem Wortlaut der Norm, ob die personenbezogenen Daten aus einer oder aus verschiedenen Quellen stammen. Ob der Verantwortliche einen oder mehrere Zwecke verfolgt oder ob die Bewertung der natürlichen Peron der Vorbereitung einer automatisierten Einzelfallentscheidung dient ist ebenfalls nicht von Bedeutung.[155]

Ausweislich des ErwG 72 ist das Profiling eine Art der Verarbeitung personenbezogener Daten, die durch einen Erlaubnistatbestand der Art. 6 oder 9 legitimiert sein muss. Relevant ist die Norm damit vor allem für Verantwortliche, die automatisierte Einzelentscheidungen vornehmen und dabei Profilinganalysen oder -vorhersagen verwenden. 70

Nach der Definition des Art. 4 Nr. 4 ist Profiling nur die **Datenanalyse**, ohne dass hieran bereits Folgen für den Betroffenen geknüpft sind. Zu trennen sind beim Profiling die Datensammlung und die daran anschließende Datenauswertung.[156] 71

Legt man dem „Profiling" ein weites Begriffsverständnis zugrunde, sind darunter nicht nur automatisierte Verfahren der Verhaltensanalyse zu fassen, sondern auch Techniken, mit deren Hilfe auf der Grundlage des analysierten Verhaltens unter Zugrundelegung statistisch-mathematischer Verfahren eine Prognose über das zukünftige Verhalten einer Person erstellt werden. Dies können Kaufprognosen sein, wie sie im Rahmen des „Costumer Relationship Management" möglich sind, die Einschätzung von Fehler- oder Ermüdungsrisiken im Zusammenhang mit der Bedienung komplexer Maschinen bis hin zu Einschätzung von Kredit- und Bonitätsrisiken, wie sie in der Vergangenheit mit dem Begriff des Scoring verknüpft waren.[157] 72

Die **Datenbasis** für ein mögliches Profiling kann vielfältig sein. Insbesondere kommt das individuelle Kommunikations- und Nutzungsverhalten im Internet in Betracht. So können in diesem Zusammenhang Aktivitäten in sozialen Netzwerken, besuchte Websites, Onlinekäufe[158], aber auch Suchanfragen bei Suchmaschinen relevant sein. Vermehrt können auch Daten aus „smarten" Geräten, wie Fahrzeugen[159], Smart-TV oder Smartwatches in ein Profiling einfließen, um dadurch ein bestmögliches Persönlichkeitsbild über den Verwender und die betroffene Person zu erhalten.[160] 73

In ihrem Gutachten bezieht auch die von der Bundesregierung eingesetzte **Datenethikkommission** Stellung zum Themengebiet des Profilings und des Scorings. Nach Ansicht der Kommission besteht, insbesondere mit Blick auf Art. 22 Klarstellungs- 74

---

154 *Laue/Kremer* Das neue Datenschutzrecht in der betrieblichen Praxis, § 2 Rn. 93.
155 Unzutreffend dahingehend Ehmann/Selmayr-*Klabunde* Art. 4 Rn. 22.
156 Zum Begriff der Zweistufigkeit des Profilings Gierschmann-*Veil* Art. 4 Nr. 4 Rn. 13.
157 Sydow-*Helfrich* Art. 4 Rn. 87.
158 Vertiefend zu personalisierten Preisen *DEK* Gutachten v. Oktober 2019, S. 189.
159 Zur Kritikalität bei Smart Mobility-Anwendungen vgl. *DEK* Gutachten v. Oktober 2019, S. 188.
160 Umfassend dazu Simitis/Hornung/Spiecker gen. Döhmann-*Scholz* Art. 4 Nr. 3 Rn. 7 ff.

und Konkretisierungsbedarf.[161] Im Lichte des im Einzelnen stark differenzierenden Schädigungspotentials **algorithmenbasierter Systeme** erscheine es nicht angemessen, das Verbotsprinzip des Art. 22 generell auszuweiten. Von diesem Gedanken ausgehend empfiehlt die Kommission ein risikoadaptiertes Regelungsregime, das dem Einzelnen angemessene Schutzgarantien, insbesondere gegen Profiling, und Verteidigungsmöglichkeiten gegen Fehler und Bedrohungen seiner Rechte vermittelt.[162] Zur Bestimmung des Kritikalitätsgrades algorithmischer Systeme empfiehlt die Kommission die Orientierung anhand eines übergreifenden Modells.[163] Unter Heranziehung einer 5-stufigen Kritikalitätspyramide soll das Schädigungspotential algorithmischer Systeme bestimmt und davon ausgehend die gebotene Regulierungstiefe abgeleitet werden.[164] Nach Ansicht der Kommission soll der Kritikalitätsgrad Gesetzgeber und Gesellschaft bei der Suche nach geeigneten Regulierungsschwellen und -instrumenten anleiten, könne aber auch Entwicklern und Betreibern bei der Selbsteinschätzung ihrer Produkte und Systeme Orientierung bieten und schließlich in Aus-, Fort- und Weiterbildung für die Sensibilisierung und Schulung unterschiedlicher Akteure eingesetzt werden.[165]

75 **2. Scoring.** Scoring fällt unter den Oberbegriff des Profiling. Als Scoring wird die **Berechnung einer Wahrscheinlichkeitsprognose** für zukünftiges Verhalten mithilfe der Verarbeitung personenbezogener Daten der betroffenen Person verstanden.[166] Wenn der mittels Scoring ermittelte Wahrscheinlichkeitswert ohne weiteres menschliches Zutun dazu benutzt wird, eine Entscheidung über die Begründung, Durchführung oder Beendigung eines Vertragsverhältnisses herbeizuführen, unterfällt das Scoring dem Anwendungsbereich des Art. 22, wo das „Profiling" ausdrücklich als ein Unterfall der dort genannten automatisierten Verarbeitung genannt wird.[167] Beruht die Einzelfallentscheidung dagegen ausschließlich auf einer menschlichen Entscheidung, die lediglich maschinell umgesetzt wird, findet Art. 22 keine Anwendung.

76 Nach Art. 70 Abs. 1 lit. f kann der EDSA Leitlinien, Empfehlungen und bewährten Verfahren zur näheren Bestimmung der Kriterien und Bedingungen für die auf Profiling beruhenden Entscheidungen gem. Art. 22 Abs. 2 bereitstellen.

77 Im deutschen Datenschutzrecht hat der Gesetzgeber mit § 31 BDSG n.F. die bisherigen Voraussetzungen des Scorings aus § 28a Abs. 1 und § 28b BDSG a.F. übernommen.[168]

78 **3. Pflichten beim Profiling.** Der Verantwortliche muss den Betroffenen dann über ein Profiling informieren, wenn es zu einer automatisierten Entscheidungsfindung führt, Art. 13 Abs. 2 lit. f und Art. 14 Abs. 2 lit. g. Auf Antrag muss der Verantwortliche dem Betroffenen Auskunft über ein Profiling geben, aber ebenfalls nur bei einer damit in Zusammenhang stehenden automatisierten Entscheidungsfindung, Art. 15

---

161 *DEK* Gutachten v. Oktober 2019, S. 192.
162 Vgl. *DEK* Gutachten v. Oktober 2019, S. 192.
163 *DEK* Gutachten v. Oktober 2019, S. 177.
164 Kritikalitätspyramide der DEK vgl. *DEK* Gutachten v. Oktober 2019, S. 177.
165 *DEK* Gutachten v. Oktober 2019, S. 177.
166 Simitis-*Scholz* § 6a BDSG Rn. 23; BeckOK BDSG-*von Lewinski* § 28b Rn. 1.
167 Vgl. Kommentierung zu Art. 22.
168 Vgl. dazu Kommentierung § 31 BDSG.

Abs. 1 lit. h. Nach Art. 35 Abs. 3 lit. a kann eine Datenschutz-Folgenabschätzung[169] bei automatisierten Einzelentscheidungen, die auf Profiling gründen, erforderlich sein.

VI. Art. 4 Nr. 5: Pseudonymisierung
1. Allgemeines.
Der Begriff der „Pseudonymisierung" wird in Art. 4 Nr. 5 definiert als „die Verarbeitung personenbezogener Daten in einer Weise, dass die personenbezogenen Daten ohne Hinzuziehung zusätzlicher Informationen nicht mehr einer spezifischen betroffenen Person zugeordnet werden können, sofern diese zusätzliche Informationen gesondert aufbewahrt werden und technischen und organisatorischen Maßnahmen unterliegen, die gewährleisten, dass die personenbezogenen Daten nicht einer identifizierten oder identifizierbaren natürlichen Person zugewiesen werden."

Im BDSG a.F. war sowohl die Pseudonymisieung als auch die Anonymisierung bislang in § 3 Abs. 6, 6a BDSG a.F. verankert. Der Wortlaut des § 3 Abs. 6a BDSG a.F. nahm im Rahmen der Pseudonymisierung insbesondere die Ersetzung personenbezogener Angaben und anderer Identifikationsmerkmale durch Kennziffern in den Blick und war damit enger als Art. 4 Nr. 5 gefasst. § 3 Abs. 6 BDSG a.F. mit seiner Definition der Anonymisierung entspricht demgegenüber in weiten Teilen Art. 4 Nr. 5.[170]

Die DSRL enthielt keine Definition der Pseudonymisierung, sondern in ErwG 26 lediglich die Klarstellung, dass die Schutzprinzipien der DSRL „keine Anwendung auf Daten finde[n], die derart anonymisiert sind, dass die betroffene Person nicht mehr identifizierbar ist".[171]

Der Pseudonymisierung kommt in der Praxis eine zentrale Bedeutung zu, weil sie eine technische Schutzmaßnahme darstellt, die eine betroffene Person vor einer unmittelbaren Identifikation schützt, aber gleichzeitig den Personenbezug von Daten lockert, um sie so für die wirtschaftliche Verwertung nutzbar zu machen.[172] Hierbei ist zu beachten, dass die Pseudonymisierung aus sich heraus nicht die Rechtmäßigkeit einer Datenverarbeitung begründen kann.[173] Sie ist vielmehr ein Baustein, um eine Datenverarbeitung im Einklang mit der DS-GVO und einen hinreichenden (technischen) Schutz personenbezogener Daten zu gewährleisten.[174]

Art. 4 Nr. 1[175], 6 Abs. 4[176], 25[177], 32[178], 40[179], 83 Abs. 2 lit. d[180] sowie Art. 89 Abs. 1[181] nehmen auf die Pseudonymisierung Bezug. Ausweislich ErwG 28 dient die Pseudonymisie-

---

169 Vgl. dazu die Kommentierung zu Art. 35 Abs. 3 lit. a.
170 Vgl. dazu Gierschmann-*Stentzel/Jergl* Art. 4 Nr. 5 Rn. 5.
171 *Schwartmann/Weiß* Whitepaper zur Pseudonymisierung der Fokusgruppe Datenschutz 2017, S. 12.
172 Dazu *Schwartmann/Weiß* Whitepaper zur Pseudonymisierung der Fokusgruppe Datenschutz 2017, S. 14 f.
173 *Schwartmann/Weiß* Anforderungen an den datenschutzkonformen Einsatz von Pseudonymisierungslösungen 2018, S. 8.
174 *Schwartmann/Weiß* Anforderungen an den datenschutzkonformen Einsatz von Pseudonymisierungslösungen 2018, S. 8.
175 Vgl. dazu Rn. 9.
176 Vgl. dazu die Kommentierung zu Art. 6 Abs. 4.
177 Vgl. dazu die Kommentierung zu Art. 25.
178 Vgl. dazu die Kommentierung zu Art. 32.
179 Vgl. dazu die Kommentierung zu Art. 40.
180 Vgl. dazu die Kommentierung zu Art. 83.
181 Vgl. dazu die Kommentierung zu Art. 89.

rung nach der Wertung der DS-GVO als technisches Verfahren der **Risikominimierung** und soll die Verantwortlichen und Auftragsverarbeiter bei der Einhaltung der Datenschutzpflichten unterstützen.[182] Folgerichtig unterstreicht auch Art. 32 Abs. 1 lit. a[183], dass die Pseudonymisierung eine **technische Sicherungsmaßnahme** (und keine Anonymisierung) darstellt.[184] Denn im Rahmen einer Pseudonymisierung kann die betroffene Person unter Hinzuziehung von gesondert aufbewahrten oder ggf. öffentlich zugänglichen Informationen wieder identifiziert werden, während dies im Falle einer Anonymisierung nicht oder nur mit unverhältnismäßigem Aufwand[185] möglich ist.[186]

84 Neben dieser Schutzfunktion trägt die Pseudonymisierung zudem dem Prinzip der **Datenminimierung und Datensparsamkeit** aus Art. 5 Abs. 1 lit. c[187] Rechnung. Nach dieser Vorschrift müssen personenbezogene Daten dem Zweck angemessen und erheblich sowie auf das für die Zwecke der Verarbeitung notwendige Maß beschränkt sein. Insofern adressiert Art. 5 Abs. 1 lit. c die Pseudonymisierung zwar nicht unmittelbar, sie kommt aber insbesondere dann zum Tragen, wenn ein Personenbezug von Informationen nicht mehr notwendig ist, um die Zwecke der Verarbeitung zu realisieren. Sie ist damit eine konkrete Umsetzung und Ausdruck des Gebotes des sparsamen Umgangs mit personenbezogenen Daten.[188]

85 Darüber hinaus weist die Pseudonymisierung eine enge Verknüpfung mit dem Datenschutzprinzip des „**Privacy by Design**" aus Art. 25[189] auf. Sie sorgt dafür, dass bereits in einem frühen Stadium durch TOM eine Entkopplung persönlicher Informationen von anderen Daten erfolgen kann, was zu einem wirksamen Schutz für die Betroffenen führt.[190]

86 Im Rahmen eines risikobasierten Ansatzes wirkt sich die Pseudonymisierung auch zugunsten des Verantwortlichen aus. So kann sie Verarbeitungen zulässig machen, die ansonsten unzulässig wären. Dies ist insbesondere im Zeitalter von **Big Data** und **Internet of Things** von wesentlicher Bedeutung.[191] Ein wichtiges Anwendungsbeispiel ist dabei Art. 6 Abs. 4[192], der für eine Datenverarbeitung im Falle einer Zweckänderung gilt:

---

182 *Schwartmann/Weiß* Whitepaper zur Pseudonymisierung der Fokusgruppe Datenschutz 2017, S. 14.
183 Vgl. dazu die Kommentierung zu Art. 32 Abs. 1 lit. a.
184 Vgl. dazu Kühling/Buchner-*Klar/Kühling* Art. 4 Nr. 5 Rn. 2 sowie WP 216 der *Art.-29-Datenschutzgruppe* zu Anonymisierungstechniken, S. 3 („Pseudonymisation is (…) not a method of anonymisation."). Dazu auch *Schwartmann/Weiß* Anforderungen an den datenschutzkonformen Einsatz von Pseudonymisierungslösungen 2018, S. 8 f.
185 Zum Begriff des „unverhältnismäßigen Aufwands" vgl. Rn. 94.
186 Vgl. dazu die ausführliche Darstellung von *Schwartmann/Weiß* Whitepaper zur Pseudonymisierung der Fokusgruppe Datenschutz 2017, S. 12 f.
187 Vgl. dazu die Kommentierung im Rahmen von Art. 5.
188 Zu den Schutzfunktionen der Pseudonymisierung vgl. *Schwartmann/Weiß* Whitepaper zur Pseudonymisierung der Fokusgruppe Datenschutz 2017, S. 14 f.
189 Vgl. dazu die Kommentierung zu Art. 25.
190 *Schwartmann/Weiß* Whitepaper zur Pseudonymisierung der Fokusgruppe Datenschutz 2017, S. 15.
191 *Schwartmann/Weiß* Whitepaper zur Pseudonymisierung der Fokusgruppe Datenschutz 2017, S. 16 sowie Rn. 105.
192 Vgl. dazu die Kommentierung zu Art. 6 Abs. 4 mit besonderer Rücksichtnahme der datenschutzrechtlichen Probleme rund um Big Data.

Ob der neue (geänderte) Verarbeitungszweck mit dem ursprünglichen Zweck der Datenerhebung/-verarbeitung vereinbar ist, entscheidet eine Abwägung. Ein wichtiges Kriterium im Rahmen dieser Kompatibilitätsprüfung ist das Vorhandensein geeigneter Garantien, wozu auch die Pseudonymisierung zählt (vgl. Art. 6 Abs. 4 lit. e).[193]

Schließlich kommt der Pseudonymisierung auch auf der Rechtsfolgenseite eine große Bedeutung zu: Indem Art. 83 Abs. 2 lit. d[194] im Rahmen der Entscheidung über die Verhängung einer **Geldbuße** auf Art. 25 und die getroffenen TOM abstellt, ist die Pseudonymisierung ein wichtiges Kriterium hinsichtlich der Bemessung der Bußgeldhöhe. 87

Gemäß ErwG 26 fallen pseudonymisierte Daten in den Regelungsbereich der DS-GVO. Gegenüber sonstigen personenbezogenen Daten sind sie jedoch privilegiert. Dies hat seinen Grund darin, dass pseudonymisierte Daten ohne Kenntnis zusätzlicher, getrennt aufbewahrter Informationen einer identifizierten Person nicht zugeordnet werden können. Die Privilegierung pseudonymisierter Daten ergibt sich insbesondere aus dem oben dargestellten Zusammenspiel verschiedener Normen[195] der DS-GVO, eine ausdrückliche Benennung der Privilegierung pseudonymisierter Daten enthält die DS-GVO indes nicht.[196] 88

2. Anforderungen an die Pseudonymisierung. Aus der Definition des Art. 4 Nr. 5 lassen sich die folgenden **drei Anforderungen an eine datenschutzkonforme Pseudonymisierung** ableiten:[197] 89

– Keine Pseudonymisierung liegt vor, wenn die vorhandenen Daten ohne weiteres, z.B. über einen Namen, eine Anschrift oder eine Personalnummer, einer identifizierbaren **Person zugeordnet** werden können. Erforderlich ist vielmehr, dass eine Identifizierung der betroffenen Person nur unter Hinzuziehung zusätzlicher Informationen möglich ist.[198]

– Daten, mit denen die Zuordnung zu einer Person möglich wäre, müssen derart **getrennt aufbewahrt** werden, dass sie nicht ohne weiteres zusammengeführt werden können. Die Aufbewahrung der zusätzlichen Daten und Informationen muss dabei laut ErwG 29 S. 1 nicht bei einem anderen Verantwortlichen erfolgen. Andernfalls würde das Verfahren der Pseudonymisierung in der Praxis zu stark eingeschränkt und somit keinen Anreiz mehr für Unternehmen bieten, eine Pseudonymisierung vorzunehmen.[199] Eine getrennte Aufbewahrung der Daten ist bspw.

---

193 *Schwartmann/Weiß* Whitepaper zur Pseudonymisierung der Fokusgruppe Datenschutz 2017, S. 17 sowie Kühling/Buchner-*Buchner/Petri* Art. 6 Rn. 154.
194 Vgl. dazu die Kommentierung von Art. 83.
195 Vgl. dazu Rn. 82.
196 Kühling/Buchner-*Klar/Kühling* Art. 4 Nr. 5 Rn. 4.
197 *Schwartmann/Weiß* Whitepaper zur Pseudonymisierung der Fokusgruppe Datenschutz 2017, S. 10 f. sowie *dies.* Anforderungen an den datenschutzkonformen Einsatz von Pseudonymisierungslösungen – Arbeitspapier der Fokusgruppe Datenschutz 2018, S. 8 ff.; *dies.* Entwurf für einen Code of Conduct zum Einsatz DS-GVO konformer Pseudonymisierung 2019.
198 Dazu *Schwartmann/Weiß* Anforderungen an den datenschutzkonformen Einsatz von Pseudonymisierungslösungen – Arbeitspapier der Fokusgruppe Datenschutz 2018, S. 8; *dies.* Entwurf für einen Code of Conduct zum Einsatz DS-GVO konformer Pseudonymisierung 2019, S. 16. Dazu *dies.* RDV 2020, 71, 72.
199 Gierschmann-*Stentzel/Jergl* Art. 4 Nr. 5 Rn. 6.

dann gegeben, wenn ein Datensatz nur in Form von Kennziffern vorhanden ist, die übrigen Identifikationsdaten aber weiterhin verfügbar sind.[200] Dies kann z.B. durch eine logische Trennung mit unterschiedlichen Zugriffsberechtigungen erfolgen.[201] Beim Einsatz von Pseudonymisierungsverfahren ist daher stets festzulegen, wer über z.B. Zuordnungstabellen oder Verschlüsselungsverfahren verfügen soll, wer das Pseudonym generiert und unter welchen Voraussetzungen eine Zusammenführung mit den Identifikationsdaten möglich ist.[202] Die Fokusgruppe Datenschutz schlägt hierbei neben einem **„Alles-in-einer-Hand"-Modell**, bei dem der Verantwortliche sowohl über die personenbezogenen Daten als auch den Zuordnungsschlüssel verfügt ein **„Treuhändermodell"** vor, bei dem ein Dritter außerhalb des Verantwortlichen den Schlüssel zur Re-Identifizierung aufbewahrt.[203] Darüber hinaus kommt im jeweiligen Verarbeitungskontext auch ein **Mischmodell** in Betracht.[204]

- Die personenbezogenen Daten sind zudem besonderen **TOM** zu unterwerfen, die gewährleisten, dass die Daten nicht unmittelbar einer natürlichen Person zugewiesen werden können.[205] Diese Voraussetzung knüpft an die Kernaussagen der ErwG 26 und 28 an. So stellt ErwG 26 klar, dass personenbezogene Daten, die pseudonymisiert wurden, aber durch die Heranziehung zusätzlicher Informationen einer natürlichen Person zugeordnet werden können, als Informationen über eine identifizierbare natürliche Person[206] betrachtet werden sollen und somit als „personenbeziehbare Daten" weiterhin in den Anwendungsbereich der DS-GVO fallen.[207] Demzufolge kann eine Pseudonymisierung zwar bei demselben Verantwortlichen erfolgen, gleichwohl muss dieser die notwendigen technischen und organisatorischen Maßnahmen (vgl. Ausführungen zur getrennten Aufbewahrung) vorhalten, um eine unberechtigte Wiederherstellung des Personenbezugs zu verhindern.

90 Die Fokusgruppe Datenschutz hat in diesem Zusammenhang sowohl ein Arbeitspapier zu den **Anforderungen an den datenschutzkonformen Einsatz von Pseudonymisierungslösungen**[208] als auch einen **Entwurf für einen Code of Conduct zum Einsatz DS-GVO konformer Pseudonymisierung**[209] vorgelegt. Die Arbeitspapiere enthalten

---

200 So auch Gierschmann-*Stentzel/Jergl* Art. 4 Nr. 5 Rn. 6.
201 *Schwartmann/Weiß* Whitepaper zur Pseudonymisierung der Fokusgruppe Datenschutz 2017, S. 10. Zum Verfahren der Pseudonymisierung vgl. auch die Ausführungen unter 5. Rn. 97 ff.
202 *Schwartmann/Weiß* Whitepaper zur Pseudonymisierung der Fokusgruppe Datenschutz 2017, S. 11 sowie *dies.* Entwurf für einen Code of Conduct zum Einsatz DS-GVO konformer Pseudonymisierung 2019, S. 17.
203 *Schwartmann/Weiß* Entwurf für einen Code of Conduct zum Einsatz DS-GVO konformer Pseudonymisierung 2019, S. 16.
204 *Schwartmann/Weiß* Entwurf für einen Code of Conduct zum Einsatz DS-GVO konformer Pseudonymisierung 2019, S. 16. Dazu *dies.* RDV 2020, 71, 73 f.
205 Kühling/Buchner-*Klar/Kühling* Art. 4 Nr. 5 Rn. 7.
206 Zu „Identifizierbarkeit" vgl. die Ausführungen unter Rn. 12.
207 *Schwartmann/Weiß* Whitepaper zur Pseudonymisierung der Fokusgruppe Datenschutz 2017, S. 11.
208 *Schwartmann/Weiß* Anforderungen an den datenschutzkonformen Einsatz von Pseudonymisierungslösungen – Arbeitspapier der Fokusgruppe Datenschutz 2018.
209 *Schwartmann/Weiß* Entwurf für einen Code of Conduct zum Einsatz DS-GVO konformer Pseudonymisierung – Arbeitspapier der Fokusgruppe Datenschutz 2019.

dabei insbesondere folgende Empfehlungen zur Gewährleistung einer DS-GVO konformen Pseudonymisierung:
- Für die Überwachung der Pseudonymisierung ist in organisatorischer Hinsicht ein **Fachverantwortlicher** zu benennen, der das technische und organisatorische Fachwissen besitzt und den Prozess der Pseudonymisierung von Daten festlegt und überwacht.[210] Der Begriff des Fachverantwortlichen beinhaltet dabei nicht die datenschutzrechtliche Verantwortlichkeit für die Pseudonymisierung i.S.v. Art. 4 Nr. 7, sondern die interne Verantwortlichkeit für die Organisation und den ordnungsgemäßen Ablauf der Pseudonymisierung.
- Um eine datenschutzkonforme Pseudonymisierung zu gewährleisten, ist es erforderlich die Art und **Risikoklasse** der verarbeiteten personenbezogenen Daten festzulegen.[211] Hierbei ist nicht nur entscheidend, ob es sich um personenbezogene Daten nach Art. 4 Nr. 1 oder Art. 9 handelt, sondern auch zu welchem Zweck bzw. zu welchen Zwecken und in welchem Kontext die Daten verarbeitet werden.[212] Dabei ist auch maßgeblich, ob eine Weitergabe der pseudonymisierten Daten seitens des oder der Verantwortlichen geplant ist.[213]
- Die einzelnen Prozessschritte der Pseudonymisierung und deren Durchführung sind entsprechend Art. 5 Abs. 2 zu **dokumentieren**.[214] Dies betrifft insbesondere die Zuweisung der Fachverantwortlichkeiten, die Auswahl des geeigneten Pseudonymisierungsverfahrens, die beabsichtigten Verarbeitungszwecke inklusive einer möglicherweise geplanten Weiterverarbeitung, die Prüfung der Erforderlichkeit der Datenverarbeitung (mind. alle zwei Jahre), der Kontext der Pseudonymisierung, Voraussetzungen und Häufigkeit einer Re-Identifizierung sowie die Dokumentation sonstiger Abwägungsentscheidungen.[215]

Auch die von der Bundesregierung eingesetzte **Datenethikkommission** hat sich zum Begriff der Pseudonymisierung in ihrem Abschlussgutachten geäußert und die Notwendigkeit der Schaffung einheitlicher Standards zur rechtssicheren Anwendung der Pseudonymisierung betont.[216] Sie empfiehlt daher sowohl im Interesse der betroffenen Personen als auch der Rechtsanwender auf EU-Ebene die Entwicklung von Standards

91

---

210 Dazu *Schwartmann/Weiß* Anforderungen an den datenschutzkonformen Einsatz von Pseudonymisierungslösungen – Arbeitspapier der Fokusgruppe Datenschutz 2018, S. 9 sowie *dies.* Entwurf für einen Code of Conduct zum Einsatz DS-GVO konformer Pseudonymisierung – Arbeitspapier der Fokusgruppe Datenschutz 2019, S. 9 f.
211 *Schwartmann/Weiß* Entwurf für einen Code of Conduct zum Einsatz DS-GVO konformer Pseudonymisierung – Arbeitspapier der Fokusgruppe Datenschutz 2019, S. 10.
212 *Schwartmann/Weiß* Entwurf für einen Code of Conduct zum Einsatz DS-GVO konformer Pseudonymisierung – Arbeitspapier der Fokusgruppe Datenschutz 2019, S. 10 f.
213 *Schwartmann/Weiß* Entwurf für einen Code of Conduct zum Einsatz DS-GVO konformer Pseudonymisierung – Arbeitspapier der Fokusgruppe Datenschutz 2019, S. 13.
214 Dazu *Schwartmann/Weiß* Anforderungen an den datenschutzkonformen Einsatz von Pseudonymisierungslösungen – Arbeitspapier der Fokusgruppe Datenschutz 2018, S. 12; *dies.* Entwurf für einen Code of Conduct zum Einsatz DS-GVO konformer Pseudonymisierung – Arbeitspapier der Fokusgruppe Datenschutz 2019, S. 19.
215 *Schwartmann/Weiß* Entwurf für einen Code of Conduct zum Einsatz DS-GVO konformer Pseudonymisierung – Arbeitspapier der Fokusgruppe Datenschutz 2019, S. 9 ff.
216 *DEK* Gutachten v. Oktober 2019, S. 129.

Art. 4 Nr. 5 Begriffsbestimmungen

für DS-konforme Pseudonymisierungsmaßnahmen und verweist dabei auf den Entwurf eines Codes of Conducts der Fokusgruppe Datenschutz.[217]

92 Die **Wirksamkeit** der Pseudonymisierung hängt von verschiedenen Faktoren ab. Eine Rolle dabei spielen der **Zeitpunkt**[218], die **Rücknahmefestigkeit**, die **Größe der Population**, in der sich der Betroffene verbirgt, die **Verkettungsmöglichkeit** von einzelnen Transaktionen oder Datensätzen desselben Betroffenen und die **Zufälligkeit** und **Vorhersagbarkeit** sowie die **Menge** der möglichen Pseudonyme.[219]

93 **3. Abgrenzung zur Anonymisierung.** Die Pseudonymisierung ist von der **Anonymisierung** abzugrenzen. Im Grundsatz sind anonymisierte Daten vom Anwendungsbereich der DS-GVO nicht erfasst.[220] Während die DSRL sich lediglich in ErwG 26 zur Frage der Anonymisierung und Pseudonymisierung äußerte, schafft die DS-GVO in Art. 4 Nr. 5 durch ihre Definition und ErwG 26 klarere Verhältnisse. Eine eigene Definition der Anonymisierung ist indes auch in der DS-GVO nicht enthalten. Sie ergibt sich vielmehr aus einem **Umkehrschluss** aus der Definition der „personenbezogenen Daten" aus Art. 4 Nr. 1[221] sowie aus ErwG 26: Danach sind anonyme Informationen „personenbezogene Daten, die in einer Weise anonymisiert worden sind, dass die betroffene Person nicht oder nicht mehr identifiziert werden kann".

94 Der Unterschied zwischen pseudonymisierten Daten und anonymisierten Daten liegt demzufolge darin, dass pseudonymisierte Daten der betroffenen Person unter Hinzuziehung der gesondert aufbewahrten oder ggf. öffentlich zugänglicher Informationen wieder entschlüsselt und damit die betroffene Person identifiziert werden kann, während dies bei anonymisierten Daten nicht oder nur mit unverhältnismäßigem Aufwand möglich ist.[222] Hierbei ist die Frage, wann ein **unverhältnismäßiger Aufwand** anzunehmen ist, eng mit der Abgrenzung zwischen Anonymisierung und Pseudonymisierung (insbesondere mit der Frage einer Identifizierbarkeit[223]) verknüpft. Insofern ist die durch ErwG 26 vorgegebene und bereits im Rahmen von Art. 4 Nr. 1 angesprochene Verhältnismäßigkeitsprüfung[224] auch im Rahmen von Art. 4 Nr. 5 maßgeblich. Im BDSG a.F. war der Maßstab hierfür noch in § 3 Abs. 6 BDSG a.F. ausgeführt und besagte, dass eine Anonymisierung jedenfalls dann erreicht war, wenn die Zuordnung der Angaben zu der betroffenen Person nur mit einem unverhältnismäßig großen Aufwand an Zeit, Kosten und Arbeitsaufwand zu erreichen war. ErwG 26 der DS-GVO bezieht sich demgegenüber auf „alle Mittel (...) die von dem Verantwortlichen oder einer anderen Person nach allgemeinem Ermessen wahrscheinlich genutzt werden, um die natürliche Person (...) zu identifizieren. [Hierbei] sollten alle objektiven Faktoren, wie die Kosten der Identifizierung und der dafür erforderliche Zeitaufwand, herangezogen werden, wobei die zum Zeitpunkt der Verarbeitung verfügbare Technologie

---

217 *DEK* Gutachten v. Oktober 2019, S. 131.
218 *Schwartmann/Weiß* Entwurf für einen Code of Conduct zum Einsatz DS-GVO konformer Pseudonymisierung – Arbeitspapier der Fokusgruppe Datenschutz 2019, S. 13.
219 WP 136 der Art.-29-Datenschutzgruppe v. 20.6.2007, S. 21.
220 Vgl. Auernhammer-*Eßer* Art. 4 Rn. 31.
221 Vgl. dazu *Schwartmann/Weiß* Whitepaper zur Pseudonymisierung der Fokusgruppe Datenschutz 2017, S. 12 sowie die Kommentierung zu Art. 4 Nr. 1 Rn. 9.
222 *Schwartmann/Weiß* Whitepaper zur Pseudonymisierung der Fokusgruppe Datenschutz 2017, S. 12.
223 Zum Begriff der Identifizierbarkeit vgl. Rn. 31.
224 Vgl. dazu Kommentierung zu Art. 4 Nr. 1.

und technologischen Entwicklungen zu berücksichtigen sind." Entscheidend sind also die **Kosten** der Identifizierung, der erforderliche **Zeitaufwand**, die verfügbaren **Technologien** sowie technologischen Entwicklungen.[225] Insofern ist hinsichtlich der Frage eines unverhältnismäßigen Aufwands im Rahmen von Art. 4 Nr. 5 wie schon bei Art. 4 Nr. 1 eine Verhältnismäßigkeitsprüfung anhand der genannten Gesichtspunkte im Einzelfall erforderlich.

Findet bspw. eine Trennung von Zuordnungsregeln und Daten nur innerhalb einer Unternehmensgruppe oder durch TOM bei dem Verantwortlichen selbst statt, ist davon auszugehen, dass es sich bei dem Datenbestand im Rahmen der internen Verarbeitung um pseudonymisierte, nicht aber um anonymisierte Daten handelt.[226] In einem solchen Fall ist das Missbrauchsrisiko durch die vorgenommene Maßnahme durchaus minimiert, jedoch nach allgemeiner Lebenserfahrung nicht vollkommen auszuschließen. Nach Ansicht der **Datenethikkommission** liegt darüber hinaus eine Anonymisierung jedenfalls dann vor, wenn der Personenbezug von Daten **unwiederbringlich entfernt** wird.[227] Dies sei insbesondere durch eine **Randomisierung** oder durch eine **Generalisierung** von Daten möglich. Während eine Randomisierung eine Veränderung von Daten dergestalt ist, dass eine Zuordnung nicht mehr möglich ist (etwa durch eine Verfälschung von Daten), beinhaltet die Generalisierung die Vergröberung von Daten, etwa durch Aggregation.[228] Insofern liefert die Datenethikkommission Beispiele für zwei in Betracht kommende Anonymisierungstechniken, bei denen auch die materiell-rechtlichen Voraussetzungen der DS-GVO im Hinblick auf eine Nicht-Identifizierbarkeit erfüllt sind. Diese Beispiele bieten wichtige Hilfestellungen für Rechtsanwender. 95

4. Verschlüsselte Daten. Die Verschlüsselung wird in ErwG 83 als eine Möglichkeit genannt, um das Risiko eines Datenmissbrauchs zu verhindern. Um verschlüsselte Daten handelt es sich dann, wenn personenbezogene Daten so abgelegt werden, dass sie nur mit Hilfe eines Schlüssels, in der Regel ein Passwort, wieder lesbar sind. Verschlüsselte Daten sind pseudonymisierte Daten, da sie jederzeit mit Hilfe des Schlüssels wieder lesbar gemacht werden können. Damit sind auch Daten, die, obwohl verschlüsselt, in der Cloud abgelegt sind, personenbezogene Daten.[229] Die Entschlüsselung der Daten kann durch den rechtmäßigen Schlüsselinhaber, als auch von einem unberechtigten Dritten erfolgen, der den Schlüssel unrechtmäßig verwendet. Insoweit hat die Verschlüsselung dem jeweiligen Stand der Technik zu entsprechen, um zumindest den bestmöglichen Schutz zu gewährleisten.[230] 96

5. Verfahren und technisch-organisatorische Anforderungen der Pseudonymisierung. Eine Pseudonymisierung von Daten erfolgt in der Regel dadurch, dass in einem Datenbestand das Identifizierungsmerkmal einer betroffenen Person (etwa der Name) durch ein Pseudonym ersetzt wird, das keinen Rückschluss auf den Betroffenen zulässt. Pseudonyme können eine Kennzahl oder auch eine Fantasiebezeichnung sein. Von einer 97

---

225 Zu den Kriterien vgl. *Schwartmann/Weiß* Whitepaper zur Pseudonymisierung der Fokusgruppe Datenschutz 2017, S. 13.
226 *Laue/Kremer* Das neue Datenschutzrecht in der betrieblichen Praxis, § 1 Rn. 28.
227 *DEK* Gutachten v. Oktober 2019, S. 129.
228 *DEK* Gutachten v. Oktober 2019, S. 129.
229 BeckOK DatenSR-*Schild* Art. 4 Rn. 80.
230 Siehe dazu auch Kommentierung zu Art. 32 Abs. 1 lit. a.

Pseudonymisierung ist aber etwa auch dann auszugehen, wenn eine Datensammlung durch die Anwendung eines Algorithmus nur für denjenigen einen Personenbezug erkennbar macht, der über den dazu erforderlichen Algorithmus verfügt.[231]

98 Zur Umsetzung einer Pseudonymisierung können verschiedene Verfahren zum Einsatz kommen. So können bspw. **Zuordnungstabellen bzw. Pseudonymisierungslisten** verwendet werden, in der jedem Klartextdatum ein Pseudonym zugeordnet wird.[232] Alternativ können auch **kryptographische (Berechnungs-)Verfahren** eingesetzt werden, die jeweils ein Klartextdatum in ein Pseudonym umwandeln.[233] Die Sicherheit des Pseudonymisierungsverfahrens kann ferner dadurch erhöht werden, dass **Mischverfahren** zum Einsatz kommen, bei denen die Bildung von Pseudonymen durch mehrere unabhängige Stellen durchgeführt wird.[234]

99 Hinsichtlich der Anforderungen an Pseudonyme kann es bei der Verarbeitung erforderlich sein, dass die erzeugten pseudonymisierten Daten bestimmte Eigenschaften der zugrundliegenden Klartextdaten enthalten. Diese werden als **Verfügbarkeitsanforderungen** an eine Pseudonymisierung bezeichnet. Mögliche Verfügbarkeitsoptionen sind etwa die **Aufdeckbarkeit** des dem Pseudonym zugrundeliegenden Klartextes unter bestimmten Voraussetzungen sowie eine **Verkettbarkeit** hinsichtlich einer bestimmten Relation.[235] So kann z.B. für zwei Pseudonyme bestimmt werden, ob die zugrundeliegenden Klartexte in einem spezifischen Zusammenhang stehen. Darüber hinaus kommen eine **Rollenbindung** oder eine **Zweckbindung** als Verfügbarkeitsoption in Betracht.[236]

100 Die Pseudonymisierung kann auf rücknehmbare Weise anhand von Referenzlisten für Identitäten und ihren Pseudonymen oder sog. **Zweiwege-Verschlüsselungsalgorithmen** für die Pseudonymisierung erfolgen. Identitäten können auch so verschleiert werden, dass eine Reidentifizierung nicht mehr möglich ist, d.h. durch Einweg-Verschlüsselungen, wodurch gewöhnlich anonymisierte Daten entstehen.[237] Entscheidend ist stets, dass das gewählte Pseudonymisierungsverfahren dem **gegenwärtigen Stand der Technik** entspricht.[238]

---

231 *Laue/Kremer* Das neue Datenschutzrecht in der betrieblichen Praxis, § 1 Rn. 22.
232 *Schwartmann/Weiß* Anforderungen an den datenschutzkonformen Einsatz von Pseudonymisierungslösungen 2018, S. 18.
233 Zu möglichen Verfahren und den technisch-organisatorischen Anforderungen im Einzelnen vgl. *Schwartmann/Weiß* Whitepaper zur Pseudonymisierung der Fokusgruppe Datenschutz 2017, S. 17 f. sowie *dies.* Anforderungen an den datenschutzkonformen Einsatz von Pseudonymisierungslösungen 2018, S. 20; *dies.* Entwurf für einen Code of Conduct zum Einsatz DS-GVO konformer Pseudonymisierung – Arbeitspapier der Fokusgruppe Datenschutz 2019, S. 21 f.
234 *Schwartmann/Weiß* Anforderungen an den datenschutzkonformen Einsatz von Pseudonymisierungslösungen 2018, S. 22 ff.
235 Vgl. dazu *Schwartmann/Weiß* Anforderungen an den datenschutzkonformen Einsatz von Pseudonymisierungslösungen 2018, S. 12 ff.
236 Zu den Verfügbarkeitsanforderungen im Einzelnen vgl. *Schwartmann/Weiß* Whitepaper zur Pseudonymisierung der Fokusgruppe Datenschutz 2017, S. 19 f.
237 WP 136 der Art.-29-Datenschutzgruppe vom 20.6.2007, S. 21.
238 *Schwartmann/Weiß* Entwurf für einen Code of Conduct zum Einsatz DS-GVO konformer Pseudonymisierung – Arbeitspapier der Fokusgruppe Datenschutz 2019, S. 22.

6. Anwendungsszenarien zu Art und Verfahren der Pseudonymisierung. Eine Pflicht 101
des Verantwortlichen zur Pseudonymisierung von personenbezogenen Daten kennt
die DS-GVO nicht.[239] Der Anreiz für Unternehmen zur Pseudonymisierung liegt aber
unbestreitbar darin, dass diese oftmals ein entscheidendes Kriterium im Rahmen einer
(Interessen-)Abwägung (wie sie etwa im Rahmen von Art. 6 Abs. 4 lit. e oder bei
Art. 83 Abs. 2 lit. d erforderlich ist) ist und eine Abwägung mithilfe einer Pseudonymisierung somit eher zugunsten des Unternehmens ausfallen wird.[240] Auch bei der Bußgeldbemessung dürfte die Pseudonymisierung eine wichtige Rolle spielen.

Beispiele für Pseudonyme sind etwa Künstler- oder Decknamen und ggf. E-Mail- 102
Adressen, aber auch Benutzernamen oder eine Nutzer-ID. Auch **biometrische
Daten**[241], wie Gangmuster oder Aufnahmen einer Wärmebildkamera können pseudonymisierte Daten darstellen.[242]

Insbesondere im Rahmen folgender Anwendungsszenarien dürfte in der Praxis die 103
Pseudonymisierung eine entscheidende Rolle spielen:

Im Rahmen der Nutzung von **Smart-TV** und sonstigen smarten Endgeräten werden 104
den Nutzern Dienste und Produkte zur Verfügung gestellt, die Statistiken über das
Nutzungsverhalten der Nutzer erstellen. So werden auf Plattformen und über Streaming-Dienste Filme und sonstige Inhalte über das Internet angeboten. Dafür zur Nutzung zur Verfügung gestellte Set-Top-Boxen erstellen im Rahmen der Nutzung (z.B.
beim Betätigen der Fernbedienung) Statistiken über das Nutzungsverhalten und generieren unterschiedliche Ergebnisse. So werden etwa Ein- und Ausschaltvorgänge,
Kanalumschaltungen und Informationen zu gesehenen Filmen dokumentiert. Der entsprechende Datensatz enthält dabei in der Regel sowohl Informationen über die Top-
Set-Box (Device-ID) als auch die Account-ID des Kunden. Diese Account-ID ist ein
Pseudonym im Sinne des Art. 4 Nr. 5, da sie keine Informationen darstellen, die
unmittelbar personenbezogene Daten enthalten. Wenn die Device-ID und die
Account-ID im Sinne der oben genannten Voraussetzungen getrennt aufbewahrt werden, ist ein Rückschluss auf den einzelnen Kunden nur durch einen zusätzlichen
Zugriff auf die Zuordnungstabellen möglich. Im Ergebnis führen solche Verfahren
dazu, dass das Nutzungsverhalten eines bestimmten Kunden nicht ausgewertet und
anderen mitgeteilt werden kann. Im Zuge der Pseudonymisierung ist damit sowohl
eine Einwilligung nach Art. 6 Abs. 1 lit. a zur Datenverarbeitung entbehrlich, als auch
dem Grundsatz der Datenminimierung aus Art. 5 Abs. 1 lit. c Rechnung getragen.[243]

Praktisch zeigt sich ein immenses Bedürfnis von **Big Data-Anwendungen**.[244] Dies liegt 105
insbesondere daran, dass zahlreiche Anwendungsfelder den Einsatz von Big Data

---

239 So auch Sydow-*Ziebarth* Art. 4 Nr. 5 Rn. 104.
240 Vgl. dazu Kühling/Buchner-*Klar/Kühling* Art. 4 Rn. 13.
241 Zum Begriff der biometrischen Daten vgl. Kommentierung zu Art. 4 Nr. 14 sowie die Kommentierung zu Art. 9.
242 Sydow-*Ziebarth* Art. 4 Nr. 5 Rn. 94.
243 Beispiel und Erläuterungen aus *Schwartmann/Weiß* Whitepaper zur Pseudonymisierung der Fokusgruppe Datenschutz 2017, S. 28 f.
244 Vgl. dazu insbesondere die sich inhaltlich insoweit überschneidenden Ausführungen im Rahmen der Kommentierung zu Art. 6 Abs. 4 Rn. 70 f.

nicht nur erlauben, sondern künftig nützlich und empfehlenswert machen.[245] Big Data-Analysen ermöglichen es, auf fundamentaler Ebene weitreichende Informationen zu generieren, bspw. zur proaktiven Problemerkennung (z.b. Krankheit,[246] Stau), für Prognosen (z.b. Wetter,[247] Konjunktur), zur Auswertung und Optimierung (Informationsangebote, Entscheidungsfindung) sowie in Bezug auf demographische Aspekte (z.b. zur Entwicklung neuer Geschäftsmodelle, der Schaffung neuer Arbeitsplätze und generell wirtschaftlichen Wachstums[248]).

106 Die Vielgestaltigkeit der damit verbundenen datenschutzrechtlichen Herausforderungen liegt u.a. darin, dass ein Big Data-Projekt in verschiedene Phasen aufgeteilt werden kann und sich in allen diesen Phasen verschiedene datenschutzrechtliche Fragen stellen, bspw. nach dem Personenbezug,[249] dem Vorliegen und der Wirksamkeit einer Einwilligung,[250] der Zweckbindung oder gar nach der Anwendbarkeit unterschiedlicher Regelungsbereiche wie DS-GVO/BDSG, TMG oder TKG.[251] Nach der EU-Kommission kommen insoweit übereinstimmend Anonymisierung, Pseudonymisierung und Verschlüsselung zentrale Bedeutung bei Big Data-Analyseverfahren zu.[252] Pauschal lässt sich deshalb feststellen, dass zur Harmonisierung von Big Data Anwendungen mit den Anforderungen der DS-GVO Instrumente wie Anonymisierung und Pseudonymisierung in den Vordergrund rücken müssen.[253] Hier bleibt für Einzelfragen die Auslegung durch die Aufsicht und deren Kontrolle durch den EuGH abzuwarten.[254]

107 Die Anwendung der Pseudonymisierung auf personenbezogene Daten kann die Risiken für die betroffenen Personen senken und die Verantwortlichen und die Auftragsverarbeiter bei der Einhaltung ihrer Datenschutzpflichten unterstützen.[255] Die „Pseu-

---

245 Vgl. *Weichert* ZD 2013, 251, 253, der unter Nennung der vielfältigen Einsatzmöglichkeiten die Frage nach Big Data als „Baum der Erkenntnis" aufwirft.
246 Zum Beispiel „Google Flu Trends", wo Suchanfragen zu Grippeerkrankungen analysiert wurden, dazu *Budras* „Big Data: Google weiß, wo die Grippe lauert", faz.net vom 15.11.2014, abrufbar unter http://www.faz.net/aktuell/wirtschaft/netzwirtschaft/google-flu-trends-big-data-kann-helfen-uns-gegen-krankheiten-zu-wappnen-13268389.html, zuletzt abgerufen am 14.4.2020.
247 *Scheppach* „Und jetzt: Ihr Wetter", Technology Review vom 6.5.2015, abrufbar unter http://www.heise.de/tr/artikel/Und-jetzt-Ihr-Wetter-2599595.html, zuletzt abgerufen am 14.4.2020.
248 So prognostizierte eine von BITKOM in Auftrag gegebene Studie allein für den Big Data-Analysis-Markt im Jahr 2014 ein Wachstum von 59 Prozent auf 6,1 Milliarden EUR und bis zum Jahr 2016 eine Umsatzverdopplung mit Big-Data-Lösungen auf 13,6 Milliarden EUR, BITKOM-Pressemitteilung vom 5.3.2014, „Großes Wachstum bei Big Data", abrufbar unter https://www.bitkom.org/Presse/Presseinformation/Grosses-Wachstum-bei-Big-Data.html, zuletzt abgerufen am 14.4.2020.
249 Siehe hierzu ausführlich *Brisch/Pieper* CR 2015, 724.
250 Hierzu *Katko/Babaei-Beigi* MMR 2014, 360, 362.
251 *Helbing* K&R 2015, 145, 145.
252 *EU Kommission* Questions and Answers – Data protection reform, Brussels, 21 December 2015, abrufbar unter http://europa.eu/rapid/press-release_MEMO-15-6385_en.pdf, zuletzt abgerufen am 14.4.2020.
253 Gola-*Schulz* Art. 6 Rn. 202.
254 Werden etwa im Rahmen einer Due Diligence ausschließlich anonymisierte oder pseudonymisierte Daten verarbeitet, wird vertreten, dass diese Verarbeitung als mit der ursprünglichen Zweckbestimmung vereinbar anzusehen ist, Gola-*Schulz* Art. 6 Rn. 202.
255 ErwG 28.

donymisierung" in der DS-GVO soll aber nicht dazu verleiten, andere Datenschutzmaßnahmen auszuschließen.[256]

Die besondere Relevanz der Pseudonymisierung für die Verarbeitungspraxis zeigt sich daran, dass das erste **Bußgeld** in Deutschland wegen eines Verstoßes gegen die DS-GVO durch den LfDI Baden-Württemberg gegen den Social Media-Anbieter Knuddels wegen eines Verstoßes gegen Art. 32 Abs. 1 lit. a verhängt wurde.[257] Knuddels hatte Passwörter der Nutzer im Klartext gespeichert, so dass im Rahmen eines Hacker-Angriffs 330.000 unverschlüsselte E-Mail-Adressen und Passwörter von Nutzern entwendet werden konnten.[258] Dies unterstreicht die Bedeutung technischer Schutzmaßnahmen insbesondere im Hinblick auf Bußgeldrisiken. 108

Die Bedeutung der Frage nach dem Vorliegen einer wirksamen Pseudonymisierung oder gar einer Anonymisierung zeigt sich derzeit (Stand: Juni 2020) insbesondere im Rahmen von Apps zur Eindämmung der COVID-Pandemie (sog. **Corona-Apps**)[259], vgl. dazu bereits Rn. 47. Insofern wird diskutiert, ob eine **Verwendung von Bewegungsdaten der Bevölkerung mittels Handy-App** zwecks Unterbrechung von Infektionsketten zur Eindämmung des Coronavirus datenschutzrechtlich zulässig ist.[260] Die offizielle deutsche Corona-Warn-App[261] des Robert Koch-Instituts beruht dabei auf einem Ansatz, bei dem über die Bluetooth Low Energy-Funktion des Smartphones andere Geräte in unmittelbarer Nähe erfasst werden, um so im Infektionsfall Kontaktpersonen nachvollziehen zu können.[262] Bei Nutzung der App erhalten Nutzer jeweils 109

---

256 ErwG 28 S. 2.
257 Vgl. Meldung des *Landesbeauftragten für Datenschutz und Informationsfreiheit Baden-Württemberg* v. 22.11.2018, abrufbar unter https://www.baden-wuerttemberg.datenschutz.de/lfdi-baden-wuerttemberg-verhaengt-sein-erstes-bussgeld-in-deutschland-nach-der-DS-GVO/, zuletzt abgerufen am 14.4.2020.
258 Meldung des *Landesbeauftragten für Datenschutz und Informationsfreiheit Baden-Württemberg* v. 22.11.2018, abrufbar unter https://www.baden-wuerttemberg.datenschutz.de/lfdi-baden-wuerttemberg-verhaengt-sein-erstes-bussgeld-in-deutschland-nach-der-DS-GVO/, zuletzt abgerufen am 14.4.2020.
259 Dazu ausführlich *Wissenschaftlicher Dienst* Ausarbeitung zu Einzelfragen zum Handy-Tracking in Deutschland im Zusammenhang mit der Corona-Pandemie 2020, WD 3 – 3000 – 098/20.
260 Zum Diskussionsstand vgl. Rn. 47 mit Fn. 119.
261 Vgl. zur Corona-Warn-App die Informationen der Bundesregierung, abrufbar unter https://www.bundesregierung.de/breg-de/themen/corona-warn-app (zuletzt abgerufen am 17.6.2020).
262 Ansätze in diesem Sinne finden sich bei einer in der Entwicklung befindlichen App des Heinrich-Hertz-Instituts, sog. PEPP-PT, vgl. dazu die Selbstbeschreibung der PEPP-PT-App unter https://pepp-pt.org, zuletzt abgerufen am 4.5.2020; *Wissenschaftlicher Dienst* Ausarbeitung zu Einzelfragen zum Handy-Tracking in Deutschland im Zusammenhang mit der Corona-Pandemie 2020, WD 3 – 3000 – 098/20, S. 4 f. sowie *Schulzki-Haddouti* Heinrich-Hertz-Institut: Europäische Corona-App in Entwicklung v. 1.4.2020, abrufbar unter https://www.heise.de/newsticker/meldung/Heinrich-Hertz-Institut-Europaeische-Corona-Tracking-App-in-Entwicklung-4694736.html, zuletzt abgerufen am 14.4.2020 sowie bei *Buermeyer/Abele/Bäcker* Gastbeitrag auf netzpolitik.org: Corona-Tracking & Datenschutz: kein notwendiger Widerspruch v. 29.3.2020, abrufbar unter https://netzpolitik.org/2020/corona-tracking-datenschutz-kein-notwendiger-widerspruch/, zuletzt abgerufen am 14.4.2020. Zum Ganzen vgl. auch *Schwartmann/Mühlenbeck* Die Corona-App und der Datenschutz, F.A.Z. Einspruch v. 6.4.2020.

eine zufällige, temporäre ID.[263] Die App erfasst die IDs anderer Geräte, die sich für einen bestimmten Zeitraum in unmittelbarer Nähe zum Handy des jeweiligen Nutzers befinden und speichert diese in einer Kontaktliste lokal auf dem jeweiligen Smartphone.[264] Der Abgleich der IDs wird im Infektionsfall im Zusammenwirken von Google und Apple ohne zwischengeschalteten Datentreuhänder und damit dezentral vorgenommen.[265] Infizierte Nutzer übermitteln ihre eigene temporäre ID an einen Server. Andere Nutzer können dann mittels der sog. Kontaktaufzeichnungsfunktion ihres Smartphones abgleichen, ob sich diese ID auch in ihrer lokal gespeicherten Kontaktliste befindet.[266] Die App gleicht alle 24 Stunden die eigene Kontaktliste mit der Liste von IDs, deren Personen eine Infektion melden ab und meldet Nutzern das jeweils bestehende Infektionsrisiko.[267] Neben der Frage, ob die Nutzung der App freiwillig erfolgen muss oder durch den Staat angeordnet werden kann,[268] ist insbesondere fraglich, inwieweit das Datenschutzrecht überhaupt Anwendung findet, wenn Nutzer der App eine zufällige und temporäre Nutzer-ID erhalten und zu keinem Zeitpunkt eine Identifikation der betroffenen Person erfolgt.[269] Es stellt sich daher die Frage, ob die verarbeiteten Daten als anonymisiert oder pseudonymisiert anzusehen sind. Wäh-

---

263 *Buermeyer/Abele/Bäcker* Gastbeitrag auf netzpolitik.org: Corona-Tracking & Datenschutz: kein notwendiger Widerspruch v. 29.3.2020.
264 *Brössler/Hurtz* Regierung einigt sich auf Tracing-App – und Kritiker sind begeistert, S. Z. v. 26.4.2020.
265 Ein anderer Ansatz, nach welchem alle übermittelten IDs zentral gespeichert werden sollten, hat sich hingegen nicht durchgesetzt. Im Infektionsfall sollte eine Übermittlung der ID der infizierten Person samt der Kontaktliste an eine zentrale Stelle als Datentreuhänder erfolgen, die auf dem Handy der betroffenen Person gespeicherte Liste der IDs der anderen Geräte ausliest, die sich in der Nähe der betroffenen Person befunden haben und diese per Push-Mitteilung über die Gefahr einer Infektion informiert. Zur Funktionsweise der App nach einem Vorschlag von Buermeyer/Abele/Bäcker vgl. *Buermeyer/Abele/Bäcker* Gastbeitrag auf netzpolitik.org: Corona-Tracking & Datenschutz: kein notwendiger Widerspruch v. 29.3.2020; *Wissenschaftlicher Dienst* Ausarbeitung zu Einzelfragen zum Handy-Tracking in Deutschland im Zusammenhang mit der Corona-Pandemie 2020, WD 3 – 3000 – 098/20, S. 4 f.; *Brössler/Hurtz* Regierung einigt sich auf Tracing-App – und Kritiker sind begeistert, S. Z. v. 26.4.2020 sowie *Hurtz* Eine App zum Ärgern, S. Z. 21.4.2020, S. 5.
266 *Brössler/Hurtz* Regierung einigt sich auf Tracing-App – und Kritiker sind begeistert, S. Z. v. 26.4.2020
267 Dazu unter https://www.bundesregierung.de/breg-de/themen/corona-warn-app, zuletzt abgerufen am 17.6.2020.
268 Dazu *Thüsing/ Kugelmann/Schwartmann* Freiwillig oder mit Zwang, F.A.Z. v. 9.4.2020, S. 7, https://www.faz.net/aktuell/politik/staat-und-recht/was-juristen-und-datenschuetzer-ueber-die-corona-app-sagen-16718015.html. Zum Ganzen auch *Schwartmann/Mühlenbeck* Die Corona-App und der Datenschutz, F.A.Z. Einspruch v. 6.4.2020 sowie *Wissenschaftlicher Dienst* Ausarbeitung zu Einzelfragen zum Handy-Tracking in Deutschland im Zusammenhang mit der Corona-Pandemie 2020, WD 3 – 3000 – 098/20, S. 6 f.
269 *Buermeyer/Abele/Bäcker* Gastbeitrag auf netzpolitik.org: Corona-Tracking & Datenschutz: kein notwendiger Widerspruch v. 29.3.2020; Dazu auch *Schwartmann/Mühlenbeck* Die Corona-App und der Datenschutz, F.A.Z. Einspruch v. 6.4.2020.

rend manche[270] von einer anonymen Datenverarbeitung ausgehen, ist vor dem Hintergrund der Rechtsprechung des EuGH[271], die eine Personenbeziehbarkeit ausreichen lässt, zu beachten, dass das Gericht dem Personenbezug einen äußerst weiten Anwendungsbereich einräumt, so dass von pseudonymisierten Daten und damit von der Anwendbarkeit der DS-GVO für die Beurteilung der App auszugehen ist.[272]

VII. Art. 4 Nr. 6: Dateisystem

1. Allgemeines. Art. 4 Nr. 6 definiert das „Dateisystem" als jede strukturierte Sammlung personenbezogener Daten, die nach bestimmten Kriterien zugänglich sind, unabhängig davon, ob diese Sammlung zentral, dezentral oder nach funktionalen oder geografischen Gesichtspunkten geordnet geführt wird. — 110

Die Norm legt die Voraussetzungen fest, wann bei einer nicht-automatisierten Verarbeitung die DS-GVO nach Art. 2 Abs. 1 Anwendung findet. Denn indem Art. 2 Abs. 1 Alt. 1 den Anwendungsbereich der DS-GVO für automatisierte Verarbeitungen personenbezogener Daten eröffnet, ist der Begriff des „Dateisystems" das maßgebliche Kriterium, das den Anwendungsbereich der DS-GVO im Rahmen von Art. 2 Abs. 1 Alt. 2 auch auf nichtautomatisierte Verarbeitungen erstreckt.[273] Ausweislich ErwG 15 S. 1 soll Art. 2 Abs. 1 Alt. 2 gewährleisten, dass das europäische Datenschutzrecht unabhängig von den eingesetzten technischen Mitteln Anwendung findet, um das Risiko einer Umgehung der Vorschriften der DS-GVO zu vermeiden.[274] — 111

Auf nationaler Ebene wurde der Begriff der „nicht automatisierten Datei" in **§ 3 Abs. 2 S. 2 BDSG a.F.** definiert. Danach war eine nicht automatisierte Datei jede nicht automatisierte Sammlung personenbezogener Daten, die gleichartig aufgebaut und nach bestimmten Merkmalen zugänglich ist und ausgewertet werden kann. Insofern ähnelt der Wortlaut demjenigen der DS-GVO, so dass die bisher bestehende Auslegung im Rahmen von Art. 4 Nr. 6 entsprechend herangezogen werden kann, wobei jedoch aufgrund der unmittelbaren Wirkung der DS-GVO in den Mitgliedstaaten eine unionsweit einheitliche Begriffsbestimmung notwendig ist.[275] — 112

Im europäischen Datenschutzrecht stellt **Art. 2 lit. c DSRL** die Vorgängerregelung zu Art. 4 Nr. 6 dar. Zwar enthielt die Vorschrift eine Definition zur leicht abweichenden Begrifflichkeit der „Datei mit personenbezogenen Daten", inhaltlich ergeben sich daraus indes keine Änderungen. Dies folgt insbesondere daraus, dass Art. 2 lit. c — 113

---

270 So Heinrich-Hertz-Institut, vgl. dazu *Schulzki-Haddouti* Heinrich-Hertz-Institut: Europäische Corona-App in Entwicklung v. 1.4.2020 sowie wohl auch *Wissenschaftlicher Dienst* Ausarbeitung zu Einzelfragen zum Handy-Tracking in Deutschland im Zusammenhang mit der Corona-Pandemie 2020, WD 3 – 3000 – 098/20, S. 11 f.
271 Vgl. dazu Rn. 39.
272 *Schwartmann/Mühlenbeck* Die Corona-App und der Datenschutz, F.A.Z. Einspruch v. 6.4.2020. Dazu auch *Thüsing/ Kugelmann/Schwartmann*, Freiwillig oder mit Zwang, F.A.Z. v. 9.4.2020, S. 7, https://www.faz.net/aktuell/politik/staat-und-recht/was-juristen-und-datenschuetzer-ueber-die-corona-app-sagen-16718015.html.
273 Gierschmann-*Stentzel* Art. 4 Nr. 6 Rn. 1.
274 Gierschmann-*Stentzel* Art. 4 Nr. 6 Rn. 1; Sydow-*Ennöckl* Art. 4 Nr. 6 Rn. 107.
275 Kühling/Buchner-*Kühling/Raab* Art. 4 Nr. 6 Rn. 2; BeckOK DatenSR-*Schild* § 3 BDSG Rn. 36 ff.; Simitis-*Dammann* zu § 3 BDSG Rn. 85 ff. sowie Plath-*Schreiber* zu § 3 BDSG Rn. 25 ff.

DSRL und Art. 4 Nr. 6 in der englischen Fassung den Begriff gleichermaßen als „filing system" bezeichnen.

114 Die Änderung der Begrifflichkeit in der deutschen Sprachfassung von „Datei" – wie er noch in Art. 2 Nr. 1 und Art. 4 Abs. 4 des Kommissionsentwurfs[276] zu finden war – zu „Dateisystem" erfolgte erst im Trilog-Verfahren und bringt keine inhaltlichen Abweichungen mit sich.[277]

115 Eine wortgleiche Umsetzung von Art. 4 Nr. 6 im nationalen Recht findet sich in **§ 46 Nr. 6 BDSG n.F.**[278], der sich allerdings auf die RL 2016/680 bezieht. Im Rahmen des Beschäftigtendatenschutzes ist zudem **§ 26 Abs. 7 BDSG n.F.**[279] relevant.

116 **2. Begriff des „Dateisystems".** Die Definition des Dateisystems als „strukturierte Sammlung" zerfällt zunächst in die Begriffe **Sammlung** und **strukturiert**. Der Begriff der Sammlung betont, dass es sich um eine Mehrzahl bzw. um eine Zusammenstellung mehrerer Daten und Einzelangaben handeln muss.[280] Das Strukturmerkmal erfordert, dass die Daten gleichartig aufgebaut und nach bestimmten Merkmalen geordnet sind und ausgewertet werden können. Die Sammlung muss dafür nach ErwG 15 S. 3 also eine nach Kriterien festgelegte äußere Ordnung aufweisen und die Daten nach diesen Kriterien zugänglich machen.[281] So fallen ausweislich ErwG 15 S. 3 Akten oder Aktensammlungen, die nicht nach bestimmten Kriterien geordnet sind, nicht in den Anwendungsbereich der DS-GVO.

117 Zudem müssen nach Art. 4 Nr. 6 die Daten und Einzelangaben **nach bestimmten personenbezogenen Kriterien zugänglich** sein. Das Kriterium bezeichnet dabei die Merkmale und Kategorien (etwa Name, Beruf, Alter oder Anschrift einer Person) anhand derer die Daten zugänglich gemacht werden.[282] Zugänglich sind die Daten und Einzelangaben dann, wenn sie anhand der Merkmale und Kategorien inhaltlich erschlossen und verfügbar gemacht werden können.[283]

118 Aufgrund der heutigen technischen Möglichkeiten ist daher davon auszugehen, dass jede Form der geeigneten und strukturierten Speicherung von Daten, die eine Auswertung anhand verschiedener Kriterien ermöglicht, als Dateisystem im Sinne des Art. 4 Nr. 6 anzusehen ist.[284] So fallen etwa Personenverzeichnisse oder alphabetische Sortierungen unter die Begriffsdefinition. Auch Akten oder Aktensammlungen unterfallen laut ErwG 15 S. 3 der DS-GVO, sofern sie die Begriffsdefinition des Dateisystems erfüllen.

119 In der Rechtssache C-25/17 (Zeugen Jehovas) befasste sich der EuGH u.a. mit der Frage, welche Anforderungen an den Begriff der „Datei" nach Art. 2 lit. c DSRL zu

---

276 Entwurf der Europäische Kommission v. 25.1.2012 – KOM (2012) 11 endg., S. 46 f.
277 So auch Gierschmann-*Stentzel* Art. 4 Nr. 6 Rn. 6 sowie Kühling/Buchner-*Kühling/Raab* Art. 4 Nr. 6 Rn. 1.
278 Verweis auf Kommentierung zu § 46 BDSG n.F.
279 Verweis auf Kommentierung zu § 26 BDSG n.F.
280 Kühling/Buchner-*Kühling/Raab* Art. 4 Nr. 6 Rn. 3; Sydow-*Ennöckl* Art. 4 Nr. 6 Rn. 110.
281 Auernhammer-*Eßer* Art. 4 Nr. 6 Rn. 33; Kühling/Buchner-*Kühling/Raab* Art. 4 Nr. 6 Rn. 3; Sydow-*Ennöckl* Art. 4 Nr. 6 Rn. 110.
282 Kühling/Buchner-*Kühling/Raab* Art. 4 Nr. 6 Rn. 4; Sydow-*Ennöckl* Art. 4 Nr. 6 Rn. 112.
283 Kühling/Buchner-*Kühling/Raab* Art. 4 Nr. 6 Rn. 4; Sydow-*Ennöckl* Art. 4 Nr. 6 Rn. 112.
284 Ehmann/Selmayr-*Klabunde* Art. 4 Nr. 6 Rn. 24.

stellen sind. Orientiert am größtmöglichen Schutz der betroffenen Person durch eine Datenverarbeitung, losgelöst davon, ob die Verarbeitung personenbezogener Daten automatisiert oder manuell erfolgt, sei der Begriff der „Datei" weit zu verstehen.[285] Die Voraussetzungen einer Datei sind dann erfüllt, „sofern es sich um eine Sammlung personenbezogener Daten handelt und diese Daten nach bestimmten Kriterien so strukturiert sind, dass sie in der Praxis zur späteren Verwendung leicht wiederauffindbar sind".[286] Um unter den Begriff der Datei zu fallen, „muss eine solche Sammlung nicht aus spezifischen Kartoheken oder Verzeichnissen oder anderen der Recherche dienenden Ordnungssystemen bestehen".[287] Da sich inhaltlich keine Unterschiede zur Begriffsbestimmung der DS-GVO erkennen lassen, wird man die vom EuGH aufgestellten Parameter auch auf die neue Rechtslage übertragen können. Somit sind die Voraussetzungen eines Dateisystems dann erfüllt, wenn es sich um eine Sammlung personenbezogener Daten handelt und diese Daten nach bestimmten Kriterien so strukturiert sind, dass sie zur späteren Verwendung leicht wiederauffindbar sind.

3. Digitalisierung von Daten und Akten. In der Praxis ist insbesondere die Frage bedeutsam, ob die Digitalisierung von ursprünglich nur in Papierform bestehenden Daten und Akten unter die Begriffsdefinition des „Dateisystems" nach Art. 4 Nr. 6 fällt. Nach ErwG 15 S. 3 fallen Akten oder Aktensammlungen, die nicht nach bestimmten Kriterien geordnet sind, nicht in den Anwendungsbereich der DS-GVO. Entscheidend ist deshalb, ob im Rahmen der Digitalisierung von Datenbeständen Ordnungskriterien erstellt werden, die die personenbezogenen Daten zugänglich machen. Sofern die Daten und Akten lediglich als solches eingescannt und abgelegt werden, wird dies nicht der Fall sein. Sobald aber die Dokumente nach einem vorher festgelegten Ordnungsschema abrufbar sind, kann sich die Beurteilung ändern.[288] 120

VIII. Art. 4 Nr. 7: Verantwortlicher

1. Allgemeines. Art. 4 Nr. 7 definiert den Begriff des **„Verantwortlichen"** als die natürliche oder juristische Person, Behörde, Einrichtung oder andere Stelle, die allein oder gemeinsam mit anderen über die Zwecke und Mittel der Verarbeitung von personenbezogenen Daten entscheidet; sind die Zwecke und Mittel dieser Verarbeitung durch das Unionsrecht oder das Recht der Mitgliedstaaten vorgegeben, so kann der Verantwortliche beziehungsweise können die bestimmten Kriterien seiner Benennung nach dem Unionsrecht oder dem Recht der Mitgliedstaaten vorgesehen werden. 121

Die Norm weist damit den Verantwortlichen als denjenigen, der über Zweck und Mittel der Datenverarbeitung entscheidet und damit als **Adressat** der Pflichten aus, die sich aus der DS-GVO ergeben. Art. 4 Nr. 7 bestimmt somit, an wen sich die Vorgaben der DS-GVO bei der Verarbeitung personenbezogener Daten richten und nimmt damit eine **Zuweisung der Verantwortung** vor.[289] 122

Die Vorgängerregelung von Art. 4 Nr. 7 stellt auf europäischer Ebene **Art. 2 lit. d DSRL** dar. Während Art. 2 lit. d DSRL den Begriff des „für die Verarbeitung Verant- 123

---

[285] Vgl. *EuGH* v. 10.7.2018 – C-25/17, ECLI:EU:C:2018:551, Jehova, Rn. 56.
[286] *EuGH* v. 10.7.2018 – C-25/17, ECLI:EU:C:2018:551, Jehova, Rn. 62.
[287] *EuGH* v. 10.7.2018 – C-25/17, ECLI:EU:C:2018:551, Jehova, Rn. 62.
[288] Zu dieser Problematik vgl. Gierschmann-*Stentzel* Art. 4 Nr. 6 Rn. 9 ff.
[289] So auch Auernhammer-*Eßer* Art. 4 Nr. 7 Rn. 34; Kühling/Buchner-*Hartung* Art. 4 Nr. 7 Rn. 1 sowie Gierschmann-*Kramer* in Vorbemerkung zu Art. 4 Nr. 7.

Art. 4 Nr. 7 — Begriffsbestimmungen

wortlichen" verwendete, spricht die DS-GVO nunmehr schlicht von „Verantwortlicher". Inhaltlich ergeben sich aus der geänderten Begrifflichkeit keine Änderungen.[290]

124 Auf nationaler Ebene sprach § 3 Abs. 7 BDSG a.F. – wohl entgegen den Vorgaben der DSRL – von der „verantwortlichen Stelle". Dabei war insbesondere entscheidend, dass die verantwortliche Stelle die personenbezogenen Daten „für sich", also für die verantwortliche Stelle selbst, verarbeitet.[291] Damit wurde die Möglichkeit mehrerer gemeinsamer Verantwortlicher nicht erfasst und die Entscheidung über Zwecke und Mittel der Verarbeitung nicht übernommen.[292] Unabhängig von der Frage nach einer daraus folgenden Notwendigkeit einer entsprechenden richtlinienkonformen Auslegung des BDSG a.F.[293], hat dieser Begriff keine Entsprechung in der DS-GVO gefunden und kann mangels Öffnungsklausel nicht beibehalten werden.[294] Ebenfalls nicht zulässig ist das Bestimmen einer Verantwortlichkeit mittels eines nationalen Gesetzes.

125 Art. 4 Nr. 7 ist im Rahmen des Gesetzgebungsverfahrens weitgehend unverändert geblieben. So wurde lediglich im Laufe des Trilog-Verfahrens der anfänglich in den Entwurfsfassungen vorgeschlagene Begriff des „für die Verarbeitung Verantwortlichen" durch den schlankeren Begriff des „Verantwortlichen" ersetzt.[295]

126 Der „Verantwortliche" stellt einen der zentralen Begriffe der DS-GVO dar. Besondere Bedeutung hat die Begrifflichkeit insbesondere im Rahmen der Art. 5 Abs. 2, 24[296,297], 26[298] und 28[299] DS-GVO. Art. 5 Abs. 2 betrifft die Rechenschaftspflicht des Verantwortlichen. Art. 24 beschreibt die grundsätzliche Verantwortung des Verantwortlichen und der Auftragsverarbeiter. Art. 26 nimmt auf die Begrifflichkeit der gemeinsam Verantwortlichen Bezug, während Art. 28 die Abgrenzung zum Auftragsverarbeiter und dessen Aufgabenkreis betrifft.

127 Daneben ist vor allem die Verzahnung und Abgrenzung zu den Begriffen des Auftragsverarbeiters, Empfängers und des Dritten aus **Art. 4 Nr. 8, 9 und 10** zu beachten.

128 **2. Zweck der Vorschrift.** Ausweislich der Art.-29-Datenschutzgruppe dient der Begriff des Verantwortlichen dazu „zu bestimmen, wer für die Einhaltung der Datenschutzbestimmungen verantwortlich ist und wie die betroffenen Personen ihre Rechte

---

290 Kühling/Buchner-*Hartung* Art. 4 Nr. 7 Rn. 2; Sydow-*Raschauer* Art. 4 Nr. 7 Rn. 115; Plath-*Schreiber* Art. 4 Nr. 7 Rn. 25.
291 Kühling/Buchner-*Hartung* Art. 4 Nr. 7 Rn. 3.
292 Gierschmann-*Kramer* Art. 4 Nr. 7 Rn. 6; Gola-*Gola* Art. 4 Nr. 7 Rn. 47; Kühling/Buchner-*Hartung* Art. 4 Nr. 7 Rn. 3.
293 Vgl. dazu Kühling/Buchner-*Hartung* Art. 4 Nr. 7 Rn. 3; Gierschmann-*Kramer* Art. 4 Nr. 7 Rn. 6; Plath-*Schreiber* zu § 3 BDSG Rn. 66; Taeger/Gabel-*Buchner* zu § 3 BDSG Rn. 3 sowie *Monreal* ZD 2014, 611, 614.
294 Sydow-*Raschauer* Art. 4 Nr. 7 Rn. 116; Kühling/Buchner-*Hartung* Art. 4 Nr. 7 Rn. 2.
295 Vgl. dazu 1. Entwurf der DS-GVO durch die Kommission v. 25.1.2012, COM 2012,11; 2. Entwurf des EU-Parlaments v. 12.3.2014, TA 2014-0212; 3. Entwurf des EU-Ministerrats v. 15.6.2015, ST-9565-2015 sowie die finale Fassung der DS-GVO v. 27.4.2016.
296 Vgl. dazu die Kommentierung zu Art. 5 Abs. 2.
297 Vgl. dazu die Kommentierung zu Art. 24.
298 Vgl. dazu die Kommentierung zu Art. 26.
299 Vgl. dazu die Kommentierung zu Art. 28.

in der Praxis ausüben können"[300]. Unter Berücksichtigung des Wortlauts der DS-GVO wird so klargestellt, dass „Verantwortlicher" nur derjenige ist, der über die Zwecke und Mittel der Verarbeitung personenbezogener Daten alleine oder gemeinsam mit anderen entscheidet.

Dabei folgt Art. 4 Nr. 7 einem zweigliedrigen Ansatz: Die Norm dient zum einen dem Zweck, die **Verantwortung** für die Einhaltung der Vorschriften zum Datenschutz und den Vorgaben der DS-GVO dem Verantwortlichen **zuzuweisen**. Der Verantwortliche wird damit in einem ersten Schritt zum Adressaten der Pflichten der DS-GVO und so zur Einhaltung der datenschutzrechtlichen Grundsätze verpflichtet. Sollte der Verantwortliche diese Vorgaben nicht einhalten, finden auf ihn in einem zweiten Schritt die Vorschriften über **Haftung und Recht auf Schadensersatz**[301] der betroffenen Person sowie die **Vorschriften über Geldbußen**[302] Anwendung.[303] Insofern ist Art. 4 Nr. 7 sowohl im Rahmen der Ansprüche der Betroffenen als auch für die Maßnahmen der Aufsichtsbehörde bedeutsam.[304] **129**

3. Tatbestandsmerkmale des Verantwortlichen im Einzelnen. Nach der Rechtsprechung des EuGH ist der Begriff des Verantwortlichen zum Zwecke des wirksamen und umfassenden Schutzes der betroffenen Person **weit** zu verstehen.[305] Die Feststellung des Verantwortlichen erfolgt nach der Art.-29-Datenschutzgruppe[306] anhand von drei Hauptkomponenten, die der Darstellung im Folgenden zugrunde gelegt werden: **130**
1. „die natürliche oder juristische Person, Behörde, Einrichtung oder jede andere Stelle" (Normadressat),
2. „die allein oder gemeinsam mit anderen" (alleinige oder gemeinsame Verantwortlichkeit),
3. „über die Zwecke und Mittel der Verarbeitung von personenbezogenen Daten entscheidet" (Entscheidungsbefugnisse über Zwecke und Mittel).

a) Normadressaten. Ausweislich des Wortlauts des Art. 4 Nr. 7 können natürliche oder juristische Personen, Behörden oder eine Einrichtung oder andere Stelle Verantwortlicher sein. Der Begriff des „Verantwortlichen" ist daher ein Oberbegriff für verschiedene in Betracht kommende Normadressaten. **131**

Somit können zunächst **natürliche Personen** Adressat und damit Verantwortlicher sein. Dies ist vor dem Hintergrund der Regelung des Art. 2 Abs. 2 lit. c sowie ErwG 18 **132**

---

300 *Art.-29-Datenschutzgruppe* WP 169 zu den Begriffen „für die Verarbeitung Verantwortlicher" und „Auftragsverarbeiter", S. 6.
301 Vgl. dazu die Kommentierung zu Art. 82.
302 Vgl. dazu die Kommentierung zu Art. 83.
303 So auch Kühling/Buchner-*Hartung* Art. 4 Nr. 7 Rn. 6 f.; Sydow-*Raschauer* Art. 4 Nr. 7 Rn. 114 und 121.
304 Sydow-*Raschauer* Art. 4 Nr. 7 Rn. 114, 120 f. sowie Kühling/Buchner-*Hartung* Art. 4 Nr. 7 Rn. 6.
305 *EuGH* v. 5.6.2018 – C-210/16, ECLI:EU:C:2018:388, Fanpage, Rn. 28; *EuGH* v. 10.7.2018 – C-25/17, ECLI:EU:C:2018:551, Jehova, Rn. 66; *EuGH* v. 29.7.2019 – C 40/17, ECLI:EU:C:2019:629, Fashion ID, Rn. 70. Vgl. dazu auch *Schwartmann/Jacquemain* DataAgenda Arbeitspapier 10 – Die EuGH-Rechtsprechung zum Joint-Controllership, S. 2 f. sowie dazu ausführlich unter Rn. 116a.
306 *Art.-29-Datenschutzgruppe* WP 169 zu den Begriffen „für die Verarbeitung Verantwortlicher" und „Auftragsverarbeiter", S. 10.

S. 1 keineswegs selbstverständlich: Danach findet die DS-GVO keine Anwendung auf die Verarbeitung personenbezogener Daten durch natürliche Personen zur Ausübung ausschließlich persönlicher oder familiärer Tätigkeiten. Daraus folgt, dass natürliche Personen jedenfalls dann als Verantwortliche dem Anwendungsbereich der DS-GVO unterfallen, wenn sie im Rahmen einer beruflichen oder wirtschaftlichen Tätigkeit personenbezogene Daten verarbeiten.[307]

133 Für die Praxis ist in diesem Zusammenhang insbesondere bedeutsam, dass letztlich stets Einzelpersonen als natürliche Personen Daten verarbeiten, so dass sich die Frage stellt, wie die Verantwortlichkeiten zwischen einer natürlichen und einer juristischen Person i.S.d. Art. 4 Nr. 7 voneinander abzugrenzen sind. Grundsätzlich ist hierbei von der im WP 169 aufgestellten Leitlinie der Art.-29-Datenschutzgruppe[308] auszugehen. Letztlich lassen sich in diesem Zusammenhang folgende Kernaussagen für die Praxis festhalten:
– Grundsätzlich soll das Unternehmen oder die (öffentliche) Stelle an sich als Verantwortlicher gelten. Hier liegt also die Verantwortlichkeit für die Verarbeitung von personenbezogenen Daten im Rahmen ihres Tätigkeits- und Haftungsbereichs.[309]
– Datenverarbeitungen von Einzelpersonen, deren Bezug zu einer beruflichen oder wirtschaftlichen Tätigkeit aus einem Beschäftigungsverhältnis folgt, führen nicht dazu, dass die natürliche Person als Verantwortlicher anzusehen ist. Verantwortlicher im Sinne des Art. 4 Nr. 7 bleibt der Arbeitgeber.[310]
– Die Zuweisung einer internen Verantwortlichkeit von Einzelpersonen im Rahmen der betrieblichen Organisation hat ebenfalls nicht zur Folge, dass die Einzelperson zum Verantwortlichen wird. Auch hier verbleibt es bei der Verantwortlichkeit des Unternehmens als Arbeitgeber, sofern nicht eindeutig ersichtlich ist oder klare Anzeichen dafür bestehen, dass eine natürliche Person Verantwortlicher ist.[311] Ein derart klares Zeichen kann etwa dann bestehen, wenn die natürliche Person, die für eine juristische Person handelt, Daten für ihre **eigenen** Zwecke **außerhalb** des Tätigkeitsbereichs und der möglichen Kontrolle der juristischen Person nutzt. In diesem Falle ist zumindest eine besondere Analyse erforderlich.[312] In diesem Sinne verhing der LfDI Baden-Württemberg im Juni 2019 ein Bußgeld gegen einen Polizeibeamten, weil dieser ohne dienstlichen Bezug unter Verwendung seiner dienstlichen Benutzerkennung personenbezogene Daten einer privaten Zufallsbekanntschaft abgefragt hatte.[313] Der LfDI betonte, dass die Handlungen des Polizei-

---

307 So auch Gierschmann-*Kramer* Art. 4 Nr. 7 Rn. 7.
308 *Art.-29-Datenschutzgruppe* WP 169 zu den Begriffen „für die Verarbeitung Verantwortlicher" und „Auftragsverarbeiter", S. 10 f., 19 f.
309 *Art.-29-Datenschutzgruppe* WP 169 zu den Begriffen „für die Verarbeitung Verantwortlicher" und „Auftragsverarbeiter", S. 19; Gierschmann-*Kramer* Art. 4 Nr. 7 Rn. 8.
310 Gierschmann-*Kramer* Art. 4 Nr. 7 Rn. 7.
311 *Art.-29-Datenschutzgruppe* WP 169 zu den Begriffen „für die Verarbeitung Verantwortlicher" und „Auftragsverarbeiter", S. 19.
312 *Art.-29-Datenschutzgruppe* WP 169 zu den Begriffen „für die Verarbeitung Verantwortlicher" und „Auftragsverarbeiter", S. 20.
313 Vgl. dazu Pressemitteilung des *LfDI Baden-Württemberg* v. 18.6.2019, abrufbar unter https://www.baden-wuerttemberg.datenschutz.de/wp-content/uploads/2019/06/Erstes-Bu%C3%9Fgeld-gegen-Polizeibeamten.pdf, zuletzt abgerufen am 14.4.2020.

beamten an dieser Stelle nicht der Dienststelle zuzurechnen sei „da dieser die Handlung nicht in Ausübung seiner dienstlichen Tätigkeit, sondern ausschließlich zu privaten Zwecken" beging.[314] Grundsätzlich kann aber selbst der Missbrauch eines Funktionsträgers eines Unternehmens oder eines Mitarbeiters als Ergebnis unzureichender Sicherungsmaßnahmen angesehen werden und so zumindest eine Mitverantwortung des Unternehmens begründen.[315]

Anhand dieser Kernaussagen sowie aus ErwG 79 ergibt sich in der Praxis die Notwendigkeit für große und komplex strukturierte Organisationen eine „**Datenschutzstrategie**" festzulegen, bei der sowohl eine klare Verantwortung der natürlichen Person, die das Unternehmen repräsentiert, als auch die konkreten und funktionellen Verantwortlichkeiten innerhalb der Organisationsstruktur sicherzustellen sind.[316] Die konkrete Ermittlung des Verantwortlichen im Rahmen des Datenschutzes erfolgt dabei unter Rückgriff auf die Rechtsnormen des Zivil-, Verwaltungs- und Strafrechts.[317] **134**

Hinsichtlich des Begriffs der **juristischen Person** als Verantwortlichem folgt aus der Definition des Art. 4 Nr. 7, dass es nicht auf die jeweilige Organisationsform ankommt.[318] So werden Unternehmen, die nach europäischen oder nationalen Vorgaben wirksam gegründet wurden von der Vorschrift erfasst, unabhängig davon, ob es sich um eine juristische Person des Öffentlichen Rechts oder des Privatrechts handelt.[319] Zu beachten ist allerdings, dass es stets auf die juristische Person bzw. das Unternehmen als solches ankommt. **Unselbstständige Niederlassungen** oder Zweigstellen sind nicht Verantwortliche nach Art. 4 Nr. 7.[320] Insofern sind die jeweiligen Organisationseinheiten im Rahmen einer Zurechnung in der Praxis sorgsam zu ermitteln.[321] Besondere Bedeutung kommt wegen ihrer Eigenverantwortlichkeit hinsichtlich der Einhaltung der Datenschutzvorschriften insoweit der Einordnung von **Mitarbeitervertretungen** (Betriebs- und Personalräte) zu. Grundsätzlich werden diese nicht als Dritte und damit als eigenständiger Verantwortlicher im Sinne der DS-GVO, sondern als Teil des Unternehmens des Verantwortlichen angesehen.[322] An dieser Beurteilung ändert sich auch dann nichts, wenn Mitarbeitervertretungen selbst und eigenverantwortlich über die vorzunehmen- **135**

---

314 Vgl. dazu Pressemitteilung des *LfDI Baden-Württemberg* v. 18.6.2019.
315 *Art.-29-Datenschutzgruppe* WP 169 zu den Begriffen „für die Verarbeitung Verantwortlicher" und „Auftragsverarbeiter", S. 21 (Bsp. 4 – Heimliche Überwachung von Mitarbeitern) sowie Kühling/Buchner-*Hartung* Art. 4 Nr. 7 Rn. 10.
316 *Art.-29-Datenschutzgruppe* WP 169 zu den Begriffen „für die Verarbeitung Verantwortlicher" und „Auftragsverarbeiter", S. 19 f.
317 *Art.-29-Datenschutzgruppe* WP 169 zu den Begriffen „für die Verarbeitung Verantwortlicher" und „Auftragsverarbeiter", S. 20 sowie Kühling/Buchner-*Hartung* Art. 4 Nr. 7 Rn. 9.
318 Kühling/Buchner-*Hartung* Art. 4 Nr. 7 Rn. 9; Sydow-*Raschauer* Art. 4 Nr. 7 Rn. 129.
319 Sydow-*Raschauer* Art. 4 Nr. 7 Rn. 129.
320 Übereinstimmend Gola-*Gola* Art. 4 Nr. 7 Rn. 55; Kühling/Buchner-*Hartung* Art. 4 Nr. 7 Rn. 11; Gierschmann-*Kramer* Art. 4 Nr. 7 Rn. 14.
321 Vgl. dazu Kühling/Buchner-*Hartung* Art. 4 Nr. 7 Rn. 9; Gierschmann-*Kramer* Art. 4 Nr. 7 Rn. 14.
322 Vgl. dazu etwa Gola-*Gola* Art. 4 Nr. 7 Rn. 55; *BAG* v. 18.7.2012 – 7 ABR 23/11, ZD 2013, 36 sowie Gola/Schomerus-*Gola*/Klug/Körffer zu § 3 Rn. 49 sowie Auernhammer-*Eßer* Art. 4 Nr. 7 Rn. 38.

Art. 4 Nr. 7

den Datenverarbeitungen entscheiden und insoweit auch nicht der Kontrolle des betrieblichen Datenschutzbeauftragten unterliegen.[323]

136 Bei **Unternehmensverbänden** nach Art. 4 Nr. 19[324] ist jedes rechtlich selbstständige Unternehmen, das personenbezogene Daten für eigene Zwecke verarbeitet als Verantwortlicher i.S.d. Art. 4 Nr. 7 zu qualifizieren.[325]

137 Die **Behörde** ist weder in Art. 4 Nr. 7 noch an sonstiger Stelle in der DS-GVO definiert. Voraussetzung ist jedenfalls ein hoheitliches Handeln, so dass sich in dieser Hinsicht an die Vorgaben der jeweiligen Mitgliedstaaten anknüpfen lässt.[326] In Deutschland wird daher auf den Behördenbegriff nach § 1 Abs. 4 VwVfG abzustellen sein. Danach ist ein funktionelles, d.h. aufgabenorientiertes und kein organisatorisches Verständnis zugrunde zu legen. Ausweislich **§ 2 Abs. 4 S. 2 BDSG n.F.** sind auch „Beliehene", also nichtöffentliche Stellen, die hoheitliche Aufgaben wahrnehmen vom Behördenbegriff umfasst.

138 Die Begriffe der **sonstigen Stelle und Einrichtungen** sind ebenfalls in der DS-GVO nicht erläutert. Im Zuge einer Negativabgrenzung fallen darunter alle Einrichtungen, die nicht bereits als natürliche oder juristische Person oder Behörde über Zwecke und Mittel der Verarbeitung personenbezogener Daten entscheiden. Die BGB-Gesellschaft oder der nicht-rechtsfähige Verein werden unter diese Auffangtatbestände zu subsumieren sein.[327]

139 **b) Alleinige oder gemeinsame Verantwortliche.** Nach Art. 4 Nr. 7 ist es für die Zuweisung der Verantwortlicheneigenschaft nicht notwendig, dass der Verantwortliche ausschließlich alleine personenbezogene Daten verarbeitet. Vielmehr kann nach der DS-GVO die Entscheidung über Zwecke und Mittel der Datenverarbeitung „**allein oder gemeinsam mit anderen**" getroffen werden, indem bei der Verarbeitung personenbezogener Daten mehrere Akteure beteiligt sind und somit verschiedene Verantwortliche bestehen.[328] Die DS-GVO greift damit insbesondere auch mit Blick auf **Art. 26** die Begrifflichkeit und Systematik von Art. 2 lit. d DSRL auf.

140 Wichtige Aussagen zu den **Voraussetzungen einer gemeinsamen Verantwortlichkeit** hat der EuGH in den Rs. Fanpage[329], Jehova[330] und Fashion ID[331] getroffen.[332] Dabei hat das Gericht in allen Entscheidungen bekräftigt, dass dem Begriff des Verantwortlichen ein **weites Begriffsverständnis** zugrunde zu legen ist.[333]

---

323 Gola-*Gola* Art. 4 Nr. 7 Rn. 55; Gola/Schomerus-*Gola/Klug/Körffer* zu § 3 Rn. 49 sowie Gierschmann-*Kramer* Art. 4 Nr. 7 Rn. 14.
324 Vgl. dazu die Kommentierung in Rn. 309.
325 Gierschmann-*Kramer* Art. 4 Nr. 7 Rn. 14 sowie Sydow-*Raschauer* Art. 4 Nr. 7 Rn. 133.
326 So auch Sydow-*Raschauer* Art. 4 Nr. 7 Rn. 130 sowie Gierschmann-*Kramer* Art. 4 Nr. 7 Rn. 16.
327 Gierschmann-*Kramer* Art. 4 Nr. 7 Rn. 18; Sydow-*Raschauer* Art. 4 Nr. 7 Rn. 131 f.
328 Dazu schon das WP 169 der *Art.-29-Datenschutzgruppe* S. 21 f.
329 *EuGH* v. 5.6.2018 – C-210/16, ECLI:EU:C:2018:388, Fanpage. Dazu auch Rn. 53.
330 *EuGH* v. 10.7.2018 – C-25/17, ECLI:EU:C:2018:551, Jehova.
331 *EuGH* v. 29.7.2019 – C 40/17, ECLI:EU:C:2019:629, Fashion ID.
332 Vgl. dazu auch die Kommentierung von *Kremer* zu Art. 26.
333 *EuGH* v. 5.6.2018 – C-210/16, ECLI:EU:C:2018:388, Fanpage, Rn. 28; *EuGH* v. 10.7.2018 – C-25/17, ECLI:EU:C:2018:551, Jehova, Rn. 66; *EuGH* v. 29.7.2019 – C-40/17, ECLI:EU:C:2019:629, Fashion ID, Rn. 70.

Das erste Urteil in diesem Zusammenhang erging zur Frage der gemeinsamen Verantwortlichkeit von Betreibern einer Facebook-Fanpage mit Facebook. Dem Urteil lag ein Vorabentscheidungsersuchen des BVerwG[334] zugrunde. Hintergrund war ein Verwaltungsrechtsstreit zwischen der Wirtschaftsakademie Schleswig-Holstein GmbH und dem Unabhängigen Landeszentrum für Datenschutz Schleswig-Holstein (ULD).[335] Das ULD hatte gegenüber der Wirtschaftsakademie angeordnet, den Betrieb einer Fanpage auf Facebook einzustellen, da die Besucher der Fanpage nicht über den Einsatz von Cookies und eine damit einhergehende Verarbeitung ihrer personenbezogenen Daten informiert würden.[336] In der Rs. Fanpage betonte der EuGH zunächst, dass sich der Begriff des Verantwortlichen **nicht zwingend auf eine einzige Stelle bezieht**, sondern mehrere an einer Datenverarbeitung beteiligte Akteure betreffen kann, so dass in der Folge jeder dieser Akteure den Vorschriften der DS-GVO unterliegt.[337] Ferner wies das Gericht darauf hin, dass es für die Begründung einer gemeinsamen Verantwortlichkeit bereits ausreiche, dass eine Stelle (im konkreten Fall der Betreiber einer Facebook-Fanpage) einem anderen Verantwortlichen (hier Facebook) die **Möglichkeit** gebe, personenbezogene Daten der betroffenen Personen zu verarbeiten.[338] Darüber hinaus stellte der EuGH fest, dass es ebenfalls für eine gemeinsame Verantwortlichkeit **nicht erforderlich** sei, dass „bei einer gemeinsamen Verantwortlichkeit mehrerer Betreiber für dieselbe Verarbeitung jeder **Zugang zu den betreffenden personenbezogenen Daten** hat"[339]. Das Bestehen einer gemeinsamen Verantwortlichkeit setzt somit **keine gleichwertige Verantwortlichkeit** der Akteure voraus.[340] Vielmehr könnten die Akteure auch „in verschiedenen Phasen und in unterschiedlichem Ausmaß"[341] in die Verarbeitung personenbezogener Daten einbezogen sein, so dass der **Grad der Verantwortlichkeit unter Berücksichtigung aller Umstände der Einzelfalles zu beurteilen** sei.[342] Aus dem Urteil folgt zum einen, dass

141

---

334 *BVerwG* v. 25.2.2016 – 1 C 28.14.
335 Dazu *EuGH* v. 5.6.2018 – C-210/16, ECLI:EU:C:2018:388, Fanpage, Rn. 14 ff. sowie *Schwartmann/Jacquemain* DataAgenda Arbeitspapier 04 – EuGH: Facebook Fanpages, S. 1.
336 *EuGH* v. 5.6.2018 – C-210/16, ECLI:EU:C:2018:388, Fanpage, Rn. 16 sowie *Schwartmann/Jacquemain* DataAgenda Arbeitspapier 04 – EuGH: Facebook Fanpages, S. 1.
337 *EuGH* v. 5.6.2018 – C-210/16, ECLI:EU:C:2018:388, Fanpage, Rn. 29. Dieses Verständnis greift der *EuGH* in der Entscheidung v. 29.7.2019 – C 40/17, ECLI:EU:C:2019:629, Fashion ID, Rn. 67 unter Verweis auf *EuGH* v. 5.6.2018 – C-210/16, ECLI:EU:C:2018:388, Fanpage, Rn. 29 und *EuGH* v. 10.7.2018 – C-25/17, ECLI:EU:C:2018:551, Jehova, Rn. 65 ausdrücklich auf.
338 *EuGH* v. 5.6.2018 – C-210/16, ECLI:EU:C:2018:388, Fanpage, Rn. 35 sowie dazu ausführlich *Schwartmann/Jacquemain* DataAgenda Arbeitspapier 10 – Die EuGH-Rechtsprechung zum Joint-Controllership, S. 2; *dies.* DataAgenda Arbeitspapier 04 – EuGH: Facebook Fanpages, S. 2.
339 *EuGH* v. 5.6.2018 – C-210/16, ECLI:EU:C:2018:388, Fanpage, Rn. 38 sowie *Schwartmann/Jacquemain* DataAgenda Arbeitspapier 10 – Die EuGH-Rechtsprechung zum Joint-Controllership, S. 2.
340 *EuGH* v. 5.6.2018 – C-210/16, ECLI:EU:C:2018:388, Fanpage, Rn. 43; *Schwartmann/Jacquemain* DataAgenda Arbeitspapier 10 – Die EuGH-Rechtsprechung zum Joint-Controllership, S. 2.
341 *EuGH* v. 5.6.2018 – C-210/16, ECLI:EU:C:2018:388, Fanpage, Rn. 43.
342 *EuGH* v. 5.6.2018 – C-210/16, ECLI:EU:C:2018:388, Fanpage, Rn. 43 sowie dazu ausführlich *Schwartmann/Jacquemain* DataAgenda Arbeitspapier 10 – Die EuGH-Rechtsprechung zum Joint-Controllership, S. 2.

Facebook-Fanpage-Betreiber zusammen mit Facebook für die Verarbeitung personenbezogener Daten und etwaige Datenschutzverstöße verantwortlich sind (zu den Konsequenzen dieser Beurteilung s.u. Rn. 162 ff.).[343] Zum anderen enthält das Urteil wichtige Parameter sowohl im Hinblick auf die Reichweite des Begriffs der Verantwortlichkeit als auch bezüglich der Beurteilung der Frage hinsichtlich des Vorliegens einer gemeinsamen Verantwortlichkeit.[344]

142 Das BVerwG hat die Entscheidung des EuGH zu Facebook-Fanpages für den konkreten Fall am 11.9.2019 befolgt und die Sache zur endgültigen Entscheidung an das OVG Schleswig verwiesen.[345]

143 Das zweite Urteil des EuGH im Hinblick auf die Reichweite einer gemeinsamen Verantwortlichkeit erging in der Rs. Jehova. Dem Urteil lag folgender Sachverhalt zugrunde: Die Mitglieder der Gemeinschaft der Zeugen Jehovas führen im Rahmen ihrer Verkündigungstätigkeit Hausbesuche bei Personen durch, die weder ihnen noch der Gemeinschaft bekannt sind.[346] Die Gemeinschaft gab dabei ihren Mitgliedern Anleitungen zur Anfertigung von Notizen zu den Hausbesuchen (insbes. Name und Adresse der aufgesuchten Personen, religiöse Überzeugungen) und organisierte und koordinierte die Verkündigungstätigkeit ihrer Mitglieder.[347] Dabei verlangt die Gemeinschaft von ihren verkündigenden Mitgliedern weder, dass diese personenbezogene Daten durch Notizen erheben noch kannte sie die Inhalte der Notizen oder der Identität der verkündigenden Mitglieder, die die Daten erhoben haben.[348] Neben der Frage hinsichtlich des Vorliegens eines Dateisystems i.S.v. Art. 4 Nr. 6[349] nahm der EuGH insbesondere zur inhaltlichen Reichweite der Verantwortlichkeit Stellung.[350] Dabei nimmt das Gericht zum einen ausdrücklich auf die Ausführungen in der Rs. Fanpage Bezug[351], führt ergänzend aber aus, dass es für die Annahme einer (gemeinsamen) Verantwortlichkeit ausreiche, dass eine natürliche oder juristische Person aus **Eigeninteresse** auf die Verarbeitung personenbezogener Daten Einfluss nehme und damit an der Entscheidung über die Zwecke und Mittel der Verarbeitung mitwirke.[352] Es sei zum einen für das Vorliegen einer gemeinsamen Verantwortlichkeit unschädlich, dass die Gemeinschaft keinen Zugang zu den betreffenden personenbezogenen Daten habe, zum anderen setze das Vorliegen einer Verantwortlichkeit **nicht** voraus, dass die Gemeinschaft **schriftliche Anleitungen oder Anweisungen** zu den Datenverarbeitungen gebe.[353] Maßgebliches Kriterium für die Begründung einer gemeinsamen Verantwortlichkeit sei insofern, dass die Erhebung der personenbezogenen Daten letztlich „zur **Umsetzung des Ziels** der Gemeinschaft – nämlich [der] Verbreitung

---

343 Dazu ausführlich *Schwartmann/Jacquemain* DataAgenda Arbeitspapier 04 – EuGH: Facebook Fanpages, S. 1.
344 Vgl. auch *Härting/Gössling* NJW 2018, 2523, 2524 f.; *Nebel* RDV 2019, 9, 10 ff.
345 BVerwG v. 11.9.2019 – 6 C 15/18.
346 *EuGH* v. 10.7.2018 – C-25/17, ECLI:EU:C:2018:551, Jehova, Rn. 15.
347 *EuGH* v. 10.7.2018 – C-25/17, ECLI:EU:C:2018:551, Jehova, Rn. 16.
348 *EuGH* v. 10.7.2018 – C-25/17, ECLI:EU:C:2018:551, Jehova, Rn. 17.
349 Vgl. dazu die Kommentierung von *Schwartmann/Hermann* zu Art. 4 Nr. 6 Rn. 119.
350 Dazu *Schwartmann/Jacquemain* DataAgenda Arbeitspapier 10 – Die Rechtsprechung des EuGH zum Joint-Controllership, S. 3 f.
351 *EuGH* v. 10.7.2018 – C-25/17, ECLI:EU:C:2018:551, Jehova, Rn. 66 ff.
352 *EuGH* v. 10.7.2018 – C-25/17, ECLI:EU:C:2018:551, Jehova, Rn. 68.
353 *EuGH* v. 10.7.2018 – C-25/17, ECLI:EU:C:2018:551, Jehova, Rn. 67 und 69.

Begriffsbestimmungen   **Art. 4 Nr. 7**

ihres Glaubens – [diene]"³⁵⁴ und die Gemeinschaft die Verkündigungstätigkeit **organisiert** und **koordiniert**.³⁵⁵

Die ersten beiden Urteile des EuGH führen zu einer erheblichen Ausweitung der inhaltlichen Reichweite des Begriffs des Verantwortlichen nach Art. 4 Nr. 7 DS-GVO und der gemeinsamen Verantwortlichkeit. Insbesondere wird der Anwendungsbereich der Auftragsverarbeitung durch ein derart weites Begriffsverständnis des Verantwortlichen weitgehend beschränkt.³⁵⁶   144

Im Juli 2019 erging das Urteil des EuGH in der Rs. Fashion ID.³⁵⁷ In der Sache ging es um die Frage, ob Fashion ID, ein Online-Händler, für die Einbindung des Facebook-Like-Buttons als Social-Plug-In auf ihrer Website gemeinsam mit Facebook für eine damit einhergehende Verarbeitung personenbezogener Daten verantwortlich ist.³⁵⁸ Zunächst wiederholt das Gericht die Kernaussagen der Urteile aus den Rs. *Fanpage* und *Jehova* und unterstreicht damit, dass das Gericht auch in der Rs. *Fashion ID* die bisherige Linie der Rechtsprechung eines weiten Begriffsverständnisses des Verantwortlichen beibehält.³⁵⁹ Gleichwohl äußert sich das Gericht einschränkend dahingehend, dass „unbeschadet einer etwaigen (...) im nationalen Recht vorgesehenen zivilrechtlichen Haftung (...) [die datenverarbeitende Stelle] **für vor- oder nachgelagerte Vorgänge in der Verarbeitungskette, für die sie weder die Zwecke noch die Mittel festlegt, nicht als (...) verantwortlich angesehen werden [kann]**"³⁶⁰. In der Folge ist es „ausgeschlossen, dass *Fashion ID* über die Zwecke und Mittel der Vorgänge der Verarbeitung personenbezogener Daten entscheidet, die Facebook Ireland nach der Übermittlung [von] (...) Daten [vornimmt]"³⁶¹. Erforderlich sei aber gleichwohl, dass die Verarbeitung personenbezogener Daten für **jeden beteiligten Akteur datenschutzrechtlich gerechtfertigt** ist.³⁶²   145

Auf mitgliedstaatlicher Ebene hat sich das AG Mannheim als erstes deutsches Gericht umfassend mit der Frage einer gemeinsamen Verantwortlichkeit einer Wohnungsei-   146

---

354 *EuGH* v. 10.7.2018 – C-25/17, ECLI:EU:C:2018:551, Jehova, Rn. 71.
355 Zum Ganzen vgl. auch *Schwartmann/Jacquemain* DataAgenda Arbeitspapier 10 – Die Rechtsprechung des EuGH zum Joint-Controllership, S. 3 f.
356 Vgl. dazu *Reif* Gemeinsame Verantwortung beim Lettershopverfahren – praktische Konsequenz der EUGH-Rechtsprechung zu den „Fanpages" und „Zeugen Jehovas", RDV 2019, 30. Zur Abgrenzung vgl. *Schreiber* Gemeinsame Verantwortlichkeit gegenüber Betroffenen und Aufsichtsbehörden, ZD 2019, 55, 55; *Specht-Riemschneider/Schneider* Die gemeinsame Verantwortlichkeit im Datenschutzrecht, MMR 2019, 503, 504 f.; *Härting/Gössling* NJW 2018, 2523, 2525.
357 Vgl. hierzu auch BeckOK DS-GVO-*Ehmann/Selmayr* Art. 26 Rn. 9; *Golland* Reichweite des „Joint Controllership", K&R, 2019, 533; *Kremer* Plugins nach dem EuGH: Cookie Consent und Joint Controller überall?, CR 2019, 676; *Nebel* Datenschutzrechtliche Verantwortlichkeit bei der Nutzung von Fanpages und Social Plug-ins, RDV 2019, 9, 12 f.; *Sattler* Gemeinsame Verantwortlichkeit – getrennte Pflichten, GRUR 2019, 1023 – alternativer Ansatz zur Einordnung der Akteure bei *Lee/Cross* (Gemeinsame) Verantwortlichkeit beim Einsatz von Drittinhalten auf Websites, MMR 2019, 559.
358 *EuGH* v. 29.7.2019 – C 40/17, ECLI:EU:C:2019:629, Fashion ID, Rn. 25 ff.
359 *EuGH* v. 29.7.2019 – C 40/17, ECLI:EU:C:2019:629, Fashion ID, Rn. 65 ff.
360 *EuGH* v. 29.7.2019 – C 40/17, ECLI:EU:C:2019:629, Fashion ID, Rn. 74.
361 *EuGH* v. 29.7.2019 – C 40/17, ECLI:EU:C:2019:629, Fashion ID, Rn. 76.
362 *EuGH* v. 29.7.2019 – C 40/17, ECLI:EU:C:2019:629, Fashion ID, Rn. 97.

gentümergemeinschaft und eines Verwalters auseinandergesetzt.[363] Nach Ansicht des AG Mannheim ist es für die Bestimmung der Verantwortlichkeit „allein maßgeblich, wer die Entscheidungskompetenz innehat, über den Zweck und die Mittel der Verarbeitung personenbezogener Daten zu entscheiden"[364]. Entscheidend sei demnach, wer über das Wie und Warum der Datenverarbeitung entscheide.[365] Dabei nimmt es ausdrücklich auf die Rechtsprechung des EuGH Bezug.[366]

147 Aus der Rechtsprechung ergeben sich somit folgende **Leitlinien**:
- Erforderlich für die Annahme einer gemeinsamen Verantwortlichkeit ist, dass ein Verantwortlicher die Datenverarbeitung **ermöglicht** und die **Parameter** für die Verarbeitung **vorgibt** und diese somit **beeinflusst** oder dass die Datenverarbeitung zumindest im **Interesse** des einen Verantwortlichen erfolgt.[367]
- Nicht erforderlich ist, dass alle Akteure **Zugang** zu den verarbeiteten personenbezogenen Daten haben, gleichwertige Beiträge erbringen oder schriftliche Anleitungen oder Anweisungen vornehmen.[368]
- Jeder der gemeinsam Verantwortlichen muss sich auf einen **eigenen Rechtfertigungstatbestand** der DS-GVO für die Verarbeitung der personenbezogenen Daten berufen können.[369]
- Bei **vor- oder nachgelagerten Verarbeitungen** personenbezogener Daten **beschränkt** sich die **gemeinsame Verantwortlichkeit** auf das Glied in der Verarbeitungskette, auf das der jeweilige Verantwortliche Einfluss nimmt, indem er über Zwecke und Mittel der Datenverarbeitung entscheidet.[370]

148 Diesen Leitlinien ist auch der Europäische Datenschutzbeauftragte (EDSB) in seinen „Guidelines on the concepts of controller, processor and joint controllership und der Regulation (EU) 2018/1725" v. 7.11.2019 gefolgt.[371]

149 Um der Komplexität der heutigen tatsächlichen Gegebenheiten der Datenverarbeitung hinreichend Rechnung zu tragen, ist der Begriff „gemeinsam" daher nicht nur als gemeinsame Entscheidung über eine Verarbeitung und als gemeinsame Verantwortung, sondern vielmehr als „zusammen mit" oder „nicht alleine" in unterschiedlichen Spielarten und Fallgestaltungen auszulegen.[372] Entscheidend ist im Ausgangspunkt die Feststellung einer **gemeinsamen Datenverarbeitung** wobei der Bewertung ein sachbezogener und funktioneller Ansatz zugrunde zu legen ist. So ist letztlich ausschlaggebend, ob mehr als ein Akteur über Zwecke und Mittel der Verarbeitung entschei-

---

363 *AG Mannheim* v. 11.9.2019 – 5 C 1733/19 WEG.
364 *AG Mannheim* v. 11.9.2019 – 5 C 1733/19 WEG, Rn. 23.
365 *AG Mannheim* v. 11.9.2019 – 5 C 1733/19 WEG, Rn. 23.
366 *AG Mannheim* v. 11.9.2019 – 5 C 1733/19, WEG, Rn. 23.
367 *Schwartmann/Jacquemain* DataAgenda Arbeitspapier 10 – Die EuGH-Rechtsprechung zum Joint-Controllership, S. 7.
368 *Schwartmann/Jacquemain* DataAgenda Arbeitspapier 10 – Die EuGH-Rechtsprechung zum Joint-Controllership, S. 7.
369 *Schwartmann/Jacquemain* DataAgenda Arbeitspapier 10 – Die EuGH-Rechtsprechung zum Joint-Controllership, S. 6.
370 *EuGH* v. 29.7.2019 – C 40/17, ECLI:EU:C:2019:629, Fashion ID, Rn. 74.
371 Vgl. dazu *EDPS* Guidelines on the concepts of controller, processor and joint controllership under Regulation (EU) 2018/1725 v. 7.11.2019, S. 13 und S. 20 f.
372 *Art.-29-Datenschutzgruppe* WP 169 zu den Begriffen „für die Verarbeitung Verantwortlicher" und „Auftragsverarbeiter", S. 22; BeckOK DatenSR-*Sydow* Art. 26 Rn. 4.

det.³⁷³ Dabei ist entsprechend der Rechtsprechung ein weites Begriffsverständnis zugrunde zu legen.

Folglich ist es im Rahmen einer zunehmenden Arbeitsteilung und komplexer Arbeits- und Geschäftsprozesse wichtig, dass Rollen und Verantwortlichkeiten im Rahmen einer **klaren Organisationsstruktur durch Rechte- und Rollenkonzepte** leicht zuzuordnen sind, so dass es im Falle einer gemeinsamen Verantwortlichkeit nicht zu einer Beeinträchtigung der Wirksamkeit des Datenschutzes kommt.³⁷⁴ Zu den Pflichten aus Art. 26 im Einzelnen vgl. die dortige Kommentierung. **150**

Schließt bspw. der Eigentümer eines Gebäudes zur Installation von Videoüberwachungskameras einen Vertrag mit einem Sicherheitsunternehmen ab, so liegt die Entscheidung über die Zwecke der Videoaufzeichnung und die Art und Weise, wie die Aufnahmen erfasst und gespeichert werden bei dem Gebäudeeigentümer. Insofern ist er als alleiniger Verantwortlicher anzusehen.³⁷⁵ Demgegenüber hat das AG Mannheim entschieden, dass im Rahmen einer Wohnungseigentümergemeinschaft diese durch Bestellung eines Verwalters über das „Wie" und „Warum" der Datenverarbeitung entscheide.³⁷⁶ Der Verwalter bestimme aber in der Folge das „Wie" und das „Warum" der Erhebung und Verarbeitung der personenbezogenen Daten.³⁷⁷ Insofern bestehe letztlich eine gemeinsame Verantwortlichkeit. **151**

Darüber hinaus ist zu beachten, dass aus der Tatsache, dass Akteure im Sinne einer Kette hinsichtlich der Verarbeitung personenbezogener Daten zusammenarbeiten und Daten übermitteln, noch nicht folgt, dass sie gemeinsam Verantwortliche sind. Dies hat der EuGH in der Rs. Fashion ID nunmehr ausdrücklich bestätigt.³⁷⁸ Neben dem durch das Gericht entschiedenen Fall kommen dabei etwa folgende Fallgestaltungen in Betracht: Leitet etwa ein Reisebüro Kundendaten an eine Fluggesellschaft oder ein Hotel weiter, werden diese dadurch nicht gemeinsam Verantwortliche, sondern bleiben jeweils eigenständig als für die Datenverarbeitung Verantwortliche anzusehen.³⁷⁹ Diese Beurteilung ändert sich, wenn das Reisebüro, die Fluggesellschaft und das Hotel beschließen, zur einfacheren Abwicklung der Reise eine gemeinsame Internetplattform einzurichten und insofern hinsichtlich der Datengewinnung und Auswertung – z.B. im Rahmen von gemeinsamen Werbeaktionen – zusammenarbeiten. Dadurch werden die verschiedenen Akteure zu gemeinsam für die Datenverarbeitung Verantwortlichen.³⁸⁰ **152**

---

373 *Art.-29-Datenschutzgruppe* WP 169 zu den Begriffen „für die Verarbeitung Verantwortlicher" und „Auftragsverarbeiter", S. 22.
374 *Art.-29-Datenschutzgruppe* WP 169 zu den Begriffen „für die Verarbeitung Verantwortlicher" und „Auftragsverarbeiter", S. 22; Gierschmann-*Kramer* Art. 4 Nr. 7 Rn. 21 f. Dazu auch *AG Mannheim* v. 11.9.2019 – 5 C 1733/19, WEG, Rn. 24.
375 Beispiel aus WP 169 der Art.-29-Datenschutzgruppe zu den Begriffen „für die Verarbeitung Verantwortlicher" und „Auftragsverarbeiter", S. 23.
376 *AG Mannheim* v. 11.9.2019 – 5 C 1733/19, WEG, Rn. 23.
377 *AG Mannheim* v. 11.9.2019 – 5 C 1733/19 WEG, Rn. 23.
378 *EuGH* v. 29.7.2019 – C 40/17, ECLI:EU:C:2019:629, Fashion ID, Rn. 74.
379 Beispiel aus WP 169 der Art.-29-Datenschutzgruppe zu den Begriffen „für die Verarbeitung Verantwortlicher" und „Auftragsverarbeiter", S. 24.
380 Beispiel aus WP 169 der Art.-29-Datenschutzgruppe zu den Begriffen „für die Verarbeitung Verantwortlicher" und „Auftragsverarbeiter", S. 24.

153 **c) Entscheidungsbefugnisse über Zweck und Mittel.** War nach § 3 Abs. 7 BDSG a.F. noch die Zweckbestimmung der Datenverarbeitung das wesentliche Abgrenzungsmerkmal des Verantwortlichen, so ist dies nach Art. 4 Nr. 7 nunmehr die Entscheidung über **Zweck und Mittel** der Verarbeitung personenbezogener Daten. Mangels weiterer Ausführungen in der DS-GVO sowie im BDSG ist somit als Auslegungshilfe auch hier das WP 169 der Art.-29-Datenschutzgruppe sowie die Rechtsprechung des EuGH[381] heranzuziehen:[382] Danach ist der **Zweck** ein „erwartetes Ergebnis, das beabsichtigt ist oder die geplanten Aktionen leitet" und das **Mittel** die „Art und Weise, wie ein Ergebnis oder Ziel erreicht wird".[383] Insoweit ist im Wege einer kontextbezogenen Betrachtung zu prüfen, wer die Zwecke und Mittel der Verarbeitung, d.h. das **Ob, Warum und Wie** der Verarbeitung der personenbezogenen Daten festlegt.[384] Dabei ist ausschlaggebend, wie detailliert jemand über Zwecke und Mittel entscheidet und welchen Handlungsspielraum er etwa einem vom Verantwortlichen abzugrenzenden Auftragsverarbeiter[385] einräumt.[386] Dabei kann für die Bestimmung des Verantwortlichen die Entscheidung über Zweck oder Mittel jeweils unterschiedlich im Vordergrund stehen.[387] Als Abwägungskriterien können etwa das Weisungsrecht des Verantwortlichen gegenüber dem Auftragsverarbeiter, die Kontrollmöglichkeiten gegenüber dem Auftragsverarbeiter oder die Abgrenzung der verschiedenen Handlungsspielräume dienen.[388] Letztlich ist zu fragen, wer entscheidet, warum eine Verarbeitung erfolgt und dabei die Rolle und mögliche Beteiligung der jeweiligen Akteure festlegt. Die Entscheidung über die Mittel beinhaltet sowohl technische als auch organisatorische Fragen.[389]

154 Insgesamt folgt die Prüfung, wer über Zwecke und Mittel entscheidet einem **kontextbezogenen** und pragmatischen **Ansatz**. Gerade im Rahmen von Datenverarbeitungsprozessen wird etwa das beauftragende Unternehmen zwar über die Zwecke der Verarbeitung entscheiden, demgegenüber besitzt das beauftragte Unternehmen das erforderliche Spezialwissen und trifft somit die Entscheidung hinsichtlich der Mittel der Datenverarbeitung. Daraus folgt, dass die Entscheidung über die Zwecke der

---

381 *EuGH* v. 29.7.2019 – C 40/17, ECLI:EU:C:2019:629, Fashion ID; *EuGH* v. 10.7.2018 – C-25/17, ECLI:EU:C:2018:551, Jehova; *EuGH* v. 5.6.2018 – C-210/16, ECLI:EU:C:2018:388, Fanpage; *AG Mannheim* v. 11.9.2019 – 5 C 1733/19 WEG.
382 So auch Gierschmann-*Kramer* Art. 4 Nr. 7 Rn. 23; Kühling/Buchner-*Hartung* Art. 4 Nr. 7 Rn. 13.
383 *Art.-29-Datenschutzgruppe* WP 169 zu den Begriffen „für die Verarbeitung Verantwortlicher" und „Auftragsverarbeiter", S. 16.
384 *AG Mannheim* v. 11.9.2019 – 5 C 1733/19 Rn. 23; *Art.-29-Datenschutzgruppe* WP 169 zu den Begriffen „für die Verarbeitung Verantwortlicher" und „Auftragsverarbeiter", S. 16; Kühling/Buchner-*Hartung* Art. 4 Nr. 7 Rn. 13. Zur Abgrenzung der gemeinsamen zur alleinigen Verantwortung *Kartheuser/Nabulsi* Abgrenzungsfragen bei gemeinsam Verantwortlichen, MMR 2019, 717, 718 ff.
385 Zum Begriff des Auftragsverarbeiters vgl. Kommentierung zu Art. 4 Nr. 8 sowie die Kommentierung zu Art. 28 DS-GVO.
386 *Art.-29-Datenschutzgruppe* WP 169 zu den Begriffen „für die Verarbeitung Verantwortlicher" und „Auftragsverarbeiter", S. 16.
387 *Art.-29-Datenschutzgruppe* WP 169 zu den Begriffen „für die Verarbeitung Verantwortlicher" und „Auftragsverarbeiter", S. 16; Gierschmann-*Kramer* Art. 4 Nr. 7 Rn. 27.
388 *Art.-29-Datenschutzgruppe* WP 169 zu den Begriffen „für die Verarbeitung Verantwortlicher" und „Auftragsverarbeiter", S. 16; Kühling/Buchner-*Hartung* Art. 4 Nr. 7 Rn. 13.
389 *Art.-29-Datenschutzgruppe* WP 169 zu den Begriffen „für die Verarbeitung Verantwortlicher" und „Auftragsverarbeiter", S. 16 f.

Datenverarbeitung stets einen aussagekräftigen Rückschluss auf die Stellung als Verantwortlicher zulässt, während die Entscheidung über die Mittel auch einem vom Verantwortlichen abzugrenzenden Auftragsverarbeiter zufallen kann.[390]

d) Abgrenzung zur Auftragsverarbeitung. Das weite Begriffsverständnis von Art. 4 Nr. 7, das der EuGH in seiner Rechtsprechung[391] etabliert hat, wirft die Frage auf, welcher Anwendungsbereich noch für eine Auftragsverarbeitung verbleibt und unter welchen Voraussetzungen ein Akteur als Dritter bzw. Empfänger von personenbezogenen Daten i.S.d. Art. 4 Nr. 8–10 anzusehen ist. **155**

Das AG Mannheim hat insoweit im Hinblick auf eine Abgrenzung zur Auftragsverarbeitung klargestellt, dass es sich bei einer solchen nur um eine **datenverarbeitende Hilfsfunktion**[392] handeln darf, d.h. dass „keine Leistungen erbracht werden dürfen, die über die bloße Datenverarbeitung hinausgehen"[393]. Dabei ist unerheblich, welche Bezeichnung die Beteiligten wählen. Eine **Bezeichnung** einer Vereinbarung als „Auftragsverarbeitungsvertrag" ist dabei für die Annahme einer gemeinsamen Verantwortlichkeit **unerheblich.**[394] Entscheidend sind die tatsächlichen Umstände des jeweiligen Einzelfalls.[395] **156**

Eine Checkliste für eine Abgrenzung zwischen Auftragsverarbeiter und Verantwortlichem findet sich auch in den „Guidelines on the concepts of controller, processor and joint controllership under Regulation (EU) 2018/1725" des Europäischen Datenschutzbeauftragten (EDSB) vom 7.11.2019.[396] Für Einzelheiten wird an dieser Stelle auf die Kommentierungen zu Art. 4 Nr. 8–10 verwiesen. **157**

4. Einzelfälle/Praxisbeispiele/Praxishinweise. Die **datenschutzrechtliche Mitverantwortlichkeit der Betreiber von Fanpages** bei *Facebook* ist nunmehr durch den EuGH bejaht worden.[397] **158**

Im Nachgang zu der EuGH-Entscheidung veröffentlichte Facebook ein sog. **Page Controller Addendum**, das Rechte und Pflichten der Verantwortlichen entsprechend Art. 26 beschreibt.[398] Diese Ergänzung der Nutzungsbedingungen erfüllt die Anforderungen an eine Vereinbarung nach Art. 26 nach Meinung der Datenschutzkonferenz (DSK) jedoch nicht. Im *DSK*-Beschluss zu Facebook-Fanpages v. 5.9.2018 heißt es: „Ohne Vereinbarung nach Art. 26 DS-GVO ist der Betrieb einer Fanpage, wie sie derzeit von Facebook angeboten wird, rechtswidrig."[399] Die DSK positionierte sich im April 2019 wie folgt: „Am 11. September 2018 veröffentlichte Facebook eine sog. „Sei- **159**

---

390 *Art.-29-Datenschutzgruppe* WP 169 zu den Begriffen „für die Verarbeitung Verantwortlicher" und „Auftragsverarbeiter", S. 17 sowie Gierschmann-*Kramer* Art. 4 Nr. 7 Rn. 28.
391 Vgl. dazu oben Rn. 140.
392 *AG Mannheim* v. 11.9.2019 – 5 C 1733/19, WEG, Rn. 23.
393 *AG Mannheim* v. 11.9.2019 – 5 C 1733/19, WEG, Rn. 23.
394 *AG Mannheim* v. 11.9.2019 – 5 C 1733/19, WEG, Rn. 26.
395 *AG Mannheim* v. 11.9.2019 – 5 C 1733/19, WEG, Rn. 26.
396 *EDPS* Guidelines on the concepts of controller, processor and joint controllership under Regulation (EU) 2018/1725 v. 7.11.2019, S. 13 und S. 20 f.
397 *EuGH* v. 5.6.2018 – C-210/16, ECLI:EU:C:2018:388, Fanpage, Rn. 16. Zu dieser Problematik vgl. *Schwartmann/Keber/Mühlenbeck* Social Media, S. 86 f.
398 Page Controller Addendum von *Facebook* abrufbar unter https://www.facebook.com/legal/terms/page_controller_addendum, zuletzt abgerufen am 14.4.2020.
399 *DSK* Beschluss des DSK zu Facebook-Fanpages v. 5.9.2018, S. 2.

ten-Insights-Ergänzung bezüglich des Verantwortlichen" sowie „Informationen zu SeitenInsights". Diese (...) Ergänzung (...) erfüllt nicht die Anforderungen an eine Vereinbarung nach Art. 26 DSGVO. (...) Solange diesen Pflichten nicht nachgekommen wird, ist ein datenschutzkonformer Betrieb einer Fanpage nicht möglich."[400]

160 Das **BVerwG** hat die Entscheidung des EuGH zu Facebook-Fanpages[401] für den konkreten Fall befolgt und die Sache zur endgültigen Entscheidung an das OVG Schleswig verwiesen.

161 Hinzu treten die Entscheidungen des EuGH in den Rs. Jehova[402] und Fashion ID[403]. Die Art.-29-Datenschutzgruppe vertritt in ihrem WP 169 die Position, dass derjenige, der weder unter rechtlichen noch tatsächlichen Gesichtspunkten Einfluss auf die Entscheidung der Verarbeitung personenbezogener Daten hat, nicht als Verantwortlicher angesehen werden kann.[404] Dieser Auffassung ist der EuGH in Fashion ID nunmehr gefolgt.[405] In datenschutzrechtlicher Hinsicht ergeben sich aus den Urteilen weitreichende Konsequenzen für die Reichweite der Verantwortlichkeit datenverarbeitender Stellen, insbesondere für die Betreiber von Fanpages, und Social-Plug-Ins im Rahmen von Social Media. Durch den weiten Anwendungsbereich, den der EuGH dem Verantwortlichen und einer gemeinsamen Verantwortlichkeit einräumt, ist in praktischer Hinsicht stets eine sorgsame Prüfung erforderlich, ob anhand der vom *EuGH* aufgestellten Kriterien eine (gemeinsame) Verantwortlichkeit der beteiligten Akteure vorliegt oder eine Auftragsverarbeitung (vgl. dazu Rn. 155 ff. sowie insbes. die Kommentierung zu Art. 26 und Art. 28).

162 Die genannten Entscheidungen haben weitreichende Konsequenzen für die Praxis bei der Nutzung sozialer Mediendienste. Jeder datenschutzrechtlich Verantwortliche, der im weiten Sinne der Rechtsprechung über die Zwecke und Mittel der Verarbeitung personenbezogener Daten entscheidet und dem Anwendungsbereich der DS-GVO unterfällt, darf nur dann eine Facebook-Fanpage betreiben, wenn sie mit Facebook eine Vereinbarung über die Verteilung der datenschutzrechtlichen Verpflichtungen nach Art. 26 getroffen haben. Von dieser Pflicht ausgenommen sind, soweit vorliegend von Bedeutung, lediglich natürliche Personen, die ausschließlich persönliche oder familiäre Tätigkeiten verfolgen. Die Pflicht eine solche Vereinbarung mit Facebook zu schließen, trifft damit alle öffentlichen Stellen und private Stellen, soweit sie über den persönlichen oder privaten Gebrauch hinaus soziale Netzwerke nutzen. Private und öffentliche verantwortliche Stellen sind nun in der Pflicht, datenschutzrechtlich geeignete und angemessene Strategien zur rechtskonformen Teilhabe an den Angeboten der digitalen Kommunikation vorzulegen. Das kann nur unter Mitwirkung der Anbieter der Dienste erfolgen. Diese sind hierbei nach der Rechtsprechung des BVerfG

---

[400] *DSK* Positionierung zur Verantwortlichkeit und Rechenschaftspflicht bei Facebook-Fanpages sowie der aufsichtsbehördlichen Zuständigkeit, S. 1.
[401] *BVerwG* v. 11.9.2019 – 6 C 15.18.
[402] *EuGH* v. 10.7.2018 – C-25/17, ECLI:EU:C:2018:551, Jehova, Rn. 66.
[403] *EuGH* v. 29.7.2019 – C 40/17, ECLI:EU:C:2019:629, Fashion ID, Rn. 70.
[404] *Art.-29-Datenschutzgruppe* WP 169 zu den Begriffen „für die Verarbeitung Verantwortlicher" und „Auftragsverarbeiter", S. 11 ff. sowie Gierschmann-*Kramer* Art. 4 Nr. 7 Rn. 12.
[405] *EuGH* v. 29.7.2019 – C 40/17, ECLI:EU:C:2019:629, Fashion ID, Rn. 74. Vgl. dazu oben Rn. 140.

(„Recht auf Vergessen I") uneingeschränkt an die Grundrechte gebunden (mittelbare Grundrechtsbindung).[406]

So hat etwa Facebook im Nachgang zu der EuGH-Entscheidung ein sog. **Page Controller Addendum** veröffentlicht, das Rechte und Pflichten der Verantwortlichen entsprechend Art. 26 beschreibt. Dieses wurde seither auf Drängen der in Deutschland zuständigen Datenschutzbehörden zwar mehrfach überarbeitet,[407] die Ergänzung der Nutzungsbedingungen erfüllt die Anforderungen an eine Vereinbarung nach Art. 26 nach Meinung der Datenschutzkonferenz (DSK) dennoch nicht. Ein datenschutzkonformer Betrieb einer Facebook-Fanpage ist insofern der DSK zufolge aktuell nicht möglich.[408] Ebenso hat sich die LDI NRW in ihrem Tätigkeitsbericht für das Jahr 2019 positioniert.[409] Der LDI RLP hat hingegen auf seiner Website eine Muster-Datenschutzerklärung für Facebook-Fanpages zur Verfügung gestellt (Stand: 9.6.2020).[410] Die unterschiedliche Praxis der Datenschutzaufsichten, einerseits wird ein Muster für den Betrieb einer Fanpage zur Verfügung gestellt, ein anderes Mal wird impliziert von einem Verbot ausgegangen, ist für die Praxis problematisch.

163

Bis zur Vorlage einer allseits anerkannten Vereinbarung nach Art. 26, drohen Verantwortlichen datenschutzrechtliche Sanktionen durch die Datenschutzaufsichtsbehörden. Das **BVerwG** hat ausdrücklich darauf hingewiesen, dass Datenschutzbehörden zur möglichst zügigen und wirkungsvollen Durchsetzung eines hohen Datenschutzniveaus ermessensfehlerfrei einen Fanpagebetreiber unmittelbar für die Herstellung datenschutzkonformer Zustände bei Nutzung seiner Fanpage in die Pflicht nehmen können.[411] Die Aufsichtsbehörden müssen nicht „gegen eine der Untergliederungen oder Niederlassungen von Facebook vorgehen, weil das wegen der fehlenden Kooperationsbereitschaft von Facebook mit erheblichen tatsächlichen und rechtlichen Unsicherheiten verbunden (...) wäre."[412] Bis zur Rechtskraft der abschließenden Entscheidung des OVG Schleswig kann eine Behörde versuchen, aus formalen Gründen unter Berufung auf die fehlende Rechtskraft im konkreten Verfahren vor dem OVG Schleswig, die Rechtswidrigkeit des Betriebs einer *Facebook*-Fanpage auch ohne wirksame Vereinbarung nach Art. 26 in Abrede zu stellen.

164

---

406 BVerfG v. 6.11.2019 – 1 BvR 16/13 – Recht auf Vergessen I.
407 Page Controller Addendum von *Facebook* abrufbar unter https://www.facebook.com/legal/terms/page_controller_addendum, zuletzt abgerufen am 14.4.2020.
408 Die *DSK* führt hierzu aus: „Am 11. September 2018 veröffentlichte Facebook eine sog. „Seiten-Insights-Ergänzung bezüglich des Verantwortlichen" sowie „Informationen zu SeitenInsights". Diese (...) Ergänzung (...) erfüllt nicht die Anforderungen an eine Vereinbarung nach Art. 26 DS-GVO. (...) Solange diesen Pflichten nicht nachgekommen wird, ist ein datenschutzkonformer Betrieb einer Fanpage nicht möglich." *DSK* Positionierung zur Verantwortlichkeit und Rechenschaftspflicht bei Facebook-Fanpages sowie der aufsichtsbehördlichen Zuständigkeit, S. 1; vgl. auch *DSK* Beschluss des DSK zu Facebook-Fanpages v. 5.9.2018, S. 2.
409 *LDI NRW* 25. DB LDI NRW, 2020, S. 22.
410 https://www.datenschutz.rlp.de/fileadmin/lfdi/Dokumente/Muster_Datenschutzerklaerung_Facebook.pdf.
411 *BVerwG* Pressemitteilung v. 11.9.2019, abrufbar unter https://www.bverwg.de/pm/2019/62, zuletzt abgerufen am 14.4.2020.
412 *BVerwG* Pressemitteilung v. 11.9.2019, abrufbar unter https://www.bverwg.de/pm/2019/62, zuletzt abgerufen am 14.4.2020.

165 Weil alle sozialen Netzwerke einem gemeinsamen Zweck zu einem gegenseitigen Nutzen im Sinne der Rechtsprechung dienen, dürfte sich die Rechtsprechung über Facebook hinaus, etwa auch auf Twitter, Xing, LinkedIn, Instagram, TikTok usw. erstrecken. Inwieweit sie auch auf Messengerdienste wie WhatsApp[413], Signal oder Threema erstrecken, hängt von der konkreten Ausgestaltung der Angebote ab.

166 Zu berücksichtigen ist dabei, dass es in Zeiten digitaler Kommunikation gerade auch für **öffentliche Stellen eine Pflicht zur Teilhabe an digitaler Kommunikation** sowie zur Nutzung digitaler Angebote zur Öffentlichkeitsarbeit und zur Krisenkommunikation geben kann. Diese Teilhabepflicht besteht schon aus Gründen der Aufgabenerfüllung im Netz („digitalisierte Daseinsvorsorge"). Schließlich korrespondiert der Anspruch des Bürgers auf digitale Angebote mit der Pflicht der öffentlichen Hand zur Bereitstellung und Nutzung dieser Angebote. Essentiell erforderlich ist hierbei die Differenzierung nach Ausrichtung und Funktion des Angebots.

167 **Konkrete Rechtsfragen digitaler behördlicher Kommunikation** stellen sich nicht nur mit Blick auf die Kommunikation im Rahmen der Aufgabenerfüllung. Von Bedeutung ist auch die Ermittlung der konkreten Nutzungsbefugnisse je nach DS-GVO-Erlaubnistatbestand und die Frage des Vorgehens bei der Nutzung nicht rechtskonformer Dienste zur Aufgabenerfüllung (Art. 1 Abs. 3 GG). Fragen werfen auch die rechtliche Bindungswirkung von behördlichen Positionierungen im Rahmen digitaler Kommunikation (Regelung, Bindungswirkung), die Abgrenzung von formellen und informelle Positionierungen in Posts und Tweets, die Abgrenzung der Kommunikation zu dienstlichen oder privaten Zwecken, die Nutzung privater Endgeräte zu dienstlichen Zwecken, die Wahrnehmung von Rechenschafts- und Dokumentationspflichten bei digitalen Äußerungen, die Differenzierung der Zulässigkeit von Äußerungen, abhängig der Funktionen im Rahmen der Staatsgewalten, auf. Jeweils genauer Prüfung bedarf auch die Eröffnung der Anwendungsbereiche (DS-GVO/BDSG/LDG) etwa bezogen auf die datenschutzrechtliche Stellung von Abgeordneten (parlamentarisch/fiskalisch) und den Einsatz sozialer Mediendienste zu Wahlwerbezwecken.

168 Die Frage der Verantwortlichkeit für eine Datenverarbeitung stellt sich zudem bei der **Nutzung von Videokonferenzdiensten** im Rahmen von Telearbeit.[414] Insbesondere im Zuge der Corona-Pandemie sind aufgrund der anhaltenden Infektionsgefahr viele Arbeitnehmer ins Home Office ausgewichen und Vorlesungen für Studierende an Hochschulen konnten nicht stattfinden, so dass sowohl Unternehmen als auch Hochschulen vermehrt die Dienstleistungen verschiedener Anbieter für die Einrichtung von Videokonferenzen, Online-Vorlesungen, Webinaren etc. in Anspruch nehmen. Es stellt sich in diesem Zusammenhang unter anderem[415] die Frage, wer als datenschutzrechtlich Verantwortlicher i.S.v. Art. 4 Nr. 7 anzusehen ist. Grundsätzlich ist davon auszugehen, dass der Veranstalter der Videokonferenz als Verantwortlicher anzusehen

---

413 Nach Ansicht des *Unabhängigen Datenschutzzentrums Saarland* kann der Einsatz von WhatsApp durch saarländische Kommunen zu dienstlichen Zwecken zulässig sein, vgl. Meldung v. 16.1.2020, abrufbar unter https://www.datenschutz.saarland.de/informationsfreiheit/aktuelles/detail/einsatz-von-whatsapp-durch-saarlaendische-kommunen, zuletzt abgerufen am 14.4.2020.
414 Dazu ausführlich *GDD* Praxishilfe XVI – Videokonferenzen und Datenschutz, S. 13 f.
415 Zu den weiteren datenschutzrechtlichen Fragestellungen vgl. *GDD* Praxishilfe XVI – Videokonferenzen und Datenschutz, S. 5 ff.

ist.[416] Arbeitnehmer fallen dabei unter die datenschutzrechtliche Verantwortlichkeit des Arbeitgebers und sind für die Einrichtung einer Videokonferenz selbst nicht datenschutzrechtlich verantwortlich, sofern sie keine Daten zu eigenen Zwecken verarbeiten.[417] Dies ergibt sich bereits aus der Dienst- und Treuepflicht der Arbeitnehmer gegenüber dem Arbeitgeber. Eine abweichende Beurteilung kann sich allerdings dann ergeben, wenn der Arbeitgeber etwa die Nutzung eines bestimmten Dienstes anbietet, etwa weil er für Arbeitnehmer ein Nutzerkonto bei einem bestimmten Dienst einrichtet, der Arbeitnehmer sich aber für die Nutzung eines anderen Dienstes entscheidet. In diesem Falle ist fraglich, ob dies ausreicht, um eine eigene Verantwortlichkeit des Arbeitnehmers zu begründen. Erforderlich ist eine Prüfung der durch die Rechtsprechung des EuGH[418] konkretisierten tatbestandlichen Voraussetzungen von Art. 4 Nr. 7 im Einzelfall. Eine gemeinsame Verantwortlichkeit verschiedener Veranstalter einer Videokonferenz hängt von den bestehenden Zugriffsrechten auf die Inhalte der Videokonferenz (Aufzeichnung, Transkripte etc.)[419] ab und bedarf ebenfalls einer eingehenden Prüfung im Einzelfall. Im Falle einer gemeinsamen Verantwortlichkeit bedarf es einer Vereinbarung nach Art. 26. Ob eine gemeinsame Verantwortlichkeit des Veranstalters einer Videokonferenz mit dem jeweiligen Diensteanbieter in Betracht kommt, hängt davon ab, ob der Anbieter lediglich eine datenverarbeitende Hilfsfunktion[420] wahrnimmt und somit Auftragsverarbeiter i.S.d. Art. 4 Nr. 8 ist oder ob er darüber hinaus Daten für eigene Zwecke verarbeitet (z.B. Dauer der Videokonferenz, Anzahl der Teilnehmer, Standortdaten), vgl. zur Abgrenzung Rn. 155 ff. Auch hier ist eine eingehende Prüfung im Einzelfall anhand der Voraussetzungen von Art. 4 Nr. 7 und der Rechtsprechung des EuGH sowie der jeweiligen Datenschutzerklärung des Anbieters unabdingbar. Im Außenverhältnis zum Anbieter der Videokonferenz dürfte eindeutig von einer Auftragsverarbeitung nach Art. 28 auszugehen sein, da der Anbieter als Auftragnehmer auf Weisung des Auftraggebers handelt und keinerlei eigene Zwecke mit der Durchführung der Konferenz verfolgt.[421]

169 Ebenfalls noch nicht geklärt ist die Frage, welche Folgen eine „**aufgedrängte Verantwortlichkeit**" hat. In diesen Situationen werden einem Dritten personenbezogene Daten z.B. offengelegt, ohne dass er hiervon Kenntnis hat oder dies will. Zu denken ist insbesondere an Fälle von Datenpannen, bei denen ein Verantwortlicher personenbezogene Daten, ob gewollt oder nicht, an die falsche Person übermittelt. Würde man den Dritten in diesen Situationen als Verantwortlichen einstufen, träfen ihn die kompletten Pflichten, die sich aus der DS-GVO für den Verantwortlichen ergeben. Resultierend aus der weiten Definition der Verarbeitung unter der DS-GVO verarbeitet der Dritte bereits bei Kenntnisnahme der personenbezogenen Daten die selbigen. Unabhängig davon, ob auch eine aufgedrängte Verarbeitung unter die Begriffsdefinition des Art. 4 Nr. 7 zu fassen ist, erscheint es unbillig, würde man den Dritten in solchen Fallkonstellationen mit den Verpflichtungen eines Verantwortlichen belasten. Der Dritte hat keine Entscheidungsbefugnis über Zweck und Mittel der Verarbeitung. Er bekommt die Verarbeitung gegen seinen Willen aufgedrängt. Kontextbezogen

---

416 *GDD* Praxishilfe XVI – Videokonferenzen und Datenschutz, S. 13.
417 *GDD* Praxishilfe XVI – Videokonferenzen und Datenschutz, S. 13.
418 Dazu Rn. 140 ff.
419 *GDD* Praxishilfe XVI – Videokonferenzen und Datenschutz, S. 13 f.
420 Dazu Rn. 156 f.
421 Dazu *GDD* Praxishilfe XVI – Videokonferenzen und Datenschutz, S. 14.

Art. 4 Nr. 7 — Begriffsbestimmungen

betrachtet wird man in dieser Situation erkennen, dass der Dritte das Ob, Warum und Wie der Verarbeitung der personenbezogenen Daten nicht festlegt.[422] Untermauert wird dieses Ergebnis auch dadurch, dass im Fall der Datenpanne der Verantwortliche zur Meldung der Panne verpflichtet ist, nicht der Dritte, der die Daten empfängt.[423] Erst dann, wenn der Dritte die personenbezogenen Daten bewusst für eigene Zwecke verarbeitet, wird er zum Verantwortlichen nach der DS-GVO.

170 Wesentliche Pflichten des Verantwortlichen nach der DS-GVO*

Wesentliche Pflichten für den Verantwortlichen	Zuordnung DS-GVO
(Verarbeitungs-)Verbot mit Erlaubnisvorbehalt	Art. 6
Verarbeitung auf rechtmäßige und transparente Art und Weise sowie nach Treu und Glauben	Art. 5 Abs. 1 lit. a
Grundsatz der Zweckbindung	Art. 5 Abs. 1 lit. b
Grundsatz der Datenminimierung	Art. 5 Abs. 1 lit. c
Richtigkeitsgrundsatz	Art. 5 Abs. 1 lit. d
Grundsatz der Speicherbegrenzung	Art. 5 Abs. 1 lit. e
Grundsätze der Integrität und Vertraulichkeit	Art. 5 Abs. 1 lit. f
Rechenschaftspflicht	Art. 5 Abs. 2
Einholung der Einwilligung und Einwilligungsvoraussetzungen	Art. 6 Abs. 1 lit. a, Art. 7
Bedingungen für die Einwilligung	Art. 7
Schutzvorschriften zu Gunsten von Kindern hinsichtlich Einwilligung	Art. 8
Besondere Voraussetzungen für die Verarbeitung von sensiblen Daten	Art. 9
Vorgaben für transparente Information und Kommunikation	Art. 12
Informationspflichten	Art. 13, 14
Auskunftspflichten	Art. 15 Abs. 1 und 2
Zurverfügungstellung einer Kopie der Daten	Art. 15 Abs. 3 und 4
Berichtigung	Art. 16 S. 1
Vervollständigung	Art. 16 S. 2
Löschung	Art. 17
Verarbeitungsbeschränkung	Art. 18
Benachrichtigungen	Art. 19
Datenportabilität	Art. 20
Widerspruchsrecht	Art. 21
Vorgaben für automatisierte Einzelentscheidungen	Art. 22
Vornahme technischer und organisatorischer Maßnahmen	Art. 24 Abs. 1 und 2
Nachweispflicht	Art. 24 Abs. 3

---

422 Vgl. Rn. 153.
423 Vgl. Kommentierung zu Art. 33 Rn. 51.

Wesentliche Pflichten für den Verantwortlichen	Zuordnung DS-GVO
Datenschutz durch Technik und zu datenschutzfreundlichen Voreinstellungen	Art. 25
Vorgaben für gemeinsam für die Verarbeitung Verantwortliche	Art. 26 i.V.m. Art. 4 Nr. 7
Benennung eines Vertreters	Art. 27
Vorgaben für die Auftragsdatenverarbeitung	Art. 28, 29
Erstellung eines Verzeichnisses der Verarbeitungstätigkeiten	Art. 30
Zusammenarbeit mit der Aufsichtsbehörde	Art. 31
Vorgaben für die Datensicherheit	Art. 32
Benachrichtigung der Datenschutzaufsichts-behörde bei „Datenpannen"	Art. 33
Benachrichtigung des Betroffenen bei „Datenpannen"	Art. 34
Datenschutz-Folgenabschätzung	Art. 35
Vorherige Konsultation der Datenschutzaufsichtsbehörden	Art. 36
Benennung, Stellung und Aufgaben des Datenschutzbeauftragten	Art. 37, 38, 39
Regeln für die Drittstaatenübermittlung	Art. 44, 45
Interessenabwägung im Zusammenhang mit den Kommunikationsfreiheiten	Art. 85
Sonderregeln für den Zugang zu amtlichen Dokumenten	Art. 86
Sonderregeln für nationale Kennziffern	Art. 87
Sonderregeln im Beschäftigungskontext	Art. 88
Sonderregeln für Datenverarbeitung zu archivarischen Zwecken	Art. 89 Abs. 3
Sonderregeln für Datenverarbeitung zu wissenschaftlichen und historischen Forschungszwecken	Art. 89 Abs. 2
Sonderregeln für Datenverarbeitung zu statistischen Zwecken	Art. 89 Abs. 2
Geheimhaltungsvorschriften	Art. 90

* Die Autoren danken Herrn stud. iur. David Merten bei der Unterstützung hinsichtlich der Erstellung der Übersichtstabelle.

IX. Art. 4 Nr. 8: Auftragsverarbeiter

1. Allgemeines. Als „Auftragsverarbeiter" definiert Art. 4 Nr. 8 eine natürliche oder juristische Person, Behörde, Einrichtung oder andere Stelle, die personenbezogene Daten im Auftrag des Verantwortlichen verarbeitet. Wie sich unmittelbar aus der Definition ergibt, setzt die Stellung des Auftragsverarbeiters voraus, dass es schon einen oder ggf. mehrere Verantwortliche gibt. Die Vorschrift dient, so wie auch die Definitionen anderer an der Verarbeitung von personenbezogener Daten beteiligter Akteure, der Festlegung von Verantwortlichkeiten im Anwendungsbereich der DS-GVO. Die Begriffsbestimmung muss im Zusammenhang mit den Definitionen der Begriffe „Verantwortlicher" und „Dritter" gesehen werden.[424] Im systematischen Kon-

---

[424] *Art.-29-Datenschutzgruppe* WP 169 zu den Begriffen „für die Verarbeitung Verantwortlicher" und „Auftragsverarbeiter", S. 7.

Art. 4 Nr. 8 — Begriffsbestimmungen

text der Definition des Art. 4 Nr. 8 finden sich der Verantwortliche (Nr. 7), der Empfänger (Nr. 9) und der Dritte (Nr. 10). Die weiteren Rollen bei der Begriffsbestimmung wie der Vertreter (Nr. 17) oder die Aufsichtsbehörde (Nr. 21) finden sich wenig systematisch aufgelistet im Art. 4. Aus der Systematik in der Auflistung der Begriffsbestimmungen ergeben sich daher keine besonderen Hinweise oder Ansatzpunkte für die Auslegung.[425]

172 Die Begriffsbestimmung des Auftragsverarbeiters in der DS-GVO ist identisch mit der Vorgabe in Art. 2 lit. e DSRL. Insoweit kann bei der Auslegung im Rahmen der DS-GVO auf die bisherigen Auslegungen zurückgegriffen werden. Indem Art. 4 Nr. 8 die Definition aus der DSRL übernimmt, ist nunmehr auch klargestellt, dass Auftragsverarbeiter auch außerhalb des EU, d.h. in Drittstaaten, angesiedelt sein können. Die unter alter Rechtslage deutsche Besonderheit des § 3 Abs. 8 S. 2 BDSG a.F., die dies nicht vorsah, ist hinfällig.[426]

173 Nicht zulässig ist es, mittels eines nationalen Gesetzes zu bestimmen, wer bzw. wer kein Auftragsverarbeiter in diesem Sinne ist. Mangels Öffnungsklausel hinsichtlich der Begriffsdefinition des Auftragsverarbeiters bzw. der gegenläufigen gemeinsamen Verantwortlichkeit steht es dem nationalen Gesetzgeber nicht frei, abweichend von der Definition des Art. 4 Nr. 8 bzw. Nr. 7 Regelungen zu erlassen.[427]

174 Aus der Qualifikation als Auftragsverarbeiter nach Art. 4 Nr. 8 folgt zunächst die Pflicht, mit dem Verantwortlichen die Voraussetzungen für eine Auftragsverarbeitung nach Art. 28 zu schaffen.[428] Zusätzlich gibt es in der DS-GVO eine Vielzahl von Normen mit eigenen Rechtspflichten und Rechtsfolgen für den Auftragsverarbeiter. Dies sind insbesondere die Art. 27, 29, 30 Abs. 2, 31, 32, 33 Abs. 2, 35 Abs. 8.[429] Hinzu treten die verschiedenen Rechtsfolgen. Hier ist insbesondere daran zu denken, dass der Auftragsverarbeiter nach Art. 58 Adressat behördlicher Anordnungen werden kann.[430] Weiter muss es nach Art. 79 wirksame Beschwerdemöglichkeiten gegen den Auftragsverarbeiter geben.[431] Zusätzlich haftet dieser bei materiellen und immateriellen Schäden gegenüber dem Betroffenen nach Art. 82[432] und er kann selbst Adressat von Bußgeldern nach Art. 83 Abs. 4 lit. a[433] sein.

175 **2. Inhalt. – a) Privilegierung der Auftragsdatenverarbeitung.** Nach dem BDSG a.F. wurde bei der Auftragsdatenverarbeitung überwiegend davon ausgegangen, dass der Auftraggeber für die Weitergabe der personenbezogenen Daten an den Auftragnehmer einer Auftragsdatenverarbeitung keines eigenen Erlaubnistatbestands bedurfte.[434]

---

425 So auch Gierschmann-*Kramer* Art. 4 Nr. 8 Rn. 4.
426 Vgl. *Laue/Kremer* Das neue Datenschutzrecht in der betrieblichen Praxis, § 1 Rn. 64; zur Drittstaatenproblematik auch Gierschmann-*Kramer* Art. 4 Nr. 8 Rn. 23 ff.
427 Dazu auch Rn. 6 ff.
428 Vgl. hierzu Kommentierung zu Art. 28.
429 Vgl. umfassend dazu die Kommentierungen der jeweiligen Artikel.
430 Vgl. dazu Kommentierung zu Art. 58.
431 Vgl. Kommentierung zu Art. 79.
432 Vgl. Kommentierung zu Art. 82.
433 Vgl. Kommentierung zu Art. 83 Abs. 4 lit. a.
434 Vgl. zum Überblick des Streitstandes nach BDSG Gierschmann-*Kramer* Art. 4 Nr. 7 Rn. 9 ff.

Da der Begriff des „Übermittelns" nicht mehr gesondert definiert ist, sondern als **176** Beispiel der „Verarbeitung" in Art. 4 Nr. 2 genannt wird, wird vertreten, dass die Übermittlung von personenbezogenen Daten an den Auftragsverarbeiter jetzt einer gesonderten Rechtsgrundlage bedarf.[435] Demgegenüber geht die Art.-29-Datenschutzgruppe davon aus, dass die Rechtmäßigkeit der Auftragsverarbeitung durch den von dem für die Verarbeitung Verantwortlichen erteilten Auftrag bestimmt wird.[436] Weiter könne dieser und der Auftragsverarbeiter als „innerer Kreis der Datenverarbeitung" angesehen werden und falle nicht unter die speziellen Bestimmungen über Dritte.[437] Diese Auffassung kann man auch damit begründen, dass die Beauftragung eines Dienstleisters als Auftragsverarbeiter kein eigenständiger Akt der Datenverarbeitung ist, sondern sich als Teil der Verarbeitungshandlungen des Verantwortlichen als Auftraggeber nach Art. 4 Nr. 2 darstellt. Sofern die Verarbeitung durch den Verantwortlichen rechtmäßig auf der Grundlage eines Erlaubnistatbestands beruht, erstreckt sich diese Rechtmäßigkeit auch auf den Auftragsverarbeiter nach Maßgabe der Art. 28, 29. Hinzu kommt, dass der Auftragsverarbeiter gem. Art. 29 Daten nur strikt weisungsgebunden verarbeiten darf. Es besteht deshalb kein besonderer Schutzbedarf der betroffenen Person.[438]

b) Datenverarbeitung im Auftrag. Wesentliches Tatbestandsmerkmal zur Bestimmung **177** des Auftragsdatenverarbeiters ist nach Art. 4 Nr. 8 die Datenverarbeitung „im Auftrag". Es muss hierfür eine nachvollziehbare Beauftragung durch den Verantwortlichen erfolgt sein. Inhaltliche Regelungen bezogen auf diese Beauftragung finden sich in Art. 28.[439] Das zentrale Element der Auftragsverarbeitung ist die **Weisungsgebundenheit des Auftragsverarbeiters.** In der Regel erfolgt ein Auftrag durch den Verantwortlichen auf Grundlage eines Auftragsverarbeitungsvertrags. Aus diesem Vertrag ergibt sich das Weisungsverhältnis zwischen Verantwortlichem und Auftragsverarbeiter.[440]

Diese Weisungsgebundenheit des Auftragnehmers ist auch das entscheidende Krite- **178** rium bei der Abgrenzung der Auftragsverarbeitung von der Rechtsfigur der gemeinsamen Verantwortlichkeit.[441] Soweit bei gemeinsam Verantwortlichen jeder Beteiligte selber Verantwortlicher ist und einen steuernden und kontrollierenden Einfluss auf die Zwecke oder wesentlichen Mittel der Verarbeitung nimmt, unterwirft sich der Auftragsverarbeiter insofern den Weisungen des Verantwortlichen und wird lediglich

---

435 So zum Beispiel *Koos/Englisch* ZD 2014, 276, 284.
436 *Art.-29-Datenschutzgruppe* WP 169 zu den Begriffen „für die Verarbeitung Verantwortlicher" und „Auftragsverarbeiter", S. 31.
437 *Art.-29-Datenschutzgruppe* WP 169 zu den Begriffen „für die Verarbeitung Verantwortlicher" und „Auftragsverarbeiter", S. 8.
438 Zum gleichen Ergebnis kommt Gierschmann-*Kramer* Art. 4 Nr. 7 Rn. 11 ff., der den Auftragsverarbeiter als „verlängerte Werkbank" des Verantwortlichen bezeichnet; auch Gola-*Gola* Art. 4 Nr. 8 Rn. 58. Siehe zur Privilegierung der Auftragsverarbeitung nach der DS-GVO vertiefend auch die Kommentierung von *Kremer* zu Art. 28 Rn. 57 ff.
439 Vgl. dazu Kommentierung zu Art. 28.
440 Vgl. Simitis/Hornung/Spiecker gen. Döhmann-*Petri* Art. 4 Nr. 8 Rn. 6.
441 Zur Abgrenzung insgesamt auch *Specht-Riemschneider/Schneider* Die gemeinsame Verantwortlichkeit im Datenschutzrecht, MMR 2019, 503, 504; BeckOK DatenSR-*Spoerr* Art. 28 Rn. 22.

als dessen „verlängerter Arm" tätig.[442] Expertise und überlegenes Wissen allein führen nicht zur gemeinsamen Verantwortlichkeit, solange und soweit die Entscheidung über die Zwecke und Mittel der Verarbeitung beim Auftraggeber verbleiben. Einer Auftragsverarbeitung steht auch nicht entgegen, dass das Konzept einer Datenverarbeitung inklusive der Zwecke und wesentlichen Mittel der Verarbeitung von einem Dienstleister entwickelt wurde, solange der Auftraggeber das Konzept akzeptiert und der Dienstleister im Folgenden nur weisungsgebunden handelt.[443] Indiz für eine Auftragsverarbeitung kann sein, wenn ein Akteur über den Verarbeitungsprozess hinaus keine eigenen Interessen an den Daten hat oder an dem Ergebnis, welches aus der Verarbeitung resultiert.[444]

179 Umstritten ist die **Abgrenzung zu anderen Dienstleistungen**, die durch einen Auftragnehmer erbracht werden, jedoch keine Auftragsverarbeitung darstellen. Insbesondere hat sich dieser Streit an der Einordnung verschiedener freier Berufe entbrannt.

180 Im deutschen Datenschutzrecht wurde bisher der Begriff der **Funktionsübertragung** als Gegenbegriff zur weisungsgebundenen Auftragsverarbeitung gebraucht. Eine Funktionsübertragung wurde angenommen, wenn der Dritte über eine eigene Entscheidungsbefugnis hinsichtlich des „wie" der Datenverarbeitung und diesbezüglich auch der Auswahlbefugnis hat, ihm damit die Aufgabe der Verarbeitung obliegt und er insoweit für die Datenverarbeitung verantwortlich ist und über die Daten verfügen kann.[445] Der Dritte hat in diesem Fall ein eigenes Interesse an den Daten. In Bezug auf freiberufliche Tätigkeiten, wie die eines Steuerberaters oder Wirtschaftsprüfers, wird man davon ausgehen müssen, dass eine Auftragsdatenverarbeitung regelmäßig nicht in Betracht kommt. Freiberufliche Tätigkeiten werden unabhängig, selbstständig und eigenverantwortlich durchgeführt. Diese Merkmale widersprechen grundlegend einer Weisungsgebundenheit, wie sie für die Auftragsverarbeitung elementar ist. So erläutert die Art.-29-Datenschutzgruppe auch bezogen auf den Rechtsanwalt, dass solche Berufsstände als unabhängige „für die Verarbeitung Verantwortliche" anzusehen sind, wenn sie im Rahmen der rechtlichen Vertretung ihrer Klienten Daten verarbeiten.[446]

181 Der Begriff der Funktionsübertragung ist der DS-GVO fremd. Um sachgerechte Abgrenzungen vorzunehmen wird aber am Konstrukt der Funktionsübertragung festzuhalten sein. Es ist auch weiterhin davon auszugehen, dass Rechtsanwälte, Steuerberater und andere freie Berufsträger und Dienstleister, die eine eigenverantwortliche und weisungsfreie Aufgabe übernehmen, selbst Verantwortliche und eben keine Auftragsverarbeiter sind. Sie bedürfen damit einer eigenen Legitimation zur Datenverarbeitung und haben die weiteren Pflichten eines Verantwortlichen zu erfüllen.[447]

---

442 Vgl. GDD-Praxishilfe XV: Die gemeinsame Verantwortlichkeit nach Art. 26 DS-GVO (Joint Controllership), S. 9.
443 Vgl. GDD-Praxishilfe XV: Die gemeinsame Verantwortlichkeit nach Art. 26 DS-GVO (Joint Controllership), S. 10.
444 GDD-Praxishilfe XV: Die gemeinsame Verantwortlichkeit nach Art. 26 DS-GVO (Joint Controllership), S. 10.
445 BeckOK DatenSR-*Schild* Art. 4 Nr. 8 Rn. 98.
446 *Art.-29-Datenschutzgruppe* WP 169 zu den Begriffen „für die Verarbeitung Verantwortlicher" und „Auftragsverarbeiter", S. 35, Beispiel 21.
447 So auch Gierschmann-*Kramer* Art. 4 Nr. 7 Rn. 20; a.A. wohl BeckOK DatenSR-*Schild* Art. 4 Nr. 8 Rn. 98.

Inhalt der Beauftragung muss eine Verarbeitung personenbezogener Daten sein. Der Begriff des Verarbeitens ist auch im Anwendungsbereich des Art. 4 Nr. 8 weit zu verstehen, so dass jeder Verarbeitungsschritt erfasst wird. Ausreichend ist bereits die Auslagerung der Datenerhebung auf den Auftragsverarbeiter, z.B. im Rahmen von Call-Centern.[448]

3. Einzelfälle/Praxisbeispiele. Ein **Internet-Dienstanbieter**, der Hosting-Dienste bereitstellt, ist grundsätzlich ein Auftragsverarbeiter hinsichtlich der personenbezogenen Daten, die von seinen Kunden – die diesen Anbieter für das Hosting und die Wartung ihrer Websites einsetzen – online veröffentlicht werden. Wenn der Internet-Dienstanbieter die auf den Websites erhaltenen Daten für seine eigenen Zwecke weiterverarbeitet, ist er jedoch der für die Verarbeitung Verantwortliche hinsichtlich dieser spezifischen Verarbeitung. Dieser Sachverhalt unterscheidet sich von einem Internet-Diensteanbieter, der E-Mail- oder Internet-Zugangsdienste bereitstellt.[449]

Die Einstufung von **Rechnungsprüfern und Steuerberatern** kann je nach Kontext unterschiedlich sein. Wenn Rechnungsprüfer und Steuerberater für die breite Öffentlichkeit und Kleinbetriebe Dienstleistungen auf der Grundlage sehr allgemeiner Weisungen erbringen („Erstellen Sie meine Steuererklärung"), dann handeln sie – wie Rechtsanwälte und Notare unter ähnlichen Umständen und aus ähnlichen Gründen – als für die Verarbeitung Verantwortliche. Wenn ein Rechnungsprüfer jedoch für ein Unternehmen tätig wird, z.B. um eine umfassende Buchprüfung vorzunehmen, und dabei ausführliche Weisungen des fest angestellten Buchprüfers des Unternehmens unterliegt, dann ist er aufgrund der klaren Weisungen und des mithin eingeschränkten Handlungsspielraums generell als Auftragsverarbeiter einzustufen, sofern er nicht ein Angestellter des Unternehmens ist. Diese Einstufung unterliegt jedoch einem großen Vorbehalt: Stellt ein Rechnungsprüfer ein meldepflichtiges Fehlverhalten fest, handelt er aufgrund seiner beruflichen Verpflichtung als für die Verarbeitung Verantwortlicher.[450]

Weitere klassische Anwendungsbereiche der Auftragsverarbeitung sind etwa die Auslagerung der Lohn- und Gehaltsabrechnung, Archivierungsvorgänge und Konvertierungen von Dokumenten, Verarbeitung von Kundendaten durch Callcenter ohne wesentliche eigene Entscheidungsspielräume oder die Datenträgerentsorgung. Auch Software als Service Angebote sind als Auftragsdatenverarbeitung zu qualifizieren, sofern der SaaS-Anbieter die Daten nicht auch für eigene Auswertungen zu Zwecken der Qualitätssicherung oder Produktoptimierung verwendet.[451]

X. Art. 4 Nr. 9: Empfänger

1. Allgemeines. Nach Art. 4 Nr. 9 ist Empfänger eine natürliche oder juristische Person, Behörde, Einrichtung oder andere Stelle, der personenbezogene Daten offengelegt werden, unabhängig davon, ob es sich bei ihr um einen Dritten handelt oder

---

448 *Art.-29-Datenschutzgruppe* WP 169 zu den Begriffen „für die Verarbeitung Verantwortlicher" und „Auftragsverarbeiter", S. 35, Beispiel 20.
449 *Art.-29-Datenschutzgruppe* WP 169 zu den Begriffen „für die Verarbeitung Verantwortlicher" und „Auftragsverarbeiter", S. 31, Beispiel 16.
450 *Art.-29-Datenschutzgruppe* WP 169 zu den Begriffen „für die Verarbeitung Verantwortlicher" und „Auftragsverarbeiter", S. 35, Beispiel 23.
451 Vgl. GDD-Praxishilfe XV: Die gemeinsame Verantwortlichkeit nach Art. 26 DS-GVO (Joint Controllership), S. 10.

Art. 4 Nr. 9 — Begriffsbestimmungen

nicht. Eine Ausnahme gilt nach Art. 4 Nr. 9 S. 2 für Behörden. Behörden, die im Rahmen eines Untersuchungsauftrags nach dem Unionsrecht oder dem Recht der Mitgliedstaaten möglicherweise personenbezogene Daten erhalten, gelten jedoch nicht als Empfänger; die Verarbeitung dieser Daten durch die genannten Behörden erfolgt im Einklang mit den geltenden Datenschutzvorschriften gem. den Zwecken der Verarbeitung.

187 Der Begriff des „Empfängers" ist der Oberbegriff für alle Stellen, die personenbezogene Daten durch den Verantwortlichen erhalten. In der DS-GVO findet der Begriff insbesondere bei den Rechten des Betroffenen auf Information, Auskunft, Berichtigung und Löschung gem. den Art. 13, 14, 15 und 19 Anwendung.[452] Auch für das Verzeichnis von Verarbeitungstätigkeiten nach Art. 30 ist der Begriff des Empfängers von Bedeutung.[453]

188 Adressat der Norm ist zunächst der Verantwortliche. Wenn er personenbezogene Daten einem Empfänger offengelegt hat, treffen ihn Informations- und Auskunftspflichten gegenüber dem Betroffenen, Mitteilungspflichten gegenüber dem Empfänger und Dokumentationspflichten.[454] Zusätzlich ist die Norm auch für den Empfänger der personenbezogenen Daten von Bedeutung. Dieser muss prüfen, ob und welche Pflichten ihn nach der DS-GVO treffen, sofern er als Empfänger einzustufen ist.

189 **2. Inhalt.** Voraussetzung für die Einstufung als Empfänger nach Art. 4 Nr. 9 sind eine empfangende Stelle und die Offenlegung personenbezogener Daten dieser Stelle gegenüber.

190 **a) Empfangende Stelle.** Empfänger kann jede natürliche oder juristische Person, jede Behörde, jede Einrichtung und jede andere Stelle sein. Diesen Personen oder Stellen müssen personenbezogene Daten offengelegt werden. Im Kern geht es darum, dass einem Empfänger personenbezogene Daten zugänglich gemacht werden, d.h. entweder zur Kenntnis gebracht werden oder die Möglichkeit einer Kenntnisnahme eingeräumt wird.[455]

191 Auch ein Dritter kann Empfänger sein.[456] Damit sind insbesondere Personen und Stellen als Empfänger einzuordnen, die außerhalb der Organisationseinheit des Verantwortlichen stehen[457] Im Schrifttum umstritten ist die Frage, wie interne **Funktions- und Organisationseinheiten** des Verantwortlichen einzuordnen sind. Es wird vertreten, dass interne Funktions- oder Organisationseinheiten des Verantwortlichen keine Empfänger i.S.d. Art. 4 Nr. 9 seien. So sei z.B. die Personalverwaltung nicht Empfänger von Beschäftigtendaten, wenn eine Organisationseinheit intern eine Mitteilung in Bezug auf einen Beschäftigten an die Personalverwaltung macht.[458] Vor allem wird angeführt, die Empfängereigenschaft setze eine gewisse Eigenständigkeit voraus.[459]

---

452 Vgl. Kommentierung zu den jeweiligen Artikeln.
453 Vgl. Kommentierung zu Art. 30 Abs. 1 S. 2 lit. d.
454 Gierschmann-*Veil* Art. 4 Nr. 7 Rn. 5.
455 Kühling/Buchner-*Hartung* Art. 4 Nr. 9 Rn. 6.
456 Franzen/Gallner/Oetker-*Franzen* Kommentar zum europäischen Arbeitsrecht, Art. 4 Nr. 9 Rn. 15; Gola-*Gola* Art. 4 Nr. 9 Rn. 61; Auernhammer-*Eßer* Art. 4 Nr. 9 Rn. 44.
457 Vgl. Simitis/Hornung/Spiecker gen. Döhmann-*Petri* Art. 4 Nr. 9 Rn. 3.
458 Auernhammer-*Eßer* Art. 4 Nr. 9 Rn. 44.
459 Paal/Pauly-*Ernst* Art. 4 Rn. 57; Gola-*Gola* Art. 4 Rn. 63.

Diese Auffassung überzeugt nach der DS-GVO jedoch nicht. Sie ist geprägt durch die alte Rechtslage. Danach war ein Datenfluss innerhalb der verantwortlichen Stelle und die Datenübergabe an einen Auftragsdatenverarbeiter als ein „Nutzen" nach § 3 Abs. 5 BDSG a.F. anzusehen. Den Begriff des „Nutzens" kennt die DS-GVO jedoch nicht mehr. Eine Unterscheidung zwischen Verarbeiten und Nutzen besteht nicht. Wenn einer Person, auch innerhalb der Organisationseinheit des Verantwortlichen, Daten offengelegt werden, dass ist diese Person Empfänger nach Art. 4 Nr. 9.[460] 192

b) Begriff der Offenlegung. Die Empfängereigenschaft nach Art. 4 Nr. 9 setzt voraus, dass dem Empfänger personenbezogene Daten durch den Verantwortlichen offengelegt werden. Nach der Definition des Art. 4 Nr. 2 ist die Offenlegung, die Übermittlung, Verbreitung oder eine andere Form der Bereitstellung. Umstritten ist die Frage, ob die Offenlegung auch die Veröffentlichung durch den Verantwortlichen umfasst. Wäre dies der Fall, wäre auch der als Empfänger nach Art. 4 Nr. 9 anzusehen, der von personenbezogenen Daten Kenntnis erlangt, die durch den Verantwortlichen veröffentlicht wurde. 193

Es wird vertreten, dass auch dann eine Offenlegung vorliegt, wenn „Daten auf einer Website oder in einem Internet-Forum anderen zur Kenntnis gegeben werden"[461] oder wenn „die Weitergabe an eine unbestimmte Vielzahl von Empfängern"[462] erfolgt. Die Offenlegung nach Art. 4 Nr. 2 erfasst danach auch die Veröffentlichung durch den Verantwortlichen an eine unbestimmte und unbestimmbare Anzahl an Empfängern. 194

Nach einer anderen Ansicht setzt die Offenlegung voraus, dass der Verantwortliche einer bestimmten oder zumindest bestimmbaren Person oder einem Kreis bestimmter oder bestimmbarer Personen die personenbezogenen Daten zielgerichtet übermittelt. Demnach sei eine Veröffentlichung keine Offenlegung im Sinne der DS-GVO, da sich die Veröffentlichung an einen unbestimmten Personenkreis richtet.[463] Würden „Offenlegung" und „Verbreitung" im Sinne von Art. 4 Nr. 2 die Veröffentlichung personenbezogener Daten meinen, müssten die Begriffe in der DS-GVO auch benutzt werden. Stattdessen werden für die Veröffentlichung personenbezogener Daten so konsequent andere Begriffe als „Offenlegung" und „Verbreitung" verwendet, dass der Begriff der „Offenlegung" Veröffentlichungen nicht umfassen dürfte.[464] Vor allem die systematische Auslegung anhand der Verwendung der Begrifflichkeiten in der DS-GVO lässt die letztgenannte Auffassung vorzugswürdig erscheinen. 195

3. Ausnahmen bei Behörden. Art. 4 Nr. 9 S. 2 enthält eine Ausnahme von der Einordnung als Empfänger. Danach sollen Behörden, die im Rahmen eines bestimmten Untersuchungsauftrags nach Unionsrecht oder dem Recht der Mitgliedstaaten personenbezogene Daten erhalten, nicht als Empfänger gelten. Der Begriff des Untersuchungsauftrags dürfte nach der deutschen Gesetzesterminologie am ehesten mit „Ersuchen" übersetzt werden können.[465] 196

---

460 So auch Gierschmann-*Veil* Art. 4 Nr. 7 Rn. 15; BeckOK DatenSR-*Schild* Art. 4 Nr. 9 Rn. 102.
461 Paal/Pauly-*Ernst* Art. 4 Rn. 30.
462 Kühling/Buchner-*Herbst* Art. 4 Nr. 2 Rn. 32.
463 Gierschmann-*Veil* Art. 4 Nr. 9 Rn. 24; Ehmann/Selmayr-*Kamann/Braun* Art. 17 Rn. 40; Auernhammer-*Thomale* Art. 28 Rn. 7.
464 Vgl. dazu Gierschmann-*Veil* Art. 4 Nr. 9 Rn. 19 ff., mit einer sehr übersichtlichen systematischen Auslegung der Begriffe.
465 Gierschmann-*Veil* Art. 4 Nr. 9 Rn. 28.

197 ErwG 31 nennt beispielhaft und nicht abschließend die Steuer- und Zollbehörden, Finanzermittlungsstellen, unabhängige Verwaltungsbehörden oder Finanzmarktbehörden, die für die Regulierung von Wertpapiermärkten zuständig sind. Mangels Empfängereigenschaft entfallen hier die Informations- und Mitteilungspflichten.[466] Art. 4 Nr. 9 S. 2 stellt jedoch klar, dass die Verarbeitung durch die ausgenommenen Behörden im Einklang mit den geltenden Datenschutzvorschriften erfolgen muss.

198 Grund für die Privilegierung dieses Sachverhalts ist, dass die Verarbeitung durch die genannten Behörden ja ohnehin im Einklang mit den Datenschutzvorschriften der DS-GVO und des bereichsspezifischen Rechts zu erfolgen hat.[467]

XI. Art. 4 Nr. 10: Dritter

199 **1. Allgemeines.** Nach Art. 4 Nr. 10 ist Dritter eine natürliche oder juristische Person, Behörde, Einrichtung oder andere Stelle, außer der betroffenen Person, dem Verantwortlichen, dem Auftragsverarbeiter und den Personen, die unter der unmittelbaren Verantwortung des Verantwortlichen oder des Auftragsverarbeiters befugt sind, die personenbezogenen Daten zu verarbeiten. Der Begriff des Dritten dient der Abgrenzung verschiedener Akteure innerhalb des Regelungsbereiches der DS-GVO. Wenn man aufgrund der Anwendung der Definition und der danach notwendigen Abwägungen zum Schluss kommt, dass ein Dritter – rechtmäßig oder rechtswidrig – personenbezogene Daten empfängt, ist er als ein neuer Verantwortlicher anzusehen und unterliegt damit allein oder gemeinsam mit anderen Verantwortlichen sämtlichen diesen nach der DS-GVO obliegenden Pflichten.[468] Die Definition entspricht Art. 2 lit. f DSRL.

200 Neben der Definition in Art. 4 Nr. 10 nennt die DS-GVO den Begriff des Dritten bei der Definition des Empfängers und im Zusammenhang mit dem Erlaubnistatbestand des Art. 6 Abs. 1 lit. f.[469] Da der Begriff des Dritten in Art. 6 Abs. 1 lit. f und bei den damit zusammenhängende Informationspflichten genannt wird, ist die Definition für den Verantwortlichen relevant, der sich für seine Datenverarbeitung auf die berechtigten Interessen eines Dritten stützen will, und für den Betroffenen, dessen Interessen gegen die berechtigten Interessen des Dritten abgewogen werden müssen. Weitere Erwähnung findet der Begriff des Dritten in den ErwG 47, 54 und 69.

201 **2. Inhalt.** Dritter kann eine natürliche oder juristische Person, eine Behörde, eine Einrichtung oder eine andere Stelle sein. Wie sich aus der Regelung des Art. 6 Abs. 1 lit. f entnehmen lässt, muss es sich bei dem Dritten um eine Person oder Stelle handeln, dessen Interesse vom berechtigten Interesse des Verantwortlichen abweicht. Werden dem Dritten personenbezogene Daten offengelegt, wird er zum Empfänger und damit zum Verantwortlichen.[470]

202 Art. 4 Nr. 10 grenzt den Dritten negativ ab. Danach ist der Dritte kein Betroffener, kein Verantwortlicher, kein Auftragsverarbeiter und keine Person, die unter der

---

466 Auernhammer-*Eßer* Art. 4 Nr. 9 Rn. 45.
467 Gierschmann-*Veil* Art. 4 Nr. 9 Rn. 30.
468 Kühling/Buchner-*Hartung* Art. 4 Nr. 10 Rn. 5; *Art.-29-Datenschutzgruppe* WP 169 zu den Begriffen „für die Verarbeitung Verantwortlicher" und „Auftragsverarbeiter", S. 38.
469 Vgl. Kommentierung zu Art. 6 Abs. 1 lit. f DS-GVO.
470 Gierschmann-*Veil* Art. 4 Nr. 10 Rn. 11; Ehmann/Selmayr-*Klabunde* Art. 4 Nr. 10 Rn. 32.

unmittelbaren Verantwortung des Verantwortlichen oder des Auftragsverarbeiters befugt ist, personenbezogene Daten zu verarbeiten. Zum Auftragsverarbeiter gehören auch dessen Unterauftragnehmer.[471]

Maßgebliches Kriterium ist, dass der Dritte „außerhalb der verantwortlichen Stelle" steht. Dritter ist damit in Abgrenzung zu einer Behörde jede andere Behörde, auch wenn diese zum gleichen Rechtsträger gehört. Damit ist auch jede andere öffentliche Stelle Dritter. Innerhalb einer Behörde (z.b. Gemeindeverwaltung) können jedoch, wenn funktional mehrere Aufgaben wahrgenommen werden, die „Ämter" dieser Behörde „Dritte" zueinander sein.[472] Dritte sind Personen oder Stellen, die mit dem Verantwortlichen nicht identisch sind.[473] In dem Moment, in dem eine Person oder Stelle verantwortlich wird, ist sie nicht mehr Dritter.[474] Beschäftigte des Verantwortlichen, die nicht befugt sind, personenbezogene Daten zu bearbeiten sind damit als Dritte einzustufen.[475] Gibt also ein Mitarbeiter rechtswidrig personenbezogene Daten an einen Kollegen weiter, so ist darin eine rechtswidrige Übermittlung eines Dritten zu sehen.[476] **203**

3. Praxisbeispiele. Ein Beschäftigter erhält im Rahmen der Durchführung seiner Aufgaben Kenntnis von personenbezogenen Daten, für die er kein Zugangsrecht besitzt. In diesem Fall sollte dieser Mitarbeiter in Bezug auf seinen Arbeitgeber als Dritter angesehen werden, mit allen sich daraus ergebenden Folgen einschließlich der Haftung hinsichtlich der Rechtmäßigkeit der Weitergabe und Verarbeitung der Daten.[477] **204**

XII. Art. 4 Nr. 11: Einwilligung

1. Allgemeines. Art. 4 Nr. 11 definiert die Einwilligung der betroffenen Person als jede freiwillige für den bestimmten Fall, in informierter Weise und unmissverständlich abgegebene Willensbekundung in Form einer Erklärung oder einer sonstigen eindeutigen bestätigenden Handlung, mit der die betroffene Person zu verstehen gibt, dass sie mit der Verarbeitung der sie betreffenden personenbezogenen Daten einverstanden ist. Der Einwilligung kommt unter der DS-GVO eine zentrale Rolle als Erlaubnistatbestand für eine rechtmäßige Datenverarbeitung zu.[478] **205**

Der Begriff findet sich auch außerhalb des Datenschutzrechts, insbesondere im Zivil- und Strafrecht. Zu beachten sind insbesondere die unterschiedlichen lauterkeits- und datenschutzrechtlichen Anforderungen an die Einwilligung.[479] Das Datenschutzrecht ist geprägt von hohen Transparenz- und Bestimmtheitserfordernissen. Dies führt dazu, dass die Einwilligung im Datenschutzrecht einen eigenen Charakter bekommt und sie **206**

---

471 Sydow-*Ziebarth* Art. 4 Nr. 10 Rn. 161.
472 BeckOK DatenSR-*Schild* Art. 4 Rn. 110.
473 Auernhammer-*Eßer* Art. 4 Nr. 10 Rn. 47.
474 So auch Gierschmann-*Veil* Art. 4 Nr. 10 Rn. 14.
475 Sydow-*Ziebarth* Art. 4 Nr. 10 Rn. 162.
476 Paal/Pauly-*Ernst* Art. 4 Nr. 10 Rn. 60.
477 *Art.-29-Datenschutzgruppe* WP 169 zu den Begriffen „für die Verarbeitung Verantwortlicher" und „Auftragsverarbeiter", S. 38, Beispiel 26.
478 Buchner/Kühling-*Buchner/Kühling* Art 4 Nr. 11 Rn. 5.
479 Dazu *Schwartmann/Klein* Art. 6 Rn. 23.

Art. 4 Nr. 11 — Begriffsbestimmungen

gesonderten Voraussetzungen unterliegt. Die datenschutzrechtlichen Anforderungen an eine Einwilligung sind unter der DS-GVO maßgeblich.[480]

207 Unionsrechtlich wurde die datenschutzrechtliche Einwilligung bislang durch Art. 2 lit. h DSRL geregelt. Die Definition in Art. 4 Nr. 11 ist die Nachfolgeregelung dieser Norm. Sie wird nunmehr aber durch weitere Wirksamkeitsvoraussetzungen begleitet, die sich vor allem in Art. 7[481] und Art. 8[482] wiederfinden.

208 Im deutschen Recht war die Einwilligung bisher in § 4a BDSG a.F. geregelt. Für eine nationale Regelung bleibt unter der DS-GVO kein Raum mehr. Die Einwilligung hat nunmehr den Vorgaben der DS-GVO zu genügen. Lediglich in Bezug auf die **Einwilligung im Beschäftigtenkontext** lässt die DS-GVO über Art. 88 dem nationalen Gesetzgeber Regelungskompetenz. Hiervon wurde mit § 26 Abs. 2 BDSG n.F. Gebrauch gemacht.[483]

209 Adressiert ist die Definition der Einwilligung in erster Linie an den Verantwortlichen. Dieser ist gem. Art. 5 Abs. 2 rechenschaftspflichtig dafür, dass seine Verarbeitung rechtmäßig ist.[484] Art. 7 Abs. 1 verlangt ausdrücklich, dass der Verantwortliche die Einwilligung nachweisen kann.[485]

210 Die Definition steht in einem engen Zusammenhang mit anderen Normen der DS-GVO. Sie ist immer im Zusammenhang mit den Voraussetzungen der Art. 7 und 8 und den ErwG 32, 33, 42, und 43 zu lesen. Maßgeblich ist die Definition der Einwilligung zunächst, um eine Datenverarbeitung gem. Art. 6 rechtmäßig auszugestalten. Beruht die Datenverarbeitung auf einer Einwilligung, ist im Rahmen der Informationspflichten nach Art. 13 und 14 auf das Recht zum Widerruf hinzuweisen. Daneben beziehen sich einige Betroffenenrechte auf Verarbeitungssituationen, die durch eine Einwilligung legitimiert wurden. Hierzu zählen insbesondere das Recht auf Löschung[486], das Recht der Verarbeitung bei Einschränkung der Verarbeitung[487] und das Recht auf Datenübertragbarkeit[488].

211 **2. Inhalt.** Aus der Definition der Einwilligung ergeben sich Wirksamkeitsvoraussetzungen für die datenschutzrechtliche Einwilligung.[489] Tatbestandsmerkmale sind die **Freiwilligkeit**[490], die **Bestimmtheit**[491], die **Informiertheit**[492] und die **unmissverständlich**

---

480 So auch Gierschmann-*Gierschmann* Art. 4 Nr. 11 Rn. 1.
481 Vgl. Kommentierung zu Art. 7.
482 Vgl. Kommentierung zu Art. 7.
483 Vgl. Kommentierung zu § 26 BDSG n.F. unter Art. 88.
484 Vgl. Kommentierung zu Art. 5 Abs. 2.
485 Vgl. Kommentierung zu Art. 7 Abs. 1.
486 Vgl. Kommentierung zu Art. 17 Abs. 1 lit. b.
487 Vgl. Kommentierung zu Art. 18 Abs. 2.
488 Vgl. Kommentierung zu Art. 20 Abs. 1 lit. a.
489 Zu den Voraussetzungen an eine wirksame Einwilligung im Zusammenhang mit sog. Corona-Apps vgl. *Wissenschaftlicher Dienst* Ausarbeitung zu Einzelfragen zum Handy-Tracking in Deutschland im Zusammenhang mit der Corona-Pandemie 2020, WD 3 – 3000 – 098/20, S. 7 ff. sowie Rn. 109.
490 Vgl. Kommentierung zu Art. 7.
491 Vgl. Kommentierung zu Art. 7.
492 Vgl. Kommentierung zu Art. 7.

abgegebene Willensbekundung[493]. Diese Begriffe werden von den Aufsichtsbehörden der verschiedenen Mitgliedstaaten unterschiedlich ausgelegt. Unternehmen mit Hauptniederlassung[494] in Deutschland sollten sich gleichwohl auch im Falle grenzüberschreitender Datenverarbeitungen aufgrund des **One-Stop-Shop-Prinzip**[495] an der Auslegung der deutschen Datenschutzaufsicht orientieren, da allein diese für sie praktische Bedeutung erlangt.

Hinzu kommt für besondere Verarbeitungssituationen die **Ausdrücklichkeit**. Dies gilt für eine Einwilligung in die Verarbeitung besonderer Kategorien personenbezogener Daten nach Art. 9 Abs. 2 lit. a. Zu denken ist hier an Gesundheitsdaten[496], aber auch an automatisierte Entscheidungen[497] und an die Datenübermittlungen in Drittländer[498].   212

Online erfolgt die Gestaltung von Einwilligungserklärungen in der Regel nach dem Opt-in- oder dem Opt-out-Prinzip. Hierbei ist entweder die Zustimmung zur Datenverarbeitung bereits voreingestellt, kann aber abgewählt werden („**Widerspruchslösung**") oder die Ablehnung der Datenverarbeitung ist voreingestellt, die Einwilligung kann aber entsprechend erteilt werden („**Zustimmungslösung**"). ErwG 32 nennt das „Anklicken eines Kästchens beim Besuch einer Internetseite" und damit eine Erklärung nach dem Opt-in-Prinzip ausdrücklich als tatbestandliche Einwilligung.[499] Nicht ausreichend sind hiernach jedoch „bereits angekreuzte Kästchen" und damit Erklärungen nach dem Opt-Out-Prinzip.[500] Alternativ gibt es die Möglichkeit einer sog. **Mandated Choice**[501], bei welcher es keine voreingestellte Auswahloption gibt. Vielmehr muss sowohl die Zustimmung als auch die Ablehnung der Datenverarbeitung stets ausgewählt werden. Diese ist, da sie dem Schutzinteresse der betroffenen Person im hohen Maße Rechnung trägt, prinzipiell geeignet eine wirksame Einwilligung hervorzubringen. Grenzen zeigen sich, zumindest wenn es um eine Datenverarbeitung der in Art. 9 genannten Daten geht,[502] womöglich aber dort, wo der Entscheidungsgestaltung trotz verschiedener Auswahloptionen eine Verhaltenssteuerung durch sog. **Framing**[503] innewohnt. Gemeint ist hiermit etwa die positive Formulierung der   213

---

493 Vgl. Kommentierung zu Art. 7.
494 Vgl. Kommentierung zu Art. 4 Nr. 16.
495 Vgl. Kommentierung zu Art. 4 Nr. 23 Rn. 279 ff.
496 Vgl. Kommentierung zu Art. 9 Abs. 2 lit. a.
497 Vgl. Kommentierung zu Art. 22 Abs. 2 lit. c.
498 Vgl. Kommentierung zu Art. 49 Abs. 1 lit. a.
499 Dazu auch *Wissenschaftlicher Dienst* Ausarbeitung zu Einzelfragen zum Handy-Tracking in Deutschland im Zusammenhang mit der Corona-Pandemie 2020, WD 3 – 3000 – 098/20, S. 8.
500 Aus diesem Grunde galt die bei Facebook lange Zeit voreingestellte Zustimmung zur Nutzung der Ortungsdienste sowie zum Zugriff von Suchmaschinen auf Nutzerfeeds nicht als wirksame Einwilligung i.S.d. DS-GVO. Bestätigt wurde dies im vom *Kammergericht Berlin* im Dezember 2019. Urteilsbegründung abrufbar unter: https://www.vzbv.de/sites/default/files/downloads/2020/01/24/kg_20.12.2019.pdf, zuletzt abgerufen am 5.2.2020.
501 *Martini/Weinzierl* KW 2019, 287 sowie *Weinzierl* Entscheiden müssen ist besser als spenden müssen, Beitrag auf verfassungsblog.de v. 5.8.2019, abrufbar unter https://verfassungsblog.de/entscheiden-muessen-ist-besser-als-spenden-muessen/, zuletzt abgerufen am 14.4.2020.
502 Vgl. Kommentierung zu Art. 9 Abs. 2 lit. a.
503 *Weinzierl* Entscheiden müssen ist besser als spenden müssen, Beitrag auf verfassungsblog.de v. 5.8.2019, abrufbar unter https://verfassungsblog.de/entscheiden-muessen-ist-besser-als-spenden-muessen/, zuletzt abgerufen am 14.4.2020.

Zustimmung im Vergleich zur Ablehnung oder das Betonen der Vorzüge, die die Zustimmung ermöglicht ohne auf Nachteile und Gefahren hinzuweisen.[504]

214 Hinsichtlich der **Voraussetzungen an eine wirksame Einwilligung** hat der EuGH 2019 über ein **Vorabentscheidungsersuchen des BGH** von 2017[505] bezüglich der Frage entschieden, ob eine nach der ePrivacy-RL in Verbindung mit der DSRL bzw. der DS-GVO wirksame Einwilligung für die Verwendung von Cookies auch im Falle eines **voreingestellten Ankreuzkästchens** vorliegt, das der Nutzer abwählen muss. Bei der Teilnahme an einem Internetgewinnspiel waren für den Nutzer Name und Anschrift einzutragen. Hier befanden sich zwei mit Ankreuzfeldern versehene Texte. Dabei war der zweite Hinweistext mit einem voreingestellten Häkchen versehen und gab die Einwilligung des Nutzers hinsichtlich der Verwendung von Cookies durch einen Webanalysedienst zu Auswertung des Surf- und Nutzungsverhaltens vor.

215 Ob voreingestellte Ankreuzkästchen als wirksame Einwilligung für die Verwendung von **Cookies** gelten, hängt von der Auslegung der **Art. 5 Abs. 3, 2 ePrivacy-RL (RL 2002/58/EG) in Verbindung mit Art. 2 lit. h DSRL (RL 95/46/EG)** bzw. **Art. 4 Nr. 11, 6 Abs. 1 lit. a, 94 Abs. 2 DS-GVO** sowie im nationalen Recht von der Anwendbarkeit des **§ 15 Abs. 3 TMG** ab.

216 Der BGH ging schon für den Geltungszeitraum der DSRL unter Auslegung des ErwG 17 der ePrivacy-RL („Die Einwilligung kann in jeder geeigneten Weise gegeben werden, wodurch der Wunsch des Nutzers in einer spezifischen Angabe zum Ausdruck kommt (…); hierzu zählt auch das Markieren eines Feldes auf einer Internetseite") und ErwG 66 der Cookie-RL (RL 2009/136/EG) davon aus, dass der Begriff der „spezifischen Angabe" dahingehend auszulegen ist, dass eine gesonderte Einwilligung erforderlich ist und Opt-Out-Erklärungen nicht den Voraussetzungen der ePrivacy-RL entsprechen.[506] Erst recht gelte dieses Ergebnis seit dem Inkrafttreten der DS-GVO im Jahr 2018, denn nach Art. 94 Abs. 2 DS-GVO gelten Verweise der ePrivacy-RL auf die DSRL nunmehr als Verweise auf die DS-GVO und somit deren besondere Voraussetzungen hinsichtlich der Rechtmäßigkeit einer Einwilligung.[507] ErwG 32 der DS-GVO enthält insoweit die Aussage, dass „Stillschweigen, bereits angekreuzte Kästchen oder Untätigkeit der betroffenen Person (…) keine Einwilligung darstellen (…)." Daraus folgt für den BGH, dass Erklärungen i.S. e. Opt-Out, weder im Geltungszeitraum der Datenschutzrichtlinie i.V.m. Art. 5 Abs. 3 ePrivacy-RL eine wirksame Einwilligung darstellten[508] noch aktuell unter der DS-GVO darstellen können.[509]

217 Der EuGH bestätigte diese Sichtweise nunmehr in seinem Urteil in der Rs. Planet49.[510] Er führt insofern aus, dass Art. 5 Abs. 3 ePrivacy-RL i.V.m. Art. 2 Buchst. h

---

504 Zur Auswirkung derartiger Entscheidungsgestaltungen auf Art. 24 Abs. 2 S. 1 *Martini/ Weinzierl* KW 2019, 287, 293 f.
505 *BGH* v. 5.10.2017 – I ZR 7/16; Vorabentscheidungsersuchen in der Rs. C-673/17, Planet49.
506 *BGH* v. 5.10.2017 – I ZR 7/16; Vorabentscheidungsersuchen in der Rs. C-673/17, Planet49, S. 10 f.
507 *Schwartmann/Benedikt/Jacquemain* PinG 2018, 150, 153 ff.
508 *BGH* v. 5.10.2017 – I ZR 7/16; Vorabentscheidungsersuchen in der Rs. C-673/17, Planet49, Rn. 20.
509 *BGH* v. 5.10.2017 – I ZR 7/16; Vorabentscheidungsersuchen in der Rs. C-673/17, Planet49, Rn. 30.
510 *EuGH* v. 1.10.2019 – C-673/17, ECLI:EU:C:2019:801, Planet49.

der DSRL bzw. Art. 4 Nr. 11 und Art. 6 Abs. 1 lit. a DS-GVO dahingehend auszulegen sind, „dass keine wirksame Einwilligung im Sinne dieser Bestimmungen vorliegt, wenn die Speicherung von Informationen oder der Zugriff auf Informationen, die bereits im Endgerät des Nutzers einer Website gespeichert sind, mittels Cookies durch ein voreingestelltes Ankreuzkästchen erlaubt wird, das der Nutzer zur Verweigerung seiner Einwilligung abwählen muss."[511] Der EuGH begründet dies mit dem Wortlaut und der Entstehungsgeschichte des Art. 5 Abs. 3 ePrivacy-RL.[512] Die Formulierung „Einwilligung geben" lege ein Tätigwerden des Nutzers nahe.[513] Auch der Wortlaut des Art. 2 lit. h DSRL fordere aufgrund des Erfordernisses einer „Willensbekundung" ein aktives und kein passives Verhalten.[514] Seit dem Inkrafttreten der DS-GVO stütze sich dieses Ergebnis zudem auf ErwG 32 DS-GVO, der ausdrücklich eine aktive Einwilligung vorsehe.[515]

218 Damit sind allerdings die für Deutschland relevanten Fragen, ob zum einen § 15 Abs. 3 TMG auch unter Geltung der DS-GVO Anwendung findet und ob zum anderen Cookies neben einer Einwilligung auch über eine Interessenabwägung zu rechtfertigen sind, nicht beantwortet. Fraglich ist insofern vor allem, ob § 15 Abs. 3 TMG einen Umsetzungsakt des Art. 5 Abs. 3 ePrivacy-RL darstellt. Würde man § 15 Abs. 3 TMG als Umsetzung der ePrivacy-RL begreifen, so hätte dies die Anwendbarkeit der Kollisionsregelung des Art. 95 DS-GVO zur Folge und die DS-GVO träte letztlich hinter § 15 Abs. 3 TMG zurück.[516] § 15 Abs. 3 TMG fände somit trotz Geltung der DS-GVO weiterhin Anwendung. Für zulässige Profilbildung im Online-Bereich wäre es daher § 15 Abs. 3 TMG entsprechend ausreichend dem Nutzer ein Widerspruchsrecht einzuräumen. Wird § 15 Abs. 3 TMG hingegen nicht als Umsetzungsakt der ePrivacy-RL begriffen, würde er wegen des prinzipiellen Anwendungsvorrangs der DS-GVO (Art. 288 Abs. 2 EUV) § 15 Abs. 3 TMG zurücktreten, da Öffnungsklauseln für Telemediendienste in der DS-GVO nicht vorgesehen sind.[517] Der EuGH hat diese Frage nicht entschieden.

219 Der Generalanwalt Szpunar bezeichnete § 15 Abs. 3 TMG in seinen Schlussanträgen als Umsetzungsakt, ohne dies allerdings näher zu begründen.[518] Dieser Linie folgte, ebenfalls ohne nähere Begründung, auch der BGH in seinem auf das Vorabentscheidungsersuchen gestützte Urteil. Der BGH prüft hier die Zulässigkeit des Setzens von Cookies zu Werbezwecken anhand des § 15 Abs. 3 TMG, erachtet diesen insofern für

---

511 *EuGH* v. 1.10.2019 – C-673/17, ECLI:EU:C:2019:801, Planet49, Rn. 1.
512 *EuGH* v. 1.10.2019 – C-673/17, ECLI:EU:C:2019:801, Planet49, Rn. 49, 56.
513 *EuGH* v. 1.10.2019 – C-673/17, ECLI:EU:C:2019:801, Planet49, Rn. 49.
514 *EuGH* v. 1.10.2019 – C-673/17, ECLI:EU:C:2019:801, Planet49, Rn. 52.
515 *EuGH* v. 1.10.2019 – C-673/17, ECLI:EU:C:2019:801, Planet49, Rn. 61 f.
516 *Schwartmann* RDV 2019, 51, 51.
517 *Schwartmann/Benedikt/Jacquemain*, PinG 2018, 150, 151.
518 *Szpunar* Schlussanträge v. 21.3.2019 – Rs. C-673/17, Planet49, Rn. 21, 101; Auch die europäische Kommission bestätigte 2014, dass sie die ePrivacy-RL in Deutschland als umgesetzt erachte, vgl. *Bundesverband Digitale Wirtschaft (BVDW) e.V.* EU-Kommission bestätigt: ePrivacy-Richtlinie in Deutschland durch Telemediengesetz umgesetzt, 11.2.2014, abrufbar unter https://www.bvdw.org/presseserver/bvdw_eprivacy_tmg_20140211/nf_ePrivacy_Richtlinie_TMG_140211.pdf, zuletzt abgerufen am 14.4.2020.

anwendbar.[519]Der BGH geht anscheinend davon aus, dass nationale Gesetze trotz ausdrücklich entgegenstehendem Regelungsgehalt kraft richtlinienkonformer Auslegung als Umsetzungsakt klassifizierbar sind, auch wenn der Gesetzgeber diese nicht als solche bezeichnet („§ 15 Abs. 3 Satz 1 TMG als den Art. 5 Abs. 3 Satz 1 der Richtlinie 2002/58/EG umsetzende nationale Regelung"[520]).

220 Die gegenteilige Auffassung in Deutschland, so insbesondere auch die DSK,[521] sieht hingegen in § 15 Abs. 3 TMG keine Umsetzung der ePrivacy-RL.[522] Auch die EU-Kommission stellte im Jahr 2015 klar, dass sie Art. 5 Abs. 3 der ePrivacy-RL als im deutschen Recht für nicht umgesetzt ansieht.[523] Hierfür spricht zunächst die Entstehungsgeschichte des TMG. Die datenschutzrechtlichen Vorschriften des 4. Abschnittes des TMG entsprechen im Wesentlichen den Regelungen des TDDSG. Dieses ist bereits 1998 und damit zeitlich **vor** der ePrivacy-RL in Kraft getreten. Zudem verfolgen § 15 Abs. 3 TMG und Art. 5 Abs. 3 ePrivacy-RL unterschiedliche Schutzziele. Während § 15 Abs. 3 TMG lediglich den Schutz personenbezogener Daten zum Ziel hat, dient Art. 5 Abs. 3 ePrivacy-RL auch dem Schutz der Vertraulichkeit elektronischer Kommunikation.[524] Gegen die Annahme eines Umsetzungsaktes spricht schließlich auch die Tatsache, dass die Normen konträre inhaltliche Entscheidungen enthalten. Denn nach § 15 Abs. 3 TMG darf der Diensteanbieter Cookies einsetzen, solange der Nutzer nach einer Unterrichtung über sein Widerspruchsrecht dem nicht widerspricht („Opt-Out-Regelung"). Art. 5 Abs. 3 ePrivacyR-RL gestattet hingegen die Nutzung von Cookies nur dann, wenn der Nutzer nach einer umfassenden Information hinsichtlich der Zwecke der Verarbeitung seine Einwilligung gegeben hat. Insofern sieht Art. 5 Abs. 3 ePrivacyR-RL eine „Opt-In-Regelung" vor.[525] Daher stelle § 15 Abs. 3 TMG **keine Umsetzung der ePrivacy-RL** dar. Schließlich scheide auch eine

---

519 *BGH* Urt. v. 28.5.2020 – I ZR 7/16 – Cookie-Einwilligung II; hierzu auch *Schwartmann/ Benedikt/Reif* Datenschutz und ePrivacy bei Websites, Social Media und Messengern, 2020, 2.3.2.2.

520 So bereits die *BGH* Pressemitteilung 067/2020, 28. Mai 2020, Bundesgerichtshof zur Einwilligung in telefonische Werbung und Cookie-Speicherung, Urt. v. 28.5.2020 – I ZR 7/16 – Cookie-Einwilligung II des BGH.

521 *DSK* Positionsbestimmung der DSK v. 26.4.2018, S. 2 f.; *dies.* Orientierungshilfe der Aufsichtsbehörden für Anbieter von Telemedien v. 3.5.2019, S. 2 ff.

522 Vgl. *Lang* K&R, 2019, 698, 700; *GDD* Praxishilfe ePrivacy I, 2018, S. 6; *Benedikt* DSB 2018, 80; *Schwartmann/Benedikt/Jacquemain* PinG 2018, 150, 151 f.; *DSK* Orientierungshilfe der Aufsichtsbehörden für Anbieter von Telemedien v. 3.5.2019, S. 2 ff. Zusammengefasst bei *Schwartmann/Jacquemain* DataAgenda-Arbeitspapier 05 – „Cookies" richtig setzen: Anwendbarkeit des TMG?.

523 European Commission, ePrivacy Directive: assessment of transposition, effectiveness and compatibility with proposed Data Protection Regulation, Final Report 2015, S. 63. Bisher war man davon ausgegangen, dass die Kommission die ePrivacy-RL in Deutschland als umgesetzt erachte. Vgl. *Bundesverband Digitale Wirtschaft (BVDW) e.V.* EU-Kommission bestätigt: ePrivacy-Richtlinie in Deutschland durch Telemediengesetz umgesetzt, 11.2.2014, abrufbar unter https://www.bvdw.org/presseserver/bvdw_eprivacy_tmg_20140211/nf_ePrivacy_Richtlinie_TMG_140211.pdf, zuletzt abgerufen am 9.6.2020.

524 Vgl. *Schwartmann/Benedikt/Jacquemain* PinG 2018, 150, 151 f.; *EuGH* v. 1.10.2019 – C-673/17, ECLI:EU:C:2019:801, Planet49, Rn. 68 ff.

525 *Schwartmann/Benedikt/Jacquemain* PinG 2018, 150, 152; *Schwartmann/Benedikt/Reif* Datenschutz und ePrivacy bei Websites, Social Media und Messengern, 2020, S. 18.

unmittelbare Anwendung des Art. 5 Abs. 3 der ePrivacy-RL aus, da eine Richtlinie keine Verpflichtungen für Private begründen kann (keine horizontale unmittelbare Drittwirkung).[526] Die Kollisionsregelung des Art. 95 DS-GVO käme daher, unabhängig von ihrem konkreten Regelungsgehalt,[527] gar nicht erst zur Anwendung. Demnach richtet sich die Rechtsgrundlage für das Setzen von Cookies nach der Ansicht der Datenschutzaufsichten sowie der vorherrschenden Meinung in der Literatur in Deutschland – bis zum Inkrafttreten der geplanten ePrivacy-VO – nach der DS-GVO (zur Bedeutung für die Praxis vgl. Art. 6 lit. f Rn. 177).[528]

Weitere formale Wirksamkeitsvoraussetzungen für die Einwilligung (Transparenz, Form, Zeitpunkt, Person)[529] folgen aus Art. 7 Abs. 2 und aus den allgemeinen Grundsätzen nach Art. 5. Die Widerrufbarkeit der Einwilligung ist in Art. 7 Abs. 3 geregelt.[530] Zu den Grenzen der Freiwilligkeit der Einwilligung und einem Verstoß gegen das Koppelungsverbot vgl. die Ausführungen zur aktuellen Rechtsprechung des BGH unter Art. 7 Rn. 48. **221**

XIII. Art. 4 Nr. 12: Verletzung des Schutzes personenbezogener Daten

1. Allgemeines. Art. 4 Nr. 12 definiert den Begriff „Verletzung personenbezogener Daten". Der Begriff wurde mit der ePrivacy-RL 2009/136/EG in Art. 2 lit. h DSRL eingeführt. Art. 2 lit. h DSRL i.F.d. RL 2009/136/EG definiert die „Verletzung des Schutzes personenbezogener Daten" als „eine Verletzung der Sicherheit, die auf unbeabsichtigte oder unrechtmäßige Weise zur Vernichtung, zum Verlust, zur Veränderung und zur unbefugten Weitergabe von bzw. zum unbefugten Zugang personenbezogener Daten führt, die übertragen, gespeichert oder auf andere Weise im Zusammenhang mit der Bereitstellung öffentlich zugänglicher Kommunikationsdienste in der Gemeinschaft verarbeitet werden". Die Formulierung ist wörtlich fast identisch mit der in Art. 4 Nr. 12. **222**

Die Definition des Art. 4 Nr. 12 steht in unmittelbarem Zusammenhang mit Art. 33 und 34[531]. Eine Verletzung des Datenschutzes löst die Verpflichtung zur Mitteilung an die Aufsichtsbehörde und an die betroffene Person aus. Die Definition richtet sich an jeden Rechtsanwender der Art. 33 und 34. In erster Linie adressiert sie damit den Verantwortlichen, da dieser den Meldepflichten direkt unterliegt. Im Verhältnis zum Verantwortlichen als Auftraggeber treffen den Auftragsverarbeiter bei Eintreten einer Datenschutzverletzung gem. Art. 33 Abs. 2 und 28 Abs. 3 lit. f Melde- und Mithilfepflichten. Insoweit wird die Definition des Art. 4 Nr. 12 auch für den Auftragsverarbeiter relevant. Für „Anbieter kritischer Infrastrukturen" i.S.d. IT-Sicherheitsgesetzes bzw. „Betreiber wesentlicher Dienste" i.S.d. NIS-RL 2016/1146 gelten daneben Meldepflichten bei Sicherheitsverstößen. **223**

2. Inhalt. Art. 4 Nr. 12 definiert die Verletzung des Schutzes personenbezogener Daten als „Verletzung der Sicherheit, die zur Vernichtung, zum Verlust oder zur Ver- **224**

---

526 Vgl. *DSK* Positionsbestimmung der DSK v. 26.4.2018, S. 6; *Schwartmann/Benedikt/Jacquemain* PinG 2018, 150, 152.
527 Vgl. dazu die Kommentierung in Art. 6 Abs. 1 lit. f Rn. 173 sowie zu Art. 95.
528 *Schwartmann/Benedikt/Reif* Datenschutz und ePrivacy bei Websites, Social Media und Messengern, 2020, S. 18.
529 Vgl. Kommentierung zu Art. 7.
530 Vgl. Kommentierung zu Art. 7 Abs. 3.
531 Näher dazu Kommentierungen zu Art. 33 und 34.

änderung, ob unbeabsichtigt oder unrechtmäßig, oder zur unbefugten Offenlegung von beziehungsweise zum unbefugten Zugang zu personenbezogenen Daten führt, die übermittelt, gespeichert oder auf sonstige Weise verarbeitet wurden."

225 Da zunächst eine Verletzung der Sicherheit vorliegen muss, umfasst der Begriff des Art. 4 Nr. 12 nicht sämtliche Verstöße gegen Datenschutzrecht, sondern nur solche Fälle, die entgegen der Vorgaben des Verantwortlichen erfolgen. Dies sind insbesondere Fehler der Mitarbeiter oder gezielte Angriffe von Dritten.[532] Werden die personenbezogenen Daten dagegen unrechtmäßig, z.B. unter Missachtung der in Art. 5 Abs. 1 normierten Grundsätze[533], vom Verantwortlichen an einen Dritten übermittelt, liegt darin keine Verletzung der Sicherheit. Der Verantwortliche nimmt dann eine unrechtmäßige Datenverarbeitung vor.

226 Die Verletzung kann unbeabsichtigt oder absichtlich geschehen. Der Hintergrund der Datenpanne spielt keine Rolle. Vorsatz wie Fahrlässigkeit, gezieltes Handeln wie auch Nebeneffekte anderer Handlungen oder Versäumnisse können gleichermaßen ursächlich sein. Ein Verschulden ist nicht erforderlich. Selbst rein zufällig entstandene Datenlecks fallen unter den Begriff.[534]

227 Die Sicherheitsverletzung muss „zur Vernichtung, zum Verlust, zur Veränderung" oder „zur unbefugten Offenlegung von beziehungsweise Zugang" zu personenbezogenen Daten geführt haben.

228 Die personenbezogenen Daten sind **vernichtet**, wenn sie unwiederbringlich gelöscht sind.[535]

229 Ein **Verlust** liegt in der Abgrenzung zur Vernichtung vor, wenn Daten dem Verantwortlichen nicht mehr zur Verfügung stehen, bspw. im Fall des unbeabsichtigten Abhandenkommen physischer Originaldatenträger.[536] Die Daten müssen dauerhaft verloren gegangen und nicht mehr im Herrschaftsbereich des Verantwortlichen sein. Ein vorübergehendes „Verlegen" stellt noch keinen Verlust da.[537] Die Verschlüsselung durch sog. Ransomware in Form von Verschlüsselungstrojanern, bei denen Daten lokal verschlüsselt und ansonsten gelöscht werden, wobei der Schlüssel nur gegen eine Zahlung angeboten wird, kann bei fehlendem Backup einen Verlust nach Art. 4 Nr. 12 darstellen.[538]

230 Die **Veränderung** der Daten bezieht sich nicht auf den Bestand der Daten selbst, sondern auf ihren Informationsgehalt. Eine Veränderung von Daten wird man i.S.v. § 3 Abs. 4 Nr. 2 BDSG a.F. als das inhaltliche Umgestalten von personenbezogenen Daten verstehen können.[539] Sie kann immer dann angenommen werden, wenn die Daten modifiziert wurden und damit nicht mehr unversehrt sind. Beispielsweise ist dies der Fall, wenn ein Mitarbeiter die Adresse eines Kunden aus Versehen mit einer veralteten Adresse des Kunden überschreibt.

---

[532] Ehmann/Selmayr-*Klabunde* Art. 4 Rn. 40.
[533] Vgl. Kommentierung zu Art. 5. Dazu auch BeckOK DatenSR-*Schild* Art. 4 Rn. 133.
[534] Paal/Pauly-*Ernst* Art. 4 Rn. 95.
[535] *Marshall* DuD 2015, 183, 184.
[536] Sydow-*Mantz* Art. 4 Rn. 178.
[537] Zustimmend Gierschmann-*Gierschmann* Art. 4 Nr. 12 Rn. 15.
[538] Sydow-*Mantz* Art. 4 Rn. 178.
[539] Gierschmann-*Gierschmann* Art. 4 Nr. 12 Rn. 16.

Eine **unbefugte Offenlegung** ist bereits dann gegeben, wenn Dritten ohne entspre- 231
chende Rechtsgrundlage nach der DS-GVO eine Kenntnisnahmemöglichkeit eingeräumt wird.[540] Das ist bspw. der Fall, wenn eine öffentliche Zugänglichmachung personenbezogener Daten auf einer Internetseite erfolgt. Ein **unbefugter Zugang** liegt dann
vor, wenn nicht hierzu autorisierte Personen Kenntnis von den personenbezogenen
Daten oder auch nur Zugang zu den Geräten, mit denen personenbezogene Daten
verarbeitet werden, erlangt haben.[541] Fraglich ist, ob es für eine Verletzung der Sicherheit, insbesondere in den Fällen der unbefugten Offenlegung und des unbefugten
Zugangs, erforderlich ist, dass ein unbefugter Zugang oder unbefugte Kenntnisnahme
tatsächlich stattgefunden hat oder lediglich möglich ist. So kann der Verlust eines
Speichermediums, z.B. ein USB-Stick oder ein Smartphone, dazu führen, dass die
Daten von Dritten zur Kenntnis genommen werden. Die Möglichkeit der Kenntnisnahme besteht auch dann, wenn die Daten verschlüsselt sind, dass Handy bspw. mit
einem Pin geschützt ist. In diesen Fällen wird man davon ausgehen müssen, dass eine
Verletzung der Sicherheit bereits eingetreten ist. Die für das weitere Vorgehen entscheidende Frage, wie hoch das Risiko einer Entschlüsselung tatsächlich ist, wird im
Rahmen der zu treffenden Maßnahmen, etwa nach Art. 33 f., zu berücksichtigen
sein.[542]

Eine Datenschutzverletzung ist nur relevant, wenn sie **personenbezogene Daten** 232
betrifft. Ein reiner Zugriff auf technische Daten, die keinen Bezug zu einer natürlichen Person zulassen, stellt keine Verletzung dar. Art. 4 Nr. 12 legt auch fest, dass personenbezogenen Daten, die das Schutzobjekt der Norm sind, in irgendeiner Form **verarbeitet** wurden. Der Begriff der Verarbeitung ist in Art. 4 Nr. 2 definiert und sehr
weit gefasst. Dementsprechend kommt dem Merkmal „übermittelt, gespeichert oder
sonst verarbeitet" kaum einschränkende Wirkung zu.

XIV. Art. 4 Nr. 13: Genetische Daten

1. Allgemeines. Genetische Daten sind nach Art. 4 Nr. 13 personenbezogene Daten 233
zu den ererbten oder erworbenen genetischen Eigenschaften einer natürlichen Person, die eindeutige Informationen über die Physiologie oder die Gesundheit dieser
natürlichen Person liefern und insbesondere aus der Analyse einer biologischen Probe
der betreffenden natürlichen Person gewonnen werden.

Darüber hinaus wird der Begriff der genetischen Daten in **ErwG 34** näher erläutert. 234
Danach sollen genetische Daten, die aus der Analyse einer biologischen Probe der
betreffenden natürlichen Person, insbesondere durch eine Chromosomen-, Desoxyribonukleinsäure (DSN)- oder Ribonukleinsäure (RNS)-Analyse oder der Analyse
eines anderen Elements, durch die gleichwertige Informationen erlangt werden können, gewonnen werden, als personenbezogene Daten über die ererbten oder erworbenen genetischen Eigenschaften einer natürlichen Person definiert werden.

2. Systematik und Verhältnis zu anderen Vorschriften. Die Vorgängerregelung zu 235
Art. 4 Nr. 13 auf europäischer Ebene stellt **Art. 8 DSRL** dar, wobei dieser pauschal auf

---
540 Sydow-*Mantz* Art. 4 Rn. 179.
541 Sydow-*Mantz* Art. 4 Rn. 179.
542 So auch Gierschmann-*Gierschmann* Art. 4 Nr. 12, die dazu rät, dass bei Verlust von verschlüsselten Speichermedien eine vorsorgliche Meldung an die Aufsichtsbehörde erfolgen
sollte.

die Verarbeitung besonderer Kategorien personenbezogener Daten abstellt (nunmehr Art. 9[543]), ohne dabei die besonderen Datentypen näher zu beleuchten. Demgegenüber nehmen **Art. 4 Nr. 13, 14**[544] **und 15**[545] (genetische Daten, biometrische Daten und Gesundheitsdaten) nunmehr eine begriffliche Präzisierung vor.[546] Insofern ist das Zusammenspiel von Art. 4 Nr. 13–15 hinsichtlich der Begrifflichkeiten und Art. 9 hinsichtlich der Datenverarbeitung für das Verständnis der Reichweite des Schutzes der genetischen Daten im Gefüge der DS-GVO wesentlich.

236 Innerstaatlich definiert **§ 3 Nr. 11 Gendiagnostikgesetz (GenDG)** genetische Daten als „durch eine genetische Untersuchung oder im Rahmen einer genetischen Untersuchung durchgeführte Analyse gewonnener Daten über genetische Eigenschaften". Er ist enger als Art. 4 Nr. 13, der in erster Linie auf die ererbten Eigenschaften einer natürlichen Person abstellt.[547]

237 **3. Umfang des Schutzes „genetischer Daten".** Die Begriffsbestimmung aus Art. 4 Nr. 13 steht in einem unmittelbaren systematischen Kontext zu den Art. 4 Nr. 14 (biometrische Daten) und 15 (Gesundheitsdaten) sowie zu Art. 9, der die Verarbeitung besonderer Kategorien personenbezogener Daten regelt.

238 Daraus lassen sich folgende Aussagen im Wege der Auslegung ermitteln: Art. 4 Nr. 13 ordnet Informationen über die Physiologie oder die Gesundheit der Begriffsdefinition der genetischen Daten unter. Daraus folgt, dass genetische Daten auch zugleich biometrische Daten nach Art. 4 Nr. 14 oder Gesundheitsdaten nach Art. 4 Nr. 15 sein können. Dies kann im Falle von spezifischen Erbmerkmalen und daraus folgenden Krankheitsdispositionen der Fall sein. Von Gesundheitsdaten lassen sie sich dadurch abgrenzen, dass sie Merkmale beinhalten, die einen einzigartigen Datenbestand darstellen.[548]

239 Indem Art. 9 Abs. 1 die genetischen Daten in seinen Katalog aufnimmt und einem grundsätzlichen Verarbeitungsverbot unterstellt, folgt daraus, dass genetische Daten als **besonders sensitive Daten** einzustufen sind. Dies bedeutet, dass es sich bei genetischen Daten zunächst um **personenbezogene Daten** nach Art. 4 Nr. 1[549] handeln muss. Damit sind Daten, die ursprünglich zu wissenschaftlichen Forschungszwecken erhoben, später aber anonymisiert wurden, nicht erfasst.[550] **Ererbte Eigenschaften** sind solche, die eine natürliche Person von Geburt an bzw. bereits im pränatalen Stadium in sich trägt, etwa Erbinformationen. **Erworbene Eigenschaften** sind demgegenüber solche, die die natürliche Person erst im Anschluss an die Geburt erwirbt.[551]

---

543 Vgl. dazu die Kommentierung zu Art. 9.
544 Vgl. dazu die Kommentierung in Rn. 233.
545 Vgl. dazu die Kommentierung in Rn. 257.
546 Kühling/Buchner-*Weichert* Art. 4 Nr. 13 Rn. 1.
547 Dazu auch Plath-*Schreiber* Art. 4 Nr. 13 Rn. 46 sowie Kühling/Buchner-*Weichert* Art. 4 Nr. 13 Rn. 2.
548 Dies ergibt sich insbesondere aus dem WP 91 der *Art.-29-Datenschutzgruppe* S. 4. Übereinstimmend Sydow-*Kampert* Art. 4 Nr. 13 Rn. 182; Ehmann/Selmayr-*Klabunde* Art. 4 Nr. 13 Rn. 41.
549 Zu dem Begriff der personenbezogenen Daten vgl. die Kommentierung zu Art. 4 Nr. 1 Rn. 9.
550 *Hardenberg* ZD 2014, 115 (116 f.); Plath-*Schreiber* Art. 4 Nr. 13 Rn. 45 sowie Auernhammer-*Eßer* Art. 4 Nr. 13 Rn. 61.
551 Zu den Begrifflichkeiten vgl. auch Auernhammer-*Eßer* Art. 4 Nr. 13 Rn. 62 sowie Plath-*Schreiber* Art. 4 Nr. 13 Rn. 46.

| Begriffsbestimmungen | Art. 4 Nr. 13 |

240 Die Systematik der DS-GVO folgt dabei den Vorgaben, die die Art.-29-Datenschutzgruppe bereits in ihrem WP 91[552] aufgestellt hat, wo sie mit Blick auf den wissenschaftlich-technischen Fortschritt die **besondere Schutzbedürftigkeit** genetischer Daten betonte.[553]

241 Die besonderen Merkmale und Eigenschaften genetischer Daten lassen sich entsprechend der Vorgaben der Art.-29-Datenschutzgruppe[554] wie folgt zusammenfassen:
– Genetische Daten stellen einen **einzigartigen Datenbestand** dar, durch den sich eine Person oder Personengruppe von anderen Personen oder Personengruppen unterscheidet.
– Genetische Daten existieren **unabhängig vom Wissen und Wollen** der betroffenen Person und sind nicht veränderbar.
– Angesichts der fortschreitenden technischen Möglichkeiten unterliegen genetischen Daten einer **hohen Verfügbarkeit** und werden weitgehende und teilweise noch unbekannte Informationen offenbaren und dementsprechend für eine **wachsende Zahl von Zwecken** verwendet werden.

242 Indem genetische Daten Informationen zu wissenschaftlichen, medizinischen oder personenbezogenen Informationen vermitteln, wird deren Nutzung zunehmend auch im Rahmen strafrechtlicher Ermittlungen relevant werden, indem biotechnische Anwendungen mit informationstechnischen Systemen verknüpft werden und somit etwa über Biodatenbanken Erkenntnisse über den Gesundheitszustand gewonnen werden können oder die Identifizierbarkeit mittels eines genetischen Fingerabdrucks erfolgt.[555] Darüber hinaus folgt die besondere Sensitivität genetischer Daten daraus, dass diese letztlich von der Befruchtung der Eizelle bis weit über den Tod hinaus erhalten bleiben und dabei sowohl eine eindeutige Identifizierung von Personen ermöglichen als auch Informationen über weitere Personen, etwa Nachkommen, preisgeben, die nicht zur Generierung dieser Daten beigetragen haben.[556] Insofern erlauben genetische Daten Aussagen über Vergangenheit, Gegenwart, etwa zum Gesundheitszustand oder äußerlichen Merkmale und Zukunft. Letzteres betrifft insbesondere im diagnostischen Bereich.[557] Infolge genetischer Analysen wird dem Risiko der Verwertung dieser Daten oftmals auch nicht durch eine Anonymisierung abzuhelfen sein, weil die genetischen Daten zwangsläufig mit der betroffenen Person verbunden sind.[558]

243 Darüber hinaus ist ein besonderer Schutz genetischer Daten eine Grundvoraussetzung für die Wahrung des Gleichheitsprinzips sowie des Rechts auf Gesundheit, weil sie ein besonders hohes **Risiko für Diskriminierungen** bergen, insbesondere auf dem Arbeits-

---

552 *Art.-29-Datenschutzgruppe* WP 91 „Arbeitspapier über genetische Daten" v. 17.3.2004.
553 *Art.-29-Datenschutzgruppe* WP 91 „Arbeitspapier über genetische Daten" v. 17.3.2004, S. 2 f.
554 *Art.-29-Datenschutzgruppe* WP 91 „Arbeitspapier über genetische Daten" v. 17.3.2004, S. 5.
555 *Art.-29-Datenschutzgruppe* WP 91 „Arbeitspapier über genetische Daten" v. 17.3.2004, S. 4; Kühling/Buchner-*Weichert* Art. 4 Nr. 13 Rn. 4 f.
556 Vgl. dazu *DEK* Gutachten v. Oktober 2019, S. 94; *Art.-29-Datenschutzgruppe* WP 91 „Arbeitspapier über genetische Daten" v. 17.3.2004, S. 4; Sydow-*Kampert* Art. 4 Nr. 13 Rn. 182; Kühling/Buchner-*Weichert* Art. 4 Nr. 13 Rn. 5 sowie Ehmann/Selmayr-*Klabunde* Art. 4 Nr. 13 Rn. 41.
557 Auernhammer-*Eßer* Art. 4 Nr. 13 Rn. 64; Kühling/Buchner-*Weichert* Art. 4 Nr. 13 Rn. 5.
558 Übereinstimmend Kühling/Buchner-*Weichert* Art. 4 Nr. 13 Rn. 5.

Art. 4 Nr. 14

markt oder beim Abschluss von Versicherungen.[559] Insbesondere ihre Weitergabe unterliegt engen Grenzen.[560]

XV. Art. 4 Nr. 14: Biometrische Daten

244 **1. Allgemeines.** Nach Art. 4 Nr. 14 sind biometrische Daten mit speziellen technischen Verfahren gewonnene personenbezogene Daten zu den physischen, physiologischen oder verhaltenstypischen Merkmalen einer natürlichen Person, die die eindeutige Identifizierung dieser natürlichen Person ermöglichen oder bestätigen, wie Gesichtsbilder oder daktyloskopische Daten.

245 Systematisch ist zu beachten, dass die Begriffsdefinition der biometrischen Daten aus Art. 4 Nr. 14 folgt, während sich die Anforderungen an die Verarbeitung der biometrischen Daten aus **Art. 9**[561] ergeben und insofern einem besonderen Schutz unterstehen. Danach ist die Verarbeitung besonderer Kategorien personenbezogener Daten nach Art. 9 Abs. 1 grundsätzlich unzulässig. Ausnahmen können sich aber im Rahmen der Erlaubnistatbestände aus Art. 9 Abs. 2 ergeben. Indem biometrische Daten auch physiologische und physische Merkmale erfassen, bestehen insofern insbesondere inhaltliche Überschneidungen zu **Art. 4 Nr. 13**[562] und **15**[563].

246 Biometrische Daten werden in **ErwG 51 S. 3** insbesondere unter dem Gesichtspunkt von **Lichtbildern** aufgegriffen. Danach soll die Verarbeitung von Lichtbildern grundsätzlich **nicht** den Voraussetzungen der Verarbeitung nach Art. 9 unterfallen. Vielmehr sind diese lediglich dann als biometrische Daten und damit als besondere Kategorie personenbezogener Daten einzustufen, wenn sie mit speziellen technischen Mitteln verarbeitet werden, die die eindeutige Identifizierung oder Authentifizierung einer natürlichen Person ermöglichen.[564] Faktisch erfüllt die weit überwiegende Mehrzahl der Aufnahmen von Smartphones, Dash- und Bodycams und Videokameras diese Voraussetzungen.

247 **2. Tatbestandsmerkmale „biometrischer Daten".** Der Begriff der **Biometrie** im Allgemeinen bezeichnet ein in der Regel digitales Verfahren, bei dem Merkmale des Menschen mittels informationstechnischer Systeme vermessen und analysiert werden.[565] Biometrische Systeme nutzen also bestimmte individuelle Merkmale einer

---

559 *DEK* Gutachten v. Oktober 2019, S. 128; *Art.-29-Datenschutzgruppe* WP 91 „Arbeitspapier über genetische Daten" v. 17.3.2004, S. 2 f.; Kühling/Buchner-*Weichert* Art. 4 Nr. 13 Rn. 6.
560 *Art.-29-Datenschutzgruppe* WP 91 „Arbeitspapier über genetische Daten" v. 17.3.2004, S. 2. Dies hat seinen Ausdruck in Art. 21 der Europäischen Grundrechtecharta, in Art. 11 des Übereinkommens über Menschenrechte und Biomedizin des Europarates sowie in Art. 6 der Allgemeinen Erklärung über Bioethik und Menschenrechte der UNESCO gefunden, die dementsprechend eindeutige Diskriminierungsverbote bei der Nutzung genetischer Daten statuieren.
561 Vgl. dazu die Kommentierung zu Art. 9.
562 Vgl. dazu die Kommentierung zu Art. 4 Nr. 13.
563 Vgl. dazu die Kommentierung zu Art. 4 Nr. 13.
564 Vgl. zu Lichtbildern ergänzend die Kommentierung in Rn. 45.
565 Zum Begriff der Biometrie vgl. auch Sydow-*Kampert* Art. 4 Nr. 14 Rn. 183; Kühling/Buchner-*Weichert* Art. 4 Nr. 14 Rn. 1.

natürlichen Person zur Identifikation oder Authentifikation und stellen so enge Verknüpfungen mit der betroffenen Person her.[566]

Der Begriff der **biometrischen Daten** wird dabei durch Art. 4 Nr. 13 sehr weit gefasst, indem ein bloßer Bezug zu physischen, physiologischen oder verhaltenstypischen Merkmalen der natürlichen Person ausreicht.[567] Dementsprechend definiert die Art.-29-Datenschutzgruppe biometrische Daten näher als „biologische Eigenschaften, physiologische Merkmale, Gesichtszüge oder reproduzierbare Handlungen (...) wobei diese Merkmale und/oder Handlungen für die betreffende Person spezifisch und messbar" sind.[568] Biometrische Daten wirken sich insoweit auf die Verbindung von Körper und Identität der betroffenen natürlichen Person aus, indem sie Merkmale des menschlichen Körpers „maschinenlesbar" machen.[569] Unter den Begriff der biometrischen Daten fallen dabei sowohl **Rohdaten** – etwa die Gesichtsvermessung als solche – als auch sog. **Templates**, bei denen aus den Rohdaten Schlüsselmerkmale extrahiert werden, die dann als solche verarbeitet werden und die Grundlage für digitale Zuordnungen bilden.[570] Werden digitale Daten zur Entsperrung eines Smartphones verwendet, so wird dies durch ein Template ermöglicht.[571]

248

Beispiele für biometrische Daten, die einen Paradefall **personenbezogener Daten** darstellen[572] sind etwa Finger- oder Handabdrücke, Gesichtserkennungen oder Sprachidentifikationen aber auch eine charakteristische Gang- oder Sprechart einer Person.[573]

249

Biometrische Daten müssen die **eindeutige Identifizierung** einer natürlichen Person ermöglichen oder bestätigen, etwa indem sie einen Rückschluss auf die Identität erlauben. Eine nicht eindeutige Identifikation ist jedenfalls etwa anhand der Körpergröße oder des Alters (alle Personen im Alter von X Jahren) gegeben. Es kommt also entscheidend darauf an, dass die Daten **einzigartig** und **objektiv unverwechselbar** sind.[574]

250

Die Definition des Art. 4 Nr. 14 nennt darüber hinaus **spezielle technische Verfahren** zur eindeutigen Identifizierung oder Authentifizierung. Hiermit sind insbesondere solche Verfahren gemeint, bei denen Merkmale eines Menschen durch Messverfahren erfasst werden.[575] Dabei lassen sich die möglichen biometrischen Verfahren im Grund-

251

---

566 *Art.-29-Datenschutzgruppe* WP 193 „zu Entwicklungen im Bereich biometrischer Technologien" v. 27.4.2014, S. 2.
567 Sydow-*Kampert* Art. 4 Nr. 14 Rn. 185.
568 *Art.-29-Datenschutzgruppe* WP 193 „zu Entwicklungen im Bereich biometrischer Technologien" v. 27.4.2014, S. 4.
569 *Art.-29-Datenschutzgruppe* WP 193 „zu Entwicklungen im Bereich biometrischer Technologien" v. 27.4.2014, S. 4.
570 *Art.-29-Datenschutzgruppe* WP 193 „zu Entwicklungen im Bereich biometrischer Technologien" v. 27.4.2014, S. 5; Kühling/Buchner-*Weichert* Art. 4 Nr. 14 Rn. 7.
571 Bsp. aus *Art.-29-Datenschutzgruppe* WP 193 „zu Entwicklungen im Bereich biometrischer Technologien" v. 27.4.2014, S. 8.
572 Auernhammer-*Eßer* Art. 4 Nr. 14 Rn. 66; Ehmann/Selmayr-*Klabunde* Art. 4 Nr. 14 Rn. 42.
573 Weitere Bsp. vgl. Auernhammer-*Eßer* Art. 4 Nr. 14 Rn. 67; Sydow-*Kampert* Art. 4 Nr. 14 Rn. 185 sowie Plath-*Schreiber* Art. 4 Nr. 14 Rn. 50.
574 Vgl. dazu Kühling/Buchner-*Weichert* Art. 4 Nr. 14 Rn. 2; Sydow-*Kampert* Art. 4 Nr. 14 Rn. 185.
575 Kühling/Buchner-*Weichert* Art. 4 Nr. 14 Rn. 3.

satz zwei Kategorien zuordnen:[576] Es gibt zum einen Verfahren, die die **physischen und physiologischen Eigenschaften** einer Person erfassen. Dies ist etwa die Verifikation von Fingerabdrücken, die Iriserkennung oder eine Netzhautanalyse. Die zweite Kategorie meint Verfahren, die die **Verhaltensmerkmale** einer Person erfassen. Darunter fallen etwa die Analyse von Unterschriften, das Tippverhalten bzw. der Tastaturanschlag, charakteristische Gangarten oder Bewegungsmuster sowie die personenspezifische Stimmfärbung und das Sprachmuster. Von der Definition des Art. 4 Nr. 14 ausdrücklich erfasst werden auch Gesichtsbilder und daktyloskopische Daten, da diese in biometrischen Ausweisdokumenten enthalten sind.[577] Allerdings ist bezüglich Lichtbilder die eingangs erläuterte **Ausnahmeregelung** aus ErwG 51 S. 3 zu beachten. Diese verfolgt den Zweck herkömmliche, also nicht mit biometriefähigen Kameras aufgenommene Fotografien -aus dem Anwendungsbereich der biometrischen Daten auszuklammern und damit nicht den besonderen Anforderungen an die Verarbeitung aus Art. 9 zu unterstellen.[578] Eine **biometrische Identifikation bzw. Authentifikation** im Sinne des Art. 4 Nr. 14 erfolgt in verfahrenstechnischer Hinsicht gewöhnlich durch den Abgleich biometrischer Daten einer natürlichen Person mit einer Reihe biometrischer Templates in einer Datenbank.[579]

252 Eine Besonderheit biometrischer Daten liegt darin, dass sie zwar gelöscht oder verändert werden können, aber Änderungen oder Manipulationen der Datenquelle nicht möglich sind.[580] Insofern weisen biometrische Rohdaten eine enge Verknüpfung zu den genetischen Daten aus Art. 4 Nr. 13 auf. Sie enthalten nicht nur Informationen über die betroffene Person selbst, sondern erlauben auch Verknüpfungen zu anderen Personen und sie ermöglichen so die Generierung weiterer personenbezogener Daten.[581] Darüber hinaus sind biometrische Daten wie genetische Daten besonders anfällig für **Diskriminierungen**[582] und unterfallen dem besonderen Schutz des Art. 9.

253 **3. Praxisbeispiele.** Die Verarbeitung biometrischer Daten findet durch Behörden im Bereich der **Strafverfolgung** sowie im Rahmen des **Ausweis- und Passwesens** statt.[583] Zunehmend werden biometrische Daten zu Identifikationszwecken auch von Privaten eingesetzt. Das **Entsperren des Smartphones** (mittels eines Fingerabdrucks (Touch-ID) oder einer Gesichts- bzw. Iriserkennung (Face-ID) ist ein Beispiel.[584] Zudem machen sich auch die Voreinstellungen von Smartphones die Biometrie zunutze, indem sie auf dieser Basis per Voreinstellung „eigenständig" Alben nach biometrischen Merkmalen anlegen. Auch die durch einen Sprachassistenten erhobenen Sprachaufnahmen, die die personenspezifische Stimmfärbung und das Sprachmuster

---

576 Vgl. dazu *Art.-29-Datenschutzgruppe* WP 193 „zu Entwicklungen im Bereich biometrischer Technologien" v. 27.4.2014, S. 4.
577 Kühling/Buchner-*Weichert* Art. 4 Nr. 14 Rn. 3.
578 Übereinstimmend etwa Auernhammer-*Eßer* Art. 4 Nr. 14 Rn. 68.
579 *Art.-29-Datenschutzgruppe* WP 193 „zu Entwicklungen im Bereich biometrischer Technologien" v. 27.4.2014, S. 6.
580 Vgl. dazu *Art.-29-Datenschutzgruppe* WP 193 „zu Entwicklungen im Bereich biometrischer Technologien" v. 27.4.2014, S. 2.
581 Kühling/Buchner-*Weichert* Art. 4 Nr. 14 Rn. 9; Sydow-*Kampert* Art. 4 Nr. 14 Rn. 186.
582 Vgl. zu dieser Problematik die Kommentierung zu Art. 4 Nr. 13 Rn. 243.
583 Dazu Sydow-*Kampert* Art. 4 Nr. 14 Rn. 187.
584 Zu den rechtlichen Grundlagen und Problemen der Gesichtserkennung *Heldt* Gesichtserkennung: Schlüssel oder Spitzel?, MMR 2019, 285, 285 ff.

analysieren, sind biometrische Daten. Diese lassen sich verwenden, um die jeweilige Person eindeutig zu identifizieren oder Sprachemotionen zu analysieren.[585]

Auch wenn die Nutzung biometrischer Daten stark zugenommen hat, darf nicht übersehen werden, dass biometrische Daten unter die besonderen Kategorien personenbezogener Daten nach Art. 9 fallen und daher eine Verarbeitung dieser Daten grundsätzlich unzulässig ist. Werden also **Zugangskontrollen** zu Arbeitsstätten oder einem Fitness-Center durch die Nutzung biometrischer Daten durchgeführt (Fingerabdruck-Scanner am Eingang), so wird dies mangels Erforderlichkeit und Verhältnismäßigkeit in der Praxis regelmäßig nur mit Einwilligung zulässig sein. Ohne Einwilligung dürfte auf nicht biometrische Technik auf eine Zugangskarte oder Karte mit Magnetstreifen zurückzugreifen sein.[586]

254

Der Verwendung biometrischer Fotos kommt im Zuge der verstärkten Nutzung von **Social Media-Plattformen** eine besondere Bedeutung zu. So werden Fotos per Messenger verschickt oder auf der eigenen Profilseite der Nutzer hochgeladen. Deren Erfassung und Verarbeitung in biometrischen Systemen ist dabei unter anderem an die strengen Voraussetzungen einer Einwilligung[587] geknüpft und stellt Datenverarbeiter insbesondere bei **Big Data-Anwendungen**[588] hinsichtlich einer klaren Zweckbestimmung vor enorme Herausforderungen.[589] Dennoch hat Facebook im September 2019 die umstrittene Funktion der Gesichtserkennung[590] in Europa wieder eingeführt.[591] Teilweise wird die diesbezügliche Einwilligung aufgrund von verhaltenssteuernden Mechanismen bei der Gestaltung der Einwilligungserklärungen bzw. der Entscheidungsumgebung wegen eines Verstoßes gegen Art. 25 Abs. 2 S. 1 in analoger Anwendung bzw. mangels Freiwilligkeit der Einwilligung für unzulässig erachtet. So unterstreicht Facebook etwa die Vorzüge der Gesichtserkennungstechnik und blendet bestehende Nachteile und Gefahren aus.[592]

255

Biometrische Daten werden auch bei der **Videoüberwachung**[593] relevant. Sie findet zunehmend durch biometrische Systeme statt. Dabei werden zunehmend auch Gesichtserkennungen durchgeführt sowie zusätzliche Elemente – etwa die Gangart oder Gestik – erfasst.

256

---

585 *DEK* Gutachten v. Oktober 2019, S. 101.
586 Bsp. aus *Art.-29-Datenschutzgruppe* WP 193 „zu Entwicklungen im Bereich biometrischer Technologien" v. 27.4.2014, S. 9.
587 Vgl. dazu die Kommentierung zu Art. 4 Nr. 11, Art. 6 Abs. 1 lit a. sowie Art. 7.
588 Vgl. dazu die Kommentierung zu Art. 4 Nr. 5 sowie Art. 6 Abs. 4.
589 *Art.-29-Datenschutzgruppe* WP 193 „zu Entwicklungen im Bereich biometrischer Technologien" v. 27.4.2014, S. 13.
590 Ist die Gesichtserkennung aktiviert, können Mitglieder die Funktion „Photo-Review" benutzen, die sie informiert sobald ein Foto von ihnen veröffentlicht wird, außerdem erhalten sie Markierungsvorschläge.
591 Die Funktion stand seit 2012 aufgrund erheblicher Proteste zunächst nicht mehr zur Verfügung. Vgl. *Redaktion MMR-Aktuell* Automatische Gesichtserkennung auf Facebook – nomen est omen, MMR-Aktuell 2011, 320076.
592 So *Martini/Weinzierl* KW 2019, 287, 294, 306, 311.
593 Vgl. dazu die Kommentierung zu Art. 6 Abs. 2 S. 4 sowie § 4 BDSG n.F.

XVI. Art. 4 Nr. 15: Gesundheitsdaten

257 **1. Allgemeines.** Gesundheitsdaten sind nach Art. 4 Nr. 15 personenbezogene Daten, die sich auf die körperliche oder geistige Gesundheit einer natürlichen Person, einschließlich der Erbringung von Gesundheitsdienstleistungen, beziehen und aus denen Informationen über deren Gesundheitszustand hervorgehen.

258 Ausweislich **ErwG 35 S. 1** gehören zu den Gesundheitsdaten alle Daten, aus denen Informationen über den **früheren, gegenwärtigen und künftigen körperlichen oder geistigen Gesundheitszustand** der betroffenen Person hervorgehen.

259 Hinsichtlich der Systematik ist zum einen die enge Verknüpfung zu **Art. 4 Nr. 13** und **14** zu beachten. Insoweit können Gesundheitsdaten zugleich biometrische oder genetische Daten darstellen, so dass sich inhaltliche Überschneidungen der Begrifflichkeiten ergeben.[594] Zum anderen ist der Zusammenhang zu **Art. 9**[595] hervorzuheben: Während Art. 4 Nr. 15 den Begriff der Gesundheitsdaten definiert, regelt Art. 9 die besonderen Anforderungen an deren Verarbeitung. Dies ergibt sich aus der Aufnahme der Gesundheitsdaten in den Katalog der besonderen Kategorien personenbezogener Daten nach Art. 9 Abs. 1. Darüber hinaus stellen sich gerade im Hinblick auf die praktische Nutzung von Gesundheitsdaten[596] besondere Herausforderungen für eine wirksame Einwilligung. Insofern sind die Bezüge zu den **Art. 4 Nr. 11, 6 Abs. 1 lit. a** sowie **7** und **8** wesentlich.

260 **2. Inhalt und Reichweite des Begriffs der Gesundheitsdaten.** Weil Gesundheitsdaten alle Daten sind, die sich auf den früheren, gegenwärtigen oder künftigen Gesundheitszustand einer Person beziehen, liegt hier **weites Begriffsverständnis** zugrunde. Nach ErwG 35 S. 2 gehören dazu etwa Informationen über Krankheiten, Behinderungen, Krankheitsrisiken, Vorerkrankungen, klinische Behandlungen oder den physiologischen oder biomedizinischen Zustand der betroffenen Person.[597] Die **Herkunft der Daten** (z.B. Arzt, Medizinprodukt, In-Vitro-Diagnostikum) ist für die Einordnung als Gesundheitsdatum nach ErwG 35 S. 2 unerheblich.[598]

261 Darüber hinaus stellen auch Informationen, die von der Prüfung oder Untersuchung eines Körperteils oder einer körpereigenen Substanz, auch aus genetischen Daten und biologischen Proben **abgeleitet** wurden, Gesundheitsdaten dar. Die Art.-29-Datenschutzgruppe[599] betont, dass der Begriff der Gesundheitsdaten deutlich weiter als etwa derjenigen der medizinischen Daten zu verstehen ist und weist darauf hin, dass sich Gesundheitsdaten auch aus einer **Kombination mit anderen Daten**, die für sich genommen keine Gesundheitsdaten sind, ergeben können.[600] So muss etwa die Erfas-

---

[594] Übereinstimmend Auernhammer-*Eßer* Art. 4 Nr. 15 Rn. 70; Plath-*Schreiber* Art. 4 Nr. 15 Rn. 55; Ehmann/Selmayr-*Klabunde* Art. 4 Nr. 13 Rn. 41.
[595] Vgl. dazu die Kommentierung zu Art. 9.
[596] Vgl. dazu Rn. 266 unter 3. Praxisbeispiele.
[597] Zur Abgrenzung zwischen Gesundheit und Krankheit in diesem Kontext: Kühling/Buchner-*Weichert* Art. 4 Nr. 15 Rn. 1; *Art.-29-Datenschutzgruppe* Annex zum Brief v. 5.2.2015 „Health data in apps and devices", S. 2; Plath-*Schreiber* Art. 4 Nr. 15 Rn. 57.
[598] Dazu auch Sydow-*Ziebarth* Art. 4 Nr. 15 Rn. 189; Kühling/Buchner-*Weichert* Art. 4 Nr. 15 Rn. 3 sowie Auernhammer-*Eßer* Art. 4 Nr. 15 Rn. 72.
[599] *Art.-29-Datenschutzgruppe* Annex zum Brief v. 5.2.2015 „Health data in apps and devices".
[600] *Art.-29-Datenschutzgruppe* Annex zum Brief v. 5.2.2015 „Health data in apps and devices", S. 3.

sung des Gewichts noch keine Information sein, die Aufschluss über den künftigen Gesundheitszustand einer Person gibt. Durch die Verknüpfung mit Informationen zu Alter und Geschlecht und zum Zeitraum der Dokumentation der Daten, können allerdings Gesundheitsdaten generiert werden.[601]

Gesundheitsdaten sind auch solche Daten, die mittelbar **Rückschlüsse** auf den Gesundheitszustand erlauben (z.B. Schwerbehinderteneigenschaft, Angaben zu Krankheitssymptomen, Krankschreibungen).[602] Während die Art.-29-Datenschutzgruppe die Notwendigkeit eines hohen Schutzniveaus von Gesundheitsdaten betont und daher etwa auch Lichtbilder eines Brillenträgers, Ergebnisse eines IQ-Tests oder das Rauch- oder Trinkverhalten einer Person unter die Begriffsdefinition fasst[603], betonen andere[604] dass es bei der Ableitung von Angaben zum Gesundheitszustand auf den Verwendungszusammenhang und eine Auswertungsabsicht ankomme, um den Schutzbereich der Gesundheitsdaten mit den Anforderungen an eine Verarbeitung aus Art. 9 nicht über Gebühr auszuweiten. Angesichts des Ziels des Verordnungsgebers das Schutzniveau des Datenschutzrechts zu erhöhen und der Tatsache, dass die Begriffsdefinition ausdrücklich einen möglichen Bezug zum Gesundheitszustand der betroffenen Person ausreichen lässt, erscheint es wertungsfremd in diese objektiven Kriterien ein subjektives Element „hineinzulesen". Gleichwohl bleibt die Notwendigkeit einer Beurteilung im konkreten Einzelfall unentbehrlich. 262

ErwG 35 S. 2 stellt klar, dass zu Gesundheitsdaten auch die Nummer, Symbole oder Kennzeichen, die einer natürlichen Person zugeteilt wurden, um diese Person für gesundheitliche Zwecke eindeutig zu identifizieren, gehören. Damit fallen also auch **pseudonymisierte Daten**[605] – etwa eine Versicherungsnummer – unter den Begriff der Gesundheitsdaten, wenn sie Informationen zum Gesundheitszustand der betroffenen Person enthalten.[606] 263

Nach ErwG 35 S. 2 werden auch Angaben zur **Inanspruchnahme von Gesundheitsdienstleistungen** die im Zuge der Anmeldung sowie der Erbringung von Gesundheitsdienstleistungen im Sinne der RL (EU) 2011/24 erhoben werden unter den Begriff der Gesundheitsdaten gefasst. Dadurch werden alle Formen der Organisation und Erbringung von Gesundheitsleistungen erfasst. So fallen etwa im Rahmen einer Anmeldung erhobene Anamnesedaten oder Dienstleistungen im Rahmen von Pflegediensten unter diese Fallgruppe.[607] 264

---

601 *Art.-29-Datenschutzgruppe* Annex zum Brief v. 5.2.2015 „Health data in apps and devices" S. 4.
602 *Art.-29-Datenschutzgruppe* Annex zum Brief v. 5.2.2015 „Health data in apps and devices", S. 3; Kühling/Buchner-*Weichert* Art. 4 Nr. 15 Rn. 3 und 6.
603 *Art.-29-Datenschutzgruppe* Annex zum Brief v. 5.2.2015 „Health data in apps and devices", S. 2 f.
604 Kühling/Buchner-*Weichert* Art. 4 Nr. 15 Rn. 7; Gola-*Gola* Art. 4 Nr. 15 Rn. 75; Gola/Schomerus § 3 BDSG Rn. 56a.
605 Zur Pseudonymisierung vgl. die Kommentierung zu Art. 4 Nr. 5 Rn. 79.
606 Auernhammer-*Eßer* Art. 4 Nr. 15 Rn. 72; Kühling/Buchner-*Weichert* Art. 4 Nr. 15 Rn. 3 sowie Plath-*Schreiber* Art. 4 Nr. 15 Rn. 56.
607 Bsp. aus Plath-*Schreiber* Art. 4 Nr. 15 Rn. 56; Kühling/Buchner-*Weichert* Art. 4 Nr. 15 Rn. 2.

265 Die besondere **Sensibilität** von Gesundheitsdaten folgt insbesondere aus den möglichen Auswirkungen für den Betroffenen, wie dem Diskriminierungspotenzial.[608] Das Datenschutzrecht knüpft damit an rechtliche Grundsätze an, die bereits in **§ 203 StGB** und **§ 35 SGB I** Eingang gefunden haben und so dem Betroffenen im Falle einer gesundheitlichen Notsituation und Hilfebedürftigkeit versichern, dass ihnen keine Nachteile aus einer unrechtmäßigen Datenverarbeitung oder einer Weitergabe an Dritte erwachsen.[609] Auf der anderen Seite betont die Datenethikkommission aber auch die signifikante Bedeutung von Gesundheitsdaten zu Forschungszwecken, zur Förderung der Prävention sowie zur Entwicklung neuer diagnostischer und therapeutischer Maßnahmen.[610]

266 **3. Praxisbeispiele.** Da es ausweislich des Wortlauts des Art. 4 Nr. 15 sowie des ErwG 35 nicht darauf ankommt, wer die Gesundheitsdaten generiert, ist in der Praxis insbesondere die Nutzung von **Lifestyle- und Gesundheits-Apps** relevant, bei denen die Benutzer oftmals selbst die Daten generieren und erheben.[611] So werden von Nutzern smarter Endgeräte oftmals im Fitnessbereich Pulsmessungen durchgeführt oder Laufwege der Joggingstrecke aufgezeichnet und ausgewertet. Zur Gewährleistung der Rechtmäßigkeit der Verarbeitung solcher Gesundheitsdaten sind dabei insbesondere die Anforderungen an eine wirksame Einwilligung[612] der Nutzer zu beachten. Darüber hinaus ist sonstigen Datenschutzprinzipien wie dem Zweckbindungsgrundsatz[613] und dem Gebot der Datensparsamkeit[614] Rechnung zu tragen. Gerade Auswertungen von Gesundheitsdaten im Rahmen von **Big Data-Anwendungen**[615] werden Verantwortliche hinsichtlich einer genauen Zweckbestimmungen vor dem Hintergrund der erhöhten Anforderungen an eine Verarbeitung aus Art. 9 vor Herausforderungen stellen.

XVII. Art. 4 Nr. 16: Hauptniederlassung

267 **1. Allgemeines.** Der Begriff der **Hauptniederlassung** wird in Art. 4 Nr. 16 definiert.

268 **a) Abgrenzung zum Begriff der Niederlassung.** Der mit dem Begriff der Hauptniederlassung eng verknüpfte Begriff der **Niederlassung** hat keine ausdrückliche Definition in der DS-GVO erfahren.[616] Gleichwohl wird dieser Begriff in Art. 4 Nr. 16 zugrunde gelegt, so dass zunächst Inhalt und Reichweite des Niederlassungsbegriffs zu klären sind, bevor auf den Begriff der Hauptniederlassung Bezug genommen wird.

269 Insofern legen **ErwG 22 S. 2 und 3** fest, dass es sich dabei um eine feste Einrichtung handelt, wo die effektive und tatsächliche Ausübung der Tätigkeit stattfindet: Dabei

---

608 *DEK* Gutachten v. Oktober 2019, S. 128. Vgl. zudem die Kommentierung zu Art. 4 Nr. 13 Rn. 243.
609 Dazu auch Kühling/Buchner-*Weichert* Art. 4 Nr. 15 Rn. 4.
610 *DEK* Gutachten v. Oktober 2019, S. 124.
611 Dies zeigen die von der EU-Kommission veröffentlichten Ergebnisse einer Konsultation zum mobilen Gesundheitswesen vom 13.1.2015, abrufbar unter https://ec.europa.eu/digital-single-market/news/mhealth-europe-preparing-ground-consultation-results-published-today, zuletzt abgerufen am 20.4.2020 sowie ZD-Aktuell 2015, 04492. Vgl. außerdem *DEK* Gutachten v. Oktober 2019, S. 114.
612 Vgl. dazu die Kommentierung zu Art. 4 Nr. 11, 6 Abs. 1 lit. a, 7 und 8.
613 Vgl. dazu die Kommentierung zu Art. 5 Abs. 1 lit. b.
614 Vgl. dazu die Kommentierung zu Art. 5 Abs. 1 lit. c.
615 Vgl. dazu die Kommentierung zu Art. 6 Abs. 4.
616 BeckOK DatenSR-*Schild* Art. 4 Nr. 16 Rn. 145; Paal/Pauly-*Ernst* Art. 4 Nr. 16 Rn. 111.

ist unerheblich, welche Rechtsform diese Einrichtung aufweist oder ob es sich um eine Tochtergesellschaft mit eigener Rechtspersönlichkeit oder eine Zweigstelle ohne eigene Rechtspersönlichkeit handelt. Die DS-GVO übernimmt mit ErwG 22 somit die bereits im Rahmen der DSRL maßgebliche Definition des **Art. 4 Abs. 1 lit. a DSRL**.

Der Begriff der Niederlassung folgt damit einer **flexiblen kontextbezogenen Betrachtungsweise** und erfolgt nicht formalistisch.[617] Insofern befindet sich die Niederlassung eines Unternehmens[618] nicht dort, wo es eingetragen ist. Um festzustellen, ob ein Unternehmen, das für die Datenverarbeitung verantwortlich ist, über eine Niederlassung verfügt, ist vielmehr der Grad an Beständigkeit der Einrichtung sowie die effektive Ausübung der wirtschaftlichen Tätigkeiten unter Beachtung des besonderen Charakters der Tätigkeit und der in Rede stehenden Dienstleistungen auszulegen.[619] Insofern ist auch eine Datenverarbeitung, die durch eine Niederlassung im Rahmen von Werbemaßnahmen gefördert wird, in diese Abwägung miteinzubeziehen.[620] Eine Niederlassung kann dabei auch unter Umständen in einer effektiven und tatsächlichen Tätigkeit, die nur geringer Natur ist, gesehen werden. Dies gilt etwa dann, wenn die Zweitniederlassung nur in Person eines Vertreters besteht.[621] Diese flexible Betrachtungsweise ist somit einer Prüfung des Begriffs der Hauptniederlassung voranzustellen. Hat der Verantwortliche oder der Auftragsverarbeiter indes nur eine Niederlassung in der Union, stellt sich die Frage nach einer bestehenden Hauptniederlassung nicht.[622] 270

b) Systematik und Verhältnis zu anderen Vorschriften der DS-GVO. Art. 4 Nr. 16 enthält zwei Tatbestandsalternativen: Die **Hauptniederlassung eines Verantwortlichen**[623] findet sich in Art. 4 Nr. 16 lit. a. Die **Hauptniederlassung eines Auftragsverarbeiters**[624] ist in Art. 4 Nr. 16 lit. b geregelt. 271

Insofern ergibt sich bereits aufgrund der Begrifflichkeiten ein unmittelbarer Bezug zu **Art. 4 Nr. 7** und **Art. 4 Nr. 8**. 272

Art. 4 Nr. 16 und der Begriff der Hauptniederlassung haben insbesondere Bedeutung für die Bestimmung der **federführenden Aufsichtsbehörde** aus **Art. 56**.[625] Beschlüsse der federführenden Aufsichtsbehörde etwa werden an die Hauptniederlassung übermittelt, vgl. **Art. 60 Abs. 7 und 9**[626]. Die Bestimmung der Hauptniederlassung dient somit der Kontrolle durch die Aufsichtsbehörde. Die Haftungsbestimmungen der DS-GVO bleiben hierdurch unberührt.[627] 273

---

617 BeckOK DatenSR-*Schild* Art. 4 Nr. 16 Rn. 145; Paal/Pauly-*Ernst* Art. 4 Nr. 16 Rn. 112.
618 Zum Begriff des Unternehmens vgl. die Kommentierung in Art. 4 Nr. 18.
619 *EuGH* NJW 2015, 3636, Rn. 29 ff.; Paal/Pauly-*Ernst* Art. 4 Nr. 16 Rn. 112.
620 Sydow-*Ziebarth* Art. 4 Nr. 16 Rn. 194; *EuGH* v. 13.5.2014 – C-131/12, NJW 2014, 2257 sowie *Ziebarth* ZD 2014, 394, 395.
621 Vgl. dazu *EuGH* v. 1.10.2015 – C-320/14, ZD 2015, 590 sowie Gola-*Gola* Art. 4 Nr. 16 Rn. 79; Paal/Pauly-*Ernst* Art. 4 Nr. 16 Rn. 112.
622 Ehmann/Selmayr-*Klabunde* Art. 4 Nr. 16 Rn. 46.
623 Vgl. dazu die Kommentierung in Art. 4 Nr. 7 Rn. 121.
624 Vgl. dazu die Kommentierung in Art. 4 Nr. 8 Rn. 171.
625 Vgl. dazu die Kommentierung zu Art. 56 sowie Sydow-*Ziebarth* Art. 4 Nr. 16 Rn. 190; Kühling/Buchner-*Boehm* Art. 4 Nr. 16 Rn. 1; Ehmann/Selmayr-*Klabunde* Art. 4 Nr. 16 Rn. 44.
626 Vgl. dazu die Kommentierung zu Art. 60 Abs. 7.
627 *Art.-29-Datenschutzgruppe* WP 244 zum Begriff der „federführenden Aufsichtsbehörden", S. 9.

274 Zudem ist der Bezug zu **Art. 3**[628] von Bedeutung. Denn die DS-GVO findet nur Anwendung, soweit die Verarbeitung personenbezogener Daten im Rahmen der Tätigkeit einer in der Union befindlichen Niederlassung stattfindet. Insofern ist der Begriff der Niederlassung für den räumlichen Anwendungsbereich der DS-GVO entscheidend.

275 **2. Hauptniederlassung des Verantwortlichen.** Die maßgebliche Regelung zur Hauptniederlassung des Verantwortlichen findet sich in Art. 4 Nr. 16 lit. a Hs. 1. Danach liegt im Falle eines Verantwortlichen mit Niederlassungen in mehr als einem Mitgliedstaat die Hauptniederlassung am **Ort der Hauptverwaltung** in der Union. Dies gilt allerdings nach Art. 4 Nr. 16 lit. a Hs. 2 nicht, wenn die **Entscheidungen hinsichtlich der Zwecke und Mittel** der Verarbeitung personenbezogener Daten in einer anderen Niederlassung des Verantwortlichen getroffen werden.

276 In diesem Falle ist also abweichend von Art. 4 Nr. 16 lit. a Hs. 1 die Niederlassung, die diese Entscheidungen trifft, als Hauptniederlassung zu qualifizieren.[629] Dies stellt insbesondere **ErwG 36 S. 1** klar: Bei Verantwortlichen ist als Hauptniederlassung diejenige Niederlassung anzusehen, an der tatsächlich die Entscheidungen über Zweck und Mittel der Verarbeitung getroffen werden, sofern diese Entscheidungen für den Verantwortlichen insgesamt wirksam sind und auch durchgesetzt werden können.[630] Zur Bestimmung der Hauptniederlassung eines Verantwortlichen müssen also **objektive Kriterien** herangezogen werden, wobei ein Kriterium die **effektive und tatsächliche Ausübung von Managementtätigkeit** durch eine feste Einrichtung ist, in deren Rahmen die **Grundsatzentscheidungen** zur Festlegung der Zwecke und Mittel der Verarbeitung getroffen werden (**ErwG 36 S. 2**). Dabei sollte indes nicht entscheidend sein, ob die Verarbeitung der personenbezogenen Daten auch tatsächlich an diesem Ort durchgeführt wird. Denn das Vorhandensein und die Verwendung technischer Mittel und Verfahren zur Verarbeitung personenbezogener Daten oder Verarbeitungstätigkeiten begründen an sich noch keine Hauptniederlassung und sind daher kein ausschlaggebender Faktor (**ErwG 36 S. 3 und 4**). Insofern ergibt sich aus den ErwG selbst eine klare Leitlinie für die Prüfung hinsichtlich des Vorhandenseins einer Hauptniederlassung. Insgesamt ist daher der **tatsächliche Geschäfts- und Tätigkeitsschwerpunkt** hinsichtlich der Datenverarbeitung i.S. e. flexiblen Betrachtungsweise im o.g. Sinne maßgeblich.[631]

277 Die DS-GVO befasst sich nicht spezifisch mit der Frage, welche Niederlassung als Hauptniederlassung i.S.d. Art. 4 Nr. 16 gilt, falls zwei oder mehr in der EU Niedergelassene **gemeinsam** für die Datenverarbeitung **verantwortlich** sind. In einem solchen Fall ist nach dem Ansatz des Art. 4 Nr. 16 diejenige Niederlassung zu ermitteln, die **befugt ist** die **Entscheidungen über Zwecke und Mittel** der Datenverarbeitung **für alle** gemeinsam Verantwortlichen **umzusetzen**. Um die Vorteile des Verfahrens der Zusammenarbeit in vollem Umfang nutzen zu können und Transparenz zu gewährleis-

---

628 Vgl. dazu die Kommentierung zu Art. 3.
629 Kühling/Buchner-*Boehm* Art. 4 Nr. 16 Rn. 2; Paal/Pauly-*Ernst* Art. 4 Nr. 16 Rn. 114.
630 Ehmann/Selmayr-*Klabunde* Art. 4 Nr. 16 Rn. 47; Sydow-*Ziebarth* Art. 4 Nr. 16 Rn. 196.
631 Kontrollfragen bei der Ermittlung des Ortes der Hauptniederlassung finden sich bei *Art.-29-Datenschutzgruppe* WP 244 zum Begriff der „federführenden Aufsichtsbehörden", S. 7 f. Vgl. Rn. 267 ff. zur Niederlassung. Auch Gola-*Gola* Art. 4 Nr. 16 Rn. 80; BeckOK DatenSR-*Schild* Art. 4 Nr. 16 Rn. 146.

ten, sollten gemeinsam Verantwortliche daher festlegen, welche entscheidungsbefugte Niederlassung eines gemeinsam Verantwortlichen diese Befugnis haben soll.[632] Diese gilt dann als die für die Datenverarbeitung im Namen der gemeinsam Verantwortlichen zuständige Hauptniederlassung.

Gleichwohl kann es, unabhängig von der Anzahl der Verantwortlichen, vorkommen, dass unterschiedliche Niederlassungen jeweils autonome Entscheidungen hinsichtlich verschiedener grenzüberschreitender Verarbeitungstätigkeiten treffen, somit **verschiedene Entscheidungszentren** existieren. In einem solchen Fall gibt es nach dem Ansatz des Art. 4 Nr. 16 mehrere **Hauptniederlassungen**, was dazu führt, dass mehrere Aufsichtsbehörden federführend für jeweils unterschiedliche Tätigkeiten sind.[633] 278

In praktischer Hinsicht folgt aus den Erwägungen zur Bestimmung der Hauptniederlassung, dass etwa eine „**Briefkastenfirma**" zwar Niederlassung, allerdings nicht Hauptniederlassung sein kann.[634] Darüber hinaus kommt es auch nicht auf den Serverstandort an. Dies ist insbesondere vor dem Hintergrund relevant, dass **international agierende Unternehmen und „Internet-Giganten"** sich nicht durch die Wahl eines „geeigneten" Serverstandortes der Geltung der Anforderungen der DS-GVO entziehen können sollen. Gleichwohl bleibt es in der Praxis den Unternehmen überlassen, welcher Niederlassung sie die Grundsatzentscheidungen überlassen. Insofern werden Serverstandorte zwar ausgeklammert, gleichwohl eröffnet sich ein **Missbrauchsrisiko** dahingehend, dass Unternehmen ihren tatsächlichen Tätigkeitsschwerpunkt selbst wählen und damit die Geltung von Art. 4 Nr. 16 lit. a letztlich doch beeinflussen können.[635] Gleichwohl lässt sich die **fehlende Entscheidungskompetenz der zuständigen Aufsichtsbehörde** durch eine Änderung der Hauptniederlassung nicht mehr begründen. Vielmehr bleibt die anfängliche Zuständigkeit der Aufsichtsbehörde in diesem Fall erhalten.[636] 279

3. Hauptniederlassung des Auftragsverarbeiters. Nach Art. 4 Nr. 16 lit. b ist die Hauptniederlassung des Auftragsverarbeiters bei mehreren Niederlassungen ebenfalls der **Ort der Hauptverwaltung**. Insofern ist aber zu beachten, dass die Bestimmung der Hauptniederlassung des Auftragsverarbeiters nicht nach den Kriterien gem. Art. 4 Nr. 16 lit. a erfolgen kann, weil der Auftragsverarbeiter in diesem Sinne grundsätzlich keine Grundsatzentscheidungen trifft. Andernfalls wäre er Verantwortlicher.[637] Folglich ist der **Schwerpunkt der wesentlichen Verarbeitungstätigkeiten** entscheidend. Insofern ist daher auch eine flexible und kontextbezogene Betrachtungsweise ausschlaggebend, so dass sich der Prüfungskatalog des Art. 4 Nr. 16 lit. a im Wesentlichen im Rahmen der Feststellung der Hauptniederlassung des Auftragsverarbeiters wiederholt. Dies ergibt sich bereits aus **ErwG 36 S. 5**. 280

---

632 *Art.-29-Datenschutzgruppe* WP 244 zum Begriff der „federführenden Aufsichtsbehörden", S. 8, 14.
633 *Art.-29-Datenschutzgruppe* WP 244 zum Begriff der „federführenden Aufsichtsbehörden", S. 6. Zu Grenzfällen vgl. S. 9 f.
634 Paal/Pauly-*Ernst* Art. 4 Nr. 16 Rn. 115.
635 Vgl. dazu auch Sydow-*Ziebarth* Art. 4 Nr. 16 Rn. 198; Paal/Pauly-*Ernst* Art. 4 Nr. 16 Rn. 115 f.
636 Kühling/Buchner-*Boehm* Art. 4 Nr. 16 Rn. 2; Sydow-*Ziebarth* Art. 4 Nr. 16 Rn. 198.
637 Zur Abgrenzung zwischen Verantwortlichem und Auftragsverarbeiter vgl. insbesondere die Ausführungen zu Art. 4 Nr. 7 und 8; Sydow-*Ziebarth* Art. 4 Nr. 16 Rn. 199.

281 Hat der Auftragsverarbeiter keine Hauptverwaltung in der EU, so gilt nach Art. 4 Nr. 16 lit. b Hs. 2 als Hauptniederlassung die Niederlassung des Auftragsverarbeiters in der Union, in der die Verarbeitungstätigkeit im Rahmen der Tätigkeiten einer Niederlassung eines Auftraggebers hauptsächlich stattfinden. Dies gilt aber nur, soweit der Auftragsverarbeiter den spezifischen Pflichten der DS-GVO unterliegt. Letztlich ist damit gemeint, dass in diesem Falle bei der Bestimmung der Hauptniederlassung nur die Verarbeitungen zu berücksichtigen sind, die der Auftragsverarbeiter gerade in dieser Eigenschaft vornimmt. Hat also ein Unternehmen keine Hauptniederlassung in der Union, nimmt aber Verarbeitungstätigkeiten für einen Auftraggeber wahr, so wird diese Niederlassung als Hauptniederlassung angesehen.[638]

282 Darüber hinaus enthält **ErwG 36 S. 6** eine Regelung für den Fall, dass sowohl der Verantwortliche als auch der Auftragsverarbeiter von aufsichtsbehördlichen Beschlussmaßnahmen betroffen sind. In diesem Fall soll die Aufsichtsbehörde des Landes, in dem der Verantwortliche seine Hauptniederlassung hat, als zuständige federführende Aufsichtsbehörde gelten und sich die Aufsichtsbehörde des Auftragsverarbeiters am Verfahren als betroffene Aufsichtsbehörde beteiligen. Sofern sich der Beschluss der Aufsichtsbehörde aber nur auf den Verantwortlichen bezieht, sollen die Aufsichtsbehörden des Auftragsverarbeiters nicht als betroffene Aufsichtsbehörden angesehen werden. Dieser Regelungsgehalt ist insbesondere für **Art. 60** und das Zusammenarbeitsverfahren bedeutsam.[639]

283 **4. Hauptniederlassung bei einer Unternehmensgruppe.** Im Falle einer Unternehmensgruppe[640] soll die Hauptniederlassung des herrschenden Unternehmens als Hauptniederlassung der Unternehmensgruppe gelten, es sei denn, die Zwecke und Mittel der Verarbeitung werden von einem anderen Unternehmen festgelegt (vgl. **ErwG 36 S. 8**).[641]

XVIII. Art. 4 Nr. 17: Vertreter

284 **1. Allgemeines.** Nach Art. 4 Nr. 17 ist ein Vertreter eine in der Union niedergelassene natürliche oder juristische Person, die von dem Verantwortlichen oder Auftragsverarbeiter schriftlich gem. Art. 27 bestellt wurde und den Verantwortlichen oder Auftragsverarbeiter in Bezug auf die ihnen jeweils nach dieser Verordnung obliegenden Pflichten vertritt.[642]

285 Art. 4 Nr. 17 hat keine unmittelbare Vorgängerregelung in der DSRL, wobei der Vertreter allerdings in **Art. 2 Abs. 2 DSRL** erwähnt wird. Dieser normierte die Verpflichtung zur Benennung eines Vertreters durch nicht in der Union niedergelassene Verantwortliche, die dem Datenschutzrecht der EU unterliegen.[643]

---

638 Vgl. dazu Sydow-*Ziebarth* Art. 4 Nr. 16 Rn. 201; Kühling/Buchner-*Boehm* Art. 4 Nr. 16 Rn. 4 und 7.
639 Ehmann/Selmayr-*Klabunde* Art. 4 Nr. 16 Rn. 49; Kühling/Buchner-*Boehm* Art. 4 Nr. 16 Rn. 7.
640 Vgl. dazu die Kommentierung zu Art. 4 Nr. 19.
641 *Art.-29-Datenschutzgruppe* WP 244 zum Begriff der „federführenden Aufsichtsbehörden", S. 8.
642 Zum Vertreter als neues Geschäftsmodell *Franck* Der Vertreter in der Union gem. Art. 27 DS-GVO, RDV 6/2018, 303 ff.
643 Vgl. dazu Ehmann/Selmayr-*Klabunde* Art. 4 Nr. 17 Rn. 50; Kühling/Buchner-*Hartung* Art. 4 Nr. 17 Rn. 1.

Der Begriff des Vertreters wird im Gefüge der DS-GVO insbesondere im Rahmen von **Art. 3 Abs. 2**[644] sowie **Art. 27**[645] relevant: Art. 27 bestimmt nämlich, dass ausländische Stellen nach Art. 3 Abs. 2 einen Vertreter im Inland als Ansprechpartner benennen müssen.[646] Darüber hinaus wird der Begriff des Vertreters in **Art. 30**[647] – wonach der Vertreter zum Führen des Verarbeitungsverzeichnisses verpflichtet ist – in **Art. 31**[648], hinsichtlich einer Verpflichtung des Vertreters zur Zusammenarbeit mit der Aufsichtsbehörde, sowie in **Art. 58 Abs. 1 lit. a**[649] mit Blick auf die Auskunftspflicht des Vertreters gegenüber den Aufsichtsbehörden verwendet.[650] 286

2. Begriff des Vertreters und Regelungszweck. Nach Art. 27 kann als Vertreter eine **natürliche oder juristische Person** benannt werden, die in einem Mitgliedstaat der Union niedergelassen sein muss, in dem sich die von der Datenverarbeitung betroffenen Personen befinden.[651] 287

Der Begriff des Vertreters ist dabei von dem Vertreter des Betroffenen nach Art. 35 Abs. 9[652], der Aufsichtsbehörden eines Mitgliedstaates oder der Kommission nach Art. 68 Abs. 3 bis 5[653] sowie von den Begriffen des Verantwortlichen nach Art. 4 Nr. 7[654] und des Auftragsverarbeiters nach Art. 4 Nr. 8[655] zu unterscheiden. 288

Nach **ErwG 80 S. 1** soll jeder Verantwortliche oder Auftragsverarbeiter ohne Niederlassung in der Union einen Vertreter benennen müssen, es sei denn, dass die Datenverarbeitungen nur gelegentlich erfolgen. Nicht eingeschlossen ist die Verarbeitung sensibler Daten und die Verarbeitung von personenbezogenen Daten über strafrechtliche Verurteilungen und Straftaten. Nach ErwG 80 S. 1 a.E. bringt diese Verarbeitung unter Berücksichtigung ihrer Art, ihrer Umstände, ihres Umfangs, ihrer Zwecke wahrscheinlich kein Risiko für die Rechte und Freiheit natürlicher Personen mit sich oder bei dem Verantwortlichen handelt es sich um eine Behörde oder öffentliche Stelle. 289

Ausweislich **ErwG 80 S. 2** soll der Vertreter im Namen des Verantwortlichen oder des Auftragsverarbeiters tätig werden und den Aufsichtsbehörden als Anlaufstelle dienen. 290

Davon abgesehen, dass der Vertreter eine Niederlassung in einem Mitgliedstaat haben muss, werden **keine speziellen Anforderungen** an den Vertreter gestellt. Gleichwohl ist zu beachten, dass Art. 4 Nr. 17 ausdrücklich auf Art. 27 Bezug nimmt, so dass dessen Voraussetzungen vorliegen müssen. Insofern muss die Bestellung des Vertreters **schriftlich und ausdrücklich** erfolgen und sie soll sicherstellen, dass der Vertreter Behörden und betroffenen Personen als Anlaufstelle und **Ansprechpartner zur Verfü-** 291

---

644 Vgl. dazu die Kommentierung zu Art. 3 Abs. 2.
645 Vgl. dazu die Kommentierung zu Art. 27.
646 Dazu Ehmann/Selmayr-*Klabunde* Art. 4 Nr. 17 Rn. 51; Kühling/Buchner-*Hartung* Art. 4 Nr. 17 Rn. 1 f.
647 Vgl. dazu die Kommentierung zu Art. 30.
648 Vgl. dazu die Kommentierung zu Art. 31.
649 Vgl. dazu die Kommentierung zu Art. 58.
650 Kühling/Buchner-*Hartung* Art. 4 Nr. 17 Rn. 4; Sydow-*Ziebarth* Art. 4 Nr. 17 Rn. 202.
651 Ehmann/Selmayr-*Klabunde* Art. 4 Nr. 17 Rn. 53; Paal/Pauly-*Ernst* Art. 4 Nr. 17 Rn. 122.
652 Vgl. dazu die Kommentierung zu Art. 35.
653 Vgl. dazu die Kommentierung zu Art. 68.
654 Vgl. dazu in Kommentierung in Rn. 121.
655 Vgl. dazu in Kommentierung in Rn. 171.

Art. 4 Nr. 18   Begriffsbestimmungen

gung steht.[656] In der Praxis wird dies eine Erklärungsvollmacht sowie die Bestellung des Vertreters zum Empfangsvertreter erfordern.[657] Denn wegen des Erfordernisses der ausdrücklichen Bestellung scheiden Rechtsscheintatbestände wie Anscheins- und Duldungsvollmachten als taugliche Rechtsgrundlagen zur Bestellung eines Vertreters aus.

292   Darüber hinaus soll der Vertreter nach ErwG 80 S. 5 seine Aufgaben entsprechend dem Mandat des Verantwortlichen oder Auftragsverarbeiters ausführen und insbesondere mit den zuständigen Aufsichtsbehörden **zusammenarbeiten**.

293   Bei Verstößen des Verantwortlichen oder des Auftragsverarbeiters wird der Vertreter Durchsetzungsmaßnahmen unterworfen.[658] Diese Regelung ist deshalb in der Praxis wichtig, weil ein Verantwortlicher oder ein Auftragsverarbeiter, der keine Niederlassung in einem Mitgliedstaat hat, nicht den Durchsetzungsmaßnahmen der Union unterliegt. Insofern wird die Rechtsdurchsetzung erleichtert bzw. ermöglicht.[659]

294   Art. 4 Nr. 17 stellt eine abschließende Regelung dar. Für nationale Regelungen und Umsetzungsmaßnahmen bleibt daher kein Raum.[660]

XIX. Art. 4 Nr. 18: Unternehmen

295   **1. Allgemeines.** Die Definition des Unternehmens hat grundsätzliche Bedeutung im Rahmen der DS-GVO. Sie richtet sich an nichtöffentliche Datenverarbeiter, unabhängig davon, ob Verantwortlicher oder Auftragsverarbeiter. Weder DSRL noch BDSG a.F. enthielten eine Definition des Unternehmens.

296   **2. Inhalt.** Art. 4 Nr. 18 definiert Unternehmen als eine natürliche und juristische Person, die eine wirtschaftliche Tätigkeit ausübt, unabhängig von ihrer Rechtsform, einschließlich Personengesellschaften oder Vereinigungen, die regelmäßig einer wirtschaftlichen Tätigkeit nachgehen.

297   Der **datenschutzrechtliche Unternehmensbegriff** nach der DS-GVO ist weit gefasst. Er umfasst alle Einzelpersonen und Personenmehrheiten, die einer wirtschaftlichen Tätigkeit nachgehen, mithin bei der datenschutzrechtlich relevanten Handlung in Ausübung ihrer gewerblichen oder selbstständigen Tätigkeit handeln. Unerheblich ist die Branche, sodass auch Freiberufler erfasst sind.[661] Die Spanne reicht damit vom Arzt bis zur börsennotierten Publikumsgesellschaft.[662] Auch juristische Personen des öffentlichen Rechts fallen unter den Unternehmensbegriff, sofern sie wirtschaftlicher Tätigkeit nachgehen. Eine solche setzt voraus, dass die Stelle, um deren Unternehmenseigenschaft es geht, am Markt im Rahmen von Austauschverträgen Waren oder Dienstleistungen anbietet. Hoheitliche Tätigkeit ist damit nicht umfasst.[663] Soweit eine

---

656 So Art. 27 Abs. 1 und 4 DS-GVO sowie ErwG 80 S. 3.
657 Kühling/Buchner-*Hartung* Art. 4 Nr. 17 Rn. 8.
658 Vgl. ErwG 80 S. 6.
659 Sydow-*Ziebarth* Art. 4 Nr. 17 Rn. 204.
660 Kühling/Buchner-*Hartung* Art. 4 Nr. 17 Rn 10.
661 Paal/Pauly-*Ernst* Art. 4 Nr. 18 Rn. 124.
662 Sydow-*Ziebarth* Art. 4 Rn. 207.
663 So auch Sydow-*Ziebarth* Art. 4 Rn. 208.

Person gleichzeitig privaten und beruflichen Nutzen aus einer Tätigkeit zieht (Dual Use) ist der Unternehmensbegriff erfüllt.[664]

Die DS-GVO gilt grundsätzlich auch für Kleinstunternehmen sowie kleine und mittlere Unternehmen. Nach Art. 40 Abs. 1 und Art. 42 Abs. 1 können für Kleinst- bis mittlere Unternehmen spezielle Verhaltensregeln bzw. Zertifizierungsmöglichkeiten geschaffen werden. Für die Definition des Begriffs Kleinstunternehmen sowie kleine und mittlere Unternehmen ist nach ErwG 13 S. 5 Art. 2 des Anhangs zur Empfehlung 2003/361/EG der Kommission maßgebend. Nach Art. 2 des Anhangs zur Empfehlung dienen die Mitarbeiterzahlen und die finanziellen Schwellenwerte der Definition der Unternehmensklassen. Danach bestimmt sich die Größenklasse der Kleinstunternehmen sowie der kleinen und mittleren Unternehmen (KMU) aus der Beschäftigtenzahl – „weniger als 250 Personen beschäftigen" und dem Jahresumsatz „die entweder einen Jahresumsatz von höchstens 50 Mio. EUR erzielen oder deren Jahresbilanzsumme sich auf höchstens 43 Mio. EUR beläuft". Als kleines Unternehmen wird ein Unternehmen definiert, das weniger als 50 Personen beschäftigt und dessen Jahresumsatz bzw. Jahresbilanz 10 Mio. EUR nicht übersteigt. Innerhalb der Kategorie der KMU wird ein Kleinstunternehmen als ein Unternehmen definiert, das weniger als 10 Personen beschäftigt und dessen Jahresumsatz bzw. Jahresbilanz 2 Mio. EUR nicht überschreitet.[665]

Werden Unternehmen Geldbußen nach Art. 83 auferlegt, kommt dem Unternehmensbegriff eine besondere Bedeutung zu. In diesem Rahmen wird dieser anders verstanden und erhält eine von Art. 4 Nr. 18 abweichende Definition. Werden Unternehmen Geldbußen auferlegt, soll nach ErwG 150 zu diesem Zweck der Begriff „Unternehmen" im Sinne der Art. 101 und 102 AEUV verstanden werden. Bemessungsgrundlage für ein zu verhängendes Bußgeld gegen ein Unternehmen wäre demnach bei Konzernunternehmen der gesamte Konzernumsatz und nicht der einzelne Unternehmensumsatz. Zu beachten ist jedoch, dass der kartellrechtliche Unternehmensbegriff keinen Einzug in die Verordnung selbst gefunden hat.[666]

XX. Art. 4 Nr. 19: Unternehmensgruppe

1. Allgemeines. Art. 4 Nr. 19 definiert die Unternehmensgruppe als eine Gruppe, die aus einem herrschenden Unternehmen und den von diesem abhängigen Unternehmen besteht. Eine Unternehmensgruppe besteht danach aus mindestens zwei Unternehmen, zwischen denen ein Über-Unterordnungsverhältnis herrscht.[667]

Nach ErwG 37 sollte das herrschende Unternehmen dasjenige sein, das zum Beispiel aufgrund der Eigentumsverhältnisse, der finanziellen Beteiligung oder der für das Unternehmen geltenden Vorschriften oder der Befugnis, Datenschutzvorschriften umsetzen zu lassen, einen beherrschenden Einfluss auf die übrigen Unternehmen ausüben kann. Ein Unternehmen, das die Verarbeitung personenbezogener Daten in ihm angeschlossenen Unternehmen kontrolliert, sollte zusammen mit diesen als eine „Unternehmensgruppe" betrachtet werden. Das macht deutlich, dass es bei der Unternehmensgruppe nicht ausschließlich auf eine Beherrschung im gesellschafts-

---
664 Paal/Pauly-*Ernst* Art. 4 Nr. 18 Rn. 125.
665 ABl. 2003 L 124, 36, 39.
666 Eingehend dazu Kommentierung zu Art. 83.
667 Vgl. Simitis/Hornung/Spiecker gen. Döhmann-*Scholz* Art. 4 Nr. 19 Rn. 1.

rechtlichen Sinne ankommt, sondern auch faktische Unternehmensgruppen, bei denen z.B. aufgrund von Verträgen bestimmten Unternehmen die Möglichkeit zum Richtlinienerlass gegeben ist, hierunter fallen können.[668]

302 Beispiel für eine Unternehmensgruppe ist insbesondere der **Konzern**. So definiert § 18 Abs. 1 AktG einen solchen als „ein herrschendes und ein oder mehrere abhängige Unternehmen", die „unter der einheitlichen Leitung des herrschenden Unternehmens zusammengefasst sind".

303 **2. Bedeutung.** Die Unternehmensgruppe ist an verschiedenen Stellen der DS-GVO von Bedeutung. Insbesondere im Zusammenhang mit der Möglichkeit, auf Grundlage von verbindlichen internen Datenschutzvorschriften (Binding Corporate Rules – BCR) personenbezogene Daten in Drittländer zu übermitteln.[669]

304 ErwG 48 nennt die Unternehmensgruppe als besonderes Beispiel dafür, dass die verantwortlichen Stellen in einer Unternehmensgruppe ein besonderes berechtigtes Interesse an einer Übermittlung von Daten innerhalb der Unternehmensgruppe haben können.

305 Nach Art. 37 Abs. 2 darf eine Unternehmensgruppe einen gemeinsamen betrieblichen Datenschutzbeauftragten bestellen, sofern der Datenschutzbeauftragte von jeder Niederlassung leicht erreicht werden kann.[670]

306 Art. 88 Abs. 2 verlangt, dass Mitgliedstaaten, die von der Ausnahme des Art. 88 Abs. 1 Gebrauch machen und gesonderte Regelungen zum Umgang mit Beschäftigtendaten erlassen, besondere Maßnahmen zur Wahrung der menschlichen Würde, der berechtigten Interessen und der Grundrechte der betroffenen Person vorsehen.[671]

XXI. Art. 4 Nr. 20: Verbindliche interne Datenschutzvorschriften

307 Der Begriff der verbindlichen internen Datenschutzvorschriften ist in Art. 4 Nr. 20 legaldefiniert. Danach handelt es sich dabei um Maßnahmen zum Schutz personenbezogener Daten, zu deren Einhaltung sich ein im Hoheitsgebiet eines Mitgliedstaats niedergelassener Verantwortlicher oder Auftragsverarbeiter verpflichtet im Hinblick auf Datenübermittlungen oder eine Kategorie von Datenübermittlungen personenbezogener Daten an einen Verantwortlichen oder Auftragsverarbeiter derselben Unternehmensgruppe oder derselben Gruppe von Unternehmen, die eine gemeinsame Wirtschaftstätigkeit ausüben und zwar in einem oder mehreren Drittländern.

308 Art. 4 Nr. 20 entspricht mit seiner Regelung zu verbindlichen internen Datenschutzvorschriften (binding corporate rules; BCR) im Wesentlichen **Art. 26 Abs. 2 DSRL**.

309 Eine detaillierte Regelung zu den verbindlichen internen Datenschutzvorschriften findet sich in der DS-GVO in **Art. 47**[672]. Darüber hinaus nimmt Art. 4 Nr. 20 Bezug auf die Niederlassung eines Verantwortlichen oder Auftragsverarbeiters. Insofern sind die

---

668 Kühling/Buchner-*Schröder* Art. 4 Nr. 19 Rn. 1.
669 Dazu Kommentierung zu Art. 47.
670 Vgl. Kommentierung zu Art. 37 Abs. 2.
671 Vgl. Kommentierung zu Art. 88.
672 Vgl. dazu die Kommentierung zu Art. 47.

inhaltlichen Bezüge zu **Art. 4 Nr. 7, 8** und **16** zu beachten.[673] Ferner ist hinsichtlich des Begriffs des Unternehmens und der Unternehmensgruppe in Art. 4 Nr. 20 auf **Art. 4 Nr. 18**[674] und **19**[675] zu verweisen.

Diese internen Datenschutzvorschriften stellen letztlich Regelungen zum Schutz personenbezogener Daten im Hinblick auf Datenübermittlungen in Drittländer dar, zu deren Einhaltung sich ein in der EU niedergelassener Verantwortlicher oder Auftragsdatenverarbeiter verpflichtet.[676] Insofern erlauben diese internen Regelungen dem Verantwortlichen oder Auftragsverarbeiter personenbezogene Daten auch dann an ein verbundenes Unternehmen in einem Drittland zu übermitteln, wenn dieses nicht über ein der DS-GVO entsprechendes Datenschutzniveau verfügt. Die verbundenen Unternehmen werden so zu Maßnahmen zum Schutz personenbezogener Daten verpflichtet.[677] 310

Folglich können interne Datenschutzvorschriften als geeignete Garantien nach Art. 46 Abs. 1[678] Datenübermittlungen in Drittländer ohne ein der DS-GVO entsprechendes angemessenes Datenschutzniveau rechtfertigen, wenn die Voraussetzungen des Art. 47 Abs. 1 und 2 vorliegen.[679] Dazu müssen die Datenschutzvorschriften insbesondere rechtlich bindend sein und die inhaltlichen Anforderungen des Kataloges des Art. 47 Abs. 2 erfüllen.[680] 311

Interne Datenschutzvorschriften können somit eine Rechtsgrundlage für die Übermittlung personenbezogener Daten liefern und stellen eine Form der **regulierten Selbstregulierung**[681] dar. Denn die Verantwortlichen oder Auftragsverarbeiter erstellen für verbundene Unternehmen selbstständig inhaltliche Vorgaben zum Datenschutz, wobei sich diese Vorgaben an der DS-GVO orientieren und über die Aufsichts- und Sanktionsbefugnisse der DS-GVO einer Kontrolle unterliegen.[682] 312

Ausweislich **ErwG 110** soll jede Unternehmensgruppe oder jede Gruppe von Unternehmen, die eine gemeinsame Wirtschaftstätigkeit ausüben, für ihre internationalen Datenübermittlungen aus der Union an Organisationen derselben Unternehmensgruppe oder Gruppe von Unternehmen, die eine gemeinsame Wirtschaftstätigkeit ausüben, genehmigte verbindliche interne Datenschutzvorschriften anwenden dürfen, sofern diese sämtliche Grundprinzipien der durchsetzbaren Rechte enthalten, die geeignete Garantien für die Übermittlungen bzw. Übermittlungen von Kategorien personenbezogener Daten bieten. 313

---

673 Dazu auch Paal/Pauly-*Ernst* Art. 4 Nr. 20 Rn. 132; Kühling/Buchner-*Schröder* Art. 4 Nr. 20 Rn. 1 f.; Sydow-*Towfigh/Ulrich* Art. 4 Nr. 20 Rn. 224; BeckOK DatenSR-*Schild* Art. 4 Nr. 20 Rn. 163.
674 Vgl. dazu die Kommentierung in Rn. 295.
675 Vgl. dazu die Kommentierung in Rn. 300.
676 Kühling/Buchner-*Schröder* Art. 4 Nr. 20 Rn. 1; Sydow-*Towfigh/Ulrich* Art. 4 Nr. 20 Rn. 224.
677 Ehmann/Selmayr-*Klabunde* Art. 4 Nr. 20 Rn. 62; Kühling/Buchner-*Schröder* Art. 4 Nr. 20 Rn. 1; Sydow-*Towfigh/Ulrich* Art. 4 Nr. 20 Rn. 224; Gola-*Gola* Art. 4 Nr. 20 Rn. 92.
678 Vgl. dazu die Kommentierung zu Art. 46.
679 Kühling/Buchner-*Schröder* Art. 4 Nr. 20 Rn. 1; Paal/Pauly-*Ernst* Art. 4 Nr. 20 Rn. 131.
680 Sydow-*Towfigh/Ulrich* Art. 4 Nr. 20 Rn. 224; Kühling/Buchner-*Schröder* Art. 4 Nr. 20 Rn. 1; Paal/Pauly-*Ernst* Art. 4 Nr. 20 Rn. 131.
681 Zu dem Begriff vgl. ausführlich Schwartmann-*Schwartmann* Praxishandbuch Medienrecht Kap. 1 Rn. 19.
682 Sydow-*Towfigh/Ulrich* Art. 4 Nr. 20 Rn. 225; Gola-*Gola* Art. 4 Nr. 20 Rn. 91.

Art. 4 Nr. 21, Nr. 22 — Begriffsbestimmungen

314 Damit sind nicht nur Konzerne vom Anwendungsbereich der verbindlichen internen Datenschutzvorschriften erfasst, bei denen die Unternehmen zueinander in einem Abhängigkeitsverhältnis stehen, sondern auch Unternehmensverbände, die kein derartiges Abhängigkeitsverhältnis aufweisen.[683] Ausreichend ist dabei eine gemeinsame Wirtschaftstätigkeit. Erfasst sind in praktischer Hinsicht damit auch freiwillige Zusammenschlüsse privater Unternehmen wie Joint Ventures oder Arbeitsgemeinschaften.[684]

XXII. Art. 4 Nr. 21: Aufsichtsbehörde

315 Art. 4 Nr. 21 definiert die Aufsichtsbehörde als eine von einem Mitgliedstaat gem. Art. 51 eingerichtete und unabhängige Stelle. Die Überwachung der Verarbeitung durch eine solche Stelle ist bereits in Art. 8 GRCh verankert und auch in Art. 16 AEUV vorgesehen. Die DSRL verwendete noch den Begriff Kontrollstelle, den sie aber nicht selbst definierte. In § 38 BDSG a.F. fand sich bereits der Begriff Aufsichtsbehörde, war aber dort nicht definiert.

316 Der Begriff Aufsichtsbehörde ist zentral für die Kapitel VI und VII DS-GVO. Da Art. 4 Nr. 21 nur auf Art. 51 verweist, enthält die Norm keine eigentliche Definition der Aufsichtsbehörde. Insofern gibt Art. 51 Abs. 1 die wirkliche Legaldefinition der Aufsichtsbehörde vor. Danach ist die Aufsichtsbehörde eine von einem Mitgliedstaat eingerichtete unabhängige staatliche Stelle.[685] Jeder Mitgliedstaat sieht hiernach vor, dass eine oder mehrere unabhängige Behörden für die Überwachung der Anwendung der DS-GVO zuständig sind, damit die Grundrechte und Grundfreiheiten natürlicher Personen bei der Verarbeitung geschützt werden und der freie Verkehr personenbezogener Daten in der Union erleichtert wird.

317 Wer Aufsichtsbehörde ist, bestimmt sich nach nationalem Recht. Aktuell sind dies in Deutschland die Bundesbeauftragte für den Datenschutz und die Informationsfreiheit (BfDI), die Landesdatenschutzbeauftragten der Länder und in Bayern für den nichtöffentlichen Bereich zusätzlich das Landesamt für Datenschutzaufsicht.[686]

318 Gibt es in einem Mitgliedstaat mehr als eine Aufsichtsbehörde, so bestimmt der Mitgliedstaat – wie in § 17 Abs. 1 S. 1 BDSG zugunsten der/des BfDI geschehen – die Aufsichtsbehörde, die die Behörden im Ausschuss vertritt, und führt ein Verfahren ein, mit dem sichergestellt wird, dass die anderen Behörden die Regeln für das Kohärenzverfahren nach Art. 63 einhalten.[687]

XXIII. Art. 4 Nr. 22: Betroffene Aufsichtsbehörde

319 Art. 4 Nr. 22 nennt **drei Tatbestände** hinsichtlich des Begriffs der „betroffenen Aufsichtsbehörde": Danach ist eine betroffene Aufsichtsbehörde, eine Aufsichtsbehörde, die von der Verarbeitung personenbezogener Daten betroffen ist, weil:
- der Verantwortliche oder der Auftragsverarbeiter im Hoheitsgebiet des Mitgliedstaates dieser Aufsichtsbehörde niedergelassen ist (Art. 4 Nr. 22 lit. a),

---

683 Kühling/Buchner-*Schröder* Art, 4 Nr. 20 Rn. 2.
684 Sydow-*Towfigh/Ulrich* Art. 4 Nr. 20 Rn. 226; Kühling/Buchner-*Schröder* Art. 4 Nr. 20 Rn. 2.
685 Vgl. Kommentierung zu Art. 51 Rn. 19 ff.
686 BeckOK DatenSR-*Schild* Art. 4 Rn. 165.
687 Vgl. Kommentierung zu Art. 51 Abs. 3 Rn. 49 ff.

– diese Verarbeitung erhebliche Auswirkungen auf betroffene Personen mit Wohnsitz im Mitgliedstaat dieser Aufsichtsbehörde hat oder haben kann oder (Art. 4 Nr. 22 lit. b),
– eine Beschwerde bei dieser Aufsichtsbehörde eingereicht wurde (Art. 4 Nr. 22 lit. c).

Aus dem Wortlaut des Art. 4 Nr. 22 („oder") folgt, dass sobald einer der Tatbestände vorliegt, die Aufsichtsbehörde „betroffen" ist.[688] **320**

Der Begriff der „betroffenen Aufsichtsbehörde" wurde im Gesetzgebungsverfahren durch den Rat im Zusammenhang mit der Überarbeitung des Verfahrens zur Zusammenarbeit und Kohärenz nach Art. 60[689] eingeführt.[690] Das Konzept soll sicherstellen, dass das Modell der „federführenden Behörde" andere Aufsichtsbehörden nicht daran hindert, an für Sie ebenfalls relevanten Sachverhalten mitzuwirken.[691] **321**

Da die DSRL ein derartiges Verfahren nicht kannte, enthielt sie den durch die DS-GVO eingeführten Begriff der „betroffenen Aufsichtsbehörde" nicht.[692] Weil im Zuge der Einführung des Verfahrens nach Art. 60 im Entwurf der Kommission die Alleinzuständigkeit der Aufsichtsbehörde der Hauptniederlassung bei mehreren Niederlassungen in der Union vorgesehen war[693], ist der Begriff der „betroffenen Aufsichtsbehörde" eng mit dem **One-Stop-Shop-Prinzip**[694] verknüpft.[695] **322**

1. Niederlassung im Hoheitsgebiet der Aufsichtsbehörde (Art. 4 Nr. 22 lit. a). Nach Art. 4 Nr. 22 lit. a ist Anknüpfungspunkt die **Niederlassung** des Verantwortlichen oder des Auftragsverarbeiters im Hoheitsgebiet des Mitgliedstaates. **323**

Der Begriff der Niederlassung wird dabei in der Rechtsprechung des EuGH **weit ausgelegt**.[696] Sie setzt die effektive und tatsächliche Ausübung einer wirtschaftlichen Tätigkeit mittels einer festen Einrichtung voraus, wobei die Rechtsform unerheblich ist.[697] ErwG 22 S. 2 und 3 übernehmen diese Wertung. Um festzustellen, ob ein Unternehmen, das für eine Datenverarbeitung verantwortlich ist, über eine Niederlassung verfügt, ist vielmehr der **Grad an Beständigkeit** der Einrichtung sowie die **effektive Ausübung der wirtschaftlichen Tätigkeiten** unter Beachtung des besonderen Charakters der Tätigkeit und der in Rede stehenden Dienstleistungen auszulegen.[698] Eine Niederlassung kann dabei auch in einer effektiven und tatsächlichen Tätigkeit, die nur **324**

---

688 Sydow-*Ziebarth* Art. 4 Nr. 22 Rn. 240.
689 Vgl. dazu die Kommentierung zu Art. 60 Rn. 16.
690 Vgl. Rat v. 9.3.2015, Nr. 6833/15, S. 17 sowie Stellungnahme der BfDI zum Entwurf des DSAnpUG-EU v. 31.8.2016, S. 11; Kühling/Buchner-*Boehm* Art. 4 Nr. 22 Rn. 1; Ehmann/Selmayr-*Klabunde* Art. 4 Nr. 22 Rn. 64.
691 So *Art.-29-Datenschutzgruppe* WP 244 zum Begriff der „federführenden Aufsichtsbehörden", S. 11.
692 Kühling/Buchner-*Boehm* Art. 4 Nr. 22 Rn. 1; Ehmann/Selmayr-*Klabunde* Art. 4 Nr. 22 Rn. 64.
693 Kühling/Buchner-*Boehm* Art. 4 Nr. 22 Rn. 1; *Caspar* ZD 2012, 555, 556 f.; *Nguyen* ZD 2015, 265, 266.
694 Vgl. dazu die Kommentierung zu Art. 4 Nr. 23 Rn. 329 ff.
695 Gola-*Gola* Art. 4 Nr. 22 Rn. 94.
696 Vgl. dazu bereits im Rahmen von Art. 4 Nr. 16 Rn. 267 ff.
697 *EuGH* v. 1.10.2015 – C-320/14, Google Spain, ZD 2015, 590.
698 *EuGH* v. 1.10.2015 – C 230/14, Weltimmo Rn. 29; *EuGH* NJW 2015, 3636 Rn. 29 ff.; Paal/Pauly-*Ernst* Art. 4 Nr. 16 Rn. 112.

geringer Natur ist, gesehen werden, etwa dann, wenn die Zweitniederlassung nur in Person eines Vertreters besteht.[699] Der Begriff der Niederlassung folgt damit einer **flexiblen kontextbezogenen Betrachtungsweise** und erfolgt nicht formalistisch.[700]

325 **2. Erhebliche Auswirkungen auf Betroffene mit Wohnsitz im Mitgliedstaat der Aufsichtsbehörde (Art. 4 Nr. 22 lit. b).** Art. 4 Nr. 22 lit. b stellt wie Art. 4 Nr. 23 lit. b[701] auf die **erheblichen Auswirkungen** auf die betroffenen Personen ab.

326 Die **Möglichkeit** erheblicher Auswirkungen ist ausweislich des Wortlauts der Verordnung („haben kann") bereits ausreichend. „**Auswirkungen**" ist dabei weit gefasst und schließt sowohl rechtliche als auch tatsächliche Auswirkungen mit ein, sofern diese nicht unerheblich sind. Es ist nicht zu verleugnen, dass der Begriff der Auswirkungen kaum Konturen aufweist. Eine Definition der Auswirkungen oder Erheblichkeit enthält Art. 4 Nr. 22 lit. b nicht. Insofern betont **ErwG 124 S. 4**, dass der Datenschutzausschuss aufgefordert ist, Leitlinien zu den Kriterien auszugeben, die bei der Feststellung zu berücksichtigen sind, ob die fragliche Verarbeitung erhebliche Auswirkungen auf betroffene Personen hat.[702] Selbst ist der Datenschutzausschuss dieser Aufforderung zwar nicht nachgekommen, er hat aber die von der Art.-29-Datenschutzgruppe aufgestellten Leitlinien zur federführenden Aufsichtsbehörde[703] ausdrücklich befürwortet.[704] Diese enthalten auch Bestimmungen zur Auslegung der Begriffe „erheblich" und „Auswirkungen".[705] Hiernach sind neben dem Kontext der Verarbeitung, der Art der Daten sowie dem Zweck der Verarbeitung unter anderem Faktoren maßgeblich, die darüber Auskunft geben, ob die Verarbeitung die Gesundheit, das Wohlergehen oder den Seelenfrieden von Einzelpersonen beeinträchtigen kann, sie dieser Diskriminierung oder ungerechter Behandlung aussetzt oder eine breite Palette personenbezogene Daten beinhaltet.[706]

327 **3. Einreichung einer Beschwerde (Art. 4 Nr. 22 lit. c).** Als dritten Anknüpfungspunkt nennt Art. 4 Nr. 22 lit. c, dass eine **Beschwerde** bei der Aufsichtsbehörde eingereicht wurde.

328 Die Beschwerde steht damit in unmittelbarem Zusammenhang **zu Art. 57 Abs. 1 lit. f**[707] und **Art. 77**[708]. Da im Rahmen von Art. 77 das Beschwerderecht sich etwa nach dem Aufenthaltsort, dem Arbeitsplatz oder dem Ort des mutmaßlichen Verstoßes richtet,

---

699 Vgl. dazu *EuGH* v. 1.10.2015 – C-320/14, ZD 2015, 590 sowie Gola-*Gola* Art. 4 Nr. 16 Rn. 79; Paal/Pauly-*Ernst* Art. 4 Nr. 16 Rn. 112.
700 *EuGH* v. 1.10.2015 – C 230/14, Weltimmo, Rn. 29; BeckOK DatenSR-*Schild* Art. 4 Nr. 16 Rn. 145; Paal/Pauly-*Ernst* Art. 4 Nr. 16 Rn. 112.
701 Vgl. dazu die Kommentierung zu Art. 4 Nr. 23 lit. b Rn. 338 f.
702 Vgl. dazu Kühling/Buchner-*Boehm* Art. 4 Nr. 22 Rn. 5 sowie Kühling/Buchner-*Dix* Art. 4 Nr. 23 Rn. 4.
703 *Art.-29-Datenschutzgruppe* WP 244 zum Begriff der „federführenden Aufsichtsbehörden", S. 3 ff.
704 Abrufbar unter: https://edpb.europa.eu/our-work-tools/general-guidance/gdpr-guidelines-recommendations-best-practices_de, zuletzt abgerufen am 20.4.2020.
705 *Art.-29-Datenschutzgruppe* WP 244 zum Begriff der „federführenden Aufsichtsbehörden", S. 3 ff.
706 *Art.-29-Datenschutzgruppe* WP 244 zum Begriff der „federführenden Aufsichtsbehörden", S. 4.
707 Vgl. dazu die Kommentierung zu Art. 57 Abs. 1 lit. f Rn. 62.
708 Vgl. dazu die Kommentierung zu Art. 77.

eröffnet Art. 4 Nr. 22 lit. c weitreichende Möglichkeiten die Stellung einer Aufsichtsbehörde als „betroffene Aufsichtsbehörde" zu begründen.[709] Dies unterstreicht **ErwG 141**.

XXIV. Art. 4 Nr. 23: Grenzüberschreitende Verarbeitung

Eine grenzüberschreitende Verarbeitung ist nach **Art. 4 Nr. 23 lit. a** eine Verarbeitung personenbezogener Daten, die im Rahmen der Tätigkeiten von Niederlassungen eines Verantwortlichen oder eines Auftragsverarbeiters in der Union in mehr als einem Mitgliedstaat erfolgt, wenn der Verantwortliche oder Auftragsverarbeiter in mehr als einem Mitgliedstaat niedergelassen ist. 329

Nach **Art. 4 Nr. 23 lit. b** ist eine grenzüberschreitende Verarbeitung eine Verarbeitung personenbezogener Daten, die im Rahmen der Tätigkeit einer einzelnen Niederlassung eines Verantwortlichen oder Auftragsverarbeiters in der Union erfolgt, die jedoch erhebliche Auswirkungen auf betroffene Personen in mehr als einem Mitgliedstaat hat oder haben kann. 330

Damit können nach Art. 4 Nr. 23 **zwei Anwendungsfälle** eine grenzüberschreitende Verarbeitung begründen: Zum einen liegt eine grenzüberschreitende Verarbeitung vor, wenn die Verarbeitung in mehr als einem Mitgliedstaat stattfindet. Zum anderen ist dies auch der Fall, wenn die Verarbeitung zwar nur im Rahmen einer einzelnen Niederlassung stattfindet, diese aber erhebliche Auswirkungen auf betroffene Personen in mehr als einem Mitgliedstaat haben kann.[710] Insofern kann die grenzüberschreitende Verarbeitung sowohl vom Verantwortlichen bzw. Auftragsverarbeiter ausgehen als auch vom Empfänger.[711] 331

Mit dem Begriff der grenzüberschreitenden Verarbeitung wird damit ein EU-interner Datenverkehr erfasst. Gleichwohl begründet nicht jede Auslandberührung den Charakter einer Verarbeitung als grenzüberschreitend. Vielmehr ist die Berührung mehrerer Mitgliedstaaten bei der Datenverarbeitung gemeint.[712] 332

Die Vorschrift des Art. 4 Nr. 23 ist insbesondere für die Bestimmung und Funktion der federführenden Aufsichtsbehörde nach **Art. 56**[713] wichtig. Denn die Bestimmung der federführenden Aufsichtsbehörde ist (nur) dann relevant, wenn eine grenzüberschreitende Verarbeitung vorliegt.[714] Nach Art. 56 Abs. 1 ist federführende Aufsichtsbehörde in diesem Fall die Aufsichtsbehörde der Hauptniederlassung oder der einzigen Niederlassung des Verantwortlichen oder des Auftragsverarbeiters. Durch die Bezugnahme des Art. 56 auf **Art. 55**[715] und **Art. 60**[716] ist Art. 4 Nr. 23 daher auch in diesem Kontext bedeutsam. 333

---

709 Kühling/Buchner-*Boehm* Art. 4 Nr. 23 Rn. 6; Sydow-*Ziebarth* Art. 4 Nr. 24 Rn. 250 f.
710 *Art.-29-Datenschutzgruppe* WP 244 zum Begriff der „federführenden Aufsichtsbehörden", S. 3; Ehmann/Selmayr-*Klabunde* Art. 4 Nr. 23 Rn. 66; BeckOK DatenSR-*Schild* Art. 4 Nr. 23 Rn. 169.
711 Kühling/Buchner-*Dix* Art. 4 Nr. 23 Rn. 1; Gola-*Gola* Art. 4 Nr. 23 Rn. 96.
712 Sydow-*Ziebarth* Art. 4 Nr. 23 Rn. 254.
713 Vgl. dazu die Kommentierung zu Art. 56.
714 *Art.-29-Datenschutzgruppe* WP 244 zum Begriff der „federführenden Aufsichtsbehörden", S. 3.
715 Vgl. dazu die Kommentierung zu Art. 55.
716 Vgl. dazu die Kommentierung zu Art. 60.

Art. 4 Nr. 23 — Begriffsbestimmungen

334 Art. 4 Nr. 23 hat darüber hinaus Auswirkungen auf das **One-Stop-Shop-Prinzip**: Denn sowohl Art. 4 Nr. 23 lit. a als auch lit. b setzen tatbestandlich die Niederlassung eines Verantwortlichen oder Auftragsverarbeiters in der Union voraus. Zwar gilt die DS-GVO unter den Voraussetzungen von Art. 3 Abs. 2[717] auch für Verantwortliche oder Auftragsverarbeiter außerhalb der Union. Diese unterfallen aber dem Privileg des **One-Stop-Shop-Prinzips** nur, sofern sie eine Niederlassung in der Union haben. Andernfalls unterliegen sie den Kontrollverfahren der nationalen Aufsichtsbehörden für Verarbeitungen, die Art. 3 Abs. 2 unterliegen. Folglich greift das Privileg nur für Unternehmen, die eine europäische Niederlassung besitzen.[718]

335 **1. Niederlassungen in unterschiedlichen Mitgliedstaaten (lit. a).** Nach Art. 4 Nr. 23 lit. a müssen **zwei Voraussetzungen**, **kumulativ** vorliegen: Der Verantwortliche bzw. der Auftragsverarbeiter muss eine Niederlassung in mehreren Mitgliedstaaten besitzen (vgl. Art. 4 Nr. 23 lit. a Hs. 1) und die Verarbeitung muss im Rahmen der Tätigkeiten einer dieser Niederlassungen in mehr als einem Mitgliedstaat erfolgen (vgl. Art. 4 Nr. 23 lit. a Hs. 2).[719]

336 Hinsichtlich des Begriffs der Niederlassung ist auf die Ausführungen zu Art. 4 Nr. 16 zu verweisen. Damit sind jedenfalls alle Formen der Verarbeitung von personenbezogenen Daten umfasst, an denen Niederlassungen des Verantwortlichen bzw. des Auftragsverarbeiters in mehreren Mitgliedstaaten beteiligt sind, vgl. **ErwG 124 S. 1**. Aus dem Anwendungsbereich fallen somit insbesondere Fälle heraus, in denen der Verantwortliche nur in einem Mitgliedstaat eine Niederlassung besitzt.[720]

337 Das Kriterium „im Rahmen der Tätigkeiten" wird vom EuGH grundsätzlich weit ausgelegt.[721] Insofern ist entsprechend **ErwG 22** jede Verarbeitung personenbezogener Daten im Rahmen der Tätigkeit einer Niederlassung eines Verantwortlichen oder Auftragsverarbeiters in der Union erfasst. Das gilt unabhängig davon, ob die Verarbeitung innerhalb oder außerhalb der Union stattfindet. Folglich fällt lediglich eine Verarbeitung die bei Gelegenheit oder außerhalb der normalen Niederlassungstätigkeit erfolgt aus dem Anwendungsbereich heraus.[722]

2. Erhebliche Auswirkungen auf Betroffene in unterschiedlichen Mitgliedstaaten (lit. b).
338 Art. 4 Nr. 23 lit. b knüpft an die **erheblichen Auswirkungen** bei dem oder den Betroffenen an. Da Datenverarbeitungen, die lediglich im Rahmen der Tätigkeit einer einzelnen Niederlassung stattfinden[723] nicht als grenzüberschreitend anzusehen sind, gilt dies abweichend von diesem Grundsatz nach Art. 4 Nr. 23 lit. b dann nicht, wenn die Datenverarbeitung erhebliche Auswirkungen auf die betroffenen Personen haben kann.[724] Insofern ist die **Möglichkeit** erheblicher Auswirkungen ausweislich des Wortlauts der Verordnung bereits ausreichend.

---

717 Vgl. dazu die Kommentierung zu Art. 3 Rn. 22.
718 Kühling/Buchner-*Dix* Art. 4 Nr. 23 Rn. 5; Gola-*Gola* Art. 4 Nr. 23 Rn. 96.
719 Sydow-*Ziebarth* Art. 4 Nr. 23 Rn. 256.
720 Kühling/Buchner-*Dix* Art. 4 Nr. 23 Rn. 3; Sydow-*Ziebarth* Art. 4 Nr. 23 Rn. 257.
721 Vgl. etwa *EuGH* v. 13.5.2014 – C-131/12, Google/Agencia Espanola de Protección de Datos; *EuGH* 1.10.2015 – C 230/14, Weltimmo/Nemetzi Adatvédelmi és Információszabadság Hatóság; Kühling/Buchner-*Dix* Art. 4 Nr. 23 Rn. 2.
722 Kühling/Buchner-*Dix* Art. 4 Nr. 23 Rn. 2.
723 Siehe oben Rn. 330 f.
724 Kühling/Buchner-*Dix* Art. 4 Nr. 23 Rn. 4; Gola-*Gola* Art. 4 Nr. 23 Rn. 97; Sydow-*Ziebarth* Art. 4 Nr. 23 Rn. 259.

Der Begriff der **Auswirkungen** ist auch hier weit gefasst und schließt sowohl rechtliche 339
als auch tatsächliche Auswirkungen mit ein, sofern diese nicht unerheblich sind. Auch
hier ist anzumerken, dass der Begriff der Auswirkungen kaum Konturen aufweist, so
dass auch nach **ErwG 124 S. 4**, der Datenschutzausschuss aufgefordert war, Leitlinien
für Konturen festzulegen.[725]

XXV. Art. 4 Nr. 24: Maßgeblicher und begründeter Einspruch

Nach Art. 4 Nr. 24 ist ein maßgeblicher und begründeter Einspruch ein Einspruch 340
gegen einen Beschlussentwurf (der federführenden Aufsichtsbehörde) im Hinblick
darauf, ob ein Verstoß gegen diese Verordnung vorliegt oder ob beabsichtigte Maßnahmen gegen den Verantwortlichen oder den Auftragsverarbeiter im Einklang mit
dieser Verordnung stehen, wobei aus diesem Einspruch die Tragweite der Risiken klar
hervorgeht, die von dem Beschlussentwurf in Bezug auf die Grundrechte und Grundfreiheiten der betroffenen Personen und gegebenenfalls den freien Verkehr personenbezogener Daten in der Union ausgehen.

Die Begriffsdefinition ist insbesondere im Rahmen des **Art. 60 Abs. 4** und **6**[726] im Rah- 341
men des Verfahrens der Zusammenarbeit zwischen federführender Aufsichtsbehörde
und anderen betroffenen Aufsichtsbehörden sowie für das Streitbeilegungsverfahren
nach **Art. 65 Abs. 1 lit. a**[727] relevant.[728]

Der Einspruch kann sich dabei ausschließlich gegen den **Beschlussentwurf der feder-** 342
führenden Aufsichtsbehörde richten, wobei Art. 4 Nr. 23 dessen **formale Anforderun-**
gen enthält.[729]

Einspruchsbefugt sind betroffene Aufsichtsbehörden gegenüber der federführenden 343
Aufsichtsbehörde.[730]

Ein Einspruch ist nur dann **maßgeblich und begründet**, wenn mit ihm geltend gemacht 344
wird, dass die federführende Aufsichtsbehörde in ihrem Beschlussentwurf zu Unrecht
von einem bzw. keinem Verstoß des Verantwortlichen oder des Auftragsverarbeiters
gegen die DS-GVO ausgegangen ist. Der Einspruch kann ausweislich des Wortlauts
auch damit begründet werden, ob die beabsichtigte Maßnahme gegen den Verantwortlichen oder den Auftragsverarbeiter im Einklang mit der DS-GVO steht.[731] In
beiden Alternativen muss der Einspruch den formalen Anforderungen nach Art. 4
Nr. 23 Hs. 2 genügen: So muss sich aus ihm die Tragweite der Risiken ergeben, die von
dem Beschlussentwurf für die Grundrechte und Grundfreiheiten der betroffenen Personen oder für den freien Verkehr von personenbezogenen Daten in der Union ausgehen. Dabei bezeichnet „begründet" lediglich, dass die einspruchsführende Behörde
ihre Bedenken im Sinne der o.g. Tatbestandsalternativen vortragen muss. Der Verstoß

---

725 Siehe oben Rn. 326. Vgl. außerdem Kühling/Buchner-*Dix* Art. 4 Nr. 23 Rn. 4.
726 Vgl. dazu die Kommentierung zu Art. 60 Rn. 33 f.
727 Vgl. dazu die Kommentierung zu Art. 65 Rn. 8 f.
728 Dazu Kühling/Buchner-*Dix* Art. 4 Nr. 24 Rn. 1 f.; Sydow-*Peuker* Art. 4 Nr. 23 Rn. 263 f.;
 Gola-*Gola* Art. 4 Nr. 23 Rn. 99; Ehmann/Selmayr-*Klabunde* Art. 4 Nr. 23 Rn. 68.
729 Kühling/Buchner-*Dix* Art. 4 Nr. 23 Rn. 2; Paal/Pauly-*Ernst* Art. 4 Nr. 23 Rn. 141.
730 Gola-*Gola* Art. 4 Nr. 23 Rn. 99.
731 Kühling/Buchner-*Dix* Art. 4 Nr. 23 Rn. 3.

muss aber nicht tatsächlich gegeben sein. Dies folgt bereits daraus, dass der Wortlaut auf die Tragweite der Risiken und nicht auf den Verstoß als solchen abstellt.[732]

345 Hinzuweisen ist ferner auf **ErwG 124 S. 4**: Danach ist der Datenschutzausschuss aufgefordert, Leitlinien zu den Kriterien auszugeben, was einen maßgeblichen und begründeten Einspruch darstellt.

XXVI. Art. 4 Nr. 25: Dienst der Informationsgesellschaft

346 **1. Allgemeines.** Art. 4 Nr. 25 definiert den Dienst der Informationsgesellschaft nicht eigenständig, sondern verweist auf die entsprechende Definition in Art. 1 Nr. 1 lit. b der RL 2015/1535.[733] Dasselbe Begriffsverständnis liegt auch der E-Commerce-Richtlinie zu Grunde.[734]

347 Besondere Berücksichtigung finden die Dienste der Informationsgesellschaft in der DS-GVO bei der Erteilung der Zustimmung zur Verarbeitung, insbesondere solcher Dienste für Kinder gem. Art. 8[735], sowie beim Recht auf Löschung bzw. Vergessenwerden nach Art. 17[736]. Außerdem wird der Begriff der „Informationsgesellschaft" von Art. 97 Abs. 5 verwendet.

348 **2. Inhalt.** Art. 1 Nr. 1 lit. b RL 2015/1535 definiert Dienste der Informationsgesellschaft als „in der Regel gegen Entgelt elektronisch im Fernabsatz und auf individuellen Abruf eines Empfängers erbrachte Dienstleistung".

349 Der Begriff der **Dienstleistung** bezieht sich auf Art. 56 AEUV. Die umfangreiche Rechtsprechung des EuGH zu diesem Begriff stellt unter anderem klar, dass die Bedingung des Erbringens der Dienstleistung in der Regel gegen Entgelt nicht verlangt, dass im konkreten Fall der Nutzer der Dienstleistung eine finanzielle Gegenleistung erbringt.[737] Insbesondere – aber nicht nur – ist hier an Dienste zu denken, die dem Nutzer ohne finanzielle Gegenleistung angeboten werden und die personenbezogene Daten als Gegenleistung nutzen.

350 Im **Fernabsatz** erbracht ist eine Dienstleistung, wenn sie bei nicht gleichzeitiger körperlicher Anwesenheit der Beteiligten unter Einsatz eines Kommunikationsmittels erbracht wird, wobei es auf den Übertragungsweg nicht ankommt.[738] Die Dienstleistung muss elektronisch erbracht werden, wie es typischerweise bei Onlineangeboten der Fall ist. Erfasst werden nur Dienstleistungen, die auf individuellen Abruf hin erbracht werden. Lineare Angebote wie Rundfunkangebote folgen einem vorab festgelegten Sendeplan und fallen nicht unter die Dienste der Informationsgesellschaft.[739]

---

732 Übereinstimmend Kühling/Buchner-*Dix* Art. 4 Nr. 23 Rn. 3; Paal/Pauly-*Ernst* Art. 4 Nr. 23 Rn. 141.
733 Richtlinie (EU) 2015/1535 des Europäischen Parlaments und des Rates vom 9. September 2015 über ein Informationsverfahren auf dem Gebiet der technischen Vorschriften und der Vorschriften für die Dienste der Informationsgesellschaft (ABl. EU 2015 L 241, 1).
734 Vgl. Art. 2 lit. a RL 200/31/EG.
735 Vgl. Kommentierung zu Art. 8.
736 Vgl. Kommentierung zu Art. 17.
737 Ehmann/Selmayr-*Klabunde* Art. 4 Rn. 73.
738 Schwartmann-*Gennen* Praxishandbuch Medien-, IT- und Urheberrecht, Kap. 22 Rn. 83 ff.
739 Hoeren/Sieber/Holznagel-*Holznagel* Handbuch Multimedia-Recht, 5. Teil, Rn. 45.

XXVII. Art. 4 Nr. 26: Internationale Organisation

1. Allgemeines. Art. 4 Nr. 26 definiert die internationale Organisation als eine völkerrechtliche Organisation und ihre nachgeordneten Stellen oder jede sonstige Einrichtung, die durch eine zwischen zwei oder mehr Ländern geschlossene Übereinkunft oder auf der Grundlage einer solchen Übereinkunft geschaffen wurde. In Kapitel V der DS-GVO wird die internationale Organisation dem Drittland gleichgestellt, so dass eine Datenübermittlung dorthin nur unter den zusätzlichen Voraussetzungen der Art. 44 ff. zulässig ist.   **351**

Die DSRL und das BDSG a.F. enthielten keine Definition der internationalen Organisation.   **352**

2. Inhalt. Die Definition der DS-GVO entspricht im Wesentlichen der im Völkerrecht üblichen Begriffsbestimmung, wonach eine solche Organisation auf einem völkerrechtlichen Vertrag beruht und einen mitgliedschaftlich strukturierten Zusammenschluss von zwei oder mehreren Völkerrechtssubjekten darstellt, der mit eigenen Organen Angelegenheiten von gemeinsamem Interesse besorgt.[740]   **353**

Erwähnung findet der Begriff der internationalen Organisation auch in Art. 96. Die Norm bestimmt, dass internationale Übereinkünfte, die von den Mitgliedstaaten vor dem Inkrafttreten der DS-GVO zur Übermittlung personenbezogener Daten an Drittländer oder die genannten internationalen Organisationen im Einklang mit dem vor Inkrafttreten der DS-GVO geltenden Unionsrecht abgeschlossen wurden, in Kraft bleiben, bis sie geändert, ersetzt oder gekündigt werden.[741]   **354**

Anhang

§ 2 BDSG   Begriffsbestimmungen

(1) Öffentliche Stellen des Bundes sind die Behörden, die Organe der Rechtspflege und andere öffentlich-rechtlich organisierte Einrichtungen des Bundes, der bundesunmittelbaren Körperschaften, der Anstalten und Stiftungen des öffentlichen Rechts sowie deren Vereinigungen ungeachtet ihrer Rechtsform.

(2) Öffentliche Stellen der Länder sind die Behörden, die Organe der Rechtspflege und andere öffentlich-rechtlich organisierte Einrichtungen eines Landes, einer Gemeinde, eines Gemeindeverbandes oder sonstiger der Aufsicht des Landes unterstehender juristischer Personen des öffentlichen Rechts sowie deren Vereinigungen ungeachtet ihrer Rechtsform.

(3) Vereinigungen des privaten Rechts von öffentlichen Stellen des Bundes und der Länder, die Aufgaben der öffentlichen Verwaltung wahrnehmen, gelten ungeachtet der Beteiligung nichtöffentlicher Stellen als öffentliche Stellen des Bundes, wenn

---

740 Kühling/Buchner-*Schröder* Art. 4 Nr. 26 Rn. 1.
741 Gola-*Gola* Art. 4 Rn. 103; dazu Kommentierung zu Art. 96.

Anhang Art. 4 / § 2 BDSG — Begriffsbestimmungen

1. sie über den Bereich eines Landes hinaus tätig werden oder
2. dem Bund die absolute Mehrheit der Anteile gehört oder die absolute Mehrheit der Stimmen zusteht.

Andernfalls gelten sie als öffentliche Stellen der Länder.

(4) Nichtöffentliche Stellen sind natürliche und juristische Personen, Gesellschaften und andere Personenvereinigungen des privaten Rechts, soweit sie nicht unter die Absätze 1 bis 3 fallen. Nimmt eine nichtöffentliche Stelle hoheitliche Aufgaben der öffentlichen Verwaltung wahr, ist sie insoweit öffentliche Stelle im Sinne dieses Gesetzes.

(5) Öffentliche Stellen des Bundes gelten als nichtöffentliche Stellen im Sinne dieses Gesetzes, soweit sie als öffentlich-rechtliche Unternehmen am Wettbewerb teilnehmen. Als nichtöffentliche Stellen im Sinne dieses Gesetzes gelten auch öffentliche Stellen der Länder, soweit sie als öffentlich-rechtliche Unternehmen am Wettbewerb teilnehmen, Bundesrecht ausführen und der Datenschutz nicht durch Landesgesetz geregelt ist.

Übersicht

	Rn		Rn
A. Einordnung und Hintergrund	1	2. Organe der Rechtspflege der Länder	20
B. Kommentierung	3	3. Sonstige öffentlich-rechtlich organisierte Einrichtungen der Länder	22
I. Allgemeines: Zweck, Bedeutung, Systematik/Verhältnis zu anderen Vorschriften	3	4. Stellen mittelbarer Staatsverwaltung auf Landesebene	23
II. Öffentliche Stellen des Bundes (§ 2 Abs. 1 BDSG)	4	IV. Öffentlich-rechtlich organisierte Religionsgemeinschaften	26
1. Behörden	5	V. Vereinigungen des Privatrechts von öffentlichen Stellen des Bundes und der Länder (§ 2 Abs. 3 BDSG)	27
a) Behördenbegriff	5		
b) Behörden des Bundes	8		
2. Organe der Rechtspflege des Bundes	11	VI. Nichtöffentliche Stellen (§ 2 Abs. 4 BDSG)	31
3. Sonstige öffentlich-rechtliche Einrichtungen des Bundes	13	VII. Erwerbswirtschaftliche öffentliche-rechtliche Unternehmen (§ 2 Abs. 5 BDSG)	35
4. Stellen mittelbarer Staatsverwaltung auf Bundesebene	14	VIII. Kritik	40
III. Öffentliche Stellen der Länder (§ 2 Abs. 2 BDSG)	18	C. Praxistipps	41
1. Behörden der Länder	19		

A. Einordnung und Hintergrund

1 Gegenstand der Norm ist die Bestimmung der im BDSG verwendeten Begrifflichkeit bezüglich des Kreises der Normadressaten. § 2 trägt so zum Verständnis des BDSG im Übrigen bei. Von Bedeutung ist § 2 im Spannungsverhältnis mit den Vorschriften der DS-GVO insoweit, als letztere den Kreis der Adressaten einheitlich bestimmt und nicht zwischen öffentlichen und nichtöffentlichen Stellen differenziert.

In § 2 werden die Regelungen des § 2 BDSG a.F. und des § 27 Abs. 1 S. 1 Nr. 2 BDSG a.F., letzterer nunmehr in Abs. 5, hinsichtlich der Stellung als Normadressaten zusammengefasst.

B. Kommentierung

I. Allgemeines: Zweck, Bedeutung, Systematik/Verhältnis zu anderen Vorschriften

§ 2 enthält lediglich Begriffsbestimmungen. Welche Normen auf die nach § 2 definierten Stellen Anwendung finden, ergibt sich aus dem BDSG im Übrigen, soweit nicht die DS-GVO unmittelbar gilt.

II. Öffentliche Stellen des Bundes (§ 2 Abs. 1 BDSG)

Abs. 1 definiert die öffentlichen Stellen des Bundes. Dies sind Behörden, die Organe der Rechtspflege und andere öffentlich-rechtlich organisierte Einrichtungen des Bundes, der bundesunmittelbaren Körperschaften, der Anstalten und Stiftungen des öffentlichen Rechts sowie deren Vereinigungen ungeachtet ihrer Rechtsform.

1. Behörden. – a) Behördenbegriff. Das BDSG enthält selbst keine Definition des Behördenbegriffs. Insoweit liegt zunächst ein Rückgriff auf das VwVfG des Bundes bzw. der VwVfG der Länder nahe. Gemäß § 1 Abs. 4 VwVfG Bund – regelmäßig entsprechend § 1 Abs. 2 VwVfG der Länder – ist eine Behörde jede Stelle, die Aufgaben der öffentlichen Verwaltung wahrnimmt.

Diese am Behördenbegriff im funktionellen Sinne orientierte Definition lässt sich nicht zwanglos in die Begrifflichkeit i.S.d. BDSG einpassen. So sind Behörden i.S.d. § 1 Abs. 4 VwVfG alle öffentlichen Stellen, die durch Organisationsakt gebildet werden, vom Wechsel des Amtsinhabers unabhängig und nach der jeweiligen Zuständigkeitsregelung berufen sind, unter eigenem Namen nach außen eigenständige Aufgaben der öffentlichen Verwaltung wahrzunehmen.[1] Anknüpfungspunkt des § 2 sind jedenfalls nicht die Rechtsträger selbst, sondern deren verantwortliche Einrichtungen. Zugleich sind die unselbstständigen Einheiten innerhalb des jeweiligen Rechtsträgers selbst datenschutzpflichtig. Folge der schon unter Geltung des BDSG a.F. vorgenommenen Anknüpfung an die Behörde als unselbstständige Stelle ggf. innerhalb des gleichen Verwaltungsträgers ist, dass die Weiterleitung personenbezogener Daten von einer Stelle zur anderen datenschutzrechtlich relevant ist.[2]

So genannte Beliehene, also Private, die durch Gesetz oder aufgrund eines Gesetzes mit hoheitlichen Aufgaben betraut werden, nehmen Aufgaben der öffentlichen Verwaltung wahr. Sie sind so vom funktionalen Behördenbegriff erfasst,[3] finden aber in § 2 Abs. 4 S. 2 noch einmal gesonderte Erwähnung.

---

1 Stelkens/Bonk/Sachs-*Schmitz* VwVfG, § 1 Rn. 231.
2 Vgl. insoweit BeckOK DatenSR-*Hanloser* § 2 BDSG Rn. 7.
3 So schon die Begründung zum Entwurf des BDSG von 1973, BT-Drucks. 7/1022, S. 24. Missverständlich BeckOK DatenSR-*Hanloser* § 2 BDSG Rn. 14.

8 **b) Behörden des Bundes.** Behörden des Bundes sind nach alledem die obersten Bundesbehörden, also die Ministerien, das Kanzleramt, der Bundesrechnungshof, die Bundesbank, aber auch der Präsident des Bundestages sowie des Bundesrates, letztere im Rahmen ihrer Exekutivfunktionen.

9 In ihrer Exekutivfunktion bezüglich der Gerichts- und Behördenverwaltung sind Behörden auch die Präsidenten des Bundesverfassungsgerichts und der Gerichtshöfe des Bundes, sowie der Generalbundesanwalt.

10 Ebenso sind Behörden des Bundes alle Bundesoberbehörden und Bundeszentralstellen, die den obersten Bundesbehörden nachgeordnet sind, ebenso die bundeseigenen Mittel- und Unterbehörden, soweit das GG einen eigenen Verwaltungsunterbau vorsieht (Art. 87 Abs. 1 GG).

11 **2. Organe der Rechtspflege des Bundes.** Die ausdrückliche Nennung der Organe der Rechtspflege stellt klar, dass diese nicht nur über die verwaltende Tätigkeit, also als „Behörde" als öffentliche Stelle gelten, sondern auch in ihrer originären streitentscheidenden Funktion und im Bereich der freiwilligen Gerichtsbarkeit.

12 Organe der Rechtsprechung des Bundes sind demzufolge das Bundesverfassungsgericht, die obersten Gerichtshöfe des Bundes, Bundesgerichtshof, Bundesverwaltungsgericht, Bundessozialgericht, Bundesarbeitsgericht und Bundesfinanzhof, sowie Bundesgerichte, hier das Bundespatentgericht. Organ der Rechtspflege des Bundes ist auch Generalbundesanwalt beim Bundesgerichtshof und der Vertreter des Bundesinteresses beim Bundesverwaltungsgericht.[4]

13 **3. Sonstige öffentlich-rechtliche Einrichtungen des Bundes.** Zu den sonstigen öffentlich-rechtlichen Einrichtungen des Bundes sind zu rechnen insbesondere die Gesetzgebungsorgane, Bundestag und Bundesrat, sowie der Bundespräsident.[5] Erfasst sind auch Untergliederungen des Bundestages, so bspw. Fraktionen.[6]

14 **4. Stellen mittelbarer Staatsverwaltung auf Bundesebene.** Schon nach dem Wortlaut des § 2 BDSG a.F. nicht ganz eindeutig ist die Einbeziehung der „bundesunmittelbaren Körperschaften, Anstalten und Stiftungen des öffentlichen Rechts sowie deren Vereinigungen ungeachtet ihrer Rechtsform", insoweit, als nicht von „die", sondern von „der" die Rede ist.

15 Insoweit ist ein Bezug herzustellen zum Begriff der „Behörden [...] der bundesunmittelbaren Körperschaften..." und/oder – im Sinne einer Auffangformulierung – „andere öffentlich-rechtlich organisierte Einrichtungen [...] der bundesunmittelbaren Körperschaften...".[7] Sinn der Formulierung ist insoweit einerseits, dass die Körperschaften, Anstalten, Stiftungen und deren Vereinigungen umfassend einbezogen sein sollen, diese aber zugleich rechtlich verselbstständigte[8] Rechtsträger und nicht handelnde Stelle sind.

---

4 So schon zum BDSG a.F. Simitis-*Dammann* § 2 BDSG a.F. Rn. 28.
5 BeckOK DatenSR-*Hanloser* BDSG, § 2 Rn. 16.
6 So schon zur Rechtslage nach BDSG a.F. Simitis-*Dammann* § 2 BDSG a.F. Rn. 29, der aber Abgeordnete, wenn sie nicht in behördenähnlicher Funktion tätig werden (etwa als Ausschussvorsitzende oder Bearbeiter von Petitionen), als nichtöffentliche Stellen einordnet.
7 In diesem Sinne auch zur Rechtslage nach BDSG a.F. Simitis-*Dammann* § 2 BDSG a.F. Rn. 31.
8 Huck/Müller-*Müller* VwVfG, § 1 Rn. 16.

Zu bedenken ist dabei stets das Ziel des § 2, jede denkbare öffentliche Stelle auf Bundesebene mit einzubeziehen. Dieser Überlegung geschuldet ist auch, dass „Vereinigungen [der vorgenannten Stellen] ungeachtet ihrer Rechtsform" als öffentliche Stellen gelten. Hier soll erreicht werden, dass, sofern eine solche Vereinigung Aufgaben der öffentlichen Verwaltung wahrnimmt, die Einstufung als öffentliche Stelle unabhängig von ihrer Organisationsform gelten soll.[9]

Bundesunmittelbare Stellen dieser Art sind als Körperschaften[10] bspw. mittlerweile die Deutsche Rentenversicherung Bund, die Kassenärztliche und die Kassenzahnärztliche Bundesvereinigung oder die Bundesrechtsanwaltskammer, als Anstalten[11] die Bundesagentur für Arbeit, die Bundesanstalt für Finanzdienstleistungsaufsicht (BAFin) oder die Bundesanstalt für Immobilienaufgaben, als Stiftungen[12] die Stiftung Preußischer Kulturbesitz oder die Stiftung Erinnerung, Verantwortung und Zukunft.

III. Öffentliche Stellen der Länder (§ 2 Abs. 2 BDSG)

Abs. 2 ist parallel zu Abs. 1 konstruiert und verweist auf die entsprechenden öffentlichen Stellen der Länder, die Adressaten des BDSG im Falle der Verarbeitung personenbezogener Daten sind.

1. Behörden der Länder. Der Behördenbegriff entspricht dem des Abs. 1. Die Behörden der Länder sind entsprechend die obersten, oberen, mittleren und unteren Behörden innerhalb der jeweiligen Länderverwaltungen.

2. Organe der Rechtspflege der Länder. Angesprochen sind hier die Fachgerichtsbarkeiten der Länder in ihrer rechtsprechenden Funktion. In ihrer verwaltenden Funktion sind sie wie auf Bundesebene als Behörden anzusehen.

Erfasst sind Notare als Träger eines öffentlichen Amtes und Organe der Rechtspflege.[13] Organe der Rechtspflege sind zwar auch Rechtsanwälte (§ 1 BRAO), aber nicht solche des Bundes oder der Länder; daher sind sie nicht öffentliche Stellen i.S.d. Abs. 1 oder 2.

3. Sonstige öffentlich-rechtlich organisierte Einrichtungen der Länder. Entsprechend der Regelung zum Bund sind hier erfasst die Gesetzgebungskörperschaften, also insbesondere die Landtage.

---

9 In diesem Sinne schon Gola/Schomerus-*Gola/Klug/Körffer* § 2 BDSG a.F. Rn. 17a.
10 Vgl. insoweit Maunz/Dürig-*Ibler* Art. 86 GG Rn. 71: „Unter Körperschaften des öffentlichen Rechts versteht man durch staatlichen Hoheitsakt geschaffene, rechtsfähige, mitgliedschaftlich verfasste (aber unabhängig vom Wechsel der Mitglieder bestehende) Organisationen des öffentlichen Rechts, die unter staatlicher Aufsicht öffentliche Aufgaben wahrnehmen".
11 Vgl. insoweit Maunz/Dürig-*Ibler* Art. 87 GG Rn. 258: „Eine rechtsfähige Anstalt des öffentlichen Rechts ist eine zu einer rechtsfähigen Verwaltungseinheit verselbstständigte Zusammenfassung von Bediensteten und Sachmitteln (Gebäude, Anlagen, technische Geräte) zur dauerhaften Erfüllung bestimmter Verwaltungsaufgabe".
12 Vgl. insoweit Maunz/Dürig-*Ibler* Art. 87 GG Rn. 260: „Rechtsfähige Stiftungen des öffentlichen Rechts sind durch Hoheitsakt errichtete, mit Hoheitsbefugnissen ausgestattete Rechtsträger, die unter staatlicher Aufsicht einen zweckgebunden bereitgestellten Bestand an Vermögenswerten (Kapital und/oder Sachgüter) zur Erfüllung öffentlicher Aufgaben verwalten".
13 *BGH* Beschl. v. 30.7.1990, NotZ 19/89 (Köln), NJW 1991, 568, 568 f. zur Anwendbarkeit des DSchG NRW.

23 **4. Stellen mittelbarer Staatsverwaltung auf Landesebene.** Erfasst sind die Stellen der mittelbaren Staatsverwaltung auf Landesebene. Als öffentliche Stellen werden insoweit auch die Behörden oder sonstigen öffentlich-rechtlich organisierten Einrichtungen der Gemeinden und Gemeindeverbände angesehen.

24 Daneben spricht § 2 Abs. 2 von sonstigen der Aufsicht des Landes unterstehender juristischer Personen des öffentlichen Rechts. Erfasst sind alle derartigen Stellen, gleich, wie intensiv die Aufsicht stattfindet.[14]

25 Erfasst sind so bspw. Landesrundfunkanstalten, Kammern und Innungen, Universitäten und sonstige Hochschulen auf Landesebene sowie auf die Landesebene begrenzte Sozialversicherungsträger.

IV. Öffentlich-rechtlich organisierte Religionsgemeinschaften

26 Nicht als öffentliche Stelle der Länder (oder des Bundes) anzusehen sind die als Körperschaften des öffentlichen Rechts anerkannten Religionsgemeinschaften. Sie unterliegen für ihre internen Belange selbstgeschaffenen Datenschutzbestimmungen, können aber, wenn sie nach außen wirksame Verwaltungshandlungen vornehmen (bspw. Steuererhebung, Verwaltungshandeln konfessioneller Schulen), dem BDSG unterfallen.[15]

V. Vereinigungen des Privatrechts von öffentlichen Stellen des Bundes und der Länder (§ 2 Abs. 3 BDSG)

27 § 2 Abs. 3 S. 1 übernimmt die Fiktion des § 2 Abs. 3 BDSG a.F., wonach Vereinigungen des Privatrechts, die von öffentlichen Stellen von Bund und mindestens eines Landes[16] gebildet werden, zunächst öffentliche Stellen, und weiterhin unter den Voraussetzungen der Nr. 1 und 2 solche des Bundes sind.

28 Gemeint sind privatrechtliche Vereinigungen, die Aufgaben der öffentlichen Verwaltung wahrnehmen. Diese sind öffentliche Stellen des Bundes, wenn sie (1.) über den Bereich eines Landes hinaus tätig werden oder (2.) dem Bund die absolute Mehrheit der Anteile gehört oder die absolute Mehrheit der Stimmen zusteht.

29 Der erste Fall galt bspw. für den Verband der Deutschen Rentenversicherungen e.V., der mittlerweile in der Deutschen Rentenversicherung Bund als Körperschaft des öffentlichen Rechts aufgegangen ist. Der zweite Fall gilt bspw. für den früheren Hauptverband der gewerblichen Berufsgenossenschaften, mittlerweile aufgegangen in der Deutschen Gesetzlichen Unfallversicherung, die – immer noch organisiert als eingetragener Verein – der Spitzenverband der gewerblichen Berufsgenossenschaften und der Unfallkassen ist.

30 Ist eine Zuordnung nach S. 1 nicht möglich, wenn also bspw. eine Vereinigung des Privatrechts von öffentlichen Stellen eines Landes oder mehrerer Länder vorliegt, gelten diese nach S. 2 als öffentliche Stellen der Länder.

---

[14] So schon zur Rechtslage nach BDSG a.F. Simitis-*Dammann* § 2 BDSG a.F. Rn. 60.
[15] Gola/Schomerus-*Gola/Klug/Körffer* § 2 BDSG a.F. Rn. 14a und ausführlich Simitis-*Dammann* § 2 BDSG a.F. Rn. 84 ff.
[16] Simitis-*Dammann* § 2 BDSG a.F. Rn. 65.

VI. Nichtöffentliche Stellen (§ 2 Abs. 4 BDSG)

Als nichtöffentliche Stellen sieht § 2 Abs. 4 alle natürlichen Personen und alle juristischen Personen, Gesellschaften und andere Personenvereinigungen des privaten Rechts an, sofern diese nicht unter Absätze 1 bis 3 fallen. 31

Für die natürlichen Personen ist dabei ohne Belang, ob sie im Rahmen selbstständiger beruflicher Tätigkeiten, bspw. Kaufleute in Einzelfirma oder als Vertreter eines freien Berufs, oder als Privatpersonen auftreten. 32

Juristische Personen des Privatrechts sind bspw. der eingetragene Verein, die Aktiengesellschaft oder die Gesellschaft mit beschränkter Haftung; erfasst sind auch Personenmehrheiten oder Personengesellschaften ohne eigene Rechtspersönlichkeit, etwa nach BGB (nicht eingetragener Verein, Gesellschaft bürgerlichen Rechts) oder HGB (Kommanditgesellschaft oder offene Handelsgesellschaft). Die sind nur dann ausnahmsweise öffentliche Stellen, wenn sie nicht wegen Wahrnehmung öffentlicher Aufgaben den Absätzen 1 bis 3 zuzuordnen sind.[17] 33

Eine Gegenausnahme stellen die Beliehenen dar, also Private, die durch Gesetz oder aufgrund eines Gesetzes mit hoheitlichen Aufgaben betraut werden. Diese gelten dann (nur) in Ausübung der hoheitlichen Tätigkeit als öffentliche Stellen,[18] sind aber zugleich Behörden i.S.d. der Abs. 1 und 2. Die Zuordnung nach S. 2 ist aufgabenbedingt; ein Beliehener kann insofern je nachdem, welche Aufgabe gerade ausgeführt wird, öffentliche oder nichtöffentliche Stelle sein. 34

VII. Erwerbswirtschaftliche öffentliche-rechtliche Unternehmen (§ 2 Abs. 5 BDSG)

Entsprechend der Gesetzesbegründung wird der „Regelungsgehalt des § 27 Abs. 1 S. 1 Nummer 2 BDSG a.F." nachvollzogen.[19] Während § 27 BDSG a.F. die Erstreckung des Anwendungsbereichs der §§ 27–32 auf öffentlich-rechtliche Unternehmen im Wettbewerb regelte, enthält § 2 Abs. 5 lediglich eine Begriffsbestimmung mit dem Ziel der Zuordnung der betreffenden Unternehmen zum Kreis der nichtöffentlichen Stellen, so dass alle Normen, die nach BDSG für nichtöffentliche Stellen gelten, auch auf diese Unternehmen erstreckt werden. Zugleich nimmt S. 2 eine Zuordnung der betreffenden Unternehmen zum Geltungsbereich des Bundes- oder des Landesrechts vor. 35

Sinn der Regelung ist ungeachtet der Zuordnung zu Land oder Bund, auf der datenschutzrechtlichen Ebene Wettbewerbsverzerrungen zugunsten der öffentlich-rechtlichen Unternehmen ggü. privaten Unternehmen zu vermeiden.[20] 36

Unternehmen i.S.d. des S. 1 können bspw. öffentlich-rechtlich organisierte Unternehmen in der Kreditwirtschaft und im Versicherungswesen sein. Ebenso denkbar ist die Einbeziehung von Versorgungs- oder Verkehrsunternehmen. 37

Gegenstand der Begriffsbestimmung sind öffentlich-rechtliche Wettbewerbsunternehmen. Eine Einschränkung nimmt S. 1 aber insoweit vor, als öffentlich-rechtliche Unternehmen nur als nichtöffentliche Stellen gelten, „soweit" sie am Wettbewerb 38

---

17 Gola/Schomerus-*Gola/Klug/Körffer* § 2 BDSG a.F. Rn. 19.
18 Simitis-*Dammann* § 2 BDSG a.F. Rn. 129 ff.
19 BT-Drucks. 18/11325, S. 80.
20 So schon zu § 27 BDSG a.F. Simitis-*Simitis* § 27 BDSG a.F. Rn. 7.

teilnehmen. Die Kreditanstalt für Wiederaufbau gilt im Bereich der Entwicklungshilfe und der Finanzierung von Exportgeschäften inländischer Unternehmen als öffentliche Stelle. Bietet sie im Wettbewerb Wertpapiere auf dem Kapitalmarkt an, gilt sie als nichtöffentliche Stelle.[21]

39 Öffentlich-rechtliche Unternehmen auf Landesebene, die Bundesrecht ausführen, könnten Sparkassen sein, die aber regelmäßig landesdatenschutzrechtlichen Regelungen unterliegen. Die flächendeckende Geltung der Landesdatenschutzgesetze lässt somit für ein Eingreifen des § 2 Abs. 5 S. 1 wenig Raum.

VIII. Kritik

40 Zu kritisieren ist, dass § 2 die Unsicherheiten etwa bezüglich des zugrunde gelegten Behördenbegriffs, die schon nach BDSG a.F. herrschten, durch weithin wortgleiche Übernahme nicht ausgeräumt hat.

C. Praxistipps

41 Gerade im Fall des § 2 Abs. 5 ist die Formulierung „soweit" ernst zu nehmen. So muss für jeden Fall der Datenverarbeitung ermessen werden, ob das jeweilige Unternehmen im Wettbewerb tätig wird oder nicht.

42 Ebenso müssen Beliehene i.S.d. § 2 Abs. 4 S. 2 jeweils entscheiden, ob jeweilige Tätigkeit im Rahmen der Beleihung oder außerhalb dessen anzusiedeln ist. Hiervon hängt ab, ob sie als öffentliche oder nichtöffentliche Stelle gelten.

---

21 Simitis-*Simitis* § 27 BDSG a.F. Rn. 13.

Kapitel II
Grundsätze

Artikel 5 Grundsätze für die Verarbeitung personenbezogener Daten*

(1) Personenbezogene Daten müssen

a) auf rechtmäßige Weise, nach Treu und Glauben und in einer für die betroffene Person nachvollziehbaren Weise verarbeitet werden („Rechtmäßigkeit, Verarbeitung nach Treu und Glauben, Transparenz");

b) für festgelegte, eindeutige und legitime Zwecke erhoben werden und dürfen nicht in einer mit diesen Zwecken nicht zu vereinbarenden Weise weiterverarbeitet werden; eine Weiterverarbeitung für im öffentlichen Interesse liegende Archivzwecke, für wissenschaftliche oder historische Forschungszwecke oder für statistische Zwecke gilt gemäß Artikel 89 Absatz 1 nicht als unvereinbar mit den ursprünglichen Zwecken („Zweckbindung");

c) dem Zweck angemessen und erheblich sowie auf das für die Zwecke der Verarbeitung notwendige Maß beschränkt sein („Datenminimierung");

d) sachlich richtig und erforderlichenfalls auf dem neuesten Stand sein; es sind alle angemessenen Maßnahmen zu treffen, damit personenbezogene Daten, die im Hinblick auf die Zwecke ihrer Verarbeitung unrichtig sind, unverzüglich gelöscht oder berichtigt werden („Richtigkeit");

e) in einer Form gespeichert werden, die die Identifizierung der betroffenen Personen nur so lange ermöglicht, wie es für die Zwecke, für die sie verarbeitet werden, erforderlich ist; personenbezogene Daten dürfen länger gespeichert werden, soweit die personenbezogenen Daten vorbehaltlich der Durchführung geeigneter technischer und organisatorischer Maßnahmen, die von dieser Verordnung zum Schutz der Rechte und Freiheiten der betroffenen Person gefordert werden, ausschließlich für im öffentlichen Interesse liegende Archivzwecke oder für wissenschaftliche und historische Forschungszwecke oder für statistische Zwecke gemäß Artikel 89 Absatz 1 verarbeitet werden („Speicherbegrenzung");

f) in einer Weise verarbeitet werden, die eine angemessene Sicherheit der personenbezogenen Daten gewährleistet, einschließlich Schutz vor unbefugter oder unrechtmäßiger Verarbeitung und vor unbeabsichtigtem Verlust, unbeabsichtigter Zerstörung oder unbeabsichtigter Schädigung durch geeignete technische und organisatorische Maßnahmen („Integrität und Vertraulichkeit");

(2) Der Verantwortliche ist für die Einhaltung des Absatzes 1 verantwortlich und muss dessen Einhaltung nachweisen können („Rechenschaftspflicht").

– *Andere Vorschriften: Art. 8 Abs. 2 GRCh*

Übersicht

	Rn		Rn
A. Einordnung und Hintergrund	1	1. DSRL	3
I. Erwägungsgründe	1	2. BDSG a.F.	4
II. Normengenese und -umfeld	3		

---

* Die Autoren danken Herrn stud. iur. David Merten für die Unterstützung bei der Durchsicht des Manuskriptes.

Art. 5 Grundsätze für die Verarbeitung

	Rn		Rn
3. WP der Art.-29-Datenschutzgruppe	5	V. Richtigkeit, Abs. 1 lit. d (Accuracy)	59
B. Kommentierung	6	VI. Speicherbegrenzung, Abs. 1 lit. e (Storage Limitation)	67
I. Allgemeines	6		
II. Rechtmäßigkeit, Verarbeitung nach Treu und Glauben, Transparenz, Abs. 1 lit. a (Lawfulness, Fairness, Transparency)	17	VII. Integrität und Vertraulichkeit, Abs. 1 lit. f (Integrity and Confidentialy)	74
		VIII. Rechenschaftspflicht, Abs. 2 (Accountability)	80
1. Rechtmäßigkeit (Lawfulness)	18	IX. Sanktionen	90
2. Verarbeitung nach Treu und Glauben (Fairness)	27	C. Praxishinweise	93
		I. GDD-Praxishilfe DS-GVO IX „Accountability"	93
3. Transparenz (Transparency)	33	II. Relevanz für öffentliche und nichtöffentliche Stellen	94
III. Zweckbindung, Abs. 1 lit. b (Purpose Limitation)	43	III. Relevanz für betroffene Personen	96
IV. Datenminimierung, Abs. 1 lit. c (Data Minimisation)	52	IV. Relevanz für Aufsichtsbehörden	97

Literatur: *Art.-29-Datenschutzgruppe* WP 172 zum Grundsatz der Rechenschaftspflicht; *dies.* WP 260-Guidelines in transperancy under Regulation 2016; *GDD-Praxishilfe* DS-GVO IX: Accountability, Stand Oktober 2017; *GDD/ZAW* Werbung und Kundendatenschutz nach der DS-GVO, 2016; *Gierschmann* Was „bringt" deutsche Unternehmen die DS-GVO, ZD 2016, 51; *Gossen/Schramm* Das Verarbeitungsverzeichnis der DS-GVO, ZD 2017, 7; *Härting* Datenschutz-Grundverordnung – Das neue Datenschutzrecht in der betrieblichen Praxis, 2016; *Keppeler* Das „Radierverbot" als „Rettung" vor der umfangreichen DS-GVO-Löschpflichten, RDV 2/2018; *Laue/Nink/Kremer* Das neue Datenschutzrecht in der betrieblichen Praxis, 2016; *Lepperhoff/Müthlein* Leitfaden zur Datenschutzgrundverordnung, 2017; *Roßnagel* Datenschutzgrundsätze – unverbindliches Programm oder verbindliches Recht?, ZD 2018, 339; *ders.* Evaluation der Datenschutz-Grundverordnung aus Verbrauchersicht – Gutachten im Auftrag des Verbraucherzentrale Bundesverbandes e.V. (vzbv); *Schwartmann/Hermann/Mühlenbeck* Transparenz bei Medienintermediären, 2019; *Wybitul* EU-Datenschutz-Grundverordnung im Unternehmen, 2016; *Wybitul/Celik* Die Nachweispflicht nach Art. 5 Abs. 2 und Art. 24 Abs. 1 DS-GVO ist keine Beweislast, ZD 2019, 529.

A. Einordnung und Hintergrund

I. Erwägungsgründe

1 ErwG 39 nennt die Grundsätze des Art. 5 und beschreibt den Stellenwert der Begriffe bei der Verarbeitung personenbezogener Daten. ErwG 39 dient dabei als erste Hilfe zur Auslegung der Grundsätze des Art. 5.

2 ErwG 50 betont insbesondere in S. 8, dass die in der DS-GVO niedergelegten Grundsätze bei der Verarbeitung personenbezogener Daten zu anderen Zwecken zu gewährleisten sind.

II. Normengenese und -umfeld

3 **1. DSRL.** Art. 5 übernimmt weitgehend die Inhalte des Art. 6 DSRL. Gänzlich neu im Gegensatz zu Art. 6 DSRL ist die Rechenschaftspflicht des Art. 5 Abs. 2.

Grundsätze für die Verarbeitung — Art. 5

2. BDSG a.F. Die Grundsätze aus Art. 6 DSRL sind auf nationaler Ebene überwiegend verfassungsrechtlich verankert und wurden im Übrigen mehr oder weniger im BDSG a.F. umgesetzt. So erfuhr bspw. der Grundsatz von „Treu und Glauben" aus Art. 6 DSRL keine ausdrückliche Erwähnung im BDSG a.F. 4

3. WP der Art.-29-Datenschutzgruppe.
– WP 260 der Art.-29-Datenschutzgruppe zur Transparenz („Guidelines in transparency under Regulation" 2016/679), 5
– WP 172 der Art.-29-Datenschutzgruppe zum Grundsatz der Rechenschaftspflicht,
– WP 203 der Art.-29-Datenschutzgruppe on purpose limitation.

B. Kommentierung

I. Allgemeines

Art. 5 bildet das Herzstück der DS-GVO und regelt das „Wie" der Verarbeitung.[1] 6

In Art. 5 sind unmittelbar anwendbare, allgemeine Grundsätze als Rechtssätze normiert. Namentlich sind dies die Rechtmäßigkeit, die Verarbeitung nach Treu und Glauben und die Transparenz (Abs. 1 lit. a), der Grundsatz der Zweckbindung mit Ausnahmen für Forschungszwecke (Abs. 1 lit. b), die Datenminimierung (Abs. 1 lit. c), die Datenrichtigkeit (Abs. 1 lit. d), die Speicherbegrenzung (Abs. 1 lit. e) sowie die Integrität und Vertraulichkeit (Abs. 1 lit. f). 7

Inhaltlich deckt sich Art. 5 nicht vollständig mit der Vorgängerregelung des Art. 6 DSRL. So ist bereits die Überschrift des Art. 5 mit der Bezeichnung „Grundsätze" eine andere als die Überschrift des Art. 6 DSRL mit „Qualität der Daten". Das bisher nur ungeschriebene Transparenzprinzip wird nunmehr in Art. 5 Abs. 1 lit. a ausdrücklich erwähnt. Der Grundsatz der Transparenz zieht sich durch die gesamte DS-GVO. Insbesondere in den Art. 12 ff. im Rahmen der Informationspflichten und Auskunftsrechten des Betroffenen hat das Transparenzprinzip elementare Bedeutung.[2] Die weiteren, klauselartig formulierten Prinzipien des Art. 5 finden ihre praktische Relevanz insbesondere an den Stellen, an denen die DS-GVO nur sehr allgemeine oder gar keine näheren Regelungen enthält. Hier entfalten sie unmittelbare Wirkung, weil sie im Rahmen gebotener Interessenabwägungen zu gewichten sind. Zu denken ist hier insbesondere an die – für den Geltungsbereich des BDSG n.F. freilich durch § 4 BDSG n.F. präzisierte[3] – Videoüberwachung oder an das Scoring.[4] In diesen Fällen müssen Rechtsanwender vor allem auf den Grundsatz von „Treu und Glauben" nach Art. 5 Abs. 1 lit. a zurückgreifen. 8

Für den deutschen Rechtsanwender ist die Verwendung dieser Grundätze neu. Art. 6 DSRL war insoweit nur sehr eingeschränkt in deutsches Recht übernommen worden. Lediglich die Grundsätze der Datenvermeidung und Datensparsamkeit wurden ins BDSG (§ 3a) übernommen, aber als bloße Programmsätze bezeichnet.[5] 9

---

1 Siehe auch Auernhammer-*Kramer* Art. 5 Rn. 1, der von der Magna Charta der zulässigen Datenverarbeitung spricht, um den Stellenwert der Norm hervorzuheben; Vgl. auch Sydow-*Reimer* Art. 5 Rn. 1.
2 Vgl. dazu Kommentierung zu den Art. 12 ff. DS-GVO.
3 Vgl. dazu Kommentierung zu § 4 BDSG Rn. 11.
4 Gierschmann-*Buchholtz/Stentzel* Art. 5 Rn. 2; Siehe auch Kommentierungen zu Art. 14 DS-GVO Rn. 43 und Art. 22 DS-GVO Rn. 69.
5 Auernhammer-*Kramer* Art. 5 Rn. 3; Gola-*Schomerus* BDSG, § 3a Rn. 8.

10 Die Grundsätze des Art. 5 sind trotz ihrer offenen und unbestimmten Formulierung geltendes Recht.[6] Sie sind verbindlich und stellen nicht nur bloße Programmsätze dar.[7] Bei Programmsätzen handelt es sich nämlich um allgemein gehaltene Begriffe oder Sätze, aus denen sich keine unmittelbaren Vorgaben entnehmen lassen und die auch nicht einklagbar sind.[8] Somit macht bereits die Bußgeldbewährung der Verletzung der Grundsätze[9] des Art. 5 deutlich, dass im Rahmen des Art. 5 nicht von Programmgrundsätzen auszugehen ist.[10]

11 Eine eigenständige Bedeutung kommt den Grundsätzen des Art. 5 insoweit zu, als sie den Verantwortlichen mit Blick auf die Betroffenenrechte auch Pflichten aufgeben. So ergeben sich aus Art. 15–22 eigenständige Pflichten für den Verantwortlichen zur Sperrung und Löschung, auch wenn die Betroffenen diese nicht geltend machen, wenn die Verarbeitung dem **Grundsatz der Richtigkeit** (Abs. 1 lit. d) nicht entspricht.

12 Die **Nachweispflicht** nach Art. 5 Abs. 2 hat erhebliche praktische Bedeutung, da sie umfangreiche Dokumentationspflichten nach sich zieht und zu einer Beweislast des Verantwortlichen bei Kontrollen oder Interventionen der Aufsichtsbehörden führt. Nach Art. 5 Abs. 2 hat der Verantwortliche dafür zu sorgen, dass die datenschutzrechtlichen Grundsätze eingehalten werden. Die Einhaltung derselbigen hat der Verantwortliche nachzuweisen. Zu beachten ist, dass nach dem Wortlaut der Regelung lediglich der Verantwortliche (Art. 4 Nr. 7), nicht aber der Auftragsverarbeiter (Art. 4 Nr. 8), von dieser Pflicht erfasst wird.[11]

13 Da Art. 5 als eine Kernnorm der Verordnung elementare Grundsätze der Datenverarbeitung festlegt, muss jede Datenverarbeitung, die in den Anwendungsbereich der DS-GVO fällt, **kumulativ** den Anforderungen jedem dieser Grundsätze entsprechen.[12] Es ist somit nicht genügend, wenn etwa der Grundsatz der Datenminimierung beachtet wird, die Grundsätze der Transparenz und der Richtigkeit aber außer Acht gelassen werden.

14 Über Art. 5 werden die allgemeinen Grundsätze der DS-GVO vor die Klammer gezogen und damit zur Grundlage der nachfolgenden Bestimmungen gemacht.[13] Die in Art. 5 Abs. 1 und 2 niedergelegten Grundsätze werden in Einzelvorschriften der DS-GVO konkretisiert. So wird insbesondere der Grundsatz der Rechtmäßigkeit in den Vorschriften über die Rechtmäßigkeit der Datenverarbeitung ausgestaltet (Art. 6 Abs. 1) und das Transparenzprinzip ist Grundlage für die Anforderungen an die Art und Weise und den Inhalt der Information und Benachrichtigung der betroffenen Person (Art. 7 Abs. 2, Art. 12–15 und Art. 34).[14]

---

6 Schantz/Wolff-*Wolff* Das neue Datenschutzrecht, Rn. 382.
7 *Härting* Datenschutz-Grundverordnung, Rn. 86; Paal/Pauly-*Frenzel* Art. 5 Rn. 2; Plath-*Plath* Art. 5 Rn. 2; a.A. *Laue/Kremer* Das neue Datenschutzrecht in der betrieblichen Praxis, § 1 Rn. 136.
8 Auernhammer-*Kramer* Art. 5 Rn. 4.
9 Vgl. hierzu Kommentierung zu Art. 83 Abs. 5 lit. a DS-GVO Rn. 113.
10 Zum Charakter der Grundsätze vertiefend *Roßnagel* ZD 2018, 342 ff.
11 Gierschmann-*Buchholtz/Stentzel* Art. 5 Rn. 4.
12 Ehmann/Selmayr-*Heberlein* Art. 5 Rn. 5.
13 Gierschmann-*Buchholtz/Stentzel* Art. 5 Rn. 8.
14 Ehmann/Selmayr-*Heberlein* Art. 5 Rn. 6.

Normadressaten des Art. 5 sind direkt die „Verantwortlichen". Dies war in der Vorgängerregelung in Art. 6 DSRL noch anders, da diese Regelung an die Mitgliedstaaten adressiert war. Ergebnis der Ausgestaltung als Verordnung ist, dass die Verpflichtungen der DS-GVO den Verantwortlichen unmittelbar treffen. 15

Die Öffnungsklauseln der DS-GVO gestatten innerhalb ihres Rahmens, Ausnahmen von Art. 5 durch mitgliedstaatliches Recht zu normieren.[15] Die Öffnungsklauseln mit dieser Möglichkeit finden sich in Art. 23 hinsichtlich der Rechte der betroffenen Personen und Art. 85 im Bereich des Journalismus. Außerhalb dieser beiden Normen besteht für den nationalen Gesetzgeber keine Möglichkeit von den Grundsätzen des Art. 5 abzuweichen. 16

II. Rechtmäßigkeit, Verarbeitung nach Treu und Glauben, Transparenz, Abs. 1 lit. a (Lawfulness, Fairness, Transparency)

In Art. 5 Abs. 1 lit. a werden drei Grundsätze aufgestellt: Rechtmäßigkeit (Lawfulness), Verarbeitung nach Treu und Glauben (Fairness) und Transparenz (Transparency). Die Grundsätze weisen wechselseitige Bezüge auf, stehen aber nicht in einem zwingenden Zusammenhang zueinander.[16] So setzen die Verarbeitung nach Treu und Glauben und die Transparenz die Rechtmäßigkeit voraus, selbst wenn sie nicht selber als Rechtmäßigkeitsvoraussetzungen anzusehen sind.[17] Auch nach der Rechtsprechung des EuGH sind Transparenz und Treu und Glauben im Zusammenhang zu sehen.[18] 17

1. Rechtmäßigkeit (Lawfulness). Nach Art. 5 Abs. 1 lit. a Var. 1 müssen personenbezogene Daten „auf rechtmäßige Weise" verarbeitet werden. 18

In Bezug auf die Formulierung „in rechtmäßiger Weise" kann von einem weiten oder einem engen Verständnis ausgegangen werden. Bei einem engen Verständnis ist die Voraussetzung gemeint, dass entweder eine Einwilligung der betroffen Person vorliegt oder eine anderweitige Rechtsgrundlage für die Verarbeitung existiert.[19] Es wird vertreten, diesem engen Verständnis trage auch ErwG 40 Rechnung.[20] Dort heißt es: „Damit die Verarbeitung rechtmäßig ist, müssen personenbezogene Daten mit Einwilligung der betroffenen Person oder auf einer sonstigen zulässigen Rechtsgrundlage verarbeitet werden, die sich aus dieser Verordnung oder – wann immer in dieser Verordnung darauf Bezug genommen wird – aus dem sonstigen Unionsrecht oder dem Recht der Mitgliedstaaten ergibt...". Rechtmäßigkeit in diesem Sinne bedeute also, dass für die betreffende Verarbeitung eine ausreichende Rechtsgrundlage im Unionsrecht oder im unionsrechtlich zulässigen mitgliedstaatlichen Recht existiert. 19

Geht man dagegen von einem weiten Verständnis von „in rechtmäßiger Weise" aus, muss es nicht nur eine Rechtsgrundlage für die Verarbeitung geben, sondern es müssen bei der Verarbeitung auch alle zusätzlichen Anforderungen und Pflichten beachtet 20

---

15 Schantz/Wolff-*Wolff* Rn. 387.
16 Kühling/Buchner-*Herbst* Art. 5 Rn. 7; Paal/Pauly-*Frenzel* Art. 5 Rn. 13.
17 Vgl. *EuGH* v. 1.10.2015 – C-201/14, ECLI:EU:C:2015:638, Smaranda Bara, Rn. 56; Paal/Pauly-*Frenzel* Art. 5 Rn. 13.
18 Vgl. *EuGH* v. 1.10.2015 – C-201/14, ECLI:EU:C:2015:638, Smaranda Bara, Rn. 56.
19 Vgl. dazu Kühling/Buchner-*Herbst* Art. 5 Rn. 8 ff.
20 Kühling/Buchner-*Herbst* Art. 5 Rn. 8.

werden, die sich aus der DS-GVO oder aus dem nach der DS-GVO zulässigen nationalen Recht ergeben. In diesem weiten Sinne wäre eine Verarbeitung schon dann nicht „rechtmäßig", wenn für sie zwar eine ausreichende Rechtsgrundlage existiert, aber der Verantwortliche etwa seine Informationspflichten aus Art. 13 und 14 nicht erfüllt.[21]

21 Aus dem Wortlaut der Norm lässt sich nicht entnehmen, ob von einem engen oder weiten Begriffsverständnis auszugehen ist. Beide Ansichten haben zunächst gemeinsam, dass für eine rechtmäßige Datenverarbeitung eine legitimierende Rechtsgrundlage, also entweder eine Einwilligung oder ein gesetzlicher Erlaubnistatbestand, vorliegen muss. Insofern bedeutet das Prinzip der Rechtmäßigkeit mindestens, dass für jede Verarbeitung eine ausreichende Rechtsgrundlage besteht.[22] In Bezug auf weitere Voraussetzungen der Rechtmäßigkeit ist zu differenzieren. Sind die zusätzlichen Anforderungen und Pflichten, die sich aus der DS-GVO oder aus dem nach der DS-GVO zulässigen nationalen Regelungen ergeben, so elementar, dass sie die Datenverarbeitung tragen, schlägt die Verletzung dieser Vorgaben auf die materielle Rechtmäßigkeit der Datenverarbeitung durch. Die Verarbeitung personenbezogener Daten erfolgt dann nicht mehr „in rechtmäßiger Weise". Liegt die Verarbeitung außerhalb der jeweiligen Rechtsgrundlage ist sie in jedem Fall unrechtmäßig. Wird etwa in einem gesetzlichen Erlaubnistatbestand ein Verarbeitungszweck bestimmt, dann ist eine Verarbeitung jenseits dieses Zwecks nicht mehr von der Rechtsgrundlage gedeckt und damit unrechtmäßig.[23]

22 Soweit von einer Datenverarbeitung mehrere Personen betroffen sind, hat die Datenverarbeitung jeder einzelnen Person gegenüber rechtmäßig zu sein. Eine Datenverarbeitung wird dann gegen den Grundsatz der Rechtmäßigkeit verstoßen, wenn durch sie ohne die notwendige Legitimation in die Rechte Dritter eingegriffen wird. Dies macht insbesondere Art. 15 Abs. 4 deutlich, der die Herausgabe einer Kopie im Rahmen eines Auskunftsanspruchs der betroffenen Person dann einschränkt, wenn die Herausgabe einer Kopie die Rechte und Freiheiten anderer Personen beeinträchtigt. Werden bspw. Kopien von E-Mails oder Tonaufnahmen einer Servicehotline im Rahmen der Auskunft nach Art. 15 als Kopie an die betroffene Person übermittelt, muss überprüft werden, ob diese auch personenbezogene Daten Dritter enthalten. Ist dies der Fall, darf die Übermittlung dieser Daten nur stattfinden, soweit nicht in die Rechte und Freiheiten der Dritten eingegriffen wird. Soweit die Rechte Dritter von der Übermittlung der Daten betroffen sind, genügt die Übermittlung dieser Daten an die betroffene Person nicht dem Grundsatz der Rechtmäßigkeit, soweit die Datenverarbeitung nicht durch einen Erlaubnistatbestand der DS-GVO legitimiert werden kann. Dies gilt es im Einzelfall zu prüfen.

23 Damit basiert das Datenschutzrecht weiterhin auf dem **Verbotsprinzip**[24], wonach jede Datenverarbeitung legalisiert werden muss. Die Zulässigkeit der Datenverarbeitung ergibt sich nach der DS-GVO aus den Art. 6–11 sowie aus Art. 22 (automatisierte Einzelentscheidung) und Art. 44 ff. (Drittlandtransfer).

---

21 Vgl. dazu Kühling/Buchner-*Herbst* Art. 5 Rn. 8 ff.; Paal/Pauly-*Frenzel* Art. 5 Rn. 15.
22 Kühling/Buchner-*Herbst* Art. 5 Rn. 8.
23 Vgl. Kühling/Buchner-*Herbst* Art. 5 Rn. 12.
24 *Schaffland/Wiltfang* Art. 5 Rn 2.

Die Rechtsgrundlage kann sich neben der DS-GVO auch, bei Vorhandensein einer 24
entsprechenden Öffnungsklausel, aus dem Recht der Union oder des Mitgliedstaats
ergeben. Aus der Perspektive des Unionsrechts bedarf es für diese Rechtsgrundlage
keines parlamentarischen Rechtsakts. Nach ErwG 41 bleiben davon Anforderungen
gem. der Verfassungsordnung des betreffenden Mitgliedstaates unberührt. Im nationalen deutschen Recht greift an dieser Stelle die Wesentlichkeitstheorie. Danach müssen Regelungen, die wesentlich für die Verwirklichung von Grundrechten sind, durch
den Parlamentsgesetzgeber verabschiedet werden.[25] Im deutschen Recht muss daher
eine Regelung, die wesentlich in das Recht auf informationelle Selbstbestimmung aus
Art. 2 Abs. 1 i.V.m. Art. 1 Abs. 1 GG eingreift, auf einer Rechtsgrundlage in Form
eines Parlamentsgesetzes beruhen.[26]

Da der Grundsatz der Rechtmäßigkeit der Sache nach so etwas wie einen Vorbehalt 25
des Gesetzes normiert, ist er vor allem für den Bereich der Datenverarbeitung unter
Privaten nach deutschem Rechtsverständnis zwar bemerkenswert, aber durch § 4
BDSG a.F. auf einfacher Rechtsgrundlage schon eingeführt gewesen.[27]

Eine nicht unwesentliche Zahl von Zulässigkeitsregelungen des BDSG a.F. ist in der 26
DS-GVO nicht spezifiziert. Zu nennen sind die Vorschriften über die Videoüberwachung[28], zum Einsatz mobiler personenbezogener Speicher- und Verarbeitungsmedien
oder über automatisierte Abrufverfahren. Da die DS-GVO nicht mehr zwischen
Stellen, die Daten für eigene Zwecke geschäftsmäßig zur Datenübermittlung in personenbezogener bzw. anonymisierter Form und der Markt- und Meinungsforschung
speichern trennt, sind auch die für die verschiedenen Bereiche bestehenden Sonderregelungen entfallen. Ebenfalls nicht mehr speziell angesprochen werden die Zulässigkeit der personalisierten Werbung und die Profilbildung durch Scoring. Die Erlaubnisse hierfür müssen durch die Interessenabwägung des Art. 6 Abs. 1 lit. f beurteilt
werden. Teilweise wurden Spezifikationen der Zulässigkeit des BDSG a.F. über die
Öffnungsklauseln der DS-GVO in §§ 22 bis 31 BDSG n.F. beibehalten. Damit wird in
den im BDSG n.F. geregelten Vorschriften zusätzliche Rechtssicherheit geschaffen.

2. Verarbeitung nach Treu und Glauben (Fairness). Gemäß Art. 5 Abs. 1 lit. a Var. 2 27
müssen personenbezogene Daten nach Treu und Glauben verarbeitet werden. Der
Grundsatz Treu und Glauben findet sich in Konvention Nr. 108 des Europarates, ist in
Art. 8 Abs. 2 S. 1 der Europäischen-Grundrechtecharta verbürgt und wurde durch
Art. 6 Abs. 1 der DSRL i.V.m. ErwG 38 DSRL ausgefüllt.

Auch wenn das Gebot von Treu und Glauben unter der DS-GVO inhaltlich schwer zu 28
fassen ist[29], verbietet es sich einfach, auf den im deutschen nationalen Recht bestimmten Begriff von Treu und Glauben zurückzugreifen. Ein solches Vorgehen widerspricht dem unionsrechtlichen Grundsatz, dass das Unionsrecht eine eigenständige
Rechtsordnung aufstellt, „nach der sich die Befugnisse, Rechte und Pflichten der
Rechtssubjekte sowie die zur Feststellung und Ahndung etwaiger Rechtsverletzungen

---

25 *BVerfG* v. 13.7.2014 – 1 BvR 1298, 1299/94, 1332/95, 613/97, BVerfGE 111, 191, 216 f.
26 So auch Kühling/Buchner-*Herbst* Art. 5 Rn. 8.
27 Schantz/Wolff-*Wolff* Das neue Datenschutzrecht, Rn. 390.
28 Dazu Kommentierung zu § 4 BDSG Rn. 1.
29 Vgl. Kühling/Buchner-*Herbst* Art. 5 Rn. 13; Auernhammer-*Kramer* Art. 5 Rn. 8–10.

erforderlichen Verfahren bestimmen."³⁰. Der Begriff von Treu und Glauben muss autonom für die DS-GVO als EU-Norm ausgelegt werden. Es kann nicht die Absicht des Gesetzgebers der EU gewesen sein, in Art. 5 Abs. 1 lit. a Var. 2 die vielseitigen Bedeutungsinhalte zu implementieren, die sich im Laufe der Zeit in der deutschen Rechtsordnung mit dem Begriff von Treu und Glauben entwickelt haben.³¹

29 In der englischen Sprachfassung des Art. 5 Abs. 1 lit. a wird an der Stelle der Begriff „fairly" verwendet. Die deutsche Sprachfassung wäre an dieser Stelle weniger missverständlich, wenn sie hier den Begriff „fair" verwendet hätte.³² An anderen Stellen der deutschen Sprachfassung ist dies geschehen. So findet sich der Begriff „fair" unter anderem in den Art. 13 Abs. 2, 14 Abs. 2 und Art. 40 Abs. 2 lit. a sowie in den ErwG 39 S. 4, 60 S. 1, 2 und 71 S. 6.

30 Inhaltlich ist die englische Sprachfassung, die eine **„faire" Verarbeitung** fordert, aussagefähig. Eine „faire" Verarbeitung ist in der Regel nur gegeben, wenn sie mit dem Wissen der betroffenen Person und nicht heimlich erfolgt.³³ Insoweit bedingen sich die Grundsätze der Rechtmäßigkeit und der der Transparenz. So wird es dem Grundsatz der „Fairness" widersprechen, im Wege sogenannter „Freundschaftswerbung" hinter dem Rücken der betroffenen Person Wissen für Werbezwecke zu erlangen, obwohl der **Direkterhebungsgrundsatz** des § 4 Abs. 2 BGSG a.F. nicht ausdrücklich in der DS-GVO normiert ist.³⁴ Auch dürfte die Verwendung verborgener Techniken, wie z.B. heimliche Videoüberwachung oder Spyware, regelmäßig treuwidrig sein.³⁵

31 Große praktische Relevanz hat der Grundsatz von Treu und Glauben insbesondere dort, wo die DS-GVO nur sehr allgemeine Vorgaben enthält. Praktische Anwendungsfälle sind etwa das Scoring³⁶ oder die Videoüberwachung³⁷ auf Grundlage der DS-GVO. So dürfte ein Verstoß gegen den Zweckbindungsgrundsatz regelmäßig treuwidrig sein, etwa wenn Videomaterial, das zur Abwehr und Aufklärung von Straftaten aufgezeichnet wurde, zur Leistungskontrolle bei Beschäftigten eingesetzt wird.³⁸ Ebenso entspricht eine Datenverarbeitung nicht dem Grundsatz von Treu und Glauben, wenn sie unverhältnismäßig ist.³⁹ Dies ist dann der Fall, wenn es entweder an einem legitimen Zweck fehlt oder sie nicht zur Zweckerreichung das geeignete, erforderliche und angemessene Mittel darstellt.

32 Der Grundsatz der „fairen" Verarbeitung ist auch Auslegungskriterium im Rahmen der Interessenabwägung des Art. 6 Abs. 1 lit. f. Dieser wird konkretisiert durch den ErwG 47 S. 1, wonach auf die „vernünftige Erwartungshaltung" der betroffenen Per-

---

30 Auernhammer-*Kramer* Art. 5 Rn. 8–10; *EuGH* v. 13.11.1964 – 90/93 und 91/63 (Kommission/Luxemburg und Belgien), Slg. 1964, 1321, 1344 (Einfuhrzölle).
31 Vgl. Kühling/Buchner-*Herbst* Art. 5 Rn. 13.
32 So auch *Roßnagel* Evaluation der Datenschutz-Grundverordnung aus Verbrauchersicht, S. 24, abrufbar unter: https://www.heise.de/downloads/18/2/8/0/2/5/0/7/vzbv.pdf, zuletzt abgerufen: 4.1.2020.
33 Kühling/Buchner-*Herbst* Art. 5 Rn. 15.
34 *Schaffland/Wiltfang* Art. 5 Rn 18 ff.
35 Gola-*Pötters* Art. 5 Rn. 9.
36 Vgl. Kommentierung zu Art. 22 DS-GVO Rn. 69.
37 Vgl. Kommentierung zu Art. 14 DS-GVO Rn. 43.
38 Gola-*Pötters* Art. 5 Rn. 9.
39 *Wybitul* EU-Datenschutz-Grundverordnung im Unternehmen, Kap. II Rn. 67.

son abzustellen ist. Eine Weitegabe personenbezogener Daten an Dritte zum Zwecke der werblichen Nutzung ohne vorherige Information dürfte damit in der Regel auch dem Grundsatz der Fairness widersprechen.[40]

3. Transparenz (Transparency). Es gehört zu den datenschutzrechtlichen Grundpositionen, dass die Verarbeitung personenbezogener Daten nicht „hinter dem Rücken" des Betroffenen stattfinden darf. Eine faire und transparente Verarbeitung setzt daher voraus, dass der Betroffene über die Existenz eines Verarbeitungsvorgangs und dessen Zwecke unterrichtet wird. 33

Der Zweck von Transparenzvorgaben besteht im Ausgangspunkt darin, eine informierte Entscheidung der betroffenen Personen zu fördern. Die betroffene Person kann durch Transparenz in die Lage zu versetzt werden, eine selbstbestimmte Auswahlentscheidung zu treffen und Einfluss auf das Zustandekommen einer Entscheidung in der Zukunft zu nehmen.[41] Begreift man Transparenz als Grundbedingung, um Vertrauen in informationstechnische Systeme aufzubauen und davon ausgehend eine informierte Entscheidung treffen zu können, so ist Transparenz die Grundlage für eine Nachvollziehbarkeit der Funktionsweise von algorithmischen Systemen durch seinen Nutzer.[42] Um diese Nachvollziehbarkeit auf Seiten der betroffenen Person zu erzeugen, werden die dazu notwendigen Informationen benötigt.[43] 34

Transparenz kann zu einer Selbstverpflichtung der datenschutzrechtlich Verantwortlichen führen. Machen sie nach außen transparent, welchen Grundsätzen die Verarbeitung personenbezogener Daten ihrer Systeme unterliegt, werden ihre Systeme dadurch mittelbar sowohl durch die rechtliche Verpflichtung gegenüber den betroffenen Personen als auch durch ihr Vertrauen an diese Grundsätze gebunden.[44] 35

Für betroffene Personen ist oftmals nicht nachvollziehbar und damit intransparent, durch welche Datenverarbeitungen deren Ergebnisse zustande kommen. Ohne die durch den Grundsatz der Transparenz geforderte **Nachvollziehbarkeit einer Verarbeitung personenbezogener Daten**, ist insbesondere die Verarbeitung personenbezogener Daten durch den Einsatz komplexer Verarbeitungssysteme für die betroffenen Personen nicht klar. Für die betroffenen Personen sind die Systeme und Funktionsweisen solcher Systeme mangels hinreichender Transparenz eine Blackbox[45]. 36

In der Praxis dürfte sich diese Intransparenz durch eine dezentrale Datenhaltung der Verantwortlichen überwinden lassen.[46] Indem Nutzer Informationen darüber erhalten, 37

---

40 *GDD/ZAW* Werbung und Kundendatenschutz nach der DS-GVO, S. 67.
41 Vgl. *Schwartmann/Hermann/Mühlenbeck* Transparenz bei Medienintermediären, S. 69 ff.
42 Vgl. *Martini* Kontrollsystem für algorithmische Entscheidungsprozesse, S. 12.
43 Vgl. *Schwartmann/Hermann/Mühlenbeck* Transparenz bei Medienintermediären, S. 71.
44 Vgl. *Schwartmann/Hermann/Mühlenbeck* Transparenz bei Medienintermediären, S. 20.
45 Vgl. dazu *Passig* Fünfzig Jahre Blackbox v. 23.11.2017, abrufbar unter https://www.merkur-zeitschrift.de/2017/11/23/fuenfzig-jahre-black-box/#en-6998-2, zuletzt abgerufen: 12.1.2020, unter Hinweis auf *Weizenbaum* Die Macht der Computer und die Ohnmacht der Vernunft. Frankfurt, 1977. Zur Kritik an der Blackbox-Analogie vgl. *Jaume-Palasi* KI und Algorithmen v. 23.1.2019, abrufbar unter https://www.telemedicus.info/article/3384-KI-und-Algorithmen.html, zuletzt abgerufen: 12.1.2020; siehe auch *Martini/Nink* Wenn Maschinen entscheiden…Persönlichkeitsschutz in vollautomatisierten Verwaltungsverfahren, NVwZ 2017, 681, 682.
46 Vgl. *Schwartmann/Hermann/Mühlenbeck* Transparenz bei Medienintermediären, S. 63.

welche Daten durch welchen Verantwortlichen verarbeitet und gespeichert werden, wird für Nutzer transparent, welchen Datenverarbeitungen sie unterliegen und welche Unternehmen zu welchen Zwecken ihre Daten erheben und verarbeiten.[47]

38 Dementsprechend beinhaltet der Grundsatz der Transparenz, dass eine für die Öffentlichkeit oder die betroffene Person bestimmte Information präzise, leicht zugänglich und verständlich sowie in klarer und einfacher Sprache abgefasst ist. Dies fordert Art. 12. Auch ErwG 39 präzisiert das Transparenzgebot. Danach sollte für natürliche Personen Transparenz im Hinblick auf den Umstand bestehen, dass sie betreffende personenbezogene Daten erhoben, verwendet, eingesehen oder anderweitig verarbeitet werden. Die Transparenz sollte sich unter anderem auch auf den Umfang der Datenverarbeitung, die Identität des Verantwortlichen, die Zwecke der Verarbeitung, die Rechte der betroffenen Person und die Risiken der Verarbeitung beziehen.

39 Besondere Bedeutung kommt dem Transparenzerfordernis in Situationen zu, wo die große Zahl der Beteiligten und die Komplexität der dazu benötigten Technik den Betroffenen nicht ohne Weiteres erkennen lassen, ob, von wem und zu welchem Zweck ihn betreffende personenbezogene Daten erfasst werden. Der Grundsatz transparenter Verarbeitung personenbezogener Daten wird von der DS-GVO somit als Gebot verstanden, dass die betroffene Person die Verarbeitung nachvollziehen können muss.[48] Eine Pflicht zu kleinteiligen Information über jedes Detail der Verarbeitung im Voraus folgt aus dem Transparenzgrundsatz nicht.[49]

40 Die inhaltlichen Anforderungen ergeben sich vor allem aus den **Informationspflichten** der Art. 12[50], 13[51] und 14[52]. Diese gehen über die Angaben zum Verantwortlichen, Zwecken der Verarbeitung Kategorie von Empfängern hinaus (so § 4 Abs. 3 BDSG a.F.), indem grundsätzlich auch eine umfangreiche Information, insbesondere über die Rechte der Betroffenen Person, zu erfolgen hat. Im Rahmen der Informationspflichten ist es nach Ansicht der Art.-29-Datenschutzgruppe sogar notwendig, dass die Transparenzinformationen gegenüber betroffenen Personen regelmäßig aufzufrischen sind. Dies sei auch dann notwendig, wenn sich inhaltlich keine Änderungen ergeben haben.[53] Dem ist entgegenzuhalten, dass betroffene Personen, die keinen Überblick mehr über die Transparenzinformationen haben, sich diesen im Rahmen des Auskunftsersuchens gem. Art. 15 verschaffen können. Sämtliche Betroffene ungefragt in regelmäßigen Abständen mit Informationen zu behelligen, führt lediglich zu „Transparency Fatigue".[54] Die Informationen würden dann bei tatsächlicher inhaltlicher Änderung gar nicht mehr zur Kenntnis genommen. Zudem erscheint es unbillig, Verantwortliche gem. Art. 83 für etwas haften zu lassen, das in den Art. 13 und 14 nicht vorgeschrieben ist.

---

47 Dazu https://verimi.de/de/leitlinien, zuletzt abgerufen: 12.1.2020; Ein weiterer Anbieter, der eine praxistaugliche Lösung bereithält, ist netID, vgl. dazu https://netid.de.
48 Auernhammer-*Kramer* Art. 5 Rn. 11.
49 So auch Auernhammer-*Kramer* Art. 5 Rn. 12.
50 Dazu Kommentierung zu Art. 12 DS-GVO.
51 Dazu Kommentierung zu Art. 13 DS-GVO.
52 Dazu Kommentierung zu Art. 14 DS-GVO.
53 *Art.-29-Datenschutzgruppe* WP 260 – Guidelines in transperancy under Regulation 2016/679, S. 16, Rn. 29.
54 Stellungnahme der GDD zum Working Paper 260 v. 23.1.2018, abrufbar unter: https://www.gdd.de/downloads/aktuelles/stellungnahmen/GDD_Comments_WP260.en_de.pdf.

Erweitert wurde auch das Auskunftsrecht der betroffenen Person (Art. 15). Weitere Konkretisierungen des Grundsatzes der Transparenz finden sich in der Verpflichtung zur Benachrichtigung des Betroffenen von Datenschutzverstößen (Art. 34) und der Veröffentlichung der Angaben zum betrieblichen oder behördlichen Datenschutzbeauftragten (Art. 37 Abs. 7). **41**

Wesentliches Ziel von Zertifizierungen der Datenschutzkonformität ist die Transparenz. Nach ErwG 100 sollen Zertifizierungsverfahren sowie Datenschutzsiegel und -prüfzeichen ermöglichen, den betroffenen Personen einen raschen Überblick über das Datenschutzniveau einschlägiger Produkte und Dienstleistungen zu ermöglichen. Das Zertifizierungsverfahren ist seinerseits in Art. 42 geregelt. Diese Transparenzpflichten werden auf Grundlage der Öffnungsklausel in Art. 23 konkretisiert bzw. eingeschränkt in den §§ 23–36 BDSG n.F. sowie bei der Videoüberwachung öffentlich zugänglicher Räume in § 4 Abs. 2 BDSG n.F. **42**

III. Zweckbindung, Abs. 1 lit. b (Purpose Limitation)

Ein wesentlicher Kern der DS-GVO ist auch der Grundsatz der Zweckbindung. Dieser ergibt sich schon aus Art. 8 Abs. 2 S. 1 der GRCh. Er soll verhindern, dass einmal erhobenen und gespeicherten Daten nicht für beliebige Zwecke weiterverarbeitet werden.[55] Damit begrenzt der Grundsatz der Zweckbindung die Verarbeitungsmöglichkeiten auf einen legitimen, gegenüber der Betroffenen Person informierten, Zweck. **43**

Die Verarbeitung muss für **„festgelegte"** Zwecke erfolgen. Damit muss die Zweckbestimmung schon zum Zeitpunkt der Datenerhebung festgelegt sein. Die Festlegung bedingt entsprechende Informationspflichten gem. Art. 13 und 14, wonach betroffene Personen über die festgelegten Zwecke zu informieren sind. **44**

Eine bestimmte Form ist für die Zweckfestlegung nicht vorgeschrieben. Es ist aber zu berücksichtigen, dass der Verantwortliche nach Art. 5 Abs. 2 die Einhaltung des Zweckbindungsgrundsatzes nachweisen können muss. Eine rein gedankliche Zweckfestlegung wird hierzu nicht ausreichen. Vielmehr muss die Festlegung in einer Weise dokumentiert werden, die es Dritten erlaubt, sie nachzuvollziehen. Geeignet ist hierfür jedenfalls die Dokumentation der Verarbeitungswecke in Schriftform.[56] Sofern andere Formen die notwendige Nachweisfunktion erfüllen, sind auch diese Formen praktikabel. **45**

Art. 5 Abs. 1 lit. b fordert die Verarbeitung für **„eindeutig" festgelegte Zwecke**. Damit wird eine hinreichende Bestimmtheit gefordert. Das schließt nicht aus, dass bei bestehenden ausreichenden Rechtsgrundlagen auch umfangreichere Bearbeitungen festgelegt werden können. Die Verwendung des Plurals „Zwecke" macht deutlich, dass auch bei der Datenerhebung mehrere illegale Zwecke zur Datenverarbeitung zulässig sind, z.B. Vertragserfüllung und personalisierte Werbung. Die **„Legitimität"** hinsichtlich der festgelegten Zwecke nimmt Bezug auf die Rechtmäßigkeit, die ihrerseits gem. Art. 5 Abs. 1 lit. a ein Grundsatz der DS-GVO ist. **46**

---

55 Kühling/Buchner-*Herbst* Art. 5 Rn. 22.
56 *Art.-29-Datenschutzgruppe* WP 203, S. 18.

47 Eine Zweckänderung und damit eine Durchbrechung des Zweckbindungsgrundsatzes stellt die **Weiterverarbeitung** dar. Diese ist unter bestimmten Voraussetzungen gem. Art. 6 Abs. 4 für eine Datenverarbeitung zu anderen, als dem bei der Datenerhebung festgelegten Zweck, zulässig.[57] Die zweckändernde Datenverarbeitung ist allerdings nur unter eingeschränkten Bedingungen zulässig.

48 Erforderlich ist eine Vereinbarkeit von ursprünglichen und neuen Zweck. Hierzu werden in Art. 6 Abs. 4 einschränkende Kriterien genannt. Falls diese Kriterien nicht erfüllt werden, die Weiterverarbeitung zu geänderten Zweck unvereinbar mit dem ursprünglichen Zweck ist, müssen die Daten erneut erhoben werden.[58] Ansonsten muss der Betroffene nach ErwG 50 in die Verarbeitung für den neuen Zweck einwilligen.

49 Unbestritten ist, dass für zweckändernde Weiterverarbeitung eine Rechtsgrundlage notwendig ist.[59] Nach ErwG 50 S. 2 ist im Fall der Kompatibilität der Verarbeitungszwecke keine andere gesonderte Rechtsgrundlage erforderlich, als diejenige, der Erhebung der personenbezogenen Daten. Die wörtliche Auslegung des ErwG 50 ist vor dem Hintergrund des Grundsatzes der Rechtmäßigkeit der Datenverarbeitung problematisch. Deshalb muss für eine zweckändernde Weiterverarbeitung sowohl dieselbe als auch eine eigenständige Rechtsgrundlage vorliegen.

50 Eine Weiterverarbeitung ist auch auf Grundlage einer Rechtsvorschrift der Union oder der Mitgliedstaaten zulässig. Die Regelungen der §§ 23 und 25 BDSG n.F. sehen eine zweckändernde Datenverarbeitung bzw. Datenübermittlung durch öffentliche Stellen vor; § 24 n.F. regelt die zweckändernde Datenverarbeitung durch nicht öffentliche Stellen.[60]

51 **Archivzwecke, Forschungszwecke und statistische Zwecke:** Eine Weiterverarbeitung für im öffentlichen Interesse liegende Archivzwecke, wissenschaftliche oder historische Forschungszwecke oder für statistische Zwecke gilt als nicht unvereinbar mit dem ursprünglichen Zweck, sofern die Voraussetzungen des Art. 89 Abs. 1 vorliegen. Dies bedeutet, dass nach Abs. 1 lit. e Hs. 2 TOM zu ergreifen sind, um die Weiterverarbeitung auf diese Zwecke zu begrenzen.

IV. Datenminimierung, Abs. 1 lit. c (Data Minimisation)

52 Gemäß Art. 5 Abs. 1 lit. c müssen personenbezogenen Daten dem Zweck angemessen und erheblich sowie auf das für die Zwecke der Verarbeitung notwendige Maß beschränkt sein. Zusammenfassend bezeichnet die DS-GVO diesen Grundsatz als „Datenminimierung". Nach der DS-GVO unzulässig ist damit die Verarbeitung personenbezogener Daten, die für den verfolgten Zweck inadäquat, unerheblich oder entbehrlich sind. Die englische Sprachfassung verwendet an dieser Stelle die Begriffe „adequate, relevant and limited" und beschreibt den Regelungsgehalt der Norm damit sehr genau.[61]

---

57 Dazu eingehend Kommentierung zu Art. 6 Abs. 4 DS-GVO Rn. 238.
58 Kühling/Buchner-*Herbst* Art. 5 Rn. 47.
59 Zum Streitstand Kühling/Buchner-*Herbst* Art. 5 Rn. 48 f.
60 Dazu Kommentierungen zu §§ 23, 24 und 25 BDSG.
61 Sydow-*Reimer* Art. 5 Rn. 29.

53 Der Grundsatz der Datenminimierung ergänzt den Grundsatz der Zweckbindung in Art. 5 Abs. 1 lit. b. Er stellt sicher, dass die Verarbeitung personenbezogener Daten durch den festgelegten Zweck begrenzt wird. Umgekehrt wird durch den Grundsatz der Zweckbindung der Orientierungspunkt für den Grundsatz der Datenminimierung festgelegt, in dem in Art. 5 Abs. 1 lit. b normative Aussagen zur Zweckfestlegung und Zweckänderung getroffen werden und damit sichergestellt wird, dass der Zweck bestimmt ist und nicht beliebig gewählt oder geändert werden darf.[62]

54 Art. 5 Abs. 1 lit. c fordert, dass personenbezogener Daten nur dann verarbeitet werden dürfen, wenn keine alternative Methode zur Verfügung steht, um den angestrebten Zweck zu erreichen. Damit entspricht diese Regelung dem § 3a BDSG a. F., der die Grundsätze der Datenvermeidung und Datensparsamkeit beinhaltet.[63] Der Grundsatz der Datenminimierung verbietet damit auch eine Erhebung personenbezogener Daten, die für den im Zeitpunkt der Erhebung festgelegten Zweck nicht erforderlich sind, um diese zusätzlichen Daten für mögliche zukünftige Zwecke zu speichern.[64] Teilweise wird gefordert, einen expliziten Grundsatz der Datenvermeidung in der DS-GVO zu normieren, um Verstöße gegen dieses Prinzip mit Sanktionen belegen zu können.[65] Dabei wird jedoch verkannt, dass der Grundsatz der Datenminimierung bereits den Grundsatz der Datenvermeidung beinhaltet. Dies ergibt sich insbesondere aus der englischen Sprachfassung, die an dieser Stelle die Begriffe „adequate, relevant and limited" verwendet. „Adequate, relevant and limited" kann eine Datenverarbeitung nur dann sein, wenn keine datenärmere Verarbeitung möglich ist, die den Zweck der Verarbeitung erfüllt.

55 Wesentliche Ausprägung des Grundsatzes der Datenminimierung ist die Forderung nach Pseudonymisierung oder Anonymisierung. Sind Daten anonymisiert, sind sie nicht mehr personenbezogen und somit nicht dem Grundsatz der Datenminimierung unterworfen.[66] Soweit der Verarbeitungszweck auch durch pseudonymisierte oder anonymisierte Daten erreicht werden kann, verstößt die Verarbeitung nicht-pseudonymisierter oder nicht-anonymisierter Daten gegen den Grundsatz der Datenminimierung. Eine solche Verarbeitung wäre nicht auf das notwendige Maß beschränkt.

56 Beispiel einer datenminimierenden Verarbeitung ist der Einsatz synthetischer, erforderlichenfalls pseudonymisierter Daten für Testzwecke bei der Migration auf neue Datenverarbeitungssysteme. Auch der Einsatz aggregierter Daten kann unter dem Aspekt der Datenminimierung zur Zweckerreichung ausreichend sein.[67] Ein weiteres Beispiel ist die Bereitstellung der Daten nur zum Lesen auf den Bildschirm ohne Möglichkeit des Ausdrucks.[68]

57 In der Praxis wird man die Frage stellen müssen, ob eine datenschonende Anwendung von **Edge-Computing-Lösungen** anstelle von cloudbasierten Anwendungen möglich

---

62 Kühling/Buchner-*Herbst* Art. 5 Rn. 56.
63 Gola-*Pötters* Art. 5 Rn. 21; Kühling/Buchner-*Herbst* Art. 5 Rn. 55.
64 Ehmann/Selmayr-*Heberlein* Art. 5 Rn. 22.
65 So etwa *Roßnagel* Evaluation der Datenschutz-Grundverordnung aus Verbrauchersicht, S. 26, abrufbar unter: https://www.heise.de/downloads/18/2/8/0/2/5/0/7/vzbv.pdf, zuletzt abgerufen: 4.1.2020.
66 Kühling/Buchner-*Herbst* Art. 5 Rn. 58.
67 Kühling/Buchner-*Herbst* Art. 5 Rn. 57.
68 Gola-*Pötters* Art. 5 Rn. 22.

Art. 5 Grundsätze für die Verarbeitung

ist. Bei dieser Lösung werden Anwendungen von den zentralen Knoten im Netz – zumindest soweit das möglich ist – an dessen Ränder verlagert. Die Daten werden bspw. im Endgerät oder in einer vernetzten Fertigungsanlage verarbeitet. Die verwendeten Datenverarbeitungspunkte müssen nicht dauerhaft mit dem Netz verbunden sein. Insbesondere für das Internet der Dinge bieten sich Systemarchitekturen auf dieser dezentralen Basis an.[69]

58 Der Grundsatz der Datenminimierung gem. Art. 5 Abs. 1 lit. c wird an verschiedenen Stellen der DS-GVO aufgegriffen und damit konkretisiert. So bildet etwa Art. 25 die technische Flanke des Grundsatzes der Datenminimierung mit der Forderung nach einem Datenschutz durch Technikgestaltung und durch datenschutzfreundliche Voreinstellung. Auch Art. 25 nennt als Beispiel die **Pseudonymisierung**[70] als eine geeignete technische Maßnahme zur Umsetzung des Grundsatzes der Datenminimierung.[71] Art. 89 Abs. 1 S. 2, der Garantien und Ausnahmen in Bezug auf die Verarbeitung und im öffentlichen Interesse liegenden Archivzwecken, zu wissenschaftlichen oder historischen Forschungszwecken und zu statistischen Zwecken regelt, nimmt explizit auf den Grundsatz der Datenminimierung Bezug.[72]

V. Richtigkeit, Abs. 1 lit. d (Accuracy)

59 Gemäß Art. 5 Abs. 1 lit. d müssen personenbezogene Daten sachlich richtig und erforderlichenfalls auf dem neuesten Stand sein. Es sind alle angemessenen Maßnahmen zu treffen, damit personenbezogene Daten, die im Hinblick auf die Zwecke ihrer Verarbeitung unrichtig sind, unverzüglich gelöscht oder berichtigt werden. Der Richtigkeit der Daten kommt ein hoher Stellenwert zu.[73] Bereits das BVerfG hat im Volkszählungsurteil vor Persönlichkeitsbildern gewarnt, deren Richtigkeit die betroffene Person nur unzureichend kontrollieren kann.[74]

60 Unter dem Grundsatz der Richtigkeit sind drei Pflichten nach Art. 5 Abs. 1 lit. d zu fassen, nämlich das Verbot der unrichtigen Erhebung oder Speicherung von Daten (Hs. 1 Var. 1), das Gebot der Aktualisierung unrichtig gewordener Daten (Hs. 1 Var. 2) und das Gebot der Löschung oder Berichtigung unrichtig gespeicherter Daten (Hs. 2).[75]

61 Personenbezogene Daten müssen **sachlich richtig** sein. Sachlich richtig bedeutet, dass über die betroffene Person gespeicherte Daten mit der Realität übereinstimmen müssen.[76] Demgemäß unterliegt die Verpflichtung zur Richtigkeit nur Tatsachenangaben, nicht aber Werturteilen. Werturteile sind auf ihre Richtigkeit hin nicht überprüfbar, da sie subjektiver Natur sind. Im Unterschied dazu sind Tatsachenangaben dem Beweis zugänglich und damit überprüfbar.

---

69 Dazu Gutachten der *DEK* der Bundesregierung v. Oktober 2019, S. 63 f. abrufbar unter https://www.bmjv.de/SharedDocs/Downloads/DE/Themen/Fokusthemen/Gutachten_DEK_DE.pdf?__blob=publicationFile&v=3, zuletzt abgerufen: 13.1.2020.
70 Vgl. Kommentierung zu Art. 4 Nr. 5 DS-GVO Rn. 79.
71 Vgl. Kommentierung zu Art. 25 DS-GVO Rn. 20.
72 Vgl. Kommentierung zu Art. 89 Abs. 1 DS-GVO Rn. 15.
73 So auch BeckOK DatenSR-*Schantz* DS-GVO, Art. 5 Rn. 27.
74 BVerfGE 65, 1, 42, NJW 1984, 417, 421.
75 Sydow-*Reimert* Art. 5 Rn. 34.
76 Kühling/Buchner-*Herbst* Art. 5 Rn. 60.

Das **Gebot der Aktualisierung unrichtig gewordener Daten** beinhaltet nach Art. 5 **62**
Abs. 1 lit. d Hs. 1 Var. 2 Aktualisierungspflichten vor allem in den Fällen, in denen
Daten aus berechtigten Gründen zulässig längere Zeit aufbewahrt werden. In
Betracht kommen hier neben Behörden namentlich Unternehmen, die – wie Auskunfteien, Detekteien oder Unternehmen bei Dauerschuldverhältnissen – personenbezogene Daten längerfristig aufbewahren.[77] Im Rahmen des Profilings konkretisiert
ErwG 71 das Aktualisierungsgebot. Danach hat der Verantwortliche die Aufgabe
technische und organisatorische Maßnahmen zu treffen, mit denen in geeigneter
Weise sichergestellt wird, dass Faktoren, die zu unrichtigen personenbezogenen Daten
führen, korrigiert werden und das Risiko von Fehlern minimiert wird.

Der Grundsatz der Richtigkeit wird jedoch relativiert durch den Zusatz „erforderli- **63**
chenfalls" in Art. 5 Abs. 1 lit. d Hs. 1 Var. 2. Damit müssen die personenbezogenen
Daten nicht in jedem Fall auf dem neuesten Stand sein. Werden bspw. Gesundheitsdaten einer betroffenen Person bei einer bestimmten Untersuchung gewonnen, kann
sich deren Richtigkeit logischerweise nur auf den Zeitpunkt der Untersuchung beziehen. Eine Berichtigung ist ebenfalls nicht erforderlich, wenn das betreffende Datum
zu Zwecken der Beweissicherung auf Grundlage der Interessenabwägung gem. Art. 6
Abs. 1 lit. f notwendig ist.

Das Kriterium der Richtigkeit muss sich dabei an den Verarbeitungszwecken orientie- **64**
ren. Die Richtigkeit muss im Hinblick auf die Zwecke der Verarbeitung gegeben sein.
Eine Berichtigung ist nicht erforderlich, wenn das Datum mit Blick auf die Verarbeitungszwecke in seiner konkreten Ausgestaltung im Detail nicht relevant ist. Falls richtige Daten unter dem Grundsatz der Datenminimierung nicht notwendig sind, besteht
insoweit ebenfalls keine Verpflichtung zur Gewährleistung der Richtigkeit.

Der Grundsatz der Richtigkeit korrespondiert mit den Rechten der betroffenen Per- **65**
son auf Berichtigung (Art. 16), Löschung (Art. 17) und Einschränkung der Verarbeitung (Art. 18). Diese sind als Betroffenenrechte ausgestaltet.

Seine eigenständige Bedeutung erfährt der Grundsatz der Richtigkeit dadurch, dass es **66**
auch eine Pflicht des Verantwortlichen ist, eigenständig bei Vorliegen der Voraussetzungen der Betroffenenrecht der Art. 16–18 aktiv die Datenverarbeitung anzupassen.[78] Das Betroffenenrecht muss dazu nicht erst ausgeübt werden.

VI. Speicherbegrenzung, Abs. 1 lit. e (Storage Limitation)

Der Grundsatz der Speicherbegrenzung fordert eine zeitliche Begrenzung der Verar- **67**
beitung personenbezogener Daten. Eine Identifizierung der Betroffenen Person darf
nur so lange möglich sein, wie es die Verarbeitungszwecke erfordern. Der Grundsatz
der Speicherbegrenzung konkretisiert damit den Grundsatz der Zweckbindung in zeitlicher Hinsicht. Die Speicherung personenbezogener Daten muss beendet werden,
sobald sie für die Zwecke der Verarbeitung nicht mehr erforderlich ist. Entgegen dem
Wortlaut ist nicht die Größe des Speichermediums, sondern die **Speicherdauerbegrenzung** gemeint.

---

77 Auernhammer-*Kramer* Art. 5 Rn. 22.
78 Gola-*Pötters* Art. 5 Rn. 24.

68 Ähnlich formuliert fand sich der Grundsatz der Speicherbegrenzung bereits in Art. 6 Abs. 1 lit. e DSRL. In der Rechtssache Google Spain schöpfte der EuGH aus der Datenminimierung und der Speicherbegrenzung das Recht auf Vergessenwerden.[79] Danach können Betroffene die Löschung rechtmäßig veröffentlichter Daten verlangen, wenn deren Verarbeitung nicht mehr für die Zwecke erforderlich ist, für die sie ursprünglich verarbeitet wurden.[80] Dieser Löschungsanspruch findet sich nun ausdrücklich in Art. 17.[81]

69 Die Rechtsfolge eines Wegfalls der Zweckbestimmung in zeitlicher Hinsicht ist nach dem Grundsatz der Speicherbegrenzung die Aufhebung des Bezugs der Daten zur betroffenen Person. Dies kann in der Weise geschehen, dass die Datensätze gelöscht werden. Bei Pseudonymen kann der Personenbezug auch durch Auflösung der Referenzliste erreicht werden. Im Ergebnis müssen die Daten derart geändert werden, dass die Identifizierung der betroffenen Person nicht mehr möglich ist. Dies ist dann der Fall, wenn die Daten keiner identifizierten oder identifizierbaren Person mehr zugeordnet werden können.

70 Der Verantwortliche muss also in Datensätzen gegebenenfalls den Namen und weitere personenbezogene Daten, die eine Identifizierbarkeit ermöglichen, löschen, wenn sich die Zwecke erledigt haben.[82] Wenn bspw. die Durchführung eines Kaufvertrags mit den zugehörigen Daten beim Verantwortlichen abgebildet ist, müssen diese Kaufvertragsdaten nach dem Grundsatz der Speicherbegrenzung für den Primärzweck der Kaufvertragsdurchführung bis zum Auslaufen von Gewährleistungsansprüchen vorgehalten werden. Danach sind diese Daten nur noch für mitgliedstaatliche gesetzliche Nebenzwecke, wie handels- und steuerrechtliche Zwecke, vorzuhalten.[83]

71 ErwG 39 S. 10 fordert, dass vom Verantwortlichen Fristen für die Löschung oder der regelmäßigen Überprüfung der personenbezogenen Daten vorgesehen sind. Die vorgesehenen Löschfristen sind auch Bestandteil des VVT gem. Art. 30 Abs. 1 lit f. In zahlreichen einzelnen Vorgaben der DS-GVO wird der Grundsatz der Speicherbegrenzung ebenfalls konkretisiert. Beispielsweise verpflichtet Art. 13 Abs. 2 lit. a bzw. Art. 14 Abs. 2 lit. a den Verantwortlichen dazu, über die Dauer, für die die personenbezogenen Daten gespeichert werden oder, falls dies nicht möglich ist, über die Kriterien für die Festlegung dieser Dauer zu informieren. Art. 15 Abs. 1 lit. d räumt dem Betroffenen ein entsprechendes Auskunftsrecht ein. Von Bedeutung zur Absicherung des Grundsatzes der Speicherbegrenzung sind das Recht auf Löschung gem. Art. 17 Abs. 1 lit. a und das Recht auf Einschränkung der Verarbeitung gem. Art. 18 Abs. 1.

72 Eine Ausnahme vom Grundsatz der Speicherbegrenzung für Weiterverarbeitung für im öffentlichen Interesse liegende Archivzwecke, für wissenschaftliche oder historische Forschungszwecke und für statistische Zwecke gem. Art. 89 Abs. 1 regelt Art. 5 Abs. 1 lit. e Hs. 2. Sie ist eine Durchbrechung des Zweckbindungsgrundsatzes des Art. 5 Abs. 1 lit. b. Die Forderung nach geeigneten Garantien in der Ausnahme vom

---

79 *EuGH* v. 13.5.2014 – C-131/12, ECLI:EU:C:2014:317, Google Spain, Rn. 89 ff.
80 *Albrecht/Jotzo* Das neue Datenschutzrecht der EU, Teil 2 Rn. 7.
81 Vgl. Kommentierung zu Art. 17 DS-GVO Rn. 35; Zur Erfüllung der Löschpflichten durch Software siehe *Keppeler* Das „Radierverbot" als „Rettung" vor den umfangreichen DS-GVO-Löschpflichten, RDV 2/2018.
82 Paal/Pauly-*Frenzel* Art. 5 Rn. 44.
83 Auernhammer-*Kramer* Art. 5 Rn. 28.

Speicherbegrenzgrundsatz ist insofern redundant, als nach Art. 89 die gleiche Verpflichtung besteht.[84]

Die **Privilegierung der Verarbeitung zu öffentlichen Archivzwecken** hat auch Auswirkungen auf die Anwendung anderer Normen, wie bspw. § 6 BArchG. Dieser regelt die Anbietung und Abgabe von Unterlagen durch öffentliche Stellen des Bundes an öffentliche Bundes- oder Landesarchive, die einer Geheimhaltungs-, Vernichtungs- oder Löschpflicht unterliegen. Nach § 6 Abs. 2 BArchG sind Unterlagen von der Anbietungspflicht ausgenommen, die nach gesetzlichen Vorschriften vernichtet oder gelöscht werden müssen und die nach diesen gesetzlichen Vorschriften nicht ersatzweise den zuständigen öffentlichen Archiven angeboten werden dürfen. Grundsätzlich wären davon auch Unterlagen betroffen, die personenbezogene Daten beinhalten. Diesen Umstand hat der Normgeber der DS-GVO erkannt und durch die Regelungen der Weiterverarbeitung für im öffentlichen Interesse liegende Archivzwecke privilegiert. Durch die Privilegierung der Verarbeitung zu öffentlichen Archivzwecken sind diese Verarbeitungen vom Grundsatz der Speicherbegrenzung weitgehend befreit und die Daten gerade nicht zu löschen oder zu vernichten. Daneben ist die Verarbeitung personenbezogener Daten zu öffentlichen Archivzwecken eine in Art. 5 Abs. 1 lit. b ausdrücklich privilegierte Zweckänderung, auf die der Grundsatz der Zweckbindung nur begrenzte Anwendung findet. Unterlagen, die personenbezogene Daten enthalten, unterliegen somit keiner gesetzlichen Vernichtungs- oder Löschpflicht, soweit sie zu öffentlichen Archivzwecken verarbeitet werden. Sie sind nicht gem. § 6 Abs. 2 BArchG von der Anbietungspflicht des § 6 Abs. 1 BArchG ausgenommen. 73

VII. Integrität und Vertraulichkeit, Abs. 1 lit. f (Integrity and Confidentialy)

Der Grundsatz der Integrität und Vertraulichkeit ist die technisch organisatorische Ausprägung des Datenschutzrechts. Danach müssen personenbezogenen Daten in einer Weise verarbeitet werden, die eine angemessene Sicherheit der personenbezogenen Daten gewährleistet. Bereits Art. 17 Abs. 1 DSRL und § 9 BDSG a.F. verpflichtete Verantwortliche und Auftragsverarbeiter dazu, angemessene technische und organisatorische Maßnahme vorzunehmen, die den Betroffenen vor unrechtmäßigen Verarbeitung seiner Daten schützen. Diese Vorgaben zum Systemdatenschutz übernimmt Art. 5 Abs. 1 lit. f und erklärt sie zu einem allgemeinen Grundsatz jeder Datenverarbeitung, um deren Bedeutung zu stärken.[85] 74

Zum einen sollen Integrität und Vertraulichkeit den Schutz vor unbefugter oder unrechtmäßiger Verarbeitung gewährleisten. Eine unrechtmäßige Verarbeitung liegt vor, wenn hierfür keine Rechtsgrundlage vorliegt. Eine unbefugte Verarbeitung ist gegeben, wenn ein Dritter im Sinne von Art. 4 Nr. 10 ohne Befugnis eine Datenverarbeitung vornimmt. Deshalb ist durch technisch organisatorische Maßnahmen der unbefugte Zugang zu personenbezogenen Daten zu verhindern.[86] 75

Daneben soll ein unbeabsichtigter Verlust, eine unbeabsichtigte Zerstörung oder eine unbeabsichtigte Schädigung verhindert werden. Ein unbeabsichtigter Verlust, eine unbeabsichtigte Zerstörung oder unbeabsichtigte Schädigung von Daten liegt vor, 76

---

84 Kühling/Buchner-*Herbst* Art. 5 Rn. 70.
85 Albrecht/Jotzo Das neue Datenschutzrecht der EU, Teil 2 Rn. 14.
86 Kühling/Buchner-*Herbst* Art. 5 Rn. 74.

wenn in der Sphäre des Verantwortlichen durch mit der Datenverarbeitung betrauten Personen Daten verlustig gehen, zerstört oder beschädigt werden. Das ist insbesondere dann der Fall, wenn Daten abhanden kommen oder derart geändert werden, dass sie nicht mehr oder nur noch eingeschränkt für den vorgesehenen Zweck verarbeitet werden können.

77 Welche Maßnahmen zum Schutz der Daten ergriffen werden müssen, hängt insbesondere von dem Risiko eines unberechtigten Zugriffs, der Art der Verarbeitung[87] sowie der Bedeutung der Daten für die Rechte und Interessen der betroffenen Personen ab.[88] So werden bspw. persönliche Finanz- oder Gesundheitsdaten eines höheren Schutzes bedürfen, als der Name oder das Alter einer Person. Nach ErwG 39 gehört zu den Schutzmaßnahmen zumindest, dass personenbezogene Daten so verarbeitet werden, dass ihre Sicherheit und Vertraulichkeit hinreichend gewährleistet ist, wozu auch gehört, dass Unbefugte keinen Zugang zu den Daten haben und weder die Daten noch die Geräte, mit denen diese verarbeitet werden, benutzen können.

78 Vergleichbare Anforderungen wie Art. 5 Abs. 1 lit. f stellte auch § 9 BDSG a.F. auf. Die Anlage zu § 9 BDSG a.F. listet technische und organisatorische Maßnahmen auf, die auch zur Erfüllung der Anforderungen des Art. 5 Abs. 1 lit. f eingesetzt werden können.[89] Zu beachten ist aber, dass diese Auflistung schon in Bezug auf § 9 BDSG a.F. nicht abschließend war. Sie erschöpft somit nicht die nach Art. 5 Abs. 1 lit. f möglichen und erforderlichen Maßnahmen.

79 Der Grundsatz der Vertraulichkeit und Integrität wird durch die in den Art. 25 und 32 geforderten technischen und organisatorischen Maßnahmen konkretisiert. Der Grundsatz der Vertraulichkeit und Integrität korrespondiert zudem mit den in Art. 33 und 34 geregelten Meldepflichten bei der Verletzung des Schutzes personenbezogener Daten.[90] Art. 28 Abs. 3 S. 2 lit. b nimmt auf die organisatorische Verpflichtung Bezug, indem er Auftragsverarbeiter verpflichtet, die mit der Datenverarbeitung betrauten Personen auf die Vertraulichkeit zu verpflichten.

VIII. Rechenschaftspflicht, Abs. 2 (Accountability)

80 Die Rechenschaftspflicht des Art. 5 Abs. 2 ist eines der gewichtigsten und umfänglichsten Gebote der DS-GVO.[91] Die Rechenschaftspflicht des Verantwortlichen nach Art. 5 Abs. 2 hat zwei Bestandteile: Die Einhaltung der Grundsätze des Art. 5 Abs. 1 wird ihm als Pflicht auferlegt, und er muss nachweisen können, dass er diese Pflicht befolgt.[92] Art. 5 Abs. 2 enthält damit die beiden wesentlichen Aspekte des Konzepts der „Accountability".[93] Über den Grundsatz der Rechenschaftspflicht bekommt Art. 5 eine hohe eigenständige Bedeutung mit erheblicher Praxisrelevanz.

81 Der Grundsatz der Rechenschaftspflicht war als Verpflichtung, die Einhaltung der Grundsätze des Art. 6 Abs. 1 DSRL sicherzustellen, bereits in Art. 6 Abs. 2 DSRL ent-

---

87 Vgl. *EuGH* NJW 2014, 2169 Rn. 54 f.
88 BeckOK DatenSR-*Schantz* Art. 5 Rn. 35.
89 Kühling/Buchner-*Herbst* Art. 5 Rn. 76.
90 Gola-*Pötters* Art. 5 Rn. 29.
91 Vgl. auch Auernhammer-*Kramer* Art. 5 Rn. 33, der die Rechenschaftspflicht als eines der schillerndsten Gebote der DS-GVO bezeichnet.
92 Kühling/Buchner-*Herbst* Art. 5 Rn. 77.
93 BeckOK DatenSR-*Schantz* Art. 5 Rn. 37.

halten. Die Verpflichtung des Verantwortlichen, die Einhaltung der Grundsätze nun auch nachweisen zu müssen, ist dagegen ein Novum im Rahmen der DS-GVO. Mit dem Grundsatz der Rechenschaftspflicht nimmt der Gesetzgeber die Verantwortlichen stärker in die Pflicht. Statt einer bürokratischen Vorabkontrolle möchte er stärker auf die Eigenverantwortung der Verantwortlichen setzen und diese als sanktionsbewehrten Grundsatz zum Fundament des neuen Datenschutzrechts machen.[94]

Adressat des Art. 5 Abs. 2 ist nach dem Wortlaut der Regelung lediglich der Verantwortliche (Art. 4 Nr. 7). Dabei können innerhalb eines Unternehmensverbunds auch mehre als gemeinsam Verantwortliche kooperieren (Art. 26). Der Auftragsverarbeiter (Art. 4 Nr. 8) wird von dieser Pflicht nicht erfasst.[95] Die Gesamtverantwortung und Nachweispflicht des Verantwortlichen umfasst auch die Verarbeitung durch den Auftragsverarbeiter, der die Verarbeitung in seinem Auftrag durchführt.[96] Von der Verantwortung, die von Art. 5 Abs. 2 ausgeht, kann sich der Verantwortliche durch einen Auftragsverarbeiter nicht befreien. Gänzlich ohne Pflichten bleibt der Auftragsverarbeiter nicht. Vielmehr werden die Pflichten an anderen Stellen der DS-GVO normiert und den Pflichten des Verantwortlichen angepasst. Beispielsweise sind hier die Dokumentationspflichten nach Art. 30 Abs. 2 oder der Schadensersatz des Betroffenen nach Art. 82 zu nennen. **82**

Art. 5 Abs. 2 benennt keine zeitliche Grenze für das „Nachweisenkönnen", so dass die Dokumentationen zunächst dauerhaft aufbewahrt werden müssen. Denkbar wäre die Verkürzung dieses zeitlichen Rahmens, wenn man die Vorschrift dahin verstünde, dass der Nachweis nur gegenüber der Verjährung unterliegenden Ansprüchen Dritter erbracht werden können muss.[97] **83**

Ziel der Regelung ist es, die Unternehmen und sonstigen Verantwortlichen stärker in die Pflicht zu nehmen.[98] Adressat der Rechenschaftspflicht ist ausweislich des Wortlautes des Art. 5 Abs. 2 der Verantwortliche.[99] Der Verantwortliche muss insofern nicht nur seine Pflichten erfüllen, sondern auch nachweisen können, dass in seinem Verantwortungsbereich diese Pflichten erfüllt werden. Inwieweit die in Art. 5 Abs. 2 geregelte Pflicht jedoch über die an sich selbstverständliche Pflicht hinausreicht, eine Verarbeitung personenbezogener Daten nur im Einklang mit der DS-GVO vorzunehmen, wird aus der Norm nicht deutlich.[100] Auch wird nicht deutlich, welche Nachweispflichten den Verantwortlichen treffen, die über die Darlegungs- und Nachweispflichten der sonstigen Vorschriften der DS-GVO hinausgehen.[101] **84**

Unter diesen Voraussetzungen ist fraglich, ob die Rechenschaftspflicht des Art. 5 Abs. 2 eng oder weit zu verstehen ist. So wird vertreten, dass eine enge Auslegung der Rechenschaftspflicht im Einklang mit der DS-GVO steht. Eine weitreichende Auslegung der Vorschrift sei indessen aus mehreren Gründen, wie dem Willen des Gesetz- **85**

---

94 *Albrecht/Jotzo* Das neue Datenschutzrecht der EU, Teil 2 Rn. 18.
95 Gierschmann-*Buchholtz/Stentzel* Art. 5 Rn. 4.
96 Ehman/Selmayr-*Heberlein* Art. 5 Rn. 30.
97 In diese Richtung *Traung* Cri 2012, 33, 41.
98 Plath-*Plath* Art. 5 Rn. 22.
99 Vgl. zum Begriff des Verantwortlichen Kommentierung zu Art. 4 Nr. 7 Rn. 121.
100 Plath-*Plath* Art. 5 Rn. 22; Ähnlich auch *Gierschmann* ZD 2016, 51, 52.
101 Auernhammer-*Kramer* Art. 5 Rn. 35.

gebers, der Systematik und dem Wortlaut, bedenklich.[102] Demgegenüber steht die weite Auslegung der Rechenschaftspflicht. Diese hat eine umfassende Organisationspflicht des Verantwortlichen zur Folge, die bereits vor der eigentlichen Datenverarbeitung Wirkung entfaltet und daher auch mit Beginn der ersten Verarbeitung sanktioniert werden kann Martini für enge Auslegung der Pflichte.

86 Bereits aus Gründen der Rechtssicherheit ist es für den Verantwortlichen sinnvoll von einem weiten Verständnis der Rechenschaftspflicht auszugehen. Sicherlich ist es verlockend, von einem engen Begriffsverständnis der Rechenschaftspflicht auszugehen, da damit für den Verantwortlichen ein geringerer Dokumentationsaufwand zu leisten ist. Der Verantwortliche kann sich einen Rückzug auf rechtstheoretische Überlegungen zur Begrenzung seiner Rechenschaftspflicht nach Art. 5 Abs. 2 jedoch nicht leisten. Ein Verstoß gegen die Pflichten des Art. 5 Abs. 2 ist bußgeldbewährt. Solange keine höchstrichterliche Rechtsprechung in diesem Bereich erfolgt ist, muss der Verantwortliche die Rechenschaftspflichten erfüllen, die sich aus einem weiten Begriffsverständnis ergeben. Dazu ist auch der Zweck der Rechenschaftspflichten zu beachten. Bei der Rechenschaftspflicht der DS-GVO geht es um die Umsetzung der Grundsätze des Datenschutzes.[103] Es sind interne Maßnahmen und Verfahren zur effektiven Umsetzung bestehender Datenschutzgrundsätze festzulegen, ihre Wirksamkeit sicherzustellen und eine Pflicht zum Nachweis einzuführen.[104] Betroffene und Aufsichtsbehörden sollen einfacher prüfen können, ob die personenbezogenen Daten rechtmäßig verarbeitet werden.[105] Es geht also um eine Verbesserung der Beweislage und damit um eine Reaktion auf bisherige Lücken bei der hinreichenden Dokumentation von Verarbeitungsvorgängen.[106] Eine enge Auslegung der Rechenschaftspflichten des Art. 5 Abs. 2 würde diese Ziele konterkarieren.[107] Zumindest muss der Verantwortliche die Informationen vorhalten, die sich aus direkten **Dokumentationspflichten**, also die Pflichten, die der Normtext der DS-GVO enthält, vorhalten. Diese direkten Dokumentationspflichten finden sich in Art. 7 Abs. 1, Art. 24 Abs. 1, Art. 28 Abs. 3 lit. a und h, Art. 30 Abs. 1, Art. 33 Abs. 5, Art. 35 Abs. 7 und Art. 36 Abs. 3.

87 Inhaltlich ist der Grundsatz der Rechenschaftspflicht deutlich in Art. 24 Abs. 1 abgebildet. Danach muss der Verantwortliche die TOM ergreifen, um sicherzustellen und den Nachweis zu erbringen, dass die Verarbeitung im Einklang mit der DS-GVO erfolgt. Der Verantwortliche haftet also nicht nur für den Erfolg der Einhaltung der datenschutzrechtlichen Vorgaben. Er muss bereits im Vorfeld interne Compliance-Maßnahmen ergreifen, um Verstöße gegen die DS-GVO zu vermeiden.[108] Im Zentrum der Pflichten des Verantwortlichen steht die Dokumentation folgender Sachverhalte[109]:
– Die einzelnen Verarbeitungen: Art. 30, mit erweiterten Dokumentationspflichten nach Art. 30 Abs. 1 S. 2 und Abs. 2, Abs. 3,

---

102 Für eine enge Auslegung Gierschmann-*Buchholtz/Stentzel* Art. 5 Rn. 42 ff.; *Veil* Accountability – wie weit reicht die Rechenschaftspflicht der DS-GVO? ZD 2018, 9 ff.
103 *Art.-29-Datenschutzgruppe* WP 172 zum Grundsatz der Rechenschaftspflicht, S. 8, Ziff. 22.
104 *Art.-29-Datenschutzgruppe* WP 172 zum Grundsatz der Rechenschaftspflicht, S. 6, Ziff. 12.
105 *Albrecht/Jotzo* Das neue Datenschutzrecht der EU, S. 56, Rn. 19.
106 *Albrecht/Jotzo* Das neue Datenschutzrecht der EU, S. 56, Rn. 19.
107 Zur Frage der zivilprozessualen Verteilung der Beweislast siehe *Wybitul/Celik* ZD 2019, 529.
108 BeckOK DatenSR-*Schantz* Art. 5 Rn. 38.
109 Angelehnt an Auernhammer-*Kramer* Art. 5 Rn. 35.

- Erfüllung der Informationspflicht: Art. 12–14,
- Folgenabschätzung: Art. 35, mit erweiterten Dokumentationspflichten nach Art. 35 Abs. 7,
- Maßnahmen der Datensicherheit: Art. 32,
- Datenschutzverletzungen: Art. 33 mit erweiterten Dokumentationspflichten nach Art. 33 Abs. 5,
- Rechtfertigung der Einwilligung: Art. 7 Abs. 1.

Art. 5 Abs. 2 schreibt nicht vor, in welcher **Form** der Nachweis der Einhaltung des Art. 5 Abs. 1 erfolgen muss. Die DS-GVO konkretisiert aber in verschiedenen Regelungen solche Nachweispflichten. Diese sind zwar nicht immer zwingend anzuwenden, dienen aber als guter Anhaltspunkt für vergleichbare Sachverhalte. Eine mögliche Form des Nachweises ist das Verzeichnis der Verarbeitungstätigkeiten nach Art. 30. Zur Führung eines solchen Verzeichnisses sind aber Unternehmen oder Einrichtungen, die weniger als 250 Mitarbeiter beschäftigen gem. Art. 30 Abs. 5 grundsätzlich nicht verpflichtet. Zum Nachweis bietet es sich aber an. Erfolgt der Datenschutz durch Technikgestaltung oder durch datenschutzfreundlich Voreinstellungen[110], kann dies ebenfalls dem Nachweis der Einhaltung der Grundsätze der Verordnung dienen.[111] 88

Im Ergebnis führt der Grundsatz der Rechenschaftspflicht zu erheblichen zusätzlichen Dokumentations- und Nachweispflichten in der Praxis. Unternehmen müssen nicht nur sicherstellen, die einzelnen Anforderungen der DS-GVO zu erfüllen, sondern dies jeweils auch nachweisen können. Bei der Planung von Prozessen und Strukturen zum Erfüllen der Anforderungen der Verordnung sollte die entsprechende Dokumentation gleich mit geplant werde.[112] Es empfiehlt sich daher, frühzeitig mit der IT-Abteilung, der Software- und Systementwicklung sowie den Fachbereichen die Dokumentationsanforderungen und -möglichkeiten zu erörtern. Der Umfang der Rechenschaftspflicht lässt es erforderlich erscheinen, ein Datenschutz-Management-System zu implementieren.[113] 89

IX. Sanktionen

Ein Verstoß gegen die Grundsätze des Art. 5 ist gem. Art. 83 Abs. 5 lit. a mit dem höheren Bußgeld in Höhe von bis zu 20 Mio. EUR oder 4 % des weltweiten Jahresumsatzes bedroht. Hierzu zählt auch ein Verstoß gegen die Rechenschaftspflichten gem. Art. 5 Abs. 2.[114] 90

Da die Grundsätze in Art. 5 Abs. 1 in der DS-GVO konkretisiert werden, kommt der Bußgeldbewährung über die Öffnungsklauseln zur Rechtmäßigkeit eine eigenständige Bedeutung zu. Ein Verstoß gegen die Zulässigkeittatbestände des BDSG n.F. und bereichsspezifischer Regeln ist damit in gleiche Weise sanktioniert wie die nach Art. 6 ff. 91

---

110 Vgl. Kommentierung zu Art. 25 DS-GVO Rn. 21 sowie ErwG 78.
111 Kühling/Buchner-*Herbst* Art. 5 Rn. 80.
112 *Wybitul* EU-Datenschutzgrundverordnung im Unternehmen, Kap. III Rn. 77.
113 *Gossen/Schramm* Das Verarbeitungsverzeichnis der DS-GVO, ZD 2017, 7, 10.
114 Vgl. Kommentierung zu Art. 83 Abs. 5 lit. a DS-GVO Rn. 113.

Art. 5   Grundsätze für die Verarbeitung

92   Zudem kann ein Betroffener für etwaige Schäden nach Art. 82 Schadensersatz verlangen.[115]

C. Praxishinweise
I. GDD-Praxishilfe DS-GVO IX „Accountability"

93   Die GDD hat eine Praxishilfe zur Accountability herausgegeben. Die Accountabilitiy sollte danach durch **folgende Maßnahmen** sichergestellt werden:[116]
- Eine **betriebliche Datenschutz-Policy** soll den Mitarbeitern eine Orientierung über allgemein einzuhaltende Anforderungen geben. Sie legt u.a. Verantwortlichkeiten fest und konkretisiert die Zusammenarbeit mit dem betrieblichen oder behördlichen Datenschutzbeauftragten.
- Eine **Sensibilisierung** der mit Verarbeitungsvorgängen befassten Mitarbeiter und eine zielorientierte Schulung zum Datenschutz stellen generell eines der wichtigsten Mittel der Datenschutzorganisation dar, um präventiv auf datenschutzkonformes Handeln hinzuwirken.
- Eine **Verpflichtung auf die Vertraulichkeit** ist Basis Accountability und des Datenschutzmanagements nach Art. 24. Sie ersetz die Verpflichtung auf das Datengeheimnis nach § 5 BDSG a.F.[117] Art. 28 Abs. 3 lit. b verpflichtet Auftragsverarbeiter die mit der Datenverarbeitung betrauten Personen auf die Vertraulichkeit zu verpflichten.
- Das Herstellen einer **umfassenden Transparenz** der Verarbeitung der personenbezogenen Daten ist wesentliche Verpflichtung der Accountability nach Art. 5. Hierzu gehört, dass zu jedem der folgenden Artikel der Nachweis erbracht wird, wie die Umsetzung im Unternehmen erfolgt ist. Zum Nachweis der Umsetzung der Accountability ist unternehmensbezogen und risikoorientiert zu jedem einzelnen Element der Betroffenenrechte zu prüfen und zu dokumentieren, welche Prozesse und Maßnahmen bestehen.
- Mit der DS-GVO wird die **Meldung von Verletzungen des Schutzes personenbezogener Daten** an die Aufsichtsbehörde und an betroffene Personen (Art. 33 und 34) auf alle verantwortlichen Stellen ausgedehnt. Die Meldung solcher „Datenpannen", bzw. von solchen Sicherheitsvorfällen ist wesentlicher Teil der Accountability, denn nur so kann die verantwortliche Stelle den Nachweis des verantwortlichen Umgangs mit personenbezogen Daten auch für die Fälle erbringen, in denen Fehler auftreten, die „voraussichtlich zu einem Risiko für die Rechte und Freiheiten natürlicher Personen" führen. Bei einem hohen Risiko sind die betroffenen Personen zu informieren.
- Herzstück eines transparenten und effizienten Datenschutzmanagements ist, wie schon bislang das Verfahrensverzeichnis, ein vollständiges, aktuell gehaltenes **Verzeichnis der Verarbeitungstätigkeiten**.[118]

---

115   Vgl. Kommentierung zu Art. 82 Abs. 1 DS-GVO Rn. 4.
116   GDD-Praxishilfe DS-GVO IX: Accountability, abrufbar unter: https://www.gdd.de/downloads/praxishilfen/GDD-Praxishilfe_DS-GVO_9.pdf.
117   GDD-Praxishilfe DS-GVO XI: Verpflichtung auf die Vertraulichkeit.
118   Ein Muster-VVT ist in der GDD-Praxishilfe V veröffentlicht.

– Verarbeitungen, mit denen voraussichtlich ein hohes Risiko für die Persönlichkeitsrechte von Betroffenen verbunden ist, bedürfen der **Datenschutzfolgenabschätzung (DSFA)**. Auch um zum Ergebnis zu kommen, dass/wo solche Risiken nicht vorliegen, bedarf es eines systematischen Ansatzes zur datenschutzrechtlichen Risikoanalyse. Dies geschieht sinnvollerweise im Zuge der Erfassung der einzelnen Verarbeitungstätigkeiten. Somit bietet es sich an, auch die Dokumentation der Risikoanalysen und der DSFA an das VVT anzufügen.
– Der sog. **PDCA-Zyklus („Plan-Do-Check-Act")**[119] nach Deming beschreibt einen kontinuierlichen Verbesserungsprozess und ist die Grundlage aller Qualitätsmanagement-Systeme. PDCA findet sich z.B. auch in der ISO 27001. Er findet seine Rechtsgrundlage in Art. 24.

II. Relevanz für öffentliche und nichtöffentliche Stellen

Die Grundsätze nach Art. 5 verpflichten Behörden und Unternehmen in gleicher Weise. Behörden haben nach dem Prinzip der Rechtmäßigkeit insbesondere das bereichsspezifische Datenschutzrecht anzuwenden bzw. den Zweckbindungsgrundsatz bei der hoheitlichen Aufgabenerfüllung zu beachten. Öffentliche und nichtöffentliche Stellen sind damit auch zur Accountability verpflichtet. 94

Verantwortliche können die Grundsätze für die Verarbeitung personenbezogener Daten nach Art. 5 nutzen, in dem sie sich bei der Datenverarbeitung generell an den Grundsätzen orientieren. Mit Blick auf die Entwicklung und den Einsatz von neuen Technologien, wie bspw. KI-Systemen, lässt sich ein Handlungsrahmen für die datenschutzrechtlichen Vorgaben ableiten, der den Verantwortlichen zur Orientierung dienen kann.[120] 95

III. Relevanz für betroffene Personen

Den betroffenen Personen stehen aus den Grundsätzen des Art. 5 keine eigenständigen Rechtsansprüche gegen den Verantwortlichen zu. Diese sind vielmehr in den Betroffenenrechten konkretisiert. Macht der Betroffene nach Art. 82 Abs. 1 einen Anspruch wegen eines **materiellen oder immateriellen Schaden** geltend und kann der Verantwortliche die Einhaltung der Grundsätze nicht nachweisen, geht dies zu seinen Lasten. Die Regelung des Art. 82 Abs. 3 führt de facto zu einer **Beweislastumkehr**. 96

IV. Relevanz für Aufsichtsbehörden

Die Nachweispflicht hat ihre Bedeutung auch bei Überprüfungen durch die Aufsichtsbehörde. Sie kann gem. Art. 58 Abs. 1 lit. a vom Verantwortlichen die Bereitstellung von Informationen verlangen. Kann der Verantwortliche die Einhaltung der Grundsätze und deren Konkretisierung in der DS-GVO und Normen, für die eine Öffnung besteht nicht nachweisen, liegt ein Datenschutzverstoß vor. 97

---

119 Gute Übersicht zum PDCA-Zyklus in *Lepperhoff/Müthlein* Leitfaden zur Datenschutzgrundverordnung, Teil II 7.3.
120 Dazu Positionspapier der DSK zu empfohlenen technischen und organisatorischen Maßnahmen bei der Entwicklung und dem Betrieb von KI-Systemen v. 6.11.2019, abrufbar unter: https://www.lda.brandenburg.de/media_fast/4055/Positionspapier_TO-Massnahmen_KI-Systeme.pdf, zuletzt abgerufen am 4.1.2020.

Artikel 6   Rechtmäßigkeit der Verarbeitung

(1) Die Verarbeitung ist nur rechtmäßig, wenn mindestens eine der nachstehenden Bedingungen erfüllt ist:

a) Die betroffene Person hat ihre Einwilligung zu der Verarbeitung der sie betreffenden personenbezogenen Daten für einen oder mehrere bestimmte Zwecke gegeben;

b) die Verarbeitung ist für die Erfüllung eines Vertrags, dessen Vertragspartei die betroffene Person ist, oder zur Durchführung vorvertraglicher Maßnahmen erforderlich, die auf Anfrage der betroffenen Person erfolgen;

c) die Verarbeitung ist zur Erfüllung einer rechtlichen Verpflichtung erforderlich, der der Verantwortliche unterliegt;

d) die Verarbeitung ist erforderlich, um lebenswichtige Interessen der betroffenen Person oder einer anderen natürlichen Person zu schützen;

e) die Verarbeitung ist für die Wahrnehmung einer Aufgabe erforderlich, die im öffentlichen Interesse liegt oder in Ausübung öffentlicher Gewalt erfolgt, die dem Verantwortlichen übertragen wurde;

f) die Verarbeitung ist zur Wahrung der berechtigten Interessen des Verantwortlichen oder eines Dritten erforderlich, sofern nicht die Interessen oder Grundrechte und Grundfreiheiten der betroffenen Person, die den Schutz personenbezogener Daten erfordern, überwiegen, insbesondere dann, wenn es sich bei der betroffenen Person um ein Kind handelt.

Unterabsatz 1 Buchstabe f gilt nicht für die von Behörden in Erfüllung ihrer Aufgaben vorgenommene Verarbeitung.

(2) Die Mitgliedstaaten können spezifischere Bestimmungen zur Anpassung der Anwendung der Vorschriften dieser Verordnung in Bezug auf die Verarbeitung zur Erfüllung von Absatz 1 Buchstaben c und e beibehalten oder einführen, indem sie spezifische Anforderungen für die Verarbeitung sowie sonstige Maßnahmen präziser bestimmen, um eine rechtmäßig und nach Treu und Glauben erfolgende Verarbeitung zu gewährleisten, einschließlich für andere besondere Verarbeitungssituationen gemäß Kapitel IX.

(3) [1]Die Rechtsgrundlage für die Verarbeitungen gemäß Absatz 1 Buchstaben c und e wird festgelegt durch

a) Unionsrecht oder

b) das Recht der Mitgliedstaaten, dem der Verantwortliche unterliegt.

[2]Der Zweck der Verarbeitung muss in dieser Rechtsgrundlage festgelegt oder hinsichtlich der Verarbeitung gemäß Absatz 1 Buchstabe e für die Erfüllung einer Aufgabe erforderlich sein, die im öffentlichen Interesse liegt oder in Ausübung öffentlicher Gewalt erfolgt, die dem Verantwortlichen übertragen wurde. [3]Diese Rechtsgrundlage kann spezifische Bestimmungen zur Anpassung der Anwendung der Vorschriften dieser Verordnung enthalten, unter anderem Bestimmungen darüber, welche allgemeinen Bedingungen für die Regelung der Rechtmäßigkeit der Verarbeitung durch den Verantwortlichen gelten, welche Arten von Daten verarbeitet werden, welche Personen betroffen sind, an welche Einrichtungen und für welche Zwecke die personenbezogenen Daten offengelegt werden dürfen, welcher Zweckbindung sie unterliegen, wie lange sie gespeichert werden dürfen und welche Verarbeitungsvorgänge und -verfahren angewandt werden dürfen, einschließlich Maßnahmen zur Gewährleistung einer

rechtmäßig und nach Treu und Glauben erfolgenden Verarbeitung, wie solche für sonstige besondere Verarbeitungssituationen gemäß Kapitel IX. ⁴Das Unionsrecht oder das Recht der Mitgliedstaaten müssen ein im öffentlichen Interesse liegendes Ziel verfolgen und in einem angemessenen Verhältnis zu dem verfolgten legitimen Zweck stehen.

(4) Beruht die Verarbeitung zu einem anderen Zweck als zu demjenigen, zu dem die personenbezogenen Daten erhoben wurden, nicht auf der Einwilligung der betroffenen Person oder auf einer Rechtsvorschrift der Union oder der Mitgliedstaaten, die in einer demokratischen Gesellschaft eine notwendige und verhältnismäßige Maßnahme zum Schutz der in Artikel 23 Absatz 1 genannten Ziele darstellt, so berücksichtigt der Verantwortliche – um festzustellen, ob die Verarbeitung zu einem anderen Zweck mit demjenigen, zu dem die personenbezogenen Daten ursprünglich erhoben wurden, vereinbar ist – unter anderem

a) jede Verbindung zwischen den Zwecken, für die die personenbezogenen Daten erhoben wurden, und den Zwecken der beabsichtigten Weiterverarbeitung,
b) den Zusammenhang, in dem die personenbezogenen Daten erhoben wurden, insbesondere hinsichtlich des Verhältnisses zwischen den betroffenen Personen und dem Verantwortlichen,
c) die Art der personenbezogenen Daten, insbesondere ob besondere Kategorien personenbezogener Daten gemäß Artikel 9 verarbeitet werden oder ob personenbezogene Daten über strafrechtliche Verurteilungen und Straftaten gemäß Artikel 10 verarbeitet werden,
d) die möglichen Folgen der beabsichtigten Weiterverarbeitung für die betroffenen Personen,
e) das Vorhandensein geeigneter Garantien, wozu Verschlüsselung oder Pseudonymisierung gehören kann.

– *ErwG:* 32, 40–50, 55, 56
– BDSG n.F.: §§ 34, 22–31

Übersicht

	Rn		Rn
A. Art. 6 Abs. 1 lit. a–f	1	(3) WP der Art.-29-	
I. Einordnung und Hintergrund	1	Datenschutz-	
1. Erwägungsgründe	1	gruppe und Düs-	
2. BDSG n.F.	2	seldorfer Kreis	5
a) Normengenese und -umfeld	2	II. Kommentierung	6
aa) DSRL – RL 95/46/EG	2	1. Allgemeines: Zweck, Bedeutung, Systematik/Verhältnis zu anderen Vorschriften	6
bb) BDSG a.F.	3	2. Verhältnis der einzelnen Erlaubnistatbestände	7
(1) §§ 4 Abs. 3, 19a, 33 BDSG a.F. als „Entsprechung" zu Art. 13, 14	3	B. Art. 6 Abs. 1 lit. a	11
		I. Einordnung und Hintergrund	11
		II. Kommentierung	12
(2) Änderungen im Vergleich zu den bisher geltenden Informationspflichten	4	1. Einwilligung	12
		a) Rechtsnatur	12
		b) Wirksamkeitsanforderungen	13
		c) Alteinwilligungen	20

	Rn
d) Form	23
e) Besonderheiten im Verhältnis zum Recht am eigenen Bild	27
2. Widerruf	31
3. Sanktionen	35
C. Art. 6 Abs. 1 lit. b	38
I. Einordnung und Hintergrund	38
II. Kommentierung	42
1. Erfüllung eines Vertrages	43
a) Erfüllung	44
b) Vertrag	46
c) Betroffener als Vertragspartei	49
2. Vorvertragliche Maßnahmen auf Anfrage des Betroffenen	54
3. Die Erforderlichkeit der Datenverarbeitung	58
4. Fallgruppen	65
D. Art. 6 Abs. 1 lit. c	67
I. Allgemeines: Zweck, Bedeutung, Systematik/Verhältnis zu anderen Vorschriften	68
II. Verantwortlicher	70
III. Rechtliche Verpflichtung	71
1. Erforderlichkeit	75
2. Beispiele nach deutschem Recht	76
E. Art. 6 Abs. 1 lit. d	79
I. Allgemeines: Zweck, Bedeutung, Systematik/Verhältnis zu anderen Vorschriften	80
II. Verantwortlicher	81
III. Lebenswichtige Interessen	82
IV. Betroffener oder Dritter	84
V. Notwendigkeit fehlender Einwilligungsfähigkeit?	85
VI. Subsidiärer Rechtfertigungstatbestand	87
F. Art. 6 Abs. 1 lit. e	88
I. Allgemeines: Zweck, Bedeutung, Systematik/Verhältnis zu anderen Vorschriften	88
II. Wahrnehmung einer Aufgabe im öffentlichen Interesse	91
1. Aufgabenträger	92
2. Begriff der Aufgabe im öffentlichen Interesse	93
3. Notwendigkeit einer Rechtsgrundlage	98
4. Erforderlichkeit	100
III. Aufgabe in Ausübung öffentlicher Gewalt	101

	Rn
1. Aufgabenträger	102
2. Ausübung öffentlicher Gewalt	104
3. Notwendigkeit einer Rechtsgrundlage	105
4. Erforderlichkeit	107
IV. § 3 BDSG Verarbeitung personenbezogener Daten durch öffentliche Stellen	108
1. Einordnung und Hintergrund	108
2. Verhältnis zur DS-GVO	110
3. Kommentierung	116
a) Allgemeines: Zweck, Bedeutung, Systematik/Verhältnis zu anderen Vorschriften	116
b) Öffentliche Stellen als Adressaten	117
c) Umfang der Ermächtigung	119
aa) Erfüllung einer in der Zuständigkeit liegenden Aufgabe	126
bb) Handeln in Ausübung übertragener öffentlicher Gewalt	129
cc) Erforderlichkeit	131
G. Art. 6 Abs. 1 lit. f	135
I. Einordnung und Hintergrund	135
II. Kommentierung	141
1. Legitimierung durch mehrere Erlaubnistatbestände	141
2. Berechtigtes Interesse	145
3. Erforderlichkeit	151
4. Interesse, Grundrechte und Grundfreiheiten	152
5. Interessenabwägung	155
a) Allgemeine Grundsätze	156
b) Kinder	163
6. Einzelne Verarbeitungstätigkeiten	164
a) Direktmarketing (online/offline)	165
b) Profilbildung	168
c) Datenverarbeitungsprozesse im Zusammenhang mit Websites	169
aa) Die Interessenabwägung nach der DS-GVO	170

	Rn
bb) Einfluss der DSRL für elektronische Kommunikation	172
(1) Ansicht der Datenschutzaufsichtsbehörden	173
(2) Sichtweise des BGH	175
(3) Bedeutung für die Praxis	177
d) Konzerninterne Datenübermittlung	184
e) Beschäftigtendatenschutz	187
f) Scoring	188
g) Videoüberwachung	189
h) Recht am eigenen Bild	190
i) Anwendungsfälle der Datenethikkommission	192
H. Art. 6 Abs. 2 und 3	193
I. Normengenese und -umfeld	193
1. DSRL	193
2. BDSG a.F.	194
II. Kommentierung	195
1. Öffnungsklausel: Abs. 2 und 3 S. 3	195
2. Abs. 2	196
a) Mitgliedstaatlicher Gestaltungsspielraum	196
b) Konkretisierung des öffentlichen Interesses durch die Mitgliedstaaten	199
c) Öffnungsklausel nur für den öffentlichen Sektor?	201
d) Unionsrechtskonforme Nutzung dieser Öffnungsklauseln	204
e) Bewertung des BDSG	207
f) Voraussetzungen unionsrechtsrechtswidriger Nutzung der Öffnungsklauseln	210
g) Art der Öffnungsklausel und Anwendungsbereich	212
3. Abs. 3	214
a) Rechtsgrundlage im Unionsrecht oder im mitgliedstaatlichen Recht	214
b) Anforderungen	215
c) Tatsächliche Öffnungsklausel in Abs. 3	216
III. Praxishinweise	218

	Rn
1. Relevanz für öffentliche Stellen	218
2. Relevanz für nichtöffentliche Stellen	219
3. Relevanz für betroffene Personen	220
4. Relevanz für Aufsichtsbehörden	221
I. Art. 6 Abs. 4	222
I. Einordnung und Hintergrund	222
1. Erwägungsgründe	222
2. BDSG n.F.	223
3. Normengenese und -umfeld	226
a) DSRL	228
b) BDSG a.F.	229
c) WP der Art.-29-Datenschutzgruppe	230
II. Kommentierung	231
1. Einführung	231
2. Norminhalt	238
a) Allgemeines	238
b) Kriterien der Vereinbarkeitsprüfung	244
aa) Verbindung zwischen den Zwecken (Art. 6 Abs. 4 lit. a)	244
bb) Zusammenhang, in dem die personenbezogenen Daten erhoben wurden (Art. 6 Abs. 4 lit. b)	248
cc) Art der personenbezogenen Daten (Art. 6 Abs. 4 lit. c)	250
dd) Mögliche Folgen der beabsichtigten Weiterverarbeitung (Art. 6 Abs. 4 lit. d)	251
ee) Vorhandensein geeigneter Garantien (Art. 6 Abs. 4 lit. e)	253
ff) Sonstige Kriterien, insbesondere „Informationspflicht"	255
3. Weiterverarbeitung gem. Art. 5 Abs. 1 lit. b	256
4. Vorschriften zur Zweckänderung im BDSG n.F.	257
a) Verhältnis zwischen DS-GVO und nationalem Recht	258

		Rn			Rn
b)	Allgemeines zu §§ 23 ff. BDSG n.F.	260		aa) Allgemeines	275
c)	§ 23 BDSG	261		bb) Norminhalt des § 24 Abs. 1 BDSG	276
	aa) Allgemeines	261		(1) Gefahrenabwehr und Strafverfolgung (§ 24 Abs. 1 Nr. 1 BDSG)	277
	bb) Norminhalt des § 23 Abs. 1 BDSG	262			
	(1) Interesse der betroffenen Person (§ 23 Abs. 1 Nr. 1 BDSG)	263			
				(2) Zivilrechtliche Ansprüche (§ 24 Abs. 1 Nr. 2 BDSG)	278
	(2) Überprüfung von Angaben der betroffenen Person (§ 23 Abs. 1 Nr. 2 BDSG)	265		cc) Norminhalt des § 24 Abs. 2 BDSG	279
			e)	§ 49 BDSG n.F.	280
			5.	Besonderheiten von Big Data-Projekten	281
			a)	Definition von „Big Data"	281
	(3) Gefahrenabwehr (§ 23 Abs. 1 Nr. 3 BDSG)	267	b)	Praktischer Bedarf nach Big Data-Anwendungen	282
	(4) Straftaten und Ordnungswidrigkeiten (§ 23 Abs. 1 Nr. 4 BDSG)	269	c)	„Big Data" und die DS-GVO	284
			d)	„Big Data" und Zweckänderung	288
			III.	Praxishinweise	293
			1.	Relevanz für öffentliche Stellen	293
	(5) Beeinträchtigung der Rechte einer anderen Person (§ 23 Abs. 1 Nr. 5 BDSG)	271	2.	Relevanz für nichtöffentliche Stellen	294
			3.	Relevanz für betroffene Personen	299
			4.	Relevanz für Aufsichtsbehörden	300
	(6) Aufsichts- und Kontrollbefugnisse, Rechnungsprüfung (§ 23 Abs. 1 Nr. 6 BDSG)	273	5.	Relevanz für das Datenschutzmanagement	301
			Anhang		
			§ 4 BDSG	Videoüberwachung öffentlich zugänglicher Räume	
	cc) Norminhalt des § 23 Abs. 2 BDSG	274	§ 25 BDSG	Datenübermittlungen durch öffentliche Stellen	
d)	§ 24 BDSG n.F.	275			

Art. 6

Literatur: *Albrecht* Das neue EU-Datenschutzrecht – von der Richtlinie zur Verordnung, CR 2016, 88; *Antemir* General Data Protection Regulation: Comparison of the legal grounds for the processing of personal data, with a focus on eCommerce, PinG 2016, 65; *Art.-29-Datenschutzgruppe* Stellungnahme 6/2014 zum Begriff des berechtigten Interesses des für die Verarbeitung Verantwortlichen gem. Artikel 7 der Richtlinie 95/46/EG v. 9.4.2014 (WP 217); *dies.* Stellungnahme 15/2011 zur Definition von Einwilligung v. 13.7.2011 (WP 187); *dies.* Stellungnahme 1/2010 zu den Begriffen „für die Verarbeitung Verantwortlicher" und „Auftragsverarbeiter" v. 16.2.2010 (WP 169); *dies.* Stellungnahme 8/2012 mit weiteren Beiträgen zur Diskussion der Datenschutzreform vom 5.10.2012 (WP 199); *dies.* Opinion 3/2013 on purpose limitation v. 2.4.2013 (WP 203); *Bäcker* Grundrechtlicher Informationsschutz gegen Private, Der Staat 2012, 91; *Belke/Neumann/Zier* Datenschutzalltag in deutschen Unternehmen. Ergebnisse der Studie „Datenschutzpraxis 2015", DuD 2015, 753; *Benecke/Wagner* Öffnungsklausel in der Datenschutz-Grundverordnung und das deutsche BDSG – Grenzen und Gestaltungsspielräume für ein nationales Datenschutzrecht, DVBl. 2016, 600; *Berberich/Kanschick* Daten in der Insolvenz, NZI 2017, 1; *Beyvers* Stellungnahme der Art.-29-Datenschutzgruppe zur datenschutzrechtlichen Interessenabwägung – Alter Hut oder neuer Besen?, PinG 2015, 60; *Beyvers/Gärtner/Kipker* Data Processing for Research Purposes – Current Basics and Future Needs from a Legal Point of View, PinG 2015, 241; *Blume* The Public Sector and the Forthcoming EU Data Protection Regulation, EDPL 2015, 32; *Bräutigam* Das Nutzungsverhältnis bei sozialen Netzwerken – Zivilrechtlicher Austausch in IT-Leistung gegen personenbezogene Daten, MMR 2012, 635; *Breinlinger/ Scheuing* Der Vorschlag für eine EU-Datenschutzgrundverordnung und die Folgen für die Verarbeitung und Nutzung von Daten für werbliche Zwecke, RDV 2012, 64; *Brühann* Mindeststandards oder Vollharmonisierung des Datenschutzes in der EG – Zugleich ein Beitrag zur Systematik von Richtlinien zur Rechtsangleichung im Binnenmarkt in der Rechtsprechung des Europäischen Gerichtshofes, EuZW 2009, 639; *Buchner* Grundsätze und Rechtmäßigkeit der Datenverarbeitung unter der DS-GVO, DuD 2016, 155; *Bull* Netzpolitik, 2013; *Dammann* Erfolge und Defizite der EU-Datenschutzgrundverordnung. Erwarteter Fortschritt, Schwächen und überraschende Innovationen, ZD 2016, 307; *Danwitz* Die Grundrechte auf Achtung der Privatsphäre und auf Schutz personenbezogener Daten. Die jüngere Rechtsprechung des Gerichtshofs der Europäischen Union, DuD 2015, 581; *Datenethikkommission (DEK)*, Gutachten v. 23.10.2019[1]; *Dehmel/Hullen* Auf dem Weg zu einem zukunftsfähigen Datenschutz in Europa? Konkrete Auswirkungen der DS-GVO auf Wirtschaft, Unternehmen und Verbraucher, ZD 2013, 147; *Determann* Datenschutz in den USA – Dichtung und Wahrheit, NVwZ 2016, 561; *Deutscher Dialogmarketing Verband e.V.* Best Practice Guide, Europäische Datenschutz-Grundverordnung, Auswirkungen auf das Dialogmarketing, 2016; *Diedrich* Vollharmonisierung des EU-Datenschutzrechts – bereits geltende Vorhaben für deutsche Datenschutzgesetze, CR 2013, 408; *Eckhardt* EU-DatenschutzVO – Ein Schreckgespenst oder Fortschritt?, CR 2012, 195; *Eckhardt/Rheingans* Direktmarketing bei Bestandskunden ohne Einwilligung? Bewertung der Wechselwirkung von Datenschutz- und Wettbewerbsrecht, ZD 2013, 318; *Ehmann* Fahrplan für die BDSG-Nachfolgeregelung, ZD-Aktuell 2016, 05387; *Elbrecht/Schröder* Verbandsklagebefugnisse bei Datenschutzverstößen für Verbraucherverbände, K&R 2015, 361; *Europäischer Datenschutzbeauftragter* Stellungnahme zum Datenschutzreformpaket, 7.3.2012, Zusammenfassung der Stellungnahme des EDSB vom 7. März 2012 zum Datenschutzreformpaket[2]; *Ferretti* Data Protection and the legitimate Interest of Data Controllers: Much ado about nothing or the winter of rights?, CMLR 51/2014, 843; *Gierschmann* Was „bringt" deutschen Unternehmen die DS-GVO? Mehr Pflichten, aber die Unsicherheit bleibt, ZD 2016, 51;

---

1 Abrufbar unter: https://datenethikkommission.de/gutachten/, zuletzt abgerufen am 29.4.2020.
2 Vgl. ABl. C Nr. 192/7, abrufbar unter https://eur-lex.europa.eu/legal-content/DE/TXT/PDF/?uri=OJ:C:2012:192:FULL&from=pl, zuletzt abgerufen am 29.4.2020.

Giesen Kurzes Plädoyer gegen unser Totalverbot: Deine Daten gehören Dir keineswegs! PinG 2013, 62; *Gola* Beschäftigtendatenschutz und EU-Datenschutz-Grundverordnung, EuZW 2012, 332; *Gola/Pötters/Thüsing* Art. 88 DS-GVO: Öffnungsklausel für nationale Regelungen zum Beschäftigtendatenschutz – warum der nationale Gesetzgeber jetzt handeln muss, RDV 2016, 58; *Gola/Schulz* Der Entwurf für eine EU-Datenschutz-Grundverordnung – eine Zwischenbilanz, RDV 2013, 1; *dies.* Listenprivileg, Drittinteresse, Zweckbindung – Anmerkungen zum postalischen Direktmarketing in den Entwürfen für eine EU-Datenschutzgrundverordnung, K&R 2015, 609; *Gola/Wronka* Datenschutzrecht im Fluss, RDV 2015, 3; *Halfmeier* Die neue Datenschutzverbandsklage, NJW 2016, 1126; *Haustein* Datenschutzrechtskonforme Ausgestaltung von Dashcams und mögliche Ableitungen für den autonomen Pkw, DSRITB 2016, 43; *Härting* Zweckbindung und Zweckänderung im Datenschutzrecht NJW 2015, 3284; *ders.* Starke Behörden, schwaches Recht – der neue EU-Datenschutzentwurf, BB 2012, 459; *ders.* Datenschutzreform in Europa: Einigung im EU-Parlament, CR 2013, 715; *Härting/Schneider* Das Dilemma der Netzpolitik, ZRP 2011, 233; *dies.* Das Ende des Datenschutzes – es lebe die Privatsphäre – Eine Rückbesinnung auf die Kern-Anliegen des Privatsphärenschutzes CR 2015, 819; *Hennemann* Personalisierte Medienangebote im Datenschutz- und Vertragsrecht, ZUM 2017, 544; *Herrmann* Anmerkungen zur Reform des europäischen Datenschutzrechts, ZD 2014, 439; *Holznagel/Hartmann* Das „Recht auf Vergessenwerden" als Reaktion auf ein grenzenloses Internet – Entgrenzung der Kommunikation und Gegenbewegung, MMR 2016, 228; *Hornung* Eine Datenschutz-Grundverordnung für Europa? Licht und Schatten im Kommissionsentwurf vom 25.1.2012, ZD 2012, 99; *Jeschel/Schubert* Neustart im Datenschutz für Beschäftigte, DuD 2016, 782; *Karg* Die Renaissance des Verbotsprinzips im Datenschutz, DuD 2013, 75; *Keppeler* Was bleibt vom TMG-Datenschutz nach der DS-GVO?, MMR 2015, 779; *Knopp* Pseudonym-Grauzone zwischen Anonymisierung und Personenbezug, DuD 2015, 527; *Koch* Big Data und der Schutz der Daten, ITRB 2015, 13; *Kort* Die Zukunft des deutschen Beschäftigtendatenschutzes, ZD 2016, 555; *Kotschy* The proposal for a new General Data Protection Regulation – problems solved?, IDPL 2014, 274; *Kramer* Verbot mit Erlaubnisvorbehalt zeitgemäß?, DuD 2013, 380; *Krohm* Abschied vom Schriftformerfordernis der Einwilligung, ZD 2016, 368; *Krohm/Piltz* Was bleibt vom Datenschutz übrig? Nebenwirkungen der Datenschutz-Grundverordnung, PinG 2013, 56; *Kühling/Martini* Die Datenschutz-Grundverordnung: Revolution oder Evolution im europäischen und deutschen Datenschutzrecht?, EuZW 2016, 448; *Lachenmann* Smart-Groups – Smart Transfers! Konzerndatenübermittlung in der Datenschutzgrund-Verordnung, DSRITB 2016, 535; *Marosi* One (smart) size fits all? – Das (Datenschutz-)TMG heute – und morgen?, DSRITB 2016, 435; *Marquardt/Sörup* Auswirkungen der EU-Datenschutzgrundverordnung auf die Datenverarbeitung im Beschäftigungskontext, ArbR Aktuell 2016, 103; *Martini* Transformation der Verwaltung durch Digitalisierung, DÖV 2017, 443; *Masing* Herausforderungen des Datenschutzes, NJW 2012, 2305; *Monreal* Weiterverarbeitung nach einer Zweckänderung nach der DS-GVO, ZD 2016, 507; *Nebel/Richter* Datenschutz bei Internetdiensten nach der DS-GVO, ZD 2012, 407; *Novotny/Spiekermann* Personenbezogene Daten privatwirtschaftlich nachhaltig nutzen. Regulatorische und technische Zukunftskonzepte, DuD 2015, 460; *Peifer* Auswirkungen der EU-Datenschutz-Grundverordnung auf öffentliche Stellen, GewArch 2014, 142; *Petri* Datenschutzrechtliche Zweckbindung und die Weiterverbreitung bereits veröffentlichter Daten JRE 23 (2015), 197; *Petri/Tinnefeld* Kontrollkompetenz in den Bereichen des Verkehrswesens und der Verkehrsinfrastruktur – eine heikle Frage des Datenschutzregimes, RDV 2008, 59; *Piltz* Die Datenschutz-Grundverordnung, Teil 1: Anwendungsbereich, Definitionen und Grundlagen der Datenverarbeitung, K&R 2016, 709; *Piltz/Krohm* Was bleibt vom Datenschutz übrig? – Nebenwirkungen der Datenschutz-Grundverordnung, PinG 2013, 56; *Reding* Sieben Grundbausteine der europäischen Datenschutzreform, ZD 2012, 195; *dies.* The European data protection framework for the twenty-first century, IDPL 2012, 119; *Reibach* Smart Cars – Smart Privacy Law? Regionale Datenschutzregulierung des vernetzten Kfz in EU und USA, DSRITB 2016, 13; *ders.* Private Dashcams & Co.– Household Exemption ade?, DuD 2015, 157; *R. Richter* Dashcam, Datenschutz und materielle Gerechtigkeit vor Gericht, SVR 2016, 15; *P. Richter* Datenschutz zwecklos? – Das Prinzip der Zweckbindung im Ratsentwurf der DSGVO, DuD 2015, 735; *Rogall-Grothe* Ein neues Datenschutzrecht für Europa, ZRP 2012, 193; *Roßnagel/Kroschwald* Was wird aus der Datenschutzgrundverordnung? – Die Entschließung des Europäischen Parlaments über ein Verhandlungsdokument, ZD 2014, 495; *Roßnagel/Nebel/Richter* Was bleibt vom Europäischen Datenschutzrecht? Überlegungen zum Ratsentwurf der DS-GVO, ZD 2015, 455; *Roßnagel/Pfitzmann/Garstka* Modernisierung des Datenschutzrechts, DuD 2001, 253; *Sanetra* Dashcams versus Datenschutz, PinG 2015, 179; *Schaar* DS-GVO: Geänderte Vorgaben für die Wissenschaft – Was sind die neuen Rahmenbedingungen und welche Fragen bleiben offen?, ZD 2016, 224; *ders.* Datenschutz-Grundverordnung: Arbeitsauftrag für den deutschen Gesetzgeber, PinG 2016, 62; *Schantz* Die Datenschutz-Grundverordnung – Beginn einer neuen Zeitrechnung im Datenschutzrecht, NJW 2016, 1841; *Schild/Tinnefeld* Datenschutz in der Union – Gelungene oder missglückte Gesetzentwürfe? DuD 2012, 312; *Schirmbacher/Schätzle* Einzelheiten zulässiger Werbung per E-Mail, WRP 2014, 1143; *Schmidt* Dynamische und personalisierte Preise – datenschutz-, wettbewerbs- und kartellrechtliche Grenzen, DSRITB 2016, 1007; *Schneider/Härting* Wird der Datenschutz nun endlich internettauglich? Warum der Entwurf einer Datenschutz-Grundverordnung enttäuscht, ZD 2012, 199; *dies.* Warum wir ein neues BDSG brauchen. Kritischer Beitrag zum BDSG und dessen Defiziten, ZD 2011, 63; *Schwartmann/Benedikt/Reif* Datenschutz und ePrivacy bei Websites, Social Media und Messengern, 2020; *Schwartmann/Pabst (Hrsg.)* Landesdatenschutzgesetz Nordrhein-Westfalen, Handkommentar, 2020; *Seiler* Die Datenschutzregelungen in der PSD II – insbesondere Art. 94 – Einwilligungserfordernis statt gesetzlicher Erlaubnis und mögliche praktische Auswirkungen, DSRITB 2016, 591; *Spelge* Der Beschäftigtendatenschutz nach Wirksamwerden der DS-GVO, DuD 2016, 775; *Spindler* Die neue EU-Datenschutz-Grundverordnung, DB 2016, 937; *Steinmüller/Lutterbeck/Mallmann u.a.* Grundfragen des Datenschutzes. Gutachten im Auftrag des Bundesministeriums des Innern, 1971, Anlage zu BT-Drucks. VI/3826 v. 7.9.1972[3]; *Stentzel* Der datenschutzrechtliche Präventionsstaat – Rechtsstaatliche Risiken der ordnungsrechtlichen Dogmatik des Datenschutzrechts im privaten Bereich, PinG 2016, 45; *Streinz/Michl* Die Drittwirkung des europäischen Datenschutzgrundrechts (Art. 8 GRCh) im deutschen Privatrecht, EuZW 2011, 384; *Sydow/Kring* Die Datenschutzgrundverordnung zwischen Technikneutralität und Technikbezug-Konkurrierende Leitbilder für den europäischen Rechtsrahmen, ZD 2014, 271; *Taeger* Scoring in Deutschland nach der EU-Datenschutzgrundverordnung, ZRP 2016, 72; *Taeger/Rose* Zum Stand des deutschen und europäischen Beschäftigtendatenschutz, BB 2016, 819; *Traung* The Proposed New EU General Data Protection Regulation, CRi 2012, 33; *Veil* DS-GVO: Risikobasierter Ansatz statt rigides Verbotsprinzip. Eine erste Bestandsaufnahme, ZD 2015, 347; *Waniorek* Datenschutzrechtliche Anmerkungen zu den zentralen Warn- und Hinweissystemen in der Versicherungswirtschaft, RDV 1990, 228; *Weichert* Kein Patientengeheimnis bei ärztlichen Haftpflichtverfahren, VuR 2017, 138; *ders.* Car-to-Car-Communication zwischen Datenbegehrlichkeit und digitaler Selbstbestimmung, SVR 2016, 361; *ders.* Wieder das Verbot mit Erlaubnisvorbehalt im Datenschutz?, DuD 2013, 246; *ders.* Datenschutzrechtliche Probleme beim Adressenhandel, WRP 1996, 522; *Weinhold* EuGH: Dynamische IP-Adresse ist personenbezogenes Datum – Folgen der Entscheidung für die Rechtsanwendung, ZD-Aktuell 2016, 05366; *Wendehorst/Westphalen* Das Verhältnis zwischen Datenschutz-Grundverordnung und AGB-Recht, NJW 2016, 3745; *dies.* Hergabe personenbezogener Daten für digitale Inhalte – Gegenleistung, bereitzustellendes Material oder Zwangsbeitrag zum Datenbinnenmarkt?, BB 2016, 2179; *Will* Schlussrunde bei der

---

[3] Abrufbar unter http://dipbt.bundestag.de/doc/btd/06/038/0603826.pdf, zuletzt abgerufen am 29.4.2020.

Datenschutz-Grundverordnung?, ZD 2015, 345; *Wybitul/Fladung* EU-Datenschutz-Grundverordnung – Überblick und arbeitsrechtliche Betrachtung des Entwurfs, BB 2012, 509; *Wybitul/Pötters* Der neue Datenschutz am Arbeitsplatz, RDV 2016, 10; *Wybitul/Rauer* EU-Datenschutz-Grundverordnung und Beschäftigtendatenschutz – Was bedeuten die Regelungen für Unternehmen und Arbeitgeber in Deutschland?, ZD 2012, 160; *Wybitul/Sörup/Pötters* Betriebsvereinbarungen und § 32 BDSG. Wie geht es nach der DS-GVO weiter?, ZD 2015, 559; *Ziegenhorn* Die materielle Rechtmäßigkeit der Datenverarbeitung nach der EU-Datenschutz-Grundverordnung, zfm 2016, 3; *Ziegenhorn/Heckel* Datenverarbeitung durch Private nach der europäischen Datenschutzreform, NVwZ 2016, 1585; *Zikesch/Kramer* Die DS-GVO und das Berufsrecht der Rechtsanwälte, Steuerberater und Wirtschaftsprüfer, ZD 2015, 565.

A. Art. 6 Abs. 1 lit. a–f

I. Einordnung und Hintergrund

1. Erwägungsgründe. Ausweislich des ErwG 40 ist die Verarbeitung rechtmäßig, wenn personenbezogene Daten mit Einwilligung der betroffenen Person (Abs. 1 lit. a) oder auf einer sonstigen zulässigen Rechtsgrundlage (Abs. 1 lit. b–f) verarbeitet werden. Die Erwägungsgründe beinhalten entsprechend der Relevanz für die Datenverarbeitung ausführliche Erläuterungen zur Einwilligung[4] und zu den alternativen Legitimationstatbeständen[5].

2. BDSG n.F. – a) Normengenese und -umfeld. – aa) DSRL – RL 95/46/EG. Art. 7 DSRL regelte bisher die rechtmäßige Datenverarbeitung. Wie bislang im Geltungsbereich der DSRL schafft auch die DS-GVO ein generelles Verbot der Datenverarbeitung mit Erlaubnisvorbehalt und weist auch darüber hinaus eine große inhaltliche Ähnlichkeit mit der Vorgängerregelung auf.[6]

bb) BDSG a.F. – (1) §§ 4 Abs. 3, 19a, 33 BDSG a.F. als „Entsprechung" zu Art. 13, 14. Verglichen mit BDSG a.F. unterscheiden sich Art. 6 Abs. 1 lit. b bzw. f nicht grundlegend von § 28 Abs. 1 Nr. 1 bzw. Nr. 2 BDSG a.F.[7] Neu ist, dass der Verantwortliche im Rahmen seiner Informationspflichten nach Art. 13 Abs. 1 lit. d bzw. Art. 14 Abs. 2 lit. b darüber informieren muss, auf welche berechtigten Interessen er seinen Verarbeitungsprozess abstützen will.[8]

(2) Änderungen im Vergleich zu den bisher geltenden Informationspflichten. Die Änderungen mit Anwendbarkeit der DS-GVO betreffen insb. den Umfang der Transparenzpflichten; diese werden durch den neuen Sekundärrechtsakt teils erheblich ausgeweitet. Damit in Verbindung steht das nach der DS-GVO bestehende Risiko hoher Bußgelder, die auch als Rechtsfolge für eine Missachtung der Informationspflichten greifen.

---

4 Vgl. ErwG 32, 42, 43.
5 Vgl. ErwG 44–50, 55, 56.
6 Vgl. Plath-*Plath* Art. 4 Rn. 2.
7 Vgl. *Redeker* IT-Recht, Anhang: Künftige Änderungen durch die Datenschutz-Grundverordnung, Rn. 1393.
8 Vgl. *Härting* Datenschutz-Grundverordnung, Rn. 432.

(3) WP der Art.-29-Datenschutzgruppe und Düsseldorfer Kreis. Ein Beschluss des 5
Düsseldorfer Kreises zur Fortgeltung von Einwilligungen nach BDSG a.F.[9] berührt
den neben den gesetzlichen Rechtsgrundlagen zentralen Legitimationstatbestand. Im
WP 259 nimmt die Art.-29-Datenschutzgruppe ausführlich Stellung zur Einwilligung
als Rechtfertigungsgrund.[10]

II. Kommentierung

1. Allgemeines: Zweck, Bedeutung, Systematik/Verhältnis zu anderen Vorschriften.
Das Primärrecht normiert für die Verarbeitung personenbezogener Daten ein Verbot 6
mit Erlaubnisvorbehalt.[11] Mit Art. 5 Abs. 1 lit. a und Art. 6 wird diese Vorgabe sekundärrechtlich konkretisiert. Das Sekundärrecht kann aufgrund der übergeordneten primärrechtlichen Vorgaben nicht von dem Verbot mit Erlaubnisvorbehalt abweichen.[12]
Danach ist die Verarbeitung nur rechtmäßig, wenn personenbezogene Daten mit Einwilligung der betroffenen Person (Abs. 1 lit. a) oder auf einer sonstigen zulässigen
Rechtsgrundlage (Abs. 1 lit. b–f) verarbeitet werden.

2. Verhältnis der einzelnen Erlaubnistatbestände. Eine Datenverarbeitung ist nach der 7
DS-GVO nur gestattet, wenn „**mindestens**" einer der in Art. 6 Abs. 1 normierten
Erlaubnistatbestände einschlägig ist. Im Einklang mit der englischen Sprachfassung
(„...at least one of the following applies") ist mindestens ein Rechtmäßigkeitstatbestand
für eine Verarbeitung personenbezogener Daten zu erfüllen, was im Umkehrschluss das
Vorliegen gleich mehrerer Legitimationsgründe begründet. Demgegenüber geht die
Art.-29-Datenschutzgruppe in ihrem WP 259[13] davon aus, dass eine Datenverarbeitung
zu einem bestimmten Zweck nur auf einen Zulässigkeitstatbestand gestützt werden
kann.[14] Insoweit ist die DS-GVO konkretisierender formuliert als Art. 7 DSRL, wonach
„die Verarbeitung personenbezogener Daten lediglich erfolgen darf, wenn eine der folgenden Voraussetzungen erfüllt ist". Diese Unklarheit spiegelte sich auch im nationalen
Recht wieder.[15] Unter der DS-GVO besteht die Möglichkeit eine Verarbeitung zu demselben Zweck durch mehrere Zulässigkeitstatbestände zugleich zu legitimieren. Aufgrund der Eindeutigkeit des sekundärrechtlichen Wortlauts erscheint es abwegig, wenn
die Art.-29-Datenschutzgruppe es ausschließt eine Verarbeitung zu einem bestimmten
Zweck auf mehrere Rechtsgrundlagen zu stützen („cannot be based on multiple lawful
bases").[16]

Praktisch relevant wird dieses Vorgehen in den Fällen, in denen etwa die Unsicherheit 8
über das Vorliegen eines gesetzlichen Erlaubnistatbestands (lit. b–f) durch eine Einwilligung nach Abs. 1 lit. a geheilt werden soll. Nicht zuletzt Art. 17 Abs. 1 lit. b, der
das Löschen personenbezogener Daten im Fall einer widerrufenen Einwilligung nur

---

9 *Düsseldorfer Kreis* Beschl. v. 13./14.9.2016.
10 WP 259 der Art.-29-Datenschutzgruppe „Guidelines on Consent under Regulation 2016/
    679" v. 28.11.2017.
11 Vgl. Art. 1 Rn. 6. Generell für eine Abkehr von diesem Grundsatz *Bull* Netzpolitik, 2013.
    Entschieden dagegen äußert sich *Weichert* DuD 2013, 246.
12 Vgl. *Albrecht/Jotzo* Das neue Datenschutzrecht der EU, S. 50.
13 WP 259, 22.
14 Vgl. zu dieser Problematik Rn. 98.
15 Vgl. Schantz/Wolff-*Schantz* Das neue Datenschutzrecht, Rn. 475.
16 Vgl. WP 259, 22. Vgl. Ausführungen unter Rn. 141.

erlaubt, wenn es an einer anderweitigen Rechtsgrundlage für die Verarbeitung fehlt, belegt, dass die Tatbestände zur Rechtmäßigkeit nebeneinander zu Anwendung kommen können.[17] In der Konsequenz kann der Betroffene die auf mehreren Rechtsgrundlagen gesiedelte Datenverarbeitung nicht durch den Widerruf der Einwilligung beenden, weswegen im Sinne seiner informationellen Selbstbestimmung die Information über die anderen möglichen Rechtsgrundlagen (Art. 13 Abs. 1 lit. c) unerlässlich wird.[18] Aus Sicht des Verantwortlichen erscheint es schon aus Vorsorgegründen empfehlenswert die mit Art. 6 Abs. 1 eröffnete Möglichkeit in der Regel zu nutzen und die Datenverarbeitung auch durch eine **Einwilligung abzusichern**.[19]

9 Das Vorliegen des erforderlichen Erlaubnistatbestands ist für jede einzelne Phase der Verarbeitung personenbezogener Daten („Vorgang" vgl. Art. 4 Nr. 2) gesondert bzw. erneut zu prüfen.[20]

10 Durch den Ausbruch der Corona-Pandemie im Frühjahr 2020 stellen sich zahlreiche Herausforderungen im Hinblick auf das Datenschutzrecht[21]. Neben der Entwicklung einer Corona-Warn-App und den damit einhergehenden rechtlichen Fragestellungen werden auch die Anforderungen nach Art. 6 DS-GVO konturiert. So statuiert die neue Coronaschutzverordnung in NRW[22], dass zu Zwecken der Infektionsbekämpfung für Personen, die Begegnungsräume eröffnen (etwa Betriebe) die rechtliche Verpflichtung besteht eine Rückverfolgbarkeit der anwesenden Personen sicherzustellen. In NRW formt so die CoronaSchVO die Anforderungen nach Art. 6 Abs. 1 S. 1 lit. c im Einklang mit ErwG 41 weiter aus[23]. In anderen Bundesländern ist womöglich Art. 6 Abs. 1 S. 1 lit. f heranzuziehen, so dass dessen Voraussetzungen in Zeiten der Pandemie mit Blick auf die betroffenen Interessen sorgsam zu prüfen sind. Weitere Folgefragen sind etwa, wie Kontaktdaten von Besuchern einer Gastronomie erhoben werden dürfen.[24] Diese Rechtsfragen stellen Rechtsanwender vor praktische Herausforderungen und gestalten Inhalt und Reichweite der Erlaubnistatbestände des Art. 6 weiter aus.

---

17 Vgl. Plath-*Plath* Art. 6 Rn. 5.
18 Vgl. Schantz/Wolff-*Schantz* Das neue Datenschutzrecht, Rn. 475.
19 Vgl. Schantz/Wolff-*Schantz* Das neue Datenschutzrecht, Rn. 475; a.A. WP 259, 22.
20 Vgl. Gola-*Schulz* Art. 6 Rn. 18.
21 Vgl. dazu Art. 4 Nr. 1 Rn. 47 und Art. 4 Nr. 5 Rn. 109 ff., Art. 9 Rn. 92, 131 und 140.
22 Vgl. Verordnung zum Schutz vor Neuinzierungen mit dem Coronavirus SARS-CoV-2 (Coronaschutzverordnung – CoronaSchVO), abrufbar unter https://www.land.nrw/sites/default/les/asset/document/2020-06-19_fassung_coronaschvo_ab_20.06.2020_lesefassung.pdf.
23 Dazu *Schwartmann* Der Fall Tönnies und der Datenschutz – Wo ist die Grenze der Datenerfassung von Betriebsfremden v. 22.6.2020, abrufbar unter https://web.de/magazine/digital/toennies-datenschutz-grenze-datenerfassung-betriebsfremden-34813040, zuletzt abgerufen am 22.6.2020.
24 Vgl. dazu *Schwartmann* App oder Zettel? Kontaktdatenerfassung in der Gastronomie v. 19.6.2020, abrufbar unter https://web.de/magazine/news/app-zettel-kontaktdatenerfassung-gastronomie-34806900, zuletzt abgerufen am 22.6.2020. Auch eine Prüfung der Corona-App zum Zwecke der Zugangskontrolle scheidet aus. Hierzu *BayLDI* Pressemitteilung, Wahrung der Vertraulichkeit bei Kontaktdatenerfassung in der Gastronomie – keine Zweckentfremdung der Corona-Warn-App.

B. Art. 6 Abs. 1 lit. a

(1) Die Verarbeitung ist nur rechtmäßig, wenn mindestens eine der nachstehenden Bedingungen erfüllt ist:

a) Die betroffene Person hat ihre Einwilligung zu der Verarbeitung der sie betreffenden personenbezogenen Daten für einen oder mehrere bestimmte Zwecke gegeben;

– *ErwG: 32, 40, 42, 43*

Literatur: *Albrecht* Das neue EU-Datenschutzrecht – von der Richtlinie zur Verordnung, CR 2016, 88; *Art.-29-Datenschutzgruppe* Guidelines on Consent under Regulation 2016/679, WP 259 rev. 01; *Datenethikkommission (DEK)* Gutachten v. 23.10.2019[25]; *Krohm* Abschied vom Schriftformgebot der Einwilligung – Lösungsvorschläge und künftige Anforderungen, ZD 2016, 368; *Spelge* Der Beschäftigtendatenschutz nach Wirksamwerden der Datenschutz-Grundverordnung (DS-GVO), DuD 2016, 775; *Tinnefeld/Conrad* Die selbstbestimmte Einwilligung im europäischen Recht, ZD 2018, 391; *Wybitul* EU-Datenschutz-Grundverordnung in der Praxis – Was ändert sich durch das neue Datenschutzrecht?, BB 2016, 1077.

I. Einordnung und Hintergrund

Die Einwilligung ist die Entscheidung des Betroffenen, dem Verarbeiter die Verarbeitung von personenbezogenen Daten zu gestatten. Art. 6 Abs. 1 lit. a definiert die Funktion der Einwilligung als Erlaubnistatbestand für eine Verarbeitung personenbezogener Daten. Innerhalb des Art. 6 ist die Einwilligung zwar als erste Legitimation für eine Datenverarbeitung aufgeführt, hiermit geht aber keine Wertung einher. Ein Vorrang der Einwilligung vor anderen Erlaubnistatbeständen ist der DS-GVO fremd. Auch wenn sie die informationelle Selbstbestimmung des Betroffenen aus dessen Perspektive am besten zur Geltung bringt, so wird sie im Rahmen einer Gesamtschau der Umstände der Datenverarbeitung häufig ungeeignet sein, um die Ziele der DS-GVO zu erfüllen, weil das Instrument der Einwilligung „**systematisch überfordert**" ist.[26] Da der Einzelne durch die Anzahl und Komplexität der ihm abverlangten Entscheidungen und durch die Unabschätzbarkeit ihrer Auswirkungen überfordert ist, ist ein sachgerechter Umgang mit dem Rechtsinstitut faktisch häufig unmöglich und Ursache für einen Vertrauensverlust in der digitalen Gesellschaft.[27] Geht die Rechtmäßigkeit von einem anderen Erlaubnistatbestand als Art. 6 Abs. 1 lit. a aus, kommt es auf eine Einwilligung des Betroffenen nicht mehr an. Der Verantwortliche kann zwar grundsätzlich seine Datenverarbeitung auch auf mehr als einen Erlaubnistatbestand stützen, jedoch ist eine Einwilligung neben anderen Erlaubnistatbeständen dann ungeeignet, wenn hierdurch gegen das Erforderlichkeitserfordernis in Art. 6 Abs. 1 lit. b oder das Kopplungsverbot in Art. 7 Abs. 4 verstoßen wird.[28]

11

---

25 Abrufbar unter: https://datenethikkommission.de/gutachten/.
26 Gutachten der Datenethikkommission, 2019, 96. Zur Empfehlung der Datenethikkommission zur Einrichtung von Einwilligungsmanagementsystemen vgl. Kommentierung von Art. 89 Rn. 20.
27 Gutachten der Datenethikkommission, 2019, die für eine Inhaltskontrolle von Einwilligungserklärungen plädiert, S. 96, Fn. 6.
28 Siehe hierzu die Kommentierung in Art. 6 Abs. 1 lit. b und Art. 7.

II. Kommentierung

12 **1. Einwilligung. – a) Rechtsnatur.** Die Einwilligung des Betroffenen in eine Datenverarbeitung legitimiert die Verarbeitung. Sie ist eine höchstpersönliche und deshalb jederzeit grundlos widerrufbare (Art. 7 Abs. 3 S. 1 DS-GVO) Willenserklärung, die Rechtsfolgen auslöst, so dass sie einen rechtsgeschäftlichen Erklärungsgehalt hat.[29] Die Bewertung der Rechtsnatur der Einwilligung, mag sie auch mehr rechtstheoretischer Natur sein, als Realhandlung, ist ebenso missverständlich wie überflüssig.[30]

13 **b) Wirksamkeitsanforderungen.** Die Wirksamkeitsanforderungen an die Einwilligung als Legitimierung der Datenverarbeitung sind an verschiedenen Stellen in der Verordnung normiert. Neben Art. 6 Abs. 1 lit. a finden sie sich in den Art. 4 Nr. 11, 7 und 8.

14 Art. 6 Abs. 1 lit. a legt unmittelbar fest, dass die Einwilligung „für einen oder mehrere bestimmte Zwecke" erteilt werden kann. Über den **Zweck** bzw. die Zwecke muss die betroffene Person vor oder bei der Erteilung der Einwilligung informiert werden.[31] Die jeweilige Einwilligung soll sich sodann auf alle zu diesen Zwecken vorgenommenen Verarbeitungsvorgänge beziehen.[32] Der Zweck der Verarbeitung ist so konkret wie möglich zu fassen, gleichwohl aber transparent und verständlich. Um diesen Anforderungen zu genügen, muss die Einwilligung sämtliche Verarbeitungsvorgänge im Sinne von Art. 4 Nr. 2 abdecken. Als ungeschriebenes Tatbestandsmerkmal dürfte zu ergänzen sein, dass die Einwilligung vor Aufnahme der jeweiligen Verarbeitung einzuholen ist. Eine **nachträgliche Genehmigung** genügt den Transparenzanforderungen aus Art. 5 nicht. In Fällen nachträglicher Genehmigungen ist vielmehr zu prüfen, ob die Einwilligung nicht konkludent abgegeben wurde und die Genehmigung lediglich der Dokumentation der bereits erteilten wirksamen Einwilligung dient.[33]

15 Art. 4 Nr. 11 definiert die Einwilligung legal. Danach handelt es sich um eine Willensbekundung über das Einverständnis zur Verarbeitung personenbezogener Daten. Sie soll daher durch eine freiwillige, bestätigende Handlung erfolgen, die für einen konkreten Fall, in informierter Weise und unmissverständlich zum Ausdruck bringen, dass die betroffene Person mit der Verarbeitung der sie betreffenden personenbezogenen Daten einverstanden ist. Im Ergebnis statuiert Art. 4 Nr. 11 eine Reihe von Wirksamkeitsvoraussetzungen für die Einwilligung.[34] Diese müssen erfüllt sein, um dem Rechtmäßigkeitstatbestand nach Art. 6 Abs. 1 lit. a zu genügen.

16 Art. 7 bestimmt weitere Voraussetzungen, deren Vorliegen konstitutiv für eine rechtmäßige Einwilligung sind. Eine rechtmäßige Einwilligung sieht danach eine Nachweispflicht auf Seiten des Verantwortlichen vor (Art. 7 Abs. 1). Weitere Voraussetzungen sind sowohl die Freiwilligkeit (Art. 7 Abs. 4), als auch die Transparenz und Eigenständigkeit der Einwilligung (Art. 7 Abs. 2). Die Möglichkeit des Betroffenen, jederzeit seine Einwilligung zu widerrufen (Art. 7 Abs. 3), lässt die offenkundige Zielsetzung

---

29 So auch Paal/Pauly-*Frenzel* Art. 6 Rn. 10.
30 Simitis-*Simitis* § 4a BDSG Rn. 20; ablehnend Gola-*Schulz* Art. 7 Rn. 9; vgl. Übersicht zum Streitstand Gola/Schomerus-*Gola/Klug/Körffer* § 4a BDSG Rn. 2.
31 ErwG 42.
32 ErwG 32.
33 Vgl. zur konkludenten Einwilligung auch die Kommentierung unten Rn. 24.
34 Siehe hierzu Kommentierung zu Art. 4 Nr. 11 Rn. 208 ff. sowie Art. 7.

des Verordnungsgebers erkennen, den Gebrauch von Einwilligungen als legitimierende Grundlage zur Verarbeitung einzuschränken.[35]

Die Einwilligung als Erlaubnistatbestand muss zu Gunsten eines jeden Verantwortlichen, der sich auf die Einwilligung berufen möchte, eingeholt werden. Dies gilt auch bei gemeinsam Verantwortlichen nach Art. 26.[36] Eine Einwilligung bei gemeinsamen oder mehreren Verantwortlichen kann von einem Verantwortlichen für alle eingeholt werden, sofern für den Betroffenen transparent erkennbar ist, wem gegenüber seine Erklärung gelten soll und welche Verantwortlichen auf Grundlage der Einwilligung seine personenbezogenen Daten verarbeiten werden.[37] 17

Sofern sich die Einwilligung auf von Art. 8 erfasste Fälle bezieht, sind die darin spezifizierten Wirksamkeitserfordernisse einer Einwilligung von Minderjährigen zu beachten.[38] 18

Wird eine **vorformulierte Einwilligungserklärung** zusammen mit anderen Vertragspunkten in Allgemeinen Geschäftsbedingungen verwendet, hat sie insbesondere dem Transparenzgebot des Art. 5 Abs. 1 lit. a zu genügen.[39] Maßstab für die Einhaltung des Transparenzgebots ist dabei die Richtlinie 93/13/EWG.[40] Wesentliches Kriterium ist hierbei, dass Betroffene den Umfang und die Konsequenzen der Verarbeitung, auf die sich die Einwilligung bezieht, erfassen können. Nicht erforderlich hingegen ist, dass Betroffene die Datenverarbeitung im Detail durchdringen.[41] 19

c) Alteinwilligungen. Die Einwilligung ist kein Novum, das mit der DS-GVO Einzug erhält. Gerade in der Rechtspraxis im nichtöffentlichen Bereich ist die vom Betroffenen abgegebene Einwilligung in die Verarbeitung seiner personenbezogenen Daten seit jeher von hoher Relevanz. Für die Rechtsanwendung steht damit die Frage im Raum, wie mit bereits vorliegenden Einwilligungen gem. der DSRL umzugehen ist. Dazu trifft die DS-GVO in ihren Erwägungsgründen eine klare Aussage: „Beruhen die Verarbeitungen auf einer Einwilligung gem. der Richtlinie 95/46/EG, so ist es nicht erforderlich, dass die betroffene Person erneut ihre Einwilligung dazu erteilt, wenn die Art der bereits erteilten Einwilligung den Bedingungen dieser Verordnung entspricht, so dass der Verantwortliche die Verarbeitung nach dem Zeitpunkt der Anwendung der vorliegenden Verordnung fortsetzen kann."[42] Diese Sichtweise wird durch die Art.-29-Datenschutzgruppe in ihrem WP 259 unterstützt.[43] 20

---

35 *Albrecht* spricht von einem „klar erkennbaren Widerspruchsrecht" *Albrecht* DuD 2013, 655, 656. Die Einschränkung, wonach bei erheblichem Ungleichgewicht zwischen Betroffenem und Verantwortlichen (Art. 7 Abs. 4) die Einwilligung nicht mehr zur Rechtmäßigkeit der Verarbeitung nach Art. 6 Abs. 1 lit. a führt, hat es nicht in die finale Fassung geschafft.
36 *EuGH* v. 29.7.2019 – C 40/17, ECLI:EU:C:2019:629, Fashion ID, Rn. 100.
37 So wohl *EuGH* v. 1.10.2019 – Rs. C-673/17, ECLI:EU:C:2019:801, Planet49, Rn. 75.
38 Vgl. hierzu Kommentierung zu Art. 8.
39 Siehe dazu auch Ausführungen zu Art. 7 Rn. 22 ff.
40 So ErwG 42 mit Verweis auf die Richtlinie 93/13/EWG des Rates v. 5.4.1993 über missbräuchliche Klauseln in Verbraucherverträgen, ABl. EG 1993 L 95, 29.
41 Vgl. Schlussanträge, Rs. C-673/17, Rn. 115.
42 ErwG 171 S. 3.
43 Vgl. WP 259, 30 sowie Rn. 139.

21 Die Aufsichtsbehörden sind diesbezüglich zu dem Schluss gekommen, dass bisher rechtswirksame Einwilligungen diese Bedingungen grundsätzlich erfüllen, da insbesondere Informationspflichten nach Art. 13 dafür nicht erfüllt sein müssen.[44]

22 Wurde die Einwilligung aber entgegen den Bestimmungen der DS-GVO von dem Betroffenen abgegeben, so ist die Verarbeitung der Daten unzulässig.[45] Besondere Beachtung verdient deswegen das Kriterium der Freiwilligkeit, die für eine rechtmäßige Einwilligung i.S.d. DS-GVO unabdingbar ist.[46]

23 **d) Form.** Ein Schriftformerfordernis wie noch aus dem BDSG a.F. bekannt enthält die DS-GVO nicht. Die ausdrückliche Einwilligung kann demzufolge auch elektronisch oder mündlich erklärt werden.[47] Der **Formfreiheit** steht die Beweispflicht des Verantwortlichen für das Vorliegen einer Einwilligung gegenüber. In der Regel und vor allem bei erheblichen Gefährdungen für das Persönlichkeitsrecht des Betroffenen wird die schriftliche und deswegen am besten dokumentierbare Einwilligungserklärung – mit Blick auf die Rechenschaftspflicht nach Art. 5 Abs. 2, aber auch zum Schutz vor zivilrechtlicher Haftung – zu präferieren sein.[48] Je nach Verarbeitungssituation kann eine elektronisch abgegebene Einwilligung unter dem Gesichtspunkt der Datensparsamkeit und zur Einhaltung der Dokumentationspflicht ebenso oder besser geeignet sein wie eine schriftlich erteilte Einwilligung. Ein Medienbruch führt in der Regel zu einer erhöhten Anforderung an die Dokumentationspflicht. Eine Einwilligung kann (fern-)mündlich erteilt werden, sofern die Wirksamkeitsvoraussetzungen erfüllt werden. Im Rahmen der Dokumentation empfiehlt sich hier eine Bestätigung in Text- oder Schriftform an den Betroffenen sowie eine Dokumentation durch den Einholenden.

24 Im Sinne der den Datenschutz kennzeichnenden Transparenz ist die Einwilligungserklärung „in verständlicher und leicht zugänglicher Form in einer klaren und einfachen Sprache"[49] zu verfassen. Eine rechtmäßige Einwilligung kann nach Abkehr vom Schriftformerfordernis bereits durch eine **eindeutige bestätigende Handlung** erfolgen.[50] Damit ist eine wirksame Einwilligung bereits durch schlüssiges Verhalten (konkludente Einwilligung) möglich, das sich allerdings in einer nachweislichen, also dokumentierbaren, aktiven Handlung ausdrücken muss.[51]

25 Die Grenze, ab welcher die Einwilligung keine Rechtmäßigkeit mehr i.S.d. Art. 6 Abs. 1 lit. a begründet, beginnt spätestens beim Stillschweigen. Auch die bloße Untätigkeit der betroffenen Person stellt keine Einwilligung dar.[52] Die Abgrenzung einer Einwilligung durch konkludentes Verhalten von bloßer Untätigkeit wird in der Praxis

---

44 *Düsseldorfer Kreis* Beschl. v. 13./14.9.2016: Fortgeltung bisher erteilter Einwilligungen unter der Datenschutz-Grundverordnung; vgl. zur Wirksamkeit von Alteinwilligungen auch GDD-Praxishilfe XIII, S. 9.
45 BeckOK DatenSR-*Schild* Art. 94 Rn. 3.
46 Vgl. dazu auch ausführlich Art. 7 Rn. 43 ff.
47 ErwG 32 S. 1; dies gilt nun auch im Beschäftigungskontext, vgl. Kommentierung zu § 26 BDSG.
48 Vgl. *Wybitul* BB 2016, 1077.
49 Vgl. Art. 7 Abs. 2 S. 1; ErwG 42 S. 3.
50 Vgl. Art. 4 Nr. 11; ErwG 32.
51 *Spelge* DuD 2016, 775, 780; *Krohm* ZD 2016, 368, 371.
52 Vgl. dazu GDD-Praxishilfe XIII zur Einwilligung, S. 7.

Schwierigkeiten bereiten.⁵³ Dies gilt auch gerade im Hinblick auf mögliche sogenannte „Opt-Outs" bei vorformulierten Einwilligungserklärungen, deren Zulässigkeit unter der DS-GVO nicht mehr gegeben ist.⁵⁴ Dies ergibt sich aus ErwG 32 S. 3 der DS-GVO und wurde durch den EuGH in der Planet49-Entscheidung noch einmal ausdrücklich bestätigt.⁵⁵ Für die Einwilligung in die Datenverarbeitung für Zwecke der Werbung⁵⁶ galt bis zum 25.5.2018 Folgendes: Für die datenschutzrechtlich wirksame Einwilligung genügt nach Auffassung des BGH ein „Opt-Out"⁵⁷, während für die lauterkeitsrechtliche Einwilligung ein „Opt-In" notwendig ist. Seit dem 25.5.2018 sind diese Unterschiede eingeebnet, denn ab diesem Zeitpunkt gilt Art. 6 Abs. 1 lit. a DS-GVO bzw. Art. 6 Abs. 1 lit. f sowie ErwG 47 S. 7.⁵⁸ Für die Rechtsanwendung wird die Eindeutigkeit der bestätigenden Handlung der Maßstab für die Wirksamkeit der Einwilligung sein (vertiefend zur Einwilligungsgestaltung bei online abzugebenden Erklärungen Art. 4 Nr. 11 Rn. 208 ff.). Zu den Anforderungen und Grenzen im Rahmen des Koppelungsverbots vgl. Art. 7 Rn. 48.

Auch hinsichtlich der Form einer wirksame Einwilligung nach der ePrivacy-RL in Verbindung mit der DSRL bzw. der DS-GVO hat der EuGH 2019 im Rahmen eines Vorabentscheidungsersuchens des BGH von 2017⁵⁹ entschieden, dass eine wirksame Einwilligung im konkreten Fall für die Verwendung von **Cookies** bei einem **voreingestellten Ankreuzkästchen** nicht vorliegt (hierzu sowie zur Frage nach dem Erfordernis einer Einwilligung für das Setzen von Cookies im nationalen Kontext vertiefend Rn. 168 ff. und Art. 4 Nr. 11 Rn. 211 ff.). **26**

e) Besonderheiten im Verhältnis zum Recht am eigenen Bild. Besonderheiten bei der Einwilligung ergeben sich bei Bildaufnahmen von Personen. Grundsätzlich kommt als Rechtsgrundlage für die Anfertigung von Abbildungen jeder der Erlaubnistatbestände in Art. 6 in Betracht, sofern nicht bereits die Bereichsausnahme des Art. 2 Abs. 2 lit. c Anwendung findet.⁶⁰ **27**

In der Praxis kommt als taugliche Rechtsgrundlage insbesondere bei einer Vielzahl von Personen, die auf einer Abbildung zu erkennen sind, die Einwilligung jedoch nicht in Betracht. Der Verantwortliche wird die Wirksamkeitsanforderungen an eine Einwilligung nicht einhalten können. Stattdessen bietet sich in diesen Fällen das berechtigte Interesse der Person an, die diese Aufnahmen herstellt (vgl. dazu Art. 6 **28**

---

53 *Spelge* DuD 2016, 775, 781.
54 *Krohm* ZD 2016, 368, 372; WP 259 rev. 01, 16; ferner *Albrecht* CR 2016, 88, 91; für die Zulässigkeit einer Einwilligung durch Streichen der nichtzutreffenden Passagen unter dem BDSG a.F. vgl. *BGH* v. 16.7.2008 – VIII ZR 348/06, Rn. 34; Zu dieser Thematik vgl. auch die Kommentierung *Schwartmann* Art. 4 Nr. 11 Rn. 208 ff.; *EuGH* v. 1.10.2019 – Rs. C-673/17, ECLI:EU:C:2019:801, Planet49, Rn. 55, sieht in Fällen des „Opt-Out" zumindest ein Nachweisproblem des Verantwortlichen, ob die Einwilligung durch den Betroffenen in Kenntnis der Sachlage erteilt wurde.
55 *EuGH* v. 1.10.2019 – C-673/17, ECLI:EU:C 2019:801, Planet19.
56 Vgl. dazu Art. 6 Rn. 162.
57 Vgl. *BGH* GRUR 2008, 1010, Rn. 20 ff. – Payback; *BGH* NJW 2010, 864, Rn. 20 ff. – Happy Digits sowie Köhler/Bornkamm/Feddersen-*Köhler* UWG § 7 Rn. 156.
58 Vgl. dazu Köhler/Bornkamm/Feddersen-*Köhler* UWG § 7 Rn. 156 sowie Rn. 162 ff. und 169 ff. dieses Kapitels.
59 *BGH* v. 5.10.2017 – I ZR 7/16, Vorabentscheidungsersuchen in der Rs. C-673/17, Planet49.
60 Vgl. *Dregelies* AfP 2019, 298, 299.

Abs. 1 lit. f Rn. 188 sowie zur Abgrenzung zwischen Direkt- und Dritterhebung bei Bildaufnahmen und den hieraus resultieren Informationspflichten Art. 13 Rn. 52, 101 f., Art. 14 Rn. 100).[61] Der Sache nach ist auch der **Anwendungsbereich des Art. 9** betroffen, wenn die Abbildung mittelbar Rückschlüsse auf besondere Kategorien personenbezogener Daten ermöglicht, z.B. wenn die abgebildete Person eine Brille trägt oder eine Gehhilfe benötigt. Bei mittelbaren Hinweisen auf Daten i.S.v. Art. 9 Abs. 1 wird jedoch eine einschränkende Auslegung des Art. 9 vor dem Hintergrund seines Schutzzwecks diskutiert, der nur bei einer besonderen Zweckbestimmung einschlägig sein soll. Dies wäre etwa der Fall, wenn Fotografien getätigt werden, um im Rahmen einer Studie zur Fehlsichtigkeit festzustellen, wie viele Brillenträger sich durchschnittlich in der Bevölkerung befinden (vertiefend hierzu Art. 9 Rn. 165).

29 Die Regelungen des KUG hingegen finden ausschließlich auf eine spätere mögliche Veröffentlichung einer Abbildung einer Person Anwendung, nicht aber auf die Anfertigung oder weitere Verarbeitung.[62] Das KUG gilt allerdings nur im Umfang der Öffnungsklausel für den journalistischen, wissenschaftlichen, künstlerischen oder literarischen Bereich,[63] im Übrigen finden die allgemeinen Regeln in Art. 6 auch auf die Veröffentlichung Anwendung.

30 Sofern das KUG im journalistischen Bereich Anwendung findet, sind die Regelungen der §§ 22, 23 KUG als eigenständige Ausformung der Öffnungsklausel des Art. 85 Abs. 2 anwendbar.[64] Die damit einhergehenden Inkohärenz in Bezug auf die unterschiedlichen Regelungen zur Einwilligung selbst und der Widerruflichkeit von Einwilligungen muss *de lege lata* hingenommen werden. Bei konsequenter Anwendung der Regelungen des Art. 6 Abs. 1 dürften sich allerdings im Ergebnis keine tatsächlichen Unterschiede ergeben. So ist etwa der Fall eines Fotos, das in einem beruflichen Netzwerk durch den Betroffenen hochgeladen und sodann durch einen Nutzer weiterverbreitet wurde, sowohl nach KUG als auch nach DS-GVO so zu lösen, dass alleine im Hochladen keine konkludente Einwilligung zu sehen ist, die eine Weiterverbreitung erlaubt.[65]

31 **2. Widerruf.** Abzugrenzen ist der Widerruf zunächst vom Widerspruch. Während sich der Widerspruch[66] der betroffenen Person gegen eine rechtmäßige Datenverarbeitung auf Grundlage einer gesetzlichen Erlaubnisnorm richtet, handelt es sich beim Widerruf um die Rücknahme einer durch die betroffene Person vormals abgegebene Einwilligung.[67] Setzt sich ein Betroffener gegen eine Datenverarbeitung zur Wehr, ist seine Erklärung bei Falschbezeichnung in seinem Sinne auszulegen. Der Betroffene muss unmissverständlich zum Ausdruck bringen, was das Ziel seiner Erklärung ist. Anderenfalls besteht das Risiko, dass der Verantwortliche rechtswidrig personenbezogene

---

61 So auch *Der Hamburgische Beauftragte für Datenschutz und Informationsfreiheit* Rechtliche Bewertung von Fotografien einer unüberschaubaren Anzahl von Menschen nach der DSGVO außerhalb des Journalismus, S. 5; vgl. hierzu die Kommentierung zu Art. 6 Abs. 1 lit. f. Rn. 188.
62 *Nettesheim* AfP 2019, 473, 479 m.w.N.
63 *OLG Köln* v.18.6.2018 – 15 W 27/18, Rn. 5 ff.
64 *Lauber-Rönsberg/Hartlaub* NJW 2017, 1057, 1061; *Weberling/Bergann* AfP 2019, 293, 295.
65 Das *LG Frankfurt* v. 26.9.2019 – 2-03 O 402/18, Rn. 72 wendet hier die Regelungen des KUG an, gleichwohl wäre das Ergebnis im Rahmen von Art. 6 Abs. 1 lit. a gleich.
66 Dazu Art. 21 DS-GVO.
67 Gola-*Schulz* Art. 21 Rn. 3.

Daten des Betroffenen löscht bzw. die Verarbeitung entgegen des tatsächlichen Willen des Betroffenen einschränkt.

Stützt ein Verantwortlicher seine Datenverarbeitung auf Art. 6 Abs. 1 lit. a, ist er gem. Art. 13 Abs. 2 lit. c und Art. 14 Abs. 2 lit. d verpflichtet, den Betroffenen über sein jederzeitiges Widerrufsrecht zu informieren. 32

Mit dem Widerruf entfällt die Rechtmäßigkeit einer Datenverarbeitung i.S.d. Art. 6 Abs. 1 lit. a. Vom Zeitpunkt des erklärten Widerrufs an ist die Verarbeitung personenbezogener Daten damit nicht mehr legitimiert und zulässig, sofern sich die Verarbeitung nicht noch auf eine andere Legitimation stützen kann. Der Widerruf wirkt im Ergebnis **ex nunc**.[68] Der Widerruf einer Einwilligung kann in Ausnahmefällen auch andere Rechtfertigungsgründe entfallen lassen. Widerruft etwa ein Betroffener seine Einwilligung, die er ursprünglich für die Bewerbung mit elektronischer Post erteilt hat, für die Zukunft bezogen auf „den Erhalt jeglicher Werbung", so kann der Verantwortliche den Betroffenen nicht aufgrund eines berechtigten Interesses weiterhin nach Art. 6 Abs. 1 lit. f per Briefpost bewerben. Immerhin hat der Betroffene hiergegen ausdrücklich widersprochen. Ferner muss der Verantwortliche prüfen, ob die weitere Verarbeitung eine Zweckänderung zum Gegenstand hat, die gesondert durchgeführt werden muss und bei der – im Rahmen der Interessenabwägung – eine widerrufene Einwilligung unter Umständen zu berücksichtigen ist. Ein absolutes (Weiter-)Verarbeitungsverbot nach Widerruf einer Einwilligung wird in Art. 6 Abs. 1 lit. a allerdings nicht normiert. Zur Dokumentation der Rechtmäßigkeit der Verarbeitung von personenbezogenen Daten des Betroffenen bis zum Widerruf und der damit einhergehenden Dokumentationspflicht des Verantwortlichen können Informationen zur Erteilung, Verarbeitung und Widerruf der Einwilligung auch nach Erlöschen der Einwilligung verarbeitet werden. 33

Nach einem Widerruf sind die davon berührten Daten gem. Art. 17 Abs. 1 lit. b zu löschen, sofern sich ihre Verarbeitung nicht noch auf einen anderen Rechtfertigungsgrund stützen kann. 34

3. Sanktionen. Bei einem Verstoß im Rahmen des Art. 6 Abs. 1 lit. a kommt gem. Art. 83 Abs. 1, Abs. 5 das nach der DS-GVO höchst mögliche Bußgeld in Höhe von bis zu 20 Mio. EUR „oder im Fall eines Unternehmens von bis zu 4 % seines gesamten weltweit erzielten Jahresumsatzes des vorangegangenen Geschäftsjahrs" in Betracht. 35

Der Verstoß kann sich hierbei aus verschiedenen Anknüpfungstatbeständen des Art. 83 Abs. 5 ergeben. Denkbar sind u.a. Verstöße gegen die Einwilligungsbedingungen des Art. 6 (Art. 83 Abs. 5 lit. a), aber auch Verletzungen der Informationspflichten der Art. 13 Abs. 2 lit. c und Art. 14 Abs. 2 lit. d (Art. 83 Abs. 5 lit. b) und die mangelnde Dokumentation der Einwilligung nach Art. 5 Abs. 2 DS-GVO. 36

Die maximal mögliche Bußgeldhöhe erscheint geboten, weil die Einwilligung die Rechtmäßigkeit der grundsätzlich verbotenen Verarbeitung personenbezogener Daten begründet und ohne die Rechtmäßigkeit ein schwerwiegender Eingriff in das Recht auf informationelle Selbstbestimmung vorliegen kann. Ein solcher persönlichkeitsrechtlicher Eingriff ist grundsätzlich verboten und bedarf ausnahmslos einer Erlaubnis wie etwa einer Einwilligung. 37

---

68 Plath-*Plath* Art. 7 Rn. 15; Gola-*Schulz* Art. 7 Rn. 58.

C. Art. 6 Abs. 1 lit. b

(1) Die Verarbeitung ist nur rechtmäßig, wenn mindestens eine der nachstehenden Bedingungen erfüllt ist:

a) ...

b) die Verarbeitung ist für die Erfüllung eines Vertrags, dessen Vertragspartei die betroffene Person ist, oder zur Durchführung vorvertraglicher Maßnahmen erforderlich, die auf Anfrage der betroffenen Person erfolgen; (...).

– *ErwG:* 44

– *BDSG n.F.:* § 24

Literatur: *European Data Protection Board* Guidelines 2/2019 on the processing of personal data under Article 6(1)(b) GDPR in the context of the provision of online services to data subjects (Version 2.0, 8 October 2019); *Tavanti* Datenverarbeitung zu Werbezwecken nach der Datenschutz-Grundverordnung (Teil 2). RDV 2016, 295; *Wendehorst/von Westphalen* Das Verhältnis zwischen Datenschutz-Grundverordnung und AGB-Recht, NJW 2016, 3745.

I. Einordnung und Hintergrund

38 Gemäß Art. 6 Abs. 1 lit. b ist eine Datenverarbeitung dann rechtmäßig, wenn die Verarbeitung für die Erfüllung eines Vertrags, dessen Vertragspartei die betroffene Person ist, oder zur Durchführung vorvertraglicher Maßnahmen erforderlich ist, die auf Anfrage der betroffenen Person erfolgen. Die Norm erfasst damit sowohl die Vertragsanbahnung als auch die Durchführung eines Vertrags.[69] Durch den Umstand, dass der Betroffene im Falle einer Rechtfertigung über Art. 6 Abs. 1 lit. b entweder Vertragspartei ist oder Anlass für die Durchführung der vorvertraglichen Maßnahmen gegeben hat und somit (zivilrechtlich) eine von seinem Willen getragene Erklärung abgegeben hat, enthält der Erlaubnistatbestand des Art. 6 Abs. 1 lit. b zumindest indirekt ein voluntatives Element des Betroffenen, das entsprechend zu berücksichtigen ist.

39 Art. 6 Abs. 1 lit. b entspricht fast wortwörtlich der Regelung in Art. 7 lit. b der Richtlinie 95/46/EG.[70] In der Handhabung des Erlaubnistatbestands ergeben sich im Hinblick auf die erweiterten Dokumentations- und Informationspflichten allerdings Änderungen durch die DS-GVO.

40 Verarbeitungstätigkeiten von personenbezogenen Daten, die auf einem Vertragsverhältnis oder einer Vertragsanbahnung auf Anfrage der betroffenen Person vor Inkrafttreten der DS-GVO beruhen, müssen zum Zeitpunkt der Geltung der DS-GVO entsprechend auf ihre Rechtmäßigkeit geprüft werden.[71] Während eine solche Rechtmäßigkeit in vielen Fällen auch künftig gegeben sein dürfte, wird im Bereich der Gesundheitsdaten die Beschränkung der Erlaubnistatbestände im Rahmen des Art. 9 zu berücksichtigen sein.

---

69 Kühling/Buchner-*Buchner/Petri* Art. 6 Rn. 34.
70 BeckOK DatenSR-*Albers/Veit* Art. 6 Rn. 28; Paal/Pauly-*Frenzel* Art. 6 Rn. 15; *Schantz/Wolff* Das neue Datenschutzrecht, Rn. 540; Gola-*Schulz* Art. 6 Rn. 28; Sydow-*Reimer* Art. 6 Rn. 21.
71 Vgl. ErwG 171.

Im Verhältnis zu den anderen Erlaubnistatbeständen ist in der Regel davon auszugehen, dass kein weiterer Erlaubnistatbestand parallel existiert. Die Einwilligung nach Art. 6 Abs. 1 lit. a dürfte für dieselben Verarbeitungstätigkeiten die Art. 6 Abs. 1 lit. b abdeckt, nicht verwendbar sein.[72] Die Freiwilligkeit würde bei der Einwilligung fehlen, da die Datenverarbeitung nach dem Wortlaut in Art. 6 Abs. 1 lit. b gerade „notwendig" und nicht disponibel ist. Die Verarbeitung der Daten zur Erfüllung rechtlicher Verpflichtungen nach Art. 6 Abs. 1 lit. c wiederum dürfte neben Art. 6 Abs. 1 lit. b in der Regel keinen Anwendungsbereich finden, da Art. 6 Abs. 1 lit. b eine gewisse Disponibilität der Datenverarbeitung voraussetzt, was Art. 6 Abs. 1 lit. c gerade nicht zulässt.[73] Das berechtigte Interesse schließlich ist zwar nicht grundsätzlich gesperrt, da der Erlaubnistatbestand in Art. 6 Abs. 1 lit. f weiter ist als Art. 6 Abs. 1 lit. b, gleichwohl aber dogmatisch nicht parallel zu verwenden. Ansonsten liefe das Widerspruchsrecht der Betroffenen in diesen Fällen immer ins Leere. 41

II. Kommentierung

Die Rechtfertigung für eine Datenverarbeitung zur Erfüllung eines Vertrages ist eine der zentralen Erlaubnistatbestände im Rahmen der wirtschaftlichen Betätigung nichtöffentlicher Verantwortlicher.[74] Umso schwerer wiegt, dass der europäische Gesetzgeber versäumt hat ein wesentliches Problem der Vorgängerregelung anzugehen: Es gibt weder ein einheitliches europäisches Vertrags- oder gar Zivilrecht, noch eine Definition des Begriffs der Vertragserfüllung.[75] Dennoch stützt sich Art. 6 Abs. 1 lit. b auf zivilrechtliche Begriffe als Anknüpfungspunkt für die Rechtmäßigkeit einer Datenverarbeitung, die in den Mitgliedstaaten unterschiedlich ausgelegt und verstanden werden können.[76] Die gebotene autonome Auslegung des Begriffs der Vertragserfüllung als zentraler Begriff eines europäischen Zivilrechts im Rahmen der DS-GVO wirkt daher fehl am Platze und schafft darüber hinaus unnötig Rechtsunsicherheit.[77] 42

1. Erfüllung eines Vertrages. Wegen der fehlenden Definition des Begriffs der Vertragserfüllung muss im Rahmen der autonomen Auslegung[78] bestimmt werden, welcher rechtlichen Einordnung die Erfüllung eines Vertrages datenschutzrechtlich unterliegt und welche Rechtsbeziehungen unter den Begriff des Vertrages i.S.d. DS-GVO subsumiert werden bzw. werden sollen. 43

a) Erfüllung. In Bezug auf den Begriff der **Erfüllung** ist unklar, ob hier untechnisch die praktische Durchführung, als jede Rechtshandlung in Zusammenhang mit der Abwicklung (zur Erfüllung aber auch sonstigen Erledigung, z.B. durch Rücktritt) eines wie auch immer gearteten vertraglichen Schuldverhältnisses gemeint ist, oder tatsächlich an einen nicht existenten, einheitlichen europäischen zivilrechtlichen Erfüllungsbegriff anzuknüpfen ist. 44

---

72 *EDPB* Opinion 2/2019, 7.
73 Vgl. *EDPB* Opinion 2/2019, 13.
74 BeckOK DatenSR-*Albers/Veit* Art. 6 Rn. 29.
75 Vgl. überblicksartig zu bisherigen Europäisierungsbestrebungen *Limmer* DNotZ-Sonderheft 2012, 59.
76 Vgl. *Wendehorst/von Westphalen* NJW 2016, 3745, 3745.
77 Vgl. BeckOK DatenSR-*Albers/Veit* Art. 6 Rn. 31.
78 Ehmann/Selmayr-*Selmayr/Ehmann* Einführung, Rn. 91.

45 Im Interesse einer einheitlichen Auslegung des Begriffs dürfte wohl auf eine weite Begriffsbestimmung abzustellen sein, so dass unter den Erfüllungsbegriff jegliche Handlung zu subsumieren ist, die entweder rechtlich oder tatsächlich durch die Vertragspartei, die die entsprechende Datenverarbeitung vornimmt, in irgendeiner Form erbracht wird, um ihre eigenen oder fremden Verpflichtungen aus dem Vertragsverhältnis zu erbringen.[79] Dies umfasst neben der tatsächlichen Erfüllung der Hauptleistungspflichten damit auch Nebenleistungspflichten sowie Handlungen, die diesen unmittelbar vorgelagert bzw. notwendig sind, um den Verpflichtungen der Partei zu genügen.[80]

46 **b) Vertrag.** Im Hinblick auf die Auslegung des Begriffs des **Vertrags** muss das zuvor Gesagte ebenso gelten.[81] Die bisherigen Verordnungs- und Richtlinientexte, die den Begriff des „Vertrags" auf europäischer Ebene zum Gegenstand haben, enthalten weder entsprechende Definitionen noch eine klare Abgrenzung. In der Rom-I-Verordnung etwa ist der verwandte Begriff des vertraglichen Schuldverhältnisses nicht definiert; in der Verbraucherrechte-Richtlinie fehlt ebenso ein tauglicher Anknüpfungspunkt. Der Begriff des „Vertrags" muss jedenfalls auch fehlerhafte bzw. nichtige Vertragsverhältnisse umfassen, um diese nicht aus dem Geltungsbereich des Art. 6 Abs. 1 lit. b auszunehmen. Letzteres würde zu unbefriedigenden Ergebnissen führen, da der Verantwortliche etwa bei einer **ex-tunc-Nichtigkeit** eines Vertrages plötzlich seiner Erlaubnis für die Verarbeitung in der Vergangenheit beraubt wäre. Ob in einem solchen Fall – z.B. der Anfechtung wegen Irrtums – eine Verarbeitung alternativ auf ein berechtigtes Interesse des Verantwortlichen nach Art. 6 Abs. 1 lit. f gestützt werden könnte, wäre dann wiederum Frage des Einzelfalls und würde den Verantwortlichen unverschuldet dem Risiko aussetzen, personenbezogene Daten ohne entsprechende Erlaubnis verarbeitet zu haben, selbst wenn der Betroffene selbst Anlass dafür gegeben hat, dass der Verantwortliche diese Verarbeitung vorgenommen hat.[82]

47 Bereits hieran wird deutlich, dass eine trennscharfe Unterscheidung zwischen Vertrag, **quasivertraglichen** oder **vertragsähnlichen** Schuldverhältnissen nicht zielführend ist. Um unter dem Gesichtspunkt der ratio des Erlaubnistatbestandes eine Datenverarbeitung zu ermöglichen, die primär im Interesse des Betroffenen ist, dürften wohl auch vorvertragliche und vertragsähnliche Schuldverhältnisse unter dem Begriff des Vertrags zu subsumieren sein.[83] Eine solche weite Auslegung ist auch im Interesse des Betroffenen, sichert sie doch eine enge Zweckbindung bei der folgenden Verarbeitung, und steht in Einklang mit Art. 6 Abs. 1 lit. b Alt. 2. Bestimmte Vertragstypen setzen bereits im Rahmen vorvertraglicher Verhandlungen umfassende Informationspflichten voraus. Hierfür sind in der Regel Daten des Vertragspartners zu erheben

---

79 *Schantz/Wolff* Das neue Datenschutzrecht, Rn. 551/553; Gola-*Schulz* Art. 6 Rn. 28.
80 BeckOK DatenSR-*Albers/Veit* Art. 6 Rn. 31; *Schantz/Wolff* Das neue Datenschutzrecht, Rn. 553; *Plath* Art. 6 Rn. 11; Kühling/Buchner-*Buchner/Petri* Art. 6 Rn. 33; Sydow-*Reimer* Art. 6 Rn. 20; *Tavanti* RDV 2016, 295, 295.
81 BeckOK DatenSR-*Albers/Veit* Art. 6 Rn. 30.
82 A.A. EDPB Opinion 2/2019, 6, wobei das EDPB offenbar fälschlicherweise davon ausgeht, dass bei Datenerhebung für den Verantwortlichen erkennbar ist, dass der Vertrag wirksam ist. Diese Wertung macht deutlich, dass über das Datenschutzrecht nicht die systematischen Unterschiede im mitgliedstaatlichen Vertragsrecht gelöst werden können.
83 *EDPB* Opinion 2/2019, 13; BeckOK DatenSR-*Albers/Veit* Art. 6 Rn. 30/33; Auernhammer-*Kramer* Art. 6 Rn. 20; *Schantz/Wolff* Das neue Datenschutzrecht, Rn. 566 ff.

und zu verarbeiten, um die Informationspflichten tatsächlich erfüllen zu können. Würde ein solches **vorvertragliches Schuldverhältnis** nicht unter dem Begriff des Vertrages bzw. die der vorvertraglichen Maßnahme eingeordnet, müsste der Verantwortliche entweder das Risiko eingehen, dass eine solche Erfüllung gesetzlicher Informationspflichten, die primär in seinem eigenen Interesse erfolgt, einer Interessenabwägung nach Art. 6 Abs. 1 lit. f genügt oder die Einwilligung des Betroffenen einholen. Beides würde dem Interesse der Parteien des Vertrags zuwiderlaufen, einen möglichst unkomplizierten und transparenten Vertragsschluss herbeizuführen.[84] Ebenso spricht in systematischer Hinsicht für eine weite Auslegung des Vertragsbegriffs, dass der europäische Gesetzgeber in der Rom I-VO vorvertragliche Schuldverhältnisse in Art. 1 Abs. 2 lit. i Rom I-VO ausdrücklich vom Anwendungsbereich der Verordnung ausgenommen hat. Eine solche Ausnahme fehlt in der DS-GVO; im Gegenteil sind vorvertragliche Maßnahmen vom Wortlaut ausdrücklich erfasst.

Ferner dürften unter den Begriff des Vertrages auch solche Verträge fallen, die nicht zwischen zwei natürlichen Personen abgeschlossen werden, sondern zwischen Unternehmen oder Verbänden, die die Betroffenen selbst vertreten bzw. eine Regelung zu Gunsten des oder der Betroffenen abschließen sowie Auslobungen und ähnliche einseitige Rechtsgeschäfte,[85] außerdem auch die Geschäftsführung ohne Auftrag,[86] Verträge zu Gunsten Dritter u.a. (s.u. Rn. 56 sowie 65). 48

c) Betroffener als Vertragspartei. Eine weitere Schwierigkeit besteht in der offenen Formulierung von Art 6. Abs. 1 lit. b im Hinblick auf die vertragliche Stellung der betroffenen Person als „**Partei**". 49

Art. 6 Abs. 1 lit. b bezieht sich ausdrücklich auf die betroffene Person als Vertragspartei, worunter zunächst die Parteien des Vertrages fallen, die direkt eine Rechtsbeziehung eingehen, also etwa Käufer und Verkäufer im Rahmen eines Kaufvertrages. 50

Allerdings dürften unter den Parteienbegriff auch solche Personen fallen, die nicht direkt die zuvor genannte Rechtsbeziehung eingehen, sondern nur Begünstigte sind.[87] Im deutschen Zivilrecht würde eine solche Partei etwa der Dritte bei einem **Vertrag zu Gunsten Dritter**, oder der Arbeitnehmer eines Tarifvertrages bzw. einer Betriebsvereinbarung sein, soweit diese etwa im Rahmen eines Sozialplans Bezug auf einzelne Arbeitnehmer nimmt und hierzu die Datenverarbeitung dieser Betroffenen stattfindet.[88] Eine solche Einordnung verhindert eine mögliche Diskrepanz zwischen datenschutzrechtlicher und vertragsrechtlicher Wertung. Würde die Datenverarbeitung von begünstigten oder beteiligten Personen nicht auf Art. 6 Abs. 1 lit. b gestützt werden können, wäre in vielen Fällen auf Art. 6 Abs. 1 lit. f als Rechtsgrundlage zurückzugreifen.[89] Macht ein Betroffener von seinem Widerspruchsrecht im Rahmen von Art. 21 Gebrauch, wird mit erfolgreichem Widerspruch die Vertragserfüllung für den Verantwortlichen tatsächlich unmöglich. Ob dies aber zugleich einen zivilrechtlichen 51

---

84 Vgl. BeckOK DatenSR-*Albers/Veit* Art. 6 Rn. 33.
85 Gola-*Schulz* Art. 6 Rn. 29.
86 So zum BDSG Plath-*Plath* § 28 BDSG Rn. 18; Simitis-*Simitis* § 28 BDSG Rn. 94; a.A. Kühling/Buchner-*Buchner/Petri* Art. 6 Rn. 31.
87 Vgl. *Schantz/Wolff* Das neue Datenschutzrecht, Rn. 545.
88 Vgl. zum Sammelinkasso *Schaffland/Wiltfang* Art. 6 Rn. 72; a.A. Kühling/Buchner-*Buchner/Petri* Art. 6 Rn. 32.
89 So etwa Kühling/Buchner-*Buchner/Petri* Art. 6 Rn. 31.

Anspruch auf Rücktritt oder Kündigung des Vertrages mit dem Vertragspartner und damit die Befreiung von einer möglichen vertraglichen Verpflichtung gegenüber dem Dritten auslöst, läge im Risiko des Verantwortlichen. Eine Verknüpfung von Datenverarbeitung und Vertrag über die Rechtsgrundlage des Art. 6 Abs. 1 lit. b ist in diesen Fällen interessengerecht.

52 Darüber hinaus ist Partei auch, wer zum Zwecke der Vertragserfüllung zur Duldung oder einem Unterlassen verpflichtet ist, sofern nicht Art. 6 Abs. 1 lit. c einschlägig ist.

53 Demzufolge ist Partei jeder Beteiligte des Vertragsverhältnisses, der ein Interesse oder eine Pflicht zur Duldung der jeweiligen zivilrechtlichen Handlung hat, die die Datenübermittlung bzw. Datenverarbeitung bedingt.

54 **2. Vorvertragliche Maßnahmen auf Anfrage des Betroffenen.** **Vorvertragliche Maßnahmen** sind an die Voraussetzung gebunden, dass sie auf Anfrage des Betroffenen erfolgten.[90] Auch im Hinblick auf den Begriff „vorvertragliche Maßnahme" fehlt eine Definition in der DS-GVO, so dass wiederum eine autonome Auslegung erfolgen muss.

55 In Ergänzung zu dem zuvor Gesagten (s.o. Rn. 47) bedeutet dies, dass der Betroffene in irgendeiner Art und Weise erkennbar für die andere Partei den Abschluss eines Vertrages und die hierfür erforderliche Übermittlung von Daten jedenfalls für möglich hält. Nicht erforderlich dürfte es jedoch sein, dass die Parteien zu diesem Zeitpunkt bereits die konkreten Parameter für den noch zu schließenden Vertrag kennen bzw. sich überhaupt einig sind, tatsächlich einen Vertrag zu schließen.[91] Ebenso wenig ist an dieser Stelle erforderlich, dass alle durch den Betroffenen übermittelten Daten tatsächlich für die spätere Vertragserfüllung notwendig sind. Ihre Verarbeitung, insbesondere ihre Speicherung zum Zeitpunkt der vorvertraglichen Maßnahmen ist jedenfalls so lange zulässig, bis die empfangende Partei erkennen kann, ob die übermittelten Daten unter Umständen für die Erfüllung des Vertrages notwendig sein werden. Dann müssen die Daten allerdings gelöscht werden, sollte sich herausstellen, dass sie für die tatsächliche Vertragserfüllung nicht notwendig sind.[92]

56 Unter den Begriff der **Anfrage** fällt in diesem Zusammenhang auch eine Datenverarbeitung, die von der Gegenseite im Vorfeld eines möglichen Vertragsschlusses verlangt wird. Ein solches Verlangen ist immer dann gegeben, wenn der Betroffene in Kenntnis dieser Verarbeitung eine entsprechende Anfrage zum Abschluss eines Vertrages an den Anbieter übersandt hat.

57 Ferner fallen hierunter auch alle Verarbeitungstätigkeiten des Verantwortlichen, die in diesem Zusammenhang mit Daten vorgenommen werden die nicht vom Betroffenen selbst stammen. Hiervon losgelöst ist die Frage der Erforderlichkeit.

58 **3. Die Erforderlichkeit der Datenverarbeitung.** Die **Erforderlichkeit** ist in Konsequenz zu dem zuvor Genannten ebenfalls weit zu verstehen. Sie ist eben gerade nicht auf die reine, zivilrechtliche Erfüllungshandlung bezogen, sondern muss vielmehr als

---

90 Vgl. BeckOK DatenSR-*Albers/Veit* Art. 6 Rn. 33; *Schantz/Wolff* Das neue Datenschutzrecht, Rn. 572.
91 Vgl. Gola-*Schulz* Art. 6 Rn. 36.
92 Paal/Pauly-*Frenzel* Art. 6 Rn. 15; vgl. Auernhammer-*Kramer* Art. 6 Rn. 24/29.

für die Durchführung des gesamten Vertrages erforderlich verstanden werden.⁹³ Das Erforderlichkeitskriterium in Art. 6 Abs. 1 lit. b ist inhaltlich deckungsgleich mit der Erforderlichkeit in Art. 22 Abs. 2 lit. a. Insofern können die Anforderungen an die Erforderlichkeit einheitlich ausgelegt werden.

Die Unterscheidung in diesem Bereich ist unscharf und bislang nicht zufriedenstellend erfolgt, wie auch die entsprechende Befassung der Art.-29-Datenschutzgruppe zu Art. 7 lit. b DSRL zeigt.⁹⁴ So soll eine Datenverarbeitung durch einen Autoversicherer in Bezug auf Zustand und Alter des zu versichernden Fahrzeugs im Rahmen einer vorvertraglichen Maßnahme „auf Anfrage" der betroffenen Person erfolgen, da diese Verarbeitung notwendig für die Berechnung der Versicherungsbeiträge ist.⁹⁵ Andererseits soll die Einholung vergleichbarer Daten über den Betroffenen in Bezug auf den Abschluss einer Krankenversicherung dieser Ausnahme nicht unterfallen. Dass ganz offensichtlich in beiden Fällen der Anbieter diese Information benötigt, um überhaupt die Anfrage des Betroffenen beantworten zu können, lässt die Art.-29-Datenschutzgruppe außen vor. 59

Eine sachliche Rechtfertigung für die Ungleichbehandlung gibt es in diesem Zusammenhang nicht. Man könnte zwar daran denken, dass „besondere Kategorien von personenbezogenen Daten" restriktiver zu behandeln wären. Diese stellen tatsächlich – wie bisher, nun über Art. 9 erhöhte Anforderungen an die Verarbeitung. Eine „Anfrage", die solche Daten enthält ist jedoch nicht nur bei Vorliegen einer Einwilligung möglich und somit nicht restriktiver zu behandeln als eine Anfrage, die Daten enthält, die die Privatsphäre der betroffenen Person nur unwesentlich berühren. Diese Erwägung spielt offensichtlich und ausweislich der Begründung in der vorher zitierten Stellungnahme der Art.-29-Datenschutzgruppe gerade keine Rolle. In der Opinion des EDPB zu Online-Verträgen sieht das EDPB zumindest die Anbahnungsphase nun ähnlich weit, solange die vorvertragliche Verarbeitung nicht dazu dient, eine unrechtmäßige Marketingkommunikation zu rechtfertigen oder die Verarbeitung alleine auf Initiative des Verantwortlichen oder eines Dritten erfolgt.⁹⁶ 60

Das bedeutet, dass nicht nur die zuvor genannten vorvertraglichen Maßnahmen unter den geschilderten Voraussetzungen möglich sind, sondern auch die Durchführung und Abwicklung des Vertrages einschließlich der Geltendmachung der Sekundäransprüche im Falle einer Schlechterfüllung. Ansprüche im Zusammenhang mit der Mängelgewährleistung etwa sind so unmittelbar mit der Vertragserfüllung an sich verknüpft, dass eine Trennung zwischen Vertragserfüllung und Abwicklung fehlerhafter Verträge bzw. bei Schlechtleistung willkürlich erschiene.⁹⁷ Ein Verweis auf das legitime Interesse desjenigen, der bspw. Zahlungsansprüche geltend macht, macht die dogmatische Schwierigkeit einer Zersplitterung in verschiedene Rechtfertigungstatbestände im 61

---

93 Vgl. BeckOK DatenSR-*Albers/Veit* Art. 6 Rn. 32; *Schantz/Wolff* Das neue Datenschutzrecht, Rn. 573 ff.; Paal/Pauly-*Frenzel* Art. 6 Rn. 14; Kühling/Buchner-*Petri* Art. 6 Rn. 42; Auernhammer-*Kramer* Art. 6 Rn. 17.
94 WP 217 v. 9.4.2014, S. 18; dazu auch Entwurf WP 259 v. 28.11.2017, S. 9, in dem die Art.-29-Datenschutzgruppe von einer engen Auslegung des Begriffs der „Erforderlichkeit" ausgeht.
95 Vgl. im Ergebnis ebenso Paal/Pauly-*Frenzel* Art. 6 Rn. 15.
96 *EDPB* Opinion 2/2019, 13.
97 Vgl. *Schantz/Wolff* Das neue Datenschutzrecht, Rn. 558.

Rahmen des Art. 6 deutlich. So kann im Rahmen einer streitigen Auseinandersetzung durchaus Uneinigkeit darüber herrschen, ob ein Anspruch überhaupt besteht bzw. wie weit dieser reicht. Wäre nun die Datenverarbeitung durch den Anbieter der Leistung als Gegner des Betroffenen davon abhängig, dass der Anspruch auch tatsächlich besteht, weil im anderen Falle sein berechtigtes Interesse entfiele, wäre die Geltendmachung eines sich später als nichtbestehend herausstellenden Anspruchs und die damit verbundene notwendige Datenverarbeitung aus **ex-post**-Sicht rechtswidrig. Dass dieses Ergebnis nicht im Einklang mit der gesetzlichen Regelung stünde, liegt auf der Hand.

62 Der deutsche Gesetzgeber hat das soeben beschriebene Risiko wohl erkannt und mit § 24 Abs. 1 Nr. 2 BDSG eine Regelung geschaffen, die der Frage, inwieweit die Durchsetzung von Sekundäransprüchen unter Art. 6 Abs. 1 lit. b fällt, in Deutschland ihre praktische Relevanz nimmt. Nach der auf die Öffnungsklausel in Art. 23 Abs. 1 gestützten[98] Vorschrift des § 24 Abs. 1 Nr. 2 BDSG ist jede Datenverarbeitung zulässig, die zur Geltendmachung, Ausübung oder Verteidigung zivilrechtlicher Ansprüche erforderlich ist. Davon umfasst ist auch die Abwicklung vertraglicher Gewährleistungs- und sonstiger Sekundäransprüche. In anderen Mitgliedstaaten ohne eine entsprechende nationale Regelung bleibt die Frage nach der Auslegung des Erforderlichkeitsbegriffs des Art. 6 Abs. 1 lit. b aber durchaus relevant.

63 Vor diesem Hintergrund ist festzuhalten, dass eine **Datenverarbeitung durch den Verantwortlichen** in Konsequenz also dann **erforderlich** ist, wenn die Verarbeitung objektiv überprüfbar angebracht ist, um dem Verantwortlichen zu erlauben, von ihm für unerlässlich erachtete Informationen und organisatorische Abläufe mit den hierzu notwendigen personenbezogenen Daten des Betroffen durchführen zu können. Ein Abstellen auf den Horizont des Verantwortlichen ist deswegen geboten, da nur dieser das rechtliche und wirtschaftliche Risiko einschätzen kann, das mit der späteren Erbringung seiner Leistung für den Betroffenen verbunden ist. Der Verantwortliche ist frei darin, die Regeln für die Inanspruchnahme seiner Leistung festzuschreiben, mithin im Rahmen der Vertragsautonomie Verträge anzubieten, die eine bestimmte Art der Datenverarbeitung als erforderlich statuieren.[99] Unter das Erforderlichkeitskriterium fallen etwa Verträge, bei denen Verantwortliche die Daten der Betroffenen verwenden um Inhalte individuell anzupassen oder Zusatzleistungen anzubieten.[100] Die durch den Vertragszweck determinierten Zwecke können nur unter der Voraussetzung des Art. 6 Abs. 4 zu anderen Zwecken weiter verarbeitet werden. Ferner muss die Datenverarbeitung auch insoweit erforderlich für die Vertragserfüllung sein, dass nicht einzelne Verarbeitungstätigkeiten abgespalten werden könnten, ohne dass die Vertragserfüllung nicht mehr möglich wäre: Können solche Verarbeitungstätigkeiten abgespalten werden, ist dies ein Indiz dafür, dass sie für die Vertragsdurchführung nicht notwendig sind.[101] Ein Koppelungsverbot besteht insoweit allerdings nicht.[102]

---

98 Vgl. ohne Präzisierung eines Schutzguts aus dem Katalog des Art. 23 Abs. 1 die Gesetzesbegründung: BT-Drucks. 18/11325, S. 96.
99 BeckOK DatenSR-*Albers/Veit* Art. 6 Rn. 29; Gola-*Schulz* Art. 6 Rn. 37.
100 Vgl. *EDPB* Opinion 2/2019, 14 f.
101 *EDPB* Opinion 2/2019, 11.
102 Zur Abgrenzung bei der Einwilligung siehe dort.

Vielmehr kann ein Nutzer für sich entscheiden, ob und wie eine solche Datenverarbeitung für ihn akzeptabel ist oder nicht.[103]

Gerade bei komplexen Geschäftsmodellen ist die Abgrenzung zwischen erforderlicher und optionaler Datenverarbeitung herausfordernd. Exemplarisch mag die Unterscheidung von **Sozialen Netzwerken** und der für die Inanspruchnahme dieser erforderlichen Datenverarbeitung sein. Die jeweilige Datenverarbeitung kann in einem Fall zwingend notwendig, im anderen unwesentlich sein. Bei professionellen Netzwerken, die primär dem beruflichen Austausch dienen sowie der Kontaktaufnahme zwischen den Teilnehmern aufgrund gleicher oder ähnlicher beruflicher Interessen und zur Geschäftsanbahnung, ist der Verzicht auf einen Klarnamen kaum denkbar. Dadurch wird nicht nur das notwendige Vertrauen zwischen den Teilnehmern geschaffen, sondern dem Nutzer zudem die Möglichkeit gegeben sich selbst als Person unter dem Namen, den die Person im Beruf verwendet, vorzustellen. Ganz anders bewerten das Gerichte bei nicht-beruflichen Netzwerken, hier ist der Klarname gerade nicht erforderlich für die Teilnahme am Netzwerk.[104] Im Gegensatz dazu können auf der einen Plattform Inhalte primär mit Freunden und Familie geteilt werden, so dass ein „privates" Profil ausreichend für die Datenverarbeitung ist; wirbt hingegen eine Plattform damit, ihren Nutzern die weltweite Verbreitung von Inhalten zu ermöglichen, dürfte ein solches „privates" Profil dem Vertragszweck entgegenstehen. 64

4. Fallgruppen. Demnach zulässig sind alle Datenverarbeitungsvorgänge, die unmittelbar im Zusammenhang mit der Erbringung der Leistung im zivilrechtlichen Sinne stehen, d.h. insbesondere zur Abwicklung von Zahlungen, auch die hierfür notwendige Übermittlung an Dritte, die Zusendung gekaufter Ware,[105] die Löschung von Rechten Dritter, die Aufnahme von Dritten als Zeugen, die Nennung von Dritten im Rahmen eines echten Vertrages zu Gunsten Dritter, ebenso wie die notwendige Verarbeitung von Daten im Rahmen einer Drittschadensliquidierung, die Übermittlung von Daten an eine Versicherung zur Befriedigung von Ansprüchen Dritter,[106] die Übermittlung von Vertragsdaten aus dem Grundgeschäft bei Abschluss eines selbstständigen Garantievertrages mit einem Dritten auf Betreiben des Betroffenen im Rahmen von Unternehmenstransaktionen, die Übermittlung von Daten der betroffenen Arbeitnehmer sofern ein Betriebsübergang stattfindet bzw. ein Asset-Deal einen bestimmten Unternehmensteil betrifft,[107] in dem die Arbeitnehmer verbleiben sollen,[108] Daten, die im Austausch gegen eine Leistung zur Verfügung gestellt werden[109] sowie die Datenverarbeitung im Rahmen einer Abtretung.[110] 65

Im Rahmen eines Anspruchs von Erben auf die Bereitstellung von Account-Informationen aus einem Online-Nutzungskonto soll ebenfalls Art. 6 Abs. 1 lit. b als Rechtsgrundlage herangezogen werden.[111] Diese Wertung überzeugt nicht. Das höchstper- 66

---

103 Vgl. *OLG Düsseldorf* v. 26.8.2019 – VI-Kart 1/19 (V), 10.
104 So wohl *KG Berlin* v. 20.12.2019 – 5 U 9/18, 28.
105 Auernhammer-*Kramer* Art. 6 Rn. 15.
106 Auernhammer- *Kramer* Art. 6 Rn. 27; *Schantz/Wolff* Das neue Datenschutzrecht, Rn. 582.
107 *Nebel* CR 2016, 417 ff.
108 Vgl. *Forgó/Helfrich/Schneider* Betrieblicher Datenschutz, Rn. 37 ff.
109 Vgl. Plath-*Plath* Art. 6 Rn. 11.
110 Vgl. BeckOK DatenSR-*Albers/Veit* Art. 6 Rn. 30, 32.
111 *BGH* v. 12.7.2018 – III ZR 183/17, Rn. 72 ff.

sönliche Recht auf informationelle Selbstbestimmung kann nicht durch einen Dritten – auch nicht im Wege der Gesamtrechtsnachfolge – wahrgenommen werden. Konsequent erscheint vielmehr eine Lösung über das berechtigte Interesse der Erben, das der BGH in diesem Fall auch als weitere Rechtsgrundlage bejaht hat.[112]

D. Art. 6 Abs. 1 lit. c

67 **(1) Die Verarbeitung ist nur rechtmäßig, wenn mindestens eine der nachstehenden Bedingungen erfüllt ist:**

...

c) die Verarbeitung ist zur Erfüllung einer rechtlichen Verpflichtung erforderlich, der der Verantwortliche unterliegt;

– *ErwG: 40, 41, 45, 47*

Literatur: Siehe Hinweise zu Abs. 1.

I. Allgemeines: Zweck, Bedeutung, Systematik/Verhältnis zu anderen Vorschriften

68 Nach Art. 6 Abs. 1 lit. c ist eine Datenverarbeitung dann rechtmäßig, wenn sie zur Erfüllung einer rechtlichen Verpflichtung erforderlich ist, der der Verantwortliche unterliegt. Die Regelung entspricht der Regelungsbefugnis nach Art. 7 Abs. 1 lit. c DSRL.

69 Die DS-GVO entfaltet an dieser Stelle – wie auch bezüglich Art. 6 Abs. 1 lit. e – Richtliniencharakter,[113] indem sie den Mitgliedstaaten ermöglicht, eigene, spezifischere Regelungen zu treffen. Zugleich ist die Öffnung für mitgliedstaatliche Regelung notwendiger Ausdruck des Grundsatzes der Subsidiarität.[114] Dabei ist das Schutzniveau im Moment einer mitgliedstaatlichen Erweiterung nach wie vor grundsätzlich an dem der DS-GVO zu orientieren,[115] was vornehmlich durch den Hinweis auf die Erforderlichkeit der Datenverarbeitung zum Ausdruck kommt. Dennoch wird über die Erweiterungstatbestände der lit. c und e ein Einfallstor für die Begründung der Rechtmäßigkeit von Datenverarbeitungen auch durch mitgliedstaatliche Regelungen eröffnet.[116]

II. Verantwortlicher

70 Der Systematik der DS-GVO folgend sind Verantwortliche i.S.d. lit. c sowohl öffentliche als auch nichtöffentliche Stellen.[117] Dass lit. c auf den Verantwortlichen abstellt, schließt die Rechtmäßigkeit einer Auftragsdatenverarbeitung nicht aus, jedoch muss die rechtliche Verpflichtung dem Verantwortlichen obliegen.[118] Da die Rechtmäßigkeit der Datenerhebung durch öffentliche Stellen zugleich regelmäßig an lit. e zu messen ist, entfaltet lit. c vorrangig eigenständige Wirkung für nichtöffentliche Verantwortliche.[119]

---

112 *BGH* v. 12.7.2018 – III ZR 183/17, Rn. 74 ff. Kritisch dazu auch *Gutachten der Datenethikkommission* S. 111.
113 *Kühling/Martini* EuZW 2016, 448, 448 f.; Gola-*Schulz* Art. 6 Rn. 47.
114 Vgl. insoweit schon *Rogall-Grothe* ZRP 2012, 193, 193.
115 Gola-*Schulz* Art. 6 Rn. 47.
116 In diesem Sinne BeckOK DatenSR-*Albers* Art. 6 Rn. 35.
117 Paal/Pauly-*Frenzel* Art. 6 Rn. 18; Simitis/Hornung/Spiecker gen. Döhmann-*Roßnagel* Art. 6 Abs. 1, Rn. 54.
118 Kühling/Buchner-*Buchner/Petri* Art. 6 Rn. 80.
119 Paal/Pauly-*Frenzel* Art. 6 Rn. 17.

III. Rechtliche Verpflichtung

Eine rechtliche Verpflichtung nach lit. c muss eine Verpflichtung kraft objektiven Rechts sein. Insbesondere reicht eine vertragliche Verpflichtung nicht aus, die im Übrigen lit. b unterfiele. Insoweit ist bspw. die französische („obligation légale") und die englische („legal obligation") Fassung eindeutiger, da die offene Formulierung „rechtliche Verpflichtung" auch vertragliche Bindungen einbeziehen könnte; in der deutschen Fassung wird das Verständnis erst in Abgrenzung zu lit. b deutlich.[120] **71**

Nach Art. 6 Abs. 3 kann diese objektive rechtliche Verpflichtung sowohl auf Unionsrecht als auch auf mitgliedstaatlichem Recht beruhen. Gerade bei Letzterem sind keine besonderen Anforderungen an die Rangstufe des betreffenden Rechts zu stellen. Die rechtliche Verpflichtung kann auf Gesetzes-, Verordnungs- oder Satzungsrecht beruhen, bis hin zu Bestimmungen in für allgemeinverbindlich erklärten Tarifverträgen oder auch in Betriebsvereinbarungen.[121] **72**

Eine Einschränkung macht ErwG 41 dahingehend, dass wenn die mitgliedstaatliche Verfassungsordnung Anforderungen an die Qualität grundrechtsrelevanter Bestimmungen stellt, diese auf mitgliedstaatlicher Ebene einzuhalten sind. Im Zusammenspiel mit Abs. 3 wird damit aber deutlich, dass nationales Recht grds. für abweichende Datenschutzregelungen gegenüber der DS-GVO geöffnet werden kann. ErwG 45 formuliert weitere Voraussetzungen für derartige Vorschriften. So ist nicht für jede Verarbeitung ein eigenes Gesetz zu fordern, allerdings müssen die Vorschriften hinreichend transparent, insbesondere bezogen auf den Zweck der Datenverarbeitung, ausgestaltet sein.[122] **73**

Eine Verpflichtung i.S.d. lit. c ist auch dann anzunehmen, wenn es in der Hand des Verantwortlichen liegt, ob er sich der jeweiligen Verpflichtung unterwerfen will. So ist die Verpflichtung, im Falle der Teilnahme an einer öffentlichen Ausschreibung bestimmte Daten zu übermitteln, eine Verpflichtung i.S.d. lit. c, obgleich selbstverständlich keine Verpflichtung zur Teilnahme an der betreffenden Ausschreibung besteht.[123] Keine Verpflichtung i.S.d. lit. c dürfte anzunehmen sein, wenn die betreffende Vorschrift die Datenverarbeitung nur voraussetzt, aber selbst nicht anordnet. In derartigen Fällen ist aber eine Anwendung von Art. 6 Abs. 1 lit. e denkbar. **74**

1. Erforderlichkeit. Art. 6 Abs. 1 lit. c stellt die Erfüllung der rechtlichen Verpflichtung zur Verarbeitung personenbezogener Daten unter den Vorbehalt der Erforderlichkeit. Letztlich appelliert die Norm hier an das Erfordernis der Verhältnismäßigkeit insbesondere mitgliedstaatlicher Erlaubnisnormen, durch die verhindert werden soll, dass alleine die Normierung eines hinreichenden Verarbeitungszwecks zu einer zu breiten Datenerhebung verleiten soll.[124] Damit geht aber das Merkmal der Erforderlichkeit nicht über die Anforderungen hinaus, die nach deutschem Recht an grundrechtsbeschränkende Gesetze oder sonstige Vorschriften zu stellen sind. Darüber hinaus ist zu beachten, dass die Erlaubnis zur Datenverarbeitung gleichzeitig durch den Umfang der gesetzlichen Verpflichtung begrenzt wird; diese Begrenzung bezieht **75**

---

120 In diesem Sinne auch Kühling/Buchner-*Buchner/Petri* Art. 6 Rn. 77.
121 Gola-*Gola* Art. 6 Rn. 120; auch *Wybitul/Sörup/Pötters* ZD 2015, 559, 560.
122 Kühling/Buchner-*Buchner/Petri* Art. 6 Rn. 82, 91.
123 So das Beispiel bei Schantz/Wolff-*Wolff* Das neue Datenschutzrecht, Rn. 591.
124 So wiederum Kühling/Buchner-*Buchner/Petri* Art. 6 Rn. 82, 94.

Art. 6 Abs. 1 lit. d Rechtmäßigkeit der Verarbeitung

sich sowohl auf die Daten selbst, als auch auf die Verfahrensschritte und die erlaubten Speicherzeiträume.[125]

76 **2. Beispiele nach deutschem Recht.** Nach nationalem Recht finden sich schon jetzt zahlreiche Vorschriften zur Zulässigkeit von Datenverarbeitungen. Es ist wohl zutreffend, dass die Öffnungsklausel nach Art. 6 Abs. 1 lit. c i.V.m. Abs. 3 eine „ganz erhebliche Breitenwirkung"[126] im nationalen Recht zeitigt. Dabei ist es selbstverständlich, dass Art. 6 Abs. 1 lit. c auch für bereits erlassenes Recht gelten muss, das in Einklang mit der DS-GVO steht.[127]

77 Banken dürfen zum Zweck der Risikominimierung bei Kreditvergaben personenbezogene Daten verarbeiten (§ 10 Abs. 2 KWG). Inhaber von Beherbergungsstätten sind verpflichtet, personenbezogene Daten von Gästen zu erheben und ggf. weiterzuleiten (§ 30 Abs. 4 BMG). Auch bestehen Meldepflichten des Arbeitgebers im Rahmen der Sozialversicherung (bspw. § 28a SGB IV) und bezüglich der Einhaltung gesetzlicher Bestimmungen etwa bezogen auf den Mindestlohn (§ 17 Abs. 1 MiLoG).

78 Öffentliche Stellen sind nach §§ 11 GewO zur Erhebung personenbezogener Daten insbesondere zur Feststellung der Zuverlässigkeit Gewerbetreibender befugt. Zugleich bestehen – begrenzte – Pflichten zur Weitergabe personenbezogener Daten an Dritte bspw. im Rahmen des Informationsrechts (§ 5 IFG Bund, §§ 9 f. IFG NRW[128]).

E. Art. 6 Abs. 1 lit. d

79 **(1) Die Verarbeitung ist nur rechtmäßig, wenn mindestens eine der nachstehenden Bedingungen erfüllt ist:**

...

d) die Verarbeitung ist erforderlich, um lebenswichtige Interessen der betroffenen Person oder einer anderen natürlichen Person zu schützen;

I. Allgemeines: Zweck, Bedeutung, Systematik/Verhältnis zu anderen Vorschriften

80 Art. 6 Abs. 1 lit. d erklärt die Datenverarbeitung für zulässig, wenn diese zum Schutz lebenswichtiger Interessen der betroffenen Person oder einer anderen natürlichen Person erforderlich ist. Hier wird zu verlangen sein, dass die Datenverarbeitung unumgänglich ist, um die Beeinträchtigung der entsprechenden Interessen abzuwenden.[129] Die Regelung entspricht im Wesentlichen der Regelungsbefugnis nach Art. 7 Abs. 1 lit. d DSRL, erfasst nunmehr aber auch Interessen anderer natürlicher Personen neben denen der Betroffenen.

---

125 Simitis/Hornung/Spiecker gen. Döhmann-*Roßnagel* Art. 6 Abs. 1 Rn. 57.
126 So *Kühling/Martini* EuZW 2016, 448, 449; zweifelnd insoweit *Albrecht/Jotzo* Das neue Datenschutzrecht der EU, Teil 3, Rn. 46, die insbesondere Abs. 2 und 3 als Einschränkung mitgliedstaatlicher Öffnungsmöglichkeiten sehen. Anzunehmen ist aber, dass Abs. 2 und 3 vornehmlich allgemeine Rechtmäßigkeitsanforderungen normieren, denen mitgliedstaatliches Recht schon aufgrund nationaler verfassungsrechtlicher Vorgaben zu genügen hat.
127 Schantz/Wolff-*Wolff* Das neue Datenschutzrecht, Rn. 598.
128 Dazu BeckOK InfoMedienR-*Pabst* §§ 9 f. IFG NRW.
129 Sydow-*Reimer* Art. 6 Rn. 34.

II. Verantwortlicher

Art. 6 Abs. 1 lit. d bezieht sich nicht explizit auf einen Verantwortlichen. Allerdings muss auch im Falle des lit. d eine Stelle vorhanden sein, die die betreffende Datenverarbeitung vornimmt. Hier ist dann wiederum keine Unterscheidung gegeben; Verantwortliche nach lit. d können sowohl öffentliche als auch nichtöffentliche Stellen sein.[130] **81**

III. Lebenswichtige Interessen

Der Begriff „lebenswichtige Interessen" lässt zusammen mit dem Umstand, dass nach lit. d die Verarbeitung stets zugunsten natürlicher Personen erlaubt sein soll, erkennen, dass es sich um höchstpersönliche Rechtsgüter handeln muss. Gemeint sind alle wesentlichen Interessen im Bereich des Gesundheitsschutzes. Namentlich erwähnt ErwG 122 die körperliche Unversehrtheit und das Leben. Allerdings ist anzunehmen, dass hierzu keine Lebensgefahr erforderlich ist; vielmehr genügt bereits, wenn ein unmittelbarer Bezug zu Leben und Gesundheit von Menschen gegeben ist.[131] **82**

Beispielhaft zu nennen ist mit ErwG 46 zugleich die Überwachung und Eindämmung von Epidemien und humanitären Notlagen infolge von durch Natur und Mensch verursachten Katastrophenlagen. Damit ist die Situation der Corona-Pandemie sowohl bez. des Schutzes körperlicher Unversehrtheit und Leben als auch bez. der Pandemieeindämmung ein klassischer Anwendungsfall von lit. d. Erfasst sein könnte aufgrund des weiten Wortlauts und des jedenfalls auch präventiven Charakters der Datenerhebung die vorbeugende Bekämpfung von Terrorgefahren.[132] Allerdings liegt es näher, die Vorschrift insoweit restriktiv auszulegen[133] und bspw. Fälle wie Fluggastdatenerhebungen zur vorbeugenden Terrorbekämpfung nicht unter lit. d zu fassen, es sei denn, dass deutliche Erkenntnisse für konkrete Gefährdungen von Menschen vorliegen.[134] Nicht ausreichend sind jedenfalls – wenn auch existentielle – Geschäftsinteressen natürlicher Personen.[135] **83**

IV. Betroffener oder Dritter

Erfasst sind Datenverarbeitungen zugunsten der durch die Datenverarbeitung betroffenen Person sowie – in Erweiterung zu Art. 7 Abs. 1 lit. d DSRL – auch zugunsten Dritter. Die vorgenannte Ergänzung geht auf eine Initiative des Rates zurück.[136] Gerade im letzteren Fall kommt der Grundsatz „Lebensschutz vor Datenschutz" zum Tragen, da insbesondere bei Datenverarbeitungen zugunsten von der Verarbeitung nicht betroffener Dritter Rechte des Betroffenen beschränkt werden können. **84**

V. Notwendigkeit fehlender Einwilligungsfähigkeit?

Nicht eindeutig ist, ob die Datenverarbeitung nach lit. d nur dann zum Tragen kommt, wenn die betroffene Person nicht in der Lage ist, ihre Einwilligung zu erklären, und insoweit von einer mutmaßlichen Einwilligung auszugehen ist. So wird bezgl. der **85**

---

130 Für letztere explizit Paal/Pauly-*Frenzel* Art. 6 Rn. 20.
131 So Gola-*Schultz* Art. 6 Rn. 45; BeckOK DatenSR-*Albers* Art. 6 Rn. 36.
132 Sydow-*Reimer* Art. 6 Rn. 33.
133 Wie hier *Art.-29-Datenschutzgruppe* Stellungnahme 06/2014, S. 26.
134 Wohl ohne entsprechende Einschränkung Paal/Pauly-*Frenzel* Art. 6 Rn. 20.
135 Sydow-*Reimer* Art. 6 Rn. 33.
136 Ratsdokument 9565/15, S. 83 zu Art. 6 Abs. 1 lit. d.

Daten i.S.d. Art. 9 Abs. 1 (rassische und ethnische Herkunft, politische Meinungen, religiöse oder weltanschauliche Überzeugungen oder die Gewerkschaftszugehörigkeit, genetische Daten, biometrische Daten zur eindeutigen Identifizierung einer natürlichen Person, Gesundheitsdaten oder Daten zum Sexualleben oder der sexuellen Orientierung einer natürlichen Person) die Verarbeitung nach Art. 9 Abs. 2 lit. c auch zum Schutz lebenswichtiger Interessen nur dann ausnahmsweise erlaubt, wenn die betroffene Person aus körperlichen oder rechtlichen Gründen außerstande ist, ihre Einwilligung zu geben. Aus der Einschränkung nach Art. 9 Abs. 2 lit. c lässt sich schließen, dass der Gesetzgeber das Eingreifen von Art. 6 Abs. 1 lit. d nicht von der Nichteinholbarkeit der Einwilligung abhängig machen wollte.[137] Dennoch erscheint es naheliegend, in Fällen, in denen eine Einwilligung nicht eingeholt werden konnte, nach dem mutmaßlichen Willen des Betroffenen zu fragen.[138] Die Frage dürfte aber hypothetischer Natur sein; bei Betroffenheit lebenswichtiger Interessen sind nur wenige Fälle denkbar, in denen eine mutmaßliche Einwilligung nicht anzunehmen ist. In Betracht kommen hier allenfalls Fälle erkennbarer Suizidabsichten. Hier mag es vertretbar sein, davon auszugehen, dass die lebenswichtigen Interessen stets die Risiken einer Gefährdung der Privatsphäre überwiegen.[139] Verweigert der Betroffene die Einwilligung ausdrücklich, und ist die Verweigerung nicht situativ unbeachtlich, wird dem Recht auf informationelle Selbstbestimmung der Vorrang zu geben sein. Zugleich geht eine tatsächliche – wirksam erteilte – Einwilligung der mutmaßlichen Einwilligung vor.[140]

86 Für ein Eingreifen zugunsten anderer natürlicher Personen kann es dagegen auf die Einwilligung des Betroffenen nicht ankommen. Hier muss der Schutz des Dritten das Datenschutzinteresse des Betroffenen nach entsprechender Abwägung regelmäßig überwiegen. Ein Korrektiv besteht in diesen Fällen insoweit, als – wie im Weiteren ausgeführt – ErwG 46 S. 3 das Eingreifen des lit. d zugunsten Dritter nur dann als gegeben erachtet, wenn kein speziellerer Ermächtigstatbestand zur Verfügung steht. Die fehlende Einwilligung des Betroffenen muss auch dann unbeachtlich sein, wenn neben ihm zugleich Dritte geschützt werden sollen.[141]

VI. Subsidiärer Rechtfertigungstatbestand

87 ErwG 46 bringt in S. 2 („Personenbezogene Daten sollten grundsätzlich nur dann aufgrund eines lebenswichtigen Interesses einer anderen natürlichen Person verarbeitet werden, wenn die Verarbeitung offensichtlich nicht auf eine andere Rechtsgrundlage gestützt werden kann.") zum Ausdruck, dass Art. 6 Abs. 1 lit. d nur dann zum Tragen kommen soll, wenn kein anderer Rechtfertigungstatbestand eingreift,[142] wobei nach dem Wortlaut des ErwG 46 diese Subsidiarität nur bei Verarbeitungen zugunsten Dritter zum Tragen kommen soll. Dies können Ermächtigungen gestützt auf lit. c und e sein, aber auch bspw. der Ausnahmetatbestand nach Art. 49 Abs. 1 lit. f. Vorrangig dürfte insoweit auch Art. 9 Abs. 2 lit. c sein, in Fällen der Pandemiebekämpfung auch Art. 9 Abs. 2 lit. h und i.

---

137 So auch Paal/Pauly-*Frenzel* Art. 6 Rn. 21.
138 Gola-*Schulz* Art. 6 Rn. 44; anders wohl Kühling/Buchner-*Buchner/Petri* Art. 6 Rn. 110.
139 So die Formulierung bei Kühling/Buchner-*Buchner/Petri* Art. 6 Rn. 110.
140 Simitis/Hornung/Spiecker gen. Döhmann-*Roßnagel* Art. 6 Abs. 1 Rn. 63.
141 In diesem Sinne wohl auch Paal/Pauly-*Frenzel* Art. 6 Rn. 21.
142 Simitis/Hornung/Spiecker gen. Döhmann-*Roßnagel* Art. 6 Abs. 1 Rn. 62.

F. Art. 6 Abs. 1 lit. e

(1) Die Verarbeitung ist nur rechtmäßig, wenn mindestens eine der nachstehenden Bedingungen erfüllt ist:

...

e) die Verarbeitung ist für die Wahrnehmung einer Aufgabe erforderlich, die im öffentlichen Interesse liegt oder in Ausübung öffentlicher Gewalt erfolgt, die dem Verantwortlichen übertragen wurde;

I. Allgemeines: Zweck, Bedeutung, Systematik/Verhältnis zu anderen Vorschriften

Art. 6 Abs. 1 lit. e erklärt die Datenverarbeitung für zulässig, wenn diese für die Wahrnehmung einer Aufgabe erforderlich ist, die entweder im öffentlichen Interesse liegt oder die in Ausübung öffentlicher Gewalt erfolgt, die dem Verantwortlichen übertragen wurde. Die Regelung entspricht im Wesentlichen der Regelungsbefugnis nach Art. 7 Abs. 1 lit. e DSRL. 88

Es ist zu beachten, dass Art. 6 Abs. 1 lit. e **keinen eigenständigen Zulässigkeitstatbestand** für eine Datenverarbeitung darstellt.[143] Vielmehr steht lit. e im unmittelbaren inhaltlichen sowie systematischen Zusammenhang mit Art. 6 Abs. 2 und 3. Dies wird bereits durch den Verweis in Abs. 2 und 3 auf lit. e deutlich. Hierbei ist insbesondere die Systematik von Abs. 2 und 3 zu beachten.[144] Art. 6 Abs. 1 lit. e i.V.m. Abs. 2 und 3 stellen lediglich eine Öffnungsklausel für mitgliedstaatliches Recht für den öffentlichen Bereich dar. Für die Rechtmäßigkeit der Datenverarbeitung ist stets eine mitgliedstaatliche Rechtsgrundlage erforderlich (z.B. § 3 BDSG).[145] 89

Mit Art. 6 Abs. 1 lit. e sind zwei unterschiedliche Tatbestände gegeben, die zu trennen sind. Zum einen kann die Datenverarbeitung für die Wahrnehmung eines öffentlichen Interesses erforderlich sein, zum anderen ist sie gerechtfertigt, wenn sie in Ausübung übertragener hoheitlicher Gewalt erfolgt. In beiden Fällen folgt die DS-GVO einem funktionalen Ansatz, indem sie nicht an die Stelle, die Daten verarbeitet, anknüpft, sondern an eine zu erfüllende Aufgabe.[146] 90

II. Wahrnehmung einer Aufgabe im öffentlichen Interesse

Nach lit. e Var. 1 ist die Datenvereinbarung rechtmäßig, wenn sie erforderlich ist, um eine Aufgabe im öffentlichen Interesse wahrzunehmen. 91

1. Aufgabenträger. Art. 6 Abs. 1 lit. e spricht im Einklang mit der Vorgehensweise der DS-GVO im Übrigen lediglich vom Verantwortlichen, ohne zu definieren, ob dieser öffentliche oder nichtöffentliche Stelle ist. Ausweislich des ErwG 45 a.E. ist davon auszugehen, dass lit. e sowohl für öffentliche Stellen wie für „eine natürliche oder juristische Person des Privatrechts" gelten kann, sofern die Datenverarbeitung durch öffentliche Interessen gerechtfertigt ist und sofern dem Privaten die eigenverantwort- 92

---

143 Vgl. dazu Rn. 111 ff. sowie ausführlich *Schwartmann/Hermann/Mühlenbeck* Datenschutzrechtliche Zulässigkeit der Kenntlichmachung des Entzuges eines Doktorgrades in (Online-)Bibliothekskatalogen v. Sept. 2018, S. 5 und 21 ff. und *dies.* RDV 5/2018, 252, 252 ff.
144 Dazu Rn. 111 ff. und 195 ff.
145 Vgl. Rn. 108 ff.
146 Schantz/Wolff-*Wolff* Das neue Datenschutzrecht, Rn. 612; Paal/Pauly-*Frenzel* Art. 6 Rn. 23.

liche Datenverarbeitung zu diesem Zweck obliegt.[147] Ungeklärt ist indes, ob sich Beamte die sich in Verbänden organisieren, um die rechtlichen, wirtschaftlichen, sozialen und beruflichen Interessen ihrer Mitglieder zu vertreten, so etwa die Polizeigewerkschaft, für die in diesem Zuge erfolgende Datenverarbeitung auf Art. 6 Abs. 1 lit. e oder auf lit. f berufen können. Die zivilrechtliche Organisation der Gewerkschaft spricht für lit. f, bei dessen Auslegung die Bindungen des Beamtenverhältnisses zu berücksichtigen sind.

93 **2. Begriff der Aufgabe im öffentlichen Interesse.** Keine Aussage trifft die DS-GVO zur Definition des öffentlichen Interesses. Lediglich beispielhaft benannt werden in ErwG 45 gesundheitliche Zwecke, „wie die öffentliche Gesundheit oder die soziale Sicherheit oder die Verwaltung von Leistungen der Gesundheitsfürsorge"; deswegen lässt sich die Einführung der elektronischen Gesundheitskarte nach § 291 SGB V auf Art. 6 Abs. 1 lit. e Var. 1 DS-GVO stützen. In ErwG 46 S. 3 Hs. 2 werden „humanitäre Zwecke einschließlich der Überwachung von Epidemien und deren Ausbreitung oder in humanitären Notfällen insbesondere bei Naturkatastrophen oder vom Menschen verursachten Katastrophen" angeführt.

94 Zutreffend kann angenommen werden, dass das Verfolgen unionaler Gemeinwohlziele als Ausdruck öffentlicher Interessen angesehen werden kann; als Beispiel derartiger Gemeinwohlziele kann der Inhalt von Art. 3 EUV begriffen werden.[148] Hierzu gehören, neben der sehr allgemein gehaltenen Zielsetzung des Art 3 Abs. 1 EUV, insbesondere die Zielsetzung des Art 3 Abs. 2 EUV, den Unionsbürgerinnen und Unionsbürgern einen Raum der Freiheit, der Sicherheit und des Rechts zu bieten; entsprechend kann mit der Rechtsprechung des EuGH[149] die Bekämpfung von Terrorismus und Kriminalität als öffentliches Interesse erachtet werden. Dem entsprechend sind auch Datenverarbeitungen zum Zwecke der Gefahrenabwehr und zum Zwecke der Beweissicherung bzgl. evtl. Strafverfahren als rechtmäßig i.S.d. lit. e Var. 1 anzusehen. Hierzu würde dann auch die Videoüberwachung, bspw. in Fahrzeugen des öffentlichen Personennahverkehrs[150] oder im öffentlichen Raum im Übrigen[151], zählen.[152] Gleiches gilt für entsprechende Maßnahmen zur Gefahrenabwehr, wenn diese aufgrund hinreichender Anhaltspunkte für konkrete Störungen, also über den Zweck einer „abstrakten Gefahrenabwehr" hinaus, erfolgt.[153]

95 Jedenfalls kann die Formulierung als Gegenbegriff zum individuell-privaten Interesse gesehen werden.[154] Deswegen ist die Anlage von Warndateien im Austausch zwischen Versicherungsunternehmen nicht auf lit. e zu stützen.[155] Ebenso nicht erfasst sind erwerbswirtschaftliche Zwecke, auch wenn die betreffende Aufgabe im öffentlichen

---

147 Ehmann/Selmayr-*Heberlein* Art. 6 Rn. 19; ähnlich Paal/Pauly-*Frenzel* Art. 6 Rn. 23.
148 Sydow-*Reimer* Art. 6 Rn. 340.
149 *EuGH (Große Kammer)* v. 8.4.2014 – C-293/12, C-594/12 (Digital Rights Ireland Ldt/Minister for Communications, Marine and Naturale Recourses u.a.), EuZW 2014, 459, 462 (Rn. 42 ff.).
150 So auch *OVG Nieders.* v. 7.9.2107 – 11 LC 59/16 – juris, Rn. 37 ff.; skeptisch *Roßnagel* DuD 2017, 277, 281.
151 Vgl. hierzu *Art.-29-Datenschutzgruppe* Stellungnahme 06/2014, S. 29.
152 Zur Videoüberwachung vgl. Kommentierung zu § 4 BDSG n.F. im Anhang zu der Kommentierung zu Art. 6.
153 In diesem Sinne zum BDSG a.F. Simitis-*Scholz* § 6b BDSG a.F. Rn. 80.
154 Sydow-*Reimer* Art. 6 Rn. 39.
155 So auch Simitis/Hornung/Spiecker gen. Döhmann-*Roßnagel* Art. 6 Abs. 1 Rn. 75.

Interesse liegen mag, so beim Betrieb von Verkehrs- oder Telekommunikationsstrukturen.[156] Dagegen ist die Einführung von sog. **Smart Metering-Systemen** zur Verbrauchserfassung jedenfalls dann auf lit. e zurückzuführen,[157] wenn den Versorger die Sorge für das bauliche Netz und eine effiziente, sparsame Energieversorgung trifft.[158] Im Übrigen gilt, dass je näher eine Leistung mit dem Bereich der Daseinsvorsorge verknüpft ist, desto eher die Annahme eines öffentlichen Interesses gerechtfertigt ist. So erfolgt die Versorgung mit Fernwärme, Elektrizität, Wasser, Leistungen des öffentlichen Personennahverkehrs, sowie der Entsorgung von Abwasser oder Abfall, in Erfüllung von Aufgaben im öffentlichen Interesse, gleich ob diese durch Eigenbetriebe, privatisierte Stadtwerke oder rein private Unternehmen wahrgenommen werden.[159] Erfasst ist auch die Förderung des wissenschaftlichen und technischen Fortschritts nach Art. 3 Abs. 3 EUV, etwa durch Hochschulen und sonstige öffentliche Forschungseinrichtungen.[160]

Alleine die überwiegende oder mehrheitliche Anteilseignerschaft der öffentlichen Hand an öffentlichen Wettbewerbsunternehmen rechtfertigt nicht die Annahme, dass diese in Wahrnehmung einer öffentlichen Aufgabe handeln; hier muss eine Übertragung von Aufgaben, die im öffentlichen Interesse liegen, hinzutreten.[161]

96

Ebenso sollen Datenverarbeitungen durch politische Parteien zur Ermittlung politischer Einstellungen potentieller Wähler von Art. 6 Abs. 1 lit. e gedeckt sein, jedenfalls wenn diese Tätigkeiten für das Funktionieren des demokratischen Systems erforderlich sind.[162]

97

3. Notwendigkeit einer Rechtsgrundlage. Entsprechend ErwG 45 ist eine Aufgabe im öffentlichen Interesse wiederum nur dann anzuerkennen, wenn diese eine positivrechtliche Normierung gefunden hat. Damit liegt die Definitionsmacht über die Aufgabe im öffentlichen Interesse nicht in der Hand des Verantwortlichen.[163] Vielmehr folgt die Rechtsgrundlage für die Datenverarbeitung sowie die Aufgabenzuweisung aus der jeweiligen Aufgabennorm des mitgliedstaatlichen Rechts.[164] Bezgl. der Qualität dieser Rechtsgrundlage gilt das zu Art. 6 Abs. 1 lit. c Gesagte sowie die Ausführungen zu § 3 und Art. 6 Abs. 2 und 3;[165] ausreichend ist auch hier ein materielles Gesetz, bis hin zur kommunalen Satzung.[166] Die inhaltlichen Anforderungen, die an entsprechende Rechtssätze gestellt werden können, ergeben sich aus Art. 6 Abs. 2 und 3.[167]

98

Im zuvor geschilderten Fall der Datenverarbeitungstätigkeit politischer Parteien mögen bspw. melderechtliche Bestimmungen der Mitgliedstaaten eine hinreichende Rechtsgrundlage bieten können.

99

---

156 Paal/Pauly-*Frenzel* Art. 6 Rn. 24.
157 Forgó/Helfrich/Schneider-*Wiesemann* Betrieblicher Datenschutz, Kap. 7 Rn. 27.
158 Kühling/Buchner-*Buchner/Petri* Art. 6 Rn. 131.
159 Vgl. Simitis/Hornung/Spiecker gen. Döhmann-*Roßnagel* Art. 6 Abs. 1 Rn. 72.
160 Sydow-*Reimer* Art. 6 Rn. 40.
161 Simitis/Hornung/Spiecker gen. Döhmann-*Roßnagel* Art. 6 Abs. 1 Rn. 76.
162 Kühling/Buchner-*Buchner/Petri* Art. 6 Rn. 115.
163 In diesem Sinne auch Schantz/Wolff-*Wolff* Das neue Datenschutzrecht, Rn. 615.
164 Vgl. dazu Rn. 111 f. und 119 f.
165 Vgl. Rn. 111 ff. sowie 195 ff.
166 Simitis/Hornung/Spiecker gen. Döhmann-*Roßnagel* Art. 6 Abs. 1 Rn. 76.
167 Dazu Rn. 111 ff. sowie 195 ff.

100 **4. Erforderlichkeit.** Die in Art. 6 Abs. 1 lit. e geforderte Erforderlichkeit der Datenverarbeitung ist unionsrechtlich auszulegen; Datenverarbeitungen sind daher daraufhin zu überprüfen, ob sie mit den Zielen des DS-GVO in Einklang stehen, insbesondere ob sie verhältnismäßig sind.[168] Dabei lässt sich aus der Rechtsprechung des EuGH herleiten, dass eine Erforderlichkeit auch dann anzunehmen sein kann, wenn ohne die betreffende Tätigkeit ein legitimes Ziel nur weniger effizient zu erfüllen ist.[169]

III. Aufgabe in Ausübung öffentlicher Gewalt

101 Art. 6 Abs. 1 lit. e Var. 2 bezieht sich auf die Datenverarbeitung im Rahmen der Ausübung öffentlicher Gewalt. Hier stellt die DS-GVO auf die Wahrnehmung hoheitlicher Aufgaben im Rahmen rechtlich festgelegter Befugnisse ab.[170] Dabei ist – wie bei lit. c – der Erlaubnistatbestand in der Rechtsetzung nach Abs. 3 zu sehen.[171] Zugleich wird die Wahrnehmung von Befugnissen in Ausübung öffentlicher Gewalt immer auch Ausdruck einer Aufgabe im öffentlichen Interesse sein;[172] es ist aber darauf hinzuweisen, dass die konkrete Datenverarbeitung eben im Rahmen dieser Aufgabenwahrnehmung erfolgen muss, die Übertragung der Aufgabe also nicht jede Form der Datenverarbeitung erlauben will.

102 **1. Aufgabenträger.** Aufgabenträger i.S.d. der zweiten Variante können wiederum öffentliche und nichtöffentliche Stellen sein. Auch wird nicht davon auszugehen sein, dass die zweite Variante eine Beleihung Privater voraussetzt. Dies lässt sich aus dem Wortlaut des Art. 6 Abs. 1 lit. e Var. 2 in Abgrenzung zu Art. 49 Abs. 2 und Art. 79 Abs. 2 herleiten, die jeweils von Ausübung hoheitlicher Befugnisse sprechen und damit – auch in Kombination mit dem Begriff der „Behörde" – nur öffentliche Stellen ansprechen.[173] Gleichwohl sind auch Fälle der Beleihung, also der Übertragung hoheitlicher Gewalt durch Gesetz oder aufgrund eines Gesetzes, erfasst.[174] Damit sind alle öffentlichen Stellen, einschließlich der Stellen mittelbarer Staatsverwaltung, die Beliehenen und alle sonstigen mit der Wahrnehmung öffentlicher Aufgaben betrauten Privatrechtssubjekte eingeschlossen. Nicht erfasst sind die Behörden und Einrichtungen der Union, da diese zwar öffentliche Aufgaben wahrnehmen können, aber gem. Art. 2 Abs. 3 weiterhin der Verordnung (EG) Nr. 45/2001 unterfallen.[175]

---

168 Näher Paal/Pauly-*Frenzel* Art. 6 Rn. 23 und BeckOK DatenSR-*Albers* Art. 6 Rn. 44; Kühling/Buchner-*Buchner/Petri* Art. 6 Rn. 118 f.
169 Sydow-*Reimer* Art. 6 Rn. 47; *EuGH* v. 30.5.2013 – C-342/12, ZD 2013, 437, 439, Rn. 36 – Worten; *EuGH* v. 16.12.2008 – C-524/06, ECLI:EU:C:2008:724, Huber, Rn. 61, Slg 2008, I-9705–.
170 So Ehmann/Selmayr-*Heberlein* Art. 6 Rn. 20; darauf, dass vorrangig die Übertragung öffentlicher Befugnisse gemeint sein muss, weist Schantz/Wolff-*Wolff* Das neue Datenschutzrecht, Rn. 617 zutreffend hin.
171 Simitis/Hornung/Spiecker gen. Döhmann-*Roßnagel* Art. 6 Abs. 1 Rn. 78.
172 Schantz/Wolff-*Wolff* Das neue Datenschutzrecht, Rn. 617.
173 So zutreffend BeckOK DatenSR-*Albers* Art. 6 Rn. 40 und Kühling/Buchner-*Buchner/Petri* Art. 6 Rn. 117, jeweils unter Bezugnahme auf die englische und französische Fassung, die die gleiche begriffliche Unterscheidung vornehmen.
174 So Ehmann/Selmayr-*Heberlein* Art. 6 Rn. 20.
175 Sydow-*Reimer* Art. 6 Rn. 43.

Die noch in Art. 7 lit. e DSRL enthaltene Variante „dem Dritten, dem die Daten übermittelt werden", ist in Art. 6 Abs. 1 lit. e nicht mehr enthalten. 103

2. Ausübung öffentlicher Gewalt. Erforderlich ist, dass die Aufgabe dem betreffen- 104
den Verantwortlichen im Einklang mit der Zuständigkeitsordnung übertragen sein muss. Der Begriff der öffentlichen Gewalt definiert sich dabei allerdings nach dem Recht der Mitgliedstaaten; entsprechend ist aber für die Bundesrepublik das hoheitliche Handeln von Behörden und sonstigen Trägern hoheitlicher Gewalt jedenfalls als eine von lit. e erfasste Aufgabenwahrnehmung anzusehen.[176] Wie die Aufgabe übertragen wird, ist dem nationalen Organisationsrecht anheimgestellt; insoweit müssen hier ggf. Innenrechtssätze für die Aufgabenübertragung genügen.[177]

3. Notwendigkeit einer Rechtsgrundlage. Entsprechend ErwG 45 ist eine Aufgabe in 105
Ausübung hoheitlicher Gewalt wiederum nur dann anzuerkennen, wenn diese eine positiv-rechtliche Normierung gefunden hat.[178] Legitimierende Wirkung für die betreffende Datenverarbeitung vermittelt damit abermals nicht Art. 6 Abs. 1 lit. e, sondern der dem Unionsrecht oder dem mitgliedstaatlichen Recht zugehörige Außenrechtssatz, der die Aufgabenzuweisung vornimmt.[179] Dies folgt aus der Systematik von Art. 6 Abs. 1 lit. e und Abs. 2 und 3, die ihrerseits Öffnungsklauseln für mitgliedstaatliches Recht sind.[180] Bezgl. der Qualität dieser Rechtsgrundlage gilt dann wieder das zu Art. 6 Abs. 1 lit. c Gesagte. Die inhaltlichen Anforderungen, die an entsprechende Rechtssätze gestellt werden können, ergeben sich aus Art. 6 Abs. 2 und 3. Für den Bund stellt § 3 BDSG einen generalklauselartigen Erlaubnistatbestand dar,[181] der aufgrund der Subsidiarität des BDSG gegenüber datenschutzrechtlichem Sonderrecht gem. § 1 Abs. 2 BDSG durch speziellere Erlaubnisnormen verdrängt werden kann. Für das Landesrecht kann beispielhaft auf § 3 DSG NRW verwiesen werden.[182]

Festzustellen ist, dass als Rechtsgrundlage nach lit. e auch solche Rechtssätze genü- 106
gen, die den Verantwortlichen zum Handeln ermächtigen, aber – anders als nach lit. c – nicht zum Handeln verpflichten.[183]

4. Erforderlichkeit. Die in Art. 6 Abs. 1 lit. e normierte Erforderlichkeit der Daten- 107
verarbeitung ist auch bezüglich der Ausübung öffentlicher Gewalt unionsrechtlich auszulegen; Datenverarbeitungen sind daher auch hier daraufhin zu überprüfen, ob sie mit den Zielen des DS-GVO in Einklang stehen, insbesondere ob sie verhältnismäßig sind.[184] Hier gilt wieder, dass eine Erforderlichkeit auch dann anzunehmen sein kann, wenn ohne die betreffende Tätigkeit ein legitimes Ziel nur weniger effizient zu

---

176 Simitis/Hornung/Spiecker gen. Döhmann-*Roßnagel* Art. 6 Abs. 1 Rn. 80. Dazu eingehend *Schwartmann/Hermann/Mühlenbeck* HK DS-GVO/BDSG, § 3 BDSG.
177 Schantz/Wolff-*Wolff* Das neue Datenschutzrecht, Rn. 620.
178 In diesem Sinne auch Schantz/Wolff-*Wolff* Das neue Datenschutzrecht, Rn. 615.
179 Dazu bereits Rn. 98 sowie Rn. 121 ff. Dazu auch BeckOK DatenSR-*Albers* Art. 6 Rn. 42.
180 Vgl. Rn. 98 sowie 111 ff.
181 Simitis/Hornung/Spiecker gen. Döhmann-*Roßnagel* Art. 6 Abs. 1 Rn. 84.
182 Vgl. hierzu Schwartmann/Pabst- *Schwartmann/Hermann/Mühlenbeck* DSG NRW, § 3 Rn. 4.
183 Sydow-*Reimer* Art. 6 Rn. 46.
184 Näher Paal/Pauly-*Frenzel* Art. 6 Rn. 23 und BeckOK DatenSR-*Albers* Art. 6 Rn. 44; Kühling/Buchner-*Buchner/Petri* Art. 6 Rn. 118 f.

erfüllen ist.[185] Allerdings ist bei Verarbeitung statistischer Daten im Sinne der Erforderlichkeit zumeist ausreichend, dass anonymisierte, nicht personalisierte Daten verarbeitet werden.[186]

IV. § 3 BDSG Verarbeitung personenbezogener Daten durch öffentliche Stellen

§ 3 BDSG
Verarbeitung personenbezogener Daten durch öffentliche Stellen
Die Verarbeitung personenbezogener Daten durch eine öffentliche Stelle ist zulässig, wenn sie zur Erfüllung der in der Zuständigkeit des Verantwortlichen liegenden Aufgabe oder in Ausübung öffentlicher Gewalt, die dem Verantwortlichen übertragen wurde, erforderlich ist.

108 **1. Einordnung und Hintergrund.** Gegenstand der Norm ist die Schaffung einer allgemeinen, ggf. subsidiären Rechtsgrundlage für die Verarbeitung personenbezogener Daten durch öffentliche Stellen. Sie ist damit die **datenschutzrechtliche Generalklausel** für öffentliche Stellen des Bundes. Die Vorschrift steht insbesondere im engen Zusammenhang mit Art. 6 Abs. 1 lit. e, der die Rechtmäßigkeit der Datenverarbeitung bei Vorliegen einer Aufgabe im öffentlichen Interesse oder in Ausübung öffentlicher Gewalt betrifft, aber selbst keine Rechtsgrundlage für solche Verarbeitungen darstellt (vgl. dazu Rn. 111).[187]

109 Aufgenommen wird der Regelungsgehalt der §§ 13 Abs. 1, 14 Abs. 1 BDSG a.F., wobei entsprechend der Diktion der DS-GVO allgemein auf die Verarbeitung von personenbezogenen Daten abgestellt und nicht zwischen den einzelnen Phasen des Umgangs mit solchen Daten differenziert wird.[188]

110 **2. Verhältnis zur DS-GVO.** Im Hinblick auf § 3 ist insbesondere dessen Verhältnis zur DS-GVO zu beachten. Ausweislich der Gesetzesbegründung stützt sich der Erlass von § 3 BDSG **auf Art. 6 Abs. 1 S. 1 lit. e i.V.m. Abs. 3 S. 1 DS-GVO**.[189] Entscheidend ist daher, ob der deutsche Gesetzgeber mit Erlass von § 3 BDSG rechtmäßig von der Öffnungsklausel der DS-GVO Gebrauch gemacht hat. Zu diesem Zweck sind Inhalt und Reichweite der Öffnungsklausel aus Art. 6 Abs. 1 S. 1 lit. e, Abs. 2, Abs. 3 zu bestimmen (vgl. dazu bereits Rn. 88 ff.).[190]

111 Zunächst ist dabei festzuhalten, dass ein Blick auf die Systematik von Art. 6, insbesondere im Hinblick auf das Zusammenspiel von Art. 6 Abs. 1 S. 1 lit. e zu Art. 6 Abs. 3 zeigt, dass Art. 6 Abs. 1 lit. e als solcher keinen eigenständigen Zulässigkeitstatbestand darstellen kann, der eine Verarbeitung personenbezogener Daten durch

---

185 Sydow-*Reimer* Art. 6 Rn. 47; *EuGH* v. 30.5.2013 – C-342/12, ZD 2013, 437, 439, Rn. 36 – Worten; *EuGH* v. 16.12.2008 – C-524/06, ECLI:EU:C:2008:724, Huber, Rn. 61, Slg. 2008, I-9705.
186 So *EuGH* v. 16.12.2008 – C-524/06, ECLI:EU:C:2008:724, Huber, Rn. 68, Slg. 2008, I-9705.
187 So noch einmal klarstellend BT-Drucks. 18/11325, S. 81.
188 BT-Drucks. 18/11325, S. 81.
189 BT-Drucks. 18/11325, S. 81.
190 Vgl. dazu ausführlich Schwartmann/Pabst-*Schwartmann/Hermann/Mühlenbeck* LDSG NRW zu § 3 Rn. 5 ff. sowie *Schwartmann/Hermann/Mühlenbeck* Datenschutzrechtliche Zulässigkeit der Kenntlichmachung des Entzuges eines Doktorgrades in (Online-)Bibliothekskatalogen v. Sept. 2018, S. 5 und 21 ff. und *dies.* RDV 5/2018, 252, 252 ff.

öffentliche Stellen rechtfertigt (vgl. dazu oben Rn. 108).[191] Vielmehr ist Art. 6 Abs. 1 S. 1 lit. e im Zusammenhang mit dessen Abs. 2 und 3 zu lesen. Dies zeigen bereits Abs. 2 und 3, die ihrerseits ausdrücklich auf Art. 6 Abs. 1 S. 1 lit. e verweisen.[192] Demnach lässt sich hinsichtlich der Systematik und Rechtsnatur der Vorschrift Folgendes festhalten: Nach Art. 6 Abs. 3 S. 1 lit. b wird die Rechtsgrundlage für Verarbeitungen nach Abs. 1 lit. e durch das Recht der Mitgliedstaaten festgelegt. Daraus ergibt sich, dass die Rechtsgrundlage für Datenverarbeitung nach Abs. 1 lit. e nur außerhalb der DS-GVO liegen kann.[193] Andernfalls wäre wiederum der Verweis in Art. 6 Abs. 3 S. 1 lit. a auf die Schaffung einer Rechtsgrundlage durch das Unionsrecht überflüssig.[194] Art. 6 Abs. 1 S. 1 lit. e i.V.m. Abs. 3 S. 1 setzt vielmehr zur Rechtfertigung einer Verarbeitung personenbezogener Daten durch öffentliche Stellen einen weiteren Rechtsetzungsakt voraus und enthält damit einen **Regelungsauftrag** an die Mitgliedstaaten zur Schaffung mitgliedstaatlichen Rechts.[195] Daraus folgt, dass Art. 6 Abs. 1 S. 1 lit. e i.V.m. Abs. 3 S. 1 eine **Öffnungsklausel** für die Schaffung mitgliedstaatlichen Rechts im öffentlichen Bereich darstellt.[196]

Art. 6 Abs. 3 enthält dabei weitergehende Bestimmungen hinsichtlich der Voraussetzungen zur rechtskonformen Ausgestaltung der Öffnungsklausel. Nach Art. 6 Abs. 3 S. 2 muss die Rechtsgrundlage im mitgliedstaatlichen Recht nicht nur den Zweck der Verarbeitung festlegen, sondern darüber hinaus **muss** die Verarbeitung für die Erfüllung einer Aufgabe erforderlich sein, die im öffentlichen Interesse liegt oder in Ausübung öffentlicher Gewalt erfolgt.[197] S. 2 des Abs. 3 legt somit den **pflichtigen Mindeststandard** fest, den die Mitgliedstaaten bei der Schaffung mitgliedstaatlichen Rechts beachten müssen.[198] S. 2 statuiert damit eine Umsetzungs-

112

---

191 Dazu Gola-*Schulz* Art. 6 Rn. 197; Kühling/Buchner-*Buchner/Petri* Art. 6 Rn. 120; Schwartmann/Pabst-*Schwartmann/Hermann/Mühlenbeck* zu § 3 Rn. 6 sowie *Schwartmann/Hermann/Mühlenbeck* Datenschutzrechtliche Zulässigkeit der Kenntlichmachung des Entzuges eines Doktorgrades in (Online-)Bibliothekskatalogen v. Sept. 2018, S. 20 ff; BeckOK DatenSR-*Albers/Veit* Art. 6 Rn. 42.
192 Schwartmann/Pabst-*Schwartmann/Hermann/Mühlenbeck* zu § 3 Rn. 6.
193 Schwartmann/Pabst-*Schwartmann/Hermann/Mühlenbeck* zu § 3 Rn. 6; *Schwartmann/Hermann/Mühlenbeck* Datenschutzrechtliche Zulässigkeit der Kenntlichmachung des Entzuges eines Doktorgrades in (Online-)Bibliothekskatalogen v. Sept. 2018, S. 21.
194 *Schwartmann/Hermann/Mühlenbeck* Datenschutzrechtliche Zulässigkeit der Kenntlichmachung des Entzuges eines Doktorgrades in (Online-)Bibliothekskatalogen v. Sept. 2018, S. 21.
195 *Schwartmann/Hermann/Mühlenbeck* Datenschutzrechtliche Zulässigkeit der Kenntlichmachung des Entzuges eines Doktorgrades in (Online-)Bibliothekskatalogen v. Sept. 2018, S. 5 und 21; BeckOK DatenSR-*Albers/Veit* Art. 6 Rn. 42.
196 Schwartmann/Pabst-*Schwartmann/Hermann/Mühlenbeck* zu § 3 Rn. 6; *Schwartmann/Hermann/Mühlenbeck* Datenschutzrechtliche Zulässigkeit der Kenntlichmachung des Entzuges eines Doktorgrades in (Online-)Bibliothekskatalogen v. Sept. 2018, S. 21 f.; *dies.* RDV 05/2018, 252, 253.
197 Zur Zweigliedrigkeit des Tatbestandes an dieser Stelle vgl. Art. 6 Abs. 1 S. 1 lit. e Rn. 90.
198 Gola-*Schulz* Art. 6 Rn. 199; Schwartmann/Pabst-*Schwartmann/Hermann/Mühlenbeck* zu § 3 Rn. 6; *dies.* Datenschutzrechtliche Zulässigkeit der Kenntlichmachung des Entzuges eines Doktorgrades in (Online-)Bibliothekskatalogen v. Sept. 2018, S. 22; BeckOK DatenSR-*Albers/Veit* Art. 6 Rn. 57.

pflicht.[199] Art. 6 Abs. 3 S. 3 enthält darüber hinaus eine **fakultative Zusatzmöglichkeit** zum Erlass spezifischer mitgliedstaatlicher Regelungen.[200] Denn nach S. 3 **kann** die mitgliedstaatliche Regelung spezifische Bestimmungen zur Anpassung der Anwendung der Vorschriften der DS-GVO enthalten. Der fakultative Charakter der Öffnungsklausel zur Schaffung spezifischen mitgliedstaatlichen Rechts wird daher bereits im Wortlaut der Verordnung deutlich („muss" in S. 2, „kann" in S. 3). Den Mitgliedstaaten wird somit durch S. 3 die Möglichkeit eingeräumt im Rahmen des Regelungsauftrages über den pflichtigen Mindeststandard des Art. 6 Abs. 3 S. 2 hinaus die Anforderungen hinsichtlich der Rechtmäßigkeit der Datenverarbeitung zu spezifizieren.[201]

113 Das Verständnis für den Charakter und die Systematik der Öffnungsklausel ist insbesondere bedeutsam für den Kontroll- und Prüfungsmaßstab, dem die jeweiligen mitgliedstaatlichen Umsetzungsnormen bei der Ausfüllung und weitergehenden Ausgestaltung der Öffnungsklausel letztlich unterliegen. Denn sofern die mitgliedstaatliche Regelung letztlich bloß den pflichtigen Mindeststandard aus Art. 6 Abs. 3 S. 2 im Rahmen ihres Regelungsauftrages erfüllt, so handelt es sich dabei lediglich um eine Umsetzung europäischer Vorgaben, so dass Prüfungsmaßstab das Europarecht bildet und eine Kontrolle durch den EuGH gegeben ist.[202] Machen die Mitgliedstaaten allerdings von der fakultativen Spezifizierungsmöglichkeit des Abs. 3 S. 3 Gebrauch, so werden sie dadurch aus ihrer unionsrechtlichen Verantwortung zugunsten der nationalen Gerichtsbarkeit entlassen.[203]

114 Dementsprechend hat der Bundesgesetzgeber durch den Erlass einer datenschutzrechtlichen Generalklausel § 3 seine Umsetzungspflicht nach Art. 6 Abs. 1 S. 1 lit. e i.V.m. Art. 6 Abs. 3 S. 2 erfüllt. Darüber hinaus nutzt § 3 auch die fakultative Öffnung des Art. 6 Abs. 3 S. 3, indem die Norm zusätzlich das Kriterium der Zuständigkeit der öffentlichen Stelle in den Tatbestand aufnimmt.[204] In der Folge ist § 3 am Maßstab des Grundgesetzes zu messen und unterliegt der Zuständigkeit des Bun-

---

199 Schwartmann/Pabst-*Schwartmann/Hermann/Mühlenbeck* zu § 3 Rn. 6 sowie *dies.* Datenschutzrechtliche Zulässigkeit der Kenntlichmachung des Entzuges eines Doktorgrades in (Online-)Bibliothekskatalogen v. Sept. 2018, S. 22.
200 Gola-*Schulz* Art. 6 Rn. 199; Kühling/Buchner-*Buchner/Petri* Art. 6 Rn. 94; *Schwartmann/Hermann/Mühlenbeck* Datenschutzrechtliche Zulässigkeit der Kenntlichmachung des Entzuges eines Doktorgrades in (Online-)Bibliothekskatalogen v. Sept. 2018, S. 22; BeckOK DatenSR-*Albers/Veit* Art. 6 Rn. 58.
201 Dazu Schwartmann/Pabst-*Schwartmann/Hermann/Mühlenbeck* zu § 3 Rn. 7 sowie *dies.* Datenschutzrechtliche Zulässigkeit der Kenntlichmachung des Entzuges eines Doktorgrades in (Online-)Bibliothekskatalogen v. Sept. 2018, S. 23. Zum Begriff der Spezifizierung BeckOK DatenSR-*Albers/Veit* Art. 6 Rn. 56; Gola-*Schulz* Art. 6 Rn. 200.
202 *Schwartmann/Hermann/Mühlenbeck* Datenschutzrechtliche Zulässigkeit der Kenntlichmachung des Entzuges eines Doktorgrades in (Online-)Bibliothekskatalogen v. Sept. 2018, S. 26 f.
203 Schwartmann/Pabst-*Schwartmann/Hermann/Mühlenbeck* zu § 3 Rn. 7 sowie *dies.* Datenschutzrechtliche Zulässigkeit der Kenntlichmachung des Entzuges eines Doktorgrades in (Online-)Bibliothekskatalogen v. Sept. 2018, S. 27.
204 Dazu Schwartmann/Pabst-*Schwartmann/Hermann/Mühlenbeck* zu § 3 Rn. 9; *dies.* Datenschutzrechtliche Zulässigkeit der Kenntlichmachung des Entzuges eines Doktorgrades in (Online-)Bibliothekskatalogen v. Sept. 2018, S. 27 ff.

desverfassungsgerichts.²⁰⁵ Da die Länder in ihren Generalklauseln wiederum unterschiedliche Voraussetzungen vorsehen und nicht alle Bundesländer die Öffnung in Art. 6 Abs. 3 S. 3 nutzen (so etwa Bayern, Bremen, Nordrhein-Westfalen und Rheinland-Pfalz), ergibt sich insoweit eine geteilte Rechtsordnung.²⁰⁶

Diese Sichtweise wird nunmehr auch durch die Rechtsprechung des BVerfG in seinen Entscheidungen **„Recht auf Vergessen I"**²⁰⁷ und **„Recht auf Vergessen II"**²⁰⁸ gestützt. In der Entscheidung „Recht auf Vergessen I" hat das BVerfG hinsichtlich seines Prüfungsmaßstabes klargestellt, dass es dann, wenn Fachrecht unionsrechtlich nicht vollständig vereinheitlicht und determiniert ist (etwa im Rahmen des Medienprivilegs des Art. 85, vgl. dazu Art. 85 Rn. 44 ff.) und daher in den Mitgliedstaaten unterschiedlich ausgestaltet ist, dessen Auslegung primär am Maßstab des Grundgesetzes prüft, auch wenn daneben gleichzeitig die Unionsgrundrechte gelten.²⁰⁹ Sofern das Fachrecht der Union somit Gestaltungsspielräume eröffne, bestünde die Möglichkeit die eigenen mitgliedstaatlichen Grundrechtsstandards zur Geltung zu bringen.²¹⁰ Die Entscheidung „Recht auf Vergessen II" bezieht sich auf die Frage des Prüfungsmaßstabs und der Reichweite der Prüfungskompetenz des BVerfG im Rahmen vollständig vereinheitlichen Unionsrechts.²¹¹ Das BVerfG hat insoweit festgestellt, dass sofern im Rahmen unionsrechtlich vollständig vereinheitlichen Rechts die Grundrechte des Grundgesetzes im Wege des Anwendungsvorrangs des Unionsrechts verdrängt würden, als Prüfungsmaßstab ausschließlich die Unionsgrundrechte maßgeblich seien, dass das Gericht die innerstaatliche Anwendung des Unionsrechts durch deutsche Stellen am Maßstab der Unionsgrundrechte prüfe.²¹² Nach Ansicht des Gerichts hängt dabei die Frage, ob die Grundrechte des Grundgesetzes oder die GRCh anzuwenden sind, vor allem von der **Unterscheidung zwischen vollständig vereinheitlichem und gestaltungsoffenen Unionsrecht** ab.²¹³ Insoweit komme es vor allem auf eine Auslegung des betreffenden Unionsrechts sowie auf die Rechtsform des Unionsrechts (Richtlinie oder Verordnung) an.²¹⁴ Daher sei „in Bezug auf die jeweilige Norm des Unionsrechts zu untersuchen, ob sie auf die Ermöglichung von Vielfalt und die Geltendmachung verschiedener Wertungen angelegt ist, oder ob sie nur dazu dienen soll, besonderen

115

---

205 Schwartmann/Pabst-*Schwartmann/Hermann/Mühlenbeck* zu § 3 Rn. 10; *dies*. Datenschutzrechtliche Zulässigkeit der Kenntlichmachung des Entzuges eines Doktorgrades in (Online-)Bibliothekskatalogen v. Sept. 2018, S. 30.
206 Schwartmann/Pabst-*Schwartmann/Hermann/Mühlenbeck* zu § 3 Rn. 9; *dies*. Datenschutzrechtliche Zulässigkeit der Kenntlichmachung des Entzuges eines Doktorgrades in (Online-)Bibliothekskatalogen v. Sept. 2018, S. 29.
207 *BVerfG* v. 6.11.2019 – 1 BvR 16/13, Recht auf Vergessen I.
208 *BVerfG* v. 6.11.2019 – 1 BvR 276/17, Recht auf Vergessen II.
209 *BVerfG* v. 6.11.2019 – 1 BvR 16/13, Ls. 1 sowie Rn. 42 ff.; Schwartmann/Pabst-*Schwartmann/Hermann/Mühlenbeck* zu § 3 Rn. 11.
210 *BVerfG* v. 6.11.2019 – 1 BvR 16/13, Rn. 50 ff.; Schwartmann/Pabst-*Schwartmann/Hermann/Mühlenbeck* zu § 3 Rn. 11.
211 *BVerfG* v. 6.11.2019 – 1 BvR 276/17, Rn. 42 ff. sowie Pressemitteilung v. 27.11.2019, S. 1.
212 *BVerfG* v. 6.11.2019 – 1 BvR 276/17, Rn. 42 und 50; Schwartmann/Pabst-*Schwartmann/Hermann/Mühlenbeck* zu § 3 Rn. 12.
213 *BVerfG* v. 6.11.2019 – 1 BvR 276/17, Rn. 77; Schwartmann/Pabst-*Schwartmann/Hermann/Mühlenbeck* zu § 3 Rn. 12.
214 *BVerfG* v. 6.11.2019 – 1 BvR 276/17, Rn. 78 ff.; Schwartmann/Pabst-*Schwartmann/Hermann/Mühlenbeck* zu § 3 Rn. 13.

Sachgegebenheiten hinreichend flexibel Rechnung zu tragen, dabei aber von dem Ziel einer gleichförmigen Rechtsanwendung getragen ist"[215]. Die beiden Entscheidungen des BVerfG stehen damit in inhaltlichem Zusammenhang mit früheren Urteilen des BVerfG[216] (etwa Solange I und II[217], Maastricht[218], Bananenmarkt[219] und Lissabon[220]) und führen diese fort.[221] In Bezug auf Art. 6 Abs. 3 S. 2 und 3 lässt sich aus der Rechtsprechung des BVerfG ableiten, dass sich unterschiedliche Prüfungsmaßstäbe und -kompetenzen im Rahmen der Überprüfung mitgliedstaatlichen Rechts infolge einer Auslegung des Unionsrecht i.S.d. obigen Ausführungen (vgl. Rn. 113 f.) ergeben können.[222]

116 **3. Kommentierung. – a) Allgemeines: Zweck, Bedeutung, Systematik/Verhältnis zu anderen Vorschriften.** § 3 stellt eine allgemeine Rechtsgrundlage für die Verarbeitung personenbezogener Daten durch öffentliche Stellen dar, auf die stets zurückgegriffen werden kann, sofern öffentliche Stellen als Verantwortliche nicht auf speziellere bereichsspezifische Regelungen innerhalb oder außerhalb des BDSG zurückgreifen können. Gemäß Art. 6 Abs. 1 lit. e ist auch für die Datenverarbeitung zum Zweck der Aufgabenerfüllung im öffentlichen Interesse oder in Ausübung öffentlicher Gewalt stets eine solche Rechtsgrundlage nachzuweisen, die sich aus Unionsrecht oder – wie im Falle des § 3 – aus nationalem Recht ergeben kann (vgl. dazu oben Rn. 110 ff.).[223]

117 **b) Öffentliche Stellen als Adressaten.** Adressaten des § 3 sind öffentliche Stellen des Bundes. Der Begriff der öffentlichen Stellen bestimmt sich nach § 2. Die Gesetzesbegründung stellt noch einmal klar, dass zu den öffentlichen Stellen auch Private gehören, die mit hoheitlichen Aufgaben betraut werden, die damit als so genannte Beliehene auch auf § 3 als Grundlage für die Verarbeitung personenbezogener Daten zurückgreifen können.

118 Die öffentlichen Stellen sind damit zugleich die in § 3 benannten Verantwortlichen, die als öffentliche Stellen entweder die in ihrer Zuständigkeit liegenden Aufgaben erfüllen, oder in Ausübung der ihnen übertragenen öffentlichen Gewalt handeln.

119 **c) Umfang der Ermächtigung.** § 3 sieht zwei Fälle vor, in denen die Norm als Ermächtigung für die Verarbeitung personenbezogener Daten dienen kann. Zum einen ist der Fall erfasst, dass die Verarbeitung **zur Erfüllung übertragener Aufgaben** erfolgt. Zum anderen greift die Norm, wenn die Verarbeitung **in Ausübung der der öffentlichen Stelle übertragenen öffentlichen Gewalt** geschieht. Beide Varianten stehen unter dem Vorbehalt, dass die Datenverarbeitung im jeweiligen Kontext erforderlich ist.

---

215 *BVerfG* v. 6.11.2019 – 1 BvR 276/17, Rn. 80; Schwartmann/Pabst-*Schwartmann/Hermann/Mühlenbeck* zu § 3 Rn. 13.
216 Dazu *BVerfG* v. 6.11.2019 – 1 BvR 276/17, Rn. 51 und 8 sowie Schwartmann/Pabst-*Schwartmann/Hermann/Mühlenbeck* zu § 3 Rn. 14.
217 BVerfGE 37, 271; BVerfGE 73, 339.
218 BVerfGE 89, 155.
219 BVerfGE 102, 147.
220 BVerfGE 123, 276.
221 Dazu Schwartmann/Pabst-*Schwartmann/Hermann/Mühlenbeck* zu § 3 Rn. 14.
222 Vgl. dazu auch Schwartmann/Pabst-*Schwartmann/Hermann/Mühlenbeck* zu § 3 Rn. 15.
223 BT-Drucks. 18/11325, S. 81.

Durch die Orientierung an dem allgemeinen Begriff der Verarbeitung sind auch die Fälle des § 14 Abs. 1 BDSG a.F. vom Regelungsumfang des § 3 erfasst, also neben dem Erheben auch das Speichern, Verändern oder Nutzen personenbezogener Daten.	120
Hinsichtlich des Umfangs der Ermächtigung ist insbesondere auf die Systematik von § 3 zu achten. Ausweislich des Wortlauts der Norm ist die Rechtmäßigkeit der Datenverarbeitung an die tatbestandliche Voraussetzung geknüpft, dass diese zur Erfüllung einer in der Zuständigkeit des Verantwortlichen liegenden Aufgabe oder in Ausübung öffentlicher Gewalt, die dem Verantwortlichen übertragen wurde, erforderlich ist. Dies erfordert also die Prüfung, ob die betreffende Datenverarbeitung **innerhalb** der Aufgabenerfüllung liegt. Dafür muss aber das der Datenverarbeitung zugrunde liegende **Verwaltungshandeln** als solches **rechtmäßig** sein.[224] Die Rechtmäßigkeit der Datenverarbeitung ist damit von der Rechtmäßigkeit des (Verwaltungs-)Handelns der öffentlichen Stelle abhängig. Ein rechtswidriges Verwaltungshandeln schließt daher in der Regel die Rechtmäßigkeit der Datenverarbeitung aus. Ferner ist zu beachten, dass für das Verwaltungshandeln ggf. eine eigenständige Ermächtigungsgrundlage erforderlich ist, sofern mit dem Verwaltungshandeln ein Eingriff in die Rechte der betroffenen Person verbunden ist.[225]	121
Besonders für Praxis relevante Fallgruppen von § 3 liegen zum einen in der Frage nach der **Zulässigkeit der Anfertigung von Personenfotografien im Rahmen der Öffentlichkeitsarbeit öffentlicher Stellen**, zum anderen wird § 3 im Rahmen der Rechtmäßigkeit des Handelns öffentlicher Stellen bei der **Teilhabe an digitaler Kommunikation** relevant.	122
Bei der Frage nach der Zulässigkeit der Anfertigung von Personenfotografien im Rahmen der Öffentlichkeitsarbeit öffentlicher Stellen ist zunächst fraglich, auf welche Rechtsgrundlage die damit einhergehende Verarbeitung personenbezogener Daten gestützt werden kann.[226] In Betracht kommen insoweit die Regelungen des Datenschutzrechts (DS-GVO/BDSG/LDSG) und die Regelungen des KUG (insbes. §§ 22, 23 KUG). Eine § 1 Abs. 3 BDSG a.F. entsprechende Subsidiaritätsklausel sieht das neue BDSG nicht mehr vor.[227] Da die Erstellung von Bildnissen eine Verarbeitung personenbezogener Daten nach Art. 4 Nr. 1 und 2 darstellt und die DS-GVO bzw. das BDSG bereits für die Erstellung des Fotos als Erhebung personenbezogener Daten gilt, verdrängt die DS-GVO bzw. das BDSG bereits im Anwendungsbereich das KUG, da dieses erst für die Verbreitung und Zurschaustel-	123

---

224 Gola/Heckmann-*Starnecker* § 3 BDSG Rn. 22, 24; *Schwartmann/Hermann/Mühlenbeck* Datenschutzrechtliche Zulässigkeit der Kenntlichmachung des Entzuges eines Doktorgrades in (Online-)Bibliothekskatalogen v. Sept. 2018, S. 42; Taeger/Gabel-*Lang* § 3 Rn. 42; BeckOK DatenSR-*Wolff* § 3 Rn. 21.

225 Dazu ausführlich *Schwartmann/Hermann/Mühlenbeck* Datenschutzrechtliche Zulässigkeit der Kenntlichmachung des Entzuges eines Doktorgrades in (Online-)Bibliothekskatalogen v. Sept. 2018, S. 42 f.

226 Vgl. dazu *Schwartmann/Jacquemain* DataAgenda Arbeitspapier 02, S. 1 f. sowie Schwartmann/Pabst-*Schwartmann/Hermann/Mühlenbeck* zu § 3 Rn. 33 f.

227 Schwartmann/Pabst-*Schwartmann/Hermann/Mühlenbeck* zu § 3 Rn. 33. Dazu auch *Benedikt/Kranig* ZD 2019, 4 f.

lung der Bildnisse gilt.[228] Indem der Bundesgesetzgeber durch Erlass von § 3 von der Öffnungsklausel aus Art. 6 Abs. 1 S. 1 lit. e i.V.m. Abs. 3 S. 2 und 3 Gebrauch gemacht hat, folgt daher die Ermächtigungsgrundlage für die Anfertigung von Personenfotografien aus der Öffnungsklausel i.V.m. § 3 und der jeweiligen Aufgabennorm.[229] Eine Einwilligung der betroffenen Personen kommt als Erlaubnistatbestand zwar ebenfalls grundsätzlich in Betracht, ist aber wegen ihrer jederzeitigen Widerrufsmöglichkeit nach Art. 7 Abs. 3 unpraktikabel und mit erheblicher Rechtsunsicherheit verbunden. Art. 9 ist nur unter besonderen Voraussetzungen anwendbar.[230] Öffentliche Stellen müssen daher das öffentliche Interesse im Rahmen ihrer Aufgabenerfüllung mit den Interessen der abgebildeten Person abwägen. Hierbei ist zugunsten öffentlicher Stellen etwa die Befugnis zur Aufgabenwahrnehmung im Rahmen ihrer Öffentlichkeitsarbeit in die Interessenabwägung mit einzubeziehen.[231] Hinsichtlich der Interessen der betroffenen Person bzw. Personen können die §§ 22, 23 KUG zumindest wertungsmäßig in der Interessenabwägung berücksichtigt werden.[232] Der Schutz der abgelichteten Person vor einer ungewollten Ablichtung wird dabei zentral über deren Widerspruchsrecht nach Art. 21 und die Art. 13, 14 gewährleistet. Hinsichtlich des Widerspruchsrechts ist dabei zu beachten, dass dieses nur im Falle von Gründen, die sich aus der **besonderen** Situation der betroffenen Person ergeben, eine Datenverarbeitung unterbinden kann, vgl. Art. 21 Abs. 1 S. 1. Der öffentlichen Stelle steht nach Art. 21 Abs. 1 S. 2 die Möglichkeit zu das Widerspruchsrecht durch Nachweis zwingender schutzwürdiger Gründe zurückzuweisen.

124 Daneben stellt sich die Frage, ob § 3 auch die **Nutzung digitaler Angebote** durch öffentliche Stellen legitimieren kann, die mit einer Verarbeitung personenbezogener Daten einhergeht (z.B. Nutzung von Facebook-Fanpages, Twitter-Accounts, aber auch XING oder LinkedIn durch öffentliche Stellen). Hierbei ist zunächst sorgsam zu prüfen, inwieweit die Teilhabe an digitaler Kommunikation, etwa durch die Nutzung Sozialer Netzwerke, als Datenverarbeitung innerhalb der behördlichen Aufgabenerfüllung erforderlich ist.[233] Eine Nutzung zu Zwecken der Aufgabenerfüllung i.S.e. „digitalisierten Daseinsvorsorge"[234] insbesondere im Falle von Gesundheitswarnungen oder zum Krisenmanagement etc. scheint dabei mit dem Anspruch der Bürgerinnen und Bürger auf digitale Angebote der öffentlichen Hand zu korrespondieren und liegt insofern wohl innerhalb der Erlaubnisnorm.[235] Gleichwohl gehen mit der Nutzung digitaler Dienste durch öffentliche Stellen erhebliche rechtliche Risiken einher. Vor dem Hintergrund der Rechtsprechung des EuGH in den

---

228 *Benedikt/Kranig* ZD 2019, 4 f. sowie *Schwartmann/Jacquemain* DataAgenda Arbeitspapier 02, S. 1 f.; Schwartmann/Pabst-*Schwartmann/Hermann/Mühlenbeck* zu § 3 Rn. 34.
229 Übereinstimmend *BayLDA* Fotografien in der Öffentlichkeitsarbeit bayerischer Kommunen – Aktuelle Kurzinformation 16, S. 1; Schwartmann/Pabst-*Schwartmann/Hermann/Mühlenbeck* zu § 3 Rn. 34.
230 Vgl. dazu Kommentierung von Art. 9 Rn. 165.
231 Schwartmann/Pabst-*Schwartmann/Hermann/Mühlenbeck* zu § 3 Rn. 37.
232 Dazu *BayLDA* Fotografien in der Öffentlichkeitsarbeit bayerischer Kommunen – Aktuelle Kurzinformation 16, S. 4 sowie Schwartmann/Pabst-*Schwartmann/Hermann/Mühlenbeck* zu § 3 Rn. 37.
233 Schwartmann/Pabst-*Schwartmann/Hermann/Mühlenbeck* zu § 3 Rn. 29 ff.
234 Schwartmann/Pabst-*Schwartmann/Hermann/Mühlenbeck* zu § 3 Rn. 29 ff.
235 Schwartmann/Pabst-*Schwartmann/Hermann/Mühlenbeck* zu § 3 Rn. 29 ff.

Rs. Fanpages, Jehova und Fashion ID (vgl. dazu Kommentierung in Art. 4 Nr. 7 Rn. 140 ff.), ist derzeit der Betrieb einer Fanpage auf Facebook ohne entsprechende Vereinbarung nach Art. 26 DS-GVO datenschutzrechtlich unzulässig. Von einer Übertragbarkeit der Entscheidungen des EuGH auch auf die Dienste von Twitter, Instagram, LinkedIn, XING usw. ist dabei wohl auszugehen.[236] Hinzutreten weitere Rechtsfragen, etwa ob die Nutzung datenschutzwidriger Dienste Teil der rechtmäßigen Aufgabenerfüllung öffentlicher Stellen sein kann, ob behördlichen Positionierungen im Rahmen digitaler Kommunikation rechtliche Bindungswirkung zukommt oder ob das Datenschutzrecht uneingeschränkt Anwendung finden kann, je nachdem ob die Dienste zu dienstlichen bzw. parlamentarischen Zwecken oder privat genutzt werden.[237] Insofern stellen sich eine Vielzahl rechtlicher Problemstellungen, die bei der Nutzung digitaler Dienste durch öffentliche Stellen berücksichtigt werden müssen.

Auch im Rahmen von hoheitlichen **Maßnahmen zur Eindämmung der Corona-Pandemie**[238] stellt sich die Frage, welche Rechtmäßigkeitsanforderungen hinsichtlich der Verarbeitung personenbezogener Daten bestehen. Hierbei ist zu beachten, dass etwa das Infektionsschutzgesetz (InfSG) nur das Verwaltungshandeln rechtfertigen kann, nicht aber vollumfänglich eine Verarbeitung personenbezogener Daten. Zwar enthält etwa § 16 Abs. 1 S. 2 InfSG eine Befugnis zur Datenverarbeitung, diese ist jedoch auf die mit den Maßnahmen i.S.d. InfSG einhergehenden Datenverarbeitungen beschränkt und kein allgemeiner Erlaubnistatbestand. Neben der Rechtmäßigkeit des Verwaltungshandelns ist hier stets auch die Datenverarbeitung spezialgesetzlich rechtfertigungsbedürftig. **125**

aa) Erfüllung einer in der Zuständigkeit liegenden Aufgabe. Voraussetzung für das Eingreifen des § 3 kann zunächst sein, dass die öffentliche Stelle schlicht im Rahmen ihrer Zuständigkeit tätig wird und dabei personenbezogene Daten verarbeiten muss. Damit stellt sich § 3 als relativ unspezifische Ermächtigungsnorm für die Verarbeitung personenbezogener Daten dar. Insoweit ist nachvollziehbar, dass die Gesetzesbegründung die Norm als „eine subsidiäre, allgemeine Rechtsgrundlage für Datenverarbeitungen mit geringer Eingriffsintensität in die Rechte der betroffenen Person"[239] bezeichnet. Damit ist zugleich davon auszugehen, dass von **spezifischeren Ermächtigungsnormen für Datenverarbeitungen** höherer Intensität eine höhere Regelungsdichte hinsichtlich der Eingriffsvoraussetzungen zu verlangen ist. **126**

Ein Korrektiv ergibt sich aus § 3 neben dem Merkmal der **Erforderlichkeit** insoweit, als hierdurch nicht jede Form der Datenverarbeitung legitimiert wird, sondern nur solche Vorgänge erfasst sind, die in der Zuständigkeit der betreffenden Stelle liegen. Damit ergibt sich die Rechtmäßigkeit der Datenverarbeitung nicht bereits aus der Eigenschaft des Verantwortlichen als öffentliche Stelle, hinzutreten muss vielmehr ein Tätigwerden im Einklang mit der Zuständigkeitsordnung. Damit ist **127**

---

[236] Schwartmann/Pabst-*Schwartmann/Hermann/Mühlenbeck* zu § 3 Rn. 29 ff.
[237] Schwartmann/Pabst-*Schwartmann/Hermann/Mühlenbeck* zu § 3 Rn. 29 ff.
[238] Vgl. dazu auch Art. 4 Nr. 1 Rn. 47, Art. 4 Nr. 5 Rn. 109, Art. 9 Rn. 92, 131, 140 ff. und 202 sowie Art. 89 Rn. 35.
[239] BT-Drucks. 18/11325, S. 81; so schon zur Rechtslage nach § 13 Abs. 1 BDSG a.F. Gola/Schomerus-*Gola/Klug/Körffer* § 13 BDSG a.F. Rn. 2.

Art. 6 Abs. 1 lit. e / § 3 BDSG

zugleich die Rechtmäßigkeit der Aufgabenerfüllung verlangt, was sich aber bereits aus der Bindung der Verwaltung an Recht und Gesetz ergibt.[240]

128 Wie nach Art. 6 Abs. 3 kann die Zuständigkeit durch Recht gleich welchen Ranges begründet werden. Die Zuständigkeitszuweisung kann auf Gesetzes-, Verordnungs- oder Satzungsrecht beruhen. Auch müssen die Vorschriften hinreichend transparent insbesondere bezogen auf den Zweck der Datenverarbeitung ausgestaltet sein.

129 **bb) Handeln in Ausübung übertragener öffentlicher Gewalt.** Für öffentliche Stellen im Allgemeinen geht das Handeln in Ausübung öffentlicher Gewalt regelmäßig mit dem Handeln im Rahmen der Zuständigkeitsordnung einher. Auch insoweit darf die öffentliche Stelle nicht über die Befugnisse, die ihr durch die Rechtsordnung eingeräumt sind, hinausgehen.

130 Eigenständige Bedeutung erhält der Fall des Handelns in Ausübung öffentlicher Gewalt wiederum für die Privaten, denen durch Gesetz oder aufgrund Gesetzes hoheitliche Befugnisse eingeräumt sind, womit sie als **Beliehene** zu öffentlichen Stellen werden. Auch für diese Variante gilt, dass die betreffenden Stellen an die Zuständigkeitsordnung gebunden sind und dem Grundsatz der Rechtmäßigkeit der Verwaltung unterfallen.

131 **cc) Erforderlichkeit.** Der Erforderlichkeitsgrundsatz war bereits Gegenstand des § 13 Abs. 1 BDSG a.F. Die Bindung an die Erforderlichkeit der Datenerhebung besagt, dass auch öffentliche Stellen nur diejenigen Daten verarbeiten dürfen, die für die Aufgabenerfüllung vonnöten sind. Erforderlich ist damit nur die Verarbeitung derjenigen Daten, ohne deren Kenntnis die öffentliche Stelle die gestellte Aufgabe nicht vollständig, rechtmäßig oder in angemessener Zeit erfüllen könnte.[241]

132 Die Bindung an die Erforderlichkeit kann aber auch bedeuten, dass eine Datenerhebung, die für die Aufgabenerfüllung grundsätzlich notwendig sein mag, am vorrangigen Persönlichkeitsrecht des Betroffenen scheitern kann.[242] Insoweit hat auch bei einer Datenverarbeitung im Rahmen der Zuständigkeitsordnung stets eine **Abwägung** zwischen dem öffentlichen Interesse an der Datenverarbeitung und den schutzwürdigen Belangen des Betroffenen i.S.e. Verhältnismäßigkeitsprüfung zu erfolgen.[243]

133 Durch die Bindung an das Erfordernis der Erforderlichkeit ist regelmäßig auch eine Datenerhebung gleichsam auf Vorrat unzulässig, mag die Datenerhebung auch im Rahmen der Zuständigkeit erfolgen und mögen die Daten auch zu einem späteren Zeitpunkt benötigt werden können.[244]

134 Das Merkmal der Erforderlichkeit ist ein unbestimmter Rechtsbegriff, der in jedem Fall der Konkretisierung im Einzelfall bedarf.

---

240 Wiederum schon zur Rechtslage nach § 13 Abs. 1 BDSG a.F. Gola/Schomerus-*Gola/Klug/Körffer* § 13 BDSG a.F. Rn. 2.
241 Zur Rechtslage nach § 13 Abs. 1 BDSG a.F. Gola/Schomerus-*Gola/Klug/Körffer* § 13 BDSG a.F. Rn. 3 und *Auernhammer* § 13 BDSG a.F. Rn. 6.
242 Gola/Schomerus-*Gola/Klug/Körffer* § 13 BDSG a.F. Rn. 3.
243 So zur Rechtslage nach § 13 Abs. 1 BDSG a.F. Simitis-*Sokol* § 13 BDSG a.F. Rn. 26.
244 Vgl. schon *BVerfG* v. 15.12.1983 – 1 BvR 209, 269, 362, 420, 440, 484/83, BVerfGE 65, 1, 46; zur Rechtslage nach § 13 Abs. 1 BDSG a.F. Simitis-*Sokol* § 13 BDSG a.F. Rn. 26; Gola/Schomerus-*Gola/Klug/Körffer* § 13 BDSG a.F. Rn. 4.

G. Art. 6 Abs. 1 lit. f

(1) Die Verarbeitung ist nur rechtmäßig, wenn mindestens eine der nachstehenden Bedingungen erfüllt ist:

...

f) die Verarbeitung ist zur Wahrung der berechtigten Interessen des Verantwortlichen oder eines Dritten erforderlich, sofern nicht die Interessen oder Grundrechte und Grundfreiheiten der betroffenen Person, die den Schutz personenbezogener Daten erfordern, überwiegen, insbesondere dann, wenn es sich bei der betroffenen Person um ein Kind handelt.

– *ErwG*: 47, 48, 49

Literatur: *Art.-29-Datenschutzgruppe* WP 217 vom 9.4.2014, S. 38; *Callies/Ruffert* EUV/AEUV – Das Verfassungsrecht der Europäischen Union mit Europäischer Grundrechtecharta, 5. Aufl. 2016; *Datenethikkommission (DEK)* Gutachten v. 23.10.2019[245]; *Drewes* Dialogmarketing nach der DSGVO ohne Einwilligung der Betroffenen, CR 2016, 721; *Konferenz der unabhängigen Datenschutzaufsichtsbehörden (DSK)* Orientierungshilfe der Aufsichtsbehörden für Anbieter von Telemedien, Stand März 2019; *Härting* Datenschutz-Grundverordnung – Das neue Datenschutzrecht in der betrieblichen Praxis, 2016; *Härting/Gössling/Dimov* „Berechtigte Interessen" nach der DSGVO, ITRB 2017, 169; *Jacobs/Lange-Hausstein* Datenschutzrechtliche Vorgaben des EuGH für Big Data und Direktmarketing Auswirkungen von EuGH, Urt. v. 19.10.2016 – Rs. C-582/14 – Breyer ./. BRD, ITRB 2017, 39–42; *Kring/Marosi* Ein Elefant im Porzellanladen – Der EuGH zu Personenbezug und berechtigtem Interesse, K&R 2016, 773; *Piltz* Die Datenschutz-Grundverordnung – Teil 1: Anwendungsbereich, Definitionen und Grundlagen der Datenverarbeitung, K&R 2016, 557; *Schirmbacher* Onlinemarketing nach der DSGVO – ein Annäherungsversuch Datenschutzrechtliche Anforderungen an E-Mail-Marketing, Tracking und Targeting, ITRB 2016, 274; *Schleipfer* Datenschutzkonformes Webtracking nach Wegfall des TMG, ZD 2017, 460; *Schmitz* ePrivacy-VO – unzureichende Regeln für klassische Dienste, ZRP 2017, 172; *Weidert/Klar* Datenschutz und Werbung – gegenwärtige Rechtslage und Änderungen durch die Datenschutz-Grundverordnung, BB 2017, 1858; *Wybitul* Welche Folgen hat die EU-Datenschutz-Grundverordnung für Compliance? CCZ 2016, 194.

I. Einordnung und Hintergrund

Art. 6 Abs. 1 lit. f steht gleichwertig[246] neben den anderen Erlaubnistatbeständen des Art. 6 Abs. 1. Dies gilt auch im Hinblick auf die Einwilligung nach Art. 6 Abs. 1 lit. a oder die Erlaubnis im Rahmen der Vertragsdurchführung entsprechend lit. b, ohne dass die Interessenabwägung die zum Teil spezielleren Vorgaben dieser Erlaubnistatbestände einhalten muss. So ist die Datenverarbeitung nach Art. 6 Abs. 1 lit. f dann zulässig, wenn die Verarbeitung zur Wahrung der berichtigten Interessen eines Verantwortlichen oder eines Dritten erforderlich ist. Dies ist der Fall, sofern nicht die Interessen, Grundrechte und Grundfreiheiten der betroffenen Person überwiegen, die den Schutz ihrer personenbezogenen Daten erfordern. Letzteres ist insbesondere dann zu berücksichtigen, wenn es sich bei der betroffenen Person um ein Kind handelt. **135**

---

245 Abrufbar unter: https://datenethikkommission.de/gutachten/, zuletzt abgerufen am 29.4.2020.
246 Zur Frage der Gleichwertigkeit des Erlaubnistatbestandes vgl. die sich insoweit widersprechenden Working Paper der Art.-29-Datenschutzgruppe WP 217, 13 und 21 sowie WP 259, 22 f. Vgl. dazu auch die Ausführungen unter Rn. 141.

Art. 6 Abs. 1 lit. f   Rechtmäßigkeit der Verarbeitung

136   Aufgrund seiner Natur als offener Abwägungstatbestand stellt Art. 6 Abs. 1 lit. f den Auffangtatbestand im Erlaubniskatalog des Art. 6 dar.[247] Damit einher geht die Schwierigkeit, die Reichweite des Erlaubnistatbestandes in Einklang mit den Vorgaben der Art. 7, 8 GRCh autonom korrekt zu bestimmen und den Erlaubnistatbestand nicht über Gebühr zu strapazieren.[248] Auf der anderen Seite hat wie auch schon unter der Vorgängerregelung in Art. 7 DSRL der Abwägungstatbestand die Aufgabe, die notwendige Flexibilität für wirtschaftlich gewollte und im Einklang mit den Grundrechten stehende Geschäftsmodelle zu ermöglichen.[249] Dennoch konnte sich der europäische Gesetzgeber nicht dazu durchringen, die in ihrer Anwendung komplexe Norm durch entsprechende Hilfestellungen für ihre Anwender klarer auszugestalten.[250]

137   Vor diesem Hintergrund und aufgrund der Tatsache, dass der bisherige Art. 7 lit. f im Wesentlichen der heutigen Vorschrift des Art. 6 Abs. 1 lit. f entspricht, können sowohl die Materialien der Art.-29-Datenschutzgruppe als auch die nationalen Leitlinien und Gesetze der Mitgliedstaaten als Abwägungskriterien im Rahmen der autonomen Auslegung mit herangezogen werden.[251] Dies bietet sich insbesondere im Hinblick auf das deutsche Recht an, wo die allgemeinen Erlaubnistatbestände der Interessenabwägung im alten BDSG durch eine Vielzahl von Regelungen aufgegriffen und umgesetzt wurden. Soweit dies nicht auch aufgrund der Öffnungsklauseln im Rahmen des BDSG n.F., etwa bezüglich des Scorings[252] und der Videoüberwachung,[253] konkret umgesetzt wurde, können zumindest auf Basis der historischen Entwicklung Anhaltspunkte für die Reichweite der Norm gefunden werden. Denn es ist nicht ersichtlich, dass etwas dagegen spricht auch die Erwägungen und Impulse des deutschen BDSG als Auslegungsparameter herauszuziehen. Inwiefern sie aufgegriffen und rechtlich relevant werden, muss die Rechtsprechung des EuGH zeigen.[254] Dadurch darf jedoch in keinem Fall das in ErwG 13 aufgestellte Ziel eines unionsweit gleichmäßigen Datenschutzniveaus unterlaufen werden.[255]

138   Wie auch in Art. 6 Abs. 1 lit. f gab es unter der DSRL keine Spezifizierung des allgemeinen Abwägungstatbestandes. Zudem wurden anders als in Deutschland nicht in allen Mitgliedstaaten Konkretisierungen in die jeweiligen Umsetzungsgesetze aufgenommen. Dies führt dazu, dass sich in den Mitgliedstaaten bislang kein einheitliches Verständnis des Begriffs des berechtigten Interesses etabliert hat. Diese nationalen Unterschiede stellen eine Herausforderung für die autonome Auslegung des Art. 6 Abs. 1 lit. f dar.

---

247   Plath-*Plath* Art. 6 Rn. 47; wenig überzeugend Paal/Pauly-*Frenzel* Art. 6 Rn. 26, der von einem „Ausnahmetatbestand" spricht.
248   Vgl. *Kring/Marosi* K&R 2016, 773, 776.
249   Vgl. Ehmann/Selmayr-*Heberlein* Art. 6 Rn. 28.
250   Vgl. Kühling/Buchner-*Buchner/Petri* Art. 6 Rn. 142; *Albrecht/Jotzo* Das neue Datenschutzrecht, Teil 3 Rn. 51; *Albrecht* CR 2016, 88, 92.
251   Vgl. BeckOK DatenSR-*Albers/Veit* Art. 6 Rn. 48; Kühling/Buchner-*Buchner/Petri* Art. 6 Rn. 145.
252   Vgl. § 31 BDSG n.F.
253   Vgl. § 4 BDSG n.F.
254   Siehe aber WP 217 der *Art.-29-Datenschutzgruppe* S. 70, mit einer Anleitung zur Durchführung der Prüfung der Ausgewogenheit.
255   Kühling/Buchner-*Buchner/Petri* Art. 6 Rn. 145.

Im Bereich des **Gesundheitsdatenschutzes** gilt Art. 6 Abs. 1 lit. f gem. Art. 9 Abs. 1, 2 nicht.[256] 139

Ferner können sich Behörden für Datenverarbeitungen **im Rahmen der Erfüllung ihrer Aufgaben** nicht auf die Regelungen in Art. 6 Abs. 1 lit. f stützen (siehe Art. 6 Abs. 1 S. 2). Der Gesetzgeber hat im Bereich des hoheitlichen Handelns vielmehr entsprechende Rechtsverordnungen zu schaffen, so dass Behörden in Ausübung dieser hoheitlichen Befugnisse wiederum auf die Erlaubnistatbestände der Art. 6 Abs. 1 lit. c bzw. e zurückgreifen können.[257] 140

II. Kommentierung

1. Legitimierung durch mehrere Erlaubnistatbestände. Hat sich ein Verantwortlicher dafür entschieden, seine Verarbeitung auf einen bestimmten Erlaubnistatbestand zu stützen, so kann er grundsätzlich daneben auch weitere Erlaubnistatbestände anführen, solange er dies nur zuvor bestimmt.[258] Die Art.-29-Datenschutzgruppe geht demgegenüber in ihrem WP 259[259] davon aus, dass eine Datenverarbeitung zu einem bestimmten Zweck nur auf einen Zulässigkeitstatbestand gestützt werden kann. Der Verantwortliche muss insoweit einen Zulässigkeitstatbestand des Art. 6 Abs. 1 für die Datenverarbeitung zu einem bestimmten Zweck vor der Verarbeitung auswählen und diese ausschließlich auf den ausgewählten Tatbestand stützen. Ein nachträgliches Zurückgreifen auf einen anderen Zulässigkeitstatbestand ist hiernach unzulässig. Gleichwohl kann, so auch die Art.-29-Datenschutzgruppe, eine Datenverarbeitung bestehend aus verschiedenen Verarbeitungsprozessen durch mehrere Erlaubnistatbestände legitimiert werden. Ebenfalls kann eine Datenverarbeitung zu mehreren Zwecken auf mehrere Zulässigkeitstatbestände gestützt werden. Letztlich will die Art.-29-Datenschutzgruppe wohl ein „Rosinenpicken" verhindern, indem eine Datenverarbeitung nachträglich durch einen anderen Zulässigkeitstatbestand des Art. 6 Abs. 1 als „back-up" legitimiert werden soll. Insofern sollen anscheinend insbesondere Fallkonstellationen ausgeschlossen werden, in denen eine Einwilligung nach Art. 6 Abs. 1 lit. a unwirksam ist, die Datenverarbeitung aber dann über Art. 6 Abs. 1 lit. f im Rahmen einer Interessenabwägung legitimiert werden soll. Diese Auffassung ist allerdings weder mit der DS-GVO vereinbar noch steht sie im Einklang mit früheren Aussagen der Art.-29-Datenschutzgruppe: Denn zum einen erklärt Art. 6 Abs. 1 eine Datenverarbeitung ausdrücklich für zulässig, wenn „mindestens" einer der nachstehenden Bedingungen erfüllt ist und geht dadurch offensichtlich davon aus, dass eine Datenverarbeitung aufgrund mehrerer Zulässigkeitstatbestände rechtmäßig sein kann. Auch Art. 6 Abs. 1 lit. a postuliert explizit, dass eine Einwilligung für mehrere Zwecke erteilt werden kann und nicht auf eine Datenverarbeitung zu nur einem Zweck beschränkt ist. Insofern findet die Ansicht der Art.-29-Datenschutzgruppe keine Stütze im Wortlaut der Verordnung. Hinzu tritt, dass nach Art. 17 Abs. 1 lit. b im Falle des Widerrufs einer Einwilligung ein Löschanspruch der betroffenen Person nur dann besteht, wenn es an einer anderweitigen Rechtsgrundlage für die Verarbeitung fehlt. Daraus folgt, 141

---

256 Vgl. dazu Art. 9 Rn. 20 ff.
257 Vgl. Ehmann/Selmayr-*Heberlein* Art. 6 Rn. 24; Kühling/Buchner-*Buchner/Petri* Art. 6 Rn. 157.
258 Gola-*Schulz* Art. 6 Rn. 18; Plath-*Plath* Art. 6 Rn. 5.
259 Vgl. *Art.-29-Datenschutzgruppe* WP 259 „Guidelines on Consent under Regulation" 2016/679 v. 28.11.2017, S. 22 f.

dass der Verordnungsgeber die Möglichkeit des Verantwortlichen neben der Einwilligung auch einen anderen Erlaubnistatbestand (z.B. Art. 6 Abs. 1 lit. f) heranzuziehen, ausdrücklich vorgesehen hat. Ferner räumt die Art.-29-Datenschutzgruppe durch ihre Sichtweise dem Einwilligungstatbestand im Verhältnis zu den anderen Zulässigkeitstatbeständen des Art. 6 Abs. 1 praktisch einen Vorrang ein und setzt sich damit in Widerspruch zu ihrem WP 217[260] indem sie feststellt, dass „keine rechtliche Unterscheidung (...) vorgenommen und nicht vom Bestehen einer Rangfolge"[261] zwischen den Erlaubnistatbeständen ausgegangen werden kann. Denn es gebe „keinen Hinweis darauf, dass [die Interessenabwägung] nur in Ausnahmefällen angewendet werden sollte, und dem Text ist auch sonst nicht zu entnehmen, dass die spezielle Reihenfolge der sechs rechtlichen Voraussetzungen irgendeine rechtserhebliche Wirkung hat."[262] Zudem nennt die Art.-29-Datenschutzgruppe als die „wichtigste Erkenntnis [der] Stellungnahme, dass die Einwilligung nicht die Hauptgrundlage, sondern nur eine von mehreren Rechtsgrundlagen für die Verarbeitung personenbezogener Daten darstellt."[263] Zwar bezieht sich das WP 217 auf Art. 7 Abs. 1 lit. f DSRL, gleichwohl entspricht die Vorschrift im Wesentlichen dem heutigen Art. 6 Abs. 1 lit. f DS-GVO[264], so dass die Aussagen des WP 217 übertragbar sind und entsprechende Geltung beanspruchen. Das Gleiche gilt in diesem Zusammenhang selbstverständlich auch für Art. 6 Abs. 1 lit. f.[265] So kann der Verantwortliche z.B. transparent darstellen, dass er seine Verarbeitung auf Art. 6 Abs. 1 lit. f stützt sowie zusätzlich nach seiner Auffassung ein Erlaubnistatbestand z.B. nach Art. 6 Abs. 1 lit. b in Frage kommt. Wesentlich ist allerdings, dass die betroffene Person gem. Art. 13 Abs. 1 lit. c und d transparent über den jeweiligen Erlaubnistatbestand bzw. über die Einschlägigkeit mehrerer Erlaubnistatbestände und den Umstand informiert wird, warum ein Verantwortlicher der Überzeugung ist, dass seine Verarbeitung nach diesem Erlaubnistatbestand rechtmäßig ist. Insofern ist eine Legitimierung einer Datenverarbeitung durch mehrere Erlaubnistatbestände nur dann möglich, wenn der Verantwortliche über diese bereits im Rahmen der Information hinreichend transparent aufgeklärt hat. Nicht zulässig dürfte es sein, dass sich ein Verantwortlicher zur Rechtfertigung einer Datenverarbeitung etwa auf die Einwilligung beruft, im Falle ihres Widerrufs oder ihrer Unwirksamkeit dann aber einen anderen Erlaubnistatbestand (etwa Art. 6 Abs. 1 lit. f) „nachschiebt".

142 Fraglich ist allerdings in der Praxis, inwieweit sich eine widerrufene Einwilligung auf die Interessenabwägung nach Art. 6 Abs. 1 lit. f und somit auf die Zulässigkeit der Datenverarbeitung auswirkt. Art. 17 Abs. 1 lit. b enthält insofern die Aussage, dass

---

260 Vgl. *Art.-29-Datenschutzgruppe* WP 217 „Stellungnahme 06/2014 zum Begriff des berechtigten Interesses des für die Verarbeitung Verantwortlichen gem. Artikel 7 der Richtlinie 94/46/EG".
261 Vgl. *Art.-29-Datenschutzgruppe* WP 217 „Stellungnahme 06/2014 zum Begriff des berechtigten Interesses des für die Verarbeitung Verantwortlichen gem. Artikel 7 der Richtlinie 94/46/EG", S. 13.
262 Vgl. *Art.-29-Datenschutzgruppe* WP 217 „Stellungnahme 06/2014 zum Begriff des berechtigten Interesses des für die Verarbeitung Verantwortlichen gem. Artikel 7 der Richtlinie 94/46/EG", WP 217, S. 13.
263 Vgl. *Art.-29-Datenschutzgruppe* WP 217 „Stellungnahme 06/2014 zum Begriff des berechtigten Interesses des für die Verarbeitung Verantwortlichen gem. Artikel 7 der Richtlinie 94/46/EG", S. 21.
264 Vgl. dazu Rn. 137 dieses Kapitels.
265 Vgl. *Härting/Gössling/Dimov* ITRB 2017, 169, 170 f.

sofern eine betroffene Person ihre Einwilligung widerruft, dieser entgegenstehende Wille im Rahmen der Interessenabwägung zwar zu berücksichtigen ist, dies aber nicht zwangsläufig zu einem Überwiegen der Betroffeneninteressen führt, sondern vielmehr eine Interessenabwägung unter Berücksichtigung des Widerrufs notwendig ist. Hierbei ist es theoretisch möglich, dass die Interessen des Verantwortlichen die Interessen der betroffenen Person, trotz widerrufener Einwilligung, überwiegen und so die Datenverarbeitung rechtfertigen.

Als Anwendungsbeispiel ließe sich etwa an folgende Fallkonstellation denken: Verarbeitet etwa ein Anbieter von eLearning-Seminaren durch Aufzeichnung des Seminars die Daten der Teilnehmer, so kann der Anbieter als verantwortliche Stelle die Datenverarbeitung etwa auf Art. 6 Abs. 1 lit. a, b und f stützen. Eine Rechtfertigung nach Art. 6 Abs. 1 lit. b endet mit Vertragserfüllung. Sofern eine betroffene Person nunmehr ihre Einwilligung widerruft, folgt daraus nach Art. 6 Abs. 1 lit. b noch keine Löschverpflichtung des Anbieters, sofern dieser seine Datenverarbeitung bereits von Anfang an auch auf Art. 6 Abs. 1 lit. f gestützt hat. Vielmehr sind die Voraussetzungen einer Interessenabwägung nach Art. 6 Abs. 1 lit. f unter Berücksichtigung der Tatsache des Widerrufs und der sonstigen Interessenlage zu prüfen. Unter Umständen bleibt so nach der Systematik der DS-GVO der Widerruf der Einwilligung hinsichtlich der Frage nach der Rechtmäßigkeit der Datenverarbeitung und einer bestehenden Löschverpflichtung aufgrund des Widerrufs im Ergebnis ohne Bedeutung, weil eine Rechtfertigung nach Art. 6 Abs. 1 lit. f möglich bleibt. Nach Art. 17 Abs. 1 lit. b führt also der Widerruf der Einwilligung nicht zwangsläufig zu einem Überwiegen der Interessen der betroffenen Person im Rahmen von Art. 6 Abs. 1 lit. f. Diese Fallkonstellation ist freilich nur denkbar, sofern die verantwortliche Stelle bereits bei Erhebung der personenbezogenen Daten sowohl Art. 6 Abs. 1 lit. a als auch lit. b und insbesondere lit. f ausdrücklich als Erlaubnistatbestand benannt und darüber informiert hat. 143

Die beiden Interessen, die im Rahmen von Art. 6 Abs. 1 lit. f abzuwägen sind, sind auf der einen Seite das berechtigte Interesse des Verantwortlichen und auf der anderen Seite das diesem entgegenstehende überwiegende Interesse oder die Grundrechte und Grundfreiheiten der betroffenen Person. 144

2. Berechtigtes Interesse. Das **berechtigte Interesse** des Verantwortlichen umfasst alle rechtlichen, wirtschaftlichen, tatsächlichen oder ideellen Interessen.[266] Berechtigt ist das Interesse bereits dann, wenn es nicht gegen die Rechtsordnung der Mitgliedstaaten bzw. der Union einschließlich der datenschutzrechtlichen Grundsätze nach Art. 5 verstößt. Das berechtigte Interesse ist zwingende Voraussetzung für die Eröffnung des Anwendungsbereichs des Art. 6 Abs. 1 lit. f.[267] 145

Der Begriff des berechtigten Interesses ist damit wie auch schon im deutschen nationalen Recht in Bezug auf §§ 28 Abs. 1 Nr. 2, Abs. 2 Nr. 2a BDSG a.F. weit zu verstehen.[268] Dies stellt für die Rechte der Betroffenen keinen Nachteil dar: Die Rechte der Betroffenen werden über die Interessenabwägung selbst gewahrt, so dass für das glei- 146

---

266 Gola-*Schulz/Gola* Art. 6 Rn. 57; Kühling/Buchner-*Buchner/Petri* Art. 6 Rn. 146; BeckOK DatenSR-*Albers/Veit* Art. 6 Rn. 49; *Schantz/Wolff* Das neue Datenschutzrecht, Rn. 643.
267 WP 217, S. 31.
268 Paal/Pauly-*Frenzel* Art. 6 Rn. 28; *Härting/Gössling/Dimov* ITRB 2017, 169, 171.

che berechtigte Interesse in verschiedenen Verarbeitungssituationen durchaus unterschiedliche Ergebnisse erzielt werden können.

147 Die in ErwG 47 ff. erwähnten beispielhaften Verarbeitungssituationen zeigen jedoch, dass die DS-GVO an dieser Stelle durchaus anerkennt, dass gleiche bzw. ähnliche Verarbeitungssituationen schemahaft gelöst werden können. Eine Kategorisierung dieser möglichen uniformen Verarbeitungstätigkeiten hat ihren Weg allerdings nicht in den Verordnungstext des Art. 6 Abs. 1 lit. f selbst gefunden, sondern wurde im Rahmen der Beratungen zugunsten des weiter gefassten Verordnungstextes wieder entfernt.[269]

148 Für die folgende Interessenabwägung ist es erforderlich, das berechtigte Interesse so konkret zu fassen, dass eine Abwägung tatsächlich möglich ist.[270] Ferner muss das berechtigte Interesse zum Zeitpunkt der Verarbeitung tatsächlich bestehen.[271] Insbesondere eine reine Datenbevorratung für unbestimmte, in der Zukunft erst noch zu bestimmende Zwecke würde somit nicht unter den Begriff des berechtigten Interesses fallen. Die Person des Empfängers kann zwar zum Zeitpunkt der Erhebung noch variieren, jedoch nur, soweit der Betroffene mit einem weiten und nicht konkret bestimmten Empfängerkreis rechnen muss.[272] Ein einfaches Beispiel sind etwa soziale Medien oder andere Veröffentlichungen im Internet, bei denen zum Zeitpunkt der ersten Verarbeitung nicht klar ist, welche Empfänger Zugriff auf die Daten erhalten können und werden, der Betroffene genau diese Reichweite aber kennt und durch die Nutzung der Dienste deutlich macht, dass eine solche Form der Verarbeitung auch in diesem entsprechenden Umfang gebilligt wird. Selbstverständlich darf dieser Umstand nicht dazu missbraucht werden das Transparenzkriterium zu unterlaufen und eine Prüfung entgegenstehender Interessen der Berechtigten zu unterhöhlen.

149 Der Zweck der Verarbeitung steht im Zusammenhang mit dem berechtigten Interesse, ist aber nicht deckungsgleich mit diesem. Vielmehr bestimmt der Zweck der Verarbeitung ihre konkrete Art und Weise, während das berechtigte Interesse weiter zu verstehen ist.

150 Das berechtigte Interesse muss nicht in der Person des Verantwortlichen vorliegen, es kann auch das **berechtigte Interesse eines Dritten** genügen. Diese Konstellation entspricht dem Grundgedanken des § 28 Abs. 2 Nr. 2 lit. a BDSG bzw. der Regelung in Art. 7 lit. f DSRL.[273]

151 **3. Erforderlichkeit.** Der Begriff der **Erforderlichkeit** der Verarbeitung ist im Rahmen von Art. 6 Abs. 1 lit. f wie auch in Bezug auf Art. 6 Abs. 1 lit. b nicht restriktiv auszulegen. Vielmehr ist die Erforderlichkeit im Rahmen des Art. 6 Abs. 1 lit. f entsprechend den dort erläuterten Grundsätzen zu verstehen.[274] Zu beachten ist auch hier, dass dem Grundsatz der Datensparsamkeit als Korrektiv für das Vorhandensein eines möglicherweise weniger umfangreichen Eingriffs zu entsprechen ist. Die Erforderlichkeit entfällt damit, wenn die Verarbeitung auch auf anderem datensparsameren Wege

---

269 Anders noch der Entwurf eines Berichts für die DS-GVO des Europäischen Parlaments vom 16.1.2013 (COM(2012)0011 – C7-0025/2012 – 2012/0011(COD)), S. 78 ff.
270 WP 217, 9.4.2014, S. 31.
271 WP 217, 9.4.2014, S. 32.
272 Zum Kriterium der Vorhersehbarkeit siehe auch ErwG 47 S. 3.
273 Ehmann/Selmayr-*Heberlein* Art. 6 Rn. 25.
274 Siehe Art. 6 Abs. 1 lit. b unter Rn. 58 ff.

unter Berücksichtigung der Interessen des Verantwortlichen durchgeführt werden kann.[275] Es genügt aber eine grundsätzliche Datensparsamkeit, ohne dass der Verantwortliche die Verarbeitung wählen muss, die absolut mit der geringsten Menge an personenbezogenen Daten auskommen mag.[276]

4. Interesse, Grundrechte und Grundfreiheiten. Im Rahmen der Abwägung sind **Interessen oder Grundrechte und Grundfreiheiten der betroffenen Person** dem berechtigten Interesse des Verantwortlichen gegenüberzustellen.[277] 152

Die durch die DS-GVO geschützten Interessen der betroffenen Personen entsprechen nicht den subjektiven Interessen der einzelnen betroffenen Personen, sondern den **objektivierten Interessen betroffener Personen in der konkreten Verarbeitungstätigkeit.**[278] Eine individuelle Abwägung für jede einzelne betroffene Person würde dazu führen, dass der Erlaubnistatbestand in der Praxis nicht zu beherrschen wäre. Im Einzelfall kann das schutzwürdige Interesse des Einzelnen von den schutzwürdigen Interessen vergleichbarer betroffener Personen abweichen. Diese Fälle sind dann nicht im Rahmen der Abwägung zu lösen, sondern über die Rechte des Einzelnen auf Beschränkung der Verarbeitung. Das Interesse der betroffenen Personen muss nicht berechtigt sein, sondern nur in Zusammenhang mit dem Schutz der betroffenen personenbezogenen Daten stehen.[279] Erst im Rahmen der Interessenabwägung ist festzustellen, ob das Interesse des Betroffenen das berechtigte Interesse des Verantwortlichen überwiegt. 153

Die **Grundfreiheiten und Grundrechte** natürlicher Personen aus Art. 7, 8 GRCh betreffen den Schutz der Privatsphäre und der informationellen Selbstbestimmung, wobei der Schutz personenbezogener Daten nach Art. 8 GRCh einen besonderen Teil des nach Art. 7 geschützten Privatlebens darstellt.[280] Ferner ist das Recht auf freie Informationsgewinnung nach Art. 11 GRCh zu berücksichtigen. 154

5. Interessenabwägung. Die **Interessenabwägung** nach Art. 6 Abs. 1 lit. f erfolgt durch den Verantwortlichen und ist zu dokumentieren.[281] Es bietet sich an, diese Dokumentation im Rahmen des Verzeichnisses über Verarbeitungstätigkeiten nach Art. 30 bei dem jeweiligen Verfahren zu führen, das sich auf Art. 6 Abs. 1 lit. f als Rechtsgrundlage für die Verarbeitung stützt. 155

a) Allgemeine Grundsätze. Der Abwägungsprozess an sich unterliegt keinem strengen Regelwerk oder bestimmten Leitlinien.[282] Der Versuch der Konkretisierung ist insgesamt gescheitert und auf die Erläuterungen in den ErwG 47 bis 49 beschränkt.[283] 156

---

275 Plath-*Plath* Art. 6 Rn. 56; unberechtigte Kritik bei BeckOK DatenSR-*Albers/Veit* Art. 6 Rn. 50.
276 Einschränkend *DSK* OH Telemedien, 13, die offenbar davon ausgeht, dass absolut die sparsamste Datenverarbeitung zu wählen ist.
277 *Härting/Gössling/Dimov* ITRB 2017, 169, 171; Ehmann/Selmayr-*Heberlein* Art. 6 Rn. 28.
278 *Drewes* CR 2016, 721, 723.
279 WP 217, S. 38.
280 Vgl. Calliess/Ruffert-*Kingreen* EU-GRCharta, Art. 7 Rn. 5.
281 *Härting/Gössling/Dimov* ITRB 2017, 169, 171.
282 Siehe WP 217, S. 70 mit Anleitung zur Prüfung der Ausgewogenheit.
283 *Albrecht/Jotzo* Das neue Datenschutzrecht der EU, Rn. 51.

157 Demzufolge ist als Anhaltspunkt für die Abwägung zwischen dem berechtigten Interesse des Verantwortlichen und dem Interesse, den Grundrechten und Grundfreiheiten der betroffenen Personen insbesondere auf ihre Erwartungshaltung aufgrund der Beziehung zum Verantwortlichen abzustellen.[284]

158 Die **DSK**[285] bietet in der Orientierungshilfe für Anbieter von Telemedien eine Stufenfolge der Interessenabwägung. Auf Stufe 1 geht es um das Vorliegen eines berechtigten Interesses, auf Stufe 2 um die Erforderlichkeit der Datenverarbeitung zur Wahrung des berechtigten Interesses und auf Stufe 3 um die Abwägung mit den Interessen an der Datenverarbeitung.[286] Die **Datenethikkommission** der Bundesregierung hat sich in ihrem Abschlussgutachten unter der Überschrift „**Datenrechte und korrespondierende Datenpflichten**" mit möglichen Parametern der Interessenabwägung beschäftigt. Ausgehend von allgemeinen Grundsätzen[287] bietet sie anhand typischer Szenarien Konkretisierungen an und differenziert dabei nach Unterlassungsszenarien[288], Zugangs-Szenarien[289], Korrektur-Szenarien[290] sowie Szenarien wirtschaftlicher Teilhabe[291] und geht zudem auf kollektive Aspekte von Datenrechten und Datenpflichten ein[292].

159 Die Transparenz bei der Datenverarbeitung, die maßgeblich durch die Vorhersehbarkeit der Datenverarbeitung für die betroffene Person hinsichtlich Inhalt und Umfang dieser determiniert ist,[293] streitet demzufolge für ein Überwiegen des berechtigten Interesses des Verantwortlichen.[294] Dabei ist einschränkend die Beziehung zum Verantwortlichen[295] heranzuziehen. Ob die Bezugnahme auf Letztere tatsächlich sinnvoll ist, mag dahinstehen. Sie ist in jedem Fall Indiz dafür, wer für die Bereitstellung der entsprechenden Informationen gegenüber der betroffenen Person verantwortlich ist, wobei es dem Verantwortlichen unbenommen bleiben sollte diese Verantwortlichkeit zu delegieren. In bestimmten Fällen sind Konstellationen denkbar, in denen der Verantwortliche selbst die Informationen nur durch Dritte zur Verfügung stellen kann (etwa auf fremden Websites), ohne dass dies die Transparenz der Information beeinflusst.

160 Der Verantwortliche kann durch das Bereitstellen entsprechend transparenter Informationen, die nicht nur die Informationspflichten nach Art. 13, insbesondere nach Art. 13 Abs. 1 lit. d enthalten, sondern darüber hinaus dem Betroffenen die konkrete Verarbeitungstätigkeit verständlich darstellen, den Abwägungsprozess zu seinen Gunsten beeinflussen. Denn je transparenter der Verarbeitungsprozess ausgestaltet

---

284 ErwG 47 S. 3; dazu *Drewes* CR 2016, 721, 723.
285 *DSK* OH Telemedien.
286 Vgl. zu den Grundlagen der Interessenabwägung auch *Schwartmann/Benedikt/Reif* Datenschutz und ePrivacy bei Websites, Social Media und Messengern, 2020, S. 22 ff.
287 Gutachten der Datenethikkommission, S. 85 f.
288 Gutachten der Datenethikkommission, S. 87.
289 Gutachten der Datenethikkommission, S. 90.
290 Gutachten der Datenethikkommission, S. 92.
291 Gutachten der Datenethikkommission, S. 93.
292 Gutachten der Datenethikkommission, S. 94.
293 Vgl. dazu DSK-Kurzpapier Nr. 10 – Informationspflichten bei Dritt- und Direktwerbung, S. 1 f.
294 Gola-*Schulz* Art. 6 Rn. 64.
295 ErwG 47 S. 2.

ist, desto eher muss ein Betroffener mit der vorgenommenen Datenverarbeitung rechnen.[296] Die Pflichtinformationen nach Art. 13 sowie die zusätzlichen Informationen für die Herstellung der notwendigen Transparenz können gemeinsam bereitgestellt werden, ohne dass dies die Erwartung der betroffenen Person in die entsprechende Datenverarbeitung beeinträchtigt.[297]

Im Rahmen der Abwägung muss ferner berücksichtigt werden, dass unter der DS-GVO das Widerspruchsrecht der betroffenen Personen gestärkt wurde.[298] Gerade im Rahmen des Art. 6 Abs. 1 lit. f besteht daher das Risiko, dass eine Verarbeitung etwa zu Direktmarketingzwecken, die grundsätzlich im Einklang mit Art. 6 Abs. 1 lit. f steht,[299] durch den Widerspruch der betroffenen Person für die Zukunft unmöglich wird.[300] **161**

Diese Widerspruchsmöglichkeit ist unter dem Gesichtspunkt der Erwartungshaltung und Transparenz daher zu Gunsten des Verantwortlichen zu werten, wenn der betroffenen Person eine einfache Möglichkeit zum Widerspruch eingeräumt wird.[301] Eine ähnliche Systematik sieht auch die noch im Entwurf befindliche Verordnung über Privatsphäre und elektronische Kommunikation[302] vor. Je leichter also eine betroffene Person einer Datenverarbeitung widersprechen kann, desto eher dürfte eine solche Datenverarbeitung bis zum Widerspruch im Rahmen des Art. 6 Abs. 1 lit. f zulässig sein. Dies entspricht im Übrigen der Praxis der deutschen Aufsichtsbehörden, die in der Vergangenheit etwa bei Unternehmenstransaktionen ein Widerspruchsrecht haben ausreichen lassen um einen Datentransfer gestützt auf das berechtigte Interesse der an der Transaktion beteiligten Unternehmen für zulässig zu erachten.[303] **162**

b) Kinder. Ist ein **Kind** von der Datenverarbeitung betroffen, ist die Abwägung unter Berücksichtigung der besonderen Schutzbedürftigkeit des Kindes durchzuführen. Eine Begriffsbestimmung für das Kind fehlt, insbesondere auch die Beschränkung auf minderjährige Kinder (vgl. insoweit Art. 8 Abs. 1 sowie ErwG 38), so dass das Risiko besteht kein einheitliches Verständnis für die Begriffsbestimmung in Europa zu Grunde legen zu können.[304] Auch die englische Textversion der DS-GVO gibt keinen Aufschluss über die Beschränkung auf Minderjährige (im englischen Verordnungstext wird durchgehend der Begriff „**Child**" verwendet statt „**minor**"). Im Ergebnis dürfte **163**

---

296 Gola-*Schulz* Art. 6 Rn. 64; vgl. ErwG 47 S. 3.
297 Die Informationen nach Art. 13 für sich beeinflussen die Transparenz aber nicht positiv, *DSK* OH Telemedien, 14.
298 Art. 21 Abs. 1; hierzu Ehmann/Selmayr-*Heberlein* Art. 6 Rn. 34; Kühling/Buchner-*Buchner/Petri* Art. 6 Rn. 156.
299 Siehe ErwG 47 S. 7.
300 Ein berechtigtes Interesse nach Art. 6 Abs. 1 lit. f an der Verarbeitung einer irrtümlich erhaltenen E-Mail besteht regelmäßig nicht, vgl. dazu *Lorenz* K&R 3/2018, 160, 161 sowie *Schwartmann/Schneider* Art. 14 Rn. 68.
301 Ähnlich zum Direktmarketing Plath-*Plath* Art. 6 Rn. 73.
302 Vorschlag der Europäischen Kommission v. 10.1.2017, COM (2017) final 2017/0003 (COD); Entwurf einer legislativen Entschließung des Europäischen Parlaments v. 23.10.2017 – A8-0324/2017; Rat der Europäischen Union v. 7.3.2018 – 2017/0003 (COD) – 6726/18.
303 Vgl. Pressemitteilung des *BayLDA* Kundendaten beim Unternehmensverkauf – ein Datenschutzproblem, abrufbar unter https://www.lda.bayern.de/media/pm2015_10.pdf.
304 Vgl. *Albrecht/Jotzo* Das neue Datenschutzrecht der EU, Rn. 69.

im Rahmen des Art. 6 Abs. 1 lit. f der Begriff des Kindes teleologisch auf Kinder und Heranwachsende bis zur Vollendung des 16. Lebensjahres im Einklang mit Art. 8 Abs. 1 zu beschränken sein.[305] Kindern fehlt bis zu dieser Altersgrenze unter Umständen die notwendige Einsichtsfähigkeit in die Reichweite ihrer Handlung, insbesondere die Preisgabe ihrer personenbezogenen Daten. Entsprechend der Maßgabe des ErwG 38 ist daher eine Interessenabwägung unter Beachtung dieser Grundsätze durchzuführen.

164 **6. Einzelne Verarbeitungstätigkeiten.** Auch wenn in dem nun vorliegenden Verordnungstext keine Regelbeispiele (mehr) aufgeführt sind, so lassen sich doch bestimmte Verarbeitungstätigkeiten als mit Art. 6 Abs. 1 lit. f als grundsätzlich vereinbar einordnen, wobei der Verantwortliche dennoch im Einzelfall eine Abwägung treffen muss, wie dies auch in ErwG 47 klargestellt wird.

165 **a) Direktmarketing (online/offline).** Das Direktmarketing ist in ErwG 47 S. 7 ausdrücklich als Beispiel für eine grundsätzlich auch ohne Einwilligung des Betroffenen zulässige Verarbeitungstätigkeit erwähnt. Auch wenn im Einzelfall zu prüfen ist, ob die Interessen, Grundrechte und Grundfreiheiten der betroffenen Person der Verarbeitung entgegenstehen, kann bei transparenter Information des Betroffenen und der Möglichkeit des Widerspruchs in die Verarbeitung auf gleiche transparente Weise davon ausgegangen werden, dass ein Direktmarketing ohne Einwilligung der betroffenen Person möglich ist.[306] Dies bezieht sich grundsätzlich auf alle Formen des Direktmarketings, d.h. der direkten werblichen Interaktion mit der betroffenen Person.[307]

166 Unter diesem Gesichtspunkt dürfte etwa die Bewerbung von natürlichen Personen mit **Briefpost** entsprechend der bisherigen Regelung unter § 28 Abs. 3 BDSG weiterhin zulässig sein.[308] Dies schließt auch die Nutzung sogenannter in **Listen** zusammengefasster Daten entsprechend § 28 Abs. 3 BDSG wohl mit ein. Zumindest ist dies der Fall, wenn die besagten Listendaten unter Maßgabe der zuvor skizzierten Erfüllung von Informationspflichten und dem Hinweis auf das Widerspruchsrecht erhoben wurden. Gleichzeitig muss die Erwartungshaltung der betroffenen Person auch darauf gerichtet sein, dass eine eingeschränkte Übermittlung dieser Daten an Dritte zum Zweck der Direktwerbung beabsichtigt ist. Eine abschließende Nennung der Empfänger dürfte zwar grundsätzlich nicht erforderlich sein, führt aber im Rahmen der Abwägung zu einem höheren Maß an Sicherheit für den Verantwortlichen. Wenngleich die DS-GVO mit ErwG 47 S. 7 eine Regelung enthält, schließt dies eine Bezugnahme auf das BDSG als Auslegungsparameter nicht aus.[309] Denn wenngleich die DS-GVO Anwendungsvorrang genießt, beinhaltet dies kein Verbot, die gesetzgeberischen Wertungen auf mitgliedstaatlicher Ebene in die Betrachtung miteinzubeziehen.

---

305 Kühling/Buchner-*Buchner/Petri* Art. 6 Rn. 155; BeckOK DatenSR-*Albers/Veit* Art. 6 Rn. 51 stellen dagegen wenig überzeugend auf Art. 8 Abs. 1 S. 3 und die Vollendung des 13. Lebensjahrs ab.
306 So im Ergebnis Plath-*Plath* Art. 6 Rn. 73; *Jacobs/Lange-Hausstein* ITRB 2017, 39, 41; ausführlich und differenziert hierzu *Schirmbacher* ITRB 2016, 274.
307 Noch weitere Auslegung bei Kühling/Buchner-*Buchner/Petri* Art. 6 Rn. 175; nicht nachvollziehbar dagegen die Beschränkung auf eigene Produkte bei *Schantz/Wolff* Das neue Datenschutzrecht, Rn. 665.
308 *Jacobs/Lange-Hausstein* ITRB 2017, 39, 41.
309 Vgl. a.A. DSK-Kurzpapier Nr. 3 – Verarbeitung personenbezogener Daten für Werbung, S. 1.

Gerade sofern der mitgliedstaatlichen Regelung sowie der DS-GVO die gleichen Erwägungen und Wertungen zugrunde liegen, bieten die Regelungen des BDSG eine wertvolle Auslegungshilfe.

Zu beachten ist, dass die Grenzen aus anderen Richtlinien und Verordnungen, etwa der Richtlinie über unlautere Geschäftspraktiken[310] oder der DSRL für elektronische Kommunikation[311] hiervon unberührt bleiben.[312] Sofern ein Verantwortlicher **Direktmarketing** bspw. **online** durchführt ist auch der Anwendungsbereich der DSRL für elektronische Kommunikation eröffnet. In Deutschland bestehen jedoch gegenwärtig Unsicherheiten hinsichtlich der Frage, ob bzw. inwieweit die RL eine Umsetzung in das nationale Recht erfahren hat, und insofern in Deutschland Wirkung entfalten kann (s.u. Rn. 170 ff.). 167

b) Profilbildung. Die Bildung personenbezogener Profile dürfte grundsätzlich aufgrund des Rechtsgedankens in Art. 22, der eine grundlegende Wertung zum Ausdruck bringt, wohl nicht über Art. 6 Abs. 1 lit. f zu rechtfertigen sein.[313] Nicht abschließend geklärt ist die Frage, ob eine pseudonyme Profilbildung ähnlich der bisherigen Regelung unter § 15 Abs. 3 TMG ohne Verletzung der Vorgaben des Art. 22 möglich ist. Fraglich ist, ob eine solche Profilbildung im Bereich des Online-Marketings nach Art. 6 Abs. 1 lit. f erlaubt sein kann, wenn keine erhebliche Beeinträchtigung der Rechte der betroffenen Person vorliegt.[314] Im Rahmen des Abwägungsprozesses ist dabei insbesondere zu berücksichtigen, ob und wie weit Daten aus Drittquellen durch den Verantwortlichen genutzt werden, wie umfangreich die Profilbildung vor dem Hintergrund der genutzten Datenpunkte ist und insbesondere wie lange Daten für die Profilbildung genutzt und aufbewahrt werden, so dass in Ausnahmefällen eine Profilbildung im Rahmen des berechtigten Interesses zulässig sein kann.[315] 168

c) Datenverarbeitungsprozesse im Zusammenhang mit Websites. Die zuvor aufgeführten Überlegungen etwa zum Direktmarketing und zur Profilbildung lassen sich nicht ohne Weiteres auf den Online-Bereich sprich Online-Marketing und Online-Werbung übertragen.[316] Insbesondere beim Einsatz von Cookies und weiteren Tracking-Technologien muss behutsam geprüft werden, ob die erforderliche Datenverarbeitung noch auf das berechtigte Interesse des Verantwortlichen gestützt werden kann, es insofern für deren Zulässigkeit ausreicht, dem Nutzer eine Widerspruchslösung einzuräumen oder eine Einwilligung erforderlich ist.[317] Zu den Grenzen einer wirksamen Datenverarbeitung zu Werbezwecken und einem Verstoß gegen das Koppelungsverbot i.S.d. neuen Rechtsprechung des BGH vgl. Art. 7 Rn. 48. 169

---

310 RL 2005/29/EG.
311 RL 2002/58/EG.
312 Vgl. *Härting* Datenschutzgrundverordnung, Rn. 481.
313 *EuGH* v. 1.10.2019 – C-673/17, ECLI:EU:C:2019:81, Planet49.
314 Implizit zustimmend wohl *Jacobs/Lange-Hausstein* ITRB 2017, 39, 41; vgl. *Schleipfer* ZD 2017, 460, 462, a.A. wohl DSK-Kurzpapier Nr. 3, S. 2.
315 Die DSK geht wohl davon aus, dass solche Profile in der Regel nur mit Einwilligung der Betroffenen erstellt werden dürfen, *DSK* OH Telemedien, Anhang I; weniger einschränkend WP 251, 14 ff.; vgl. auch *Thiel* GRUR-Prax 2019, 492.
316 Zur Frage der Wirksamkeit der Einwilligung in die Datenverarbeitung zu Werbezwecken unter datenschutz- und lauterkeitsrechtlichen Gesichtspunkten vgl. Rn. 25.
317 *DSK* OH Telemedien, S. 11 ff.; Vgl. auch WP 217 der *Art.-29-Datenschutzgruppe* S. 75 Bsp. 4.

170 **aa) Die Interessenabwägung nach der DS-GVO.** Eine besondere Rolle spielt im Rahmen der Interessenabwägung die **vernünftige Erwartung** der betroffenen Person. Der durchschnittliche Nutzer von Online-Diensten muss nach Ansicht der DSK etwa grundsätzlich davon ausgehen, dass seine personenbezogenen **Daten** bei der Nutzung von Webseiten und Online-Diensten zur Finanzierung dieser zumeist kostenlosen Angebote auch **werblich**, gerade im Bereich des Online-Marketings, **genutzt werden.**[318] Die Anzeige etwaiger zielgerichteter Werbung ist insofern in der Regel transparent für die betroffene Person. Daher bestehen gerade bei pseudonymer Nutzung der personenbezogenen Daten der betroffenen Person für die Zwecke des Online-Marketings und der Online-Werbung keine Bedenken, im Rahmen der Abwägung des Art. 6 Abs. 1 lit. f diese zu Gunsten des Verantwortlichen ausfallen zu lassen.[319] Auch weist **ErwG 47 S. 7** eine Verarbeitung personenbezogener Daten zum Zwecke der Werbung ausdrücklich als berechtigtes Interesse aus. Solange die Daten **nicht** zur weitergreifenden **Profilbildung mittels großer Werbenetzwerke** eingesetzt werden,[320] ist der Nutzer bzw. die betroffene Person insofern durch die Möglichkeiten zur Einschränkung der Verarbeitung ausreichend geschützt.[321] Wesentlich ist aber, dass im Gegensatz zur heute üblichen Praxis die gesamte Verarbeitungstätigkeit einschließlich der Übermittlung an Dritte im Rahmen der Informationspflichten **transparent** darzustellen ist (eine detaillierte Übersicht findet sich in Rn. 182).

171 Auch Daten, die durch für die Nutzung der Website notwendige **Cookies** erhoben werden, sind stets über Art. 6 Abs. 1 lit. f zu rechtfertigen.[322] Insbesondere Session- und Warenkorbcookies sind daher vom Einwilligungserfordernis per se ausgenommen.[323]

172 **bb) Einfluss der DSRL für elektronische Kommunikation.** Wie mit deren Anwendbarkeit zuvor gilt jedoch, dass die **DSRL für elektronische Kommunikation** Einschränkungen vorsehen kann, wie etwa das **Einwilligungserfordernis für das Setzen von Cookies im Art. 5 Abs. 3**, die der DS-GVO nach der Kollisionsregel des Art. 95 prinzipiell vorgehen.[324] Bei der DS-GVO und der DSRL für elektronische Kommunikation handelt es sich allerdings um Normen unterschiedlicher Wirkung. Richtlinien müssen anders als Verordnungen gem. Art. 288 AEUV durch die Mitgliedsstaaten in nationales Recht umgesetzt werden. Eine unmittelbare Wirkung kommt nur in Ausnahmefällen in

---

318 *DSK* OH Telemedien, S. 16 f.; *DSK*-Kurzpapier Nr. 3 – Verarbeitung personenbezogener Daten für Werbung, S. 1 f.; *Schwartmann/Benedikt/Reif* Datenschutz und ePrivacy bei Websites, Social Media und Messengern, 2020, S. 24; *Schirmbacher* ITRB 2016, 274, 279.
319 Vgl. *Weidert/Klar* BB 2017, 1858, 1862.
320 *DSK* OH Telemedien, S. 18 f.; *DSK*-Kurzpapier Nr. 3 – Verarbeitung personenbezogener Daten für Werbung, S. 1 f.
321 *DSK* OH Telemedien, S. 17 f.; *DSK*-Kurzpapier Nr. 3 – Verarbeitung personenbezogener Daten für Werbung, S. 1 f.; *Schwartmann/Benedikt/Reif* Datenschutz und ePrivacy bei Websites, Social Media und Messengern, 2020, 3.3.4.
322 Zur Funktionsweise von Cookies *Schwartmann/Benedikt/Reif* Datenschutz und ePrivacy bei Websites, Social Media und Messengern, 2020, 4.5.2.
323 *Schwartmann/Benedikt/Reif* Datenschutz und ePrivacy bei Websites, Social Media und Messengern, 2020, 3.4.1.
324 Vgl. Kommentierung zu Art. 95 DS-GVO und ErwG 173. Ausführlich zum Verhältnis von DS-GVO zur Datenschutzrichtlinie für elektronische Kommunikation und zum Entwurf der Nachfolgeverordnung *Schmitz* ZRP 2017, 172.

Betracht.[325] Um Art. 95 DS-GVO anzuwenden, bedarf es daher einer Betrachtung der Umsetzungsakte im deutschen Recht.[326] Schwierigkeiten ergeben sich an dieser Stelle, da sich die Ansicht der Aufsichtsbehörden nicht mit der Sichtweise des BGH deckt, welche der BGH seiner Entscheidung in Sachen Planet49 (Cookie-Einwilligung II)[327] zugrunde gelegt hat. Der EuGH hat in einem diesbezüglich angestrengten Vorabentscheidungsverfahren zu der Frage, ob Cookies in Deutschland auch nach Art. 6 Abs. 1 S. 1 lit. f DS-GVO zulässig sein können, keine Stellung bezogen.[328]

(1) Ansicht der Datenschutzaufsichtsbehörden. Nach Ansicht der **DSK**[329] sowie der herrschenden Meinung in der **Literatur**[330] hat jedenfalls das Einwilligungserfordernis für Cookies aus Art. 5 Abs. 3 der DSRL für elektronische Kommunikation keine Umsetzung ins nationale Recht erfahren. Auch die EU-Kommission stellte im Jahr 2015 klar, dass sie Art. 5 Abs. 3 der ePrivacy-RL als im deutschen Recht für nicht umgesetzt ansieht.[331] Hierfür spricht zunächst die Entstehungsgeschichte des TMG. Die datenschutzrechtlichen Vorschriften des 4. Abschnittes des TMG entsprechen im Wesentlichen den Regelungen des TDDSG. Dieses ist bereits 1998 und damit zeitlich **vor** der ePrivacy-RL in Kraft getreten. Zudem verfolgen § 15 Abs. 3 TMG und Art. 5 Abs. 3 ePrivacy-RL unterschiedliche Schutzziele. Während § 15 Abs. 3 TMG lediglich den Schutz personenbezogener Daten zum Ziel hat, dient Art. 5 Abs. 3 ePrivacy-RL auch dem Schutz der Vertraulichkeit elektronischer Kommunikation.[332] Gegen die Annahme eines Umsetzungsaktes spricht schließlich auch die Tatsache, dass die Normen konträre inhaltliche Entscheidungen enthalten. Denn nach § 15 Abs. 3 TMG darf der Diensteanbieter Cookies einsetzen, solange der Nutzer nach einer Unterrichtung über sein Widerspruchsrecht dem nicht widerspricht („Opt-Out-Regelung"). Art. 5 Abs. 3 ePrivacy-RL gestattet hingegen die Nutzung von Cookies nur dann, wenn der Nutzer nach einer umfassenden Information hinsichtlich der Zwecke der Verarbei-

---

325 So *Schwartmann/Benedikt/Reif* Datenschutz und ePrivacy bei Websites, Social Media und Messengern, 2020, 2.3.
326 So *Schwartmann/Benedikt/Reif* Datenschutz und ePrivacy bei Websites, Social Media und Messengern, 2020, 2.3.
327 *BGH* Pressemitteilung 067/2020, 28. Mai 2020, Bundesgerichtshof zur Einwilligung in telefonische Werbung und Cookie-Speicherung, Urt. v. 28.5.2020 – I ZR 7/16 – Cookie-Einwilligung II.
328 Vgl. Kommentierung zu Art. 95 DS-GVO und ErwG 173. Ausführlich zum Verhältnis von DS-GVO zur Datenschutzrichtlinie für elektronische Kommunikation und zum Entwurf der Nachfolgeverordnung *Schmitz* ZRP 2017, 172.
329 DSK-Kurzpapier Nr. 3 – Verarbeitung personenbezogener Daten für Werbung, S. 1 f.; dementsprechend auch die Referatsleiterin des Bayerischen Landesamts für Datenschutzaufsicht Kristin Benedikt am 7.3.2018 auf der Veranstaltung „Die ePrivacy-Verordnung im Zusammenspiel mit der DS-GVO" und DSB 04/2018, 80 ff.; *DSK* OH Telemedien, S. 2 ff.
330 Kommentierung zu Art. 4 Nr. 11 Rn. 211 ff. m.w.N.
331 European Commission, ePrivacy Directive: assessment of transposition, effectiveness and compatibility with proposed Data Protection Regulation, Final Report (2015), 63. Bisher war man davon ausgegangen, dass die Kommission die ePrivacy-RL in Deutschland als umgesetzt erachte. Vgl. *Bundesverband Digitale Wirtschaft (BVDW) e.V.* EU-Kommission bestätigt: ePrivacy-Richtlinie in Deutschland durch Telemediengesetz umgesetzt, 11.2.2014, abrufbar unter https://www.bvdw.org/presseserver/bvdw_eprivacy_tmg_20140211/nf_ePrivacy_Richtlinie_TMG_140211.pdf, zuletzt abgerufen am 9.6.2020.
332 Vgl. *Schwartmann/Benedikt/Jacquemain* PinG 2018, 150, 151 f.; *EuGH* v. 1.10.2019 – C-673/17, ECLI:EU:C:2019:801, Planet49, Rn. 68 ff.

tung seine Einwilligung gegeben hat. Insofern sieht Art. 5 Abs. 3 ePrivacy-RL eine „Opt-In-Regelung" vor.[333] Daher stellt § 15 Abs. 3 TMG **keine Umsetzung der ePrivacy-RL** dar. Schließlich scheidet auch eine unmittelbare Anwendung des Art. 5 Abs. 3 der ePrivacy-RL aus, da eine Richtlinie keine Verpflichtungen für Private begründen kann (keine horizontale unmittelbare Drittwirkung).[334] Die Kollisionsregelung des Art. 95 DS-GVO kommt daher, unabhängig von ihrem konkreten Regelungsgehalt,[335] gar nicht erst zur Anwendung.[336] Insofern gilt für das Setzen von Cookies seit deren Inkrafttreten allein die DS-GVO.[337]

174 Cookies können somit, der Systematik der DS-GVO entsprechend, sowohl über die Einwilligung nach Art. 6 Abs. 1 lit. a als auch über eine Interessenabwägung nach Art. 6 Abs. 1 lit. f gerechtfertigt werden. Insbesondere für die Zulässigkeit der Verwendung von Cookies im Rahmen von bereits voreingestellten Häkchen, die die Voraussetzungen einer Einwilligung nicht erfüllen,[338] kommt es daher auf eine für den Verantwortlichen günstige Interessenabwägung an. Werden Cookies zur Erstellung von Nutzungsprofilen für Werbezwecke eingesetzt, fällt diese jedoch häufig zugunsten des Betroffenen aus.[339] Insofern bedarf es für deren Zulässigkeit einer Einwilligung nach Art. 6 Abs. 1 lit. a, das Einräumen einer Widerspruchsmöglichkeit reicht hierfür regelmäßig nicht aus.

175 **(2) Sichtweise des BGH.** Auch der **BGH** kommt in seinem Urteil in Sachen Planet49 (Cookie-Einwilligung II) zu dem Ergebnis, dass für den Einsatz von Cookies zur Erstellung von Nutzerprofilen für **Zwecke der Werbung** oder Marktforschung die Einwilligung des Nutzers erforderlich ist. Er stützt dieses Ergebnis jedoch nicht auf die DS-GVO sondern auf eine richtlinienkonforme Auslegung des § 15 Abs. 3 TMG, hält diesen insofern für gegenüber der DS-GVO vorrangig anwendbar.[340] Der BGH geht wohl davon aus, dass nationale Gesetze trotz ausdrücklich entgegenstehendem Regelungsgehalts kraft richtlinienkonformer Auslegung als Umsetzungsakt klassifizierbar sind, auch wenn der Gesetzgeber diese nicht als solche bezeichnet („§ 15 Abs. 3 Satz 1

---

333 *Schwartmann/Benedikt/Jacquemain* PinG 2018, 150, 152; *Schwartmann/Benedikt/Reif* Datenschutz und ePrivacy bei Websites, Social Media und Messengern, 2020, 2.2.4.
334 Vgl. *DSK* Positionsbestimmung der DSK v. 26.4.2018, S. 6; *Schwartmann/Benedikt/Jacquemain* PinG 2018, 150, 152; *Schwartmann/Benedikt/Reif* Datenschutz und ePrivacy bei Websites, Social Media und Messengern, 2020, 2.3.1.
335 Vgl. dazu die Kommentierung in Art. 6 Abs. 1 lit. f Rn. 170 sowie zu Art. 95.
336 Vgl. die Kommentierung zu Art. 4 Nr. 11 Rn. 217.
337 Vgl. *Schmitz* ZRP 2017, 172, 173; im Ergebnis auch *EuGH* v. 1.10.2019 – C-673/17, ECLI:EU:C:2019:801, Planet49.
338 Dass ein vorangekreuztes Kästchen, welches der Nutzer zur Verweigerung seiner Einwilligung erst abwählen muss, keine DS-GVO-konforme Einwilligung darstellt, ergibt sich schon aus den Erwägungsgründen der DS-GVO und wurde vom EuGH in der Planet49-Entscheidung (*EuGH* v. 1.10.2019 – C-673/17, ECLI:EU:C:2019:801) noch einmal explizit festgestellt. Vgl. *Schwartmann/Benedikt/Reif* Datenschutz und ePrivacy bei Websites, Social Media und Messengern, 2020, 3.4.1. Ausführlich hierzu die Kommentierung zu Art. 4 Nr. 11 Rn. 210 ff.
339 *Schwartmann/Benedikt/Reif* Datenschutz und ePrivacy bei Websites, Social Media und Messengern, 2020, 2.3.3.
340 *BGH* v. 28.5.2020 – I ZR 7/16 – Cookie-Einwilligung II, Rn. 54 f., 57 ff.

TMG als den Art. 5 Abs. 3 Satz 1 der Richtlinie 2002/58/EG umsetzende nationale Regelung"[341]) und wendet § 15 Abs. 3 TMG daher als Umsetzung der RL 2002/58/EG an. Eine Legitimation des Setzens von Cookies zu Werbezwecken über eine Interessenabwägung, die nur die DS-GVO, nicht jedoch das TMG kennt, kommt somit nicht in Betracht.

Nicht geäußert hat sich der BGH zu der Frage, ob die §§ 11 ff. TMG insgesamt (richtlinienkonform) anwendbar sind. Auch zum allgemeinen Verhältnis des § 15 Abs. 3 TMG zur DS-GVO hat er nicht ausdrücklich Stellung bezogen. Offen geblieben ist insofern die Frage, ob die Anwendung des § 15 Abs. 3 TMG beim Setzen von Cookies zu Werbezwecken eine Interessenabwägung nach Art. 6 Abs. 1 lit. f für das Setzen von Cookies prinzipiell, etwa auch zur Auswertung des Nutzungsverhaltens (sog. Analyse-Cookies), sprich zur bedarfsgerechten Gestaltung der Telemedien, sperrt.[342] **176**

(3) Bedeutung für die Praxis. Im Ergebnis dürfte es im Bereich der **weitgreifenden Profilbildung** sowie beim Einsatz **technisch notwendiger Cookies** keine Rolle spielen, ob diese künftig basierend auf den Regelungen der DS-GVO oder doch über eine richtlinienkonforme Auslegung der Regelungen im TMG gesetzt werden dürfen. Eine generelle Verarbeitung personenbezogener Daten unter Hinzuziehung von Drittinformationen bzw. Werbenetzwerken ist ohne Einwilligung nicht vertretbar; für das Setzen von technisch notwenigen Cookies bedarf es einer solchen hingegen nicht. Das Setzen von Cookies zur Diensterbringung wäre sowohl über eine Interessenabwägung nach Art. 6 Abs. 1 lit. f stets zulässig, als auch im Wege einer richtlinienkonformen Auslegung des § 15 Abs. 3 TMG mit Blick auf Art. 5 Abs. 3 S. 2 der DSRL zur elektronischen Kommunikation zu legitimieren. **177**

Unterschiede zwischen der Aufsichtsposition und der Ansicht des BGH ergeben sich vor allem im Bereich der **kontextbezogenen Werbung**. Hier lässt die Aufsicht über die Interessenabwägung den Einsatz von Cookies je nach Lage im Einzelfall zu, auch wenn dem Nutzer lediglich eine Widerspruchslösung eingeräumt wurde. Der BGH verlangt hingegen beim Setzen von Cookies zu Werbezwecken stets eine Einwilligung (§ 15 Abs. 3 TMG). Zu den übrigen Bereichen, wie etwa zum Einsatz von **Analyse-Cookies**, hat sich der BGH bisher nicht ausdrücklich geäußert.[343] **178**

Zu beachten ist zudem, dass sich, insofern man für die Beurteilung der Rechtmäßigkeit des Setzens von Cookies nicht die DS-GVO sondern § 15 Abs. 3 TMG anwendet, die Frage stellt, ob die Sanktionierung eines den Anforderungen des § 15 Abs. 3 TMG zuwiderlaufenden und insofern rechtswidrigen Datenverarbeitungsprozesses dennoch **179**

---

341 So bereits die *BGH* Pressemitteilung 067/2020, 28. Mai 2020, Bundesgerichtshof zur Einwilligung in telefonische Werbung und Cookie-Speicherung, Urt. v. 28.5.2020 – I ZR 7/16 – Cookie-Einwilligung II des BGH.
342 *Schwartmann/Benedikt/Reif* Datenschutz und ePrivacy bei Websites, Social Media und Messengern, 2020, 2.3.2.2.
343 Die *DSK* hingegen hält beim Einsatz von Google Analytics als einem der weit verbreiteten Webseiten-Analyse-Werkzeugen eine Einwilligung in der Regel für erforderlich, so zuletzt im Beschluss der Konferenz der unabhängigen Datenschutzaufsichtsbehörden des Bundes und der Länder – 12.5.2020, Hinweise zum Einsatz von Google Analytics im nichtöffentlichen Bereich, S. 4.

über Art. 83 Abs. 5 lit. a erfolgen kann oder § 16 TMG vorrangig anzuwenden ist.³⁴⁴ Im letztgenannten Falle müsste sorgsam geprüft werden, welche Behörde für eine auf diesen gestützte Sanktionierung zuständig wäre.³⁴⁵

180 In der Praxis kann und sollte man sich grundsätzlich an der Perspektive der Aufsicht orientieren. Die Aufsichtspositionen können daher auch der Gestaltung von Datenverarbeitungsprozessen im Zusammenhang mit Websites nach wie vor zugrunde gelegt werden. Mit Blick auf die Rechtsprechung in Sachen Cookies sollte jedoch aufmerksam verfolgt werden, ob die Behörde ihre Sichtweise zukünftig hieran bzw. an eine ggf. erfolgenden Weiterentwicklung der Position des BGH anpasst. Zudem besteht durch das Urteil des BGH ein nicht unerhebliches Risiko, dass vermeintliche Datenschutzverstöße wegen des Setzens von Cookies basierend auf der Rechtsgrundlage des Art. 6 Abs. 1 lit. f entgegen des Einwilligungserfordernisses nach § 15 Abs. 1, 3 TMG durch Verbraucherschutzverbände abgemahnt werden können.

181 Die Zulässigkeit der Online-Datenverarbeitung nach Art. 6 Abs. 1 lit. f, die in vielen Bereichen des Online-Marketings und der Online-Werbung insbesondere durch das Setzen von Cookies erfolgt, hängt daher im Ergebnis maßgeblich an deren **Funktion** bzw. Zweck. Kommt eine Rechtfertigung über Art. 6 Abs. 1 lit. f nicht in Betracht, bedarf es einer Einwilligung des Betroffenen. Hinzu treten Verarbeitungssituationen im Online-Bereich, für die die speziellen Zulässigkeitstatbestände des Art. 6 Abs. 1 lit. b–e greifen. Hieraus ergibt sich für die Zulässigkeit von Datenverarbeitungsprozessen im Zusammenhang mit Websites folgendes Grundmodell, an welchem sich in der Praxis orientiert werden kann:

182

Art der Verarbeitung*	Unternehmen	Behörden
Diensterbringung	**Aufsicht:** „normaler" Besuch der Website: Art. 6 Abs. 1 lit. f: kein Einwilligungserfordernis Login-basierte Dienste, z.B. Webshop, Streamingdienste: Art. 6 Abs. 1 lit. b: kein Einwilligungserfordernis auch der nach dem **BGH** anzuwendende § 15 Abs. 3 TMG sieht nach richtlinienkonformer Auslegung kein Einwilligungserfordernis vor	Art. 6 Abs. 1 lit. e

---

344 Hierzu *EDSA* Stellungnahme 5/2019 zum Zusammenspiel zwischen der e-Datenschutz-Richtlinie und der DSGVO, Rn. 76 – zum allgemeinen Verhältnis der DS-GVO zur e-Privacy-Verordnung ebd. 37 ff.
345 Vgl. hierzu ausführlich *Piltz* Folgen des BGH-Urteils zu Cookies – welche Aufsichtsbehörde ist zuständig und dürfen Datenschutzbehörden Bußgelder verhängen?, 2020.
* Als Vorbild der Tabelle diente eine Übersicht aus *Schwartmann/Benedikt/Reif* Datenschutz und ePrivacy bei Websites, Social Media und Messengern, 2020, 4.6.

Art der Verarbeitung*	Unternehmen		Behörden
Sensible Dienste*	**Aufsicht:** Bei Art. 9 Daten Art. 9 Abs. 1, 2 lit. a: Einwilligungserfordernis		
	keine Stellungnahme des **BGH**, das TMG kennt eine Differenzierung zwischen verschiedenen Datenkategorien jedoch nicht		
Sicherheit der Homepage	**Aufsicht:** Art. 6 Abs. 1 lit. c i.V.m. Art. 25, 32	keine Stellungnahme des **BGH**	Art. 6 Abs. 1 lit. c i.V.m. Art. 25, 32
Betrugsprävention	**Aufsicht:** Art. 6 Abs. 1 lit. c i.V.m. Art. 25, 32	keine Stellungnahme des **BGH**	Art. 6 Abs. 1 lit. c i.V.m. Art. 25, 32
Kontextbezogene Werbung/Auswertung des Nutzungsverhaltens auf der eigenen Seite ohne Hinzuziehung/Verknüpfung von Drittinformationen	**Aufsicht:** Art. 6 Abs. 1 lit. f bzw. Art. 6 Abs. 1 lit. a (abhängig vom **Einzelfall**)	**BGH** in Entscheidung „Cookie-Einwilligung II" (Urt. V. 28.5.2020 – I ZR 7/16): richtlinienkonforme Auslegung des § 15 Abs. 3 TMG: **Einwilligungserfordernis**	
Werbung unter Hinzuziehung von Drittinformationen/Werbenetzwerke, weitgreifende Profilbildung	**Aufsicht:** Art. 6 Abs. 1 lit. a: Einwilligungserfordernis **BGH:** § 15 Abs. 3 TMG: Einwilligungserfordernis		
Reichweitenmessung/ Web-Analyse	**Aufsicht:** i.d.R. Art. 6 Abs. 1 lit. f: kein Einwilligungserfordernis Vorsicht bei Google Analytics!	keine Stellungnahme des **BGH**	
Öffentlichkeitsarbeit, z.B. Bericht über interne/ öffentliche Veranstaltungen	Art. 6 Abs. 1 lit. f i.V.m. den Wertungen der §§ 22, 23 KUG bei Bildnissen		Art. 6 Abs. 1 lit. e; § 3 BDSG/ LDSG

---

* Als Vorbild der Tabelle diente eine Übersicht aus *Schwartmann/Benedikt/Reif* Datenschutz und ePrivacy bei Websites, Social Media und Messengern, 2020, 4.6.
** Z.B. Onlineshops für medizinische Hilfsmittel, Gesundheitsforen AIDS/MS, Apotheken.

Art der Verarbeitung*	Unternehmen	Behörden
E-Recruiting auf der eigenen Webseite	Art. 6 Abs. 1 lit. b bzw. § 24 Abs. 1 BDSG	Art. 6 Abs. 1 lit. e
Datenverarbeitung durch Jobportale	Art. 6 Abs. 1 lit. b, ggf. Art. 6 Abs. 1 lit. a	

183 Parallel stockt die Verabschiedung der ePrivacy-VO als Ersatz der RL 2002/58/EG immer wieder. Im November 2019 wurde der bis dahin ausgearbeitete Textentwurf der Verordnung durch den Ausschuss der ständigen Vertreter der EU-Mitgliedstaaten abgelehnt. Ende 2019 kündigte Digitalkommissar Thierry Breton eine Neuausrichtung des Verordnungstextes an, ohne dass konkrete Vorschläge hierzu bekannt wären. Mittlerweile gehen die Beteiligten davon aus, dass die Verordnung nicht vor 2023 in Kraft treten wird.[346]

184 **d) Konzerninterne Datenübermittlung.** Im ErwG 48 ist ausdrücklich als möglicher Anwendungsbereich des Erlaubnistatbestandes des Art. 6 Abs. 1 lit. f die konzerninterne Übermittlung von personenbezogenen Daten genannt.

185 Hierbei soll der Umfang der personenbezogenen Daten der betroffenen Person jedoch auf interne Verwaltungsmaßnahmen einer solchen Unternehmensgruppe beschränkt sein. Typischerweise umfasst dies die Übermittlung von personenbezogenen Daten von Mitarbeitern bzw. Vertragspartnern von Konzerngesellschaften innerhalb eines Konzerns an eine zentrale Stelle. Um hier für bestimmte Aufgaben die notwendige Flexibilität zu besitzen, gerade nicht nur als Auftragsverarbeiter tätig zu sein, ist eine Rechtfertigung solcher Übermittlungen auch im Rahmen eines Transfers von personenbezogenen Daten zwischen Verantwortlichen notwendig.[347]

186 So ist etwa gerade im Bereich der Sicherstellung der **Compliance** im Konzern regelmäßig davon auszugehen, dass der Empfänger der personenbezogenen Daten diese für eigene Zwecke verarbeitet. Andernfalls ist es oftmals nicht möglich, die gesetzlichen Anforderungen an die Compliance vollständig zu erfüllen. Da es hierbei aber häufig an der Trennschärfe fehlt, was konkret noch in den Bereich der gesetzlichen Verpflichtung zu rechnen ist, kann sich eine Konzerngesellschaft in diesem Zusammenhang für die Übermittlung von personenbezogenen Daten nur unzureichend auf die Erlaubnistatbestände etwa aus Art. 6 Abs. 1 lit. c stützen. Durch die Klarstellung im ErwG 48 steht nunmehr ein weiterer Erlaubnistatbestand zur Verfügung, der jedenfalls in der Regel eine solche Datenübermittlung zulässt.[348]

187 **e) Beschäftigtendatenschutz.** Siehe Kommentierung zu § 26 BDSG n.F., siehe Kommentierung zu Art. 10 Rn. 6 und 7, Anhang zu Art. 88 sowie Kommentierung zu Art. 88.

188 **f) Scoring.** Vgl. Kommentierung zu Art. 22.[349]

---

* Als Vorbild der Tabelle diente eine Übersicht aus *Schwartmann/Benedikt/Reif* Datenschutz und ePrivacy bei Websites, Social Media und Messengern, 2020, 4.6.
346 Ausführlich zur geplanten Verordnung *Schwartmann/Benedikt/Reif* Datenschutz und ePrivacy bei Websites, Social Media und Messengern, 2020, 2.1.3.
347 So im Ergebnis Plath-*Plath* Art. 6 Rn. 89.
348 *Wybitul* CCZ 2016, 194, 196.
349 Dazu auch *Gutachten der Datenethikkommission* S. 191 f.

g) Videoüberwachung. Siehe Kommentierung des § 4 BDSG n.F. im Anhang zu Art. 6.   **189**

h) Recht am eigenen Bild. Sofern der Anwendungsbereich der DS-GVO eröffnet ist, kann die Aufnahme von Personen per Kamera neben einer Einwilligung oder der Durchführung eines Vertrages insbesondere auch auf das **berechtigte Interesse** gestützt werden. Bei der Interessenabwägung ist zu beachten, dass oftmals eine Vielzahl der Personen auf dem Bild nicht zu erkennen sind, so dass die Interessenabwägung in diesen Fällen zu Gunsten des Verantwortlichen ausfallen dürfte (zur Abgrenzung zwischen Direkt- und Dritterhebung bei Bildaufnahmen und den hieraus resultieren Informationspflichten Art. 13 Rn. 52, 101 f., Art. 14 Rn. 100).[350] Für die Veröffentlichung hingegen dürfte außerhalb des Anwendungsbereiches des KUG[351] das berechtigte Interesse dann nicht genügen, wenn der betroffenen Person nicht schon bei der Aufnahme unzweifelhaft klar war, wie und mit welcher Reichweite eine Veröffentlichung geplant ist. In diesen Fällen kann die betroffene Person nach Art. 21 Abs. 1 S. 1 bezogen auf die Interessenabwägung ihr Widerspruchsrecht nur auf Gründe stützen, die sich „aus ihrer besonderen Situation" ergeben. Selbst wenn sie diese darlegen kann, kann sich der Verantwortliche aber noch auf zwingende schutzwürdige Gründe zur Verwendung des Fotos in Form der Datenverarbeitung stützen.[352]   **190**

Zwar könnte angenommen werden, dass sofern eine Personenfotografie mittelbar Rückschlüsse auf besondere Kategorien personenbezogener Daten ermöglicht der Anwendungsbereich von Art. 9 eröffnet ist, z.B. wenn die abgebildete Person eine Brille trägt oder eine Gehhilfe benötigt. Bei mittelbaren Hinweisen auf Daten i.S.v. Art. 9 Abs. 1 wird jedoch eine einschränkende Auslegung des Art. 9 vor dem Hintergrund seines Schutzzwecks diskutiert, der nur bei einer besonderen Zweckbestimmung einschlägig sein soll. Dies wäre etwa der Fall, wenn Fotografien getätigt werden, um im Rahmen einer Studie zur Fehlsichtigkeit festzustellen, wie viele Brillenträger sich durchschnittlich in der Bevölkerung befinden (vertiefend hierzu Art. 9 Rn. 165).   **191**

i) Anwendungsfälle der Datenethikkommission. Die Datenethikkommission hat in ihrem Gutachten vor dem Hintergrund der risikoadäquaten Auslegung des geltenden Rechtsrahmens[353] die Szenarien **Social Media Monitoring**[354], **Profilbildung**[355] und **Sprachassistenten**[356] sowie an anderer Stelle das **Crowd Sensing zu gemeinwohlorientierten Zwecken**[357] bewertet.   **192**

---

350 Vgl. *Der Hamburgische Beauftragte für Datenschutz und Informationsfreiheit* Rechtliche Bewertung von Fotografien einer unüberschaubaren Anzahl von Menschen nach der DSGVO außerhalb des Journalismus, S. 5.
351 Siehe oben Rn. 27 ff.
352 Siehe dazu § 3 BDSG für den insoweit parallel gelagerten Fall des Art. 6 Abs. 1 lit. e DS-GVO.
353 Gutachten der Datenethikkommission, S. 96 f.
354 Gutachten der Datenethikkommission, S. 98.
355 Gutachten der Datenethikkommission, S. 99.
356 Gutachten der Datenethikkommission, S. 101.
357 Gutachten der Datenethikkommission, S. 138.

H. Art. 6 Abs. 2 und 3

(2) Die Mitgliedstaaten können spezifischere Bestimmungen zur Anpassung der Anwendung der Vorschriften dieser Verordnung in Bezug auf die Verarbeitung zur Erfüllung von Absatz 1 Buchstaben c und e beibehalten oder einführen, indem sie spezifische Anforderungen für die Verarbeitung sowie sonstige Maßnahmen präziser bestimmen, um eine rechtmäßig und nach Treu und Glauben erfolgende Verarbeitung zu gewährleisten, einschließlich für andere besondere Verarbeitungssituationen gem. Kapitel IX.

(3) Die Rechtsgrundlage für die Verarbeitungen gem. Absatz 1 Buchstaben c und e wird festgelegt durch

a) Unionsrecht oder
b) das Recht der Mitgliedstaaten, dem der Verantwortliche unterliegt.

Der Zweck der Verarbeitung muss in dieser Rechtsgrundlage festgelegt oder hinsichtlich der Verarbeitung gem. Absatz 1 Buchstabe e für die Erfüllung einer Aufgabe erforderlich sein, die im öffentlichen Interesse liegt oder in Ausübung öffentlicher Gewalt erfolgt, die dem Verantwortlichen übertragen wurde. Diese Rechtsgrundlage kann spezifische Bestimmungen zur Anpassung der Anwendung der Vorschriften dieser Verordnung enthalten, unter anderem Bestimmungen darüber, welche allgemeinen Bedingungen für die Regelung der Rechtmäßigkeit der Verarbeitung durch den Verantwortlichen gelten, welche Arten von Daten verarbeitet werden, welche Personen betroffen sind, an welche Einrichtungen und für welche Zwecke die personenbezogenen Daten offengelegt werden dürfen, welcher Zweckbindung sie unterliegen, wie lange sie gespeichert werden dürfen und welche Verarbeitungsvorgänge und -verfahren angewandt werden dürfen, einschließlich Maßnahmen zur Gewährleistung einer rechtmäßig und nach Treu und Glauben erfolgenden Verarbeitung, wie solche für sonstige besondere Verarbeitungssituationen gem. Kapitel IX. Das Unionsrecht oder das Recht der Mitgliedstaaten müssen ein im öffentlichen Interesse liegendes Ziel verfolgen und in einem angemessenen Verhältnis zu dem verfolgten legitimen Zweck stehen.

– *ErwG: 41, 45, 50, 55, 56*

I. Normengenese und -umfeld

193 **1. DSRL.** Die DSRL enthielt mit Art. 7 lit. c DSRL eine Vorläuferbestimmung.

194 **2. BDSG a.F.** Das BDSG a.F. enthielt keine Vorläuferbestimmung. Vielmehr nutzt das nationale Recht die Öffnungsklauseln, in dem es auf dieser Grundlage Regelungen insb. innerhalb des BDSG a.F. bzw. BDSG trifft.

II. Kommentierung

195 **1. Öffnungsklausel: Abs. 2 und 3 S. 3.** Art. 6 Abs. 2 sowie Abs. 3 S. 2 und 3 normieren eine allgemeine Öffnungsklausel zugunsten der Mitgliedstaaten.[358] Diese Öffnungsklausel bezieht sich auf die Rechtmäßigkeitstatbestände in Art. 6 Abs. 1 lit. c und e. Insbesondere bei Art. 6 Abs. 1 lit. e handelt es sich um die Datenverarbeitung durch

---

358 Vgl. dazu Rn. 108 ff. sowie *Schwartmann/Hermann/Mühlenbeck* Datenschutzrechtliche Zulässigkeit der Kenntlichmachung des Entzuges eines Doktorgrades in (Online-)Bibliothekskatalogen v. Sept. 2018, S. 5 ff. und 22 ff. sowie *Kühling/Martini u.a.* Die Datenschutz-Grundverordnung und das nationale Recht, S. 27.

öffentliche Stellen. Auch die Verarbeitung zur Wahrnehmung einer rechtlichen Verpflichtung fällt in diesen Bereich, da sich diese unmittelbar aus einer Rechtsgrundlage ergibt, die das Unionsrecht oder mitgliedstaatliche Recht im öffentlichen Interesse vorsieht.[359] Nach Abs. 2 und 3 kommen dafür insb. die dort genannten unionsrechtlichen bzw. einzelstaatlichen Rechtsgrundlagen in Betracht.[360] Die allgemeinen Öffnungsklauseln erlauben es, die vielfältige Datenverarbeitung im öffentlichen Interesse im bereichsspezifischen nationalen Datenschutzrecht aufrechterhalten zu können.[361] Zu diesem Zweck enthält Art. 6 Abs. 2 und Abs. 3 S. 2 einen **Regelungsauftrag** an die Mitgliedstaaten zur Schaffung mitgliedstaatlichen Rechts. Art. 6 Abs. 3 S. 3 enthält demgegenüber eine **fakultative Öffnungsklausel** zum Erlass spezifischen mitgliedstaatlichen Rechts.[362] Vgl. dazu auch Rn. 216 f.

2. Abs. 2. – a) Mitgliedstaatlicher Gestaltungsspielraum. Den Mitgliedstaaten steht es nach Abs. 2 offen, spezifischere Bestimmungen für öffentliche Aufgaben beizubehalten oder einzuführen. Diese kommen dann neben der DS-GVO zur Anwendung. Demnach können die Unionsmitglieder Rechtsetzung betreiben, um die Anwendung der entsprechenden Vorschriften im Einklang mit Art. 6 Abs. 1 lit. c und e zu konkretisieren und konturieren. Im Ausgangspunkt belässt die DS-GVO dem deutschen Gesetzgeber einen erheblichen normativen Gestaltungsspielraum. Dies ergibt sich bereits aus ErwG 10. Er räumt den Mitgliedstaaten die Möglichkeit ein, spezifischere Regelungen für die Anpassung anzuwendender Verordnungsregeln zu erlassen und auch die Voraussetzungen für die Verarbeitungen auf der Grundlage von Art. 6 Abs. 1 lit. c und e zu bestimmen.[363] **196**

Es handelt sich also bei Art. 6 um eine weit gefasste Öffnungsklausel im Unionsrecht, die den Mitgliedstaaten für die Verarbeitung personenbezogener Daten im öffentlichen Interesse innerhalb des Gestaltungsspielraums der DS-GVO weitgehende gesetzgeberische Entscheidungsprärogativen zuschreibt. Weil die DS-GVO selbst an vielen Stellen offen formuliert ist, liegt der Gedanke nahe, dass Konkretisierungen durch nationales Recht gerade dort erwünscht sind, wo Öffnungsklauseln sie erlauben.[364] **197**

So kann festgelegt werden, wie der Verantwortliche zu bestimmen ist, welche Art von personenbezogenen Daten verarbeitet werden, welche Personen betroffen sind, welchen Einrichtungen die personenbezogenen Daten offengelegt werden, für welche Zwecke und wie lange sie gespeichert werden dürfen und welche anderen Maßnahmen ergriffen werden, um zu gewährleisten, dass die Verarbeitung rechtmäßig erfolgt.[365] Der Regelungsspielraum soll nach dem Wortlaut sicherstellen, dass die in Art. 6 Abs. 1 genannten Rechtmäßigkeitstatbestände in jedem Mitgliedstaat zur vollen Geltung kommen und dass – mitunter mit Hilfe spezifischer, nationaler Regelungen – **198**

---

359 Vgl. *Albrecht/Jotzo* Das neue Datenschutzrecht der EU, S. 72; vgl. ferner *Kühling/Martini* u.a. Die Datenschutz-Grundverordnung und das nationale Recht, S. 29.
360 Plath-*Plath* Art. 6 Rn. 13.
361 *Kühling/Martini* u.a. Die Datenschutz-Grundverordnung und das nationale Recht, S. 28.
362 Dazu Rn. 108 ff. sowie *Schwartmann/Hermann/Mühlenbeck* Datenschutzrechtliche Zulässigkeit der Kenntlichmachung des Entzuges eines Doktorgrades in (Online-)Bibliothekskatalogen v. Sept. 2018, S. 22 ff.
363 *Kühling/Martini* u.a. Die Datenschutz-Grundverordnung und das nationale Recht, S. 31.
364 Vgl. *Schwartmann* RDV 2017, 51.
365 Vgl. ErwG 45 S. 5.

kein Vollzugsdefizit entsteht.[366] Gleichwohl ist der von den Mitgliedstaaten freiwillig zu regelnde Bereich insoweit beschränkt, als er innerhalb des Regelungsspektrums der DS-GVO verbleiben muss und Abweichungen verbietet.[367]

199 **b) Konkretisierung des öffentlichen Interesses durch die Mitgliedstaaten.** Im Hinblick auf den Begriff des öffentlichen Interesses entspricht Art. 6 Abs. 1 lit. e, Abs. 2 und 3 dem Art. 7 lit. e DSRL. Herauszustellen ist dabei, dass bereits die Auslegung und Interpretation des Begriffs des öffentlichen Interesses aus Art. 7 lit. e DSRL den Mitgliedstaaten oblag.[368] In der Konsequenz können auf Grundlage von Art. 7 DSRL erlassene mitgliedstaatliche Datenschutzregeln grundsätzlich beibehalten werden.[369] Gleichwohl sind diese auf ihre Vereinbarkeit mit Abs. 2 abzugleichen.

200 Für das Verständnis des öffentlichen Interesses i.S.d. DS-GVO obliegt es somit nach wie vor den Mitgliedstaaten den Wertungsspielraum durch die hinreichende Konkretisierung auszufüllen und für dementsprechende Datenverarbeitungen nationale Rechtsgrundlagen zu schaffen.

201 **c) Öffnungsklausel nur für den öffentlichen Sektor?** Die Ausübung einer Aufgabe, die im öffentlichen Interesse liegt, muss nicht notwendig durch öffentliche Stellen erfolgen. Denkbar erscheint etwa das Angebot von Dienstleistungen zur Daseinsvorsorge, welches von im Wettbewerb befindlichen Unternehmen privatrechtlicher Natur erbracht werden kann. Für die Wahrnehmung einer Datenverarbeitung im öffentlichen Interesse besteht ein strikt funktionaler Ansatz, indem allein auf die öffentliche Funktion abgestellt wird, unabhängig davon, ob sie durch öffentliche oder nichtöffentliche Stellen wahrgenommen bzw. ausgeübt wird.[370]

202 Das BVerwG hat in einem Urteil entschieden, dass die Öffnungsklauseln des Art. 6 Abs. 2 und 3 für Verarbeitungen nach Art. 6 Abs. 1 lit. e **Videoüberwachungen privater Verantwortlicher** nicht erfassen.[371] So sei nach der Erforderlichkeitsprüfung im Rahmen einer Aufgabenwahrnehmung in öffentlichem Interesse oder in Ausübung öffentlicher Gewalt keine zusätzliche Abwägung mit den Interessen der Betroffenen vorgesehen. Aufgrund des hohen Stellenwerts des informationellen Selbstbestimmungsrechts der Betroffenen lasse sich dieser Umstand nur rechtfertigen, wenn der Anwendungsbereich des Tatbestands entsprechend seinem Wortlaut auf behördliche oder staatlich veranlasste Verarbeitungsvorgänge beschränkt wäre.

203 Privatpersonen könnten sich auf Art. 6 Abs. 1 lit. e DS-GVO demnach nur berufen, wenn ihnen die Befugnis, auf personenbezogene Daten zuzugreifen, im öffentlichen Interesse oder als Ausübung öffentlicher Gewalt übertragen wurde. Sie müssten dann anstelle einer Behörde tätig werden. Dies setzt einen wie auch immer gestalteten staatlichen Übertragungsakt voraus. Eine Privatperson könne sich nicht selbst zum

---

366 Vgl. BeckOK DatenSR-*Albers* Art. 6 Rn. 56.
367 Vgl. *Benecke/Wagner* DVBl. 2016, 600, 601; Paal/Pauly-*Frenzel* Art. 6 Rn. 32.
368 Vgl. Grabitz/Hilf-*Brühann* Art. 7 EGDSRL Rn. 18.
369 So auch *Albrecht/Jotzo* Das neue Datenschutzrecht der EU, S. 73; Auernhammer-*Kramer* Art. 6 Rn. 45.
370 Vgl. ErwG 45 S. 6; so auch BeckOK DatenSR-*Albers* Art. 6 Rn. 41. Dazu ausführlich in konkretem Bezug auf die Videoüberwachung vgl. § 4 BDSG n.F. s. Anhang der Kommentierung zu Art. 6.
371 *BVerwG* v. 27.3.2019 – 6 C 2.18, Rn. 47.

Sachwalter des öffentlichen Interesses erklären. Insbesondere sei sie nicht neben oder gar anstelle der Ordnungsbehörden zum Schutz der öffentlichen Sicherheit berufen. Beim Schutz individueller Rechtsgüter, seien es ihre eigenen oder diejenigen Dritter, verfolgten sie keine öffentlichen, sondern private Interessen[372]

d) Unionsrechtskonforme Nutzung dieser Öffnungsklauseln. Die Öffnungsklauseln der DS-GVO sind im Kern Ausdruck der Achtung der Union vor den mitgliedstaatlichen Kompetenzen im Sinne des Grundsatzes der begrenzten Einzelermächtigung sowie des Subsidiaritätsprinzips nach Art. 5 Abs. 2 und 3 EUV.[373] **204**

Die unionsrechtskonforme Nutzung der Öffnungsklauseln ist maßgeblich davon abhängig, wie sich das Verhältnis zwischen der unmittelbar geltenden DS-GVO und den nationalen Bestimmungen darstellt. Die Öffnungsklauseln der DS-GVO erinnern an die Umsetzungsmöglichkeiten der Mitgliedstaaten im Sinne einer Richtlinie. So gesehen, stellt die DS-GVO einen Hybrid aus Richtlinie und Verordnung dar.[374] Folglich können die Maßstäbe des Europäischen Gerichtshofes zur Beurteilung der Frage der Unionsrechtswidrigkeit von nationalen Umsetzungsakten im Falle einer Richtlinie jedenfalls dort analog herangezogen werden, wo sich der Richtliniencharakter realisiert. Danach hängt die Beurteilung der EU-Rechtskonformität im Kern maßgeblich von der Regelungsdichte sowie einer Auslegung der Tatbestandsmerkmale der Richtlinie ab. **205**

Für die Unionsmitglieder gilt es bei Nutzung der Öffnungsklauseln innerhalb der Regelungsdichte der DS-GVO zu verbleiben. Ferner ist das Schutzniveau der Grundverordnung als Maßstab für einzelstaatliche Regelungen zu berücksichtigen. Die Öffnungsklauseln des Art. 6 erlauben es den Mitgliedstaaten nicht, ein gegenüber der DS-GVO höheres Schutzniveau zu schaffen.[375] Gleichwohl dürfen die spezifischen Bestimmungen dieses Niveau nicht unterschreiten.[376] Zusammengefasst dürfen die Konkretisierungen also bei wertender Betrachtung keinen abweichenden Charakter entfalten. An diese Beschränkung des Umsetzungsspielraums hat sich der Gesetzgeber bspw. beim Erlass des § 9a ZensVorG 2021 nicht gehalten. Wie sich die hieraus ergebende Unionsrechtswidrigkeit der Norm auf die anhängige Verfassungsbeschwerde auswirkt bleibt abzuwarten.[377] **206**

e) Bewertung des BDSG. Für die Bewertung der unionsrechtskonformen Nutzung dieser Öffnungsklauseln durch den nationalen Gesetzgeber im BDSG n.F. ist in erster Linie zu überprüfen, ob der Bundesgesetzgeber dem Begriff des öffentlichen Interesses der DS-GVO ausreichend Rechnung trägt.[378] **207**

---

372 *BVerwG* v. 27.3.2019 – 6 C 2.18, NJW 2019, 2556
373 *Greve* NVwZ 2017, 737, 743 sowie *Kühling/Martini u.a.* Die Datenschutz-Grundverordnung und das nationale Recht, S. 3 f.
374 So auch *Greve* NVwZ 2017, 737, 743; *Kühling/Martini u.a.* Die Datenschutz-Grundverordnung und das nationale Recht, S. 1; *Piltz* Sachverständigenanhörung im Innenausschuss des Bundestages v. 27.3.2017, Protokoll-Nr. 18/110, 70.
375 Ratsdokument 15389/14, 13.11.2014, 5 f.
376 Vgl. Kühling/Buchner-*Buchner/Petri* Art. 6 Rn. 194.
377 Hierzu *Schwartmann* Bonner Kommentar zum GG, Art. 73 Nr. 11 Rn. 14.
378 Dazu ausführlich Rn. 110 ff.

208 Im Ergebnis entspricht das BDSG den unionsrechtlichen Anforderungen der DS-GVO.[379] Dies zeigt sich an folgenden Gesichtspunkten: Zum einen hat die Kommission die Regelungen des BDSG im Rahmen des Notifizierungsverfahrens unbeanstandet gelassen. Zum anderen zeigt die Frage nach der EU-Rechtswidrigkeit des Rundfunkbeitrags[380], in dem ein offener Dissens zwischen der Auffassung der Kommission und der Bundesrepublik Deutschland bestand, darüber hinaus die grundsätzliche Möglichkeit einer Abweichung und Modifikation von europarechtlichen Vorgaben auf, ohne dass diese innerstaatlich unanwendbar wären. Die Weite der Öffnungsklausel der DS-GVO ermöglicht ebendiese Konkretisierung, Vervollständigung und Modifikation und macht diese insb. aufgrund des generalklauselartigen Charakters der Begrifflichkeit des öffentlichen Interesses notwendig.[381]

209 Hinzu tritt, dass die Ausformung des Begriffs des öffentlichen Interesses in Art. 6 Abs. 2, 3 S. 3 die Fortsetzung der Begrifflichkeit aus Art. 7 lit. c und e DSRL darstellt, dessen inhaltlicher Gehalt von den Mitgliedstaaten ausgeformt wurde. Daran ändert sich auch dadurch nichts, dass die DS-GVO im Unterschied zur DSRL unmittelbare Anwendung findet. Denn entgegen der Annahme, dass der Begriff des öffentlichen Interesses keiner Interpretation durch die Mitgliedstaaten zugänglich ist, spricht bereits, dass dieser Begriff in den Mitgliedstaaten unterschiedlich beurteilt wird. Insofern ermöglichen erst Rechtssetzungsakte des nationalen Gesetzgebers eine begriffliche Konkretisierung und unterstreichen deren Notwendigkeit.[382] In der Folge ergeben sich aus einzelstaatlicher Perspektive keine begrifflichen Änderungen gegenüber der DSRL. Als öffentliches Interesse gelten im deutschen Recht demnach etwa die Regelungsbereiche der Ordnungsverwaltung einschließlich der Regelungen des Straßenverkehrs sowie die Leistungsverwaltung wie z.B. in Gestalt der Daseinsvorsorge.[383] Weshalb die Regelungen des BDSG außerhalb dieses Anwendungsbereichs liegen sollten ist nicht ersichtlich.[384]

f) Voraussetzungen unionsrechtsrechtswidriger Nutzung der Öffnungsklauseln.
210 Grundsätzlich gilt der Vorrang des Unionsrechts gegenüber dem mitgliedstaatlichen Recht bei Kollision unionsrechtlicher und mitgliedstaatlicher Regelungen. Diesem Regelungskomplex folgt auch die bisherige Rechtsprechungspraxis. Das BVerfG hat in seiner Solange II-Entscheidung die eigene Prüfungskompetenz auf ausbrechende Rechtsakte der Union beschränkt. Ein Regelungskonflikt besteht insoweit gerade dann, wenn eine nationale Vorschrift mit der bereits zuvor normierten DS-GVO nicht vereinbar erscheint. Der Gerichtshof erlaubt in Übereinstimmung mit deutschen

---

379 Dazu auch Rn. 114.
380 KOM (2007) 1761 endg. „Staatliche Beihilfe E 3/2005 – Die staatliche Finanzierung der öffentlich-rechtlichen Rundfunkanstalten", Ziff. 216, epd medien 39/2007, 12; dazu auch ausführlich *Schwartmann* Praxishandbuch Medien-, IT- und Urheberrecht, Kap. 4 Rn. 68 ff.
381 Zur Unklarheit der inhaltlichen Reichweite der Öffnungsklauseln vgl. auch BeckOK DatenSR-*Albers* Art. 6 Rn. 56; *Kühling/Martini* EuZW 2016, 448, 449.
382 Zu diesem Gedanken ausführlich *Kühling/Martini u.a.* Die Datenschutz-Grundverordnung und das nationale Recht, S. 32.
383 *Kühling/Martini u.a.* Die Datenschutz-Grundverordnung und das nationale Recht, S. 32.
384 Insbesondere im Hinblick auf die in diesem Zusammenhang relevante Videoüberwachung nach § 4 BDSG zustimmend, vgl. *Eickelpasch* Sonderveröffentlichung zu RDV 06/2017, 5.

Gerichten nicht, mitgliedstaatliches Recht anzuwenden, wenn es nach ihrer Auffassung gegen unmittelbar geltendes EU-Recht verstößt.[385]
Nationales Recht wird in diesem Fall nicht nichtig, sondern bleibt exekutiv unangewendet. Dafür muss ein Unionsmitglied z.b. außerhalb einer in der DS-GVO normierten Öffnung Recht erlassen, etwa außerhalb ihres sachlichen Anwendungsbereichs gem. Art. 2. Um selbst dann von einer Rechtsanwendung ebendieses mitgliedstaatlichen Rechts abzusehen, muss die EU-Rechtswidrigkeit derart offensichtlich sein, dass sie der Gerichtshof der EU auch attestiert.[386] Hier dürften die Hürden hoch sein, weil die Nichtanwendung eine faktische Verwerfung darstellt und den Verantwortlichen in einen Normenkonflikt zwischen BDSG und DS-GVO in der Auslegung durch die Aufsicht bringt. Es besteht bei Nichtanwendung nationalen Rechts insbesondere aus Sicht der Aufsichtsbehörden das Risiko, dass die Norm etwa in einem anschließenden Verwaltungsgerichtsprozess mit Vorlage an den EuGH, doch als unionsrechtskonform eingestuft wird.[387] Das Risiko ausräumen können die Behörden nicht selbstständig, da diese nicht vorlageberechtigt sind und mithin der Weg über Art. 267 AEUV versperrt ist. Wenn einzelstaatliche Gerichte jedoch Unionsrechtsakte außer Anwendung lassen wollen, sind diese zur Vorlage nicht nur berechtigt, sondern verpflichtet.[388] Weil die Aufsicht mit der faktischen Verwerfung nationalen Rechts eine besondere Rechtsunsicherheit erzeugt, ist insbesondere mit Blick auf drohende Amtshaftungsprozesse höchste Sorgfalt bei der Prüfung der Europarechtswidrigkeit geboten.

g) Art der Öffnungsklausel und Anwendungsbereich. Die Öffnungsklausel des Abs. 2 ist aufgrund des Wortes „können" fakultativer Natur. Auch unter teleologischen Gesichtspunkten ist die legislative Präzisierung verzichtbar und es „wird nicht für jede einzelne Verarbeitung ein spezifisches Gesetz verlangt"[389]. Es handelt sich also bei Abs. 2 um eine freiwillig zu nutzende Öffnungsklausel und es besteht keine Pflicht der Mitgliedstaaten spezifische Regelungen zu erlassen.[390]

Dies alles gilt auch für die in Kap. IX (Art. 85–91) geregelten Verarbeitungssituationen.

3. Abs. 3. – a) Rechtsgrundlage im Unionsrecht oder im mitgliedstaatlichen Recht. Die Anforderungen an die Rechtsgrundlagen für die Verarbeitungen gem. Abs. 1 lit. c und e können sich nach Abs. 3 UAbs. 1 sowohl aus dem Unionsrecht (Abs. 3 UAbs. 1 lit. a), als auch aus dem jeweiligen nationalen Recht, „dem der Verantwortliche unterliegt" (Abs. 3 UAbs. 1 lit. b), ergeben. Erst mit einer rechtlichen Ermächtigung oder Verpflichtungen ist der Verantwortliche befugt eine rechtmäßige Verarbeitung gem. Abs. 1 lit. c und e durchzuführen. Dementsprechend kann die Schaffung einer Rechtsgrundlage als Pflicht angesehen werden. Das Erfordernis des Abs. 3 UAbs. 1 ergibt sich aber bereits aus dem Primärrecht bzw. dem GG und ist dementsprechend ledig-

---

385 Vgl. *EuGH* v. 22.6.1989 – C-103/88, ECLI:EU:C:1989:256, Fratelli Costanzo, Rn. 28 ff.; *EuGH* v. 9.9.2003 – C-198/01, ECLI:EU:C:2003:430, CIF, Rn. 49.
386 Vgl. Schwartmann RDV 2017, 51.
387 Vgl. *Piltz* Sachverständigenanhörung im Innenausschuss des Bundestages v. 27.3.2017, Protokoll-Nr. 18/110, 72.
388 Calliess/Ruffert-*Wegener* Art. 267 AEUV Rn. 33.
389 ErwG 45 S. 2.
390 Vgl. Plath-*Plath* Art. 6 Rn. 25.

lich wiederholend.[391] Ein von einem Parlament angenommener Gesetzgebungsakt ist dafür nicht zwingend erforderlich.[392]

215 **b) Anforderungen.** Weiter nennt Abs. 3 eine Reihe von Anforderungen an die Rechtsvorschriften. Danach ist bei beiden Verarbeitungszwecken der Zweck der Verarbeitung in der Rechtsgrundlage festzulegen. Der Zweckbindungsgrundsatz ist aber bereits primär-, als auch sekundärrechtlich normiert und mithin selbstverständlich zu erfüllen.[393] Jenem Erfordernis muss nicht ausdrücklich Rechnung getragen werden, sondern vielmehr reicht die Erkennbarkeit des impliziten Zwecks der Rechtsgrundlage.[394] Zudem muss sie ein im öffentlichen Interesse liegendes Ziel verfolgen sowie verhältnismäßig in Bezug auf den verfolgten Zweck sein.[395]

216 **c) Tatsächliche Öffnungsklausel in Abs. 3.** Die Öffnung für nationale Rechtsetzung in Bezug auf die Datenverarbeitung durch öffentliche Stellen findet sich in Abs. 3 UAbs. 2 S. 2 und 3.[396] Die Öffnungsklausel des Abs. 3 geht mit der des Abs. 2 einher, weil Abs. 3 die Existenz einer verordnungsrechtlichen Erlaubnis zum Erlass mitgliedstaatlichen Rechts voraussetzt.[397] Es handelt sich hier um kumulative, ganzheitlich zu erfüllende Anforderungen, die für die Verarbeitungen nach Abs. 1 UAbs. 1 lit. c und e von den Mitgliedstaaten zu erfüllen sind.[398] Zwar wird das Verhältnis des Abs. 2 und Abs. 3 teilweise als „unklar"[399] umschrieben, was nicht unberechtigt erscheint. Hinsichtlich der Systematik der Öffnungsklausel ist gleichwohl Folgendes festzuhalten:[400] Art. 6 Abs. 3 S. 2 legt fest, dass die Rechtsgrundlage im mitgliedstaatlichen Recht nicht nur den Zweck der Verarbeitung festlegen, sondern darüber hinaus die Verarbeitung für die Erfüllung einer Aufgabe erforderlich sein **muss**, die im öffentlichen Interesse liegt oder in Ausübung öffentlicher Gewalt erfolgt („Muss-Inhalt").[401] S. 2 des Abs. 3 legt also den **pflichtigen Mindeststandard** fest, den die Mitgliedstaaten bei der Schaffung mitgliedstaatlichen Rechts beachten müssen.[402] S. 2 statuiert damit eine Umsetzungspflicht und greift so den Regelungsauftrag aus Abs. 3 S. 1 lit. b auf.[403] Abs. 3 S. 3

---

391 Vgl. *Kühling/Martini u.a.* Die Datenschutz-Grundverordnung und das nationale Recht, S. 34.
392 Vgl. ErwG 41 S. 1.
393 Vgl. *Kühling/Martini u.a.* Die Datenschutz-Grundverordnung und das nationale Recht, S. 35.
394 Vgl. Paal/Pauly-*Frenzel* Art. 6 Rn. 41.
395 Art. 6 Abs. 3 UAbs. 2 S. 3; vgl. Sydow-*Reimer* Art. 6 Rn. 24.
396 Vgl. *Kühling/Martini u.a.* Die Datenschutz-Grundverordnung und das nationale Recht, S. 27 f.
397 Vgl. *Benecke/Wagner* DVBl. 2016, 600, 601.
398 Vgl. *Kühling/Martini u.a.* Die Datenschutz-Grundverordnung und das nationale Recht, S. 27 f.
399 Kühling/Buchner-*Buchner/Petri* Art. 6 Rn. 195 f.
400 Dazu bereits o. im Rahmen von § 3 BDSG Rn. 111 f.
401 Zur Zweigliedrigkeit des Tatbestandes an dieser Stelle vgl. Art. 6 Abs. 1 S. 1 lit. e Rn. 90.
402 Gola-*Schulz* Art. 6 Rn. 199; Schwartmann/Pabst-*Schwartmann/Hermann/Mühlenbeck* zu § 3 Rn. 6; *dies.* Datenschutzrechtliche Zulässigkeit der Kenntlichmachung des Entzuges eines Doktorgrades in (Online-)Bibliothekskatalogen v. Sept. 2018, S. 22; BeckOK DatenSR-*Albers/Veit* Art. 6 Rn. 57.
403 Schwartmann/Pabst-*Schwartmann/Hermann/Mühlenbeck* zu § 3 Rn. 6 sowie *dies.* Datenschutzrechtliche Zulässigkeit der Kenntlichmachung des Entzuges eines Doktorgrades in (Online-)Bibliothekskatalogen v. Sept. 2018, S. 22.

enthält über S. 2 hinausgehend eine **fakultative Zusatzmöglichkeit** zum Erlass spezifischer mitgliedstaatlicher Regelungen („Kann-Inhalt").[404] Denn nach S. 3 **kann** die mitgliedstaatliche Regelung spezifische Bestimmungen zur Anpassung der Anwendung der Vorschriften der DS-GVO enthalten. Der fakultative Charakter der Öffnungsklausel zur Schaffung spezifischen mitgliedstaatlichen Rechts nach Abs. 3 S. 3 folgt also aus dem Wortlaut der Verordnung ("„muss" in S. 2, „kann" in S. 3). Den Mitgliedstaaten wird durch S. 3 somit die Entscheidung darüber überlassen, ob sie über den pflichtigen Mindeststandard des Art. 6 Abs. 3 S. 2 hinaus die Anforderungen hinsichtlich der Rechtmäßigkeit der Datenverarbeitung nach S. 3 spezifizieren.[405]

Das Verhältnis von Abs. 3 S. 2 zu S. 3 ist vor allem für den **Kontroll- und Prüfungsmaßstab** bedeutsam, dem die jeweiligen mitgliedstaatlichen Umsetzungsnormen bei der Ausgestaltung der Öffnungsklausel unterliegen.[406] Denn sofern die mitgliedstaatliche Regelung bloß den pflichtigen Mindeststandard nach Abs. 3 S. 2 im erfüllt, handelt es sich dabei lediglich um eine Umsetzung europäischer Vorgaben, so dass Prüfungsmaßstab das Europarecht bildet und eine Kontrolle durch den EuGH gegeben ist.[407] Im Rahmen der fakultativen Spezifizierungsmöglichkeit nach Abs. 3 S. 3 werden die Mitgliedstaaten hingegen aus ihrer unionsrechtlichen Verantwortung zugunsten der nationalen Gerichtsbarkeit entlassen.[408] Diese Sichtweise wird nunmehr auch durch die Rechtsprechung des BVerfG in seinen Entscheidungen „**Recht auf Vergessen I**"[409] und „**Recht auf Vergessen II**"[410] gestützt.[411] 217

III. Praxishinweise

1. Relevanz für öffentliche Stellen. Für öffentliche Stellen besteht keine Relevanz. 218

2. Relevanz für nichtöffentliche Stellen. Unternehmen sollten sich bei ausschließlicher Anwendung von innerstaatlichen Normen, die auf Grundlage von Art. 6 Abs. 2 im BDSG n.F. erlassen wurden – namentlich insbesondere § 4 BDSG – der Diskussion um eine mögliche Europarechtswidrigkeit bewusst sein. Insofern wird teilweise die Frage aufgeworfen, ob § 4 BDSG mit Blick auf die Wahrnehmung öffentlicher Interes- 219

---

404 Gola-*Schulz* Art. 6 Rn. 199; Kühling/Buchner-*Buchner/Petri* Art. 6 Rn. 94; *Schwartmann/Hermann/Mühlenbeck* Datenschutzrechtliche Zulässigkeit der Kenntlichmachung des Entzuges eines Doktorgrades in (Online-)Bibliothekskatalogen v. Sept. 2018, S. 22; BeckOK DatenSR-*Albers/Veit* Art. 6 Rn. 58.
405 Dazu Schwartmann/Pabst-*Schwartmann/Hermann/Mühlenbeck* zu § 3 Rn. 7 sowie *dies.* Datenschutzrechtliche Zulässigkeit der Kenntlichmachung des Entzuges eines Doktorgrades in (Online-)Bibliothekskatalogen v. Sept. 2018, S. 23. Zum Begriff der Spezifizierung BeckOK DatenSR-*Albers/Veit* Art. 6 Rn. 56; Gola-*Schulz* Art. 6 Rn. 200.
406 Dazu auch Rn. 113 ff.
407 *Schwartmann/Hermann/Mühlenbeck* Datenschutzrechtliche Zulässigkeit der Kenntlichmachung des Entzuges eines Doktorgrades in (Online-)Bibliothekskatalogen v. Sept. 2018, S. 26 f.
408 Dazu Rn. 113 ff. Schwartmann/Pabst-*Schwartmann/Hermann/Mühlenbeck* zu § 3 Rn. 7 sowie *dies.* Datenschutzrechtliche Zulässigkeit der Kenntlichmachung des Entzuges eines Doktorgrades in (Online-)Bibliothekskatalogen v. Sept. 2018, S. 27.
409 *BVerfG* v. 6.11.2019 – 1 BvR 16/13, Recht auf Vergessen I.
410 *BVerfG* v. 6.11.2019 – 1 BvR 276/17, Recht auf Vergessen II.
411 Zur Begründung vgl. Rn. 115.

sen wirksam erlassen wurde.[412] Im Falle der Nichtanwendung des BDSG ist an Amtshaftungsansprüche gegenüber der Aufsicht zu denken.

220 **3. Relevanz für betroffene Personen.** Für betroffene Personen besteht keine Relevanz.

221 **4. Relevanz für Aufsichtsbehörden.** Wenn Aufsichtsbehörden Normen, die im Rahmen der Öffnungsklauseln in den Mitgliedstaaten erlassen wurden, trotz mangelnder Beanstandung der entsprechenden BDSG-Normen durch die EU-Kommission nicht anwenden, dann sind sie schon mit Blick auf drohende Amtshaftungsprozesse gehalten, die Unionsrechtswidrigkeit der im Rahmen der Öffnung erlassenen Regelungen genau zu prüfen. Sie müssen sich bewusst darüber sein, dass in der Nichtanwendung derartiger Bestimmungen deren einstweilige faktische Verwerfung liegt. Weil der Anwendungskonflikt der verantwortlichen Stelle zwischen DS-GVO und BDSG n.F. mit weitreichenden Konsequenzen verbunden ist, bis der EuGH die Rechtslage geklärt hat, geht die Aufsicht bei Nichtanwendung des BDSG erhebliche Kostenrisiken bei Prozessen ein, wenn sie Bußgelder verhängt. Entscheidet sie sich für ein Vorgehen im Wege der Anweisung, so ist das prozessuale Kostenrisiko erheblich reduziert. Der Streitwert dürfte sich dann nicht nach der Bußgeldhöhe richten, sondern pauschal geringer bemessen lassen. Weil der Anwendungskonflikt der verantwortlichen Stelle zwischen DS-GVO und BDSG n.F. mit weitreichenden Konsequenzen verbunden ist, bis der Europäische Gerichtshof die Rechtslage geklärt hat, geht die Aufsicht bei Nichtanwendung des BDSG erhebliche Kostenrisiken bei Prozessen ein, wenn sie Bußgelder verhängt. Entscheidet sie sich für ein Vorgehen im Wege der Anweisung, so ist das prozessuale Kostenrisiko erheblich reduziert. Der Streitwert dürfte sich dann nicht nach der Bußgeldhöhe richten, sondern sich pauschal geringer bemessen lassen.[413]

I. Art. 6 Abs. 4

Beruht die Verarbeitung zu einem anderen Zweck als zu demjenigen, zu dem die personenbezogenen Daten erhoben wurden, nicht auf der Einwilligung der betroffenen Person oder auf einer Rechtsvorschrift der Union oder der Mitgliedstaaten, die in einer demokratischen Gesellschaft eine notwendige und verhältnismäßige Maßnahme zum Schutz der in Artikel 23 Absatz 1 genannten Ziele darstellt, so berücksichtigt der Verantwortliche – um festzustellen, ob die Verarbeitung zu einem anderen Zweck mit demjenigen, zu dem die personenbezogenen Daten ursprünglich erhoben wurden, vereinbar ist – unter anderem

a) jede Verbindung zwischen den Zwecken, für die die personenbezogenen Daten erhoben wurden, und den Zwecken der beabsichtigten Weiterverarbeitung,

b) den Zusammenhang, in dem die personenbezogenen Daten erhoben wurden, insbesondere hinsichtlich des Verhältnisses zwischen den betroffenen Personen und dem Verantwortlichen,

c) die Art der personenbezogenen Daten, insbesondere ob besondere Kategorien personenbezogener Daten gem. Artikel 9 verarbeitet werden oder ob personenbezogene Daten über strafrechtliche Verurteilungen und Straftaten gem. Artikel 10 verarbeitet werden,

---

412 Vgl. dazu Erläuterungen und Darstellung des Diskussionsstandes § 4 BDSG n.F.
413 Vgl. *Schwartmann* RDV 2017, 51.

d) die möglichen Folgen der beabsichtigten Weiterverarbeitung für die betroffenen Personen,
e) das Vorhandensein geeigneter Garantien, wozu Verschlüsselung oder Pseudonymisierung gehören kann.

– ErwG: 50
– BDSG n.F.: §§ 23–25

I. Einordnung und Hintergrund

1. Erwägungsgründe. ErwG 50 benennt die Grundlagen der in Art. 6 Abs. 4 geregelten Zweckänderungen. Im Wesentlichen finden sich dort die Voraussetzungen, die auch im eigentlichen Text der Vorschrift niedergeschrieben sind. Teilweise enthält ErwG 50 aber auch darüber hinausgehende Ausführungen, die zum Verständnis und zur Auslegung der Vorschrift herangezogen werden können. Insbesondere wird statuiert, dass im Falle der Vereinbarkeit von neuen Zwecken und denen, für die die personenbezogenen Daten ursprünglich erhoben wurden, keine andere gesonderte Rechtsgrundlage erforderlich ist als diejenige für die Erhebung der personenbezogenen Daten.[414]

222

2. BDSG n.F. § 4 BDSG regelt die Videoüberwachung öffentlich zugänglicher Räume. Hier ist eine strenge Zweckbindung vorgesehen (§ 4 Abs. 1 Nr. 3 BDSG). Für einen anderen Zweck dürfen sie nur weiterverarbeitet werden, soweit dies zur Abwehr von Gefahren für die staatliche und öffentliche Sicherheit sowie zur Verfolgung von Straftaten erforderlich ist (§ 4 Abs. 3 S. 3 BDSG).

223

§§ 23 und 24 BDSG enthalten spezielle Regelungen zur Verarbeitung zu anderen Zwecken durch öffentliche Stellen (§ 23) sowie durch nichtöffentliche Stellen (§ 24). § 23 BDSG sieht einen sechs Ziffern umfassenden Katalog vor, nach dem eine Verarbeitung unter neuem Zweck zulässig sein kann. Die Regelung für nichtöffentliche Stellen (§ 24) ist merklich schlanker und erlaubt eine Verarbeitung zu einem anderen als dem ursprünglichen Zweck lediglich für die Gefahrenabwehr oder im Rahmen zivilrechtlicher Ansprüche. Nichtöffentliche Stellen werden ihre etwaigen im Wege einer Zweckänderung stattfindenden Verarbeitungsvorgänge demnach hauptsächlich an Art. 6 Abs. 4 zu messen haben (vgl. dazu unten Rn. 260 ff.).

224

In diesem Licht liest sich auch § 48 BDSG, der die „Verarbeitung zu anderen Zwecken" im Rahmen der Verhütung, Ermittlung, Aufdeckung, Verfolgung oder Ahndung von Straftaten oder Ordnungswidrigkeiten erlaubt (vgl. dazu ab Rn. 280 ff.). § 48 BDSG befindet sich in Teil 3, den „Bestimmungen für Verarbeitungen zu Zwecken gem. Art. 1 Abs. 1 der Richtlinie (EU) 2016/680"[415] und ist daher nur im Rahmen der justiziellen Zusammenarbeit in Strafsachen und der polizeilichen Zusammenarbeit anwendbar.

225

---

414 Hierzu ausführlich Rn. 244 ff.
415 Richtlinie (EU) 2016/680 des Europäischen Parlaments und des Rates vom 27. April 2016 zum Schutz natürlicher Personen bei der Verarbeitung personenbezogener Daten durch die zuständigen Behörden zum Zwecke der Verhütung, Ermittlung, Aufdeckung oder Verfolgung von Straftaten oder der Strafvollstreckung sowie zum freien Datenverkehr und zur Aufhebung des Rahmenbeschlusses 2008/977/JI des Rates.

226 **3. Normengenese und -umfeld.** Schon der ursprüngliche Kommissionsentwurf für eine Datenschutz-Grundverordnung[416] sah in deren Art. 6 Nr. 4 die Möglichkeit einer „Weiterverarbeitung" außerhalb des ursprünglichen Zwecks vor. Danach musste der Zweck der Weiterverarbeitung mit dem Zweck, für den die personenbezogenen Daten erhoben wurden, „vereinbar" sein, andernfalls musste auf die Verarbeitung einer der in Abs. 1 genannten allgemeinen Rechtfertigungsgründe zutreffen. Die Norm unterstellte daher bei grundsätzlicher „Vereinbarkeit" mit dem Ursprungszweck eine Weiterverarbeitungsbefugnis. Diese Systematik war so grundsätzlich schon in der DSRL 95/46/EG vorgesehen. Gleichwohl enthielt die Version des Berichterstatters eine komplette Streichung des Art. 6 Nr. 4 mit der Begründung, dass für eine Änderung des Zwecks „ohnehin einer der Rechtsgründe gem. Abs. 1 Anwendung finden muss. Auch die DSRL ermöglicht keine Änderung des Zwecks, so dass das Schutzniveau hier beibehalten werden sollte".[417] Auch die Parlamentsversion sah diesen Passus dementsprechend nicht mehr vor. Die Version des Rates sah daraufhin wieder die ursprüngliche Formulierung der Kommission vor und ging noch darüber hinaus. Danach sollte die Weiterverarbeitung durch denselben für die Verarbeitung Verantwortlichen für nicht konforme Zwecke aufgrund der berechtigten Interessen dieses für die Verarbeitung Verantwortlichen oder eines Dritten rechtmäßig sein, sofern diese Interessen gegenüber den Interessen der betroffenen Person überwiegen. Das Parlament hatte jedoch immer wieder klargestellt, dass es kein Zurück hinter den Schutzstandard und damit insbesondere die Grundsätze der Richtlinie aus dem Jahr 1995 geben dürfe, sodass letztlich die Einigung auf die Kompatibilitätsgesichtspunkte des heutigen Art. 6 Abs. 4 erfolgte.[418]

227 Die Norm ist im engen Zusammenhang mit Art. 5 Abs. 1 lit. b zu lesen.[419] Dieser stellt den Grundsatz der Zweckbindung auf. Die Datenerhebung muss zu festgelegten, eindeutigen und legitimen Zwecken erfolgen und die Weiterverarbeitung muss in einer mit diesen Zwecken zu vereinbarenden Weise geschehen. Insofern stellt Art. 6 Abs. 4 eine Ausnahme zu dieser Regel auf, da dort Voraussetzungen für Verarbeitungen aufgestellt werden, die explizit einem anderen Zweck dienen als dem, zu dem die Daten ursprünglich erhoben wurden.

228 **a) DSRL.** Der Zweckbindungsgrundsatz wurzelt in Art. 5 lit. b der Konvention Nr. 108 des Europarates.[420] Dieser wurde in abgewandelter Form auch in die DSRL übernommen. Die DSRL bestimmte in ErwG 28, dass die Verarbeitung personenbezogener Daten dem angestrebten Zweck zu entsprechen habe, dafür erheblich sein musste und nicht darüber hinauszugehen habe. Es wurde insbesondere festgelegt, dass

---

416 Vorschlag für VERORDNUNG DES EUROPÄISCHEN PARLAMENTS UND DES RATES zum Schutz natürlicher Personen bei der Verarbeitung personenbezogener Daten und zum freien Datenverkehr (Datenschutz-Grundverordnung) vom 25.1.2012, KOM(2012) 11 endgültig.
417 ENTWURF EINES BERICHTS über den Vorschlag für eine Verordnung des Europäischen Parlaments und des Rates zum Schutz natürlicher Personen bei der Verarbeitung personenbezogener Daten und zum freien Datenverkehr (Datenschutz-Grundverordnung), (COM(2012)0011 – C7-0025/2012 – 2012/0011(COD)).
418 *Albrecht* CR 2016, 88, 92.
419 Plath-*Plath* Art. 6 Rn. 30.
420 Europarat, Übereinkommen zum Schutz des Menschen bei der automatisierten Verarbeitung personenbezogener Daten v. 28.1.1981.

die Zwecke eindeutig und rechtmäßig sein müssen und bei der Datenerhebung festgelegt werden müssen. Auch fand sich hier der explizite Hinweis, dass die Zweckbestimmungen der Weiterverarbeitung nach der Erhebung nicht mit den ursprünglich festgelegten Zwecken unvereinbar sein dürfen. Diese Weiterverarbeitung wurde sodann nochmals in ErwG 29 näher erläutert. Dort wurde nämlich die Weiterverarbeitung personenbezogener Daten für historische, statistische oder wissenschaftliche Zwecke als „im allgemeinen nicht als unvereinbar mit den Zwecken der vorausgegangenen Datenerhebung" angesehen. Hierfür musste der umsetzende Mitgliedstaat „geeignete Garantien" vorsehen. Diese müssen insbesondere ausschließen, dass die Daten für Maßnahmen oder Entscheidungen gegenüber einzelnen Betroffenen verwendet werden. Die wesentlichen Inhalte dieser Erwägungsgründe finden sich auch in Art. 6 Abs. 1 lit. b der DSRL wieder.

b) BDSG a.F. Zentrale Norm im Hinblick auf eine Zweckänderung im BDSG a.F. war § 28 Abs. 2, der die Datenverarbeitung „für einen anderen Zweck" regelte. Bereits hierin war also eine „Durchbrechung des Zweckbindungsgrundsatzes" angelegt.[421] Diese Ausnahme beschränkte sich jedoch auf die Übermittlung und die Nutzung, andere Nutzungsarten im Rahmen einer Zweckänderung waren lediglich nach § 28 Abs. 1 BDSG a.F. zulässig. Die geregelten Anwendungsfälle waren auf die Wahrung eigener berechtigter Interessen oder das Vorliegen allgemein zugänglicher Daten sowie auf die Wahrung berechtigter Interessen Dritter, die Gefahrenabwehr sowie die wissenschaftliche Forschung begrenzt. Für die zweckändernde Weiterverarbeitung der öffentlichen Stellen war § 14 Abs. 2 BDSG a.F. die zentrale Norm. Hierin wurden neun Tatbestände geregelt, nach denen bei Vorliegen der entsprechenden Voraussetzungen das Speichern, Verändern oder Nutzen „für andere Zwecke" als zulässig erachtet wurde. Größtenteils finden sich die dort normierten (Ausnahme-)Tatbestände in der gleichen oder in ganz ähnlicher Form auch im BDSG n.F. wieder.[422]

c) WP der Art.-29-Datenschutzgruppe. Die Art.-29-Datenschutzgruppe beschloss im Jahr 2013 ihre – bis dato lediglich in englischer Sprache verfügbare – „Opinion 03/2013 on purpose limitation" (WP203), die den Grundsatz der Zweckbindung analysiert und Leitlinien für die praktische Anwendung des Grundsatzes im Rahmen des damaligen Rechtsrahmens sowie politische Empfehlungen für die Zukunft formuliert.[423] Im Wesentlichen stellte die Art.-29-Datenschutzgruppe fest, dass der Grundsatz der Zweckbindung aus zwei Hauptbausteinen besteht: Personenbezogene Daten müssen für bestimmte, ausdrückliche und legitime Zwecke erhoben werden („Zweckbestimmung") und die Daten dürfen nicht „mit diesen Zwecken unvereinbar" weiterverarbeitet werden, was zu einer „kompatiblen Verwendung" verpflichtet. Eine etwaige Weiterverarbeitung zu einem anderen Zweck wurde allerdings nicht von vornherein grundsätzlich als inkompatibel bezeichnet, vielmehr stellte die Art.-29-Datenschutzgruppe fest, dass die Kompatibilität von Fall zu Fall beurteilt werden müsse. Eine stichhaltige Kompatibilitätsbewertung erfordere eine Bewertung aller relevanten Umstände. Dabei sollte ein Kriterienkatalog zu Rate gezogen werden, anhand dessen die Kompatibilität beurteilt werden sollte. Die-

---

421 Plath-*Plath* § 28 BDSG, Rn. 91; Däubler/Klebe/Wedde/Weichert-*Wedde* § 28 BDSG Rn. 69.
422 Siehe hierzu unten Rn. 260 ff.
423 *Art.-29-Datenschutz-Gruppe* WP 203, Opinion 03/2013 on purpose limitation, abrufbar unter http://ec.europa.eu/justice/data-protection/article-29/documentation/opinion-recommendation/index_en.htm, zuletzt abgerufen am 21.4.2020.

ser Kriterienkatalog entspricht weitestgehend dem heute in der DS-GVO in Art. 6 Abs. 4 befindlichen Katalog. Für die Auslegung der Norm dürften daher die von der Art.-29-Datenschutzgruppe erdachten Ausführungen herangezogen werden können.[424] Eine konkrete Ausarbeitung zum Zweckbindungsgrundsatz nach der DS-GVO existiert bisher nicht. Da die Art.-29-Datenschutzgruppe aber bereits in ihrem WP 203 auf die DS-GVO verwiesen hatte und der von ihr erarbeitete Kriterienkatalog insoweit auch Eingang in die finale Fassung der DS-GVO gefunden hat, ist davon auszugehen, dass sich die Art.-29-Datenschutzgruppe in Zukunft mit diesem Thema noch einmal ausführlicher auseinandersetzen wird. Erste Anmerkungen zum Kriterienkatalog aus Transparenzgesichtspunkten enthalten die „Guidelines on transparency under Regulation 2016/679" (WP260).[425]

II. Kommentierung

231 **1. Einführung.** Art. 6 Abs. 4 betrifft die Verarbeitung zu einem **anderen Zweck** als zu demjenigen, zu dem die personenbezogenen Daten erhoben wurden. Dabei ist die Vorschrift im Zusammenhang mit Art. 5 Abs. 1 lit. b und Art. 6 Abs. 1 zu lesen.[426] Nach Art. 5 Abs. 1 lit. b dürfen personenbezogene Daten auf der Grundlage des einschlägigen Erlaubnistatbestandes für die Ersterhebung nicht weiterverarbeitet werden, wenn die Weiterverarbeitung in einer Weise erfolgt, die mit den bei Erhebung der Daten festgelegten Zwecken nicht vereinbar ist.[427] Dies bedeutet letztlich, dass eine Zweckänderung bzw. Weiterverarbeitung von Daten zulässig ist, wenn eine Vereinbarkeit der Zwecke vorliegt (dazu ausführlich unter Rn. 235).[428] Art. 6 Abs. 1 regelt wiederum als Verbot mit Erlaubnisvorbehalt, unter welchen Bedingungen eine Verarbeitung personenbezogener Daten zulässig ist. Art. 6 Abs. 4 setzt daher den Grundsatz der Zweckbindung aus Art. 5 Abs. 1 lit. b fort und gestaltet ihn aus.[429] Hinsichtlich der Zweckänderung gab es eine umfassende Diskussion im Rahmen des Gesetzgebungsprozesses.[430] Als Vorbild der Norm gilt Art. 9 des niederländischen Datenschutzgesetzes.[431] Kerngehalt ist die so genannte „**Kompatibilitätsprüfung**", wonach eine zweckfremde Weiterverarbeitung unter bestimmten Voraussetzungen zulässig sein kann. Eine Kompatibilitätsprüfung nach einer Zweckänderung sah bereits die DSRL vor, allerdings ohne dies konkreter zu spezifizieren. Dies hat nun die DS-GVO getan, dabei jedoch fortwährend auslegungsbedürftige Kriterien aufgestellt.[432]

---

424 Ebenso Gola-*Schulz* Art. 6 Rn. 205. Differenzierend *Monreal* ZD 2016, 507, 510.
425 Siehe dort insbesondere Ziffer 45 bis 48, abrufbar in deutscher Sprache bspw. unter https://www.ldi.nrw.de/mainmenu_Service/submenu_Links/Inhalt2/Artikel-29-Gruppe/wp260rev01_de.pdf, zuletzt abgerufen am 21.4.2020 dazu auch unten Rn. 221.
426 BeckOK DatenSR-*Albers/Veit* Art. 6 Rn. 68; Kühling/Buchner-*Buchner/Petri* Art. 6 Rn. 183; Paal/Pauly-*Frenzel* Art. 6 Rn. 46; Ehmann/Selymar-*Heberlein* Art. 6 Rn. 48.
427 Dazu Simitis/Hornung/Spiecker gen. Döhmann-*Roßnagel* Art. 6 Abs. 4 Rn. 1; BeckOK DatenSR-*Albers/Veit* Art. 6 Rn. 68.
428 Spindler/Schuster-*Spindler/Dalby* Recht der elektronischen Medien, Art. 6 Rn. 22; Simitis/Hornung/Spiecker gen. Döhmann-*Roßnagel* Art. 6 Abs. 4 Rn. 1.
429 Gola-*Schulz* Art. 6 Rn. 202; Paal/Pauly-*Frenzel* Art. 6 Rn. 46; Simitis/Hornung/Spiecker gen. Döhmann-*Roßnagel* Art. 6 Abs. 4 Rn. 1; BeckOK DatenSR-*Albers/Veit* Art. 6 Rn. 68.
430 Ausführlich *Monreal* ZD 2016, 507 ff.; *Albrecht* CR 2016, 88, 92.
431 Gola-*Schulz* Art. 6 Rn. 202.
432 Die Kriterien sind größtenteils mit denen des WP 203 der Art.-29-Datenschutzgruppe identisch.

Rechtmäßigkeit der Verarbeitung | **Art. 6 Abs. 4**

Bei einer **zweckändernden Weiterverarbeitung** muss der Verantwortliche feststellen, ob die Verarbeitung zu einem anderen Zweck mit demjenigen, zu dem die personenbezogenen Daten ursprünglich erhoben wurden, „vereinbar" ist. Was mit „Vereinbarkeit" zwischen den Zwecken gemeint ist, lässt die DS-GVO offen und definiert diesen Begriff nicht, sondern statuiert lediglich, dass bei der Prüfung, ob diese Verbindung gegeben ist, bestimmte Kriterien berücksichtigt werden müssen. Die DS-GVO schreibt die Kompatibilitätsprüfung damit bei einer Zweckänderung zwar abstrakt vor, überlässt ihre Durchführung und insbesondere ihre Ausfüllung jedoch dem Verantwortlichen. Sofern eine zweckändernde Weiterverarbeitung unter Verstoß gegen Abs. 4 und ohne einen Erlaubnistatbestand nach Art. 6 Abs. 1 durchgeführt wird, unterfällt dies grundsätzlich Art. 83 Abs. 5 lit. d. Demnach kann im Falle eines Verstoßes eine Geldbuße von bis zu 20 000 000 EUR oder 4 % des gesamten weltweiten Jahresumsatzes eines Unternehmens fällig werden. **232**

Umstritten ist, ob es für die zweckändernde Weiterverarbeitung einer **eigenen Rechtsgrundlage** bedarf oder ob sie bereits von der ursprünglichen Rechtsgrundlage i.V.m. den Voraussetzungen des Abs. 4 „gedeckt" ist. Teilweise wird vertreten, dass aufgrund der Regelungssystematik und des Wortlauts von Abs. 4 allein der Kompatibilitätstest eine zweckändernde Datenverarbeitung noch nicht zu einer rechtmäßigen Datenverarbeitung machen könne, sondern einer der Erlaubnistatbestände des Art. 6 Abs. 1 lit. a bis f vorliegen müsse.[433] Art. 6 Abs. 4 sei demnach nur eine Auslegungsregel für das Tatbestandsmerkmal der Vereinbarkeit in Art. 5 Abs. 1 lit. b. Folglich bezöge sich Art. 6 Abs. 4 sodann allein auf die Vorgabe der Zweckbindung einer Datenverarbeitung, nicht aber auch auf die Rechtmäßigkeitsvoraussetzungen nach Art. 6. Dafür spricht insbesondere die Entstehungsgeschichte der Norm, aus der sich ergibt, dass auch eine nach Abs. 4 zweckkompatible Weiterverarbeitung von Daten stets zusätzlich noch einer gesonderten Rechtsgrundlage bedarf und der Gesetzgebungsprozess von Anfang an dadurch bestimmt war, dass für das Europäische Parlament bei der Zweckänderung der Schutzstandard der DSRL unter keinen Umständen gemindert werden durfte.[434] **233**

Demgegenüber steht die Auffassung, dass es im Falle der zweckändernden Weiterverarbeitung keiner gesonderten Rechtsgrundlage bedarf.[435] Hiernach stützt sich die Weiterverarbeitung grundsätzlich auf die Rechtsgrundlage der ursprünglichen Verarbeitung. Hierfür spricht ErwG 50 S. 1 und 2. Danach ist im Falle der Vereinbarkeit der Zwecke „keine andere gesonderte Rechtsgrundlage erforderlich als diejenige für die Erhebung der personenbezogenen Daten". Diese Formulierung wird teilweise als „redaktioneller Fehler" gewertet.[436] Die Regelungssystematik von Art. 6 Abs. 4 spricht allerdings gegen ein Versehen des Verordnungsgebers an dieser Stelle.[437] **234**

---

433 Kühling/Buchner-*Petri* Art. 6 Rn. 183.
434 *Schantz* NJW 2016, 1841, 1844; Kühling/Buchner-*Petri* Art. 6 Rn. 182; *Albrecht* CR 2016, 88, 92.
435 Gola-*Schulz* Art. 6 Rn. 210; Plath-*Plath* Art. 6 Rn. 32; *Kühling/Martini* EuZW 2016, 448, 451; *Monreal* ZD 2016, 507, 510; *Ziegenhorn* zfm 2016, 3, 6; Spindler/Schuster-*Spindler/ Dalby* Recht der elektronischen Medien, Art. 6 Rn. 22.
436 So aber *Schantz* NJW 2016, 1841, 1844. Kritisch Gola-*Schulz* Art. 6 Rn. 210. Dazu auch Kühling/Buchner-*Buchner/Petri* Art. 6 Rn. 182.
437 Ebenso Gola-*Schulz* Art. 6 Rn. 210.

235 Letztlich ist davon auszugehen, dass Art. 6 Abs. 4 selbst **keinen Erlaubnistatbestand** für eine zweckändernde Weiterverarbeitung darstellt.[438] Dementsprechend bedarf es im Falle einer zweckändernden Weiterverarbeitung stets einer eigenständigen Ermächtigungsgrundlage nach Abs. 1.[439] Die Kompatibilität der Zwecke entscheidet lediglich darüber, ob der ursprüngliche Erlaubnistatbestand, etwa die Einwilligung, auch für die Weiterverarbeitung gilt oder ob ein eigenständiger, ggf. abweichender, Tatbestand aus Art. 6 Abs. 1 für die Weiterverarbeitung heranzuziehen ist.[440] Art. 6 Abs. 4 enthält somit die Kriterien für die Beurteilung der Vereinbarkeit der Zwecke vor dem Hintergrund des Grundsatzes aus Art. 5 Abs. 1 lit. b. Danach stellt eine Weiterverarbeitung im Falle kompatibler Zwecke keinen Verstoß gegen den Grundsatz der Zweckbindung dar.[441] Rechtsfolge aus Art. 5 Abs. 1 lit. b und Art. 6 Abs. 4 ist, dass die Weiterverarbeitung auf den Erlaubnistatbestand der Erhebung der personenbezogenen Daten gestützt werden kann, weil kein Verstoß gegen den Grundsatz der Zweckbindung vorliegt.[442] Die Prüfung der Kriterien und Voraussetzungen nach Art. 6 Abs. 4 entscheidet daher nur über die **Zulässigkeit der Zweckänderung**.[443] Da es sich dadurch bei Art. 6 Abs. 4 letztlich um eine **Auslegungsregel** handelt, bleibt für die Rechtmäßigkeit der Weiterverarbeitung stets Art. 6 Abs. 1 maßgeblich.[444]

236 Daneben stellt sich die Frage, ob **Art. 6 Abs. 4** nur im Rahmen einer Datenverarbeitung nach Art. 6 oder auch bei einer **Verarbeitung sensibler Daten nach Art. 9** Anwendung finden kann (dazu auch Art. 9 Rn. 20). So könnte zum einen davon ausgegangen sein, dass Art. 9 erhöhte Verarbeitungsvoraussetzungen normiert und daher ein eigenständiges Regelungssystem darstellt, das einen Rückgriff auf Art. 6 und dessen Abs. 4 ausschließt.[445] Gleichwohl nimmt die Mehrheit der Stimmen an, dass Art. 9 die Vorschrift des Art. 6 und damit auch Art. 6 Abs. 4 nicht verdrängt, sondern die Normen vielmehr kumulativ Anwendung finden.[446] Insbesondere ErwG 51 S. 4 stellt klar, dass für die

---

438 Übereinstimmend Sydow-*Reimer* Art. 6 Rn. 67; Kühling/Buchner-*Buchner/Petri* Art. 6 Rn. 183; Ehmann/Selmayr-*Heberlein* Art. 6 Rn. 48; BeckOK DatenSR-*Albers/Veit* Art. 6 Rn. 72; Simitis/Hornung/Spiecker gen. Döhmann-*Roßnagel* Art. 6 Abs. 4 Rn. 10.
439 Kühling/Buchner-*Buchner/Petri* Art. 6 Rn. 183; Ehmann/Selmayr-*Heberlein* Art. 6 Rn. 48; Sydow-*Reimer* Art. 6 Rn. 67.
440 Ehmann/Selmayr-*Heberlein* Art. 6 Rn. 48; BeckOK DatenSR-*Albers/Veit* Art. 6 Rn. 75; Simitis/Hornung/Spiecker gen. Döhmann-*Roßnagel* Art. 6 Abs. 4 Rn. 10; Kühling/Buchner-*Buchner/Petri* Art. 6 Rn. 183.
441 Simitis/Hornung/Spiecker gen. Döhmann-*Roßnagel* Art. 6 Abs. 4 Rn. 10; Ehmann/Selmayr-*Heberlein* Art. 6 Rn. 48; Kühling/Buchner-*Buchner/Petri* Art. 6 Rn. 183.
442 Kühling/Buchner-*Buchner/Petri* Art. 6 Rn. 183; Simitis/Hornung/Spiecker gen. Döhmann-*Roßnagel* Art. 6 Abs. 4 Rn. 10.
443 BeckOK DatenSR-*Albers/Veit* Art. 6 Rn. 72; Simitis/Hornung/Spiecker gen. Döhmann-*Roßnagel* Art. 6 Abs. 4 Rn. 10.
444 Kühling/Buchner-*Buchner/Petri* Art. 6 Rn. 183; Simitis/Hornung/Spiecker gen. Döhmann-*Roßnagel* Art. 6 Abs. 4 Rn. 10.
445 Vgl. dazu. auch *Kühling/Martini u.a.* Die Datenschutz-Grundverordnung und das nationale Recht 2016, S. 54 f. sowie *Schneider* ZD 2017, 303, 305 ff.
446 In diesem Sinne etwa *BayLDA* Auslegungshinweise zur Frage der Rechtsgrundlage bei der Verarbeitung besonderer Kategorien personenbezogener Daten, S. 1; *DSK* Positionspapier zur biometrischen Analyse, S. 24 sowie *DSK* Kurzpapier Nr. 17 – Besondere Kategorien personenbezogener Daten, S. 2 sowie Fachbeitrag auf *datenschutzbeauftragter.info* v. 30.9.2019, abrufbar unter https://www.datenschutzbeauftragter-info.de/art-9-dsgvo-eigenstaendige-verarbeitungsgrundlage-fuer-sensible-daten/, zuletzt abgerufen am 21.4.2020.

Beurteilung der Rechtmäßigkeit einer Verarbeitung zusätzlich zu den speziellen Anforderungen an eine Datenverarbeitung auch die allgemeinen Grundsätze und andere Bestimmungen der Verordnung gelten sollen, insbesondere hinsichtlich der Bedingungen für eine rechtmäßige Verarbeitung und nimmt dadurch zumindest indirekt auch Bezug auf Art. 6 und dessen Abs. 4.[447] Festzuhalten bleibt somit, dass zumindest für die erstmalige Datenverarbeitung ein Erlaubnistatbestand nach Art. 9 zur Rechtfertigung der Datenverarbeitung notwendig ist und dabei auch die Voraussetzungen von Art. 6 zu berücksichtigen sind. Anschließend kann auch Art. 6 Abs. 4 neben Art. 9 Anwendung finden, wenn dadurch das durch Art. 9 intendierte Schutzniveau nicht ausgehöhlt wird. Freilich ist der Weg über Art. 6 Abs. 4 auch bei der Verarbeitung sensibler Daten versperrt, wenn die datenverarbeitende Stelle die Datenverarbeitung auf Art. 9 Abs. 2 lit. a und die Einwilligung stützt. Dies geht aus dem Wortlaut von Art. 6 Abs. 4 hervor. In diesem Falle ist eine entsprechende wirksame Einwilligungserklärung durch die betroffene Person einzuholen, die die Datenverarbeitungsvorgänge rechtfertigt. Der Weg über eine Rechtfertigung der Datenverarbeitung im Rahmen von Art. 6 Abs. 4 steht daher nur dann offen, wenn der Verantwortliche die Datenverarbeitung auf einen gesetzlichen Erlaubnistatbestand (etwa Art. 9 Abs. 2 lit. b–j) stützt.

Fraglich ist zudem, ob Art. 6 Abs. 4 durch seine Formulierung eine **eigenständige Öffnungsklausel** enthält, durch die die Mitgliedstaaten die Zulässigkeit von Zweckänderungen gesetzlich normieren können.[448] Hierbei stellt sich insbesondere die Frage des **Verhältnisses zu Art. 6 Abs. 2 und 3**. Grundsätzlich ist davon auszugehen, dass Mitgliedstaaten die Zulässigkeit einer Datenverarbeitung im Hinblick auf die Zweckbindung nur dann im Rahmen einer Öffnungsklausel ausgestalten können, wenn ihnen bereits die inhaltliche Regelungsbefugnis für die ursprüngliche Datenverarbeitung zukommt.[449] Andernfalls bestünde die erhebliche Gefahr der Absenkung des Schutzstandards der DS-GVO, wenn extensiv auf mitgliedstaatlicher Ebene zulässige Zweckänderungen (etwa auch im nichtöffentlichen Bereich) festgelegt werden könnten.[450] Das Zusammenspiel der Öffnungsklauseln zeigt § 9 Abs. 2 DSG NRW: Die Regelungsbefugnis für den öffentlichen Bereich folgt aus Art. 6 Abs. 1 S. 1 lit. e, Abs. 2 bis 4 und nicht bloß aus Art. 6 Abs. 4.[451] Offensichtlich geht der Gesetzgeber im Rahmen von §§ 23, 24 BDSG davon aus, dass Art. 6 Abs. 4 eine eigenständige Öffnungsklausel darstellt.[452] Dafür spricht auch die Rechtsprechung des Bundesgerichtshofes.[453] Dies läuft gleichwohl dem Ziel der Harmonisierung des Datenschutzrechts durch die DS-GVO entsprechend ErwG 3 und der Systematik von Art. 6 zuwider

237

---

447 Vgl. dazu ausführlich die Kommentierung zu Art. 9 Rn. 20 sowie Gola-*Schulz* Art. 9 Rn. 7.
448 Vgl. dazu BeckOK DatenSR-*Albers/Veit* Art. 6 Abs. 4 Rn. 77 f.; Kühling/Buchner-*Buchner/Petri* Art. 6 Rn. 180; Sydow-*Reimer* Art. 6 Rn. 67; Simitis/Hornung/Spiecker gen. Döhmann-*Roßnagel* Art. 6 Abs. 4 Rn. 18.
449 Übereinstimmend Kühling/Buchner-*Buchner/Petri* Art. 6 Rn. 180 sowie BeckOK DatenSR-*Albers/Veit* Art. 6 Rn. 77; Sydow-*Reimer* Art. 6 Rn. 67.
450 BeckOK DatenSR-*Albers/Veit* Art. 6 Abs. 4 Rn. 77.
451 Vgl. dazu Schwartmann/Pabst-*Schwartmann/Hermann/Mühlenbeck* § 9 Rn. 1 f. Dazu auch BeckOK DatenSR-*Albers/Veit* Art. 6 Rn. 77 f.
452 BT-Drucks. 18/11325, S. 96.
453 *BGH* v. 24.9.2019 – VI ZB 39/18 Rn. 40.

Art. 6 Abs. 4 Rechtmäßigkeit der Verarbeitung

und überdehnt die Regelungsbefugnis des nationalen Gesetzgebers.[454] Vielmehr treten die Normen stets neben Art. 6 Abs. 4 und dessen Voraussetzungen (vgl. dazu auch Rn. 224 und Rn. 258 f.).[455]

238 **2. Norminhalt. – a) Allgemeines.** Der Wortlaut der Vorschrift ist etwas unglücklich formuliert und lässt ihren Gehalt erst nach genauer Analyse erkennen:[456] Sofern eine Datenverarbeitung *nicht* auf der Einwilligung der betroffenen Person oder auf einer Rechtsvorschrift der Union oder der Mitgliedstaaten beruht, kann ein Verantwortlicher eine Verarbeitung zu einem anderen Zweck als zu demjenigen durchführen, zu dem die personenbezogenen Daten erhoben wurden – vorausgesetzt, er stellt fest, dass die Verarbeitung zu einem anderen Zweck mit dem ursprünglichen Zweck vereinbar ist. Dies bedeutet zum einen, dass eine Zweckänderung bereits durch eine Einwilligung oder gesetzliche Vorschrift zulässig sein kann.[457] Erst wenn weder eine entsprechende Einwilligung noch eine gesetzliche Erlaubnis für die zweckändernde Weiterverarbeitung besteht, findet Art. 6 Abs. 4 Anwendung.

239 Kerninhalt der Vorschrift ist demnach die **Prüfung der Vereinbarkeit** von ursprünglichem und neuem bzw. späterem Zweck im Rahmen einer Weiterverarbeitung von Daten. Der Wortlaut des ErwG 50 gibt weiter Aufschluss über den Inhalt der Norm. Ein Verantwortlicher muss demnach schrittweise vorgehen, indem er zunächst prüft, ob eine Einwilligung für die zweckfremde Verarbeitung vorliegt oder eine Rechtsvorschrift der Union oder der Mitgliedstaaten die Verarbeitung rechtfertigen würde. In diesem Fall ist es auch möglich, dass die Verarbeitung trotz nicht miteinander zu vereinbarender Zwecke durchgeführt wird.[458] Dies unterstreicht auch ErwG 50 S. 7: Hat die betroffene Person ihre Einwilligung erteilt oder beruht die Verarbeitung auf einer gesetzlichen Erlaubnis, dann sollte der Verantwortliche die personenbezogenen Daten ungeachtet der Vereinbarkeit der Zwecke verarbeiten dürfen. Es bedarf dann keiner Prüfung der Voraussetzungen von Art. 6 Abs. 4 mehr. Wenn indes keine Einwilligung oder gesetzliche Erlaubnis vorliegt, muss der Verantwortliche die Vereinbarkeit der Zwecke der Datenverarbeitung entsprechend den Voraussetzungen des Art. 6 Abs. 4 prüfen.

240 Eine **Definition der Vereinbarkeit** der Zwecke liefert die DS-GVO nicht. So bleibt offen, was eine Vereinbarkeit der Zwecke bedeutet und wann diese gegeben ist.[459] Vielmehr legt die Norm dem Verantwortlichen die Prüfung der Vereinbarkeit anhand der in der Verordnung genannten **Kriterien** auf. Diese sind **nicht abschließend**, denn der Wortlaut bezeichnet die genannten als die „unter anderem" für die Feststellung der Kompatibilität relevanten Kriterien.[460] Fraglich ist zudem, ob es für die Beurtei-

---

454 Übereinstimmend Ehmann/Selmayr-*Heberlein* Art. 6 Rn. 69; Simitis/Hornung/Spiecker gen. Döhmann-*Roßnagel* Art. 6 Abs. 4 Rn. 2 und 29; Kühling/Buchner-*Buchner/Petri* Art. 6 Rn. 199 f.; Gola-*Schulz* Art. 6 Rn. 213; Spindler/Schuster-*Spindler/Dalby* Recht der elektronischen Medien, Art. 6 Rn. 25.
455 Kühling/Buchner-*Buchner/Petri* Art. 6 Rn. 200. Dazu auch BeckOK DatenSR-*Albers/Veit* Art. 6 Rn. 79. Kritisch Gola-*Schulz* Art. 6 Rn. 215.
456 Dazu auch Simitis/Hornung/Spiecker gen. Döhmann-*Roßnagel* Art. 6 Abs. 4 Rn. 17.
457 Simitis/Hornung/Spiecker gen. Döhmann-*Roßnagel* Art. 6 Abs. 4 Rn. 17.
458 Gola-*Schulz* Art. 6 Rn. 203.
459 Simitis/Hornung/Spiecker gen. Döhmann-*Roßnagel* Art. 6 Abs. 4 Rn. 32.
460 Dazu Simitis/Hornung/Spiecker gen. Döhmann-*Roßnagel* Art. 6 Rn. 32 ff.; Paal/Pauly-*Frenzel* Art. 6 Rn. 47.

lung der Vereinbarkeit der Zwecke auf die **Sicht des Verantwortlichen**[461] oder die **Sicht der betroffenen Person**[462] ankommt. Letztlich sind nach ErwG 50 S. 6 sowie Art. 6 Abs. 4 lit. b und d zumindest auch die Erwartungen der betroffenen Person zu berücksichtigen. Die Entscheidung über eine Vereinbarkeit muss gleichwohl letztlich der Verantwortliche treffen. Es ist zudem nicht unmittelbar ersichtlich, welche weiteren Kriterien nach dem Willen des Verordnungsgebers in die Vereinbarkeitsprüfung miteinbezogen werden sollen. Der nicht abschließende Katalog des Art. 6 Abs. 4 und die Offenheit des Tatbestandes führen damit zu einer erheblichen **Rechtsunsicherheit** für Verantwortliche und Rechtsanwender.[463] Gleichwohl enthält ErwG 50 S. 6 eine Leitlinie, der die Prüfung der Zulässigkeit der Weiterverarbeitung zu folgen hat. Um festzustellen, ob ein Zweck der Weiterverarbeitung mit dem Zweck, für den die personenbezogenen Daten ursprünglich erhoben wurden, vereinbar ist, sollte der Verantwortliche nach Einhaltung aller Anforderungen für die Rechtmäßigkeit der ursprünglichen Verarbeitung unter anderem prüfen, ob ein **Zusammenhang** zwischen den Zwecken besteht, in welchem **Kontext** die Daten erhoben wurden, insbesondere die **vernünftigen Erwartungen** der betroffenen Personen in Bezug auf die weitere Verwendung ihrer Daten, um welche **Art von personenbezogenen Daten** es sich handelt, welche **Folgen** die beabsichtigte Weiterverarbeitung für die betroffenen Personen hat und ob auch hinsichtlich der beabsichtigten Weiterverarbeitung **geeignete Garantien** bestehen (vgl. ErwG 50 S. 6). Dementsprechend wird bspw. vorgeschlagen, die Tatsache der erweiterten Verarbeitung im Rahmen des dem Betroffenen bekannten **Unternehmensgegenstandes** mit einzubeziehen oder wie in der Vergangenheit verfahren wurde und ob es **Datenpannen** oder **Beschwerden** in nennenswertem Umfang gegeben hat.[464] Hierbei ist allerdings problematisch, dass sich dadurch kaum eine Eingrenzung der möglichen Kriterien vornehmen lässt, da insofern grundsätzlich sämtliche – sowohl unmittelbar als auch mittelbar – mit dem jeweiligen Verarbeitungsvorgang im Zusammenhang stehende Umstände theoretisch berücksichtigt werden könnten. So könnte bspw. zu erwägen sein, zumindest im Falle umfangreicher Datenverarbeitungsvorgänge, zu einem eher entfernten (aber gegebenenfalls immer noch zu vereinbarenden) Zweck auch die **finanzielle Ausstattung des Verantwortlichen** einzubeziehen, um einem höheren Verstoß- und damit Geldbußerisiko vorzubeugen. Daneben könnten **Allgemeininteressen** an der Weiterverarbeitung in die Prüfung miteinfließen oder inwieweit **Rechte oder Interessen Dritter** tangiert werden. Insbesondere im Rahmen von Big Data-Anwendungen und Datenverarbeitungen etwa zur Verbesserung der Sicherheit von Produkten sind derartige Abwägungsparameter bedeutsam. Allerdings verbleibt in jedem Fall das Risiko, dass die Abgrenzung zu „noch einzubeziehenden" und „bereits irrelevanten" Kriterien derzeit schwerlich rechtssicher zu treffen sein wird, zumal die DS-GVO hierfür außer dem Katalog des Art. 6 Abs. 4 und ErwG 50 S. 6 keinerlei Anhaltspunkte bietet. In der Praxis sollte daher der Fokus vorrangig auf

---

461 In diesem Sinne Paal/Pauly-*Frenzel* Art. 6 Rn. 47; BeckOK DatenSR-*Albers/Veit* Art. 6 Rn. 69.
462 Dementsprechend etwa Kühling/Buchner-*Buchner/Petri* Art. 6 Rn. 188.
463 Simitis/Hornung/Spiecker gen. Döhmann-*Roßnagel* Art. 6 Abs. 4 Rn. 35. Dazu auch Kühling/Buchner-*Buchner/Petri* Art. 6 Rn. 186 f.
464 *Schaffland/Wiltfang* Art. 6 Rn. 312.

die fünf in Art. 6 Abs. 4 lit. a–e und ErwG 50 S. 6 bereits enthaltenen Kriterien gelegt werden. Um dem Zweckbindungsgrundsatz nicht auszuhöhlen, ist Abs. 4 grundsätzlich restriktiv auszulegen.[465]

241 Fraglich ist auch, wie die Kriterien letztlich zu **gewichten** sind oder wie damit umzugehen ist, wenn eines der **Kriterien nicht erfüllt** ist. Insbesondere im Rahmen von Art. 6 Abs. 4 lit. c stellt sich die Frage, ob die Verarbeitung sensibler Daten nach Art. 9 bloß ein Abwägungskriterium oder vielmehr ein Ausschlusskriterium darstellt, dass die Kompatibilitätsprüfung beendet.[466] Der Wortlaut der Norm enthält dahingehend keine eindeutige Aussage. Denn Art. 6 Abs. 4 spricht zwar davon, dass die Kriterien „berücksichtigt" werden müssen, nicht aber davon, dass auch alle Kriterien eingehalten werden müssen bzw. in für den Betroffenen positiver Weise erfüllt sein müssen. Art. 6 Abs. 4 statuiert insofern eine lediglich eine „**Berücksichtigungspflicht**"[467], aber keine Verpflichtung des Verantwortlichen diese Kriterien vollständig erfüllen zu müssen.[468] Den Verantwortlichen trifft damit wohl zumindest die Nachweispflicht, dass er sich hinreichend mit den in Art. 6 Abs. 4 genannten Kriterien im Rahmen seiner Kompatibilitätsprüfung auseinandergesetzt hat.[469] Hierfür spricht auch, dass die Kriterien teilweise selbst nur als Beispiele formuliert sind (lit. b und lit. c „insbesondere"; lit. e „wozu (...) gehören kann").[470] Dies ist auch sinnvoll, da die Norm selbst kein Prüfungsergebnis regulieren will, sondern lediglich die Notwendigkeit und Voraussetzungen des Kompatibilitätstests an sich statuiert.

242 Jedes Kriterium ist vom Verantwortlichen mit Leben zu füllen und die Zulässigkeit des Verarbeitungsvorgangs ergibt sich letztlich anhand einer **Gesamtschau der Kriterien**. Hierbei ist darauf hinzuweisen, dass lediglich das Letzte der fünf Kriterien überhaupt einen „erfüllbaren" Status festlegt, nämlich die Tatsache, ob „geeignete Garantien" bei der Datenverarbeitung vorhanden sind, bspw. Verschlüsselung oder Pseudonymisierung. Aus dem Wortlaut wird hier deutlich, dass dies nicht unter allen Umständen der Fall sein muss, sondern dieser Punkt lediglich in die Vereinbarkeitsprüfung einbezogen werden muss. Umgekehrt ergibt sich daraus gleichfalls, dass eine Vereinbarkeit auch dann noch gegeben sein kann, wenn keine „geeigneten Garantien" vorhanden sind. Dies kann bspw. der Fall sein, wenn eine Prüfung der anderen vier Kriterien die Erlaubnis einer zweckfremden Vereinbarung in besonderem Maße nahelegt. Die anderen vier Kriterien beschreiben eher ein „Status" oder bestimmte Umstände eines jeweiligen zweckfremden Verarbeitungsvorgangs. Aus dieser Thematik ergibt sich demnach leider auch die Konturlosigkeit der Vorschrift insgesamt, weil letztlich keine strengen, greifbzw. messbaren Kriterien für die Vereinbarkeitsprüfung gesetzlich festgelegt wurden, sondern eher unbestimmte, ausfüllungsbedürftige Kriterien. Die Vielzahl wertungsbedürftiger Begriffe erschwert die rechtssichere Entscheidung.[471]

---

465 Kühling/Buchner-*Buchner/Petri* Art. 6 Rn. 186.
466 Vgl. dazu die Kommentierung in Art. 9 Rn. 20 sowie Ehmann/Selmayr-*Schiff* Art. 9 Rn. 11.
467 Sydow-*Reimer* Art. 6 Rn. 72 ff.
468 In diesem Sinne auch Simitis/Hornung/Spiecker gen. Döhmann-*Roßnagel* Art. 6 Rn. 34; Sydow-*Reimer* Art. 6 Rn. 72 ff.
469 Sydow-*Reimer* Art. 6 Rn. 73.
470 So auch Paal/Pauly-*Frenzel* Art. 6 Rn. 47.
471 Paal/Pauly-*Frenzel* Art. 6 Rn. 47.

Hieraus ergibt sich für den Verantwortlichen in jedem Fall eine Unsicherheit in der 243
Beurteilung der Frage, ob eine zweckfremde Verarbeitung zulässig ist oder nicht.
Befindet die verantwortliche Stelle positiv über die Zulässigkeit der Verarbeitung, ist
eine ausführliche und gewissenhafte Dokumentation der Prüfungsschritte bis hin zum
positiven Ergebnis (aus Sicht des Verantwortlichen), die auch die Gewichtung der einzelnen Kriterien beschreibt, entsprechend Art. 5 Abs. 2 unabdingbar. Andernfalls bleiben die Kriterien lediglich „inhaltslos und dehnbar".[472] Empfehlenswert ist insoweit
eine umfassende Dokumentation, bspw. durch den Datenschutzbeauftragten unter
Einbeziehung der betroffenen Fachbereiche in schriftlicher Form (Vermerkform),[473]
gegebenenfalls abgezeichnet vom zuständigen Entscheidungsträger im Unternehmen.

b) Kriterien der Vereinbarkeitsprüfung. – aa) Verbindung zwischen den Zwecken 244
(Art. 6 Abs. 4 lit. a). Der Verantwortliche hat nach Art. 6 Abs. 4 lit. a zunächst „jede
Verbindung zwischen den Zwecken, für die die personenbezogenen Daten erhoben
wurden, und den Zwecken der beabsichtigten Weiterverarbeitung" zu berücksichtigen. Daraus lässt sich als Leitlinie ableiten, dass je weiter der ursprüngliche Erhebungszweck und der Zweck der Weiterverarbeitung sowohl in inhaltlicher, aber auch
in zeitlicher Hinsicht auseinander liegen, desto weniger wird von einer Vereinbarkeit
der Zwecke auszugehen sein.[474] Es kann davon ausgegangen werden, dass unter diesem Punkt eine zumindest irgendwie geartete Verbindung zwischen den Zwecken
bestehen muss, um eine zweckändernde Weiterverarbeitung zu rechtfertigen. Je weiter
der Zweck der ursprünglichen Verarbeitung und der Zweck der Weiterverarbeitung
auseinander liegen, desto schwieriger lässt sich eine Ausnahme von der zweckgebundenen Verarbeitung rechtfertigen.[475]

Einigkeit besteht dahingehend, dass von einer Verbindung zwischen den Zwecken 245
i.S.d lit. a jedenfalls dann ausgegangen werden kann, wenn der neue Zweck ein „logischer nächster Schritt"[476] im Verarbeitungsprozess oder eine naheliegende Folge der
ursprünglichen Zweckbestimmung darstellt.[477] Insbesondere in diesen Fällen ist auch
aus Sicht der betroffenen Person und ihren Erwartungen mit einer Weiterverarbeitung zu rechnen.[478] Zu weitgehend dürfte es nach dem eindeutigen Wortlaut allerdings
sein, es ausreichen zu lassen, dass zwar eine irgendwie geartete denklogische Weiterverarbeitung vorliegt, allerdings keinerlei Verbindung zwischen altem und neuem
Zweck mehr existiert.[479] Letztlich sollte geprüft werden, ob ein nachvollziehbarer
Sachzusammenhang gegeben ist, um eine Verbindung zwischen den Zwecken festzustellen.

Ein Beispiel für eine Zweckänderung ist die **Weiterverarbeitung von personenbezo-** 246
genen Daten zu Werbezwecken die ursprünglich allein zu Zwecken der Erfüllung eines

---

472 *Buchner* DuD 2016, 155, 159.
473 So *Schaffland/Wiltfang* Art. 6 Rn. 314.
474 Simitis/Hornung/Spiecker gen. Döhmann-*Roßnagel* Art. 6 Rn. 36 m.w.N.; Sydow-*Reimer* Art. 6 Rn. 75; Kühling/Buchner-*Buchner/Petri* Art. 6 Rn. 187; *Monreal* ZD 2016, 507, 510.
475 *Art.-29-Datenschutzgruppe* WP 203, S. 23; Kühling/Buchner-*Buchner/Petri* 6 Rn. 187.
476 Kühling/Buchner-*Buchner/Petri* Art. 6 Rn. 187 m.w.N.
477 Kühling/Buchner-*Buchner/Petri* 6 Rn. 187; Gola-*Schulz* Art. 6 Rn. 180; ebenso bereits *Art.-29-Datenschutzgruppe* WP 203, S. 23.
478 Kühling/Buchner-*Buchner/Petri* Art. 6 Rn. 187.
479 A.A. wohl Gola-*Schulz* Art. 6 Rn. 205.

Vertrags erhoben und verarbeitet wurden. Hier sind insbesondere die Aussagen von § 7 Abs. 2 und 3 UWG zu beachten. Demzufolge lässt sich festhalten: Sofern personenbezogene Daten abweichend vom ursprünglichen Erhebungszweck nunmehr zu Werbezwecken verarbeitet werden, liegt eine Zweckänderung vor, deren Zulässigkeit sich nach Art. 6 Abs. 4 beurteilt.[480] Indizien im Rahmen der Kompatibilitätsprüfung liefern insoweit § 7 Abs. 2 und 3 UWG.[481] Sollte der Verantwortliche etwa den Zweck einer sich an die Vertragsabwicklung anschließenden werblichen Nutzung der Daten bereits im Zeitpunkt der Erhebung hinreichend definieren, so steht einer späteren werblichen Nutzung der Daten als kompatibler Nutzung grundsätzlich nichts entgegen. Denn die werbliche Verarbeitung von im Rahmen eines Vertragsverhältnisses erhobenen Daten ist insofern eine nach Art. 6 Abs. 4 zulässige Weiterverarbeitung von ursprünglich zu anderen Zwecken erhobenen Daten.[482] Eine Vereinbarkeit der Zwecke kann in diesem Sinne etwa dann vorliegen, wenn Bestandsdaten von Kunden für Werbezwecke weiterverarbeitet werden, sofern der Weg und die Form der Kommunikation etwa nicht gegen § 7 Abs. 2 und 3 UWG verstoßen. Demgegenüber ist die Datennutzung für Werbezwecke Dritter nach Ersterhebung wohl keine mit dem ursprünglichen Erhebungszweck zu vereinbarende Datenverarbeitung mehr.[483] Ob im Zuge der Weite des Verarbeitungsbegriffs und der Erwähnung von Drittinteressen in Art. 6 Abs. 1 lit. f auch im Falle von Datenübermittlungen zu Werbezwecken Dritter von einem kompatiblen Zweck auszugehen ist, ist letztlich eine Frage, die durch den Europäischen Gerichtshof abschließend zu klären ist.[484] Die DSK hat in diesem Zusammenhang betont, dass die **Weitergabe von (sensiblen) personenbezogenen Daten durch Betreiber von Gesundheits-Apps an Dritte** ohne Kenntnis der betroffenen Personen unzulässig ist.[485] Dies gilt insbesondere dann, wenn die Weitergabe der Daten zu kommerziellen Zwecken erfolgt und wenn die Empfänger der Daten letztlich vorrangig eigene Geschäftsinteressen verfolgen.[486] In diesem Sinne wird eine Vereinbarkeit der Zwecke i.d.R. dann scheitern, wenn (bisher unbeteiligte) **Dritte die Weiterverarbeitung der Daten vornehmen** oder die Weiterverarbeitung ihren Interessen dient.[487] Denn der seitens der Verantwortlichen **bewusste Verzicht oder das Unterlassen der Möglichkeit die Zwecke einer Weiterverarbeitung eigenständig** (etwa über eine wirksame Einwilligung der Nutzer und betroffenen Personen) **zu rechtfertigen**, schließt eine Kompatibilität nach Art. 6 Abs. 4 vor dem Hintergrund der Notwendigkeit der Berücksichtigung der Erwartungen der betroffenen Personen nach ErwG 50 S. 6 i.d.R. aus.[488] Dazu auch im Rahmen von Art. 6 Abs. 4 lit. b vgl. Rn. 248.

---

480 DSK Orientierungshilfe zur Verarbeitung von personenbezogenen Daten für Zwecke der Direktwerbung unter Geltung der DSGVO v. November 2018, S. 6.
481 Vgl. dazu Eckhardt K&R 05/2019, 289, 290 f. sowie Drewes ZD 07/2019, 296, 297 f.
482 Zustimmend insoweit Plath-*Plath* Art. 6 Rn. 34 sowie GDD-Ratgeber, Werbung und Kundendatenschutz nach der DS-GVO, S. 63.
483 GDD-Ratgeber, Werbung und Kundendatenschutz nach der DS-GVO, S. 65.
484 GDD-Ratgeber, Werbung und Kundendatenschutz nach der DS-GVO, S. 67.
485 DSK v. 6.11.2018 – Gesundheitswebseiten und Gesundheits-Apps – Keine Weitergabe sensibler Daten an unbefugte Dritte!, S. 1 f.
486 DSK v. 6.11.2018 – Gesundheitswebseiten und Gesundheits-Apps – Keine Weitergabe sensibler Daten an unbefugte Dritte!, S. 1 f. sowie Simitis/Hornung/Spiecker gen. Döhmann-*Roßnagel* Art. 6 Rn. 38.
487 Simitis/Hornung/Spiecker gen. Döhmann-*Roßnagel* Art. 6 Rn. 40.
488 Paal/Pauly-*Frenzel* Art. 6 Rn. 49; Kühling/Buchner-*Buchner/Petri* Art. 6 Rn. 188.

Eine zulässige Weiterverarbeitung personenbezogener Daten kann demgegenüber etwa dann vorliegen, wenn z.b. aufgrund einer vertraglichen Vereinbarung etwa **Smart Devices** Daten weiterverarbeiten, um im Interesse der Nutzer einen Dienst zu optimieren oder an die Gewohnheiten und Präferenzen der Nutzer anzupassen.[489]

bb) Zusammenhang, in dem die personenbezogenen Daten erhoben wurden (Art. 6 Abs. 4 lit. b). Des Weiteren hat der Verantwortliche gem. Art. 6 Abs. 4 lit. b „den Zusammenhang, in dem die personenbezogenen Daten erhoben wurden, insbesondere hinsichtlich des Verhältnisses zwischen den betroffenen Personen und dem Verantwortlichen", zu berücksichtigen. Nach ErwG 50 S. 6 sind dabei insbesondere die vernünftigen Erwartungen der betroffenen Person, die auf ihrer Beziehung zu dem Verantwortlichen beruhen, in Bezug auf die weitere Verwendung dieser Daten zu berücksichtigen. Letztlich fordert lit. b, dass ein Zusammenhang des ursprünglichen Erhebungszwecks mit dem späteren Weiterverarbeitungszweck durch den Verantwortlichen geprüft werden muss. Dabei lässt sich festhalten, dass je näher der neue Zweck im Zusammenhang mit dem ursprünglichen Erhebungszweck steht, desto eher ist die zweckändernde Weiterverarbeitung zulässig.[490] Da ErwG 50 S. 6 insbesondere auf die Erwartungen der betroffenen Person Rücksicht nimmt, ist im Rahmen von lit. b vor allem die **Sicht der betroffenen Person** und nicht diejenige des Verantwortlichen entscheidend.[491] Insofern ist insbesondere das Vertrauensverhältnis zwischen betroffener Person und Verantwortlichem entscheidend. Daraus folgt, dass etwa für die betroffene Person **außerhalb der Erwartung liegende oder überraschende Weiterverarbeitungen** zu einer Inkompatibilität der Zwecke führen.[492] Maßgeblich ist hierbei insbesondere die Transparenz im Hinblick auf die vorgenommene Datenverarbeitung bzw. deren Umfang.[493] Demzufolge gilt, dass sofern die verantwortliche Stelle Zwecke der Datenverarbeitung benennt und gleichwohl die Daten darüber hinaus zu anderen Zwecken verarbeitet, i.d.R. eine Inkompatibilität bereits aus der vorangegangenen Intransparenz gegenüber den Nutzern folgt.[494] **Transparenzdefizite** bzw. Defizite hinsichtlich der Informationspflichten führen damit unmittelbar zu einer Beschränkung der Weiterverarbeitungsbefugnis nach Art. 6 Abs. 4.[495] Insbesondere sofern der Verantwortliche (bewusst oder zumindest fahrlässig) auf die Möglichkeit verzichtet für eine Weiterverarbeitung etwa eine wirksame Einwilligung der betroffenen Person einzuholen, so ist eine Begründung der Weiterverarbeitung über Abs. 4 ausgeschlossen.[496] Zudem erfassen die „vernünftigen Erwartungen" der betroffenen Personen nur rechtmäßige Datenverarbeitungen.[497] Die **Weitergabe von Gesundheitsdaten** von Nutzern einer Gesundheits-App, die mittels Analyse- oder Tracking-Tools an Dritte (etwa an

---

489 Bsp. aus Simitis/Hornung/Spiecker gen. Döhmann-*Roßnagel* Art. 6 Rn. 37.
490 Sydow-*Reimer* Art. 6 Rn. 75.
491 Dazu Kühling/Buchner-*Buchner/Petri* Art. 6 Rn. 188; Simitis/Hornung/Spiecker gen. Döhmann-*Roßnagel* Art. 6 Rn. 43 f.
492 Kühling/Buchner-*Buchner/Petri* Art. 6 Rn. 188; Paal/Pauly-*Frenzel* Art. 6 Rn. 49; Simitis/Hornung/Spiecker gen. Döhmann-*Roßnagel* Art. 6 Rn. 44 ff.
493 Dazu ausführlich *Schwartmann/Hermann/Mühlenbeck* Transparenz bei Medienintermediären, S. 98 ff. und 107 ff.
494 Kühling/Buchner-*Buchner/Petri* Art. 6 Rn. 188.
495 Zu den Transparenzanforderungen vgl. die Kommentierung zu Art. 5 Abs. 1 lit. a, 12 bis 14 sowie *Schwartmann/Hermann/Mühlenbeck* Transparenz bei Medienintermediären, S. 96 ff.
496 Paal/Pauly-*Frenzel* Art. 6 Rn. 49.
497 Kühling/Buchner-*Buchner/Petri* Art. 6 Rn. 188.

Google, Amazon oder Facebook, z.B. zu Werbe- oder sonstigen Zwecken) ohne Kenntnis der Nutzer weitergeleitet werden, kann in diesem Sinne wohl keine kompatible Weiterverarbeitung personenbezogener Daten sein.[498] Auch eine **Profilbildung** ist mit dem ursprünglichen Zweck unvereinbar, wenn die betroffene Person darüber nicht vorab informiert wurde oder eine Profilbildung für die betroffene Person nicht vorherzusehen war.[499] Insofern ist auch Art. 22 zu beachten, der zeigt, dass dem Profiling eine Sonderrolle zukommt und dementsprechend die betroffene Person ein Recht hat diesem nicht unterworfen zu werden. Sofern der Verantwortliche somit Daten im Rahmen der Ersterhebung verarbeitet und diese später zu Zwecken des Profilings weiterverarbeitet, steht dem Art. 6 Abs. 4 wohl entgegen.

249 Um den Zusammenhang festzustellen, ist somit ein besonderes Augenmerk auf das Verhältnis zwischen Verarbeiter und Betroffenem zu richten, bspw. für den Fall, dass die Zweckänderung im Rahmen eines **Kunden- oder Arbeitsverhältnisses** stattfindet. In diesem Zusammenhang ist auf die vernünftigen Erwartungen des Betroffenen abzustellen, ob also dieser, bspw. als Kunde oder Arbeitnehmer, mit einer entsprechenden Weiterverarbeitung rechnen konnte oder musste. In eine entsprechende Prüfung einzubeziehen ist eine Überlegung dessen, was üblich und allgemein erwartete Praxis im gegebenen Kontext sowie in der gegebenen (kommerziellen oder anderen) Beziehung wäre.[500] Eine Orientierung an einer gängigen Praxis scheidet gleichwohl dann aus, wenn diese etwa umstritten, unklar oder rechtswidrig ist.[501] Als Faustformel lässt sich daher festhalten: Je unerwarteter oder überraschender die weitere Verwendung ist, desto wahrscheinlicher ist es, dass sie als unvereinbar angesehen wird.[502]

250 **cc) Art der personenbezogenen Daten (Art. 6 Abs. 4 lit. c).** Relevant ist nach Art. 6 Abs. 4 lit. c ferner die Art der personenbezogenen Daten, insbesondere, ob besondere Kategorien personenbezogener Daten gem. Art. 9 oder personenbezogene Daten über strafrechtliche Verurteilungen und Straftaten gem. Art. 10 verarbeitet werden. Aufgrund des weiten Wortlauts können aber auch andere Arten personenbezogener Daten zu berücksichtigen sein, denen eine gesteigerte Schutzwürdigkeit zukommt. Die Art.-29-Datenschutzgruppe benennt als Beispiel etwa Kommunikationsdaten oder Standortdaten und sieht sogar eine etwaige Relevanz für den Fall, dass der Betroffene ein Kind ist oder anderweitig zu einem besonders schutzwürdigen Bevölkerungsteil gehört, wie zum Beispiel Asylsuchende oder ältere Menschen.[503] Letztlich kommt es damit i.R.v. Art. 6 Abs. 4 lit. c auf die **Schutzwürdigkeit** und den **Aussagegehalt** der Daten an.[504] Im Ergebnis gilt auch hier die Faustformel: Je sensitiver die

---

498 *DSK* v. 6.11.2018 – Gesundheitswebseiten und Gesundheits-Apps – Keine Weitergabe sensibler Daten an unbefugte Dritte!, S. 1 f.
499 Simitis/Hornung/Spiecker gen. Döhmann-*Roßnagel* Art. 6 Rn. 51.
500 *Art.-29-Datenschutzgruppe* WP 203, S. 24.
501 Simitis/Hornung/Spiecker gen. Döhmann-*Roßnagel* Art. 6 Rn. 47 unter Verweis auf *Art.-29-Datenschutzgruppe* WP 203, S. 25.
502 *Art.-29-Datenschutzgruppe* WP 203, S. 24.
503 *Art.-29-Datenschutzgruppe* WP 203, S. 24 sowie Kühling/Buchner-*Buchner/Petri* Art. 6 Rn. 189.
504 Simitis/Hornung/Spiecker gen. Döhmann-*Roßnagel* Art. 6 Rn. 54.

Daten, desto geringer die Möglichkeit der Weiterverarbeitung.[505] Teilweise wird hierin gar ein Schwerpunkt der Beurteilung des gesamten Kompatibilitätstests gesehen.[506]

dd) Mögliche Folgen der beabsichtigten Weiterverarbeitung (Art. 6 Abs. 4 lit. d). Ebenso sind gem. Art. 6 Abs. 4 lit. d die möglichen Folgen der beabsichtigten Weiterverarbeitung für die betroffenen Personen zu berücksichtigen. Bei der Beurteilung der Folgen der Weiterverarbeitung sind sowohl positive als auch negative Konsequenzen zu berücksichtigen.[507] Dazu gehören auch potenzielle künftige Entscheidungen oder Handlungen Dritter und Situationen, in denen die Verarbeitung zum Ausschluss oder zur Diskriminierung von Personen führen kann.[508] 251

Relevante Folgen können auch durch die Art und Weise, in der Daten weiterverarbeitet werden, auftreten, z.B. ob die Daten von einem anderen Verantwortlichen in einem anderen Kontext mit nicht vorhersehbaren Konsequenzen verarbeitet werden, ob die Daten öffentlich zugänglich gemacht oder auf andere Weise einer großen Zahl von Personen zugänglich gemacht werden oder ob große Mengen von personenbezogenen Daten verarbeitet oder mit anderen Daten kombiniert werden (wie bspw. beim Profiling, gegebenenfalls auch im Falle von Big Data-Anwendungen, wie Scoring, Data Mining oder Smart Cars[509]), insbesondere wenn diese Vorgänge zum Zeitpunkt der Erhebung nicht vorhersehbar waren.[510] Als Faustformel lässt sich hier festhalten: Je höher die Wahrscheinlichkeit ist, dass sich ein Risiko realisiert und dies erhebliche Folgen für die Betroffenen hat, desto unwahrscheinlicher ist es, die Zwecke als kompatibel ansehen zu können. Sofern der Verantwortliche die Folgen der Weiterverarbeitung nicht mit hinreichender Wahrscheinlichkeit prognostizieren oder absehen kann, so ist dies ein Indiz für eine Unvereinbarkeit des Zwecks der Weiterverarbeitung mit dem ursprünglichen Erhebungszweck.[511] Insbesondere vor dem Hintergrund von Big Data-Anwendungen (vgl. dazu ausführlich Rn. 281 ff.), maschinellem Lernen, Anwendungen Künstlicher Intelligenz (KI), Internet of Things und Smart Devices bedeutet die Unabsehbarkeit möglicher Folgen der Weiterverarbeitung für die betroffene Person letztlich eine Begrenzung der möglichen Zwecke einer Weiterverarbeitung.[512] 252

ee) Vorhandensein geeigneter Garantien (Art. 6 Abs. 4 lit. e). Schließlich ist nach Art. 6 Abs. 4 lit. e das Vorhandensein geeigneter Garantien zu berücksichtigen, wozu **Verschlüsselung** oder **Pseudonymisierung**[513] gehören können. Dieser Aspekt berücksichtigt die Tatsache, dass in einer Bewertung nach mehreren Kriterien Defizite auftreten können und diese durch bestimmte Faktoren der Absicherung, insbesondere durch technische und organisatorische Maßnahmen, kompensiert werden können.[514] Dementsprechend können auch **Datenisolierung**, **Datenaggregierung** oder sogenannte 253

---

505 Dazu auch Sydow-*Reimer* Art. 6 Rn. 75.
506 *Schaffland/Wiltfang* Art. 6 Rn. 309.
507 Dazu auch Simitis/Hornung/Spiecker gen. Döhmann-*Roßnagel* Art. 6 Rn 56.
508 *Art.-29-Datenschutzgruppe* WP 203, S. 25.
509 Weitere Beispiele vgl. etwa *Bretthauer* ZD 2016, 267, 268.
510 *Art.-29-Datenschutzgruppe* WP 203, S. 25.
511 Simitis/Hornung/Spiecker gen. Döhmann-*Roßnagel* Art. 6 Rn. 56.
512 Dazu auch Simitis/Hornung/Spiecker gen. Döhmann-*Roßnagel* Art. 6 Rn. 58.
513 Dazu Kommentierung zu Art. 4 Nr. 5 Rn. 79 ff. sowie *Schwartmann/Weiß* Whitepaper zur Pseudonymisierung der Fokusgruppe Datenschutz, S. 16; *dies.* Entwurf für einen Code of Conduct zum Einsatz DS-GVO konformer Pseudonymisierung, S. 9 ff.
514 *Art.-29-Datenschutzgruppe* WP 203, S. 26.

„Privacy Enhancing Technologies" für die Abwägung relevant sein. Im Allgemeinen gilt für den Verantwortlichen, dass je eher die Vorgaben (etwa von Art. 25, 32 im Rahmen der Weiterverarbeitung von Daten erfüllt werden und hinreichende technische Schutz- und Sicherungsmaßnahmen getroffen werden, so dass das Schutzniveau der erstmaligen Verarbeitung zumindest nicht unterschritten wird, desto eher werden auch die Zwecke der Weiterverarbeitung mit dem ursprünglichen Erhebungszweck vereinbar sein.[515]

254 Die ehemalige Bundesbeauftragte für den Datenschutz und die Informationsfreiheit sieht gerade die Weiterverarbeitung pseudonymisierter Daten für Geschäftsmodelle, die auf der Nutzung von Big-Data-Anwendungen beruhen, als bedeutsam an, da auf diese Weise Big-Data datenschutzkonform ausgestaltet werden könne.[516] Gleichsam führten entsprechende Garantien sogar zu einer „vorsichtigen Privilegierung" der Weiterverarbeitung pseudonymisierter bzw. verschlüsselter Daten im Big Data-Kontext.[517]

255 **ff) Sonstige Kriterien, insbesondere „Informationspflicht".** Wie bereits ausgeführt (vgl. dazu Rn. 240) ist es schwer einzuordnen, welche weiteren Kriterien gegebenenfalls in die Beurteilung einbezogen werden sollten, da die Möglichkeiten hier prinzipiell grenzenlos sind. In diesem Zusammenhang ist auf die Informationspflicht gem. Art. 13 Abs. 3 und Art. 14 Abs. 4 hinzuweisen. Danach müssen Verantwortliche, die beabsichtigen, personenbezogene Daten für einen anderen Zweck weiterzuverarbeiten als den, für den die personenbezogenen Daten erlangt wurden, der betroffenen Person vor dieser Weiterverarbeitung Informationen über diesen anderen Zweck und alle anderen maßgeblichen Informationen gem. Art. 13 Abs. 2 und Art. 14 Abs. 2 zur Verfügung zu stellen. Diese Vorschriften betreffen primär die Informationspflichten gegenüber Betroffenen und bei deren Nichterfüllung existieren insbesondere eigene Bußgeldregelungen.[518] Art. 13 Abs. 3 und Art. 14 Abs. 4 enthalten damit **besondere Transparenzanforderungen** im Hinblick auf die Weiterverarbeitung von Daten. Hierbei ist zu beachten, dass eine gesteigerte Transparenz gegenüber der betroffenen Person auch im Rahmen der „Abwägung" innerhalb des Kompatibilitätstests sowohl zugunsten des Verantwortlichen, das Fehlen einer entsprechenden Information der Weiterverarbeitung wiederum ebenfalls zulasten einer Vereinbarkeit hinsichtlich der Vereinbarkeit der Zwecke wirken kann. Zu den Folgen von Transparenzdefiziten hinsichtlich der Information über die Zwecke einer Weiterverarbeitung vgl. Rn. 246 ff. Eine mangelnde Transparenz gegenüber der betroffenen Person hinsichtlich der Verarbeitungs- und Weiterverarbeitungszwecke kann dementsprechend eine Vereinbarkeit sogar ausschließen.[519] Gleichwohl kann eine entsprechende Information über die zweckändernde Weiterverarbeitung jedenfalls umgekehrt auch ein positives Kriterium zugunsten des Verantwortlichen darstellen, sofern die betroffene Person hier in fortgeschrittenem Maße über die Hintergründe und Umstände einer etwaigen Weiterverarbeitung aufgeklärt wird. Hierfür spre-

---

515 Sydow-*Reimer* Art. 6 Rn. 75; Kühling/Buchner-*Buchner/Petri* Art. 6 Rn. 191.
516 *Voßhoff/Hermerschmidt* DANA 2016, 68, 69.
517 *Die Bundesbeauftragte für den Datenschutz und die Informationsfreiheit (Hrsg.)* Info 6, Datenschutz-Grundverordnung, S. 11, abrufbar unter https://www.uni-paderborn.de/fileadmin/datenschutz/INFO6.pdf, zuletzt abgerufen am 21.4.2020.
518 Vgl. Art. 83 Abs. 5 lit. b DS-GVO sowie Art. 13 und 14 DS-GVO.
519 Dazu ausführlich *Schwartmann/Hermann/Mühlenbeck* Transparenz bei Medienintermediären, S. 100 ff.

chen auch die Ausführungen der Art.-29-Datenschutzgruppe in deren „Guidelines on transparency under Regulation 2016/679" (WP260). Diese sehen vor, dass Verantwortliche „im Sinne der Transparenz, Fairness und Rechenschaftspflicht die Bereitstellung von Informationen zu der gem. Artikel 6 Absatz 4 durchgeführten Vereinbarkeitsanalyse in ihren Datenschutzerklärungen/-hinweisen für die betroffenen Personen in Betracht ziehen" sollte.[520] Die Art.-29-Datenschutzgruppe versteht darunter eine Erläuterung konkret dahingehend, inwiefern die Verarbeitung für die anderen Zwecke mit dem ursprünglichen Zweck vereinbar ist. Allerdings lassen die Ausführungen der Art.-29-Datenschutzgruppe erkennen, dass die Information über die Zwecke der Weiterverarbeitung zumindest kein obligatorisches Merkmal für eine Vereinbarkeit darstellt.

3. Weiterverarbeitung gem. Art. 5 Abs. 1 lit. b. Gemäß Art. 5 Abs. 1 lit. b gilt eine Weiterverarbeitung für im öffentlichen Interesse liegende Archivzwecke, für wissenschaftliche oder historische Forschungszwecke oder für statistische Zwecke gem. Art. 89 Abs. 1 nicht als unvereinbar mit den ursprünglichen Zwecken. Die Kompatibilität wird in diesem Fall und unter Einhaltung der Voraussetzungen des Art. 89 vermutet.[521] Die Verarbeitung zu im öffentlichen Interesse liegenden Archivzwecken, zu wissenschaftlichen oder historischen Forschungszwecken oder zu statistischen Zwecken hat hierfür geeigneten Garantien zu unterliegen. Diese sollen sicherstellen, dass technische und organisatorische Maßnahmen bestehen, mit denen insbesondere die Achtung des Grundsatzes der Datenminimierung gewährleistet wird, wobei hierfür explizit die Pseudonymisierung als Beispiel genannt wird. 256

4. Vorschriften zur Zweckänderung im BDSG n.F. Die Prüfung der Vereinbarkeit nach Abs. 4 ist nur dann notwendig, wenn die Zweckänderung nicht von einer Einwilligung gedeckt ist oder wenn sich ihre Zulässigkeit nicht aus einer Rechtsvorschrift der Union oder der Mitgliedstaaten ergibt, die in einer demokratischen Gesellschaft eine notwendige und verhältnismäßige Maßnahme zum Schutz der in Art. 23 Abs. 1 genannten Ziele darstellt. Der letztgenannte Passus eröffnet den Mitgliedstaaten grundsätzlich die Möglichkeit, eigene Rechtsvorschriften zur Zulässigkeit einer Zweckänderung zu erlassen. Deutschland hat von dieser Möglichkeit im BDSG n.F. Gebrauch gemacht. Für die Datenverarbeitung, insbesondere die Datenübermittlung zu anderen Zwecken gelten sowohl für den öffentlichen Bereich (§§ 23 und 25 BDSG n.F.) als auch für den nicht öffentlichen Bereich (§ 24 BDSG n.F.) spezifische Regelungen. 257

a) Verhältnis zwischen DS-GVO und nationalem Recht. Aus Art. 6 Abs. 4 ergibt sich nicht unmittelbar, ob es sich bei dem Verweis auf nationalstaatliches Recht um eine Öffnungsklausel handelt. Grundsätzlich ist – wohl entgegen der Auffassung des Gesetzgebers und der Rechtsprechung des BGH –[522] davon auszugehen, dass es sich bei Art. 6 Abs. 4 nicht um eine eigene Öffnungsklausel handelt, sondern Abs. 4 vielmehr im systematischen Zusammenhang zu Art. 6 Abs. 1 lit. c, e, Abs. 2 und 3 steht und die Öffnung des Abs. 4 hinsichtlich ihrer Reichweite auf die Öffnung in Art. 6 258

---

520 *Art.-29-Datenschutzgruppe* „Guidelines on transparency under Regulation 2016/679" (WP 260), Ziffer 47.
521 Dies sieht bereits ErwG 156 vor.
522 BT-Drucks. 18/11325, S. 96; *BGH* v. 24.9.2019 – VI ZB 39/18, Rn. 40.

Art. 6 Abs. 4 / § 23 BDSG   Rechtmäßigkeit der Verarbeitung

Abs. 2 und 3 beschränkt ist (vgl. dazu auch Rn. 237).[523] Das EU-Recht und das Recht der Mitgliedstaaten sind jeweils eigene Rechtsordnungen mit jeweils eigenem Geltungsgrund. Es kann ein komplexes Nebeneinander einer Verordnung des Unionsrechts sowie korrespondierenden deutschen Regelungen entstehen. Fakt ist, dass in einem Konfliktfall die DS-GVO als Verordnung Anwendungsvorrang genießt.[524] Die Anwendung von nationalen Vorschriften ist nur insoweit eingeschränkt, als sie den Regelungen der Verordnung widersprechen.[525]

259 Im neuen BDSG sind eigenständige Rechtsgrundlagen für zweckändernde Datenverarbeitungen enthalten. Insofern ist davon auszugehen, dass der deutsche Gesetzgeber eine entsprechende Regelungsbefugnis im Rahmen einer Öffnungsklausel für sich in Anspruch nimmt.[526] Hierfür spricht auch, dass der deutsche Gesetzgeber insbesondere die Regelungen der §§ 23 ff. BDSG n.F. „zur Ausgestaltung" der DS-GVO einordnet.[527] In der Gesetzesbegründung zu §§ 23 ff. BDSG n.F. ist zudem explizit von einem durch Art. 6 Abs. 4 „eröffneten Regelungsspielraum" die Rede. Die Annahme, Art. 6 Abs. 4 stelle eine eigenständige Öffnungsklausel dar, läuft dem Ziel der Harmonisierung des Datenschutzrechts durch die DS-GVO entsprechend ErwG 3 und der Systematik von Art. 6 zuwider und überdehnt die Regelungsbefugnis des nationalen Gesetzgebers (dazu oben bereits in Rn. 237).[528] Letztlich sind die §§ 23 ff. BDSG neben Art. 6 Abs. 4 und dessen Voraussetzungen anwenden (vgl. dazu bereits Rn. 237).[529] Teilweise wird mangels Regelungsbefugnis des deutschen Gesetzgebers § 24 BDSG gar als unionsrechtswidrig erachtet.[530]

260 **b) Allgemeines zu §§ 23 ff. BDSG n.F.** Die Regelungen entsprechen im Wesentlichen oder orientieren sich zumindest an den vergleichbaren Vorschriften des BDSG a.F. Hierauf wird in der folgenden Kommentierung der jeweiligen Vorschrift gesondert hingewiesen. Insofern kann zur Orientierung auch auf die hierzu bestehende Kommentarliteratur zurückgegriffen werden.

---

523 Vgl. dazu Kühling/Bucher-*Buchner/Petri* Art. 6 Rn. 200; BeckOK DatenSR-*Albers/Veit* Art. 6 Rn. 78; Spindler/Schuster-*Spindler/Dalby* Recht der elektronischen Medien, Art. 6 Rn. 25; Ehmann/Selmayr-*Heberlein* Art. 6 Rn. 69; Simitis/Hornung/Spiecker gen. Döhmann-*Roßnagel* Art. 6 Rn. 2 und 29.
524 *EuGH* v. 15.7.1964 – C-6-64, ECLI:EU:C:1964:66, Costa/E.N.E.L., Slg. 1964, 1251, 1269; *BVerfG* v. 9.6.1971 – 2 BvR 225/6931 = BVerfGE 145, 173 ff.
525 *Roßnagel* MMR 2015, 359, 360. Zum Verhältnis der DS-GVO zu nationalen Bestimmungen vgl. ausführlich Rn. 204 ff. (Art. 6 Abs. 2).
526 Ebenso BeckOK DatenSR-*Albers* Stand: 1.8.2017, Art. 6 Rn. 72.
527 Gesetzesbegründung zum Entwurf eines Gesetzes zur Anpassung des Datenschutzrechts an die Verordnung (EU) 2016/679 und zur Umsetzung der Richtlinie (EU) 2016/680 (Datenschutz-Anpassungs- und -Umsetzungsgesetz EU – DSAnpUG-EU), BT-Drucks. 18/11325, S. 3 und S. 70.
528 Übereinstimmend Ehmann/Selmayr-*Heberlein* Art. 6 Rn. 69; Simitis/Hornung/Spiecker gen. Döhmann-*Roßnagel* Art. 6 Abs. 4 Rn. 2; Kühling/Buchner-*Buchner/Petri* Art. 6 Rn. 199 f.; Gola-*Schulz* Art. 6 Rn. 213.
529 Kühling/Buchner-*Buchner/Petri* Art. 6 Rn. 200. Dazu auch BeckOK DatenSR-*Albers/Veit* Art. 6 Rn. 79. Kritisch Gola-*Schulz* Art. 6 Rn. 215.
530 Simitis/Hornung/Spiecker gen. Döhmann-*Roßnagel* Art. 6 Rn. 29.

c) § 23 BDSG. – aa) Allgemeines. Die Vorschrift orientiert sich an den Regelungen des § 13 Abs. 2 und des § 14 Abs. 2–5 BDSG a.F.[531] Sie dient dazu für öffentliche Stellen im Rahmen der jeweiligen Aufgabenerfüllung eine nationale Rechtsgrundlage für die Verarbeitung personenbezogener Daten durch denselben Verarbeiter zu einem anderen Zweck als zu demjenigen, zu dem er sie ursprünglich erhoben hat, zu etablieren. Die Vorschrift stellt damit die zentrale Norm für die Weiterverarbeitung personenbezogener Daten durch nationale öffentliche Stellen dar. Sie gilt ausweislich der Gesetzesbegründung explizit unabhängig davon, ob die Zwecke der Weiterverarbeitung mit den Zwecken, für die die Daten ursprünglich erhoben wurden, nach Art. 6 Abs. 4 VO (EU) Nr. 2016/679 (DS-GVO) vereinbar sind.[532] Zur Notwendigkeit der Rechtmäßigkeit des der Datenverarbeitung zugrunde liegenden Verwaltungshandelns vgl. oben Rn. 121 die Ausführungen zu § 3 BDSG.

261

bb) Norminhalt des § 23 Abs. 1 BDSG. Die Norm richtet sich allein an öffentliche Stellen i.S.d. § 2 Abs. 1 und 2 BDSG n.F. Öffentliche Stellen dürfen eine zweckändernde Weiterverarbeitung überhaupt nur dann durchführen, sofern dies „im Rahmen ihrer Aufgabenerfüllung" geschieht. Hiermit ist das Erfordernis der Zuständigkeit reguliert, so dass jede Weiterverarbeitung außerhalb der Zuständigkeit einer Behörde nicht durch die Norm gerechtfertigt werden kann. Es muss ferner einer der im Gesetz explizit vorgesehenen Tatbestände einschlägig sein. Die Tatbestände sind recht konkret gefasst und haben daher einen zwar beschränkten aber gleichwohl bewusst spezifischen Anwendungsbereich. Da es sich um Ausnahmetatbestände handelt, sind die Voraussetzungen grundsätzlich eng auszulegen.

262

(1) Interesse der betroffenen Person (§ 23 Abs. 1 Nr. 1 BDSG). Der Erlaubnistatbestand entspricht § 14 Abs. 2 Nr. 3 BDSG a.F. Hiernach muss offensichtlich sein, dass die Weiterverarbeitung zu einem anderen Zweck im Interesse der betroffenen Person liegt und kein Grund zu der Annahme besteht, dass die betroffene Person in Kenntnis des anderen Zwecks ihre Einwilligung verweigern würde. Das ist der Fall, wenn z.B. der Aufenthalt des Betroffenen unbekannt oder nur mit unverhältnismäßig hohem Aufwand feststellbar ist.[533]

263

Fraglich ist, wie der Wortlaut „ihre Einwilligung verweigern würde" zu verstehen und praktisch umzusetzen ist. Nach dem reinen Wortverständnis müsste der Verantwortliche sich eine hypothetische Situation vorstellen, in der eine betroffene Person nach ihrer Einwilligung für die zweckändernde Weiterverarbeitung gefragt wird, und einschätzen, ob die betroffene Person (wohlgemerkt: hypothetisch) ihre Einwilligung zu dieser Verarbeitung erteilen würde. Dies ist mit erheblicher Rechtsunsicherheit für den Verantwortlichen verbunden und wird auch kaum objektiv feststellbar sein. Daher sollte vielmehr darauf abgestellt werden, ob die zweckfremde Verarbeitung der Daten mit Einwilligung des Betroffenen zulässig wäre. Dies wäre jedoch in den allermeisten Fällen so, sofern jedenfalls die sonstigen Voraussetzungen der Einwilligung eingehalten wären. Insofern sollte dieses Tatbestandsmerkmal höchstens korrektive Wirkung entfalten. Im Wesentlichen sollte auf das Interesse des Betroffenen abgestellt werden, was regelmäßig dann zu bejahen ist, wenn die Verarbeitung zu seinem Vorteil gereicht oder sonst für ihn förderlich ist. In einem

264

---

531 Gesetzesbegründung zum DSAnpUG-EU, BT-Drucks. 18/11325, S. 96.
532 Gesetzesbegründung zum DSAnpUG-EU, BT-Drucks. 18/11325, S. 95.
533 Gola/Schomerus-*Gola/Klug/Körffer* § 14 BDSG Rn. 17.

solchen Fall würde – zumindest objektiv – der Betroffene unter normalen Umständen regelmäßig auch eine Einwilligung erteilen. Hierbei sollte jedenfalls einbezogen werden, ob der Betroffene schon früher einmal seine Einwilligung zu einer vergleichbaren Verarbeitung verweigert hat.

(2) Überprüfung von Angaben der betroffenen Person (§ 23 Abs. 1 Nr. 2 BDSG).
265 Der Erlaubnistatbestand entspricht § 14 Abs. 2 Nr. 4 BDSG a.F. Danach ist die Weiterverarbeitung zu einem anderen Zweck zulässig, sofern Angaben der betroffenen Person überprüft werden müssen, weil tatsächliche Anhaltspunkte für deren Unrichtigkeit bestehen.

266 Angaben der betroffenen Person werden in der Regel nur zu bestimmten Zwecken der Aufgabenerfüllung der Verwaltung erhoben (zum Beispiel Bearbeitung eines bestimmten Antrags, Treffen einer spezifischen Verwaltungsentscheidung). Sofern jedoch im Rahmen der ordnungsgemäßen Verwaltungstätigkeit Tatsachen bekannt werden, die auf eine Unrichtigkeit der Daten schließen lassen, stellt die Vorschrift einen gesonderten Erlaubnistatbestand dar, um die Angaben zu überprüfen und gegebenenfalls zu berichtigen. Daraus lässt sich zweierlei schließen: Erstens muss es einen konkreten Anhaltspunkt geben, aus dem geschlossen werden kann, dass Daten unrichtig sind (z.B. bei Vergleich zweier Formblätter mit Daten der betroffenen Person, oder differierende Angaben über die betroffene Person durch diese in demselben Sachzusammenhang). Eine anlassunabhängige Datenprüfung erlaubt die Vorschrift damit nicht. Zweitens wird die Verwaltung damit in die Lage versetzt, ihre Tätigkeiten effizient und zielführend zu erledigen. Dies sollte als Maßstab bei der Frage herangezogen werden, ob der Tatbestand einschlägig ist und eine entsprechende (zweckfremde) Verarbeitung vorgenommen werden darf.

267 **(3) Gefahrenabwehr (§ 23 Abs. 1 Nr. 3 BDSG).** Gemäß § 23 Abs. 1 Nr. 3 BDSG n.F. ist eine zweckändernde Weiterverarbeitung erlaubt, wenn sie zur Abwehr erheblicher Nachteile für das Gemeinwohl oder einer Gefahr für die öffentliche Sicherheit, die Verteidigung oder die nationale Sicherheit, zur Wahrung erheblicher Belange des Gemeinwohls oder zur Sicherung des Steuer- und Zollaufkommens erforderlich ist. Der Erlaubnistatbestand entspricht § 14 Abs. 2 Nr. 6 BDSG a.F.

268 Als Gemeinwohlinteressen sind nach verfassungsgerichtlicher Rechtsprechung z.B. die Funktionsfähigkeit des öffentlichen Fernrufnetzes, ordnungsgemäße Arzneimittelversorgung, Sicherung eines geordneten Arbeitsmarktes oder die Verhütung einer Störung der auswärtigen Beziehungen anerkannt.[534] Es reicht bereits, dass „erhebliche Belange" dieses Gemeinwohls gewahrt werden sollen. Der Tatbestand ist daher äußerst weit. Einschränkend wirkt insoweit das Kriterium der Erforderlichkeit. Dieses gilt für sämtliche hierin genannten Zwecke. Im Rahmen der allgemeinen verfassungsrechtlichen Angemessenheitsprüfung wirkt dieses Korrektiv daher in der bekannten Manier, dass grundsätzlich kein milderes, aber gleich effektives Mittel als die zweckändernde Datenverarbeitung zur Erfüllung der Verwaltungsaufgaben in Betracht kommt. Auch hier wird es jedoch regelmäßig ferner auf eine über diese reine Erforderlichkeitsprüfung hinausgehende Abwägung, zwischen den Interessen des Verantwortlichen einerseits und der betroffenen Person anderer-

---

534 von Münch/Kunig-*Grubelt* Art. 12 GG Rn. 49; Gola/Schomerus-*Gola/Klug/Körffer* § 13 Rn. 20.

seits, ankommen. Das Interesse der Verwaltung an einer effektiven Gefahrenabwehr ist abzuwägen mit dem individuellen Interesse des Betroffenen am Ausschluss der Datenverarbeitung.

(4) Straftaten und Ordnungswidrigkeiten (§ 23 Abs. 1 Nr. 4 BDSG). Des Weiteren ist eine zweckändernde Weiterverarbeitung zulässig, wenn sie zur Verfolgung von Straftaten oder Ordnungswidrigkeiten, zur Vollstreckung oder zum Vollzug von Strafen oder Maßnahmen i.S.d. § 11 Abs. 1 Nr. 8 StGB oder von Erziehungsmaßregeln oder Zuchtmitteln i.S.d. JGG oder zur Vollstreckung von Geldbußen erforderlich ist. Der Erlaubnistatbestand entspricht § 14 Abs. 2 Nr. 7 BDSG a.F.

269

In der Regel werden für diese Zwecke bereichsspezifische Vorschriften zur Datenverarbeitung existieren. Sofern dies jedoch nicht der Fall ist, bspw., weil die handelnde Behörde keine solche ist, die in den Anwendungsbereich einer solchen bereichsspezifischen Vorschrift fällt, kommt Abs. 1 Nr. 4 zum Tragen. Auch hier existiert das Korrektiv der Erforderlichkeit, sodass nur eine zielführende und gleichzeitig mildeste unter mehreren Varianten gewählt werden kann.

270

(5) Beeinträchtigung der Rechte einer anderen Person (§ 23 Abs. 1 Nr. 5 BDSG). Ferner können personenbezogene Daten zweckfremd weiterverarbeitet werden, wenn dies zur Abwehr einer schwerwiegenden Beeinträchtigung der Rechte einer anderen Person erforderlich ist. Der Erlaubnistatbestand entspricht § 14 Abs. 2 Nr. 8 BDSG a.F.

271

Aus dem Wortlaut lässt sich bereits erkennen, dass die Behörde hier eine Abwägungsentscheidung zwischen zweierlei fremden Interessen zu treffen hat, nämlich einerseits denen der betroffenen Person und andererseits zwischen einem Dritten, dessen Rechte von einer schwerwiegenden Beeinträchtigung bedroht sind. Von Bedeutung ist hier, dass die Beeinträchtigung schwerwiegend sein muss, also wesentliche Rechtsgüter betroffen sein müssen und diese in besonders beeinträchtigendem Maße bedroht sind.

272

(6) Aufsichts- und Kontrollbefugnisse, Rechnungsprüfung (§ 23 Abs. 1 Nr. 6 BDSG). Schließlich kann eine zweckändernde Weiterverarbeitung vorgenommen werden, wenn sie der Wahrnehmung von Aufsichts- und Kontrollbefugnissen, der Rechnungsprüfung oder der Durchführung von Organisationsuntersuchungen des Verantwortlichen dient. Nr. 6 stellt ferner klar, dass dies auch für die Verarbeitung zu Ausbildungs- und Prüfungszwecken durch den Verantwortlichen gilt, soweit schutzwürdige Interessen der betroffenen Person dem nicht entgegenstehen. Der Erlaubnistatbestand ist an § 14 Abs. 3 BDSG a.F. angelehnt. Er war im BDSG a.F. noch leicht anders ausgestaltet, nämlich als Fiktion (str.)[535] dahingehend, dass schon keine zweckändernde Weiterverarbeitung vorliegt, wenn Aufsichts- oder Kontrollbefugnisse oder Rechnungsprüfungen vorgenommen oder Ausbildungs- oder Prüfungszwecke verfolgt wurden. Die Verarbeitung zu diesen Zwecken ist als vom Primärzweck der Erhebung mit umfasst anzusehen, um Rechtmäßigkeit, Zweckmäßigkeit, Kostengerechtigkeit und funktionsfähige Kontrollmechanismen einzuhalten, die nicht nur im Interesse der Betroffenen, sondern ebenso im Allgemeininteresse liegen und damit dem öffentlichen Interesse an einer funktionsfähigen

273

---

535 Hierzu Simitis-*Dammann* § 14 Rn. 93 ff. m.w.N.

Art. 6 Abs. 4 / § 24 BDSG   Rechtmäßigkeit der Verarbeitung

Verwaltung dienen.[536] Entsprechende Daten dürfen daher an Aufsichts-, Kontroll- oder Prüfungsbehörden übermittelt und von diesen verarbeitet werden.

274   **cc) Norminhalt des § 23 Abs. 2 BDSG.** Abs. 2 regelt, dass die Verarbeitung besonderer Kategorien personenbezogener Daten im Sinne des Art. 9 zu einem anderen Zweck als zu demjenigen, zu dem die Daten erhoben wurden, zulässig ist, wenn die Voraussetzungen des Absatzes 1 und ein Ausnahmetatbestand nach Art. 9 oder nach § 22 BDSG n.F. vorliegen. Sofern bei einer zweckändernden Weiterverarbeitung durch Behörden zu ihrer Aufgabenerfüllung also besondere Kategorien personenbezogener Daten einbezogen sind, müssen über das Vorliegen eines Erlaubnistatbestands des § 23 Abs. 1 BDSG n.F. hinaus weitere Voraussetzungen erfüllt sein. Namentlich muss ein Erlaubnistatbestand des Art. 9 Abs. 1 erfüllt sein oder ein solcher des § 22 BDSG n.F. Beide Vorschriften regeln explizit die Verarbeitung besonderer Kategorien personenbezogener Daten.[537]

275   **d) § 24 BDSG n.F. – aa) Allgemeines.** § 24 BDSG n.F. regelt die Verarbeitung zu anderen Zwecken durch nichtöffentliche Stellen. Sie betrifft damit den unmittelbaren Anwendungsbereich von Art. 6 Abs. 4, stellt jedoch gegenüber diesem andere Anforderungen i.S.v. weiteren Tatbeständen auf, nach denen eine zweckändernde Verarbeitung zulässig sein soll. Insofern gelten die Vorschriften nebeneinander. Teilweise wird mangels Regelungsbefugnis des deutschen Gesetzgebers § 24 BDSG als unionsrechtswidrig erachtet (vgl. dazu bereits Rn. 237 und 258 f.).[538] Die Vorschrift orientiert sich an den Regelungen der § 28 Abs. 2 Nr. 2 lit. b, § 28 Abs. 2 i.V.m. Abs. 1 Nr. 2 sowie § 28 Abs. 8 S. 1 i.V.m. Abs. 6 Nr. 1 bis 3 und Abs. 7 S. 2 BDSG a.F.[539]

276   **bb) Norminhalt des § 24 Abs. 1 BDSG.** Nach § 24 Abs. 1 Nr. 1 BDSG n.F. ist die Verarbeitung personenbezogener Daten zu einem anderen Zweck als zu demjenigen, zu dem die Daten erhoben wurden, durch nichtöffentliche Stellen zulässig, wenn sie zur Abwehr von Gefahren für die staatliche oder öffentliche Sicherheit oder zur Verfolgung von Straftaten erforderlich ist. Ein weiterer Erlaubnistatbestand für eine zweckändernde Weiterverarbeitung wäre, wenn sie zur Geltendmachung, Ausübung oder Verteidigung zivilrechtlicher Ansprüche erforderlich ist (Nr. 2). In beiden Fällen dürfen zudem nicht die Interessen der betroffenen Person an dem Ausschluss der Verarbeitung überwiegen.

277   **(1) Gefahrenabwehr und Strafverfolgung (§ 24 Abs. 1 Nr. 1 BDSG).** Nach dem reinen Wortlaut der Vorschrift, der über den Wortlaut im BDSG a.F. hinausgeht, da dieser nur „Übermittlungen und Nutzungen" regelte und nun sämtliche Verarbeitungen erfasst sind, können nichtöffentliche Stellen zur Gefahrenabwehr und Strafverfolgung personenbezogene Daten zweckfremd verwenden. Da nichtöffentliche Stellen aber regelmäßig keine Aufgaben der Gefahrenabwehr oder der Strafverfolgung übernehmen, wird die Vorschrift in der Regel für Auskunftsverfahren von Behörden gegenüber Privaten dienen. Ein Verantwortlicher sollte darauf achten, ob eine spezialgesetzliche Auskunftspflicht gegenüber Behörden besteht. Sofern dies nicht der Fall ist, wird sie im Rahmen der Interessenabwägung zu beurteilen haben,

---

536 Gola/Schomerus-*Gola/Klug/Körffer* § 14 BDSG Rn. 24.
537 Siehe zu deren Voraussetzungen insb. Art. 9 Rn. 33 sowie Rn. 97 zu § 22 BDSG n.F.
538 Simitis/Hornung/Spiecker gen. Döhmann-*Roßnagel* Art. 6 Rn. 29.
539 Gesetzesbegründung zum DSAnpUG-EU, BT-Drucks. 18/11325, S. 96.

ob sie personenbezogene Daten herausgeben darf. Hierbei wird man sich der Faustformel bedienen können: Je schwerwiegender die Gefahr oder die zu verfolgende Strafe, desto geringer das Interesse des Betroffenen an einem Ausschluss der Verarbeitung.

(2) Zivilrechtliche Ansprüche (§ 24 Abs. 1 Nr. 2 BDSG). Nach Abs. 1 Nr. 2 können Daten zweckändernd zur Geltendmachung, Ausübung oder Verteidigung zivilrechtlicher Ansprüche verarbeitet werden, sofern dies für die Zweckerreichung erforderlich ist. Sofern man nicht der Ansicht ist, dass die Geltendmachung, Ausübung oder Verteidigung zivilrechtlicher Ansprüche bereits vom ursprünglichen Verarbeitungszweck erfasst ist, weil dies als notwendiges Annex zur Datenverarbeitung anzusehen ist (zum Beispiel im Rahmen eines Vertragsschlusses, bei dem die Parteien in Streit geraten sind), ist der vorliegende Erlaubnistatbestand eine notwendige Vorschrift, um Datenverarbeitungen im Nachgang zu zweckgebundenen Verarbeitungsvorgängen für die Geltendmachung zivilrechtlicher Ansprüche zu rechtfertigen. 278

cc) Norminhalt des § 24 Abs. 2 BDSG. Hierzu kann auf die Kommentierung zu § 23 Abs. 2 BDSG n.F. verwiesen werden.[540] 279

e) § 49 BDSG n.F. § 49 BDSG regelt eine „Verarbeitung zu anderen Zwecken" und bestimmt, dass es sich bei dem anderen Zweck um einen solchen des § 45 BDSG handeln muss (Verhütung, Ermittlung, Aufdeckung, Verfolgung oder Ahndung von Straftaten oder Ordnungswidrigkeiten sowie gegebenenfalls Vollstreckung von Strafen, Maßnahmen, Erziehungsmaßregeln oder Zuchtmitteln und von Geldbußen). Auch ein anderer Zweck kommt in Betracht, sofern dies in einer Rechtsvorschrift explizit vorgesehen ist (§ 49 S. 2 BDSG). Zur zweckfremden Verarbeitung muss der Verantwortliche befugt sein, Daten zu diesem Zweck zu verarbeiten, und die Verarbeitung zu diesem Zweck erforderlich und verhältnismäßig sein. § 49 BDSG befindet sich in Teil 3, den „Bestimmungen für Verarbeitungen zu Zwecken gem. Art. 1 Abs. 1 RL (EU) 2016/680"[541] und ist daher nur im Rahmen der justiziellen Zusammenarbeit in Strafsachen und der polizeilichen Zusammenarbeit anwendbar. 280

5. Besonderheiten von Big Data-Projekten. – a) Definition von „Big Data". Es gibt keine trennscharfe Definition des Begriffs „Big Data".[542] Nach einer weitgehend anerkannten Begriffsbestimmung bezeichnet Big Data die Analyse großer Datenmengen aus vielfältigen Quellen in hoher Geschwindigkeit mit dem Ziel, wirtschaftlichen Nutzen zu erzeugen.[543] Demnach liegen stets vier Merkmale vor: Eine gigantische Daten- 281

---

540 Siehe dazu oben Rn. 274.
541 Richtlinie (EU) 2016/680 des Europäischen Parlaments und des Rates vom 27. April 2016 zum Schutz natürlicher Personen bei der Verarbeitung personenbezogener Daten durch die zuständigen Behörden zum Zwecke der Verhütung, Ermittlung, Aufdeckung oder Verfolgung von Straftaten oder der Strafvollstreckung sowie zum freien Datenverkehr und zur Aufhebung des Rahmenbeschlusses 2008/977/JI des Rates.
542 Ähnlich *Härting* CR 2014, 528 f.; Hoeren/Sieber/Holznagel-*Hackenberg* Multimedia-Recht, 42. Ergänzungslieferung 2015, Teil 16.7 Big Data, Rn. 1.
543 Siehe beispielhaft *BITKOM* „Leitfaden Big Data im Praxiseinsatz – Szenarien, Beispiele, Effekte" (2012), S. 7, abrufbar unter https://www.bitkom.org/sites/default/files/pdf/noindex/Publikationen/2012/Leitfaden/Leitfaden-Big-Data-im-Praxiseinsatz-Szenarien-Beispiele-Effekte/BITKOM-LF-big-data-2012-online1.pdf, zuletzt abgerufen am 21.4.2020.

menge aus unterschiedlichsten Quellen, die in enormer Geschwindigkeit einer zuverlässigen Auswertung zugeführt werden.[544]

282 b) Praktischer Bedarf nach Big Data-Anwendungen. Praktisch zeigt sich ein immenses Bedürfnis, Big Data-Verfahren anzuwenden. Dies liegt nicht nur daran, dass verschiedenste Anwendungsfelder den Einsatz von Big Data nicht nur erlauben, sondern künftig überaus empfehlenswert machen.[545] Big Data-Analysen ermöglichen es, auf fundamentaler Ebene weitreichende und äußerst nützliche Informationen zu generieren, bspw. zur proaktiven Problemerkennung (z.B. Krankheiten,[546] genetische Prädispositionen, Falldatenbanken[547]), für Prognosen (z.B. Wetter,[548] Konjunktur oder Katastrophenwarnsysteme[549]), zur Auswertung und Optimierung (Informationsangebote, Entscheidungsfindung, intelligente Verkehrssysteme oder Stromnetze[550] aber auch Smart bzw. Connected Cars[551]) sowie in Bezug auf demographische Aspekte (z.B. zur Entwicklung neuer Geschäftsmodelle, der Schaffung neuer Arbeitsplätze und generell wirtschaftlichen Wachstums[552]). Die Menschheit hatte bis zum Jahr 2013 etwa 2,8 Zettabyte (eine Billion Gigabyte) an digitalen Daten hervorgebracht, jährlich wird von einer Steigerungsrate von 50 % ausgegangen.[553] Es besteht daher eine Vielzahl von Anwendungsfeldern mit erheblichem Potential für die gesellschaftliche wie auch unternehmerische Wertschöpfung.

---

544 *Helbing* K&R 2015, 145; Hoeren/Sieber/Holznagel-*Hackenberg* Multimedia-Recht, 42. Ergänzungslieferung 2015, Teil 16.7 Big Data, Rn. 1.
545 Vgl. *Weichert* ZD 2013, 251, 253, der unter Nennung der vielfältigen Einsatzmöglichkeiten die Frage nach Big Data als „Baum der Erkenntnis" aufwirft. Trotz des großen Potentials wird auch kritisch darauf hingewiesen, dass Big Data „zunächst einmal nur Korrelationen, aber keine Kausalitäten aufzeigt", vgl. Gutachten der *Datenethikkommission der Bundesregierung*, Oktober 2019, S. 53, abrufbar unter https://www.bmi.bund.de/SharedDocs/downloads/DE/publikationen/themen/it-digitalpolitik/gutachten-datenethikkommission.pdf?__blob=publicationFile&v=5, zuletzt abgerufen am 21.4.2020.
546 Z.B. „Google Flu Trends", wo Suchanfragen zu Grippeerkrankungen analysiert wurden, dazu *Budras* „Big Data: Google weiß, wo die Grippe lauert", faz.net v. 15.11.2014, abrufbar unter https://www.faz.net/aktuell/wirtschaft/netzwirtschaft/google-flu-trends-big-data-kann-helfen-uns-gegen-krankheiten-zu-wappnen-13268389.html, zuletzt abgerufen am 21.4.2020.
547 Positionspapier der *Projektgruppe Smart Data* Leitlinien für den Big-Data-Einsatz im Überblick v. 25.11.2015, S. 6.
548 *Scheppach* „Und jetzt: Ihr Wetter", Technology Review vom 6.5.2015, abrufbar unter https://www.heise.de/tr/artikel/Und-jetzt-Ihr-Wetter-2599595.html, zuletzt abgerufen am 21.4.2020.
549 Positionspapier der *Projektgruppe Smart Data* Leitlinien für den Big-Data-Einsatz im Überblick v. 25.11.2015, S. 8.
550 Vgl. dazu Positionspapier der *Projektgruppe Smart Data* Leitlinien für den Big-Data-Einsatz im Überblick v. 25.11.2015, S. 5 f.
551 Dazu *Schwartmann/Jacquemain* RDV 5/2018, 247, ff.; Positionspapier der *Projektgruppe Smart Data* Leitlinien für den Big-Data-Einsatz im Überblick v. 25.11.2015, S. 9 f.
552 So prognostizierte eine vom BITKOM in Auftrag gegebene Studie allein für den Big Data-Analysis-Markt im Jahr 2014 ein Wachstum von 59 Prozent auf 6,1 Milliarden Euro und bis zum Jahr 2016 eine Umsatzverdopplung mit Big-Data-Lösungen auf 13,6 Milliarden Euro, BITKOM-Pressemitteilung vom 5.3.2014, „Großes Wachstum bei Big Data", abrufbar unter http://www.bitkom.org/Presse/Presseinformation/Grosses-Wachstum-bei-Big-Data.html, zuletzt abgerufen am 21.4.2020.
553 *Weichert* ZD 2013, 251, 252.

Dabei zeigt sich, dass bestimmte Zielsetzungen von besonderer Bedeutung sind: Unternehmen nutzen Big Data vor allem dazu, um **kundenspezifische Informationen** zu gewinnen und interne Daten zielgerichteter auszuwerten.[554] Dabei werden zahlreiche Einzeldaten kombiniert, um Rückschlüsse über Einzelpersonen und ein entsprechendes „Profiling" zu ermöglichen, wobei Daten zumeist aus verschiedenen Quellen verknüpft werden.[555] Als Beispiel lässt sich etwa im Rahmen der **Werbung** die Möglichkeit nennen, dass etwa in einem Einkaufszentrum Standortdaten potenzieller Käufer verarbeitet werden, um ihnen anhand dessen individuelle Angebote zu unterbreiten.[556] Diese Prozesse beschränken sich mittlerweile nicht mehr auf einen einzigen datenschutzrechtlich „Verantwortlichen". Vielmehr wird auch und gerade im Bereich von Big Data-Analysen die Hilfe von Dienstleistern in Anspruch genommen und das Interesse an Datensätzen von Dritten zur eigenen Verwendung wächst. Ein Anwendungsfeld von Big Data in diesem Sinne liegt insbesondere in der Nutzung von **digitalen Plattformen**, etwa wenn mehrere Versicherer Versicherungsdaten ihrer Kunden in einer Plattform zusammenführen, um so etwa Haftungsrisiken zu analysieren oder ihre eigenen Dienstleistungen und ihr Angebot zu optimieren.

283

c) „Big Data" und die DS-GVO. So einig man sich letztlich über die Begriffsbestimmung und das Bedürfnis nach praktischer Anwendung ist, so weitreichend und unterschiedlich sind die datenschutzrechtlichen Herausforderungen, die mit Big Data-Verfahren einhergehen.[557] Das Datenschutzrecht wird in der Wirtschaft noch immer als Einsatzhemmnis für Big Data Projekte gesehen.[558] Im November 2015 hat der EDSB Giovanni Buttarelli die Stellungnahme „Meeting the challenges of big data – A call for transparency, user control, data protection by design and accountability" veröffentlicht.[559] Es lässt sich aber nicht entnehmen, dass insoweit noch Restriktionen Eingang in die DS-GVO gefunden hätten.[560] Im Gegenteil: „Big Data" kommt in der DS-GVO schlicht nicht vor.

284

Das ist umso bedauerlicher, als schon zu Beginn der juristischen Auseinandersetzung mit dem Thema die Überlegung entstand, dass das generelle Konzept von Big Data

285

---

554 *IBM Global Business Services* „Analytics: Big Data in der Praxis – Wie innovative Unternehmen ihre Datenbestände effektiv nutzen", S. 1, abrufbar unter https://files.messe.de/007-14/media/downloads/besucher/datability-studie-ibm.pdf, zuletzt abgerufen am 21.4.2020.
555 *Bräutigam/Klindt* NJW 2015, 1137, 1140.
556 Dazu Positionspapier der *Projektgruppe Smart Data* Leitlinien für den Big-Data-Einsatz im Überblick v. 25.11.2015, S. 10.
557 Vgl. grundlegend *Weichert* ZD 2013, 251; *Roßnagel* ZD 2013, 562; *Schefzig* DSRITB 2014, 103. Gleichwohl sei an dieser Stelle ebenfalls auch auf das Potenzial genuin nicht-personenbezogener Daten für Wissenschaft, Wirtschaft und Gesellschaft hingewiesen, vgl. dazu Gutachten der *Datenethikkommission der Bundesregierung*, o. Fn. 322, S. 141.
558 *BITKOM* „Potentiale und Einsatz von Big Data – Ergebnisse einer repräsentativen Befragung von Unternehmen in Deutschland", S. 26, wonach von 507 befragten Unternehmen 48 % (eher) zustimmen, abrufbar unter https://www.bitkom.org/sites/default/files/file/import/Studienbericht-Big-Data-in-deutschen-Unternehmen.pdf, zuletzt abgerufen am 21.4.2020.
559 *EDPS* Opinion 7/2015, Meeting the challenges of big data – A call for transparency, user control, data protection by design and accountability. Abrufbar unter https://edps.europa.eu/sites/edp/files/publication/15-11-19_big_data_en.pdf, zuletzt abgerufen am 21.4.2020.
560 *Schneider* Handbuch EDV-Recht, 5. Aufl., Kap. A Rn. 616.

den allgemeinen Datenschutzprinzipien diametral gegenüber steht.[561] Einige Prinzipien, die eine überbordende Datensammlung und -auswertung verhindern könnten, sind zwar in der DS-GVO angelegt, aber nicht so ausgestattet, dass dadurch die wirklichen Gefahren der Transparenz des Einzelnen und dessen heimlicher Ausspähung gebannt wären, wie sie sich über Big Data Anwendungen ergeben können.[562] Vereinzelt wird dementsprechend geschlussfolgert, dass Dank Big Data die Grenzen des hergebrachten Datenschutzrechts erreicht seien.[563]

286 Die Vielgestaltigkeit der datenschutzrechtlichen Herausforderungen liegt u.a. darin begründet, dass ein Big Data-Projekt in verschiedene Phasen aufgeteilt werden kann und sich in allen diesen Phasen verschiedenste datenschutzrechtliche Fragen stellen, bspw. nach dem Personenbezug,[564] dem Vorliegen und der Wirksamkeit einer Einwilligung,[565] der Zweckbindung oder gar nach der Anwendbarkeit unterschiedlicher Regelungsbereiche wie Inhalte-, Server- oder Leistungsebene.[566] Schon anhand der konstituierenden Merkmale von Big Data „Datenmenge", „Quellen" und „Auswertung" zeigt sich, dass hier erhebliche Diskrepanzen zu den allgemeinen datenschutzrechtlichen Anforderungen insbesondere der **Datensparsamkeit**, der **Erforderlichkeit**, der **Transparenz** oder der **Zweckbindung** bestehen.[567]

287 Dem stellt die DS-GVO die Prinzipien der Zweckbindung (Art. 5 Abs. 1 lit. b), Speicherbegrenzung (Art. 5 Abs. 1 lit. e) und Datenminimierung (Art. 5 Abs. 1 lit. c) gegenüber. Gerade Letzteres dürfte Verantwortliche in Big Data-Verarbeitungssituationen vermehrt vor schwere Herausforderungen stellen: Nach Art. 25 muss der Verantwortliche unter Berücksichtigung des Stands der Technik, der Implementierungskosten und der Art, des Umfangs, der Umstände und der Zwecke der Verarbeitung sowie der unterschiedlichen Eintrittswahrscheinlichkeit und Schwere der mit der Verarbeitung verbundenen Risiken für die Rechte und Freiheiten natürlicher Personen (wobei Big Data Projekte ein Paradebeispiel für risikoträchtige Verarbeitungen darstellen dürften) geeignete technische und organisatorische Maßnahmen treffen, die dafür ausgelegt sind, die Datenschutzgrundsätze „wie etwa Datenminimierung" wirksam umzusetzen. Hier manifestiert sich nicht nur der Gedanke, dass das generelle Konzept von Big Data den allgemeinen Datenschutzprinzipien diametral gegenüber steht, sondern auch ein kardinaler Konflikt zwischen Big Data und dessen Förderung durch die Kommission i.R.d. „Single Market" und dem Gebot des Datenschutzes durch Technikgestaltung und dabei der Einrichtung datenschutzfreundlicher Voreinstellungen sowie Datenminimierung und Pseudonymisierung.[568]

288 **d) „Big Data" und Zweckänderung.** Aufgrund dieser Feststellungen wird auch nur sehr einschränkend von einer Zulässigkeit großflächiger Big Data-Projekte unter der DS-GVO ausgegangen, wobei die spezifischen Anforderungen an deren Zulässigkeit

---

561 *Roßnagel* ZD 2013, 562, 564; *Brisch/Pieper* CR 2015, 724, 725.
562 *Schneider* Handbuch EDV-Recht, 5. Aufl., Kap. A Rn. 618.
563 So ausdrücklich *Bräutigam/Klindt* NJW 2015, 1137, 1140.
564 Siehe hierzu ausführlich *Brisch/Pieper* CR 2015, 724.
565 Hierzu *Katko/Babaei-Beigi* MMR 2014, 360.
566 *Helbing* K&R 2015, 145, 145.
567 *Brisch/Pieper* CR 2015, 724, 725. Vgl. dazu auch Hoeren/Sieber/Holznagel-*Hackenberg* Teil 16.7 Big Data Rn. 15 ff.
568 *Schneider* Handbuch EDV-Recht, 5. Aufl., Kap. A Rn. 616.

maßgeblich von der Art der Big Data Anwendung abhängt. So unterscheiden sich die Zulässigkeitsvoraussetzungen im Falle von etwa Profiling, Scoring oder im Rahmen von Smart Devices (Smart Watch, Smart Cars etc.).

Insgesamt wird vertreten, dass man nach der DS-GVO Big Data-Analysen, die ergebnisoffen mit dem Ziel der Mustererkennung oder der Generierung neuer (personenbezogener) Informationen und insoweit ohne konkrete oder mit sich verändernder Zweckbestimmung erfolgen – ein wesentlicher Treiber des Fortschreitens von Big Data-Technologien und ein immerwährend bedeutsamer Anwendungsbereich – nur bei stark intendierter Auslegung von Abs. 4 überhaupt als zulässig erachten können wird.[569] Bei Big Data geht es dagegen gerade darum, unterschiedliche Datenbestände, unabhängig von ihrem Erhebungsgrund und ihrem Verarbeitungszweck zusammenzuführen, zu analysieren und hieraus neue Anwendungsfälle und Geschäftsmodelle zu entwickeln. Es liegt daher in der Natur der Sache, dass in diesem Bereich der Zweck der Datenverarbeitung im Zeitpunkt der Erhebung noch nicht abschließend bestimmt oder auch nur bestimmbar ist.[570] Art. 6 Abs. 4 kann hier teilweise als „letzter Ausweg" für Verantwortliche erscheinen. 289

Nach der EU Kommission kommen insoweit Anonymisierung, Pseudonymisierung und Verschlüsselung zentrale Bedeutung bei Big Data-Analyseverfahren zu.[571] Pauschal lässt sich deshalb feststellen, dass zur Harmonisierung von Big Data Anwendungen mit den Anforderungen der DS-GVO Instrumente wie Anonymisierung und Pseudonymisierung in den Vordergrund rücken müssen.[572] Hier bleibt für Einzelfragen die Auslegung durch die Aufsicht und deren Kontrolle durch den EuGH abzuwarten.[573] 290

Der Umsetzung dieser Prinzipien steht gleichwohl häufig der gleichzeitige zielführende Einsatz von Big Data-Technologien entgegen, die Mustererkennung, kundenspezifische Informationsgewinnung und interne Datenauswertung als primäres Ziel haben. Insgesamt wird auf die Erlaubnistatbestände der Einwilligung und gegebenenfalls noch der Wahrnehmung eines berechtigten Interesses als primäre Erlaubnistatbestände im Zusammenhang mit Big Data-Analysen zurückgegriffen werden können. Allerdings muss man sich hier dem Kriterium der „Bestimmtheit" der Einwilligung stellen – keine leichte Aufgabe bei umfassenden und gegebenenfalls zunächst kontextlosen Weiterverarbeitungen im Big Data-Bereich. Es ist aber auch nicht ausgeschlossen, vielmehr sogar praktisch voraussichtlich von mindestens ebenso gewichtiger Bedeutung, dass Verantwortliche oftmals Art. 6 Abs. 4 in Betracht ziehen werden, um bereits im Rahmen anderer Verarbeitungsvorgänge gesammelte und in unterschiedlichen Datensätzen vorhandene Daten in neuen Big Data-Analysen auszuwerten. Hierbei sind sodann die oben genannten Kriterien sorgfältig in Betracht zu ziehen und 291

---

569 Gola-*Schulz* Art. 6 Rn. 255
570 *Piltz/Brüggemann* Telemedicus v. 23.12.2014, Stellungnahme zur Zweckänderung in der DS-GVO, abrufbar unter http://tlmd.in/a/2880, zuletzt abgerufen am 21.4.2020.
571 *EU Kommission* Questions and Answers – Data protection reform, Brussels, 21 December 2015, abrufbar unter https://ec.europa.eu/commission/presscorner/detail/en/MEMO_15_6385, zuletzt abgerufen am 21.4.2020.
572 Gola-*Schulz* Art. 6 Rn. 255.
573 Werden etwa Rahmen einer Due Diligence ausschließlich anonymisierte oder pseudonymisierte Daten verarbeitet werden, wird vertreten, dass diese Verarbeitung als mit der ursprünglichen Zweckbestimmung vereinbar anzusehen ist, so Gola-*Schulz* Art. 6 Rn. 202.

ebenso gründlich zu dokumentieren. Darüber hinaus ist bei Big-Data-Anwendungen auch die Durchführung einer Datenschutz-Folgenabschätzung gem. Art. 35 in Betracht zu ziehen.

292 Eine bemerkenswerte Ausnahme von den vorstehenden Einschränkungen kann gleichwohl in der Zweckänderung im Rahmen der **Verarbeitung zu Archiv-, Forschungs- oder statistischen Zwecken** gesehen werden. Wie oben bereits grundlegend festgestellt, ist der Kerninhalt von Art. 6 Abs. 4 die Prüfung der Vereinbarkeit von ursprünglichem und neuem, späteren Zweck. Art. 5 Abs. 1 stellt jedoch Voraussetzungen auf, unter denen eine derartige Vereinbarkeitsprüfung bereits von vorne herein als nicht erforderlich erachtet wird: liegt eine Weiterverarbeitung für im öffentlichen Interesse liegende Archivzwecke, für wissenschaftliche oder historische Forschungszwecke oder für statistische Zwecke vor, gilt diese nicht als unvereinbar mit den ursprünglichen Zwecken, freilich sofern die weiteren Voraussetzungen von Art. 89 Abs. 1[574] vorliegen. Der EU-Gesetzgeber wählte hier das Mittel der Fiktion: Sofern diese, zweifelsohne im Allgemeininteresse liegenden, Zwecke verfolgt werden, wird unterstellt, dass hier keine Unvereinbarkeit mit dem ursprünglichen Zweck vorliegt. Diesen Zwecken kommt daher ein überaus privilegierter Status zu.[575] Aufgrund der Technologieneutralität der DS-GVO (vgl. ErwG 15) lässt sich diese Ausnahme vom Grundsatz, dass für jede Verarbeitung grundsätzlich eine Zweckbindung gilt, ohne Weiteres auch auf Big Data-Verfahren anwenden. Mit anderen Worten: Wird ein Big Data-Projekt unter den Voraussetzungen des Art. 89 Abs. 1 durchgeführt, spielt der ursprüngliche Verarbeitungszweck prinzipiell keine Rolle mehr. Damit wird dem Verantwortlichen eines Big Data-Projekts, das einen privilegierten Zweck verfolgt,[576] eine nicht unerhebliche Hürde genommen.

III. Praxishinweise

293 **1. Relevanz für öffentliche Stellen.** Die Relevanz von zweckändernden Weiterverarbeitungen für öffentliche Stellen wird sich primär aus § 23 BDSG n.F. ergeben.

294 **2. Relevanz für nichtöffentliche Stellen.** Die Kompatibilität der Zwecke hat für die betroffene Person erhebliche Bedeutung. Gleichfalls hat die zweckändernde Weiterverarbeitung für viele Verantwortliche sicher einen großen Stellenwert, gerade im Zeitalter der Digitalisierung. Sollen Daten für neue Zwecke weiterverarbeitet werden, ohne dass die Betroffenen diese neuen Zwecke genau kennen, bedingt dies ein „Mehr" an Verantwortung auf Seiten der verantwortlichen Stelle.[577]

295 Erhebt ein Energieversorgungsunternehmen im Rahmen einer Big Data Anwendung Daten, dürfte die Analyse der Daten „zur Strategieentwicklung" als Zweck jedenfalls zu unspezifisch sein. Eine Formulierung, die den Zweck in der „Bereitstel-

---

574 Vgl. dort, *Wybitul* Art. 89.
575 Vgl. *Wybitul* Art. 89, Rn. 2 ff.
576 Beispielhaft sei es für die medizinische Forschung hilfreich, aus der Vielzahl von Umweltfaktoren, die eine Krankheit möglicherweise begünstigen, mit Hilfe von Big Data zunächst einige wahrscheinliche Kandidaten zu identifizieren und sodann nur für diese aufwändige und exakte Experimente oder Studien durchzuführen, vgl. Gutachten der Datenethikkommission der Bundesregierung, o. Fn. 322, S. 53.
577 *Piltz/Brüggemann* Telemedicus v. 23.12.2014, Stellungnahme zur Zweckänderung in der DS-GVO, abrufbar unter http://tlmd.in/a/2880, zuletzt abgerufen am 21.4.2020.

lung kundenbezogener Produkte" definiert, wird den Anforderungen der DS-GVO schon eher gerecht.[578]

Von fehlender Kompatibilität im Rahmen der begrenzten Weiterverarbeitungsbefugnis dürfte auch auszugehen sein, wenn ein Versicherungsunternehmen im Zuge des Versicherungsverhältnisses personalisierte Versichertendaten zu dem Zweck nutzt, Risiken besser einschätzen und neue Produkte entwickeln zu können und diese Daten später an Google zur Anlegung personalisierter Kundenprofile und zur Schaltung personalisierter Werbeangebote bei der Suche im Netz im Hinblick auf andere Produkte weitergibt. Zwar werden Big Data Anwendungen im Rahmen eines Data Minings im Rahmen von Art. 6 Abs. 4 relevant, gleichwohl wird die Weitergabe der personenbezogenen Daten an Google als Drittem zur Erstellung von Kundenprofilen außerhalb des ursprünglichen Verarbeitungszwecks der Big Data Anwendung liegen.[579] **296**

Daten-Backups, die einzig zu technischen Sicherungszwecken angefertigt wurden, können in anderem Zusammenhang relevant werden und zur Auswertung des Verhaltens des „Datenerzeugers" herangezogen werden, obwohl die Originaldatensätze längst gelöscht wurden.[580] Letztlich wird es für den Verantwortlichen darauf ankommen, ob der Mehrwert, der sich aus der Datenverarbeitung ergibt, bereits bei der ursprünglichen Erhebung und Verarbeitung vorgesehen war, oder ob es sich hierbei um ein zufälliges oder bewusstes „Mehr" an Vorteilen aus der Datenverarbeitung handelt, die so bisher nicht vorgesehen war. **297**

Eine in ethischer Hinsicht offene Frage stellt sich im Rahmen von Big Data Anwendungen insbesondere dann, wenn sich im Falle einer Analyse von pseudonymisierten Daten oder Metadaten Resultate ergeben, die eine Information des Betroffenen gebieten könnten. Diese Fallkonstellation wird bspw. dann relevant, wenn ein Anbieter einer Gesundheits-App aufgrund der Analyse etwa von pseudonymisierten oder anonymisierten Daten Befunde über gesundheitsgefährdende Krankheiten des Betroffenen feststellt. In der Konsequenz stellt sich somit die Frage, ob der für die Datenverarbeitung Verantwortliche anhand der Daten eine Reidentifikation der betroffenen Person vornehmen darf, wenn er Erkenntnisse zu möglichen gesundheitlichen Risiken für den Betroffenen erlangt und damit unter ethischen Gesichtspunkten zu einer Offenbarung der gewonnenen Information angehalten sein könnte. Für die personenbezogene Datenverarbeitung bedürfte es aber einer Legitimation, die wohl nur in Form einer Einwilligung denkbar wäre. Der Datenschutz würdigt damit das übergeordnete Interesse des Gesundheitsschutzes.[581] **298**

3. Relevanz für betroffene Personen. Für betroffene Personen hat die Vorschrift ebenso erhebliche Relevanz, weil durch sie Verarbeitungen zu rechtfertigen sind, von denen der Betroffene bisher nicht gewusst hat oder auch nur geahnt hat, dass sie durch den Verantwortlichen durchgeführt werden würden. Er hat seine Daten grundsätzlich zu einem ganz anderen Zweck zur Verfügung gestellt und sieht sich nun einer Verarbeitung gegenüber, mit der er so nicht rechnen konnte oder musste. Insofern ist **299**

---

578 Beispiel aus *Bretthauer* ZD 2016, 267, 272.
579 Beispiel angelehnt an *Kühling/Martini u.a.* Die Datenschutz-Grundverordnung und das nationale Recht, S. 41 f.
580 Beispiel nach dem Fall „Mappus" in der EnBW-Affäre, *VG Karlsruhe* v. 27.5.2013 – 2 K 3249/12.
581 Vgl. dazu Art. 9 Rn. 83 ff.

Anhang Art. 6 / § 4 BDSG   Videoüberwachung öffentl. zugängl. Räume

es teilweise verwunderlich, dass keine allgemeine Interessenabwägung bei der Kompatibilitätsprüfung mehr vorgesehen ist. Gleichwohl hat der Gesetzgeber hier eine eindeutige Entscheidung getroffen. Dem Betroffenen bleibt daher immerhin mit den Mitteln der Auskunft und weiteren Betroffenenrechten ein probates Mittel, um entsprechende Verarbeitungsvorgänge im Blick zu behalten, wobei freilich der Status der Informationspflicht teilweise ebenfalls dem Betroffenen zum Vorteil gereichen kann.

300   **4. Relevanz für Aufsichtsbehörden.** Die Aufsichtsbehörden dürften auf Verarbeitungsvorgänge, die allein auf Art. 6 Abs. 4 gestützt werden, ein besonderes Augenmerk haben, da das Missbrauchsrisiko sowie das ausufernde Potential und die damit einhergehende Beeinträchtigung des Persönlichkeitsrechts von Betroffenen aus Aufsichtsperspektive sicher einiges Gewicht haben dürften. Insofern wird sicher auch die sowieso schon enorm wichtige und an Bedeutung gewinnende Dokumentation gerade im Hinblick auf den Kompatibilitätstest eine gesteigerte Bedeutung erlangen, da so seitens der Aufsichtsbehörde detailliert nachvollzogen werden kann, ob tatsächlich eine „Abwägung" der Faktoren stattgefunden hat und wie die entsprechenden Entscheidungen des Verantwortlichen getroffen wurden. Dies ist insbesondere vor dem Hintergrund von Bedeutung, dass der Bußgeldrahmen hier bis 20 000 000 EUR oder 4 % des weltweiten jährlichen Unternehmensumsatzes reicht.

301   **5. Relevanz für das Datenschutzmanagement.** Aufgrund dieser erhöhten Dokumentationsnotwendigkeit spielt Art. 6 Abs. 4 auch für das Datenschutzmanagement eine erhebliche Rolle. Zwar sehen aktuelle Softwaretools hier noch kaum spezifische Fragebögen oder Erfassungsmetriken vor. Gleichwohl ist aber im Rahmen eines ordnungsgemäßen Datenschutzmanagements gerade von Bedeutung, ob zweckändernde Weiterverarbeitungen stattfinden (sollen) und, wenn ja, wie dies gerechtfertigt werden kann, was regelmäßig aufgrund des Kompatibilitätserfordernisses schon im Vorfeld entsprechender Verarbeitungsvorgänge abschließend und umfassend zu prüfen ist.

Anhang

§ 4 BDSG   Videoüberwachung öffentlich zugänglicher Räume

(1) Die Beobachtung öffentlich zugänglicher Räume mit optisch-elektronischen Einrichtungen (Videoüberwachung) ist nur zulässig, soweit sie
1. zur Aufgabenerfüllung öffentlicher Stellen,
2. zur Wahrnehmung des Hausrechts oder
3. zur Wahrnehmung berechtigter Interessen für konkret festgelegte Zwecke

erforderlich ist und keine Anhaltspunkte bestehen, dass schutzwürdige Interessen der betroffenen Personen überwiegen. Bei der Videoüberwachung von
1. öffentlich zugänglichen großflächigen Anlagen, wie insbesondere Sport-, Versammlungs- und Vergnügungsstätten, Einkaufszentren oder Parkplätzen, oder
2. Fahrzeugen und öffentlich zugänglichen großflächigen Einrichtungen des öffentlichen Schienen-, Schiffs- und Busverkehrs

gilt der Schutz von Leben, Gesundheit oder Freiheit von dort aufhältigen Personen als ein besonders wichtiges Interesse.

(2) Der Umstand der Beobachtung und der Name und die Kontaktdaten des Verantwortlichen sind durch geeignete Maßnahmen zum frühestmöglichen Zeitpunkt erkennbar zu machen.

(3) Die Speicherung oder Verwendung von nach Absatz 1 erhobenen Daten ist zulässig, wenn sie zum Erreichen des verfolgten Zwecks erforderlich ist und keine Anhaltspunkte bestehen, dass schutzwürdige Interessen der betroffenen Personen überwiegen. Absatz 1 Satz 2 gilt entsprechend. Für einen anderen Zweck dürfen sie nur weiterverarbeitet werden, soweit dies zur Abwehr von Gefahren für die staatliche und öffentliche Sicherheit sowie zur Verfolgung von Straftaten erforderlich ist.

(4) Werden durch Videoüberwachung erhobene Daten einer bestimmten Person zugeordnet, so besteht die Pflicht zur Information der betroffenen Person über die Verarbeitung gemäß den Artikeln 13 und 14 der Verordnung (EU) 2016/679. § 32 gilt entsprechend.

(5) Die Daten sind unverzüglich zu löschen, wenn sie zur Erreichung des Zwecks nicht mehr erforderlich sind oder schutzwürdige Interessen der betroffenen Personen einer weiteren Speicherung entgegenstehen.

Übersicht

	Rn		Rn
I. Videoüberwachung (§ 4 BDSG)	1	4. Informationspflicht (Abs. 2 und 4)	28
1. Herkunft und Struktur der Regelung	1	a) Vereinbarkeit der Informationspflicht mit der DS-GVO	29
2. Vereinbarkeit mit der DS-GVO	2	b) Zeitpunkt der Information	30
3. Zulässigkeit der Videoüberwachung (Abs. 1)	11	c) Inhalt der Information	32
a) Aufgabenwahrnehmung öffentlicher Stellen (Nr. 1)	14	aa) Abs. 2	32
b) Hausrecht (Nr. 2)	15	bb) Abs. 4	33
c) Berechtigte Interessen (Nr. 3)	18	d) Art und Weise der Informationsgewährung	35
d) Grenzen des berechtigten Interesses	25	5. Zweckbindung (Abs. 3)	37
e) Hilfsweise Legitimation der Videoüberwachung über Art. 6 Abs. 1 lit. f (Ansatz der DSK)	26	6. Pflicht zur Löschung (Abs. 5)	40
		II. Folgen unzulässiger Videoüberwachung	41
		1. Geldbuße	41
		2. Beweisverwertung	42

Literatur: *Bull* Fehlentwicklungen im Datenschutz am Beispiel der Videoüberwachung, JZ 2017, 797; *Düsseldorfer Kreis* Beschluss des Düsseldorfer Kreises v. 19.2.2014; *Eickelpasch* Die Anpassung des deutschen Datenschutzrechts an die DS-GVO, Sonderveröffentlichung zur RDV 06/2017, 5; *GDD-Praxishilfe* DS-GVO VII: Transparenzpflichten bei der Datenverarbeitung, Juni 2017; *Konferenz der unabhängigen Datenschutzbehörden des Bundes und der Länder (DSK)* Grundsatzpositionen und Forderungen für die neue Legislaturperiode, Oktober 2017; *dies.* Kurzpapier Nr. 15, Videoüberwachung nach der Datenschutz-Grundverordnung, Stand: 8.1.2018; *Lachenmann* Neue Anforderungen an die Videoüberwachung, ZD 2017, 407; *Piltz* Sachverständigenanhörung im Innenausschuss des Bundestages v. 27.3.2017, Protokoll-Nr. 18/110, 67; *Sommer* 39. Jahresbericht der Landesbeauftragten für Datenschutz, 2016.

Anhang Art. 6 / § 4 BDSG Videoüberwachung öffentl. zugängl. Räume

I. Videoüberwachung (§ 4 BDSG)

1 **1. Herkunft und Struktur der Regelung.** Die Vorschrift enthält eine § 6b BDSG a.F. weitgehend entsprechende Regelung zur Videoüberwachung in öffentlich zugänglichen Räumen unter Beibehaltung des Stufenverhältnisses der Beobachtung (Abs. 1) sowie der Speicherung oder Verwendung (Abs. 3) und der Kennzeichnungs-, Informations- und Löschungspflichten (Abs. 2, 4 und 5).[1] Sie gilt sowohl für öffentliche, als auch für nichtöffentliche Stellen.[2] Hervorzuheben ist, dass die Videoüberwachung durch öffentliche Stellen in der Regel durch spezielle Rechtsvorschriften wie etwa in den Polizeigesetzen der Länder geregelt ist.[3]

2 **2. Vereinbarkeit mit der DS-GVO.** Mit § 4 BDSG regelt der deutsche Gesetzgeber selbstständig einen bedeutenden Bereich der Verarbeitung personenbezogener Daten. Da die DS-GVO außer einer Erwähnung in den Erwägungsgründen[4] keine spezifische Regelung trifft und mithin keinen eigenen Erlaubnistatbestand zur Videoüberwachung beinhaltet, gewinnt die Regelung im BDSG besondere Bedeutung. Solange eine europäische Norm einen Sachverhalt nicht abschließend regelt, können auch nationale Regelungen bestehen bleiben und insbesondere auch eigene Vorgaben vorsehen.[5] Auch wenn die DS-GVO den Sachverhalt nicht regelt, muss die nationale Regelung zur Videoüberwachung mit dem Primärrecht zum Schutz personenbezogener Daten im Allgemeinen und mit dem unmittelbar geltenden Sekundärrechtsakt im Besonderen vereinbar sein, damit sie unionsrechtskonform ist.

3 Das Unionsrecht normiert innerhalb der DS-GVO den Anwendungsbereich, der auch Einfluss auf die Videoüberwachung hat. Zu nennen ist hier zunächst die Ausnahme für private Haushalte vom Anwendungsbereich.[6] Danach findet die DS-GVO keine Anwendung für die vom Datenschutzrecht umfasste Videoüberwachung, die durch natürliche Personen zur Ausübung ausschließlich persönlicher und familiärer Tätigkeiten erfolgt. Konkret handelt es sich hierbei z.B. um die Videoüberwachung des Inneren der eigenen vier Wände. Diese Ausnahme vom Anwendungsbereich ist nach der Rechtsprechung der Unionsgerichtsbarkeit eng auszulegen und endet faktisch unmittelbar hinter den Mauern des privaten Grundstücks.[7] Damit fällt eine solche Überwachung aber auch nicht unter § 4 BDSG, da diese Bestimmung entsprechend der amtlichen Überschrift nur die Überwachung öffentlich zugänglicher Räume regelt.

---

1 BT-Drucks. 18/11325, S. 81; krit. dazu *DSK* Grundsatzpositionen und Forderungen für die neue Legislaturperiode, 3: Vorschrift zur Videoüberwachung ist, soweit sie nichtöffentliche Stellen betrifft, dieser Auffassung nach zu streichen. Sie lässt sich demnach nicht auf den herangezogenen Art. 6 Abs. 1 S. 1 lit. e i.V.m. Art. 6 Abs. 3 S. 1 stützen. Ebenfalls krit. hinsichtlich der Vereinbarkeit von § 4 BDSG mit Unionsrecht *Helfrich* ZD 2017, 97, 98.
2 Vgl. Schantz/Wolff-*Wolff* Das neue Datenschutzrecht, Rn. 633.
3 Vgl. *Bull* JZ 2017, 797, 798.
4 In ErwG 91 S. 3 wird der Begriff „optoelektronische Vorrichtung" genannt. Dies entspricht in der englischen Fassung dem Begriff „opticelectronic devices".
5 Vgl. *Piltz* Sachverständigenanhörung im Innenausschuss des Bundestages v. 27.3.2017, Protokoll-Nr. 18/110, 67.
6 Vgl. Art. 2 Abs. 2 lit. c; ErwG 18.
7 Vgl. *EuGH* v. 11.12.2015 – C-212/13, Ryneš.

Die Zulässigkeitsgrundlage für die Videoüberwachung wird insbesondere an der im Sekundärrechtsakt normierten Rechtmäßigkeit einer Datenverarbeitung (Art. 6) zu messen sein. Die entsprechende Grundlage für die optisch-elektronische Beobachtung ist in der DS-GVO nicht offensichtlich. Sie lässt sich für die Videoüberwachung durch Private jedenfalls nicht auf den herangezogenen Art. 6 Abs. 1 S. 1 lit. e i.V.m. Art. 6 Abs. 3 S. 1 stützen.[8] Vielmehr enthält Art. 6 Abs. 2 eine Ermächtigung an den nationalen Gesetzgeber spezifischere Bestimmungen zu erlassen oder beizubehalten, um eine rechtmäßig erfolgende Verarbeitung zu gewährleisten. Diese Ermächtigung bezieht sich aber neben der Regelungsbefugnis des Art. 6 Abs. 1 S. 1 lit. c ausschließlich auf Verarbeitungen „für die Wahrnehmung einer Aufgabe", die im öffentlichen Interesse liegt (Art. 6 Abs. 1 S. 1 lit. e). Zweifellos erfüllt ein Verantwortlicher aus dem nichtöffentlichen Bereich mit der Videoüberwachung auch eigene Interessen wie Verkehrssicherungspflichten oder Diebstahlprävention. Gleichwohl dürften die mit der Überwachung verfolgten Aufgaben häufig auch im öffentlichen Interesse liegen. Dies ist etwa bei der Überwachung der in § 4 Abs. 1 S. 2 BDSG genannten Risikobereiche der Fall. Deswegen dürfte die Videoüberwachung gefahrträchtiger Räume durch Private häufig unter die öffentlichen Aufgaben subsumierbar sein, da sie u.a. der Ermöglichung von Strafverfolgung durch Polizei und Justiz dient.[9] Unabhängig entgegenstehender, zulässiger Wertungen hat der Bundesgesetzgeber damit insbesondere im Lichte des Terror-Anschlags auf einem Berliner Weihnachtsmarkt Ende des Jahres 2016 eine zulässige und mit dem Unionsrecht vereinbare Gesetzgebung betrieben.

4

In diesem Zusammenhang ist somit entscheidend, ob der nationale Gesetzgeber mit § 4 BDSG dem Begriff des öffentlichen Interesses der DS-GVO ausreichend Rechnung trägt. Das Verhältnis der Öffnungsklauseln in der DS-GVO in Art. 6 zu der nationalen Bestimmung stellt sich als zulässig dar.[10] Auch die Videoüberwachung durch nichtöffentliche Stellen im öffentlichen Raum kann zum Zwecke der Verfolgung von Straftaten oder der Verhütung von Straftaten erfolgen und damit als Aufgabe im öffentlichen Interesse angesehen werden.[11] Derartig spezifischere Bestimmungen zur Anpassung der Anwendung von Grundlagen für die Verarbeitung als Aufgabe im öffentlichen Interesse können die Mitgliedstaaten gem. Art. 6 Abs. 2 nicht nur erlassen, sondern ausdrücklich auch „beibehalten". Die Kongruenz von § 6b BDSG a.F. und § 4 BDSG belegt, dass der Bundesgesetzgeber von dieser Möglichkeit Gebrauch gemacht hat.

5

Das Unionsrecht stößt sich generell nicht an der Übernahme von Aufgaben im öffentlichen Interesse durch Private. Die „Google Spain"-Entscheidung[12] betrifft privatrechtliche Datenverarbeitung und steht dem Rechtsvollzug eines darin geschaffenen Rechts auf Nicht-Indexierung durch Unternehmen ausdrücklich nicht entgegen.

6

---

8 *DSK* Grundsatzpositionen und Forderungen für die neue Legislaturperiode, 3.
9 Vgl. *Bull* JZ 2017, 797, 804; vgl. auch *Brem. LfDI* 39. TB 2016, 22.
10 Kritisch dazu *Lachenmann* ZD 2017, 407, 410 sowie *Kühling* NJW 2017, 1985, 1987.
11 Schantz/Wolff-*Wolff* Das neue Datenschutzrecht, Rn. 636 f.; Vgl. *OVG Lüneburg* v. 7.9.2017 – 11 LC 59/16.
12 *EuGH* v. 13.5.2014 – C-131/12, ECLI:EU:C:2014:317, Google Spain und Google.

Anhang Art. 6 / § 4 BDSG   Videoüberwachung öffentl. zugängl. Räume

7   Außerhalb des Anwendungsbereichs der DS-GVO besteht kein Bedarf dafür, das BDSG an dieser Stelle in Einklang mit dem Sekundärrechtsakt zu bringen. Schließlich gilt die Verordnung nicht für die Verarbeitung personenbezogener Daten, die von einer natürlichen Person zur Ausübung ausschließlich persönlicher oder familiärer Tätigkeiten und somit ohne Bezug zu einer beruflichen oder wirtschaftlichen Tätigkeit vorgenommen wird.[13] Solange die Videoüberwachung keinen Dritten innerhalb eines rein persönlichen oder familiären Bereichs berührt, ist das Datenschutzrecht der EU nicht einschlägig.[14]

8   § 4 BDSG als mitgliedstaatliches Recht (Art. 6 Abs. 3 S. 1 lit. b) erlässt damit über die Öffnungsklausel in Art. 6 im Ergebnis spezifische Bestimmungen i.S.d. Art. 6 Abs. 3 S. 3 und steht in Einklang mit dem Unionsrecht. Nachdem der Bundesgesetzgeber sein Datenschutzrecht überarbeitet hat, dürften die Fragen im Zusammenhang mit Abs. 3 S. 3 und Abs. 2 praktisch deutlich in den Hintergrund treten.[15]

9   Nach der Rechtsprechung des BVerwG dürften nationale Gesetze aufgrund des Öffnungsklauseln des Art. 6 Abs. 2 und 3 DS-GVO **Videoüberwachungen privater Verantwortlicher** nicht regeln.[16] Das BVerwG sieht deswegen keinen Raum für eine künftige Anwendung des § 4 Abs. 1 S. 1 BDSG für Videoüberwachungen privater Verantwortlicher. Die Zulässigkeit von Videoüberwachungen zu privaten Zwecken misst sich demnach an Art. 6 Abs. 1 lit. f. Danach muss die Verarbeitung zur Wahrung der berechtigten Interessen des Verantwortlichen oder eines Dritten erforderlich sein, sofern nicht die Interessen oder Grundrechte und Grundfreiheiten der betroffenen Person, die den Schutz personenbezogener Daten erfordern, überwiegen. Das zweistufige Prüfprogramm dieser Bestimmung entspricht jedoch demjenigen des § 6b Abs. 1 BDSG a.F.,[17] welcher der Regelung des § 4 Abs. 1 BDSG als Rechtsnachfolgerin – bis auf minimale redaktionelle Anpassungen – entspricht. Die Verarbeitung ist erforderlich, wenn der Verantwortliche zur Wahrung berechtigter, d.h. schutzwürdiger und objektiv begründbarer Interessen darauf angewiesen ist. Eine nach diesem Maßstab erforderliche Verarbeitung ist zulässig, wenn die Abwägung in dem jeweiligen Einzelfall ergibt, dass berechtigte Interessen des Verantwortlichen höher zu veranschlagen sind als die Interessen oder Grundrechte und Grundfreiheiten der betroffenen Person. Somit besteht eine teleologische Kongruenz der Regelungen, die für die Rechtspraxis in aller Regel keinen Unterschied begründen können.

10 Im Rahmen des Anwendungsbereichs des BDSG sind öffentliche Stellen (des Bundes) aber demnach unstrittig weiterhin befugt sich auf § 4 Abs. 1 S. 1 BDSG als Rechtsgrundlage für die Videoüberwachung zu berufen.

11 **3. Zulässigkeit der Videoüberwachung (Abs. 1).** Die Regelung der Zulässigkeit von Videoüberwachung in Abs. 1 stimmt mit der bisherigen Regelung nach § 6b Abs. 1 BDSG a.F. überein. Als Teil der allgemeinen Bestimmungen des BDSG regelt die Vorschrift die Rechtmäßigkeit dieser spezifischen Verarbeitung personenbezogener Daten.

---

13 Brem. *LfDI* 39. TB 2016, 21; Vgl. Art. 2 Abs. 2 lit. c.
14 *Argumentum e contrario: EuGH* v. 11.12.2015 – C-212/13, ECLI:EU:C:2014:2428, Ryneš, Rn. 33.
15 Schantz/Wolff-*Wolff* Das neue Datenschutzrecht, Rn. 628.
16 *BVerwG* v. 27.3.2019 – 6 C 2.18, Rn. 47.
17 *BVerwG* v. 27.3.2019 – 6 C 2.18, Rn. 47.

Die Zulässigkeitsvoraussetzungen sind in Abs. 1 S. 1 abschließend aufgeführt, wie sich an dem ausdrücklichen Zusatz „nur" erkennen lässt. Gleichwohl ist die Regelung im Sinne des Unionsrechts zu verstehen und damit in Einklang zu bringen. Das unmittelbar wirkende Sekundärrecht wird hier durch das die Zulässigkeitsgründe einschränkende „nur" nicht vom BDSG EU-rechtswidrig verdrängt. Die Rechtmäßigkeit der Videoüberwachung basiert vielmehr auch auf der Rechtmäßigkeit gem. Art. 6. [12]

Zur Aufgabenerfüllung öffentlich zugänglicher Räume und zur Wahrnehmung des Hausrechts ist die Videoüberwachung zulässig. [13]

a) Aufgabenwahrnehmung öffentlicher Stellen (Nr. 1). Die Aufgabenwahrnehmung öffentlicher Stellen ist unzweifelhaft als öffentliches Interesse einzuordnen und insofern von der Öffnungsklausel Art. 6 Abs. 1 S. 1 lit. e i.V.m. Art. 6 Abs. 3 S. 1 erfasst und zwingend innerstaatlich zu regeln.[18] Die Videoüberwachung muss nur dazu beitragen, die den öffentlichen Stellen auferlegten Aufgaben abzusichern und zu unterstützen.[19] [14]

b) Hausrecht (Nr. 2). Der Inhaber des Hausrechts[20] ist befugt, eine Videoüberwachung zur Verhinderung von Straftaten und sonstigen Vergehen durchzuführen. Damit soll das Hausrecht präventiv abgesichert werden.[21] Konkret handelt es sich hierbei um die Videoüberwachung des Inneren, das der Öffentlichkeit zugänglich ist. Dabei kann es sich z.B. um eine Hotellobby oder den Schalterbereich in einer Bank handeln. Die Zulässigkeit endet faktisch unmittelbar hinter den Mauern des privaten Grundstücks.[22] Rein private Videoüberwachung in den eigenen Räumlichkeiten, die nicht öffentlich zugänglich sind, regelt § 4 BDSG nicht. [15]

Der Zulässigkeitstatbestand Abs. 1 S. 1 Nr. 2 gilt auch für öffentliche Stellen.[23] In dieser Hinsicht ist die unionsrechtliche Ermächtigung für den Erlass mitgliedstaatlicher Regelungen offenkundig.[24] [16]

Bei der Überwachung von Rückzugsorten (Restaurants, Cafés etc.) durch nichtöffentliche Stellen ist die grundsätzlich gebotene Interessenabwägung von besonderer Bedeutung für die Zulässigkeit. Die normative Gewichtungsvorgabe in Abs. 1 S. 2 konkretisiert diese.[25] Damit kann die private Videoüberwachung zur Wahrung des Hausrechts möglicherweise auch Aufgabe des öffentlichen Interesses sein. Selbst für Rückzugsorte wie Restaurants oder Bars erscheint dies denkbar, sofern sich diese Vergnügungsstätten qualifizieren lassen. Es wird Aufgabe der Rechtsanwendung sein die Grenze zu ziehen, inwieweit eine Videoüberwachung durch private Stellen öffentliche Interessen erfüllt. Im Zweifel sollte eine Videoüberwachung allein auf Zulässigkeitsregelungen der DS-GVO gestützt sein. [17]

---

18 Argumentum e contrario: *DSK* Grundsatzpositionen und Forderungen für die neue Legislaturperiode, 3.
19 Vgl. Simitis-*Scholz* § 6b BDSG Rn. 71.
20 Zum Personenkreis der Hausrechtsinhaber Auernhammer-*Onstein* § 6b BDSG a.F. Rn. 31.
21 Vgl. Plath-*Becker* § 6b BDSG a.F. Rn. 16; Taeger/Gabel-*Zscherpe* § 6b BDSG a.F. Rn. 46.
22 Vgl. Auernhammer-*Onstein* § 6b BDSG a.F. Rn. 30 sowie die weitere bestehende Kommentarliteratur zu § 6b BDSG a.F.
23 Vgl. Gola/Schomerus-*Gola/Klug/Körffer* § 6b BDSG a.F. Rn. 6.
24 Vgl. Rn. 2 und 14.
25 Vgl. Schantz/Wolff-*Wolff* Das neue Datenschutzrecht, Rn. 636.

Anhang Art. 6 / § 4 BDSG Videoüberwachung öffentl. zugängl. Räume

18 **c) Berechtigte Interessen (Nr. 3).** Die Möglichkeit der Videoüberwachung „zur Wahrnehmung berechtigter Interessen für konkret festgelegte Zwecke" ist allgemeiner gehalten, erfährt jedoch durch das konkrete Zweckerfordernis ihre Einschränkung. Konkretisierende Vorgaben für die Interessen enthält Abs. 1 S. 2, wonach der Schutz von Leben, Gesundheit oder Freiheit als besonders wichtiges Interesse gilt.

19 Sämtliche Erlaubnistatbestände unterliegen der Voraussetzung, dass noch nicht einmal „Anhaltspunkte bestehen, dass schutzwürdige Interessen der Betroffenen überwiegen". Die Vorgaben in Abs. 1 S. 2 hinsichtlich der legitimen Interessen sind dabei entsprechend zu berücksichtigen. Diese mit Abs. 1 S. 2 geschaffene normative Gewichtungsvorgabe für die weiterhin zu treffende Abwägungsentscheidung bei der Entscheidung über die Zulässigkeit von Videoüberwachung hat erst im Jahr 2017 Einzug ins BDSG a.F. gefunden.[26] Bei der gesetzlich vorgeschriebenen Interessenabwägung ist insbesondere die mit der Videoüberwachung einhergehende Eingriffsintensität zu würdigen. Diese wird durch Art der erfassten Informationen (Informationsgehalt), Umfang der erfassten Informationen (Informationsdichte, zeitliches und räumliches Ausmaß), den betroffenen Personenkreis, die Interessenlage der betroffenen Personengruppen, das Vorhandensein von Ausweichmöglichkeiten sowie Art und Umfang der Verwertung der erhobenen Daten bestimmt.[27] Dabei sind die vernünftigen Erwartungen der betroffenen Person, die auf ihrer Beziehung zu dem Verantwortlichen beruhen, zu berücksichtigen.[28]

20 Diese Interessensabwägung ist für jede Videoüberwachung, als auch für jede daran anknüpfende Speicherung oder gar eine noch folgende Auswertung, durchzuführen. Bei der kurzfristigen Speicherung einer üblichen Videoüberwachung sind entgegenstehende Interessen kaum vorstellbar.[29] Unzulässig dürfte hingegen u.a. eine Dauerüberwachung, die Videoüberwachung in von Intimität bestimmten Bereichen wie Sanitäranlagen oder Umkleidekabinen sowie in privaten Rückzugsbereichen von Restaurants und ähnlichen Freizeiteinrichtungen sein, wo die Entfaltung der Persönlichkeit im Vordergrund steht.[30]

21 Abs. 1 S. 2 benennt eine Reihe möglicher Beispiele für öffentlich zugängliche Räume: Sport-, Versammlungs- und Vergnügungsstätten, Einkaufszentren, Parkplätze, oder Fahrzeuge und öffentlich zugängliche großflächige Einrichtungen des öffentlichen Schienen-, Schiffs- und Busverkehrs. Die Räume i.S.d. Anwendungsbereichs dieser Bestimmung sind aber nicht abschließend in der Regelung berücksichtigt.

22 Das Ziel des Abs. 1 S. 2 ist es, die Videoüberwachung durch nichtöffentliche Stellen dann regeln zu wollen, wenn es sich um hochfrequentierte und damit besonders gefährdete Bereiche handelt. In Einkaufszentren und sonstigen baulich abgeschlossenen Anlagen, im Personennahverkehr, der von Privaten betrieben wird oder auf Parkplätzen soll damit dem Sicherheitsaspekt Rechnung getragen werden. Aus

---

26 BT-Drucks. 18/10941, S. 8.
27 *Düsseldorfer Kreis* v. 19.2.2014: Orientierungshilfe „Videoüberwachung durch nichtöffentliche Stellen", 9.
28 ErwG 47 S. 1.
29 Vgl. *Bull* JZ 2017, 797, 801.
30 Vgl. *Düsseldorfer Kreis* v. 19.2.2014: Orientierungshilfe „Videoüberwachung durch nichtöffentliche Stellen", 9.

Sicht des Verantwortlichen installiert er die Videoüberwachung in allererster Linie zur Verkehrssicherungspflicht und seinen eigenen privaten Interessen. Er deckt damit gleichzeitig auch öffentliche Interessen ab, die im Fall der Fälle sowohl präventiv, aber auch repressiv wertvoll sein können.[31]

Eine Videoüberwachung von öffentlichen Räumen durch Private kann im Lichte damit einhergehender öffentlicher Interessen ebenfalls national geregelt werden.[32] Der Fall, in dem die mutmaßlichen Täter des Nagelbombenanschlags in Köln-Mülheim nur von einer privaten Videoüberwachung erfasst wurden und diese Bilder maßgeblich zur Aufklärung der Straftat herangezogen wurden, belegt dies beispielhaft.[33] Es ist diskutabel, ob dieses Szenario ausreicht, private Überwachungsinteressen grundsätzlich auch als öffentliche Interessen im Sinne des Art. 6 Abs. 2, 6 Abs. 1 lit. e einzuordnen. Es bestünde dabei die Gefahr, dass damit jedes Privatinteresse in ein öffentliches Interesse umschlagen kann und eine Differenzierung zwischen ebendiesen beiden Interessensebenen aufgehoben wäre. Der Gesetzgeber hat die Wertungsfrage aber entschieden: Die Durchführung von Videoüberwachung im öffentlichen Raum durch nichtöffentliche Stellen kann als gesetzliche Aufgabe von öffentlichem Interesse verstanden werden.[34]

Der EDSA hat im Januar 2020 eine Leitlinie zu den datenschutzrechtlichen Anforderungen der DS-GVO für die Videoüberwachung verabschiedet. Jede Videoüberwachung aufgrund eines berechtigten Interesses muss demnach von solchem Gewicht sein, dass es die Rechte der betroffenen Person überwiegt.[35] So verlangt die Verhältnismäßigkeit, dass Videoüberwachung nicht immer das mildeste Mittel zur Gewährleistung von Sicherheit darstellt und in einer jeweiligen Einzelfallbetrachtung bewertet werden muss. Alternativ zum Betrieb einer Videoüberwachungsanlage kann so im Einzelfall die Umzäunung des Grundstücks, die bessere Beleuchtung des Geländes oder der Einbau von Sicherheitsschlössern vorzugswürdig sein, da diese Maßnahmen mildere Mittel darstellen.[36] In der Abwägung sind somit immer das Ziel der Videoüberwachung in der konkreten Situation und die Erwartungen der betroffenen Personen besonders zu würdigen. In der Konsequenz können Personen in öffentlichen Räumen in Umgebungen, die typischerweise für Regeneration und Entspannung wie z.B. in Restaurants, Parks, Kinos oder Fitnessstudios gedacht sind, nicht Ziel von Videoüberwachung zu sein.[37]

d) Grenzen des berechtigten Interesses. Der EDSA hat in seinen Leitlinien auch zur automatischen Gesichtserkennung in Verbindung mit Videoüberwachung Stel-

---

31 Vgl. *Eickelpasch* Sonderveröffentlichung zur RDV 06/2017, 5, 6.
32 Vgl. Rn. 4.
33 Vgl. *KStA* Nagelbomben-Anschlag Neue Aufnahmen von der Keupstraße legen Verdacht auf Mitwisser nahe, 27.2.2015, online abrufbar unter: https://www.ksta.de/politik/nagelbomben-anschlag-neue-aufnahmen-von-der-keupstrasse-legen-verdacht-auf-mitwisser-nahe-2490042, zuletzt abgerufen am 13.3.2018.
34 Vgl. Schantz/Wolff-*Wolff* Das neue Datenschutzrecht, Rn. 636.
35 *EDSA* Guidelines 3/2019 on processing of personal data through video devices, Version 2.0, 29.1.2020, Rn. 18.
36 Vgl. *EDSA* Guidelines 3/2019 on processing of personal data through video devices, Version 2.0, 29.1.2020, Rn. 24 ff.
37 Vgl. *EDSA* Guidelines 3/2019 on processing of personal data through video devices, Version 2.0, 29.1.2020, Rn. 36 ff.

lung genommen, da diese im besonderen Maße eingriffsintensiv ist. Schließlich werden dafür biometrische Daten verarbeitet. Biometrische Daten sind gem. Art. 4 Nr. 14 „mit speziellen technischen Verfahren gewonnene personenbezogene Daten zu den physischen, physiologischen oder verhaltenstypischen Merkmalen einer natürlichen Person, die die eindeutige Identifizierung dieser natürlichen Person ermöglichen oder bestätigen". Für die automatische Gesichtserkennung erfolgt nach der Videoaufzeichnung eine zweite Verarbeitungsphase, z.B. in Form der automatisierten Berechnung und Verarbeitung von Gesichtsmaßen zum Zwecke der Identifikation einzelner Personen.[38] Da es sich bei biometrischen Daten um besondere Kategorien personenbezogener Daten i.S.d. Art. 9 Abs. 1 handelt, gelten die entsprechend höheren Anforderungen an die Rechtmäßigkeit solcher Datenverarbeitungen. Im Falle des Einsatzes von automatischer Gesichtserkennung durch private Unternehmen, etwa durch Hotels, dürfte nur die Einwilligung gem. Art. 9 Abs. 2 lit. a als belastbarer Erlaubnistatbestand dienen.[39]

26 **e) Hilfsweise Legitimation der Videoüberwachung über Art. 6 Abs. 1 lit. f (Ansatz der DSK).** Der Streit, ob Interessen i.S.d. Abs. 1 S. 1 Nr. 3 berechtigt sind, ist für das Ergebnis der Zulässigkeit der Videoüberwachung insofern akademisch, als die Interessen, die im Rahmen von Abs. 1 Nr. 2 und 3 angesprochen sind, jedenfalls im Rahmen der allgemeinen Interessenabwägung nach Art. 6 Abs. 1 lit. f berücksichtigt werden können. Das hat nicht zwingend zur Folge, dass die vom Bundesgesetzgeber in Abs. 1 S. 2 normierte Gewichtungsvorgabe die unionsrechtlich gebotene Interessenabwägung (Art. 6 Abs. 1 lit. f) beeinflusst.[40] Ungeachtet der Regelung in § 4 BDSG bewertet die Konferenz der unabhängigen Datenschutzbehörden des Bundes und der Länder (DSK) in ihrem **Kurzpapier Nr. 15 zur „Videoüberwachung nach der Datenschutz-Grundverordnung"** die Videoüberwachung ausschließlich anhand der DS-GVO.[41] Geht es nach der DSK so spielt § 4 BDSG schon mit Blick auf die **Zulässigkeit der Videoüberwachung** keine Rolle. Sie richtet sich ihrer Auffassung nach allein nach Art. 6 Abs. 1 S. 1 lit. f. Da diese Norm die Videoüberwachung nicht in Bezug nimmt, verweist die DSK auf den Maßstab der „vernünftigen Erwartungen" aus ErwG 47. Bei der Interessenabwägung komme es darauf an, was bei einer Videoüberwachung „in bestimmten Bereichen der Sozialsphäre typischerweise akzeptiert oder abgelehnt werde."[42] Auch bei den **Lösch- und Informationspflichten**, geht die DSK nicht auf die Konkretisierung der Transparenzpflichten in § 4 Abs. 2 und 4 BDSG auf Grundlage der Öffnungsklausel in Art. 23[43] ein. Sie hält, namentlich mit Blick auf die Informationspflichten, Art. 12 ff. für anwendbar und definiert Mindestanforderungen für die Informationspflicht für die Videoüberwachung, die weit über die nach § 4 BDSG hinausgehen.[44] Die praktische Umsetzung der Pflicht „zum Zeitpunkt der Erhebung" – anders als nach BDSG zum „frühest-

---

38 Vgl. *EDSA* Guidelines 3/2019 on processing of personal data through video devices, Version 2.0, 29.1.2020, Rn. 82.
39 *EDSA* Guidelines 3/2019 on processing of personal data through video devices, Rn. 84.
40 Vgl. Schantz/Wolff-*Wolff* Das neue Datenschutzrecht, Rn. 636.
41 https://www.lda.bayern.de/media/dsk_kpnr_15_videoueberwachung.pdf, zuletzt abgerufen am 13.3.2018.
42 *DSK* Kurzpapier 15, S. 2. mit Beispielen.
43 Siehe dazu Rn. 28.
44 *DSK* Kurzpapier 15, S. 2 f.

möglichen Zeitpunkt" – dürften die Praxis, denkt man an Videoüberwachung von (Autobahn)tankstellen oder eine Kennzeichenerfassung bei der Einfahrt in Parkhäusern, vor Herausforderungen bis an die Grenze der praktischen Unmöglichkeit führen. Hervorzuheben ist allerdings, dass die DSK bei den Transparenzanforderungen im Rahmen einer Videoüberwachung, anders als in ihrem Kurzpapier Nr. 10 zur Dritt- und Direkterhebung[45] eine Art Medienbruch durch Aushang zulassen möchte. Das für Art. 13 originär maßgebliche Kurzpapier 10 lehnt eine weiterführende Information im Internet oder „auf dem Papierweg" ausdrücklich ab.[46]

Rechtlich betrachtet handelt es sich bei der DSK um einen „losen Zusammenschluss" der deutschen Aufsichtsbehörden ohne formale Konstitution oder gar Rechtspersönlichkeit. Es ist auch unklar, an wen eine kritische Eingabe zu DSK-Positionen zu adressieren wäre. Ob nationale Zusammenschlüsse von Aufsichtseinrichtungen nach Anwendbarkeit von Art. 68 im Rahmen des EDSA eine Rolle spielen werden, erscheint zweifelhaft und i. S. e. einheitlichen europäischen Rechtsanwendung auch fragwürdig. Auch wenn die vertretenen Auffassungen, anders als Positionen des Datenschutzausschusses, keine verbindlichen Interpretationen des Rechts enthalten, sind sie Vorschläge zur Rechtsanwendung aus Sicht der deutschen Aufsicht. Jedoch wird das Recht von ihr im Rahmen ihrer Zuständigkeit vollzogen und dient ihr möglicherweise auch als Leitschnur, bis zu einer möglichen Korrektur durch verbindliche Auffassungen des Datenschutzausschusses oder durch die Rechtsprechung. 27

4. Informationspflicht (Abs. 2 und 4). Dem Grundsatz der Transparenz bei der Verarbeitung personenbezogener Daten nach ist die Videoüberwachung unzweifelhaft für die betroffene Person transparent zu gestalten. Die vernünftigen Erwartungen der betroffenen Person, die auf ihrer Beziehung zu dem Verantwortlichen beruhen, werden dabei ganz besonders vom Transparenzerfordernis abhängen. Die dafür nach der DS-GVO maßgebenden Informationspflichten nach Art. 13 Abs. 1 und 2 sind jedoch nicht einschlägig.[47] 28

a) Vereinbarkeit der Informationspflicht mit der DS-GVO. Im Fall einer nach § 4 BDSG zulässigen Videoüberwachung wird das Recht der Betroffenen auf Informationserteilung aus Art. 13 beschränkt oder wenigstens modifiziert. Diese Beschränkung der Betroffenenrechte ist unter die entsprechende Gestattung zur Beschränkung nach Art. 23 zu fassen. In Art. 23 Abs. 1 lit. i ist das Ziel des Schutzes der betroffenen Person genannt, was wohl dem Ziel des § 4 Abs. 1 BDSG dient.[48] Es ist dem Bundesgesetzgeber nach Art. 23 möglich auch nur einzelne Informationspflichten zu beschränken, so wie es in § 4 BDSG geschehen ist.[49] Einer freiwilligen Informationserteilung, um etwa auch die Informationen gem. Art. 13 und/oder 14 bereit zu stellen, steht indes nichts entgegen. Solche zusätzlichen Informationen schaffen Rechtssicherheit. Im Umkehrschluss wird die ausbleibende Anwendung der Art. 13 29

---

45 *DSK* Kurzpapier 10, abrufbar unter: https://www.lda.bayern.de/media/dsk_kpnr_10_informationspflichten.pdf, zuletzt abgerufen am 13.3.2018.
46 *DSK* Kurzpapier Nr. 10, S. 3.
47 A.A. Kühling/Buchner-*Bäcker* Art. 13 Rn. 15; ebenso a.A. *Brem. LfDI* 39. TB 2016, 23.
48 *Piltz* Sachverständigenanhörung im Innenausschuss des Bundestages v. 27.3.2017, Protokoll-Nr. 18/110, 77.
49 Vgl. Kühling/Buchner-*Bäcker* Art. 13 Rn. 89.

Anhang Art. 6 / § 4 BDSG Videoüberwachung öffentl. zugängl. Räume

und 14 bis zu einer abschließenden Klärung vorerst in jedem Fall keinen Bußgeldtatbestand auslösen, sondern zuvor müsste die zuständige Aufsichtsbehörde erst einmal die Informationspflicht gem. DS-GVO anordnen. Im Rahmen einer solchen Anordnung obläge es der Aufsicht dem Verantwortlichen Hinweise zu geben, wie der Informationspflicht nach Art. 13 und 14 abweichend von §§ 4 Abs. 2, 4 BDSG im konkreten Fall nachgekommen werden kann. Die umfassende Information des Betroffenen dürfte gerade im Falle der Videoüberwachung an die Grenze der Unmöglichkeit stoßen, weil sie dem Betroffenen zum Zeitpunkt der Erfassung durch die Kamera in einer den Anforderungen des Art. 12 genügenden Weise gegeben sein muss. Dies dürfte etwa bei videoüberwachten Tankstellen, auf deren Grundstück man zügig auffährt, zu erheblichen praktischen Problemen führen. Die Regelung des § 4 Abs. 4 BDSG beschränkt aufgrund der darin geregelten Zeitfolge ebenfalls die Informationspflichten gem. DS-GVO. Die nationale Regelung bleibt hinter den Anforderungen des Sekundärrechtsakts zurück.

30 **b) Zeitpunkt der Information.** Die gebotene Information auf eine Videoüberwachung soll nach § 4 Abs. 2 BDSG „zum frühestmöglichen Zeitpunkt" gegeben werden. Die zu erteilenden Informationen müssen in der Regel bereitgestellt werden, bevor der Betroffene einen optisch-elektronisch überwachten Bereich betreten kann. Damit stimmt der Zeitpunkt zur Erteilung der gesetzlich geforderten Information nicht mit dem zur Wahrung der Informationspflicht nach Art. 13 überein. Fährt die betroffene Person mit ihrem Auto in ein Parkhaus am Flughafen, so muss sie vor der ersten Erfassung zumindest eine zumutbare Möglichkeit haben, von den Pflichtinformationen Kenntnis zu erlangen. Aus Sicht der verantwortlichen Stelle ist es als ausreichend zu betrachten, wenn es nur eine entsprechende Möglichkeit vor der Videoerfassung gibt. Zugleich lässt die offenere Formulierung in § 4 BDSG, anders als Art. 13 aber auch die Möglichkeit offen, die Information unter Umständen erst nach der Erfassung durch die Kamera zu geben. Dies wäre etwa denkbar, wenn im entsprechenden Einzelfall eine Information zum Zeitpunkt der Erhebung unmöglich erscheint, etwa weil bei Einfahrt in den Überwachungsbereich aufgrund der örtlichen Gegebenheiten eine Information bei Datenerhebung unmöglich ist.[50]

31 § 4 Abs. 4 BDSG schreibt die Informationspflichten nach Art. 13 und 14 erst dann vor, wenn durch Videoüberwachung erhobene Daten einer bestimmten Person zugeordnet werden können. Damit besteht das Problem, dass die Zuordnung bereits eine weitere Verarbeitung nach der Aufnahme, die Erhebung im datenschutzrechtlichen Sinne, darstellt. Der Zeitpunkt der Information nach § 4 Abs. 4 BDSG lässt sich nicht mit dem Erfordernis in Art. 13 Abs. 1 und 2 („zum Zeitpunkt der Erhebung") in Einklang bringen. Das deutsche Recht bleibt hier hinter den Anforderungen der DS-GVO zurück. Für den Verantwortlichen muss in der Praxis aber auch hier eine Information zum frühestmöglichen Zeitpunkt ausreichend sein.

32 **c) Inhalt der Information. – aa) Abs. 2.** § 4 Abs. 2 konkretisiert das unionsrechtliche Transparenzgebot (Art. 5 Abs. 1 lit. a) und ist mithin grundsätzlich nur wiederholend.[51] Gegenüber der weitestgehend übereinstimmenden Regelung des § 6b Abs. 2 BDSG a.F. wird sie nur dahingehend konkreter, dass zur geforderten Erkennbarkeit der verantwortlichen Stelle der Name und die Kontaktdaten des Verantwortlichen

---

50 Siehe das Beispiel unter Rn. 36.
51 *Kühling/Martini u.a.* Die Datenschutz-Grundverordnung und das nationale Recht, S. 345.

gehört. In der Rechtsanwendung wird ein Piktogramm als Hinweis auf die Videoüberwachung neben der Nennung der verantwortlichen Stelle und ihrer Kontaktdaten als ausreichend anzusehen sein; in Betrieben kann ein Lageplan mit Darstellung der Aufnahmefelder im Intranet bereitgestellt werden.[52] Der Eigentümer der überwachten Liegenschaft ist nicht zwangsläufig als verantwortliche Stelle anzusehen, da dies auch ein Pächter oder eine dort eingesetzte Sicherheitsfirma sein kann. Weitere Transparenzinformationen erhält die betroffene Person nicht, sie ist stattdessen auf den Auskunftsanspruch nach Art. 15 angewiesen.[53]

bb) Abs. 4. Da mittels Videoüberwachung regelmäßig nur das äußere Erscheinungsbild von Menschen und ihre Verhaltensweisen erfasst werden, mangelt es für eine Identifizierung grds. an notwendigen Zusatzinformationen. Der Abs. 4 als besondere Unterrichtungspflicht ist nur dann einschlägig, wenn ausnahmsweise solche Identifizierungsmöglichkeiten bestehen und der Betroffene namentlich bekannt wird.[54] Eine solche Zuordnung stellt eine weitere Verarbeitung nach der Aufnahme, als Erhebung im datenschutzrechtlichen Sinne, dar. Im entsprechenden Fall greifen die Art. 13 und 14 i.V.m. den Ausnahmetatbeständen gem. § 32 BDSG (Abs. 4 S. 2). Die Informationspflicht nach der DS-GVO wird damit allein auf den in Abs. 4 genannten Fall beschränkt. Auch analoge Videotechnik, die personenbezogene Daten nicht dateimäßig erfasst und damit nicht unter dem sachlichen Anwendungsbereich des Art. 2 subsummiert werden kann, löst hier eine Informationspflicht – nach deutschem Recht – aus. 33

Der Hinweis auf die Videoüberwachung nach § 4 Abs. 2 stellt keine Form der Kenntniserlangung dar, der eine Benachrichtigungspflicht aufheben würde.[55] 34

d) Art und Weise der Informationsgewährung. Unter der Berücksichtigung der Möglichkeit zur abgestuften Information i.S.d. WP 100 der Betroffenen müsste es ausreichend sein, wenn neben einem Piktogramm der Name des Verantwortlichen und ggf. seine Adresse unmittelbar kommuniziert wird.[56] Ein Verweis auf weitere Informationen, wie zum Bsp. Informationen nach Art. 13 und/oder 14, in Form eines QR-Code oder mittels eines Flyers aus Papier ist praktikabel und zulässig.[57] Aus Gründen einer beherrschbaren Rechtsanwendung können jedenfalls bei Erhebung nicht alle Informationen körperlich zur Verfügung gestellt werden. Eine nach § 4 Abs. 2 und 4 BDSG freiwillige darüberhinausgehende Informationsgewährung kann im Umfang der vollständigen Informationen nach Art. 13 und 14 auf einer Website oder aber in ausgedruckter Form etwa in den Räumen einer Tank- oder Raststätte allenfalls noch „zum frühestmöglichen Zeitpunkt" erfolgen. Damit trägt der Verant- 35

---

52 Vgl. *Lachenmann* ZD 2017, 407, 409.
53 *GDD* Transparenzpflichten bei der Datenverarbeitung 2017, S. 10.
54 Vgl. Simitis-*Bizer* § 6b BDSG Rn. 94, 6. Aufl. 2006.
55 Vgl. BeckOK DatenSR-*Brink* § 6b BDSG Rn. 109.
56 Vgl. *Lachenmann* ZD 2017, 407, 409; a.A. *Brem. LfDI* 39. TB 2016, 23: Nach Ansicht der LfDI bestehen folgende Mindestanforderungen an die Information: Ein Hinweis vor Ort mit Piktogramm, Name und Kontaktdaten des Verantwortlichen, Dauer der Speicherung sowie in Schlagworten die Nennung von Zweck, Rechtsgrundlage, Hinweis auf Zugang zu allen Pflichtinformationen nach Art. 13 Abs. 2; letzterem könne durch eine Veröffentlichung im Internet oder ein Informationsblatt vor Ort nachgekommen werden.
57 *Brem. LfDI* 39. TB 2016, 23; a.A. *DSK* Informationspflichten bei Dritt- und Direkterhebung 2017, S. 3.

Anhang Art. 6 / § 4 BDSG Videoüberwachung öffentl. zugängl. Räume

wortliche den Transparenzanforderungen dennoch am meisten Rechnung. Die Information zum Zeitpunkt der Datenerhebung gem. Art. 13 ist auf diese Weise und zu diesem Zeitpunkt nicht mehr möglich.[58]

36 **Beispiel:** Ein Hinweisschild im Falle des oben genannten Beispiels muss damit unter anderem Name und Kontaktdaten des Verantwortlichen und ein Symbolbild enthalten. So muss bei der Videoüberwachung oder der Erfassung von Kfz-Kennzeichen in Parkhäusern der Betroffene bereits bei Erreichen des überwachten Bereichs zumindest die Informationen der 1. Stufe nach § 4 Abs. 2, 4 BDSG, etwa durch ein Hinweisschild, erhalten, um über den Zutritt in den überwachten Bereich entscheiden zu können. Darauf sind unter anderem die Rechtsgrundlage der Verarbeitung, die Kontaktdaten des Datenschutzbeauftragten, die berechtigten Interessen des Verantwortlichen sowie das Bestehen eines Auskunftsrechts zu nennen.

Die Landesbeauftragte für den Datenschutz (LfD) Niedersachsen stellt auf ihrer Homepage (unverbindliche) Muster zur Verfügung wie den Informationspflichten Rechnung getragen werden kann. Das Muster für die Gestaltung eines sog. vorgelagerten Hinweisschildes enthält ein Symbolbild mit weißer Kamera auf blauem Grund; Name und Kontaktdaten des Verantwortlichen und ggf. seines Vertreters; Kontaktdaten des Datenschutzbeauftragten, sofern bestellt; Zwecke und Rechtsgrundlage der Datenverarbeitung; berechtigte Interessen, die verfolgt werden; Speicherdauer oder Kriterien für die Festlegung der Dauer. Als Formanforderung empfiehlt die LfD Niedersachen, den Ausdruck mind. in DIN A4 zu tätigen, um eine entsprechende Lesbarkeit zu gewährleisten. Mit dem vorgelegten Muster bekennt sich die Aufsichtsbehörde ausdrücklich zum Medienbruch und bietet diese Vorgehensweise auch offensiv an: „Während also die o.g. Pflichtangaben in jedem Fall auf dem vorgelagerten Hinweisschild anzugeben sind, kann auf die weiteren zu erteilenden Informationen auf dem Hinweisschild verwiesen werden. Hier ist folglich anzugeben wo dies geschieht, z.B. durch Aushang oder Auslage, ergänzt z.B. durch QR-Code, Internetadresse."[59]

Ein verbindliches Piktogramm für die Videoüberwachung wird auf der Website des belgischen Datenschutzbeauftragten bereitgestellt. Dieses ist offiziell im Anhang des belgischen Kameragesetzes[60] aufgeführt. Das Piktogramm stellt das einheitliche Symbol dar, welches Bürger die Kameranutzung signalisiert und darüber informiert. Die Speicherdauer der Bilder, die aus deutscher Sicht nicht knapp bemessen erscheint („nicht mehr als ein Monat"), sowie die erlaubten Verwendungsarten werden erklärt.

37 **5. Zweckbindung (Abs. 3).** Die grundsätzliche Zweckbindung regelt Art. 5 Abs. 1 lit. b. Die Regelung des Art. 6 Abs. 4 eröffnet den Mitgliedstaaten die Möglichkeit durch Rechtsvorschrift eine Nutzung für andere Zwecke zuzulassen. Von dieser Möglichkeit hat der Gesetzgeber unter anderem in § 24 BDSG Gebrauch gemacht.

---

58 *LfD Niedersachsen* Beispiel für ein vorgelagertes Hinweisschild, online abrufbar unter: https://www.lfd.niedersachsen.de/startseite/dsgvo/transparenzanforderungen-und-hinweisbeschilderung-bei-einer-videoueberwachung-nach-der-ds-gvo-158959.html, zuletzt abgerufen am 11.2.2020.
59 *LfD Niedersachsen* Transparenzanforderungen und Hinweisbeschilderung bei einer Videoüberwachung durch nichtöffentliche Stellen, online abrufbar unter: https://www.lfd.niedersachsen.de/startseite/dsgvo/transparenzanforderungen-und-hinweisbeschilderung-bei-einer-videoueberwachung-nach-der-ds-gvo-158959.html, zuletzt abgerufen am 11.2.2020.
60 Belgisches Kameragesetz, Anhang, C-2018/12358, Belgisch Staatsblad, 1.6.2018, 46602, online abrufbar unter: https://www.besafe.be/sites/default/files/2018-06/ar_modif_ar_picto-_mb_01-06-2018.pdf, zuletzt abgerufen am 11.2.2020.

Für die Videoüberwachung ist aber die speziellere Regelung in § 4 Abs. 3 BDSG anzuwenden.

Die Speicherung oder Verwendung geht über die bloße Videoüberwachung hinaus. Sie ist zulässig, wenn sie zum Erreichen des verfolgten Zwecks erforderlich ist und keine Anhaltspunkte bestehen, dass schutzwürdige Interessen der Betroffenen überwiegen.[61] 38

Die in § 4 Abs. 1 S. 2 BDSG vorgegebene Abwägungsentscheidung wird durch § 4 Abs. 3 S. 3 BDSG ergänzt, wonach der Zweckbindungsgrundsatz aufgehoben werden soll, „soweit dies zur Abwehr von Gefahren für die staatliche und öffentliche Sicherheit sowie zur Verfolgung von Straftaten erforderlich ist". Damit wird dem Ziel, die Sicherheitsbehörden von den verfassungsrechtlichen Vorgaben zur Videoüberwachung durch öffentliche Stellen zu befreien, Rechnung getragen.[62] 39

6. Pflicht zur Löschung (Abs. 5). Die Pflicht zur Löschung gem. Abs. 5 stimmt mit der bisherigen Rechtspflicht nach § 6b Abs. 5 BDSG a.F. gänzlich überein. Eine konkret auf Videoüberwachung bezogene Regelung zur Löschung enthält die DS-GVO nicht. Die allgemeinen Löschpflichten nach Art. 17 dominieren diese Pflicht nicht. Für die Videoüberwachung wird in der Praxis überwiegend die Löschung nach § 4 Abs. 5 BDSG durchzuführen sein. Ob Material gesichert werden muss, soll und kann grundsätzlich innerhalb weniger Werktage (2 Tage) geklärt werden. Zugleich sind Konstellationen denkbar, in denen der Speicherzweck länger andauert. 40

II. Folgen unzulässiger Videoüberwachung

1. Geldbuße. Im Falle einer unzulässigen Videoüberwachung kommt gem. Art. 83 Abs. 1, Abs. 5 lit. a das nach der DS-GVO höchst mögliche Bußgeld in Höhe von bis zu 20 Mio. EUR „oder im Fall eines Unternehmens von bis zu 4 % seines gesamten weltweit erzielten Jahresumsatzes des vorangegangenen Geschäftsjahrs" in Betracht. Die maximale Bußgeldhöhe erscheint geboten, weil es einer unzulässigen Videoüberwachung an der Rechtmäßigkeit der grundsätzlich verbotenen Verarbeitung personenbezogener Daten mangelt. Ohne die Rechtmäßigkeit liegt ein unerlaubter schwerwiegender Eingriff in das Recht auf informationelle Selbstbestimmung vor. Da die Informationspflichten bei der Videoüberwachung nach BDSG der Auffassung der DSK nach nicht in Einklang mit denen nach Art. 12 ff. sind, ist nicht auszuschließen, dass dem Rechtsanwender in Deutschland bei ausschließlicher Einhaltung des BDSG eine Geldbuße droht.[63] Wegen des jedenfalls aus Sicht der deutschen Aufsicht bestehenden Normenkonflikts zwischen DS-GVO und BDSG wird die Praxis in eine unangenehme Situation mit möglicherweise teuren Rechtsfolgen gedrängt. Dass die auch von der Kommission bei der Notifizierung des BDSG unbeanstandete Nutzung der Öffnungsklauseln aus Art. 5 und 23 in § 4 BDSG tatsächlich europarechtswidrig ist, erscheint schon mit Blick auf deren weite Formulierung äußerst fraglich. Für die Praxis bleibt zu hoffen, dass diese Meinungsverschiedenheit zwischen behördlicher Aufsicht und Gesetzgeber nicht anhand eines Bußgeldes auf dem Rücken der Betroffenen ausgetragen wird. 41

---

61 Zur Interessenabwägung, vgl. Rn. 18.
62 Vgl. *Lachenmann* ZD 2017, 407, 410.
63 Auf diese Konsequenz weist das DSK-Kurzpapier 15, S. 3 ausdrücklich hin.

Anhang Art. 6 / § 25 BDSG Datenübermittlung durch öffentliche Stellen

Falls doch, wäre in diesem Fall eine Amtspflichtverletzung der Datenschutzaufsicht wegen unzulässiger Nichtanwendung des BDSG zu erwägen.

42   **2. Beweisverwertung.** Grundsätzlich dient die Überwachung öffentlich zugänglicher Räume auch der Beweissicherung für die etwaige Aufklärung von Straftaten oder der zivilrechtlichen Durchsetzung von Schadensersatzansprüchen.[64] Eine unzulässige Videoüberwachung kann inhaltlich ebenfalls ein Beweismittel darstellen. Fraglich ist nur die Zulässigkeit solch unbefugt erhobener Daten. So hat etwa das OLG Stuttgart die Nutzung von Aufnahmen aus unzulässiger Videoüberwachung durch Autokameras für die Durchsetzung zivilrechtlicher Ansprüche in einem Fall bejaht.[65] Demnach wurden die Aufzeichnungen aufgrund einer Interessenabwägung „im konkreten Einzelfall tendenziell für verwertbar" befunden. Das LG Rottweil hatte eine solche Verwertung nicht gestattet, weil das allgemeine Persönlichkeitsrecht im Verhältnis zum Recht an der Beweisführung überwiegt.[66] Fraglich ist noch, wie die Abwägung bei der Aufklärung von Straftaten ausfällt. Gleichwohl führt der Versuch der Beweisverwertung zunächst zu einer Geldbuße aufgrund des Datenschutzverstoßes.[67]

§ 25 BDSG   Datenübermittlungen durch öffentliche Stellen

(1) Die Übermittlung personenbezogener Daten durch öffentliche Stellen an öffentliche Stellen ist zulässig, wenn sie zur Erfüllung der in der Zuständigkeit der übermittelnden Stelle oder des Dritten, an den die Daten übermittelt werden, liegenden Aufgaben erforderlich ist und die Voraussetzungen vorliegen, die eine Verarbeitung nach § 23 zulassen würden. Der Dritte, an den die Daten übermittelt werden, darf diese nur für den Zweck verarbeiten, zu dessen Erfüllung sie ihm übermittelt werden. Eine Verarbeitung für andere Zwecke ist unter den Voraussetzungen des § 23 zulässig.

(2) Die Übermittlung personenbezogener Daten durch öffentliche Stellen an nichtöffentliche Stellen ist zulässig, wenn

1. sie zur Erfüllung der in der Zuständigkeit der übermittelnden Stelle liegenden Aufgaben erforderlich ist und die Voraussetzungen vorliegen, die eine Verarbeitung nach § 23 zulassen würden,
2. der Dritte, an den die Daten übermittelt werden, ein berechtigtes Interesse an der Kenntnis der zu übermittelnden Daten glaubhaft darlegt und die betroffene Person kein schutzwürdiges Interesse an dem Ausschluss der Übermittlung hat oder
3. es zur Geltendmachung, Ausübung oder Verteidigung rechtlicher Ansprüche erforderlich ist

und der Dritte sich gegenüber der übermittelnden öffentlichen Stelle verpflichtet hat, die Daten nur für den Zweck zu verarbeiten, zu dessen Erfüllung sie ihm übermittelt werden. Eine Verarbeitung für andere Zwecke ist zulässig, wenn eine Über-

---

64 Vgl. Simitis-*Scholz* § 6b BDSG a.F. Rn. 75.
65 Vgl. *OLG Stuttgart* v. 17.7.2017 – 10 U 41/17.
66 Vgl. *LG Rottweil* v. 20.2.2017 – 1 O 104/16.
67 So geschehen in *AG München* v. 9.8.2017 – 1112 OWi 300 Js 121012/17.

mittlung nach Satz 1 zulässig wäre und die übermittelnde Stelle zugestimmt hat.

(3) Die Übermittlung besonderer Kategorien personenbezogener Daten im Sinne des Artikels 9 Absatz 1 der Verordnung (EU) 2016/679 ist zulässig, wenn die Voraussetzungen des Absatzes 1 oder 2 und ein Ausnahmetatbestand nach Artikel 9 Absatz 2 der Verordnung (EU) 2016/679 oder nach § 22 vorliegen.

Übersicht

	Rn		Rn
A. Einordnung und Hintergrund	1	2. § 25 Abs. 1 S. 2, 3 BDSG: Zweckändernde Weiterverarbeitung	26
B. Kommentierung	4		
I. Verhältnis zu §§ 3 und 23, 24 BDSG	4	III. Datenübermittlung an nicht öffentliche Stellen (§ 25 Abs. 2 BDSG)	27
1. Verhältnis zu § 3 BDSG	5		
2. Verhältnis zu § 23 BDSG	7	1. § 25 Abs. 2 S. 1 BDSG: Zulässigkeit der Datenübermittlung	28
3. Verhältnis zu § 24 BDSG	10		
II. Datenübermittlung an öffentliche Stellen (§ 25 Abs. 1 BDSG)	12	2. § 25 Abs. 2 S. 2 BDSG: Zweckändernde Weiterverarbeitung	35
1. § 25 Abs. 1 S. 1 BDSG: Zulässigkeit der Datenübermittlung	13	IV. Datenübermittlung besonderer Kategorien (§ 25 Abs. 3 BDSG)	38
a) Regelungsbereich	13		
b) Zulässigkeitstatbestände	21	V. Benachrichtigungspflichten bei zweckändernder Übermittlung	39

Literatur: *Schwartmann/Hermann/Mühlenbeck* Datenschutzrechtliche Zulässigkeit der Kenntlichmachung des Entzugs eines Doktorgrades in (Online-)Bibliotheken, 2018.

A. Einordnung und Hintergrund

§ 25 BDSG regelt einen Zulässigkeitstatbestand für die **Datenübermittlung durch öffentliche Stellen** sowohl an andere öffentliche (Abs. 1 S. 1) als auch an nichtöffentliche Stellen (Abs. 2 S. 1). Abs. 1 S. 2 und 3 sowie Abs. 2 S. 2 enthalten Regelungen, teilweise deklaratorischer Natur, die **zweckändernde Weiterverarbeitung** beim Empfänger nach der Datenübermittlung betreffend. § 25 Abs. 3 BDSG wiederholt die Bestimmungen des Art. 9 hinsichtlich **sensibler Daten** und hat insoweit keinen eigenständigen Regelungsgehalt. Die Bestimmungen wurden größtenteils wörtlich aus Regelungen des BDSG a.F. übernommen. Da diese naturgemäß nicht auf die DS-GVO Bezug nahmen und ihnen andere Begriffsdefinitionen zugrunde lagen, lässt sich der Regelungsinhalt der Norm dem Wortlaut teilweise nicht ohne weiteres entnehmen und macht vor allem eine Berücksichtigung des gesamten Regelungskomplexes zur zweckändernden Verarbeitung erforderlich.[1]

1

---

[1] So wurde § 25 Abs. 1 S. 1 BDSG etwa wortgleich aus § 15 Abs. 1 BDSG a.F. übernommen. Der hierin enthaltene Verweis bezog sich aber, anders als derjenige im § 25 BDSG, nicht auf eine Regelung zur Zweckänderung, sondern auf den Zulässigkeitstatbestand der Nutzung von Daten durch öffentliche Stellen. Der Verweis im BDSG a.F. erklärte sich dadurch, dass sich hier Übermittlung und Nutzung gegenseitig ausschlossen und in unterschiedlichen Normen legitimiert waren.

Anhang Art. 6 / § 25 BDSG Datenübermittlung durch öffentliche Stellen

2   Unterschiedlich beurteilt wird auch, in Umsetzung welches Gestaltungsspielraums der Gesetzgeber beim Erlass der Norm gehandelt haben könnte. Der Gesetzgeber geht ausweislich der Gesetzesbegründung zu §§ 23, 24 BDSG davon aus, Art. 6 Abs. 4 enthalte eine **Öffnungsklausel** für die Normierung von Rechtfertigungstatbeständen hinsichtlich zweckändernder Datenverarbeitung. Auf eine solche könnte sich der Gesetzgeber auch hinsichtlich der Regelungen des § 25 BDSG berufen, der seiner Ansicht nach eine nationale Rechtsgrundlage lediglich für die Datenübermittlung durch öffentliche Stellen schafft, „soweit diese zu einem anderen Zweck als zu demjenigen, zu dem die Daten erhoben wurden, erfolgt". Richtigerweise ist jedoch davon auszugehen, dass Mitgliedstaaten die Zulässigkeit einer Datenverarbeitung im Hinblick auf die Zweckbindung nur dann im Rahmen einer Öffnungsklausel ausgestalten können, wenn ihnen bereits die inhaltliche Regelungsbefugnis für die ursprüngliche Datenverarbeitung zukommt. Andernfalls bestünde die erhebliche Gefahr der Absenkung des Schutzstandards der DS-GVO, wenn extensiv auf mitgliedstaatlicher Ebene zulässige Zweckänderungen (etwa auch im nichtöffentlichen Bereich) festgelegt werden könnten.[2] Insoweit kommt als Öffnungsklausel nur **Art. 6 Abs. 1 lit. e, Abs. 2, 3** in Betracht.

3   Art. 6 Abs. 1 lit. e, Abs. 2, 3 erlaubt dem Gesetzgeber, Regelungen zu erlassen, die für die Wahrnehmung einer Aufgabe, die im öffentlichen Interesse liegt, erforderlich sind. Insofern lassen sich zwar § 25 Abs. 1 sowie Abs. 2 Nr. 1 BDSG problemlos legitimieren, nicht jedoch § 25 Abs. 2 Nr. 2 und 3 BDSG. § 25 Abs. 2 Nr. 2 BDSG schafft einen Zulässigkeitstatbestand für die Datenübermittlung an nichtöffentliche Stellen, insofern die empfangende nichtöffentliche Stelle an dieser ein berechtigtes Interesse hat. Im Lichte des Art. 6 Abs. 1 lit. e ist die Regelung insofern **unionsrechtskonform** dahingehend **auszulegen**, dass der Tatbestand nur dann erfüllt ist, wenn das Informationsbegehren des Dritten einer Aufgabe dient, die (auch) im **öffentlichen Interesse** liegt. Ebenso verhält es sich mit § 25 Abs. 2 Nr. 3 BDSG. So ist die Geltendmachung rechtlicher Ansprüche nur dann tauglicher Rechtfertigungsgrund für eine Datenübermittlung, wenn sie im öffentlichen Interesse erfolgt. Da Abs. 2 S. 2 für eine zweckändernde Weiterverarbeitung auf die Voraussetzungen des S. 1 verweist, ergibt sich für diesen dasselbe Ergebnis.

B. Kommentierung

I. Verhältnis zu §§ 3 und 23, 24 BDSG

4   Für das Verständnis des Regelungsgehaltes der Norm ist vor allem ihr Zusammenspiel mit den §§ 3 und 22–24 BDSG bedeutsam.

5   **1. Verhältnis zu § 3 BDSG.** § 3 BDSG normiert eine allgemeine und subsidiäre Rechtsgrundlage für die Datenverarbeitung durch öffentliche Stellen.[3] § 25 Abs. 1 S. 1 und Abs. 2 S. 1 BDSG schaffen spezielle Zulässigkeitstatbestände hinsichtlich der **Datenübermittlung durch öffentliche Stellen** als eine Form der Datenverarbeitung und verdrängen den § 3 BDSG insofern im Wege der **Spezialität**.[4]

---

2 So die Kommentierung zu Art. 6 Rn. 237.
3 BT-Drucks. 18/11325, S. 81; ausführlich zu § 3 BDSG die Kommentierung zu Art. 6 Rn. 108 ff.
4 A.A. etwa Taeger/Gabel-*Rose* § 25 BDSG Rn. 9 der davon ausgeht, dass neben § 25 BDSG stets eine Rechtsgrundlage für die Datenverarbeitung erforderlich ist.

Zu beachten ist jedoch, dass in der Praxis an den Vorgang der Datenübermittlung notwendigerweise die **Datenverarbeitung beim Empfänger** anschließt, welche schon mit der Empfangnahme der Daten bzw. deren Speicherung beginnt. Da § 25 Abs. 1 BDSG keinen Rechtfertigungsgrund für die Weiterverarbeitung beim Empfänger enthält, kann im Falle des Abs. 1 (bei der Übermittlung an eine andere öffentliche Stelle) für die Rechtfertigung der Datenverarbeitung der empfangenden Behörde prinzipiell auf die allgemeine Rechtsgrundlage des § 3 BDSG zurückgegriffen werden.[5] Im Falle des Abs. 2 (bei der Übermittlung an einer nichtöffentliche Stelle) kommt § 3 BDSG, da er hinsichtlich nichtöffentlicher Stellen keine Anwendung findet, als Rechtfertigungstatbestand für die Datenverarbeitung beim Empfänger nicht in Betracht. Zu denken ist hier neben § 25 Abs. 2 S. 1 insbesondere an Art. 6. 6

2. Verhältnis zu § 23 BDSG. § 23 BDSG ist die zentrale und allgemeine Rechtsgrundlage für die im Vergleich zur Erhebung zweckverschiedene Datenverarbeitung durch öffentliche Stellen.[6] 7

Da § 25 auch Übermittlungen erfasst, die zu einem anderen als dem Erhebungszweck erfolgen (vgl. Rn. 19 f.), regelt § 25 BDSG den Spezialfall der **zweckändernden Übermittlung** von Daten innerhalb des BDSG abschließend und verdrängt die allgemeine Norm des § 23 BDSG in diesem Fall. **§ 25 Abs. 1 S. 1 und Abs. 2 S. 1 BDSG sind lex specialis** ggü. § 23 BDSG. 8

§ 25 Abs. 1 S. 2 und 3 wiederholen lediglich **deklaratorisch** die besonderen Anforderungen, die das BDSG in § 23 BDSG an eine Zweckänderung stellt, verdrängen diesen insofern nicht. 9

3. Verhältnis zu § 24 BDSG. **§ 25 Abs. 2 S. 2 BDSG** normiert, anders als die übrigen Regelungen des § 25 BDSG, einen Zulässigkeitstatbestand für **nicht**öffentliche Stellen und steht insofern nicht in Konkurrenz zu § 23 BDSG, sondern zu § 24 BDSG. Dieser enthält eine allgemeine nationale Rechtsgrundlage für zweckändernde Datenverarbeitung durch nichtöffentliche Stellen.[7] 10

§ 25 Abs. 2 S. 2 BDSG erfasst die **zweckändernde Weiterverarbeitung beim nichtöffentlichen Empfänger**. Da Abs. 2 S. 2 BDSG insofern, wie S. 1, einen speziellen Fall der Datenverarbeitung regelt, stellt er eine den § 24 BDSG verdrängende Sonderregel für den hier normierten Fall der Verarbeitung zu geänderten Zwecken dar.[8] 11

II. Datenübermittlung an öffentliche Stellen (§ 25 Abs. 1 BDSG)

§ 25 Abs. 1 BDSG normiert einen Zulässigkeitstatbestand für die Datenübermittlung durch öffentliche Stellen an andere öffentliche Stellen und wiederholt sodann deklaratorisch die Voraussetzungen einer zweckändernden Weiterverarbeitung beim Empfänger nach der Datenübermittlung. 12

---

5 Insofern nicht § 23 BDSG als speziellerer Erlaubnistatbestand greift.
6 Vgl. hierzu die Kommentierung zu Art. 6 Rn. 261 ff.
7 Vgl. hierzu die Kommentierung zu Art. 6 Rn. 261 ff.
8 Da der Gesetzgeber im Bereich der Datenverarbeitung durch nichtöffentliche Stellen keiner Umsetzungspflicht unterliegt, kann sich der nichtöffentliche Empfänger von Daten neben dem BDSG auch auf die Zulässigkeitstatbestände der DS-GVO berufen, insofern nicht davon auszugehen ist, der Gesetzgeber wollte den Fall der zweckändernden Weiterverarbeitung nach einer Datenübermittlung durch eine Behörde abschließend regeln.

Anhang Art. 6 / § 25 BDSG Datenübermittlung durch öffentliche Stellen

13 **1. § 25 Abs. 1 S. 1 BDSG: Zulässigkeit der Datenübermittlung. – a) Regelungsbereich.** § 25 Abs. 1 S. 1 BDSG schafft einen Zulässigkeitstatbestand für die Datenübermittlung zwischen öffentlichen Stellen; erfasst ist sowohl die Übermittlung zum Erhebungszweck als auch die zweckändernde Datenübermittlung.

14 Wer **öffentliche Stelle** ist, bestimmt § 2 BDSG. Zu beachten ist insoweit, dass nach § 2 Abs. 5 BDSG öffentlich-rechtliche Unternehmen, die am Wettbewerb teilnehmen, als nichtöffentliche Stellen zu behandeln sind; werden Daten an diese übermittelt liegt insofern eine Übermittlung i.S.d. Abs. 2 vor.

15 Die **Übermittlung** i.S.d. § 25 BDSG meint wie unter dem BDSG a.F. das zur Verfügungstellen von Daten durch Weitergabe oder das Schaffen einer Abrufmöglichkeit.[9] Tatbestandlich erforderlich ist hierfür, wie auch der Wortlaut verdeutlicht, eine Übermittlung **an einen Dritten** (Art. 4 Nr. 10).

16 Ein Dritter liegt im Lichte des, nach der hier vertretenen Auffassung anzuwendenden, funktionalen Behördenbegriffes schon dann vor, wenn eine Fachabteilung einer Behörde Daten an eine andere Abteilung übermittelt.[10]

17 Nicht von § 25 BDSG erfasst ist hingegen die Veröffentlichung von Informationen, bspw. das Publizieren der Empfänger von Agrarsubventionen im Internet. Schließlich ist die Allgemeinheit nicht Dritter i.S.d. Art. Nr. 10. Die Veröffentlichung von Informationen rechtfertigt sich daher über § 3 BDSG.

18 Werden die Daten von vornherein zwecks Übermittlung an eine andere Stelle erhoben, ist der zukünftige Empfänger regelmäßig sowohl für den Erhebungsprozess als auch für den Übermittlungsprozess (mit-)verantwortlich (Art. 4 Nr. 7).[11] Da es sich beim (Mit-)Verantwortlichen nicht um einen Dritten i.S.d. Art. 4 Nr. 10 handeln kann, stellt die Weitergabe von Daten an den (mit-)verantwortlichen keine Übermittlung in diesem Sinne dar und unterfällt nicht dem Anwendungsbereich des § 25 BDSG. Insofern muss auch für die Offenlegung von Daten an den (Mit-)Verantwortlichen auf § 3 BDSG zurückgegriffen werden.

19 Aus dem Verweis auf die Voraussetzungen des § 23 in den Tatbeständen beider Absätze ergibt sich, dass nach § 25 BDSG auch **zweckändernde** Übermittlungen zulässig sind.[12] Der Gesetzgeber hat zudem in der Gesetzesbegründung ausdrücklich klargestellt, dass die Norm eine nationale Rechtsgrundlage für Datenübermittlung schafft, „soweit diese zu einem anderen Zweck als zu demjenigen, zu dem die Daten erhoben wurden, erfolgt".

20 Dies erscheint sachgerecht, da eine Datenübermittlung an einen Dritten typischerweise mit einer Zweckänderung verbunden ist. Schließlich liegt eine Zweckänderung immer dann vor, wenn die öffentliche Stelle Daten an einen (neuen) Empfänger übermittelt, ohne dass dies im Zeitpunkt der Datenerhebung bereits beabsichtigt gewesen ist. War eine Übermittlung hingegen bereits bei Datenerhe-

---

9 BeckOK DatenSR-*Aßhoff* § 25 BDSG Rn. 7.
10 So auch Gola/Heckmann-*Sandfuchs* § 25 BDSG Rn. 6; Taeger/Heckmann-*Rose* Rn. 6; a.A. BeckOK DatenSR-*Aßhoff* § 25 BDSG Rn. 11, 14.
11 Zur Abgrenzung zwischen gemeinsamer Verantwortlichkeit und Auftragsverarbeitung die Kommentierung zu Art. 4 Rn. 155.
12 So auch Kühling/Buchner-*Herbst* § 25 BDSG Rn. 8.

bung beabsichtigt, liegt regelmäßig schon keine Übermittlung an einen Dritten vor (vgl. Rn. 18).

b) Zulässigkeitstatbestände. Die Übermittlung muss dem Wortlaut zufolge zur Erfüllung einer Aufgabe der übermittelnden (Var. 1) oder empfangenden (Var. 2) öffentlichen Stelle erfolgen und den Voraussetzungen des § 23 zur Zweckänderung entsprechen. 21

Soweit die Übermittlung **Aufgaben** dient, die in den Zuständigkeitsbereich **der übermittelnden Behörde** fallen (§ 25 Abs. 1 S. 1 Var. 1 BDSG), entsprechen die Voraussetzungen des § 25 BDSG denen aus § 3 BDSG. Insoweit kann auf dessen Kommentierung verwiesen werden.[13] Allerdings liegt, wenn die Daten im Interesse der entsendenden Stelle übermittelt werden, etwa durch das statistische Bundesamt an (öffentliche) Betreiber von Computerprogrammen zur automatischen Auswertung der erhobenen Daten, eine Übermittlung i.S.d. § 25 BDSG nur im Ausnahmefall vor. Da die entsendende Behörde die Verantwortlichkeit für die Datenverarbeitung hier typischerweise nicht aus der Hand gibt, ist der Empfänger der Daten hier regelmäßig „lediglich" Auftragsverarbeiter i.S.d. Art. 4 Nr. 8 oder Mitverantwortlicher nach Art. 4 Nr. 7 und damit kein Dritter i.S.d. Art. 4 Nr. 10.[14] 22

Der besondere Regelungsgehalt der Norm ist die Schaffung eines Zulässigkeitstatbestandes für die Übermittlung von Daten zugunsten einer **Aufgabe des Empfängers** (§ 25 Abs. 1 S. 1 Var. 1 BDSG), was in der Praxis den Regelfall darstellen dürfte. Von einer Legitimation ist in diesem Falle auszugehen, wenn sich die Aufgabe, zu deren Erfüllung die Übermittlung vorgenommen wird, auf eine gesetzliche Aufgabenzuweisung stützen lässt, die den Empfänger als zuständig ausweist, und der Empfang der Daten hinsichtlich Art und Umfang von der Aufgabenerfüllung mit umfasst ist.[15] Die Verarbeitung der Daten muss zudem zur Erfüllung der entsprechenden Aufgabe **erforderlich** sein (§ 25 S. 1 BDSG). Dies ist nur dann anzunehmen, wenn die übertragene Aufgabe ohne Kenntnis der jeweiligen Daten nicht, nicht vollständig oder nicht in rechtmäßiger Art und Weise ausgeführt werden kann.[16] 23

Zudem müssten dem Wortlaut zufolge neben den **Voraussetzungen** des § 25 BDSG diejenigen **des § 23 BDSG zur Zweckänderung** erfüllt sein. Dies würde bedeuten, die Übermittlungsmöglichkeiten zwischen Behörden wären, unabhängig vom Vorliegen einer Zweckänderung, auf die in § 23 Abs. 1 BDSG geregelten Fälle beschränkt und daher im Vergleich zur bisherigen Regelung im § 15 BDSG a.F. verkürzt.[17] Ausweislich der Gesetzesbegründung wollte der Gesetzgeber aber durch § 25 BDSG ausdrücklich dem Regelungsgehalt der §§ 15, 16 BDSG a.F. entsprechende Zulässigkeitstatbestände schaffen.[18] Dementsprechend gilt der in § 25 Abs. 1 S. 1 24

---

13 Kommentierung zu Art. 6 Rn. 119 f. Vgl. außerdem *Schwartmann/Hermann/Mühlenbeck* Datenschutzrechtliche Zulässigkeit der Kenntlichmachung des Entzugs eines Doktorgrades in (Online-)Bibliotheken v. Sept. 2018, S. 42 f.
14 Zur Abgrenzung zwischen gemeinsamer Verantwortlichkeit und Auftragsverarbeitung die Kommentierung zu Art. 4 Nr. 155.
15 Vgl. *OVG Schleswig* v. 14.12.2017 – 4 MB 75/17 Rn. 13; BeckOK DatenSR-*Aßhoff* § 25 BDSG Rn. 17.
16 So auch Taeger/Gabel-*Rose* § 25 BDSG Rn. 10.
17 So auch Kühling/Buchner-*Herbst* § 25 BDSG Rn. 6.
18 BT-Drucks. 18/11325, S. 96.

Anhang Art. 6 / § 25 BDSG   Datenübermittlung durch öffentliche Stellen

BDSG enthaltene Verweis auf § 23 BDSG entgegen des Wortlauts lediglich für Fälle zweckändernder Übermittlung. Im Übrigen ist der Verweis **teleologisch zu reduzieren** und ist insoweit auf Fälle, in denen der Übermittlungs- dem Erhebungszweck entspricht, nicht anzuwenden. Diese stellen allerdings in der Praxis eine seltene Ausnahme dar (vgl. Rn. 20).[19]

25 Hinsichtlich der nach § 23 BDSG erforderlichen Voraussetzungen kann auf dessen Kommentierung verwiesen werden.[20]

26 **2. § 25 Abs. 1 S. 2, 3 BDSG: Zweckändernde Weiterverarbeitung.** § 25 Abs. 1 S. 2 und 3 BDSG bestimmen **deklaratorisch**, dass eine Weiterverarbeitung beim Empfänger für Zwecke, die nicht dem, typischerweise bereits vom Erhebungszweck abweichenden, Übermittlungszweck entsprechen, nur zulässig ist, wenn die Voraussetzungen des § 23 BDSG erfüllt sind. § 25 Abs. 1 S. 2 BDSG wiederholt insoweit die prinzipielle Zweckbindung, die sich seit Inkrafttreten der DS-GVO schon aus Art. 5 Abs. 1 lit. b ergibt. § 25 Abs. 1 S. 3 BDSG wiederholt unter Verweis auf § 23 BDSG die besonderen Anforderungen die das BDSG hier ohnehin an eine Zweckänderung durch öffentliche Stellen stellt. Insofern kann auf die Kommentierungen des § 23 BDSG verwiesen werden.[21]

III. Datenübermittlung an nicht öffentliche Stellen (§ 25 Abs. 2 BDSG)

27 Nach § 25 Abs. 2 S. 1 BDSG ist die Übermittlung personenbezogener Daten an nichtöffentliche Stellen zulässig, wenn sie zur Aufgabenerfüllung der Behörde erforderlich ist und die Voraussetzungen des § 23 BDSG erfüllt sind, das Interesse des empfangenden Dritten an der Kenntnis der Daten ein gegenläufiges Interesse der betroffenen Person überwiegt oder sie der Rechtsdurchsetzung dient. Die Norm unterscheidet insofern zwischen einer Übermittlung im Interesse der Behörde (Nr. 1), der nur im Einzelfall zulässigen Übermittlung im Interesse des Dritten (Nr. 2) sowie der Übermittlung zugunsten der Durchsetzung rechtlicher Ansprüche (Nr. 3).

28 **1. § 25 Abs. 2 S. 1 BDSG: Zulässigkeit der Datenübermittlung.** Wer **nichtöffentliche Stelle** in diesem Sinne ist, ergibt sich aus § 2 BDSG. Für eine **Übermittlung** ist, dem Abs. 1 entsprechend, erforderlich, dass der Empfänger der Daten Dritter i.S.d. Art. 4 Nr. 10 ist (vertiefend zum Regelungsgehalt der Norm Rn. 15 ff.).

---

19 Die irreführende Formulierung der Regelung ist wohl in ihrer Entstehungsgeschichte begründet. Sie wurde aus § 15 BDSG a.F. übernommen und war ursprünglich Folge der vom Gesetz genutzten Begriffsdefinitionen. Im BDSG a.F. schlossen sich die Übermittlung als Unterform der Verarbeitung und die Nutzung gegenseitig aus. So BeckOK DatenSR-*Aßhoff* § 25 BDSG Rn. 21; vgl. hierzu außerdem Kühling/Buchner-*Herbst* § 25 BDSG Rn. 6; Taeger/Heckmann-*Rose* § 25 BDSG Rn. 13 f.
20 Vgl. die Kommentierung zu Art. 6 Rn. 261 ff. – Zur Frage, ob es dem Gesetzgeber frei stand, Tatbestände zu normieren, die eine Zweckvereinbarung, anders als Art. 6 Abs. 4, nicht erfordern oder ob eine Kompatibilitätsprüfung stets vorzunehmen ist vgl. Kühling/Buchner-*Herbst* § 23 BDSG Rn. 1, 9; BeckOK DatenSR-*Aßhoff* § 23 BDSG Rn. 1 ff.
21 Kommentierung zu Art. 6 Rn. 261 ff. – Zur Frage, ob es dem Gesetzgeber frei stand, Tatbestände zu normieren, die eine Zweckvereinbarung, anders als Art. 6 Abs. 4, nicht erfordern oder ob eine Kompatibilitätsprüfung stets vorzunehmen ist vgl. Kühling/Buchner-*Herbst* § 23 BDSG Rn. 1, 9; BeckOK DatenSR-*Aßhoff* § 23 BDSG Rn. 1 ff.

Soweit die Übermittlung nach § 25 **Abs. 2 Nr. 1** BDSG Aufgaben dient, die in den Zuständigkeitsbereich der übermittelnden Behörde fallen, entsprechen die Voraussetzungen denen aus § 3 BDSG. Insoweit kann auf dessen Kommentierung verwiesen werden.[22] 29

Eine Zulässigkeit nach § 25 Abs. 2 Nr. 1 BDSG wird in der Praxis die Ausnahme darstellen. Schließlich liegt, insofern die Daten im Interesse der entsendenden Stelle offengelegt werden, etwa durch das statistische Bundesamt an (private) Betreiber von Computerprogrammen zur automatischen Auswertung der erhobenen Daten, typischerweise keine Übermittlung i.S.d. § 25 BDSG vor. Da die entsendende Behörde die Verantwortlichkeit für die Datenverarbeitung hier typischerweise nicht aus der Hand gibt, ist der Empfänger der Daten regelmäßig „lediglich" Auftragsverarbeiter i.S.d. Art. 4 Nr. 8 oder Mitverantwortlicher nach Art. 4 Nr. 7 und damit kein Dritter i.S.d. Art. 4 Nr. 10. 30

Die Übermittlung gestützt auf § 25 **Abs. 2 Nr. 2** BDSG erfordert eine **Abwägung** zwischen dem Interesse des Dritten und dem Recht auf informationelle Selbstbestimmung aus Art. 2 Abs. 1 i.V.m. Art. 1 Abs. 1 GG bzw. dem von Art. 8 GRCh verbürgten Datenschutzgrundrecht **im** jeweiligen **Einzelfall**.[23] Zu berücksichtigen sind hier die rechtlichen, wirtschaftlichen und sozialen Folgen, die sich aus der Datenverarbeitung ergeben können, sowie der Wille des Betroffenen, falls bekannt.[24] Das Erfordernis der **Glaubhaftmachung** der Interessen des Dritten ermöglicht der öffentlichen Stelle diese notwendige Abwägung. Hinsichtlich schutzwürdiger Betroffeneninteressen gilt der Amtsermittlungsgrundsatz aus § 24 VwVfG.[25] 31

§ 25 **Abs. 2 Nr. 3** BDSG erlaubt eine Datenübermittlung zugunsten der Durchsetzung rechtlicher Ansprüche. Erfasst ist nicht nur die Geltendmachung rechtlicher Ansprüche im gerichtlichen Verfahren, sondern auch die außergerichtliche Durchsetzung; außerdem, anders als im § 24 Abs. 1 Nr. 2 BDSG, nicht lediglich zivilrechtliche Ansprüche.[26] 32

Nach der hier vertretenen Auffassung sind die Tatbestände des § 25 Abs. 2 **Nr. 2 und 3** BDSG unionsrechtskonform dahingehend auszulegen, dass der Dritte für eine Zulässigkeit nach Nr. 2 zugunsten eines **öffentlichen Interesses** (etwa der allgemeinen Gesundheitsvorsorge) handeln muss bzw. die Rechtsdurchsetzung für eine Zulässigkeit nach Nr. 3 einem öffentlichen Interesse dienen muss (vgl. Rn. 3). 33

Alle drei Varianten erfordern zudem, dass sich der Dritte gegenüber der öffentlichen Stelle **verpflichtet**, die Daten nur für den Übermittlungszweck zu verarbeiten. Da sich die Bindung an den Übermittlungszweck schon aus dem Zweckbindungsgrundsatz des Art. 5 Abs. 1 lit. b ergibt, regelt die Norm konstitutiv nur den Zwang 34

---

22 Vgl. die Kommentierung zu Art. 6 Rn. 119 f.; außerdem *Schwartmann/Hermann/Mühlenbeck* Datenschutzrechtliche Zulässigkeit der Kenntlichmachung des Entzugs eines Doktorgrades in (Online-)Bibliotheken v. Sept. 2018, S. 42 f.
23 Zur Frage nach dem Verhältnis zwischen den Grundrechten des Grundgesetzes und denjenigen aus der GRCh im Regelungsbereich gestützt auf die Öffnungsklausel des Art. 6 unter Berücksichtigung der jüngsten Rechtsprechung (Recht auf Vergessen I und II) vgl. die Kommentierung zu Art. 6 Rn. 109 f.
24 Vgl. hierzu BeckOK DatenSR-*Aßhoff* § 25 BDSG Rn. 29.
25 So auch BeckOK DatenSR-*Aßhoff* § 25 BDSG Rn. 29.
26 Vgl. Kühling/Buchner-*Herbst* § 25 BDSG Rn. 15.

Anhang Art. 6 / § 25 BDSG Datenübermittlung durch öffentliche Stellen

sich dieser Bindung auch gegenüber der Behörde zu verpflichten. Die rechtliche Bedeutung ist unklar. Die Erklärung könnte etwa als rechtsgeschäftliche Willenserklärung Ansprüche der Behörde gegenüber dem Empfänger begründen.[27]

35 **2. § 25 Abs. 2 S. 2 BDSG: Zweckändernde Weiterverarbeitung.** § 25 Abs. 2 S. 2 BDSG bestimmt, dass eine Weiterverarbeitung der Daten durch den Empfänger zu anderen Zwecken als denjenigen, die der ursprünglichen Übermittlung zugrunde lagen, (nur) dann zulässig ist, wenn eine Übermittlung durch die öffentliche Stelle auch zu den neuen Zwecken hätte erfolgen dürfen (die Voraussetzungen des S. 1 erfüllt wären) und die übermittelnde Behörde der Zweckänderung zustimmt. Möchte die nichtöffentliche Stelle also Daten, die sie zur Rechtsdurchsetzung erhalten hat, für statistische Zwecke nutzen, muss die Behörde, welche die Daten erhoben und dem Dritten übermittelt hat, dieser Änderung zustimmen. Außerdem müsste eine (neue) Datenübermittlung zu statistischen Zwecken durch die öffentliche Stelle zulässig sein.

36 Insofern ist eine **Anfrage** bei der Behörde, welche die Daten ursprünglich übermittelte, erforderlich, die von dieser inhaltlich wie ein neues Übermittlungsersuchen zu behandeln ist. Das Erfordernis der Anfrage erscheint insbesondere angesichts der nach § 25 Abs. 2 S. 1 BDSG erforderlichen, verpflichtenden Erklärung des Dritten gegenüber der Behörde, von einer zweckändernden Verarbeitung abzusehen, sachgerecht.[28]

37 § 25 Abs. 2 S. 2 BDSG bestimmt nicht nur Anforderungen, die an eine Zweckänderung zu stellen sind, sondern enthält vor allem einen Zulässigkeitstatbestand für die Weiterverarbeitung, insofern diese Anforderungen erfüllt sind. Insoweit normiert der Abs. 2 S. 2 für die zweckändernde Weiterverarbeitung nach einem Übermittlungsvorgang einen eigenen (engen) Zulässigkeitstatbestand, der es dem Empfänger verbietet, sich hierüber hinaus auf den allgemeinen Rechtfertigungsgrund des § 24 BDSG zu berufen.

IV. Datenübermittlung besonderer Kategorien (§ 25 Abs. 3 BDSG)

38 Eine Übermittlung sog. sensibler Daten (Art. 9 Abs. 1) ist nach § 25 Abs. 3 BDSG nur zulässig, wenn neben den Voraussetzungen des § 25 Abs. 1 oder 2 BDSG ein Ausnahmetatbestand nach Art. 9 Abs. 2 oder § 22 BDSG vorliegt. Auch Art. 9 Abs. 1 enthält ein prinzipielles Verarbeitungsverbot, von welchem in den in Abs. 2 geregelten Fällen[29] oder nach § 22 BDSG, der sich wiederum auf die Öffnungsklausel des Art. 9 Abs. 2 stützt, abgewichen werden kann.[30] § 25 Abs. 3 BDSG wiederholt insofern lediglich **deklaratorisch** die ohnehin geltenden Ausnahmeregelungen für die Verarbeitung von besonders sensiblen Daten für den Fall der Datenübermittlung.[31]

---

27 So Kühling/Buchner-*Herbst* § 25 BDSG Rn. 12.
28 Vgl. hierzu außerdem Taeger/Gabel-*Rose* § 25 BDSG Rn. 20 f.; BeckOK DatenSR-*Aßhoff* § 25 BDSG Rn. 32 f.
29 Zum Regelungsgehalt des Art. 9 die Kommentierung zu Art. 9 Rn. 28 ff.
30 Zum Regelungsgehalt des § 22 BDSG die Kommentierung zu Art. 9 Rn. 103 ff.
31 So auch Kühling/Buchner-*Herbst* § 25 BDSG Rn. 17.

V. Benachrichtigungspflichten bei zweckändernder Übermittlung

Da der Übermittlungszweck regelmäßig vom Erhebungszweck abweicht und die Übermittlung daher mit einer Zweckänderung verbunden ist (vgl. Rn. 20), entstehen durch die Datenübermittlung typischerweise Benachrichtigungspflichten aus Art. 13 und 14.[32] Eine Benachrichtigungspflicht entsteht (im Übrigen nach Art. 83 Abs. 5 bußgeldbewährt) gem. **Art. 13 Abs. 3**, wenn die Daten bei der betroffenen Person erhoben wurden, und gem. **Art. 14 Abs. 4**, wenn sie an anderer Stelle erhoben wurden.[33] Sowohl Art. 13 Abs. 3 als auch Art. 14 Abs. 4 bestimmen, dass die betroffene Person **vor** der Datenübermittlung zu unterrichten ist. Bereit zu stellen sind Informationen über den neuen Zweck sowie alle maßgeblichen Informationen, die auch bei der Datenerhebung nach den jeweiligen Abs. 2 zur Verfügung zu stellen waren. Diese Regelungen werden durch die **§§ 32 und 33 BDSG** beschränkt.[34]

39

Artikel 7 Bedingungen für die Einwilligung

(1) Beruht die Verarbeitung auf einer Einwilligung, muss der Verantwortliche nachweisen können, dass die betroffene Person in die Verarbeitung ihrer personenbezogenen Daten eingewilligt hat.

(2) ¹Erfolgt die Einwilligung der betroffenen Person durch eine schriftliche Erklärung, die noch andere Sachverhalte betrifft, so muss das Ersuchen um Einwilligung in verständlicher und leicht zugänglicher Form in einer klaren und einfachen Sprache so erfolgen, dass es von den anderen Sachverhalten klar zu unterscheiden ist. ²Teile der Erklärung sind dann nicht verbindlich, wenn sie einen Verstoß gegen diese Verordnung darstellen.

(3) ¹Die betroffene Person hat das Recht, ihre Einwilligung jederzeit zu widerrufen. ²Durch den Widerruf der Einwilligung wird die Rechtmäßigkeit der aufgrund der Einwilligung bis zum Widerruf erfolgten Verarbeitung nicht berührt. ³Die betroffene Person wird vor Abgabe der Einwilligung hiervon in Kenntnis gesetzt. ⁴Der Widerruf der Einwilligung muss so einfach wie die Erteilung der Einwilligung sein.

(4) Bei der Beurteilung, ob die Einwilligung freiwillig erteilt wurde, muss dem Umstand in größtmöglichem Umfang Rechnung getragen werden, ob unter anderem die Erfüllung eines Vertrags, einschließlich der Erbringung einer Dienstleistung, von der Einwilligung zu einer Verarbeitung von personenbezogenen Daten abhängig ist, die für die Erfüllung des Vertrags nicht erforderlich sind.

– *ErwG:* 32, 33, 40, 42, 43, 171
– *BDSG n.F.:* § 27

---

32 Zu diesen auch Kühling/Buchner-*Herbst* § 25 BDSG Rn. 18.
33 Ausführlich zu den Informationspflichten nach Art. 13 Abs. 3 sowie Art. 14 Abs. 4 in der Kommentierung zu Art. 13 Rn. 45 ff., 62 sowie zu Art. 14 Rn. 36 ff., 63.
34 Vergleiche hierzu die Kommentierung zu Art. 13 Rn. 75 ff. sowie Art. 14 Rn. 80 ff.

Art. 7 Bedingungen für die Einwilligung

Übersicht

	Rn		Rn
A. Einordnung und Hintergrund	1	a) Kein Schriftformerfordernis	31
B. Kommentierung	2	b) Einwilligungserklärungen bei Einholung auf elektronischem Wege	33
I. Art. 7 – Allgemein	2		
II. Erläuterungen ausschließlich auf Basis der DS-GVO	6		
1. Art. 7 im Gesamtkontext der DS-GVO	6	c) Verständliche und leicht zugängliche Form sowie klare und einfache Sprache	35
a) Definition der Einwilligung in Art. 4 Nr. 11	8		
b) Sonderregelung für Kinder in Art. 8	9	d) Konkludente Einwilligung und ihre Grenzen	36
c) Bedeutung für Art. 6	10	6. Art. 7 Abs. 3: Der Widerruf der Einwilligung	38
d) Übergangsregelung für Alteinwilligungen (ErwG 171)	12	a) Freie Widerrufbarkeit	38
		b) Folgen des Widerrufs	40
e) Sanktion des Art. 83 Abs. 5 lit. a	16	aa) Ex nunc-Wirkung	40
		bb) Art. 17 Abs. 1 lit. b	41
f) Die Rechtsnatur der Einwilligung	17	cc) Einschränkungen der freien Widerrufbarkeit	42
g) Vorgaben aus dem informationellen Selbstbestimmungsrecht und aus Art. 8 Abs. 1 GRCh	18	7. Art. 7 Abs. 4: Freiwilligkeit und Zwanglosigkeit	43
		a) Freiwilligkeit	44
2. Beweislast	19	b) Kopplungsverbot	45
3. Informiertheit und Transparenz	22	c) Kein absolutes Kopplungsverbot	46
4. Anforderungen bei Abgabe einer schriftlichen Erklärung in anderer Sache	25	d) Grenze der Unzulässigkeit	47
a) Transparenz	25	e) Kopplung bei entgeltfreier Vertragsleistung?	48
b) Hervorhebung	26	f) Kopplung bei klarem Ungleichgewicht (ErwG 43)	50
aa) Gestalterisch	27		
bb) Inhaltlich	28		
c) Rechtsfolge bei Verstoß (Art. 7 Abs. 2 S. 2)	29	8. Verhältnis zu § 13 Abs. 2 TMG und § 94 TKG	52
5. Form	30		

Literatur: *Albrecht* Das neue EU-Datenschutzrecht – von der Richtlinie zur Verordnung, CR 2016, 88; *Art.-29-Datenschutzgruppe* Guidelines on Consent and the Regulation 2016/679, WP 259 (Entwurf); *Babaei-Beigi/Katko* Accountability statt Einwilligung? – Führt Big Data zum Paradigmenwechsel im Datenschutz?, MMR 2014, 360; *Buchner* Grundsätze und Rechtmäßigkeit der Datenverarbeitung unter der DS-GVO, DuD 2016, 155; *DSK* Kurzpapier Nr. 20, Einwilligung nach der DS-GVO, Stand Februar 2019; *Engeler* Das überschätzte Kopplungsverbot, ZD 2018, 55; *Golland* Das Kopplungsverbot in der Datenschutz-Grundverordnung, MMR 2018, 130; *Heselhaus/Nowak* Handbuch der Europäischen Grundrechte, 2006; *Jarass* Charta der Grundrechte der Europäischen Union, 3. Aufl. 2016; *Kamp/Rost* Kritik an der Einwilligung – Ein Zwischenruf zu einer fiktiven Rechtsgrundlage in asymmetrischen Machtverhältnissen, DuD 2014, 80; *Kotschy* The proposal for a new General Data Protection Regulation – problems solved?, International Data Privacy Law 2014, 274; *Radlanski* Das Konzept der Einwilligung in der datenschutzrechtlichen Realität, 2016; *Rogosch* Die Einwilligung im Datenschutzrecht, 2013; *Schantz* Die Datenschutz-Grundverordnung –

Beginn einer neuen Zeitrechnung im Datenschutzrecht, NJW 2016, 1841; *Sloot* International Data Privacy Law 2014, 307; *Spelge* Der Beschäftigtendatenschutz nach Wirksamwerden der Datenschutz-Grundverordnung (DS-GVO), DuD 2016, 775; *Spindler* Die neue EU-Datenschutz-Grundverordnung, DB 2016, 937; *Thüsing/Schmidt/Forst* Das Schriftformerfordernis der Einwilligung nach § 4a BDSG im Pendelblick zu Art. 7, RDV 2017, 116; *Uecker* Die Einwilligung im Datenschutzrecht und ihre Alternativen, ZD 2019, 248; *Veil* Einwilligung oder berechtigtes Interesse? – Datenverarbeitung zwischen Skylla und Charybdis, NJW 2018, 3337; *Wendehorst/Graf von Westphalen* Das Verhältnis zwischen Datenschutz-Grundverordnung und AGB-Recht, NJW 2016, 3745; *Wybitul* EU-Datenschutz-Grundverordnung in der Praxis – Was ändert sich durch das neue Datenschutzrecht?, BB 2016, 1077.

A. Einordnung und Hintergrund

Das Einverständnis des Betroffenen unterliegt kraft der DS-GVO höheren Anforderungen als noch in der DSRL[1]: Auch wenn eine Abkehr von dem Schriftformerfordernis gem. § 4a Abs. 1 S. 3 BDSG a.F. auszumachen ist, wechselt die Beweislast auf die Seite des Verantwortlichen.[2] 1

B. Kommentierung

I. Art. 7 – Allgemein

Damit eine Verarbeitung personenbezogener Daten rechtmäßig ist, bedarf es einer Einwilligung der betroffenen Person oder einer sonstigen zulässigen Rechtsgrundlage. Jede Verarbeitung i.S.v. Art. 4 Nr. 3 stellt einen Grundrechtseingriff dar. Aus diesem Grund verlangt das Primärrecht in Art. 8 Abs. 2 S. 1 GRCh eine gesetzliche Grundlage samt der Bestimmung eines konkreten Zwecks als Rechtfertigung. Eine solche kann die Datenverarbeitung aber nur insofern legitimieren, sofern die Bedeutung der Zwecke das Gewicht des informationellen Selbstbestimmungsrechts des Betroffenen im konkreten Fall überwiegt. Alternativ dazu kann der Betroffene die Datenverarbeitung mittels Einwilligung legitimieren. Erfolgt die Datenverarbeitung nach Treu und Glauben für festgelegte Zwecke und mit Einwilligung der betroffenen Person, liegt kein Eingriff in das Grundrecht auf informationelle Selbstbestimmung vor.[3] 2

Die Einwilligung selbst ist in Art. 4 Nr. 11 definiert. Als solche qualifiziert werden kann „jede freiwillig für den bestimmten Fall, in informierter Weise und unmissverständlich abgegebene Willensbekundung in Form einer Erklärung oder einer sonstigen eindeutigen bestätigenden Handlung, mit der die betroffene Person zu verstehen gibt, dass sie mit der Verarbeitung der sie betreffenden personenbezogenen Daten einverstanden ist". 3

Art. 7 bestimmt die Bedingungen für die Einwilligung, welche gem. Art. 6 Abs. 1 lit. a die Rechtmäßigkeit der Verarbeitung begründen kann. Die DS-GVO trifft keine Wertung darüber, ob die gesetzliche Grundlage oder die Einwilligung der vorrangige 4

---

1 Vgl. *Sloot* International Data Privacy Law 2014, 307, 314.
2 Art. 7 Abs. 1. Kritisch und sehr ausführlich zu den Anforderungen für eine „explizite Einwilligung" vgl. *Kotschy* International Data Privacy Law 2014, 274, 278 ff.
3 *Jarass* GR-Charta, 2016, Art. 8 Rn. 9; Heselhaus/Nowak-*Mehde* Handbuch der Europäischen Grundrechte, § 21 Rn. 38.

Art. 7   Bedingungen für die Einwilligung

Erlaubnistatbestand für eine Datenverarbeitung ist.[4] Für die Rechtsanwendung ist dieser Umstand auch völlig unerheblich.

5   Eine rechtmäßige Einwilligung sieht eine Nachweispflicht auf Seiten des Verantwortlichen vor (Art. 7 Abs. 1). Weitere Voraussetzungen sind sowohl die Freiwilligkeit (Art. 7 Abs. 4) als auch die Transparenz und Eigenständigkeit der Einwilligung (Art. 7 Abs. 2). Die Möglichkeit des Betroffenen, seine Einwilligung zu widerrufen (Art. 7 Abs. 3), lässt die offenkundige Zielsetzung der EU-Gesetzgeber erkennen, den Gebrauch von Einwilligungen als legitimierende Grundlage zur Verarbeitung einzuschränken.[5]

II. Erläuterungen ausschließlich auf Basis der DS-GVO

6   **1. Art. 7 im Gesamtkontext der DS-GVO.** Die Anforderungen an eine datenschutzrechtliche Einwilligung ergeben sich aus Art. 6 Abs. 1 lit. a i.V.m. Art. 7. Gem. Art. 6 Abs. 1 lit. a legitimiert eine Einwilligung die Verarbeitung personenbezogener Daten. Die Einwilligung muss nach der DS-GVO nicht mehr schriftlich erteilt werden; ausreichend ist nach der Definition in Art. 4 Nr. 11 vielmehr eine „[...] in informierter Weise und unmissverständlich abgegebene Willensbekundung in Form einer Erklärung oder einer sonstigen eindeutigen bestätigenden Handlung, mit der die betroffene Person zu verstehen gibt, dass sie mit der Verarbeitung der sie betreffenden personenbezogenen Daten einverstanden ist". Ein stillschweigendes Einverständnis, standardmäßig angekreuzte Kästchen oder die Untätigkeit des Betroffenen stellen nach ErwG 32 keine Einwilligung dar.[6] Die Nachweisbarkeit der Abgabe der Einwilligungserklärung ist – wie bisher – durch die verantwortliche Stelle zu führen (Art. 7 Abs. 1 und ErwG 42).

7   Für die Einwilligungserklärung eines Kindes im Bereich der Dienste der Informationsgesellschaft (insbesondere der Online-Vertrieb von Waren und Dienstleistungen, Online-Informationsangebote, die Online-Werbung etc.) gelten nach Art. 8 besondere Bedingungen. Den nationalen Gesetzgebern steht es offen künftig eigene Festlegungen für die Einwilligung von Kindern zwischen dem vollendeten 13. und 16. Lebensjahr vorzunehmen.

8   **a) Definition der Einwilligung in Art. 4 Nr. 11.** In Art. 4 definiert die DS-GVO für das Verständnis dieses Sekundärrechtsakts zentrale Begriffe. Dazu zählt auch die Einwilligung. Nach der Legaldefinition des Verordnungsgebers handelt es sich dabei um eine Willensbekundung über das Einverständnis zur Verarbeitung personenbezogener Daten. Sie soll daher durch eine freiwillige, bestätigende Handlung erfolgen, die für einen konkreten Fall, in informierter Weise und unmissverständlich zum Ausdruck bringt, dass die betroffene Person mit der Verarbeitung der sie betreffenden personenbezogenen Daten einverstanden ist. Im Ergebnis statuiert Art. 4 Nr. 11 eine Reihe von Wirksamkeitsvoraussetzungen für die Einwilligung.

---

4   Auernhammer-*Kramer* Art. 7 Rn. 7 sowie Kommentierung zu Art. 6 Abs. 1 lit. f Rn. 135 wie Rn. 10 dieses Kapitels.

5   *Albrecht* spricht von einem „klar erkennbaren Widerspruchsrecht", *Albrecht* DuD 2013, 655, 656. Die Einschränkung, wonach bei erheblichem Ungleichgewicht zwischen Betroffenen und Verantwortlichen (Art. 7 Abs. 4 DS-GVO-E) die Einwilligung nicht mehr zur Rechtmäßigkeit der Verarbeitung entsprechend Art. 6 Abs. 1 lit. a führt, hat es nicht in die finale Fassung geschafft.

6   Vgl. *Buchner* DuD 2016, 155, 158. Vgl. dazu auch die Ausführungen zu Art. 6 Rn. 13 ff.

b) Sonderregelung für Kinder in Art. 8. Um dem besonderen Schutz von Kindern zu 9
entsprechen, wurde mit Art. 8 eine Vorschrift in die DS-GVO Regelungen eingefügt,
welche die Anforderungen an die datenschutzrechtliche Einwilligung für und von
Minderjährigen in einem Teilbereich, nämlich bei Diensten der Informationsgesellschaft, gesondert regelt. Für die entsprechend wirksame Einwilligung von Minderjährigen ist der Art. 7 von hoher Bedeutung, denn die Voraussetzungen des Art. 8 und
Art. 7 gelten in diesem personellen Anwendungsbereich kumulativ.

c) Bedeutung für Art. 6. Art. 6 definiert die Funktion der Einwilligung als Erlaubnis- 10
tatbestand für eine Verarbeitung personenbezogener Daten. Darin ist die Einwilligung als erste Legitimation für eine Datenverarbeitung aufgeführt, womit aber keine
Wertung einhergeht. Geht die Rechtmäßigkeit von einem anderen Erlaubnistatbestand als Art. 6 Abs. 1 lit. a aus, sind die Bedingungen an die Einwilligung gem. Art. 7
unerheblich für die entsprechende Datenverarbeitung.

Für die Einwilligung als Ausdruck der Selbstbestimmung normiert Art. 7 in zentraler 11
Weise – neben Art. 4 Nr. 11 – die Anforderungen an die Wirksamkeit der Willensbekundung. In Art. 6 Abs. 1 lit. a selbst findet sich wie in Art. 4 Nr. 11 die Bestimmtheit
als Anforderung an die Einwilligung.

d) Übergangsregelung für Alteinwilligungen (ErwG 171). Die Einwilligung ist kein 12
Novum, was mit der DS-GVO Einzug erhält. Gerade in der Rechtspraxis im nichtöffentlichen Bereich ist die vom Betroffenen abgegebene Einwilligung in die seine personenbezogene Daten betreffende Datenverarbeitung seit jeher von hoher Relevanz.

Für die Rechtsanwendung steht damit Frage im Raum wie mit bereits vorliegenden 13
Einwilligungen gem. DSRL vorzugehen ist.[7] Dazu trifft die DS-GVO in ihren Erwägungsgründen eine klare Aussage: „Beruhen die Verarbeitungen auf einer Einwilligung gem. der Richtlinie 95/46/EG, so ist es nicht erforderlich, dass die betroffene
Person erneut ihre Einwilligung dazu erteilt, wenn die Art der bereits erteilten Einwilligung den Bedingungen dieser Verordnung entspricht, so dass der Verantwortliche
die Verarbeitung nach dem Zeitpunkt der Anwendung der vorliegenden Verordnung
fortsetzen kann."[8] Mit der Bezugnahme auf die Bedingungen für die Einwilligung,
welche der Überschrift des Art. 7 nach darin normiert sind, werden diese zum Prüfmaßstab für Einwilligungen nach bisherigem Recht.[9]

Wurde die Einwilligung aber entgegen den Bestimmungen der DS-GVO von dem 14
Betroffenen abgegeben, so ist Verarbeitung der Daten unzulässig.[10] Besondere Beachtung verdient deswegen das Kriterium der Freiwilligkeit, die für eine rechtmäßige Einwilligung i.S.d. DS-GVO unabdingbar ist.

Die Aufsichtsbehörden sind diesbezüglich zu dem Schluss gekommen, dass bisher 15
rechtswirksame Einwilligungen diese Bedingungen grundsätzlich erfüllen, da insbesondere Informationspflichten nach Art. 13 dafür nicht erfüllt sein müssen.[11]

---

7 Vgl. dazu Kommentierung zu Art. 6 Rn. 20.
8 ErwG 171 S. 3.
9 *DSK* Kurzpapier Nr. 20, Einwilligung nach der DS-GVO, Stand Februar 2019, S. 2.
10 BeckOK DatenSR-*Schild* Art. 94 Rn. 3.
11 *Düsseldorfer Kreis* v. 13./14.9.2016: Fortgeltung bisher erteilter Einwilligungen unter der
    Datenschutz-Grundverordnung.

16 **e) Sanktion des Art. 83 Abs. 5 lit. a.** Bei einem Verstoß gegen Art. 7 kommt gem. Art. 83 Abs. 1, Abs. 5 lit. a das nach der DS-GVO höchst mögliche Bußgeld in Höhe von bis zu 20 Millionen EUR „oder im Fall eines Unternehmens von bis zu 4 % seines gesamten weltweit erzielten Jahresumsatzes des vorangegangenen Geschäftsjahrs" in Betracht. Die maximal mögliche Bußgeldhöhe erscheint geboten, weil die Einwilligung die Rechtmäßigkeit der grundsätzlich verbotenen Verarbeitung personenbezogener Daten begründet und ohne die Rechtmäßigkeit ein schwerwiegender Eingriff in das Recht auf informationelle Selbstbestimmung vorliegen kann.

17 **f) Die Rechtsnatur der Einwilligung**[12]. Die Einwilligung des Betroffenen in eine Datenverarbeitung legitimiert die Verarbeitung. Sie ist eine Willenserklärung, die Rechtsfolgen auslöst, so dass sie einen rechtsgeschäftlichen Erklärungsgehalt hat.[13] Die Bewertung der Rechtsnatur der Einwilligung, mag sie auch mehr rechtstheoretischer Natur sein, als Realhandlung, ist ebenso missverständlich wie überflüssig.[14]

18 **g) Vorgaben aus dem informationellen Selbstbestimmungsrecht und aus Art. 8 Abs. 1 GRCh.** Nach Art. 8 Abs. 2 S. 1 GRCh bedarf jede Verarbeitung personenbezogener Daten einer Einwilligung des Betroffenen oder einer gesetzlichen Legitimation. Die Entscheidungsprärogative i.S.d. Privatautonomie wird am besten gewahrt, wenn die Datenverarbeitung vorrangig von der vom Datensubjekt einzuholenden Einwilligung abhängt.[15] Erfolgt die Datenverarbeitung nach Treu und Glauben für festgelegte Zwecke und mit Einwilligung der betroffenen Person, liegt kein Eingriff in das Grundrecht auf informationelle Selbstbestimmung vor.[16] Die Einwilligung bleibt daher ein entscheidender Grundpfeiler des Datenschutzes.[17]

19 **2. Beweislast.** Die Regelung der Beweislast in Art. 7 Abs. 1 ist eindeutig: Beruht die Verarbeitung auf einer Einwilligung, muss der Verantwortliche nachweisen können, dass die betroffene Person in die Verarbeitung ihrer personenbezogenen Daten eingewilligt hat. Die Wahl des entsprechenden Tempus spiegelt wider, dass die Einwilligung vor der eigentlichen Verarbeitung eingeholt sein muss, um die Rechtmäßigkeit dieser Verarbeitung zu begründen. Die Zuweisung der Beweislast hin zum Verantwortlichen steht im Licht der grundsätzlich bei der Verarbeitung personenbezogener Daten bestehenden Rechenschaftspflicht (Art. 5 Abs. 2).

20 In welcher **Form** der Nachweis von Seiten der verantwortlichen Stelle im Streitfall zu leisten ist, definiert Art. 7 nicht eindeutig. Mit der Dokumentation der Einwilligung weist der Verantwortliche die Rechtmäßigkeit nach, weswegen eine schriftliche oder textliche Einwilligung ratsam erscheint. Sie entspricht einer „Willensbekundung in Form einer Erklärung"[18] am besten. Gleichwohl ist eine mündliche Erklärung vom Betroffenen ebenfalls als zulässige Einwilligung qualifizierbar.[19] In diesem Fall wird

---

12 Vgl. dazu Kommentierung zu Art. 6 Rn. 12.
13 So auch Paal/Pauly-*Frenzel* Art. 6 Rn. 10.
14 Vgl. Übersicht zum Streitstand Gola/Schomerus-*Gola/Klug/Körffer* § 4a Rn. 2.
15 *Roßnagel/Pfitzmann/Garstka* Modernisierung des Datenschutzrechts, 2001, 72 ff.; *Masing* NJW 2012, 2305, 2307.
16 *Jarass* GR-Charta, 2016, Art. 8 Rn. 9; Heselhaus/Nowak-*Mehde* Handbuch der Europäischen Grundrechte, § 21 Rn. 38.
17 *Albrecht* CR 2016, 88, 91.
18 Art. 4 Nr. 11.
19 Vgl. ErwG 32 S. 1.

die Beweislast für den Verantwortlichen jedoch zur Herausforderung. Trotz der Fokussierung auf die Nachweisfunktion wird mit Art. 7 Abs. 1 eine Beweislastpflicht implementiert, ohne dass eine Einwilligung allein aufgrund mangelnder Schriftlichkeit unwirksam ist.[20] In der Regel dürfte es für den Verantwortlichen ausreichend sein, Nachweise vorzuhalten, die den Prozess der Einholung der Einwilligung im Einklang mit den gesetzlichen Vorgaben dokumentieren.[21] Daneben sollten für die jeweilige Einwilligung die Umstände der Einholung dokumentiert werden, etwa der Zeitstempel der Einwilligung oder ein Double-Opt-In.[22] Gerade bei Diensten von Informationsgesellschaften ist die Nutzung sogenannter Consent Management Plattformen empfehlenswert, die entsprechende Schnittstellen zu gängigen Customer Relationship Systemen (CRM) vorsehen.

Aus den Regelungen der Verordnung ergibt sich nicht, dass eine einmal erteilte Einwilligung allein durch das Verstreichen eines langen Zeitraums unwirksam werden kann. Eine einmal erteilte Einwilligung kann auch nach erheblichem Zeitablauf dem Beweis dienen. Eine „Auffrischung" der Einwilligung ist nicht notwendig, von der Verordnung nicht vorgesehen und in der Praxis nicht handhabbar.[23]

3. Informiertheit und Transparenz. Die Einwilligung muss neben spezifischen Anforderungen wie bspw. bei der Einwilligung von Minderjährigen grundsätzlich den Anforderungen aus der Legaldefinition (Art. 4 Nr. 11), dem Legitimationstatbestand zur Einwilligung (Art. 6 Abs. 1 lit. a) und den Bedingungen für die Einwilligung (Art. 7) genügen. Dazu zählt insbesondere, dass die Einwilligung vom Betroffenen gem. Art. 4 Nr. 11 „in informierter Weise" zu erfolgen hat. Das in Art. 5 Abs. 1 lit. a formulierte Transparenzgebot gilt in der Konsequenz auch für die Einwilligung. Dazu muss der Betroffene die wesentlichen Umstände der Datenverarbeitung, wie die Identität des Verantwortlichen und die Zwecke der Datenverarbeitung, kennen.[24] Insofern ist der Begriff der Transparenz eng mit dem der Vorhersehbarkeit der Datenverarbeitung verzahnt.[25] Vollständige Informationen sind die Voraussetzung dafür, dass der Betroffene sein Recht auf informationelle Selbstbestimmung legitimierend ausüben kann.[26]

Nach Auffassung der Art.-29-Datenschutzgruppe und des EuGH ist von **Informiertheit des Betroffenen** dann auszugehen, wenn dem Betroffenen die folgenden Informationen vor Erteilung der Einwilligung verfügbar gemacht werden:[27]

– die Identität des für die Verarbeitung Verantwortlichen,
– den Zweck jeder Verarbeitung, für die eine Einwilligung verlangt wird,
– welche Art von Daten gesammelt und verwendet werden,
– das Bestehen des Widerrufsrechts,

---

20 *Thüsing/Schmidt/Forst* RDV 2017, 116, 122; zurückhaltend Simitis/Hornung/Spiecker gen. Döhmann-*Simitis* Art. 7 Rn. 46.
21 Vgl. Taeger/Gabel-*Taeger* Art. 7 Rn. 40.
22 Vgl. zum Double-Opt-In zuletzt *BGH* v. 10.7.2018 – VI ZR 225/17; *Datenschutzbehörde Österreich* v. 9.10.2019 – DSB-D130.073/0008-DSB/2019, 8.
23 A.A. WP 259 rev. 01, 25; wie hier auch GDD-Praxishilfe XIII der Einwilligung, S. 7.
24 *Albrecht/Jotzo* Das neue Datenschutzrecht der EU, S. 71.
25 So auch *DSK* Kurzpapier Nr. 3, S. 1 f. sowie Kommentierung zu Art. 6 Rn. 13.
26 *EuGH* v. 1.10.2019 – C-673/17, ECLI:EU:C:2019:801, Planet49, Rn. 77.
27 WP 259 rev. 01, 15.

- Informationen über die Verwendung der Daten für Entscheidungen, die ausschließlich auf automatisierter Verarbeitung basieren, einschließlich Profiling gem. Art. 22 Abs. 2,
- wenn die Zustimmung Übertragungen betrifft, über die möglichen Risiken von Datenübertragungen in Drittstaaten in Ermangelung einer Angemessenheitsentscheidung und angemessener Garantien (Art. 49 Abs. 1 lit. a).

24 Bei gemeinsam für die Verarbeitung Verantwortlichen bzw. Dritten als Empfänger von personenbezogenen Daten aufgrund einer Einwilligung müssen diese Parteien ebenfalls vor Erteilung der Einwilligung genannt werden.[28] Der EuGH sieht zudem das Erfordernis, die Dauer der Speicherung anzugeben, was sich indirekt aus Art. 13 Abs. 2 lit. a ergäbe.[29] Dies dürfte jedoch nur als allgemeiner Verweis auf die generell geltenden Informationspflichten nach Art. 12 ff. zu verstehen sein.

25 **4. Anforderungen bei Abgabe einer schriftlichen Erklärung in anderer Sache. – a) Transparenz.** Die schriftliche Einwilligung unterliegt dem Erfordernis der Transparenz in besonderer Weise, sofern die Einwilligung noch andere Sachverhalte betrifft. Als Beispiel ist die datenschutzrechtliche Einwilligung innerhalb Allgemeiner Geschäftsbedingungen denkbar.[30] Bei Abgabe einer schriftlichen Erklärung in anderer Sache soll die Einwilligung nach ErwG 42 in verständlicher und leicht zugänglicher Form in einer klaren und einfachen Sprache zur Verfügung gestellt werden. Im Sinne des Grundsatzes der Transparenz[31] ist sowohl der für die Verarbeitung Verantwortliche, als auch der Zweck zu benennen, um die auf einen bestimmten Zweck beschränkte Einwilligung zu erteilen.

26 **b) Hervorhebung.** Neben der Transparenz soll die Hervorhebung i.S.v. Art. 7 Abs. 2 gewährleisten, dass die Einwilligung für bestimmte Zwecke von den anderen Sachverhalten klar zu unterscheiden ist.

27 **aa) Gestalterisch.** Damit eine Einwilligung, die zusammen mit anderen Erklärungen schriftlich erteilt wird, für den Betroffenen leicht ersichtlich wird, fordert Art. 7 Abs. 2 S. 1 eine gestalterische Transparenz.[32] Die genaue Ausgestaltung gibt die DS-GVO hingegen nicht vor, weswegen dies Aufgabe der Rechtsanwendung sein wird. Teleologisch verlangt der Bestimmung, dass das Ersuchen um die Einwilligung nicht mehr zu übersehen ist. Es lässt sich vertreten, dass dafür bereits ein eigener Absatz ausreicht.[33] Die Einwilligungserklärungen durch Fettdruck, durch eine Umrandung oder auffällige Einfärbung als Abgrenzung vom übrigen Text ist zweifelsfrei mit der gebotenen Hervorhebung vereinbar, aber wohl nicht notwendig.[34]

28 **bb) Inhaltlich.** Die gestalterische Anforderung tritt jedoch hinter die inhaltlichen, aber teilweise sich damit überschneidenden Vorgaben nach Art. 7 Abs. 2 S. 1 zurück. Maßgeblich für die Rechtmäßigkeit der Einwilligung ist, dass das Ersuchen um die Einwilligung mit einer eindeutig bestätigenden Handlung Annahme findet. Es kommt nur darauf an, dass aus dem Handeln des Betroffenen unmissverständlich erkennbar

---

28 WP 259 rev. 01, 16.
29 *EuGH* v. 1.10.2019 – C-673/17, ECLI:EU:C:2019:801, Planet49, Rn. 78.
30 Vgl. *Wendehorst/Graf von Westphalen* NJW 2016, 3745; Auernhammer-*Kramer* Art. 7 Rn. 16.
31 Art. 5 Abs. 1 lit. a.
32 Vgl. Kühling/Buchner-*Buchner/Kühling* Art. 7 Rn. 25.
33 Paal/Pauly-*Frenzel* Art. 7 Rn. 12 f.
34 BeckOK DatenSR-*Stemmer* Art. 7 Rn. 66.

wird, in welche konkrete Datenverarbeitung er einwilligt. Damit lässt sich diese nicht in einem Gesamttext (Vertrag, Allgemeine Geschäftsbedingungen o.Ä.) integrieren, wo sie vom Betroffenen übersehen werden könnte.[35] Im Ergebnis muss die Abgabe einer schriftlichen Erklärung in anderer Sache „hinreichend deutlich"[36] sein – sowohl optisch, als auch vor allem inhaltlich.

c) Rechtsfolge bei Verstoß (Art. 7 Abs. 2 S. 2). Als Folge für Verstöße gegen die Regelungen der DS-GVO innerhalb einer Erklärung, verlieren die unzulässigen Teile ihre rechtliche Verbindlichkeit. In der Konsequenz behalten die rechtskonformen Teile der Erklärungen ihre Geltung. Eine geltungserhaltende Reduktion hinsichtlich des Ersuchens der Einwilligung scheidet aus, weil die Wirksamkeitsvoraussetzungen alternativlos zu erfüllen sind.[37]   29

5. Form. Bei der Einwilligung handelt es sich um eine „unmissverständlich abgegebene Willensbekundung in Form einer Erklärung oder einer sonstigen eindeutigen bestätigenden Handlung"[38]. Art. 7 Abs. 2 S. 1 normiert dafür keine generellen Formvorgaben.[39] Für die Rechtsanwendung dieses zentralen Legitimationstatbestands ist die praktische Ausgestaltung jedoch von hoher Relevanz und bedarf zur Erfüllung der Rechtmäßigkeit einer Verarbeitung personenbezogener Daten entsprechender Rechtssicherheit.[40]   30

a) Kein Schriftformerfordernis. Ein Schriftformerfordernis enthält die DS-GVO definitiv nicht. Die ausdrückliche Einwilligung kann demzufolge auch elektronisch oder mündlich erklärt werden.[41] Der Formfreiheit steht die Beweispflicht für das Vorliegen einer Einwilligung gegenüber. In der Regel und vor allem bei erheblichen Gefährdungen für das Persönlichkeitsrecht des Betroffenen wird die schriftliche und deswegen am besten dokumentierbare Einwilligungserklärung – auch zum Schutz vor zivilrechtlicher Haftung – zu präferieren sein.[42]   31

Zum Hintergrund für die Abkehr vom Schriftformerfordernis: Entscheidender als die Form war in den Verhandlungen, ob eine Einwilligung ausdrücklich erteilt werden muss.[43] Für eine rechtmäßige Einwilligung muss immer eine „eindeutig positiv bejahende Handlung" vorliegen.[44]   32

b) Einwilligungserklärungen bei Einholung auf elektronischem Wege. Gerade im digitalen Zeitalter sind die elektronischen Möglichkeiten von hoher praktischer Relevanz. Den Verzicht auf ein Schriftformerfordernis signalisiert die Einwilligung durch das Anklicken eines Kästchens beim Besuch einer Internetseite.[45] Ebenfalls denkbar   33

---

35 *LG München I* v. 11.10.2018 – 12 O 19277/17, Rn. 52.
36 Kühling/Buchner-*Buchner/Kühling* Art. 7 Rn. 26.
37 Vgl. Paal/Pauly-*Frenzel* Art. 7 Rn. 15.
38 Art. 4 Nr. 11.
39 Kühling/Buchner-*Buchner/Kühling* Art. 7 Rn. 27.
40 Zum Verhältnis zu den anderen Zulässigkeitstatbeständen des Art. 6 vgl. die Kommentierung zu Art. 6 Rn. 141.
41 ErwG 32 S. 1.
42 Vgl. *Wybitul* BB 2016, 1077, 1078.
43 *Schantz* NJW 2016, 1841, 1844.
44 *Albrecht* CR 2016, 88, 91; *EuGH* v. 1.10.2019 – C-673/17, ECLI:EU:C:2019:801, Planet49, Rn. 62.
45 *EuGH* v. 1.10.2019 – C-673/17 – ECLI:EU:C:2019:80, Planet49, Rn. 62.

ist die eindeutige Auswahl in den technischen Einstellungen, mit der die betroffene Person in dem jeweiligen Kontext eindeutig ihr Einverständnis mit der beabsichtigten Verarbeitung ihrer personenbezogenen Daten ausdrückt.[46] Allerdings ist eine eindeutige Willensbekundung in Frage zu stellen, wenn schon die Werkseinstellungen des Browsers das Setzen von Cookies oder die Verarbeitung personenbezogener Daten erlauben (vertiefend hierzu Art. 4 Nr. 11 Rn. 214 ff.).[47]

34 Eine zu beachtende Pflicht ist noch ergänzend in ErwG 32 S. 6 formuliert: „Wird die betroffene Person auf elektronischem Weg zur Einwilligung aufgefordert, so muss die Aufforderung in klarer und knapper Form und ohne unnötige Unterbrechung des Dienstes." Dieses Gebot, welches an den ErwG 42 S. 3 („in verständlicher und leicht zugänglicher Form in einer klaren und einfachen Sprache") erinnert, stellt wohl aber nur eine unverbindliche, weil praktisch nicht zwangsweise durchsetzbare Zielvorgabe dar. Dem Verantwortlichen ist schließlich zur rechtssicheren Einwilligung zu raten, bei der die Form sich nicht immer dem Pragmatismus beugen kann (zur Einwilligungsgestaltung im elektronischen Datenverkehr auch Art. 4 Nr. 11 Rn. 213 ff.). Zwar muss der Verantwortliche der betroffenen Person eine Möglichkeit bieten, ohne Abgabe einer Einwilligung fortzufahren und z.B. eine Webseite zu nutzen. Nicht erforderlich ist es, eine ausdrückliche „Ja/Nein"-Auswahl anzubieten. Vielmehr genügt es, wenn der Betroffene klar erkennen kann, dass etwa die Verweigerung einer Einwilligung leicht möglich ist, z.B. durch Auswahl einer Schaltfläche mit der Beschriftung „weitere Informationen" o.Ä., aus der die betroffene Person entnehmen kann, dass sie durch diese Auswahl gerade keine Einwilligung erteilt.

35 **c) Verständliche und leicht zugängliche Form sowie klare und einfache Sprache.** Im Sinne der den Datenschutz kennzeichnenden Transparenz ist die Einwilligungserklärung „in verständlicher und leicht zugänglicher Form in einer klaren und einfachen Sprache"[48] zu verfassen. Dieses Gebot gilt nicht nur im Fall des Art. 7 Abs. 1 bei Abgabe einer schriftlichen Erklärung in anderer Sache, sondern im Allgemeinen.[49] Auch hier wird der Rechtssicherheit Vorzug zu geben sein, da ein Verstoß[50] gegen dieses Gebot nicht zur Unzulässigkeit der Verarbeitung führen kann.

36 **d) Konkludente Einwilligung und ihre Grenzen.** Eine rechtmäßige Einwilligung kann nach Abkehr vom Schriftformerfordernis bereits durch eine eindeutige bestätigende Handlung erfolgen.[51] Damit ist eine wirksame Einwilligung bereits durch schlüssiges Verhalten (konkludente Einwilligung) möglich.[52]

37 Die Grenze, ab welcher die Einwilligung keine Rechtmäßigkeit mehr i.S.d. Art. 6 Abs. 1 lit. a begründet, beginnt spätestens beim Stillschweigen. Auch bereits angekreuzte Kästchen oder die bloße Untätigkeit der betroffenen Person stellt nach ErwG 32 keine Einwilligung dar (zur Eignung voreingestellter Ankreuzkästchen beim

---

46 ErwG 32 S. 2.
47 *Schantz* NJW 2016, 1841, 1844; *Spindler* DB 2016, 937. Vgl. dazu auch die Kommentierung zu Art. 4 Rn. 211 ff.
48 Vgl. Art. 7 Abs. 2 S. 1; ErwG 42 S. 3.
49 BeckOK DatenSR-*Stemmer* Art. 7 Rn. 61; a.A. Ehmann/Selmayr-*Heckmann/Paschke* Art. 7 Rn. 78.
50 Vgl. Rn. 29 zuvor.
51 Vgl. Art. 4 Nr. 11; ErwG 32.
52 Ehmann/Selmayr- *Heckmann/Paschke* Art. 7 Rn. 37; *Spelge* DuD 2016, 775, 780.

Setzen von Cookies Art. 4 Nr. 11 Rn. 214 ff.). Die Abgrenzung einer Einwilligung durch konkludentes Verhalten von bloßer Untätigkeit wird in der Praxis Schwierigkeiten bereiten.[53] Für die Rechtsanwendung wird die Eindeutigkeit der bestätigenden Handlung der Maßstab für die Wirksamkeit der Einwilligung.[54] Zur Sicherstellung der notwendigen Nachweisbarkeit einer Einwilligung empfiehlt es sich, technisch sicherzustellen, dass die bestätigende Handlung nur eine Deutungsmöglichkeit zulässt. Je geringer die Anforderung des Verantwortlichen an die bestätigende Handlung der betroffenen Person sind, desto höher sind die Anforderungen an die Transparenz.

6. Art. 7 Abs. 3: Der Widerruf der Einwilligung. – a) Freie Widerrufbarkeit. Art. 7 Abs. 3 normiert erstmals ausdrücklich, dass der Betroffene jederzeit seine Einwilligung widerrufen kann. Damit wird die grundrechtlich geschützte informationelle Selbstbestimmung insofern gewährleistet, dass das Datensubjekt von seiner eigenen eindeutig bejahenden Handlung Abstand nehmen kann und die damit gegebene Rechtmäßigkeit für eine Datenverarbeitung selbstständig entziehen kann.

38

Von seinem Recht kann er gem. Art. 7 Abs. 3 S. 1 „jederzeit" Gebrauch machen. Eine Begründung für den Entzug dieses Legitimationstatbestands ist nicht erforderlich. Analog zur Formfreiheit der Einwilligung ist der Widerruf ebenfalls frei auszuüben (Art. 7 Abs. 3 S. 3). Unstrittig kann für den Widerruf dieselbe Form wie bei der Einwilligung wirksame Anwendung finden. Im Sinne des Schutzziels dieser Bestimmung, der Ausübung informationeller Selbstbestimmung durch die Einwilligung des Betroffenen als Entscheidungsprärogative, darf der Widerruf nicht an der Form scheitern, so dass jedwede Form des Widerrufs als zulässig zu qualifizieren ist.[55] So dürfte der Widerruf im Rahmen eines Telefonanrufs zu Werbezwecken auch unmittelbar im Telefonat zulässig sein, sofern an der Identität des Gesprächspartners keine Zweifel bestehen. Hierzu sollte der Verantwortliche entsprechende Maßnahmen getroffen haben, um sicher ausschließen zu können, dass ein Unberechtigter das Widerspruchsrecht ausübt. Die Maßnahmen müssen spiegelbildlich zu einer sicheren Identifikation beim Anruf gewählt sein, etwa durch eine Zwei-Faktor-Authentifizierung.[56] Damit ist auch in technischer Hinsicht festgelegt, dass der Widerruf der Einwilligung so einfach wie möglich gestaltet sein muss.[57] Gleichermaßen besteht zudem die Möglichkeit die bestätigende Erklärung partiell – etwa bezogen auf bestimmte Datenarten oder einzelne Verarbeitungsformen – zu widerrufen.

39

b) Folgen des Widerrufs[58]. – aa) Ex nunc-Wirkung. Mit dem Widerruf entfällt die Rechtmäßigkeit einer Datenverarbeitung i.S.d. Art. 6 Abs. 1 lit. a. Vom Zeitpunkt des erklärten Widerrufs an ist die Verarbeitung personenbezogener Daten damit nicht mehr legitimiert und zulässig, sofern sich die Verarbeitung nicht noch auf eine andere

40

---

53 *Spelge* DuD 2016, 775, 781.
54 So auch die Wertung des *EuGH* v. 1.10.2019 – C-673/17, ECLI:EU:C:2019:801, Planet49, Rn. 55
55 *Auernhammer-Kramer* Art. 7 Rn. 27 ff. hält dies ebenfalls für zulässig, allerdings nur unter der Bedingung, dass der Verantwortliche keine schärferen Bedingungen aufgestellt hat. Im Ergebnis ebenso Paal/Pauly-*Frenzel* Art. 7 Rn. 17; a.A. Plath-*Plath* Art. 7 Rn. 17, wonach ein mündlicher Widerruf bei einer schriftlichen Einwilligung nicht ausreichend wäre.
56 Vgl. dazu die Kommentierung zu Art. 12.
57 *Wendehorst/Graf von Westphalen* NJW 2016, 3745, 3745.
58 Vgl. dazu die Kommentierung zu Art. 6 Rn. 31.

Legitimation stützen kann.[59] Der Widerruf wirkt im Ergebnis ex nunc.[60] Gerade bei der Verarbeitung von Daten zu Forschungszwecken kann dies zu Problemen führen. Gleichwohl sind nach Ansicht der Art.-29-Datenschutzgruppe auch in diesem Falle die Daten zu löschen.[61] Insofern sind die Daten durch den Verantwortlichen zu anonymisieren, wenn er eine Löschung vermeiden will.

41 **bb) Art. 17 Abs. 1 lit. b.** Nach einem Widerruf sind die entsprechend davon berührten Daten gem. Art. 17 Abs. 1 lit. b zu löschen, sofern sich ihre Verarbeitung nicht noch auf einen anderen Rechtfertigungsgrund stützen kann. Über das Recht zum Widerruf und seine Wirkung ist der Betroffene vor Abgabe der Einwilligung in Kenntnis zu setzen.[62]

42 **cc) Einschränkungen der freien Widerrufbarkeit.** Das Recht zum Widerruf einer Einwilligung gilt nur grundsätzlich. Als Ausnahme von diesem Grundsatz ist eine Einschränkung der freien Widerrufbarkeit dann möglich, wenn die auf einer Einwilligung gründende Datenverarbeitung für eine rechtsgeschäftliche Beziehung unverzichtbar ist.[63] Dies gilt allerdings nur in den Fällen, in denen spezialgesetzlich in Abweichung von der Systematik der DS-GVO die Anwendbarkeit von Art. 6 Abs. 1 lit. b ausgeschlossen ist.[64]

43 **7. Art. 7 Abs. 4: Freiwilligkeit und Zwanglosigkeit.** Zu den materiellen Wirksamkeitsvoraussetzungen der Einwilligung gehört in besonderem Maße die Freiwilligkeit.

44 **a) Freiwilligkeit.** Die abgegebene Willensbekundung muss gem. Art. 4 Nr. 11 „freiwillig" erfolgen. D.h. der Betroffene muss seine Einwilligung grundsätzlich ohne Zwang erteilt haben, damit sie legitimierenden Charakter entfaltet. Die freiwillige Erteilung einer Einwilligung kann bereits dann in Zweifel gezogen werden, wenn dem Nutzer einer App die Nutzung der selbigen deshalb verwehrt bleibt, weil er nicht in die Erhebung seiner Daten zum Zweck der personalisierten Werbung einwilligt.[65] Von der Freiwilligkeit ist dagegen auszugehen, wenn dem Betroffenen klar aufgezeigt wird, dass ihm durch die Nichterteilung keine negativen Konsequenzen entstehen und er eine echte Wahl hat. Bittet zum Beispiel eine öffentliche Schule die Schüler um ihre Zustimmung, ihre Fotos in einer gedruckten Studentenzeitschrift zu verwenden mit der Möglichkeit die Zustimmung zu verweigern, ohne dass daraus erkennbare Nachteile folgen, haben die Betroffenen eine echte Wahl.[66]

45 **b) Kopplungsverbot.** Art. 7 Abs. 4 definiert einen Maßstab, ob eine Einwilligung als freiwillig qualifiziert werden kann. Danach ist darauf zu achten, ob die Erfüllung eines Vertrags von der Einwilligung zur Verarbeitung von personenbezogenen Daten abhängig ist, die für die Erfüllung ebendieses Rechtsgeschäfts nicht erforderlich ist. In diesem Fall der Kopplung einer Einwilligung in eine nicht erforderliche Datenverar-

---

59 A.A. WP 259 rev. 01. 22, wonach gesetzliche Erlaubnistatbestände nicht an die Stelle der widerrufenen Einwilligung treten können.
60 Plath-*Plath* Art. 7 Rn. 15.
61 Vgl. WP 259 rev.01, 29.
62 Art. 7 Abs. 3 S. 3.
63 Vgl. Kühling/Buchner-*Buchner/Kühling* Art. 7 Rn. 38.
64 So etwa in § 59 Abs. 2 ZAG.
65 Vgl. WP 259 rev. 01, 6 (Beispiel 1).
66 Vgl. WP 259 rev. 01, 7 (Beispiel 4).

beitung an den Abschluss eines Vertrags ist die Einwilligung als unfreiwillig und damit als unzulässig zu bewerten.

c) Kein absolutes Kopplungsverbot. Es sollte nur dann davon ausgegangen werden, dass der Betroffene seine Einwilligung freiwillig gegeben hat, wenn eine echte oder freie Wahl, ohne Nachteile zu erleiden, bestanden hat.[67] Die Verbindung aus dem Konjunktiv („sollte") mit dem Ausschlussgrund („nur dann") im ErwG korrespondiert nicht wirklich mit dem Wortlaut des Art. 7 Abs. 4, wonach dem Beurteilungsmaßstab über die Freiwilligkeit „in größtmöglichem Umfang Rechnung getragen werden" soll. Ein absolutes Kopplungsverbot lässt sich aus der Bestimmung deswegen nicht ableiten. Auch wenn die Begründungserwägungen eines Gemeinschaftsrechtsakts rechtlich nicht verbindlich sind[68], gehen sie über bloße Empfehlungen hinaus. Die ErwG in Gestalt eines festen Bestandteils einer Rechtsquelle dienen als erste Kriterien der Auslegung.[69] Eine Verknüpfung von Gewinnspielteilnahme und Werbeeinwilligung etwa soll die Freiwilligkeit der Einwilligung nicht verletzen, da die betroffene Person durch eine Gewinnspielteilnahme nicht so in ihrer Entscheidungsgewalt beeinträchtigt sei, dass sie nicht entscheiden könne, ob die Preisgabe ihrer Daten die Teilnahme am Gewinnspiel „wert" sei.[70]

46

d) Grenze der Unzulässigkeit. Damit besteht die Frage nach der Grenze, ab der von Unfreiwilligkeit gesprochen werden kann. Von einer deswegen unzulässigen Einwilligung ist auszugehen, wenn der Kauf eines Gerätes an eine Einwilligung in die werbliche Datenverarbeitung geknüpft ist, weil sie für die Erfüllung des Vertrages schlicht nicht erforderlich ist.[71] Eine Freiwilligkeit bei der Zustimmung in dieses Geschäftsgebaren liegt auch dann nicht vor, wenn das Gerät bei anderen Händlern erhältlich ist, die eine solche Koppelung nicht verlangen. Auch in Marktstrukturen, die nicht monopolistischer Art sind, ist über den Vertragsverschluss frei und unabhängig von einer dafür nicht erforderlichen Einwilligung zu entscheiden.[72]

47

e) Kopplung bei entgeltfreier Vertragsleistung? Die Wahrnehmung entgeltfreier Güter wie die Dienstleistung eines Online-Dienstes ist häufig an die Einwilligung in die Verarbeitung personenbezogener Daten gekoppelt. Die datenschutzrechtliche Zulässigkeit für solche rechtsgeschäftlichen Übereinkommen liegt zunächst nicht nahe und ist nicht ohne Grund in Frage zu stellen. Warum muss für die Nutzung eines sozialen Mediums in die Weitergabe privater Kontakte an Dritte eingewilligt werden?[73] Die Einwilligung für die Datenverarbeitung ist in solchen Konstellationen als die vertragliche Gegenleistung für die Nutzung entsprechender Online-Dienste anzusehen und nicht als Kopplung eines Vertrages an eine datenschutzrechtliche Einwilligung.[74] Mit der DS-GVO endet diese Geschäftspraxis hingegen nicht, sondern unter-

48

---

67 Vgl. ErwG 42 S. 5.
68 *EuGH* v. 24.11.2005 – C-136/04, Rn. 32
69 Ebenso Paal/Pauly-*Paal/Pauly* Einleitung Rn. 10.
70 *OLG Frankfurt/Main* v. 27.6.2019 – 6 U 6/19, Rn. 12; vgl. auch *OLG Düsseldorf* v. 26.8.2019 – VI-Kart 1/19 (V), 26 zum fehlenden Zwang, Facebook eine obligatorische Werbeeinwilligung für die Nutzung der Dienste einzuräumen.
71 Vgl. *Albrecht/Jotzo* Das neue Datenschutzrecht der EU, Rn. 40.
72 Vgl. Auernhammer-*Kramer* Art. 7 Rn. 31; a.A. Plath-*Plath* Art. 7 Rn. 19 f.
73 *Buchner* DuD 2016, 155, 158 f.
74 So auch Paal/Pauly-*Frenzel* Art. 7 Rn. 21; Kühling/Buchner-*Buchner/Kühling* Art. 7 Rn. 50 f.

liegt ab dann dem Erfordernis den Tausch einer Dienstleistung gegen die kommerzielle Verwertung personenbezogener Daten eindeutig als solchen transparent zu machen.[75] Ein Verstoß gegen das Koppelungsverbot ist gleichwohl auch bei einer entgeltfreien Vertragsleistung möglich. Dies zeigt das Verfahren, dass das Bundeskartellamt im Februar 2019 gegen Facebook einleitete.[76] Das Bundeskartellamt nahm einen Missbrauch der marktbeherrschenden Stellung von Facebook wegen Verstößen gegen das Datenschutzrecht an, weil Facebook die private Nutzung des Dienstes von der Befugnis abhängig mache, ohne weitere Einwilligung der Nutzer außerhalb von Facebook gewonnene Daten mit den Kontodaten der Nutzer zusammenführen zu dürfen und untersagte Facebook diese Praxis.[77] Der gegen die Untersagungsverfügung von Facebook eingereichten Beschwerde gab das OLG Düsseldorf[78] statt. Der BGH hob nunmehr die Entscheidung des OLG auf.[79] In seiner Begründung führt der BGH aus, dass letztlich entscheidend sei, dass Facebook seinen Nutzern keine Wahlmöglichkeit darüber belässt, ob sie den Dienst mit oder ohne Zusammenführung der gewonnenen Daten aus Drittquellen nutzen wollen.[80] Diese fehlende Wahlmöglichkeit verletze – unabhängig vom Kartellrecht – das Datenschutzrecht.[81] Aus der Entscheidung lässt sich ableiten, dass ein Verstoß gegen das Koppelungsverbot auch bei entgeltfreien Vertragsleistungen in Betracht kommt und die Praxis von Unternehmen, dass Nutzer die angebotenen Dienste durch Preisgabe ihrer Daten „erkaufen" können den strengen Maßstäben der DS-GVO unterliegt und insofern die Freiwilligkeit der Einwilligung das Vorhandensein einer tatsächlichen Wahlmöglichkeit gleichwertiger Alternativen beinhaltet. Zum Ganzen vgl. auch Art. 6 Rn. 26 und 165 sowie Art. 4 Nr. 11 Rn. 221.

49 Anders positioniert hat sich hingegen der EDSA in seinen Leitlinien zur Einwilligung.[82] Nach diesen sind sog. Cookie-Walls, die den Besuch einer Website zwingend an das Akzeptieren des Setzens von Cookies knüpfen, unzulässig. Eine hierüber abgegebene Erklärung stelle mangels Freiwilligkeit keine Einwilligung im Sinne der DS-GVO dar, solange dem Betroffenen keine echte Wahlmöglichkeit eingeräumt wird. Unbehandelt bleibt in dem Papier die Frage, ob sog. Pay-Walls eine „echte Wahlmöglichkeit" darstellen. In diesem Falle wäre eine Einwilligung jedenfalls dann als freiwil-

---

75 *Buchner* DuD 2016, 155, 158 f.
76 Vgl. Pressemitteilung des Bundeskartellamts v. 7.2.2019, abrufbar unter https://www.bundeskartellamt.de/SharedDocs/Meldung/DE/Pressemitteilungen/2019/ 07_02_2019_Facebook.html, zuletzt abgerufen am 25.6.2020.
77 Pressemitteilung des Bundeskartellamts v. 7.2.2020, abrufbar unter https://www.bundeskartellamt.de/SharedDocs/Meldung/DE/Pressemitteilungen /2019/07_02_2019_Facebook.html, zuletzt abgerufen am 25.6.2020.
78 *OLG Düsseldorf* Beschl. v. 26.8.2020 – VI-Kart 1/19 (V).
79 Vgl. *BGH* Beschl. v. 23.6.2020 – KVR 69/19, Pressemitteilung v. 23.6.2020, abrufbar unter https://www.bundesgerichtshof.de/SharedDocs/Pressemitteilungen /DE/2020/2020080.html?nn=10690868, zuletzt abgerufen am 25.6.2020.
80 *BGH* Beschl. v. 23.6.2020 – KVR 69/19, Pressemitteilung v. 23.6.2020.
81 *BGH* Beschl. v. 23.6.2020 – KVR 69/19, Pressemitteilung v. 23.6.2020
82 *European Dato Protection Board (edpd)* Guidelines 05/2020 on consent under regulation 2016/679 (Stand: 4.5.2020), Rn. 39 ff.

lig einzustufen, wenn dem Betroffenen die Wahl bleibt, Cookies zu akzeptieren oder für den entsprechenden Dienst zu bezahlen.[83]

f) Kopplung bei klarem Ungleichgewicht (ErwG 43). Nicht immer, aber in „besonderen Fällen, wenn zwischen der betroffenen Person und dem Verantwortlichen ein klares Ungleichgewicht besteht"[84], kann die Einwilligung als nicht freiwillig und mithin nicht rechtswirksam angesehen werden. Daraus kann nicht folgen, dass aus einem strukturellen Ungleichgewicht, wie etwa zwischen Arbeitnehmer und Arbeitgeber, pauschal von einem solchen Ungleichgewicht gesprochen werden kann.[85] Ansonsten wäre die Einwilligung für die Praxis wenig hilfreich, wenn all jene Konstellationen die Unzulässigkeit der Einwilligung nach sich ziehen würden. Der einzelne Verbraucher, der einem Großunternehmen gegenüber steht, unterliegt beim Kauf eines frei verfügbaren Guts jedenfalls nicht einem klaren Ungleichgewicht.[86] Anzunehmen wäre sie hingegen, wenn auch wettbewerbsrechtliche Sanktionen für den Missbrauch einer marktbeherrschenden Stellung drohen und die Einwilligung davon berührt ist. 50

Ob die Einwilligung in einem klaren Ungleichgewicht, unfreiwillig ist und damit keine gültige Rechtsgrundlage liefern kann, muss im jeweiligen Einzelfall überprüft werden. Als Maßstab für die Bewertung der erforderlichen Freiwilligkeit i.S.d. Art. 4 Nr. 11 i.V.m. Art. 7 Abs. 4 und unter Hinzunahme des ErwG 43 ist im Besonderen auch die Ausgestaltung der abverlangten Einwilligung zu würdigen.[87] Die besondere Überprüfung der Freiwilligkeit entspricht den verbraucherschutzrechtlichen Bemühungen des Verordnungsgebers, der den Verbraucher in seinen Rechten und Durchsetzung ebendieser Rechte unterstützen möchte. 51

8. Verhältnis zu § 13 Abs. 2 TMG und § 94 TKG. Die spezialgesetzlichen Vorgaben zur Einwilligung werden nach Wirksamwerden der DS-GVO nicht mehr fortgelten. Aufgrund des Verordnungscharakters wirken die Bestimmungen zur Einwilligung vorrangig.[88] Mit Gültigwerden einer ePrivacy-VO wird die DS-GVO wieder durch bereichsspezifisches Recht vom selben Verordnungsgeber abgelöst. 52

Artikel 8 Bedingungen für die Einwilligung eines Kindes in Bezug auf Dienste der Informationsgesellschaft

(1) ¹Gilt Artikel 6 Absatz 1 Buchstabe a bei einem Angebot von Diensten der Informationsgesellschaft, das einem Kind direkt gemacht wird, so ist die Verarbeitung der personenbezogenen Daten des Kindes rechtmäßig, wenn das Kind das sechzehnte Lebensjahr vollendet hat. ²Hat das Kind noch nicht das sechzehnte Lebensjahr vollendet, so ist diese Verarbeitung nur rechtmäßig, sofern und soweit diese Einwilligung durch den Träger der elterlichen Verantwortung für das Kind oder mit dessen Zustimmung erteilt wird.

---

83 So auch *Schwartmann/Benedikt/Reif* Datenschutz und ePrivacy bei Websites, Social Media und Messengern, 2020, 2.4.2.
84 ErwG 43 S. 1.
85 A.A. WP 259 rev01, 8, die eine Einwilligung des Arbeitnehmers in der Regel als nicht freiwillig wertet.
86 Plath-*Plath* Art. 7 Rn. 15.
87 Kühling/Buchner-*Buchner/Kühling* Art. 7 Rn. 45.
88 Vgl. zum Verhältnis von Einwilligung und Interessenabwägung in der Phase vom 25.5.2018 bis zur Anwendbarkeit der künftigen ePrivacy-VO Kommentierung zu Art. 6 Rn. 172 f.

Art. 8 Bedingungen für die Einwilligung eines Kindes

Die Mitgliedstaaten können durch Rechtsvorschriften zu diesen Zwecken eine niedrigere Altersgrenze vorsehen, die jedoch nicht unter dem vollendeten dreizehnten Lebensjahr liegen darf.

(2) Der Verantwortliche unternimmt unter Berücksichtigung der verfügbaren Technik angemessene Anstrengungen, um sich in solchen Fällen zu vergewissern, dass die Einwilligung durch den Träger der elterlichen Verantwortung für das Kind oder mit dessen Zustimmung erteilt wurde.

(3) Absatz 1 lässt das allgemeine Vertragsrecht der Mitgliedstaaten, wie etwa die Vorschriften zur Gültigkeit, zum Zustandekommen oder zu den Rechtsfolgen eines Vertrags in Bezug auf ein Kind, unberührt.

– *ErwG: 38*

Übersicht

	Rn		Rn
A. Einordnung und Hintergrund	1	c) Einwilligung für das Kind	37
I. Erwägungsgründe	1	d) Zustimmung des Trägers der elterlichen Verantwortung	38
II. BDSG n.F.	4	e) Form der Einwilligung	39
III. Normgenese und -umfeld	6	3. Rechtsfolgen	40
B. Kommentierung	10	III. Öffnungsklausel (Abs. 1 UAbs. 2)	45
I. Allgemein	10	IV. Nachprüfpflichten des Verantwortlichen (Abs. 2)	49
II. Abgestufter Minderjährigenschutz (Abs. 1 UAbs. 1)	14	1. Allgemein	49
1. Begrenzter Anwendungsbereich (Abs. 1 UAbs. 1 S. 1)	14	2. Anforderungen an die Nachprüfung	52
a) Einwilligungsbasierte Datenverarbeitung i.S.v. Art. 6 Abs. 1 lit. a	16	3. Nachweis- und Dokumentationspflicht	57
b) Dienste der Informationsgesellschaft	18	4. Rechtsfolgen	58
aa) Begriffsbestimmung durch Rechtsvorschriften	18	V. Fortgeltung des allgemeinen Vertragsrechts (Abs. 3)	62
bb) Nähere Konkretisierung	20	C. Praxishinweise	66
c) Direkt an Kinder gerichtetes Angebot	24	I. Relevanz für öffentliche Stellen	66
aa) „Kind" i.S.d. Art. 8	25	II. Relevanz für nichtöffentliche Stellen	67
bb) Direktes Angebot	26	1. Allgemein	67
(1) Spezifische Adressierung von Minderjährigen	27	2. Eingeschränkte Fortgeltung bisher erteilter Einwilligungen	69
(2) „Dual Use"	30	3. Anforderungen an neu erteilte Einwilligungen	71
(3) Spezifische Adressierung von Erwachsenen	34	a) Einordnung als „Dienst der Informationsgesellschaft"	71
2. Einwilligung des Trägers der elterlichen Verantwortung (Abs. 1 UAbs. 1 S. 2)	35	b) Implementierung eines zweistufigen Überprüfungsverfahrens	72
a) Allgemein	35		
b) Träger der elterlichen Verantwortung	36		

	Rn		Rn
aa) Erfordernis und Anforderungen an die Altersabfrage des Nutzers	72	(c) Orientierung an der Praxis zu COPPA	83
bb) Weitere Maßnahmen	75	(d) Beispiel der Art.-29-Datenschutzgruppe	85
(1) Minderjährige Nutzer im Alter von 16 bis 18 Jahren	75	4. Anbieter von grenzüberschreitenden Diensten	86
(2) Minderjährige Nutzer im Alter bis zu 16 Jahren	76	III. Relevanz für betroffene Personen	88
(a) Double-Opt-in-Verfahren	78	IV. Relevanz für Aufsichtsbehörden	90
(b) Weitere Möglichkeiten	81	V. Relevanz für das Datenschutzmanagement	91

Literatur: *Albrecht* Das neue EU-Datenschutzrecht – von der Richtlinie zur Verordnung, CR 2016, 88; *Arlt* Datenschutzrechtliche Betrachtung von Onlineangeboten zum Erwerb digitaler Inhalte, MMR 2007, 683; *Art.-29-Datenschutzgruppe* Opinion 15/2011 on the definition of consent, WP 187; *dies.* Leitlinien in Bezug auf die Einwilligung gem. Verordnung 2016/679, WP 259; *Bräutigam* Das Nutzungsverhältnis bei sozialen Netzwerken – Zivilrechtlicher Austausch von IT-Leistung gegen personenbezogene Daten, MMR 2012, 635; *Dammann* Erfolge und Defizite der EU-Datenschutzgrundverordnung, ZD 2016, 307; *Ernst* Die Einwilligung des Minderjährigen in der DS-GVO, DANA 2017, 14; *Feiler/Forgó* EU-Datenschutz-Grundverordnung, 2016; *Gola/Schomerus* Bundesdatenschutzgesetz, 12. Aufl. 2015; *Gola/Schulz* DS-GVO – Neue Vorgaben für den Datenschutz bei Kindern? – Überlegungen zur einwilligungsbasierten Verarbeitung von personenbezogenen Daten Minderjähriger, ZD 2013, 475; *Härting* Datenschutz-Grundverordnung – Das neue Datenschutzrecht in der betrieblichen Praxis, 2016; *Jandt/Roßnagel* Rechtskonformes Direktmarketing, MMR 2011, 86; *dies.* Social Networks für Kinder und Jugendliche – Besteht ein ausreichender Datenschutz?, MMR 2011, 637; *Kramer* Minderjährigendatenschutz nach BDSG und EU-DSGVO, DSB 2016, 6; *Kress/Nagel* The GDPR and Its Magic Spells Protecting Little Princes and Princesses, CRi 2017, 6; *Kühling/Martini* Die Datenschutz-Grundverordnung: Revolution oder Evolution im europäischen und deutschen Datenschutzrecht?, EuZW 2016, 448; *Laue/Nink/Kremer* Das neue Datenschutzrecht in der betrieblichen Praxis, 2016; *Meyer* Gratisspiele im Internet und ihre minderjährigen Nutzer, NJW 2015, 3686; *Möhrke-Sobolewski/Klas* Zur Gestaltung des Minderjährigenschutzes in digitalen Informationsdiensten, K&R 2016, 373; *Münchener Kommentar zum Bürgerlichen Gesetzbuch* 7. Aufl. 2017; *Nebel/Richter* Datenschutz bei Internetdiensten nach der DS-GVO-Vergleich der deutschen Rechtslage mit dem Kommissionsentwurf, ZD 2012, 407; *Rauda* Gemeinsamkeiten von US Children Online Privacy Protection Act (COPPA) und DS-GVO, MMR 2017, 15; *Rogosch* Die Einwilligung im Datenschutzrecht, 2013; *Roßnagel* Handbuch Datenschutzrecht, 2003; *Roßnagel/Richter/Nebel* Besserer Internetdatenschutz für Europa, ZD 2013, 104; *Schneider/Härting* Wird der Datenschutz nun endlich internettauglich?, ZD 2012, 199; *Szoka/Thierer* COPPA 2.0: The new Battle over Privacy, Age Verification, Online Safety & Free Speech, Progress & Freedom Foundation Progress on Point Paper No 16.11; *dies.* Social Networking and Age Verification: Many Hard Questions; No Easy Solutions, Progress & Freedom Foundation Progress on Point Paper No 14.5; *Wagner* Der Entwurf einer Datenschutz-Grundverordnung der Europäischen Kommission, DuD 2012, 676; *Walter* Einwilligung von Minderjährigen im Internet, DSB 2013, 140.

Art. 8 Bedingungen für die Einwilligung eines Kindes

A. Einordnung und Hintergrund

I. Erwägungsgründe

1 Ausweislich des ErwG 38 sind nach Ansicht des europäischen Gesetzgebers **Kinder** (die DS-GVO meint damit alle **Minderjährigen**, siehe unten Rn. 25) hinsichtlich der Preisgabe ihrer personenbezogenen Daten **besonders schutzwürdig**, da diese sich insbesondere über die mit der Verarbeitung personenbezogener Daten verbundenen Risiken und Folgen weniger bewusst sein werden. Gefahren werden dabei vor allem bei der Verwendung personenbezogener Daten von Kindern für Werbezwecke oder für die Erstellung von Persönlichkeits- oder Nutzerprofilen gesehen und bei der Erhebung von personenbezogenen Daten von Kindern bei der Nutzung von Diensten, die Kindern direkt angeboten werden.

2 Um dem **besonderen Schutz von Kindern** zu entsprechen, wurde mit Art. 8 eine Vorschrift in die DS-GVO eingefügt, welche die Anforderungen an die datenschutzrechtliche Einwilligung für und von Minderjährigen in einem Teilbereich, nämlich bei Diensten der Informationsgesellschaft, gesondert regelt.

3 Die im ErwG 38 erwähnte **Ausnahme für Präventions- und Beratungsdienste** ist unter dem Gesichtspunkt des Schutzes der Privatsphäre von Kindern einleuchtend, hat aber keinen Niederschlag im Verordnungstext gefunden. Auch ohne die rechtliche Verankerung innerhalb des Art. 8 kann dem ErwG nach bei solchen Diensten die Einwilligung eines Kindes wirksam sein. Stets erforderlich dürfte insoweit aber die Einsichtsfähigkeit des Kindes sein. Die elterliche Einwilligung in die Inanspruchnahme der besagten Dienste ist ausdrücklich „nicht erforderlich". Diese Möglichkeit gründet wohl auf der Annahme, dass Probleme mit den Eltern einen Grund für die Inanspruchnahme der Hilfe darstellen können.[1]

II. BDSG n.F.

4 Zwar eröffnet Art. 8 Abs. 1 UAbs. 2 die Möglichkeit, durch nationale Regelungen auch eine niedrigere Altersgrenze oberhalb des vollendeten 13. Lebensjahrs anzusetzen. Jüngere Kinder sind nach dieser Regelung gar nicht erst in der Lage, in die Verarbeitung ihrer personenbezogenen Daten einzuwilligen.[2] Der deutsche Gesetzgeber lässt diese Öffnungsklausel jedoch ungenutzt und weitet die Regelung nicht durch eine niedrigere Altersgrenze aus.

5 Auch soweit die DS-GVO keine Regelung zur Einwilligungsfähigkeit von Kindern trifft, füllt das BDSG die entstehende Lücke nicht ausdrücklich. Insoweit dürfte es bei der – umstrittenen – Rechtslage nach dem alten BDSG bleiben (siehe Kommentierung zu Art. 7 und unten Rn. 11).

III. Normgenese und -umfeld

6 Weder die **DSRL** noch das **BDSG** enthielten **bislang eine mit Art. 8 vergleichbare, eigenständige Regelung** zu den Bedingungen der Einwilligung von Kindern. Unter welchen Voraussetzungen Minderjährige in die Verarbeitung ihrer personenbezogenen Daten einwilligen konnten, war unter Geltung des BDSG in seiner bisherigen

---

1 Vgl. *Ernst* DANA 2017, 14.
2 *Möhrke-Sobolewski/Klas* K&R 2016, 373, 375.

Fassung auch deshalb strittig.³ Art. 8 Abs. 1 legt nun aus Sicht des deutschen Rechts **erstmals** – zumindest in einem Teilbereich – eine präzise Altersgrenze für die Einwilligungsfähigkeit von Minderjährigen fest.

Die Fassung des Art. 8 war dabei Gegenstand von sich zum Teil deutlich unterscheidenden Entwürfen von Seiten der Kommission und des Europäischen Rates, wobei insbesondere der Grad der Harmonisierung zwischen den etablierten Institutionen umstritten war.⁴ Gelöst wurde dieser Konflikt insbesondere durch die Implementierung einer spezifischen Öffnungsklausel (Art. 8 Abs. 1 UAbs. 2). Diese ermöglicht sektorale Teilregelungen in diesem einzelnen Regelungsfeld, das nur den sehr beschränkten Bereich der Einwilligung von Personen zwischen 13 und 16 Jahren bei der Nutzung von Diensten der Informationsgesellschaft betrifft.⁵ 7

Unionsweit wird in der Konsequenz der spezifischen Öffnungsklausel eine variable Altersgrenze zwischen 13 und 16 Jahren für die Einwilligungsfähigkeit gelten (siehe auch unten Rn. 46 f.). Dieser Umstand steht der mit der DS-GVO verfolgten Vereinheitlichung des Datenschutzrechts entgegen.⁶ 8

Neben Art. 8 tragen auch weitere Vorschriften der DS-GVO (v.a. Art. 6 Abs. 1 lit. f; Art. 12 Abs. 1) dem besonderen Schutzbedarf von Kindern im Bereich des Datenschutzes Rechnung.⁷ Zwingend für die wirksame Einwilligung von Minderjährigen bleibt, dass neben Art. 8 auch die übrigen Anforderungen des Art. 6 Abs. 1 lit. a i.V.m. Art. 7 erfüllt sind. 9

B. Kommentierung

I. Allgemein

Art. 8 sieht bei Diensten der Informationsgesellschaft, die einem Kind direkt angeboten werden, **ergänzende Regelungen zu Art. 7** für die **datenschutzrechtliche Einwilligung** vor. Die Regelung des Art. 8 besitzt jedoch nur einen **eingeschränkten Anwendungsbereich**. Es handelt sich somit nicht um generelle Vorgaben für die Einwilligungsfähigkeit von Minderjährigen.⁸ Für die Einwilligungsfähigkeit von Kindern in allen anderen Konstellationen enthält die DS-GVO keine Regelung.⁹ 10

In Abwesenheit unionsrechtlicher Vorgaben für die nicht von Art. 8 geregelten Konstellationen gilt folglich weiterhin das nationale Recht. Ob eine Einwilligung eines Minderjährigen wirksam sein kann, hängt im deutschen Recht von der Einsichtsfähigkeit des im datenschutzrechtlichen Sinne Betroffenen ab und nicht von der bürgerlichrechtlich geregelten Geschäftsfähigkeit.¹⁰ Diese Überprüfung ist einzelfallbezogen durchzuführen. Grundsätzlich lässt sich in Anlehnung an die Rechtsprechung des BGH konstatieren, dass jedenfalls mit Vollendung des 16. Lebensjahres die Einsichts- 11

---

3 Vgl. Kühling/Buchner-*Buchner/Kühling* Art. 7 Rn. 67 ff.
4 Vgl. *Albrecht/Jotzo* Das neue Datenschutzrecht der EU, S. 80.
5 *Kühling/Martini* EuZW 2016, 448, 449.
6 Vgl. *Albrecht/Jotzo* Das neue Datenschutzrecht der EU, S. 80 f.
7 Zu weiteren Minderjährigendatenschutzregelungen der DS-GVO umfassend *Möhrke-Sobolewski/Klas* K&R 2016, 373, 375 f.
8 Vgl. Sydow-*Kampert* Art. 8 Rn. 7.
9 Vgl. BeckOK DatenSR-*Karg* Art. 8 Rn. 18; Sydow-*Kampert* Art. 8 Rn. 7.
10 Vgl. *Ernst* DANA 2017, 14.

fähigkeit in der Regel gegeben ist.[11] Dies schließt eine Einsichtsfähigkeit jüngerer Minderjähriger aber nicht aus, wobei teilweise eine Untergrenze von 7 Jahren vertreten[12] und häufig zumindest in der Tendenz eine Einsichtsfähigkeit auch bei 14- und 15-jährigen Minderjährigen angenommen wird.[13]

12 Kern der Regelung ist Art. 8 Abs. 1, der ein **abgestuftes Schutzkonzept für Minderjährige** bezüglich der von ihnen abgegebenen Einwilligung implementiert.[14] So soll ein Minderjähriger (vorbehaltlich abweichender nationaler Regelungen, siehe Rn. 45) erst ab einem Alter von 16 Jahren wirksam in die Verarbeitung seiner personenbezogenen Daten einwilligen können. Unter dieser Altersgrenze ist die Zustimmung des sog. Trägers der elterlichen Verantwortung zu der zuvor artikulierten Einwilligung des Kindes erforderlich, oder die Einwilligung wird allein vom Träger der elterlichen Verantwortung erteilt.[15]

13 Die Regelung beinhaltet ihrem Wortlaut nach („nur rechtmäßig") **absolute Altersgrenzen**.[16] Auf die früher nach deutschem Recht nach h.M. für die Einwilligungsfähigkeit maßgebliche Einsichtsfähigkeit (vgl. Rn. 11) kommt es im Anwendungsbereich des Art. 8 nicht mehr an. Vielmehr stellt Art. 8 hier eine **unwiderlegbare Vermutung der Einsichtsfähigkeit** auf.[17] Die Bestimmung nimmt die Wertung vor, dass mit Vollendung des 16. Lebensjahrs von einer hinreichenden Einsichts- und Urteilsfähigkeit auszugehen ist.[18] Allerdings kommt eine Unwirksamkeit der Einwilligung nach allgemeinen Grundsätzen in Betracht (siehe Kommentierung zu Art. 6 und Art. 4), was u.U. auch bei einer ganz untypisch verzögerten Entwicklung der Fall sein mag.

II. Abgestufter Minderjährigenschutz (Abs. 1 UAbs. 1)

14 **1. Begrenzter Anwendungsbereich (Abs. 1 UAbs. 1 S. 1).** Der Anwendungsbereich der Vorschrift ist stark **begrenzt**. Er erfasst gem. Art. 8 Abs. 1 UAbs. 1 S. 1 zum einen nur Konstellationen des Art. 6 Abs. 1 lit. a (einwilligungsbasierte Datenverarbeitungen), zum anderen nur das Angebot von Diensten der Informationsgesellschaft, das einem Kind direkt gemacht wird.

15 Für „offline"-Sachverhalte besteht aufgrund der fehlenden Anwendbarkeit des Art. 8 eine Regelungslücke, die jedoch nicht als planwidrig zu beurteilen ist.[19] In der Konsequenz werden Minderjährige deswegen aber nicht schutzlos bleiben. Die speziellen

---

11 Kühling/Buchner-*Buchner/Kühling* Art. 8 Rn. 30.
12 *Möhrke-Sobolewski/Klas* K&R 2016, 373, 374.
13 *Schaffland/Wiltfang* § 4a BDSG (a.F.) Rn. 13; Gola-*Schulz* Art. 8 Rn. 10; Roßnagel-*Holznagel/Sonntag* Handbuch DatenschutzR, Kap. 4.8 Rn. 22 (jeweils unter Verweis auf aufsichtsbehördliche Stellungnahmen); Sydow-*Kampert* Art. 8 Rn. 4; 40. Tätigkeitsbericht des Hess. Datenschutzbeauftragten, Ziff. 3.6.4., https://datenschutz.hessen.de/sites/datenschutz.hessen.de/files/content-downloads/2011_40_TB.pdf, zuletzt abgerufen am 27.4.2020.
14 Vgl. Ehmann/Selmayr-*Heckmann/Paschke* Art. 8 Rn. 2; Kühling/Buchner-*Buchner/Kühling* Art. 8 Rn. 3, 11 ff.
15 Sydow-*Kampert* Art. 8 Rn. 10.
16 Krit. zur Implementierung starrer Altersgrenzen: Gola-*Schulz* Art. 8 Rn. 9 f. Als Grund für mehr Rechtssicherheit wertend vgl. *Möhrke-Sobolewski/Klas* K&R 2016, 373, 378.
17 Vgl. Kühling/Buchner-*Buchner/Kühling* Art. 8 Rn. 19.
18 *Feiler/Forgó* Art. 8 Rn. 1.
19 *Feiler/Forgó* Art. 8 Rn. 1.

Regelungen des deutschen Minderjährigenschutzes fangen die Gefährdungen aus nicht online angebotenen Diensten in funktionierender Weise auf.[20]

a) Einwilligungsbasierte Datenverarbeitung i.S.v. Art. 6 Abs. 1 lit. a. Die Vorschrift ist missverständlich formuliert, denn Art. 6 Abs. 1 lit. a „gilt" immer. Die einschränkende Eingangsformulierung verweist auf solche Verarbeitungsvorgänge, deren Rechtfertigung ausschließlich auf die Einwilligung der betroffenen Personen gestützt wird. Nur für diesen Fall sieht Art. 8 ergänzende Vorschriften vor, wenn die betroffene Person ein Kind ist. Die Voraussetzungen der **Art. 8 und Art. 7** gelten für diesen Fall **kumulativ**.[21] 16

Im Umkehrschluss gilt: Für die **übrigen Erlaubnistatbestände** des Art. 6 findet Art. 8 **keine Anwendung**. Dies bedeutet jedoch nicht, dass die Verarbeitung von personenbezogenen Daten von Kindern nicht auf diese Tatbestände gestützt werden kann.[22] Die Verarbeitung personenbezogener Daten von Kindern ist nicht schon deswegen ausgeschlossen, weil eine Einwilligung nicht vorliegt. Dies ergibt sich schon aus der Vorschrift des Art. 6 Abs. 1 lit. f, wonach das Alter der betroffenen Person bei der Interessenabwägung zu berücksichtigen ist.[23] Die Verarbeitung ist insbesondere auch insoweit zulässig, wie sie zur Erfüllung eines wirksamen Vertrages mit einem Minderjährigen (auch unterhalb der Altersgrenze von 16 Jahren) erforderlich ist (Art. 6 Abs. 1 lit. b).[24] 17

b) Dienste der Informationsgesellschaft. – aa) Begriffsbestimmung durch Rechtsvorschriften. Zunächst sind nur sog. „Dienste der Informationsgesellschaft" erfasst. Gemäß Art. 4 Nr. 25 ist für die begriffliche Konkretisierung die Legaldefinition des Art. 1 Nr. 1 lit. b RL (EU) 2015/1535[25] heranzuziehen.[26] Der Anwendungsbereich umfasst somit **jede in der Regel gegen Entgelt elektronisch im Fernabsatz und auf individuellen Abruf eines Empfängers erbrachte Dienstleistung**. Es ist damit eine Dienstleistung erforderlich, die 18

– ohne gleichzeitige physische Anwesenheit der Vertragsparteien erbracht wird („im Fernabsatz erbrachte Dienstleistung"),
– mittels Geräten für die elektronische Verarbeitung (einschließlich digitaler Kompression) und Speicherung von Daten am Ausgangspunkt gesendet und am Endpunkt empfangen wird und die vollständig über Draht, Funk, auf optischem oder anderem elektromagnetischem Weg gesendet, weitergeleitet und empfangen wird („elektronisch erbrachte Dienstleistung") und
– durch die Übertragung von Daten auf individuelle Anforderung erbracht wird.[27]

---

20 *Möhrke-Sobolewski/Klas* K&R 2016, 373, 376.
21 Vgl. Gola-*Schulz* Art. 8 Rn. 3.
22 Vgl. Gola-*Schulz* Art. 8 Rn. 3.
23 Vgl. auch *Gola/Schulz* ZD 2013, 475, 477 sowie Ausführungen zu Art. 6.
24 Dies entspricht der Rechtslage in Deutschland vor Inkrafttreten der DS-GVO. Soweit ein Minderjähriger zivilrechtlich wirksam kontrahiert, etwa nach § 110 BGB, durften auch seine personenbezogenen Daten nach den allgemeinen Regeln (vor der DS-GVO insb. § 28 Abs. 1 Nr. 1 BDSG a.F.) erhoben und verarbeitet werden; hierzu Gola/Schomerus-*Gola/Klug/Körffer* § 4a Rn. 2a m.w.N.
25 RL (EU) Nr. 2015/1535 des Europäischen Parlaments und des Rates, ABL. EU L 241, 1.
26 Auernhammer-*Greve* Art. 8 Rn. 7; Kühling/Buchner-*Buchner/Kühling* Art. 8 Rn. 12. Krit. zu dieser Verweisungsform: Paal/Pauly-*Frenzel* Art. 8 Rn. 6; s. auch die weiteren kritischen Stimmen bei Ehmann/Selmayr-*Heckmann/Paschke* Art. 8 Rn. 17.
27 Art. 1 Nr. 1 lit. b i)–iii) der RL (EU) 2015/1535.

19 Neben dieser Legaldefinition lassen sich in den unterschiedlichen EU-Vorschriften auch Dienste finden, welche den Diensten der Informationsgesellschaft ausdrücklich zugeordnet bzw. hiervon ausgenommen werden. So enthält Anhang I der RL (EU) 2015/1535 eine Beispielliste von Diensten (z.B. Buchung einer Reise im Reisebüro), die gerade nicht unter den Begriff gefasst werden sollen. ErwG 18 der E-Commerce-Richtlinie[28] hingegen benennt exemplarisch Dienste der Informationsgesellschaft (z.B. E-Mail-Services).

20 **bb) Nähere Konkretisierung.** Der Begriff der „Dienste der Informationsgesellschaft" erfasst grundsätzlich nur Onlineangebote. Vor dem Hintergrund des Regelungszwecks von Art. 8 sind jedenfalls nicht solche Konstellationen erfasst, in denen der angebotene und ggf. in Anspruch genommene Dienst außerhalb des Internets liegt und der Zugang hierzu nur durch das Internet vermittelt wird.[29]

21 Erfasst sind aber u.a. das Streamen von Inhalten sowie der Beitritt zu einem sozialen Netzwerk.[30] Für die Erfüllung des Merkmals „in der Regel gegen Entgelt" genügt es, wenn der Dienst mit der Aufmerksamkeit des Nutzers (im Sinne eines Abrufs von Werbung) oder Bereitstellung von Daten bezahlt wird, so dass zumindest indirekt eine Monetarisierung stattfindet.[31]

22 Zum Teil wird die Ansicht vertreten, dass die Legaldefinition dem Begriff der Telemedien (§ 1 Abs. 1 S. 1 TMG) entspricht.[32] Dem ist beizupflichten, da § 1 Abs. 1 S. 1 TMG die E-Commerce-Richtlinie umsetzt und darin die „Dienste der Informationsgesellschaft" als Dienste i.S.v. Art. 1 Nr. 2 der Richtlinie 98/34/EG legaldefiniert sind. Letztgenannte Richtlinie wurde von der RL (EU) 2015/1535 inhaltlich ersetzt, die hier als Definitionsgrundlage dient.

23 Die in ErwG 38 genannten Präventions- und Beratungsdienste lassen sich damit kaum unter den Begriff des Dienstes der Informationsgesellschaft subsumieren, weil solche Dienste in der Regel gerade nicht (und zwar auch nicht indirekt) gegen Entgelt erbracht werden. Nicht unproblematisch ist hier, dass diese Dienste keinen ausdrücklichen Niederschlag im Wortlaut des Art. 8 gefunden haben.[33] Aufgrund der klaren und ausdrücklichen Benennung dieser Fallgruppe wird jedoch eine entsprechende Ausnahme anzuerkennen sein,[34] sodass solche Dienste ausnahmsweise dem Anwendungsbereich des Art. 8 unterfallen.

24 **c) Direkt an Kinder gerichtetes Angebot.** Weiterhin verlangt Art. 8 Abs. 1 UAbs. 1 S. 1, dass der entsprechende Dienst ein **direktes Angebot für ein Kind** darstellt.

---

28 RL 2000/31/EG des Europäischen Parlaments und des Rates, ABL. EU L 178, 1.
29 Vgl. Gola-*Schulz* Art. 8 Rn. 14; Schaffland/Wiltfang-*Schaffland/Holthaus* Art. 8 Rn. 2.
30 Vgl. Gola-*Schulz* Art. 8 Rn. 13.
31 *Buchner* WRP 2018, 1283, 1287
32 Vgl. *Härting* DSGVO, Rn. 411.
33 Kritisch hierzu: Ehmann/Selmayr-*Heckmann/Paschke* Art. 8 Rn. 20.
34 Vgl. Sydow-*Kampert* Art. 8 Rn. 11; Gola-*Schulz* Art. 8 Rn. 18 möchte hier sogar die allgemeine Wertung herauslesen, dass die starren Anforderungen des Art. 8 dort keine Wirkung entfalten, wo eine einwilligungsbasierte Datenverarbeitung in sensiblen oder kritischen Situationen (z.B. zum Schutz des Kindes vor den Trägern der elterlichen Verantwortung) erforderlich ist; a.A. hingegen Kühling/Buchner-*Buchner/Kühling* Art. 8 Rn. 14, die eine teleologische Beschränkung des Anwendungsbereichs nicht für angezeigt halten.

aa) „Kind" i.S.d. Art. 8. Der Begriff „**Kind**" ist in der DS-GVO nicht ausdrücklich 25
definiert.[35] Die Terminologie der Verordnung deckt sich insoweit zumindest nicht mit
der im deutschen Recht sonst gängigen Unterscheidung zwischen Kindern und
Jugendlichen (wie sie bspw. in § 1 Abs. 1 Nr. 1 und 2 JuSchG zum Ausdruck kommt),
sondern erfasst jeden Minderjährigen.[36] Für die Normanwendung bedarf es aber
wegen der konkret geregelten Altersgrenze auch keiner genaueren Definition dieses
Begriffs.[37]

bb) Direktes Angebot. Art. 8 kann nur dann Anwendung finden, wenn das Angebot 26
„einem Kind direkt gemacht wird". Unklar ist, unter welchen Voraussetzungen sich
ein **Angebot direkt** an ein Kind **richtet**.[38]

(1) Spezifische Adressierung von Minderjährigen. Relativ unproblematisch werden 27
sich hierunter solche Angebote subsumieren lassen, welche **speziell an Minderjährige
adressiert** sind.[39] Hierunter sollen solche Angebote zu fassen sein, die ausschließlich
das kindliche Interesse wecken sollen, zur Interaktion mit dem Kind oder plattform-
basiert zwischen mehreren Kindern animieren und bei denen Hilfestellungen durch
Erwachsene jedenfalls nicht zwingend erforderlich sind.[40]

Anhaltspunkte seien hier neben der direkten Ansprache in informeller Anrede und 28
Angeboten „nur für Kids" u.a. auch eine kindgerechte Bebilderung und Sprache oder
das Vorhandensein von Inhalten, die auf etablierten Kinderportalen verlinkt sind.[41]

Nicht ausreichend ist hingegen der Umstand allein, dass ein Anbieter Waren und 29
Dienstleistungen mit Bezug zu Minderjährigen (z.B. Kinderkleidung, Spielzeug,
Online-Lernplattformen) anbietet.[42] Das bedeutet jedoch nicht zwingend, dass der
gesamte Bereich des E-Commerce mit Waren vom Anwendungsbereich des Art. 8
ausgeschlossen ist. Vielmehr soll zu unterscheiden sein zwischen dem Online-Angebot
einerseits und der Lieferung der Waren andererseits.[43] Es ist aber zweifelhaft, ob das
Online-Angebot noch als „in der Regel gegen Entgelt angeboten" gelten kann, wenn
man den Kauf der Waren gerade ausblendet.

(2) „Dual Use". Problematisch ist jedoch, dass in der Praxis ein Großteil der Ange- 30
bote nicht nur an Minderjährige, sondern gerade auch an Erwachsene („Dual Use")[44]
gerichtet ist.

---

35 Anders jedoch noch der Kommissionsentwurf (KOM (2012) 11 endg. v. 25.1.2012), in dessen Art. 4 Abs. 18 ein Kind als „jede Person bis zur Vollendung des achtzehnten Lebensjahres" definiert wurde.
36 So auch *Ernst* ZD 2017, 110, 111.
37 *Sydow-Kampert* Art. 8 Rn. 8.
38 Zu den hieraus folgenden Abgrenzungs- und Auslegungsschwierigkeiten bereits *Gola/
Schulz* ZD 2013, 475, 477 f.
39 Vgl. *Sydow-Kampert* Art. 8 Rn. 7; *Gola-Schulz* Art. 8 Rn. 15.
40 Vgl. *Gola/Schulz* ZD 2013, 475, 478.
41 Vgl. *Gola/Schulz* ZD 2013, 475, 478; *Gola-Schulz* Art. 8 Rn. 15 mit weiteren Beispielen.
42 Vgl. *Gola-Schulz* Art. 8 Rn. 16.
43 *Art.-29-Datenschutzgruppe* WP 259, Ziff. 7.1.1, S. 29 (Seitenzahlen beziehen sich auf die
deutsche Sprachfassung); a.a. noch *Möhrke-Sobolewski/Klas* K&R 2016, 373, 376; *Gola/
Schulz* ZD 2013, 475, 478.
44 Vgl. *Paal/Pauly-Frenzel* Art. 8 Rn. 7.

31 Dem Tatbestandsmerkmal „direkt" in Art. 8 Abs. 1 UAbs. 1 kann aber nicht zwingend eine Beschränkung auf ausschließlich an Minderjährige adressierte Dienste entnommen werden. Zum Teil wird daher vertreten, dass entsprechende Angebote generell vom Anwendungsbereich des Art. 8 erfasst sind.[45] Der Schutzzweck gebietet ein solch weites Verständnis.[46] Nach Sinn und Zweck der Bestimmung gebietet der effektive Schutz von Minderjährigen, auch solche Dienste unter dem Anwendungsbereich zu subsumieren, die sich nur „auch" an Minderjährige richten, solange Minderjährige jedenfalls eine von mehreren gezielt angesprochenen Zielgruppen darstellen.

32 Sind Dienste ausweislich ihrer Bewerbung oder ihrer Teilnahmebedingungen sowohl an Erwachsene, als auch an Kinder i.S.d. DS-GVO (also Minderjährige) gerichtet, gilt Art. 8. Das kann z.B. bei sozialen Netzwerken oder Messenger-Diensten der Fall sein, die in ihren AGB ausdrücklich ein Mindestalter von (nur) 13 Jahren vorsehen.[47] Parallelwertungen aus anderen Rechtsgebieten (etwa im Hinblick auf den Anwendungsbereich der Beschränkungen von Werbung gegenüber Kindern in Nr. 28 des Anhangs zu § 3 Abs. 3 UWG sowie in § 6 Abs. 2 und Abs. 4 JMStV) legen allerdings nahe, dass ein direktes Angebot an ein Kind dann nicht vorliegt, wenn das Angebot unterschiedslos alle Altersgruppen anspricht.[48]

33 Die Abgrenzung wird jeweils im Einzelfall zu prüfen sein. Rechtsprechung und Rechtspraxis werden spezifischere Kriterien entwickeln müssen, mit denen sich die Einordnung in den Anwendungsbereich des Art. 8 praktikabel und rechtssicher durchführen lässt.[49]

34 **(3) Spezifische Adressierung von Erwachsenen.** Abzugrenzen davon sind solche Angebote, die sich nur an Erwachsene richten (z.B. digitaler Datingdienst für Volljährige oder Medieninhalte ohne Jugendfreigabe mit entsprechender Alterskennzeichnung), auch wenn Minderjährige den Dienst tatsächlich nutzen. Hier gilt Art. 8 nicht. Konsequenterweise darf der Anbieter eines an ein Publikum ab 16 Jahren gerichteten Dienstes aber auch davon ausgehen, dass seine Nutzer im einwilligungsfähigen Alter sind.[50]

35 **2. Einwilligung des Trägers der elterlichen Verantwortung (Abs. 1 UAbs. 1 S. 2). – a) Allgemein.** Hat das Kind noch nicht das 16. Lebensjahr vollendet, so bestimmt Art. 8 Abs. 1 UAbs. 1 S. 2, dass eine Datenverarbeitung nur rechtmäßig ist, sofern und soweit die Einwilligung durch den Träger der elterlichen Verantwortung für das Kind oder mit dessen Zustimmung erteilt wird.

36 **b) Träger der elterlichen Verantwortung.** Nach deutschem Recht sind **Träger der elterlichen Verantwortung** grundsätzlich die Eltern (§§ 1626, 1629 BGB).[51] Gem. § 1629 Abs. 1 S. 2 BGB vertreten sie das Kind gemeinschaftlich. Allerdings kann ein Elternteil den anderen auch konkludent zur entsprechenden Vertretung des gemein-

---

45 Vgl. Kühling/Buchner-*Buchner/Kühling* Art. 8 Rn. 16 f.
46 Paal/Pauly-*Frenzel* Art. 8 Rn. 7.
47 So auch Auernhammer-*Greve* Art. 8 Rn. 8; Paal/Pauly-*Frenzel* Art. 8 Rn. 7.
48 Vgl. *BGH* v. 12.12.2013 – I ZR 192/12, NJW 2014, 2279, 2280 – Goldbärenbarren.
49 So Ehmann/Selmayr-*Heckmann/Paschke* Art. 8 Rn. 22.
50 Vgl. Paal/Pauly-*Frenzel* Art. 8 Rn. 7; krit. Kühling/Buchner-*Buchner/Kühling* Art. 8 Rn. 17.
51 Im Einzelfall kommt als entsprechender Träger jedoch auch der Vormund (§§ 1773 ff. BGB) oder der Pfleger (§ 1630 Abs. 1 und 2 BGB) in Betracht.

samen Kindes ermächtigen; jedenfalls aufgrund Rechtsscheins genügt bei Geschäften des täglichen Lebens daher regelmäßig die Einwilligung eines Elternteils.[52]

c) Einwilligung für das Kind. Erlaubt Art. 8 Abs. 1 UAbs. 1 S. 2 ausdrücklich die **Einwilligung für das Kind**, bedeutet dies jedoch nicht, dass die Eltern frei in ihrer Entscheidung über die Verarbeitung der personenbezogenen Daten des Kindes sind. Eine andere Auffassung wäre insbesondere mit dem Gewährleistungsgehalt des Art. 8 GRCh nicht zu vereinbaren.[53] Eine Einwilligung gegen den Willen des Kindes als Grundrechtsträger kommt damit nicht in Betracht.[54] Die Träger der elterlichen Sorge dürfen die Einwilligung ausschließlich im Interesse des Kindes abgeben.[55] 37

d) Zustimmung des Trägers der elterlichen Verantwortung. Hinsichtlich der **Einwilligung des Kindes mit Zustimmung der Eltern** ist noch unklar, was genau der Begriff der „Zustimmung" hier meint. Nach deutscher Terminologie kann dieser Terminus sowohl die vorherige Zustimmung (= Einwilligung) als auch die nachträgliche Zustimmung (= Genehmigung) umfassen. Jedenfalls aufgrund des Schutzzwecks und des Wortlauts der Norm auch in anderen Sprachfassungen (**„only if and to the extent that consent is given or authorised by the holder of parental responsibility over the child."**) kann hier aber nur die vorherige Zustimmung gemeint sein.[56] 38

e) Form der Einwilligung. Hinsichtlich der **Form** der Einwilligung der Träger elterlichen Verantwortung gelten die allgemeinen formalen Anforderungen des Art. 7 (siehe auch dortige Kommentierung, Rn. 31 ff.).[57] Bei Online-Anwendungen soll eine Zustimmung ohne Medienbruch möglich sein.[58] 39

3. Rechtsfolgen. Die wirksam erteilte Einwilligung gilt **auch über das Erreichen der Altersgrenze hinaus**.[59] 40

Ein Verstoß gegen die Anforderungen des Art. 8 führt zur **Unwirksamkeit der Einwilligung** mit der Folge, dass die Datenverarbeitung rechtswidrig ist (soweit nicht im Einzelfall ein anderer Erlaubnistatbestand eingreift).[60] 41

Weiterhin sind die **Daten** des Betroffenen umgehend zu **löschen**.[61] 42

Bei einem Verstoß gegen Art. 8 kommt darüber hinaus gem. Art. 83 Abs. 1, Abs. 4 lit. a auch ein **Bußgeld** in Betracht. 43

---

52 Vgl. MüKo-BGB-*Huber* § 1629 Rn. 37.
53 Vgl. Ehmann/Selmayr-*Heckmann/Paschke* Art. 8 Rn. 28.
54 Vgl. *Möhrke-Sobolewski/Klas* K&R 2016, 373, 375. Kühling/Buchner-*Buchner/Kühling* Art. 8 Rn. 21.
55 Vgl. Ehmann/Selmayr-*Heckmann/Paschke* Art. 8 Rn. 28; Kühling/Buchner-*Buchner/Kühling* Art. 8 Rn. 21; *Möhrke-Sobolewski/Klas* K&R 2016, 373, 375.
56 So auch Sydow-*Kampert* Art. 8 Rn. 10; Gola-*Schulz* Art. 8 Rn. 17; Kühling/Buchner-*Buchner/Kühling* Art. 8 Rn. 21; a.A. Ehmann/Selmayr-*Heckmann/Paschke* Art. 8 Rn. 27; BeckOK DatenSR-*Karg* Art. 8 Rn. 52, wonach auch die nachträgliche Zustimmung genügen soll.
57 Vgl. Kühling/Buchner-*Buchner/Kühling* Art. 8 Rn. 21.
58 Vgl. *Rauda* MMR 2017, 15, 19.
59 *Art.-29-Datenschutzgruppe* WP 259, Ziff. 7.1.4, S. 32.
60 Ehmann/Selmayr-*Heckmann/Paschke* Art. 8 Rn. 33.
61 Ehmann/Selmayr-*Heckmann/Paschke* Art. 8 Rn. 33; Kühling/Buchner-*Buchner/Kühling* Art. 8 Rn. 27.

44 Ein aus der unzulässigen Datenverarbeitung entstandener **Schaden** ist auf Grundlage des Art. 81 ersatzfähig.

III. Öffnungsklausel (Abs. 1 UAbs. 2)

45 Art. 8 Abs. 1 UAbs. 2 enthält eine fakultative Öffnungsklausel. Hiernach steht es den Mitgliedstaaten offen, die Altersgrenze von 16 Jahren auf **maximal 13 Jahre herabzusetzen**. Die Regelung orientiert sich dabei an dem US-amerikanischen Children‚s Online Privacy Protection Act (COPPA).[62]

46 Von der Möglichkeit der Herabsetzung der Altersgrenze hat der **deutsche Gesetzgeber** – im Gegensatz zu einer Vielzahl anderer Mitgliedstaaten, wie Österreich, Schweden, Belgien, Dänemark, Italien, Spanien und Frankreich[63] – **keinen Gebrauch** gemacht. Es gilt hier mithin die Altersgrenze von 16 Jahren.

47 Ermöglicht die Öffnungsklausel zwar die Anpassung der Altersgrenze an die jeweiligen rechtlichen Gegebenheiten innerhalb der Mitgliedstaaten, **konterkariert** diese jedenfalls zum Teil das erklärte Ziel der DS-GVO, einen **einheitlichen Rechtsrahmen für den Datenschutz in Europa** zu schaffen.[64] So ist für die Altersgruppe der 13- bis 15-Jährigen gerade keine vollständige Harmonisierung der Regelungen erreicht worden.

48 Die Öffnungsklausel soll keine Anwendung finden, soweit Unternehmen aus Drittstaaten Einwilligungserklärungen von Nutzern in einem EU-Mitgliedstaat einholen, auf den sich ihr Dienst nicht ausrichtet.[65] In diesen Konstellationen bleibt es ungeachtet der Öffnungsklausel bei der Grenze von 16 Jahren. Die Bestimmung des jeweils anzuwendenden nationalen Rechts lässt Art. 8 ungeregelt. Aufgrund dessen greift das allgemeine Kollisionsrecht der DS-GVO in Art. 3. Nationale Bestimmungen über die jeweilige Altersgrenze sind dann unbedeutend, solange sich das Kind innerhalb der EU befindet.[66]

IV. Nachprüfungspflichten des Verantwortlichen (Abs. 2)

49 **1. Allgemein.** Nach Art. 8 Abs. 2 muss der Verantwortliche unter Berücksichtigung der verfügbaren Technik angemessene Anstrengungen unternehmen, um sich zu vergewissern, dass die Einwilligung durch den Träger der elterlichen Verantwortung für das Kind oder mit dessen Zustimmung erteilt wurde.

50 Das Erfordernis der Einwilligung oder der Zustimmung nach Abs. 1 UAbs. 1 S. 2 wird durch die Vorschrift dahingehend ergänzt, dass der Verantwortliche zum Nachweis über die wirksame Einwilligung verpflichtet wird. Die Praxis steht hier vor der großen Herausforderung, geeignete und rechtssichere Wege für die Dokumentation zu fin-

---

[62] Children's Online Privacy Protection Act of 1998, 15 U.S.C. 6501–6505. Hierzu: *Rauda* MMR 2017, 15, 16 f.
[63] Eine laufend aktualisierte Übersicht findet sich bei *Lievens/Milkaite* Status quo regarding the child's article 8 GDPR age of consent for data processing across the EU, https://www.betterinternetforkids.eu/web/portal/practice/awareness/detail?articleId=3017751, zuletzt abgerufen am 27.4.2020.
[64] So auch Sydow-*Kampert* Art. 8 Rn. 18; Kühling/Buchner-*Buchner/Kühling* Art. 8 Rn. 22.
[65] *Laue* ZD 2016, 463, 466; strenger BeckOK DatenSR-*Karg* Art. 8 Rn. 21–24, wonach die Öffnungsklausel Anbietern in Drittstaaten nicht zugutekommen soll.
[66] Vgl. BeckOK DatenSR-*Karg* Art. 8 Rn. 22.

den. Gerade die Frage der Angemessenheit der Maßnahmen wird von den Datenschutzaufsichtsbehörden und letztendlich vom EuGH zu entscheiden sein.[67]

Nicht geregelt ist die in der Praxis ebenfalls bedeutsame Frage der Überprüfung des Alters des Erklärenden.[68] Hier wird man nach Sinn und Zweck der Regelung und wegen des Fehlens einer ausdrücklichen Vorgabe ebenfalls keine völlige Sicherheit, sondern allenfalls angemessene Anstrengungen fordern können und zugunsten eines Verantwortlichen, der solche angemessenen Anstrengungen unternimmt, von einer (ggf. fingierten) wirksamen Einwilligung ausgehen, solange er nicht positive Kenntnis von einer relevanten Falschangabe des Alters hat (siehe im Einzelnen Rn. 71 ff.). 51

2. Anforderungen an die Nachprüfung. Den Verantwortlichen treffen bezüglich der Einwilligung des Trägers der elterlichen Verantwortung **Nachprüfungspflichten**. Konkrete technische Überprüfungs- oder Verifikationsverfahren benennt die DS-GVO nicht. Art. 8 stellt jedoch die Pflichten des Verantwortlichen unter den Vorbehalt der **Angemessenheit** und der **verfügbaren Technik**.[69] 52

Art. 8 Abs. 2 verlangt (nur) **angemessene Anstrengungen**, die keine der auf Seiten des Verantwortlichen zu berücksichtigenden Gewährleistungen (namentlich Art. 15, 16, 17 GRCh) unverhältnismäßig einschränken.[70] Zur Beurteilung der Angemessenheit sind der finanzielle und organisatorische Aufwand des Verantwortlichen gegen Art, Umfang und Bedeutung der Datenverarbeitung abzuwägen.[71] 53

Hinsichtlich der **verfügbaren Technik** wird es darauf ankommen, welche technischen Möglichkeiten für die Vergewisserung der zutreffenden Autorisierung vorliegen.[72] Da sich die Technik fortlaufend entwickelt, sind die eingesetzten Überprüfungsmethoden kontinuierlich zu evaluieren und ggf. dem aktuellen Stand anzupassen. 54

Weiterhin wird bei der Frage der Bestimmung der erforderlichen Maßnahmen auch Art. 5 Abs. 1 lit. c zu berücksichtigen sein, wonach die Verarbeitung von personenbezogenen Daten auf das für die Zwecke der Verarbeitung notwendige Maß beschränkt sein muss (**Grundsatz der Datenminimierung**).[73] 55

Wie sich die Träger elterlicher Verantwortung praktikabel verifizieren lassen, ist von der Rechtspraxis zu beantworten (siehe Hinweise dazu bei Rn. 76 ff.). Die Norm verlangt Anstrengungen anzunehmen, doch dabei weiterhin dem Grundsatz der Verhältnismäßigkeit zu entsprechen.[74] Insbesondere besteht kein Register der Träger elterlicher Verantwortung, und es wäre auch unzumutbar und mit dem Grundsatz der Datenminimierung unvereinbar, ein solches aufbauen zu wollen.[75] 56

3. Nachweis- und Dokumentationspflicht. Abs. 2 verpflichtet den Verantwortlichen auch zur Dokumentation der erteilten Zustimmung. Daher ist Abs. 2 als eigener 57

---

67 Vgl. Kühling/Buchner-*Buchner/Kühling* Art. 8 Rn. 27.
68 Vgl. hierzu Kühling/Buchner-*Buchner/Kühling* Art. 8 Rn. 28.
69 Vgl. Kühling/Buchner-*Buchner/Kühling* Art. 8 Rn. 23.
70 Vgl. Ehmann/Selmayr-*Heckmann/Paschke* Art. 8 Rn. 37.
71 Vgl. Sydow-*Kampert* Art. 8 Rn. 14.
72 Vgl. Kühling/Buchner-*Buchner/Kühling* Art. 8 Rn. 23.
73 Vgl. *Gola/Schulz* ZD 2013, 475, 479; siehe auch *Art.-29-Datenschutzgruppe* WP 259, Ziff. 7.1.4, S. 31.
74 Vgl. Sydow-*Kampert* Art. 8 Rn. 14.
75 *Feiler/Forgó* Art. 8 Rn. 9.

Art. 8   Bedingungen für die Einwilligung eines Kindes

Rechtsgrund für die Erhebung von Daten der Träger elterlicher Verantwortung zu sehen.[76] Die Nachweispflicht folgt der generellen Rechenschaftspflicht gem. Art. 5 Abs. 2.

58   **4. Rechtsfolgen.** Die Rechtsfolgen einer fehlenden Dokumentation sind umstritten. Teilweise wird vertreten, dass die **Rechtmäßigkeit oder Wirksamkeit der Einwilligung von der Erfüllung dieser Verpflichtung unabhängig** sei; vielmehr diene die Vorschrift allein dem Verantwortlichen dahingehend, seiner Nachweispflicht hinsichtlich einer wirksamen Einwilligung nach Art. 7 Abs. 1 nachzukommen.[77]

59   Allerdings verpflichtet die Vorschrift den Verantwortlichen, einen Nachweis hinsichtlich einer wirksamen Einwilligung nach Art. 7 Abs. 1 beizubringen.[78] Als Teil der Anforderungen des Art. 8 führt auch eine Missachtung des Art. 8 Abs. 2 zur **Unwirksamkeit der Einwilligung** mit der Folge, dass die Datenverarbeitung rechtswidrig ist.[79]

60   Wenn sich die Verifikation trotz angemessener Anstrengungen später als fehlerhaft erweist, dürfte es ab dem Moment, in dem der Verantwortliche positive Kenntnis vom Fehlen der zunächst aufgrund angemessener Verifikationsanstrengungen angenommen Zustimmung hat, an der Rechtmäßigkeit der Datenverarbeitung gem. Art. 6 Abs. 1 lit. a fehlen.[80] Ein bloßer Verdacht oder ein abstraktes Für-möglich-halten genügt insoweit aber nicht, da sonst die ausdrücklich geregelte Beschränkung auf angemessene Anstrengungen unterlaufen werden würde.[81]

61   Als Teil der aus Art. 8 erwachsenden Pflichten kann eine Missachtung gem. Art. 83 Abs. 4 lit. a mit einem Bußgeld geahndet werden. Es ist sogar denkbar, einen solchen Verstoß aufgrund der kumulativen Anwendung mit Art. 7 als Verstoß gegen die Beachtung der Bedingungen einer Einwilligung gem. Art. 83 Abs. 5 lit. a zu ahnden.[82]

V. Fortgeltung des allgemeinen Vertragsrechts (Abs. 3)

62   Nach Art. 8 Abs. 3 bleibt das allgemeine Vertragsrecht der Mitgliedstaaten von der Regelung des Art. 8 unberührt. Die Regelung stellt damit klar, dass für andere Erklärungen als (datenschutzrechtliche) Einwilligungen das nationale Recht der Mitgliedstaaten (in Deutschland: §§ 104 ff. BGB) Anwendung findet.

63   Die DS-GVO nimmt damit Abweichungen zwischen Einwilligungsalter und (unbeschränkter) Geschäftsfähigkeit in Kauf und macht die datenschutzrechtliche Einwilligung nicht von der Geschäftsfähigkeit abhängig. Die mangelnde Kohärenz im Privatrecht innerhalb der EU schlägt hier unmittelbar auf das Datenschutzrecht durch, welches der Verordnungsgeber nicht abschließend genug geregelt hat, sodass das jeweilige nationale Zivilrecht konturierend Anwendung finden muss.

64   Umgekehrt führt die wirksame Einwilligung allerdings nicht automatisch zur Wirksamkeit eines Vertrages, der nach nationalem Recht unwirksam wäre. Die Wirksam-

---

76   Paal/Pauly-*Frenzel* Art. 8 Rn. 14.
77   Ehmann/Selmayr-*Heckmann/Paschke* Art. 8 Rn. 38.
78   Ehmann/Selmayr-*Heckmann/Paschke* Art. 8 Rn. 38.
79   Ehmann/Selmayr-*Heckmann/Paschke* Art. 8 Rn. 29.
80   Vgl. Plath-*Plath* Art. 8 Rn. 13; Auernhammer-*Greve* Art. 8 Rn. 16.
81   So auch Auernhammer-*Greve* Art. 8 Rn. 16.
82   BeckOK DatenSR-*Karg* Art. 8 Rn. 31.

keit von (datenschutzrechtlicher) Einwilligung und der korrelierenden vertraglichen Vereinbarung sind unabhängig voneinander zu beurteilen (Trennungsprinzip).[83]

Gemäß Art. 8 Abs. 3 sind nur direkte Auswirkungen auf das Vertragsrecht ausdrücklich ausgeschlossen. Fraglich ist, welche Ausstrahlungswirkungen, auch über das Vertragsrecht hinaus, möglich sind. Die rechtliche Bewertung der einwilligenden Handlungen Minderjähriger in anderen Rechtsgebieten wie dem Strafrecht oder dem Persönlichkeitsrecht bleibt trotz des Art. 8 undeutlich.[84] Aufgrund des Anwendungsvorrangs der unmittelbar geltenden Verordnung kann Art. 8 Auswirkungen auch in anderen Rechtsbereichen haben. Gleichwohl bleibt die Anwendbarkeit der DS-GVO auf ihren Anwendungsbereich beschränkt, wozu das Strafrecht aufgrund mangelnder Regelungskompetenz der EU in jedem Fall nicht zählen kann. 65

C. Praxishinweise

I. Relevanz für öffentliche Stellen

Aufgrund des eingeschränkten materiellen Anwendungsbereichs wird die Norm für öffentliche Stellen kaum Relevanz erlangen. Im Einzelfall ist aber natürlich dennoch denkbar, dass eine öffentliche Stelle einen Dienst der Informationsgesellschaft direkt einem Kind anbietet, insbesondere im Bereich der in ErwG 38 genannten Beratungs- und Präventionsdienste. 66

II. Relevanz für nichtöffentliche Stellen

1. Allgemein. Die im Einzelfall erforderliche Einholung von Einwilligungserklärungen der Träger der elterlichen Verantwortung stellt den Anbieter vor **nicht unerhebliche Herausforderungen**, da es schwierig sein wird, deren Identität festzustellen und die Authentizität von Einwilligungserklärungen zu überprüfen.[85] 67

Im Vergleich zu der vorherigen Rechtslage haben die Anbieter jedenfalls bei Minderjährigen der **Altersgruppe 16 bis 18 Jahren** deutlich an **Rechtssicherheit** gewonnen.[86] Aufgrund der in Art. 8 implementierten unwiderlegbaren Annahme der Einsichtsfähigkeit müssen Anbieter hier nicht mehr befürchten, dass aufgrund mangelnder Einsichtsfähigkeit im Einzelfall eine Einwilligung doch unwirksam gewesen ist. 68

2. Eingeschränkte Fortgeltung bisher erteilter Einwilligungen. Ausweislich ErwG 171 S. 3 sollen bisher erteilte Einwilligungen fortgelten, sofern sie der Art nach den Bedingungen der DS-GVO entsprechen. 69

Nach Ansicht der Datenschutzbehörden erfüllen bisher rechtswirksame Einwilligungen zwar grundsätzlich diese Bedingungen; eine Ausnahme von der Fortgeltung wird jedoch gerade in der Konstellation gesehen, dass die Altersgrenze von 16 Jahren nicht beachtet wurde.[87] 70

---

83 Vgl. Kühling/Buchner-*Buchner/Kühling* Art. 8 Rn. 29.
84 Vgl. BeckOK DatenSR-*Karg* Art. 8 Rn. 61.
85 Vgl. *Härting* DSGVO, Rn. 411.
86 So auch Sydow-*Kampert* Art. 8 Rn. 18.
87 Vgl. *Düsseldorfer Kreis* v. 13./14.9.2016, https://www.ldi.nrw.de/mainmenu_Service/submenu_Entschliessungsarchiv/Inhalt/Beschluesse_Duesseldorfer_Kreis/Inhalt/2016/Fortgeltung_bisher_erteilter_Einwilligungen_unter_der_Datenschutz-_Grundverordnung/Fortgeltung_bisher_erteilter_Einwilligungen_unter_der_Datenschutz-_Grundverordnung1.pdf, zuletzt abgerufen am 27.4.2020.

Art. 8   Bedingungen für die Einwilligung eines Kindes

71   **3. Anforderungen an neu erteilte Einwilligungen. – a) Einordnung als „Dienst der Informationsgesellschaft".** Aufgrund des stark eingeschränkten materiellen Anwendungsbereichs ist zunächst festzustellen, ob das jeweilige Angebot als ein „Dienst der Informationsgesellschaft" eingeordnet werden kann. Durch die aufgezeigten Auslegungs- und Abgrenzungsschwierigkeiten im Zusammenhang mit der Bestimmung entsprechender Angebote wird jedoch (jedenfalls derzeit) nicht in allen Fällen eindeutig zu bestimmen sein, ob ein derartiges Angebot vorliegt. Ist letztlich das Vorliegen eines entsprechenden Dienstes zu bejahen, muss der Anbieter Maßnahmen ergreifen, um den Verpflichtungen aus Art. 8 nachzukommen.[88]

72   **b) Implementierung eines zweistufigen Überprüfungsverfahrens. – aa) Erfordernis und Anforderungen an die Altersabfrage des Nutzers.** Sieht Art. 8 einen abgestuften Minderjährigenschutz vor, ist es für den Anbieter zukünftig erforderlich, dass er vor der Einholung von datenschutzrechtlichen Einwilligungen zunächst das **Alter des Nutzers** in Erfahrung bringt.

73   Fraglich ist, welche Anforderungen hier im Einzelnen zu stellen sind. Jedenfalls bei einem geringen Risiko der Verarbeitung reicht eine einfache Abfrage („Wie alt bist du?") bereits aus. Im Sinne des Gebots der Datensparsamkeit erscheint sogar eine rein binäre Abfrage („Bist du mindestens 16 Jahre alt?") oder eine Checkbox („Ich bin mindestens 16 Jahre alt") praktikabel und ausreichend.[89] Bei bejahender Antwort genügt die Einwilligung des Nutzers selbst, weil die Altersgrenze des Unionsrechts (und des nationalen Rechts) erfüllt ist; bei verneinender Antwort ist die elterliche Zustimmung erforderlich. Die richtige Angabe des tatsächlichen Alters bringt darüber hinaus keinen Mehrwert.[90]

74   Dagegen ist es jedenfalls nicht erforderlich, Diensten der Informationsgesellschaft ein komplexes Altersverifikationssystem im Sinne des Jugendmedienschutzrechts (§ 4 Abs. 2 S. 2 JMStV) vorzuschalten.[91] Dies würde aufgrund der jugendschutzrechtlich bedingten Komplexität solcher Systeme die Grenze der Angemessenheit überschreiten, zumal dann die von der DS-GVO erwünschte Einwilligung ohne Medienbruch in Frage stünde. Auch existieren in den anderen Mitgliedstaaten keine vergleichbaren Systeme, sodass mangels Vorgabe konkreter Prüfungsanforderungen durch die DS-GVO nicht davon ausgegangen werden kann, dass der Gesetzgeber unionsweit den strengen deutschen Jugendmedienschutzstandard etablieren wollte.

---

88   Zu beachten ist jedoch auch bei anderen Diensten, dass hier die Einwilligung des Kindes freiwillig erfolgen muss, sodass hier auf die Einsichtsfähigkeit und Informiertheit des Kindes im Einzelfall abzustellen ist, vgl. Ehmann/Selmayr-*Heckmann/Paschke* Art. 8 Rn. 37.

89   *Art.-29-Datenschutzgruppe* WP 259, Ziff. 7.1.3, S. 30 f; Vgl. auch Gola-*Schulz* Art. 8 Rn. 20, der bereits eine Abfrage des vollständigen Geburtsdatums mit Verweis auf die in Art. 5 Abs. 1 lit. c eingeführte Pflicht zu einer möglichst datensparsamen Datenerhebung und -verarbeitung ablehnt; außerdem Plath-*Plath* Art. 8 Rn. 12; a.A. ohne nähere Begründung das Gutachten der Datenethikkommission (DEK) der Bundesregierung v. 23.10.2019, Ziff. 3.5.3., das jedoch an gleicher Stelle ebenfalls die Problematik einer abzulehnenden exzessiven Datenerhebung zum Zweck der Altersprüfung betont.

90   Vgl. Kühling/Buchner-*Buchner/Kühling* Art. 8 Rn. 28, wo allerdings die richtige Angabe des Alters als erforderlich erachtet wird.

91   Gola-*Schulz* Art. 8 Rn. 20 mit Verweis auf *Gola/Schulz* ZD 2013, 475, 479; Plath-*Plath* Art. 8 Rn. 12; Auernhammer-*Greve* Art. 8 Rn. 17.

bb) **Weitere Maßnahmen.** – (1) **Minderjährige Nutzer im Alter von 16 bis 18 Jahren.** Ergibt die Abfrage, dass es sich um einen minderjährigen Nutzer handelt, der das 16. Lebensjahr bereits vollendet hat, ist die Verarbeitung auf Grundlage dessen Einwilligung rechtmäßig, sofern die weiteren Anforderungen des Art. 6 Abs. 1 lit a und Art. 7 eingehalten sind.[92] Aus Art. 8 ergeben sich hier keine gesonderten Anforderungen. Vielmehr wird diese Altersgruppe mit den volljährigen Nutzern rechtlich gleichgestellt.[93]

(2) **Minderjährige Nutzer im Alter bis zu 16 Jahren.** Ergibt die Anfrage, dass es sich um einen Nutzer unter 16 Jahren handelt, muss der Anbieter angemessene Anstrengungen unternehmen, um sich zu vergewissern, dass eine Einwilligung des Trägers der elterlichen Verantwortung vorliegt.

Diesbezüglich werden unterschiedliche Ansätze in der Literatur diskutiert. Die **Rechtsunsicherheit** hinsichtlich der zu ergreifenden Maßnahmen wird derzeit als **hoch** eingeschätzt.[94]

(a) **Double-Opt-in-Verfahren.** Die bisher wohl h.M. in der Literatur schlägt die Einrichtung eines sog. **Double-Opt-in-Verfahrens** vor.[95]

Hierbei muss der Anbieter zunächst sowohl die E-Mail-Adresse des minderjährigen Nutzers als auch des jeweiligen Trägers der elterlichen Verantwortung abfragen. Abhängig davon, ob eine Einwilligung durch die Träger der elterlichen Verantwortung für den Minderjährigen oder eine Einwilligung des Minderjährigen mit dessen Zustimmung erteilt wird, muss daraufhin entweder an das Kind oder den Träger der elterlichen Verantwortung eine E-Mail mit einem Bestätigungslink versendet werden. Erst nach der Bestätigung durch das Anklicken des entsprechenden Links kommt dann die erforderliche datenschutzrechtliche Einwilligung zustande.[96]

Problematisch an diesem Verfahren ist, dass über die Eingabe einer bloßen E-Mail-Adresse nicht gewährleistet werden kann, dass diese tatsächlich eine der Eltern ist bzw. der Minderjährige nicht die E-Mail-Konten seiner Eltern ohne deren Kenntnis nutzt.[97] Solange aber jedenfalls kein Anlass zur Annahme einer entsprechend missbräuchlichen Nutzung besteht, wird man solche Missbrauchsmöglichkeiten hinnehmen müssen.[98] Diese ließen sich jedenfalls nach derzeitigem Stand der Technik auch nicht mit angemessenen Mitteln verhindern (vgl. Rn. 55 f. zum Grundsatz der Datenminimierung).

---

92 Vgl. Kühling/Buchner-*Buchner/Kühling* Art. 8 Rn. 3.
93 Vgl. Schaffland/Wiltfang-*Schaffland/Holthaus* Art. 8 Rn. 4.
94 Vgl. Kühling/Buchner-*Buchner/Kühling* Art. 8 Rn. 27.
95 Vgl. Ehmann/Selmayr-*Heckmann/Paschke* Art. 8 Rn. 37; Gola-*Schulz* Art. 8 Rn. 21; Kühling/Buchner-*Buchner/Kühling* Art. 8 Rn. 24; krit. Schaffland/Wiltfang-*Schaffland/Holthaus* Art. 8 Rn. 7. Ausf. dazu auch *Möhrke-Sobolewski/Klas* K&R 2016, 373, 377 f.
96 Vgl. Ehmann/Selmayr-*Heckmann/Paschke* Art. 8 Rn. 37 f.
97 Vgl. *Möhrke-Sobolewski/Klas* K&R 2016, 373, 377 f.; Kühling/Buchner-*Buchner/Kühling* Art. 8 Rn. 24.
98 Vgl. *Möhrke-Sobolewski/Klas* K&R 2016, 373, 378; Kühling/Buchner-*Buchner/Kühling* Art. 8 Rn. 24.

81 (b) Weitere Möglichkeiten. Eine Authentifizierung des Trägers der elterlichen Verantwortung mittels einer **Ausweiskopie** scheidet hier jedenfalls aus.[99] Ebenfalls nicht ausreichend wäre die bloße **Ergänzung der Allgemeinen Geschäftsbedingungen** dahingehend, dass bei jüngeren Nutzern zugleich versichert wird, dass die Eltern zugestimmt haben.[100] Strittig ist hingegen, ob bereits eine **Checkbox**, bei der das Kind ankreuzt, dass es mit Zustimmung der Eltern handelt, ausreicht. Insofern böte auch etwa die Implementierung eines **Altersverifikationssystems** i.S.v. § 4 Abs. 2 S. 2 JMStV zumindest die Sicherheit, dass der Minderjährige sich nicht selbst anstelle eines Volljährigen erklärt.[101] Allerdings wird der Unionsgesetzgeber ein solches primär nur in Deutschland überhaupt bekanntes Verfahren kaum vor Augen gehabt haben. Vorgeschlagen wird darüber hinaus in Fällen eines hohen Risikos auch eine **Banküberweisung** von 0,01 EUR mit einer entsprechenden Erklärung als Verwendungszweck.[102] Auch damit kann letztlich aber nur geprüft werden, dass der Erklärende über ein Bankkonto verfügt, ohne dass feststeht, dass es sich auch um den Träger der elterlichen Verantwortung handelt.

82 Die DS-GVO macht hier keine konkreten Vorgaben, sodass letztlich eine Vielzahl weiterer Gestaltungen und künftig auch entsprechender neuartiger Dienstleistungen denkbar ist. Beispielsweise könnte ein Anbieter innerhalb der App einen **Fragenkatalog** präsentieren, mit dessen Hilfe eine Identifizierung der Eltern mit hoher Wahrscheinlichkeit möglich ist, oder sich an **Child Guard Online**[103] (Name, Adresse, letzte Ziffern der Ausweisnummer) orientieren.[104] Akzeptabel erscheint auch die Methode **„email plus"**, wo die Eltern eine E-Mail erhalten, auf die sie antworten müssen, um ihre Einwilligung zu erteilen, und später unter Bezugnahme auf diese erste E-Mail eine zweite E-Mail mit einem Hinweis auf Widerrufsmöglichkeiten versandt wird.[105]

83 (c) Orientierung an der Praxis zu COPPA. Orientiert sich die Regelung an den Vorgaben des Children‚s Online Privacy Protection Act (COPPA), erscheint die Vornahme vorsichtiger Anleihen aus der US-amerikanischen Rechtspraxis möglich.[106] COPPA hält u.a. folgende Methoden für zulässig:
- Schriftliche Einwilligung mit Unterschrift per Post, Fax oder E-Mail;
- Durchführung einer verifizierten Zahlung eines Elternteils mittels Kredit- oder Debitkarte oder eines sonstigen Online-Bezahlsystems oder

---

99 Vgl. Gola-*Schulz* Art. 8 Rn. 21 mit Verweis auf *Walter* DSB 2013, 140, 142; Auernhammer-*Greve* Art. 8 Rn. 15; *VG Hannover* ZD 2014, 266, 267.
100 Vgl. Ehmann/Selmayr-*Heckmann/Paschke* Art. 8 Rn. 33; Gola-*Schulz* Art. 8 Rn. 20; krit. auch *Möhrke-Sobolewski/Klas* K&R 2016, 272, 377.
101 Als ausreichend erachtet von: Plath-*Plath* Art. 8 Rn. 12; a.A. hingegen Paal/Pauly-*Frenzel* Art. 8 Rn. 13; Ehmann/Selmayr-*Heckmann/Paschke* Art. 8 Rn. 33; Kühling/Buchner-*Buchner/Kühling* Art. 8 Rn. 23; Bornemann/Erdemir-*Erdemir* zu § 4 JMStV Rn. 225 f.
102 Art.-29-Datenschutzgruppe WP 259, Ziff. 7.1.4, S. 31, Fn. 66.
103 Im Jahr 2013 hat der Dienst Child Guard Online von der FTC die Bestätigung erhalten, dass er mit COPPA in Einklang steht, s. Mitteilung des Unternehmens v. 8.1.2014: http://www.childguardonline.com/FTC-ChildGuard.pdf, zuletzt abgerufen am 27.4.2020.
104 *Rauda* MMR 2017, 15, 19.
105 *Rauda* MMR 2017, 15, 19.
106 So auch Kühling/Buchner-*Buchner/Kühling* Art. 8 Rn. 1, 25.

– Anruf des Elternteils bei einer kostenlosen Hotline, unter der geschultes Personal zu erreichen ist oder Videokonferenz mit geschultem Personal.[107]

Einige dieser Methoden, wie „print and send", führen in den USA allerdings dazu, dass der Minderjährigenschutz stark umgangen wird, und dienen daher nicht als geeignetes Vorbild für einen zeitgemäßen Datenschutz.[108]

(d) Beispiel der Art.-29-Datenschutzgruppe. Die Art.-29-Datenschutzgruppe beschreibt ein mögliches Verfahren an einem Beispiel, in dem eine Plattform für Onlinespiele die Nutzung der Dienste durch Minderjährige von der Zustimmung der Eltern abhängig machen will.[109] Dieses Verfahren verläuft in 3 bzw. 4 Schritten:

– Frage an den Benutzer, ob er unter oder über 16 Jahre alt ist (oder alternatives Alter der digitalen Zustimmung). Wenn der Benutzer angibt, dass er das Alter der digitalen Zustimmung nicht erreicht hat, folgt Schritt 2.
– Der Anbieter informiert das Kind, dass ein Elternteil oder Erziehungsberechtigter zustimmen oder die Verarbeitung genehmigen muss, bevor der Dienst zur Verfügung gestellt wird. Der Benutzer wird aufgefordert, die E-Mail-Adresse eines Elternteils oder Erziehungsberechtigten anzugeben.
– Der Dienst kontaktiert den Elternteil oder Erziehungsberechtigten, holt per E-Mail dessen Zustimmung zur Verarbeitung und unternimmt angemessene Schritte, um zu bestätigen, dass der Zustimmende tatsächlich die elterliche Verantwortung hat.
– Nur im Falle von Beschwerden ergreift die Plattform zusätzliche Schritte, um das Alter des Benutzers zu überprüfen. Hat die Plattform die anderen Einwilligungserfordernisse erfüllt, kann die Plattform die zusätzlichen Kriterien von Art. 8 erfüllen, indem sie diese Schritte einleitet.

4. Anbieter von grenzüberschreitenden Diensten. Insbesondere die divergierenden Altersgrenzen in den Mitgliedstaaten führen bei grenzüberschreitenden Sachverhalten zu Rechtsunsicherheit[110] und nehmen international agierenden Anbietern die Möglichkeit, sich an einem unionsweit geltenden Regime zu orientieren.[111] Aufgrund der uneinheitlichen Altersgrenzen müssen entsprechende Anbieter daher zunächst prüfen, ob und wie im jeweiligen Mitgliedstaat von der Möglichkeit der Reduzierung der Altersgrenze von 16 Jahren Gebrauch gemacht wurde. Nach der Evaluierung der jeweils geltenden Altersgrenzen müssen sie ihr Angebot entsprechend anpassen.[112] Bei Minderjährigen, die noch nicht das 13. Lebensjahr vollendet haben, ist jedenfalls aufgrund der von der Öffnungsklausel vorgegebenen Untergrenze stets eine Zustimmung des Trägers der elterlichen Verantwortung erforderlich.[113]

---

107 Vgl. Kühling/Buchner-*Buchner/Kühling* Art. 8 Rn. 25.
108 *Rauda* MMR 2017, 15, 18.
109 *Art.-29-Datenschutzgruppe* WP 259, Ziff. 7.1.4, S. 31 f.
110 Ebenfalls krit. Ehmann/Selmayr-*Heckmann/Paschke* Art. 8 Rn. 35.
111 So Plath-*Plath* Art. 8 Rn. 9.
112 Zur Frage der Zulässigkeit von Rechtswahlklauseln in diesem Zusammenhang: *Laue* ZD 2016, 463, 466 f.
113 Vgl. Kühling/Buchner-*Buchner/Kühling* Art. 8 Rn. 22.

87 Ebenfalls geprüft werden sollte, wer genau im Einzelnen „Träger der elterlichen Verantwortung" sein kann. Dies bestimmt sich im Einzelnen nach den Regelungen des kindlichen Sorgerechts in den jeweiligen nationalen Vorschriften der Mitgliedstaaten.[114]

III. Relevanz für betroffene Personen

88 Soweit Minderjährige aufgrund des Art. 8 wirksam in die Verarbeitung von Daten einwilligen können, liegt es nahe, dass auch der Widerruf der Einwilligung dann ohne Zustimmung des Trägers der elterlichen Verantwortung wirksam möglich ist. Dies gilt entsprechend, wenn ein Betroffener unterhalb der Altersgrenze zuvor mit Zustimmung der Eltern eingewilligt hat, oder wenn die Eltern für ihn eingewilligt haben, und er die Einwilligung nach Überschreiten der Altersgrenze widerrufen möchte.[115]

89 Im Hinblick auf die Wertungen der DS-GVO ist zudem denkbar, dass Minderjährige oberhalb der jeweiligen nationalen Altersgrenze auch sonstige Betroffenenrechte wie Auskunft, Berichtigung und Löschung ohne Mitwirkung der Träger der elterlichen Verantwortung geltend machen können. Dies ist aber mangels konkreter Regelungen noch ungeklärt.

IV. Relevanz für Aufsichtsbehörden

90 Im Hinblick auf praxistaugliche und zugleich rechtssichere Ansätze zur Prüfung des Alters der Nutzer und der Einwilligung des Trägers der elterlichen Verantwortung ist ein enger Dialog von Aufsicht und Verantwortlichen wünschenswert.

V. Relevanz für das Datenschutzmanagement

91 Im Hinblick auf die Angemessenheit der Anstrengungen zur Prüfung des Alters der Nutzer und der Einwilligung des Trägers der elterlichen Verantwortung ist die Entwicklung des Standes der Technik laufend zu beobachten.

---

114 Kühling/Buchner-*Buchner/Kühling* Art. 8 Rn. 20.
115 *Art.-29-Datenschutzgruppe* WP 259, Ziff. 7.1.4, S. 32.

Artikel 9 Verarbeitung besonderer Kategorien personenbezogener Daten*

(1) Die Verarbeitung personenbezogener Daten, aus denen die rassische und ethnische Herkunft, politische Meinungen, religiöse oder weltanschauliche Überzeugungen oder die Gewerkschaftszugehörigkeit hervorgehen, sowie die Verarbeitung von genetischen Daten, biometrischen Daten zur eindeutigen Identifizierung einer natürlichen Person, Gesundheitsdaten oder Daten zum Sexualleben oder der sexuellen Orientierung einer natürlichen Person ist untersagt.

---

* Die Autoren danken Herrn stud. iur. David Merten für die Unterstützung bei der Durchsicht des Manuskriptes.

(2) Absatz 1 gilt nicht in folgenden Fällen:

a) Die betroffene Person hat in die Verarbeitung der genannten personenbezogenen Daten für einen oder mehrere festgelegte Zwecke ausdrücklich eingewilligt, es sei denn, nach Unionsrecht oder dem Recht der Mitgliedstaaten kann das Verbot nach Absatz 1 durch die Einwilligung der betroffenen Person nicht aufgehoben werden,
b) die Verarbeitung ist erforderlich, damit der Verantwortliche oder die betroffene Person die ihm bzw. ihr aus dem Arbeitsrecht und dem Recht der sozialen Sicherheit und des Sozialschutzes erwachsenden Rechte ausüben und seinen bzw. ihren diesbezüglichen Pflichten nachkommen kann, soweit dies nach Unionsrecht oder dem Recht der Mitgliedstaaten oder einer Kollektivvereinbarung nach dem Recht der Mitgliedstaaten, das geeignete Garantien für die Grundrechte und die Interessen der betroffenen Person vorsieht, zulässig ist,
c) die Verarbeitung ist zum Schutz lebenswichtiger Interessen der betroffenen Person oder einer anderen natürlichen Person erforderlich und die betroffene Person ist aus körperlichen oder rechtlichen Gründen außerstande, ihre Einwilligung zu geben,
d) die Verarbeitung erfolgt auf der Grundlage geeigneter Garantien durch eine politisch, weltanschaulich, religiös oder gewerkschaftlich ausgerichtete Stiftung, Vereinigung oder sonstige Organisation ohne Gewinnerzielungsabsicht im Rahmen ihrer rechtmäßigen Tätigkeiten und unter der Voraussetzung, dass sich die Verarbeitung ausschließlich auf die Mitglieder oder ehemalige Mitglieder der Organisation oder auf Personen, die im Zusammenhang mit deren Tätigkeitszweck regelmäßige Kontakte mit ihr unterhalten, bezieht und die personenbezogenen Daten nicht ohne Einwilligung der betroffenen Personen nach außen offengelegt werden,
e) die Verarbeitung bezieht sich auf personenbezogene Daten, die die betroffene Person offensichtlich öffentlich gemacht hat,
f) die Verarbeitung ist zur Geltendmachung, Ausübung oder Verteidigung von Rechtsansprüchen oder bei Handlungen der Gerichte im Rahmen ihrer justiziellen Tätigkeit erforderlich,
g) die Verarbeitung ist auf der Grundlage des Unionsrechts oder des Rechts eines Mitgliedstaats, das in angemessenem Verhältnis zu dem verfolgten Ziel steht, den Wesensgehalt des Rechts auf Datenschutz wahrt und angemessene und spezifische Maßnahmen zur Wahrung der Grundrechte und Interessen der betroffenen Person vorsieht, aus Gründen eines erheblichen öffentlichen Interesses erforderlich,
h) die Verarbeitung ist für Zwecke der Gesundheitsvorsorge oder der Arbeitsmedizin, für die Beurteilung der Arbeitsfähigkeit des Beschäftigten, für die medizinische Diagnostik, die Versorgung oder Behandlung im Gesundheits- oder Sozialbereich oder für die Verwaltung von Systemen und Diensten im Gesundheits- oder Sozialbereich auf der Grundlage des Unionsrechts oder des Rechts eines Mitgliedstaats oder aufgrund eines Vertrags mit einem Angehörigen eines Gesundheitsberufs und vorbehaltlich der in Absatz 3 genannten Bedingungen und Garantien erforderlich,
i) die Verarbeitung ist aus Gründen des öffentlichen Interesses im Bereich der öffentlichen Gesundheit, wie dem Schutz vor schwerwiegenden grenzüberschreitenden Gesundheitsgefahren oder zur Gewährleistung hoher Qualitäts- und Sicherheitsstandards bei der Gesundheitsversorgung und bei Arzneimitteln und Medizinprodukten, auf der Grundlage des Unionsrechts oder des Rechts eines Mitgliedstaats, das angemessene und spezifische Maßnahmen zur Wahrung der Rechte und Frei-

heiten der betroffenen Person, insbesondere des Berufsgeheimnisses, vorsieht, erforderlich, oder
j) die Verarbeitung ist auf der Grundlage des Unionsrechts oder des Rechts eines Mitgliedstaats, das in angemessenem Verhältnis zu dem verfolgten Ziel steht, den Wesensgehalt des Rechts auf Datenschutz wahrt und angemessene und spezifische Maßnahmen zur Wahrung der Grundrechte und Interessen der betroffenen Person vorsieht, für im öffentlichen Interesse liegende Archivzwecke, für wissenschaftliche oder historische Forschungszwecke oder für statistische Zwecke gemäß Artikel 89 Absatz 1 erforderlich.

(3) Die in Absatz 1 genannten personenbezogenen Daten dürfen zu den in Absatz 2 Buchstabe h genannten Zwecken verarbeitet werden, wenn diese Daten von Fachpersonal oder unter dessen Verantwortung verarbeitet werden und dieses Fachpersonal nach dem Unionsrecht oder dem Recht eines Mitgliedstaats oder den Vorschriften nationaler zuständiger Stellen dem Berufsgeheimnis unterliegt, oder wenn die Verarbeitung durch eine andere Person erfolgt, die ebenfalls nach dem Unionsrecht oder dem Recht eines Mitgliedstaats oder den Vorschriften nationaler zuständiger Stellen einer Geheimhaltungspflicht unterliegt.

(4) Die Mitgliedstaaten können zusätzliche Bedingungen, einschließlich Beschränkungen, einführen oder aufrechterhalten, soweit die Verarbeitung von genetischen, biometrischen oder Gesundheitsdaten betroffen ist.

– BDSG n.F.: §§ 22, 27, 28

Übersicht

	Rn		Rn
A. Einordnung und Hintergrund	1	c) Religiöse oder weltanschauliche Überzeugungen	48
I. Erwägungsgründe	3		
II. BDSG n.F.	5		
III. Normengenese und -umfeld	9	d) Gewerkschaftszugehörigkeit	57
1. DSRL	9		
2. Entstehungsgeschichte von Art. 9	10	e) Genetische, biometrische oder Gesundheitsdaten	61
		aa) Genetische Daten	62
3. BDSG a.F. und sonstige Vorschriften	14	bb) Biometrische Daten	72
		cc) Gesundheitsdaten	83
4. Systematik innerhalb der DS-GVO und Verhältnis zu anderen Vorschriften	18	f) Daten zum Sexualleben oder der sexuellen Orientierung	97
B. Kommentierung zu Art. 9	23	g) Bezüge zum BDSG n.F. – Kommentierung § 22 BDSG n.F. – Verarbeitung besonderer Kategorien personenbezogener Daten	103
I. Allgemeines und Regelungszweck	23		
II. Normadressaten	27		
III. Besondere Kategorien personenbezogener Daten	28		
1. Grundsätzliches Verbot der Verarbeitung nach Art. 9 Abs. 1	33	2. Ausnahmen und Erlaubnisvorbehalt nach Art. 9 Abs. 2	119
a) Rassische und ethnische Herkunft	36	a) Einwilligung (Art. 9 Abs. 2 lit. a)	122
b) Politische Meinungen	41	b) Arbeitsrecht und Sozialrecht (Art. 9 Abs. 2 lit. b)	132

	Rn		Rn
c) Schutz lebenswichtiger Interessen (Art. 9 Abs. 2 lit. c)	142	j) Archivierungs-, Forschungs- und statistische Zwecke (Art. 9 Abs. 2 lit. j)	204
d) Privilegierung von Non-Profit-Organisationen (NGO) und Tendenzbetrieben (Art. 9 Abs. 2 lit. d)	149	3. Verarbeitung nach Art. 9 Abs. 3	219
e) Offensichtlich öffentlich gemachte Daten (Art. 9 Abs. 2 lit. e)	159	4. Zusätzliche Bedingungen nach Art. 9 Abs. 4	226
		5. Bezüge zum BDSG n.F.	235
		a) Kommentierung zu § 27 BDSG n.F. – Datenverarbeitung zu wissenschaftlichen oder historischen Forschungszwecken und zu statistischen Zwecken	235
f) Durchsetzung von Rechtsansprüchen und justizielle Tätigkeiten (Art. 9 Abs. 2 lit. f)	169		
g) Erhebliches öffentliches Interesse (Art. 9 Abs. 2 lit. g)	176		
h) Gesundheitsversorgung (Art. 9 Abs. 2 lit. h)	186	b) Kommentierung zu § 28 BDSG n.F. – Datenverarbeitung zu im öffentlichen Interesse liegenden Archivzwecken	250
i) Öffentliches Interesse im Bereich der öffentlichen Gesundheit (Art. 9 Abs. 2 lit. i)	196		

Literatur: *Art.-29-Datenschutzgruppe* zu „Arbeitspapiere über genetische Daten" v. 17.3.2004 (WP 91); *dies.* zu „Entwicklungen im Bereich biometrischer Technologien" v. 27.4.2014 (WP 193); *dies.* Annex zum Brief v. 5.2.2015 „Health data in apps and devices"; *BayLDA* Auslegungshinweise zur Frage der Rechtsgrundlage bei der Verarbeitung besonderer Kategorien personenbezogener Daten; *Bischoff* PharmR 2019, 265; *Bischoff/Wiencke* ZD 2019, 8; *Blobel/Koeppe* Handbuch Datenschutz und Datensicherheit im Gesundheit und Sozialwesen, 4. Aufl. 2016; *Buermeyer/Abele/Bäcker* Gastbeitrag auf netzpolitik.org: Corona-Tracking & Datenschutz: kein notwendiger Widerspruch v. 29.3.2020[1]; *Bundesärztekammer* Stellungnahme im Rahmen der öffentlichen Anhörung im Bundestag v. 27.3.2017 zum DSAnpUG; *Datenethikkommission (DEK)* Gutachten v. 23.10.2019[2]; *Deutsche Vereinigung für Datenschutz e.V.* Stellungnahme v. 1.2.2017; *Deutsche Wissenschaft* Stellungnahme im Rahmen der öffentlichen Anhörung im Bundestag v. 27.3.2017 zum DSAnpUG; *Dochow* Gesundheitsdatenschutz gem. der EU-Datenschutzgrundverordnung, GesR 2016, 401 ff.; *Europäischer Datenschutzausschuss* Stellungnahme 3/2019 zu den Fragen und Antworten zum Zusammenspiel der Verordnung über klinische Prüfungen und der DS-GVO v. 23.1.2019; *Hardenberg* ZD 2014, 115; *Kaboré/Kinast* ZD 2019, 441; *Knyrim* Datenschutz-Grundverordnung Das neue Datenschutzrecht in Österreich und der EU, 2016; *Konferenz der unabhängigen Datenschutzbehörden des Bundes und der Länder (Datenschutzkonferenz)* Kurzpapier Nr. 3 –Verarbeitung personenbezogener Daten für Werbung; *dies.* Positionspapier zur biometrischen Analyse; *dies.* Kurzpapier Nr. 17 – Besondere Kategorien personenbezogener Daten; *Laue/Kremer* Das neue Datenschutzrecht in der betrieblichen Praxis, 2. Aufl. 2019; *Martini/Weinzierl* Mandated Choice: der Zwang zur Entscheidung auf

---

1 Abrufbar unter https://netzpolitik.org/2020/corona-tracking-datenschutz-kein-notwendiger-widerspruch/, zuletzt abgerufen am 26.4.2020.
2 Abrufbar unter: https://datenethikkommission.de/gutachten/, zuletzt abgerufen am 21.4.2020.

dem Prüfstand von Privacy by Default, KW 2019, 287; *Piltz* BDSG – Praxiskommentar für die Wirtschaft, 2018; *Reuter* ZD 2018, 564; *Roßnagel* ZD 2019, 157; *Schneider* ZD 2017, 303; *Schneider/Schindler* ZD 2018, 463; *Schwartmann* Der Missbrauch des Seelenlebens, KStA v. 28.12.2017; *ders.* Ein Pandemieplan für Hochschulen, F.A.Z. v. 22.4.2020; *Schwartmann/Hermann/Mühlenbeck* Transparenz bei Medienintermediären, 2019[3]; *dies.* MMR 2019, 498; *Schwartmann/Jacquemain/Mühlenbeck* – DataAgenda Arbeitspapier Nr. 17: Positionen zur Zulässigkeit von Handytracking wegen Corona-Pandemie[4]; *Schwartmann/Mühlenbeck* Die Corona-App und der Datenschutz, F.A.Z. Einspruch v. 6.4.2020; *Semler/Groschup/Ludwig* Deutsches Tierärzteblatt 2018, 66; *Thüsing/Kugelmann/Schwartmann* Datenschutz-Experten beurteilen Corona-App, F.A.Z. v. 9.4.2020; *Weichert* RDV 2007, 189 ff.; *Wiebe/Eichfeld* NJW 2019, 2734; *Wissenschaftlicher Dienst des Deutschen Bundestages* Ausarbeitung zu Einzelfragen zum Handy-Tracking in Deutschland im Zusammenhang mit der Corona-Pandemie 2020[5].

A. Einordnung und Hintergrund

1   Art. 9 stellt **besondere restriktive Zulässigkeitsvoraussetzungen** für die Verarbeitung von ausgewählten Datenkategorien auf, die wegen ihrer **Sensibilität** besondere Risiken für die betroffene Person mit sich bringen können.[6]

2   Nach der Systematik der DS-GVO bestehen daher zwei verschiedene Kategorien personenbezogener Daten: Während die DS-GVO grundsätzlich sämtliche personenbezogenen Daten schützt (u.a. durch die Rechtmäßigkeitsanforderungen nach Art. 6), unterstellt Art. 9 besondere Kategorien personenbezogener Daten einem erhöhten Schutz. Für diese besonders sensiblen Daten besteht somit ein eigenes Regelungsregime. Hintergrund dieses **abgestuften Schutzkonzeptes** ist dabei die Erwägung, dass eine Verarbeitung dieser besonderen personenbezogenen Daten erhöhte Risiken für die Grundrechte und Grundfreiheiten des Betroffenen birgt[7] und daher besondere Restriktionen erforderlich sind. Darüber hinaus beinhaltet die Verarbeitung sensibler Daten ein besonderes Risiko für eine diskriminierende Verwendung[8] oder Weitergabe an Dritte.[9] Das Konzept findet damit seine Rechtfertigung in der besonderen Schutzbedürftigkeit des Betroffenen.[10]

---

3   Abrufbar unter https://www.ma-hsh.de/infothek/publikationen/ma-hsh-gutachten-transparenz-bei-medienintermediaren.html, zuletzt abgerufen am 26.4.2020.
4   Abrufbar unter https://dataagenda.de/wp-content/uploads/2020/04/DataAgenda-Arbeitspapier-17_Factsheet_Positionen_Handytracking.pdf, zuletzt abgerufen am 26.4.2020.
5   Abrufbar unter https://www.bundestag.de/resource/blob/692998/c88738c96c087f66748ac75a0a7788b2/WD-3-098-20-pdf-data.pdf, zuletzt abgerufen am 4.5.2020.
6   Gola-*Schulz* Art. 9 Rn. 1 f.; Kühling/Buchner-*Weichert* Art. 9 Rn. 1; *Laue/Kremer* Das neue Datenschutzrecht in der betrieblichen Praxis, § 2 Rn. 66.
7   Vgl. ErwG 51 S. 1.
8   Zu den Risiken einer Diskriminierung vgl. die Kommentierung zu Art. 4 Nr. 13 Rn. 243, Art. 4 Nr. 14 Rn. 252 sowie Art. 4 Nr. 15 Rn. 265.
9   Ehmann/Selmayr-*Schiff* Art. 9 Rn. 1; Kühling/Buchner-*Weichert* Art. 9 Rn. 2.
10 Vgl. dazu auch Sydow-*Kampert* Art. 9 Rn. 1; Gierschmann-*Korge* Art. 9 Rn. 1; Ehmann/Selmayr-*Schiff* Art. 9 Rn. 1 sowie Plath-*Plath* Art. 9 Nr. 1.

I. Erwägungsgründe[11]

Im Rahmen von Art. 9 sind insbesondere die **ErwG 51, 52, 53, 54, 55** und **56** relevant. 3

Während ErwG 51 den Zweck und Umfang des Begriffs der besonderen Kategorien 4
personenbezogener Daten aufgreift und näher erläutert, bezieht sich ErwG 52 auf die
Ausnahmen vom Verbot der Verarbeitung besonderer Kategorien personenbezogener
Daten. ErwG 53 beschäftigt sich mit der Verarbeitung von besonderen Kategorien
personenbezogener Daten für gesundheitsbezogene Zwecke. ErwG 54 erläutert den
Begriff des öffentlichen Interesses und der öffentlichen Gesundheit. Dabei nimmt
ErwG 55 auf ErwG 54 Bezug und stellt fest, dass die Verarbeitung sensibler Daten
durch staatliche Stellen zu verfassungsrechtlich oder völkerrechtlich verankerten Zielen von staatlich anerkannten Religionsgemeinschaften aus Gründen des öffentlichen
Interesses erfolgt. ErwG 56 bezieht den Schutz der Staatsstrukturprinzipien in die
Reichweite des Begriffs des öffentlichen Interesses ein.

II. BDSG n.F.

Der deutsche Gesetzgeber hat von den zahlreichen durch Art. 9 eröffneten Gestaltungsspielräumen (insbesondere durch Art. 9 Abs. 2 lit. b, g, h, i und j) im Rahmen 5
des neuen Bundesdatenschutzgesetzes[12] in §§ **22**[13], **27**[14], **28**[15] **BDSG n.F.** Gebrauch
gemacht.[16] Ende 2019 trat das 2. DSAnpUG in Kraft durch das der Gesetzgeber die
Vorschriften des BDSG, unter anderem auch § 22 BDSG, weiter an die Vorgaben
der DS-GVO angepasst hat.[17]

§ 22 BDSG n.F. regelt die Verarbeitung besonderer Kategorien personenbezogener 6
Daten und entspricht dabei im Wesentlichen den § 13 Abs. 2 Nr. 1, 5, 6, 7 und 9
sowie § 28 Abs. 7 BDSG a.F.[18]

§ 27 BDSG n.F. regelt die Datenverarbeitung zu wissenschaftlichen oder histori- 7
schen Forschungszwecken oder zu statistischen Zwecken.

§ 28 BDSG n.F. bezieht sich auf die Datenverarbeitung zu im öffentlichen Interesse 8
liegenden Archivzwecken.

---

11 Die ErwG werden an den relevanten Stellen innerhalb der Kommentierung nochmals aufgegriffen. Hier erfolgt nur eine kurze Übersicht der wesentlichen ErwG.
12 Art. 1 des Entwurfs eines Gesetzes zur Anpassung des Datenschutzrechts an die Verordnung (EU) 2016/679 und zur Umsetzung der RL (EU) 2016/680 v. 27.4.2017, BT-Drucks. 18/11325.
13 Vgl. dazu Kommentierung in Rn. 103.
14 Vgl. dazu die Kommentierung in Rn. 235.
15 Vgl. dazu die Kommentierung in Rn. 346.
16 Entwurf eines Gesetzes zur Anpassung des Datenschutzrechts an die Verordnung (EU) 2016/679 und zur Umsetzung der RL (EU) 2016/680, BT-Drucks. 18/11325, S. 94 und 99 f.
17 Art. 12 Zweites Datenschutz-Anpassungs- und Umsetzungsgesetz EU (DSAnpUG) v. 20.11.2019, BGBl. I S. 1626, BT-Drucks. 19/11181.
18 Zur Kommentierung im Detail vgl. BeckOK DatenSR-*Stender-Vorwachs* § 13 BDSG Rn. 19–46.

III. Normengenese und -umfeld

9 **1. DSRL.** Die Vorgängerregelung zu Art. 9 stellt **Art. 8 DSRL** dar. Dabei nahm die DSRL ebenso wenig wie die DS-GVO eine abstrakte Definition der besonderen Kategorien von personenbezogenen Daten vor.[19] Vielmehr statuierte Art. 8 DSRL (wie nun Art. 9) ein grundsätzliches Verbot der Verarbeitung besonderer Kategorien personenbezogener Daten. Gleichwohl nannte Art. 8 DSRL noch nicht ausdrücklich die genetischen und biometrischen Daten und erfasste Daten über die sexuelle Orientierung einer Person nicht. Insofern erweitert Art. 9 den Katalog der besonders sensiblen Daten und präzisiert den Inhalt und die Reichweite der Begriffe über die Definitionen in Art. 4 Nr. 13[20] und 14[21] DS-GVO.[22] Daneben verwendete die DSRL noch den Begriff der „philosophischen Überzeugungen", während die deutsche Sprachfassung der DS-GVO nun von „weltanschaulichen Überzeugungen" spricht. In inhaltlicher Hinsicht ergeben sich daraus allerdings keine Änderungen, da die englische Sprachfassung der DS-GVO wie auch schon die DSRL weiterhin die Begrifflichkeit des „philosophical beliefs" gebraucht.[23] Für die bislang in Art. 8 Abs. 5 und 7 EU-DSRL geregelte Zulässigkeit der Verarbeitung von Daten zu Straftaten, Strafurteilen und damit zusammenhängender Sicherungsmaßnahmen sieht nun Art. 10 eine gesonderte Regelung vor.[24]

10 **2. Entstehungsgeschichte von Art. 9.** Wie bereits oben erörtert, geht die Regelung des Art. 9 inhaltlich aus Art. 8 DSRL als Vorbild hervor.

11 Im Rahmen des **Gesetzgebungsverfahrens** der DS-GVO lassen sich hinsichtlich der Entstehungsgeschichte von Art. 9 folgende Kernaussagen festhalten: Die **Kommission** nahm abweichend zu Art. 8 DSRL in den Katalog des Art. 9 sowohl den Begriff der genetischen Daten auf als auch Daten über Strafurteile und Straftaten, die nun in Art. 10 eine spezifische Regelung erfahren haben. Hinsichtlich der Verarbeitung von Gesundheitsdaten waren diese noch nicht von dem Katalog des Art. 9 erfasst, sondern eigenständig in Art. 81 der Entwurfsfassung geregelt.[25] Für genetische Daten fand sich in der Entwurfsfassung eine Regelung in Art. 81a.[26]

12 Das **Parlament** ergänzte in einem nächsten Schritt den Katalog des Art. 9 um die Aufnahme von weltanschaulichen Überzeugungen und erklärte die sexuelle Orientierung als besonders schützenswert.[27]

13 Ein Verzicht auf Art. 81 in der Entwurfsfassung der Kommission erfolgte durch die Initiative des **Rates** und dessen Inhalt wurde in den Katalog des Art. 9 integriert. Darüber hinaus erwirkte der Rat die Aufnahme der Regelung des Art. 9 Abs. 3 hinsichtlich einer besonderen Regelung für Berufsgeheimnisträger.[28]

---

19 Auernhammer-*Greve* Art. 9 Rn. 1 sowie *Laue/Kremer* Das neue Datenschutzrecht in der betrieblichen Praxis, § 2 Rn. 66.
20 Vgl. dazu die Kommentierung zu Art. 4 Nr. 13 Rn. 233 ff.
21 Vgl. dazu die Kommentierung zu Art. 4 Nr. 14 Rn. 244 ff.
22 Gierschmann-*Korge* Art. 9 Rn. 4 sowie Roßnagel-*Jandt* S. 302, Rn. 305.
23 Gierschmann-*Korge* Art. 9 Rn. 12.
24 Vgl. dazu Kühling/Buchner-*Weichert* Art. 9 Rn. 9; *Härting* DS-GVO, Rn. 532.
25 Vgl. dazu Auernhammer-*Greve* Art. 9 Rn. 1; Kühling/Buchner-*Weichert* Art. 9 Rn. 9.
26 Roßnagel-*Jandt* Datenschutzrecht, S. 303, Rn. 308.
27 Sydow-*Kampert* Art. 9 Rn. 4; Kühling/Buchner-*Weichert* Art. 9 Rn. 10.
28 Kühling/Buchner-*Weichert* Art. 9 Rn. 10; Sydow-*Kampert* Art. 9 Rn. 4.

3. BDSG a.F. und sonstige Vorschriften. Eine Begriffsdefinition der sensiblen Daten   14
war bislang in § 3 Nr. 9 BDSG a.F. enthalten, während die spezifischen Verarbeitungs-
befugnisse in den §§ 13 Abs. 2, 14 Abs. 2 und 28 Abs. 6 bis 9 BDSG a.F. festgelegt
waren.[29]

Soweit es sich bei Gesundheitsdaten zugleich um Sozialdaten i.S.v. § 67 SGB X han-   15
delt, enthalten die §§ 284 f. SGB V, 67a–f SGB X spezifische Vorgaben. Insofern wurden Gesundheitsdaten über § 3 Abs. 9 BDSG a.F. den besonders sensiblen Daten
zugerechnet, das Schutzkonzept der Gesundheitsdaten folgte jedoch aus verschiedenen gesetzlichen Regelungen, etwa den Landeskrankenhausgesetzen (vgl. etwa § 24
LKG Berlin) sowie dem oben Genannten SGB V als spezifische Datenschutzvorschriften.[30]

Im ärztlichen Behandlungsverhältnis unterliegen Gesundheitsdaten der ärztlichen   16
Schweigepflicht, so dass insbesondere § 203 StGB zu beachten ist.[31]

Sondervorschriften für die Verarbeitung von genetischen Daten enthält § 3 Nr. 11   17
GenDG.[32] Bei der Verarbeitung sensibler Daten, etwa im Rahmen klinischer Prüfungen, sind ferner die Vorschriften des Arzneimittelgesetzes (AMG), insbesondere § 40
Abs. 1 S. 3 Nr. 3 lit. b und c, Abs. 2a AMG als bereichsspezifisches Datenschutzrecht
von besonderer Relevanz.[33] Einzelne der in Abs. 1 aufgezählten Datenkategorien
unterfallen zugleich den dem Schutz vor Diskriminierung dienenden Regelungen des
Allgemeinen Gleichbehandlungsgesetzes (AGG). Hinsichtlich des Konkurrenzver-
hältnisses bereichsspezifischen Datenschutzrechts zu den Vorschriften der DS-GVO
und des BDSG ist insbesondere § 1 Abs. 1 S. 1 und 2 BDSG von besonderer Bedeutung. Danach gehen andere Rechtsvorschriften des Bundes über den Datenschutz
dem BDSG grundsätzlich vor.

4. Systematik innerhalb der DS-GVO und Verhältnis zu anderen Vorschriften. Indem   18
Art. 9 Teil des Kapitels II der DS-GVO ist und auf zahlreiche Datenkategorien Bezug
nimmt, kommt der Vorschrift im System der DS-GVO grundsätzliche Bedeutung zu.

Dies ergibt sich bereits daraus, dass die Normen der **Art. 6 Abs. 4 lit. c**[34]**, 13 Abs. 2**   19
lit. c[35]**, 17 Abs. 1 lit. b**[36]**, Abs. 3 lit. c**[37]**, 20 Abs. 1 lit. a**[38]**, 22 Abs. 4**[39]**, 27 Abs. 2 lit. a**[40]**,
30 Abs. 5**[41]**, 35 Abs. 3 lit. b**[42]**, 37 Abs. 1 lit. c**[43]**, 83 Abs. 5 lit. a**[44] ausdrücklich auf Art. 9

---

29 Vgl. dazu Gola-*Schulz* Art. 9 Rn. 9 sowie Gierschmann-*Korge* Art. 9 Rn. 5.
30 Roßnagel-*Jandt* Datenschutzrecht, S. 306, Rn. 314; Gola-*Schulz* Art. 9 Rn. 10.
31 Gola-*Schulz* Art. 9 Rn. 10; Kühling/Buchner-*Weichert* Art. 4 Nr. 15 Rn. 4.
32 Dazu auch Plath-*Schreiber* Art. 4 Nr. 13 Rn. 46 sowie Kühling/Buchner-*Weichert* Art. 4
    Nr. 13 Rn. 2.
33 Vgl. dazu *Bischoff* PharmR 2019, 265, 266 f.; *Bischoff/Wiencke* ZD 2019, 8, 9.
34 Vgl. dazu die Kommentierung zu Art. 6 Abs. 4 Rn. 222 ff.
35 Vgl. dazu die Kommentierung zu Art. 13 Rn. 53.
36 Vgl. dazu die Kommentierung zu Art. 17 Rn. 25.
37 Vgl. dazu die Kommentierung zu Art. 17 Rn. 69.
38 Vgl. dazu die Kommentierung zu Art. 20 Abs. 1 lit. a Rn. 57 ff.
39 Vgl. dazu die Kommentierung zu Art. 22 Abs. 4 Rn. 146 ff.
40 Vgl. dazu die Kommentierung zu Art. 27 Abs. 2 Rn. 37 ff.
41 Vgl. dazu die Kommentierung zu Art. 30 Abs. 5 Rn. 92 f.
42 Vgl. dazu die Kommentierung zu Art. 35 Abs. 3 lit. b Rn. 74 ff.
43 Vgl. dazu die Kommentierung zu Art. 37 Abs. 1 lit. c Rn. 21.
44 Vgl. dazu die Kommentierung zu Art. 83 Abs. 5 lit. a Rn. 112 f.

Bezug nehmen.[45] Praktische Bedeutung erlangt Art. 9 insbesondere durch die Aufnahme in den Kriterienkatalog des **Art. 83 Abs. 2** und **5** hinsichtlich der Bemessung der Bußgeldhöhe. Für das Verständnis der einzelnen Datenkategorien im Rahmen von Art. 9 sind daneben die Begriffsbestimmungen aus **Art. 4 Nr. 13**[46], **14**[47] und **15**[48] wesentlich.

20 Von Bedeutung ist in diesem Zusammenhang insbesondere das **Verhältnis von Art. 9 und dessen Voraussetzungen zu Art. 6**. Hierbei stellt sich zum einen die Frage, ob eine Verarbeitung sensibler Daten kumulativ die Voraussetzungen von Art. 6 und Art. 9 erfüllen muss oder ob eine Datenverarbeitung ausschließlich am Maßstab von Art. 9 zu messen ist. Zum anderen stellt sich die Frage des Verhältnisses von Art. 9 zu Art. 6 Abs. 4 und dessen begrenzter Weiterverarbeitungsbefugnis im Falle einer Zweckänderung.[49] Letztlich ist zu klären, ob die begrenzte Weiterverarbeitungsbefugnis aus Art. 6 Abs. 4 auch im Rahmen von Art. 9 Anwendung finden kann.[50] Auch die Bundesregierung sieht hierin Schwierigkeiten, welche durch ein unterschiedliches Verständnis der Verarbeitungstatbestände in den Mitgliedstaaten flankiert werden. Sie fordert insoweit eine genauere Anleitung insb. bezüglich der Frage nach der zweckändernden Weiterverbreitung von sensiblen Daten sowie der Frage, wie mit einem Widerruf einer ursprünglich erteilten Einwilligung umzugehen ist.

21 Im Verhältnis zu Art. 6 enthält Art. 9 erhöhte und restriktivere Zulässigkeitsvoraussetzungen an eine Datenverarbeitung. Folglich ließe sich Art. 9 als eigenes Regelungssystem verstehen, das einen Rückgriff auf Art. 6 sowie dessen Abs. 4 ausschließt. Zudem enthält Art. 9 auch keinen Verweis auf Art. 6 oder dessen Abs. 4, so dass die Voraussetzungen von Art. 9 nicht in unmittelbarem Bezug zu Art. 6 stehen.[51] Gleichwohl nennt Art. 6 Abs. 4 lit. c ausdrücklich die besonderen Kategorien personenbezogener Daten nach Art. 9 als Abwägungskriterium. ErwG 51 S. 5 stellt zudem klar, dass für die Beurteilung der Rechtmäßigkeit einer Verarbeitung zusätzlich zu den speziellen Anforderungen an eine Datenverarbeitung auch die allgemeinen Grundsätze und andere Bestimmungen der Verordnung gelten sollen, insbesondere hinsichtlich der Bedingungen für eine rechtmäßige Verarbeitung und nimmt damit zumindest indirekt auch Bezug auf Art. 6.[52] Insofern ist davon auszugehen, dass Art. 9 den Art. 6 nicht verdrängt, sondern sich die Rechtmäßigkeit einer Verarbeitung sensibler Daten aus einer **Zusammenschau der Anforderungen aus Art. 6 und 9** ergibt.[53]

---

45 Gierschmann-*Korge* Art. 9 Rn. 3; *Laue/Kremer* Das neue Datenschutzrecht in der betrieblichen Praxis, § 2 Rn. 66.
46 Vgl. dazu die Kommentierung zu Art. 4 Nr. 13 Rn. 233 ff.
47 Vgl. dazu die Kommentierung zu Art. 4 Nr. 14 Rn. 234 ff.
48 Vgl. dazu die Kommentierung zu Art. 4 Nr. 15 Rn. 257 ff.
49 Dazu Art. 6 Abs. 4 Rn. 236.
50 Dazu Art. 6 Abs. 4 Rn. 236. Zum Ganzen vgl. auch *Kühling/Martini u.a.* Die Datenschutz-Grundverordnung und das nationale Recht 2016, S. 54 f. sowie *Schneider* ZD 2017, 303, 305 ff.
51 *Kühling/Martini u.a.* Die Datenschutz-Grundverordnung und das nationale Recht 2016, S. 54; Gola-*Schulz* Art. 9 Rn. 7; *Schneider* ZD 2017, 303.
52 Gola-*Schulz* Art. 9 Rn. 7.
53 Übereinstimmend *BayLDA* Auslegungshinweise zur Frage der Rechtsgrundlage bei der Verarbeitung besonderer Kategorien personenbezogener Daten, S. 1; *DSK* Positionspapier zur biometrischen Analyse, S. 24 sowie *DSK* Kurzpapier Nr. 17 – Besondere Kategorien personenbezogener Daten, S. 2.

Gleichwohl ist zu beachten, dass im Sinne des risikobasierten Ansatzes der DS-GVO 22
sowie unter teleologischen Aspekten aufgrund des hohen Schutzes sensibler Daten
infolge der Eingriffsintensität erhöhte Eingriffsvoraussetzungen nach Art. 9 gelten und
daher eine Anwendbarkeit von Art. 6 jedenfalls dann problematisch ist, wenn dadurch
das durch Art. 9 intendierte Schutzniveau gesenkt würde.[54] Art. 9 sperrt insofern die
Anwendung von Art. 6 Abs. 1 lit. f und damit einen Rückgriff auf die allgemeine Interessenabwägungsklausel im Rahmen der Verarbeitung besonderer Kategorien personenbezogener Daten.[55] Zum Verhältnis von Art. 6 und 9 im Rahmen der Videoüberwachung vgl. Rn. 81. Ebenso kann eine Weiterverarbeitung sensibler Daten nicht ohne
Weiteres nach Art. 6 Abs. 4 zulässig sein.[56] Indem Art. 9 somit eine besondere Ausprägung des Verhältnismäßigkeitsgrundsatzes darstellt, lässt sich die Systematik daher so
deuten, dass Art. 6 Mindestvoraussetzungen normiert und Art. 9 dabei eine konkretisierende Vorschrift für die Verarbeitung sensibler Daten darstellt.[57] Um aber das hohe
Schutzniveau des Art. 9 nicht zu unterlaufen, darf Art. 6 Abs. 4 keinesfalls dazu missbraucht werden, Datenverarbeitungen zu rechtfertigen, die zu einer Aushöhlung von
Art. 9 führen.[58] Dabei lässt sich aus der Nennung von Art. 9 im Rahmen von Art. 6
Abs. 4 keine Aussage dahingehend entnehmen, dass eine Zweckänderung im Rahmen
sensibler Daten nach Art. 6 Abs. 4 zulässig sein soll, weil die Erwähnung von Art. 9 im
Rahmen der Abwägung auch ein Ausschlusskriterium im Rahmen der Vereinbarkeitsprüfung darstellen kann.[59] Der fehlende Verweis in Art. 9 auf Art. 6 stützt diese
Annahme.[60] Für ein restriktives Verständnis spricht zudem ErwG 51 S. 4, der postuliert, dass eine Verarbeitung sensibler Daten nur unter den besonderen Voraussetzungen des Art. 9 zulässig sein soll.[61] Folglich sind bei der Prüfung der Rechtmäßigkeit
einer Verarbeitung besonderer Kategorien personenbezogener Daten sowohl die
Voraussetzungen von Art. 6 als auch von Art. 9 zu beachten. Hinsichtlich der Zulässigkeit einer zweckändernden Weiterverarbeitung verdrängt Art. 9 als speziellere Norm
Art. 6 Abs. 4 jedenfalls dann, wenn dadurch das Schutzniveau von Art. 9 gefährdet
würde.[62] In diesem Fall kann eine Verarbeitung sensibler Daten nicht ausschließlich
über Art. 6 Abs. 4 gerechtfertigt werden.[63] Hinzutreten muss stets ein Erlaubnistatbestand aus Art. 9. Dies hat insbesondere Auswirkungen auf die Zulässigkeit der Aus-

---

54 Ehmann/Selmayr-*Schiff* Art. 9 R. 10 sowie Fachbeitrag auf datenschutzbeauftragter.info v. 30.9.2019, abrufbar unter https://www.datenschutzbeauftragter-info.de/art-9-dsgvo-eigenstaendige-verarbeitungsgrundlage-fuer-sensible-daten/, zuletzt abgerufen am 22.4.2020.
55 *Rat* Begr. des Rates: Standpunkt (EU) Nr. 6/2016 v. 3.5.2016, ABl. 2016 C 159/86 unter 3.4. Verarbeitung besonderer Kategorien von personenbezogenen Daten. Dazu auch Gola-*Schulz* Art. 9 Rn. 5.
56 *Kühling/Martini u.a.* Die Datenschutz-Grundverordnung und das nationale Recht 2016, S. 54 f.
57 Kühling/Buchner-*Weichert* Art. 9 Nr. 4; Gola-*Schulz* Art. 9 Rn. 7.
58 Übereinstimmend Kühling/Buchner-*Weichert* Art. 9 Rn. 4; *Laue/Kremer* Das neue Datenschutzrecht in der betrieblichen Praxis, § 2 Rn. 66; Gola-*Schulz* Art. 9 Rn. 7; demgegenüber kritisch Gierschmann-*Korge* Art. 9 Rn. 3 und offen gelassen bei *Kühling/Martini u.a.* Die Datenschutz-Grundverordnung und das nationale Recht 2016, S. 54 f.
59 Ehmann/Selmayr-*Schiff* Art. 9 Rn. 11.
60 Ehmann/Selmayr-*Schiff* Art. 9 Rn. 11.
61 Ehmann/Selmayr-*Schiff* Art. 9 Rn. 11.
62 In diesem Sinne auch *Schneider* ZD 2017, 303 sowie Ehmann/Selmayr-*Schiff* Art. 9 Rn. 11; Kühling/Buchner-*Buchner/Petri* Art. 6 Rn. 181 ff.; A.A. wohl Gola-*Gola/Schulz* Art. 9 Rn. 7.
63 Ehmann/Selmayr-*Schiff* Art. 9 Rn. 11.

wertung besonderer Kategorien personenbezogener Daten bei Big Data-Anwendungen, da Art. 6 Abs. 4 die Verarbeitung sensibler Daten nicht eigenständig rechtfertigen kann. Die Zulässigkeit der Verarbeitung richtet sich im Ausgangspunkt nach Art. 9.[64] Eine Anwendung von Art. 6 Abs. 4 kommt damit nur dann in Betracht, wenn für die ursprüngliche Datenverarbeitung ein Erlaubnistatbestand nach Art. 9 vorliegt. Der Weg über Art. 6 Abs. 4 ist allerdings dann versperrt, wenn sich die Datenverarbeitung auf eine Einwilligung der betroffenen Person nach Art. 9 Abs. 2 lit. a stützt. Dies geht aus dem Wortlaut von Art. 6 Abs. 4 hervor. Art. 6 Abs. 4 kann daher nur im Rahmen von Art. 9 Abs. 2 lit. b–j herangezogen werden.[65]

B. Kommentierung zu Art. 9

I. Allgemeines und Regelungszweck

23 Art. 9 schafft für sensible Datenkategorien einen erhöhten Schutz, indem er **besondere Zulässigkeitsvoraussetzungen** und damit erhöhte Rechtmäßigkeitsanforderungen normiert.[66]

24 Der hauptsächliche Schutzzweck von Art. 9 besteht somit ausweislich des ErwG 51 S. 1 in dem **Schutz der Grundrechte und Grundfreiheiten**, insbesondere dem **Grundrecht auf Datenschutz** aus Art. 7 und 8 GRCh sowie dem **Schutz vor Diskriminierungen** nach Art. 21 GRCh (vgl. Art. 14 EMRK, Art. 3 Abs. 3 GG).[67] Vom Schutz nach Art. 9 werden aber nicht alle rechtlich geschützten Diskriminierungsmerkmale erfasst, insbesondere nicht die in §§ 1, 8 und 10 AGG genannten Daten über das Alter und das Geschlecht.[68]

25 Das besondere Schutzregime dient auch dem **Schutz spezifischer Grundrechte**, so etwa der Gedanken-, Gewissens- und Religionsfreiheit (Art. 10 GRCh) sowie der freien politischen oder gewerkschaftlichen Betätigung (Art. 11 und 12 GRCh, Art. 5 und 9 GG).[69]

26 Art. 9 unterscheidet **zwei Kategorien sensibler Daten**. Zum einen schützt Art. 9 die Verarbeitung von Daten, aus denen die rassische und ethnische Herkunft, politische Meinungen, religiöse oder weltanschauliche Überzeugungen oder die Gewerkschaftszugehörigkeit hervorgehen. Ausreichend ist also, dass sich das sensible Datum mittelbar aus anderen Inhaltsdaten ergibt. Zum anderen schützt Art. 9 genetische und biometrische Daten sowie Gesundheitsdaten oder Daten zum Sexualleben oder der sexuellen Orientierung als solche.[70] Insofern schützt Art. 9 nicht nur Daten, die ausdrücklich im Katalog des Art. 9 Abs. 1 genannt sind, sondern es werden auch **mittelbare Hinweise** auf diese Merkmale dem besonderen Schutz unterworfen.[71] Es kommt

---

64 Dazu *Schneider* ZD 2017, 303, 305.
65 Dazu auch Kommentierung von Art. 6 Abs. 4 Rn. 236.
66 Gola-*Schulz* Art. 9 Rn. 1 f.; Kühling/Buchner-*Weichert* Art. 9 Rn. 1; *Laue/Kremer* Das neue Datenschutzrecht in der betrieblichen Praxis, § 2 Rn. 66.
67 Ehmann/Selmayr-*Schiff* Art. 9 Rn. 5; Gola-*Schulz* Art. 9 Rn. 10 sowie Kühling/Buchner-*Weichert* Art. 9 Rn. 14 f.
68 Gola-*Schulz* Art. 9 Rn. 12; Buchner/Kühling-*Weichert* Art. 9 Rn. 15.
69 Vgl. Buchner/Kühling-*Weichert* Art. 9 Rn. 16.
70 Zu der Unterscheidung vgl. *Schneider* ZD 2017, 303, 303 f.
71 So die *Art.-29-Datenschutzgruppe* Advice paper on spezial categories of data („sensitive data") v. 20.4.2011, S. 6.

dabei auf den vermittelten **Informationsgehalt** an, nicht auf die Art und Weise der Darstellung und Bezeichnung. Abzustellen ist dabei auf den Verständnis- und Interpretationshorizont des durchschnittlichen Empfängers im jeweiligen Verarbeitungskontext.[72] Problematisch im Hinblick auf mittelbare Hinweise zu Merkmalen i.S.d. Art. 9 ist dabei insbesondere das **Verhältnis zu Art. 6**. Zentral geht es um die Frage, ob ein weites Verständnis von Art. 9 Abs. 1 dazu führt, dass die Erlaubnistatbestände aus Art. 6 verdrängt werden, da letztlich eine Vielzahl von Informationen Rückschlüsse auf sensible Daten zulassen.[73] Teilweise wird im Falle von mittelbaren Hinweisen vor dem Hintergrund des Schutzzwecks der Norm einschränkend eine Verarbeitungs- und Auswertungsabsicht des Verantwortlichen gefordert.[74] Während die Art.-29-Datenschutzgruppe[75] die Notwendigkeit eines hohen Schutzniveaus betont, wird in diesem Sinne vorgebracht[76], dass es bei der Ableitung von Angaben auf den **Verwendungszusammenhang** und eine **Auswertungsabsicht** ankomme, um den Schutzbereich der sensiblen Daten (mit den Anforderungen an eine Verarbeitung aus Art. 9) nicht unnötig auszuweiten. Die DSK vertritt ein restriktives Verständnis des Anwendungsbereichs von Art. 9 und verweist darauf, dass „nicht jede mittelbare Angabe zu den besonderen Kategorien personenbezogener Daten die Anwendung der speziellen (...) Verarbeitungsbestimmungen nach sich ziehen".[77] Die eindeutige Identifizierung der betroffenen Person müsse im Vordergrund stehen, so dass letztlich eine **besondere Zweckbestimmung** die Anwendbarkeit von Art. 9 auslöse.[78] Dies ist folgerichtig, da in der Praxis aus einer Vielzahl von Informationen sensible Daten hervorgehen können und so der Anwendungsbereich von Art. 9 gegenüber Art. 6 systemwidrig ausgeweitet würde (vgl. dazu auch Rn. 165). Unabhängig von der Beantwortung der Frage bleibt die Notwendigkeit einer Beurteilung im konkreten Einzelfall bestehen. Die Beurteilung hat sich dabei an den Schutzzwecken des Art. 9 zu orientieren.[79]

II. Normadressaten

Art. 9 richtet sich in erster Linie an den Verantwortlichen im Sinne des Art. 4 Nr. 7[80]. Daneben werden die Mitgliedstaaten insbesondere durch Art. 9 Abs. 2 lit b, g, h i.V.m. Abs. 2 lit. i und j sowie im Rahmen von Art. 9 Abs. 4 angesprochen.[81]

27

---

72 Vgl. dazu Kühling/Buchner-*Weichert* Art. 9 Rn. 22. sowie Gola-*Schulz* Art. 9 Rn. 13.
73 Dazu *Schneider* ZD 2017, 303, 304 f.; *DSK* Kurzpapier Nr. 17 – Besondere Kategorien personenbezogener Daten, S. 1; *DSK* Positionspapier zur biometrischen Analyse, S. 21.
74 Vgl. dazu Gola-*Schulz* Art. 9 Rn. 13; Kühling/Buchner-*Weichert* Art. 9 Rn. 23; *Reuter* ZD 2018, 564, 565; *Schneider* ZD 2017, 303, 304 f.
75 *Art.-29-Datenschutzgruppe* Annex zum Brief v. 5.2.2015 „Health data in apps and devices", S. 2 f.
76 Kühling/Buchner-*Weichert* Art. 4 Nr. 15 Rn. 7; Gola-*Gola* Art. 4 Nr. 15 Rn. 75 sowie Art. 9 Rn. 13; *Gola/Schomerus* § 3 BDSG Rn. 56a.
77 *DSK* Kurzpapier Nr. 17 – Besondere Kategorien personenbezogener Daten, S. 1; *DSK* Positionspapier zur biometrischen Analyse, S. 21.
78 *DSK* Positionspapier zur biometrischen Analyse, S. 21.
79 Vgl. zu der Problematik auch die Kommentierung in Art. 4 Nr. 15 Rn. 262 m.w.N. und übereinstimmend Kühling/Buchner-*Weichert* Art. 9 Rn. 23.
80 Vgl. dazu die Kommentierung zu Art. 4 Nr. 7 Rn. 121 ff.
81 Gierschmann-*Korge* Art. 9 Rn. 2.

III. Besondere Kategorien personenbezogener Daten

28 Die Verarbeitung besonderer Kategorien personenbezogener Daten ist Ausfluss des abgestuften Schutzkonzepts der DS-GVO.[82] Dabei wiederholt Art. 9 hinsichtlich der Verarbeitung sensibler Daten das aus Art. 6 Abs. 1 (sowie Art. 8 DSRL) bekannte **Verbot mit Erlaubnisvorbehalt**. Zum Konkurrenzverhältnis zwischen Art. 6 und 9 vgl. die Ausführungen in Rn. 20 ff.

29 So unterliegt die Verarbeitung der in Art. 9 Abs. 1 benannten besonders schutzwürdigen personenbezogenen Daten einem grundsätzlichen Verarbeitungsverbot (Abs. 1), soweit nicht einer der in Art. 9 Abs. 2 abschließend normierten Ausnahmetatbestände einschlägig ist.[83] Art. 9 Abs. 2 und 3 beinhalten dabei zusätzliche Bedingungen für eine Verarbeitung sensibler Daten. Art. 9 Abs. 3 bezieht sich insbesondere auf Datenverarbeitungen im Gesundheitsbereich, während Art. 9 Abs. 4 besondere Bedingungen für die Verarbeitung genetischer, biometrischer und Gesundheitsdaten festlegt.[84]

30 Art. 9 entfaltet gegenüber Art. 6 Abs. 1 insoweit eine Sperrwirkung, als dass insbesondere die allgemeine Interessenabwägungsklausel des Art. 6 Abs. 1 lit. f aber auch die sonstigen gesetzlichen Erlaubnistatbestände des Art. 6 nicht als Grundlage für eine Verarbeitung sensitiver Daten herangezogen werden kann.

31 Die Ausnahmen in Abs. 2 werden durch zusätzliche Möglichkeiten nationalen Rechts konkretisiert. Besondere Bedeutung kommt hier § 22 BDSG zu, der von den Öffnungsklauseln des Art. 9 Gebrauch macht.

32 Vor dem Hintergrund der Rechtsprechung des EuGH im Hinblick auf die Reichweite einer **gemeinsamen Verantwortlichkeit**[85] ist es auch im Rahmen von Art. 9 bedeutsam, dass im Rahmen einer gemeinsamen Verantwortlichkeit jeder Verantwortliche für die vorgenommene Verarbeitung sensibler Daten einen eigenen Erlaubnistatbestand anführen können muss, der die Datenverarbeitung für den jeweiligen Verantwortlichen legitimiert.[86] Das für die beteiligten Akteure geltende Erfordernis der Rechtfertigungsbedürftigkeit der Datenverarbeitung verschärft sich dabei letztlich sogar im Rahmen von Art. 9, da Art. 9 strengere Voraussetzungen enthält als Art. 6 und insbesondere auch die zweckändernde Weiterverarbeitung nach Art. 6 Abs. 4 i.R.d. Art. 9 nicht ohne Weiteres anwendbar ist. Insofern muss im Rahmen einer gemeinsamen Verantwortlichkeit jeder Verantwortliche die Zulässigkeit der Datenverarbeitung anhand der Voraussetzungen von Art. 9 begründen können.

33 **1. Grundsätzliches Verbot der Verarbeitung nach Art. 9 Abs. 1.** Das grundsätzliche Verbot der Verarbeitung besonderer Kategorien personenbezogener Daten folgt aus Art. 9 Abs. 1. Der Katalog der in Art. 9 Abs. 1 aufgezählten Datenkategorien ist **abschließend**.[87]

---

82 Dazu oben bereits in Rn. 1 sowie Gola-*Schulz* Art. 9 Rn. 1; Kühling/Buchner-*Weichert* Art. 9 Rn. 1; *Laue/Kremer* Das neue Datenschutzrecht in der betrieblichen Praxis, § 2 Rn. 66.
83 Sydow-*Kampert* Art. 9 Rn. 5; Gierschmann-*Korge* Art. 9 Rn. 3; Plath-*Plath* Art. 9 Rn. 3.
84 Kühling/Buchner-*Weichert* Art. 9 Rn. 7.
85 Vgl. dazu Kommentierung zu Art. 4 Nr. 7 Rn. 140 und zu Art. 26 Rn. 17 ff.
86 *EuGH* v. 29.7.2019 – C-40/17, ECLI:EU:C:2019:629, Fashion ID, Rn. 97.
87 Auernhammer-*Greve* Art. 9 Rn. 1; Kühling/Buchner-*Weichert* Art. 9 Rn. 19; Gierschmann-*Korge* Art. 9 Rn. 8.

Danach ist also die Verarbeitung personenbezogener Daten, aus denen die rassische **34** oder ethnische Herkunft, politische Meinungen, religiöse oder weltanschauliche Überzeugungen oder die Gewerkschaftszugehörigkeit hervorgehen, sowie die Verarbeitung von genetischen Daten, biometrischen Daten zur eindeutigen Identifizierung einer natürlichen Person, Gesundheitsdaten oder Daten zum Sexualleben oder der sexuellen Orientierung einer natürlichen Person untersagt. Zu den unterschiedlichen Kategorien sensibler Daten im Rahmen von Art. 9 Abs. 1 vgl. Rn. 26.

Dabei kommt es nicht auf die Zweckrichtung oder Zielsetzung der Daten oder deren **35** Verarbeitung an und auch nicht darauf, ob sich die Datenverarbeitung möglicherweise positiv oder negativ für den Betroffenen auswirken kann. Eine strikt objektive Betrachtungsweise, die für eine Anwendbarkeit von Art. 9 ausschließlich darauf abstellt, ob sich mit „hinlänglicher Sicherheit" besonders sensible Daten aus Informationen herleiten lassen und so den Anwendungsbereich des Art. 9 eröffnen, geht daher zu weit.[88] Zwar folgt Art. 9 Abs. 1 einer gewissen Form der Pauschalisierung[89], entscheidend ist jedoch, dass die Zuordnung zu einer bestimmten Datenkategorie stets anhand des Schutzzwecks des Art. 9 (Schutz vor Persönlichkeitsrechtsverletzungen und vor Diskriminierungen) erfolgt.[90] Es bedarf daher einer **kontextbezogenen Betrachtungsweise** bei der Zuordnung zu einer bestimmten Datenkategorie.[91] Die DSK weist dementsprechend darauf hin, dass nicht jede (mittelbare) Angabe zu sensiblen Daten unmittelbar den strengen Voraussetzungen von Art. 9 unterfällt.[92] Entscheidend sei, ob die **eindeutige Identifizierung der betroffenen Person im Vordergrund stehe** und damit letztlich eine **besondere Zweckbestimmung** erfolge.[93] Vgl. dazu auch Rn. 26 sowie Rn. 165.

a) Rassische und ethnische Herkunft. Das Begriffspaar der rassischen und ethnischen **36** Herkunft zielt auf die **Zugehörigkeit zu einer bestimmten Bevölkerungsgruppe** ab, die etwa durch die gemeinsame Herkunft, Kultur oder durch ein Zusammengehörigkeitsgefühl geprägt wird.[94] Informationen über die rassische Herkunft schließen dabei etwa Angaben über die Hautfarbe oder sonstige äußere Merkmale ein.[95]

Der Begriff der **Ethnie** bezeichnet dabei eine Menschengruppe oder Minderheit mit **37** einer einheitlichen Kultur und ist insofern nicht deckungsgleich mit dem Begriff der „Rasse". Unter den Begriff der Ethnie fallen folglich etwa die Sprache sowie die kulturelle Beziehung eines Menschen zu seinen Vorfahren.[96]

---

88 Vgl. dazu Gola-*Schulz* Art. 9 Rn. 13 sowie Knyrim-*Bergauer* DSGVO, 2016, S. 60. Dazu auch *Schneider* ZD 2017, 303.
89 Kühling/Buchner-*Weichert* Art. 9 Rn. 20.
90 Ehmann/Selmayr-*Schiff* Art. 9 Rn. 2; Gola-*Schulz* Art. 9 Rn. 11; Kühling/Buchner-*Weichert* Art. 9 Rn. 20 f.
91 Übereinstimmend Kühling/Buchner-*Weichert* Art. 9 Rn. 24; Gola-*Schulz* Art. 9 Rn. 13; Ehmann-Selmayr-*Schiff* Art. 9 Rn. 2 f.; Plath-*Plath* Art. 9 Rn. 3. Übereinstimmend auch *Schneider* ZD 2017, 303, 304.
92 *DSK* Kurzpapier Nr. 17 – Besondere Kategorien personenbezogener Daten, S. 1.
93 *DSK* Positionspapier zur biometrischen Analyse, S. 21 zur Frage der Anwendbarkeit von Art. 9 auf biometrische Analyse- und Erkennungsverfahren.
94 Sydow-*Kampert* Art. 9 Rn. 7.
95 Kühling/Buchner-*Weichert* Art. 9 Rn 25 f.
96 Ehmann/Selmayr-*Schiff* Art. 9 Rn. 12 f.

38 Auch aus dem **Namen** lassen sich in Verbindung mit anderen Informationen unter Umständen eine rassische oder ethnische Herkunft ableiten.[97]

39 Kein Datum über die rassische oder ethnische Herkunft stellt etwa die Staatsangehörigkeit oder geographische Herkunft einer Person dar. Ebenso wenig stellt die Zugehörigkeit zu einer bestimmten sozialen Schicht ein Datum in diesem Sinne dar.[98]

40 Mit dieser Schutzkategorie sollen bei der Verarbeitung sensibler Daten **Diskriminierungen** entsprechend Art. 21 Abs. 1 GRCh bzw. Art. 3 Abs. 3 GG verhindert werden. Dies stellt auch ErwG 51 S. 2 Hs. 2 klar, indem erklärt wird, dass der Begriff der „rassischen Herkunft" in der DS-GVO nicht bedeutet, dass die Union Theorien, mit denen versucht wird, die Existenz verschiedener menschlicher Rassen zu belegen, gutheißt.

41 **b) Politische Meinungen.** Der rassischen und ethnischen Herkunft nachfolgend nennt der Katalog des Art. 9 Abs. 1 Daten, aus denen die politische Meinungen des Betroffenen hervorgeht. Eine nähere Definition des Begriffs der politischen Meinungen enthält die DS-GVO nicht.

42 Der Begriff der politischen Meinung erstreckt sich dabei i.S. e. weiten Begriffsverständnisses nicht nur auf das bloße „**Haben**" einer politischen Meinung im Sinne der Unterstützung bzw. Ablehnung bestimmter Ideen, Ideale oder parteipolitischen Überzeugungen, sondern erfasst zugleich die **Tätigkeit** im Sinne dieser Meinung soweit sie im Einklang mit dem geltenden Recht erfolgt.[99]

43 Zu dieser Schutzkategorie gehört etwa die Zugehörigkeit zu einer politischen Partei, die Mitarbeit in politischen und ähnlichen Stiftungen oder Organisationen, die Teilnahme an Petitionen, Unterschriftenlisten im Rahmen eines Bürgerbegehrens oder das Engagement bei einer Versammlung oder Demonstration.[100]

44 Insofern weist diese Datenkategorie einen engen Bezug zum **Schutz der Meinung** (Art. 5 GG, Art. 11 GRCh) sowie zur **Versammlungsfreiheit** (Art. 8 GG, Art. 12 GRCh) auf.

45 Ob der Besuch einer entsprechenden Veranstaltung oder eine bestimmte politische Tätigkeit einen Rückschluss auf eine politische Meinung erlaubt, hängt von der Art der Betätigung und dem Kontext, etwa der Veranstaltung, ab.

46 Daraus folgt, dass Meinungen, die sich auf rein kommerzielle Sachverhalte ohne jeglichen politischen Kontext beziehen sowie wertende Betrachtungen ausschließlich privater Natur von der Begriffsdefinition nicht erfasst sind.[101]

47 Vor diesem Hintergrund stellt sich die Frage, ob die **Analyse des Surfverhaltens** durch Medienintermediäre wie Google, Twitter oder Facebook, letztlich auch eine Verarbeitung sensibler Daten darstellt, sofern Rückschlüsse etwa auf die politischen Meinun-

---

97 Kühling/Buchner-*Weichert* Art. 9 Rn. 26; *Gola*/Schomerus § 3 BDSG Rn. 56a.
98 Sydow-*Kampert* Art. 9 Rn. 7. Dazu auch Gola-*Schulz* Art. 9 Rn. 14.
99 Kühling/Buchner-*Weichert* Art. 9 Rn. 27; Sydow-*Kampert* Art. 9 Rn. 9; Ehmann/Selmayr-*Schiff* Art. 9 Rn. 15.
100 Gierschmann-*Korge* Art. 9 Rn. 12; Kühling/Buchner-*Weichert* Art. 9 Rn. 27.
101 Vgl. dazu Ehmann/Selmayr-*Schiff* Art. 9 Rn. 15 f.

gen der Nutzer gezogen werden.[102] Denn wenn Soziale Netzwerke oder Suchmaschinen durch das Nutzerverhalten Rückschlüsse auf die politische Einstellung oder andere Daten i.S.d. Art. 9 Abs. 1 ziehen können, dann handelt es sich bei den Nutzerdaten um Daten, aus denen die politische Meinung oder religiöse oder weltanschauliche Überzeugungen hervorgehen. Damit unterliegt die Verarbeitung den engen Voraussetzungen von Art. 9. Als Erlaubnistatbestand kommt neben Art. 9 Abs. 2 lit. a insbesondere lit. e in Betracht. Datenverarbeitende Unternehmen müssen daher entweder eine wirksame Einwilligung der Nutzer einholen, die den Anforderungen von Abs. 2 lit. a gerecht wird oder es müssen die tatbestandlichen Voraussetzungen von Art. 9 Abs. 2 lit. e vorliegen (dazu Rn. 122 ff. und 165). Dies ist derzeit (Stand: April 2020) nicht der Fall.[103] Dies ist insofern von besonderer Relevanz als dass durch die Anwendbarkeit von Art. 9 eine Rechtfertigung der Datenverarbeitung nach Art. 6 Abs. 1 S. 1 lit. f ausgeschlossen wäre (dazu bereits Rn. 21). Als Alternative ist hinsichtlich einer Rechtfertigung auch an lit. e zu denken, indem die Nutzer durch ihr Surfverhalten die Daten öffentlich gemacht haben. Fraglich ist dabei gleichwohl, ob Nutzer auch solche Daten offensichtlich öffentlich gemacht haben, von deren Erhebung sie mangels hinreichender Transparenz keine Kenntnis besitzen (dazu Rn. 167).

c) **Religiöse oder weltanschauliche Überzeugungen.** Die dritte Kategorie des Art. 9 Abs. 1 bilden Daten, aus denen die religiösen oder weltanschaulichen Überzeugungen des Betroffenen hervorgehen. 48

Wie bereits oben erwähnt (vgl. Rn. 12), geht die Ersetzung des Begriffs der philosophischen Überzeugung durch die weltanschaulichen Überzeugungen zurück auf die Initiative des Parlaments. 49

Inhaltliche Unterschiede folgen daraus nicht.[104]

Religiöse und weltanschauliche Überzeugungen zeichnen sich durch ein subjektives gedankliches Konstrukt aus, dass sich etwa mit Fragen des Sinngehalts des Lebens und der Welt beschäftigt.[105] 50

Die Datenkategorie schützt also sowohl das „Haben" eines Glaubens oder einer weltanschaulichen Überzeugung als auch das dementsprechende Handeln.[106] Folglich dient sie sowohl der **Stärkung des Diskriminierungsverbots** (Art. 21 GRCh, Art. 3 Abs. 3 GG) als auch dem **Schutz der Glaubens- und Gewissensfreiheit** (Art. 10 GRCh, Art. 4 GG).[107]

Die Datenkategorie des Art. 9 Abs. 1 erfasst folglich Verarbeitungen von personenbezogenen Daten, aus denen sich religiöse Einstellungen oder die äußere Betätigung des 51

---

102 Vgl. zu dieser Thematik im Grundsatz Schwartmann/Hermann/Mühlenbeck Transparenz bei Medienintermediären, S. 58 ff. abrufbar unter https://www.ma-hsh.de/infothek/publikationen/ma-hsh-gutachten-transparenz-bei-medienintermediaren.html, zuletzt abgerufen am 22.4.2020 sowie dies. MMR 2019, 498, 498 ff.
103 Dazu Schwartmann/Hermann/Mühlenbeck Transparenz bei Medienintermediären, S. 11 und 102 abrufbar unter https://www.ma-hsh.de/infothek/publikationen/ma-hsh-gutachten-transparenz-bei-medienintermediaren.html, zuletzt abgerufen am 22.4.2020.
104 Übereinstimmend Gierschmann-*Korge* Art. 9 Rn. 12; Sydow-*Kampert* Art. 9 Rn. 9.
105 Sydow-*Kampert* Art. 9 Rn. 9; BVerwGE 89, 368, 370.
106 Kühling/Buchner-*Weichert* Art. 9 Rn. 28; Ehmann/Selmayr-*Schiff* Art. 9 Rn. 18 f.
107 Kühling/Buchner-*Weichert* Art. 9 Rn. 28; Ehmann/Selmayr-*Schiff* Art. 9 Rn. 18.

Glaubens oder Bekenntnisses ergeben. Im Rahmen der weltanschaulichen Überzeugungen fehlt freilich das transzendente Element.[108]

52 Es kann hinsichtlich religiöser oder weltanschaulicher Überzeugungen zu Überschneidungen mit dem Begriff der politischen Meinungen kommen, da eine trennscharfe Abgrenzung unter Umständen nicht oder nur schwer gelingt. Als Leitlinie lässt sich dabei zur Abgrenzung festhalten, dass sich politische Meinungen oftmals auf tagespolitische oder einzelne Fragestellungen oder handelnde Personen beziehen und daher eine gewisse Konkretisierung aufweisen, während religiösen oder weltanschaulichen Überzeugen oftmals eine gewisse Generalisierung innewohnt.[109]

53 In der Praxis ist dabei indes zu berücksichtigen, dass sich hinsichtlich der Rechtsfolgen keinerlei Unterschiede ergeben, ob eine bestimmte Haltung nun als politische Meinung oder religiöse bzw. weltanschauliche Überzeugung zu qualifizieren ist, da beide Datenkategorien in Art. 9 Abs. 1 gleich behandelt werden.

54 Die Schutzkategorie der **religiösen Überzeugung** erfasst so etwa die Konfessionszugehörigkeit oder die Mitgliedschaft in religiösen Vereinigungen.[110] Das Tragen von eindeutig der Ausübung der Religion dienender Bekleidung (z.B. Kopftuch) unterfällt ebenfalls Art. 9 Abs. 1.[111] Die steuerrechtliche Erhebung von Daten, etwa im Rahmen der Mitgliedschaft in einer Kirche, wird von Art. 9 Abs. 1 jedoch nicht erfasst, denn insoweit verweisen Art. 4 Nr. 9. S. 2 sowie ErwG 31 auf die spezielleren Datenschutzvorschriften des Steuerrechts.[112]

55 Da der Begriff der **weltanschaulichen Überzeugung** die Gesamtheit der persönlichen Wertungen und Sichtweisen erfasst, wird teilweise[113] einschränkend gefordert, dass bloße Einstellungen wie „Vegetarier" oder „Pazifist" aus dem Anwendungsbereich des Art. 9 Abs. 1 ausgeklammert werden. Gleichwohl folgt Art. 9 Abs. 1 dem Ziel der Gewährung eines hohen Datenschutzniveaus, weshalb sich pauschale Bereichsausnahmen verbieten und vielmehr eine kontextbezogene Betrachtungsweise darüber entscheidet, ob ein Schutz der personenbezogenen Daten über Art. 9 Abs. 1 gewährt wird.[114] Demgegenüber sind als Beispiele für Weltanschauungen etwa Kommunismus oder Pazifismus (die ebenfalls unter den Begriff der politischen Meinung fallen) oder die Mitgliedschaft in einer Umwelt- oder Tierschutzorganisation zu nennen.[115]

56 Hinsichtlich religionsunabhängiger Daten wie etwa dem Namen oder Wohnort verneinen manche[116] die hinreichende Wahrscheinlichkeit daraus eine religiöse oder weltan-

---

108 Ehmann/Selmayr-*Schiff* Art. 19 Rn. 18; Sydow-*Kampert* Art. 9 Rn. 9.
109 Kühling/Buchner-*Weichert* Art. 9 Rn. 28; Sydow-*Kampert* Art. 9 Rn. 9; Ehmann/Selmayr-*Schiff* Art. 9 Rn. 18.
110 Gola-*Schulz* Art. 9 Rn. 14; Ehmann/Selmayr-*Schiff* Art. 9 Rn. 19.
111 Gierschmann-*Korge* Art. 9 Rn. 13; einschränkend Gola-*Schulz* Art. 9 Rn. 14.
112 So Ehmann/Selmayer-*Schiff* Art. 9 Rn. 19; Sydow-*Kampert* Art. 9 Rn. 9 nimmt demgegenüber im Falle der Kirchensteuer einen Bezug zu einer religiösen Überzeugung an.
113 Gola-*Schulz* Art. 9 Rn. 14.
114 Übereinstimmend vgl. etwa Gierschmann-*Korge* Art. 9 Rn. 13; Ehmann/Selmayr-*Schiff* Art. 9 Rn. 20.
115 Sydow-*Kampert* Art. 9 Rn. 9; Gierschmann-*Korge* Art. 9 Rn. 13.
116 Kühling/Buchner-*Weichert* Art. 9 Rn. 29.

schauliche Überzeugung abzuleiten, während andere[117] – wie hier vertreten – eine kontextbezogene Einzelfallbetrachtung befürworten.

d) Gewerkschaftszugehörigkeit. Der Katalog des Art. 9 Abs. 1 verbietet darüber hinaus die Verarbeitung von personenbezogenen Daten, aus denen sich die Zugehörigkeit zu einer Gewerkschaft ergibt. 57

Gewerkschaften sind Organisationen von Arbeitnehmern mit dem Recht, Tarifverträge auszuhandeln und zu schließen sowie bei Interessenkonflikten kollektive Maßnahmen (insbesondere Arbeitskampfmaßnahmen wie etwa Streiks) zu ergreifen, vgl. Art. 28 GRCh.

Grundsätzlich sind von dem Verarbeitungsverbot alle Daten erfasst, die einen Rückschluss auf eine Gewerkschaftszugehörigkeit ermöglichen. So ist etwa die Mitgliedschaft in einer Gewerkschaft, der Bezug einer Mitgliederzeitschrift oder die Vergabe von Wohnungen an Gewerkschaftsangehörige erfasst.[118] 58

Die Datenkategorie dient somit dem **Schutz der Koalitionsfreiheit** aus Art. 28 GRCh, Art. 9 GG. Das besondere Verarbeitungsverbot soll darüber hinaus insbesondere gegen eine mögliche **Diskriminierung** auf dem Arbeitsmarkt Schutz bieten.[119] 59

Die Größe und Mitgliederstärke der Gewerkschaft sowie die politische oder konfessionelle Ausrichtung der Gewerkschaft sind dementsprechend unerheblich.[120] 60

e) Genetische, biometrische oder Gesundheitsdaten. Art. 9 Abs. 1 untersagt die Verarbeitung von genetischen Daten, biometrischen Daten und Gesundheitsdaten. 61

aa) Genetische Daten. Art. 9 Abs. 1 nennt dabei zunächst die Datenkategorie der genetischen Daten. 62

Genetische Daten sind nach Art. 4 Nr. 13[121] personenbezogene Daten zu den ererbten oder erworbenen genetischen Eigenschaften einer natürlichen Person, die eindeutige Informationen über die Physiologie oder die Gesundheit dieser natürlichen Person liefern und insbesondere aus der Analyse einer biologischen Probe der betreffenden natürlichen Person gewonnen werden. 63

Darüber hinaus wird der Begriff der genetischen Daten in **ErwG 34** näher erläutert. Danach sollen diese als personenbezogene Daten über die ererbten oder erworbenen genetischen Eigenschaften einer natürlichen Person definiert werden, die aus der Analyse einer biologischen Probe der betreffenden natürlichen Person, insbesondere durch eine Chromosomen-, Desoxyribonukleinsäure (DNS)- oder Ribonukleinsäure (RNS)-Analyse oder der Analyse eines anderen Elements, durch die gleichwertige Informationen erlangt werden können, gewonnen werden. 64

§ 3 Nr. 11 GenDG definiert genetische Daten als „durch eine genetische Untersuchung oder im Rahmen einer genetischen Untersuchung durchgeführte Analyse gewonnener Daten über genetische Eigenschaften" und ist damit enger als die Regelung des Art. 4 65

---

117 Ehmann/Selmayr-*Schiff* Art. 9 Rn. 20; Paal/Pauly-*Frenzel* Art. 9 Rn. 13.
118 Gierschmann-*Korge* Art. 9 Rn. 14; Ehmann/Selmayr-*Schiff* Art. 9 Rn. 21.
119 Buchner/Kühling-*Weichert* Art. 9 Rn. 30.
120 Sydow-*Kampert* Art. 9 Rn. 10; Kühling/Buchner-*Weichert* Art. 9 Rn. 30.
121 Vgl. zu dem Begriff der genetischen Daten ausführlich die Kommentierung zu Art. 4 Nr. 13 Rn. 233 ff.

Nr. 13, indem er in erster Linie auf die ererbten Eigenschaften einer natürlichen Person abstellt.[122]

66 Wie oben (vgl. Rn. 9 ff.) bereits erwähnt, stellte Art. 8 DSRL pauschal auf die Verarbeitung besonderer Kategorien personenbezogener Daten ab, ohne dabei die besonderen Datentypen näher zu beleuchten. Demgegenüber nehmen die **Art. 4 Nr. 13, 14**[123] **und 15**[124] (genetische Daten, biometrische Daten und Gesundheitsdaten) nunmehr eine begriffliche Präzisierung vor.[125] Diese Datenkategorien finden sich dementsprechend in Art. 9 Abs. 1 wieder. Insofern ist das Zusammenspiel von Art. 4 Nr. 13–15 hinsichtlich der Begrifflichkeiten und Art. 9 hinsichtlich der Datenverarbeitung für das Verständnis der Reichweite des Schutzes der genetischen Daten im Gefüge der DS-GVO wesentlich.

67 Art. 9 Abs. 1 steht somit in einem unmittelbaren systematischen Kontext zu den Begriffsbestimmungen aus Art. 4 Nr. 13, 14 und 15. Daraus lassen sich folgende Aussagen im Wege der Auslegung ermitteln: Art. 4 Nr. 13 ordnet Informationen über die Physiologie oder die Gesundheit der Begriffsdefinition der genetischen Daten unter. Daraus folgt, dass genetische Daten auch zugleich biometrische Daten (nach Art. 4 Nr. 14) oder Gesundheitsdaten (nach Art. 4 Nr. 15) sein können (z.B. im Falle von spezifischen Erbmerkmalen und daraus folgenden Krankheitsdispositionen), sich aber in der Regel von Gesundheitsdaten dadurch abgrenzen, dass sie Merkmale beinhalten, aufgrund derer die Daten einen einzigartigen Datenbestand darstellen.[126] Für Art. 9 Abs. 1 ist es dabei für die Praxis freilich unerheblich, unter welche Datenkategorie des Abs. 1 sich bestimmte Daten fassen lassen.

68 Die Aufnahme der genetischen Daten in den Katalog des Art. 9 Abs. 1 beinhaltet, dass es sich bei genetischen Daten zunächst um **personenbezogene Daten** nach Art. 4 Nr. 1[127] handeln muss. Somit sind Daten, die ursprünglich zu wissenschaftlichen Forschungszwecken erhoben, aber nunmehr anonymisiert wurden, nicht erfasst.[128] **Ererbte Eigenschaften** sind dabei solche, die die natürliche Person von Geburt an bzw. bereits im pränatalen Stadium in sich trägt (etwa Erbinformationen). **Erworbene Eigenschaften** sind demgegenüber solche, die die natürliche Person im Anschluss an die Geburt erwirbt (etwa aufgrund äußerlicher Umwelteinflüsse).[129]

69 Darüber hinaus ist ein besonderer Schutz genetischer Daten eine Grundvoraussetzung für die Wahrung des **Gleichheitsprinzips** sowie des **Rechts auf Gesundheit**. Denn

---

122 Dazu auch Plath-*Schreiber* Art. 4 Nr. 13 Rn. 46 sowie Kühling/Buchner-*Weichert* Art. 4 Nr. 13 Rn. 2.
123 Vgl. dazu die Kommentierung zu Art. 4 Nr. 14 Rn. 244.
124 Vgl. dazu die Kommentierung zu Art. 4 Nr. 15 Rn. 257.
125 Kühling/Buchner-*Weichert* Art. 4 Nr. 13 Rn. 1.
126 Dies ergibt sich insbesondere aus dem WP 91 der Art.-29-Datenschutzgruppe, S. 4; übereinstimmend Sydow-*Kampert* Art. 4 Nr. 13 Rn. 182; Ehmann/Selmayr-*Klabunde* Art. 4 Nr. 13 Rn. 41.
127 Zu dem Begriff der personenbezogenen Daten vgl. die Kommentierung zu Art. 4 Nr. 1 Rn. 9.
128 *Hardenberg* ZD 2014, 115, 116 f.; Plath-*Schreiber* Art. 4 Nr. 13 Rn. 45 sowie Auernhammer-*Eßer* Art. 4 Nr. 13 Rn. 61.
129 Zu den Begrifflichkeiten vgl. auch Auernhammer-*Eßer* Art. 4 Nr. 13 Rn. 62 sowie Plath-*Schreiber* Art. 4 Nr. 13 Rn. 46.

wegen der o.g. besonderen Merkmale und Eigenschaften genetischer Daten bergen diese ein besonders hohes **Risiko für Diskriminierungen**.[130] So ist der Schutz genetischer Daten eng mit dem Verbot verknüpft, diese an Dritte weiterzugeben, die diese Daten in diskriminierender Weise gegen die betroffene natürliche Person verwenden könnten.[131] Dies hat seinen Ausdruck in Art. 21 der Europäischen Grundrechtecharta, in Art. 11 des Übereinkommens über Menschenrechte und Biomedizin des Europarates sowie in Art. 6 der Allgemeinen Erklärung über Bioethik und Menschenrechte der UNESCO gefunden, die dementsprechend eindeutige Diskriminierungsverbote bei der Nutzung genetischer Daten statuieren.

Daher bedürfen genetische Daten einem **besonderen Schutz**, da ihre unzulässige Verarbeitung mit besonders hohen Risiken für den Betroffenen verbunden ist. Vorkehrungen in diesem Sinne werden durch Art. 9 dahingehend getroffen, dass Verarbeitungen genetischer Daten nur unter strengen Vorgaben erfolgen dürfen. 70

Anwendungsbeispiele für die Verarbeitung genetischer Daten können etwa Biodatenbanken, aber auch klinische Prüfungen sein, vgl. dazu Rn. 93. 71

bb) Biometrische Daten. Als weitere Datenkategorie benennt Art. 9 Abs. 1 die biometrischen Daten. 72

Nach **Art. 4 Nr. 14**[132] sind biometrische Daten mit speziellen technischen Verfahren gewonnene personenbezogene Daten zu den physischen, physiologischen oder verhaltenstypischen Merkmalen einer natürlichen Person, die die eindeutige Identifizierung dieser natürlichen Person ermöglichen oder bestätigen, wie Gesichtsbilder oder daktyloskopische Daten. Zur näheren Bestimmung des Begriffs der biometrischen Daten kann auch das nach ISO/IEC JTC SC37[133] international standardisierte biometrische Vokabular herangezogen werden.[134] Hierbei ist allerdings zu beachten, dass der Begriff des biometrischen Datums unter Umständen von dem Begriffsverständnis der DS-GVO abweichen kann. Insofern kann das biometrisch standardisierte Vokabular lediglich ergänzend und flankierend zur DS-GVO herangezogen werden.[135] 73

Hinsichtlich der Systematik ist zu beachten, dass Art. 9 Abs. 1 eine enge Verbindung zur Begriffsdefinition der biometrischen Daten aus Art. 4 Nr. 14 aufweist. So enthält Art. 4 Nr. 14 Aussagen zu Inhalt und Reichweite der biometrischen Daten, während sich die Anforderungen an die Verarbeitung aus Art. 9 ergeben und insofern einem besonderen Schutz unterstehen. Indem biometrische Daten auch physiologische und physische Merkmale erfassen, bestehen insofern insbesondere inhaltliche Überschneidungen zu **Art. 4 Nr. 13** und **15**. 74

---

130 *Art.-29-Datenschutzgruppe* WP 91 „Arbeitspapier über genetische Daten" v. 17.3.2004, S. 2 f.; Kühling/Buchner-*Weichert* Art. 4 Nr. 13 Rn. 6.
131 *Art.-29-Datenschutzgruppe* WP 91 „Arbeitspapier über genetische Daten" v. 17.3.2004, S. 2.
132 Vgl. zu dem Begriff der biometrischen Daten ausführlich die Kommentierung zu Art. 4 Nr. 14 Rn. 244.
133 Abrufbar unter https://www.iso.org/committee/313770.html, zuletzt abgerufen am 21.4.2020.
134 *DSK* Positionspapier zur biometrischen Analyse, S. 4 und 19 ff.
135 *DSK* Positionspapier zur biometrischen Analyse, S. 20.

75 Biometrische Daten werden in **ErwG 51 S. 3** insbesondere unter dem Gesichtspunkt von Lichtbildern aufgegriffen. Danach soll die Verarbeitung von Lichtbildern grundsätzlich **nicht** den Voraussetzungen der Verarbeitung nach Art. 9 unterfallen. Vielmehr sind diese lediglich dann als biometrische Daten und damit als besondere Kategorie personenbezogener Daten einzustufen, wenn sie mit speziellen technischen Mitteln verarbeitet werden, die die eindeutige Identifizierung oder Authentifizierung einer natürlichen Person ermöglichen.[136]

76 Biometrische Systeme nutzen bestimmte individuelle Merkmale einer natürlichen Person zur Identifikation oder Authentifikation und stellen so enge Verknüpfungen mit der betroffenen Person her.[137]

77 Der Begriff der **biometrischen Daten** wird dabei durch Art. 4 Nr. 14 sehr weit gefasst, indem ein bloßer Bezug zu physischen, physiologischen oder verhaltenstypischen Merkmalen der natürlichen Person ausreicht.[138] Biometrische Daten wirken sich insoweit auf die Verbindung von Körper und Identität der betroffenen natürlichen Person aus, indem sie Merkmale des menschlichen Körpers „maschinenlesbar" machen.[139] Unter den Begriff der biometrischen Daten fallen dabei sowohl **Rohdaten** (etwa die Gesichtsvermessung als solche) als auch **Templates**, bei denen aus den Rohdaten Schlüsselmerkmale extrahiert werden, die dann als solche verarbeitet werden und die Grundlage für digitale Zuordnungen bilden.[140] So stellt etwa das hochgeladene Foto im Internet oder in sozialen Netzwerken ein biometrisches Datum dar. Werden diese Daten nunmehr ausgelesen und verarbeitet, so dass in der Folge mittels dieses Fotos das eigene Smartphone entsperrt werden kann, so wird dies durch ein Template ermöglicht.[141]

78 Als Beispiele für biometrische Daten sind etwa **Finger- oder Handabdrücke**, **Iris-** oder **Netzhaut-Scans**, **Gesichtserkennungen**, **Venenmuster der menschlichen Hand** oder **Sprachidentifikationen** aber auch eine charakteristische **Gang- oder Sprechart** einer Person zu nennen.[142] Dies beinhaltet die Feststellung, dass biometrische Daten einen Unterfall der **personenbezogenen Daten**[143] bilden.[144]

---

136 Dazu *DSK* Positionspapier zur biometrischen Analyse, S. 21 f.; vgl. zu Lichtbildern ergänzend die Kommentierung zu Art. 4 Rn. 246.
137 *Art.-29-Datenschutzgruppe* WP 193 „zu Entwicklungen im Bereich biometrischer Technologien" v. 27.4.2014, S. 2.
138 *Sydow-Kampert* Art. 4 Nr. 14 Rn. 185.
139 *Art.-29-Datenschutzgruppe* WP 193 „zu Entwicklungen im Bereich biometrischer Technologien" v. 27.4.2014, S. 4.
140 *Art.-29-Datenschutzgruppe* WP 193 „zu Entwicklungen im Bereich biometrischer Technologien" v. 27.4.2014, S. 5; Kühling/Buchner-*Weichert* Art. 4 Nr. 14 Rn. 7. Dazu auch *DSK* Positionspapier zur biometrischen Analyse, S. 12.
141 Bsp. aus *Art.-29-Datenschutzgruppe* WP 193 „Stellungnahme zu Entwicklungen im Bereich biometrischer Technologien" v. 27.4.2014, S. 8.
142 Weitere Bsp. vgl. Auernhammer-*Eßer* Art. 4 Nr. 14 Rn. 67; Sydow-*Kampert* Art. 4 Nr. 14 Rn. 185 sowie Plath-*Schreiber* Art. 4 Nr. 14 Rn. 50. Vgl. dazu auch ausführlich *DSK* Positionspapier zur biometrischen Analyse, S. 8 ff.
143 Vgl. dazu die Kommentierung zu Art. 4 Nr. 1 Rn. 9.
144 Auernhammer-*Eßer* Art. 4 Nr. 14 Rn. 66; Ehmann/Selmayr-*Klabunde* Art. 4 Nr. 14 Rn. 42.

Darüber hinaus sind auch biometrische Daten wie genetische Daten besonders anfällig für **Diskriminierungen**.[145] Aufgrund dieser **Sensitivität** biometrischer Daten unterfallen sie dem besonderen Schutz des Art. 9.   79

Biometrische Daten werden zu Identifikationszwecken zunehmend auch von Privaten eingesetzt. Das **Entsperren des Smartphones** mittels eines Fingerabdrucks (Touch-ID) oder einer Gesichts- bzw. Iriserkennung (Face-ID) stellt dabei bspw. eine Nutzung biometrischer Daten durch Private dar.[146] Darüber hinaus haben biometrische Daten zunehmend im Rahmen von **Zugangskontrollen**[147] (z.B. für Bereiche, die eine besondere Sicherheit verlangen wie etwa Rechenzentren, Laboren, Flughäfen oder Kernkraftwerken)[148] eine große Bedeutung. Weitere Anwendungsfelder der Verarbeitung biometrischer Daten liegen in der **Profilbildung**, **Überwachung**, **Registrierung** oder der **Verhaltenssteuerung**.[149] Daneben können biometrische Verfahren aber auch im Rahmen der **Werbung** oder der **Kommunikation zwischen Mensch und Maschine** zum Einsatz kommen.[150]   80

Zudem wird die Frage der Verarbeitung von biometrischen Daten im Rahmen der **Videoüberwachung**[151] relevant. Im Zuge der technischen Möglichkeiten findet so vermehrt eine Verzahnung von Videoüberwachung und biometrischen Systemen statt. So sind längst an vielen Orten Videoüberwachungssysteme zum Zwecke der Prävention von Straftaten oder der Strafverfolgung installiert. Dabei werden im Rahmen einer intelligenten Videoüberwachung und im Rahmen von **Body-Cams** zunehmend auch Gesichtserkennungen durchgeführt sowie zusätzliche Elemente (etwa die Gangart oder Gestik) erfasst, so dass diese Aufnahmen unter den Begriff der biometrischen Daten fallen und damit deren Verarbeitung den strengen Anforderungen der Art. 6 und 9 unterliegt. Vor diesem Hintergrund stellt sich die Frage nach dem **Konkurrenzverhältnis von Art. 6 und 9 im Rahmen der Videoüberwachung** (dazu bereits Rn. 21). Sofern es sich bei der Videoüberwachung um eine Verarbeitung besonderer Kategorien von Daten handelt, wäre dementsprechend Art. 9 und nicht Art. 6 anwendbar.[152] Die Unterscheidung hat weitreichende Folgen, weil die Videoüberwachung nach nationalem Recht etwa durch § 4 oder nach § 22 BDSG gerechtfertigt sein kann, aber unterschiedlichen Anforderungen unterliegt. Insofern entscheidet die Frage des Vorliegens eines sensiblen Datums über die jeweils anwendbare Rechtsgrundlage. Als Leitlinie ist hierbei festzuhalten: Eine Videoüberwachung fällt nur dann unter das strenge Regelungsregime des Art. 9, wenn die Datenverarbeitung der **eindeutigen Identifizierung** der betroffenen Person dient und daher **mittels spezieller technischer Mittel** die Erfassung und Verarbeitung zielgerichtet verfolgt wird und daher Zweck   81

---

145 Vgl. zu dieser Problematik die Kommentierung zu Art. 4 Nr. 13 Rn. 243.
146 *DSK* Positionspapier zur biometrischen Analyse, S. 12.
147 Vgl. dazu ausführlich die Kommentierung zu Art. 4 Nr. 14 Rn. 254. *DSK* Positionspapier zur biometrischen Analyse, S. 10.
148 Bsp. aus *DSK* Positionspapier zur biometrischen Analyse, S. 10.
149 *DSK* Positionspapier zur biometrischen Analyse, S. 15.
150 Zu den Anwendungsfeldern und weiteren Beispielen vgl. *DSK* Positionspapier zur biometrischen Analyse, S. 15 ff.
151 Vgl. dazu die Kommentierung zu Art. 6 Abs. 2 S. 4 Rn. 196 ff. sowie zu § 4 BDSG.
152 Zu diesem Problemkreis vgl. etwa *Reuter* ZD 2018, 564 f.; *Schneider/Schindler* ZD 2018, 463 f.

der Datenverarbeitung ist.[153] Andernfalls handelt es sich um die Anfertigung eines Lichtbildes, dessen Rechtmäßigkeit sich nach Art. 6 bzw. § 3 BDSG oder dem jeweiligen Landesdatenschutzgesetz richtet. Diese Sichtweise wird auch durch ErwG 51 S. 3 gestützt, der statuiert, dass Lichtbilder nur dann als besondere Kategorie personenbezogener Daten einzustufen sind, wenn die o.g. Voraussetzungen erfüllt sind. Dieses restriktive Verständnis einer Videoüberwachung als sensibles Datum ist konsequent, entspricht es doch der Regelungssystematik der DS-GVO und den nationalen Umsetzungsnormen und belässt dabei Art. 9 einen hinreichenden Anwendungsbereich, sofern die Datenverarbeitung ein erhöhtes Schutzniveau erfordelich macht.

82 Von entscheidender Bedeutung für die Praxis ist insbesondere die Frage, ob auch **eingescannte Unterschriften** als biometrische Daten zu qualifizieren sind. Insofern ist zu beachten, dass bereits eine charakteristische Gang- oder Sprechart wie oben bereits erwähnt unter den Begriff der biometrischen Daten fallen. Darüber hinaus nennt die Art.-29-Datenschutzgruppe in ihrem WP 193[154] konsequent auch ausdrücklich die Verifikation von Unterschriften als biometrisches Verfahren für die Erfassung der Verhaltensmerkmale einer Person. So stellt die Erfassung biometrischer Daten zu Unterschriften eine neue Nutzung biometrischer Technologien dar. Folglich stellt die Art.-29-Datenschutzgruppe klar, dass „biometrische Daten zu Unterschriften (...) durch biometrische Verfahren ermittelt [werden], bei denen das Verhalten einer Person aufgrund der Dynamik der jeweiligen Handschrift bewertet wird. Herkömmliche Systeme zur Erkennung von Unterschriften beruhen auf der Analyse statischer oder geometrischer Merkmale des jeweiligen Unterschriftsbildes." Für die Praxis hätte eine derartige Beurteilung weitreichende Konsequenzen: Denn so würde auch ein eingescannter herkömmlicher Personalausweis, nicht wegen des Lichtbildes (vgl. ErwG 51 S. 1), sondern wegen der darauf enthaltenen Unterschrift als biometrisches Datum eingestuft und daher den hohen Anforderungen des Art. 9 unterliegen. Dabei ist aber stets zu beachten, dass bspw. die eingescannte Unterschrift unter einem Word-Dokument demgegenüber nicht a priori ein biometrisches Datum darstellt. Denn grundsätzlich ist die eingescannte Unterschrift lediglich ein Lichtbild. Als Leitlinie lässt sich daher für die Praxis festhalten, dass eingescannte Unterschriften zwar biometrische Daten darstellen können, dies aber erst dann der Fall ist, wenn eine **biometrische Erfassung** der Unterschrift stattfindet. Ansonsten bleibt es bei der Beurteilung als schlichtes Lichtbild.

83 **cc) Gesundheitsdaten.** Weiterhin unterliegt die Datenkategorie der Gesundheitsdaten nach Art. 9 Abs. 1 einem grundsätzlichen Verarbeitungsverbot.

84 **Gesundheitsdaten** sind nach Art. 4 Nr. 15[155] personenbezogene Daten, die sich auf die körperliche oder geistige Gesundheit einer natürlichen Person, einschließlich der

---

153 In diesem Sinne *ULD* Stellungnahme zur Anpassung des Schleswig-Holsteinischen Landesrechts an die DSGVO und die JI-RL v. 24.1.2018, S. 5 abrufbar unter https://www.datenschutzzentrum.de/uploads/ldsg/20180124_ULD-Stellungnahme_Artikelgesetz-Umsetzung-DSGVO.pdf, zuletzt abgerufen am 22.4.2020; *DSK* Kurzpapier Nr. 17 – Besondere Kategorien personenbezogener Daten, S. 1; *DSK* Positionspapier zur biometrischen Analyse, S. 21 f.; *Schneider/Schindler* ZD 2018, 463, 467 f.
154 *Art.-29-Datenschutzgruppe* WP 193 „Stellungnahme zu Entwicklungen im Bereich biometrischer Technologien" v. 27.4.2014, S. 4 sowie ausdrücklich auf S. 33.
155 Vgl. zu den Gesundheitsdaten ausführlich die Kommentierung zu Art. 4 Nr. 15 Rn. 257.

Erbringung von Gesundheitsdienstleistungen, beziehen und aus denen Informationen über deren Gesundheitszustand hervorgehen.

Ausweislich **ErwG 35 S. 1** gehören zu den Gesundheitsdaten alle Daten, die sich auf den Gesundheitszustand einer betroffenen Person beziehen und aus denen Informationen über den **früheren, gegenwärtigen und künftigen körperlichen oder geistigen Gesundheitszustand** der betroffenen Person hervorgehen. 85

Hinsichtlich der Systematik ist zum einen die enge Verknüpfung von Art. 9 sowie Art. 4 Nr. 14 zu den **Art. 4 Nr. 13** und **14** zu beachten. Insoweit können Gesundheitsdaten zugleich biometrische oder genetische Daten darstellen, so dass sich inhaltliche Überschneidungen der Begrifflichkeiten ergeben.[156] 86

Indem unter den Begriff der Gesundheitsdaten alle Daten fallen, die sich auf den früheren, gegenwärtigen oder künftigen Gesundheitszustand einer Person beziehen, liegt der Begrifflichkeit ein **weites Begriffsverständnis** zugrunde. 87

Nach ErwG 35 S. 2 gehören zu den Gesundheitsdaten etwa Informationen über Krankheiten, Behinderungen, Krankheitsrisiken, Vorerkrankungen, klinische Behandlungen oder den physiologischen oder biomedizinischen Zustand der betroffenen Person. Da aber der Anknüpfungspunkt der Gesundheitsdaten ausweislich der Definition des Art. 4 Nr. 15 der **Gesundheitszustand** und nicht die Krankheit ist, stellen auch etwa der Verlauf einer medizinischen Behandlung oder die Feststellung, dass eine Person vollkommen gesund ist, Gesundheitsdaten dar.[157] 88

Dabei ist die **Herkunft der Daten** (ob sie also etwa von einem Arzt, Krankenhaus oder sonstigem Angehörigen eines Gesundheitsberufes, einem Medizinprodukt oder einem In-Vitro-Diagnostikum stammen) für die Einordnung als Gesundheitsdatum nach ErwG 35 S. 2 unerheblich.[158]

Darüber hinaus stellen auch Informationen, die von der Prüfung oder Untersuchung eines Körperteils oder einer körpereigenen Substanz oder auch aus genetischen Daten und biologischen Proben **abgeleitet** wurden, Gesundheitsdaten dar. So kann etwa die bloße Erfassung des (Normal-)Gewichts einer Person noch keine Information sein, die Aufschluss über den künftigen Gesundheitszustand der betroffenen Person gibt. Durch die Verknüpfung mit Informationen hinsichtlich des Alters und Geschlechts der betroffenen Person und dem Zeitraum der Dokumentation der Daten, können so allerdings Gesundheitsdaten generiert werden.[159] 89

Gesundheitsdaten sind auch solche Daten, die mittelbar **Rückschlüsse**[160] auf den Gesundheitszustand erlauben (z.B. die Schwerbehinderteneigenschaft, Angaben zu 90

---

156 Übereinstimmend Auernhammer-*Eßer* Art. 4 Nr. 15 Rn. 70; Plath-*Schreiber* Art. 4 Nr. 15 Rn. 55; Ehmann/Selmayr-*Klabunde* Art. 4 Nr. 13 Rn. 41.
157 Kühling/Buchner-*Weichert* Art. 4 Nr. 15 Rn. 1; *Art.-29-Datenschutzgruppe* Annex zum Brief v. 5.2.2015 „Health data in apps and devices", S. 2; Plath-*Schreiber* Art. 4 Nr. 15 Rn. 57.
158 Dazu auch Sydow-*Ziebarth* Art. 4 Nr. 15 Rn. 189; Kühling/Buchner-*Weichert* Art. 4 Nr. 15 Rn. 3 sowie Auernhammer-*Eßer* Art. 4 Nr. 15 Rn. 72.
159 *Art.-29-Datenschutzgruppe* Annex zum Brief v. 5.2.2015 „Health data in apps and devices", S. 4.
160 Vgl. dazu die Kommentierung zu Art. 4 Nr. 15 Rn. 262.

Krankheitssymptomen oder die Krankschreibungen des Arztes).[161] ErwG 35 S. 2 stellt klar, dass zu Gesundheitsdaten auch die Nummer, Symbole oder Kennzeichen, die einer natürlichen Person zugeteilt wurden, um diese Person für gesundheitliche Zwecke eindeutig zu identifizieren, gehören. Damit fallen also auch **pseudonymisierte Daten**[162] (etwa eine Versicherungsnummer) unter den Begriff der Gesundheitsdaten, wenn sie Informationen zum Gesundheitszustand der betroffenen Person enthalten.[163]

91 Die besondere **Sensibilität** von Gesundheitsdaten folgt dabei insbesondere aus den möglichen Auswirkungen für den Betroffenen. Das Datenschutzrecht knüpft damit an rechtliche Grundsätze an, die bereits in § 203 StGB oder § 35 SGB I Eingang gefunden haben und so dem Betroffenen im Falle einer gesundheitlichen Notsituation und Hilfebedürftigkeit versichern, dass ihnen keine Nachteile aus einer unrechtmäßigen Datenverarbeitung oder einer Weitergabe an Dritte erwachsen.[164]

92 Da es ausweislich des Wortlauts des Art. 4 Nr. 15 sowie des ErwG 35 nicht darauf ankommt, wer die Gesundheitsdaten generiert, ist in der Praxis insbesondere die Nutzung von **Lifestyle- und Gesundheits-Apps** relevant.[165] Gerade Auswertungen von Gesundheitsdaten im Rahmen von **Big Data-Anwendungen**[166] werden Verantwortliche hinsichtlich einer genauen Zweckbestimmungen vor dem Hintergrund der erhöhten Anforderungen an eine Verarbeitung aus Art. 9 vor Herausforderungen stellen. Besonders problematisch ist v.a. die Praxis mancher Unternehmen, auch sensible Daten der Nutzer an Dritte weiterzuleiten. Die DSK[167] betont, dass die Weiterleitung mittels Tracking- und Analysetools gewonnener Gesundheitsdaten durch Verantwortliche an Dritte ohne Kenntnis oder adäquate Einbindung der Betroffenen (etwa mittels Einwilligung nach Art. 9 Abs. 2 lit. a) datenschutzrechtlich unzulässig ist.[168] Insbesondere vor dem Hintergrund der EuGH-Rechtsprechung zur gemeinsamen Verantwortlichkeit (vgl. Kommentierung zu Art. 4 Nr. 7 Rn. 140) betont die DSK, dass auch Betreiber von Gesundheitswebsites oder -Apps für die Datenweitergabe verantwortlich sind, auch wenn sie selbst keinen eigenen Zugriff auf die an die Dritten weitergeleiteten Daten haben.[169] Insofern ist auch für die Datenweitergabe ein Erlaubnistatbestand notwendig. Hierbei sind insbesondere die Transparenzanforderungen an

---

161 *Art.-29-Datenschutzgruppe* Annex zum Brief v. 5.2.2015 „Health data in apps and devices", S. 3; Kühling/Buchner-*Weichert* Art. 4 Nr. 15 Rn. 3 und 6.
162 Zur Pseudonymisierung vgl. die Kommentierung zu Art. 4 Nr. 5 Rn. 79 ff.
163 Auernhammer-*Eßer* Art. 4 Nr. 15 Rn. 72; Kühling/Buchner-*Weichert* Art. 4 Nr. 15 Rn. 3 sowie Plath-*Schreiber* Art. 4 Nr. 15 Rn. 56.
164 Dazu auch Kühling/Buchner-*Weichert* Art. 4 Nr. 15 Rn. 4.
165 Vgl. dazu ausführlich die Kommentierung zu Art. 4 Nr. 15 Rn. 266.
166 Vgl. dazu die Kommentierung zu Art. 6 Abs. 4 Rn. 281 ff.
167 *DSK* Entschließung der Konferenz der unabhängigen Datenschutzaufsichtsbehörden des Bundes und der Länder– Gesundheitswebseiten und Gesundheits-Apps – Keine Weitergabe sensibler Daten an Dritte! v. 6.11.2019, S. 1 f.
168 *DSK* Entschließung der Konferenz der unabhängigen Datenschutzaufsichtsbehörden des Bundes und der Länder- Gesundheitswebseiten und Gesundheits-Apps – Keine Weitergabe sensibler Daten an Dritte! v. 6.11.2019, S. 2.
169 *DSK* Entschließung der Konferenz der unabhängigen Datenschutzaufsichtsbehörden des Bundes und der Länder– Gesundheitswebseiten und Gesundheits-Apps – Keine Weitergabe sensibler Daten an Dritte! v. 6.11.2019, S. 2.

eine wirksame Einwilligung zu beachten.[170] Dies wurde im Zuge der COVID-19-Pandemie insbesondere im Rahmen der Entwicklung von sog. **Corona-Apps**[171] virulent (dazu auch Art. 4 Nr. 1 Rn. 47 und Art. 4 Nr. 5 Rn. 109). Die Feststellung einer Infektion eines App-Nutzers stellt die Verarbeitung eines Gesundheitsdatums dar und muss sich demzufolge an den Voraussetzungen von Art. 9, insbes. Abs. 2 lit. a und i, messen lassen (dazu Rn. 131 und Rn. 202).[172]

Ein praxisrelevantes Beispiel für eine Verarbeitung von Gesundheitsdaten liegt in der **Zoonosenforschung**. Zoonosen sind „Infektionskrankheiten, die wechselseitig zwischen Mensch und Tier übertragen und durch Viren, Bakterien, Parasiten oder Prionen ausgelöst werden können"[173]. Aus diesem Forschungsgebiet entwickelte sich eine Forschungsplattform für Zoonosen, die als One-Health-Netzwerk die Zoonosen- und Infektionsforschung koordiniert.[174] Dieses Anwendungsfeld ist nicht nur ein Beispiel für eine Big Data-Anwendung, sondern auch dafür, dass letztlich Daten über Tiere zu Gesundheitsdaten für die betroffenen Personen werden können und zeigt die Weite des Anwendungsbereichs des Gesundheitsdatums auf. Als Rechtfertigungstatbestand kommt insbesondere Art. 9 Abs. 2 lit. j in Betracht.

93

Ein weiteres Beispiel für die Verarbeitung von genetischen Daten bzw. Gesundheitsdaten sind **Biodatenbanken** und **klinische Prüfungen**. Biodatenbanken sind eine „Sammlung, Archivierung und ggf. Aufbereitung von menschlichen Biomaterialien"[175]. Im Rahmen dieser Datenbanken werden bestimmte menschliche Merkmale oder Eigenschaften erforscht, die die Entstehung bestimmter Krankheiten beeinflussen, um so Behandlungsmethoden und Präventionsansätze zu entwickeln.[176] Da es sich bei den verarbeiteten Daten um genetische Daten bzw. um Gesundheitsdaten handelt, ist Art. 9 einschlägig. Eine andere spezialgesetzliche Grundlage findet bei Biodatenbanken oftmals keine Anwendung, weil § 2 Abs. 2 Nr. 1 GenDG den Bereich der Forschung in sach-

94

---

170 *DSK* Entschließung der Konferenz der unabhängigen Datenschutzaufsichtsbehörden des Bundes und der Länder– Gesundheitswebseiten und Gesundheits-Apps – Keine Weitergabe sensibler Daten an Dritte! v. 6.11.2019, S. 2.
171 Vgl. dazu die Corona-Warn-App, https://www.coronawarn.app/de/, zuletzt abgerufen am 19.6.2020 sowie https://www.bundesregierung.de/breg-de/themen/coronawarn-app/corona-warn-appfaq-1758392, zuletzt abgerufen am 19.6.2020.
172 Vgl. dazu die Datenschutzerklärung im Rahmen der Corona-Warn-App, abrufbar unter https://www.coronawarn.app/de/, zuletzt abgerufen am 19.6.2020. Zu den (datenschutz-)-rechtlichen Implikationen von COVID-19 im Rahmen von Hochschulen im Hinblick auf Prüfungen und Online-Lehre vgl. *Schwartmann* Ein Pandemieplan für Hochschulen, F.A.Z. v. 22.4.2020, S. N4.
173 *Semler/Groschup/Ludwig* Deutsches Tierärzteblatt 2018, 66 (1), abrufbar unter https://www.deutsches-tieraerzteblatt.de/fileadmin/resources/Bilder/DTBL_01_2018/PDFs/DTBL_01-2018_Zoonosen.pdf, zuletzt abgerufen am 22.4.2020.
174 *Semler/Groschup/Ludwig* Deutsches Tierärzteblatt 2018, 66, abrufbar unter https://www.deutsches-tieraerzteblatt.de/fileadmin/resources/Bilder/DTBL_01_2018/PDFs/DTBL_01-2018_Zoonosen.pdf, zuletzt abgerufen am 22.4.2020; Positionspapier der *AG Zoonosen und Infektionsforschung der TMF*, abrufbar unter http://www.tmf-ev.de/Arbeitsgruppen_Foren/AGZI.aspx, zuletzt abgerufen am 22.4.2020.
175 Dazu Bekanntmachung der *Bundesärztekammer* im Deutschen Ärzteblatt v. 15.12.2017, S. 1 abrufbar unter https://www.bundesaerztekammer.de/fileadmin/user_upload/downloads/pdf-Ordner/WB/Biobanken.pdf, zuletzt abgerufen am 22.4.2020.
176 Bekanntmachung der Bundesärztekammer im Deutschen Ärzteblatt v. 15.12.2017, S. 2.

licher Hinsicht ausklammert.[177] Als Rechtfertigung kommt insbesondere Art. 9 Abs. 2 lit. j in Betracht, wenn die Biodatenbank Forschungszwecken dient. Andernfalls ist sind Abs. 2 lit. h und i einschlägig. Auch kann lit. e einschlägig sein. Zur Datenverarbeitung von Gesundheitsdaten zu Forschungszwecken vgl. Art. 89 Rn. 31 ff.

95 Im Rahmen von **klinischen Prüfungen** stellt sich zunächst die Frage nach dem Verhältnis des Arzneimittelgesetzes (AMG) zur DS-GVO. Da das AMG vor allem auf die VO (EU) Nr. 536/2014[178] zurückgeht, die nach Ansicht des EDSA[179] eine stärkere Harmonisierung der Bestimmungen für die Durchführung klinischer Prüfungen bezwecken soll, die DS-GVO demgegenüber den Schutz personenbezogener Daten betrifft, stehen die Verordnungen in keinem hierarchischen Verhältnis zueinander, sondern dienen unterschiedlichen Zwecken und finden daher nebeneinander Anwendung.[180] Da die Verarbeitung der Daten der Prüfungsteilnehmer eine Verarbeitung sensibler Daten darstellt, ist hinsichtlich einer Rechtfertigung insbesondere an lit. a und e zu denken, ggf. auch an lit. h, i und j, wenn die klinischen Prüfungen zu Forschungszwecken erfolgen (dazu auch Art. 89 Rn. 31 f.).[181] Zudem sind die §§ 22, 27 BDSG zu beachten. Hinsichtlich der Einwilligung ist insbesondere das Konkurrenzverhältnis zu § 40 Abs. 2a S. 2 Nr. 2 AMG problematisch, weil dieser abweichend von Art. 7 Abs. 3 die Unwiderruflichkeit der Einwilligung in die Datenverarbeitung statuiert.[182] Denn § 40 Abs. 2a S. 2 Nr. 2 AMG bezieht sich nur auf die Möglichkeit des Widerrufs einer Einwilligung in die Teilnahme an der klinischen Prüfung nach § 40 Abs. 1 S. 3 Nr. 3 lit. c AMG, nicht aber auf die Möglichkeit des Widerrufs der Einwilligung in die damit einhergehende Datenverarbeitung und steht damit im Widerspruch zu Art. 7 Abs. 3 DS-GVO.[183] Insofern genießt die DS-GVO gegenüber dem AMG bis zur Anpassung des AMG Anwendungsvorrang.[184] Die Wirksamkeit der datenschutzrechtlichen Einwilligung richtet sich dementsprechend nach den Anforderungen aus Art. 6 Abs. 1 S. 1 lit. a, Art. 7 und Art. 9 Abs. 2 lit. a. Demgegenüber gelten hinsichtlich der Voraussetzungen für eine wirksame Einwilligung für die Teilnahme an einer klinischen Prüfung die Vorschriften der VO (EU) Nr. 536/2014 bzw. deren Art. 29 sowie die Vorschriften des AMG. Dies sieht die DS-GVO in ErwG 156 S. 7, 161 ausdrücklich vor.

---

177 Bekanntmachung der Bundesärztekammer im Deutschen Ärzteblatt v. 15.12.2017, S. 2.
178 Verordnung (EU) Nr. 536/2014 des Europäischen Parlaments und des Rates vom 16. April 2014 über klinische Prüfung mit Humanarzneimitteln und zur Aufhebung der RL 2001/20/EG, ABl. EU L 158, 1.
179 *Europäischer Datenschutzausschuss* Stellungnahme 3/2019 zu den Fragen und Antworten zum Zusammenspiel der Verordnung über klinische Prüfungen und der DS-GVO v. 23.1.2019, abrufbar unter https://edpb.europa.eu/sites/edpb/files/files/file1/edpb_opinionctrq_a_final_de.pdf, zuletzt abgerufen am 22.4.2020.
180 *Bischoff* PharmR 2019, 265, 266 sowie *Europäischer Datenschutzausschuss* Stellungnahme 3/2019 zu den Fragen und Antworten zum Zusammenspiel der Verordnung über klinische Prüfungen und der DS-GVO v. 23.1.2019, S. 3.
181 *Bischoff* PharmR 2019, 265, 266.
182 Dazu *Bischoff* PharmR 2019, 265, 268 sowie *Bischoff/Wiencke* ZD 2019, 8, 9.
183 *Bischoff/Wiencke* ZD 2019, 8, 9.
184 *Europäischer Datenschutzausschuss* Stellungnahme 3/2019 zu den Fragen und Antworten zum Zusammenspiel der Verordnung über klinische Prüfungen und der DS-GVO v. 23.1.2019, S. 8 abrufbar unter https://edpb.europa.eu/sites/edpb/files/files/file1/edpb_opinionctrq_a_final_de.pdf, zuletzt abgerufen am 22.4.2020; *Bischoff* PharmR 2019, 265, 268; *Bischoff/Wiencke* ZD 2019, 8, 9 f.

Ein weiteres Anwendungsfeld liegt in der **Übermittlung von Daten zwischen Krankenkassen und einer anderen (privaten) Versicherung**.[185] Relevant wird diese Fallgruppe praktisch etwa dann, wenn eine Krankenkasse zur Geltendmachung von Regressansprüchen die Gesundheitsdaten ihres Versicherten an die private Haftpflichtversicherung des Schädigers übermittelt.[186] Es handelt sich hierbei um eine rechtfertigungsbedürftige Verarbeitung von Gesundheitsdaten nach Art. 9. Das deutsche Gesundheits- und Sozialrecht enthält allerdings ein bereichsspezifisches Datenschutzrecht (z.B. §§ 35 SGB I, 67 ff. SGB X, 213 VVG), das gegenüber § 22 BDSG nach § 1 Abs. 2 S. 1 und 2 BDSG vorrangig ist.[187] Bei der Verarbeitung von Gesundheitsdaten durch private Versicherungsunternehmen ist demgegenüber die DS-GVO einschlägig. Als Rechtfertigungstatbestände kommen dann insbesondere Art. 9 Abs. 2 lit. a, b und f in Betracht.[188]

96

f) Daten zum Sexualleben oder der sexuellen Orientierung. Die letzte in Art. 9 Abs. 1 genannte Datenkategorie bilden Daten zum Sexualleben oder der sexuellen Orientierung einer natürlichen Person. Die Verarbeitung von Daten zum Sexualleben oder der sexuellen Orientierung ist daher grundsätzlich verboten.

97

Während manche[189] hinsichtlich der Begrifflichkeiten keine Unterschiede sehen, lassen sich die Begriffe doch wie folgt voneinander abgrenzen. Dabei ist freilich erneut zu betonen, dass es in der Praxis keine Auswirkungen hat, ob Daten nun unter den Begriff des Sexuallebens oder der sexuellen Orientierung subsumiert werden, da Art. 9 Abs. 1 hinsichtlich der Rechtsfolgen nicht zwischen den verschiedenen Datenkategorien differenziert.

98

Zum **Sexualleben** gehört so etwa die Wahl der Sexualpartner oder bestimmte sexuelle Vorlieben oder Praktiken.[190] Ob der Einkauf in einem Sexshop unter die Daten zum Sexualleben fällt, wird unterschiedlich beurteilt.[191] Da die Kundeneigenschaft in einschlägigen Läden allerdings oftmals Rückschlüsse auf das Sexualleben zulässt und in Anbetracht der Sensitivität der Daten, sprechen die überzeugenderen Argumente für ein weites Begriffsverständnis.

99

Die **sexuelle Orientierung** erfasst demgegenüber jedenfalls die tradierten Zuordnungen wie Homo- oder Heterosexualität, aber auch alle anderen Formen der sexuellen Orientierung (etwa Bisexualität).[192]

100

Letztlich stellt diese Schutzkategorie aus Art. 9 Abs. 1 eine besondere Ausprägung des **Diskriminierungsverbots** aus Art. 21 GRCh dar.

101

In praktischer Hinsicht ist insbesondere die Frage relevant, ob auch **Dating-Apps** oder **Dating-Seiten** Informationen über die sexuelle Orientierung des Nutzers preisgeben

102

---

185 Dazu *Kaboré/Kinast* ZD 2019, 441 ff.
186 Bsp. aus 2020; *Bischoff* PharmR 2019, 265, 268; *Bischoff/Wiencke* ZD 2019, 8, 9 f. Dazu *Kaboré/Kinast* ZD 2019, 441.
187 *Kaboré/Kinast* ZD 2019, 441, 442 f.
188 *Kaboré/Kinast* ZD 2019, 441, 443 f.
189 So etwa Gierschmann-*Korge* Art. 9 Rn. 18.
190 Ehmann/Selmayr-*Schiff* Art. 9 Rn. 25 Kühling/Buchner-*Weichert* Art. 9 Rn. 42.
191 Für eine Einbeziehung in Art. 9 Abs. 1 DS-GVO vgl. etwa Sydow-*Kampert* Art. 9 Rn. 11 sowie Kühling/Buchner-*Weichert* Art. 9 Rn. 42, verneinend Gola-*Schulz* Art. 9 Rn. 14.
192 Ehmann/Selmayr-*Schiff* Art. 9 Rn. 25; Kühling/Buchner-*Weichert* Art. 9 Rn. 42.

Art. 9 / § 22 BDSG   Besondere Kategorien personenbezogener Daten

und damit den Anforderungen von Art. 9 unterliegen. Die Dating-App Tinder lässt sich bspw. vor der Nutzung das Recht einräumen, etwa Facebook-Likes, Tinder-Chats und Instagram-Bilder auszuwerten. Anhand dieser Einstellungen liefert die App dann den scheinbar perfekten Partner. Aus diesen Angaben und dem Nutzerverhalten lassen sich zweifellos Rückschlüsse auf die sexuelle Orientierung des Nutzers ziehen. So gibt doch die Frage, ob sich ein Nutzer bei Tinder oder bei Grinder anmeldet Aufschluss über dessen Hetero- oder Homosexualität. Die Möglichkeit der Erstellung von Fake-Profilen im Rahmen der Apps reicht dabei nicht aus, um die hinreichende Wahrscheinlichkeit hinsichtlich der Möglichkeit aussagekräftige Rückschlüsse zu ziehen, zu entkräften. Folglich sind auch solche Daten als Daten zur sexuellen Orientierung zu bewerten und unterfallen Art. 9.

103 g) **Bezüge zum BDSG n.F. – Kommentierung § 22 BDSG n.F. – Verarbeitung besonderer Kategorien personenbezogener Daten.** Der Gesetzgeber hat im Zuge der DS-GVO das Gesetz zur Anpassung des Datenschutzrechts an die Verordnung (EU) 2016/679 und zur Umsetzung der Richtlinie (EU) 2016/680 (Datenschutz-Anpassungs- und Umsetzungsgesetz – **DSAnpUG**)[193] verabschiedet. Es trat zusammen mit der DS-GVO am 25. Mai 2018 in Kraft. Teil des DSAnpUG ist in Art. 1 ein neues BDSG (im Folgenden BDSG n.F.). Ende 2019 hat der Gesetzgeber durch das 2. DSAnpUG unter anderem § 22 BDSG mit Wirkung zum 26.11.2019 geändert.[194]

104 § 22 BDSG n.F. regelt die Verarbeitung besonderer Kategorien personenbezogener Daten. Dabei macht er von den Öffnungsklauseln des Art. 9 Abs. 2 lit. b (durch § 22 Abs. 1 Nr. 1 lit. a BDSG n.F.), Art. 9 Abs. 2 lit. g (durch § 22 Abs. 1 Nr. 1 lit. d, Nr. 2 lit. a–c BDSG n.F.), Art. 9 Abs. 2 lit. h i.V.m. Abs. 3 (durch § 22 Abs. 1 Nr. 1 lit. b BDSG n.F.) sowie des Art. 9 Abs. 2 lit. i (durch § 22 Abs. 1 Nr. 1 lit. c BDSG n.F.) Gebrauch.[195]

105 § 22 Abs. 1 BDSG n.F. legt die Voraussetzungen fest, unter denen die Verarbeitung besonderer Kategorien personenbezogener Daten ausnahmsweise zulässig sein kann. Hierbei ist zu berücksichtigen, dass § 22 Abs. 1 Nr. 1 BDSG n.F. öffentliche und nichtöffentliche Stellen erfasst, während § 22 Abs. 1 Nr. 2 BDSG n.F. nur die öffentlichen Stellen nennt.[196]

106 Die Regelung des **§ 22 Abs. 1 Nr. 1 lit. a BDSG n.F.** schafft die Voraussetzungen, dass die Verarbeitung des Verantwortlichen zur Erfüllung der in Deutschland geltenden sozial- und sozialversicherungsrechtlichen Pflichten unverändert fortgeführt werden können. Neben der Regelung im BDSG n.F. können auch die in den Gesundheits- und Sozialgesetzen geregelten Datenverarbeitungen eine entsprechende Rechtsgrundlage bilden.[197] Die datenschutzrelevanten Vorschriften des SGB sind mit Blick auf die DS-GVO novelliert worden.

---

193 BT-Drucks. 18/11325, BGBl. 2017 I Nr. 44 vom 5.7.2017.
194 Vgl. dazu Art. 12 Zweites Datenschutz-Anpassungs- und Umsetzungsgesetz EU (DSAnpUG) v. 20.11.2019, BGBl. I S. 1626 (1634), BT-Drucks. 19/11181.
195 Vgl. Entwurf eines Gesetzes zur Anpassung des Datenschutzrechts an die Verordnung (EU) 2016/679 und zur Umsetzung der Richtlinie (EU) 2016/680 (Datenschutz-Anpassungs- und -Umsetzungsgesetz EU – DSAnpUG-EU) v. 24.2.2017, BT-Drucks. 18/11325, S. 94.
196 Dazu auch *Piltz* BDSG, § 22 Rn. 6.
197 Kühling/Buchner-*Weichert* Art. 9 Rn. 60.

Besondere Kategorien personenbezogener Daten   Art. 9 / § 22 BDSG

Inhaltlich entspricht § 22 Abs. 1 Nr. 1 lit. a BDSG n.F. dem Regelungsgehalt des Art. 9 Abs. 2 lit. b. Insofern ergeben sich keine Abweichungen. Zwar wird deshalb teilweise[198] ein Verstoß gegen das europarechtliche Normwiederholungsverbot diskutiert. Gleichwohl übersieht eine derartige Betrachtung, dass laut ErwG 8 die Mitgliedstaaten Teile der DS-GVO in ihr nationales Recht aufnehmen können, um die Kohärenz zu wahren und die nationalen Rechtsvorschriften verständlicher zu machen. Insofern ist die punktuelle Wiederholung einzelner Passagen der DS-GVO zulässig.[199] Seinem Ausgestaltungs- und Konkretisierungsauftrag kommt der Gesetzgeber dabei durch den Erlass bereichsspezifischer Datenschutzregelungen nach. Insofern hindert die Wiederholung die unmittelbare Wirkung der Verordnung nicht. Der deutsche Gesetzgeber hat daher in zulässiger Weise von der Öffnungsklausel Gebrauch gemacht.[200] In praktischer Hinsicht findet § 22 Abs. 1 Nr. 1 lit. a etwa bei Datenverarbeitungen durch öffentliche oder nichtöffentliche Stellen Anwendung, z.B. um Rechte im Bereich des Sozialschutzes geltend zu machen oder auszuüben.[201] Zu beachten ist aber, dass entsprechend § 1 Abs. 2 BDSG das bereichsspezifische Datenschutzrecht des SGB den Regelungen des BDSG vorgeht.[202]

107

§ 22 Abs. 1 Nr. 1 lit. b BDSG n.F. stellt eine Umsetzung von Art. 9 Abs. 2 lit. h i.V.m. Art. 9 Abs. 3 dar. Dabei wurde auf eine explizite Nennung der Arbeitsmedizin verzichtet, da der Begriff der Gesundheitsvorsorge den Begriff der arbeitsmedizinischen Vorsorge umfasst.[203] Darüber hinaus wurde auf die Aufnahme der Arbeitsmedizin verzichtet, da es in Deutschland keine Verarbeitung von sensiblen Daten zu Zwecken besonderer Facharztrichtungen (z.B. der Arbeitsmedizin) gibt. Die Verarbeitung erfolgt vielmehr jeweils anhand ihrer entsprechenden Zwecke, die sich aus § 22 Abs. 1 Nr. 1 lit. b BDSG n.F. unmittelbar ergeben. Mit der vom deutschen Gesetzgeber gewählten Formulierung wird folglich klargestellt, dass mit § 22 Abs. 1 Nr. 1 lit. b BDSG n.F. in erster Linie der Behandlungsvertrag gem. §§ 630a ff. BGB, gemeint ist.[204] Daher findet die Vorschrift vor allem in der Humanmedizin, also für (Zahn-)Ärzte, Psychotherapeuten oder Kinder- und Jugendlichenpsychotherapeuten Anwendung. Darüber hinaus werden vom Behandlungsvertrag auch Angehörige anderer Heilberufe, deren Ausbildung nach Art. 74 Abs. 1 Nr. 19 GG durch Bundesgesetz (Hebammen, Masseure und medizinische Bademeister, Ergotherapeuten, Logopäden, Physiotherapeuten u.a.) geregelt ist, oder Heilpraktiker erfasst.[205] Ein weiteres Anwendungsfeld von § 22 Abs. 1 lit. b BDSG ergibt sich zudem im Rahmen der Tätigkeit von **Krankenkassen**. Sofern diese **Abrechnungsdaten** von Ärzten, etwa in Gestalt eingereichter Rechnungen für Prothesen, erhalten

108

---

198 Vgl. so etwa die Stellungnahme der Bundesärztekammer im Rahmen der öffentlichen Anhörung im Bundestag v. 27.3.2017 zum DSAnpUG, S. 8 sowie Stellungnahme *Deutsche Vereinigung für Datenschutz e.V.* v. 1.2.2017, S. 7 vgl. dazu *Piltz* BDSG, § 22 Rn. 8.
199 Übereinstimmend *Piltz* BDSG, § 22 Rn. 8 und 11.
200 Übereinstimmend *Kühling/Martini u.a.* Die Datenschutz-Grundverordnung und das nationale Recht 2016, S. 7 f. sowie die Stellungnahme von *Piltz* im Rahmen der öffentlichen Anhörung im Bundestag v. 27.3.2017 zum DSAnpUG, S. 23. Dazu auch *Piltz* BDSG, § 22 Rn. 1.
201 *Piltz* BDSG, § 22 Rn. 13.
202 *Piltz* BDSG, § 22 Rn. 14.
203 BT-Drucks. 18/11325, S. 95.
204 *Piltz* BDSG, § 22 Rn. 18.
205 *Piltz* BDSG, § 22 Rn. 13.

und die Krankenkasse diese Daten in einer Datenbank sammelt und dahingehend auswertet, ob sich Rückschlüsse im Hinblick auf die Qualität der Prothesen ermitteln lassen, so dient diese Maßnahme der Produktverbesserung letztlich ebenfalls der **Gesundheitsvorsorge** und ist abweichend vom Verbotsgrundsatz des Art. 9 Abs. 1 nach § 22 Abs. 1 lit. b BDSG im Rahmen einer Interessenabwägung zulässig. Zu beachten ist allerdings, dass entsprechend der Vorgaben nach § 22 Abs. 2 BDSG angemessene Maßnahmen zum Schutz der Daten der betroffenen Person vorzusehen sind. Dies kann unter anderem dadurch erreicht werden, dass die personenbezogenen Daten, die sich aus den Abrechnungen ergeben, entsprechend den Vorgaben aus § 22 Abs. 2 Nr. 7 BDSG nach Art. 4 Nr. 5 pseudonymisiert werden und nur ein Notar den Schlüssel für eine Reidentifikation besitzt. Die Vorschrift findet damit auch Anwendung auf **Medizingerätehersteller** (etwa von Beatmungsanlagen oder Insulinpumpen), die zur Vorhersage und Minimierung von Fehlerquellen im Rahmen der Produktentwicklung Daten, die sich aus Wartungsarbeiten oder der Herstellung ergeben, auswertet und im Hinblick darauf überprüft, ob diese Daten Rückschlüsse auf mögliche Fehlerquellen und Verbesserungen im Rahmen des Herstellungsprozesses zulassen. Gerade sofern im Rahmen einer Arbeitskontrolle auch Beschäftigtendaten nach Art. 88 verarbeitet werden, so kann diesen besonderen Anforderungen dadurch Rechnung getragen werden, dass im Rahmen einer Betriebsvereinbarung die Einwilligung aller betroffenen Arbeitnehmer eingeholt wird. Auch eine derartige Datenverarbeitung zum Zwecke der Produktverbesserung dient der Gesundheitsvorsorge und ist damit nach § 22 Abs. 1 lit. b BDSG im Rahmen einer Interessenabwägung zulässig, solange der Kriterienkatalog des § 22 Abs. 2 BDSG hinreichend beachtet wird.

109 Soweit gem. § 22 Abs. 1 Nr. 1 lit. b BDSG n.F. eine Datenverarbeitung auch zulässig ist, „diese Daten von Fachpersonal oder unter dessen Verantwortung verarbeitet werden und dieses Fachpersonal dem Berufsgeheimnis unterliegt" sind auch die Erfüllungsgehilfen der genannten Gesundheits- und Heilberufe erfasst.[206]

110 § 22 Abs. 1 Nr. 1 lit. b BDSG n.F. entspricht also im Wesentlichen § 13 Abs. 2 Nr. 7 und § 28 Abs. 7 BDSG a.F. Zu Inhalt und Reichweite des Berufsgeheimnisses sowie den Geheimhaltungspflichten (vgl. die Ausführungen unter Rn. 225).

111 **§ 22 Abs. 1 Nr. 1 lit. c BDSG n.F.** setzt Art. 9 Abs. 2 lit. i um. Insofern macht der deutsche Gesetzgeber in zulässiger Form von der Öffnungsklausel Gebrauch, indem er ergänzend zu den in § 22 Abs. 2 BDSG n.F. genannten Maßnahmen die berufsrechtlichen und strafrechtlichen Vorgaben zur Wahrung des Berufsgeheimnisses unter den Begriff der spezifischen Schutzmaßnahmen miteinbezieht. Dadurch macht der Gesetzgeber deutlich, dass § 22 Abs. 1 Nr. 1 lit. c nicht die besonderen Vorschriften zur Einhaltung des Berufsgeheimnisses verdrängt.[207] Vielmehr ist die Vorschrift dahingehend anzuwenden, dass Personen, die einem Berufsgeheimnis unterliegen, dieses auch im Falle der Erforderlichkeit einer Datenverarbeitung einzuhalten haben.[208] Die Vorschrift soll es letztlich öffentlichen und nichtöffentlichen

---

206 BT-Drucks. 18/11325, S. 95.
207 *Piltz* BDSG, § 22 Rn. 22.
208 *Piltz* BDSG, § 22 Rn. 22.

Stellen ermöglichen ihren gesetzlichen Produktbeobachtungspflichten nachzukommen auch wenn damit eine Verarbeitung sensibler Daten einhergeht.[209]

§ 22 Abs. 1 Nr. 1 lit. d wurde infolge des 2. DSAnpUG eingefügt und entspricht § 22 Abs. 1 Nr. 2 lit. a.[210] Insofern gewinnen auch nichtöffentliche Stellen einen Erlaubnistatbestand hinzu, da § 22 Abs. 1 Nr. 2 lit. a ursprünglich nur für öffentliche Stellen galt.

112

Das Erfordernis einer Interessenabwägung in **§ 22 Abs. 1 Nr. 1 lit. d BDSG n.F.** setzt die Vorgaben aus Art. 9 Abs. 2 lit. g sachgerecht um. § 22 Abs. 1 Nr. 1 lit. d, Nr. 2 lit. a–c BDSG n.F. entsprechen dabei § 13 Abs. 1 Nr. 1, 5, 6 und 9 BDSG a.F.

113

Zunächst wird in § 22 Abs. 1 Nr. 1 lit. d BDSG n.F. das erhebliche öffentliche Interesse wiederholt. Die Verarbeitung muss demnach der Allgemeinheit als solcher und nicht einzelner partikularen oder, privaten Interessen dienen. Zudem muss das öffentliche Interesse „zwingend" erforderlich sein. Um diese Voraussetzungen zu erfüllen, muss eine besondere Qualifikation vorliegen. Dies kann z.B. der Wahrung der Freiheitsrechte, der Wahrung der Rechtstaatlichkeit, der Strafverfolgung, der Finanzverwaltung zum Zweck der Steuergerechtigkeit, die Wahrung oder der Sicherstellung der öffentlichen Gesundheit und Gesundheitsfürsorge.[211]

114

Ein erhebliches öffentliches Interesse nach § 22 Abs. 1 Nr. 1 lit. d BDSG n.F. ist insbesondere dann anzunehmen, wenn biometrische Daten zum Zwecke der eindeutigen Identifizierung der betroffenen Person verarbeitet werden.[212] Zwar mutet der Begriff des „öffentlichen Interesses" generalklauselartig an, wird aber gleichwohl durch das zwingende Erfordernis der Datenverarbeitung sachgerecht eingeschränkt. Zur Reichweite und Inhalt des Begriffs des öffentlichen Interesse vgl. Art. 9 Abs. 2 lit. g[213].

115

Nach **§ 22 Abs. 1 Nr. 2 lit. c BDSG n.F.** ist aus zwingenden Gründen der Verteidigung oder der Erfüllung über- oder zwischenstaatlicher Verpflichtungen einer öffentlichen Stelle des Bundes auf dem Gebiet der Krisenbewältigung oder Konfliktverhinderung oder für humanitäre Maßnahmen ebenfalls eine Verarbeitung besonderer Kategorien personenbezogener Daten zulässig.

116

Diese Erlaubnisse nach § 22 Abs. 1 Nr. 2 BDSG n.F. sind nur im Rahmen einer **Interessenabwägung** zulässig, da nach Art. 9 Abs. 2 lit. g die Verarbeitung in einem angemessenen Verhältnis zu dem verfolgten Zweck stehen und den Wesensgehalt des Rechts auf Datenschutz wahren muss.[214] Fallgestaltungen, bei denen das Interesse des Betroffenen in den vorgenannten Fällen überwiegt, sind nur bedingt ersichtlich. Bereits die Regelung in Art. 9 Abs. 2 lit. g, wonach bei einem erheblichen öffentlichen Interesse gleichwohl der Wesensgehalt des Datenschutzes gewahrt werden muss, ist begrifflich und auch normativ vage und bietet in Bezug auf den Datenschutz kaum einen materiellen Mehrwert.[215]

117

---

209 *Piltz* BDSG, § 22 Rn. 23.
210 Vgl. dazu Art. 12 Zweites Datenschutz- Anpassungs- und Umsetzungsgesetz EU (DSAnpUG) v. 20.11.2019, BGBl. I S. 1626, 1634.
211 Kühling/Buchner-*Weichert* Art. 9 Rn. 90.
212 BT-Drucks. 18/11325, S. 95
213 Vgl. dazu die Kommentierung in Rn. 176 f.
214 BT-Drucks. 18/11325, S. 98.
215 Ehmann/Selmayer-*Schiff* Art. 9 Rn. 48.

118 Die Reglung des § 22 Abs. 2 BDSG n.F. setzt die Forderung aus Art. 9 Abs. 2 lit. b, g und i um, die geeignete Garantien für die Grundrechte und die Interessen bzw. angemessene und spezifische Maßnahmen zur Wahrung der Grundrechte und Interesse der Betroffenen Person notwendig machen.[216] Auch § 26 Abs. 3 S. 3 BDSG n.F. verweist für individualarbeitsrechtlich notwendige Verarbeitung sensibler Daten nach Art. 9 Abs. 1 auf § 22 Abs. 2 BDSG n.F. Notwendig sind angemessene und spezifische Maßnahmen zur Wahrung der Interessen der betroffenen Person. Im Rahmen einer Risikobeurteilung werden in § 22 Abs. 2 BDSG n.F. zehn spezifische technische und organisatorische Maßnahmen als Beispiele aufgeführt. Diese konkretisieren insoweit die Anforderungen an ein Datensicherheitsmanagement gem. Art. 25[217] und Art. 32[218]. Die Nennung aller Fälle des Abs. 1 zeigt insbesondere, dass es für eine datenschutzkonforme Datenverarbeitung als angemessene Schutzmaßnahme nicht ausreicht, dass die in Abs. 1 benannten Personen einer beruflichen oder gesetzlichen Geheimhaltungspflicht unterliegen.[219] Vielmehr sind unter den Voraussetzungen des Abs. 2 darüber hinausgehende Schutzmaßnahmen entsprechend den Anforderungen aus Art. 25, 32 erforderlich.[220]

119 **2. Ausnahmen und Erlaubnisvorbehalt nach Art. 9 Abs. 2.** Art. 9 stellt in seiner Systematik ein Verbot mit Erlaubnisvorbehalt dar.[221]

So sieht Art. 9 Abs. 2 für die dort näher konkretisierten Verarbeitungskontexte (abschließende) Ausnahmen vom Verbotsgrundsatz des Art. 9 Abs. 1 vor.

120 Mit Blick auf den Schutzzweck der Regelung ist allerdings zu beachten, dass durch einen extensiven Gebrauch der Ausnahmevorschriften nicht der grundsätzliche Verbotscharakter der Vorschrift und damit die Grundentscheidung des Verordnungsgebers unterlaufen wird. Es bedarf daher einer **restriktiven Interpretation und Auslegung** der Ausnahmetatbestände des Art. 9 Abs. 2.[222]

121 Darüber hinaus darf in der Anwendbarkeit eines Ausnahmetatbestands kein Freibrief für eine Datenverarbeitung gesehen werden. Vielmehr sind neben den Anforderungen des Art. 9 Abs. 1 und 2 die sonstigen Grundsätze, etwa aus Art. 5, 6, 7 und 8, zu beachten. Dies wird ausdrücklich durch ErwG 51 S. 5 klargestellt.[223]

122 **a) Einwilligung (Art. 9 Abs. 2 lit. a).** Als Ausnahme vom grundsätzlichen Verarbeitungsverbot des Art. 9 Abs. 1 nennt Art. 9 Abs. 2 lit. a zunächst die Einwilligung[224].

123 Danach gilt Art. 9 Abs. 1 nicht, wenn die betroffene Person in die Verarbeitung der personenbezogenen Daten für einen oder mehrere festgelegte Zwecke eingewilligt hat. Der strenge Maßstab des Art. 9 hinsichtlich der Zulässigkeit einer Verarbeitung

---

216 BT-Drucks. 18/11325, S. 95.
217 Vgl. dazu die Kommentierung zu Art. 25 Rn. 28.
218 Vgl. dazu die Kommentierung zu Art. 32 Rn. 37.
219 *Piltz* BDSG, § 22 Rn. 26.
220 Dazu *Piltz* BDSG, § 22 Rn. 28 ff.
221 Vgl. dazu bereits im Rahmen von Rn. 28.
222 Gierschmann-*Korge* Art. 9 Rn. 19; Kühling/Buchner-*Weichert* Art. 9 Rn. 45 f.; Roßnagel-*Jandt* Datenschutzrecht, S. 303 Rn. 309 f.
223 Vgl. dazu auch Ehmann/Selmayr-*Schiff* Art. 9 Rn. 27; Gierschmann-*Korge* Art. 9 Rn. 19.
224 Zum Begriff der Einwilligung vgl. insbesondere die Kommentierung in Art. 4 Nr. 11 Rn. 211 ff., Art. 6 Abs. 1 lit. a sowie Art. 7.

sensibler Daten wird bereits daraus ersichtlich, dass Art. 9 Abs. 2 lit. a anders als etwa Art. 6 Abs. 1 lit. a und Art. 7 eine **ausdrückliche** Einwilligung des Betroffenen erfordert.[225] Art. 9 Abs. 2 lit. a nimmt daher die Anforderungen von Art. 6 Abs. 1 S. 1 lit. a in sich auf, ist aber hinsichtlich seiner Voraussetzungen strenger. Insofern scheiden etwa schlüssige Handlungen oder konkludente Einwilligungen als taugliche Einwilligung i.S.d. s Art. 9 Abs. 2 lit. a aus.[226] Hinsichtlich der Anforderungen an eine wirksame Einwilligung ist im Rahmen von Art. 9 insbesondere an eine Einwilligung als sog. „**Mandated Choice**"[227] zu denken, bei dem die betroffene Person sowohl die Einwilligung als auch deren Verweigerung aktiv zum Ausdruck bringen muss (etwa durch Anwählen eines „Ja" oder „Nein"-Feldes) und nicht passiv die Einwilligung durch Nicht-Setzen eines Häkchens im Rahmen eines Ankreuzfeldes verweigern kann, vgl. dazu Kommentierung in Art. 4 Nr. 11 Rn. 213. Eine derartige Ausgestaltung der Einwilligung trägt zwar den Schutzinteressen der betroffenen Person in hohem Maße Rechnung, wird aber in der Praxis oftmals unpraktikabel sein.

Da die Einwilligung letztlich eine Ausprägung des allgemeinen Persönlichkeitsrechts sowie der allgemeinen Handlungsfreiheit des Betroffenen darstellt, wird diesen Rechten somit nur dadurch Rechnung getragen, wenn der Betroffene in eine Datenverarbeitung **freiwillig** und **bewusst** eingewilligt hat. Dies beinhaltet jedenfalls, dass sich die Einwilligung explizit auf die Verarbeitung der sensiblen Daten beziehen muss und daher ein erhöhtes Maß an Bestimmtheit und Genauigkeit erforderlich ist.[228] Das Freiwilligkeitserfordernis unterstreicht, dass die Einwilligung frei von Zwang oder Täuschung oder ähnlichen Mitteln sein muss, die die Willensfreiheit des Betroffenen beeinflussen können.[229] Der Prüfung der Freiwilligkeit kommt dabei gerade im Rahmen von Abhängigkeitsverhältnissen große Bedeutung zu. **124**

Gleichwohl ist zu beachten, dass Art. 9 Abs. 2 lit. a **kein Formerfordernis** enthält. Insofern ist auch eine ausdrücklich mündlich erteilte Einwilligung ausreichend.[230] Gleichwohl ist in der Praxis bereits vor dem Hintergrund des Art. 5 Abs. 2 (Rechenschaftspflicht)[231] eine geeignete Dokumentation ratsam.[232] Zudem sind in der praktischen Anwendung gegebenenfalls einschlägige spezialgesetzliche Regelungen zu beachten, die ein zwingendes Formerfordernis für eine Einwilligung vorsehen. **125**

Praxisrelevanz hat die Ausnahme des Art. 9 Abs. 2 lit. a etwa bei der **Entbindung von der beruflichen Schweigepflicht**. Da die datenschutzrechtliche Einwilligung nicht mit der Entbindung identisch ist, muss aus Gründen der Rechtssicherheit erkennbar sein, dass die von der Einwilligung erfassten Daten auch einem Berufsgeheimnis unterliegen.[233] Dies kann etwa durch zwei getrennte Erklärungen erfolgen, in denen zum einen in die Verarbeitung der sensiblen Daten und zum anderen in die Entbindung **126**

---

225 Kühling/Buchner-*Weichert* Art. 9 Rn. 47; Gierschmann-*Korge* Art. 9 Rn. 20.
226 Gierschmann-*Korge* Art. 9 Rn. 20; Kühling/Buchner-*Weichert* Art. 9 Rn. 47; Sydow-*Kampert* Art. 9 Rn. 14.
227 *Martini/Weinzierl* KW 2019, 287.
228 Gola-*Schulz* Art. 9 Rn. 16; Kühling/Buchner-*Weichert* Art. 9 Rn. 47 f.
229 Ehmann/Selmayr-*Schiff* Art. 9 Rn. 29.
230 Auernhammer-*Greve* Art. 9 Rn. 9; Gola-*Schulz* Art. 9 Rn. 15; Ehmann/Selmayr-*Schiff* Art. 9 Rn. 30.
231 Vgl. dazu die Kommentierung zu Art. 5 Rn. 80.
232 Gola-*Schulz* Art. 9 Rn. 17; Sydow-*Kampert* Art. 9 Rn. 14 f.
233 Kühling/Buchner-*Weichert* Art. 9 Rn. 49.

der Schweigepflicht eingewilligt wird.[234] Sofern also **Fitness-, Lifestyle- und Gesundheits-Apps** Gesundheitsdaten verarbeiten, ist daher die ausdrückliche Einwilligung (gerade hinsichtlich einer Weiterverarbeitung der Daten) der betroffenen Person nach Maßgabe des Art. 9 Abs. 2 lit. a erforderlich. Problematisch ist in der Praxis insbesondere die Ausgestaltung einer **Einwilligungserklärung im Rahmen von Big Data-Anwendungen**. Denn den Anforderungen hinsichtlich der Bestimmtheit der Einwilligungserklärung kann nicht hinreichend Rechnung getragen werden, wenn der Verantwortliche zum Zeitpunkt der Erhebung der Daten selbst noch nicht alle Verarbeitungszwecke benennen und die betroffene Person entsprechend informieren kann.[235]

127 Eine Rechtfertigung der Verarbeitung über eine Interessenabwägung entsprechend Art. 6 Abs. 1 S. 1 lit. f und Abs. 4 scheidet bei Art. 9 aus (dazu Rn. 21). Insofern sind Verantwortliche angehalten, die Zwecke der Verarbeitung so genau zu bestimmen wie möglich, sofern kein gesetzlicher Erlaubnistatbestand im Rahmen von Abs. 2 einschlägig ist. Ggf. muss eine nachträgliche Information und eine erneute Einwilligung der betroffenen Person erfolgen.[236] Die von der Bundesregierung einberufene Datenethikkommission (DEK) empfiehlt daher den Einsatz eines **broad consents** und die Entwicklung von Musterverfahren zur Einholung von Einwilligung bei der Verarbeitung von sensiblen Daten.[237] Daneben regt sie den Einsatz von **dynamic consents** an, damit die betroffene Person auch nach Abgabe der Einwilligung die Kontrolle und Souveränität über die Datenverarbeitung ausüben kann.[238] Dies könnten zukunftsfähige Lösungsansätze sein, um das Instrument der Einwilligung bei der Verarbeitung von sensiblen Daten im Rahmen von Big Data-Anwendungen nicht auszuklammern, sondern so auszugestalten, dass den datenschutzrechtlichen Anforderungen hinreichend Rechnung getragen werden kann. Bedeutsam ist in diesem Zusammenhang insbesondere ErwG 33, der im Rahmen von Datenverarbeitungen zu wissenschaftlichen Forschungszwecken Erleichterungen hinsichtlich der Rechtmäßigkeit von Einwilligungserklärungen vorsieht. Vgl. dazu Art. 89 Rn. 30 ff.

128 Darüber hinaus ist das Freiwilligkeitskriterium insbesondere im Rahmen von **Abhängigkeitsverhältnissen** (wie etwa Arbeitsverhältnissen) und bei der Verarbeitung von **Beschäftigtendaten** relevant. Hier sind insbesondere die Vorgaben nach Art. 88 zu beachten.[239]

129 Ferner wird das Instrument der Einwilligung zukünftig insbesondere bei der Verarbeitung sensibler Daten zu **Werbezwecken** den Verantwortlichen mit den hohen Anforderungen des Art. 9 Abs. 2 lit. a konfrontiert. Dies gilt jedenfalls dann, wenn im Zuge der Werbung Gesundheitsdaten verarbeitet werden. So werden Gesundheitsunterneh-

---

234 Kühling/Buchner-*Weichert* Art. 9 Rn. 49.
235 Vgl. dazu *Schneider* ZD 2017, 303, 305 f.
236 Zum Ganzen vgl. *Schneider* ZD 2017, 303, 307 f.
237 Gutachten der *DEK* der Bundesregierung v. Oktober 2019, S. 126 abrufbar unter https://www.bmjv.de/SharedDocs/Downloads/DE/Themen/Fokusthemen/Gutachten_DEK_DE.pdf?__blob=publicationFile&v=3, zuletzt abgerufen am 12.1.2020.
238 Gutachten der *DEK* der Bundesregierung v. Oktober 2019, S. 126 abrufbar unter https://www.bmjv.de/SharedDocs/Downloads/DE/Themen/Fokusthemen/Gutachten_DEK_DE.pdf?__blob=publicationFile&v=3, zuletzt abgerufen am 12.1.2020.
239 Vgl. dazu Kühling/Buchner-*Weichert* Art. 9 Rn. 51 f.

men auch im Rahmen von Gesundheits-Apps, aber auch Optiker oder Orthopäden (sofern diese personalisierte Werbung unter Auswertung von Gesundheitsdaten an Kunden übersendet) den Anforderungen von Art. 9 Abs. 2 lit. a Rechnung tragen müssen.[240] Insofern ist stets sorgsam zu prüfen, ob Daten zu allgemeinen Werbezwecken (z.B. Übersendung der neuen Sonnenbrillen-Kollektion durch den Optiker) oder ob Daten unter Auswertung von Gesundheitsdaten (z.B. Übersendung der neuen Kollektion von Gleitsichtbrillen durch den Optiker) zu Werbezwecken verarbeitet werden. Nur in Letzterem greift Art. 9.

Zu beachten ist ferner **Art. 9 Abs. 2 lit. a Hs. 2**: Danach kann die Einwilligung als Erlaubnistatbestand ausgeschlossen sein, wenn das Verbot des Art. 9 Abs. 1 gem. unionsrechtlicher oder spezieller mitgliedstaatlicher Normen nicht durch die Einwilligung aufgehoben werden kann. Insofern besteht für die Mitgliedstaaten die Möglichkeit die Anforderungen des Art. 9 im Sinne einer **Abweichung „nach oben"** zu verschärfen. So können etwa Verarbeitungsverbote statuiert werden, ohne dem Betroffenen die Möglichkeit einzuräumen, dieses durch seine Einwilligung aufzuheben. Ein Beispiel dafür ist etwa § 20 Abs. 2 PAuswG.[241]

130

Zur Eindämmung der Infektionsgefahren im Zuge der COVID-19-Pandemie werden derzeit (Stand: Juni 2020) die Modalitäten zur Nutzung von **Corona-Apps**[242] diskutiert (dazu bereits Rn. 92).[243] Da die Feststellung einer Infektion eines Nutzers eine Verarbeitung von Gesundheitsdaten nach Art. 9 Abs. 1 darstellt, ist eine Rechtfertigung nach Art. 9 Abs. 2 erforderlich. Im Rahmen einer vorrangigen Freiwilligkeit der Nutzung sind dabei insbesondere die Voraussetzungen von Art. 9 Abs. 2 lit. a zu beachten (dazu auch Rn. 92 und 202).[244] Zum Ganzen vgl. auch Art. 4 Nr. 5 Rn. 109.

131

---

240 Vgl. Kurzpapier Nr. 3 der Datenschutzkonferenz „Verarbeitung personenbezogener Daten für Werbung", S. 2.
241 Dazu Gierschmann-*Korge* Art. 9 Rn. 23; Gola-*Schulz* Art. 9 Rn. 17 sowie *Martini/Kühling u.a.* Die Datenschutz-Grundverordnung und das nationale Recht 2016, S. 50.
242 Vgl. dazu etwa die sog. Corona-Warn-App, dazu unter https://www.coronawarn.app/de/, zuletzt abgerufen am 19.6.2020.
243 Zur Diskussion vgl. *Wissenschaftlicher Dienst* Ausarbeitung zu Einzelfragen zum Handy-Tracking in Deutschland im Zusammenhang mit der Corona-Pandemie, WD 3 – 3000 – 098/20 m.w.N.; *Thüsing/Kugelmann/Schwartmann* Datenschutz-Experten beurteilen Corona-App, F.A.Z. v. 9.4.2020; *Schwartmann/Mühlenbeck* Die Corona-App und der Datenschutz, F.A.Z. Einspruch v. 6.4.2020; *Schwartmann/Jacquemain/Mühlenbeck* Data-Agenda Arbeitspapier Nr. 17: Positionen zur Zulässigkeit von Handytracking wegen Corona-Pandemie, abrufbar unter https://dataagenda.de/wp-content/uploads/2020/04/DataAgenda-Arbeitspapier-17_Factsheet_Positionen_Handytracking.pdf, zuletzt abgerufen am 26.4.2020; sowie *Science Media Center* – Rapid Reaction zur Frage nach der Verwendung von Bewegungsdaten der Bevölkerung zur Eindämmung von COVID-19 mit Stellungnahmen u.a. von *Weichert, Golla, Müller-Quade, Schwartmann/Mühlenbeck, Martini,* abrufbar unter https://www.sciencemediacenter.de/alle-angebote/rapid-reaction/details/news/verwendung-von-bewegungsdaten-der-bevoelkerung-zur-eindaemmung-von-covid-19/, zuletzt abgerufen am 14.4.2020; *Buermeyer/Abele/Bäcker* Gastbeitrag auf netzpolitik.org: Corona-Tracking & Datenschutz: kein notwendiger Widerspruch v. 29.3.2020, abrufbar unter https://netzpolitik.org/2020/corona-tracking-datenschutz-kein-notwendiger-widerspruch/, zuletzt abgerufen am 26.4.2020. Dazu auch Art. 4 Nr. 5 Rn. 47.
244 Dazu auch *Wissenschaftlicher Dienst* Ausarbeitung zu Einzelfragen zum Handy-Tracking in Deutschland im Zusammenhang mit der Corona-Pandemie, WD 3 – 3000 – 098/20, S. 8.

132 **b) Arbeitsrecht und Sozialrecht (Art. 9 Abs. 2 lit. b).** Nach Art. 9 Abs. 2 lit. b gilt das Verarbeitungsverbot nicht, wenn die Verarbeitung erforderlich ist, damit der Verantwortliche oder die betroffene Person die ihm bzw. ihr aus dem Arbeitsrecht oder dem Recht der sozialen Sicherheit und des Sozialschutzes erwachsenden Rechte ausüben bzw. Pflichten nachkommen kann, soweit dies nach dem Unionsrecht oder dem Recht der Mitgliedstaaten oder eine Kollektivvereinbarung nach dem Recht der Mitgliedstaaten, das geeignete Garantien für die Grundrechte und die Interessen der betroffenen Person vorsieht.

133 Inhaltlich knüpft Art. 9 Abs. 2 lit. b an Art. 8 Abs. 1 lit. b DSRL an.

134 Zu beachten ist hierbei, dass Art. 9 Abs. 2 lit. b zwei Voraussetzungen enthält: Die Verarbeitung der sensiblen Daten muss zum einen nach Unionsrecht oder dem Recht eines Mitgliedstaates **zulässig** sein. Der Arbeitnehmerdatenschutz bleibt damit im Wesentlichen eine Materie, die den Mitgliedstaaten übertragen wird und ihnen einen weiten Gestaltungsspielraum eröffnet.[245] Zum anderen muss die Verarbeitung im o.g. Sinne **erforderlich** sein.[246] Hierbei ist insbesondere auf die beispielhafte Aufzählung des ErwG 52 S. 1 zu verweisen. Dieser nennt etwa die Sicherstellung und Überwachung der Gesundheit und Gesundheitswarnungen sowie die Prävention und Kontrolle von Krankheiten oder anderer Gesundheitsgefahren.

135 Unter das **Arbeitsrecht** fallen sowohl das Individual- als auch das Kollektivarbeitsrecht, so dass etwa Tarifverträge, Kollektivvereinbarungen und Betriebsvereinbarungen erfasst sind.[247]

136 Hinsichtlich Verarbeitungen, die den Arbeitnehmer in seiner Beziehung zum Arbeitgeber betreffen ist Art. 88 zu beachten.

137 Das **Recht der sozialen Sicherheit und des Sozialschutzes** erfasst insbesondere die Erbringung von Sozialleistungen (z.B. im Falle einer Pflegebedürftigkeit sowie Kranken- oder Unfallversicherungen). Letztlich eröffnet Art. 9 Abs. 2 lit. b auch hier den Mitgliedstaaten einen weitgehenden Gestaltungsspielraum und die Möglichkeit zur Regulierung.[248]

138 Art. 9 Abs. 2 lit. b ist somit letztlich kein eigenständiger Erlaubnistatbestand, sondern verlangt, dass sich die Erforderlichkeit der Datenverarbeitung zu vorgenannten Zwecken aus einer gesonderten, unionsrechtlichen oder einzelstaatlichen Norm ergibt.

139 Entscheidende Bedeutung kommt aber nach dem Verordnungswortlaut **geeigneten Garantien** zu, um die Grundrechte und Interessen der Betroffenen zu schützen. Hinsichtlich einer etwaigen Konkretisierung dieses Begriffs, trifft die DS-GVO keine Aussage. Daraus folgt, dass jedenfalls die **Vorgaben der GRCh und des nationalen Verfassungsrechts** einzuhalten sind.[249] Gleichwohl sind davon insbesondere auch **spezifisch datenschutzrechtliche Maßnahmen** der DS-GVO erfasst, wie etwa die Implementie-

---

245 Sydow-*Kampert* Art. 9 Rn. 21; Auernhammer-*Greve* Art. 9 Rn. 12.
246 Gierschmann-*Korge* Art. 9 Rn. 24 f.
247 Sydow-*Kampert* Art. 9 Rn. 16; Gierschmann-*Korge* Art. 9 Rn. 24; Kühling/Buchner-*Weichert* Art. 9 Rn. 54.
248 Kühling/Buchner-*Weichert* Art. 9 Rn. 60 f.
249 *Kühling/Martini u.a.* Die Datenschutz-Grundverordnung und das nationale Recht 2016, S. 51; Auernhammer-*Greve* Art. 9 Rn. 12.

rung von Anonymisierungs- und Pseudonymisierungstechniken sowie das Treffen technisch-organisatorischer Maßnahmen im Sinne eines Privacy by Design als auch die rechtzeitige Bearbeitung im Falle der Geltendmachung von Widerspruchs-, Berichtigungs- und Löschungsrechten durch den Betroffenen.[250] Auf nationaler Ebene trägt der Gesetzgeber diesen Anforderungen im Rahmen der Öffnungsklausel in § 22 Abs. 1 Nr. 1 lit. a BDSG n.F. Rechnung.

Im Zusammenhang mit der **Corona-App**[251] stellen sich auch **arbeitsrechtliche Fragen**. Unter der Voraussetzung, dass per App auf dezentraler Ebene annähernd faktisch anonyme Kontakte ausgetauscht werden und die Eignung zur Eindämmung einer Pandemie erwiesen ist, stellt sich auf der dem Datenschutz nachgelagerten verfassungsrechtlichen und arbeitsrechtlichen Ebene die Frage nach der Empfehlung der Arbeitgeber zur Installation der schützenden Software auf Smartphones.[252] Während sich der Arbeitgeber mit Blick auf private Geräte der Beschäftigten auf eine Empfehlung der freiwilligen Installation beschränken muss,[253] stellt sich bei Diensthandys die Frage, ob über eine Empfehlung hinaus, das Recht oder gar die **Pflicht des Arbeitgebers** besteht, die Installation auf Diensthandys verpflichtend vorzunehmen.[254] Jedenfalls da, wo Beschäftigte unvermeidlich enge Kontakte mit **vulnerablen Gruppen** haben (Ärzte, Rettungsdienste, Feuerwehr etc.), ist die Frage zu prüfen, ob die Schutzpflicht zugunsten der betroffenen Patienten und übrigen Beschäftigten die Vorinstallation auf den Geräten erforderlich macht, weil sie etwa ein milderes und effektiveres Mittel darstellt, als eine Testung in kurzen Abständen.[255] Abzulehnen ist es, die Aktivität der App und möglicherweise sogar die Meldung eines positiven Kontakts beim Beschäftigten abzufragen oder zu überprüfen. Zulässig soll es aber sein, dass der Arbeitgeber Arbeitnehmer nach dem Kontakt zu positiv getesteten Personen fragt.[256]

140

---

250 Gierschmann-*Korge* Art. 9 Rn. 25; Ehmann/Selmayr-*Schiff* Art. 9 Rn. 34.
251 Insbesondere die sog. Corona-Warn-App des RKI, abrufbar unter https://www.coronawarn.app/de/, zuletzt abgerufen am 19.6.2020 sowie https://www.bundesregierung.de/breg-de/themen/corona-warn-app/corona-warn-app-faq-1758392, zuletzt abgerufen am 19.6.2020.
252 Zur Kontrolle von Arbeitnehmern im Zusammenhang mit dem Corona-Virus vgl. *GDD* FAQ – zur Kontrolle der Beschäftigten im Zusammenhang mit dem Coronavirus, abrufbar unter https://www.gdd.de/datenschutz-undcorona/FAQ-Corona, zuletzt abgerufen am 19.6.2020.
253 Übereinstimmend unter Verweis auf die Grenzen des Weisungsrechts des Arbeitgebers nach § 106 GewO vgl. *GDD* FAQ – zur Kontrolle der Beschäftigten im Zusammenhang mit dem Coronavirus – Frage 6, abrufbar unter https://www.gdd.de/datenschutzundcorona/FAQ-Corona, zuletzt abgerufen am 19.6.2020.
254 So *GDD* FAQ – Kontrolle der Beschäftigten im Zusammenhang mit dem Coronavirus – Frage 1, abrufbar unter https://www.gdd.de/datenschutzund-corona/FAQ-Corona, zuletzt abgerufen am 19.6.2020.
255 Zur Zulässigkeit von Tests vgl. *GDD* FAQ – Kontrolle der Beschäftigten im Zusammenhang mit dem Coronavirus – Frage 3 unter Verweis auf § 26 Abs. 3 BDSG i.V.m. Art. 9 Abs. 2 lit. b DS-GVO und die Ansicht des HmbBfDI, abrufbar unter abrufbar unter https://www.gdd.de/datenschutzund-corona/FAQ-Corona, zuletzt abgerufen am 19.6.2020.
256 *LDI Baden-Württemberg* Häug gestellte Fragen zum Thema Corona, S. 3, https://www.badenwuerttemberg.datenschutz.de/faq-corona/; *HmbBfDI* Datenschutz in Zeiten von Covid-19, Ziff. 5.1, https://datenschutz-hamburg.de/pressemitteilungen/2020/03/2020-03-27-coronafaq, zuletzt abgerufen am 19.6.2020.

Art. 9   Besondere Kategorien personenbezogener Daten

141   Da die Verwendung der faktisch anonymen App als solche, insbesondere etwa im Vergleich zu Navigationsapps keinen nennenswerten Eingriff in die informationelle Selbstbestimmung mit sich bringen würde, wäre die Prüfung der Pflicht rein verfassungsrechtlich und nicht datenschutzrechtlich zu betrachten, weil das datenschutzrechtliche Risiko der App vor der Installation im Rahmen einer Datenschutzfolgenabschätzung ausgeschlossen worden wäre. Eine Vergleichsprüfung im Rahmen der Verhältnismäßigkeitsprüfung wäre, ob gegenüber medizinischem Personal, das mit vulnerablen Gruppen arbeitet, aus Gründen der Fürsorge bei Verfügbarkeit eines Impfstoffs eine Impflicht angeordnet werden könnte.

142   **c) Schutz lebenswichtiger Interessen (Art. 9 Abs. 2 lit. c).** Eine weitere Ausnahmeregelung vom Verarbeitungsverbot sensitiver Daten besteht nach Art. 9 Abs. 2 lit. c, wenn zum Schutz lebenswichtiger Interessen der betroffenen Person oder einer anderen natürlichen Person, die betroffene Person aus körperlichen oder rechtlichen Gründen außerstande ist, ihre Einwilligung zu geben.

143   Art. 9 Abs. 2 lit. c knüpft damit wie die Vorgängernorm des Art. 8 Abs. 2 lit. c DSRL an den Schutz lebenswichtiger Interessen an und erlaubt bei einer Gefährdung dieser Interessen die Verarbeitung sensibler Daten. Darüber hinaus ist der Begriff der lebenswichtigen Interessen im Rahmen des Art. 6 Abs. 1 lit. d[257] von Bedeutung.

144   In Anbetracht des Schutzgutes sind die Begriffe der physischen und rechtlichen Gründe **weit zu verstehen**. Daher sind die Voraussetzungen in der Regel dann erfüllt, wenn eine Verarbeitung der sensiblen Daten zur Abwehr von Gefahren für Leib oder Leben notwendig ist.[258]

145   Aus **physischen Gründen** ist eine Einwilligung nicht möglich, wenn eine Person zu einer verantwortlichen Entscheidung und Erklärung unfähig ist, so dass sich der Begriff in erster Linie auf mangelnde körperliche oder geistige Fähigkeiten bezieht, z.B. wegen Bewusstlosigkeit oder einer schweren Erkrankung.[259] Eine Fallkonstellation kann auch darin bestehen, dass die betroffene Person nicht oder nicht rechtzeitig erreicht werden kann.[260]

146   **Rechtliche Gründe** liegen dann vor, wenn eine wirksame Einwilligungserklärung nach dem Recht der Mitgliedstaaten nicht möglich ist, etwa bei fehlender Erklärungs- oder Geschäftsfähigkeit.[261] Insofern regelt Art. 9 Abs. 2 lit. c Anwendungsfälle, in denen eine Einwilligung entbehrlich ist.

147   Gemäß **ErwG 46** soll lit. c nur dann greifen, wenn die Verarbeitung offensichtlich nicht auf eine andere Rechtsgrundlage gestützt werden kann. Insofern ist eine Verarbeitung sensibler Daten zum Schutz lebenswichtiger Interessen als **ultima ratio** anzusehen.[262]

---

257   Vgl. dazu die Kommentierung zu Art. 6 Abs. 1 lit. d Rn. 80.
258   Kühling/Buchner-*Weichert* Art. 9 Rn. 63; Gierschmann-*Korge* Art. 9 Rn. 26; demgegenüber lässt Sydow-*Kampert* Art. 9 Rn. 20 bereits „Gefahren für die Gesundheit" ausreichen.
259   Sydow-*Kampert* Art. 9 Rn. 19; Kühling/Buchner-*Weichert* Art. 9 Rn. 63 ff.; Ehmann/Selmayr-*Schiff* Art. 9 Rn. 36.
260   Gierschmann-*Korge* Art. 9 Rn. 26; Kühling/Buchner-*Weichert* Art. 9 Rn. 65 ff. m.w.N.; Ehmann/Selmayr-*Schiff* Art. 9 Rn. 36.
261   Ehmann/Selmayr-*Schiff* Art. 9 Rn. 36; Gierschmann-*Korge* Art. 9 Rn. 26; Kühling/Buchner-*Weichert* Art. 9 Rn. 67.
262   Gola-*Schulz* Art. 9 Rn 21; Sydow-*Kampert* Art. 9 Rn. 22.

In praktischer Hinsicht ist insbesondere die Frage relevant, wann von einem Schutz lebenswichtiger Interessen im Rahmen der **Nutzung von Social-Media-Profilen** ausgegangen werden kann. So verwendet Facebook seit einiger Zeit ein besonderes Tool, dass Posts und Fotos der Nutzer analysiert und im Falle einer **Suizidgefahr des Nutzers**[263] diesen automatisch kontaktiert und zudem Kontakte zu Seelsorgern vermittelt. Hier stellt sich die Frage, ob die Verarbeitung der personenbezogenen Daten (in diesem Falle insbesondere Gesundheitsdaten und biometrische Daten) abweichend vom Verbotsgrundsatz des Art. 9 Abs. 1 nach Art. 9 Abs. 2 lit. c rechtmäßig ist. Ausgehend von der Begriffsdefinition dient das Tool von Facebook dem Schutz des Lebens der Nutzer und damit lebenswichtigen Interessen. Gleichwohl darf die Möglichkeit, unter Umständen einen Selbstmord eines Nutzers zu verhindern, nicht darüber hinwegtäuschen, dass zunächst einmal alle Postings und Fotos der Nutzer analysiert und gespeichert werden müssen. Eine derartige Verarbeitung von unter anderem Gesundheitsdaten oder biometrischen Daten ist dabei nach Art. 9 Abs. 1 aber zunächst unzulässig. Sofern sich also keine Anzeichen für eine Selbstmordgefahr ergeben, war die Datenverarbeitung rechtswidrig. Insofern besteht für den Verantwortlichen ein enormes Risiko hinsichtlich der Verhängung einer Geldbuße. Daher muss er (etwa durch eine ausdrückliche Einwilligung) besondere, den Anforderungen des Art. 9 genügende, Vorkehrungen treffen, damit eine Verarbeitung der Daten unter allen Gesichtspunkten rechtmäßig ist. 148

d) Privilegierung von Non-Profit-Organisationen (NGO) und Tendenzbetrieben (Art. 9 Abs. 2 lit. d). Nach Art. 9 Abs. 2 lit. d gilt das Verarbeitungsverbot nach Art. 9 Abs. 1 nicht, wenn die Verarbeitung auf der Grundlage geeigneter Garantien durch eine politisch, religiös oder gewerkschaftlich ausgerichtete Stiftung, Vereinigung oder sonstige Organisation ohne Gewinnerzielungsabsicht im Rahmen ihrer rechtmäßigen Tätigkeiten und unter der Voraussetzung erfolgt, dass sich die Verarbeitung ausschließlich auf die (ehemaligen) Mitglieder der Organisation oder auf Personen, die im Zusammenhang mit deren Tätigkeitszweck regelmäßige Kontakte mit ihr unterhalten, bezieht und die personenbezogenen Daten nicht ohne Einwilligung des Betroffenen nach außen offengelegt werden. 149

Die Vorschrift orientiert sich dabei weitgehend an der Vorgängerregelung des Art. 8 Abs. 2 lit. d DSRL. 150

Die Ausnahmevorschrift privilegiert demnach **Tendenzbetriebe ohne Gewinnerzielungsabsicht**, bei denen die Verarbeitung von personenbezogenen Daten letztlich im Rahmen ihrer Tätigkeit notwendig ist, weil sie sich für die Ausübung der Grundfreiheiten einsetzen (vgl. **ErwG 51 S. 6 a.E.**) und daher eine Verarbeitung von Daten zu etwa politischen oder religiösen Überzeugungen den Betrieben immanent ist.[264] 151

Den Einsatz dieser Organisationen zum Schutze und zur Förderung der Grundfreiheit möchte der Verordnungsgeber somit stärken, indem er sie über Art. 9 Abs. 2 lit. d privilegiert. Dabei darf sich der Blick allerdings nicht auf den Schutz der Grundfreiheiten nach ErwG 51 S. 6 verengen. Vielmehr stellt ErwG 55 klar, dass auch die Verarbeitung personenbezogener Daten durch staatliche Stellen zu verfassungs- und völkerrechtlichen Zielen durch staatlich anerkannte Religionsgemeinschaften im öffentlichen Interesse liegt. Insofern steht **ErwG 55** beispielhaft für das Interesse des 152

---

263 Vgl. dazu *Schwartmann* Der Missbrauch des Seelenlebens, KStA v. 28.12.2017, S. 4.
264 Gierschmann-*Korge* Art. 9 Rn. 27; Kühling/Buchner-*Weichert* Art. 9 Rn. 70.

Verordnungsgebers, Datenverarbeitungen von Tendenzbetrieben zu fördern, deren Tätigkeit im öffentlichen Interesse liegt und die damit eine gesellschaftlich relevante Funktion erfüllen.[265] **ErwG 56** nennt darüber hinaus politische Parteien.

153 Zu den privilegierten Betrieben und Organisationen gehören demnach jedenfalls politisch ausgerichtete Stellen wie Parteien oder parteinahe Stiftungen. Religiös ausgerichtet sind die daneben jedenfalls Kirchen und deren karitativen Einrichtungen. Gewerkschaftliche Organisationen sind etwa Einzelgewerkschaften und deren Dachorganisationen wie die gewerkschaftsnahen Stiftungen, aber auch Organisationen der verkammerten Berufe und sonstige Berufsverbände, die die wirtschaftlichen, sozialen und politischen Interessen ihrer Mitglieder vertreten, nicht jedoch die als öffentliche Körperschaften ausgestalteten Kammern.[266]

154 Voraussetzung für die Privilegierung nach Art. 9 Abs. 2 lit. d ist indes, dass **keine Gewinnerzielungsabsicht** vorliegt. Dabei ist insbesondere die wirtschaftliche Tätigkeit entscheidend. Nicht ausgeschlossen ist etwa eine geschäftliche oder kommerzielle Tätigkeit.[267]

155 Um aber den Privilegierungstatbestand nicht zu sehr auszuweiten und eine ausufernde Anwendung zu vermeiden, enthält der Tatbestand selbst einige **Restriktionen**: So ist die Datenverarbeitung nur dann privilegiert, wenn sie sich auf **Mitglieder oder ehemalige Mitglieder** bezieht. Folglich beschränkt sich der persönliche Anwendungsbereich der Vorschrift auf regelmäßige Kontakte im Rahmen des Tätigkeitszwecks der Organisation.[268] Demnach werden etwa Besucher von Veranstaltungen der Stelle, geschäftliche Kontakte, Interessierte sowie Spender und Unterstützer erfasst.[269] Die Aufnahme von ehemaligen Mitgliedern in den Katalog der Privilegierung erschließt sich dabei nicht unbedingt auf den ersten Blick.[270] Denn in der Regel wollen ehemalige Mitglieder gerade durch ihren Austritt eine weitere Verarbeitung der personenbezogenen Daten vermeiden. Insofern ist eine kontextbezogene Betrachtung entscheidend, also etwa, ob der Austritt passiv (durch Zeitablauf der Mitgliedschaft oder Wohnortwechsel) erfolgte, aber nach wie vor ein regelmäßiger Kontakt zur Organisation besteht oder der Austritt aber durch den Betroffenen bewusst (etwa durch Kündigung) herbeigeführt wurde. Insbesondere dann, wenn sich das ehemalige Mitglied bewusst von der Organisation distanzieren will oder einer Datenverarbeitung widerspricht, wird diese unzulässig sein.[271]

156 Darüber hinaus ist die Offenlegung der Daten auf **interne Zwecke im Rahmen der jeweiligen Tendenz** beschränkt. Eine Weitergabe und Offenlegung an oder gegenüber Dritten bedarf der ausdrücklichen Einwilligung im Sinne des Art. 9 Abs. 2 lit a.[272] Hinsichtlich des Begriffs der internen Datenverarbeitung ist insofern die jeweilige Organisationseinheit maßgeblich.

---

265 Kühling/Buchner-*Weichert* Art. 9 Rn. 70; Sydow-*Kampert* Art. 9 Rn. 24.
266 Sydow-*Kampert* Art. 9 Rn. 25; Kühling/Buchner-*Weichert* Art. 9 Rn. 71.
267 Auernhammer-*Greve* Art. 9 Rn. 14; Kühling/Buchner-*Weichert* Art. 9 Rn. 71.
268 Kühling/Buchner-*Weichert* Art. 9 Rn. 75; Gierschmann-*Korge* Art. 9 Rn. 28; Gola-*Schulz* Art. 9 Rn. 23.
269 Kühling/Buchner-*Weichert* Art. 9 Rn. 75; Gierschmann-*Korge* Art. 9 Rn. 28.
270 Kritisch etwa Gierschmann-*Korge* Art. 9 Rn. 28.
271 Vgl. dazu soweit ersichtlich nur Gierschmann-*Korge* Art. 9 Rn. 28.
272 Gola-*Schulz* Art. 9 Rn. 22; Auernhammer-*Eßer* Art. 9 Rn. 15.

Die Begrenzung der Verarbeitung auf **rechtmäßige Zwecke** ist dabei dahingehend zu 157
verstehen, dass die Datenverarbeitung im Rahmen der spezifischen Ausrichtung der
Organisation und deren Tendenz sowie im Rahmen der allgemeinen Gesetze erfolgt.
Somit liegen sachfremde sowie rechtswidrige Verarbeitungszwecke außerhalb des
Anwendungsbereichs.[273]

Hinsichtlich des Vorliegens **geeigneter Garantien** ist insofern auf die Ausführungen zu 158
Art. 9 Abs. 2 lit. b (vgl. Rn. 132) zu verweisen. Gemeint sind damit nicht bloß die Vorgaben der GRCh und des nationalen Verfassungsrechts, sondern insbesondere auch spezifisch datenschutzrechtliche Maßnahmen der DS-GVO.

e) Offensichtlich öffentlich gemachte Daten (Art. 9 Abs. 2 lit. e). Nach Art. 9 Abs. 2 159
lit. e ist die Verarbeitung sensibler Daten ausnahmsweise zulässig, wenn die betroffene Person diese „offensichtlich öffentlich gemacht hat". Die Regelung basiert auf
Art. 8 Abs. 2 lit. e DSRL.

Hintergrund der Vorschrift ist dabei, dass derjenige, der seine Daten ohnehin veröf- 160
fentlicht insoweit auf den besonderen durch die DS-GVO (insbesondere Art. 9)
gewährten Schutz in freier Selbstbestimmung **verzichtet**.[274] Freilich bleiben die allgemeinen Vorschriften, insbesondere die Vorgaben aus Art. 5 und 6 anwendbar.[275]

Unter „**Öffentlichmachen**" ist (mangels eigener Definition der DS-GVO) die Bereit- 161
stellung gegenüber der Allgemeinheit, also einem individuell nicht bestimmten Personenkreis, zu verstehen.[276] Dies ist jedenfalls dann der Fall, wenn der Betroffene die
Daten selbst veröffentlicht oder jemanden veranlasst hat die Daten zu veröffentlichen.[277] Beispiele sind etwa frei zugängliche Bereiche des Internets (Webseiten) oder
öffentliche Medien. Daneben sind auch Presseerklärungen oder öffentliche Mitteilungen (z.B. in Branchenverzeichnissen) erfasst.[278]

Als Leitlinie lässt sich festhalten, dass stets entscheidend ist, ob der Kreis der Adres- 162
saten für den Betroffenen noch **überschaubar** ist und ob er wusste und wollte, dass die
Informationen für jedermann zugänglich sind.[279]

Die Veröffentlichung muss „**offenkundig**" von der betroffenen Person veranlasst wor- 163
den sein. Damit soll verhindert werden, dass Betroffene den besonderen Schutz ihrer
sensiblen Daten durch die DS-GVO verlieren, wenn ein Dritter dessen sensitive
Daten veröffentlicht.[280] Erforderlich ist somit ein **eindeutiger und freier Willensakt** des

---

273 Ehmann/Selmayr-*Schiff* Art. 9 Rn. 38; Sydow-*Kampert* Art. 9 Rn. 27.
274 Sydow-*Kampert* Art. 9 Rn. 30; Kühling/Buchner-*Weichert* Art. 9 Rn. 77; Gierschmann-*Korge* Art. 9 Rn. 30.
275 Kühling/Buchner-Weichert Art. 9 Rn. 77.
276 Ehmann/Selmayr-*Schiff* Art. 9 Rn. 40; Kühling/Buchner-*Weichert* Art. 9 Rn. 78.
277 Auernhammer-*Greve* Art. 9 Rn. 16; Gierschmann-*Korge* Art. 9 Rn. 30.
278 Sydow-*Kampert* Art. 9 Rn. 31; Ehmann/Selmayr-*Schiff* Art. 9 Rn. 40; Kühling/Buchner-Weichert Art. 9 Rn. 78.
279 In diesem Sinne auch Sydow-*Kampert* Art. 9 Rn. 31; Gierschmann-*Korge* Art. 9 Rn. 31; Kühling/Buchner-*Weichert* Art. 9 Rn. 78; Ehmann/Selmayr-*Schiff* Art. 9 Rn. 40.
280 Kühling/Buchner-*Weichert* Art. 9 Rn. 79; Sydow-*Kampert* Art. 9 Rn. 32.

Betroffenen.²⁸¹ Bei Bewertung der Offenkundigkeit kommt es dabei auf die Perspektive eines äußeren Beobachters an.²⁸²

164 Die familiäre Kommunikation oder der **Chat bei WhatsApp oder Facebook** oder sonstigen Social-Media-Anbietern mit Chatfunktion zwischen wenigen Personen (kleinere Gruppenchats) wird daher nicht vom Anwendungsbereich erfasst sein. Dies kann sich aber je nach Größe des Gruppenchats ändern. **Daten in sozialen Netzwerken**, etwa auf der Facebook-Seite oder bei Instagram, sind dann öffentlich gemacht, wenn diese allen Nutzern und nicht nur einer geschlossenen Benutzergruppe zur Verfügung gestellt werden. Sind also die auf der Facebook-Seite durch den Nutzer bereit gestellten Informationen nur für den (überschaubaren) Freundeskreis (also die Freundesliste) einsehbar, wird es an einer Veröffentlichung fehlen. Werden demgegenüber Informationen bewusst auch für Nicht-Mitglieder auf der öffentlichen Facebook-Seite freigeschaltet, liegt eine Veröffentlichung vor.

165 Von besonderer Bedeutung ist Art. 9 Abs. 2 lit. e zudem im Rahmen der **Anfertigung von Personenfotografien**, wenn diese mittelbar Rückschlüsse auf besondere Kategorien personenbezogener Daten nach Art. 9 Abs. 1 ermöglichen, z.b. wenn die abgebildete Person eine Brille trägt oder eine Gehhilfe benötigt oder ihre ethnische Herkunft auf einem Foto erkennbar ist. Fraglich ist hierbei, ob in diesen Fällen Art. 9 überhaupt Anwendung findet und falls ja, ob eine Rechtfertigung nach Art. 9 Abs. 2 lit. e in Betracht kommt. Eine Rechtfertigung nach Art. 9 Abs. 2 lit. e fordert einen eindeutigen und freien Willensakt der betroffenen Person, die betreffende Information gegenüber der Allgemeinheit preisgeben zu wollen. Ob davon auch bei der Anfertigung von Personenfotografien und bei Daten i.S.d. Art. 9 Abs. 1 ausgegangen werden kann, ist fraglich, weil die betroffene Person die Information letztlich zwangsweise der Öffentlichkeit preisgibt (z.B. medizinische Notwendigkeit einer Seh- oder Gehhilfe). Insofern könnte die Freiwilligkeit der Veröffentlichung angezweifelt werden, weil die betroffene Person letztlich keine Wahl hat, ob sie die betreffende Information preisgibt oder nicht. Hinter Art. 9 Abs. 2 lit. e steht letztlich der Gedanke, dass die betroffene Person durch das Öffentlichmachen der Information auf den Schutz von Art. 9 verzichtet. Von einem derartigen Verzicht auszugehen, nur weil sich die betroffene Person in der Öffentlichkeit zeigt, erscheint fraglich. Als Rechtfertigung käme damit nur noch eine Einwilligung nach Art. 9 Abs. 2 lit. a in Betracht, deren strenge Voraussetzungen hohe Anforderungen an Verantwortliche stellen. Vor diesem Hintergrund ist daher die Frage aufzuwerfen, ob Art. 9 im Falle von Personenfotografien überhaupt Anwendung findet. Bei mittelbaren Hinweisen auf Daten i.S.v. Art. 9 Abs. 1 (vgl. dazu bereits Rn. 26) wird daher einschränkend vor dem Hintergrund der Schutzzwecke von Art. 9²⁸³ eine Auswertungsabsicht²⁸⁴ anhand des Verarbeitungszusammenhangs gefordert, um den Anwendungsbereich von Art. 9 nicht zu sehr auszuweiten. Die DSK hat insofern betont, dass eine eindeutige Identifizierung der betroffenen Person im Vordergrund stehen müsse, so dass letztlich erst eine **besondere Zweckbestimmung** die Anwendbarkeit von Art. 9 auslöst (vgl. dazu auch Rn. 26).²⁸⁵ Insofern kann die

---

281 Auernhammer-*Greve* Art. 9 Rn. 16; Ehmann/Selmayr-*Schiff* Art. 9 Rn. 40.
282 Sydow-*Kampert* Art. 9 Rn. 33; Kühling/Buchner-*Weichert* Art. 9 Rn. 80.
283 In diese Richtung Kühling/Buchner-*Weichert* Art. 9 Rn. 23.
284 Dazu etwa Gola-*Schulz* Art. 9 Rn. 13. Weitere Nachweise vgl. Rn. 26.
285 *DSK* Positionspapier zur biometrischen Analyse, S. 21.

Ansicht vertreten werden, dass Art. 9 bei der Anfertigung von Personenfotografien nur dann Anwendung findet, wenn eine eindeutige Identifizierung der betroffenen Person intendiert ist und das Datum, dass Rückschlüsse auf Daten nach Art. 9 Abs. 1 zulässt auch als solches verarbeitet werden soll (etwa um im Rahmen einer Studie zu Fehlsichtigkeit festzustellen, wie viele Brillenträger sich durchschnittlich in der Bevölkerung befinden).[286] In allen anderen Fällen fände dementsprechend Art. 6, insb. Art. 6 Abs. 1 S. 1 lit. f Anwendung. Unabhängig von der Frage einer Anwendbarkeit von Art. 6 oder Art. 9 sind in beiden Fällen die Informationspflichten entsprechend Art. 13 und 14 zu beachten.

Insofern lässt sich erkennen, dass den Betroffenen selbst in diesem Zusammenhang eine **besondere Verantwortung** trifft, seine Privatsphäre-Einstellungen so einzurichten, dass nicht von einem Öffentlichmachen auszugehen ist. Entscheidend ist auch hier, ob der Kreis der Adressaten für den Betroffenen überschaubar war und ob er wusste und wollte, dass die Informationen für jedermann zugänglich sind.[287] 166

Bestehen Zweifel an der Veröffentlichung durch den Betroffenen ist der Ausnahmetatbestand nicht anwendbar.[288] In diesem Sinne ist fraglich, ob auch die **Auswertung des Nutzerverhaltens** bei Google, Twitter oder Facebook (etwa Suchanfragen, gelikte Beiträge etc.) als offensichtlich öffentlich gemachte Daten gelten können. Da Nutzer oftmals von der Erhebung ihrer Daten mangels hinreichender Transparenz keine Kenntnis besitzen, erscheint das Vorliegen eines Erlaubnistatbestands i.S.v. Art. 9 Abs. 2 lit. e bzw. a äußerst zweifelhaft (vgl. dazu bereits Rn. 47). 167

Darüber hinaus stellt sich die Frage, ob Art. 9 Abs. 2 lit. e **entsprechende Anwendung auf eine Datenverarbeitung nach Art. 6** finden kann. Als Argument für eine entsprechende Anwendung kann insbesondere angeführt werden, dass wenn bereits eine Veröffentlichung sensibler Daten eine Rechtfertigung der Datenverarbeitung begründen kann, dies erst recht im Falle einer Datenverarbeitung i.R.v. Art. 6 gelten müsse. Freilich stellt sich die Frage, ob derartige Fallgruppen in der Praxis nicht ohnehin aufgrund eines anderen Erlaubnistatbestandes des Art. 6 zu rechtfertigen sind, etwa im Rahmen einer Interessenabwägung. In diesem Fall wäre für eine entsprechende Anwendung von Art. 9 Abs. 2 lit. e kein Raum. 168

f) Durchsetzung von Rechtsansprüchen und justizielle Tätigkeiten (Art. 9 Abs. 2 lit. f).
Einen in praktischer Hinsicht äußerst bedeutsamen Ausnahmetatbestand enthält Art. 9 Abs. 2 lit. f: 169

„Für die Geltendmachung, Ausübung oder Verteidigung von Rechtsansprüchen dürfen sensitive Daten abweichend vom Verbotsgrundsatz des Art. 9 Abs. 1 nach Art. 9 Abs. 2 lit. f verarbeitet werden. Die Regelung entspricht dabei Art. 8 Abs. 1 lit. e DSRL, wobei die DS-GVO nunmehr die „Handlungen der Gerichte im Rahmen ihrer justiziellen Tätigkeit" miteinbezieht. Darüber hinaus ist **ErwG 52** zu beachten: Dadurch wird verdeutlicht, dass die DS-GVO ebenfalls im Falle der Verarbeitung sen-

---

286 Übereinstimmend etwa Gola-*Schulz* Art. 9 Rn. 14.
287 Sydow-*Kampert* Art. 9 Rn. 31; Gierschmann-*Korge* Art. 9 Rn. 31; Kühling/Buchner-*Weichert* Art. 9 Rn. 78; Ehmann/Selmayr-*Schiff* Art. 9 Rn. 40 sowie Gola-*Schulz* Art. 9 Rn. 25 f.
288 Kühling/Buchner-*Weichert* Art. 9 Rn 80; Gierschmann-*Korge* Art. 9 Rn. 31.

sibler Daten durch Gerichte und andere Justizbehörden sowie in einem Verwaltungsverfahren oder in einem außergerichtlichen Verfahren Anwendung findet."[289]

170 Hintergrund der Regelung ist dabei die **Sicherung der Effektivität der Rechtsdurchsetzung** und des **Justizgewährleistungsanspruchs** (Art. 47 GRCh, Art. 20 Abs. 2 S. 2, Abs. 3 GG): Lässt sich ein geltend gemachter Anspruch oder die Ausübung oder Verteidigung von Rechtsansprüchen oder ein gerichtliches Verfahren nur durch die Verarbeitung personenbezogener Daten durchsetzen, so soll es daran nicht durch ein Verarbeitungsverbot scheitern.[290]

171 Der Begriff der „**Rechtsansprüche**" ist deshalb weit auszulegen und bezieht sich sowohl auf deren Geltendmachung, Ausübung oder Verteidigung als auch auf öffentlich-rechtliche wie auch privatrechtliche Rechtspositionen. Die Entstehungsgründe für Rechtsansprüche können vielfältig sein und sich dabei etwa aus vertraglichen Regelungen ergeben, aus rechtsgeschäftsähnlichen Schuldverhältnissen, aber auch aus schädigenden oder deliktischen Handlungen, die zu Schadenersatzansprüchen führen.[291] Ob der Verantwortliche in dem Rechtsverhältnis **Gläubiger oder Schuldner** ist, ist dabei unerheblich.[292]

172 Die Verarbeitung sensibler Daten nach Abs. 1 muss weiterhin zur Durchsetzung von Rechtsansprüchen **erforderlich** sein. Hinsichtlich der Anforderungen an die Erforderlichkeit sind keine allzu strengen Maßstäbe zu stellen. Nicht jeder Tatsachenvortrag, der sensible Daten eines Betroffenen beinhalte, verstößt allein deswegen gegen Art. 9, wenn der Vortrag vom Gericht als unerheblich bewertet werde. Ausreichend ist vielmehr eine hinreichende Plausibilität der Erheblichkeit. Diese Grenze wird aber bei einer willkürlichen und bewussten Offenlegung von sensiblen Daten, die mit dem Streitstoff in keinerlei Verbindung stünden überschritten.[293]

173 Mit Blick auf die besondere Bedeutung des Art. 9 ist für die Praxis aber dringend angeraten, die Verarbeitung sensibler Daten, insbesondere bei Weitergabe im Rahmen von Rechtsstreitigkeiten, sorgfältig zu prüfen.

174 In praktischer Hinsicht wird die Vorschrift somit immer dann relevant, wenn sensible Daten in dem o.g. Zusammenhang verarbeitet werden und für den Bestand von Rechtsansprüchen entscheidungserheblich sein können. Einen klassischen Anwendungsfall bildet etwa der Arzt, der eine Forderung gegenüber einem Patienten gerichtlich geltend macht. Daneben sind aber auch andere Fallgestaltungen denkbar: Geht es etwa in einem arbeitsrechtlichen Verfahren um die Frage eines Entschädigungsanspruchs eines Bewerbers wegen eines Verstoßes gegen das AGG durch den Arbeitgeber, so können dabei etwa **Gesundheitsdaten oder politische Meinungen** (z.B. im Rahmen des Fragerechts des Arbeitgebers nach bestimmten Krankheiten oder einer Parteizugehörigkeit im Bewerbungsgespräch)[294] verarbeitet werden. Auch im

---

289 Gierschmann-*Korge* Art. 9 Rn. 32; Kühling/Buchner-*Weichert* Art. 9 Rn. 83.
290 Sydow-*Kampert* Art. 9 Rn. 34; Kühling/Buchner-*Weichert* Art. 9 Rn. 83.
291 Kühling/Buchner-*Weichert* Art. 9 Rn 84; Ehmann/Selmayer-*Schiff* Art. 9 Rn. 42: Auernhammer-*Greve* Art. 9 Rn. 17.
292 Gola-*Schulz* Art. 9 Rn. 27; Kühling/Buchner-*Weichert* Art. 9 Rn. 84.
293 Vgl. dazu Ehmann/Selmayer-*Schiff* Art. 9 Rn. 42; Sydow-*Kampert* Art. 9 Rn. 34; Kühling/Buchner-*Weichert* Art. 9 Rn. 86.
294 Gola-*Schulz* Art. 9 Rn. 28.

Falle von Streitigkeiten hinsichtlich einer Zahlungspflicht für Zusatzangebote im Rahmen der Nutzung einer **Gesundheits-App** kann die Verarbeitung von sensiblen Daten, die im Rahmen der Gesundheits-Apps (z.B. Schrittzähler und Herzfrequenz) erhoben wurden, die Verarbeitung im o.g. Sinne erforderlich machen. Daneben kann lit. f bei der **Übermittlung von Gesundheitsdaten durch private Versicherungsunternehmen** zur Anwendung kommen, vgl. dazu bereits Rn. 93.

Daneben wird Art. 9 Abs. 2 lit. f auch im Rahmen der Verarbeitung von sensiblen personenbezogenen Daten durch die **Justiz** relevant, sofern nicht der Anwendungsbereich der vorrangigen JI-Richtlinie tangiert ist.[295] Dies betrifft etwa den Versand von Schriftsätzen oder den Umgang mit Daten von Verfahrensbeteiligten.[296] Im Rahmen gerichtlicher Tätigkeiten ist dabei entsprechend § 1 Abs. 1 BDSG sorgsam zwischen Bundesgerichten und den Gerichten der Länder zu unterscheiden, die eine Anwendbarkeit des jeweiligen Landesdatenschutzgesetzes zur Folge haben.[297] Daneben sind die Vorschriften des Prozessrechts zu beachten, denen auch datenschützende Funktion zukommt (etwa Recht auf Akteneinsicht gem. §§ 299 ZPO, 100 VwGO).[298] Vor dem Hintergrund der EuGH-Rechtsprechung zur gemeinsamen Verantwortlichkeit[299] ist sorgsam zu prüfen, ob das Gericht oder der jeweilige Spruchkörper datenschutzrechtlich verantwortlich ist und inwieweit eine gemeinsame Verantwortlichkeit für die Datenverarbeitung besteht.[300]

175

g) Erhebliches öffentliches Interesse (Art. 9 Abs. 2 lit. g). Gemäß Art. 9 Abs. 2 lit. g gilt das Verbot der Verarbeitung sensitiver Daten aus Art. 9 Abs. 1 nicht, soweit die Verarbeitung aus Gründen eines erheblichen öffentlichen Interesses erforderlich ist. In einem solchen Falle kann die Verarbeitung auf der Grundlage des Unionsrechts oder des Rechts eines Mitgliedstaates, das in angemessenem Verhältnis zu dem verfolgten Ziel steht, den Wesensgehalt des Rechts auf Datenschutz wahrt und angemessene und spezifische Maßnahmen zur Wahrung der Grundrechte und Interessen der betroffenen Person vorsieht, zulässig sein.

176

Art. 9 Abs. 2 lit. g entspricht dabei Art. 8 Abs. 4 DSRL. Die Parallelnorm für personenbezogene Daten, die keiner besonderen Kategorie unterfallen findet sich in Art. 6 Abs. 1 lit. e.

177

Zu beachten ist, dass Art. 9 Abs. 2 lit. g im Wesentlichen aufgrund seiner generalklauselartigen Formulierung keinen eigenständigen Erlaubnistatbestand darstellt. Es handelt sich vielmehr um eine **Öffnungsklausel** dergestalt, dass konkretisierende Normen der Union oder der Mitgliedstaaten den Begriff des öffentlichen Interesses ausfüllen und infolge dessen der Ausnahmetatbestand Anwendung finden kann.[301]

178

Letztlich findet daher im Rahmen von Art. 9 Abs. 2 lit. g eine **umfassende Abwägung** zwischen den Interessen der Öffentlichkeit und den aus dem Datenschutzrisiko für

179

---

295 Dazu *Wiebe/Eichfeld* NJW 2019, 2734 ff.
296 *Wiebe/Eichfeld* NJW 2019, 2734, 2737.
297 *Wiebe/Eichfeld* NJW 2019, 2734, 2735.
298 *Wiebe/Eichfeld* NJW 2019, 2734, 2735.
299 Dazu Art. 4 Nr. 7 Rn. 140 ff.
300 *Wiebe/Eichfeld* NJW 2019, 2734, 2735 f.
301 Gola-*Schulz* Art. 9 Rn. 30; Gierschmann-*Korge* Art. 9 Rn. 40; Auernhammer-*Greve* Art. 9 Rn. 18.

den Betroffenen resultierenden schutzwürdigen Belangen anhand der konkretisierenden Normen statt.[302] Insofern wird die Reichweite des Ausnahmetatbestandes weitgehend von der Inanspruchnahme der Regelungskompetenz der Mitgliedstaaten determiniert. In der Praxis wird der Ausnahmetatbestand daher insbesondere im **Gefahrenabwehrrecht** Bedeutung erlangen.[303] Gleichwohl ist zu beachten, dass die Regelung nicht auf eine bestimmte Materie beschränkt ist, so dass Art. 9 Abs. 2 lit. g der **weiteste Anwendungsbereich** im Rahmen des Art. 9 Abs. 2 zukommt.[304]

180 Der Begriff des **öffentlichen Interesses** wird durch die DS-GVO selbst nicht definiert.

Ein öffentliches Interesse liegt daher dann vor, wenn ein Interesse der gesamten Bevölkerung oder zumindest eines weiten Teils dieser und damit ein Interesse der Allgemeinheit vorliegt.[305] Demzufolge werden bloße Einzel- oder Privatinteressen aus dem Anwendungsbereich ausgeklammert. Dies schließt freilich nicht aus, dass Interessen der Allgemeinheit gleichzeitig Einzelinteressen sein können (etwa Hilfe zu humanitären Zwecken).[306] Folglich stellt auch **ErwG 46 S. 3** klar, dass einige Arten der Verarbeitung sowohl wichtigen Gründen des öffentlichen Interesses als auch lebenswichtigen Interessen der betroffenen Person dienen können und nennt dabei etwa die Verarbeitung für humanitäre Zwecke einschließlich der Überwachung von Epidemien und deren Ausbreitung oder humanitäre Notfälle im Falle von Naturkatastrophen. Entscheidend ist daher die **Abwehr erheblicher Nachteile** oder die **Wahrung erheblicher Belange des Allgemeinwohls**, wie etwa die Wahrung der Rechtsstaatlichkeit, die Gefahrenabwehr oder die Sicherstellung der öffentlichen Gesundheit.[307]

181 Darüber hinaus müssen die unions- oder mitgliedstaatlichen Regelungen **angemessene Garantien zur Wahrung der Rechte und Freiheiten** der betroffenen Person enthalten. Insofern gelten die Ausführungen aus Art. 9 Abs. 2 lit. b (vgl. Rn. 132 f.) entsprechend.

182 In diesem Zusammenhang ist insbesondere eine **Abgrenzung zu dem Begriff des öffentlichen Interesses aus Art. 6 Abs. 1 lit. e** erforderlich. Während im Rahmen von Art. 6 Abs. 1 lit. e die Datenverarbeitung lediglich an die Voraussetzung einer Aufgabenwahrnehmung im öffentlichen Interesse knüpft und damit letztlich jede öffentliche Aufgabe ausreichend ist, liegen die Anforderungen im Rahmen von Art. 9 Abs. 1 höher.[308] Insofern muss im Rahmen von Art. 9 Abs. 2 lit. g entsprechend seinem Wortlaut eine bestimmte **Erheblichkeitsschwelle** überschritten werden, die Bagatellfälle ausklammert und so die Verarbeitung sensitiver Daten einer spezifischen Legitimation unterwirft, um den Ausnahmecharakter der Vorschrift nicht zu entwerten.

183 Dabei ist aber unklar, wo diese Erheblichkeitsschwelle im Einzelfall anzusiedeln ist. Auch ist fraglich, ob mit dem Begriff der „öffentlichen Interessen" und der „Allge-

---

302 Auernhammer-*Greve* Art. 9 Rn. 18; Sydow-*Kampert* Art. 9 Rn. 37; Kühling/Buchner-*Weichert* Art. 9 Rn. 88.
303 Ehmann/Selmayr-*Schiff* Art. 9 Rn. 44; Kühling/Buchner-*Weichert* Art. 9 Rn. 90.
304 Ehmann/Selmayr-*Schiff* Art. 9 Rn. 44.
305 Sydow-*Kampert* Art. 9 Rn. 36; Kühling/Buchner-*Weichert* Art. 9 Rn. 89 f.; Ehmann/Selmayr-*Schiff* Art. 9 Rn. 45; Gola-*Schulz* Art. 9 Rn. 28.
306 Kühling/Buchner-*Weichert* Art. 9 Rn. 89.
307 Gierschmann-*Korge* Art. 9 Rn. 34; Kühling/Buchner-*Weichert* Art. 9 Rn. 90.
308 Sydow-*Kampert* Art. 9 Rn. 36; Auernhammer-*Greve* Art. 9 Rn. 19; Kühling/Buchner-*Weichert* Art. 9 Rn. 91.

meinheit" stets die Voraussetzung verbunden ist, dass eine Gefahr für mehrere Personen besteht oder ob auch Gefahren für lebenswichtige Interessen des Einzelnen eine Anwendung des Ausnahmetatbestandes rechtfertigen können.

Gerade vor dem Hintergrund einer Ausfüllung des Ausnahmetatbestands durch das Recht der Mitgliedstaaten können hier erhebliche praktische Probleme, insbesondere hinsichtlich des **Gefahrenabwehrrechts** entstehen. 184

Insbesondere wenn es um die Verarbeitung von **Gesundheitsdaten** geht, kann es so zu Verzahnungen mit dem Gefahrenabwehrrecht kommen. Denkbar sind hier etwa Fälle eines **angedrohten Suizides eines Nutzers bei Facebook**.[309] Nach nationalem Recht kann auch ein (angedrohter) Suizid eine Gefahr für die öffentliche Sicherheit oder Ordnung begründen. Darüber hinaus nimmt ErwG 46 S. 3 auch ausdrücklich auf die lebenswichtigen Interessen des Einzelnen Bezug. Diese Überlegungen sind dabei auf Selbstgefährdungen übertragbar (wie etwa die Ankündigung eines Nutzers in sozialen Netzwerken **lebensgefährliche Handlungen** vorzunehmen, wie z.b. „S-Bahn-Surfing"). Daneben kommen Fälle in Betracht, in denen sich der Betroffene einer Impfung verweigert und dadurch **Dritte gefährdet**. Eine Gefahr für die Allgemeinheit entsteht darüber hinaus im Falle des **Fahrens eines Kraftfahrzeugs im alkoholisierten Zustand** oder **Fahrten unter Drogeneinfluss**. In diesen Fallgruppen geht es stets um lebenswichtige Interessen und damit um hochrangige und besonders schützenswerte Rechtsgüter, die nach nationalem Recht eine Gefahr für die öffentliche Sicherheit und Ordnung darstellen. Bei konsequenter Anwendung der Öffnungsklausel müssen diese Fallgruppen folglich eine Anwendung des Ausnahmetatbestandes des Art. 9 Abs. 2 lit. g rechtfertigen können. 185

h) Gesundheitsversorgung (Art. 9 Abs. 2 lit. h). Der Ausnahmetatbestand des Art. 9 Abs. 2 lit. h normiert die datenschutzrechtliche Zulässigkeit der Versorgung und Behandlung im Gesundheits- und Sozialbereich, der medizinischen Diagnostik, der Gesundheitsvorsorge sowie des gesamten Bereichs der Arbeitsmedizin zur Beurteilung der Arbeitsfähigkeit von Beschäftigten. Dabei enthält auch Art. 9 Abs. 2 lit. h eine **Öffnungsklausel**: Danach kann eine Verarbeitung sensibler Daten auf einer unions- oder mitgliedstaatlichen Rechtsgrundlage oder aufgrund eines Vertrages mit dem Angehörigen eines Gesundheitsberufs basieren. Darüber hinaus sind die besonderen Anforderungen nach Art. 9 Abs. 3[310] zu beachten. Art. 9 Abs. 2 lit. h und Art. 9 Abs. 3 bilden daher eine einheitliche Regelung.[311] 186

Art. 9 Abs. 2 lit. h entspricht dabei Art. 8 Abs. 3 DSRL, der bisher Fragen der medizinischen Datenverarbeitung regelte.[312] 187

Hinsichtlich der Systematik und **Abgrenzung zu anderen Ausnahmetatbeständen** des Art. 9 Abs. 2 ist Folgendes festzuhalten: Art. 9 Abs. 2 lit. h ist dabei zunächst von Art. 9 Abs. 2 lit. i abzugrenzen, der sich ebenfalls mit der Gesundheitsversorgung befasst. Dabei bezieht sich der Anwendungsbereich des Art. 9 Abs. 2 lit. h auf die Notwendigkeit der **informationstechnischen Verarbeitung** von Daten im Gesundheits- und Sozialbereich und nimmt daher Rücksicht auf die systemischen Verarbeitungsabläufe in 188

---

309 Vgl. dazu *Schwartmann* Der Missbrauch des Seelenlebens, KStA v. 28.12.17, S. 4.
310 Vgl. dazu die Kommentierung in Rn. 219.
311 Sydow-*Kampert* Art. 9 Rn. 42; Ehmann/Selymayr-*Schiff* Art. 9 Rn. 53.
312 Vgl. dazu Gierschmann-*Korge* Art. 9 Rn. 35; Sydow-*Kampert* Art. 9 Rn. 43.

Art. 9   Besondere Kategorien personenbezogener Daten

diesen Bereichen.³¹³ Demgegenüber erfasst Art. 9 Abs. 2 lit. i die **gefahrenabwehrrechtliche Komponente** im Gesundheitswesen. Der Teilbereich der **medizinischen Forschung** wird demgegenüber von Art. 9 Abs. 2 lit. j erfasst.³¹⁴

189 Hinsichtlich Art. 9 Abs. 2 lit. h enthält **ErwG 53 S. 1** nähere Erläuterungen: Danach erfolgt die Datenverarbeitung nach Art. 9 Abs. 2 lit. h insbesondere im Zusammenhang mit der Verwaltung der Dienste und Systeme des Gesundheits- und Sozialbereichs. In diesem Bereich soll also die Verarbeitung sensibler Daten ausnahmsweise erlaubt sein.

190 Der Grund dafür liegt insbesondere in der Gewährleistung der **Funktionsfähigkeit der Erbringung von Dienstleistungen im Gesundheits- und Sozialapparates** und der Berücksichtigung der Entwicklungen hinsichtlich der informationstechnischen Verarbeitung von personenbezogenen Daten. Dies zeigt sich bereits an der Zunahme von Big Data-Anwendungen im Gesundheitsbereich.³¹⁵

191 Vom Anwendungsbereich des Art. 9 Abs. 2 lit. h werden somit zunächst **medizinische Dienstleistungen** erfasst. Damit sind sowohl Verarbeitungen im Bereich der Prävention, Diagnostik als auch Behandlungen kurativer oder nachsorgender Art.³¹⁶ Die Verarbeitung muss sich dabei **auf die Behandlung selbst** oder auf die **damit zusammenhängende verwaltungstechnische Tätigkeit** beziehen und soll die effektive medizinische Behandlung sicherstellen.³¹⁷ Damit wird etwa die Arbeit von Abrechnungsstellen ebenso wie die Buchführung und Dokumentation der Behandlung vom Ausnahmetatbestand erfasst.³¹⁸

192 Daneben werden Datenverarbeitungen im **Sozialbereich** vom Ausnahmetatbestand erfasst. Oftmals ist eine klare Abgrenzung zwischen dem Gesundheits- und dem Sozialbereich nicht möglich, in der Praxis für eine Anwendung der Ausnahmeregelung aber auch nicht notwendig. Als Leitlinie lässt sich allerdings festhalten, dass im Sozialbereich die staatliche Regulierung von (öffentlichen) Leistungen zur Schaffung sozialer Gerechtigkeit in den Vordergrund rückt, während sich die Gesundheitsvorsorge stärker auf die Sicherung der körperlichen und seelische Gesundheit bezieht.³¹⁹ Erfasst werden daher insbesondere Sozialleistungen oder sonstige Geldleistungen. Grenzfälle, die eine Zuordnung sowohl zum Gesundheits- als auch zum Sozialbereich zulassen, bilden etwa staatliche Beratungsstellen zur Suchtprävention oder soziale Dienste in Krankenhäusern.³²⁰

193 Zudem wird ausweislich des Wortlauts Art. 9 Abs. 2 lit. h nunmehr die Verarbeitung für Zwecke der **Verwaltung von System und Diensten im Gesundheits- oder Sozialbereich** vom Ausnahmetatbestand erfasst. Im Anwendungsbereich dieses Begriffs liegt dabei der gesamte organisatorische und administrative Rahmen zur Erbringung von

---

313 Dazu Kühling/Buchner-*Weichert* Art. 9 Rn. 92 f.; Ehmann/Selmayr-*Schiff* Art. 9 Rn. 52.
314 Dazu Kühling/Buchner-*Weichert* Art. 9 Rn. 92 f.; Ehmann/Selmayr-*Schiff* Art. 9 Rn. 52.
315 Gola-*Schulz* Art. 9 Rn. 35 ff.; Gierschmann-*Korge* Art. 9 Rn. 35; Auernhammer-*Greve* Art. 9 Rn. 20.
316 Sydow-*Kampert* Art. 9 Rn. 43; Kühling/Buchner-*Weichert* Art. 9 Rn. 98.
317 Kühling/Buchner-*Weichert* Art. 9 Rn. 98; Sydow-*Kampert* Art. 9 Rn. 43.
318 Kühling/Buchner-*Weichert* Art. 9 Rn. 98.
319 Kühling/Buchner-*Weichert* Art. 9 Rn. 11.
320 Sydow-*Kampert* Art. 9 Rn. 44.

Gesundheitsleistungen.[321] Insofern werden insbesondere **Träger von Versicherungsleistungen** (etwa Kranken- oder Unfallversicherung) erfasst. Dies umfasst etwa Maßnahmen der Administration, Organisation, Planung und Abrechnung i.S.d. §§ 295 ff. SGB V sowie Wirtschaftlichkeitsprüfungen (§ 106 SGB V) in derartigen Systemen.[322] In der Praxis werden so insbesondere Daten verarbeitet, die medizinische Leistungserbringer den Krankenkassen mitteilen (Leistungsdaten), aber auch Sozialdaten, wenn diese an Träger von Sozialleistungen weitergegeben werden.[323] Dabei ist die Ausnahme allerdings nicht auf die Verarbeitung von biometrischen oder genetischen Daten sowie Gesundheits- oder Sozialdaten beschränkt. Vielmehr können auch religiöse oder weltanschauliche Überzeugungen Teil der Verarbeitung sein, z.B. dann, wenn ein Patient eine Behandlung aus bestimmten religiösen oder weltanschaulichen Überzeugungen verweigert.[324] Auch die Übermittlung von Gesundheitsdaten zwischen Krankenkassen und Versicherungen stellen einen wichtigen Anwendungsfall dar, vgl. dazu bereits Rn. 93.

Der Begriff der **Arbeitsmedizin** des Art. 9 Abs. 2 lit. h bezieht sich dabei inhaltlich auf **194** den Erhalt der Gesundheit unter Berücksichtigung der aus dem Arbeitsleben resultierenden Einflüsse, indem Gesundheitsschäden oder Krankheiten frühzeitig erkannt werden und somit elementarer Bestandteil der **Gesundheitsvorsorge am Arbeitsplatz** sind. In praktischer Hinsicht zeichnet sich der Bereich der Arbeitsmedizin häufig durch die Hinzuziehung eines **Betriebsarztes** aus. Dabei geht es in erster Linie darum, dem Arbeitgeber die Daten zur Verfügung zu stellen, die für eine Gesundheitsvorsorge am Arbeitsplatz notwendig sind.[325] Spezialgesetzliche Regelungen auf nationaler Ebene finden sich dabei insbesondere im Arbeitszeitgesetz (ArbZG), den Sozialgesetzbüchern (SGB V). In praktischer Hinsicht sind etwa die Verarbeitung von Gesundheitsdaten in Bewerbungsgesprächen oder Einstellungsuntersuchungen, Behandlungen während eines Beschäftigungsverhältnisses (z.B. Rückenschmerzen wegen falscher Sitzhaltung am Arbeitsplatz), aber auch Maßnahmen im Hinblick auf eine Arbeitsunfähigkeit oder eine Wiedereingliederung in den Arbeitsbetrieb zu nennen.[326]

Die aufgrund ihrer zahlreichen Anwendungsmöglichkeiten weitreichende Erlaubnisregel wird dabei über die in **Art. 9 Abs. 3**[327] enthaltene Vorgabe eingegrenzt, wonach **195** der Umgang mit sensitiven Daten nur durch Fachpersonal, dass einem Berufsgeheimnis oder einer sonstigen Geheimhaltungspflicht nach mitgliedstaatlichem Recht unterliegt, sowie unter dessen Verantwortung, zulässig ist.

i) Öffentliches Interesse im Bereich der öffentlichen Gesundheit (Art. 9 Abs. 2 lit. i).
Wie bereits oben im Rahmen von Art. 9 Abs. 2 lit. h angedeutet, bezieht sich der Ausnahmetatbestand des Art. 9 Abs. 2 lit. i auf die **gefahrenabwehrrechtliche Komponente** **196** im Gesundheitswesen. Danach ist die Verarbeitung besonderer Kategorien personenbezogener Daten aus Gründen des öffentlichen Interesses im Bereich der öffentlichen Gesundheit zulässig. Die Verarbeitung sensibler Daten für die öffentliche Gesundheit

---

321 Kühling/Buchner-*Weichert* Art. 9 Rn. 105; Sydow-*Kampert* Art. 9 Rn. 45.
322 Kühling/Buchner-*Weichert* Art. 9 Rn. 105 f.; Sydow-*Kampert* Art. 9 Rn. 45.
323 Kühling/Buchner-*Weichert* Art. 9 Rn. 105 f.
324 Gola-*Schulz* Art. 9 Rn. 35.
325 Vgl. dazu Kühling/Buchner-*Weichert* Art. 9 Rn. 111 f.
326 *Weichert* RDV 2007, S. 189 ff.; Kühling/Buchner-*Weichert* Art. 9 Rn. 113.
327 Vgl. dazu die Kommentierung zu Art. 9 Abs. 3 Rn. 219 f.

steht dabei ausweislich Art. 9 Abs. 2 lit. i Hs. 2 unter dem Vorbehalt einer unions- oder mitgliedstaatlichen Regelung und enthält somit eine **Öffnungsklausel**.

197 Der Ausnahmetatbestand hat keine korrespondierende Vorgängerregelung in der DSRL.

198 Unter **öffentlicher Gesundheit** versteht der europäische Gesetzgeber nach **ErwG 54 S. 3** unter Bezugnahme auf die Verordnung (EG) Nr. 1338/2008 „alle Elemente im Zusammenhang mit der Gesundheit, nämlich den Gesundheitszustand einschließlich Morbidität und Behinderung, die sich auf diesen Gesundheitszustand auswirkenden Determinanten, den Bedarf an Gesundheitsversorgung, die der Gesundheitsversorgung zugewiesenen Mittel, die Bereitstellung von und den allgemeinen Zugang zu Gesundheitsversorgungsleistungen sowie die entsprechenden Ausgaben und die Finanzierung und schließlich die Ursachen der Mortalität." Eine solche Verarbeitung von Gesundheitsdaten darf nach **ErwG 54 S. 4** nicht dazu führen, dass Dritte, unter anderem Arbeitgeber oder Versicherungs- oder Finanzunternehmen, solche personenbezogenen Daten zu anderen Zwecken verarbeiten.[328] Insofern können sich private Unternehmen nicht auf den Ausnahmetatbestand berufen, es sei denn, das Unternehmen nimmt etwa als Beliehener aufgrund einer gesetzlichen Ermächtigung öffentliche Aufgaben wahr.[329]

199 Der Begriff der öffentlichen Gesundheit wird darüber hinaus in Art. 9 Abs. 2 lit. i näher beschrieben: Erwähnt werden **schwerwiegende grenzüberschreitende Gesundheitsgefahren**, wozu neben übertragbaren Krankheiten unter anderem auch Gefahren chemischen Ursprungs und Gefahren unbekannten Ursprungs zählen.[330] Zudem wird die Gewährleistung hoher Qualitäts- und Sicherheitsstandards bei der Gesundheitsversorgung und bei Arzneimitteln und Medizinprodukten erfasst.[331]

200 Zu beachten ist insofern, dass ErwG 54, sowie die konkretisierenden Beispiele aus Art. 9 Abs. 2 lit. i, **keine abschließende Aufzählung** darstellen. Vielmehr dient die Nennung von Beispielen der Erleichterung der Rechtsanwendung.[332]

201 Anders als im Rahmen des Art. 9 Abs. 2 lit. g ist ausweislich des Wortlauts des Art. 9 Abs. 2 lit. i ein „einfaches" öffentliches Interesse im Bereich der öffentlichen Gesundheit ausreichend.

202 Folglich erfasst der Anwendungsbereich des Ausnahmetatbestandes alle Maßnahmen zur Förderung der öffentlichen Gesundheit, etwa durch Maßnahmen der **Aufklärung und Prävention von Krankheiten**. So ist auch im Rahmen der Nutzung von sog. **Corona-Apps** an den Erlaubnistatbestand aus Art. 9 Abs. 2 lit. i zu denken. Da die Nutzung derartiger Apps aktuell freiwillig erfolgt,[333] hat die Prüfung der Vorausset-

---

[328] Auernhammer-*Greve* Art. 9 Rn. 23; *Härting* DSGVO, Rn. 546.
[329] Kühling/Buchner-*Weichert* Art. 9 Rn. 11; *Härting* DSGVO, Rn. 546.
[330] Gola-*Schulz* Art. 9 Rn. 40 mit Verweis auf Art. 2 Beschluss Nr. 2082/2013/EG.
[331] *Weichert* verweist hierzu in Kühling/Buchner Art. 9 Rn. 120 auf Spezialregelungen in § 299 SGB V, § 5 MBOÄ, §§ 72 Abs. 2, 135 ff., 299 SGB V, § 11a Nr. 2 ApoG, §§ 54 ff. AMG oder § 26 MPG.
[332] Sydow-*Kampert* Art. 9 Rn. 46.
[333] Zum Diskussionsstand vgl. Rn. 131 Fn. 3. Sowie dazu die freiwillige Corona-Warn-App. Informationen abrufbar unter https://www.coronawarn.app/de/, zuletzt abgerufen am 19.6.2020 sowie https://www.bundesregierung.de/bregde/themen/corona-warn-app/corona-warn-app-faq-1758392, zuletzt abgerufen am 19.6.2020.

zungen von Art. 9 Abs. 2 lit. a Vorrang (dazu Rn. 131). Darüber hinaus liegt der **Schutz der Bürger vor Gesundheitsgefahren** im Anwendungsbereich, so dass insbesondere die **Meldepflichten im Infektionsschutzgesetz** erfasst werden.[334] In diesem Zusammenhang stellt sich wie im Rahmen von Art. 9 Abs. 2 lit. g die Frage, ob dementsprechend die etwa **Verweigerung einer Impfung**, aus der Gefährdungen für Dritte entstehen können, dem Anwendungsbereich des Ausnahmetatbestandes unterfallen. Jedenfalls werden Krankheitsregister zur Analyse und Prävention von Gesundheitsgefahren dem Ausnahmetatbestand unterfallen. Darüber hinaus werden auf nationaler Ebene etwa die Regelungen des **Arzneimittelgesetzes** (AMG) oder des **Medizinproduktegesetzes** (MPG) erfasst.[335] Ferner erfasst Art. 9 Abs. 2 lit. i Fälle, in denen es um die **Vermeidung von Pandemien oder Epidemien** geht.

203 Darüber hinaus müssen die unions- oder mitgliedstaatlichen Regelungen **angemessene Garantien zur Wahrung der Rechte und Freiheiten** der betroffenen Person enthalten. Insofern gelten die Ausführungen aus Art. 9 Abs. 2 lit. b (vgl. Rn. 132 ff.) entsprechend.

204 **j) Archivierungs-, Forschungs- und statistische Zwecke (Art. 9 Abs. 2 lit. j).** Eine Verarbeitung sensibler Daten für im öffentlichen Interesse liegende Archivzwecke, für wissenschaftliche oder historische Forschungszwecke oder für statistische Zwecke gem. Art. 89 Abs. 1 ist nach dem Ausnahmetatbestand des Art. 9 Abs. 2 lit. j zulässig, wenn das mitgliedstaatliche Recht im angemessenes Verhältnis zu dem verfolgten Ziel steht, den Wesensgehalt des Rechts auf Datenschutz wahrt und angemessene Maßnahmen zur Wahrung der Grundrechte und Interessen der betroffenen Person vorsieht.

205 Insofern wird ergänzend auf die Ausführungen im Rahmen von Art. 89 verwiesen.[336]

Art. 9 Abs. 2 lit. j findet seine Vorgängerregelung in Art. 6 Abs. 1 lit. e DSRL, der sich allerdings auf personenbezogene Daten im Allgemeinen und nicht auf besondere Kategorien personenbezogener Daten bezog.[337]

206 Art. 9 Abs. 2 lit. j enthält wie Art. 9 Abs. 2 lit. i eine **Öffnungsklausel**. Insofern dürfen die Mitgliedstaaten durch nationale Regelungen die Verarbeitung besonderer Kategorien personenbezogener Daten zu den in Art. 9 Abs. 2 lit. j genannten Zwecken erlauben.[338]

207 Die Aufzählung der zulässigen Zwecke, die im öffentlichen Interesse liegen, sind im Ausnahmetatbestand **abschließend** geregelt.[339]

208 Hierbei ist zu beachten, dass die Verarbeitung für Archivzwecke, wissenschaftliche oder historische Forschungszwecke sowie für statistische Zwecke im **öffentlichen Interesse** erfolgen muss. So verweist **ErwG 53 S. 1 a.E.** beispielhaft auf Studien im Bereich der öffentlichen Gesundheit.

---

334 Vgl. dazu Kühling/Buchner-*Weichert* Art. 9 Rn. 12; Gola-*Schulz* Art. 9 Rn. 41.
335 Kühling/Buchner-*Weichert* Art. 9 Rn. 119 f.
336 Vgl. dazu die Kommentierung zu Art. 89 Rn. 15 ff.
337 Gierschmann-*Korge* Art. 9 Rn. 41; Kühling/Buchner-*Weichert* Art. 9 Rn. 121.
338 Vgl. dazu *Kühling/Martini u.a.* Die Datenschutz-Grundverordnung und das nationale Recht 2016, S. 53.
339 Sydow-*Kampert* Art. 9 Rn. 50.

Art. 9 Besondere Kategorien personenbezogener Daten

209 Hinsichtlich der **Archivzwecke** trifft **ErwG 158 S. 1** konkretisierende Aussagen: Archivzwecke umfassen dabei jede Behörde oder öffentliche sowie private Stelle, die Aufzeichnungen von öffentlichem Interesse führen, wobei das Führen auch den Erwerb, die Bewertung, den Erhalt und die Bereitstellung umfasst. Insofern liegt nach **ErwG 158 S. 2** die Bereitstellung spezifischer Informationen im Zusammenhang mit dem politischen Verhalten unter ehemaligen totalitären Regimen, Völkermord, Verbrechen gegen die Menschlichkeit, insbesondere dem Holocaust und Kriegsverbrechen im öffentlichen Interesse. Auf nationaler Ebene werden die im öffentlichen Interesse liegenden Archivzwecke etwa durch das **Bundesarchivgesetz** geregelt.[340] So verwahrt das Bundesarchiv Unterlagen, die von bleibendem Wert für die Bundesrepublik sind. Dies erfasst etwa die Unterlagen der öffentlichen Stellen des Bundes, aber auch Unterlagen der Stellen der Deutschen Demokratischen Republik sowie der Sozialistischen Einheitspartei Deutschlands (vgl. dazu § 3 Abs. 2 BArchG). Insofern fällt die Verarbeitung der sensiblen Daten von ehemaligen Funktionären in den alten Regimen unter den Ausnahmetatbestand.

210 Der Begriff der Verarbeitungen für **wissenschaftliche oder historische Forschungszwecke** ist laut ErwG 159 S. 2 weit auszulegen und vermag dabei etwa die Verarbeitung für die technologische Entwicklung und die Demonstration, die Grundlagenforschung, die angewandte Forschung und die privat finanzierte Forschung einzuschließen. Wissenschaftliche Forschungszwecke sind darüber hinaus in Art. 13 GRCh (Art. 5 Abs. 3 GG) geschützt. Insofern wird ausweislich des **ErwG 159 S. 3** dem Ziel, einen europäischen Raum der Forschung zu schaffen, Rechnung getragen. Dafür werden auch Studien, die im öffentlichen Interesse im Bereich der öffentlichen Gesundheit stattfinden erfasst. Insofern sollten nach ErwG 159 S. 5 um den Besonderheiten der Verarbeitung personenbezogener Daten zu wissenschaftlichen Forschungszwecken Rechnung zu tragen spezifische Regelungen insbesondere hinsichtlich der Veröffentlichung oder sonstigen Offenlegung von personenbezogenen Daten im Kontext wissenschaftlicher Zwecke gelten.

211 Der Begriff der **Forschung** umfasst dabei in Anlehnung an die verfassungsrechtliche Definition „alles, was als ernsthafter und planmäßiger Versuch zur Ermittlung der Wahrheit anzusehen ist". Zum Begriff der wissenschaftlichen Forschung vgl. ausführlich Art. 89 Rn. 21 f.

212 Eine unabhängige Forschung mit Verarbeitung sensibler Daten kann sowohl durch den Verantwortlichen als durch Externe durchgeführt werden.

213 Dem Begriff der **historischen Forschungszwecke** kommt in diesem Zusammenhang in erster Linie eine ergänzende Funktion zu, zumal es in diesem Anwendungsfall häufig zu inhaltlichen Überschneidungen mit dem Begriff der Archivzwecke kommen wird.[341] In praktischer Hinsicht ist dies für die Einschlägigkeit des Ausnahmetatbestands freilich ohne Belang. Vgl. dazu auch Art. 89 Rn. 37.

---

340 Vgl. dazu auch Sydow-*Kampert* Art. 9 Rn. 51; Kühling/Buchner-*Weichert* Art. 9 Rn. 121 f.
341 Sydow-*Kampert* Art. 9 Rn. 53.

Besondere Kategorien personenbezogener Daten — Art. 9

Bei der Verwendung und Verarbeitung von **Gesundheitsdaten** i.S.d. Art. 9 Abs. 1 für Forschungszwecke[342] kann nicht nur auf Art. 9 Abs. 2 lit. j, sondern auch auf die Voraussetzungen des Art. 9 Abs. 2 lit. h oder Art. 9 Abs. 2 lit. i zurückgegriffen werden.[343] **214**

Hinsichtlich der Forschungszwecke ist in der Praxis insbesondere bedeutsam, dass der Bezug zu einem „öffentlichen Interesse" der Forschungszwecke nicht übersehen werden darf. Insofern wird zwar auch die privat finanzierte Forschung vom Anwendungsbereich erfasst, gleichwohl fallen **rein kommerzielle Forschungszwecke** privater Forschungseinrichtungen somit nicht unter den Ausnahmetatbestand.[344] Auch die Tätigkeit von Hochschulen und Hochschullehrern fällt unter den Begriff der wissenschaftlichen Forschung. Die datenschutzrechtliche Zulässigkeit richtet sich dabei allerdings vorrangig nach § 3 BDSG bzw. der jeweiligen datenschutzrechtlichen Generalklauseln der Landesdatenschutzgesetze (z.B. § 3 DSG NRW).[345] **215**

Hinsichtlich einer **Verarbeitung für statistische Zwecke** im öffentlichen Interesse trifft ErwG 162 S. 3 eine eindeutige Aussage: Unter dem Begriff „statistische Zwecke" ist jeder für die Durchführung statistischer Untersuchungen und die Erstellung statistischer Ergebnisse erforderliche Vorgang der Erhebung und Verarbeitung personenbezogener Daten zu verstehen. Diese Ergebnisse können auch für wissenschaftliche Forschungszwecke weiterverarbeitet werden, wobei dabei einschränkend erforderlich ist, dass die Ergebnisse der Verarbeitung zu statistischen Zwecken keinen personenbezogenen, sondern aggregierte Daten sind und diese Daten nicht für Maßnahmen oder Entscheidungen gegenüber einzelnen natürlichen Personen verwendet werden. **216**

Die Anforderungen hinsichtlich einer Wahrung des Wesensgehalt des Rechts auf Datenschutz und des Vorhandenseins angemessener Maßnahmen zur Wahrung der Grundrechte und Interessen der betroffenen Person überschneiden sich insoweit weitestgehend mit denen der geeigneten Garantien (vgl. dazu die Ausführungen zu Art. 9 Abs. 2 lit. b Rn. 132). **217**

Allerdings stellt sich in diesem Zusammenhang die Frage, ob die angemessenen und spezifischen Schutzmaßnahmen über die Sicherungen der DS-GVO hinausgehen oder ob insoweit die Einräumung der Betroffenenrechte aus der DS-GVO genügt.[346] Hier haben die Mitgliedstaaten einen weiten Gestaltungsspielraum, durch den sie über die DS-GVO hinausgehende Schutzmaßnahmen zugunsten der Betroffenen treffen können, wie etwa die Einführung besondere Kontrollgremien im Bereich der Forschung.[347] **218**

3. Verarbeitung nach Art. 9 Abs. 3. Art. 9 Abs. 3 ergänzt den Ausnahmetatbestand des Art. 9 Abs. 2 lit. h und lässt die Verarbeitung in Fällen zu, in denen die besonderen Datenkategorien nach Art. 9 Abs. 1 von Fachpersonal oder unter dessen Verantwor- **219**

---

342 *Blobel/Koeppe* Handbuch Datenschutz und Datensicherheit im Gesundheit und Sozialwesen, S. 163 ff.
343 Kühling/Buchner-*Weichert* Art. 9 Rn 130.
344 Vgl. dazu auch Kühling/Buchner-*Weichert* Art. 9 Rn. 130.
345 Vgl. zum Ganzen *Rossnagel* ZD 2019, 157, 160 f. sowie Schwartmann/Pabst-*Schwartmann/Hermann/Mühlenbeck* DSG NRW zu § 3. Dazu auch Schwartmann/Pabst-*Schwartmann/Hermann* DSG NRW zu § 17.
346 *Martini/Kühling u.a.* Die Datenschutz-Grundverordnung und das nationale Recht 2016, S. 53; Gola-*Schulz* Art. 9 Rn. 36.
347 *Martini/Kühling u.a.* Die Datenschutz-Grundverordnung und das nationale Recht 2016, S. 53.

tung verarbeitet werden und die Verarbeitung durch Personen erfolgt, die nach dem Recht eines Mitgliedstaates, nach Unionsrecht oder aufgrund von Vorschriften national zuständiger Stellen einem **Berufsgeheimnis** oder einer **Geheimhaltungspflicht** unterliegen.[348]

220 Art. 9 Abs. 3 findet seine Vorgängerregelung in Art. 8 Abs. 3 DSRL.

221 Hinsichtlich der Systematik und Stellung des Art. 9 Abs. 3 lässt sich Folgendes festhalten: Art. 9 Abs. 3 und Art. 9 Abs. 2 lit. h stellen einen **einheitlichen Regelungskomplex** dar, bei denen die jeweiligen Voraussetzungen **kumulativ** vorliegen müssen.[349] Insofern verschränkt Art. 9 Abs. 3 die im Rahmen von Art. 9 Abs. 1 geltenden datenschutzrechtlichen Vorschriften, sofern diese zu Zwecken nach Art. 9 Abs. 2 lit. h verarbeitet werden, mit dem Berufsgeheimnis.[350] Folglich erfasst Art. 9 Abs. 3 alle Fälle des Art. 9 Abs. 1, sofern diese zu Zwecken nach Art. 9 Abs. 2 lit. h verarbeitet werden.

222 Hinsichtlich des Berufsgeheimnisses und der Geheimhaltungspflicht können sich aus dem nationalen Recht zusätzliche Verarbeitungsvoraussetzungen ergeben. Art. 9 Abs. 3 enthält insofern eine **Öffnungsklausel** für mitgliedstaatliche Regelungen.[351] Indem Art. 9 Abs. 3 hinsichtlich der inhaltlichen bzw. qualitativen Anforderungen an die Regelungen des Berufsgeheimnisses der Mitgliedstaaten aufweist, könnten auf den ersten Blick die jeweiligen mitgliedstaatlichen Regelungsinhalte stark voneinander abweichen. Gleichwohl werden diese Unterschiede bereits durch Art. 90 insofern abgemildert, indem mitgliedstaatliche Regelungen notwendig und verhältnismäßig sein müssen, um das Recht auf Schutz der personenbezogenen Daten mit der Pflicht zur Geheimhaltung in Einklang zu bringen.

223 Als Schutzmaßnahme hinsichtlich der von Art. 9 Abs. 2 lit. h insbesondere erfassten Gesundheits- und Sozialdaten nennt Art. 9 Abs. 3 zunächst das **Berufsgeheimnis**. Insofern werden insbesondere Fallkonstellationen von Art. 9 Abs. 3 erfasst, in denen die Daten von Fachpersonal, das einem Berufsgeheimnis unterliegt, verarbeitet werden. Gleichwohl ist stets entscheidend, dass die verarbeitende Person oder die Person, die die Verarbeitung verantwortet dem Berufsgeheimnis unterliegt. Insofern umfasst der Anwendungsbereich des Art. 9 Abs. 3 nicht nur das Fachpersonal.[352]

224 Diese erste Tatbestandsvariante ist dabei im Zusammenhang mit Art. 90 zu lesen und unterstreicht die Kompetenz der Mitgliedstaaten nationale Regelungen zu erlassen. Insofern ist in Deutschland vor allem **§ 203 StGB** relevant. § 203 Abs. 1 StGB benennt die Berufsgeheimnisträger, wie etwa Ärzte, Psychologen, Notare oder Rechtsanwälte (vgl. dazu §§ 43a Abs. 2 BROA, § 18 BNotO). Darüber hinaus erweitert § 203 Abs. 3 S. 2 StGB den Anwendungsbereich des Berufsgeheimnisses auf alle berufsmäßig tätigen Gehilfen.[353] Darunter fallen etwa Arzthelfer/-innen, aber gegebenenfalls auch Mitarbeiter des administrativen Bereichs einer Arztpraxis. Eine Ergänzung zum

---

348 Vgl. dazu *Laue/Kremer* Das neue Datenschutzrecht in der betrieblichen Praxis, § 2 Rn. 72 sowie *DSK* Kurzpapier Nr. 17 – Besondere Kategorien personenbezogener Daten, S. 3.
349 Auernhammer-*Greve* Art. 9 Rn. 25; Sydow-*Kampert* Art. 9 Rn. 55.
350 Kühling/Buchner-*Weichert* Art. 9 Rn. 138;
351 Auernhammer-*Greve* Art. 9 Rn. 25; Kühling/Buchner-*Weichert* Art. 9 Rn. 138.
352 Sydow-*Kampert* Art. 9 Rn. 56.
353 Vgl. dazu Gierschmann-*Korge* Art. 9 Rn. 41; Kühling/Buchner-*Weichert* Art. 9 Rn. 139.

Besondere Kategorien personenbezogener Daten   Art. 9

Berufsgeheimnis findet sich im Zeugnisverweigerungsrecht aus § 53 StPO.³⁵⁴ Auch das **Sozialgeheimnis** aus § 35 Abs. 1 SGB I stellt ein Berufsgeheimnis i.S.d. Art. 9 Abs. 3 dar, so dass auch Sozialleistungsträger erfasst sind. Dabei erstreckt sich das Sozialgeheimnis auch auf das **Hilfspersonal** und **Auftragsverarbeiter**, vgl. § 80 SGB X.³⁵⁵

Daneben erfasst Art. 9 Abs. 3 auch die Verarbeitung durch eine andere Person, die einer **Geheimhaltungspflicht** unterliegt. Um aber das Geheimhaltungserfordernis nicht lückenhaft auszufüllen ist hierbei davon auszugehen, dass die Geheimhaltungspflicht ein ähnliches Schutzniveau aufweisen muss, wie das der Berufsgeheimnisträger. Insofern stellt die Geheimhaltungspflicht gegenüber den Berufsgeheimnisträgern kein qualitatives Weniger dar.³⁵⁶ Dies ist z.B. bei Rechtsanwälten und dem Schweigepflichten nach § 203 Abs. 1 StGB gegeben. Insofern ergeben sich die Geheimhaltungspflichten unmittelbar aus dem Gesetz.³⁵⁷ Letztlich gewährt die Regelung der Geheimhaltungspflicht einen abschließenden Schutz von Gesundheitsdaten, indem sichergestellt wird, dass nicht nur Berufsgeheimnisträger, sondern im Rahmen eines oftmals arbeitsteiligen Vorgehens auch durch andere Personen ermöglicht werden, die einer entsprechenden Geheimhaltungsverpflichtung unterliegen.³⁵⁸   225

4. Zusätzliche Bedingungen nach Art. 9 Abs. 4. Art. 9 Abs. 4 sieht zusätzliche Bedingungen im Falle der Verarbeitung von biometrischen, genetischen und von Gesundheitsdaten vor.   226

So können die Mitgliedstaaten zusätzliche Bedingungen, einschließlich Beschränkungen, einführen oder aufrechterhalten. Insofern stellt Art. 9 Abs. 4 eine weitere **Öffnungsklausel** dar, die den Mitgliedstaaten eine **Gesetzgebungskompetenz** zugesteht.³⁵⁹   227

Inhaltlich legt Art. 9 Abs. 4 die Kompetenz der Mitgliedstaaten fest, **weitere Beschränkungen oder Bedingungen** sowohl beizubehalten als auch gegebenenfalls neu einzuführen und zu erlassen. Zu beachten ist hierbei, dass die Regelung keineswegs die Ermächtigung der Mitgliedstaaten enthält weitere Ausnahmetatbestände i.S.d. Art. 9 Abs. 2 für die Verarbeitung von biometrischen, genetischen oder Gesundheitsdaten festzulegen. Vielmehr zielt die Regelung des Art. 9 Abs. 4 darauf ab, dass die bereits in Art. 9 enthaltenen Voraussetzungen zur Verarbeitung der o.g. sensiblen Daten zusätzlich verschärft und ausgestaltet werden können. Die DS-GVO legt also insoweit nur einen **Mindeststandard** fest.³⁶⁰ Art. 9 Abs. 4 zielt also darauf ab, das Schutzniveau im Falle der Verarbeitung der genannten sensiblen Daten gegebenenfalls noch weiter zu erhöhen.³⁶¹   228

In praktischer Hinsicht ist somit bedeutsam, dass die nationalen Regelungen eine Anwendung der DS-GVO sperren können. Dies gilt insbesondere dann, wenn diese   229

---

354 Kühling/Buchner-*Weichert* Art. 9 Rn. 139 f.
355 Kühling/Buchner-*Weichert* Art. 9 Rn. 142.
356 Dazu Sydow-*Kampert* Art. 9 Rn. 56; Kühling/Buchner-*Weichert* Art. 9 Rn. 14.
357 Sydow-*Kampert* Art. 9 Rn. 57; Kühling/Buchner-*Weichert* Art. 9 Rn. 13.
358 Gierschmann-*Korge* Art. 9 Rn. 42; Kühling/Buchner-*Weichert* Art. 9 Rn. 13.
359 Vgl. dazu Auernhammer-*Greve* Art. 9 Rn. 26; Gierschmann-*Korge* Art. 9 Rn. 43.
360 Gola-*Schulz* Art. 9 Rn. 48; Ehmann/Selmayr-*Schiff* Art. 9 Rn. 56; Sydow-*Kampert* Art. 9 Rn. 58; Kühling/Buchner-*Weichert* Art. 9 Rn. 15.
361 Ehmann/Selmayr-*Schiff* Art. 9 Rn. 56; Kühling/Buchner-*Weichert* Art. 9 Rn. 15; *Spindler* DB 2016, 937 (944) sowie *Dochow* GesR 2016, 407.

strengere Maßstäbe als die DS-GVO enthalten. So können etwa die Erlaubnistatbestände des Art. 9 Abs. 2 lit. a, sowie c–f infolge dessen verdrängt werden.[362]

230 Gleichwohl legt **ErwG 53 S. 5** einschränkend fest, dass die mitgliedstaatlichen Regelungen nicht den freien Verkehr personenbezogener Daten innerhalb der Union beeinträchtigen dürfen, falls die Regelungen für die grenzüberschreitende Verarbeitung von Daten gelten. Daraus folgt, dass die jeweiligen nationalen Regelungen hinsichtlich ihres Schutzzwecks geeignet, erforderlich und hinsichtlich der Vereinbarkeit mit dem freien Datenverkehr angemessen sein müssen.[363]

231 Im Rahmen der Verarbeitung von **genetischen Daten**[364] finden sich insbesondere im Gendiagnostikgesetz (GenDG) weitere Voraussetzungen, z.B. § 8 Abs. 1 GenDG hinsichtlich des Schriftformerfordernisses. Insofern ist eine ausdrückliche und schriftliche Einwilligung erforderlich. Der Ausnahmetatbestand des Art. 9 Abs. 2 lit. a wird also mangels ausdrücklichen Formerfordernisses von der nationalen Regelung nach Art. 9 Abs. 4 verdrängt. Besondere Anforderungen hinsichtlich genetischer Verfahren finden sich zudem in den §§ 81e–g StPO. Darüber hinaus sind § 3 Embryonenschutzgesetz und § 1598a BGB zur Feststellung der biologischen Vaterschaft zu beachten.

232 Spezifische mitgliedstaatliche Regelungen hinsichtlich der Verarbeitung **biometrischer Daten**[365] finden sich etwa in §§ 4 Abs. 4, 16 Abs. 3 PaßG sowie den §§ 5 Abs. 2, 14 ff. PAuswG. Nach § 4 Abs. 4 PaßG sind etwa die in dem Reisepass gespeicherten Daten durch besondere Sicherungsmaßnahmen gegen Manipulationen zu sichern. § 16 Abs. 3 PaßG enthält besondere Bestimmungen hinsichtlich der Speicherung von Daten und enthält Löschfristen.

233 Für **Gesundheitsdaten**[366] finden sich spezifische Bestimmungen z.B. in den **Sozialgesetzbüchern** (§§ 284 ff. SGB V, 15 Abs. 2 Nr. 9 SGB VII, 67 ff. SGB X, 93 ff. SGB XI), im **BGB** (§§ 630a ff. BGB), im **Infektionsschutzgesetz** (§ 9 InfSchG) oder im **Arzneimittel- und Medizinproduktegesetz** (§§ 62 Abs. 2 AMG sowie § 20 Abs. 1 Nr. 2 MPG).

234 Für die Mitgliedstaaten ist somit die Regelung des Art. 9 Abs. 4 Segen und Fluch zugleich: Zwar erhalten sie durch die Öffnungsklausel nationale Regelungskompetenzen, gleichwohl müssen Rechtsanwender und Verantwortliche nunmehr sorgsam prüfen, ob das Schutzniveau der mitgliedstaatlichen Regelungen oder dasjenige der DS-GVO höher ist. Diese Prüfung entscheidet darüber, welche Norm zur Anwendung gelangt und darüber, ob die datenschutzrechtlichen Anforderungen eingehalten wurden. Dies ist insbesondere vor dem Hintergrund einer möglichen Geldbuße entscheidend. Gerade für international agierende Unternehmen wird dies eine besondere Herausforderung darstellen, da sie eine Vielzahl von Normen miteinander vergleichen müssen, um den Anforderungen des Art. 9 Abs. 4 gerecht zu werden. Daher ist es nicht ausreichend, sich strikt an den Vorgaben des Art. 9 zu orientieren. Vielmehr muss stets die Verzahnung der Regelungen der DS-GVO mit den mitgliedstaatlichen Regelungen beachtet und die jeweiligen Tatbestandsvoraussetzungen der einschlägigen Normen sorgsam geprüft werden.

---

362 Vgl. dazu Sydow-*Kampert* Art. 9 Rn. 59.
363 Ehmann/Selmayr-*Schiff* Art. 9 Rn. 56; Kühling/Buchner-*Weichert* Art. 9 Rn. 15.
364 Vgl. dazu die Kommentierung zu Art. 4 Nr. 13 Rn. 224 ff. sowie Rn. 62 ff. dieses Kapitels.
365 Vgl. dazu die Kommentierung in Art. 4 Nr. 14 Rn. 244 ff. sowie Rn. 72 ff. dieses Kapitels.
366 Vgl. dazu die Kommentierung in Art. 4 Nr. 15 Rn. 257 ff. sowie Rn. 83 ff. dieses Kapitels.

5. Bezüge zum BDSG n.F. – a) Kommentierung zu § 27 BDSG n.F. – Datenverarbeitung zu wissenschaftlichen oder historischen Forschungszwecken und zu statistischen Zwecken. § 27 BDSG n.F. macht von der Öffnungsklausel des Art. 9 Abs. 2 lit. j Gebrauch. 235

Nach § 27 Abs. 1 BDSG n.F. ist die Verarbeitung sensibler Daten nach Art. 9 Abs. 1 auch ohne Einwilligung für wissenschaftliche oder historische Forschungszwecke oder für statistische Zwecke zulässig, wenn die Verarbeitung für diese Zwecke erforderlich ist und die Interessen des Verantwortlichen an der Verarbeitung die Interessen der betroffenen Person an einem Ausschluss der Verarbeitung erheblich überwiegen. 236

§ 27 BDSG n.F. schafft demnach eine zusätzliche Regelung zu Art. 9 Abs. 2 lit. j auf nationaler Ebene. 237

§ 27 BDSG n.F. ist dabei § 28 Abs. 6 Nr. 4 BDSG a.F. nachempfunden. 238

Die Vorschrift gilt für die öffentliche und private Forschung durch öffentliche und nichtöffentliche Stellen.[367]

Die Verarbeitung nach **§ 27 Abs. 1 BDSG n.F.** gilt **ausschließlich** für sensible Daten i.S.d. Art. 9 Abs. 1.[368] Die Verarbeitung von nicht unter Art. 9 Abs. 1 fallenden Daten richtet sich entweder unmittelbar nach der DS-GVO (insbesondere Art. 6 Abs. 1) oder nach im Einklang mit der Verordnung erlassenen Rechtsgrundlagen des Unions- oder nationalen Gesetzgebers.[369] 239

Für die **Weiterverarbeitung** von personenbezogenen Daten durch öffentliche und nichtöffentliche Stellen gilt insoweit: Nach Art. 5 Abs. 1 lit. b können personenbezogene Daten zu wissenschaftlichen oder historischen Forschungszwecken wegen ihrer Kompatibilität weiterverarbeitet werden. Der Verantwortliche kann sich also erneut auf die Rechtsgrundlage stützen, die bereits für die Erstverarbeitung galt. Dies trifft auch auf die Weiterverarbeitung sensibler Daten zu, für die § 27 Abs. 1 BDSG n.F. als Ausnahmetatbestand von dem Verbotsgrundsatz des Art. 9 Abs. 1 gilt.[370] Die §§ 23, 24 BDSG n.F. finden insoweit keine Anwendung[371] 240

§ 27 Abs. 1 BDSG n.F. trägt damit praktischen Bedürfnissen Rechnung: Ein Anwendungsfall kann bspw. in der **Sozialforschung** liegen, wenn sensible Daten von Behörden an Forschungseinrichtungen übermittelt werden. Diese Daten können dann bei Vorliegen der Voraussetzungen von § 27 Abs. 1 BDSG n.F., ohne separate Einwilligungserklärung der betroffenen Personen, unmittelbar zu Forschungszwecken genutzt werden. Zu beachten ist stets, dass die Datenverarbeitung zu den in § 27 Abs. 1 BDSG genannten Zwecken **erforderlich** sein muss.[372] Ausreichend ist dafür, dass die Datenverarbeitung notwendig ist, um die Zweckerreichung zumindest zu fördern. Dass der Zweck auch erreicht wird oder dass das Forschungsvorhaben rea- 241

---

367 BT-Drucks. 18/11325, S. 99.
368 BT-Drucks. 18/11325, S. 99; Gierschmann-*Korge* Art. 9 Rn. 50; *Piltz* BDSG, § 27 Rn. 6.
369 BT-Drucks. 18/11325, S. 99.
370 Dazu auch *Piltz* BDSG, § 27 Rn. 1.
371 BT-Drucks. 18/11325, S. 99; Gierschmann-*Korge* Art. 9 Rn. 50.
372 *Piltz* BDSG, § 27 Rn. 11.

lisiert wird, ist demgegenüber nicht erforderlich.[373] Vor diesem Hintergrund ist eine **Interessenabwägung** erforderlich, die zeigt, dass die Interessen des Verantwortlichen an der Datenverarbeitung die Interessen der betroffenen Person am Ausschluss dieser **erheblich überwiegen**.[374] Für die Praxis dürfte es schwierig sein belastbare Parameter zu entwickeln, mittels derer sich ein erhebliches Überwiegen feststellen ließe.[375] Indizien können etwa das besondere Forschungsinteresse oder die herausragende Bedeutung des Forschungsvorhabens für eine Vielzahl von Menschen sein.[376] Jedenfalls trifft den Verantwortlichen nach Art. 5 Abs. 2 eine Pflicht zur Dokumentation der Abwägungsentscheidung.

242 Ein weiteres Anwendungsfeld liegt zudem etwa in der **biomedizinischen Forschung** und zwar etwa dann, wenn aus technischen oder organisatorischen Gründen eine Einwilligung des Betroffenen nicht möglich ist. Dies ist etwa beim Umgang mit genetischen Daten und Biomaterialproben, die gerade nicht auf der Grundlage einer Einwilligungserklärung erhoben wurden, der Fall. Hier kann die Einholung einer nachträglichen Einwilligungserklärung ausgeschlossen sein, weil die Identität der betroffenen Person nicht mehr ermittelt werden kann.[377]

243 Insofern ist für Fälle, bei denen eine Einwilligung als Erlaubnistatbestand ausscheidet, eine gesetzliche Grundlage für Tätigkeiten im o.g. Sinne unerlässlich, die dabei zugleich eine Abwägung aller relevanten Interessen ermöglicht. Dies bedeutet freilich nicht, dass es dem Verantwortlichen nicht freisteht für die Verarbeitung sensibler Daten eine entsprechend den Anforderungen nach Art. 9 Abs. 2 lit. a wirksame Einwilligung der betroffenen Person einzuholen, die ihm die Datenverarbeitung i.S.d. in § 27 Abs. 1 BDSG genannten Zwecke gestattet.[378] Hierbei sind entsprechend ErwG 33 und den Empfehlungen der DEK die Erleichterungen bei der Verarbeitung sensibler Daten zu Forschungszwecken zu beachten. Vgl. dazu Rn. 126 sowie die Kommentierung zu Art. 89 Rn. 21 ff.[379]

244 Zur Umsetzung der Schutzmaßnahmen entsprechend § 27 Abs. 1 S. 2 wird wieder auf die konkretisierenden technisch organisatorischen Maßnahmen in § 22 BDSG verwiesen. § 22 Abs. 2 BDSG sieht dabei für wissenschaftliche und historische Forschungszwecke die Anonymisierung und getrennte Datenspeicherung vor.

245 **§ 27 Abs. 2 S. 1 BDSG n.F.** macht von der Öffnungsklausel des Art. 89 Abs. 2 Gebrauch und schränkt die Rechte nach den Art. 15, 16, 18 und 21 ein.[380] Insofern soll die Regelung die Durchführung von Forschungsvorhaben erleichtern und Forschungsprojekte ohne Einschränkungen ermöglichen.[381] Vgl. zu § 27 Abs. 2 BDSG auch die Kommentierung im Rahmen von Art. 89 Rn. 51 und 55 ff.

---

373 *Piltz* BDSG, § 27 Rn. 11.
374 *Piltz* BDSG, § 27 Rn. 12 f.
375 *Piltz* BDSG, § 27 Rn. 13.
376 *Piltz* BDSG, § 27 Rn. 15.
377 Vgl. zu den Beispielen die Stellungnahme der *Deutschen Wissenschaft* im Rahmen der öffentlichen Anhörung im Bundestag v. 27.3.2017 zum DSAnpUG, S. 5.
378 *Piltz* BDSG § 27 Rn. 7 f.
379 Dazu auch *Piltz* BDSG § 27 Rn. 7 f.
380 BT-Drucks. 18/11325, S. 99.
381 BT-Drucks. 18/11325, S. 99; Gierschmann-*Korge* Art. 9 Rn. 51.

So sollen etwa Fälle verhindert werden, in denen Datenverarbeitungen zu Forschungs- oder Statistikzwecken dadurch unmöglich werden, dass die zuständige Ethikkommission zum Schutz der betroffenen Person eine Durchführung des Projekts untersagt.[382] Insofern ist zu beachten, dass § 27 Abs. 2 S. 1 BDSG die Betroffenenrechte nicht ausschließt, sondern nur insoweit einschränkt, wie die Geltendmachung dieser Rechte die Verwirklichung der mit der Datenverarbeitung verfolgten Zwecke voraussichtlich unmöglich machen oder ernsthaft beeinträchtigen und die Einschränkungen für die Zweckerreichung notwendig sind.[383] Das „voraussichtlich" zeigt, dass der Verantwortliche u.U. eine Prognoseentscheidung treffen muss. Dies macht eine Prüfung der Umstände im konkreten Einzelfall bzw. in Bezug auf das jeweilige Forschungsvorhaben notwendig.[384]

246

Darüber hinaus schränkt **§ 27 Abs. 2 S. 2 BDSG n.F.** in Anlehnung an § 33 Abs. 2 S. 1 Nr. 5 i.V.m. § 34 Abs. 7 sowie § 19a Abs. 2 Nr. 2 BDSG a.F. das Auskunftsrecht für die Fälle unverhältnismäßigen Aufwands unter Ausnutzung der Öffnungsklausel des Art. 23 Abs. 1 lit. i ein. Das kann bspw. dann der Fall sein, wenn ein Forschungsvorhaben mit besonders großen Datenmengen arbeitet. Die Einschränkung der Betroffenenrechte in Abs. 2 gilt für alle Kategorien personenbezogener Daten.[385] Unklar bleibt für den Rechtsanwender allerdings, welche Kriterien zur Einschränkung der Betroffenenrechte heranzuziehen sind. Insofern ist auf § 630g Abs. 1 BGB hinzuweisen, der bereits heute die Einschränkung der Betroffenenrechte bei der Einsichtnahme in die Patientenakte vorsieht. Dies kann zumindest in der Praxis als Leitlinie dienen und Maßstäbe für einen Ausschluss der Betroffenenrechte setzen.[386] Vgl. zu § 27 Abs. 2 S. 2 BDSG auch die Kommentierung im Rahmen von Art. 89 Rn. 56.

247

§ 27 Abs. 3 und 4 BDSG n.F. sind § 40 Abs. 2 und 3 BDSG a.F. entlehnt. Nach § 27 Abs. 3 sind ergänzend zu den Maßnahmen nach § 22 Abs. 2 die verarbeiteten sensiblen Daten zu anonymisieren, sobald dies nach dem Forschungs- oder Statistikzweck möglich ist, es sei denn, berechtigte Interessen der betroffenen Person stehen dem entgegen. Bis dahin sind nach § 27 Abs. 3 S. 2 die Einzelangaben, die die Herstellung eines Personenbezugs ermöglichen getrennt von den sonstigen Inhaltsdaten zu speichern. Die Formulierung erinnert an eine Pseudonymisierung entsprechend Art. 4 Nr. 5, Art. 25, 32, ausreichend ist aber wohl bereits die „logische Trennung"[387] der Informationen, so dass eine Zuordnung nicht unmittelbar möglich ist.

248

§ 27 Abs. 4 BDSG statuiert, dass eine Veröffentlichung personenbezogener Daten nur mit Einwilligung der betroffenen Person möglich ist oder dies für die Darstellung von Forschungsergebnissen über Ereignisse der Zeitgeschichte unerlässlich ist. Hierbei ist zunächst zu bemerken, dass die Veröffentlichung der personenbezogenen Daten der Einwilligung bedarf, nicht die Forschungsergebnisse als solche.[388]

249

---

382 BT-Drucks. 18/11325, S. 99.
383 Vgl. dazu auch *Piltz* BDSG § 27 Rn. 22.
384 Dazu *Piltz* BDSG, § 27 Rn. 23 ff.
385 BT-Drucks. 18/11325, S. 99.
386 Stellungnahme der *Deutschen Wissenschaft* im Rahmen der öffentlichen Anhörung im Bundestag v. 27.3.2017 zum DSAnpUG, S. 6.
387 *Piltz* BDSG, § 27 Rn. 37.
388 *Piltz* BDSG, § 27 Rn. 41.

Was unter „Ereignissen der Zeitgeschichte" zu verstehen ist, bleibt unklar.[389] Zu denken ist etwa an den Ausbruch einer seltenen, aber gefährlichen Krankheit zur Entwicklung von Medikamenten oder zur Verhinderung einer Pandemie. Dazu auch Kommentierung im Rahmen von Art. 89 Rn. 57.

250 **b) Kommentierung zu § 28 BDSG n.F. – Datenverarbeitung zu im öffentlichen Interesse liegenden Archivzwecken. § 28 BDSG n.F.** regelt die Datenverarbeitung zu im öffentlichen Interesse liegenden Archivzwecken durch öffentliche und nichtöffentliche Stellen. In inhaltlicher Hinsicht erstreckt sich der Anwendungsbereich der Vorschrift sowohl auf öffentliches als auch privates Archivgut.[390] Ausführlich dazu vgl. auch Art. 89 Rn. 15 f.

251 § 28 Abs. 1 BDSG n.F. gilt nur für die Verarbeitung sensibler Daten im Sinne des Art. 9 Abs. 1. Die Verarbeitung von personenbezogenen Daten, die unter Art. 6 fallen, richtet sich daher nach den Vorgaben der DS-GVO oder nach den sonstigen Rechtsgrundlagen im europäischen oder mitgliedstaatlichen Recht,[391] etwa nach dem Bundesarchivgesetz (BArchG). Da aber § 28 BDSG im Gegensatz zum BArchG hinsichtlich des Datenschutzes spezieller ist, ist von einer parallelen Anwendbarkeit auszugehen. Das BDSG wird insoweit nicht vom BArchG nach § 1 Abs. 2 BDSG verdrängt. Zum Zusammenspiel von DS-GVO mit den Archivgesetzen vgl. Art. 89 Rn. 19.

252 Mit § 28 Abs. 1 BDSG n.F. wird von der Öffnungsklausel aus Art. 9 Abs. 2 lit. j Gebrauch gemacht und damit auf nationaler Ebene eine Ausgestaltung des Ausnahmetatbestandes vorgenommen.

253 Der Verweis in § 28 Abs. 1 BDSG n.F. auf den Beispielskatalog des § 22 Abs. 2 S. 2 BDSG n.F. hat nicht zur Folge, dass die Anwendung mindestens einer genannten Maßnahme bei der Verarbeitung sensibler Daten zu im öffentlichen Interesse liegenden Archivzwecken zwingend ist. Vielmehr können auch andere angemessene und spezifische Maßnahmen getroffen werden.[392]

254 Für die Weiterverarbeitung von sensiblen Daten gilt: Nach Art. 5 Abs. 1 lit. b ist eine Weiterverarbeitung zu im öffentlichen Interesse liegenden Archivzwecken mit dem ursprünglichen Verarbeitungszweck kompatibel. Daher kann sich der Verantwortliche hinsichtlich der Rechtsgrundlage für die Weiterverarbeitung auf die Rechtsgrundlage stützen, die bereits für die Erstverarbeitung galt. §§ 23, 24 und 25 BDSG n.F. finden dann keine Anwendung. Will der Verantwortliche aber sensible Daten weiterverarbeiten, benötigt er nicht nur eine Rechtsgrundlage, sondern auch einen Ausnahmetatbestand von dem Verbot des Art. 9 Abs. 1. Er muss mithin auch bei der Weiterverarbeitung § 28 Abs. 1 BDSG n.F. beachten.[393] Für die Praxis bleibt daher festzuhalten, dass verantwortliche Stellen, die sensible Daten verarbeiten oder verarbeitet haben und etwa den Verarbeitungszweck erreicht haben, nicht unmittelbar zur Löschung der Daten verpflichtet sind. Vielmehr bleibt im Rahmen der Privilegierung durch Art. 5 Abs. 1 lit. b und unter den Voraussetzungen von

---

[389] Übereinstimmend *Piltz* BDSG, § 27 Rn. 42 f.
[390] BT-Drucks. 18/11325, S. 100.
[391] *Piltz* BDSG, § 28 Rn. 6.
[392] BT-Drucks. 18/11325, S. 100.
[393] BT-Drucks. 18/11325, S. 100.

Art. 89 und § 28 BDSG eine Weiterverarbeitung zu im öffentlichen Interesse liegenden Archivzwecken möglich, ggf. sogar erforderlich. Die Anbietungspflicht des BArchG wird also nicht durch eine datenschutzrechtliche Löschpflicht nach § 6 Abs. 2 BArchG aufgelöst. Vielmehr gelten hinsichtlich der Anbietungspflicht weiterhin die Vorgaben des BArchG. Vgl. dazu auch Art. 5 Rn. 73 sowie Art. 89 Rn. 19.

Was unter „Archivzwecken" zu verstehen ist, wird weder in der DS-GVO noch im BDSG näher bestimmt. Gleichwohl können ErwG 158 sowie die Begriffsbestimmungen aus § 1 BArchG beispielhaft zur Begriffsbestimmung herangezogen werden.[394] Dazu auch Art. 89 Rn. 15 f. 255

In § 28 Abs. 2 bis 4 BDSG n.F. werden i.S.d. Öffnungsklausel des Art. 89 Abs. 3 die Rechte gem. der Art. 15, 16, 18, 20 und 21 eingeschränkt (vgl. dazu Art. 89 Rn. 47 und 58 ff.). Insofern gelten an dieser Stelle die Ausführungen zu § 27 Abs. 2 S. 1 BDSG n.F. sinngemäß. Im Hinblick auf § 28 Abs. 2 BDSG ist von einer archivischen Erschließung auszugehen, wenn die Ordnung und Verzeichnung des Archivgutes nicht anhand des Namens, sondern mittels eines anderen Merkmals erfolgt.[395] Die Beschränkung des Auskunftsrechts beschränkt sich daher auf Fälle, in denen das Archivgut keine Angabe zum Namen der betroffenen Person macht oder das Archivgut mithilfe des Namens nicht ohne unvertretbaren Aufwand ausfindig gemacht werden kann.[396] Die Beurteilung richtet sich dabei nach den Umständen des jeweiligen Einzelfalls. 256

Artikel 10   Verarbeitung von personenbezogenen Daten über strafrechtliche Verurteilungen und Straftaten

¹Die Verarbeitung personenbezogener Daten über strafrechtliche Verurteilungen und Straftaten oder damit zusammenhängende Sicherungsmaßregeln aufgrund von Artikel 6 Absatz 1 darf nur unter behördlicher Aufsicht vorgenommen werden oder wenn dies nach dem Unionsrecht oder dem Recht der Mitgliedstaaten, das geeignete Garantien für die Rechte und Freiheiten der betroffenen Personen vorsieht, zulässig ist. ²Ein umfassendes Register der strafrechtlichen Verurteilungen darf nur unter behördlicher Aufsicht geführt werden.

Übersicht

	Rn		Rn
A. Einordnung und Hintergrund	1	1. Behördliche Aufsicht	4
B. Kommentierung	3	2. Regulierung	5
I. Daten zur strafrechtlichen		3. Register	10
Verurteilung und Straftaten	3	C. Praxishinweis – Relevanz	12
II. Erlaubnistatbestände	4	D. Sanktionen	14

A. Einordnung und Hintergrund

Die Zulässigkeit der Verarbeitung personenbezogener Daten über strafrechtliche Verurteilungen basiert auf Art. 8 der Europäischen Datenschutzkonvention 108, die per- 1

---

394 Dazu auch *Piltz* BDSG, § 28 Rn. 7.
395 *Piltz* BDSG, § 28 Rn. 17.
396 Dazu auch *Piltz* BDSG, § 28 Rn. 17 f.

sonenbezogene Daten über Strafurteile unter besonderen Schutz stellt. Bereits die EU-Datenschutzrichtlinie (DSRL) 95/46/EG hatte in Art. 8 Abs. 5 formale Regelungen hinsichtlich der Verarbeitung von Daten über Straftaten, strafrechtliche Verurteilungen und Sicherungsmaßregeln. Im Vergleich zu Art. 10 ist festzustellen, dass dieser nicht die Ausnahme aus Art. 8 Abs. 5 S. 1 letzter Hs. DSRL enthält, wonach es möglich war vom Grundsatz der behördlichen Aufsicht durch eine behördliche Entscheidung abzuweichen.[1] Diese Daten waren nicht in § 3 Abs. 9 BDSG a.F. als besonderer Art personenbezogener Daten erfasst, gleichwohl ist die Verarbeitung von Daten über strafrechtliche Verurteilungen und Straftaten für die betroffenen Personen i.d.R. als höchst sensibel einzustufen. Dieser Sensibilität wurde in der Rechtsprechung, bspw. bei der Frage nach der Speicherdauer über Straftaten in Pressearchiven[2], Ausdruck verliehen. Ebenso findet sich im deutschen Recht mit dem Bundeszentralregistergesetz (BZRG) eine Spezialregelung für die Speicherung von strafrechtlichen Verurteilungen und Straftaten.[3] Das Bundeszentralregister wird nach § 1 Abs. 1 BZRG durch das Bundesamt für Justiz geführt.

2 Nicht zum Anwendungsbereich des Art. 10 gehören Register oder Datenbanken der „zuständigen Behörden zum Zwecke der Verhütung, Ermittlung, Aufdeckung oder Verfolgung von Straftaten oder der Strafvollstreckung, einschließlich des Schutzes vor und der Abwehr von Gefahren für die öffentliche Sicherheit". Diese Daten unterfallen der Richtlinie (EU) 2016/680, der sogenannten Polizei- oder auch JI-Richtlinie. Die zuständigen Behörden sind in Art. 3 Nr. 7 der JI-Richtlinie definiert und umfassen primär die Behörden der Strafjustiz wie Staatsanwaltschaften, Polizei und Justizvollzugsbehörden aber auch sonstige Stellen oder Einrichtungen, denen die Ausübung öffentlicher Gewalt und hoheitliche Befugnisse im Zusammenhang mit Strafjustiz übertragen wurde.[4] Gemäß ErwG 11 der JI-Richtlinie unterfallen auch Auftragsverarbeiter den Regelungen der JI-Richtlinie, wenn durch diese personenbezogene Daten in ihrem Anwendungsbereich verarbeitet werden.

B. Kommentierung

I. Daten zur strafrechtlichen Verurteilung und Straftaten

3 Satz 1 erfasst drei Sachverhalte: Strafrechtliche Verurteilungen, Straftaten und Sicherungsmaßregeln. Die Begriffe „strafrechtliche Verurteilungen" und „Sicherungsmaßregeln" sorgen in der Literatur weniger für Diskussion als der Begriff der „Straftat". Im Allgemeinen versteht man unter einer strafrechtlichen Verurteilung die staatliche, verbindlich wertende, Feststellung einer Normverletzung.[5] Sicherungsmaßregeln umfassen Maßnahmen gegen Straftäter, welche allerdings keine Strafe im eigentlichen Sinne darstellen, bspw. bei Feststellung der Schuldunfähigkeit aber gleichzeitig unmittelbar vom Täter ausgehender Gefahr.[6] Aufgrund der mangelnden strafrechtlichen Harmonisierung gehen die Meinungen bei der Frage auseinander, ob auch Ordnungswidrigkeiten nach dem Ordnungswidrigkeitengesetz unter den Begriff der „Straftat"

---

1 Ehmann/Selmayr-*Schiff* Art. 10 Rn. 2.
2 *BGH* v. 16.2.2016 – VI ZR 367/15, RDV 2016, 144.
3 Gola-*Gola* Art. 10 Rn. 2.
4 Simitis/Hornung/Spiecker gen. Döhmann-*Petri* Art. 10 Rn. 7.
5 Taeger/Gabel-*Nolde* Art. 10 Rn. 6.
6 Paal/Pauly-*Frenzel* Art. 10 Rn. 5.

zu subsumieren sind. Vertreter der Ansicht, dass auch Ordnungswidrigkeiten unter den Begriff fallen, argumentieren mit der europäischen Auslegung des Straftatenbegriffs. So lege der EuGH die EGMR-Rechtsprechung und die sog. „Engel-Kriterien" seiner Beurteilung zugrunde. Danach hat der EGMR deutsche Ordnungswidrigkeiten in aller Regel als Straftat eingeordnet.[7] Vertreter der gegenteiligen Auffassung legen den Begriff „Straftat" nach dem jeweiligen nationalen Recht aus und stützen sich dabei auf den Wortlaut des Art. 10.[8] Der bloße Verdacht einer Straftat fällt nach dem Wortlaut jedenfalls nicht unter Art. 10. Die DS-GVO will die Aufklärung des Verdachts von Straftaten oder deren Prävention nicht verbieten. So verweist ErwG 47 S. 6 darauf, dass die Datenverarbeitung zur Verhinderung von Betrug im Rahmen der Interessenabwägung des Art. 6 Abs. 1 lit. f. legitim ist und ermöglicht damit grundsätzlich die Verarbeitung für Zwecke der Compliance und der Internal Investigations.[9] Fraglich ist dabei nur, ob damit auch unternehmensinterne Register zur Dokumentation und zum Nachweis ausgesprochener Hausverboten legitimiert werden können. Hervorgerufen wird dieses Interesse der Unternehmen durch die vermehrt stattfindende organisierte Diebstahlkriminalität, bspw. in Filialen des Einzelhandels. Folgt man dem Wortlaut des Art. 10 und den Ausführungen in den Erwägungsgründen, so scheint dies dann zulässig zu sein, wenn lediglich die Erteilung eines Hausverbotes und der im Raum stehende erhärtete Verdacht dokumentiert werden. In den Anwendungsbereich des Art. 10 käme demnach nur, wenn man strafrechtliche Verurteilungen oder Straftaten verarbeiten würde. Grundsätzlich kann Unternehmen ein anerkennenswertes berechtigtes Interesse daran zugesprochen werden, den Verdacht gegen sie begangene Delikte zu dokumentieren, entsprechende Hausverbote auszusprechen und diese auch durchzusetzen. Für diese speziellen Fallgestaltungen hat es der nationale Gesetzgeber allerdings versäumt, eine belastbarere Rechtsgrundlage für die entsprechenden Datenverarbeitungen zu schaffen.

II. Erlaubnistatbestände

1. Behördliche Aufsicht. Unter einer behördlichen Aufsicht ist eine regulierte Fach- und Rechtsaufsicht zu verstehen. Das Verwaltungsverfahrensgesetz (VwVfG) definiert in § 1 Abs. 4 eine Behörde als „jede Stelle, die Aufgaben der öffentlichen Verwaltung wahrnimmt". Jedoch muss die Behörde nicht selbst die Verarbeitung vornehmen, sie führt lediglich explizit Aufsicht über die Verarbeitung der Daten nach Art. 10. Eine allgemeine Aufsicht aufgrund der Tätigkeit eines Unternehmens, bspw. Gewerbe oder Bankenaufsicht, ist deshalb unzureichend. Die Befugnis der Behörde muss sich konkret darauf beziehen, auch Maßnahmen gegen den Verantwortlichen anordnen und die Verarbeitungstätigkeiten überwachen zu können.[10] Geeignete Garantien werden für die behördliche Aufsicht in Art. 10 nicht gefordert; jedoch werden mit Blick auf die Sensibilität der Daten die Anforderungen an den technisch-organisatorischen Datenschutz nach Art. 25 hoch sein müssen.

4

---

7 Simitis/Hornung/Spiecker gen. Döhmann-*Petri* Art. 10 Rn. 13, BeckOK DatenSR-*Bäcker* Art. 10 Rn. 1.
8 Sydow-*Kampert* Art. 10 Rn. 4; Ehmann/Selmayr-*Schiff* Art. 10 Rn. 4.
9 Gola-*Gola* Art. 10 Rn. 5; *Wybitul* ZD 2016, 105 f.
10 Sydow-*Kampert* Art. 10 Rn. 5.

2. Regulierung. Die Verarbeitung strafrechtlich Daten ist gem. Art. 10 S. 1 Hs. 2 auch nach nationalem Recht zulässig, wenn dieses geeignete Garantien für die Rechte und Freiheiten der betroffenen Person vorsieht.

Mit den Regelung zum Recht des Arbeitgebers gem. § 26 Abs. 1 BDSG, insb. Straftaten im Beschäftigungsverhältnis aufzuklären, setzt der Gesetzgeber die Anforderungen des Art. 10 um.[11] § 26 Abs. 5 BDSG mit der Maßgabe geeignete Maßnahmen zur Wahrung der Grundrechte und Interessen der Beschäftigten zu ergreifen, entspricht dem Erfordernis aus Art. 10 S. 1 geeignete Garantien für die Rechte und Freiheiten der Betroffenen zu schaffen.[12]

Auch ein **Fragerecht des Arbeitgebers** nach einschlägigen **Vorstrafen** des Bewerbers oder Mitarbeiters soll nach der Gesetzesbegründung[13] gem. § 26 Abs. 1 S. 1 BDSG zulässig sein, da insoweit Art. 10 umgesetzt werde. Die Forderung nach geeigneten Garantien in Art. 10 sei überdies durch die Verpflichtung zu geeigneten Maßnahmen bei der Beschäftigtendatenverarbeitung durch die Plicht zur Umsetzung der Grundsätze nach Art. 5 nach § 26 Abs. 5 erfüllt worden.[14]

Eine explizit das Arbeitsverhältnis erfassende Erlaubnisvorschrift findet sich in § 30a BZRG. Dieser befasst sich mit dem Recht eines Antragstellers auf Erteilung eines erweiterten Führungszeugnisses. Konkret sieht es § 30a Abs. 1 Nr. 2 lit. a für die „berufliche oder ehrenamtliche Beaufsichtigung, Betreuung, Erziehung oder Ausbildung Minderjähriger" und lit. b für Tätigkeiten, ähnlich wie in lit. a, vor, die geeignet sind, Kontakt zu Minderjährigen aufzunehmen. Ebenso finden sich in den Vorschriften der Sozialgesetzbücher (SGB) diesbezügliche Regelungen; so dürfen nach § 72a SGB VIII Träger der öffentlichen Jugendhilfe für die Wahrnehmung ihrer Aufgaben in der Kinder- und Jugendhilfe keine Person beschäftigen oder vermitteln, welche rechtskräftig wegen Straftaten gegenüber Kindern nach den §§ 171, 174 bis 174c, 176 bis 180a, 181a, 182 bis 184g, 184i, 201a Abs. 3, den §§ 225, 232 bis 233a, 234, 235 oder 236 StGB verurteilt worden sind. Ein vergleichbares Beschäftigungsverbot enthält auch § 25 Jugendarbeitsschutzgesetz (JArbSchG) für Personen, die Jugendliche ausbilden, die noch nicht 18 Jahre alt sind. Eine Information des Arbeitgebers über Straftaten von Bewerbern des Bewachungsgewerbes regelt das in § 34a GewO geregelte Überprüfungsverfahren zur Zuverlässigkeitsfeststellung.[15]

Privatrechtlich geführte Datenbanken, bspw. in Auskunfteien oder in der Versicherungswirtschaft, in denen Informationen über Straftaten und Verurteilungen gespeichert sind, sind als **Warndateien** nur zulässig, wenn das Recht des Mitgliedstaats oder das Unionsrecht eine entsprechende Regelung vorsieht und diese Regelung geeignete Garantien enthält.[16]

---

11 BT-Drucks. 18/11325, S. 97.
12 BT-Drucks. 18/11325, S. 98.
13 BT-Drucks. 18/11325, S. 97.
14 A.A. Gola-*Gola* Art. 10 Rn. 13, der eine konkrete Eingriffsnorm verlangt.
15 Gola-*Gola* Art. 10 Rn 15.
16 Kühling/Buchner-*Weichert* Art. 20 Rn. 20; Gola-*Gola* Art. 10 Rn. 12; Simitis/Hornung/Spiecker gen. Döhmann-*Petri* Art. 10 Rn. 27.

3. Register. Für umfassende **Register** über strafrechtliche Verurteilungen gibt es nach 10
Art. 10 S. 2 keine Öffnungsklausel. Solche Register dürfen ausschließlich unter
behördlicher Aufsicht geführt werden. In Deutschland wird ein solches Register gem.
§ 1 Abs. 1 BZRG beim Bundesamt für Justiz in Form des Bundeszentralregisters
geführt. Der Inhalt richtet sich nach § 3 BZRG. Dadurch, dass das Gesetz geeignete
Garantien in Form von Auskunftsrechten und Tilgungsfristen beinhaltet[17] und das
Register nicht nur von einer Behörde beaufsichtigt, sondern auch durch diese geführt
wird, sind die Anforderungen des Art. 10 mehr als erfüllt.[18] Die auf Landesebene eingeführten bereichsspezifischen Korruptionsregister und das unter dem neuen Wettbewerbsgesetz entstehende bundesweite Wettbewerbsregister werden hoheitlich und
unter staatlicher Aufsicht geführt[19], dass diese Register allerdings unter den Anwendungsbereich des Art. 10 fallen, kann bezweifelt werden, denn die Eintragungsvoraussetzungen sind sehr beschränkt und deliktspezifisch.[20]

Als **umfassend** kann ein Register angesehen werden, wenn es alle einer konkreten 11
natürlichen Person betreffenden strafrechtlichen Verurteilungen zusammenträgt. Eine
behördliche Aufsicht ist unbestreitbar notwendig, da die Einsichtnahme in ein solches
Register für den Betroffenen zu erheblichen wirtschaftlichen, sozialen und auch beruflichen Nachteilen führt.[21]

C. Praxishinweis – Relevanz

Für Arbeitgeber ergeben sind durch die Vorgaben des Art. 10 keine Änderungen an 12
den ehedem sehr restriktiven Zulässigkeitsvoraussetzungen zur Verarbeitung von
Daten über Straftaten von Beschäftigten.

Für Auskunfteien mit strafrechtrelevanten Daten müssen Verfahren einer behördli- 13
chen Aufsicht geschaffen werden.

D. Sanktionen

Ein Verstoß gegen Art. 10 ist gem. Art. 83 Abs. 5 lit. a mit dem höheren Bußgeld in 14
Höhe von bis zu 20 Millionen EUR oder 4 % des weltweiten Jahresumsatzes bedroht.
Über den Grundsatz der Rechtmäßigkeit in Art. 5 Abs. 1 sind auch Verstöße gegen
§ 26 BDSG und spezialgesetzlicherer Regelungen gem. Art. 83 Abs. 5 lit. a bußgeldbewährt. Erfolgt eine unrechtmäßige Verarbeitung von Daten über Straftaten, so kann
dies haftungsrechtliche Folgen gem. Art. 82, inkl. Ausgleichsansprüche immaterielle
Schäden betreffend, auslösen.[22]

---

17 Gola-*Gola* Art. 10 Rn. 10.
18 Taeger/Gabel-*Nolde* Art. 10 Rn. 17.
19 Kühling Buchner-*Weichert* Art. 10 Rn. 18 f.
20 Taeger/Gabel-*Nolde* Art. 10 Rn. 18.
21 Sydow-*Kampert* Art. 10 Rn. 7; a.A. Ehmann/Selmayr-*Schiff* Art. 10 Rn. 9 der als umfassend
    auch bereichsspezifisch beschränkte Registrierung mit größtmöglicher Vollständigkeit
    ansieht.
22 Gola-*Gola* Art. 10 Rn. 16.

Art. 11 Identifizierung der betroffenen Person nicht erforderlich

Artikel 11 Verarbeitung, für die eine Identifizierung der betroffenen Person nicht erforderlich ist

(1) Ist für die Zwecke, für die ein Verantwortlicher personenbezogene Daten verarbeitet, die Identifizierung der betroffenen Person durch den Verantwortlichen nicht oder nicht mehr erforderlich, so ist dieser nicht verpflichtet, zur bloßen Einhaltung dieser Verordnung zusätzliche Informationen aufzubewahren, einzuholen oder zu verarbeiten, um die betroffene Person zu identifizieren.

(2) ¹Kann der Verantwortliche in Fällen gemäß Absatz 1 des vorliegenden Artikels nachweisen, dass er nicht in der Lage ist, die betroffene Person zu identifizieren, so unterrichtet er die betroffene Person hierüber, sofern möglich. ²In diesen Fällen finden die Artikel 15 bis 20 keine Anwendung, es sei denn, die betroffene Person stellt zur Ausübung ihrer in diesen Artikeln niedergelegten Rechte zusätzliche Informationen bereit, die ihre Identifizierung ermöglichen.

– *ErwG:* 57

Übersicht

	Rn		Rn
A. Einordnung und Hintergrund	1	1. Nachweis- und Unterrichtungspflicht (Abs. 2 S. 1)	12
I. BDSG n.F.	1	a) Nachweispflicht	12
II. Normengenese und -umfeld	2	b) Unterrichtungspflicht	16
1. DSRL	2	aa) Pflicht für den Verantwortlichen	16
2. BDSG a.F.	3		
B. Kommentierung	4	bb) Form der Information	18
I. Allgemeines (Art. 11)	4	cc) Ausnahmen	19
II. Keine Pflicht für die Identifizierung der betroffenen Person (Abs. 1)	5	2. Wahrnehmung von Betroffenenrechten (Abs. 2 S. 2)	20
1. Anwendungsbereich	5	IV. Sanktionen	21
2. Pflichten für den Verantwortlichen	7	C. Praxishinweise	22
		I. Relevanz für nichtöffentliche Stellen	22
3. Auswirkungen auf den Betroffenen	9	II. Relevanz für betroffene Personen	23
4. Informationspflicht bei Bildaufnahmen	11		
III. Rechtsfolgen bei der Nicht-Identifizierung des Betroffenen (Abs. 2)	12	III. Relevanz für Aufsichtsbehörden	24

Literatur: *Albrecht* Das neue EU-Datenschutzrecht – von der Richtlinie zur Verordnung, CR 2016, 88; *Bull* Persönlichkeitsschutz im Internet: Reformeifer mit neuen Ansätzen, NVwZ 2011, 257; *Golland/Kriegesmann* Der Schutz virtueller Identitäten durch die DSGVO, PinG 2017, 45; *Hoeren* Luftverkehr, Check-In und Pass-/Personalausweisdaten, NVwZ 2010, 1123; *Laue/Kremer* Das neue Datenschutzrecht in der betrieblichen Praxis, 2. Aufl. 2019; *Pfitzmann/Hansen* A terminology for talking about privacy by data minimization: Anonymity, Unlinkability, Undetectability, Unobservability, Pseudonymity and Identity Management, Version 0.34, 10.8.2010; *Schwartmann/Weiß* Fokusgruppe Datenschutz, Whitepaper zur Pseudonymisierung, 2017; *dies. (Hrsg.)* Whitepaper zur Pseudonymisierung der Fokusgruppe Datenschutz, 2017; *dies.* Entwurf für einen Code of Conduct zum Einsatz DS-GVO konformer Pseudonymisierung 2019; *dies.* Ein Entwurf für einen Code of Conduct zum Einsatz DS-GVO konformer Pseudonymisierung, RDV 2020, 71.

Identifizierung der betroffenen Person nicht erforderlich Art. 11

A. Einordnung und Hintergrund

I. BDSG n.F.

Das BDSG n.F. nimmt keinen Bezug auf die Vorschrift in der DS-GVO. Eine Konkretisierung im nationalen Recht oder gar die Ausfüllung einer Öffnungsklausel erscheint hier weder geboten noch erforderlich. **1**

II. Normengenese und -umfeld

1. DSRL. Die DSRL enthielt noch keine entsprechende Regelung.[1] **2**

2. BDSG a.F. Das bisherige nationale Recht kennt keine entsprechende Regelung.[2] **3**

B. Kommentierung

I. Allgemeines (Art. 11)

Die Regelung in Art. 11 stellt eine Entsprechung des Grundsatzes der Datenminimierung (Art. 5 Abs. 1 lit. c) im Verhältnis zu den weiteren Regelungen der Grundverordnung dar. Gemäß dem genannten Grundsatz soll die Verarbeitung personenbezogener Daten auf das für die Zwecke der jeweiligen Datenverarbeitung notwendige Maß beschränkt bleiben. Die gebotene Datensparsamkeit soll nach Art. 11 nicht davon konterkariert werden, dass zusätzliche Informationen über die betroffene Person verarbeitet werden, nur um den Vorgaben der DS-GVO Genüge zu leisten. Sofern eine solche Datenverarbeitung für die verfolgten Zwecke nicht erforderlich ist, gilt es sie zu vermeiden. In der Konsequenz kann der Betroffene möglicherweise seine Betroffenenrechte wahrnehmen, da dafür erforderliche Daten – wie sie etwa zur Identifizierung – nötig sind, nicht verarbeitet wurden. In einem solchen Fall kann der Verantwortliche zusätzliche Informationen entgegennehmen, um die geltend gemachten Betroffenenrechte trotz der grundsätzlich geltenden Datenminimierung zu gewährleisten. **4**

II. Keine Pflicht für die Identifizierung der betroffenen Person (Abs. 1)

1. Anwendungsbereich. Personenbezogene Daten sind alle Informationen, die sich auf eine identifizierte oder identifizierbare natürliche Person beziehen (Art. 4 Nr. 1). Hat der Verantwortliche Daten im Sinne des Grundsatzes der Datenminimierung so gespeichert, dass er diese dem Betroffenen nicht mehr zuordnen kann, so ist die betroffene Person jedenfalls nicht mehr eindeutig identifiziert. Gleichwohl verschließt der Wegfall des Personenbezugs nicht den Weg der weiterhin möglichen Identifizierbarkeit. **5**

Typisch und mithin am häufigsten für den Regelungsgegenstand des Art. 11 ist der Fall der Pseudonymisierung.[3] ErwG 26 S. 1 illustriert die von Art. 11 erfasst Konstellation sehr passend, da dort pseudonymisierte Daten mittels der Heranziehung zusätzlicher Informationen als einer natürlichen Person zuordenbar beschrieben werden. **6**

---

1 Vgl. Sydow-*Kampert* Art. 11 Rn. 2; Paal/Pauly-*Frenzel* Art. 11 Rn. 3.
2 Vgl. Gierschmann-*Veil* Art. 11 Rn. 13.
3 Vgl. *Schwartmann/Weiß* Fokusgruppe Datenschutz, Whitepaper zur Pseudonymisierung, 2017, https://www.gdd.de/downloads/whitepaper-zur-pseudonymisierung/view, zuletzt abgerufen am 9.3.2018; vgl. auch Sydow-*Kampert* Art. 11 Rn. 5; Gierschmann-*Veil* Art. 11 Rn. 10; Kühling/Buchner-*Weichert* Art. 11 Rn. 12. A.A. Ehmann/Selmayr-*Klabunde* Art. 11 Rn. 12.

Art. 11   Identifizierung der betroffenen Person nicht erforderlich

7   **2. Pflichten für den Verantwortlichen.** Diese zusätzlichen zur Identifizierung erforderlichen Daten sollen gem. Art. 11 Abs. 1 eben nicht verarbeitet werden, um allein den Vorgaben der DS-GVO Rechnung zu tragen. Dem in Art. 11 Abs. 1 enthaltenen Zweckbindungsgrundsatz nach, sollen diese zur reinen Identifizierung nötigen Daten nur dann aufbewahrt, erhoben oder verarbeitet werden, wenn der Personenbezug für die Zwecke der Datenverarbeitung (weiter) erforderlich ist. Im Umkehrschluss lässt sich konstatieren: Ist die Identifizierung des Betroffenen für die Zwecke, für die ein Verantwortlicher personenbezogene Daten verarbeitet, nicht oder nicht mehr erforderlich ist, entfällt die Erforderlichkeit der Identifizierung und der Verantwortliche muss hierzu keine zusätzlichen Informationen über den Betroffenen verarbeiten.

8   Praktisch erforderlich wird die Identifizierung der betroffenen Person dann, wenn der Verantwortliche in Kontakt mit ihr treten will oder ihre Betroffenenrechte als Erfüllung seiner Rechtspflichten gewährleisten möchte.[4] Im Ergebnis wird der Verantwortliche dann von der (Re-)Identifizierung sowie der Beachtung aller weiteren Vorschriften der DS-GVO, die eine Identifizierung der betroffenen Person erforderlich machen, entbunden, sofern die dazu benötigten Daten nicht vorliegen.[5] Die Einhaltung von Datenschutzvorschriften soll schließlich nicht zum Selbstzweck verkommen.

9   **3. Auswirkungen auf den Betroffenen.** Wenn die Identität für die Zwecke der Datenverarbeitung nicht oder nicht mehr erforderlich ist, werden dafür keine weiteren personenbezogenen Daten der betroffenen Person erhoben. Die Minimierung der Datenverarbeitung stärkt den Einzelnen grundsätzlich in seinem Recht auf informationelle Selbstbestimmung. Vielmehr dient sie ihm mittelbar insofern, dass dessen Identifizierung erschwert wird und Personenbezug zwischen ihm und seinen Daten nicht mehr herstellbar ist. Der materielle Schutz personenbezogener Daten der von der Datenverarbeitung betroffenen Person wird somit gestärkt.

10   Hat der Verantwortliche die betroffene Person nicht identifiziert, so erscheint es zunächst einmal schwierig in Kontakt mit ihr zu treten. Eine Interaktion zur Erfüllung von Pflichten oder Wahrnehmung von Rechten ist damit mindestens erschwert. Gleichwohl ist die Möglichkeit zur Identifizierung nicht zwingend für eine funktionierende Kommunikation erforderlich. So kann auch ein mittelbarer Kontakt, etwa über Dritte, die Bereitstellung der Transparenzinformationen nach Art. 12–14 ermöglichen.[6]

11   **4. Informationspflicht bei Bildaufnahmen.** Für die Fotografie außerhalb des Journalismus hat der Hamburgische Beauftragte für Datenschutz und Informationsfreiheit (HmbBfDI) eine juristische Bewertung abgegeben.[7] Da Bildaufnahmen personenbeziehbare Daten darstellen, bedarf es hierfür i.S.d. Art. 5 Abs. 1 lit. a sowohl der Rechtmäßigkeit als auch der Transparenz. Gerade das Bereitstellen von Informationspflichten wird nahezu unmöglich sein, da dafür regelmäßig erst einmal die Identität der Betroffenen festgestellt werden müsste. Die Informationspflicht darf nach Auffassung des HmbBfDI auf Grundlage des Art. 11 Abs. 1 entfallen, wenn der Verantwortliche

---

4   Theoretisch kann die Identität einer betroffenen Person für die Umsetzung praktisch sämtlicher Regeln der DS-GVO relevant sein, so zutreffend Kühling/Buchner-*Weichert* Art. 11 Rn. 10.
5   Vgl. Sydow-*Kampert* Art. 11 Rn. 7; Gierschmann-*Veil* Art. 11 Rn. 17.
6   Vgl. Sydow-*Kampert* Art. 11 Rn. 8.
7   *HmbBfDI* Rechtliche Bewertung von Fotografien einer unüberschaubaren Anzahl von Menschen nach der DSGVO außerhalb des Journalismus.

dafür die betroffene Person erst identifizieren müsste. Die Identifizierung der betroffenen Person durch den Verantwortlichen sei nach Auffassung des HmbBfDI in solchen Fällen nicht oder nicht mehr erforderlich. Der einzelne Fotograf habe im Regelfall weder ein Interesse daran noch die Möglichkeit, die auf dem Bild abgebildeten Personen ohne erheblichen Aufwand zu identifizieren. Eine solche Identifizierung würde dann allein aus dem Grund erfolgen, dass die Anforderungen der Art. 13 und 14 erfüllt werden können. Dies solle aber gerade durch die Regelung des Art. 11 verhindert werden, da in solchen Fällen die Identifizierung zur reinen Bereitstellung der Informationspflichten dem Betroffenen keine Stärkung seiner Rechte verschaffen würde, sondern diese Maßnahme vielmehr eine Erhöhung der Eingriffsintensität in sein Persönlichkeitsrecht darstellen würde.[8]

III. Rechtsfolgen bei der Nicht-Identifizierung des Betroffenen (Abs. 2)

1. Nachweis- und Unterrichtungspflicht (Abs. 2 S. 1). – a) Nachweispflicht. Sofern der Verantwortliche in Fällen gem. Abs. 1 nicht in der Lage ist, die betroffene Person zu identifizieren, so muss er hierüber grundsätzlich einen Nachweis beibringen. Über diesen Umstand, dass trotz vorhandener personenbezogener Daten der betroffenen Person die Identifizierung nicht möglich ist, trägt der Verantwortliche die Beweislast.

Damit verhindert der Verordnungsgeber, dass der Verantwortliche sich pauschal seiner Verpflichtungen entledigt und der Betroffene Kenntnis besitzt, welche Daten er zur Identifizierung beibringen müsste.[9]

Wem gegenüber dieser Nachweis zu leisten ist, lässt die Vorschrift tatsächlich undefiniert.[10] In Frage kommen als Adressaten die zuständige Aufsichtsbehörde in Form entsprechender Dokumentation[11] und die davon betroffene Person[12]. Um sowohl der Rechenschaftspflicht, als auch der grundsätzlich verlangten Transparenz gegenüber der betroffenen Person Rechnung zu tragen, ist der Nachweis beiden Akteuren gegenüber zu erbringen.

Der Nachweispflicht kann die verantwortliche Stelle z.B. durch Auskünfte jeder Art, Aussagen von Mitarbeitern des Verantwortlichen, Urkunden und Akten oder Inaugenscheinnahme nachkommen.[13]

b) Unterrichtungspflicht. – aa) Pflicht für den Verantwortlichen. Nach Abs. 2 S. 1 obliegt dem Verantwortlichen in allen Fällen des Abs. 1 eine Informationspflicht gegenüber der betroffenen Person. Dieser muss dem Betroffenen grundsätzlich über den Umstand informieren, dass er nicht mehr in der Lage ist, das Datensubjekt zu identifizieren. Die damit verfolgte Schaffung von Transparenz zugunsten des Betroffenen verlangt detaillierte Informationen, welche Vorschriften nicht eingehalten werden können und aufgrund welcher fehlenden Daten dies der Fall ist, da die betroffene Per-

---

8 Vgl. dazu eingehend Art. 13 Rn. 101 f., 14 Rn. 101 und § 3 BDSG Rn. 119 f.
9 Vgl. Gierschmann-*Veil* Art. 11 Rn. 51.
10 So zutreffend nur Auernhammer-*Eßer* Art. 11 Rn. 11.
11 Vgl. dazu Auernhammer-*Eßer* Art. 11 Rn. 11.
12 Vgl. Gierschmann-*Veil* Art. 11 Rn. 51.
13 Vgl. Gierschmann-*Veil* Art. 11 Rn. 52.

son nur so entscheiden kann, ob sie dem Verantwortlichen die fehlenden Daten noch bereitstellen soll.[14]

17 In der Praxis werden davon wohl Datenpools betroffen sein, bei denen der Verantwortliche personenbezogene Daten des Betroffenen verarbeitet, aber nicht mehr feststellen kann, welche Datensätze jeweils der einzelnen Person zuzuordnen sind; dies wird bei der selbst vom Verantwortlichen durchgeführten Pseudonymisierung und daran anschließenden Datenverarbeitung der Fall sein.[15]

18 **bb) Form der Information.** Die formalen Anforderungen an die Unterrichtung sind in Abs. 2 nicht beschrieben. Wie in Art. 12 Abs. 4 wird an dieser Stelle von einer Unterrichtung gesprochen. Damit handelt es sich um eine eigenständige Informationspflicht für einen spezifischen Sachverhalt.[16] Der Verantwortliche muss dem Betroffenen gegenüber individuell die Informationspflicht erfüllen. Es steht ihm frei die Information mündlich, schriftlich, elektronisch, fernmündlich, digital, analog oder in welcher Form auch immer zu erteilen.[17]

19 **cc) Ausnahmen.** Ausnahmen von der Informationspflicht bestehen nur in Fällen der Unmöglichkeit. Nicht möglich ist die Unterrichtung, wenn dem Verantwortlichen, etwa aufgrund exorbitant hohen Aufwands, kein Kontakt zum Betroffenen gelingt.[18] In diesem Fall könnte er die individuell erforderte Information schließlich nicht erteilen.

20 **2. Wahrnehmung von Betroffenenrechten (Abs. 2 S. 2).** Gemäß Abs. 2 S. 2 finden die Betroffenenrechte Art. 15–20 keine Anwendung, sofern ein Fall nach Abs. 1 vorliegt, die betroffene Person nach Abs. 2 S. 1 hierüber informiert wurde bzw. dies unmöglich ist und dass die betroffene Person daraufhin keine zusätzlichen Informationen bereitgestellt hat.[19] Die Vorschrift bringt zum Ausdruck, allein zum Zweck den Betroffenenrechten entsprechen zu können, auf zusätzliche Datenerhebungen zu verzichten und wertet die Datensparsamkeit somit als vorrangig. Sofern der Betroffene allerdings selbst die benötigten Information beibringt, ist der Vollzug der genannten Betroffenenrechte wieder möglich und die Informationspflichten der Art. 15 ff. gelten wieder.[20]

IV. Sanktionen

21 Die in der DS-GVO vorgesehenen drakonischen Bußgelder sollen Unternehmen von Verstößen abhalten und ein Bewusstsein für Datenschutz schaffen. Auch Verstöße gegen Art. 11 lassen sich als Ordnungswidrigkeiten qualifizieren und können mit einer Geldbuße in Höhe von bis zu 10 Millionen EUR oder im Falle eines Konzerns bis zu 2 % des gesamten weltweit erzielten Vorjahresumsatzes (Art. 83 Abs. 4 lit. a) geahndet werden.

---

14 Vgl. Sydow-*Kampert* Art. 11 Rn. 11.
15 Vgl. BeckOK DatenSR-*Wolff* Art. 11 Rn. 22, 24.
16 Vgl. Art. 12 Rn. 48 ff.
17 Vgl. BeckOK DatenSR-*Wolff* Art. 11 Rn. 23.
18 Vgl. BeckOK DatenSR-*Wolff* Art. 11 Rn. 25; Sydow-*Kampert* Art. 11 Rn. 11.
19 Vgl. Sydow-*Kampert* Art. 11 Rn. 12.
20 Vgl. Paal/Pauly-*Frenzel* Art. 11 Rn. 10.

C. Praxishinweise

I. Relevanz für nichtöffentliche Stellen

In nichtöffentlichen Stellen, die personenbezogene Daten etwa selbst pseudonymisieren und im Anschluss weiterverarbeiten, entpflichtet Art. 11 diese weiteren Daten allein zur Ausübung der Betroffenenrechte zu verarbeiten. Gleichzeitig legt er den Unternehmen und sonstigen nichtöffentlichen Stellen eine Pflicht zur Unterrichtung des Betroffenen auf. 22

II. Relevanz für betroffene Personen

Die Norm leistet einen weiteren Beitrag zur Schaffung von Transparenz in einem spezifischen Sachverhalt. 23

III. Relevanz für Aufsichtsbehörden

Aufsichtsbehörden fällt nach der Logik der DS-GVO die besondere Verantwortung zu, über die Einhaltung des Datenschutzrechts zu wachen. Dafür besitzen sie mit Art. 83 die weitgehende Möglichkeit finanziell hohe Bußgelder für Verstöße gegen Art. 11 zu verhängen. 24

Kapitel III
Rechte der betroffenen Person

Abschnitt 1
Transparenz und Modalitäten

Artikel 12 Transparente Information, Kommunikation und Modalitäten für die Ausübung der Rechte der betroffenen Person

(1) ¹Der Verantwortliche trifft geeignete Maßnahmen, um der betroffenen Person alle Informationen gemäß den Artikeln 13 und 14 und alle Mitteilungen gemäß den Artikeln 15 bis 22 und Artikel 34, die sich auf die Verarbeitung beziehen, in präziser, transparenter, verständlicher und leicht zugänglicher Form in einer klaren und einfachen Sprache zu übermitteln; dies gilt insbesondere für Informationen, die sich speziell an Kinder richten. ²Die Übermittlung der Informationen erfolgt schriftlich oder in anderer Form, gegebenenfalls auch elektronisch. ³Falls von der betroffenen Person verlangt, kann die Information mündlich erteilt werden, sofern die Identität der betroffenen Person in anderer Form nachgewiesen wurde.

(2) ¹Der Verantwortliche erleichtert der betroffenen Person die Ausübung ihrer Rechte gemäß den Artikeln 15 bis 22. ²In den in Artikel 11 Absatz 2 genannten Fällen darf sich der Verantwortliche nur dann weigern, aufgrund des Antrags der betroffenen Person auf Wahrnehmung ihrer Rechte gemäß den Artikeln 15 bis 22 tätig zu werden, wenn er glaubhaft macht, dass er nicht in der Lage ist, die betroffene Person zu identifizieren.

(3) ¹Der Verantwortliche stellt der betroffenen Person Informationen über die auf Antrag gemäß den Artikeln 15 bis 22 ergriffenen Maßnahmen unverzüglich, in jedem Fall aber innerhalb eines Monats nach Eingang des Antrags zur Verfügung. ²Diese Frist kann um weitere zwei Monate verlängert werden, wenn dies unter Berücksichtigung der Komplexität und der Anzahl von Anträgen erforderlich ist. ³Der Verantwortliche unterrichtet die betroffene Person innerhalb eines Monats nach Eingang des Antrags über eine Fristverlängerung, zusammen mit den Gründen für die Verzögerung. ⁴Stellt die betroffene Person den Antrag elektronisch, so ist sie nach Möglichkeit auf elektronischem Weg zu unterrichten, sofern sie nichts anderes angibt.

(4) Wird der Verantwortliche auf den Antrag der betroffenen Person hin nicht tätig, so unterrichtet er die betroffene Person ohne Verzögerung, spätestens aber innerhalb eines Monats nach Eingang des Antrags über die Gründe hierfür und über die Möglichkeit, bei einer Aufsichtsbehörde Beschwerde einzulegen oder einen gerichtlichen Rechtsbehelf einzulegen.

(5) ¹Informationen gemäß den Artikeln 13 und 14 sowie alle Mitteilungen und Maßnahmen gemäß den Artikeln 15 bis 22 und Artikel 34 werden unentgeltlich zur Verfügung gestellt. ²Bei offenkundig unbegründeten oder – insbesondere im Fall von häufiger Wiederholung – exzessiven Anträgen einer betroffenen Person kann der Verantwortliche entweder

a) ein angemessenes Entgelt verlangen, bei dem die Verwaltungskosten für die Unterrichtung oder die Mitteilung oder die Durchführung der beantragten Maßnahme berücksichtigt werden, oder

b) sich weigern, aufgrund des Antrags tätig zu werden.
³Der Verantwortliche hat den Nachweis für den offenkundig unbegründeten oder exzessiven Charakter des Antrags zu erbringen.

(6) Hat der Verantwortliche begründete Zweifel an der Identität der natürlichen Person, die den Antrag gemäß den Artikeln 15 bis 21 stellt, so kann er unbeschadet des Artikels 11 zusätzliche Informationen anfordern, die zur Bestätigung der Identität der betroffenen Person erforderlich sind.

(7) ¹Die Informationen, die den betroffenen Personen gemäß den Artikeln 13 und 14 bereitzustellen sind, können in Kombination mit standardisierten Bildsymbolen bereitgestellt werden, um in leicht wahrnehmbarer, verständlicher und klar nachvollziehbarer Form einen aussagekräftigen Überblick über die beabsichtigte Verarbeitung zu vermitteln. ²Werden die Bildsymbole in elektronischer Form dargestellt, müssen sie maschinenlesbar sein.

(8) Der Kommission wird die Befugnis übertragen, gemäß Artikel 92 delegierte Rechtsakte zur Bestimmung der Informationen, die durch Bildsymbole darzustellen sind, und der Verfahren für die Bereitstellung standardisierter Bildsymbole zu erlassen.

– *ErwG 58, 59, 60, 73*

Übersicht

	Rn			Rn
A. Einordnung und Hintergrund	1	VI.	Unterrichtung über die Nichtabhilfe i.R.d. Rechtewahrnehmung (Abs. 4)	57
I. Erwägungsgründe	1			
1. ErwG 58	1			
2. ErwG 59	5	VII.	Unentgeltlichkeit (Abs. 5)	62
3. ErwG 60	6	VIII.	Zweifel an der Identität (Abs. 6)	70
4. ErwG 63	8			
II. Normgenese und -umfeld	10	IX.	Bildsymbole (Abs. 7)	74
B. Kommentierung	12	X.	Ermächtigung der Kommission (Abs. 8)	79
I. Allgemeines	12			
II. Anwendungsbereich	15	XI.	DS-GVO und BDSG n.F.	81
III. Transparenzgebot (Abs. 1)	18	C. Praxishinweise		83
1. Anwendungsbereich	19	I.	Relevanz für öffentliche Stellen	83
2. Art und Weise	22			
3. Maßstab	31	II.	Relevanz für nichtöffentliche Stellen	84
4. Form	34			
5. Rechtsfolgen einer Verletzung	40	III.	Relevanz für betroffene Personen	86
IV. Rechtewahrnehmung (Abs. 2)	41	IV.	Relevanz für Aufsichtsbehörden	87
1. Pflicht zur Erleichterung	42			
2. Ausnahme bei mangelnder Identifizierbarkeit	44	V.	Relevanz für das Datenschutzmanagement	88
V. Unterrichtung über Abhilfemaßnahmen i.R.d. Rechtewahrnehmung (Abs. 3)	51			

Transparente Information Art. 12

Literatur: *Art.-29-Datenschutzgruppe* Guidelines on Transparency under Regulation 2016/679, WP 260 rev.01; *Bay. Landesamt für Datenschutzaufsicht* 6. Tätigkeitsbericht für die Jahre 2014 und 2015; *Datenethikkommission (DEK)* Gutachten v. 23.10.2019[1]; *GDD-Praxishilfe* DS-GVO VII Transparenzpflichten bei der Datenverarbeitung, Version 2.1 (April 2018); *Gola/Klug* Die Entwicklung des Datenschutzrechts im zweiten Halbjahr, NJW 2016, 691; *Hermstrüwer* Informationelle Selbstgefährdung: Zur rechtsfunktionalen, spieltheoretischen und empirischen Rationalität der datenschutzrechtlichen Einwilligung und des Rechts auf informationelle Selbstbestimmung, 2016; *Kuntz* „One Pager" als Muster für transparente Datenschutzhinweise vorgestellt, ZD-Aktuell 2015, 04909; *Laue/Kremer* Das neue Datenschutzrecht in der betrieblichen Praxis, 2. Aufl. 2019; *Lorentz* Datenschutzrechtliche Informationspflichten, VuR 2019, 213; *Pollmann/Kipker* Informierte Einwilligung in der Online-Welt, DuD 2016, 378; *Schwartmann/Hermann/Mühlenbeck* Transparenz bei Medienintermediären, 2020; *Specht/Mantz* Handbuch Europäisches und deutsches Datenschutzrecht, 2019; *Specht/Werry/Werry* Handbuch Datenrecht in der Digitalisierung, 2019; *Walter* Die datenschutzrechtlichen Transparenzpflichten nach der Europäischen Datenschutz-Grundverordnung, DSRITB 2016, 367.

A. Einordnung und Hintergrund

I. Erwägungsgründe

1. ErwG 58. Der ErwG 58 wiederholt und konkretisiert die Anforderungen des Art. 12 Abs. 1 S. 1 hinsichtlich der Modalitäten und Transparenz der Informationserteilung. Danach ist eine präzise und verständliche Information in klarer und einfacher Sprache erforderlich. Insoweit werden nur die in Art. 12 Abs. 1 S. 1 aufgestellten Anforderungen wiederholt. Zudem kann es aus Transparenzgründen und zur Erhöhung der Verständlichkeit erforderlich sein, die Informationen und Mitteilungen mit visuellen Elementen anzureichern. Damit nimmt der ErwG auf die in Art. 12 Abs. 7 und 8 geregelten standardisierten Bildsymbole Bezug. 1

In S. 2 ist dagegen die Form der Informationserteilung geregelt. Dabei wird konkretisiert, wann eine elektronische Informationserteilung in Betracht kommt bzw. sinnvoll erscheint, wobei als Beispiel die Bereitstellung auf einer Website[2] genannt wird. Dies ist bei an die Öffentlichkeit gerichteten Informationen sowie insbesondere dann der Fall, wenn es für den Betroffenen nicht nachvollziehbar ist, wer warum seine Daten verarbeitet, bspw. aufgrund komplexer technischer Verarbeitungsvorgänge oder einer Vielzahl beteiligter Personen. 2

Der ErwG nimmt damit explizit auf die Internetwerbung sowie generell auf online abgewickelte Massengeschäfte Bezug. Bereits hier kommt damit das Bestreben zum Ausdruck, dem Betroffenen die Informationen und Mitteilungen möglichst ohne Medienbruch zur Verfügung zu stellen. 3

S. 4 enthält besondere Anforderungen an die Erfüllung der Informationspflichten gegenüber Kindern. Die Formulierung und Sprache müssen so gewählt sein, dass sie problemlos von einem Kind verstanden werden können. Dieses Erfordernis ist in Art. 12 Abs. 1 S. 1 Hs. 2 aufgenommen und führt im Ergebnis zu einer verschärften Anwendung der allgemeinen Kriterien des Abs. 1 S. 1 Hs. 1. 4

---

1 Abrufbar unter: https://datenethikkommission.de/gutachten/, zuletzt abgerufen am 27.4.2020.
2 Wie sich der englischen Sprachfassung deutlicher als der deutschen entnehmen lässt, bezieht sich das Merkmal der Öffentlichkeit auf die Information und nicht auf die genutzte Website.

5   **2. ErwG 59.** Der 59. ErwG betrifft Art. 12 Abs. 2 S. 1 und enthält konkretisierte Vorgaben für die dort normierte Pflicht zur Erleichterung der Rechteausübung. Zu den Mechanismen, die von dem Verantwortlichen zur Vereinfachung vorzusehen sind, gehören danach insbesondere solche, die eine unentgeltliche Ausübung der Betroffenenrechte ermöglichen sowie die Möglichkeit einer elektronischen Antragstellung. Zudem werden Vorgaben für die Beantwortung von Anträgen des Betroffenen aufgestellt (Frist und Begründungserfordernis).

6   **3. ErwG 60.** S. 1–4 betreffen das Bestehen und die Reichweite einer Pflicht zur Information und somit die in Art. 13 und 14 geregelten Aspekte der Informationspflicht selbst und nicht nur die Modalitäten ihrer Erfüllung.

7   S. 5 und 6 betreffen dagegen die in Art. 12 Abs. 7 und 8 geregelten standardisierten Bildsymbole und betonen deren Funktion, die Transparenz und Verständlichkeit zu fördern, indem sie dem Betroffenen einen ersten und möglichst umfassenden Überblick über die Informationsgehalte verschaffen.

8   **4. ErwG 63.** ErwG 63 thematisiert das Auskunftsrecht des Betroffenen und dessen Informations- und Kontrollfunktion bezüglich der Datenverarbeitung. S. 1 sieht vor, dass der Betroffene sein Auskunftsrecht problemlos und in angemessenen Abständen ausüben können soll.

9   Zwar ist diese Aussage dem Wortlaut nach auf das Auskunftsrecht beschränkt, sie zeigt jedoch mit Blick auf Art. 12 Abs. 5 S. 2 generell, dass ein wiederholter Antrag nicht bereits allein aufgrund dieser Wiederholung als exzessiv eingeordnet werden kann. Vielmehr muss aufgrund extremer (und überflüssiger) Häufigkeit das wiederholte Stellen des Antrags im konkreten Fall missbräuchlich erscheinen.

II. Normgenese und -umfeld

10 Art. 12 stellt eine Neuheit im datenschutzrechtlichen Schutzregime dar. Sowohl in der alten DSRL 95/46/EG als auch im BDSG a.F. findet sich keine dem Art. 12 vergleichbare allgemeine Vorschrift, die die prozeduralen Rahmenregelungen zu den Betroffenenrechten vorab regelt. Diese waren vielmehr in zahlreichen Einzelvorschriften aufgeführt. So enthielt bspw. Art. 12 lit. a DSRL einen Auskunftsanspruch der betroffenen Person, der frei und ungehindert in angemessenen Abständen ohne unzumutbare Verzögerung oder übermäßige Kosten zu erteilen war. Im einfachgesetzlichen Datenschutzrecht fanden sich etwa in § 19 Abs. 1 S. 2–4, Abs. 3 und Abs. 5–7 sowie in § 34 Abs. 1 S. 2, Abs. 6, Abs. 8 und Abs. 9 BDSG a.F. vergleichbare Verfahrensvorschriften. Die Regelungsdichte dieser Vorschriften blieb jedoch deutlich hinter derjenigen des Art. 12 zurück.

11 Die durch Art. 12 erfolgte Ausweitung und Konkretisierung der prozeduralen Vorgaben ist vor allem den Herausforderungen geschuldet, die moderne Datenverarbeitungsmöglichkeiten mit sich bringen.[3] Insbesondere datengetriebene Geschäftsmodelle machen die Datenverarbeitungsprozesse zunehmend komplexer, wodurch es für betroffene Personen schwieriger wird, die Wahrnehmung ihrer Betroffenenrechte auch tatsächlich zu realisieren.[4]

---

3 Sydow-*Greve* Art. 12 Rn. 7.
4 Sydow-*Greve* Art. 12 Rn. 7.

B. Kommentierung

I. Allgemeines

Während die Art. 12 Abs. 1 und Abs. 3–5 in ihrem Kerngehalt schon im Verordnungsentwurf der Kommission vorgesehen waren, gehen die finale Fassung dieser Abschnitte sowie Abs. 2 und Abs. 6 weitestgehend auf den Ratsvorschlag zurück. Die Abs. 7 und 8 basieren hingegen auf einen Parlamentsvorschlag, der jedoch verglichen mit der heutigen Regelung erhebliche Unterschiede erkennen lässt. 12

In Art. 12 werden erstmalig die Regelungen zu Form, Sprache und Verfahren bezüglich der Informations- und Mitteilungspflichten einheitlich in einer eigenen, ausdrücklichen Regelung zusammengeführt, die die formellen Anforderungen an die Informationsgewährung festlegt. Damit erweitert Art. 12 die Betroffenenrechte um zusätzliche prozedurale Schutzvorkehrungen und setzt einen Grundrechtsschutz durch Verfahren um.[5] 13

Die Norm enthält einerseits Verfahrensvorschriften zum Umgang mit Anfragen und Rechten des Betroffenen und andererseits eine Konkretisierung des allgemeinen Transparenzgebots des Art. 5 Abs. 1 lit. a. Dabei regelt Art. 12 die Modalitäten der in Art. 13–22 und Art. 34 niedergelegten Betroffenenrechte und zieht diese gleichsam vor die Klammer. Entsprechend dieser Regelungstechnik stellt Art. 12 nur die allgemeinen Rahmenbedingungen der Rechtewahrnehmung auf[6], während die Rechte selbst und ihre Voraussetzungen in den nachfolgenden Artikeln ausgestaltet sind. 14

II. Anwendungsbereich

Der **sachliche** Anwendungsbereich von Art. 12 ergibt sich grundsätzlich aus Art. 2 und deckt sich mithin mit dem der DS-GVO insgesamt. In **räumlicher** Hinsicht ist dagegen Art. 3 maßgeblich. Auch insoweit deckt sich der Anwendungsbereich mit dem der Verordnung insgesamt. Art. 12 gilt sowohl für private als auch für öffentliche verantwortliche Stellen[7] sowie für Auftragsverarbeiter nach Art. 28 Abs. 3 S. 2 lit. e. Sofern es mehrere gemeinsam Verantwortliche gibt, legen diese gem. Art. 26 Abs. 1 in transparenter Form fest, wer von ihnen den in der DS-GVO aufgelegten Pflichten nachkommt, insbesondere was die Wahrnehmung der Rechte der betroffenen Person angeht.[8] 15

Art. 12 ist hingegen nicht anwendbar auf die Belehrung vor Abgabe der **Einwilligung**. Zwar muss zur Wahrung des Erfordernisses der Informiertheit (vgl. Art. 4 Nr. 11, Art. 6 Abs. 1 lit. a, Art. 7) auch hier eine vorgelagerte transparente Belehrung der betroffenen Person ergehen, allerdings knüpft Art. 12 an einen späteren Zeitpunkt an. So entstehen die Informationspflichten des Art. 13 und 14 nämlich erst **ab dem Zeitpunkt der Datenerhebung** („werden personenbezogene Daten [...] erhoben, so teilt der Verantwortliche [...] mit"), welche aber unter Umständen selbst eine zuvor wirksam erteilte Einwilligung voraussetzt. Auch die formalen Vorgaben des Art. 7 Abs. 2 im Falle einer schriftlich erteilten Einwilligung wären überflüssig, wenn nicht ohnehin schon die Bestimmungen des Art. 12 für diesen Fall gelten würden. Im Übrigen spricht 16

---

5 Kühling/Buchner-*Bäcker* Art. 12 Rn. 4.
6 BeckOK DatenSR-*Quaas* Art. 12 Rn. 5.
7 Gola-*Franck* Art. 12 Rn. 3.
8 Gola-*Franck* Art. 12 Rn. 1. Dazu HK DS-GVO-*Kremer* Art. 26.

auch die systematische Stellung des Art. 12 für eine getrennte Betrachtung beider Regelungen[9].

17 Daneben findet das Transparenzgebot des Art. 12 Abs. 1 S. 1 ergänzende Anwendung auf Art. 34 Abs. 2, nicht jedoch auf die Art. 17 Abs. 2 und 19 S. 1 sowie Art. 15 Abs. 3 S. 2 und Art. 20 Abs. 1. Hinsichtlich der Formvorgaben des Art. 12 Abs. 1 S. 2 und S. 3 sowie Abs. 3 S. 4 sind außerdem die Sondervorschriften des Art. 15 Abs. 3 S. 3, Art. 21 Abs. 4 Hs. 2 und Art. 34 Abs. 3 lit. c zu beachten[10].

III. Transparenzgebot (Abs. 1)

18 Abs. 1 enthält ein Transparenzgebot, das im Rahmen der Informationserteilung sowie bei Mitteilungen an den jeweiligen Betroffenen zu beachten ist. Das Transparenzgebot ist gerade vor dem Hintergrund des Einsatzes algorithmischer Systeme von besonderer Bedeutung.[11] Hierbei ist vor allem der besondere Zusammenhang mit Art. 13 Abs. 2 lit. f zu beachten.[12] Durch die wachsende Komplexität verschiedener Datenverarbeitungsvorgänge wie etwa im Bereich des Profiling und der künstlichen Intelligenz wird es für den Betroffenen zunehmend schwieriger, die tatsächlichen Hintergründe der Verarbeitung ihrer personenbezogenen Daten zu verstehen. Vor diesem Hintergrund dient die dem Verantwortlichen obliegende Verpflichtung zur Transparenz in erster Linie dem Erhalt der Souveränität und Selbstbestimmung der betroffenen Person, in dem ihr durch Stärkung der Betroffenenrechte eine informierte und selbstbestimmte Auswahlentscheidung ermöglicht wird und ihr die Wahrnehmung ihrer Rechte ermöglicht werden soll.[13] So soll vor allem dem in Art. 8 GRCh normierten Recht auf Schutz personenbezogener Daten ausreichend Rechnung getragen werden. Hierzu regelt S. 1 allgemein die Art und Weise der in der DS-GVO an anderer Stelle vorgegebenen Informationspflichten. Diese ist nicht erfolgsbezogen, sondern es handelt sich um eine Pflicht zum Ergreifen geeigneter Maßnahmen zur Gewährleistung einer transparenten Übermittlung[14].

19 **1. Anwendungsbereich.** Das Transparenzgebot gilt sowohl für die allgemeinen Informationen gem. Art. 13 und 14 bei Datenerhebungen bei dem Betroffenen oder bei Dritten als auch für betroffenenspezifische Mitteilungen gem. Art. 15–22 und Art. 34, die sich auf die Verarbeitung personenbezogener Daten beziehen. Das Transparenzgebot gilt somit grundsätzlich für jegliche Informationspflichten des Verantwortlichen mit dem Betroffenen im Zusammenhang mit der Verarbeitung personenbezogener Daten[15].

---

9 Ehmann/Selmayr-*Heckmann/Paschke* Art. 12 Rn. 7.
10 Kühling/Buchner-*Bäcker* Art. 12 Rn. 14.
11 Mit einem Überblick über dessen inhaltliche Reichweite *Schwartmann/Hermann/Mühlenbeck* Transparenz bei Medienintermediären, S. 69 ff.
12 Vgl. dazu Kommentierung zu Art. 13 Abs. 2 lit. f Rn. 57 f. sowie *Schwartmann/Hermann/Mühlenbeck* Transparenz bei Medienintermediären, S. 104 ff., abrufbar unter https://www.ma-hsh.de/infothek/publikationen/ma-hsh-gutachten-transparenz-bei-medienintermediaren.html, zuletzt abgerufen am 28.4.2020.
13 Sydow-*Greve* Art. 12 Rn. 2. In diesem Zusammenhang eingehend Gutachten der Datenethikkommission der Bundesregierung, S. 185.
14 Paal/Pauly-*Paal* Art. 12 Rn. 19. Zu den Zwecken von Transparenzverpflichtungen vgl. ausführlich *Schwartmann/Hermann/Mühlenbeck* Transparenz bei Medienintermediären, S. 69 ff.
15 Ehmann/Selmayr-*Heckmann/Paschke* Art. Rn. 9.

Indes ist der Anwendungsbereich auf solche Informationen und Mitteilungen beschränkt, die **an den Betroffenen gerichtet** sind[16]. Er umfasst nicht Informationen oder Mitteilungen des Verantwortlichen an Dritte. Infolgedessen sind die Vorgaben des Art. 12 Abs. 1 S. 1 nicht anwendbar auf die Art. 17 Abs. 2 und 19 S. 1, denn die darin enthaltenen Pflichten betreffen nur das Verhältnis des Verantwortlichen zu einem Dritten. 20

Überdies findet Art. 12 Abs. 1 S. 1 **keine Anwendung** auf Art. 15 Abs. 3 und Art. 20. Diese Regelungen normieren nämlich gerade die Pflicht, die Daten dem Betroffenen so zu übermitteln, wie der Verantwortliche selbst über sie verfügt. Bestimmungen über die Darstellungsweise passen hierzu jedoch nicht und können sogar insofern dem Sinn und Zweck dieser Vorschriften zuwiderlaufen, als dass sie den Aussagegehalt der herausgegebenen Daten verändern können[17]. Somit stellen Art. 15 Abs. 3 S. 2 und Art. 20 Abs. 1 eigenständige Anforderungen auf. Dagegen findet das Transparenzgebot weiterhin ergänzende Anwendung auf Art. 34 Abs. 2. Diese Sonderregelung bezüglich der Informationspflicht des Art. 34 Abs. 1 im Falle einer eingetretenen Datenpanne bleibt nämlich hinter den Anforderungen der Art. 12 Abs. 1 S. 1 zurück, weshalb dem Einschub lediglich eine klarstellende Funktion beigemessen wird[18]. 21

2. Art und Weise. S. 1 enthält eine Präzisierung des Transparenzgebots und bildet zugleich den Versuch ab, einer drohenden Informationsüberlastung entgegen zu wirken[19]. Hierzu stellt S. 1 Anforderungen dahingehend auf, in welcher Form die Informationen bereitzustellen sind. Dies ist jedoch nicht als bloß formale Vorgabe zu verstehen, sondern hat auch Auswirkungen auf die inhaltliche Gestaltung der Informationen[20]. 22

Gemäß Art. 12 Abs. 1 S. 1 muss die Information bzw. Mitteilung in präziser, transparenter, verständlicher und leicht zugänglicher Form erfolgen und in klarer und einfacher Sprache abgefasst sein. Insgesamt fällt auf, dass sich die aufgeführten Kriterien nicht hinreichend voneinander unterscheiden und daher einerseits teilweise in einem Spannungsverhältnis zueinanderstehen und andererseits teilweise redundant sind. Die Art.-29-Datenschutzgruppe weist ausdrücklich darauf hin, dass eine (zusätzliche) Informationsgewährung auch **mündlich** erfolgen kann.[21] 23

Präzise ist die Information, wenn sie einen hinreichenden Grad an Genauigkeit aufweist[22]. Die Information darf also wesentliche Aspekte der Datenverarbeitung nicht auslassen. Eine abschließende Darstellung wird jedoch jedenfalls dann nicht zu fordern sein, wenn hierdurch die Verständlichkeit nicht mehr gewährleistet werden kann. Vielmehr werden die darzustellenden Informationen auf ihren für die betroffene Per- 24

---

16 Insoweit finden die Vorgaben des Art. 12 Abs. 1 S. 1 nur Anwendung auf die Art. 13, 14, 15 Abs. 1 und 2, 18 Abs. 3, 19 S. 2, 21 Abs. 4 und Art. 34.
17 Kühling/Buchner-*Bäcker* Art. 12 Rn. 10; a.A. Simitis/Hornung/Spiecker gen. Döhmann-*Dix* Art. 12 Rn. 13, der Art. 12 Abs. 1 S. 1 auch in Bezug auf das Recht auf Erhalt einer Datenkopie nach Art. 15 Abs. 3 für anwendbar hält.
18 Paal/Pauly-*Paal* Art. 12 Rn. 23.
19 Paal/Pauly-*Paal* Art. 12 Rn. 5.
20 BeckOK DatenSR-*Quaas* Art. 12 Rn. 11; wohl auch Kühling/Buchner-*Bäcker* Art. 12 Rn. 12, der davon ausgeht, dass die Norm eine über die formale Richtigkeit hinausgehende Prüfung ermöglicht.
21 *Art.-29-Datenschutzgruppe* WP 260, S. 11.
22 Gola-*Franck* Art. 12 Rn. 18.

Art. 12 — Transparente Information

son relevanten Kern zu reduzieren sein[23]. Insoweit steht die Anforderung der „präzisen" Information unter einem einschränkenden Vorbehalt der Verständlichkeit sowie klarer und einfacher Sprache.

25 **Verständlichkeit**[24] erfordert hingegen, dass die Information für den jeweiligen Adressatenkreis aus sich heraus nachvollziehbar[25] und ohne großen oder zusätzlichen Aufwand erfassbar ist. Dies kann einerseits Erläuterungen erforderlich machen, setzt aber auch und insbesondere voraus, dass nicht so viele kleinteilige Informationen und Erläuterungen gegeben werden, dass das Verständnis aufgrund der Informationsfülle wieder erschwert wird („Information overload")[26]. Vielmehr muss die Darstellung so gewählt sein, dass der Inhalt klar und nachvollziehbar wird. Es kommt für die Verständlichkeit daher nicht auf eine umfassende Information an, sondern darauf, der Information die Komplexität zu nehmen und sie so für den Adressaten leichter fassbar zu machen.

26 Die Merkmale der Präzision und Verständlichkeit stehen dabei in einem Spannungsverhältnis zueinander[27]. Denn eine genaue und umfassende Information wird in aller Regel weniger leicht zu erfassen sein, als eine solche, der durch eine vereinfachte Darstellung die Komplexität genommen wird. Der Verantwortliche muss mithin die Genauigkeit und Vollständigkeit mit einer anschaulichen, unkomplizierten und nachvollziehbaren Darstellung in Einklang bringen, was ihm im Einzelfall einen beträchtlichen Gestaltungsspielraum[28] eröffnet. So werden neben einer textlichen Wiedergabe der Informationen alle Darstellungsformen zulässig sein, die der Verständlichkeit der Information dienen bspw. durch ergänzende Erläuterungen mit Schaubildern, Piktogrammen, Grafiken oder auch Videos.[29] Denkbar ist auch, nähere Erläuterungen der Datenverarbeitung spielerisch zu vermitteln, bspw. durch spezielle Spielmodi in Online-Spielen[30]. Im Hinblick auf die im Internet häufig aufzufindenden Datenschutzerklärungen empfiehlt die Art.-29-Datenschutzgruppe schließlich ein mehrstufiges Informationsmodell, nach der die Inhalte abhängig von ihrer Wichtigkeit mit wachsendem Detaillierungsgrad und weiterführenden Vertiefungen dargestellt werden sollen.[31]

27 **Transparenz** ist ein Überbegriff für die Gesamtgestaltung und setzt voraus, dass der Inhalt an sich erkennbar ist und die wesentlichen Aussagen nicht verschleiert werden.[32]

---

23 Ehmann/Selmayr-*Heckmann/Paschke* Art. 12 Rn. 12.
24 Ein eingehender Praxischeck zur Umsetzung der Transparenzanforderungen am Beispiel von Google und Facebook bei *Schwartmann/Hermann/Mühlenbeck* Transparenz bei Medienintermediären, S. 107 ff.; dazu auch Gutachten der Datenethikkommission der Bundesregierung, S. 187.
25 Ehmann/Selmayr-*Heckmann/Paschke* Art. 12 Rn. 13.
26 *Hermstrüwer* Informationelle Selbstgefährdung, S. 83.
27 Kühling/Buchner-*Bäcker* Art. 12 Rn. 12; BeckOK-*Quaas* Art. 12 Rn. 13.
28 Kühling/Buchner-*Bäcker* Art. 12 Rn. 12.
29 Vorschläge zur Umsetzung von Transparenzverpflichtungen finden sich bei *Schwartmann/Hermann/Mühlenbeck* Transparenz bei Medienintermediären, S. 82 ff.
30 Ehmann/Selmayr-*Heckmann/Paschke* Art. 12 Rn. 20.
31 *Art.-29-Datenschutzgruppe* WP 260 rev.01, S. 13.
32 BeckOK DatenSR-*Quaas* Art. 12 Rn. 14; a.A. Ehmann/Selmayr-*Heckmann/Paschke* Art. 12 Rn. 12: „Transparenz als synonym für die Öffentlichkeit/öffentliche Zugänglichkeit der Information"; Plath-*Kamal* Art. 12 Rn. 2, die dem Transparenzgebot keine inhaltliche Bedeutung beimessen und dies vor allem mit der fehlenden Auflistung der „Transparenz" in ErwG 59 begründen.

Auch bei diesem Merkmal geht es letztlich um eine Gestaltung der Information, die diese durchschaubar und damit nachvollziehbar macht und die die wesentlichen Aussagen deutlich zu Tage treten lässt. Ferner sollten sich bereitgestellte Informationen von anderen nicht-datenschutzrechtlich relevanten Informationen eindeutig abgrenzen lassen.[33]

Leicht zugänglich ist die Information, wenn der Empfänger die Mitteilung selbst sowie ihren Inhalt mit den ihm zur Verfügung stehenden Mitteln erreichen kann, ohne dass zusätzliche Hürden errichtet werden[34]. Dabei ist auch die Barrierefreiheit[35] des Zugangs zu berücksichtigen, sowohl hinsichtlich verwendeter Dateiformate als auch bei farblichen Gestaltungen[36]. Die Informationen müssen damit so ausgestaltet und platziert sein, dass die betroffene Person diese ohne großen Aufwand und ohne wesentliche Zwischenschritte erreichen oder abrufen kann.[37] Die Information darf zudem nicht verdeckt platziert werden[38]. Dies umfasst, insbesondere im Internet, eine aussagekräftige Benennung der Dokumente, in denen die Informationen enthalten sind[39], bspw. der Datenschutzerklärung oder der Allgemeinen Geschäftsbedingungen. Bei eingeschränkten Darstellungsmöglichkeiten, insbesondere bei mobilen Endgeräten und embedded Systems, werden hinreichend klare und übliche Piktogramme jedoch ebenfalls ausreichend sein. Insgesamt sollte die Information dem Betroffenen in einem aktiven Kommunikationsprozess vermittelt werden, bspw. im Rahmen einer kontextabhängigen Einblendung oder geeigneter Verlinkung aller vorgeschriebenen Informationen.[40] Werden die Informationen schriftlich übermittelt, so umfasst dies in erster Linie die physische Zugänglichkeit und Lesbarkeit[41]. Maßgeblich ist dabei der Gesamteindruck. So wird etwa allein eine vergleichsweise kleine Schrift je nach angesprochenen Verkehrskreisen nicht zwingend dazu führen, dass keine leichte Zugänglichkeit vorliegt.

28

Eine **klare und einfache Sprache** setzt voraus, dass der Kern der Information offen liegt und ohne Schwierigkeiten wahrnehmbar und verständlich ist[42]. Es besteht damit ein enger Zusammenhang zu dem Verständlichkeitsgebot, denn es soll die Verständlichkeit durch eine eindeutige und übersichtliche Formulierung gefördert werden. Dies erfordert eine eindeutige, soweit möglich nicht interpretationsoffene Formulierung[43]. Auf relativierende und interpretationsoffene Begriffe wie „kann", „könnte", „dürfte", „einige", „oft", „möglich" sollte daher verzichtet werden.[44] Vielmehr muss

29

---

33 Ehmann/Selmayr-*Heckmann/Paschke* Art. 12 Rn. 12.
34 BeckOK-*Quaas* Art. 12 Rn. 16; Paal/Pauly-*Paal* Art. 12 Rn. 32; Ehmann/Selmayr-*Heckmann/Paschke* Art. 12 Rn. 14.
35 Vgl. § 4 Behindertengleichstellungsgesetz.
36 Ehmann/Selmayr-*Heckmann/Paschke* Art. 12 Rn. 20.
37 Dazu *Schwartmann/Hermann/Mühlenbeck* Transparenz bei Medienintermediären, S. 83.
38 Gola-*Franck* Art. 12 Rn. 21.
39 Ehmann/Selmayr-*Heckmann/Paschke* Art. 12 Rn. 14.
40 Simitis/Hornung/Spiecker gen. Döhmann-*Dix* Art. 12 Rn. 14. Vgl. dazu die Beispiele bei *Schwartmann/Hermann/Mühlenbeck* Transparenz bei Medienintermediären, S. 85 ff.
41 Ähnlich auch Gola-*Franck* Art. 12 Rn. 21.
42 BeckOK DatenSR-*Quaas* Art. 12 Rn. 18; a.A. Gola-*Franck* Art. 12 Rn. 22, die in dem Kriterium „Klarheit" lediglich eine Wiederholung der Merkmale „Präzision" und „Verständlichkeit" sehen.
43 Ehmann/Selmayr-*Heckmann/Paschke* Art. 12 Rn. 17.
44 *Art.-29-Datenschutzgruppe* WP 260, S. 9.

die betroffene Person absehen können, unter welchen Umständen welche Daten zu welchen Zwecken über sie verarbeitet werden. Einfachheit setzt zudem die Verwendung allgemein gebräuchlicher Worte und kurzer Sätze, deren Satzbau und Wortwahl[45] verständlich sind, voraus. Fachbegriffe müssen je nach Adressatenkreis ggf. erläutert werden, bspw. durch weiterführende Links zu ausführlichen Erklärungen. Auch hier besteht ein Spannungsverhältnis zu der Anforderung einer präzisen Information, sodass die Anforderungen an eine klare und einfache Sprache nicht zu hoch gestellt werden dürfen, um Widersprüche zwischen Präzision und Verständlichkeit in einen angemessenen Ausgleich zu bringen.

30 In welcher **Sprache** die Information zu erfolgen hat, geht dagegen aus Abs. 1 S. 1 nicht explizit hervor. Dies bestimmt sich vielmehr danach, an wen die Information gerichtet ist, d.h. in welchen Staaten der Verantwortliche seine Leistungen anbietet (Marktortprinzip, vgl. Art. 3 Rn. 9 ff. und 25 ff.)[46]. Stärkster Indikator wird dabei sein, in welcher Sprache der Verantwortliche seine übrigen Leistungen erbringt. Bietet bspw. ein Anbieter seine Leistungen ausschließlich in englischer Sprache an, wird die Information nach Abs. 1 S. 1 auch in englischer Sprache ausreichen[47].

31 **3. Maßstab.** Der Maßstab, an dem die Einhaltung der oben genannten Anforderungen auszurichten ist, kann nicht allgemein bestimmt werden, sondern hängt maßgeblich von dem **Durchschnittsadressaten** der Mitteilung ab[48]. Dieser muss den Inhalt der Mitteilung ohne großen Aufwand erfassen können[49]. Dieser adressatenorientierte Maßstab gilt nicht nur für an **Kinder** gerichtete Informationen, auch wenn ihm in diesem Fall besonderes Gewicht zukommt, sondern generell, wie sich aus dem Wortlaut „insbesondere"[50] gegenüber Kindern ergibt[51]

32 Aufgrund der besonderen Schutzwürdigkeit von Kindern verlangt ErwG 58 S. 4, dass Informationen und Hinweise in einer klaren und einfachen Sprache darzustellen sind, sodass ein Kind diese ohne Probleme verstehen kann.[52] Dies gilt auch dann, wenn dem Kind die datenschutzrechtliche Einwilligungsmündigkeit i.S.d. Art. 8 Abs. 1 fehlt.[53] Eine entsprechende Ausgestaltung ist allerdings nicht bei sämtlichen Informationen und Mitteilungen, die den Betroffenen bereitgestellt werden müssen, erforderlich. Vielmehr besteht das Erfordernis einer kindgerechten Sprache lediglich dann, wenn sich das Angebot nach Inhalt und Ausgestaltung speziell an Kinder richtet.[54] Als Orientierungsmaßstab für eine kindgerechte Ausgestaltung komplexer Texte emp-

---

45 BeckOK DatenSR-*Quaas* Art. 12 Rn. 19; Gola-*Franck* Art. 12 Rn. 22.
46 Sydow-*Greve* Art. 12 Rn. 12.
47 A.A. Gola-*Franck* Art. 12 Rn. 20, der auf Deutsch als die Verkehrssprache im Inland verweist.
48 BeckOK DatenSR-*Quaas* Art. 12 Rn. 15; Paal/Pauly-*Paal* Art. 12 Rn. 25, 30; a.A. Ehmann/Selmayr-*Heckmann/Paschke* Art. 12 Rn. 18.
49 Kühling/Buchner-*Bäcker* Art. 12 Rn. 11 – kognitiver und zeitlicher Aufwand gering.
50 Im Englischen: „*in particular* for any information addressed specifically to a child".
51 A.A. Ehmann/Selmayr-*Heckmann/Paschke* Art. 12 Rn. 18.
52 Vgl. auch ErwG. 38.
53 Ehmann/Selmayr-*Heckmann/Paschke* Art. 12 Rn. 21.
54 Paal/Pauly-*Paal/Hennemann* Art. 12 Rn. 36.

fiehlt die Art.-29-Datenschutzgruppe beispielhaft die Broschüre[55] „UNICEF-Konvention über die Rechte des Kindes für Kinder erklärt".[56]

Aufgrund der möglichen Bandbreite unterschiedlicher Informationsempfänger sollten Gruppen[57] gebildet werden, bei denen die Anforderungen an die formale und inhaltliche Darstellung je variieren. Denn eine Anpassung und individuelle Formulierung für jeden einzelnen Adressaten dürfte die Grenzen des Möglichen und Zumutbaren sprengen[58], während eine allgemeingültige Formulierung, die den Anforderungen des Art. 12 für alle erdenklichen Adressaten genügt, schwer zu finden sein dürfte. 33

4. Form. Die Formvorschrift in S. 2 und 3 gilt für Informationspflichten, die keinen Antrag voraussetzen. Soweit ein Antrag erforderlich ist, wird die Regelung jedenfalls teilweise von der Spezialregelung in Abs. 3 S. 4 überlagert[59]. 34

Gemäß S. 2 sind die Informationen „**schriftlich oder in anderer Form**" zu erteilen. Es gelten die §§ 126 ff. BGB entsprechend[60]. Damit ist kein Vorrang einer bestimmten Form gemeint. Dem Verantwortlichen wird vielmehr ein Wahlrecht eingeräumt, in welcher Form er Informationen übermitteln will[61]. Die gewählte Form muss lediglich eine hinreichende Möglichkeit der Kenntnisnahme vermitteln[62]. 35

„Gegebenenfalls" ist auch eine **elektronische** Informationserteilung möglich. Diese etwas missverständliche Formulierung beinhaltet jedoch keinen Vorrang der Schriftform[63]. Dies ergibt sich aus ErwG 58 (S. 2 und 3), wonach die Information elektronisch erteilt werden kann. Explizit als Beispiel benannt ist die Veröffentlichung auf einer Webseite. Die elektronische Form steht somit neben der Schriftform und kann von dem Verantwortlichen frei gewählt werden. In Bezug auf Websites ist zudem die Verwendung von mehrschichtigen Datenschutzerklärungen möglich, um für die betroffenen Personen die bereitzustellenden Informationen möglichst verständlich aufzubereiten.[64] Außerdem sollten zusätzliche Mittel berücksichtigt werden, sofern das Gerät, welches die personenbezogenen Daten umfasst, nicht über einen Bildschirm verfügt. Hier könnten etwa die Angabe eines QR-Codes oder der Internet-Adresse in Betracht gezogen werden, unter der man die Datenschutzerklärung auffinden kann.[65] Die Art.-29-Datenschutzgruppe weist ausdrücklich auf die Möglichkeit hin, die Information je nach Situation zusätzlich auch **mündlich** gewähren zu können. In Betracht kommen dürfte etwa bei mündlichen Datenerhebungen, etwa am Telefon, mündlich auf den Umstand der Datenerhebung hinzuweisen, um wegen der Details der Infor- 36

---

55 https://www.unicef.de/informieren/materialien/konvention-ueber-die-rechte-des-kindes/50774, zuletzt abgerufen am 29.4.2020.
56 *Art.-29-Datenschutzgruppe* WP 260 rev.01, S. 10.
57 Ähnlicher Paal/Pauly-*Paal* Art. 12 Rn. 26.
58 So auch Paal/Pauly-*Paal* Art. 12 Rn. 26.
59 Kühling/Buchner-*Bäcker* Art. 12 Rn. 15.
60 Gola-*Franck* Art. 12 Rn. 23.
61 So auch Kühling/Buchner-*Bäcker* Art. 12 Rn. 16; BeckOK DatenSR-*Quaas* Art. 12 Rn. 27; Plath-*Kamlah* Art. 12 Rn. 3; a. A. aber Paal/Pauly-*Paal* Art. 12 Rn. 38, der von einem Vorrang der Schriftform ausgeht.
62 Kühling/Buchner-*Bäcker* Art. 12 Rn. 16.
63 *Walter* DSRITB 2016, 367, 373; a.A. wohl Wybitul-*Pötters/Bausewein* Art. 12 Rn. 13, wonach die Schriftform „vorzugswürdig" sei.
64 *Art.-29-Datenschutzgruppe* WP 260, S. 10, 17.
65 *Art.-29-Datenschutzgruppe* WP 260, S. 11.

mation auf eine Homepage, E-Mail oder auf Anforderung auch eine schriftliche Information zu verweisen.

37 Unklar ist, ob und inwieweit die betroffene Person aktiv über Änderungen bei veränderten Datenverarbeitungsprozessen informiert werden muss. Stellt der Verantwortliche bspw. eine Verarbeitungsform ein und ändert dementsprechend die Information auf seiner Webseite, stellt sich die Frage, inwiefern die betroffene Person über diese Änderung informiert werden muss. Auch eine Zweckänderung i.R.v. Art. 6 Abs. 4 kann eine nachträgliche Änderung der Informationen erforderlich machen. Konkrete Vorgaben hierzu macht Abs. 1 nicht, sodass davon ausgegangen werden kann, dass eine aktive Benachrichtigung des Betroffenen nach Art. 12 nicht gefordert ist.

38 Eine Einschränkung des Grundsatzes der Formfreiheit enthält indes S. 3. Danach ist die **mündliche** Form nur auf Verlangen des Betroffenen ausreichend und nur, wenn seine Identifizierung anderweitig erfolgt ist. Der Nachweis der Identität kann dabei auf jede beliebige Weise erfolgen.[66] Die dem Betroffenen eröffnete Möglichkeit, sich eine mündliche Unterrichtung wünschen zu können, geht für den Verantwortlichen jedoch nicht mit der Verpflichtung einher, diese auch tatsächlich vornehmen zu müssen, da der Wortlaut des Art. 12 Abs. 3 S. 1 („kann") insofern keine Verpflichtung des Verantwortlichen statuiert.[67]

39 Die Frage nach dem zulässigen **Medienbruch** wird von der DS-GVO nicht beantwortet.[68] Lediglich ein leichter Zugang wird an verschiedenen Stellen innerhalb der DS-GVO betont.[69] Die Form einer Übermittlung korreliert daher eng mit den Geboten der Zugänglichkeit und Verständlichkeit sowie dem jeweiligen Kontext der Datenverarbeitung.[70] Eine Einschränkung wäre jedenfalls aber angeboten, wenn im konkreten Einzelfall nach dem Grundsatz von Treu und Glauben i.S.v. Art. 5 Abs. 1 lit. a DS-GVO ein Medienbruch in der Informationsvermittlung unzumutbar wäre.[71] Dies könnte bspw. dann der Fall sein, wenn dem Betroffenen hierdurch ein erheblicher Mehraufwand entstünde und dieser deshalb von der Wahrnehmung seiner Betroffenenrechte abgeschreckt sein könnte.[72] Die DSK erkennt den Medienbruch an.[73]

40 **5. Rechtsfolgen einer Verletzung.** Verstößt der Verantwortliche gegen das Transparenzgebot des S. 1 oder die Formvorschriften der S. 2 und 3, hat dies zur unmittelbaren Rechtsfolge, dass die gebotenen Informationen dem Betroffenen nicht ordnungsgemäß bereitgestellt wurden. Hängt die weitere Datenverarbeitung von der ordnungsgemäßen Information ab, kann sich aus dem Verstoß wiederum ein Verarbeitungsverbot ergeben. Dies betrifft jedenfalls die Informationspflichten aus Art. 13 und 14 sowie 18 Abs. 3. Dagegen kann der Betroffene bei Informationspflichten, die einen Antrag voraussetzen, bei einem Verstoß gegen die in Abs. 1 genannten Vorgaben, von dem

---

66 Sydow-*Greve* Art. 12 Rn. 19.
67 Sydow-*Greve* Art. 12 Rn. 21.
68 Vgl. hierzu auch *Lorenz* VuR 2019, 213, 220.
69 Vgl. etwa ErwG 39, 58; Art. 12 Abs. 1 S. 1, 12 Abs. 7.
70 Simitis/Hornung/Spiecker gen. Döhmann-*Dix* Art. 12 Rn. 18.
71 *GDD* Transparenzpflichten bei der Datenverarbeitung, S. 5 f.
72 Sydow-*Greve* Art. 12 Rn. 18.
73 Vgl. *DSK* Orientierungshilfe Direktwerbung 11/2018, S. 7 („zweistufiges Informationsmodell").

Verantwortlichen, Nacherfüllung verlangen. Zusätzlich kann eine Verletzung gegen Art. 12 Abs. 1 gem. Art. 83 Abs. 5 lit. b stets mit eine Geldbuße geahndet werden.[74]

IV. Rechtewahrnehmung (Abs. 2)

Abs. 2 begründet eine Pflicht des Verantwortlichen zur Erleichterung der Rechteausübung durch die Betroffenen. Den Verantwortlichen trifft gem. Art. 12 Abs. 2 S. 1 die allgemeine und nicht näher spezifizierte Pflicht, die Ausübung der Rechte aus den Art. 15 bis 22 zu erleichtern. Die Pflicht aus Abs. 2 S. 1 besteht dabei stets nur in dem Umfang, indem die genannten Betroffenenrechte bestehen[75]. 41

1. Pflicht zur Erleichterung. Zunächst ist es dem Verantwortlichen durch die Pflicht zur Erleichterung der Rechteausübung untersagt, diese **aktiv zu behindern** bspw. indem für die Geltendmachung zusätzliche inhaltliche oder formale Hürden aufgestellt werden. Eine Rechtsverteidigung des Verantwortlichen bleibt hiervon allerdings unberührt[76]. Wie ErwG 59 klarstellt, kann eine solche Erleichterung bspw. durch das Vorsehen einer Möglichkeit zur elektronischen Antragstellung erreicht werden. 42

Die **Modalitäten der Vereinfachung** bzw. die konkret zu ergreifenden Maßnahmen sind von dem Verantwortlichen festzulegen[77] und liegen im Einzelnen in dessen Ermessen. Da die Ausübung nur erleichtert werden muss, bleibt die Verantwortung für die tatsächliche Rechtsausübung beim Betroffenen[78]. Der Betroffene muss also selbst aktiv werden, während der Verantwortliche ihm hierfür geeignete Zugangswege zur Verfügung stellen muss, z.B. durch die Bereitstellung elektronischer Kommunikationseinrichtungen oder der Benennung von Ansprechpartnern. 43

2. Ausnahme bei mangelnder Identifizierbarkeit. Hat die betroffene Person einen Antrag zur Wahrnehmung ihrer Rechte gestellt, so hat der Verantwortliche diesen grundsätzlich zu bearbeiten und insbesondere zu prüfen ob und inwieweit er diesem nachkommt. Eine Verweigerung des Tätigwerdens ist nur zulässig, wenn der Verantwortliche glaubhaft macht, dass er die betroffene Person nicht identifizieren kann und ein Fall des Art. 11 Abs. 2 vorliegt. 44

Ein Fall des Art. 11 Abs. 2 liegt vor, wenn der Verantwortliche in Fällen des Art. 11 Abs. 1 nachweisen kann, dass er nicht in der Lage ist, die betroffene Person zu identifizieren. Daher ist über die Nicht-Identifizierbarkeit hinaus erforderlich, dass für die Zwecke der Datenverarbeitung eine Identifizierung des Betroffenen nicht (mehr) erforderlich ist. Andernfalls wird der Verantwortliche in der Regel ohnehin von sich aus weitere Daten erheben oder anfordern, um den Betroffenen identifizieren zu können und so die Betroffenenrechte zur Anwendung bringen. 45

Der Verantwortliche ist **zur Identifizierung außerstande**, wenn er mittels der ihm vorliegenden Informationen die Identität des Betroffenen nicht bestimmen kann. Identifizierbarkeit setzt voraus, dass der Verantwortliche in der Lage ist, mittels der vorhandenen Informationen die Identität des Betroffenen zu bestimmen, dass er mithin die Daten einer bestimmten Person zuordnen kann. Dabei muss der Verantwortliche zwar 46

---

74 Kühling/Buchner-*Bäcker* Art. 12 Rn. 13, 18.
75 Ehmann/Selmayr-*Heckmann/Paschke* Art. 12 Rn. 24.
76 Plath-*Kamlah* Art. 12 Rn. 11.
77 ErwG 59.
78 Ehmann/Selmayr-*Heckmann/Paschke* Art. 12 Rn. 24.

Art. 12 Transparente Information

die ihm möglichen und zumutbaren Maßnahmen zur Identifizierung (erfolglos) ergriffen haben, indes gehört zu diesen Maßnahmen, wie Art. 11 Abs. 1 zeigt, nicht die Anforderung weiterer Informationen. Denn diese soll gerade nicht verpflichtend sein.

47 Berücksichtigt werden müssen vielmehr (nur) solche Mittel, die nach allgemeinem Ermessen von dem Verantwortlichen oder von Dritten wahrscheinlich zur Identifizierung genutzt werden[79]. Dies wiederum bestimmt sich nach objektiven Kriterien, insbesondere dem zeitlichen und finanziellen Aufwand.

48 **Identifizierbar** ist der Betroffene bspw. dann, wenn seine Daten bei dem Verantwortlichen in pseudonymisierter Form vorliegen und der Verantwortliche zudem über die zur Zuordnung zu dem Betroffenen erforderlichen weiteren Informationen, bspw. eine Pseudonymisierungstabelle, verfügt.[80]

49 Dagegen ist der Betroffene für den Verantwortlichen **nicht identifizierbar**, wenn er über dessen Daten nur in anonymisierter Form verfügt[81], da aus diesen keinerlei Rückschlüsse auf die Identität des Betroffenen möglich sind. Einer Person zugeordnete **Kennungen** (Cookies, IP-Adressen) können hingegen nur in Verbindung mit weiteren Informationen die Identifizierbarkeit begründen. Auch wenn diese Kennungen u.U. ein Aussondern einer abstrakten Person aus einer Menge von Personen ermöglichen können, so ist eine Zuordnung zu einer konkreten Person für den Verantwortlichen regelmäßig gerade nicht möglich.

50 Hat der Verantwortliche nachgewiesen, dass er den Betroffenen nicht identifizieren kann, so muss er dies, anders als der letzte Hs. in Abs. 2 S. 2 suggeriert, nicht zusätzlich glaubhaft machen. Denn in der englischen und französischen Sprachfassung des Art. 11 Abs. 2 und Art. 12 Abs. 2 S. 2 ist eine solche begriffliche Differenzierung nicht vorgesehen. Der abweichende Wortlaut in der deutschen Fassung ist allein der Übersetzung geschuldet und sollte nicht etwa dazu führen, dass Art. 12 Abs. 2 S. 2 insoweit ein über Art. 11 Abs. 2 hinausgehendes Erfordernis aufstellt[82].

V. Unterrichtung über Abhilfemaßnahmen i.R.d. Rechtewahrnehmung (Abs. 3)

51 Zur Erleichterung der Rechtswahrnehmung gehört ein effizientes Zeitmanagement beim Verantwortlichen. Daher muss er den Betroffenen über den Stand des Antrags und die geplanten Maßnahmen unterrichten. Dies stellt eine über Art. 13, 14 hinausgehende, eigenständige Informationspflicht dar. Denn ohne Informationspflicht bedürfte es auch keiner Frist, innerhalb derer diese zu erfüllen ist.

52 Es handelt sich **nicht um eine Pflicht zur Bearbeitung** des Antrags binnen einer bestimmten Frist, sondern lediglich um eine Pflicht zur Unterrichtung über die auf den Antrag des Betroffenen hin von dem Verantwortlichen ergriffenen Maßnahmen[83]. Die Bearbeitung oder Abhilfe selbst kann längere Zeit in Anspruch nehmen.

53 Die Pflicht zur Unterrichtung ist **unverzüglich** nach Eingang des Antrags des Betroffenen, spätestens jedoch innerhalb eines Monats zu erfüllen. Zwar kann der europa-

---

79 ErwG 26.
80 ErwG 26.
81 ErwG 26.
82 Anders wohl Gola-*Franck* Rn. 31, die die Glaubhaftmachung i.S.v. § 294 ZPO verstehen.
83 So auch Gola-*Franck* Art. 12 Rn. 27.

rechtliche Begriff der „unverzüglichen" Unterrichtung grundsätzlich nicht vom deutschen Recht her interpretiert werden, wird aber im Ergebnis ebenfalls ein Tätigwerden ohne schuldhaftes Zögern erfordern[84]. Zur Fristberechnung kann wiederum auf die allgemeinen Vorschriften der §§ 186 ff. BGB zurückgegriffen werden, wobei der Eingang des Antrags bei dem Verantwortlichen als fristauslösendes Ereignis zu qualifizieren ist, sodass es sich bei der Monatsfrist des Art. 12 Abs. 3 um eine Ereignisfrist handeln dürfte.[85]

In der Praxis wird es sich jedenfalls in der elektronischen Kommunikation anbieten, mit sog. Ticketsystemen zu arbeiten, bei denen Anfragen betroffener Personen systematisch erfasst werden und diese automatisiert über den weiteren Fortgang der Bearbeitung informiert werden können. 54

Die Frist des Abs. 3 S. 1 kann **um weitere zwei Monate verlängert** werden, wenn dies unter Berücksichtigung der Komplexität und der Anzahl von Anträgen erforderlich ist. **Komplexität** umfasst sowohl die rechtliche Prüfung als auch die Aufarbeitung des Sachverhaltes[86]. Demgegenüber sind mit der **Anzahl von Anträgen** alle bei dem Verantwortlichen eingehenden Anträge gemeint. Der Wortlaut deutet dabei auf die Notwendigkeit eines **kumulativen** Vorliegens dieser beiden Gründe hin[87]. Da sich jedoch sowohl aus der Komplexität als auch aus der Anzahl der Anträge unabhängig voneinander ein erheblicher Aufwand für den Verantwortlichen ergeben kann, werden **keine zu hohen Anforderungen** zu stellen sein, wenn jedenfalls eines der Merkmale erfüllt ist, um von dem Verantwortlichen keine praktisch unmögliche Bearbeitungszeit zu verlangen. Das zeigt bereits die Formulierung „unter Berücksichtigung", die indiziert, dass beide Faktoren in eine einheitliche Abwägung einzubeziehen sind. Im Ergebnis läuft es also auf eine Einzelfallbetrachtung hinaus, sodass routinemäßige Fristverlängerungen jedenfalls nicht den Anforderungen des Abs. 3 S. 1 genügen.[88] 55

Der Verantwortliche hat den Betroffenen über die Fristverlängerung bis spätestens zum Ablauf der Monatsfrist zu **informieren**. Die Unterrichtungspflicht muss dabei alle wesentlichen Entscheidungsgründe beinhalten, die den Verantwortlichen zur Inanspruchnahme des Abs. 3 S. 2 bewegt haben. Stellt der Betroffene seinen Antrag elektronisch, ist er gem. Abs. 3 S. 4 nach Möglichkeit ebenfalls auf elektronischen Weg zu unterrichten, sofern er nichts anderes angibt. Eine diesbezügliche allgemeine Rechtspflicht des Verantwortlichen kann jedoch schon wegen dem schwachen Wortlaut des Abs. 3 S. 4 nicht abgeleitet werden. Aufgrund ihrer systematischen Stellung findet die Vorschrift sowohl auf die Unterrichtungspflichten des S. 1 und als auch auf diejenigen des S. 3 Anwendung. 56

VI. Unterrichtung über die Nichtabhilfe i.R.d. Rechtewahrnehmung (Abs. 4)

Zur Erleichterung bildet der Abs. 4 ein Gegenstück zu Abs. 3 und sieht eine Unterrichtungspflicht auch für den Fall vor, dass der Verantwortliche auf den Antrag des Betroffenen hin nicht tätig wird. Er hat dies sodann dem Betroffenen mitzuteilen, zu 57

---

84 Auch die englische Fassung („without undue delay") weist eine gewisse Parallele mit der deutschen Lesart auf.
85 Gola-*Franck* Art. 12 Rn. 27.
86 Plath-*Kamlah* Art. 12 Rn. 15.
87 Ehmann/Selmayr-*Heckmann/Paschke* Art. 12 Rn. 33.
88 Simitis/Hornung/Spiecker gen. Döhmann-*Dix* Art. 12 Rn. 26.

begründen und daneben auf die Beschwerde- und gerichtlichen Rechtsschutzmöglichkeiten hinzuweisen. Wie schon für die Unterrichtungen nach Abs. 3 gilt auch für die Entscheidungsmitteilung nach Abs. 4 der Maßstab des Abs. 1 entsprechend[89]:

58 Die Unterrichtung hat der Verantwortliche **„ohne Verzögerung"**, jedenfalls aber innerhalb eines Monats ab Eingang des Antrages zu übermitteln (Fristberechnung s. Rn. 53). Die Formulierung „ohne Verzögerung" unterscheidet sich insoweit von Abs. 3. Damit soll wohl die unspezifische Wertung zum Ausdruck gebracht werden, der Verantwortliche solle im Falle einer ablehnenden Entscheidung strenger behandelt werden, als im Fall einer stattgebenden[90]. Praktische Unterschiede zwischen einem „unverzüglichen" Handeln und einem solchen „ohne Verzögerung" sind jedoch nicht ersichtlich[91].

59 Abs. 4 knüpft an den Zeitpunkt an, in dem die Entscheidung, nicht tätig zu werden, gefallen ist[92]. Denn der Verantwortliche kann erst dann mitteilen, dass er auf Antrag des Betroffenen nicht tätig wird, wenn er diesen Entschluss selbst gefasst hat.

60 Diskutiert wird, ob auch die Frist für die Unterrichtung gem. Abs. 4 entsprechend des Abs. 3 S. 2 **verlängert** werden kann, sofern dies im Einzelfall erforderlich ist[93]. Die Diskussion ist insoweit irreführend, als dass Abs. 4 ohnehin erst ab dem Zeitpunkt gilt, in dem der Verantwortliche die Entscheidung getroffen hat, nicht tätig zu werden. Wenn sich der Verantwortliche also aufgrund Anzahl und rechtlicher Komplexität der Anträge nach Abs. 3 S. 2 eine Fristverlängerung für eine weitere Prüfung ausbedingt, um zu prüfen, ob die Voraussetzungen für einen Anspruch des Betroffenen erfüllt sind, gilt zu diesem Zeitpunkt Abs. 3. Erst wenn sich der Verantwortliche daraufhin entscheidet, nicht tätig zu werden, gilt Abs. 4. Andernfalls könnte die Frist nach Abs. 3 S. 2 nur dann verlängert werden, wenn der Verantwortliche sich bereits zu diesem Zeitpunkt festlegt, dem Antrag stattzugeben. Die Fristverlängerung selbst wäre dann ein Präjudiz für die Entscheidung des Verantwortlichen. Dies wäre jedoch mit dem Sinn der Fristverlängerung, eine angemessene Prüfung zu ermöglichen, nicht vereinbar. Eine Fristverlängerung zu einem Zeitpunkt, in dem der Verantwortliche bereits abschließend entschieden hat, nicht tätig zu werden, ist hingegen ausgeschlossen, in der Praxis aber wohl in aller Regel auch nicht erforderlich.

61 Die Unterrichtung hat eine **Rechtsbehelfsbelehrung** zu enthalten, d.h. einen Hinweis auf die Möglichkeit zur Einlegung einer Beschwerde bei einer Aufsichtsbehörde nach Art. 77 sowie gerichtliche Rechtsbehelfe nach Art. 79.

VII. Unentgeltlichkeit (Abs. 5)

62 Im Unterschied zur bisherigen Rechtslage[94] muss die Information des Betroffenen bzw. die Versendung von Mitteilungen an diesen nunmehr **grundsätzlich unentgeltlich**

---

[89] Paal/Pauly-*Paal* Art. 12 Rn. 59; BeckOK DatenSR-*Quaas* Art. 12 Rn. 41.
[90] Ehmann/Selmayr-*Heckmann/Paschke* Art. 12 Rn. 39.
[91] Ebenso sprechen Kühling/Buchner-*Bäcker* Art. 12 in Fn. 23 davon, dass sich die unterschiedlichen Beschleunigungsanforderungen der Abs. 3 und 4 praktisch nicht operationalisieren lassen.
[92] BeckOK DatenSR-*Quaas* Art. 12 Rn. 40.
[93] So BeckOK DatenSR-Quaas Art. 12 Rn. 40; a.A. Ehmann/Selmayr-*Heckmann/Paschke* Art. 12 Rn. 39; Kühling/Buchner-*Bäcker* Art. 12 Rn. 34.
[94] Art. 12 lit. a DSRL: „ohne übermäßige Kosten".

erfolgen. Bisher war es möglich, die tatsächlich entstandenen Kosten von dem Betroffenen einzufordern, auch wenn von dieser Möglichkeit häufig kein Gebrauch gemacht wurde[95]. Insbesondere darf die Bereitstellung von Informationen nicht von einer Zahlung bzw. dem Kauf von Gütern oder Dienstleistungen abhängig gemacht werden.[96] Eigene Aufwendungen, die der Betroffene zur Geltendmachung seiner Rechte tätigt, muss er dagegen selbst tragen.[97]

Allerdings sieht Abs. 5 von diesem Grundsatz in S. 2 **Ausnahmen** vor, um missbräuchliche und leichtfertig gestellte Anträge bereits von vornherein zu unterbinden[98]. Informationen nach Art. 13, 14 und 34 bleiben daher für den Betroffenen stets kostenfrei. Im Übrigen sind die Ausnahmen des S. 2 eng auszulegen, damit der Grundsatz der Unentgeltlichkeit wie auch die in Art. 15–22 genannten Rechte des Betroffenen selbst nicht praktisch unterlaufen werden.[99]   63

Liegt ein offenkundig unbegründeter oder exzessiver Antrag vor, kann der Verantwortliche entweder ein angemessenes Entgelt verlangen oder sich weigern, aufgrund des Antrages tätig zu werden.   64

Offenkundig unbegründet sind Anträge, deren Voraussetzung offensichtlich nicht bestehen[100]. Es muss also für einen verständigen Laien erkennbar sein, dass der Rahmen seiner Betroffenenrechte evident überschritten ist. Dies kann bspw. dann der Fall sein, wenn ein unberechtigter Dritter die Rechte des Betroffenen geltend macht oder der Betroffene die Löschung seiner Daten verlangt, obwohl der Verantwortliche ihm zuvor mitgeteilt hat, dass er keine ihn betreffenden Daten verarbeitet.[101] Die Ausnahme schützt Verantwortliche somit vor unverhältnismäßigem Aufwand, da nach Abs. 4 offensichtlich unbegründete Anträge jedenfalls einer Benachrichtigung bedürfen und somit administrativen Aufwand auslösen können. Bei Erstanträgen wird dies allerdings regelmäßig nicht anzunehmen sein. Ebenso liegt nicht schon ein offensichtlich unbegründeter Antrag vor, wenn der Betroffene sein Anliegen unklar formuliert. Insofern sollten keine zu hohen Anforderungen an die Detailkenntnisse des Betroffenen über den Inhalt der DS-GVO gestellt werden. Unerheblich ist weiterhin, ob der Betroffene seine Rechte geltend macht, ohne dies näher zu begründen, da die DS-GVO keine Begründungspflicht seitens des Betroffenen verlangt.[102]   65

Exzessive Anträge umfassen zunächst nach Abs. 5 insbesondere häufige Wiederholungen von Anträgen. Eine Wiederholung allein reicht nicht aus. Dies ergibt sich schon aus ErwG 63 S. 1, wonach dem Betroffenen „ein Auskunftsrecht [...] in angemessenen Abständen" zusteht. Eine Exzessivität wird jedoch dann anzunehmen sein, wenn die Anträge ohne stichhaltigen Grund in so kurz hintereinander geschalteten Zeitintervallen gestellt werden, dass sich die Umstände sowie die rechtlichen Gegebenheiten unmöglich geändert haben können und ein anderer Ausgang daher fernliegend ist. Dann nämlich dient die Antragstellung lediglich der Behinderung des Verantwortlichen   66

---

95 Paal/Pauly-*Paal* Art. 12 Rn. 62.
96 *Art.-29-Datenschutzgruppe* WP 260 rev.01, S. 13.
97 Ehmann/Selmayr-*Heckmann/Paschke* Art. 12 Rn. 42.
98 Paal/Pauly-*Paal* Art. 12 Rn. 66.
99 Simitis/Hornung/Spiecker gen. Döhmann-*Dix* Art. 12 Rn. 31.
100 Ehmann/Selmayr-*Heckmann/Paschke* Art. 12 Rn. 43.
101 Simitis/Hornung/Spiecker gen. Döhmann-*Dix* Art. 12 Rn. 32.
102 Simitis/Hornung/Spiecker gen. Döhmann-*Dix* Art. 12 Rn. 32.

und nicht der Geltendmachung der eigenen Rechte. Als Beurteilungsmaßstab kann bspw. die Monatsfrist des Abs. 3 S. 1 herangezogen werden. So dürfte eine rechtsmissbräuchliche Antragstellung jedenfalls dann immer anzunehmen sein, wenn innerhalb dieses Zeitraums gleich mehrfach Anträge gestellt werden[103]. Aus dem Wortlaut „insbesondere" lässt sich außerdem folgern, dass der Verordnungsgeber abgesehen von der wiederholten Antragsstellung auch weitere Formen von exzessiven Anträgen erfasst sehen möchte[104]. Dies kann etwa dann der Fall sein, wenn der Betroffene einzelne Erfüllungsmodalitäten überspezifisch angibt, bspw. wenn er bei Art. 15 Abs. 1 einen kompletten Ausdruck auf Papier fordert oder im Rahmen des Art. 20 Abs. 1 die singuläre Festlegung auf ein konkretes maschinenlesbares Format verlangt.[105] Auch Anträge, die ersichtlich das Ziel haben, durch ausufernde Informationsbegehren den Geschäftsbetrieb des Verantwortlichen zu stören, können als exzessiv angesehen werden.

67 Der Verantwortliche kann bei Vorliegen eines offensichtlich unbegründeten oder exzessiven Antrags ein angemessenes Entgelt verlangen oder das Tätigwerden gänzlich verweigern. Dem Wortlaut ist dabei kein Vorrang einer Rechtsfolge zu entnehmen. Vielmehr stehen beide Folgen gleichberechtigt nebeneinander, wobei dem Verantwortlichen ein **Wahlrecht** zukommt[106].

68 Verlangt der Verantwortliche ein angemessenes Entgelt für sein Tätigwerden, so hat er hierbei die tatsächlich anfallenden Verwaltungskosten, z.B. Telefongebühren oder Portokosten sowie anteilige Lohn- bzw. Gehaltskosten zu berücksichtigen. Hierdurch wird jedoch aufgrund der weichen Formulierung keine Bindung an die Höhe der Verwaltungskosten[107] (im Sinne einer Obergrenze) erzielt, sondern lediglich eine Orientierung.[108] Das Entgelt darf mithin zu den Kosten nicht außer Verhältnis stehen. Eine **Pauschalisierung** des Entgelts ist aus Gründen der Verfahrenseffizienz zulässig[109]. Selbstverschuldete Mehrkosten[110] und allgemeine Kostenfaktoren, die lediglich mittelbar auf ein Auskunftsersuchen zurückzuführen sind[111], dürfen dagegen nicht auf den Betroffenen abgewälzt werden.

69 Gemäß S. 3 hat der Verantwortliche die Berechtigung seiner Verweigerung oder Entgeltforderung und damit den exzessiven oder offensichtlich unbegründeten Charakter der Anfrage des Betroffenen zu beweisen. Nichts anderes ergibt sich schon aus den allgemeinen Beweislastregeln, weshalb S. 3 als bloßer deklaratorischer Hinweis auf die Rechtslage zu verstehen ist. Im Falle einer exzessiven Antragstellung kann ein solcher

---

103 *Laue/Kremer* Das neue Datenschutzrecht in der betrieblichen Praxis, § 4 Rn. 20.
104 Ehmann/Selmayr-*Heckmann/Paschke* Art. 12 Rn. 43.
105 Gola-*Franck* Art. 12 Rn. 35; a.A. wohl Simitis/Hornung/Spiecker gen. Döhmann-*Dix* Art. 12 Rn. 33, nach dessen Auffassung sich die Exzessivität des Antrags lediglich quantitativ begründen lässt.
106 Paal/Pauly-*Paal* Art. 12 Rn. 63; a.A. Ehmann/Selmayr-*Heckmann/Paschke* Art. 12 Rn. 46 ff.
107 So auch Paal/Pauly-*Paal* Art. 12 Rn. 68.
108 Hinsichtlich der Kostentragung nach Art. 12 lit. a DSRL entschied der EuGH allerdings, dass das Entgelt für die Auskunftserteilung nicht die tatsächlichen Kosten übersteigen darf, vgl. *EuGH* v. 12.12.2013 – C-486/12.
109 Paal/Pauly-*Paal* Art. 12 Rn. 68.
110 Gola-*Franck* Art. 12 Rn. 41.
111 Ehmann/Selmayr-*Heckmann/Paschke* Art. 12 Rn. 43.

Nachweis bspw. dadurch erbracht werden, dass der Verantwortliche alle Anträge des Betroffenen ausreichend dokumentiert hat[112].

VIII. Zweifel an der Identität (Abs. 6)

Abs. 6 regelt den Fall, dass begründete Zweifel des Verantwortlichen an der Identität des Antragstellers bestehen. **Zweifel an der Identität** setzen voraus, dass die vorhandenen Daten auf eine bestimmte Identität hindeuten und somit eine Identifizierung grundsätzlich möglich ist, aber nach den Umständen Zweifel daran bestehen, ob der Antragsteller tatsächlich die als Betroffener identifizierte Person ist[113]. Der Verantwortliche hat seine Zweifel einzelfallbezogen darzulegen. Gleichzeitig besteht für den Betroffenen eine Mitwirkungsobliegenheit, denn ohne dessen Mitwirkung wird es dem Verantwortlichen nicht möglich sein, die dargelegten Identitätszweifel zu entkräften. Hintergrund der Regelung ist, dass die Informationen nur denjenigen zur Verfügung gestellt werden sollen, die auch tatsächlich durch die Datenverarbeitung betroffen sind[114]. Eine routinemäßige Identitätsprüfung kann jedoch nicht auf Abs. 6 gestützt werden[115]. Eine Speicherung der Identifizierungsdaten zum Zweck des Nachweises, dass die Auskunft – insbesondere in Zweifelsfällen – an die richtige Person erteilt wurde, ist im Hinblick auf die Rechenschaftspflicht des Verantwortlichen nach Art. 5 Abs. 2 zulässig.[116] Welche Angaben zur Identifizierung erforderlich sind, wird abhängig von dem geltend gemachten Betroffenenrecht unterschiedlich zu beurteilen sein.[117] Hierzu bieten sich bspw. die Vereinbarung einer Sicherheitsfrage oder die telefonische Abfrage von Kundendetails wie Geburtsdatum oder Mobilfunknummer an, sofern diese Informationen beim Verantwortlichen vorhanden sind.[118] Dagegen soll auf die Anforderung von Personalausweiskopien nach Möglichkeit verzichtet werden.[119]

70

Art. 12 regelt zwei verschiedene Fallkonstellationen, in denen Identifizierungsmängel[120] vorliegen können: Ist schon eine Identifizierung des Betroffenen nicht möglich, so gelten die Regelungen des Art. 11 und 12 Abs. 2 S. 2[121]. Abs. 6 betrifft dagegen den Fall, dass der Betroffene zwar identifiziert werden kann, seine Übereinstimmung mit dem Antragsteller aber unklar ist.

71

Auch wenn auf den ersten Blick ein **Exklusivitätsverhältnis** zwischen beiden Fallkonstellationen nahe liegt, ergibt sich dennoch aus dem Wortlaut des Abs. 6 („so kann er unbeschadet des Art. 11 zusätzliche Informationen anfordern"), dass beide Regelungen bei einer entsprechenden Fallkonstellation – zeitlich versetzt – zur Anwendung kommen können. Der Verantwortliche kann also zunächst bei fehlender Identifikation das Tätigwerden verweigern (Abs. 2 S. 2). Erfolgt daraufhin ein Identifikationsnachweis des Betroffenen ist der Verantwortliche selbstredend nicht verpflichtet, die-

72

---

112 Sydow-*Greve* Art. 12 Rn. 27.
113 Kühling/Buchner-*Bäcker* Art. 12 Rn. 30.
114 BeckOK DatenSR-*Quaas* Art. 12 Rn. 50.
115 Kühling/Buchner-*Bäcker* Art. 12 Rn. 30.
116 A.A. Sydow-*Greve* Art. 12 Rn. 30.
117 Simitis/Hornung/Spiecker gen. Döhmann-*Dix* Art. 12 Rn. 36.
118 Gola-*Franck* Art. 12 Rn. 43.
119 So ausdrücklich für die alte Rechtslage 6. Tätigkeitbericht des Bayerischen Landesamtes für Datenschutzaufsicht für die Jahre 2013 und 2014, S. 77.
120 Kühling/Buchner-*Bäcker* Art. 12 Rn. 28.
121 S.o. unter Rn. 54 ff.

sem zwingend Glauben zu schenken. Ist der Identifikationsnachweis schlechthin ungeeignet für die Identifikation des Betroffenen, gilt erneut Abs. 2 S. 2. Hat der Verantwortliche hingegen bei einem geeigneten Identifikationsmerkmal begründete Zweifel an der Identität des Betroffenen, gilt Abs. 6.

73 Daher bleibt es dem Verantwortlichen, der nachweist, dass er zur Identifizierung nicht in der Lage ist, unbenommen, den Antrag der betroffenen Person nicht stattzugeben. Der Wortlaut des Abs. 6 („unbeschadet") stellt in diesem Kontext klar, dass der Verantwortliche zwar zusätzliche Informationen zur Identitätsfeststellung anfordern kann[122]. Dem Wortlaut nach gilt dies allerdings nur für die **Rechte des Betroffenen** nach den Art. 15–21. Anders als Abs. 2 S. 1 ist hingegen Art. 22 nicht erfasst. Dies hätte zur Folge, dass der Verantwortliche im Falle eines Widerspruchs nach Art. 22 zwar nicht ohne Identitätsnachweis zum Tätigwerden verpflichtet wäre. Da Art. 22 aber dem Wortlaut nach von Abs. 6 nicht erfasst ist, müsste der Verantwortliche jeden noch so unglaubhaften Identitätsnachweis akzeptieren. Dass dies so gewollt ist, erscheint unwahrscheinlich. Vielmehr scheint es sich bei der Bezugnahme in Abs. 6 um ein Redaktionsversehen zu handeln[123].

IX. Bildsymbole (Abs. 7)

74 Der Transparenzgrundsatz des Abs. 1 ist nicht auf den Einsatz sprachlicher Kommunikation beschränkt.[124] Vielmehr räumt Abs. 7 dem Verantwortlichen die Möglichkeit ein, die Informationen der Art. 13 und 14 mit Hilfe standardisierter Bildsymbole zu erbringen, um auf diese Weise eine verständliche und nachvollziehbare Information zu fördern bzw. zu ermöglichen[125]. Im urheberrechtlichen Kontext haben sich bereits die sog. Creative Commons (CC)-Lizenzen, welche bereits auf das Instrument der Informationsvisualisierung zurückgreifen, als Mittel einer effizienten Informationsvermittlung bewährt. Ihren Erfolg ist es maßgeblich geschuldet, dass der europäische Gesetzgeber standardisierte Bildsymbole nun auch im Bereich des Datenschutzrechts ausdrücklich vorgesehen hat.[126] Wie dem Wortlaut des S. 1 zu entnehmen ist („können"), handelt es sich hierbei jedoch um keine Pflicht des Verantwortlichen. Denn der Einsatz von Bildsymbolen soll nach der Vorstellung des Verordnungsgebers die Informationen nach Art. 13 und 14 nicht vollständig ersetzen, sondern lediglich ergänzen.[127] Die Regelung soll damit dazu beitragen, den potenziellen Widerspruch zwischen präziser und zugleich verständlicher Information nach Abs. 1 aufzulösen und einer Informationsüberlastung der betroffenen Person, die durch die zunehmende Informationsmenge und -komplexität stetig voranschreitet, entgegenzutreten.

75 Nicht sämtliche Informationen sind auch zur Visualisierung tatsächlich geeignet. Zudem sollten Bildsymbole, sofern sie eingesetzt werden, ohnehin zahlenmäßig begrenzt werden, da sie nur dann ihre aktivierende und informationsvermittelnde

---

122 So i.E. Gola-*Franck* Rn. 44.
123 Ebenso Kühling/Buchner-*Bäcker* Art. 12 Fn. 20.
124 Sydow-*Greve* Art. 12 Rn. 31.
125 Von einer grundlegenden Orientierung spricht dagegen *Pollmann/Kipker* DuD 2016, 378, 379 ff.
126 Specht/Werry/Werry-*Specht/Bienemann* § 3.3 Rn. 15.
127 Sydow-*Greve* Art. 12 Rn. 31.

Wirkung effektiv entfalten können.[128] Insgesamt sollten daher nur diejenigen Informationen visualisiert werden, die sich hierfür tatsächlich eignen und für den Betroffenen eine besondere Relevanz aufweisen. So werden bspw. der Name und die Kontaktdaten des Verantwortlichen auch weiterhin individuell zu nennen sein. Ebenso erscheint eine visuelle Darstellung der Rechtsgrundlagen nicht zielführend und brächte den Betroffenen wohl auch keinen wirklichen Mehrwert.[129] Dagegen ließen sich die Zwecke der Verarbeitung, wie etwa personalisierte Werbung oder Profiling, sinnvoll abbilden. Auch die Art der verarbeiteten Daten, z.B. anonymisierte Daten oder besondere Kategorien personenbezogener Daten lassen sich auf diese Weise einprägsam abbilden.[130] Hier könnte bspw. auf Signalfarben wie rot, gelb und grün zurückgegriffen werden, um den Betroffenen die Sensibilität der jeweiligen Datenverarbeitung anschaulich zu verdeutlichen.[131]

Die Symbole müssen **standardisiert** sein. Dies ist einerseits zweckmäßig, denn nur bei einheitlicher und klarer Bildsprache können Symbole die Verständlichkeit fördern. Ob es andererseits gelingen wird, einen sowohl universell verständlichen als auch in der Praxis tauglichen Symbolsatz im Rahmen eines formalisierten Prozesses zu entwickeln, bleibt abzuwarten. Allerdings ist die Verwendung nicht standardisierter Bildsymbole unter Art. 12 nicht ausgeschlossen. Diese fallen dann jedoch nicht unter die Privilegierung aus Abs. 7, sondern können als Bestandteil einer verständlichen Information nach Abs. 1 eingesetzt werden. 76

Die Symbole müssen **maschinenlesbar** sein, um zu gewährleisten, dass sie für den Betroffenen ohne weiteres einsehbar sind. Was unter dem Begriff „maschinenlesbar" zu verstehen ist, wird in der DS-GVO nicht näher erörtert. Um den Begriff genauer zu bestimmen, lässt sich aber auf ErwG 21 der Richtlinie 2013/37/EU zurückgreifen.[132] Hiernach ist ein Dokument dann maschinenlesbar, wenn es in einem Dateiformat vorliegt, das so strukturiert ist, dass Softwareanwendungen die konkreten Daten einfach identifizieren, erkennen und extrahieren können. Dies kann einerseits dadurch umgesetzt werden, dass die Grafiken selbst einfache Formen verwenden, die durch automatisierte Grafikerkennungssysteme erkannt und klar voneinander abgegrenzt werden können. Andererseits kann dies auch bedeuten, dass die Grafiken mit entsprechenden Meta-Daten zu versehen sind, die automatisch auslesbar sind. 77

Aktuell gibt es noch keinen anerkannten standardisierten Symbolsatz i.S.v. Abs. 7. Derweil werden die standardisierten Bildsymbole jedoch auch in anderen Verbraucherschutzbereichen diskutiert[133]. 78

X. Ermächtigung der Kommission (Abs. 8)

Der Kommission wurde die Befugnis übertragen, Verfahren für die Bereitstellung standardisierter Bildsymbole i.S.d. Abs. 7 zu entwickeln und die Informationen festzulegen, zu denen die Bildsymbole korrespondieren sollen. Damit wurde der ursprüngli- 79

---

128 Specht/Werry/Werry-*Specht/Bienemann* § 3.3 Rn. 30.
129 Specht/Werry/Werry-*Specht/Bienemann* § 3.3 Rn. 30.
130 Vgl. hierzu mit konkreten Visualisierungsvorschlägen Specht/Werry/Werry-*Specht/Bienemann* § 3.3 Rn. 31 f.
131 Specht/Werry/Werry-*Specht/Bienemann* § 3.3 Rn. 19.
132 Sydow-*Greve* Art. 12 Rn. 31.
133 *Gola/Klug* NJW 2016, 691, 692.

Art. 12

che Ansatz aufgegeben, diese Bildsymbole bereits in der Verordnung selbst festzulegen. Stattdessen überträgt Abs. 8 in Verbindung mit Art. 92 Abs. 2 diese Befugnis der Europäischen Kommission.

80 Die Kommission kann danach die Verwendung bestimmter Bildsymbole für bestimmte Informationen – ggf. auch nur für bestimmte Situationen oder bestimmte Verantwortliche – verbindlich anordnen[134].

XI. DS-GVO und BDSG n.F.

81 Aufgrund der verordnungsunmittelbaren Wirkung kann von der Rahmenregelung des Art. 12 nur abgewichen werden, sofern der nationale Gesetzgeber im Rahmen der Öffnungsklauseln von seiner Gestaltungsmöglichkeit Gebrauch gemacht hat. Für Art. 12 findet sich die maßgebliche Öffnungsklausel in Art. 23 mit einem abschließenden Katalog, wann eine solche Beschränkung zulässig ist. Faktisch besteht bezüglich Art. 12 jedoch nur geringer Regelungsspielraum[135]. Denn sofern bestimmte Betroffenenrechte nicht auch materiell beschränkt werden, werden sich kaum Gründe dafür finden lassen, die bei der prozeduralen Rahmenregelung selbst ansetzen[136]. Daneben kann der nationale Gesetzgeber nach Art. 85 Abs. 2 für eine Verarbeitung, die zu journalistischen Zwecken oder zu wissenschaftlichen, künstlerischen oder literarischen Zwecken erfolgt, unter anderen Abweichungen oder Ausnahmen des Kapitels III vorsehen.

82 Das BDSG sieht bisher **keine (unmittelbaren) Modifikationen** bzgl. der Rahmenregelung des Art. 12 vor. §§ 32 Abs. 2 und 33 Abs. 2 enthalten zwar keinen Verweis, übernehmen aber i.E. wortgleich die Anforderungen des Art. 12 Abs. 1 für die öffentliche Bereitstellung der Informationen. Nationale Regelungen haben daher nur insoweit (mittelbare) Auswirkungen auf Art. 12, als dass die Informations- oder Mitteilungspflicht als Ganzes entfällt. Dies betrifft etwa § 86 Abs. 2 BDSG n.F. der die Betroffenenrechte der Art. 13–16, 19 und 21 für unanwendbar erklärt, soweit die Verarbeitung ausschließlich zur Vorbereitung und Durchführung staatlicher Verfahren bei Auszeichnungen und Ehrungen ohne Kenntnis des Betroffenen erfolgt. Daneben haben die aus kompetenzrechtlichen Gründen zuständigen Landesparlamente von der Öffnungsklausel des Art. 85 Abs. 2 Gebrauch gemacht und in den §§ 9c, 57 RStV sowie Landespressegesetzen weitreichende, auch die Betroffenenrechte betreffende Ausnahmen von den Vorgaben der DS-GVO vorgesehen.[137]

C. Praxishinweise

I. Relevanz für öffentliche Stellen

83 Die zugleich präzise wie auch transparente und verständliche Information in klarer und einfacher Sprache wird öffentliche und private Stellen gleichermaßen vor Herausforderungen stellen. Dies gilt insbesondere bei komplexen Datenverarbeitungsprozessen.

---

134 Kühling/Buchner-*Bäcker* Art. 12 Rn. 24.
135 Kühling/Buchner-*Bäcker* Art. 12 Rn. 40.
136 Kühling/Buchner-*Bäcker* Art. 12 Rn. 40.
137 Ausführlich hierzu Specht/Mantz-*Hennemann* Teil B § 19 Rn. 23 ff.

II. Relevanz für nichtöffentliche Stellen

Die auf Initiative des Verantwortlichen zu erfüllenden Informationspflichten erfordern notwendigerweise eine Überarbeitung und Anpassung der bislang verwendeten Datenschutzerklärungen[138]. Dabei stehen öffentliche wie nichtöffentliche Stellen vor der Herausforderung, die teils umfassenden Informationspflichten einerseits präzise und andererseits verständlich zu erfüllen. Dies wird nicht nur einen erheblich größeren administrativen Aufwand, sondern auch ein gewisses Maß an Kreativität erfordern. Zur Verbesserung der Effizienz der Informationsvermittlung bieten sich derzeit One-Pager an,[139] also ein Schichtenmodell, bei dem die zentralen Informationen auf einer Seite zusammengefasst sind und alle weiteren Informationen auf einer zweiten und ggf. dritten Ebene zur Verfügung gestellt werden. Dieses Konzept wird unter anderem auch vom Bundesministerium der Justiz und für Verbraucherschutz empfohlen.[140]   84

Durch die konkreten und sehr knappen Fristen bei der Bearbeitung von Anträgen Betroffener erlangt das Datenschutzmanagement für nichtöffentliche Stellen eine besondere Bedeutung. Denn die Fristen gehen davon aus, dass die zu beantwortenden Sach- und Rechtsfragen sowie ggf. notwendige Daten der Betroffenen nicht erst im Zeitpunkt des Antrags recherchiert werden müssen, sondern dass diese größtenteils bereits vorliegen. Anders wären die Fristen, insbesondere durch größere Unternehmen mit einem entsprechenden hohen Aufkommen an Anträgen, kaum zu erfüllen.   85

III. Relevanz für betroffene Personen

Betroffene Personen profitieren von erheblich erhöhten Transparenzanforderungen. Dies betrifft nicht nur die Art und Weise der Informationsvermittlung nach Abs. 1, sondern auch die Unterrichtungspflichten nach Abs. 3 und 4.   86

IV. Relevanz für Aufsichtsbehörden

Durch die teils schwierigen Abgrenzungsfragen bei der Umsetzung der Informationspflichten nach Abs. 1 kommt den Aufsichtsbehörden eine wichtige Orientierungsfunktion zu. So wird ein einheitliches Niveau bei der Umsetzung der Informationspflichten nur gewährleistet werden können, wenn die teils schwammigen und widersprüchlichen Anforderungen nach Abs. 1 durch Empfehlungen und „Best Practice"-Richtlinien der Aufsichtsbehörden konkretisiert werden.   87

V. Relevanz für das Datenschutzmanagement

Die Informationspflichten nach Abs. 1 erfordern auf Seiten des Datenschutzmanagements nicht nur eine systematische Erfassung sämtlicher Verarbeitungsprozesse, sondern zudem auch ein so detailliertes Verständnis, dass eine präzise wie verständliche Beschreibung möglich ist. Dies setzt eine enge Zusammenarbeit zwischen Rechts- und Datenschutzabteilungen mit Fachbereichen und Technik voraus, die auch prozessual abgebildet werden muss, um künftige Änderungen und Ergänzungen bei Datenverarbeitungsprozessen entsprechend in den Informationen an die Betroffenen zu berücksichtigen.   88

---

138 Gola-*Franck* Art. 12 Rn. 12; Sydow-*Greve* Art. 12 Rn. 9, 14.
139 Vgl. dazu Specht/Werry/Werry-*Specht/Bienemann* § 3.3 Rn. 10.
140 *Kuntz* ZD-Aktuell 2015, 04909.

Art. 13   Informationspflicht

89 Das Datenschutzmanagement wird zudem durch die knappen Fristen nach Abs. 3 und 4 vor Herausforderungen gestellt. Dabei wird es entscheidend sein, den Eingang und die weitere Bearbeitung von Anträgen hinreichend zu dokumentieren und Prozesse zur Verfügung zu stellen, Betroffene möglichst automatisiert über den Stand der Bearbeitung ihres Antrages zu informieren. Für die elektronische Bearbeitung bieten sich insbesondere Ticketsysteme an, mit denen der Eingang und die systematische Verarbeitung von Anfragen erfasst, Betroffene über Statusänderungen informiert und Bearbeitungszeiten überwacht werden können. Hierbei bietet sich insbesondere ein entsprechendes Eskalationsmanagement bei solchen Anfragen an, bei denen sich die Notwendigkeit einer Fristverlängerung abzeichnet.

Abschnitt 2
Informationspflicht und Recht auf Auskunft zu personenbezogenen Daten

Artikel 13 Informationspflicht bei Erhebung von personenbezogenen Daten bei der betroffenen Person

(1) Werden personenbezogene Daten bei der betroffenen Person erhoben, so teilt der Verantwortliche der betroffenen Person zum Zeitpunkt der Erhebung dieser Daten Folgendes mit:

a) den Namen und die Kontaktdaten des Verantwortlichen sowie gegebenenfalls seines Vertreters;

b) gegebenenfalls die Kontaktdaten des Datenschutzbeauftragten;

c) die Zwecke, für die die personenbezogenen Daten verarbeitet werden sollen, sowie die Rechtsgrundlage für die Verarbeitung;

d) wenn die Verarbeitung auf Artikel 6 Absatz 1 Buchstabe f beruht, die berechtigten Interessen, die von dem Verantwortlichen oder einem Dritten verfolgt werden;

e) gegebenenfalls die Empfänger oder Kategorien von Empfängern der personenbezogenen Daten und

f) gegebenenfalls die Absicht des Verantwortlichen, die personenbezogenen Daten an ein Drittland oder eine internationale Organisation zu übermitteln, sowie das Vorhandensein oder das Fehlen eines Angemessenheitsbeschlusses der Kommission oder im Falle von Übermittlungen gemäß Artikel 46 oder Artikel 47 oder Artikel 49 Absatz 1 Unterabsatz 2 einen Verweis auf die geeigneten oder angemessenen Garantien und die Möglichkeit, wie eine Kopie von ihnen zu erhalten ist, oder wo sie verfügbar sind.

(2) Zusätzlich zu den Informationen gemäß Absatz 1 stellt der Verantwortliche der betroffenen Person zum Zeitpunkt der Erhebung dieser Daten folgende weitere Informationen zur Verfügung, die notwendig sind, um eine faire und transparente Verarbeitung zu gewährleisten:

a) die Dauer, für die die personenbezogenen Daten gespeichert werden oder, falls dies nicht möglich ist, die Kriterien für die Festlegung dieser Dauer;

b) das Bestehen eines Rechts auf Auskunft seitens des Verantwortlichen über die betreffenden personenbezogenen Daten sowie auf Berichtigung oder Löschung oder auf Einschränkung der Verarbeitung oder eines Widerspruchsrechts gegen die Verarbeitung sowie des Rechts auf Datenübertragbarkeit;

c) wenn die Verarbeitung auf Artikel 6 Absatz 1 Buchstabe a oder Artikel 9 Absatz 2 Buchstabe a beruht, das Bestehen eines Rechts, die Einwilligung jederzeit zu widerrufen, ohne dass die Rechtmäßigkeit der aufgrund der Einwilligung bis zum Widerruf erfolgten Verarbeitung berührt wird;
d) das Bestehen eines Beschwerderechts bei einer Aufsichtsbehörde;
e) ob die Bereitstellung der personenbezogenen Daten gesetzlich oder vertraglich vorgeschrieben oder für einen Vertragsabschluss erforderlich ist, ob die betroffene Person verpflichtet ist, die personenbezogenen Daten bereitzustellen, und welche mögliche Folgen die Nichtbereitstellung hätte und
f) das Bestehen einer automatisierten Entscheidungsfindung einschließlich Profiling gemäß Artikel 22 Absätze 1 und 4 und – zumindest in diesen Fällen – aussagekräftige Informationen über die involvierte Logik sowie die Tragweite und die angestrebten Auswirkungen einer derartigen Verarbeitung für die betroffene Person.

(3) Beabsichtigt der Verantwortliche, die personenbezogenen Daten für einen anderen Zweck weiterzuverarbeiten als den, für den die personenbezogenen Daten erhoben wurden, so stellt er der betroffenen Person vor dieser Weiterverarbeitung Informationen über diesen anderen Zweck und alle anderen maßgeblichen Informationen gemäß Absatz 2 zur Verfügung.

(4) Die Absätze 1, 2 und 3 finden keine Anwendung, wenn und soweit die betroffene Person bereits über die Informationen verfügt.

– *ErwG: 58, 60–62*
– *BDSG n.F.: §§ 29, 32*

Übersicht

	Rn		Rn
A. Einordnung und Hintergrund	1	2. Direkterhebung	15
I. Erwägungsgründe	1	3. Öffnungsklauseln	17
II. BDSG n.F.	4	4. Ausnahmen	19
III. Normengenese und -umfeld	6	III. Allgemeine Informationspflicht (Abs. 1)	20
1. DSRL – alte RL 95/46/EG	6	1. Allgemeines zu den Informationsgehalten	20
2. BDSG a.F.	7	2. Form und Modalitäten der Information	21
a) §§ 4 Abs. 3, 19a, 33 BDSG a.F. als „Entsprechung" zu Art. 13, 14	7	a) Leichte Verständlichkeit	21
b) Änderungen im Vergleich zu den bisher geltenden Informationspflichten	8	b) Leicht zugängliche Form	22
3. WP der Art.-29-Datenschutzgruppe und Düsseldorfer Kreis	9	c) Bildsymbole	23
B. Kommentierung	10	d) Art und Weise der Informationsgewährung – Unverzichtbarkeit von Medienbrüchen	25
I. Allgemeines: Zweck, Bedeutung, Systematik/Verhältnis zu anderen Vorschriften	10	e) Gestufte Informationsgewährung	26
II. Anwendungsbereich und -voraussetzungen	12	aa) Informationen der ersten Stufe	27
1. Ursprung und Abgrenzung zu Art. 14	12	bb) Informationen der zweiten Stufe	30

		Rn			Rn
	f) Bereitstellung der Information	31	2.	BDSG n.F. a) Ausnahme von der Informationspflicht bei Zweckänderung (§ 29 Abs. 2 BDSG n.F.)	68 69
3.	Zeitpunkt der Information	32			
4.	Einzelne Informationsgehalte	33			
	a) Name und Kontaktdaten (lit. a)	34		b) Ausnahmen von der Informationspflicht bei Zweckänderung (§ 32 BDSG n.F.)	75
	b) Kontaktdaten des Datenschutzbeauftragten (lit. b)	36			
				aa) § 32 Abs. 1 BDSG n.F.	77
	c) Zweckbindungsgrundsatz (lit. c)	38			
	d) Verfolgung berechtigter Interessen (lit. d)	40		(1) Analog gespeicherte Daten	77
				(2) Aufgabengefährdung	78
	e) Empfänger oder Kategorien von Empfängern (lit. e)	41		(3) Öffentliche Sicherheit und sonstige Nachteile	81
	f) Übermittlung in Drittländer/an internationale Organisationen (lit. f)	43		(4) Beeinträchtigung rechtlicher Ansprüche	82
IV.	Zusätzliche Informationen (Abs. 2)	45		(5) Gefährdung vertraulicher Übermittlung	84
1.	Allgemeines zu der Pflicht zur Mitteilung von weiteren Informationen	45		bb) § 32 Abs. 2 BDSG n.F.	85
				cc) § 32 Abs. 3	86
2.	Einzelne Informationsgehalte	49		c) Ausnahmen von der Informationspflicht gem. § 86 Abs. 2 BDSG n.F.	88
	a) Dauer der Speicherung (lit. a)	49			
	b) Bestehen einzelner Betroffenenrechte (lit. b)	51	VII.	Sanktionen	89
			C.	Praxishinweise	90
	c) Recht auf Widerruf der Einwilligung	53	I.	Relevanz für öffentliche Stellen	90
			II.	Relevanz für nichtöffentliche Stellen	91
	d) Beschwerderecht bei einer Aufsichtsbehörde	54	1.	Medienbruch	94
	e) (Nicht-)Bestehen einer Bereitstellungspflicht (lit. e)	55		a) Nahelegung in ErwG 58	94
				b) Art.-29-Datenschutzgruppe WP 100	95
	f) Automatisierte Entscheidungsfindung (lit. f)	57		c) Datenschutzkonferenz (DSK)	96
V.	Verarbeitung zu anderen Zwecken (Abs. 3)	62		d) GDD	97
			2.	Checkliste – Inhalte	98
VI.	Ausnahmen von der Informationspflicht (Abs. 4)	66	3.	Informationspflichten bei Fotos	101
1.	DS-GVO	66	III.	Relevanz für betroffene Personen	104
	a) Relevante Informationen sind dem Betroffenen bereits bekannt	66	IV.	Relevanz für Aufsichtsbehörden	105
	b) Ausnahmen aus den Erwägungsgründen	67	V.	Relevanz für das Datenschutzmanagement	106

Informationspflicht Art. 13

Literatur: *Albrecht* Das neue EU-Datenschutzrecht – von der Richtlinie zur Verordnung, CR 2016, 88; *Art.-29-Datenschutzgruppe* WP 100, 2004; *Bräutigam/Schmidt-Wudy* Das geplante Auskunfts- und Herausgaberecht des Betroffenen nach Art. 15 der EU-Datenschutzgrundverordnung, CR 2015, 56; *Buchner* Grundsätze und Rechtmäßigkeit der Datenverarbeitung unter der DS-GVO, DuD 2016, 155; *Byers* Die Zulässigkeit heimlicher Mitarbeiterkontrollen nach dem neuen Datenschutzrecht, NZA 2017, 1086; *Datenethikkommission (DEK)* Gutachten v. 23.10.2019[1], *Franck* System der Betroffenenrechte im Datenschutz, RDV 2016, 111; *GDD* GDD-Praxishilfe DS-GVO VII, Transparenzpflichten bei der Datenverarbeitung, 2017; *Gola/Schomerus* BDSG, 12. Aufl. 2015; *Gola/Schulz* Der Entwurf für eine EU-Datenschutz-Grundverordnung – eine Zwischenbilanz, RDV 2013, 1; *Greve* Das neue Bundesdatenschutzgesetz, NVwZ 2017, 737; *Hammer* DIN 66398 – Die Leitlinie Löschkonzept als Norm, DuD 2016, 528; *Härting* Datenschutzreform in Europa: Einigung im EU-Parlament – Kritische Anmerkungen, CR 2013, 715; *ders.* Big Data und Profiling nach der DSGVO, ITRB 2016, 209; *Hennemann* Personalisierte Medienangebote im Datenschutz- und Vertragsrecht, ZUM 2017, 544; *Jaspers* Die EU-Datenschutz-Grundverordnung – Auswirkungen der EU-Datenschutz-Grundverordnung auf die Datenschutzorganisation des Unternehmens, DuD 2012, 571; *Keppeler* Was bleibt vom TMG-Datenschutz nach der DS-GVO? Lösung und Schaffung von Abgrenzungsproblemen im Multimedia-Datenschutz, MMR 2015, 779; *Knyrim* Die neuen Pflichten nach der EU-Datenschutz-Grundverordnung im Überblick, Dako 2016/6; *Konferenz der unabhängigen Datenschutzbehörden des Bundes und der Länder (Datenschutzkonferenz)* Kurzpapier Nr. 10: Informationspflichten bei Dritt- und Direkterhebung, 2017; *dies.* Videoüberwachung nach der Datenschutz-Grundverordnung, 2018; *Krüger* Datensouveränität und Digitalisierung, ZRP 2016, 190; *Kugelmann* Datenfinanzierte Internetangebote, DuD 2016, 566; *Lachenmann* Neue Anforderungen an die Videoüberwachung, ZD 2017, 407; *Lorenz* Datenschutzrechtliche Informationspflichten, VuR 2019, 213; *Marschall* Erweiterte Informationspflichten in der DSGVO – Änderungen für Unternehmen, DSB 2016, 230; *Meyer* Prüfungsmaßstab für Datenschutzerklärungen und Sanktionierung bei Unwirksamkeit, DSRITB 2012, 643; *Monreal* Weiterverarbeitung nach einer Zweckänderung in der DS-GVO, ZD 2016, 507; *Reding* Sieben Grundbausteine der europäischen Datenschutzreform, ZD 2012, 195; *Roßnagel/Richter/Nebel* Besserer Internetdatenschutz für Europa – Vorschläge zur Spezifizierung der DS-GVO, ZD 2013, 103; *dies.* Was bleibt vom Europäischen Datenschutzrecht? – Überlegungen zum Ratsentwurf der DS-GVO, ZD 2015, 455; *Schantz* Die Datenschutz-Grundverordnung – Beginn einer neuen Zeitrechnung im Datenschutzrecht, NJW 2016, 1841; *Schenke/Graulich/Ruthig* Sicherheitsrecht des Bundes, 2014; *Schneider/Härting* Wird der Datenschutz nun endlich internettauglich? – Warum der Entwurf einer Datenschutz-Grundverordnung enttäuscht, ZD 2012, 199; *Schwartmann/Hermann/Mühlenbeck* Transparenz bei Medienintermediären, 2020[2]; *Sörup* Gestaltungsvorschläge zur Umsetzung der Informationspflichten der DS-GVO im Beschäftigungskontext, ArbR Aktuell 2016, 207; *Sörup/Marquardt* Auswirkungen der EU-Datenschutzgrundverordnung auf die Datenverarbeitung um Beschäftigungskontext, *Specht/Mantz* Handbuch Europäisches und deutsches Datenschutzrecht, 2019; ArbR Aktuell 2016, 103; *Taeger* Scoring in Deutschland nach der EU-Datenschutzgrundverordnung, ZRP 2016, 72; *Veil* DS-GVO: Risikobasierter Ansatz statt rigides Verbotsprinzip, ZD 2015, 347; *Wagner* Die Datenschutz-Grundverordnung – die Betroffenenrechte (Teil IV), Dako 2015/59; *ders.* Die datenschutzrechtlichen Transparenzpflichten nach der Europäischen Datenschutz-Grundverordnung, DSRITB 2016, 367; *Wilhelm* Auskunftsansprüche in der Informationsgesellschaft, DÖV 2016, 899; *Wybitul* EU-Datenschutz-Grundverordnung in der Praxis – Was ändert sich durch das neue Datenschutzrecht?, BB

---

[1] Abrufbar unter: https://datenethikkommission.de/gutachten/, zuletzt abgerufen am 28.4.2020.
[2] Abrufbar unter https://www.ma-hsh.de/infothek/publikationen/ma-hsh-gutachten-transparenz-bei-medienintermediaeren.html, zuletzt abgerufen am 28.4.2020.

Art. 13 Informationspflicht

2016, 1077; *Zikesch/Kramer* Die DS-GVO und das Berufsrecht der Rechtsanwälte, Steuerberater und Wirtschaftsprüfer – Datenschutz bei freien Berufen, ZD 2015, 565.

A. Einordnung und Hintergrund

I. Erwägungsgründe

1 Ausweislich des ErwG 60 machen es die Grundsätze einer fairen und transparenten Verarbeitung erforderlich, dass die betroffene Person über die Existenz des Verarbeitungsvorgangs und seine Zwecke unterrichtet wird. Hinzu kommen noch alle weiteren Informationen, die zur Erfüllung der Grundsätze notwendig sind.[3] Sämtliche Informationen sollen in leicht wahrnehmbarer, verständlicher und klar nachvollziehbarer Form einen aussagekräftigen Überblick über die beabsichtigte Verarbeitung vermitteln.

2 Im ErwG 61 finden sich Ausführungen zum Zeitpunkt der Information, die gem. Art. 13 zu erteilen ist. Überdies formuliert sie die Informationspflicht bei einer Verarbeitung zu anderen Zwecken i.S.d. Art. 13 Abs. 3.

3 Mit ErwG 62 wird deutlich, dass die Informationspflicht nicht vorbehaltlos gilt. Ausnahmen von dieser Pflicht sind denkbar, wenn und soweit die betroffene Person bereits über die Informationen verfügt. Es ist zu überprüfen, ob die weiteren Ausnahmetatbestände des ErwG 62 i.V.m. Art. 13 Anwendung finden können oder sich nur auf Art. 14 beziehen.

II. BDSG n.F.

4 Grundsätzlich entfalten die Bestimmungen der DS-GVO als VO unmittelbare und zwingende Wirkung. Öffnungsklauseln können jedoch nationale eigenständige Regelungen für einzelne Bereiche erlauben. Die Beschränkungen gem. Art. 23 sowie die Regelungen in Art. 85 Abs. 2 und Art. 88 Abs. 2 können zu einzelstaatlichen Abweichungen der Informationspflicht führen.[4]

5 Eine entsprechende Ausnahme von der Informationspflicht findet sich in § 29 Abs. 2 BDSG. Danach entfällt die Information, wenn Daten Dritter im Zuge der Aufnahme oder im Rahmen eines Mandatsverhältnisses an einen Berufsgeheimnisträger übermittelt werden. Weitere Ausnahmen von der Pflicht zur Information der betroffenen Person gem. Art. 13 Abs. 3 finden sich in § 32 BDSG. Der § 33 BDSG regelt entsprechend die Informationspflicht, wenn die personenbezogenen Daten nicht bei der betroffenen Person erhoben wurden (Art. 14). Schließlich hat der nationale Gesetzgeber im Zuge des Zweiten Gesetzes zur Anpassung des Datenschutzrechts an die DS-GVO die Vorschrift des § 86 BDSG neu in das BDSG mit aufgenommen. Nach dessen Abs. 2 ist die Vorschrift des Art. 13 nicht anzuwenden, soweit die Datenverarbeitung zur Vorbereitung und Durchführung staatlicher Verfahren bei Auszeichnungen und Ehrungen erfolgt.

---

3 ErwG 60 S. 2.
4 Vgl. Auernhammer-*Eßer* Art. 13 Rn. 55 ff.

III. Normengenese und -umfeld

1. DSRL – alte RL 95/46/EG. Die Art. 10 und 11 DSRL regelten bisher die Information der betroffenen Person.

2. BDSG a.F. – a) §§ 4 Abs. 3, 19a, 33 BDSG a.F. als „Entsprechung" zu Art. 13, 14. Die §§ 4 Abs. 3, 19a, 33 BDSG a.F. setzen die Art. 10 und 11 der DSRL um. § 4 Abs. 3 BDSG a.F. betrifft die Direkterhebung und damit den Anwendungsbereich von Art. 13, während §§ 19a, 33 BDSG a.F. die Erhebung und Verarbeitung ohne Kenntnis des Betroffenen regeln und damit am ehesten Art. 14 entsprechen, welcher aber nicht auf die Unkenntnis abstellt, sondern vielmehr auf die Erhebung bei Dritten.

b) Änderungen im Vergleich zu den bisher geltenden Informationspflichten. Die Änderungen ab Anwendbarkeit der DS-GVO betreffen insb. den Umfang der Informationspflichten; diese werden durch den neuen Sekundärrechtsakt teils erheblich ausgeweitet. Damit in Verbindung steht das nach der Grundverordnung bestehende Risiko hoher Bußgelder, die auch als Rechtsfolge für eine Missachtung der Informationspflichten greifen würden.

3. WP der Art.-29-Datenschutzgruppe und Düsseldorfer Kreis. Ein Beschluss des Düsseldorfer Kreis zur Fortgeltung von Einwilligungen nach BDSG a.F.[5] berührt Art. 13, 14 immerhin insoweit, als die Einhaltung der Informationspflichten die Wirksamkeit von vorher erteilten Einwilligungen nicht berühren soll. Dies ist insofern keineswegs selbstverständlich, da die Informationspflichten der DS-GVO doch weitergehender sind als nach der bisherigen deutschen Rechtslage. Daneben hat die Art.-29-Datenschutzgruppe im Dezember 2017 ein Arbeitspapier über die Informationspflichten nach Art. 13 und 14 veröffentlicht und im April 2018 aktualisiert, an dem sich die verantwortlichen Stellen orientieren können.[6]

B. Kommentierung

I. Allgemeines: Zweck, Bedeutung, Systematik/Verhältnis zu anderen Vorschriften

Mit der rechtlichen Verpflichtung zur Information in den Art. 13 und 14 wird dem Grundsatz der Transparenz (Art. 5 Abs. 1 lit. a) Rechnung getragen. Auch ohne Ersuchen des Betroffenen obliegen dem Datenverarbeitenden gem. Art. 14 über § 4 Abs. 3 BDSG a.F. weit hinausgehende Unterrichtungspflichten.[7] Dabei handelt es sich um einen Hauptpfeiler der neuen Betroffenenrechte, da die betroffene Person erst durch die gewonnenen Informationen in die Lage versetzt wird, die sich aus der Datenverarbeitung ergebenden Folgen einzuschätzen und folglich ihre Betroffenenrechte ordnungsgemäß wahrzunehmen.[8] Die Herstellung von Transparenz als grundrechtlicher Schutz personenbezogener Daten hängt insofern eng mit der Rechtsschutzgarantie i.S.d. Art. 47 GRCh zusammen.[9] Aufgrund dessen sind sowohl bei der Auslegung als auch der Anwendung der Art. 13 und 14 stets deren grundrechtliche Wurzeln zu beachten.

---

5 *Düsseldorfer Kreis* v. 13./14.9.2016.
6 *Art.-29-Datenschutzgruppe* WP 260 rev.01 (April 2018).
7 So schon *Jaspers* DuD 2012, 571, 572.
8 *Lorenz* VuR 2019, 213, 213; BeckOK DatenSR-*Schmidt-Wudy* Art. 13 Rn. 2, 27. Edition 2019.
9 Kühling/Buchner-*Bäcker* Art. 13 Rn. 8.

11 Gemeinsam mit den Betroffenenrechten lassen diese proaktiven Informationspflichten die Datenverarbeitung aus Sicht der betroffenen Person nachvollziehbar erscheinen und tragen maßgeblich zur Gewährleistung des Schutzziels der Transparenz bei.[10] Die Grundsätze einer fairen und transparenten Verarbeitung verlangen es, dass die betroffene Person über die Existenz des Verarbeitungsvorgangs, seine Zwecke und alle weiteren Zusammenhänge unterrichtet wird.[11] Insgesamt beabsichtigt die DS-GVO, die Verarbeitung ihrer Daten für die Betroffenen nachvollziehbar zu machen[12], damit diese souverän und selbstbestimmt über Datenverarbeitungsvorgänge entscheiden können. Infolgedessen steht die Informationsbereitstellung nach Art. 13 und 14 nicht zur Disposition der Beteiligten, sodass diese nicht abbedungen werden kann.

II. Anwendungsbereich und -voraussetzungen

12 **1. Ursprung und Abgrenzung zu Art. 14.** Art. 13 regelt ausweislich der amtlichen Überschrift die Informationspflicht bei Erhebung von personenbezogenen Daten bei der betroffenen Person (**Direkterhebung**). Art. 14 regelt demgegenüber die Informationspflicht, wenn die personenbezogenen Daten nicht bei der betroffenen Person erhoben wurden (**Dritterhebung**). ErwG 61 unterscheidet diesbezüglich, ob die Daten von der betroffenen Person oder aus einer anderen Quelle erlangt werden. Innerhalb der Art. 13 und 14 wird wiederum zwischen zwei eine Informationspflicht auslösenden Bezugspunkten differenziert: Nach Abs. 1 und Abs. 2 muss der Verantwortliche gewisse Informationen bereitstellen, wenn er die Daten erhebt. Art. 13 Abs. 3 und 14 Abs. 4 umfassen hingegen den Fall, dass der Verantwortliche die bereits erhobenen und ggf. verarbeiteten Daten zu einem anderen Zweck (weiter-)verarbeiten möchte.[13] Die jeweiligen Informationsgehalte der Art. 13 und 14 sind dabei weitgehend identisch.

13 Die Unterscheidung von direkter und indirekter Erhebung folgt dem Ansatz, der bereits den Art. 10 und 11 DSRL zu Grunde lag.[14] Als Direkterhebung ist insoweit jede Erhebung personenbezogener Daten mit Kenntnis oder unter Mitwirkung der betroffenen Person zu verstehen.

14 Nicht allein die Art. 13 und 14 gewährleisten die Transparenz. Sie werden flankiert von Informationsansprüchen auf Betreiben des Betroffenen hin, wie zum Bsp. der Auskunft nach Art. 15 und Art. 20 (Datenübertragbarkeit), der Unterrichtung der betroffenen Person im Zusammenhang mit der Berichtigung oder Löschung personenbezogener Daten nach Art. 19 S. 2 oder dem Hinweis auf das Widerspruchsrecht spätestens zum Zeitpunkt der ersten Kommunikation nach Art. 21 Abs. 4. Weiter leistet die Zurverfügungstellung der Vereinbarung zwischen gemeinsam für die Verarbeitung Verantwortlichen nach Art. 26 Abs. 2 S. 2 und die Benachrichtigung der von einer Verletzung des Schutzes personenbezogener Daten betroffenen Person nach Art. 34 ihren Beitrag dem Betroffenen Einsicht im Rahmen der Verarbeitung personenbezogener zu verschaffen. Schließlich wird durch die Unterrichtung des Art. 49 Abs. 1 S. 4 bei einmaligem Drittstaatstransfer eine aktive Transparenz sichergestellt.

---

10 Zu den Transparenzzwecken von Informationspflichten bei Medienintermediären vgl. *Schwartmann/Hermann/Mühlenbeck* Transparenz bei Medienintermediären, S. 69 ff. und 98 f.
11 Vgl. ErwG 60 S. 1.
12 *Schantz* NJW 2016, 1841, 1845.
13 Kühling/Buchner-*Bäcker* Art. 13 Rn. 1.
14 *Albrecht/Jotzo* Das neue Datenschutzrecht der EU, 84.

2. Direkterhebung. Nach Art. 13 Abs. 1 und aus logischen Gründen trifft den Verantwortlichen die Pflicht zur Information des Betroffenen zum Zeitpunkt der Erhebung personenbezogener Daten nur sofern diese bei der betroffenen Person erfolgt. Dazu zählt jede Erhebung von Daten mit Kenntnis oder unter Mitwirkung der betroffenen Person. Mit der Dritterhebung sind demgegenüber Fälle gemeint, in denen der Verantwortliche Daten von einem Dritten über eine betroffene Person bezieht. Ein typischer Fall wäre etwa Adresshandel oder Kreditscoring. Eine Dritterhebung liegt ferner vor, wenn die Daten aus öffentlichen Quellen, z.B. einer öffentlich einsehbaren Profilseite eines sozialen Netzwerkes erhoben werden. Denn auch hier tritt der Verantwortliche mit dem Betroffenen persönlich nicht in Kontakt.[15]Die Direkterhebung unterscheidet sich also von der Dritterhebung dadurch, dass letztere ohne Beteiligung des Betroffenen erfolgt. Erhebt der Verantwortliche personenbezogenen Daten, die gleich mehrere Personen betreffen, ist für jeden Betroffenen gesondert zu prüfen, aus welcher Regelung dieser zu informieren ist.[16] 15

Gleichwohl ist der Verantwortliche nicht dazu verpflichtet, die Daten beim Betroffenen selbst zu erheben.[17] Damit der Betroffene in diesem Fall nicht schutzlos bleibt, gilt Art. 14 entsprechend bei der Erhebung von Daten bei Dritten.[18] 16

3. Öffnungsklauseln. Art. 23 erlaubt es den Mitgliedstaaten, unter den dort genannten Voraussetzungen von den Betroffenenrechten nach Art. 12–22 abzuweichen und stellt somit eine Öffnungsklausel für Art. 13 dar.[19] Auch die Regelungen zum Recht auf freie Meinungsäußerung (Art. 85 Abs. 2) und zum Beschäftigtendatenschutz (Art. 88 Abs. 2) können zu einzelstaatlichen Abweichungen der Informationspflicht führen.[20] Etwaige Ausnahmen müssen von den Mitgliedstaaten geregelt werden. 17

Geringfügige Ausnahmen enthalten insoweit etwa die §§ 4 Abs. 2, 29, 32 und 33 BDSG n.F. Daneben hat der nationale Gesetzgeber in den §§ 9c, 57 RStV sowie Landespressegesetzen von der Öffnungsklausel des Art. 85 Abs. 2 Gebrauch gemacht und weitreichende, auch Art. 13 und 14 betreffende Ausnahmen von den Vorgaben der DS-GVO geschaffen.[21] 18

4. Ausnahmen. Als Betroffenenrecht gilt die Informationspflicht grundsätzlich. Ausnahmen davon sind in Abs. 4 und im nationalen Recht geregelt. 19

III. Allgemeine Informationspflicht (Abs. 1)

1. Allgemeines zu den Informationsgehalten. In Abs. 1 ist geregelt, welche Informationen dem Betroffenen vom Verantwortlichen bereitzustellen sind. Diese Informationspflicht gilt grundsätzlich bei jeder Verarbeitung personenbezogener Daten und ist an keine weiteren Voraussetzungen geknüpft. Der Betroffene darf unter Geltung des 20

---

15 Kühling/Buchner-*Bäcker* Art. 13 Rn. 16.
16 Kühling/Buchner-*Bäcker* Art. 13 Rn. 17.
17 Nach § 4 Abs. 2 S. 1 BDSG a.F. waren Daten grundsätzlich beim Betroffenen zu erheben.
18 Nach Ansicht Kühling/Buchner-*Bäcker* Art. 13 Rn. 3 lässt sich aber zumindest partiell ein Direkterhebungsgrundsatz unmittelbar aus Art. 6 und 8 GRCh ableiten, da eine Datenerhebung bei der betroffenen Person selbst aufgrund deren potentiellen Einflusschancen weniger stark belastend sei als eine Datenerhebung bei einem Dritten.
19 *Kühling/Martini u.a.* Die Datenschutz-Grundverordnung und das nationale Recht, 315 f.
20 Vgl. Kühling/Buchner-*Bäcker* Art. 13 Rn. 101.
21 Ausführlich hierzu Specht/Mantz-*Hennemann* Teil B § 19 Rn. 23 ff.

neuen Datenschutzrechts erwarten, umfassender und einfacher verständlich informiert zu werden.[22] Die DS-GVO enthält – abgesehen von den Anforderungen des Art. 12 Abs. 1 – keine genauen Anforderungen in Bezug auf das Format oder die Modalitäten, in denen der betroffenen Person die Informationen nach Art. 13 bereitgestellt werden müssen. Allerdings hat der Verantwortliche alle erforderlichen Maßnahmen zu treffen, damit die Informationsbereitstellung bestmöglich gewährleistet ist.[23] Die nachfolgenden Grundsätze gelten dabei sowohl für die ursprüngliche Datenschutzerklärung als auch für die Mitteilung nachträglicher Änderungen dieser Erklärung. Eine Änderungsmitteilung muss daher in geeigneter Weise kommuniziert werden, so dass eine Kenntnisnahme des Empfängers sichergestellt ist. Ein allgemeiner Hinweis, dass die betroffene Person die Datenschutzerklärung regelmäßig auf Änderungen untersuchen sollte, ist diesbezüglich nicht ausreichend.[24] Vielmehr muss der Verantwortliche nach Ansicht der Art.-29-Datenschutzgruppe selbst aktive Schritte unternehmen.[25] Denkbar sind bspw. Hinweise auf die Änderungen per E-Mail oder prominente Banner oder Pop-ups innerhalb einer App oder auf einer Webseite. Verarbeiten mehrere Verantwortliche personenbezogene Daten gemeinsam, müssen sie gem. Art. 26 Abs. 1 S. 2 in einer Vereinbarung festlegen, wer von ihnen welche Informationspflichten zu erbringen hat.[26]

21 **2. Form und Modalitäten der Information. – a) Leichte Verständlichkeit.** Die betroffene Person soll die Informationen nach Art. 12 Abs. 1 S. 1 „in präziser, transparenter, verständlicher und leicht zugänglicher Form in einer klaren und einfachen Sprache" erhalten und dies stets unentgeltlich (Art. 12 Abs. 5). Art. 12 strahlt als allgemeiner Grundsatz für die Handhabung von Betroffenenrechten maßgeblich auf Art. 13 aus und gewinnt aufgrund darin fehlender Vorgaben für die Form der Informationserteilung an Bedeutung.[27] Wie sich der Anspruch einer einfachen Sprache mit der Komplexität der DS-GVO vereinbaren lässt, muss die Rechtsanwendung beantworten.[28] Angesichts der Komplexität der rechtlichen Zusammenhänge des Informationsgegenstandes ist die Anforderung der leicht verständlichen Sprache eine Herausforderung für die Verantwortlichen. Der Mittelweg zwischen unzulässiger Verkürzung und leichter Verständlichkeit in einer klaren Sprache ist wichtig. Er darf jedenfalls aus Gründen der Rechtssicherheit nicht zu Unklarheiten führen.

22 **b) Leicht zugängliche Form.** Die leicht zugängliche Form der Information weist auf die wichtige Möglichkeit hin, die Information in elektronischer Form wie z.B. auf einer öffentlich zugänglichen Website bereit zu stellen.[29] Weitere Möglichkeiten wären ein QR-Code, eine verkürzte und leicht zu merkende URL oder – bei begrenzten Darstellungsmöglichkeiten – eine klare Bildsprache bspw. durch übliche und verständ-

---

22 *Albrecht* CR 2016, 88, 93.
23 *Art.-29-Datenschutzgruppe* WP 260 rev.01, S. 11 f.
24 *Art.-29-Datenschutzgruppe* WP 260 rev.01, S. 13.
25 *Art.-29-Datenschutzgruppe* WP 260 rev.01, S. 16.
26 *Kühling/Buchner-Bäcker* Art. 13 Rn. 18, dazu *Kremer* Art. 26 Rn. 76.
27 Vgl. *Auernhammer-Eßer* Art. 13 Rn. 1 f. Dazu auch *Schwartmann/Hermann/Mühlenbeck* Transparenz bei Medienintermediären, S. 99 f.
28 Zu praktischen Umsetzungsmöglichkeiten vgl. *Schwartmann/Hermann/Mühlenbeck* Transparenz bei Medienintermediären, S. 99 und 106 ff.
29 Vgl. ErwG 58; Art. 12 Abs. 1 S. 1; Art. 12 Abs. 7.

liche Piktogramme.³⁰ Für Apps empfiehlt die Art.-29-Datenschutzgruppe schließlich, dass die notwendigen Informationen, sobald die App installiert ist, nie mehr als „zweimal Fingertippen" entfernt sind.³¹ Um eine geeignete Methode für die Bereitstellung der Information zu finden, empfiehlt es sich, vor deren Verwendung verschiedene Modalitäten durch Benutzertests auszuprobieren (z.b. „Hall-Tests"), um ein Feedback darüber zu erhalten, wie zugänglich, verständlich und einfach die Ausgestaltung der Informationen für die Nutzer ist.³²

c) Bildsymbole. Gemäß Art. 12 Abs. 7 sind zur Erfüllung der Informationspflichten 23 nach Art. 13 und 14 auch Bildsymbole zulässig.³³

Bereits die bloße unbefangene Betrachtung der im Zuge des Gesetzgebungsverfah- 24 rens durch das EU-Parlament vorgeschlagenen Symbole macht deren Problematik deutlich. Sie können weder intuitiv mit Bedeutungsgehalt gefüllt werden, noch können Sie der Komplexität ihres Erklärungsgegenstandes gerecht werden. Sie können also nur ergänzend zur eigentlichen Information Anwendung finden und müssen standardisiert sein.³⁴ Hierzu soll die EU-Kommission einen der beiden noch verbliebenen delegierten Rechtsakt erlassen.³⁵

d) Art und Weise der Informationsgewährung – Unverzichtbarkeit von Medienbrü- 25 **chen.** In manchen Verarbeitungssituationen ist es nicht möglich, der betroffenen Person die Transparenzinformationen unmittelbar und vollumfänglich zur Verfügung zu stellen.³⁶ Als Beispiel drängen sich vor allem Fernabsatzgeschäfte wie etwa am Telefon³⁷, aber auch Automatenverkauf oder Flyer für ein Gewinnspiel auf, in denen die Informationspflicht nicht leicht praktikabel zu erfüllen sein wird. Die Art.-29-Datenschutzgruppe weist ausdrücklich darauf hin, dass die Art und Weise der Informationsgewährung situationsabhängig ist. Sie kann schriftlich oder auf andere Weise erfolgen, etwa elektronisch oder zusätzlich mündlich.³⁸ Relevant ist das etwa bei Datenerhebungen am Telefon. Dort kann man mündlich auf den Umstand der Datenerhebung hinweisen, um wegen der Details der Information auf eine Homepage, E-Mail oder auf Anforderung auch eine schriftliche Information zu verweisen. Letzteres ist gerade bei Datenerhebung am Telefon, etwa einer telefonischen Hotelbuchung oder Bestellung unverzichtbar. Der Situationsabhängigkeit trägt auch § 4 BDSG n.F. mit seiner separat geregelten Informationspflicht bei der Videoüberwachung oder bei der Erfassung und

---

30 So auch *Art.-29-Datenschutzgruppe* WP 260 rev.01, S. 12.
31 *Art.-29-Datenschutzgruppe* WP 260, S. 11.
32 Ehmann/Selmayr-*Knyrim* Art. 12 Rn. 17.
33 Trilog – Synopse der DS-GVO herausgegeben vom Bayerischen Landesamt für Datenschutzaufsicht, abrufbar unter: https://www.cr-online.de/Trilog-Synopse_DS-GVO_des_BayLDa_v._ 1.2016.pdf, zuletzt abgerufen am 28.4.2020.
34 Vgl. BeckOK DatenSR-*Quaas* Art. 12 Rn. 53, 27. Edition 2019.
35 Vgl. Kommentierung zu Art. 12 Abs. 7.
36 Das BDSG n.F. trägt dem auf der Ebene der Infopflichten unter Nutzung der Öffnungsklausel des Art. 23 für den Sonderfall der Videoüberwachung in § 4 Abs. 2 und 4 BDSG n.F. Rechnung. Nach dem Wortlaut von Art. 13 Abs. 1 DS-GVO (der Verantwortliche teilt der betroffenen Person „zum Zeitpunkt der Erhebung mit) ließe sich auch eine Information im Netz als unmittelbar begreifen. Die Norm kommt es erkennbar nur auf den Zeitpunkt der Information, nicht aber auf die unmittelbare körperliche Verfügbarkeit an.
37 Hierzu auch *Lorenz* VuR 2019, 213, 220.
38 *Art.-29-Datenschutzgruppe* WP 260 rev.01, S. 11 f.

Speicherung von KFZ-Kennzeichen vor der Einfahrt in Parkhäusern Rechnung.[39] Gerade beim Fernabsatzgeschäft am Telefon zeigt sich, wie schwer die Darstellung der Informationsfülle ausfallen kann. Das Bsp. des Flyers belegt, dass der Platz für die Pflichtinformationen nach Art. 13 häufig nicht gegeben ist. Ein Übermaß an Information aufgrund der umfassenden Verpflichtung nach Art. 13 kann betroffene Personen zudem überfordern und dazu führen, dass Informationen gar nicht erst gelesen werden. Dies gilt ganz besonders, wenn gleichzeitig weitere rechtlich erforderliche Informationen, wie z.B. Allgemeine Geschäftsbedingungen oder Informationen nach Fernabsatzrecht, bereitgestellt werden müssen.[40] Damit würde Wesentliches untergehen, wodurch das Schutzziel der Norm leerlaufen würde.[41] Auch die DSK erkennt den Medienbruch an.[42] In der Konsequenz wird die vollumfängliche Information regelmäßig auch mithilfe eines Medienbruches erteilt werden können.[43]

26 e) Gestufte Informationsgewährung. Daran knüpft die Frage an, welche Informationen dem Betroffenen unmittelbar auf einer ersten Informationsebene gegeben werden müssen und welche nachrangig auf einer zweiten – nicht mehr unmittelbaren – Informationsebene gegeben werden dürfen. Welche Informationen unmittelbar gegeben werden müssen, wird davon abhängig sein, ob die jeweilige Information essentiell für die Entscheidung für eine Preisgabe der Information erscheint. Solch essentiellen Informationen der ersten Stufe werden dem Betroffenen unmittelbar mitgeteilt werden müssen. Für darüber hinausgehende Informationen der zweiten Stufe und insbesondere nähere Erläuterungen der Datenverarbeitung wird hingegen ein Verweis genügen, bspw. über einen QR-Code oder Angabe einer Internetadresse, auf der die vollständigen Informationen nach Art. 13 auffindbar sein müssen.[44]

27 aa) Informationen der ersten Stufe. Es muss sich bei den essentiellen Informationen der ersten Stufe gewissermaßen um sog. „Showstopper" handeln, also um die für den Betroffenen wesentlichen Kernaussagen, die möglicherweise eine Entscheidung zum

---

39 Vgl. dazu Kommentierung zu § 4 BDSG n.F. Rn. 28 ff.
40 *Jaspers* DuD 2012, 571, 572.
41 Vgl. zu Einzelheiten beim Medienbruch Rn. 85 f.
42 Vgl. etwa *DSK* Orientierungshilfe Direktwerbung 11/2018, S. 7 („zweistufiges Informationsmodell").
43 Vgl. So *Art.-29-Datenschutzgruppe* WP 260 rev.01, S. 11; *GDD* Transparenzpflichten bei der Datenverarbeitung, 2017, 6; a.A. *DSK* Informationspflichten bei Dritt- und Direkterhebung, 2017, 3. Gleichwohl hält die DSK die gestufte Informationsgewährung in einer späteren Veröffentlichung doch für praktikabel, vgl. *DSK* Videoüberwachung nach der Datenschutz-Grundverordnung, 3. So auch: *LfD Niedersachsen* Transparenzanforderungen und Hinweisbeschilderung bei einer Videoüberwachung durch nichtöffentliche Stellen, abrufbar unter www.lfd.niedersachsen.de/download/123675/Transparenzanforderung_und_Hinweisbeschilderung_bei_Videoueberwachung.pdf, zuletzt abgerufen am 28.4.2020; a.A. *Kühling/Buchner-Bäcker* Art. 13 Rn. 58.
44 Der EuGH erkennt den Medienbruch für den Parallelfall nach 7 Abs. 4 lit. b RL 2005/29 an, wenn Printwerbung zum Besuch eines Internetportals aufruft. Es ist „zu prüfen, ob es aufgrund räumlicher Beschränkungen in dem Werbetext gerechtfertigt ist, Angaben zum Anbieter nur auf der Online-Verkaufsplattform zur Verfügung zu stellen." *EuGH* v. 30.3.2017 – C-146/16, ECLI:EU:C:2017:243, Verband Sozialer Wettbewerb, Rn. 32; im Ergebnis auch *Art.-29-Datenschutzgruppe* WP 260 rev.01, S. 12; a.A. für Art. 13: *DSK* Kurzpapier Nr. 10, Informationspflichten bei Dritt- und Direkterhebung v. 30.8.2017, S. 3; *Ehmann/Selmayr-Knyrim* Art. 13 Rn. 15.

Abschluss eines Rechtsgeschäfts mit dem informationspflichtigen Unternehmen entgegenstehen. In Betracht kommen hier Informationen wie etwa von wem und zu welchen Zwecken seine Daten verarbeitet werden sowie ob und ggf. wohin eine Weitergabe der personenbezogenen Informationen erfolgt.[45]

Beispiel 1: Im Falle einer telefonischen Bestellung erscheint eine Sprachwiedergabe der gesamten Informationen des Art. 13 wenig zweckdienlich und praktikabel. Hier kann per Tasteneingabe die Sprachwiedergabe die Informationen der ersten Stufe vorlesen, bspw. die Identität des Verantwortlichen und der Umstand, ob und zu welchem Zweck ein Telefonat aufgezeichnet wird. Für weitergehende Informationen der zweiten Stufe, wie etwa Hinweise auf eventuelle Auftragsverarbeiter, kann auf eine leicht zu verstehende Internetseite verwiesen werden. 28

Beispiel 2: Schwierig erscheint die vollständige Informationserteilung ebenso bei klassischen Werbeaktionen auf Fußgängerzonen, wo mittels Postkarten die personenbezogenen Daten von Neukunden erfragt werden. Die datenschutzrechtliche Pflichtinformation muss sich hier auf die wesentlichen Informationen der ersten Stufe beschränken, wie die Identität des Verantwortlichen und eine eventuelle Weitergabe von personenbezogenen Daten an Dritte. Für den Rest bedarf es einer anderen Darreichungsform wie eines QR-Codes oder der Angabe eines Internetlinks. 29

bb) Informationen der zweiten Stufe. Demgegenüber sind Informationen der 2. Stufe ergänzend hinzuzuliefern, um die Informationspflicht vollumfänglich erfüllt zu haben.[46] Diese Informationen sind solche, die für den Betroffenen zwar auch wichtig sind, die aber mit Blick auf ihre Relevanz für die Persönlichkeitsrechte der betroffenen Person nicht unmittelbar bereitgestellt werden müssen. 30

f) Bereitstellung der Information. Sämtliche Informationen können grundsätzlich in elektronischer Form bereitgestellt werden. In bestimmten Fällen, etwa telefonischen Bestellvorgängen, scheidet eine elektronische Information allerdings faktisch aus. 31

3. Zeitpunkt der Information. Die Informationen gem. Art. 13 Abs. 1 und 2 sind zum Zeitpunkt der Erhebung bereitzustellen. Die Erhebung ist nach Art. 4 Nr. 2 eine Phase der Datenverarbeitung, welche vom europäischen Verordnungsgeber nicht gesondert definiert ist. Diese liegt bspw. vor, wenn die betroffene Person ihre Daten selbst wissentlich an den Verantwortlichen übermittelt, z.B. beim Ausfüllen eines Online-Formulars oder Hochladen der Daten auf einem sozialen Netzwerk. Ebenso liegt eine Datenerhebung vor, wenn der Verantwortliche vom Betroffenen die Daten durch Überwachung erhält, z.B. durch Kameras, Netzwerkgeräte, WLAN-Tracking, RFID oder andere Sensoren.[47] Die Bereitstellung der Informationen im Zeitpunkt der Erhebung setzt jedoch nicht voraus, dass die Information zwingend vor der Erhebung erfolgen muss, sondern sie genügt auch zeitgleich mit der Datenerhebung.[48] In jedem Fall sind die Informationspflichten aus Abs. 1 und 2 aber gemeinsam zu erteilen.[49] Ab dem Moment, ab dem eine Verarbeitung personenbezogener Daten erfolgt, stehen dem Betroffenen nämlich die in Art. 15–22 sowie 34 genannten Rechte zu, weshalb er 32

---

45 Vgl. *Jaspers* DuD 2012, 571, 572.
46 Vgl. *GDD* Transparenzpflichten bei der Datenverarbeitung, 2017, 6; a.A. *DSK* Informationspflichten bei Dritt- und Direkterhebung, 2017, 3.
47 Ehmann/Selmayr-*Knyrim* Art. 13 Rn. 10.
48 Plath-*Kamlah* Art. 13 Rn. 7.
49 Auernhammer-*Eßer* Art. 13 Rn. 28.

spätestens ab diesem Zeitpunkt Kenntnis über die grundlegenden Umstände der Verarbeitung haben muss.[50] Das kann im Einzelfall faktisch problematisch sein. So muss etwa im Fall der Kennzeichenerfassung und -speicherung eines Fahrzeuges, das in ein Parkhaus einfährt, die Information spätestens bei der Einfahrt erfolgen. Vergleichbare Probleme stellen sich bei Datenerhebungen zur Einlasskontrolle in Gebäuden. Wie der Einlass in diesen Fällen, die mit der Videoüberwachung[51] vergleichbar sind, informationssicher gewährt werden kann, ist offen. Bis auf weiteres muss die Praxis davon ausgehen können, dass ein bestimmter und wahrnehmbarer Teil der Information unmittelbar gegeben werden muss, während ein anderer Teil auf einer zweiten Ebene bereitstehen muss. Bei Änderungen der Informationen enthält die DS-GVO keine näheren Angaben zum Zeitpunkt der Mitteilung, sodass ein gewisser Einschätzungsspielraum für den Verantwortlichen verbleibt. Bei der Bestimmung des Zeitpunktes sollte der Verantwortliche berücksichtigen, ob es sich hierbei um eine grundlegende Änderung handelt und ob diese für die betroffene Person eine besondere Relevanz haben könnte.[52] Ob die Informationen nach Art. 13 und 14 in regelmäßigen Abständen zu wiederholen sind, wird durch die DS-GVO nicht beantwortet. Schon aus Gründen der Transparenz kann es sich aber empfehlen den Betroffenen die Informationen nach einer gewissen Dauer erneut aktiv etwa elektronisch zur Verfügung zu stellen. Dies sollte selbst dann gelten, wenn sich die Zwecke nicht grundlegend verändert haben, die Datenverarbeitung aber fortlaufend ist oder der Dienst des Verantwortlichen schon lange nicht mehr genutzt wurde, sich der Betroffene aber aufgrund des zeitlichen Abstands vermutlich nicht mehr an die Informationen erinnern kann.[53]

33 **4. Einzelne Informationsgehalte.** Der Umfang der dem Betroffenen zur Verfügung zu stellenden Informationen bemisst sich aus der Summe der einzelnen Informationsgehalte, die im Abs. 1 normiert sind. Im Umkehrschluss gilt: Was nicht in Art. 13 aufgeführt ist, darüber muss der Betroffene nicht unterrichtet werden.[54]

34 **a) Name und Kontaktdaten (lit. a).** Dem Betroffenen sind sowohl der Name als auch die Kontaktdaten des Verantwortlichen mitzuteilen. Diese Pflicht erstreckt sich auch auf den Vertreter i.S.d. Art. 4 Nr. 17 für nicht in der Union niedergelassene Verantwortliche oder Auftragsverarbeiter.[55] Die Bezeichnung muss so erfolgen, dass der Verantwortliche für die betroffene Person bestimmbar ist.

35 Im Sinne eines effektiven Schutzes personenbezogener Daten ist der Betroffene in seinen Rechten zu stärken.[56] Dazu bedarf es zwingend der Angabe eines Vor- und Nachnamens einer natürlichen Person als verantwortliche Stelle oder deren Vertreter sowie einer postalischen Adresse. Bei Kaufleuten, Personengesellschaften oder juristischen Personen ist zudem der Firmen- oder Vereinsname mitzuteilen. Weitergehende Kontaktmöglichkeiten wie insbesondere eine Telefonnummer oder einen E-Mail-Kon-

---

50 Ehmann/Selmayr-*Knyrim* Art. 13 Rn. 11.
51 Vgl. dazu die besonderen Informationspflichten nach § 4 Abs. 2 BDSG. Siehe Rn. 23 ff.
52 *Art.-29-Datenschutzgruppe* WP 260 rev.01, S. 17 f.
53 Ehmann/Selmayr-*Knyrim* Art. 12 Rn. 13; a.A. Gola-*Franck* Art. 13 Rn. 38.
54 Vgl. BeckOK DatenSR-*Schmidt/Wudy* Art. 13 Rn. 38, 27. Edition 2019.
55 Plath-*Kamlah* Art. 13 Rn. 9.
56 Vgl. ErwG 11.

takt sollten im Sinne der Praktikabilität Teil der Information sein. Eine Rechtspflicht dazu lässt sich aus Art. 13 Abs. 1 lit. a allerdings nicht ableiten.[57]

b) Kontaktdaten des Datenschutzbeauftragten (lit. b). Als Ansprechpartner für den Schutz personenbezogener Daten ist ein Datenschutzbeauftragter gem. Art. 37 benannt. Hat der Verantwortliche einen solchen bestellt, ist er gem. Abs. 1 lit. b verpflichtet, die Kontaktdaten des Datenschutzbeauftragen zusätzlich zu den Kontaktdaten des Abs. 1 lit. a mitzuteilen. Insoweit bezieht sich die Einschränkung des lit. b („gegebenenfalls") lediglich auf die Tatsache, ob der Verantwortliche einen Datenschutzbeauftragen benannt hat. Dazu dürfte zumindest eine postalische Anschrift oder eine elektronische Anschrift erforderlich sein.[58] Die Norm sagt nichts darüber aus, ob der Datenschutzbeauftrage namentlich benannt werden muss, oder ob hier die Angabe eines sog. Role-Accounts, wie bspw. datenschutz@example.com ausreicht. Die Angabe des Namens hilft auch dem Betroffenen nicht zwingend weiter, bspw. im Fall eines externen Datenschutzbeauftragten, der nötigenfalls auch durch Kollegen vertreten wird. In diesem Fall ist für den Betroffenen lediglich ein verantwortlicher Ansprechpartner maßgeblich, der die Funktion des Datenschutzbeauftragten im Zeitpunkt der Anfrage erfüllt. 36

Der Sache nach dürfte die Offenlegung des Namens nicht zwingend erforderlich sein. An einer Angabe zur Erreichbarkeit – zumindest der „Datenschutzabteilung" – dürfe aber kein Weg vorbei führen. 37

c) Zweckbindungsgrundsatz (lit. c). Art. 13 Abs. 1 lit. c verpflichtet den Verantwortlichen zur Information über die Zwecke, für die die personenbezogenen Daten verarbeitet werden sollen, sowie eine Rechtsgrundlage für die Verarbeitung. Die betroffene Person ist darüber zu informieren, welche konkreten Datenverarbeitungen erfolgen. Fraglich ist hierbei, ob im Rahmen von Art. 13 Abs. 1 lit. c Schlagworte ausreichend sind oder ob eine detaillierte Zweckangabe durch den Verantwortlichen bereitgestellt werden muss.[59] Entscheidend ist, dass die Zweckangabe derart detailliert erfolgt, dass die betroffene Person ein ausreichendes Verständnis dafür entwickeln kann, mit welchen Datenverarbeitungen zu welchen Zwecken sie im konkreten Fall rechnen muss.[60] Letztlich sind dafür alle bekannten Zwecke vollumfänglich mitzuteilen.[61] Unklare, oberflächliche, generalisierende und allgemeine Zweckangaben genügen den Anforderungen des lit. c somit nicht.[62] Ebenso darf die Vorschrift nicht dazu missbraucht werden, sämtliche potentielle Zwecke gewissermaßen auf „Vorrat" mitzuteilen.[63] Dagegen dürfte eine detaillierte Darlegung der Rechtslage nicht erforderlich sein, da der Wortlaut des lit. c nur von der „Information über" die Zwecke und Rechtsgrundlage spricht und im Gegensatz zu lit. d keine weiteren Angaben vom Verantwortlichen 38

---

57 Vgl. Plath-*Kamlah* Art. 13 Rn. 9; a.A. *Lorenz* VuR 2019, 214, 214 f.; Auernhammer-*Eßer* Art. 13 Rn. 16; Paal/Pauly-*Paal* Art. 13 Rn. 14.
58 Strenger *Lorenz* VuR 2019, 214.
59 Dazu Paal/Pauly-*Paal/Hennemann* Art. 13 Rn. 16 sowie *Schwartmann/Hermann/Mühlenbeck* Transparenz bei Medienintermediären, S. 101.
60 *Schwartmann/Hermann/Mühlenbeck* Transparenz bei Medienintermediären, S. 101.
61 So auch Kühling/Buchner-*Bäcker* Art. 13 Rn. 25. Vgl. auch den Plural in ErwG 60 S. 1.
62 Ehmann/Selmayr-*Knyrim* Art. 13 Rn. 37.
63 Gola-*Franck* Art. 13 Rn. 12.

verlangt.[64] Dieses Informationsgebot war schon nach Art. 10 DSRL erforderlich und trägt sowohl dem Grundsatz der Transparenz (Art. 5 Abs. 1 lit. a), als auch dem Grundsatz der Zweckbindung (Art. 5 Abs. 1 lit. b) Rechnung. Insbesondere dadurch wird es dem Betroffenen möglich, eine informierte Entscheidung über die Verarbeitung seiner personenbezogenen Daten zu treffen und die Rechtmäßigkeit der Datenverarbeitung überprüfen zu können.[65] Wird eine neuer oder nicht kompatibler Zweck (Art. 6 Abs. 4) später bekannt, ist nach Abs. 3 nachzuinformieren.

39 Um der Informationspflicht gem. Art. 13 Abs. 1 lit. c Genüge zu tun, ist mindestens eine Rechtsgrundlage für den Datenumgang zu benennen.[66] Die Angabe mehrerer einschlägiger Rechtsgrundlagen ist zulässig.[67] Dabei muss der Verweis auf Art. 6 zielen, der die Tatbestände für eine rechtmäßige Datenverarbeitung beinhaltet. Ein bloßer allgemeiner Verweis auf diese Norm ist hingegen unzulässig, da die Rechtsgrundlage im Sinne der gebotenen Transparenz hinreichend bestimmt angegeben sein muss.[68]

40 **d) Verfolgung berechtigter Interessen (lit. d).** Nach Art. 13 Abs. 1 lit. d muss der Verantwortliche bei einer Verarbeitung auf der Rechtmäßigkeitsgrundlage Art. 6 Abs. 1 lit. f seine berechtigten Interessen oder die eines Dritten der betroffenen Person mitteilen. Insoweit ergänzt lit. d die Angabe der Rechtsgrundlage und Zwecke nach lit. c, die im Falle des Art. 6 Abs. 1 lit. f aus Sicht der betroffen Person ansonsten nicht allzu ergiebig wäre.[69] „Die Interessen oder die Grundrechte und Grundfreiheiten der betroffenen Person"[70] sind dem Wortlaut nach von der Informationspflicht hingegen nicht erfasst. Somit sind nur die für eine Seite der Interessenabwägung maßgeblichen Aspekte Teil der Transparenzpflicht nach Art. 13. Um das Spannungsverhältnis zwischen einer präzisen und zugleich verständlichen Information[71] aufzulösen, wird der Verantwortliche nicht sämtliche denkbaren Interessen in aller Ausführlichkeit angeben müssen. Vielmehr hat die Information jedenfalls stichpunktartig[72] die **wesentlichen Gründe** zu nennen, auf die sich die Abwägung stützt.[73] Andernfalls bestünde die Gefahr, den Betroffenen insbesondere bei komplexen Datenverarbeitungen mit länglichen Ausführungen zu denkbaren Interessenslagen zu überfrachten. Im Umkehrschluss bedeutet das, dass sich der Verantwortliche bei der Rechtfertigung der Datenverarbeitung nicht ausschließlich auf die in der Information an den Betroffenen dargelegten Interessen stützen muss, sondern zumindest auch weitere offengelegte Hilfsargumente für ein überwiegendes Interesse anführen kann.[74] Folglich lässt sich nicht pauschal definieren, welche Informationen dem Betroffenen mitgeteilt wer-

---

64 So aber Kühling/Buchner-*Bäcker* Art. 13 Rn. 26; a.A. Ehmann/Selmayr-*Knyrim* Art. 13 Rn. 38.
65 Vgl. BeckOK DatenSR-*Schmidt/Wudy* Art. 14 Rn. 46, 27. Edition 2019.
66 Vgl. Plath-*Kamlah* Art. 13 Rn. 11; a.A. Kühling/Buchner-*Bäcker* Art. 13 Rn. 26.
67 Ehmann/Selmayr-*Knyrim* Art. 13 Rn. 27.
68 Vgl. Auernhammer-*Eßer* Art. 13 Rn. 21.
69 Gola-*Franck* Art. 12 Rn. 14.
70 ErwG 47 S. 1.
71 Kühling/Buchner-*Bäcker* Art. 12 Rn. 12; Beck OK DatenSR-*Quaas* Art. 12 Rn. 13.
72 *Walter* DSRITB 2016, 367, 370; Strenger *Lorenz* VuR 2019, 214, 216.
73 Dazu auch *Schwartmann/Hermann/Mühlenbeck* Transparenz bei Medienintermediären, S. 102.
74 A.A. Wybitul-*Pötters/Bausewein* Art. 12–15 Rn. 26.

den müssen. Erforderlich ist jeweils eine Beurteilung des Einzelfalles.[75] Nichtsdestotrotz ist eine Benennung möglichst zahlreicher Zwecke sinnvoll, um eine (erneute) Informationspflicht im Falle einer Zweckänderung zu vermeiden. Daher ist im Zweifel zu einem Mehr an Informationen zu raten, gerade weil im Falle eines Medienbruchs ein Aussparen von Informationen nicht nötig erscheint.[76]

e) Empfänger oder Kategorien von Empfängern (lit. e). Im Sinne der informationellen Selbstbestimmung benötigt der Betroffene Kenntnis über die Empfänger oder Kategorien von Empfängern der personenbezogenen Daten, wenn die Daten vom Verantwortlichen zum Zeitpunkt der Datenerhebung an Dritte übermittelt werden sollen.[77] Im Umkehrschluss entfällt diese Verpflichtung, wenn keine Übermittlung von personenbezogenen Daten erfolgt. 41

Empfänger ist nach Art. 4 Nr. 9 jede natürliche oder juristische Person, Behörde, Einrichtung oder andere Stelle, denen personenbezogene Daten offengelegt werden, unabhängig davon, ob es sich bei ihr um einen Dritten handelt oder nicht. Erfasst sind damit wohl auch gemeinsame Verantwortliche sowie Auftragsverarbeiter.[78] Erforderlich ist jedoch keine namentliche Benennung der Empfänger. Vielmehr hat der Verantwortliche die Wahl[79], stattdessen auch Kategorien von Empfängern zu benennen. Der Begriff lässt sich sowohl personell als auch funktional auslegen. Personell können Kategorien von Empfängern bspw. mehrere personenverbundene Empfänger zusammenfassen, wie bspw. Konzernunternehmen oder Unternehmensgruppen. Funktional lassen sich verschiedene Empfänger nach ihrer Funktion für die Datenverarbeitung zusammenfassen, bspw. „Werbepartner" oder „Versandunternehmen"[80]. Problematisch wird die bloße Nennung von Kategorien von Empfängern allerdings dann, wenn sich die Nennung letztlich in einem pauschalen Hinweis erschöpft, der keinerlei Transparenzgewinn hinsichtlich der Datenverarbeitungsvorgänge schafft.[81] Sofern also etwa international agierende Unternehmen auf eine Übermittlung von Daten an „Werbepartner" hinweisen, dies aber eine Vielzahl verschiedener Unternehmen meint, so läuft die Informationsgewährung im Hinblick auf die positive Gewährleistung von Transparenz durch Zurverfügungstellung der notwendigen Informationen gegenüber den betroffenen Personen letztlich ins Leere.[82] Somit ist stets im Einzelfall zu ermitteln, ob die Nennung von Empfängern im Einzelnen oder bloßer Kategorien ausreichend oder notwendig ist, um durch die Information die Datenverarbeitung für betroffene Personen transparent zu machen. Handlungsleitend ist dabei, ob sich vor dem Hintergrund der Tätigkeit der datenverarbeitenden Stelle bzw. des Unterneh- 42

---

75 Vgl. etwa zur Information bei der Anfertigung von Personenfotos Rn. 101 f. sowie Art. 9 Rn. 165.
76 Vgl. dazu auch die GDD-Praxishilfe DS-GVO VII (Transparenzpflichten bei der Datenverarbeitung), S. 5.
77 Vgl. Kühling/Buchner-*Bäcker* Art. 13 Rn. 30.
78 So ausdrücklich der Kommissionsentwurf KOM(2012) 11, 9; Ehmann/Selmayr-*Knyrim* Art. 13 Rn. 41 m.w.N.
79 So *Walter* DSRITB 2016, 367, 370; a.A. Ehmann/Selmayr-*Knyrim* Art. 13 Rn. 29, der eine Nennung von Kategorien nur dann für zulässig hält, wenn die Namen dem Verantwortlichen nicht bekannt sind.
80 *Härting* Datenschutzgrundverordnung, 17.
81 Dazu Schwartmann/Hermann/Mühlenbeck Transparenz bei Medienintermediären, S. 103.
82 Schwartmann/Hermann/Mühlenbeck Transparenz bei Medienintermediären, S. 103.

mens hinreichend konkrete Aussagen hinsichtlich der Empfängerkategorien treffen lassen oder nicht. Sofern also z.b. ein lokaler Fahrradhändler auf eine Übermittlung an Werbepartner verweist, so sind von der Nennung der Empfängerkategorie nur Unternehmen erfasst, die Produkte und Dienstleistungen im Zusammenhang mit Fahrrädern bewerben, nicht die Übermittlung des Kaufs eines Fahrrads an die Krankenkasse zwecks Anpassung des Beitrags. Sofern datenverarbeitende Stellen bzw. Unternehmen also Daten an verschiedenste Unternehmen zu Werbezwecken übermitteln, scheint die Nennung von „Werbepartnern" als inhaltlich unspezifische Empfängerkategorie ausgeschlossen. Notwendig ist dann eine namentliche Nennung der einzelnen Unternehmen. Andernfalls wird der Sinn und Zweck der Informationspflicht ausgehöhlt.

43 **f) Übermittlung in Drittländer/an internationale Organisationen (lit. f).** Die Bestimmung in lit. f soll dahingehend für Transparenz sorgen, dass das Datensubjekt auch dann eine informierte Entscheidung treffen kann, wenn die Datenübermittlung außerhalb der EU geplant ist. Erst durch die Informationen gem. Abs. 1 lit. f besitzt er die entsprechende Grundlage, um das Entscheidungsrisiko die Verarbeitung seiner personenbezogenen Daten betreffend richtig einschätzen zu können.[83]

44 Bereits über die Absicht des Verantwortlichen die Daten der betroffenen Person an ein Drittland oder eine internationale Organisation i.S.d. Art. 4 Nr. 26 zu übermitteln, gilt es den Betroffenen nach Art. 13 Abs. 1 lit. f zu informieren. Überdies muss das Vorhandensein oder das Fehlen eines Beschlusses der Kommission zur Angemessenheit des Datenschutzniveaus in einem Drittland Teil der Information sein. Alternativ zu einer Datenübermittlung auf Grundlage des Art. 45 lässt sich diese auch auf Art. 46, 47 oder 49 Abs. 1 UAbs. 2 stützen. In diesem Fall ist auf die geeigneten oder angemessenen Garantien und deren Bezugsmöglichkeit hinzuweisen. Die Art.-29-Datenschutzgruppe vertritt die Auffassung, dass sich aus dem Grundsatz von Treu und Glauben darüber hinaus die Verpflichtung des Verantwortlichen ableitet, alle Drittländer, in die Daten übermittelt werden sollen, namentlich zu nennen.[84] Zur Transparenz und ausgehend von der grundsätzlichen Dokumentationspflicht erwächst der betroffenen Person aus Abs. 1 lit. f ein Recht auf eine Kopie über die ihn betreffenden Teile der entsprechenden Dokumente. Ein solcher Nachweis muss allerdings nur auf Verlangen ausgestellt werden.

IV. Zusätzliche Informationen (Abs. 2)

45 **1. Allgemeines zu der Pflicht zur Mitteilung von weiteren Informationen.** Zusätzlich zu den Informationen gem. Abs. 1 stellt der Verantwortliche der betroffenen Person zum Zeitpunkt der Erhebung dieser Daten folgende weitere Informationen zur Verfügung, mit dem Ziel eine faire und transparente Verarbeitung zu gewährleisten. Er folgt damit derselben Zielsetzung wie die Informationen gem. Abs. 1, denn auch die Informationen nach Abs. 1 dienen einer fairen und transparenten Verarbeitung.[85]

46 Strittig ist in diesem Zusammenhang allerdings, ob die Informationen des Abs. 1 immer, jene des Abs. 2 hingegen nur situationsabhängig zu erteilen sind. Teilweise

---

83 Vgl. Kühling/Buchner-*Bäcker* Art. 13 Rn. 34.
84 *Art.-29-Datenschutzgruppe* WP 260 rev.01, S. 38.
85 Vgl. ErwG 60 S. 1 f. So auch Paal/Pauly-*Paal* Art. 13 Rn. 22.

wird im datenschutzrechtlichen Schrifttum vertreten, die Informationspflichten aus Abs. 1 und 2 seien gleichermaßen vollständig zu erfüllen.[86] Auch die Art.-29-Datenschutzgruppe vertritt die Auffassung, dass es keinen Unterschied zwischen dem Status der mitzuteilenden Information nach Abs. 1 und 2 gebe, sondern alle Informationen in diesen Absätzen gleich wichtig seien und den Betroffenen mitgeteilt werden müssten.[87] Es erscheint zunächst irreführend, warum in Art. 13 ein eigener Absatz für die weiteren Informationen vorgesehen ist, wobei hier wie keine anderen Tatbestandsvoraussetzungen als in Abs. 1 auszumachen sind.[88] Gleichwohl hat der ausdrückliche Hinweis auf die Notwendigkeit für eine faire und transparente Verarbeitung keine rein deklatorische Bedeutung. Vielmehr ist in jedem Einzelfall die Erforderlichkeit der konkreten Informationspflicht danach zu prüfen, ob die in lit. a–f aufgeführten Informationen jeweils notwendig zur Gewährleistung einer fairen und transparenten Verarbeitung sind.[89] Hierfür streitet ferner der risikobasierte Ansatz des ErwG. 60 S. 2, welcher ebenfalls eine konditionale Lesart des Art. 13 Abs. 2 nahelegt. Denn danach sollte der Verantwortliche der betroffenen Person alle weiteren Informationen zur Verfügung stellen, die „unter Berücksichtigung der besonderen Umstände und Rahmenbedingungen", unter denen die personenbezogenen Daten verarbeitet werden, „notwendig sind, um" eine faire und transparente Verarbeitung zu gewährleisten.

Weiterhin ungeklärt ist, ob der in der deutschen Übersetzung vorgenommenen Differenzierung zwischen „Mitteilen" (Abs. 1) und „Zurverfügungstellen" (Abs. 2) rechtliche Bedeutung beizumessen ist. Da sowohl die englische („provide") als auch die französische Sprachfassung („fournir") an dieser Stelle aber eine einheitliche Begrifflichkeit verwenden, dürfte es sich hierbei wohl um eine rein stilistische Unterscheidung ohne rechtliche Bedeutung handeln.[90] Hierfür spricht zudem, dass in Art. 12 Abs. 1 der Begriff des „übermitteln" verwendet wurde, welcher wiederum vom Wortlaut der Art. 13 Abs. 1 und Art. 14 Abs. 1 abweicht. **47**

Die zusätzlichen Informationen sind lediglich dann mitzuteilen, wenn sie notwendig sind, um eine faire und transparente Verarbeitung zu gewährleisten. Welche Informationen der Abs. 2 im Einzelfall wirklich erforderlich sind, kann nicht pauschal festgelegt werden. Im Zweifel ist wegen des hohen Bußgeldrisikos (vgl. Art. 83 Abs. 5 lit. b) stets zu einem Mehr an Information zu raten. Pauschal rechtssicher ist in jedem Fall immer nur die Vorgehensweise, schlicht alle in Abs. 2 aufgeführten Informationen mitzuteilen. **48**

2. Einzelne Informationsgehalte. – a) Dauer der Speicherung (lit. a). Zur Transparenz einer Datenverarbeitung und als Ausfluss des in Art. 5 Abs. 1 lit. e normierten Gebots der Speicherbegrenzung gehört die Information, wie lange die personenbezogenen Daten gespeichert werden oder, falls dies nicht möglich ist, die Kriterien für die Festlegung dieser Dauer. Gemeint ist dabei wohl die voraussichtliche Dauer, da ex ante die tatsächliche Dauer nur schwer mitgeteilt werden kann. Tatsächlich geregelt ist die zulässige Datenspeicherung innerhalb der DS-GVO nicht. Das Unternehmen muss also ein Speicherkonzept haben und dieses der betroffenen Person für den sie **49**

---

86 So etwa Kühling/Buchner-*Bäcker* Art. 13 Rn. 20.
87 *Art.-29-Datenschutzgruppe* WP 260 rev.01, S. 14.
88 Auernhammer-*Eßer* Art. 13 Rn. 27.
89 Vgl. Paal/Pauly-*Paal* Art. 13 Rn. 23.
90 Gola-*Franck* Art. 13 Rn. 5.

betreffenden Fall mitteilen. Hierzu kann sich bspw. – wenn möglich – an den gesetzlichen Aufbewahrungswahrungsfristen orientiert werden.[91] Im Falle der Unmöglichkeit einer solchen Prognose genügt alternativ die Information über die Kriterien nach der sich die Dauer bemisst.[92] Auch hier dürfte aber ein Konzept hinter der Speicherung erkennbar sein müssen.

50 Die Angabe der Dauer bzw. der entsprechenden Kriterien muss aus teleologischen Gründen der mit Art. 13 und 14 verfolgten Transparenz vollständig und so konkret sein, dass der Betroffene die Speicherdauer zumindest annähernd überblicken kann.[93] Im Umkehrschluss ist der bloße Verweis auf den Erforderlichkeitsgrundsatz als Kriterium, wie lang personenbezogene Daten gespeichert werden nicht, ausreichend i.S.d. Abs. 2 lit. a.[94]

51 **b) Bestehen einzelner Betroffenenrechte (lit. b).** Art. 13 Abs. 2 lit. b legt dem Verantwortlichen die Pflicht auf, über das Bestehen einzelner Betroffenenrechte zu informieren. Die von der Informationspflicht umfassten Betroffenenrechte nennt Abs. 2 lit. b abschließend[95]: Das Recht auf Auskunft gegen den Verantwortlichen in Bezug auf personenbezogene Daten (Art. 15), das Recht auf Berichtigung (Art. 16), das Recht auf Löschung, das Recht auf Einschränkung der Verarbeitung (Art. 18), das Recht auf Datenübertragbarkeit (Art. 20) sowie das Recht auf Widerspruch gegen die Verarbeitung (Art. 21). Anders als bei den meisten anderen Informationspflichten genügt hier allein die Benennung der entsprechenden Rechte.[96] Da der Verantwortliche jedoch nach Art. 12 Abs. 2 zugleich zur Erleichterung der Geltendmachung der Rechte verpflichtet ist, bietet es sich jedenfalls im elektronischen Kontext an, eventuelle Kontaktmöglichkeiten zur Geltendmachung der Rechte entsprechend zu verlinken, um mit der Pflicht aus lit. b zugleich die Pflicht aus Art. 12 Abs. 2 zu erfüllen.

52 Unklar ist für die Praxis das **Verhältnis von** Art. 13 Abs. 2 lit. b **zu** Art. 21 Abs. 4. Da die Informationspflicht über den Widerspruch nach Art. 13 bereits zum Zeitpunkt der Datenerhebung besteht, ist fraglich inwieweit Art. 21 Abs. 4 einen eigenen Anwendungsbereich hat. Da die dort für den Hinweis relevante Informationspflicht mit der ersten Kommunikation entsteht, hat der Art. 21 Abs. 4 dann eigenständige Bedeutung, wenn die erste Kommunikation vor der Datenerhebung liegt. Das wäre bei einem Infoschild über Fotos bei einer Veranstaltung der Fall, wenn das konkrete Foto erst später entsteht. Für die Praxis ist es ratsam die nach Art. 21 Abs. 4 bestehende Informationspflicht in die Information nach Art. 13 zu integrieren. Hierbei gehen dann die

---

91 Vgl. etwa § 14b Abs. 1 S. 1 UStG, § 147 Abs. 1 Nr. 2, Abs. 3 S. 1 AO, § 257 Abs. 1 Nr. 2, 3, Abs. 4 HGB.
92 Bei der Aufbewahrung von **Fotos** zu Dokumentationszwecken oder sonstigen Zwecken unternehmerischen Zwecken wäre etwa der Hinweis auf das zeitlich unbefristete Erfordernis Speicherung mit der Begründung erforderlich, dass das Ende des Dokumentationszweckes nicht absehbar ist.
93 Vgl. Kühling/Buchner-*Bäcker* Art. 13 Rn. 36.
94 Vgl. Auernhammer-*Eßer* Art. 13 Rn. 30; a.A. Plath-*Kamlah* Art. 13 Rn. 18.
95 BeckOK DatenSR-*Schmidt-Wudy* Art. 15 Rn. 67, 27. Edition 2019; a.A. Paal/Pauly-*Paal* Art. 13 Rn. 27.
96 So auch Kühling/Buchner-*Bäcker* Art. 13 Rn. 37; a.A. *Art.-29.-Datenschutzgruppe* WP 260 rev.01, S. 34, die die Auffassung vertritt, dass die Information eine Zusammenfassung dessen enthalten sollte, was die einzelnen Rechte beinhalten und welche Schritte die betroffene Person unternehmen kann, um diese auszuüben.

Informationspflicht Art. 13

notwendigen Informationsinhalte aus Art. 21 Abs. 1 und 4 in einer Information der betroffenen Person nach Art. 13 Abs. 2 lit. b auf.

c) Recht auf Widerruf der Einwilligung. In Anlehnung an die Information über das Bestehen einzelner Betroffenenrechte, ist ebenfalls mitzuteilen, dass eine Einwilligung jederzeit widerrufen werden kann, sofern die Datenverarbeitung auf Grundlage einer Einwilligung[97] erfolgt. Dazu gehört der Hinweis über die Wirkung der möglichen Einwilligung, welche die Rechtmäßigkeit der aufgrund der Einwilligung bis zum Widerruf erfolgten Verarbeitung berührt.[98] 53

d) Beschwerderecht bei einer Aufsichtsbehörde. Auch der Hinweis gem. Abs. 2 lit. d auf das Beschwerderecht bei einer Aufsichtsbehörde ließe sich unter den Hinweis auf Betroffenenrechte (lit. b) subsumieren. Danach hat das Datensubjekt über Art. 57 Auskunft zu erteilen. Hierfür reicht aber erneut der bloße Hinweis auf eben dieses Recht und es besteht keine Pflicht auch die Kontaktdaten der Aufsichtsbehörden zu nennen.[99] Da lit. d dem Verantwortlichen eine Art „Rechtsbefehlsbelehrung" auferlegt und insofern der Informationspflicht gewissermaßen einen „hoheitlichen" Anstrich verleiht, dürfte aus praktischer Sicht vor allem die Frage bedeutsam sein, in welchen Fällen privatwirtschaftliche Unternehmen eine entsprechende Informationspflicht treffen wird. Auch hier empfiehlt sich im Zweifel eine Standardformulierung beizufügen, um der Anforderung des lit. d in jedem Fall gerecht zu werden.[100] 54

e) (Nicht-)Bestehen einer Bereitstellungspflicht (lit. e). Zur vollständigen Information gehört auch, ob 1. die Bereitstellung von Daten im Zeitpunkt der Erhebung gesetzlich oder vertraglich vorgeschrieben oder für einen Vertragsabschluss erforderlich ist, und 2., ob der Betroffene auf gesetzlicher oder vertraglicher Grundlage verpflichtet ist, die Daten bereitzustellen, und 3., welche möglichen Folgen die Nichtbereitstellung hätte. Der Dreiklang zeigt, wie umfangreich die aus Abs. 2 lit. e erwachsene Informationspflicht ausfallen kann, denn zu allen drei darin gestellten Fragen sind Auskünfte zu liefern.[101] 55

Der Formulierung der „möglichen Folgen" haftet in diesem Zusammenhang eine große Unschärfe an, auf die sich bis zur Klärung innerhalb der Rechtspraxis am besten in abstrakter Form reagieren lässt.[102] Sie könnte dahingehend gefasst sein, dass zunächst mitzuteilen ist, ob der Betroffene zur Bereitstellung der Daten vertraglich oder gesetzlich verpflichtet ist bzw. die Daten für den Vertragsabschluss aus praktischen Gründen erforderlich sind. Ist dies nicht der Fall, kann angegeben werden, dass die Nichtangabe keine Folgen für den Betroffenen hat. Besteht eine Verpflichtung oder ist die Angabe erforderlich, ist auf die Rechtsfolge hinzuweisen, bspw. dass ohne die Angabe der Daten kein Vertragsschluss erfolgt oder der Betroffene einzelne vertraglichen Leistungen nicht in Anspruch nehmen kann. 56

---

97 Art. 6 Abs. 1 lit. a oder Art. 9 Abs. 2 lit. a.
98 Siehe dazu ausführlich Art. 7 Rn. 38 ff.
99 *Lorenz* VuR 2019, 213, 218; Auernhammer-*Eßer* Art. 13 Rn. 36; a.A. Kühling/Buchner-*Bäcker* Art. 13 Rn. 39.
100 So auch Ehmann/Selmayr-*Knyrim* Art. 13 Rn. 60.
101 Vgl. Paal/Pauly-*Paal* Art. 13 Rn. 30.
102 Vgl. BeckOK DatenSR-*Schmidt/Wudy* Art. 13 Rn. 75.1, 27. Edition 2019.

57 **f) Automatisierte Entscheidungsfindung (lit. f).** Im Falle automatisierter Entscheidungsfindung einschließlich Profiling ist der von der Datenverarbeitung Betroffene gem. Abs. 2 lit. f in besonderer Weise zu informieren. Zweck dieser Information ist es, dass die betroffene Person nicht nur darauf hingewiesen wird, dass automatisierte Entscheidungsfindungen oder Profiling Anwendung finden, sondern auch welche Folgen diese haben können.[103] Derartige Folgen liegen etwa darin, dass der betroffenen Person ein geringerer Leistungsumfang aufgrund der durch Profiling ermittelten Informationen zur Verfügung gestellt wird. Ausgehend von Art. 22 sind jedenfalls die Fälle einer automatisierten Entscheidungsfindung von der Informationspflicht des lit. f umfasst, wenn diese für die betroffene Person rechtliche Wirkung entfalten oder sie in ähnlicher Weise erheblich beeinträchtigen. Ein typischer Anwendungsfall dürfte dabei das Profiling für die Kreditgewährung (Scoring) und deren Konditionen sein. Dagegen ist ein Profiling für reine Marketingzwecke (vgl. Art. 21 Abs. 1 S. 1 Hs. 2, Abs. 2 Hs. 2) regelmäßig nicht von Art. 22 umfasst. Da der Wortlaut des lit. f („zumindest in diesen Fällen") aber über den Anwendungsbereich des Art. 22 hinausgeht, unterliegt grundsätzlich jede Profilmaßnahme i.S.v. Art. 4 Nr. 1 der Transparenzpflicht des lit. f, sofern das Ergebnis in die Entscheidung mit einfließen soll, ohne dass die Entscheidung ausschließlich hierauf beruhen muss.[104] Im Einzelnen kann diesbezüglich der Leitfaden der Art.-29-Datenschutzgruppe zu Profiling und automatisierten Einzelentscheidungen[105] dienen, der unter der DS-GVO weiterhin Anwendung findet.[106] Im Übrigen gelten außerdem die Ausführungen zu Art. 22.

58 Im Falle von Profiling ist dem Betroffenen dem Wortlaut nach und unter teleologischen Gesichtspunkten zwingend Kenntnis über involvierte Logik, Tragweite und angestrebte Auswirkungen zu verschaffen.[107] Denn ohne zumindest grundlegendes Verständnis der Funktionsweise des hinter dem Profiling steckenden mathematischen Algorithmus ist es der betroffenen Person andernfalls regelmäßig nicht möglich, von außen etwaige Verstöße zu erkennen. Wie immer im Datenschutzrecht bedarf es auch hier einer Abwägung zwischen den Interessen der betroffenen Person und der verarbeitenden Stelle. Grundsätzlich muss es darum gehen, der betroffenen Person die Möglichkeit zu geben, die Hintergründe des Algorithmus zu verstehen, um ihr so die Möglichkeit einer Verhaltensanpassung zu geben. Dazu ist insbesondere auf die Motivation Datenverarbeitung hinzuweisen. Da algorithmische Systeme beim Profiling und Scoring in der Regel zur Verhaltensbeeinflussung[108] (etwa zu Werbezwecken oder zur personalisierten Preisbildung[109]) eingesetzt werden, bergen sie ein besonderes Risikopotential. Die **Datenethikkommission** der Bundesregierung differenziert deshalb in ihrem Gutachten bei der Reichweite der Informationspflicht nach Kritikalität der eingesetzten Technik. Je persönlichkeitssensibler die Auswirkung ist, desto detaillierter muss die Information im Einzelfall sein.[110]

---

103 Vgl. ErwG 60 S. 3.
104 Gola-*Franck* Art. 13 Rn. 26; Kühling/Buchner-*Bäcker* Art. 13 Rn. 52.
105 *Art.-29-Datenschutzgruppe* WP 251 rev.01.
106 *Art.-29-Datenschutzgruppe* WP 260 rev.01, S. 19.
107 Vgl. Auernhammer-*Eßer* Art. 13 Rn. 41. Dazu auch *Schwartmann/Hermann/Mühlenbeck* Transparenz bei Medienintermediären, S. 105.
108 *Schwartmann/Hermann/Mühlenbeck* Transparenz bei Medienintermediären, S. 39 ff.
109 Dazu Gutachten der Datenethikkommission, S. 189.
110 *Datenethikkommission* Gutachten 2019, S. 186.

Insbesondere soll dieses Recht aber Geschäftsgeheimnisse nicht beeinträchtigen.[111] 59
Geschäftsgeheimnisse werden i.S.d. Einheitlichkeit des Unionsrechts entsprechend
Art. 2 Nr. 1 RL 2016/943/EG[112] auszulegen sein und müssen daher geheim, von kommerziellem Wert und Gegenstand von angemessenen Geheimhaltungsmaßnahmen
durch die Person sein, welche die rechtmäßige Kontrolle über die Informationen
besitzt. Da die DS-GVO in ErwG 63 S. 5 den Geheimnisschutz ausdrücklich unberührt
lassen soll, sind solche Geschäftsgeheimnisse grundsätzlich nicht offenzulegen.[113]

Um der betroffenen Person dennoch die nach lit. f geforderten Informationen zur Ver- 60
fügung zu stellen, ist daher ein gewisser Abstraktionsgrad erforderlich, um einerseits
den Schutz von Geschäftsgeheimnissen zu wahren und andererseits die geforderte
Transparenz der Verarbeitung herzustellen. Dabei wird der Verantwortliche die
grundsätzliche Funktionsweise der automatisierten Entscheidungsfindung beschreiben
müssen und die einfließenden Faktoren jedenfalls insoweit benennen, wie dies dem
Schutz von Geschäftsgeheimnissen nicht entgegensteht. Nötigenfalls sind die Faktoren
abstrakt zu beschreiben oder in Gruppen zusammenzufassen. Eine allgemeine, verständliche Beschreibung der Berechnungsgrundlagen und der Methodik dieser
Berechnungen zur Erfüllung der Informationspflicht ist demnach ausreichend. Die
Mitteilung des mathematischen Algorithmus, der in aller Regel ein Geschäftsgeheimnis darstellen wird, ist hingegen nicht erforderlich, um die Informationspflicht gem.
Art. 13 zu erfüllen.[114]

Die Tragweite der Verarbeitung betrifft primär die konkreten Folgen für den Betrof- 61
fenen. So muss etwa darüber informiert werden, dass eine ermittelte schlechtere Bonität zu Einschränkungen bei der Zahlungsweise führen kann.[115]

V. Verarbeitung zu anderen Zwecken (Abs. 3)

Systematisch ist bei Art. 13 eine Trennung zwischen den Abs. 1 und 2 gegenüber Abs. 3 62
zu konstatieren.

Jede zulässige Zweckänderung gem. Art. 6 Abs. 4 löst eine erneute Informationspflicht 63
aus. Wenn Daten nicht für denjenigen Zweck verarbeitet werden, für den die personenbezogenen Daten ursprünglich erhoben wurden, hat der Verantwortliche der
betroffenen Person vor der Weiterverarbeitung Informationen über den anderen
Zweck sowie die in Abs. 2 genannten Informationen mitzuteilen. Auf den ersten Blick
unverständlich erscheint, warum keine Informationen gem. Abs. 1 zu erteilen sind.[116]

---

111 Vgl. ErwG 63 S. 5.
112 Richtlinie über den Schutz vertraulichen Know-hows und vertraulicher Geschäftsinformationen (Geschäftsgeheimnisse) vor rechtswidrigem Erwerb sowie rechtswidriger Nutzung und Offenlegung.
113 Dazu eingehend *Schwartmann/Hermann/Mühlenbeck* Transparenz bei Medienintermediären, S. 89. Unabhängig davon gilt allerdings, dass Art. 58 Abs. 1 DS-GVO im Verhältnis zur Datenschutzaufsicht sich durchaus auf Geschäftsgeheimnisse erstreckt, vgl. dazu *Kugelmann/Buchmann* Art. 58 Rn. 65.
114 Eine eingehende Auswertung der Informationspraxis bei Facebook und Google findet sich bei *Schwartmann/Hermann/Mühlenbeck* Transparenz bei Medienintermediären, S. 107 ff.
115 Paal/Pauly-*Paal* Art. 13 Rn. 31.
116 Gola-*Franck* Art. 13 Rn. 31.

Dabei ist allerdings zu berücksichtigen, dass die betroffene Person die Informationen nach Abs. 1 im Falle einer Zweckänderung bereits bei der Erhebung der Daten erhalten hat. So verzichtet Abs. 4 zu Recht auf eine unnötige Wiederholung der regelmäßig unveränderten Informationen nach Abs. 1, wie die Angabe des Namens des Verantwortlichen oder seines Datenschutzbeauftragten. Demgegenüber können abhängig von der Zweckänderung zusätzliche Informationen nach Abs. 2 durchaus nötig sein, um die Transparenz der Verarbeitung sicherzustellen. Insoweit erscheint der alleinige Verweis auf Abs. 2 grundsätzlich sinnvoll. Bezogen auf Abs. 1 lit. d–f ist es im Einzelfall dennoch vorstellbar, dass diese im Rahmen der Zweckänderung eine Wandlung erfahren und dadurch eine neue Bedeutung erlangen. Insofern sollten diese Aspekte über den Wortlaut des Abs. 3 hinaus in die Informationspflicht mit aufgenommen werden, sofern sich diesbezüglich neue Tatsachen ergeben.[117] Ferner sollten alle in Abs. 2 genannten Informationen der betroffenen Person bereitgestellt werden, es sei denn, einzelne Kategorien dieser Informationen existieren nicht oder sind auf den Sachverhalt nicht anwendbar.[118]

64 Im Übrigen gelten die Anforderungen an Abs. 2 entsprechend. Insbesondere können die Informationen auch elektronisch erteilt werden, bspw. durch Abruf von einer Webseite.[119]

65 Die nach Abs. 3 erforderliche Information bei der Verarbeitung zu anderen Zwecken ist vor der weiteren Verarbeitung zu erteilen und damit im Gegensatz der Informationspflicht gem. Abs. 1 und 2 zeitlich vorverlagert.[120] Ungeklärt ist, ob eine Information nach Abs. 3 auch dann erforderlich ist, wenn personenbezogene Daten zu Zwecken des Art. 6 Abs. 4 pseudonymisiert werden. Nach Art. 6 Abs. 4 ist bei der für die Bestimmung der Zweckkompatibilität vorzunehmenden Interessenabwägung nach lit. e der Umstand zu berücksichtigen, ob geeignete Garantien vorhanden sind. Als Regelbeispiel hierfür nennt das Gesetz die Verschlüsselung oder Pseudonymisierung der personenbezogenen Daten. Wird die Pseudonymisierung jedoch als Beurteilungskriterium für die Zulässigkeit einer Zweckänderung herangezogen, kann diese nicht gleichzeitig eine rechtfertigungsbedürftige Zweckänderung auslösen. Ansonsten wäre die Pseudonymisierung gleichzeitig sowohl Auslöser als auch Rechtfertigung für eine Zweckänderung und wäre gewissermaßen Rechtfertigungskriterium für sich selbst. Die Pseudonymisierung selbst wird daher keine Zweckänderung, sondern lediglich eine Vorstufe für dieselbe darstellen und mithin auch keine Informationspflicht nach Abs. 3 auslösen. Da die Anonymisierung ein Minus zur Pseudonymisierung darstellt, gilt dies für diese entsprechend.

VI. Ausnahmen von der Informationspflicht (Abs. 4)

1. DS-GVO. – a) Relevante Informationen sind dem Betroffenen bereits bekannt.
66 Die Transparenzrechte gelten nicht vorbehaltlos. Die Informationspflicht entfällt, wenn und soweit der Betroffene bereits über die entsprechenden Informationen verfügt. Wie dem Wortlaut „soweit" zu entnehmen ist, können die Informationen der

---

117 Gola-*Franck* Art. 13 Rn. 34 f.
118 *Art.-29-Datenschutzgruppe* WP 260 rev.01, S. 24.
119 Plath-*Kamlah* Art. 13 Rn. 30.
120 Auernhammer-*Eßer* Art. 13 Rn. 44.

Abs. 1–3 sowohl insgesamt als auch teilweise entfallen.[121] Öffentlich bereitgestellte Informationen führen allerdings noch nicht zu einer Kenntnis der betroffenen Peron. Vielmehr müssen die Informationen derart in den Herrschaftsbereich der betroffenen Person gelangt sein, dass diese jene ohne weiteres zur Kenntnis nehmen kann. Dagegen ist es nicht erforderlich, dass die betroffene Person die Informationen subjektiv zur Kenntnis genommen hat. Andernfalls wäre es für den Verantwortlichen nie vollständig überprüfbar, ob er seinen Informationspflichten ordnungsgemäß nachgekommen ist.[122] Dieser Umstand ist z.b. erfüllt, wenn eine weitere Datenerhebung desselben Verantwortlichen erfolgt und dieser bei der ersten Erhebung vollumfänglich gem. Art. 13 informiert hat und sich diese Informationen nicht geändert haben. Aus dem Grundsatz der Rechenschaftspflicht folgt nach Ansicht der Art.-29-Datenschutzgruppe jedoch, dass der Verantwortliche nachzuweisen hat, wie und wann die betroffene Person die Informationen erhalten hat. Außerdem dürfen seitdem keine Änderungen an den Informationen vorgenommen worden sein, wodurch diese überholt sein könnten.[123]

b) Ausnahmen aus den Erwägungsgründen. Im Falle der Dritterhebung bestehen 67 laut ErwG 62 darüber hinaus keine Informationspflichten, wenn die Informationserteilung sich etwa als unmöglich erweist oder einen unverhältnismäßigen Aufwand erfordern würde.[124] Gleichwohl sind Erwägungsgründe nicht Teil des eigentlichen Normtextes und mithin nicht verbindlich.[125] Insbesondere können die Erwägungsgründe nicht zu einer Auslegung herangezogen werden, die dem Wortlaut einer Bestimmung offensichtlich widerspricht.[126] Anders als in Art. 14 Abs. 5 haben die Ausschlusstatbestände des ErwG 62 keinen Niederschlag in Art. 13 Abs. 4 gefunden, weswegen ErwG 62 keine ungeschriebenen Ausnahmen für Art. 13 schafft, sondern sich nur auf Art. 14 bezieht.[127] Ebenso kommt eine Analogie des Art. 14 Abs. 5 nicht in Betracht, da bereits der völlig unterschiedliche Wortlaut von Art. 13 Abs. 4 und Art. 14 Abs. 5 Zweifel an der planwidrigen Regelungslücke erweckt und im Rahmen des Art. 14 zudem eine unterschiedliche Interessenlage besteht. Denn die Daten werden nicht beim Betroffenen selbst erhoben, weshalb sich die Informationspflicht sowie deren Umfang für den Verantwortlichen deutlich aufwendiger und unvorhersehbarer gestalten.[128] Weitere Ausnahmen ergeben sich daher nur aus dem Recht der Mitgliedstaaten im Rahmen von Art. 23 sowie aus Primärrecht (wie bspw. dem Grundsatz der Verhältnismäßigkeit nach Art. 52 Abs. 1 S. 2 GRCh), nicht jedoch aus Art. 13 unmittelbar. Teleologisch erscheint es jedoch in Einzelfällen geboten, den Verantwortlichen auch bei der Direkterhebung beim Betroffenen bei unverhältnismäßigem Aufwand und bei Unmöglichkeit von der Informationspflicht nach Art. 13 zu befreien, um die Verhältnismäßigkeit zu wahren. Würde etwa bereits der Erhalt einer E-Mail von

---

121 Ehmann/Selmayr-*Knyrim* Art. 13 Rn. 68.
122 Vgl. Kühling/Buchner-*Bäcker* Art. 13 Rn. 84 ff.
123 *Art.-29-Datenschutzgruppe* WP 260 rev.01, S. 24.
124 So auch *DSK* Informationspflichten bei Dritt- und Direkterhebung, 3.
125 *EuGH* v. 24.11.2005 – C-136/04, Rn. 32.
126 *EuGH* v. 19.6.2014 – C-345/13, ECLI:EU:C:2014:2013, Karen Miller Fashions, Rn. 31.
127 So im Ergebnis auch Simitis/Hornung/Spiecker gen. Döhmann-*Dix* Art. 13 Rn. 22; Paal/Pauly-*Paal* Art. 13 Rn. 35 hält dies dagegen für zumindest diskutabel.
128 BeckOK DatenSR-*Schmidt-Wudy* Art. 13 Rn. 95, 27. Edition 2019; Simitis/Hornung/Spiecker gen. Döhmann-*Dix* Art. 13 Rn. 22.

einem Betroffenen eine Informationspflicht auslösen, wäre dies praktisch nicht zu erfüllen. Eine diesbezügliche Pflicht wäre unverhältnismäßig.

68 **2. BDSG n.F.** Der deutsche Gesetzgeber hat die Pflichten der Art. 13 und 14 in § 32 und § 29 Abs. 2 BDSG n.F. bzw. in §§ 33 und 29 BDSG n.F. spezifiziert. Überdies haben die Informationspflichten eine Relevanz für die Videoüberwachung. Das BDSG n.F. nimmt keine grundsätzlichen Modifikationen und insb. keine Ausnahmen der Transparenzpflichten vor. Zusätzliche Ausnahmen betreffen nur Abs. 3 (Information über die Zweckänderung).

69 **a) Ausnahme von der Informationspflicht bei Zweckänderung (§ 29 Abs. 2 BDSG n.F.).** § 29 BDSG beschränkt die Informationspflichten des Verantwortlichen im Falle von Geheimhaltungspflichten. Die Rechte der betroffenen Person und aufsichtsbehördliche Befugnisse im Fall von Geheimhaltungspflichten im Zusammenhang mit Art. 13 sind insbesondere in den § 29 Abs. 1 S. 1, Abs. 2 und Abs. 3 BDSG enthalten.

70 § 29 Abs. 1 S. 1 BDSG sieht Ausnahmen von der nach Art. 14 Abs. 1–4 bestehenden Informationspflicht vor, wenn dadurch Informationen offenbart würden, die ihrem Wesen nach, insbesondere wegen der überwiegenden berechtigten Interessen eines Dritten, geheim gehalten werden müssen. Der deutsche Gesetzgeber macht damit von seiner Befugnis aus Art. 23 Abs. 1 lit. i Gebrauch.[129] Der Verweis auf Art. 14 Abs. 5 lit. d, der auf das „Recht der Mitgliedstaaten" verweist, spricht für die Annahme, dass sowohl gesetzliche als auch vertragliche berufliche Geheimhaltungspflichten von § 29 Abs. 1 S. 1 BDSG erfasst sind.[130]

71 § 29 Abs. 2 BDSG legt fest, dass im Falle der Übermittlung von Daten Dritter im Zuge der Aufnahme oder ihm Rahmen eines Mandatsverhältnisses an einen Berufsgeheimnisträger eine Information des Betroffenen nach Art. 13 Abs. 3 unterbleiben kann, sofern nicht das Interesse der betroffenen Person an der Informationserteilung überwiegt. Insofern stellt Abs. 2 einen Ausnahmetatbestand zur grundsätzlich bestehenden Informationspflicht dar, der insoweit die Datenverarbeitung und -übermittlung im Rahmen von Mandatsverhältnissen privilegiert. In der Praxis wird damit die Arbeit von bspw. Steuerberatern und Rechtsanwälten erleichtert, indem die Kommunikation zwischen Mandant und Berufsgeheimnisträger einem besonderen Schutz unterstellt wird.[131] In diesem Fall muss die übermittelnde Stelle, wobei es sich z.B. um einen Mandanten im Verhältnis zu einem Rechtsanwalt handelt, nach Interessenabwägung nicht den Dritten informieren, der nicht Teil der Beziehung zwischen Berufsgeheimnisträger und der übermittelnden Stelle ist.[132] Ausweichlich der Gesetzesbegründung hatte der Gesetzgeber mit dieser Regelung in erster Linie

---

[129] Vgl. dazu die Gesetzesbegründung zum DSAnpUG-EU, BT-Drucks. 18/11325, S. 101.
[130] Dazu auch unter anderem die Stellungnahme des *Instituts für Wirtschaftsprüfer* in Deutschland e.V. im Rahmen der Öffentlichen Anhörung zum DSAnpUG-EU v. 7.3.2017, 3 abrufbar unter: https://www.bundestag.de/blob/499118/03e65fd8068a8d089c2abdc68766a153/18-4-792-data.pdf, zuletzt abgerufen am 28.4.2020 sowie Stellungnahme von *Peter Schaar* v. 22.2.2017, 4 abrufbar unter: https://www.bundestag.de/blob/499296/faa96bd7382c848b8d85e0da16aca4ad/18-4-824-a-data.pdf, zuletzt abgerufen am 28.4.2020.
[131] Vgl. dazu die Gesetzesbegründung zum DSAnpUG-EU, BT-Drucks. 18/11325, S. 101.
[132] Vgl. dazu *Zikesch/Kramer* ZD 2015, 565, 566.

Rechtsanwälte und Wirtschaftsprüfer vor Augen.[133] Gleichwohl sollte der Anwendungsbereich dieser Regelung nicht auf das Mandatsverhältnis beschränkt sein, da nicht ersichtlich ist, weshalb die Kommunikation mit anderen Berufsgeheimnisträgern weniger schutzbedürftig sein sollte. Hierfür streitet ferner der Wortlaut des Abs. 2, der auf die Übermittlung von Daten an einen „Berufsgeheimnisträger" abstellt, ohne die Vorschrift auf die oben genannten Berufsgruppen zu spezifizieren. Insofern ist der Begriff des Mandatsverhältnisses nach Abs. 2 über den allgemeinen Sprachgebrauch hinaus allgemein auf das Verhältnis einer Person zu einem Berufsgeheimnisträger zu verstehen.[134]

Die Regelung beruht auf der Öffnungsklausel zum Schutz der betroffenen Person oder der Rechte und Freiheiten anderer Personen nach Art. 23 Abs. 1 lit. i[135] und dient der Vertraulichkeit der Kommunikation zwischen dem Verantwortlichen und Berufsgeheimnisträgern, die aufgrund einer besonderen Vertrauensbeziehung bereits gesetzlich zur Verschwiegenheit verpflichtet sind. Systematisch betrachtet erscheint Abs. 2 im Anwendungsbereich des § 29 zunächst ein Fremdkörper zu sein, da die Vorschrift entsprechend ihrer amtlichen Überschrift die Rechte der betroffenen Person und aufsichtsbehördliche Befugnisse „im Fall von Geheimhaltungspflichten" regelt. Denn in der Sache regelt Abs. 2 die Informationspflichten des Dritten selbst, welcher jedoch nicht als Berufsgeheimnisträger i.S.d. § 203 Abs. 1 StGB einzuordnen ist. Gleichwohl erscheint es dennoch vertretbar, die Regelung im Rahmen des § 29 anzusiedeln, da der umfassende Schutz des Mandatsverhältnisses weitgehend in § 29 geregelt ist.[136]

72

Die Ausnahme steht unter dem Vorbehalt, dass das Interesse der betroffenen Person an der Informationserteilung nicht überwiegt. In welchen Fällen dies tatsächlich gegeben ist, wurde vom Gesetzgeber nicht weiter konkretisiert. Denkbar sind hier eher atypische Fälle bei der Aufnahme oder Durchführung eines Mandatsverhältnisses, bspw. wenn der Verantwortliche sachfremde personenbezogene Daten an einen Rechtsanwalt übermitteln möchte, die für die Mandatsbearbeitung nicht erforderlich sind.

73

Der § 29 Abs. 3 BDSG hat keine Bedeutung hinsichtlich der Informationspflicht nach der DS-GVO. Dieser beschränkt die Untersuchungsbefugnisse der Aufsichtsbehörden gegenüber den in § 203 Abs. 1, 2a und 3 StGB genannten Personen oder deren Auftragsverarbeitern, soweit die Inanspruchnahme zu einem Verstoß gegen die Geheimhaltungspflichten dieser Personen führen würde. Die Regelung soll sicherstellen, dass vertrauliche Informationen dem Zugriffsrecht der Aufsichtsbehörde entzogen sind. Ohne eine Einschränkung der aufsichtsbehördlichen Befugnisse käme es für den Berufsgeheimnisträger zu einer Kollision mit Pflichten des Geheimnisträgers, da seine berufliche Schweigepflicht gerade auch gegenüber den Aufsichtsbehörden gilt.[137] Insoweit nutzt der deutsche Gesetzgeber den durch

74

---

133 BT-Drucks. 18/11325, S. 101.
134 BeckOK DatenSR-*Uwer* § 29 Rn. 25 f., 27. Edition 2019.
135 BT-Drucks. 18/11325, S. 101.
136 BeckOK DatenSR-*Uwer* § 29 Rn. 22, 27. Edition 2019.
137 BT-Drucks. 18/11325, S. 101.

Art. 90 eröffneten Spielraum. Zwar wird teilweise[138] die Schaffung rechtsfreier Räume befürchtet und sogar eine Verfassungswidrigkeit der Norm angenommen. Diese Sichtweise übersieht allerdings, dass Berufsgeheimnisträger keineswegs pauschal den Kontroll- und Untersuchungsbefugnissen der Aufsichtsbehörde entzogen werden, sondern im Zusammenspiel von Art. 90 und Art. 58 lediglich zwei Untersuchungsbefugnisse ausgenommen werden. Die übrigen Regelungen der Art. 58 und 90 bleiben demgegenüber anwendbar. Gerade für den Fall der oftmals problematischen Datenschutzorganisation bleiben die entscheidenden Regeln des Art. 58 anwendbar. Darüber hinaus entfällt die Problematik dann, wenn die betroffene Person ihrerseits eine Einwilligung erteilt und damit eine Rechtsgrundlage für die Datenverarbeitung schafft. Denn wenn durch diese die Offenbarung nicht mehr nach § 203 StGB strafbewehrt ist, so fällt sie auch nicht mehr unter den Anwendungsbereich des § 29 Abs. 3 BDSG.[139]

75 **b) Ausnahmen von der Informationspflicht bei Zweckänderung (§ 32 BDSG n.F.).** Nach § 32 BDSG ist die Informationspflicht gem. Art. 13 Abs. 3 in folgenden Fällen vor einer Weiterverarbeitung von Daten – also bei Verfolgung neuer Verarbeitungszwecke – jeweils nach Interessenabwägung verzichtbar. Die Informationspflicht aus Art. 13 Abs. 1 und 2 wird demgegenüber durch § 32 BDSG nicht beschränkt. Ausweichlich der Gesetzesbegründung wird es im Fall einer beabsichtigten Zweckänderung – anders als bei Art. 13 Abs. 1 und 2 – typischerweise am unmittelbaren Kontakt zwischen Verantwortlichem und betroffener Person fehlen. Daher könne sich eine entsprechende Informationspflicht des Verantwortlichen als unverhältnismäßig erweisen.[140]

76 Allerdings muss der Verantwortliche bei unterlassener Information gem. § 32 Abs. 1 BDSG n.F. Kompensationsmaßnahmen zum Schutz der berechtigten Interessen der betroffenen Person vornehmen und das schriftlich dokumentieren (§ 32 Abs. 2 S. 1 und 2 BDSG).[141] Diese Maßnahmen entfallen ersatzlos, wenn die Durchsetzung rechtlicher Ansprüche beeinträchtigt ist (Abs. 1 Nr. 4) sowie die vertrauliche Übermittlung an öffentliche Stellen gefährdet ist (Abs. 1 Nr. 5). Unterbleibt die Benachrichtigung in den Fällen des Abs. 1 wegen eines vorübergehenden Hinderungsgrundes, verlangt Abs. 3 die Information i.S.d. Art. 13 Abs. 3 innerhalb einer angemessenen Frist, spätestens jedoch innerhalb von zwei Wochen, nachzuholen.

---

138 So etwa *Schuler/Weichert* v. 22.5.2017 m.w.N. abrufbar unter: http://www.netzwerk-datenschutzexpertise.de/sites/default/files/gut_2017_dskontrolleinschr_bdsg-neu_03.pdf, zuletzt abgerufen am 28.4.2020 sowie die Stellungnahme von *Schaar* v. 22.2.2017 abrufbar unter: https://www.bundestag.de/blob/499296/faa96bd7382c848b8d85e0da16aca4ad/18-4-824-a-data.pdf, zuletzt abgerufen am 28.4.2020.
139 So auch die Stellungnahmen im Rahmen der Sachverständigenanhörung von unter anderem *Heinrich Amadeus Wolff*, *Carlo Piltz*, dem Landesbeauftragten für Datenschutz und Informationsfreiheit Mecklenburg-Vorpommern a.D. *Karsten Neumann*, *Rechtsanwalt Andreas Jaspers*, Gesellschaft für Datenschutz und Datensicherheit (GDD) e.V. sowie des Gesamtverbandes der Deutschen Versicherungswirtschaft im Rahmen der Öffentlichen Anhörung zum Entwurf eines Gesetzes zur Anpassung des Datenschutzrechts an die Verordnung (EU) 2016/679 und zur Umsetzung der Richtlinie (EU) 2016/680 (Datenschutz-Anpassungs- und Umsetzungsgesetz EU – DSAnpUG-EU), BT-Drucks. 18/11325 v. 27.3.2017, abrufbar unter https://www.bundestag.de/blob/510534/d9759291aa863793e2f6d40a92d8b2b2/protokoll-110-data.pdf, zuletzt abgerufen am 28.4.2020.
140 BT-Drucks. 18/11325, S. 102.
141 Vgl. *Greve* NVwZ 2017, 737, 740. Vgl. auch Art. 23 Abs. 2.

Informationspflicht   **Art. 13 / § 32 BDSG**

aa) § 32 Abs. 1 BDSG n.F. – (1) Analog gespeicherte Daten. Gemäß Abs. 1 Nr. 1   77
entfällt die Informationspflicht gem. Art. 13 Abs. 3 bei Weiterverarbeitung anlog
gespeicherter Daten.[142] Damit sollen Unternehmen der „analogen Wirtschaft"[143]
privilegiert werden. Da die in Nr. 1 aufgeführten Tatbestandsmerkmale kumulativ
(„und") aufgeführt sind, ist der Anwendungsbereich jedoch denkbar gering und
greift nur in solchen Fällen, in denen Daten analog gespeichert werden, sich der
Verantwortliche unmittelbar an die betroffene Person wendet, die Weiterverarbeitung mit dem Erhebungszweck vereinbar ist, die Kommunikation nicht digitaler
Form erfolgt und das Interesse der betroffene Person an der Informationserteilung
im konkreten Einzelfall als gering anzusehen ist. Als Beispiel drängen sich hier
kleine Einzelhändler wie Floristen oder Friseure („Uschis Frisiersalon") auf. Allerdings ist die DS-GVO ohnehin nur auf solche nichtautomatisierten Verarbeitungen
anwendbar, bei denen die Daten in einem Dateisystem gespeichert sind (Art. 1
Abs. 1). Anwendungsfälle, in denen Daten in einem analogen Dateisystem gespeichert sind, dürften entsprechend selten sein. Ein denkbarer Anwendungsfall wäre
bspw. die postalische Ansprache von Personen, die sich manuell in eine Unterschriftenliste eingetragen haben, etwa zu Zwecken der Parteiwerbung oder die Verwaltung von Visitenkarten. Teilweise wird im datenschutzrechtlichen Schrifttum die
Unionskonformität des § 32 Abs. 1 Nr. 1 BDSG angezweifelt, da die DS-GVO nicht
zwischen analoger und digitaler Datenverarbeitung differenziere.[144] Dieser Argumentation ist insofern nicht zu folgen, als dass den Mitgliedstaaten im Rahmen der
Öffnungsklausel auch und gerade die Befugnis zusteht, weitergehende, von der DS-GVO nicht vorgesehene Differenzierungen vorzunehmen. Schließlich stellt eine
analoge Datenverarbeitung regelmäßig einen weniger intensiven Grundrechtseingriff in die Rechtsposition der betroffenen Person dar, sodass die Ausnahmeregelung des Art. 32 Abs. 1 lit. a vor dem Hintergrund des Verhältnismäßigkeitsgrundsatzes nicht unangemessen erscheint. Da allerdings als Öffnungsklausel allenfalls
Art. 23 Abs. 1 lit. i Alt. 2, der die Rechte und Freiheiten anderer Personen schützen
will, in Betracht zu ziehen ist, sollte bei der vorzunehmenden Interessenabwägung
besonderes Augenmerk auf dem Interesse der betroffenen Person an der Informationserteilung liegen.

(2) Aufgabengefährdung. Wenn durch die Informationspflicht die ordnungsge-   78
mäße Erfüllung der in der Zuständigkeit des Verantwortlichen liegenden Aufgaben
gefährdet (Abs. 1 Nr. 2) oder die öffentliche Sicherheit oder Ordnung gefährdet
oder sonst dem Wohle des Bundes oder eines Landes Nachteile bereiten würde
(Abs. 1 Nr. 3), sind weitere Ausnahmen von der Informationspflicht einschlägig.

Die Ausnahmetatbestände entsprechen Art. 23 Abs. 1 lit. a–e, d.h. Sicherstellung der   79
nationalen Sicherheit, Landesverteidigung, öffentlichen Sicherheit oder die Verhütung, Ermittlung, Aufdeckung und Verfolgung von Straftaten einschließlich Strafvollstreckung sowie der Schutz sonstiger wichtiger Ziele des allgemeinen öffentlichen Interesses. Wie dem Wortlaut des Abs. 1 Nr. 2 zu entnehmen ist, bezieht sich

---

142   Der BT-Beschl. ggü. dem Regierungsentwurf wurde diesbezüglich geändert, s. BT-Drucks.
      18/12144.
143   BT-Drucks. 18/12144, S. 5.
144   Simitis/Hornung/Spiecker gen. Döhmann-*Dix* Art. 13 Rn. 23; Kühling/Buchner-*Golla* § 32
      Rn. 5; a.A. wohl Paal/Pauly-*Hennemann* § 32 Rn. 14.

der Ausnahmetatbestand lediglich auf öffentliche Stellen. Weiter muss eine konkrete Gefährdungslage für die aufgeführten Zwecke bestehen und eine Interessenabwägung zugunsten des Verantwortlichen erfolgen. Nicht jede Erschwerung der Aufgabenerfüllung ist zugleich als eine Gefährdung derselben einzuordnen. Weitgehend ungeklärt ist, inwieweit zeitliche Verzögerungen bei der Erledigung der in Art. 23 Abs. 1 lit. a–e genannten Aufgaben genügen, um eine Gefährdung dieser Aufgaben anzunehmen. Da jede Informationserteilung zu einer gewissen Zeitverzögerung führen kann, sollte mit Blick auf den Ausnahmecharakter des § 32 Abs. 1 Nr. 2 und der besonderen Relevanz der Informationserteilung für die Rechte des Betroffenen eine Gefährdung lediglich dann anzunehmen sein, wenn die Erreichung der Ziele der öffentlichen Stelle durch die Verzögerung ernsthaft gefährdet würde.[145]

80 Sonstige wichtige Ziele umfassen nach Art. 23 Abs. 1 lit. e insbesondere wichtige wirtschaftliche oder finanzielle Interessen, etwa im Währungs-, Haushalts- und Steuerbereich sowie im Bereich der öffentlichen Gesundheit und der sozialen Sicherheit. Die Ausnahme ist dementsprechend ausgesprochen weit. Es besteht daher das Risiko, dass die Betroffenenrechte im Hinblick auf die Transparenz ausgehebelt werden. Daher wird an das Merkmal der „wichtigen" Ziele ein strenger Prüfungsmaßstab anzulegen sein. Würde jedwedes wirtschaftliche Interesse einer öffentlichen Stelle ausreichen, ließe sich eine Informationspflicht gegenüber den Betroffenen faktisch in jedem Fall ausschließen.

81 **(3) Öffentliche Sicherheit und sonstige Nachteile.** Wenn durch die Informationspflicht die ordnungsgemäße Erfüllung der in der Zuständigkeit des Verantwortlichen liegenden Aufgaben gefährdet (Abs. 1 Nr. 2) oder die öffentliche Sicherheit oder Ordnung[146] gefährdet oder sonst dem Wohle des Bundes oder eines Landes Nachteile bereiten würde (Abs. 1 Nr. 3), sind weitere Ausnahmen von der Informationspflicht einschlägig. Das ist etwa der Fall, wenn eine Gefahr für die öffentliche Sicherheit oder Ordnung in Anlehnung an die polizeirechtlichen Grundsätze vorliegt, also dann, wenn ein erheblicher Schaden für den Bestand und die Einrichtungen des Staates, die Rechtsordnung oder Individualrechtsgüter des Einzelnen hinreichend wahrscheinlich ist. Das Tatbestandsmerkmal der „sonstigen Nachteile" tritt dabei flankierend als Auffangtatbestand zu diesem Regelungskomplex hinzu. Dieser Ausnahmetatbestand kann potenziell sehr weitreichend ausgelegt werden und die Transparenz als Betroffenenrecht aushebeln, weil aufgrund der Offenheit der Tatbestandsmerkmale der Tatbestand der Ausnahmeregelung in einer Vielzahl von Fällen eröffnet sein kann und sich damit pauschale Aussagen zugunsten des Betroffenen verbieten. Letztlich droht durch eine übermäßige Inanspruchnahme der Ausnahmeregelung einer Umgehung der Informationspflichten. Anders als in § 33 Abs. 1 Nr. 2 lit. b bezieht sich Abs. 1 Nr. 3 seinem Wortlaut nach sowohl auf öffentliche als auch auf nicht öffentliche Stellen. Daher kann die Einschätzungsprärogative im Rahmen des Abs. 1 Nr. 3 gegebenenfalls bei einer nicht öffentlichen Stelle liegen.[147] Im Übrigen sind Nr. 2 und Nr. 3 strukturgleich zueinander aufgebaut, weshalb neben der konkre-

---

145 So auch Kühling/Buchner-*Golla* § 32 Rn. 11.
146 Vgl. zur Begriffsdefinition etwa Schenke/Graulich/Ruthig-*Schenke* Sicherheitsrecht des Bundes § 14 BPolG Rn. 10 ff.
147 Gola/Heckmann-*Franck* § 32 Rn. 21.

ten Gefährdungslage, eine Interessenabwägung zugunsten des Verantwortlichen zu erfolgen hat. Vereinzelt wird im datenschutzrechtlichen Schrifttum bezogen auf die Einbeziehung der öffentlichen Ordnung die Unionsrechtskonformität bezweifelt, weil sich der Begriff nicht in Art. 23 Abs. 1 lit. c finde.[148] Vorzugswürdig erscheint jedoch diejenige Auffassung, die den Art. 23 Abs. 1 lit. c dahingehend versteht, dass dieser die öffentliche Ordnung umfasst.[149] Ergänzend lässt sich außerdem auf Art. 23 Abs. 1 lit. e als Öffnungsklausel abstellen.[150]

(4) Beeinträchtigung rechtlicher Ansprüche. Bei einer Beeinträchtigung der Durchsetzung rechtlicher Ansprüche ist die Informationspflicht nach Abs. 1 Nr. 4 nicht zwingend. 82

Auch diese Ausnahme soll die berechtigten Interessen der betroffenen Person mit denjenigen des Verantwortlichen in Einklang bringen. So muss es dem Verantwortlichen möglich sein, zur Vorbereitung oder Sicherung von Rechtsansprüchen auch verdeckt personenbezogene Daten über eine betroffene Person zu verarbeiten. Ist es bspw. zur Vorbereitung eines Gerichtsprozesses erforderlich, personenbezogene Daten zur Erforschung und Dokumentation des Sachverhaltes zu erheben und zu verarbeiten, wird dies nach Abs. 1 Nr. 4 keine Informationspflichten gegenüber dem Betroffenen auslösen. Dies gilt insbesondere dann, wenn der Betroffene im Lager der gegnerischen Partei steht. Dies gilt freilich nur dann, wenn die Erhebung und Verarbeitung ihrerseits rechtmäßig ist. 83

(5) Gefährdung vertraulicher Übermittlung. Abs. 1 Nr. 5 schützt die vertrauliche Übermittlung von Daten an öffentliche Stellen. In diesem Fall bedarf es ausnahmsweise keiner Interessenabwägung zur Erfüllung des Ausnahmetatbestands. Die Regelung erfasst insbesondere Fallgruppen, in denen die Information der betroffenen Person über die Weiterverarbeitung zu einer Vereitelung oder ernsthaften Beeinträchtigung des legitimen Verarbeitungszwecks führen würde. Dies ist bspw. dann der Fall, wenn eine Strafverfolgungsbehörde über den Verdacht einer Straftat informiert werden soll.[151] Aus den angeführten Beispielen der Gesetzesbegründung lässt sich ableiten, dass der Begriff der „vertraulichen Übermittelung" sich nicht nur auf Geheimhaltungspflichten bspw. im Rahmen von Mandatsverhältnissen beschränkt, sondern auch Konstellationen erfasst, die zur Zweckerreichung eine Vertraulichkeit voraussetzen. Der Ausnahmetatbestand bezieht sich damit auf spezifische Fälle im Kontext der öffentlichen Sicherheit, indem bestimmte Zwecke der Datenverarbeitung geschützt werden.[152] Eine Gefährdung dieser Zweckerreichung besteht dabei nicht bloß im Falle einer bereits eingetretenen Vereitelung, sondern bereits bei einer ernsthaften Beeinträchtigung. 84

bb) § 32 Abs. 2 BDSG n.F. § 32 Abs. 2 BDSG legt fest, dass der Verantwortliche geeignete Maßnahmen zum Schutz der berechtigten Interessen der betroffenen Per- 85

---

148 Simitis/Hornung/Spiecker gen. Döhmann-*Dix* Art. 13 Rn. 23 und Art: 23 Rn. 25.
149 Kühling/Buchner-*Bäcker* Art. 23 Rn. 19.
150 Gola/Heckmann-*Franck* § 32 Rn. 24.
151 Vgl. dazu die Gesetzesbegründung zum DS-AnpUG-EU, BT-Drucks. 18/11325, S. 103.
152 So auch die Stellungnahme der Bundesbeauftragten für den Datenschutz und die Informationsfreiheit *Andrea Voßhoff* im Rahmen der öffentlichen Anhörung zum DSAnpUG-EU, S. 15 abrufbar unter: https://www.cr-online.de/18-4-788-data.pdf, zuletzt abgerufen am 28.4.2020.

son zu treffen hat, wenn eine Information nach Abs. 1 unterbleibt. Hierdurch werden die nach Art. 23 Abs. 2 erforderlichen Schutzmaßnahmen beachtet.[153] Als geeignete Maßnahme nennt Abs. 2 die Bereitstellung der Informationen für die Öffentlichkeit, wodurch dem Grundsatz der Transparenz Rechnung getragen wird. Ausweislich des ErwG 58 S. 2 können die Informationen in elektronischer Form bereitgestellt werden, etwa auf einer Website, sofern diese für die Öffentlichkeit bestimmt ist. Dies gilt nach ErwG 58 S. 3 insbesondere in Situationen, in denen die große Zahl der Beteiligten und die Komplexität der benötigten Technik es der betroffenen Person erschweren, nachzuvollziehen, ob, von wem und zu welchem Zweck sie betreffende personenbezogene Daten erfasst werden, wie etwa bei der Werbung im Internet. Die Information hat dabei in präziser, transparenter, verständlicher und leicht zugänglicher Form in einer einfachen und klaren Sprache zu erfolgen. Insbesondere bei einer Verarbeitung von personenbezogenen Daten von Kindern hat sich die Informationserteilung auch an diese zu richten.[154] Der Verantwortliche hat die Gründe der Nichtinformation gem. Abs. 2 S. 2 schriftlich zu dokumentieren, wobei die Kontrolle der Stichhaltigkeit dieser Gründe der Aufsichtsbehörde unterliegt.[155] Ausgenommen von den in Abs. 2 S. 1 und 2 zum Schutz der berechtigten Interessen der betroffenen Person geforderten Maßnahmen sind gem. S. 3 die Abs. 1 Nr. 4 und 5. Denn die in S. 1 und 2 geforderten Maßnahmen könnten andernfalls zu einer Vereitelung oder ernsthaften Beeinträchtigung des – legitimen – Verarbeitungszwecks führen.[156]

86   cc) § 32 Abs. 3. Das BDSG verlangt nach Wegfall eines Ausnahmetatbestands i.S.d. § 32 Abs. 1 BDSG n.F. die nachträgliche Information. Abs. 3 bestimmt, dass der Verantwortliche die Information der betroffenen Person zeitnah nachzuholen hat, wenn die Ausschlussgründe des Abs. 1 nur vorübergehend vorliegen.[157] Ob ein vorübergehender Hintergrund vorliegt, ist anhand der objektiven Rechtslage zu beurteilen. Denn ein Abstellen auf die subjektive Sicht des Verantwortlichen würde die Rechte der betroffenen Person an der Information des Art. 13 Abs. 3 zu sehr beschränken.[158]

87   Die deutsche Präzisierung von dem Grundsatz verlangt sodann eine nachträgliche Information der betroffenen Person, „innerhalb einer angemessenen Frist nach Fortfall des Hinderungsgrundes". Sie muss jedoch dem Wortlaut spätestens innerhalb von zwei Wochen erfolgen. Zur Berechnung der (Höchst-)Frist gelten die §§ 186, 187 Abs. 1 BGB entsprechend.

88   c) Ausnahmen von der Informationspflicht gem. § 86 Abs. 2 BDSG n.F. Im Zuge des Zweiten Gesetzes zur Anpassung des Datenschutzrechts an die DS-GVO hat der nationale Gesetzgeber die Vorschrift des § 86 BDSG n.F. in das BDSG mit auf-

---

153 Vgl. dazu die Gesetzesbegründung zum DSAnpUG-EU, BT-Drucks. 18/11325, S. 103.
154 Vgl. dazu auch die Gesetzesbegründung zum DSAnpUG-EU, BT-Drucks. 18/11325, S. 103.
155 BT-Drucks. 11/11325, S. 103.
156 BT-Drucks. 11/11325, S. 103.
157 BT-Drucks. 18/11325, S. 103.
158 BeckOK DatenSR-*Uwer* § 32 Rn. 59, 27. Edition 2019.

genommen.[159] Nach dessen Abs. 1 dürfen zur Vorbereitung und Durchführung staatlicher Verfahren bei Auszeichnungen und Ehrungen sowohl die zuständigen als auch andere öffentliche und nichtöffentliche Stellen die dazu erforderlichen personenbezogenen Daten, einschließlich besonderer Kategorien personenbezogener Daten im Sinne des Art. 9 Abs. 1 verarbeiten. Korrespondierend dazu sind gem. § 86 Abs. 2 die Informationspflichten des Art. 13 nicht anzuwenden, soweit die Verarbeitung ausschließlich zu den in Abs. 1 genannten Zwecken erfolgt.

VII. Sanktionen

Ein Verstoß gegen die Informationspflicht gem. Art. 13 kann nach Art. 83 Abs. 5 lit. b mit einer drakonischen Geldbuße[160] sanktioniert werden. So sind für bestimmte Rechtsverstöße Bußgelder von bis zu 4 % des Jahresumsatzes eines Unternehmens bzw. im Falle einer Unternehmensgruppe, ist der Konzernumsatz maßgebend[161] bzw. 20 Mio. EUR zulässig, wobei dabei der jeweils höhere Wert gilt. Dabei ist auf den weltweit generierten Jahresumsatz des betroffenen Unternehmens abzustellen und nicht nur auf den generierten Jahresumsatz in Europa. In Bezug auf öffentliche Stellen enthält Art. 83 Abs. 7 eine Öffnungsklausel für den nationalen Gesetzgeber, wonach festgelegt werden kann ob und in welcher Höhe Bußgelder verhängt werden können.[162] § 43 Abs. 3 BDSG n.F. macht von diesem Spielraum Gebrauch und bestimmt, dass gegen Behörden und sonstige öffentliche Stellen des Bundes keine Geldbußen verhängt werden. 89

C. Praxishinweise

I. Relevanz für öffentliche Stellen

Da die Informationspflichten der DS-GVO auch für öffentliche Stellen gelten, sind die nachfolgenden Hinweise auch in diesem Bereich relevant. Es bleibt abzuwarten, inwieweit sich aus den Landesdatenschutzgesetzen hier auf Grundlage der Öffnungsklausel in Art. 23 noch Besonderheiten ergeben werden. 90

II. Relevanz für nichtöffentliche Stellen

Für nichtöffentliche Stellen können die Informationspflichten durchaus eine Herausforderung darstellen. Die Anforderungen aus Art. 13 sind ausgesprochen spezifisch und erfordern ein umfassendes Management sämtlicher Verarbeitungsprozesse einschließlich ihrer Zwecke und Rechtsgrundlagen. 91

Die eher engen Ausnahmen von der Pflicht zur Information des Betroffenen können es im Einzelfall durchaus schwierig machen, die Betroffenen überhaupt zu erreichen. Dies gilt insbesondere dann, wenn ein direkter Kontakt mit dem Betroffenen nicht 92

---

159 Entwurf eines Zweiten Gesetzes zur Anpassung des Datenschutzrechts an die Verordnung (EU) 2016/679 und zur Umsetzung der Richtlinie (EU) 2016/680 (Zweites Datenschutz-Anpassungs- und Umsetzungsgesetz EU – 2. DSAnpUG-EU), BT-Drucks. 19/4674 v. 1.10.2018 abrufbar unter http://dipbt.bundestag.de/extrakt/ba/WP19/2390/239070.html, zuletzt abgerufen am 28.4.2020.
160 *Byers* NZA 2017, 1086, 1088.
161 Vgl. Art. 83 Rn. 6.
162 Vgl. Art. 83 Rn. 72 ff.

besteht oder nicht praktikabel ist. Mit der Möglichkeit der Erteilung von Informationen durch Abruf von einer Internetseite bietet Art. 13 hier jedoch einen pragmatischen Lösungsweg. Der ausführlichen und transparenten Darstellung von Verarbeitungsprozessen auf Webseiten wird damit eine besondere Bedeutung zukommen. Denn das Internet bietet – anders als die in der Mediengestaltung sehr begrenzte Schriftform – umfassende Möglichkeiten, auch komplexe Verarbeitungsprozesse verständlich und mit kreativen Mitteln darzustellen. Demensprechend wird es auch ein gangbarer Weg sein, in anderen Verarbeitungssituationen den Betroffenen die essentiellen Informationen zwar in Schriftform zur Verfügung zu stellen, ausführliche Erläuterungen und Details jedoch auf einer Internetseite bereitzustellen, auf die in Schriftform lediglich verwiesen wird.

93 Die Erfüllung der komplexen Informationspflichten wird daher bei nichtöffentlichen Stellen ein nicht unerhebliches Maß an Kreativität erfordern, um in sämtlichen Verarbeitungssituationen möglichst verständliche und für die Betroffenen transparente Informationen zur Verfügung zu stellen.

94 **1. Medienbruch. – a) Nahelegung in ErwG 58.** Aus diesem Grund ist der in ErwG 58 genannte Medienbruch bei der Information in der Rechtswirklichkeit unverzichtbar. Danach können nach dem Grundsatz der Transparenz bestimmte Informationen nicht nur in präziser und leicht verständlicher Sprache mitgeteilt werden, sondern es können gegebenenfalls zusätzlich auch visuelle Elemente verwendet werden. Dabei können die Informationen auch in elektronischer Form bereitgestellt werden, etwa auf einer Website.

95 **b) Art.-29-Datenschutzgruppe WP 100.** Die Art.-29-Datenschutzgruppe plädierte bereits im WP 100 für „das Prinzip, nach dem eine Erklärung über eine Verarbeitung nach Treu und Glauben nicht unbedingt in einem einzigen Dokument enthalten sein muss. Stattdessen könnten die Informationen für die Betroffenen auf mehreren Ebenen verteilt werden, solange die Gesamtheit dieser Ebenen den rechtlichen Anforderungen entspricht."[163] Auch unter der neuen Rechtslage hält die Art.-29-Datenschutzgruppe am Konzept der mehrstufigen Informationserteilung fest.[164] Eine Verwendung sog. One-Pager im Rahmen der Informationsbereitstellung ist daher weiterhin zu empfehlen.

96 **c) Datenschutzkonferenz (DSK).** Die Datenschutzkonferenz (DSK) äußert sich zur Zulässigkeit eines Medienbruchs in ihrem Kurzpapier Nr. 10[165] dahingehend, dass die Informationen nach Art. 13 schriftlich oder in anderer Form (ggf. elektronisch) zur Verfügung zu stellen seien. Dabei weist die DSK darauf hin, dass die Bezugnahme auf eine elektronisch verfügbare Information zwar zulässig sei, diese allerdings leicht auffindbar sein müsse und dabei ggf. auch Bildsymbole als Hilfestellung herangezogen werden könnten. Allerdings betont die DSK, dass das Erfordernis der leicht zugänglichen Form auch beinhalte, dass die Informationen in der konkreten Unterrichtungssituation verfügbar sein müssen. Im Falle einer Datenerhebung dürfe die betroffene

---

163 *Art.-29-Datenschutzgruppe* WP 29 v. 25.11.2004.
164 *Art.-29-Datenschutzgruppe* WP 260 rev.01, S. 13.
165 *DSK* Kurzpapier Nr. 10 – Informationspflichten bei Dritt- und Direkterhebung der Datenschutzkonferenz abrufbar unter https://www.lfd.niedersachsen.de/startseite/dsgvo/anwendung_dsgvo_kurzpapiere/ds-gvo---kurzpapiere-155196.html, zuletzt abgerufen am 29.4.2020.

Person somit in der Regel nicht auf Informationen im Internet verwiesen werden. Insgesamt unterstreicht die DSK damit die Notwendigkeit des Nachweises einer ordnungsgemäßen Erledigung der Informationspflichten. Auf der anderen Seite erkennt die DSK in späteren Verlautbarungen den Medienbruch im Rahmen einer Unterscheidung zwischen Informationen der ersten und zweiten Stufe und damit eine gestufte Informationsgewährung für zulässig. In der Orientierungshilfe zur Direktwerbung (November 2018) unterstützt sie unter Bezugnahme auf die Art.-29-Datenschutzgruppe (WP 260, S. 17) das „zweistufige Informationsmodell".[166] Auch einzelne Aufsichtsbehörden erkennen den Medienbruch in konkreten Situationen an, etwa bei Fotografien.[167] Auch nach dem DSK-Papier zur Videoüberwachung wird der Medienbruch für die Informationsgewährung im Zusammenhang mit Videoüberwachung doch für zulässig erachtet.[168] Im Ergebnis wir man damit von der Akzeptanz des Medienbruches durch die DSK ausgehen können.

d) GDD. Die Gesellschaft für Datenschutz und Datensicherheit e.V. (GDD) erachtet in ihrer Praxishilfe VII zur DS-GVO (Transparenzpflichten bei der Datenverarbeitung)[169] den Medienbruch im Rahmen einer gestuften Informationsgewährung als grundsätzlich zulässig. Dabei betont sie zwar, dass das Gesetz die Frage eines Medienbruchs innerhalb derselben Unterrichtung zwar nicht beantwortet, weist aber unter Bezugnahme auf das WP100 der Art.-29-Datenschutzgruppe auf die Notwendigkeit hin, dass manche Verarbeitungssituationen die unmittelbare Zurverfügungstellung aller Transparenzinformationen (z.B. bei Telefongeschäften, Automatengeschäfte, Flyer) nicht zuließen und warnt daher vor einer dabei drohenden Überforderung der betroffenen Person. Insgesamt folgert die GDD aus einer Hinwendung der DS-GVO zum Digitalen und damit aus einer Interpretation des Sinns und Zwecks der DS-GVO die Zulässigkeit und Notwendigkeit eines Medienbruchs. Diese Annahme steht dabei freilich unter der Prämisse, dass im Falle einer Direkterhebung dem Betroffenen zumindest die Informationen erster Stufe unmittelbar zur Verfügung gestellt werden. Insofern hält die GDD einen Medienbruch im Rahmen einer Differenzierung zwischen einer Gewährung von Informationen 1. und 2. Stufe und damit ein gestuftes Informationskonzept für zulässig.

97

2. Checkliste – Inhalte. Im Folgenden wird zum einen eine Tabelle mit den vollständigen den Art. 13 und 14 entsprechenden Informationen (Informationen und zusätzliche Informationen) ohne Berücksichtigung der die den Medienbruch relevanten Abstufung abgebildet (Tabelle 1). Eine weitere Tabelle (Tabelle 2 – Medienbruch) unterscheidet zwischen Informationen der ersten und zweiten Stufe.[170] Je nach Verarbeitung sind nur solche Gesichtspunkte mit Leben zu füllen, die auch wirklich eine Rolle spielen (z.B. Auslandsbezug, Profiling, berechtigte Interessen):

98

---

166 https://www.datenschutz-berlin.de/fileadmin/user_upload/pdf/orientierungshilfen/2018-OH-Werbung.pdf, zuletzt abgerufen am 29.4.2020.
167 Etwa: https://www.baden-wuerttemberg.datenschutz.de/faq-fotografieren-und-datenschutz-wir-sind-im-bild/, zuletzt abgerufen am 29.4.2020.
168 *DSK* Videoüberwachung nach der Datenschutz-Grundverordnung, 3.
169 *GDD*-Praxishilfe DS-GVO VII – Transparenzpflichten bei der Datenverarbeitung, 5 f. abrufbar unter https://www.gdd.de/downloads/praxishilfen/GDD-Praxishilfe_DS-GVO_7.pdf, zuletzt abgerufen am 29.4.2020.
170 *GDD* Transparenzpflichten bei der Datenverarbeitung, 2017, S. 6.

Art. 13 — Informationspflicht

99 Tabelle 1

Informationen	Art. 13	Art. 14
Name und Kontaktdaten des Verantwortlichen	X	X
Name und Kontaktdaten des Vertreters (bei Unternehmen ohne Niederlassung/Sitz in der EU)	X	X
Kontaktdaten des Datenschutzbeauftragten (sofern vorhanden)	X	X
Alle Zwecke der Datenverarbeitung	X	X
Nennung der Rechtsgrundlagen für die Verarbeitung	X	X
Bei Interessenabwägungen nach Art. 6 Abs. 1 lit. f: – Berechtigte Interessen des Unternehmens oder eines Dritten und – Hinweis auf Widerspruchsrecht gegen die Interessenabwägung im Einzelfall (zusätzliche Angabe nach Art. 21 Abs. 4)	X	X
Empfänger der Daten (Kategorien)	X	X
Bei Transfer außerhalb der EU/des EWRs: – Existenz oder Fehlen einer Angemessenheitsentscheidung der EU-Kommission – Verwendete Standardverträge oder Binding Corporate Rules inkl. Angabe wie eine Kopie erhalten werden kann und – Bei Interessenabwägungen ohne vorgenannte angemessene Schutzmaßnahmen: Tatsache des Drittstaatentransfers und die legitimen Interessen des Unternehmens (zusätzliche Angabe nach Art. 49 Abs. 1 UAbs. 2)	X	X
Zusätzliche Informationen	Art. 13	Art. 14
Speicherfrist oder Kriterien um die Frist zu bestimmen (Löschung)	X	X
Hinweis auf die Rechte auf Auskunft, Berichtigung, Löschung, Einschränkung der Verarbeitung (Sperrung), Widerspruch, Datenportabilität	X	X
Bei Einwilligungen: Widerrufsmöglichkeit (Angabe auch nach Art. 7 Abs. 3)	X	X
Hinweis auf das Beschwerderecht gegenüber der Datenschutzaufsichtsbehörde	X	X
Datenquellen		X
Angabe, ob die Datenquelle öffentlich zugänglich ist		X
Ob die Angabe der Daten eine gesetzliche oder vertragliche Pflicht ist oder notwendig, um einen Vertrag zu schließen	X	
Ob die Angabe der Daten verpflichtend ist oder nicht und was die Konsequenzen der Nichtangabe sind	X	
Bei automatischen Entscheidungen nach Art. 22 Abs. 1, 4: – Existenz des Entscheidungsmechanismus und – Aussagekräftige Darstellung der Entscheidungslogik und – Bedeutung und Konsequenzen für den Betroffenen	X	X
Widerspruchsrecht gegen Direktmarketingmaßnahmen (zusätzliche Angabe nach Art. 21 Abs. 4)	X	X

Tabelle 2 (Medienbruch)

100

Informationen 1. Stufe	Informationen 2. Stufe
– Name und Kontaktdaten des Verantwortlichen	– Name und Kontaktdaten des Vertreters in der EU
– Kategorien personenbezogener Daten, die verarbeitet werden	– Kontaktdaten des Datenschutzbeauftragten
– Zwecke, für die die personenbezogenen Daten verarbeitet werden sollen	– Quelle der personenbezogenen Daten und ggf. ob sie aus öffentlich zugänglichen Quellen stammen
– Verpflichtung zur Bereitstellung und mögliche Folgen einer Nichtbereitstellung	– Dauer, für die die personenbezogenen Daten gespeichert werden oder, falls dies nicht möglich ist, die Kriterien für die Festlegung dieser Dauer
– Empfänger oder Kategorien von Empfängern der personenbezogenen Daten	– Rechtsgrundlage für die Verarbeitung berechtigte Interessen im Sinne von Art. 6 Abs. 1 lit. f, die von dem Verantwortlichen verfolgt werden berechtigte Interessen im Sinne von Art. 6 Abs. 1 lit. f, die von einem Dritten verfolgt werden – Bereitstellung der personenbezogenen Daten gesetzlich oder vertraglich vorgeschrieben
– Absicht des Verantwortlichen, die personenbezogenen Daten an ein Drittland oder eine internationale Organisation zu übermitteln	– Bereitstellung der personenbezogenen Daten für einen Vertragsabschluss erforderlich
– Verpflichtung, die personenbezogenen Daten bereitzustellen, und welche möglichen Folgen die nicht Bereitstellung hätte	– Bestehen einer automatisierten Entscheidungsfindung einschließlich Profiling gem. Art. 22 Abs. 1 und 4 und – zumindest in diesen Fällen – aussagekräftige Informationen über die involvierte Logik sowie die Tragweite und die angestrebten Auswirkungen einer derartigen Verarbeitung für die betroffene Person
– Berechtigte Interessen, die von einem Dritten verfolgt werden	– Vorhandensein oder Fehlen eines Angemessenheitsbeschlusses der Kommission In den Fällen, in denen berechtigte Interessen nach Art. 6 Abs. 1 lit. f verfolgt werden, ist die Verpflichtung zur Aufklärung der betroffenen Person über das Widerspruchsrecht gem. Art. 21 Abs. 4 zu beachten. Der Hinweis muss in einer verständlichen und in einer von anderen Informationen getrennten Form erfolgen.
	– Verweis auf geeignete oder angemessenen Garantien und die Möglichkeit, wie eine Kopie von ihnen zu erhalten ist, oder wo sie verfügbar sind

Art. 13   Informationspflicht

Informationen 1. Stufe	Informationen 2. Stufe
	– Bestehen eines Rechts auf Auskunft, Berichtigung, Löschung, Einschränkung der Verarbeitung oder eines Widerspruchsrechts gegen die Verarbeitung sowie des Rechts auf Datenübertragbarkeit
	– Bestehen eines Rechts, die Einwilligung im Sinne von Art. 6 Abs. 1 lit. a oder Art. 9 Abs. 2 lit. a jederzeit zu widerrufen, ohne dass die Rechtmäßigkeit der aufgrund der Einwilligung bis zum Widerruf erfolgten Verarbeitung berührt wird
	– Bestehen eines Beschwerderechts bei einer Aufsichtsbehörde

101   **3. Informationspflichten bei Fotos.** Bei Fotos von Personen in eingrenzbaren räumlichen Verhältnissen (Veranstaltungen wie Unternehmensevents, Betriebsfest)[171] kann die Informationspflicht durch ein Hinweisschild erfüllt und damit die Anforderung des Art. 13 Abs. 1 („zum Zeitpunkt der Erhebung") eingehalten werden. Hinsichtlich der Form trifft es bei der Datenschutzaufsicht nicht auf Bedenken, die Information gestuft in Form eines Medienbruchs zu geben[172]. Hier werden die wesentlichen Informationen auf einem Hinweisschild vor Ort vorgehalten, während die Details im Netz verfügbar gemacht werden müssen. Bei Personenfotos von nicht überschaubaren Menschenmengen oder in räumlich nicht abgrenzbaren Bereichen (Großveranstaltungen ohne verantwortlichen Veranstalter, Fotos im öffentlichen Raum), vergleicht die Aufsicht das Fotografieren teilweise mit einer heimlichen Datenerhebung und stellt bei der Informationspflicht auf Art. 14 ab.[173] Dies führt dazu, dass die Informationspflicht in diesen Fällen wegen Unmöglichkeit oder zumindest Unverhältnismäßigkeit der Information entfällt (Art. 14 Abs. 5 lit. b S. 1). Allerdings muss die Information auch in diesen Situationen bereitgestellt werden (Art. 14 Abs. 5 lit. b S. 2). Hierfür kommt aber in den genannten Fällen lediglich eine Information des für das Foto Verantwortlichen im Rahmen seines Netzauftrittes in Betracht, da ein körperliches Hinweisschild in den betreffenden Fällen ungeeignet ist.

102   Da Personenfotos unabhängig von der Frage, ob der Fotografierte seine Aufnahme bemerkt, nicht von „einer anderen Quelle" (ErwG 61) als dem Betroffenen stammen, kann man jedenfalls bei der unbemerkten Bildaufnahme durch den Fotografen von einer Direkterhebung ausgehen. Dieser ist allerdings vom Auftraggeber bzw. vom Verwender der Fotografien zu unterscheiden, für den die Nutzung der Fotos des Fotografen eine Dritterhebung ist. Geht man von einer Direkterhebung aus, dann ist auch bei der Straßenfotografie Art. 13 einschlägig und die Informationspflicht besteht auch bei Unmöglichkeit oder Unverhältnismäßigkeit der Information. Art. 11, der Betroffe-

---

171 Vgl. zum Verhältnis der DS-GVO zum KUG die Kommentierung zu Art. 85 Rn. 8 ff. und 39 ff.
172 Etwa: https://www.baden-wuerttemberg.datenschutz.de/faq-fotografieren-und-datenschutz-wir-sind-im-bild/, zuletzt abgerufen am 29.4.2020.
173 Etwa: https://www.baden-wuerttemberg.datenschutz.de/faq-fotografieren-und-datenschutz-wir-sind-im-bild/, zuletzt abgerufen am 29.4.2020 sowie https://datenschutz-hamburg.de/assets/pdf/Vermerk_Fotografie_DSGVO.pdf, zuletzt abgerufen am 29.4.2020.

nenrechte bei Nichtidentifizierbarkeit der betroffenen Person aufhebt, hilft nicht weiter, da er keine Ausnahmen zu Art. 13/14 und 21 zulässt. Insofern muss hier Art. 13 Abs. 1 wörtlich genommen und weit ausgelegt werden. Die Norm ermöglicht nämlich auch eine Information ausschließlich im Netz, unabhängig davon, ob die betroffene Person sie zur Kenntnis nimmt, indem sie ausschließlich auf das „Mitteilen" im Erhebungszeitpunkt abstellt. Diese Voraussetzung ist nach dem Wortlaut der Norm auch bei einer reinen Datenschutzinformation auf der Homepage eines Fotografen erfüllt, wenn er darüber informiert, dass er Fotos von Personen zu beruflichen Zwecken oder sonstigen zu benennenden Zwecken anfertigt.

Bei der Anfertigung von Personenfotografien ist insbesondere das Widerspruchsrecht nach Art. 21 Abs. 1 zu beachten, dass es der betroffenen Person ermöglicht, aus Gründen, die sie aus ihrer besonderen Situation ergeben, jederzeit gegen die Anfertigung von Fotos Widerspruch einzulegen.[174] Als Erlaubnistatbestand für die Anfertigung von Personenfotografien ist bei nichtöffentlichen Stellen insbes. Art. 6 Abs. 1 S. 1 lit. f[175] und nur unter besonderen Voraussetzungen Art. 9 Abs. 2 lit. e[176] einschlägig. Für öffentliche Stellen gilt Art. 6 Abs. 1 S. 1 lit. e, Abs. 2 und 3 i.V.m. § 3 BDSG als Ermächtigungsgrundlage.[177] **103**

III. Relevanz für betroffene Personen

Die Informationspflichten gem. der DS-GVO gehen über die bisherige Rechtslage (insbes. §§ 4 Abs. 3, 33 BDSG a.F.) hinaus und fokussieren einen unionsweit wirksamen Schutz personenbezogener Daten und stärken damit die Rechte der Betroffenen. Die Betroffenenrechte umfassen damit sowohl Rechte auf Auskunft, Berichtigung, Löschung und Einschränkung der Verarbeitung einschließlich eines Widerspruchsrechts als auch das Recht die Einwilligung zu widerrufen und Beschwerde bei der Aufsichtsbehörde einzulegen. Insofern wird auch auf nationaler Ebene das Recht auf informationelle Selbstbestimmung gestärkt. **104**

IV. Relevanz für Aufsichtsbehörden

Den Aufsichtsbehörden kommt im Rahmen der DS-GVO ein umfassender Auftrag zu, indem sie die einheitliche Durchsetzung des neuen Datenschutzrechts gewährleisten sollen. Auch im Rahmen von Art. 13 kommen der Aufsichtsbehörde weitreichende Untersuchungs- und Kontrollbefugnisse sowie Sanktionsmöglichkeiten zu.[178] Gleichwohl werden gerade durch den Gebrauch des Gestaltungsspielraums durch den deutschen Gesetzgeber auf nationaler Ebene die Befugnisse der Aufsichtsbehörde im Falle des § 29 Abs. 3 BDSG n.F. zurückgedrängt. **105**

---

174 Vgl. dazu die Ausführungen zu Art. 21 Rn. 22 ff. sowie zu § 3 BDSG, s. Art. 6 Rn. 121 ff.
175 Dazu Art. 6 Abs. 1 S. 1 lit. f Rn. 190.
176 Dazu Art. 9 Abs. 2 lit. e Rn. 165.
177 Dazu § 3 BDSG, Art. 6 Rn. 121 ff.
178 Zur Rolle der Aufsichtsbehörden unter der DS-GVO vgl. das Gutachten von *Alexander Roßnagel* „Zusätzlicher Arbeitsaufwand für die Aufsichtsbehörden der Länder unter der DS-GVO vom Januar 2017, abrufbar unter: https://www.datenschutzzentrum.de/uploads/dsgvo/2017-Rossnagel-Gutachten-Aufwand-Datenschutzbehoerden.pdf, zuletzt abgerufen am 29.4.2020.

V. Relevanz für das Datenschutzmanagement

106 Für das Datenschutzmanagement stellt sich hinsichtlich Abs. 1 die Herausforderung, dass sämtliche Verarbeitungsprozesse im Detail erfasst, dokumentiert und in präziser und verständlicher Weise dargestellt werden müssen. So wird für jeden Verarbeitungsprozess zu dokumentieren sein, zu welchen Zwecken diese erfolgen (und zwar möglichst in aller Ausführlichkeit) und auf welchen Rechtsgrundlagen diese beruhen. In aller Regel werden zudem die Informationen nach Abs. 2 erfasst werden müssen, d.h. Speicherdauer, anwendbare Rechte und Rechtsbehelfe, gesetzliche, vertragliche oder tatsächliche Erforderlichkeit sowie Folgen bei Nichtbereitstellung. Zudem sind auch Prozesse für den Fall einer Zweckänderung vorzusehen.

107 In einem zweiten Schritt sind alle diese Informationen sodann in präziser und doch verständlicher Weise aufzubereiten, was insbesondere bei Profiling und automatisierten Entscheidungsprozessen auch eine Gratwanderung hinsichtlich zu schützender Geschäftsgeheimnisse darstellen kann.

108 Das Datenschutzmanagement wird sich daher den Informationspflichten nach Art. 13 von zwei Seiten aus nähern müssen:

109 Zunächst sind die betroffenen Daten zu erfassen und separat davon die Verarbeitungsprozesse- und zwecke. Letztere werden dabei durch die Möglichkeit der Zweckänderung in der Praxis durchaus variabel sein können.

Artikel 14 Informationspflicht, wenn die personenbezogenen Daten nicht bei der betroffenen Person erhoben wurden

(1) Werden personenbezogene Daten nicht bei der betroffenen Person erhoben, so teilt der Verantwortliche der betroffenen Person Folgendes mit:

a) den Namen und die Kontaktdaten des Verantwortlichen sowie gegebenenfalls seines Vertreters;
b) zusätzlich die Kontaktdaten des Datenschutzbeauftragten;
c) die Zwecke, für die die personenbezogenen Daten verarbeitet werden sollen, sowie die Rechtsgrundlage für die Verarbeitung;
d) die Kategorien personenbezogener Daten, die verarbeitet werden;
e) gegebenenfalls die Empfänger oder Kategorien von Empfängern der personenbezogenen Daten;
f) gegebenenfalls die Absicht des Verantwortlichen, die personenbezogenen Daten an einen Empfänger in einem Drittland oder einer internationalen Organisation zu übermitteln, sowie das Vorhandensein oder das Fehlen eines Angemessenheitsbeschlusses der Kommission oder im Falle von Übermittlungen gemäß Artikel 46 oder Artikel 47 oder Artikel 49 Absatz 1 Unterabsatz 2 einen Verweis auf die geeigneten oder angemessenen Garantien und die Möglichkeit, eine Kopie von ihnen zu erhalten, oder wo sie verfügbar sind.

(2) Zusätzlich zu den Informationen gemäß Absatz 1 stellt der Verantwortliche der betroffenen Person die folgenden Informationen zur Verfügung, die erforderlich sind, um der betroffenen Person gegenüber eine faire und transparente Verarbeitung zu gewährleisten:

a) die Dauer, für die die personenbezogenen Daten gespeichert werden oder, falls dies nicht möglich ist, die Kriterien für die Festlegung dieser Dauer;
b) wenn die Verarbeitung auf Artikel 6 Absatz 1 Buchstabe f beruht, die berechtigten Interessen, die von dem Verantwortlichen oder einem Dritten verfolgt werden;
c) das Bestehen eines Rechts auf Auskunft seitens des Verantwortlichen über die betreffenden personenbezogenen Daten sowie auf Berichtigung oder Löschung oder auf Einschränkung der Verarbeitung und eines Widerspruchsrechts gegen die Verarbeitung sowie des Rechts auf Datenübertragbarkeit;
d) wenn die Verarbeitung auf Artikel 6 Absatz 1 Buchstabe a oder Artikel 9 Absatz 2 Buchstabe a beruht, das Bestehen eines Rechts, die Einwilligung jederzeit zu widerrufen, ohne dass die Rechtmäßigkeit der aufgrund der Einwilligung bis zum Widerruf erfolgten Verarbeitung berührt wird;
e) das Bestehen eines Beschwerderechts bei einer Aufsichtsbehörde;
f) aus welcher Quelle die personenbezogenen Daten stammen und gegebenenfalls ob sie aus öffentlich zugänglichen Quellen stammen;
g) das Bestehen einer automatisierten Entscheidungsfindung einschließlich Profiling gemäß Artikel 22 Absätze 1 und 4 und – zumindest in diesen Fällen – aussagekräftige Informationen über die involvierte Logik sowie die Tragweite und die angestrebten Auswirkungen einer derartigen Verarbeitung für die betroffene Person.

(3) Der Verantwortliche erteilt die Informationen gemäß den Absätzen 1 und 2

a) unter Berücksichtigung der spezifischen Umstände der Verarbeitung der personenbezogenen Daten innerhalb einer angemessenen Frist nach Erlangung der personenbezogenen Daten, längstens jedoch innerhalb eines Monats,
b) falls die personenbezogenen Daten zur Kommunikation mit der betroffenen Person verwendet werden sollen, spätestens zum Zeitpunkt der ersten Mitteilung an sie, oder,
c) falls die Offenlegung an einen anderen Empfänger beabsichtigt ist, spätestens zum Zeitpunkt der ersten Offenlegung.

(4) Beabsichtigt der Verantwortliche, die personenbezogenen Daten für einen anderen Zweck weiterzuverarbeiten als den, für den die personenbezogenen Daten erlangt wurden, so stellt er der betroffenen Person vor dieser Weiterverarbeitung Informationen über diesen anderen Zweck und alle anderen maßgeblichen Informationen gemäß Absatz 2 zur Verfügung.

(5) Die Absätze 1 bis 4 finden keine Anwendung, wenn und soweit

a) die betroffene Person bereits über die Informationen verfügt,
b) die Erteilung dieser Informationen sich als unmöglich erweist oder einen unverhältnismäßigen Aufwand erfordern würde; dies gilt insbesondere für die Verarbeitung für im öffentlichen Interesse liegende Archivzwecke, für wissenschaftliche oder historische Forschungszwecke oder für statistische Zwecke vorbehaltlich der in Artikel 89 Absatz 1 genannten Bedingungen und Garantien oder soweit die in Absatz 1 des vorliegenden Artikels genannte Pflicht voraussichtlich die Verwirklichung der Ziele dieser Verarbeitung unmöglich macht oder ernsthaft beeinträchtigt. In diesen Fällen ergreift der Verantwortliche geeignete Maßnahmen zum Schutz der Rechte und Freiheiten sowie der berechtigten Interessen der betroffenen Person, einschließlich der Bereitstellung dieser Informationen für die Öffentlichkeit,

Art. 14 Informationspflicht

c) die Erlangung oder Offenlegung durch Rechtsvorschriften der Union oder der Mitgliedstaaten, denen der Verantwortliche unterliegt und die geeignete Maßnahmen zum Schutz der berechtigten Interessen der betroffenen Person vorsehen, ausdrücklich geregelt ist oder

d) die personenbezogenen Daten gemäß dem Unionsrecht oder dem Recht der Mitgliedstaaten dem Berufsgeheimnis, einschließlich einer satzungsmäßigen Geheimhaltungspflicht, unterliegen und daher vertraulich behandelt werden müssen.

- *ErwG:* 58, 60–62
- *BDSG n.F.:* §§ 29, 33

Übersicht

	Rn			Rn
Vorbemerkung zu Art. 14	1		c) Bildsymbole	23
A. Einordnung und Hintergrund	2		d) Bereitstellung der Information	24
I. Erwägungsgründe	2		4. Einzelne Informationsgehalte	25
II. BDSG n.F.	5		a) Name und Kontaktdaten (lit. a)	26
III. Normengenese und -umfeld	7		b) Kontaktdaten des Datenschutzbeauftragten (lit. b)	28
1. DSRL – alte RL 95/46/EG	7		c) Zweckbindungsgrundsatz (lit. c)	29
2. BDSG a.F.	8		d) Kategorien personenbezogener Daten (lit. d)	31
a) §§ 4 Abs. 3, 19a, 33 BDSG a.F. als „Entsprechung" zu Art. 13, 14	8		e) Empfänger oder Kategorien von Empfängern (lit. e)	32
b) Änderungen im Vergleich zu den bisher geltenden Informationspflichten	9		f) Übermittlung in Drittländer/an internationale Organisationen (lit. f)	34
3. WP der Art.-29-Datenschutzgruppe und Düsseldorfer Kreis	10	IV.	Zusätzliche Informationen (Abs. 2)	36
B. Kommentierung	11		1. Allgemeines zu der Pflicht zur Mitteilung von weiteren Informationen	36
I. Allgemeines: Zweck, Bedeutung, Systematik/Verhältnis zu anderen Vorschriften	11		2. Einzelne Informationsgehalte	40
II. Anwendungsbereich und -voraussetzungen	13		a) Dauer der Speicherung (lit. a)	41
1. Ursprung und Abgrenzung zu Art. 13	13		b) Verfolgung berechtigter Interessen (lit. b)	43
2. Öffnungsklauseln	16		c) Bestehen einzelner Betroffenenrechte (lit. c)	44
3. Ausnahmen	17		d) Recht auf Widerruf der Einwilligung (lit. d)	46
III. Allgemeine Informationspflicht (Abs. 1)	18		e) Beschwerderecht bei einer Aufsichtsbehörde (lit. e)	47
1. Allgemeines zu den Informationsgehalten	18			
2. Auswirkungen des Unterschieds im Vergleich zu Art. 13	20			
3. Form und Modalitäten der Information	21			
a) Leichte Verständlichkeit	21			
b) Leicht zugängliche Form	22			

Informationspflicht Art. 14

	Rn		Rn
f) Quelle der personenbezogenen Daten (lit. f)	48	(1) Ausnahmetatbestände des Abs. 1	80
g) Automatisierte Entscheidungsfindung (lit. g)	50	(a) Ausnahmen für öffentliche Stellen (§ 33 Abs. 1	
V. Zeitpunkt der Information (Abs. 3)	55	Nr. 1 lit. a und b	
VI. Verarbeitung zu anderen Zwecken (Abs. 4)	63	BDSG n.F.)	80
VII. Ausnahmen von der Informationspflicht (Abs. 5)	68	(b) Ausnahmen für nichtöffentliche	
1. DS-GVO	68	Stellen	
a) Allgemeines	68	(§ 33 Abs. 1	
b) Bereits vorhandene Informationen (lit. a)	69	Nr. 2 lit. a und b	
c) Unmöglichkeit oder Unverhältnismäßigkeit (lit. b)	72	BDSG n.F.)	83
		bb) § 33 Abs. 2 BDSG n.F.	87
d) Ausdrückliche Regelung im Unionsrecht oder dem Recht der Mitgliedstaaten (lit. c)	76	cc) § 33 Abs. 3 BDSG n.F.	88
e) Berufsgeheimnis (lit. d)	77	dd) Verweis in § 33 Abs. 1 BDSG n.F. auf § 29 Abs. 1 S. 1	
2. Kommentierung zu BDSG n.F.	78	BDSG n.F.	89
a) Ausnahmen von der Informationspflicht gem. § 29 Abs. 1 S. 1 BDSG n.F.	78	VIII. Sanktionen/Durchsetzung	92
		C. Praxishinweise	94
		I. Relevanz für öffentliche Stellen	94
b) Ausnahmen von der Informationspflicht gem. § 33 BDSG n.F.		II. Relevanz für nichtöffentliche Stellen	96
		III. Relevanz für betroffene Personen	102
aa) § 33 Abs. 1 BDSG n.F.	80	IV. Relevanz für das Datenschutzmanagement	105

Literatur: *Albrecht* Das neue EU-Datenschutzrecht – von der Richtlinie zur Verordnung, CR 2016, 88; *Art.-29-Datenschutzgruppe* WP 100, 2004 v. 25.11.2004; *Bräutigam/Schmidt-Wudy* Das geplante Auskunfts- und Herausgaberecht des Betroffenen nach Art. 15 der EU-Datenschutzgrundverordnung, CR 2015, 56; *Buchner* Grundsätze und Rechtmäßigkeit der Datenverarbeitung unter der DS-GVO, DuD 2016, 155; *Byers* Die Zulässigkeit heimlicher Mitarbeiterkontrollen nach dem neuen Datenschutzrecht, NZA 2017, 1086; *Franck* System der Betroffenenrechte im Datenschutz, RDV 2016, 111; *GDD* Praxishilfe DS-GVO VII, Transparenzpflichten bei der Datenverarbeitung, 2017; *Gola/Schulz* Der Entwurf für eine EU-Datenschutz-Grundverordnung – eine Zwischenbilanz, RDV 2013, 1; *Greve* Das neue Bundesdatenschutzgesetz, NVwZ 2017, 737; *Hammer* DIN 66398 – Die Leitlinie Löschkonzept als Norm, DuD 2016, 528; *Härting* Datenschutzreform in Europa: Einigung im EU-Parlament – Kritische Anmerkungen, CR 2013, 715; *ders.* Big Data und Profiling nach der DSGVO, ITRB 2016, 209; *ders.* Datenschutz-Grundverordnung – Das neue Datenschutzrecht in der betrieblichen Praxis, 2016; *Hennemann* Personalisierte Medienangebote im Datenschutz- und Vertragsrecht, ZUM 2017, 544; *Jaspers* Die EU-Datenschutz-Grundverordnung – Auswirkungen der EU-Datenschutz-Grundverordnung auf die Datenschutzorganisation des Unternehmens, DuD 2012, 571; *Keppeler* Was bleibt vom

TMG-Datenschutz nach der DS-GVO? Lösung und Schaffung von Abgrenzungsproblemen im Multimedia-Datenschutz, MMR 2015, 779; *Knyrim* Die neuen Pflichten nach der EU-Datenschutz-Grundverordnung im Überblick, Dako 2016/6; *Konferenz der unabhängigen Datenschutzbehörden des Bundes und der Länder (Datenschutzkonferenz)* Kurzpapier Nr. 10: Informationspflichten bei Dritt- und Direkterhebung, 2017; *Krüger* Datensouveränität und Digitalisierung, ZRP 2016, 190; *Kugelmann* Datenfinanzierte Internetangebote, DuD 2016, 566; *Marschall* Erweiterte Informationspflichten in der DSGVO: Änderungen für Unternehmen, DSB 2016, 230; *Meyer* Prüfungsmaßstab für Datenschutzerklärungen und Sanktionierung bei Unwirksamkeit, DSRITB 2012, 643; *Monreal* Weiterverarbeitung nach einer Zweckänderung in der DS-GVO, ZD 2016, 507; *Reding* Sieben Grundbausteine der europäischen Datenschutzreform, ZD 2012, 195; *Roßnagel/Richter/Nebel* Besserer Internetdatenschutz für Europa – Vorschläge zur Spezifizierung der DS-GVO, ZD 2013, 103; *dies.* Was bleibt vom Europäischen Datenschutzrecht? – Überlegungen zum Ratsentwurf der DS-GVO, ZD 2015, 455; *Schantz* Die Datenschutz-Grundverordnung – Beginn einer neuen Zeitrechnung im Datenschutzrecht, NJW 2016, 1841; *Schenke/Graulich/Ruthig* Sicherheitsrecht des Bundes, 2019; *Schneider/Härting* Wird der Datenschutz nun endlich internettauglich? – Warum der Entwurf einer Datenschutz-Grundverordnung enttäuscht, ZD 2012, 199; *Schwartmann/Hermann/Mühlenbeck* Transparenz bei Medienintermediären, 2019[1]; *Sörup* Gestaltungsvorschläge zur Umsetzung der Informationspflichten der DS-GVO im Beschäftigungskontext, ArbR Aktuell 2016, 207; *Sörup/Marquardt* Auswirkungen der EU-Datenschutzgrundverordnung auf die Datenverarbeitung um Beschäftigungskontext, ArbR Aktuell 2016, 103; *Specht/Mantz* Handbuch Europäisches und deutsches Datenschutzrecht, 2019; *Taeger* Scoring in Deutschland nach der EU-Datenschutzgrundverordnung, ZRP 2016, 72; *Veil* DS-GVO: Risikobasierter Ansatz statt rigides Verbotsprinzip, ZD 2015, 347; *Wagner* Die Datenschutz-Grundverordnung: die Betroffenenrechte (Teil IV), Dako 2015/59; *Walter* Die datenschutzrechtlichen Transparenzpflichten nach der Europäischen Datenschutz-Grundverordnung, DSRITB 2016, 367; *Wilhelm* Auskunftsansprüche in der Informationsgesellschaft, DÖV 2016, 899; *Wybitul* EU-Datenschutz-Grundverordnung in der Praxis – Was ändert sich durch das neue Datenschutzrecht, BB 2016, 1077; *Zikesch/Kramer* Die DS-GVO und das Berufsrecht der Rechtsanwälte, Steuerberater und Wirtschaftsprüfer – Datenschutz bei freien Berufen, ZD 2015, 565.

Vorbemerkung zu Art. 14

1 Art. 14 betrifft die Informationspflicht des Verantwortlichen, wenn die personenbezogenen Daten **nicht** bei der betroffenen Person erhoben wurden. Er ergänzt damit die Informationspflichten des Art. 13. In der Folge entsprechen die Ausführungen zu Art. 14 teilweise denen aus Art. 13. Um den Fluss des Lesers bei der Durchsicht nicht zu beeinträchtigen und zur besseren Übersichtlichkeit sind die Ausführungen zu Art. 13 auch an den entsprechenden Stellen im Rahmen von Art. 14 vollständig abgedruckt.

A. Einordnung und Hintergrund

I. Erwägungsgründe

2 Ausweislich des ErwG 60 machen es die Grundsätze einer fairen und transparenten Verarbeitung erforderlich, dass die betroffene Person über die Existenz des Verarbeitungsvorgangs und seine Zwecke unterrichtet wird. Hinzu kommen noch alle weiteren Infor-

---

1 Abrufbar unter https://www.ma-hsh.de/infothek/publikationen/ma-hsh-gutachten-transparenz-bei-medienintermediaeren.html, zuletzt abgerufen am 29.4.2020.

mationen, die zur Erfüllung der Grundsätze notwendig sind.[2] Sämtliche Informationen sollen in leicht wahrnehmbarer, verständlicher und klar nachvollziehbarer Form einen aussagekräftigen Überblick über die beabsichtigte Verarbeitung vermitteln.

Im ErwG 61 finden sich Ausführungen zum Zeitpunkt der Information, die gem. Art. 13 und 14 zu erteilen sind. ErwG 61 unterscheidet diesbezüglich, ob die Daten von der betroffenen Person oder aus einer anderen Quelle erlangt werden. Überdies formuliert S. 3 des ErwG die Informationspflicht bei einer Verarbeitung zu anderen Zwecken i.S.d. Art. 14 Abs. 4. 3

Mit ErwG 62 wird deutlich, dass die Informationspflicht nicht vorbehaltlos gilt. Ausnahmen von dieser Pflicht sind denkbar, wenn und soweit die betroffene Person bereits über die Informationen verfügt. Auch die weiteren Ausnahmetatbestände des ErwG 62 entsprechen denen aus Art. 14 Abs. 5. 4

II. BDSG n.F.

Grundsätzlich entfalten die Bestimmungen der DS-GVO als VO i.S.d. Unionsrechts unmittelbare und zwingende Wirkung. Öffnungsklauseln können jedoch nationale eigenständige Regelungen für einzelne Bereiche erlauben. Die Beschränkungen gem. Art. 23 sowie die Regelungen in Art. 85 Abs. 2 und Art. 88 Abs. 2 können zu einzelstaatlichen Abweichungen der Informationspflicht führen.[3] 5

Eine entsprechende Ausnahme von der Informationspflicht bei der Datenerhebung aus einer anderen Quelle im Fall von Geheimhaltungspflichten findet sich in § 29 Abs. 1 S. 1 BDSG. Weitere Ausnahmen von dieser Informationspflicht finden sich neben § 32 BDSG in § 33 BDSG. Letztgenannte Vorschrift regelt entsprechend die Ausnahmen von der Informationspflicht, wenn die personenbezogenen Daten nicht bei der betroffenen Person erhoben wurden (Art. 14). 6

III. Normengenese und -umfeld

1. DSRL – alte RL 95/46/EG. Die Art. 10 und 11 DSRL regelten bisher die Information der betroffenen Person. 7

2. BDSG a.F. – a) §§ 4 Abs. 3, 19a, 33 BDSG a.F. als „Entsprechung" zu Art. 13, 14. Die §§ 4 Abs. 3, 19a, 33 BDSG a.F. setzen die Art. 10 und 11 der DSRL um. § 4 Abs. 3 a.F. betrifft die Direkterhebung und damit den Anwendungsbereich von Art. 13, während §§ 19a, 33 BDSG a.F. die Erhebung und Verarbeitung ohne Kenntnis des Betroffenen regeln und damit am ehesten Art. 14 entsprechen, welcher aber nicht auf die Unkenntnis abstellt, sondern vielmehr auf die Erhebung bei Dritten. 8

b) Änderungen im Vergleich zu den bisher geltenden Informationspflichten. Die Änderungen der DS-GVO betreffen insb. den Umfang der Informationspflichten; diese werden durch den neuen Sekundärrechtsakt teils erheblich ausgeweitet. Damit in Verbindung steht das nach der Grundverordnung bestehende Risiko hoher Bußgelder, die auch als Rechtsfolge für eine Missachtung der Informationspflichten greifen würden. 9

---

2 ErwG 60 S. 2.
3 Vgl. Auernhammer-*Eßer* Art. 13 Rn. 47 ff.

10 **3. WP der Art.-29-Datenschutzgruppe und Düsseldorfer Kreis.** Ein Beschluss des Düsseldorfer Kreises zur Fortgeltung von Einwilligungen nach dem BDSG a.F.[4] berührt die Art. 13, 14 immerhin insoweit, als die Einhaltung der Informationspflichten die Wirksamkeit von vorher erteilten Einwilligungen nicht berühren soll. Dies ist insofern keineswegs selbstverständlich, da die Informationspflichten der DS-GVO weitergehender sind als nach der bisherigen deutschen Rechtslage. Daneben hat die Art.-29-Datenschutzgruppe im Dezember 2017 ein Arbeitspapier für die Informationspflichten nach Art. 13 und 14 veröffentlicht und im April 2018 aktualisiert, an dem sich die verantwortlichen Stellen orientieren können.[5]

B. Kommentierung

I. Allgemeines: Zweck, Bedeutung, Systematik/Verhältnis zu anderen Vorschriften

11 Mit der rechtlichen Verpflichtung zur Information in den Art. 13 und 14 wird dem Grundsatz der Transparenz (Art. 5 Abs. 1 lit. a) Rechnung getragen.[6] Auch ohne Ersuchen der betroffenen Person obliegen dem Verantwortlichen gem. Art. 14 über § 4 Abs. 3 BDSG a.F. weit hinausgehende Unterrichtungspflichten.[7] Dabei handelt es sich um einen Hauptpfeiler der neuen Betroffenenrechte, da die betroffene Person erst durch die gewonnenen Informationen in die Lage versetzt wird, die sich aus der Datenverarbeitung ergebenden Folgen einzuschätzen und folglich ihre Betroffenenrechte ordnungsgemäß wahrzunehmen.[8] Die Herstellung von Transparenz als grundrechtlicher Schutz personenbezogener Daten hängt insofern eng mit der Rechtsschutzgarantie i.S.d. Art. 47 GRCh zusammen.[9] Deshalb sind bei Auslegung und Anwendung der Art. 13 und 14 stets deren grundrechtlichen Wurzeln zu beachten.

12 Gemeinsam mit den Betroffenenrechten lassen diese unaufgefordert zu erteilenden Informationen die Datenverarbeitung aus Sicht der betroffenen Person nachvollziehbar erscheinen und tragen maßgeblich zur Gewährleistung des Schutzziels der Transparenz bei.[10] Die Grundsätze einer fairen und transparenten Verarbeitung verlangen es, dass die betroffene Person über die Existenz des Verarbeitungsvorgangs, seine Zwecke und alle wesentlichen Zusammenhänge unterrichtet wird.[11] Insgesamt beabsichtigt die DS-GVO, für die Betroffenen die Verarbeitung ihrer Daten nachvollziehbar zu machen,[12] damit diese selbstbestimmt über Datenverarbeitungsvorgänge ent-

---

4 *Düsseldorfer Kreis* v. 13./14.9.2016.
5 *Art.-29-Datenschutzgruppe* WP 260 rev.01 (April 2018).
6 Dazu *Schwartmann/Hermann/Mühlenbeck* Transparenz bei Medienintermediären, S. 98 f.
7 So auch *Jaspers* DuD 2012, 571, 572 sowie *Albrecht/Jotzo* Das neue Datenschutzrecht der EU, S. 83 Rn. 4 f. sowie zu den Informationspflichten nach dem BDSG und der DS-GVO *Härting* DS-GVO, S. 17 Rn. 51 und 59; Ehmann/Selmayr-*Knyrim* Art. 14 Rn. 2 m.w.N.
8 BeckOK DatenSR-*Schmidt-Wudy* Art. 13 Rn. 2, 27. Edition 2019. Zu den Zwecken von Transparenz vgl. *Schwartmann/Hermann/Mühlenbeck* Transparenz bei Medienintermediären, S. 69 ff.
9 Kühling/Buchner-*Bäcker* Art. 13 Rn. 8.
10 Zu den Schutzzielen von Transparenzverpflichtungen vgl. *Schwartmann/Hermann/Mühlenbeck* Transparenz bei Medienintermediären, S. 69 f. und 98 f.
11 Vgl. ErwG 60 S. 1. Sowie *Albrecht/Jotzo* Das neue Datenschutzrecht der EU, S. 83 Rn. 4 f.; Gola-*Franck* Art. 14 Rn. 1.
12 *Schantz* NJW 2016, 1841, 1845; Ehmann/Selmayr-*Knyrim* Art. 14 Rn. 1 sowie Gola-*Franck* Art. 13 Rn. 3.

scheiden können. Infolgedessen steht die Informationsbereitstellung nach Art. 13 und 14 nicht zur Disposition der Beteiligten, kann also nicht durch diese abbedungen werden.

II. Anwendungsbereich und -voraussetzungen

1. Ursprung und Abgrenzung zu Art. 13. Art. 13 regelt ausweislich der redaktionellen Überschrift die Informationspflicht bei Erhebung von personenbezogenen Daten bei der betroffenen Person (Direkterhebung). Art. 14 regelt demgegenüber die Informationspflicht, wenn die personenbezogenen Daten nicht bei der betroffenen Person erhoben wurden (Dritterhebung). ErwG 61 unterscheidet diesbezüglich, ob die Daten von der betroffenen Person oder aus einer anderen Quelle erlangt werden. Innerhalb der Art. 13 und 14 wird wiederum zwischen zwei eine Informationspflicht auslösenden Bezugspunkten differenziert: Nach Abs. 1 und Abs. 2 muss der Verantwortliche gewisse Informationen bereitstellen, wenn er die Daten erhebt. Art. 13 Abs. 3 und 14 Abs. 4 umfassen hingegen den Fall, dass der Verantwortliche die bereits erhobenen und ggf. verarbeiteten Daten zu einem anderen Zweck (weiter-)verarbeiten möchte.[13] Der Umfang der Informationspflichten der Art. 13 und 14 ist weitgehend identisch. Sie verpflichten den Verantwortlichen zur Mitteilung einer Information an die von der Verarbeitung personenbezogenen Daten betroffenen Person. 13

Die Unterscheidung von direkter und indirekter Erhebung folgt dem Ansatz, der bereits den Art. 10 und 11 DSRL zu Grunde lag.[14] Der Anwendungsbereich des Art. 14 ist nicht positiv definiert, sondern er ist nur dann eröffnet, wenn Daten nicht bei der betroffenen Person erhoben werden. Der Tatbestand umfasst in jedem Fall die Datenerhebung bei Dritten oder aus öffentlich zugänglichen Quellen.[15] Voraussetzung für die Tatbestandseröffnung ist, dass der Betroffene weder Kenntnis von der Erhebung seiner personenbezogenen Daten besitzt noch daran in irgendeiner Form aktiv mitwirkt oder mitgewirkt hat. Mit der Dritterhebung sind somit Fälle gemeint, in denen der Verantwortliche Daten von einem Dritten über eine betroffene Person bezieht. Ein typischer Fall wäre etwa der Adresshandel oder ein Kreditscoring. Ebenfalls mit erfasst ist (wohl nicht der Intention des Unionsgesetzgebers entsprechend) der Abschluss von Verträgen zugunsten einer dritten Person (§ 328 BGB), da auch in diesem Kontext personenbezogene Daten der begünstigten Person verarbeitet werden, ohne dass diese hieran zu beteiligen ist. Eine Dritterhebung liegt ferner vor, wenn die Daten aus öffentlichen Quellen, z.B. einer öffentlich einsehbaren Profilseite eines sozialen Netzwerkes erhoben werden. Denn auch hier tritt der Verantwortliche mit dem Betroffenen persönlich nicht in Kontakt.[16] Die Direkterhebung unterscheidet sich also von der Dritterhebung dadurch, dass letztere ohne Beteiligung des Betroffenen erfolgt. Erhebt der Verantwortliche personenbezogene Daten, die gleich mehrere Personen betreffen, ist für jeden Betroffenen gesondert zu prüfen, aus welcher Regelung dieser zu informieren ist.[17] 14

---

13 Kühling/Buchner-*Bäcker* Art. 13 Rn. 1.
14 Vgl. dazu Gola-*Franck* Art. 14 Rn. 2; *Albrecht/Jotzo* Das neue Datenschutzrecht der EU, S. 84 sowie Ehmann/Selmayr-*Knyrim* Art. 14 Rn. 2.
15 Kühling/Buchner-*Bäcker* Art. 14 Rn. 9.
16 Kühling/Buchner-*Bäcker* Art. 13 Rn. 16.
17 Kühling/Buchner-*Bäcker* Art. 13 Rn. 17.

Art. 14   Informationspflicht

15   Nicht allein die Art. 13 und 14 gewährleisten die Transparenz. Sie werden flankiert von Informationsansprüchen wie z.B. der Auskunft nach Art. 15, der Unterrichtung der betroffenen Person im Zusammenhang mit der Berichtigung oder Löschung personenbezogener Daten nach Art. 19 S. 2 oder dem Hinweis auf das Widerspruchsrecht spätestens zum Zeitpunkt der ersten Kommunikation nach Art. 21 Abs. 4. Weiter leistet die Zurverfügungstellung der Vereinbarung zwischen gemeinsam für die Verarbeitung Verantwortlichen nach Art. 26 Abs. 2 S. 2 und die Benachrichtigung der von einer Verletzung des Schutzes personenbezogener Daten betroffenen Person nach Art. 34 ihren Beitrag dazu, dem Betroffenen Einsicht im Rahmen der Verarbeitung personenbezogener Daten zu verschaffen. Schließlich wird durch die Unterrichtung des Art. 49 Abs. 1 S. 4 bei einmaligem Drittstaatstransfer eine aktive Transparenz sichergestellt.

16   **2. Öffnungsklauseln.** Art. 23 erlaubt es den Mitgliedstaaten, von den Betroffenenrechten abzuweichen und stellt somit eine Öffnungsklausel für Art. 14 dar.[18] Auch die Regelungen zum Recht auf freie Meinungsäußerung (Art. 85 Abs. 2) und zum Beschäftigtendatenschutz (Art. 88 Abs. 2) können zu bereichsspezifischen Sonderregelungen im einzelstaatlichen Recht führen.[19] Etwaige Ausnahmen müssen von den Mitgliedstaaten geregelt werden. Geringfügige Ausnahmen enthalten insoweit etwa die §§ 4 Abs. 2, 29 und 33 BDSG n.F. Daneben hat der nationale Gesetzgeber in den §§ 9c, 57 RStV sowie Landespressegesetzen von der Öffnungsklausel des Art. 85 Abs. 2 Gebrauch gemacht und weitreichende, auch Art. 13 und 14 betreffende Ausnahmen von den Vorgaben der DS-GVO geschaffen.[20]

17   **3. Ausnahmen.** Als Betroffenenrecht gilt die Informationspflicht grundsätzlich. Ausnahmen davon sind in Abs. 5 und im nationalen Recht geregelt.

III. Allgemeine Informationspflicht (Abs. 1)

18   **1. Allgemeines zu den Informationsgehalten.** In Abs. 1 ist geregelt, welche Informationen dem Betroffenen vom Verantwortlichen bereitzustellen sind, wenn der Verantwortliche die personenbezogenen Daten nicht bei der betroffenen Person erhoben hat. Die Informationspflicht gilt grundsätzlich bei jeder Verarbeitung personenbezogener Daten und ist an keine weiteren Voraussetzungen geknüpft. Der Betroffene darf in Zukunft erwarten, umfassender und verständlicher informiert zu werden.[21] Die DS-GVO enthält – abgesehen von den Anforderungen des Art. 12 Abs. 1 – keine genauen Anforderungen in Bezug auf das Format oder die Modalitäten, in denen der betroffenen Person die Informationen nach Art. 14 bereitgestellt werden müssen. Allerdings hat der Verantwortliche alle erforderlichen Maßnahmen zu treffen, damit die Informationsbereitstellung bestmöglich gewährleistet ist.[22] Die nachfolgenden Grundsätze gelten dabei sowohl für die ursprüngliche Datenschutzerklärung als auch für die Mitteilung nachträglicher Änderungen dieser Erklärung. Eine Änderungsmitteilung muss daher in geeigneter Weise kommuniziert werden, so dass eine Kenntnis-

---

18 Kühling/Martini u.a. Die Datenschutz-Grundverordnung und das nationale Recht, 2016, 407, 452 f. sowie Kühling/Buchner-*Bäcker* Art. 14 Rn. 71.
19 Vgl. Kühling/Buchner-*Bäcker* Art. 14 Rn. 75.
20 Ausführlich hierzu Specht/Mantz-*Hennemann* Teil B § 19 Rn. 23 ff.
21 Albrecht CR 2016, 88, 93; *Albrecht/Jotzo* Das neue Datenschutzrecht der EU, S. 83 sowie Ehmann/Selmayr-*Knyrim* Art. 14 Rn. 1 und 3.
22 *Art.-29-Datenschutzgruppe* WP 260 rev.01, S. 11 f.

nahme des Empfängers sichergestellt ist. Ein allgemeiner Hinweis, dass die betroffene Person die Datenschutzerklärung regelmäßig auf Änderungen untersuchen sollte, ist diesbezüglich nicht ausreichend.[23] Denkbar sind bspw. Hinweise auf die Änderungen per E-Mail oder prominente Banner oder Pop-ups innerhalb einer App oder auf einer Webseite.[24] Verarbeiten mehrere Verantwortliche personenbezogene Daten gemeinsam, müssen sie gem. Art. 26 Abs. 1 S. 2 in einer Vereinbarung festlegen, wer von ihnen welche Informationspflichten zu erbringen hat.[25]

Die Informationspflichten des Art. 14 Abs. 1 entsprechen weitestgehend denen aus Art. 13 Abs. 1.[26] Im Vergleich zu letztgenannter Norm wird in Art. 14 Abs. 1 zusätzlich eine Information über die „Kategorien verarbeiteter Daten" verlangt. Dahinter steht die Absicht, dass der Betroffene wissen soll, was der Verantwortliche über ihn weiß. In Art. 13 ist diese Information hingegen unbedeutend, da die Erhebung direkt beim Betroffenen erfolgt und diesem die Kategorien zwangsläufig bekannt sind.   19

2. Auswirkungen des Unterschieds im Vergleich zu Art. 13. Bei aller inhaltlicher Nähe ist es dennoch nicht zulässig, die Transparenzpflichten gem. Art. 13 und 14 aus Sicht der verantwortlichen Stelle komplett gleich aufzufassen. Die Unterschiede sind insb. relevant für die jeweiligen Pflichtinhalte (Abs. 1 und 2), Fristen (Abs. 3) und anwendbare Ausnahmen (Abs. 5).   20

3. Form und Modalitäten der Information. – a) Leichte Verständlichkeit. Die betroffene Person soll die Informationen nach Art. 12 Abs. 1 S. 1 „in präziser, transparenter, verständlicher und leicht zugänglicher Form in einer klaren und einfachen Sprache" erhalten und dies stets unentgeltlich (Art. 12 Abs. 5). Art. 12 strahlt als allgemeiner Grundsatz für die Handhabung von Betroffenenrechten maßgeblich auf Art. 14 aus und gewinnt aufgrund darin fehlender Vorgaben für die Form der Informationserteilung an Bedeutung.[27] Wie sich der Anspruch einer einfachen Sprache mit der Komplexität der DS-GVO vereinbaren lässt, muss die Rechtsanwendung beantworten.[28] Aus Gründen der Rechtssicherheit dürfen im Ergebnis keine Unklarheiten im Rahmen der Informationserteilung bestehen.   21

b) Leicht zugängliche Form. Die leicht zugängliche Form der Information weist auf die wichtige Möglichkeit hin, die Information in elektronischer Form wie z.B. auf einer öffentlich zugänglichen Website bereit zu stellen.[29] Weitere Möglichkeiten wären ein QR-Code, eine verkürzte und leicht zu merkende URL oder – bei begrenzten Darstellungsmöglichkeiten – eine klare Bildsprache bspw. übliche und verständliche Piktogramme.[30] Für Apps empfiehlt die Art.-29-Datenschutzgruppe schließlich, dass die notwendigen Informationen, sobald die App installiert ist, nie mehr als „zweimal   22

---

23 *Art.-29-Datenschutzgruppe* WP 260 rev.01, S. 13.
24 Zu praktischen Umsetzungsmöglichkeiten vgl. *Schwartmann/Hermann/Mühlenbeck* Transparenz bei Medienintermediären, S. 107 ff.
25 Dazu Kommentierung von Art. 26 Rn. 76 ff. sowie Kühling/Buchner-*Bäcker* Art. 13 Rn. 18.
26 Kühling/Buchner-*Bäcker* Art. 14 Rn. 16 sowie Gola-*Franck* Art. 14 Rn. 4 ff.
27 Vgl. Auernhammer-*Eßer* Art. 14 Rn. 5 sowie Ehmann/Selmayr-*Knyrim* Art. 13 Rn. 9; Gola-*Franck* Art. 13 Rn. 39, Art. 14 Rn. 22.
28 Dazu *Schwartmann/Hermann/Mühlenbeck* Transparenz bei Medienintermediären, S. 98 ff.
29 Vgl. ErwG 58; Art. 12 Abs. 1 S. 1, Art. 12 Abs. 7.
30 So auch *Art.-29-Datenschutzgruppe* WP 260 rev.01, S. 12.

Fingertippen" entfernt sind.³¹ Um eine geeignete Methode für die Bereitstellung der Information zu finden, empfiehlt es sich, vor deren Verwendung verschiedene Modalitäten durch Benutzertests auszuprobieren (z.B. „Hall-Tests"), um ein Feedback darüber zu erhalten, wie zugänglich, verständlich und einfach die Ausgestaltung der Informationen für die Nutzer ist.³²

23 **c) Bildsymbole.** Gemäß Art. 12 Abs. 7 sind zur Erfüllung der Informationspflichten nach Art. 13 und 14 auch Bildsymbole³³ zulässig. Gleichwohl können diese nur ergänzend zur eigentlichen Information Anwendung finden und müssen standardisiert sein.³⁴ Jedenfalls ist mit der Normierung der ausdrücklichen Möglichkeit Bildsymbole zu benutzen, dem Grundsatz der Transparenz in leicht verständlicher Form Rechnung getragen.

24 **d) Bereitstellung der Information.** Sämtliche Informationen können in elektronischer Form bereitgestellt werden.

25 **4. Einzelne Informationsgehalte.** Der Umfang der dem Betroffenen zur Verfügung zu stellenden Informationen bemisst sich aus der Summe der einzelnen Informationsgehalte, die im Abs. 1 normiert sind. Im Umkehrschluss gilt: Was nicht in Art. 14 aufgeführt ist, darüber muss der Betroffene nicht unterrichtet werden.³⁵

26 **a) Name und Kontaktdaten (lit. a).** Die Informationspflicht entspricht Art. 13 Abs. 1 lit. a. Dem Betroffenen sind sowohl der Name als auch die Kontaktdaten des Verantwortlichen mitzuteilen. Diese Pflicht erstreckt sich auch auf den Vertreter i.S.d. Art. 4 Nr. 17 für nicht in der Union niedergelassene Verantwortliche oder Auftragsverarbeiter.³⁶ Die Bezeichnung muss so erfolgen, dass der Verantwortliche für die betroffene Person bestimmbar ist.

27 Im Sinne eines effektiven Schutzes personenbezogener Daten ist der Betroffene in seinen Rechten zu stärken.³⁷ Dazu bedarf es zwingend der Angabe eines Vor- und Nachnamens einer natürlichen Person als verantwortliche Stelle oder deren Vertreter sowie einer postalischen Adresse. Bei Kaufleuten, Personengesellschaften oder juristischen Personen ist zudem der Firmen- oder Vereinsname mitzuteilen. Weitergehende Kontaktmöglichkeiten wie eine Telefonnummer oder insbesondere einen E-Mail-Kontakt sollten im Sinne der Praktikabilität Teil der Information sein. Eine Rechtspflicht dazu lässt sich aus Art. 14 Abs. 1 lit. a allerdings nicht ableiten.³⁸

---

31 *Art.-29-Datenschutzgruppe* WP 260 rev.01, S. 11.
32 Ehmann/Selmayr-*Knyrim* Art. 12 Rn. 17.
33 Zu den Bildsymbolen vgl. Trilog-Synopse herausgegeben vom Bayerischen Landesamt für Datenschutzaufsicht, abrufbar unter: https://www.cr-online.de/Trilog-Synopse_DS-GVO_des_BayLDa_v._1.2016.pdf, zuletzt abgerufen am 29.4.2020 sowie Ehmann/Selmayr-*Knyrim* Art. 13 Rn. 18.
34 Vgl. BeckOK DatenSR-*Quaas* Art. 12 Rn. 53, 27. Edition 2019; Ehmann/Selmayr-*Knyrim* Art. 13 Rn. 18.
35 Vgl. BeckOK DatenSR-*Schmidt-Wudy* Art. 13 Rn. 38, 27. Edition 2019; Ehmann/Selmayr-*Knyrim* Art. 14 Rn. 20 ff.
36 Plath-*Kamlah* Art. 13 Rn. 9; Ehmann/Selmayr-*Knyrim* Art. 13 Rn. 35; Gola-*Franck* Art. 14 Rn. 4 mit Verweis auf Art. 13 Rn. 8 ff.
37 Vgl. ErwG 11.
38 Vgl. Plath-*Kamlah* Art. 13 Rn. 9; a.A. Auernhammer-*Eßer* Art. 14 Rn. 11; Paal/Pauly-*Paal* Art. 13 Rn. 14.

b) Kontaktdaten des Datenschutzbeauftragten (lit. b). Art. 14 Abs. 1 lit. b stimmt mit 28
Art. 13 Abs. 1 lit. b überein. Im deutschen Wortlaut gibt es zwar minimale Abweichungen, was aber wohl nur einer ungenauen Übersetzung der an sich identischen Bestimmung geschuldet ist.[39] Als Ansprechpartner für den Schutz personenbezogener Daten ist ein Datenschutzbeauftragter gem. Art. 37 benannt. Hat der Verantwortliche einen solchen bestellt, ist er gem. Abs. 1 lit. b verpflichtet die Kontaktdaten des Datenschutzbeauftragten zusätzlich zu den Kontaktdaten des Abs. 1 lit. a mitzuteilen. Dazu dürfte zumindest eine postalische Anschrift erforderlich sein. Die Norm sagt nichts darüber aus, ob der Datenschutzbeauftragte namentlich benannt werden muss, oder ob hier die Angabe eines sog. Role-Accounts, wie bspw. datenschutz@example.com ausreicht. Die Angabe des Namens hilft auch dem Betroffenen nicht zwingend weiter, bspw. im Fall eines externen Datenschutzbeauftragten, der nötigenfalls auch durch Kollegen vertreten wird. In diesem Fall ist für den Betroffenen lediglich ein verantwortlicher Ansprechpartner maßgeblich, der die Funktion des Datenschutzbeauftragten im Zeitpunkt der Anfrage erfüllt. Der Sache nach dürfte die Offenlegung des Namens nicht zwingend erforderlich sein. An einer Angabe zur Erreichbarkeit – zumindest der „Datenschutzabteilung" – dürfe aber kein Weg vorbeiführen.

c) Zweckbindungsgrundsatz (lit. c). Art. 13 Abs. 1 lit. c verpflichtet kongruent zu 29
Art. 14 Abs. 1 lit. c den Verantwortlichen zur Information über die Zwecke, für welche die personenbezogenen Daten verarbeitet werden sollen, sowie eine Rechtsgrundlage für die Verarbeitung. Die betroffene Person ist darüber zu informieren, welche konkreten Datenverarbeitungen erfolgen. Fraglich ist hierbei, ob im Rahmen von Art. 13 Abs. 1 lit. c Schlagworte ausreichend sind oder ob eine detailliertere Zweckangabe durch den Verantwortlichen bereitgestellt werden muss.[40] Entscheidend ist, dass die Zweckangabe derart detailliert erfolgt, dass die betroffenen Personen ein ausreichendes Verständnis dafür entwickeln kann, mit welchen Datenverarbeitungen zu welchen Zwecken sie im konkreten Fall rechnen muss.[41] Letztlich sind dafür alle Zwecke vollumfänglich mitzuteilen.[42] Unklare, oberflächliche, generalisierende und allgemeine Zweckangaben genügen den Anforderungen des lit. c somit nicht.[43] Ebenso darf die Vorschrift nicht dazu missbraucht werden, sämtliche potentielle Zwecke gewissermaßen auf „Vorrat" mitzuteilen.[44] Dagegen dürfte eine detaillierte Darlegung der Rechtslage nicht erforderlich sein, da der Wortlaut des lit. c nur von der „Information über" die Zwecke und Rechtsgrundlage spricht und im Gegensatz zu lit. d keine weiteren Angaben vom Verantwortlichen verlangt.[45] Dieses Informationsgebot war schon nach Art. 10 DSRL erforderlich und trägt sowohl dem Grundsatz der Transparenz (Art. 5 Abs. 1 lit. a), als auch dem Grundsatz der Zweckbindung (Art. 5 Abs. 1 lit. b) Rechnung. Insbesondere dadurch wird es dem Betroffenen möglich eine informierte

---

39 Vgl. englische Sprachfassung des Art. 14 Abs. 1 lit. b bzw. Art. 13 Abs. 1 lit. b: „the contact details of the data protection officer, where applicable".
40 Dazu Paal/Pauly-*Paal/Hennemann* Art. 13 Rn. 16 sowie *Schwartmann/Hermann/Mühlenbeck* Transparenz bei Medienintermediären, S. 101.
41 *Schwartmann/Hermann/Mühlenbeck* Transparenz bei Medienintermediären, S. 101.
42 So auch Kühling/Buchner-*Bäcker* Art. 13 Rn. 25. Vgl. auch den Plural in ErwG 60 S. 1.
43 Ehmann/Selmayr-*Knyrim* Art. 13 Rn. 37.
44 Gola-*Franck* Art. 13 Rn. 12.
45 So aber Kühling/Buchner-*Bäcker* Art. 13 Rn. 26; a.A. Ehmann/Selmayr-*Knyrim* Art. 13 Rn. 38.

Entscheidung über die Verarbeitung seiner personenbezogenen Daten zu treffen und die Rechtmäßigkeit der Datenverarbeitung überprüfen zu können.[46] Wird ein neuer oder nicht kompatibler Zweck (Art. 6 Abs. 4) später bekannt, ist nach Abs. 4 nachzuinformieren.

30 Um der Informationspflicht gem. Art. 13 Abs. 1 lit. c Genüge zu tun, ist mindestens eine Rechtsgrundlage zu benennen.[47] Die Angabe mehrerer einschlägiger Rechtsgrundlagen ist zulässig.[48] Dabei muss der Verweis auf Art. 6 zielen, der die Tatbestände für eine rechtmäßige Datenverarbeitung beinhaltet. Ein bloßer Verweis auf diese Norm ist hingegen unzulässig, da die Rechtsgrundlage im Sinne der gebotenen Transparenz hinreichend bestimmt angegeben sein muss.[49]

31 **d) Kategorien personenbezogener Daten (lit. d).** Anders als in Art. 13 Abs. 1 muss der Verantwortliche gem. Art. 14 Abs. 1 lit. d der betroffenen Person die Kategorien personenbezogener Daten mitteilen, die verarbeitet werden. Der Begriff „Kategorie" von Daten wird in der DS-GVO nicht definiert.[50] Gleichwohl dürfte es sich um eine abstrakte Beschreibung der Datenarten handeln, z.B. Bonitätsdaten von Kreditnehmern.[51] Im Übrigen sollte sich die Informationspflicht an Art. 9 orientieren. Die Erforderlichkeit der Information in dem Fall, in dem Daten nicht bei der betroffenen Person erhoben wurden, resultiert aus dem Umstand, dass die betroffene Person andernfalls oft nicht überblicken kann, welche Daten erhoben wurden.[52] Während der Betroffene im Fall der Direkterhebung die Daten selbst zur Verfügung stellt und daher selbst beurteilen kann, in welchem Umfang personenbezogene Daten über ihn erhoben werden, ist er im Falle der Dritterhebung insoweit auf Informationen angewiesen.

32 **e) Empfänger oder Kategorien von Empfängern (lit. e).** Im Sinne der informationellen Selbstbestimmung benötigt der Betroffene gleichermaßen wie in Art. 13 Abs. 1 lit. e Kenntnis über die Empfänger oder Kategorien von Empfängern der personenbezogenen Daten, wenn die Daten vom Verantwortlichen zum Zeitpunkt der Datenerhebung an Dritte übermittelt werden sollen.[53] Im Umkehrschluss entfällt diese Verpflichtung, wenn keine Übermittlung von personenbezogenen Daten erfolgt.

33 **Empfänger** ist nach Art. 4 Nr. 9 jede natürliche oder juristische Person, Behörde, Einrichtung oder andere Stelle, denen personenbezogene Daten offengelegt werden, unabhängig davon, ob es sich bei ihr um einen Dritten handelt oder nicht. Erfasst sind damit wohl auch gemeinsame Verantwortliche sowie Auftragsverarbeiter[54]. Erforder-

---

46 Vgl. BeckOK DatenSR-*Schmidt-Wudy* Art. 14 Rn. 46, 27. Edition 2019.
47 Vgl. Plath-*Kamlah* Art. 13 Rn. 11; a.A. Kühling/Buchner-*Bäcker* Art. 13 Rn. 26.
48 Ehmann/Selmayr-*Knyrim* Art. 13 Rn. 27.
49 Vgl. Auernhammer-*Eßer* Art. 13 Rn. 17.
50 Die DS-GVO verwendet den Begriff „Kategorie" von Daten an verschiedenen Stellen, z.B. beim Auskunftsrecht in Art. 15 Abs. 1 lit. b oder beim Verzeichnis der Verarbeitungstätigkeiten in Art. 13 Abs. 1 lit. c.
51 Simitis/Hornung/Spiecker gen. Döhmann-*Dix* Art. 14 Rn. 5.
52 Vgl. Kühling/Buchner-*Bäcker* Art. 14 Rn. 17.
53 Vgl. Ehmann/Selmayr-*Knyrim* Art. 14 Rn. 30, Art. 13 Rn., 51; Kühling/Buchner-*Bäcker* Art. 13 Rn. 30.
54 So ausdrücklich der Kommissionsentwurf KOM(2012) 11, S. 9; Ehmann/Selmayr-*Knyrim* Art. 13 Rn. 33 m.w.N.

lich ist jedoch keine namentliche Benennung der Empfänger. Vielmehr hat der Verantwortliche die Wahl[55], stattdessen auch **Kategorien von Empfängern** zu benennen. Der Begriff lässt sich sowohl personell als auch funktional auslegen. Personell können Kategorien von Empfängern bspw. mehrere personenverbundene Empfänger zusammenfassen, wie bspw. Konzernunternehmen oder Unternehmensgruppen. Funktional lassen sich verschiedene Empfänger nach ihrer Funktion für die Datenverarbeitung zusammenfassen, bspw. „Werbepartner" oder „Versandunternehmen"[56]. Problematisch wird die bloße Nennung von Kategorien von Empfängern allerdings dann, wenn sich die Nennung letztlich in einem pauschalen Hinweis erschöpft, der keinerlei Transparenzgewinn hinsichtlich der Datenverarbeitungsvorgänge schafft.[57] Sofern also etwa international agierende Unternehmen auf eine Übermittlung von Daten an „Werbepartner" hinweisen, dies aber eine Vielzahl verschiedener Unternehmen meint, so läuft die Informationsgewährung im Hinblick auf die positive Gewährleistung von Transparenz durch Zurverfügungstellung der notwendigen Informationen gegenüber den betroffenen Personen letztlich ins Leere.[58] Somit ist stets im Einzelfall zu ermitteln, ob die Nennung von Empfängern im Einzelnen oder bloßer Kategorien ausreichend oder notwendig ist, um durch die Information die Datenverarbeitung für betroffene Personen transparent zu machen. Handlungsleitend ist dabei, ob sich vor dem Hintergrund der Tätigkeit der datenverarbeitenden Stelle bzw. des Unternehmens hinreichend konkrete Aussagen hinsichtlich der Empfängerkategorien treffen lassen oder nicht. Sofern also z.B. ein lokaler Fahrradhändler auf eine Übermittlung an Werbepartner verweist, so sind von der Nennung der Empfängerkategorie nur Unternehmen erfasst, die Produkte und Dienstleistungen im Zusammenhang mit Fahrrädern bewerben, nicht die Übermittlung des Kaufs eines Fahrrads an die Krankenkasse zwecks Anpassung des Beitrags. Sofern datenverarbeitende Stellen bzw. Unternehmen also Daten an verschiedenste Unternehmen zu Werbezwecken übermitteln, scheint die Nennung von „Werbepartnern" als inhaltlich unspezifische Empfängerkategorie ausgeschlossen. Notwendig ist dann eine namentliche Nennung der einzelnen Unternehmen. Andernfalls wird der Sinn und Zweck der Informationspflicht ausgehöhlt.

f) Übermittlung in Drittländer/an internationale Organisationen (lit. f). Bereits über die Absicht des Verantwortlichen die Daten der betroffenen Person an einen Empfänger im Drittland oder eine internationale Organisation i.S.d. Art. 4 Nr. 26 zu übermitteln, gilt es den Betroffenen in Übereinstimmung mit Art. 13 Abs. 1 lit. f nach Art. 14 Abs. 1 lit. f zu informieren. Hervorzuheben ist die sprachliche Konkretisierung in Art. 14 Abs. 1 lit. f, die auch der englischen Sprachfassung entspricht, wonach es auf die Datenübermittlung zu einer Person in einem Drittstaat ankommt und nicht auf den Drittstaat selbst.[59] Überdies muss das Vorhandensein oder das Fehlen eines Beschlusses der Kommission zur Angemessenheit des Datenschutzniveaus in einem Drittland Teil der Information sein. Alternativ zu einer Datenübermittlung auf Grundlage des Art. 45 lässt sich

34

---

55 So *Walter* DSRITB 2016, 367, 370; a.A. Ehmann/Selmayr-*Knyrim* Art. 13 Rn. 29, der eine Nennung von Kategorien nur dann für zulässig hält, wenn die Namen dem Verantwortlichen nicht bekannt sind sowie *Härting* DS-GVO, S. 17 Rn. 59.
56 *Härting* Datenschutzgrundverordnung, S. 17.
57 Dazu *Schwartmann/Hermann/Mühlenbeck* Transparenz bei Medienintermediären, S. 103.
58 *Schwartmann/Hermann/Mühlenbeck* Transparenz bei Medienintermediären, S. 103.
59 Vgl. Kühling/Buchner-*Bäcker* Art. 14 Rn. 16.

diese auch auf Art. 46, 47 oder 49 Abs. 1 UAbs. 2 stützen. In diesem Fall ist auf die geeigneten oder angemessenen Garantien und deren Bezugsmöglichkeit hinzuweisen. Die Art.-29-Datenschutzgruppe vertritt die Auffassung, dass sich aus dem Grundsatz von Treu und Glauben darüber hinaus die Verpflichtung des Verantwortlichen ableitet, alle Drittländer, in die Daten übermittelt werden sollen, namentlich zu nennen.[60] Zur Transparenz und ausgehend von der grundsätzlichen Dokumentationspflicht erwächst der betroffenen Person aus Abs. 1 lit. f ein Recht auf eine Kopie über die ihn betreffenden Teile der entsprechenden Dokumente. Ein solcher Nachweis muss allerdings nur auf Verlangen ausgestellt werden.

35 Die Bestimmung leistet dahingehend Transparenz, dass das Datensubjekt auch dann eine informierte Entscheidung trifft, wenn die Datenübermittlung außerhalb der EU geplant ist. Erst durch die Informationen gem. Abs. 1 lit. f besitzt er die entsprechende Grundlage, um das Entscheidungsrisiko die Verarbeitung seiner personenbezogenen Daten betreffend richtig einschätzen zu können.[61]

IV. Zusätzliche Informationen (Abs. 2)

36 **1. Allgemeines zu der Pflicht zur Mitteilung von weiteren Informationen.** Zusätzlich zu den Informationen gem. Abs. 1 stellt der Verantwortliche der betroffenen Person zum Zeitpunkt der Erhebung dieser Daten folgende weitere Informationen zur Verfügung, mit dem Ziel eine faire und transparente Verarbeitung zu gewährleisten. Er folgt damit derselben Zielsetzung wie die Informationen gem. Abs. 1, denn auch die Informationen nach Abs. 1 dienen einer fairen und transparenten Verarbeitung.[62] Die Differenzierung zwischen Abs. 1 und Abs. 2 entspricht dem Art. 13. Es finden sich zwar leichte sprachliche Divergenzen[63] bei genauerer Betrachtung beider Regelungen, doch diese resultieren aus der ungenauen Übersetzung der ursprünglich gleichläufigen englischen Fassung („the following information necessary").

37 Strittig ist in diesem Zusammenhang allerdings, ob die Informationen des Abs. 1 immer, jene des Abs. 2 hingegen nur situationsabhängig zu erteilen sind.[64] Teilweise wird im datenschutzrechtlichen Schrifttum vertreten, die Informationspflichten aus Abs. 1 und 2 seien gleichermaßen vollständig zu erfüllen. Auch die Art.-29-Datenschutzgruppe vertritt die Auffassung, dass es keinen Unterschied zwischen dem Status der mitzuteilenden Information nach Abs. 1 und 2 gebe, sondern alle Informationen in diesen Absätzen gleich wichtig seien und den Betroffenen mitgeteilt werden müssten.[65] Es erscheint inhaltlich zunächst irreführend, warum in Art. 14 ein eigener Absatz für die weiteren Informationen vorgesehen ist, wobei hier keine anderen Tatbestandsvoraussetzungen als in Abs. 1 auszumachen sind.[66] Gleichwohl hat der aus-

---

60 *Art.-29-Datenschutzgruppe* WP 260 rev.01, S. 38.
61 Vgl. Kühling/Buchner-*Bäcker* Art. 13 Rn. 34.
62 Vgl. ErwG 60 S. 1 f. So auch Ehmann/Selmayr-*Knyrim* Art. 14 Rn. 32; Paal/Pauly-*Paal* Art. 13 Rn. 22.
63 So heißt es in Art. 13: „(...) weitere Informationen zur Verfügung, die notwendig sind (...)"; in Art. 14 heißt es: „ (...) die folgenden Informationen zur Verfügung, die erforderlich sind (...)".
64 So etwa Kühling/Buchner-*Bäcker* Art. 13 Rn. 20.
65 *Art.-29-Datenschutzgruppe* WP 260, S. 14.
66 Auernhammer-*Eßer* Art. 13 Rn. 23. Zu den Unterschieden zu Abs. 1 vgl. Ehmann/Selmayr-*Knyrim* Art. 14 Rn. 20 ff.

drückliche Hinweis auf die Notwendigkeit für eine faire und transparente Verarbeitung keine rein deklaratorische Bedeutung. Vielmehr ist in jedem Einzelfall die Erforderlichkeit der konkreten Informationspflicht danach zu prüfen, ob die in lit. a bis f aufgeführten Informationen jeweils notwendig zur Gewährleistung einer fairen und transparenten Verarbeitung sind.[67] Hierfür streitet ferner der risikobasierte Ansatz des ErwG 60 S. 2, welcher ebenfalls eine konditionale Lesart des Art. 13 Abs. 2 nahelegt. Denn danach sollte der Verantwortliche der betroffenen Person alle weiteren Informationen zur Verfügung stellen, die „unter Berücksichtigung der besonderen Umstände und Rahmenbedingungen", unter denen die personenbezogenen Daten verarbeitet werden, „notwendig sind, um" eine faire und transparente Verarbeitung zu gewährleisten.

Weiterhin ungeklärt ist, ob der in der deutschen Übersetzung vorgenommenen Differenzierung zwischen „Mitteilen" (Abs. 1) und „Zurverfügungstellen" (Abs. 2) rechtliche Bedeutung beizumessen ist. Da sowohl die englische („provide") als auch die französische Sprachfassung („fournir") an dieser Stelle aber eine einheitliche Begrifflichkeit verwenden, dürfte es sich hierbei wohl um eine rein stilistische Unterscheidung ohne rechtliche Bedeutung handeln.[68] Hierfür spricht zudem, dass in Art. 12 Abs. 1 der Begriff des „übermitteln" verwendet wurde, welcher wiederum vom Wortlaut der Art. 13 Abs. 1 und Art. 14 Abs. 1 abweicht. **38**

Die zusätzlichen Informationen sind lediglich dann mitzuteilen, wenn sie notwendig sind, um eine faire und transparente Verarbeitung zu gewährleisten. Welche Informationen gem. Abs. 2 im Einzelfall wirklich erforderlich sind, kann nicht pauschal festgelegt werden. Im Zweifel ist wegen des hohen Bußgeldrisikos (vgl. Art. 83 Abs. 5 lit. b) stets zu einem Mehr an Information zu raten. Pauschal rechtssicher ist in jedem Fall immer nur die Vorgehensweise, schlicht alle in Abs. 2 aufgeführten Informationen mitzuteilen. **39**

2. Einzelne Informationsgehalte. Die einzelnen Informationsgehalte sind weitestgehend identisch zu denen aus Art. 13 Abs. 2. Mit Art. 14 Abs. 2 lit. f kommen lediglich Angaben zur Datenquelle hinzu und ein Äquivalent zu Art. 13 Abs. 2 lit. e erübrigt sich außerhalb der Direkterhebung.[69] **40**

a) Dauer der Speicherung (lit. a). Zur Transparenz einer Datenverarbeitung und als Ausfluss des in Art. 5 Abs. 1 lit. e normierten Gebots der Speicherbegrenzung gehört die Information, wie lange die personenbezogenen Daten gespeichert werden oder, falls dies nicht möglich ist, die Kriterien für die Festlegung dieser Dauer. Gemeint ist dabei wohl die voraussichtliche Dauer, da **ex ante** die tatsächliche Dauer nur schwer mitgeteilt werden kann. Tatsächlich geregelt ist die zulässige Datenspeicherung innerhalb der DS-GVO nicht. Im Falle der Unmöglichkeit einer solchen Prognose genügt alternativ die Information über die Kriterien nach der sich die Dauer bemisst. **41**

Die Angabe der Dauer bzw. der entsprechenden Kriterien muss aus teleologischen Gründen der mit Art. 13 und 14 verfolgten Transparenz vollständig und so konkret **42**

---

67 Vgl. Paal/Pauly-*Paal* Art. 13 Rn. 23.
68 Gola-*Franck* Art. 13 Rn. 5.
69 *Franck* RDV 2016, 111, 115 sowie zur Systematik von Art. 14 Abs. 2 vgl. Ehmann/Selmayr-*Knyrim* Art. 14 Rn. 32 ff.; Gola-*Franck* Art. 14 Rn. 4 ff.

sein, dass der Betroffene die Speicherdauer zumindest annähernd überblicken kann.[70] Im Umkehrschluss ist der bloße Verweis auf den Erforderlichkeitsgrundsatz als Kriterium, wie lange personenbezogene Daten gespeichert werden, nicht ausreichend i.S.d. Abs. 2 lit. a.[71]

43 **b) Verfolgung berechtigter Interessen (lit. b).** Nach Art. 14 Abs. 2 lit. d muss der Verantwortliche bei einer Verarbeitung auf der Rechtmäßigkeitsgrundlage Art. 6 Abs. 1 lit. f seine berechtigten Interessen oder die eines Dritten der betroffenen Person mitteilen. Diese Pflicht findet sich anders als in Art. 13 in Abs. 2 und nicht in Abs. 1.[72] „Die Interessen oder die Grundrechte und Grundfreiheiten der betroffenen Person"[73] sind dem Wortlaut nach von der Informationspflicht hingegen nicht erfasst. Somit sind nur die für eine Seite der Interessenabwägung maßgeblichen Aspekte Teil der Transparenzpflicht nach Abs. 2 lit. b. Die Information hat dabei zwar nicht über sämtliche denkbaren Interessen aufzuklären, sie muss allerdings zumindest stichpunktartig die wesentlichen Gründe nennen, auf die sich die Abwägung stützt.[74] Der Umfang der zu gewährenden Informationen bestimmt sich dabei nach den jeweiligen Umständen des Einzelfalles.[75]

44 **c) Bestehen einzelner Betroffenenrechte (lit. c).** Art. 14 Abs. 2 lit. c sieht gleichläufig zu Art. 13 Abs. 2 lit. b die Pflicht des Verantwortlichen vor, über das Bestehen einzelner Betroffenenrechte zu informieren. Die von der Informationspflicht umfassten Betroffenenrechte nennt Abs. 2 lit. b abschließend[76]. Das Recht auf Auskunft gegen den Verantwortlichen in Bezug auf personenbezogene Daten (Art. 15), das Recht auf Berichtigung (Art. 16), das Recht auf Löschung, das Recht auf Einschränkung der Verarbeitung (Art. 18), das Recht auf Datenübertragbarkeit (Art. 20) sowie das Recht auf Widerspruch gegen die Verarbeitung (Art. 21). Anders als bei den meisten anderen Informationspflichten genügt hier allein die Benennung der entsprechenden Rechte.[77] Da der Verantwortliche jedoch nach Art. 12 Abs. 2 zugleich zur Erleichterung der Geltendmachung der Rechte verpflichtet ist, bietet es sich jedenfalls im elektronischen Kontext an, eventuelle Kontaktmöglichkeiten zur Geltendmachung der Rechte entsprechend zu verlinken, um mit der Pflicht aus lit. c zugleich die Pflicht aus Art. 12 Abs. 2 zu erfüllen.

45 Unklar ist für die Praxis das Verhältnis von Art. 14 Abs. 2 lit. c zu Art. 21 Abs. 4. Da die Informationspflicht über den Widerspruch nach Art. 14 bereits zum Zeitpunkt der Datenerhebung besteht, ist fraglich, inwieweit Art. 21 Abs. 4 einen eigenen Anwen-

---

70 Vgl. Kühling/Buchner-*Bäcker* Art. 13 Rn. 36.
71 Vgl. Auernhammer-*Eßer* Art. 13 Rn. 26; a.A. Plath-*Kamlah* Art. 13 Rn. 18.
72 Zur Differenzierung zwischen Abs. 1 und Abs. 2 vgl. Ehmann/Selmayr-*Knyrim* Art. 14 Rn. 31, Gola-*Franck* DS-GVO, Art. 14 Rn. 11.
73 ErwG 47 S. 1.
74 *Schwartmann/Hermann/Mühlenbeck* Transparenz bei Medienintermediären, S. 102.
75 *Schwartmann/Hermann/Mühlenbeck* Transparenz bei Medienintermediären, S. 102.
76 BeckOK DatenSR-*Schmidt-Wudy* Art. 15 Rn. 67, 27. Edition 2019; a.A. Paal/Pauly-*Paal* Art. 13 Rn. 27.
77 So auch Kühling/Buchner-*Bäcker* Art. 13 Rn. 37 sowie Ehmann/Selmayr-*Knyrim* Art. 14 Rn. 35 mit Verweis auf Art. 13 Rn. 44 f.; a.A. *Art.-29.-Datenschutzgruppe* WP 260 rev.01, S. 34, die die Auffassung vertritt, dass die Information eine Zusammenfassung dessen enthalten sollte, was die einzelnen Rechte beinhalten und welche Schritte die betroffene Person unternehmen kann, um diese auszuüben.

dungsbereich hat. Da die dort für den Hinweis relevante Informationspflicht mit der ersten Kommunikation entsteht, hat der Art. 21 Abs. 4 dann eigenständige Bedeutung, wenn vor der Datenerhebung eine Kommunikation zwischen (potentiell) Betroffenem und Erhebenden stattgefunden hat. Für die Praxis ist es ratsam die nach Art. 21 Abs. 4 bestehende Informationspflicht in die Information nach Art. 13 zu integrieren. Hierbei gehen dann die notwendigen Informationsinhalte aus Art. 21 Abs. 1 und 4 in einer Information der betroffenen Person nach Art. 13 Abs. 2 lit. b auf.

d) Recht auf Widerruf der Einwilligung (lit. d). In Anlehnung an die Information 46 über das Bestehen einzelner Betroffenenrechte, ist ihm ebenfalls mitzuteilen, dass er seine Einwilligung jederzeit widerrufen kann, sofern die Datenverarbeitung auf Grundlage einer Einwilligung[78] erfolgt. Dazu gehört der Hinweis über die Wirkung seiner möglichen Einwilligung, welche die Rechtmäßigkeit der aufgrund der Einwilligung bis zum Widerruf erfolgten Verarbeitung berührt.[79]

e) Beschwerderecht bei einer Aufsichtsbehörde (lit. e). Auch der Hinweis gem. Abs. 2 47 lit. e auf das Beschwerderecht bei einer Aufsichtsbehörde ließe sich unter den Hinweis auf Betroffenenrechte (lit. c) subsummieren. Danach hat das Datensubjekt über Art. 57 Auskunft zu erteilen. Hierfür reicht aber erneut der bloße Hinweis auf ebendieses Recht und es besteht keine Pflicht, auch die Kontaktdaten der Aufsichtsbehörden zu nennen.[80] Da lit. d dem Verantwortlichen eine Art „Rechtsbefehlsbelehrung" auferlegt und insofern der Informationspflicht gewissermaßen einen „hoheitlichen" Anstrich verleiht, dürfte aus praktischer Sicht vor allem die Frage bedeutsam sein, in welchen Fällen privatwirtschaftliche Unternehmen eine entsprechende Informationspflicht treffen wird. Auch hier empfiehlt es sich, im Zweifel eine Standardformulierung beizufügen, um der Anforderung des lit. d in jedem Fall gerecht zu werden.[81]

f) Quelle der personenbezogenen Daten (lit. f). Die in Abs. 2 lit. f zu findende Pflicht, 48 die Quelle der personenbezogenen Daten mitzuteilen, ist die logische Konsequenz aus der Systematik der Art. 13 und 14. Erfolgt die Datenerhebung nicht beim Betroffenen selbst, soll dieser wissen, woher die Informationen stammen, wer über diese verfügt und sie weitergibt. In diesem Fall ist nur Art. 14 einschlägig, der dem Verantwortlichen die entsprechende Informationspflicht auferlegt.

Die Benennung der Quelle muss in einer Weise erfolgen, dass diese für den Betroffe- 49 nen bestimmbar ist. Die Angabe des Namens oder der Kontaktdaten des Verantwortlichen, von dem die personenbezogenen Daten bezogen werden, fordert Abs. 2 lit. f hingegen nicht. Ausweislich Abs. 2 lit. f ist mitzuteilen, ob die Daten aus einer öffentlich zugänglichen Quelle stammen. Öffentlich zugänglich ist eine Quelle, wenn sie für einen nicht nach bestimmten Merkmalen festgelegten Adressatenkreis frei zugänglich ist. Als Beispiele kommen etwa Telefonbücher oder Google-Suchergebnisse in Betracht.[82] Soziale Netzwerke (z.B. Facebook, Xing, LinkedIN) sind insoweit als öffentlich zugänglich anzusehen, wie der jeweilige Nutzer den Zugriff auf seine Daten

---

78 Art. 6 Abs. 1 lit. a oder Art. 9 Abs. 2 lit. a.
79 Siehe dazu ausführlich Art. 7 Rn. 38 ff.
80 Auernhammer-*Eßer* Art. 13 Rn. 31; Ehmann/Selmayr-*Knyrim* Art. 14 Rn. 37 mit Verweis auf Art. 13 Rn. 48 ff.
81 So auch Ehmann/Selmayr-*Knyrim* Art. 13 Rn. 60.
82 BeckOK DatenSR-*Schmidt-Wudy* Art. 14 Rn. 75, 27. Edition 2019.

nicht eingeschränkt hat.[83] Nach Auffassung der Art.-29-Datenschutzgruppe sollten die Informationen des Abs. 2 lit. f mindestens die Art der Quelle (z.B. öffentlich/privat bereitgestellte Quelle) sowie die Art der Organisation, Branche und Sektor enthalten. Weiter sollte die spezifische Quelle der Daten angegeben werden, es sei denn, dies ist nicht möglich.[84] Hat der Verantwortliche personenbezogene Daten aus mehreren Quellen erhoben, so hat er der betroffenen Person sämtliche Quellen mitzuteilen.[85]

50 **g) Automatisierte Entscheidungsfindung (lit. g).** Im Falle automatisierter Entscheidungsfindung einschließlich **Profiling** ist der von der Datenverarbeitung Betroffene gleichermaßen wie in Art. 13 Abs. 2 lit. f gem. Abs. 2 lit. g in besonderer Weise zu informieren. Zweck dieser Information ist, dass die betroffene Person nicht nur darauf hingewiesen ist, dass automatisierte Entscheidungsfindungen oder Profiling Anwendung finden, sondern auch welche Folgen diese haben können.[86] Derartige Folgen liegen etwa darin, dass der betroffenen Person ein geringerer Leistungsumfang aufgrund der durch Profiling ermittelten Informationen zur Verfügung gestellt wird. Ausgehend von Art. 22 sind jedenfalls die Fälle einer automatisierten Entscheidungsfindung von der Informationspflicht des lit. f umfasst, wenn diese für die betroffene Person rechtliche Wirkung entfalten oder sie in ähnlicher Weise erheblich beeinträchtigen. Ein typischer Anwendungsfall dürfte dabei das Profiling für die Kreditgewährung (Scoring) und deren Konditionen sein. Dagegen ist ein Profiling für reine Marketingzwecke (vgl. Art. 21 Abs. 1 S. 1 Hs. 2, Abs. 2 Hs. 2) regelmäßig nicht von Art. 22 umfasst. Da der Wortlaut des lit. f („zumindest in diesen Fällen") aber über den Anwendungsbereich des Art. 22 hinausgeht, unterliegt grundsätzlich jede Profilmaßnahme i.S.v. Art. 4 Nr. 1 der Transparenzpflicht des lit. f, sofern das Ergebnis in die Entscheidung mit einfließen soll, ohne dass die Entscheidung ausschließlich hieraus beruhen muss.[87] Im Übrigen gelten die Ausführungen zu Art. 22. Im Einzelnen kann diesbezüglich das Arbeitspapier der Art.-29-Datenschutzgruppe zu Profiling und automatisierten Einzelentscheidungen[88] als Orientierung dienen. Dieses gilt auch für die neue Rechtslage unter der DS-GVO.[89]

51 Im Falle von Profiling ist dem Betroffenen dem Wortlaut nach und unter teleologischen Gesichtspunkten zwingend Kenntnis über involvierte Logik, Tragweite und angestrebte Auswirkungen zu verschaffen.[90] Denn ohne zumindest grundlegendes Verständnis der Funktionsweise des hinter dem Profiling steckenden mathematischen Algorithmus ist es der betroffenen Person andernfalls regelmäßig nicht möglich, von

---

83 Simitis/Hornung/Spiecker gen. Döhmann-*Dix* Art. 14 Rn. 11. Zur Frage, ob Art. 9 Abs. 2 lit. e als Erlaubnistatbestand einer Datenverarbeitung einschlägig sein kann, vgl. Art. 9 Abs. 2 lit. e Rn. 164.
84 *Art.-29.-Datenschutzgruppe* WP 260 rev.01, S. 40
85 Kühling/Buchner-*Bäcker* Art. 14 Rn. 23.
86 Vgl. ErwG 60 S. 3. sowie Gola-*Franck* Art. 14 Rn. 15; Ehmann/Selmayr-*Knyrim* Art. 14 Rn. 40 mit Verweis auf Art. 13 Rn. 52 f.; *Albrecht/Jotzo* Das neue Datenschutzrecht der EU, S. 84.
87 Gola-*Franck* Art. 13 Rn. 26; Kühling/Buchner-*Bäcker* Art. 13 Rn. 52.
88 *Art.-29-Datenschutzgruppe* WP 251 rev.01.
89 *Art.-29-Datenschutzgruppe* WP 260 rev.01, S. 19.
90 Vgl. Auernhammer-*Eßer* Art. 13 Rn. 36; *Albrecht/Jotzo* Das neue Datenschutzrecht der EU, S. 84. Dazu auch *Schwartmann/Hermann/Mühlenbeck* Transparenz bei Medienintermediären, S. 105.

Informationspflicht   **Art. 14**

außen etwaige Verstöße zu erkennen. Wie immer im Datenschutzrecht bedarf es auch hier einer Abwägung zwischen den Interessen der betroffenen Person und der verarbeitenden Stelle. Insbesondere soll dieses Recht Geschäftsgeheimnisse nicht beeinträchtigen.[91]

Geschäftsgeheimnisse werden i.S.d. Einheitlichkeit des Unionsrechts entsprechend Art. 2 Nr. 1 der Richtlinie 2016/943/EG[92] auszulegen sein und müssen daher geheim, von kommerziellem Wert und Gegenstand von angemessenen Geheimhaltungsmaßnahmen durch die Person sein, die die rechtmäßige Kontrolle über die Informationen besitzt. Da die DS-GVO in ErwG 63 S. 5 den Geheimnisschutz ausdrücklich unberührt lassen soll, sind solche Geschäftsgeheimnisse grundsätzlich nicht offenzulegen.[93] 52

Um der betroffenen Person dennoch die nach lit. f geforderten Informationen zur Verfügung zu stellen, ist daher ein gewisser **Abstraktionsgrad** erforderlich, um einerseits den Schutz von Geschäftsgeheimnissen zu wahren und andererseits die geforderte Transparenz der Verarbeitung herzustellen. Dabei wird der Verantwortliche die grundsätzliche Funktionsweise der automatisierten Entscheidungsfindung beschreiben müssen und die einfließenden Faktoren jedenfalls insoweit benennen, wie dies dem Schutz von Geschäftsgeheimnissen nicht entgegensteht. Nötigenfalls sind die Faktoren abstrakt zu beschreiben oder in Gruppen zusammenzufassen. Eine allgemeine, verständliche Beschreibung der Berechnungsgrundlagen und der Methodik dieser Berechnungen zur Erfüllung der Informationspflicht ist demnach ausreichend. Die Mitteilung des mathematischen Algorithmus, der in aller Regel ein Geschäftsgeheimnis darstellen wird, ist hingegen nicht erforderlich, um die Informationspflicht gem. Art. 14 zu erfüllen. 53

Die Tragweite der Verarbeitung betrifft primär die konkreten Folgen für den Betroffenen. So muss etwa darüber informiert werden, dass eine ermittelte schlechtere Bonität zu Einschränkungen bei der Zahlungsweise führen kann.[94] 54

V. Zeitpunkt der Information (Abs. 3)

Die Informationen gem. Art. 14 Abs. 1 und 2 können anders als in Art. 13 nicht zum Zeitpunkt der Erhebung bereitgestellt werden, da die personenbezogenen Daten nicht bei der betroffenen Person selbst erhoben werden und daher im Zeitpunkt der Erhebung regelmäßig kein Kontakt zwischen der betroffenen Person und dem Verantwortlichen besteht, sodass auch keine Benachrichtigung zeitgleich mit der Datenerhebung erfolgen kann. Abs. 3 lit. a normiert einen allgemeinen Tatbestand, wonach die Information unter Berücksichtigung der spezifischen Umstände der Verarbeitung der personenbezogenen Daten innerhalb einer angemessenen Frist nach Erlangung dieser Daten erfolgen muss. Die Zeit bemisst sich anhand einer Abwägung zwischen dem Informationsinteresse des Betroffenen und den Interessen des Verantwortlichen. Bei Letzterem wird es sich im Wesentlichen um die tatsächlichen Möglichkeiten des Ver- 55

---

91 Vgl. ErwG 63 S. 5.
92 Richtlinie über den Schutz vertraulichen Know-hows und vertraulicher Geschäftsinformationen (Geschäftsgeheimnisse) vor rechtswidrigem Erwerb sowie rechtswidriger Nutzung und Offenlegung.
93 Zum Schutz von Geschäftsgeheimnissen im Rahmen von Transparenzverpflichtungen vgl. *Schwartmann/Hermann/Mühlenbeck* Transparenz bei Medienintermediären, S. 90 und 105.
94 Paal/Pauly-*Paal* Art. 13 Rn. 31.

antwortlichen sowie den mit der Information verbundenen Aufwand handeln. Irrelevant ist für die Abwägung hingegen, die Informationen wegen eines möglichen Geheimhaltungsinteresses des Verantwortlichen zurückzustellen. Solche Geheimhaltungsinteressen sind durch Abs. 5 lit. b und d eigenständig geschützt.[95] Im Sinne eines effektiven Grundrechtsschutzes, der Transparenz gebietet, darf die Frist zur Informationserteilung einen Monat nicht überschreiten. Der Verantwortliche hat zudem darzulegen, warum er die Informationen zu dem betreffenden Zeitpunkt zur Verfügung gestellt hat. Dies kann insbesondere dann Schwierigkeiten bereiten, wenn die Informationsbereitstellung erst im letztmöglichen Zeitpunkt erfolgt ist. Es empfiehlt sich daher, den betroffenen Personen die Informationen vor Ablauf der vorgeschriebenen Fristen zur Verfügung zu stellen.[96] Bei Änderungen der Informationen enthält die DS-GVO keine näheren Angaben zum Zeitpunkt der Mitteilung, sodass ein gewisser Einschätzungsspielraum für den Verantwortlichen verbleibt. Bei der Bestimmung des Zeitpunktes sollte der Verantwortliche berücksichtigen, ob es sich hierbei um eine grundlegende Änderung handelt und ob diese für die betroffene Person eine besondere Relevanz haben könnte.[97]

56 Für die spezifischen Tatbestände der Nutzung personenbezogener Daten zum Zwecke der Kommunikation oder zur Offenlegung an andere Empfänger gehen die Vorgaben des Abs. 3 lit. b und c vor. In diesen Fällen kann kein pauschaler Rückgriff auf die Monatsfrist nach lit. a erfolgen.[98] Es handelt sich insofern um Sonderregelungen, die den spätesten Informationszeitpunkt festlegen.[99] Dennoch gilt die Maximaldauer von einem Monat in allen Fällen absolut.[100]

57 Falls die Daten zur Kommunikation mit der betroffenen Person verwendet werden sollen, ist die Informationspflicht gem. Art. 14 spätestens zum Zeitpunkt der ersten Mitteilung an sie zu erfüllen.[101]

58 Die beabsichtigte Offenlegung von Daten an einen anderen Empfänger ist der zweite Spezialfall, in dem die Information spätestens zum Zeitpunkt der ersten Offenlegung erfolgen muss.[102] Der Tatbestand lässt sich auch schlicht als „Weitergabe" zusammenfassen.[103]

59 In jedem Fall sind die Informationspflichten aus Abs. 1 und 2 wie bei Art. 13 gemeinsam zu erteilen.[104]

60 Erhebt bspw. ein Haftpflichtversicherer im Rahmen einer Schadensmeldung eines Versicherten die personenbezogenen Daten des Geschädigten, besteht zunächst kein unmittelbarer Kontaktpunkt zwischen Versicherer und Geschädigtem. Eine individu-

---

95 Kühling/Buchner-*Bäcker* Art. 14 Rn. 28.
96 *Art.-29-Datenschutzgruppe* WP 260 rev.01, S. 15.
97 *Art.-29-Datenschutzgruppe* WP 260 rev.01, S. 17.
98 Auernhammer-*Eßer* Art. 14 Rn. 27 sowie BeckOK DatenSR-*Schmidt-Wudy* Art. 14 Rn. 83, 27. Edition 2019; Kühling/Buchner-*Bäcker* Art. 14 Rn. 27.
99 Kühling/Buchner-*Bäcker* Art. 14 Rn. 37.
100 *Art.-29-Datenschutzgruppe* WP 260, S. 16.
101 Vgl. Art. 14 Abs. 3 lit. sowie ausführlich Ehmann/Selmayr-*Knyrim* Art. 14 Rn. 7 ff.; BeckOK DatenSR-*Schmidt-Wudy* Art. 14 Rn. 81, 27. Edition 2019.
102 Art. 14 Abs. 3 lit. c.
103 *Franck* RDV 2016, 111, 116.
104 Vgl. Auernhammer-*Eßer* Art. 13 Rn. 24.

elle Informationspflicht zum Zeitpunkt der Erhebung wäre daher praktisch nicht umsetzbar, sodass nach Abs. 3 eine nachträgliche Informationspflicht genügt.

Der Versicherer wird daher erst innerhalb der Monatsfrist nach Abs. 3 lit. a eine Information an den Geschädigten übermitteln müssen, es sei denn, es ist eine Kontaktaufnahme mit dem Geschädigten vorgesehen. In diesem Fall gilt Abs. 3 lit. b und die Information muss bei der nächsten Kontaktaufnahme erfolgen. Sollen die personenbezogenen Daten einem Dritten offenbart werden, muss nach Abs. 3 lit. c spätestens zum Zeitpunkt der Offenlegung informiert werden. 61

Die Vorgaben nach Abs. 3 sind Mindestanforderungen. Eine vorherige Information, bspw. durch Bereitstellung von Informationen zum Abruf über das Internet, ist demnach zwar nicht verpflichtend, aber auch nicht ausgeschlossen. Denkbar wäre entsprechend auch eine gestufte Informationserteilung: So könnte der Versicherer bereits zum Zeitpunkt der Erhebung auf seiner Internetseite allgemeine Informationen zum Umgang mit personenbezogenen Daten von Geschädigten zum Abruf bereithalten. Auf diese Information könnte sodann innerhalb der Monatsfrist nach lit. a, bei der Kontaktaufnahme nach lit. b oder bei der Offenbarung gegenüber Dritten nach lit. c Bezug genommen werden. Ob die Informationen nach Art. 13 und 14 in regelmäßigen Abständen zu wiederholen sind, wird durch die DS-GVO nicht beantwortet. Schon aus Gründen der Transparenz empfiehlt es sich aber den Betroffenen die Informationen nach einer gewissen Dauer erneut aktiv zur Verfügung zu stellen. Dies sollte selbst dann gelten, wenn sich die Zwecke nicht grundlegend verändert haben, die Datenverarbeitung aber fortlaufend ist oder der Dienst des Verantwortlichen schon lange nicht mehr genutzt wurde, sich der Betroffene aber aufgrund des zeitlichen Abstands vermutlich nicht mehr an die Informationen erinnern kann.[105] 62

VI. Verarbeitung zu anderen Zwecken (Abs. 4)

Für die Informationspflicht bei nachträglicher Zweckänderung gilt Art. 14 Abs. 4. Dies entspricht der Systematik des Art. 13 Abs. 3. Der abweichende Wortlaut zwischen Art. 13 Abs. 3 („erhobene Daten") und Art. 14 Abs. 4 („erlangte Daten") ist insofern der Unterscheidung von direkter und indirekter Erhebung der personenbezogenen Daten geschuldet.[106] 63

Jede zulässige Zweckänderung gem. Art. 6 Abs. 4 löst eine erneute Informationspflicht aus. Wenn personenbezogene Daten nicht für denjenigen Zweck verarbeitet werden, für den die personenbezogenen Daten ursprünglich erhoben wurden, hat der Verantwortliche der betroffenen Person vor der Weiterverarbeitung Informationen über den anderen Zweck sowie die in Abs. 2 genannten Informationen mitzuteilen. Anders als in Art. 13 Abs. 3 ist gem. Art. 14 Abs. 2 lit. b danach auch über die berechtigten Interessen im Falle einer Verarbeitung auf Grundlage des Art. 6 Abs. 1 lit. f zu informieren.[107] Wie schon in Rahmen von Art. 13 Abs. 3 sollten jedoch alle in Abs. 2 genannten Informationen der betroffenen Person bereitgestellt werden, es sei denn, einzelne Kategorien dieser Informationen existieren nicht oder sind auf den Sachverhalt nicht anwendbar.[108] 64

---

105 Ehmann/Selmayr-*Knyrim* Art. 12 Rn. 13; a.A. Gola-*Franck* Art. 13 Rn. 38.
106 Gola-*Franck* Art. 14 Rn. 17.
107 Vgl. Plath-*Kamlah* Art. 14 Rn. 12 sowie zur Reichweite der Informationspflicht Paal/Pauly-*Paal* Art. 14 Rn. 37; Kühling/Buchner-*Bäcker* Art. 14 Rn. 45 ff.
108 *Art.-29-Datenschutzgruppe* WP 260 rev.01, S. 24.

65 Auf den ersten Blick unverständlich erscheint, warum keine Informationen gem. Abs. 1 zu erteilen sind.[109] Dabei ist allerdings zu berücksichtigen, dass die betroffene Person die Informationen nach Abs. 1 im Falle einer Zweckänderung bereits erhalten hat. So verzichtet Abs. 4 zu Recht auf eine unnötige Wiederholung der regelmäßig unveränderten Informationen nach Abs. 1, wie die Angabe des Namens des Verantwortlichen oder seines Datenschutzbeauftragten. Demgegenüber können abhängig von der Zweckänderung zusätzliche Informationen nach Abs. 2 durchaus nötig sein, um die Transparenz der Verarbeitung sicherzustellen. Insoweit erscheint der alleinige Verweis auf Abs. 2 grundsätzlich sinnvoll. Bezogen auf Abs. 1 lit. e und f ist es im Einzelfall dennoch vorstellbar, dass diese im Rahmen der Zweckänderung eine Wandlung erfahren und dadurch eine neue Bedeutung erlangen. Insofern sollten diese Aspekte über den Wortlaut des Abs. 3 hinaus in die Informationspflicht mitaufgenommen werden, sofern sich diesbezüglich neue Tatsachen ergeben.[110]

66 Die nach Abs. 4 erforderliche Information bei der Verarbeitung zu anderen Zwecken ist vor der weiteren Verarbeitung zu erteilen und damit im Gegensatz der Informationspflicht gem. Abs. 1 und 2 zeitlich vorverlagert.

67 Ungeklärt ist, ob eine Information nach Abs. 4 auch dann erforderlich ist, wenn personenbezogene Daten zu Zwecken des Art. 6 Abs. 4 pseudonymisiert werden. Nach Art. 6 Abs. 4 ist bei der für die Bestimmung der Zweckkompatibilität vorzunehmenden Interessenabwägung nach lit. e der Umstand zu berücksichtigen, ob geeignete Garantien vorhanden sind. Als Regelbeispiel hierfür nennt das Gesetz die Verschlüsselung oder Pseudonymisierung der personenbezogenen Daten. Wird die Pseudonymisierung jedoch als Beurteilungskriterium für die Zulässigkeit einer Zweckänderung herangezogen, kann diese nicht gleichzeitig eine rechtfertigungsbedürftige Zweckänderung auslösen. Ansonsten wäre die Pseudonymisierung gleichzeitig sowohl Auslöser als auch Rechtfertigung für eine Zweckänderung und wäre gewissermaßen Rechtfertigungskriterium für sich selbst. Die Pseudonymisierung selbst wird daher keine Zweckänderung, sondern lediglich eine Vorstufe für dieselbe darstellen und mithin auch keine Informationspflicht nach Abs. 4 auslösen. Da die Anonymisierung ein Minus zur Pseudonymisierung darstellt, gilt dies für diese entsprechend.

VII. Ausnahmen von der Informationspflicht (Abs. 5)

68 **1. DS-GVO. – a) Allgemeines.** Die Transparenzrechte gelten nicht vorbehaltlos. Die Ausnahmen von der Informationspflicht normiert der Abs. 5 wesentlich umfangreicher als der Art. 13 Abs. 4.[111] Nimmt man ErwG 62 S. 1 zu der Ausnahmeregelung des Art. 13 hinzu, erhält man die in Abs. 5 vier enumerativ genannten Untergruppen, in denen die Transparenzpflicht des Verantwortlichen entfällt. Wie dem Einleitungssatz des Abs. 5 („soweit") zu entnehmen ist, können die Informationen der Abs. 1, 2 und 4 sowohl insgesamt als auch teilweise entfallen.[112]

---

109 Gola-*Franck* Art. 14 Rn. 17 sowie Art. 13 Rn. 34. Zum Streitstand hinsichtlich der Reichweite der Informationspflichten vgl. BeckOK DatenSR-*Schmidt-Wudy* Art. 14 Rn. 88.1 mit Verweis auf Art. 13 Rn. 88, 27. Edition 2019.
110 Gola-*Franck* Art. 14 Rn. 17.
111 *Byers* NZA 2017, 1086, 1088; Gola-*Franck* Art. 14 Rn. 23 sowie Ehmann/Selmayr-*Knyrim* Art. 14 Rn. 42.
112 Ehmann/Selmayr-*Knyrim* Art. 13 Rn. 68.

b) Bereits vorhandene Informationen (lit. a). Die Informationspflicht entfällt, wenn 69
und soweit der Betroffene bereits über die entsprechenden Informationen verfügt.
Damit soll eine unnötige Wiederholung von bereits bekannten Informationen vermieden werden, was die Verständlichkeit der bereitzustellenden Informationen fördert, wenn der Betroffene nur über Umstände informiert wird, die ihm nicht ohnehin längst bekannt sind.

Allein die öffentliche Bereitstellung von Informationen durch den Verantwortlichen 70
wird hierfür regelmäßig nicht ausreichend sein. Vielmehr muss die Information bereits bei dem Betroffenen vorhanden sein, was ein Gelangen in den Herrschaftsbereich des Betroffenen impliziert[113]. Dies kann bspw. durch Übersendung per E-Mail der Fall sein, wobei – analog zu Art. 13 – auch eine bereits erfolgte stufenweise Informationserteilung ausreichen wird, d.h. der Verantwortliche wird nur die wesentlichen Informationen unmittelbar bereitstellen müssen und erläuternde Einzelheiten zum Abruf auf einer Internetseite bereitstellen können. Dagegen ist es nicht erforderlich, dass die betroffene Person die Informationen subjektiv zur Kenntnis genommen hat. Andernfalls wäre es für den Verantwortlichen nie vollständig überprüfbar, ob er seinen Informationspflichten ordnungsgemäß nachgekommen ist.[114]

Eine Kenntnis wird in der Regel auch dann vorliegen, wenn eine Datenübermittlung 71
durch einen Dritten an den Verantwortlichen erfolgt; der Erhalt der Information löst eine Informationspflicht gem. Art. 14 aus, die aber auch vom Übermittelnden gem. Art. 13 Abs. 1 oder Abs. 3 zu erfüllen war, sodass davon ausgegangen werden kann, dass der Betroffene diese Informationen bereits hat.[115]

c) Unmöglichkeit oder Unverhältnismäßigkeit (lit. b). Im Falle der Erhebung aus 72
einer anderen Quelle besteht laut Abs. 5 lit. b darüber hinaus keine Informationspflicht, wenn sich entweder die Informationserteilung als unmöglich erweist oder sie einen unverhältnismäßigen Aufwand erfordern würde. Sowohl die Unmöglichkeit als auch die Unverhältnismäßigkeit sind subjektiv aus der Sicht des Verantwortlichen zu bestimmen.[116] Als Indizien lassen sich gem. ErwG 62 die Zahl der betroffenen Personen, das Alter der Daten oder etwaige geeignete Garantien heranziehen. Die Unmöglichkeit kann etwa darin liegen, dass der Verantwortliche die betroffene Person nicht kennt. Das betrifft etwa Erhebung von Daten, die zwar bei weitem Verständnis als personenbezogen angesehen werden können, aber gerade keine Kontaktmöglichkeit zu der betroffenen Person eröffnen, wie bspw. KFZ-Kennzeichen. Zu denken ist auch an Fälle, in denen Mails in CC weitergeleitet werden. Eine Offenlegung von Daten ist grundsätzlich nur zulässig, wenn ein Erlaubnistatbestand nach Art. 6 Abs. 1 S. 1 erfüllt ist und die betroffene Person bei Erhebung ihrer personenbezogenen Daten informiert wird. Versendet ein Verantwortlicher eine Mail und nimmt die betroffene Person in CC, findet die Datenerhebung nicht bei der betroffenen Person statt. In einem solchen Fall werden die Interessen der betroffenen Person von der Datenverarbeitung nur gering beeinträchtigt. Sofern die Informationserteilung hier für den Verantwortlichen nicht sogar unmöglich ist, ist sie zumindest mit unverhältnismäßig hohem Auf-

---

113 Vgl. Kühling/Buchner-*Bäcker* Art. 13 Rn. 86; BeckOK DatenSR-*Schmidt-Wudy* Art. 14 Rn. 96, 27. Edition 2019.
114 Kühling/Buchner-*Bäcker* Art. 13 Rn. 84 ff.
115 Kühling/Buchner-*Bäcker* Art. 14 Rn. 52.
116 BeckOK DatenSR-*Schmidt-Wudy* Art. 14 Rn. 98, 27. Edition 2019.

wand verbunden und die Informationspflicht nach Art. 14 Abs. 5 lit. b entfällt. Sobald die Gründe, auf denen die Unmöglichkeit der Informationsmitteilung in der Vergangenheit fußte, weggefallen sind, muss der Verantwortliche dem Betroffenen alle relevanten Informationen unverzüglich bereitstellen.[117] Unverhältnismäßig kann die Informationserteilung etwa in dem Fall sein, wenn die Anzahl der Betroffenen derart groß ist und deren Interessen nur gering beeinträchtigt werden von der Datenverarbeitung[118], wie etwa die Nennung persönlicher Ansprechpartner in öffentlichen Unternehmensregistern. Nach Ansicht der Art.-29-Datenschutzgruppe müssen allerdings sowohl die Unmöglichkeit als auch der unverhältnismäßige Aufwand unmittelbar darauf zurückzuführen sein, dass die personenbezogenen Daten nicht von der betroffenen Person stammen. Ansonsten könne sich der Verantwortliche nicht auf Abs. 5 lit. b berufen.[119] Weiter trage der Verantwortliche die Beweislast hinsichtlich der in Abs. 5 lit. b genannten Umstände.[120]

73 Bei Verarbeitungen zu im öffentlichen Interesse liegenden Archivzwecken, zu wissenschaftlichen oder historischen Forschungszwecken oder zu statistischen Zwecke i.S.d. Art. 89 Abs. 1 entfällt die Informationspflicht aufgrund des unvermeidlich hohen Aufwands vorbehaltlich der in Art. 89 Abs. 1 genannten Bedingungen und Garantien.[121]

74 Ein weiterer Ausnahmegrund ist dann erfüllt, soweit die in Abs. 1 genannte Pflicht voraussichtlich die Verwirklichung der Ziele dieser Verarbeitung unmöglich macht oder ernsthaft beeinträchtigt. Insoweit setzt dieser Ausnahmetatbestand ein Geheimhaltungsbedürfnis voraus, welches unmittelbar auf den Verarbeitungszweck zurückzuführen ist. Dabei handelt es sich z.B. um eine verdeckte Datenerhebung wie beim Engagement eines Privatdetektivs, wo schon die Tatsache der Datenerhebung durch den Privatdetektiv vor der betroffenen Person geheim zu halten ist.[122]

75 Zur Frage der Anwendbarkeit von Art. 14 Abs. 5 lit. b bei Personenfotografien vgl. Rn. 101 sowie Art. 13 Rn. 101.

76 **d) Ausdrückliche Regelung im Unionsrecht oder dem Recht der Mitgliedstaaten (lit. c).** Wenn und soweit die Erlangung oder Offenlegung durch Rechtsvorschriften ausdrücklich geregelt ist und darin geeignete Maßnahmen zum Schutz der berechtigten Interessen der betroffenen Person vorgesehen sind, darf die Transparenzpflicht des Art. 14 ausbleiben. Die Rechtsvorschrift i.S.d. lit. c muss hinsichtlich ihres Informationsgehalts die Mitteilung durch den Verantwortlichen zumindest annährend gleichwertig ersetzen können. In welchen Fällen die Ausnahme des lit. c erfüllt ist, lässt sich nur schwer abstrakt bestimmen. Jedenfalls generalklauselartige Erhebungstatbestände, wie sie bspw. Art. 6 enthält, dürften den Anforderungen des lit. c aber nicht genügen.[123]

---

117 *Art.-29-Datenschutzgruppe* WP 260 rev.01, S. 29; BeckOK DatenSR-*Schmidt-Wudy* Art. 14 Rn. 100, 27. Edition 2019.
118 Vgl. ErwG 62 S. 3. Vgl. ausführlich auch etwa Paal/Pauly-Paal Art. 14 Rn. 40; Gola-*Franck* Art. 14 Rn. 25 sowie Kühling/Buchner-*Bäcker* Art. 14 Rn. 53 ff.
119 *Art.-29-Datenschutzgruppe* WP 260 rev.01, S. 30.
120 *Art.-29-Datenschutzgruppe* WP 260, S. 31 f.
121 Vgl. ErwG 62 S. 2.
122 Vgl. Kühling/Buchner-*Bäcker* Art. 14 Rn. 57 ff.
123 Kühling/Buchner-*Bäcker* Art. 14 Rn. 65.

Informationspflicht **Art. 14 / §§ 29, 33 BDSG**

e) Berufsgeheimnis (lit. d). Wenn die Daten gem. dem Unionsrecht oder dem Recht der Mitgliedstaaten einem Berufsgeheimnis – einschließlich einer satzungsmäßigen Geheimhaltungspflicht – unterliegen, braucht der Verantwortliche die betroffene Person bei Datenerhebung aus einer anderen Quelle nicht gem. Art. 14 informieren. Gegenstand des Abs. 5 lit. d sind informationelle Dreiecksverhältnisse. Der Ausschlusstatbestand schützt also die Vertrauensbeziehung zwischen dem Berufsgeheimnisträger und dem Begünstigten des Berufsgeheimnisträgers gegenüber Dritten, deren Daten durch den Berufsgeheimnisträger verarbeitet werden.[124] Es handelt sich in der Praxis vor allem um vom Mandanten erlangte Information über Dritte, die aber vom Verhältnis des Berufsgeheimnisträgers zum Mandanten umfasst sind.[125] Ferner ist der Ausnahmetatbestand etwa einschlägig, wenn ein Arzt von einem Patienten therapeutisch relevante Gesundheitsdaten über dessen Familienangehörige enthält.[126] Insofern verlangt der Ausnahmetatbestand des Abs. 5 lit. d zusätzlich das Erfordernis der Vertraulichkeit die entsprechenden Daten betreffend. 77

2. Kommentierung zu BDSG n.F. – a) Ausnahmen von der Informationspflicht gem. § 29 Abs. 1 S. 1 BDSG n.F. Der deutsche Gesetzgeber hat die Pflichten der Art. 13 und 14 in §§ 32 und 29 Abs. 2 bzw. in § 33 BDSG spezifiziert. § 33 Abs. 1 BDSG sieht weitere Ausnahmen zu der grundsätzlich bestehenden Pflicht zur Information der betroffenen Person nach Art. 14 Abs. 1, 2 und 4 ergänzend zu den in Art. 14 Abs. 5 sowie der in § 29 Abs. 1 S. 1 BDSG genannten Fällen vor. Durch § 33 BDSG macht der deutsche Gesetzgeber von der Öffnungsklausel des Art. 23 Gebrauch[127]. Nach § 33 BDSG n.F. ist die Informationspflicht gem. Art. 14 Abs. 1, 2 und 4 verzichtbar. 78

Allerdings muss der Verantwortliche bei unterlassener Information gem. § 33 Abs. 2 BDSG. Kompensationsmaßnahmen zum Schutz der berechtigten Interessen der betroffenen Person vornehmen und dies schriftlich dokumentieren (§ 33 Abs. 2 S. 1 und 2 BDSG).[128] 79

b) Ausnahmen von der Informationspflicht gem. § 33 BDSG n.F. – aa) § 33 Abs. 1 BDSG n.F. – (1) Ausnahmetatbestände des Abs. 1. – (a) Ausnahmen für öffentliche Stellen (§ 33 Abs. 1 Nr. 1 lit. a und b BDSG n.F.). Die Ausnahmetatbestände des § 33 Abs. 1 Nr. 1 lit. a und b BDSG. entsprechen denen aus § 32 Abs. 1 Nr. 2 und 3 BDSG. § 33 Abs. 1 Nr. 1 lit. a und b BDSG schränken die Informationspflicht öffentlicher Stellen dann ein, wenn dadurch die **ordnungsgemäße Erfüllung** der in der Zuständigkeit des Verantwortlichen liegenden Aufgaben (Abs. 1 Nr. 1 lit. a) oder die **öffentliche Sicherheit oder Ordnung**[129] gefährdet oder sonst dem Wohle des Bundes oder eines Landes **Nachteile** bereiten würde (Abs. 1 Nr. 1 lit. b)). In diesem Falle sind die weiteren Ausnahmen von der Informationspflicht einschlägig. 80

Die Ausnahmetatbestände i.S.d. § 33 Abs. 1 Nr. 1 lit. a BDSG entsprechen Art. 23 Abs. 1 lit. a–e, d.h. Sicherstellung der nationale Sicherheit, Landesverteidigung, 81

---

124 Kühling/Buchner-*Bäcker* Art. 14 Rn. 69.
125 Vgl. *Zikesch/Kramer* ZD 2015, 565, 566.
126 Kühling/Buchner-*Bäcker* Art. 14 Rn. 69.
127 BT-Drucks. 18/11325, S. 104.
128 Vgl. *Greve* NVwZ 2017, 737, 740; vgl. auch Art. 23 Abs. 2.
129 Vgl. zur Begriffsdefinition etwa Schenke/Graulich/Ruthig-*Schenke* Sicherheitsrecht des Bundes § 14 BPolG Rn. 10 ff.

öffentlichen Sicherheit oder die Verhütung von Straftaten, Ermittlung, Aufdeckung und Verfolgung von Straftaten einschließlich Strafvollstreckung sowie der Schutz sonstiger wichtiger Ziele des allgemeinen öffentlichen Interesses.[130] Sonstige wichtige Ziele umfassen nach Art. 23 Abs. 1 lit. e insbesondere wichtige wirtschaftliche oder finanzielle Interessen, etwa im Währungs-, Haushalts- und Steuerbereich sowie im Bereich der öffentlichen Gesundheit und der sozialen Sicherheit. Nicht jede Erschwerung der Aufgabenerfüllung ist zugleich als eine Gefährdung derselben einzuordnen. Weitgehend ungeklärt ist, inwieweit zeitliche Verzögerungen bei der Erledigung der in Art. 23 Abs. 1 lit. a–e genannten Aufgaben genügen, um eine Gefährdung dieser Aufgaben anzunehmen. Da jede Informationserteilung zu einer gewissen Zeitverzögerung führen kann, sollte mit Blick auf den Ausnahmecharakter des § 33 Abs. 1 Nr. 1 lit. a und der besonderen Relevanz der Informationserteilung für die Rechte des Betroffenen eine Gefährdung lediglich dann anzunehmen sein, wenn die Erreichung der Ziele der öffentlichen Stelle durch die Verzögerung ernsthaft gefährdet würde.[131] Teilweise[132] wird bemängelt, dass pauschale Abstellen auf eine Gefährdung der Aufgabenerfüllung genüge nicht den Anforderungen an die Verhältnismäßigkeit des Art. 23. Denn der Ausnahmetatbestand der lit. a ist ausgesprochen weit. Es besteht daher das Risiko, dass die Betroffenenrechte im Hinblick auf die Transparenz ausgehebelt werden. Daher wird an das Merkmal der „wichtigen" Ziele ein strenger Prüfungsmaßstab anzulegen sein. Würde jedwedes wirtschaftliche Interesse einer öffentlichen Stelle ausreichen, ließe sich eine Informationspflicht gegenüber den Betroffenen faktisch in jedem Fall ausschließen.

82 Eine Gefahr für die öffentliche Sicherheit oder Ordnung nach § 33 Abs. 1 Nr. 1 lit. b BDSG wird in Anlehnung an die polizeirechtlichen Grundsätze vorliegen, wenn ein erheblicher Schaden für den Bestand und die Einrichtungen des Staates, die Rechtsordnung oder Individualrechtsgüter des Einzelnen hinreichend wahrscheinlich ist. Das Tatbestandsmerkmal der sonstigen Nachteile tritt dabei flankierend als Auffangtatbestand zu diesem Regelungskomplex hinzu. Dieser Ausnahmetatbestand kann potenziell sehr weitreichend ausgelegt werden und die Transparenz als Betroffenenrecht aushebeln, weil aufgrund der Offenheit der Tatbestandsmerkmale der Tatbestand der Ausnahmeregelung in einer Vielzahl von Fällen eröffnet sein kann und sich damit pauschale Aussagen zugunsten des Betroffenen verbieten. Letztlich droht durch eine übermäßige Inanspruchnahme der Ausnahmeregelung eine Umgehung der Informationspflichten. Vereinzelt wird im datenschutzrechtlichen Schrifttum bezogen auf die Einbeziehung der öffentlichen Ordnung die Unionsrechtskonformität bezweifelt, weil sich der Begriff nicht in Art. 23 Abs. 1 lit. c finde.[133] Vorzugswürdig erscheint jedoch diejenige Auffassung, die den Art. 23 Abs. 1 lit. c

---

130 BT-Drucks. 18/11325, S. 104.
131 So auch Kühling/Buchner-*Golla* § 32 Rn. 11.
132 So etwa Stellungnahme von *Peter Schaar* vom 22.2.2017, S. 2 abrufbar unter https://www.bundestag.de/blob/499296/faa96bd7382c848b8d85e0da16aca4ad/18-4-824-a-data.pdf, zuletzt abgerufen: 29.04.2020 sowie die Stellungnahme von *Andrea Voßhoff* v. 3.3.2017 abrufbar unter https://www.cr-online.de/18-4-788-data.pdf, zuletzt abgerufen: 29.04.2020.
133 Simitis/Hornung/Spiecker gen. Döhmann-*Dix* Art. 13 Rn. 23 und Art. 23 Rn. 25.

dahingehend versteht, dass dieser die öffentliche Ordnung umfasst.[134] Ergänzend lässt sich außerdem auf Art. 23 Abs. 1 lit. e als Öffnungsklausel abstellen.[135]

(b) Ausnahmen für nichtöffentliche Stellen (§ 33 Abs. 1 Nr. 2 lit. a und b BDSG n.F.). Die § 33 Abs. 1 Nr. 2 lit. a und b BDSG gelten nur für nichtöffentliche Stellen und schränken die Informationspflicht dann ein, wenn die Erfüllung der Informationspflichten eine Beeinträchtigung der Durchsetzung rechtlicher Ansprüche oder das Bekanntwerden der Daten die öffentliche Sicherheit oder Ordnung gefährden würde. 83

Dabei entspricht § 33 Abs. 1 Nr. 2 lit. a BDSG (im Wesentlichen § 33 Abs. 2 S. 1 Nr. 7 lit. b BDSG a.F.) zunächst § 32 Abs. 1 Nr. 4 BDSG, enthält aber eine zusätzliche Alternative dergestalt, dass Daten aus zivilrechtlichen Verträgen, deren Verarbeitung der Verhütung von Schäden durch Straftaten dient. Voraussetzung ist zudem je, dass das Interesse des Betroffenen nicht überwiegt.

Auch diese Ausnahme soll die berechtigten Interessen der betroffenen Person mit denjenigen des Verantwortlichen in Einklang bringen. So muss es dem Verantwortlichen möglich sein, zur Vorbereitung oder Sicherung von Rechtsansprüchen auch verdeckt personenbezogene Daten über eine betroffene Person zu verarbeiten. Ist es bspw. zur Vorbereitung eines Gerichtsprozesses erforderlich, personenbezogene Daten zur Erforschung und Dokumentation des Sachverhaltes zu erheben und zu verarbeiten, wird dies nach Nr. 4 keine Information gegenüber dem Betroffenen auslösen. Dies gilt insbesondere dann, wenn der Betroffene im Lager der gegnerischen Partei steht. Dies gilt freilich nur dann, wenn die Erhebung und Verarbeitung ihrerseits rechtmäßig ist. 84

Der Ausnahmetatbestand ist somit eng auszulegen. Die Möglichkeit des Scheiterns einzelner Geschäfte des Verantwortlichen, etwa das Zustandekommen oder die Abwicklung eines Vertrages mit der betroffenen Person begründen ausweislich der Gesetzesbegründung keine Ausnahme von der Informationspflicht. Notwendig ist vielmehr, dass die „allgemein anerkannten Geschäftszwecke" selbst gefährdet werden.[136] Zur Problematik der Weite des Tatbestandes vgl. die obigen Ausführungen zu § 33 Abs. 1 Nr. 1 BDSG. 85

Hinsichtlich des Ausnahmetatbestandes des § 33 Abs. 1 Nr. 2 lit. b Hs. 1 BDSG gelten insoweit die Ausführungen zu Nr. 1b BDSG entsprechend. In dem Fall der Datenverarbeitung für Zwecke der Strafverfolgung bedarf es nach § 33 Abs. 1 Nr. 2 lit. b Hs. 2 BDSG keiner Feststellung nach dem ersten Hs. gem. § 33 Abs. 1 Nr. 2 lit. b Hs. 1 BDSG. 86

bb) § 33 Abs. 2 BDSG n.F. § 33 Abs. 2 BDSG legt fest, dass der Verantwortliche geeignete Maßnahmen zum Schutz der berechtigten Interessen der betroffenen Person zu treffen hat, wenn eine Information nach Abs. 1 unterbleibt. Hierdurch werden die nach Art. 23 Abs. 2 erforderlichen Schutzmaßnahmen beachtet.[137] Als geeignete Maßnahme nennt Abs. 2 die Bereitstellung der Informationen für die 87

---

134 Kühling/Buchner-*Bäcker* Art. 23 Rn. 19.
135 Gola/Heckmann-*Franck* § 32 Rn. 24.
136 BT-Drucks. 18/11325 zu § 33 BDSG n.F. S. 103 a.E.
137 Vgl. dazu die Gesetzesbegründung zum DSAnpUG-EU, BT-Drucks. 18/11325, S. 103.

Öffentlichkeit, wodurch dem Grundsatz der Transparenz Rechnung getragen wird. Ausweislich des ErwG 58 S. 2 können die Informationen in elektronischer Form bereitgestellt werden, etwa auf einer Website, sofern diese für die Öffentlichkeit bestimmt ist. Dies gilt nach ErwG 58 S. 3 insbesondere in Situationen, in denen die große Zahl der Beteiligten und die Komplexität der benötigten Technik es der betroffenen Person erschweren, nachzuvollziehen, ob, von wem und zu welchem Zweck sie betreffende personenbezogene Daten erfasst werden, wie etwa bei der Werbung im Internet. Die Information hat dabei in präziser, transparenter, verständlicher und leicht zugänglicher Form in einer einfachen und klaren Sprache zu erfolgen. Insbesondere bei einer Verarbeitung von personenbezogenen Daten von Kindern hat sich die Informationserteilung auch an diese zu richten.[138] Der Verantwortliche hat die Gründe der Nichtinformation gem. § 33 Abs. 2 S. 2 BDSG schriftlich zu dokumentieren, wobei die Kontrolle der Stichhaltigkeit dieser Gründe der Aufsichtsbehörde unterliegt.[139]

88 cc) § 33 Abs. 3 BDSG n.F. § 33 Abs. 3 BDSG entspricht §§ 19a Abs. 3 i.V.m. 19 Abs. 3 BDSG a.F. Er betrifft den Fall der Informationserteilung bei der Datenübermittlung durch öffentliche Stellen an Verfassungsschutzbehörden, den Bundesnachrichtendienst, den Militärischen Abschirmdienst und, soweit die Sicherheit des Bundes berührt wird, andere Behörden des Bundesministeriums der Verteidigung zu Zwecken der nationalen Sicherheit.[140] Die Vorschrift enthält einen Zustimmungsvorbehalt hinsichtlich der Information über eine Übermittlung personenbezogener Daten an die in Abs. 3 genannten Stellen. Insoweit dient Abs. 3 der Wahrung von Geheimhaltungsinteressen, die für die Aufgabenerfüllung der genannten Sicherheitsbehörden von elementarer Bedeutung sind.[141] Die Zustimmung kann jedoch nicht nach Belieben verweigert werden. Vielmehr müssen plausible Gründe vorliegen, welche die Behörde ebenfalls zur Verweigerung einer Auskunft über die Daten berechtigen würden.[142]

89 dd) Verweis in § 33 Abs. 1 BDSG n.F. auf § 29 Abs. 1 S. 1 BDSG n.F. § 29 BDSG beschränkt die Informationspflichten des Verantwortlichen im Falle von Geheimhaltungspflichten. Die Rechte der betroffenen Person und aufsichtsbehördliche Befugnisse im Fall von Geheimhaltungspflichten im Zusammenhang mit Art. 14 sind insbesondere in den § 29 Abs. 1 S. 1 und Abs. 3 BDSG enthalten.

90 § 29 Abs. 1 S. 1 BDSG sieht Ausnahmen von der nach Art. 14 Abs. 1–4 bestehenden Informationspflicht vor, wenn dadurch Informationen offenbart würden, die ihrem Wesen nach, insbesondere wegen der überwiegenden berechtigten Interessen eines Dritten, geheim gehalten werden müssen. Der deutsche Gesetzgeber macht damit von seiner Befugnis aus Art. 23 Abs. 1 lit. i Gebrauch.[143] Der Verweis auf Art. 14 Abs. 5 lit. d, der auf das „Recht der Mitgliedstaaten" verweist, spricht für die

---

138 Vgl. BT-Drucks. 18/11325, S. 103.
139 BT-Drucks. 11/11325, S. 103.
140 Vgl. BT-Drucks. 18/11325, S. 104.
141 Kühling/Buchner-*Golla* § 33 Rn. 14.
142 Golla/Heckmann-*Franck* § 33 Rn. 22.
143 Vgl. BT-Drucks. 18/11325, S. 101.

Annahme, dass sowohl gesetzliche als auch vertragliche berufliche Geheimhaltungspflichten von § 29 Abs. 1 S. 1 BDSG erfasst sind.[144]

Besondere Bedeutung kommt darüber hinaus § 29 Abs. 3 BDSG zu. Dieser beschränkt die Untersuchungsbefugnisse der Aufsichtsbehörden gegenüber den in § 203 Abs. 1 und 3 StGB genannten Personen oder deren Auftragsverarbeitern, soweit die Inanspruchnahme zu einem Verstoß gegen die Geheimhaltungspflichten dieser Personen führen würde. Die Regelung soll sicherstellen, dass vertrauliche Informationen dem Zugriffsrecht der Aufsichtsbehörde entzogen sind. Ohne eine Einschränkung der aufsichtsbehördlichen Befugnisse käme es für den Berufsgeheimnisträger zu einer Kollision mit Pflichten des Geheimnisträgers, da seine berufliche Schweigepflicht gerade auch gegenüber den Aufsichtsbehörden gilt.[145] Insoweit nutzt der deutsche Gesetzgeber den durch Art. 90 eröffneten Spielraum. Zwar wird teilweise[146] die Schaffung rechtsfreier Räume befürchtet und sogar mit Verfassungswidrigkeit der Norm angenommen. Diese Ansicht übersieht allerdings, dass Berufsgeheimnisträger keineswegs pauschal den Kontroll- und Untersuchungsbefugnissen der Aufsichtsbehörde entzogen werden, sondern im Zusammenspiel von Art. 90 und Art. 58 lediglich zwei Untersuchungsbefugnisse ausgenommen werden. Die übrigen Regelungen der Art. 58 und 90 bleiben demgegenüber anwendbar. Gerade für den Fall der oftmals problematischen Datenschutzorganisation bleiben die entscheidenden Regeln des Art. 58 anwendbar. Darüber hinaus entfällt die Problematik dann, wenn die betroffene Person ihrerseits eine Einwilligung erteilt und damit eine Rechtsgrundlage für die Datenverarbeitung schafft. Denn wenn durch diese die Offenbarung nicht mehr nach § 203 StGB strafbewehrt ist, so fällt sie auch nicht mehr unter den Anwendungsbereich des § 29 Abs. 3 BDSG.[147]

91

---

[144] Dazu auch unter anderem die Stellungnahme des *Instituts für Wirtschaftsprüfer* in Deutschland e.V. im Rahmen der Öffentlichen Anhörung zum DSAnpUG-EU v. 7.3.2017, S. 3 abrufbar unter https://www.bundestag.de/blob/499118/03e65fd8068a8d089c2abdc68766a153/18-4-792-data.pdf, zuletzt abgerufen am 29.4.2020 sowie Stellungnahme von *Peter Schaar* vom 22.2.2017, S. 4 abrufbar unter https://www.bundestag.de/blob/499296/faa96bd7382c848b8d85e0da16aca4ad/18-4-824-a-data.pdf, zuletzt abgerufen am 29.4.2020.

[145] BT-Drucks. 18/11325, S. 101.

[146] So etwa *Schuler/Weichert* v. 22.5.2017 m.w.N. abrufbar unter https://www.netzwerk-datenschutzexpertise.de/sites/default/files/gut_2017_dskontrolleinschr_bdsg-neu_03.pdf, zuletzt abgerufen am 29.4.2020 sowie die Stellungnahme von *Schaar* v. 22.2.2017 abrufbar unter https://www.bundestag.de/blob/499296/faa96bd7382c848b8d85e0da16aca4ad/18-4-824-a-data.pdf, zuletzt abgerufen am 29.4.2020.

[147] So auch die Stellungnahmen im Rahmen der Sachverständigenanhörung von u.a. *Prof. Dr. Heinrich Amadeus Wolff*, *Dr. Carlo Piltz*, dem Landesbeauftragten für Datenschutz und Informationsfreiheit Mecklenburg-Vorpommern a.D. *Karsten Neumann*, Rechtsanwalt *Andreas Jaspers* von der Gesellschaft für Datenschutz und Datensicherheit (GDD) e.V. sowie des Gesamtverbandes der Deutschen Versicherungswirtschaft im Rahmen der Öffentlichen Anhörung zum Entwurf eines Gesetzes zur Anpassung des Datenschutzrechts an die Verordnung (EU) 2016/679 und zur Umsetzung der Richtlinie (EU) 2016/680 (Datenschutz-Anpassungs- und Umsetzungsgesetz EU – DSAnpUG-EU), BT-Drucks. 18/11325 v. 27.3.2017 abrufbar unter https://www.bundestag.de/blob/510534/d9759291aa863793e2f6d40a92d8b2b2/protokoll-110-data.pdf, zuletzt abgerufen am 29.4.2020.

VIII. Sanktionen/Durchsetzung

92 Ein Verstoß gegen die Informationspflicht gem. Art. 14 kann nach Art. 83 Abs. 5 lit. b mit einer Geldbuße sanktioniert werden. So sind für bestimmte Rechtsverstöße Bußgelder von bis zu 4 % des Jahresumsatzes eines Unternehmens bzw. im Falle einer Unternehmensgruppe, ist der Konzernumsatz maßgebend[148] bzw. 20 Mio. EUR zulässig, wobei dabei der jeweils höhere Wert gilt. Dabei ist auf den weltweit generierten Jahresumsatz des betroffenen Unternehmens abzustellen und nicht nur auf den generierten Jahresumsatz in Europa.

93 In Bezug auf öffentliche Stellen enthält Art. 83 Abs. 7 eine Öffnungsklausel für den nationalen Gesetzgeber, wonach festgelegt werden kann ob und in welcher Höhe Bußgelder verhängt werden können.[149] § 43 Abs. 3 BDSG macht von diesem Spielraum Gebrauch und bestimmt, dass gegen Behörden und sonstige öffentliche Stellen des Bundes keine Geldbußen verhängt werden.

C. Praxishinweise

I. Relevanz für öffentliche Stellen

94 Die Informationspflichten des Art. 14 treffen nichtöffentliche wie öffentliche Stellen gleichermaßen. Dabei sind die Ausnahmetatbestände eng gefasst und müssen je nach Tätigkeitsbereich der öffentlichen Stelle sorgfältig evaluiert werden.

95 Da der Gesetzgeber in § 33 Abs. 1 Nr. 1 lit. a BDSG insoweit lediglich pauschal auf die DS-GVO verweist, sind insbesondere dann Abgrenzungsschwierigkeiten zu erwarten, wenn der Aufgabenbereich einer Behörde nicht unmittelbar der öffentlichen Sicherheit und Ordnung dient. So wird sich bspw. die Frage stellen, wie öffentliche Register mit den Informationspflichten umgehen, die zwar gesetzlich zur Erhebung und Verarbeitung bestimmter, ggf. auch personenbezogener Daten, verpflichtet, aber nicht ausdrücklich nach § 33 Abs. 1 Nr. 1 BDSG vom Anwendungsbereich ausgenommen sind. Ob bspw. Insolvenzbekanntmachungen von der Informationspflicht nach Art. 13 ausgenommen sind, ist keineswegs selbstverständlich. Öffentliche Stellen stehen daher vor der Herausforderung, ihre Datenverarbeitungsprozesse entsprechend der Kriterien des § 33 BDSG sowie des Art. 23 Abs. 1 zu klassifizieren und individuell festzulegen, ob und in welchem Umfang Informationspflichten zu erfüllen sind

II. Relevanz für nichtöffentliche Stellen

96 Die Informationspflichten gehören zu den zentralen Pflichten der DS-GVO. Wie auch Art. 13 macht Art. 14 spezifische Anforderungen an die Informationspflichten und erfordert ein umfassendes Management sämtlicher Verarbeitungsprozesse einschließlich ihrer Zwecke und Rechtsgrundlagen.

97 Insoweit ist zu begrüßen, dass Art. 14 Abs. 3 und 5 dem Verantwortlichen insoweit entgegen kommen, als dass sie die tatsächlichen Herausforderungen bei der Kommunikation mit der betroffenen Person anerkennen, wenn die Erhebung nicht bei der betroffenen Person erfolgt. Insbesondere in den Fällen, in denen Daten zwar als personenbezogen zu behandeln sind, jedoch keine unmittelbare Kontaktaufnahme zu den

---

148 Vgl. Kommentierung zu Art. 83 Rn. 6.
149 Vgl. Kommentierung zu Art. 83 Rn. 72 ff.

Informationspflicht **Art. 14**

betroffenen Personen ermöglichen, ergeben sich erhebliche Spielräume. Damit schafft die DS-GVO einen zusätzlichen Anreiz zur Pseudonymisierung von Daten.

Sind die Informationspflichten nach Art. 14 zu erfüllen, stellen sich für nichtöffentliche Stellen die gleichen Herausforderungen wie für Art. 13, insbesondere im Hinblick auf die möglichst verständliche und für die Betroffenen transparente Gestaltung der Informationen. **98**

Im Folgenden wird eine Tabelle mit den vollständigen den Art. 13 und 14 entsprechenden Informationen (Informationen und zusätzliche Informationen) abgebildet. **99**

100

Informationen	Art. 13	Art. 14
Name und Kontaktdaten des Verantwortlichen	X	X
Name und Kontaktdaten des Vertreters (bei Unternehmen ohne Niederlassung/Sitz in der EU)	X	X
Kontaktdaten des Datenschutzbeauftragten (sofern vorhanden)	X	X
Alle Zwecke der Datenverarbeitung	X	X
Nennung der Rechtsgrundlagen für die Verarbeitung	X	X
Bei Interessenabwägungen nach Art. 6 Abs. 1 lit. f: – Berechtigte Interessen des Unternehmens oder eines Dritten und – Hinweis auf Widerspruchsrecht gegen die Interessenabwägung im Einzelfall (zusätzliche Angabe nach Art. 21 Abs. 4)	X	X
Empfänger der Daten (Kategorien)	X	X
Bei Transfer außerhalb der EU/des EWR: – Existenz oder Fehlen einer Angemessenheitsentscheidung der EU-Kommission – Verwendete Standardverträge oder Binding Corporate Rules inkl. Angabe wie eine Kopie erhalten werden kann und – Bei Interessenabwägungen ohne vorgenannte angemessene Schutzmaßnahmen: Tatsache des Drittstaatentransfers und die legitimen Interessen des Unternehmens (zusätzliche Angabe nach Art. 49 Abs. 1 UAbs. 2)	X	X
Zusätzliche Informationen	Art. 13	Art. 14
Speicherfrist oder Kriterien um die Frist zu bestimmen (Löschung)	X	X
Hinweis auf die Rechte auf Auskunft, Berichtigung, Löschung, Einschränkung der Verarbeitung (Sperrung), Widerspruch, Datenportabilität	X	X
Bei Einwilligungen: Widerrufsmöglichkeit (Angabe auch nach Art. 7 Abs. 3)	X	X
Hinweis auf das Beschwerderecht gegenüber der Datenschutzaufsichtsbehörde	X	X
Datenquellen		X
Angabe, ob die Datenquelle öffentlich zugänglich ist		X

Art. 14 — Informationspflicht

Informationen	Art. 13	Art. 14
Ob die Angabe der Daten eine gesetzliche oder vertragliche Pflicht ist oder notwendig, um einen Vertrag zu schließen	X	
Ob die Angabe der Daten verpflichtend ist oder nicht und was die Konsequenzen der Nichtangabe sind	X	
Bei automatischen Entscheidungen nach Art. 22 Abs. 1, 4: – Existenz des Entscheidungsmechanismus und – Aussagekräftige Darstellung der Entscheidungslogik und – Bedeutung und Konsequenzen für den Betroffenen	X	X
Widerspruchsrecht gegen Direktmarketingmaßnahmen (zusätzliche Angabe nach Art. 21 Abs. 4)	X	X

101 Bei **Personenfotos** von nicht überschaubaren Menschenmengen oder in räumlich nicht abgrenzbaren Bereichen (Großveranstaltungen ohne verantwortlichen Veranstalter, Fotos im öffentlichen Raum) vergleicht die Aufsicht das Fotografieren teilweise, anders als die hier vertretene Auffassung, mit einer heimlichen Datenerhebung und stellt bei der Informationspflicht auf Art. 14 ab.[150] Dies führt dazu, dass die Informationspflicht in diesen Fällen wegen Unmöglichkeit oder zumindest Unverhältnismäßigkeit der Information entfällt (Art. 14 Abs. 5 lit. b S. 1). Allerdings muss die Information auch in diesen Situationen bereitgestellt werden (Art. 14 Abs. 5 lit. b S. 2). Hierfür kommt aber in den genannten Fällen lediglich eine Information des für das Foto Verantwortlichen im Rahmen seines Netzauftrittes in Betracht, da ein körperliches Hinweisschild in den betreffenden Fällen ungeeignet ist (vgl. zur gegenteiligen Auffassung Art. 13 Rn. 101). Weitere Ausführungen vgl. Art. 13 Rn. 101.

III. Relevanz für betroffene Personen

102 Für betroffene Personen bietet Art. 14 ein zusätzliches Maß an Transparenz, insbesondere in Verarbeitungssituationen, die für die Betroffenen besonders schwer zu überblicken sind, weil die Erhebung der Daten gerade nicht bei ihnen selbst, sondern bei Dritten erfolgt. Art. 14 kommt insoweit für Betroffene eine zentrale Bedeutung zu.

103 Zugleich ist zu begrüßen, dass Art. 14 eine unnötige Wiederholung von Informationen und damit einen „Information Overflow" bei den betroffenen Personen zu vermeiden sucht, bspw. in Art. 14 Abs. 4, der sich bei Zweckänderungen nur auf die Informationen beschränkt, die der Betroffene noch nicht erhalten hat oder in Art. 14 Abs. 5 lit. a, wenn die Informationen bei der betroffenen Person bereits vorhanden sind.

104 Dabei lässt Art. 14 Abs. 5 dennoch Raum für solche Datenverarbeitungsprozesse, in denen eine Information an Betroffene nicht zweckmäßig, praktikabel oder schlechthin nicht möglich ist.

IV. Relevanz für das Datenschutzmanagement

105 Für das Datenschutzmanagement ist Art. 14 Fluch und Segen zugleich. Auf der einen Seite lässt Art. 14 viel Spielraum für Verarbeitungssituationen, in denen eine Erfüllung der Informationspflichten in der Praxis durchaus schwierig sein kann – etwa

---

150 Etwa: https://www.baden-wuerttemberg.datenschutz.de/faq-fotografieren-und-datenschutz-wir-sind-im-bild/, zuletzt abgerufen am 29.4.2020.

wenn Betroffene nur mit unverhältnismäßig hohem Aufwand kontaktiert werden können. Auf der anderen Seite ergibt sich hieraus ein kompliziertes **Prüfschema**, um zu bestimmen, wann die Informationspflichten nach Art. 14 anwendbar sind, zu welchem Zeitpunkt die Informationen zu erteilen sind und welchen Umfang sie sodann im Einzelnen haben müssen.

Hierbei bietet es sich an, in einem ersten Schritt die Anwendbarkeit anhand der in Art. 14 Abs. 5 sowie § 33 Abs. 1 Nr. 2 BDSG bestimmten Kriterien zu prüfen. **106**

Sind die Informationen demnach nicht zu erteilen, ist zu prüfen, ob und welche Maßnahmen zum Schutz der Rechte und Freiheiten der betroffenen Personen nach § 33 Abs. 2 BDSG vorhanden bzw. zu implementieren sind. **107**

Sind die Informationen zu erteilen, ist in einem zweiten Schritt sodann anhand von Art. 14 Abs. 3 zu prüfen, zu welchem Zeitpunkt die Informationspflichten erteilt werden müssen und entsprechende Prozesse sind zu etablieren, um die rechtzeitige Erteilung der Informationen sicherzustellen. **108**

Erst dann ist zu definieren, in welchem Umfang die Informationen zu erteilen sind, insbesondere, in welchem Umfang neben den Informationen nach Art. 14 Abs. 1 auch die Informationen nach Art. 14 Abs. 2 bereitzustellen sind. Zudem ist die Form der Informationsbereitstellung entsprechend der im Unternehmen vorhandenen Rahmenbedingungen festzulegen. **109**

Artikel 15 Auskunftsrecht der betroffenen Person*

(1) Die betroffene Person hat das Recht, von dem Verantwortlichen eine Bestätigung darüber zu verlangen, ob sie betreffende personenbezogene Daten verarbeitet werden; ist dies der Fall, so hat sie ein Recht auf Auskunft über diese personenbezogenen Daten und auf folgende Informationen:

a) die Verarbeitungszwecke;
b) die Kategorien personenbezogener Daten, die verarbeitet werden;
c) die Empfänger oder Kategorien von Empfängern, gegenüber denen die personenbezogenen Daten offengelegt worden sind oder noch offengelegt werden, insbesondere bei Empfängern in Drittländern oder bei internationalen Organisationen;
d) falls möglich die geplante Dauer, für die die personenbezogenen Daten gespeichert werden, oder, falls dies nicht möglich ist, die Kriterien für die Festlegung dieser Dauer;
e) das Bestehen eines Rechts auf Berichtigung oder Löschung der sie betreffenden personenbezogenen Daten oder auf Einschränkung der Verarbeitung durch den Verantwortlichen oder eines Widerspruchsrechts gegen diese Verarbeitung;
f) das Bestehen eines Beschwerderechts bei einer Aufsichtsbehörde;
g) wenn die personenbezogenen Daten nicht bei der betroffenen Person erhoben werden, alle verfügbaren Informationen über die Herkunft der Daten;
h) das Bestehen einer automatisierten Entscheidungsfindung einschließlich Profiling gemäß Artikel 22 Absätze 1 und 4 und – zumindest in diesen Fällen – aussagekräftige Informationen über die involvierte Logik sowie die Tragweite und die angestrebten Auswirkungen einer derartigen Verarbeitung für die betroffene Person.

---

* Die Autoren danken Herrn stud. iur. David Merten für die Unterstützung bei der Durchsicht des Manuskriptes.

(2) Werden personenbezogene Daten an ein Drittland oder an eine internationale Organisation übermittelt, so hat die betroffene Person das Recht, über die geeigneten Garantien gemäß Artikel 46 im Zusammenhang mit der Übermittlung unterrichtet zu werden.

(3) ¹Der Verantwortliche stellt eine Kopie der personenbezogenen Daten, die Gegenstand der Verarbeitung sind, zur Verfügung. ²Für alle weiteren Kopien, die die betroffene Person beantragt, kann der Verantwortliche ein angemessenes Entgelt auf der Grundlage der Verwaltungskosten verlangen. ³Stellt die betroffene Person den Antrag elektronisch, so sind die Informationen in einem gängigen elektronischen Format zur Verfügung zu stellen, sofern sie nichts anderes angibt.

(4) Das Recht auf Erhalt einer Kopie gemäß Absatz 3 darf die Rechte und Freiheiten anderer Personen nicht beeinträchtigen.
- *ErwG:* 63, 64
- *BDSG n.F.:* §§ 27–29, 34

Übersicht

	Rn		Rn
A. Einordnung und Hintergrund	1	5. Betroffenenrechte	33
B. Kommentierung	3	6. Herkunftsangabe	34
I. Antrag des Betroffenen	4	7. Automatisierte Entscheidungsfindung	35
1. Betroffener selbst	5		
2. Inhalt des Antrags	8	IX. Drittlandtransfers	36
II. Erteilen	11	X. Herausgabe von Kopien	37
III. Negativauskunft	13	C. Kommentierung BDSG n.F.	45
IV. Fristen	14	I. § 27 BDSG n.F.	46
V. Form, Kosten	15	II. § 28 BDSG n.F.	48
VI. Identifizierbarkeit der betroffenen Person	19	III. § 29 BDSG n.F.	49
		IV. § 30 BDSG	50
VII. Umfang	22	V. § 34 BDSG	51
VIII. Konkrete Anforderungen an die Inhalte der Auskunft	26	Anhang	
		§ 30 BDSG Verbraucherkredite	
1. Verarbeitungszwecke	29		
2. Datenkategorien	30	§ 34 BDSG Auskunftsrecht der betroffenen Person	
3. Kategorien von Empfängern	31		
4. Dauer der Speicherung	32		

Literatur: *Art.-29-Datenschutzgruppe* WP 242 v. 13.12.2016; *Bayerisches Landesamt für Datenschutzaufsicht* BayLDA-Kurzpapiere zur DS-GVO, Auskunftsrecht der betroffenen Person, Stand 21.2.2017; *Bräutigam/Schmidt-Wudy* Das geplante Auskunfts- und Herausgaberecht des Betroffenen nach Art. 15 der EU-Datenschutzgrundverordnung, CR 2015, 56; *DSK* Kurzpapier Nr. 6, Auskunftsrecht der betroffenen Person, Art. 15 DS-GVO, Stand: Dezember 2018; *Johannes/Richter* Privilegierte Verarbeitung im BDSG, DuD 2017, 300; *Kremer* Wer braucht warum das neue BDSG, CR 2017, 367–375; *Piltz* Die Datenschutz-Grundverordnung – Teil 2: Rechte der Betroffenen und korrespondierende Pflichten der Verantwortlichen, K&R 2016, 629; *Riemer* Der Datenschutzauskunftsanspruch gem. Art. 15 DSGVO als pre-trail-discovery und prima lex des Auskunftsrechts, DSB 2019, 223; *Wybitul/Brams* Welche Reichweite hat das Recht auf Auskunft und auf eine Kopie nach Art. 15 I DS-GVO?, NZA 2019, 672.

A. Einordnung und Hintergrund

Das in Art. 15 statuierte Auskunftsrecht der betroffenen Person entspricht Art. 8 Abs. 2 S. 2 GRCh. Das Auskunftsrecht ist eines der notwendigen Werkzeuge der betroffenen Person, um ihr Recht auf informationelle Selbstbestimmung ausüben zu können.[1] Im Zusammenspiel mit den Informationspflichten des Verantwortlichen soll eine so große Transparenz geschaffen werden, dass ein Betroffener den Umfang der Verarbeitungstätigkeit des Verantwortlichen und die damit einhergehende Auswirkung auf seine Rechte absehen sowie die ihm zustehenden Rechte wie etwa das Widerspruchsrecht effektiv ausüben kann.[2] Das Auskunftsrecht erlaubt es der betroffenen Person, die wesentlichen Informationen aus Art. 13 und 14 zu verifizieren.[3] Aus diesem Grund ist es erforderlich, dass der betroffenen Person die Möglichkeit zur Beauskunftung ohne Einschränkung möglich ist.[4]

Das Auskunftsrecht des Art. 15 umfasst neben der Auskunft darüber, welche personenbezogenen Daten der betroffenen Person tatsächlich verarbeitet werden, auch die Frage, ob überhaupt personenbezogene Daten der betroffenen Person verarbeitet werden (Negativauskunft). Ferner hat die betroffene Person das Recht, bei Auslandstransfers die geeigneten Garantien gem. Art. 46 in Zusammenhang mit dieser Übermittlung zu erfragen. Zudem muss der Verantwortliche eine Kopie der personenbezogenen Daten, die Gegenstand der Verarbeitung sind, kostenfrei zur Verfügung stellen. Letzteres darf jedoch nicht dazu führen, dass die Rechte und Freiheiten anderer Personen beeinträchtigt werden, etwa bei der Beauskunftung von Daten, die personenbezogene Daten Dritter enthalten.[5]

B. Kommentierung

Das Auskunftsrecht der betroffenen Person wurde im Rahmen von Art. 15 im Vergleich zu Art. 12, 13 DSRL erheblich erweitert und gestärkt. Dennoch bleiben auch hier wie in vielen anderen Bereichen der DS-GVO Unsicherheiten bei der Umsetzung der Anforderungen an den Verantwortlichen bestehen. Diese betreffen im Rahmen von Art. 15 insbesondere die konkrete Ausgestaltung des Umfangs und der Durchführung der Auskunftsverpflichtungen.

I. Antrag des Betroffenen

Der Betroffene muss zunächst einen entsprechenden **Antrag** auf Auskunft stellen. Der Antrag muss vollständig sein und alle notwendigen Angaben enthalten, damit der Verantwortliche die Beauskunftung vornehmen kann. Hat der Verantwortliche einen bestimmten, zumutbaren Prozess für die Antragstellung vorgesehen, kann der Antragsteller auf diesen verwiesen werden, ohne dass hierdurch die Rechte der betroffenen Personen eingeschränkt würden.[6]

---

1 Vgl. ErwG 63.
2 Paal/Pauly-*Paal* Art. 15 Rn. 3; BeckOK DatenSR-*Schmidt/Wudy* Art. 15 Rn. 2.
3 BeckOK DatenSR-*Schmidt/Wudy* Art. 15 Rn. 2; *Albrecht/Jotzo* Das neue Datenschutzrecht der EU, Teil 4 Rn. 9.
4 Kühling/Buchner-*Bäcker* Art. 15 Rn. 6; Gola-*Franck* Art. 15 Rn. 1.
5 Kühling/Buchner-*Bäcker* Art. 15 Rn. 42; BeckOK DatenSR-*Schmidt/Wudy* Art. 15 Rn. 96 ff.
6 Vgl. ErwG 63; zur Auslegungsmöglichkeit bei unpräzisen Anträgen: Plath-*Kamlah* Art. 15 Rn. 4.

Art. 15 Auskunftsrecht der betroffenen Person

5 **1. Betroffener selbst.** In Hinblick auf die notwendigen Angaben des Antrags muss der Verantwortliche sorgfältig prüfen, ob er die betroffene Person, die um Auskunft ersucht, zweifelsfrei als die betroffene Person identifizieren kann. Eine Auskunft an einen Unberechtigten muss der Verantwortliche in jedem Fall vermeiden.[7] Diese Prüfung darf nicht mit der Frage verwechselt werden, ob der Antragssteller tatsächlich betroffen i.S.d. Art. 4 Nr. 1 ist, was zu bejahen ist, wenn er anhand der beim Verantwortlichen gespeicherten Daten identifizierbar ist, unabhängig von einer etwaigen rechtlichen Beziehung zum Verantwortlichen.[8] Vielmehr geht es um die Authentifizierung der auskunftssuchenden Person in Bezug auf die personenbezogenen Daten der betroffenen Person.

6 Der Verantwortliche muss daher darauf bestehen, dass Betroffene selbst das Auskunftsverlangen stellen oder **Vertreter** entsprechend Nachweis darüber erbringen, dass sie für das Auskunftsbegehren selbst bevollmächtigt sind. Insbesondere Anträge von Personen, die nicht selbst die betroffene Person im Rahmen des Auskunftsverfahrens sind, müssen daher vom Verantwortlichen regelmäßig abgewiesen werden, sollte sich eine Bevollmächtigung durch den Betroffenen nicht eindeutig und zweifelsfrei nachweisen lassen.[9] Dies ist nur dann der Fall, wenn eine Vollmacht ausdrücklich das Auskunftsbegehren mit einschließt. Der Verantwortliche kann in diesem Zusammenhang weitere **Mechanismen** verwenden, um die Identität der betroffenen Person festzustellen bzw. die Beauskunftung an die betroffene Person sicherzustellen.[10] Gerade bei der Beauskunftung von besonderen Kategorien personenbezogener Daten oder sensibler Zahlungsdaten hat die Identitätsprüfung einen hohen Stellenwert, denkbar ist etwa eine **zwei-Faktor-Authentifizierung** z.B. per sog. „Mobile TAN".

7 Soweit ein Verantwortlicher im Rahmen des Auskunftsverlangens zusätzliche Daten vom Betroffenen verlangt, um diesen zu legitimieren, verstößt dies nicht gegen den Grundsatz der **Datensparsamkeit** aus ErwG 64, sondern dient ausschließlich dem Schutz der Interessen des Betroffenen. Die in diesem Zusammenhang erhobenen Daten des Betroffenen müssen aber nach Abschluss des Auskunftsverfahrens unverzüglich gelöscht werden. Lediglich der Umstand, dass eine Auskunft erteilt wurde, sollte gespeichert werden, um künftige Auskunftsverlangen entsprechend bearbeiten zu können bzw. exzessive Auskunftsverlangen identifizieren zu können.

8 **2. Inhalt des Antrags.** Der Antrag auf Auskunft muss sich aus der Anfrage der betroffenen Person ergeben. Die **Abgrenzung** zu der Ausübung anderer Betroffenenrechte, etwa nach Art. 20, kann in dieser Hinsicht Schwierigkeiten bereiten. Daher sollten Verantwortliche unzweifelhafte Vorgaben für die Antragstellung festlegen, um diese Unklarheiten von Vornherein zu vermeiden.

9 Ferner kann die betroffene Person ihren Antrag auch auf bestimmte Bearbeitungstätigkeiten **beschränken**. Je nach Antragfassung muss der Verantwortliche daher unter Umständen das Auskunftsverlangen entsprechend auslegen.[11]

---

7 Vgl. WP 242 v. 13.12.2016, S. 13.
8 Siehe Kommentierung zu Art. 4 Nr. 1 Rn. 13, 29 f.
9 Paal/Pauly-*Paal* Art. 15 Rn. 7, 10; Gola-*Franck* Art. 15 Rn. 25.
10 *Piltz* K&R 2016, 629, 631.
11 Plath-*Kamlah* Art. 15 Rn. 4; Sydow-*Specht* Art. 15 Rn. 5.

Aber auch der Verantwortliche kann verlangen, dass die betroffene Person ihr Auskunftsverlangen beschränkt. Bei der Verarbeitung **großer Mengen von Informationen** kann der Verantwortliche eine entsprechende **Präzisierung** des Auskunftsverlangens in Hinblick auf die Art der Information wie auch die Verarbeitungsvorgänge verlangen.[12] Ein pauschales Auskunftsersuchen, welches sich in der Wiedergabe des Gesetzeswortlautes des Art. 15 erschöpft, kann der Verantwortliche insofern aufgrund fehlender Bestimmtheit zurückweisen.[13] Eine Präzisierung ist der betroffenen Person allerdings nur möglich, wenn der Verantwortliche seiner Informationspflicht nach Art. 13, 14 umfassend nachkommt. Ob eine große Menge von Informationen vorliegt, hängt nicht nur von der Menge der Informationen selbst ab, sondern – wie sich aus ErwG 63 ergibt – auch von der Vielzahl von Verarbeitungstätigkeiten. Die Gesamtschau obliegt dem Verantwortlichen und dürfte in der Regel bei komplexeren Geschäftsmodellen zum Tragen kommen, wie z.B. bei sozialen Netzwerken.

II. Erteilen

Auch wenn Art. 15 Abs. 1 davon spricht, dass der Verantwortliche die Auskunft an den Betroffenen zu erteilen hat, ist dies nicht zwingend als aktiver Akt des Verantwortlichen gegenüber dem Betroffenen zu verstehen. Es genügt, wenn der Verantwortliche dem Betroffenen die **Möglichkeit verschafft**, selbst die Auskunft zu erstellen, etwa über eine entsprechende Funktion in seinen Online-Dienstleistungen.[14] Der Verantwortliche kann jedoch nicht von den betroffenen Personen verlangen, sich selbst an Dritte zu wenden, die die Beauskunftung an Stelle des Verantwortlichen vornehmen, etwa Auftragsverarbeiter oder andere Dienstleister.

Der Verantwortliche kann die Auskunft dann verweigern, wenn der Antragsteller die Auskunft offenkundig **unbegründet** oder **exzessiv** stellt. Hierfür trägt der Verantwortliche gem. Art. 12 Abs. 5 S. 3 allerdings die Beweislast.[15]

III. Negativauskunft

Aus der Formulierung von Art. 15 Abs. 1 Hs. 1 lässt sich ablesen, dass der Verantwortliche nach entsprechendem Auskunftsverlangen der betroffenen Person nunmehr unzweifelhaft auch eine Negativauskunft erteilen muss. Sind keine personenbezogenen Daten gespeichert, muss der Verantwortliche dies der betroffenen Person mitteilen. Gerade bei der Negativauskunft muss der Verantwortliche sorgfältig prüfen, ob tatsächlich keine personenbezogenen Daten über die betroffene Person gespeichert sind, oder ob der Verantwortliche nur keine Zuordnung zwischen bei ihm gespeicherten Daten und der betroffenen Person treffen kann, Art. 11 Abs. 2. Im ersten Fall erteilt der Verantwortliche eine Negativauskunft, im zweiten Fall muss der Verantwortliche prüfen, ob die betroffene Person weitere Informationen zur Verfügung gestellt hat, um die Identifikation zu ermöglichen.[16] Hierzu zählen etwa auch Korrekturen von Schreibfehlern der betroffenen Person beim Namen o.Ä.

---

12 ErwG 63.
13 So etwa bei *LG Heidelberg* v. 6.2.2020 – 4 O 6/19, Rn. 31 ff. Vgl. hierzu auch *Schwartmann/Jacquemain* DataAgenda Arbeitspapier 20 – Auskunft aus Backups.
14 Vgl. ErwG 63, S. 4.
15 Siehe Kommentierung zu Art. 12 Rn. 69.
16 Siehe im Folgenden Rn. 19.

IV. Fristen

14 Die Auskunft ist regelmäßig innerhalb eines Monats zu erteilen, Art. 12 Abs. 3 S. 1, und kann im Hinblick auf die Komplexität und Vielzahl der Anträge um weitere zwei Monate verlängert werden, Art. 12 Abs. 3 S. 2. Die Fristen für die Beauskunftung gem. Art. 12 Abs. 3 beginnen dann zu laufen, wenn das Auskunftsverlangen vollständig beim Verantwortlichen eingegangen ist.[17] Der Verantwortliche hat dafür Sorge zu tragen, dass entsprechende Prozesse bestehen, um Auskunftsverlangen unverzüglich zu beantworten.[18]

V. Form, Kosten

15 Für das Auskunftsverfahren bietet sich aufgrund der hohen Datenmengen regelmäßig eine elektronische Beauskunftung an, vgl. insoweit auch Art. 12 Abs. 1 S. 2. Hierbei muss aber sichergestellt werden, dass eine solche Beauskunftung nicht durch unberechtigte Dritte zur Kenntnis genommen werden kann, etwa durch entsprechend gesicherte Fernzugänge.[19] Eine elektronische Übermittlung per unverschlüsselter E-Mail dürfte den Anforderungen an eine **sichere Übermittlung** nicht gerecht werden. Im Zweifel ist daher die Form des Briefes zu wählen.[20]

16 Der Verantwortliche ist nicht gezwungen, **besondere Anforderungen des Betroffenen** im Hinblick auf die Form zu berücksichtigen, sofern keine vernünftigen Gründe vorliegen. Eine Ausnahme hiervon bildet das Verlangen der betroffenen Person auf Beauskunftung in mündlicher Form, das ausdrücklich in Art. 12 Abs. 1 S. 3 erwähnt ist. Diese Form der Beauskunftung wird aber in der Regel aus tatsächlichen Gründen scheitern, wenn keine Negativauskunft erteilt werden soll.

17 Wenn eine betroffene Person die durch die Auskunft betroffenen personenbezogenen Daten dem Verantwortlichen ursprünglich z.B. schriftlich übermittelt hat, etwa im Rahmen einer Bestellung oder durch Ausfüllen von Formularen, sollte die Beauskunftung auch auf gleichem Wege erfolgen. Es kann nicht davon ausgegangen werden, dass ein solcher Betroffener über die Möglichkeit verfügt, etwa über eine Onlineplattform oder ähnliche Mechanismen, die Beauskunftung selbst vorzunehmen bzw. einzusehen.

18 Die Beauskunftung ist **grundsätzlich kostenlos**. Nur in Ausnahmefällen, etwa bei häufiger Wiederholung des Auskunftsbegehrens, darf ein angemessenes Entgelt verlangt werden.[21] In der Regel dürfte eine häufige Auskunft dann vorliegen, wenn die Antragstellung für die folgende Beauskunftung ohne Vorliegen besonderer Gründe weniger als ein Jahr auseinanderliegt.[22] Nur in Ausnahmefällen dürfte eine betroffene Person geltend machen können, dass die mehrfache Beauskunftung innerhalb eines Jahres erforderlich sei, um die Richtigkeit der Informationen nach Art. 13, 14 zu überprüfen.

---

17 Siehe Kommentierung zu Art. 12 Rn. 53.
18 Gola-*Franck* Art. 15, Rn. 26.
19 Vgl. ErwG 63.
20 Vgl. dazu Art. 32.
21 Paal/Pauly-*Paal* Art. 15 Rn. 4–6 mit Einzelheiten in Art. 12 Rn. 61 ff.; *DSK* Kurzpapier XVI, S. 2: „ohne nachvollziehbaren Anlass mehrmals im Jahr"; kein „Missbrauchsentgelt" bei Rechtsmissbrauch, abrufbar unter: https://www.lda.bayern.de/media/dsk_kpnr_6_auskunftsrecht.pdf, zuletzt abgerufen am 9.3.2018; *Bräutigam/Schmidt-Wudy* CR 2015, 56, 58.
22 A.A. Gola-*Franck* Art. 15 Rn. 35.

VI. Identifizierbarkeit der betroffenen Person

Kann der Verantwortliche eine Person, die ein Auskunftsverlangen stellt, aufgrund der Art der Verarbeitung von personenbezogenen Daten nicht identifizieren, kann er das Auskunftsverlangen zurückweisen.[23] Stellt die betroffene Person von sich aus weitere Informationen bereit, die eine **Identifizierung ermöglichen**, ist die Zurückweisung des Auskunftsverlangens aus diesem Grund nicht länger möglich,[24] es sei denn, der Verantwortliche kann glaubhaft machen, dass er nicht in der Lage ist, die betroffene Person zu identifizieren. Das ist etwa dann der Fall, wenn eine betroffene Person ein Auskunftsbegehren an den Verantwortlichen richtet, der lediglich einen Identifier o.Ä. von der Person besitzt, ohne dass ihm z.B. Online-Zugangsdaten vorliegen. In diesem Fall kann eine Person selbst mit zusätzlichen Informationen eine Identifizierung nicht ermöglichen.[25] Erhebliche Schwierigkeiten bereiten in diesem Zusammenhang Dienste, die **pseudonym** angeboten werden. In diesem Falle treten zweierlei Schwierigkeiten auf: Zum einen wird ein Betroffener, der unter Bezugnahme auf das Pseudonym ein Auskunftsverlangen stellt, die Pseudonymisierung aufheben. Zum anderen wird der Verantwortliche durch das Recht, Auskunft zu verlangen, quasi gezwungen, entsprechende personenbezogene Daten wie etwa E-Mail-Adressen im Rahmen der Registrierung zu erheben, um potentielle Auskunftsverlangen beantworten zu können.[26] Genau einer solchen Praxis steht jedoch ErwG 64 entgegen, der aufgrund der Datensparsamkeit eine Erhebung von Daten lediglich für die Durchführung von Auskunftsverlangen untersagt. Wird also eine E-Mail-Adresse bzw. eine Telefonnummer bei einer pseudonymen Nutzung eines Dienstes nicht benötigt, kann eine betroffene Person außerhalb des Dienstes in der Regel nicht nachweisen, dass sie Träger des jeweiligen Pseudonyms ist. Wenn ein Auskunftsverlangen nicht durch eine entsprechende Vorrichtung innerhalb des Dienstes direkt möglich ist, kann der Verantwortliche ein Auskunftsverlangen mangels ausreichender Identifizierbarkeit der betroffenen Person gem. Art. 11 Abs. 2 nicht beantworten.[27]

19

Der Verantwortliche kann auch nicht gezwungen werden, für ein Auskunftsverlangen pseudonyme Daten mit anderen personenbezogenen Daten zusammenzuführen. Insbesondere im Bereich pseudonymer Nutzungsdaten ist eine Beauskunftung nur dann durchzuführen, wenn der Verantwortliche ohne Verarbeitung zusätzlicher Daten die entsprechenden Daten des Betroffenen identifizieren kann. Müsste der Verantwortliche neue, zusätzliche und nur für den Auskunftsanspruch erforderliche Daten verarbeiten, insbesondere bei der Zusammenlegung von pseudonymen und personenbezogenen Daten der betroffenen Person, würde die Beauskunftung selbst gegen den Grundsatz der Datensparsamkeit verstoßen.[28] Ein solches Zusammenlegen von pseudonymen und anderen personenbezogenen Daten der betroffenen Person würde den Schutz der Betroffenen konterkarieren und den Verantwortlichen zwingen, eine zusätzliche Verarbeitung, nämlich die Kombination von pseudonymen mit personen-

20

---

23 Siehe Kommentierung zu Art. 11 Abs. 1 Rn. 5 ff.
24 Siehe Kommentierung zu Art. 11 Abs. 2 Rn. 20.
25 Art. 12 Abs. 6 i.V.m. Art. 11 Abs. 2; Paal/Pauly-*Paal* Art. 15 Rn. 10; vgl. auch Gola-*Franck* Art. 15 Rn. 41, der hierin einen Unterfall der Unverhältnismäßigkeit sieht.
26 Vgl. Paal/Pauly-*Paal/Hennemann* Art. 12 Rn. 74.
27 Ähnlich auch Schantz/Wolff-*Schantz* Das neue Datenschutzrecht, Rn. 1183–1186.
28 Paal/Pauly-*Paal/Hennemann* Art. 12 Rn. 74.

Art. 15

bezogenen Daten, standardmäßig zu ermöglichen. Dies ist nicht im Interesse der Betroffenen und daher für den Verantwortlichen unzumutbar.

21 Fraglich ist, ob eine **pseudonyme Beauskunftung** im Rahmen von Art. 15 zulässig ist. Im Bereich der Online-Werbung erfolgt die Identifizierung betroffener Personen in der Regel ausschließlich über IDs (Cookies bzw. sog. Mobile Identifier). Stellt eine betroffene Person einen herkömmlichen Antrag auf Auskunft, kann dieser von den an der Verarbeitung Beteiligten in der Regel nicht beantwortet werden, da eine Zuordnung der ID zu der betroffenen Person unmöglich ist. Möglich ist aber eine Beauskunftung zu der jeweiligen ID.[29] Um den Schutz der betroffenen Personen und zugleich ihre Rechte auf Auskunft sicherzustellen, muss es möglich sein, dass die Beauskunftung in diesem Fall gegenüber derjenigen Person erfolgt, die sich anhand der ID authentifiziert. Dies entsprach auch der gängigen Praxis der Ausübung von Betroffenenrechten unter der Datenschutz-Richtlinie. Unbeachtet bleibt in diesen Fällen allerdings, dass solche ID in der Regel gerätebezogene Identifier darstellen. Es kann also sein, dass Nutzer eines Gerätes damit Informationen eines anderen Nutzers des Gerätes erhalten. Da der Verantwortliche diese Differenzierung nicht vornehmen kann und soll, liegt die Verantwortlichkeit dafür, dass die Beauskunftung an die korrekte Person erfolgt, in diesem Fall bei der betroffenen Person selbst.

VII. Umfang

22 Die betroffene Person hat das Recht über die sie betreffenden „personenbezogenen Daten" (Art. 4 Nr. 1) beauskunftet zu werden. An dieser Stelle bestehen in der Praxis v.a. die bekannten Unsicherheiten darüber, was personenbezogene Daten sind sowie über den erforderlichen Detaillierungsgrad der Auskunft, wenn es nicht mehr um „Stammdaten" geht. Besondere Relevanz erhält diese Frage mit Blick auf das Recht auf Kopie aus Art. 15 Abs. 3 (s.u. Rn. 37 ff.). Für das VG Gelsenkirchen sind Daten i.S.d. Art. 15 „nicht lediglich sensible oder private Informationen, sondern alle Arten von Informationen, die aufgrund ihres Inhalts, ihres Zwecks oder ihrer Auswirkungen mit einer bestimmten Person verknüpft sind" und insofern etwa auch Prüfungsarbeiten, einschließlich der Korrekturen des Prüfers.[30] Auch das OLG Köln, das betont, dass es durch die Entwicklung der Informationstechnologie mit ihren umfassenden Verarbeitungs- und Verknüpfungsmöglichkeiten kein bangloses Datum mehr gibt, bezieht das Auskunftsrecht ebenfalls nicht nur auf „Stammdaten", sondern etwa auch auf elektronisch gespeicherte Vermerke zu mit dem Betroffenen geführten Telefonaten und sonstigen Gesprächen.[31] Anders bewerten dies das LG Köln sowie das AG München. Beide schließen einen Anspruch aus, insofern interne Vermerke über Vorgänge, die der betroffenen Person bekannt sind, oder rechtliche Bewertungen betroffen sind. Der Anspruch diene schließlich nicht der vereinfachten Buchführung des Betroffenen, sondern soll sicherstellen, dass der Betroffene den Umfang und Inhalt der gespeicherten personenbezogenen Daten beurteilen kann.[32]

---

[29] Paal/Pauly-*Paal/Hennemann* Art. 12 Rn. 74; Schantz/Wolff-*Schantz* Das neue Datenschutzrecht, Rn. 1185.
[30] *VG Gelsenkirchen* Urt. v. 27.4.2020 – 20 K 6392/18.
[31] *OLG Köln* Urt. v. 26.7.2019 – 20 U 75/19.
[32] *LG Köln* Urt. v. 19.6.2019 – 26 S 13/18; *AG München* Teilurt. v. 4.9.2019 – 155 C 1510/18.

Bisher nicht geklärt ist zudem, ob dem Verantwortlichen ein Wahlrecht zwischen Nen- 23
nung der Empfänger der Daten und Bildung von **Empfängerkategorien** zusteht oder
ob er stets die konkreten Empfänger von Daten angeben muss. Die namentliche Mitteilung sämtlicher Empfänger wäre bei komplexen Datenverarbeitungsprozessen
regelmäßig äußerst aufwendig. Problematisch wird aber die bloße Nennung von Kategorien von Empfängern, wenn sich die Nennung letztlich in einem pauschalen Hinweis erschöpft, der keinerlei Transparenzgewinn hinsichtlich der Datenverarbeitungsvorgänge schafft. Sofern also etwa international agierende Unternehmen auf eine
Übermittlung von Daten an „Werbepartner" hinweisen, dies aber eine Vielzahl verschiedener Unternehmen meint, so läuft die Informationsgewährung im Hinblick auf
die positive Gewährleistung von Transparenz durch Zurverfügungstellung der notwendigen Informationen gegenüber den betroffenen Personen letztlich ins Leere.
Somit ist stets im Einzelfall zu ermitteln, ob die Nennung von Empfängern im Einzelnen oder bloßer Kategorien ausreichend oder notwendig ist, um durch die Information die Datenverarbeitung für betroffene Personen transparent zu machen.
Handlungsleitend ist dabei, ob sich vor dem Hintergrund der Tätigkeit der datenverarbeitenden Stelle bzw. des Unternehmens hinreichend konkrete Aussagen hinsichtlich der Empfängerkategorien treffen lassen oder nicht. Sofern also z.B. ein lokaler
Fahrradhändler auf eine Übermittlung an Werbepartner verweist, so sind von der
Nennung der Empfängerkategorie nur Unternehmen erfasst, die Produkte und
Dienstleistungen im Zusammenhang mit Fahrrädern bewerben, nicht die Übermittlung des Kaufs eines Fahrrads an die Krankenkasse zwecks Anpassung des Beitrags.
Sofern datenverarbeitende Stellen bzw. Unternehmen also Daten an verschiedenste
Unternehmen zu Werbezwecken übermitteln, scheint die Nennung von „Werbepartnern" als inhaltlich unspezifische Empfängerkategorie ausgeschlossen. Notwendig ist
dann eine namentliche Nennung der einzelnen Unternehmen. Andernfalls wird der
Sinn und Zweck der Auskunftspflicht ausgehöhlt.[33]

Ferner kann der Verantwortliche die Beauskunftung beschränken, wenn hierdurch 24
Geschäftsgeheimnisse preisgegeben oder **gewerbliche Schutzrechte** betroffen wären
(ErwG 63 S. 4). Diese Ausnahmen von der Auskunftspflicht müssen sorgfältig geprüft
werden und finden etwa Anwendung, soweit die konkrete Berechnung (d.h. die Formel für die Berechnung) des Scoringwerts im Rahmen der Beauskunftung mit herausverlangt wird. Einem solchen Begehren kann der Verantwortliche erfolgreich mit
Verweis auf seine Geschäftsgeheimnisse entgegentreten.[34] Insofern entspricht die
Rechtslage der bisher geltenden Situation unter der Datenschutz-Richtlinie.[35] § 29
BDSG formuliert diese Einschränkung noch einmal explizit und weitergehend, indem
das Auskunftsrecht auch beschränkt wird, soweit durch die Auskunft Informationen
offenbart würden, die nach einer Rechtsvorschrift oder ihrem Wesen nach, insbesondere wegen der überwiegenden berechtigten Interessen eines Dritten, geheim gehalten werden müssen. Auch ohne nationale Regelung, die dies ausdrücklich vorsieht, ist
zudem jegliche dem **Mandatsgeheimnis** unterliegende Korrespondenz, einschließlich

---

33 So aus der Kommentierung zu Art. 14 Rn. 42.
34 Ehmann/Selmayr-*Ehmann* Art. 15 Rn. 35; Kühling/Buchner-*Bäcker* Art. 15 Rn. 42; Gola-*Franck* Art. 15 Rn. 33 f. so auch *BGH* v. 28.1.2014 – VI ZR 156/13, RDV 2014, 154.
35 Vgl. RL 95/46/EG, ErwG 41.

der zugehörigen Dokumente, Gesprächsprotokolle u.A. nicht zu beauskunften.[36] Dies gilt sowohl für den Rechtsratsuchenden als auch für den Rechtsanwalt. Eine Interessenabwägung ist zudem dann entbehrlich, wenn ansonsten durch die Beauskunftung gegen ein **gesetzliches Verbot** verstoßen würde. Zu beachten ist in diesem Zusammenhang allerdings, dass die Mitgliedstaaten von der Möglichkeit der Einschränkung des Auskunftsanspruchs nach Art. 23 Abs. 1 unterschiedlich Gebrauch gemacht haben.[37]

25 Eine mit Art. 14 Abs. 5 lit. b vergleichbare Verhältnismäßigkeitsprüfung ist in Art. 15 nicht ausdrücklich vorgesehen, so dass die Auskunftserteilung durch den Verantwortlichen ohne eine Regelung der Union oder eines Mitgliedstaates nach Maßgabe des Art. 23 konsequenterweise nicht weiter beschränkt werden kann.[38] Eine solche Beschränkung stünde nämlich im Gegensatz zu den Korrektiven, die ausdrücklich bei der Verarbeitung großer Mengen an Daten bzw. im Rahmen der Fristverlängerung nach Art. 12 Abs. 3 S. 2 Berücksichtigung gefunden haben. Teile der Rechtsprechung[39] sowie der Literatur[40] nehmen eine Einschränkung bei unverhältnismäßig großem Aufwand dennoch an. Das AG Düsseldorf bezieht sich hierbei auf den Grundsatz von Treu und Glauben nach Art. 8 Abs. 2 S. 1 GRCh und Art. 5 Abs. 1 lit. a a.E.,[41] der dem Verantwortlichen per se keinen unverhältnismäßigen Aufwand abverlange. Das LG Heidelberg prüft eine Einschränkung ohne normative Grundlage, obwohl es eine solche für den entsprechenden Fall in § 34 BDSG durchaus gegeben hätte.[42]

VIII. Konkrete Anforderungen an die Inhalte der Auskunft

26 Gegenstand des Auskunftsverlangens können nur die personenbezogenen Daten der betroffenen Person sein. Dies umfasst allerdings alle personenbezogenen Daten, die zu der betroffenen Person tatsächlich beim Verantwortlichen verarbeitet werden. Keine Auskunft muss der Verantwortliche hingegen über Daten erteilen, die er in der Vergangenheit verarbeitet hat, wenn er über diese gegenwärtig nicht mehr verfügt.[43]

27 Fraglich ist vor diesem Hintergrund, ob damit auch Daten, die lediglich aufgrund von Aufbewahrungspflichten oder zur Sicherstellung der Datensicherheit gespeichert werden, beauskunftet werden müssen. Der Begriff der Verarbeitung umfasst explizit auch den Begriff der Speicherung.[44] Eine entsprechende Ausnahme für Zwecke der Erfül-

---

36 Mit Verweis auf *EuG* v. 17.9.2007 – T-125/03 und T-253/03, Rn. 173; *Brink/Joos* ZD 2019, 483, 488.
37 Vgl. insoweit zum BDSG unten Rn. 45 ff.
38 So auch Kühling/Buchner-*Bäcker* Art. 15 Rn. 33; A.A. Gola-*Franck* Art. 15 Rn. 38.
39 *LG Heidelberg* v. 6.2.2020 – 4 O 6/19, Rn. 35 f.; *ArbG Düsseldorf* v. 5.3.2020 – 9 Ca 6557/18, Rn. 97.
40 A.A. *Härting* Datenschutz-Grundverordnung, Rn. 683/685, Art. 14 Abs. 5 analog; Gola-*Franck* Art. 15 Rn. 38 Unmöglichkeit nach § 275 BGB.
41 *ArbG Düsseldorf* v. 5.3.2020 – 9 Ca 6557/18, Rn. 97; hierzu auch *Piltz/Zwerschke* ArbG Düsseldorf: 5.000 EUR Schadenersatz wegen mangelhafter DSGVO-Auskunft, 2020, abrufbar unter: https://www.reuschlaw.de/news/arbg-duesseldorf-5000-eur-schadenersatz-wegen-mangelhafter-dsgvo-auskunft/, zuletzt abgerufen am 29.6.2020.
42 *LG Heidelberg* v. 6.2.2020 – 4 O 6/19, Rn. 35 f.; hierzu auch die Kommentierung des § 34 im Anh. zu Art. 15 Rn. 13.
43 *LG Heidelberg* v. 6.2.2020 – 4 O 6/19, Rn. 34; *ArbG Düsseldorf* v. 5.3.2020 – 9 Ca 6557/18, Rn. 52; Kühling/Buchner-*Bäcker* Art. 15 Rn. 8.
44 Vgl. ErwG 63.

lung von Aufbewahrungspflichten bzw. zur Datensicherung gibt es im europäischen Recht daher nicht.[45] Der nationale Gesetzgeber hingegen hat eine entsprechende Ausnahme im § 34 BDSG normiert.

Beauskunftet werden muss nicht durch Vorlage einer vollständigen Kopie der Dokumente und Unterlagen, die die personenbezogenen Daten der betroffenen Person enthalten, sondern lediglich die jeweils enthaltenen personenbezogenen Daten in verständlicher Form. So muss jedenfalls nach Abs. 1 nicht ein gesamtes Dokument ausgehändigt werden, wenn die darin enthaltenen personenbezogenen Daten auch auf andere Art zur Verfügung gestellt werden können, etwa als Aufstellung o.ä., um den Auskunftsanspruch zu erfüllen (zum Inhalt des Rechts auf Kopie nach Abs. 3 Rn. 38 ff.).[46] 28

1. Verarbeitungszwecke. Alle Zwecke, für die die personenbezogenen Daten verarbeitet werden, müssen für die jeweilige Kategorie von Daten angegeben werden. Sind jeweils mehrere Verarbeitungszwecke angegeben, sind diese umfänglich zu beauskunften, es sei denn, die Auskunft war von vornherein beschränkt. Zu Beauskunften ist zudem nur zu den Zwecken, die zum Zeitpunkt der Auskunft tatsächlich bestehen, hat eine Zweckänderung stattgefunden, muss der vorherige Zweck nicht beauskunftet werden. 29

2. Datenkategorien. Denklogisch muss die Auskunft auch die Kategorien personenbezogener Daten enthalten, die der Verarbeitung unterliegen. Die Verpflichtung in Art. 15 Abs. 1 lit. b ist im Hinblick auf Art. 15 Abs. 1 Hs. 2 eigentlich obsolet, da hier die Auskunft über die der Verarbeitung beim Verantwortlichen unterliegenden personenbezogenen Daten schon erteilt werden muss.[47] 30

3. Kategorien von Empfängern. Die Besonderheit in Bezug auf die Empfänger personenbezogener Daten besteht darin, dass entgegen des leicht missverständlichen Wortlautes wohl sämtliche Empfänger der betroffenen personenbezogenen Daten anzugeben sind. Eine Einschränkung ist durch die Bezugnahme auf Empfänger in Drittländern nicht beabsichtigt. Empfänger sind auch Auftragsverarbeiter.[48] 31

4. Dauer der Speicherung. Die geplante Dauer der Speicherung richtet sich nach dem jeweiligen Zweck der Datenspeicherung. Dieser dürfte insofern das Kriterium für die Festlegung dieser Dauer darstellen. Sofern ein entsprechendes Datenlöschungskonzept besteht, das keinen Geheimhaltungspflichten unterliegt, kann auch auf dieses verwiesen werden.[49] 32

5. Betroffenenrechte. Die Auflistung der Betroffenenrechte in Art. 15 Abs. 1 lit. e mag konsequent in der Systematik der DS-GVO sein, wirkt jedoch etwas befremdlich. Dennoch hat der Verantwortliche der Beauskunftung den Hinweis auf die entsprechenden Betroffenenrechte beizufügen. Dies betrifft das Recht auf Berichtigung (Art. 16), Löschung (Art. 17), Einschränkung der Verarbeitung (Art. 18), Widerspruch gegen die Verarbeitung (Art. 21) sowie die Beschwerderechte (Art. 79). 33

---

45 A.A. Plath-*Kamlah* Art. 15 Rn. 5.
46 Vgl. *EuGH* v. 17.7.2014 – C-141/12, C-372/12, Rn. 58; so auch Datenschutzbehörde Österreich, DSB-D124.1155/0006-DSB/2019, 2; Simitis/Hornung/Spiecker gen. Döhmann-*Dix* Art. 15 Rn. 17.
47 Siehe im Übrigen Kommentierung zu Art. 14 Rn. 31.
48 Siehe im Übrigen Kommentierung zu Art. 13 Rn. 41 ff. und 14 Rn. 32 f.
49 Siehe im Übrigen Kommentierung zu Art. 13 Rn. 39 f. und 14 Rn. 41 f.

34 **6. Herkunftsangabe.** Werden die personenbezogenen Daten nicht bei der Person selbst erhoben, sondern an anderer Stelle, ist fraglich, wie weit der Begriff der „verfügbaren" Informationen zu verstehen ist. Diese Informationen können sich nur aus den Dokumentationspflichten des Verantwortlichen herleiten lassen, soweit solche bestehen. Ein Speichern dieser Daten allein für den Zweck der Beauskunftung dürfte ErwG 64 entgegenstehen.[50]

35 **7. Automatisierte Entscheidungsfindung.** Im Bereich der automatisierten Entscheidungsfindung soll eine aussagekräftige Information über die involvierte Logik sowie die Tragweite und angestrebte Auswirkung einer derartigen Verarbeitung für die betroffene Person erteilt werden.[51]

IX. Drittlandtransfers

36 Nach Art. 15 Abs. 2 muss ferner über die **geeigneten Garantien** gem. Art. 46 Auskunft erteilt werden, sofern die personenbezogenen Daten der betroffenen Person in ein Drittland übermittelt werden. Aufgrund der Formulierung stellt sich hierbei die Frage, ob sich der Antrag auf Auskunft explizit auf diese Garantien beziehen muss oder immer hierüber zu beauskunften ist. Angesichts der Formulierung „unterrichtet zu werden" muss davon ausgegangen werden, dass diese Informationen nach Art. 15 Abs. 2 der betroffenen Person grundsätzlich zur Verfügung zu stellen sind.

X. Herausgabe von Kopien

37 In Art. 15 Abs. 3 und 4 ist das Recht der betroffenen Person auf Herausgabe einer Kopie ihrer personenbezogenen Daten geregelt, die Gegenstand des Auskunftsverlangens sind.

38 Im Hinblick auf den **Umfang und die Tiefe** der Beauskunftung besteht bei Behörden und Gerichten derzeit Uneinigkeit.[52] Richtigerweise sollte die Beauskunftung, da Art. 15 Abs. 3, ergänzend zu Abs. 1, der Überprüfung durch die betroffene Person dient, ob der Verantwortliche die Daten, wie im Rahmen der Informationspflicht nach Art. 13, 14 mitgeteilt, verarbeitet, nur den Umfang haben müssen, der für diese Prüfung notwendig ist. Der Verantwortliche sollte dem Betroffenen die Daten insoweit prinzipiell in Form eines **erweiterten Stammdatensatz** zur Verfügung zu stellen haben.[53] So sieht es etwa das BayLDA, welches das Recht aus Art. 15 Abs. 3 in seinem Tätigkeitsbericht 2017/2018 eher eng auslegt[54] sowie das HBDI.[55] Auch die Datenschutzbehörde aus Liechtenstein (Datenschutzstelle) legt den Umfang der „Kopie" eng aus und bezieht ihn allein auf eine geordnete „Darstellung der personenbezogenen Daten", eine (Foto-)Kopie der Dokumente kann hingegen nicht der Regelfall sein.[56] Gleichwohl wird, da der Wortlaut der Norm keine ausdrückliche Beschränkung

---

50 Siehe im Übrigen Kommentierung zu Art. 14 Rn. 48 f.
51 Siehe im Übrigen Kommentierung zu Art. 13 Rn. 57 ff. und 14 Rn. 50 ff.
52 Vgl. hierzu ausführlich auch *Wybitul/Brams* NZA 2019, 672.
53 *Paal/Pauly-Paal* Art. 15 Rn. 33; *Spindler/Schuster-Nink* Art. 15 Rn. 1; *Wybitul/Brams* NZA 2019, 676 f.
54 *BayLDA* Tätigkeitsbericht 2017/2018, 46; ähnlich auch *HBDI* Tätigkeitsbericht 2017/2018, 75 ff.
55 *HBDI* 46. Tätigkeitsbericht zum Datenschutz (2018), S. 75 ff.
56 *Datenschutzstelle Fürstentum Lichtenstein* Tätigkeitsbericht 2019, S. 19.

vorsieht, der Auskunftsanspruch in der Rechtsprechung sowie von einigen Datenschutzbehörden teilweise extensiv ausgedehnt und der Verantwortliche dazu verpflichtet, dem Betroffenen **sämtliche Daten** in Kopie zur Verfügung zu stellen.[57]

Es erscheint jedoch nicht nur mit dem Sinn und Zweck der Norm unvereinbar, sondern in der Praxis auch wenig hilfreich, wenn Auskunftsansprüche betroffener Personen mit tausenden Seiten von Metadaten u.Ä. beantwortet werden, die weder der betroffenen Person nutzen noch von Wert sind. Eine Konkretisierung des Umfangs der personenbezogenen Daten würde daher nicht nur die erhebliche Belastung der Verantwortlichen senken, sondern auch die Betroffenenrechte effektiv wahren. Gerade interne Kommunikation, Aufzeichnungen u.Ä. müssen im Zuge eines Auskunftsbegehrens immer komplett durchsucht werden. De facto erfolgt hierdurch jedes Mal eine extensive Datenverarbeitung zu Lasten der anderen betroffenen Personen. Auch aus diesem Grund wird dafür votiert, den Auskunftsanspruch einzuschränken, um den eigentlichen Zweck der Norm wieder in den Vordergrund zu rücken.[58] 39

Zudem entstehen durch eine extensive Auslegung Missbrauchsmöglichkeiten, wie etwa die Möglichkeit des Betroffenen sich Beweismittel für Rechtsstreitigkeiten zu beschaffen, auf die er nach der ZPO keinen Zugriff hätte. Die Herausgabe von Kopien kann so zu einer Art **Pre-Trial-Discovery** führen (vgl. hierzu die Kommentierung zu § 34 BDSG im Anh. zu Art. 15, Rn. 4), wenn der Gesetzgeber keinen Gebrauch von den vorgesehenen Öffnungsklauseln macht. Dies wird insbesondere im Bereich der Whistleblower[59] und ähnlichen Bereichen künftig zu gewissen Verwerfungen führen. Die allgemeinen Verfahrensvorschriften der Mitgliedstaaten dürften angesichts der Beweisproblematiken zumindest im Prozess eine Sperrwirkung für die extensive Anwendung des Rechts auf Kopie in Art. 15 entfalten (vgl. hierzu auch die Kommentierung zu § 34 BDSG im Anh. zu Art. 15, Rn. 4).[60] 40

Ein Konflikt mit der Preisgabe von Inhalten, die nicht ausschließlich datenschutzrechtliche Relevanz besitzen, entsteht durch die extensive Auslegung auch dann, wenn in einem (privaten) Vertrag auf eine Dritte Person Bezug genommen wird und so personenbezogene Daten wie Name und Geburtsdatum erfasst werden (etwa im Falle eines **Vertrages zugunsten Dritter**, § 328 BGB). Durch die Herausgabe von Kopien erhält der Dritte hier, unabhängig vom Willen der Beteiligten, Informationen über ein Vertragsverhältnis, in welches er nur indirekt involviert ist.[61] Das BGB kennt einen solchen Informationsanspruch nicht. Flankiert wird dieser Konflikt dadurch, dass der verantwortliche Vertragspartner den Dritten im Zeitpunkt des Vertragsschlusses nach Art. 14 zu informieren hat. 41

---

57 *LAG Baden-Württemberg* v. 20.12.2018 – 17 Sa 11/18 (nicht rechtskräftig); *VG Gelsenkirchen* v. 27.4.2020 – 20 K 6392/18; *LDI NRW* Datenschutzbericht 2020, 46; vgl. Kühling/Buchner-*Bäcker* Art. 15 Rn. 39 f.; *Riemer* ZD 2019, 413, 414.
58 *LG Köln* v. 19.6.2019 – 26 S 13/18, Rn. 23; vgl. auch *BFH* v. 29.8.2019 – X S 6/19, Rn. 23 mit Verweis auf den Vorrang nationaler Vorschriften des Prozessrechts; siehe auch *BayLDA* Tätigkeitsbericht 2017/2018, 46; a.A. *OLG Dresden* v. 26.7.2019 – 20 U 75/18, Rn. 67.
59 Vgl. *LAG Baden-Württemberg* v. 20.12.2018 – 17 Sa 11/18, Rn. 181.
60 *BFH* v. 29.8.2019 – X S 6/19, Rn. 23.
61 Denkbar wäre an dieser Stelle eine Einschränkung nach Abs. 4 mit Blick auf die Beeinträchtigung der Privatautonomie der handelnden Akteure.

Art. 15 / §§ 27 ff. BDSG   Auskunftsrecht der betroffenen Person

42   Als vermittelnde Position denkbar wäre insofern ein **gestufter Auskunftsprozess**. Zunächst würden die in Art. 15 Abs. 1 genannten Informationen in Form eines erweiterten Stammdatensatzes zur Verfügung gestellt und der Anspruchsteller dazu aufgefordert, sein Auskunftsverlangen hinsichtlich der Zwecke zu konkretisieren. Verfolgt der Anspruchsteller einen legitimen Zweck und erscheint das Verlangen nicht offensichtlich unbegründet, werden in einem zweiten Schritt hierüber hinaus gehende relevante Informationen zur Verfügung gestellt. In Zweifelsfällen wäre es Aufgabe der Datenschutzbehörde über den erforderlichen Umfang der zu erteilenden Auskunft aufzuklären. Ein solches Vorgehen erfordert aber einen strukturierten Prozess mit klaren Verantwortlichkeiten, Fristentracking und einer hinreichenden Dokumentation.[62]

43   Nur die erste Kopie der Daten ist kostenfrei. Die Herausgabe der Kopien soll in der Regel elektronisch erfolgen und darf nicht die Rechte und Freiheiten Dritter beeinträchtigen. Dies führt in der Regel dazu, dass die personenbezogenen **Daten Dritter** bei der Zurverfügungstellung der Kopie zu anonymisieren sind. Dies kann gerade bei der gemeinsamen Verarbeitung personenbezogener Daten verschiedener betroffener Personen zu erheblichen Schwierigkeiten führen. Aus **Art. 15 Abs. 4** sowie ErwG 63 S. 5 und 6 ergibt sich daher, dass eine inhaltliche Beschränkung der Kopie durchaus erlaubt und geboten sein kann.[63] Ein einfaches Schwärzen von Namen Dritter etwa kann nicht ausreichend sein, wenn sich aus den Umständen zweifelsfrei die Identität des Dritten ableiten lässt. In diesen Fällen ist es anzuraten, gänzlich auf eine Herausgabe der Kopie der betroffenen Information zu verzichten, etwa bei einzelnen E-Mails oder Gesprächsvermerken.

44   Nicht herausgegeben werden müssen Kopien der personenbezogenen Daten, die die betroffene Person bereits besitzt. Dies widerspräche dem Sinn und Zweck der Norm und würde den Verantwortlichen über Gebühr belasten.[64]

C. Kommentierung BDSG n.F.

45   Der deutsche Gesetzgeber hat von der Möglichkeit in Art. 23 Gebrauch gemacht, Art. 15 zu beschränken:

I. § 27 BDSG n.F.

46   Für Statistische- und Forschungszwecke besteht ein Recht des Betroffenen auf Auskunft dann nicht, wenn hierdurch die Verwirklichung der Forschungs- oder Statistikzwecke unmöglich gemacht oder ernsthaft beeinträchtigt werden würde. Ferner muss die Beschränkung für die Erfüllung der Forschungs- oder Statistikzwecke notwendig sein.

47   Sind die Daten für Zwecke der wissenschaftlichen Forschung erforderlich und würde die Auskunftserteilung einen unverhältnismäßigen Aufwand erfordern, besteht ebenfalls kein Auskunftsrecht.

---

62   Vgl. hierzu *Wybitul/Brams* NZA 2019, 676.
63   Ehmann/Selmayr-*Ehmann* Art. 15 Rn. 35; Gola-*Franck* Art. 15 Rn. 34.
64   Vgl. *AG München* (Teilurteil) v. 4.9.2019 – 155 C 1510/18, juris Rn. 50.

II. § 28 BDSG n.F.

Erfolgt die Datenverarbeitung zu im öffentlichen Interesse liegenden Archivzwecken, besteht das Auskunftsrecht nach Art. 15 nicht, wenn das Archivgut nicht durch den Namen der Person erschlossen ist oder keine Angaben gemacht werden, die das Auffinden des betreffenden Archivguts mit vertretbarem Verwaltungsaufwand ermöglichen. **48**

III. § 29 BDSG n.F.

Ergänzend zu den schon zumindest in ErwG 63 S. 4 erwähnten Beschränkungen des Auskunftsrechts bei Geschäftsgeheimnissen formuliert § 29 BDSG diese Einschränkung noch einmal explizit und weitergehend, indem das Auskunftsrecht auch beschränkt wird, soweit durch die Auskunft Informationen offenbart würden, die nach einer Rechtsvorschrift oder ihrem Wesen nach, insbesondere wegen der überwiegenden berechtigten Interessen eines Dritten, geheim gehalten werden müssen. Unter diese Ausnahme fallen neben den besagten Geschäftsgeheimnissen und durch die beruflichen Verschwiegenheitsverpflichtungen geschützten Daten auch solche, die vertraglich vor der Weitergabe an Dritte geschützt sind, z.B. da sie im Rahmen einer Verschwiegenheitsvereinbarung überlassen wurden. **49**

IV. § 30 BDSG

§ 30 Abs. 2 sieht, in Umsetzung der Verbraucherkreditrichtlinie 2008/48/EG, bei Ablehnung eines Verbrauchervertrags infolge eines Bonitätsurteils eines Kreditinformationssystems eine Pflicht zur unverzüglichen Unterrichtung vor. Die sich aus Art. 15 ergebende Pflicht bleibt hiervon prinzipiell unberührt, wird aber u.U. durch die Erfüllung der in Abs. 2 normierten Unterrichtung mit abgegolten (vertiefend hierzu die Kommentierung zu § 30 BDSG im Anh.). **50**

V. § 34 BDSG

§ 34 konkretisiert und beschränkt Art. 15. Der Abs. 1 enthält einen weiteren, umfangreichen Katalog von Ausnahmen zu Art. 15, ohne jedoch zwischen der Auskunft nach Art. 15 Abs. 1 und der dem alten Recht unbekannten Herausgabe einer Kopie der personenbezogenen Daten nach Art. 15 Abs. 3 zu differenzieren. § 34 Abs. 2 regelt Modalitäten der Auskunftsverweigerung, § 34 Abs. 3 und 4 enthalten Sonderregelungen für öffentliche Stellen. Die größte praktische Relevanz kommt der Regelung des § 34 Abs. 1 Nr. 2 zu, wonach eine Beauskunftung dann nicht erfolgen muss, wenn die betroffenen Daten nur noch aufgrund von gesetzlichen oder satzungsmäßigen Aufbewahrungspflichten (lit. a) bzw. zur Datensicherung oder Datenschutzkontrolle (lit. b) gespeichert werden. Damit entfällt in der Praxis vor allem die Beauskunftung aus Backups genauso wie aus Datenbeständen, die zugriffsgesperrt archiviert sind, wenn die Beauskunftung – wie regelmäßig der Fall – einen unverhältnismäßigen Aufwand erfordern würde (vertiefend hierzu die Kommentierung zu § 34 BDSG im Anh.). **51**

Anhang

§ 30 BDSG Verbraucherkredite

(1) Eine Stelle, die geschäftsmäßig personenbezogene Daten, die zur Bewertung der Kreditwürdigkeit von Verbrauchern genutzt werden dürfen, zum Zweck der Übermittlung erhebt, speichert oder verändert, hat Auskunftsverlangen von Darlehensgebern aus anderen Mitgliedstaaten der Europäischen Union genauso zu behandeln wie Auskunftsverlangen inländischer Darlehensgeber.

(2) Wer den Abschluss eines Verbraucherdarlehensvertrags oder eines Vertrags über eine entgeltliche Finanzierungshilfe mit einem Verbraucher infolge einer Auskunft einer Stelle im Sinne des Absatzes 1 ablehnt, hat den Verbraucher unverzüglich hierüber sowie über die erhaltene Auskunft zu unterrichten. Die Unterrichtung unterbleibt, soweit hierdurch die öffentliche Sicherheit oder Ordnung gefährdet würde. § 37 bleibt unberührt.

Übersicht

	Rn		Rn
A. Einordnung und Hintergrund	1	II. Gleichbehandlungsgebot (Abs. 1)	3
B. Kommentierung	2	III. Transparenzgebot (§ 30 Abs. 2 BDSG)	5
I. Datenschutzrechtliche Relevanz	2		

A. Einordnung und Hintergrund

1 § 30 BDSG sieht, in Umsetzung der Verbraucherkreditrichtlinie 2008/48/EG,[1] in Abs. 1 eine Regelung vor, die eine Inländergleichbehandlung von Darlehensgebern beim Zugang zu Kreditinformationssystemen innerhalb der EU ausdrücklich vorschreibt. Bei Ablehnung eines Verbrauchervertrags infolge eines Bonitätsurteils eines Datenbankbetreibers normiert Abs. 2 eine Pflicht zur unverzüglichen Unterrichtung, es sei denn, die Unterrichtung gefährdet die öffentliche Sicherheit.

B. Kommentierung

I. Datenschutzrechtliche Relevanz

2 Die Norm lässt § 37 BDSG zur automatisierten Einzelfallentscheidung ausdrücklich unberührt.[2] Auch die sich aus Art. 14 und 15 ergebenden Pflichten bleiben unberührt; sie werden jedoch unter Umständen durch die Erfüllung der in § 30 Abs. 2 BDSG normierten Unterrichtungspflicht mit abgegolten.[3] § 30 stellt insoweit eine **nicht-datenschutzrechtliche** Regelung mit **verbraucherschützender Zielrichtung** dar. Die Auslegung der Norm hat sich daher nicht an den Zielen des Schutzes personen-

---

1 § 30 entspricht im Wesentlichen dem bisherigen § 29 Abs. 6, 7 BDSG a.F. und dient daher weiterhin der Umsetzung der Verbraucherkreditrichtlinie 2008/48/EG, dessen Art. 9 durch die Absätze umgesetzt worden war. Vgl. BT-Drucks. 18/11325, 101.
2 Der Verweis wird teilweise aufgrund fehlenden Sinns und Zwecks für einen redaktionellen Fehler gehalten. Vgl. BeckOK DatenSR-*Pohl* § 30 BDSG Rn. 5 f.; Paal/Pauly-*Pauly* § 30 BDSG Rn. 6.
3 Vgl. hierzu Gola/Heckmann-*Gola* § 30 BDSG Rn. 3.

bezogener Daten und des freien Datenverkehrs zu orientieren,[4] sondern an den Zielen der Verbraucherkreditrichtlinie. Auch stellt § 30 Abs. 1 BDSG keinen eigenständigen Erlaubnistatbestand für die Übermittlung der Daten dar, es muss vielmehr ergänzend auf Art. 6 zurückgegriffen werden.[5] Da die datenschutzrechtlichen Haftungs- und Sanktionsregelungen aus Art. 82, 83 auf Verstöße gegen § 30 BDSG als Umsetzung der Verbraucherkreditrichtlinie ebenfalls nicht anwendbar sind, enthält § 43 BDSG eine eigene Bußgeldnorm.[6]

II. Gleichbehandlungsgebot (Abs. 1)

Um eine **Wettbewerbsverzerrung** im Binnenmarkt zu **verhindern**, gibt Abs. 1 Verbraucherdarlehensgebern[7] aus anderen Mitgliedstaaten einen Anspruch gegenüber Datenbankenbetreibern auf **diskriminierungsfreien Zugang** zur Bewertung der Kreditwürdigkeit eines Verbrauchers (§ 13 BGB).[8] Dies gilt neben dem Zugangsrecht auch für die Kosten der Auskunft.[9] Eine innerstaatliche Gleichbehandlung fordert der Wortlaut nicht.[10] Das Diskriminierungsverbot ist wie Art. 9 Abs. 1 RL 2008/48/EG, auf dessen Umsetzung § 30 Abs. 1 beruht, im Zusammenhang mit Art. 8 Abs. 1 RL 2008/48/EG zu lesen, der eine Verpflichtung des Kreditgebers zur Bewertung der Kreditwürdigkeit des Verbrauchers mittels einschlägiger Datenbanken festlegt.[11]

3

Regelungsadressaten der Pflichten aus § 30 Abs. 1 BDSG sind **Kreditinformationssysteme**, soweit sie geschäftsmäßig personenbezogene Daten von Verbrauchern verarbeiten. Hierunter fallen insbesondere Wirtschaftsauskunfteien wie die SCHUFA.[12] Nicht erfasst sind konzerninterne Warn- und Auskunftssysteme, da diese schon anderen nationalen Marktteilnehmern nicht zugänglich sind. Schließlich verbietet die Norm keine Zugangsbeschränkungen, sondern Ungleichbehandlung.[13] Die erforderliche „geschäftsmäßige" Verarbeitung meint eine auf gewisse Dauer angelegt Tätigkeit, ohne dass jedoch eine Gewinnerzielungsabsicht erforderlich wäre.[14]

4

---

4 Vgl. ErwG 1 ff.
5 So auch BeckOK DatenSR-*Pohl* § 30 BDSG Rn. 17, 23; Paal/Pauly-*Pauly* § 30 BDSG Rn. 1 f; a.A. Kühling/Buchner-*Buchner* § 30 BDSG Rn. 2, Taeger/Gabel-*Taeger* § 30 BDSG Rn. 6, 8 die in Abs. 2 auch ein datenschutzrechtliches Element annehmen. Konsequent fordert Taeger/Gabel-*Taeger* § 30 Rn. 17 f. eine Öffnungsklausel etwa für die Ausnahme der Informationspflicht aus Abs. 2.
6 Vgl. BeckOK DatenSR-*Pohl* § 30 BDSG Rn. 6; Gola/Heckmann-*Gola* § 30 BDSG Rn. 7.
7 Dass es sich nur um Verbraucherdarlehensgeber handelt kann ergibt sich aus einer Gesamtschau der Regelung, vgl. BeckOK DatenSR-*Pohl* § 30 BDSG Rn. 9.
8 Zur Zielsetzung der Norm ErwGR 4, 28 RL 2008/48/EG; BeckOK DatenSR-*Pohl* § 30 Rn. 8; Paal/Pauly-*Pauly* § 30 Rn. 2 – zum Begriff des Verbrauchers i.S.d. § 30 BDSG, der nicht dem engeren Begriff des europarechts entspricht BT-Drucks. 16/11643, S. 140 zu § 29 Abs. 6 BDSG a.F.
9 Gola/Heckmann-*Gola* § 30 BDSG Rn. 4.
10 Zur Frage, ob die Norm auch eine Inländerdiskriminierung bei rein innerstaatlichen Sachverhalten ohne Grenzüberschreitung fordert BeckOK DatenSR-*Pohl* § 30 BDSG Rn. 11a.
11 BeckOK DatenSR-*Pohl* § 30 BDSG Rn. 7.
12 Paal/Pauly-*Pauly* § 30 BDSG Rn. 3.
13 BeckOK DatenSR-*Pohl* § 30 BDSG Rn. 13, 15.
14 Gola/Heckmann-*Gola* § 30 BDSG Rn. 4.

III. Transparenzgebot (§ 30 Abs. 2 BDSG)

5 **Adressat** der Informationspflicht aus § 30 Abs. 2 BDSG ist nicht die Auskunftei, sondern der potenzielle **Darlehensgeber**. Dieser hat den Verbraucher über den Inhalt der Auskunft sowie die hierauf gestützte Ablehnungsentscheidung zu unterrichten. Zwar erlischt die Pflicht auch bei entsprechender Unterrichtung durch die Auskunftei, in der Praxis treten diese aber nur selten gegenüber dem Verbraucher auf und verfügen außerdem nicht über die notwendigen Informationen bzgl. der pflichtauslösenden Ablehnung.[15] Das Transparenzgebot hat **verbraucherschützende Wirkung**. Der Verbraucher soll durch die Auskunft in die Lage versetzt werden die Ablehnungsgründe zu hinterfragen und in Zweifelsfällen Auskunft beim Datenbankbetreiber bzgl. der zu seiner Person gespeicherten Daten zu verlangen, um deren Richtigkeit überprüfen zu können.[16] Die Unterrichtung ist für den Verbraucher **kostenfrei**.[17]

6 „**Unverzüglich**" entspricht hier § 121 BGB und meint damit ohne schuldhaftes Zögern. Eine längere Reaktionszeit, wie sie die DS-GVO etwa in Art. 70 Abs. 1 lit. g gewährt, wäre mit der verbraucherschützenden Zielrichtung nicht vereinbar. Schließlich sollte dieser zur Vermeidung möglicher weiterer Nachteile schnellstmöglich informiert werden.[18] Möglich ist aber eine vorherige datenschutzrechtliche Prüfung der Unterrichtung.[19] **Erfasste Kreditgeschäfte** sind gem. Art. 3 lit. c und Art. 2 Abs. 1, 2 RL 2008/48/EG Verbraucherdarlehensverträge (§ 491 BGB) oder Finanzierungshilfen für Verbraucher, wie etwa Finanzierungsleasing- oder Mietkauf (§ 506 Abs. 2 S. 1 BGB), aber auch eine Kaufpreisstundung oder Ratenzahlung.[20] Nicht erfasst ist die wiederkehrende Erbringung von Leistungen, wie es beim Mobilfunk- oder Wohnraummietvertrag der Fall ist[21].

7 Die Auskunft ist dann nicht zu erteilen, wenn hierdurch **die öffentliche Sicherheit und Ordnung** gefährdet würde. Sie hat laut ErwG 29 der RL 2008/48/EG zu unterbleiben, wenn hierdurch gegen Gemeinschaftsvorschriften zur **Terrorismusfinanzierung** oder **Geldwäsche** verstoßen würde.

§ 34 BDSG Auskunftsrecht der betroffenen Person

(1) Das Recht auf Auskunft der betroffenen Person gemäß Artikel 15 der Verordnung (EU) 2016/679 besteht ergänzend zu den in § 27 Absatz 2, § 28 Absatz 2 und § 29 Absatz 1 Satz 2 genannten Ausnahmen nicht, wenn

1. die betroffene Person nach § 33 Absatz 1 Nummer 1, 2 Buchstabe b oder Absatz 3 nicht zu informieren ist, oder

---

15 So BT-Drucks. 16/11643, 140; BeckOK DatenSR-*Pohl* § 30 BDSG Rn. 20; Paal/Pauly-*Pauly* § 30 BDSG Rn. 4; a.A. *Plath* BDSG a.F. § 29 Rn. 115; Taeger/Gabel-*Taeger* BDSG a.F. § 29 Rn. 73.
16 Taeger/Gabel-*Taeger* § 30 BDSG Rn. 7.
17 Taeger/Gabel-*Taeger* § 30 BDSG Rn. 14.
18 Taeger/Gabel-*Taeger* § 30 BDSG Rn. 13.
19 BT-Drucks. 16/11643, S. 140.
20 Gola/Heckmann-*Gola* § 30 BDSG Rn. 1, 5.
21 Paal/Pauly-*Pauly* § 30 BDSG Rn. 1.

2. die Daten
   a) nur deshalb gespeichert sind, weil sie aufgrund gesetzlicher oder satzungsmäßiger Aufbewahrungsvorschriften nicht gelöscht werden dürfen, oder
   b) ausschließlich Zwecken der Datensicherung oder der Datenschutzkontrolle dienen

und die Auskunftserteilung einen unverhältnismäßigen Aufwand erfordern würde sowie eine Verarbeitung zu anderen Zwecken durch geeignete technische und organisatorische Maßnahmen ausgeschlossen ist.

(2) Die Gründe der Auskunftsverweigerung sind zu dokumentieren. Die Ablehnung der Auskunftserteilung ist gegenüber der betroffenen Person zu begründen, soweit nicht durch die Mitteilung der tatsächlichen und rechtlichen Gründe, auf die die Entscheidung gestützt wird, der mit der Auskunftsverweigerung verfolgte Zweck gefährdet würde. Die zum Zweck der Auskunftserteilung an die betroffene Person und zu deren Vorbereitung gespeicherten Daten dürfen nur für diesen Zweck sowie für Zwecke der Datenschutzkontrolle verarbeitet werden; für andere Zwecke ist die Verarbeitung nach Maßgabe des Artikels 18 der Verordnung (EU) 2016/679 einzuschränken.

(3) Wird der betroffenen Person durch eine öffentliche Stelle des Bundes keine Auskunft erteilt, so ist sie auf ihr Verlangen der oder dem Bundesbeauftragten zu erteilen, soweit nicht die jeweils zuständige oberste Bundesbehörde im Einzelfall feststellt, dass dadurch die Sicherheit des Bundes oder eines Landes gefährdet würde. Die Mitteilung der oder des Bundesbeauftragten an die betroffene Person über das Ergebnis der datenschutzrechtlichen Prüfung darf keine Rückschlüsse auf den Erkenntnisstand des Verantwortlichen zulassen, sofern dieser nicht einer weitergehenden Auskunft zustimmt.

(4) Das Recht der betroffenen Person auf Auskunft über personenbezogene Daten, die durch eine öffentliche Stelle weder automatisiert verarbeitet noch nicht automatisiert verarbeitet und in einem Dateisystem gespeichert werden, besteht nur, soweit die betroffene Person Angaben macht, die das Auffinden der Daten ermöglichen, und der für die Erteilung der Auskunft erforderliche Aufwand nicht außer Verhältnis zu dem von der betroffenen Person geltend gemachten Informationsinteresse steht.

Übersicht

	Rn		Rn
A. Einordnung und Hintergrund	1	II. Modalitäten der Auskunftsverweigerung (§ 34 Abs. 2 BDSG)	15
B. Kommentierung	2		
I. Beschränkungen des Auskunftsrechts (Abs. 1)	2	III. Auskunft an den/die BfDI (Abs. 3)	19
1. Verweis auf § 33 BDSG (§ 34 Abs. 1 Nr. 1)	2	IV. Mitwirkungspflichten bei nicht automatisierter Verarbeitung durch öffentliche Stellen (§ 34 Abs. 4 BDSG)	22
2. Fehlender Verweis auf § 33 Abs. 1 Nr. 2 lit. a BDSG	4		
3. Aufbewahrungspflichten und Datensicherung (§ 34 Abs. 1 Nr. 2 BDSG)	9		

Anhang Art. 15 / § 34 BDSG   Auskunftsrecht der betroffenen Person

Literatur: *Forgó/Helfrich/Schneider* Betrieblicher Datenschutz, 2. Aufl. 2017; *Johannes/Richter* Privilegierte Verarbeitung im BDSG, DuD 2017, 300; *Kremer* Wer braucht warum das neue BDSG, CR 2017, 367; *Riemer* Der Datenschutzauskunftsanspruch gem. Art. 15 DSGVO als pre-trail-discovery und prima lex des Auskunftsrechts, DSB 2019, 223; *Wybitul/Brams* Welche Reichweite hat das Recht auf Auskunft und auf eine Kopie nach Art. 15 I DS-GVO?, NZA 2019, 672.

A. Einordnung und Hintergrund

1 § 34 BDSG konkretisiert und beschränkt Art. 15. Abs. 1 enthält einen umfangreichen Katalog von Ausnahmen zu Art. 15 , ohne jedoch zwischen der Auskunft nach Art. 15 Abs. 1 und der dem alten Recht unbekannten Herausgabe einer Kopie der personenbezogenen Daten nach Art. 15 Abs. 3 zu differenzieren.[1] Die Abs. 2 und 3 regeln, anknüpfend an die bisherige Rechtslage des § 19 Abs. 5 und 6 a.F., Maßnahmen zum Schutz der Rechte und Freiheiten der betroffenen Person.[2] Abs. 2 regelt hierbei Modalitäten der Auskunftsverweigerung, Abs. 3 und 4 enthalten Sonderregelungen für öffentliche Stellen.

B. Kommentierung

I. Beschränkungen des Auskunftsrechts (Abs. 1)

2 **1. Verweis auf § 33 BDSG (§ 34 Abs. 1 Nr. 1).** § 34 Abs. 1 Nr. 1 BDSG verweist auf die Beschränkungen des Informationsrechts im § 33 Abs. 1 und 3 BDSG. Durch den Verweis werden die Einschränkungen des Auskunftsrechts der betroffenen Person aus § 19 Abs. 3, 4 Nr. 1, 2 sowie § 34 Abs. 7 i.V.m. § 33 Abs. 2 Nr. 6, 7b BDSG a.F. modifiziert übernommen.[3] Das Recht auf Auskunft der betroffenen Person besteht nach § 34 Abs. 1 Nr. 1 i.V.m. **§ 33 Abs. 1 Nr. 1 BDSG** dann nicht, wenn die Erteilung der Auskunft bei öffentlichen Stellen nach lit. a die ordnungsgemäße Erfüllung der in Art. 23 Abs. 1 lit. a–e genannten Aufgaben gefährden würde bzw. nach lit. b die öffentliche Sicherheit oder Ordnung gefährden oder sonst dem Wohl des Bundes oder eines Landes Nachteile bereiten würde. Insoweit kann auf die Kommentierung des § 33 BDSG verwiesen werden.

3 Nach § 34 Abs. 1 Nr. 1 i.V.m. **§ 33 Abs. 1 Nr. 2 lit. b** BDSG ist auch bei nichtöffentlichen Stellen die Beauskunftung zu beschränken, wenn die zuständige öffentliche Stelle gegenüber dem Verantwortlichen festgestellt hat, dass das Bekanntwerden der Daten die öffentliche Sicherheit oder Ordnung gefährden oder sonst dem Wohl des Bundes oder eines Landes Nachteile bereiten würde. Erfolgt die betroffene Datenverarbeitung für Zwecke der Strafverfolgung, bedarf es keiner Feststellung durch die öffentliche Stelle, um den Auskunftsanspruch zu beschränken.

4 **2. Fehlender Verweis auf § 33 Abs. 1 Nr. 2 lit. a BDSG.** Es fehlt hingegen an einem Verweis auf § 33 Abs. 1 Nr. 2 lit. a BDSG. Aus diesem Grunde muss eine Auskunft auch insoweit erteilt werden, wie diese die Geltendmachung, zivilrechtlicher Ansprüche des Verantwortlichen beeinträchtigt.[4] Ebenfalls nicht erfasst ist eine

---

1 Vgl. *Kremer* CR 2017, 367, 376.
2 BT-Drucks. 18/11325, S. 104.
3 BT-Drucks. 18/11325, S. 104.
4 Kühling/Buchner-*Golla* § 34 BDSG Rn. 6 begrüßt dies vor dem Hintergrund der besonderen Bedeutung des Auskunftsrechts.

Ausnahmeregelung für Fälle, in denen die Auskunft die Verteidigung des Verantwortlichen gegen zivilrechtliche Ansprüche des Berechtigten beeinträchtigt. Relevanz entfaltet die fehlende Ausnahmeregelung vor allem dann, wenn es um die Reichweite des mit der DS-GVO neu eingeführten **Rechts auf Kopie** aus Art. 15 Abs. 3 **während rechtshängiger Verfahren** oder im Rahmen **deren Vorbereitung** geht.[5]

Das Problem wurzelt in der Tatsache, dass der Auskunftsberechtigte nicht daran gehindert ist, Datenauskünfte, die er auf Basis des Art. 15 Abs. 3 erhalten hat, auch für andere Zwecke zu verwenden. Flankiert wird es dadurch, dass der Betroffene zur Geltendmachung des Anspruchs aus Art. 15 Abs. 3 (anders als etwa im § 810 BGB) kein „datenschutzrechtliches Interesse" nachweisen muss.[6] Somit ist es dem Betroffen prinzipiell erlaubt, das Recht aus Art. 15 Abs. 3 ausschließlich aus **prozesstaktischen Gründen** geltend zu machen. Hierdurch entsteht nicht nur die Möglichkeit, an sich gebührenpflichtige Dokumente wie die Kopie einer Behandlungsdokumentation (§ 630g Abs. 2 S. 2 BGB) über Art. 15 Abs. 3 S. 1, 2 kostenfrei zu erhalten,[7] damit enthält Art. 15 faktisch einen dem US-amerikanischen Recht entsprechenden, prozessvorbereitenden **„Pre-Trial-Discovery"**-Anspruch.[8]

Ein solches Vorgehen verfehlt nicht nur den ursprünglichen Sinn und Zweck des Art. 15, der ausweislich ErwG 56 darin liegt dem Betroffenen die Möglichkeit zur Prüfung der Rechtmäßigkeit der Verarbeitung seiner personenbezogenen Daten zu geben, sondern widerspricht auch einem der Grundprinzipien der Prozessführung nach der ZPO. Schließlich obliegt es nach dem Beibringungsgrundsatz der ZPO (§ 282 ZPO) grundsätzlich den Parteien, die für sie günstige Tatsachen und Umstände mit Beweismitteln zu belegen.[9]

Ausdrückliches **korrektiv** in dieser Hinsicht ist lediglich die Norm des § 29 Abs. 1 S. 2 BDSG, die zumindest bestimmte Informationen vom Auskunftsanspruch ausnimmt.[10] Außerdem geht jedenfalls der Bundesfinanzhof davon aus, dass insofern das einschlägige Prozessrecht einen Aktenauskunftsanspruch kennt (hier: § 78 FGO) und, anders als etwa im § 2a Abs. 5 AO, auf die Anordnung der Anwendung des Art. 15 hierneben verzichtet, die Anwendung **im** entsprechenden Gerichtsverfahren (hier: Finanzgerichtsverfahren) ausscheidet; hiervon unberührt bleibt jedoch die Prozessvorbereitung.[11]

Die ausdrückliche **Normierung** einer solchen Einschränkung wäre, obwohl der Gesetzgeber hiervon bisher keinen Gebrauch gemacht hat, sehr wohl denkbar. Als Ermächtigung in Frage käme zum einen Art. 23 Abs. 1 lit. f, der es dem nationalen Gesetzgeber erlaubt, Regelungen etwa zur Wahrung der Chancengleichheit im

---

5 Zur vorgelagerten Frage der tatbestandsmäßigen Reichweite des Anspruchs vgl. statt aller *Wybitul/Brams* NZA 2019, 672.
6 So auch *Riemer* DSB 2019, 223, 224.
7 Vgl. *Riemer* DSB 2019, 223, 225.
8 Vgl. *Riemer* DSB 2019, 223, 224; zur Pre-Trial-Discovery nach dem amerikanischen Recht Forgó/Helfrich/Schneider-*Spies* Betrieblicher Datenschutz, Teil XII, Kap. 2 E-Discovery, Rn. 2.
9 Vgl. *Wybitul/Brams* NZA 2019, 672, 676.
10 Vgl. auch oben Kommentierung zu Art. 15 Rn. 38 ff.
11 *BFH* v. 29.8.2019 – X S 6/19, Rn. 23.

gerichtlichen Verfahren zu verabschieden – auf diesen stützt der BFH den (konkludenten) Ausschluss der FGO –, zum anderen Art. 23 Abs. 1 lit. j, der es dem nationalen Gesetzgeber unter bestimmten Voraussetzungen ermöglicht, beschränkende Regelungen zur Sicherstellung der Durchsetzung zivilrechtlicher Ansprüche zu erlassen. Jedenfalls der deutsche Gesetzgeber geht, wie der Wortlaut als auch die Begründung des § 32c Abs. 1 Nr. 2 AO deutlich macht,[12] davon aus, dass die Formulierung „Durchsetzung zivilrechtlicher Ansprüche" auch die „Verteidigung gegen zivilrechtliche Ansprüche" erfasst, obwohl sich eine solche Deutung dem Wortlaut des Art. 23 Abs. 1 lit. j nicht ohne Weiteres entnehmen lässt.[13] Die Frage, ob dieses Regelungsziel tatsächlich von Art. 23 Abs. 1 lit. j DS-GVO gedeckt ist, hat das BVerwG dem EuGH im Rahmen eines Vorabentscheidungsverfahrens im Juli 2019 vorgelegt.[14] Da Art. 23 Abs. 1 lit. j anders als Art. 23 Abs. 1 lit. f nicht das Verfahren, sondern die Durchsetzung zivilrechtlicher Ansprüche jeglicher Art schützt, müsste eine hierauf gestützte Regelung nicht zwangsläufig prozessrechtlicher Natur sein, konnte demnach etwa auch ein Verweis auf § 33 Abs. 1 Nr. 2 lit. a BDSG sein.

9 **3. Aufbewahrungspflichten und Datensicherung (§ 34 Abs. 1 Nr. 2 BDSG).** § 34 Abs. 1 Nr. 2 BDSG normiert eine Ausnahmeregelung von erheblicher praktischer Bedeutung, die im Wesentlichen der Regelung in § 34 Abs. 7 i.V.m. § 33 Abs. 2 Nr. 2 BDSG a.F. entspricht. Hiernach muss eine Beauskunftung regelmäßig dann nicht erfolgen, wenn die betroffen Daten nur noch aufgrund von gesetzlichen oder satzungsmäßigen – nicht vertraglichen[15] – Aufbewahrungspflichten (lit. a) bzw. zur Datensicherung oder Datenschutzkontrolle (lit. b) gespeichert werden. Damit entfällt in der Praxis vor allem die Beauskunftung aus Backups genauso wie aus Datenbeständen, die zugriffsgesperrt archiviert sind, wenn die Beauskunftung – wie regelmäßig der Fall – einen unverhältnismäßigen Aufwand erfordern würde.

10 Gesetzliche **Vorschrift i.S.d. § 34 Abs. 1 Nr. 2 lit. a** meint formelle Parlamentsgesetze, etwa § 257 HGB, wonach Handelsbücher, Inventare, Buchungsbelege und Bilanzen zehn Jahre aufbewahrt werden müssen.[16] Satzungsmäßige Aufbewahrungspflichten können hingegen durch Gemeinden oder Vereine festgelegt werden.[17]

11 Unter **Datensicherung i.S.d. § 34 Abs. 1 Nr. 2 lit. b** versteht man, wie i.R.d. § 57 BDSG, eine Datenspeicherung zum Zwecke der Wiederherstellung eines Datenbestands im Falle des Datenverlustes. Erfasst sind damit vor allem Sicherungskopien, in denen personenbezogene Daten auch dann noch enthalten sind, wenn sie aus

---

12 BT-Drucks. 18/12611, S. 88.
13 Vgl. *BVerwG* v. 4.7.2019 – 7 C 31.17., Rn. 18, 20.
14 *BVerwG* v. 4.7.2019 – 7 C 31.17., Rn. 18 ff.
15 Diese Variante wurde auf die Empfehlung des Innenausschusses aus dem Regierungsentwurf gestrichen, vgl. *Kremer* CR 2017, 367, 367.
16 Vgl. Schaffland/Wiltfang-*Schaffland/Holthaus* § 34 BDSG Rn. 31.
17 Vgl. BeckOK DatenSR-*Schmidt/Wudy* § 34 BDSG Rn. 25; Gola/Heckmann-*Werkmeister* § 34 BDSG Rn. 10. Insoweit problematisch ist, dass der Verpflichtete faktisch die Möglichkeit hat, durch den Erlass entsprechender Satzungsnormen, den Auskunftsanspruch des Art. 15 auszuschließen. Vgl. BeckOK DatenSR-*Schmidt/Wudy* § 34 BDSG Rn. 26, 29, 38; kritisch auch Taeger/Gabel-*Koreng* § 34 BDSG Rn. 16.

dem aktiven Datenbestand bereits gelöscht wurden.[18] Der Begriff **Datenschutzkontrolle** erfasst die nachträgliche Prüfung der Rechtmäßigkeit von Datenverarbeitungsvorgängen durch den Verantwortlichen.[19] Die gespeicherten Daten müssen der Datensicherung bzw. der Datenschutzkontrolle hierbei **dienen**. Dem Wort „dienen" lässt sich entnehmen, dass die Datensätze tatsächlich zu den genannten Zwecken genutzt werden müssen; eine hypothetische Eignung reicht nicht aus.[20]

Da der Gesetzgeber davon ausgeht, dass von Daten, die zu den genannten, eng begrenzten Zwecken gespeichert sind und ausschließlich zu diesem Zweck verwendet werden können, nur ein geringes Gefährdungspotential ausgeht,[21] ist es erforderlich, dass die Daten **nur** aufgrund der **genannten Zwecke** gespeichert werden. Dies gilt nicht nur in inhaltlicher, sondern auch in zeitlicher Hinsicht. Werden die Daten länger als gesetzlich oder satzungsmäßig vorgeschrieben bzw. zur Datensicherung oder zur Datenschutzkontrolle benötigt gespeichert, greift die Ausnahmeregelung des § 34 Abs. 1 Nr. 2 lit. a BDSG nicht.[22] Außerdem hat der Verantwortliche, in Erweiterung der bisherigen Rechtslage, sicherzustellen, dass durch geeignete technische und organisatorische Maßnahmen eine **Verarbeitung zu anderen Zwecken ausgeschlossen** ist. Wann eine Maßnahme hierzu geeignet ist, ist sowohl von den technischen und organisatorischen Möglichkeiten des Verantwortlichen als auch von der Sensibilität der konkreten Daten abhängig. Denkbar wären hier die physische Trennung des entsprechenden Datenbestandes sowie eingeschränkte Zugriffsrechte.[23] **12**

Trotz eingeschränkter Nutzungszwecke ist die Beauskunftung nur dann ausgeschlossen, wenn die Auskunft einen **unverhältnismäßigen Aufwand** erfordert. Insofern ist in jedem Einzelfall eine Interessenabwägung zwischen dem Informationsinteresse des Betroffenen und dem Aufwand, der dem Verantwortlichen durch die konkrete Auskunft entsteht, vorzunehmen.[24] Bei der Ermittlung des Aufwands des Verantwortlichen sind die Kosten, die anfallen, um gesperrte und archivierte Daten der betroffenen Person verfügbar zu machen, zu berücksichtigen sowie mittelbare Kosten, die etwa durch die Notwendigkeit des Schwärzens von herauszugebenden **13**

---

18 BeckOK DatenSR-*Schmidt/Wudy* § 34 BDSG Rn. 33; Gola/Heckmann-*Werkmeister* § 34 BDSG Rn. 13; Schaffland/Wiltfang-*Schaffland/Holthaus* § 34 BDSG Rn. 33; Taeger/Gabel-*Koreng* § 34 BDSG Rn. 22.
19 BeckOK DatenSR-*Schmidt/Wudy* § 34 BDSG Rn. 34; Gola/Heckmann-*Werkmeister* § 34 BDSG Rn. 14; Schaffland/Wiltfang-*Schaffland/Holthaus* § 34 BDSG Rn. 34; Taeger/Gabel-*Koreng* § 34 BDSG Rn. 23.
20 BeckOK DatenSR-*Schmidt/Wudy* § 34 BDSG Rn. 35.
21 Vgl. BT-Drucks. 11/4306, S. 46 wo es hieß, dass durch die Herausnahme derartiger Daten aus dem Auskunftsanspruch schutzwürdige Interessen des Betroffenen nicht berührt würden. So Taeger/Gabel-*Koreng* § 34 Rn. 12; kritisch hierzu BeckOK DatenSR-*Schmidt/Wudy* § 34 BDSG Rn. 23.
22 BeckOK DatenSR-*Schmidt/Wudy* § 34 BDSG Rn. 27, 32; Gola/Heckmann-*Werkmeister* § 34 BDSG Rn. 11 f.
23 Vg. BT-Drucks. 18/11325, S. 104; BeckOK DatenSR-*Schmidt/Wudy* § 34 BDSG Rn. 37; Gola/Heckmann-*Werkmeister* § 34 BDSG Rn. 16; Kühling/Buchner-*Golla* § 34 BDSG Rn. 15.
24 Wolff/Brink-*Schmidt/Wudy* § 34 BDSG Rn. 36; Gola/Heckmann-*Werkmeister* § 34 BDSG Rn. 15.

E-Mails entstehen.[25] Das LG Heidelberg nimmt einen unverhältnismäßigen Aufwand des Verantwortlichen an, wenn die Wiederherstellung der Daten Kosten im Bereich von 4.000 EUR verursachen würde.[26] Auch die Notwendigkeit des Schwärzens von mehreren tausenden E-Mails, die eine Person über mehrere Wochen beschäftigen würde, begründet nach dem LG Heidelberg ein überwiegendes Interesse des Verantwortlichen. Dies gilt jedenfalls dann, wenn das Informationsinteresse des Betroffenen als gering einzustufen ist.[27] Für die Beurteilung dieses Interesses hat das Gericht im konkreten Fall nicht nur berücksichtigt, dass die Datenverarbeitung bereits neun Jahre zurück lag, sondern insbesondere auch, dass der Kläger seinen Auskunftsanspruch im Rahmen eines zivilrechtlichen Verfahrens geltend gemacht hat sowie dass er in der gerichtlichen Verhandlung, in der es um sein Auskunftsrecht ging, trotz Anordnung nicht erschien.[28]

14 Teilweise wird die Vereinbarkeit des § 34 Abs. 1 Nr. 2 BDSG mit den Vorgaben der DS-GVO, somit dessen **Unionsrechtskonformität**, angezweifelt.[29] Fraglich ist insoweit insbesondere, ob sich das Entfallen des Auskunftsrechts aufgrund des anfallenden Aufwandes bei geringem Gefährdungspotential der Daten unter eine der Spezifizierungsklauseln des Art. 23 Abs. 1 fassen lässt. Schließlich ist die Vermeidung unverhältnismäßiger Belastungen allein kein von Art. 23 Abs. 1 geschütztes Schutzziel. Für öffentliche Stellen könnte sich eine Rechtfertigung wohl über Art. 23 Abs. 1 lit. e, nämlich zum Schutze der Funktionsfähigkeit der öffentlichen Verwaltung ergeben. Eine Rechtfertigung für nichtöffentliche Stellen erscheint jedoch fraglich. Infrage kommen dürfte insoweit allenfalls Art. 23 Abs. 1 lit. i, namentlich die Rechte anderer Personen. Es ist allerdings schon nicht eindeutig geklärt, ob hierunter tatsächlich auch der Verantwortliche fällt.[30] Des Weiteren sind rein wirtschaftliche Interessen hiervon prinzipiell nicht geschützt.[31] Das Interesse, unverhältnismäßigen Aufwand zu vermeiden, ist aber grundsätzlich wirtschaftlicher Natur. Eine Einschränkung gestützt auf Art. 23 Abs. 1 lit. i erscheint daher jedenfalls nicht gesichert.[32]

---

25 BT-Drucks. 18/11325, S. 104.
26 *LG Heidelberg* v. 6.2.2020 – 4 O 6/19, Rn. 35. Das Gericht nimmt allerdings keinen ausdrücklichen Bezug zu § 34 BDSG, sondern erörtert die Unverhältnismäßigkeit unmittelbar im Zusammenhang mit Art. 15 DS-GVO. Vgl. hierzu auch *Schwartmann/Jacquemain* Data-Agenda Arbeitspapier 20 – Auskunft aus Backups.
27 *LG Heidelberg* v. 6.2.2020 – 4 O 6/19, Rn. 36.
28 *LG Heidelberg* v. 6.2.2020 – 4 O 6/19, Rn. 36.
29 Etwa *Schaar* Stellungnahme zum Entwurf der Bundesregierung für ein Datenschutz-Anpassungs- und -Umsetzungsgesetz EU – DSAnpUG-EU, Ausschuss-Drucks. 18(4)824 A, S. 3 und *Ehring* Stellungnahme zum Entwurf der Bundesregierung für ein Datenschutz-Anpassungs- und -Umsetzungsgesetz EU – DSAnpUG-EU, Ausschuss-Drucks. 18(4)824 B, S. 8 f. nehmen eine Unionsrechtswidrigkeit aus diesem Grund an.
30 Bejahend Kühling/Buchner-*Bäcker* Art. 23 Rn. 32; Paal/Pauly-*Paal* Art. 23 Rn. 42; a.A. *Johannes/Richter* DuD 2017, 300, 303 die argumentieren, dass die in Art. 23 genannten Rechte andernfalls zur freien Disposition des Gesetzgebers stünden.
31 Kühling/Buchner-*Bäcker* Art. 23 Rn. 32.
32 So auch Kühling/Buchner-*Golla* § 34 BDSG Rn. 9, 11; Taeger/Gabel-*Koreng* § 34 BDSG Rn. 14 hält eine Rechtfertigung des Abs. 1 Nr. 2 lit. a gestützt auf Art. 23 Abs. 2 1 lit. e zugunsten wichtiger Ziele des allgemeinen öffentlichen Interesses eines Mitgliedstaates für denkbar. In diesem Falle wäre die Ausnahmeregelung aber entsprechen restriktiv auszulegen; kritisch auch Paal/Pauly-*Paal* § 34 BDSG Rn. 2; a.A. Gola/Heckmann-*Werkmeister* § 34 BDSG Rn. 3 ff.

II. Modalitäten der Auskunftsverweigerung (§ 34 Abs. 2 BDSG)

§ 34 Abs. 2 BDSG konkretisiert die Modalitäten der Auskunftsverweigerung. § 34 Abs. 2 S. 1 BDSG statuiert eine spezielle interne **Dokumentationspflicht** der Ablehnung beim Verantwortlichen. Da es an ausdrücklichen Formerfordernissen und **inhaltlichen Anforderungen** fehlt, ist davon auszugehen, dass die Dokumentation prinzipiell in jedweder Art und Weise erfolgen kann, die einen objektivem Dritten in die Lage versetzt die Ablehnung nachzuvollziehen. In Betracht kommt somit sowohl eine Aktennotiz als auch ein eigenes Computer-Programm.[33] Sie kann von der Aufsichtsbehörde, nicht jedoch vom Betroffenen, abgefragt werden und dient neben der internen Verwendung der Rechtfertigung gegenüber dieser.[34] 15

Ferner ist nach § 34 Abs. 2 S. 2 BDSG gegenüber der betroffenen Person die Ablehnung entsprechend zu **begründen**. Ausdrücklich fordert § 34 Abs. 2 hierfür keine besondere Form. Nach der Gesetzesbegründung ist die Begründungspflicht eine Maßnahme zum Schutz der Rechte und Freiheiten der betroffenen Personen i.S.d. Art. 23 Abs. 2 lit. c, d, g, h, da die betroffene Person hierdurch in die Lage versetzt wird, die Ablehnung nachzuvollziehen und ggf. durch die Aufsichtsbehörde prüfen zu lassen.[35] Da auch eine mündliche Begründung prinzipiell geeignet ist die genannten Ziele zu erfüllen, erfordert auch der Zweck der Vorschrift **keine** besondere **Form**.[36] Der **Umfang** der Begründung richtet sich danach, inwieweit durch die Mitteilung der tatsächlichen und rechtlichen Gründe, auf die die Entscheidung gestützt wird, der mit der Auskunftsverweigerung verfolgte Zweck gefährdet würde. Durch diese Einschränkung der Begründungspflicht ist außer im Fall der Archivierung bzw. Datensicherung eine Begründung in der Regel entbehrlich oder auf einen allgemeinen, wenig transparenten Hinweis beschränkt. 16

§ 34 Abs. 2 S. 2 BDSG ist nach der hier vertretenen Ansicht in analoger Anwendung eine **Hinweispflicht** hinsichtlich der Möglichkeit des Betroffenen zu entnehmen, sich an den BfDI zu wenden. Eine Pflicht, auf die Beschwerdemöglichkeit bei einer Aufsichtsbehörde sowie auf gerichtliche Rechtsbehelfe hinzuweisen, ergibt sich zudem aus Art. 12 Abs. 4.[37] 17

Klarstellend enthält § 34 Abs. 2 BDSG zudem die Vorgabe, die für die Auskunftserteilung bzw. deren Vorbereitung gespeicherten Daten nur zu diesen Zwecken oder nach Maßgabe des Art. 18 zu verwenden. 18

III. Auskunft an den/die BfDI (Abs. 3)

Bei Nicht-Beauskunftung durch eine öffentliche Stelle kann unter den Voraussetzungen des § 34 Abs. 3 S. 1 eine Beauskunftung an den BfDI verlangt werden, der 19

---

33 BeckOK DatenSR-*Schmidt/Wudy* § 34 BDSG Rn. 45; Gola/Heckmann-*Werkmeister* § 34 BDSG Rn. 20.
34 Dies ergibt sich aus einer Gesamtschau der Regelungen in Abs. 2, vgl. BeckOK DatenSR-*Schmidt/Wudy* § 34 BDSG Rn. 43, 45; Gola/Heckmann-*Werkmeister* § 34 BDSG Rn. 18.
35 BT-Drucks. 18/11325, S. 104.
36 So auch Gola/Heckmann-*Werkmeister* § 34 BDSG Rn. 19, im Ergebnis auch BeckOK DatenSR-*Schmidt/Wudy* § 34 BDSG Rn. 50.
37 BT-Drucks. 18/11325, S. 104.

nun die Prüfung der Rechtmäßigkeit der Auskunftsverweigerung vornimmt.[38] Darüber hinaus ermöglicht die Mitteilung auch eine Prüfung der sonstigen im Einzelfall einschlägigen Datenschutzvorschriften durch den BfDI.[39] Mittelbar aus Abs. 3 S. 2 ergibt sich, dass der BfDI die betroffene Person nach Abschluss der datenschutzrechtlichen Prüfung, soweit nach Abs. 3 S. 2 zulässig, entsprechend informiert.[40]

20   Die Einschaltung des BfDI nach Abs. 3 erfordert ausdrücklich ein „**Verlangen**" des Betroffenen und ist daher nicht ohne oder gegen dessen Willen möglich.[41] Anders als der § 19 Abs. 5 BDSG a.F., enthält § 34 Abs. 3 BDSG jedoch keine **Hinweispflicht** der Behörde, die betroffene Person bei verweigerter Auskunft über diese Möglichkeit zu unterrichten. Diese ergibt sich, da der Gesetzgeber mit § 34 Abs. 3 an die bisherige Regelung in § 19 Abs. 6 BDSG a.F. anknüpfen wollte, nach der hier vertreten Auffassung aus einer analogen Anwendung des § 34 Abs. 2 S. 2 BDSG.[42]

21   Das Verlangen des Betroffenen, die entsprechenden Informationen dem BfDI zu übermitteln, beeinträchtigt das Auskunftsrecht gegenüber dem Verantwortlichen nicht. Vielmehr bestehen, insofern die Voraussetzungen gegeben waren, beide Rechte gleichberechtigt nebeneinander fort und es obliegt dem Betroffenen nach der Mitteilung des BfDI zu entscheiden, ob er gerichtliche Schritte einleitet oder hierauf verzichtet.[43]

IV. Mitwirkungspflichten bei nicht automatisierter Verarbeitung durch öffentliche Stellen (§ 34 Abs. 4 BDSG)

22   Eine Beschränkung des Auskunftsrechts durch Mitwirkungspflichten besteht schließlich nach § 34 Abs. 4 BDSG für Daten, die durch eine öffentliche Stelle weder automatisiert verarbeitet noch in einem Dateisystem gespeichert werden. Hierunter fallen insbesondere Akten oder Aktensammlungen sowie ihre Deckblätter, somit in Papierform abgelegte Dokumente, die nicht nach bestimmten Kriterien geordnet sind.[44]

23   In diesem Fall muss die betroffene Person **Angaben** machen, die das Auffinden der Daten ermöglichen, um dennoch eine Beauskunftung zu erhalten. Angaben, die das Auffinden ermöglichen, können etwa Aktenzeichen und Namen von Bearbeitern sein.[45] Maßstab ist hier ein **objektiver.** So dürfen bspw. Organisationsdefizite beim

---

38 Vgl. BeckOK DatenSR-*Schmidt/Wudy* § 34 BDSG Rn. 61; Gola/Heckmann-*Werkmeister* § 34 BDSG Rn. 25; Kühling/Buchner-*Golla* § 34 BDSG Rn. 19; Taeger/Gabel-*Koreng* § 34 BDSG Rn. 31.
39 So zum § 19 Abs. 6 a.F. Simitis-*Mallmann* § 19 Rn. 114.
40 Gola/Heckmann-*Werkmeister* § 34 BDSG Rn. 25; Kühling/Buchner-*Golla* § 34 BDSG Rn. 19.
41 BeckOK DatenSR-*Schmidt/Wudy* § 34 BDSG Rn. 60.
42 BeckOK DatenSR-*Schmidt/Wudy* § 34 BDSG Rn. 59; a.A. Gola/Heckmann-*Werkmeister* § 34 BDSG Rn. 23; Taeger/Gabel-*Koreng* § 34 BDSG Rn. 34.
43 So auch BeckOK DatenSR-*Schmidt/Wudy* § 34 BDSG Rn. 60; Gola/Heckmann-*Werkmeister* § 34 BDSG Rn. 25 – ausführlich zu den prozessualen Möglichkeiten des Betroffenen Taeger/Gabel-*Koreng* § 34 BDSG Rn. 30 ff.
44 Vgl BT-Drucks. 18/11325, S. 104 sowie ErwG 15 S. 3; BeckOK DatenSR-*Schmidt/Wudy* § 34 BDSG Rn. 69.
45 Kühling/Buchner-*Golla* § 34 BDSG Rn. 23.

Verantwortlichen nicht zu Lasten der betroffenen Person wirken.[46] Insoweit kann die Vorschrift auch **Vorwirkung** in der Form entfalten, dass Behörden verpflichtet werden, Abläufe in einer Art und Weise zu organisieren, die die Weitergabe zumindest nicht erschwert.

Die Norm ist darüber hinaus, wie schon der alte § 19 Abs. 1 BDSG a.F. im Lichte des Persönlichkeitsrechts aus Art. 2 Abs. 1 GG sowie des Grundgedankens des Art. 15 eines möglichst umfassenden Auskunftsanspruch dahingehend auszulegen, dass die Auskunft – vorbehaltlich eines unverhältnismäßig großen Aufwandes – auch dann erteilt werden muss, wenn es der betroffenen Person objektiv unmöglich ist die genannten Angaben zu machen.[47] 24

Der für die Erteilung der Auskunft erforderliche Aufwand darf dabei gem. § 34 Abs. 4 BDSG **nicht außer Verhältnis** zu dem von der betroffenen Person „geltend gemachten Informationsinteresse" stehen. Diese Formulierung bedeutet nicht etwa, dass der Betroffene verpflichtet sei, seine Beweggründe ausdrücklich darzulegen. Der Verpflichtete hat hier vielmehr wie auch i.R.d. § 34 Abs. 1 im Zweifelsfalle die typischerweise in Betracht kommenden Interessen in seine Abwägung einzustellen.[48] 25

Der Anspruch auf Beauskunftung ist nach § 34 Abs. 4 BDSG ausgeschlossen, **soweit** die erforderlichen Voraussetzungen nicht erfüllt sind. Der Auskunftsanspruch darf insoweit bei nur teilweiser Erfüllung der Beschränkungsvoraussetzungen nicht vollständig abgelehnt werden.[49] 26

Zwar liegt die genannte Form der Datensammlung gem. Art. 2 Abs. 1 außerhalb des Anwendungsbereichs der DS-GVO. Gem. § 1 Abs. 8 gilt das Auskunftsrecht aus Art. 15 aber auch für die nach Art. 2 Abs. 1 nicht von der DS-GVO umfassten Verarbeitungsvorgänge.[50] Da das Auskunftsrecht demnach nicht direkt aus der DS-GVO, sondern aus dem nationalen BDSG folgt, war der Gesetzgeber nicht auf einen Erlaubnistatbestand angewiesen, um von dieser abzuweichen.[51] 27

Abschnitt 3
Berichtigung und Löschung

Artikel 16 Recht auf Berichtigung

¹**Die betroffene Person hat das Recht, von dem Verantwortlichen unverzüglich die Berichtigung sie betreffender unrichtiger personenbezogener Daten zu verlangen.** ²**Unter Berücksichtigung der Zwecke der Verarbeitung hat die betroffene Person das Recht, die Vervollständigung unvollständiger personenbezogener Daten – auch mittels einer ergänzenden Erklärung – zu verlangen.**

---

46 BeckOK DatenSR-*Schmidt/Wudy* § 34 BDSG Rn. 71; Gola/Heckmann-*Werkmeister* § 34 BDSG Rn. 28; Taeger/Gabel-*Koreng* § 34 BDSG Rn. 41.
47 BeckOK DatenSR-*Schmidt/Wudy* § 34 BDSG Rn. 71.
48 BeckOK DatenSR-*Schmidt/Wudy* § 34 BDSG Rn. 72.
49 BeckOK DatenSR-*Schmidt/Wudy* § 34 BDSG Rn. 70.
50 BT-Drucks. 18/11325, S. 104.
51 BT-Drucks. 18/11325, S. 105; BeckOK DatenSR-*Schmidt/Wudy* § 34 BDSG Rn. 7, 66; Gola/ Heckmann-*Werkmeister* § 34 BDSG Rn. 27; Taeger/Gabel-*Koreng* § 34 BDSG Rn. 36.

Art. 16 Recht auf Berichtigung

- *ErwG: 65*
- *BDSG n. F.: §§ 58 und 75 regeln das Recht auf Berichtigung im Hinblick auf die Richtlinie 2016/680. Ähnliche Regelungen in Bezug auf spezifische Rechtsbereiche bestehen in § 84 SGB X, § 489 StPO und § 32 BKAG.*

Übersicht

	Rn		Rn
A. Einordnung und Hintergrund	1	2. Unvollständige personenbezogene Daten	14
I. Normengenese und -umfeld	1	a) Unvollständigkeit	14
1. DSRL	1	b) Zweckbindung	15
2. BDSG a.F.	2	c) Ergänzende Erklärung	16
B. Kommentierung	3	3. Unverzügliche Berichtigung	17
I. Art. 16 Allgemein	3	4. Beschränkungen	19
II. Anwendungsbereich	5	5. Durchsetzung	21
1. Unrichtige personenbezogene Daten	5	a) Adressat der Verpflichtung	21
a) Tatsachen	5	b) Darlegungs- und Beweislast	23
b) Unrichtigkeit	7	c) Rechtsschutz	24
c) Non liquet	9	C. Praxishinweise	25
d) Auswirkung auf „Fake News", Äußerungsrecht und das NetzDG	10	I. Relevanz für betroffene Personen	25
e) Aktivlegitimation der Berichtigungspflicht	11	II. Relevanz für das Datenschutzmanagement	26

Literatur: *Franck* Das System der Betroffenenrechte nach der Datenschutz-Grundverordnung, RDV 2016, 111; *Ory/Weth* Betroffenenrechte in der Justiz – Die DS-GVO auf Konfrontationskurs mit der ZPO?, NJW 2018, 2829; *Piltz* Die Datenschutz-Grundverordnung, Teil 2: Rechte der Betroffenen und korrespondierende Pflichten des Verantwortlichen, K&R 2016, 629.

A. Einordnung und Hintergrund

I. Normengenese und -umfeld

1 **1. DSRL.** Art. 12 lit. b DSRL sah vor, dass jede betroffene Person das Recht hatte, vom für die Verarbeitung Verantwortlichen je nach Fall die Berichtigung, Löschung oder Sperrung von Daten, deren Verarbeitung mit den Vorgaben der DSRL unvereinbar war – insbesondere wenn die Daten unvollständig oder unrichtig waren – zu verlangen.

2 **2. BDSG a.F.** Das BDSG a.F. regelte in § 35 Abs. 1 S. 1 die Verpflichtung, unrichtige personenbezogene Daten zu berichtigen. Dabei wurde nicht zwischen unrichtigen und unvollständigen Daten differenziert. Die Vervollständigung von unvollständigen Daten wurde nicht ausdrücklich erwähnt, aber unter die Berichtigung von Daten gefasst.[1] Es bestand ein Recht des Betroffenen (§ 6 Abs. 1 BDSG a.F.) und eine Verpflichtung des Verantwortlichen, unrichtige Daten zu berichtigen. Wurden Daten geschätzt, musste das nach § 35 Abs. 1 S. 2 BDSG a.F. deutlich gekennzeichnet werden.

---

[1] So wohl Plath-*Kamlah* § 35 BDSG Rn. 11 und Gola/Schomerus-*Gola/Klug/Körffer* § 20 Rn. 6. Dass die Vervollständigungspflicht aber über die Regeln des BDSG hinausgeht, meint Paal/Pauly-*Paal* Art. 16 Rn. 22.

Eine entsprechende ausdrückliche Regelung findet sich in der DS-GVO nicht (siehe unter Rn. 7). Über die in der DS-GVO vorgesehenen Möglichkeiten hinausgehend statuierte § 35 Abs. 6 BDSG a.F. die Verpflichtung des Verantwortlichen, auf Verlangen des Betroffenen unrichtige Daten, die im Rahmen der geschäftsmäßigen Datenspeicherung zum Zweck der Übermittlung aus allgemein zugänglichen Quellen entnommen wurden, mit einer Gegendarstellung zu versehen.

B. Kommentierung

I. Art. 16 Allgemein

Um die nach Kapitel III der DS-GVO zu schützenden Rechte des Betroffenen zu stärken, gibt Art. 16 S. 1 der betroffenen Person ein subjektives Recht auf Berichtigung unrichtiger personenbezogener Daten an die Hand.[2] S. 2 beinhaltet ein Recht auf Vervollständigung unvollständiger personenbezogener Daten und ergänzt damit den Berichtigungsanspruch. Im Gesamtgefüge der Betroffenenrechte in Kapitel III der DS-GVO basiert das Berichtigungsrecht auf dem Auskunftsrecht nach Art. 15, da es die Kenntnis des Betroffenen von der Unrichtigkeit der Daten voraussetzt. Freilich kann der Betroffene auch auf andere Weise Kenntnis von einer Unrichtigkeit erlangen, etwa wenn ihm ein Ergebnis einer auf falschen Daten beruhenden Verarbeitung mitgeteilt wird. Art. 16 wird in der Literatur teilweise als „spezieller Unterlassungsanspruch"[3] bezeichnet. Die betroffene Person kann in den Datenverarbeitungsprozess intervenieren und somit selbst zum Schutz ihrer Daten beitragen.[4]

3

Ein Zusammenhang besteht zu Art. 5 Abs. 1 lit. d, in dem die Richtigkeit der personenbezogenen Daten im Hinblick auf deren Verarbeitung gefordert wird. Dass Art. 5 die Grundsätze der Datenverarbeitung regelt, verpflichtet den Verantwortlichen – unabhängig von der Geltendmachung eines Berichtigungsanspruchs – dazu, unrichtige Daten zu berichtigen oder ggf. zu löschen.[5] Die Durchsetzung des Berichtigungsrechts liegt also nicht allein in der Hand des Betroffenen, sondern ist eine primäre Pflicht des Verantwortlichen.[6] Im Zusammenhang mit der Berichtigung der Daten ergibt sich aus Art. 19 die Pflicht des Verantwortlichen, alle Empfänger der nunmehr berichtigten Daten über die Berichtigung und auch den Betroffenen über die Empfänger der Daten zu informieren (siehe dazu die Kommentierung zu Art. 19). Dadurch wird die umfassende Wirkung des Berichtigungsrechts gewährleistet.[7] Das Recht auf Löschung („Recht auf Vergessenwerden") gem. Art. 17 steht dem Betroffenen alternativ zum Recht auf Berichtigung und Vervollständigung – je nach Interessenlage – zur Verfügung.[8] Primärrechtlich ist das Berichtigungsrecht in Art. 8 Abs. 2 GRCh verankert, der das Recht der betroffenen Person statuiert, die Berichtigung der Daten zu erwirken.

4

---

2 Ehmann/Selmayr-*Kamann/Braun* Art. 16 Rn. 2; Kühling/Buchner-*Herbst* Art. 16 Rn. 2.
3 So *Franck* RDV 2016, 111, 115; BeckOK DatenSR-*Worms* Art. 16 Rn. 40 geht von einem „(öffentlich-rechtlichen) Folgenbeseitigungsanspruch" aus.
4 Gola-*Reif* Art. 16 Rn. 1.
5 Gola-*Reif* Art. 16 Rn. 6.
6 Gola-*Reif* Art. 16 Rn. 6.
7 So auch Ehmann/Selmayr-*Kamann/Braun* Art. 16 Rn. 9.
8 Ehmann/Selmayr-*Kamann/Braun* Art. 16 Rn. 7.

II. Anwendungsbereich

5 **1. Unrichtige personenbezogene Daten. – a) Tatsachen.** Das objektive Erfordernis der Unrichtigkeit personenbezogener Daten impliziert die Beweiszugänglichkeit und damit das Vorliegen von Tatsachen. Tatsachen sind gegenwärtige oder vergangene Zustände, die dem Beweis zugänglich sind.[9] Insoweit sind sie abzugrenzen von Werturteilen, die eine Stellungnahme des Dafür- oder Dagegenhaltens darstellen.[10] Auch Werturteile können personenbezogene Daten sein, indem sie i.S.d. Art. 4 Nr. 1 Rückschlüsse auf eine identifizierte oder identifizierbare natürliche Person zulassen. Da diese aber die subjektive Beziehung zu einer Tatsache verkörpern, können sie dem Beweis nicht zugänglich und damit ferner nicht richtig oder unrichtig sein.[11]

6 Die Grenze zwischen Tatsachen und Werturteilen kann im Einzelfall fließend und schwer zu ziehen sein.[12] Demnach muss – im Interesse des Betroffenen sowie der Allgemeinheit an der effektiven Rechtsdurchsetzung des Datenschutzes – das Recht aus Art. 16 auch Werturteile tatbestandlich umfassen, sofern diese auf Tatsachen zurückzuführen sind und im Ergebnis den Betroffenen gleichermaßen beeinträchtigen können.[13] Das kann der Fall sein, wenn Tatsachen die Grundlage einer (subjektiven) Bewertung sind, die für den Betroffenen nicht nachvollziehbar sind und der Verantwortliche zu einer selbstständigen Beurteilung, die gerichtlicher Überprüfung nicht zugänglich ist, ermächtigt ist.[14] Einer uferlosen Ausweitung des Anwendungsbereichs von Art. 16 kann auf der Rechtsfolgenseite begegnet werden, indem im konkreten Einzelfall eine Abwägung zwischen dem Interesse des Betroffenen an der Berichtigung und den Interessen Dritter – wie bspw. die Meinungsfreiheit – vorgenommen wird.[15] Sinn und Zweck von Art. 16 ist es nicht, die in der nationalen und europäischen Rechtsprechung zum Äußerungs- bzw. Presserecht gefundene Balance zu verändern. In allen anderen Rechtsbereichen, insbesondere bei der Speicherung von unrichtigen Daten von Arbeitgebern, Kunden, Vertragspartnern und Werbesubjektiven, muss mit einer eher großzügigen Auslegung des Begriffs der Tatsache gerechnet werden.

7 **b) Unrichtigkeit.** Tatsachen sind dann unrichtig, wenn sie in Widerspruch mit der Wirklichkeit stehen und damit nicht der objektiven Sachlage entsprechen. Ein falscher oder falsch geschriebener Name, eine falsche oder nicht mehr aktuelle Adresse sowie ein falsch datiertes Geburtsdatum stellen die Wiedergabe unrichtiger Tatsachen dar und unterfallen dem Berichtigungsanspruch.[16] Nicht mehr aber ehemals richtige Daten unterfallen damit ebenso dem Berichtigungsanspruch. Art. 5 Abs. 1 lit. d erfordert, dass die Daten „erforderlichenfalls auf dem neuesten Stand" sein müssen, womit

---

9 *BGH* v. 25.11.1997 – VI ZR 306/96, juris, Rn. 29; *BGH* v. 24.1.2006 – XI ZR 384/03, juris, Rn. 63.
10 Vgl. BVerfGE 7, 198, 210 = NJW 1958 257; ferner auch Kühling/Buchner-*Herbst* Art. 16 Rn. 8.
11 Gola-*Reif* Art. 16 Rn. 10.
12 So z.B. auch EGMR v. 13.11.2003 – Nr. 39394/98, ECHR 2003-XI Rn. 40 – Scharsach und News Verlagsgesellschaft/Österreich.
13 Ehmann/Selmayr-*Kamann/Braun* Art. 16 Rn. 20 und Kühling/Buchner-*Herbst* Art. 16 Rn. 9; siehe dazu ferner *EuGH* v.17.7.2014 – C-141/12 und C-372/12, ECLI:EU:C:2014:2081, Y.S., Rn. 45.
14 So Kühling/Buchner-*Herbst* Art. 16 Rn. 9.
15 Ehmann/Selmayr-*Kamann/Braun* Art. 16 Rn. 21, 32.
16 Ehmann/Selmayr-*Kamann/Braun* Art. 16 Rn. 14.

sie dann – aber auch nur dann – korrigiert werden müssen, wenn sie für den aktuellen Sachverhalt relevant sind; ein Berichtigungsanspruch für die Vergangenheit, der keinen Bezug zur Gegenwart aufweist, ist nicht sinnvoll und würde die Verpflichtung des Verantwortlichen vor nahezu unmögliche Aufgaben stellen.[17] Unrichtig können Daten auch dann sein, wenn die an sich richtigen Daten ihren erforderlichen Bezug verlieren, aus dem Kontext gerissen werden und damit eine nicht der Wirklichkeit entsprechende Wahrnehmung ermöglichen.[18] Im Gegensatz zu § 35 Abs. 1 S. 2 BDSG a.F. ordnet Art. 16 keine Verpflichtung des Verantwortlichen an, geschätzte Daten entsprechend zu kennzeichnen. Das Erfordernis der Richtigkeit der Datenverarbeitung impliziert aber bereits eine solche Kennzeichnungspflicht, da ansonsten die Gefahr bestünde, dass die durch Schätzung ermittelten Daten in Bezug zu einer Person gesetzt und nicht als geschätzte Daten, die auf einer Wahrscheinlichkeitsanalyse basieren, erkannt würden. In welchem Maß die Daten unrichtig sein müssen, kann nur für den Einzelfall bestimmt werden.[19] Auch eine geringfügige Unrichtigkeit in der Schreibweise eines Namens kann zu Unstimmigkeiten und Verwechslungen führen.[20]

Laut Hamburger OVG liegt gleichwohl kein Anspruch eines Beamten auf Berichtigung alter Daten aus der Personalakte vor, wenn diese zum Zeitpunkt der Datenerfassung richtig waren. Dem Fall lag der Sachverhalt eines Beamten zugrunde, der sich einer Geschlechtsumwandlung unterzog und fortan nach Transsexuellengesetz einen anderen Vornamen trug. Da die Namensänderung aber nicht ex tunc wirke, wie das Gericht feststellte, müssen alte Einträge mit dem damals richtigen Namen nicht korrigiert werden.[21] Art. 16 gewährt folglich kein Recht auf Änderung von Altdaten, die zu dem Zeitpunkt ihrer Verarbeitung richtig waren. Insbesondere wenn eine Datenbank den Zweck hat, Altdaten zu speichern, um in einer Änderungshistorie sämtliche Änderungen sichtbar machen zu können, muss dies einem Anspruch aus Art. 16 entgegenstehen. Dies ergibt sich auch aus dem Prinzip der Datenrichtigkeit i.S.v. Art. 5 Abs. 1 lit. d.[22] 8

c) Non liquet. Soweit ein Dissens zwischen Betroffenem und Verarbeiter über die Richtigkeit einer Information besteht, muss die Verarbeitung zunächst gem. Art. 18 bis zu einer Klärung eingeschränkt werden. In einer Situation, in der der Verantwortliche nach der Prüfung zu der Überzeugung gelangt, dass die Richtigkeit bzw. Falschheit der Tatsache nicht geklärt werden kann („non liquet") besteht kein Anspruch auf Berichtigung nach Art. 16. Die generellen Regelungen in der DS-GVO über Rechenschaftspflicht als Art. 5 Abs. 2 (siehe Art. 5 Rn. 80 ff.) und der Verschuldensvermutung aus Art. 82 (siehe Art. 82 Rn. 30 ff.) sind auf den Anspruch des Betroffenen aus Art. 16 nicht anwendbar. Fraglich ist jedoch, ob die Einschränkung der Verarbeitung nach Art. 18 in einem solchen Fall fortbesteht. Aus dem klaren Wortlaut des Art. 18 Abs. 1 lit. a ergibt sich, dass die Einschränkung der Verarbeitung nur für die Dauer der Überprüfung gilt. Kommt die Überprüfung zu dem Ergebnis, dass sich die Falschheit einer 9

---

17 Gola-*Reif* Art. 16 Rn. 12; ähnlich Ehmann/Selmayr-*Kamann/Braun* Art. 16 Rn. 17.
18 Ehmann/Selmayr-*Kamann/Braun* Art. 16 Rn. 3, 14.
19 So können auch nach Ehmann/Selmayr-*Kamann/Braun* Art. 16 Rn. 16 marginale Unrichtigkeiten und Bagatellfehler unrichtig sein.
20 Gola-*Reif* Art. 16 Rn. 13.
21 *OVG Hamburg* v. 27.5.2019, NVwZ 2019, 1532–1536, Rn. 21 f.; s. hierzu *Hrube* juris PR-ITR 21/2019.
22 So auch Simitis/Hornung/Spiecker gen. Döhmann-*Roßnagel* Art. 5 Rn. 141.

Tatsache nicht nachweisen lässt, so darf eine weitere Verarbeitung nach dem ursprünglichen Zweck weiter erfolgen.[23] Soweit die ursprüngliche Verarbeitung im Rahmen einer Interessenabwägung (etwa auf Basis von Art. 6 Abs. 1 lit. f) gerechtfertigt war, muss nun im Rahmen einer erneuten Abwägung berücksichtigt werden, dass die Tatsache möglicherweise falsch ist. Jedenfalls in Fällen mit Bezug zum Äußerungs- und Presserecht müssen im Sinne der Meinungs- und Pressefreiheit personenbezogene Tatsachenbehauptungen, die nur möglicherweise falsch sind, weiter bzw. wieder online gestellt werden.

10 **d) Auswirkung auf „Fake News", Äußerungsrecht und das NetzDG.** Ohne dass dies beabsichtigt war – jedenfalls lässt sich dies weder aus den Erwägungsgründen noch aus den Vorentwürfen erkennen –, wird Art. 16 die gelebte Praxis des Äußerungsrechts, insbesondere mit Bezug zu typischerweise tatsachenbasierten **„Fake News"**, deutlich verändern. Während gerade die strengen Pflichten zur Löschung von rechtswidrigen Inhalten gem. § 3 Abs. 2 NetzDG zu großer Kritik und verfassungsrechtlichen Bedenken geführt haben,[24] wird eine konsequente Anwendung von Art. 16 bei „Fake News" zu weitaus drastischeren Folgen führen. Denn zum einen ist schon bei der Behauptung der „Falschheit" einer Tatsache gem. Art. 18 Abs. 1 lit. a eine „Einschränkung der Verarbeitung", also die Herausnahme einer Information aus einem Foreninhalt, vorzunehmen. Damit wird die Zeitvorgabe aus § 3 Abs. 2 Nr. 3 NetzDG („in der Regel innerhalb von sieben Tagen nach Eingang der Beschwerde") ad absurdum geführt. Zum anderen wird die abweichende Beurteilung der Beweislast im Datenschutzrecht insbesondere bei **non liquet** zu einer Praxis **in dubio pro** Löschung der (behaupteten) „Fake News" führen. Die Grenze dieser neuen Möglichkeiten im Äußerungsrecht dürfte allenfalls in der Pressefreiheit (siehe hierzu Art. 85 Rn. 43) zu suchen sein.[25]

11 **e) Aktivlegitimation der Berichtigungspflicht.** Berichtigungsgegenstand sind – ausweislich des Wortlautes – nur die die Person betreffenden personenbezogenen Daten. Derjenige, der den Berichtigungsanspruch ausübt, muss also auch derjenige sein, auf den sich die personenbezogenen Daten beziehen. Ein Dritter kann nicht die Berichtigung personenbezogener Daten verlangen, die mit seiner Person nicht in Verbindung stehen; insoweit ist auch ein Popularrecht ausgeschlossen.[26]

---

23 Siehe zu diesem Thema, das zumeist auf Ebene von Art. 18 diskutiert wird, auch BeckOK DatenSR-*Worms* Art. 18 Rn. 35. Gegen ein Recht auf Einschränkung der Verarbeitung im Falle eines **non liquet** spricht sich Paal/Pauly-*Paal* Art. 18 Rn. 3 – ohne nähere Begründung – aus. Zur Beweislast in diesem Zusammenhang Kühling/Buchner-*Herbst* Art. 18 Rn. 13.
24 Siehe etwa *Weberling* NJ 2017, 407; *Nolte* ZUM 2017, 552; *Heckmann/Wimmers* CR 2017, 310; *Elsaß/Labusga* CR 2017, 234; siehe zudem *Ladeur/Gostomzyk* Gutachten zur Verfassungsmäßigkeit des Entwurfs eines Gesetzes zur Verbesserung der Rechtsdurchsetzung in sozialen Netzwerken (Quelle: https://www.bitkom.org/Bitkom/Publikationen/Zur-Verfassungsmaessigkeit-des-Netzwerkdurchsetzungsgesetzes-Ergebnisse-eines-Gutachtens.html).
25 Nach teilweise vertretener Ansicht besteht hier gesetzgeberischer Handlungsbedarf, da die derzeitige Regelung aus § 57 RStV einen pauschalen Vorrang für die Pressefreiheit regelt, ohne die nach Art. 85 geforderte Abwägung im Einzelfall zu berücksichtigen (so Kühling/Buchner-*Buchner/Tinnefeld* Art. 85 Rn. 31 ff.; *Albrecht/Janson* CR 2016, 500, 508; a.A. wohl Gola-*Pötters* Art. 85 Rn. 22).
26 Ehmann/Selmayr-*Kamann/Braun* Art. 16 Rn. 23.

Noch keine befriedigende Lösung zeichnet sich für das Problem ab, dass eine Vielzahl von Daten nur mit einer gewissen Wahrscheinlichkeit einer Person zugerechnet werden können. Wem ist die (dynamische oder statische) IP-Adresse zuzuordnen? Demjenigen, der die Webseite aufgerufen hat, oder dem Anschlussinhaber?[27] Wem ist die festgestellte Nutzung des Herds zu einem bestimmten Zeitpunkt in einem Smartphone zuzuordnen?[28] Wer sitzt in dem Car-Sharing-Kfz, dessen Kennzeichen auf einem Parkplatz aufgenommen wurde? Gerade aufgrund der sehr weiten Auslegung des Begriffes des Personenbezuges in der Rechtsprechung (Art. 4 Rn. 36) muss in vielen Fällen von einem Personenbezug ausgegangen werden, obwohl dieser für einen Verantwortlichen kaum zu ermitteln ist. Hieraus ergibt sich die Frage, ab welchem Grad der Wahrscheinlichkeit eine Tatsache unrichtig ist (**wahrscheinlich** wurde der Internetzugang soeben durch das jüngste Kind verwendet). 12

Angesichts der Komplexität und auch der Effektivität des Datenschutzes dürfen die Grenzen des Anwendungsbereichs allerdings auch nicht zu eng gezogen werden. Das bedeutet, dass Daten, die nicht ausschließlich denjenigen, der den Berichtigungsanspruch geltend macht, sondern auch einen Dritten betreffen, ebenso berichtigt werden müssen, sofern diese unrichtig sind.[29] Auch wenn sich nur aus S. 1 der Bezug auf die Berichtigung der die Person betreffenden unrichtigen personenbezogenen Daten ergibt, muss dieser Gedanke konsequenterweise auch auf den Vervollständigungsanspruch des S. 2 bezogen werden, um einen gleichmäßigen und sich ergänzenden Anwendungsbereich zu gewährleisten.[30] 13

2. Unvollständige personenbezogene Daten. – a) Unvollständigkeit. Art. 16 S. 2, der die Unvollständigkeit der Daten voraussetzt, ist gegenüber S. 1 spezieller, was sich auch aus der allgemein gehaltenen Überschrift des Art. 16 und der fehlenden Differenzierung zwischen **unrichtig** und **unvollständig** in Art. 5 lit. d ergibt.[31] Über die Unvollständigkeit von Daten muss im konkreten Einzelfall und damit unter Berücksichtigung der Zwecke der Datenverarbeitung entschieden werden.[32] Erforderlich ist, dass die Daten als solche richtig sind (da sie ansonsten in den Anwendungsbereich des S. 1 fallen würden), aber nur in einer Gesamtschau zu einer objektiv richtigen Aussage werden.[33] Wenn es im Rahmen der Datenverarbeitung zu einer falschen Einschätzung von Tatsachen kommt, die auf fehlenden Daten und damit fehlender Information beruht, müssen diejenigen Daten ergänzt werden, die zu einer richtigen Einschätzung benötigt werden. Als Beispiel kommt die Übermittlung von personenbezogenen Daten, die sich auf das Vorliegen einer Schuld beziehen, aber nicht die Gegenrechte gegen den Schuldgrund oder die -höhe beinhalten, in Betracht.[34] Dadurch ergäbe sich die Erkenntnis, dass der Betroffene eine Verpflichtung zur einredefreien Erfüllung hat 14

---

27 *Keppeler* CR 2016, 360, 362 ff.; *Keppeler* CR 2017, 662, 666.
28 *Keppeler* EnWZ 2016, 99, 101 f.
29 Ehmann/Selmayr-*Kamann*/*Braun* Art. 16 Rn. 23, die als Beispiel einen Kommunikationsvorgang nennen.
30 Ehmann/Selmayr-*Kamann*/*Braun* Art. 16 Rn. 38.
31 So Kühling/Buchner-*Herbst* Art. 16 Rn. 4.
32 Gola-*Reif* Art. 16 Rn. 14; Ehmann/Selmayr-*Kamann*/*Braun* Art. 16 Rn. 36.
33 Ehmann/Selmayr-*Kamann*/*Braun* Art. 16 Rn. 36.
34 Dieses Beispiel findet sich bei Gola-*Reif* Art. 16 Rn. 14 unter Verweis auf Simitis-*Mallmann* § 35 Rn. 15 und Wolf/Brink-*Brink* § 35 BDSG Rn. 12.

Art. 16 — Recht auf Berichtigung

und sich nicht etwa auf Verjährung berufen kann. In der Praxis kann sich dies vor allem im Rahmen von (unvollständigen) Eintragungen in Personalakten auswirken.

15 **b) Zweckbindung.** Das **Vervollständigungsrecht** aus S. 2 hat die betroffene Person nur unter Berücksichtigung der Zwecke der Verarbeitung. Dieses Erfordernis wurde erst im laufenden Gesetzgebungsverfahren auf Vorschlag des Rates aufgenommen.[35] Die in S. 2 genannte Zweckbindung dient einerseits dazu, der treuwidrigen Geltendmachung des Vervollständigungsanspruchs vorzubeugen sowie andererseits das Interesse des Betroffenen und des Verantwortlichen auszugleichen.[36]

16 **c) Ergänzende Erklärung.** Der Betroffene kann die Vervollständigung unvollständiger Daten auch mittels einer ergänzenden Erklärung – oder wie es der Kommissionsentwurf nannte: „einem Korrigendum"[37] – verlangen. Das ist die über die dafür vorhandenen Möglichkeiten des Verantwortlichen hinausgehende Verpflichtung, die Daten situationsgerecht darzustellen und dient der Erläuterung sowie der Richtigstellung der Information.[38]

17 **3. Unverzügliche Berichtigung.** Hinsichtlich der unverzüglichen Berichtigung ist nur auf den Adressaten des Berichtigungsanspruchs abzustellen und nicht auf die Geltendmachung durch den Betroffenen.[39] Das wird einerseits durch die Satzstellung in Art. 16 deutlich sowie durch den ErwG 59, der die unverzügliche Pflichterfüllung des Verantwortlichen verdeutlicht.[40] Auch wenn die Unverzüglichkeit nur in S. 1 – der Berichtigungspflicht – genannt ist, stellt sie – in Anbetracht des gleichen Zwecks der Pflichten aus Art. 16 – ebenso einen zeitlichen Maßstab für die Vervollständigungspflicht aus S. 2 dar.[41] Die unverzügliche Berichtigung muss ohne schuldhaftes Zögern so erfolgen, dass dem Verantwortlichen kein Verschuldensvorwurf gemacht werden kann.[42] Das europäische Begriffsverständnis der Unverzüglichkeit als zeitliche Verschuldenskomponente stimmt insofern mit dem des § 121 Abs. 1 BGB überein.[43]

Im Kontext mit der unverzüglichen Berichtigungspflicht ist Art. 12 Abs. 3 zu sehen, wonach der Verantwortliche der betroffenen Person Informationen über den Antrag nach Art. 16 innerhalb eines Monats nach Eingang des Antrags bereitstellen muss. Daraus ergibt sich, dass ein (mehr als) einmonatiges Zuwarten in jedem Fall die Ausnahme darstellen soll.[44] Erfordert die Prüfung indes eine entsprechende Zeit, etwa weil gem. der Rechtsprechung zur Löschung von (möglicherweise) unzutreffenden Foreneinträgen zunächst derjenige angehört werden soll, der den Forenbeitrag veröffentlicht hat,[45] muss in Einzelfällen auch eine längere Zeitspanne gewährt werden.

---

35 Vgl. Rats-Dok. Nr. 9565/15 Art. 16 und BeckOK DatenSR-*Worms* Art. 16 Rn. 37, 50.
36 Ehmann/Selmayr-*Kamann/Braun* Art. 16 Rn. 37.; Kühling/Buchner-*Herbst* Art. 16 Rn. 27.
37 Legislative Entschließung des Europäischen Parlaments v. 12.3.2014, COM (2012)0011 – C7-0025/2012 – 2012/0011 (COD), Art. 16.
38 Ehmann/Selmayr-*Kamann/Braun* Art. 16 Rn. 42.
39 Kühling/Buchner-*Herbst* Art. 16 Rn. 22.
40 Kühling/Buchner-*Herbst* Art. 16 Rn. 22.
41 BeckOK DatenSR-*Worms* Art. 16 Rn. 62; Paal/Pauly-*Paal* Art. 16 Rn. 20.
42 Gola-*Reif* Art. 16 Rn. 18.
43 Gola-*Reif* Art. 16 Rn. 18.
44 Kühling/Buchner-*Herbst* Art. 16 Rn. 24.; ähnlich auch Paal/Pauly-*Paal* Art. 16 Rn. 17.
45 Siehe *BGH* GRUR 2012, 311 zur Erforderlichkeit der Stellungnahme des Verfassers eines Blogs und einer etwaigen Replik des Betroffenen.

Bedarf der Verantwortliche einer längeren Zeit, um die Unrichtigkeit der Daten zu **18** überprüfen und diese zu korrigieren, dann kann der Betroffene dem unsicheren Zustand durch die Ausübung seines Rechts auf Einschränkung der Verarbeitung gem. Art. 18 Abs. 1 lit. a begegnen.[46] Dass der Gesetzgeber die Möglichkeit der Sperrung als Zwischenlösung bereits berücksichtigt hat, zeigt, dass ein „unverzügliches" Berichtigen keinesfalls stets als „sofortiges" und „unmittelbares" Berichtigen zu verstehen ist. Rechtsfolge wäre, dass die Datenverarbeitung angehalten wird und nur aufgrund bestimmter in Art. 18 Abs. 2 genannter Voraussetzungen weiterverfolgt werden darf. Ein nachweislich falscher Eintrag in einem Forum, ein unrichtiger Tweed und ähnliche Diskussionsbeiträge im Internet müssten von dem jeweiligen Plattformbetreiber – soweit dieser Verantwortlicher ist, was in der Regel der Fall sein dürfte, – also schnell **offline** genommen und nach Art. 18 nur noch eingeschränkt verarbeitet werden, bis eine endgültige Klärung herbeigeführt ist. Gerade in solchen Fällen ist die strenge Begrenzung der Anwendbarkeit auf Tatsachen freilich besonders wichtig, um die Meinungsfreiheit nicht auszuhebeln. Für falsche Tatsachen in Bewertungsportalen steht mit Art. 16 ein ganz neues Instrument bereit, welches nicht an die Störereigenschaft eines Portalbetreibers, sondern an die datenschutzrechtliche Verantwortlichkeit anknüpft.[47]

4. Beschränkungen. Das Recht auf Berichtigung und Vervollständigung wird nicht **19** unbeschränkt gewährleistet. Art. 23 eröffnet die Möglichkeit, durch europäische oder nationale Rechtsvorschriften das Recht aus Art. 16 zu beschränken, sofern dies bspw. zur Sicherstellung der nationalen Sicherheit oder anderen in Art. 23 genannten Zwecken erforderlich ist (siehe dazu die Kommentierung zu Art. 23). Eine weitere Beschränkung kann Art. 16 aufgrund des Art. 89 Abs. 2 und 3 erfahren, wenn der europäische oder nationale Gesetzgeber Ausnahmevorschriften im Hinblick auf die Verarbeitung personenbezogener Daten zu wissenschaftlichen, historischen, forschenden oder statistischen Zwecken vorsieht.

Das Recht aus Art. 16 wird nicht dadurch beschränkt, dass der Betroffene ursprüng- **20** lich selber falsche Angaben gemacht hat; insoweit ist ein „Mitverschulden" nicht berücksichtigungsfähig.[48] Auch ist der Anspruch nicht von einem Verschulden des Verantwortlichen für die Unrichtigkeit oder Unvollständigkeit der Daten abhängig.[49]

5. Durchsetzung. – a) Adressat der Verpflichtung. Ausweislich des Wortlauts ist der **21** Verantwortliche (und nicht der Auftragsverarbeiter) Adressat der Berichtigungs- und Vervollständigungspflicht. In diesem Zusammenhang besteht für den Verantwortlichen gem. Art. 12 Abs. 2 die Pflicht, die Ausübung des Rechts aus Art. 16 zu erleichtern. Schon das Einrichten einer Hürde wie z.B. die Information, dass Berichtigungsanträge nur postalisch empfangen werden, kann folglich zu einem Verstoß gegen Art. 12 Abs. 2 und somit zu einem Bußgeld führen (siehe Art. 12 Rn. 42).

Der Verantwortliche ist gem. Art. 5 Abs. 1 lit. d dazu verpflichtet, die Richtigkeit der **22** personenbezogenen Daten zu gewährleisten. Ihn trifft damit – unabhängig von einem

---

46 Zum Verhältnis des Art. 18 zu Art. 16: Ehmann/Selmayr-*Kamann/Braun* Art. 16 Rn. 8.
47 Siehe zuletzt *BGH* MMR 2017, 562 zur Haftung von Portalbetreibern für Äußerungen Dritter.
48 Kühling/Buchner-*Herbst* Art. 16 Rn. 14.
49 Kühling/Buchner-*Herbst* Art. 16 Rn. 14.

Antrag des Betroffenen – die Pflicht, unrichtige Daten zu berichtigen oder unvollständige Daten zu vervollständigen.[50] Der Antrag einer betroffenen Person ist nicht an eine Form gebunden, sollte jedoch die unrichtigen oder unvollständigen Daten und den entsprechenden Korrekturwunsch beinhalten, um dem Verantwortlichen eine unverzügliche Berichtigung zu ermöglichen.[51] Es ist nicht erforderlich, dass die Person ein besonderes Interesse an der Berichtigung nachweist oder dass ihr gar ein Schaden durch die Unrichtigkeit oder Unvollständigkeit der Daten entstanden ist.[52]

23 **b) Darlegungs- und Beweislast.** Die Darlegungs- und Beweislast ist nicht gesetzlich geregelt. Aus einer Gesamtschau der Verpflichtung des Verantwortlichen gem. Art. 5 Abs. 1 lit. d, für die Richtigkeit der Daten zu sorgen und dem Recht des Betroffenen, die Berichtigung unrichtiger Daten zu verlangen, lässt sich erkennen, dass der Betroffene bei Ausübung seines Rechts nach Art. 16 die Tatsachen vortragen muss, die die Unrichtigkeit der Daten begründen.[53] Es reicht nicht aus, dass der Betroffene lediglich behauptet, dass die personenbezogenen Daten unrichtig seien; vielmehr ist erforderlich, dass die Möglichkeit der Unrichtigkeit nicht von vornherein ausgeschlossen ist, wobei an diese Möglichkeit – in Anbetracht der Effektivität des Datenschutzes – auch wiederum keine zu hohen Anforderungen gestellt werden dürfen.[54]

24 **c) Rechtsschutz.** Um dem Betroffenenrecht aus Art. 16 zur Geltung zu verhelfen, kann der Betroffene eine Beschwerde nach Art. 77 einlegen und gem. Art. 78 und 79 das Recht auf einen wirksamen Rechtsbehelf gegen eine Aufsichtsbehörde bzw. das Recht auf einen gerichtlichen Rechtsbehelf gegen Verantwortliche oder Auftragsverarbeiter ausüben. Der Verwaltungsrechtsweg kann mit einer Verpflichtungsklage gegen eine Behörde als Verantwortlichen beschritten werden sofern diese es ablehnt, (unrichtige) Daten zu berichtigen oder zu vervollständigen. Auf dem Zivilrechtsweg kann das Recht aus Art. 16 mit einer Leistungs- oder Unterlassungsklage durchgesetzt werden. Verletzt der Verantwortliche seine sich aus Art. 16 ergebenden Verpflichtungen, muss er mit einer Geldbuße rechnen, da ein Verstoß gegen die Verpflichtung aus Art. 16 gem. Art. 83 Abs. 5 lit. b bußgeldbewährt ist. Der Betroffene kann – sofern die Verarbeitung der ihn betreffenden unrichtigen Daten zu einem materiellen oder immateriellen Schaden führt – Schadensersatz vom Verantwortlichen oder Auftragsverarbeiter gem. Art. 82 verlangen (siehe Art. 82 Rn. 22).

C. Praxishinweise

I. Relevanz für betroffene Personen

25 Für Betroffene enthält das Recht auf Berichtigung einen wichtigen Baustein zur Erlangung der Datensouveränität. In einer Welt, in der immer mehr Informationen über jede Person gespeichert werden, erscheint es immer zwingender, dass sich jeder Betroffene auch selbst um die Richtigkeit seiner Daten kümmert. Gerade im Arbeitsrecht sind daher große Auswirkungen auf die Praxis zu erwarten. Auch das Thema

---

50 BeckOK DatenSR-*Worms* Art. 16 Rn. 45; Gola-*Reif* Art. 16 Rn. 6.
51 Plath-*Kamlah* Art. 16 Rn. 5.
52 Ehmann/Selmayr-*Kamann/Braun* Art. 16 Rn. 18; Kühling/Buchner-*Herbst* Art. 16 Rn. 11; BeckOK DatenSR-*Worms* Art. 16 Rn. 45; *EuGH* v. 13.5.2014 – C-132/12, NJW 2014, 2257, Rn. 96.
53 So auch Ehmann/Selmayr-*Kamann/Braun* Art. 16 Rn. 22.
54 Ähnlich Ehmann/Selmayr-*Kamann/Braun* Art. 16 Rn. 7.

„Fake News" könnte mithilfe des Berichtigungsrechts – vor allem aufgrund der Verpflichtung, bestrittene Angaben unverzüglich zu „sperren" – effizienter als zuvor durchgesetzt werden.

II. Relevanz für das Datenschutzmanagement

Das Datenschutzmanagement muss Berichtigungsanträge berücksichtigen. Insbesondere sollten Prozesse zur Prüfung und Bewertung der „Unrichtigkeit" bestehen, damit in größeren Organisationen eine Einheitlichkeit gewahrt und eine schnelle (unverzügliche) Reaktion ermöglicht wird. 26

Artikel 17 Recht auf Löschung („Recht auf Vergessenwerden")

(1) Die betroffene Person hat das Recht, von dem Verantwortlichen zu verlangen, dass sie betreffende personenbezogene Daten unverzüglich gelöscht werden, und der Verantwortliche ist verpflichtet, personenbezogene Daten unverzüglich zu löschen, sofern einer der folgenden Gründe zutrifft:

a) Die personenbezogenen Daten sind für die Zwecke, für die sie erhoben oder auf sonstige Weise verarbeitet wurden, nicht mehr notwendig.

b) Die betroffene Person widerruft ihre Einwilligung, auf die sich die Verarbeitung gemäß Artikel 6 Absatz 1 Buchstabe a oder Artikel 9 Absatz 2 Buchstabe a stützte, und es fehlt an einer anderweitigen Rechtsgrundlage für die Verarbeitung.

c) Die betroffene Person legt gemäß Artikel 21 Absatz 1 Widerspruch gegen die Verarbeitung ein und es liegen keine vorrangigen berechtigten Gründe für die Verarbeitung vor, oder die betroffene Person legt gemäß Artikel 21 Absatz 2 Widerspruch gegen die Verarbeitung ein.

d) Die personenbezogenen Daten wurden unrechtmäßig verarbeitet.

e) Die Löschung der personenbezogenen Daten ist zur Erfüllung einer rechtlichen Verpflichtung nach dem Unionsrecht oder dem Recht der Mitgliedstaaten erforderlich, dem der Verantwortliche unterliegt.

f) Die personenbezogenen Daten wurden in Bezug auf angebotene Dienste der Informationsgesellschaft gemäß Artikel 8 Absatz 1 erhoben.

(2) Hat der Verantwortliche die personenbezogenen Daten öffentlich gemacht und ist er gemäß Absatz 1 zu deren Löschung verpflichtet, so trifft er unter Berücksichtigung der verfügbaren Technologie und der Implementierungskosten angemessene Maßnahmen, auch technischer Art, um für die Datenverarbeitung Verantwortliche, die die personenbezogenen Daten verarbeiten, darüber zu informieren, dass eine betroffene Person von ihnen die Löschung aller Links zu diesen personenbezogenen Daten oder von Kopien oder Replikationen dieser personenbezogenen Daten verlangt hat.

(3) Die Absätze 1 und 2 gelten nicht, soweit die Verarbeitung erforderlich ist

a) zur Ausübung des Rechts auf freie Meinungsäußerung und Information;

b) zur Erfüllung einer rechtlichen Verpflichtung, die die Verarbeitung nach dem Recht der Union oder der Mitgliedstaaten, dem der Verantwortliche unterliegt, erfordert, oder zur Wahrnehmung einer Aufgabe, die im öffentlichen Interesse liegt oder in Ausübung öffentlicher Gewalt erfolgt, die dem Verantwortlichen übertragen wurde;

Art. 17 — Recht auf Löschung

c) aus Gründen des öffentlichen Interesses im Bereich der öffentlichen Gesundheit gemäß Artikel 9 Absatz 2 Buchstaben h und i sowie Artikel 9 Absatz 3;
d) für im öffentlichen Interesse liegende Archivzwecke, wissenschaftliche oder historische Forschungszwecke oder für statistische Zwecke gemäß Artikel 89 Absatz 1, soweit das in Absatz 1 genannte Recht voraussichtlich die Verwirklichung der Ziele dieser Verarbeitung unmöglich macht oder ernsthaft beeinträchtigt, oder
e) zur Geltendmachung, Ausübung oder Verteidigung von Rechtsansprüchen.

- *ErwG: 65, 66*
- *BDSG n.F.: § 35*

Übersicht

	Rn		Rn
A. Allgemeines	1	e) Ausübung des Löschungsrechts	48
I. Hintergrund	1	II. Informationspflicht gem. Art. 17 Abs. 2	50
II. Einordnung	2	1. Allgemeines	50
III. Grundlage	9	2. Tatbestandsvoraussetzungen des Abs. 2	51
IV. Rechtslage nach BDSG n.F.	13	III. Ausnahmetatbestände gem. Art. 17 Abs. 3	59
V. Bisherige EU-Rechtslage	14	1. Recht auf freie Meinungsäußerung und Information gem. Abs. 3 lit. a	65
B. Kommentierung	16	2. Erfüllung einer rechtlichen Verpflichtung gem. Art. 17 Abs. 3 lit. b	68
I. Recht auf Löschung gem. Art. 17 Abs. 1	16	3. Öffentliche Gesundheit gem. Art. 17 Abs. 3 lit. c	69
1. Anspruchsberechtigter	17	4. Archiv-, Forschungs- und statistische Zwecke gem. Art. 17 Abs. 3 lit. d	70
2. Anspruchsgegner	18	5. Geltendmachung, Ausübung oder Verteidigung von Rechtsansprüchen gem. Art. 17 Abs. 3 lit. e	71
3. Die Löschungsgründe des Art. 17 Abs. 1 lit. a–f	21	6. Weitere Einschränkungsregelungen	72
a) Zweckerfüllung der Verarbeitung gem. Abs. 1 lit. a	22	C. Praktische und technische Probleme des Löschens	73
b) Widerruf der Einwilligung gem. Abs. 1 lit. b	25	I. Probleme und Lösungsansätze der Löschpflicht in der Unternehmenspraxis	73
c) Widerspruch der betroffenen Person gegen die Verarbeitung gem. Abs. 1 lit. c	26	II. Komplexität und Interaktion moderner Datenbankstrukturen	74
d) Unrechtmäßige Verarbeitung gem. Abs. 1 lit. d	31	III. Beispiel: HR-Software	75
e) Rechtspflicht zur Löschung gem. Abs. 1 lit. e	35	IV. Beispiele für Interaktion von Datenbanken und unterschiedlicher Software	76
f) Datenerhebung bei Kindern für Dienste der Informationsgesellschaft gem. Abs. 1 lit. f	36		
4. Inhalt des Löschungsanspruchs	42		
a) Begriff des Löschens	42		
b) Löschen und das sog. Recht auf Vergessenwerden	44		
c) Löschen und Big Data-Anwendungen	46		
d) Unverzüglich	47		

	Rn		Rn
V. Wirtschaftliche Unmöglichkeit des „chirurgischen" Löschens in Backups	77	XII. Löschkonzepte nach DIN 66398	85
VI. Kann man löschen, was eine KI gelernt hat?	78	D. Praxishinweise	86
		I. Relevanz für öffentliche Stellen	86
VII. Datenbankstrukturen in einer Microservices-Architektur	79	II. Relevanz für nichtöffentliche Stellen	88
VIII. Software sieht bis dato nur selten „Lösch-Funktion" vor	80	III. Relevanz für betroffene Personen	91
IX. Keine allgemeine Angemessenheits- bzw. Zumutbarkeitsschwelle im BDSG n.F.	81	IV. Relevanz für Aufsichtsbehörden	93
		V. Relevanz für das Datenschutzmanagement	94
X. Rechtliche Lösung über nationale Aufbewahrungspflichten	83	Anhang	
XI. Reichweite der handels- und steuerrechtlichen Aufbewahrungspflichten („Radierverbot")	84	§ 35 BDSG Recht auf Löschung	

Literatur: *Anke/Berning/Schmidt/Zinke* IT-gestützte Methodik zum Management von Datenschutzanforderungen, HMD Praxis der Wirtschaftsinformatik 54 (1), Heft 313/2017, 67; *Arning/Moos/Schefzig* Vergiss(!) Europa!, CR 2014, 447; *Benner-Tischler* Löschfristen in technischen Systemen zur Mitarbeiterüberwachung und ihre Auswirkung auf die Beweisverwertung, ZD-Aktuell 2019, 06446; *Berning/Meyer/Keppeler* Datenschutzkonformes Löschen personenbezogener Daten in betrieblichen Anwendungssystemen – Methodik und Praxisempfehlungen mit Blick auf die EU-DSGVO, in Knoll/Strahringer (Hrsg.) IT-GRC-Management – Governance, Risk und Compliance: Grundlagen und Anwendungen (Edition HMD); *Boehme-Neßler* Das Recht auf Vergessenwerden – Ein neues Internet – Grundrecht im Europäischen Recht, NVwZ 2014, 825; *Buchholz* Das „Recht auf Vergessen" im Internet, ZD 2015, 570; *von Danwitz* Die Grundrechte auf Achtung der Privatsphäre und auf Schutz personenbezogener Daten – Die jüngere Rechtsprechung des Gerichtshofs der Europäischen Union, DuD 2015, 581; *Deutsches Institut für Vertrauen und Sicherheit im Internet (DIVSI)* Oktober 2015; *Faas/Henseler* Speicherdauer und Aufbewahrungsfristen unter der DSGVO, BB 2018, 2292; *Gründel* Ermittlung des Löschbedarfs bei unstrukturierten Datenbeständen, ZD 2019, 493; *Henn/Kuballa* Streitpunkt: Unveränderbarkeit von (elektronischen) Büchern, Aufzeichnungen und Unterlagen, DB 2016, 2749; *Hornung/Hofmann* Ein „Recht auf Vergessenwerden"? –Anspruch und Wirklichkeit eines neuen Datenschutzrechts, JZ 2013, 163; *Katko/Knöpfle* Kirschner Archivierung und Löschung von Daten, ZD 2014, 238; *Keppeler* Das „Radierverbot" als „Rettung" vor den umfangreichen DS-GVO-Löschpflichten, RDV 2018, 70; *Keppeler/Berning* Technische und rechtliche Probleme bei der Umsetzung von DS-GVO-Löschpflichten, ZD 2017, 314; *Klickermann* Die Privilegierung des Löschungsrechts, MMR 2018, 209; *Koreng/Feldmann* Das „Recht auf Vergessen", ZD 2012, 311; *Kreutzer* Das Recht auf Vergessenwerden, DIVSI und iRights, 2014; *Leeb/Lorenz* Datenschutzkonforme Dokumentenentsorgung, ZD 2018, 573; *Leupold* Google und der Streisand-Effekt: Das Internet vergisst nicht, MR-Int 2014, 3; *Leutheusser-Schnarrenberger* Das Recht auf Vergessenwerden – ein Durchbruch oder ein digitales Unding?, ZD 2015, 149; *von Lewinski* Staat als Zensurhelfer – Staatliche Flankierung der Löschpflichten Privater nach dem Google-Urteil des EuGH, AfP 2015, Sonderdruck; *Mayer-Schönberger* Delete, Die Tugend des Vergessens in digitalen Zeiten, 2011; *Nolte* Das Recht auf Vergessenwerden – mehr als nur ein Hype?, NJW 2014, 2238; *Schantz* Die Datenschutz-Grundverordnung – Beginn einer neuen Zeitrechnung im Datenschutzrecht, NJW

Art. 17 Recht auf Löschung

2016, 1841; *Schweda* Court of Appeal OBLIGES Press Operator to prevent name search in archived articles, Edpl 2015, 299; *Spindler* Durchbruch für ein Recht auf vergessen(werden)? – Die Entscheidung des EuGH in Sachen Google Spain und ihre Auswirkungen auf das Datenschutz- und Zivilrecht, JZ 2014, 981; *Tinnefeld* Meinungsfreiheit durch Datenschutz, ZD 2014, 151; *Worms* Die Pflicht zur Löschung von Daten in der Anwaltskanzlei, NJW 2018, 3218.

A. Allgemeines

I. Hintergrund

1 In der Entstehungsgeschichte der DS-GVO hat die öffentliche Diskussion über das sog. **Recht auf Vergessenwerden** große Aufmerksamkeit weit über seine eigentliche juristische Bedeutung hinausgehend genossen. Hintergrund war der immer wieder geforderte „digitale Radiergummi", der im Zeitalter der weltweiten ubiquitären Verbreitung von Informationen und besonders der personenbezogenen Daten der Behauptung, das Netz vergesse nichts, das Vergessen von bestimmten persönlichen Informationen entgegensetzen sollte. Jeder Bürger solle Einfluss darauf nehmen können, wie lange Informationen von ihm im Netz zugänglich sein sollten. Das digitale Vergessen brauche eine breite Debatte in der Gesellschaft. Erinnern und Vergessen bekämen eine neue Dimension im digitalen Zeitalter.[1] Deshalb nahmen dazu die Regelungsvorschläge in den ersten, teilweise widersprüchlichen Entwürfen der DS-GVO einen größeren Raum ein als sie letztendlich Niederschlag in Art. 17 gefunden haben. Von den weitergehenden Überlegungen einer umfassenden Pflicht des Verantwortlichen für die Datenverarbeitung, selbst Vorkehrungen zur Überprüfung von Löschungsfristen und zu deren weiterer Notwendigkeit zu setzen,[2] ist die normale Verpflichtung zur Löschung korrespondierend mit dem Recht auf Löschung der betroffenen Person übrig geblieben, wie sie auch schon in § 35 Abs. 2 BDSG a.F. und in der europäischen Datenschutzrichtlinie 95/46/EG[3] (DSRL) enthalten war.

II. Einordnung

2 Am meisten hat die bahnbrechende **Google Spain-Entscheidung des EuGH**[4] die Debatte um die Verantwortlichkeiten von **Suchmaschinenbetreibern** und um entsprechende verbesserte Regelungen in der DS-GVO geprägt. Diese auf den Verpflichtungen der europäischen Datenschutzrichtlinie 95/46/EG (DSRL) beruhende Entscheidung hat den Anspruch der von der Datenverarbeitung personenbezogener Daten Betroffenen auf Achtung ihres Rechtes auf Datenschutz und ihrer Privatsphäre klar konturiert und die Suchmaschinenbetreiber mit Blick auf diese Grundrechte zu einem Datenschutz verantwortlichen Handeln verpflichtet. Bei aller Kritik an dieser Entscheidung[5] besonders wegen angeblicher Verkennung der Bedeutung der Suchmaschinenbetreiber im Internetzeitalter und der überragenden Bedeutung der Meinungsfreiheit hat sie die Kehrseite der weltweiten Verfügbarkeit von personenbezogenen Daten sichtbar gemacht wie die Verletzung elementarer Grundrechte des Einzelnen.

---

1 Grundsätzlich dazu *Mayer-Schönberger* Delete.
2 Kühling/Buchner-*Herbst* Art. 17 Rn. 6, 7.
3 Richtlinie 95/46/EG, ABl. EG L 281 v. 23.11.1995.
4 *EuGH* v. 13.5.2014 – C-131/12, ECLI:EU:C:2014:317, Google Spain und Google = NJW 2014, 2263.
5 *Arning/Moos/Schefzig* CR 2014, 447, 455.

Das **BVerfG** hat sich 2019 in zwei Verfassungsbeschwerdeverfahren[6] mit dem Recht auf 3
Vergessenwerden und der gebotenen Abwägung zwischen den Rechten der Beschwerdeführer auf Schutz ihrer Persönlichkeitsrechte nach dem GG und der GRCh, der Meinungs- und Pressefreiheit von Online-Pressearchiven sowie dem Recht auf Zugang zu Informationen aus Berichterstattung unter Benutzung einer Suchmaschine befasst und damit die Google-Spain-Entscheidung des EuGH weiter konkretisiert.

Im Beschluss des BVerfG zum **Recht auf Vergessen I**, dem *Apollonia*-Verfahren, 4
stand die Frage im Mittelpunkt, unter welchen Voraussetzungen ein wegen Mordes und Mordversuchs zu lebenslanger Freiheitsstrafe 1982 verurteilter Straftäter die Löschung seines Namens aus dem Pressearchiv von Spiegel Online unter Berufung auf sein allgemeines Persönlichkeitsrecht und auf seine Chance auf Neubeginn in Freiheit verlangen kann und wieweit diesem Recht die Presse- und Meinungsfreiheit, die rechtmäßige Berichterstattung und das öffentliche Interesse an Information entgegenstehen. Auch bei gleichzeitiger Geltung der Unionsgrundrechte prüfte das BVerfG primär die deutschen Grundrechte, da der Rechtsstreit zwar im Anwendungsbereich des Unionsrechts, nämlich ursprünglich der DSRL 95/465/EG und heute der DS-GVO lag, aber die in Streit stehende Verbreitung von Presseberichten unter das sog. **Medienprivileg** fiel, für dessen Ausgestaltung den Mitgliedstaaten unionsrechtlich ein Umsetzungsspielraum zusteht. Für die notwendige Abwägung forderte das BVerfG ein abgestuftes Vorgehen und gab der Verfassungsbeschwerde statt (Rn. 60).

Im Beschluss des BVerfG[7] zum **Recht auf Vergessen II** begehrte die Beschwerdeführerin die Entfernung eines Links vom Suchmaschinenbetreiber, der mit namensbezogener 5
Suchanfrage auf die Webseite eines Rundfunksenders mit sie negativ darstellender Berichte verwies. Diese Sachverhaltskonstellation bezieht sich auf vollvereinheitlichtes Unionsrecht, der damals geltenden DSRL und der heutigen DS-GVO. Die relevante Frage, welche personenbezogenen Daten eine Suchmaschine auf Nachfragen nachweisen darf, fällt nicht in den Bereich des sog. Medienprivilegs, so dass nicht die deutschen Grundrechte, sondern ausschließlich die Grundrechte der GRCh anwendbar sind. Das BVerfG leitet seine Prüfungskompetenz aus der Integrationsverantwortung nach dem Grundgesetz ab und will mit der Prüfung, ob die GRCh von den Fachgerichten richtig angewandt werden, eine Schutzlücke für den Bürger schließen.

Mit beiden Beschlüssen hat das BVerfG seine Prüfungsmaßstäbe und damit seine 6
Rolle im europäischen Grundrechtsverbund neu bestimmt. Die Rechtsschutzmöglichkeiten des Bürgers beim BVerfG haben sich bei unionsrechtlich vollharmonisierten Sachverhalten deutlich erweitert, denn er kann vor dem BVerfG auch die Verletzung der Grundrechte der GRCh rügen. Eine Verfassungsbeschwerde zum EuGH gibt es für ihn nicht. Angesichts zunehmenden EU-Sekundärrechts gibt das dem BVerfG die Chance, an der weiteren Konkretisierung der EU-Grundrechte mitzuwirken und bei etwaigen Auslegungsfragen diese dem EuGH vorzulegen. Suchmaschinenbetreiber müssen bei der Durchsetzung des Rechts auf Vergessenwerden künftig stärker auch mit Verfahren beim BVerfG rechnen.

---

6 *BVerfG* v. 21.11.2019 – 1 BvR 16/13, Recht auf Vergessen I = CR 2020, 30; v. 21.11.2019 – 1 BvR 276/17, Recht auf Vergessen II = CR 2020, 40.
7 *BVerfG* v. 21.11.2019 – 1 BvR 276/17, Rn. 54 ff.

7 Auch für nicht Inhaltsverantwortliche wie die Suchmaschinenbetreiber muss es richtigerweise Verantwortung für die von ihnen verarbeiteten Daten und die auf dieser Grundlage erstellten Ergebnislisten geben. Die Durchsetzung des Anspruchs auf Löschung oder Korrektur ist nicht einfach und weltweit rechtlich und tatsächlich schwierig durchzusetzen (Rn. 50). Der intensiven Debatte zum Vergessen im digitalen Zeitalter ist zu verdanken, dass der Begriff des „Rechts auf Vergessenwerden" im Klammerzusatz des Art. 17 verortet wurde. Es ist ein unbestimmter und inhaltlich nicht eindeutiger Begriff, aber er gibt umgangssprachlich wieder, was die Bürgerinnen und Bürger neben der schnellen Information und Kommunikation auch von der Allgegenwärtigkeit des Netzes erwarten: Dass ihre persönlichen Informationen nicht ein Leben lang öffentlich und einfach frei zugänglich sind, sondern gelöscht oder zumindest schwer auffindbar, besser versteckt und damit vergessen werden. Das „Recht auf Vergessenwerden" ist ein Fall des klassischen Löschungsrechts, das in Art. 17 geregelt ist. Das Löschbegehren kann auch zu Konflikten mit den Rechten auf freie Meinungsäußerung und auf Zugang zu Informationen führen, die miteinander abgewogen werden müssen. Grundsätzlich hat der EuGH dem Recht auf Löschung der Links zu Beiträgen mit personenbezogenen Nachrichten einen hohen Stellenwert eingeräumt.[8]

8 Diese Entscheidung und die Debatte um das Vergessenwerden haben sich in Art. 17 Abs. 2 dahingehend niedergeschlagen, dass es eine Verpflichtung des betroffenen Verantwortlichen für die Datenverarbeitung, der die Daten veröffentlicht hat, gibt mit der Maßgabe, Dritte, die die Daten weiter verarbeiten, über das Löschungsbegehren zu informieren (Rn. 46 ff.).

III. Grundlage

9 Konstitutionelle Grundlagen des Löschungsrechts sind Art. 8 GRCh, das **Datenschutzgrundrecht** und Art. 7 GRCh, das **Recht auf Achtung der Privatsphäre**, die in einem Verhältnis des Art. 8 GRCh als lex specialis zu Art. 7 GRCh stehen.[9] Ein eigenständiges formuliertes Grundrecht auf Vergessenwerden gibt es nicht. Der EuGH hat mit seiner Google Spain-Entscheidung den Anspruch auf Löschung von Links seitens der Suchmaschinenbetreiber aus der europäischen Datenschutzrichtlinie herleitend begründet und dem Datenschutzrecht grundsätzlich den Vorrang vor wirtschaftlichen Interessen zugewiesen,[10] es sei denn, Abwägungen mit anderen Grundrechten führen zu einem anderen Ergebnis.

10 Das Recht auf Löschung und die Verpflichtung zur Löschung sind Ausdruck des Grundsatzes der Datenminimierung, der zu den anerkannten Datenschutzstandards gehört und durch die Zweckbindung und Angemessenheit der Verwendung personenbezogener Daten (Art. 5 Abs. 1 lit. c) sowie ihrer Löschung seine konkrete Ausgestaltung findet. ErwG 65 führt das ausführlich aus.

11 Der in Art. 17 verankerte Löschungsanspruch geht in einigen Aspekten über die Google Spain-Entscheidung hinaus, indem es nicht immer zwingend für alle in Art. 17 enthaltenen Fallgestaltungen eines ausdrücklichen Antrags auf Löschung bedarf und der Löschungsanspruch sich nicht nur gegen Suchmaschinenbetreiber richtet, sondern

---

[8] *EuGH* v. 13.5.2014 – C-131/12, ECLI:EU:C:2014:317, Google Spain und Google = NJW 2014, 2257, 2263.
[9] *EuGH* v. 9.11.2010 – C-92/09 und 93/09, EuZW 2010, 939. Sydow-*Peuker* Art. 17 Rn. 7.
[10] *EuGH* v. 13.5.2014 – C-131/12, ECLI:EU:C:2014:317, Google Spain und Google.

gegen jeden privaten Verantwortlichen, auch gegen die Betreiber sozialer Netzwerke. Auch öffentliche Stellen können betroffen sein.

Der ErwG 65 bringt die grundsätzliche Bedeutung des Rechts auf Berichtigung und Löschung personenbezogener Daten zum Ausdruck, wenn die allgemeinen Datenschutzgrundsätze wie Rechtmäßigkeit der Verarbeitung und Zweckbindung nicht mehr erfüllt werden. Hervorzuheben ist insbesondere, dass ein verstärkter Schutz von Kindern, die wegen ihres jungen Alters die Reichweite ihrer Einwilligung nicht in vollem Umfang erkennen können, mit einem weitgehenden Recht auf spätere Löschung ihrer Daten durchgesetzt werden soll. Die Konfliktsituation zwischen Löschungsrecht und Wahrnehmung öffentlicher Interessen sowie der Grundrechte vieler Nutzer kommt ebenfalls in ErwG 65 zum Ausdruck. Die eigentliche Durchsetzung des „Rechts auf Vergessenwerden" findet seinen Niederschlag in ErwG 66 mit der Informationspflicht des für die Veröffentlichung der Daten Verantwortlichen, Dritte, die diese Daten verarbeiten, auf das Löschungsbegehren und die Löschung von Links, Kopien oder Replikationen hinzuweisen. 12

IV. Rechtslage nach BDSG n.F.

§ 35 Abs. 1 BDSG n.F. enthält eine über die Löschungsregelungen des Art. 17 hinausgehende Regelung mit dem Ziel, die Ausnahmen von der Löschungsverpflichtung zu erweitern, um der Abwägung zwischen den Interessen der betroffenen Person und dem Aufwand des Verantwortlichen an der Löschung angemessen Rechnung tragen zu können (Rn. 72). Die in Art. 17 über die Löschgründe des § 35 BDSG a.F. hinausgehenden Regelungen, wie beim Widerspruch der betroffenen Person gegen die Datenverarbeitung, gelten mit Inkrafttreten der DS-GVO unmittelbar in Deutschland. Während nach den §§ 20 Abs. 8, 35 Abs. 7 BDSG a.F. der Dritte nur über die Löschung informiert werden musste, geht Art. 17 Abs. 2 darüber hinaus, weil die Information über das Löschungsbegehren verlangt wird. Eine Erwähnung des „Rechts auf Vergessenwerden" gibt es in § 35 BDSG n.F. nicht. Eine weitere Erweiterung der Ausnahme von der Löschung sieht § 35 Abs. 3 BDSG n.F. im Fall des Entgegenstehens bestimmter vertraglicher oder satzungsmäßiger Aufbewahrungsfristen vor, die neben den gesetzlichen Speicherungsverpflichtungen z.B. für Register und Grundbücher gem. Art. 17 Abs. 3 lit. b die Vereinbarungen z.B. in Gesellschaftsverträgen oder in Satzungen betreffen. 13

V. Bisherige EU-Rechtslage

Als unvollständige Vorgängerregelung ist Art. 12 lit. b DSRL[11] zu sehen, der außer dem allgemeinen Löschungsanspruch keine konkreten Löschgründe enthielt, sondern sie nur teilweise und exemplarisch anspricht, wenn es heißt, „insbesondere wenn diese Daten unvollständig oder unrichtig sind". 14

Hinsichtlich der Informationsverpflichtung an Dritte formuliert Art. 12 lit. c DSRL die „Gewähr, dass jede Löschung den Dritten, denen die Daten übermittelt wurden, mitgeteilt wird, sofern sich dies nicht als unmöglich erweist oder kein unverhältnismäßiger Aufwand damit verbunden ist." Keine Korrespondenzregelung gibt es bisher hinsichtlich der Ausnahmen von der Löschungsverpflichtung gem. Art. 17 Abs. 3. 15

---

11 Richtlinie 95/46/EG Datenschutzrichtlinie, ABl. EG L 281 v. 23.11.1995.

B. Kommentierung
I. Recht auf Löschung gem. Art. 17 Abs. 1

16 Die Voraussetzungen für das Recht auf Löschung sind in Art. 17 Abs. 1 festgelegt. Liegen sie vor, ist der Verantwortliche zur unverzüglichen Löschung der personenbezogenen Daten verpflichtet. Nach dem Wortlaut des Abs. 1 ist ein Antrag der betroffenen Person nicht ausdrücklich notwendig, denn Abs. 1 normiert explizit die **Verpflichtung zur Löschung** („... und der Verantwortliche ist verpflichtet ..."). Die Rechtslage in den aufgezählten Fallgestaltungen in Abs. 1 a–f ist diesbezüglich unterschiedlich zu bewerten. Denn wenn es auch das Recht der betroffenen Person gibt, anstelle der Löschung eine Einschränkung der Verarbeitung verlangen zu können wie in Abs. 1 lit. a und d, dann würde dieses Recht bei sofortiger Löschung vereitelt. Der Betroffene muss also zumindest über die beabsichtigte Löschung informiert werden, um sein Recht ausüben zu können. Auf der anderen Seite kann sich der Verantwortliche nicht darauf berufen, dass kein Antrag vorliegt. Er darf nicht weiterverarbeiten.[12]

17 **1. Anspruchsberechtigter.** Die anspruchsberechtigte betroffene Person ist nach der Legaldefinition des Art. 4 Nr. 1 Hs. 1 eine identifizierte oder identifizierbare natürliche Person, auf die sich die personenbezogenen Daten beziehen. **Juristische Personen** als Träger des Datenschutzrechtes sind nach der Formulierung des ErwG 14 Abs. 2, dass diese Verordnung nicht für die Verarbeitung personenbezogener Daten juristischer Personen und insbesondere als juristische Person gegründeter Unternehmen, einschließlich Name, Rechtsform oder Kontaktdaten der juristischen Person gilt, nicht einbezogen. Gem. Art. 1 dient die DS-GVO dem Schutz der Grundrechte und Grundfreiheiten **natürlicher Personen**.

18 **2. Anspruchsgegner.** Anspruchsgegner ist der **Verantwortliche** gem. der Legaldefinition des Art. 4 Nr. 7, also jede natürliche oder juristische Person, Behörde, Einrichtung oder andere Stelle, die allein oder gemeinsam mit anderen über die Zwecke und Mittel der Verarbeitung von personenbezogenen Daten entscheidet. Dazu gehören auch Betreiber von Online-Pressearchiven und Seitenbetreiber.[13] Nach Art. 4 Nr. 7 Hs. 2 sind die Zwecke und Mittel dieser Verarbeitung durch das Unionsrecht oder das Recht der Mitgliedstaaten vorgegeben. So können der Verantwortliche beziehungsweise die bestimmten Kriterien seiner Benennung nach dem Unionsrecht oder dem Recht der Mitgliedstaaten geregelt werden. Auftragsverarbeiter i.S.v. Art. 4 Nr. 8 sind nicht Anspruchsgegner.[14] Um den Löschungsanspruch auch ausüben zu können, hat die betroffene Person ein **Auskunftsrecht** gem. Art. 15 gegen den Verantwortlichen.

19 Ausdrücklich sind Suchmaschinenbetreiber nach der Rechtsprechung des EuGH Verantwortliche i.S.d. Art. 1 Abs. 1.[15] Sie verbreiten den Zugang zu Informationen weltweit an Millionen Menschen ohne zeitliche Begrenzung. Ubiquität und Dezentralität des Internets ermöglichen dies. Das kann die Privatsphäre viel stärker verletzen als ein einmaliger Artikel in einer Lokalzeitung. Der Löschanspruch führt deshalb zu Recht zu einer stärkeren Verantwortung der Suchmaschinenbetreiber. Der Betroffene kann sich an ihn und bei fehlerhafter Berichterstattung auch erfolgreich an den

---

12 Kühling/Buchner-*Herbst* Art. 17 Rn. 10.
13 *OLG Hamburg* v. 7.7.2015 – 7 U 29/12 = CR 2020, 86.
14 *Sartor* IDPL 2015, 64 f.
15 *EuGH* v. 13.5.2014 – C-131/12, ECLI:EU:C:2014:317, Google Spain und Google.

Inhaltsverantwortlichen, also den Webmaster, wenden. Aber er darf nicht darauf verwiesen werden, sich immer zuerst an die Quelle wenden zu müssen, beide Ansprüche bestehen nebeneinander.[16]

Suchmaschinenbetreiber verantworten mit der Organisation und Aggregation von im Internet veröffentlichten Informationen einen eigenständigen Datenverarbeitungsvorgang und ermöglichen jedem Nutzer mit einer namensbasierten Recherche anhand der erstellten Ergebnisliste einen strukturierten Überblick über die zu dieser Person auffindbaren Informationen, die einen häufig tiefgehenden Einblick in deren Privatsphäre geben, was ohne die Suchmaschine nicht möglich wäre.[17] 20

3. Die Löschungsgründe des Art. 17 Abs. 1 lit. a–f. Abs. 1 lit. a–f enthalten eine abschließende Aufzählung der Tatbestände, bei deren Vorliegen der Voraussetzungen der Löschungsanspruch der betroffenen Person die Löschpflicht des Verantwortlichen auslöst und diesen zur unverzüglichen Löschung verpflichtet. Unverzüglich ist die Löschung dann, wenn sie innerhalb einer nach den Umständen des Einzelfalls zu bemessenen Prüfungs- und Überlegungszeit vorgenommen wird. Es gilt eine Maximalfrist von einem Monat nach der Äußerung des Löschanspruchs (Rn. 47).[18] Die **Löschungsgründe** sind sehr ausdifferenziert und werden damit in der Anwendung etwas komplizierter. Im Kern geht es meistens darum, dass Daten zu löschen sind, wenn es für ihre weitere Verarbeitung und Speicherung keine Rechtsgrundlage gibt.[19] 21

a) Zweckerfüllung der Verarbeitung gem. Abs. 1 lit. a. Gemäß Abs. 1 lit. a hat eine Löschung zu erfolgen, wenn die personenbezogenen Daten für die Zwecke, für die sie erhoben oder auf sonstige Weise verarbeitet wurden, nicht mehr notwendig sind.[20] Dieser Tatbestand beschreibt den im Datenschutzrecht geltenden **Zweckbindungsgrundsatz** und dient der Durchsetzung der Datensparsamkeit und Datenvermeidung. Dies ist der Maßstab, der bei der Prüfung der Notwendigkeit zu Grunde zu legen ist und zur Folge hat, dass es einen unmittelbaren Zusammenhang zwischen der Datenspeicherung und dem konkreten Verwendungszweck geben muss. Gibt es einen rechtfertigenden Zweck, entfällt die Löschpflicht. Das gilt z.B. bei der Erfüllung von Verträgen auch nach Kündigung und kann auch bis zum Ablauf der Verjährungsfristen gelten. Immer kommt es dabei auf eine Interessenabwägung[21] zwischen dem Gewicht möglicher Ansprüche, und dem Ausmaß der Beeinträchtigung der Interessen der betroffenen Person an. 22

Im **Arbeitsverhältnis** besteht z.B. eine Löschpflicht entsprechend des arbeitsrechtlichen Status der Arbeitsbeziehungen. Nach Ablauf der Bewerbungsphase ist die Speicherung der personenbezogenen Unterlagen des/r nicht eingestellten Bewerbers/Bewerberin grundsätzlich nicht mehr notwendig, da der Zweck erreicht ist. Während eines Arbeitsverhältnisses wird für die meisten Daten das Gegenteil der Fall sein und nach Kündigung geht es um eine zweckbezogene Bewertung hinsichtlich der für die Abwicklung notwendigen Daten und den Daten, die wegen Zweckerfüllung nicht mehr gebraucht werden. 23

---

16 *EuGH* v. 13.5.2014 – C-131/12, ECLI:EU:C:2014:317, Google Spain und Google.
17 *EuGH* v. 13.5.2014 – C-131/12, ECLI:EU:C:2014:317, Google Spain und Google.
18 So ErwG 59.
19 Schantz/Wolff-*Schantz* Das neue Datenschutzrecht, Rn. 1213.
20 Siehe auch Art. 5 Abs. 1 lit. a.
21 Vgl. Art. 6 Abs. 1 lit. f.

Art. 17 Recht auf Löschung

24 Ist der ursprüngliche Zweck erreicht und die Datenspeicherung deshalb nicht mehr notwendig, kann sich eine Rechtfertigung der weiteren Speicherung aus einer zulässigen **Zweckänderung** ergeben. Dazu müssen die für die Zweckänderung normierten Voraussetzungen des Art. 5 Abs. 1 lit. b und Art. 6 Abs. 4 erfüllt sein. In jedem Fall muss die **Vereinbarkeit** des ursprünglichen Zwecks mit dem geänderten vorliegen. Für die im öffentlichen Interesse liegenden Archivzwecke gibt es für die Vereinbarkeit eine spezielle Regelung in Art. 5 Abs. 1 lit. b i.V.m Art. 89 Abs. 1, wenn also die in Art. 89 Abs. 1 genannten Garantien für die Rechte der betroffenen Person bei der Verarbeitung zu diesen Zwecken gegeben sind.[22]

25 **b) Widerruf der Einwilligung gem. Abs. 1 lit. b.** Beruht die Verarbeitung der Daten auf einer Einwilligung der betroffenen Person i.S.v. Art. 6 Abs. 1 lit. a oder Art. 9 Abs. 2 lit. a und widerruft sie diese, was gem. Art. 7 jederzeit möglich ist, entfällt die Berechtigung zur Datenverarbeitung. Durch den **Widerruf** der Einwilligung wird die Rechtmäßigkeit der aufgrund der Einwilligung bis zum Widerruf erfolgten Verarbeitung nach Art. 7 Abs. 3 nicht berührt. Die Daten ab Widerruf sind zu löschen, es sei denn, es gibt eine andere Rechtsgrundlage. So ist z.B. nach Art. 6 Abs. 1 lit. f die Verarbeitung weiter zulässig, wenn sie zur **Wahrung der berechtigten Interessen des Verantwortlichen oder eines Dritten erforderlich ist** und die Interessen oder Grundrechte und Grundfreiheiten der betroffenen Person, die den Schutz personenbezogener Daten erfordern, nicht überwiegen. Aus Art. 6 Abs. 1 lit. b–e können sich mögliche gesetzliche Grundlagen für eine weitere Verarbeitung trotz des Widerrufs der Einwilligung ergeben. Damit es zur berechtigten Löschung kommt, muss in einer dreistufigen Prüfung festgestellt werden, dass eine Einwilligung vorlag, die rechtmäßig widerrufen wurde und es keine anderweitige gesetzliche Rechtfertigung der weiteren Datenverarbeitung gibt.

26 **c) Widerspruch der betroffenen Person gegen die Verarbeitung gem. Abs. 1 lit. c.** Ein Recht auf Löschung besteht nach diesem Tatbestand, wenn die betroffene Person der Datenverarbeitung widerspricht, also eine entsprechende Erklärung vorliegt. Die Regelung erfasst zwei Fallgestaltungen: Den **Widerspruch** gem. Art. 21 Abs. 1 gegen die Verarbeitung personenbezogener Daten, die auf Grund von Art. 6 Abs. 1 lit. e oder f erfolgt ist und für deren Verarbeitung es keine vorrangigen berechtigten Gründe gibt. Und den Widerspruch gem. Art. 21 Abs. 2 gegen die Verarbeitung zum Zweck der Direktwerbung.

27 Art. 21 Abs. 1 gibt der betroffenen Person das Recht, auf Grund ihrer persönlichen Situation einer weiteren Verarbeitung zu widersprechen, wenn deren Rechtmäßigkeit darauf beruht, dass sie für die Wahrnehmung einer Aufgabe erforderlich ist, die im öffentlichen Interesse liegt oder in Ausübung öffentlicher Gewalt erfolgt (Art. 6 Abs. 1 lit. e) oder zur Wahrung der berechtigten Interessen des Verantwortlichen oder eines Dritten erforderlich ist, sofern die Interessen oder Grundrechte oder Grundfreiheiten der betroffenen Person nicht überwiegen. Das gilt insbesondere dann, wenn es sich bei der betroffenen Person um ein Kind handelt (Art. 6 Abs. 1 lit. f). Der Widerspruch bezieht sich auch auf das auf diese Bestimmungen gestützte Profiling (Art. 21 Abs. 1 S. 1).

---

22 Kühling/Buchner-*Herbst* Art. 17 Rn. 22, 23.

Aus diesem Widerspruchsrecht begründet sich ein Löschungsrecht dann, wenn es gem. 28
Art. 17 Abs. 1 lit. c Var. 1 keine vorrangigen **berechtigten Gründe** für die Verarbeitung
gibt. Diese können sich wiederum aus Art. 21 Abs. 1 S. 2 Hs. 2 ergeben, wenn entweder
der Verantwortliche zwingende schutzwürdige Gründe für die Verarbeitung nachweisen kann, die die Interessen, Rechte und Pflichten der betroffenen Person überwiegen
oder die Verarbeitung der Geltendmachung, Ausübung oder Verteidigung von
Rechtsansprüchen dient. Solange noch nicht feststeht, ob die berechtigten Gründe des
Verantwortlichen zur Verarbeitung wirklich überwiegen, kann die betroffene Person
die Einschränkung der Verarbeitung gem. Art. 18 Abs. 1 lit. d verlangen, (noch) nicht
die Löschung.

Die DS-GVO enthält keine Legaldefinition der vorrangig berechtigten Gründe für die 29
Verarbeitung. Es hat eine Gesamtabwägung statt zu finden, die die Rechtmäßigkeit
der Verarbeitung und ihre Gründe dafür abwägt mit den Gründen, die dagegen geltend gemacht werden. Dabei spielen für die Vorrangigkeit der Gründe grundrechtsrelevante Interessen eine wichtige Rolle. Für den Verantwortlichen können sich diese
vorrangig berechtigten Gründe aus dem **Schutz seines Eigentums** und seiner wirtschaftlichen Interessen ableiten, denen gegenüber das Recht auf Datenschutz der
betroffenen Person zurückstehen muss. Beispielsweise kann dass der Fall sein, wenn
die betroffene Person eine Straftat begangen hat und diese Informationen trotz Eintragung in entsprechende Register gelöscht wissen will. Die Sensibilität der personenbezogenen Daten für das Privatleben des Betroffenen müssen bei dieser Abwägung
genauso berücksichtigt werden wie das Interesse der Öffentlichkeit an diesen Informationen.

Widerspricht die betroffene Person der Datenverarbeitung zu Zwecken der **Direkt-** 30
werbung gem. Art. 21 Abs. 2, findet keine Interessenabwägung statt und die Daten
sind gem. Art. 17 Abs. 1 lit. c zu löschen. Trotz eines Wertungswiderspruches dieser
Rechtsfolge mit der Rechtsfolge des Widerspruchs nach Art. 21. Abs. 2, die gem.
Art. 21. Abs. 3 darin besteht, dass die personenbezogenen Daten nicht mehr für Zwecke der Direktwerbung verarbeitet werden dürfen, aber die Verarbeitung für andere
Zwecke bei Vorliegen einer Rechtsgrundlage nicht ausgeschlossen wird, ist die
Rechtsfolgenregelung des Art. 17 Abs. 1 lit. c so eindeutig, dass sich ein anderes Auslegungsergebnis als die Löschung nicht begründen lässt.[23]

d) Unrechtmäßige Verarbeitung gem. Abs. 1 lit. d. Dieser Löschungsgrund erfasst 31
wie eine Art Auffangtatbestand alle die Verarbeitungen, die unzulässig sind, auch die
von vornherein ohne Rechtsgrundlage erfolgen und entspricht der Vorgängerregelung
in Art. 12 lit. b DSRL und § 35 Abs. 2 Nr. 1 BDSG a.F. Der Prüfungsmaßstab der
unrechtmäßigen Verarbeitung ist sehr weit.

Für die Beurteilung kommt es auf die Unrechtmäßigkeit zum Zeitpunkt der Beurtei- 32
lung an. War also die Verarbeitung ursprünglich unrechtmäßig und ist z.B. zwischenzeitlich eine Einwilligung erfolgt, wird der Mangel nachträglich geheilt und der
Löschungsanspruch entfällt. Ein anderes Ergebnis wäre unsinnig, da es den Interessen
der beiden Beteiligten widersprechen würde. So wurde auch § 35 Abs. 2 Nr. 1
BDSG a.F. verstanden.

---

23 Kühling/Buchner-*Herbst* Rn. 22.

33 Unrichtige Daten stellen einen Verstoß gegen den Grundsatz der Richtigkeit nach Art. 5 Abs. 1 lit. d dar und können deshalb auch die Voraussetzungen von Art. 17 Abs. 1 lit. d erfüllen. Dieser Qualitätsanspruch an die Datenverarbeitung ist mit der Entscheidung des EuGH zu Google Spain ausdrücklich festgestellt worden. Der für die Verarbeitung Verantwortliche hatte nach dem Wortlaut des Art. 6 DSRL dafür zu sorgen, dass die personenbezogenen Daten „nach Treu und Glauben und auf rechtmäßige Weise verarbeitet werden", „für festgelegte eindeutige und rechtmäßige Zwecke erhoben und nicht in einer mit diesen Zweckbestimmungen nicht zu vereinbarenden Weise weiterverarbeitet werden", „den Zwecken entsprechen, für die sie erhoben und/oder weiterverarbeitet werden, dafür erheblich sind und nicht darüber hinausgehen", sachlich richtig und, wenn nötig, auf den neuesten Stand gebracht sind" und „nicht länger, als es für die Realisierung der Zwecke, für die sie erhoben oder weiterverarbeitet werden, erforderlich ist, in einer Form aufbewahrt werden, die die Identifizierung der betroffenen Person ermöglicht."[24] Die Anforderungen an die Rechtmäßigkeit, wie sie der EuGH aus den Vorgängerregelungen herleitet, sind jetzt in Art. 5 und 6 enthalten.

34 Ist eine Berichtigung nicht möglich oder macht die betroffene Person von ihrem Berichtigungsanspruch gem. Art. 16 keinen Gebrauch, ist die Angabe zu löschen. Die betroffene Person kann aber auch ihr Recht auf Einschränkung der Datenverarbeitung nach Art. 18 Abs. 1 lit. b geltend machen.

35 **e) Rechtspflicht zur Löschung gem. Abs. 1 lit. e.** Dieser Löschungsgrund besteht dann, wenn die Löschung zur Erfüllung einer **rechtlichen Verpflichtung** nach dem Unionsrecht oder dem Recht der Mitgliedstaaten erforderlich ist, der der Verantwortliche unterliegt. Der Begriff der rechtlichen Verpflichtung entspricht dem in Art. 6 Abs. 1 lit. c i.V.m. Art. 6 Abs. 2 und 3. Es können bestehende oder künftige Regelungen sein, die nicht nur datenschutzspezifisch sein müssen oder Verpflichtungen, die sich aus der Rechtsprechung ergeben. Eine vertraglich eingegangene Verpflichtung reicht dagegen nicht aus. Die Öffnungsklausel in Art. 17 Abs. 1 lit. e stellt ein Einfallstor für weitere Löschungspflichten aus dem Unionsrecht und dem Recht der Mitgliedstaaten dar, so dass von einer Erweiterung der Anwendbarkeit der Norm im Vergleich zum BDSG a.F. auszugehen ist. Es gelten sowohl Regelungen des Staates wie auch von Regionen, wie z.B. das Landesdatenschutzrecht der Bundesländer in Deutschland.

36 **f) Datenerhebung bei Kindern für Dienste der Informationsgesellschaft gem. Abs. 1 lit. f.** Bei diesem Löschungsrecht geht es um den Schutz von Kindern, wenn deren personenbezogene Daten gem. Art. 8 Abs. 1 für Dienste der Informationsgesellschaft erhoben wurden. Es geht um den Schutz der Kinder, die sich der Reichweite und Auswirkungen der Datenverarbeitung in jungen Jahren noch nicht so bewusst sein können. Besonders gilt der Schutz, wenn die Dienste der Informationsgesellschaft direkt Kindern angeboten werden (siehe auch ErwG 38) und sie diese Daten später wieder löschen lassen möchten. Das Recht auf Löschen hat einen hohen Stellenwert und gilt auch noch dann, wenn die betroffene Person erwachsen ist (ErwG 65).

37 Die nach Art. 8 Abs. 1 direkt den Kindern **angebotenen Dienste der Informationsgesellschaft** sind Dienste i.S.d. Art. 4 Nr. 25 i.V.m. Art. 1 Nr. 1 lit. b der Richtlinie (EU)

---

24 *EuGH* v. 13.5.2014 – C-131/12, ECLI:EU:C:2014:317, Google Spain und Google.

2015/1535 des Europäischen Parlaments und des Rates.²⁵ Eine Dienstleistung der Informationsgesellschaft betrifft jede in der Regel gegen Entgelt elektronisch im Fernabsatz und auf individuellen Abruf eines Empfängers erbrachte Dienstleistung. Dazu gehören vor allem der E-Commerz-Bereich wie Online-Vertrieb, Online Werbung, Online-Informationsangebote, elektronische Suchmaschinenbetreiber und Plattformbetreiber zur Übermittlung von Informationen. Für Kinder sind besonders Streaming-Dienste und die sozialen Netzwerke von Bedeutung.

Nach Art. 8 Abs. 1 ist diese Verarbeitung personenbezogener Daten ab der Vollendung des 16. Lebensjahres des Kindes rechtmäßig. Ist das Kind jünger, ist die Verarbeitung bei Einwilligung des **Trägers der elterlichen Verantwortung** für das Kind rechtmäßig oder mit dessen Zustimmung zur Einwilligung des Kindes. Nach speziellen mitgliedstaatlichen Regelungen kann das Alter des Kindes auch unter 16 Jahren, aber nicht unter Vollendung des 13. Lebensjahres liegen. Ist das Kind unter 16 Jahren und liegt die Einwilligung bzw. Zustimmung des Trägers elterlicher Verantwortung nicht vor, bedarf es des Rückgriffs auf den Löschungsgrund nach Art. 17 Abs. 1 lit. f eigentlich nicht, denn dann besteht bereits nach Abs. 1 lit. d ein Löschungsanspruch, weil die Verarbeitung unrechtmäßig erfolgt ist. **38**

Eine gewisse Widersprüchlichkeit ergibt sich aus dem Wortlaut des Art. 17 Abs. 1 lit. f und seiner Verweisung auf Art. 8 Abs. 1 dann, wenn die Voraussetzungen des Art. 8 Abs. 1 vorliegen und die Verarbeitung mit Einwilligung des Trägers elterlicher Verantwortung rechtmäßig war und sich dennoch daraus der Löschungsanspruch des Kindes ergeben soll. Hier greift die Schutzüberlegung des ErwG 65 nicht, denn der Träger elterlicher Verantwortung hat gerade die Einsichtsfähigkeit in die mit der Verarbeitung verbundenen Gefahren und hat vor diesem Hintergrund die Einwilligung erklärt. Das Kind ist nicht besonders schutzbedürftig. Dennoch sollen die verarbeiteten Daten gelöscht werden. Dieses Ergebnis überzeugt nicht und wird der Systematik der Löschungsrechte dieser Vorschrift nicht gerecht, die alle an die Unrechtmäßigkeit anknüpfen. Danach käme es ja nicht auf das Vorliegen der Voraussetzungen des Art. 8 Abs. 1 an. Minderjährige (das Alter ist in den Mitgliedstaaten unterschiedlich festgesetzt) können aber gerade bei Zustimmung des gesetzlichen Vertreters wirksam am Rechtsgeschäft teilnehmen, weil mit seiner Beteiligung unübersehbare Risiken und Nachteile verhindert werden sollen. Dieser Grundsatz findet sich auch in Art. 8 Abs. 1. Schutzzweck des Art. 8 Abs. 1 und des ErwG 38 ist die Bewahrung der Kinder vor unübersichtlichen Folgen und Risiken der digitalen Verarbeitung ihrer personenbezogenen Daten, die weltweit benutzt werden können und zu Persönlichkeitsprofilen zusammengeführt werden können. Ihr Familienleben, ihr Privatestes wird sichtbar, Dritte können sich Einblicke verschaffen, von denen das Kind keine oder nur wenig Vorstellung hat, auch wenn Kinder in immer jüngeren Lebensjahren mobile Endgeräte nutzen. **39**

Es wird deshalb die Auffassung vertreten, dass mittels einschränkender Auslegung aus teleologischen und systematischen Gründen Art. 17 Abs. 1 lit. f nur bei Kindern unter 16 bzw. bis 13 Jahren zur Anwendung kommt, wenn die Einwilligung des Trägers elterlicher Verantwortung oder seine Zustimmung zur Einwilligung nicht vorliegt.²⁶ **40**

---

25 ABl. EU L 241 v. 17.9.2015.
26 Sydow-*Peuker* Art. 17 Rn. 30.

41 Haben Kinder ihre Einwilligung in die Verarbeitung ihrer personenbezogenen Daten ab dem 16. Lebensjahr für Dienste, die ihnen angeboten werden, erklärt, so haben sie die Möglichkeit, diese Daten auch noch später löschen zu lassen.[27] Darin könnte ein eigener Anwendungsbereich dieses Löschrechtes liegen. Da aber mit dem Widerruf der Einwilligung im späteren Alter, also z.B. mit 17 Jahren, der Löschungsanspruch nach Abs. 1 lit. b vorliegt, hätte es dazu eigentlich der Regelung des Abs. 1 lit. f nicht bedurft.[28] Da aber der Löschungsgrund nach Abs. 1 lit. b nur vorliegt, wenn sich bei Widerruf der Einwilligung nicht aus einer anderen Rechtsgrundlage die Rechtmäßigkeit der Verarbeitung ergibt, diese Alternative in Abs. 1 lit. f aber nicht vorgesehen ist, sondern nur auf die Einwilligung nach Art. 8 Abs. 1 S. 1 abgestellt wird, liegt darin der eigene Anwendungsbereich des Abs. 1 lit. f.[29] Die Verletzung der Nachprüfpflicht durch den Verantwortlichen gem. Art. 8 Abs. 2 begründet wegen des insoweit eindeutigen Wortlauts des Art. 17 Abs. 1 lit. f, der nur auf Art. 8 Abs. 1 verweist, dagegen keinen Löschungsanspruch.[30]

42 **4. Inhalt des Löschungsanspruchs. – a) Begriff des Löschens.** Hinsichtlich des **Begriffs der Löschung** wird in Art. 4 Nr. 2 zwischen Löschung und Vernichtung unterschieden. Die DS-GVO enthält keine Legaldefinition und gibt auch keine informationstechnische Löschmethode vor. Gemäß § 3 Abs. 4 S. 2 Nr. 5 BDSG a.F. ist Löschen das Unkenntlichmachen gespeicherter personenbezogener Daten ohne technische Vorgaben. Schutzzweck des Löschens ist, dass die Daten endgültig nicht mehr verwendbar sind, irreversibel unleserlich und nicht mehr verarbeitbar. Folglich ist jegliche Informationsgewinnung aus den Daten unmöglich geworden.[31] Sie dürfen nicht reproduzierbar sein. Technisch kann die Löschung auch durch mehrfaches Überschreiben geschehen. Die Daten dürfen bei Anonymisierung und Pseudonymisierung nicht wieder herstellbar sein, auch nicht durch Hinzuziehen zusätzlicher Informationen. Auch Kopien, Sicherheitskopien und jede Form gegenständlicher Doppel müssen zerstört werden.

43 Andere Formen des Löschens sind die physische Zerstörung des Datenträgers oder die Löschungen von Verknüpfungen, die zur Wahrnehmung der Information erforderlich sind.[32]

44 **b) Löschen und das sog. Recht auf Vergessenwerden.** Die Verpflichtung von Suchmaschinenbetreibern zur **Löschung von Links** als eine Form des Löschens wurde sehr schnell als Recht auf Vergessenwerden bezeichnet, was gut in den Kontext einer seit Jahren andauernden Diskussion zu passen schien, die die mit der digitalen Kommunikationstechnologie verbundene immense Ausweitung der Potenziale zur Informationsspeicherung und -verbreitung als soziokulturelle Gefahr eines Nicht-mehr-Vergessen-Könnens begreift.[33]Entgegen des öffentlichen Eindrucks hat der EuGH in seiner Google Spain-Entscheidung die Worte des Rechts auf Vergessenwerden nicht

---

27 ErwG 65.
28 *Schantz* NJW 2016, 1841, 1845; Paal/Pauly-*Paal* Art. 17 Rn. 28.
29 Kühling/Buchner-*Herbst* Art. 17 Rn. 35.
30 Zutreffend Sydow-*Peuker* Art. 17 Rn. 30.
31 Grundsätzlich Simitis-*Dammermann* Art. 12 Rn. 14.
32 Kühling/Buchner-*Herbst* Art. 17 Rn. 39.
33 *Mayer-Schöneberger* Delete 26 ff., 199 ff., der das Verhältnis zwischen Erinnern und Vergessen umkehren und das Vergessen wieder leichter machen will.

gebraucht, sondern die Begrifflichkeiten der DSRL verwandt.[34] Umgangssprachlich hat dieser Begriff erst den Blick vieler Nutzer und von der Verarbeitung personenbezogener Daten Betroffener auf die Verletzung ihrer Rechte nach der Europäischen Grundrechte Charta und des sekundären europäischen Rechtes gelenkt. Die teilweise harsche Kritik an der Bezeichnung [35] ist überzogen und nicht angebracht. Der neue Begriff hilft, Kenntnis von den eigenen Rechten zu bekommen und von ihnen auch Gebrauch zu machen.[36] Art. 17 ist kein Spezialgesetz zum Recht auf Vergessenwerden, sondern regelt die Bedingungen für das allgemeine Löschungsrecht, das seit langem Bestandteil des allgemeinen Datenschutzrechtes ist. Der Klammerzusatz in der Überschrift gibt einen Hinweis darauf, dass es sich beim Recht auf Vergessenwerden ebenfalls um einen Löschungsvorgang handelt. Der Begriff des Vergessenwerdens ist etwas unscharf, denn eigentlich geht es um die Möglichkeit, durch Löschen von Links nach einer namensbezogenen Recherche nicht mehr im Netz mit einer bestimmten personenbezogenen Information aufgefunden zu werden.[37]

Zur Gewährleistung eines effektiven Datenschutzes ist eine Löschung von Links, die weltweit den Zugang zu personenbezogenen Daten bewirken, unverzichtbar. Anspruchsgegner nach der Google Spain-Entscheidung des EuGH ist der Suchmaschinenbetreiber. Nur darüber hatte das Gericht zu entscheiden. Nach Art. 17 i.V.m. Art. 4 Nr. 7 sind Verantwortliche u.a. natürliche oder juristische Personen, Behörden, Einrichtungen oder andere Stellen, die allein oder gemeinsam mit anderen über die Zwecke und Mittel der Verarbeitung von personenbezogenen Daten entscheiden. Es können also mit der Verarbeitung i.S.d. Art. 4 Nr. 2 befasste Unternehmen sein, also auch Netzwerk- und andere Plattformbetreiber wie Facebook. **45**

c) Löschen und Big Data-Anwendungen. Unter Big Data werden große, komplexe und sich schnell ändernde Massendatenmengen verstanden, auf deren Auswertung und Analyse vielfältige digitale Geschäftsmodelle beruhen. Es geht auf der einen Seite um die Chancen technologischer Entwicklung für die Wirtschaft und ihre Wettbewerbsfähigkeit und auf der anderen Seite um massenweise verarbeitete personenbezogene Daten und die damit verbundene Gefahr der Verletzung von Persönlichkeitsrechten.[38] Auch bei Big Data-Anwendungen gibt es Betroffenenrechte und Big Data ist nicht grundsätzlich von der Anwendung von Löschungsrechten ausgenommen, es gibt keinen entsprechenden Tatbestand. Somit sind Löschungsrechte nach den allgemeinen Kriterien des Art. 17 zu bestimmen, was aber die Identifizierbarkeit der personenbezogenen Daten erfordert. Das ist wegen der häufigen Anonymisierung und der Verknüpfung von Daten schwierig und könnte auch einmal die Wiederherstellung der Personalisierung verlangen. Das liefe dem Grundanliegen der DS-GVO und dem Datenschutz durch Technikgestaltung gem. Art. 25 diametral entgegen. Deshalb werden Löschungsansprüche bei Big Data Prozessen nach Art. 17 auf Grund des **46**

---

34 RL 95/46/EG DSRL, ABl. EG L 281 v. 23.11.1995, Art. 2, 6, 9, 12.
35 Sydow-*Peuker* Art. 17 Rn. 33–36; zur Diskussion *Spiecker gen. Döhmann* KritV 2014, 28, 34 ff.; positiver *Schantz* NJW 2016, 1841, 1845.
36 Im ersten Jahr nach der Google Spain-Entscheidung wurden bereits 279 766 Anträge auf Löschung eines Links zu Artikeln mit der Namensnennung des Antragstellers gestellt, davon in Deutschland mit ca. 47 599 die zweitmeisten nach Frankreich (ca. 57 800), die europaweit über 1 017 557 URL betrafen.
37 *Leutheusser-Schnarrenberger* ZD 2015, 149.
38 *Bitkom* Big Data im Praxiseinsatz, S. 21; Sydow-*Peuker* Art. 17 Rn. 37.

vorliegenden Personenbezugs durchsetzbar sein, wenn nicht Ausnahmen nach Art. 17 Abs. 3 lit. b und c vorliegen.

47 **d) Unverzüglich.** Nach Art. 17 Abs. 1 hat die betroffene Person das Recht, die **unverzügliche Löschung** zu verlangen. Und der Verantwortliche ist verpflichtet, die Daten bei Vorliegen eines Löschungsgrundes unverzüglich zu löschen. Zur Erläuterung des Begriffs „unverzüglich" kann Art. 12 Abs. 3 und 4 herangezogen werden, der spätestens innerhalb eines Monats nach Eingang eines Antrags die Antwort vorschreibt, ggf. verlängerbar um maximal 2 Monate z.b. wegen der Komplexität des Antrags und der Prüfung der Identität der Betroffenen. In diesem zeitlichen Rahmen muss sich die Befassung mit den Löschungsbegehren bewegen, Art. 12 Abs. 3 verweist ausdrücklich auch auf Art. 17.

48 **e) Ausübung des Löschungsrechts.** Art. 12 Abs. 3 setzt einen Antrag voraus, an dessen Erhebung die Fristen anknüpfen. Obwohl ein Antrag in Art. 17 nicht ausdrücklich vorgesehen ist, ist zur Durchsetzung des Löschungsgrundes nach Abs. 1 lit. b (Widerruf der Einwilligung) und Abs. 1 lit. c (Widerspruch) eine Willensäußerung der betroffenen Person notwendig, die nicht ein formeller Antrag sein muss. Bei den Fällen in Abs. 1 lit. a, d und e (Wegfall der Notwendigkeit der Zweckerfüllung, Unrechtmäßigkeit der Datenverarbeitung und beim Bestehen einer Rechtsverpflichtung zum Löschen) scheint ein Antrag nicht unbedingt notwendig zu sein, aber mit Blick auf die Auswahl mehrerer Rechtsfolgen wie der Löschung und der Einschränkung der Bearbeitung nach den verschiedenen Fallgruppen des Art. 18 Abs. 1 lit. a–d zur Wahrung der Interessen der Beteiligten doch sinnvoll.

49 Der Verantwortliche der Datenverarbeitung soll unabhängig von einem Antrag der betroffenen Person regelmäßige Überprüfungen oder Fristen zur Löschung vorsehen, damit die Daten nicht länger als nötig gespeichert werden, so sieht es der ErwG 39 vor.[39] Der Umfang der Prüfpflicht richtet sich nach dem Einzelfall und kann bei großen Mengen verarbeiteter Daten auch mal unzumutbar sein.[40]

II. Informationspflicht gem. Art. 17 Abs. 2

50 **1. Allgemeines.** Diese Bestimmung ist die konkrete Ausprägung des Rechts auf Vergessenwerden. Dafür reicht es nämlich nicht allein aus, dass der Verantwortliche für die Erhebung, Speicherung und Verarbeitung seiner Pflicht zur Löschung der in seinem Verantwortungsbereich gespeicherten Daten nachkommt, sondern die Ubiquität und Unbegrenztheit des Netzes erfordert es, dass auch andere Verantwortliche ihre mögliche Löschungsverpflichtung erfüllen. Andernfalls würde dem berechtigten Anliegen auf Löschung nur ansatzweise Rechnung getragen, denn die zu löschenden Daten wären an vielen Stellen weiterhin auffindbar und nutzbar. Die Entscheidung des EuGH zum Recht auf Vergessenwerden[41] wollte mit der Verpflichtung der Suchmaschinenbetreiber zur Löschung von Ergebnislisten erreichen, dass das Recht auf Schutz der personenbezogenen Daten auch den Zugang zu ursprünglich rechtmäßigen Inhalten unmöglich macht bzw. sehr erschwert, wenn sie personenbezogene Daten enthalten. Eine logische Fortsetzung dieses Rechts auf Löschung ist die Inanspruch-

---

39 Simitis-*Dix* BDSG § 35 Rn. 24.
40 *BGH* v. 14.5.2013 – VI ZR 269/12, NJW 2013, 2348, 2350.
41 *EuGH* v. 13.5.2014 – C-131/12, ECLI:EU:C:2014:317, Google Spain und Google.

nahme des Verantwortlichen für die beanstandeten Inhalte mit dem Ziel, dass sie von der Webseite, vom Blog oder aus den Archivbeiträgen genommen werden. Diese Informationspflicht geht über die Entscheidung des EuGH hinaus. Dafür stellt der EuGH in seiner Google Spain-Entscheidung fest, dass die betroffene Person vom Suchmaschinenbetreiber nicht darauf verwiesen werden darf, zuerst gegen den Inhaltsverantwortlichen vorzugehen.[42] Um das Recht auf Datenschutz und Schutz des Privatlebens der betroffenen Person wirklich so umfassend wie möglich zu gewährleisten, muss der Inhaltsverantwortliche davon in Kenntnis gesetzt werden. Das soll mittels der Informationsverpflichtung gem. Abs. 2 erfolgen. Damit soll eine weitere Verbreitung der Daten unterbunden und die bestehenden weitest möglich gelöscht werden. Die Absicht des Verordnungsgesetzgebers schlägt sich auch in ErwG 66 nieder. Ob der weitere Verantwortliche zur Löschung verpflichtet ist, richtet sich nach der allgemeinen Regelung, also danach, ob die Verarbeitung zum Zeitpunkt des Löschungsbegehrens rechtmäßig ist. Dazu kann es notwendig sein, zwischen dem Datenschutzrecht und dem Recht auf Schutz der Privatsphäre der betroffenen Person und der Meinungs- und Pressefreiheit und den Rechten der Nutzer auf Meinungsfreiheit und Zugang zur Information abzuwägen.

2. Tatbestandsvoraussetzungen des Abs. 2. Art. 17 Abs. 2 verpflichtet den zur 51
Löschung veröffentlichter personenbezogener Daten herangezogenen Verantwortlichen zu angemessenen Maßnahmen unter Berücksichtigung der **verfügbaren Technologie und der Implementierungskosten**, um für die Datenverarbeitung Verantwortliche über das Löschungsverlangen zu informieren. Das ist sehr allgemein formuliert, die Kriterien sind unbestimmt, was dem Verantwortlichen größere Entscheidungsspielräume einräumt.

Eine selbstverständliche Voraussetzung der Informationspflicht ist, dass der Verant- 52
wortliche die Daten öffentlich gemacht hat, also diese Daten für die Allgemeinheit zugänglich sind, in dem sie z.B. von einer Webseite abgerufen werden können. Der Adressatenkreis dieser Information ist unbestimmt, sie sind dem Verantwortlichen nicht bekannt. Und es kann für den Verantwortlichen schwierig und aufwändig, vielleicht sogar unmöglich sein, sie namentlich auch aufzufinden. Deshalb werden in Abs. 2 nur **angemessene Maßnahmen** verlangt. Das können Informationen über das Löschungsverlangen auf der Webseite des Verantwortlichen sein.[43] Für Suchmaschinenbetreiber kann das bedeuten, die Webseitenbetreiber, deren Links von den Suchergebnis einer namensbezogenen Recherche zu löschen sind, zu informieren. Der Rechercheaufwand für die Information soll die Kosten für die Implementierung und die verfügbare Technologie angemessen berücksichtigen. Zumutbar werden automatisierte Techniken mit entsprechenden Voreinstellungen sein. Die Größe der Unternehmen und die IT-Ausstattung werden beim Einsetzen der dem Verarbeitenden zur Verfügung stehenden Mitteln i.S.d. ErwG 66 angemessen berücksichtigt werden müssen. Diese unbestimmte Regelung eröffnet einen weiten Beurteilungsspielraum, der für die betriebliche Datenschutzpraxis einige Unwägbarkeiten mit sich bringt.

Abs. 2 unterscheidet sich von den Mitteilungspflichten nach Art. 19 dadurch, dass der 53
Adressatenkreis nicht nur auf die gezielten Datenübermittlungen beschränkt ist, denen gegenüber z.B. als Kunden oder Vertragspartner die Daten offengelegt werden,

---

42 *EuGH* v. 13.5.2014 – C-131/12, ECLI:EU:C:2014:317, Google Spain und Google.
43 Zu den technischen Maßnahmen *Hornung/Hofmann* JZ 2013, 163, 168.

sondern dass es ein Empfängerkreis ist, der durch ständige Weiterverbreitung wie den Zugriff auf die Daten erweitert wird. Genau das ist für das Recht auf Vergessenwerden typisch und erzeugt die spezifische Problematik. Die Informationspflicht über das Löschungsverlangen richtet sich deshalb an alle Verantwortliche, die die Daten verarbeiten, unabhängig davon, wie sie an die Daten gelangt sind. Darin liegt die Schwierigkeit begründet, wirklich alle Empfänger über das Löschungsbegehren zu informieren, damit bei Vorliegen der rechtlichen Voraussetzungen alle Datenveröffentlichungen in der Praxis zeigen.

54 Die Frage der **geografischen Reichweite**[44]ist von großer Bedeutung. Reicht der Löschungsanspruch **nur** in den Mitgliedstaaten, in denen die Daten veröffentlicht wurden, sondern in allen Mitgliedstaaten, von denen aus der Zugang zu den Informationen hergestellt werden kann? Das ist zu bejahen, denn es macht keinen Sinn, wenn Suchmaschinenbetreiber die Links in Frankreich löschen und über Deutschland der Zugang möglich bleibt. Offen ist, ob die Reichweite über die europäische Union hinausreicht, also z.B. auch Domains in den Vereinigten Staaten von Amerika wie Google.com erfasst.[45] Der EuGH hatte in seiner Google Spain-Entscheidung darüber nicht zu entscheiden. Die Datenschutzbeauftragten in Deutschland haben sich in ihrer Stellungnahme für die weltweite Reichweitenregelung ausgesprochen[46], wie auch die Art. 29 Working Group.[47] Entscheidungen in Frankreich[48] und Kanada[49] haben einen globalen Löschungsanspruch anerkannt. Google hat seine Praxis in den letzten Jahren schrittweise in Richtung umfangreicherer Löschung der Links innerhalb der Europäischen Union mittels des Geoblockings verändert. Gegen eine weltweite Löschung argumentiert Google mit dem Territorialprinzip und der Verletzung des nationalen Rechts.

55 Der EuGH hat sich in seinen jüngsten Entscheidungen vom 24.9.2019[50] mit der Reichweite des Löschungsrechtes befasst. Das auch als „**Google II**" zu bezeichnende Urteil konzediert nur eine europäische „Teilamnestie". Das europäische Recht auf Vergessenwerden gilt nicht global. In den zwei zu entscheidenden Fällen aus Frankreich stellte der EuGH fest, dass es in vielen Staaten anders als in der EU kein Löschungsrecht von Links gebe. Zahlreiche Drittstaaten kennen kein Auslistungsrecht oder verfolgen bei diesem Recht einen anderen Ansatz. Liegen die Voraussetzungen nach der DS-GVO auf Löschung vor, bezieht sich das Recht auf Vergessenwerden nach diesen Entscheidungen des EuGH auf die Suchmaschinen in allen EU-Staaten. In den außer-

---

44 Dazu ausführlich *Hornung/Hofmann* JZ 2013, 163, 167.
45 Im Google Beirat wurde diese Frage sehr kontrovers beraten, nur Leutheusser-Schnarrenberger hatte sich dafür ausgesprochen. *Leutheusser-Schnarrenberger* ZD 2015, 149 f.; Google Advisory Council 2015, Report of the Advisory Council to Google on the Right to be Forgotten, https://www.google.com/advisorycouncil/.
46 88. Konferenz der Datenschutzbeauftragten des Bundes und der Länder am 8. und 9.10.2014.
47 *Art.-29-Datenschutzgruppe* Leitlinien für die Umsetzung des Urteils des EuGH in der Rs. C-131/12 Google Spain/AEPD und Mario Costeja Gonzalez, WP 225 v. 26.11.2014.
48 High Court of Paris Cri 2015, 54 – M. et Mme. X et M. Y. v. Google France.
49 Court of Appeal für British Columbia, Equustek Solutions Inc. v. Google Inc. 2015 BBCA 265, para 81–99.
50 *EuGH* v. 24.9.2019 – C-507/17, ECLI:EU:C:2019:772 = ZD 2020, 31; v. 24.9.2019 – C-136/17, ECLI:EU:C:2019:773 = ZD 2020, 36.

europäischen Arealen der digitalen Erinnerung bleiben dagegen die dunklen Flecken aus der Vergangenheit erhalten. Google muss nach der EuGH-Entscheidung die Links nicht weltweit aus all seinen Trefferlisten tilgen.[51]

Suchmaschinen wie Google müssen **Geoblocking** einsetzen, um das Recht auf Vergessenwerden durchzusetzen. Wer aus der EU auf die US-Domain google.com surft, darf dort bestimmte Links nicht mehr sehen, jene, die in der EU entfernt wurden, um die Persönlichkeitsrechte eines Menschen zu schützen. Es stellt sich schon die Frage, warum der EuGH doch etwas zögerlich vorgegangen ist und sich nicht für einen lückenlosen Schutz der in ihren Persönlichkeitsrechten Verletzten entschieden hat. Es geht darum, den europäischen Datenschutz in und für Europa wirksam zu gestalten. Das gelingt nicht, wenn man ihn leicht umgehen kann. 56

Art. 17 Abs. 2 verpflichtet den Erst-Verantwortlichen nicht dazu, die Löschung auch bei Dritten tatsächlich zu erreichen, sondern er muss die anderen Verantwortlichen über das Löschungsbegehren, das auf die Löschung aller Links zu diesen personenbezogenen Daten oder von Kopien oder Replikationen gerichtet ist, informieren. Der Löschungsanspruch muss von der betroffenen Person direkt gegenüber dem Dritten geltend gemacht werden und richtet sich nach den allgemeinen Löschungsregelungen. Über die Drittinformation oder ihr begründetes Unterlassen muss der Verantwortliche dem Betroffenen gem. Art. 12 Abs. 3 und 4 berichten. Der Verstoß gegen das Drittinformationsrecht ist gem. Art. 83 Abs. 5 lit. b bußgeldbewehrt. 57

Eine gewisse Konkretisierung der allgemein formulierten Pflichten erfolgt gem. Art. 70 Abs. 1 lit. d durch den EDSA. Dieser soll Leitlinien, Empfehlungen und bewährte Verfahren bereitstellen „zu Verfahren für die Löschung gem. Art. 17 Abs. 2 von Links zu personenbezogenen Daten oder Kopien oder Replikationen dieser Daten aus öffentlich zugänglichen Kommunikationsquellen". 58

III. Ausnahmetatbestände gem. Art. 17 Abs. 3

Art. 17 Abs. 3 regelt erschöpfend[52] einige Ausnahmen vom Löschungsanspruch bzw. von der Löschungspflicht nach Abs. 1 und den Informationspflichten nach Abs. 2. Damit soll dem Spannungsfeld zwischen dem Recht der betroffenen Person auf informationelle Selbstbestimmung und auf Achtung der Privatsphäre und dem Recht auf Meinungs- und Informationsfreiheit Dritter nach Art. 11 GRCh sowie öffentlichen Interessen Rechnung getragen werden. Es wird diesen Ausnahmetatbeständen teilweise geringe Bedeutung beigemessen, weil viele ihrer Voraussetzungen schon bei den Löschungsgründen zu prüfen seien.[53] Diese Kritik ist nicht von der Hand zu weisen, denn die Abwägungsentscheidungen bei der Prüfung der Löschungsgründe nach Abs. 1 sind ähnlich wie die bei Prüfung der Ausnahmen von der Löschung gem. Abs. 3. 59

Nach Art. 85 Abs. 1 und 2 können die Mitgliedstaaten konkretisierende Vorschriften erlassen. ErwG 153 fordert die Mitgliedstaaten auf, für die Verarbeitung personenbezogener Daten ausschließlich zu journalistischen Zwecken oder zu wissenschaftlichen, künstlerischen und literarischen Zwecken Abweichungen und Ausnahmen von 60

---

51 *Janisch* SZ v. 24.9.2019, www.suddeutsche.de, zuletzt abgerufen am 24.1.2020.
52 Sydow-*Peuker* Art. 17 Rn. 57 mit Hinweis auf die Begründung des Standpunktes des Rates in 1. Lesung v. 8.4.2016.
53 Schantz/Wolff-*Schantz* Das neue Datenschutzrecht, Rn. 1217 ff.

bestimmten Vorschriften der DS-GVO zu treffen, wenn dies erforderlich ist, um das Recht auf Schutz der personenbezogenen Daten mit dem Recht auf Freiheit der Meinungsäußerung in Einklang zu bringen. Für alle Fallgestaltungen gilt nach Abs. 3, dass die **Ausnahmen vom Löschungsanspruch erforderlich** sein müssen. Es darf also keine mildere Maßnahme, die denselben Erfolg mit gleicher Sicherheit erzielt, geben. Dieser Maßstab nach dem Verhältnismäßigkeitsgrundsatz legt einen strengen Prüfmaßstab an die Ausnahmen an, die nicht zur Regel werden dürfen. Da es immer wieder zu Grundrechtskollisionen zwischen dem Datenschutz und dem Privatsphärenschutz des Betroffenen und der Meinungs- und auch Eigentumsfreiheit bei Verarbeitung zu wirtschaftlichen Zwecken kommen kann, muss eine Abwägung stattfinden. Der EuGH hat in seiner Google Spain-Entscheidung den wirtschaftlichen Interessen eben keinen Vorrang vor den Datenschutz- und Persönlichkeitsrechtsinteressen eingeräumt, sondern ganz im Gegenteil den Datenschutz als vorrangiger bewertet, was auf deutliche Kritik gestoßen ist.[54] Dem ist entgegen zu halten, dass es sich um einen potenziell schweren Eingriff in das Persönlichkeitsrecht des Betroffenen handelt, wenn personenbezogene Daten, teilweise auch besonders sensible Daten mit den Möglichkeiten des Internets verarbeitet werden und die Gefahr von Persönlichkeitsprofilen und von strukturiertem Überblick über die betroffene Person besteht. Da können die Interessen von Unternehmen nicht generell schwerer wiegen. Der EuGH hat aber die widerstreitenden Interessen sehr wohl erkannt und deshalb gefordert, einen angemessenen Ausgleich zwischen den Interessen der Internetnutzer und den Grundrechten des Betroffenen zu finden. Abwägungskriterien sind die Bedeutung der Information für das Privatleben der betroffenen Person und besonders die Rolle, die die Person im öffentlichen Leben spielt.[55] Je sensibler die Information wie z.B. über die sexuelle Orientierung und je weniger die betroffene Person in der Öffentlichkeit eine Rolle spielt, umso vorrangiger ist das Recht auf Löschung der Daten zur Durchsetzung des Persönlichkeitsrechtsschutzes.[56] Je stärker die betroffene Person eine Person der Zeitgeschichte ist, umso geringer wird ihr Recht auf Schutz der Privatsphäre.

61 Je länger die Berichterstattung über die betroffene Person zurückliegt, umso begründeter ist ihr Recht auf Löschung. Dieser Grundsatz muss in jedem Einzelfall geprüft werden. Es gibt keine generell gültigen Zeitfaktoren, die immer eine Löschung rechtfertigen würden. Im Fall der verurteilten Täter wegen des Mordes an dem bekannten Volksschauspieler Walter Sedlmayr entschied der EGMR 2018,[57] dass auch 25 Jahre nach der Tat, 10 Jahre nach der Haftentlassung kein Anspruch auf Löschung der Namen in Online-Presseartikeln bestand, weil es ein großes öffentliches Interesse an dem Schicksal des prominenten Opfers Walter Sedlmayr gebe und die Täter selbst um Berichterstattung und Öffentlichkeit in eigener Sache gebeten hätten.

62 Im Apollonia Fall[58] (Rn. 4) hat das BVerfG dem wegen Mordes verurteilten Straftäter 17 Jahre nach Haftentlassung ein eingeschränktes Recht auf Vergessenwerden zuge-

---

54 *EuGH* v. 13.5.2014 – C-131/12, NJW 2014, 2257, 2263, Kritik daran u.a. *Kühling* EuZW 2014, 527, 529.
55 *EuGH* 13.5.2014 – C-131/12, ECLI:EU:C:2014:317, Google Spain und Google.
56 Google Advisory Council 2015, Report of the Advisory Council to Google on the Right to be Forgotten, https://www.google.com/advisorycouncil/, 4.1.f.
57 *EGMR* v. 28.6.2018 – 60798/10 und 65599/10, ECLI:CE:ECHR:2018:0628JUD006079810 = NJW 2020, 295.
58 *BVerfG* v. 21.11.2019 – 1 BvR 16/13, Recht auf Vergessen I = CR 2020, 30.

standen. Sein berechtigter Anspruch auf Schutz seiner Persönlichkeitsrechte rechtfertige die Beschränkung der Pressefreiheit und der Informationsfreiheit, in dem der Name nicht aus dem Artikel gestrichen werden muss, aber für die Suchmaschine nicht auffindbar ist. Dieser Ausgleich zwischen den Interessen der Medien und des Betroffenen soll nach dieser Entscheidung zu einer abgestuften Lösung zwischen vollständiger Löschung und uneingeschränkter Hinnahme des Betroffenen führen. Dem Recht der Medien wird ein größeres Gewicht beigemessen. Welche Informationen als interessant oder anstößig und verwerflich anzusehen sind, unterliege nicht der einseitigen Verfügung des Betroffenen, führt das Bundesverfassungsgericht aus.

Technisch ist das mit relativ wenig Aufwand machbar, in dem zwei Versionen des Artikels hergestellt werden, so dass die Suche mit dem Namen keinen Treffer erzeugt. Der Name bleibt also im Artikel, wird aber bei der Suche nicht mit der Namensrecherche gefunden, weil ein Artikel ohne den Namen im Suchmaschinenbestand ist. Das Gericht nimmt also auch die Inhalteanbieter in die Pflicht. Nach diesen Vorgaben hat der BGH neu zu entscheiden. **63**

Die Ausnahmeregelungen des Abs. 3 sind insgesamt restriktiver als die Regelungen in § 20 Abs. 3 und 7 BDSG a.F. sowie § 35 Abs. 3 und 8 BDSG a.F. **64**

1. Recht auf freie Meinungsäußerung und Information gem. Abs. 3 lit. a. Abs. 3 lit. a **65** normiert den Konflikt zwischen dem Recht auf informationelle Selbstbestimmung und dem Recht auf Meinungsäußerungsfreiheit, das zu den essentiellen Grundlagen der Demokratie gehört (Art. 5 Abs. 1 GG). Dennoch gilt die Meinungsfreiheit nicht schrankenlos. Abs. 3 lit. a gibt nicht strikt der Meinungsfreiheit und dem Recht auf Information Vorrang vor dem Datenschutz. Das wäre mit der europäischen Grundrechtecharta auch nicht vereinbar.⁵⁹

Deutschland hat bisher mit § 41 BDSG a.F. und § 57 RStV, dem sog. **Medienprivileg**, **66** die Nutzung personenbezogener Daten zu ausschließlich eigenen journalistisch-redaktionellen oder literarischen Zwecken erlaubt. Art. 85 Abs. 2 als Nachfolgeregelung des Art. 9 DSRL verpflichtet weiterhin die Mitgliedstaaten zu Ausnahmeregelungen vom Löschungsbegehren, wenn die Datenverarbeitung zu journalistischen, wissenschaftlichen, künstlerischen oder literarischen Zwecken erfolgt. Eine § 41 BDSG a.F. entsprechende Nachfolgeregelung gibt es im BDSG n.F. nicht, da der Bundesgesetzgeber sich nach der Föderalismusreform nicht für zuständig hielt und deshalb die Ländergesetzgeber nicht verpflichten konnte. Auch nach Wegfall des Medienprivilegs nach BDSG a.F. gibt es für Telemedien (§ 57 RStV) und den privaten Rundfunk (§ 47 i.V.m. § 57 RStV) sowie für die Presse in den Landespressegesetzen und für den öffentlich-rechtlichen Rundfunk in den entsprechenden Landesrundfunkgesetzen ähnliche Regelungen.⁶⁰

Das Medienprivileg gilt nicht für Suchmaschinenbetreiber, da sie Daten nicht ausschließlich zu journalistischen Zwecken verarbeiten, sondern nur den Zugang zu Informationen, die von Dritten erstellt werden, eröffnen und überwiegend aus wirtschaftlichen Gründen handeln. Anbieter von Online-Inhalten können sich auf das Medienprivileg berufen, wenn sie selbst recherchieren und Inhalte erarbeiten. Reine **67**

---

59 Siehe zur Abwägung Apollonia Entscheidung *BGH* v. 13.11.2012 – VI ZR 330/11, GRUR 2013, 200.
60 Schantz/Wolff-*Schantz* Das neue Datenschutzrecht, Rn. 1317, 1319.

Bewertungsportale sind nach der Rechtsprechung des Bundesgerichtshofs nicht zu privilegieren, weil sie nur Kommentare und Bewertungen sammeln, ohne sie selbst redaktionell zu bearbeiten.[61]

68 **2. Erfüllung einer rechtlichen Verpflichtung gem. Art. 17 Abs. 3 lit. b.** Diese Ausnahme von der Löschungspflicht betrifft die Datenverarbeitung, die zur **Erfüllung einer rechtlichen Verpflichtung** z.B. im Arbeits-, Sozial-, Steuer- und Gesellschaftsrecht erfolgen muss oder für die Wahrnehmung einer Aufgabe im öffentlichen Interesse liegt oder in Ausübung öffentlicher Gewalt erfolgt. Es soll sichergestellt werden, dass die Erfüllung öffentlicher Aufgaben durch Löschungspflichten nicht verhindert oder behindert werden sollen. Diese Ausnahme entspricht der Rechtsgrundlage für die Verarbeitung zur Erfüllung einer rechtlichen Verpflichtung gem. Art. 6 Abs. 1 lit. c. Um trotz dieser Ausnahmeregelungen spezifische datenschutzrechtliche Löschungsregeln zu erlassen, sind der Unions- oder der nationale Gesetzgeber zuständig. Die Anforderungen stellt Art. 6 Abs. 3 auf. Anhaltspunkte für das öffentliche Interesse können Art. 23 Abs. 1 lit. e entnommen werden. Eine Ausnahme gilt nach § 35 Abs. 3 BDSG n.F. dann, wenn einer nach Art. 17 Abs. 1 lit. a eigentlich gebotenen Löschung wegen Zweckerreichung satzungsmäßige oder vertragliche Aufbewahrungsfristen entgegenstehen.[62]

69 **3. Öffentliche Gesundheit gem. Art. 17 Abs. 3 lit. c.** Diese Ausnahme betrifft die fortgesetzte Datenverarbeitung im Bereich des Gesundheitswesens, die wegen der besonders sensiblen Daten den strengen Anforderungen des Art. 9 Abs. 2 lit. h i.V.m. Abs. 3 und Art. 9 Abs. 2 lit. i unterliegt. Art. 9 Abs. 3 beschränkt den Personenkreis für die Verarbeitung nach Art. 9 Abs. 2 lit. h auf bestimmtes zur Verschwiegenheit verpflichtetes Fachpersonal.

70 **4. Archiv-, Forschungs- und statistische Zwecke gem. Art. 17 Abs. 3 lit. d.** Die Ausnahme vom Löschungsanspruch für die in Abs. 3 lit. d genannten Zwecke ist an strenge Kriterien geknüpft. Nur wenn durch die Löschung eine ernsthafte Beeinträchtigung oder Unmöglichkeit der Verarbeitung eintreten würde, darf die Löschung ausgeschlossen werden. Das Fehlen von Daten kann z.B. die Belastbarkeit der statistischen Grundlagen entscheidend beeinträchtigen. Art. 89 Abs. 1 regelt konkret die Verarbeitung von personenbezogenen Daten für die in Abs. 3 lit. d genannten Zwecke. Die verarbeitende Stelle muss geeignete technische und organisatorische Maßnahmen treffen, mit denen der Grundsatz der Datenminimierung gewährleistet werden soll. Dazu gehört auch die Pseudonymisierung personenbezogener Daten.

71 **5. Geltendmachung, Ausübung oder Verteidigung von Rechtsansprüchen gem. Art. 17 Abs. 3 lit. e.** Nach dieser Fallgestaltung ist eine Löschung und Informationspflicht ausgeschlossen, wenn Rechtsansprüche geltend gemacht, ausgeübt oder verteidigt werden sollen. Wenn Auseinandersetzungen anstehen oder mit hinreichender Wahrscheinlichkeit zu erwarten sind, sollen Löschpflichten nicht mögliche Beweisanforderungen gefährden. Allein die Berufung auf den Ablauf von Verjährungsfristen ohne konkrete Anhaltspunkte auf streitige Auseinandersetzungen wird nicht ausreichen. Die Datenspeicherung ist auf das für die Durchführung notwendige Maß zu beschränken.

---

61 *BGHZ* 181, 328, Rn. 21 f. – spickmich.de.
62 Schaffland/Wiltfang-*Schaffland/Holthaus* Art. 17 Rn. 41 mit Beispielen.

6. Weitere Einschränkungsregelungen. Gemäß Art. 23 können durch unionsrechtliche oder mitgliedstaatliche Regelungen weitere Ausnahmen von der Löschungspflicht vorgesehen werden, wenn sie die gesetzlichen Voraussetzungen gem. Art. 23 Abs. 2 beachten. § 35 Abs. 1 BDSG macht von dieser Möglichkeit Gebrauch, in dem bei unverhältnismäßig hohem Löschungsaufwand einerseits und nur geringem Interesse des Betroffenen an der Löschung andererseits an die Stelle der Löschung eine Einschränkung der Verarbeitung gem. Art. 18 tritt. § 35 Abs. 2 BDSG, bisher § 35 Abs. 3 Nr. 2 BDSG a.F. enthält die eher selbstverständliche Ausnahme von der Löschung, wenn durch sie schutzwürdige Interessen des Betroffenen beeinträchtigt werden. 72

C. Praktische und technische Probleme des Löschens

I. Probleme und Lösungsansätze der Löschpflicht in der Unternehmenspraxis

Der effektiven Umsetzung der Löschpflicht stehen in der Praxis einige (technische) Probleme entgegen. Insbesondere in großen HR-Datenbanken und CRM-Systemen wurde das automatische und punktuelle Löschen von Datenbankinhalten zumeist nicht vorgedacht. Während alle großen Anbieter für Unternehmenssoftware derzeit intensiv an Lösungen für dieses Problem arbeiten, sind viele Unternehmen und Behörden, die Individualsoftware oder eine individuelle Anpassung ihrer Standardsoftware einsetzen, auf sich gestellt. Bei größeren Unternehmen, die bislang kein systematisches Löschkonzept durchgesetzt haben, werden sehr große Aufwände für die Implementierung von Löschroutinen veranschlagt. Bei kleineren Mittelständlern und kleineren Behörden, die über jahrzehntelang gewachsene IT-Systeme verfügen, fehlen oftmals die Ressourcen, um ein umfassendes Löschkonzept umzusetzen.[63] Die Zeiten sind jedoch vorbei, in denen unter Verweis auf die Mühsal und Kosten des Löschens das Problem ignoriert werden konnte. Dies zeigt ein Bußgeld in Höhe von 14,5 Mio. EUR deutlich, welches maßgeblich deshalb erlassen wurde, weil „ein Archivsystem verwendet [wurde], das keine Möglichkeit vorsah, nicht mehr erforderliche Daten zu entfernen."[64] 73

II. Komplexität und Interaktion moderner Datenbankstrukturen

Gründe für die technischen Hürden im Hinblick auf das Löschen personenbezogener Daten liegen in den „modernen" Datenbankstrukturen in der Unternehmenssoftware. Auf zentrale Datenbanken und einzelne Teildatensätze wird häufig von einer Vielzahl an Prozessen zugegriffen. Die Datenbanken sind vor diesem Hintergrund dahingehend optimiert, einen möglichst geringen Verbrauch von Speicherplatz, eine hohe Konsistenz von Daten und eine hohe Performance der Datenbank zu ermöglichen. Um eine hohe Konsistenz zu erhalten, erfolgt ein ständiger Abgleich zur Konsolidierung und Überarbeitung etwaiger veralteter Daten mit neuen Informationen aus unterschiedlichen Quellen. 74

---

63 Siehe eine übersichtsartige Darstellung des Problems bei *Keppeler/Berning* ZD 2017, 314; *Keppeler* RDV 2018, 70; *Katko/Knöpfle/Kirschner* ZD 2014, 238–241.
64 Aus der Presseerklärung der Berliner Beauftragten für Datenschutz und Informationsfreiheit vom 5.11.2019, abrufbar unter https://www.datenschutz-berlin.de/fileadmin/user_upload/pdf/pressemitteilungen/2019/20191105-PM-Bussgeld_DW.pdf, abgerufen am 28.4.2020.

III. Beispiel: HR-Software

75 So besteht etwa ein typischer Personaldatensatz aus einer kleinen Tabelle mit Stammdaten und weiteren gesonderten Tabellen für verschiedenste Unternehmensprozesse (z.B. Talent Management; Betriebsrente; Payroll-Services; Abmahnungen usw.). Bei einem Löschen der Daten, die für einen Vorgang wichtig sind (so müssen etwa Abmahnungen in der Regel nach ca. drei Jahren aus der Personalakte entfernt werden)[65], muss sichergestellt werden, dass die gelöschten Daten nicht etwa noch von anderen Prozessen benötigt werden. So kann etwa auch nach Ausscheiden des Mitarbeiters nicht einfach der Stammdatensatz gelöscht werden (auch nicht nach Ablauf der Verjährungsfristen etwaiger Ansprüche des Unternehmens oder dem Lauf etwaiger Wettbewerbsverpflichtungen aus dem Arbeitsvertrag). Denn z.B. für den Prozess der Betriebsrente werden nicht nur die gesonderten Datenfelder für die Betriebsrente, sondern zahlreiche einzelne Datenbankrelationen (etwa die Tabelle mit den Stammdaten, aber auch sämtliche Tabellen, die über die Dauer der Betriebszugehörigkeiten etwaiger Unterbrechungen Auskunft geben können) benötigt. Es müsste also bei jedem einzelnen Prozessschritt sehr sorgfältig geprüft werden, welcher Teil der relationalen Datenbank jeweils gelöscht werden kann (wobei bereits in der HR-Datenbank häufig mehrere 100 Einzelinformationen gespeichert sind).

IV. Beispiele für Interaktion von Datenbanken und unterschiedlicher Software

76 Ein anderes Beispiel wäre eine Buchhaltungssoftware, in der unternehmensweit sämtliche Kreditoren und Debitoren angelegt sind. Auf diese Datensätze greifen viele unterschiedliche Buchhaltung- und Reportingprozesse aus einer Finanzabteilung zurück. Typischerweise werden Datenbanken auch softwareübergreifend genutzt. So kommuniziert die Datenbank eines Warenwirtschaftssystems häufig mit dem später entwickelten Backend eines Webshops, der wiederum über eine (vielleicht standardisierte, vielleicht individuell entwickelte) Software auf die Buchhaltungssoftware zugreift, um die entsprechenden Rechnungsstellung zu realisieren und zu hinterlegen. Im Falle einer Kundenbeschwerde muss eine Customer Care Software auf alle genannten Daten zugreifen und der Bearbeiter der Beschwerde löst wiederum Veränderungen in allen genannten Datenbanken aus. In solchen Szenarien laufen neben den operativ notwendigen Prozessen noch eine Reihe an Prüf- und Test-Prozessen im Hintergrund ab, um die Richtigkeit und Revisionssicherheit der Daten zu gewährleisten. Die Komplexität der ineinandergreifenden Prozesse und miteinander interagierenden Datenbanken wurde in diesem Ansatz angedeutet. Es entsteht dadurch insgesamt das Problem, dass das Löschen einzelner personenbezogener Daten das Risiko birgt, einen Prozess in einer oder mehrerer Softwareapplikationen in einer unvorhergesehenen Weise zu beeinflussen oder zu verhindern.[66] Hinzukommt, dass die Datenbanken

---

65 Es sei denn, der Arbeitnehmer hat ausnahmsweise noch ein weiteres berechtigtes Interesse an der Dokumentation der gerügten Pflichtverletzung (s. *BAG* v. 19.7.2012 – 2 AZR 782/11, BAGE 142, 331 ff., AP BGB § 611 Abmahnung Nr. 34). BeckOK Arbeitsrecht-*Rolfs* KSchG, 46. Ed. 2017, § 1 Rn. 249). Selbst nach 3½ Jahren verliere eine Abmahnung daher nicht zwingend ihre Wirkung (*BAG* v. 10.10.2002 – 2 AZR 418/01, NZA 2003, 1295).

66 Siehe hierzu ausführlich *Anke/Berning/Schmidt/Zinke* IT-gestützte Methodik zum Management von Datenschutzanforderungen, HMD Praxis der Wirtschaftsinformatik 54, 313/2017, 67. Knoll/Strahringer-*Berning/Meyer/Keppeler* Datenschutzkonformes Löschen personenbezogener Daten in betrieblichen Anwendungssystemen – Methodik und Praxisempfehlungen mit Blick auf die EU-DS-GVO; *Keppeler/Berning* ZD 2017, 314.

nicht nur klar typisierte Inhalte enthalten sondern auch „beliebige" Eingaben. Typischerweise entstehen solche unstrukturierten Datenbankinhalte etwa bei der Verwendung von Freitextfeldern oder wenn (beliebige) Dateien/Dokumente zu einem Datensatz hinzugefügt werden können.

V. Wirtschaftliche Unmöglichkeit des „chirurgischen" Löschens in Backups

Den Grad zur „wirtschaftlichen Unmöglichkeit" dürfte in vielen Fällen das Löschen einzelner Daten in älteren Backupsystemen überschritten haben. Typischerweise berücksichtigt herkömmliche und verbreitete Backupsoftware nicht die Umsetzung von Löschroutinen. Wenn also die Herausforderung bewältigt wurde, die nicht mehr benötigten Daten tatsächlich aus der aktuellen Datenbank zu entfernen, so stellt sich die Frage, wie mit den Backups der Datenbank zu verfahren ist, die vor der Löschung der Daten erstellt wurden. Häufig speichern größere Unternehmen und Behörden Backups im Tages-, Wochen-, Monats- und Jahresrhythmus, wobei zur Sicherstellung der handels- und steuerrechtlichen Aufbewahrungspflichten typischerweise die letzten 10 Jahresbackups aufbewahrt werden. Erst im Jahr 11 wird das Backup aus dem Jahr 10 mit den aktuelleren Daten überschrieben. Dies führt dazu, dass eine Information einer Datenbank, die vor 10 Jahren erstellt und heute aus der produktiven Datenbank gelöscht wurde, noch in über 30 Backups der Datenbanken vorhanden ist. Gleiches gilt für E-Mails und alle weiteren Daten, die durch ein Backup erfasst werden. Um die Informationen in allen Backups zu löschen, wäre es notwendig, die Backups wiederherzustellen. Typischerweise ist dies gerade für länger zurückliegende Zeiten mit hohem Aufwand verbunden, da die Software, welche zum lesen und Bearbeiten der Daten erforderlich ist, erst wieder installiert werden muss. Typischerweise muss hierfür eine ältere Systemumgebung aufgesetzt werden, damit die notwendige ältere Software mit älteren Betriebssystemen, File-Servern und anderen Infrastrukturelementen richtig interagieren kann. All dies erfordert Administrationsaufwand (Vergabe von Nutzerkonten, Einrichtung der Umgebungen usw.). Hinzu kommt, dass sich die Jahresbackups (und manchmal die Monatsbackups) typischerweise auf extern gelagerten Speichermedien (etwa Magnetbändern in einem Tresor eines anderen Standortes oder bei einem Dienstleister) befinden. Dieser Aufwand kann allenfalls in Einzelfällen wirtschaftlich sinnvoll sein, wenn wenige besonders sensible Daten gelöscht werden müssen. Für den Regelbetrieb müssen noch Lösungen entwickelt werden, die ein automatisiertes Löschen von Daten in Backups erlauben. Dementsprechend hat das LG Heidelberg auch jüngst entschieden, dass sich der Auskunftsanspruch nicht auf Daten in Backups bezieht, da dies mit unverhältnismäßigen Kosten verbunden ist.[67]

VI. Kann man löschen, was eine KI gelernt hat?

Künstliche neuronale Netze werden heute mit einer großen Menge an (auch personenbezogenen) Daten „trainiert" und „lernen" im produktiven Einsatz anhand von „echt"-Daten stets hinzu.[68] Vor diesem Hintergrund ist es begrüßenswert, dass mit

---

67 *LG Heidelberg* v. 21.2.2020 – 4 O 6/19.
68 Siehe den sehr guten Überblick bei *Lenzen* Künstliche Intelligenz – Was sie kann & was uns erwartet, 2018.

einer datenschutzrechtlichen Aufarbeitung der KI begonnen wurde.[69] Leider fehlt es bislang an einer Untersuchung der Löschverpflichtungen im Hinblick auf das „Gedächtnis" einer KI. Wenn die Datenschutzaufsichtsbehörden zurecht darauf hinweisen, dass die Anforderungen an die Transparenz auch bei einem künstlichen neuronalen Netz eingehalten werden müssen,[70] dann wird zumeist nur die „Erklärbarkeit" und „Nachvollziehbarkeit" der Entscheidung einer KI gemeint. Zu berücksichtigen wäre bei Diskussionen in der Zukunft aber auch, dass die KI in jedem Connected-Car auf Basis einer Vielzahl an Bildern von Menschen in Straßenverkehrssituationen lernen musste, zwischen Autos und Menschen zu unterscheiden. Das KI-Framework „Watson" von IBM hatte 2011, bevor es menschliche Spieler bei Jeopardy schlug, die gesamte damalige Wikipedia (und vieles mehr) „gelernt",[71] inklusive der Artikel, die später aufgrund von rechtlichen Problemen geändert oder gelöscht wurden. Seit 2017 prüft eine japanische Versicherung mit „Watson" die gesundheitliche Vorgeschichte von Patienten (und „lernt" daran wiederum für neue Fälle). Es geht hier in der Praxis also auch um sensible Daten nach Art 9.[72] KI gestützte Gesichtserkennung „lernt" anhand von Gesichtern aus Dating-Plattformen und Social Media.[73] Diese und weitere Quellen (z.B. Bilder von Google Street View) werden von Wahlprognose-KI verwendet.[74] Es kann jedoch niemand in die „Datenbank" eines künstlichen neuronalen Netzes schauen und dort eindeutig identifizieren, was gelernt und was sich damit gemerkt wurde. Dort existieren nur „Gewichtungen" zwischen einer Vielzahl künstlicher Neuronen, deren Bedeutung mühsam in „Explainable KI" rekonstruiert werden muss.[75] Welche personenbeziehbaren Daten in einem künstlichen neuronalen Netz gespeichert werden, wissen heutzutage die wenigsten Verantwortlichen (i.S.v. Art. 4 Nr. 7). Die Möglichkeit einzelne gelernte Elemente zu löschen ist bei KI sehr schwierig. Um die Problematik zu verdeutlichen, könnte man sich hypothetisch fragen, ob es möglich ist, aus einem menschlichen Gehirn absichtlich etwas Gelerntes zu vergessen, wenn das „Recht auf Vergessen" dies erforderte.[76] Die Entwickler und Trainer von KI müssen in Zeiten der DS-GVO berücksichtigen, inwiefern ein künstliches neuronales Netz

---

69 Siehe etwa die „Hambacher Erklärung zur Künstlichen intelligent der 97. Datenschutzkonferenz (https://www.bfdi.bund.de/DE/Infothek/Pressemitteilungen/2019/14_HambacherErklaerung.html). Siehe auch *Dettlinger/Krüger* MMR 2019, 211; *Enders* JA 2018, 721, *Steeger* MMR 2019, 715, *Till* NZI 2019, 405, *Graevenitz* ZRP 2018, 238; *Horn* NZS 2019, 574.
70 „Hambacher Erklärung zur Künstlichen intelligent der 97. Datenschutzkonferenz (https://www.bfdi.bund.de/DE/Infothek/Pressemitteilungen/2019/14_HambacherErklaerung.html), S. 3.
71 Siehe https://www.theatlantic.com/technology/archive/2011/02/is-it-time-to-welcome-our-new-computer-overlords/71388/.
72 https://www.deutschlandfunknova.de/beitrag/versicherung-in-japan-statt-angestellten-rechnen.
73 https://www.washingtonpost.com/news/morning-mix/wp/2017/09/12/researchers-use-facial-recognition-tools-to-predict-sexuality-lgbt-groups-arent-happy/?hpid=hp_hp-morning-mix_mm-researchers%3Ahomepage%2Fstory.
74 https://www.ibusiness.de/aktuell/db/486904sh.html.
75 *Lenzen* Künstliche Intelligenz – Was sie kann & was uns erwartet, 2018, S. 78.
76 Freilich nimmt das menschliche Gehirn keine „ganze oder teilweise automatisierte Datenverarbeitung" vor, weshalb die DS-GVO hierauf gem. Art 2 Abs. 2 nicht anwendbar ist. Zudem dürften weder die künstlichen noch die natürlichen neuronalen Netzwerke ein „Dateisystem" i.S.v. Art. 2 Abs. 2 bzw. darstellt, da in beiden Fällen wohl keine „strukturierte" Sammlung von Informationen i.S.v. Art. 4 Nr. 6 entsteht.

personenbezogene Informationen speichert, wie lange diese Informationen nach Art. 17 gespeichert werden dürfen und wie Einzelinformationen aus einem solchen System wieder gelöscht werden können bzw. routinemäßig nach bestimmten Zeitpunkten automatisch gelöscht werden. Gelingt dies technisch nicht, muss Europa über einen neuen Begriff des Personenbezugs oder entsprechende Sonderausnahmen für Löschvorschriften nachdenken, wenn nicht der enorme Wettbewerbsnachteil durch Rechtsunsicherheit beim Einsatz von KI in Kauf genommen werden soll.

VII. Datenbankstrukturen in einer Microservices-Architektur

Nur am Rande sei erwähnt, dass die dargestellten Probleme mit herkömmlichen zentralen bzw. umfangreich interagierenden Datenbanken nicht zwingend bei jedem einzelnen Software-System gleichermaßen erfolgen. Im Bereich der Web- und App-Entwicklung ist derzeit ein Trend festzustellen, nachdem sämtliche Prozesse einer Software als sog. autarke „Microservices" behandelt werden. In einer solchen Struktur ist es nicht selten der Fall, dass – etwa bei einem Shop-System – ein separater Service, wie etwa die Warenkorb-Funktion, über eine einzelne möglichst vollständige Datenbank verfügt, in der sämtliche etwaig notwendigen Informationen gespeichert sind. Es erfolgt zwar teilweise wiederum eine Interaktion mit einem separaten Stammkundendatensatz; aber der Idee nach soll ein Microservice auch im Fall des Ausfalls anderer Softwareteile weiter funktionieren können. Deshalb besteht wiederum für jeden Kunden und für jede neu angelegte Instanz eines Warenkorbes eine separate Datenbank, die sämtliche Informationen über den Kunden enthält. Bei umfangreichen Anwendungen dieser Art kommen schnell 20 oder mehr Microservices und damit 20 oder mehr entsprechende Datenbanken zur Anwendung. Auch in diesen Microservicesstrukturen wurde bislang nur selten an ein systematisches Löschen von personenbezogenen Daten gedacht. Es besteht hier das Problem, dass den Entwicklern das Problem nicht bewusst ist, während Rechtsabteilung und Datenschutzbeauftragte bislang noch nirgendwo nachlesen konnten, dass im Bereich der Microservices ein gesondertes Problem besteht, dass vielleicht sogar standardmäßig eine Datenschutzfolgeabschätzung gem. Art. 35 notwendig macht. Ein letztes „typisches" Problem der Löschverpflichtungen ist damit aufgezeigt: Die Entwicklung der Informationstechnologie ist bislang wesentlich rasanter als die datenschutzrechtliche Analyse der Implikationen neuer Technologien für die Löschpflichten nach Art. 17.

VIII. Software sieht bis dato nur selten „Lösch-Funktion" vor

Die bisherige in Unternehmen genutzte Software sieht bislang nur selten eigene Funktionen vor, um personenbezogene Daten punktuell zu löschen. Da die Löschverpflichtung unter der Geltung des BDSG bis dato nur sehr eingeschränkt verfolgt wurde, bestand auf Seiten der Softwareanbieter schlichtweg kein Bedürfnis, eine „Lösch-Funktion" zu entwickeln und in die Unternehmenssoftware zu integrieren.[77] Auch entsprechende KI-Systeme enthalten solche Funktionen derzeit noch nicht.

---

77 *Keppeler* RDV 2018, 70.

IX. Keine allgemeine Angemessenheits- bzw. Zumutbarkeitsschwelle im BDSG n.F.

81 In der Praxis mussten die Löschverpflichtungen bis zum 25.5.2018 auch deshalb nicht so ernst genommen werden, weil gem. § 35 Abs. 3 BDSG a.F. an die Stelle einer Löschung auch eine Sperrung treten konnte, soweit „eine Löschung wegen der besonderen Art der Speicherung nicht oder nur mit unverhältnismäßig hohem Aufwand möglich ist". Freilich handelte es sich um eine Ausnahmevorschrift, die dementsprechend eng auszulegen war.[78] Betrachtet man jedoch die oben skizzierten Praxisprobleme, die mit dem Löschen von personenbezogenen Daten in größeren Datenbankstrukturen einhergehen und nimmt noch die nahezu faktisch unmögliche Problematik des Löschens in Backups hinzu, lag es nahe, den Ausnahmetatbestand aus § 35 Abs. 3 Nr. 3 BDSG a.F. häufig anzuwenden.[79]

82 Eine mit § 35 Abs. 3 Nr. 3 BDSG a.F. vergleichbare Regelung enthält die DS-GVO nicht. Art. 17 gilt uneingeschränkt und unabhängig von Unternehmensgröße und eingesetzter Software und unabhängig von dem Aufwand, der mit dem Löschen von personenbezogenen Daten verbunden ist. Der deutsche Gesetzgeber hatte es allerdings in der Hand, auf Basis von Art. 23 für Deutschland eine ähnliche oder gleiche Regelung zu erlassen, die das Recht aus Art. 17 eingeschränkt hätte. Indes hat sich der deutsche Gesetzgeber in § 35 Abs. 1 BDSG dazu entschieden, eine Regelung mit deutlich verringerten Anwendungsbereich zu erlassen: Nur die Verpflichtung zur Löschung von „Papierdaten" kann bei unverhältnismäßig hohem Aufwand durch eine Einschränkung der Verarbeitung nach Art. 18 ersetzt werden.

X. Rechtliche Lösung über nationale Aufbewahrungspflichten

83 Art. 17 Abs. 3 lit. b sieht eine Ausnahme von der Löschpflicht vor, wenn „die Verarbeitung erforderlich ist zur Erfüllung einer rechtlichen Verpflichtung, die die Verarbeitung nach dem Recht der Union oder der Mitgliedstaaten, dem der Verantwortliche unterliegt, erfordert [...]". Unter diesen Ausnahmetatbestand fallende Verpflichtungen des deutschen Rechts sind unter anderem § 257 HGB und § 147 AO.[80] Danach sind Handelsbriefe sechs Jahre nach dem Abschluss der Durchführung des Handelsgeschäfts aufzubewahren. Der Begriff des Handelsbriefs erfasst dabei sämtliche Schriftstücke, die im Zusammenhang mit der Vorbereitung, dem Abschluss oder der Durchführung eines Handelsgeschäfts stehen.[81] Somit werden etwa Verträge und Vertragsdaten, Kommunikationen während der Vertragslaufzeit über den Vertrag, Entwürfe und die entsprechende Kommunikation im Rahmen der Entwürfe von der Aufbewahrungspflicht erfasst. Dies ist etwa wichtig, um zu begründen, weshalb nicht nur der geschlossene Vertrag an sich, sondern etwa auch sämtliche E-Mails, die im Vorfeld des Vertragsabschlusses und während der Vertragslaufzeit versendet wurden, mindestens sechs Jahre nach

---

78 Dies betonen Simitis-*Dix* BDSG, § 25 Rn. 50; *Däubler/Wedde u.a.* § 35 BDSG Rn. 27; Taeger/Gabel-*Meents* § 35 BDSG Rn. 35; *Däubler/Hjort/Schubert/Wolmerath*-*Hilbrans* Arbeitsrecht, § 35 BDSG Rn. 7–9.
79 Überwiegend wurde vor allem der Effekt der Kostenersparnis von § 35 Abs. 3 BDSG betont, so Plath-*Kamlah* § 35 BDSG Rn. 36; Spindler/Schuster-*Nink* Recht der elektronischen Medien, § 35 BDSG Rn. 39.
80 Siehe hierzu *Katko/Knöpfle/Kirschner* ZD 2014, 238; *Keppeler/Berning* ZD 2017, 314; *Keppeler* RDV 2018, 70.
81 § 257 Abs. 2 HGB und ferner, BeckOK HGB-*Regierer* 18. Ed. 2017, § 257 Rn. 7.

Ende des Vertrages gespeichert werden müssen. Zehn Jahre lang müssen Buchungsbelege aufbewahrt werden, hiervon sind sämtliche Belege umfasst, die Grundlagen für eine Buchung sind. Dies können auch ganz triviale Notizen, interne Anweisungen, Kontoauszüge oder eher typische Buchungsbelege, wie etwa Rechnungen, Rechnungskopien, Zinsberechnungen usw. sein.[82] Die Aufbewahrungsfrist beginnt in dem Moment, in dem der Buchungsbeleg entstanden ist (§ 257 Abs. 5 HGB, § 147 Abs. 4 AO). Weitere gesetzliche Aufbewahrungspflichten finden sich bspw. in § 28f Abs. 1 S. 1 SGB IV, wonach der Arbeitgeber für jeden Beschäftigten Entgeltunterlagen bis zum Ablauf des auf die letzte Prüfung folgenden Kalenderjahres geordnet aufzubewahren hat und in § 630f Abs. 3 BGB, der den Arzt zur Aufbewahrung der Patientenakte für zehn Jahre nach Behandlungsabschluss verpflichtet. Eine umfassende Auflistung sämtlicher denkbarer Aufbewahrungspflichten ist derzeit – soweit ersichtlich – in der Literatur nicht verfügbar und stellt ein Desiderat dar.

XI. Reichweite der handels- und steuerrechtlichen Aufbewahrungspflichten („Radierverbot")

Zahlreiche Normen aus dem HGB und der AO weisen darauf hin, dass die Daten stets konsistent und damit eben „revisionssicher" sein müssen.[83] So dürfen Eintragungen und Aufzeichnungen gem. § 146 Abs. 4 AO und § 239 Abs. 3 HGB in Handelsbüchern nicht so verändert werden, dass der ursprüngliche Inhalt nicht mehr feststellbar ist. Dies bedeutet, dass über jede Veränderung ein entsprechendes Protokolldatum existieren muss, welches die Veränderung vollständig nachvollziehbar macht. Insbesondere der Zeitpunkt einer Veränderung muss jederzeit einsehbar sein. Auch dies zeigt insgesamt: Die Aufbewahrungspflichten müssen umfassend sein. Teilweise wird gerade aufgrund der Revisionssicherheit eine komplexe Datenbankstruktur verlangt. Vor diesem Hintergrund wurde etwa eine Kassenbuchführung in einer Excel-Tabelle aufgrund mangelnder Nachvollziehbarkeit von Veränderungen als unzulässig angesehen.[84] Als Grundsatz ordnet § 239 Abs. 2 HGB zudem an, dass die Eintragungen in Büchern „vollständig" sein müssen. Das hinter dieser weiten Auslegung der Aufbewahrungspflichten stehende Prinzip nennt sich „Radierverbot". Der Gedanke, dass in buchführungsrelevanten Unterlagen keine Veränderung vorgenommen wurde,[85] ist auf die modernen Datenbankstrukturen zu übertragen: Wenn erkennbar ist, dass ein Datenfeld, eine E-Mail, ein Kalendereintrag oder eine digitale Notiz für eine Buchung in irgendeinem Zusammenhang mit einem aufbewahrungspflichtigen Vorgang steht, so können diese keinesfalls vor Ablauf der Aufbewahrungsfrist gelöscht werden. Ansonsten würde bei einer steuerlichen Prüfung die Frage aufkommen, welche Informationen in dem entsprechenden Datenfeld gespeichert waren. Aus Sicht der Steuerfahndung ist gerade der Hinweis darauf, dass bestimmte Informationen gelöscht wurden, andere aber nicht, ein typisches Verdachtsmoment. Im Rahmen eines großen

84

---

82 Buchungsbelege sind alle für die Dokumentation und den Beweis erforderlichen Unterlagen, die mit der Buchung im Zusammenhang stehen MüKo HGB-*Ballwieser* 3. Aufl. 2013, § 257 Rn. 13.
83 Siehe hierzu etwa *Henn/Kuballa* DB 2016, 2749.
84 Dazu auch *FG Hamburg* v. 17.9.2015 – 2 K 253/14, DStRE 2016, 1066.
85 Auch heute gibt es hierzu noch Fallbeispiele, in denen mit „Tip Ex" Verbesserungen vorgenommen werden, die etwa zu einem Verstoß gegen § 146 Abs. 4 AO führen: *FG Köln* v. 15.7.2014 – 6 V 1134/14, BB 2015, 2736.

Compliance-Skandals, in dem ein Unternehmen nachweisen muss, dass keine Wirtschaftsstraftaten begangen wurden und dass sämtliche Steuern ordnungsgemäß abgeführt wurden, wäre es fatal, wenn eine Vielzahl von Lücken in den Büchern (bzw. Datenbankstrukturen) vorläge, die durch einen – datenschutzrechtlich gut gemeinten – „vorauseilenden Gehorsam" entstanden sind, obwohl dies angesichts des Umfangs einer gesetzlichen Aufbewahrungspflicht nicht notwendig gewesen wäre.

XII. Löschkonzepte nach DIN 66398

85   Konkrete Anforderungen, wie ein Löschkonzept auszusehen hat, enthält die DS-GVO weder in Art. 17 und 24 noch in ihren Erwägungsgründen. In Ermangelung konkreterer Vorgaben der Aufsichtsbehörden und klärender Rechtsprechung empfiehlt sich in Deutschland die Orientierung an DIN 66398: „Leitlinie zur Entwicklung eines Löschkonzepts mit Ableitung von Löschfristen für personenbezogene Daten".[86] Die Norm definiert ein Vorgehensmodell zur Entwicklung und Etablierung eines Löschkonzeptes. Sie beschreibt Vorgehensweisen, wie Löschregeln zu den jeweiligen zu bildenden Datenarten festgelegt werden können und wie deren Umsetzung im Unternehmen realisiert werden kann. Die Norm implementiert dabei ein System von „Löschregeln"; diese definieren, welche Daten zu welchem Zeitpunkt gelöscht werden sollen. Konkrete Löschfristen kann die Norm allerdings nicht festlegen. Dies liegt im Verantwortungsbereich des Verantwortlichen.

D. Praxishinweise

I. Relevanz für öffentliche Stellen

86   Art. 17 regelt den Löschungsanspruch gegenüber allen Verantwortlichen, also auch für öffentliche Stellen. Davon gelten aber u.a. Ausnahmen nach dem ErwG 19 und nach Art. 2 Abs. 2 lit. d, wenn die personenbezogenen Daten von Behörden **zum Zwecke der Verhütung, Ermittlung, Aufdeckung oder Verfolgung von Straftaten** oder der Strafverfolgung einschließlich des Schutzes vor und der Abwehr von Gefahren für die öffentliche Sicherheit verarbeitet werden. Hier gilt die Richtlinie (EU) 2016/680 des Europäischen Parlaments und des Rates vom 27.4.2016[87] zum Schutz natürlicher Personen bei der Verarbeitung personenbezogener Daten zum Zweck der Verhütung, Ermittlung, Aufdeckung von Straftaten oder der Strafvollstreckung sowie zum freien Datenverkehr und zur Aufhebung des Rahmenbeschlusses 2008/977/JI des Rates, die als zweiter Teil des „Datenschutzpakets" der Kommission zusammen mit der DS-GVO verabschiedet wurde.[88]

87   Für öffentliche Stellen ergibt sich eine Relevanz des Art. 17, wenn sie als Verantwortliche der Datenverarbeitung einem Löschungsrecht nachkommen müssen z.B. Löschung von Einträgen in die Verkehrssünder-Datei oder wenn insbesondere Ausnahmen von der Löschung gem. Art. 17 Abs. 3 lit. b, c, oder d wegen öffentlicher Interessen vorliegen. Art. 17 ersetzt grundsätzlich sowohl § 20 Abs. 2 als auch § 35 Abs. 2 BDSG n.F.[89]

---

86   Siehe hierzu ausführlich Jandt/Steidle-*Hammer* Datenschutz im Internet, 2018, Kapitel B. IV, Rn. 259 ff.
87   ABl. EU L 119/89 v. 4.5.2016.
88   Schantz/Wolff-*Wolff* Das neue Datenschutzrecht, Rn. 230.
89   Kühling/Buchner-*Herbst* Art. 17 Rn. 89.

II. Relevanz für nichtöffentliche Stellen

Die Löschungs-, Informations- und Prüfungsverpflichtungen nach Art. 17 verlangen von natürlichen und juristischen Personen jeglicher Rechtsform, Vorkehrungen zu treffen, um Löschungsverlangen betroffener Personen fristgemäß („unverzüglich" löschen gem. Art. 17 Abs. 1) nachkommen zu können und diese auch an Dritt-Verantwortliche weiterzuleiten. Der Verordnungsgeber sieht dazu vor, dass der Verantwortliche die angemessenen Maßnahmen unter Beachtung der verfügbaren Technologie und Implementierungskosten treffen muss. Anschaffungskosten, Kosten für das Vorhalten der IT-Infrastruktur, Lizenzkosten, Raum- und Sicherheitskosten[90] müssen von den Unternehmen ermittelt und dokumentiert werden, um dann je nach Größe des Unternehmens Bewertungen anstellen zu können, welche Begrenzungen technischer Handlungsspielräume sie für ihr Unternehmen sehen. Gleichwohl besteht bei einem unverhältnismäßigen Aufwand des Löschens nach § 35 Abs. 1 BDSG a.F. nur für Daten aus einer nicht automatisierten Verarbeitung eine Ausnahme. Im Hinblick auf sämtliche digitale Daten gilt die Verpflichtung zur Löschung ohne Angemessenheitsvorbehalt. Die implementierten Maßnahmen zur Umsetzung des Rechts auf Vergessenwerden sollten in den Datenschutzrichtlinien des Verantwortlichen abgebildet werden. **88**

Für internationale Konzerne ist von herausragender Bedeutung, dass sie mit der Einführung des **Marktortprinzips** nach Art. 3 Abs. 2 auch den Löschungsanforderungen nach Art. 17 unterliegen, wenn sie mit einer gewissen wirtschaftlichen Tätigkeit ihrer Niederlassung Aktivitäten für die Menschen in der EU anbieten. Suchmaschinenbetreiber werden organisatorische und personelle Vorkehrungen zur Umsetzung des Löschungsbegehrens treffen müssen. Für Google bedeutete dies bereits nach der EuGH-Entscheidung 2014 erheblichen Aufwand. Verantwortliche sollten Mechanismen entwickeln, die es den betroffenen Personen erleichtern, ihr Löschungsbegehren nach Art. 17 einfach und unentgeltlich auszuüben.[91] Google hat ein Antragsformular ins Netz gestellt und berichtet in Transparenzreports u.a. über Löschungsverfahren, Löschungsentscheidungen und Rechtsmittel.[92] Die Anforderungen an transparente Information gem. Art. 12 Abs. 1 müssen Verantwortliche beachten. **89**

Kommt der Verantwortliche der Löschpflicht nicht nach, drohen ihm gem. Art. 83 Abs. 5 lit. b Geldbußen von bis zu 20 Mio. EUR bzw. 4 % des gesamten weltweit erzielten Jahresumsatzes des vorangegangenen Geschäftsjahres. **90**

III. Relevanz für betroffene Personen

Betroffene Personen sollten ihr Löschbegehren in **passender schriftlicher Form** mit allen notwendigen Angaben geltend machen, damit der Verantwortliche über das Löschbegehren möglichst ohne weitere Anforderung von Dokumenten entscheiden kann. Die betroffenen Personen sollten sich identifizieren, um Missbräuchen vorzubeugen. Die Speicherung von Personalausweisen ist gem. § 20 Abs. 2 PAuswG unzulässig. Es kann eine Versichertenkarte oder ein Bibliotheksausweis als Ausweispapier verwandt werden. **91**

---

90 Wybitul-*Fladung* EU-Datenschutz-Grundverordnung, Art. 17 Rn. 28, 45.
91 ErwG 59.
92 Transparenzbericht Google: www.google.com/transparencyreport/removals/europeprivacy.

Anhang Art. 17 / § 35 BDSG   Recht auf Löschung

92   Die betroffene Person kann bei Ablehnung oder Nichtentscheiden ihres Löschbegehrens Beschwerde bei der zuständigen Aufsichtsbehörde gem. Art. 77 Abs. 1 einlegen. Sie kann auch im Klageweg gegen den Verantwortlichen gem. Art. 79 Abs. 1 beim zuständigen Gericht an ihrem Aufenthaltsort vorgehen. Wegen materiellen oder immateriellen Schadens kann die betroffene Person gem. Art. 82 Abs. 1 Schadensersatz verlangen. Löscht der Verantwortliche unrechtmäßig verarbeitete personenbezogene Daten der betroffenen Person nicht, können ihr Nachteile im Geschäftsleben entstehen und schwerwiegende Persönlichkeitsrechtsverletzungen eintreten, die zu entsprechenden Schadensersatzansprüchen führen können.

IV. Relevanz für Aufsichtsbehörden

93   Gemäß Art. 77 Abs. 2 hat die Aufsichtsbehörde über das Verfahren und das Ergebnis der Beschwerde wegen fehlerhafter oder mangelnder Löschung die betroffene Person zu unterrichten. Sie kann gem. Art. 58 Abs. 2 lit. g die Löschung oder die Information gem. Art. 17 Abs. 2 anordnen.

V. Relevanz für das Datenschutzmanagement

94   Verantwortliche sollten ein Löschkonzept für die von ihnen verarbeiteten personenbezogenen Daten erarbeiten, besonders für die personenbezogenen Daten, die im Internet öffentlich gemacht werden und damit in Ergebnislisten von Suchmaschinenbetreibern aufgeführt werden.[93]

Anhang

§ 35 BDSG   Recht auf Löschung

(1) Ist eine Löschung im Fall nicht automatisierter Datenverarbeitung wegen der besonderen Art der Speicherung nicht oder nur mit unverhältnismäßig hohem Aufwand möglich und ist das Interesse der betroffenen Person an der Löschung als gering anzusehen, besteht das Recht der betroffenen Person auf und die Pflicht des Verantwortlichen zur Löschung personenbezogener Daten gemäß Artikel 17 Absatz 1 der Verordnung (EU) 2016/679 ergänzend zu den in Artikel 17 Absatz 3 der Verordnung (EU) 2016/679 genannten Ausnahmen nicht. In diesem Fall tritt an die Stelle einer Löschung die Einschränkung der Verarbeitung gemäß Artikel 18 der Verordnung (EU) 2016/679. Die Sätze 1 und 2 finden keine Anwendung, wenn die personenbezogenen Daten unrechtmäßig verarbeitet wurden.

(2) Ergänzend zu Artikel 18 Absatz 1 Buchstabe b und c der Verordnung (EU) 2016/679 gilt Absatz 1 Satz 1 und 2 entsprechend im Fall des Artikels 17 Absatz 1 Buchstabe a und d der Verordnung (EU) 2016/679, solange und soweit der Verantwortliche Grund zu der Annahme hat, dass durch eine Löschung schutzwürdige Interessen der betroffenen Person beeinträchtigt würden. Der Verantwortliche unterrichtet die betroffene Person über die Einschränkung der Verarbeitung, sofern sich die Unterrichtung nicht als unmöglich erweist oder einen unverhältnismäßigen Aufwand erfordern würde.

---

93   Wybitul-*Fladung* EU-Datenschutz-Grundverordnung, Art. 17 Rn. 44.

(3) Ergänzend zu Artikel 17 Absatz 3 Buchstabe b der Verordnung (EU) 2016/679 gilt Absatz 1 entsprechend im Fall des Artikels 17 Absatz 1 Buchstabe a der Verordnung (EU) 2016/679, wenn einer Löschung satzungsgemäße oder vertragliche Aufbewahrungsfristen entgegenstehen.

Übersicht

	Rn		Rn
I. Allgemeines	1	III. Ausnahme bei Zweckerfüllung und unrechtmäßiger Datenverarbeitung (Abs. 2)	7
II. Ausnahme bei hohem Aufwand nicht automatisch gespeicherter Daten (Abs. 1)	2	IV. Satzungsmäßige oder vertragliche Aufbewahrungsfristen (Abs. 3)	9
1. Gesetzesentwicklung	3	V. Unionsrechtskonformität	12
2. Einzelfragen	4		

I. Allgemeines

§ 35 BDSG schränkt die Pflicht zur Löschung personenbezogener Daten nach Art. 17 DS-GVO für Fälle ein, in denen die Löschung der zunächst rechtmäßig verarbeiteten Daten einen unverhältnismäßigen Aufwand darstellt (Abs. 1), die Löschung schutzwürdige Interessen der betroffenen Person beeinträchtigen könnte (Abs. 2) oder der Verantwortliche einer satzungsmäßigen oder vertraglichen Aufbewahrungspflicht unterliegt (Abs. 3). An die Stelle einer Löschung tritt dann die Pflicht des Verantwortlichen zur Verarbeitungseinschränkung nach Art. 18. Art. 17 regelt den Löschungsanspruch gegenüber allen Verantwortlichen, also auch für öffentliche Stellen. 1

II. Ausnahme bei hohem Aufwand nicht automatisch gespeicherter Daten (Abs. 1)

Nach Abs. 1 entfällt die Verpflichtung des Verantwortlichen nach Art. 17 zur Löschung der zunächst rechtmäßig verarbeiteten Daten, soweit im Fall nicht automatisierter Datenverarbeitung die Löschung wegen der besonderen Art der Speicherung nicht oder nur mit unverhältnismäßigem Aufwand möglich und das Interesse der betroffenen Person an der Löschung als gering anzusehen ist. An die Stelle der Löschung tritt die Einschränkung der Verarbeitung. 2

1. Gesetzesentwicklung. § 35 Abs. 3 Nr. 3 BDSG a.F. sah ebenfalls eine Ausnahme von der Löschpflicht für Fälle vor, in denen die Löschung wegen der besonderen Art der Speicherung nur mit unverhältnismäßig hohem Aufwand möglich ist. Der Gesetzgeber hat diese allgemein gehaltene Ausnahme in der neuen Fassung des BDSG insofern eingeschränkt, als dass nun das Vorliegen einer nicht automatisierten Datenverarbeitung verlangt wird sowie die Berücksichtigung des Interesses des Betroffenen.[1] 3

2. Einzelfragen. Für die Frage, wann eine nicht automatisierte Datenverarbeitung vorliegt, kann auf die Kommentierung von Art. 2 Abs. 1 verwiesen werden (siehe dort Rn. XX). Zurecht wird allerdings darauf hingewiesen, dass eine Definition der „automatisierten" Verarbeitung sowohl in der DS-GVO, als auch in dem BDSG n.F. fehlt, während in § 3 Abs. 2 BDSG a.F. eine solche vorhanden war.[2] Nicht automati- 4

---

[1] Sydow-*Peuker* BDSG § 35 Rn. 10.
[2] Gola/Heckmann-*Nolte/Werkmeister* § 35 BDSG Rn. 11.

Anhang Art. 17 / § 35 BDSG

siert bedeutet grob zusammengefasst, dass Daten manuell, insbesondere im analogen Bereich in Papierform, verarbeitet werden, sodass die Form der Verarbeitung ohne Einsatz einer Datenverarbeitungsanlage (z.B. Computer) erfolgt.

5   Die Bewertung, wann eine Löschung nur mit unverhältnismäßig hohem Aufwand möglich ist, bemisst sich nach dem jeweiligen Stand der Technik und erfordert eine Abwägung des Aufwands beim Verantwortlichen mit den Interessen der betroffenen Person im Einzelfall.[3] Hauptanwendungsfall der Regelung sind insbesondere nur mit hohem Aufwand veränderbare oder löschbare Datenspeicher wie die Speicherung von Daten auf Microfiche-Karten. Auch das Überprüfen von alten analogen Aktenbeständen, in denen sich eher „triviale" gespeichert sind, kann im Einzelfall als unverhältnismäßig hoher Aufwand eingeordnet werden und daher zu einer Ausnahme von der Löschverpflichtung führen.

6   Der Wegfall der Löschverpflichtung kommt jedoch nur dann in Betracht, wenn die Datenverarbeitung rechtmäßig war, Abs. 1 S. 3.[4] Im Falle einer unrechtmäßigen Datenverarbeitung ist der Verantwortliche nicht schutzwürdig, sodass er sich nicht auf einen hohen Löschaufwand berufen kann.

III. Ausnahme bei Zweckerfüllung und unrechtmäßiger Datenverarbeitung (Abs. 2)

7   Nach Abs. 2 entfällt die Verpflichtung zur Löschung in den Fällen des Art. 17 Abs. 1 lit. a (Daten sind zur Zweckerfüllung nicht mehr notwendig) und des Art. 17 Abs. 1 lit. d (unrechtmäßige Datenverarbeitung), wenn der Grund zu der Annahme besteht, dass schutzwürdige Interessen der betroffenen Personen einer Löschung in den folgenden beiden Fällen entgegen steht: Wenn der Betroffenen die Löschung der Daten ablehnt und die Einschränkung der Nutzung verlangt (Art. 18 Abs. 1 lit. b und Abs. 2) wenn für den Betroffenen der Verlust von Beweismitteln droht (Art. 18 Abs. 1 lit. c). Der Ausnahmetatbestand gilt anders als Art. 18 unabhängig von einem Antrag des Betroffenen. An die Stelle der Löschung tritt die Einschränkung der Verarbeitung.

8   Den Verantwortlichen trifft gem. Abs. 2 S. 2 eine Mitteilungspflicht, welche der Sicherstellung der Transparenzanforderungen dienen soll.[5] Diese entfällt nur, soweit sie einen unverhältnismäßigen Aufwand bedeuten würde. Da das Gesetz nicht definiert, wann bei dem Verantwortlichen ein solcher „Grund zur Annahme" vorliegt, hat er eine Plausibilitätsprüfung vorzunehmen.[6]

IV. Satzungsmäßige oder vertragliche Aufbewahrungsfristen (Abs. 3)

9   Ergänzend zu Art. 17 Abs. 3 lit. b hat der Verantwortliche personenbezogene Daten nach Abs. 3 ebenfalls dann nicht zu löschen, wenn ihn satzungsmäßige oder vertragliche Aufbewahrungsfristen treffen, die der Löschung entgegenstehen. An die Stelle der Löschung tritt die Einschränkung der Verarbeitung.

---

3   Kühling/Buchner-*Herbst* § 35 BDSG Rn. 8.
4   Vgl. in diesem Kontext die Kommentierung zu Art. 17 Abs. 1 lit. d DS-GVO Rn. 31.
5   Paal/Pauly-*Paal* § 35 Rn. 6.
6   Taeger/Gabel-*Koreng* § 35 Rn. 21 ff.

Abs. 3 führt so die bisherige Rechtslage nach §§ 20 Abs. 2 Nr. 1, 35 Abs. 3 Nr. 1 BDSG a.F. fort.[7] Durch die Norm soll der Verantwortliche vor einer Pflichtenkollision geschützt werden.[8] Eine Berufung auf die Ausnahme scheidet wiederum aus, wenn die Datenverarbeitung unrechtmäßig war.

10

Vertragliche Aufbewahrungsfristen können sich grundsätzlich aus Verträgen zwischen dem Verantwortlichen und einem beliebigen Dritten ergeben. Zwar wird teilweise unter Anwendung einer teleologischen Reduktion des Abs. 3 vertreten, es seien nur vertragliche Aufbewahrungsfristen, die zwischen dem Verantwortlichen und der betroffenen Person vereinbart wurden, umfasst, damit der Verantwortliche das Betroffenenrecht auf Löschung nicht gezielt durch Verträge mit Dritten umgehen könne.[9] Jedoch können auch Verträge, die den Betroffenen nur indirekt betreffen Aufbewahrungsfristen für Daten beinhalten, sodass im Ergebnis jede vertragliche Aufbewahrungsfrist für die Anwendung des Abs. 3 ausreicht, solange sichergestellt ist, dass keine Rechte und Freiheiten von betroffenen Personen verletzt werden.[10] Satzungsgemäße Aufbewahrungsfristen können sich etwa aus der Satzung einer Handelsgesellschaft oder eines Vereins ergeben. Satzungsgemäße oder vertragliche Aufbewahrungsfristen i.S.d. Abs. 3 müssen „vereinbart" sein, sodass Aufbewahrungsfristen in Satzungen öffentlich-rechtlicher Körperschaften nicht unter diese Regelung fallen.[11]

11

V. Unionsrechtskonformität

Diskutiert wird in der Literatur insbesondere die Unionsrechtskonformität von § 35, da der nationale Gesetzgeber mit der Regelung von der Löschverpflichtung nach Art. 17 abweicht und Ausnahmen statuiert. Teilweise wird angeführt, dass § 35 keine notwendige und verhältnismäßige Sicherstellung der Regelungsziele in Art. 23 darstelle und somit unionsrechtswidrig sei, wobei wiederum zwischen den einzelnen Absätzen differenziert wird.[12] Gegen eine Unionsrechtswidrigkeit wird hervorgehoben, dass § 35 tatbestandliche Beschränkungen umfasse sowie betroffene Personen nicht schutzlos gestellt seien, sodass die Interessen der betroffenen Person auf der einen Seite und die des Verantwortlichen auf der anderen Seite in angemessener Weise in Ausgleich gebracht werden und die Regelung somit dem unionsrechtlichen Grundsatz der Verhältnismäßigkeit gerecht werde.[13]

12

Artikel 18 Recht auf Einschränkung der Verarbeitung

(1) Die betroffene Person hat das Recht, von dem Verantwortlichen die Einschränkung der Verarbeitung zu verlangen, wenn eine der folgenden Voraussetzungen gegeben ist:

---

7 Kühling/Buchner-*Herbst* § 35 Rn. 26.
8 Begründung des Regierungsentwurfs des DSAnpUG-EU, BT-Drucks. 18/11325, S. 106; Gola/Heckmann-*Nolte/Werkmeister* § 35 Rn. 17.
9 Paal/Pauly-*Paal* § 35 Rn. 7; Sydow-*Peuker* § 35 Rn. 27.
10 Gola/Heckmann-*Nolte/Werkmeister* § 35 Rn. 18.
11 Kühling/Buchner-*Herbst* § 35 Rn. 26.
12 So Paal/Pauly-*Paal* § 35 Rn. 2; Sydow-*Peuker* § 35 Rn. 4 ff.
13 Gola/Heckmann-*Nolte/Werkmeister* § 35 Rn. 6.

a) die Richtigkeit der personenbezogenen Daten von der betroffenen Person bestritten wird, und zwar für eine Dauer, die es dem Verantwortlichen ermöglicht, die Richtigkeit der personenbezogenen Daten zu überprüfen,
b) die Verarbeitung unrechtmäßig ist und die betroffene Person die Löschung der personenbezogenen Daten ablehnt und stattdessen die Einschränkung der Nutzung der personenbezogenen Daten verlangt,
c) der Verantwortliche die personenbezogenen Daten für die Zwecke der Verarbeitung nicht länger benötigt, die betroffene Person sie jedoch zur Geltendmachung, Ausübung oder Verteidigung von Rechtsansprüchen benötigt, oder
d) die betroffene Person Widerspruch gegen die Verarbeitung gemäß Artikel 21 Absatz 1 eingelegt hat, solange noch nicht feststeht, ob die berechtigten Gründe des Verantwortlichen gegenüber denen der betroffenen Person überwiegen.

(2) Wurde die Verarbeitung gemäß Absatz 1 eingeschränkt, so dürfen diese personenbezogenen Daten – von ihrer Speicherung abgesehen – nur mit Einwilligung der betroffenen Person oder zur Geltendmachung, Ausübung oder Verteidigung von Rechtsansprüchen oder zum Schutz der Rechte einer anderen natürlichen oder juristischen Person oder aus Gründen eines wichtigen öffentlichen Interesses der Union oder eines Mitgliedstaats verarbeitet werden.

(3) Eine betroffene Person, die eine Einschränkung der Verarbeitung gemäß Absatz 1 erwirkt hat, wird von dem Verantwortlichen unterrichtet, bevor die Einschränkung aufgehoben wird.

– *ErwG:* 67

Übersicht

	Rn		Rn
A. Einordnung und Hintergrund	1	3. Zur Geltendmachung von Rechtsansprüchen (Abs. 1 lit. c)	13
I. BDSG n.F.	1		
II. Normengenese und -umfeld	2		
1. DSRL	2	4. Im Rahmen der Einlegung eines Widerspruchs (Abs. 1 lit. d)	14
2. BDSG a.F.	3		
B. Kommentierung	4		
I. Art. 18 Allgemein	4	5. Rechtsfolge	15
1. Grundlagen von Art. 18	4	6. Probleme bei komplexen Datenbankstrukturen und ungeeigneter Software	16
2. Beziehung zum Zweckbindungsgrundsatz und zur Dokumentationspflicht	5		
		III. Ausnahmen von der beschränkten Verarbeitung (Abs. 2)	17
II. Voraussetzungen für die Einschränkung der Datenverarbeitung	6	1. Ausnahmetatbestände	17
		2. Erforderlichkeit	18
1. Bestrittene Richtigkeit der Daten (Abs. 1 lit. a)	7	IV. Beschränkungen durch nationalen Gesetzgeber	19
2. Unrechtmäßige Datenverarbeitung (Abs. 1 lit. b)	11	V. Informationspflicht (Abs. 3)	20
		VI. Rechtsschutz und Sanktionen	21

Literatur: *Berning/Keppeler* Technische und rechtliche Probleme bei der Umsetzung der DS-GVO-Löschpflichten, ZD 2017, 314; *Hornung* Eine Datenschutz-Grundverordnung für Europa? – Licht und Schatten im Kommissionsentwurf vom 25.1.2012, ZD 2012, 99; *Piltz* Die Datenschutz-Grundverordnung, Teil 2: Rechte der Betroffenen und korrespondierende Pflichten des Verantwortlichen, K&R 2016, 629.

A. Einordnung und Hintergrund

I. BDSG n.F.

Nach § 35 Abs. 1 S. 2 BDSG greift im Falle einer (nahezu) unmöglichen Löschung bei nicht automatisierten Datenverarbeitungen stattdessen die Einschränkung der Datenverarbeitung unter Verweis auf Art. 18 ein. § 35 Abs. 2 BDSG und Abs. 3 bestimmen die Anwendbarkeit der Einschränkung der Verarbeitung gem. Art. 18 auf weitere Fälle, Rn. 17). 1

II. Normengenese und -umfeld

1. DSRL. Art. 12 lit. b DSRL enthielt die Bestimmung, dass der Betroffene vom Verantwortlichen je nach Fall auch die Sperrung von Daten, deren Verarbeitung nicht den Bestimmungen der Richtlinie entsprach, verlangen konnte, insbesondere wenn die Daten unvollständig oder unrichtig waren. Was ein „Sperren" i.S.d. DSRL sein sollte, wurde indes nicht deutlich. Die DSRL selber definierte den Begriff „Sperren" zwar in Art. 2 lit. b als eine mögliche Verarbeitung personenbezogener Daten. Eine darüberhinausgehende Ausgestaltung des Begriffsverständnisses fand sich nicht in der DSRL, sodass es den Mitgliedstaaten überlassen blieb, den Begriff zu konkretisieren.[1] 2

2. BDSG a.F. Deutsches Äquivalent zum Recht auf Einschränkung der Verarbeitung war die Sperrung von Daten nach §§ 20 Abs. 3 und 4, 35 Abs. 3 und 4 BDSG a.F.[2] § 3 Abs. 4 S. 2 Nr. 4 BDSG a.F. definierte das „Sperren" von Daten – ähnlich wie Art. 4 Nr. 3 – als das Kennzeichnen gespeicherter personenbezogener Daten, um ihre weitere Verarbeitung oder Nutzung einzuschränken. Gleichwohl bestehen zwischen den Normen des BDSG a.F. und Art. 18 auch deutliche Unterschiede. So ist Art. 18 nicht als Verpflichtung formuliert (siehe aber zur Verpflichtung aus Art. 5 Abs. 1 lit. b unter Rn. 5). 3

B. Kommentierung

I. Art. 18 Allgemein

1. Grundlagen von Art. 18. Art. 18 gibt der betroffenen Person das Recht, die Einschränkung der Datenverarbeitung vom Verantwortlichen zu verlangen. Nach Art. 58 Abs. 2 lit. f hat auch jede Aufsichtsbehörde die Befugnis, die Datenverarbeitung einschränken zu lassen (siehe dazu die Kommentierung von Art. 58 Rn. 100). Das Recht auf Einschränkung der Verarbeitung findet seine primärrechtliche Grundlage in Art. 7 und 8 GRCh sowie Art. 16 Abs. 1 AEUV und fungiert – im Gefüge der weiteren Betroffenenrechte in Kapitel III – als Kontrollinstrument über die personenbezogenen Daten.[3] Es stellt somit ein Sicherungsrecht dar, um den Rechten des Betroffenen – insbesondere jenen aus Art. 16 und 17 – zur Geltung zu verhelfen.[4] Nach dem ursprünglichen Kommissionsentwurf sollte das Recht auf Einschränkung der Daten- 4

---

1 Kühling/Buchner-*Herbst* Art. 18 Rn. 5.
2 *Franck* RDV 2016, 111, 114.
3 Ehmann/Selmayr-*Kamann/Braun* Art. 18 Rn. 2.
4 So auch Ehmann/Selmayr-*Kamann/Braun* Art. 18 Rn. 5, die von einem „vorläufigen Schutzrecht" ausgehen, oder Paal/Pauly-*Paal* Art. 18 Rn. 3, der von einem „quasi-einstweiligen Rechtsschutz" spricht.

verarbeitung systematisch unselbstständig an das Recht auf Löschung gem. Art. 17 geknüpft und in dessen Abs. 4 geregelt werden.[5] Die „Einschränkung der Verarbeitung" wird in Art. 4 Nr. 3 definiert als die „Markierung gespeicherter personenbezogener Daten mit dem Ziel, ihre künftige Verarbeitung einzuschränken".

5 **2. Beziehung zum Zweckbindungsgrundsatz und zur Dokumentationspflicht.** Die nach Art. 4 Nr. 3 geforderte Markierung zum Zweck der Einschränkung der Verarbeitung ist indes keine Besonderheit der Daten, die einem Anspruch nach Art. 18 unterliegen. Vielmehr zwingt der Zweckbindungsgrundsatz aus Art. 5 Abs. 1 lit. b dazu, die Verarbeitung jedes personenbezogenen Datums auf den jeweiligen Verarbeitungszweck zu begrenzen. Gemäß Art. 30 lit. b müssen die Zwecke der Verarbeitung zudem im Verzeichnis der Verarbeitungstätigkeit dokumentiert werden. Auch aufgrund der Rechenschaftspflicht aus Art. 5 Abs. 2 sollte jeder Verantwortliche im eigenen Interesse eine entsprechende Dokumentation der Verarbeitungszwecke vornehmen. Zudem ergibt sich diese Dokumentationsverpflichtung als Bestandteil eines **Datenschutz Compliance Management Systems** gem. Art. 24, da ansonsten nicht sichergestellt werden kann, dass die Verarbeitung gem. der DS-GVO erfolgt. Mithin ist jeder Verantwortliche von vornherein verpflichtet, die Verarbeitung auf die zulässigen Zwecke einzuschränken. Im Unterschied zu Art. 18 ergibt sich aus der oben erwähnten allgemeinen Dokumentationspflicht jedoch keine zwingende Verpflichtung, die Daten selbst zu markieren. Die Dokumentation kann etwa auch auf Ebene des Verzeichnisses der Verarbeitungstätigkeit erfolgen. Eine Markierung von Daten gem. Art. 5 Abs. 2 ist nur dort zwingend, wo eine Sicherstellung des Zweckbindungsgrundsatzes nicht anderweitig realisiert werden kann.

II. Voraussetzungen für die Einschränkung der Datenverarbeitung

6 Der Betroffene kann in vier verschiedenen Situationen die Einschränkung der Verarbeitung verlangen: Erstens, wenn die Richtigkeit der Daten bestritten und entsprechend überprüft wird (lit. a), zweitens, wenn die Verarbeitung der Daten unrechtmäßig ist aber der Betroffene statt der Löschung die Einschränkung der Verarbeitung verlangt (lit. b), drittens, wenn der Zweck der Datenverarbeitung zwar erreicht ist und die Daten deswegen nicht mehr gespeichert werden müssten aber der Betroffene aufgrund der Geltendmachung von Rechtsansprüchen ein Interesse an der Speicherung hat (lit. c) und viertens, solange über die Einlegung eines Widerspruchs des Betroffenen gem. Art. 21 Abs. 1 entschieden wird (lit. d). Die Ausnahmetatbestände sind – ausweislich des Wortlautes – abschließend und alternativ zu verstehen.[6] Allgemein dienen die Ausnahmetatbestände dem Interessenausgleich zwischen den Interessen des Verantwortlichen und denen des Betroffenen an der Datenverarbeitung.[7]

7 **1. Bestrittene Richtigkeit der Daten (Abs. 1 lit. a).** Soweit der Betroffene die Berichtigung von – aus seiner Sicht – unrichtigen Daten begehrt, der Verantwortliche die etwaige Unrichtigkeit aber zunächst anders beurteilt, ist die weitere Verarbeitung der entsprechenden Daten gem. Art. 18 Abs. 1 lit. a für die Dauer einer Prüfung einzuschränken.[8] Die Beurteilung der „Richtigkeit" von Daten kann zwischen dem Betrof-

---

5 Kommissionsentwurf v. 25.1.2012, KOM(2012) 11 endgültig, 2012/0011 (COD).
6 So auch Ehmann/Selmayr-*Kamann/Braun* Art. 18 Rn. 8.
7 Ehmann/Selmayr-*Kamann/Braun* Art. 18 Rn. 9.
8 Ehmann/Selmayr-*Kamann/Braun* Art. 18 Rn. 12.

fenen und dem Verantwortlichen zu divergierenden Ergebnissen führen.[9] Verlangt der Betroffene, dass unrichtige Daten berichtigt werden (siehe dazu die Kommentierung zu Art. 16 Rn. 23), muss er grundsätzlich vortragen, warum die Daten unrichtig sind. Allzu hohe Anforderungen sind an das Darlegen der Unrichtigkeit der Daten nicht zu stellen, um dem Betroffenen sein Recht auf Berichtigung nicht über Gebühr zu erschweren; indes muss der Maßstab derart gesetzt werden, dass ein bloßes Behaupten der Unrichtigkeit nicht ausreicht.[10] Die Folge davon wäre nämlich, dass die Datenverarbeitung im Belieben der betroffenen Person stünde, die durch substanzlose oder gar missbräuchliche Anträge auf Berichtigung gleichsam die Datenverarbeitung über den Anspruch auf Einschränkung erheblich behindern könnte.[11] Das VG Stade verlangte, dass der Betroffene gegenüber dem Verantwortlichen substantiierte Angaben zur angeblichen Unrichtigkeit der verarbeiteten Daten macht, und spricht sich somit für das Erfordernis eines „qualifizierten Bestreitens" der Richtigkeit aus. Ein Bestreiten ohne Anhaltspunkte reicht nicht aus.[12]

Ein Recht auf Einschränkung der Verarbeitung im Falle eines **non liquet** ist damit aber nicht dauerhaft anzunehmen, sondern nur für den plausiblerweise benötigten Zeitraum der Überprüfung. Liegt auch nach Abschluss der Überprüfung der Unrichtigkeit des Datums eine **non liquet**-Situation vor, ist der Tatbestand von Art. 18 nicht einschlägig (siehe hierzu auch Art. 16 Rn. 9). Der insoweit eindeutige Wortlaut („für die Dauer, die es dem Verantwortlichen ermöglicht, die Richtigkeit der personenbezogenen Daten zu überprüfen").[13] Stellt sich heraus, dass ein non-liquet-Fall vorliegt, muss jedoch zugleich neu überprüft werden, ob eine Rechtsgrundlage für die Verarbeitung gegeben ist. Teilweise wird unter Verweis auf Art. 5 Abs. 1 lit. d darauf hingewiesen, dass eine Rechtsgrundlage für die Verarbeitung unrichtiger Daten grundsätzlich nicht bestehen kann.[14] Dies würde zu einer Löschung der Daten nach Art. 17 Abs. 1 lit. d oder einer Einschränkung der Verarbeitung nach Art. 18 Abs. 1 lit. b führen. Richtigerweise muss jedoch im Einzelfall geprüft werden, ob in einem non-liquet-Fall, etwa vor dem Hintergrund der Presse- und Meinungsfreiheit dennoch ein berechtigtes Interesse zur Verarbeitung entsprechender Daten bestehen kann. 8

Die Folge hiervon ist dann aber auch, dass bei jeder plausiblen Darlegung der Unrichtigkeit einer über Social Media bzw. in Foren verbreiteten personenbezogenen Tatsache, dieses aus dem Forum zu entfernen und so lange der beschränkten Verarbeitung zu unterwerfen ist, bis die Prüfung der Unrichtigkeit der Daten abgeschlossen ist. Dies ist ein zu begrüßendes, „scharfes Schwert" gegen „Fake News" (siehe hierzu Art. 16 Rn. 10), welches jedoch im Ergebnis auch mit der Meinungsfreiheit und der Pressefreiheit in Einklang zu bringen ist. 9

---

9 Gola-*Gola* Art. 18 Rn. 12.
10 Ehmann/Selmayr-*Kamann/Braun* Art. 18 Rn. 12; Kühling/Buchner-*Herbst* Art. 18 Rn. 5 scheint noch niedrigere Maßstäbe anzusetzen und fordert noch nicht einmal das plausible Vortragen der Unrichtigkeit.
11 So auch Gola-*Gola* Art. 18 Rn. 12.
12 *VG Stade* v. 9.10.2018 – 1 B 1918/18; a.A. Sydow-*Peuker* Art. 18 Rn. 12.
13 So auch Gola-*Gola* Art. 18 Rn. 13.
14 Gola-*Gola* Art. 18 Rn. 13.

10 Die Dauer der beschränkten Verarbeitungstätigkeit bemisst sich danach, wie lange der Verarbeiter für die Überprüfung des Berichtigungsantrags benötigt.[15] Spätestens nach einem Monat muss der Verantwortliche dem Betroffenen Informationen über die von ihm ergriffenen Maßnahmen nach Art. 15–22 zur Verfügung stellen.

11 **2. Unrechtmäßige Datenverarbeitung (Abs. 1 lit. b).** Voraussetzung für das Eingreifen des Tatbestandes nach Abs. 1 lit. b ist – im Gegensatz zu der noch festzustellenden Unrichtigkeit nach Abs. 1 lit. a – die objektive Unrechtmäßigkeit der Datenverarbeitung.[16] Der Betroffene kann nicht durchsetzen, dass die Daten beschränkt gespeichert werden, weil insoweit das Löschungsrecht aus Art. 17 vorrangig ist.[17] Der Anspruch auf Löschung der Daten und der Anspruch auf Einschränkung der Verarbeitung stehen zwar in einem Alternativverhältnis zueinander, jedoch schließt die einmal verlangte Einschränkung der Verarbeitung eine spätere Geltendmachung des Rechts auf Löschung nicht aus.[18] Umgekehrt ist es aber nicht möglich, zuerst die Löschung der Daten zu verlangen und dann das Begehren auf eine eingeschränkte Verarbeitung dieser Daten zu lenken, da erforderlich ist, dass der Betroffene zuvor eine Löschung abgelehnt hat.[19]

12 Die betroffene Person kann die Einschränkung der Datenverarbeitung nach Art. 18 Abs. 1 lit. b nur beantragen, wenn sie – einerseits – über die Unrechtmäßigkeit der Datenverarbeitung Bescheid weiß und – andererseits – davon in Kenntnis ist, dass der Verantwortliche die Daten löschen möchte.[20] Die Kenntniserlangung kann – mangels ausdrücklicher Informationspflicht des Verantwortlichen – im Zusammenhang mit Art. 13 Abs. 2 lit. a sowie Art. 14 Abs. 2 lit. a gesehen werden, wonach der Verantwortliche den Betroffenen über die Dauer der Datenverarbeitung oder – sofern das nicht abschätzbar bzw. möglich ist – über die Kriterien für die Bemessung der Dauer zu unterrichten hat.

13 **3. Zur Geltendmachung von Rechtsansprüchen (Abs. 1 lit. c).** Der Verantwortliche hat das Interesse an der Datenverarbeitung regelmäßig verloren, wenn der damit verbundene Zweck erreicht wurde. Besteht seitens des Betroffenen ein Interesse an der Geltendmachung, Ausübung oder Verteidigung von Rechtsansprüchen im Hinblick auf eine Datenverarbeitung, so sind die entsprechenden Daten – auch wenn deren Verarbeitungs- und damit auch Speicherzweck an sich weggefallen ist – unter eingeschränkter Bearbeitung zu erhalten. Die Daten müssen zur Geltendmachung der rechtlichen Interessen benötigt werden.[21] Diese „Kausalitätsbeziehung" schließt einerseits eine missbräuchliche Geltendmachung des Rechts aus Art. 18 aus, indem nur diejenigen rechtlichen Interessen berücksichtigt werden, auf die sich der Betroffene redlicherweise berufen kann.[22] Andererseits wird der Speicherung der Daten im Interesse

---

15 Ehmann/Selmayr-*Kamann/Braun* Art. 18 Rn. 13.
16 Ehmann/Selmayr-*Kamann/Braun* Art. 18 Rn. 15.
17 So auch Ehmann/Selmayr-*Kamann/Braun* Art. 18 Rn. 16.
18 Ehmann/Selmayr-*Kamann/Braun* Art. 18 Rn. 17.
19 Ehmann/Selmayr-*Kamann/Braun* Art. 18 Rn. 16.
20 Gola-*Gola* Art. 18 Rn. 17.
21 Gola-*Gola* Art. 18 Rn. 18.
22 Ehmann/Selmayr-*Kamann/Braun* Art. 18 Rn. 19; im entfernteren Sinne auch Kühling/Buchner-*Herbst* Art. 18 Rn. 22 f.; *EuGH* v. 17.6.1998 – T-111/96, ECLI:EU:T:1998:183, ITT Promedia/Kommission, Rn. 55.

des Betroffenen gleichzeitig eine zeitliche Grenze gesetzt, die dann überschritten ist, wenn die rechtlichen Interessen des Betroffenen befriedigt oder rechtskräftig abgelehnt wurden.[23] Im Kontext mit Art. 13 Abs. 2 lit. a sowie Art. 14 Abs. 2 lit. a kann der betroffenen Person die Kenntnis verschafft werden, das Löschvorhaben des Datenverarbeiters zu erkennen und durch den Antrag nach Art. 18 zu verhindern.

4. Im Rahmen der Einlegung eines Widerspruchs (Abs. 1 lit. d). Um die Interessen des Betroffenen, der einen Widerspruch gegen die Datenverarbeitung eingelegt hat, während der Entscheidung über den Widerspruch zu wahren, kann die Datenverarbeitung für diesen Zeitraum eingeschränkt werden. Widerspruch i.S.d. Abs. 1 lit. d kann nur der in Art. 21 Abs. 1 genannte allgemeine Widerspruch sein.[24] Grund dafür ist, dass nur im Rahmen des Art. 21 Abs. 1 eine Abwägung zwischen den Interessen des Verantwortlichen und denen des Betroffenen erforderlich ist, was sich auch aus Art. 17 Abs. 1 lit. c Alt. 1 ergibt. Für die übrigen Widerrufstatbestände – namentlich und insbesondere das Widerrufsrecht im Fall der Direktwerbung nach Art. 21 Abs. 2 – ist keine oder nur eine eingeschränkte Interessenabwägung erforderlich, sodass eine Sicherung des Anspruchs auf Löschung mithilfe des Art. 18 nicht notwendig ist.[25] Für welchen Zeitraum der Betroffene die Einschränkung der Datenverarbeitung verlangen kann, hängt davon ab, wann eine Entscheidung des Verantwortlichen über den Widerspruch erfolgt. Nach dem Sinn und Zweck der Regelung, dem Betroffenen bis zur endgültigen Klärung der Rechtslage Sicherheit zu verschaffen, muss auch der Zeitraum einer möglichen gerichtlichen Auseinandersetzung über den Widerspruch miteinbezogen werden.[26]

5. Rechtsfolge. Art. 18 Abs. 1 ordnet die Einschränkung der Datenverarbeitung an. Gemäß Art. 4 Nr. 3 bezeichnet die Einschränkung der Verarbeitung die Markierung gespeicherter personenbezogener Daten mit dem Ziel, ihre künftige Verarbeitung einzuschränken. Mit anderen Worten besteht ein grundsätzliches Verarbeitungsverbot, welches die Speicherung der Daten i.S. e. „eingeschränkten Verarbeitung" aber nicht ausschließt.[27] Durch die Markierung soll verdeutlicht werden, dass die Verarbeitung verboten ist, es sei denn, dass ein in Abs. 2 genannter Zweck vorliegt und die Verarbeitung ausnahmsweise erlaubt.[28] Mit welchen Methoden die eingeschränkte Verarbeitung vorgenommen werden kann, erklärt ErwG 67 beispielhaft, indem ausgewählte personenbezogene Daten vorübergehend auf ein anderes Verarbeitungssystem übertragen, für Nutzer gesperrt oder veröffentlichte Daten vorübergehend von einer Website entfernt werden. Konkret kann an eine gesonderte Verwahrung der Datenträger oder eine entsprechende Kennzeichnung gedacht werden.[29] Liegt eine automatische Verarbeitung vor, ist überdies erforderlich, dass die Einschränkung der Verarbeitung grundsätzlich durch technische Mittel so erfolgt, dass die personenbezogenen Daten in

---

23 Ähnlich Ehmann/Selmayr-*Kamann/Braun* Art. 18 Rn. 20.
24 Vgl. Ehmann/Selmayr-*Kamann/Braun* Art. 18 Rn. 21.
25 BeckOK DatenSR-*Worms* Art. 18 Rn. 45; Ehmann/Selmayr-*Kamann/Braun* Art. 18 Rn. 21.
26 So Ehmann/Selmayr-*Kamann/Braun* Art. 18 Rn. 22; Kühling/Buchner-*Herbst* Art. 18 Rn. 27.
27 Ehmann/Selmayr-*Kamann/Braun* Art. 18 Rn. 24.
28 Kühling/Buchner-*Herbst* Art. 18 Rn. 29.
29 Ehmann/Selmayr-*Kamann/Braun* Art. 18 Rn. 26; Kühling/Buchner-*Herbst* Art. 18 Rn. 30 sieht mit guten Argumenten das bloße Kennzeichnen nicht als ausreichende Maßnahme an.

keiner Weise weiterverarbeitet werden und nicht verändert werden können. Ferner besteht für den Verantwortlichen eine Hinweispflicht auf die beschränkte Datenverarbeitung.

16 **6. Probleme bei komplexen Datenbankstrukturen und ungeeigneter Software.** Die „Markierung" auf Ebene der Datenbank oder die Herauslösung bestimmter Datensätze aus einem Verarbeitungsprozesses ist nur möglich, wenn das jeweils eingesetzte IT-System entsprechende Funktionen bereitstellt. Häufig trifft man in gewachsenen IT-Landschaften auf Datenbankstrukturen, die schlichtweg keine entsprechende Markierung vorsehen. Die Anpassung der Systeme, die im Hinblick auf die Erfüllung der Löschverpflichtung gem. Art. 17 ohnehin erfolgen muss, kann in der Praxis sehr aufwendig werden.[30] Noch schwieriger dürfte die Einschränkung der Verarbeitung bei Machine-Learning-Algorithmen bzw. künstlichen Neuronalen Netzwerken sein. In der Zukunft wird eine Software, die entsprechende Funktionen nicht vorsieht, obwohl der Zweck der Software in der Verarbeitung von personenbezogenen Daten besteht, als mangelhaft gelten müssen.[31]

III. Ausnahmen von der beschränkten Verarbeitung (Abs. 2)

17 **1. Ausnahmetatbestände.** Liegen die Voraussetzungen für eine beschränkte Verarbeitung nach Art. 18 Abs. 1 vor, sieht Abs. 2 eine Rückausnahme vor, wenn einer der genannten Gründe vorliegt. Eine Verarbeitungserlaubnis besteht – trotz Vorliegens der Voraussetzungen des Abs. 1 – dann, wenn die betroffene Person in die Verarbeitung eingewilligt hat (Alt. 1) und damit die Rechtsfolge des Abs. 1 dem wahren Interesse des Betroffenen zuwider liefe. Ferner ist eine Rückausnahme für den Fall vorgesehen, dass die Verarbeitung für die Geltendmachung, Ausübung oder Verteidigung von Rechtsansprüchen notwendig ist (Alt. 2). Wenn die Verarbeitung dem Schutz der Rechte einer anderen natürlichen oder juristischen Person dient, kann die Beschränkung auch aufgehoben werden (Alt. 3). Praxisrelevanz für diesen Ausnahmetatbestand kann insoweit bestehen, als der Verantwortliche ein Interesse an der Datenverarbeitung – z.B. im Zusammenhang mit Rechtsansprüchen gegen eine natürliche Person – hat.[32] Oder wenn aus Gründen eines wichtigen öffentlichen Interesses der Union oder eines Mitgliedstaats eine Rückausnahme von der beschränkten Datenverarbeitung geboten ist (Alt. 4).

18 **2. Erforderlichkeit.** Damit das Betroffenenrecht auf Beschränkung der Verarbeitung gem. Art. 18 Abs. 1 nicht durch Abs. 2 „ausgehöhlt" wird, ist jede Rückausnahme der Beschränkung der Verarbeitung so zu lesen, dass diese – erstens – tatsächlich erforderlich ist und – zweitens – auch im Falle der unbeschränkten Datenverarbeitung erlaubt wäre.[33] Ersteres Erfordernis impliziert also insbesondere in Abs. 2 Alt. 2 und 3 ein Überwiegen der privaten oder öffentlichen Interessen gegenüber jenen des Betroffenen. Es reicht nicht aus, dass irgendwelche privaten oder öffentlichen Interessen bestehen.[34] Ferner ist ein – eigentlich selbstverständliches – Erfordernis die genannte grundsätzliche Zulässigkeit der Datenverarbeitung. Was bei uneingeschränkter

---

30 *Berning/Keppeler* ZD 2017, 314, 317.
31 *Schuster/Hunzinger* CR 2017, 141, 147; *Berning/Keppeler* ZD 2017, 314, 318.
32 BeckOK DatenSR-*Worms* Art. 18 Rn. 50.
33 Kühling/Buchner-*Herbst* Art. 18 Rn. 40 stellt auf eine „enge Auslegung" ab.
34 Ähnlich Ehmann/Selmayr-*Kamann/Braun* Art. 18 Rn. 28.

Datenverarbeitung nicht erlaubt ist, kann erst recht nicht bei Eingreifen eines Tatbestandes aus Art. 18 Abs. 1 erlaubt sein.

IV. Beschränkungen durch nationalen Gesetzgeber

Art. 23 eröffnet dem europäischen sowie dem nationalen Gesetzgeber die Möglichkeit, das Recht auf Einschränkung der Verarbeitung zu beschränken. Werden die Daten zu wissenschaftlichen, historischen, archivierenden oder statistischen Zwecken verarbeitet, können außerdem Ausnahmen von Art. 18 auf Grundlage des Art. 89 Abs. 2 und 3 gemacht werden. Deutschland hat bislang hiervon nur in einem sehr geringem Umfang Gebrauch gemacht (siehe hierzu Kommentierung zu Art. 89 Rn. 51 ff.). 19

V. Informationspflicht (Abs. 3)

Der Verantwortliche ist verpflichtet, den Betroffenen über die Aufhebung der einschränkenden Verarbeitung zu unterrichten, bevor diese eintritt. Damit kann sich der Betroffene gegen eine unbeschränkte Datenverarbeitung schützen und ggf. Maßnahmen ergreifen, um den beschränkten Verarbeitungsumfang wiederherzustellen. Damit muss der Verantwortliche zu warten bis er davon ausgehen kann, dass der Betroffene von der bald eintretenden Aufhebung der beschränkten Verarbeitung Kenntnis erlangt hat und nicht gegen die Entscheidung des Verarbeiters vorgehen wird. Wie genau die Information zu erfolgen hat und welche Anforderungen an die Dauer des „Abwartens" zu stellen sind, ist nicht gesetzlich geregelt.[35] Es wird aber deutlich, dass das Recht aus Art. 18 nur vorübergehender Natur ist und keinen „Dauerzustand" darstellen kann, was den Sicherungscharakter nochmals hervorhebt.[36] 20

VI. Rechtsschutz und Sanktionen

Um dem Betroffenenrecht aus Art. 18 zur Geltung zu verhelfen, kann der Betroffene eine Beschwerde nach Art. 77 einlegen und gem. Art. 78 und 79 das Recht auf einen wirksamen Rechtsbehelf gegen eine Aufsichtsbehörde bzw. das Recht auf einen gerichtlichen Rechtsbehelf gegen Verantwortliche oder Auftragsverarbeiter ausüben. Der Verwaltungsrechtsweg kann mit einer Verpflichtungsklage gegen eine Behörde als Verantwortlichen beschritten werden, sofern diese es ablehnt die Datenverarbeitung zu beschränken. Auf dem Zivilrechtsweg kann das Recht aus Art. 18 mit einer Leistungs- oder Unterlassungsklage durchgesetzt werden. Verletzt der Verantwortliche seine sich aus Art. 18 ergebenden Verpflichtungen, muss er mit einer Geldbuße rechnen, da ein Verstoß gegen die Verpflichtung aus Art. 16 gem. Art. 83 Abs. 5 lit. b bußgeldbewährt ist. Der Betroffene kann – sofern die unterlassene Beschränkung der Datenverarbeitung zu einem materiellen oder immateriellen Schaden führt – Schadensersatz vom Verantwortlichen oder Auftragsverarbeiter gem. Art. 82 verlangen. 21

---

35 Gola-*Gola* Art. 18 Rn. 25, der davon ausgeht, dass eine Woche regelmäßig ausreichen wird.
36 Ehmann/Selmayr-*Kamann/Braun* Art. 18 Rn. 29.

Art. 19 Mitteilungspflicht

Artikel 19 Mitteilungspflicht im Zusammenhang mit der Berichtigung oder Löschung personenbezogener Daten oder der Einschränkung der Verarbeitung

¹Der Verantwortliche teilt allen Empfängern, denen personenbezogenen Daten offengelegt wurden, jede Berichtigung oder Löschung der personenbezogenen Daten oder eine Einschränkung der Verarbeitung nach Artikel 16, Artikel 17 Absatz 1 und Artikel 18 mit, es sei denn, dies erweist sich als unmöglich oder ist mit einem unverhältnismäßigen Aufwand verbunden. ²Der Verantwortliche unterrichtet die betroffene Person über diese Empfänger, wenn die betroffene Person dies verlangt.

Übersicht

	Rn			Rn
A. Einordnung und Hintergrund	1		1. Unmöglichkeit	9
I. Erwägungsgründe	1		2. Unverhältnismäßiger Aufwand	10
II. BDSG n.F	2			
III. Normengenese und -umfeld	3		3. Entgegenstehende Interessen des Betroffenen	11
1. DSRL	4			
2. BDSG a.F.	5	IV.	Empfänger	12
B. Kommentierung	6	V.	Art und Weise der Informationspflicht (S. 1)	14
I. Art. 19 Allgemein	6			
II. Nachberichtspflicht bei Ausschluss der Informationspflicht	7	VI.	Unterrichtungspflicht (S. 2)	17
		VII.	Beschränkungen	18
III. Ausschluss der Informationspflicht	8	VIII.	Rechtsschutz und Sanktionen	19

Literatur: *Hornung* Eine Datenschutz-Grundverordnung für Europa? – Licht und Schatten im Kommissionsentwurf vom 25.1.2012, ZD 2012, 99; *Piltz* Die Datenschutz-Grundverordnung. Teil 2: Rechte der Betroffenen und korrespondierende Pflichten des Verantwortlichen, K&R 2016, 629; *Piltz/zur Weihen* Die Mitteilungspflicht nach Art. 19 DS-GVO, RDV 2019, 107.

A. Einordnung und Hintergrund

I. Erwägungsgründe

1 Für Art. 19 besteht kein korrelierender Erwägungsgrund. Allerdings steht Art. 19 im Kontext mit weiteren Betroffenenrechten, namentlich Art. 16, 17 und 18, deren Erwägungsgründe für das Normverständnis des Art. 19 herangezogen werden können. Zusätzlich dazu wird in ErwG 159 von der Veröffentlichung als ein Unterpunkt der Offenlegung gesprochen („Um den Besonderheiten der Verarbeitung personenbezogener Daten zu wissenschaftlichen Forschungszwecken zu genügen, sollten spezifische Bedingungen insbesondere hinsichtlich der Veröffentlichung oder sonstigen Offenlegung personenbezogener Daten im Kontext wissenschaftlicher Zwecke gelten.").

II. BDSG n.F

2 Das BDSG n.F. enthält keine ergänzende Vorschrift.

III. Normengenese und -umfeld

3 Art. 19 ist im Kontext mit den vorausgehenden Betroffenenrechten Art. 16, 17 Abs. 1 und 18 zu sehen und schließt diese systematisch ab. Im Verlauf des Gesetzgebungsver-

fahrens wurde auch die eingeschränkte Datenverarbeitung nach Art. 18 in den Anwendungsbereich der Informations- und Unterrichtungspflicht nach Art. 19 aufgenommen.[1]

1. DSRL. Nach Art. 12 lit. c DSRL muss jede Berichtigung, Löschung oder Sperrung von personenbezogener Daten auch Dritten, denen die Daten übermittelt wurden, mitgeteilt werden. Die Einschränkungen aus Art. 12 lit. c DSRL wurden in Art. 19 S. 1 sinngemäß übernommen. Eine Auskunftspflicht nach Art. 19 S. 2 war noch nicht vorgesehen. 4

2. BDSG a.F. Im deutschen Datenschutzrecht war die Mitteilungspflicht in § 20 Abs. 8 und § 35 Abs. 7 BDSG a.F. normiert. Die Pflicht wurde dahingehend eingeschränkt, dass die Mitteilung nicht erforderlich war, wenn diese einen „unverhältnismäßigen Aufwand erfordert und schutzwürdige Interessen des Betroffenen nicht entgegenstehen". Auf die entgegenstehenden Interessen des Betroffenen wird in Art. 19 nicht explizit eingegangen, da der Verantwortliche von sich aus die Rechte und Interessen des Betroffen berücksichtigen muss.[2] Abgesehen davon wird von „Weitergabe" und nicht von „Offenlegung" gesprochen, diese Begriffe unterscheiden sich jedoch nur unwesentlich. Die Auskunftspflicht aus Art. 19 S. 2 wurde im BDSG a.F. nicht explizit genannt. 5

B. Kommentierung

I. Art. 19 Allgemein

Um die Betroffenenrechte aus Art. 16, 17 und 18 effektiv zu gewährleisten, verpflichtet Art. 19 S. 1 den Verantwortlichen zur Information über Veränderungen personenbezogener Daten. Diese – auch als **Nachberichtspflicht** bezeichnete – Pflicht besteht gegenüber dem Empfänger (siehe dazu die Kommentierung zu Art. 4 Rn. 186 ff.) der veränderten Daten. Den Betroffenenrechten aus Art. 16, 17 Abs. 1 und 18 wäre nicht ausreichend Genüge getan, wenn jeweils nur der Verantwortliche die Daten entsprechend verändern, löschen oder einem eingeschränkten Verarbeitungsmaßstab unterziehen müsste. Insoweit schließt Art. 19 S. 1 die Lücke, die zwischen dem Betroffenen und dem Empfänger der Daten besteht, um einer unrechtmäßigen Datenverarbeitung entgegenzuwirken und den Betroffenenrechten zur Wirksamkeit zu verhelfen.[3] Wenn die Daten an Empfänger weitergegeben wurden, ist es zum einen im Interesse des Betroffenen, auch die Empfänger über die Unrichtigkeit der Daten, deren Löschung oder des eingeschränkten Bearbeitungsumfangs zu unterrichten. Zum anderen sind auch Empfänger daran interessiert, über Veränderungen im Hinblick auf personenbezogene Daten unterrichtet zu werden.[4] Indes ist Art. 19 S. 1 nicht so zu verstehen, dass die Informationspflicht auch dem Schutz der Empfänger dient; sie ist also keine diese begünstigende Schutznorm.[5] Dagegen spricht klar die systematische Auslegung, denn Art. 19 befindet sich in dem Kapitel der Betroffenenrechte. Zudem ist die Mitteilungspflicht als reine Informations- und nicht als Umsetzungspflicht zu verstehen. Den Verantwortlichen trifft nicht die Pflicht, beim Empfänger sicherzustellen, dass die Daten 6

---

1 Rats-Dok. 9565/15; BeckOK DatenSR-*Worms* Art. 19 Rn. 3.
2 BeckOK DatenSR-*Worms* Art. 19 Rn. 9.
3 Ehmann/Selmayr-*Kamann/Braun* Art. 19 Rn. 2.
4 Gola-*Gola* Art. 19 Rn. 4.
5 Gola-*Gola* Art. 19 Rn. 13; a.A. Ehmann/Selmayr-*Kamann/Braun* Art. 19 Rn. 3, 19.

nach der Mitteilung auch entsprechend gelöscht oder berichtigt werden.[6] Zusätzlich ist der Verantwortliche auf Verlangen des Betroffenen nach S. 2 dazu verpflichtet, den Betroffenen über die Information der Empfänger zu unterrichten.

II. Nachberichtspflicht bei Ausschluss der Informationspflicht

7 Es ist umstritten, ob eine Nachberichtspflicht des Verantwortlichen auch aufgrund eines selbstständigen Löschvorgangs ohne ein aktives Verlangen des Betroffenen anzunehmen ist. Teilweise wird ohne nähere Begründung angeführt, dass eine Mitteilungspflicht ohne entsprechendes Aktivwerden des Betroffenen nicht bestehe.[7] Teilweise wird zurecht darauf hingewiesen, dass bei einer Regellöschung aufgrund des Ablaufes einer Aufbewahrungsfrist, bei Empfängern kein „Informationsbedürfnis" bestehe. Denn diese können abweichenden Aufbewahrungsfristen unterliegen oder die Fristen können zu anderen Zeitpunkten zu laufen begonnen haben.[8] Daher sollte der Tatbestand wie folgt teleologisch reduziert werden: Wenn dem Empfänger bereits allgemein mitgeteilt wurde, welche Speicherfristen für welche Datenkategorien angewendet werden, so ist es entbehrlich, die tatsächliche Ausführung der Löschung gem. der definierten Fristen für jeden einzelnen Datensatz mitzuteilen.

III. Ausschluss der Informationspflicht

8 Art. 19 S. 1 schließt die grundsätzlich bestehende Informationspflicht für den Fall der Unmöglichkeit oder des unverhältnismäßigen Aufwands aus. Die Darlegungs- und Beweislast trifft den Verantwortlichen.[9]

9 **1. Unmöglichkeit.** Die Erfüllung der Informationspflicht ist unmöglich, wenn sie aus tatsächlichen Gründen nicht erfolgen kann[10] oder wenn der Empfänger der Daten nicht mehr existiert, etwa bei Tod oder Liquidation.[11] Kann der Verantwortliche den Empfänger der Daten – unabhängig vom sachlichen, personellen oder zeitlichen Aufwand – nicht mehr ausfindig machen, liegt Unmöglichkeit vor. Dies kann etwa im Rahmen einer unrechtmäßigen oder unbefugten Offenlegung von personenbezogenen Daten i.S.d. Art. 4 Nr. 12 der Fall sein. Allerdings darf diese Unmöglichkeit nicht darauf beruhen, dass eine fehlerhafte Dokumentation der Datenweitergabe stattgefunden hat.[12] Denn dann würde der Verantwortliche gegen seine Dokumentationspflicht aus Art. 30 Abs. 1 lit. d verstoßen, die ihn verpflichtet, die Empfänger der durch ihn verarbeiteten personenbezogenen Daten in einem Verzeichnis aufzuführen.[13]

10 **2. Unverhältnismäßiger Aufwand.** Für den Fall, dass die Informationspflichterfüllung auf Seiten des Verantwortlichen zwar möglich wäre, aber einen unverhältnismäßigen Aufwand erfordert, kann sie unterbleiben. Unverhältnismäßigkeit erfordert eine Inte-

---

6 *Piltz/zur Weihen* RDV 2019, 107.
7 Ehmann/Selmayr-*Kamann/Braun* Art. 19 Rn. 9.
8 Darauf weisen hin *Piltz/zur Weihen* RDV 2019, 107, 109.
9 BeckOK DatenSR-*Worms* Art. 19 Rn. 16.
10 Ehmann/Selmayr-*Kamann/Braun* Art. 19 Rn. 12; *Piltz* K&R 2016, 629, 633.
11 Ehmann/Selmayr-*Kamann/Braun* Art. 19 Rn. 9.
12 Gola-*Gola* Art. 19 Rn. 10; Ehmann/Selmayr-*Kamann/Braun* Art. 19 Rn. 12.
13 Kühling/Buchner-*Herbst* Art. 19 Rn. 13; eine ähnliche Problematik betreffend *EuGH* v. 7.5.2009 – C-553/07, Slg. 2009, I-3889 Rn. 70.

ressenabwägung im Einzelfall.[14] Ein unverhältnismäßiger Aufwand kann angenommen werden, wenn das Interesse des Betroffenen an der Informationspflichterfüllung durch den Verantwortlichen dem Interesse des Verantwortlichen am Unterlassen der Informationspflicht unterliegt. Konkret ist an die Fälle zu denken, in denen der Verantwortliche erhebliche sachliche oder personelle Mittel aufwenden müsste, um die Informationspflicht zu erfüllen und der Betroffene an der Informationspflichterfüllung kein nachvollziehbares Interesse hat.[15] Dies könnte etwa der Fall sein, wenn ein Auftragsverarbeiter als bloßer Server bzw. Hosting Dienstleister auftritt und dementsprechend kein eigenes Interesse an den Daten hat und diese gem. Art. 28 auch nicht selbst verarbeiten darf. Gleiches gilt für einen Dienstleister, der nicht zielgerichtet, sondern nur im Rahmen seiner Supporttätigkeit mit personenbezogenen Daten in Berührung kommt. Es wäre dennoch etwas überfällig, die Korrektur eines personenbezogenen Datums, welches in der Office 365 Cloud gespeichert ist, an Microsoft zu melden. In der Abwägung kann ebenso berücksichtigt werden, ob ein Informationsinteresse auf Seiten des Empfängers überhaupt besteht; es kann nämlich sein, dass der Zweck der Datenübermittlung entfallen ist und die Daten beim Empfänger aufgrund seiner Löschpflicht aus Art. 17 Abs. 1 nicht mehr bestehen.[16]

3. Entgegenstehende Interessen des Betroffenen. Steht die Information der Empfänger den Interessen des Betroffenen entgegen oder ist nachteilig für ihn, sieht Art. 19 S. 1 keine Ausnahme von der grundsätzlich bestehenden Informationspflicht vor. §§ 20 Abs. 8 und 35 Abs. 7 BDSG a.F. sahen indes vor, dass bei entgegenstehender Interessen des Betroffenen eine Information der Empfänger ausscheiden musste. In der Literatur wird diskutiert, in dieser Situation eine nicht normierte Ausnahme zuzulassen. Zum Teil wird vertreten, Art. 19 S. 1 teleologisch dahin zu reduzieren, dass eine Informationspflicht auszuschließen ist, wenn dieser die schutzwürdigen Interessen des Betroffenen entgegenstehen.[17]

11

IV. Empfänger

Empfänger kann gem. Art. 4 Nr. 9 jede natürliche oder juristische Person, eine Behörde, Einrichtung oder eine andere Stelle sein, der die Daten offen gelegt wurden (siehe dazu die Kommentierung zu Art. 4 Rn. 186). Hierzu zählen auch Auftragsverarbeiter und gemeinschaftliche Verantwortliche. Im Fall eines Auftragsverarbeiters ist zu berücksichtigen, dass eine Folgemaßnahme im Anschluss an die Mitteilung (z.B. Berichtigung oder Löschung) nach Art. 19 S. 1 nur auf gesonderte Weisung des Verantwortlichen erfolgen kann.[18] Demnach besteht in dieser Konstellation neben der Mitteilungspflicht für den Verantwortlichen auch eine Pflicht zur Umsetzung von Folgemaßnahmen bei seinem Auftragsverarbeiter.[19] Dem Art. 19 entsprechenden Art. 12 lit. c DSRL war nur eine Informationspflicht über Dritte, denen die Daten übermittelt wurden, zu entnehmen. Dritter konnte aber nicht zugleich auch der Verantwortliche

12

---

14 Kühling/Buchner-*Herbst* Art. 19 Rn. 9; Ehmann/Selmayr-*Kamann/Braun* Art. 19 Rn. 13.
15 Gola-*Gola* Art. 19 Rn. 11.
16 Gola-*Gola* Art. 19 Rn. 11; Ehmann/Selmayr-*Kamann/Braun* Art. 19 Rn. 13.
17 Sydow-*Peuker* Art. 19 Rn. 6; a.A. *Piltz/zur Weihen* RDV 2019, 107, 111.
18 Gola-*Gola* Art. 19 Rn. 6.
19 *Piltz/zur Weihen* RDV 2019, 107, 108.

sein. Indem der Begriff Empfänger auch Verantwortliche und Auftragsdatenverarbeiter einbezieht, geht Art. 1 über den Anwendungsbereich des Art. 12 lit. c DSRL hinaus.[20]

13 Empfänger i.S.d. Art. 19 S. 1 können nur diejenigen sein, gegenüber denen die Daten vom Verantwortlichen offengelegt wurden. Art. 4 Nr. 2 nennt die „Offenlegung durch Übermittlung, Verbreitung oder eine andere Form der Bereitstellung" als Beispiel der Verarbeitung von personenbezogenen Daten im Wege der Übermittlung, Verbreitung oder einer anderen Form der Bereitstellung. In den Anwendungsbereich der Vorschrift können nicht solche Datenempfänger fallen, die zwar im Besitz der Daten sind, aber diesen nicht aufgrund einer Übermittlung durch den Verantwortlichen erlangt haben.[21]

V. Art und Weise der Informationspflicht (S. 1)

14 Die Informationspflicht aus Art. 19 S. 1 ist eine objektive Pflicht des Verantwortlichen und damit nicht von einem Antrag des Betroffenen abhängig.[22]

15 Auf welchem Weg die Information über die Unrichtigkeit des Datensatzes vom Verantwortlichen an den Empfänger zu erfolgen hat, wird nicht explizit vorgeschrieben. Der praktisch sinnvollste Weg wäre die Information auf dem Wege vorzunehmen, auf dem auch die ursprüngliche Datenübermittlung stattgefunden hat. Inwiefern die Informationspflicht unter einem zeitlichen Limit steht, ist ebenfalls nicht geregelt. Um die Effektivität der Betroffenenrechte zu gewährleisten, spricht viel dafür, in einem Fall mit einer besonders gravierenden Bedeutung für den Betroffenen, einen Gleichlauf mit dem zeitlichen Maßstab aus den Art. 16 und 17, also eine „unverzügliche" Informationspflicht gegenüber den Betroffenen, anzunehmen.[23] In den übrigen Fällen genügt es nach dem Wortlaut von Art. 19, wenn die Informationspflicht zeitlich im Rahmen des üblichen Geschäftsgangs erfüllt wird.

16 Für den Fall eines Datensatzes, der in einem Abrufverfahren für verschiedene Empfänger bereit steht, ist die Reichweite der Korrektur- und Informationspflicht fraglich.[24] Die Korrektur des eigenen Datensatzes kann nur dann ausreichend sein, wenn dieser sehr häufig aufgerufen wird, sodass die aktuellen Daten unverzüglich dem Empfänger auf diesem Weg mitgeteilt werden.[25] Liegt eine solche Konstellation vor, wäre die Informationspflicht gegenüber den Empfängern eine bloße Förmelei.

VI. Unterrichtungspflicht (S. 2)

17 Auf Verlangen der betroffenen Person muss der Verantwortliche diese über seine Informationspflichterfüllung gegenüber den Empfängern unterrichten. Dem Wortlaut nach und im Umkehrschluss zu Art. 19 S. 1 ist erforderlich, dass der Betroffene die Unterrichtung durch den Verantwortlichen beantragt.[26] Ein solcher Antrag ist nicht an Formvorschriften gebunden und kann – im Interesse einer wirksamen und einfachen

---

20 Ehmann/Selmayr-*Kamann/Braun* Art. 19 Rn. 4, 10.
21 Kühling/Buchner-*Herbst* Art. 19 Rn. 10.
22 BeckOK DatenSR-*Worms* Art. 19 Rn. 17.
23 Kühling/Buchner-*Herbst* Art. 19 Rn. 12.
24 Dazu auch Gola-*Gola* Art. 19 Rn. 9.
25 Kühling/Buchner-*Herbst* Art. 19 Rn. 12.
26 Ehmann/Selmayr-*Kamann/Braun* Art. 19 Rn. 16.

Rechtsdurchsetzung – auch gleichzeitig mit den Betroffenenrechten aus Art. 16, 17 Abs. 1 und 18 geltend gemacht werden.[27] Wie die Unterrichtung ausgestaltet sein soll, wird nicht explizit geregelt. Entsprechend kann auf Art. 12 Abs. 1 zurückgegriffen werden, der den Verantwortlichen verpflichtet, geeignete Maßnahmen zu treffen, um der betroffenen Person alle Informationen, die sich auf die Verarbeitung der Daten beziehen, präzise, transparent, verständlich und in einer leicht zugänglichen Form zur Verfügung zu stellen.[28] Sofern gem. Art. 13 Abs. 1 lit. e bereits sämtliche Empfänger benannt wurden, genügt es, den Betroffenen hierauf zu verweisen.

VII. Beschränkungen

Art. 19 unterliegt den Beschränkungsvorbehalten aus Art. 23 und 89 Abs. 3 (siehe dazu die Kommentierungen zu Art. 23 Rn. 13 und Art. 89 Rn. 47). **18**

VIII. Rechtsschutz und Sanktionen

Auf primärer Ebene stehen der betroffenen Person die Rechtsdurchsetzungsmöglichkeiten aus Art. 77, 78 und 79 zu. Ferner kann der Betroffene gem. Art. 82 Schadensersatz verlangen, wenn der Verantwortliche seine Informationspflicht nach S. 1 unterlässt diese unzureichend erbringt und dem Betroffenen dadurch ein materieller oder immaterieller Schaden entstanden ist. Verstößt der Verantwortliche gegen die Informationspflicht oder die Unterrichtungspflicht des Art. 19, muss er mit einem Bußgeld nach Art. 83 Abs. 5 rechnen. **19**

Artikel 20   Recht auf Datenübertragbarkeit

(1) Die betroffene Person hat das Recht, die sie betreffenden personenbezogenen Daten, die sie einem Verantwortlichen bereitgestellt hat, in einem strukturierten, gängigen und maschinenlesbaren Format zu erhalten, und sie hat das Recht, diese Daten einem anderen Verantwortlichen ohne Behinderung durch den Verantwortlichen, dem die personenbezogenen Daten bereitgestellt wurden, zu übermitteln, sofern
a) die Verarbeitung auf einer Einwilligung gemäß Artikel 6 Absatz 1 Buchstabe a oder Artikel 9 Absatz 2 Buchstabe a oder auf einem Vertrag gemäß Artikel 6 Absatz 1 Buchstabe b beruht und
b) die Verarbeitung mithilfe automatisierter Verfahren erfolgt.

(2) Bei der Ausübung ihres Rechts auf Datenübertragbarkeit gemäß Absatz 1 hat die betroffene Person das Recht, zu erwirken, dass die personenbezogenen Daten direkt von einem Verantwortlichen einem anderen Verantwortlichen übermittelt werden, soweit dies technisch machbar ist.

(3) ¹Die Ausübung des Rechts nach Absatz 1 des vorliegenden Artikels lässt Artikel 17 unberührt. ²Dieses Recht gilt nicht für eine Verarbeitung, die für die Wahrnehmung einer Aufgabe erforderlich ist, die im öffentlichen Interesse liegt oder in Ausübung öffentlicher Gewalt erfolgt, die dem Verantwortlichen übertragen wurde.

(4) Das Recht gemäß Absatz 1 darf die Rechte und Freiheiten anderer Personen nicht beeinträchtigen.

– *ErwG:* 68

---

27 Ehmann/Selmayr-*Kamann/Braun* Art. 19 Rn. 16.
28 Ehmann/Selmayr-*Kamann/Braun* Art. 19 Rn. 6.

Art. 20

Übersicht

	Rn			Rn
A. Einordnung und Hintergrund	1		bb) Automatisiert ablaufende Datenerfassung und -übermittlung	51
I. Erwägungsgrund 68	1			
II. BDSG	2			
III. Normgenese und -umfeld	4			
1. DSRL	4		cc) Durch Verantwortliche neu generierte Daten	53
2. BDSG a.F.	5			
3. WP der Art.-29-Datenschutzgruppe/Beschlüsse des DD-Kreises	6		c) Gelöschte Daten	54
			d) Umfang der Daten	55
B. Kommentierung	9		3. Verarbeitung beruht auf einer Einwilligung oder auf einem Vertrag (Abs. 1 lit. a)	57
I. Überblick und Regelungsgehalt	9			
II. Entstehungsgeschichte, systematische Einordnung, ratio legis, Kritik und Ausblick	19		a) Einwilligung	58
			b) Vertrag	61
1. Entstehungsgeschichte	19		c) Sonstige Fälle rechtmäßiger Verarbeitung von personenbezogenen Daten ausgeschlossen	63
2. Systematische Einordnung des Rechts auf Datenübertragbarkeit	22			
3. Ratio legis, Wirkungen und Kritik	24		d) Rechtswidrige Verarbeitung von personenbezogenen Daten	64
4. Ausblick	29			
III. Berechtigte des Rechts auf Datenübertragbarkeit	30		4. Verarbeitung mithilfe automatisierter Verfahren (Abs. 1 lit. b)	66
IV. Gegner des Rechts auf Datenübertragbarkeit	31	VI.	Recht auf Erhalt der personenbezogenen Daten in einem strukturierten, gängigen und maschinenlesbaren Format (Abs. 1)	67
1. Verantwortliche	31			
2. Gemeinsam Verantwortliche	34			
3. Auftragsverarbeiter	35		1. Strukturiertes Format	68
V. Daten, die Gegenstand des Rechts auf Datenübertragung sind	36		2. Gängiges Format	70
			3. Maschinenlesbares Format	73
			4. Interoperables Format?	74
1. Personenbezogenen Daten, die die betroffene Person betreffen (Abs. 1)	37		5. Antrag und Fristen	78
		VII.	Recht auf Übermittlung ohne Behinderung (Abs. 1)	84
2. Dem Verantwortlichen bereitgestellte personenbezogene Daten (Abs. 1)	42	VIII.	Recht auf Erwirkung der direkten Übermittlung (Abs. 2)	89
a) Von betroffenen Personen gemachte Angaben	46		1. Die zu übermittelnden Daten und das zu verwendende Format	90
b) Während der Vertragslaufzeit bzw. der Dauer einer bestehenden Einwilligung aggregierte personenbezogene Daten	48		2. Soweit dies technisch möglich ist	92
			3. Die Rolle des anderen (zweiten) Verantwortlichen	95
aa) Aktives Handeln betroffener Personen	49	IX.	Recht auf Löschung/Vergessenwerden bleibt unberührt (Abs. 3 S. 1)	99

	Rn		Rn
X. Verarbeitungen im öffentlichen Interesse und in Ausübung öffentlicher Gewalt (Abs. 3 S. 2)	101	d) Verpflichtete zur Verhinderung von Beeinträchtigungen	115
XI. Rechte und Freiheiten anderer Personen dürfen nicht beeinträchtigt werden (Abs. 4)	104	C. Praxishinweise	118
		I. Relevanz für öffentliche Stellen	118
		II. Relevanz für nichtöffentliche Stellen	121
1. Andere Personen	106	III. Relevanz für betroffene Personen	124
2. Rechte und Freiheiten	110		
a) Grundrechte und Grundfreiheiten nach der DS-GVO	110	IV. Relevanz für Aufsichtsbehörden	125
b) Sonstige Rechte	111	V. Relevanz für Datenschutzmanagement	129
c) Beeinträchtigung	112		

Literatur: *Bräutigam/Schmidt-Wudy* Das geplante Auskunfts- und Herausgaberecht des Betroffenen nach Art. 15 DS-VO-E, CR 2015, 56; *Brüggemann* Das Recht auf Datenportabilität, DSRITB 2017, 1; *Drexl* Neue Regeln für die Europäische Datenwirtschaft? NZKart 2017, 415; *Hennemann* Datenportabilität, PinG 2017, 5; *Jülicher/Röttgen/von Schönfeld* Das Recht auf Datenübertragbarkeit – Ein datenschutzrechtliches Neuland, ZD 2016, 358; *Kratz* Datenportabilität und „Walled Gardens", InTeR, 26; *Laue/Kremer* Das neue Datenschutzrecht in der betrieblichen Praxis, 2. Aufl. 2019; *Paal/Hennemann* Big Data im Recht, Wettbewerbs- und daten(schutz)rechtliche Herausforderungen, NJW 2017, 1697; *Roßnagel/Richter/Nebel* Besserer Internetdatenschutz für Europa, Vorschläge zur Spezifizierung der DS-GVO, ZD 2013, 103; *Schantz* Die Datenschutz-Grundverordnung – Beginn einer neuen Zeitrechnung im Datenschutzrecht, NJW 2016, 1841; *Schätzle* Ein Recht auf die Fahrzeugdaten – Das Recht auf Datenportabilität aus der DS-GVO, PinG 2016, 71; *Strubel* Anwendungsbereich des Rechts auf Datenübertragbarkeit, Auslegung des Art. 20 DS-GVO unter Berücksichtigung des Guidelines der Art.-29-Datenschutzgruppe, ZD 2017, 355; *Westphal/Wichtermann* Datenportierung nach Art.-20 DS-GVO, ZD 2019, 191.

A. Einordnung und Hintergrund

I. Erwägungsgrund 68

Das Recht auf Datenübertragbarkeit wird in ErwG 68 erläutert. Eine Nennung findet sich zudem in ErwG 73, der Art. 23 betrifft und in ErwG 156, der sich auf Art. 89 bezieht.   **1**

II. BDSG

Gemäß § 28 Abs. 4 BDSG besteht Art. 20 nicht, soweit das Recht auf Datenübertragbarkeit voraussichtlich die Verwirklichung der im öffentlichen Interesse liegenden Archivzwecke unmöglich macht oder ernsthaft beeinträchtigt und die Ausnahme für die Erfüllung dieser Zwecke erforderlich ist.   **2**

Nach den im RStV enthaltenen Medienprivilegien (§§ 9c, 57 RStV) findet Art. 20 bei einer Datenverarbeitung zu journalistischen Zwecken keine Anwendung.[1]   **3**

---

1 S. *Bremische Bürgerschaft* Drucks. 19/1282.

III. Normgenese und -umfeld

4 **1. DSRL.** In der DSRL war ein Recht auf Datenübertragbarkeit noch nicht enthalten.

5 **2. BDSG a.F.** Das BDSG a.F. sah ebenfalls kein Recht auf Datenübertragbarkeit vor.

6 **3. WP der Art.-29-Datenschutzgruppe/Beschlüsse des DD-Kreises.** Die Artikel-29-Datenschutzgruppe hat am 13.12.2016 **Leitlinien zum Recht auf Datenübertragbarkeit** angenommen, die am 5.4.2017 überarbeitet worden sind (Leitlinien 16/EN WP 242 rev.01).[2] In diesen Leitlinien erläutert die Art.-29-Datenschutzgruppe ausführlich ihr Verständnis von den wesentlichen Elementen des Rechts auf Datenübertragbarkeit, welche Datenverarbeitungen und welche personenbezogenen Daten erfasst werden, wie die allgemeinen Regeln betreffend der Ausübung der Rechte von betroffenen Personen auf das Recht der Datenübertragbarkeit Anwendung finden und wie die zu übertragenden personenbezogenen Daten zur Verfügung gestellt werden müssen.

7 Der **EDSA** als Nachfolger der Art.-29-Datenschutzgruppe[3] kann von sich aus Leitlinien, Empfehlungen und bewährte Verfahren zwecks Sicherstellung einer einheitlichen Anwendung der DS-GVO bereitstellen (Art. 70 Abs. 1 lit. e). In seiner ersten Plenarsitzung hat der Europäische Datenschutzausschuss den Inhalt der Richtlinien 16/EN WP 242 rev.01 bestätigt, sodass diese Richtlinien bis zu gerichtlichen Klärungen nicht unbeachtliche Relevanz für die Auslegung und Anwendung von Art. 20 erlangen.[4]

8 Entschließungen des **DD-Kreises** zum Recht auf Datenübertragbarkeit liegen bislang nicht vor.

B. Kommentierung

I. Überblick und Regelungsgehalt

9 Art. 20, der unmittelbar anwendbar ist, schafft ein neues Recht auf Datenübertragbarkeit zugunsten betroffener Personen, das es bislang noch nicht gab. Das Recht auf Datenübertragbarkeit ist ein **Novum**.

10 Strukturell lässt sich das Recht auf Datenübertragbarkeit in drei einzelne Rechte[5] weiter untergliedern, die in- und miteinander verwoben sind. Abs. 1 Alt. 1 enthält ein **Recht auf Erhalt** personenbezogener Daten in einem strukturierten, gängigen und maschinenlesbaren Format, die eine betroffene Person einem (ersten) Verantwortlichen bereitgestellt hat. Adressat der Übertragung der personenbezogenen Daten sind dabei die betroffenen Personen selbst. Abs. 1 Alt. 2 und Abs. 2 verschieben demgegenüber die Zielrichtung der Datenübertragung von der betroffenen Person hin zu einem anderen (zweiten) Verantwortlichen. So sieht Abs. 2 das **Recht auf Erwirkung der direkten Übermittlung** der dem (ersten) Verantwortlichen bereitgestellten personenbezogenen Daten an einen anderen (zweiten) Verantwortlichen vor. Dieses Recht wird von dem Recht flankiert, dass der (erste) Verantwortliche die ihm bereitgestellten personenbezogenen Daten **ohne Behinderung** an einen anderen (zweiten) Verantwortlichen übermitteln muss.

---

2 Guidelines on the right to data portability, 16/EN WP 242 rev.01.
3 Vgl. ErwG 139 S. 3. Dabei wurde auch Kritik der Kommission mit aufgenommen.
4 S. zur Frage der Verbindlichkeit solcher Leitlinien Art. 70 Rn. 14.
5 So auch Sydow-*Sydow* Art. 20 Rn. 9; Gola-*Piltz* Art. 20 Rn. 8 f. will in Art. 20 hingegen ein zweistufiges Recht sehen.

Inhaltlich bezieht sich das Recht auf Datenübertragbarkeit in allen drei Ausprägungen auf die personenbezogenen Daten, die eine betroffene Person einem Verantwortlichen **bereitgestellt** hat und richtet sich jeweils gegen den Verantwortlichen, der die bereitgestellten Daten verarbeitet. Dabei trifft den anderen (zweiten) Verantwortlichen, an den die personenbezogenen Daten zu übermitteln sind, eine Pflicht zur Mitwirkung. Gegenstand des Rechts auf Datenübertragbarkeit sind zudem nur die einem Verantwortlichen bereitgestellten personenbezogenen Daten, deren Verarbeitung durch den Verantwortlichen auf einer **Einwilligung** (Art. 6 Abs. 1 lit. a, Art. 9 Abs. 2 lit. a) oder auf einem **Vertrag** (Art. 6 Abs. 1) beruht und deren Verarbeitung mithilfe **automatisierter Verfahren** erfolgt. 11

Abs. 3 S. 1 stellt ausdrücklich klar, dass das **Recht auf Löschung/Vergessenwerden** (Art. 17) durch die Ausübung des Rechts auf Datenübertragbarkeit unberührt bleibt. 12

Das Recht auf Datenübertragbarkeit gilt nicht, wenn bereitgestellte personenbezogene Daten für die Wahrnehmung von **Aufgaben**, die **im öffentlichen Interesse** liegen, durch den Verantwortlichen verarbeitet werden oder die Verarbeitung in Ausübung **öffentlicher Gewalt** erfolgt, die dem Verantwortlichen übertragen wurde (Abs. 3 S. 2). 13

Darüber hinaus darf das Recht auf Datenübertragbarkeit die **Rechte und Freiheiten anderer Personen** nicht beeinträchtigen (Abs. 4). 14

Gemäß Art. 11 gilt das Recht auf Datenübertragbarkeit nicht, wenn der Verantwortliche nachweisen kann, dass er **nicht in der Lage** ist, die betroffene Person zu **identifizieren**, es sei denn, die betroffene Person stellt zur Ausübung ihres Rechts auf Datenübertragbarkeit zusätzliche Informationen bereit, die ihre Identifizierung ermöglichen. 15

Bezüglich **Information, Kommunikation** und **Modalitäten** für die **Ausübung** des Rechts auf Datenübertragbarkeit gilt Art. 12. Betroffene Personen müssen über das Bestehen des Rechts auf Datenübertragbarkeit **informiert** werden (Art. 13 Abs. 2 lit. b, Art. 14 Abs. 2 lit. c). 16

Das Recht auf Datenübertragbarkeit kann im Wege von Gesetzgebungsmaßnahmen gem. Art. 23 beschränkt werden, und es können Ausnahmen von dem Recht auf Datenübertragbarkeit vorgesehen werden, wenn personenbezogene Daten für **im öffentlichen Interesse liegende Archivzwecke** verarbeitet werden (Art. 89 Abs. 3). Der deutsche Gesetzgeber hat eine Ausnahme von dem Recht auf Datenübertragbarkeit insofern vorgesehen, als in **§ 28 Abs. 4 BDSG n.F.** geregelt wird, dass Art. 20 nicht besteht, soweit das Recht auf Datenübertragbarkeit voraussichtlich die Verwirklichung der im öffentlichen Interesse liegenden Archivzwecke unmöglich macht oder ernsthaft beeinträchtigt und die Ausnahme für die Erfüllung dieser Zwecke erforderlich ist. 17

Für die Verarbeitung, die zu **journalistischen Zwecken** oder zu **wissenschaftlichen, künstlerischen** oder **literarischen Zwecken** erfolgt, können die Mitgliedstaaten außerdem Abweichungen oder Ausnahmen von dem Recht auf Datenübertragbarkeit vorsehen, wenn dies erforderlich ist, um das Recht auf Schutz der personenbezogenen Daten mit der Freiheit der Meinungsäußerung und der Informationsfreiheit in Einklang zu bringen (Art. 85 Abs. 2). Eine auf Art. 85 Abs. 2 beruhende Ausnahme von Art. 20 machen bspw. die Medienprivilegien (§§ 9c, 57 RStV). 18

II. Entstehungsgeschichte, systematische Einordnung, ratio legis, Kritik und Ausblick

19 **1. Entstehungsgeschichte.** Bereits der **Vorschlag der Kommission**[6] enthielt in Art. 18 ein Recht auf Datenübertragbarkeit, das darauf abzielte, dass die betroffene Person von dem für die Verarbeitung Verantwortlichen eine Kopie der verarbeiteten Daten in einem von ihr weiter verwendbaren strukturierten gängigen elektronischen Format verlangen kann. Das Recht sollte so weit reichen, dass die betroffene Person berechtigt sein sollte zu verlangen, die von ihr zur Verfügung gestellten personenbezogenen Daten sowie etwaige sonstige von ihr zur Verfügung gestellte Informationen, die in einem automatisierten Verarbeitungssystem gespeichert sind, in einem gängigen elektronischen Format in ein anderes System zu überführen, ohne dabei von dem für die Verarbeitung Verantwortlichen, dem die personenbezogenen Daten entzogen werden, behindert zu werden. Nach Ansicht der Kommission sollte das Recht auf Datenübertragung nicht nur der besseren Kontrolle über die eigenen Daten, sondern auch der besseren Ausübung des Auskunftsrechts dienen[7], sodass die Kommission von einer engen Verknüpfung des Rechts auf Datenübertragbarkeit mit dem Auskunftsrecht ausging.

20 Diesen Schritt der Verknüpfung zwischen dem Auskunftsrecht und dem Recht auf Datenübertragbarkeit vollzog das **Europäische Parlament**[8]. Es integrierte das Recht auf Datenübertragbarkeit in das Auskunftsrecht (Art. 15) und sah ein „Recht der betroffenen Person auf Auskunft und auf Herausgabe der Daten" vor. Dabei sollte die betroffene Person berechtigt sein, eine Kopie der zur Verfügung gestellten personenbezogenen Daten nicht nur in einem gängigen elektronischen Format zu verlangen, das sie weiter verwenden kann, sondern auch in einem interoperablen Format, und – soweit technisch machbar und verfügbar – dass die Daten unmittelbar von dem für die Verarbeitung Verantwortlichen an einen anderen für die Verarbeitung Verantwortlichen übermittelt werden.[9]

21 Der **Rat der Europäischen Union**[10] zog das Auskunftsrecht und das Recht auf Datenübertragbarkeit wieder auseinander. Er schuf eine Fassung des Rechts auf Datenübertragbarkeit, die im Ergebnis der Fassung, die im **Trilog**[11] gefunden worden ist, sehr nahe kam. Ein inhaltlich bedeutender Unterschied zum Europäischen Parlament – der sich auch in der endgültigen Fassung findet – besteht darin, dass sich die Interoperabilität des Formats, die das Europäischen Parlament vorsah, im Normtext nicht wiederfindet; ebenso ließ die endgültige Fassung den Vorschlag der Kommission, dass ein weiter verwendbares Format genutzt werden soll, wieder fallen.

22 **2. Systematische Einordnung des Rechts auf Datenübertragbarkeit.** Das Recht auf Datenübertragbarkeit gehört systematisch zu den **Rechten der betroffenen Personen**

---

6 25.1.2012, KOM(2012) 11 endgültig; 2012/0011 (COD).
7 ErwG 55 S. 1, Vorschlag der Kommission v. 25.1.2012, KOM(2012) 11 endgültig; 2012/0011 (COD).
8 Beschl. des Europäischen Parlaments v. 12.3.2014 im Rahmen der ersten Lesung zu dem Vorschlag der Europäischen Kommission (Interinstitutionelles Dossier des Rats der Europäischen Union vom 27.3.2014, 2012/0011 (COD); 7427/1/14, REV 1.
9 Vgl. zum EU-Parlament *Bräutigam/Schmidt*-Wudy CR 2015, 56 ff.
10 Beschl. des Rats der Europäischen Union v. 15.6.2015, 9565/15.
11 (Arbeits-)Ergebnisses der Trilogparteien v. 15.12.2015, Dokument des Rates 15039/15.

des Kapitel III der DS-GVO und ist dort Teil des Abschnittes 3 betreffend Berichtigung und Löschung.

Wie schon der Entstehungsprozess von Art. 20 verdeutlicht, hängt das Recht auf Datenübertragbarkeit sehr **eng mit dem Auskunftsrecht** gem. Art. 15 **zusammen**.[12] Zwar kann eine betroffene Person nach Art. 15 Auskunft über alle sie betreffenden personenbezogenen Daten verlangen. Inhaltlich reicht dieses Recht daher weiter als das Recht auf Datenübertragbarkeit, das nur ein Recht auf Übermittlung der dem Verantwortlichen bereitgestellten personenbezogenen Daten gewährt. Das Auskunftsrecht der betroffenen Person reicht auch insofern weiter, als nicht nur ein Anspruch auf Auskunft über die sie betreffenden personenbezogenen Daten besteht, sondern auch flankierende Informationen verlangt werden können, wie Verarbeitungszwecke, die Kategorien personenbezogener Daten, die verarbeitet werden, die Empfänger etc. Hinter dem Recht auf Datenübertragbarkeit bleibt das Auskunftsrecht aber insoweit zurück, als ein Verantwortlicher nur eine Kopie der verarbeiteten personenbezogenen Daten zur Verfügung zu stellen hat. Erfolgt die Geltendmachung der Auskunft nicht elektronisch, müssen diese Daten auch nicht elektronisch zur Verfügung gestellt werden. Die Pflicht hierzu besteht nur, wenn ein Antrag elektronisch gestellt wird. Aber auch dann sind die Informationen lediglich in einem elektronischen Format zur Verfügung zu stellen, das gängig ist, nicht indes in einem ebenfalls strukturierten und maschinenlesbaren Format, wie Art. 20 verlangt. Schließlich folgt nur aus dem Recht auf Datenübertragbarkeit, dass eine betroffene Person die Übermittlung der personenbezogenen Daten ohne Behinderung an einen anderen (zweiten) Verantwortlichen verlangen kann, die sie einem (ersten) Verantwortlichen bereitgestellt hat. 23

3. Ratio legis, Wirkungen und Kritik. Die ratio legis des Rechts auf Datenübertragbarkeit besteht darin, betroffenen Personen im Fall der Verarbeitung von personenbezogenen Daten mit automatischen Mitteln eine **bessere Kontrolle über die eigenen Daten** zu geben.[13] Das Recht auf Datenübertragbarkeit ist damit Ausfluss des u.a. von der DS-GVO verfolgten Ziels, dass natürliche Personen die Kontrolle über ihre eigenen Daten besitzen sollten.[14] Der Verlust der Kontrolle einer betroffenen Person über ihre personenbezogenen Daten wird auch explizit als Schaden natürlicher Personen wegen Verletzung des Schutzes personenbezogener Daten genannt.[15] 24

Das Recht auf Datenübertragbarkeit führt zu einer Verbesserung der Kontrolle betroffener Personen über ihre eigenen Daten. Die Verbesserung der Kontrolle über die eigenen Daten bewirkt aber noch keine ausschließliche Kontrolle über die eigenen 25

---

12 Als Spezialfall des Art. 15 erachtend Plath-*Kamlah* Art. 20 Rn. 2; als modifizierten Auskunftsanspruch erachtend BeckOK DatenSR-*von Lewinski* Art. 20 Rn. 7 und 49. Aufgrund der Ähnlichkeiten beider Rechte, sind sie zweifellos eng miteinander verwandt. Wegen der bestehenden deutlichen Unterschiede hinsichtlich der betroffenen Daten und der verschiedenen Stoßrichtungen ist das Recht auf Datenübertragbarkeit jedoch etwas anderes als das Auskunftsrecht und man würde seinem Wesen nicht gerecht, es als Spezialfall des Rechts auf Datenübertragbarkeit zu deuten. Auernhammer-*Schürmann* Art. 20 Rn. 49 sieht eine Überschneidung mit Art. 15 und dessen Erweiterung.
13 ErwG 68 S. 1; i.d.S. auch *Art.-29-Datenschutzgruppe* Leitlinien 16/EN WP 242 rev.01, S. 1.
14 ErwG 7 S. 2.
15 ErwG 85 S. 1.

Daten, die einer **eigentumsähnlichen Rechtsposition**[16] vergleichbar ist. Zu einer Übertragung der Daten in einem dinglichen Sinn kommt es nicht, da Art. 20 nur die Übermittlung der Vervielfältigung der Daten, nicht indes auch die Löschung der Daten vorsieht.[17]

26 Das Recht auf Datenübertragbarkeit fördert zudem den **Wettbewerb** zwischen Anbietern, da es betroffenen Personen einen Anbieterwechsel erleichtert. Wenn betroffene Personen von ihrem bisherigen Anbieter verlangen können, die ihm bereitgestellten personenbezogenen Daten direkt an einen Konkurrenten ohne Behinderung zu übermitteln, wirkt sich dies zweifellos auf den Wettbewerb aus. Regelungen zu Anbieterwechseln finden sich z.B. im Banken-, Telekommunikations- und Elektrizitäts-/Gassektor.[18] **Lock-in-Effekte**[19] lassen sich so reduzieren. Gleichwohl ist dieser wettbewerbliche Effekt eher eine Folge des Rechts auf Datenübertragbarkeit. Eine wettbewerbsrechtliche Regelung ist in dem Recht aus Datenübertragbarkeit deshalb noch nicht zwingend zu sehen. Schließlich bezieht sich Art. 20 nur auf personenbezogene Daten, und auch nur auf personenbezogene Daten, die einem Anbieter bereitgestellt worden sind.

27 In der Logik, die Betroffenenrechte weiter zu stärken, ist das Recht auf Datenübertragbarkeit eine logische Konsequenz und führt zugleich zu einer Stärkung der **Verbraucherrechte**.[20]

28 Teilweise wird **kritisiert**, dass es sich bei Art. 20 lediglich um ein Recht auf Herausgabe und Datenübertragung handle, und daher die Bezeichnung als Recht auf Datenübertragbarkeit unpassend sei; es sollte besser von einem Recht auf Datenübermittlung[21] oder auf Datenübertragung[22] gesprochen werden. Zudem seien Ursprung des Rechts auf Datenübertragbarkeit eher wettbewerbsrechtliche Erwägungen und der verbraucherschützende sowie marktregulierende Charakter seien unübersehbar.[23] Das Recht auf Datenübertragbarkeit als systemfremden Fremdkörper[24] zu bezeichnen, überzeugt gleichwohl nicht.[25] Es ergänzt das Auskunftsrecht und fördert die bessere Kontrolle über die eigenen Daten.

29 **4. Ausblick.** Auf der Ebene der EU wurde die „**Richtlinie des Europäischen Parlaments und des Rates über bestimmte vertragsrechtliche Aspekte der Bereitstellung digitaler Inhalte**" verabschiedet.[26] Art. 13 Abs. 2c des Vorschlags der Kommission sah

---

16 Vgl. hierzu z.B. *Paal/Hennemann* NJW 2017, 1697, 1698 m.w.N., *Drexl* NKart 2017, 339, 340 ff.; BeckOK DatenSR-*von Lewinski* Art. 20 Rn. 8.
17 Vgl. insoweit auch Sydow-*Sydow* Art. 20 Rn. 11.
18 Vgl. § 46 TKG, § 20 EnWG sowie Abschnitt 3 des Zahlungskontengesetzes (§§ 20 f. ZKG).
19 Art.-29-Datenschutzgruppe Leitlinien 16/EN WP 242 rev.01, S. 5; *Kratz* InTeR 2019, 27.
20 Vgl. Auernhammer-*Schürmann* Art. 20 Rn. 6.
21 Vgl. Sydow-*Sydow* Art. 20 Rn. 8 und 10, sodass besser von einem Recht auf Datenübermittlung gesprochen werden sollte.
22 Vgl. *Hennemann* PinG 2017, 5 f.
23 Vgl. Auernhammer-*Schürmann* Art. 20 Rn. 2.
24 Einen knappen, gleichwohl hilfreichen Überblick zum Sachstand liefern *Laue/Kremer* Das neue Datenschutzrecht in der betrieblichen Praxis, § 4 Rn. 65.
25 Wie hier Sydow-*Sydow* Art. 20 Rn. 4.
26 RL (EU) 2019/770 des Europäischen Parlaments und des Rates v. 20.5.2019 über bestimmte vertragsrechtliche Aspekte der Bereitstellung digitaler Inhalte und digitaler Dienstleistungen, ABl. EU 2019 L 136.

ebenfalls ein Recht auf Übertragung von Daten vor, wobei dieses nur im Fall einer Vertragsbeendigung gelten sollte und auf Inhalte fokussiert war. Dieser Vorschlag ist letztendlich nicht angenommen worden.[27]

III. Berechtigte des Rechts auf Datenübertragbarkeit

Berechtigte bezüglich des Rechts auf Datenübertragbarkeit sind **alle betroffenen Personen** i.S.d. Art. 4 Nr. 1. Mit dem Tod endet das Recht auf Datenübertragbarkeit.[28] Es wird insoweit auf die entsprechende Kommentierung verwiesen.   30

IV. Gegner des Rechts auf Datenübertragbarkeit

1. Verantwortliche. Das Recht auf Datenübertragbarkeit richtet sich gegen **Verantwortliche** i.S.d. Art. 4 Nr. 7. Gegner des Rechts auf Datenübertragbarkeit sind folglich nicht nur natürliche und juristische Personen, sondern auch Behörden, Einrichtungen oder andere Stellen, die von betroffenen Personen bereitgestellte personenbezogene Daten verarbeiten.[29] Dabei gilt es jedoch Abs. 3 S. 2 zu berücksichtigen. Danach gilt das Recht auf Datenübertragbarkeit nicht, wenn durch den Verantwortlichen die bereitgestellten personenbezogenen Daten für die Wahrnehmung von **Aufgaben**, die **im öffentlichen Interesse** liegen, verarbeitet werden oder die Verarbeitung in Ausübung **öffentlicher Gewalt** erfolgt, die dem Verantwortlichen übertragen wurde.   31

Das Recht auf Datenübertragbarkeit richtet sich auch gegen den **anderen (zweiten) Verantwortlichen**, an den die personenbezogenen Daten von dem (ersten) Verantwortlichen direkt übermittelt werden müssen, wenn es die betroffene Person verlangt.[30] Anders als z.B. die in Art. 15, 16, 17 und 18 vorgesehenen Rechte, ist das Recht auf Datenübertragbarkeit nicht als Recht formuliert, „von dem Verantwortlichen" die direkte Übermittlung an den anderen (zweiten) Verantwortlichen zu verlangen, sondern zu erwirken, „dass die personenbezogenen Daten direkt von einem Verantwortlichen einem anderen Verantwortlichen übermittelt werden." Das Recht auf Datenübertragbarkeit richtet sich damit gegen beide Verantwortlichen, die an dem Datenübertragungsvorgang beteiligt sind. Dies ist auch folgerichtig. Wäre der andere (zweite) Verantwortliche als Adressat des Rechts ausgeschlossen, könnte die Erwirkung der Datenübertragung scheitern.   32

Allerdings besteht eine Mitwirkungspflicht nicht in jedem Fall. Art. 20 darf freilich nicht dazu führen, dass eine betroffene Person durch Ausübung ihres Rechts auf Datenübertragbarkeit jedem beliebigen anderen (zweiten) Verantwortlichen ihre personenbezogenen Daten aufoktroyiert. Art. 20 enthält nämlich **keinen** generellen **Anspruch auf Entgegennahme** personenbezogener Daten durch einen anderen (zweiten) Verantwortlichen.[31] Die Mitwirkungspflicht entsteht nur unter der Voraussetzung, dass die Übermittlung der Daten an den anderen (zweiten) Verantwortlichen auf der Basis einer gesonderten rechtlichen Grundlage erfolgt, wie etwa auf der Basis eines Gesetzes oder   33

---

27 COM (2015) 634 final 2015/0287 (COD).
28 Vgl. ErwG 27.
29 S. zur Unterscheidung zwischen öffentlichen und nichtöffentlichen Stellen § 2 BDSG.
30 A.A. Kühling/Buchner-*Herbst* Art. 20 Rn. 22.
31 Vgl. auch Ehmann/Selmayr-*Kamann/Braun* Art. 20 Rn. 27 und 31; vgl. auch *Art.-29-Datenschutzgruppe* Leitlinien 16/EN WP 242 rev.01, S. 6.

eines Vertrages³². Mit Blick auf die Praxis wird dieser Aspekt indes regelmäßig in den Hintergrund treten. In den meisten Konstellationen dürfte die Übertragung der Daten nach Art. 20 einen Vertragswechsel vom (ersten) Verantwortlichen hin zum anderen (zweiten) flankieren, sodass der andere (zweite) Verantwortliche in aller Regel ein (wirtschaftliches) Interesse daran haben wird, dass die Datenübermittlung erfolgreich verläuft. Bereits aus diesem Grund wird er an der Datenübermittlung mitwirken.³³

34 **2. Gemeinsam Verantwortliche.** Soweit zwei oder **mehr Verantwortliche gemeinsam** die Zwecke der und die Mittel zur Verarbeitung festlegen, sind sie gemeinsam für die Verarbeitung Verantwortliche (Art. 26). In diesem Fall steht betroffenen Personen ihr Recht auf Datenübertragbarkeit gegenüber jedem einzelnen der Verantwortlichen zu (Art. 26 Abs. 3).

35 **3. Auftragsverarbeiter.** Gegen **Auftragsverarbeiter**, die personenbezogene Daten im Auftrag eines Verantwortlichen verarbeiten, dem Daten von betroffenen Personen bereitgestellt worden sind, wird das Recht auf Datenübertragbarkeit grundsätzlich nicht bestehen. Nach dem Wortlaut richtet sich das Recht gegen Verantwortliche, denen betroffene Personen personenbezogene Daten bereitgestellt haben. Adressiert werden damit nicht Auftragsverarbeiter, die diese Daten im Auftrag eines Verantwortlichen verarbeiten. Für dieses Normverständnis spricht zudem, dass die Verarbeitung der bereitgestellten personenbezogenen Daten auf einer Einwilligung oder auf einem Vertrag beruhen muss (Abs. 1 lit. a). Sowohl eine Einwilligung als auch ein zugrundeliegender Vertrag bestehen im Verhältnis der betroffenen Personen zu dem Verantwortlichen, der diese Daten verarbeitet, nicht jedoch im Verhältnis zu Auftragsbearbeitern. Unbeschadet dessen muss der Verantwortliche gegenüber einem Auftragsverarbeiter vertraglich sicherstellen, dass letzterer das Recht auf Datenübertragbarkeit befolgen kann.³⁴

V. Daten, die Gegenstand des Rechts auf Datenübertragung sind

36 Gegenstand des Rechts auf Datenübertragbarkeit sind personenbezogene Daten, die Verantwortlichen von betroffenen Personen bereitgestellt werden und deren Verarbeitung durch die Verantwortlichen auf einer Einwilligung oder einem Vertrag mithilfe automatisierter Verfahren beruht.

37 **1. Personenbezogenen Daten, die die betroffene Person betreffen (Abs. 1).** Alle **personenbezogenen Daten** einer betroffenen Person können Gegenstand des Rechts auf Datenübertragbarkeit sein. Es gilt insoweit die Begriffsbestimmung gem. Art. 4 Nr. 1. Auf die entsprechende Kommentierung wird verwiesen.

38 Werden personenbezogene Daten durch den Verantwortlichen **pseudonymisiert**, also in einer Weise verarbeitet, dass sie ohne Hinzuziehung zusätzlicher Informationen nicht mehr einer spezifischen betroffenen Person zugeordnet werden können (vgl. Art. 4 Nr. 5), stellen diese Daten weiterhin personenbezogene Daten dar, die Gegen-

---

32 Vgl. Ehmann/Selmayr-*Kamann/Braun* Art. 20 Rn. 31.
33 So auch Ehmann/Selmayr-*Kamann/Braun* Art. 20 Rn. 27.
34 Vgl. *Art.-29-Datenschutzgruppe* Leitlinien 16/EN WP 242 rev.01, S. 6.

stand des Rechts auf Datenübertragbarkeit sein können, da eine Reidentifizierung durch den Verantwortlichen im Fall einer Pseudonymisierung weiterhin möglich ist.[35]

Kann der Verantwortliche nachweisen, dass er **nicht in der Lage** ist, die betroffene Person zu **identifizieren**, muss er die betroffene Person hierüber unterrichten, sofern dies möglich ist (Art. 11 Abs. 2 S. 1). In diesem Fall findet das Recht auf Datenübertragbarkeit **keine Anwendung** mehr, es sei denn die betroffene Person stellt zur Ausübung ihres Rechts auf Datenübertragbarkeit zusätzliche Informationen bereit, die ihre Identifizierung ermöglichen (Art. 11 Abs. 2 S. 2). 39

Sind die von betroffenen Personen bereitgestellten personenbezogenen Daten **anonymisiert** worden, ist eine Identifizierung der betroffenen Personen nicht mehr möglich.[36] Da die Daten keinen Personenbezug mehr aufweisen, bezieht sich das Recht auf Datenübertragbarkeit nicht auf personenbezogene Daten, die anonymisiert worden sind.[37] Art. 11 Abs. 2 wird in diesen Fällen nicht zu einem Aufleben des Rechts auf Datenübertragbarkeit führen. 40

Gegenstand des Rechts auf Datenübertragbarkeit können nur die **eigenen personenbezogenen Daten** einer betroffenen Person sein.[38] Verarbeitet ein Verantwortlicher zugleich personenbezogene Daten einer dritten Person, bezieht sich das Recht auf Datenübertragbarkeit nicht auf diese Daten.[39] Sind personenbezogene Daten mit personenbezogenen Daten anderer betroffener Personen verwoben, wie dies z.B. in sozialen Medien nicht selten der Fall ist, darf der Verantwortliche die personenbezogenen Daten anderer betroffener Personen nur übertragen, wenn die Rechte und Freiheiten anderer Personen nicht beeinträchtigt werden (Abs. 4).[40] S. hierzu Abs. 4. 41

2. Dem Verantwortlichen bereitgestellte personenbezogene Daten (Abs. 1). Nicht alle personenbezogenen Daten einer betroffenen Person, die ein Verantwortlicher von ihr verarbeitet, sind Gegenstand des Rechts auf Datenübertragbarkeit. Gegenstand sind nur die personenbezogenen Daten, die eine betroffene Person dem Verantwortlichen **bereitgestellt hat**. Das Kriterium der Bereitstellung erweist sich als **zentrales Kriterium**, um den Gegenstand des Rechts auf Datenübertragbarkeit einzugrenzen. 42

---

35 S. insoweit auch ErwG 26 S. 2, wonach einer Pseudonymisierung unterzogene personenbezogene Daten, die durch Heranziehung zusätzlicher Informationen einer natürlichen Person zugeordnet werden könnten, als Informationen über eine identifizierbare natürliche Person betrachtet werden sollten; wie hier BeckOK DatenSR-*von Lewinski* Art. 20 Rn. 31; *Art.-29-Datenschutzgruppe* Leitlinien 16/EN WP 242 rev.01, S. 9.
36 S. ErwG 26 S. 5; vgl. BeckOK DatenSR-*von Lewinski* Art. 20 Rn. 31.
37 Vgl. *Art.-29-Datenschutzgruppe* Leitlinien 16/EN WP 242 rev.01, S. 9.
38 Vgl. Plath-*Kamlah* Art. 20 Rn. 5; *Westphal/Wichtermann* ZD 2019, 191.
39 A.A. BeckOK DatenSR-*von Lewinski* DS-GVO Art. 20 Rn. 32, der nur reine Drittdaten ausschließt.
40 Für Chat-Protokolle ablehnend Kühling/Buchner-*Herbst* Art. 20 Rn. 11, da hier Daten anderer Nutzer eines Dienstes bereitgestellt würden; weitgehend ablehnend für soziale Medien *Jülicher/Röttgen/von Schönfeld* ZD 2016, 358, 361; vgl. für ein restriktives Verständnis *Art.-29-Datenschutzgruppe* Leitlinien 16/EN WP 242 rev.01, S. 9, bei Anrufen sollen z.B. die Daten der Angerufenen an die betroffene Person mit herausgegeben werden dürfen; bejahend für Chat-Verläufe, E-Mails oder Bilder *Schantz* NJW 2016, 1841, 1845; vgl. auch *Brüggemann* DSRITB 2017, 1, 7.

Art. 20   Recht auf Datenübertragbarkeit

43   Eine **Legaldefinition** des Bereitstellens enthält die DS-GVO nicht. Zwar findet sich in der Begriffsbestimmung zur „Verarbeitung" (Art. 4 Nr. 2) das Wort „Bereitstellung". In diesem Kontext bezieht sich das Bereitstellen auf die Verarbeitung von personenbezogenen Daten durch einen Verantwortlichen. Um eine Verarbeitung durch einen Verantwortlichen geht es aber beim Bereitstellen durch die betroffene Person nicht. Aus der Begriffsbestimmung der Verarbeitung können folglich keine Rückschlüsse für die Auslegung des Begriffs des Bereitstellens in Abs. 1 gewonnen werden.[41] Auch ErwG 68 enthält keine Bespiele, was nicht verwundert, da eine abschließende Aufzählung nicht möglich ist.

44   Anknüpfungspunkte dafür, dass in den Begriff des Bereitstellens das (ungeschriebene) Kriterium einer **Schutzbedürftigkeit** betroffener Personen hineingelesen werden muss, da dies dem Sinn und Zweck des Art. 20 entspräche[42], überzeugen nicht. Nach dem klaren Wortlaut von Art. 20 ist für die Geltendmachung des Rechts auf Datenübertragbarkeit ohne Relevanz, ob eine betroffene Person schutzbedürftig ist oder nicht.

45   Darüber hinaus gilt Art. 20 nicht nur für internetbezogene Sachverhalte, wie z.B. Plattformanbieter im Internet oder Anbieter von Apps[43], sondern **branchenübergreifend**[44] und auch im **Arbeitsverhältnis**[45], denn Beschränkungen auf bestimmte Branchen etc. sind in Art. 20 nicht enthalten.

46   **a) Von betroffenen Personen gemachte Angaben.** Unzweifelhaft sind solche personenbezogenen Daten vom Begriff des Bereitstellens umfasst, die betroffene Personen gegenüber einem Verantwortlichen bei Vertragsschluss **selbst angeben**, wie z.B. Namen, Anschrift, E-Mail-Adresse, Telefonnummer, Alter etc.[46] Dies ergibt sich zudem bereits aus Abs. 1 lit. a. Gleiches gilt für personenbezogene Daten, die Verantwortlichen auf der Basis einer Einwilligung bereitgestellt werden (Abs. 1 lit. a).

47   Auf welche Art und Weise die personenbezogenen Daten (technisch) bereitgestellt werden, d.h. ob eine betroffene Person z.B. personenbezogene Daten auf einem Papier-Formular, in einem Online-Formular[47], in einem Account[48], per E-Mail, per

---

41 Wie hier BeckOK DatenSR-*von Lewinski* Art. 20 Rn. 38; a.A. Plath-*Kamlah* Art. 20 Rn. 6; *Jülicher/Röttgen/von Schönfeld* ZD 2016, 358, 359; *Strubel* ZD 2017, 355, 357.
42 Plath-*Kamlah* Art. 20 Rn. 7.
43 Wie hier Gola-*Piltz* Art. 20 Rn. 6 m.w.N. betreffend die Entstehungsgeschichte; BeckOK DatenSR-*von Lewinski* DS-GVO Art. 20 Rn. 25.
44 Ehmann/Selmayr-*Kamann/Braun* Art. 20 Rn. 5; vgl. z.B. eine Auflistung bei BeckOK DatenSR-*von Lewinski* Art. 20 Rn. 25; *Jülicher/Röttgen/von Schönfeld* ZD 2016, 358, 361.
45 Vgl. Auernhammer-*Schürmann* Art. 20 DS-GVO Rn. 14; *Wybitul/Rauer* ZD 2012, 160, 162; *Laue/Kremer* Das neue Datenschutzrecht in der betrieblichen Praxis, § 4 Rn. 67; *Hennemann* PinG 2017, 5; differenzierend je nach Fall *Art.-29-Datenschutzgruppe* Leitlinien 16/EN WP 242 rev.01, S. 8, wegen des Ungleichgewichts zwischen Arbeitnehmer und Arbeitgeber; BeckOK DatenSR-*von Lewinski* Art. 20 Rn. 26, der dies in diesem Zusammenhang nur befürwortet, wenn das Personaldienstleistungssystem auf einer Einwilligung beruht.
46 Vgl. BeckOK DatenSR-*von Lewinski* Art. 20 Rn. 41; Plath-*Kamlah* Art. 20 Rn. 6, der insoweit von Stammdaten spricht; vgl. auch *Art.-29-Datenschutzgruppe* Leitlinien 16/EN WP 242 rev.01, S. 9 f.
47 *Art.-29-Datenschutzgruppe* Leitlinien 16/EN WP 242 rev.01, S. 9.
48 *Art.-29-Datenschutzgruppe* Leitlinien 16/EN WP 242 rev.01, S. 9.

App[49], per Einstellungen[50], telefonisch oder per Sprachassistenten angibt, ist für eine Bereitstellung im Sinne des Art. 20 ohne Belang, da eine Differenzierung in technischer Hinsicht nicht erfolgt[51]; Art. 20 ist – wie die gesamte DS-GVO – **technologieneutral**[52] formuliert.

b) Während der Vertragslaufzeit bzw. der Dauer einer bestehenden Einwilligung aggregierte personenbezogene Daten. In der Regel werden durch Verantwortliche auch während der Vertragslaufzeit bzw. während der Geltungsdauer einer Einwilligung personenbezogene Daten von betroffenen Personen **aggregiert** und im Zusammenhang mit und zur Erbringung von Leistungen gegenüber den betroffenen Personen verarbeitet. Damit stellt sich die wichtige Abgrenzungsfrage, welche dieser Daten noch zu den personenbezogenen Daten zählen, die von einer betroffenen Person bereitgestellt werden und bei welchen Daten es sich um (neue) Daten eines Verantwortlichen handelt, die nicht mehr von dem Recht auf Datenübertragbarkeit erfasst sind.

48

aa) Aktives Handeln betroffener Personen. Zu den bereitgestellten personenbezogenen Daten werden auch solche gehören, die Verantwortliche während der Vertragslaufzeit oder während der Geltungsdauer einer Einwilligung infolge eines **aktiven Handelns**[53] einer betroffenen Person erlangen. Kern der Tätigkeit eines „Bereitstellens" bildet eine aktive Handlung, gleich einem „Geben", „Übermitteln" und „zur Verfügung stellen"[54]. Erhält ein Verantwortlicher infolge eines solchen aktiven Handelns personenbezogene Daten von einer betroffenen Person, werden diese bereitgestellt.

49

Entsprechend **vielfältig** und **unterschiedlich** sind in der Praxis die anzutreffenden personenbezogenen Daten, die den Gegenstand des Rechts auf Datenübertragung bilden können. Das Spektrum reicht von Daten zu getätigten Einkäufen in Online-Shops[55]

50

---

49 Vgl. *Laue/Kremer* Das neue Datenschutzrecht in der betrieblichen Praxis, § 4 Rn. 67.
50 Nach BeckOK DatenSR-*von Lewinski* Art. 20 Rn. 46 sollen technische Einstellungen von Diensten und Apps („Preferences/Settings"), Passwörter, Entgeltdaten und biometrische Daten nicht erfasst sein.
51 Plath-*Kamlah* Art. 20 Rn. 7, spricht sich dafür aus, wenn die Nutzung „technischer Feature" im Vordergrund stünde, personenbezogene Daten nicht erfasst würden, da eine betroffene Person diese Daten nur „schlicht angibt oder hinterlässt" und die betroffene Person in aller Regel die Daten wieder zu löschen. Eine Stütze für diese Auslegung lässt sich Art. 20 jedoch nicht entnehmen.
52 Vgl. ErwG 15.
53 Vgl. *Art.-29-Datenschutzgruppe* Leitlinien 16/EN WP 242 rev.01, S. 9 f., die von wissentlich und aktiv bereitgestellten personenbezogenen Daten sprechen; so auch Gola-*Piltz* Art. 20 Rn. 15, der von einer aktiven und wissentlich bereitgestellten Handlung spricht; ebenso Ehmann/Selmayr-*Kamann/Braun* Art. 20 Rn. 13; vgl. *Strubel* ZD 2017, 355; *Brüggemann* DSRITB 2017, 1, 4 f.
54 Dieser Begriff findet sich ausdrücklich in ErwG 68 S. 3, der auf den Vorschlag der Kommission zurückgeht, vgl. 25.1.2012 KOM(2012) 11 endgültig; 2012/0011 (COD), dort Art. 18 Abs. 2) und erst durch den Europäischen Rat in den Begriff „bereitgestellt" verändert worden ist (Beschl. des Rats der Europäischen Union v. 15.6.2015, 9565/15 zu Art. 18).
55 Vgl. Kühling/Buchner-*Herbst* Art. 20 Rn. 9; *Jülicher/Röttgen/von Schönfeld* ZD 2016, 358, 361; *Hennemann* PinG 2017, 5; BeckOK DatenSR-*von Lewinski* Art. 20 Rn. 42 will auf die Umstände des Einzelfalls abstellen.

und im stationären Einzelhandel[56], zur Auswahl von Filmen und Musiktiteln bei entsprechenden (Streaming-)Diensten[57], zu Überweisungsaufträgen bei Banken[58], bei Finanzdienstleistern[59], bei Versicherungen[60], beim Leasing[61], Kundenrezensionen oder Bewertungen auf einem Händlerportal[62] über Daten aufgerufener Online-Artikel und Webseiten bis hin zu Posts, Tweets, Freundeslisten und Likes sowie Profilen[63], Kontakten[64], geteilten Inhalten[65] etc. in Sozialen Medien[66], Formen des Cloud-Computing[67], der Surfhistorie einer Webseite[68] und Suchanfragen in Suchmaschinen[69], vorausgesetzt, diese bereitgestellten Daten weisen einen Personenbezug auf. Auch wenn die personenbezogenen Daten infolge eines aktiven Handelns der betroffenen Person über einen Außenstehenden zu dem Verantwortlichen gelangen, wird ein Bereitstellen noch vorliegen.[70]

51 **bb) Automatisiert ablaufende Datenerfassung und -übermittlung.** Unklar ist, ob der Begriff des Bereitstellens noch weiter verstanden werden muss, d.h. ob hierunter auch personenbezogene Daten subsumiert werden können, die Verantwortliche nicht als Folge aktiver Handlungen einer betroffenen Person erlangen, sondern infolge einer

---

56 A.A. Plath-*Kamlah* Art. 20 Rn. 6.
57 Vgl. *Art.-29-Datenschutzgruppe* Leitlinien 16/EN WP 242 rev.01, S. 8; BeckOK DatenSR-*von Lewinski* Art. 20 Rn. 42 will auf die Umstände des Einzelfalls abstellen.
58 Vgl. Sydow-*Sydow* Art. 20 Rn. 13; *Jülicher/Röttgen/von Schönfeld* ZD 2016, 358, 361; *Hennemann* PinG 2017, 5; auch BeckOK DatenSR-*von Lewinski* Art. 20 Rn. 43 bei weitem Verständnis.
59 BeckOK DatenSR-*von Lewinski* Art. 20 Rn. 25.
60 Vgl. Sydow-*Sydow* Art. 20 Rn. 13; Auernhammer-*Schürmann* Art. 20 Rn. 15; *Jülicher/Röttgen/von Schönfeld* ZD 2016, 358, 361; *Hennemann* PinG 2017, 5.
61 BeckOK DatenSR-*von Lewinski* Art. 20 Rn. 25; *Schnabel* PinG 2016, 71, 73; *Hennemann* PinG 2017, 5.
62 *Hennemann* PinG 2017, 5.
63 Kühling/Buchner-*Herbst* Art. 20 Rn. 2 sieht hier den typischen Anwendungsfall; BeckOK DatenSR-*von Lewinski* Art. 20 Rn. 44.
64 BeckOK DatenSR-*von Lewinski* Art. 20 Rn. 44.
65 BeckOK DatenSR-*von Lewinski* Art. 20 Rn. 44.
66 Auf soziale Netzwerke wird in dem Vorschlag der Kommission 25.1.2012, KOM(2012) 11 endgültig; 2012/0011 (COD) unter ErwG 55 ausdrücklich Bezug genommen und sind das einzige genannte Beispiel. ErwG 55 in der Fassung des Europäischen Rats enthielt die ausdrückliche Nennung der sozialen Netzwerke als Beispiel nicht mehr. Es ergeben sich aber keine Hinweise, dass in sozialen Nutzwerken bereitgestellte personenbezogene Daten von dem Recht auf Datenübertragbarkeit deshalb ausgeschlossen sein sollten, Beschl. des Rats der Europäischen Union v. 15.6.2015, 9565/15. Im Ergebnis wie hier auch Sydow-*Sydow* Art. 20 Rn. 13; Auernhammer-*Schürmann* Art. 20 Rn. 5 und 14; *Laue/Nink/Kremer* § 4 Rn. 62; BeckOK DatenSR-*von Lewinski* Art. 20 Rn. 44, wobei regelmäßig zu berücksichtigen ist, dass auch personenbezogene Daten von anderen betroffenen Personen berührt sein werden.
67 *Laue/Kremer* Das neue Datenschutzrecht in der betrieblichen Praxis, § 4 Rn. 67; BeckOK DatenSR-*von Lewinski* Art. 20 Rn. 43; Kühling/Buchner-*Herbst* Art. 20 Rn. 3 weist dabei zur Recht daraufhin, dass dies nur für die personenbezogenen Daten der betroffenen Person gilt.
68 *Art.-29-Datenschutzgruppe* Leitlinien 16/EN WP 242 rev.01, S. 10.
69 Vgl. *Art.-29-Datenschutzgruppe* Leitlinien 16/EN WP 242 rev.01, S. 10.
70 Vgl. i.E. Auernhammer-*Schürmann* Art. 20 Rn. 25; *Jülicher/Röttgen/von Schönfeld* ZD 2016, 358, 359.

automatisiert ablaufenden Datenerfassung und -**übermittlung**. Zu denken ist an technische Geräte, Anwendungen, Applikationen etc., die personenbezogene Daten bei betroffenen Personen in automatisiert ablaufenden Prozessen erfassen und an Verantwortliche übermitteln, ohne dass die betroffenen Personen vor der Erfassung und Übermittlung eines jeden Datums noch aktiv werden. Die in der Praxis anzutreffenden Konstellationen sind auch insoweit sehr vielschichtig. Beispiele sind Gesundheits-Tracker/-Apps[71] sowie Geräte mit Sensoren von Pharmaherstellern[72], die jeweils Gesundheits(Sensor-)daten[73] erfassen und übermitteln, Navigations-Apps, die Standort-Daten[74] nutzen, Daten aus Connected Cars[75] und anderen smarten Geräten[76] etc. Qualitativ handelt es sich um Daten, die durch und anlässlich von Nutzungshandlungen entstehen.

Es spricht Einiges dafür, dass auch solche automatisiert erfassten und an Verantwortliche übermittelten personenbezogenen Daten unter den Begriff des Bereitstellens fallen. Das Recht auf Datenübertragbarkeit besteht nur dann, wenn die Verarbeitung der personenbezogenen Daten **mithilfe automatisierter Verfahren** erfolgt (Abs. 1 lit. b). Eine automatisierte Datenerfassung und -übermittlung ist Art. 20 folglich immanent. Der Begriff des Bereitstellens personenbezogener Daten findet sich in der DS-GVO zudem im Zusammenhang mit den Informationspflichten bei Erhebung von personenbezogenen Daten bei der betroffenen Person (Art. 13 Abs. 2 lit. e). Danach müssen Verantwortliche betroffene Personen darüber informieren, ob die Bereitstellung der personenbezogenen Daten gesetzlich oder vertraglich vorgeschrieben oder für einen Vertragsabschluss erforderlich ist, ob die betroffene Person verpflichtet ist, die personenbezogenen Daten bereitzustellen und welche möglichen Folgen die Nichtbereitstellung hätte. Es dürfte kein Zweifel daran bestehen, dass über automatisiert erhobene und an Verantwortliche übermittelte personenbezogene Daten entsprechend informiert werden muss. Anhaltspunkte dafür, dass der Begriff des Bereitstellens in Art. 20 eine engere Bedeutung erlangen soll als in Art. 14, sind nicht ersichtlich. Schließlich wird dieser Befund durch die ratio legis von Art. 20 gestützt, wonach betroffene Personen im Fall der Verarbeitung personenbezogener Daten mit automatischen Mitteln eine bessere Kontrolle über die eigenen Daten haben sollen.[77] 52

cc) Durch Verantwortliche neu generierte Daten. Sobald Verantwortliche mithilfe der von betroffenen Personen bereitgestellten personenbezogenen Daten **neue Daten** 53

---

71 Vgl. BeckOK DatenSR-*von Lewinski* Art. 20 Rn. 25; *Jülicher/Röttgen/von Schönfeld* ZD 2016, 358, 359; *Hennemann* PinG 2017, 5.
72 BeckOK DatenSR-*von Lewinski* Art. 20 Rn. 25.
73 Vgl. *Art.-29-Datenschutzgruppe* Leitlinien 16/EN WP 242 rev.01, S. 10; *Hennemann* PinG 2017, 5; *Brüggemann* DSRITB 2017, 1, 5.
74 Vgl. *Art.-29-Datenschutzgruppe* Leitlinien 16/EN WP 242 rev.01, S. 10.
75 Vgl. *Schnabel* PinG 2016, 71 ff.; *Art.-29-Datenschutzgruppe* Leitlinien 16/EN WP 242 rev.01, S. 10, allgemein zu connected objects; Fahrprofile aus Bordcomputern *Hennemann* PinG 2017, 5; a.A. Kühling/Buchner-*Herbst* Art. 20 Rn. 11.
76 Vgl. *Art.-29-Datenschutzgruppe* Leitlinien 16/EN WP 242 rev.01, S. 10.
77 ErwG 68. Die *Art.-29-Datenschutzgruppe* Leitlinien 16/EN WP 242 rev.01, S. 10 bildet insoweit die Fallgruppe „Observed data provided by the data subject by virtue oft he use oft he service or device"; ausdrücklich befürwortend *Brüggemann* DSRITB 2017, 1, 5. Gegen diese Auslegung wendet sich *Strubel* ZD 2017, 355, 357 ff. unter Berufung auf Wortlaut, Systematik und Historie.

generieren, handelt es sich bei diesen neu generierten Daten nicht mehr um die ursprünglich bereitgestellten personenbezogenen Daten.[78] Daten z.B., die infolge einer Auswertung[79] (mittels Algorithmen[80]) der bereitgestellten personenbezogenen Daten gewonnenen werden, sind nicht mehr die ursprünglichen bereitgestellten Daten, sondern Daten des Verantwortlichen, die durch sein Handeln erzeugt werden. Von dem Recht auf Datenübertragbarkeit sind solche Daten nicht mehr mit eingeschlossen.[81] Beispiele für solche neu gewonnen Daten sind z.B. Kreditscores und Profiling-Daten[82], Gesundheitsbewertungen[83], erstellte Trainingspläne etc.

54 **c) Gelöschte Daten.** Personenbezogene Daten, die ein Verantwortlicher zum Zeitpunkt der Geltendmachung des Rechts auf Datenübertragbarkeit bereits **gelöscht** hat, sind selbstverständlich nicht mehr Gegenstand des Rechts auf Datenübertragbarkeit. Aus dem Recht auf Datenübertragbarkeit folgt keine gesonderte Pflicht, Daten zu speichern, um sie bei Ausübung des Rechts auf Datenübertragbarkeit an die betroffene Person oder einen anderen (zweiten) Verantwortlichen übermitteln zu können; das Recht bezieht sich allein auf die personenbezogenen Daten, die der Verantwortliche (noch) gespeichert hat.[84]

55 **d) Umfang der Daten.** Bis auf Daten, die im Rahmen der Beeinträchtigung von Rechten und Freiheiten anderer Personen zu berücksichtigen sind, enthält Art. 20 keine Einschränkung hinsichtlich des Umfangs der personenbezogenen Daten, die Gegenstand des Rechts auf Datenübertragbarkeit sind. Gegenstand des Rechts auf Datenübertragbarkeit sind somit im Grundsatz **alle bereitgestellten personenbezogene Daten**, mögen diese auch sehr umfangreich sein.

56 Wenn ein Verantwortlicher eine große Menge von Informationen über eine betroffene Person verarbeitet, ergibt sich für das Auskunftsrecht der betroffenen Person (Art. 15) aus ErwG 63, dass der Verantwortliche verlangen können sollte, dass die betroffene Person **präzisiert**, auf welche Information oder welche Verarbeitungsvorgänge sich ihr Auskunftsersuchen bezieht, bevor der Verantwortliche ihr Auskunft erteilt. Aufgrund der engen Verbindung zwischen dem Auskunftsrecht und dem Recht auf Datenübertragbarkeit sollte dies entsprechend für die Ausübung des Rechts auf Datenübertragbarkeit gelten. Eine betroffene Person, die ihr Recht auf Datenübertragbarkeit ausübt, sollte folglich auf Verlangen des Verantwortlichen verpflichtet sein zu präzisieren, auf welche bereitgestellten Daten sich das von ihr geltend gemachte Recht auf Daten-

---

78 *Art.-29-Datenschutzgruppe* Leitlinien 16/EN WP 242 rev.01, S. 10 sprechen insoweit von „inferred data" und „derived data". Als zu weit erachtet *Brüggemann* DSRITB 2017, 1, 5 f. diesen Ansatz, der nur solche personenbezogenen Daten einschließen will, die für den Wechsel des Dienstes erforderlich sind.
79 Vgl. Kühling/Buchner-*Herbst* Art. 20 Rn. 11; *Art.-29-Datenschutzgruppe* Leitlinien 16/EN WP 242 rev.01, S. 10.
80 Vgl. *Art.-29-Datenschutzgruppe* Leitlinien 16/EN WP 242 rev.01, S. 10.
81 Vgl. i.E. Auernhammer-*Schürmann* Art. 20 Rn. 27, der diese Daten als Analyse-Daten bezeichnet; BeckOK DatenSR-*von Lewinski* Art. 20 Rn. 47; *Art.-29-Datenschutzgruppe* Leitlinien 16/EN WP 242 rev.01, S. 10.
82 So auch BeckOK DatenSR-*von Lewinski* Art. 20 Rn. 47.
83 Vgl. *Art.-29-Datenschutzgruppe* Leitlinien 16/EN WP 242 rev.01, S. 10.
84 Vgl. BeckOK DatenSR-*von Lewinski* Art. 20 Rn. 52; *Art.-29-Datenschutzgruppe* Leitlinien 16/EN WP 242 rev.01, S. 6.

übertragbarkeit bezieht, wenn die betroffene Person dem Verantwortlichen große Datenmengen an personenbezogenen Daten bereitgestellt hat.

3. Verarbeitung beruht auf einer Einwilligung oder auf einem Vertrag (Abs. 1 lit. a).
Gegenstand des Rechts auf Datenübertragbarkeit bilden nur die von einer betroffenen Person bereitgestellten personenbezogen Daten, sofern deren Verarbeitung auf einer **Einwilligung** oder auf einem **Vertrag** beruht und die Daten mithilfe **automatisierter Verfahren** verarbeitet werden.[85] Gegenüber **Auskunfteien** sowie **Datenanalyseunternehmen** wird ein Recht auf Datenübertragbarkeit in der Regel bereits deshalb nicht bestehen, da betroffene Personen regelmäßig nicht selbst gegenüber Auskunfteien sowie Datenanalyseunternehmen personenbezogenen Daten bereitstellen. Zusätzlich wird dieses Recht aber auch deshalb nicht bestehen, da die Verarbeitung von personenbezogenen Daten der betroffenen Personen in der Regel ebenfalls nicht auf einer vertraglichen Beziehung bzw. auf einer Einwilligung gegenüber einer Auskunftei oder einem Datenanalyseunternehmen beruht.[86] 57

a) Einwilligung. Bezüglich der Einwilligung wird in Abs. 1 lit. a ausdrücklich auf Art. 6 Abs. 1 lit. a und 9 Abs. 2 lit. a Bezug genommen.[87] Damit sind vom Recht auf Datenübertragbarkeit auch **besondere Kategorien von personenbezogenen Daten**, d.h. Daten, aus denen die rassische und ethnische Herkunft, politische Meinungen, religiöse oder weltanschauliche Überzeugungen oder die Gewerkschaftszugehörigkeit hervorgehen, sowie genetische Daten, biometrischen Daten zur eindeutigen Identifizierung einer natürlichen Person, Gesundheitsdaten oder Daten zum Sexualleben oder der sexuellen Orientierung, umfasst. 58

Aus der Formulierung, dass die Verarbeitung der bereitgestellten personenbezogenen Daten auf einer Einwilligung „beruhen" muss, wird man zudem schlussfolgern müssen, dass alle **Bedingungen für eine Einwilligung** (gem. Art. 7, 8 und 9 Abs. 2 lit. a) vorzuliegen haben. 59

Der **Widerruf** einer Einwilligung führt nicht dazu, dass das Recht auf Datenübertragbarkeit entfällt.[88] Personenbezogene Daten, die bis zur Wirksamkeit des Widerrufs bereitgestellt worden sind, können Gegenstand des Rechts auf Datenübertragbarkeit sein. Dies gilt solange, bis diese Daten gelöscht werden oder ein Fall des Art. 11 Abs. 2 vorliegt. 60

b) Vertrag. Neben von betroffenen Personen bereitgestellten personenbezogenen Daten, deren Verarbeitung durch Verantwortliche auf einer Einwilligung beruht, können Gegenstand des Rechts auf Datenübertragbarkeit personenbezogene Daten sein, 61

---

85 Grammatikalisch ist in der deutschen Sprachfassung nicht ganz klar, ob sich diese Voraussetzungen nur auf das Recht der Übermittlung ohne Behinderung bezieht (Abs. 1 S. 1 2. Variante) oder auch auf das Recht auf Erhalt der Daten (Abs. 1 S. 1 1. Variante). Richtigerweise beziehen sich diese Voraussetzungen auf alles Ausprägungen des Rechts auf Datenübertragbarkeit. Dies wird z.B. der englischen und auch der französischen Sprachfassung deutlich, vgl. auch *Laue/Kremer* Das neue Datenschutzrecht in der betrieblichen Praxis, § 4 Rn. 67.
86 Vgl. BeckOK DatenSR-*von Lewinski* Art. 20 Rn. 27.
87 Dabei kann es sich auch um die Einwilligung gegenüber einer öffentlichen Stelle handeln, BeckOK DatenSR-*von Lewinski* Art. 20 Rn. 34.
88 Wie hier i.E. BeckOK DatenSR-*von Lewinski* Art. 20 Rn. 36; a.A. Gola-*Piltz* Art. 20 Rn. 18 ohne Begründung.

die von betroffenen Personen bereitgestellt werden und auf der Basis eines Vertrags[89] verarbeitet werden (Abs. 1 lit. a). Auch insoweit wird man einen wirksamen Vertrag voraussetzen müssen.

62 Wenn ein **Vertrag**, auf dem die Verarbeitung der bereitgestellten personenbezogenen Daten beruht, **beendet** wird, sei es durch Ablauf der Vertragslaufzeit, sei es infolge Kündigung, können Gegenstand des Rechts auf Datenübertragbarkeit personenbezogenen Daten sein, die bis zur Beendigung des Vertrags bereitgestellt worden sind. Dies gilt solange, bis diese Daten gelöscht werden oder ein Fall des Art. 11 Abs. 2 vorliegt.

63 **c) Sonstige Fälle rechtmäßiger Verarbeitung von personenbezogenen Daten ausgeschlossen.** Ausgeschlossen von dem Recht auf Datenübertragbarkeit sind bereitgestellte personenbezogene Daten in allen **sonstigen Fällen**, in denen ein Verantwortlicher sie **rechtmäßig verarbeiten** kann.[90] Ist die Verarbeitung von bereitgestellten personenbezogenen Daten z.B. wegen Wahrnehmung berechtigter Interessen gem. Art. 6 lit. f rechtmäßig, können diese Daten nicht Gegenstand des Rechts auf Datenübertragung sein, sofern nicht zugleich die Verarbeitung auf einer Einwilligung oder einem Vertrag beruht. In der Praxis wird man daher in jedem Einzelfall zu prüfen haben, ob die Verarbeitung der bereitgestellten personenbezogenen Daten (noch) auf einer Einwilligung oder auf einem Vertrag beruht und ob die Daten infolgedessen dem Recht auf Datenübertragbarkeit unterliegen.

64 **d) Rechtswidrige Verarbeitung von personenbezogenen Daten.** Stellt sich (im Nachhinein) heraus, dass eine Einwilligung oder ein Vertrag von Anfang an **unwirksam** sind, oder dass ein Vertrag z.B. infolge einer Anfechtung[91] ex tunc **nichtig** ist, beruht die Verarbeitung der von betroffenen Personen bereitgestellten personenbezogenen Daten infolge des Wegfalls der Einwilligung bzw. des Vertrags streng genommen nicht auf einer Einwilligung oder auf einem Vertrag. Eine ausdrückliche Regelung, wie solche Fälle zu behandeln sind, enthält Art. 20 nicht. Nach der ratio legis von Art. 20 sollen betroffene Personen im Fall der Verarbeitung personenbezogener Daten mit automatischen Mitteln eine bessere Kontrolle über die eigenen Daten haben[92]. Würde betroffenen Personen wegen des Wegfalls einer wirksamen Einwilligung bzw. eines Vertrags die Ausübung des Rechts auf Datenübertragbarkeit genommen, ließe sich dieser Befund schwerlich mit der ratio legis von Art. 20 vereinbaren. Betroffene Personen müssen somit auch in einer solchen Konstellation berechtigt sein, ihr Recht auf Datenübertragbarkeit auszuüben.[93]

65 Werden die Daten **rechtswidrig verarbeitet**, da z.B. von Anfang an weder eine wirksame Einwilligung noch ein wirksamer Vertrag vorlagen, muss eine berechtigte Person ebenfalls berechtigt sein, ihr Recht auf Datenübertragbarkeit auszuüben. Andernfalls würden Verantwortliche entgegen der ratio legis des Rechts auf Datenübertragbarkeit privilegiert.

---

89 Dies kann auch ein öffentlich-rechtlicher Vertrag sein, BeckOK DatenSR-*von Lewinski* Art. 20 Rn. 34.
90 Vgl. ausdrücklich hierzu ErwG 68.
91 Wie hier BeckOK DatenSR-*von Lewinski* Art. 20 Rn. 36 unter Berufung auf Art. 12 Abs. 2 und 5 Abs. 1.
92 Siehe ErwG 68.
93 A.A. ohne Begründung Gola-*Piltz* Art. 20 Rn. 18.

4. Verarbeitung mithilfe automatisierter Verfahren (Abs. 1 lit. b). Das Recht auf 66
Datenübertragung bezieht sich zudem nur auf von betroffenen Personen bereitgestellte personenbezogene Daten, die von Verantwortlichen mithilfe automatisierter Verfahren verarbeitet werden. Da der Schutz der betroffenen Personen technologieneutral gewährt werden muss, kommen alle Techniken in Betracht, mit denen personenbezogene Daten automatisiert verarbeitet werden.[94] Auf die Kommentierung von Art. 4 Nr. 2 wird in diesem Zusammenhang verwiesen.

VI. Recht auf Erhalt der personenbezogenen Daten in einem strukturierten, gängigen und maschinenlesbaren Format (Abs. 1)

Betroffene Personen haben in Bezug auf die personenbezogenen Daten, die Gegen- 67
stand des Rechts auf Datenübertragbarkeit sind, ein Recht auf Erhalt in einem **strukturierten, gängigen** und **maschinenlesbaren Format**.[95] Die noch im Vorschlag der Kommission vorgesehene Möglichkeit, dass sie durch Durchführungsrechtsakte elektronische Formate und technische Standards festlegen kann, wurde im weiteren Verlauf des Gesetzgebungsverfahrens fallen gelassen.[96] Die Daten müssen erst im **Zeitpunkt der Ausübung** des Rechts auf Datenübertragbarkeit in einem strukturierten, gängigen und maschinenlesbarem Format vorliegen.[97] Verantwortliche sind – vorbehaltlich von Art. 5 Abs. 1 lit. d, wonach die Daten richtig und aktuell sein müssen –, nicht verpflichtet, die Qualität der personenbezogenen Daten vor der Übermittlung zu überprüfen.[98]

1. Strukturiertes Format. Um die Bedeutung eines strukturierten Formats zu erfas- 68
sen, wird man auf die Begriffsbestimmung des Dateisystems (Art. 4 Nr. 6) zurückgreifen können. Ein Dateisystem ist jede strukturierte Sammlung personenbezogener Daten, die nach **bestimmten Kriterien** zugänglich sind. Übertragen auf ein Format bedeutet dies, dass die zu übertragenden personenbezogenen Daten in und durch das Format nach bestimmten Kriterien geordnet sein müssen. Ob damit einhergeht, dass diese Struktur auch logisch und leicht – insbesondere durch die betroffene Person – verständlich sein muss, gibt Art. 20 nicht ausdrücklich vor.[99] Die Grenze dessen, was noch strukturiert ist, wird allerdings dort erreicht, wo die personenbezogenen Daten auch bei Nutzung bestimmter Kriterien nicht mehr gefunden werden können.[100]

Strukturierte Formate werden Datenbankformate wie **XML**[101] und **SQLite** sowie 69
Excel-Daten[102] sein.[103] Gegebenenfalls kommen auch **Ordnerstrukturen** in Betracht.[104]

---

94 Siehe ErwG 15.
95 BeckOK DatenSR-*von Lewinski* Art. 20 Rn. 49 will hierin nur eine akzessorische Pflicht zur Formatierung von Daten zu einem modifizierten Auskunftsanspruch sehen.
96 25.1.2012, KOM(2012) 11 endgültig; 2012/0011 (COD), Art. 18 Abs. 3.
97 Vgl. BeckOK DatenSR-*von Lewinski* Art. 20 Rn. 53.
98 Vgl. *Art.-29-Datenschutzgruppe* Leitlinien 16/EN WP 242 rev.01, S. 6.
99 Gola-*Piltz* Art. 20 Rn. 21.
100 Nach BeckOK DatenSR-*von Lewinski* Art. 20 Rn. 73 wird die Strukturiertheit kontextabhängig und sektorspezifisch zu beantworten sein.
101 Bejahend Ehmann/Selmayr-*Kamann/Braun* Art. 20 Rn. 23.
102 Bejahend Ehmann/Selmayr-*Kamann/Braun* Art. 20 Rn. 23; *Brüggemann* DSRITB 2017, 1, 8.
103 BeckOK DatenSR-*von Lewinski* Art. 20 Rn. 73.1.
104 Vgl. BeckOK DatenSR-*von Lewinski* Art. 20 Rn. 73.2.

Ob **HTML**[105] und **TXT**-Dateien strukturierte Formate sind, lässt sich in Frage stellen, da diese Formate keine bestimmte Struktur vorgeben. Fasst man auch kommaseparierte Listen (**CSV**) unter strukturierte Formate, fallen auch die zuvor genannten Dateien hierunter.[106] Auch vCards[107] wird man für Adressdaten zu strukturierten Formaten rechnen können.

70 **2. Gängiges Format.** Unter welchen Voraussetzungen ein Format gängig ist, wird in Art. 20 nicht konkretisiert. Der Begriff wird ebenfalls in Art. 15 Abs. 3 verwendet, dort aber auch nicht präzisiert. Hinweise darauf, was unter gängigen Formaten zu verstehen ist, finden sich ebenfalls nicht in den Erwägungsgründen.

71 Was gängig ist, ist daher im Lichte des **allgemeinen Sprachgebrauchs** auszulegen. Im allgemeinen Sprachgebrauch steht gängig z.B. für gebräuchlich, allgemein üblich, viel gekauft, weit verbreitet und handelsüblich. Das Recht, von einem Verantwortlichen die ihm bereitgestellten personenbezogenen Daten in einem gängigen Format zu erhalten, bedeutet folglich, dass der Verantwortliche der betroffenen Person diese Daten in einem allgemein üblichen, gebräuchlichen, weit verbreiteten und handelsüblichen Format übermitteln muss.[108]

72 Für die Gängigkeit eines Formats genügt jedoch nicht, dass es von einem marktstarken oder marktmächtigen Anbieter verwendet wird. Wenn das Format nicht zugleich von anderen Diensteanbietern akzeptiert wird, indiziert dieser Umstand nicht zwingend, dass ein Format allgemein üblich, gebräuchlich und weit verbreitet ist.[109] Lizenzierbare **proprietäre Formate** werden, wenn die Kosten hierfür zu hoch sind, nicht gängig sein.[110] **Offene Formate** sind nur gängig, wenn sie auch weit verbreitet sind.[111] Rohdaten wie **CSV**[112] werden ein gängiges Format sein.[113] Bei E-Mails werden **MSG**[114]- und **EML**[115]-Dateien und allgemein **XML**[116] als gängig erachtet werden müs-

---

105 Bejahend Ehmann/Selmayr-*Kamann/Braun* Art. 20 Rn. 23.
106 Vgl. hierzu BeckOK DatenSR-*von Lewinski* Art. 20 Rn. 73.3.
107 Kühling/Buchner-*Herbst* Art. 20 Rn. 20 Fn. 42.
108 Vgl. BeckOK DatenSR-*von Lewinski* Art. 20 Rn. 76, der auf Praktiken und Gegebenheiten auf den Markt abstellt; auch Ehmann/Selmayr-*Kamann/Braun* Art. 20 Rn. 23; vgl. auch Gola-*Piltz* Art. 20 Rn. 23, der insoweit von einem am Markt bekannten und genutzten Format ausgeht; den Stand der Technik wollen insoweit anwenden *Laue/Kremer* Das neue Datenschutzrecht in der betrieblichen Praxis, § 4 Rn. 71; Plath-*Kamlah* Art. 20 Rn. 8; Ehmann/Selmayr-*Kamann/Braun* Art. 20 Rn. 23; *Hennemann* PinG 2017, 5, 7 stellt auf Formate ab, die in weiten Teilen der Digitalwirtschaft Anwendung finden.
109 Vgl. BeckOK DatenSR-*von Lewinski* Art. 20 Rn. 76.
110 Vgl. BeckOK DatenSR-*von Lewinski* Art. 20 Rn. 77.
111 Vgl. BeckOK DatenSR-*von Lewinski* Art. 20 Rn. 77; bejahend für OpenDocument/ODF Ehmann/Selmayr-*Kamann/Braun* Art. 20 Rn. 23.
112 Ehmann/Selmayr-*Kamann/Braun* Art. 20 Rn. 23; *Art.-29-Datenschutzgruppe* Leitlinien 16/ EN WP 242 rev.01, S. 18.
113 Vgl. BeckOK DatenSR-*von Lewinski* Art. 20 Rn. 77.1.
114 Vgl. BeckOK DatenSR-*von Lewinski* Art. 20 Rn. 77.1; *Hennemann* PinG 2017, 5, 7.
115 Vgl. BeckOK DatenSR-*von Lewinski* Art. 20 Rn. 77.1; *Hennemann* PinG 2017, 5, 7.
116 Ehmann/Selmayr-*Kamann/Braun* Art. 20 Rn. 23; *Art.-29-Datenschutzgruppe* Leitlinien 16/ EN WP 242 rev.01, S. 18.

sen.[117] **Office-Formate**[118] und **PDF/A**[119] werden gängig sein, möglicherweise aber nicht in jeder Hinsicht strukturiert.[120] Soweit bei proprietären oder neuartigen Diensten ggf. (noch) kein gängiges Format existiert, läuft das Recht auf Datenübertragbarkeit leer, denn eine Pflicht, interoperable Formate zu entwickeln, enthält Art. 20 nicht.[121]

3. Maschinenlesbares Format. Damit ein Format maschinenlesbar ist, muss es durch technische Geräte, wie z.B. Computer, lesbar sein. Laue/Kremer[122] verweisen hierzu beispielhaft auf die unter OpenDataSachsen abrufbaren maschinenlesbaren Dateiformate.[123] **Papierausdrucke** und **PDFs**[124] sind nicht maschinenlesbar.[125] Im konkreten Einzelfall kann eine OCR-Lesbarkeit genügen, sodass Maschinenlesbarkeit scannbarer Papierausdrucke u.U. denkbar ist.[126] 73

4. Interoperables Format? Nach ErwG 68 soll das Format auch interoperabel sein. Diese zusätzliche Eigenschaft eines Formats findet sich indes in Abs. 1 nicht ausdrücklich. Es stellt sich daher die Frage, wie dieses Auseinandergehen der Erwägungsgründe und des Normtextes aufzulösen ist. 74

Als **Interoperabilität** bezeichnet man die Fähigkeit unabhängiger, heterogener Systeme, möglichst nahtlos zusammenzuarbeiten, um Informationen auf effiziente und verwertbare Art und Weise auszutauschen bzw. dem Benutzer zur Verfügung zu stellen, ohne dass dazu gesonderte Absprachen zwischen den Systemen notwendig sind bzw. als die Fähigkeit zur Zusammenarbeit von verschiedenen Systemen, Techniken oder Organisationen, wozu in der Regel die Einhaltung gemeinsamer Standards notwendig ist.[127] Unter einem interoperablen Format wird man folglich ein Format verstehen können, das mit anderen Formaten einen Datenaustausch herbeiführen kann. 75

Nicht wenige gebräuchliche, weit verbreitete und handelsübliche Formate sind mit anderen Formaten auch interoperabel. Gängige Formate können folglich durchaus interoperabel sein. Interoperabilität ist jedoch nicht derart weit verbreitet und gebräuchlich, dass sie bereits gängig ist. Das Kriterium der Gängigkeit beinhalte somit nicht zwingend, dass Formate auch interoperabel mit anderen Formaten sein müssen. 76

Zwar heißt es am Beginn des **ErwG 68**, dass betroffene Personen berechtigt sein sollen, die sie betreffenden personenbezogenen Daten in einem u.a. interoperablen For- 77

---

117 Vgl. BeckOK DatenSR-*von Lewinski* Art. 20 Rn. 77.1; *Hennemann* PinG 2017, 5, 7.
118 Vgl. BeckOK DatenSR-*von Lewinski* Art. 20 Rn. 77.2; *Hennemann* PinG 2017, 5, 7; bzgl. Excel Ehmann/Selmayr-*Kamann/Braun* Art. 20 Rn. 23.
119 Vgl. BeckOK DatenSR-*von Lewinski* Art. 20 Rn. 77; *Hennemann* PinG 2017, 5,7.
120 Vgl. BeckOK DatenSR-*von Lewinski* Art. 20 Rn. 77.2.
121 Vgl. BeckOK DatenSR-*von Lewinski* Art. 20 Rn. 78.
122 *Laue/Kremer* § 4 Rn. 71.
123 http://search.sachsen.de/web/viewAsHtml;jsessionid=EF82FDFCA7B8DBB325BEBB182CC6F7C2.sachsen_search_1?reference=https://www.opendata.sachsen.de/HLF/8_Maschinenlesbare_Dateiformate.pdf&searchTerm=maschinenlesbar.
124 Kritisch *Art.-29-Datenschutzgruppe* Leitlinien 16/EN WP 242 rev.01, S. 18.
125 Vgl. BeckOK DatenSR-*von Lewinski* Art. 20 Rn. 75.1.
126 Vgl. BeckOK DatenSR-*von Lewinski* Art. 20 Rn. 75.1; vgl. auch Kühling/Buchner-*Herbst* Art. 20 Rn. 20; *Hennemann* PinG 2017, 5, 7.
127 Siehe Wikipedia: Stichwort Interoperabilität.

mat zu erhalten[128]. Die weiteren Erläuterungen des Rechts auf Datenübertragbarkeit in ErwG 68 legen gleichwohl nahe, dass diese Passage lediglich als ein **wünschenswertes Ziel**, nicht aber als zwingende Eigenschaft eines Formats zu verstehen ist. Im sich unmittelbar anschließenden Satz heißt es nämlich in ErwG 68, dass die Verantwortlichen dazu aufgefordert werden sollten, interoperable Formate zu entwickeln, die die Datenübertragbarkeit ermöglichen. Diese Aufforderung wäre überflüssig, wenn Interoperabilität bereits zwingende Eigenschaft des Formats wäre, in dem die Übertragung der personenbezogenen Daten zu erfolgen hat. Schließlich wird dieses Verständnis durch die weitere Aussage in ErwG 68 gestützt, wonach das Recht der betroffenen Personen, sie betreffende personenbezogene Daten zu übermitteln oder zu empfangen, nicht die Pflicht für Verantwortliche begründen sollte, technisch kompatible Datenverarbeitungssysteme zu übernehmen oder beizubehalten.

78 **5. Antrag und Fristen.** Die Verantwortlichen trifft die Pflicht, den betroffenen Personen die Ausübung des Rechts auf Datenübertragbarkeit zu erleichtern (Art. 12 Abs. 2 S. 1). Zur Ausübung des Rechts auf Datenübertragbarkeit ist ein **Antrag** einer betroffenen Person beim Verantwortlichen erforderlich (vgl. Art. 12 Abs. 3 S. 1). Für einen Antrag ist **keine Frist** vorgesehen; er bedarf **keiner** bestimmten **Form** und **keiner Begründung**.[129]

79 Der Verantwortliche hat die personenbezogenen Daten, die Gegenstand des Rechts auf Datenübertragbarkeit sind, sodann **unverzüglich**, in jedem Fall aber **innerhalb eines Monats** an die betroffene Person zu übermitteln (Art. 12 Abs. 3 S. 1). Diese Frist kann um weitere zwei Monate verlängert werden, wenn dies unter Berücksichtigung der Komplexität und der Anzahl von Anträgen erforderlich ist (Art. 12 Abs. 3 S. 2). In diesem Fall muss der Verantwortliche die betroffene Person innerhalb eines Monats nach Eingang des Antrags über eine Fristverlängerung zusammen mit den Gründen für die Verzögerung unterrichten (Art. 12 Abs. 3 S. 3). Stellt die betroffene Person den Antrag elektronisch, so ist sie nach Möglichkeit auf elektronischem Weg zu unterrichten, sofern sie nichts anderes angibt (Art. 12 Abs. 3 S. 4).

80 Im Stellen eines Antrags auf Datenübertragbarkeit liegt **nicht** zugleich eine **Kündigung** eines bestehenden Vertrags der betroffenen Person mit dem Verantwortlichen.[130]

81 Es ist nicht ausgeschlossen, dass eine betroffene Person **mehrmals** das Recht auf Datenübertragbarkeit ausübt, was auch grundsätzlich unentgeltlich erfolgen müsste, da eine Art. 15 Abs. 3 S. 2 vergleichbare Regelung oder ein Verweis auf diese Vorschrift fehlt. Je nach den konkreten Umständen kann ein Verantwortlicher dann aber ggf. die Übermittlung der Daten gem. Art. 12 Abs. 5 verweigern oder ein angemessenes Entgelt verlangen.

82 Ob das Recht auf Datenübertragbarkeit **abbedungen** werden kann, ist nicht explizit geregelt. Aus der ratio legis, dass betroffene Personen eine bessere Kontrolle über

---

[128] Kühling/Buchner-*Herbst* Art. 20 Rn. 20 folgert hieraus, dass das Format interoperabel sein muss.
[129] Vgl. BeckOK DatenSR-*von Lewinski* Art. 20 Rn. 62 f.; vgl. auch Kühling/Buchner-*Herbst* Art. 20 Rn. 32.
[130] *Jülicher/Röttgen/von Schönfeld* ZD 2016, 358, 360; BeckOK DatenSR-*von Lewinski* Art. 20 Rn. 77.1; *Hennemann* PinG 2017, 5, 7; *Brüggemann* DSRITB 2017, 1, 4.

ihre eigenen Daten bekommen sollen, sowie aus Art. 12 Abs. 2 ff. folgt indes, dass eine Abdingbarkeit ausgeschlossen ist.[131]

Die **Darlegungs- und Beweislast** für das Vorliegen der Voraussetzungen des Rechts auf Datenübertragbarkeit liegt bei der betroffenen Person.[132]

83

VII. Recht auf Übermittlung ohne Behinderung (Abs. 1)

Das Recht auf Datenübertragbarkeit umfasst nicht nur das Recht betroffener Personen, die Übertragung von personenbezogenen Daten, die sie Verantwortlichen bereitgestellt haben, an sich selbst zu verlangen, sondern auch das Recht, dass diese Daten von dem (ersten) Verantwortlichen an einen anderen (zweiten) Verantwortlichen **ohne Behinderung** übermittelt werden.[133] Da sich Abs. 1 nur auf den (ersten) Verantwortlichen bezieht, trifft das Behinderungsverbot nicht unmittelbar den anderen (zweiten) Verantwortlichen.[134]

84

Dass betroffene Personen personenbezogene Daten, die sie in Ausübung ihres Rechts auf Erhalt dieser Daten in einem strukturierten, gängigen und maschinenlesbaren Format erhalten haben, an einen anderen (zweiten) Verantwortlichen übermitteln dürfen, ist selbstverständlich.[135] Eines gesonderten Rechts auf Übermittlung dieser Daten bedürfte es daher nicht. **Kerngehalt** des Rechts ist folglich eine **Übermittlung ohne Behinderung**.[136] Das Recht auf Übermittlung ohne Behinderung gilt nicht nur, wenn eine betroffene Person die erhaltenen personenbezogenen Daten selbst an einen anderen (zweiten) Verantwortlichen übermitteln möchte, sondern insbesondere auch dann, wenn eine betroffene Person von ihrem Recht Gebrauch macht, die Erwirkung der Datenübertragung von dem ersten Verantwortlichen an den anderen (zweiten) Verantwortlichen zu verlangen (Abs. 2).

85

Das Recht auf Übermittlung ohne Behinderung gilt nach dem Normtext unbeschränkt. Der Begriff der Behinderung wird deshalb weit auszulegen sein und **jegliche Erschwerungen** betreffend die Übermittlung der personenbezogenen Daten erfassen[137]. Unzulässige Behinderungen können ganz unterschiedlicher Natur sein. Denkbar sind zeitliche Behinderungen, d.h. die Übermittlung der Daten würde verzögert. In Betracht kommen auch faktische Behinderungen z.B. auf technischer Ebene[138], formale Behinderungen, wenn die Übermittlung etwa an besondere Formen wie Anträge oder Verfahren gebunden wird, oder finanzielle Behinderungen, wenn für die Übermittlung der Daten eine Vergütung anfällt.[139]

86

---

131 So auch Ehmann/Selmayr-*Kamann/Braun* Art. 20 Rn. 4; Differenzierend BeckOK DatenSR-*von Lewinski* Art. 20 Rn. 109.
132 Ehmann/Selmayr-*Kamann/Braun* Art. 20 Rn. 12.
133 BeckOK DatenSR-*von Lewinski* Art. 20 Rn. 49 und 79 will hierin kein eigenes Recht erkennen, sondern bestenfalls einen negatorischen (Hilfs-)Anspruch, aber eigentlich nur ein flankierendes Behinderungsverbot.
134 So auch Gola-*Piltz* Art. 20 Rn. 13.
135 Vgl. auch Plath-*Kamlah* Art. 20 Rn. 9.
136 Vgl. auch Plath-*Kamlah* Art. 20 Rn. 9.
137 Für ein weites Verständnis der Behinderung Gola-*Piltz* Art. 20 Rn. 12; Ehmann/Selmayr-*Kamann/Braun* Art. 20 Rn. 24.
138 Kühling/Buchner-*Herbst* Art. 20 Rn. 22; Gola-*Piltz* Art. 20 Rn. 12; *Schnabel* PinG 2016, 71, 73; vgl. BeckOK DatenSR-*von Lewinski* Art. 20 Rn. 77.1; *Hennemann* PinG 2017, 5, 7.
139 Vgl. zu Beispielen auch *Art.-29-Datenschutzgruppe* Leitlinien 16/EN WP 242 rev. 01, S. 15.

87 Obgleich der Begriff einer Behinderung weit zu verstehen ist, wird es Fälle geben, in denen bestimmte Erschwerungen der Übermittlung **sachlich gerechtfertigt** sein werden. In solchen Fällen wird man nicht von einer Behinderung sprechen können.

88 Unzulässige Behinderungen werden **DRM-Maßnahmen**[140], **Kopierschutzmaßnahmen**[141] oder die Geltendmachung von **Datenbankschutz**[142] sein.

VIII. Recht auf Erwirkung der direkten Übermittlung (Abs. 2)

89 Das Recht auf Datenübertragbarkeit sieht nicht nur das Recht vor, eine Übermittlung der von einem Verantwortlichen bereitgestellten personenbezogenen Daten an sich selbst zu verlangen. Es sieht auch das Recht vor zu erwirken, dass die einem (ersten) Verantwortlichen bereitgestellten personenbezogenen Daten direkt von diesem an einen anderen (zweiten) Verantwortlichen übermittelt werden. Der betroffenen Person soll so der **Umzug ihrer Daten**[143] im Vergleich zu Abs. 1 nochmals **erleichtert** werden, indem ihr der Umweg der Datenübermittlung über sich selbst erspart bleibt. Die betroffene Person muss folglich nicht in einem ersten Schritt die bereitgestellten personenbezogenen Daten an sich selbst übertragen lassen, um sie dann in einem zweiten Schritt an einen anderen (zweiten) Verantwortlichen zu übermitteln.

90 **1. Die zu übermittelnden Daten und das zu verwendende Format.** Aus dem Bezug auf Abs. 1 folgt, dass von dem Verantwortlichen für die direkte Übermittlung der Daten kein Mehr an Datenübertragung verlangt werden kann, als die betroffene Person berechtigt ist, an sich selbst zu beanspruchen. Es handelt sich um **dieselben personenbezogenen Daten**, deren Übermittlung eine betroffene Person an sich verlangen darf.

91 Daraus folgt, dass eine betroffene Person nur verlangen kann, dass die dem (ersten) Verantwortlichen bereitgestellten personenbezogenen Daten in **demselben strukturierten**, **gängigen** und **maschinenlesbaren Format** übertragen werden, in dem die Daten an ihn selbst übermittelt werden müssten. Die Verpflichtung, ein anderes Format zu verwenden, besteht nicht. Nach ErwG 68 nämlich sollte das Recht der betroffenen Personen nicht die Pflicht für Verantwortliche begründen, technisch kompatible Datenverarbeitungssysteme zu übernehmen oder beizubehalten.

92 **2. Soweit dies technisch möglich ist.** Das Recht auf Erwirkung der Übermittlung der personenbezogenen Daten gegenüber dem (ersten) Verantwortlichen an einen anderen (zweiten) Verantwortlichen gilt nur, soweit dies technisch möglich ist. Ob es für die Beurteilung des technisch Möglichen auf einen **subjektiven** oder auf einen **objektiven Maßstab** ankommt, ergibt sich aus dem Wortlaut von Art. 20 nicht. Den Erwägungsgründen lassen sich hierzu keine Hinweise entnehmen.

93 Zöge man einen objektiven Maßstab heran, würde die Beschränkung der Ausübung des Rechts auf Datenübertragbarkeit durch das technisch Mögliche in der Praxis kaum relevant werden. In der Regel lassen sich immer technische Möglichkeiten schaffen, um eine Übermittlung von Daten herbeizuführen. Ob dies technisch möglich ist oder nicht, ist letztlich nur eine Frage des Aufwands und der damit verbundenen

---

140 BeckOK DatenSR-*von Lewinski* Art. 20 Rn. 80.
141 Vgl. *Brüggemann* DSRITB 2017, 1, 7.
142 BeckOK DatenSR-*von Lewinski* Art. 20 Rn. 80.
143 Siehe hierzu Kühling/Buchner-*Herbst* Art. 20 Rn. 24.

Kosten. Nach ErwG 68 sollen Verantwortliche nicht verpflichtet sein, technisch kompatible Datenverarbeitungssysteme zu übernehmen oder beizubehalten, sondern nur dazu aufgefordert werden, interoperable Formate zu entwickeln, die die Datenübertragbarkeit ermöglichen. Dies legt nahe, nicht auf einen objektiven Maßstab für das technisch Mögliche abzustellen, sondern auf die jeweiligen technischen Möglichkeiten des zur Datenübermittlung Verantwortlichen. Allerdings wird die subjektive Perspektive nicht allein den Ausschlag geben dürfen, sondern begrenzt sein durch das, was technisch gängig ist. Der **Maßstab des technisch Gängigen** gilt für das von dem Verantwortlichen zu wählende Format, in dem der betroffenen Person die bereitgestellten personenbezogenen Daten zu übermitteln sind. Es ist daher nur konsequent, diesen Maßstab, der Art. 20 immanent ist, auch in diesem Zusammenhang heranzuziehen.[144]

Speziallösungen können daher – auch im Hinblick auf die Unentgeltlichkeit des Rechts auf Datenübertragbarkeit – nicht verlangt werden.[145] 94

3. Die Rolle des anderen (zweiten) Verantwortlichen. Das Recht auf Datenübertragbarkeit richtet sich auch gegen den anderen (zweiten) Verantwortlichen, sofern er etwa aufgrund Gesetzes oder eines Vertrags die Daten übernehmen muss.[146] Er ist verpflichtet, an der Datenübertragung mitzuwirken.[147] Spiegelbildlich zum (ersten) Verantwortlichen bewegt sich die **Mitwirkungspflicht** ebenfalls nur im **Rahmen des technisch Möglichen**. Insofern ist derselbe Maßstab wie für den (ersten) Verantwortlichen anzulegen, d.h. der Maßstab des technisch Gängigen. 95

Daraus folgt, dass die Datenübertragung nicht zwingend erfolgreich ablaufen muss. Wenn das von dem anderen (zweiten) Verantwortlichen verwendete Format strukturiert, gängig und maschinenlesbar, aber nicht mit dem des (ersten) Verantwortlichen **interoperabel** ist, besteht weder für den (ersten) Verantwortlichen noch für den anderen (zweiten) Verantwortlichen die Pflicht, die eigenen Datenverarbeitungssysteme an die des anderen anzupassen bzw. dessen Datenverarbeitungssysteme zu übernehmen.[148] Die Datenübertragbarkeit wird oft mit einem Anbieterwechsel einer betroffenen Person einhergehen. Da der andere (zweite) Verantwortliche in dieser Konstella- 96

---

144 *Laue/Kremer* Das neue Datenschutzrecht in der betrieblichen Praxis, § 4 Rn. 71 wollen einen objektiven Standard unter Berücksichtigung subjektiver Faktoren anwenden, sodass Größe und wirtschaftliche Stärke des jeweiligen Verantwortlichen sowie sachlicher und zeitlicher Aufwand berücksichtigt werden können; auch Kamann/Braun-*Ehmann/Selmayr* Art. 20 Rn. 30; *Brüggemann* DSRITB 2017, 1, 10; Auernhammer-*Schürmann* Art. 20 Rn. 48 sieht hingegen die Grenze in einem wirtschaftlich unverhältnismäßigen Aufwand; vgl. auch BeckOK DatenSR-*von Lewinski* Art. 20 Rn. 91; den Stand der Technik ablehnend Kühling/Buchner-*Herbst* Art. 20 Rn. 27, der auf die beim Verantwortlichen vorhandenen technischen Möglichkeiten abstellen will. Wählt man als Maßstab das technisch Gängige, wird dies, da es gängig ist, regelmäßig auch wirtschaftlich vernünftig sein; Gola-*Piltz* Art. 20 Rn. 28 weist zutreffend daraufhin, dass ein Verhältnismäßigkeitskriterium, das der Rat der Europäischen Union noch vorgeschlagen hat, letztlich fallen gelassen worden ist, will aber dennoch eine Verhältnismäßigkeitsprüfung durchführen.
145 Vgl. BeckOK DatenSR-*von Lewinski* Art. 20 Rn. 88.
146 S. oben Rn. 33; vgl. auch Gola-*Piltz* Art. 20 Rn. 27 in Bezug auf Abs. 2.
147 A.A. BeckOK DatenSR-*von Lewinski* Art. 20 Rn. 57 und 80.2 unter Bezugnahme auf die Privatautonomie; vgl. BeckOK DatenSR-*von Lewinski* Art. 20 Rn. 77.1; *Hennemann* PinG 2017, 5, 7.
148 S. ErwG 68.

tion ein **(wirtschaftliches) Interesse** daran hat, die erforderliche Infrastruktur zu schaffen, um die personenbezogenen Daten von dem (ersten) Verantwortlichen entgegenzunehmen und in die eigenen Systeme zu übernehmen, wird man damit rechnen können, dass Schwierigkeiten in der Praxis nicht die Regel sein werden.[149]

97 Art. 20 stellt sowohl für den (ersten) Verantwortlichen als auch für den anderen (zweiten) Verantwortlichen eine **Rechtsgrundlage** für die Übermittlung und den Empfang der personenbezogenen Daten von der betroffenen Person dar, die letztere dem (ersten) Verantwortlichen bereitgestellt hat.[150] Sieht man in der (Um-)Formatierung bzw. Konvertierung der Daten in ein portables Format und in der Übermittlung der Daten keinen neuen Verarbeitungszweck, dürfte eine besondere datenschutzrechtliche Rechtsgrundlage allerdings schon nicht erforderlich sein.[151]

98 Der (erste) Verantwortliche ist im Übrigen nicht für den **weiteren Umgang** mit den übermittelten personenbezogenen Daten durch die betroffene Person oder den anderen (zweiten) Verantwortlichen verantwortlich.[152] Für alle Verarbeitungen dieser Daten durch die betroffene Person oder den anderen (zweiten) Verantwortlichen müssen die betroffene Person oder der andere (zweite) Verantwortliche unabhängig von Art. 20 selbst sicherstellen, dass die Datenverarbeitung **rechtmäßig** erfolgt. Es gelten insofern alle datenschutzrechtlichen Regelungen, insbesondere die der DS-GVO. Der andere (zweite) Verantwortliche wird z.B. sicherstellen müssen, nur die personenbezogenen Daten der betroffenen Person zu übernehmen, die er benötigt, um die im Verhältnis zwischen ihm und der betroffenen Person bestehenden Zwecke der Datenverarbeitung zu erreichen.[153]

IX. Recht auf Löschung/Vergessenwerden bleibt unberührt (Abs. 3 S. 1)

99 Die Ausübung des Rechts auf Datenübertragbarkeit lässt das Recht auf Löschung/Vergessenwerden gem. Art. 17 unberührt. Betroffenen Personen steht auch bei Ausübung ihres Rechts auf Datenübertragbarkeit ihr Recht auf Löschung/Vergessenwerden nach Art. 17 in dem Umfang zu, in dem dies in Art. 17 verbürgt ist.[154] Der Verantwortliche ist nach Übermittlung der personenbezogenen Daten an die betroffene Person oder an den anderen (zweiten) Verantwortlichen zudem nicht zwangsläufig verpflichtet, die übermittelten Daten zu löschen. Ob eine solche Pflicht besteht, entscheidet sich am Maßstab der geltenden Vorschriften. Soweit und solange die zu übertragenden personenbezogenen Daten z.B. für die Erfüllung des Vertrags noch notwendig sind[155], müssen diese Daten nicht allein wegen der Ausübung des Rechts auf Datenübertragbarkeit gelöscht

---

149 Vgl. Ehmann/Selmayr-*Kamann/Braun* Art. 20 Rn. 27.
150 A.A. wohl Gola-*Piltz* Art. 20 Rn. 11 in Bezug auf den Transfer der Daten an die betroffene Person, die selbst eine Zweckbestimmung vornehmen müsse. BeckOK DatenSR-*von Lewinski* Art. 20 Rn. 56 weist zu Recht daraufhin, dass man die Geltendmachung des Rechts auf Datenübertragbarkeit durch die betroffene Person stets auch als Einwilligung (Art. 6 Abs. 1 lit. a) wird auslegen müssen oder sich auf Art. 6 Abs. 1 lit. c wird stützen können.
151 Vgl. BeckOK DatenSR-*von Lewinski* Art. 20 Rn. 82.
152 Vgl. *Art.-29-Datenschutzgruppe* Leitlinien 16/EN WP 242 rev.01, S. 6.
153 Vgl. *Art.-29-Datenschutzgruppe* Leitlinien 16/EN WP 242 rev.01, S. 6 f.
154 S. ErwG 68.
155 S. ErwG 68.

werden. Das Recht auf Datenübertragbarkeit ist **kein Recht des „digitalen Auszugs"**[156]. Andererseits kann ein Verantwortlicher die Löschung von personenbezogenen Daten nicht mit der Begründung verweigern oder verzögern, er könne sonst das Recht auf Datenübertragbarkeit nicht mehr erfüllen.[157]

Unerwähnt lässt Abs. 3 S. 1, dass auch alle **anderen Betroffenenrechte** durch die Ausübung des Rechts auf Datenübertragbarkeit unberührt bleiben.[158] 100

X. Verarbeitungen im öffentlichen Interesse und in Ausübung öffentlicher Gewalt (Abs. 3 S. 2)

Das Recht auf Datenübertragbarkeit gilt nicht, wenn bereitgestellte personenbezogene Daten für die Wahrnehmung von **Aufgaben**, die **im öffentlichen Interesse** liegen, durch den Verantwortlichen verarbeitet werden oder die Verarbeitung in Ausübung **öffentlicher Gewalt** erfolgt, die dem Verantwortlichen übertragen wurde (Abs. 3 S. 2). Es kann folglich – naturgemäß – nicht gegen Verantwortliche ausgeübt werden, die personenbezogene Daten in Erfüllung ihrer öffentlichen Aufgaben verarbeiten.[159] 101

Ob und inwieweit das Recht auf Datenübertragbarkeit gegenüber dem Staat – in der Diktion des BDSG gegenüber „öffentlichen Stellen"[160] – ausgeübt werden kann, beurteilt sich folglich danach, ob die Aufgaben, in deren Rahmen betroffene Personen personenbezogene Daten bereitstellen, im öffentlichen Interesse wahrgenommen werden oder ob deren Verarbeitung in Ausübung öffentlicher Gewalt erfolgt. Abs. 3 S. 2 bezieht sich inhaltlich auf **Art. 6 Abs. 1 lit. e**. Das Recht auf Datenübertragbarkeit ist somit in dem Umfang ausgeschlossen, wie die Rechtmäßigkeit der Verarbeitung von personenbezogenen Daten, die betroffene Personen Verantwortlichen bereitgestellt haben, auf Art. 6 Abs. 1 lit. e gestützt werden kann.[161] 102

Nach ErwG 68 S. 6 sollte das Recht auf Datenübertragbarkeit nicht gelten, wenn die Verarbeitung der personenbezogenen Daten „zur Erfüllung einer rechtlichen Verpflichtung, der der Verantwortliche unterliegt", erforderlich ist. Diese Formulierung könnte als Hinweis gedeutet werden, dass in Fällen des Art. 6 Abs. 1 lit. c das Recht auf Datenübertragbarkeit keine Anwendung finden soll. Eine Entsprechung des ErwG findet sich im Normtext nicht. Der Wortlaut von Art. 20 ist jedoch entscheidend.[162] 103

XI. Rechte und Freiheiten anderer Personen dürfen nicht beeinträchtigt werden (Abs. 4)

Bei der Bezugnahme in Abs. 4 auf Abs. 2, der das Recht auf Erwirkung der direkten Übermittlung von dem (ersten) Verantwortlichen an einen andern (zweiten) Verantwortlichen regelt, handelt es sich um ein **Redaktionsversehen** der deutschen 104

---

156 BeckOK DatenSR-*von Lewinski* Art. 20 Rn. 59.
157 Vgl. *Art.-29-Datenschutzgruppe* Leitlinien 16/EN WP 242 rev.01, S. 7.
158 Vgl. Plath-*Kamlah* Art. 20 Rn. 13; vgl. auch *Art.-29-Datenschutzgruppe* Leitlinien 16/EN WP 242 rev.01, S. 7.
159 S. ErwG 68.
160 S. zur Unterscheidung zwischen öffentlichen und nichtöffentlichen Stellen § 2 BDSG.
161 Für einen Gleichlauf mit Art. 6 Abs. 1 e auch BeckOK DatenSR-*von Lewinski* Art. 20 Rn. 19.
162 Vgl. BeckOK DatenSR-*von Lewinski* Art. 20 Rn. 23; Paal/Pauly-*Paal* Art. 20 Rn. 24; Kühling/Buchner-*Herbst* Art. 20 Rn. 15 hält dies für ein Redaktionsversehen in ErwG 68.

Sprachfassung. In allen anderen Sprachfassungen der DS-GVO erfolgt der Verweis auf Abs. 1.[163]

105 Liegt eine Beeinträchtigung nicht vor, dürfen die personenbezogenen Daten anderer von dem (ersten) Verantwortlichen an die betroffene Person und/oder an den anderen (zweiten) Verantwortlichen übermittelt werden; das Recht auf Datenübertragbarkeit stellt insofern neben Art. 6 Abs. 1 lit. c oder ggf. Art. 6 Abs. 1 lit. f[164] eine entsprechende **Rechtsgrundlage**[165] dar.

106 **1. Andere Personen.** Unter andere Personen fallen in diesem Zusammenhang unzweifelhaft andere **betroffene Personen**, d.h. natürliche Personen (vgl. Art. 4 Nr. 1).

107 Da in Abs. 4 aber nur andere „Personen", nicht indes andere „betroffenen Personen" genannt werden, stellt sich die Frage, ob der Begriff in einem weiteren Sinn zu verstehen ist, d.h. ob z.B. auch **juristische Personen** eingeschlossen sind. Im Fokus dieses Absatzes stehen – wie sich aus ErwG 68 ergibt – die Rechte und Freiheiten anderer betroffener Personen. So soll das Recht auf Empfang der Daten die Grundrechte und Grundfreiheiten anderer betroffener Personen nach dieser Verordnung unberührt lassen. Anders als in der deutschen Sprachfassung der DS-GVO heißt es in der **englischsprachigen Fassung** in Abs. 4 schlicht „others".[166] Da die englische Sprachfassung der des Trilog-Ergebnisses entspricht, spricht viel dafür, dass nach Abs. 4 die Rechte und Freiheiten **sämtlicher anderer** gemeint sind.[167]

108 Die Formulierung in Abs. 4 findet sich ebenfalls im **Auskunftsrecht betroffener Personen** (Art. 15 Abs. 4), das mit dem Recht auf Datenübertragbarkeit sehr eng verbunden ist. Aus **ErwG 63** folgt, dass unter den Begriff der Personen nicht nur natürliche Personen fallen sollen, sondern durchaus auch juristische Personen. Das Auskunftsrecht soll nämlich ausdrücklich die Rechte und Freiheiten anderer Personen, etwa Geschäftsgeheimnisse oder Rechte des geistigen Eigentums und insbesondere das Urheberrecht an Software, nicht beeinträchtigen. Diese Rechtspositionen beziehen sich typischerweise auch auf juristische Personen. Dieser Befund stützt ein weites Verständnis der anderen Personen in Abs. 4.

109 Nicht unter andere Personen werden indes die **Verantwortlichen** selbst fallen, gegen die sich das Recht auf Datenübertragbarkeit richtet.[168] Entsprechende Hinweise ent-

---

163 Vgl. auch Paal/Pauly-*Paal* Art. 20 Rn. 25; Sydow-*Sydow* Art. 20 Rn. 14; BeckOK DatenSR-*von Lewinski* Art. 20 Rn. 92; Ehmann/Selmayr-*Kamann/Braun* Art. 20 Rn. 33; Kühling/Buchner-*Herbst* Art. 20 Rn. 16; Vgl. BeckOK DatenSR-*von Lewinski* Art. 20 Rn. 77.1; *Hennemann* PinG 2017, 5, 7; i.E. Gola-*Piltz* Art. 20 Rn. 34 ff.
164 Vgl. *Art.-29-Datenschutzgruppe* Leitlinien 16/EN WP 242 rev.01, S. 11, sofern es um ausschließlich persönliche oder familiäre Tätigkeiten der betroffenen Person geht.
165 Vgl. auch Kühling/Buchner-*Herbst* Art. 20 Rn. 3.
166 Ebenso z.B. die spanische Sprachfassung, in der es „otros" heißt.
167 In der französischen Sprachfassung heißt es wiederum „tiers", wie auch in Art. 4 Nr. 10 ein „Dritter" („tiers") definiert ist. In der Konsequenz dürften nur die Rechte und Freiheiten von „Dritten" gem. Art. 4 Nr. 10 nicht beeinträchtigt werden. In der englischen Sprachfassung sind demgegenüber „Dritte" gem. Art. 4 Nr. 10 „third party", nicht indes „others", sodass insofern von einem weiteren Verständnis als „Dritten" ausgegangen werden muss.
168 A.A. *Brüggemann* DSRITB 2017, 1, 9; BeckOK DatenSR-*von Lewinski* Art. 20 Rn. 102 hält ein weites Verständnis als möglich.

halten die ErwG 68 und 63 nicht. Da Verantwortliche allein die personenbezogenen Daten, die ihnen von betroffenen Personen bereitgestellt worden sind, an letztere oder an andere Verantwortliche übermitteln müssen, erscheint dies auch sachgerecht. Eine Beeinträchtigung von eigenen Rechten und Freiheiten ist in der Regel nicht ersichtlich.

2. Rechte und Freiheiten. – a) Grundrechte und Grundfreiheiten nach der DS-GVO. Zu den Rechten und Freiheiten von anderen Personen, die durch die Ausübung des Rechts auf Datenübertragbarkeit nicht beeinträchtigt werden dürfen, gehören in jedem Fall die **Grundrechte** und **Grundfreiheiten nach der DS-GVO**, wie sich auch ErwG 68 ergibt. Der Begriff der Grundrechte und Grundfreiheiten in ErwG 68 ist nicht im verfassungsrechtlichen Sinn zu verstehen, sondern beschreibt die Rechte und Freiheiten, die die DS-GVO betroffenen Personen verbürgt. 110

b) Sonstige Rechte. Darüber hinaus sind unter Rechten und Freiheiten **Geschäftsgeheimnisse**[169] oder **Rechte des geistigen Eigentums**[170] und insbesondere das **Urheberrecht an Software**[171] zu verstehen, wie aus ErwG 63 in Bezug auf das Auskunftsrecht zu folgern ist; dies gilt für das Recht auf Datenübertragbarkeit entsprechend. Wie aus ErwG 63 durch den Zusatz „etwa" folgt, handelt es sich bei dem vorstehend genannten Rechten nur um beispielhafte Nennungen, die nicht abschließend sind. Im Ergebnis kann damit **jedes Recht** oder jede Freiheit[172], die zugunsten einer Person erwächst, die Ausübung des Rechts auf Datenübertragbarkeit beeinträchtigen. 111

c) Beeinträchtigung. Angesichts des denkbar weiten Spektrums möglicher Rechte und Freiheiten anderer Personen, das beeinträchtigt sein kann, kommt der Frage besonderer Relevanz zu, unter welchen Umständen eine Beeinträchtigung vorliegt. 112

Der Begriff der Beeinträchtigung wird in Abs. 4 nicht konkretisiert. In der DS-GVO wird – anders als in Abs. 4 – an mehreren Stellen eine „ernsthafte" Beeinträchtigung verlangt (vgl. Art. 14 Abs. 5 lit. b, 17 Abs. 3 lit. d). Aus dem Unterschied ergibt sich jedenfalls, dass es nicht erst zu **Nachteilen von erheblichem Gewicht** durch die Ausübung des Rechts auf Datenübertragbarkeit kommen muss, damit eine Beeinträchtigung vorliegt. Als Ausfluss des Verhältnismäßigkeitsgrundsatzes, der gerade auch im Rahmen von Beschränkungen des Rechts auf Datenübertragbarkeit zu berücksichtigen ist (vgl. Art. 23 Abs. 1), kann allerdings auch nicht schon jede Berührung von Rechten und Freiheiten anderer Personen eine Beeinträchtigung darstellen. Ob es zu einer Beeinträchtigung kommt, ist deshalb im Wege einer **umfassenden Abwägung der berührten Rechte** und **Freiheiten** zu bewerten.[173] 113

---

169 Vgl. hierzu BeckOK DatenSR-*von Lewinski* Art. 20 Rn. 99 ff.; *Art.-29-Datenschutzgruppe* Leitlinien 16/EN WP 242 rev.01, S. 12.
170 Vgl. *Art.-29-Datenschutzgruppe* Leitlinien 16/EN WP 242 rev.01, S. 12.
171 Vgl. *Art.-29-Datenschutzgruppe* Leitlinien 16/EN WP 242 rev.01, S. 12; *Brüggemann* DSRITB 2017, 1, 9 fürs Urheberrecht.
172 Für ein umfassendes Verständnis auch Gola-*Piltz* Art. 20 Rn. 39; Kühling/Buchner-*Herbst* Art. 20 Rn. 18; BeckOK DatenSR-*von Lewinski* Art. 20 Rn. 93 schließt jedes vom europäischen Primärrecht geschützte Individualinteresse ein.
173 I.E. so auch Ehmann/Selmayr-*Kamann/Braun* Art. 20 Rn. 35; vgl. auch *Strubel* ZD 2017, 355, 360.

114 Das Ergebnis der Abwägung sollte gleichwohl grundsätzlich nicht dazu führen, dass der betroffenen Person jegliches Recht auf Datenübertragbarkeit verweigert wird.[174] Lassen sich aber bspw. personenbezogene Daten der betroffenen Person, die ihr Recht auf Datenübertragbarkeit ausübt, von personenbezogenen Daten anderer Betroffener technisch nicht oder nicht sinnvoll trennen, wie etwa bei Likes[175], Ortsangaben etc.[176] in sozialen Medien, spricht viel dafür, dass die Ausübung des Rechts auf Datenübertragbarkeit zu einer Beeinträchtigung der anderen betroffenen Personen führt[177], es sei denn, die anderen Betroffenen sind mit der Datenübertragung einverstanden. Werden die personenbezogenen Daten bei dem anderen (zweiten) Verantwortlichen für **dieselben Zwecke** verarbeitet, spricht einiges dafür, dass eine Behinderung von Rechten anderer zumindest im Hinblick auf die personenbezogenen Daten nicht zwingend vorliegt.[178]

115 **d) Verpflichtete zur Verhinderung von Beeinträchtigungen.** Ob die betroffene Person bei Geltendmachung ihres Rechts auf Datenübertragbarkeit oder der Verantwortliche im Rahmen der Übermittlung der ihm von der betroffenen Person bereitgestellten personenbezogenen Daten verpflichtet ist, Beeinträchtigungen von Rechten und Freiheiten anderer Personen zu verhindern, lässt sich aus Abs. 4 nicht unmittelbar entnehmen.

116 Gegenstand des Rechts auf Datenübertragbarkeit sind nur die eigenen personenbezogenen Daten einer betroffenen Person. Da die eigenen personenbezogenen Daten nur die betroffene Person selbst betreffen, nicht aber andere Personen, wird sie grundsätzlich nicht Adressatin der Verpflichtung sein. Bei Übermittlung der personenbezogenen Daten hat somit in **der Regel der Verantwortliche** sicherzustellen, dass Rechte und Freiheiten anderer Personen nicht beeinträchtigt werden.[179]

117 Dieses Regelverhältnis kann sich aber **umdrehen**, wenn die betroffene Person Kenntnis davon hat, dass durch Ausübung ihres Rechts auf Datenübertragbarkeit Rechte und Freiheiten anderer Personen beeinträchtigt werden. In diesem Fall muss die betroffene Person den Verantwortlichen davon unterrichten. Ein denkbarer Fall sind von einer betroffenen Person in sozialen Medien hochgeladene Fotos, obgleich der betroffenen Person an dem Foto die urheberrechtlichen Nutzungsrechte nicht zustehen.[180]

---

174 Vgl. hierzu ErwG 63 zum Auskunftsrecht gem. Art. 15.
175 Vgl. *Jülicher/Röttgen/von Schönfeld* ZD 2016, 358, 361.
176 Vgl. Auernhammer-*Schürmann* Art. 20 Rn. 55.
177 Vgl. BeckOK DatenSR-*von Lewinski* Art. 20 Rn. 94.1.
178 Vgl. *Art.-29-Datenschutzgruppe* Leitlinien 16/EN WP 242 rev.01, S. 11, z.B. beim Umzug eines Webmail-Services bezüglich der Kontakte, Freunde, Verwandte, Familie etc. der betroffenen Person oder bei einem Bankkonto personenbezogen Daten von Zahlungsempfängern etc.; BeckOK DatenSR-*von Lewinski* Art. 20 Rn. 97; a.A. wohl *Jülicher/Röttgen/von Schönfeld* ZD 2016, 358, 361.
179 Ehmann/Selmayr-*Kamann/Braun* Art. 20 Rn. 38 sehen die Beweislast bei dem Verantwortlichen; vgl. BeckOK DatenSR-*von Lewinski* Art. 20 Rn. 77.1; *Hennemann* PinG 2017, 5, 8.
180 Kühling/Buchner-*Herbst* Art. 20 Rn. 17 sieht generell die betroffene Person als verpflichtet, dass es zu keinen Beeinträchtigungen von Rechten und Freiheiten anderer kommt.

Recht auf Datenübertragbarkeit — Art. 20

C. Praxishinweise

I. Relevanz für öffentliche Stellen

Jede öffentliche Stelle[181] wird für alle personenbezogenen Daten, die ihr von betroffenen Personen – also von den Bürgern – bereitgestellt werden, zu beurteilen haben, ob und in welchem Umfang sie als Verantwortliche unter Berücksichtigung der Einschränkungen des Rechs auf Datenübertragbarkeit gem. Abs. 3 S. 2 von betroffenen Personen auf Datenübertragung in Anspruch genommen werden kann. Maßgeblich wird dafür das Kriterium der **Erforderlichkeit** sein. Nach Abs. 3 S. 2 ist aus Sicht der öffentlichen Stelle nämlich nur eine Verarbeitung ausgenommen, die für die Wahrnehmung einer Aufgabe „erforderlich" ist, die im öffentlichen Interesse liegt oder in Ausübung öffentlicher Gewalt erfolgt, die dem Verantwortlichen übertragen wurde. Sonstige Verarbeitungen personenbezogener Daten, die öffentlichen Stellen von betroffenen Personen bereitgestellt worden sind, werden von der Beschränkung des Rechts auf Datenübertragbarkeit in Abs. 3 S. 2 nicht erfasst. 118

In dem Umfang, in dem eine öffentliche Stelle Gegner des Rechts auf Datenübertragbarkeit ist, muss sie **Vorkehrungen** ergreifen und (Verwaltungs-)Prozesse aufsetzen, die sicherstellen, dass die personenbezogenen Daten, die eine betroffene Person der öffentlichen Stelle bereitgestellt hat, in einem strukturierten, gängigen und maschinenlesbaren Format übermittelt werden können, wenn die betroffene Person ihr Recht auf Datenübertragbarkeit ausübt. Dabei muss auch sichergestellt werden, dass dies unentgeltlich[182] und unverzüglich, spätestens innerhalb eines Monats nach Eingang eines entsprechenden Antrags[183], geschieht. Bei der Ausgestaltung der Prozesse gilt es zu berücksichtigen, dass Verantwortliche verpflichtet sind, betroffenen Personen die Ausübung ihrer Rechte, mithin auch des Rechts auf Datenübertragbarkeit, zu erleichtern. 119

Geldbußen werden bei Verstößen gegen das Recht auf Datenübertragbarkeit durch öffentliche Stellen nicht verhängt (§ 43 BDSG n.F.). 120

II. Relevanz für nichtöffentliche Stellen

Sehr große Relevanz hat das Recht auf Datenübertragbarkeit für alle nichtöffentlichen Stellen, d.h. für alle natürlichen oder juristischen Personen, Einrichtungen oder anderen Stellen im Sinne des Art. 4 Nr. 7, die allein oder gemeinsam mit anderen über die Zwecke und Mittel der Verarbeitung personenbezogener Daten entscheiden. Sofern sie personenbezogene Daten, die ihnen von betroffenen Personen bereitgestellt werden, auf der Grundlage von Verträgen und/oder Einwilligungen automatisiert verarbeiten, sind sie Gegner des Rechts auf Datenübertragbarkeit. Da Verantwortliche, denen die bereitgestellten personenbezogenen Daten zu übermitteln sind, Mitwirkungspflichten treffen[184], entfaltet das Recht auf Datenübertragbarkeit auch für sie Relevanz. 121

Nichtöffentliche Stellen müssen ebenfalls **Vorkehrungen** ergreifen und Prozesse aufsetzen, um sicherstellen, dass im Fall der Ausübung des Rechts auf Datenübertragbar- 122

---

181 S. zur Unterscheidung zwischen öffentlichen und nichtöffentlichen Stellen § 2 BDSG.
182 S. Art. 12 Abs. 5 S. 1.
183 Vgl. hierzu Art. 12 Abs. 3.
184 Vgl. Rn. 33.

keit die personenbezogenen Daten, die betroffene Personen ihnen bereitgestellt haben, an die betroffenen Personen in einem strukturierten, gängigen und maschinenlesbaren Format übermittelt werden können. Dabei müssen die Prozesse ebenfalls so ausgestaltet werden, dass eine Übermittlung der Daten unentgeltlich[185] und unverzüglich, spätestens aber innerhalb eines Monats nach Eingang eines entsprechenden Antrags[186] erfolgt sowie vor Übermittlung geprüft wird, ob Rechte und Freiheiten von anderen Personen beeinträchtigt werden. Auch hier gilt es zu berücksichtigen, dass Verantwortliche verpflichtet sind, betroffenen Personen die Ausübung ihrer Rechte, mithin auch des Rechts auf Datenübertragbarkeit, zu erleichtern.

123 Die besondere Relevanz des Rechts auf Datenübertragbarkeit wird durch dadurch verstärkt, dass bei Verstößen gegen das Recht auf Datenübertragbarkeit Geldbußen von bis zu **20 Mio. EUR** oder im Fall eines Unternehmens von **bis zu 4 %** seines gesamten weltweiten erzielen **Jahresumsatzes** des vorausgegangenen Geschäftsjahres verhängt werden können.[187]

III. Relevanz für betroffene Personen

124 Für betroffene Personen bedeutet das neu geschaffene Recht auf Datenübertragbarkeit eine **wesentliche Stärkung** ihrer datenschutzrechtlichen Rechtsposition. Das Recht auf Datenübertragbarkeit vermittelt betroffenen Personen – wie sich aus ErwG 68 ergibt – eine bessere Kontrolle über ihre eigenen Daten und verschafft ihnen die Möglichkeit vereinfachter Anbieterwechsel, da sie die Übermittlung der einem (ersten) Verantwortlichen auf Grundlage eines Vertrags und/oder einer Einwilligung bereitgestellten personenbezogenen Daten an einen anderen (zweiten) Verantwortlichen erwirken können. Betroffene Personen werden nicht länger durch den sog. „Lock-in-Effekt"[188] blockiert. Ob und in welchem Umgang betroffene Personen von diesem neuen Recht in der Praxis tatsächlich Gebrauch machen, bleibt abzuwarten.

IV. Relevanz für Aufsichtsbehörden

125 Soweit es zu Verstößen gegen die in Art. 20 verbürgten Rechte kommt, haben die betroffenen Personen bzw. auch andere Personen, deren Rechte und Freiheiten im Sinne des Abs. 4 beeinträchtigt werden, die Möglichkeit, eine **Beschwerde** bei der jeweils zuständigen Aufsichtsbehörde einzulegen.[189]

126 Das Spektrum an **Befugnissen** der Aufsichtsbehörden bei Verstößen gegen Art. 20 ergibt sich aus Art. 58. Der vorherigen Durchführung des **Kohärenzverfahrens** (Art. 63 ff.) bedarf es nicht zwingend, da Art. 20 in dem Katalog von Art. 64 Abs. 1 nicht aufgeführt ist. Soweit allerdings die Regelungsgegenstände, derentwegen ein Kohärenzverfahren gem. Art. 64 Abs. 1 durchzuführen ist, Regelungen zum Recht auf Datenübertragbarkeit enthalten, wie z.B. möglicherweise Entwürfe von Verhaltensre-

---

185 S. Art. 12 Abs. 5 S. 1.
186 Vgl. hierzu Art. 12 Abs. 3.
187 Geldbußen können auch gegen Verantwortliche verhängt werden, an die die personenbezogenen Daten übermittelt werden sollen, wenn sie den ihnen obliegenden Mitwirkungspflichten nicht nachkommen, i.E. auch Auernhammer-*Schürmann* Art. 20 Rn. 62 ff.
188 Hierzu *Art.-29-Datenschutzgruppe* Leitlinie 16/EN WP 242 rev.01, S. 5.
189 Zu den Einzelheiten der Beschwerde wird auf die entsprechende Kommentierung von *Schwartmann/Keppeler* zu Art. 77 verwiesen.

geln, kann Art. 20 mittelbar Gegenstand eines Kohärenzverfahrens werden. Das Gleiche gilt, wenn eine Aufsichtsbehörde unter den Voraussetzungen des Art. 64 Abs. 2 beantragt, dass eine Angelegenheit, die Art. 20 betrifft, vom Ausschuss geprüft wird, um eine Stellungnahme zu erhalten.

Der EDSA als Nachfolger der Artikel-29-Datenschutzgruppe kann von sich aus Leitlinien, Empfehlungen und bewährte Verfahren zwecks Sicherstellung einer einheitlichen Anwendung der DS-GVO bereitstellen (Art. 70 Abs. 1 lit. e). Er hat in seiner ersten Plenarsitzung den Inhalt der Richtlinien 16/EN WP 242 rev.01 bestätigt, sodass diesen Richtlinien nicht unbeachtliche Relevanz für die Auslegung und Anwendung von Art. 20 durch Aufsichtsbehörden zukommen wird.[190] 127

Bei Verstößen gegen das Recht auf Datenübertragbarkeit können Geldbußen von bis zu **20 Mio. EUR** oder im Fall eines Unternehmens von **bis zu 4 %** seines gesamten weltweiten erzielen **Jahresumsatzes** des vorausgegangenen Geschäftsjahres verhängt werden. 128

V. Relevanz für Datenschutzmanagement

Bereits im Vorfeld der Ausübung des Rechts auf Datenübertragbarkeit durch betroffene Personen müssen – ggf. untergliedert nach verschiedenen Standardkonstellationen – die **personenbezogenen Daten identifiziert** werden, die einem Verantwortlichen von betroffenen Personen auf Basis eines Vertrags und/oder Einwilligung bereitgestellt werden. Betroffene Personen sind über das Bestehen des Rechts auf Datenübertragbarkeit zu **informieren** (Art. 13 Abs. 2 lit. b, Art. 14 Abs. 2 lit. c)[191], was im Datenschutzmanagement entsprechend vorgesehen werden muss. 129

Im Datenschutzmanagement eines Verantwortlichen empfiehlt es sich, **standardisierte Prozesse** zu **definieren** und Standardformulierungen vorzusehen, um auf die Geltendmachung des Rechts auf Datenübertragbarkeit durch betroffene Personen, namentlich durch Kunden, in der gem. Art. 12 Abs. 3 vorgesehenen **Frist**, d.h. unverzüglich, spätestens aber innerhalb eines Monats nach Eingang eines entsprechenden Antrags, reagieren zu können. Da diese Frist um weitere zwei Monate verlängert werden kann, wenn dies unter Berücksichtigung der Komplexität und der Anzahl von Anträgen erforderlich ist (Art. 12 Abs. 3 S. 2), sollte diese Option in den standardisierten Prozessen mit abgebildet werden, wobei dann mit zu berücksichtigen ist, dass der Verantwortliche in diesem Fall die betroffene Person innerhalb eines Monats nach Eingang des Antrags über eine Fristverlängerung, zusammen mit den Gründen für die Verzögerung unterrichtet (Art. 12 Abs. 3 S. 3). In den definierten Prozessen muss auch die Möglichkeit abgebildet werden, dass der Verantwortliche auf den Antrag der betroffenen Person hin nicht tätig wird und er in diesem Fall die betroffene Person ohne Verzögerung, spätestens aber innerhalb eines Monats nach Eingang des Antrags über die Gründe hierfür und über die Möglichkeit, bei einer Aufsichtsbehörde Beschwerde einzulegen oder einen gerichtlichen Rechtsbehelf einzulegen, unterrichtet. 130

Festzulegen ist in den Prozessen, wie **Anträge** von betroffenen Personen bei dem Verantwortlichen intern behandelt werden, ob ggf. betroffenen Personen besondere Kommunikationswege vorgeschlagen werden sollen, wie z.B. Online-Formulare und wie 131

---

190 S. zur Frage der Verbindlichkeit solcher Leitlinien Art. 70 Rn. 14.
191 Vgl. hierzu *Art.-29-Datenschutzgruppe* Leitlinien 16/EN WP 242 rev.01, S. 13.

und ggf. durch welche interne(n) Stelle(n) des Verantwortlichen die Kommunikation mit betroffenen Personen – ggf. mittels vorformulierter Texte und Dokumente – (standardmäßig) ablaufen soll. Dabei gilt es zu berücksichtigen, dass Verantwortliche verpflichtet sind, betroffenen Personen die Ausübung ihrer Rechte, mithin auch des Rechts auf Datenübertragbarkeit, zu erleichtern (Art. 12 Abs. 2 S. 1).

132 Die Erhebung eines **Entgelts** darf für die Bearbeitung eines Antrags nicht vorgesehen werden.[192] Da es bei offenkundig unbegründeten oder – insbesondere im Fall von häufiger Wiederholung – exzessiven Anträgen einer betroffenen Person zulässig ist, ein angemessenes Entgelt zu verlangen, bei dem die Verwaltungskosten für die Unterrichtung oder die Mitteilung oder die Durchführung der beantragten Maßnahme berücksichtigt werden (Art. 12 Abs. 5 S. 2 lit. a), bietet es sich an, diesen Aspekt in die Standardprozesse mit zu integrieren. Alternativ wäre es zulässig, dass sich der Verantwortliche weigert, dem Antrag nachzukommen (Art. 12 Abs. 5 S. 2 lit. a), was als Handlungsoption ebenfalls im zu definierenden Prozess festgelegt werden sollte. Dabei ist der Umstand mit abzubilden, dass der Verantwortliche den Nachweis für den offenkundig unbegründeten oder exzessiven Charakter des Antrags zu erbringen hat (Art. 12 Abs. 5 S. 3).[193]

133 Im Datenschutzmanagement sollte zusätzlich vorgesehen werden, dass die **Identität** der einen Antrag auf Datenübertragbarkeit stellenden betroffenen Person überprüft wird und, sollten sich Zweifel ergeben, zusätzliche Informationen von der betroffenen Person angefordert werden, die zur Bestätigung der Identität der betroffenen Person erforderlich sind (Art. 12 Abs. 6)[194].

134 Im Datenschutzmanagement sind auch die **technischen Prozesse** abzubilden, die erforderlich sind, um betroffenen Personen die bereitgestellten personenbezogenen Daten je nach Wunsch an sich selbst oder an einen anderen (zweiten) Verantwortlichen zu übermitteln. Hierzu gehört insbesondere, ein strukturiertes, gängiges und maschinenlesbares Format festzulegen. Darüber hinaus ist zu prüfen, ob es in den Standardkonstellationen bei der Ausübung des Rechts auf Datenübertragbarkeit durch betroffene Personen zu einer Beeinträchtigung von Rechten und Freiheiten anderer Personen kommen kann. Wenn ja, sollten diese Fälle identifiziert und zusätzliche interne Prozesse entwickelt werden, damit im Rahmen der Übermittlung von personenbezogenen Daten keine Beeinträchtigungen erfolgen.

Abschnitt 4
Widerspruchsrecht und automatisierte Entscheidungsfindung im Einzelfall

Artikel 21   Widerspruchsrecht

(1) ¹**Die betroffene Person hat das Recht, aus Gründen, die sich aus ihrer besonderen Situation ergeben, jederzeit gegen die Verarbeitung sie betreffender personenbezogener Daten, die aufgrund von Artikel 6 Absatz 1 Buchstaben e oder f erfolgt, Widerspruch einzulegen; dies gilt auch für ein auf diese Bestimmungen gestütztes Pro-**

---

192 S. Art. 12 Abs. 5 S. 1.
193 Vgl. hierzu auch *Art.-29-Datenschutzgruppe* Richtlinien 16/EN WP 242 rev.01, S. 15.
194 Vgl. hierzu *Art.-29-Datenschutzgruppe* Richtlinien 16/EN WP 242 rev.01, S. 13.

Widerspruchsrecht — Art. 21

filing. ²Der Verantwortliche verarbeitet die personenbezogenen Daten nicht mehr, es sei denn, er kann zwingende schutzwürdige Gründe für die Verarbeitung nachweisen, die die Interessen, Rechte und Freiheiten der betroffenen Person überwiegen, oder die Verarbeitung dient der Geltendmachung, Ausübung oder Verteidigung von Rechtsansprüchen.

(2) Werden personenbezogene Daten verarbeitet, um Direktwerbung zu betreiben, so hat die betroffene Person das Recht, jederzeit Widerspruch gegen die Verarbeitung sie betreffender personenbezogener Daten zum Zwecke derartiger Werbung einzulegen; dies gilt auch für das Profiling, soweit es mit solcher Direktwerbung in Verbindung steht.

(3) Widerspricht die betroffene Person der Verarbeitung für Zwecke der Direktwerbung, so werden die personenbezogenen Daten nicht mehr für diese Zwecke verarbeitet.

(4) Die betroffene Person muss spätestens zum Zeitpunkt der ersten Kommunikation mit ihr ausdrücklich auf das in den Absätzen 1 und 2 genannte Recht hingewiesen werden; dieser Hinweis hat in einer verständlichen und von anderen Informationen getrennten Form zu erfolgen.

(5) Im Zusammenhang mit der Nutzung von Diensten der Informationsgesellschaft kann die betroffene Person ungeachtet der Richtlinie 2002/58/EG ihr Widerspruchsrecht mittels automatisierter Verfahren ausüben, bei denen technische Spezifikationen verwendet werden.

(6) Die betroffene Person hat das Recht, aus Gründen, die sich aus ihrer besonderen Situation ergeben, gegen die sie betreffende Verarbeitung sie betreffender personenbezogener Daten, die zu wissenschaftlichen oder historischen Forschungszwecken oder zu statistischen Zwecken gemäß Artikel 89 Absatz 1 erfolgt, Widerspruch einzulegen, es sei denn, die Verarbeitung ist zur Erfüllung einer im öffentlichen Interesse liegenden Aufgabe erforderlich.

– *ErwG:* 69, 70
– *BDSG n.F.:* §§ 27 Abs. 2, 28 Abs. 4, 36

Übersicht

	Rn		Rn
A. Einordnung und Hintergrund	1	a) Beweggrund „besondere Situation"	22
I. Erwägungsgründe	4	b) Personenbezogene Daten, die den Widerspruchsführer betreffen („sie betreffender personenbezogener Daten")	27
II. BDSG 2018	7		
III. Normengenese und -umfeld	11		
1. DSRL	11		
2. BDSG a.F.	13		
3. Materialien	15		
B. Kommentierung	16	3. Form- und fristlose Widerspruchseinlegung/Unentgeltlichkeit	35
I. Allgemeiner Widerspruch gegen Datenverarbeitung und Profiling (Abs. 1)	16	4. Wirkung des Widerspruchs sowie Verarbeitung trotz Widerspruchs (Abs. 1 S. 2)	39
1. Anwendungsbereich des allgemeinen Widerspruchs	18	a) Unmittelbare Wirkung des Widerspruchs durch bloße Einlegung	40
2. Widerspruchsvoraussetzungen bzw. Aktivlegitimation	21		

Atzert

	Rn		Rn
b) Inhaltliche und rechtliche Prüfung des Widerspruchs	42	3. Rechtsfolge eines Werbewiderspruchs (Abs. 3)	78
c) Verbotsausnahmen (Abs. 1 S. 2)	47	III. Hinweispflicht (Abs. 4)	81
		1. Normadressaten	83
aa) Das Betroffeneninteresse überwiegende zwingende Gründe (Abs. 1 S. 2 Alt. 1)	48	2. Zeitpunkt der Hinweiserteilung	84
		3. Anforderungen an Form und Inhalt des Pflichthinweises	86
bb) Überwiegendes öffentliches Interesse (§ 36 BDSG)	51	4. Grundsätzliche prozedurale Vorgaben nach Art. 12	92
		IV. Widerspruch mittels automatisierten Verfahren (Abs. 5)	96
cc) Geltendmachung, Ausübung oder Verteidigung von Rechtsansprüchen (Abs. 1 S. 2 Alt. 2)	56	1. Im Zusammenhang mit der Nutzung eines Diensts der Informationsgesellschaft	98
		2. Verwendung technischer Spezifikationen	101
dd) Pflichten des Verantwortlichen bei Nichtabhilfe des Widerspruchsbegehrens	59	V. Widerspruch gegen Verarbeitungen im Kontext von Forschung und Statistik (Abs. 6)	107
d) Absolutes Verarbeitungsverbot als Rechtsfolge des begründeten Widerspruchs	60	1. Anwendungsbereich	108
		2. Widerspruchsvoraussetzungen bzw. Aktivlegitimation	109
		3. Begründetheit des Widerspruchs	111
aa) Rechtsfolge des absoluten Verarbeitungsverbots	60	a) „erforderlich zur Erfüllung einer im öffentliche Interesse liegenden Aufgabe"	112
bb) Betroffenenrecht auf Löschung bzw. Löschpflicht des Verantwortlichen	62	b) Privilegierung bei Unmöglichmachung bzw. Beeinträchtigung des Verarbeitungszwecks	114
cc) Recht des Betroffenen auf Einschränkung der Verarbeitung statt Löschung	63	c) Privilegierung im öffentlichen Interesse liegender Archivzwecke (§ 28 Abs. 4 BDSG n.F.)	118
dd) Nebenpflichten bei begründetem Widerspruch	64	4. Rechtsfolge des Forschungs- und Statistik-Widerspruchs nach Abs. 6	119
II. Widerspruch gegen Direktmarketing (Abs. 2 Hs. 1) und diesbezügliches Profiling (Abs. 2 Hs. 2)	65	C. Praxishinweise	122
		I. Relevanz für öffentliche Stellen	122
1. Anwendungsbereich und Widerspruchsvoraussetzungen des Werbewiderspruchs	66	II. Relevanz für nichtöffentliche Stellen	124
		III. Relevanz für betroffene Personen	128
a) „Direktwerbung"	68	IV. Relevanz für Aufsichtsbehörden	132
b) Erforderlichkeit der Datenverarbeitung zum Betrieb der Direktwerbung	73	V. Relevanz für das Datenschutzmanagement	133
2. Form und Frist	77	VI. Relevanz im Hinblick auf Sanktionen	134

Literatur: *Albrecht* Das neue EU-Datenschutzrecht – von der Richtlinie zur Verordnung, CR 2/2016, 89; *Börding* Ein neues Datenschutzschild für Europa, CR 7/2016, 431; *Franck* Das Recht der Betroffenenrechte nach der Datenschutz-Grundverordnung (DS-GVO), RDV 2016, 111; *Gierschmann* Was „bringt" deutschen Unternehmen die DS-GVO?, ZD 2016, 51; *Horstmann* EuGH: Kein Recht auf Löschung oder Sperrung personenbezogener Daten im Unternehmensregister, ZD-Aktuell 2017, 05595; *Laue/Kremer* Das neue Datenschutzrecht in der betrieblichen Praxis, 2. Aufl. 2019; *Lepperhoff/Müthlein* Leitfaden zur DS-GVO, Kap. 10.8, S. 144 f.; *Menke* Der Werbewiderspruch: zu weiterhin nicht abschließend geklärten Rechtsfragen aus dem Bereich der Printwerbung, PinG 2015, 68; *Piltz* Widerrufsrecht bei der Geltendmachung von Betroffenenrechten, DSB 2019, 259; *ders.* Die Datenschutz-Grundverordnung – Teil 2: Rechte der Betroffenen und korrespondierenden Pflichten des Verantwortlichen, K&R 2016, 629; *Tavanti* Datenverarbeitung zu Werbezwecken nach der Datenschutz-Grundverordnung (Teil 2), RDV 2016, 295.

A. Einordnung und Hintergrund

Art. 21 ergänzt das Instrumentarium der Betroffenenrechte um ein allgemeines und zwei besondere Abwehrrechte und verpflichtet gleichzeitig Verantwortliche dazu, Betroffene auf das Bestehen dieser Abwehrrechte ausdrücklich hinzuweisen[1]. Der Verordnungsgeber hat insoweit auch für die DS-GVO das schon in der DSRL bewährte Schutzkonzept, Verarbeitungserlaubnissen seitens der Daten verarbeitenden Stellen, Rechte der Betroffenen sowie Pflichten Verantwortlicher gegenüber zu stellen, übernommen.[2]   1

Der Verordnungsgeber untergliedert das Widerspruchsrecht in ein allgemeines Widerspruchsrecht des Betroffenen (Abs. 1 S. 1), sowie zwei besondere Widerspruchsrechte; einerseits gegen Direktwerbung (Abs. 2) sowie andererseits gegen die Datenverarbeitung zu wissenschaftlichen, historischen oder statistischen Zwecken (Abs. 6).   2

Interessanter Weise beschränkte der Verordnungsgeber die in Abs. 4 verankerte Hinweispflicht auf das allgemeine Widerspruchsrecht (Abs. 1 S. 1) sowie den Werbewiderspruch (Abs. 2), was insoweit eine weitere Privilegierung von Forschung/Statistik darstellt.   3

I. Erwägungsgründe

Inhaltlich lassen sich Art. 21 die ErwG 69 und 70 zuordnen.   4

Die Erwägungen des ErwG 69 S. 1 berücksichtigend, können Betroffene mittels Einlegung eines Widerspruchs nach Art. 21 von Verantwortlichen die Unterlassung von – ansonsten datenschutzrechtlich zulässigen – Verarbeitungen personenbezogener Daten verlangen, wobei der Unterlassungsanspruch ausschließlich Verarbeitungen erfasst, die die personenbezogenen Daten des Widerspruchsführers selbst betreffen.   5

Eine unmittelbare Umsetzung sämtlicher Forderungen des ersten Satzes des ErwG 70, nach denen Betroffene das Recht zum Widerspruch gegen Verarbeitung für Zwecke des Direktmarketing sowie mit hierzu in Verbindung stehendem Profiling haben sollen, findet sich – abgesehen vom Kriterium der Unentgeltlichkeit der Widerspruchseinlegung, das vom Verordnungsgeber in Art. 12 Abs. 5 S. 1 normiert wurde – in Art. 21 Abs. 2 wieder. Die in ErwG 70 S. 2 enthaltene Erwägung, wonach Verantwortliche die   6

---

1 Details zur Hinweispflicht siehe Rn. 81.
2 Vgl. DSRL, ErwG 25.

Betroffenen „in einer verständlichen und von anderen Informationen getrennten Form" auf das Bestehen des Widerspruchsrechts gegen die Verarbeitung ihrer personenbezogenen Daten zu Zwecken des Direktmarketings hinweisen sollen, wurde in Art. 21 Abs. 4 normiert.

II. BDSG 2018

7   Sowohl in § 27 als auch in § 36 BDSG schränkt der deutsche Gesetzgeber, von der Öffnungsklausel des Art. 23 Gebrauch machend, den Anwendungsbereich des Art. 21 ein.

8   § 36 BDSG adressiert hierbei ausschließlich **öffentliche Stellen** und privilegiert unter bestimmten Voraussetzungen die Verarbeitung von personenbezogenen Daten im Falle eines eingelegten Widerspruchs. Betroffenen bleibt danach gegenüber öffentlichen Verantwortlichen auch dann die Berufung auf das Widerspruchsrecht verwehrt, wenn die Daten verarbeitende Stelle ein „**zwingendes öffentliches Interesse**" vorweisen kann, das das Interesse des Betroffenen an der Nichtverarbeitung seiner personenbezogenen Daten überwiegt. Die sich aus § 36 BDSG ergebende Beschränkung des Widerrufsrechts gem. Art. 21 gilt auch falls eine „Rechtsvorschrift" existiert, welche die öffentliche Stelle „zur Verarbeitung verpflichtet" (siehe Ausführungen unter Rn. 51 f.).

9   § 27 BDSG stellt eine Privilegierung der Datenverarbeitung zu „Forschungs- oder Statistikzwecken" dar und adressiert sowohl private als auch öffentliche Stellen. Mittels § 27 Abs. 2 BDSG macht der deutsche Gesetzgeber Gebrauch von der in Art. 89 Abs. 2 enthaltenen Öffnungsklausel zur Schaffung nationalstaatlicher Ausnahmebestimmungen und stellt sicher, dass Betroffenen die Ausübung ihrer Rechte auf Auskunft (Art. 15), Berichtigung (Art. 16), Einschränkung der Verarbeitung (Art. 18) und Widerspruch (Art. 21) dann verwehrt ist, wenn diese „Beschränkung für die Erfüllung der Forschungs- und Statistikzwecke notwendig ist", weil die Ausübung des Widerspruchs (bzw. der anderen vorgenannten Rechte) „voraussichtlich die Verwirklichung der Forschungs- oder Statistikzwecke unmöglich machen oder ernsthaft beeinträchtigen" würde (siehe ausführlich Rn. 114 f.).

10 Ob diese nationalstaatlichen Einschränkungen den Anforderungen des Art. 23 genügen, ist zweifelhaft. Denn Art. 23 setzt den nationalen Gesetzgebern im unmittelbaren Vergleich zur unbedingten Formulierung der in Art. 14 DSRL enthaltenen Öffnungsklausel beachtliche Hürden: Nationale Gesetzgebungsmaßnahmen zur Beschränkung des Widerspruchrechts müssen nach dem Wortlaut des Art. 23 „den Wesensgehalt der Grundrechte und Grundfreiheiten" achten und zugleich „in einer demokratischen Gesellschaft eine notwendige und verhältnismäßige Maßnahme" darstellen und nicht nur eine der alternativ in Art. 23 Abs. 1 lit. a–j gelisteten Zielsetzungen verfolgen, sondern gleichzeitig auch in den Vorschriften spezifischen Bezug auf die im Katalog des Art. 23 Abs. 2 genannten Aspekte nehmen. Gleichwohl sollten Verantwortliche deren Verarbeitungen dem Geltungsbereich des BDSG unterworfen sind angesichts der Höhe der bei etwaigen Verstößen potenziell drohenden Bußgeldsanktionen zunächst von der Geltung des BDSG ausgehen.

III. Normengenese und -umfeld

1. DSRL. Art. 21 entspricht in seinen Abs. 1–4 weitgehend der Vorgängerregelung in Art. 14 Abs. 1 DSRL – dessen Vorgaben wurden vom deutschen Gesetzgeber im Rahmen der BDSG-Novellierung 2001 in den §§ 20 Abs. 5, 28 Abs. 4 und 35 Abs. 5 normiert[3]. Die Reichweite der Hinweispflicht nach Art. 21 Abs. 4 wurde gegenüber der Vorgabe der DSRL erweitert, da Verantwortliche zukünftig Betroffene ausdrücklich auch auf das Bestehen des allgemeinen Widerspruchsrechts nach Art. 21 Abs. 1 hinweisen müssen. Der Wortlaut des Art. 14 S. 2 DSRL sah demgegenüber lediglich eine Verpflichtung zum Hinweis auf den Widerspruch gegen Direktwerbung vor. 11

In Abweichung zum Aufbau des Art. 14 lit. a Hs. 2 DSRL hat der Verordnungsgeber eine Öffnungsklausel (bzw. Möglichkeit der Mitgliedstaaten der Europäischen Union, nationalstaatlich entgegenstehende Bestimmungen zu erlassen, um das Widerspruchsrecht der Betroffenen gegenüber europarechtlichen Vorgaben einzuschränken), nicht unmittelbar in Art. 21 selber normiert, sondern in Art. 23[4]. Ebenfalls ausgelagert wurde die Maßgabe, die Widerspruchseinlegung nicht von Entrichtung eines Entgelts abhängig zu machen. Diese Maßgabe findet sich nun in Art. 12 Abs. 5 S. 1 wieder, gilt jedoch für die Art. 13–22 und 34. 12

2. BDSG a.F. Die nationalstaatliche Umsetzung der europarechtlichen Vorgaben zum Recht auf Widerspruch gem. Art. 14 erfolgte durch den deutschen Gesetzgeber anlässlich der BDSG-Novellierung 2001[5]. Das allgemeine Widerspruchsrecht des Art. 14 gegen Datenverarbeitung durch öffentliche Stellen wurde in § 20 Abs. 5 BDSG a.F. und durch nichtöffentliche Stellen in § 35 Abs. 5 normiert; das Recht zum Widerspruch gegen Direktmarketing normierte der Bundesgesetzgeber in § 28 Abs. 4 S. 1 BDSG a.F. 13

Personenbezogene Daten durften nach der in §§ 20 Abs. 5 S. 1 und 35 Abs. 5 S. 1 BDSG a.F. wortgleichen Regelung „nicht für eine automatisierte Verarbeitung oder Verarbeitung in nicht automatisierten Dateien erhoben, verarbeitet oder genutzt werden, soweit die Betroffene dieser bei der verantwortlichen Stelle" widerspricht und eine Prüfung ergibt, dass das schutzwürdige Interesse des Betroffenen wegen seiner besonderen persönlichen Situation das Interesse der verantwortlichen Stelle an dieser Erhebung, Verarbeitung oder Nutzung überwiegen. Eine Ausnahme hiervon sah der deutsche Gesetzgeber in § 20 Abs. 5 S. 2 und § 35 Abs. 5 S. 2 BDSG a.F. für den Fall vor, dass die verantwortliche Stelle auf Grund einer Rechtsvorschrift zur Vornahme der widersprochenen Datenverarbeitung verpflichtet ist. 14

3. Materialien. Die von Seiten der Datenschutzkonferenz im November 2018 veröffentlichte Orientierungshilfe[6] enthält weiterführende Hinweise zum Werbewider- 15

---
3 BGBl. 2001 I S. 904, 917.
4 Nach Art. 23 Abs. 1 können „Pflichten und Rechte gem. den Artikeln 12 bis 22 und Artikel 34 sowie Artikel 5" im Wege von Gesetzgebungsmaßnahmen „durch Rechtsvorschriften der Union oder der Mitgliedstaaten" beschränkt werden, sofern diese in Art. 23 aufgeführte Voraussetzungen erfüllen.
5 BGBl 2001 I S. 904.
6 *DSK* Orientierungshilfe der Aufsichtsbehörden zur Verarbeitung von personenbezogenen Daten für Zwecke der Direktwerbung unter Geltung der Datenschutz-Grundverordnung (DS-GVO), https://www.datenschutzkonferenz-online.de/media/oh/20181107_oh_werbung.pdf, zuletzt abgerufen am 29.4.2020.

spruch (Rn. 65 f.). Eine Vorlage für Betroffene zur Einlegung eines allgemeinen Widerspruchs nach Art. 21 Abs. 1 hält das Bayerische Landesamt für Datenschutzaufsicht bereit.[7]

B. Kommentierung

I. Allgemeiner Widerspruch gegen Datenverarbeitung und Profiling (Abs. 1)

16 Art. 21 Abs. 1 S. 1 gewährt Betroffenen ein allgemeines Widerspruchsrecht, mittels dessen der Betroffene eine unverzügliche Beendigung der Verarbeitung ihn betreffender personenbezogener Daten – inklusive eines Profiling[8] im Sinne von Art. 4 Nr. 4 – erwirken kann.

17 Voraussetzung der Ausübung des allgemeinen Widerspruchsrechts nach Abs. 1 S. 1 ist, dass der Betroffene seinen Widerspruch aus Gründen einlegt, die sich „aus seiner besonderen Situation ergeben". Das Tatbestandsmerkmal „besondere Situation" setzt voraus, dass ausnahmsweise ein vom „Normalfall abweichender Sonderfall"[9] vorliegt, und insoweit die grundsätzlichen Erwägungen des Verordnungsgebers auf den konkreten Sachverhalt unanwendbar sind, die jedoch bezogen auf den Normfall Veranlassung zur Schaffung der Erlaubnisnormen gaben.

18 **1. Anwendungsbereich des allgemeinen Widerspruchs.** Der Verordnungsgeber hat das allgemeine Widerspruchsrecht nach Art. 21 Abs. 1 und dessen Rechtsfolge ausdrücklich auf Sachverhalte beschränkt, in denen die Datenverarbeitung auf Grund vorrangiger öffentlicher (Art. 6 Abs. 1 lit. e) oder privater (Art. 6 Abs. 1 lit. f) Interessen erfolgt. Durch die **Beschränkung des Anwendungsbereichs** können Betroffene keinen allgemeinen Widerspruch nach Abs. 1 S. 1 gegen solche Datenverarbeitungen einlegen, hinsichtlich deren Zulässigkeit sich Verantwortliche auf alternative Erlaubnistatbestände stützen, wie bspw. die ausdrückliche Einwilligung des Betroffenen (Art. 6 Abs. 1 lit. a), die Erforderlichkeit zur Vertragserfüllung (Art. 6 Abs. 1 lit. b), Bestehen einer Rechtspflicht (Art. 6 Abs. 1 lit. c) oder zum Schutz lebenswichtiger Betroffeneninteressen (Art. 6 Abs. 1 lit. d). Zwar steht dem Betroffenen im Falle einer zuvor erteilten Einwilligung weiterhin das Recht zum jederzeitigen Widerruf der Einwilligung zu (Art. 7 Abs. 3 S. 1), allerdings kann der Betroffene hiermit – anders als beim allgemeinen Widerspruch – nur ein relatives Verarbeitungsverbot herbeiführen.[10] Hierin kommt die Wertung des Verordnungsgebers zum Ausdruck, dass er Betroffene im Hinblick auf das allgemeine Widerspruchsrecht in den Fällen für weniger schutzwürdig erachtet, in denen sich die Zulässigkeit der Datenverarbeitung auf andere Erlaubnisnormen gründet, als den Vorrang privater oder öffentlicher Interessen.

19 Der Anwendungsbereich des allgemeinen Widerspruchsrechts nach Abs. 1 S. 1 ist unabhängig davon eröffnet, ob die Verarbeitung der Betroffenendaten durch Verantwortliche in **rechtmäßiger oder rechtswidriger Weise** erfolgt. Auf die Rechtmäßigkeit bzw. das tatsächliche Vorliegen der Tatbestandsvoraussetzungen der Erlaubnisnormen

---

7 **BayLDA** Muster für ein Widerspruchsschreiben, https://www.lda.bayern.de/media/muster/Widerspruch%20Verarbeitung%20Interessenabwaegung.docx, zuletzt abgerufen am 29.4.2020.
8 Zum Profiling siehe ausführlich Art. 4 Rn. 69 f. sowie Art. 22 Rn. 67 f.
9 BeckOK DatenSR-*Brink* § 35 BDSG Rn. 77.
10 Vgl. Art. 7 Abs. 3 S. 2: „Durch den Widerruf der Einwilligung wird die Rechtmäßigkeit der aufgrund der Einwilligung bis zum Widerruf erfolgten Verarbeitung nicht berührt."

kommt es nach dem Wortlaut des Abs. 1 S. 1 nicht an.[11] Es liefe nicht nur dem Prinzip von **Treu und Glauben** zuwider, sondern wäre auch seitens des Verordnungsgebers paradox, den Betroffenen einerseits im Falle **rechtmäßiger** Datenverarbeitung ein Widerspruchsrecht einzuräumen und gleichzeitig andererseits für den vergleichsweise stärker in sein Grundrecht auf informationelle Selbstbestimmung eingreifenden Fall, dass sich ein Verantwortlicher **rechtswidriger Weise** auf das tatbestandliche Vorliegen vorrangiger Interessen beruft, ihm diese Möglichkeit zum Widerspruch zu versagen, und ihn stattdessen auf die Beschwerdemöglichkeiten nach Art. 77 ff. zu verweisen, dazu zu zwingen auf das Eingreifen von Aufsichtsbehörde bzw. Gericht zu warten und bis dahin durch die Datenverarbeitung ggf. eintretende Schäden hinzunehmen.

Das allgemeine Widerspruchsrecht gilt nach Abs. 1 S. 1 Hs. 2 ferner, soweit es sich gegen ein auf vorrangige Interessen gründendes **Profiling**[12] wendet. Die Erwähnung des Profiling hat ähnlich wie in Art. 22 lediglich deklaratorischen Charakter, da allein aus der Erwähnung des Profiling heraus keine Erweiterung des Anwendungsbereichs des Art. 21 Abs. 1 resultiert.[13] Denn nur das „auf diese Bestimmungen gestützte" Profiling wird vom allgemeinen Widerspruchsrecht erfasst. Aber auch ohne eine explizite Erwähnung wäre Profiling im Sinne der Begriffsdefinition der DS-GVO – sofern sich der Verantwortliche zu dessen Legitimierung auf vorrangige Interessen im Sinne der Art. 6 Abs. 1 lit. e und f stützt – ohnehin als spezielle Form einer Verarbeitung im Sinne der Legaldefinition des Art. 4 Nr. 2 vom Widerspruchsrecht nach Art. 21 Abs. 1 S. 1 umfasst. 20

2. Widerspruchsvoraussetzungen bzw. Aktivlegitimation. Allgemeinen Widerspruch nach Art. 21 Abs. 1 S. 1 können ausschließlich Betroffene erheben, die den Widerspruch aus Gründen einlegen, „die sich aus ihrer besonderen Situation ergeben"; ihr Widerspruch darf sich allerdings nur gegen die Verarbeitung „sie betreffender personenbezogener Daten" richten. 21

a) Beweggrund „besondere Situation". Art. 21 Abs. 1 enthält keine Legaldefinition des Tatbestandsmerkmals „**besondere Situation**", so dass diese Formulierung einer Auslegung bedarf. Bei dem Beweggrund handelt es sich um einen **unbestimmten Rechtsbegriff**, dessen Bedeutungsgehalt, also normativer Sinn und Zweck, sich allein aus dem Gesetzeswortlaut nicht erschließt. Dies traf bereits auf Art. 14 lit. a DSRL als auch dessen nationale Umsetzungen in §§ 20 Abs. 5 und 35 Abs. 5 zu[14]. Auch ein Rückgriff auf die Rechtsprechung zu Art. 14 DSRL[15] sowie zu §§ 20 Abs. 5 und 35 Abs. 5 BDSG a.F. erweist sich als wenig ergiebig, da diese auf Grund ihrer Einzelfallbezogenheit keine allgemeingültige Rechtsdefinition enthalten kann. Insoweit kann dessen inhaltliche Bestimmung abschließend allein in Abhängigkeit von dem **konkreten Sachverhalt** beurteilt werden, auf den die Norm angewandt werden soll. 22

---

11 Zutreffend insoweit *OLG Köln* v. 14.11.2019 – 15 U 126/19, Rn. 165.
12 Vgl. Legaldefinition Art. 4 Nr. 4 bzw. Ausführungen zu Art. 22 Rn. 67 f.
13 Ausführlich: Kühling/Buchner-*Herbst* Art. 21 Rn. 13, der Abs. 1 S. 1 Hs. 2 eine Warnfunktion zuschreibt.
14 Art. 14 lit. a DSRL: „sich aus ihrer besonderen Situation ergebenden Gründen" bzw. §§ 20 Abs. 5 und 35 Abs. 5 BDSG a.F.: „wegen seiner besonderen persönlichen Situation".
15 *EuGH* v. 9.3.2017 – C-398/15, ECLI:EU:C:2017:197.

23 Nach **grammatischer Auslegung** – ohne Bezug auf einen konkreten Sachverhalt – folgt aus der Verwendung des Personalpronomens „ihrer" im Wortlaut[16], dass es sich um eine „persönliche" bzw. individuelle, also ausschließlich auf die betroffene Person bezogene, Situation handeln muss und insoweit bei einer Vielzahl von Widersprüchen deren Statthaftigkeit keinesfalls pauschaliert, sondern jeweils nur bezogen auf den konkreten Einzelfall erfolgen kann. Nicht tatbestandsmäßig sind insoweit vom Widerspruchsführer vorgebrachte Gründe, die aus „allgemeinen" Situationen wie bspw. dem politischen Zeitgeschehen herrühren und – abgesehen vom Betroffenen – auch für eine Vielzahl Betroffener gleichermaßen zutreffen. Treten jedoch kumulativ zu einer „allgemeinen Situation", in der sich mehrere Betroffene befinden, individuelle, den Widerspruchsführer speziell beeinträchtigende Aspekte hinzu, können auch diese tatbestandsmäßig im Sinne einer für den Betroffenen „besonderen Situation" sein (z.B. Rechtsänderung durch Inkrafttreten eines Gesetzes; technologische Erfindung, die neue, bislang unbekannte Datennutzungsart ermöglicht).

24 In **teleologischer**[17] **Hinsicht** ist anzunehmen, dass der allgemeine Widerspruch nach Art. 21 Abs. 1 S. 1 die atypischen und besonderen Fälle auffangen soll, bei denen eine Interessenabwägung zu Grundrechtseingriffen bzw. -verletzungen auf Seiten des Betroffenen führen würde, die sich alleine auf die stark pauschalisierenden Wertungen des Verordnungsgebers in den Erlaubnisnormen Art. 6 Abs. 1 lit. e und f stützt. Erforderlich ist demnach eine Abweichung der Lebensumstände des Widerspruchsführers vom Regelfall in der Form, dass dem Widerspruchsführer durch die Verarbeitung seiner personenbezogenen Daten ein Eingriff in seine Interessen, Rechte und Freiheiten droht, anderen Betroffenen hingegen nicht, auch wenn ihre Daten in selber Art und Weise vom Verantwortlichen verarbeitet würden.

25 Eine „**besondere Situation**" im Sinne des Art. 21 Abs. 1 liegt – um ein extremes Beispiel zu bemühen – unzweifelhaft dann vor, wenn durch die Datenverarbeitung das **Leben oder die Gesundheit des Widerspruchsführers bedroht** ist (z.B. durch eine Website, die die Privatanschrift eines mit Mordanschlägen bedrohten Journalisten zum Abruf bereithält). Allerdings greifen die Voraussetzungen für das Vorliegen einer „besonderen Situation" auch bei weitaus geringeren Eingriffsintensitäten, die vom Verantwortlichen nicht vorhergesehen werden konnten.

26 Dass der Verordnungsgeber hohe Anforderungen[18] an eine Berufung auf eine **Verbotsausnahme** nach Art. 21 Abs. 1 S. 2 knüpft[19], offenbart die Absicht des Verordnungsgebers, die Anforderungen für eine Berufung auf eine „besondere Situation" zu verringern. Gemäß der bislang geltenden Rechtslage war das Widerspruchsrecht nach herrschender Meinung[20] eng auszulegen.

---

16 In der englischen Sprachfassung ist die Rede von „his or her particular situation".
17 Hinw. d. Verf.: Sinn und Zweck der Norm betreffend.
18 Siehe Rn. 47.
19 Ebenso i.E. wohl *Laue/Kremer* Das neue Datenschutzrecht in der betrieblichen Praxis, § 4 Rn. 81; a.A. Gola-*Schulz* Art. 21 Rn. 9, der für einen strengen Maßstab plädiert.
20 Vgl. *Gola/Schomerus* 12. Aufl., § 20 BDSG Rn. 23 und Simitis-*Mallmann* § 20 BDSG Rn. 88, die beide auf die amtliche Entwurfsbegründung des BDSG-Gesetzgebers, BT-Drucks. 14/4329, S. 41 hinweisen.

b) Personenbezogene Daten, die den Widerspruchführer betreffen („sie betreffender 27
personenbezogener Daten"). Betroffene sind nur dann widerspruchsberechtigt, wenn es sich einerseits bei den in der Datenverarbeitung involvierten Daten um personenbezogenen Daten im Sinne der Legaldefinition des Art. 4 Nr. 1[21] handelt und deren Personenbezug zugleich den Widerspruchsführer „**betrifft**".

Diese im Rahmen des Trilogverfahrens erst **vom Ministerrat eingebrachte Beschränkung** des allgemeinen Widerspruchsrechts (sowie der speziellen Widerspruchsrechte gem. Art. 21 Abs. 3 und Abs. 5) soll verhindern, dass das durch den Widerspruch eines einzelnen Betroffenen ausgelöste Verarbeitungsverbot auch die Verarbeitung personenbezogener Daten ggf. unbeteiligter Betroffener erfasst.[22] 28

Inwieweit der Widerspruchsführer von personenbezogenen Daten im Sinne der Vorschrift „betroffen" ist, bemisst sich nach dem konkreten Sachverhalt des jeweiligen Einzelfalls sowie der zur Anwendung gelangenden normativen Auslegung. Differenzieren lassen sich Fälle des unmittelbaren, gemeinsamen sowie des indirekten, lediglich mittelbaren Personenbezugs. 29

Einigkeit[23] herrscht darüber, dass die **Betroffenheit** immer dann gegeben ist, wenn es sich bei den vom Widerspruch erfassten Daten um eigene Daten des Widerspruchsführers handelt, also solche Daten, die einen **direkten, unmittelbaren Personenbezug** zu ihm aufweisen. 30

Hinsichtlich **weiterer denkbarer Anwendungsfälle**, in denen sich personenbezogene Daten nicht ausschließlich oder nur indirekt auf den Widerspruchsführer beziehen, besteht in der juristischen Literatur Uneinigkeit über das Vorliegen dieser Tatbestandsvoraussetzung. 31

Eine **weitergehende Auffassung**[24] nimmt eine Betroffenheit auch dann an, wenn die widersprochene Verarbeitung neben den Daten Dritter auch die personenbezogenen Daten des Widerspruchsführers erfasst (**gemeinsamer Personenbezug**). 32

Kamann/Braun[25] nehmen demgegenüber nicht nur eine Aktivlegitimation für den Fall an, dass der Widerspruchsführer „auch betroffen" ist, sondern schließen sogar einen „**mehrdimensionalen**" Personenbezug nicht aus, bei dem lediglich ein indirekter, **mittelbarer Bezug** des Widerspruchsführers zu den vom Widerspruch erfassten personenbezogenen Daten besteht. Ihr Denkansatz beruht auf dem von Dix[26] behandelten Beispielsfall[27], wonach ein Betroffener der Verarbeitung personenbezogener genetischer Daten eines verstorbenen Verwandten widerspricht, der zu Lebzeiten hierin eingewilligt hatte. 33

---

21 Siehe Kommentierung zu Art. 4 Nr. 1 Rn. 9 f.
22 So bereits Ehmann/Selmayr-*Kamann/Braun* Art. 21 Rn. 16.
23 Kühling/Buchner-*Herbst* Art. 21 Rn. 14; Paal/Pauly-*Martini* Art. 21 Rn. 18; Ehmann/Selmayr-*Kamann/Braun* Art. 21 Rn. 16.
24 Kühling/Buchner-*Herbst* Art. 21 Rn. 14.
25 Ehmann/Selmayr-*Kamann/Braun* Art. 21 Rn. 17.
26 So bereits Simitis-*Dix* § 35 BDSG Rn. 59.
27 Stellungnahme des *Nationalen Ethikrats* Biobanken für die Forschung, 2004, S. 80, https://www.ethikrat.org/fileadmin/Publikationen/Stellungnahmen/Archiv/NER_Stellungnahme_Biobanken.pdf, zuletzt abgerufen am 29.4.2020.

34 Vorzugswürdig ist die zuletzt genannte Auffassung. Ein Schutz personenbezogener Daten gem. **Art. 8 GRCh** würde gerade für **atypische Sachverhalte** nicht in ausreichender Weise gewährleistet, wenn lediglich eine restriktive Auslegung des Wortlauts des Art. 21 Abs. 1 vertreten würde. Denn Sinn und Zweck des Art. 21 Abs. 1 ist – wie zuvor dargestellt – gerade atypische Sachverhalte zu erfassen, was nicht der Fall wäre, wenn das allgemeine Widerspruchsrecht auf Sachverhalte beschränkt würde, bei denen die widersprochene Verarbeitung lediglich einen unmittelbaren Personenbezug zum Widerspruchsführers aufweist. Selbst das Argument, die weite Auslegung des Tatbestandsmerkmals der Betroffenheit führe zu einer unverhältnismäßigen Ausuferung des Widerspruchsrechts, vermag nicht zu überzeugen. Der Verordnungsgeber hat Verantwortlichen durch die Ausgestaltung des allgemeinen Widerspruchsrechts, das die Prüfung dem Verantwortlichen und nicht der Aufsichtsbehörde überlässt, bereits ein ausreichendes Regulativ gegenübergestellt. Schließlich können Verantwortliche nach Maßgabe des Art. 21 Abs. 1 S. 2 personenbezogene Daten des Widerspruchsführers bei Vorliegen bestimmter Voraussetzungen sogar trotz Einlegung eines zulässigen Widerspruchs (weiter) verarbeiten.[28]

35 **3. Form- und fristlose Widerspruchseinlegung/Unentgeltlichkeit.** Art. 21 Abs. 1 S. 1 selbst sieht dem Wortlaut nach **keinerlei formelle Hürden** für die Einlegung eines Widerspruchs vor. Die Ausübung des Widerspruchsrechts erfolgt seitens des Widerspruchsführers mittels Abgabe einer einseitigen, empfangsbedürftigen Willenserklärung gegenüber dem **Adressaten** des allgemeinen Widerspruchs; also entweder gegenüber dem Verantwortlichen selbst oder dessen Auftragsverarbeiter, der angesichts der sich aus Art. 28 Abs. 3 lit. e ergebenden Unterstützungspflicht verpflichtet ist, dem Verantwortlichen bei der Bearbeitung/Umsetzung des Widerspruchsbegehrens zu assistieren.[29] Betroffene können den Widerspruch nicht nur **formlos** – **mündlich** oder **auf elektronischem Weg** etc. – sondern ggf. auch konkludent, d.h. **durch schlüssiges Handeln** einlegen.[30]

36 Ferner ist die Einlegung des allgemeinen Widerspruchs **fristlos** („jederzeit"), ohne Einhaltung einer Frist möglich. Insofern sind Betroffene nicht daran gehindert, ihren Widerspruch bereits **vor Beginn der Verarbeitung** einzulegen, also zu einem Zeitpunkt an dem weder der Verantwortliche noch dessen Auftragsverarbeiter mit der Verarbeitung der personenbezogenen Daten des Widerspruchsführers begonnen haben.

37 Angesichts des Umstands, dass die **Betroffenenrechte der DS-GVO** grundsätzlich **unabdingbar** sind[31], ist eine hiervon abweichende Vereinbarung strengerer, die Rechte des Widerspruchsführers beschränkender, Form- oder Fristvorgaben nicht möglich.

38 Dies gilt auch für die **Unentgeltlichkeit** der Einlegung eines Widerspruchs. Verantwortliche dürfen insoweit die Einlegung von Widersprüchen oder der Bearbeitung nicht von der Entrichtung eines vom Betroffenen zu zahlenden Entgelts abhängig machen. Denn Art. 12 Abs. 5 schreibt vor, dass „alle Mitteilungen und Maßnahmen gem. den Art. 15 bis 22 und Art. 34" „unentgeltlich zur Verfügung gestellt" müssen.

---

28 Ausführlich hierzu Rn. 47.
29 Das BDSG a.F. wies keine entsprechende Regelung auf. Hier leitete sich die Unterstützungspflicht des Auftragsdatenverarbeiters aus § 241 Abs. 2 BGB ab.
30 So bereits Ehmann/Selmayr-*Kamann/Braun* Art. 21 Rn. 33; ebenso Auernhammer-*Kramer* Art. 21 Rn 32.
31 Näher hierzu siehe Gola-*Franck* Art. 12 Rn. 30.

Unter „Mitteilung" ist insoweit die Erfüllung der sich aus Art. 21 Abs. 4 ergebenden Hinweispflicht, sowie die Bekanntgabe des Ergebnisses der Prüfung der Zulässigkeit und der Begründetheit des Widerspruchs zu verstehen. „Maßnahmen"[32] sind demgemäß alle Handlungen der Normadressaten, die erforderlich sind, um Betroffenen die Wahrnehmung ihrer Rechte aus Art. 21 zu gewährleisten und die Rechtsfolgen eines Widerspruchs umzusetzen.

4. Wirkung des Widerspruchs sowie Verarbeitung trotz Widerspruchs (Abs. 1 S. 2).
Bezüglich der Folgen eines allgemeinen Widerspruchs ist hinsichtlich seiner unmittelbaren Wirkung durch bloße Einlegung des Widerspruchs einerseits und der Rechtsfolge eines begründeten Widerspruchs andererseits zu differenzieren. Abs. 1 S. 2 definiert als Rechtsfolge eines begründeten Widerspruchs grundsätzlich ein absolutes Verarbeitungsverbot[33] sowie zwei Ausnahmen hiervon. Das absolute Verarbeitungsverbot wird hierbei nur dann nicht ausgelöst, wenn sich der Verantwortliche darauf beruft, dass die Tatbestandsvoraussetzungen von einer der zwei ebenfalls in Abs. 1 S. 2 normierten Verbotsausnahmen vorliegen und er dies nachweist.   39

a) Unmittelbare Wirkung des Widerspruchs durch bloße Einlegung. Bereits die bloße Einlegung des Widerspruchs durch Erklärung gegenüber dem Adressaten verpflichtet den Verantwortlichen dazu, bis zum Abschluss der Widerspruchsprüfung, also der endgültigen Entscheidung über die Begründetheit des Widerspruchs, die Verarbeitung der personenbezogenen Daten des Widerspruchsführers gem. Art. 18 Abs. 1 lit. d einzuschränken. Denn als Minus zum absoluten Verarbeitungsverbot enthält das Widerspruchsbegehren bereits implizit die Aufforderung des Widerspruchsführers gegenüber dem Verantwortlichen, die Verarbeitung seiner personenbezogenen Daten bis zur abschließenden Entscheidung über die Begründetheit seines Widerspruchs einzuschränken. Der Wortlaut des Art. 18 Abs. 1 lit. d statuiert zwar lediglich, dass die betroffene Person das Recht „hat", die Einschränkung der Verarbeitung ihrer Daten im Falle der Einlegung eines Widerspruchs bis zur Entscheidung über dessen Begründetheit zu verlangen, nicht jedoch ob der Widerspruchsführer dieses Recht auch ausdrücklich einfordern muss oder nicht. Der Verordnungsgeber hat jedoch in der Verordnung deutlich gemacht[34], dass Betroffenenrechte möglichst diskriminierungsfrei gewährt werden sollen. Ein Informationsvorsprung durch Rechtskenntnis über die Existenz des Rechts aus Art. 18 Abs. 1 lit. d zum Zeitpunkt der Widerspruchseinlegung[35] gäbe insoweit darüber den Ausschlag, ob Betroffenenrechte gewährt werden, oder nicht. Dies wiederum widerspräche dem Verarbeitungsgrundsatz nach Art. 5 Abs. 1 lit. a (Treu und Glauben), würde der Verantwortliche den Standpunkt einnehmen, dass nur derjenige in den Genuss dieses Rechts gelangt, der ausdrücklich im Rahmen seiner Widerspruchserklärung die Einschränkung der Verarbeitung seiner Daten verlangt.   40

---

32 Die sich aus der deutschen Sprache ergebende Irritation darüber, ob „Maßnahmen" überhaupt „zur Verfügung gestellt werden" können, löst sich angesichts der englischen Sprachfassung, die zugleich Arbeitsfassung des Verordnungsgebers war, auf: Dort ist die Rede von „any actions taken under articles 15 to 22 and 34 shall be provided free of charge". „Actions" sind jedoch im englischen Sprachgebrauch zweifelsohne „providable".
33 Siehe ausführlich zu der Rechtsfolge eines allgemeinen Widerspruchs unter Rn. 60.
34 So z.B. in Art. 12 Abs. 1 S. 1.
35 Verantwortliche müssen Betroffenen nach Art. 13 Abs. 2 lit. b/Art. 14 Abs. 2 lit. c zum Zeitpunkt der Erhebung Informationen über das Recht auf Einschränkung der Verarbeitung nach Art. 18 zur Verfügung stellen.

41 Die Verpflichtung zur Einschränkung der Verarbeitung der Daten des Widerspruchsführers greift unverzüglich mit Zugang der Widerspruchserklärung.

42 **b) Inhaltliche und rechtliche Prüfung des Widerspruchs.** Voraussetzung des Eintritts der in Abs. 1 S. 2 genannten Rechtsfolge ist die **inhaltliche und rechtliche Prüfung bzw. Bewertung des Widerspruchs** durch den Verantwortlichen. Keinesfalls genügt bereits der bloße Zugang der Willenserklärung in den Machtbereich des Verantwortlichen (bzw. des Autragsverarbeiters) um als Rechtsfolge ein absolutes Verarbeitungsverbot nach Abs. 1 S. 2 auszulösen.

43 Nur kraft vorheriger Prüfung der besonderen Anspruchsvoraussetzungen ist der Verantwortliche im Stande zu verifizieren, ob seitens des Betroffenen die Anspruchsvoraussetzungen des allgemeinen Widerspruchsrechts nach Abs. 1 S. 1 gegeben sind oder ob die Voraussetzung einer Verbotsausnahme vorliegen. Betroffene müssen ihren Widerspruch somit mit einer **prüffähigen Begründung** versehen, aus der für den Verantwortlichen nachvollziehbar hervorgeht, dass seitens des Widerspruchsführers die Widerspruchsvoraussetzungen vorliegen. Der Betroffene muss den Widerspruch allerdings nicht explizit als solchen bezeichnen, weshalb Verantwortliche bisweilen erst durch **Auslegung der Betroffenenerklärung** zu dem Schluss gelangen, dass ein Widerspruch beabsichtigt ist.

44 Stellt sich insoweit im Rahmen der Prüfung der Widerspruchsvoraussetzungen heraus, dass der Widerspruch auf eine Datenverarbeitung abstellt, die nicht in den Anwendungsbereich des allgemeinen Widerspruchsrechts nach Art. 21 Abs. 1 fällt, weil die Verarbeitung sich nicht auf Art. 6 Abs. 1 lit. e oder f stützt, muss der Verantwortliche prüfen, ob nicht ggf. die Voraussetzungen eines Widerrufs einer Einwilligung gem. Art. 7 Abs. 3 vorliegen und eine Umdeutung der fälschlich als Widerspruch deklarierten Betroffeneneingabe erforderlich ist.[36]

45 Hat der Betroffene den Widerspruch nicht oder nur unzureichend begründet, muss der Verantwortliche den Betroffenen um diesbezügliche Substantiierung bzw. zur Nachreichung der Begründung auffordern und darf die Verarbeitung nicht oder erst nach erfolglosem Ablauf einer Frist zur Nachreichung fortsetzen.

46 Die zuvor beschriebene inhaltliche Prüfung des Widerspruchs kann lediglich in dem vermutlich seltenen Fall unterbleiben, dass die Verantwortliche Stelle personenbezogene Daten des Widerspruchsführers ausschließlich zur „Geltendmachung, Ausübung oder Verteidigung von Rechtsansprüchen" verarbeitet, Art. 21 S. 2 Alt. 2.

47 **c) Verbotsausnahmen (Abs. 1 S. 2).** Art. 21 Abs. 1 S. 2 enthält zwei Ausnahmetatbestände bei deren Vorliegen Verantwortliche die personenbezogenen Daten Betroffener trotz Vorliegen eines ansonsten statthaften bzw. begründeten Widerspruchs weiterverarbeiten dürfen. Das Verarbeitungsverbot greift nach dem Willen des Verordnungsgebers dann nicht, wenn Verantwortliche entweder (a) „zwingende schutzwürdige Gründe für die Verarbeitung nachweisen" können, die die „Interessen, Rechte und Freiheiten der betroffenen Person überwiegen" oder (b) die Verarbeitung der „Geltendmachung, Ausübung oder Verteidigung von Rechtsansprüchen" dient.

---

36 Gola-*Schulz* Art. 21 Rn. 3; zu den Vorraussetzungen des Widerrufs einer Einwilligung siehe ausführlich Art. 7.

aa) Das Betroffeneninteresse überwiegende zwingende Gründe (Abs. 1 S. 2 Alt. 1). Wann Verarbeitungsgründe im Sinne der Ausnahmevorschrift „**schutzwürdig**" sind, definiert der Verordnungsgeber nicht. Hierbei dürfte es sich, um eine „Unschärfe" bei der Übersetzung der englischsprachigen Arbeitsfassung der Verordnung handeln, da – wie bereits Kamann/Braun[37] ausführen – das Tatbestandsmerkmal „legitimate" in Art. 6 Abs. 1 lit. f mit „berechtigt" übersetzt wurde. Insoweit sind Gründe des Verantwortlichen dann als „schutzwürdig" anzusehen, wenn es sich bei ihnen zwar um „berechtigte Interessen" des Verantwortlichen handelt, diese jedoch – was kumulativ hinzutreten muss – im Rahmen einer Interessenabwägung das Betroffeneninteresse an der Nichtverarbeitung überwiegen[38]. Entgegen des Plurals des Wortlauts („Gründe") **genügt ein einziger schutzwürdiger Grund.** 48

„**Zwingend**" im Sinne der Verbotsausnahme des Abs. 1 S. 2 bedeutet, dass die Verarbeitung alternativlos ist, es also dem Verantwortlichen an alternativen Mitteln fehlt, den Verarbeitungszweck zu erreichen.[39] Das Tatbestandsmerkmal schlicht mit der hinlänglich aus deutschem Datenschutzrecht bekannten „Erforderlichkeit"[40] gleichzusetzen, griffe zu kurz und entspräche angesichts der englischsprachigen Fassung der DS-GVO, bei der „erforderlich" regelmäßig[41] mit „necessary" übersetzt wird, wohl schlichtweg nicht dem Willen des Verordnungsgebers. Teilweise[42] wird das Tatbestandsmerkmal „zwingend" als Zusatz gewertet und lediglich heraus gelesen, dass die berechtigten Interessen des Verantwortlichen auch angesichts des atypischen Sachverhalts nun das Betroffeneninteresse an der Nichtverarbeitung überwiegen müssen; Andere[43] legen einen besonders strengen Maßstab an und fordern, dass die berechtigten Interessen des Verantwortlichen i.S.d. Art. 6 Abs. 1 lit. f so stark sein müssen, dass dem Verantwortlichen durch die Nichtverarbeitung der personenbezogenen Daten des Widerspruchsführers ein „**schwerwiegender, unumkehrbarer Nachteil**" entsteht. 49

Vorzugswürdig ist der letztgenannte **strenge Maßstab**. Schließlich dient die Verbotsausnahme – wie das allgemeine Widerspruchsrecht – als **Korrektiv im System der Datenverarbeitungserlaubnisse** der DS-GVO der Ermöglichung einer einzelfallgerechteren Abwägung zwischen den Interessen des Betroffenen und denen des Verantwortlichen. Das allgemeine Widerspruchsrecht nimmt Rücksicht auf die besondere Situation des Betroffenen, die im Rahmen der pauschalen Interessensabwägung nach Art. 6 Abs. 1 lit. f auf die Masse der Betroffenen nicht zutrifft und insoweit vom Verantwortlichen in Unkenntnis dessen nicht berücksichtigt werden konnte. Die Verbotsausnahme nach Abs. 1 S. 2 soll aus dem Kreis dieser „besonderen" Einzelfälle nun ausschließlich diejenigen Fallgestaltungen auffangen, in denen es infolge eines absoluten Verarbeitungsverbots infolge des allgemeinen Widerspruchs des Betroffenen zu einem inakzeptablen ungerechten Endergebnis für den Verantwortlichen käme. Hierbei kann es sich – spiegelbildlich zur besonderen Situation des Betroffenen – nur um eine besondere Ausnahmesituation des Verantwortlichen handeln, die überhaupt eines solchen Korrektivs bedarf. Insofern kann es nach der hier vertretenen Auffassung nur 50

---

37 Ehmann/Selmayr-*Kamann/Braun* Art. 21 Rn. 23.
38 Zur Frage der Durchführung einer Abwägung siehe im Detail Art. 6 Abs. 1 lit. f.
39 So auch: Kühling/Buchner-*Herbst* Art. 21 Rn. 20.
40 Siehe m.w.N. Gola/Schomerus-*Klug/Körffer* § 28 BDSG Rn. 14 f.
41 Z.B. in Art. 6 Abs. 1 lit. b–f.
42 So Ehmann/Selmayr-*Kamann/Braun* Art. 21 Rn. 23.
43 *Laue/Kremer* Das neue Datenschutzrecht in der betrieblichen Praxis, § 4 Rn. 81.

dann zu einem **Überwiegen schutzwürdiger Interessen des Verantwortlichen** kommen, wenn die schutzwürdigen Interessen des Verantwortlichen die schutzwürdigen Interessen des Betroffenen so deutlich überwiegen, dass quasi das Ermessen des Verantwortlichen auf null reduziert und die Entscheidung „zwingend" ist. Die „zwingenden schutzwürdigen Gründe" des Verantwortlichen überwiegen das Betroffeneninteresse im Rahmen der **Interessensabwägung** also nur dann, wenn der Nachteil, den der Verantwortliche durch die Nichtverarbeitung der Daten des Widerspruchsführers voraussichtlich erleiden würde, völlig außer Verhältnis zu demjenigen Nachteil steht, den der Widerspruchsführer ggf. durch die Duldung der Verarbeitung erleidet.

51 **bb) Überwiegendes öffentliches Interesse (§ 36 BDSG).** § 36 BDSG stellt den fehlgeschlagenen Versuch des deutschen Gesetzgebers dar, die Verbotsausnahmen des Art. 21 Abs. 1 S. 2 durch Gebrauch der sich aus der Öffnungsklausel des Art. 23 ergebenden Beschränkungsbefugnisse in Bezug auf öffentliche Stellen zu konkretisieren. **Normadressat** des § 36 BDSG sind **ausschließlich öffentliche Stellen**[44].

52 Nach § 36 BDSG können Betroffene den allgemeinen Widerspruch nach Art. 21 Abs. 1 dann nicht einlegen, wenn seitens der öffentliche Stelle ein „zwingendes öffentliches Interesse" an der Verarbeitung ihrer personenbezogenen Daten besteht (Alt. 1), oder „eine Rechtsvorschrift zur Verarbeitung verpflichtet" (Alt. 2).

53 Der Gesetzgeber definiert nicht, wann eine öffentliche Stelle „ein **zwingendes öffentliches Interesse**" an der Verarbeitung der Daten des Widerspruchsführers vorweisen kann.[45] Als „Zwingend" kann ein „öffentliches Interesse" – also jegliches Interesse, das nicht lediglich Individualinteresse ist[46] – nur dann bezeichnet werden, wenn das Ermessen des Verantwortlichen auf der Rechtsfolgenseite nach Abwägung aller für und gegen die Datenverarbeitung sprechenden Argumente im Hinblick auf das Ob der Datenverarbeitung auf null reduziert ist. Denn nur in Fallgestaltungen bei denen öffentlichen Stellen kein Ermessensspielraum verbleibt, weil das Ergebnis einer Interessenabwägung zweifelsfrei ergibt, dass das öffentliche Interesse des Verantwortlichen an der Datenverarbeitung das Interesse des Betroffenen an der Nicht-Verarbeitung seiner personenbezogenen Daten überwiegt, kann angesichts des aus Art. 3 GG abgeleiteten Grundsatzes der Selbstbindung der Verwaltung tatsächlich ein Zwang zur Datenverarbeitung unterstellt werden.

54 Alt. 2 des § 36 BDSG ist vermutlich einem **Redaktionsversehen des deutschen Gesetzgebers** zuzuschreiben. Denn Betroffene sind ausschließlich in Fallkonstellationen zur Einlegung eines Allgemeinen Widerspruchs befugt, in denen der Anwendungsbereich des Art. 21 Abs. 1 eröffnet ist[47]; dies wäre jedoch bei einer Verarbeitung, die sich auf die Erlaubnisnorm Art. 6 Abs. 1 lit. c – Erforderlichkeit der Verarbeitung zur Erfüllung einer Rechtspflicht – stützt, ohnehin nicht der Fall. Buchner[48] wirft insoweit folgerichtig die Frage auf, ob § 36 Alt. 2 nicht gegen das **Normwiederholungsverbot** verstößt.

---

44 Allerdings – wie Auernhammer-*Brüggemann* § 36 BDSG Rn. 4 konkretisiert, zunächst nur „öffentliche Stellen des Bundes".
45 Ebenso: Kühling/Buchner-*Herbst* § 36 BDSG Rn. 5 f.
46 Vgl. ausführlich zum Begriff des „öffentlichen Interesses" die Kommentierung zu Art. 6 Abs. 1 lit. e, Rn. 88 f.
47 Siehe Rn. 18 f.
48 Kühling/Buchner-*Herbst* § 36 BDSG Rn. 15.

Nicht eingeschränkt durch § 36 BDSG wird jedoch das Recht der Betroffenen, bis zum Abschluss der Prüfung der Stattgabe des Widerspruchs zu verlangen, dass die Verarbeitung sie betreffender Daten gem. Art. 18 Abs. 1 lit. d beschränkt wird.[49]   55

cc) Geltendmachung, Ausübung oder Verteidigung von Rechtsansprüchen (Abs. 1 S. 2 Alt. 2). Die Einlegung eines ansonsten statthaften Widerspruchs setzt ferner auch dann kein absolutes Verarbeitungsverbot nach Abs. 1 S. 2 in Kraft, wenn die Verarbeitung ausschließlich deshalb erfolgt, weil sie dem Verantwortlichen zur **Geltendmachung, Ausübung oder Verteidigung eines Rechtsanspruches** dient. Das ist bspw. der Fall, bei Speicherung abgelichteter Dokumente bis zum Ablauf von Klage- oder Verjährungsfristen, die ansonsten keiner gesetzlichen Aufbewahrungspflicht unterliegen, oder im Falle der Übermittlung von personenbezogenen Daten an die beauftragte Rechtsanwältin/Rechtsanwalt zur (außer-)gerichtlichen Anspruchsdurchsetzung.   56

Die vom Verantwortlichen berücksichtigten Rechtsansprüche müssen jedoch **nicht notwendiger Weise gegenüber dem Betroffenen** bestehen, der den Widerspruch einlegt, da der Wortlaut des Abs. 1 S. 2 Alt. 2 keine Beschränkung auf das Verhältnis zwischen Verantwortlichem und Betroffenen enthält.   57

Die für die Berücksichtigung des Rechtsanspruchs ggf. **erforderliche Zweckänderung** ist dann bei Vorliegen der tatbestandlichen Voraussetzungen ggf. nach § 24 Abs. 1 Nr. 2 BDSG legitimiert (zu dessen Anforderungen siehe im Einzelnen § 24 BDSG).   58

dd) Pflichten des Verantwortlichen bei Nichtabhilfe des Widerspruchsbegehrens. Im Falle der **Nichtabhilfe eines Widerspruchsbegehren** trifft den Verantwortlichen die **Unterrichtungspflicht aus Art. 12 Abs. 4**. Danach müssen Verantwortliche einerseits „die betroffene Person ohne Verzögerung, spätestens aber innerhalb eines Monats nach Eingang des Antrags über die Gründe hierfür" „unterrichten" und andererseits „über die Möglichkeit" aufklären, dass Betroffene gegen die Entscheidung des Verantwortlichen das Beschwerderecht nach Art. 77 zusteht oder jene die Einhaltung des mittels Widerspruch beantragten Verarbeitungsverbots gerichtlich durchsetzen können.   59

d) Absolutes Verarbeitungsverbot als Rechtsfolge des begründeten Widerspruchs. – aa) Rechtsfolge des absoluten Verarbeitungsverbots. Wenn die Widerspruchsprüfung ergibt, dass der Anwendungsbereich des allgemeinen Widerspruchs eröffnet ist, der Betroffene im konkreten Einzelfall die spezielle Berechtigung vorweist und zudem seitens des Verantwortlichen keine Voraussetzungen für eine Berufung auf Verbotsausnahmen nach Abs. 1 S. 2 gegeben sind, tritt als Rechtsfolge in Bezug auf die personenbezogenen Daten des Betroffenen ein **absolutes Verarbeitungsverbot** in Kraft.   60

Verantwortliche müssen infolgedessen unverzüglich sämtliche der in der Legaldefinition der „Verarbeitung" (Art. 4 Nr. 2) genannten Vorgänge bzw. Vorgangsreihen unterlassen, die sich auf die personenbezogenen Daten des Betroffenen beziehen bzw. mit ihnen in Verbindung stehen, es sei denn, der Betroffene hat in Kenntnis darüber, welche seiner personenbezogenen Daten verarbeitet werden, seinen Widerspruch auf bestimmte Verarbeitungsformen oder -vorgänge beschränkt[50] (z.B. Offenlegung ggü. Dritten).   61

---

49 Vgl. Rn. 63.
50 So bereits Kühling/Buchner-*Herbst* Art. 21 Rn. 51; Gierschmann-*Veil* Art. 21 Rn. 91.

Andauernde, bereits begonnene Verarbeitungen sind unverzüglich zu beenden (z.B. Speichern von personenbezogenen Daten des Widerspruchsführers oder deren Bereitstellung zum automatisierten Abruf durch Dritte) und der Beginn bevorstehender Verarbeitungsvorgänge (z.B. Übermittlung an Dritte, automatisierte Auswertung) unverzüglich zu verhindern.

62 **bb) Betroffenenrecht auf Löschung bzw. Löschpflicht des Verantwortlichen.** Allerdings resultiert aus dem Inkrafttreten des absoluten Verarbeitungsverbots für den Verantwortlichen kein Verbot zur Löschung von personenbezogenen Daten des Widerspruchsführers.[51] Denn Art. 17 Abs. 1 lit. c verpflichtet Verantwortliche bei Vorliegen eines Widerspruchs ausdrücklich dazu, personenbezogenen Daten, die den Widersprechenden betreffen, „unverzüglich zu löschen", was in Bezug auf die alte Rechtslage[52] eine Klarstellung des Verordnungsgebers darstellt. Zudem sieht Art. 17 Abs. 1 lit. c eine Befreiung von der Löschpflicht für den Ausnahmefall vor, dass der Verantwortliche darlegen – und im Zweifelsfall beweisen – kann, dass die Tatbestandsvoraussetzungen (einer) der Verbotsausnahmen vorliegen[53]. Insofern kann diese **Löschverpflichtung** denknotwendig **nur bei begründeten Widersprüchen** entstehen, was seitens des Verantwortlichen erst bei Vorliegen der Ergebnisse der Widerspruchsprüfung beurteilt werden kann.

63 **cc) Recht des Betroffenen auf Einschränkung der Verarbeitung statt Löschung.** Betroffene können im Rahmen der Einlegung eines Widerspruchs anstelle einer Löschung die Sperrung bzw. Einschränkung der Verarbeitung ihrer personenbezogenen Daten gem. Art. 18 verlangen[54], bspw. zu Beweissicherungszwecken. Zwar lässt sich die Zulässigkeit einer freiwilligen Beschränkung des Widerspruchs seitens des Betroffenen nicht unmittelbar aus dem Wortlaut des Art. 21 ableiten, doch wenn Betroffene schon im Falle eines begründeten Widerspruchs die Löschung ihrer personenbezogenen Daten verlangen können, wäre es – *argumentum a maiore ad minus*[55] – doch widersprüchlich, dem Betroffenen nicht die weniger in die Rechte des Verantwortlichen – konkret dessen Datenbestand – eingreifende Einschränkung der Verarbeitung als **wesensgleiches Minus zu einer Löschung** zuzugestehen. Freilich kann der Betroffene die Einschränkung der Verarbeitung seiner personenbezogenen Daten nicht auf unbestimmte Zeit verlangen; schließlich erfolgt ja die Speicherung seiner Daten auf Kosten des Verantwortlichen ohne dass dieser jene gem. der ursprünglichen Zweckbestimmung verarbeiten darf. Wie lange ein Verantwortlicher verpflichtet ist, die personenbezogenen Daten des Widerspruchsführers trotz Sperrung aufzubewahren, muss jeweils anhand der Umstände des Einzelfalls unter Beachtung der Verarbeitungsgrundsätze nach Art. 5 beurteilt werden.

---

51 Die Legaldefinition der Verarbeitung in Art. 4 Nr. 2 enthält als Unterfall auch „das Löschen oder die Vernichtung".
52 Zur Rechtsfolge eines begründeten Widerspruchs s. m.w.N. *KG* v. 17.2.2016 – 26 U 197/12, ZD 2016, 289–295.
53 S. Wortlaut des Art. 17 Abs. 1 lit. c Alt. 1: „[...] und es liegen keine vorrangigen, berechtigten Gründe für die Verarbeitung vor [...]".
54 Ebenso Simitis/Hornung/Spiecker gen. Döhmann-*Caspar* Art. 18 Rn. 19.
55 Logischer Schluss vom Größeren auf das Kleinere, von einer weitergehenden Regelung auf einen weniger Voraussetzungen erfordernden Fall.

dd) Nebenpflichten bei begründetem Widerspruch. Aus der Verpflichtung, bis zum 64
Abschluss der Prüfung der Begründetheit des Widerspruchs die Verarbeitung der
personenbezogenen Daten des Widerspruchsführers nach Maßgabe des Art. 18 einzuschränken, resultiert nach Art. 19 die Nebenpflicht des Verantwortlichen, andere Stellen, denen die personenbezogenen Daten des Widerspruchsführers übermittelt wurden, über die Einlegung des Widerspruchs bzw. die damit einhergehende einstweilige
Verarbeitungssperre zu informieren, und sofern der Widerspruchsführer dies beantragt hat, ihn über diese Stellen zu unterrichten.

II. Widerspruch gegen Direktmarketing (Abs. 2 Hs. 1) und diesbezügliches Profiling (Abs. 2 Hs. 2)

An den Widerspruch gegen die Verarbeitung von personenbezogenen Daten im Rah- 65
men von Maßnahmen des Direktmarketings oder des hiermit verbundenen Profilings
(Abs. 2 Hs. 2) hat der Verordnungsgeber – abgesehen von der Betroffenheit der den
Widerspruch einlegenden Person – keine weitergehenden formalen oder materiellen
Voraussetzungen geknüpft.

1. Anwendungsbereich und Widerspruchsvoraussetzungen des Werbewiderspruchs.
Mittels des sich aus Abs. 2 ergebenden Widerspruchsrechts können Betroffene sich zwar 66
ausschließlich gegen die Verarbeitung ihrer personenbezogenen Daten im Zusammenhang mit „Direktwerbung" wehren.[56] Allerdings existiert – anders als bei dem allgemeinen Widerspruchsrecht nach Abs. 1 – keine Beschränkung des Widerspruchsrechts auf
Verarbeitungen, die sich auf eine bestimmte Rechtsgrundlage stützen.

Widerspruchsberechtigt sind danach ausschließlich solche Betroffene, deren personen- 67
bezogene Daten entweder für Zwecke der Direktwerbung verarbeitet werden (Hs. 1),
oder aber zu diesen Zwecken dienendem Profiling herangezogen werden (Hs. 2). Die
Angabe von Gründen seitens des Betroffenen ist – wie bereits beim Werbewiderspruch nach Art. 14 lit. b DSRL – nicht erforderlich.

a) „Direktwerbung". Der Betroffene muss sich mit seinem Widerspruch gegen 68
„Direktwerbung" wenden. Die Verwendung des Begriffs „**Direktwerbung**" ob der
Existenz der europarechtlichen Legaldefinition des Begriffs „Werbung" in Art. 2 lit. a
RL 2006/114/EG „über irreführende und vergleichende Werbung"[57] verdeutlicht die
Absicht des Verordnungsgebers, nicht jegliche Art von Werbung einzubeziehen[58] und
insoweit das Recht auf Werbewiderspruch nach Art. 21 Abs. 2 auf solche Formen der
werblichen Ansprache zu beschränken, die gegenüber anderen Werbeformen gemeinhin als belästigender empfunden werden. Der Anwendungsbereich des Werbewiderspruchs der DS-GVO bleibt angesichts dessen gegenüber der Vorgängerregelung in
Art. 14 lit. b DSRL nahezu unverändert.

---

56 So bereits Gola-*Schulz* Art. 21 Rn. 17.
57 Die Werberichtlinie RL 2006/114/EG, ABl. EU 2006 L 376, 21 legaldefiniert „Werbung" in
Art. 2 lit. b als „jede Äußerung bei der Ausübung eines Handels, Gewerbes, Handwerks
oder freien Berufs mit dem Ziel, den Absatz von Waren oder die Erbringung von Dienstleistungen, einschließlich unbeweglicher Sachen, Rechte und Verpflichtungen, zu fördern".
58 So bereits Gola-*Schulz* Art. 21 Rn. 17.

Atzert

69 Mangels entsprechender Legaldefinition in der DS-GVO[59] oder naheliegenden europäischen Richtlinien, wie bspw. Werbe-[60] oder UGP-[61] oder Datenschutz[62]-Richtlinie ist „Direktwerbung" als unbestimmter Rechtsbegriff einzustufen, der vom Rechtsanwender mit Deutungsinhalt gefüllt werden muss.

70 Martini[63] weist darauf hin, dass mehrere ErwG der „Datenschutzrichtlinie für elektronische Kommunikation"[64] auf Direktwerbung abstellen. Laut EWG 40 dieser Richtlinie zählt der Richtliniengeber „insbesondere [...] automatische Anrufsysteme, Faxgeräte und elektronische Post, einschließlich SMS" zu den typischen Formen der Direktwerbung. Vermutlich deshalb wird teilweise[65] im Rahmen der grammatischen Auslegung aus dem Präfix „Direkt" geschlussfolgert, dass der Werbetreibende einen **unmittelbaren Kontakt** zu dem Betroffenen herstellen muss, um „Direktwerbung" im Sinne von Art. 21 Abs. 2 zu betreiben.

71 Keine Voraussetzung des Vorliegens von „Direktwerbung" ist es, dass Werbetreibender in diesem Sinne nur derjenige sein kann, dessen Absatz von Waren oder Dienstleistungen durch die Werbemaßnahme gefördert werden sollen. Anderenfalls wäre selbst dann jede Form der **Beipack-Werbung** für fremde Waren und Dienstleistungen vom Widerspruchsrecht nach Art. 21 Abs. 2 ausgeschlossen – wie sie bspw. bei großen Internet-Versandhändlern erfolgt –, wenn die Vorauswahl der Beipackwerbung auf Grundlage eines detaillierten Werbe-Profiling erfolgt (z.B. Werbeadressat hat zuvor Feinkost bestellt und erhält deshalb Werbung für zum Käse passenden Wein, der nicht vom Versandhändler selbst vertrieben wird).

72 Betreiber von „Direktwerbung" im Sinne des Art. 21 Abs. 2 sind somit – neben Verantwortlichen, die Betroffenen unmittelbar hinsichtlich eigener Waren/Dienstleistungen kontaktieren – auch solche Verantwortliche die entscheidend Einfluss darauf nehmen, ob die werbliche Ansprache überhaupt stattfindet, oder welche Werbung an welche Betroffenen versandt wird.

73 b) Erforderlichkeit der Datenverarbeitung zum Betrieb der Direktwerbung. Ferner setzt Art. 21 Abs. 2 voraus, dass personenbezogene Daten des Betroffenen verarbeitet werden, „um Direktwerbung zu betreiben". Insoweit sind alle Varianten der Direktwerbung, bei der keine personenbezogenen Daten verarbeitet werden müssen, um Betroffene werblich anzusprechen, vom Widerspruchsrecht des Art. 21 Abs. 2 ausgenommen (z.B. „An alle Hausbewohner/Diesen Haushalt" adressierte Postwurfsendung ohne Verwendung einer spezifischen Anschrift).

74 Angesichts dieser Kriterien ist es naheliegend, auch **Online-Werbung** auf Internetseiten als „Direktwerbung" zu klassifizieren, weshalb diese ebenfalls vom Recht auf Werbewiderspruch nach Art. 21 Abs. 2 erfasst ist.

---

[59] So bereits BeckOK DatenSR-*Forgo* Art. 21 Rn. 22; *Sydow-Helfrich* Art. 21 Rn. 77.
[60] RL 2006/114/EG, ABL. EU 2006 L 376, 21.
[61] RL 2005/29/EG, ABL. EU 2005 L 149, 22.
[62] Nach Art. 14 lit. b DSRL konnten Betroffene „kostenfrei gegen eine vom für die Verarbeitung Verantwortlichen beabsichtigte Verarbeitung sie betreffender Daten für Zwecke der Direktwerbung Widerspruch" einlegen.
[63] Paal/Pauly-*Martini* Art. 21 Rn. 48.
[64] RL 2002/58/EG, ABl. EU 2002 L 201, 37.
[65] Ehmann/Selmayr-*Kamann/Braun* Art. 21 Rn. 47.

75 Zwar haben die Websitebetreiber in der Regel keinen oder nur geringen Einfluss auf die dem Betroffenen dargestellten Werbeinhalte, allerdings wird bei Besuch einer Werbung betreibenden Internet-Website technisch bedingt die IP-Adresse des Endgeräts des Betroffenen an den die Werbebotschaft zum Abruf bereitstellenden Ad-Server übermittelt und insoweit ein unmittelbarer Kontakt zwischen dem Werbetreibenden und dem Betroffenen hergestellt.

76 Ebenfalls vom Anwendungsbereich des Werbewiderspruchsrechts nach Art. 21 Abs. 2 erfasst sind Werbeeinblendungen von Applikationen/Betriebssystemen sofern diese den Inhalt der Werbebotschaft aus dem Internet nachladen und die IP-Adresse des Betroffenen verwenden (z.b. Herstellerhinweis auf neue Version bzw. anderes Softwareprodukt) oder hierzu sonstige personenbezogene Informationen des Betroffenen von dessen Endgerät verwenden (z.b. Software-Lizenzschlüssel, IMEI, Versionsnummer installierter Software etc.). **Ausgenommen vom Widerspruchsrecht** sind nur solche nachgeladenen Meldungen – wie bspw. **Sicherheitsupdates** –, bei denen die Eigenschaft als Werbebotschaft hinter ihrer Funktion als technisch-organisatorische Maßnahme zurückfällt.

77 **2. Form und Frist.** Hinsichtlich Form- und Fristerfordernissen für Widersprüche nach Abs. 2 gelten die Erörterungen zu Abs. 1 S. 1 entsprechend.[66] Im Hinblick auf den Werbewiderspruch lassen sich folgende Beispiele für konkludentes Handeln des Widerspruchsführers anführen: Stillschweigendes Handeln in Form einer die werbliche Ansprache betreffenden Abmahnung[67], Drohung mit Abbruch einer Geschäftsbeziehung[68].

78 **3. Rechtsfolge eines Werbewiderspruchs (Abs. 3).** **Rechtsfolge** der Einlegung eines Widerspruchs gegen Direktwerbung nach Art. 21 Abs. 2 ist für Verantwortliche – genau wie bei einem Allgemeinen Widerspruch nach Abs. 1 – ein **absolutes Verarbeitungsverbot;** also ein Verbot der (Weiter-)Verarbeitung aller auf die Person des den Widerspruch einlegenden Betroffenen bezogenen personenbezogenen Daten für Zwecke der Direktwerbung.

79 Die Klarstellung in Abs. 2 Hs. 2 wonach sich das Verarbeitungsverbot als Rechtsfolge auch auf ein Profiling zu Werbezwecken auswirkt, ist angesichts des oben beschriebenen Umstands, dass Profiling lediglich ein Unterfall einer Verarbeitung im Sinne der weiten Legaldefinition in Art. 4 Nr. 2 darstellt, insoweit auch an dieser Stelle lediglich deklaratorischer Natur.[69] Durch die Erwähnung stellt der Gesetzgeber klar, dass von dem Verarbeitungsverbot auch solche Verarbeitungen erfasst sind, die Werbemaßnahmen vorbereiten bzw. optimieren, z.B. Werbescoring[70], also die Bewertung des bisherigen & Prognose des zukünftigen Kaufverhaltens Betroffener.

80 Abhängig von der Spezifität des vom Betroffenen eingelegten Widerspruchs sind **legale Restzwecke** bzw. eine vom Betroffenen ausgehende **Beschränkung des absoluten Verarbeitungsverbots** auch angesichts eines begründeten Widerspruchs nach Abs. 2 denkbar. Hat der Betroffene seinen Widerspruch freiwillig auf bestimmte

---

66 Siehe Rn. 35.
67 Gola-*Schulz* Art. 21 Rn. 28.
68 Ehmann/Selmayr-*Kamann/Braun* Art. 21 Rn. 33; Gola-*Schulz* Art. 21 Rn. 28.
69 Vgl. Rn. 20.
70 So bereits Gola-*Schulz* Art. 21 Rn. 18.

Aspekte der Verarbeitung seiner Daten durch den Verantwortlichen beschränkt, darf der Verantwortliche trotz Vorliegen eines begründeten Werbewiderspruchs in dem vom Widerspruchsführer zugelassenen Rahmen weiter dessen personenbezogene Daten verarbeiten. Z.B. wenn der Betroffene explizit dem Werbemaßnahme vorbereitenden Profiling widerspricht, ansonsten aber zukünftig weiterhin werblich angesprochen werden möchte.

III. Hinweispflicht (Abs. 4)

81 In Abs. 4 normiert der Verordnungsgeber eine **Hinweispflicht**, wonach die betroffene Person „spätestens zum **Zeitpunkt** der ersten Kommunikation mit ihr ausdrücklich" „in einer verständlichen und von anderen Informationen getrennten Form" auf die ihr gem. Abs. 1 und 2 zustehenden Widerspruchsrechte hingewiesen werden „muss".

82 Herbst[71] weist zutreffend darauf hin, dass die sich aus Art. 13 Abs. 2 lit. b bzw. 14 Abs. 2 lit. c ergebenden Hinweispflichten des Verantwortlichen gegenüber Betroffenen zwar ähnlich jedoch nicht vollends kongruent sind und empfiehlt die Vorschriften kumulativ anzuwenden, und im Zweifel derjenigen Vorschrift den Anwendungsvorrang einzuräumen, die den höchsten Schutzmaßstab für den Betroffenen normiert. Dieser Auffassung ist zuzustimmen. Nur bei dieser Lesart können Bußgeldrisiken vermieden werden, die anderenfalls durch Fehler bei der Auslegung des Anwendungsvorrangs nicht ausgeschlossen wären.

83 **1. Normadressaten.** Normadressaten der sich aus Abs. 4 ergebenden Hinweispflicht sind der für die Verarbeitung Verantwortliche sowie ggf. der Auftragsverarbeiter, sofern die Erfüllung der Hinweispflicht zu den vertraglich vom Verantwortlichen zugewiesenen Aufgaben innerhalb der Auftragsverarbeitung gehört. Adressaten der Hinweise wiederum sind die Betroffenen.

84 **2. Zeitpunkt der Hinweiserteilung.** Verantwortliche müssen gewährleisten, dass Hinweise nach Abs. 4 Betroffenen „spätestens zum Zeitpunkt der ersten Kommunikation" mit ihnen zugehen. Infolgedessen muss in Fällen, in denen die Kommunikation vom Kunden ausgeht, z.B. durch Aufruf einer Website, die Gleichzeitigkeit genügen, indem die Pflichthinweise dem Betroffenen bspw. durch Einblendung einer Bauchbinde/ eines Banners mitgeteilt werden. Die bloße Aufnahme solcher Hinweise in die Datenschutzerklärung dürfte hingegen nicht ausreichen[72], da hier die Kenntnisnahme auf Seiten des Betroffenen nicht sichergestellt ist und eine solche Form der Hinweiserteilung der vom Verordnungsgeber intendierten „besonders effektiven"[73] Warnfunktion nicht gerecht würde.

85 Während bei der **Direkterhebung** stets eine Kommunikation mit Betroffenen erfolgt, sind auch Konstellationen denkbar, in denen bei einer **Dritterhebung** regelmäßig gar **keine Kommunikation „mit dem Betroffenen"** vorgesehen ist (z.B. Unternehmensdatenbanken). In diesen Fällen stellt die Regelung des Abs. 4 als *lex specialis* keinesfalls eine Absenkung der Hinweispflichten des Art. 14 Abs. 2 lit. c dar.[74] Vielmehr ist – unter Anwendung der oben unter Rn. 82 dargestellten Rechtsauffassung – in diesen

---

71 Ausführlich Kühling/Buchner-*Herbst* Art. 21 Rn. 34.
72 A.A. Gola-*Schulz* Art. 21 Rn. 26; Gierschmann ZD 2016, 51, 54.
73 Vgl. Kühling/Buchner-*Herbst* Art. 21 Rn. 34.
74 So bereits Kühling/Buchner-*Herbst* Art. 21 Rn. 34.

Fällen stets auf die **Frist des Art. 14 Abs. 3** abzustellen. Dieser sieht je nach Fallvariante entweder eine Monatsfrist (lit. a) oder den Zeitpunkt der ersten Offenlegung gegenüber einem Datenempfänger (lit. c) vor.

3. Anforderungen an Form und Inhalt des Pflichthinweises. Verantwortliche sind nach Abs. 4 verpflichtet, Betroffenen sämtliche Informationen mitzuteilen, die sie benötigen, um tatsächlich die sich aus Art. 21 Abs. 1 und 2 ergebenden Widerspruchsrechte in Anspruch nehmen zu können. Die Pflicht zum Hinweis auf Widerspruchsrechte ist abschließend auf die Widersprüche nach den Abs. 1 und 2 beschränkt; Verantwortliche sind somit nicht verpflichtet, Betroffene auf das etwaige Bestehen eines Widerspruchsrechts nach Abs. 6 hinzuweisen. 86

Bezüglich **Inhalt und Form** müssen Verantwortliche bei der Hinweiserteilung zusätzlich zu den für sämtliche Mitteilungen nach den Art. 15–22 grundsätzlich einzuhaltenden prozeduralen Vorgaben des Art. 12 auch die sich unmittelbar aus Abs. 4 selbst ergebenden Anforderungen berücksichtigen. 87

„**Ausdrücklich**" i.S.v. Abs. 4 ist ein Hinweis auf das Bestehen der Widerspruchsrechte nach Abs. 1 und 2 nur, soweit der Verantwortliche die dem Betroffenen zustehenden „Widerspruchsrechte" auch explizit als solche bezeichnet und hierbei keine Umschreibung vornimmt.[75] 88

Dabei muss der Verantwortliche nach Abs. 4 sicherstellen, dass er die Hinweise „in einer verständlichen und von anderen Informationen getrennten Form" erteilt. Sinn und Zweck dieser Verfahrensvorschrift entspricht in Bezug auf die „**getrennte Form**" der bereits aus § 4a BDSG a.F. bekannten Pflicht zur besonderen Hervorhebung einer datenschutzrechtlichen Einwilligung, sofern diese zusammen mit anderen Erklärungen schriftlich erteilt wird. Beide Vorschriften sollen verhindern, dass eine datenschutzrechtliche Einwilligung durch optische bzw. Layout-technische Tricks oder die Seitenzahl des Gesamtdokuments seitens des Betroffenen nicht eindeutig als datenschutzrechtlich relevante Information zu erkennen ist und die vom Verordnungsgeber intendierte Transparenzwirkung unterlaufen wird. Unzulässig ist folglich jede Form der **Verschleierung von Pflichtinformationen** i.S.d. Abs. 4, z.B. durch nicht hervorhebenden Abdruck in „Bleiwüsten", wie bspw. besonders klein gedruckte, mehrseitige, allgemeine Geschäftsbedingungen. Zur Informationellen Trennung in diesem Sinne geeignet dürften bisherige Hervorhebungen durch Fett-/Kursivdruck sein, oder die Verwendung größerer Schriftartgrößen, Umrahmungen etc. 89

Angesichts des vom Verordnungsgeber geforderten **Primats der Verständlichkeit**, muss der Verantwortliche in seinem Widerspruchshinweis gegebenenfalls Umschreibungen verwenden, um Betroffene **diskriminierungsfrei** über Sachverhalte zu informieren, also unabhängig von ihrem Bildungsstand[76] oder Alter[77]. Beispielsweise dürfte bereits der Begriff des „Profiling" für die Mehrheit der Betroffenen erklärungsbedürftig sein. 90

Welche formulierungs- oder Layout-technischen Maßnahmen genau erforderlich sind, um die vom Verordnungsgeber geforderte Verständlichkeit bzw. informationelle 91

---

75 So bereits Kühling/Buchner-*Herbst* Art. 21 Rn. 39.
76 So bereits Kühling/Buchner-*Herbst* Art. 21 Rn. 39.
77 Art. 12 Abs. 1 S. 1 Hs. 2 fordert die Verwendung einer klaren und einfachen Sprache „insbesondere für Informationen, die sich speziell an Kinder richten".

Art. 21 — Widerspruchsrecht

Abtrennung von anderen nicht datenschutzrechtlich relevanten Informationen zu erzielen, beurteilt sich jeweils anhand der Gesamtumstände des Einzelfalls.

92 **4. Grundsätzliche prozedurale Vorgaben nach Art. 12.** Verantwortliche müssen bei der Kommunikation mit Betroffenen zwecks Erfüllung der sich aus Abs. 4 ergebenden Hinweispflicht – wie bei allen Mitteilungen nach Art. 15–22 – die hierbei grundlegenden Verfahrensvorschriften des Art. 12 beachten.[78]

93 Hinweise nach Abs. 4 müssen demnach nach Maßgabe des Art. 12 Abs. 1 S. 1 Hs. 1 in **„klarer und einfacher Sprache"** gehalten sein und Betroffenen in präziser, transparenter, verständlicher und leicht zugänglicher Form übermittelt werden. Verantwortliche können, je nachdem wie die „erste Kommunikation" mit dem Betroffenen stattfindet, die **Form der Hinweiserteilung** – Schriftform, elektronische Post etc. – frei wählen[79].

94 Auf **Verlangen des Betroffenen** und wenn jener gegenüber dem Verantwortlichen seine Identität in beliebiger Weise[80] nachgewiesen hat (z.B. durch Beantwortung von Fragen zum Geburtsdatum, oder anderer zuvor vereinbarter Sicherheitsfragen, Ausweisvorlage), darf der Verantwortliche den Pflichthinweis auf das Bestehen von Widerspruchsrechten **ausnahmsweise mündlich** mitteilen, vgl. Art. 12 Abs. 1 S. 3.

95 Verantwortliche dürfen Etwaige, durch die Erfüllung der Hinweispflicht entstehende Kosten nicht den Betroffenen auferlegen. Denn nach Art. 12 Abs. 5 S. 1 müssen Verantwortliche Mitteilungen und Maßnahmen nach den Art. 15–22 Betroffenen **unentgeltlich** zur Verfügung stellen.

IV. Widerspruch mittels automatisierten Verfahren (Abs. 5)

96 Abs. 5 stellt in Zeiten allgegenwärtiger Digitalisierung sicher, dass die betroffene Person ihren Willen, der Verarbeitung der „sie betreffenden personenbezogenen Daten" zu widersprechen, auch mittels **„automatisierter Verfahren"** zum Ausdruck bringen kann. Eine Legaldefinition dessen, was der Rechtsanwender unter „automatisierten Verfahren" zu verstehen hat, findet sich weder in Abs. 5 noch an anderer Stelle der DS-GVO.

97 Der Verordnungsgeber hat diese spezielle Art der Ausübung des Widerspruchsrechts an das kumulative Vorliegen zweier Voraussetzungen geknüpft: Die automatisierte Einlegung des Widerspruchs muss (a) „im Zusammenhang mit der Nutzung von Diensten der Informationsgesellschaft" erfolgen, (b) müssen hierbei „technische Spezifikationen verwendet werden".

98 **1. Im Zusammenhang mit der Nutzung eines Diensts der Informationsgesellschaft.** Die automatisierte Ausübung des Widerspruchsrechts erfolgt „im Zusammenhang" mit einem **„Dienst der Informationsgesellschaft"**, wenn der Betroffene eine Dienstleistung im Sinne der Begriffsbestimmung in Art. 4 Nr. 25 in Anspruch nimmt, die ihrerseits auf die Legaldefinition in Art. 1 Nr. 1 lit. b der Richtlinie „über ein Informationsverfahren auf dem Gebiet der technischen Vorschriften und der Vorschriften für

---

[78] Details hierzu vgl. Ausführungen zu Art. 12.
[79] Vgl. Wortlaut d. Art. 12 Abs. 1 S. 2: „Die Übermittlung der Informationen erfolgt schriftlich oder in anderer Form, gegebenenfalls auch elektronisch."
[80] Vgl. Art. 12 Rn. 38.

die Dienste der Informationsgesellschaft"[81] (InfoVerf-RL) verweist; also „jede in der Regel gegen Entgelt elektronisch im Fernabsatz und auf individuellen Abruf eines Empfängers erbrachte Dienstleistung". Nach Maßgabe des Art. 1 Nr. 1 lit. b Nr. i InfoVerf-RL liegt eine „im Fernabsatz erbrachte Dienstleistung" vor, wenn die Dienstleistung ohne gleichzeitige physische Anwesenheit der Vertragspartner erbracht wird. Für eine „elektronisch erbrachte Dienstleistung" ist nach Art. 1 Nr. 1 lit. b Nr. ii InfoVerf-RL ferner erforderlich, dass die Dienstleistung „[...] mittels Geräten für die elektronische Verarbeitung (einschließlich digitaler Kompression) und Speicherung von Daten am Ausgangspunkt gesendet und am Endpunkt empfangen wird und [...] vollständig über Draht, über Funk, auf optischem oder anderem elektromagnetischem Wege gesendet, weitergeleitet und empfangen wird". Schließlich definiert Art. 1 Nr. 1 lit. b Nr. iii InfoVerf-RL, dass eine Dienstleistung nur dann „auf individuellen Abruf eines Empfängers" erbracht wird, wenn dies „durch die Übertragung von Daten auf individuelle Anforderung" geschieht.

Eine „individuelle Anforderung" ist jedoch nicht ausschließlich bei bewussten bzw. willentlich vom Betroffenen angeforderten Datenübertragungen gegeben, sondern auch bei allen automatisierten Datenübermittlungen, die ein individuelles Endgerät erfordern. Nur bei dieser Interpretation dürfte diese Regelung auch laterionsbasierte[82] Verfahren zur Lokalisierung von Nutzern innerhalb geschlossener Räume wie Apples iBeacon, Googles Eddystone oder Radius Networks Alt Beacons erfassen, bei denen sog. **Beacons** ihre Positionen mobilen Endgeräten ohne bewusste Anforderung ihrer Nutzer zusenden und – Installation einer Beacon-Anwendung auf dem Endgerät vorausgesetzt – ohne Wissen des Betroffenen eine Auswertung der empfangenen Beacon-Positionsinformation auf dem individuellen Endgerät erfolgt. 99

Neben internetbasierten Web-Anwendungen (z.B. Office-Suites, also Zusammenstellungen aufeinander abgestimmter bürotypischer Applikationen) und internetbasierten Apps für mobile Endgeräte sind somit auch **proprietäre Dienste** erfasst, die über Mobilfunknetze erbracht werden, wie bspw. Telematikgeräte in Agrarfahrzeugen oder PKW-Assistenzsysteme. 100

2. Verwendung technischer Spezifikationen. Zwar definiert die DS-GVO selbst nicht, was der Rechtsanwender unter „**technische Spezifikation**" zu verstehen hat, allerdings existiert eine **Legaldefinition dieses Begriffs** in Art. 1 Abs. 1 lit. c der EU-Richtlinie „über ein Informationsverfahren auf dem Gebiet der technischen Vorschriften und der Vorschriften für die Dienste der Informationsgesellschaft"[83] auf die der Verordnungsgeber bereits in Art. 4 Nr. 25 zwecks Bestimmung des Begriffs „Dienst der Informationsgesellschaft" verweist. Ob das Fehlen eines erneuten Verweises einem Redaktionsversehen des Verordnungsgebers zuzuschreiben ist, kann dahinstehen. Denn auch ohne einen explizten Verweis liegt rechtsdogmatisch bei Auslegung von unbestimmten Rechtsbegriffen, deren Regelungsgehalt sich nicht aus sich selbst heraus ableiten lässt und daher verschiedenen Interpretationen zugänglich ist, der Rückgriff auf in anderer Rechtsmaterie vorhandene Legaldefinitionen dieser Begriffe nahe; insbesondere, wenn sich andere Formen der Auslegung als nicht zielführend erweisen. 101

---

81 RL EU/2015/1535, ABl. EU 2015 L 241, 1.
82 Lateration = auf Abstands- bzw. Entfernungsmessung zu mehreren Punkten beruhendes Messverfahren zur Positionsbestimmung.
83 Siehe Art. 1 Abs. 1 lit. c RL EU/2015/1535, ABl. EU 2015 L 241, 1.

102 Gemäß der in der RL EU/2015/1535 unter Art. 1 Abs. 1 lit. c enthaltenen Legaldefinition ist unter „technische Spezifikation" eine Spezifikation, zu verstehen, „die in einem Schriftstück enthalten ist, das Merkmale für ein Erzeugnis vorschreibt, wie Qualitätsstufen, Gebrauchstauglichkeit, Sicherheit oder Abmessungen, einschließlich der Vorschriften über Verkaufsbezeichnung, Terminologie, Symbole, Prüfungen und Prüfverfahren, Verpackung, Kennzeichnung und Beschriftung des Erzeugnisses sowie über Konformitätsbewertungsverfahren. [...]"

103 Paradebeispiel eines „automatisierten Verfahrens" im Sinne von Abs. 5 das der Verordnungsgeber bei der Normierung des Abs. 5 wohl vor dem geistigen Auge hatte, ist die vom World Wide Web Consortium (W3C) spezifizierte **Do-Not-Track-Technologie (DNT)**[84], mittels derer Internetnutzer in ihren Browsereinstellungen eines Internetbrowser (sofern diese die DNT-Technik implementiert haben) ihre persönliche Präferenz in Bezug auf ihre Erfassung durch Werbetracker einstellen können. Diese wird dann zukünftig bei jedem Website-Aufruf browserseitig dem Websiteanbieter übermittelt wodurch dieser in die Lage versetzt wird, sein Trackingverhalten an den jeweiligen Nutzer zu orientieren.

104 Tavanti[85] gibt jedoch zu bedenken, dass es zukünftig – bedingt durch die Verpflichtung der Browserhersteller zu datenschutzfreundlichen Voreinstellungen – keinem willentlichen Zutun des Betroffenen bedarf, um seinen Widerspruch gegen die Verarbeitung seiner personenbezogenen Daten zu erklären. Dies stehe im Widerspruch zur Systematik der Betroffenenrechte und zum Wortlaut des Art. 21, der die Einlegung des Widerspruchs von Handlungen des Betroffenen abhängig macht (Abs. 2: „einzulegen"; Abs. 5 „ausüben").

105 Es erscheint jedoch angesichts der derzeit zunehmend exzessiv betriebenen Trackingpraxis der Werbetreibenden (teilweise cross device, d.h. über verschiedene Endgeräte hinweg) eher wahrscheinlich, dass der Verordnungsgeber diese Ausnahme bewusst implementieren wollte. Insoweit muss Abs. 5 als **gesetzliche Fiktion** verstanden werden, auf Grund derer eine Widerspruchseinlegung („ausübung") auch dann durch ein automatisches Verfahren möglich ist, wenn – z.B. wegen datenschutzfreundlicher Voreinstellung des Browsers – keine weitere Handlung des Betroffenen mehr erforderlich ist, um einer Verarbeitung personenbezogener Daten zu widersprechen.[86]

106 Mit steigender Verbreitung autonom fahrender Pkw sowie technischer Ausstattung von Pkws mit **Sprachassistenzsystemen** dürften – sofern nicht auf einer Einwilligung der Betroffenen fußend – mittel- bis langfristig zu einem automatisierten Verfahren i.S.d. Abs. 5 auch **Fahrzeugeinstellungen** zählen, die Fahrzeugführer an den Betriebssystemen ihrer intelligenten vernetzten Fahrzeuge vornehmen, um die personenbezogene Rückmeldung von **Telematikdaten** zu modifzieren bzw. zu unterbinden. Dies setzt jedoch seitens der Automobilindustrie die Schaffung entsprechender herstellerübergreifender „technischer Spezifikationen" voraus.

---

84 Siehe https://www.w3.org/TR/tracking-dnt/, zuletzt abgerufen am 30.4.2020.
85 *Tavanti* RDV, 295, 302, Pkt. IV.
86 So sieht Kühling/Bucher-*Herbst* Art. 21 Rn. 43 in der Do-not-Track-Methode eine Erleichterung zur Wahrnehmung des Betroffenenrechts.

V. Widerspruch gegen Verarbeitungen im Kontext von Forschung und Statistik (Abs. 6)

Mittels Art. 21 Abs. 6 sollen Betroffene die Verarbeitung ihrer personenbezogenen Daten mittels Einlegung eines Widerspruchs auch dann unterbinden können, wenn diese zu Zwecken der wissenschaftlichen oder historischen Forschung oder zu statistischen Zwecken gem erfolgt. 107

1. Anwendungsbereich. Der Anwendungsbereich des Widerspruchsrechts aus Art. 21 Abs. 6 ist – unabhängig von der Rechtsgrundlage auf die sich der Verantwortliche stützt[87] – grundsätzlich bei jeder Verarbeitung personenbezogener Daten eröffnet, „die zu wissenschaftlichen oder historischen Forschungszwecken oder zu statistischen Zwecken gem. Artikel 89 Absatz 1 erfolgt". 108

2. Widerspruchsvoraussetzungen bzw. Aktivlegitimation. Sofern der Anwendungsbereich des Widerspruchsrechts nach Abs. 6 eröffnet ist, ist Voraussetzung der **Aktivlegitimation** Betroffener, dass jene „aus Gründen" widersprechen, „die sich aus ihrer besonderen Situation ergeben" (bzgl. dieses Tatbestandsmerkmals s. Rn. 21 f.) und ferner die verarbeiteten Daten die Widerspruchsführer betreffen („sie betreffender personenbezogener Daten, s. Rn. 27 f."). 109

Bei der zusätzlichen Tatbestandsvoraussetzung „sie betreffende Verarbeitung" handelt es sich um ein vermutlich der Schwierigkeit der **deutschen Sprache geschuldetes Redaktionsversehen** im Rahmen der Übersetzung der englischsprachigen Fassung der DS-GVO, die zugleich auch Arbeitsfassung der am Verordnungserlass Beteiligten EU-Gesetzgebungsorgane war. Einerseits fordert die englischsprachige Fassung des Abs. 6 **keine doppelte Betroffenheit** des Betroffenen; andererseits findet sich in Abs. 1 mit „processing of personal data concerning him or her" exakt die identische Formulierung wie in Abs. 6 wieder, jedoch ohne das Abs. 1 in der deutschsprachigen Übersetzung eine Verschärfung wie in Abs. 6 enthält. Art. 21 Abs. 6 ist daher so zu lesen, dass Betroffene Widerspruch „[…] gegen die Verarbeitung sie betreffender personenbezogener Daten […]" einlegen.[88] Zum Tatbestandsmerkmal der Betroffenheit s. Rn. 27. 110

3. Begründetheit des Widerspruchs. Der Widerspruch nach Art. 21 Abs. 6 ist begründet, wenn eine Prüfung des Verantwortlichen ergibt, dass der Anwendungsbereich des Abs. 6 eröffnet, der Widerspruchsführer widerspruchsbefugt ist und sich der Verantwortliche nicht auf eine Privilegierung seiner Verarbeitung nach Abs. 6 oder § 27 Abs. 2 S. 1 BDSG berufen kann. 111

a) „erforderlich zur Erfüllung einer im öffentliche Interesse liegenden Aufgabe". Nach Abs. 6 ist dies dann der Fall, wenn „die Verarbeitung […] zur Erfüllung einer im öffentlichen Interesse liegenden Aufgabe erforderlich" ist. Diese Tatbestandsvoraussetzung „im öffentlichen Interesse liegende Aufgabe" finden sich im Wortlaut der Erlaubnisnorm des Art. 6 Abs. 1 lit. e wieder; insoweit siehe Ausführungen hierzu unter Art. 6 Rn. 88 f. 112

---

87 So bereits Kühling/Buchner-*Herbst* Art. 21 Rn. 46.
88 So bereits explizit Kühling/Buchner-*Herbst* Art. 21 Rn. 48, der auch auf die französische Übersetzung der englischen Arbeitsfassung abstellt; im Ergebnis – weil ohne Erwähnung dieser Verschärfung – wohl auch Ehmann/Selmayr-*Kamann-Braun* Art. 21 Rn. 63; Gola-*Schulz* Art. 21 Rn. 33; Paal/Pauly-*Martini* Art. 21 Rn. 56.

113 Die „Erforderlichkeit" in diesem Sinne ist gegeben, wenn **keine milderen, gleichwirksamen Mittel** existieren (z.B. Anonymisierung), um die Forschungs-/Statistikzwecke zu erreichen.[89] Herbst[90] hält angesichts des aus Art. 8 GRCh folgenden Grundrechtsschutzes insoweit eine Interessenabwägung zwischen dem öffentlichen Interesse an der Erfüllung der Aufgabe und dem Betroffeneninteresse für geboten.

114 **b) Privilegierung bei Unmöglichmachung bzw. Beeinträchtigung des Verarbeitungszwecks. § 27 Abs. 2 S. 1 BDSG**

Mit den Regelungen in § 27 Abs. 2 S. 1 BDSG hat der bundesdeutsche Gesetzgeber durch Gebrauch der in Art. 89 Abs. 2 und Abs. 3 enthaltenen Öffnungsklauseln einen **zusätzlichen Ausnahmetatbestand** geschaffen. Danach ist das Widerspruchsrecht nach Abs. 6 für Fallkonstellationen eingeschränkt, in denen die Ausübung des Widerspruchsrechts bzw. die durch den Widerspruch ausgelöste Rechtsfolge voraussichtlich die „Verwirklichung der Forschungs- oder Statistikzwecke" „unmöglich macht" oder „ernsthaft beeinträchtigt". Verantwortliche dürfen sich jedoch nur auf das Vorliegen einer Ausnahme nach § 27 Abs. 2 S. 1 BDSG berufen, wenn die Beschränkung des Widerspruchsrechts des Betroffenen „für die Erfüllung der Forschungs- oder Statistikzwecke notwendig ist", mildere Mittel also nicht ersichtlich sind.

115 Eine **Unmöglichmachung** im Sinne der Regelung liegt vor, wenn Verantwortliche das selbst gesteckte Ziel der Verarbeitung auf Grund eines widerspruchsbedingten Verarbeitungsverbots nicht mehr erreichen kann.

116 Eine **„ernsthafte Beeinträchtigung"** der Verarbeitungszwecke ist hingegen anzunehmen, wenn das Verarbeitungsverbot zwar nicht die Verwirklichung der Forschungs- oder Statistikzwecke gänzlich unmöglich macht, die Verwirklichung der Verarbeitungsziele jedoch in einem nicht nur unwesentlichen Maß gefährdet werden. Durch das Tatbestandsmerkmal „ernsthaft" stellt der Gesetzgeber sicher, dass Verantwortliche sich nicht bereits bei lediglich marginaler Beeinträchtigung ihrer Forschungsergebnisse auf die Privilegierung berufen können (z.B. widerspruchsbedingt 99 999 statt 100 000 Probanden in der Studiengruppe).

117 Aus dem Tatbestandsmerkmal **„voraussichtlich"** folgt, dass der Verantwortliche nicht erst den Eintritt negativer Folgen des Verarbeitungsverbots für seine Forschungs- oder Statistikzwecke abwarten muss, um sich auf diese Ausnahme berufen zu können. Vielmehr genügt bereits dessen **negative Prognose** im Hinblick auf die zu erwartenden Auswirkungen der Rechtsfolgen des Widerspruchs.[91]

118 **c) Privilegierung im öffentlichen Interesse liegender Archivzwecke (§ 28 Abs. 4 BDSG n.F.).** In § 28 Abs. 4 BDSG hat der Gesetzgeber einen **weiteren Ausnahmetatbestand** geschaffen, um zu verhindern, dass ein Widerspruch mit im öffentlichen Interesse liegenden Archivzwecken kollidiert. Angesichts der fast wortgleichen Formulierung der Regelungen gelten die vorstehenden Ausführungen zu § 27 Abs. 2 S. 1 BDSG im Hinblick auf § 28 Abs. 4 BDSG entsprechend. „Erforderlich" ist eine Beschränkung der in § 28 Abs. 4 BDSG genannten Betroffenenrechte – Art. 18 Abs. 1 lit. a, b und d sowie die Art. 20 und 21 – jedoch nur, wenn kein gleichwirksames, milderes Mitteln zu einer Beschränkung der Betroffenenrechte existiert.

---

89 Kühling/Buchner-*Herbst* Art. 21 Rn. 54; Paal/Pauly-*Martini* Art. 21 Rn. 60.
90 Kühling/Buchner-*Herbst* Art. 21 Rn. 54.
91 So auch *Piltz* § 27 BDSG Rn. 23.

4. Rechtsfolge des Forschungs- und Statistik-Widerspruchs nach Abs. 6. Rechtsfolge eines begründeten Widerspruchs nach Abs. 6 ist nach herrschender Meinung[92] ein **relatives Verarbeitungsverbot** (s. hierzu ausführlich Rn. 60). 119

Anders als bei den Widersprüchen nach Art. 21 Abs. 1 und Abs. 2 hat der Verordnungsgeber die Rechtsfolge eines Widerspruchs nach Art. 21 Abs. 6 nicht ausdrücklich geregelt. Allerdings erscheint es widersprüchlich, zu unterstellen, dass der Verordnungsgeber einem begründeten Widerspruch nach Abs. 6 keinerlei Rechtsfolge zuweisen wollte.[93] Martini[94] schreibt die diesbezügliche Nichtregelung dem Bemühen des Verordnungsgebers zu, auf Wiederholungen zu verzichten und sieht hierin deren „selbstverständliche Annahme", dass für Widersprüche nach Abs. 6 „nichts anderes als nach Abs. 1 und 3 gelten soll". Tatsächlich ist aus rechtsdogmatischer Sicht kein Grund ersichtlich, warum – zumal angesichts der besonderen Ausnahmesituation des Betroffenen (vgl. Rn. 17) – ein Widerspruch nach Abs. 6 rechtsfolgenlos bleiben sollte. 120

Angesichts der Übereinstimmung wesentlicher Tatbestandsmerkmale[95] zwischen Abs. 1 und Abs. 6 scheint es sachangemessen, dem Widerspruch nach Abs. 6 insgesamt dieselben Rechtsfolgen zuzugestehen, wie einem Allgemeinen Widerspruch nach Abs. 1 (siehe Rn. 60 f.). Insoweit kann ein Betroffener – obwohl Art. 21 Abs. 6 nicht ausdrücklich im Art. 18 Abs. 1 lit. d erwähnt – vom Verantwortlichen die einstweilige Einschränkung der Verarbeitung seiner personenbezogenen Daten bis zum Entscheid über die Begründetheit des Widerspruchs nach Abs. 6 verlangen (vgl. ausführlich hierzu Rn. 63). 121

C. Praxishinweise

I. Relevanz für öffentliche Stellen

Öffentliche Stellen müssen technisch und organisatorisch sicherstellen, dass die Einlegung eines Widerspruchs als solche erkannt wird, und entsprechende **stelleninterne Prozesse** existieren, die nach Eingang/Erkennung eines Widerspruchs eine Prüfung der Begründetheit des Widerspruchs initiieren und in der Lage sein, bis zum Ende dieser Prüfung die Verarbeitung der Daten des Widerspruchsführers einstweilen im Sinne des Art. 18 Abs. 1 lit. d einzuschränken und für jegliche (Weiter-)Verarbeitung zu sperren. Vorbereitungen zur einstweiligen Einschränkung der Verarbeitung der Daten von Widerspruchsführern sind nur in den Fällen entbehrlich, in denen die öffentliche Stelle ausschließlich Datenverarbeitungen ausführt, für die stets die tatbestandlichen Voraussetzungen einer Verbotsausnahme gegeben sind, z.B. weil die Stelle im Sinne von § 36 Alt. 2 BDSG auf Grund von Rechtsvorschriften zur Verarbeitung der personenbezogenen Daten Betroffener verpflichtet ist. 122

---

92 Ehmann/Selmayr-*Kamann-Braun* Art. 21 Rn. 68; Kühling/Buchner-*Herbst* Art. 21 Rn. 52 und 55; Paal/Pauly-*Martini* Art. 21 Rn. 61; Sydow-*Helfrich* Art. 21 Rn. 101; i.E. wohl auch BeckOK DatenSR-*Forgó* Art. 21 Rn. 30 f. und Gola-*Schulz* Art. 21 Rn. 33, die nicht näher auf die Rechtsfolge eingehen.
93 So bereits Kühling/Buchner-*Herbst* Art. 21 Rn. 55; Paal/Pauly-*Martini* Art. 21 Rn. 61.
94 Paal/Pauly-*Martini* Art. 21 Rn. 61.
95 Sowohl Abs. 1 als auch Abs. 6 enthalten den Passus „aus Gründen, die sich aus ihrer besonderen Situation ergeben".

Art. 21 Widerspruchsrecht

123 Öffentliche Stellen, die sich mit einem allgemeinen Widerspruch nach Abs. 1 konfrontiert sehen, müssen vornehmlich prüfen, ob nicht Tatbestandsvoraussetzungen von **Verbotsausnahmen**, ggf. flankiert durch § 36 BDSG[96], § 27 Abs. 2 BDSG oder § 28 Abs. 4 BDSG, vorliegen, welche ggf. Verantwortliche ausnahmsweise auch in Ansehung eines grundsätzlich wirksamen Widerspruchs zur Fortsetzung der Verarbeitung berechtigen.

II. Relevanz für nichtöffentliche Stellen

124 Genau wie öffentliche Stellen müssen nichtöffentliche Stellen technisch-organisatorisch die **korrekte Erkennung** und **Prüfung** eines zugegangenen Widerspruchs gewährleisten, insoweit gilt auch für nichtöffentliche Stellen das unter Rn. 122 Gesagte entsprechend. So muss bspw. vom Verantwortlichen im Hinblick auf entsprechende datenschutzrechtliche Schulungs- bzw. **Sensibilisierungsmaßnahmen** berücksichtigt werden, dass Widersprüche seitens der Betroffenen ggf. auch gegenüber eigentlich hierfür unzuständigen Beschäftigten (z.B. Fahrer, Lageristen, Pförtner etc.) erklärt werden können. Wurde ein Widerspruch vom Verantwortlichen bzw. seinen Beschäftigten als solcher erkannt muss die **Einmonatsfrist** des Art. 12 Abs. 3 S. 1 beachtet werden: ist die technische/faktische Umsetzung der Rechtsfolgen des Widerspruchs hochkomplex oder liegen dem Verantwortlichen eine Vielzahl von (ggf. gleichgelagerten) Anträgen gem. der Art. 15–22 vor, kann der Verantwortliche ausnahmsweise – allerdings nur soweit dies tatsächlich erforderlich ist – diese Monatsfrist um „weitere zwei Monate" verlängern, er muss Betroffene jedoch über die Verlängerung bzw. den Zwischenstand informieren (Verzögerungsmitteilung).

125 Berufen sich Verantwortliche auf eine Verbotsausnahme müssen sie den Betroffenen gem. Art. 12 Abs. 4 hierüber „ohne Verzögerung, spätestens aber innerhalb eines Monats nach Eingang des Antrags" in Kenntnis setzen, und auf die bestehenden Rechtsschutzmöglichkeiten hinweisen (aufsichtsbehördliche Beschwerde bzw. gerichtliche Durchsetzung des Verarbeitungswiderspruchs, siehe hierzu Rn. 58).

126 **Medienbrüche** sind zu vermeiden; geht dem Verantwortlichen der Widerspruch auf elektronischem Wege zu, ist der Betroffene über Pflichtinformationen nach Art. 12 Abs. 3 „nach Möglichkeit", „auf elektronischem Weg zu unterrichten".

127 Beabsichtigen Verantwortliche Bildnisse eigener Mitarbeiter/Kunden für werbliche oder kommerzielle Zwecke einzusetzen (**Recht am Bild**), empfiehlt sich dringend der **Abschluss eines sog. Model-Release- bzw. Fotomodell-Vertrags** mit den Modellen. Insbesondere sollte auf die Einholung von – jederzeit frei widerrufbaren – Einwilligungen nach Art. 7 bzw. § 26 Abs. 2 BDSG verzichtet werden. Nur bei synallagmatischen – d.h. auf den Austausch von Leistung und Gegenleistung beruhenden – vertraglichen Regelungen und somit der Rechtsgrundlage des Art. 6 Abs. 1 lit. b können Verantwortliche etwaige Kostenrisiken durch Widerruf/Widerspruch bedingten Wegfall der Rechtsgrundlage zur Daten(weiter)verarbeitung[97] kategorisch vermeiden.

---

96 Details zu § 36 BDSG s. Rn. 7 f., 51 f.
97 Beispielsweise die daraus resultierende Pflicht zur Entfernung der Bildnisse von bedruckten Flottenfahrzeugen/LKW-Planen/Dauer-Werbeplakaten, Vernichtung von Flyern/Broschüren oder die Verpflichtung zum Offline-Nehmen von aufwendig produzierten Imagefilmen etc.

III. Relevanz für betroffene Personen

Betroffene sollten sicherheitshalber bei Einlegung eines Widerspruchs (für ein Muster eines Betroffenenwiderspruchs siehe Rn. 15) explizit die **Einschränkung der Verarbeitung** ihrer vom Widerspruch erfassten personenbezogenen Daten gem. Art. 18 Abs. 1 lit. d verlangen, damit bis zum Zeitpunkt der Entscheidung des Verantwortlichen über die Begründetheit des Widerspruchs ein Schadenseintritt durch die (Weiter-)Verarbeitung ihrer personenbezogenen Daten ausgeschlossen ist. 128

Spätestens einen Monat nach Zugang des Widerspruchs beim Verantwortlichen kann der Betroffene mit dessen Rückmeldung zum Stand des Widerspruchverfahrens rechnen (**Einmonatsfrist**). Verstöße gegen diese Pflicht des Verantwortlichen können Betroffene gegenüber der Aufsichtsbehörde gem. Art. 77 rügen. 129

Verantwortliche dürfen vom Betroffenen angesichts der Vorgaben des Art. 12 Abs. 5 kein Entgelt für „Mitteilungen und Maßnahmen" nach Art. 21 verlangen. 130

Betroffene können gem. Art. 77 Abs. 1 „unbeschadet eines anderweitigen verwaltungsrechtlichen oder gerichtlichen Rechtsbehelfs" bei einer Aufsichtsbehörde **Beschwerde** einlegen, wenn sie der Auffassung sind, dass ein Verantwortlicher im Zusammenhang mit der Widerspruchseinlegung gegen datenschutzrechtliche Bestimmungen verstößt (z.B. wenn sich ein Verantwortlicher unrechtmäßiger Weise auf das Vorliegen der Ausnahmetatbestände nach Art. 21 Abs. 1 S. 2 beruft oder nicht innerhalb der Einmonatsfrist den Betroffenen über den Stand des Widerspruchverfahrens informiert). 131

IV. Relevanz für Aufsichtsbehörden

Für Aufsichtsbehörden relevant sind die in Art. 21 enthaltenen Regelungen im Hinblick auf die Bearbeitung von Beschwerden Betroffener gem. Art. 77, wegen Weiterverarbeitung ihrer Daten durch Verantwortliche **trotz Widerspruchseinlegung**, die aufsichtsbehördliche anlassunabhängige oder anlassbezogene Prüfung Verantwortlicher auf Einhaltung datenschutzrechtlicher Bestimmungen zur Wahrung der Betroffenenrechte gem. Art. 15–22 sowie – ggf. – die Sanktionierung hierbei festgestellter Verstöße. 132

V. Relevanz für das Datenschutzmanagement

Angesichts der mit Zugang der Willenserklärung in Gang gesetzten einmonatigen Reaktionsfrist, sowie des bestehenden Bußgeldrisikos bei diesbezüglichem Verstoß, muss technisch-organisatorisch sichergestellt sein, dass seitens Betroffener eingelegte Widersprüche unverzüglich geprüft bzw. bewertet oder im Falle von Auftragsverarbeitern, an den Verantwortlichen weitergeleitet werden, sofern der Auftrag des Verantwortlichen nicht die inhaltliche Prüfung und Bewertung von Widersprüchen Betroffener mit umfasst. Angesichts der sich aus Art. 5 Abs. 2 und 24 ergebenden **Rechenschaftspflicht** sowie der hieraus resultierenden Beweislastumkehr, könnte ggf. ein mit **Mystery-Calls** vergleichbarer Test der technisch-organisatorischen Maßnahmen zur Wahrung des Widerspruchsrechts erforderlich sein, aus dem hervorgeht, dass die Eingabe eines Widerspruchs im Produktivbetrieb tatsächlich erkannt und dessen Prüfung initiiert wird, sowie ggf. die einstweilige Einschränkung der Verarbeitung der auf den Widerspruchsführer bezogenen Daten bis zum Abschluss der Prüfung der Begründetheit des Widerspruchs. 133

VI. Relevanz im Hinblick auf Sanktionen

134 Verstöße Verantwortlicher gegen die sich aus Art. 21 ergebenden Betroffenenrechte („die Rechte der betroffenen Person gem. den Artikeln 15 bis 22"), also bspw. die Unterlassung der fristgerechten Mitteilung des Ergebnisses der Widerspruchsprüfung oder die Unterlassung der Mitteilung etwaiger Fristverlängerungen, können Aufsichtsbehörden gem. Art. 83 Abs. 5 lit. b je nach Schweregrad mit Geldbußen in Höhe von bis zu 20 Mio. EUR bzw. bis zu 4 % des weltweit erzielten Vorjahresumsatzes sanktionieren, wobei nach § 41 Abs. 1 S. 3 BDSG „das Landgericht entscheidet, wenn die festgesetzte Geldbuße den Betrag von einhunderttausend Euro übersteigt".

Artikel 22   Automatisierte Entscheidungen im Einzelfall einschließlich Profiling

(1) Die betroffene Person hat das Recht, nicht einer ausschließlich auf einer automatisierten Verarbeitung – einschließlich Profiling – beruhenden Entscheidung unterworfen zu werden, die ihr gegenüber rechtliche Wirkung entfaltet oder sie in ähnlicher Weise erheblich beeinträchtigt.

(2) Absatz 1 gilt nicht, wenn die Entscheidung
a) für den Abschluss oder die Erfüllung eines Vertrags zwischen der betroffenen Person und dem Verantwortlichen erforderlich ist,
b) aufgrund von Rechtsvorschriften der Union oder der Mitgliedstaaten, denen der Verantwortliche unterliegt, zulässig ist und diese Rechtsvorschriften angemessene Maßnahmen zur Wahrung der Rechte und Freiheiten sowie der berechtigten Interessen der betroffenen Person enthalten oder
c) mit ausdrücklicher Einwilligung der betroffenen Person erfolgt.

(3) In den in Absatz 2 Buchstaben a und c genannten Fällen trifft der Verantwortliche angemessene Maßnahmen, um die Rechte und Freiheiten sowie die berechtigten Interessen der betroffenen Person zu wahren, wozu mindestens das Recht auf Erwirkung des Eingreifens einer Person seitens des Verantwortlichen, auf Darlegung des eigenen Standpunkts und auf Anfechtung der Entscheidung gehört.

(4) Entscheidungen nach Absatz 2 dürfen nicht auf besonderen Kategorien personenbezogener Daten nach Artikel 9 Absatz 1 beruhen, sofern nicht Artikel 9 Absatz 2 Buchstabe a oder g gilt und angemessene Maßnahmen zum Schutz der Rechte und Freiheiten sowie der berechtigten Interessen der betroffenen Person getroffen wurden.

– *ErwG:* 71, 72, 91
– *BDSG n.F.:* §§ 22, 30, 31, 37

Übersicht

	Rn		Rn
A. Einordnung und Hintergrund	1	4. Ausblick/Kritik	26
I. Erwägungsgründe	7	B. Kommentierung	29
II. BDSG n.F.	13	I. Allgemeines Abwehrrecht	
III. Normengenese und -umfeld	19	gegen automatisierte Einzel-	
1. DSRL	22	fallentscheidung und Profi-	
2. BDSG a.F.	24	ling (Abs. 1)	29
3. WP der Art.-29-Daten-		1. Normzweck (Abs. 1)	29
schutzgruppe	25		

		Rn		Rn
	2. „Entscheidung" im Sinne von Art. 22 Abs. 1	31	3. Zulässigkeit der Verwendung von forderungsbezogenem Scoring durch Auskunfteien (§ 31 Abs. 2)	109
	a) „Entscheidung"	32	a) Anwendungsbereich des Abs. 2	112
	b) Unterwerfung des Betroffenen	34	b) „Auskunfteien"	115
	c) Rechtliche und faktische Auswirkungen der automatisierten Einzelfallentscheidung	37	c) „Verwendung" im Sinne von § 31 Abs. 2 BDSG	117
	aa) „rechtliche Wirkung" (Alt. 1)	38	V. Verpflichtende Schutzmaßnahmen des Verantwortlichen (Abs. 3)	133
	bb) „in ähnlicher Weise erheblich beeinträchtigen" (Alt. 2)	52	1. Mindestmaßnahmen	135
			a) Erwirkung des Eingreifens einer natürlichen Person seitens des Verantwortlichen	138
	d) „ausschließlich auf einer automatisierten Verarbeitung beruhend"	63	b) Recht auf Darlegung des eigenen Standpunkts	140
	aa) „automatisierte Verarbeitung – einschließlich Profiling"	64	c) Recht auf Anfechtung der Entscheidung	141
	bb) „einschließlich Profiling"	66	2. Fakultative Schutzmaßnahmen	142
	cc) „Ausschließliches Beruhen"	73	VI. Abs. 3 bzgl. BDSG n.F.	145
II.	Abs. 1 zzgl. BDSG n.F.	76	VII. Verbot und Ausnahmen in Bezug auf besondere Kategorien personenbezogener Daten (Abs. 4)	146
III.	Ausnahmen vom Verarbeitungsverbot (Abs. 2)	77		
	1. Erforderlich zum Vertragserfüllung (Abs. 2 lit. a)	79	1. Qualifizierte Einwilligung (Art. 9 Abs. 2 lit. a)	150
	2. Europäische oder nationalstaatliche erlaubende Rechtsvorschrift (Abs. 2 lit. b)	84	2. „Vorrangige Rechtsvorschrift der EU oder eines Mitgliedstaats" (Art. 9 Abs. 2 lit. g)	152
	3. Ausdrückliche Einwilligung (Abs. 2 lit. c)	91	3. „angemessene Schutzmaßnahmen"	157
IV.	Abs. 2 zzgl. BDSG n.F.	92	VIII. Abs. 4 bzgl. BDSG n.F.	159
	1. Schutz des Wirtschaftsverkehrs bei Scoring und Bonitätsauskünften (§ 31 BDSG)	93	1. Hinweispflicht auf Betroffenenrechte nach § 37 Abs. 1 Nr. 2 Hs. 2	171
			2. § 37 Abs. 2	172
	2. Zulässigkeit des Scoring (§ 31 Abs. 1)	95	C. Praxishinweise	174
			I. Relevant für öffentliche Stellen	174
	a) „Verwendung" im Sinne des § 31 Abs. 1 BDSG	101	II. Relevant für nichtöffentliche Stellen	175
	b) Zweckbestimmung der Verwendung des Wahrscheinlichkeitswerts	108	III. Relevant für betroffene Personen	183
			IV. Relevant für Aufsichtsbehörden	185

Art. 22 Automatisierte Entscheidungen im Einzelfall

	Rn		Rn
V. Relevant für das Datenschutzmanagement	186	D. Appendix – Synopse § 31 Abs. 2 BDSG n.F. und § 28a Abs. 1 BDSG	
VI. Sanktionen	189	a.F.	190

Literatur: *Abel* Automatisierte Entscheidungen im Einzelfall gem. Art. 22 DS-GVO, ZD 2018, 304; *Borgesius/Poort* Online Price Discrimination and EU Data Privacy Law, Journal of Consumer Policy September 2017, Volume 40, Issue 3, S. 347; *Born* Bonitätsprüfungen im Online-Handel – Scorewert-basierte automatisierte Entscheidung über das Angebot von Zahlungsmöglichkeiten, ZD 2015, 66; *Brecht/Steinbrück/Wagner* Der Arbeitnehmer 4.0 – Automatisierte Arbeitgeberentscheidungen durch Sensorik am smarten Arbeitsplatz PinG 2018, 10; *Bretthauer/Krempel/Birnstill* Intelligente Videoüberwachung in Kranken- und Pflegeeinrichtungen von morgen, CR 2015, 239; *Dammann* Erfolge und Defizite der EU-Datenschutzgrundverordnung, ZD 2016, 307; *Datenethikkommission (DEK)* Gutachten v. 23.10.2019[1]; *Drewes* Dialogmarketing nach der DSGVO ohne Einwilligung der Betroffenen CR 2016, 721; *Eichler* Zulässigkeit der Tätigkeit von Auskunfteien nach der DS-GVO, RDV 2017, 10; *Ernst* Algorithmische Entscheidungsfindung und personenbezogene Daten, JZ 2017, 1026; *Galetzka* Web-Analytics/Retargeting und automatisierte Einzelfallentscheidung, KuR 2018, 675; *Geminn* Das Smart Home als Herausforderung für das Datenschutzrecht, DuD 2016, 575; *Golla* Abgenickt von Algorithmik, PinG 2014, 61; *Gross/Gressel* Entpersonalisierte Arbeitsverhältnisse als rechtliche Herausforderung – Wenn Roboter zu Kollegen und Vorgesetzten werden, NZA 2016, 990; *Jaspers/Jacquemain* Künstliche Intelligenz und ihre Auswirkungen auf den Beschäftigtendatenschutz, RDV 2019, 232; *Klug* Der Datenschutzbeauftragte in der EU – Maßgaben der Datenschutzgrundverordnung, ZD 2016, 315; *Kugelmann* Datenfinanzierte Internetangebote, DuD 2016, 566; *La Diega* Against the Dehumanisation of Decision-Making, JIPItec 9/2018, 3; *Laue/Kremer* Das neue Datenschutzrecht in der betrieblichen Praxis, 2. Aufl. 2019; *von Lewinski/Pohl* Auskunfteien nach der europäischen Datenschutzreform, ZD 2018, 17; *Martini* Algorithmen als Herausforderung für die Rechtsordnung JZ 2017, 1017; *Martini/Botta/Nink/Kolain* Impuls Algorithmenethik, Ausgabe Nr. 11, 2020; *Moos/Rothkegel* Nutzung von Scoring-Diensten im Online-Versandhandel, ZD 2016, 558; *Paal* Missbrauchstatbestand und Algorithmic Pricing, GRUR 2019, 43; *Piltz* Die Datenschutz-Grundverordnung (Teil 2) K&R 2016, 629; *Richter* Big Data, Statistik und die Datenschutzgrundverordnung, DuD 2016, 581; *Rosenthal* Profiling nach der Datenschutz-Grundverordnung, DSB 2018, 35; *Schantz* Die Datenschutz-Grundverordnung, NJW 2016, 1841; *Taeger* Scoring in Deutschland nach der EU-Datenschutzgrundverordnung, ZRP 2016, 72; *ders.* Verbot des Profiling nach Art. 22 DS-GVO und die Regulierung des Scoring ab Mai 2018, RDV 2017, 3; *von Ulmenstein* Korrelationsmuster als Rechtsgegenstand, PinG 2019, 269; *Walt/Vogl* Increasing Transparency in Algorithmic-Decision-Making with Explainable AI, DuD 2018, 613; *Wojak* Intelligente Kollektiv-Algorithmen in der Personalverwaltung, DuD 2018, 553.

A. Einordnung und Hintergrund

1 Art. 22 ergänzt das Instrumentarium der Betroffenenrechte der DS-GVO um ein weiteres **Abwehrrecht** in Gestalt eines **Verbots mit Erlaubnisvorbehalten**. Nach Abs. 1 hat die betroffene Person das Recht, keiner Entscheidung unterworfen zu werden, die

---

[1] Abrufbar unter https://www.bmi.bund.de/DE/themen/it-und-digitalpolitik/datenethikkommission/arbeitsergebnisse-der-dek/arbeitsergebnisse-der-dek-node.html, zuletzt abgerufen am 17.1.2020.

ausschließlich auf automatisierter Verarbeitung ihrer personenbezogenen Daten basiert und Rechtsfolgen[2] bzw. vergleichbare Auswirkungen mit sich bringt.
Obwohl nach Wortlaut und Gesetzessystematik[3] als Betroffenenrecht ausgestaltet – ist 2
Art. 22 Abs. 1 als ein **Verbot** zu qualifizieren. Anderenfalls müssten Betroffene ihr Recht erst gegenüber Verantwortlichen beanspruchen bzw. (außer-)gerichtlich geltend machen, um nicht den Risiken automatisierter Entscheidungsfindung ausgesetzt zu sein.[4] Gleichzeitig ist Art. 22 nicht als Erlaubnis sui generis zur Verarbeitung personenbezogener Daten aufzufassen.[5] Er erhöht die allgemeinen Zulässigkeitsanforderungen an Datenverarbeitungen nach Art. 6[6] ausschließlich für **automatisierte Einzelfallentscheidungen**, was insoweit auch deutlicher aus der amtlichen Überschrift der englischen Fassung des Art. 22 hervorgeht („Automated individual decision-making, including profiling"). Erfasst wird diese **spezielle Form der Nutzung von Ergebnissen automatisierter Datenverarbeitung** von Art. 22 Abs. 1 nur dann, wenn die Entscheidung unter faktischem Ausschluss der Einwirkung natürlicher Personen ermittelt wurde (zu den Anwendungsvoraussetzungen s. Rn. 32 ff.). Buchner[7] spricht insoweit zutreffend von **zusätzlichen Rechtmäßigkeitsvoraussetzungen**. Die Zulässigkeit aller Datenverarbeitungen, die zur Grundlage einer von Art. 22 Abs. 1 regulierten automatisierten Entscheidung herangezogen werden, richtet sich insoweit nach den allgemeinen Grundsätzen des Art. 6.

In den **Abs. 2–4** sieht der Verordnungsgeber ausdrücklich **Erlaubnisvorbehalte** von 3
dem grundsätzlichen Verbot vor (zu Erlaubnisvorbehalten siehe Rn. 46). Als Kompensation für die Berufung auf die Verbotsausnahmen verpflichtet Abs. 3 Verantwortliche im Falle von automatisierten Einzelentscheidungen spezielle **Mindestmaßnahmen** zum Schutz der Betroffenenrechte zu ergreifen.

Sinn und Zweck des Art. 22 ist der Schutz der Betroffenen vor menschenunwürdiger 4
Ausnutzung technischer Möglichkeiten zur Automatisierung von Lebenssachverhalten. Art. 22 verhindert, dass der **Mensch zum bloßen Objekt**[8] **voll automatisierter Datenverarbeitungsverfahren** verkommt. Verantwortliche sollen Entscheidungen, die für Betroffene rechtlich relevant sind oder sie gar beschweren nicht „**ausschließlich**" auf rationale Erwägungen bzw. eine Schematisierung von Lebenssachverhalten[9] stützen dürfen und zugleich den **emotionalen Faktor „Mensch"** systematisch ausklammern können.

---

2 Zur Frage, ob es sich um „nachteilige Rechtsfolgen" für den Betroffenen handeln muss, siehe Rn. 37 f.
3 Kühling/Buchner-*Buchner* Art. 22 Rn. 12; Paal/Pauly-*Martini* Art. 22 Rn. 29, der auf die Normierung des Art. 22 in Kapitel III (Rechte der Betroffenen) hinweist; wohl auch Roßnagel-*Hohmann* Europäische Datenschutz-Grundverordnung, § 3 Rn. 153 ff., der Art. 22 im Umfeld der Betroffenenrechte bespricht.
4 So bereits Paal/Pauly-*Martini* Art. 22 Rn. 29.
5 Gola-*Schulz* Art. 22 Rn. 2.
6 Albrecht/Jotzo Das neue Datenschutzrecht der EU, Teil 3, Rn. 62.
7 Kühling/Buchner-*Buchner* Art. 22 Rn. 12.
8 So bereits Paal/Pauly-*Martini* Art 22, Rn. 1; Kühling/Buchner-*Buchner* Art. 22 Rn. 11.
9 Grabitz/Hilf-*Brühmann* Das Recht der Europäischen Union, 40. Aufl., Art. 15 EG-DSRL, Rn. 1.

Atzert

5 Schulz[10] gibt zu bedenken, dass der Verordnungsgeber durch die Normierung eines grundsätzlichen Verbots ausschließlich automatisierter Entscheidungsfindung die **Vorteile rein maschineller, objektiver Entscheidungsfindung** ignoriert und die „naturgemäß auch von nicht-sachlichen Erwägungen geleiteten Entscheidungen natürlicher Personen unbeachtet" lässt. [11]

6 Diese Argumentation berücksichtigt nicht, dass Entscheidungen von KI[12] auf Algorithmen[13] beruhen, die von nicht fehlerfrei arbeitenden natürlichen Personen programmiert und implementiert werden müssen.[14] Der Risikoanteil auf Grund des fehlerfanfälligen Faktors „Mensch" ist somit auch der ausschließlich automatisierten Entscheidungsfindung per se immanent. Der Verordnungsgeber stellt mithilfe des Art. 22 sicher, dass auch im Zeitalter der ubiquitären Digitalisierung Raum für menschliches Ermessen sowie Mitgefühl bleibt und somit die Berücksichtigung von atypischen bzw. Härtefällen weiterhin gewährleistet ist.

I. Erwägungsgründe

7 Den in Art. 22 enthaltenen Regelungen lassen sich inhaltlich die ErwG 71, 72 und 91 zuordnen.

8 Mit Art. 22 setzt der Verordnungsgeber angesichts der offensichtlichen inhaltlichen Übereinstimmungen zu großen Teilen den Normierungsauftrag in ErwG 71 um, der ein **Abwehrrecht des Betroffenen bezüglich automatisierter Einzelfallentscheidung** beschreibt und zudem ausführt, in welchen Fällen Verbotsausnahmen zulässig sein sollen und welche Mindestgarantien den Betroffenen in diesen Ausnahmefällen ausgleichshalber zugestanden werden sollen. Ferner enthält ErwG 71 neben Anwendungsszenarien eines solchen Rechts und der Profiling-Definition (eingeflossen in die „Profiling"-Legaldefinition in Art. 4 Nr. 4) die Mindestanforderungen an die Rahmenbedingungen, unter denen Verantwortliche Profiling betreiben dürfen.

9 Nach ErwG 71 S. 1 sollte die betroffene Person „das Recht haben, keiner Entscheidung – was eine Maßnahme einschließen kann – zur Bewertung von sie betreffenden persönlichen Aspekten unterworfen zu werden, die ausschließlich auf einer automatisierten Verarbeitung beruht und die rechtliche Wirkung für die betroffene Person entfaltet oder sie in ähnlicher Weise erheblich beeinträchtigt". Gegenüber diesem Textvorschlag weist Art. 22 einen **stark erweiterten Anwendungsbereich** auf. Während die

---

10 Gola-*Schulz* Art. 22 Rn. 2.
11 Wobei WP 29 WP 251 Rev. 01 v. 3.10.2017, S. 13, zuletzt geändert am 6.2.2018, dies trotz Art. 22 weiterhin für möglich hält: „Controllers may wish to use automated decision-making, for example, because they: potentially allow for greater consistency or fairness in the decision making process (e.g. by reducing the potential for human error, dicrimination and abuse of power [...].".
12 Zum Begriff der „Künstlichen Intelligenz" siehe *Ernst* JZ 2017, 1026 f., dort Pkt. II Nr. 2 m.w.N.
13 S. zum Begriff Rn. 69.
14 Laut *Ernst* JZ 2017, 1028 fehlt Algorithmen u.a. die Fähigkeit zur Selbstreflexion, insoweit verweist er auf das Fallbeispiel der „Three black Teenager", https://www.zeit.de/digital/internet/2016-06/google-three-black-teenagers-suchmaschine-rassismus, abgerufen am 28.1.2020, m.w.N.

Formulierung in ErwG 71 S. 1 lediglich Entscheidungen in Bezug auf Betroffene reguliert, die „zur Bewertung von sie betreffenden persönlichen Aspekten" ergehen und insoweit starke Kongruenzen zur Profiling-Definition des Art. 4 Nr. 4 aufweist, erfasst das Verbot des Art. 22 Abs. 1 nun jegliche Entscheidung, die einerseits auf einer automatisierten Verarbeitung beruht und andererseits gegenüber einem Betroffenen „rechtliche Wirkung entfaltet" oder ihn „in ähnlicher Weise erheblich beeinträchtigt". In dem Spiegelstrich-Zusatz „einschließlich Profiling", ist insoweit nur eine **deklaratorische Klarstellung des Verordnungsgebers** zu sehen, dass eine automatisierte Entscheidungsfindung ausdrücklich auch dann von Art. 22 Abs. 1 erfasst ist, wenn sie auf Profiling i.S.v. Art. 4 Nr. 4 – also der automatisierten Verarbeitungen zur Bewertung persönlicher Aspekte – beruht. Auf die Übernahme des Gedankens, dass Betroffenen das Abwehrrecht aus Art. 22 auch gegenüber **hoheitlichen Maßnahmen**[15] zusteht, hat er hingegen verzichtet. Ebenso findet die Erwägung, dass kein Kind einer automatisierten Einzelentscheidung unterworfen werden soll, im Normentext der DS-GVO keinen Widerhall.

Als ein mögliches Anwendungsszenario des Abwehrrechts führt ErwG 71 die automatische „**Ablehnung eines Online-Kreditantrags** oder **Online-Einstellungsverfahren ohne jegliches menschliches Eingreifen**" an. 10

Die Erwägung des ErwG 72, dem nach Art. 68 einzurichtenden europäischen Datenschutzausschuss die Kompetenz zu verleihen, Leitlinien in Bezug auf das „Profiling" herauszugeben, wurde vom Verordnungsgeber in Art. 70 Abs. 1 lit. f umgesetzt. Art. 70, der einen angesichts seines Wortlauts („insbesondere") nicht abschließenden Katalog an Tätigkeiten enthält, die dem Datenschutzausschuss aufgabenhalber zugewiesen werden, ermächtigt in Buchstabe f den de facto-Nachfolger der Art.-29-Datenschutzgruppe der Europäischen Kommission dazu, „von sich aus oder gegebenenfalls auf Ersuchen der Kommission" „**Kriterien und Bedingungen für die auf Profiling beruhenden Entscheidungen** gem. Art 22 Abs. 2" zu bestimmen, indem den DS-GVO-Anwendern neben Leitlinien auch Empfehlungen und bewährte Verfahren gem. Art. 70 Abs. 1 lit. e bereitgestellt werden. Mit seiner Entscheidung vom 25.5.2018[16] hat der EDSA die von Seiten der Art.-29-Datenschutzgruppe in ihrem Arbeitspapier Nr. 251 veröffentlichten Leitlinien[17] zur automatisierten Entscheidungsfindung und Profiling vom Datenschutzausschuss übernommen. 11

In ErwG 91 S. 2 führt der Verordnungsgeber die automatisierte Einzelentscheidung sowie Profiling als Beispiel für Verarbeitungstätigkeiten an, bei denen Verantwortliche zur Durchführung einer DSFA verpflichtet sein sollten. Diese Erwägung wurde in Art. 35 Abs. 3 lit. a umgesetzt (siehe auch Rn. 178). 12

---

15 Der Begriff der „Maßnahme" findet sich sowohl in Art. 26 AEUV (ABl. EG C 115 v. 9.5.2008, S. 47) als auch in der Legaldefinition des Verwaltungsakts in § 35 S. 1 VwVfG, BGBl. 2003 I S. 102 wieder.
16 https://edpb.europa.eu/sites/edpb/files/files/news/endorsement_of_wp29_documents_en_0.pdf.
17 WP 29 WP 251 Rev. 01 v. 3.10.2017.

II. BDSG n.F.

13 Mit Normierung der §§ 31, 37 BDSG hat der deutsche Gesetzgeber und auf nationalstaatlicher Ebene explizite **Regelungen für Scoring und Bonitätsauskünfte** (§ 31 BDSG) sowie der automatisierten Einzelfallentscheidung – einschließlich Profiling – im Versicherungswesen (§ 37 BDSG) normiert. Dabei zeigt die amtliche Überschrift des § 31, „Schutz des Wirtschaftsverkehrs bei Scoring und Bonitätsauskünften" deutlich, dass der Gesetzgeber mit Erlass dieser Regelungen allein auf den Schutz des Wirtschaftsverkehrs und nicht der Betroffenen abzielt.

14 Ob sich der deutsche Gesetzgeber bei Erlass des § 31 BDSG rechtmäßiger Weise auf eine Öffnungsklausel berufen durfte, ist umstritten.[18] Buchner[19] geht insoweit von der Europarechtswidrigkeit und infolgedessen Unanwendbarkeit der Norm aus. Nach der hier vertretenen Auffassung können Rechtsanwender aus der Privatwirtschaft in der Praxis den § 31 BDSG so lange als rechtmäßig erachten, bis dessen Nichtigkeit bzw. Europarechtswidrigkeit gerichtlich festgestellt wurde.

15 Demgegenüber dient § 30 BDSG – wie zuvor § 29 Abs. 6 und 7 BDSG a.F. – der Umsetzung von Vorgaben des Art. 9 Verbraucherkreditrichtlinie[20]. § 30 Abs. 1 BDSG beinhaltet zudem eine Formulierung, die zur Definition des in § 31 verwandten Begriffs „Auskunfteien" herangezogen werden kann (s. Rn. 115).

16 § 31 BDSG wurde laut Begründung des deutschen Gesetzgebers[21] mit der Zielvorgabe normiert, den „materiellen Schutzstandard" der §§ 28a und 28b BDSG a.F. zu erhalten. Deshalb greift Abs. 1 des § 31 BDSG inhaltlich überwiegend die Vorgaben des § 28b BDSG a.F. zur **Zulässigkeit von Scoring**[22] im Zusammenhang mit der Begründung, Durchführung oder Beendigung eines Vertragsverhältnisses auf, während Abs. 2 von § 31 BDSG teilweise regelungstechnisch deckungsgleich mit § 28a BDSG a.F. ist, der die Zulässigkeit einer Übermittlung von forderungsbezogenen personenbezogenen Daten an Auskunfteien reguliert. Auffällig ist allerdings, dass die Reglungen des § 31 Abs. 2 BDSG an zentraler Stelle von der Regelung in § 28a BDSG a.F. zu Lasten der Betroffenen abweicht (s. hierzu ausführlich Rn. 117).

17 Demgegenüber basiert § 37 BDSG teilweise auf den Regelungen des § 6a BDSG a.F. und trägt nach Auffassung des Bundesrats[23] „den spezifischen Belangen der Versicherungswirtschaft Rechnung".

18 § 37 ermöglicht es Verantwortlichen – bei Vorliegen bestimmter Voraussetzungen – automatisierte Einzelfallentscheidungen auch dann zu treffen, wenn dies nach Art. 22 Abs. 2 lit. a und c nicht zulässig wäre. Erforderlich ist jedoch stets, dass die Entscheidung „im Rahmen der Leistungserbringung nach einem Versicherungsvertrag ergeht" (s. Rn. 161 f.).

---

18 Für eine entsprechende Öffnungsklausel bzgl. Scoring: Taeger ZRP 2016, 72, 74 f.; Auernhammer-*Kramer* § 31 BDSG, Rn. 5; a.A. Kühling/Buchner/*Buchner* § 31 BDSG Rn. 5 f. m.w.N. sowie *Moos/Rothkegel* ZD 2016, 561, 567 f.
19 Kühling/Buchner/*Buchner* § 31 BDSG Rn. 5 f.
20 2008/48/EG, ABl. EU 2008 L 133, 66.
21 BT-Drucks. 18/11325, S. 102, zu § 31.
22 Siehe umfassend zur Zulässigkeit des Scorings aus europäischer Perspektive *von Lewinski/Pohl* Auskunfteien nach der europäischen Datenschutzreform, ZD 2018, 17 m.w.N.
23 BR-Drucks. 110/17, S. 107.

III. Normengenese und -umfeld

Die Struktur des Art. 22 wurde teilweise vom Verordnungsgeber aus Art. 15 übernommen und ergänzt. Der ursprünglich in Art. 20 (jetzt Art. 22) des Kommissionsentwurfs[24] bzw. Parlamentsvorschlag verwandte Begriff der „Maßnahme" (engl. measures) wurde – wohl mit der Prämisse die bereits aus Art. 15 DSRL bekannte Formulierung wieder aufzugreifen – auf Vorschlag des Rats wieder in „Entscheidung" umformuliert.   19

Die nun in Art. 22 Abs. 3 enthaltene **Trias verpflichtender Mindestmaßnahmen** war im Kommissionsentwurf ursprünglich nicht vorgesehen[25] und wurde seitens des Rats aus dem Parlamentsvorschlag und schließlich in die Trilogfassung übernommen. Letztere entspricht – abgesehen von der Nummerierung der Artikel (dort noch als Art. 20 geführt) – dem aktuellen Wortlaut des Art. 22 Abs. 3.   20

Die noch im KOM-Entwurf[26] in Art. 20 Abs. 5 vorgesehene Selbstermächtigung der EU-Kommission, delegierte Rechtsakte zu erlassen, um Kriterien und Bedingungen näher zu regeln, die für geeignete Maßnahmen zur Wahrung der berechtigten Interessen im Zusammenhang mit der ausnahmsweise erlaubten automatisierten Einzelfallentscheidung sowie Profiling gelten sollen, wurde durch den Parlamentsentwurf zu einem diesbezüglichen Auftrag des Europäischen Datenschutzausschusses abgeschwächt bzw. modifiziert und letztlich in der Trilogfassung aus Art. 20 herausgelöst. Der Arbeitsauftrag findet sich nunmehr in der amtlichen Fassung in Art. 70 Abs. 1 lit. f wieder.   21

1. DSRL. Inhaltlich lehnt sich der Verordnungsgeber bei Art. 22 stark an der Grundstruktur des Art. 15 DSRL an, der gleichfalls als Verbot mit Erlaubnisvorbehalt ausgestaltet wurde.[27] Sowohl das Recht des Betroffenen keiner Entscheidung unterworfen zu werden, die ausschließlich auf einer automatisierten Verarbeitung beruht (Abs. 1), als auch die Ausnahmen hiervon (Erforderlichkeit der Entscheidung für den Abschluss eines Vertrags (Abs. 2 lit. a) oder Existenz einer Erlaubnisnorm der EU oder eines Mitgliedstaats (Abs. 2 lit. b) orientieren sich inhaltlich und strukturell am Vorbild des Art. 15 DSRL. Der Verordnungsgeber ergänzt die in Art. 15 DSRL enthalten Verbotsausnahmen jedoch in Art. 22 Abs. 2 lit. c um die Klarstellung, dass Entscheidungen nach Abs. 1 auch dann zulässig sind, wenn Betroffene ausdrücklich hierin eingewilligt haben.   22

Während Art. 15 DSRL noch keine spezifischen Regelungen hinsichtlich besonderer Kategorien von personenbezogenen Daten vorsah, regelt der Verordnungsgeber nun automatisierte Entscheidungen im Einzelfall bzw. Profiling in Bezug auf diese Datenkategorie ausdrücklich in Abs. 4. Abs. 4 wurde – wie Art. 22 – gleichfalls als Verbot mit Erlaubnisvorbehalt ausgestaltet und verbietet es Verantwortlichen grundsätzlich, automatisierte Entscheidungen auf besondere Kategorien personenbezogener Daten   23

---

24 KOM(2012)11, S. 61, http://eur-lex.europa.eu/LexUriServ/LexUriServ.do?uri=COM:2012:0011:FIN:DE:PDF.
25 KOM(2012)11 führt in Art. 20 Abs. 2 lit. a lediglich das „Recht auf direkten persönlichen Kontakt" als Beispiel für eine geeignete Maßnahme zur Wahrung der berechtigten Interessen der betroffenen Person auf.
26 KOM(2012) 11, S. 62.
27 So bereits *Laue/Kremer* Das neue Datenschutzrecht in der betrieblichen Praxis, § 2 Rn. 82.

zu stützen, sofern nicht die Voraussetzungen einer der zwei ebenfalls in Abs. 4 normierten Ausnahmetatbestände vorliegen (qualifizierte Einwilligung der Betroffenen nach Art. 9 Abs. 2 lit. a bzw. Vorliegen vorrangiger Erlaubnisvorschriften gem. Art. 9 Abs. 2 lit. g) und zusätzlich seitens des Verantwortlichen „angemessene Maßnahmen zum Schutz der Rechte und Freiheiten sowie der berechtigten Interessen der betroffenen Personen getroffen wurden".

24 **2. BDSG a.F.** Die Maßgaben des Art. 15 DSRL hatte der deutsche Gesetzgeber in § 6a Abs. 1 und 2. BDSG a.F. umgesetzt. Dessen inhaltlicher Aufbau – Verbot (Abs. 1) mit Erlaubnisvorbehalt (Abs. 2) – entspricht Art. 22 weitgehend[28], enthält jedoch – anders als Art. 22 – keine spezifischen Regelungen im Hinblick auf besondere Kategorien von personenbezogenen Daten. Verglichen mit Art. 22 Abs. 2 lit. a hatte der Bundesgesetzgeber den Erlaubnisvorbehalt des § 6a Abs. 2 Nr. 1 BDSG a.F. enger gefasst. Gegenüber Art. 22 Abs. 2 lit. a setzt die Verbotsausnahme nach § 6a Abs. 2 Nr. 1 BDSG a.F. zusätzlich voraus, dass dem Begehren des Betroffenen stattgegeben wurde.

25 **3. WP der Art.-29-Datenschutzgruppe.** Umfangreiche Hilfestellung zu Fragestellungen der automatisierten Entscheidungsfindung und Profiling bietet das Arbeitspapier Nr. 251 der Europäischen Art.-29-Datenschutzgruppe in der revidierten Fassung v. 6.2.2018[29], dass zusammen mit anderen Arbeitspapieren per Beschluss v. 25.5.2018[30] seitens des EDSA gebilligt wurde.

26 **4. Ausblick/Kritik.** Art. 97 verpflichtet die EU-Kommission „bis zum 25.05.2020 und danach alle vier Jahre" dem Europäischen Parlament sowie dem Rat eine Evaluation der DS-GVO vorzulegen und diese Berichte über die Bewertung und Überprüfung der Verordnung zu veröffentlichen.

Dadurch, dass der Verordnungsgeber einerseits die Zulässigkeitsvoraussetzungen des Profiling i.S.v. Art. 4 Nr. 4 nur für die Sonderfälle geregelt hat, die in den Anwendungsbereich des Art. 22 fallen, jedoch andererseits vermehrt profiling- bzw. algorithmische Systeme trotz der hiermit verbundenen Schadens- und Diskriminierungspotenziale in unseren Alltag Einzug finden, besteht *de lege ferenda* das dringende Erfordernis, die **deutlich klaffende Regelungslücke** zu schließen. So erfasst Art. 22 bspw. weder die die Entscheidungen lediglich vorbereitende personenbezogene Profilisierung Betroffener (bspw. durch Wirtschaftsauskunfteien oder die Vergabe von Studienplätzen[31]), noch die automatisierte Analyse von Datenmassen auf Korrelationsmuster[32] (sog. Data-Mining), so lange hieraus keine Entscheidung i.S.v. Art. 22 erwächst (z.B. automatisierte Untersu-

---

28 Paal/Pauly-*Martini* Art. 22 Rn. 32.
29 WP 251 Rev. 01 v. 6.2.2018, http://ec.europa.eu/newsroom/article29/document.cfm?doc_id=49826.
30 *Europäischer Datenschutzausschuss* Endorsement 1/2018 v. 25.5.2018, S. 1, Nr. 3, https://edpb.europa.eu/sites/edpb/files/files/news/endorsement_of_wp29_documents_en_0.pdf, abgerufen am 30.1.2020.
31 *Martini/Botta* Impuls Algorithmenethik 11/2020, S. 12, 29, Pkt. 5.3.2.4: „Hochschulen können den Anforderungen des Art. 22 [...] dadurch entrinnen, dass sie die Analyseprogramme lediglich als Assistenzsystem ausgestalten."
32 Zur rechtlichen Einordnung der Untersuchung von Datenmustern in Big-Data-Anwendungen siehe m.w.N. *von Ulmenstein* PinG 6/2019, 269 ff.

chung von **Gesichtsfotos** per **Deep Learning**[33] auf **Vorhandensein von Gendefekten oder Erbkrankheiten**[34]).

Folgerichtig finden sich in der juristischen Literatur (z.B. seitens des Netzwerk Datenschutzexpertise[35]) und aufsichtsbehördlichen Äußerungen wie bspw. der sog. „**Hambacher Erklärung zur künstlichen Intelligenz**"[36] konkrete Forderungen an die Legislative. 27

Die von der Bundesregierung eingesetzte **Datenethikkommission** (DEK) verfolgt demgegenüber einen grundlegenderen Ansatz. Sie sieht in ihrem Gutachten[37] nicht nur in Bezug auf Art. 22 einen Klarstellungs- bzw. Konkretisierungsbedarf, sondern postuliert eine Regulierung algorithmischer Systeme „durch allgemeine horizontale Vorgaben im Recht der Europäischen Union"[38]. Die Datenethikkommission schlägt hierzu eine Europäische „Verordnung für Algorithmische Systeme (EUVAS)" vor, um ein „risikoadaptiertes Regulierungsregime" zu schaffen, dass „dem Einzelnen angemessene Schutzgarantien (insbesondere gegen Profiling) und Verteidigungsmöglichkeiten gegen Fehler und Bedrohungen seiner Rechte vermittelt"[39]. 28

B. Kommentierung

I. Allgemeines Abwehrrecht gegen automatisierte Einzelfallentscheidung und Profiling (Abs. 1)

1. Normzweck (Abs. 1). Art. 22 Abs. 1 verbietet es Verantwortlichen, Betroffene einer „Entscheidung" zu „unterwerfen". Das aus Art. 22 Abs. 1 resultierende Verbot[40] erfasst dabei nur solche Entscheidungen des Verantwortlichen, die „ausschließlich auf einer automatisierten Verarbeitung – einschließlich Profiling –" „beruhen" und zudem dem Betroffenen gegenüber eine „rechtliche Wirkung" entfalten (1. Alt.), oder ihn „in anderer Weise erheblich beeinträchtigen" (Alt. 2). 29

Insoweit normiert der Verordnungsgeber in Art. 22 Abs. 1 keine besonderen Zulässigkeitsvoraussetzungen, die anstelle des Art. 6 treten sollen, sondern reguliert mittels „**zusätzlicher Rechtmäßigkeitsvoraussetzungen**"[41] eine spezifische Art der „Nutzung bestimmter Ergebnisse einer Datenverarbeitung"[42], der er ein besonders hohes Risiko 30

---

33 Beim Deep Learning werden künstliche neuronale Netze zur Lösung eines Problems des maschinellen Lernens eingesetzt, die mehrere Abstraktionsebenen besitzen und dazu in der Lage sind, ohne menschliches Eingreifen eigenständig zu lernen. Vgl. m.w.N. https://www.bigdata-insider.de/was-ist-deep-learning-a-603129/, abgerufen am 28.1.2020.
34 *Gurovich et al.* Nature Medicine 25/2019, 60–64, https://www.nature.com/articles/s41591-018-0279-0, abgerufen am 28.1.2020.
35 *Bernhardt/Ruhmann/Schuler/Weichert* Evaluation der Europäischen Datenschutz-Grundverordnung, S. 8, https://www.netzwerk-datenschutzexpertise.de/sites/default/files/gut_2019_evaluationsgvo_final.pdf, zuletzt abgerufen am 17.1.2020.
36 Entschließung der 97. Konferenz der unabhängigen Datenschutzaufsichtsbehörden des Bundes und der Länder v. 3.4.2019, https://www.datenschutzkonferenz-online.de/media/en/20190405_hambacher_erklaerung.pdf, abgerufen am 29.1.2020.
37 *Datenethikkommission* Gutachten 2019, S. 192.
38 *Datenethikkommission* Gutachten 2019, S. 184.
39 *Datenethikkommission* Gutachten 2019, S. 192 (rechte Spalte).
40 Siehe hierzu Rn. 1.
41 *Albrecht/Jotzo* Das neue Datenschutzrecht der EU, Teil 3, Rn. 62; Kühling/Buchner-*Buchner* Art. 22 Rn. 9.
42 Kühling/Buchner-*Buchner* Art. 22 Rn. 11.

Atzert

beimisst. Die Zulässigkeit der Datenverarbeitungen, auf deren Grundlage die von Art. 22 Abs. 1 regulierten automatisierten Entscheidungen ergehen, richtet sich insoweit nach den allgemeinen Grundsätzen des Art. 6.

31 2. „**Entscheidung**" im Sinne von Art. 22 Abs. 1. Zentrale Anwendungsvoraussetzung des Verbots aus Abs. 1 ist, dass Betroffene einer „Entscheidung" des Verantwortlichen „unterworfen" werden. Rechtsanwender müssen – wie auch schon bei der Rechtsvorgängervorschrift Art. 15 DSRL – mangels Definition der Tatbestandsmerkmale „Entscheidung" und „unterwerfen" deren Bedeutung im Wege der Auslegung ermitteln.

32 a) „**Entscheidung**". Eine „Entscheidung" i.S.d. Art. 22 Abs. 1 setzt voraus, dass der Verantwortliche eine **Wahl aus mindestens zwei faktisch vorhandenen Handlungsalternativen** trifft, wobei anstelle einer Handlung auch eine Unterlassung[43] zur Auswahl stehen kann.[44] Diese Auswahl des Verantwortlichen muss zudem in einer der in Abs. 1 genannten Auswirkungen – "rechtliche Wirkung" bzw. „ähnlich erhebliche Beeinträchtigung" – resultieren. Da der Verordnungsgeber das Verbot automatisierter Einzelentscheidungen im Hinblick auf Normadressaten nicht beschränkt hat, können Verantwortliche von „Entscheidungen" nach Abs. 1 neben **natürlichen Personen** auch **juristische Personen** sein.[45]

33 Art. 22 Abs. 1 erfasst dabei sowohl **reaktive** als auch vom Verantwortlichen **selbst initiierte automatisierte Entscheidungsfindungen**. Darunter sind neben den Entscheidungen, denen ein Impuls des Betroffenen vorausgeht (z.B. Antragstellung), auch solche zu verstehen, die auf die Eigeninitiative des Verantwortlichen zurückgehen (z.B. automatische Kündigung bei Überschreiten eines zuvor vom Verantwortlichen definierten Schwellwerts).

34 b) **Unterwerfung des Betroffenen.** Aus dem Wortlaut der Formulierung „**unterworfen zu werden**" lässt sich die Voraussetzung ableiten, dass Betroffene an dem Prozess der Entscheidungsfindung des Verantwortlichen zu keinem Zeitpunkt beteiligt waren bzw. zumindest vor dem Zeitpunkt, auf dem sie sich ggf. auf ihre Rechte nach Abs. 3 oder Abs. 2 lit. b berufen, **keinen entscheidenden Einfluss auf den Ausgang der Entscheidung** gehabt haben. Letzteres ist immer gegeben, wenn allein der Verantwortliche die Bedingungen und Kriterien der automatisierten Verarbeitung vorgibt und somit die allein über die Grundlagen der Entscheidungsfindung disponiert.[46]

35 von Lewinski[47] verneint das Tatbestandsmerkmal des „Unterworfen"-Sein im Falle von **Suchmaschinenergebnissen**, da die Nutzung auf der Entscheidung des Nutzers beruhe. Zwar ist von Lewinski im Hinblick auf das Ergebnis uneingeschränkt zuzustimmen, da bspw. Google bei mehr als 2 Billionen Suchanfragen pro Jahr[48] wohl kaum zugemutet werden kann, Nutzern bei jedem einzelnen Suchergebnis die Min-

---

[43] Gierschmann-*Veil* Art. 22 Rn 58.
[44] Ähnlich Gola-*Schulz* Art. 22 Rn. 18, der darüber hinaus eine „in gewisser Weise abschließende Wirkung" fordert.
[45] Gola-*Schulz* Art. 22 Rn. 18.
[46] Gola/Schomerus-*Klug/Körffer* § 6a BDSG Rn. 3, zum Tatbestandsmerkmal „unterworfen" i.S.d. Art. 15 Abs. 1 DSRL.
[47] BeckOK DatenSR-*von Lewinski* Art. 22 Rn. 19 (Stand 1.12.2019), unter Bezugnahme auf *Golla* PinG 2014, 61, 65.
[48] Meldung von SearchEngineLand v. 24.5.2016, https://searchengineland.com/google-now-handles-2-999-trillion-searches-per-year-250247, abgerufen am 14.1.2018.

destschutzmaßnahmen nach Abs. 3 – u.a. Recht auf Darlegung des eigenen Standpunkts – zuzugestehen. Allerdings scheitert das Greifen des Verbots der automatisierten Entscheidungsfindung nach Art. 22 Abs. 1 nicht am Fehlen des Unterworfen-Seins, sondern daran dass die Tatbestandsmerkmale „rechtliche Wirkung" bzw. „einer ähnlichen Weise erheblichen Beeinträchtigung" nicht gegeben sind. Auch wenn Nutzern angesichts moderner **SEO-Verfahren**[49] Möglichkeiten zur Verfügung stehen, die Ergebnisse der Suchmaschine zu beeinflussen, sind Nutzer den Entscheidungen von Suchmaschinenbetreibern völlig „unterworfen" i.S.d. Art. 22 Abs. 1. Denn Letzteren steht es jederzeit frei, unangekündigt die Bedingungen der meist unentgeltlich angebotenen Entscheidungsfindung in Form der Priorisierung von Suchergebnissen abzuändern und somit im obigen Sinne des „Unterwerfens" alleinig über die Kriterien der zur Entscheidung führenden Verarbeitung zu disponieren.

Anders ist das Vorliegen des Tatbestandsmerkmals „Unterworfen werden" ggf. bei **SmartHome-Systemen**[50] zu beurteilen, jedoch nur solange dem SmartHome-Bewohner jederzeit die Option eines Eingriffs in die Verarbeitung zusteht und der Betroffene tatsächlich entscheidenden Einfluss auf die faktischen Folgen der vom SmartHome getroffenen Entscheidung nehmen kann. Handelt es sich hingegen um herstellerseitig fest vorgegebene Algorithmen/Entscheidungsfindungsprozesse, die vom Nutzer nicht übergangen werden können, dürfte das Kriterium des Unterworfen-Seins auch hier erfüllt sein (z.B. denkbar bei smarten Rauchmeldern oder Alarmsystemen). In diesen Fällen ist insoweit das Vorliegen der Voraussetzung einer Ausnahme nach Art. 22 Abs. 2 lit. a zu prüfen (zu Erlaubnisvorbehalten siehe Ausführungen zu Abs. 2).

c) Rechtliche und faktische Auswirkungen der automatisierten Einzelfallentscheidung. Eine Entscheidung muss ferner gegenüber dem Betroffenen eine für ihn rechtlich vorteilhafte oder nachteilige[51] „Wirkung entfalten" oder „ihn in ähnlicher Weise erheblich beeinträchtigen".

aa) „rechtliche Wirkung" (Alt. 1). Wann automatisierte Entscheidungen gegenüber dem Betroffenen eine „rechtliche Wirkung entfalten" definiert die DS-GVO selbst – wie schon zuvor § 6a BDSG a.F. – nicht.

Nach der zutreffenden **Definition der „rechtlichen Wirkung"** von Buchner[52] ist dies immer dann der Fall, wenn die Entscheidung „die Rechtsposition der betroffenen Person in irgendeiner Weise verändert, ein Recht oder Rechtsverhältnis begründet oder aufgehoben wird oder in ein Recht eingegriffen wird". In der Zusammenschau mit der Tatbestandsvoraussetzung „unterworfen zu werden" kommt hierbei allein **einseitiges Handeln oder Unterlassen**[53] seitens des Verantwortlichen in Betracht.

Hierzu zählen neben rechtsgeschäftlichen rechtsgestaltenden Handlungen auf privatrechtlicher Ebene wie Mahnungen oder Kündigungen (ggf. auch von Arbeitsverträ-

---

49 SEO steht für Search Enginge Optimization.
50 Beispiel nach BeckOK DatenSR-*von Lewinski* Art. 22 Rn. 20, Stand 1.12.2019.
51 Siehe hierzu den im Folgenden geschilderten Streitstand.
52 Kühling/Buchner-*Buchner* Art. 22 Rn. 23 f.
53 Gierschmann-*Veil* Art. 22 Rn 58.

gen⁵⁴) insbesondere auch **öffentlich-rechtliche Maßnahmen**⁵⁵, also einseitiges, behördliches Handeln zur Regelung eines Einzelfalls wie der (Nicht-)Erlass von Verwaltungsakten⁵⁶. Teilweise wird der Begriff der Maßnahme im Zusammenhang mit Art. 22 auch abweichend interpretiert.⁵⁷

41 Tatbestandsmäßig wären insoweit die automatische Verweigerung von Leistungsbescheiden⁵⁸ bzw. Genehmigungsbescheiden oder die Schätzung der Steuerlast. Zur **Reichweite des Tatbestandsmerkmals „rechtliche Folgen"** gilt Folgendes:

42 Wie weit das Tatbestandsmerkmal „rechtliche Wirkung" zu fassen ist, wird in der juristischen Literatur derzeit uneinheitlich beantwortet. Insbesondere wird hinterfragt, ob **allein nachteilige Rechtsfolgen** für den Betroffenen erfasst sind, oder das Tatbestandsmerkmal „rechtliche Wirkung" auch **lediglich vorteilhafte Rechtsfolgen** (z.B. vollumfängliche Stattgabe des Betroffenenantrags) mit umfasst.

43 Schulz⁵⁹, Buchner⁶⁰ und Taeger⁶¹ verneinen den Anwendungsbereich des Art. 22 für vollumfänglich stattgebende Entscheidungen und leiten dies im Wege **grammatischer Auslegung** aus dem Wortlaut des Abs. 1 ab, der – über die Formulierungen von Art. 15 DSRL und § 6a BDSG a.F. hinausgehend⁶² – auch greift, wenn eine automatisierte Entscheidung den Betroffenen „**in ähnlicher Weise** erheblich belastet". Nach dieser Auffassung ist in der zweiten Tatbestandsalternative „in ähnlicher Weise erheblich beeinträchtigend" eine Rückbezugnahme auf die erste Tatbestandsalternative „rechtliche Wirkung" zu sehen, so dass der Verordnungsgeber angesichts der Verwendung des Tatbestandsmerkmals der „Ähnlichkeit" letztlich nur nachteilige „rechtliche Wirkungen" gemeint haben kann.

44 Demgegenüber vertreten Hladjk⁶³, Martini⁶⁴ und von Lewinski⁶⁵ die Auffassung, dass es nicht darauf ankomme, ob die „rechtliche Wirkung" von dem Betroffenen als positiv oder negativ bewertet wird. Diese Auffassung wird im Rahmen **historischer Auslegung** durch die **Entstehungsgeschichte des Art. 22** gestützt, auf die Veil⁶⁶ verweist. So

---

54 BeckOK DatenSR-*von Lewinski* Art. 22 Rn. 31 (Stand 1.12.2019) verweist auf *Gross/Gressel* NZA 2016, 990, 993.
55 „Maßnahmen" werden ausdrücklich in EWG 71 S. 1 erwähnt: „Die betroffene Person sollte das Recht haben, keiner Entscheidung – was eine Maßnahme einschließen kann – [...]."
56 Bzgl. Legaldefinition des Begriffs „Verwaltungsakt" s. § 35 S. 1 VwVfG.
57 *Piltz* Die Datenschutz-Grundverordnung (Teil 2) K&R 2016, 629, 635 der die Maßnahme einer Entscheidung vorlagert sieht, sowie Gierschmann-*Veil* Art. 22 Rn 63, der Maßnahmen als Handlungen mit faktischer Wirkung definiert.
58 Beispiele nach BeckOK DatenSR-*von Lewinski* Datenschutzrecht des Bundes und der Länder, § 6a Rn. 24 zu Rechtsfolgen im öffentlichen Bereich.
59 Gola-*Schulz* Art. 22 Rn. 22.
60 Kühling/Buchner-*Buchner* Art. 22 Rn. 24.
61 Im Ergebnis wohl ablehnend Taeger/Gabel-*Taeger* Art. 22 Rn. 47.
62 Beide Normen stellen neben der rechtlichen Folge lediglich auf eine „erhebliche Beeinträchtigung" des Betroffenen ab.
63 Ehmann/Selmayr-*Hladjk* Art. 22 Rn. 9, offen lassend unter Hinweis auf das dringende Erfordernis seitens des Europäischen Datenschutzausschusses diesbezügliche Leitlinien zu entwickeln.
64 Ohne Begründung Paal/Pauly-*Martini* Art. 22 Rn. 26.
65 BeckOK DatenSR-*von Lewinski* Art. 22 Rn. 33, Stand 1.12.2019.
66 Gierschmann-*Veil* Art. 22 Rn 69.

hatten ursprünglich die Länder Spanien und Deutschland darauf gedrängt, den Anwendungsbereich des Verbots der automatisierten Einzelfallentscheidung auf nachteilige Wirkungen zu beschränken, weshalb zeitweise das Verbot des Art. 20 Abs. 1 des KOM-Entwurfs nur bei „significant adverse effects" gegolten hätte.[67] Berücksichtigt man neben der Entstehungsgeschichte des Art. 22, in dessen Verlauf sich die deutschspanische Bestreben letztlich nicht durchsetzen konnte[68] auch den Umstand, dass die Bedeutung der in der englischsprachigen Fassung der DS-GVO verwandten Formulierung („affects him or her") neutraler[69] ist, als das in der deutschen Sprache eindeutig negativ konnotierte Wort „beeinträchtigen", lässt sich durchaus die Auffassung vertreten, dass das Verbot aus Art. 22 Abs. 1 auch lediglich rechtlich vorteilhafte Rechtsfolgen erfasst. Nach Herbst[70] spreche für die weite Auslegung auch der Wortlaut der Parallelvorschrift Art. 11 der JI-Richtlinie[71]; hierin beschränkt der Richtliniengeber den Anwendungsbereich der Vorschrift ausdrücklich auf „eine nachteilige Rechtsfolge".

Veil[72] hingegen, der im Wege der **teleologischen Auslegung** auf den **Sinn und Zweck** 45 des Art. 22 Abs. 1 abstellt, den Betroffenen zu schützen, erscheint es widersinnig, den Betroffenen im Falle einer automatisierten Einzelentscheidung mit lediglich rechtlich vorteilhafter Rechtsfolge den Betroffenen auch gegen seinen erklärten Willen davor zu schützen, dass die Entscheidung zu seinen Gunsten ergeht. Insoweit plädiert er dafür, für Betroffene günstige Entscheidungen generell zuzulassen und dem Verbot des Art. 22 Abs. 1 zu entziehen.

In der **Gesamtwürdigung** ist die zweitgenannte Auffassung vorzugswürdig, die **neben** 46 **Nachteiligen auch vorteilhafte Rechtsfolgen für Betroffene** in den Anwendungsbereich des Abs. 1 mit einbezieht. Denn sie gewährleistet Betroffenen nicht nur das vom Verordnungsgeber – ausweislich der Entstehungsgeschichte der Norm – intendierte Schutzniveau und berücksichtigt die unterschiedliche Lesart des in der englischen Sprachfassung der Norm verwandten Ausdrucks „affects him or her"[73], sondern eliminiert als einzige das anderen Auffassungen inhärente Bußgeld-Risiko. Sieht man ausschließlich nachteilige Rechtsfolgen vom Anwendungsbereich des Art. 22 erfasst, besteht das Risiko, dass Rechtsanwender im Rahmen der Prüfung, ob ein Verfahren der automatisierten Einzelfallentscheidung nun den Maßgaben des Art. 22 unterliegt oder nicht, zu einem falschen Ergebnis gelangen und wegen Nichttreffens verpflichtender Schutzmaßnahmen nach Abs. 3 gegen Art. 83 Abs. 5 lit. b verstoßen. Demgegenüber sind nach der hier vertretenen Auffassung solche Irrtümer des Verantwortlichen in Bezug auf die Günstigkeit einer „rechtlichen Wirkung" der automatisierten Ent-

---

67 Gierschmann-*Veil* Art. 22 Rn 69 verweist auf Art. 20 Abs. 1 des Ratsentwurfs v. 26.2.2013, Ratsdok. 6814/13 S. 10f., abrufbar unter https://lobbyplag.eu/governments/assets/pdf/CD-6814_13.pdf.
68 In der im Amtsblatt der EU veröffentlichten Fassung lautet die Formulierung nunmehr: „similarly significantly affects".
69 So auch Gierschmann-*Veil* Art. 22 Rn. 70.
70 Auernhammer-*Herbst* Art. 22, Rn. 14, jedoch wohl im Ergebnis gegen eine weite Auslegung.
71 RL (EU) 2016/680 des Europäischen Parlaments und des Rates vom 27.4.2016, Abl. EU 2016 L 119/89.
72 Gierschmann-*Veil* Art. 22 Rn. 71.
73 Vgl. Rn. 44.

scheidung kategorisch ausgeschlossen, was insofern für einen Zuwachs an Rechtssicherheit sorgt; zumal der „Anreiz" für Verantwortliche entfällt, Entscheidungsfindungen so zu konzipieren, dass sie gezielt aus dem Anwendungsbereich des Art. 22 herausfallen. Für diese Auffassung spricht auch, dass der deutsche Gesetzgeber es für erforderlich hielt, in § 37 Abs. 1 Nr. 1 BDSG ausdrücklich vorteilhafte Wirkungen in Form der Stattgabe des Betroffenenbegehrens von dem Verbot des Art. 22. Abs. 1 auszunehmen.[74]

47 von Lewinski[75] fordert darüber hinaus, dass die „**rechtliche Wirkung**" sich „**entfalten**" muss, da dies in der englischen Sprachfassung des Art. 22 Abs. 1 Voraussetzung ist („producing legal effects"). Eine „rechtliche Wirkung" i.S.d. Art. 22 gesteht er insoweit rein-formaljuristisch weder der Unterbreitung eines Angebots zum Vertragsschluss noch der bonitätsbasierten Entscheidung eines Online-Versandhändlers zu, eine Ware nur gegen Vorkasse statt „auf Rechnung" zu versenden, da es – wie bei einem Nicht-Vertragsschluss – gerade nicht zu einer „Entfaltung" der „rechtlichen Wirkung" auf Seiten des Betroffenen komme.

48 Die Art.-29-Datenschutzgruppe[76] ist bei der Auslegung der „legal Effects" weniger trennscharf und fasst unter „rechtliche Wirkung" i.S.v. Art. 22 Abs. 1 jede „Verarbeitungstätigkeit, die sich auf die Rechte einer Person auswirkt, wie z.B. die Freiheit, sich mit anderen zu treffen, an einer Wahl teilzunehmen oder rechtliche Schritte einzuleiten. Eine Rechtswirkung kann auch etwas sein, das die Rechtsstellung einer Person oder ihre Rechte aus einem Vertrag berührt."[77]

49 Diese Auffassung zu Grunde legend, wäre auch den von von Lewinski vorgebrachten Beispielen eine rechtliche Wirkung zu attestieren, da bspw. eine Vertragsablehnung – in Form der Nichtverbesserung der Rechtsposition des Betroffenen – Auswirkungen auf jenen hat.

50 Eine Entscheidung darüber, ob die „Entfaltung" der „rechtlichen Wirkung" Tatbestandsvoraussetzung des Art. 22 ist, kann in der Praxis des Rechtsanwenders jedoch dahinstehen, wenn die „rechtliche Wirkung" den Betroffenen zumindest „**in ähnlicher Weise erheblich beeinträchtigt**". In beiden Fällen bleibt der Anwendungsbereich des Art. 22 eröffnet.[78] **Beispiel** für eine – allerdings für den Betroffenen nachteilige – rechtliche Wirkung i.S.d. Art. 22 ist die automatisiert getroffene Entscheidung eines Online-Versandhändlers dem Käufer im Falle des Gebrauchs des 14-tägigen Widerrufsrechts nur in den Fällen die Kosten der Rücksendung aufzuerlegen, in denen der Kunde keine Gründe für den Widerruf angibt; hingegen bei Angabe eines Widerrufsgrunds jedoch von Rücksendekosten absieht.

51 Ein **weiteres Beispiel** einer rechtlichen Wirkung ist die Verweigerung einer zusätzlichen kostenlosen Müllabfuhr der wegen Detektion eines müllsortenfremden Fehl-

---

74 M.w.N. *Brecht/Steinbrück/Wagner* Der Arbeitnehmer 4.0, PinG 2018, 10, 13, dort II Nr. 3 b; a.A. *Piltz* § 37 BDSG Rn. 4, der genau hierin den Grund für die Europarechtswidrigkeit des § 37 BDSG sieht.
75 BeckOK DatenSR-*von Lewinski* Art. 22 Rn. 35, Stand 1.12.2019.
76 *Art.-29-Datenschutzgruppe* WP 251, S. 10.
77 Übersetzung durch Verf.
78 BeckOK DatenSR-*von Lewinski* Art. 22 Rn. 36, Stand 1.12.2019.

wurfs nicht geleerten Biomülltonne[79], sofern im Zusammenhang mit der Fehlwurf-Detektion die Adresse des „Störers" automatisiert vom Müllfahrzeug in das Verwaltungssystem des Abfallentsorgers eingemeldet wurde; dies gilt nicht für die erste Verweigerung der Leerung am Abfuhrtag selbst, da jene ohne Personenbezug möglich ist.

bb) „in ähnlicher Weise erheblich beeinträchtigen" (Alt. 2). Neben rechtlichen Folgen umfasst das Verbot nach Art. 22 Abs. 1 auch **faktische Folgen** der automatisierten Einzelentscheidung für den Betroffenen, die ihn „in ähnlicher Weise erheblich beeinträchtigen" (z.B. Realakte und tatsächliche Handlungen/Unterlassungen[80]), wobei der Verordnungsgeber auch diese Voraussetzung nicht näher konkretisiert. 52

Dem **Wortlaut** nach erfasst Art. 22 Abs. 1 **nur „erhebliche" Beeinträchtigungen**. Aus dem Umkehrschluss folgt, dass der Gesetzgeber davon ausgeht, dass neben tatbestandsmäßigen „erheblichen" auch unerhebliche Beeinträchtigungen existieren – die Art.-29-Datenschutzgruppe sprach insoweit von trivialen Beeinträchtigungen[81] –, die insoweit dem Anwendungsbereich des Verbots nach Abs. 1 nicht unterfallen, weil Betroffene sie auf Grund ihrer **Sozialadäquanz**[82] tolerieren müssen und ein Schutzbedarf deshalb nicht gegeben ist. 53

Zu Recht weist Veil[83] daraufhin, dass die Bestimmung dieses Tatbestandsmerkmals „in ähnlicher Weise" durch die Rückbezugnahme auf das Tatbestandsmerkmal „rechtliche Wirkungen" erschwert wird; da rechtliche Wirkungen in ihrer Intensität stark variieren können. Hladjk[84] hält es auf Grund dessen sogar für erforderlich, dass der Europäische Datenschutzausschuss „bald" diesbezügliche Leitlinien veröffentlicht[85]. 54

Buchner[86] fordert – zutreffend – für ein Vorliegen einer „erheblichen Beeinträchtigung" i.S.d. Art. 22 Abs. 1, dass Betroffene durch die Entscheidung in ihrer **wirtschaftlichen oder persönlichen Entfaltung nachhaltig**[87] **gestört** werden. Veil[88] plädiert – zur Vermeidung von Rechtsunsicherheit und um einen objektiveren Bewertungsmaßstab anzulegen – dafür, nicht auf das subjektive Beeinträchtigungsgefühl des Betroffenen und stattdessen pauschalierend auf die **Sichtweise des Durchschnittsmenschen** abzustellen. Als Störung im Sinne der Buchnerschen Formel genügt insoweit jede Unterbrechung eines hypothetischen Geschehensablaufs, der ohne Unterbrechung zu einer 55

---

79 Meldung des General-Anzeiger Bonn v. 30.8.2019, https://www.general-anzeiger-bonn.de/region/sieg-und-rhein/siegburg/abfallentsorger-spuert-muellschummler-mit-sensoren-auf_aid-45457305, abgerufen am 5.2.2020.
80 BeckOK DatenSR-*von Lewinski* Datenschutzrecht des Bundes und der Länder, § 6a Rn. 32.
81 WP 29: WP 251 v. 3.10.2017, S. 10, http://ec.europa.eu/newsroom/just/document.cfm?doc_id=47963.
82 So bereits BeckOK DatenSR-*von Lewinski* Art. 22 Rn. 40, Stand 1.12.2019.
83 Gierschmann-*Veil* Art. 22 Rn. 63, beispielhaft die Kreditversagung der Nichtauszahlung eines Gewinnspiel-Preises gegenüberstellend.
84 Ehmann/Selmayr-*Hladjk* Art. 22 Rn. 9.
85 Zu diesem Zeitpunkt war allerdings das Arbeitspapier Nr. 251 der Art.-29-Datenschutzgruppe noch nicht veröffentlicht.
86 Kühling/Buchner-*Buchner* Art. 22 Rn. 26.
87 Ähnlich Paal/Pauly-*Martini* Datenschutz-Grundverordnung, Art. 22 Rn. 28, der fordert, dass die Entscheidung nachhaltig in die Rechte und Freiheiten der Betroffenen hineinwirkt.
88 Gierschmann-*Veil* Art. 22 Rn. 66.

wirtschaftlichen oder persönlichen Entfaltung des Betroffenen geführt hätte. Der Begriff der Entfaltung muss hierbei jedoch weit verstanden werden, vgl. Rn. 47.

56 Bei einem **Online-Recruiting** bzw. **Online-Assessment** läge eine solche Störung bei Nicht-Einladung[89] zum Bewerbungsgespräch vor, sofern diese auf einer ausschließlich automatisierten **negativen Personalvorauswahl** basiert. Denn hierdurch wird die wirtschaftliche/persönliche Entfaltung nachhaltig (jedenfalls bis zum nächsten erfolgreichen Bewerbungsgespräch) gehemmt. In diesem Zusammenhang weist Diercks[90] auf den vermeintlichen Wertungswiderspruch hin, dass manuelle Personalvorauswahlen trotz identischer Beschwer der Betroffenen weiterhin zulässig sind. Allerdings sind mit Blick auf die Praxis leicht zahlreiche Fallgestaltungen denkbar, bei denen im Rahmen menschlicher Vorauswahl – somit zeitlich im Nachgang zur Festlegung der Bewerber-Ablehnungskriterien – die Geeignetheit einer Bewerbung trotz sonstiger Erfüllung von Ablehnungskriterien (bspw. wegen Vorhandensein von unternehmensnützlichen Spezialkenntnissen oder eines mit dem systemseitig geforderten Qualifikation vergleichbaren jedoch im Entscheidungs-Algorithmus nicht hinterlegten Qualifikation) vom Menschen erkannt wird; wohingegen dieselbe Bewerbung im Rahmen einer automatisierten Einzelentscheidung mangels entsprechender Programmierung bzw. **Unfähigkeit zur Erkennung von übergreifenden Sachzusammenhängen** schlicht abgelehnt worden wäre (zur automatisierten Bewerbervorauswahl siehe auch Rn. 175).

57 In der Praxis dürften jedoch auch zahlreiche Beispiele existieren, die mangels Erheblichkeit der Beeinträchtigung aus dem Anwendungsbereich des Art. 22 herausfallen. Beispielhaft genannt seien hier:
– eine automatisierte KI-Entscheidung im laufenden Arbeitsverhältnis auf Grundlage eines Mitarbeiter-Profiling im Hinblick auf die Teamzusammensetzung[91] oder
– die automatisierte Ermittlung von Werbe-Score-Werten, bei welchen Kunden die künftige werbliche Ansprache lohnt (anders, wenn dasselbe Scoring in einer automatisierten Entscheidung über das „ob" des Gewährens von Rabatten münden würde), siehe hierzu auch Rn. 59.

58 Da der Verordnungsgeber in ErwG 71 als Anwendungsbeispiel der Vorschriften des Art. 22 die Ablehnung eines Online-Kredits aufführt, wird auch in der **Verweigerung eines Vertragsabschlusses** oder in dem **Verweis auf bestimmte Zahlungsarten** (Vorkasse statt Rechnungskauf) regelmäßig eine „erhebliche Beeinträchtigung" zu sehen sein.[92] Dies stellt auch keinen Eingriff in die Privatautonomie dar; denn Betroffene können mittels ihres Rechts auf Anfechtung der Entscheidung (s. hierzu ausführlich

---

[89] *Jaspers/Jacquemain* RDV 2019, 232, 234 bejahen die Anwendung des Art. 22 bei vollautomatischer Absage an Bewerber.
[90] https://diercks-digital-recht.de/2016/11/big-data-im-zeitalter-der-eu-datenschutzgrundverordnung-dsgvo-teil-6-zur-eu-dsgvo/, abgerufen am 25.1.2018.
[91] *Jaspers/Jacquemain* RDV 2019, 232, 235 plädieren angesichts der arbeitgeberseitigen Fürsorgepflicht für eine entsprechende Anwendung, insbesondere bzgl. „Recht auf menschliche Überprüfung und Letztentscheidung".
[92] Paal/Pauly-*Martini* Art. 22 Rn. 32, *Born* ZD 2015, 66, 69 m.w.N.; a.A. Gola-*Schulz* Art. 22 Rn. 25 und BeckOK DatenSR-*von Lewinski* Art. 22 Rn. 39 (Stand 1.12.2019), die eine Anwendbarkeit nur im Falle der Verweigerung des Vertragsschlusses durch einen Monopolisten bejahen.

Rn. 141) nicht einen Vertragsschluss erzwingen – und wie teils[93] behauptet, die Privatautonomie unterlaufen –, sondern lediglich die erstmalige Involvierung eines Menschen in den Prozess der Entscheidungsfindung herbeiführen. Dieser Person bleibt es unbenommen, nach Abwägung aller entscheidungserheblichen Gesichtspunkte unter Berücksichtigung des Standpunkts des Betroffenen, bei dem maschinell getroffenen Ergebnis zu verbleiben.

Diskutiert wird auch, ob von **Direktwerbung** eine „erhebliche Beeinträchtigung" im o.g. Sinne ausgehen kann. von Lewinski[94] verneint dies für Fälle, in denen die Voraussetzungen der wettbewerbsrechtlichen Vorschriften[95] zum Belästigungsschutz eingehalten sind (§ 7 UWG). Genauso Buchner[96], der anderenfalls die Relevanzlosigkeit des sich aus Art. 21 Abs. 2 ergebenden Rechts zum Widerspruch gegen Direktwerbung konstatiert. **59**

Wesentlich weiter ist demgegenüber die Auffassung der Art.-29-Datenschutzgruppe in ihrem Arbeitspapier[97], die die Anwendbarkeit des Art. 22 lediglich in „vielen klassischen Fällen zielgerichteter Werbung" („target advertising") verneint, allerdings dessen Anwendbarkeit „bezogen auf die besonderen Umstände des Einzelfalls" auch in Abhängigkeit von der „Invasivität des Profilerstellungsprozesses" („intrusiveness of the profiling process"), „den Erwartungen und Wünschen der Betroffenen", der „Art/Auslieferung der werblichen Ansprache" oder „besonderen Schwachstellen der von der Werbung adressierten Betroffenen" für möglich erachtet.[98] **60**

Angesichts der neuen **Verbandsklagemöglichkeit** gem. Art. 80 Abs. 2 ist insoweit kurz- bis mittelfristig eine abschließende Klärung dieser Fragestellung durch die Rechtsprechung zu erwarten. In jedem Fall „erheblich beeinträchtigend" sind automatisierte hoheitliche Entscheidungen, wie Platzverweis, Gefährderansprache, vorläufige Festnahme oder Personenkontrolle/Identitätsfeststellung, die im Wege des **Predictive Policing**[99] [100] ergehen sowie die mit Gesichtserkennung verbundene automatisierte Verweigerung der Toilettenpapier-Ausgabe vor Ablauf einer Sperrzeit von 9 Minuten[101]. **61**

---

93 Gola-*Schulz* Art. 22 Rn. 25.
94 BeckOK DatenSR-*von Lewinski* Art. 22 Rn. 41, Stand 1.12.2019.
95 Gierschmann-*Veil* Art. 22 Rn. 66 weist zutreffend darauf hin, dass insoweit die ePrivacy-RL 2002/58/EG für den Belästigungseffekt von Werbung lex specialis ist.
96 Kühling/Buchner-*Buchner* Art. 22 Rn. 26.
97 *Art.-29-Datenschutzgruppe* WP 251 Rev. 01, S. 11.
98 Übersetzungen durch Verf.
99 Unter „Predictive Policing" zu deutsch etwa „vorhergesagte Polizeiarbeit", wird die meist Big Data gestützte, auf der algorithmischen Auswertung von Wahrscheinlichkeitswerten basierende Vorhersage verstanden, wann und wo polizeiliche Kräfte erforderlich sein werden, um die Begehung von Straftaten zu verhindern oder zu verfolgen; unterfällt jedoch nicht der DS-GVO, sondern der JI-Richtlinie (EU) 2016/680 des Europäischen Parlaments und des Rates, ABl. EU 2016 L 119, 89.
100 Zu ethischen Fragestellungen des predictive policing siehe *Martini/Nink* Impuls Algorithmenethik Nr. 11, 32 f. m.w.N., https://www.bertelsmann-stiftung.de/fileadmin/files/BSt/Publikationen/GrauePublikationen/Automatisch_erlaubt_final.pdf, abgerufen am 10.2.2020.
101 Laut eines Guardian-Artikels v. 20.3.2017 koppelt die Stadt Peking zur Reduktion des Toilettenpapierdiebstahls in öffentlichen Toiletten die automatisierte Abgabe eines Kontingents von 60 cm Toilettenpapier an eine Gesichtserkennung, https://www.theguardian.com/world/2017/mar/20/face-scanners-public-toilet-tackle-loo-roll-theft-china-beijing, abgerufen am 28.1.2020.

62 Eine in ähnlicher Weise erhebliche Beinträchtigung dürfte im Zusammenhang mit **Onlinevertragsschlüssen** auch im Falle des sog. **Smart bzw. Personalized Pricing**[102], vorliegen: Betroffenen werden hierbei von Verantwortlichen automatisiert Kaufangebote mit einem höheren oder niedrigeren Kaufpreis zur Willenserklärung vorbereitet[103], je nachdem welcher Nutzerkategorie sie im Wege automatisierter Profilbildung auf Grund ihres bisherigen Kaufverhaltens, ihres Aufenthaltsorts (z.B. Discounter oder Luxusgeschäft) oder Wohnorts, Browserverlaufs (z.B. Websites bzgl. Luxusgüter vs. Spartipps) oder Endgerätes (z.B. topaktuelles Highendmodell vs. veraltete Endgeräte aus dem Niedrigpreissegment) zugewiesen wurden.

63 **d) „ausschließlich auf einer automatisierten Verarbeitung beruhend".** Weitere Voraussetzung einer maschinellen Einzelfallentscheidung nach Art. 22 Abs. 1 ist, dass eine solche Entscheidung „ausschließlich" auf einer automatisierten Verarbeitung – einschließlich Profiling" „beruht".

64 **aa) „automatisierte Verarbeitung – einschließlich Profiling".** Während der sachliche Anwendungsbereich der DS-GVO nach Art. 2 Abs. 1 neben der „ganz oder teilweise automatisierten Verarbeitung personenbezogener Daten" auch die „nichtautomatisierte Verarbeitung personenbezogener Daten" erfasst, „die in einem Dateisystem gespeichert sind oder gespeichert werden sollen", erfasst Art. 22 Abs. 1 lediglich die „automatisierte Verarbeitung – einschließlich Profiling". In den Anwendungsbereich des Verbots nach Abs. 1 fallen somit ausschließlich Verarbeitungen im Sinne der Legaldefinition von Art. 4 Nr. 2, die „automatisiert" ablaufen.

65 Da – wie oben ausgeführt[104] – Art. 22 Abs. 1 nur die Nutzung der Ergebnisse reglementiert, ist das Erfordernis der **„ausschließlich automatisierten Verarbeitung" allein auf den Prozess der Entscheidungsfindung** zu beziehen. Insoweit unterfallen auch solche Entscheidungen dem Verbot des Art. 22 Abs. 1 bei dem die Entscheidungsfindung zwar auf Grundlage einer Datenverarbeitung erfolgt, bei der natürliche Personen involviert waren (z.B. bei der Erfassung personenbezogener Daten von analogen Datenträgern) der eigentliche Prozess der Entscheidungsfindung – ohne Mitwirkung natürlicher Personen – rein automatisiert abläuft.

66 **bb) „einschließlich Profiling".** Mit dem Spiegelstrich-Zusatz „einschließlich Profiling" stellt der Verordnungsgeber klar, dass auch Profilingverfahren unter die „automatisierten Verarbeitungen" nach Art. 22 Abs. 1 zu subsumieren sind. Hierbei handelt es sich rechtsdogmatisch jedoch um eine **Klarstellung rein deklaratorischer Natur**[105], da bereits aus Art. 4 Nr. 4 folgt, dass es sich bei Profiling um eine spezielle Variante der „automatisierten Verarbeitung" handelt, die – sofern die Entscheidung des Verantwortlichen „ausschließlich" darauf beruht – ohnehin von Art. 22 erfasst ist. Diese

---

102 S. umfassend hierzu *Borgesius/Poort* Journal of Consumer Policy September 2017, Volume 40, Issue 3, S. 347–366, https://link.springer.com/article/10.1007/s10603-017-9354-z, abgerufen am 3.2.2020 sowie *Paal* Missbrauchstatbestand und Algorithmic Pricing, GRUR 2019, 43 f.
103 Der Klick auf „verbindlich kaufen" stellt bei Onlinewarenkäufen meist nur die Abgabe eines Angebots i.S.v. § 145 BGB dar, vgl. *AG Plettenberg* v. 28.10.2017 – C 219/17, https://dejure.org/2017,50320, abgerufen am 6.2.2020.
104 Siehe Rn. 2.
105 So bereits *Schantz* NJW 2016, 1841, 1844, der sogar von „reiner Symbolik" des Verordnungsgebers spricht.

Auffassung wird seitens der Art.-29-Datenschutzgruppe gestützt, die allenfalls die Möglichkeit von Überschneidungen zwischen automatisierter Entscheidungsfindung und Profiling sieht.[106]

Nach **Legaldefinition des Art. 4 Nr. 4** ist unter „**Profiling**" „jede Art der automatisierten Verarbeitung personenbezogener Daten" zu verstehen, „die darin besteht, dass diese personenbezogenen Daten verwendet werden, um bestimmte persönliche Aspekte, die sich auf eine natürliche Person beziehen, zu bewerten, insbesondere um Aspekte bezüglich Arbeitsleistung, wirtschaftliche Lage, Gesundheit, persönliche Vorlieben, Interessen, Zuverlässigkeit, Verhalten, Aufenthaltsort oder Ortswechsel dieser natürlichen Person zu analysieren oder vorherzusagen". 67

Offenbar misst der Verordnungsgeber Profilingverfahren ein derart hohes Risikopotenzial bei, dass er es zur Vermeidung von Zweifeln bei der Normenanwendung für erforderlich hielt, die bereits in EWG 71 S. 2 enthaltene Klarstellung im Sinne einer **Warnfunktion gegenüber Verantwortlichen** an zahlreichen Stellen im Normentext der DS-GVO[107] zu wiederholen und in Art. 70 Abs. 1 lit. f den **EDSA mit der Erstellung von Leitlinien zum Thema** zu beauftragen. Wie Albrecht/Jotzo[108] zutreffend ausführen, ist hierin eine Reaktion des Verordnungsgebers auf die jüngst gesellschaftlich breit geführten Debatten über Data-Mining[109] und Big-Data-Anwendungen[110] zu sehen. Angesichts der stark zunehmenden Verbreitung der Anwendung dieser Technologien ist es indes erstaunlich, dass sich die am Trilogverfahren beteiligten Gesetzgebungsorgane nicht auf eine diesbezügliche spezifische Regelung einigen[111] konnten. Nicht weniger erstaunlich ist der Umstand, dass reines **Scoring**[112] unabhängig von der Menge der hierzu herangezogenen personenbezogenen Daten – solange nicht dem Verbot des Art. 22 Abs. 1 unterfällt, wie Verantwortliche hierauf keine automatisierte Entscheidungsfindung im o.g. Sinne gründen (siehe zu dieser Regelungslücke auch Rn. 26).[113] 68

Folgende **Anwendungsszenarien von Profiling werden von Art. 22 erfasst:** 69

Profiling i.S.d. Art. 22 Abs. 1 liegt insoweit auch beim Einsatz eines **intelligenten Videoüberwachungssystems** bzw. einer **Smart Cam** vor, bei dem ein **Algorithmus**[114] innerhalb eines überwachten Bildbereichs Personen erkennt und deren Verhalten

---

106 WP 29 WP 251 Rev. 01, S. 8 „Automated decision-making has a different scope and may partially overlap with profiling."
107 U.a. in den Art. 13 Abs. 2 lit. f, 14 Abs. 2 lit. g, 15 Abs. 1 lit. h, 21 Abs. 1 S. 1 u. Abs. 2, 35 Abs. 3 lit. a und 47 Abs. 2 lit. e.
108 *Albrecht/Jotzo* Das neue Datenschutzrecht in der EU, Teil 3, Rn. 66.
109 „Data-Mining" laut deutschsprachiger Wikipedia „Die systematische Anwendung statistischer Methoden auf große Datenbestände (insbesondere „Big Data" bzw. Massendaten) mit dem Ziel, neue Querverbindungen und Trends zu erkennen." https://de.wikipedia.org/wiki/Data-Mining, abgerufen am 3.2.2020.
110 Das „Big" in „Big Data" steht für Extreme Werte der Datenverarbeitung; z.B. bzgl. ihrer Geschwindigkeit, der Datenmenge oder Anzahl unterschiedlicher Daten-/Signalquellen ggf. auch in Kombination.
111 *Albrecht/Jotzo* Das neue Datenschutzrecht in der EU, Teil 3, Rn. 66.
112 Zur Begriffsdefinition siehe Rn. 95 f.
113 *Martini* JZ 2017, 1017, 1020.
114 Algorithmus = eindeutige, ausführbare Handlungsanweisungen zur Lösung eines Problems; Begriffsdefinition siehe *Ernst* JZ 2017, 1026, Pkt. II Nr. 1 m.w.N.

bewertet (z.B. verdächtiges Verhalten) und ggf. weitere Maßnahmen mit Entscheidungs-Charakter einleitet (Versand einer Push-Nachricht, Alarmierung von Sicherheits-/Aufsichtspersonal etc.). Voraussetzung für die Bejahung eines Profiling in diesem Zusammenhang ist jedoch das **Vorliegen eines zumindest mittelbaren Personenbezugs** bzw. die **Verarbeitung von personenbezogenen Daten im Sinne von Art. 4 Nr. 2** („direkt oder indirekt [...] identifiziert werden kann"). Zumindest die indirekte Identifizierbarkeit von natürlichen Personen ist in **Krankenhäusern, Gefängnissen, Pflege- und Logistikeinrichtungen** und sonstigen **videoüberwachten Arbeitsplätzen** regelmäßig gegeben, da Verantwortliche die aufgezeichneten Personen entweder kennen oder unter Zuhilfenahme weiterer Informationen wie Belegungslisten bzw. Fahr- oder Dienstplänen leicht identifizieren können. Auch das Ende Juli 2017 begonnene **Pilotprojekt zur Gesichtserkennung am Berliner Südkreuz Bahnhof** erfüllte – zumindest gem. des zukünftig geplanten Einsatzszenarios – die Kriterien einer automatisierten Einzelfallentscheidung nach Art. 22 Abs. 1. Denn seiner Zielsetzung nach sollte das System zur automatisierten Gesichtserkennung in naher Zukunft die Gesichter der Passagiere und Passanten mit Passfotos aus einer Fahndungsliste abgleichen und anhand dessen Entscheidungen darüber treffen, ob eine Person zur Fahndung ausgeschrieben ist, oder nicht und je nach Ergebnis Einsatzkräfte alarmieren, die ggf. identifizierte Flüchtige festnehmen.

70 Ungleich größeres Risikopotenzial dürfte das Nachfolgeprojekt zur intelligenten Videoüberwachung am Berliner Südkreuzbahnhof[115] besitzen, wenngleich es wohl ohne Gesichtserkennung und Personenbezug auskommt und insoweit ggf. nicht von der Regulierung der automatisierten Einzelfallentscheidung erfasst wird: Einsatzkräfte sollen hier bereits bei „untypischem" bzw. „verdächtigem" Verhalten oder Gegenständen alarmiert werden.

71 Auf Grund des stetigen Fortschritts im Bereich von **Erkennungsalgorithmen** sowie deren steigender Verfügbarkeit/Verbreitung wird mittelfristig bis langfristig der Personenbezug bzw. die Identifizierbarkeit von natürlichen Personen auch dann bejaht werden müssen, wenn Verantwortlichen die aufgezeichnete Person zum Zeitpunkt der Erhebung (noch) unbekannt ist[116]. So existieren seit längerem[117], Methoden zur gesichtslosen Erkennung von Personen anhand biometrischer Merkmale unter Zuhilfenahme von Verfahren der Anthropometrie[118], setzen jedoch meist zu Abgleichzwecken eine ausreichend große Datenbasis voraus, deren Vorhandensein angesichts der Zunahme von Big Data-Applikationen nur noch ein Frage der Zeit sein wird.

72 Ferner fallen auch **Sprachassistenzsysteme**, die per Stimmerkennungstechnologie in Verbindung mit einem akustischer Fingerabdruck in der Lage sind, unterschiedliche

---

115 Siehe heise news v. 18.6.2019, https://heise.de/-4450127, abgerufen am 31.1.2020.
116 So wurde 2016 die Gesichtserkennungs-App FindFace dazu missbraucht, um die Real-Identitäten von russischen Pornodarstellerinnen aufzudecken, indem ihre Darstellungen mit den Profilfotos ihrer privaten Konten innerhalb des in Russland weit verbreiteten russischen sozialen Netzwerks „vk.com (ehemals vKontakte)" abgeglichen wurden, vgl. Meldung von heise online v. 26.4.2016, https://heise.de/-3186957, abgerufen am 7.2.2020.
117 *Klasén/Li* Faceless Identification, *Wechsler et al.* Face Recognition, NATO ASI Series (Series F: Computer and Systems Sciences), vol 163, 1998, S. 513–527 m.w.N.
118 Anthropometrie = Lehre der Ermittlung und Anwendung der Maße des menschlichen Körpers.

Personen anhand des biometrischen Merkmals „Stimme" zu erkennen und fallweise ohne gesonderte Nutzereingabe Anwendungsprofile darauf abzustimmen und nutzerspezifische Anwendungen bereit zu stellen, genauso unter Profiling i.S.d. Art. 4 Nr. 4 wie Cloud-basierte SmartHome-Plattformen, die – differenziert nach Nutzerprofilen – aus der Ferne heraus die heimische Ansteuerung bzw. Kontrolle von Verbrauchern (Kaffeemaschine, TV, Radio), Heizungs-/Beschattungs- oder Videoüberwachungsanlagen sowie die Nutzung von **Zugangskontrollsystemen** ermöglichen (z.B. automatische Hochregelung der Heizung, weil die baldige Ankunft der Bewohner algorithmisch prognostiziert wird). Diese Systeme treffen zwar Entscheidungen im Sinne des Abs. 1; diesen werden Betroffen jedoch in aller Regel nicht unterworfen sein. Ein Unterworfen-Sein dürfte hingegen zukünftig bei **Ambient Assisted Living-Systemen** zu bejahen sein, bspw. wenn Assistenzsysteme im Rahmen der Betreuung von Pflegebedürftigen bei Auftreten bestimmter Parameter autark die Entscheidung treffen, ambulante Rettungskräfte hinzuzuziehen.[119] Die „erhebliche Beeinträchtigung" dürfte nicht nur in einer etwaigen Kostenfolge bestehen, diese kann schließlich neben Betroffenen selbst auch ausschließlich gegenüber Dritten (z.B. pflegende Angehörige) eintreten, sondern bereits in der bloßen Alarmierung der Rettungskräfte, die sich u.U. gewaltsam Zutritt zur Wohnung des Betroffenen verschaffen. Angesichts der in heutigen Callcentern teils im Einsatz befindlicher Sprachanalysesysteme zur Erkennung der inneren Gefühlslage des Anrufers[120] sind in naher Zukunft auch Sprachassistenzsysteme in Pkw denkbar, die am **Sprachduktus** vollautomatisch erkennen, ob die Person auf dem Fahrersitz auf Grund Alkoholgenusses fahruntauglich ist und sie einer Entscheidung im Sinne von Abs. 1 unterwerfen, indem sie dem Fahrer die Fahrerlaubnis durch Verweigerung des Motorstarts entziehen. Allerdings dürfte Art. 22 sog. Alkohol-Interlock-Programme, die in Abhängigkeit vom Atemalkoholgehalt der fahrzeugführenden Person den Motorstart des Kfz unterbinden, nicht erfassen, da die auf dem Markt verfügbaren Geräte zwar den Atemalkoholgehalt der auf dem Fahrersitz sitzenden Person erheben, jedoch ohne Personenbezug funktionieren.[121]

cc) „**Ausschließliches Beruhen**". Die Entscheidung nach Abs. 1 muss – um dem Verbot des Art. 22 Abs. 1 zu unterliegen – ferner **ausschließlich** auf einer automatisierten Verarbeitung – einschließlich Profiling beruhen. 73

Ein „**Beruhen**" in diesem Sinne ist dann gegeben, wenn die automatisierte Datenverarbeitung ursächlich bzw. notwendige Bedingung für die Entscheidungsfindung ist; sie also nach der **conditio sine qua non-Formel** nicht hinweggedacht werden kann, ohne dass die Entscheidung in ihrer konkreten Form entfiele. 74

Das tatbestandlich geforderte „**ausschließliche**" Beruhen im Sinne des Art. 22 Abs. 1 ist dann gegeben, wenn zudem an dem gesamten Entscheidungsfindungsprozess keine natürlichen Personen mitgewirkt haben.[122] 75

---

119 Zu datenschutzrechtlichen Risiken siehe *Geminn* DuD 2016, 575 m.w.N.
120 http://news.mit.edu/2016/startup-cogito-voice-analytics-call-centers-ptsd-0120 (abgerufen am 15.1.2018).
121 Der Arbeitskreis V forderte im Rahmen des 57. Deutschen Verkehrsgerichtstags 2019 einen Modellversuch zum Einsatz von sog. Alkohol-Interlock-Programmen für alkoholauffällige Kraftfahrer, siehe https://www.deutscher-verkehrsgerichtstag.de/images/pdf/57_Dokumentation_VGT_2019.pdf (S. 14).
122 WP 29: WP 251 Rev. 01 v. 3.10.2017, zuletzt geändert am 6.2.2018, S. 10.

Art. 22 Automatisierte Entscheidungen im Einzelfall

Verantwortliche können somit auf Grund dieser Tatbestandsvoraussetzung gezielt verhindern, dass eine automatisierte Entscheidungsfindung dem Verbot nach Abs. 1 unterfällt, bspw. indem sie verfahrenstechnisch ausnahmslos eine **menschliche Letztentscheidung** vorsehen. Die Involvierung von Menschen in den Entscheidungsprozess darf aber nicht nur „pro forma" erfolgen, sondern muss – angesichts der sich aus Art. 5 Abs. 2 bzw. 24 folgenden Nachweispflichten – im Zweifelsfall belegbaren Einfluss auf den Ausgang der Entscheidung haben.

II. Abs. 1 zzgl. BDSG n.F.

76 Für spezielle Fallgestaltungen hebt der deutsche Gesetzgeber das Verbot des Art. 22 Abs. 1 mittels § 37 BDSG auf (s. hierzu Rn. 159 f.)

III. Ausnahmen vom Verarbeitungsverbot (Abs. 2)

77 In Art. 22 Abs. 2 definiert der Verordnungsgeber drei alternative Ausnahmen von dem grundsätzlichen Verbot nach Abs. 1.

78 Danach unterliegen „automatisierte Entscheidungen" einem Verbot nach Art. 22 Abs. 1 dann nicht, wenn die Entscheidung zur Vertragserfüllung oder -abschluss „erforderlich" ist (lit. a) oder der Betroffene explizit eingewilligt hat (lit. c) oder sofern auf europäischer oder nationalstaatlicher Ebene spezialgesetzliche Ermächtigungen existieren, die eine solche Entscheidung erlauben (lit. b).

79 **1. Erforderlich zum Vertragserfüllung (Abs. 2 lit. a).** Nach Abs. 2 lit. a dürfen Verantwortliche ausnahmsweise einer automatisierten Einzelentscheidung i.S.d. Abs. 1 unterwerfen, wenn diese „für den Abschluss oder die Erfüllung eines Vertrags zwischen der betroffenen Person und dem Verantwortlichen erforderlich ist" und der Verantwortliche „angemessene Maßnahmen"[123] i.S.d. Art. 22 Abs. 3. getroffen hat.

80 Die Regelung ermöglicht Verantwortlichen im Fall von Verarbeitungen, die nach Art. 6 Abs. 1 lit. b zulässig sind, die automatisierte Entscheidungsfindung ohne vorher eine – jederzeit gem. Art. 7 Abs. 3 widerrufliche – Einwilligung nach Art. 7 einzuholen.[124]

Was zur Vertragserfüllung „erforderlich" ist, kann nur durch Auslegung des vereinbarten Vertragsinhalts geklärt werden. Unabdingbar ist hierbei ein „**unmittelbarer sachlicher Zusammenhang zwischen Datenverwendung und konkretem Vertragszweck**"[125].

81 Ausweislich des Wortlauts des Art. 22 Abs. 2 lit. a – muss der Vertrag „zwischen der betroffenen Person und dem Verantwortlichen" geschlossen sein bzw. abgeschlossen werden. Verantwortliche können sich somit nur gegenüber solchen Betroffenen auf die Verbotsausnahme berufen, die ihre Vertragspartner sind; keinesfalls zulässig wäre – eine Ausdehnung der Verbotsausnahme auf andere Betroffene außerhalb des Vertragsverhältnisses (z.B. Angestellte oder Familienangehörige des Vertragspartners).

---

123 Zu den Anforderungen des Abs. 3 siehe Rn. 133.
124 Wie schon bei § 28 Abs. 1 S. 1 Nr. 1 BDSG a.F. vgl. Simitis-*Simitis* § 28 BDSG Rn. 69.
125 Paal/Pauly-*Martini* Art. 22 Rn. 31, der auf die umfassenden Ausführungen von Simitis-*Simitis* § 28 BDSG Rn. 69 m.w.N. verweist; ebenso Kühling/Buchner-*Buchner* Art. 22 Rn. 30.

Der EDSA[126] vertritt – zutreffend – die Auffassung, dass der Begriff **„erforderlich"** im Zusammengang mit Abs. 2 lit. a **eng ausgelegt werden muss**.[127] Nach seiner Auffassung ist die bloße Aufnahme der automatisierten Entscheidungsfindung in den Vertragstext nicht dazu geeignet, deren „Erforderlichkeit" zu generieren.[128] Inhaltlich ähnelt die Vorschrift stark der Zulässigkeitsvorschrift des Art. 6 Abs. 1 lit. b weshalb im Übrigen auf die dortige Kommentierung verwiesen wird (dort Rn. 41 f.). 82

Im Bereich der **Onlinevertragsabschlüsse** liegt diese Erforderlichkeit auch trotz milderer Mittel dann vor, wenn kein gleich wirksames Mittel existiert (bspw. wenn der Versicherungsbeitrag/Verbraucherdarlehenszins anhand der Angaben des Betroffenen systemseitig berechnet wird, um einen sofortigen Vertragsschluss rund um die Uhr zu gewährleisten). Die aus dieser ausnahmsweisen Erlaubnis zur Vornahme einer automatisierten Einzelentscheidung resultierende Risikoerhöhung, kompensiert der Verordnungsgeber dadurch, dass er Verantwortliche zur Ergreifung der Mindestmaßnahmen nach Abs. 3 Rechnung verpflichtet (s. dazu Rn. 133 f.). 83

2. Europäische oder nationalstaatliche erlaubende Rechtsvorschrift (Abs. 2 lit. b).
Die automatisierte Entscheidungsfindung i.S.d. Art. 22 Abs. 1 ist auch dann ausnahmsweise nach Art. 22 Abs. 2 lit. b zulässig, wenn dies eine **unionsrechtliche oder nationalstaatliche Rechtsvorschrift** erlaubt und diese Rechtsvorschrift „angemessene Maßnahmen zur Wahrung der Rechte und Freiheiten sowie der berechtigten Interessen der betroffenen Person" enthält. Insofern stellt Art. 22 Abs. 2 lit. b eine **Öffnungsklausel** dar, die es – entgegen des Grundgedankens der Vollharmonisierung des Datenschutzrechts in allen EU-Mitgliedstaaten – einzelnen Mitgliedstaaten erlaubt, von den Regelungen der DS-GVO durch Erlass einer Rechtsvorschrift abzuweichen. 84

Der Verordnungsgeber erwähnt beispielhaft in Erwägungsgrunds Nr. 71 S. 3 die Szenarien der Überwachung und Verhinderung von Betrug und Steuerhinterziehung, die Gewährleistung der Sicherheit und Zuverlässigkeit eines vom Verantwortlichen bereitgestellten Dienstes. 85

Wie Martini[129] ausführt, muss es sich bei den Rechtsvorschriften i.S.d. Art. 22 Abs. 2 lit. b nicht notwendigerweise um formelle Gesetze handeln; so reicht ihm zufolge – „jedenfalls aus dem Blickwinkel des Unionsrechts" – angesichts des ErwG 41 S. 1 auch **„materielles Gesetzesrecht"** wie z.B. Satzungsrecht". 86

---

126 Kraft seines die Arbeitspapiere der Art. -29-Datenschutzgruppe billigenden Endorsement-Beschl. v. 25.5.2018, https://edpb.europa.eu/sites/edpb/files/files/news/endorsement_of_wp29_documents_en_0.pdf, abgerufen am 5.2.2020.
127 WP 29: WP 251 Rev. 01 v. 3.10.2017, zuletzt geändert am 6.2.2018, S. 12 verweist auf die Ausführungen in WP 29 WP 217 v. 9.4.2014, 21 zu Art. 7 lit. b DSRL, der fast gleich lautende Regelungen zu Art. 22 Abs. 2 lit. a enthält: „die Verarbeitung ist erforderlich für die Erfüllung eines Vertrags, dessen Vertragspartei die betroffene Person ist, oder für die Durchführung vorvertraglicher Maßnahmen, die auf Antrag der betroffenen Person erfolgen".
128 Leitlinien 2/2019 des EDSA v. 9.4.2019: Zur Verarbeitung von personenbezogenen Daten nach Art. 6 Abs. 1 Buchstabe b DSGVO im Zusammenhang mit der Bereitstellung von Onlinediensten für Betroffene, S. 9, Beispiel Nr. 2 https://edpb.europa.eu/sites/edpb/files/consultation/edpb_draft_guidelines-art_6-1-b-final_public_consultation_version_en.pdf, abgerufen am 5.2.2020.
129 Paal/Pauly-*Martini* Art. 22 Rn. 34.

87 Der Bundesgesetzgeber hat von der Öffnungsklausel des Art. 22 Abs. 2 lit. b durch Normierung des § 37 BDSG Gebrauch gemacht (s. zu Ausführungen zu Abs. 4 bzgl. BDSG).

88 Die von Art. 22 Abs. 2 lit. b geforderten **„angemessenen Schutzmaßnahmen"** hat der Gesetzgeber nicht näher konkretisiert. Hinweise hierzu gibt der Verordnungsgeber jedoch in Erwägungsgrund Nr. 71[130]:

89 **„Angemessene Garantien"**, die ausweislich ErwG 71 S. 4 „in jedem Fall" mit einer automatisierten Einzelentscheidung verbunden sein sollen, sind „einschließlich der spezifischen Unterrichtung der betroffenen Person" der „Anspruch auf direktes Eingreifen einer Person, auf Darlegung des eigenen Standpunkts, auf Erläuterung der nach einer entsprechenden Bewertung getroffenen Entscheidung" sowie das „Rechts auf Anfechtung der Entscheidung".

90 ErwG 71 S. 6 sieht darüber hinaus weitere Schutzmaßnahmen vor, „um unter Berücksichtigung der besonderen Umstände und Rahmenbedingungen, unter denen die personenbezogenen Daten verarbeitet werden, der betroffenen Person gegenüber eine **faire und transparente Verarbeitung** zu gewährleisten:

So sind im Zusammenhang mit Profiling „geeignete mathematische oder statistische Verfahren für das Profiling" zu verwenden sowie technisch-organisatorische Maßnahmen zur Sicherung der Datenqualität und der Datenverfügbarkeit sowie zum Schutz vor Diskriminierungen[131] zu treffen.

91 **3. Ausdrückliche Einwilligung (Abs. 2 lit. c).** Zuletzt erlaubt Art. 22 Abs. 2 lit. c Verantwortlichen, Betroffene einer Entscheidung nach Abs. 1 zu unterwerfen, sofern diese in die automatisierte Entscheidungsfindung **„ausdrücklich"** eingewilligt haben (sog. **qualifizierte Einwilligung**). Auch die Anforderungen an das Vorliegen einer „ausdrücklichen Einwilligung" hat der Verordnungsgeber nicht definiert. Allerdings folgt schon allein auf Grund der Tatsache, dass der Verordnungsgeber eine ausdrückliche Einwilligung nur in drei Fallgestaltungen einfordert, dass die Anforderungen einer „ausdrücklichen Einwilligung" die Anforderungen an eine „normale" Einwilligung nach Art. 7 Abs. 1 übersteigen. So wird eine „ausdrückliche" Einwilligung in der DS-GVO – abgesehen von Art. 22 Abs. 2 lit. c – nur in Art. 9 Abs. 2 im Zusammenhang mit der Verwendung von besonderen Kategorien personenbezogener Daten des Betroffenen sowie in Art. 49 Abs. 1 für die Übermittlung von personenbezogenen Daten des Betroffenen in Drittstaaten eingefordert; mithin allesamt Fälle, denen „signifikante Datenschutzrisiken immanent sind, und insoweit ein hohes Ausmaß an individueller Kontrolle über personenbezogene Daten angemessen erscheint".[132]

IV. Abs. 2 zzgl. BDSG n.F.

92 Verantwortliche, die im Anwendungsbereich des BDSG Scoring betreiben und darauf basierend automatisiert Entscheidungen treffen wollen, müssen neben den Vorgaben aus Art. 22 auch die Regelungen der §§ 31 und 37 BDSG beachten (zu § 37 siehe Ausführungen unter Rn. 159 f.).

---

130 WP 29: WP 251 Rev. 01 v. 3.10.2017, zuletzt geändert am 6.2.2018, S. 16.
131 Siehe ausführlich Gierschmann-*Veil* Art. 22 Rn. 105 f. m.w.N.
132 WP 29: WP 251 Rev. 01 v. 3.10.2017, zuletzt geändert am 6.2.2018, S. 24; zum Begriff der „ausdrücklichen Einwilligung" siehe ausführlich WP 29, WP 259 v. 28.11.2017, S. 18, Pkt. 4.

1. Schutz des Wirtschaftsverkehrs bei Scoring und Bonitätsauskünften (§ 31 BDSG).

§ 31 Abs. 1 BDSG ist eine „Rechtsvorschrift" i.S.d. Art. 22 Abs. 2 lit. b und definiert – anders als seine Vorgängervorschrift § 28b BDSG a.F.[133] – den Begriff des „Scoring" und normiert zugleich Regelungen zu dessen Zulässigkeit um eine Entscheidung nach Art. 22 zu treffen. 93

Demgegenüber regelt § 31 Abs. 2 BDSG unter welchen Voraussetzungen die „Verwendung" eines bonitätsbezogenen „von Auskunfteien ermittelten" Wahrscheinlichkeitswerts „im Fall der Einbeziehung von Informationen über Forderungen" zulässig ist und entspricht insoweit teilweise[134] den Regelungen des § 28a BDSG a.F. 94

2. Zulässigkeit des Scoring (§ 31 Abs. 1).

In § 31 Abs. 1 normiert der Gesetzgeber wann Scoring zulässig ist und legt mittels Legaldefinition des Scorings fest, in welchen Fällen Verantwortliche die in Abs. 1 Nr. 1–4 aufgeführten Zulässigkeitsanforderungen erfüllen müssen. 95

So müssen Verantwortliche Vorgaben des § 31 Abs. 1 nur berücksichtigen, wenn eine Verarbeitung die **Legaldefinition des Scoring** in Abs. 1 erfüllt. Dies ist der Fall bei einer „Verwendung eines Wahrscheinlichkeitswerts über ein bestimmtes zukünftiges Verhalten einer natürlichen Person zum Zweck der Entscheidung über die Begründung, Durchführung oder Beendigung eines Vertragsverhältnisses mit dieser Person". 96

Die Definition des Scoring nach § 31 Abs. 1 weicht von der bisherigen Definition des Scoring ab, die nach h.M.[135] bei Anwendung des § 28b BDSG a.F. aus der Begründung des Gesetzesentwurfs der Bundesregierung[136] abzuleiten war. Bisher war Scoring definiert, als „ein mathematisch-statistisches Verfahren, mit dem die Wahrscheinlichkeit, mit der eine bestimmte Person ein bestimmtes Verhalten zeigen wird, berechnet werden kann. Diese Wahrscheinlichkeit wird angegeben durch den sogenannten Scorewert [...] Vorwiegend werden Scoringverfahren zur Berechnung der Wahrscheinlichkeit des Zahlungsverhaltens und damit zur Ermittlung der Kreditwürdigkeit einer Person benutzt." 97

Die bislang verwandte Scoring-Definition wurde in § 31 Abs. 1 insoweit um die **zusätzliche Zweckbestimmung** – „zum Zweck der Entscheidung über die Begründung, Durchführung oder Beendigung eines Vertragsverhältnisses mit dieser Person" – erweitert. 98

War der originäre Anwendungsfall des **Verbraucher-Scorings** der Kreditvertrag[137], wird Scoring inzwischen darüber hinaus bei diversen Verträgen mit Verbrauchern eingesetzt – z.B. Mietvertrag, Onlinekauf auf Rechnung –, insbesondere jedoch bei **Dauerschuldverhältnissen**, wie Internet-/Telefonverträgen im Bereich der Telekommunikation, Energielieferungsverträgen oder dem Finanzierungskauf (z.B. im Rah- 99

---

133 Gola/Schomerus-*Klug/Körffer* § 28b BDSG Rn. 3.
134 Zu den Unterschieden siehe Rn. 110.
135 *Bergmann/Möhrle/Herb* Datenschutzrecht, 46. Erg. April 2013, § 28b Rn. 3; Gola/Schomerus-*Klug/Körffer* § 28b BDSG Rn. 3; Simitis-*Ehmann* § 28b BDSG Rn. 20; Taeger/Gabel-Mackenthun § 28b BDSG Rn. 6; BeckOK DatenSR-*von Lewinski* Datenschutzrecht in Bund und Ländern, § 28b BDSG Rn. 1.
136 BT-Drucks. 16/10529, S. 9.
137 *Schaffland/Wiltfang* EGL 2/2014, § 28b BDSG Rn. 1.

men einer Nullprozentfinanzierung). § 31 gilt – weil keine diesbezüglichen Beschränkungen enthaltend – für sämtliche Wirtschaftsbereiche.[138]

100 Anders als § 28b BDSG a.F. der neben der „Verwendung" noch die „Erhebung" erfasst, stellt § 31 Abs. 1 BDSG nunmehr alleinig auf die „Verwendung" eines solchen Wahrscheinlichkeitswerts ab.

101 **a) „Verwendung" im Sinne des § 31 Abs. 1 BDSG.** Der Begriff der „Verwendung" selbst ist weder in der DS-GVO noch im BDSG i.d.F. ab dem 25.5.2018 legaldefiniert und ist insoweit auslegungsbedürftig:

102 Bei **restriktiver Begriffsauslegung** erfasst die „Verwendung" ausschließlich den Unterfall des in Art. 4 Nr. 2 legaldefinierten Oberbegriffs „Verarbeitung".

103 Nach deutscher Rechtsdogmatik unterlägen somit allein solche Verarbeitungstätigkeiten den Zulässigkeitsanforderungen des § 31 Abs. 1 BDSG, die auffanghalber unter dem Begriff **„Verwenden"** subsumiert werden müssen, weil sie sich nicht eindeutig einem der anderen namentlich in der Legaldefinition des Art. 4 Nr. 2 aufgeführten Begriffe zuordnen lassen. Insoweit wären folgende Unterfälle des Oberbegriffs „Verarbeitung" nicht vom Anwendungsbereich des § 31 Abs. 1 erfasst: „das Erheben, das Erfassen, die Organisation, das Ordnen, die Speicherung, die Anpassung, oder Veränderung, das Auslesen, das Abfragen, [...] die Offenlegung durch Übermittlung, Verbreitung oder eine andere Form der Bereitstellung, den Abgleich oder die Verknüpfung, die Einschränkung, das Löschen oder die Vernichtung".

104 Dies würde jedoch eine signifikante Abweichung vom Anwendungsbereich des § 28b BDSG a.F. darstellen, der demgegenüber neben dem „verwenden" auch „erheben" erfasst.

105 Demgegenüber ließ sich die Bedeutung des Begriffs „Verwendung" aus der amtlichen Überschrift des § 45 BDSG a.F. ableiten. Denn § 45 BDSG a.F. fasste die Trias der Datenverarbeitungsvorgänge des BDSG a.F. – „Erhebung, Verarbeitung und Nutzung" – in seiner amtlichen Überschrift als „Laufende Verwendungen" zusammen.

106 Insoweit ist es – im Rahmen einer **weiten Auslegung** – theoretisch denkbar, den Begriff der „Verwendung" in § 31 BDSG i.d.F. ab 25.5.2018 losgelöst von den Begriffsbestimmungen der DSGVO im historischen Kontext als Oberbegriff sämtlicher Verarbeitungsvorgänge zu verstehen.

107 Allerdings spricht **gegen diese weite Auslegung**, dass dem deutschen Gesetzgeber auf Grund der begrenzten Reichweite der ihm zur Verfügung stehenden Öffnungsklauseln zur Regelung einer von den allgemeinen Vorschriften der Verarbeitung von Daten abweichenden Übermittlung keine entsprechende Gesetzgebungskompetenz zustand (vgl. Rn. 14). Insoweit konnte der Gesetzgeber sich nur des Begriffs der „Verwendung" im Sinne eines Unterfalls des Oberbegriffs der „Verarbeitung" im Sinne von Art. 4 Nr. 2 bedienen.

108 **b) Zweckbestimmung der Verwendung des Wahrscheinlichkeitswerts.** § 31 Abs. 1 regelt die „Verwendung" eines tatbestandsmäßigen Wahrscheinlichkeitswerts nur sofern die Verwendung „zum Zweck der Entscheidung über die Begründung, Durchführung oder Beendigung eines Vertragsverhältnisses" erfolgt.

---

138 *Schaffland/Wiltfang* EGL 2/2014 § 28b BDSG Rn. 1 bejaht dies bereits für § 28b BDSG a.F.

Durch die Formulierung stellt der Gesetzgeber sicher, dass die Vorschrift auch schon anzuwenden ist, bevor ein Vertrag tatsächlich begründet, durchgeführt oder beendet wird.

3. Zulässigkeit der Verwendung von forderungsbezogenem Scoring durch Auskunfteien (§ 31 Abs. 2). § 31 Abs. 2 normiert die tatbestandlichen Voraussetzungen, unter denen „Informationen über Forderungen" zur Berechnung eines Wahrscheinlichkeitswerts über die Zahlungsfähig- und Zahlungswilligkeit des Betroffenen „verwendet"[139] werden dürfen (sog. Kreditscoring). 109

Die Regelungen des § 31 Abs. 2 BDSG erscheinen jedoch nur bei kursorischer Betrachtung als eine inhaltlich kongruente Übernahme der **Regelungen des § 28a BDSG a.F.** 110

Während der Gesetzgeber die Tatbestandsvoraussetzungen in § 28a Abs. 1 Nr. 1–5 BDSG a.F. (vgl. Synopse, Rn. 190) nahezu wortwörtlich übernommen hat, weicht der zentrale Ansatz der Vorschrift signifikant von seiner angeblichen Vorgängerregelung ab (siehe zu den Abweichungen ausführlich Rn. 117). 111

a) Anwendungsbereich des Abs. 2. Die Anwendbarkeit des § 31 Abs. 2 setzt das Vorliegen eines „Wahrscheinlichkeitswerts über die Zahlungsfähigkeit und Zahlungswilligkeit einer natürlichen Person" voraus, der zudem „von Auskunfteien" ermittelt wurde. Dabei ist aus der Verwendung des Plurals („Auskunfteien") keinesfalls zu schlussfolgern, dass ein Wahrscheinlichkeitswert nur dann i.S.d. § 31 BDSG Abs. 2 tatbestandsmäßig ist, wenn er unter Mitwirkung von mehreren Auskunfteien „ermittelt" wurde. Dies würde zu einer vom Gesetzgeber ausweislich seiner Begründung[140] nicht beabsichtigten Verkürzung des Anwendungsbereichs führen. 112

Alle Informationen, die sich zwar auf eine Forderung bezüglich des Betroffenen beziehen, jedoch keine Wahrscheinlichkeit im Hinblick auf dessen Zahlungsfähigkeit und Zahlungswilligkeit prognostizieren, fallen somit aus dem Anwendungsbereich des § 31 Abs. 2 heraus (z.B. Bestehen der Forderung, Name des Gläubigers/ Schuldners, etc.). Dies gilt für Wahrscheinlichkeitswerte über die Zahlungsfähigkeit und Zahlungswilligkeit von juristischen Personen genauso wie für Wahrscheinlichkeitswerte i.S.d. § 31 Abs. 2, die nicht „von Auskunfteien" ermittelt wurden (z.B. betriebsinternes Bonitäts-Scoring ohne Bereitstellung der Ergebnisse für Dritte). 113

Verantwortliche, die zwar Bonitätsinformationen zu Betroffenen auf Grundlage von eigenen Informationen über Forderungen ermittelt haben, diese Erkenntnisse Dritten nicht zur Verfügung stellen – somit mangels Auskunfterteilung nicht als Auskunfteien im Sinne des § 31 Abs. 2 zu deklarieren sind, unterliegen insoweit – anders als nach der Vorgängerregelung des § 28b BDSG a.F. – nicht den Verwendungsauflagen des § 31 Abs. 2. 114

b) „Auskunfteien". Auch die Bedeutung des Begriffs „Auskunfteien" bedarf der Auslegung. Weder die DS-GVO noch das BDSG n.F. enthalten – genauso wenig wie 115

---

139 Zur Frage, warum der Bundesgesetzgeber sich dieses Begriffs und nicht der „Verarbeitung" bedient hat, siehe Rn. 117f.
140 Vgl. Rn. 16.

das BDSG a.F. vor ihnen – eine Definition des insoweit **unbestimmten Rechtsbegriffs „Auskunfteien"**.[141]

Obwohl ein klarstellender Klammerzusatz „(Auskunftei)" fehlt, liegt es nahe, die Formulierung des § 31 Abs. 1 zur **Definition des Tatbestandsmerkmals „Auskunftei"** heranzuziehen.

Danach ist „Auskunftei" i.S.d. § 31 Abs. 2 jede „Stelle, die geschäftsmäßig personenbezogene Daten, die zur Bewertung der Kreditwürdigkeit von Verbrauchern genutzt werden dürfen, zum Zweck der Übermittlung erhebt, speichert oder verändert", wobei – um den Schutzbereich des § 31 nicht unnötig zu verkürzen – ein unentgeltliches Tätigwerden einer „Geschäftsmäßigkeit" in diesem Sinne nicht entgegensteht sondern die Geschäftsmäßigkeit – ähnlich wie nach § 3 Nr. 10 TKG – bei nachhaltiger Tätigkeit als gegeben anzunehmen ist.

116 Anders als das Scoring zum „Zweck der Entscheidung über die Begründung, Durchführung oder Beendigung eines Vertragsverhältnisses" nach § 31 Abs. 1 ist vom Wortlaut des Abs. 2 auch die Verwendung von **Wahrscheinlichkeitswerten mit reiner Warnfunktion** erfasst, deren Hauptzweck darin besteht, die Begründung von Vertragsverhältnissen zu vermeiden.

117 c) **„Verwendung" im Sinne von § 31 Abs. 2 BDSG.** Genau wie Abs. 1 stellt der Bundesgesetzgeber auch in Abs. 2 auf den Begriff „Verwendung" ab. Insoweit sehen sich Rechtsanwender bezogen auf dessen Auslegung mit vergleichbaren Herausforderungen konfrontiert wie bereits bei Abs. 1:

118 Denn während § 28a BDSG a.F. die Zulässigkeit einer „Übermittlung personenbezogener Daten über eine Forderung" an Auskunfteien normierte, reguliert § 31 Abs. 2 nunmehr lediglich die „Verwendung eines **von Auskunfteien ermittelten Wahrscheinlichkeitswerts** über die Zahlungsfähig- und Zahlungswilligkeit einer natürlichen Person [...] im Fall der Einbeziehung von Informationen über Forderungen".

119 Stellt man im Rahmen **weiter Auslegung** des Verwendungsbegriffs darauf ab, dass unter Verwendung sämtliche Varianten der Unterfälle der Legaldefinition des Verarbeitens nach Art. 4 Nr. 2 zu verstehen sind (vgl. ausführlich hierzu oben Rn. 61) – wären die sich aus § 31 Abs. 2 ergebenden Regelungen bereits zu einem Zeitpunkt anzuwenden, noch bevor Verantwortliche bonitätsrelevante Informationen in Bezug auf Forderungen gegen den Betroffenen bei Auskunfteien einmelden.

120 Allerdings spricht auch bei § 31 Abs. 2 gegen die weite Auslegung des Verwendungsbegriffs, dass dem **deutschen Gesetzgeber die entsprechende Gesetzgebungskompetenz fehlte** (vgl. Rn. 107). Insoweit konnte der Gesetzgeber auch bei dem Versuch der Übernahme des § 28a BDSG a.F. sich nur des Begriffs der „Verwendung" im Sinne eines Unterfalls des Oberbegriffs der „Verarbeitung" im Sinne von Art. 4 Nr. 2 bedienen.

121 Bei der somit gebotenen **restriktiven Auslegung** des **Verwendungsbegriffs** erscheint der Anwendungsbereich des § 31 Abs. 2 BDSG im direkten Vergleich mit § 28a Abs. 1 BDSG a.F. allerdings geradezu drastisch verkürzt:

---

141 Gola/Schomerus-*Klug/Körffer* § 28a BDSG Rn. 2.

Bei Beschränkung des Tatbestandsmerkmals „Verwendung" auf den konkreten Unterfall der „Verarbeitung" im Sinne der Legaldefinition des Art. 4 Nr. 2 steht § 31 Abs. 2 allen sonst in der Verarbeitungsdefinition genannten Verarbeitungsvarianten nicht entgegen. 122

Anders als bei § 28a BDSG a.F. – der bereits die Übermittlung an die Auskunftei regulierte und somit eine Streuung personenbezogener Bonitätsdaten unterband – wäre die bloße Übermittlung eines tatbestandsmäßigen Wahrscheinlichkeitswerts an andere Stellen nach § 31 Abs. 2 S. 1 BDSG zulässig. Erst die sich an eine Übermittlung anschließende Verwendung dieser Wahrscheinlichkeitswerte wäre von dessen Anwendungsbereich erfasst. Die Streuung der von Auskunfteien ermittelten Wahrscheinlichkeitswerte ließe bei dieser Auslegung mittels § 31 Abs. 2 S. 1 nicht begrenzen. 123

Die seitens des Bundesgesetzgebers geäußerte Prämisse[142], mittels Normierung des § 31 BDSG den **Schutzstandard der §§ 28a und 28b BDSG a.F.** zu erhalten, erscheint nur dann zutreffend bzw. von Erfolg gekrönt gewesen zu sein, wenn damit – wie allerdings schon die Überschrift der Norm überdeutlich aussagt – allein der **Schutz des Wirtschaftsverkehrs** gemeint war. Verbraucher dürften durch die neue Formulierung weniger Schutz erfahren als durch § 28a BDSG a.F. 124

Ähnlich wie im US-amerikanischen Datenschutzrecht werden somit Risiken für Betroffene eher in der speziellen Art der Nutzung von personenbezogenen Daten verortet, als im Falle ihrer Übermittlung oder der bloßen Anzahl der datenverarbeitenden Stellen.

Zudem hat es der Gesetzgeber versäumt, Verstöße gegen § 31 BDSG in der Bußgeldvorschrift des § 43 als Ordnungswidrigkeit zu qualifizieren. Da derzeit noch nicht abschließend geklärt ist, ob Verstöße gegen BDSG-Vorschriften, die nach BDSG selbst nicht bußgeldbewehrt sind, als **Verstöße gegen die jeweils korrespondierende Öffnungsklausel** nach Maßgabe des Art. 83 sanktioniert werden können, sollten Verbraucher sich wenig Hoffnung machen, dass ihre bonitätsbezogenen Daten zukünftig in geringerem Umfang „verwendet" werden. 125

Die Verwendung der von Auskunfteien ermittelten Wahrscheinlichkeitswerte setzt neben Vorliegen der Voraussetzungen nach Abs. 1 auch voraus, dass „nur solche Forderungen über eine geschuldete Leistung" „berücksichtigt werden", „die trotz Fälligkeit nicht erbracht worden ist" und zumindest eine der in § 31 Abs. 2 S. 1 Nr. 1 bis 5 BDSG genannten Sachverhalte gegeben sind. 126

Die in § 31 Abs. 2 S. 1 Nr. 1 bis 5 BDSG aufgeführten Tatbestandsalternativen entsprechen – abgesehen vom grundsätzlich unterschiedlichen Ansatz der Norm sowie formulierungstechnisch notwendigen Änderungen u.a. angesichts des vom Gesetzgeber nun verwandten Plurals[143] – inhaltlich den Regelungen in § 28a Abs. 1 S. 1 Nr. 1 bis 5 BDSG a.F. (vgl. Synopse Rn. 190). 127

Eine Verletzung der Rechte und Freiheiten sowie der berechtigten Interessen der betroffenen Person durch die Berücksichtigung der Forderung im Rahmen der Ermittlung eines Wahrscheinlichkeitswerts durch Auskunfteien wird – wie bei § 28a 128

---

142 BT-Drucks. 18/11325, S. 102, zu § 31.
143 „Forderungen" statt „Forderung".

Art. 22 / § 31 BDSG Automatisierte Entscheidungen im Einzelfall

Abs. 1 – regelungstechnisch dadurch ausgeschlossen, dass vor einer Berücksichtigung **die Zahlungsunwilligkeit bzw. Zahlungsunfähigkeit** des Schuldners anhand von **objektiv nachprüfbaren Kriterien festgestellt** worden sein muss.[144]

129 Während bei den Alternativen des § 31 Abs. 2 S. 1 Nr. 1 bis 3 das Bestehen der Forderung von der „Rechtsordnung"[145] oder dem Schuldner bzw. Betroffenen selbst anerkannt wurde, stellen die Nr. 4 bis 5 sicher, dass eine Berücksichtigung von Forderungen auch möglich ist, wenn eine solche Anerkenntnis der Forderung nicht vorliegt. Liegt kein Anerkenntnis der Forderung nach Nr. 1–3 vor, können Forderungen auch dann berücksichtigt werden, wenn kumulativ die in Nr. 4 lit. a–d normierten Bedingungen erfüllt sind.

Allerdings wurde § 28a Abs. 1 S. 1 Nr. 4 lit. d BDSG a.F. dahingehend kritisiert, dass Schuldner eine Übermittlung auch dadurch verhindern können, dass sie „grundlos und treuwidrig" der Forderung widersprechen.[146]

130 Doch selbst wenn der Betroffene, um eine Nutzung des Negativmerkmals zu verhindern treuwidrig und grundlos widerspricht, ist eine Berücksichtigung durch eine Auskunftei auch dann möglich, wenn das zu Grunde liegende Vertragsverhältnis auf Grund von Zahlungsrückständen fristlos gekündigt werden kann. Allerdings müssen Verantwortliche sicherstellen, dass der Schuldner „zuvor über eine mögliche Berücksichtigung durch eine Auskunftei unterrichtet worden ist".

131 Mit Abs. 2 S. 2 stellt der Gesetzgeber klar, dass Abs. 2 S. 1 nicht die Verarbeitung „von anderen bonitätsrelevanten Daten nach allgemeinem Datenschutzrecht" erfassen soll.

132 Insoweit richtet sich die Verarbeitung von anderen personenbezogenen Daten, die zwar Rückschlüsse auf die Bonität zulassen, jedoch keine Informationen über Forderungen einbeziehen, nach den allgemeinen Zulässigkeitsvoraussetzungen des Art. 6; wobei der Gesetzgeber hierzu ausdrücklich auch die Ermittlung von Wahrscheinlichkeitswerten zählt.[147]

V. Verpflichtende Schutzmaßnahmen des Verantwortlichen (Abs. 3)

133 Mit Art. 22 Abs. 3 schafft der Verordnungsgeber einen Ausgleich dafür, dass sich Verantwortliche bewusst für die automatisierte Entscheidungsfindung entscheiden – mithin eine Datenverarbeitungsvariante, die Betroffene potenziell höheren Risiken aussetzt – indem er diese dazu verpflichtet, „angemessene Maßnahmen" zu treffen, um „die Rechte und Freiheiten sowie die berechtigten Interessen der betroffenen Person zu wahren".

134 Obwohl die Begehung von Verstößen des Verantwortlichen gegen Auflagen des Abs. 3 gem. Art. 83 Abs. 5 lit. b zur Verhängung von aufsichtsbehördlichen Sanktionen führen

---

144 Gola/Schomerus-*Klug/Körffer* § 28a BDSG Rn. 6 spricht von „gesicherter" Feststellung.
145 Gola/Schomerus-*Klug/Körffer* § 28a BDSG Rn. 6.
146 Gola/Schomerus-*Klug/Körffer* § 28a BDSG Rn. 10.
147 Kühling/Buchner-*Buchner* Art. 22 Rn. 38, der auf ErwG 72 verweist.

können, liegt in dem Treffen der Mindestmaßnahmen **keine Wirksamkeitsvoraussetzung für die automatisierte Entscheidungsfindung**.[148]

1. Mindestmaßnahmen. Um EU-weit eine einheitliche Auslegung dessen zu gewährleisten, was unter „angemessene Maßnahme" verstanden werden muss, gibt der Verordnungsgeber in Abs. 3 eine **Trias technisch-organisatorischer Schutzmaßnahmen** vor, die Verantwortliche „mindestens" ergreifen müssen, sobald sie sich auf das Vorliegen von Verbotsausnahmen nach Abs. 2 lit. a oder lit. c berufen. **135**

Die drei Mindestschutzmaßnahmen nach Abs. 3 umfassen das Recht des Betroffenen auf (a) Erwirkung des Eingreifens einer Person seitens des Verantwortlichen, (b) auf Darlegung des eigenen Standpunkts, sowie (c) Anfechtung der Entscheidung. Die Mindestmaßnahmen wurden – abgesehen vom Anspruch auf Erläuterung der ergangenen automatisierten Einzelfallentscheidung – den Erwägungen des ErwG 71 S. 6 entnommen. **136**

Wie bei allen Betroffenenrechten der Art. 15–22 muss der Verantwortliche die prozeduralen Vorgaben des Art. 12 beachten. Hierzu gehört u.a., dass der Verantwortliche Betroffenen gem. Art. 12 Abs. 2 S. 1 die Ausübung ihrer Rechte erleichtert und ihn gem. Art. 12 Abs. 3 S. 1 spätestens einen Monat nach Eingang des Antrags über die seitdem ergriffenen Maßnahmen informiert. **137**

a) Erwirkung des Eingreifens einer natürlichen Person seitens des Verantwortlichen. Mittels des Rechts auf Eingriff einer natürlichen Person sollen Betroffene den eingangs geschilderten Risiken rein maschineller Entscheidungsfindung (vgl. Rn. 1) durch Ausübung des Interventionsrechts begegnen können, indem – auf ihren Antrag hin – außerplanmäßig eine natürliche Person in den eigentlich rein maschinellen Prozess der Entscheidungsfindung involviert wird. Voraussetzung ist, dass die **Involvierung der natürlichen Person** die Maßgabe des Abs. 3 erfüllt, ist, dass der Verantwortliche der eingesetzten natürlichen Person auch **tatsächliche Entscheidungsbefugnis eingeräumt** hat; entweder die Entscheidung selbst zu treffen oder das Ergebnis einer bereits maschinell getroffenen Entscheidung nachträglich inhaltlich abzuändern. Das Interventionsrecht wird nicht automatisch gewährt, sondern setzt einen diesbezüglichen Antrag des Betroffen voraus. **138**

Da aus dem Wortlaut des Abs. 3 nicht hervorgeht, dass die Entscheidung bereits getroffen worden sein muss, ist es möglich, zwischen dem Interventionsrecht und Recht auf Anfechtung dergestalt zu differenzieren, dass das **Interventionsrecht vor dem Treffen der Entscheidung** seitens des Verantwortlichen gewährt wird und demgegenüber das **Recht auf Anfechtung nachgelagert** entsteht, nachdem die Entscheidung bereits mit den Folgen im Sinne des Abs. 1 ohne Beteiligung eines Menschen getroffen wurde. **139**

So ist es durchaus denkbar, dass der Verantwortliche standardmäßig automatisiert entscheidet, jedoch wahlweise z.B. auf Wunsch des Betroffenen eine Entscheidungsfindung mit menschlicher Letztentscheidung anbietet.

---

148 Gola-*Schulz* Art. 22 Rn. 43 stellt auf den Wortlaut des Abs. 3 ab; wegen des Verweises auf die Zulässigkeitsvoraussetzungen nach Abs. 2 lit. a und c – "In den [...] Fällen" – sei Abs. 3 keine Zulässigkeitsvoraussetzung.

140 b) Recht auf Darlegung des eigenen Standpunkts. Eine weitere Maßnahme zur Wahrung der schutzwürdigen Interessen des Betroffen ist das Recht des Betroffenen, dem Verantwortlichen den eigenen Standpunkt im Hinblick auf die Entscheidung darzulegen und den Verantwortlichen somit in die Lage zu versetzen auf Grundlage der zusätzlichen Informationen eine Revision der maschinell getroffenen Entscheidung zu ermöglichen und auf besondere Situationen des Betroffenen angemessen zu reagieren und von seinem sonstigen Entscheidungsmuster abzuweichen. Laut Gola[149] wird dieses Recht des Betroffenen im Regelfall dadurch sichergestellt, „dass ihm gegenüber ausdrücklich die Bereitschaft erklärt wird, eventuelle Einwände gegen die Entscheidung zu überprüfen." Insofern müssen Betroffenen zur Ermöglichung ihres Rechts zur Darlegung ihres Standpunkts entsprechende **Anspruchemöglichkeiten eingeräumt** werden. Von dem Recht umfasst ist insoweit auch die tatsächliche Kenntnisnahme bzw. Befassung mit dem seitens des Betroffenen dargelegten Standpunkt.[150] Weist der Verantwortliche den Betroffenen auf das Bestehen dieser Möglichkeit nicht hin, liegt hierin ein Verstoß gegen die sich aus Art. 12 Abs. 2 S. 1 ergebende Verpflichtung, dem Betroffenen die Wahrnehmung seiner Rechte zu erleichtern. Von Lewinski[151] weist jedoch darauf hin, dass es in der Praxis grundsätzlich nicht erforderlich ist, dem Betroffenen die Möglichkeit einer persönlichen Vorsprache einzuräumen.

141 c) Recht auf Anfechtung der Entscheidung. Das **Recht auf Anfechtung der automatisierten Entscheidung** darf nicht mit der Anfechtung i.S.d. §§ 119 ff. BGB oder der Anfechtungsklage nach § 42 Abs. 1 VwGO gleichgesetzt werden.[152] Vielmehr ist hierin ein Anspruch auf (nochmalige) „Überprüfung der Entscheidung" zu verstehen.[153] Im Verwaltungsverfahren könnte das Recht auf Anfechtung als **Widerspruch** interpretiert werden.[154] In Ermangelung ähnlicher Rechtsinstrumente im Privatrecht schlägt von Lewinski[155] **de lege ferenda**[156] vor, im Rahmen der „Weiterentwicklung der bisherigen Rechtslage" in dem Betroffenenrecht auf Anfechtung die Pflicht des Verantwortlichen zu sehen, seine „Entscheidung zu überprüfen bzw. zu überdenken". Auch sei es denkbar, die sonstigen, dem Betroffenen zustehenden datenschutzrechtlichen Betroffenenrechte als „Möglichkeit der „Anfechtung" wie das Widerspruchsrecht (Art. 21) und das Recht auf Beschwerde bei der Aufsichtsbehörde nach Art. 77 Abs. 1 zu werten.

142 2. Fakultative Schutzmaßnahmen. Aus dem Wortlaut des Abs. 3 („wozu mindestens") folgt hierbei, dass es sich keinesfalls um einen **abschließenden Maßnahmenkatalog** handelt. Angesichts dessen steht es Verantwortlichen frei ggf. weitere, den jeweiligen Risiken „angemessene Maßnahmen" zu ersinnen und diese Betroffenen bereit zu stellen. Angesichts der Grundsätze der Verarbeitung nach Art. 5[157] können Verantwortliche je nach Sensibilität der verarbeiteten Daten sogar dazu verpflichtet sein,

---

149 Gola-Schomerus-*Klug/Körffer* § 6a Rn. 14b.
150 BeckOK DatenSR-*von Lewinski* Art. 22 Rn. 49.1, Stand 1.12.2019.
151 BeckOK DatenSR-*von Lewinski* Art. 22 Rn. 49, Stand 1.12.2019.
152 Zutreffend BeckOK DatenSR-*von Lewinski* Art. 22 Rn. 50, Stand 1.12.2019.
153 BeckOK DatenSR-*von Lewinski* Art. 22 Rn. 50 (Stand 1.12.2019) verweist auf *Kühling/Martini u.a.* Die Datenschutz-Grundverordnung und das nationale Recht, S. 65.
154 BeckOK DatenSR-*von Lewinski* Art. 22 Rn. 51, Stand 1.12.2019.
155 BeckOK DatenSR-*von Lewinski* Art. 22 Rn. 52, Stand 1.12.2019.
156 Nach zukünftigem, noch zu schaffenden Recht.
157 Siehe Kommentierung zu Art. 5.

Schutzmaßnahmen zu ergreifen, die über die drei vom Gesetz geforderten Mindestmaßnahmen hinausgehen.

Bei der Verarbeitung von **Beschäftigtendaten** ist bspw. ergänzungshalber eine Konturierung der Pflichtmaßnahmen des Abs. 3 durch **kollektivrechtliche Mittel** denkbar. Laut Gola[158] könnte der Vollzug einer automatisierten Einzelfallentscheidung mittels **Betriebs-/Dienstvereinbarung** an eine vorherige Mitbestimmung des Betriebs-/Personalrats gekoppelt werden. 143

De lege ferenda schlägt Martini[159] die Normierung einer Begründungspflicht vor, die Verantwortliche dazu verpflichtet, Entscheidungen nach Abs. 1 mit einer Begründung zu versehen, die Betroffenen das Zustandekommen der Entscheidung erläutert. Unabhängig von der Normierung einer solchen Begründungspflicht könnte eine Entscheidungsbegründung auch eine fakultative Schutzmaßnahme i.S.d. Abs. 3 darstellen. 144

VI. Abs. 3 bzgl. BDSG n.F.

Stützen sich Verantwortliche bei Entscheidungen nach Abs. 1 auf die Ausnahme nach § 37 BDSG, müssen sie hierbei, sofern sie dem Antrag eines Betroffenen nicht vollumfänglich stattgeben, sowohl die Betroffenenrechte nach § 37 Abs. 1 Nr. 2 Hs. 1 BDSG sicherstellen als auch die **Informationspflicht nach § 37 Abs. 1 Nr. 2 Hs. 2** beachten und den Betroffenen rechtzeitig – d.h. spätestens zum Zeitpunkt der Mitteilung der teilweise ablehnenden Entscheidung – über das Bestehen dieser Rechte in Kenntnis setzen. 145

VII. Verbot und Ausnahmen in Bezug auf besondere Kategorien personenbezogener Daten (Abs. 4)

Art. 22 Abs. 4, der als Verbot mit Erlaubnisvorbehalt formuliert wurde, schränkt die Erlaubnisvorbehalte des Abs. 2 ein[160] und verbietet Verantwortlichen, Entscheidungen nach Abs. 2[161] auf die Verarbeitung **besonderer Datenkategorien i.S.v. Art. 9 Abs. 1** zu stützen, sieht jedoch zugleich von diesem Verbotsgrundsatz zwei Ausnahmen vor. 146

Das Verbot des Abs. 4 erfasst ausschließlich solche Entscheidungen nach Abs. 2, die sich auf die Verarbeitung **besonderer Kategorien von personenbezogenen Daten – gem. Art. 9 Abs. 1**[162] stützen. Danach zählen zu den besonderen Kategorien von personenbezogenen Daten neben Daten zu rassischer oder ethnischer Herkunft, politischen Meinungen, religiösen oder weltanschaulichen Überzeugungen oder Gewerkschaftszugehörigkeit", auch Gesundheitsdaten sowie „genetische oder biometrische Daten" oder Angaben zum Sexualleben oder der sexuellen Orientierung einer natürlichen Person". 147

---

158 Vorschlag lt. Gola/Schomerus-*Klug/Körffer* § 6a BDSG Rn. 14b.
159 *Martini* Algorithmen als Herausforderung für die Rechtsordnung JZ 2017, 1017, 1020, Pkt. III Nr. 1 bb.
160 Kühling/Buchner-*Buchner* Art. 22 Rn. 44 spricht insoweit zutreffend von einer Rückausnahme.
161 Zu den Voraussetzungen siehe 41.
162 Siehe Legaldefinition dieser Datenkategorien in Art. 9 Abs. 1.

148 Laut diesen Verbotsausnahmen ist eine automatisierte Einzelentscheidung unter Verarbeitung hochsensibler Datenkategorien ausnahmsweise doch zulässig, wenn die Betroffenen explizit mittels **qualifizierter Einwilligung** ihre Zustimmung erteilt haben (d.h. zusätzlich zu den Voraussetzungen einer informierten Einwilligung nach Art. 7 in voller Kenntnis des Umstands, dass die Verarbeitung ihrer Daten auch Datenkategorien des Art. 9 involviert) oder aber Verantwortliche sich darauf berufen können, dass dies nach Art. 9 Abs. 2 lit g erlaubt ist, also auf „Grundlage des Unionsrechts oder des Rechts eines Mitgliedstaats" erfolgt, oder „aus Gründen eines erheblichen öffentlichen Interesses erforderlich" ist.

149 Berufen sich Verantwortliche auf eine der beiden Erlaubnisvorbehalte, fordert der Verordnungsgeber zum Ausgleich des durch die Verarbeitung sensiblerer Betroffenendaten erhöhten Risikos für Betroffene durch etwaige Verletzungen des Schutzes personenbezogener Daten Schäden zu erleiden, dass Verantwortliche „angemessene Maßnahmen zum Schutz der Rechte und Freiheiten sowie der berechtigten Interessen der betroffenen Personen getroffen" haben (siehe Rn. 133 f.).

150 **1. Qualifizierte Einwilligung (Art. 9 Abs. 2 lit. a).** Eine qualifizierte Einwilligung des Betroffenen nach Art. 9 Abs. 2 lit. a liegt vor, wenn der Betroffene „ausdrücklich" in die Verarbeitung seiner personenbezogenen Daten, die in die Kategorie des Art. 9 Abs. 1 fallen, „für einen oder mehrere festgelegte Zwecke" „eingewilligt" hat (Details zu den Voraussetzungen des Art. 9 Abs. 2 lit. a siehe dortige Kommentierung Rn. 122 f.).

151 Schließlich darf nach Art. 9 Abs. 2 lit. a keine europarechtliche oder nationalstaatliche Norm existieren, nach der die Erteilung einer qualifizierten Einwilligung in der Verarbeitungssituation verboten ist.

2. „Vorrangige Rechtsvorschrift der EU oder eines Mitgliedstaats" (Art. 9 Abs. 2 lit. g).
152 **Alternativ** dürfen Verantwortliche – falls keine qualifizierte Einwilligung des Betroffenen vorliegt – automatisierte Einzelfallentscheidungen i.S.d. Abs. 2 auch dann auf die Verarbeitung besonderer Datenkategorien stützen, wenn eine Rechtsvorschrift (der EU oder des Mitgliedstaats) existiert, die explizit Entscheidungen nach Abs. 2, die auf der Verarbeitung von besonderen Kategorien von personenbezogenen Daten i.S.d. Art. 9 beruht.

153 Voraussetzung für eine unionsrechtlich tragfähige Nutzung der Öffnungsklausel ist nach Art. 9 Abs. 2 lit g jedoch, dass „die Verarbeitung […] auf der Grundlage des Unionsrechts oder des Rechts eines Mitgliedstaats, das in angemessenem Verhältnis zu dem verfolgten Ziel steht, den Wesensgehalt des Rechts auf Datenschutz wahrt und angemessene und spezifische Maßnahmen zur Wahrung der Grundrechte und Interessen der betroffenen Person vorsieht, aus Gründen eines erheblichen öffentlichen Interesses erforderlich" ist.

154 Der Wortlaut „gilt" des Abs. 4 – Veil[163] bezeichnet ihn zutreffend als verunglückt – impliziert, dass Rechtsanwender das Vorliegen der Tatbestandsvoraussetzungen des Art. 9 Abs. 2 lit. g inzident vor Beginn ihrer Verarbeitung zu prüfen haben, bevor sie eine Einzelentscheidung auf Art. 22 Abs. 4 stützen können. Gerade die Beurteilung der Frage, ob das die Verarbeitung erlaubende Recht verhältnismäßig ist und den

---

163 Gierschmann-*Veil* Art. 22 Rn. 89, der die Verweise auf Art. 9 Abs. 2 lit. a und g als Rechtsgrundverweisung interpretiert.

Wesensgehalt des Rechts auf Datenschutz wahrt, dürfte Verantwortliche als Rechtsanwender (z.B. kleine Internetstartups im Bereich Fin-/Legaltech) schnell überfordern.

Rechtsanwender müssen zwar regelmäßig auf Grund des **Anwendungsvorrangs der** **155** **DS-GVO** die Vereinbarkeit des nationalstaatlichen mit Unionsrechts prüfen. Allerdings stellt die englische Sprachfassung des Art. 22 Abs. 4 darauf ab, dass das Verbot nach Abs. 4 nur greift, „unless point (a) or (g) of Article 9(2) applies". Dies lässt sich auch „mit Anwendung findet" übersetzen, was wiederum bereits dann der Fall ist, sobald überhaupt eine unionsrechtliche oder nationalstaatliche Regelung im Sinne des Art. 9 Abs. 2 lit. g existiert.

Insofern dürfte es an dieser Stelle genügen, dass Verantwortliche, sofern und solange **156** sich nicht die Unwirksamkeit der betreffenden Rechtsvorschrift angesichts der Kriterien des Art. 9 Abs. 2 lit. g aufdrängt, prüfen müssen, ob eine solche Rechtsvorschrift – auf die sie sich berufen können – überhaupt existiert (z.B. § 37 BDSG).

3. „angemessene Schutzmaßnahmen". Weitere Voraussetzung zur Berufung auf das **157** Vorliegen einer der Erlaubnisvorbehalte nach Abs. 4 – neben der Geltung von Art. 9 Abs. 2 lit. a oder g – ist, dass „angemessene Maßnahmen zum Schutz der Rechte und Freiheiten sowie der berechtigten Interessen der betroffenen Personen getroffen wurden". Durch die offene Formulierung, ohne Adressierung eines konkreten Normadressaten (Gesetzgeber bzw. Verantwortlicher), stellt der Verordnungsgeber sicher, dass sowohl Fallgestaltungen abgedeckt sind, in denen die Schutzmaßnahmen vom Verantwortlichen getroffen wurden, als auch solche, in denen der Gesetzgeber entsprechende Vorkehrungen in der die automatisierte Entscheidungsfindung ausnahmsweise erlaubenden Rechtsvorschrift selbst verankert hat. Ein Beispiel für eine sich auf Art. 9 Abs. 2 lit. g stützende Erlaubnisnorm auf nationalstaatlicher Ebene ist § 37 BDSG (s. Rn. 159).

Leider enthält auch Abs. 4 – wie schon bei Abs. 2 lit. b und Abs. 3 – keine Angaben des **158** Verordnungsgebers dazu, wann „Maßnahmen zum Schutz der Rechte und Freiheiten sowie der berechtigten Interessen der betroffenen Person" „angemessen" sind. Die sprachlichen Unterschiede in Bezug auf die zu treffenden Schutzmaßnahmen in Abs. 3 und Abs. 4 – Abs. 3 spricht von „Wahrung" und Abs. 4 vom „Schutz" der Betroffenenrechte – sind ausweislich der englischen Sprachfassung, in der die Formulierung deckungsgleich ist, übersetzungsbedingt. Insoweit wird hinsichtlich der zu treffenden angemessenen Schutzmaßnahmen auf die Ausführungen unter Rn. 133 verwiesen.

VIII. Abs. 4 bzgl. BDSG n.F.

Mit Normierung des § 37 BDSG hat der deutsche Gesetzgeber **Ausnahmen** zu den **159** grundsätzlichen Verboten nach Art. 22 Abs. 1 und 4 geschaffen und hierzu von den sich aus Art. 22 Abs. 2 lit. b, Abs. 4 in Verbindung mit Art. 9 Abs. 2 lit. g ergebenden Öffnungsklausel Gebrauch gemacht.

Sinn und Zweck des § 37 Abs. 1 BDSG ist es, der Versicherungsbranche zu ermögli- **160** chen, weiterhin automatisierte Einzelentscheidungen nach Art. 22 zu treffen, sofern „die Entscheidung im Rahmen der Leistungserbringung nach einem Versicherungsvertrag ergeht".

161 Voraussetzung für eine Berufung auf § 37 Abs. 1 BDSG ist somit das **Vorhandensein eines Versicherungsvertrag**s (bspw. im Sinne von § 1 Versicherungsvertragsgesetz (VVG)) und, dass die Entscheidung nach Art. 22 Abs. 1 „im Rahmen der Leistungserbringung" erfolgt.

162 „Im Rahmen der Leistungserbringung" ergeht eine Entscheidung nach Art. 22 Abs. 1 dann, wenn diese einen konkreten inhaltlichen Bezug zu den durch den geschlossenen Versicherungsvertrag abgesicherten Risiken aufweist. Zur Klärung des Vorliegens dieses Tatbestandsmerkmals ist insoweit neben dem konkreten Inhalt des Versicherungsvertrags auch – sofern vorhanden – auf die jeweils gültigen allgemeinen Versicherungsbedingungen (AVB) sowie einschlägige Rechtsprechung abzustellen.

163 Auf Grund der Beschränkung des Anwendungsbereichs unterscheidet sich die Ausnahmeregelung des § 37 Abs. 1 BDSG deutlich von der in § 6a Abs. 2 BDSG a.F., der neben der Erfüllung des Vertragsverhältnisses auch „sonstige Rechtsverhältnisse" und Entscheidungen im Rahmen des Vertragsabschlusses erfasste und insofern ein wesentlich breiteres Anwendungsspektrum aufwies.

164 Ergeht eine Entscheidung im Rahmen der Leistungserbringung nach einem Versicherungsvertrag müssen – damit Verantwortliche sich auf die nationale Erlaubnisnorm des § 37 Abs. 1 berufen können – zusätzlich **alternativ** entweder die **Tatbestandsvoraussetzungen nach § 37 Abs. 1 Nr. 1 oder 2** gegeben sein.[164]

165 Nach § 37 Abs. 1 Nr. 1 BDSG ist dies bei Stattgabe des Betroffenenantrags der Fall. Diese Regelung übernimmt insoweit den Gedanken des § 6a Abs. 2 Nr. 1 BDSG a.F., wonach eine Beschwer des Betroffenen dann als ausgeschlossen gilt, wenn die automatisierte Entscheidung des Verantwortlichen dem Begehren des Betroffenen **vollumfänglich abhilft.**

Denn bei vollumfänglicher Stattgabe des Betroffenenantrags kann – anders als bei lediglich teilweiser Stattgabe des Antrags oder Stattgabe unter Änderung – unterstellt werden, dass der Betroffene durch die automatisierte Einzelentscheidung nicht beschwert ist.[165]

166 Nicht erfüllt ist dieses Kriterium demnach, wenn dem Begehren des Betroffen zwar stattgegeben wird, jedoch nur in Verbindung mit der Erfüllung einer Auflage oder nur in Verbindung mit der Erhöhung der vom Betroffenen zu zahlenden Versicherungsprämie.

167 Ob eine stattgebende Entscheidung rechtliche Verpflichtungen für den Betroffenen nach sich zieht, bleibt im Hinblick auf die Zulässigkeit der automatisierten Einzelentscheidung bei vollumfänglicher Stattgabe unberücksichtigt.[166]

168 Entscheidungen nach Art. 22 Abs. 1 sind daneben auch dann nach § 37 Abs. 1 Nr. 2 BDSG zulässig, wenn „die Entscheidung auf der Anwendung verbindlicher Entgeltregelungen für Heilbehandlungen beruht und der Verantwortliche für den Fall, dass dem Antrag nicht vollumfänglich stattgegeben wird, angemessene Maßnahmen zur Wahrung der berechtigten Interessen der betroffenen Person trifft".

---

164 BT-Drucks. 18/11325, S. 106.
165 *Bergmann/Möhrle/Herb* 39. EGL 2009, § 6a BDSG Rn. 15.
166 Simitis-*Scholz* § 6a BDSG Rn. 31.

Diese gesetzliche Privilegierung soll Krankenkassen ermöglichen, durch automatisierte Bearbeitung von Anträgen auf Erstattung von Heilbehandlungskosten Kosten einzusparen und die Antragsbearbeitung zu beschleunigen.[167] 169

Gibt der Verantwortliche dem Antrag des Betroffenen nicht vollumfänglich statt, ist er nach § 37 Abs. 1 Nr. 2 Hs. 1 dazu verpflichtet, „angemessene Maßnahmen zur Wahrung der berechtigten Interessen der betroffenen Person" zu treffen, die deckungsgleich mit den Mindestmaßnahmen nach Art. 22 Abs. 3 entsprechen, weshalb an dieser Stelle auf die obigen Ausführungen unter Rn. 90 verwiesen wird. 170

1. Hinweispflicht auf Betroffenenrechte nach § 37 Abs. 1 Nr. 2 Hs. 2. Der Gesetzgeber schafft in § 37 Abs. 1 Nr. 2 Hs. 2 eine **zusätzliche Informationspflicht** des Verantwortlichen. Nach ihr sind Verantwortliche im Falle einer automatisierten Einzelfallentscheidung, die dem Betroffenenantrag nicht vollumfänglichen stattgibt, dazu verpflichtet, den Betroffenen „spätestens" zum Zeitpunkt der Mitteilung der Entscheidung über die ihm gem. § 37 Abs. 1 Nr. 2 Hs. 1 BDSG zustehenden Rechte zu unterrichten. 171

Diese Verpflichtung stellt – wie Art. 12 Abs. 3 für die Betroffenenrecht gem. Art. 15–22 – sicher, dass Betroffenen die Wahrnehmung ihrer Betroffenenrechte aus § 37 BDSG erleichtert wird und ähnelt insoweit der sich aus Art. 21 Abs. 4 ergebenden Vorgabe, Betroffene auf das Bestehen ihres Widerspruchsrechts hinzuweisen.

2. § 37 Abs. 2. § 37 Abs. 2 BDSG stellt zwar eine Ausnahme von dem grundsätzlichen Verbot nach Art. 22 Abs. 4 dar, allerdings erlaubt der Gesetzgeber nicht, Entscheidungen nach Art. 22 auf sämtliche besondere Kategorien personenbezogener Daten i.S.v. Art. 9 Abs. 1 zu stützen. Vielmehr hat der Gesetzgeber in § 37 Abs. 2 BDSG die Ausnahme von Art. 22 Abs. 4 ausdrücklich auf Gesundheitsdaten, also „personenbezogene Daten, die sich auf die körperliche oder geistige Gesundheit einer natürlichen Person, einschließlich der Erbringung von Gesundheitsdienstleistungen, beziehen und aus denen Informationen über deren Gesundheitszustand hervorgehen" beschränkt. 172

Durch den präzisen Verweis auf S. 2 des Abs. 2 des § 22 BDSG n.F. stellt der Gesetzgeber klar, dass der Verantwortliche die Maßnahmen auch dann zu treffen hat, wenn die Voraussetzungen einer zulässigen Verarbeitung besonderer Kategorien personenbezogener Daten im Sinne von § 22 Abs. 1 BDSG n.F. nicht erfüllt sind; insoweit handelt es sich hierbei um eine **Rechtsfolgenverweisung**[168]. 173

C. Praxishinweise

I. Relevant für öffentliche Stellen

In der Praxis dürften keine Besonderheiten bzgl. der automatisierten Einzelfallentscheidung i.S.v. Art. 22 für öffentliche Stellen bestehen. Auch die Regelungen des BDSG hinsichtlich Scoring adressieren öffentliche und nichtöffentliche Stellen gleichermaßen. 174

Insoweit wird auf die Praxishinweise für nichtöffentliche Stellen verwiesen.

---

167 BR-Drucks. 110/17, S. 108; so bereits *Piltz* § 37 BDSG Rn. 12, der auf BR-Drucks. 110/17 (Beschluss), S. 41 verweist.
168 Im Gegensatz zu einer Rechtsgrundverweisung, die ihrerseits voraussetzen würde, dass die gesamten Tatbestandsvoraussetzungen der Norm vorliegen, auf die verwiesen wird.

II. Relevant für nichtöffentliche Stellen

175 Der Anwendungsbereich für Art. 22 ist zur Vermeidung von Bußgeldern weit zu fassen (z.B. auch bei Einsatz der sog. automatisierten Bewerbervorauswahl, vgl. oben Rn. 56). Bei Verfahren i.S.v. Art. 22 sind neben dem Erfordernis der Mindestschutzmaßnahmen (vgl. unten Rn. 182) auch die ggf. erweiterten Transparenz- (Art. 13 Abs. 2 lit. f) sowie Auskunftspflichten (Art. 15 Abs. 1 lit. h) zu berücksichtigen; ggf. müssen diesbezüglich Prozesse geschaffen oder modifiziert und erforderlichenfalls Mitarbeiter diesbezüglich sensibilisiert werden.

176 Nichtöffentliche Stellen, die automatisierte Entscheidungen auf Profiling im Sinne der Legaldefinition des Art. 4 Nr. 4 stützen, sollten prüfen, ob sie zur Benennung einer/eines DSB verpflichtet sind, da sie in aller Regel die Voraussetzungen des Art. 37 Abs. 1 lit. b („wenn, [...] die Kerntätigkeit des Verantwortlichen oder des Auftragsverarbeiters in der Durchführung von Verarbeitungsvorgängen besteht, welche aufgrund ihrer Art, ihres Umfangs und/oder ihrer Zwecke eine umfangreiche regelmäßige und systematische Überwachung von betroffenen Personen erforderlich machen") erfüllen dürften.[169]

177 Denn mit dem Einsatz eines Profilingverfahrens gehen grundsätzlich Maßnahmen zur „umfangreichen, regelmäßigen und systematischen Überwachung betroffener Personen" einher. Angesichts des für ein Profiling grundsätzlich erforderlichen Umfangs der Datenverarbeitungsvorgänge dürften jene auch regelmäßig der Kerntätigkeit der Verantwortlichen zuzurechnen sein. Dies dürfte insbesondere der Fall sein, wenn Verantwortliche der gesetzlichen Verpflichtung zur Risikoanalyse nach §§ 5 ff. GwG unterliegen und hierzu ihre Mandanten profilisieren.

178 Ferner verpflichtet Art. 35 Abs. 3 Verantwortliche dazu, vor Beginn einer Verarbeitung („vorab") eine **DSFA** nach Art. 35 Abs. 1 durchzuführen, soweit sie natürliche Personen im Hinblick auf persönliche Aspekte „systematisch und umfangreich" bewerten und diese Bewertung „auf automatisierte Verarbeitung einschließlich Profiling" stützen.

179 Insoweit kann bereits die Einführung einer automatisierten Verarbeitung personenbezogener Daten, die eine Entscheidung nach Art. 22 lediglich vorbereitet, Verantwortliche dazu verpflichten, eine Datenschutzfolgenabschätzung nach Maßgabe des Art. 35 Abs. 1 vorzunehmen.

180 Nach § 38 Abs. 1 S. 2 BDSG folgt allein hieraus die Verpflichtung, einen DSB zu benennen.

181 Bei Entscheidungen nach Abs. 1, deren Zulässigkeit sich auf die Ausnahme nach § 37 BDSG stützt, müssen Verantwortliche, sofern sie dem Antrag eines Betroffenen nicht vollumfänglich stattgeben, sowohl die Betroffenenrechte nach § 37 Abs. 1 Nr. 2 Hs. 1 BDSG sicherstellen, die Informationspflicht nach § 37 Abs. 1 Nr. 2 Hs. 2 beachten sowie den Betroffenen rechtzeitig – d.h. spätestens zum Zeitpunkt der Mitteilung der teilweise ablehnenden Entscheidung – über das Bestehen dieser Rechte in Kenntnis setzen.

---

[169] So auch: Kühling/Buchner-*Bergt* Art. 37 Rn. 23; Paal/Pauly-*Paal* Art. 37 Rn. 8; *Klug* ZD 2016, 315, 316.

Verantwortliche werden nach Art. 22 Abs. 3 dazu verpflichtet, besondere technisch- **182**
organisatorische Schutzmaßnahmen (siehe hierzu Rn. 133 f.) zu treffen, „um die
Rechte und Freiheiten der Betroffenen Personen zu wahren", sowie es den Betroffenen zu ermöglichen, ihre Rechte nach Art. 22 Abs. 3 wahrzunehmen.

III. Relevant für betroffene Personen

Betroffene Personen können gegenüber Verantwortlichen, die Entscheidungen auf **183**
Grundlage von automatisierten Datenverarbeitungen im Sinne des Art. 22 fällen –
abgesehen von der Möglichkeit nach Art. 21 Abs. 1 S. 2 und Abs. 2 Hs. 2 Widerspruch
einzulegen –, gem. Abs. 3 mindestens drei verschiedene Betroffenenrechte geltend
machen:
1. Erwirken, dass ein (menschlicher) Mitarbeiter in die maschinell getroffene Einzelentscheidung eingreift und überprüft.
2. Das Recht, den eigenen Standpunkt in Bezug auf die Richtigkeit der Entscheidungsfindung darzustellen.
3. Das Recht, die vom Verantwortlichen automatisch getroffene Entscheidung anzu-
   fechten.

Hilft der Verantwortliche dem Begehren des Betroffenen nicht ab, kann der Betrof- **184**
fene Beschwerde bei der Aufsichtsbehörde einlegen, Art. 77 Abs. 1.

IV. Relevant für Aufsichtsbehörden

Aufsichtsbehörden müssen nach Art. 47 Abs. 2 lit. e im Rahmen eines Verfahrens zur **185**
Genehmigung verbindlicher unternehmensinterner Datenschutzvorschriften (engl.
Binding Corporate Rules oder **Corporate Binding Rules**) beachten, dass die seitens
der Verantwortlichen vorgelegten BCR-Entwürfe auch ausdrücklich auf das Recht
der Betroffenen hinweisen, „nicht einer ausschließlich auf einer automatisierten Verarbeitung — einschließlich Profiling — beruhenden Entscheidung nach Art. 22 unterworfen zu werden". Anderenfalls wäre der Verantwortliche zur Nachbesserung aufzufordern oder die Genehmigung zu versagen, da es sich bei einem solchen Hinweis um
eine der im Katalog des Art. 47 Abs. 2 aufgeführten Pflichtangaben handelt.

V. Relevant für das Datenschutzmanagement

Verantwortliche müssen organisatorisch sicherstellen, dass ohne ihr Wissen bzw. ihre **186**
vorherige Freigabe keine Verarbeitungstätigkeiten im Sinne des Art. 22 bzw. der §§ 31,
37 BDSG stattfinden oder ohne Beteiligung des Datenschutzbeauftragten neu eingeführt werden. Ein Anknüpfungspunkt im Datenschutzmanagementsystem zur Implementierung einer diesbezüglichen **Prüfschleife** sollte hier mindestens das Vertragsmanagement sein.

Betreibt der Verantwortliche Verfahren im Sinne des Art. 22 bzw. der §§ 31, 37 BDSG, **187**
müssen Verantwortliche insbesondere die sich aus Art. 13 Abs. 2 lit. f, 14 Abs. 2 lit. g
und 15 Abs. 1 lit. h ergebenden Informations-/Auskunftspflichten beachten und
Betroffene ausdrücklich auf „das Bestehen einer automatisierten Entscheidungsfindung einschließlich Profiling" hinweisen und „aussagekräftige Informationen über die

involvierte Logik[170] sowie die Tragweite und die angestrebten Auswirkungen einer derartigen Verarbeitung für die betroffene Person" bereit stellen.

188 Verfahren zur automatisierten Entscheidungsfindung unterliegen der DSFA.

VI. Sanktionen

189 Bei Verstößen gegen Maßgaben des Art. 22, insbesondere die Nichtergreifung von Mindestschutzmaßnahmen nach Abs. 3, droht Verantwortlichen gem. Art. 83 Abs. 5 lit. b ein Bußgeld in Höhe von bis zu 20 Mio. EUR. Risiken bestehen auch bei Nichterfüllung bzw. Verstößen gegen Transparenzpflichten nach Art. 13 Abs. 1 lit. f oder Auskunftsrechte Betroffener gem. Art. 15 Abs. 1 lit. h.

D. Appendix – Synopse § 31 Abs. 2 BDSG n.F. und § 28a Abs. 1 BDSG a.F.

190 (inhaltliche Übereinstimmungen unterstrichen, **Abweichungen im Fettdruck**)

§ 31 Abs. 1 BDSG i.d.F. ab 25.5.2018	§ 28b BDSG 2009 (Nr. 2 und 1 getauscht)
Die **Verwendung** eines Wahrscheinlichkeitswerts über ein bestimmtes zukünftiges Verhalten einer natürlichen Person zum Zweck der Entscheidung über die Begründung, Durchführung oder Beendigung eines Vertragsverhältnisses mit dieser Person (Scoring) ist nur zulässig, wenn	Zum Zweck der Entscheidung über die Begründung, Durchführung oder Beendigung eines Vertragsverhältnisses mit dem Betroffenen darf ein Wahrscheinlichkeitswert für ein bestimmtes zukünftiges Verhalten des Betroffenen **erhoben oder** verwendet werden, wenn
1. die Vorschriften des Datenschutzrechts eingehalten wurden,	2. im Fall der Berechnung des Wahrscheinlichkeitswerts durch eine Auskunftei die Voraussetzungen für eine Übermittlung der genutzten Daten nach § 29 und in allen anderen Fällen die Voraussetzungen einer zulässigen Nutzung der Daten nach § 28 vorliegen,
2. die zur Berechnung des Wahrscheinlichkeitswerts genutzten Daten unter Zugrundelegung eines wissenschaftlich anerkannten mathematisch-statistischen Verfahrens nachweisbar für die Berechnung der Wahrscheinlichkeit des bestimmten Verhaltens erheblich sind,	1. die zur Berechnung des Wahrscheinlichkeitswerts genutzten Daten unter Zugrundelegung eines wissenschaftlich anerkannten mathematisch-statistischen Verfahrens nachweisbar für die Berechnung der Wahrscheinlichkeit des bestimmten Verhaltens erheblich sind,
3. für die Berechnung des Wahrscheinlichkeitswerts nicht ausschließlich Anschriftendaten genutzt wurden und	3. für die Berechnung des Wahrscheinlichkeitswerts nicht ausschließlich Anschriftendaten genutzt werden,
4. im Fall der Nutzung von Anschriftendaten die betroffene Person vor Berechnung des Wahrscheinlichkeitswerts über die vorgesehene Nutzung dieser Daten unterrichtet worden ist; die Unterrichtung ist zu dokumentieren.	4. im Fall der Nutzung von Anschriftendaten der Betroffene vor Berechnung des Wahrscheinlichkeitswerts über die vorgesehene Nutzung dieser Daten unterrichtet worden ist; die Unterrichtung ist zu dokumentieren.
§ 31 Abs. 2 BDSG i.d.F. ab 25.5.2018	§ 28a Abs. 1 BDSG 2009

---

170 Vgl. *AG Düsseldorf* v. 18.1.2018 zu § 6a BDSG a.F. – 22 C 136/17.

§ 31 Abs. 1 BDSG i.d.F. ab 25.5.2018	§ 28b BDSG 2009 (Nr. 2 und 1 getauscht)
(S.1) Die **Verwendung** eines **von Auskunfteien ermittelten Wahrscheinlichkeitswerts über die Zahlungsfähig- und Zahlungswilligkeit einer natürlichen Person** ist im Fall der Einbeziehung von Informationen über Forderungen nur zulässig, soweit die **Voraussetzungen nach Absatz 1 vorliegen** und nur solche Forderungen über eine geschuldete Leistung, die trotz Fälligkeit nicht erbracht worden ist, **berücksichtigt werden**,	(S. 1) Die **Übermittlung personenbezogener Daten über eine Forderung an Auskunfteien** ist nur zulässig, soweit die geschuldete Leistung trotz Fälligkeit nicht erbracht worden ist, **die Übermittlung zur Wahrung berechtigter Interessen der verantwortlichen Stelle oder eines Dritten erforderlich ist** und
1. die durch ein rechtskräftiges oder für vorläufig vollstreckbar erklärtes Urteil festgestellt worden sind oder für die ein Schuldtitel nach § 794 der Zivilprozessordnung vorliegt,	1. die Forderung durch ein rechtskräftiges oder für vorläufig vollstreckbar erklärtes Urteil festgestellt worden ist oder ein Schuldtitel nach § 794 der Zivilprozessordnung vorliegt,
2. die nach § 178 der Insolvenzordnung festgestellt und nicht vom Schuldner im Prüfungstermin bestritten worden sind,	2. die Forderung nach § 178 der Insolvenzordnung festgestellt und nicht vom Schuldner im Prüfungstermin bestritten worden ist,
3. **die der Schuldner** ausdrücklich anerkannt hat,	3. **der Betroffene** die Forderung ausdrücklich anerkannt hat,
4. bei denen a) **der Schuldner** nach Eintritt der Fälligkeit der Forderung mindestens zweimal schriftlich gemahnt worden ist, b) die erste Mahnung mindestens vier Wochen zurückliegt, c) der Schuldner zuvor, jedoch frühestens bei der ersten Mahnung, über eine **mögliche Berücksichtigung durch eine Auskunftei** unterrichtet worden ist und d) **der Schuldner** die Forderung nicht bestritten hat oder	4. a) **der Betroffene** nach Eintritt der Fälligkeit der Forderung mindestens zweimal schriftlich gemahnt worden ist, b) zwischen der ersten Mahnung und der Übermittlung mindestens vier Wochen liegen, c) die verantwortliche Stelle den Betroffenen rechtzeitig vor der Übermittlung der Angaben, jedoch frühestens bei der ersten Mahnung über **die bevorstehende Übermittlung** unterrichtet hat und d) **der Betroffene** die Forderung nicht bestritten hat oder
5. deren zugrunde liegendes Vertragsverhältnis aufgrund von Zahlungsrückständen fristlos gekündigt werden kann und bei denen der Schuldner zuvor über eine **mögliche Berücksichtigung durch eine Auskunftei** unterrichtet worden ist.	5. das der Forderung zugrunde liegende Vertragsverhältnis aufgrund von Zahlungsrückständen fristlos gekündigt werden kann und die verantwortliche Stelle **den Betroffenen** über **die bevorstehende Übermittlung** unterrichtet hat.
(S. 2) Die Zulässigkeit der Verarbeitung, einschließlich der Ermittlung von Wahrscheinlichkeitswerten, von anderen bonitätsrelevanten Daten nach allgemeinem Datenschutzrecht bleibt unberührt.	(S. 2) Satz 1 gilt entsprechend, wenn die verantwortliche Stelle selbst die Daten nach § 29 verwendet.

Abschnitt 5
Beschränkungen

Artikel 23 Beschränkungen

(1) Durch Rechtsvorschriften der Union oder der Mitgliedstaaten, denen der Verantwortliche oder der Auftragsverarbeiter unterliegt, können die Pflichten und Rechte gemäß den Artikeln 12 bis 22 und Artikel 34 sowie Artikel 5, insofern dessen Bestimmungen den in den Artikeln 12 bis 22 vorgesehenen Rechten und Pflichten entsprechen, im Wege von Gesetzgebungsmaßnahmen beschränkt werden, sofern eine solche Beschränkung den Wesensgehalt der Grundrechte und Grundfreiheiten achtet und in einer demokratischen Gesellschaft eine notwendige und verhältnismäßige Maßnahme darstellt, die Folgendes sicherstellt:

a) die nationale Sicherheit;
b) die Landesverteidigung;
c) die öffentliche Sicherheit;
d) die Verhütung, Ermittlung, Aufdeckung oder Verfolgung von Straftaten oder die Strafvollstreckung, einschließlich des Schutzes vor und der Abwehr von Gefahren für die öffentliche Sicherheit;
e) den Schutz sonstiger wichtiger Ziele des allgemeinen öffentlichen Interesses der Union oder eines Mitgliedstats, insbesondere eines wichtigen wirtschaftlichen oder finanziellen Interesses der Union oder eines Mitgliedstats, etwa im Währungs-, Haushalts- und Steuerbereich sowie im Bereich der öffentlichen Gesundheit und der sozialen Sicherheit;
f) den Schutz der Unabhängigkeit der Justiz und den Schutz von Gerichtsverfahren;
g) die Verhütung, Aufdeckung, Ermittlung und Verfolgung von Verstößen gegen die berufsständischen Regeln reglementierter Berufe;
h) Kontroll-, Überwachungs- und Ordnungsfunktionen, die dauernd oder zeitweise mit der Ausübung öffentlicher Gewalt für die unter den Buchstaben a bis e und g genannten Zwecke verbunden sind;
i) den Schutz der betroffenen Person oder der Rechte und Freiheiten anderer Personen;
j) die Durchsetzung zivilrechtlicher Ansprüche.

(2) Jede Gesetzgebungsmaßnahme im Sinne des Absatzes 1 muss insbesondere gegebenenfalls spezifische Vorschriften enthalten zumindest in Bezug auf

a) die Zwecke der Verarbeitung oder die Verarbeitungskategorien;
b) die Kategorien personenbezogener Daten;
c) den Umfang der vorgenommenen Beschränkungen;
d) die Garantien gegen Missbrauch oder unrechtmäßigen Zugang oder unrechtmäßige Übermittlung;
e) die Angaben zu dem Verantwortlichen oder den Kategorien von Verantwortlichen;
f) die jeweiligen Speicherfristen sowie die geltenden Garantien unter Berücksichtigung von Art, Umfang und Zwecken der Verarbeitung oder der Verarbeitungskategorien;
g) die Risiken für die Rechte und Freiheiten der betroffenen Personen und

Beschränkungen   Art. 23

h) das Recht der betroffenen Personen auf Unterrichtung über die Beschränkung, sofern dies nicht dem Zweck der Beschränkung abträglich ist.
– ErwG: 73

Übersicht

	Rn		Rn
A. Einordnung und Hintergrund	1	g) Verhütung, Aufdeckung, Ermittlung und Verfolgung von Verstößen gegen die berufsständischen Regeln reglementierter Berufe (lit. g)	48
I. Erwägungsgründe	1		
II. Normengenese und -umfeld	2		
B. Kommentierung	3		
I. Allgemeines: Zweck, Bedeutung, Systematik/Verhältnis zu anderen Vorschriften	3		
II. Beschränkungstatbestände und deren Grenzen (Abs. 1)	9	h) Kontroll-, Überwachungs- und Ordnungsfunktionen in Ausübung öffentlicher Gewalt (lit. h)	51
1. Regelungen auf Unionsebene und nationaler Ebene	10		
2. Abweichungsfähige Rechte und Pflichten	11		
a) Abweichungsfähige Rechte und Pflichten nach Kapitel III (Art. 12–22)	12	i) Schutz betroffener Personen oder Rechte und Freiheiten anderer Personen (lit. i)	53
b) Abweichungsfähige Rechte und Pflichten nach Art. 34	16	j) Durchsetzung zivilrechtlicher Ansprüche (lit. j)	58
c) Abweichungsfähige Rechte und Pflichten nach Art. 5	17	5. Begrenzung durch den Wesensgehalt der Grundrechte und Grundfreiheiten und den Grundsatz der Verhältnismäßigkeit	60
3. Regelungsform	18		
4. Katalog der Beschränkungszwecke	23	a) Achtung des Wesensgehaltes der Grundrechte und Grundfreiheiten	61
a) Nationale Sicherheit (lit. a)	25	b) Grundsatz der Verhältnismäßigkeit	64
b) Landesverteidigung (lit. b)	28	III. Inhaltliche Mindestanforderungen an beschränkende Rechtsvorschriften	67
c) Öffentliche Sicherheit (lit. c)	31	1. Beschreibung der Datenverarbeitung nach Zweck, Art der Daten und den Verantwortlichen	68
d) Verhütung und Verfolgung von Straftaten, Strafvollstreckung, Gefahrenabwehr (lit. d)	34	2. Umfang der Beschränkung	69
e) Schutz wichtiger Interessen der Union und der Mitgliedstaaten (lit. e)	40	3. Kompensatorische Verfahrensgarantien und Schutzvorkehrungen	70
f) Schutz von richterlicher Unabhängigkeit und von Gerichtsverfahren (lit. f)	44	IV. § 4 BDSG als Anwendungsfall der Beschränkung nach Art. 23 DS-GVO	74
		V. Kritik	84

Literatur: *Albrecht* Das neue EU-Datenschutzrecht – von der Richtlinie zur Verordnung, CR 2016, 88; *Ashkar* Durchsetzung und Sanktionierung des Datenschutzrechts nach den Entwürfen der Datenschutz-Grundverordnung, DuD 2015, 796; *von Bogdandy/Schill* Die Achtung der nationalen Identität unter dem reformierten Unionsvertrag, ZaöRV 2010, 701;

Dieterich Rechtsdurchsetzungsmöglichkeiten nach der DS-GVO – Einheitlicher Rechtsrahmen führt nicht zwangsläufig zu einheitlicher Rechtsanwendung, ZD 2016, 260; *Greve* Das neue Bundesdatenschutzgesetz, NVwZ 2017, 737; *Härting* Datenschutzreform in Europa: Einigung im EU-Parlament, CR 2013, 715; *Johannes/Richter* Privilegierte Verarbeitung im BDSG-E, DuD 2017, 300; *Neun/Lubitzsch* EU-Datenschutz-Grundverordnung – Behördenvollzug und Sanktionen, BB 2016, 1538; *Spindler* Die neue EU-Datenschutz-Grundverordnung, DB 2016, 937.

A. Einordnung und Hintergrund

I. Erwägungsgründe

1   Art. 23 nimmt ErwG 73 in Bezug. Hiernach soll hinsichtlich bestimmter Grundsätze und hinsichtlich des Rechts auf Unterrichtung, Auskunft zu und Berichtigung oder Löschung von personenbezogenen Daten, des Rechts auf Datenübertragbarkeit und Widerspruch, Entscheidungen, die auf der Erstellung von Profilen beruhen, sowie Mitteilungen über eine Verletzung des Schutzes personenbezogener Daten an eine betroffene Person und bestimmten damit zusammenhängenden Pflichten der Verantwortlichen möglich sein, soweit dies in einer demokratischen Gesellschaft notwendig und verhältnismäßig ist. ErwG 73 nennt als Gründe bspw. die Aufrechterhaltung der öffentlichen Sicherheit, den Schutz von Menschenleben und die Strafverfolgung und -vollstreckung.

II. Normengenese und -umfeld

2   Die DSRL enthielt in Art. 13 Abs. 1 eine Art. 23 in Teilen entsprechende Vorschrift, allerdings ist der Ausnahmenkatalog des Art. 23 GG deutlich weiter gefasst als der des Art. 13 Abs. 1 DSRL. Gleichwohl haben die Beschränkungsmöglichkeiten nach Art. 23 Ausnahmecharakter, durch die die regelmäßig bestehenden Rechte der Betroffenen nicht umgekehrt werden dürfen. Hieraus folgt zugleich eine Pflicht zur restriktiven Auslegung eventuell erlassener gesetzlicher Beschränkungen.[1] Gleichzeitig sind die in Abs. 2 formulierten Anforderungen an die Ausnahmetatbestände umfangreicher.[2]

B. Kommentierung

I. Allgemeines: Zweck, Bedeutung, Systematik/Verhältnis zu anderen Vorschriften

3   Grundgedanke des Art. 23 ist es, für bestimmte Fälle Rechte von Betroffenen, die sich aus der DS-GVO ergeben, beschränken zu können oder bestehende Beschränkungen aufrecht zu erhalten. Art. 23 beinhaltet eine der Öffnungsklauseln, durch die die DS-GVO den Mitgliedstaaten Spielraum für eigene Datenschutzregelungen eröffnet. Adressat der Regelung ist aber auch die Union selbst, die so in anderen Rechtssätzen von der DS-GVO abweichen darf.

4   Art. 23 bestimmt, in welchen Fällen Abweichungen vom Transparenzgebot zulässig sind und an welche Voraussetzungen diese Abweichungen gebunden sind. Die Norm ermöglicht Beschränkungen für die Vorschriften des Kapitels III, sofern hier Rechte für Betroffene geregelt sind, für Art. 34 und weiterhin für Art. 5, sofern dieser den Rechten und Pflichten des Kapitels III entspricht.

---

1 Simitis/Hornung/Spiecker gen. Döhmann-*Dix* Art. 23 Rn. 1.
2 BeckOK DatenSR-*Stender-Vorwachs* Art. 23 Rn. 2; auch Simitis/Hornung/Spiecker gen. Döhmann-*Dix* Art. 23 Rn. 6.

Art. 23 normiert allgemeine Grundsätze für mögliche Beschränkungen, die dann in 5
den entsprechenden unionsrechtlichen oder nationalen Regelungen i.S.d. Vorgaben
des Art. 23 konkretisiert werden müssen. Dies liegt nicht zuletzt daran, dass die Vorschriften, die den Betroffenen Rechte einräumen, unterschiedliche Funktionen haben
und unterschiedlich wirken, so dass an die Beschränkung der so vermittelten Rechte
unterschiedliche Anforderungen zu stellen sind.[3]

Mit Art. 23 selbst geht keine Verpflichtung für die Mitgliedstaaten oder die Union einher, in bestimmten Situationen Rechte der Betroffenen zu beschränken.[4] Derartige 6
Gebote können sich aus primärem Unionsrecht oder nationalem Verfassungsrecht
ergeben, so etwa bezogen auf die Verwirklichung staatlicher Schutzpflichten zugunsten Dritter. Art. 23 selbst enthält so nur ein fakultatives Beschränkungsrecht.

Auf Betreiben des Parlaments enthält Art. 23 neben der Festlegung auf die Einhaltung 7
des Grundsatzes der Verhältnismäßigkeit eine Verpflichtung, bei der Normierung von
Beschränkungen i.S.d. Abs. 1 den Wesensgehalt der Grundrechte und der Grundfreiheiten nach dem Primärrecht der Union zu wahren. Der deutsche Gesetzgeber muss
sich bei Ausgestaltung von Beschränkungen auf Grundlage des Art. 23 an den Bestimmungen des Grundgesetzes im Übrigen messen lassen,[5] also auch an der Wesensgehaltsgarantie nach Art. 19 Abs. 2 GG und am Grundsatz der Verhältnismäßigkeit.
Zugleich ist an Anwendung betreffender Vorschriften stets im Einzelfall abzuwägen,
ob von der Einschränkungsmöglichkeit Gebrauch gemacht wird.[6]

Anforderungen an die beschränkenden Vorschriften nach Abs. 1 ergeben sich aus dem 8
Katalog des Abs. 2. Die Vorschrift soll sicherstellen, dass sich der Gesetzgeber bei der
Normierung von Beschränkungen mit der Notwendigkeit der Maßnahme in Beziehung zu den Rechten der Betroffenen auseinandersetzen muss.[7]

II. Beschränkungstatbestände und deren Grenzen (Abs. 1)

Abs. 1 regelt die Tatbestände, die auf Unionsebene und auf Ebene der Nationalstaaten 9
eine Beschränkung von Betroffenenrechten ermöglichen und bezeichnet zugleich
deren Grenzen.

1. Regelungen auf Unionsebene und nationaler Ebene. Die Möglichkeit, Beschrän- 10
kungen zu normieren, räumt Art. 23 sowohl der Union als auch den Mitgliedstaaten
ein. Beide unterliegen dabei den gleichen zulässigen Zielsetzungen bzw. Beschränkungszwecken des Abs. 1 und den gleichen inhaltlichen Anforderungen des Abs. 2.

2. Abweichungsfähige Rechte und Pflichten. Abweichungsfähig sind die Rechte und 11
Pflichten nach Kapitel III, Art. 12–22, nach Art. 34, sowie nach Art. 5, soweit darin
Rechte nach Art. 12–22 verankert sind.

a) Abweichungsfähige Rechte und Pflichten nach Kapitel III (Art. 12–22). Art. 12 ist 12
Ausdruck des Transparenzgebotes für Verantwortliche, und verweist auf die Art. 13 f.
sowie Art. 15 ff. Art. 13 und 14 beinhalten Informationspflichten bez. der Erhebung

---

3 Kühling/Buchner-*Bäcker* Art. 23 Rn. 2.
4 Hierzu auch Simitis/Hornung/Spiecker gen. Döhmann-*Dix* Art. 23 Rn. 1.
5 Kühling/Buchner-*Bäcker* Art. 23 Rn. 7.
6 Simitis/Hornung/Spiecker gen. Döhmann-*Dix* Art. 23 Rn. 18.
7 Ehmann/Selmayr-*Bertermann* Art. 23 Rn. 5.

personenbezogener Daten bei betroffenen und nicht betroffenen Personen. Gemäß Art. 15 kann die betroffene Person vom Verantwortlichen Auskunft über den Umstand, den Umfang, den Zweck und die Speicherdauer personenbezogener Daten verlangen einschließlich evtl. Beschwerdemöglichkeiten.

13 Art. 16 enthält das Recht auf Berichtigung unrichtiger Daten, Art. 17 das Recht auf Löschung. Aufgrund Art. 18 kann unter den dortigen Voraussetzungen eine Einschränkung der Verarbeitung verlangt werden. Art. 19 verpflichtet den Verantwortlichen, allen Empfängern personenbezogener Daten Mitteilung von den Begehren der betroffenen Person nach Art. 16–18 zu machen.

14 Gemäß Art. 20 kann die betroffene Person die erhobenen Daten beim Verantwortlichen heraus verlangen und Dritten unter den dort genannten Voraussetzungen zugänglich machen.

15 Art. 21 enthält das Widerspruchsrecht der betroffenen Person. Art. 21 vermittelt das grundsätzliche Recht, nicht einer ausschließlich auf einer automatisierten Verarbeitung – einschließlich Profiling – beruhenden Entscheidung unterworfen zu werden.

16 b) Abweichungsfähige Rechte und Pflichten nach Art. 34. Art. 34 Abs. 1 verpflichtet den Verantwortlichen, bei Datenschutzverletzungen, die mit einem hohen Risiko der Verletzung von Persönlichkeitsrechten und Freiheiten natürlicher Personen einhergehen, diese unter den Voraussetzungen der weiteren Absätze hiervon zu unterrichten.

17 c) Abweichungsfähige Rechte und Pflichten nach Art. 5. Art. 5 normiert allgemeine Pflichten bei der Verarbeitung personenbezogener Daten, die die zuvor beschriebenen Rechte nach Art. 12–22 auslösen können. Sofern von der Beschränkungsmöglichkeit Gebrauch gemacht wird, dispensiert dies nicht von der Wahrung objektiv-rechtlicher Pflichten, die bei der Verarbeitung personenbezogener Daten außerhalb der in Art. 23 Abs. 1 genannten aufgelisteten Rechtsgüter und Interessen Betroffener; kann etwa ein Betroffener die Löschung seiner Daten in Ausnahme zu Art. 17 nicht verlangen, ist die Löschung dennoch vorzunehmen, wenn durch die Nichtlöschung im Einzelfall keine Schutzziele nach Art. 23 Abs. 1 verfolgt werden.[8]

18 3. Regelungsform. Die Einschränkung von Betroffenenrechten kann „durch Rechtsvorschriften" erfolgen. Damit ist zunächst auf der Ebene der DS-GVO keine parlamentsgesetzliche Grundlage verlangt.

19 Auf der Ebene der Union sind alle rechtsverbindlichen Rechtakte im Sinne des Art. 288 AEUV erfasst, also Verordnungen, die Richtlinien und Beschlüsse; gleichermaßen erfasst sind delegierte Rechtsakte und Durchführungsakte gem. Art. 290 f. AEUV.[9]

20 Eine Öffnungsklausel hin zu speziellen Regelungen zum Datenschutz in Kollektivvereinbarungen enthält Art. 88 für Datenverarbeitungen in Beschäftigungsverhältnissen. Umfasst sind hier neben Tarifverträgen auch Haustarifverträge und Betriebsvereinbarungen.[10]

---

8 Vgl. Simitis/Hornung/Spiecker gen. Döhmann-*Dix* Art. 23 Rn. 10.
9 Kühling/Buchner-*Bäcker* Art. 23 Rn. 38.
10 BeckOK DatenSR-*Riesenhuber* Art. 88 Rn. 51.

Generell muss es sich (lediglich) um außenwirksame Vorschriften handeln. Damit 21
würde etwa Innenrecht der Verwaltung nicht ausreichen, Rechtsverordnungen dagegen
würden den Begriff der Rechtsvorschrift erfüllen.

Schärfere Anforderungen an beschränkende Vorschriften können sich gleichwohl aus 22
nationalem Verfassungsrecht ergeben. So wird auf Grundlage des Grundgesetzes üblicher
Weise für die Einschränkungen des allgemeinen Persönlichkeitsrechts eine Regelung
durch Parlamentsgesetz gefordert.

4. Katalog der Beschränkungszwecke. Der Katalog der Beschränkungszwecke ist in 23
Abs. 1 relativ breit angelegt. Zwar ist die Aufzählung als abschließend anzusehen.[11]
Allerdings wird zutreffend angeführt, dass sobald sich ein rechtliches Interesse an der
Beschränkung von Betroffenenrechten findet, sich dieses zumeist auch unter einen
der Zwecke des Abs. 1 subsumieren lässt.[12] Insbesondere die weite Öffnungsklausel
nach lit. e lässt das Konzept der abschließenden Aufzählung zweifelhaft erscheinen.[13]

Im Übrigen muss eine Vorschrift, die in Anwendung des Art. 23 zur Einschränkung 24
von Betroffenenrechten erlassen wird, diejenigen Ziele benennen, zu deren Schutz die
jeweilige Einschränkung normiert wird.[14]

a) Nationale Sicherheit (lit. a). Der Begriff „nationale Sicherheit" ist bezogen auf die 25
Mitgliedstaaten im Lichte der Staatsfunktionsgarantie[15] des Art. 4 Abs. 2 S. 2 EUV auszulegen
und meint über den deutschen Begriff der öffentlichen Sicherheit hinaus den
Schutz vor Ereignissen, die über die Gefährdung von Schutzgütern der öffentlichen
Sicherheit hinaus die Sicherheit des Staates in Frage stellen,[16] also gleichsam das fundamentale
Bestandsinteresse des Staates.[17]

In Anlehnung an Art. 4 Abs. 2 S. 3 EUV fällt die nationale Sicherheit allerdings weiterhin 26
in die alleinige Verantwortung der Mitgliedstaaten, ist damit bereits gem. Art. 2
Abs. 2 lit. a vom Anwendungsbereich der DS-GVO ausgenommen. Denkbar ist allerdings,
dass Daten außerhalb der Zwecksetzung der nationalen Sicherheit und zugleich
im Anwendungsbereich der DS-GVO erhoben, und dann rechtmäßig zu Zwecken der
nationalen Sicherheit werden, Für diese Verantwortlichen kann die Ausnahme nach
lit. a zum Tragen kommen.[18]

Zu beachten ist, dass die Beschränkungen zum Schutz der nationalen Sicherheit nicht 27
als allgemeiner Vorbehalt formuliert werden dürfen und in jedem Einzelfall eine
Begründung der betreffenden Beschränkung zu verlangen ist.[19]

b) Landesverteidigung (lit. b). Eine Angelegenheit der Landesverteidigung liegt vor, 28
wenn sie im Kontext der Verteidigung gegen potentielle Angriffe auf das Gebiet eines
Mitgliedstaates mit Waffengewalt von außen steht. Es muss dabei kein Angriff bevor-

---

11 Ehmann/Selmayr-*Bertermann* Art. 23 Rn. 3; Sydow-*Peuker* Art. 23.
12 So Kühling/Buchner-*Bäcker* Art. 23 Rn. 11.
13 In diesem Sinne wohl auch Kühling/Buchner-*Bäcker* Art. 23 Rn. 22.
14 Simitis/Hornung/Spiecker gen. Döhmann-*Dix* Art. 23 Rn. 1
15 Vgl. *von Bogdandy/Schill* ZaÖRV 2010, 701, 709.
16 *EuGH* v. 29.1.2008 – C-275/06, MMR 2008, 227, 228, Rn. 49.
17 Simitis/Hornung/Spiecker gen. Döhmann-*Dix* Art. 23 Rn. 20.
18 So Kühling/Buchner-*Bäcker* Art. 23 Rn. 16 unter Bezugnahme auf *EuGH* v. 29.1.2008 – C-275/06, MMR 2008, 227, 228, Rn. 49.
19 Simitis/Hornung/Spiecker gen. Döhmann-*Dix* Art. 23 Rn. 22 f.

stehen, es reicht aus, dass es sich um Maßnahmen der Landesverteidigung in Friedenszeiten handelt.

29 Aus bundesdeutscher Sicht wird der Bereich der Landesverteidigung über Art. 24 Abs. 2 GG auf die bestehenden Bündnisverpflichtungen erweitert. Da dies für verschiedene Mitgliedstaaten der Fall ist, liegt ein derartiges erweitertes Verständnis des Begriffs Landesverteidigung auch für die DS-GVO nahe.[20]

30 Wie auch für die nationale Sicherheit gilt, dass aus Sicht der DS-GVO vornehmlich mittelbar der Landesverteidigung dienende Maßnahmen erfasst sind; auch die Landesverteidigung ist gem. Art. 4 Abs. 2 S. 2 EUV in der Verantwortung der Mitgliedstaaten, so dass auch insoweit Art. 2 Abs. 2 lit. a zum Tragen kommt.

31 **c) Öffentliche Sicherheit (lit. c).** Der Begriff der öffentlichen Sicherheit ist unionsrechtlich zu bestimmen und umfasst angelehnt an die ordre-public-Klausel etwa des Art. 36 AEUV etwa die zentralen und für das Funktionieren des Staates unerlässlichen Regelungen der geschriebenen Rechtsordnung und die darin niedergelegten grundlegenden Werte eines Staates.[21] Zugleich sieht der EuGH die innere und äußere Sicherheit des Staates erfasst.[22] Der Begriff geht damit über das nationale Begriffsverständnis nach deutschem Recht hinaus. Deswegen sind auch die Formulierungen in §§ 30 Abs. 2, 32 Abs. 1 Nr. 3, 33 Abs. 1 Nr. 1 lit. b, Abs. 1 Nr. 2 lit. b BDSG n.F. insoweit bedenklich, als sie das Zugrundelegen der deutschen Begrifflichkeit von öffentlicher Sicherheit oder Ordnung vermuten lassen, wobei letztere schon vom Wortlaut her nicht den Ausnahmetatbestand von Art. 23 Abs. 2 lit. c auslösen kann.

32 Aber auch insoweit ist die Organisation der öffentlichen Sicherheit nicht von der Rechtsetzung der Union erfasst; es ist Sache der Mitgliedstaaten, entsprechende Regelungen zu treffen.[23] So dient auch Art. 23 Abs. 1 lit. c der Möglichkeit, nationalstaatliche Regelungen zur Wahrung der öffentlichen Sicherheit zu erlassen, die aber nicht gleichzeitig die Datenverarbeitung in diesem Kontext betreffen.[24]

33 Ausgenommen sind insoweit Regelungen im Kontext drohender oder begangener Straftaten, die vornehmlich Art. 2 Abs. 2 lit. d unterfallen und damit ursprünglich von den Regelungen der DS-GVO ausgenommen sind. Erfasst sind dagegen im Einklang mit ErwG 73 Anwendungsfälle der öffentlichen Sicherheit zum „Schutz von Menschenleben insbesondere bei Naturkatastrophen oder vom Menschen verursachten Katastrophen"[25], die in den Anwendungsbereich der DS-GVO fallen und entsprechenden Beschränkungen durch Mitgliedstaaten unterworfen werden können.

---

20 In diesem Sinne auch Paal/Pauly-*Paal* Art. 23 Rn. 19; hierauf Bezug nehmend Kühling/Buchner-*Bäcker* Art. 23 Rn. 16.
21 Vgl. etwa *Frey/Pfeifer* EuR 2015, 721,730.; anders wohl – eher vom deutschen Begriff der öffentlichen Sicherheit dominiert – BeckOK DatenSR-*Stender-Vorwachs* Art. 23 Rn. 19; wie hier Sydow-*Peukert* Art. 23 Rn. 21.
22 *EuGH* v. 11.3.2003 – C-186/97, NJW 2003, 1379, 1380 Rn. 36.
23 *EuGH* v. 11.3.2003 – C-186/97, NJW 2003, 1379, 1380 Rn. 37; hier Sydow-*Peukert* Art. 23 Rn. 22.
24 Paal/Pauly-*Paal* Art. 23 Rn. 23.
25 Kühling/Buchner-*Bäcker* Art. 23 Rn. 20.

d) Verhütung und Verfolgung von Straftaten, Strafvollstreckung, Gefahrenabwehr 34
(lit. d). Der Komplex der Verhütung und Verfolgung von Straftaten, der Strafvollstreckung und der Gefahrenabwehr für die öffentliche Sicherheit ist wiederum nach Art. 2 Abs. 2 lit. d von der Geltung des DS-GVO ausgenommen und findet seine speziellen Regelungen in der RL (EU) 2016/680.

Dabei ist eine Straftat eine nach nationalstaatlichem Recht mit Strafe bedrohte Tat. 35
Während die Verhütung von Straftaten die präventive Tätigkeit der staatlichen Stellen meint, betrifft die Ermittlung, Aufdeckung und Verfolgung von Straftaten das repressive Handeln der Strafverfolgungsbehörden. Als Strafverfolgung wird die Erzwingung von Strafe durch die nach nationalem Recht zuständigen Stellen angesehen. Dass die DS-GVO von lit. d auch den Schutz vor und die Abwehr von Gefahren für die öffentliche Sicherheit erfasst, entfaltet insoweit Wirkung, als in Abgrenzung zu lit. c der spezielle Bereich der Gefahrenabwehr im Kontext der Verhütung und Verfolgung von Straftaten gemeint ist.

Zuständige Stellen i.S.d. RL (EU) 2016/680 sind gem. Art. 3 Nr. 7 RL (EU) 2016/680 36
nach lit. a solche Stellen, die für die Verhütung, Ermittlung, Aufdeckung oder Verfolgung von Straftaten oder die Strafvollstreckung, einschließlich des Schutzes vor und der Abwehr von Gefahren für die öffentliche Sicherheit, zuständig sind, oder nach lit. b eine andere Stelle oder Einrichtung, der durch das Recht der Mitgliedstaaten die Ausübung öffentlicher Gewalt und hoheitlicher Befugnisse zur Verhütung, Ermittlung, Aufdeckung oder Verfolgung von Straftaten oder zur Strafvollstreckung, einschließlich des Schutzes vor und der Abwehr von Gefahren für die öffentliche Sicherheit, übertragen wurde.

Damit verbleibt als Regelungsbereich der Öffnungsklausel nach Art. 23 Abs. 1 lit. d 37
die Datenverarbeitung durch Verantwortliche, die nicht zuständige Stellen im Sinne der Richtlinie sind, zugleich aber Daten verarbeiten, die zum Zwecke der Strafverfolgung, der Strafvollstreckung oder der Gefahrenabwehr Verwendung finden sollen.[26] ErwG 11 verweist insoweit auf Maßnahmen von Finanzdienstleistern zur Ermittlung, Aufdeckung und Verfolgung von Geldwäsche. In diesem Kontext können personenbezogene Daten erfasst und – unter gesetzlichen Einschränkungen nach Art. 23 Abs. 1 – an die zuständigen Stellen übermittelt werden.[27]

Einen entsprechenden Ausnahmetatbestand enthält bspw. § 4 BDSG in Bezug auf die 38
Videoüberwachung öffentlich zugänglicher Räume.

Zu bemerken ist allerdings, dass im Interesse der Verhältnismäßigkeit eine abstrakte 39
Gefahr nicht ausreichen dürfte, vielmehr nur konkrete Gefährdungen den Ausschlusstatbestand auslösen können.[28]

e) Schutz wichtiger Interessen der Union und der Mitgliedstaaten (lit. e). Beschrän- 40
kungen sollen nach lit. e zulässig sein zum „Schutz sonstiger wichtiger Ziele des allgemeinen öffentlichen Interesses der Union oder eines Mitgliedstaats, insbesondere eines wichtigen wirtschaftlichen oder finanziellen Interesses der Union oder eines Mitgliedstaats, etwa im Währungs-, Haushalts- und Steuerbereich sowie im Bereich der öffentlichen Gesundheit und der sozialen Sicherheit".

---

26 Paal/Pauly-*Paal* Art. 23 Rn. 24.
27 Sydow-*Peukert* Art. 23 Rn. 24.
28 So wohl zutreffend Simitis/Hornung/Spiecker gen. Döhmann-*Dix* Art. 23 Rn. 26.

41 In lit. e ist damit ein breit angelegter Auffangtatbestand für den Schutz aller denkbaren öffentlichen Interessen auf Unionsebene und mitgliedstaatlicher Ebene normiert. Die konkret benannten Interessen haben dabei lediglich den Charakter von Regelbeispielen.[29] In der Konsequenz können also auch weitere, in lit. e nicht aufgeführte Interessen benannt werden. Spätestens hierdurch wird aber das grundsätzlich auf Enumeration angelegte Regelungskonzept des Art. 23 Abs. 2 aufgebrochen.[30]

42 Dass es sich um „wichtige" Interessen handeln muss, dürfte keine über das Erfordernis der Verhältnismäßigkeit hinausgehende Steuerungswirkung haben.[31] Bedenklich ist insoweit die Formulierung in § 32 Abs. 1 Nr. 5 BDSG, wonach eine Information über die Erhebung personenbezogener Daten unterbleiben darf, wenn die Information eine vertrauliche Übermittlung von Daten an öffentliche Stellen gefährden würde. Die Vorschrift dürfte nur bei enger und unionsrechtskonformer Auslegung im Einzelfall wirksam sein.[32] Gleichwohl ließen sich auf Art. 23 Abs. 1 lit. e Ausnahmen im Zuge der Bekämpfung der Corona-Pandemie stützen lassen, wenn diese nicht über andere Öffnungsklauseln, bspw. Art. 6 Abs. 1 lit. a, e, ggf. i.V.m. Art. 9,[33] zu rechtfertigen sind.

43 Soweit ein wichtiges öffentliches Interesse im Sinne des lit. e mit der Inanspruchnahme eines entsprechenden Rechts durch einen Betroffenen gefährdet wird, kann eine dahingehende Beschränkungsregelung im Unionsrecht oder im nationalen Recht zum Schutz des betreffenden Interesses aktiviert werden.

44 f) Schutz von richterlicher Unabhängigkeit und von Gerichtsverfahren (lit. f). Art. 23 Abs. 1 lit. f betrifft zwei verwandte, dennoch unterschiedliche Tatbestände. So sind Ausnahmetatbestände zulässig zum Schutz der richterlichen Unabhängigkeit und zum Schutz von Gerichtsverfahren.

45 Die richterliche Unabhängigkeit ist ein letztlich immer noch unionsweit anerkanntes Rechtsgut. Allerdings sind Gefährdungen der unabhängigen Justiz durch Inanspruchnahme von Rechten nach der DS-GVO nur ausnahmsweise vorstellbar.[34]

46 Von praktisch größerer Relevanz dürfte der Schutz von Gerichtsverfahren sein. Hier ist bspw. vorstellbar, dass die Chancengleichheit im Verfahren durch die Geltendmachung von Betroffenenrechten gefährdet wird, so dass entsprechende rechtliche Vorkehrungen zur Wahrung der Chancengleichheit getroffen werden können.

47 Für den Schutz strafgerichtlicher Verfahren gelten allerdings vorrangig vor den Vorschriften der DS-GVO Art. 12 ff. RL (EU) 2016/680, bspw. Art. 15 bzgl. der Einschränkung der Auskunftsrechte betroffener Personen.

---

29 Kühling/Buchner-*Bäcker* Art. 23 Rn. 22.
30 Simitis/Hornung/Spiecker gen. Döhmann-*Dix* Art. 23 Rn. 2.
31 So letztlich auch BeckOK DatenSR-*Stender-Vorwachs* Art. 23 Rn. 26; abwartend Kühling/Buchner-*Bäcker* Art. 23 Rn. 22. Das Merkmal „wichtig" insoweit betonend Simitis/Hornung/Spiecker gen. Döhmann-*Dix* Art. 23 Rn. 27.
32 Gola-Heckmann/*Franck* § 32 BDSG Rn. 33; generell zweifelnd Simitis/Hornung/Spiecker gen. Döhmann-*Dix* Art. 23 Rn. 28.
33 Vgl. Guidelines 03/2020 on the processing of data concerning health for the purpose of scientific research in the context of the COVID-19 outbreakNr. 15 f., 23 ff., https://edpb.europa.eu/sites/edpb/files/files/file1/edpb_guidelines_202003_healthdatascientificresearchcovid19_en.pdf, zuletzt abgerufen am 27.4.2020.
34 So auch Kühling/Buchner-*Bäcker* Art. 23 Rn. 24.

g) **Verhütung, Aufdeckung, Ermittlung und Verfolgung von Verstößen gegen die berufs-** 48
ständischen Regeln reglementierter Berufe (lit. g). Reglementierte Berufe lassen sich
bestimmen in Anlehnung an Art. 3 Abs. 1 lit. a RL 2005/36/EG über die Anerkennung
von Berufsqualifikationen. Demgemäß ist ein reglementierter Beruf „eine berufliche
Tätigkeit oder eine Gruppe beruflicher Tätigkeiten, bei der die Aufnahme oder Ausübung oder eine der Arten der Ausübung direkt oder indirekt durch Rechts- und Verwaltungsvorschriften an den Besitz bestimmter Berufsqualifikationen gebunden ist;
eine Art der Ausübung ist insbesondere die Führung einer Berufsbezeichnung, die
durch Rechts- oder Verwaltungsvorschriften auf Personen beschränkt ist, die über eine
bestimmte Berufsqualifikation verfügen. Trifft S. 1 dieser Begriffsbestimmung nicht zu,
so wird ein unter Abs. 2 fallender Beruf als reglementierter Beruf behandelt."

In verschiedenen Mitgliedstaaten unterliegen die reglementierten Berufe verstärkter 49
staatlicher Kontrolle, die durch die Einhaltung von Transparenzvorschriften eingeschränkt werden kann.

Berufsständische Regelungen sind neben den durch die seitens der Selbstverwaltungs- 50
körperschaften erlassenen Vorschriften alle nach nationalem Recht für den jeweils
betroffenen Beruf geltenden Vorschriften.[35] Nicht erfasst sind dagegen schon mangels
entsprechender Verbindlichkeit ungeschriebene Regeln des Berufsethos.[36]

h) Kontroll-, Überwachungs- und Ordnungsfunktionen in Ausübung öffentlicher 51
Gewalt (lit. h). Art. 23 Abs. 1 lit. h soll insoweit klarstellenden Charakter haben, als
die beschränkenden Vorschriften nach lit. a–e und g (also nicht die nach lit. f) auch die
Befugnisse der ausführenden Gewalt betreffen können.[37] Der Katalog der verfolgbaren Ausnahmetatbestände wird insoweit in der Sache nicht erweitert. Ob es dieser
Klarstellung bedurfte, ist insoweit zweifelhaft, als die Durchsetzung der gesetzlich
angelegten Beschränkungsmöglichkeiten stets sinnlogisch der Exekutive überlassen
ist.

Voraussetzung ist jedenfalls, dass die Tätigkeit in dauernder oder zeitweiser Ausübung 52
öffentlicher Gewalt erfolgt. Damit ist das Handeln Privater insoweit erfasst, als diese
als Beliehene mit hoheitlichen Befugnissen ausgestattet werden.[38] Daneben kommt
das Handeln von Polizei, Ordnungsbehörden oder Justiz in Betracht.[39]

i) Schutz betroffener Personen oder Rechte und Freiheiten anderer Personen (lit. i).
Art. 23 Abs. 1 lit. i unterschiedet zwischen dem Schutz betroffener Personen und dem 53
Schutz der Rechte anderer Personen.

Der Anwendungsbereich der ersten Variante wird allgemein als sehr gering erachtet. So 54
soll es nur in Ausnahmesituationen zulässig sein, die Entscheidung über die Preisgabe
von Daten aus der Hand des Betroffenen zu nehmen und diese Befugnisse dem Gesetzgeber zu übertragen. Dies mag dann der Fall sein, wenn die Betroffenen die Konsequenzen einer Weitergabe aufgrund der Art der Informationen (bspw. komplexe medizini-

---

35 Kühling/Buchner-*Bäcker* Art. 23 Rn. 27.
36 Simitis/Hornung/Spiecker gen. Döhmann-*Dix* Art. 23 Rn. 30.
37 BeckOK DatenSR-*Stender-Vorwachs* Art. 23 Rn. 30; Paal/Pauly-*Paal* Art. 23 Rn. 38; Kühling/Buchner-*Bäcker* Art. 23 Rn. 27.
38 Paal/Pauly-*Paal* Art. 23 Rn. 39.
39 Simitis/Hornung/Spiecker gen. Döhmann-*Dix* Art. 23 Rn. 31.

schen Daten[40]) oder aufgrund Willensmängeln in der Person der Betroffenen (bspw. fehlende Geschäfts- oder Einsichtsfähigkeit) nicht abschätzen können. Diese Variante dürfte daher nur in engen Ausnahmefällen zum Tragen kommen.[41]

55 Angesprochen wird auch die Situation, in der objektive Pflichten des Verantwortlichen im Interesse der betroffenen Person eingeschränkt werden, so wenn die Erfüllung einer Löschungspflicht die Möglichkeit der Betroffenen einschränkt, sich über den Bestand der über sie erhobenen Daten umfassend zu informieren.[42]

56 Relevanter dürften die Beschränkungen in Bezug auf Rechte und Freiheiten anderer Personen sein. Dritte können der Verantwortliche oder außenstehende Personen sein.[43] Hier kann jede unmittelbare oder mittelbare Beeinträchtigung von Rechten, die mit der Erfüllung des Tarnsparenzgebotes einhergeht, beschränkende Maßnahmen rechtfertigen. Da von Rechten und Freiheiten die Rede ist, wird die Geltendmachung von Interessen ideeller oder wirtschaftlicher Natur, die keine rechtliche Verankerung gefunden haben, nicht ausreichen.[44] Dagegen sind bspw. Geschäfts- und Betriebsgeheimnisse und Berufsgeheimnisse denkbare Auslöser beschränkender Regelungen.[45]

57 Die Breite des Einschränkungstatbestandes kann ihrerseits wieder nur, aber immerhin über den Grundsatz der Verhältnismäßigkeit begrenzt werden.

58 **j) Durchsetzung zivilrechtlicher Ansprüche (lit. j).** Art. 23 Abs. 1 lit. j erlaubt beschränkende Vorschriften im Kontext der Durchsetzung zivilrechtlicher Ansprüche und ist damit letztlich bereits von lit. i miterfasst, da unter Rechte und Freiheiten anderer Personen jedenfalls auch zivilrechtliche Ansprüche zu fassen sind. Sollen dagegen andere als zivilrechtliche Ansprüche durchgesetzt werden, käme insofern vorrangig die Anwendung von lit. i in Frage.[46]

59 Denkbarer Anwendungsfall ist die verdeckte Beschaffung von Informationen, um zivilrechtliche Ansprüche – auch solche in der Zwangsvollstreckung[47] – durchsetzen zu können.[48] Lit. j unterscheidet sich dabei insoweit vom Anwendungsbereich des lit. f, als letzterer den Schutz des Verfahrens, nicht den der Verfahrensbeteiligten betrifft.

60 **5. Begrenzung durch den Wesensgehalt der Grundrechte und Grundfreiheiten und den Grundsatz der Verhältnismäßigkeit.** Die umfänglichen Abweichungsmöglichkeiten vom Transparenzgebot bedingen entsprechend Art. 23 Abs. 1 neben den inhaltlichen Anforderungen an Rechtsvorschriften, wie sie in Abs. 2 normiert sind, ein Korrektiv, das zum einen in der Wahrung des Wesensgehalts der Grundrechte und Grundfreiheiten und zum anderen in der Wahrung des Grundsatzes der Verhältnismäßigkeit liegt.

---

40 In diesem Sinne wohl auch BeckOK DatenSR-*Stender-Vorwachs* Art. 23 Rn. 31.
41 Simitis/Hornung/Spiecker gen. Döhmann-*Dix* Art. 23 Rn. 33.
42 Kühling/Buchner-*Bäcker* Art. 23 Rn. 31.
43 In diesem Sinne Paal/Pauly-*Paal* Art. 23 Rn. 42; Kühling/Buchner-*Bäcker* Art. 23 Rn. 32; a.A. *Johannes/Richter* DuD 2017, 300, 303; unentschlossen *Greve* NVwZ 2017, 737, 743.
44 Kühling/Buchner-*Bäcker* Art. 23 Rn. 32.
45 Paal/Pauly-*Paal* Art. 23 Rn. 42; Simitis/Hornung/Spiecker gen. Döhmann-*Dix* Art. 23 Rn. 35.
46 Simitis/Hornung/Spiecker gen. Döhmann-*Dix* Art. 23 Rn. 36.
47 So ausdrücklich Paal/Pauly-*Paal* Art. 23 Rn. 43.
48 Kühling/Buchner-*Bäcker* Art. 23 Rn. 33.

a) Achtung des Wesensgehaltes der Grundrechte und Grundfreiheiten. Der betref- 61
fende Passus ist auf Betreiben des EU-Parlaments in Art. 23 Abs. 1 aufgenommen
worden.[49] Gemeint sind die Grundrechte nach der Grundrechtecharta und der
EMRK, sowie die vom EuGH entwickelten ungeschriebenen Grundrechte und allgemeinen Grundsätze.[50] Die Grundfreiheiten sind diejenigen nach dem AEUV. Im Vordergrund der Regelung stehen aber eindeutig die Grundrechte der Betroffenen,
namentlich Art. 8 GRCh.

Die Forderung nach Achtung des Wesensgehalts der Grundrechte steht vor dem Pro- 62
blem, dass der genaue Inhalt der Wesensgehaltsgarantie in der Rechtsprechung des
EuGH letztlich nicht geklärt ist. Zu erinnern ist insoweit an die Safe-Harbour-Rechtsprechung[51], in der der EuGH den Wesensgehalt bezogen auf Art. 7 und Art. 47 GRCh
zum separaten Prüfmaßstab erhoben. Das Urteil nahm bezüglich der generellen
Zugriffsmöglichkeiten auf personenbezogene Daten einen Verstoß gegen den Wesensgehalt des Art. 7 GRCh (Recht auf Privatleben) und bezüglich der fehlenden Rechtsschutzmöglichkeiten hiergegen einen Verstoß gegen den Wesensgehalt von Art. 47
GRCh (Anspruch auf gerichtlichen Rechtsschutz) an. Eine Klärung, ob die Wesensgehaltsgarantie damit relative oder absolute Bedeutung erlangt, gerade ggü. dem
Grundsatz der Verhältnismäßigkeit, bleibt in der Entscheidung ungeklärt.[52] Insoweit
hilft auch die Entscheidung zur Vorratsdatenspeicherung[53] nicht weiter, die einen Verstoß gegen den Wesensgehalt von Art. 8 GRCh mit Blick auf bestehende Vorschriften
zum Datenschutz und zur Datensicherheit verneint.

Jedenfalls dürfte im Lichte der vorgenannten Grundrechte feststehen, dass beschrän- 63
kende Rechtsvorschriften i.S.d. Abs. 1 die Rechte der Betroffenen nicht vollständig
aushöhlen dürfen. Zugleich wird anzunehmen sein, dass der Betroffene jedenfalls
einen Anspruch auf – ggf. nachlaufende – gerichtliche Kontrolle der betreffenden
Beschränkungen haben muss.[54]

b) Grundsatz der Verhältnismäßigkeit. Sofern der Grundsatz der Verhältnismäßig- 64
keit nicht im Zusammenhang mit der Wesensgehaltsgarantie geprüft wird, muss feststehen, dass die Regelung einen Beschränkungszweck verfolgt, der von einigem
Gewicht ist. Dabei wird der Kreis der legitimen Beschränkungszwecke durch Art. 23
Abs. 1 lit. a–j vorgegeben.

Zugleich muss feststehen, dass trotz der Beschränkung des Transparenzgebots im 65
Interesse des legitimen Zwecks hinreichende Verfahrensgarantien und materielle
Absicherungen der Betroffenenrechte erhalten bleiben.

Im bundesdeutschen Recht würden die Grundrechte, insbesondere das allgemeine 66
Persönlichkeitsrecht nach Art. 2 Abs. 1 i.V.m. Art. 1 Abs. 1 GG zum Maßstab der nationalen Regelung erhoben werden und insoweit eine Abwägung zwischen der Gewichtigkeit des Beschränkungszwecks und den legitimen Interessen der Betroffenen vorgenommen.

---

49 BeckOK DatenSR-*Stender-Vorwachs* Art. 23 Rn. 1.
50 Paal/Pauly-*Paal* Art. 23 Rn. 13.
51 *EuGH* v. 6.10.2015 – C-362/14, NVwZ, 2016, 43, 49, Rn. 94 f.
52 So auch Sydow-*Peukert* Art. 23 Rn. 39.
53 *EuGH* v. 8.4.2014 – C-293/12, C-594/12, NJW 2014, 2169, 2171, Rn. 40.
54 In diesem Sinne Simitis/Hornung/Spiecker gen. Döhmann-*Dix* Art. 23 Rn. 14.

III. Inhaltliche Mindestanforderungen an beschränkende Rechtsvorschriften

67 Art. 23 Abs. 2 formuliert inhaltliche Mindestanforderungen an gesetzliche Vorschriften im Sinne des Abs. 1, wobei diese – wie der Begriff „gegebenenfalls" zeigt – nur dann zu berücksichtigen sind, wenn es im konkreten Fall einer solchen Angabe bedarf.[55] Durch die Anforderungen des Abs. 2 entfaltet sich eine Hinweis- und Warnfunktion gegenüber dem jeweiligen Gesetzgeber, der damit zugleich gehalten ist, die Beschränkungen der Betroffenenrechte möglichst durch kompensatorische Schutzvorkehrungen zu wahren.[56]

68 **1. Beschreibung der Datenverarbeitung nach Zweck, Art der Daten und den Verantwortlichen.** Die betreffende Rechtsvorschrift muss zunächst erkennen lassen, zu welchem Zweck Daten verarbeitet werden, bzw. welche Verarbeitungskategorien vorgenommen werden (lit. a). Dabei dürfte unter Zugrundelegen der englischen Fassung („the purposes of the processing or categories of processing") der Verarbeitungszweck im Vordergrund stehen. Daneben sind die Kategorien der verarbeiteten Daten zu beschreiben (lit. b) und die Verantwortlichen bzw. die Kategorien von Verantwortlichen (lit. e). Neben den genannten Kategorien dürfte zu erwarten sein, dass die betreffende Vorschrift auch das Ziel beschreibt, dass mit der Beschränkung erreicht werden soll,[57] jedenfalls soweit dies nicht aus der Benennung der Zwecke der Verarbeitung nach lit. a eindeutig hervorgeht.

69 **2. Umfang der Beschränkung.** Daneben muss der Umfang der Beschränkung skizziert werden (lit. c). Es müssen also diejenigen Betroffenenrechte bezeichnet werden, von denen die Rechtsvorschrift abweicht.

70 **3. Kompensatorische Verfahrensgarantien und Schutzvorkehrungen.** Art. 23 Abs. 2 verlangt in lit. d eine Absicherung gegen missbräuchliche und rechtswidrige Weiterverarbeitungen von Daten durch Gewährung von Zugang, durch Weitervermittlung oder sonstigen Missbrauch von Daten. Diese Vorkehrungen können konkret in besonderen Dokumentationspflichten bzgl. verdeckter Datenerhebungen bestehen, auch unabhängigen Kontrollen der Datenerhebung durch Dritte.[58]

71 Im Falle der Beschränkung von vorgesehenen Löschungen verlangt lit. f die Benennung von Speicherfristen. Im Übrigen enthält lit. f einen Auffangtatbestand dahingehend, dass alle möglichen und in den übrigen Anforderungen nicht benannten Garantien normiert werden müssen.[59]

72 Nach lit. g ist eine Risikoabschätzung bezüglich der Rechte und Freiheiten betroffener Personen vorzunehmen, die dann Grundlage für die Formulierung erforderlicher Schutzvorkehrungen sein kann. Hier kann bspw. die Pseudonymisierung der erhobenen Daten geboten sein. Als Maßstab für denkbare Risiken kann insoweit ErwG 75 herangezogen werden, der die Möglichkeit physischer, materieller oder immaterieller Schäden in Bezug nimmt, darüber hinaus die evtl. diskriminierende Wirkung einer Datenverarbeitung.[60]

---

55 Paal/Pauly-*Paal* Art. 23 Rn. 44.
56 In diesem Sinne auch Sydow-*Peukert* Art. 23 Rn. 46.
57 So Kühling/Buchner-*Bäcker* Art. 23 Rn. 44.
58 So Kühling/Buchner-*Bäcker* Art. 23 Rn. 52.
59 Vgl. auch Simitis/Hornung/Spiecker gen. Döhmann-*Dix* Art. 23 Rn. 43.
60 Simitis/Hornung/Spiecker gen. Döhmann-*Dix* Art. 23 Rn. 44.

Schließlich ist nach lit. h vorzusehen, dass die betroffenen Personen nach Möglichkeit 73
vom Umstand der Beschränkung in Kenntnis zu setzen sind. Zu bemerken ist aber,
dass die Unterrichtung über die Beschränkung selbst geeignet sein kann, den
Beschränkungszweck zu gefährden. Insoweit ist anzunehmen, dass in einem solchen
Fall auch das Unterrichtungspflicht zurückstehen kann.[61]

IV. § 4 BDSG als Anwendungsfall der Beschränkung nach Art. 23 DS-GVO

Als Anwendungsfall des Art. 23 kommt beispielhaft § 4 BDSG in Betracht, der die 74
Videoüberwachung öffentlich zugänglicher Räume regelt.

Die Norm benennt in Abs. 1 die Zwecke und Ziele der konkreten Datenverarbei- 75
tung im Wege der Videoüberwachung (Art. 23 Abs. 2 lit. a), letztere als Kategorie
erhobener Daten (Art. 23 Abs. 2 lit. b).

§ 4 Abs. 1 S. 2 BDSG benennt dabei zusätzlich im Einklang mit Art. 23 Abs. 2 lit. a 76
den Schutz von Leben, Körper und Gesundheit als besonders wichtige Interessen
und als Ziel der Beschränkung.

§ 4 Abs. 1 S. 1 a.E. BDSG sieht im Einklang mit Art. 23 Abs. 1 eine Abwägung mit 77
schutzwürdigen Interessen Betroffener vor.

§ 4 Abs. 1 S. 2 BDSG beschreibt mittelbar den Umfang der Beschränkung (Art. 23 78
Abs. 2 lit. c).

§ 4 Abs. 2 BDSG schreibt die Information über den Umstand der Datenverarbei- 79
tung frühzeitige Kenntlichmachung des Verantwortlichen vor (Art. 23 Abs. 2 lit. e).

§ 4 Abs. 3 BDSG normiert die Zweckbindung der erhobenen Daten und die Absi- 80
cherung gegen Risiken missbräuchlicher Verwendung (Art. 23 Abs. 2 lit. d, f).

§ 4 Abs. 4 BDSG n.F. betrifft die Notwendigkeit der Unterrichtung betroffener Per- 81
sonen in den dort genannten Fällen (Art. 23 Abs. 2 lit. h).

Schließlich regelt § 4 Abs. 5 BDSG die Dauer der Speicherung und die Notwendig- 82
keit der Löschung bei Zweckerreichung bzw. bei Gefährdung schutzwürdiger Interessen Betroffener.

Die mehrfach vorgesehene Abwägung mit den Interessen Betroffener trägt dem 83
Schutz des Wesensgehalts, hier vornehmlich im Lichte des Rechts auf informationelle Selbstbestimmung nach Art. 2 Abs. 1, 1 Abs. 1 GG und dem Grundsatz der
Verhältnismäßigkeit Rechnung. § 4 BDSG erfüllt somit im Wesentlichen die Anforderungen, die an eine Beschränkungsvorschrift im Sinne des § 23 zu stellen sind und
dürfte in der jetzigen Verfassung gemessen an Art. 23 europarechtskonform ausgestaltet sein.

V. Kritik

Art. 23 versucht, einen Ausgleich herzustellen zwischen dem Schutz der Rechte 84
Betroffener und den schützenswerten öffentlichen Interessen. Die Norm trägt dem
Bedürfnis der Rechtsanwendung insoweit Rechnung, als in verschiedenen Situationen
der Datenverarbeitung im öffentlichen Interesse dem Transparenzgebot nicht immer
gleichermaßen Rechnung getragen werden kann.

---

61 Kühling/Buchner-*Bäcker* Art. 23 Rn. 55.

85 Die Absicherung der Betroffenenrechte erfolgt dabei zum einen über die klare Formulierung von Anforderungen an gesetzliche Vorschriften, wie sie in Art. 23 Abs. 2 niedergelegt sind, zum anderen aber über das Gebot der Achtung des Wesensgehalts der Grundrechte und die strikte Bindung an den Grundsatz der Verhältnismäßigkeit nach Art. 23 Abs. 1.

Kapitel IV
Verantwortlicher und Auftragsverarbeiter

Abschnitt 1
Allgemeine Pflichten

Artikel 24 Verantwortung des für die Verarbeitung Verantwortlichen

(1) ¹Der Verantwortliche setzt unter Berücksichtigung der Art, des Umfangs, der Umstände und der Zwecke der Verarbeitung sowie der unterschiedlichen Eintrittswahrscheinlichkeit und Schwere der Risiken für die Rechte und Freiheiten natürlicher Personen geeignete technische und organisatorische Maßnahmen um, um sicherzustellen und den Nachweis dafür erbringen zu können, dass die Verarbeitung gemäß dieser Verordnung erfolgt. ²Diese Maßnahmen werden erforderlichenfalls überprüft und aktualisiert.

(2) Sofern dies in einem angemessenen Verhältnis zu den Verarbeitungstätigkeiten steht, müssen die Maßnahmen gemäß Absatz 1 die Anwendung geeigneter Datenschutzvorkehrungen durch den Verantwortlichen umfassen.

(3) Die Einhaltung der genehmigten Verhaltensregeln gemäß Artikel 40 oder eines genehmigten Zertifizierungsverfahrens gemäß Artikel 42 kann als Gesichtspunkt herangezogen werden, um die Erfüllung der Pflichten des Verantwortlichen nachzuweisen.

– *ErwG:* 74–78

Übersicht

	Rn		Rn
A. Einordnung und Hintergrund	1	a) Art, Umfang, Umstände und Zweck der Verarbeitung	19
I. Normzweck	1		
II. Erwägungsgründe	2		
III. Normengenese und -umfeld	5	b) Risiken für Rechte und Freiheiten natürlicher Personen	20
1. DSRL und BDSG a.F.	5		
2. Änderungen im Gesetzgebungsverfahren	6		
B. Kommentierung	7	III. Verpflichtung zur Anwendung geeigneter Datenschutzvorkehrungen (Abs. 2)	21
I. Verantwortlicher als alleiniger Adressat	8	1. Anwendung geeigneter Datenschutzvorkehrungen	22
II. Verpflichtung zur verordnungsgemäßen Verarbeitung (Abs. 1)	9	2. Angemessenes Verhältnis zur Verarbeitungstätigkeit	24
1. Zweck der zu treffenden Maßnahmen	10	IV. Einhaltung genehmigter Verhaltensregeln oder Zertifizierungsverfahren (Abs. 3)	26
2. Umsetzung geeigneter Maßnahmen	13		
3. Überprüfung und Aktualisierung der Maßnahmen	15	V. Rechtsfolgen bei Missachtung und Haftung des Verantwortlichen	30
4. Kriterien für die Festlegung geeigneter Maßnahmen	18	C. Praxishinweise	32

Art. 24 Verantwortung für die Verarbeitung

Literatur: *Berning* Erfüllung der Nachweispflichten und Beweislast im Unternehmen – Überlegungen zur Organisation entsprechender Vorkehrungen, ZD 2018, 348; *Franck* Bring your own device – rechtliche und tatsächliche Aspekte, RDV 2013, 185; *Jung* Datenschutz-(Compliance-)Management-Systeme – Nachweis- und Rechenschaftspflichten nach der DS-GVO, ZD 2018, 208; *Koreng/Lachenmann* Formularhandbuch Datenschutzrecht, 2. Aufl. 2018; *Kremer/Sander* Bring Your Own Device, ITBR 2012, 275; *Laue/Kremer* Das neue Datenschutzrecht in der betrieblichen Praxis, 2. Aufl. 2018; *Piltz* Die Datenschutz-Grundverordnung – Teil 3: Rechte und Pflichten des Verantwortlichen und Auftragverarbeiters, K&R 2016, 709; *Schneider* Handbuch EDV-Recht, 5. Aufl. 2017; *Söbbing* Rechtsrisiken durch Bring Your Own Device, RDV 2013, 77; *Veil* Accountability – Wie weit reicht die Rechenschaftspflicht der DS-GVO? Praktische Relevanz und Auslegung eines unbestimmten Begriffs, ZD 2018, 9.

A. Einordnung und Hintergrund

I. Normzweck

1   Art. 24 dient der Umsetzung der sich aus der DS-GVO ergebenden Anforderungen an eine rechtmäßige Verarbeitung durch den Verantwortlichen und ist eine Zentralnorm der DS-GVO.[1] Dieser wird in die Pflicht genommen, fortlaufend **geeignete technische und organisatorische Maßnahmen** umzusetzen sowie erforderlichenfalls zu überprüfen und zu aktualisieren. Eine wesentliche Maßnahme ist dabei die Anwendung geeigneter Datenschutzvorkehrungen, die eine Verarbeitung gem. der DS-GVO sicherstellen und den Nachweis dafür erbringen können.

II. Erwägungsgründe

2   ErwG 74 und ErwG 76 sind Grundlage für Abs. 1, Abs. 2. ErwG 74 stellt klar, dass die Verantwortlichkeit nach Abs. 1 mit der Haftung nach Art. 82 einhergeht (dazu Art. 82 Rn. 22 ff.). ErwG 75 konkretisiert, wann Risiken für die Rechte und Freiheiten natürlicher Personen gegeben sind, die vom Verantwortlichen bei der Beurteilung der Geeignetheit der von ihm nach Abs. 1 zu treffenden Maßnahmen einzustellen sind (ausführlich zu Risiken und Risikobewertung Art. 35 Rn. 43 ff.).

3   ErwG 77 führt zu Abs. 3, wonach die Einhaltung genehmigter Verhaltensregeln nach Art. 40 oder genehmigter Zertifizierungen nach Art. 42 beim Nachweis der Pflichtenerfüllung durch den Verantwortlichen aus Abs. 1 zu berücksichtigen sind. Ergänzend stellt ErwG 77 klar, dass hierfür auch die Beachtung von Leitlinien des Ausschusses (dazu Art. 70 Rn. 14 ff.) oder Hinweisen eines Datenschutzbeauftragten (dazu Art. 39 Rn. 11 ff.) in Betracht kommen.

4   ErwG 78 konkretisiert die Anforderungen an die Eignung der vom Verantwortlichen umzusetzenden, geeigneten TOM (ausführlich Art. 32 Rn. 26 ff.). Dabei wird insbesondere auf die Grundsätze Data Protection by Design gem. Art. 25 Abs. 1 (ausführlich Art. 25 Rn. 27 ff.) und Data Protection by Default gem. Art. 25 Abs. 2 (ausführlich Art. 25 Rn. 60) abgestellt.

---

1 Gierschmann-*Veil* Art. 24 Rn. 22.

III. Normengenese und -umfeld

1. DSRL und BDSG a.F. Die DSRL enthielt keine dem Art. 24 entsprechende Regelung.² Teile von Abs. 1 finden sich in Art. 6 Abs. 1, Abs. 2 DSRL und Art. 17 Abs. 1 DSRL wieder, insbesondere die Verpflichtung des Verantwortlichen, geeignete technische und organisatorische Maßnahmen zum Schutz der von ihm verarbeiteten personenbezogenen Daten zu treffen. Entsprechendes gilt für das BDSG a.F. und die dort zur Umsetzung von Art. 17 Abs. 1 DSRL in § 9 getroffene Regelung. Art. 24 geht über die bisherigen Regelungen also deutlich hinaus.

2. Änderungen im Gesetzgebungsverfahren. Ursprünglich als Art. 22 geführt, wurde der jetzige Art. 24 im Gesetzgebungsverfahren wesentlich erweitert.³ Abs. 1 des Entwurfs der Kommission v. 25.1.2012⁴ wurde durch den Ratsentwurf vom 11.6.2015⁵ ergänzt. Zugleich hielten mit dem Ratsentwurf⁶ der als Abs. 2a geführte jetzige Abs. 2 und der als Abs. 2b geführte jetzige Abs. 3 Einzug in Art. 24. Demgegenüber wurde die Auflistung verschiedener, konkreter Maßnahmen im damaligen Abs. 2 des Kommissionsentwurfs⁷ ersatzlos gestrichen. Erst in der verabschiedeten Fassung wurde die zunächst vorgesehene Sanktionierung von Zuwiderhandlungen gegen Art. 24 gestrichen (unten Rn. 30).

B. Kommentierung

Art. 24 ist lex generalis und wird durch Art. 25, 32 und 35 konkretisiert.⁸ Zugleich erweitert Art. 24 Abs. 1 die in Art. 5 Abs. 2 normierte Rechenschaftspflicht (dazu Art. 5 Rn. 80 ff.).⁹

I. Verantwortlicher als alleiniger Adressat

Adressat der Pflichten aus Art. 24 ist **ausschließlich der allein oder gemeinsam Verantwortliche** i.S.v. Art. 4 Nr. 7 (dazu Art. 4 Rn. 121 ff., zum gemeinsam Verantwortlichen Art. 26 Rn. 17 ff.). Art. 24 richtet sich weder an den Auftragsverarbeiter i.S.v. Art. 4 Nr. 8 noch an die Hersteller von Systemen, mit denen Verarbeitungen durchgeführt werden. Es obliegt allein dem Verantwortlichen, bei Auftragsverarbeitungen i.S.v. Art. 28 seinen Auftragsverarbeiter so auszuwählen, dass die von diesem getroffenen Maßnahmen eine hinreichende Garantie für eine verordnungskonforme Verarbeitung bieten (dazu Art. 28 Rn. 89 ff.),¹⁰ und die dem Verantwortlichen obliegenden Pflichten an den Auftragsverarbeiter vertraglich durchgereicht werden (dazu Art. 28 Rn. 93 ff.).¹¹

---

2 Zu hierauf gerichteten Forderungen der *Art.-29-Datenschutz-Gruppe* WP173 v. 13.7.2010: „Stellungnahme 3/2010 zum Grundsatz der Rechenschaftspflicht".
3 Zur Historie ausführlich *Veil* ZD 2018, 9, 10; Taeger/Gabel-*Lang* Art. 24 Rn. 5 ff.
4 Entwurf der Kommission 2012/0011 (COD), S. 63.
5 Ratsdokument Nr. 9565/15, S. 109.
6 Ratsdokument Nr. 9565/15, S. 109.
7 Entwurf der Kommission 2012/0011 (COD), S. 63.
8 Kühling/Buchner-*Hartung* Art. 24 Rn. 1; Taeger/Gabel-*Lang* Art. 24 Rn. 2, 14.
9 Ähnlich Taeger/Gabel-*Lang* Art. 24 Rn. 1, 13 („fokussiert und konturiert" Art. 5 Abs. 2; widersprüchlich dagegen Kühling/Buchner-*Hartung* Art. 24 Rn. 20 („Wiederholung bzw. Ausweitung"); a.A. wohl Gierschmann-*Veil* Art. 24 Rn. 3 („Teilbereich der Rechenschaftspflicht").
10 Taeger/Gabel-*Lang* Art. 24 Rn. 16, 20; ähnlich Gierschmann-*Veil* Art. 24 Rn. 10 f.
11 Paal/Pauly-*Martini* Art. 24 Rn. 18 f.; Taeger/Gabel-*Lang* Art. 24 Rn. 21.

Ebenso hat der Verantwortliche bei der Einführung oder Aktualisierung von Verarbeitungssystemen die Eignung derselben gem. Art. 25 sicherzustellen (ausführlich Art. 25).

II. Verpflichtung zur verordnungsgemäßen Verarbeitung (Abs. 1)

9   Abs. 1 verpflichtet den Verantwortlichen, geeignete TOM umzusetzen sowie diese erforderlichenfalls zu überprüfen und zu aktualisieren, um eine gem. der DS-GVO erfolgende Verarbeitung sicherzustellen und den Nachweis dafür erbringen zu können.

10 **1. Zweck der zu treffenden Maßnahmen.** Zweck der zu treffenden Maßnahmen ist zweierlei: Zum einen soll der Verantwortliche hiermit eine gem. der DS-GVO erfolgende Verarbeitung sicherstellen, zum anderen den Nachweis dafür erbringen können, dass die Verarbeitung tatsächlich gem. der DS-GVO erfolgt. Für beide Zwecke sind ggf. separate Maßnahmen vom Verantwortlichen zu treffen (Praxishinweise unten Rn. 32).

11 Zur Zweckerreichung ist nicht erforderlich, dass die Maßnahmen für jede einzelne Verarbeitung des Verantwortlichen bezogen auf jedes einzelne personenbezogene Datum den Beweis der verordnungskonformen Verarbeitung zu jedem beliebigen Zeitpunkt ermöglichen.[12] Die Nachweispflicht ist (ebenso wie die Rechenschaftspflicht gem. Art. 5 Abs. 2) keine zu einer Beweislastumkehr führende Beweisregel, sondern eine materielle Pflicht des Verantwortlichen.[13] Im Anwendungsbereich speziellerer Nachweispflichten (z.B. in Art. 7 Abs. 1 für die Einwilligung, dazu Art. 7 Rn. 20)[14] wird Art. 24 Abs. 1 S. 1 verdrängt: Aus Art. 24 Abs. 1 S. 1 ergibt sich keine über die speziellere Einzelnorm hinausgehende Nachweispflicht zu Lasten des Verantwortlichen.[15]

12 Ausreichend ist ein Nachweis dahingehend, dass der Verantwortliche solche geeigneten Maßnahmen umgesetzt hat, deren Befolgung die verordnungskonforme Verarbeitung gewährleisten. Zur Erbringung des von Art. 24 Abs. 1 S. 1 verlangten Nachweises genügt damit die technische und organisatorische Etablierung der nach einer Risikobewertung zur verordnungskonformen Verarbeitung erforderlichen Prozesse nebst den sich aus diesen Prozessen ergebenden Dokumenten[16]. Ein übergeordnetes **Datenschutzmanagementsystem** (DSMS, dazu Art. 32 Rn. 81) ist demgegenüber nur dort erforderlich, wo sich dies als Folge der Risikobewertung ergibt (Rn. 18 ff.).[17]

---

12 Ausführliche Herleitung durch Auslegung des Art. 24 Abs. 1 S. 1 bei *Veil* ZD 2018, 9, 10 ff.
13 Ebenso *Veil* ZD 2018, 9, 12; Gierschmann-*Veil* Art. 24 Rn. 191 ff.; a.A. *Berning* ZD 2018, 348, 348; ungenau Taeger/Gabel-*Lang* Art. 24 Rn. 65.
14 Übersicht aller Nachweispflichten neben der Rechenschaftspflicht in Art. 5 Abs. 2 bei *Veil* ZD 2018, 9, 11; Gierschmann-*Veil* Art. 24 Rn. 49 ff.
15 Ebenso *Veil* ZD 2018, 9, 11; Gierschmann-*Veil* Art. 24 Rn. 62 f.
16 Ähnlich wohl *Berning* ZD 2018, 348, 351 f.; Gierschmann-*Veil* Art. 24 Rn. 47 ff.
17 Differenzierend zwischen Datenschutzmanagement und Datenschutzmanagementsystem Taeger/Gabel-*Lang* Art. 24 Rn. 27; Zu Datenschutzmanagementsystemen siehe *Jung* ZD 2018, 208 sowie die im August 2019 veröffentlichte ISO 27701: „Security techniques – Extension to ISO/IEC 27001 and ISO/IEC 27002 for privacy information management – Requirements and guidelines".

2. Umsetzung geeigneter Maßnahmen. Art. 24 gibt keine Beispiele oder konkreten 13
Vorgaben für die vom Verantwortlichen umzusetzenden, also tatsächlich zu treffenden
Maßnahmen.[18] Hinweise für denkbare Maßnahmen ergeben sich aus ErwG 78 sowie
Art. 25 und 32, die Abs. 1 konkretisieren (Rn. 7). Abs. 1 S. 1 differenziert zwischen
technischen Maßnahmen (ausführlich Art. 32 Rn. 26 ff.) und organisatorischen Maß-
nahmen (ausführlich Art. 32 Rn. 26 ff.).[19]

Geeignet (und damit zugleich i.S.d. ErwG 74 S. 2 „wirksam"[20]) ist jede Maßnahme, die 14
unter Berücksichtigung der in Abs. 1 S. 1 definierten Kriterien (unten Rn. 18 ff.) der
Erreichung mindestens einem der Zwecke „Sicherstellung" oder „Nachweis" verord-
nungskonformer Verarbeitung (oben Rn. 10) für die jeweilige konkrete Verarbeitung
dient.[21] Kommt es nur aus Glück, Zufall oder Improvisation zu einer verordnungskonformen Verarbeitung hat der Verantwortliche gegen Art. 24 Abs. 1 verstoßen, da
gerade keine geeigneten Maßnahmen umgesetzt waren.[22] Zu Datenschutzvorkehrungen i.S.d. Abs. 2 als Maßnahmen unten Rn. 21 ff.

3. Überprüfung und Aktualisierung der Maßnahmen. Abs. 1 S. 2 verpflichtet den Ver- 15
antwortlichen, die umgesetzten Maßnahmen erforderlichenfalls zu überprüfen und zu
aktualisieren. Er stellt damit deklaratorisch klar, dass zur Umsetzungspflicht aus
Abs. 1 S. 1 auch eine sich fortlaufend wiederholende Komponente des Überprüfens auf
der 1. Stufe und des Aktualisierens auf der 2. Stufe gehören.[23] Hiermit nicht zu verwechseln ist die Überwachung der „Einhaltung dieser Verordnung" gem. Art. 39
Abs. 1 lit. b durch den ggf. vom Verantwortlichen benannten Datenschutzbeauftragten
(dazu Art. 39 Rn. 12 ff.).

Überprüfung und Aktualisierung sind nur erforderlichenfalls vorzunehmen (Praxis- 16
hinweis unter Rn. 33). Diese Erforderlichkeit kann sich ergeben aus Änderungen an
der Verarbeitung, den mit der Verarbeitung verbundenen Risiken für die Rechte und
Freiheiten natürlicher Personen (Rn. 18 ff.), der Beauftragung neuer Auftragsverarbeiter gem. Art. 28 oder dem Eingehen einer gemeinsamen Verantwortlichkeit gem.
Art. 26, aber auch aus neuen Erkenntnissen betreffend die Geeignetheit der umgesetzten Maßnahmen zur Zweckerreichung (Rn. 13). Ein weiterer Anlass für Überprüfungen können Änderungen an der DS-GVO oder anderen datenschutzrechtlichen Regelungen sein, ebenso gerichtliche Entscheidungen, aufsichtsbehördliche Maßnahmen,
Leitlinien des EDSA (zum EDSA Art. 68 Rn. 20 ff.) oder Hinweise des DSB.[24]

Überprüfen und Aktualisieren der umgesetzten Maßnahmen können unterschiedliche 17
Folgen haben. Denkbar sind Umsetzung neuer Maßnahmen, Ausweitung oder Verschärfung bereits umgesetzter Maßnahmen, ebenso auch Reduzierung, Beschränkung
oder Entfall bereits umgesetzter Maßnahmen.[25] Entscheidend ist allein, dass die nach

---

18 Taeger/Gabel-*Lang* Art. 24 Rn. 3.
19 Beispiele für TOM bei Gierschmann-*Veil* Art. 24 Rn. 71 f.; Formular zur Prüfung der Maßnahmen bei Koreng/Lachenmann-*Müller* E.II.2.
20 Ebenso Taeger/Gabel-*Lang* Art. 24 Rn. 28.
21 Paal/Pauly-*Martini* Art. 24 Rn. 20 f.; ausführlich Taeger/Gabel-*Lang* Art. 24 Rn. 26 ff.;
 Gierschmann-*Veil* Art. 24 Rn. 78 ff.
22 Zu Recht Gierschmann-*Veil* Art. 24 Rn. 42.
23 Gierschmann-*Veil* Art. 24 Rn. 67.
24 weitere Beispiele Paal/Pauly-*Martini* Art. 24 Rn. 38; Taeger/Gabel-*Lang* Art. 24 Rn. 69.
25 Gola-*Piltz* Art. 24 Rn. 51; Taeger/Gabel-*Lang* Art. 24 Rn. 71.

der Aktualisierung vom Verantwortlichen umgesetzten Maßnahmen weiterhin i.S.d. Abs. 1 S. 1 geeignet sind (Rn. 13).

18 **4. Kriterien für die Festlegung geeigneter Maßnahmen.** Abs. 1 S. 1 legt abschließend die Kriterien fest, die vom Verantwortlichen ex-ante zu betrachten sind, um die Geeignetheit der von ihm umzusetzenden Maßnahmen für die Erreichung der in Abs. 1 S. 1 festgelegten Zwecke (Rn. 10) zu ermitteln und damit die ihm obliegenden Pflichten zu konkretisieren.[26] Die Maßnahmen sind wegen ihrer Geeignetheit für jede Verarbeitung separat vom Verantwortlichen zu betrachten, sodass Voraussetzung für die Erfüllung von Art. 24 eine entsprechende Bestandsaufnahme durch den Verantwortlichen ist.[27] Dabei differenziert Abs. 1 S. 1 zwischen den verarbeitungsbezogenen Kriterien Art, Umfang, Umstände und Zwecke der Verarbeitung einerseits und den personenbezogenen Kriterien unterschiedliche Eintrittswahrscheinlichkeit und Schwere der Risiken für die Rechte und Freiheiten natürlicher Personen andererseits.

19 **a) Art, Umfang, Umstände und Zweck der Verarbeitung.** Die Geeignetheit der vom Verantwortlichen nach Abs. 1 S. 1 umzusetzenden Maßnahmen richtet sich zunächst in einer Gesamtabwägung nach Art, Umfang, Umständen und Zweck der Verarbeitung. Dabei werden alle Kriterien gleich gewichtet.[28] Zu den Details der verarbeitungsbezogenen Kriterien siehe Art. 32 Rn. 85 ff.

20 **b) Risiken für Rechte und Freiheiten natürlicher Personen.** Weiterhin richtet sich die Geeignetheit der vom Verantwortlichen nach Abs. 1 S. 1 umzusetzenden Maßnahmen nach der unterschiedlichen Eintrittswahrscheinlichkeit und Schwere der Risiken für die Rechte und Freiheiten natürlicher Personen. Schutzgut sind damit nicht nur betroffene Personen i.S.d. Art. 4 Nr. 1 (dazu Art. 4 Rn. 13), sondern alle natürlichen Personen, für die materielle oder immaterielle Risiken (siehe ErwG 75)[29] aus der Verarbeitung folgen können. Dabei hat die Ermittlung der Risiken ausweislich ErwG 76 S. 2 nach objektiven Kriterien zu erfolgen; bei einem hohen Risiko ist zwingend eine Datenschutz-Folgenabschätzung gem. Art. 35 vorzunehmen. Zu den Details der personenbezogenen Kriterien siehe Art. 32 Rn. 90 ff.

III. Verpflichtung zur Anwendung geeigneter Datenschutzvorkehrungen (Abs. 2)

21 Abs. 2 konkretisiert die Pflichten aus Abs. 1 S. 1. Der Verantwortliche muss als Bestandteil der Maßnahmen nach Abs. 1 S. 1 (Rn. 9 ff.)[30] geeignete Datenschutzvorkehrungen anwenden, sofern dies in einem angemessenen Verhältnis zu den Verarbeitungstätigkeiten steht.

22 **1. Anwendung geeigneter Datenschutzvorkehrungen.** Der Begriff Datenschutzvorkehrungen wird in der DS-GVO nicht definiert und ausschließlich in Abs. 2 genutzt. In der englischen Fassung wird statt Datenschutzvorkehrungen der Begriff „data protection policies" verwendet, die vom Verantwortlichen zu implementieren sind. Gemeint sind

---

26 *Piltz* K&R 2016, 709, 710.
27 *Datenschutzkonferenz* Kurzpapier Nr. 8 (Maßnahmenplan „DS-GVO" für Unternehmen), S. 1 f.; *Berning* ZD 2018, 348, 349.
28 Paal/Pauly-*Martini* Art. 24 Rn. 31.
29 Paal/Pauly-*Martini* Art. 24 Rn. 29.
30 Taeger/Gabel-*Lang* Art. 24 Rn. 72; Gierschmann-*Veil* Art. 24 Rn. 73; *Piltz* K&R 2016, 709, 710.

mit den Datenschutzvorkehrungen i.S.d. Abs. 2 mithin **Datenschutzrichtlinien**, die vom Verantwortlichen regelmäßig als organisatorische Maßnahme umgesetzt werden.[31]

Datenschutzvorkehrungen i.S.d. Abs. 2, verstanden als Datenschutzrichtlinien, können sich auf eine einzige oder mehrere Verarbeitungen als solche, einzelne Umstände einer Verarbeitung oder ein allen Verarbeitungen übergeordnetes Datenschutzmanagement des Verantwortlichen beziehen.[32] Beispiele sind Richtlinien für Verarbeitungen in Telearbeit (mobiles Arbeiten) oder im Home-Office,[33] Verarbeitungen auf privaten Endgeräten („BYOD")[34] oder Verarbeitungen im Kontaktmanagement gegenüber Endkunden (z.B. im Callcenter). 23

2. Angemessenes Verhältnis zur Verarbeitungstätigkeit. Geeignete Datenschutzvorkehrungen nach Abs. 2 sind anders als die Maßnahmen nach Abs. 1 S. 1 nur dann zwingend vom Verantwortlichen anzuwenden, wenn dies in einem angemessenen Verhältnis zu den Verarbeitungstätigkeiten steht (zum Begriff Verarbeitungstätigkeit Art. 30 Rn. 18). Bestandteil der sich aus Abs. 1 S. 1 ergebenden Pflicht ist damit die fortlaufende Verhältnismäßigkeitsprüfung, ob die Anwendung geeigneter Datenschutzvorkehrungen angemessen für die jeweilige Verarbeitungstätigkeit ist. 24

Wegen des Wortlauts von Abs. 2, der von einem „angemessenen Verhältnis zu den Verarbeitungstätigkeiten" spricht und damit anders als Abs. 1 S. 1 nicht auf die einzelne Verarbeitung abstellt (oben Rn. 18), sind bei Prüfung der Angemessenheit ergänzend die Größe und der Organisationsgrad des Verantwortlichen sowie die Verarbeitungen insgesamt einschließlich der mit ihnen verbundenen Risiken (oben Rn 19 f.) zu berücksichtigen.[35] 25

IV. Einhaltung genehmigter Verhaltensregeln oder Zertifizierungsverfahren (Abs. 3)

Art. 24 Abs. 1 lässt offen, mit welchen Maßnahmen der Verantwortliche die Erfüllung seiner Pflichten nachweisen kann (oben Rn. 13). Als Beispiele für einen solchen Nachweis nennt Abs. 3 die Einhaltung genehmigter Verhaltensregeln gem. Art. 40 oder eines genehmigten Zertifizierungsverfahrens gem. Art. 42. Weitere Beispiele sind ausweislich ErwG 77 die Umsetzung von Leitlinien des Ausschusses oder von Hinweisen des Datenschutzbeauftragten (oben Rn. 3). 26

Abs. 3 enthält keine im Sinne eines intendierten Ermessens wirkende, widerlegliche Vermutung dahingehend, dass der Verantwortliche, der genehmigte Verhaltensregeln oder ein genehmigtes Zertifizierungsverfahren einhält, den Nachweis über die Erfüllung seiner Pflichten aus Abs. 1, Abs. 2 geführt hat.[36] Angesichts des eindeutigen Wortlauts von Abs. 3 **kann** dies nur als ein **Gesichtspunkt** für die Beantwortung der Frage herangezo- 27

---

31 Ehmann/Selmayr-*Baumgartner* Art. 24 Rn. 10; Paal/Pauly-*Martini* Art. 24 Rn. 39 f.; Plath-*Plath* Art. 24 Rn. 23.
32 Taeger/Gabel-*Lang* Art. 24 Rn. 73.
33 Dazu Schneider-*Schneider* Teil A, Kap. 11.6, Rn. 892 ff.
34 Dazu *Kremer/Sander* ITRB 2012, 275; *Söbbing* RDV 2013, 77 ff.; *Franck* RDV 2013, 185 ff.; Muster für Nutzungsvereinbarung bei Koreng/Lachenmann-*Kremer/Sander* D.III.4.
35 Ähnlich Kühling/Buchner-*Hartung* Rn. 22; Paal/Pauly-*Martini* Art. 24 Rn. 42.
36 So aber fälschlicherweise Paal/Pauly-*Martini* Art. 24 Rn. 45; Sydow-*Raschauer* Art. 24 Rn. 49.

gen werden, ob der Verantwortliche seine Pflichten erfüllt.[37] Eine andere Auslegung wäre weder mit Art. 42 Abs. 4 vereinbar, wonach eine Zertifizierung nicht die Verantwortung des Verantwortlichen für die Einhaltung der DS-GVO mindert (dazu Art. 42 Rn. 52), noch mit Art. 83 Abs. 2 lit. j, der für die Bemessung von Geldbußen verlangt, dass die Einhaltung genehmigter Verhaltensregeln oder genehmigter Zertifizierungsverfahren – bußgeldmindernd – berücksichtigt wird (dazu Art. 83 Rn. 59).

28 Abs. 3 soll die Selbstregulierung des Verantwortlichen stärken, ohne diesem aber einen Freifahrtschein zu verschaffen. Verhaltensregeln und Zertifizierungsverfahren wirken nur insoweit zugunsten des Verantwortlichen, wie diese im Verhältnis zu den Verarbeitungen ihrerseits i.S.d. Abs. 1 S. 1 geeignet sind (Rn. 13) und vom Verantwortlichen auch tatsächlich umgesetzt sind.[38] Dabei nimmt die Aussagekraft einer Verhaltensregel oder eines Zertifizierungsverfahren ab, je älter diese ist bzw. je länger die Zertifizierung zurückliegt.[39]

29 Neben der Einhaltung genehmigter Verfahrensregeln oder genehmigter Zertifizierungsverfahren sind regelmäßig weitere Gesichtspunkte erforderlich, aus denen sich der Nachweis über die Erfüllung der Pflichten durch den Verantwortlichen ergibt. Solche Gesichtspunkte können alle i.S.v. Abs. 1, Abs. 2 denkbaren, geeigneten und vom Verantwortlichen umgesetzten Maßnahmen sowie hierüber gefertigte Dokumentationen sein (Praxishinweise unten Rn. 32 f.).

V. Rechtsfolgen bei Missachtung und Haftung des Verantwortlichen

30 Zuwiderhandlungen gegen Art. 24 werden durch Art. 83 nicht mit Geldbußen sanktioniert; erst die Missachtung der Art. 25, 32 und 35 als Konkretisierungen von Art. 24 (Rn. 7) kann nach Art. 83 Abs. 4 lit. a mit Geldbußen belegt werden (dazu Art. 83 Rn. 109). Bedeutsam können die vom Verantwortlichen gem. Art. 24 getroffenen Maßnahmen wegen Art. 83 Abs. 2 lit. c, d und k jedoch für die Bemessung einer Geldbuße sein.[40] Die Untersuchungsbefugnisse nach Art. 58 Abs. 1 sowie die Abhilfebefugnisse nach Art. 58 Abs. 2 stehen der Aufsichtsbehörde jedoch auch im Zusammenhang mit den Pflichten des Verantwortlichen aus Art. 24 zu. Werden die Pflichten des Verantwortlichen jedoch durch die Maßnahme einer Aufsichtsbehörde gem. Art. 58 Abs. 2 konkretisiert, kann die Nichtbefolgung einer solchen Maßnahme eine Geldbuße gem. Art. 83 Abs. 6 (dazu Art. 83 Rn. 117) zur Folge haben.[41]

31 Aus Art. 24 Abs. 1, Abs. 2 lassen sich keine subjektiven Rechte Dritter („jede Person" i.S.d. Art. 82 Abs. 1, dazu Art. 82 Rn. 23) ableiten. Eine zivilrechtliche Durchsetzung von Art. 24 scheidet damit aus.[42] Kann der Verantwortliche allerdings mit den von ihm ergriffenen Maßnahmen nicht den Nachweis einer Verarbeitung gem. der DS-GVO

---

37 Ebenso Gola-*Piltz* Art. 24 Rn. 60; Taeger/Gabel-*Lang* Art. 24 Rn. 77; mit Überlegungen zu einer „widerlegbaren Konformitätsvermutung" bei von der Aufsichtsbehörde für allgemein gültig erklärten Verhaltensregeln Gierschmann-*Veil* Art. 24 Rn. 208.
38 Paal/Pauly-*Martini* Art. 24 Rn. 45; Taeger/Gabel-*Lang* Art. 24 Rn. 76.
39 So zu Zertifizierungen *Laue/Kremer* Das neue Datenschutzrecht in der betrieblichen Praxis, § 8 Rn. 42.
40 *Veil* ZD 2018, 9, 13; Gierschmann-*Veil* Art. 24 Rn. 218.
41 Gierschmann-*Veil* Art. 24 Rn. 215.
42 Ebenso *Veil* ZD 2018, 9, 13; Gierschmann-*Veil* Art. 24 Rn. 16; Taeger/Gabel-*Lang* Art. 24 Rn. 66.

erbringen (Rn. 10), wird er bei einer Inanspruchnahme auf Schadensersatz gem. Art. 82 Abs. 1 wegen einer anderweitig verordnungswidrigen Verarbeitung nicht i.S.d. Art. 82 Abs. 3 darlegen können, dass er in keinerlei Hinsicht für den Umstand, durch den der Schaden eingetreten ist, verantwortlich ist (zu dieser Verschuldensvermutung Art. 82 Rn. 30 ff.).[43] Die Missachtung von Art. 24 wirkt sich mithin mittelbar haftungsverschärfend zu Lasten des Verantwortlichen aus.

C. Praxishinweise

Das Verzeichnis von Verarbeitungstätigkeiten (dazu Art. 30 Rn. 18 ff.) enthält gem. Art. 30 Abs. 1 lit. g „wenn möglich" eine allgemeine Beschreibung der vom Verantwortlichen getroffenen Maßnahmen gem. Art. 32 (dazu Art. 30 Rn. 64). Da Art. 24 Abs. 1 durch Art. 32 konkretisiert wird (Rn. 7), empfiehlt es sich, über Art. 30 Abs. 1 lit. g hinaus ergänzend zu dokumentieren, welchem der Zwecke aus Abs. 1 S. 1 (Rn. 10) die Maßnahmen des Verantwortlichen dienen. Dies kann im Verzeichnis von Verarbeitungstätigkeiten oder an anderer Stelle im Datenschutzmanagement geschehen. Diese Dokumentation dient zugleich als Nachweis für die Erfüllung der Rechenschaftspflicht aus Art. 5 Abs. 2 (dazu Art. 5 Rn. 80 ff.). 32

Die Verpflichtung zur Überprüfung und Aktualisierung der umgesetzten Maßnahmen aus Abs. 1 S. 2 sollte in der Praxis als PDCA-Zyklus[44] beim Verantwortlichen umgesetzt werden, der in dessen Datenschutzmanagementsystem (Rn. 11) umschrieben ist. Anderenfalls dürfte es an den erforderlichen Festlegungen beim Verantwortlichen für eine dauerhaft verordnungsgemäße Verarbeitung (Rn. 10) fehlen mit der Folge, dass der Verantwortliche seiner Rechenschaftspflicht aus Art. 5 Abs. 2 (dazu Art. 5 Rn. 80 ff.) nicht nachkommt. Entgegen der nach Abs. 1 S. 2 nur erforderlichenfalls vorzunehmenden Überprüfung und Aktualisierung (Rn. 16) empfiehlt sich ein das anlassbezogene Vorgehen ergänzender, regelmäßiger Prüfzyklus; anderenfalls läuft der Verantwortliche Gefahr, Änderungsbedarf nicht oder nicht rechtzeitig zu erkennen.[45] 33

Artikel 25 Datenschutz durch Technikgestaltung und durch datenschutzfreundliche Voreinstellungen

(1) Unter Berücksichtigung des Stands der Technik, der Implementierungskosten und der Art, des Umfangs, der Umstände und der Zwecke der Verarbeitung sowie der unterschiedlichen Eintrittswahrscheinlichkeit und Schwere der mit der Verarbeitung verbundenen Risiken für die Rechte und Freiheiten natürlicher Personen trifft der Verantwortliche sowohl zum Zeitpunkt der Festlegung der Mittel für die Verarbeitung als auch zum Zeitpunkt der eigentlichen Verarbeitung geeignete technische und organisatorische Maßnahmen – wie z. B. Pseudonymisierung –, die dafür ausgelegt sind, die Datenschutzgrundsätze wie etwa Datenminimierung wirksam umzusetzen und die notwendigen Garantien in die Verarbeitung aufzunehmen, um den Anforderungen dieser Verordnung zu genügen und die Rechte der betroffenen Personen zu schützen.

---

43 *Veil* ZD 2018, 9, 13; Gierschmann-*Veil* Art. 24 Rn. 203 f.
44 Zum Begriff ausführlich https://de.wikipedia.org/wiki/Demingkreis; von einem Change-Management-Prozess spricht *Berning* ZD 2018, 348, 349.
45 Ebenso Ehmann/Selmayr-*Bertermann* Art. 24 Rn. 8; Sydow-*Raschauer* Art. 24 Rn. 46; Taeger/Gabel-*Lang* Art. 24 Rn. 70.

Art. 25 Datenschutz durch Technikgestaltung

(2) ¹Der Verantwortliche trifft geeignete technische und organisatorische Maßnahmen, die sicherstellen, dass durch Voreinstellung nur personenbezogene Daten, deren Verarbeitung für den jeweiligen bestimmten Verarbeitungszweck erforderlich ist, verarbeitet werden. ²Diese Verpflichtung gilt für die Menge der erhobenen personenbezogenen Daten, den Umfang ihrer Verarbeitung, ihre Speicherfrist und ihre Zugänglichkeit. ³Solche Maßnahmen müssen insbesondere sicherstellen, dass personenbezogene Daten durch Voreinstellungen nicht ohne Eingreifen der Person einer unbestimmten Zahl von natürlichen Personen zugänglich gemacht werden.

(3) Ein genehmigtes Zertifizierungsverfahren gemäß Artikel 42 kann als Faktor herangezogen werden, um die Erfüllung der in den Absätzen 1 und 2 des vorliegenden Artikels genannten Anforderungen nachzuweisen.

– *ErwG: 78 (ehem. ErwG 61)*

Übersicht

	Rn		Rn
A. Einordnung und Hintergrund	1	7. Abwägungskriterien	44
I. BDSG n.F.	1	a) Stand der Technik	44
1. § 71 BDSG n.F.	1	b) Implementierungskosten	48
2. Keine weitergehende Präzisierung durch den nationalen Gesetzgeber	3	c) Verarbeitungsmodus, Zweck und Risikoanalyse	49
II. Normgenese und Umfeld	6	8. Bewertung der Angemessenheit	58
1. DSRL und BDSG a.F.	6	III. Art. 25 Abs. 2 „Privacy by Default"	60
2. Genese der Vorschrift	10	1. Ratio und Anwendungsbereich	60
3. Systematischer Kontext	16	2. Adressaten und erforderliche Maßnahmen	62
B. Kommentierung	19	IV. Art. 25 Abs. 3, Nachweis der Erfüllung	68
I. Allgemein (Art. 25)	19	V. Sanktionen und Rechtsfolgen	72
1. Ursprung des Konzepts	19	1. Bußgeld	72
2. Datenschutz durch Technikgestaltung und organisatorische Maßnahmen	23	2. Schadensersatz	75
3. Konkretisierungsbedarf	25	3. Vertragsgestaltung	76
II. Art. 25 Abs. 1 „Privacy by Design"	27	C. Praxishinweise	77
1. Adressaten	27	I. Leitlinien und Orientierungshilfen	77
2. Maßgeblicher Zeitpunkt	30	II. Relevanz für öffentliche und nichtöffentliche Stellen	79
3. Einsatz geeigneter technischer und organisatorischer Maßnahmen (TOM)	31	III. Relevanz für betroffene Personen	81
4. Pseudonymisierung als potentiell geeignete technische Maßnahme	33	IV. Relevanz für Aufsichtsbehörden	82
5. Weitere TOM nach ErwG 78	35	V. Relevanz für das Datenschutzmanagement	83
6. Aufnahme notwendiger Garantien	43		

Datenschutz durch Technikgestaltung Art. 25

Literatur: *Agencia española de protección de datos (AEPD)*, A Guide to Privacy by Design;[1] *Albrecht* Das neue EU-Datenschutzrecht – von der Richtlinie zur Verordnung, CR 2016, 88; *Auer-Reinsdorff/Conrad* Handbuch IT- und Datenschutzrecht, 3. Aufl. 2019; *Baumgartner/Gausling* Datenschutz durch Technikgestaltung und datenschutzfreundliche Voreinstellungen, ZD 2017, 308; *Berning/Meyer/Keppeler* Datenschutzkonformes Löschen personenbezogener Daten in betrieblichen Anwendungssystemen, HMD Praxis der Wirtschaftsinformatik, Ausgabe 4/2017, 619; *Bieker* Die Risikoanalyse nach dem neuen EU-Datenschutzrecht und dem Standard-Datenschutzmodell, DuD 2018, 27; *Bieker/Hansen* Normen des technischen Datenschutzes nach der europäischen Datenschutzreform, DuD 2017, 285; *dies.* Datenschutz „by Design und „by Default" nach der DS-GVO, RDV 2017, 165; *Bizer* Freundesgabe Büllesbach, S. 193; *ders.* Datenschutz in die Prozesse, DuD 2006, 598; *Borking* Einsatz datenschutzfreundlicher Technologien in der Praxis, DuD 1998, 636; *Bornemann/Erdemir* Jugendmedienschutz-Staatsvertrag, 2017; *Buss* Privacy by Design und Software, CR 2020, 1; *Cavoukian* Privacy by Design, The 7 Foundational Principles[2]; *ders.* Operationalizing Privacy by Design: A Guide to Implementing Strong Privacy Practices, December 2012[3]; *ders.* Privacy by Design in Law, Policy and Practice, A White Paper for Regulators, Decision-makers and Policy-makers, S. 15[4]; *Dammann* Erfolge und Defizite der EU-Datenschutzgrundverordnung – Erwarteter Fortschritt, Schwächen und überraschende Innovationen, ZD 2016, 307; *Datenethikkommission (DEK)* Gutachten v. 23.10.2019[5]; *Deng/Wuyts/Scandariato/Preneel/Joosen* A Privacy Threat Analysis Framework: supporting the elicitation and fulfillment of privacy requirements, Requirements Engineering 2011, S. 3–32; *Dümeland* Sachmangelhaftigkeit von Software bei nicht DSGVO-konformer Entwicklung, K&R 1/2019, 22; *European Data Protection Board (EDPB)* Guidelines 4/2019 on Article 25 Data Protection by Design and by Default[6]; *ders.* Guidelines 1/2020 on processing personal data in the context of connected vehicles and mobility related applications[7]; *Els* Anmerkungen zu Technischen-Organisatorischen Maßnahmen in der neuen Datenschutzrichtlinie, Teil 2, DÖD 2019, 57; *Falker* Risikomanagement unter der Datenschutz-Grundverordnung, DSRITB 2017, 29; *Gola* Beschäftigtendatenschutz und EU-Datenschutz-Grundverordnung, EuZW 2012, 332; *Gola/Schomerus* BDSG, 12. Aufl. 2015; *Grabitz/Hilf/Nettesheim* Das Recht der Europäischen Union: EUV/AEUV, 69. Aufl. 2020; *Grimm/Keber/Zöllner* Digitale Ethik, 2019; *Härting* Art. 23 Abs. 1 (Privacy by Design): Cupcake ohne Rezept, PinG 05.15, 193; *ders.* Datenschutz-Grundverordnung, 2016; *Hartmann* Gutachten zu den Auswirkungen der DS-GVO auf das deutsche Datenschutzrecht, MMR-Aktuell 2016, 380922; *Hornung* Eine Datenschutz-Grundverordnung für Europa? – Licht und Schatten im Kommissionsentwurf vom 25.1.2012, ZD 2012, 99; *ders.* Datenschutz durch Technik in Europa – Die Reform der Richtlinie als Chance für ein modernes Datenschutzrecht, ZD 2011, 51; *Hornung/Hartl* Datenschutz durch Marktanreize – auch in Europa? – Stand der Diskussion zu Datenschutzzertifizierung und Datenschutzaudit, ZD 2014, 219; *Jandt* Datenschutz durch Technik

---

1 Dokumet abrufbar unter: https://www.aepd.es/sites/default/files/2019-12/guia-privacidad-desde-diseno_en.pdf.
2 Dokument abrufbar unter: https://www.ipc.on.ca/wp-content/uploads/Resources/7foundationalprinciples.pdf.
3 Dokument abrufbar http://www.cil.cnrs.fr/CIL/IMG/pdf/operationalizing-pbd-guide.pdf.
4 Dokument abrufbar unter https://gpsbydesign.org/wp-content/uploads/2016/07/privacy-by-design-in-law-policy-and-practice-a-white-paper-for-regulators-decision-makers-and-policy-makers.pdf.
5 Gutachten abrufbar unter: https://datenethikkommission.de/gutachten/.
6 Dokument abrufbar unter: https://edpb.europa.eu/our-work-tools/public-consultations-art-704/2019/guidelines-42019-article-25-data-protection-design_en.
7 Dokument abrufbar unter: https://edpb.europa.eu/our-work-tools/public-consultations-art-704/2020/guidelines-12020-processing-personal-data-context_en.

in der DS-GVO, DuD 2017, 562; *Janicki/Saive* Privacy by Design in Blockchain-Netzwerken, ZD 2019, 251; *Jarass (Hrsg.)* Charta der Grundrechte der Europäischen Union unter Einbeziehung der vom EuGH entwickelten Grundrechte, der Grundrechtsregelungen der Verträge und der EMRK, 2016; *Jaspers* Die EU-Datenschutz-Grundverordnung, DuD 2012, 571; *Keber* Big Data im Hybrid-TV, RDV 2013, 235 ff.; *Keber/Bachmeier/Neef* Datenschutzrechtliche und ethische Überlegungen zu studienleistungsbezogenen Datenanalysen an Hochschulen, JurPC Web-Dok. 97/2019; *Keppeler/Berning* Technische und rechtliche Probleme bei der Umsetzung der DS-GVO-Löschpflichten, ZD 2017, 314; *Knyrim* Praxishandbuch zur DS-GVO, 2017; *Koops/Leenes* International Review of Law, Computers & Technology 28 (2), 2014, p. 159–171; *Laue/Kremer* Das neue Datenschutzrecht in der betrieblichen Praxis, 2. Aufl. 2019; *Lessig* Code: Version 2.0. Basic Books, New York 2001; *Leutheusser-Schnarrenberger* Zur Reform des europäischen Datenschutzrechts, MMR 2012, 709; *Loser/Degeling/Nolte* Integrating a Practice Perspective to Privacy by Design, Tryfonas (ed.), Human Aspects of Information Security, Privacy and Trust, (Proceedings 5th International Conference, HAS 2017) S. 691; *Martini* Babylon in Brüssel? Das Recht und die europäische Sprachenvielfalt, ZEuP 1998, 227; *Martini/Weinzierl* Mandated Choice: der Zwang zur Entscheidung auf dem Prüfstand von Privacy by Default (Art. 25 Abs. 2 S. 1 DSGVO), RW 2019, 287; *Michaelis* Der „Stand der Technik" im Kontext regulatorischer Anforderungen, DuD 2016, 458; *Piltz* Die Datenschutz-Grundverordnung, Teil 1: Anwendungsbereich, Definitionen und Grundlagen der Datenverarbeitung, K&R 2016, 557; *ders.* Die Datenschutz-Grundverordnung, Teil 3: Rechte und Pflichten des Verantwortlichen und Auftragsverarbeiters, K&R 2016, 709; *Richter* Datenschutz durch Technik und die Grundverordnung der EU-Kommission, DuD 2012, 576; *Rose* Smart World – Smart Law? Zähmt smart Law allgegenwärtige Bilderfassung? DSRITB 2016, 75; *Roßnagel* Gesetzgebung im Rahmen der Datenschutz-Grundverordnung, DuD 2017, 277; *Roßnagel/Richter/Nebel* Besserer Internetdatenschutz für Europa – Vorschläge zur Spezifizierung der DS-GVO, ZD 2013, 103; *dies.* Was bleibt vom Europäischen Datenschutzrecht? – Überlegungen zum Ratsentwurf der DS-GVO, ZD 2015, 455; *Rost/Bock* Privacy By Design und die Neuen Schutzziele, DuD 2011, 30; *Schaar* Privacy by design. Identity Inf. Soc. 3(2); *Schantz* Die Datenschutz-Grundverordnung – Beginn einer neuen Zeitrechnung im Datenschutzrecht, NJW 2016, 1841; *Schefzig* „State of the Art"-Datenschutzorganisation, DSRITB 2017, 43; *Schmitz/von Dall, Armi* Datenschutz-Folgenabschätzung – verstehen und anwenden, ZD 2017, 57; *Schneider/Härting* Wird der Datenschutz nun endlich internettauglich? – Warum der Entwurf einer Datenschutz-Grundverordnung enttäuscht, ZD 2012, 199; *Schübel-Pfister* Sprache und Gemeinschaftsrecht, 2004; *Schulzki-Haddouti* Ideengeschichte des Privacy by Design[8]; *Schwartmann* Praxishandbuch Medien, IT- und Urheberrecht, 4. Aufl. 2018, Abschnitt Datenschutzrecht; *Seibel* Abgrenzung der „allgemein anerkannten Regeln der Technik" vom „Stand der Technik", NJW 2013, 3000; *Sowa* IT-Prüfung, Sicherheitsaudit und Datenschutzmodell, neue Ansätze für die IT-Revision, 2017; *Spiekermann/Cranor* Engineering Privacy, IEEE Transaction on Software Engineering 2009, S. 67–82; *Steinebach/Krempel/Jung/Hoffmann* Datenschutz und Datenanalyse, DuD 2016, 440; *Strauß* Identifizierbarkeit in soziotechnischen Systemen, DuD 2018, 497; *Sydow/Kring* Die Datenschutzgrundverordnung zwischen Techniknneutralität und Technikbezug – Konkurrierende Leitbilder für den europäischen Rechtsrahmen, ZD 2014, 271; *Tsormpatzoudi/Berendt/Coudert* Privacy by Design: From Research and Policy to Practice, Berendt/Engel u.a. (Hrsg.), Privacy Technologies and Policy, (Third Annual Privacy Forum, APF 2015), S. 199 ff.; *Veil* DS-GVO: Risikobasierter Ansatz statt rigides Verbotsprinzip – Eine erste Bestandsaufnahme, ZD 2015, 347;

---

8 Dokument abrufbar unter: https://www.datenschutzbeauftragter-online.de/datenschutz-ideengeschichte-privacy-by-design-teil-1/9929/.

Vogel Datenschutzrechtliche Fragen um Smart-TV-Dienste, K&R 2017, 441; *Wichtermann* Die Datenschutz-Folgenabschätzung in der DS-GVO, DuD 2016, 797; *Wright/Friedewald* Integrating Privacy and ethical Impact Assessment, Science and Public Policy 40, Nr. 6, S. 755–766.

A. Einordnung und Hintergrund

I. BDSG n.F.

1. § 71 BDSG n.F. Das Datenschutz-Anpassungs- und -Umsetzungsgesetz EU (DSAnpUG-EU) v. 30.6.2017[9] adressiert Datenschutz durch Technik und datenschutzfreundliche Voreinstellungen in § 71 BDSG n.F. Die Vorschrift spricht, zum Teil an § 3a BDSG a.F. anknüpfend, in Abs. 1 hinsichtlich der Maßnahmen zur Technikgestaltung insbesondere von Anonymisierung und Pseudonymisierung (§ 71 Abs. 1 S. 4) und sieht in Abs. 2 im Zusammenhang mit den Voreinstellungen eine strenge Orientierung am Verarbeitungszweck (§ 71 Abs. 2 S. 1) und korrespondierende Zugriffsbeschränkungen (§ 71 Abs. 2 S. 3) vor.   1

Für Art. 25 ist § 71 BDSG indes ohne Relevanz. Wie Normsystematik[10] und Gesetzesbegründung[11] belegen, setzt § 71 BDSG lediglich den ähnlich formulierten Art. 20 der Richtlinie (EU) 2016/680[12] um und betrifft damit nur die Verarbeitung personenbezogener Daten durch die zuständigen Behörden zum Zwecke der Verhütung, Ermittlung, Aufdeckung oder Verfolgung von Straftaten oder der Strafvollstreckung. Eine Konkretisierung der Vorgaben in Art. 25 hat der nationale Gesetzgeber im DSAnpUG-EU nicht vorgenommen.   2

2. Keine weitergehende Präzisierung durch den nationalen Gesetzgeber. Fraglich ist, wie weit eine Konkretisierung des Art. 25 durch einen nationalen Gesetzgebungsakt unionsrechtlich zulässig gewesen wäre. Eine explizite Öffnungsklausel fehlt, allerdings könnte man mit Rücksicht auf die recht rudimentären Vorgaben der Vorschrift einen impliziten Spielraum annehmen.[13] Im Ergebnis wäre dies aus Sicht der Rechtsanwender ohne Frage wünschenswert.[14]   3

Unionsrechtlich zulässig wäre eine solche Präzisierung aber nicht.[15] Aus Art. 288 UAbs. 2 AEUV folgt, dass den Mitgliedstaaten außerhalb der expliziten Öffnungsklauseln der DS-GVO die Befugnis zur Rechtsetzung grundsätzlich genommen ist, womit auch das Verbot der Setzung (nur) gleichlautenden, wiederholenden Rechts   4

---

9 BGBl. 2017 I S. 2097 ff.
10 Teil 3 (§§ 45–84) DSAnpUG-EU betrifft Bestimmungen für Verarbeitungen zu Zwecken gem. Art. 1 Abs. 1 der RL (EU) 2016/680.
11 BR-Drucks. 110/17, S. 123.
12 Richtlinie (EU) 2016/680 zum Schutz natürlicher Personen bei der Verarbeitung personenbezogener Daten durch die zuständigen Behörden zum Zwecke der Verhütung, Ermittlung, Aufdeckung oder Verfolgung von Straftaten oder der Strafvollstreckung sowie zum freien Datenverkehr und zur Aufhebung des Rahmenbeschlusses 2008/977/JI des Rates, ABl. EU L 119, 89 ff.
13 Dazu grundsätzlich Roßnagel-*Roßnagel* Europäische Datenschutz-Grundverordnung, S. 73–74.
14 *Roßnagel* DuD 2017, 277, 279.
15 Im Ergebnis ebenso: *Bieker/Hansen* DUD 2017, 288; a.A. *Roßnagel* DuD 2017, 279.

verbunden ist.[16] Ausnahmsweise können die Mitgliedstaaten zwar Durchführungsregeln erlassen, um Verordnungsrecht zur Wirksamkeit zu verhelfen. Namentlich wenn das Unionsrecht keine vollständige, unmittelbar subsumtionsfähige Regelung enthält, käme dies in Betracht und könnte sich ausnahmsweise sogar zu einer Pflicht zur Rechtssetzung (Art. 291 Abs. 1 AEUV) verdichten.[17] Dieser Ausnahmebereich ist im Lichte des unionsrechtlichen Effizienzgebots (**effet utile**) allerdings sehr eng und darf insbesondere nicht dazu führen, dass die Tragweite einer Verordnungsbestimmung geändert oder eine verbindliche Auslegungsregel normiert wird.[18]

5   Genau das würde durch eine in Art. 25 Abs. 1 präzisierende Vorschrift aber geschehen. Der Unionsgesetzgeber hat, wie die Vorarbeiten zur Vorschrift belegen, die Vorgaben zum Datenschutz durch Technikgestaltung und durch datenschutzfreundliche Voreinstellungen bewusst abstrakt formuliert. Ein hoher Abstraktionsgrad war erforderlich, um die Bestimmung technikneutral und somit zukunftsfähig zu halten.[19] Vollständig und subsumierbar ist die Norm gleichwohl gefasst. Die erforderlichen Präzisierungen an dieser Stelle dem nationalen Gesetzgeber zu überlassen bedeutete, das angesichts der Öffnungsklauseln ohnehin strapazierte Ziel der Vollharmonisierung des europäischen Datenschutzrechts weiter zu gefährden.

II. Normgenese und Umfeld

6   **1. DSRL und BDSG a.F.**   Eine direkte Vorgängervorschrift zu Art. 25 gibt es weder im Unionsrecht (DSRL 95/46 sowie Datenschutzrichtlinie eKom 2002/58, i.d.F. der RL 2009/136/EG), noch im BDSG a.F. Einige Teilaspekte der Vorschrift klingen allerdings in diversen Bestimmungen der **Datenschutzrichtlinie**, der **Datenschutzrichtlinie elektronische Kommunikation** und im nationalen Datenschutzrecht an.

7   Der Grundsatz der Datenminimierung (wenn man ihn aus dem Erforderlichkeitsprinzip ableitet) lässt sich in Art. 6 Abs. 1 lit. c und lit. e der Datenschutzrichtlinie nachweisen. Noch deutlicher und unter der Überschrift „Datenvermeidung und Datensparsamkeit" bestimmt § 3a BDSG a.F., dass die Erhebung, Verarbeitung und Nutzung personenbezogener Daten und die Auswahl und Gestaltung von Datenverarbeitungssystemen an dem Ziel auszurichten sind, so wenig personenbezogene Daten wie möglich zu erheben, zu verarbeiten oder zu nutzen. Insbesondere sind personenbezogene Daten zu anonymisieren oder zu pseudonymisieren, soweit dies nach dem Verwendungszweck möglich ist und keinen im Verhältnis zu dem angestrebten Schutzzweck unverhältnismäßigen Aufwand erfordert. Normverstöße gegen § 3a

---

16   *EuGH* v. 10.10.2013 – C 34/73, ECLI:EU:C:1973:101, Fratelli Variola Spa ./. Amministrazione delle finanze dello Stato, Rn. 11; *EuGH* v. 26.4.1988 – 74/86, ECLI:EU:C:1988:198, Kommission/Deutschland, Rn. 10; *EuGH* v. 15.10.1986 – C 168/85, ECLI:EU:C:1986:381, Rn. 14. Dazu auch: *Kühling/Martini* Gutachten zu den Auswirkungen der DS-GVO auf das deutsche Datenschutzrecht; S. 3 ff. Das Dokument ist abrufbar unter: http://www.foev-speyer.de/files/de/downloads/Kuehling_Martini_et_al_Die_DSGVO_und_das_nationale_Recht_2016.pdf.
17   Roßnagel-*Roßnagel* Europäische Datenschutz-Grundverordnung, S. 74, mit Nachweisen zur Rechtsprechung des EuGH.
18   Zur Problematik eingehend mit Nachweisen zur Rechtsprechung des EuGH: Grabitz/Hilf/Nettesheim-*Nettesheim* Art. 288 AEUV Rn. 101–102.
19   *Bieker/Hansen* DuD 2017, 285 f.

BDSG a.F. sind nicht sanktioniert,[20] weshalb die Vorgaben dort bisweilen als „soft law" bezeichnet wurden.[21]

Vorgaben zur Datensicherheit enthält Art. 17 DSRL,[22] der wie der korrespondierende ErwG 46 zeigt, sogar (bereits) für den Zeitpunkt der Planung der Verarbeitungssysteme das Ergreifen geeigneter technischer und organisatorischer Maßnahmen vorsieht. Auf nationaler Ebene korrespondierende Vorgaben zur Datensicherheit sieht § 9 BDSG a.f., konkretisiert in den Datensicherheitsgeboten der Anlage zu § 9 S. 1 BDSG a.F., vor.   8

Privacy by Default klingt in der Datenschutzrichtlinie für elektronische Kommunikation (RL 2002/58/EG, neu gefasst durch RL 2009/136/EG) an. Art. 5 Abs. 3 dieser Richtlinie bestimmt, dass die Speicherung von Informationen oder der Zugriff auf Informationen, die bereits im Endgerät eines Teilnehmers oder Nutzers gespeichert sind, nur gestattet ist, wenn der betreffende Teilnehmer oder Nutzer […] seine Einwilligung gegeben hat. Für das Setzen sogenannter Cookies gilt demnach das „Opt-in"-Prinzip, oder anders gesprochen: die datenschutzfreundliche Voreinstellung, dass Cookies anderenfalls nicht gesetzt werden dürfen.[23]   9

2. Genese der Vorschrift. Im Rechtssetzungsverfahren, in dem die Vorgaben zum Datenschutz durch Technikgestaltung und durch datenschutzfreundliche Voreinstellungen noch unter Art. 23 geführt wurden, nahmen die beteiligten Organe durchaus unterschiedliche Positionen ein.[24]   10

Vorgaben zum Datenschutz durch Technik und datenschutzfreundliche Voreinstellungen, die nach Auffassung der Kommission bedeutende Bausteine des neuen europäischen Datenschutzrahmens für das 21. Jahrhundert sein sollten,[25] waren im Vorschlag der Europäischen Kommission vom 25.1.2012 (DS-GVO-E(KOM))[26] in Art. 23 geregelt. Inhaltlich waren die Reglungen der Abs. 1 und 2 mit der in Kraft getretenen Fassung des Art. 25 schon recht ähnlich, namentlich fand sich in Abs. 1 mit Blick auf die   11

---

20 Auer-Reinsdorff/Conrad-*Conrad/Hausen* Handbuch IT- und Datenschutzrecht, Teil F. Rn. 164.
21 *Hornung* ZD 2011, 51, 53.
22 Unter dem Titel „Sicherheit der Verarbeitung" heißt es in Art. 17 Abs. 1 DSRL:
(1) Die Mitgliedstaaten sehen vor, dass der für die Verarbeitung Verantwortliche die geeigneten technischen und organisatorischen Maßnahmen durchführen muss, die für den Schutz gegen die zufällige oder unrechtmäßige Zerstörung, den zufälligen Verlust, die unberechtigte Änderung, die unberechtigte Weitergabe oder den unberechtigten Zugang – insbesondere wenn im Rahmen der Verarbeitung Daten in einem Netz übertragen werden – und gegen jede andere Form der unrechtmäßigen Verarbeitung personenbezogener Daten erforderlich sind. Diese Maßnahmen müssen unter Berücksichtigung des Standes der Technik und der bei ihrer Durchführung entstehenden Kosten ein Schutzniveau gewährleisten, das den von der Verarbeitung ausgehenden Risiken und der Art der zu schützenden Daten angemessen ist.
23 Zur Problematik Schwartmann-*Keber* Praxishandbuch Medien, IT- und Urheberrecht, Kap. 20 Rn. 11.
24 Zum Vorschlag der Kommission, des Parlaments und des Rats zu (vormals) Art. 23 *Härting* PinG 05.15, 193 f. Zur Entstehungsgeschichte auch Kühling/Buchner-*Hartung* Art. 25 Rn. 4 ff.
25 KOM(2012) 9, S. 7.
26 KOM(2012) 11 endgültig; 2012/0011 (COD).

zu ergreifenden technischen und organisatorischen Maßnahmen bereits der Hinweis auf den Stand der Technik und die Implementierungskosten. Gleiches gilt für den maßgeblichen Zeitpunkt (sowohl zum Zeitpunkt der Festlegung der Verarbeitungsmittel als auch zum Zeitpunkt der Verarbeitung). Datenschutzfreundliche Voreinstellungen wurden in Art. 23 Abs. 2 E(KOM) weniger betont als die Grundsätze der Zweckbindung und der Datenminimierung.

12 Im Unterschied zur finalen Fassung sah Art. 23 Abs. 3 DS-GVO-E(KOM) die Möglichkeit delegierter Rechtsakte (Art. 290 AEUV) vor, „um etwaige weitere Kriterien und Anforderungen in Bezug auf die in den Abs. 1 und 2 genannten Maßnahmen und Verfahren festzulegen, speziell was die Anforderungen an den Datenschutz durch Technik und datenschutzfreundliche Voreinstellungen für ganze Sektoren und bestimmte Erzeugnisse und Dienstleistungen betrifft." Nach Art. 23 Abs. 4 DS-GVO-E(KOM) konnte die Kommission daneben Durchführungsakte (Art. 291 AEUV) hinsichtlich „der technischen Standards für die in den Abs. 1 und 2 genannten Anforderungen" festlegen. Auch mit Blick auf die Regelungen zum Datenschutz durch Technik und datenschutzfreundliche Voreinstellungen trat demnach die den Kommissionsentwurf insgesamt prägende starke Stellung der Kommission zu Tage, die überwiegend kritisiert wurde,[27] in Hinblick auf die Vorgaben zum Datenschutz durch Technik und datenschutzfreundliche Voreinstellungen aber auch eine schnelle Anpassung an technische Entwicklungen ermöglicht hätte.[28]

13 Stark modifiziert erschien die Vorschrift dann in der Position des Parlaments.[29] Explizit adressiert wurde in Art. 23 Abs. 1-E(EP) neben dem für die Verarbeitung Verantwortlichen der Auftragsverarbeiter. Neben dem Stand der Technik waren nun auch neueste technische Errungenschaften, bewährte internationale Verfahren sowie die von der Verarbeitung ausgehenden Risiken zu berücksichtigen.[30] Zusätzlich zum Zeitpunkt der Festlegung der Verarbeitungsmittel sollte auch derjenige der Festlegung der Verarbeitungszwecke entscheidend sein. Die technischen und organisatorischen Maßnahmen und Verfahren sollten geeignet und verhältnismäßig sein. Neben einem expliziten Verweis auf die Grundsätze in Art. 5-E(EP) adressierte ein neuer Passus das „gesamte Lebenszyklusmanagement personenbezogener Daten" und „umfassende Verfahrensgarantien hinsichtlich der Richtigkeit, Vertraulichkeit, Vollständigkeit, physischen Sicherheit und Löschung personenbezogener Daten." Ausdrücklich wurde auch ein Bezug zur Datenschutz-Folgenabschätzung (Art. 35) hergestellt.

14 Neben kleineren Änderungen in Art. 23 Abs. 2 S. 1 DS-GVO-E(EP) wurde Art. 23 Abs. 2 S. 2 insoweit ergänzt, als der Zugriff auf personenbezogene Daten nicht nur zu beschränken ist, sondern dass die betroffenen Personen auch in der Lage sein müssen, die Verbreitung ihrer personenbezogenen Daten zu kontrollieren.

---

27 *Hornung* ZD 2012, 99, 106; *Schneider/Härting* ZD 2012, 199; *Gola* EuZW 2012, 332, 333; *Jaspers* DuD 2012, 571. Vgl. auch Konferenz der Datenschutzbeauftragten des Bundes und der Länder, Stellungnahme zur Datenschutz-Grundverordnung v. 11.6.2012, S. 2.
28 *Sydow/Kring* ZD 2014, 271, 274.
29 Beschluss des Europäischen Parlaments vom 12.3.2014 (Interinstitutionelles Dossier des Rats der Europäischen Union v. 27.3.2014, 2012/0011 (COD); 7427/1/14, REV 1).
30 Hierzu *Veil* ZD 2015, 347, 350.

Der Weg zurück zu einer schlankeren, dafür aber (wiederum) abstrakteren Regelung 15
führte dann über die Position des Rats,[31] mit der die Vorschrift an ihre heutige Form
angenähert wurde. Namentlich die Konzeption der Voreinstellungen in Art. 23 Abs. 2
E(Rat) und die Implikationen eines genehmigten Zertifizierungsverfahrens (jetzt
Art. 25 Abs. 3) erhielten hier ihr wesentliches Gepräge.[32]

3. Systematischer Kontext. Art. 25 ist eine über zahlreiche Querbezüge im Gesamtge- 16
füge der DS-GVO kapitelübergreifend vernetzte Vorschrift. Nach Art. 25 Abs. 3 kann
ein genehmigtes Zertifizierungsverfahren nach Art. 42 als „Faktor" herangezogen werden, um die Erfüllung der in Abs. 1 und 2 genannten Anforderungen nachzuweisen.

Art. 25 folgt auch inhaltlich auf Art. 24, der die Einhaltung der Datenschutzregeln v.a. 17
über die Begründung einer Rechenschaftspflicht des Verantwortlichen stärken will.
Wie in Art. 24, kommt auch in Art. 25 der risikobasierte Ansatz zum Tragen. Abweichend von den allgemeinen Pflichten des Verantwortlichen nach Art. 24 Abs. 1 adressiert Art. 25 aber bereits Maßnahmen im Vorfeld einer geplanten Datenverarbeitung
und macht einen schon vor Beginn der eigentlichen Verarbeitung zu dokumentierenden (!) Reflexionsprozess des Verantwortlichen im Dienste der Einhaltung der Datenschutzgrundsätze (gem. Art. 5) erforderlich.[33] Art. 25 Abs. 1 hat weiter Schnittpunkte
zur in Art. 32 Abs. 1 geregelten Sicherheit der Verarbeitung und dessen Vorgängervorschrift in Art. 17 DSRL. Im Gegensatz zu Art. 32, der den IT-Sicherheits-Schutzzwe-
cken der Vertraulichkeit, Integrität und Verfügbarkeit dient, adressiert Art. 25 aber
den (weitergehenden) Schutz der Rechte betroffener Personen.[34] Dies erfordert
auch – aber eben nicht nur – Maßnahmen zur Datensicherheit.

Bezüge bestehen darüber hinaus zur Datenschutz-Folgenabschätzung (Art. 35) wo die 18
auch im Rahmen der Art. 24, 25 und 32 durchzuführende Risikoanalyse Bestandteil
der im Rahmen der Mindestanforderungen zu dokumentierenden Aspekte ist (Art. 35
Abs. 7 lit. c). Ein Anknüpfungspunkt in Kapitel 5 der DS-GVO besteht schließlich
insoweit, als im Rahmen einer Übermittlung in Drittstaaten nach Art. 47 Abs. 2 lit. d
Angaben zum Datenschutz durch Technikgestaltung und datenschutzfreundliche Voreinstellungen gemacht werden müssen.

B. Kommentierung

I. Allgemein (Art. 25)

1. Ursprung des Konzepts. Die in Art. 25 geregelten Vorgaben werden (auch im 19
deutschsprachigen Raum) häufig unter den Schlagworten Privacy by Design bzw. Privacy by Default diskutiert. Das ist nicht präzise und hat letztlich historische Gründe.[35]
Privacy by Design (PbD) als neues, proaktives Konzept, bei dem die Technik in den

---

31 *Rat der Europäischen Union* Drucks. v. 15.6.2015, 9565/15.
32 Vgl. dazu auch Paal/Pauly-*Martini* Art. 25 Rn. 16–19.
33 A.A. und für einen neben Art. 24 und 32 (praktisch) überschaubaren Anwendungsbereich Kühling/Buchner-*Hartung* Art. 25 Rn. 10.
34 Gola-*Nolte/Werkmeister* Art. 25 Rn. 8.
35 Zum historischen Hintergrund eingehend: *Schulzki-Haddouti* Ideengeschichte des Privacy by Design, abrufbar unter: https://www.datenschutzbeauftragter-online.de/datenschutz-ideengeschichte-privacy-by-design-teil-1/9929/. Vgl. ferner *Baumgartner/Gausling* ZD 2017, 308; *Rost/Bock* DuD 2011, 30, 31.

Dienst der Rechtsdurchsetzung[36] gestellt wird, geht auf die Arbeiten von A. Cavoukian (ehemalige Informationsfreiheits- und Datenschutzbeauftragte der kanadischen Provinz Ottawa) und ihren niederländischen Kollegen J. Borking zurück, die in der ersten Hälfte der 1990er Jahre eine Studie zu „Privacy Enhancing Technologies" (PET) angefertigt hatten, deren Ergebnisse Borking auf der 17. Internationalen Konferenz im September 1995 in Kopenhagen präsentierte.[37]

20 Cavoukian verdichtete die Erkenntnisse später zu sieben Grundprinzipien,[38] die sie drei verschiedenen Verantwortungsbereichen[39] und neun unterschiedlichen Anwendungsfeldern[40] zuwies.[41] In der „Resolution on Privacy by Design" der 32. Internationalen Konferenz der Beauftragten für den Datenschutz und für die Privatsphäre (Jerusalem 2010) wurden diese Grundprinzipien ausdrücklich bekräftigt.[42]

21 Ausgangspunkt der Privacy by Design zugrunde liegenden Idee ist die auf L. Lessig zurückgehende Überlegung, dass im virtuellen Raum der Computernetzwerke der „Code" der Hard- und Softwaresysteme die Freiräume des Einzelnen ebenso determiniert, wie das Recht im realen Raum Grenzen setzt.[43] Eine dadurch mögliche „Codierung des Datenschutzrechts"[44] darf sich indes nicht bloß auf technische Vorgaben beschränken, sondern muss auch die Gestaltung betriebs- und behördeninterner Prozesse zum Gegenstand haben (Organisations- und Prozessmanagement).[45] Über die-

---

36 Dazu *Hornung* ZD 2011, 51.
37 Zu diesem Ansatz grundlegend *Borking* DuD 1998, 636.
38 The 7 Foundational Principles of Privacy by Design: 1. Proactive not Reactive; Preventative not Remedial; 2. Privacy as the Default Setting; 3. Privacy Embedded into Design; 4. Full Functionality – Positive-Sum, not Zero-Sum; 5. End-to-End Security – Full Lifecycle Protection; 6. Visibility and Transparency – Keep it Open; 7. Respect for the User – Keep it User-Centric.
39 A „Trilogy" of encompassing applications: 1) IT systems; 2) accountable business practices; and 3) physical design and networked infrastructure. *Cavoukian* Privacy by Design, The 7 Foundational Principles, https://www.ipc.on.ca/wp-content/uploads/Resources/7foundationalprinciples.pdf.
40 Privacy by Design Application Areas: 1. CCTV/Surveillance Cameras in Mass Transit Systems; 2. Biometrics Used in Casinos and Gaming Facilities; 3. Smart Meters and the Smart Grid; 4. Mobile Devices & Communications; 5. Near Field Communications (NFC); 6. RFIDs and Sensor Technologies; 7. Redesigning IP Geolocation Data; 8. Remote Home Health Care; 9. Big Data and Data Analytics.
41 Grundlegend zum Vorgesagten: *Cavoukian* Operationalizing Privacy by Design: A Guide to Implementing Strong Privacy Practices, Information & Privacy Commissioner of Ontario, Canada, December 2012, Dokument abrufbar unter: http://www.cil.cnrs.fr/CIL/IMG/pdf/operationalizing-pbd-guide.pdf.
42 Text der Resolution abrufbar unter: https://www.bfdi.bund.de/SharedDocs/Publikationen/Entschliessungssammlung/IntDSK/2010PrivacyByDesign.html?nn=5217782.
43 *Lawrence Lessig* Code: Version 2.0. Basic Books, New York 2001, S. 5: „In real space, we recognize how laws regulate—through constitutions, statutes and other legal codes. In cyberspace we must understand how a different „code" regulates— how the software and hardware (i.e., the „code" of cyberspace) that make cyberspace what it is also regulate cyberspace as it is. [...] this code is cyberspace,s „law."[...] or better, „code is law."
44 *Bizer* Freundesgabe Büllesbach, S. 193 ff., http://www.alfred-buellesbach.de/PDF/19_Bizer_Codierung.pdf.
45 *Bizer* DuD 2006, 598.

sen Gesichtspunkt ist Privacy by Design eng mit der Durchführung von Privacy Impact Assessments (PIAs)[46] und damit auch der DSFA nach Art. 35 verwoben.[47]

Der Schutzgegenstand des Art. 25 ist vordergründig enger, da in den amtlichen Überschriften gerade nicht von Privatheit oder Privatsphäre („Privacy"), sondern parallel zu den in Art. 1 Abs. 2 normierten Zielen, vom Schutz personenbezogener Daten, also von Datenschutz („data protection") die Rede ist. Ausgestaltet und konkretisiert werden in Art. 25 damit in erster Linie die gegenüber dem Recht auf Achtung des Privatlebens (Art. 7 GRCh) spezielleren[48] Gewährleistungen des Art. 8 Abs. 1 GRCh sowie Art. 16 Abs. 1 AEUV.[49] 22

2. Datenschutz durch Technikgestaltung und organisatorische Maßnahmen. In der deutschen Sprachfassung ist im Titel von Art. 25 von „Datenschutz durch Technikgestaltung und durch datenschutzfreundliche Voreinstellungen" die Rede. Dies weicht von den Titeln anderer Sprachfassungen insoweit ab, als jene hinsichtlich der Gestaltungsmaxime ohne Verengung auf den Bereich der Technik weitergehend von „Data Protection by Design" (en), „Protection des données dès la conception" (fr) oder „Protección de datos desde el diseño" (es) sprechen. 23

In der Sache wirkt sich das nicht aus, da bei Widersprüchlichkeiten zwischen verschiedenen Sprachfassungen[50] auf weitere Methoden der Auslegung zurückgegriffen werden muss und (normsystematisch) in Art. 25 Abs. 1 anschließend (auch) organisatorische Maßnahmen explizit adressiert werden. Im Titel dürfte es sich insoweit um eine zu vernachlässigende Ungenauigkeit in der Übersetzung handeln.[51] 24

3. Konkretisierungsbedarf. Bei Art. 25 geht es nach alledem nicht nur darum, Datenvermeidung und Datenminimierung proaktiv und durch technisch-organisatorische Steuerungsmechanismen zu adressieren. Es geht auch um Nachhaltigkeit in der Datenwirtschaft, um vertrauensbildende Maßnahmen in einem hochtechnisierten, ver- 25

---

46 *Cavoukian* Privacy by Design in Law, Policy and Practice, A White Paper for Regulators, Decision-makers and Policy-makers, S. 15, Dokument abrufbar unter: https://gpsbydesign.org/wp-content/uploads/2016/07/privacy-by-design-in-law-policy-and-practice-a-white-paper-for-regulators-decision-makers-and-policy-makers.pdf.
47 Vgl. hierzu *Art.-29-Datenschutzgruppe* WP 248: „Guidelines on Data Protection Impact Assessment (DPIA) and determining whether processing is „likely to result in a high risk" for the purposes of Regulation 2016/679", S. 14.
48 Zum Verhältnis zwischen Art. 7 und Art. 8 GRCh: Jarass-*Jarass* Charta der Grundrechte der Europäischen Union, Art. 8 Rn. 4–4a.
49 Zu den primärrechtlichen Vorgaben des unionsrechtlichen Datenschutzes Schwartmann-*Keber* Praxishandbuch Medien-, IT- und Urheberrecht, Kap. 20 Rn. 1.
50 Ein Hinweis auf Englisch als Verhandlungssprache im Gesetzgebungsprozess ist wenig hilfreich, denn den unterschiedlichen Amtssprachen kommt für die Zwecke der Auslegung das gleiche Gewicht zu. Statt vieler: *EuGH* v. 9.3.20016 – C-174/05, ECLI:EU:C:2006:170, Zuid-Hollandse Milieufederatie und Natur en Milieu, Rn. 20; *EuGH* v. 30.1.2001 – C-39/98, ECLI:EU:C:2001:64, Spanien/Rat, Rn. 47, Slg. 2001, I-779. Zu Einzelheiten mit eingehender Analyse der EuGH-Rechtsprechung vgl. auch *Schübel-Pfister* Sprache und Gemeinschaftsrecht, S. 135, 168 ff.
51 Zu Übersetzungsfehlern vgl. *Martiny* ZEuP 1998, 227–252 (240) m.w.N.

netzten Umfeld.[52] Letztlich bezeichnet Privacy by Design auch eine Haltung, die Teil der Unternehmenskultur werden muss.[53] Während sich das „Wie" hinsichtlich der Umsetzung datenschutzfreundlicher Voreinstellungen (Privacy by Default) i.S.d. Art. 25 Abs. 2 noch vergleichsweise praktisch gut greifen lässt, fehlt für die Umsetzung der Vorgaben des Art. 25 Abs. 1 nach wie vor eine kontextübergreifende (skalierbare) Methodik, an der sich die Verantwortlichen orientieren könnten.[54] Wissenschaftliche Arbeiten zur Frage, wie sich Privacy by Design operationalisieren lässt, gibt es zwar schon,[55] allerdings besteht vor allem mit Blick auf den in diesem Zusammenhang in der Diskussion häufig vernachlässigten Aspekt zureichender organisatorischer Maßnahmen[56] nach wie vor erheblicher Forschungsbedarf.[57]

26 Insgesamt muss sich das Art. 25 immanente Konkretisierungsdefizit (auch) auf der Ebene der Rechtsfolgen und Sanktionen (dazu Rn. 72 ff.) angemessen niederschlagen. Verantwortliche sollten Privacy by Design aber nicht nur aus der Perspektive eines drohenden Bußgelds betrachten, denn die (auch freiwillige) Verpflichtung auf Datenschutz und die Maxime des Privacy by Design wird im Markt zunehmend als von Konkurrenten abgrenzendes „Feature" kommuniziert und insgesamt als Wettbewerbsvorteil wahrgenommen.[58]

II. Art. 25 Abs. 1 „Privacy by Design"

27 **1. Adressaten.** Unmittelbarer Adressat der Vorschrift ist nur der Verantwortliche (Art. 4 Nr. 7). Im Entwurf des Parlaments waren auch Auftragsverarbeiter explizit ver-

---

52 Grundlegend Roßnagel-*Barlag* Europäische Datenschutz-Grundverordnung, Art. 25 Rn. 222 ff.; *Dammann* ZD 2016, 307, 309; *Schaar* Privacy by design. Identity Inf. Soc. 3(2), S. 267 ff.
53 Knyrim-*Hötzendorfer* Praxishandbuch Datenschutzrecht, S. 148.
54 Für einzelne Bereiche, etwa *Privacy by Design* im Rahmen der Entwicklung von Software und Apps oder *Privacy by Default* in Bezug auf soziale Netzwerke existieren mittlerweile Leitlinien, die praktische Vorgaben für die Umsetzung enthalten. Dazu unter C. Praxishinweise. Viele innovative Technologien der Informationstechnik werfen aber bisher ungelöste Fragen auf. Das gilt bspw. für die Verantwortlichkeit und datenschutzkonforme Ausgestaltung von Blockchains. Vgl. dazu *Janicki/Saive* ZD 2019, 251 ff.
55 *Spiekermann/Cranor* Engineering Privacy, IEEE Transaction on Software Engineering 2009, S. 67–82; *Cavoukian* Operationalizing Privacy by Design (2012); *Tsormpatzoudi/Berendt/Coudert* Privacy by Design: From Research and Policy to Practice, Berendt/Engel u.a. (Hrsg.) Privacy Technologies and Policy (Third Annual Privacy Forum, APF 2015), S. 199 ff.; *Loser/Degeling/Nolte* Integrating a Practice Perspective to Privacy by Design, Tryfonas (ed.), Human Aspects of Information Security, Privacy and Trust (Proceedings 5th International Conference, HAS 2017), S. 691 ff.
56 Die Bedeutung organisatorischer Vorkehrungen zum Schutz vor Rechtsverletzungen betont auch das *BVerfG* im 2. Leitsatz des Volkszählungsurteils von 1983 (v. 15.12.1983 – 1 BvR 209, 269, 362, 420, 440, 484/83, BVerfGE 65, 1), hier allerdings zunächst nur an den Gesetzgeber adressiert.
57 Dazu *Schefzig* DSRITB 2017, 43 ff.
58 Vgl. hier bspw. die Werbeaussagen von Apple, abrufbar unter https://www.apple.com/privacy/, die Angaben des Social Network Anbieters „MeWe", abrufbar unter https://mewe.com/about, die Erklärung des E-Mail Providers „ProtonMail" unter https://protonmail.com/about sowie die Aussagen von Vai Kai, dem Hersteller „smarter" Spielzeuge (ohne Kamera und Mikrofon), abrufbar unter https://vaikai.com.

pflichtet worden.⁵⁹ Eine in Hinblick auf den Adressatenkreis breitere Konzeption hat sich aber, genau wie die im Gesetzgebungsverfahren diskutierte Einbeziehung der Hersteller von Hard- und Software,⁶⁰ nicht durchgesetzt, womit die Vorschrift nach verbreiteter Auffassung vieles von ihrem Wirkungspotential eingebüßt hat.⁶¹

Über die Querbezüge in Art. 28 Abs. 1 und 32 Abs. 1 wird der Auftragsverarbeiter zumindest mittelbar bzw. indirekt⁶² einbezogen. Im Rahmen der Auswahlentscheidung nach Art. 28 Abs. 1 wird der Verantwortliche angehalten, nur mit solchen Auftragsverarbeitern zusammenzuwirken, die hinreichende Garantien dafür bieten, dass geeignete technische und organisatorische Maßnahmen so durchgeführt werden, dass die Verarbeitung im Einklang mit den Anforderungen der DS-GVO erfolgt und den Schutz der betroffenen Person gewährleistet. Das schließt die Anforderungen des Art. 25 mit ein.⁶³ Nach Art. 32 ist auch der Auftragsverarbeiter zur Ergreifung geeigneter TOM originär verpflichtet, was zwar nicht deckungsgleiche, aber zumindest ähnliche Pflichten zum Gegenstand hat.⁶⁴ **28**

Hersteller werden ausweislich ErwG 78 lediglich „ermutigt [...], das Recht auf Datenschutz bei der Entwicklung und Gestaltung der Produkte, Dienste und Anwendungen zu berücksichtigen und unter gebührender Berücksichtigung des Stands der Technik sicherzustellen, dass die Verantwortlichen und die Verarbeiter in der Lage sind, ihren Datenschutzpflichten nachzukommen." Dem liegt die Vorstellung zugrunde, dass die Pflichten des Verantwortlichen die Nachfrage nach entsprechenden Herstellerleistungen steuern, sodass der Mechanismus Privacy by Design „übers Dreieck"⁶⁵ bzw. in Gestalt einer Ausstrahlungswirkung⁶⁶ zum Tragen kommt. Wie weit diese indirekte Hebelwirkung⁶⁷ tatsächlich reichen kann, wird sich zeigen.⁶⁸ **29**

2. Maßgeblicher Zeitpunkt. Nach Art. 25 Abs. 1 sind sowohl zum Zeitpunkt der Festlegung der Mittel für die Verarbeitung als auch zum Zeitpunkt der eigentlichen Verar- **30**

---

59 Dazu oben: A. II. 2. Rn. 13.
60 Vgl. dazu *Albrecht* Entwurf eines Berichts über den Vorschlag für eine Verordnung des Europäischen Parlaments und des Rates zum Schutz natürlicher Personen bei der Verarbeitung personenbezogener Daten und zum freien Datenverkehr (Datenschutz-Grundverordnung), (COM(2012)0011 – C7-0025/2012 – 2012/0011(COD)), 16.1.2013, Änderungsanträge 88, 98 und 178.
61 *Richter* DuD 2012, 576, 578; *Roßnagel/Richter/Nebel* ZD 2013, 103, 105 und ZD 2015, 455, 459; *Leutheusser-Schnarrenberger* MMR 2012, 709; *Schantz* NJW 2016, 1841, 1846; *Jandt* DuD 2017, 562, 563; *Bieker/Hansen* RDV 2017, 165, 166.
62 „Mittelbar": Kühling/Buchner-*Hartung* Art. 25 Rn. 12, 13.; Sydow-*Mantz* Art. 25 Rn. 16. „Indirekt": *Ehmann/Selmayr* Art. 25 Rn. 4 f. Richtigerweise wird man im Fall des Auftragsdatenverarbeiters und den über Art. 28, 32 normvermittelten Pflichten von „mittelbar", im Fall der Hersteller wegen der loseren Bezugnahme auf die Hersteller (nur) in den Erwägungsgründen (hier: ErwG 78) von „indirekt" sprechen müssen.
63 *Laue/Kremer* Das neue Datenschutzrecht in der betrieblichen Praxis, § 7 Rn. 12 f. m.w.N.
64 *Laue/Kremer* Das neue Datenschutzrecht in der betrieblichen Praxis, § 7 Rn. 12 f.
65 Paal/Pauly-*Martini* Art. 25 Rn. 25–26.
66 Info 6 der BfDI, September 2017, S. 22. Dokument abrufbar unter: https://www.bfdi.bund.de/SharedDocs/Publikationen/Infobroschueren/INFO6.html.
67 Roßnagel-*Barlag* Europäische Datenschutz-Grundverordnung, Rn. 230.
68 Für in seiner gegenwärtigen Konzeption insoweit unzureichend hält Art. 25 Abs. 1 die *Datenethikkommission (DEK)* in ihrem am 23.10.2019 vorgelegten Gutachten, vgl. dort Empfehlung 13. Gutachten abrufbar unter: https://datenethikkommission.de/gutachten/.

beitung geeignete technische und organisatorische Maßnahmen zu treffen. Damit sind initiale Maßnahmen in der Planungsphase, laufende Maßnahmen in der Verarbeitungsphase und – was im Wortlaut des Art. 25 Abs. 1 zunächst weniger deutlich anklingt – auch Maßnahmen innerhalb der auf die Verarbeitung nachfolgenden Phase[69] (dort geht es u.a. um Löschung) erfasst. Der Zeitpunkt der Festlegung der Mittel bezeichnet den Zeitpunkt der verbindlichen Entscheidung über das jeweils in Rede stehende Mittel der Verarbeitung. Die Verbindlichkeit kann sich aus rechtlich relevanten Absprachen mit Dritten (bspw. Auftrag an Softwarehersteller) oder aus internen Entscheidungen der Geschäftsleitung (Weisungen oder Erlass interner Richtlinien) ergeben.[70]

31 **3. Einsatz geeigneter technischer und organisatorischer Maßnahmen (TOM).** Art. 25 Abs. 1 spricht von geeigneten technisch-organisatorischen Maßnahmen[71] (TOM) und greift damit eine Begrifflichkeit auf, die auch in Art. 24, 28 und 32 Verwendung findet; im Rahmen des Art. 25 aber im Lichte seines spezifischen (zeitlich vorwirkenden) Ziels gesehen werden muss, Technik von Anfang an so zu entwickeln, dass sie nur datenschutzfreundlich arbeiten kann.

32 Unter technischen Maßnahmen werden im Allgemeinen Vorkehrungen verstanden, die sich entweder physisch auf den Vorgang der Verarbeitung von Daten erstrecken, oder solche, die den Software- oder Hardwareprozess der Verarbeitung (logisch) steuern. Organisatorische Maßnahmen richten sich auf die äußeren Rahmenbedingungen zur Gestaltung des technischen Verarbeitungsprozesses.[72] In Art. 25 Abs. 1 werden die Maßnahmen insoweit konkretisiert, als sie dafür ausgelegt sein müssen, die Datenschutzgrundsätze (Art. 5), namentlich die Datenminimierung (Art. 5 Abs. 1 lit. c) wirksam umzusetzen, wobei als konkretes Beispiel (nur) die Pseudonymisierung (Art. 4 Nr. 5) explizit genannt wird.

33 **4. Pseudonymisierung als potentiell geeignete technische Maßnahme.** Eine geeignete Maßnahme ist die Pseudonymisierung nur dann, wenn ohne Hinzuziehung zusätzlicher Informationen keine Zuordnung der Daten zu einer spezifischen Person möglich ist, der Identifikationsschlüssel (zusätzliche Informationen) getrennt vom übrigen Datensatz aufbewahrt wird und die zusätzlichen Informationen (weiteren) TOM zugeführt werden, die gewährleisten, dass die personenbezogenen Daten nicht einer identifizierten oder identifizierbaren natürlichen Person zugewiesen werden können.[73] Im Rahmen des Art. 25 geht es bei der Pseudonymisierung also weniger um den Aspekt der Sicherheit der Verarbeitung (vgl. insoweit auch Art. 32 Abs. 1 lit. a), sondern um den mit der „Maskierung" des Betroffenen bezweckten Schutz vor (unmittelbarer) Identifikation. Wenn bereits in einem frühen Stadium der Datenverarbeitung eine Entkoppelung persönlicher Informationen von anderen Daten erfolgt, kann dies zu einem wirksamen Schutz für die Betroffenen führen,

---

69 Deutlicher war dies im noch im Parlamentshinweis enthaltenen ausdrücklichen Hinweis auf das „gesamte Lebenszyklusmanagement personenbezogener Daten".
70 Gola-*Nolte/Werkmeister* Art. 25 Rn. 12.
71 „appropriate technical and organisational measures"; mesures techniques et organisationnelles appropriées; medidas técnicas y organizativas apropiadas.
72 Vgl. Paal/Pauly-*Martini* Art. 25 Rn. 28.
73 *Piltz* K&R 2016, 557, 562; Zur Grundproblematik der Identifizierbarkeit in modernen, vernetzten soziotechnischen System *Strauß* DuD 2018, 497 ff.

zumindest wirkt sich diese technisch-organisatorische Maßnahme nach der Vorstellung des Verordnungsgebers risikomindernd aus.[74]

Die Fokusgruppe Datenschutz der Plattform Sicherheit, Schutz und Vertrauen für Gesellschaft und Wirtschaft hat im Rahmen des Digital-Gipfels 2017 ein Whitepaper mit Leitlinien für die rechtssichere Nutzung von Pseudonymisierungslösungen unter Berücksichtigung der Vorgaben der DS-GVO veröffentlicht. Dort werden die Rahmenbedingungen der Pseudonymisierung, Verfahren und technisch-organisatorische Anforderungen in verschiedenen Anwendungsszenarien eingehend erörtert.[75] 34

5. Weitere TOM nach ErwG 78. Art. 25 Abs. 1 illustriert die zu ergreifenden TOM lediglich über die Pseudonymisierung. Welche Maßnahmen darüber hinaus in Betracht kommen und hinreichend sind, lässt die Vorschrift offen. Für die Praxis, namentlich mit Blick auf konkrete technische Maßnahmen (PETS) äußerst hilfreich sind die Arbeitspapiere der Europäischen Agentur für Netz- und Informationssicherheit (ENISA).[76] Dort werden unter anderem auch Verfahren zur Verschlüsselung und Anonymisierung näher beschrieben.[77] Die Art.-29-Datenschutzgruppe hat in dem Arbeitspapier 168[78] Maßnahmen über mehrere Nutzungsszenarien illustriert.[79] 35

Auch die teleologische Auslegung des Art. 25 unter Einbeziehung der Erwägungsgründe liefert durchaus wertvolle Erkenntnisse. Der Vorschrift ist ErwG 78 zugewiesen, wo zunächst die auch in Art. 5 Abs. 2 zum Ausdruck gelangende Pflicht des Ver- 36

---

74 Vgl. ErwG 28.
75 Das Dokument ist abrufbar unter: https://www.gdd.de/downloads/whitepaper-zur-pseudonymisierung.
76 Privacy and Data Protection by Design – from policy to engineering (2014), Dokument abrufbar unter:
https://www.enisa.europa.eu/publications/privacy-and-data-protection-by-design; Privacy by design in big data – An overview of privacy enhancing technologies in the era of big data analytics (2015), Dokument abrufbar unter: https://www.enisa.europa.eu/publications/big-data-protection; Readiness Analysis for the Adoption and Evolution of Privacy Enhancing Technologies (2016), Dokument abrufbar unter:
https://www.enisa.europa.eu/publications/pets.
77 *ENISA* Privacy and Data Protection by Design – from policy to engineering, 2014, S. 22 ff. Zu TOM nach dem ENISA-Modell *Steinebach/Krempel/Jung/Hoffmann* DuD 2016, 440, 442.
78 The Future of Privacy: Joint contribution to the Consultation of the European Commission on the legal framework for the fundamental right to protection of personal data, 01 December 2009, WP 168, abrufbar unter: http://ec.europa.eu/justice/data-protection/article-29/documentation/opinion-recommendation/index_en.htm.
79 Es heißt dort auszugsweise: „Biometric identifiers should be stored in devices under control of the data subjects (i.e. smart cards) rather than in external data bases. Video surveillance in public transportation systems should be designed in a way that the faces of traced individuals are not recognizable or other measures are taken to minimize the risk for the data subject. [...] Patient names and other personal identifiers maintained in hospitals' information systems should be separated from data on the health status and medical treatments. They should be combined only in so far as it is necessary for medical or other reasonable purposes in a secure environment. Where appropriate, functionality should be included facilitating the data subjects' right to revoke consent, with subsequent data deletion in all servers involved (including proxies and mirroring)."

antwortlichen, die Einhaltung der Verordnung nachweisen zu können (sog. Rechenschaftspflicht) zum Ausdruck kommt.[80]

37 Der Verantwortliche soll „interne Strategien" festlegen und Maßnahmen ergreifen,[81] die „... unter anderem darin bestehen können, dass die Verarbeitung personenbezogener Daten minimiert wird, personenbezogene Daten so schnell wie möglich pseudonymisiert werden, Transparenz in Bezug auf die Funktionen und die Verarbeitung personenbezogener Daten hergestellt wird, der betroffenen Person ermöglicht wird, die Verarbeitung personenbezogener Daten zu überwachen, und der Verantwortliche in die Lage versetzt wird, Sicherheitsfunktionen zu schaffen und zu verbessern."[82]

38 Interne Strategien bezeichnen dabei wohl die Gesamtheit möglicher Maßnahmen der Datenschutzorganisation im Sinne eines gesteuerten Zusammenspiels unterschiedlicher Akteure innerhalb einer organisatorischen Gesamtheit.[83] Zusammengefasst werden sie in einem Datenschutzkonzept.[84] Teilaspekte einer solchen „Data Strategy" sind u.a. Vorgaben über interne Richtlinien, Maßnahmen interner Durchsetzung (Stichproben und Ahndung von Datenschutzverstößen) und die Durchführung von Schulungen. Sinnvoll und bei komplexeren Projekten unumgänglich ist auch die Bildung interdisziplinärer Projektteams.[85] Mit Blick auf komplexe Abwägungsentscheidungen ist die Einbeziehung einer unabhängigen Ethik-Kommission zu erwägen.[86] Als geeignete organisatorische Maßnahme kommt auch die Durchführung einer DSFA (Art. 35) unterhalb der Relevanzschwelle (Art. 35 Abs. 1 i.V.m. dem nicht abschließenden Katalog in Art. 35 Abs. 3)[87] in Betracht.[88] Gerade in diesem Schnittstellenbereich zwischen Recht und Ethik[89] dürfte die Expertise externer Ethik-Kommissionen von großem Wert sein.

---

80 Zu diesem Aspekt *Albrecht* CR 2016, 88, 91.
81 ErwG 78 S. 2.
82 ErwG 78 S. 3.
83 Zur Datenschutzorganisation *Schefzig* DSRITB 2017, 43.
84 Vgl. hierzu auch die *GDD-Praxishilfe* DS-GVO VIII, Unternehmensrichtlinie zur Datenschutz-Organisation, abrufbar unter: https://www.gdd.de/gdd-arbeitshilfen/praxishilfen-ds-gvo/praxishilfen-ds-gvo. Ferner *Els* Anmerkungen zu Technischen-Organisatorischen Maßnahmen im neuen Datenschutzrecht, Teil 2, DÖD 2019, 57, 61.
85 Zur Aufgabe dieser Teams und den Herausforderungen *Tsormpatzoudi/Berendt/Coudert* Privacy by Design: From Research and Policy to Practice, in: Berendt/Engel u.a. Privacy Technologies and Policy, (Third Annual Privacy Forum, APF 2015), S. 199, 205.
86 Gola-*Nolte/Werkmeister* Art. 25, Rn. 16, die als Beispiel für externe, interdisziplinäre Expertise unter Einbeziehung ethischer Aspekte den Google Advisory Council on the Right to be Forgotten nennen.
87 Dazu sowie zu den Elementen eines Prozesses zur Datenschutz-Folgenabschätzung: Forum Privatheit, White Paper Datenschutz-Folgenabschätzung, S. 20 ff. Dokument abrufbar unter: https://www.forum-privatheit.de/forum-privatheit-de/publikationen-und-downloads/veroeffentlichungen-des-forums/themenpapiere-white-paper/Forum_Privatheit_White_Paper_Datenschutz-Folgenabschaetzung_2016.pdf.
88 Gola-*Nolte/Werkmeister* Art. 25 Rn. 16.
89 Dazu *Wright/Friedewald* Integrating privacy and ethical impact assessment, Science and Public Policy 40, Nr. 6, S. 755–766. Zum Datenschutz aus Perspektive der Ethik eingehend *Grimm/Keber/Zöllner-Keber* Digitale Ethik, S. 45 ff. Zu Ethics und Privacy by Design bei studienleistungsbezogenen Datenanalysen an Hochschulen (Learning Analytics): *Keber/Bachmeier/Neef* JurPC Web-Dok. 97/2019, Abs. 11.

Die in ErwG 78 S. 3 erwähnte Datenminimierung knüpft an dem in Art. 5 Abs. 1 lit. c 39
geregelten Grundsatz an, wonach die Verarbeitung personenbezogener Daten für den
verfolgten Zweck angemessen, erheblich und auf das notwendige Maß beschränkt sein
muss. In der Praxis lässt sich dies u. a. durch ein System von Rollen- und Zugriffsrechten, Kennzeichnung der Daten zur Gewährleistung der zweckkonformen Weiterverarbeitung („Tagging"),[90] aber auch durch ein speziell ausgewiesenes Löschkonzept für
solche Daten adressieren, die (zumindest für den konkreten Zweck) nicht mehr benötigt werden.[91]

Die in ErwG 78 angesprochene Transparenz (vgl. auch Art. 5 Abs. 1 lit. a) hat mehrere 40
Aspekte. Einmal geht es darum, dass der Verantwortliche über den Vorgang der
Datenverarbeitung und die Funktionen des Dienstes informiert und dabei unter
Angabe der Arten der verarbeiteten Daten sowie der Beteiligten den Prozess nachvollziehbar dokumentiert.[92] Diese Informations- und Dokumentationspflichten stehen
im Dienste der Betroffenenrechte i.S.v. Kap. III, da sie ihre Inanspruchnahme zum Teil
erst ermöglichen. Die Europäische Agentur für Netz- und Informationssicherheit
(ENISA) hat in ihrem Papier „Privacy and Data Protection by Design" (2014) konkrete Empfehlungen für „Transparency-enhancing techniques" zusammengestellt.[93]

ErwG 78 S. 3 greift schließlich den Grundsatz der Intervenierbarkeit mit Blick auf die 41
Verarbeitung personenbezogener Daten auf; dies ebenfalls sowohl aus der Perspektive des Verantwortlichen, als auch aus der Perspektive der betroffenen Nutzer. Den
Betroffenen müssen nutzerfreundliche, effektive Einsichts- und Kontrollmechanismen
(z.B. über Dashboards) zur Verfügung gestellt werden. Andererseits muss auch der
Verantwortliche (stets) in der Lage sein, Sicherheitsfunktionen einzubeziehen und
erforderlichenfalls anzupassen.[94]

Fraglich ist, ob den in ErwG 78 genannten Aspekten und Zielen im Rahmen der Ver- 42
pflichtungen aus Art. 25 Abs. 1 kumulativ Rechnung zu tragen ist. Dem Wortlaut kann
man jedenfalls entnehmen, dass die Durchführung einer Pseudonymisierung allein
noch nicht ausreicht.[95] **Best Practice** wird sein, zumindest allen in ErwG 78 ausdrücklich genannten Aspekten gebührend Rechnung zu tragen[96] und diese soweit irgend
möglich technisch und organisatorisch abzubilden.

6. Aufnahme notwendiger Garantien. Unklar ist, welchen Bedeutungsgehalt die 43
„notwendigen Garantien"[97] i.S.d. Art. 25 Abs. 1 haben. Da sie neben den TOM
erwähnt werden, müssten sie daher auch einen von den TOMs verschiedenen Inhalt
haben. Insoweit verwundert dann, dass die Pseudonymisierung, in Art. 25 Abs. 1 als

---

90 Paal/Pauly-*Martini* Art. 25 Rn. 30.
91 Zu weiteren Verfahren vgl. auch Ziffer 7.1 und Ziffer 7.5 des Standard-Datenschutzmodells (SDM), S. 30, 31. Zum Löschkonzept *Berning/Meyer/Keppeler* Datenschutzkonformes
Löschen personenbezogener Daten in betrieblichen Anwendungssystemen, S. 619, 621.
Keppeler/Berning ZD 2017, 314.
92 Sydow-*Mantz* Art. 25 Rn. 53; Einzelheiten und Beispiele in Ziffer 7.6, S. 32 des SDM.
93 Dort: S. 44 f.
94 Kühling/Buchner-*Hartung* Art. 25 Rn. 17; vgl. dazu auch Ziffer 7.7 des SDM, S. 32 sowie
ENISA (2014), S. 47.
95 Paal/Pauly-*Martini* Art. 25 Rn. 29.
96 So auch *Bieker/Hansen* RDV 2017, 165, 168.
97 „Necessary safeguards"; „garanties nécessaires", „garantías necesarias".

Beispiel einer technischen Maßnahme fungiert, in Art. 6 Abs. 4 lit. e aber (zusammen mit der Verschlüsselung) als Anwendungsfall geeigneter Garantien geführt wird.[98] Die deutsche Sprachfassung lässt sogar eine Lesart zu, wonach Garantien durch TOM implementiert werden.[99] Der Begriff der Garantie, der innerhalb des Gesetzgebungsverfahrens in den Entwürfen der Kommission, des Parlaments und des Rats zum heutigen Art. 25 noch nicht enthalten war,[100] taucht in einer Vielzahl von Vorschriften der DS-GVO in sehr unterschiedlichem Kontext[101] auf. Für die Zwecke der Interpretation des Art. 25 Abs. 1 wird man ihm wohl eine Auffangfunktion zusprechen und ihn als (von den TOMs verselbstständigten) Oberbegriff für solche Maßnahmen zum Schutz der Rechte der betroffenen Personen verstehen müssen, die sich im engeren Sinne weder (ausschließlich) als technische noch als organisatorische Maßnahme verstehen lassen. Solche Prinzipien können in Dokumenten-Management-Systemen implementiert sein,[102] finden sich in Empfehlungen und Standards einschlägiger Fachverbände und -institutionen und können auch Gegenstand von Verhaltensregeln i.S.d. Art. 40 und den in Art. 25 Abs. 3 ausdrücklich adressierten, genehmigten Zertifizierungsverfahren i.S.d. Art. 42 werden.

44   **7. Abwägungskriterien. – a) Stand der Technik.** Schwierigkeiten bereitet der Begriff des „Stands der Technik" i.S.d. Art. 25 Abs. 1, da die DS-GVO, wie dies auch schon bei der Vorgabe zur Verarbeitungssicherheit in Art. 17 DSRL der Datenschutzrichtlinie 95/46 der Fall war, für die Interpretation dieses unbestimmten Rechtsbegriffs wenig Anhaltspunkte liefert. In der englischen Sprachfassung ist in Art. 25 Abs. 1 von „state of the art", in der französischen Sprachfassung von „l'état des connaissances" und in der spanischen Sprachfassung von „el estado de la técnica" die Rede. Das ist insoweit bemerkenswert, als die deutsche und englische Sprachfassung im Rahmen der DS-GVO begrifflich bei der Terminologie der Datenschutzrichtlinie bleiben („Stand der Technik", „state of the art", während die spanische und französische Sprachfassung eine gegenüber der Formulierung in der Datenschutzrichtlinie abweichende Begrifflichkeit verwenden.[103] Mit der grammatikalischen Auslegung kommt man an dieser Stelle also nicht weiter.

45   Bedingt hilfreich ist der Blick ins nationale Recht, wo sich der Gesetzgeber (auch die Vorgaben der Datenschutzrichtlinie umsetzend) in der Anlage zu § 9 BDSG[104] zwar

---

98   Ehmann/Selmayr-*Baumgartner* Art. 25 Rn. 10.
99   Ehmann/Selmayr-*Baumgartner* Art. 25 Rn. 10: Der Satzteil „die dafür ausgelegt sind" bezieht sich wohl (auch) noch auf die geeigneten Garantien. In der englischen Sprachfassung ist das weniger deutlich: „implement appropriate technical and organisational measures, such as pseudonymisation, which are designed to implement data-protection principles, such as data minimisation, in an effective manner and to integrate the necessary safeguards into…".
100 Im Kommissions- und Parlamentsentwurf war (nur) von „technische[n] und organisatorische[n] Maßnahmen und Verfahren" die Rede.
101 Unterschiedlich auch die jeweils zugewiesenen Adjektive (bspw. „geeignet", „hinreichend", „angemessen").
102 Dazu *Laue/Kremer* Das neue Datenschutzrecht in der betrieblichen Praxis, § 7 Rn. 30 m.w.N.
103 Die spanische Sprachfassung des Art. 17 der Datenschutzrichtlinie adressiert „conocimientos técnicos existentes", die französische „l'état de l'art".
104 Dazu Simitis-*Ernestus* Anlage zu § 9 Abs. 1 BDSG Rn. 47 ff.

der Terminologie bedient, ebenso wie in anderem Kontext[105] aber auch ohne größere Erläuterungen auskommt. Allgemein wird mit dem Stand der Technik der Entwicklungsstand fortschrittlicher Verfahren, Einrichtungen oder Betriebsweisen verstanden, der die praktische Eignung der Maßnahme im Hinblick auf die angestrebten Ziele insgesamt gesichert erscheinen lässt.[106] Damit ist einerseits ein vom (fortschrittlichsten) Stand der Wissenschaft und Technik[107] – die Kommission spricht insoweit bisweilen von der „besten verfügbaren Technik"[108]– abzugrenzender, geringerer Standard gemeint.[109] Andererseits wird ein über den anerkannten Regeln der Technik[110] liegender, also insoweit höherer Mindeststandard bezeichnet.[111] Die bezeichneten Stufen[112] adressieren das reziproke Verhältnis zwischen dem (nur) in technischen Fachkreisen vorhanden Spezialwissen und der tatsächlichen Marktdurchdringung sowie Erprobung und Bewährung einer Technik in der Praxis.[113] Der Stand der Technik bezeichnet vor diesem Hintergrund das obere Ende des technisch Möglichen aber praktisch Bewährten zu einem bestimmten Zeitpunkt.[114]

Weil es sich um ein dynamisches Konzept[115] handelt, folgt aus dem Gesagten für die Praxis, dass von der Beachtung (noch praktizierter) nationaler oder internationaler Normen (bspw. ISO 27001) nicht ohne weiteres auf die Einhaltung des Stands der Technik i.S.d. Art. 25 Abs. 1 geschlossen werden kann.[116] Der Verantwortliche muss sich laufend vergewissern, dass die ergriffenen Maßnahmen (noch) dem jeweils aktuellen Stand der Technik entsprechen und dabei Leitlinien von Aufsichtsbehörden oder **46**

---

105 Vgl. bspw. § 3 BImSchG, § 13 Abs. 7 TMG, § 11 JMStV, § 8a ITSiG.
106 Zum Stand der Technik bei Jugendschutzprogrammen i.S.d. § 11 JMStV vgl. etwa Bornemann/Erdemir-*Keber* Jugendmedienschutz-Staatsvertrag, § 11 Rn. 32.
107 In diese Richtung war wohl auch der Parlamentsentwurf mit Hinweis auf die „neuesten technischen Errungenschaften" zu verstehen.
108 So heißt es in Ziffer 2 lit. f der Empfehlung der Kommission v. 10.10.2014 (2014/724/EU) über das Muster für die Datenschutz-Folgenabschätzung für intelligente Netze und intelligente Messsysteme: „Beste verfügbare Techniken" bezeichnet das effektivste und am weitesten fortgeschrittene Stadium der Entwicklung von Aktivitäten und ihrer Arbeitsmethoden; der Begriff bringt zum Ausdruck, dass bestimmte Techniken in der Praxis prinzipiell dafür geeignet sind, die Grundlage für die Einhaltung des EU-Datenschutzrahmens zu bilden. Sie sind zur Vorbeugung oder Minderung von Risiken für die Privatsphäre, für personenbezogene Daten und für die Sicherheit konzipiert. Abl. EU L 300, p. 63–68, 18.10.2014.
109 Kühling/Buchner-*Hartung* Art. 25 Rn. 21; Gola-*Nolte/Werkmeister* Art. 25 Rn. 22.
110 In diese Richtung tendierte wohl der Rat, der „verfügbare Technologie" adressiert wissen wollte.
111 Zu einer Methodik für die Bestimmung des Stands der Technik im IT-sicherheitsrechtlichen Kontext *Michaelis* DuD 2016, 458 ff. Vgl. in diesem Kontext auch die von TeleTrusT vorgelegte Handreichung zum „Stand der Technik" im Sinne des IT-Sicherheitsgesetzes (ITSiG), Stand 2017, abrufbar unter: https://www.teletrust.de/arbeitsgremien/recht/stand-der-technik/.
112 Diesem Drei-Stufen-Modell folgt auch das *BVerfG* v. 8.8.1978 – 2 BvL 8/77, BVerfGE 49, 89, 135 f. = NJW 1979, 359, 362.
113 *Michaelis* DuD 2016, 458, 459.
114 *Seibel* NJW 2013, 3000, 3003.
115 *Bieker/Hansen* DuD 2017, 285, 287.
116 Sydow-*Mantz* Art. 25 Rn. 38.

Orientierungshilfen von Fachverbänden berücksichtigen.[117] Relevant sind vor diesem Hintergrund bspw. die Papiere der Europäischen Agentur für Netz- und Informationssicherheit (ENISA),[118] das Standard-Datenschutz-Modell der Datenschutzaufsichtsbehörden der Länder und des Bundes (SDM),[119] der BSI-IT-Grundschutz[120] sowie die für die Praxis gut greifbare und aktuelle (Stand: 2019) Handreichung des Bundesverbands für IT-Sicherheit e.V. TeleTrust zum „Stand der Technik".[121]

47 Aus Sicht der Rechtsanwender wäre auch die Schaffung eines unionsweiten, sachverständig administrierten Repositoriums zum jeweils aktuellen Stand der Technik wünschenswert.[122]

48 **b) Implementierungskosten.** Einigkeit besteht in der Kommentarliteratur weitgehend dahin, dass Implementierungskosten dem insoweit klaren Wortlaut[123] folgend nur initial entstehende, nicht aber auch laufende Betriebs- und Folgekosten erfassen können.[124] Um eine unzulässige Doppelbewertung innerhalb der im Rahmen von Art. 25 Abs. 1 anzustellenden Abwägung zu vermeiden, wird man hinsichtlich der Höhe der Kosten zunächst einen eher objektiven Maßstab ansetzen müssen,[125] bei dem die Bewertung der individuellen wirtschaftlichen Leistungsfähigkeit des Verantwortlichen (erst) Faktor der insgesamt anzustellenden Verhältnismäßigkeitsprüfung ist und sachgerecht ins Verhältnis zu den übrigen Kriterien gesetzt werden kann. An diesem Punkt erscheint es dann durchaus legitim, größeren Konzernen, deren Kerngeschäft die automatisierte Datenverarbeitung darstellt, unter Berücksichtigung des Umfangs und der Risiken der Datenverarbeitung sowie des Stands der Technik gegebenenfalls höhere Implementierungskosten abzuverlangen.[126]

---

117 Ehmann/Selmayr-*Baumgartner* Art. 25 Rn. 11.
118 ENISA = European Union Agency for Network and Information Security: What is „state of the art" in IT security?, abrufbar unter: www.enisa.europa.eu/news/enisa-news/what-is-state-of-the-art-in-it-security. Mit Blick auf Privacy by Design-Techniken vgl auch folgende Papiere der (*ENISA*):Privacy and Data Protection by Design – from policy to engineering (2014), Dokument abrufbar unter: https://www.enisa.europa.eu/publications/privacy-and-data-protection-by-design Privacy by design in big data – An overview of privacy enhancing technologies in the era of big data analytics (2015), Dokument abrufbar unter: https://www.enisa.europa.eu/publications/big-data-protection, Readiness Analysis for the Adoption and Evolution of Privacy Enhancing Technologies (2016), Dokument abrufbar unter: https://www.enisa.europa.eu/publications/pets.
119 Methodik und Bausteine des SDM abrufbar unter https://www.datenschutzzentrum.de/sdm/.
120 Informationen beim BSI abrufbar unter https://www.bsi.bund.de/DE/Themen/ITGrundschutz/itgrundschutz_node.html.
121 Dokument abrufbar unter: www.teletrust.de/publikationen/broschueren/stand-der-technik.
122 *Bieker/Hansen* RDV 2017, 165, 166.
123 In anderen Sprachfassungen heißt es bspw. „cost of implementation", „des coûts de mise en œuvre", „el coste de la aplicación".
124 Paal/Pauly-*Martini* Art. 25 Rn. 41, 56; Kühling/Buchner-*Hartung* Art. 25 Rn. 22 Fn. 15; Sydow-*Mantz* Art. 25 Rn. 45; a.A. Gola-*Nolte*/Werkmeister Art. 25 Rn. 23 Fn. 58.
125 Offen bei Sydow-*Mantz* Art. 25 Rn. 46.
126 Im Ergebnis ebenso Sydow-*Mantz* Art. 25 Rn. 46.

c) Verarbeitungsmodus, Zweck und Risikoanalyse. Ein nach Art. 25 Abs. 1 im Rahmen der Abwägung zu berücksichtigender Faktor ist weiter die Eintrittswahrscheinlichkeit und Schwere der mit der Verarbeitung verbundenen Risiken für die Rechte und Freiheiten natürlicher Personen. Damit klingt der risikobasierte Ansatz an, der auch in Art. 24, 32 und 35 sowie ErwG 4 zum Ausdruck kommt.[127] 49

Mögliche Risiken für die Rechte und Freiheiten natürlicher Personen adressiert ErwG 75 über einen breit gefächerten Abwägungskatalog,[128] der grundsätzlich potentielle Schädigungen physischer, materieller oder immaterieller Art erfasst. 50

Unter anderem werden dort Diskriminierung, Identitätsdiebstahl oder -betrug, Rufschädigung, der Verlust der Vertraulichkeit der von dem Berufsgeheimnis unterliegenden personenbezogenen Daten, die unbefugte Aufhebung der Pseudonymisierung sowie der Umstand, dass betroffene Personen daran gehindert werden, die sie betreffenden personenbezogenen Daten zu kontrollieren, genannt. 51

Weitere Beispiele betreffen besonders sensible personenbezogene Daten (vgl. auch Art. 9, 10). In diesem Zusammenhang genannt werden auch die Arbeitsleistung, wirtschaftliche Lage, Gesundheit, persönliche Vorlieben oder Interessen, die Zuverlässigkeit oder das Verhalten, der Aufenthaltsort oder Ortswechsel, wenn Analysen, Prognosen oder eine Profilbildung (vgl. auch Art. 22) damit verbunden sind. Abschließend adressiert wird die Situation, dass personenbezogene Daten schutzbedürftiger natürlicher Personen, insbesondere Daten von Kindern, verarbeitet werden (vgl. auch Art. 8) oder dass die Verarbeitung eine große Menge personenbezogener Daten und eine große Anzahl von betroffenen Personen betrifft.[129] 52

Nach ErwG 76 sollten Eintrittswahrscheinlichkeit und Schwere des Risikos in Bezug auf die Art, den Umfang, die Umstände und die Zwecke der Verarbeitung bestimmt werden. Art, Umfang, Umstände und die Zwecke der Verarbeitung sind also die Bezugsgrößen, um die Eintrittswahrscheinlichkeit und die Schwere der Risiken bestimmen zu können.[130] Es gilt ein objektiver Maßstab für die Risikoanalyse,[131] der über die Kategorien „geringe Eintrittswahrscheinlichkeit", „mittlere Eintrittswahrscheinlichkeit" und „hohe Eintrittswahrscheinlichkeit" sowie „geringes Risiko", „mittleres Risiko" und „hohes Risiko" abgebildet und anschließend in einer Risikomatrix dargestellt werden kann. Innerhalb dieser Risikomatrix ist der für die Verarbeitung Verantwortliche selbst ein Faktor: Da Art und Umfang der Daten, der Modus ihrer Verarbeitung und die potentielle Schadenshöhe in einer Wechselbeziehung stehen, kann der Verantwortliche selbst gestaltend auf das Risiko einwirken, indem er bspw. sein System, das personenbezogene Daten ohne hinreichende Authentifizierungsverfahren (hohes Risiko), durch ein System mit einem wirksamen Zugriffsschutz (Verwendung sicherer Passwörter) ersetzt. 53

---

127 Überblick bei *Falker* Risikomanagement unter der Datenschutz-Grundverordnung, DSRITB 2017, 29. Grundlegend bereits *Veil* ZD 2015, 347 ff. Zur Problematik auch: *Bieker* DuD 2018, 27 f.
128 Vgl. dazu *Härting* Datenschutz-Grundverordnung, Rn. 129 ff.
129 ErwG 75.
130 Paal/Pauly-*Martini* Art. 24 Rn. 26.
131 ErwG 76 S. 2.

Art. 25   Datenschutz durch Technikgestaltung

54   Solange (auch) für die Risikoanalyse i.S.d. Art. 25 Abs. 1 zertifizierte Verfahren und Leitlinien des Europäischen Datenschutzausschusses i.S.d. Art. 70 Abs. 1 lit. d fehlen, wird man sich an Methodik und den Modellen der ENISA,[132] des BSI[133] und des im Auftrag der Datenschutzkonferenz entwickelten Standard-Datenschutzmodells (SDM)[134] orientieren können.[135]

55   Hilfreich sind ferner das in der Literatur[136] entwickelte LINDDUN-Modell[137] sowie Papiere der französischen Aufsichtsbehörde für Informatik und Freiheiten (CNIL), der Aufsichtsbehörde des Vereinigten Königreichs ICO, sowie der spanischen AGPD, die zum Teil mehrteilige Dossiers mit „Good Practices" erarbeitet haben.[138]

56   Eine Risikoanalyse ist auch Bestandteil der im Rahmen der Mindestanforderungen einer Datenschutz-Folgenabschätzung zu dokumentierenden Aspekte (Art. 35 Abs. 7 lit. c). Daher können die im Rahmen des Art. 35 entwickelten Ansätze fruchtbar gemacht werden.[139] Sachgerecht erscheint vor diesem Hintergrund, als die Schwere des Risikos potentiell mitbestimmenden Faktor den Umstand zu bewerten, dass neue Technologien bzw. Verarbeitungsmethoden[140] zum Einsatz gelangen, was ausweislich der Wertung in ErwG 89 ein hohes Risiko für die Rechte und Freiheiten natürlicher Personen bedingen kann.

---

132 *ENISA* Privacy and Data Protection by Design, 2014, S. 12, 13.
133 BSI-Standard 200-3, Risikoanalyse auf der Basis von IT-Grundschutz, Final Draft (6.10.2017), S. 21 ff. abrufbar unter: https://www.bsi.bund.de/SharedDocs/Downloads/DE/BSI/Grundschutz/Kompendium/standard_200_3.html. BSI-Standard 200-3 mit Bezügen zu ISO/IEC 31000, Riskmanagement – Principles and guidelines, ISO/TC 262, 2009 und ISO/IEC 27005, Security techniques – Information security risk management, ISO/IEC JTC 1/SC 27, 2011.
134 Dazu: *Rost* Organisationen grundrechtskonform mit dem Standard-Datenschutzmodell gestalten, vgl. auch *Sowa* IT-Prüfung, Sicherheitsaudit und Datenschutzmodell, neue Ansätze für die IT-Revision, S. 23–56.
135 *SDM* S. 39–40.
136 *Deng/Wuyts/Scandariato/Preneel/Joosen* A privacy threat analysis framework: supporting the elicitation and fulfillment of privacy requirements, Requirements Engineering 2011, S. 3–32, Dokument abrufbar unter: https://www.esat.kuleuven.be/cosic/publications/article-1412.pdf.
137 Das LINDDUN Modell leitet seinen Namen aus der Bezeichnung der Bedrohungskategorien (threat categories) der „Linkability, Identifiability, Non-repudiation, Detectability, Disclosure of information, Unawareness und Non-compliance ab. Einzelheiten abrufbar unter: https://linddun.org/linddun.php.
138 CNIL (Commission Nationale de l,Informatique et des Libertés) Measures for the Privacy Risk Treatment, 2015. Dokumente abrufbar unter: https://www.cnil.fr/fr/node/15798; ICO (Information Commissioner,s Office); Conducting privacy impact assessments code of practice. Version 1.0; 2014. Dokument abrufbar unter: https://ico.org.uk/for-organisations/guide-to-data-protection/privacy-by-design/. Guía para una Evaluación de Impacto en la Protección de Datos Personales (EIPD), Agencia española de protección de datos (AGPD), 2014. Dokument abrufbar unter: https://www.agpd.es/portalwebAGPD/canaldocumentacion/publicaciones/common/Guias/Guia_EIPD.pdf. Zu diesen Texten auch *Wichtermann* DuD 2016, 797.
139 Die Datenschutzfolgenabschätzung ist eine besondere Ausprägung des Privacy by Design-Prinzips, *Schmitz/von Dall,Armi* ZD 2017, 57.
140 Beispielsweise Autonomik, Big Data, Machine Learning und Cloud Computing.

Diese Wertung klingt auch in den Leitlinien des im April 2017 zur Diskussion gestellten und jüngst überarbeiteten Arbeitspapiers 248[141] der Art.-29-Datenschutzgruppe zur Risikobewertung im Rahmen der Folgenabschätzung nach Art. 35 an. Die dort näher ausgeführten Kriterien zur Risikobeurteilung sind (den Vorgaben aus Art. 35 Rechnung tragend) auf die Ermittlung des Vorliegens eines hohen Risikos zugeschnitten, sind aber auch für die Prüfung im Rahmen des Art. 25 verwertbar. Nach der Leitlinie gilt es als je wahrscheinlicher, desto mehr der aufgelisteten zehn Kriterien vorliegen. Als Faustregel soll gelten, dass eine Folgenabschätzung bei Erfüllung von zwei oder mehr Kriterien durchgeführt werden muss. Die Kriterien sind: (1) Scoring, Profiling, Evaluation, z.B. Einschätzung der Kreditwürdigkeit, Behavioral Marketing etc., (2) automatisierte Einzelfallentscheidungen, (3) systematische Überwachung, (4) Verarbeitung sensibler Daten, (5) umfangreiche Datenverarbeitungen (bezogen auf die Anzahl betroffener Personen und Datenkategorien, die Dauer der Verarbeitung, die geographische Ausdehnung), (6) das Zusammenführen oder Abgleichen von Datenbeständen, wenn Betroffene nicht damit rechnen können, (7) die Verarbeitung von Daten besonders schutzbedürftiger Personen, (8) Neuartigkeit von Verarbeitungsvorgängen, Verwendung neuer Technologien (bspw. Fingerabdrucksensoren oder Gesichtserkennung), (9) Verarbeitungen, die es betroffenen Personen erschweren, ihre Rechte auszuüben oder eine Leistung in Anspruch zu nehmen, z.B. die Beurteilung der Kreditwürdigkeit durch eine Bank vor der Vergabe eines Darlehens.[142]

8. Bewertung der Angemessenheit. Mit Blick auf das Abwägungsergebnis der Verhältnismäßigkeitsprüfung (Angemessenheit) und die Auswahl der konkreten Maßnahme (Entscheidungs- und Gestaltungsspielraum) wird dem Verantwortlichen in Art. 25 Abs. 1 einerseits ein erheblicher Spielraum zugestanden.[143] Insoweit lassen sich die für TOM i.S.d. § 9 BDSG a.F. angestellten Überlegungen übertragen, wonach nicht „mit Kanonen auf Spatzen geschossen werden muss".[144] Andererseits handelt es sich nicht um einen freien, d.h. aufsichts- bzw. gerichtsfesten Beurteilungsspielraum, sondern konzeptionell um eine Ermessensentscheidung.[145]

Beispielhaft folgt daraus einerseits, dass sich der Verantwortliche vor dem Hintergrund der Kosten für die Implementierung gegen eine optimale bzw. effektivere Maßnahme entscheiden kann, wenn deren Kosten unangemessen hoch wären, andererseits der Schutz der Betroffenen aber auch mit den ausgewählten Maßnahmen (noch) erfüllt werden kann.[146] Darüber hinaus reicht es nicht, wenn der Verantwortliche anlässlich der Auswahlentscheidung hinsichtlich einer künftig einzusetzenden Soft-

---

141 Guidelines on Data Protection Impact Assessment (DPIA) and determining whether processing is "likely to result in a high risk" for the purposes of Regulation 2016/679, wp248rev.01.pdf, Fassung vom 4.10.2017, abrufbar unter: http://ec.europa.eu/newsroom/just/item-detail.cfm?item_id=50083.
142 WP 248rev.01, Fassung vom 4.10.2017, S. 10/11. Dort finden sich auch Beispielszenarien mit Bewertung auf Grundlage dieser Kriterien, S. 11 ff.
143 Ehmann/Selmayr-*Baumgartner* Art. 25, Rn. 10; *Laue/Kremer* Das neue Datenschutzrecht in der betrieblichen Praxis, § 7 Rn. 15 m.w.N. Kritisch dazu *Koops/Leenes* International Review of Law, Computers & Technology 28 (2), S. 159–171, 163.
144 *Gola/Schomerus* § 9 BDSG a.F. Rn. 7–9.
145 Sydow-*Mantz* Art. 25 Rn. 36.
146 Vor dem Hintergrund der Verhältnismäßigkeitsprüfung im Rahmen von § 9 BDSG a.F.: Simitis-*Ernestus* Anlage zu § 9 Abs. 1 BDSG Rn. 23.

ware, (nur) die Produkte verschiedener Hersteller vergleicht und sich, wenn auf dem Markt keine datenschutzfreundliche Technik existiert, ohne weiteres für die Anschaffung einer (marktüblichen, aber nicht pbd-konformen Lösung) entscheidet.[147] Die Etablierung im Markt ist, wie oben gezeigt wurde, gerade nicht ausschließlich bestimmendes Merkmal des Stands der Technik.[148] Damit wäre ein Faktor innerhalb der Verhältnismäßigkeitsprüfung schon tatbestandlich falsch ermittelt und die Entscheidung insgesamt ermessensfehlerhaft (Ermessensfehlgebrauch). Im Rahmen der Ausübung seines Entscheidungs- und Gestaltungsermessens hätte der Verantwortliche in diesem Fall vielmehr auch bewerten müssen, ob eine (wirtschaftlich vertretbare) Anpassung der Software möglich gewesen wäre.

III. Art. 25 Abs. 2 „Privacy by Default"

60   1. **Ratio und Anwendungsbereich.** In Art. 25 Abs. 2 werden die auch in Abs. 1 zu Tage tretenden Prinzipien nutzerseitiger Kontrolle und Transparenz abermals technisch adressiert, und noch einen Schritt weitergehend, speziell hinsichtlich ihrer jeweiligen Standardeinstellung auf Datenschutzfreundlichkeit vorprogrammiert.[149] Damit wird erstens dem Umstand Rechnung getragen, dass es (auch unter dem Aspekt der Datensicherheit) einen Unterschied macht, ob Daten nur nicht verwendet oder gar nicht erst erhoben werden.[150] Zweitens haben Studien gezeigt, dass Nutzer vom System vorgegebene Einstellungen üblicherweise beibehalten (sog. **status quo bias**),[151] was gerade im Rahmen der Profileinstellungen bei Sozialen Netzwerken, auf die die Vorschrift in erster Linie zugeschnitten ist, eine wichtige Rolle spielt.[152] In den Anwendungsbereich der Norm fallen daneben aber nicht nur Online-Portale, Online-Shops, Webseiten und Apps, über die personenbezogene Daten erhoben werden, sondern auch Betriebssysteme für Computer, Tablets, Smartphones sowie die Steuerungssoftware von Wearables, Drohnen oder „smarten" Kraftfahrzeuge.[153]

61   Im Lichte des Art. 11 GRCh und des auch in Art. 85 zum Ausdruck gelangenden Medienprivilegs wird man vom Anwendungsbereich solche Dienste ausklammern müssen, deren vornehmlicher Zweck gerade die Verbreitung öffentlich zugänglicher Informationen an ein nicht näher bestimmtes (disperses) Publikum ist. Das sind z.B. Blogs sowie mit einer Kommentarfunktion ausgestaltete Webseiten.[154]

62   2. **Adressaten und erforderliche Maßnahmen.** Adressat der Regelung ist (wie auch bei Abs. 1) der für die Verarbeitung personenbezogener Daten Verantwortliche und

---

147   So aber wohl Kühling/Buchner-*Hartung* Art. 25 Rn 13.
148   Zutreffend Sydow-*Mantz* Art. 25 Rn. 38.
149   Abs. 1 und 2 der Norm stehen teilweise im Verhältnis der Spezialität, denn Datenschutz durch datenschutzfreundliche Voreinstellungen (Abs. 2) ist eine Sonderform der Technikgestaltung (Abs. 1). Die Voreinstellungen im Sinne des Absatzes 2 stehen aber nicht unter dem Verhältnismäßigkeitsvorbehalt des Abs. 1, d.h. für diese Maßnahmen sind insbesondere nicht die Faktoren der Implementierungskosten und der mit der Verarbeitung verbundenen Risiken zu berücksichtigen.
150   Wybitul-*Hanßen* EU Datenschutz-Grundverordnung, S. 396.
151   Schantz/Wolff-*Wolff* Das neue Datenschutzrecht, Rn. 838.
152   Vgl. dazu *Art.-29-Datenschutzgruppe* Stellungnahme 5/2009 zur Nutzung sozialer Online-Netzwerke, WP 163.
153   Wybitul-*Hanßen* EU-Datenschutz-Grundverordnung, S. 397.
154   Kühling/Buchner-*Hartung* Art. 25, Rn. 26; *Roßnagel/Nebel/Richter* ZD 2015, 455, 459.

nicht der Hersteller.[155] Daraus folgt, dass das in der Literatur bisweilen als Anwendungsfall für Privacy by Default i.S.d. Art. 25 Abs. 2 geführte Beispiel im Zusammenhang mit den Standardeinstellungen eines Web-Browsers unglücklich gewählt ist. Der Browser-Hersteller, der die standardmäßige Voreinstellung „Cookies grds. nicht akzeptieren" implementieren könnte, ist nicht der für die Verarbeitung personenbezogener Daten Verantwortliche i.S.d. DS-GVO und dem Grundsatz von Privacy by Default mithin nicht (unmittelbar) verpflichtet.[156]

Nach Art. 25 Abs. 2 S. 1 hat der Verantwortliche geeignete TOM zu ergreifen, um sicherzustellen, dass durch Voreinstellungen grundsätzlich nur personenbezogene Daten, deren Verarbeitung für den jeweiligen bestimmten Verarbeitungszweck erforderlich ist, verarbeitet werden. Ausgangspunkt ist demnach der datenschutzrechtliche Zweckbindungs- und Erforderlichkeitsgrundsatz (Art. 5 Abs. 1 lit. b und c). Nur diejenigen Datenarten, die für die jeweils konkret festgelegten Verarbeitungszwecke (Art. 30 Abs. 1 lit. b) erforderlich sind, sollen erhoben werden. Mit dem in Art. 25 Abs. 2 S. 1 so nur in der deutschen Sprachfassung auftauchenden Adjektiv „grundsätzlich" könnte eine Einschränkung verbunden sein. Wie ein Vergleich mit anderen Sprachfassungen[157] zeigt, lassen sich damit Ausnahmen aber nicht begründen.[158] Fraglich ist, ob im Lichte der Wertungen des Art. 25 Abs. 2 S. 1 im Falle gänzlichen Fehlens von Voreinstellungen ein Zwang zu einer ausdrücklichen Entscheidung des Nutzers („Mandated Choice") zulässig ist, da die Gefahr groß ist, dass eine solche „Wahl" vom Verantwortlichen im Benutzerschnittstellendesign ausschließlich zu seinem Vorteil vorformuliert wird („Dark Pattern").[159] **63**

Art. 25 Abs. 2 S. 2 konkretisiert weiter dahingehend, dass sich die Erforderlichkeit auf die Menge der erhobenen personenbezogenen Daten, den Umfang ihrer Verarbeitung, ihre Speicherfrist und ihre Zugänglichkeit bezieht. Der Umfang bezeichnet dabei (in Abgrenzung zur reinen Menge der Daten) die Tiefe der Verarbeitung, bspw. durch Erstellung von Persönlichkeitsprofilen.[160] Da der Verantwortliche den Verarbeitungszweck festlegt, entscheidet er zugleich über den Umfang der dafür erforderlichen Daten.[161] Die Speicherfrist für personenbezogene Daten muss nach ErwG 39 auf das unbedingt erforderliche Mindestmaß beschränkt bleiben. Im Zuge dessen hat der Verantwortliche Fristen für ihre Löschung vorzusehen (sog. Löschkonzept). **64**

Unzulässig nach Art. 25 Abs. 2 S. 1 und 2 wäre die ohne gesonderte Einwilligung des Betroffenen erfolgende Weitergabe der bei ihm gespeicherten Adressdaten im Rahmen des Anmeldeverfahrens für ein soziales Netzwerk ebenso wie eine diesbezügliche Einwilligung, welche durch ein standardmäßig angekreuztes Kästchen erklärt worden ist.[162] **65**

---

155 Für die Hersteller gilt mit Blick auf ErwG 78 das oben Gesagte.
156 Zutreffend bei Knyrim-*Hötzendorfer* Praxishandbuch zur DS-GVO, S. 146. Weitere Beispiele bei Sydow-*Mantz* Art. 25 Rn. 65.
157 Die engl. Sprachfassung des Art. 25 Abs. 2 S. 1 lautet: „The controller shall implement appropriate technical and organisational measures for ensuring that, by default, only personal data which are necessary for each specific purpose of the processing are processed."
158 *Bieker/Hansen* RDV 2017, 165, 167.
159 Eingehend zur Problematik und für in Grenzen zulässig halten „Mandated Choice" *Martini/Weinzierl* RW 2019, 287, 298, 308 ff.
160 Paal/Pauly-*Martini* Art. 25, Rn. 50.
161 *Roßnagel/Richter/Nebel* ZD 2013, 103, 105.
162 Vgl. auch ErwG 32.

66 Nach Art. 25 Abs. 2 S. 3 müssen die Maßnahmen insbesondere sicherstellen, dass personenbezogene Daten durch Voreinstellungen nicht ohne Eingreifen der (betroffenen) Person einer unbestimmten Zahl von natürlichen Personen zugänglich gemacht werden. S. 3 adressiert erkennbar Social-Media-Plattformen wie bspw. Facebook, die danach Nutzerprofile in der Ausgangskonfiguration (Default-Zustand) nicht öffentlich, sondern nur im kleinstmöglichen Empfängerkreis anzeigen dürfen. Wünscht der Nutzer (betroffene Person) gleichwohl, dass sein Profil einer größeren oder gar unbestimmten Zahl von natürlichen Personen (öffentlich) zugänglich gemacht werden soll, so muss er dies ausdrücklich erklären, in dem er die Einstellungen entsprechend aktiv ändert (**opt-in**).

67 Dem Umstand, dass in der deutschen Sprachfassung in diesem Zusammenhang statt von „betroffener Person" lediglich von „Person" die Rede ist,[163] kommt, wie ein Vergleich mit der französischen Sprachfassung nahe legt,[164] keine Bedeutung zu.[165]

IV. Art. 25 Abs. 3, Nachweis der Erfüllung

68 Gemäß Art. 25 Abs. 3 kann ein genehmigtes Zertifizierungsverfahren nach Art. 42 als „Faktor" herangezogen werden, um die Erfüllung der in den Art. 25 Abs. 1 und 2 genannten Anforderungen nachzuweisen. Wie sich aus dem Wortlaut ergibt („kann […] als Faktor herangezogen werden"), besteht kein Automatismus dergestalt, dass mit einer erfolgreichen Zertifizierung die Fiktion der Rechtmäßigkeit des in Frage stehenden Verarbeitungsprozesses verbunden wäre.[166]

69 Will man dem vom Verordnungsgeber gegenüber der alten Rechtslage deutlich gestärkten Steuerungskonzept regulierter Selbstregulierung[167] gebührend Rechnung tragen, wird man der mit einem Zertifizierungsverfahren verbundenen Indizwirkung gleichwohl erhebliches Gewicht zusprechen müssen.

70 In Art. 25 Abs. 3 nicht ausdrücklich genannt, jedoch nach Art. 40 Abs. 1, 2 lit h auch für die Beurteilung von Maßnahmen und Verfahren im Rahmen von Privacy by Design und Privacy by Default ein potentiell geeignetes Instrumentarium können Verhaltensregeln im Sinne des Art. 40 sein.[168] Verhaltensregeln müssen von Wirtschaftsverbänden und anderen Vereinigungen ausgearbeitet und durch die zuständige Aufsichtsbehörde gem. Art. 40 Abs. 5 genehmigt worden sein.

71 Gegen die Anerkennung genehmigter Verhaltensregeln als berücksichtigungsfähiger Faktor im Rahmen des Art. 25 Abs. 3 könnte sprechen, dass der Verordnungsgeber diese an anderer Stelle (Art. 24 Abs. 3, Art. 32 Abs. 3) ausdrücklich einbezieht.[169] Solchen Verhaltensregeln bei Art. 25, gerade auch mit Blick auf dessen hohen Abstrakti-

---

163 Darauf weist *Piltz* K&R 2016, 709, 711 hin.
164 In der französischen Fassung ist in Abs. 1 von „personne concernée" einerseits und in Abs. 2 von „personne physique concernée" andererseits die Rede.
165 Im Ergebnis ebenso: Knyrim-*Hötzendorfer* Praxishandbuch zur DS-GVO, S. 146.
166 Ehmann/Selmayr-*Baumgartner* Art. 25 Rn. 19; Kühling/Buchner-*Hartung* Art. 25 Rn. 30 Fn. 15; a.A. wohl Wybitul-*Hanßen* EU-Datenschutz-Grundverordnung, S. 398.
167 *Hornung/Hartl* ZD 2014, 219, 220.
168 So auch *Albrecht/Jotzo* Das neue Datenschutzrecht der EU, S. 92; Wybitul-*Hanßen* EU-Datenschutz-Grundverordnung, S. 399; *Baumgartner/Gausling* ZD 2017, 308, 313.
169 Paal/Pauly-*Martini* Art. 25 Rn. 53.

V. Sanktionen und Rechtsfolgen

1. Bußgeld. Die Verletzung von Vorgaben des Art. 25 ist gem. Art. 83 Abs. 4 lit. a mit bis zu 10 000 000 EUR bzw. bis zu 2 % des gesamten im vorausgegangenen Jahr durch das Unternehmen weltweit erzielten Jahresumsatzes bußgeldbewehrt. Wegen der zahlreichen Querbezüge der Norm zu anderen Vorschriften der DS-GVO ist auch der höhere Bußgeldrahmen (bis zu 20 000000 EUR bzw. bis zu 4 % des gesamten im vorausgegangenen Jahr durch das Unternehmen weltweit erzielten Jahresumsatzes, Art. 83 Abs. 5 lit. a denkbar, etwa weil den Vorgaben der Transparenz, Art. 5 Abs. 1 lit. a, bzw. der Datenminimierung, Art. 5 Abs. 1 lit. c nicht Rechnung getragen wurde.[171] Wie Art. 83 Abs. 2 lit. d zeigt, können bei der Höhe und dem Grad der Verantwortung des Verantwortlichen die (gleichwohl) getroffenen (übrigen) TOM berücksichtigt werden. Das in Art. 25 (auch) verankerte Gebot der Datenminimierung wird damit gegenüber der noch bis zum 24.5.2018 geltenden Rechtslage (vgl. § 3a BDSG a.F.) ganz erheblich aufgewertet.

72

Auch wenn es praktisch die Ausnahme sein wird, ist die mit den Pflichten in der Planungsphase ausgelöste Vorfeldwirkung des Art. 25 Abs. 1 der Sache nach bereits vor Eintritt in die Verarbeitungsphase sanktionierbar.[172] Im Regelfall wird die Aufsichtsbehörde von dem unter Missachtung der Vorgaben des Art. 25 Abs. 1 geplanten System aber erst im Stadium der Verarbeitung Kenntnis haben. Im Rahmen der Bemessung des Bußgelds wird es dann aber eine Rolle spielen, wenn der Verantwortliche nicht nachweisen kann, dass er schon zum Zeitpunkt der Festlegung der Mittel Überlegungen hinsichtlich der zu ergreifenden TOM angestellt hat.[173]

73

Der Verantwortliche, der sich wegen der Verletzung von Pflichten aus Art. 25 aufsichtsrechtlichen Maßnahme (Art. 58) gegenüber sieht, kann gegen einen entsprechenden Beschluss der Aufsichtsbehörde gerichtlich vorgehen (Art. 78 Abs. 1).

74

2. Schadensersatz. Nach Art. 82 Abs. 1 hat jede Person, der wegen eines Verstoßes gegen die Verordnung ein materieller oder immaterieller Schaden entstanden ist, Anspruch auf Schadenersatz gegen den Verantwortlichen. Art. 82 Abs. 2 konkretisiert dies weiter dahingehend, dass es sich um Schäden handeln muss, die durch eine nicht der Verordnung entsprechende Verarbeitung verursacht wurden. Soweit es eine Datenverarbeitung also zum Zeitpunkt der Festlegung der Mittel noch nicht gibt, ist

75

---

170 Im Ergebnis ebenso: *Mantz*, der im Fall von genehmigten Verhaltensregeln von einer Selbstbindung der Verwaltung ausgeht, Sydow-*Mantz* Art. 25 Rn. 73.
171 Im Oktober 2019 hat die Berliner Beauftragte für Datenschutz und Informationsfreiheit einen Bußgeldbescheid in Höhe von 14,5 Millionen Euro gegen die Immobiliengesellschaft „Deutsche Wohnen" erteilt. Begründet wurde dies u.a. mit einem Verstoß gegen Art. 25 Abs. 1; vgl. Pressemitteilung unter: https://www.datenschutz-berlin.de/fileadmin/ user_upload/pdf/pressemitteilungen/2019/20191105-PM-Bussgeld_DW.pdf. Der Bescheid ist nicht rechtskräftig, das Verfahren läuft noch.
172 A.A. Kühling/Buchner-*Hartung* Art. 25 Rn. 23 mit Hinweis auf Art. 1 Abs. 1, welcher die Anwendbarkeit der DS-GVO vor Verarbeitung personenbezogener Daten ausschließe.
173 Sydow-*Mantz* Art. 25 Rn. 35.

für den Schadensersatzanspruch (mangels Schaden) kein Raum.[174] Ist jedoch (später) ein Schaden eingetreten und gelingt dem Verantwortlichen der Nachweis nach Art. 82 Abs. 3 (schuldhaftes Verhalten des Verantwortlichen wird vermutet) nicht, ist ein Schadensersatzanspruch denkbar.[175]

76 **3. Vertragsgestaltung.** Eine konsequente Umsetzung von **Privacy by Design** hat ferner Auswirkungen auf die Vertragsgestaltung. Soweit Hersteller dem Verantwortlichen Systeme zur Datenverarbeitung anbieten, mit denen jene (Verantwortliche) die Erfüllung ihrer Pflichten zur Technikgestaltung i.S.d. Art. 25 (betroffenen Dritten gegenüber) tatsächlich nicht nachkommen können, dies aber (im Verhältnis Hersteller – Verantwortlicher) ausdrücklich geschuldet war, stehen Schadensersatzansprüche (Mängelgewährleistungsrecht) im Raum.[176]

C. Praxishinweise

I. Leitlinien und Orientierungshilfen

77 Zwischenzeitlich liegt eine Reihe von Orientierungshilfen vor, die Vorgaben des Art. 25 betreffen. Im Konkretisierungsgrad sind sie unterschiedlich. Der EDSA (European Data Protection Board, EDPB) hat am 20.11.2019 die „Guidelines 4/2019 on Article 25 Data Protection by Design and by Default" veröffentlicht, die bis zum 16.1.2020 kommentiert werden konnten (Public Consultation).[177] Berechtigte Kritik wurde von Seiten der Wirtschaft u.a. mit Blick auf die zum Teil unklaren Ausführungen zum Tatbestandsmerkmal „Stand der Technik" in dem Papier geäußert, die gegebenenfalls einen über die Vorgaben des Wortlauts des Art. 25 liegenden Standard fordern.[178] Die spanische Aufsichtsbehörde (Agencia española de protección de datos, AEPD) hat am 12.11.2019 einen Leitfaden zu Privacy by Design veröffentlicht. Hilfreich sind hier die Ausführungen im Anhang 1 („Selection of Privacy Design Patterns") mit konkreten (technischen) Gestaltungsformen.[179] Weniger konkret, allerdings in ähnliche Richtung gehen die Ausführungen zu Art. 25 in der aktuellen Fassung des Standard Datenschutzmodells.[180]

78 Während sich übergreifende Ansätze für Methoden zur (konkreten) Operationalisierung von Privacy by Design und Privacy by Default im Wesentlichen auf die oben

---

174 Gola-*Nolte/Werkmeister* Art. 25 Rn. 33.
175 Sydow-*Mantz* Art. 25 Rn. 77.
176 Zur Problematik vgl. *Dümeland* K&R 2019, 22, 24; *Buss* CR 2020, 1
177 Guidelines sowie Eingaben im Rahmen der public consultation sind abrufbar unter: https://edpb.europa.eu/our-work-tools/public-consultations-art-704/2019/guidelines-42019-article-25-data-protection-design_en.
178 Vgl. etwa Comment of the *German Insurance Association* (GDV), ID-number 6437280268-55 on the Guidelines 4/2019 on Article 25, Data Protection by Design and Default, S. 3.
179 Dokument in englischer Übersetzung abrufbar unter: https://www.aepd.es/sites/default/files/2019-12/guia-privacidad-desde-diseno_en.pdf, vgl. dort insbesondere S. 32 ff.
180 Dort heißt es unter anderem „Zur datenschutzgerechten Gestaltung der Funktionen der Verarbeitungstätigkeiten im Sinne von „Data Protection by Design" können die Gewährleistungsziele des SDM als Design-Prinzip oder Design-Strategie interpretiert werden." Version 2.0a des SDM (von der 98. Konferenz der unabhängigen Datenschutzbehörden des Bundes und der Länder vom 5. bis 7. November 2019 in Trier beschlossen), S. 35.

bereits dargestellten Papiere der ENISA[181] beschränken, existiert Anwendungsszenarien-spezifisch eine Reihe von Empfehlungen, Leitlinien und Orientierungshilfen, in denen die Grundsätze von Privacy by Design und Privacy by Default für den jeweiligen Bereich operationalisierbarer werden. Das gilt bspw. für die Bereiche smart/connected Car,[182] (smarte) Videoüberwachung,[183] Smart TV,[184] Apps,[185] oder soziale Netzwerke.[186] In den jüngst veröffentlichten „Guidelines 1/2020 on processing personal data in the context of connected vehicles and mobility related applications" vom 28.1.2020[187] folgert der Europäische Datenschutzausschuss aus den Grundsätzen von „data protection by design and by default" im Zusammenhang mit der Datenverarbei-

---

181 Europäische Agentur für Netz- und Informationssicherheit (ENISA) Dezember 2014 Empfehlungen für „Privacy by Design", Dokument abrufbar unter: https://www.enisa.europa.eu/publications/privacy-and-data-protection-by-design und 2015, „Privacy by design in big data", Dokument abrufbar unter: https://www.enisa.europa.eu/publications/big-data-protection.

182 In Hongkong hat die Internationale Datenschutzkonferenz Ende September 2017 Vorgaben zum Datenschutz für autonomes und vernetztes Fahren in einer Entschließung zusammengefasst: 39th International Conference of Data Protection and Privacy Commissioners, Hong Kong, 25–29 September 2017, Resolution on Data Protection in Automated and Connected Vehicles, Dokument abrufbar unter: https://icdppc.org/wp-content/uploads/2015/02/Resolution-on-data-protection-in-automated-and-connected-vehicles-.pdf.
Schon zuvor (1.6.2017) hatte die BfDI datenschutzrechtliche Empfehlungen zum automatisierten und vernetzten Fahren kommuniziert (13 Punkte-Plan). Das Dokument ist abrufbar unter: https://www.bfdi.bund.de/SharedDocs/Publikationen/Allgemein/DatenschutzrechtlicheEmpfehlungenVernetztesAuto.html;jsessionid=BBBDCACE7C370CB2AFC615670FDC874B.1_cid319?nn=5217154.
Vgl. zur Thematik auch die Gemeinsame Erklärung der Konferenz der unabhängigen Datenschutzbehörden des Bundes und der Länder und des Verbandes der Automobilindustrie (VDA) vom 26.1.2016, abrufbar unter: https://www.vda.de/de/themen/innovation-und-technik/vernetzung/gemeinsame-erklaerung-vda-und-datenschutzbehoerden-2016.html.

183 Dazu *Rose* DSRITB 2016, 75 ff.

184 Gemeinsame Position der Aufsichtsbehörden für den Datenschutz im nichtöffentlichen Bereich (*Düsseldorfer Kreis*) und die Datenschutzbeauftragten der öffentlich-rechtlichen Rundfunkanstalten, „Smartes Fernsehen nur mit smartem Datenschutz", 2014. Vgl. dazu auch *Vogel* K&R 2017, 441 ff., *Keber* RDV 2013, 235 ff.

185 *Düsseldorfer Kreis* Orientierungshilfe Datenschutzanforderungen an App-Entwickler und App-Anbieter, 16.6.2014, zu den datenschutzfreundlichen Voreinstellungen: S. 26, abrufbar unter: https://www.datenschutz-bayern.de/technik/orient/OH_Apps.pdf. Vgl. ferner: European Data Protection Supervisor, "Guidelines on the protection of personal data processed by mobile applications provided by European Union institutions", November 2016, Dokument abrufbar unter: https://edps.europa.eu/sites/edp/files/publication/16-11-07_guidelines_mobile_apps_en.pdf; BMJV, „Verbraucherfreundliche Best-Practice bei Apps, Orientierungshilfe für die Praxis", Februar 2017, Dokument abrufbar unter: http://www.bmjv.de/SharedDocs/Downloads/DE/StudienUntersuchungenFachbuecher/Apps_Best_Practise_StiWa_DE.pdf?__blob=publicationFile&v=1.

186 Orientierungshilfe „Soziale Netzwerke" der Konferenz der Datenschutzbeauftragten des Bundes und der Länder, Stand: 14.3.2013.

187 Der Konsultationsprozess läuft noch (public cosultation, Eingaben möglich bis 20.3.2020), Dokument abrufbar unter: https://edpb.europa.eu/our-work-tools/public-consultations-art-704/2020/guidelines-12020-processing-personal-data-context_en.

tung bei vernetzten Fahrzeugen u.a., dass Verarbeitungen soweit möglich nicht personenbezogen oder „on-board", also und nicht außerhalb des Fahrzeugs (Cloud) erfolgen sollten.[188]

II. Relevanz für öffentliche und nichtöffentliche Stellen

79 Art. 25 adressiert allgemein den Verantwortlichen (Art. 4 Nr. 7) und damit zunächst sowohl öffentliche als auch nichtöffentliche Stellen. Besondere Vorgaben bestehen angesichts der Verarbeitung personenbezogener Daten von Behörden zum Zwecke der Verhütung, Ermittlung, Aufdeckung oder Verfolgung von Straftaten oder der Strafverfolgung einschließlich des Schutzes vor und der Abwehr von Gefahren für die öffentliche Sicherheit. In diesem Bereich gehen die Vorgaben der RL (EU) 2016/680 des Europäischen Parlaments und des Rates vom 27.4.2016 und des § 71 BDSG n.F. Rn. 1 vor.

80 Relevanz hat insoweit ferner ErwG 78, in dem es heißt, dass den Grundsätzen des Datenschutzes durch Technik und durch datenschutzfreundliche Voreinstellungen auch bei öffentlichen Ausschreibungen Rechnung getragen werden sollte.[189]

III. Relevanz für betroffene Personen

81 Hinsichtlich des Rechts auf Beschwerde bei einer Aufsichtsbehörde nach Art. 77 Abs. 1 bzw. dem Recht auf einen wirksamen gerichtlichen Rechtsbehelf nach Art. 79 Abs. 1 gegen den Verantwortlichen gelten die allgemeinen Grundsätze, wobei jedenfalls Rechtsbehelfe in direktem Zusammenhang mit den Vorgaben des Art. 25 Abs. 1 und – insbesondere soweit Maßnahmen im Vorfeld einer Verarbeitung betroffen sind – (mangels Kenntnis des Betroffenen) unwahrscheinlich sind. Auch angesichts einer „leichteren" Nachweisbarkeit ist die Ahndung von Verstößen gegen die Vorgaben des Art. 25 Abs. 2 wahrscheinlicher.[190]

IV. Relevanz für Aufsichtsbehörden

82 Für die Präzisierung stehen die Aufsichtsbehörden im Rahmen des EDSA, wo Leitlinien und Empfehlungen für technische Standards gesetzt werden können (Art. 70 Abs. 1 lit. e),[191] letztlich (auch) in der Pflicht. Mit rechtsstaatlichen Prämissen jeden-

---

188 Ziff. 59 der Guidelines offenbart ein denkbar weites Konzept des Personenbezugs im vernetzten Fahrzeug, der ggf. auch Angaben zum Reifendruck erfassen soll: „[...] most data associated with connected vehicles will be considered personal data to the extent that it is possible to link it to one or more identifiable individuals. This includes technical data concerning the vehicle's movements (e.g., speed, distance travelled) as well concerning the vehicle's condition (e.g., engine coolant temperature, engine RPM, tyre pressure)." In Ziffer 70 der Guidelines heißt es dann: „In general, vehicle and equipment manufacturers, service providers and other data controllers should, wherever possible, use processes that do not involve personal data or transferring personal data outside of the vehicle (i.e., the data is processed internally)."
189 Im Vorschlag des Parlaments war dies noch im operativen Teil der Verordnung in Art. 23 Abs. 1 lit. a vorgesehen.
190 Dazu Schantz/Wolff-*Wolff* Das neue Datenschutzrecht, Rn. 840.
191 *Abrecht/Jotzo* Das neue Datenschutzrecht der EU, S. 92. Im Katalog des Art. 70 Abs. 1 wird Art. 25 nicht ausdrücklich erwähnt, allerdings ist die Aufzählung dort nicht abschließend („insbesondere").

falls schwer vereinbar wäre die Sanktionierung von Verstößen im Rahmen des Art. 25, ohne dass es vorab und spezifisch für Art. 25 entwickelte konkretisierende Vorgaben zur technisch-organisatorischen Umsetzung gegeben hätte. In diesem Fall sollte einem Bußgeld immer zuerst eine konkretisierende Anordnung der Aufsichtsbehörde vorausgehen.[192]

V. Relevanz für das Datenschutzmanagement

Unternehmen sehen sich angesichts der sehr abstrakt formulierten Pflichten und Abwägungskriterien im Rahmen des Art. 25 einem schwer kalkulierbaren Sanktionsrisiko gegenüber. Diese Problematik ist allerdings nicht gänzlich neu, sondern bestand für das Datensicherheitsmanagement schon nach alter Rechtslage, wo konkrete Vorgaben über die Anlage zu § 9 S. 1 BDSG a.f. hinaus fehlten.[193] An den vor dem Hintergrund von § 3a und 9 BDSG a.f. entwickelten (auch softwaretechnischen) Lösungen lässt sich für die Erfüllung der Pflichten aus Art. 25 zumindest anknüpfen.[194] Bei der Umsetzung von Privacy by Design und Privacy by Default hilfreich ist ein strukturiertes Datensicherheitsmanagement-System mit entsprechendem IT- und Sicherheitskonzept, das die technisch-organisatorische Gestaltung des Datenverarbeitungssystems sowie die Maßnahmen dokumentiert, mit denen die Erreichung der Schutzziele des Art. 25 sichergestellt werden sollen. Über eine systematische Abfrage müssen sodann die Gefahren für die Schutzziele abgefragt und (in Ansehung sich wandelnder Umstände gegebenenfalls neu) bewertet werden (Risikoanalyse). Zu dokumentieren sind weiter Art, Umfang, Umstände sowie die Zwecke der Datenverarbeitung. Das System kann schließlich dadurch beim Nachweis der Angemessenheit der getroffenen TOM helfen, als auch dokumentiert wird, welche Technologien zum Zeitpunkt der Einführung verfügbar waren (Stand der Technik) und mit welchen Implementierungskosten sie jeweils verbunden sind.[195]

83

Artikel 26   Gemeinsam Verantwortliche

(1) [1]Legen zwei oder mehr Verantwortliche gemeinsam die Zwecke der und die Mittel zur Verarbeitung fest, so sind sie gemeinsam Verantwortliche. [2]Sie legen in einer Vereinbarung in transparenter Form fest, wer von ihnen welche Verpflichtung gemäß dieser Verordnung erfüllt, insbesondere was die Wahrnehmung der Rechte der betroffenen Person angeht, und wer welchen Informationspflichten gemäß den Artikeln 13 und 14 nachkommt, sofern und soweit die jeweiligen Aufgaben der Verantwortlichen nicht durch Rechtsvorschriften der Union oder der Mitgliedstaaten, denen die Verantwortlichen unterliegen, festgelegt sind. [3]In der Vereinbarung kann eine Anlaufstelle für die betroffenen Personen angegeben werden.

(2) [1]Die Vereinbarung gemäß Absatz 1 muss die jeweiligen tatsächlichen Funktionen und Beziehungen der gemeinsam Verantwortlichen gegenüber betroffenen Personen gebührend widerspiegeln. [2]Das Wesentliche der Vereinbarung wird der betroffenen Person zur Verfügung gestellt.

---

192 Paal/Pauly-*Martini* Art. 25 Rn. 5.
193 Zu Datenschutzmanagementsystem im Rahmen des § 9 BDSG a.F. eingehend BeckOK DatenSR-*Karg* § 9 BDSG Rn. 82 ff.
194 *Laue/Kremer* Das neue Datenschutzrecht in der betrieblichen Praxis, Rn. 31 m.w.N.
195 *Laue/Kremer* Das neue Datenschutzrecht in der betrieblichen Praxis, Rn. 34.

Art. 26 — Gemeinsam für die Verarbeitung Verantwortliche

(3) Ungeachtet der Einzelheiten der Vereinbarung gemäß Absatz 1 kann die betroffene Person ihre Rechte im Rahmen dieser Verordnung bei und gegenüber jedem einzelnen der Verantwortlichen geltend machen.

– ErwG: 79

Übersicht

	Rn		Rn
A. Einordnung und Hintergrund	1	c) Gemeinsame Entscheidung durch Beitragen zur Verarbeitung	47
I. Normzweck	1		
II. Erwägungsgründe	2		
III. BDSG n.F.	3	d) Phasenweise Betrachtung statt gleichwertiger Verantwortlichkeit	50
IV. Normengenese und -umfeld	5		
1. DSRL	5		
2. BDSG a.F.	6	e) Gemeinsame Entscheidung über Zwecke und Mittel erforderlich	52
3. Änderungen im Gesetzgebungsverfahren	7		
4. Working Paper und Leitlinien der Art.-29-Datenschutzgruppe	10	f) Abschließende Bewertung der Rechtsprechung des EuGH	53
5. Kurzpapier der Datenschutzkonferenz	12	5. Keine Gesellschaftsgründung durch gemeinsam Verantwortliche	57
B. Kommentierung	17		
I. Gemeinsam Verantwortliche	17	II. Abgrenzung zur Auftragsverarbeitung (Art. 28) und unterstellten Personen (Art. 29)	59
1. Gemeinsam Verantwortliche (Abs. 1 S. 1, Art. 4 Nr. 7)	17		
a) Begriffsbestimmung	17	III. Keine Privilegierung der Offenlegung zwischen gemeinsam Verantwortlichen	63
b) Vorhandensein mehrerer Verantwortlicher	18		
c) Keine zwingende Notwendigkeit einer Datenschutz-Folgenabschätzung	21	IV. Vereinbarung zwischen gemeinsam Verantwortlichen	68
		1. Zwingende Vereinbarung (Abs. 1 S. 2)	68
2. Gemeinsame Entscheidung über Zwecke und Mittel	22	2. Kein Vertrag erforderlich	70
3. Rechtsprechung des EuGH zu gemeinsam Verantwortlichen	23	3. Form der Vereinbarung und der zur Verfügung zu stellenden Inhalte	72
a) EuGH zu Facebook Fanpages (Wirtschaftsakademie)	24	4. Transparenz der Vereinbarung	74
		5. Inhalte der Vereinbarung	75
b) EuGH zu Zeugen Jehovas	32	a) Festlegung der Verpflichtungen der gemeinsam Verantwortlichen (Abs. 2 S. 1)	76
c) EuGH zu Fashion ID	36		
4. Zusammenfassung und Bewertung	43	b) Widerspiegeln der tatsächlichen Funktionen und Beziehungen (Abs. 2 S. 2)	79
a) Kein Zugang zu personenbezogenen Daten erforderlich	44		
b) Gemeinsame Zwecke sind nicht die Verarbeitungszwecke	46	c) Optionale Angabe einer Anlaufstelle (Abs. 1 S. 3) und Rechte betroffener Personen (Abs. 3)	81

	Rn		Rn
6. Zur Verfügungstellen des Wesentlichen der Vereinbarung (Abs. 2 S. 2)	83	2. Gemeinsame Nutzung von Infrastrukturen oder Services in Unternehmensgruppen	93
V. Geltendmachung von Rechten betroffener Personen (Abs. 3)	84	3. Fallbeispiele zu gemeinsam Verantwortlichen	94
VI. Haftung der gemeinsam Verantwortlichen	87	4. Wesentliche Inhalte einer Vereinbarung nach Abs. 1 S. 2	97
VII. Rechtsfolgen bei Missachtung	90	II. Relevanz für betroffene Personen	98
C. Praxishinweise	92	III. Relevanz für Aufsichtsbehörden	100
I. Relevanz für öffentliche und nichtöffentliche Stellen	92	IV. Relevanz für das Datenschutzmanagement	101
1. Überprüfung sämtlicher Leistungsbeziehungen	92		

Literatur: *Art.-29-Datenschutzgruppe* Stellungnahme 1/2010 zu den Begriffen „für die Verarbeitung Verantwortlicher" und „Auftragsverarbeiter" v. 16.2.2010, WP 169; *Bock* Wenn die Blumenhändlerin für Facebook haftet – Die Fanpage-Entscheidung des EuGH, K&R 2019, 30; *Czajkowski/Mainz* Datenschutz-Grundverordnung: Gemeinsame Verantwortlichkeit im Handelsvertreterverhältnis?, ZVertriebsR 2019, 159; *Datenschutzkonferenz* Kurzpapier Nr. 16 – Gemeinsam für die Verarbeitung Verantwortliche, Art. 26 DS-GVO, v. 19.3.2018; *dies.* Positionierung zur Verantwortlichkeit und Rechenschaftspflicht bei Facebook-Fanpages sowie der aufsichtsbehördlichen Zuständigkeit v. 1.4.2019; *dies.* Orientierungshilfe der Aufsichtsbehörden für Anbieter von Telemedien v. März 2019; *Dovas* Joint Controllership – Möglichkeiten oder Risiken der Datennutzung? Regelung der gemeinsamen datenschutzrechtlichen Verantwortlichkeit in der DS-GVO, ZD 2016, 512; *Erbguth/Fasching* Wer ist Verantwortlicher einer Bitcoin-Transaktion? Anwendbarkeit der DS-GVO auf die Bitcoin-Blockchain, ZD 2017, 560; *Europäischer Datenschutzbeauftragter* Leitlinien des EDSB zu den Begriffen „Verantwortlicher", „Auftragsverarbeiter" und „gemeinsam Verantwortliche" nach der Verordnung (EU) 2018/1725 v. 7.11.2019; *Gerlach* Rechtmäßigkeit der Telemetriedatenverarbeitung – Warum Hersteller die Telemetriefunktionen ihrer (Software-)Produkte aus datenschutzrechtlichen Gründen optional ausgestalten müssen, CR 2020, 165; *Gesellschaft für Datenschutz und Datensicherheit e.V.* (Hrsg.) GDD-Praxishilfe XV: Die gemeinsame Verantwortlichkeit nach Art. 26 DS-GVO (Joint Controllership), Version 1.0 (Dezember 2019); *Gierschmann* Gemeinsame Verantwortlichkeit in der Praxis – Systematische Vorgehensweise zur Bewertung und Festlegung, ZD 2020, 69; *Gola/Piltz* Die Datenschutz-Haftung nach geltendem und zukünftigem Recht – ein vergleichender Ausblick auf Art. 77 DS-GVO, RDV 2015, 269; *Golland* Gemeinsame Verantwortlichkeit in mehrstufigen Verarbeitungsszenarien – Zugleich Kommentar zu EuGH, Urteil vom 5.6.2018 – C-210/16, K&R 2018, 433; *Härting* Joint Controllership nach der DSGVO – Beispiel und Vertragsklauseln zur „gemeinsamen Verantwortlichkeit", ITRB 2018, 167; *Härting/Gössling* Gemeinsame Verantwortlichkeit bei einer Facebook-Fanpage, NJW 2018, 2523; *Hense* Hi Alexa, can I trust you? Technologie, Wirtschaft und Rechtsentwicklungen bei Virtual Private Assistants, DSB 2019, 250; *Hessel/Leffer* WhatsApp im Unternehmen? Zum datenschutzkonformen Einsatz des Messengers, CR 2020, 139; *Hörl* Arbeitsteilige Datenverarbeitung im Konzern – Group Data Protection Agreement als Vertragsrahmen für Auftragsverarbeitung und Joint Controllership, ITRB 2019, 118; *Jung/Hansch* Die Verantwortlichkeit in der DS-GVO und ihre praktischen Auswirkungen: Hinweis zur Umsetzung im Konzern- oder Unternehmensumfeld, ZD 2019, 143; *Kartheuser/Nabulsi* Abgrenzungsfragen bei gemeinsam Verantwortlichen Kritische Analyse der Voraussetzungen nach Art. 26 DS-GVO, MMR 2018, 717; *Kipker/Bruns* Blockchains für Versorgungsketten im Lebensmittelsektor und der Datenschutz – Die Maßstäbe für eine datenschutzkonforme

Ausgestaltung der Blockchain am konkreten Beispiel, CR 2020, 210; *Kollmar* Umfang und Reichweite gemeinsamer Verantwortlichkeit im Datenschutz, NVwZ 2019, 1740; *Kranenberg* Folgen der gemeinsamen Verantwortlichkeit für Maßnahmen der Aufsichtsbehörden – Art. 26 DSGVO und die Störerauswahl, ITRB 2019, 229; *Kremer* Plugins nach dem EuGH: Cookie Consent und Joint Controller überall? Warum und wie Plugins und Tools für Websites und andere Telemedien ab sofort auf technischer Ebene zu filetieren sind, CR 2019, 676; *ders.* Gemeinsame Verantwortlichkeit: Die neue Auftragsverarbeitung? Analyse der tatsächlichen Lebenssachverhalte zur Abgrenzung zwischen gemeinsamer Verantwortlichkeit und Auftragsverarbeitung, CR 2019, 225; *Lachenmann* Datenübermittlung im Konzern, 2016; *Laue/Kremer* Das neue Datenschutzrecht in der betrieblichen Praxis, 2. Auflage 2018; *Lee/Cross* (Gemeinsame) Verantwortlichkeit beim Einsatz von Drittanbietern auf Websites – Wird das Rad unnötig neu erfunden?, MMR 2019, 559; *Monreal* „Der für die Verarbeitung Verantwortliche" – das unbekannte Wesen des deutschen Datenschutzrechts – Mögliche Konsequenzen aus einem deutschen Missverständnis, ZD 2014, 611; *ders.* Der Rahmen der Verantwortung und die klare Linie in der Rechtsprechung des EuGH zu gemeinsam Verantwortlichen – Auswirkungen der europarechtlichen Konzeption des Verantwortlichen, CR 2019, 797; *Nebel* Datenschutzrechtliche Verantwortlichkeit bei der Nutzung von Fanpages und Social Plug-ins, RDV 2019, 9; *Niemann/Kevekordes* Machine Learning und Datenschutz (Teil 2): Sensitive Daten und Betroffenenrechte, CR 2020, 179; *Piltz* Twitter-Nutzer als Joint Controller?, DSB 2020, 30; *Rath/Heins/Éles* Internationaler Datentransfer im Konzern – Abgrenzung arbeitsteiliger Datenverarbeitungen und Gestaltung von konzerninternen Datenverarbeitung, CR 2019, 500; *Reif* Gemeinsame Verantwortung beim Lettershopverfahren – praktische Konsequenzen der EUGH-Rechtsprechung zu den „Fanpages" und „Zeugen Jehovas", RDV 2019, 30; *Schmitt/Heil* Neue Haftungsfallen für Insolvenzverwalter durch die Datenschutz- Grundverordnung, NZI 2018, 865; *Schreiber* Gemeinsame Verantwortlichkeit gegenüber Betroffenen und Aufsichtsbehörden – Anwendungsbereiche, Vertragsgestaltung und Folgen nicht gleichwertiger Verantwortung, ZD 2019, 55; *Schwartmann* Die Verantwortlichkeit für die Verarbeitung von Forschungsdaten an Hochschulen, OdW 2020, 15; *Specht-Riemenschneider/Schneider* Die gemeinsame Verantwortlichkeit im Datenschutzrecht – Rechtsfragen des Art. 26 DS-GVO am Beispiel „Facebook-Fanpages", MMR 2019, 503; *Spittka/Mantz* Datenschutzrechtliche Anforderungen an den Einsatz von Social Plugins, NJW 2019, 2742; *Strauß/Schreiner* Gemeinsame Verantwortung: Der Vertrag zur getrennten Verantwortung – Rechtsklarheit bei Unklarheit, DSB 2019, 96.

A. Einordnung und Hintergrund

I. Normzweck

1 Über Art. 26 sollen bei gemeinsam Verantwortlichen (zum Begriff Rn. 17) deren jeweilige Verantwortlichkeiten, Haftung und die sich daraus ergebenden Pflichten transparent und strukturiert ausgestaltet werden, um so die Rechte und Freiheiten der betroffenen Personen auch bei der gemeinsamen Verarbeitung personenbezogener Daten zu schützen.[1] Art. 26 kommt damit bei arbeitsteiligen Verarbeitungen außerhalb der Auftragsverarbeitung gem. Art. 28 eine Ordnungsfunktion zu, ohne selbst eine Erlaubnis i.S.d. Art. 6 ff. zu enthalten (Rn. 63 ff.).[2]

---

1 Kühling/Buchner-*Hartung* Art. 26 Rn. 10; Sydow-*Ingold* Art. 26 Rn. 1.
2 A.A. des Verfassers in der Vorauflage wurde aufgegeben.

II. Erwägungsgründe

ErwG 79 legt fest, dass es auch bei einer gemeinsam mit einem oder mehreren anderen Verantwortlichen erfolgenden Verarbeitung einer „klaren Zuteilung der Verantwortlichkeiten" und von deren Haftung durch die DS-GVO bedarf, ebenso wie dies zwischen (allein) Verantwortlichem und Auftragsverarbeiter ist (zur Abgrenzung Rn. 59). Über den Wortlaut von Art. 26 Abs. 1 hinaus hält ErwG 79 fest, dass dies neben der Wahrung der Rechte und Freiheiten der betroffenen Personen (Rn. 85) auch der Absicherung von „Überwachungs- und sonstigen Maßnahmen von Aufsichtsbehörden" i.S.d. Art. 58 gegenüber gemeinsam Verantwortlichen dient. 2

III. BDSG n.F.

§ 63 BDSG bezieht sich nicht auf die DS-GVO, sondern dient der Umsetzung von Art. 21 der Richtlinie (EU) 2016/680[3] in nationales Recht. 3

Von der fakultativen Öffnungsklausel in Abs. 1 S. 2, welche die Festlegung der jeweiligen Aufgaben der Verantwortlichen durch Rechtsvorschriften der Union oder der Mitgliedstaaten erlaubt, hat der deutsche Gesetzgeber bislang keinen Gebrauch gemacht. Hiermit könnte die Gestaltungsfreiheit gemeinsam Verantwortlicher in der von diesen nach Abs. 1 S. 2 zwingend abzuschließenden Vereinbarung (Rn. 78) beschränkt werden.[4] Zudem greifen alle nationalen Regelungsbefugnisse für Rechte und Pflichten der Verantwortlichen auch für gemeinsam Verantwortliche, insbesondere auch für die nach Art. 23 zulässigen Beschränkungen der Rechte und Pflichten aus Art. 12 ff.[5] (zu Beschränkungen aus dem nationalen Recht für die nach Abs. 2 S. 2 abzuschließende Vereinbarung Rn. 78). Denn ungeachtet der gemeinsamen Entscheidung über Zwecke und Mittel der Verarbeitung ist jeder gemeinsam Verantwortliche i.S.d. Art. 26 stets ein Verantwortlicher i.S.d. Art. 4 Nr. 7 (dazu Art. 4 Rn. 139). 4

IV. Normengenese und -umfeld

1. DSRL. Art. 2 lit. d DSRL enthielt eine zu Art. 4 Nr. 7 wortgleiche Begriffsbestimmung für den (gemeinsam) Verantwortlichen. Eine zu Art. 26 vergleichbare Regelung gab es nicht. 5

2. BDSG a.F. Die Begriffsbestimmung des Verantwortlichen in § 3 Abs. 7 BDSG a.F. war bereits vor der DSRL entstanden und kannte keine gemeinsam Verantwortlichen.[6] Eine Anpassung an Art. 2 lit. d DSRL nach dessen Inkrafttreten ist im BDSG a.F. europarechtswidrig (Art. 4 Rn. 124) nicht erfolgt.[7] 6

---

3 Richtlinie (EU) 2016/680 des Europäischen Parlaments und des Rates vom 27.4.2016 zum Schutz natürlicher Personen bei der Verarbeitung personenbezogener Daten durch die zuständigen Behörden zum Zwecke der Verhütung, Ermittlung, Aufdeckung oder Verfolgung von Straftaten oder der Strafvollstreckung sowie zum freien Datenverkehr und zur Aufhebung des Rahmenbeschlusses 2008/977/JI des Rates.
4 Kühling/Buchner-*Hartung* Art. 26 Rn. 23; Paal/Pauly-*Martini* Art. 26 Rn. 26.
5 Paal/Pauly-*Martini* Art. 26 Rn. 40.
6 Kühling/Buchner-*Hartung* Art. 26 Rn. 3.
7 Dazu *Kartheuser/Nabulsi* MMR 2018, 717, 717.

7   **3. Änderungen im Gesetzgebungsverfahren.** Der Kommissionsentwurf v. 25.1.2012[8] für Art. 26, im Gesetzgebungsverfahren noch als Art. 24 geführt, beschränkte sich auf eine zum heutigen Abs. 1 S. 2 inhaltsgleiche Regelung (dazu Rn. 68).

8   Der Parlamentsentwurf v. 12.3.2014[9] ergänzte als S. 2 eine zum heutigen Abs. 2 inhaltsgleiche Regelung (dazu Rn. 76 ff.). Zugleich wollte das Parlament durch Festschreibung einer gesamtschuldnerischen Haftung der gemeinsam Verantwortlichen bei „unklaren Verantwortlichkeiten" die Überlegungen der Art.-29-Datenschutzgruppe zur Haftung gemeinsam Verantwortlicher[10] in der DS-GVO festschreiben (Rn. 10 ff.). Der Satz wurde jedoch wieder gestrichen, die Haftung mehrerer Verantwortlicher oder Auftragsverarbeiter wurde stattdessen in Art. 82 Abs. 4 geregelt (dazu Art. 82 Rn. 35 f.).

9   Die die Begriffsbestimmung in Art. 4 Nr. 7 aufnehmende Definition des gemeinsam Verantwortlichen in Abs. 1 S. 1 (dazu Rn. 17) fand mit dem Ratsentwurf v. 11.6.2015[11] Eingang in die DS-GVO, ebenso der damals noch als Abs. 2 vorgesehene heutige Abs. 3 (Rn. 84 ff.). Die heute in Abs. 1 S. 3 vorgesehene, optionale Festlegung einer Anlaufstelle für die betroffene Person (Rn. 81 ff.) ist ebenfalls vom Rat ergänzt worden, damals noch als Pflicht zur Festlegung einer solchen Anlaufstelle. Die vom Parlament als S. 2 vorgenommene Ergänzung des heutigen Abs. 2 wurde vom Rat in Abs. 3 überführt und um eine in der DS-GVO wieder gestrichene Ausnahmeklausel von den Transparenzpflichten ergänzt.

10 **4. Working Paper und Leitlinien der Art.-29-Datenschutzgruppe.** In der noch zur DSRL (Rn. 5) ergangenen Stellungnahme 1/2010 zu den Begriffen „für die Verarbeitung Verantwortlicher" und „Auftragsverarbeiter" (WP 169)[12] hat die Art.-29-Datenschutzgruppe ausführlich auch zu gemeinsam Verantwortlichen Stellung genommen. Im WP 169 führt die Art.-29-Datenschutzgruppe aus, dass die gemeinsame Entscheidung über Zwecke und Mittel der Verarbeitung i.S.d. Art. 2 lit. d DSRL (heutiger Art. 4 Nr. 7) keine Gleichrangigkeit der gemeinsam Verantwortlichen bedinge; vielmehr sei der Begriff „gemeinsam" im Sinne eines „zusammen mit" oder „nicht allein" auszulegen. Die Erstellung einer geschlossenen „Liste oder Kategorisierung der verschiedenen Formen der gemeinsamen Kontrolle" sei hiernach „nicht möglich", sodass für die Bewertung der gemeinsamen Verantwortlichkeit ein „sachbezogener funktioneller Ansatz" zu verfolgen sei.[13] Ausreichend sei, wenn die gemeinsame Entscheidung sich entweder auf den Zweck oder auf wesentliche Elemente der Mittel beziehe (anders der EuGH, Rn. 43 ff.).[14]

---

8 Entwurf der Kommission 2012/0011 (COD), S. 63.
9 Interinstitutionelles Dossier des Rats v. 27.3.2014, 2012/0011 (COD); 7427/1/14, REV 1.
10 *Art.-29-Datenschutzgruppe* WP 169, S. 30; kritisch dazu *Lachenmann* Datenübermittlung im Konzern, S. 321.
11 Ratsdokument Nr. 9565/15, S. 109.
12 WP 169, abrufbar unter: http://ec.europa.eu/justice/policies/privacy/docs/wpdocs/2010/wp169_de.pdf.
13 *Art.-29-Datenschutzgruppe* WP 169, S. 22.
14 *Art.-29-Datenschutzgruppe* WP 169, S. 23.

In den Leitlinien für die Bestimmung der federführenden Aufsichtsbehörde eines Ver- 11
antwortlichen oder Auftragsverarbeiters vom 5.4.2017 (WP 244)[15] hat die Art.-29-
Datenschutzgruppe auch zur Bestimmung der federführenden Aufsichtsbehörde i.S.v.
Art. 56 (dazu Art. 56 Rn. 13) bei gemeinsam Verantwortlichen Stellung genommen. Da
die DS-GVO hierzu keine Regelung enthalte, sollten die gemeinsam Verantwortlichen
in der von ihnen nach Abs. 1 S. 2 abzuschließenden Vereinbarung (Rn. 68) festlegen,
welche entscheidungsbefugte Niederlassung eines der gemeinsam Verantwortlichen
als Hauptniederlassung i.S.v. Art. 4 Nr. 16 zu betrachten sei (zum Begriff Art. 4
Rn. 275 ff.). Die für diese (fiktive) Hauptniederlassung zuständige Aufsichtsbehörde
sei dann die federführende Aufsichtsbehörde i.S.v. Art. 56 (dazu Rn. 100).[16]

5. Kurzpapier der Datenschutzkonferenz. In dem noch vor den Entscheidungen des 12
EuGH (Rn. 19 ff.) entstandenen Kurzpapier Nr. 16 der Konferenz der unabhängigen
Datenschutzbehörden des Bundes und der Länder (Datenschutzkonferenz – DSK)[17] v.
19.3.2018[18] nimmt die DSK eine „erste Orientierung insbesondere für den nichtöffentlichen Bereich" zur Anwendung von Art. 26 „im praktischen Vollzug" vor.

Da Verantwortlichkeit keine Befugnis zur Datenverarbeitung sei, sondern nur klar- 13
stelle, wer welche Aufgaben aus der DS-GVO zu erfüllen habe, sei Art. 26 keine
Rechtsgrundlage für Datenverarbeitungen. Zwischen gemeinsam Verantwortlichen
komme es zu einer Offenlegung personenbezogener Daten, für die es mangels Privilegierung einer Erlaubnis bedürfe (Rn. 63 ff.).[19] Dabei seien die Fälle der früheren, mit
der DS-GVO überflüssig gewordenen Funktionsübertragung (dazu Art. 28 Rn. 51 ff.)
entweder als Auftragsverarbeitung oder als gemeinsame Verantwortlichkeit einzuordnen (Rn. 59 ff.).[20] Die Abgrenzung erfolge im Tatsächlichen, nicht nach dem von den
Beteiligten geschlossenen Vertrag oder der selbstgewählten Bezeichnung für die Art
und Weise der Zusammenarbeit.[21]

Eine gemeinsame Entscheidung über Zwecke und Mittel der Verarbeitung verlange 14
einen bestimmenden tatsächlichen Einfluss eines jeden Beteiligten auf die Verarbeitung, ohne dass jeder der Beteiligten jedoch die umfassende Kontrolle über alle
Umstände und Phasen der Verarbeitung besitzen müsse. Auch eine Gleichrangigkeit
der Verantwortlichkeit sei nicht Voraussetzung von Art. 4 Nr. 7, da gemeinsam Verantwortliche in die Verarbeitung in verschiedenen Phasen und in unterschiedlichem Ausmaß einbezogen sein könnten. Daraus könne sich ergeben, dass sich die gemeinsame
Verantwortlichkeit auf einzelne Phasen der Verarbeitung beschränke, z.B. auf die
gemeinsame Erhebung personenbezogener Daten.[22]

Die Entscheidung der gemeinsam Verantwortlichen müsse nicht ausdrücklich gemein- 15
sam getroffen werden, es genüge, wenn bei eng zusammenhängenden Zwecken der

---

15 WP 244, abrufbar unter https://www.datenschutz-hamburg.de/uploads/media/wp244rev01_
de.pdf.
16 *Art.-29-Datenschutzgruppe* WP 244, S. 8 f.
17 Zur Datenschutzkonferenz siehe www.datenschutzkonferenz-online.de.
18 Abrufbar unter https://www.datenschutzkonferenz-online.de/media/kp/dsk_kpnr_16.pdf.
19 *Datenschutzkonferenz* Kurzpapier Nr. 16, S. 1 (rechte Spalte).
20 *Datenschutzkonferenz* Kurzpapier Nr. 16, S. 2 (rechte Spalte).
21 *Datenschutzkonferenz* Kurzpapier Nr. 16, S. 3 (linke Spalte f.), S. 4 (linke Spalte); ebenso
Europäischer Datenschutzbeauftragter Leitlinien zur VO 2018/1725 v. 7.11.2019, S. 9.
22 *Datenschutzkonferenz* Kurzpapier Nr. 16, S. 2 (rechte Spalte f.).

eine Beteiligte die Entscheidung des anderen für zukünftige Verarbeitungen akzeptiere oder sich ihr anschließe (Rn. 22 ff.).[23] Vielfach sei wegen der „nicht selten" erhöhten Risiken für die Rechte und Freiheiten betroffener Personen die Durchführung einer DSFA gem. Art. 35 bei Verarbeitungen in gemeinsamer Verantwortlichkeit geboten.[24]

16 Das Bereitstellen des „Wesentlichen" der von gemeinsam Verantwortlichen getroffenen Vereinbarung gem. Abs. 2 S. 2 ergänze die gem. Art. 13, 14 bestehenden Informationspflichten (Rn. 83). Enthalten sein müsse in den bereitgestellten Angaben zumindest eine nachvollziehbare Beschreibung des Zusammenwirkens und der Rollen der Beteiligten und ihrer jeweiligen Beziehung zur betroffenen Person sowie die Angabe, welcher der gemeinsam Verantwortlichen welche Betroffenenrechte und Informationspflichten erfüllen solle.[25]

B. Kommentierung

I. Gemeinsam Verantwortliche

1. Gemeinsam Verantwortliche (Abs. 1 S. 1, Art. 4 Nr. 7). – a) Begriffsbestimmung.
17 Art. 26 trug zunächst die Überschrift „gemeinsam für die Verarbeitung Verantwortliche". Mit der zweiten Berichtigung der DS-GVO wurde dies in „Gemeinsam Verantwortliche"[26] korrigiert, sodass die Überschrift dem in Abs. 1 S. 1 verwendeten Begriff entspricht.

18 **b) Vorhandensein mehrerer Verantwortlicher.** Eine gemeinsame Verantwortlichkeit bedingt, dass zwei oder mehr Verantwortliche i.S.v. Art. 4 Nr. 7 (zum Begriff Art. 4 Rn. 121)[27] gemeinsam personenbezogene Daten verarbeiten (dazu Rn. 22 ff.). Nicht erforderlich ist, dass jeder Beteiligte ohne den anderen Beteiligten auch allein Verantwortlicher i.S.d. Art. 4 Nr. 7 wäre. Die gemeinsame Verantwortlichkeit erfasst auch solche Sachverhalte, bei denen ein Beteiligter auf die tatsächlich ausschließlich von einem anderen Beteiligten ausgeführte Verarbeitung Einfluss nimmt, ohne selbst überhaupt Zugang zu den verarbeiteten Daten zu haben (Rn. 44 f.).

19 Jeder Verantwortliche unterliegt dabei vollumfänglich wegen der gemeinsamen Verarbeitungen den sich aus der DS-GVO ergebenden Pflichten,[28] solange die Verantwortlichen in ihrer Vereinbarung gem. Abs. 1 S. 2 keine abweichende Festlegung getroffen haben (Rn. 75 ff., Übersicht der wesentlichen Pflichten bei Art. 4 Rn. 170). Ist einer der Verarbeiter kein Verantwortlicher, weil er als Auftragsverarbeiter i.S.d. Art. 28 tätig wird, der Verarbeiter eine dem Verantwortlichen oder dem Auftragsverarbeiter unterstellte Person i.S.d. Art. 29 ist (dazu Art. 29 Rn. 8 ff., zur Abgrenzung Rn. 59 ff.), oder sein Handeln außerhalb des sachlichen oder räumlichen Anwendungsbereichs der DS-GVO nach Art. 2, 3 liegt, scheidet auch eine gemeinsame Verantwortlichkeit aus.

---

23 *Datenschutzkonferenz* Kurzpapier Nr. 16, S. 3 (linke Spalte).
24 *Datenschutzkonferenz* Kurzpapier Nr. 16, S. 4 (rechte Spalte).
25 *Datenschutzkonferenz* Kurzpapier Nr. 16, S. 4 (linke Spalte).
26 Berichtigung der Verordnung (EU) 2016/679 des Europäischen Parlaments und des Rates vom 27. April 2016 zum Schutz natürlicher Personen bei der Verarbeitung personenbezogener Daten, zum freien Datenverkehr und zur Aufhebung der Richtlinie 95/46/EG (Datenschutz- Grundverordnung), ABl. L 127/4 v. 23.5.2018.
27 Ausführlich zur Herleitung des Begriffs *Monreal* CR 2019, 797, 799 ff.
28 Ebenso *Art.-29-Datenschutzgruppe* WP 169, S. 27.

Einer gemeinsamen Verantwortlichkeit steht nicht entgegen, dass nicht jeder gemein- 20
sam Verantwortliche alle Pflichten aus der DS-GVO selbst erfüllen kann. Ausreichend
ist es, wenn der gemeinsam Verantwortliche sich zur Erfüllung seiner Pflichten eines
der anderen gemeinsam Verantwortlichen bedienen kann.[29] Die DS-GVO verlangt
nicht die unmittelbare Erfüllung jeder Pflicht durch den Verantwortlichen selbst. An
der vollumfänglichen Haftung des gemeinsam Verantwortlichen im Außenverhältnis
bei etwaigen Zuwiderhandlungen gegen die DS-GVO (Rn. 46) ändert diese Pflichtendelegation jedoch nichts.

c) Keine zwingende Notwendigkeit einer Datenschutz-Folgenabschätzung. Allein das 21
Vorhandensein von gemeinsam Verantwortlichen führt nicht zur DSFA gem. Art. 35.[30]
Das arbeitsteilige Vorgehen bei der Verarbeitung personenbezogener Daten ist ein
alltäglicher, nicht per se risikoerhöhender Vorgang (Rn. 1 f.). Entscheidendes Kriterium für die DSFA ist auch bei gemeinsam Verantwortlichen ausschließlich, ob „eine
Form der Verarbeitung […] voraussichtlich ein hohes Risiko für die Rechte und Freiheiten natürlicher Personen zur Folge" hat (dazu Art. 35 Rn. 40 ff.).

2. Gemeinsame Entscheidung über Zwecke und Mittel. Art. 4 Nr. 7 verlangt eine 22
gemeinsame Entscheidung mit (mindestens einem) Anderen über die Zwecke und
Mittel der Verarbeitung personenbezogener Daten (zu den Begriffen Zwecke und
Mittel Art. 4 Rn. 153). Demgegenüber definiert Abs. 1 S. 1 gemeinsam Verantwortliche
als diejenigen, die gemeinsam die Zwecke und Mittel der Verarbeitung festlegen. Die
Begriffe „festlegen" und „entscheiden" sind gleichbedeutend, wie der Vergleich mit
der englischen Sprachfassung zeigt, die jeweils von „jointly determine" spricht.[31]

3. Rechtsprechung des EuGH zu gemeinsam Verantwortlichen. Der EuGH hat sich 23
in insgesamt drei Entscheidungen zwischen Juni 2018 und Juli 2019 mit gemeinsam
Verantwortlichen befasst, die alle noch zur alten Rechtslage in Art. 2 lit. d DSRL
ergangen sind. Die Entscheidungen können jedoch wegen der Wortgleichheit von
Art. 2 lit. d DSRL und Art. 4 Nr. 7 (Rn. 5) und dem identischen Regelungsgehalt beider Normen unverändert auf die DS-GVO übertragen werden.[32] Dass die DS-GVO
mit Art. 26 eine das Zusammenwirken der gemeinsam Verantwortlichen zusätzliche
ausgestaltende Ordnungsvorschrift enthält (Rn. 1), ändert hieran nichts.

a) EuGH zu Facebook Fanpages (Wirtschaftsakademie). Dem Vorabentscheidungs- 24
ersuchen nach Art. 267 AEUV an den EuGH lag folgender Sachverhalt zu Grunde:[33]
Die Wirtschaftsakademie bot nach vorheriger Registrierung beim sozialen Netzwerk
Facebook Bildungsdienstleistungen über eine dort unterhaltene, sog. „Fanpage" an.

---

29 *Art.-29-Datenschutzgruppe* WP 169, S. 27; *Monreal* CR 2019, 797, 801.
30 Ebenso *GDD e.V.* GDD-Praxishilfe DS-GVO XV, S. 14; a.A. ohne Begründung *Daten-schutzkonferenz* Kurzpapier Nr. 16, S. 4 (rechte Spalte); offen gelassen von Taeger/Gabel-*Lang* Art. 26 Rn. 10.
31 Ausführlich zu den vermeintlichen Unterschieden zwischen Art. 4 Nr. 7 und Art. 26 Abs. 1 S. 1 *Monreal* CR 2019, 797, 799.
32 Ebenso Taeger/Gabel-*Lang* Art. 26 Rn. 21; *Spittka/Mantz* NJW 2019, 2742, 2745; *Monreal* CR 2019, 797, 798; *Kollmar* NVwZ 2019, 1740, 1742; ähnlich *Härting/Gössling* NRW 2018, 2523, 2525; nur Anhaltspunkte für die Auslegung von Art. 26 Abs. 1 S. 1 in der Rechtspre-chung zu Art. 2 lit. d DSRL sehen *Kartheuser/Nabulsi* MMR 2018, 717, 718.
33 Ausführlich zum Sachverhalt *EuGH* v. 5.6.2018 – C-210/16, ECLI:EU:C:2018:388, Fanpage, Rn. 14 ff.

Über die Fanpage präsentierte sich die Wirtschaftsakademie den Nutzern von Facebook sowie Dritten, welche die Fanpage ebenfalls aufrufen konnten, und brachte sich mit „Äußerungen aller Art in den Medien- und Meinungsmarkt" ein.

25 Über die sog. „Facebook Insights" konnte die Wirtschaftsakademie kostenfrei ihr von Facebook zur Verfügung gestellte, anonymisierte statistische Daten über die Nutzer der Fanpage erhalten. Diese Daten wurde von Facebook mit Hilfe von Cookies gesammelt, „die jeweils einen eindeutigen Benutzercode enthielten, der für zwei Jahre aktiv war und den Facebook auf der Festplatte des Computers oder einem anderen Datenträger der Besucher der Fanpage speicherte. Die hiermit vorgenommene Verarbeitung personenbezogener Daten eines jeden Nutzers der Fanpage wurde weder von Facebook noch von der Wirtschaftsakademie transparent gemacht.

26 Das Unabhängige Landeszentrum für Datenschutz Schleswig-Holstein (ULD)[34] erließ daraufhin gegen die Wirtschaftsakademie einen auf die Deaktivierung der Fanpage gerichteten Bescheid, gegen den die Wirtschaftsakademie Widerspruch einlegte, insbesondere weil sie sich als nicht für die Datenverarbeitung durch Facebook Verantwortliche sah. Nach Zurückweisung des Widerspruchs erhob die Wirtschaftsakademie Klage zum Schleswig-Holsteinischen VG, welches mit Urteil v. 9.10.2013 die Anordnung des ULD aufhob. Die Wirtschaftsakademie sei für die von Facebook vorgenommenen Verarbeitungen nicht (Mit-)Verantwortliche.[35] Die vom ULD hiergegen eingelegte Berufung wies das OVG Schleswig-Holstein mit Urteil v. 4.9.2014 ebenfalls zurück, ließ die Revision zum BVerwG aber zu. Die sofortige Anordnung der Deaktivierung der Fanpage sei nicht von § 38 Abs. 5 BDSG a.F. gedeckt gewesen, weil die Wirtschaftsakademie nicht Verantwortliche der auf der Fanpage durchgeführten Verarbeitungen sei.[36] Auf die vom ULD eingelegte Revision erließ das BVerwG am 25.2.2016 einen Beschluss zur Vorlage verschiedener Rechtsfragen zur Vorabentscheidung durch den EuGH, darunter die Frage 1 zur Auslegung der Verantwortlichkeit gem. Art. 2 lit. d DSRL (Rn. 5).[37]

27 Der **EuGH** hat hierauf mit Urteil v. 5.6.2018 zunächst festgestellt, dass der Begriff des Verantwortlichen i.S.d. Art. 2 lit. d DSRL weit auszulegen sei, um hiermit „einen wirksamen und umfassenden Schutz der betroffenen Personen zu gewährleisten".[38] Für die Fanpages sei dabei in jedem Fall zunächst Facebook derjenige, der über Zwecke und Mittel der Verarbeitung personenbezogener Daten der Facebook-Nutzer und anderer Besucher der Fanpages entscheide. Daneben sei aber zu prüfen, ob nicht auch der Betreiber der Fanpage einen **Beitrag zur Entscheidung** über die Zwecke und Mittel der Verarbeitung leiste und dadurch ebenfalls zum Verantwortlichen i.S.d. Art. 2 lit. d DSRL werde.[39]

28 Die Verarbeitung der personenbezogenen Daten über die Fanpage diene Facebook zur Verbesserung des Systems, mit dem Werbung über das soziale Netzwerk verbreitet

---

34 Ausführliche Dokumentation zum Rechtsstreit, abrufbar unter https://www.datenschutzzentrum.de/facebook/.
35 *Schleswig-Holsteinisches VG* v. 9.10.2013 – 8 A 14/12, K&R 2013, 824.
36 *OVG Schleswig-Holstein* v. 4.9.2014 – 4 LB 20/13, CR 2014, 801.
37 *BVerwG* v. 25.2.2016 – 1 C 28/14, Rn. 21 ff., CR 2016, 729.
38 *EuGH* v. 5.6.2018 – C-210/16, ECLI:EU:C:2018:388, Fanpage Rn. 26 ff., so schon *EuGH* v. 13.4.2014 – C-131/12, ECLI:EU:C:2014:317, Google Spain Rn. 34.
39 *EuGH* v. 5.6.2018 – C-210/16, ECLI:EU:C:2018:388, Fanpage Rn. 30 f.

werde. Der Betreiber der Fanpage erlange über die Facebook Insights Kenntnisse u.a. von den Profilen der Besucher seiner Fanpage und deren Interessen, damit auch dieser die Vermarktung seiner Tätigkeiten steuern könne. Erst durch die Einrichtung der Fanpage verschaffe der Betreiber Facebook dabei die Möglichkeit, den Besuchern der Fanpage die für die Datenverarbeitung erforderlichen Cookies zu platzieren. Im Folgenden nehme der Betreiber der Fanpage außerdem mittels einer Parametrierung (z.B. durch von Facebook bereitgestellte Filter) auf die für ihn durch Facebook erstellten Statistiken zur Verbesserung der Zielgerichtetheit seiner Fanpage Einfluss, sodass er zur Verarbeitung personenbezogener Daten seiner Besucher beitrage.[40] Die Bereitstellung der Besucherstatistiken in „anonymisierter Form" durch Facebook für den Betreiber der Fanpage stehe einer gemeinsamen Verantwortlichkeit nicht entgegen; die DSRL verlange nicht, dass hierbei jeder Verantwortliche Zugang zu den verarbeiteten, personenbezogenen Daten habe.[41]

Durch die von ihm vorgenommene „Parametrierung u.a. entsprechend seinem Zielpublikum sowie den Zielen der Steuerung oder Förderung seiner Tätigkeiten" sei deshalb der Betreiber der Fanpage „an der Entscheidung über die Zwecke und Mittel der Verarbeitung der personenbezogenen Daten der Besucher [...] beteiligt". Hieraus folge, dass der Betreiber der Fanpage gemeinsam mit Facebook für die Verarbeitung Verantwortlicher i.S.d. Art. 2 lit. d DSRL sei. Das Nutzen der von einem Dritten eingerichteten Plattform und der dort angebotenen Dienstleistungen befreie den Betreiber der Fanpage nicht „von der Beachtung seiner Verpflichtungen im Bereich des Schutzes personenbezogener Daten". Diese Verantwortlichkeit wiege noch höher für diejenigen Besucher der Fanpage, die keine Nutzer von Facebook seien, durch den Aufruf der Fanpage aber ebenfalls in die automatisierte Datenverarbeitung durch Facebook fallen.[42] Aus der gemeinsamen Verantwortlichkeit folge jedoch keine gleichwertige Verantwortlichkeit von Facebook und Fanpage Betreiber. Vielmehr sei „der Grad der Verantwortlichkeit eines jeden von ihnen unter Berücksichtigung aller maßgeblichen Umstände des Einzelfalls zu beurteilen", weil die Beteiligten „in die Verarbeitung personenbezogener Daten in verschiedenen Phasen und in unterschiedlichem Ausmaß in der Weise einbezogen" sein können.[43] 29

Das BVerwG hat mit Urteil v. 11.9.2019 die Vorgaben des EuGH aufgegriffen und die Sache unter Aufhebung des Berufungsurteils (Rn. 26) zur weiteren Entscheidung an das OVG Schleswig-Holstein zurückverwiesen.[44] Bei einer unionsrechtskonformen Auslegung von § 3 Abs. 7 BDSG a.F. (Rn. 6) sei der Begriff des Verantwortlichen dahingehend zu verstehen, „dass er auch Stellen erfasst, die anderen die **Gelegenheit der Datenverarbeitung einräumen**, ohne selbst damit befasst zu sein."[45] An diese Auslegung seien das BVerwG und die Gerichte des Instanzenzugs gebunden und nicht befugt, in ihren Entscheidungen hiervon abzuweichen, selbst wenn das Urteil des EuGH auf einem unzutreffenden Sachverhalt beruhen sollte.[46] 30

---

40 *EuGH* v. 5.6.2018 – C-210/16, ECLI:EU:C:2018:388, Fanpage Rn. 34 ff.
41 *EuGH* v. 5.6.2018 – C-210/16, ECLI:EU:C:2018:388, Fanpage Rn. 38.
42 *EuGH* v. 5.6.2018 – C-210/16, ECLI:EU:C:2018:388, Fanpage Rn. 39 ff.
43 *EuGH* v. 5.6.2018 – C-210/16, ECLI:EU:C:2018:388, Fanpage Rn. 43.
44 *BVerwG* v. 11.9.2019 – 6 C 15/18, CR 2020, 96.
45 *BVerwG* v. 11.9.2019 – 6 C 15/18, Rn. 20.
46 *BVerwG* v. 11.9.2019 – 6 C 15/18, Rn. 22.

31 Da Facebook und der Fanpage-Betreiber beide Verantwortliche für die Verarbeitungen auf der Fanpage seien, habe die Aufsichtsbehörde eine Ermessensentscheidung zur Auswahl des potentiellen Adressaten Ihrer Maßnahmen zu treffen, wenn bereits die Inanspruchnahme eines Adressaten den Anlass für das Einschreiten beseitigen könnte.[47] Dem ULD habe es freigestanden, über die Anordnung zur Deaktivierung der Fanpage gegen die Wirtschaftsakademie Facebook „unter Zugzwang zu setzen". Denn in der Folge würde „sich Facebook um eine datenschutzrechtskonforme Lösung bemühen müssen, um sein Geschäftsmodell in Deutschland weiterverfolgen zu können."[48] Der Umstand, dass der Wirtschaftsakademie damit die Möglichkeit zur Präsentation in dem von ihr „als besonders wichtig erachteten sozialen Netzwerk Facebook" genommen werde, sei nicht von Bedeutung, wenn die Wirtschaftsakademie die Fanpage „nur unter Inkaufnahme schwerwiegender datenschutzrechtlicher Mängel betreiben kann". Soweit Dritte weiterhin Fanpages nutzen, gäbe es keine Notwendigkeit, vor der Inanspruchnahme der Wirtschaftsakademie „ein Konzept für ein flächendeckendes Vorgehen gegen Fanpage-Betreiber" zu erstellen. Art. 3 Abs. 1 GG gewähre keinen „Anspruch auf Gleichbehandlung im Unrecht". Das ULD habe sich darauf beschränken dürfen, „zunächst einen Einzelfall herauszugreifen und die Verhältnisse nach und nach zu bereinigen".[49]

32 **b) EuGH zu Zeugen Jehovas.** Dem Urteil des EuGH v. 10.7.2018 in Sachen „Zeugen Jehovas" lag ein weiteres Vorabentscheidungsersuchen nach Art. 267 AEUV zu Grunde, und zwar hier aus Finnland:[50] Die dortige Datenschutzkommission verbot auf Antrag des Datenschutzbeauftragten am 17.9.2013 der Gemeinschaft der Zeugen Jehovas die Verarbeitung personenbezogener Daten, die im Rahmen der von den Mitgliedern der Gemeinschaft von Tür zu Tür durchgeführten Verkündigungstätigkeit erhoben werden.

33 Auch hier ging es um die Frage, ob die Gemeinschaft der Zeugen Jehovas einerseits und deren Mitglieder andererseits gemeinsam für die Verarbeitung Verantwortliche i.S.d. Art. 2 lit. d DSRL (Rn. 5) seien. Denn die Mitglieder erhoben bei der von Ihnen im Rahmen der von Tür zu Tür durchgeführten Verkündigungstätigkeit „Notizen über Besuche bei Personen, die weder ihnen noch der Gemeinschaft bekannt sind", wozu u.a. die Namen und Adressen der aufgesuchten Personen sowie Informationen über ihre religiösen Überzeugungen und Familienverhältnisse gehören. Dabei hatte die Gemeinschaft den Mitgliedern „Anleitungen zur Anfertigung solcher Notizen gegeben" und die Verkündigungstätigkeit zusammen mit den einzelnen Gemeinden insbesondere dadurch organisiert und unterstützt, „dass sie Gebietskarten erstellen, auf deren Grundlage Bezirke unter den Mitgliedern, die sich an der Verkündigungstätigkeit beteiligen, aufgeteilt werden, und indem sie Verzeichnisse über die Verkündiger und die Anzahl der von ihnen verbreiteten Publikationen der Gemeinschaft führen." Zudem führen die Gemeinden eine „Liste der Personen, die darum gebeten haben, nicht mehr von den Verkündigern aufgesucht zu werden", die wiederum von den Mit-

---

[47] BVerwG v. 11.9.2019 – 6 C 15/18, Rn. 29; zum Auswahlermessen *Kranenberg* ITRB 2019, 229, 230 ff.; *Schreiber* ZD 2019, 55, 59 f.
[48] BVerwG v. 11.9.2019 – 6 C 15/18, Rn. 31.
[49] BVerwG v. 11.9.2019 – 6 C 15/18, Rn 32 f.
[50] Ausführlich zum Sachverhalt *EuGH* v. 10.7.2018 – C-25/17, ECLI:EU:C:2018:551, Jehova Rn. 11 ff.

gliedern verwendet werden. Demgegenüber wurde ein früher von der Gemeinschaft für die Datenerhebung zur Verfügung gestelltes Formular auf Empfehlung des Datenschutzbeauftragten nicht mehr genutzt. Zudem verlangte die Gemeinschaft nach ihren eigenen Angaben von ihren verkündigenden Mitgliedern nicht, dass diese Daten verarbeiten, und hatte auch keine Kenntnis von den von den Mitgliedern gefertigten Notizen oder der Identität der verkündigenden Mitglieder, welche die Daten erhoben haben.

Der EuGH hielt in seinem Urteil zunächst fest, dass die Verantwortlichkeit der verkündigenden Mitglieder für die von ihnen durchgeführte Verarbeitung nicht in Abrede gestellt wird.[51] Ziel der weiten Definition des Verantwortlichen in Art. 2 lit. d DSRL (Rn. 5) sei es, „einen wirksamen und umfassenden Schutz der betroffenen Personen zu gewährleisten". Da Art. 2 lit. d DSRL keine gleichwertige Verantwortlichkeit verlange (wie oben Rn. 29), könne aus der DSRL nicht geschlossen werden, „dass die Entscheidung über die Zwecke und Mittel der Verarbeitung mittels schriftlicher Anleitungen oder Anweisungen seitens des für die Verarbeitung Verantwortlichen erfolgen muss". Es genüge, wenn „aus Eigeninteresse auf die Verarbeitung personenbezogener Daten Einfluss" genommen und „damit an der Entscheidung über die Zwecke und Mittel dieser Verarbeitung [mitgewirkt]" wird, ohne dass hierfür jeder Verantwortliche „Zugang zu den betreffenden personenbezogenen Daten hat" (wie oben Rn. 28).[52] 34

Übertragen auf den konkreten Sachverhalt bedeute dies, dass die Entscheidung über die konkreten Umstände der Verarbeitung der personenbezogenen Daten der aufgesuchten Personen zwar „Sache der verkündigenden Mitglieder" sei, es sich bei der Verkündigungstätigkeit von Tür zu Tür jedoch um „eine wesentliche Betätigungsform dieser Gemeinschaft" handele, die „von ihr organisiert und koordiniert wird und zu der sie ermuntert." Daher erscheine „die Erhebung personenbezogener Daten über aufgesuchte Personen und die anschließende Verarbeitung dieser Daten der Umsetzung des Ziels der Gemeinschaft der Zeugen Jehovas – nämlich der Verbreitung ihres Glaubens – zu dienen und folglich von ihren verkündigenden Mitgliedern im Interesse der Gemeinschaft vorgenommen zu werden." Deshalb sei davon auszugehen, dass die Gemeinschaft gemeinsam mit ihren Mitgliedern an der Entscheidung über die Zwecke und Mittel der Verarbeitung mitwirkt.[53] 35

c) EuGH zu Fashion ID. Dem bislang letzten Urteil des EuGH zu gemeinsam Verantwortlichen v. 29.7.2019 lag erneut ein Sachverhalt aus Deutschland zu Grunde:[54] Fashion ID, ein Online-Händler für Modeartikel, band in seine Website das Social Plugin „Gefällt Mir" des sozialen Netzwerks Facebook ein (vielfach auch „Like-Button" oder „Gefällt Mir"-Button genannt). Durch die Einbindung dieses Plugins wurden bei jedem Aufruf der Website externe Inhalte von Facebook geladen und ausgeführt. Hierdurch erlangte Facebook neben der IP-Adresse des jeweiligen Besuchers der Website auch Angaben zum Nutzungsverhalten des Besuchers, ohne dass der Betreiber der Website hierauf Einfluss nehmen konnte. Dies geschah unabhängig davon, ob der Besucher der Website Nutzer von Facebook war oder den „Gefällt Mir" Button überhaupt nutzte. 36

---

51 *EuGH* v. 10.7.2018 – C-25/17, ECLI:EU:C:2018:551, Jehova Rn. 64.
52 *EuGH* v. 10.7.2018 – C-25/17, ECLI:EU:C:2018:551, Jehova Rn. 66 ff.
53 *EuGH* v. 10.7.2018 – C-25/17, ECLI:EU:C:2018:551, Jehova Rn. 70 ff.
54 Ausführlich zum Sachverhalt *EuGH* v. 29.7.2019 – C-40/17, CR 2019, 574, Rn. 25 ff.

37 Die Verbraucherzentrale NRW erhob daraufhin gegen Fashion ID Klage auf Unterlassung der Verarbeitung personenbezogener Daten der Besucher der Website mit dem Social Plugin „Gefällt Mir" ohne deren vorherige Einwilligung und Information über die durchgeführten Verarbeitungen. Das LG Düsseldorf gab der Klage mit Urteil v. 9.3.2016 im Wesentlichen statt und ordnete dabei Facebook und Fashion ID als jeweils allein Verantwortliche für die Datenverarbeitungen ein.[55] Auf die hiergegen eingelegte Berufung legte das OLG Düsseldorf dem EuGH mit Beschluss v. 19.1.2017 insgesamt sechs Fragen zur Vorabentscheidung gem. Art. 267 AEUV vor, u.a. die Frage 2 nach der Verantwortlichkeit von Fashion ID i.S.d. Art. 2 lit. d DSRL für die mit dem Social Plugin durchgeführten Verarbeitungen.[56]

38 Unter Fortführung seiner früheren Rechtsprechung (Rn. 24 ff., 32 ff.) hält der **EuGH** im Urteil v. 29.7.2019 zunächst erneut fest, dass die weite Definition des Begriffs des Verantwortlichen der Gewährleistung eines wirksamen und umfassenden Schutzes der betroffenen Personen diene.[57] Wer „aus **Eigeninteresse** auf die Verarbeitung personenbezogener Daten Einfluss nimmt und damit an der Entscheidung über die Zwecke und Mittel dieser Verarbeitung mitwirkt", sei Verantwortlicher i.S.d. Art 2 lit. d DSRL, ohne dass es dafür eines Zugangs zu den betreffenden personenbezogenen Daten durch jeden Verantwortlichen oder einer gleichwertigen Verantwortlichkeit der Beteiligten erfordere.[58]

39 Aus der Definition der Verarbeitung in Art. 2 lit. b DSRL (aufgegangen in Art. 4 Nr. 2, dazu Art. 4 Rn. 48 ff.) gehe hervor, dass eine Verarbeitung „aus einem oder mehreren Vorgängen bestehen kann, von denen jeder eine der verschiedenen Phasen betrifft, die eine Verarbeitung personenbezogener Daten umfassen kann".[59] Die Verantwortlichkeit i.S.d. Art. 2 lit. d DSRL beziehe sich damit jeweils auf diejenige Phase, über deren Zwecke und Mittel der Beteiligte gemeinsam mit anderen entschieden habe, während (ungeachtet einer im nationalen Recht vorgesehenen zivilrechtlichen Haftung) eine Verantwortlichkeit für vorgelagerte oder nachgelagerte Vorgänge in der Verarbeitungskette ausscheide, wenn es hier an der (Mit-)Entscheidung fehle.[60]

40 Fashion ID habe es Facebook durch die Einbindung des „Gefällt Mir"-Buttons in die eigene Website ermöglicht, personenbezogene Daten der Besucher der Website in dem zuvor beschriebenen Umfang (Rn. 36) zu erhalten. Damit konnte Fashion ID über die Zwecke und Mittel der Verarbeitung bezogen auf „das Erheben der personenbezogenen Daten der Besucher ihrer Website und deren Weitergabe durch Übermittlung" an Facebook entscheiden, nicht jedoch über die im Anschluss ausschließlich durch Facebook erfolgende Weiterverarbeitung dieser Daten.[61] Fashion ID sei bekannt gewesen, dass der „Gefällt Mir"-Button das Mittel für die Erhebung und Übermittlung personenbezogener Daten aller Besucher der Website an Facebook gewesen sei und habe durch die Einbindung dieses Werkzeugs die Verarbeitung zugunsten von Facebook als Anbieter dieses Social Plugins **beeinflusst**. Hierin

---

55 *LG Düsseldorf* v. 9.3.2016 – 12 O 151/15, Rn. 40 ff., CR 2016, 372.
56 *OLG Düsseldorf* v. 19.1.2017 – I-20 U 40/16, Rn. 47 ff., K&R 2017, 196.
57 *EuGH* v. 29.7.2019 – C 40/17, ECLI:EU:C:2019:629, Fashion ID Rn. 65 f.
58 *EuGH* v. 29.7.2019 – C 40/17, ECLI:EU:C:2019:629, Fashion ID Rn. 68 ff.
59 *EuGH* v. 29.7.2019 – C 40/17, ECLI:EU:C:2019:629, Fashion ID Rn. 71 f.
60 *EuGH* v. 29.7.2019 – C 40/17, ECLI:EU:C:2019:629, Fashion ID Rn. 74.
61 *EuGH* v. 29.7.2019 – C 40/17, ECLI:EU:C:2019:629, Fashion ID Rn. 75 ff.

liege eine gemeinsame Entscheidung von Facebook und Fashion ID über die Mittel der Verarbeitung.

Die gemeinsame Entscheidung von Facebook und Fashion ID über die Verarbeitung **41** durch den „Gefällt Mir"-Button ergebe sich daraus, dass Fashion ID mit der Verarbeitung ihre Werbung im sozialen Netzwerk Facebook optimieren und „sichtbarer" machen könne. Um in den „Genuss dieses wirtschaftlichen Vorteils [zu] kommen" habe Fashion ID mit der Einbindung des Social Plugins in die eigene Website „zumindest **stillschweigend** in das Erheben personenbezogener Daten der Besucher ihrer Website und deren Weitergabe durch Übermittlung" an Facebook „**eingewilligt**". Der Umstand, dass Facebook über die Daten sodann „für ihre eigenen wirtschaftlichen Zwecke verfügen" könne sei „die Gegenleistung für den Fashion ID gebotenen Vorteil".[62] Dabei wiege die Verantwortlichkeit i.S.d. Art. 2 lit. d DSRL von Fashion ID für die Verarbeitung bei Personen ohne Konto bei Facebook noch höher, wenn bereits das bloße Aufrufen der Website die Verarbeitung durch Facebook „automatisch [...] auslöst".[63]

Sofern die mit dem „Gefällt Mir"-Button einhergehenden Verarbeitungen durch eine **42** Interessensabwägung i.S.d. Art. 7 lit. f DSRL (aufgegangen in Art. 6 Abs. 1 lit. f, dazu Art. 6 Rn. 141 ff.) gerechtfertigt werden soll, sei hierfür erforderlich, dass jeder der (gemeinsam) „Verantwortlichen mit diesen Verarbeitungsvorgängen ein berechtigtes Interesse [i.S.d. Art. 7 lit. f DSRL] wahrnimmt, damit diese Vorgänge **für jeden Einzelnen von ihnen gerechtfertigt** sind".[64] Eine Aussage dahingehend, dass die in Rede stehenden Verarbeitungen durch eine Interessenabwägung gerechtfertigt werden könnten, trifft der EuGH demgegenüber nicht.

4. Zusammenfassung und Bewertung. Was mit „gemeinsamer" Entscheidung über **43** Zwecke und Mittel einer Verarbeitung gemeint ist, legt die DS-GVO nicht fest. Die gemeinsame Entscheidung ist abzugrenzen von der alleinigen Entscheidung mehrerer unabhängig voneinander verarbeitender, jeweils allein Verantwortlicher i.S.d. Art. 4 Nr. 7 sowie der Auftragsverarbeitung gem. Art. 28 (Rn. 59 ff., zur früheren Funktionsübertragung Art. 28 Rn. 51 ff.). Für diese Abgrenzung hat der EuGH mit den drei vorgenannten Entscheidungen (Rn. 24 ff., 32 ff., 36 ff.) verbindliche Vorgaben definiert.

a) Kein Zugang zu personenbezogenen Daten erforderlich. Die Rolle des **gemeinsam** **44** **Verantwortlichen** verlangt nach dem EuGH keinen Zugang zu den von der Verarbeitung betroffenen personenbezogenen Daten (Rn. 28, 34, 38). Es genügt vielmehr, wenn die durch einen Verantwortlichen allein vorgenommene Verarbeitung dem anderen Verantwortlichen zugerechnet werden kann. Damit erlaubt der EuGH, dass ein an der tatsächlichen Datenverarbeitung Unbeteiligter gleichwohl gemeinsam Verantwortlicher sein kann, solange er nur an der Entscheidung über Zwecke und Mittel der Verarbeitung beteiligt (Rn. 47 ff.) ist. Nicht erforderlich ist demgegenüber, dass ein gemeinsam Verantwortlicher isoliert betrachtet (also ohne die ihm zugerechnete Verarbeitung des anderen Verantwortlichen) auch ein Verantwortlicher i.S.d. Art. 4 Nr. 7 ist.[65]

---

[62] *EuGH* v. 29.7.2019 – C 40/17, ECLI:EU:C:2019:629, Fashion ID Rn. 80 f.
[63] *EuGH* v. 29.7.2019 – C 40/17, ECLI:EU:C:2019:629, Fashion ID Rn. 83.
[64] *EuGH* v. 29.7.2019 – C 40/17, ECLI:EU:C:2019:629, Fashion ID Rn. 96.
[65] Ebenso *Jung/Hansch* ZD 2019, 143, 144; A.A. wohl Taeger/Gabel-*Lang* Art. 26 Rn. 16; *Gierschmann* ZD 2020, 69, 71 f.

45 Der EuGH stellt für die Wahrnehmung der Aufgabe des Verantwortlichen i.S.d. Art. 4 Nr. 7 also nicht auf eine tatsächliche oder eine rechtliche Betrachtungsweise ab, sondern nimmt eine **ausschließlich wertende Einordnung** aus Sicht der von der Verarbeitung betroffenen Personen vor, die eher im Verbraucherschutz- oder Lauterkeitsrecht zu erwarten ist.[66] Dies wird deutlich, wenn der EuGH davon spricht, dass eine weite Auslegung des Begriffs Verantwortlicher i.S.d. Art. 2 lit. d DSRL erforderlich sei zum wirksamen und umfassenden Schutz der betroffenen Personen (Rn. 34, 38). Der EuGH erhebt damit die betroffene Person als solche zum Schutzgut der DS-GVO, ohne sich auf den Schutz der Rechte der betroffenen Person in Bezug auf die Verarbeitung von deren personenbezogenen Daten zu beschränken.

46 **b) Gemeinsame Zwecke sind nicht die Verarbeitungszwecke.** Für die Frage, ob die Verantwortlichen gemeinsam über die Zwecke der Verarbeitung entscheiden, stellt der EuGH nicht auf die konkreten, im VVT gem. Art. 30 Abs. 1 lit. b dokumentierten Zwecke einer Verarbeitungstätigkeit ab (dazu Art. 30 Rn. 44 ff.).[67] Vielmehr genügen dem EuGH die Übereinstimmung der gemeinsam Verantwortlichen in einem allgemeinen übergeordneten Zweck oder einem mit der Verarbeitung allgemein verfolgtem Ziel.[68] Hierfür reichen dem EuGH abstrakt bereits die Verbreitung des Glaubens (Rn. 35), die Steuerung oder Förderung der Aktivitäten der jeweils Beteiligten durch Facebook Fanpages (Rn. 29) oder wirtschaftliche Zwecke, die für Fashion ID in der Optimierung ihrer Werbung und für Facebook in der Verfügung über die erlangten Daten über den „Gefällt Mir"-Button bestehen (Rn. 41).

47 **c) Gemeinsame Entscheidung durch Beitragen zur Verarbeitung.** Eine gemeinsame Entscheidung i.S.v. Abs. 1 S. 1 und Art. 4 Nr. 7 verlangt nach dem EuGH nicht, dass alle Beteiligten miteinander entscheiden.[69] Es genügt, wenn ein Verantwortlicher die Verarbeitung tatsächlich allein vornimmt (Rn. 44) und der andere Verantwortliche zu dieser Verarbeitung (irgend)einen Beitrag leistet oder aus Eigeninteresse auf diese Verarbeitung des Anderen Einfluss nimmt mit der Folge, dass er durch seinen Beitrag an der Entscheidung über Zwecke und Mittel der Verarbeitung beteiligt wird oder sonst mitgewirkt hat (Rn. 27, 29, 34, 38). Noch deutlicher formuliert es das BVerwG, wenn es davon spricht, dass auch solche Stellen als gemeinsam Verantwortliche erfasst sind, die anderen die „Gelegenheit" der Datenverarbeitung einräumen, ohne selbst damit befasst zu sein (Rn. 30).

---

66 A.A. Taeger/Gabel-*Lang* Art. 26 Rn. 13; *Bock* K&R 2019, 30, 31 (jeweils objektive bzw. tatsächliche Kriterien entscheidend); *Golland* K&R 2018, 433, 434; systematisch zur Auslegung des Begriffs „entscheiden" *Monreal* CR 2019, 797, 802 ff.

67 Ausführlich zum Verarbeitungszweck *Golland* K&R 2018, 433, 435 f.; anders *Jung/Hansch* ZD 2019, 143, 147 (wechselseitige Ergänzung der Zwecksetzung ausreichend).

68 Ebenso *Europäischer Datenschutzbeauftragter* Leitlinien zur VO 2018/1725 v. 7.11.2019, S. 25 f. („allgemeines Maß an Komplementarität und Einheitlichkeit des Zwecks"); für Forschungsvorhaben dazu *Schwartmann* OdW 2020, 15, 19 f.; Kritisch *Golland* K&R 2018, 433, 436 f., der von einem „konkreten Zweckbegriff" ausgehend den EuGH in Facebook Fanpages damit zu erklären versucht, dass dieser eine „gewisse Inkongruenz" zwischen den konkreten Zwecken der gemeinsam Verantwortlichen „toleriere".

69 Eine ausdrücklich gemeinsam getroffene Entscheidung, so etwa in einer spezifischen Leistungsvereinbarung zweier Beteiligter, fällt selbstverständlich aber auch darunter, so klarstellend *Europäischer Datenschutzbeauftragter* Leitlinien zur VO 2018/1725 v. 7.11.2019, S. 25.

Die gemeinsame Entscheidung kann nach dem EuGH auch über eine stillschweigend 48
erklärte Einwilligung zustande kommen, insbesondere auch durch schlüssiges Handeln der gemeinsam Verantwortlichen (Rn 41).[70] Gemeint ist keine auf die Rechtfertigung einer Verarbeitung gerichtete Einwilligung i.S.d. Art. 4 Nr. 11, Art. 6 Abs. 1 lit. a, Art. 9 Abs. 2 lit. a, sondern eine (quasi-)vertraglich wirkende Zustimmung i.S.d. § 182 Abs. 1 BGB.[71] Im Urteil zu Fashion ID reichte insoweit, dass Facebook das Social Plugin dem Website-Betreiber zum Zwecke der Einbindung und damit Verarbeitung personenbezogener Daten bereitstellte und der Website-Betreiber durch die Einbindung des Social Plugins in seine Website stillschweigend in die Verarbeitung durch Facebook „einwilligte" (Rn. 41).

Gemeinsame Verantwortlichkeit verlangt keine Gleichrangigkeit der Verantwortlichen. Es genügt jedes „zusammen miteinander"[72], bei dem die gemeinsam Verantwortlichen über Zwecke und Mittel der gemeinsamen Verarbeitungen – wie zuvor beschrieben – entscheiden.[73] Ist dies geschehen sind fortwährend gemeinsame Entscheidungen nicht erforderlich.[74] Ein bloßes Mitwirken an oder mitursächlich sein für eine Verarbeitung reicht damit für das gemeinsame Entscheiden aus.[75] Eines „Konfigurationsrechts" des einen gemeinsam Verantwortlichen wegen der vom anderen gemeinsam Verantwortlichen durchgeführten Verarbeitung bedarf es mit Blick auf Fashion ID (Rn. 36 ff.) nicht.[76] Bereits durch das Mitwirken oder Mitursächlich sein erlangt der gemeinsam Verantwortliche aus Sicht des EuGH den für eine gemeinsame Entscheidung – in Abgrenzung zur Auftragsverarbeitung (Rn. 59 ff.) – erforderlichen, steuernden und kontrollierenden Einfluss auf die Verarbeitungen. 49

d) Phasenweise Betrachtung statt gleichwertiger Verantwortlichkeit. Der EuGH 50
stellt zu Recht fest, dass die Beteiligten bei einer Verarbeitung, verstanden als Vorgangsreihe i.S.d. Art. 4 Nr. 2 oder Verarbeitungstätigkeit i.S.d. Art. 30 Abs. 1,[77] „in verschiedenen Phasen und in unterschiedlichem Ausmaß" einbezogen sein können (Rn. 29). Missverständlich ist es jedoch, wenn der EuGH in Facebook Fanpages davon spricht, dass aus der gemeinsamen Verantwortlichkeit keine „gleichwertige Verantwortlichkeit" folge und der „Grad der Verantwortlichkeit" im Einzelfall zu beurteilen sei (Rn. 29).[78] Gemeint ist damit, dass die gemeinsame Entscheidung nur insoweit zu gemeinsam Verantwortlichen führt, wie die Verarbeitungen innerhalb der Vorgangsreihe oder Verarbeitungstätigkeit von dieser Entscheidung umfasst sind (Rn. 39). Aus-

---

70 Von „gegenseitigem Akzeptieren" spricht die *Datenschutzkonferenz* Kurzpapier Nr. 16, S. 3 (linke Spalte).
71 Zustimmung nennen dies ebenfalls *Spittka/Mantz* NJW 2019, 2742, 2744.
72 *Art.-29-Datenschutzgruppe* WP 169, S. 22.
73 Kooperative Determinierung nennt dies Paal/Pauly-*Martini* Art. 26 Rn. 21.
74 Beispiele bei *Art.-29-Datenschutzgruppe* WP 169, S. 23 ff.
75 Ähnlich *Specht-Riemenschneider/Schneider* MMR 2019, 503, 505; A.A. Paal/Pauly-*Martini* Art. 26 Rn. 19; Taeger/Gabel-*Lang* Art. 26 Rn. 18 (Abstimmung und Zusammenwirken der gemeinsam Verantwortlichen erforderlich); *Art.-29-Datenschutzgruppe* WP 169, 24.
76 Ebenso *Piltz* DSB 2020, 30, 31; anders noch Taeger/Gabel-*Lang* Art. 26 Rn. 24; *Nebel* RDV 2019, 9, 11 (jeweils vor Fashion ID veröffentlicht).
77 Zu den Begriffen *Kremer* CR 2019, 225, 226.
78 Dazu *Bock* K&R 2019, 30, 32; *Spittka/Mantz* NJW 2019, 2742, 2744; Missverständlich auch *Europäischer Datenschutzbeauftragter* Leitlinien zur VO 2018/1725 v. 7.11.2019, S. 25 („Bestimmung des Verantwortungsgrads").

wirken kann sich der „Grad der Verantwortlichkeit" demgegenüber bei der Haftung im Innenregress gemeinsam Verantwortlicher (Rn. 89) und bei Bußgeldern (Rn. 91).

51 Gibt es vorgelagerte oder nachgelagerte Verarbeitungen in einer Vorgangsreihe oder Verarbeitungstätigkeit („Phasen" nennt dies der EuGH), zu denen einer der gemeinsam Verantwortlichen **nicht beigetragen** hat (Rn. 47 ff.), fallen diese „Phasen" aus der gemeinsamen Verantwortlichkeit heraus.[79] Diese beschränkt sich ausschließlich auf diejenige Phase, für die es eine gemeinsame Entscheidung der Beteiligten gibt, wobei für diese Phase jedoch jeder der gemeinsam Verantwortlichen alle Pflichten aus der DS-GVO zu erfüllen hat (Rn. 18). Eine weitergehende, im jeweiligen nationalen Recht vorgesehene zivilrechtliche Haftung bleibt hiervon unberührt, so etwa die Störerhaftung im deutschen Recht gem. §§ 1004, 823 BGB analog (Rn. 39).

52 e) **Gemeinsame Entscheidung über Zwecke und Mittel erforderlich.** Angesichts der EuGH-Entscheidungen genügt es für eine gemeinsame Verantwortlichkeit nicht, wenn sich die gemeinsame Entscheidung entweder auf den Zweck oder die (wesentlichen) Mittel der gemeinsamen Verarbeitung erstreckt.[80] Vielmehr muss die gemeinsame Entscheidung die Zwecke und (wesentlichen) Mittel der Verarbeitung erfassen (Rn. 27 f., 34 f., 38).[81] Allein die Errichtung einer gemeinsamen Infrastruktur als einem Verarbeitungsmittel genügt damit nicht für eine gemeinsame Verantwortlichkeit der Beteiligten.[82] Umgekehrt schließlich eine Nutzung völlig unterschiedlicher Mittel eine gemeinsame Verantwortlichkeit aus.[83] Die Sorge der Art.-29-Datenschutzgruppe, wonach der Anwendungsbereich der gemeinsamen Verantwortlichkeit so auf gleichrangig agierende Akteure beschränkt und die Vielgestaltigkeit der gemeinsamen Verarbeitung im Tatsächlichen[84] unberücksichtigt bleiben könnte, ist angesichts der extensiven Auslegung des gemeinsamen Entscheidens durch den EuGH (Rn. 44 ff.) unbegründet.[85]

53 f) **Abschließende Bewertung der Rechtsprechung des EuGH.** Die vom EuGH vorgenommene Auslegung der gemeinsamen Entscheidung über Zwecke und Mittel der Verarbeitung dient abstrakt dem „umfassenden und wirksamen Schutz der betroffenen Personen". Um dieses Ziel zu erreichen legt der EuGH die Merkmale „entscheiden", „gemeinsam" und „Zwecke der Verarbeitung" extensiv[86] unter Überschreitung der Wortlautgrenze aus und macht so aus dem Datenschutz einen Teilbereich des Ver-

---

79 Zustimmend *Kollmar* NVwZ 2019, 1740, 1741; Anders noch der Autor in der Vorauflage und *Art.-29-Datenschutzgruppe* WP 169, S. 25; *Kühling/Buchner-Hartung* Art. 26 Rn. 13; *Monreal* ZD 2014, 611, 612.
80 So aber noch der Autor in der Vorauflage; a.A. *Taeger/Gabel-Lang* Art. 26 Rn. 20; *Art.-29-Datenschutzgruppe* WP 169, S. 23.
81 Ebenso *Gola-Piltz* Art. 26 Rn. 3; *Plath-Plath* Art. 26 Rn. 4; *Sydow-Ingold* Art. 26 Rn. 4; *Kartheuser/Nabulsi* MMR 2018, 717, 720; wohl auch *Dovas* ZD 2016, 512, 514 f.
82 *Art.-29-Datenschutzgruppe* WP 169, S. 24.
83 *Kremer* CR 2019, 225, 227.
84 *Art.-29-Datenschutzgruppe* WP 169, S. 23, S. 25; *Kühling/Buchner-Hartung* Art. 26 Rn. 13; *Taeger/Gabel-Lang* Art. 26 Rn. 19.
85 Ebenso *Lee/Cross* MMR 2019, 559, 561 f.
86 Ebenso *Jung/Hansch* ZD 2019, 143, 144; *Kremer* CR 2019, 225, 227 f.; „tendenziell weit" nennt die GDD die Auslegung, siehe *GDD e.V.* GDD-Praxishilfe DS-GVO XV, S. 8; kritisch zur Auslegung des EuGH auch *Golland* K&R 2018, 433, 437; *Kartheuser/Nabulsi* MMR 2018, 717, 719; a.A. *Nebel* RDV 2019, 9, 11 („überzeugend und sachgerecht").

braucherschutzes. „Zwecke" werden so zu allgemeinen Zielen der Verarbeitung, das „Entscheiden" zum Beitragen oder Mitwirken an einer fremden Verarbeitung und das „gemeinsam" zu einem stillschweigenden Nebeneinander.[87]

Dieser Uferlosigkeit der gemeinsamen Verantwortlichkeit führt zu erheblichen Rechtsunsicherheiten bei all jenen, die sich vormals, gleich ob berechtigt oder unberechtigt, als allein Verantwortliche oder Auftragsverarbeiter gesehen haben.[88] Von Abgrenzungsschwierigkeiten in der Praxis spricht sogar der EDSB.[89] Denn nunmehr führen nach dem EuGH und in der Folge auch dem BVerwG (Rn. 30) jedes Beitragen oder Gelegenheit verschaffen zu einer fremden Verarbeitung zu gemeinsam Verantwortlichen, wenn die Beteiligten hierdurch gemeinsam ein allgemeines übergeordnetes Ziel verfolgen und zumindest stillschweigend dem Handeln des/der anderen Beteiligten zustimmen. Diese Voraussetzungen werden von nahezu jedem arbeitsteiligen Vorgehen bei der Verarbeitung personenbezogener Daten erfüllt, bei dem keine Weisungsgebundenheit zwischen den Beteiligten besteht (Rn. 59 ff.).[90] 54

Sämtliche Versuche, die Folgen dieser Rechtsprechung zu beschränken, lassen sich mit den zumeist klaren und eindeutigen Aussagen des EuGH nicht in Einklang bringen. Die Notwendigkeit einer Sonderbeziehung zwischen gemeinsam Verantwortlichen liegt zwar nahe, denn Facebook Fanpages und Social Plugins verlangen eine Mitgliedschaft der Nutzer bei Facebook ebenso wie die Verkündigungstätigkeit die Zugehörigkeit der Verkündiger zur Gemeinschaft voraussetzen. Eine Beschränkung lässt sich hiermit aber nicht herleiten, denn jedes arbeitsteilige Vorgehen bei der Verarbeitung wird seinen Ursprung in einer vertraglichen oder gesetzlichen Sonderbeziehung der Beteiligten finden. Es mag auch sein, dass die Entscheidungen der (mittelbaren) Regulierung marktmächtiger, globaler Player der Digitalisierung wie Facebook dienen. Das ist aber angesichts der gleichlaufenden Entscheidung zu den Zeugen Jehovas offensichtlich kein Leitmotiv beim EuGH, welches eine einschränkende Auslegung der Entscheidung begründen könnte. Ebenso setzt eine gemeinsame Verantwortlichkeit nach dem EuGH die Erlangung eines wirtschaftlichen Vorteils beim nur „beitragenden" gemeinsam Verantwortlichen voraus, wie die Entscheidung Zeugen Jehovas belegt.[91] 55

Durch die DS-GVO Verpflichtete, Aufsichtsbehörden und Rechtsprechung werden sich daher in den kommenden Jahren mit der Zuordnung sämtlicher arbeitsteiliger Verarbeitungen intensiv zu befassen haben: Eine erste, rechtskräftige Entscheidung des AG Mannheim zur Tätigkeit von Hausverwalter und Wohnungseigentümergemeinschaft als gemeinsam Verantwortlichen i.S.d. Art. 4 Nr. 7 im Anwendungsbereich von § 27 WEG liegt bereits vor (weitere mögliche Sachverhalte im Praxishinweis Rn. 95).[92] 56

5. Keine Gesellschaftsgründung durch gemeinsam Verantwortliche. Handeln mehrere Beteiligte als gemeinsam Verantwortliche i.S.d. Art. 4 Nr. 7 liegt hierin keine Gründung einer Gesellschaft bürgerlichen Rechts (GbR) in Form einer rechtsfähigen 57

---

87 A.A. und die weite Auslegung ausdrücklich befürwortend *Monreal* CR 2019, 797, 803.
88 Ebenso *Kartheuser/Nabulsi* MMR 2018, 717, 720.
89 *Europäischer Datenschutzbeauftragter* Leitlinien zur VO 2018/1725 v. 7.11.2019, S. 26.
90 Ähnlich kritisch *Lee/Cross* MMR 2019, 559, 562.
91 So unzutreffend *Gerlach* CR 2020, 165, 172.
92 *AG Mannheim* v. 11.9.2019 – 5 C 1733/19 WEG (rechtskräftig).

Außen-GbR.[93] Nicht jedes auf Leistungsaustausch oder Interessenswahrung gerichtete Dauerschuldverhältnis mehrerer Beteiligter ist eine Gesellschaft. Voraussetzung hierfür ist vielmehr, dass neben die vertragliche, ggf. auch nur konkludent begründete Dauerbeziehung der Gesellschafter ein eigener, gemeinsamer Zweck nebst hierauf gerichteter, vornehmlich durch Beitragsleistung zu erfüllender Förderungspflicht der Gesellschafter tritt und die Förderungspflicht sich nicht nach Art und Umfang bereits aus anderen, unabhängig vom Gesellschaftsvertrag zwischen den Beteiligten bestehenden Bindungen ergibt.

58 Bei gemeinsam Verantwortlichen folgt die jeweilige Beteiligung an der Verarbeitung bereits aus der zwischen ihnen bestehenden Leistungsbeziehung (Rn. 20 f.) und die rechtliche Bindung wird durch Abs. 1 S. 1 und Art. 4 Nr. 7 bewirkt, nicht durch eine mit einem Gesellschaftsvertrag darüber hinaus eingegangene Förderpflicht.[94] Ausschließlich in dem seltenen Fall, dass es an einer Leistungsbeziehung fehlt und sich aus der Vereinbarung der gemeinsam Verantwortlichen über Art. 26 Abs. 1 S. 2 hinausgehende Förderpflichten außerhalb des Pflichtenprogramms der DS-GVO ergeben, ist Raum für eine mögliche Gesellschaftsgründung der gemeinsam Verantwortlichen.

II. Abgrenzung zur Auftragsverarbeitung (Art. 28) und unterstellten Personen (Art. 29)

59 Merkmal zur Abgrenzung zwischen gemeinsam Verantwortlichen gem. Abs. 1 S. 1 (Rn. 17 ff.) und Auftragsverarbeitung i.S.v. Art. 28 sowie unterstellten Personen i.S.v. Art. 29 (dazu Art. 29 Rn. 8) ist die Weisungsgebundenheit der Beteiligten im Verhältnis zueinander.[95] Ob die Parteien einen Vertrag i.S.d. Art. 28 Abs. 3 abgeschlossen haben oder eine Vereinbarung i.S.d. Abs. 1 S. 2 eingegangen sind (Rn. 68) ist bedeutungslos für die Abgrenzung.[96]

60 Während bei gemeinsam Verantwortlichen jeder Beteiligte zur Entscheidung über Zwecke und Mittel der Verarbeitung beiträgt (Rn. 22 ff.), legt bei der Auftragsverarbeitung oder ihm unterstellten Personen der Verantwortliche allein Zwecke und (wesentliche) Mittel der Verarbeitung fest und gibt dem Auftragsverarbeiter oder seinen unterstellten Personen weisungsgebunden die von ihm oder ihnen vorzunehmenden Verarbeitungen vor (zur Weisungsgebundenheit Art. 29 Rn. 6, Rn. 13).[97] Mithin fehlt es dem Auftragsverarbeiter und den dem Verantwortlichen unterstellten Personen an der Verfügungs- und Entscheidungsgewalt über die Zwecke und wesentlichen Mittel der Verarbeitung, welche für gemeinsam Verantwortliche nach Abs. 1 S. 1 kennzeichnend ist.[98]

---

93 Ausführlich *Kremer* CR 2019, 225, 231 f.
94 Ebenso *Monreal* CR 2019, 797, 806.
95 Checklisten zur Abgrenzung bei *Europäischer Datenschutzbeauftragter* Leitlinien zur VO 2018/1725 v. 7.11.2019, S. 14, 22, außerdem Grafik in Anhang 1 auf S. 36; weitere Checklisten vom *Information Commissioner,s Office* Guide to the General Data Protection Regulation (GDPR), S. 14 ff., angelehnt hieran Checklisten und Schaubild bei *GDD e.V.* GDD-Praxishilfe DS-GVO XV, S. 23 ff.; Indizien für gemeinsame Verantwortlichkeit bei *Kremer* CR 2019, 225, 228.
96 *Kremer* CR 2019, 225, 227.
97 Ebenso Kühling/Buchner-*Hartung* Art. 26 Rn. 12; Taeger/Gabel-*Lang* Art. 26 Rn. 25; *GDD e.V.* GDD-Praxishilfe DS-GVO XV, S. 9.
98 *Kremer* CR 2019, 225, 229.

Fehlt es im Zusammenwirken mehrerer Beteiligter sowohl an Beiträgen zur gemeinsamen Entscheidung als auch an der Weisungsgebundenheit, ist jeder Beteiligte allein Verantwortlicher i.S.v. Art. 4 Nr. 7 (dazu Art. 4 Rn. 139 ff.). Der Weisungsgebundenheit des Auftragsverarbeiters steht es jedoch nicht entgegen, dass der Verantwortliche ihm ggf. einen Entscheidungsspielraum bezogen auf einzelne Mittel der Verarbeitung und deren Auswahl oder Konfiguration einräumt, solange sich der Auftragsverarbeiter wegen der Verarbeitung personenbezogener Daten mit den von ihm ausgewählten Mitteln uneingeschränkt der Weisungen des Verantwortlichen unterwirft (ausführlich Art. 28 Rn. 41). Die Grenze zur eigenen Verantwortlichkeit des Auftragsverarbeiters wird jedoch überschritten, wenn dieser wesentliche Entscheidungen etwa über den Zugang zu personenbezogenen Daten, deren Aufbewahrung oder gar die Verarbeitung zu eigenen Zwecken trifft.[99]   **61**

Möglich ist eine Auftragsverarbeitung mit gemeinsamen Verantwortlichen als Auftraggebern. Nicht erforderlich ist hierfür, dass der Auftrag i.S.v. Art. 28 Abs. 1 (dazu Art. 28 Rn. 89 ff.) durch alle Verantwortlichen gemeinsam erteilt wird.[100] Es genügt, wenn einer der gemeinsam Verantwortlichen i.S.v. Abs. 1 S. 1 den Auftrag erteilt und im Verhältnis zu diesem Verantwortlichen der Vertrag oder das andere Rechtsinstrument i.S.v. Art. 28 Abs. 3 (dazu Art. 28 Rn. 93 ff.) besteht. Die Weisungsgebundenheit des Auftragsverarbeiters auch gegenüber den anderen gemeinsam Verantwortlichen ist in diesem Vertrag oder anderem Rechtsinstrument festzulegen. Alternativ kann in der Vereinbarung i.S.v. Abs. 1 S. 2 (Rn. 68) festgehalten werden, dass Weisungen der anderen gemeinsam Verantwortlichen an den Auftragsverarbeiter durch den vertragshaltenden Verantwortlichen auszuführen sind, sofern das Weisungsrecht nicht in der Vereinbarung vollständig an einen gemeinsam Verantwortlichen delegiert wird. Anderenfalls fehlt es wegen der vom Auftragsverarbeiter für die Verarbeitung eingesetzten Mittel an der Mitentscheidung der anderen Verantwortlichen.   **62**

III. Keine Privilegierung der Offenlegung zwischen gemeinsam Verantwortlichen

Die Kenntniserlangung personenbezogener Daten durch andere gemeinsam Verantwortliche ist eine Verarbeitung i.S.d. Art. 4 Nr. 2 (dazu Art. 28 Rn. 63) in Form der Offenlegung (zum Begriff Art. 4 Rn. 193 ff.). Art. 26 und Art. 4 Nr. 7 ff. treffen keine Aussage darüber, ob die Offenlegung personenbezogener Daten im Verhältnis der gemeinsam Verantwortlichen zueinander einer Rechtfertigung i.S.d. Art. 6 bedarf.[101] Ebenso wie bei der Auftragsverarbeitung (dazu Art. 28 Rn. 65) stellt sich daher die Frage, ob bei gemeinsam Verantwortlichen von einer Privilegierung der Offenlegung auszugehen ist.   **63**

Ein allein Verantwortlicher ist im Verhältnis zu einem anderen allein Verantwortlichen ein Dritter i.S.d. Art. 4 Nr. 10, da der andere allein Verantwortliche eben nicht „der Verantwortliche" ist, wie es Art. 4 Nr. 10 formuliert (zum Dritten ausführlich Art. 4 Rn. 199 ff.). Hieraus folgt die Erlaubnispflichtigkeit der Offenlegung personenbezogener Daten des einen allein personenbezogene Daten verarbeitenden Verant-   **64**

---

99 Kühling/Buchner-*Hartung* Art. 28 Rn. 43.
100 Ebenso Taeger/Gabel-*Lang* Art. 26 Rn. 26; *Europäischer Datenschutzbeauftragter* Leitlinien zur VO 2018/1725 v. 7.11.2019, S. 30.
101 Ebenso Taeger/Gabel-*Lang* Art. 26 Rn. 54.

wortlichen gegenüber dem anderen ebenfalls allein personenbezogene Daten verarbeitenden Verantwortlichen.[102]

65 Offen lässt Art. 4 Nr. 10 aber, ob der gemeinsam Verantwortliche ebenfalls eine „natürliche oder juristische Person [...] außer [...] dem Verantwortlichen", mithin ein Dritter ist. Sprachlich ist Art. 4 Nr. 10 eindeutig: Es heißt dort außer „dem Verantwortlichen", nicht außer „den Verantwortlichen" oder außer „den gemeinsam Verantwortlichen". Hinzu kommt, dass jeder gemeinsam Verantwortliche zunächst selbstständig alle Pflichten aus der DS-GVO zu erfüllen hat, also die DS-GVO dem einen gemeinsam Verantwortlichen die Erfüllung einer Pflicht durch einen anderen gemeinsam Verantwortlichen nur dann zurechnet, wenn dies Folge der Vereinbarung der gemeinsam Verantwortlichen ist (Rn. 18). Wenn Dritter gem. Art. 4 Nr. 10 jeder ist, der nicht i.S.d. Art. 29 unter der unmittelbaren Verantwortung des Verantwortlichen oder des Auftragsverarbeiters zur Verarbeitung personenbezogener Daten befugt ist, also außerhalb des Lagers des Verantwortlichen steht,[103] fällt darunter auch der gemeinsam Verantwortliche.[104]

66 Beim Auftragsverarbeiter ist insbesondere aus seiner fehlenden Stellung als Dritter im Verhältnis zum Verantwortlichen abzuleiten, dass es für die Offenlegung personenbezogener Daten durch den Verantwortlichen gegenüber dem Auftragsverarbeiter keiner gesonderten Erlaubnis mehr bedarf, wenn es zwischen Verantwortlichem und Auftragsverarbeiter als Empfänger i.S.d. Art. 4 Nr. 9 einen Vertrag oder ein anderes Rechtsinstrument gibt und damit den Anforderungen aus Art. 28 Abs. 3 entsprochen wird (dazu Art. 28 Rn. 58 ff.). Eine solche Privilegierung der Offenlegung scheidet demgegenüber im Verhältnis der gemeinsam Verantwortlichen untereinander aus.[105] Finden die gemeinsam Verantwortlichen für die in ihrem Verhältnis zueinander erfolgende Offenlegung keine, ggf. für mehrere gemeinsam Verantwortliche auch unterschiedliche Erlaubnis, ist diese rechtswidrig.[106]

67 Über die Vereinbarung gem. Abs. 1 S. 2 (dazu Rn. 68) erlangen die gemeinsam Verantwortlichen gerade keine Kontrolle übereinander, anders als der Verantwortliche über den Auftragsverarbeiter mit dem Vertrag oder anderen Rechtsinstrument gem. Art. 28 Abs. 3. Denn Art. 26 dient mit seiner Ordnungsfunktion ausschließlich der Pflichtenzuordnung im Verhältnis der gemeinsam Verantwortlichen zueinander, ohne deren selbstständige Verantwortlichkeit i.S.d. Art. 4 Nr. 7 in Frage zu stellen (Rn. 1, 18). Zu diesem Ergebnis gelangt auch der EuGH, wenn er verlangt, dass die in gemeinsamer

---

102 Kühling/Buchner-*Hartung* Art. 4 Nr. 10 Rn. 5.
103 So *Kremer* CR 2019, 225, 226.
104 Anders noch der Autor in der Vorauflage von CR 2019, 225, 231, wonach der gemeinsam Verantwortliche nicht Dritter i.S.d. Art. 4 Nr. 10, sondern Empfänger i.S.d. Art. 4 Nr. 9 sein sollte; a.A. noch Taeger/Gabel-*Lang* Art. 26 Rn. 56.
105 Anders noch der Autor in der Vorauflage unter Bejahung einer Privilegierungswirkung, ebenso in CR 2019, 225, 231.
106 Im Ergebnis ebenso u.a. *Datenschutzkonferenz* Positionierung zur Verantwortlichkeit und Rechenschaftspflicht bei Facebook- Fanpages sowie der aufsichtsbehördlichen Zuständigkeit v. 1.4.2019, S. 2; Kühling/Buchner-*Hartung* Art. 26 Rn. 27; *Monreal* CR 2019, 797, 805; *Kollmar* NVwZ 2019, 1740, 1742; *Dovas* ZD 2016, 512, 515; *Schwartmann* OdW 2020, 15, 18; *Lachenmann* Datenübermittlung im Konzern, zum BDSG a.F. S. 319 f.; zur DS-GVO S. 338; *GDD e.V.* GDD-Praxishilfe DS-GVO XV, S. 11; a.A. Taeger/Gabel-*Lang* Art. 26 Rn. 53, 57 (kein entsprechender Schutzbedarf gegeben); Gola-*Piltz* Art. 26 Rn. 8.

Verantwortlichkeit vorgenommenen Verarbeitungen für jeden Einzelnen der gemeinsam Verantwortlichen gerechtfertigt sein müssen (Rn. 42).[107]

IV. Vereinbarung zwischen gemeinsam Verantwortlichen

1. Zwingende Vereinbarung (Abs. 1 S. 2). Abs. 1 S. 2 verpflichtet die gemeinsam Verantwortlichen zum Abschluss einer Vereinbarung mit den sich aus Abs. 1 S. 2, Abs. 2 ergebenden Mindestinhalten (Rn. 76 ff.). Fehlt es an der Vereinbarung, bleiben die Beteiligten beim Vorliegen der Voraussetzungen gleichwohl gemeinsam Verantwortliche und müssen jeder für sich sämtliche sich aus der DS-GVO ergebenden Pflichten erfüllen (Rn. 18). Die Vereinbarung hat deklaratorische, nicht konstitutive Wirkung.[108] Eine fehlende oder unvollständige Vereinbarung ist ein sanktionierter Verstoß gegen diese Pflichten (Rn. 90). Umgekehrt führt die Vereinbarung zur Bindung der gemeinsam Verantwortlichen an die dort getroffenen Festlegungen wegen der gemeinsamen Verarbeitung, die im Verhältnis der gemeinsam Verantwortlichen zueinander sowie gegenüber den betroffenen Personen und Aufsichtsbehörden.[109] Die gemeinsam Verantwortlichen müssen wechselseitig die für den Abschluss der Vereinbarung erforderlichen Informationen bereitstellen.[110] Verweigert ein gemeinsam Verantwortlicher dies oder wirkt sonst nicht am Abschluss der Vereinbarung mit, verletzt er seine Pflicht aus Art. 26 Abs. 1 S. 2 mit dem Risiko einer vollständigen Haftung im Innenregress gem. Art. 82 Abs. 5 (Rn. 89).

68

Das Fehlen der Vereinbarung lässt die Rechtmäßigkeit der Verarbeitung im Übrigen unberührt.[111] Liegt eine Erlaubnis für die Verarbeitung gem. Art. 6 ff. vor, führt das Fehlen der Vereinbarung i.S.d. Abs. 1 S. 2 ausschließlich zu einem formalen Verstoß gem. Art. 83 Abs. 4, jedoch nicht zu einem materiellen Verstoß gem. Art. 83 Abs. 5 (Rn. 91). Anders ist dies bei Verarbeitungen auf Grundlage einer Interessensabwägung gem. Art. 6 Abs. 1 lit. f.: eine Verarbeitung durch gemeinsam Verantwortlichen ohne Vorliegen der Vereinbarung i.S.d. Abs. 1 S. 2 wird regelmäßig zu überwiegenden schutzwürdigen Interessen der betroffenen Personen führen. Ebenso bedarf eine einwilligungsbasierte, gemeinsame Verarbeitung gem. Art. 6 Abs. 1 lit. a, Art. 9 Abs. 2 lit. a, Art. 4 Nr. 11, Art. 7 der Nennung derjenigen gemeinsam Verantwortlichen in der Einwilligung, die Zugang zu den personenbezogenen Daten haben (Rn. 44 f.).[112]

69

2. Kein Vertrag erforderlich. Anders als die Auftragsverarbeitung gem. Art. 28 Abs. 3 S. 1 verlangt Abs. 1 S. 2 keinen Vertrag (dazu Art. 28 Rn. 96), sondern lässt eine Vereinbarung genügen.[113] Ein wechselseitig die Beteiligten verpflichtendes Rechtsge-

70

---

107 *EuGH* v. 29.7.2019 – C 40/17, ECLI:EU:C:2019:629, Fashion ID Rn. 96; dazu *Schwartmann* OdW 2020, 15, 17.
108 Gola-*Piltz* Art. 26 Rn. 27; Kühling/Buchner-*Hartung* Art. 26 Rn. 20; Paal/Pauly-*Martini* Art. 26 Rn. 22; *Schwartmann* OdW 2020, 15, 20; *Golland* K&R 2018, 433, 434; auch ein Vertrag zur getrennten Verantwortung hat keine konstitutive Wirkung, so aber *Strauß/Schreiner* DSB 2019, 96, 97.
109 Taeger/Gabel-*Lang* Art. 26 Rn. 50.
110 Ausführlich *Specht-Riemenschneider/Schneider* MMR 2019, 503, 506 f.
111 Ebenso *GDD e.V.* GDD-Praxishilfe DS-GVO XV, S. 12.
112 Ähnlich *Datenschutzkonferenz* Orientierungshilfe der Aufsichtsbehörden für Anbieter von Telemedien, S. 9; *Monreal* CR 2019, 797, 805.
113 Ungenau daher *Härting/Gössling* NRW 2018, 2523, 2525.

schäft ist damit nicht für Abs. 1 S. 2 nicht erforderlich. Es genügt jede andere Übereinkunft, die den Anforderungen aus Abs. 1 S. 2, Abs. 2 entspricht.

71 Denkbar sind insbesondere einseitig von einem Beteiligten vorgegebene Richtlinien, denen sich die anderen Beteiligten durch Leisten ihres Beitrags zur Verarbeitung (z.B. Nutzung eines Plugins, Rn. 47 ff.) tatsächlich unterwerfen. In Betracht kommen auch Absichtserklärungen,[114] soweit wegen der Festlegungen gem. Abs. 1 S. 2, Abs. 2 verbindlich, die Integration der Festlegungen in den Hauptleistungsvertrag der Beteiligten („Leistungsvereinbarung") sowie die Festlegung über Allgemeine Geschäftsbedingungen oder Nutzungsbedingungen[115].

72 **3. Form der Vereinbarung und der zur Verfügung zu stellenden Inhalte.** Eine Form sieht Art. 26 für die Vereinbarung nicht vor, sodass sie auch mündlich von gemeinsam Verantwortlichen getroffen werden kann. Der mündliche Abschluss der Vereinbarung entbindet die gemeinsam Verantwortlichen jedoch nicht von der Rechenschaftspflicht gem. Art. 5 Abs. 2 (dazu Art. 5 Rn. 80 ff.) sowie von der Pflicht aus Abs. 2 S. 2, das Wesentliche der Vereinbarung den betroffenen Personen zur Verfügung zu stellen. Es empfiehlt sich deshalb, eine Abfassung schriftlich oder in einem elektronischen Format entsprechend Art 28 Abs. 9 (Praxishinweis Rn. 97) zu erstellen.

73 Auch für das zur „Verfügungstellen des Wesentlichen der Vereinbarung" gem. Abs. 2 S. 2 legt Art. 26 keine Form fest. Wegen der Informationspflichten aus Art. 13 Abs. 1 lit. a, c und e bzw. Art. 14 Abs. 1 lit. a, c und e, die sich mit der Pflicht aus Abs. 2 S. 2 überschneiden (dazu Art. 13 Rn. 34 ff. und Art. 14 Rn. 41 ff.), sowie dem mit Art. 26 bezweckten Schutz der betroffenen Personen (Rn. 1) ist ein flüchtiges Vorhalten mit dem Wortlaut „zur Verfügung stellen" nicht vereinbar. Art. 12 Abs. 1 S. 2 ist deshalb entsprechend auf Abs. 2 S. 2 anzuwenden, sodass Schriftlichkeit oder ein anderes, insbesondere elektronisches Format für Abs. 2 S. 2 erforderlich ist.[116] Hierfür ist jedwede für die betroffene Person leicht zugängliche (dazu Art. 12 Rn. 28) Verkörperung des Erklärungsinhalts genügend (ausführlich Art. 27 Rn. 35).[117] Das Wesentliche der Vereinbarung gem. Abs. 2 S. 2 kann deshalb insbesondere als Annex zu den Informationen gem. Art. 13, 14 zur Verfügung gestellt werden.[118]

74 **4. Transparenz der Vereinbarung.** Nach Abs. 1 S. 2 ist die Vereinbarung in „transparenter Form" festzulegen, was Voraussetzung für die Wirksamkeit der Vereinbarung ist.[119] Die „transparente Form" ist wie bei Art. 12 Abs. 1 S. 1 gegeben, wenn der Inhalt an sich erkennbar ist und wesentliche Aussagen nicht verschleiert werden (siehe Art. 4 Rn. 44). Einer weitergehenden, besonderen Verständlichkeit, Präzision oder klaren und einfachen Sprache i.S.v. Art. 12 Abs. 1 S. 1 (dazu Art. 12 Rn. 24 f., 29) bedarf es

---

114 Zu diesem Beispiel *Europäischer Datenschutzbeauftragter* Leitlinien zur VO 2018/1725 v. 7.11.2019, S. 31.
115 Dazu *GDD e.V.* GDD-Praxishilfe DS-GVO XV, S. 12.
116 Weitergehend auch für die Anwendbarkeit von Art. 12 Abs. 1 S. 1 *Schreiber* ZD 2019, 55, 56.
117 Ebenso Paal/Pauly-*Martini* Art. 26 Rn. 34 f.; Gola-*Piltz* Art. 26 Rn. 21.
118 Ebenso *Europäischer Datenschutzbeauftragter* Leitlinien zur VO 2018/1725 v. 7.11.2019, S. 33; *GDD e.V.* GDD-Praxishilfe DS-GVO XV, S. 12.
119 Taeger/Gabel-*Lang* Art. 26 Rn. 39; *Specht-Riemenschneider/Schneider* MMR 2019, 503, 505.

nicht.[120] Hätte der Gesetzgeber dies gewollt, hätte er in Abs. 1 S. 2 oder Abs. 2 S. 2 einen Verweis auf Art. 12 Abs. 1 S. 1 aufnehmen können, was jedoch nicht geschehen ist.

5. Inhalte der Vereinbarung. Die Mindestinhalte der von den gemeinsam Verantwortlichen zwingend (Rn. 68) abzuschließenden Vereinbarung ergeben sich aus Abs. 1 S. 2 und Abs. 2. Optional erlaubt Abs. 1 S. 3 die Festlegung einer Anlaufstelle für die betroffenen Personen.[121] Zum Praxishinweis siehe Rn. 97 ff. 75

a) Festlegung der Verpflichtungen der gemeinsam Verantwortlichen (Abs. 2 S. 1). Abs. 1 S. 2 verlangt, dass die gemeinsam Verantwortlichen in der Vereinbarung selbstständig festlegen, wer von ihnen welche Verpflichtung gem. der DS-GVO bezogen auf die gemeinsamen Verarbeitungen (Rn. 17 ff.) erfüllt. Nur exemplarisch aufgeführt von Abs. 2 S. 1 werden die Pflichten im Zusammenhang mit der Wahrnehmung der Rechte der betroffenen Personen aus Art. 15 ff. und im Zusammenhang mit der Erfüllung der Informationspflichten aus Art. 13 und Art. 14. 76

Zulässig ist die Festlegung, dass jeder gemeinsam Verantwortliche sämtliche Pflichten aus der DS-GVO erfüllt, so wie es auch ohne Vereinbarung gem. Abs. 1 S. 2 wäre. Ebenfalls zulässig ist die Zuweisung der Erfüllung sämtlicher Pflichten an einen der gemeinsam Verantwortlichen, solange Abs. 3 wegen der Geltendmachung von Rechten betroffener Personen beachtet wird (Rn. 84). Dazwischen ist jede andere Pflichtenverteilung denkbar, solange am Ende nur für die gemeinsame Verarbeitung alle Pflichten aus der DS-GVO abgedeckt sind.[122] 77

Der Gestaltungsfreiheit der gemeinsam Verantwortlichen sind nach Abs. 1 S. 2 dort Grenzen gesetzt, wo die jeweiligen Aufgaben der gemeinsam Verantwortlichen nach Art oder Umfang durch Rechtsvorschriften der Union oder der Mitgliedstaaten festgelegt sind, denen der jeweilige Verantwortliche unterfällt. Derart zwingende Pflichtzuweisungen können durch eine Vereinbarung nach Abs. 1 S. 2 nicht außer Kraft gesetzt werden; Zuwiderhandlungen wären sanktionierbar (Rn. 90 f.). Bislang hat der deutsche Gesetzgeber von dieser Befugnis Gebrauch gemacht. 78

b) Widerspiegeln der tatsächlichen Funktionen und Beziehungen (Abs. 2 S. 1). Abs. 2 S. 1 knüpft an die Vielgestaltigkeit der gemeinsamen Verantwortlichkeit an (Rn. 17 ff.) und verlangt, dass die Vereinbarung die jeweiligen tatsächlichen Funktionen und Beziehungen der gemeinsam Verantwortlichen gegenüber betroffenen Personen gebührend widerspiegelt. **Gebührend** meint eine der Verarbeitung angemessene Dokumentation, die der Anzahl der gemeinsam Verantwortlichen, der Komplexität der gemeinsamen Verarbeitung sowie den damit einhergehenden Risiken für die 79

---

120 A.A. Kühling/Buchner-*Hartung* Art. 26 Rn. 20; Paal/Pauly-*Martini* Art. 26 Rn. 25; Taeger/Gabel-*Lang* Art. 26 Rn. 37.
121 Checkliste zur Vereinbarung vom bitkom, abrufbar unter https://www.bitkom.org/NP-Themen/NP-Vertrauen-Sicherheit/Datenschutz/EU-DSG/170515-Joint-Controllership-online.pdf; Mustervertrag des Landesbeauftragten für Datenschutz und Informationsfreiheit Baden-Württemberg abrufbar unter https://www.baden-wuerttemberg.datenschutz.de/moeglichst-gemeinsame-verantwortlichkeit-sinnvoll-gestalten/; Gestaltungshinweise bei *GDD e.V.* GDD-Praxishilfe DS-GVO XV, S. 16 ff.; Mustervertrag mit Erläuterungen bei *Härting* ITRB 2018, 167, 169 f.; Gliederungsvorschlag bei *Schreiber* ZD 2019, 55, 57.
122 Ebenso *Europäischer Datenschutzbeauftragter* Leitlinien zur VO 2018/1725 v. 7.11.2019, S. 29 f.

Rechte und Freiheiten der betroffenen Personen Rechnung trägt. Vollständigkeit ist nicht der von der Vereinbarung zu erfüllende Maßstab.[123]

80 Die Vereinbarung muss zu dem vorgenannten Zweck transparent machen (Rn. 74), welche Verantwortlichen an welchen gemeinsamen Verarbeitungen (Rn. 76) beteiligt sind, sodann wer von den gemeinsam Verantwortlichen diese Verarbeitungen ausführt.[124] Zudem ist festzuhalten, woraus sich die gemeinsame Verantwortlichkeit ergibt, also welche Entscheidung zu Zwecken und Mitteln der Verarbeitung (Rn. 22 ff.) gemeinsam von den Verantwortlichen getroffen wurde (Praxishinweis Rn. 97).

81 **c) Optionale Angabe einer Anlaufstelle (Abs. 1 S. 3) und Rechte betroffener Personen (Abs. 3).** Gemäß Abs. 1 S. 3 können gemeinsam Verantwortliche in der Vereinbarung optional eine Anlaufstelle für die betroffenen Personen angeben. Die Anlaufstelle kann einer der gemeinsam Verantwortlichen sein oder sein Vertreter nach Art. 27, wenn der gemeinsam Verantwortliche nicht in einem Mitgliedstaat niedergelassen ist.[125] Dem Vertreter kommt wegen Art. 27 Abs. 4 ohnehin die Funktion einer Anlaufstelle für betroffene Personen zu (dazu Art. 27 Rn. 55 ff.). Ein Dritter i.S.d. Art. 4 Nr. 10 scheidet demgegenüber als Anlaufstelle aus.[126]

82 Die Aufgabe einer Anlaufstelle ist die eines Ansprechpartners. Gleich einem Empfangs- und Erklärungsboten steht der als Anlaufstelle fungierende, gemeinsam Verantwortliche Rede und Antwort für alle gemeinsame Verarbeitung berührenden Fragen betroffener Personen. Die Anlaufstelle kanalisiert und koordiniert die Kommunikation zwischen den gemeinsam Verantwortlichen auf der einen und den betroffenen Personen auf der anderen Seite, was insbesondere bei einer Vielzahl gemeinsam Verantwortlicher von Vorteil ist.[127] Eine Befugnis zu Erklärungen mit Wirkung für oder gegen alle gemeinsam Verantwortlichen ist damit ebenso wie beim Vertreter gem. Art. 27 (dazu Art. 27 Rn. 61) nicht verbunden. Auch ergibt sich aus der Tätigkeit als Anlaufstelle keine Zustellungsbevollmächtigung in gerichtlichen Verfahren.[128] Zur Geltendmachung von Rechten betroffener Personen Rn. 84 ff.

83 **6. Zur Verfügungstellen des Wesentlichen der Vereinbarung (Abs. 2 S. 2).** Gemäß Abs. 2 S. 2 wird das Wesentliche der Vereinbarung der betroffenen Person zur Verfügung gestellt. Ein Bereitstellen ausschließlich auf Verlangen der betroffenen Person genügt nicht.[129] Zur Ermittlung des durch die DS-GVO nicht näher definierten Wesentlichem der Vereinbarung ist auf die Sicht der betroffenen Person abzustellen. Wesentlich ist demnach, was für die betroffene Person über die von Abs. 2 S. 2 unberührt bleibenden Informationspflichten gem. Art. 13, Art. 14 hinaus für die Geltendmachung ihrer Rechte gegenüber den gemeinsam Verantwortlichen von Bedeutung

---

123 Ähnlich Taeger/Gabel-*Lang* Art. 26 Rn. 38.
124 Kühling/Buchner-*Hartung* Art. 26 Rn. 22.
125 Anders wohl Paal/Pauly-*Martini* Art. 26 Rn. 29.
126 So aber Taeger/Gabel-*Lang* Art. 26 Rn. 34.
127 Paal/Pauly-*Martini* Art. 26 Rn. 28.
128 Ebenso Taeger/Gabel-*Lang* Art. 26 Rn. 34.
129 *Specht-Riemenschneider/Schneider* MMR 2019, 503, 506.

ist.[130] Dies gilt insbesondere für die Festlegungen nach lit. a–g und o wegen der gemeinsamen Verarbeitung, soweit nicht bereits durch die Informationspflichten gem. Art. 13, 14 abgedeckt.[131] Nicht zur Verfügung zu stellen sind Informationen zum Innenverhältnis der gemeinsam Verarbeitung, da dies nicht die tatsächlichen Funktionen und Beziehungen der gemeinsam Verantwortlichen gegenüber betroffenen Personen i.S.d. Abs. 2 S. 2 betrifft.[132] Zur Form Rn. 72 ff.

V. Geltendmachung von Rechten betroffener Personen (Abs. 3)

Abs. 3 ermächtigt die betroffene Person, ungeachtet der Festlegungen der gemeinsam Verantwortlichen gem. Abs. 1 S. 2 und S. 3, bei und gegenüber jedem einzelnen der gemeinsam Verantwortlichen i.S.v. Abs. 1 S. 1 (Rn. 17) insgesamt geltend zu machen. Diese Berechtigung kann weder durch die Angabe einer Anlaufstelle i.S.v. Abs. 1 S. 3 (Rn. 81 f.)[133] noch durch das zur Verfügung stellen des Wesentlichen der Vereinbarung i.S.v. Abs. 2 S. 2 (Rn. 83) mit Festlegungen zur Pflichtenverteilung der gemeinsam Verantwortlichen unterlaufen werden. Solche Festlegungen wirken insoweit nur im Innenverhältnis der gemeinsam Verantwortlichen.

84

Ausweislich des Wortlauts können sich Aufsichtsbehörden nicht auf Abs. 3 berufen.[134] Gibt es in der Vereinbarung nach Abs. 1 S. 2 eine abweichende Festlegung bezogen auf die Pflichtenverteilung der gemeinsam Verantwortlichen gegenüber den Aufsichtsbehörden, etwa durch Festlegung einer Hauptniederlassung für die gemeinsam Verantwortlichen (Rn. 11), zur Meldung von Verletzungen des Schutzes personenbezogener Daten an die Aufsichtsbehörde gem. Art. 33 oder zur Durchführung der DSFA gem. Art. 35 (weitere denkbare Festlegungen Praxishinweis Rn. 97), ist dies für die Aufsichtsbehörde verbindlich.[135] ErwG 79 bestätigt das, wonach die mit Art. 26 bezweckte klare Zuteilung von Verantwortlichkeiten bei gemeinsam Verantwortlichen (Rn. 1) auch mit Blick auf die „Überwachungs- und sonstigen Maßnahmen von Aufsichtsbehörden" gewollt ist (zu ErwG 79 Rn. 2).

85

Macht die betroffene Person bei oder gegenüber einem nach der Pflichtenverteilung im Innenverhältnis (Rn. 76 ff.) unzuständigen gemeinsam Verantwortlichen ihre Rechte geltend, kann dieser die Erledigung vollständig an den nach der Vereinbarung gem. Abs. 1 S. 2 zuständigen gemeinsam Verantwortlichen übertragen.[136] Im Außenverhältnis bleibt gleichwohl der in Anspruch genommene gemeinsam Verantwortliche gegenüber der betroffenen Person in der Haftung und steht für das verordnungskonforme Handeln auch der anderen gemeinsam Verantwortlichen ein (Rn. 20). Ein

86

---

130 Ähnlich Gola-*Piltz* Art. 26 Rn. 21; Taeger/Gabel-*Lang* Art. 26 Rn. 44; *Dovas* ZD 2016, 512, 515.
131 Muster des Landesbeauftragten für Datenschutz und Informationsfreiheit Baden-Württemberg, abrufbar unter https://www.baden-wuerttemberg.datenschutz.de/mehr-licht-gemeinsame-verantwortlichkeit-sinnvoll-gestalten/; Gestaltungshinweise bei *GDD e.V.* GDD-Praxishilfe DS-GVO XV, S. 18.
132 Taeger/Gabel-*Lang* Art. 26 Rn. 46.
133 *Dovas* ZD 512, 515 f.; Laue/Kremer-*Laue* Das neue Datenschutzrecht in der betrieblichen Praxis, § 1 Rn. 60; Paal/Pauly-*Martini* Art. 26 Rn. 33.
134 Sydow-*Ingold* Art. 26 Rn. 10; Taeger/Gabel-*Lang* Art. 26 Rn. 52.
135 Für gleichwohl bestehendes Auswahlermessen der Aufsichtsbehörde *Kranenberg* ITRB 2019, 229, 232.
136 Gola-*Piltz* Art. 26 Rn. 25.

Anspruch auf ein Handeln durch den von der betroffenen Person angegangenen, gemeinsam Verantwortlichen besteht jedoch nicht, da Abs. 3 keine höchstpersönliche Leistungspflicht statuiert.[137]

VI. Haftung der gemeinsam Verantwortlichen

87 Abs. 3 wirkt sich auch auf die Haftung der gemeinsam Verantwortlichen im Außenverhältnis aus.[138] Bereits Art. 82 Abs. 2, 4 legen fest, dass bei einer Beteiligung mehrerer Verantwortlicher an derselben Verarbeitung jeder für den gesamten Schaden haftet, der sich aus einer nicht verordnungskonformen Verarbeitung ergibt (dazu Art. 82 Rn. 35). Diese gesamtschuldnerische Haftung wird durch Abs. 3 auf alle Ansprüche gegen die gemeinsam Verantwortlichen ausgedehnt.[139] Dies gilt insbesondere für Beschwerden und Klagen der betroffenen Person nach Art. 79 i.V.m. § 44 Abs. 1, Abs. 2 BDSG (dazu Art. 79). Allerdings endet die gesamtschuldnerische Haftung der gemeinsam Verantwortlichen dort, wo die gemeinsame Verantwortlichkeit endet; für vor- oder nachgelagerte „Phasen" der Verarbeitung (Rn. 50 f.) gibt es keine gesamtschuldnerische Haftung.[140]

88 Über die Vereinbarung gem. Abs. 1 S. 2, Abs. 2 (Rn. 68 ff.) kann ein gemeinsam Verantwortlicher ggf. den Nachweis gem. Art. 82 Abs. 3 führen, wonach „er in keinerlei Hinsicht für den Umstand, durch den der Schaden eingetreten ist, verantwortlich ist".[141] Voraussetzung hierfür ist, dass wegen des schadensauslösenden Ereignisses nach der Vereinbarung die Pflichtenverteilung nicht zu dem in Anspruch genommenen gemeinsam Verantwortlichen führt, sondern zu einem anderen gemeinsam Verantwortlichen. Ist dies nicht der Fall bleibt jeder gemeinsam Verantwortliche im Außenverhältnis für die Erfüllung aller Pflichten aus der DS-GVO wegen der gemeinsamen Verarbeitung verantwortlich (Rn. 19).

89 Ebenso wirkt die Vereinbarung im Innenverhältnis der gemeinsam Verantwortlichen beim Gesamtschuldnerausgleich gem. Art. 82 Abs. 5. Macht einer der gemeinsam Verantwortlichen zur Beschränkung seiner Haftung hierbei Umstände geltend, die den Festlegungen in der Vereinbarung zuwiderlaufen, trägt er hierfür die Darlegungs- und Beweislast.[142] Im Übrigen verteilt sich die Haftung gemeinsam Verantwortlicher im Innenverhältnis im Rahmen des durch die gemeinsame Verantwortlichkeit begründeten, gesetzlichen Schuldverhältnisses[143] nach dem „Grad ihrer Verantwortlichkeit" (Rn. 49), also ihrem jeweiligen Beitrag zur gemeinsamen Verarbeitung (Rn. 47 ff.).[144]

---

137 Ebenso Taeger/Gabel-*Lang* Art. 26 Rn. 51.
138 Zum Gerichtsstand für Ansprüche betroffener Personen und der gemeinsam Verantwortlichen untereinander ausführlich *Specht-Riemenschneider/Schneider* MMR 2019, 503, 507 f.
139 Ehmann/Selmayr-*Bertermann* Art. 26 Rn. 16; *Gola/Piltz* RDV 2015, 279, 283; Paal/Pauly-*Martini* Art. 26 Rn. 36; *Specht-Riemenschneider/Schneider* MMR 2019, 503, 507; zurückhaltender noch *Art.-29-Datenschutzgruppe* WP 169, S. 27.
140 Klarstellend *GDD e.V.* GDD-Praxishilfe DS-GVO XV, S. 15.
141 Ebenso *Gierschmann* ZD 2020, 69, 71.
142 Taeger/Gabel-*Lang* Art. 26 Rn. 40.
143 *Specht-Riemenschneider/Schneider* MMR 2019, 503, 507.
144 *Härting/Gössling* NRW 2018, 2523, 2524; *Bock* K&R 2019, 30, 33; *Kollmar* NVwZ 2019, 1740, 1743.

VII. Rechtsfolgen bei Missachtung

Ein Verstoß gegen Art. 26 liegt vor, wenn keine Vereinbarung gem. Abs. 1 S. 2 getroffen wird, die Vereinbarung nicht den Anforderungen aus Abs. 1 S. 2 oder Abs. 2 entspricht (Rn. 68 ff.), die sich daraus ergebenden Pflichten von den gemeinsam Verantwortlichen nicht erfüllt werden oder die Geltendmachung von Rechten der betroffenen Person gegenüber jedem einzelnen der gemeinsam Verantwortlichen gem. Abs. 3 (Rn. 84) verweigert wird. 90

Zuwiderhandlungen gegen Art. 26 können gem. Art. 83 Abs. 4 lit. a mit Geldbußen von bis zu 10 Mio. EUR oder im Fall eines Unternehmens i.S.d. Art. 4 Nr. 18 (dazu Art. 4 Rn. 295 ff.) von bis zu 2 % des gesamten weltweit erzielten Jahresumsatzes des vorangegangenen Geschäftsjahrs sanktioniert werden (dazu Art. 83 Rn. 109 ff.), ggf. auch als Straftat nach § 42 Abs. 1 oder Abs. 2 BDSG. Derartige Sanktionen unterfallen nicht der gesamtschuldnerischen Haftung (Rn. 87), sondern sind gegenüber den gemeinsam Verantwortlichen separat unter Berücksichtigung des „Grads der Verantwortlichkeit" (Rn. 89) zu verhängen.[145] Daneben stehen der Aufsichtsbehörde die Untersuchungsbefugnisse nach Art. 58 Abs. 1 sowie die Abhilfebefugnisse nach Art. 58 Abs. 2 im Zusammenhang mit Zuwiderhandlungen gegen Art. 26 zu (beachte aber Rn. 85).[146] 91

C. Praxishinweise

I. Relevanz für öffentliche und nichtöffentliche Stellen

1. Überprüfung sämtlicher Leistungsbeziehungen. Sämtliche Leistungsbeziehungen zu Dritten, gleich ob als Auftraggeber oder Auftragnehmer, sollten einer dokumentierten Prüfung unterzogen werden, ob es sich hierbei um eine Auftragsverarbeitung i.S.v. Art. 28, eine gemeinsame Verantwortlichkeit i.S.v. Abs. 1 S. 1 oder eine jeweils selbstständige Verarbeitung personenbezogener Daten durch allein Verantwortliche handelt (zur Abgrenzung Rn. 59 ff.).[147] Dies gilt insbesondere auch für die unter dem BDSG a.F. als Funktionsübertragung eingeordneten Sachverhalte (dazu Art. 28 Rn. 51 ff.).[148] Eine solche Prüfung und Dokumentation wirken bußgeldreduzierend (Rn. 91).[149] 92

2. Gemeinsame Nutzung von Infrastrukturen oder Services in Unternehmensgruppen. Werden innerhalb von Unternehmensgruppen i.S.v. Art. 4 Nr. 19 (dazu Art. 4 Rn. 300 ff.) gemeinsame Infrastrukturen oder Services genutzt, wird dies häufig als Auftragsverarbeitung gem. Art 28 ausgestaltet, früher als Auftragsdatenverarbeitung gem. § 11 BDSG a.F. Das passt aber nicht, wenn es an der Weisungsgebundenheit des Auftragsverarbeiters im Verhältnis zu den anderen Gesellschaften im Konzern fehlt.[150] Zwar wird in solchen Fällen das Weisungsrecht der (ggf. gemeinsam) Verantwortli- 93

---

145 Ehmann/Selmayr-*Bertermann* Art. 26 Rn. 16.
146 Ausführlich dazu *Kranenberg* ITRB 2019, 229, 232 f.
147 Kritisch zur vorschnellen Annahme von Auftragsverarbeitungen *Härting/Gössling* NRW 2018, 2523, 2524.
148 *Kremer* CR 2019, 225, 228; So ausdrücklich für Hochschulen und deren externe Leistungsbeziehungen *Schwartmann* OdW 2020, 15, 21.
149 Ausführlich *Gierschmann* ZD 2020, 69, 71.
150 Kritisch dazu auch Taeger/Gabel-*Lang* Art. 26 Rn. 2; *Kremer* CR 2019, 225, 228; ausführlich zur Datenverarbeitung im Konzern *Rath/Heins/Éles* CR 2019, 500, 502 ff.

chen in den Formularverträgen zur Auftragsverarbeitung festgeschrieben, tatsächlich erfolgt die Steuerung des Auftragsverarbeiters dann aber meist allein durch das herrschende Unternehmen in der Unternehmensgruppe oder ggf. über ein von diesem eingerichtetes Steuerungsgremium, in dem dann alle oder einzelne andere Verantwortliche aus dem Konzern vertreten sein können. Diese Verteilung der Entscheidung über Zwecke und Mittel der Verarbeitung führt vielfach zur gemeinsamen Verantwortlichkeit aller oder mehrerer Unternehmen der Unternehmensgruppe.[151] Im Einzelfall kann es auch so sein, dass im Konzern mehrere Unternehmen als gemeinsam Verantwortliche i.S.v. Abs. 1 S. 1 ein einzelnes Unternehmen der Unternehmensgruppe als Auftragsverarbeiter i.S.v. Art. 28 mit dem Betrieb der Infrastruktur oder der Erbringung der Services beauftragen.

94   **3. Fallbeispiele zu gemeinsam Verantwortlichen.** Ob eine Verarbeitung mit mehreren Beteiligten als gemeinsame Verantwortlichkeit i.S.d. Art. 4 Nr. 7, Art. 26 als Auftragsverarbeitung i.S.d. Art. 28, als weisungsgebundene Verarbeitung durch unterstellte Personen i.S.d. Art. 29 (dazu Art. 29 Rn. 8 ff.) oder als Offenlegung zwischen mehreren allein Verantwortlichen i.S.d. Art. 4 Nr. 7 einzuordnen ist, hängt maßgeblich vom jeweiligen Lebenssachverhalt und der konkreten Ausgestaltung der Verarbeitung ab, sodass sich pauschale Aussagen meist verbieten.

95   Als mögliche Fälle von gemeinsam Verantwortlichen kommen aus Sicht der **Datenschutzkonferenz** in Betracht:[152]

– klinische Arzneimittelstudien, wenn mehrere Mitwirkende (z.B. Sponsor, Studienzentren, Ärzte) jeweils in Teilbereichen Entscheidungen über die Verarbeitung treffen,
– gemeinsame Verwaltung bestimmter Datenkategorien für bestimmte gleichlaufende Geschäftsprozesse mehrerer Konzernunternehmen (Rn. 93),[153]
– gemeinsame Errichtung einer Infrastruktur, auf der mehrere Beteiligte ihre jeweils individuellen Zwecke verfolgen (etwa gemeinsames Betreiben einer internetgestützten Plattform für Reisereservierungen durch ein Reisebüro, eine Hotelkette und eine Fluggesellschaft),
– E-Government-Portal, bei dem mehrere Behörden Dokumente zum Abruf durch Bürger bereitstellen, sodass der Betreiber des Portals und die jeweilige Behörde gemeinsam Verantwortliche sein können,
– Personalvermittlungs-Dienstleister, der für einen Arbeitgeber Bewerbungen sichtet und hierbei auch bei ihm eingegangene Bewerbungen einbezieht, die nicht konkret an diesen Arbeitgeber gerichtet sind, und
– gemeinsamer Informationspool/Warndatei mehrerer Verantwortlicher (z.B. Banken) über säumige Schuldner.

---

151 Ebenso *Datenschutzkonferenz* Kurzpapier Nr. 16, S. 4 (rechte Spalte); ausführlich *Hörl* ITRB 2019, 118, 118 f.
152 *Datenschutzkonferenz* Kurzpapier Nr. 16, S. 4 (rechte Spalte f.).
153 Zur Stammdatenverwaltung im „Unternehmensverbund" *GDD e.V.* GDD-Praxishilfe DS-GVO XV, S. 20; zum konzernweiten CRM *GDD e.V.* GDD-Praxishilfe DS-GVO XV, S. 22; ausführlich *Rath/Heins/Éles* CR 2019, 500, 502 ff.; *Hörl* ITRB 2019, 118, 118 f.

Weitere Sachverhalte mit gemeinsam Verantwortlichen können sein: 96
– Cloud-Services (Software as a Service/SaaS, Infrastructure as a Service/IaaS, Platform as a Service/PaaS),[154] wenn der Anbieter die von ihm verarbeiteten personenbezogenen Daten auch zur Qualitätssicherung, für aggregierte Auswertungen oder sonst für eigene Zwecke oder Zwecke anderer Kunden nutzt,[155] einschließlich der Verarbeitung sog. Telemetriedaten und Diagnosedaten,[156]
– Lettershop-Leistungen,[157]
– Blockchains und Distributed Ledger,[158]
– zentrale Meldedateien, ggf. einschließlich der Datenpools von Auskunfteien,[159]
– Einbindung von Social Plugins/Tools in Websites, Apps und anderen Telemedien, gleich zu welchem Zweck,[160]
– Vorhalten von Präsenzen in sozialen Netzwerken und anderen Plattforme (ausführlich Art. 4 Rn. 162 ff.),[161]
– gemeinsame Nutzung von Echtdaten zum Training von KI-Systemen oder für das Maschinenlernen,[162]
– Handelsvertreter- und Vermittlungsverhältnisse,[163]
– Insolvenzverwaltung im Verhältnis zum Schuldner,[164]
– Verwalter bei der Wohnungseigentümergemeinschaft,[165]
– Forschungsprojekte unter Beteiligung von Hochschule und Hochschullehrer, insbesondere auch in der medizinischen Forschung,[166] und
– Durchführung der Lehre an Hochschulen.[167]

---

154 Zur möglichen gemeinsamen Verantwortlichkeit bei der Nutzung von WhatsApp *Hessel/Leffer* CR 2020, 139, 140; *Jung/Hansch* ZD 2019, 143, 145.
155 Zu SaaS *Kremer* CR 2019, 225, 229 f.
156 Dazu ausführlich *Gerlach* CR 2020, 165, 166 ff. und CR 2020, 165, 171 f.
157 Dazu *Reif* RDV 2019, 30, 31; *Kremer* CR 2019, 225, 233; Es spreche einiges für sameine Verantwortlichkeit, so *GDD e.V.* GDD-Praxishilfe DS-GVO XV, S. 21.
158 Dazu ausführlich *Kipker/Bruns* CR 2020, 210, 214 f.; *Erbguth/Fasching* ZD 2017, 560, 563.
159 Dazu *Kremer* CR 2019, 225, 234.
160 Dazu bejahend *Kremer* CR 2019, 676, 681; *Lee/Cross* MMR 2019, 559, 560; *Nebel* RDV 2019, 9, 12 f.; *GDD e.V.* GDD-Praxishilfe DS-GVO XV, S. 19 f.; wohl auch *Spittka/Mantz* NJW 2019, 2742, 2745; zu Facebook Custom Audiences *Jung/Hansch* ZD 2019, 143, 145 f.
161 Dazu allgemein *Kremer* CR 2019, 225, 233; zu Twitter *Piltz* DSB 2020, 30, 30 f.; Gemeinsame Verantwortlichkeit in der Regel bejaht von *GDD e.V.* GDD-Praxishilfe DS-GVO XV, S. 18 f.; „Seiten-Insights-Ergänzung bezüglich des Verantwortlichen" von Facebook, abrufbar unter https://www.facebook.com/legal/terms/page_controller_addendum, kritisch zur früheren Fassung *Datenschutzkonferenz* Positionierung zur Verantwortlichkeit und Rechenschaftspflicht bei Facebook-Fanpages sowie der aufsichtsbehördlichen Zuständigkeit v. 1.4.2019, S. 1; „Page Insights Joint Controller Addendum" von LinkedIn, abrufbar unter https://legal.linkedin.com/pages-joint-controller-addendum.
162 Dazu zu Recht bejahend am Beispiel vom Amazon Alexa *Hense* DSB 2019, 250, 252; ausführlich auch *Niemann/Kevekordes* CR 2020, 178, 183 f.
163 Zum Handelsvertreter ausführlich *Czajkowski/Mainz* ZVertriebsR 2019, 159, 159 ff.
164 Zu Recht für den Regelfall verneint durch *Schmitt/Heil* NZI 2018, 865, 867.
165 Bejaht von *AG Mannheim* v. 11.9.2019 – 5 C 1733/19 WEG (rechtskräftig).
166 Dazu ausführlich *Schwartmann* OdW 2020, 15, 19 f.
167 Dazu ausführlich *Schwartmann* OdW 2020, 15, 20.

97 **4. Wesentliche Inhalte einer Vereinbarung nach Abs. 1 S. 2.** Aus dem Zusammenspiel von Abs. 1 S. 2, S. 3 und Abs. 2 S. 1 (Rn. 79 f.) ergeben sich die wesentlichen Inhalte, die in der von gemeinsam Verantwortlichen zwingend abzuschließenden Vereinbarung (Rn. 68 ff.) festgehalten werden sollten, vorbehaltlich einer abweichenden Festlegung durch Rechtsvorschriften der Union oder der Mitgliedstaaten:[168]

- Bezeichnung der beteiligten gemeinsam Verantwortlichen i.S.v. Abs. 1 S. 1 (Rn. 17),
- Beschreibung der gemeinsamen Verarbeitungen (Rn. 22 ff.) sowie der hierfür jeweils gemeinsam Verantwortlichen, wenn diese nicht stets identisch sind,
- Bezeichnung der die gemeinsame Verantwortlichkeit begründenden Umstände durch Angaben dazu, welche Entscheidungen zu Zwecken und Mitteln der Verarbeitung gemeinsam getroffen wurden,
- Bezeichnung von Gegenstand und Dauer sowie Art und Zweck der gemeinsamen Verarbeitung, ferner von Kategorien der gemeinsam verarbeiteten personenbezogenen Daten und Kategorien betroffener Personen entsprechend Art. 28 Abs. 3 S. 1 (dazu Art. 28 Rn. 93 ff.),[169]
- Bezeichnung der Erlaubnistatbestände für die gemeinsamen Verarbeitungen, einschließlich Zuständigkeit und Verfahren bei Einholung und Management etwaiger Einwilligungen oder Widersprüche betroffener Personen,
- Zuständigkeit und Verfahren bei Erfüllung der Pflichten im Zusammenhang mit der Wahrnehmung der Rechte der betroffenen Personen gem. Art. 15 ff.,
- Zuständigkeit und Verfahren bei Erfüllung der Pflichten im Zusammenhang mit den Informationspflichten gem. Art. 13, Art. 14, wobei sichergestellt sein muss, dass jeder gemeinsam Verantwortliche alle von der gemeinsamen Verarbeitung betroffenen Personen vollumfänglich gem. Art. 13, Art. 14 selbst oder durch einen anderen gemeinsam Verantwortlichen informiert,[170]
- Zuständigkeit und Verfahren bei Erfüllung der Pflicht zum Führen eines Verzeichnisses von Verarbeitungstätigkeiten gem. Art. 30 Abs. 1, wobei es genügt, wenn einer der gemeinsam Verantwortlichen die gemeinsame Verarbeitung in seinem Verzeichnis dokumentiert und die weiteren Pflichten aus Art. 30 erfüllt, wenn die anderen gemeinsam Verantwortlichen sich auf dieses Verzeichnis von Verarbeitungstätigkeiten beziehen können,
- Festlegung der Zuständigkeit der Hauptniederlassung eines der gemeinsam Verantwortlichen i.S.v. Art. 4 Nr. 16 für alle gemeinsam Verantwortlichen zwecks Ermittlung der federführenden Aufsichtsbehörde i.S.v. Art. 56 (dazu Rn. 11, Praxishinweis Rn. 100),
- Zuständigkeit und Verfahren bei Erfüllung der Pflichten aus Art. 33, 34 im Zusammenhang mit der Verletzung des Schutzes personenbezogener Daten i.S.v. Art. 4 Nr. 12 (dazu Art. 4 Rn. 222 ff.), einschließlich der Benennung von Ansprechpartnern für die interne Abstimmung der gemeinsam Verantwortlichen,

---

168 Siehe auch Empfehlungen bei *Europäischer Datenschutzbeauftragter* Leitlinien zur VO 2018/1725 v. 7.11.2019, S. 31 f.; weitere mögliche, optionale Regelungsgegenstände bei Taeger/Gabel-*Lang* Art. 26 Rn. 36; eine Orientierung an den Vertragsinhalten gem. Art. 28 Abs. 3 für zwingend notwendig erachten *Specht-Riemenschneider/Schneider* MMR 2019, 503, 505.
169 *Europäischer Datenschutzbeauftragter* Leitlinien zur VO 2018/1725 v. 7.11.2019, S. 31; als Pflichtangaben betrachtet diese Angaben Taeger/Gabel-*Lang* Art. 26 Rn. 32.
170 Ehmann/Selmayr-*Bertermann* Art. 26 Rn. 13.

– Zuständigkeit und Verfahren bei Erfüllung der Pflichten aus Art. 28 bei einer Auftragsverarbeitung für die gemeinsam Verantwortlichen, ggf. getrennt nach einzelnen Verarbeitungen, einschließlich der Berechtigung zur Erteilung von Aufträgen i.S.v. Art. 28 Abs. 1 (dazu Art. 28 Rn. 89 ff.) und zur Erteilung von Weisungen an den Auftragsverarbeiter (Art. 29 Rn. 6),[171]
– Zuständigkeit und Verfahren bei Erfüllung der Pflichten aus Art. 24, 32 über die Festlegung geeigneter technischer und organisatorischer Maßnahmen (dazu Art. 24 Rn. 9 ff., Art. 32 Rn. 81 ff.) sowie aus Art. 25 Abs. 1 zum Datenschutz durch Technikgestaltung und aus Art. 25 Abs. 2 zu datenschutzfreundlichen Voreinstellungen,
– Zuständigkeit und Verfahren bei Erfüllung der Pflichten im Zusammenhang mit der Datenschutz-Folgenabschätzung nach Art. 35 und der ggf. erforderlichen Konsultation der Aufsichtsbehörde nach Art. 36,
– Benennung eines (ggf. gemeinsamen) Vertreters gem. Art. 27 durch gemeinsam Verantwortliche ohne Niederlassung in den Mitgliedstaaten,
– ggf. Festlegung eines von den gemeinsam Verantwortlichen einheitlich zu benennenden Datenschutzbeauftragten (zur Benennungspflicht Art. 37 Rn. 14 ff.),
– optionale Angabe einer Anlaufstelle für die betroffenen Personen (Rn. 81 f.),
– Festlegungen zur Haftung im Innenverhältnis wegen Art. 82 Abs. 4 (dazu Art. 82 Rn. 35),
– Festlegungen zu im Innenverhältnis ggf. für die Pflichtendelegation zu leistenden Vergütungen oder sonst zu erbringenden Gegenleistungen, und
– ggf. erforderliche Mitwirkungen und Beistellungen der anderen gemeinsam Verantwortlichen gegenüber dem nach der Vereinbarung jeweils für die Erfüllung einer Pflicht zuständigen Verantwortlichen, insbesondere wegen der Erfüllung von Rechten der betroffenen Personen[172].

II. Relevanz für betroffene Personen

Abs. 2 S. 2 verschafft über die Informationspflichten gem. Art. 13, 14 hinaus der betroffenen Person einen Einblick in das Wesentliche der im Innenverhältnis von den gemeinsam Verantwortlichen getroffenen Vereinbarung (Rn. 83). Dies kann die Durchsetzung von Rechten der betroffenen Person erleichtern, die ihr ungeachtet abweichender Festlegungen im Innenverhältnis der gemeinsam Verantwortlichen wegen Abs. 3 stets gegenüber jedem gemeinsam Verantwortlichen wegen der gesamten gemeinsamen Verarbeitung zustehen (Rn. 84 ff.). 98

Die optional mögliche Festlegung einer Anlaufstelle gem. Abs. 1 S. 3 durch gemeinsam Verantwortlichen für die betroffene Person ist demgegenüber weniger bedeutsam, da es sich hierbei lediglich um einen Ansprechpartner ohne Rechte und Pflichten im Verhältnis zur betroffenen Person handelt. Dies erleichtert die Kommunikation und damit die Transparenz der Verarbeitung, hilft aber nicht bei der Durchsetzung von Rechten gegenüber einem, mehreren oder allen gemeinsam Verantwortlichen (Rn. 81 f.). 99

---

171 Siehe auch Praxishinweise des *Europäischen Datenschutzbeauftragten* Leitlinien zur VO 2018/1725 v. 7.11.2019, S. 30.
172 Empfehlung des *Europäischen Datenschutzbeauftragten* Leitlinien zur VO 2018/1725 v. 7.11.2019, S. 34.

III. Relevanz für Aufsichtsbehörden

100 Sollten gemeinsam Verantwortliche Hauptniederlassungen i.S.v. Art. 4 Nr. 16 in verschiedenen Mitgliedstaaten haben (dazu Art. 4 Rn. 267 ff.), kann dies dazu führen, dass es mehrere federführende Aufsichtsbehörden i.S.v. Art. 56 gibt.[173] Dieser Fall ist in der DS-GVO nicht vorgesehen, sodass im Zweifel das Verfahren für die Zusammenarbeit der federführenden Aufsichtsbehörde mit anderen betroffenen Aufsichtsbehörden gem. Art. 60 entsprechend anzuwenden ist. Vermeiden lässt sich dies, wenn die gemeinsam Verantwortlichen in der von ihnen nach Abs. 1 S. 2 zu treffenden Vereinbarung (Rn. 68) freiwillig eine Festlegung vornehmen, welche Hauptniederlassung eines der gemeinsam Verantwortlichen die (fiktive) Hauptniederlassung für alle gemeinsam Verantwortlichen zwecks eindeutiger Ermittlung der federführenden Aufsichtsbehörde sein soll. Ein solches Wahlrecht der gemeinsam Verantwortlichen ist der DS-GVO auch nicht fremd, wie Art. 4 Nr. 16 lit. a zeigt, der ohnehin dem Verantwortlichen überlässt, in welchem Mitgliedstaat er die Hauptniederlassung platziert.

IV. Relevanz für das Datenschutzmanagement

101 Im Datenschutzmanagement sollten Verantwortliche festlegen, wann eine gemeinsame Verantwortlichkeit mit anderen Verantwortlichen eingegangen werden darf, wer hierfür einschließlich des vorherigen Abschlusses der Vereinbarung nach Abs. 1 S. 2 (Rn. 68) zuständig ist, welche Mindestfestlegungen ggf. in der Vereinbarung nach Abs. 1 S. 2 zu treffen sind, wie und durch wen die anschließende Steuerung der gemeinsamen Verarbeitungen erfolgt (Rn. 76), und welche Dokumentationen über gemeinsame Verantwortlichkeiten zur Erfüllung der Rechenschaftspflicht aus Art. 5 Abs. 2 (dazu Art. 5 Rn. 80 ff.) sowie im Verzeichnis von Verarbeitungstätigkeiten gem. Art. 30 Abs. 1[174] zu führen sind.

102 Die gemeinsam Verantwortlichen sind wegen Art. 30 Abs. 1 S. 2 lit. d im VVT auszuweisen, denn auch bei Dritten i.S.d. Art. 4 Nr. 10 handelt es sich um eine Teilmenge der Empfänger i.S.d. Art. 4 Nr. 9. Aus demselben Grund sind die gemeinsam Verantwortlichen, ggf. gebündelt nach Kategorien, in den Informationen gem. Art. 13 Abs. 1 lit. e, Art. 14 Abs. 1 lit. e zu benennen.[175] Schließlich sind der Aufsichtsbehörde bei der Konsultation gem. Art. 36 Abs. 1 die Angaben zu gemeinsam Verantwortlichen gem. Art. 36 Abs. 3 lit. a zur Verfügung zu stellen.

Artikel 27 Vertreter von nicht in der Union niedergelassenen Verantwortlichen oder Auftragsverarbeitern

(1) In den Fällen gemäß Artikel 3 Absatz 2 benennt der Verantwortliche oder der Auftragsverarbeiter schriftlich einen Vertreter in der Union.

---

173 Siehe *Piltz* DSGVO: Zerschießt die „gemeinsame Verantwortlichkeit" das Konzept der „federführenden Behörde"? v. 27.10.2017, abrufbar unter https://www.delegedata.de/2017/10/dsgvo-zerschiesst-die-gemeinsame-verantwortlichkeit-das-konzept-der-federfuehrenden-behoerde/.
174 Dazu *GDD e.V.* GDD-Praxishilfe DS-GVO XV, S. 13.
175 *Kremer* CR 2019, 225, 232.

(2) Die Pflicht gemäß Absatz 1 des vorliegenden Artikels gilt nicht für
a) eine Verarbeitung, die gelegentlich erfolgt, nicht die umfangreiche Verarbeitung besonderer Datenkategorien im Sinne des Artikels 9 Absatz 1 oder die umfangreiche Verarbeitung von personenbezogenen Daten über strafrechtliche Verurteilungen und Straftaten im Sinne des Artikels 10 einschließt und unter Berücksichtigung der Art, der Umstände, des Umfangs und der Zwecke der Verarbeitung voraussichtlich nicht zu einem Risiko für die Rechte und Freiheiten natürlicher Personen führt, oder
b) Behörden oder öffentliche Stellen.

(3) Der Vertreter muss in einem der Mitgliedstaaten niedergelassen sein, in denen die betroffenen Personen, deren personenbezogene Daten im Zusammenhang mit den ihnen angebotenen Waren oder Dienstleistungen verarbeitet werden oder deren Verhalten beobachtet wird, sich befinden.

(4) Der Vertreter wird durch den Verantwortlichen oder den Auftragsverarbeiter beauftragt, zusätzlich zu diesem oder an seiner Stelle insbesondere für Aufsichtsbehörden und betroffene Personen bei sämtlichen Fragen im Zusammenhang mit der Verarbeitung zur Gewährleistung der Einhaltung dieser Verordnung als Anlaufstelle zu dienen.

(5) Die Benennung eines Vertreters durch den Verantwortlichen oder den Auftragsverarbeiter erfolgt unbeschadet etwaiger rechtlicher Schritte gegen den Verantwortlichen oder den Auftragsverarbeiter selbst.

- *ErwG: 80*
- *BDSG n.F.: § 44*

Übersicht

	Rn		Rn
A. Einordnung und Hintergrund	1	3. Beendigung der Benennung	36
I. Normzweck	1	III. Ausnahmen von der Benennungspflicht (Abs. 2)	37
II. Erwägungsgründe	3	1. Ausnahme bei gelegentlicher Verarbeitung ohne Risiken für natürliche Personen (Abs. 2 lit. a)	39
III. Normengenese und -umfeld	4		
1. DSRL	4		
2. BDSG a.F.	8		
3. Änderungen im Gesetzgebungsverfahren	11	a) Gelegentliche Verarbeitung	41
4. Leitlinien des EDSA	13		
B. Kommentierung	19	b) Keine umfangreiche Verarbeitung personenbezogener Daten i.S.v. Art. 9 Abs. 1 oder i.S.v. Art. 10	44
I. Begriff Vertreter	19		
II. Pflicht zur schriftlichen Benennung (Abs. 1)	24		
1. Voraussetzungen für Benennungspflicht	24		
2. Schriftlichkeit der Benennung	25	c) Voraussichtlich keine Risiken für Rechte und Freiheiten natürlicher Personen	46
a) Gegenstand der Schriftlichkeit	25		
b) Begriff der Schriftlichkeit	29	2. Ausnahme bei Behörden oder öffentlichen Stellen (Abs. 2 lit. b)	49

	Rn
IV. Niederlassungsort des Vertreters (Abs. 3)	52
V. Aufgaben des Vertreters (Abs. 4)	55
1. Gesetzliche Aufgaben des Vertreters	56
a) Erfüllung der Aufgaben entsprechend dem erteilten Mandat	57
b) Anlaufstelle für Fragen im Zusammenhang mit einer verordnungsgemäßen Verarbeitung	60
c) Vertretung des Verantwortlichen oder Auftragsverarbeiters	64
d) Zusammenarbeit mit den Aufsichtsbehörden bei Maßnahmen und Durchsetzungsverfahren	65
e) Führen und Zurverfügungstellen des Verzeichnisses von Verarbeitungstätigkeiten	68
f) Zustellungsbevollmächtigung nach § 44 Abs. 3 BDSG und § 81b Abs. 3 SGB X	69
2. Auftragsbezogene Aufgaben des Vertreters	71
3. Verantwortlichkeit des Vertreters gegenüber Dritten	73
a) Verantwortlichkeit für Zuwiderhandlungen des Verantwortlichen oder Auftragsverarbeiters	74

	Rn
b) Verantwortlichkeit für eigene Zuwiderhandlungen des Vertreters	79
aa) Verantwortlichkeit des Vertreters gegenüber Verantwortlichem oder Auftragsverarbeiter	80
bb) Verantwortlichkeit des Vertreters gegenüber Dritten	81
cc) Verantwortlichkeit des Vertreters gegenüber Aufsichtsbehörden	82
dd) Verantwortlichkeit des Verantwortlichen oder Auftragsverarbeiters für Vertreter	83
VI. Abs. 5: Rechtliche Schritte gegen Vertretenen nach Benennung eines Vertreters	84
VII. Rechtsfolgen bei Missachtung	85
C. Praxishinweise	87
I. Relevanz für öffentliche Stellen	87
II. Relevanz für nichtöffentliche Stellen	88
III. Relevanz für betroffene Personen	92
IV. Relevanz für Aufsichtsbehörden	94
V. Relevanz für das Datenschutzmanagement	97

Literatur: *Dauner-Lieb/Heidel/Ring* Bürgerliches Gesetzbuch Allgemeiner Teil – EGBGB, NomosKommentar, Band 1, 4. Aufl. 2016; *Eckhardt* DS-GVO: Anforderungen an die Auftragsverarbeitung als Instrument zur Einbindung Externer, CCZ 2017, 211; *Europäischer Datenschutzausschuss* Guidelines 3/2018 on the territorial scope of the GDPR (Article 3), Version 2.1 v. 12.11.2019; *Franck* Der Vertreter in der Union gem. Art. 27 DS-GVO, RDV 2018, 303; *Kahler* Auftragsdatenverarbeitung im Drittstaat: europarechtskonform! – Unmittelbare Anwendung der Datenschutzrichtlinie 95/46/EG in Deutschland, RDV 2012, 167; *Koós/Englisch* Eine „neue" Auftragsdatenverarbeitung, ZD 2014, 276; *Konferenz der unabhängigen Datenschutzbehörden des Bundes und der Länder (Datenschutzkonferenz)* Kurzpapier Nr. 7 – Marktortprinzip – Regelungen für außereuropäische Unternehmen v. 29.7.2017; *Koreng/Lachenmann* Formularhandbuch Datenschutzrecht, 2. Aufl. 2018; *Kremer* Datenschutzerklärungen von Social Media Diensten: Anwendbares Recht und AGB-Kontrolle, RDV 2014, 73; *Kremer/Schmidt* Übermittlung elektronischer Entgeltabrechnungen an Arbeitnehmer: Erteilung per E-Mail oder Cloud-Service nach § 108 Abs. 1 GewO möglich?, CR 2014, 228; *Kühn* Formerfordernisse in der IT-Beschaffung im regulierten Bereich und die elektronische Signatur, CR 2017, 834; *Lantwin* Kann ein Briefkasten haften? – Rolle des Vertreters nach DS-GVO, ZD 2019, 14; *Laue/Kremer* Das neue Datenschutzrecht in der betrieblichen Praxis, 2. Aufl. 2018; *Meyer* Charta der Grundrechte der Europäischen Union, 4. Aufl. 2014; *Moos* Datennutzungs- und Datenschutzverträge, 2. Aufl. 2018; *Piltz* BDSG, Praxiskommentar für die Wirtschaft, 2018; *ders.* Die Datenschutz-Grundverordnung, K&R 2016, 709; *Thüsing/Schmidt/Forst* Das Schriftformerfordernis der Einwilligung nach § 4a BDSG im Pendelblick zu Art. 7 DS-GVO, RDV 2017, 116; *Uecker* Extraterritorialer Anwendungsbereich der DS-GVO, ZD 2019, 67; *Veil* DS-GVO Risikobasierter Ansatz statt rigides Verbotsprinzip, ZD 2015, 347.

A. Einordnung und Hintergrund

I. Normzweck

Über die Anwendung des sog. Marktortprinzips erweitert Art. 3 Abs. 2 den räumlichen Anwendungsbereich der DS-GVO auf die Verarbeitung personenbezogener Daten von in der Union befindlichen betroffenen Personen durch einen nicht in der Union niedergelassenen Verantwortlichen oder Auftragsverarbeiter (ausführlich Art. 3 Rn. 25). Voraussetzung hierfür ist, dass die Datenverarbeitung entweder im Zusammenhang steht mit (a) dem Angebot von Waren oder Dienstleistung an betroffene Personen in der Union, unabhängig davon ob hierfür von diesen betroffenen Personen eine Zahlung zu leisten ist, oder (b) der Beobachtung des Verhaltens betroffener Personen, soweit ihr Verhalten in der Union erfolgt.[1] Art. 27 knüpft hieran an und verpflichtet Verantwortliche und Auftragsverarbeiter im Anwendungsbereich von Art. 3 Abs. 2 zur Benennung eines obligatorischen Vertreters, wenn nicht einer der Ausnahmetatbestände in Abs. 2 greift (Rn. 37 ff.). 1

Die Benennung eines Vertreters innerhalb der Union soll Transparenz für betroffene Personen und Aufsichtsbehörden über Verarbeitungen des außerhalb der Union niedergelassenen Verantwortlichen oder Auftragsverarbeiters schaffen[2] und damit die verordnungsgemäße Verarbeitung im räumlichen Anwendungsbereich der DS-GVO auch außerhalb der Union stärken. Ohne Art. 27 wären wegen der Einführung des Marktortprinzips mit Art. 3 Abs. 2 und der damit verbundenen territorialen Ausdehnung des Anwendungsbereichs der DS-GVO gegenüber der DSRL (Rn. 5) Durchsetzungsbarrieren und eine erschwerte Kommunikation mit dem Verantwortlichen oder Auftragsverarbeiter im Drittland zu befürchten gewesen. Art. 27 soll verhindern, dass ein nicht in der Union niedergelassener Verantwortlicher oder Auftragsverarbeiter sich durch Nichtpräsenz dem Geltungsanspruch der DS-GVO entziehen kann und damit deren Schutzniveau mangels Kontroll- und Durchsetzungsmöglichkeiten unterlaufen wird (zur Verantwortlichkeit des Vertreters bei Zuwiderhandlungen gegen die DS-GVO Rn. 73 ff.).[3] 2

II. Erwägungsgründe

ErwG 80 (im Gesetzgebungsverfahren ErwG 63) beschreibt die Anforderungen an den Vertreter, die in Art. 27 niedergelegt sind. Welche Auftragsverarbeiter oder Ver- 3

---

1 Zur Abgrenzung aus Sicht der Aufsichtsbehörden siehe *Europäischer Datenschutzausschuss* Guidelines 3/2018, S. 13 ff.
2 Gola-*Piltz* Art. 27 Rn. 7.
3 Gola-*Piltz* Art. 27 Rn. 1; Paal/Pauly-*Martini* Art. 27 Rn. 7; Taeger/Gabel-*Lang* Art. 27 Rn. 2.

Art. 27 — Vertreter von Verantwortlichen

antwortliche über das Marktortprinzip unter die Benennungspflicht fallen, wird neben Art. 3 Abs. 2 durch ErwG 23 und 24 konkretisiert (dazu Art. 3 Rn. 25 ff.).

III. Normengenese und -umfeld

4 **1. DSRL.** Die Pflicht zur Benennung eines Vertreters für nicht in der Union niedergelassene Verantwortliche war bereits in Art. 4 Abs. 2 DSRL festgeschrieben. Eine Pflicht zur Benennung eines Vertreters für nicht in der Union niedergelassene Auftragsverarbeiter ist demgegenüber mit der DS-GVO erstmals eingeführt worden.

5 Voraussetzung für die Benennungspflicht war nach Art. 4 Abs. 2 DSRL i.V.m. Art. 4 Abs. 1 lit. c DSRL, dass der für die Verarbeitung Verantwortliche nicht in der Union niedergelassen ist und „zum Zwecke der Verarbeitung personenbezogener Daten auf automatisierte oder nicht automatisierte Mittel zurückgreift, die im Hoheitsgebiet des betreffenden Mitgliedstaats belegen sind", sofern diese Mittel nicht nur zum Zweck der Durchfuhr durch das Gebiet der Europäischen Gemeinschaft verwendet werden. Über die Verknüpfung der Benennungspflicht in Abs. 1 (unten Rn. 24) mit dem Marktortprinzip in Art. 3 Abs. 2 (oben Rn. 1) und die Erstreckung auf Auftragsverarbeiter wird die Benennungspflicht durch die DS-GVO gegenüber der DSRL also deutlich erweitert.

6 Art. 4 Abs. 2 DSRL sah vor, dass die Benennung eines Vertreters sich nicht auf die Verantwortlichkeit des Verantwortlichen auswirkt,[4] sondern gegen diesen ungeachtet der Vertreterbenennung vorgegangen werden konnte. Hieran ändert sich ausweislich des Abs. 5 nichts (Rn. 84). Die Aufgaben des Vertreters beschränkten sich auf die Information der betroffenen Personen (Art. 10 und Art. 11 Abs. 1 DSRL) und die Meldepflicht bei der Aufsichtsbehörde (Art. 28 Abs. 1 DSRL). Abs. 4 und ergänzend Art. 30 Abs. 1, Abs. 2, Abs. 4 sowie Art. 31 und Art. 58 Abs. 1 lit. a gehen darüber hinaus: Sie machen den Vertreter nicht nur zur Anlaufstelle für Aufsichtsbehörden und betroffene Personen, sondern legen ihm auch konkrete Pflichten auf (unten Rn. 55 ff.).

7 Zur Verantwortlichkeit verhielt sich Art. 4 Abs. 2 DSRL nicht. Die Festlegung von Sanktionen bei Zuwiderhandlungen gegen die Benennungspflicht oblag nach Art. 24 DSRL ausschließlich den Mitgliedstaaten (zum BDSG a.F. Rn. 10, zu Sanktionen nach der DS-GVO Rn. 85 f.).

8 **2. BDSG a.F.** Art. 4 Abs. 2 DSRL wurde in § 1 Abs. 5 S. 3 BDSG a.F. unvollständig umgesetzt.[5] Nach § 1 Abs. 5 S. 3 BDSG a.F. waren lediglich „Angaben über im Inland ansässige Vertreter" durch nicht in der Union belegene Verantwortliche zu machen, wenn „die verantwortliche Stelle nach diesem Gesetz zu nennen ist". Eine Benennungspflicht oder Aufgabenzuweisung sah das BDSG a.F. nicht vor.

9 Die Umsetzung von Art. 4 Abs. 2 DSRL im BDSG a.F. war europarechtswidrig. Bereits 2003 entschied der EuGH, dass sich die DSRL nicht auf eine Mindestharmonisierung beschränke, sondern grundsätzlich zu einer „umfassenden Harmonisierung"

---

4 Paal/Pauly-*Martini* Art. 27 Rn. 2.
5 Sydow-*Ingold* Art. 27 Rn. 2; *Franck* RDV 2018, 303, 304; Taeger/Gabel-*Lang* Art. 27 Rn. 8.

führe.[6] Mangels Vollharmonisierung[7] war daher in jedem Einzelfall zu prüfen, ob nationale Regelungen Vorschriften der DSRL änderten, die keinerlei Flexibilität oder Ermessensspielraum zu Gunsten des nationalen Gesetzgebers kannten. Art. 4 Abs. 2 DSRL sah mit der Anordnung einer obligatorischen Benennungspflicht („hat ... zu benennen", Rn. 3) keinerlei Spielräume vor. Art. 4 Abs. 2 DSRL war vielmehr aus sich heraus so verständlich, „dass sich ein Einzelner darauf berufen und ein nationales Gericht ihn anwenden kann"[8], sodass er nach der EuGH-Rechtsprechung unmittelbare Wirkung in jedem Mitgliedstaat entfaltete. § 1 Abs. 5 S. 3 BDSG a.f. war damit nicht richtlinienkonform auszulegen, sondern Art. 4 Abs. 2 DSRL unmittelbar anzuwenden.

Eine Sanktionierung bei Nichtbenennung eines Vertreters in Ausübung der durch Art. 24 DSRL eingeräumten Kompetenzen (Rn. 7) sah das BDSG a.F. nicht vor (zu Sanktionen nach der DS-GVO Rn. 85 f.). Die Benennung eines Vertreters galt daher unter dem BDSG a.F. eher als Ausdruck der Kooperationsbereitschaft des außerhalb der Union niedergelassenen Verantwortlichen denn als eine verpflichtende Regelung.[9] Festlegungen zur Verantwortlichkeit des Vertreters für eigene oder fremde Zuwiderhandlungen sah das BDSG a.F. ebenso wenig vor wie die DSRL (Rn. 7). 10

3. Änderungen im Gesetzgebungsverfahren. Art. 4 Nr. 17 (im Gesetzgebungsverfahren noch Art. 4 Nr. 14) mit der Begriffsbestimmung „Vertreter" (Rn. 19 ff.) und Art. 27 (im Gesetzgebungsverfahren noch Art. 25) wurden wegen der Benennungspflicht (Rn. 24 ff.) erst im Trilog über den Verantwortlichen hinaus auch auf den Auftragsverarbeiter erstreckt. Die Pflicht zur schriftlichen statt zur „ausdrücklichen" Benennung (Rn. 25 ff.) wurde mit dem Ratsentwurf vom 11.6.2015[10] ergänzt. 11

Wesentliche Änderungen ergaben sich im Gesetzgebungsverfahren bei den Ausnahmen von der Benennungspflicht in Abs. 2 (Rn. 37 ff.). In den Entwürfen der Kommission vom 25.1.2012[11], des Parlaments vom 12.3.2014[12] und des Rats war vorgesehen, dass die Benennungspflicht für Verantwortliche mit einer Niederlassung in einem Drittland entfällt, für das es einen Angemessenheitsbeschluss i.S.v. Art. 45 Abs. 1 gibt (dazu Art. 45 Rn. 6 ff.). Diese Ausnahme wurde im Trilog gestrichen, ebenso die vorgesehenen Ausnahmen für Unternehmer mit weniger als 250 Beschäftigten (anders Art. 30 Abs. 5, dazu Art. 30 Rn. 92 ff.), für Verantwortliche mit nur „gelegentlichen" Angeboten von Waren und Dienstleistungen, sowie für Verantwortliche mit weniger als 5 000 betroffenen Personen in einem Zeitraum von zwölf aufeinander folgenden Monaten. Übernommen wurde in Abs. 2 lit. a letztlich eine angepasste Variante der im Ratsentwurf formulierten Ausnahme für gelegentlich erfolgende Verarbeitungen, die voraussichtlich nicht zu einem Risiko für die Rechte und Freiheiten natürlicher Perso- 12

---

6 *EuGH* v. 6.11.2003 – C-101/01, Lindqvist, Rn. 96 = RDV 2004, 16; ebenso *EuGH* v. 16.12.2008 – C-524/06, Huber, Rn. 51 = RDV 2009, 65; *EuGH* v. 24.11.2011 – C-468/10, ASNEF/FECEMD m. Anm. *Freund* CR 2012, 29; dazu *Kahler* RDV 2012, 167, 169 ff.; *Kremer* RDV 2014, 73, 75 f.
7 *Kahler* RDV 2012, 167, 172; *Kremer* RDV 2014, 73, 75.
8 *EuGH* v. 24.11.2011 – C-468/10, ASNEF/FECEMD, Rn. 52 = RDV 2012, 22.
9 *Kühling/Buchner-Hartung* Art. 27 Rn. 2.
10 Ratsdokument Nr. 9565/15, S. 109.
11 Entwurf der Kommission 2012/0011 (COD), S. 63.
12 Interinstitutionelles Dossier des Rats vom 27.3.2014, 2012/0011 (COD); 7427/1/14, REV 1.

nen führt (Rn. 39 ff.). In allen Entwürfen vorhanden und in Abs. 2 lit. b übernommen wurde die Ausnahme für Behörden oder öffentliche Stellen (Rn. 49 ff.).

13   **4. Leitlinien des EDSA.** Kap. 4 der „Guidelines 3/2018 on the territorial scope of the GDPR (Article 3)" in der Version 2.1 vom 12.11.2019 befasst sich mit dem Vertreter von nicht in der Union niedergelassenen Verantwortlichen oder Auftragsverarbeitern aus Sicht des Ausschusses (Art. 68 Abs. 1). Der Ausschuss stellt klar, dass durch die Benennung eines Vertreters (Rn. 24 ff.) keine Niederlassung innerhalb der Union i.S.d. Art. 3 Abs. 1 begründet wird (dazu Art. 3 Rn. 16 ff.).[13] Empfohlen wird eine Niederlassung des Vertreters in demjenigen Mitgliedstaat, in dem sich die Mehrzahl der von den Verarbeitungen betroffenen Personen aufhalte. Es genüge dann, dass der Vertreter in allen anderen Mitgliedstaaten für die betroffenen Personen leicht erreichbar sei. Auf den Ort einer möglichen Verarbeitung innerhalb der Union komme es wegen des Vertreters demgegenüber nicht an.[14]

14   Der Auftrag des Verantwortlichen oder Auftragsverarbeiters an den Vertreter (Rn. 55 ff.) solle die Beziehung zwischen den Beteiligten und deren Pflichten regeln, ohne die Verantwortlichkeit von Verantwortlichem oder Auftragsverarbeiter selbst zu beeinflussen. Als Vertreter unter einem solchen Auftrag tätig werden könnten natürliche Personen oder Personenvereinigungen; letztere sollten einen „Lead Contact" oder eine „Person in Charge" für den Verantwortlichen oder Auftragsverarbeiter benennen. Im Übrigen könne ein Vertreter auch für mehrere Verantwortliche oder Auftragsverarbeiter ohne Niederlassung in der Union tätig werden. Führt der Verantwortliche oder Auftragsverarbeiter mehrere Verarbeitungen i.S.d. Art. 3 Abs. 2 aus, müsse wegen aller Verarbeitungen gleichwohl nur ein Vertreter benannt werden.[15]

15   Der Vertreter selbst sei für die Einhaltung der Rechte betroffener Personen nicht verantwortlich. Seine Aufgabe beschränke sich darauf, die Kommunikation zwischen betroffenen Personen und Verantwortlichem oder Auftragsverarbeiter zu gewährleisten und dadurch eine effektive Ausübung der Rechte betroffener Personen zu ermöglichen. Zudem solle der Vertreter selbst das aktuelle VVT i.S.d. Art. 30 Abs. 1, Abs. 2 führen oder zumindest darüber informiert sein. Anderenfalls könne der Vertreter seinen eigenen Pflichten aus Art. 27 Abs. 4 als Anlaufstelle für die Aufsichtsbehörden und aus Art. 30 Abs. 1 als „gegebenenfalls" für das Führen des Verzeichnisses Verantwortlicher nicht nachkommen. Im Übrigen sei die Tätigkeit des Vertreters auch insoweit beschränkt auf die Ermöglichung einer effektiven Kommunikation zwischen der Aufsichtsbehörde sowie dem Verantwortlichen oder Auftragsverarbeiter. Die für die Erfüllung seines Auftrags erforderlichen Sprachen müssten vom Vertreter oder seinem „Team" gesprochen werden oder – falls dies unverhältnismäßig sei – durch andere Maßnahmen und Techniken eine effektive Kommunikation mit den betroffenen Personen und Aufsichtsbehörden in allen relevanten Mitgliedstaaten gewährleistet sein.[16]

16   Die Tätigkeit als Vertreter ist mit der Benennung als Datenschutzbeauftragter gem. Art. 37 Abs. 1 für denselben Verantwortlichen oder Auftragsverarbeiter für den EDSA

---

13   *Europäischer Datenschutzausschuss* Guidelines 3/2018, S. 23.
14   *Europäischer Datenschutzausschuss* Guidelines 3/2018, S. 26.
15   *Europäischer Datenschutzausschuss* Guidelines 3/2018, S. 24.
16   *Europäischer Datenschutzausschuss* Guidelines 3/2018, S. 27.

unvereinbar. Dies ergebe sich einerseits aus dem weisungsgebundenen Tätigwerden des Vertreters unter dem ihm erteilten Auftrag, was Art. 38 Abs. 3 wegen der dort postulierten Unabhängigkeit des Datenschutzbeauftragten zuwiderlaufe (dazu Art. 38 Rn. 16 ff.), sowie andererseits aus der möglichen Interessenkollision i.S.d. Art. 38 Abs. 6 S. 2 (dazu Art. 38 Rn. 28 ff.). Ebenfalls unvereinbar sei das gleichzeitige Tätigwerden als Vertreter und Auftragsverarbeiter für einen Verantwortlichen ohne Niederlassung in der Union.[17]

Die Ausnahme von der Benennungspflicht gem. Art. 27 Abs. 2 lit. a bei einer „gelegentlich" erfolgenden Verarbeitung greife nur, wenn die Verarbeitung nicht regelmäßig erfolge **und** außerhalb der regulären Geschäftstätigkeiten oder Aktivitäten des Verantwortlichen oder Auftragsverarbeiters erfolge.[18] Ob der Verantwortliche oder Auftragsverarbeiter außerhalb der Union eine Behörde oder öffentliche Stelle i.S.d. Art. 27 Abs. 2 lit. b sei von der Aufsichtsbehörde im Einzelfall zu entscheiden; der Anwendungsbereich dieser Ausnahme wird jedoch wegen der von Art. 3 Abs. 2 erfassten Verarbeitungen als gering angesehen.[19]

17

Das Tätigwerden als Vertreter führe **nicht zu einer Ersatzhaftung des Vertreters** für die vom Verantwortlichen oder Auftragsverarbeiter begangenen Verstöße gegen die DS-GVO.[20] Allerdings könne die Aufsichtsbehörde ihre an den Verantwortlichen oder Auftragsverarbeiter adressierten Maßnahmen gem. Art. 58 Abs. 2 und Geldbußen gem. Art. 83 auch an den Vertreter richten. Eine eigene Haftung des Vertreters komme allerdings nur dort in Betracht, wo dieser gegen die ihn unmittelbar gem. Art. 30 Abs. 1 oder Art. 58 Abs. 1 treffenden Pflichten verstoßen habe (Rn. 68, 73).[21]

18

B. Kommentierung

I. Begriff Vertreter

Nach der Begriffsbestimmung in Art. 4 Nr. 17 (dazu Art. 4 Rn. 284 ff.) ist Vertreter eine in der Union niedergelassene natürliche oder juristische Person, die von dem Verantwortlichen oder Auftragsverarbeiter schriftlich gem. Art. 27 bestellt wird (zur Schriftlichkeit Rn. 25 ff.) und den Verantwortlichen oder Auftragsverarbeiter in Bezug auf die ihnen jeweils nach der DS-GVO obliegenden Pflichten vertritt (zu den Aufgaben des Vertreters Rn. 55 ff.). Für mehrere Verarbeitungen eines Verantwortlichen oder Auftragsverarbeiters im Anwendungsbereich von Art. 3 Abs. 2 (Rn. 1) genügt dafür die Benennung eines einzigen Vertreters.[22]

19

Besondere Anforderungen an den Vertreter stellt die DS-GVO mit Ausnahme seines Niederlassungsortes nicht (Rn. 52; anders beim Datenschutzbeauftragten, dazu Art. 37 Rn. 43 ff., zur Abgrenzung Rn. 22 f.). Damit kann jeder Vertreter sein, genauso wie

20

---

17 *Europäischer Datenschutzausschuss* Guidelines 3/2018, S. 24.
18 *Europäischer Datenschutzausschuss* Guidelines 3/2018, S. 25.
19 *Europäischer Datenschutzausschuss* Guidelines 3/2018, S. 26.
20 *Europäischer Datenschutzausschuss* Guidelines 3/2018, S. 27 f.
21 *Europäischer Datenschutzausschuss* Guidelines 3/2018, S. 28.
22 *Europäischer Datenschutzausschuss* Guidelines 3/2018, S. 24.

jeder Verantwortlicher oder Auftragsverarbeiter sein kann. Einer besonderen Eignung, Qualifikation oder Vertrauenswürdigkeit bedarf es nicht.[23]

21 In Betracht kommen als Vertreter nach Art. 4 Nr. 17 natürliche und juristische Personen (strittig beim Datenschutzbeauftragten, dazu Art. 37 Rn. 49). Die Tätigkeit als Vertreter kann durch Beschäftigte des Verantwortlichen oder Auftragsverarbeiters wahrgenommen werden, wenn diese einen i.S.d. Abs. 3 geeigneten Niederlassungsort haben (Rn. 52 ff.), ebenso durch eine juristische Person oder durch eine dort beschäftigte natürliche Person innerhalb einer Unternehmensgruppe i.S.d. Art. 4 Nr. 19 (Konzern, dazu Art. 4 Rn. 302).[24] Zulässig ist auch, dass ein Vertreter gleichzeitig für mehrere Verantwortliche oder Auftragsverarbeiter i.S.d. Art. 27 tätig wird (zum Auftrag beachte Rn. 71 f.).[25]

22 Stellung und Aufgaben des Vertreters (Rn. 55 ff.) sind streng vom Datenschutzbeauftragten nach Art. 37 (dazu Art. 37 Rn. 14 ff.) abzugrenzen. Wer Vertreter ist und damit in Teilen weisungsgebunden im Lager des Verantwortlichen oder Auftragsverarbeiters steht (Rn. 58), kann nicht gleichzeitig diejenige sein, der gem. Art. 38 Abs. 3 eine weisungsfreie (Art. 38 Rn. 17) Überwachungsaufgabe über den Verantwortlichen oder Auftragsverarbeiter ausübt, so wie dies Art. 39 Abs. 1 lit. b (dazu Art. 39 Rn. 12 ff.) für den Datenschutzbeauftragten vorsieht.[26] Zudem besteht eine potentielle Interessenkollision i.S.d. Art. 38 Abs. 6 S. 2 zwischen den Aufgaben des Vertreters (Rn. 55 ff.) und den Aufgaben des Datenschutzbeauftragten gem. Art. 39 Abs. 1.[27] Die Tätigkeit als Vertreter einerseits und als Datenschutzbeauftragter andererseits für denselben Verantwortlichen oder Auftragsverarbeiter schließen sich damit gegenseitig aus.[28]

23 Wird eine natürliche oder juristische Person innerhalb einer Unternehmensgruppe für den einen Verantwortlichen oder Auftragsverarbeiter als Vertreter, für den anderen jedoch als Datenschutzbeauftragter tätig, kann ebenfalls eine Interessenkollision i.S.d. Art. 38 Abs. 6 S. 2 vorliegen (dazu Art. 38 Rn. 28 ff.). Diese hätte zur Folge, dass die Tätigkeit als Datenschutzbeauftragter nicht ausgeübt werden kann. Die natürliche oder juristische Person müsste sich dann entweder für die Tätigkeit als Vertreter oder für die Tätigkeit als Datenschutzbeauftragter in der Unternehmensgruppe entscheiden (Praxishinweis unten Rn. 90). Zum Auftragsverarbeiter als Vertreter siehe Rn. 71.

---

23 Ebenso Paal/Pauly-*Martini* Art. 27 Rn. 25; Taeger/Gabel-*Lang* Art. 27 Rn. 36; *Lantwin* ZD 2019, 14, 16; *Franck* RDV 2019, 303, 304 und 307; anders der *Europäische Datenschutzausschuss*, der die Beherrschung aller Sprachen durch den Vertreter oder dessen „Team" verlangt, die in den betroffenen Mitgliedstaaten gesprochen werden, siehe Guidelines 3/2018, S. 27 (Rn. 12c); anders auch *Uecker* ZD 2019, 67, 71, der ohne weitere Begründung „gewisse Kompetenzen" des Vertreters als Tätigkeitsvoraussetzung verlangt.
24 Ebenso Taeger/Gabel-*Lang* Art. 27 Rn. 37.
25 *Europäischer Datenschutzausschuss* Guidelines 3/2018, S. 24; zustimmend für den Fall, dass keine aus der konkreten Beauftragung folgende Interessenkollision vorliegt, Taeger/Gabel-*Lang* Art. 27 Rn. 38; *Franck* RDV 2018, 303, 307.
26 *Europäischer Datenschutzausschuss* Guidelines 3/2018, S. 24; *Piltz* K&R 2016, 712.
27 *Europäischer Datenschutzausschuss* Guidelines 3/2018, S. 24.
28 Ebenso Taeger/Gabel-*Lang* Art. 27 Rn. 37; a.A. *Franck* RDV 2018, 303, 307 f.

II. Pflicht zur schriftlichen Benennung (Abs. 1)

1. Voraussetzungen für Benennungspflicht. Abs. 1 verweist auf Art. 3 Abs. 2 und nennt damit drei kumulativ erforderliche Tatbestandsmerkmale, die zur Benennungspflicht für den Verantwortlichen oder Auftragsverarbeiter führen: (a) der Verantwortliche oder Auftragsverarbeiter ist nicht in der Union niedergelassen (zum Begriff Niederlassung Art. 3 Rn. 16 ff.), (b) es werden personenbezogene Daten von betroffenen Personen i.S.d. Art. 4 Nr. 1 verarbeitet i.S.d. Art. 4 Nr. 2 (dazu Art. 4 Rn. 9 ff. und Art. 4 Rn. 48 ff.), die sich in der Union befinden (gemeint ist der tatsächliche Aufenthaltsort, nicht der Wohnort oder die Staatsangehörigkeit), und (c) die vorgenannte Datenverarbeitung steht im Zusammenhang mit einer Tätigkeit des Verantwortlichen oder Auftragsverarbeiters i.S.v. Art. 3 Abs. 2 lit. a **oder** lit. b (ausführlich zu den drei Merkmalen Art. 3 Rn. 22 ff.).[29]   24

2. Schriftlichkeit der Benennung. – a) Gegenstand der Schriftlichkeit. Abs. 1 verpflichtet den Verantwortlichen oder Auftragsverarbeiter zur schriftlichen Benennung des Vertreters. Diese Benennung ist ebenso wie diejenige des Datenschutzbeauftragten (dazu Art. 37 Rn. 23 ff.) eine einseitige Willenserklärung des Verantwortlichen oder Auftragsverarbeiters.[30] Sie umfasst wegen Art. 30 Abs. 1 lit. a, Abs. 2 lit. a (dazu Art. 30 Rn. 38 ff. und Rn. 76 ff.) Namen und Kontaktdaten des Vertreters sowie die Festlegung, dass die bezeichnete natürliche oder juristische Person (Rn. 21) als Vertreter benannt wird.[31] Zudem ist wegen Abs. 4 mit der Benennung festzulegen, ob der Vertreter zusätzlich oder an Stelle des vertretenen Verantwortlichen oder Auftragsverarbeiters tätig wird (Rn. 62 f.). Diese Angaben ermöglichen es dem Normzweck entsprechend (Rn. 2) der Aufsichtsbehörde und den betroffenen Personen, den Vertreter zu ermitteln und Kontakt zu diesem aufzunehmen.   25

Art. 4 Nr. 17 (oben Rn. 19) spricht anders als Abs. 1 nicht von einer schriftlichen Benennung, sondern von einer schriftlichen Bestellung. Die Begriffe Benennung und Bestellung sind jedoch gleichbedeutend und Abweichungen allein der Übersetzung geschuldet; in der englischen Sprachfassung wird jeweils der Begriff „designate" genutzt. Unterschiedliche Anforderungen ergeben sich hieraus nicht.[32]   26

ErwG 80 sieht vor, dass der Verantwortliche oder Auftragsverarbeiter den Vertreter „ausdrücklich bestellen" **und** „schriftlich beauftragen" soll, an Stelle des Verantwortlichen oder Auftragsverarbeiters wegen der sich aus der DS-GVO ergebenden Verpflichtungen zu handeln. In der englischen Sprachfassung geht es insoweit um die Erteilung eines „written Mandate". Während also Art. 4 Nr. 17 und Abs. 1 eine schriftliche Benennung verlangen, liest sich ErwG 80 so, als ob es einen schriftlichen Auftrag **neben** einer ausdrücklichen (aber nach ErwG 80 in Abweichung von Art. 4 Nr. 17 und Art. 27 Abs. 1 wiederum nicht zwingend schriftlichen) Benennung geben müsste.   27

Der vermeintliche Widerspruch lässt sich über die Gesetzeshistorie aufklären. In den Entwürfen von Kommission und Parlament war zunächst nur die ausdrückliche Benennung vorgesehen; erst im Ratsentwurf wurde dies durch eine schriftliche Benennung   28

---

29 Siehe auch *Uecker* ZD 2019, 67, 68 ff.
30 Zur Benennung des DSB vgl. Koreng/Lachenmann-*Kremer/Sander* Kap. B.I.1. Rn. 1.
31 Ebenso Gola-*Piltz* Art. 27 Rn. 13.
32 Ebenso *Franck* RDV 2018, 303, 304; Taeger/Gabel-*Lang* Art. 27 Rn. 13; übersehen u.a. von Gola-*Piltz* Art. 27 Rn. 13.

ersetzt und die obige Formulierung im ErwG 80 ergänzt, welche dann in die finale Fassung der DS-GVO übernommen wurden (Rn. 11). Die Formulierung im ErwG 80 beschreibt insoweit die Nachweis- und Warnfunktion der Schriftlichkeit[33], ohne ein über Abs. 1 und Art. 4 Nr. 17 hinausgehendes, zusätzliches Schriftlichkeitsgebot begründen zu wollen. Den Beteiligten (Verantwortlicher oder Auftragsverarbeiter sowie Vertreter) sollte bewusst sein, welches „Mandat" der Vertreter übernimmt. Hierfür genügt jedoch nach dem Sinn und Zweck des Formerfordernisses die Schriftlichkeit der Benennung mit dem oben bezeichneten Inhalt (Rn. 25). Der Schriftlichkeit eines in seiner Ausgestaltung in das – unter Beachtung von Art. 27 – freie Ermessen von Verantwortlichem oder Auftragsverarbeiter einerseits und Vertreter andererseits gestellten „Mandats" bedarf es hierfür nicht (zum Auftrag des Vertreters Rn. 57 f.; 69 f.); nicht ohne Grund legen weder Art. 27 noch die DS-GVO im Übrigen irgendwelche Vorgaben für dieses Mandat fest (Praxishinweise Rn. 89 f.).[34]

29 **b) Begriff der Schriftlichkeit.** Die DS-GVO erläutert den in Art. 27, Art. 4 Nr. 17 und ErwG 80 verwendeten Begriff „schriftlich" nicht. ErwG 32 spricht für die Einwilligung von der „schriftlichen Erklärung, die auch elektronisch erfolgen kann" (dazu Art. 7 Rn. 31), Art. 12 Abs. 1 kennt die Information „schriftlich oder in anderer Form, gegebenenfalls auch elektronisch" (dazu Art. 12 Rn. 35 f.) und Art. 28 Abs. 9 bzw. Art. 30 Abs. 3 sehen das schriftliche Abfassen eines Vertrags oder anderen Rechtsinstruments bzw. das schriftliche Führen des VVT vor, „was auch in einem elektronischen Format erfolgen kann" (dazu Art. 28 Rn. 178 ff., Art. 30 Rn. 87 ff.). Die Begrifflichkeiten in der DS-GVO sind alles andere als konsistent.

30 Europarechtliche Formerfordernisse sind autonom auszulegen.[35] Ein Rückgriff auf die gesetzliche Schriftform in § 126 Abs. 1, Abs. 2 BGB und die diese gem. § 126 Abs. 3, § 126a BGB substituierende elektronische Form verbietet sich.[36] Die DS-GVO spricht auch nicht von „Schriftform" und „elektronischer Form", sondern von Schriftlichkeit und vom elektronischen Format. Diese Begrifflichkeiten sind zwecks Vermeidung von Missverständnissen sauber zu differenzieren.[37] Schriftlich i.S.d. Abs. 1 (und der DS-GVO insgesamt) verlangt damit anders als das nationale Recht in Deutschland bei der gesetzlichen Schriftform oder elektronischer Form nicht zwingend eine eigenhändige Unterschrift oder eine qualifizierte elektronische Signatur.

31 Aus Art. 12 Abs. 1 und der Formulierung „schriftlich oder in anderer Form, gegebenenfalls auch elektronisch" könnte abgeleitet werden, dass der europäische Gesetzgeber – ebenso wie der deutsche Gesetzgeber – zwischen der Schriftlichkeit auf der einen sowie einer „anderen Form" auf der anderen Seite zu differenzieren beabsichtigte. Hiergegen spricht jedoch schon der Wortlaut von ErwG 32 sowie von Art. 28 Abs. 9 und Art. 30 Abs. 3, welche das elektronische Format auf eine Ebene mit der Schriftlichkeit stellen.

---

33 Zu den Funktionen von Formvorschriften NomosKommentar-BGB-*Noack/Kremer* § 125 Rn. 10; *Thüsing/Schmidt/Forst* RDV 2017, 116 f.
34 Im Ergebnis identisch Gola-*Piltz* Art. 27 Rn. 14.
35 Gola-*Piltz* Art. 27 Rn. 15; *Lantwin* ZD 2019, 14, 14.
36 Zu den Anforderungen NomosKommentar-BGB-*Noack/Kremer* § 126 Rn. 9 ff. und 48 ff.; § 126a Rn. 45 ff.
37 Verkannt u.a. von Paal/Pauly-*Martini* Art. 27 Rn. 17 ff.; so zum BDSG a.F. ausdrücklich *Thüsing/Schmidt/Forst* RDV 2017, 116, 118.

Zudem ist der andere Normzweck von Art. 12 Abs. 1 zu beachten (dazu Art. 12 **32** Rn. 18 ff.). Art. 12 Abs. 1 dient in Erfüllung der Transparenzpflicht des Verantwortlichen aus Art. 5 Abs. 1 lit. a (dazu Art. 5 Rn. 33 ff.) dem Transport von Informationen oder Mitteilungen des Verantwortlichen an die betroffene Person, also dem Nachweis von Wissenserklärungen. Die Differenzierung zwischen schriftlich und anderer Form geschieht hier, um dem Schutzbedürfnis der betroffenen Personen Rechnung zu tragen, nicht in einem ihr nicht zugänglichen Format die Information oder Mitteilung i.S.d. Art. 12 ff. zu erhalten. Dies wird durch Art. 15 Abs. 3 bestätigt, wonach die Informationen stets dann in einem elektronischen Format zur Verfügung zu stellen sind, wenn die betroffene Person den Antrag elektronisch stellt (dazu Art. 15 Rn. 17). Der betroffenen Person, die etwa schriftlich einen Antrag stellt, soll also gerade keine elektronische Antwort vom Verantwortlichen aufgezwungen werden.

Demgegenüber dienen Abs. 1, Art. 28 Abs. 9 und ErwG 32 dem Nachweis von Willens- **33** erklärungen im Verhältnis grundsätzlich gleichrangiger Rechtssubjekte, insbesondere auch in grenzüberschreitenden, gegebenenfalls auch die Grenzen der Union überschreitenden Sachverhalten, bei denen der oder die Erklärende(n) frei zwischen „schriftlich" und „dem elektronischen Format" soll(en) wählen können. Dies gilt ebenso für Art. 30 Abs. 3, auch wenn es sich dort wiederum um eine Wissenserklärung des Verantwortlichen oder Auftragsverarbeiters handelt. Die DS-GVO betrachtet Schriftlichkeit und elektronisches Format damit als grundsätzlich gleichwertig und differenziert in separate Formtypen nur dort, wo dies nach dem Schutzzweck der Norm ausnahmsweise geboten ist.[38]

Nach der Feststellung, dass Schriftlichkeit und elektronisches Format in der DS-GVO **34** gleichwertig sind, enthalten Art. 27 Abs. 1, Art. 4 Nr. 17 und ErwG 80 jedoch nur die Festlegung, wonach die Benennung des Vertreters (Rn. 25 ff.) schriftlich zu erfolgen hat. Der Zusatz „auch in einem elektronischen Format" fehlt dort anders als in Art. 28 Abs. 9 und Art. 30 Abs. 3 (zur vergleichbaren Fragestellung in Art. 28 Abs. 2 siehe Art. 28 Rn. 166 ff.). Der Wortlaut scheint damit für die Benennung tatsächlich eine Schriftlichkeit zu verlangen, die nicht durch ein elektronisches Format ersetzt werden kann. Allerdings ist eine abweichende Auslegung nach dem Normzweck zulässig, wenn sich hieraus ergibt, dass es der Schriftlichkeit zur Erreichung des Formzweckes (Rn. 27) nicht bedarf.[39] Dies ist hier der Fall: Ebenso wie Art. 28 Abs. 9, 30 Abs. 3 und ErwG 32 dient die schriftliche Benennung gem. Abs. 1 dem Nachweis einer verordnungskonformen Verarbeitung und stärkt die Durchsetzung der DS-GVO insgesamt (Rn. 1 f.). Hierfür bedarf es nach dem Willen des Gesetzgebers aber keiner zwingenden Schriftlichkeit, was letztlich auch die Möglichkeit zur formfreien Benennung des Datenschutzbeauftragten nach Art. 37 Abs. 1 selbst bei einer obligatorischen Benennungspflicht bestätigt (dazu Art. 37 Rn. 23). Ob es sich beim fehlenden Zusatz „auch in einem elektronischen Format" um ein Redaktionsversehen handelt[40] ist dann nicht von Bedeutung, bestätigt aber das Ergebnis der Auslegung nach dem Normzweck.

---

38 Offen gelassen von Paal/Pauly-*Martini* Art. 27 Rn. 18; *Kühn* CR 2017, 834, 836, spricht vom Wegfall des konstitutiven Schriftformerfordernisses in Art. 28 Abs. 9 gegenüber § 11 Abs. 2 S. 1 BDSG a.F.
39 NomosKommentar-BGB-*Noack/Kremer* § 126b Rn. 6 m.w.N. zum Streitstand.
40 Siehe Paal/Pauly-*Martini* Art. 27 Rn. 18.

35 Konkretisierungen von „schriftlich" kennt die DS-GVO nicht. ErwG 58 stellt klar, dass das elektronische Format (dort ungenau als „elektronische Form" bezeichnet) auch bei der Bereitstellung von Informationen auf einer Website eingehalten werden kann. Damit geht das elektronische Format in der DS-GVO deutlich über das herrschende, gleichwohl unzutreffende Verständnis von der Textform in § 126b BGB hinaus, wonach Websites mangels Verkörperung des Erklärungsinhalts beim Erklärungsempfänger der Textform nicht genügen sollen.[41] Erfasst mithin das elektronische Format auch Websites[42] und sind Schriftlichkeit und elektronisches Format grundsätzlich gleichwertig, ergibt sich hieraus, dass **jedwede Verkörperung eines Erklärungsinhalts für die Formerfordernisse der DS-GVO genügt**. Schriftlichkeit, die auch in einem elektronischen Format erfolgen kann, liegt mithin bei jeder dokumentierten, nicht nur mündlich erteilten Erklärung vor, gleich ob es sich um eine Wissens- oder Willenserklärung handelt.[43] Hiermit wird dem von der DS-GVO allein verfolgten Nachweiszweck (Rn. 31) vollständig entsprochen.[44] Einer eigenhändigen Unterschrift oder qualifizierten elektronischen Signatur zwecks Übereilungsschutz oder Identifizierung der Erklärenden bedarf es nicht.[45]

36 **3. Beendigung der Benennung.** Einen Abberufungsschutz wie Art. 38 Abs. 3 S. 2 für den Datenschutzbeauftragten (dazu Art. 38 Rn. 18 f.) kennt Art. 27 für den Vertreter nicht. Die Benennung kann damit jederzeit durch den Verantwortlichen oder Auftragsverarbeiter durch eine einseitig empfangsbedürftige Willenserklärung gegenüber dem Vertreter widerrufen werden.[46] Besteht die Benennungspflicht fort (Rn. 24) ist zeitgleich ein neuer Vertreter zu benennen (zu Sanktionen Rn. 85 f.) und die sich aus Art. 13 Abs. 1 lit. a, Art. 14 Abs. 1 lit. a ergebende Informationspflicht zu erfüllen (Rn. 57); einer besonderen Kundgabe des Widerrufs der früheren Benennung bedarf es demgegenüber nicht.[47] Die Rechtsbeziehung zwischen Verantwortlichem oder Auftragsverarbeiter sowie dem früheren Vertreter richtet sich unabhängig vom Widerruf der Benennung im Außenverhältnis nach dem von den Parteien getroffenem Vertrag (Rn. 71, Rn. 80).

---

41 Zu Websites als Textform h.M. *EuGH* v. 5.7.2012 – C-49/11, ECLI:EU:C:2012:126, Content Services; *BGH* v. 15.5.2014 – III ZR 368/13, K&R 2014, 519; *BGH* v. 29.4.2010 – I ZR 66/08, CR 2010, 804, Rn 19 (Holzhocker); vermittelnd für den Fall, dass die Erklärung in einem Erklärungsempfänger zugeordneten persönlichen Bereich auf der Website eingestellt wird, *EFTA-Gerichtshof* v. 27.1.2010 – E-4/09, Rn 31, 62 ff; a.A. und ausführlich zum Streitstand NomosKommentar-BGB-*Noack/Kremer* § 126b Rn. 21 ff.; *Kremer/Schmidt* CR 2014, 228, 230.
42 Ebenso *Laue/Kremer* Das neue Datenschutzrecht in der betrieblichen Praxis, § 2 Rn. 8.
43 Enger beschränkt auf Textform Gola-*Piltz* Art. 27 Rn. 16; Ehmann/Selmayr-*Bertermann* Art. 28 Rn. 12; Plath-*Plath* Art. 28 Rn. 17; Kühling/Buchner-*Hartung* Art. 28 Rn. 96; *Lantwin* ZD 2019, 14, 15 („der Textform [...] entsprechende Verkörperung"); *Franck* RDV 2018, 303, 306; *Eckhardt* CCZ 2017, 111, 116; a.A. für Schriftform und qualifizierte elektronische Signatur BeckOK DatenSR-*Spoerr* Art. 28 Rn. 103; Taeger/Gabel-*Lang* Art. 27 Rn. 48; wohl auch Gierschmann-*Schlender* Art. 27 Rn. 20 mit dem Verweis auf § 172 BGB zur Vollmachtsurkunde; vermittelnd *Kühn* CR 2017, 834, 836.
44 Ebenso für die Einwilligung *Thüsing/Schmidt/Forst* RDV 2017, 116, 121; ähnlich mit dem Ergebnis Textform ausreichend Gola-*Piltz* Art. 27 Rn. 15.
45 A.A. ausdrücklich BeckOK DatenSR-*Spoerr* Art. 28 Rn. 103.
46 Unzutreffend *Franck* RDV 2018, 303, 308, der auf die Kündigung des Vertrags abstellt, was jedoch die Benennung als Vertreter unberührt lässt.
47 A.A. *Franck* RDV 2018, 303, 308.

III. Ausnahmen von der Benennungspflicht (Abs. 2)

Abs. 2 legt fest, wann ausnahmsweise von der Benennungspflicht nach Abs. 1 abgesehen werden kann (zu Änderungen der Ausnahmen im Gesetzgebungsverfahren Rn. 12). Keine Benennungspflicht besteht alternativ (a) bei einer Verarbeitung (Rn. 24), die gelegentlich erfolgt, nicht die umfangreiche Verarbeitung besonderer Datenkategorien i.S.d. Art. 9 Abs. 1 oder die umfangreiche Verarbeitung personenbezogener Daten über strafrechtliche Verurteilungen und Straftaten i.S.d. Art. 10 einschließt und unter Berücksichtigung der Art, der Umstände, des Umfangs und der Zwecke der Verarbeitung voraussichtlich nicht zu einem Risiko für die Rechte und Freiheiten natürlicher Personen führt (Rn. 39 ff.), oder (b) bei einer Verarbeitung durch Behörden oder öffentliche Stellen (Rn. 49 ff.).   **37**

Der Gesetzgeber geht bei den in Abs. 2 geregelten Fällen davon aus, dass eine solche Verarbeitung personenbezogener Daten durch einen Verantwortlichen oder Auftragsverarbeiter mit Niederlassung außerhalb der Union auch ohne Benennung eines Vertreters das mit der DS-GVO verfolgte Schutzniveau nicht unterlaufen wird (Rn. 2).[48] Als Ausnahmevorschrift ist Abs. 2 eng auszulegen und restriktiv anzuwenden.[49] Dem Verantwortlichen oder Auftragsverarbeiter bleibt es ebenso wie beim Datenschutzbeauftragten unbenommen, freiwillig einen Vertreter zu benennen, auch wenn Art. 27 diese Möglichkeit nicht ausdrücklich vorsieht.[50] Der Vertreter wird dann stets zusätzlich zum Verantwortlichen oder Auftragsverarbeiter i.S.d. Art. 4 tätig (Rn. 55).   **38**

1. Ausnahme bei gelegentlicher Verarbeitung ohne Risiken für natürliche Personen (Abs. 2 lit. a). Abs. 2 lit. a ist sprachlich unglücklich formuliert.[51] Die Ausnahme greift, wenn folgende **Tatbestandsmerkmale kumulativ** vorliegen: (1) die Verarbeitung erfolgt gelegentlich, (2) die Verarbeitung schließt nicht die umfangreiche Verarbeitung personenbezogener Daten i.S.d. Art. 9 Abs. 1 oder die umfangreiche Verarbeitung personenbezogener Daten i.S.d. Art. 10 ein, und (3) die Verarbeitung führt unter Berücksichtigung der Art, der Umstände, des Umfangs und der Zwecke der Verarbeitung voraussichtlich nicht zu einem Risiko für die Rechte und Freiheiten natürlicher Personen.[52]   **39**

Ein anderes Verständnis, wonach die Merkmale (1) und (2) in einem Alternativverhältnis zueinanderstehen und für das Vorliegen der Ausnahme nur eines der dortigen Merkmale kumulativ mit dem Merkmal (3) vorliegen muss,[53] mag nach dem Satzbau von Abs. 2 lit. a begründbar sein, passt aber nicht zu dem insoweit eindeutig formulierten Art. 30 Abs. 5 (dazu Art. 30 Rn. 92 f., unten Rn. 41) und stünde im Widerspruch zur englischen Sprachfassung mit der dortigen Interpunktion.[54] Der Gesetzgeber wollte auch ausweislich der Historie von Art. 27 Abs. 2 (Rn. 12) die Ausnahme in Abs. 2 lit. a   **40**

---

48 Paal/Pauly-*Martini* Art. 27 Rn. 28.
49 Gola-*Piltz* Art. 27 Rn. 21; Taeger/Gabel-*Lang* Art. 27 Rn. 22.
50 Taeger/Gabel-*Lang* Art. 27 Rn. 19.
51 Paal/Pauly-*Martini* Art. 27 Rn. 32.
52 Ebenso Paal/Pauly-*Martini* Art. 27 Rn. 32; Plath-*Plath* Art. 27 Rn. 2; Kühling/Buchner-*Hartung* Art. 27 Rn. 7; Gierschmann-*Schlender* Art. 27 Rn. 18; Taeger/Gabel-*Lang* Art. 27 Rn. 24; *Datenschutzkonferenz* Kurzpapier Nr. 7, S. 2; *Lantwin* ZD 2019, 14, 14.
53 So wohl Gola-*Piltz* Art. 27 Rn. 22 ff.
54 Paal/Pauly-*Martini* Art. 27 Rn. 33.

von mehreren, nacheinander geschalteten Wertungskategorien abhängig machen.[55] Eine andere Auslegung könnte zu dem Ergebnis führen, dass auch bei einer nur gelegentlichen Verarbeitung besonderer Kategorien personenbezogener Daten i.S.d. Art. 9 Abs. 1 oder einer nur gelegentlichen Verarbeitung personenbezogener Daten über strafrechtliche Verurteilungen und Straftaten (dazu Art. 10 Rn. 3) die Benennungspflicht aus Abs. 1 entfiele, obwohl die Durchsetzung der DS-GVO und damit der Normzweck von Art. 27 (Rn. 2) in diesen Fällen jeweils die Benennung eines Vertreters gebietet.

41 **a) Gelegentliche Verarbeitung.** Art. 30 Abs. 5 entbindet Verantwortliche und Auftragsverarbeiter in bestimmten Fällen von der Pflicht zum Führen eines VVT, es sei denn, die Verarbeitung erfolgt nicht nur gelegentlich (dazu Art. 30 Rn. 92). Die nur gelegentlich erfolgende Verarbeitung wird damit vom Gesetzgeber als weniger eingriffsintensiv verstanden, was ErwG 31 und ErwG 111 bestätigen. In diesen Fällen ist der mit der Benennung eines Vertreters verbundene, auch wirtschaftliche Aufwand für den Verantwortlichen oder Auftragsverarbeiter nicht gerechtfertigt.

42 Erste Voraussetzung der in Abs. 2 lit. a formulierten Ausnahme ist als Positivmerkmal[56] die nur gelegentlich erfolgende Verarbeitung i.S.d. Art. 4 Nr. 2 (dazu Art. 4 Rn. 48 ff.). Gelegentlich ist ein weiterer unbestimmter Rechtsbegriff[57] in der DS-GVO und auszulegen. Angesichts der im Gesetzgebungsverfahren unternommen, aber nicht die in DS-GVO übernommenen Versuche zur Konkretisierung des Begriffs „gelegentlich" (Rn. 12) verbietet sich jeder Ansatz, der die gelegentliche Verarbeitung an quantitativen Parametern festzumachen beabsichtigt.[58] Die damit einhergehende Rechtsunsicherheit lässt sich nur über aufsichtsbehördliche und gerichtliche Entscheidungen sowie Leitlinien des EDSA (Rn. 13 ff.) dauerhaft beseitigen.[59]

43 Die Einordnung einer Verarbeitung als gelegentlich hat nach qualitativen Kriterien[60] und einem risikobasierten Ansatz[61] zu erfolgen. Im allgemeinen Sprachgebrauch meint gelegentlich, dass eine Verarbeitung „hin und wieder", „manchmal", oder „von Zeit zu Zeit" ausgeführt wird.[62] Aus der englischen Sprachfassung „occasional" und dem zugehörigen Substantiv „Occasion" ergibt sich außerdem ein Verständnis von gelegentlich als anlassbezogen oder vereinzelt. Die Verarbeitung darf mithin zeitlich nur einen vorübergehenden, ggf. aber unregelmäßig wiederkehrenden Charakter haben[63] und nicht zu den regulären Tätigkeiten des Verantwortlichen oder Auftragsverarbeiters gehören[64] (im Gegensatz zur Kerntätigkeit als Voraussetzung für die

---

55 Paal/Pauly-*Martini* Art. 27 Rn. 32; Taeger/Gabel-*Lang* Art. 27 Rn. 24.
56 Paal/Pauly-*Martini* Art. 27 Rn. 34.
57 Kühling/Buchner-*Hartung* Art. 27 Rn. 7.
58 Paal/Pauly-*Martini* Art. 27 Rn. 35; Gola-*Piltz* Art. 27 Rn. 23; Taeger/Gabel-*Lang* Art. 27 Rn. 27.
59 Kritisch zum Begriff deshalb schon *Art.-29-Datenschutzgruppe* Stellungnahme 1/2012, WP 191, S. 16.
60 Paal/Pauly-*Martini* Art. 27 Rn. 35.
61 Dazu lesenswert u.a. *Veil* ZD 2015, 347.
62 Siehe Duden: https://www.duden.de/rechtschreibung/gelegentlich_zeitweise_bisweilen; Kühling/Buchner-*Hartung* Art. 27 Rn. 8; Gierschmann-*Schlender* Art. 27 Rn. 14.
63 Kühling/Buchner-*Hartung* Art. 27 Rn. 8.
64 *Europäischer Datenschutzausschuss* Guidelines 3/2018, S. 25; Paal/Pauly-*Martini* Art. 27 Rn. 36.

Benennungspflicht eines Datenschutzbeauftragten in Art. 37 Abs. 1 lit. b, lit. c, dazu Art. 37 Rn. 14 ff.). Bei sich regelmäßig wiederholenden Verarbeitungen greift Abs. 2 lit. a demgegenüber nicht.[65]

b) Keine umfangreiche Verarbeitung personenbezogener Daten i.S.v. Art. 9 Abs. 1 oder i.S.v. Art. 10. Zweite Voraussetzung der in Abs. 2 lit. a formulierten Ausnahme ist als Negativmerkmal[66], dass die (nur gelegentliche, Rn. 41 ff.) Verarbeitung nicht die umfangreiche Verarbeitung besonderer Kategorien personenbezogener Daten i.S.d. Art. 9 Abs. 1 (dazu Art. 9 Rn. 33 ff.) oder alternativ die umfangreiche Verarbeitung personenbezogener Daten über strafrechtliche Verurteilungen und Straftaten (dazu Art. 10 Rn. 3) einschließt. 44

Allein die gelegentliche Verarbeitung personenbezogener Daten i.S.v. Art. 9 Abs. 1 oder Art. 10 ist nicht ausreichend, um den Anwendungsbereich der Ausnahme auszuschließen.[67] Erforderlich ist hierfür eine umfangreiche Verarbeitung. Dies ist zugleich einer der Fälle, in denen nach Art. 35 Abs. 3 lit. b eine DSFA durch den Verantwortlichen erforderlich ist und ein Datenschutzbeauftragter nach Art. 37 Abs. 1 lit. c zu benennen ist. Der Begriff der umfangreichen Verarbeitung wird durch ErwG 91 konkretisiert, der auf die quantitativen Elemente der Verarbeitung großer Mengen personenbezogener Daten von einer großen Zahl betroffener Personen abstellt. Anders als das qualitative Positivmerkmal gelegentlich (Rn. 41 ff.) handelt es sich bei dem Merkmal umfangreich um ein quantitatives Negativmerkmal. Die Intensität der Verarbeitung ist erst beim dritten Tatbestandsmerkmal von Abs. 2 lit. a (Rn. 48) zu berücksichtigen.[68] Zu den Details der Auslegung des Merkmals umfangreich siehe Art. 35 Rn. 75 und Art. 37 Rn. 17. 45

c) Voraussichtlich keine Risiken für Rechte und Freiheiten natürlicher Personen. Dritte und letzte Voraussetzung der in Abs. 2 lit. a formulierten Ausnahme ist als weiteres Negativmerkmal, dass die Verarbeitung unter Berücksichtigung der Art, der Umstände, des Umfangs und der Zwecke der Verarbeitung voraussichtlich nicht zu einem Risiko für die Rechte und Freiheiten natürlicher Personen führt. Hierbei handelt es sich um eine dem risikobasierten Ansatz der DS-GVO Rechnung tragende Generalklausel,[69] die eine Prognoseentscheidung[70] durch den Verantwortlichen oder Auftragsverarbeiter über die mit der gelegentlichen (Rn. 41 ff.), nicht umfangreichen (Rn. 44 f.) Verarbeitung verbundenen Risiken verlangt. 46

Die Formulierung, wonach es „voraussichtlich nicht zu einem Risiko für die Rechte und Freiheiten natürlicher Personen" kommen darf, wird auch in Art. 33 Abs. 1 genutzt, um die Ausnahme von der Pflicht zur Meldung einer Verletzung des Schutzes personenbezogener Daten i.S.d. Art. 4 Nr. 12 durch den Verantwortlichen zu beschreiben (dazu Art. 33 Rn. 42 ff., ähnlich Art. 30 Abs. 5, dazu Art. 30 Rn. 92). Gemeint ist 47

---

65 Paal/Pauly-*Martini* Art. 27 Rn. 36; Taeger/Gabel-*Lang* Art. 27 Rn. 26.
66 Paal/Pauly-*Martini* Art. 27 Rn. 37.
67 Gola-*Piltz* Art. 27 Rn. 25.
68 A.A. für die Einbeziehung qualitativer Elemente beim Begriff umfangreich Paal/Pauly-*Martini* Art. 27 Rn. 39.
69 Paal/Pauly-*Martini* Art. 27 Rn. 42 f.
70 Kühling/Buchner-*Hartung* Art. 27 Rn. 10.

mit „nicht zu einem Risiko führt" kein Null-Risiko der Verarbeitung;[71] ein solches wäre auch bei einer Prognoseentscheidung stets ausgeschlossen mit der Folge, dass die Ausnahme von der Benennungspflicht in Abs. 2 lit. a niemals Anwendung findet. Ausreichend ist, wenn nach der Abwägung ein voraussichtlich geringes Risiko für die Rechte und Freiheiten natürlicher Personen verbleibt, also die Wahrscheinlichkeit des Schadenseintritts einschließlich der dann zu erwartenden Schadenshöhe[72] nicht zu hohen Risiken führt (zum Begriff hohes Risiko Art. 34 Rn. 2 ff. und Art. 35 Rn. 51). Zu den Details der Auslegung von „voraussichtlich nicht zu einem hohen Risiko führend" im Einzelnen Art. 33 Rn. 46 ff.

48 Bei der Risikobewertung sind Art, Umstände, Umfang und Zwecke der Verarbeitung zu berücksichtigen. Hierbei handelt es sich um quantitative und qualitative, gleich stark zu gewichtende Bewertungsmerkmale (Rn. 45 und Art. 24 Rn. 19). In die Bewertung einfließen muss insbesondere die Intensität der Verarbeitung aus Sicht der betroffenen Personen.[73] Diese Merkmale sind auch für die Ermittlung der vom Verantwortlichen nach Art. 24 Abs. 1 für eine verordnungskonforme Verarbeitung umzusetzenden, geeigneten technischen und organisatorischen Maßnahmen zu berücksichtigen (dazu Art. 24 Rn. 19), ebenso für die vom Verantwortlichen und vom Auftragsverarbeiter nach Art. 32 Abs. 1 zur Gewährleistung eines dem Risiko angemessenen Schutzniveaus zu treffenden technischen und organisatorischen Maßnahmen. Zu den Details der Bewertungsmerkmale ausführlich Art. 32 Rn. 81 ff.

49 **2. Ausnahme bei Behörden oder öffentlichen Stellen (Abs. 2 lit. b).** Die Ausnahme von der Benennungspflicht in Abs. 2 lit. b geht auf den völkerrechtlichen Grundsatz „par in parem non habet imperium" zurück (Gleiche haben über Gleiche keine Macht)[74] und ist Ausdruck der souveränen Gleichheit aller Staaten.[75]

50 Behörde und öffentliche Stelle sind als unionsrechtliche Begriffe autonom ohne Rückgriff auf § 1 Abs. 4 VwVfG auszulegen (ebenso wie die Schriftlichkeit in Abs. 1, dazu Rn. 30).[76] Der Begriff Behörde in der DS-GVO folgt dabei jedoch wie das deutsche Verwaltungsrecht und das BDSG a.F.[77] dem funktionalen Behördenbegriff. Behörden sind hiernach ungeachtet des Rechtsträgers und der Organisationsform alle öffentlichen und nichtöffentlichen Stellen, die selbstständig Aufgaben der öffentlichen Verwaltung wahrnehmen.[78] Die Aufzählung Behörden oder öffentliche Stellen dient der Klarstellung, dass auch solche Stellen in den Anwendungsbereich der Ausnahme in Abs. 2 lit. b fallen, die hoheitliche Aufgaben kraft einer formalen Aufgabenzuweisung übernehmen, ohne jedoch Behörde zu sein. Nicht erfasst sind dem unselbstständigen

---

71 Kühling/Buchner-*Hartung* Art. 27 Rn. 10; von einem zulässigen „geringfügigen" Risiko spricht Taeger/Gabel-*Lang* Art. 27 Rn. 32.
72 Paal/Pauly-*Martini* Art. 27 Rn. 43.
73 Paal/Pauly-*Martini* Art. 27 Rn. 39, jedoch mit Verortung im Merkmal „umfangreich".
74 Erläuterung unter https://de.wikipedia.org/wiki/Par_in_parem_non_habet_imperium.
75 Paal/Pauly-*Martini* Art. 27 Rn. 44.
76 Paal/Pauly-*Martini* Art. 27 Rn. 46; Taeger/Gabel-*Lang* Art. 27 Rn. 34.
77 BeckOK DatenSR-*Hanloser* § 2 Rn. 10 ff.
78 Paal/Pauly-*Martini* Art. 27 Rn. 45.

Verwaltungshelfer[79] gleichzustellende Werkzeuge von Behörden und öffentlichen Stellen; deren Verarbeitung dient ausschließlich nichtöffentlichen Zwecken.

Zur Einordnung eines Verantwortlichen oder Auftragsverarbeiters als Behörde oder öffentliche Stelle i.S.v. Abs. 2 lit. a kommt es auf den Zweck der jeweiligen Verarbeitung im konkreten Einzelfall an. Ob die Verarbeitung Außenwirkung entfaltet oder nach außen erkennbar der Wahrnehmung hoheitlicher Aufgaben dient, ist ohne Bedeutung. Der Anwendungsbereich der Ausnahme dürfte wegen der von Art. 3 Abs. 2 überhaupt erfassten Verarbeitungen (Rn. 1) außerordentlich gering sein.[80] 51

IV. Niederlassungsort des Vertreters (Abs. 3)

Abs. 3 legt den Niederlassungsort des Vertreters fest. Im Übrigen stellt Art. 27 keine Anforderungen an die Person des Vertreters (Rn. 20, zur Abgrenzung vom Datenschutzbeauftragten Rn. 22 f.). Wird ein Vertreter benannt (zu den Voraussetzungen Rn. 24 ff.), der in einem nach Abs. 3 ungeeigneten Mitgliedstaat niedergelassen ist, liegt eine Zuwiderhandlung gegen die sich aus Art. 27 ergebenden Pflichten vor[81] (zu möglichen Sanktionen Rn. 83 f.). 52

Der Vertreter muss in einem der Mitgliedstaaten niedergelassen sein, in denen sich die betroffenen Personen befinden, deren personenbezogene Daten im Zusammenhang mit den ihnen angebotenen Waren oder Dienstleistungen verarbeitet werden oder deren Verhalten beobachtet wird. Der Niederlassungsort des Vertreters folgt damit dem Aufenthaltsort der von der Verarbeitung durch den Verantwortlichen oder Auftragsverarbeiter betroffenen Personen: der Vertreter muss an einem der Marktorte niedergelassen sein, die wegen der Bezugnahme in Abs. 1 auf das Marktortprinzip in Art. 3 Abs. 2 (Rn. 24) überhaupt erst zur Benennungspflicht für den Vertreter geführt haben. Adressiert der Verantwortliche oder Auftragsverarbeiter mit seiner Verarbeitung mehrere Mitgliedstaaten, genügt nach dem eindeutigen Wortlaut von Abs. 3, dass der Vertreter seine Niederlassung in einem dieser Mitgliedstaaten hat. Der Verantwortliche oder Auftragsverarbeiter hat dann das Wahlrecht.[82] 53

Die Anforderungen an die Niederlassung des Vertreters in der Union entsprechen denen für die Niederlassung des Verantwortlichen oder Auftragsverarbeiters nach Art. 3 Abs. 1 (ausführlich zum Begriff Niederlassung Art. 3 Rn. 16 ff.).[83] Durch die Benennung eines Vertreters begründet der Verantwortliche oder Auftragsverarbeiter keine eigene Niederlassung in der Union.[84] 54

---

79 Zum Begriff MüKo BGB-*Papier/Shirvani* § 839 Rn. 135 f; ähnlich Taeger/Gabel-*Lang* Art. 27 Rn. 35 („Verarbeitung durch eine staatliche oder dem Staat zuzurechnende Einheit" und Stelle „in unmittelbarer oder mittelbarer Trägerschaft des Staates").
80 *Europäischer Datenschutzausschuss* Guidelines 3/2018, S. 26.
81 Sydow-*Ingold* Art. 27 Rn. 7.
82 Ebenso Taeger/Gabel-*Lang* Art. 27 Rn. 55; Der *Europäische Datenausschuss* empfiehlt eine Niederlassung in demjenigen Mitgliedstaat mit der Mehrzahl der betroffenen Personen, siehe Guidelines 3/2018, S. 26.
83 *Franck* RDV 2018, 303, 307; Zur Rechtsprechung zur DSRL vgl. etwa *EuGH* v. 13.5.2014 – C-131/12, ECLI:EU:C:2013:424, Google Spain and Google, Rn. 48 ff.; *EuGH* v. 15.2.1996 – C-53/95, ECLI:EU:C:1996:5, Inasti/Kemmler, Rn. 8.
84 *Europäischer Datenschutzausschuss* Guidelines 3/2018, S. 23; Taeger/Gabel-*Lang* Art. 27 Rn. 57; *Franck* RDV 2018, 303, 307.

V. Aufgaben des Vertreters (Abs. 4)

55 Die dem Vertreter obliegenden Aufgaben werden in der DS-GVO nur grob umrissen. Nach Art. 4 Nr. 17 (Rn. 19) „vertritt" der Vertreter den Verantwortlichen oder Auftragsverarbeiter „in Bezug auf die ihnen jeweils nach dieser Verordnung obliegenden Pflichten". Abs. 4 spricht von einem Auftrag, der dem Vertreter vom Verantwortlichen oder Auftragsverarbeiter erteilt wird (zur Schriftlichkeit Rn. 25 ff.), unter dem der Vertreter „zusätzlich" zum Auftragsverarbeiter oder Verantwortlichen oder an seiner Stelle „insbesondere für Aufsichtsbehörden und betroffene Personen bei sämtlichen Fragen im Zusammenhang mit der Verarbeitung zur Gewährleistung der Einhaltung dieser Verordnung als Anlaufstelle [dient]". ErwG 80 (oben Rn. 3) ergänzt dies weiter um den Aspekt, dass der Vertreter „seine Aufgaben entsprechend dem [ihm erteilten] Mandat" auszuführen hat und dabei insbesondere mit „den zuständigen Aufsichtsbehörden in Bezug auf Maßnahmen [zusammenarbeitet], welche die Einhaltung dieser Verordnung sicherstellen sollen". Außerdem sollte der Vertreter „Durchsetzungsverfahren" bei „Verstößen des Verantwortlichen oder Auftragsverarbeiters" unterworfen werden (zur Verantwortlichkeit und Haftung des Vertreters Rn. 73 ff.; zu gleichwohl möglichen rechtlichen Schritten gegen Verantwortlichen oder Auftragsverarbeiter Rn. 84). Die Aufgaben des Vertreters ergeben sich damit einerseits aus der DS-GVO (Rn. 56 ff.), andererseits aus dem ihm durch den Verantwortlichen oder Auftragsverarbeiter erteilten Mandat (Rn. 71 f.).

56 **1. Gesetzliche Aufgaben des Vertreters.** Aus Art. 4 Nr. 17, Abs. 4 und ErwG 80 ergeben sich folgende zwingende Aufgaben des Vertreters, die er entsprechend dem ihm erteilten Mandat auszuführen hat: (a) Anlaufstelle insbesondere für Aufsichtsbehörden und betroffene Personen bei Fragen im Zusammenhang mit der Gewährleistung einer verordnungskonformen Verarbeitung zusätzlich oder anstelle des Verantwortlichen oder Auftragsverarbeiters, (b) Vertretung des Verantwortlichen oder Auftragsverarbeiters in Bezug auf die ihnen durch die DS-GVO auferlegten Pflichten, **und** (c) Zusammenarbeit mit den zuständigen Aufsichtsbehörden in Bezug auf Maßnahmen zur Einhaltung der DS-GVO.

57 **a) Erfüllung der Aufgaben entsprechend dem erteilten Mandat.** Wenn ErwG 80 die Beauftragung nach Abs. 4 dahingehend konkretisiert, dass der Vertreter „seine Aufgaben entsprechend dem [ihm erteilten] Mandat" auszuführen hat, ergibt sich hieraus, dass das Tätigwerden des Vertreters einen entsprechenden Auftrag des Verantwortlichen oder Auftragsverarbeiters voraussetzt. Dieser Auftrag ist zivilrechtlich das der Benennung zugrundeliegende Vertragsverhältnis zwischen Auftragsverarbeiter oder Verantwortlichen einerseits sowie Vertreter andererseits. Benennung und Vertragsverhältnis sind zwei selbstständig nebeneinanderstehende Rechtsakte (sog. Trennungsprinzip)[85], können aber zusammenfallen, wenn sich die Erteilung des Auftrags auf die Benennung des Vertreters beschränkt (zur Schriftlichkeit nach Abs. 1 Rn. 24 ff., zum Auftrag Rn. 71 f.).

58 Die mandatsgetreue Ausführung seiner Aufgaben bedingt eine gewisse Weisungsgebundenheit des Vertreters gegenüber dem ihn beauftragenden Verantwortlichen oder

---

[85] Ebenso Taeger/Gabel-*Lang* Art. 27 Rn. 53; dazu für den DSB Koreng/Lachenmann-*Kremer/Sander* Kap. B.I.1. Rn. 1.

Auftragsverarbeiter.[86] Der Vertreter nach Art. 27 ist nicht Stellvertreter i.S.d. § 164 Abs. 1 BGB, der innerhalb der ihm durch den Vertretenen eingeräumten Vertretungsmacht agiert und hierbei einen eigenen Entscheidungsspielraum hat.[87] Eher ist der Vertreter gleichzustellen mit dem Empfangs- und Erklärungsboten.[88]

Verarbeitet der Vertreter in Ausübung seiner Tätigkeiten personenbezogene Daten ergibt sich die Erlaubnis hierzu aus Art. 6 Abs. 1 lit. c (i.V.m. Art. 27 Abs. 1), bei besonderen Kategorien personenbezogener Daten ergänzend aus Art. 9 Abs. 2 lit. g (i.V.m. Art. 27 Abs. 1). Eine Auftragsverarbeitung des Vertreters i.S.d. Art. 28 Abs. 1 für den Verantwortlichen oder Auftragsverarbeiter liegt insoweit nicht vor.[89] Die Rechtfertigung für die mit der Aufgabenerfüllung stets einhergehende Übermittlung personenbezogener Daten ergibt sich aus Art. 49 Abs. 1 lit. e, ohne dass es eines Angemessenheitsbeschlusses i.S.d. Art. 45 oder geeigneter Garantien i.S.d. Art. 46 bedarf.[90] 59

b) Anlaufstelle für Fragen im Zusammenhang mit einer verordnungsgemäßen Verarbeitung. Aufgabe des Vertreters ist nach Abs. 4 das Tätigwerden als Anlaufstelle insbesondere für Aufsichtsbehörden und betroffene Personen bei sämtlichen Fragen im Zusammenhang mit der Verarbeitung zur Gewährleistung der Einhaltung der DS-GVO. Der Vertreter übernimmt für den Verantwortlichen oder Auftragsverarbeiter bei der Kommunikation innerhalb der Union eine Doppelfunktion. Er gewährleistet einerseits die horizontale Kommunikation zu den betroffenen Personen, aber auch zu anderen Verantwortlichen (insbesondere bei gemeinsam Verantwortlichen nach Art. 26) und/oder zu anderen Auftragsverarbeitern (etwa bei Leistungsketten, dazu Art. 28 Rn. 144 ff.). Andererseits gewährleistet der Vertreter die vertikale Kommunikation für den Verantwortlichen oder Auftragsverarbeiter zu den Aufsichtsbehörden und dient insoweit der Erfüllung öffentlicher Aufgaben.[91] 60

Die Aufgabe als Anlaufstelle ist die eines Ansprechpartners. Gleich einem Empfangs- und Erklärungsboten steht der Vertreter Rede und Antwort wegen aller die verordnungskonforme Verarbeitung durch den Verantwortlichen oder Auftragsverarbeiter betreffenden Fragen Dritter,[92] Ohne in die Pflichtenstellung des Verantwortlichen oder Auftragsverarbeiters einzutreten.[93] Eine Befugnis zu Erklärungen mit Wirkung für oder gegen den vertretenen Verantwortlichen oder Auftragsverarbeiter ist mit dieser Funktion des Vertreters nicht verbunden (oben Rn. 58). Ebenso wenig ergibt sich aus der Tätigkeit als Anlaufstelle für Aufsichtsbehörden und betroffene Personen eine Zustellungsbevollmächtigung in gerichtlichen Verfahren (Rn. 70 f.).[94] Auch die Fristen 61

---

86 *Europäischer Datenschutzausschuss* Guidelines 3/2018, S. 24.
87 Anders *Franck* RDV 2018, 303, 304 („zivilrechtlichen Vorschriften [erscheinen] weitenteils ihrem Wesen nach anwendbar") und RDV 2018, 303, 305 („„Wissensvertretung" gem. § 166 BGB analog).
88 Paal/Pauly-*Martini* Art. 27 Rn. 50; *Lantwin* ZD 2019, 14, 16; einschränkend Taeger/Gabel-*Lang* Art. 27 Rn. 42 (Empfangsvertreter und Erklärungsbote); a.A. Gola-*Piltz* Art. 27 Rn. 2.
89 *Franck* RDV 2018, 303, 307.
90 Mit anderer Begründung *Franck* RDV 2018, 303, 307.
91 *Europäischer Datenschutzausschuss* Guidelines 3/2018, S. 25; *Lantwin* ZD 2019, 14, 15; *Koós/Englisch* ZD 2014, 279.
92 Ebenso *Lantwin* ZD 2019, 14, 15 f.
93 So ausdrücklich Taeger/Gabel-*Lang* Art. 27 Rn. 41.
94 A.A. Paal/Pauly-*Martini* Art. 27 Rn. 50; BeckOK DatenSR-*Hanloser* Art. 27 Rn. 15.

für die Rechte betroffener Personen gem. Art. 12 Abs. 3 S. 1 und für die Meldung einer Verletzung des Schutzes personenbezogener Daten gem. Art. 4 Nr. 12, 33 Abs. 1 S. 1 beginnen nicht mit Kenntnis des Vertreters, sondern verlangen Kenntnis des Verantwortlichen oder Auftragsverarbeiters, der sich schuldhafte Verzögerungen aus dem Bereich des Vertreters allerdings zurechnen lassen muss.[95]

62 Abhängig von dem ihm erteilten Auftrag (Rn. 71 f. und Praxishinweise Rn. 89 f.) wird der Vertreter in seiner Aufgabe als Anlaufstelle nach Abs. 4 entweder zusätzlich zu dem Verantwortlichen oder Auftragsverarbeiter oder exklusiv an seiner Stelle tätig. Der Verantwortliche oder Auftragsverarbeiter ist insoweit in seiner Entscheidung frei.[96] Die Entscheidung für oder gegen eine Exklusivität der Aufgabenwahrnehmung durch den Vertreter wirkt jedoch solange nur im Innenverhältnis, wie sie nicht gegenüber den jeweiligen Dritten kommuniziert worden ist, ohne dass es jedoch auf eine Kenntnisnahme dort ankommt.[97] Ansonsten könnte der Verantwortliche oder Auftragsverarbeiter durch eine nur ihm bekannte Benennung eines exklusiv als Anlaufstelle tätigen Vertreters dem Normzweck von Art. 27 zuwider (Rn. 2) die in seine Richtung bestehenden Kommunikationsmöglichkeiten (Rn. 60) einseitig beschränken. Denn anders als Art. 37 Abs. 7 für den Datenschutzbeauftragten (dazu Art. 37 Rn. 51 f.) kennt die DS-GVO keine Verpflichtung zur Veröffentlichung oder Mitteilung der Kontaktdaten des Vertreters (ausgenommen gegenüber betroffenen Personen nach Art. 13 Abs. 1 lit. a, dazu Art. 13 Rn. 34, oder Art. 14 Abs. 1 lit. a, dazu Art. 14 Rn. 26 f.).[98]

63 Die Festlegung, ob der Vertreter zusätzlich oder an Stelle des Verantwortlichen oder Auftragsverarbeiters als Anlaufstelle tätig wird, soll sich aus der Benennung ergeben (Rn. 25). Fehlt es an der Festlegung, ist die Benennung nicht unwirksam (zu den Rechtsfolgen einer unwirksamen Benennung Rn. 85 f.). In diesem Fall wird der Vertreter zusätzlich zum Verantwortlichen oder Auftragsverarbeiter als Anlaufstelle tätig.[99] Hierdurch werden mit Blick auf den Normzweck von Art. 27 (Rn. 2) die Kommunikationsmöglichkeiten zum Verantwortlichen oder Auftragsverarbeiter hin erweitert, nicht beschränkt.

64 **c) Vertretung des Verantwortlichen oder Auftragsverarbeiters.** Art. 4 Nr. 17 (Rn. 19 ff.) spricht abweichend vom Wortlaut des Abs. 4 (Rn. 60) dem Vertreter die Aufgabe zu, „den Verantwortlichen oder Auftragsverarbeiter in Bezug auf die ihnen jeweils nach dieser Verordnung obliegenden Pflichten [zu vertreten]." Mit dem in Teilen weisungsgebundenen Tätigwerden des Vertreters innerhalb des ihm vom Verantwortlichen oder Auftragsverarbeiter erteilten Mandats (Rn. 57 f.) wäre eine im Sinne des deutschen Rechts verstandene Tätigkeit als Stellvertreter des Verantwortlichen oder Auftragsverarbeiters jedoch nicht vereinbar (Rn. 58, 61). Eine Erweiterung des Aufgabenkreises aus Abs. 4 (Rn. 60 ff.) ist deshalb mit der abweichenden Formulierung in der Begriffsbestimmung in Art. 4 Nr. 17 nicht verbunden (dazu Art. 4 Rn. 287 ff.).

---

[95] A.A. Taeger/Gabel-*Lang* Art. 27 Rn. 43; *Franck* RDV 2018, 303, 305.
[96] Ebenso Taeger/Gabel-*Lang* Art. 27 Rn. 61.
[97] Taeger/Gabel-*Lang* Art. 27 Rn. 62; A.A. Paal/Pauly-*Martini* Art. 27 Rn. 50.
[98] Taeger/Gabel-*Lang* Art. 27 Rn. 52; *Franck* RDV 2018, 303, 307; A.A. wohl *Europäischer Datenschutzausschuss* Guidelines 3/2018, S. 25.
[99] Ebenso Taeger/Gabel-*Lang* Art. 27 Rn. 62.

d) Zusammenarbeit mit den Aufsichtsbehörden bei Maßnahmen und Durchsetzungs- 65
verfahren. ErwG 80 beschreibt als Aufgabe des Vertreters abweichend vom Wortlaut von Abs. 4 (Rn. 60 ff.) und Art. 4 Nr. 17 (Rn. 64) ergänzend die Verpflichtung, „entsprechend dem Mandat" (Rn. 57 f., Rn. 71 f., Praxishinweise Rn. 89 f.) „mit den zuständigen Aufsichtsbehörden in Bezug auf Maßnahmen, die die Einhaltung dieser Verordnung sicherstellen, zusammen[zu]arbeiten". Zudem soll der Vertreter nach ErwG 80 bei „Verstößen des Verantwortlichen oder Auftragsverarbeiters [...] Durchsetzungsverfahren unterworfen" werden.

Maßnahmen zur Sicherstellung einer verordnungskonformen Verarbeitung sind alle 66 von Aufsichtsbehörden im Zusammenhang mit der Erfüllung ihrer Aufgaben nach Art. 57 in Ausübung ihrer Befugnisse aus Art. 58 ergriffenen Handlungen. Solche Maßnahmen stehen jedoch stets „im Zusammenhang mit der Verarbeitung zur Gewährleistung der Einhaltung dieser Verordnung" i.S.v. Abs. 4. Die Verpflichtung zur Zusammenarbeit mit der Aufsichtsbehörde bei derartigen Maßnahmen ist damit ein Teilbereich der dem Vertreter als Anlaufstelle nach Abs. 4 ohnehin obliegenden Aufgaben (Rn. 60 ff.), die durch Art. 31 noch einmal ausdrücklich festgeschrieben wird (dazu Art. 31 Rn. 22 ff.).

Die Unterwerfung des Vertreters bei Durchsetzungsverfahren wegen Verstößen des 67 Verantwortlichen oder Auftragsverarbeiters betrifft die Verantwortlichkeit des Vertreters für vom Verantwortlichen oder Auftragsverarbeiter begangene Verletzungen der DS-GVO, nicht die Aufgaben des Vertreters. Die englische Sprachfassung von ErwG 80 spricht ausdrücklich von „enforcement proceedings in the event of non-compliance by the controller or processor". Dazu ausführlich Rn. 73 ff.

e) Führen und Zurverfügungstellen des Verzeichnisses von Verarbeitungstätigkeiten.
Art. 30 Abs. 1, Abs. 2 und Abs. 4 konkretisieren die dem Vertreter mit seiner Tätigkeit 68 als Anlaufstelle durch Abs. 4 auferlegten Aufgaben (Rn. 60 ff.). Nach Art. 30 Abs. 1 bzw. Abs. 2 ist der Vertreter verpflichtet, das VVT des Verantwortlichen bzw. Auftragsverarbeiters (zusätzlich oder an Stelle des Verantwortlichen bzw. Auftragsverarbeiters, Rn. 62 f.) zu führen und dieses gegebenenfalls in dem sich aus Art. 30 Abs. 4 ergebenden Umfang der Aufsichtsbehörde auf Anfrage zur Verfügung zu stellen (dazu Art. 30 Rn. 91).

f) Zustellungsbevollmächtigung nach § 44 Abs. 3 BDSG und § 81b Abs. 3 SGB X. § 44 69
Abs. 3 BDSG und § 81 Abs. 3 SGB X fingieren eine Zustellungsbevollmächtigung des Vertreters i.S.d. § 171 ZPO (ggf. i.V.m. § 63 Abs. 2 SGG) für den Verantwortlichen oder Auftragsverarbeiter ausschließlich[100] im zivilgerichtlichen Verfahren, wenn der Verantwortliche oder Auftragsverarbeiter von einer betroffenen Person an einem Gerichtsstand i.S.d. § 44 Abs. 1 BDSG bzw. § 81b Abs. 3 SGB X verklagt wird. Ausweislich der Gesetzesbegründung soll diese „sachgerechte" Regelung praktische Schwierigkeiten bei der grenzüberschreitenden Zustellung einer Klage in einem Drittland vermeiden.[101] Ungeachtet dessen sind die Gerichte ausweislich § 44 Abs. 3 S. 2 BDSG bzw. § 63 Abs. 3 SGG berechtigt, den Verantwortlichen oder Auftragsverarbeiter zur Benennung eines Zustellungsbevollmächtigten nach § 184 ZPO (ggf. i.V.m. § 63 Abs. 2 SGG) aufzufordern. Erfolgt eine solche Aufforderung durch das Gericht,

---
100 *Piltz* § 44 BDSG Rn. 29.
101 BT-Drucks. 18/11325, S. 111.

kommt der Verantwortliche oder Auftragsverarbeiter dem jedoch nicht nach, kann das Gericht gem. § 184 Abs. 1 S. 2, Abs. 2 ZPO (ggf. i.V.m. § 63 Abs. 2 SGG) hiernach die Zustellung durch Aufgabe eines Schriftstücks unter der Anschrift der Partei zur Post bewirken, ebenso aber auch durch Zustellung an den Vertreter.

70 Anders als für § 44 Abs. 1, Abs. 2 BDSG benennt die Gesetzesbegründung keine Grundlage für die mit § 44 Abs. 3 BDSG bzw. § 81b Abs. 3 SGB X vorgenommene Aufgabenzuweisung zum Vertreter.[102] Dies mag daran liegen, dass es eine solche Grundlage nicht gibt. Zwar ist der Gesetzesbegründung zuzustimmen, dass die Anordnung einer solchen Bevollmächtigung für den Vertreter praktische Schwierigkeiten bei der Zustellung vermeidet (siehe auch Rn. 94). Gleichwohl verändert die Zustellungsbevollmächtigung die gesetzlichen Aufgaben des Vertreters über Abs. 4 hinaus (Rn. 56 ff.) und ignoriert, dass Rechtshandlungen durch oder gegenüber dem Vertreter mit Wirkung für oder gegen den Verantwortlichen oder Auftragsverarbeiter nicht durch den Normzweck von Art. 27 (Rn. 2) gedeckt sind (Rn. 61).[103] Zustellungen von Gerichten an den Vertreter unter Bezugnahme auf § 44 Abs. 3 S. 1 BDSG bzw. § 81b Abs. 3 SGB X wären deshalb unwirksam, weil § 44 Abs. 3 S. 1 BDSG und § 81b Abs. 3 S. 1 SGB X mit Abs. 4 nicht vereinbar ist.[104]

71 **2. Auftragsbezogene Aufgaben des Vertreters.** Neben die Benennung des Vertreters tritt selbstständig dessen Beauftragung durch den Verantwortlichen oder Auftragsverarbeiter als deren vertragliche Grundlage (Rn. 57 f., Praxishinweis Rn. 89 f.). Ebenso wie beim Datenschutzbeauftragten (dazu Art. 39 Rn. 8) ist der Verantwortliche oder Auftragsverarbeiter frei darin, dem Vertreter über die gesetzlichen Aufgaben hinaus (Rn. 56 ff.) weitere Aufgaben zu übertragen, soweit diese nicht zu einer Interessenkollision mit den gesetzlichen Aufgaben führen (zur Unvereinbarkeit der Tätigkeit des Vertreters mit derjenigen des Datenschutzbeauftragten Rn. 22 f.).[105] Diese vertraglich übernommenen zusätzlichen Aufgaben stehen selbstständig neben den gesetzlichen Aufgaben des Vertreters und haben auf das Verhältnis des Vertreters zu Dritten in seiner ihm durch Abs. 4 übertragenen Funktion als Anlaufstelle (Rn. 60 ff.) keine Auswirkungen.

72 Neben der Tätigkeit als Vertreter ist ein gleichzeitiges Tätigwerden der hiermit beauftragten natürlichen oder juristischen Person (Rn. 21) als Auftragsverarbeiter für denselben Verantwortlichen bzw. als Unterauftragsverarbeiter für denselben Auftragsverarbeiter nicht vereinbar. Die gesetzlichen Aufgaben des Vertreters aus Abs. 4 (Rn. 56 ff.) lassen sich mit den Pflichten des Auftragsverarbeiters aus Art. 28 Abs. 2 ff. (dazu Art. 28 Rn. 108 ff.) nicht in Einklang bringen.[106]

73 **3. Verantwortlichkeit des Vertreters gegenüber Dritten.** ErwG 80 S. 6 sieht vor, dass der Vertreter „bei Verstößen des Verantwortlichen oder Auftragsverarbeiters [...] Durchsetzungsverfahren unterworfen" werden sollte (Rn. 55, 67) und knüpft damit

---

102 BT-Drucks. 18/11325, S. 110 f.
103 Ebenso *Piltz* § 44 BDSG Rn. 24; zweifelnd *Lantwin* ZD 2019, 14, 16; a.A. Taeger/Gabel-*Lang* Art. 27 Rn. 45, 47.
104 A.A. unter Berufung auf „insbesondere" in Art. 27 Abs. 4 *Franck* RDV 2018, 303, 305; Taeger/Gabel-*Lang* Art. 27 Rn. 37; *Koós/Englisch* ZD 2014, 276, 279.
105 Taeger/Gabel-*Lang* Art. 27 Rn. 64; *Franck* RDV 2018, 303, 305.
106 Ebenso *Europäischer Datenschutzausschuss* Guidelines 3/2018, S. 24; a.A. noch die Vorauflage und *Franck* RDV 2018, 303, 304.

vermeintlich an jedwede Verletzung der DS-GVO durch den Verantwortlichen oder Auftragsverarbeiter an (Rn. 67).[107] Dabei wird der Begriff „Durchsetzungsverfahren" nirgendwo sonst in der DS-GVO verwendet. Demgegenüber sieht Art. 58 Abs. 1 lit. a vor, dass neben dem Verantwortlichen oder Auftragsverarbeiter unmittelbar der Vertreter im Rahmen der Untersuchungsbefugnisse der Aufsichtsbehörde von dieser angewiesen werden kann, „alle Informationen bereitzustellen, die für die Erfüllung ihrer Aufgaben erforderlich sind". Bei der Verantwortlichkeit des Vertreters gegenüber Dritten ist mithin zwischen der Verantwortlichkeit für die verordnungskonforme Verarbeitung durch den Verantwortlichen oder Auftragsverarbeiter einerseits und der Verantwortlichkeit des Vertreters für sein eigenes Handeln oder Unterlassen andererseits zu differenzieren.[108]

a) Verantwortlichkeit für Zuwiderhandlungen des Verantwortlichen oder Auftragsverarbeiters. Aus seiner durch Abs. 4 ihm zugewiesenen Aufgabe als Anlaufstelle insbesondere für Aufsichtsbehörden und betroffene Personen, ebenso aber auch für andere als dem von ihm vertretenen Verantwortlichen oder Auftragsverarbeiter (oben Rn. 60 ff.), ergibt sich, dass der Vertreter eine Kommunikations- und Informationsfunktion wahrnehmen soll.[109] Dies geschieht weisungsabhängig innerhalb des dem Vertreter durch den Verantwortlichen oder Auftragsverarbeiter erteilten Mandats (Rn. 57 f.). Eine Haftung des Vertreters für eine etwaige „non-compliance" des Verantwortlichen oder Auftragsverarbeiters, so die englische Sprachfassung von ErwG 80 (Rn. 67), scheidet deshalb aus.[110] 74

Ein weiteres Verständnis von der Verantwortlichkeit des Vertreters wäre mit der DS-GVO nicht in Einklang zu bringen. Nach Art. 58 Abs. 1 lit. a stehen der Aufsichtsbehörde dem Vertreter gegenüber **ausschließlich eine Untersuchungsbefugnis** gerichtet auf Bereitstellung aller für die Erfüllung ihrer Aufgaben erforderlichen Informationen zu (Rn. 72, ausführlich Art. 58 Rn. 51 ff.). Gegen den Vertreter gerichtete Abhilfebefugnisse aus Art. 58 Abs. 2 bestehen demgegenüber nicht.[111] Auch die Verhängung von Geldbußen nach Art. 83 scheidet aus, da diese gem. Art. 83 Abs. 2 S. 1, Abs. 3, 6 ausschließlich gegen Verantwortliche oder Auftragsverarbeiter verhängt werden können.[112] Spiegelbildlich hierzu gewährt Art. 82 Abs. 1 jeder Person einen Schadensersatzanspruch gegen den Verantwortlichen oder Auftragsverarbeiter, jedoch nicht gegen den Vertreter. Die DS-GVO spricht sich bewusst gegen eine Verantwortlichkeit und Haftung des Vertreters für Zuwiderhandlungen gegen die DS-GVO durch Verantwortlichen oder Auftragsverarbeiter aus. Der Vertreter steht damit nicht auf einer Stufe in einer Ersatzhaftung mit dem von ihm vertretenen Verantwortlichen oder Auftragsverarbeiter, was auch Abs. 5 bestätigt (Rn. 84).[113] 75

---

107 BeckOK DatenSR-*Hanloser* Art. 27 Rn. 8.
108 *Piltz* K&R 2016, 709, 712.
109 Paal/Pauly-*Martini* Art. 27 Rn. 54; zu den verschiedenen Sprachversionen *Lantwin* ZD 2019, 14, 15.
110 Strittig, siehe dazu auch Gola-*Piltz* Art. 27 Rn. 35.
111 *Europäischer Datenschutzausschuss* Guidelines 3/2018, S. 27 f.; Taeger/Gabel-*Lang* Art. 27 Rn. 66; *Piltz* K&R 2016, 709, 712.
112 Ebenso Kühling/Buchner-*Hartung* Art. 27 Rn. 18; Taeger/Gabel-*Lang* Art. 27 Rn. 68; *Lantwin* ZD 2019, 14, 17; *Franck* RDV 2018, 303, 305.
113 *Europäischer Datenschutzausschuss* Guidelines 3/2018, S. 28; *Lantwin* ZD 2019, 14, 16 f.

76 Die gegenteilige Ansicht, wonach der Vertreter selbst nach seiner erfolgten Benennung (Rn. 24 ff.) jedenfalls die Erfüllung der Rechte der betroffenen Personen gegenüber dem Verantwortlichen aus Art. 12 ff. schulde, geht fehl. Sie verkennt bereits, dass dem Vertreter ob seiner Aufgaben (Rn. 55 ff.) überhaupt nicht die Befugnisse gegenüber dem Verantwortlichen zustehen, die der Vertreter zur Erfüllung der vorgenannten Rechte benötigt.[114] Übersehen wird weiterhin, dass die Erfüllung von Ansprüchen betroffener Personen etwas anderes als die Tätigkeit einer Anlaufstelle ist, deren Aufgabe nach dem Normzweck von Art. 27 insbesondere die Gewährleistung der Kommunikation vom und zum Verantwortlichen oder Auftragsverarbeiter gegenüber jedwedem Dritten ist (Rn. 2, 60, 73).

77 Wer dem Vertreter eine selbstständige Verantwortlichkeit neben dem Verantwortlichen oder Auftragsverarbeiter für dessen Zuwiderhandlungen zusprechen will, interpretiert letztlich den von der DS-GVO gewollten Boten-Vertreter in einen rechtlichen Vertreter i.S.d. deutschen Zivilrechts um, ohne dass dies nach dem Normzweck von Art. 27 geboten ist. Eine Erfüllung von Rechten betroffener Personen i.S.d. Art. 12 ff. durch einen anderen als den nicht in der Union niedergelassenen Verantwortlichen kommt deshalb ausschließlich in Betracht, wenn der Verantwortliche diese ihm obliegende Pflicht – unabhängig von der Benennung eines Vertreters – an einen anderen gemeinsam Verantwortlichen i.S.d. Art. 26 Abs. 1 (dazu Art. 26 Rn. 17 ff.) oder einen Auftragsverarbeiter i.S.d. Art. 28 weitergibt.

78 Die in ErwG 80 getroffene Formulierung, wonach der Vertreter bei Verstößen des Verantwortlichen oder Auftragsverarbeiters Durchsetzungsverfahren unterworfen werden kann, ist unglücklich gewählt, weil sie außerhalb von Art. 58 Abs. 1 lit. a (Rn. 72, 75) keine weitere Stütze in der DS-GVO findet. Sie kann sich deshalb bezogen auf die Aufsichtsbehörden ausschließlich auf die Bereitstellung der erforderlichen Informationen für die Erfüllung von deren Aufgaben i.S.d. Art. 58 Abs. 1 lit. a beziehen, die von der Aufsichtsbehörde sodann zur Durchsetzung von Ansprüchen gegen den Verantwortlichen oder Auftragsverarbeiter genutzt werden können. Im Übrigen scheiden jedoch angesichts des eindeutigen Wortlauts von Art. 58 Abs. 2, 82, 83 Maßnahmen durch Aufsichtsbehörde oder andere Dritte (Rn. 60) gegenüber dem Vertreter wegen Zuwiderhandlungen durch den Verantwortlichen oder Auftragsverarbeiter aus.[115]

79 b) Verantwortlichkeit für eigene Zuwiderhandlungen des Vertreters. Eigene Zuwiderhandlungen des Vertreters kommen in Betracht, wenn er seine gesetzlichen Aufgaben (Rn. 56 ff.) nicht, nicht vollständig oder nicht in der ggf. zu beachtenden Frist erfüllt. Überträgt der Verantwortliche oder Auftragsverarbeiter dem Vertreter zusätzliche Aufgaben, berührt dies nicht seine Verantwortlichkeit als Vertreter (oben Rn. 71 f.).

80 aa) Verantwortlichkeit des Vertreters gegenüber Verantwortlichem oder Auftragsverarbeiter. Im Verhältnis zum Verantwortlichen oder Auftragsverarbeiter richtet sich die Verantwortlichkeit des Vertreters nach dem vertraglichen Innenverhältnis (Rn. 57, 71). Dabei wird es sich in Deutschland in der Regel, ebenso wie beim Tätigwerden des Datenschutzbeauftragten, um einen (entgeltlichen) Dienstvertrag i.S.d. § 611 BGB als

---

114 Ebenso *Lantwin* ZD 2019, 14, 17.
115 Ebenso Taeger/Gabel-*Lang* Art. 27 Rn. 66; *Lantwin* ZD 2019, 14, 16.

Geschäftsbesorgungsvertrag i.S.d. § 675 Abs. 1 BGB handeln (dazu Art. 37 Abs. 6 Rn. 48).[116] Hält sich der Vertreter an die ihm vom Verantwortlichen oder Auftragsverarbeiter erteilten Weisungen zur Erledigung des ihm übertragenen Mandats (Rn. 58), dürfte seine Inanspruchnahme außerhalb eines Exzesses regelmäßig am fehlenden Verschulden scheitern.[117]

bb) Verantwortlichkeit des Vertreters gegenüber Dritten. Anders als gegenüber dem Verantwortlichen oder Auftragsverarbeiter, welcher den Vertreter benennt und ihm sein Mandat erteilt, besteht zwischen dem Vertreter und Dritten (mit Ausnahme der Aufsichtsbehörde) wegen der ihm kraft Gesetzes obliegenden Aufgaben (Rn. 56 ff.) kein vertragliches oder gesetzliches Schuldverhältnis. Rechtliche Schritte wegen Zuwiderhandlungen des Vertreters gegen seine gesetzlichen Aufgaben sind deshalb gegen den jeweiligen Verantwortlichen oder Auftragsverarbeiter zu richten, was auch durch Art. 82, 83 (Rn. 75) bestätigt wird. Anders ist dies nur bei selbstständigen, deliktischen Handlungen des Vertreters, die zu Rechtsgutverletzungen bei Dritten führen. Dann kommen Schadensersatzansprüche insbesondere aus § 823 Abs. 1 BGB sowie ggf. Unterlassungs- und Beseitigungsansprüche aus § 1004 BGB i.V.m. § 823 Abs. 1 BGB in Betracht. 81

cc) Verantwortlichkeit des Vertreters gegenüber Aufsichtsbehörden. Die Aufsichtsbehörde kann gegenüber dem Vertreter die Erfüllung der ihm durch Abs. 4 übertragenen Aufgabe (Rn. 60 ff.) wegen der ihr insoweit durch Art. 58 Abs. 1 lit. a eingeräumten Untersuchungsbefugnisse (Rn. 72, 75, 78) ggf. auch mit Zwangsmitteln nach dem allgemeinen Verwaltungsverfahrensrecht durchsetzen,[118] jedoch keine Geldbuße verhängen.[119] Die Vollstreckung eines titulierten Anspruchs auf Erzwingung der Handlung „Bereitstellung aller erforderlichen Informationen" vom Vertreter wird dabei gem. § 169 Abs. 2 VwGO regelmäßig nach den landesrechtlichen Bestimmungen durchzuführen sein. Weitergehende Abhilfebefugnisse stehen der Aufsichtsbehörde jedoch ausschließlich dann zu, wenn der Vertreter eigene Pflichten aus Art. 30 Abs. 1, Abs. 2, Abs. 4 oder Art. 31 verletzt. Im Übrigen gibt es gegenüber dem Vertreter keine Abhilfe- oder Sanktionsbefugnisse der Aufsichtsbehörden (Rn. 75).[120] Eine analoge Anwendung der gegenüber dem Verantwortlichen oder Auftragsverarbeiter bestehenden Abhilfe- oder Sanktionsbefugnisse scheidet mit Blick auf das aus Art. 49 GRCh abzuleitende[121] Analogieverbot aus.[122] 82

dd) Verantwortlichkeit des Verantwortlichen oder Auftragsverarbeiters für Vertreter. Eigene Zuwiderhandlungen des Vertreters (Rn. 79, ausgenommen bei deliktischem Handeln des Vertreters, Rn. 81) sind im Außenverhältnis wie Zuwiderhandlungen des den Vertreter benennenden Verantwortlichen oder Auftragsverarbeiters zu bewerten. Sie können wegen der damit einhergehenden Verletzung von Art. 27 Gegenstand eige- 83

---

116 Zum DSB Koreng/Lachenmann-*Kremer/Sander* Kap. B.I.1. Rn. 3; Vertragsmuster für externe DSB bei Koreng/Lachenmann-*Kremer/Sander* B.II.1. und B.II.2.; Moos-*Henkel* Datennutzungs- und Datenschutzverträge, Teil 1, II.
117 Ebenso Gierschmann-*Schlender* Art. 27 Rn. 21; *Lantwin* ZD 2019, 14, 18.
118 *Europäischer Datenschutzausschuss* Guidelines 3/2018, S. 27 f.
119 Ausführlich *Lantwin* ZD 2019, 14, 17; Ebenso *Franck* RDV 2018, 303, 305.
120 Kühling/Buchner-*Hartung* Art. 27 Rn. 18; *Franck* RDV 2018, 303, 305.
121 Meyer-Eser Art. 49 Rn. 23.
122 Ebenso *Lantwin* ZD 2019, 14, 17.

ner rechtlicher Schritte Dritter (Art. 82) oder der Aufsichtsbehörden (Art. 58, 83) sein. Der Vertreter als Bote des Verantwortlichen oder Auftragsverarbeiters (Rn. 58) ist insoweit mit einem Erfüllungsgehilfen i.S.d. § 278 S. 1 BGB vergleichbar. Zur fortbestehenden Verantwortlichkeit für vom Vertreter unabhängige, nicht verordnungskonforme Verarbeitungen siehe Abs. 5 (Rn. 84).

VI. Abs. 5: Rechtliche Schritte gegen Vertretenen nach Benennung eines Vertreters

84   Abs. 5 enthält die Klarstellung, wonach die Benennung eines Vertreters durch den Verantwortlichen oder Auftragsverarbeiter keinen Einfluss auf etwaige rechtliche Schritte gegen den Verantwortlichen oder Auftragsverarbeiter selbst hat. Da Abs. 4 die Aufgaben des Vertreters auf Kommunikation und Information beschränkt (Rn. 55 ff.), der Vertreter keine Erklärungen mit Wirkung für oder gegen den Verantwortlichen abgibt (Rn. 61) und er für Zuwiderhandlungen des Verantwortlichen oder Auftragsverarbeiters nicht haftet (Rn. 85), hat Abs. 5 ausschließlich deklaratorische Wirkung.[123]

VII. Rechtsfolgen bei Missachtung

85   Ein Verstoß gegen Art. 27 liegt vor, wenn trotz Benennungspflicht ein Vertreter nicht benannt wird oder die Benennung unwirksam ist; letzteres kann insbesondere bei einer Kollision mit der Tätigkeit als Datenschutzbeauftragter (Rn. 23) oder bei fehlender Schriftlichkeit der Benennung (Rn. 25 ff.) gegeben sein.

86   Zuwiderhandlungen gegen Art. 27 können gem. Art. 83 Abs. 4 lit. a mit Geldbußen von bis zu 10 000 000 EUR oder im Fall eines Unternehmens i.S.d. Art. 4 Nr. 18 (dazu Art. 4 Rn. 295 ff.) von bis zu 2 % des gesamten weltweit erzielten Jahresumsatzes des vorangegangenen Geschäftsjahrs sanktioniert werden (dazu Art. 83 Rn. 109 ff.). Daneben stehen der Aufsichtsbehörde die Untersuchungsbefugnisse nach Art. 58 Abs. 1 sowie die Abhilfebefugnisse nach Art. 58 Abs. 2 im Zusammenhang mit den Pflichten des Verantwortlichen oder Auftragsverarbeiters aus Art. 27 zu.

C. Praxishinweise

I. Relevanz für öffentliche Stellen

87   Nach Abs. 2 lit. b sind Behörden und öffentliche Stellen von der Pflicht zur Benennung eines Vertreters befreit (Rn. 37 f., 49 ff.). Art. 27 hat deshalb für Behörden und öffentliche Stellen keine Bedeutung.

II. Relevanz für nichtöffentliche Stellen

88   Art. 27 ist von allen außerhalb der Union niedergelassenen Verantwortlichen oder Auftragsverarbeitern zwingend zu beachten, die über das Marktortprinzip gem. Art. 3 Abs. 2 in den räumlichen Anwendungsbereich der DS-GVO fallen (Rn. 24).

89   Neben der schriftlichen Benennung i.S.d. Abs. 1 (Rn. 25 ff.) sollte ergänzend ein Dienstvertrag (Rn. 80) zwischen Verantwortlichem oder Auftragsverarbeiter als Geschäftsherrn und Vertreter als Geschäftsbesorger abgeschlossen werden, aus dem sich der – ggf. über Abs. 4 hinausgehende (Rn. 71 f.) – Auftrag des Vertreters ergibt

---

123 Im Ergebnis ebenso *Franck* RDV 2018, 303, 306.

(Rn. 57 f.). In dem Vertrag sollten weiterhin die Stellung und Aufgaben des Vertreters im Innenverhältnis, die Folgen eines Widerrufs der Benennung (Rn. 36), sowie die Verantwortlichkeit und Haftung der Beteiligten geregelt sein.[124]

Wer als Vertreter tätig wird, sollte wegen der damit einhergehenden Haftungsrisiken (Rn. 73 ff.) prüfen, ob diese Tätigkeit für ihn versicherbar ist. Dies gilt auch, wenn bereits eine Versicherung für die Tätigkeit als externer Datenschutzbeauftragter besteht; regelmäßig erfasst diese nicht automatisch auch die Tätigkeit als Vertreter i.S.d. Art. 27 für Dritte (zur Abgrenzung Rn. 22 f.). 90

Eine Pflicht des Verantwortlichen oder Auftragsverarbeiters zur Information Dritter, insbesondere der Aufsichtsbehörden, über die Benennung eines Vertreters besteht ausschließlich gegenüber betroffenen Personen bei Erfüllung der Informationspflichten aus Art. 13, 14 (Rn. 62; anders Art. 26 Abs. 2 S. 2 bei gemeinsam Verantwortlichen, dazu Art. 26 Rn. 83 ff., und Art. 37 Abs. 7 bei der Benennung des Datenschutzbeauftragten, dazu Art. 37 Rn. 51 f.). Wird der Vertreter als Anlaufstelle anstelle des Verantwortlichen oder Auftragsverarbeiters benannt (oben Rn. 60 ff.), wirkt die Exklusivität der Benennung solange nur im Innenverhältnis, wie sie Dritten nicht kommuniziert worden (Rn. 62). In den Fällen einer exklusiven Tätigkeit des Vertreters anstelle des Verantwortlichen oder Auftragsverarbeiters empfiehlt sich deshalb eine aktive Kommunikation der Benennung (z.B. über die Website). 91

III. Relevanz für betroffene Personen

Der Vertreter ist nach Abs. 4 insbesondere Anlaufstelle für betroffene Personen (Rn. 60 ff.). Dies kann er zusätzlich oder an Stelle des Verantwortlichen oder Auftragsverarbeiters sein (Rn. 62 f.). Solange betroffenen Personen die Benennung eines Vertreters nicht kommuniziert worden ist (insbesondere bei Erfüllung der Informationspflichten aus Art. 13, 14, siehe Rn. 62), sind betroffene Personen berechtigt, sich jederzeit auch unmittelbar an den Verantwortlichen oder Auftragsverarbeiter zu wenden. 92

Rechtliche Schritte gegen den Vertreter durch betroffene Personen wegen seiner gesetzlichen Aufgaben als Vertreter scheiden regelmäßig aus (Rn. 81 f.), ebenso rechtliche Schritte gegen den Vertreter wegen verordnungswidriger Verarbeitungen durch den vertretenen Verantwortlichen oder Auftragsverarbeiter (Rn. 74 ff.). Rechtliche Schritte sind deshalb stets gegen den Verantwortlichen oder Auftragsverarbeiter selbst zu richten, was Abs. 5 (Rn. 84) deklaratorisch bestätigt. Ausnahmen sind nur bei einem selbstständigen, deliktischen Handeln des Vertreters außerhalb der ihm durch Abs. 4 übertragenen Aufgaben denkbar (Rn. 81). 93

IV. Relevanz für Aufsichtsbehörden

Zuwiderhandlungen gegen Art. 27 durch Verantwortliche oder Auftragsverarbeiter werden anders als noch durch DSRL und BDSG a.F. (Rn. 7, 10) durch die DS-GVO sanktioniert und können durch die Aufsichtsbehörde verfolgt werden (Rn. 85 f.). An den bereits vor der DS-GVO bekannten Durchsetzungsproblemen gegenüber außerhalb der Union niedergelassenen Verantwortlichen oder Auftragsverarbeitern ändert sich jedoch nichts. Wird trotz einer diesbezüglichen Pflicht kein Vertreter benannt, 94

---

[124] Weitere mögliche Vertragsinhalte bei Taeger/Gabel-*Lang* Art. 27 Rn. 54.

wäre die Zuwiderhandlung gegenüber dem Verantwortlichen oder Auftragsverarbeiter außerhalb der Union durchzusetzen.[125]

95 Gegenüber dem Vertreter selbst besteht ausschließlich die Untersuchungsbefugnis aus Art. 58 Abs. 1 lit. a (Rn. 75, 78). Dieser auf Informationserteilung gerichtete Anspruch kann auch zwangsweise durchgesetzt werden (Rn. 82). Andere Befugnisse der Aufsichtsbehörden gegenüber dem Vertreter bestehen nur, soweit dieser ausnahmsweise eigene Pflichten aus Art. 30 Abs. 1, Abs. 2, Abs. 4 oder Art. 31 verletzt (Rn. 82).

96 Wird der Aufsichtsbehörde bekannt, dass insbesondere innerhalb einer Unternehmensgruppe eine natürliche oder juristische Person zugleich als Vertreter und als Datenschutzbeauftragter tätig wird, dürften beide Benennungen unwirksam sein (ausführlich Rn. 22 f.).

V. Relevanz für das Datenschutzmanagement

97 Verantwortliche oder Auftragsverarbeiter haben (ggf. für ihre gesamte Unternehmensgruppe i.S.v. Art. 4 Nr. 19, dazu Art. 4 Rn. 300 ff.) einen Prozess zu etablieren, der im Fall einer Benennungspflicht aus Abs. 1 deren Beachtung sicherstellt. Besteht eine Benennungspflicht, sind schriftliche Benennung und Auftragserteilung durchzuführen (Rn. 89). Der Vertreter ist dahingehend zu kontrollieren, ob er das ihm erteilte Mandat wie vom Verantwortlichen oder Auftragsverarbeiter vorgegeben erfüllt (Rn. 58).

Artikel 28 Auftragsverarbeiter

(1) Erfolgt eine Verarbeitung im Auftrag eines Verantwortlichen, so arbeitet dieser nur mit Auftragsverarbeitern, die hinreichend Garantien dafür bieten, dass geeignete technische und organisatorische Maßnahmen so durchgeführt werden, dass die Verarbeitung im Einklang mit den Anforderungen dieser Verordnung erfolgt und den Schutz der Rechte der betroffenen Person gewährleistet.

(2) ¹Der Auftragsverarbeiter nimmt keinen weiteren Auftragsverarbeiter ohne vorherige gesonderte oder allgemeine schriftliche Genehmigung des Verantwortlichen in Anspruch. ²Im Fall einer allgemeinen schriftlichen Genehmigung informiert der Auftragsverarbeiter den Verantwortlichen immer über jede beabsichtigte Änderung in Bezug auf die Hinzuziehung oder die Ersetzung anderer Auftragsverarbeiter, wodurch der Verantwortliche die Möglichkeit erhält, gegen derartige Änderungen Einspruch zu erheben.

(3) ¹Die Verarbeitung durch einen Auftragsverarbeiter erfolgt auf der Grundlage eines Vertrags oder eines anderen Rechtsinstruments nach dem Unionsrecht oder dem Recht der Mitgliedstaaten, der bzw. das den Auftragsverarbeiter in Bezug auf den Verantwortlichen bindet und in dem Gegenstand und Dauer der Verarbeitung, Art und Zweck der Verarbeitung, die Art der personenbezogenen Daten, die Kategorien betroffener Personen und die Pflichten und Rechte des Verantwortlichen festgelegt sind. ²Dieser Vertrag bzw. dieses andere Rechtsinstrument sieht insbesondere vor, dass der Auftragsverarbeiter

---

125 Kritisch auch Taeger/Gabel-*Lang* Art. 27 Rn. 4.

a) die personenbezogenen Daten nur auf dokumentierte Weisung des Verantwortlichen – auch in Bezug auf die Übermittlung personenbezogener Daten an ein Drittland oder eine internationale Organisation – verarbeitet, sofern er nicht durch das Recht der Union oder der Mitgliedstaaten, dem der Auftragsverarbeiter unterliegt, hierzu verpflichtet ist; in einem solchen Fall teilt der Auftragsverarbeiter dem Verantwortlichen diese rechtlichen Anforderungen vor der Verarbeitung mit, sofern das betreffende Recht eine solche Mitteilung nicht wegen eines wichtigen öffentlichen Interesses verbietet;
b) gewährleistet, dass sich die zur Verarbeitung der personenbezogenen Daten befugten Personen zur Vertraulichkeit verpflichtet haben oder einer angemessenen gesetzlichen Verschwiegenheitspflicht unterliegen;
c) alle gemäß Artikel 32 erforderlichen Maßnahmen ergreift;
d) die in den Absätzen 2 und 4 genannten Bedingungen für die Inanspruchnahme der Dienste eines weiteren Auftragsverarbeiters einhält;
e) angesichts der Art der Verarbeitung den Verantwortlichen nach Möglichkeit mit geeigneten technischen und organisatorischen Maßnahmen dabei unterstützt, seiner Pflicht zur Beantwortung von Anträgen auf Wahrnehmung der in Kapitel III genannten Rechte der betroffenen Person nachzukommen;
f) unter Berücksichtigung der Art der Verarbeitung und der ihm zur Verfügung stehenden Informationen den Verantwortlichen bei der Einhaltung der in den Artikeln 32 bis 36 genannten Pflichten unterstützt;
g) nach Abschluss der Erbringung der Verarbeitungsleistungen alle personenbezogenen Daten nach Wahl des Verantwortlichen entweder löscht oder zurückgibt und die vorhandenen Kopien löscht, sofern nicht nach dem Unionsrecht oder dem Recht der Mitgliedstaaten eine Verpflichtung zur Speicherung der personenbezogenen Daten besteht;
h) dem Verantwortlichen alle erforderlichen Informationen zum Nachweis der Einhaltung der in diesem Artikel niedergelegten Pflichten zur Verfügung stellt und Überprüfungen einschließlich Inspektionen –, die vom Verantwortlichen oder einem anderen von diesem beauftragten Prüfer durchgeführt werden, ermöglicht und dazu beiträgt.

[3]Mit Blick auf Unterabsatz 1 Buchstabe h informiert der Auftragsverarbeiter den Verantwortlichen unverzüglich, falls er der Auffassung ist, dass eine Weisung gegen diese Verordnung oder gegen andere Datenschutzbestimmungen der Union oder der Mitgliedstaaten verstößt.

(4) [1]Nimmt der Auftragsverarbeiter die Dienste eines weiteren Auftragsverarbeiters in Anspruch, um bestimmte Verarbeitungstätigkeiten im Namen des Verantwortlichen auszuführen, so werden diesem weiteren Auftragsverarbeiter im Wege eines Vertrags oder eines anderen Rechtsinstruments nach dem Unionsrecht oder dem Recht des betreffenden Mitgliedstaats dieselben Datenschutzpflichten auferlegt, die in dem Vertrag oder anderen Rechtsinstrument zwischen dem Verantwortlichen und dem Auftragsverarbeiter gemäß Absatz 3 festgelegt sind, wobei insbesondere hinreichende Garantien dafür geboten werden muss, dass die geeigneten technischen und organisatorischen Maßnahmen so durchgeführt werden, dass die Verarbeitung entsprechend den Anforderungen dieser Verordnung erfolgt. [2]Kommt der weitere Auftragsverarbeiter seinen Datenschutzpflichten nicht nach, so haftet der erste Auftragsverarbeiter gegenüber dem Verantwortlichen für die Einhaltung der Pflichten jenes anderen Auftragsverarbeiters.

(5) Die Einhaltung genehmigter Verhaltensregeln gemäß Artikel 40 oder eines genehmigten Zertifizierungsverfahrens gemäß Artikel 42 durch einen Auftragsverarbeiter kann als Faktor herangezogen werden, um hinreichende Garantien im Sinne der Absätze 1 und 4 des vorliegenden Artikels nachzuweisen.

(6) Unbeschadet eines individuellen Vertrags zwischen dem Verantwortlichen und dem Auftragsverarbeiter kann der Vertrag oder das andere Rechtsinstrument im Sinne der Absätze 3 und 4 des vorliegenden Artikels ganz oder teilweise auf den in den Absätzen 7 und 8 des vorliegenden Artikels genannten Standardvertragsklauseln beruhen, auch wenn diese Bestandteil einer dem Verantwortlichen oder dem Auftragsverarbeiter gemäß den Artikeln 42 und 43 erteilten Zertifizierung sind.

(7) Die Kommission kann im Einklang mit dem Prüfverfahren gemäß Artikel 93 Absatz 2 Standardvertragsklauseln zur Regelung der in den Absätzen 3 und 4 des vorliegenden Artikels genannten Fragen festlegen.

(8) Eine Aufsichtsbehörde kann im Einklang mit dem Kohärenzverfahren gemäß Artikel 63 Standardvertragsklauseln zur Regelung der in den Absätzen 3 und 4 des vorliegenden Artikels genannten Fragen festlegen.

(9) Der Vertrag oder das andere Rechtsinstrument im Sinne der Absätze 3 und 4 ist schriftlich abzufassen, was auch in einem elektronischen Format erfolgen kann.

(10) Unbeschadet der Artikel 82, 83 und 84 gilt ein Auftragsverarbeiter, der unter Verstoß gegen diese Verordnung die Zwecke und Mittel der Verarbeitung bestimmt, in Bezug auf diese Verarbeitung als Verantwortlicher.

– *ErwG: 81*

Übersicht

	Rn		Rn
A. Einordnung und Hintergrund	1	3. Verarbeitung im Auftrag und Weisungsgebundenheit	34
I. Normzweck	1	a) Weisungsgebundenheit bei der Auftragsdatenverarbeitung nach § 11 Abs. 3 S. 1 BDSG a.F.	37
II. Erwägungsgründe	5		
III. BDSG	6		
IV. Normengenese und -umfeld	7		
1. DSRL	7		
2. BDSG a.F.	9		
3. Änderungen im Gesetzgebungsverfahren	14	b) Weisungsgebundenheit bei der Auftragsverarbeitung nach Art. 28	38
4. Working Paper der Art.-29-Datenschutzgruppe	20	c) Weisungsgebundenheit und vertragliche Übermacht des Auftragsverarbeiters	43
5. Kurzpapier der Datenschutzkonferenz	23		
B. Kommentierung	27		
I. Einordnung der Auftragsverarbeitung	27	d) Missachtung der Weisungsgebundenheit durch den Auftragsverarbeiter	44
1. Begriffe Auftragsverarbeiter und Auftragsverarbeitung	28		
2. Personenverschiedenheit von Verantwortlichem und Auftragsverarbeiter	30	e) Festlegung der (fehlenden) Weisungsgebundenheit durch den Gesetzgeber	46

	Rn
4. Abgrenzung zu anderen Formen arbeitsteiliger Verarbeitung	48
a) Gemeinsam Verantwortliche (Art. 26)	49
b) Offenlegung gegenüber Dritten i.S.v. Art. 4 Nr. 10	50
c) Funktionsübertragung im BDSG a.F. und nach der DS-GVO	51
5. Auftragsverarbeiter im Drittland	55
a) Niederlassung des Auftragsverarbeiters im Drittland	55
b) Anwendbarkeit der DS-GVO auf den Auftragsverarbeiter im Drittland	56
II. Privilegierung der Offenlegung bei der Auftragsverarbeitung	58
1. Privilegierung der Auftragsdatenverarbeitung nach dem BDSG a.F.	58
a) Keine Übermittlung personenbezogener Daten durch verantwortliche Stelle	58
b) Weitergabe personenbezogener Daten als privilegierte Nutzung durch verantwortliche Stelle	60
2. Privilegierung der Auftragsverarbeitung nach der DS-GVO	63
a) Offenlegung personenbezogener Daten gegenüber dem Auftragsverarbeiter	63
b) Rechtfertigung der Offenlegung als Voraussetzung einer Auftragsverarbeitung?	65
c) Annahme einer rechtlichen Privilegierung der Auftragsverarbeitung?	67
d) Art. 28 als selbstständige Erlaubnis für die Offenlegung bei der Auftragsverarbeitung?	72

	Rn
e) Privilegierung aus der Gesamtbetrachtung der Verarbeitungstätigkeit	74
3. Privilegierung der Auftragsverarbeitung sowie Geheimhaltungs- oder Geheimnispflichten	78
III. Prüfung oder Wartung als Auftragsverarbeitung	81
1. Entsprechende Anwendung der Auftragsdatenverarbeitung gem. § 11 Abs. 5 BDSG a.F.	81
2. Keine Regelung in der DS-GVO zu Prüfung und Wartung als Auftragsverarbeitung	82
3. Keine zwingende Auftragsverarbeitung bei Prüfung und Wartung	83
IV. Auswahl des Auftragsverarbeiters durch den Verantwortlichen (Abs. 1)	89
V. Inhalt des Vertrags oder anderen Rechtsinstruments zur Auftragsverarbeitung (Abs. 3)	93
1. Bindung des Auftragsverarbeiters in Bezug auf den Verantwortlichen (Abs. 3 S. 1)	98
2. Festlegungen zur Auftragsverarbeitung (Abs. 3 S. 1)	99
a) Gegenstand und Dauer der Verarbeitung	101
b) Art und Zweck der Verarbeitung	102
c) Art oder Kategorien der personenbezogenen Daten	103
d) Kategorien betroffener Personen	105
3. Festlegung der Pflichten und Rechte des Verantwortlichen (Abs. 3 S. 1)	106
4. Festlegung der Pflichten des Auftragsverarbeiters (Abs. 3 S. 2, 3)	108
a) Verarbeitung nur auf dokumentierte Weisung (Abs. 3 S. 2 lit. a, S. 3)	110

	Rn			Rn
b) Gewährleistung der Vertraulichkeit der Verarbeitung (Abs. 3 S. 2 lit. b)	117		3. Verhältnis des weiteren Auftragsverarbeiters zum Verantwortlichen	160
c) Ergreifen aller gem. Art. 32 erforderlichen Maßnahmen (Abs. 3 S. 2 lit. c)	119		4. Inanspruchnahme weiterer Auftragsverarbeiter in der Leistungskette	162
			5. Form der Genehmigung (Abs. 2 S. 1)	164
d) Einhalten der Bedingungen für Unterauftragsverarbeiter (Abs. 3 S. 2 lit. d)	122		a) Reichweite des Formerfordernisses	164
			b) Gegenstand des Formerfordernisses	166
e) Unterstützung bei der Erfüllung von Rechten betroffener Personen (Abs. 3 S. 2 lit. e)	125		6. Haftung für weitere Auftragsverarbeiter (Abs. 4 S. 2)	170
		VII.	Einhaltung genehmigter Verhaltensregeln oder Zertifizierungsverfahren (Abs. 5)	172
f) Unterstützung bei Einhaltung der Pflichten gem. Art. 32–36 (Abs. 3 S. 2 lit. f)	130	VIII.	Standardvertragsklauseln (Abs. 6–8)	174
		IX.	Form des Vertrags oder anderen Rechtsinstruments (Abs. 9)	178
g) Löschung oder Rückgabe personenbezogener Daten (Abs. 3 S. 2 lit. g)	135	X.	Haftung des Auftragsverarbeiters	181
			1. Schadensersatzansprüche betroffener Personen (Art. 82)	181
h) Nachweis der Pflichtenerfüllung und Überprüfungsrecht des Verantwortlichen (Abs. 3 S. 2 lit. h)	139		2. Klagebefugnis betroffener Personen (Art. 79 i.V.m. § 44 BDSG)	183
VI. Inanspruchnahme weiterer Auftragsverarbeiter (Abs. 2 und Abs. 4)	144		3. Haftung gegenüber dem Verantwortlichen (Art. 82 Abs. 5 und Vertrag)	184
1. Genehmigung des Verantwortlichen (Abs. 2)	147		4. Haftung beim Funktionsexzess (Abs. 10)	185
a) Genehmigungslösung: Vorherige gesonderte Genehmigung des Verantwortlichen	152	XI.	Rechtsfolgen bei Missachtung	188
		XII.	Sondervorschriften zur Auftragsverarbeitung	191
b) Einspruchslösung: Allgemeine Genehmigung des Verantwortlichen	153	C.	Praxishinweise	194
		I.	Relevanz für öffentliche und nichtöffentliche Stellen	194
2. Bindung der weiteren Auftragsverarbeiter an den Verantwortlichen (Abs. 4 S. 1)	156	II.	Relevanz für betroffene Personen	198
a) Auswahl der weiteren Auftragsverarbeiter	156	III.	Relevanz für Aufsichtsbehörden	199
b) Vertrag oder anderes Rechtsinstrument mit dem weiteren Auftragsverarbeiter	157	IV.	Relevanz für das Datenschutzmanagement	200

Art. 28

Literatur: *Becker* EU-Datenschutz-Grundverordnung – Anforderungen an Unternehmen und Datenschutzbeauftragte, ITRB 2016, 107; *Breyer* Sale-and-lease-back von Datenträgern als Auftragsverarbeitung?, K&R 2019, 636; *Deusch/Eggendorfer* Penetrationstest bei Auftragsverarbeitung: Stand der Technik und damit Pflicht bei Web-Anwendungen, K&R 2018, 223–230; *Eckhardt/Kramer* EU-DSGVO – Diskussionspunkte aus der Praxis, DuD 2013, 287; *Europäischer Datenschutzbeauftragter* Leitlinien des EDSB zu den Begriffen „Verantwortlicher", „Auftragsverarbeiter" und „gemeinsam Verantwortliche" nach der Verordnung (EU) 2018/1725 v. 7.11.2019; *Fechtner/Haßdenteufel* Die Novelle des § 203 StGB und weiterer berufsrechtlicher Normen (§ 203 StGB), CR 2017, 355; *Fromageau/Bäuerle/Werkmeister* Auftragsverarbeitung in der Praxis Neue Herausforderungen durch die DSGVO, PinG 2018, 216; *Gola* Aus den aktuellen Berichten und Informationen der Aufsichtsbehörden (40): Offene Fragen bei der Beschäftigtendatenverarbeitung: Gehaltsabrechnung durch Steuerberater und Verarbeitungen beim Betriebsrat, RDV 2019, 73; *Gola/Schomerus* Bundesdatenschutzgesetz, 12. Aufl. 2015; *Härting* Auftragsverarbeitung nach der DSGVO, ITRB 2016, 137; *ders.* Datenschutz-Grundverordnung, 2016; *ders.* Sicher outsourcen – wie § 43e BRAO funktioniert, NJW 2019, 1423; *Hartung/Steinweg* Vereinbarungen mit Dienstleistern nach dem neuen § 203 StGB und der DSGVO – Abdeckung der gesetzlichen Anforderungen bei der Vertragsgestaltung (§ 203 StGB), PinG 2018, 21; *Hunzinger/Sassenberg* Notwendigkeit einer Vereinbarung zur Auftragsverarbeitung bei Telekommunikationsdiensten? Konsequenzen aus Art. 95 DSGVO, ePrivacyRL und der Abgrenzung zwischen Verantwortlichem und Auftragsverarbeiter, CR 2019, 188; *Konferenz der unabhängigen Datenschutzbehörden des Bundes und der Länder (Datenschutzkonferenz)* Kurzpapier Nr. 13 – Auftragsverarbeitung – Art. 28 DS-GVO v. 17.12.2018; *Kraus* Neuregelung von § 203 StGB: Endlich Rechtssicherheit für Outsourcing bei Berufsgeheimnisträgern?, PinG 2018, 6; *Kremer* Unverschlüsselte E-Mail-Kommunikation mit Kunden und Mandanten: Datenschutz- oder berufsrechtliche Pflicht zur (aufgedrängten) E-Mail-Verschlüsselung?, ITRB 2020, 35; *ders.* Gemeinsame Verantwortlichkeit: Die neue Auftragsverarbeitung? Analyse der tatsächlichen Lebenssachverhalte zur Abgrenzung zwischen gemeinsamer Verantwortlichkeit und Auftragsverarbeitung, CR 2019, 225; *Kremer/Sander* Gestaltung von Verträgen zur Auftragsdatenverarbeitung – Spielräume bei der Erfüllung der Pflichten aus § 11 BDSG, ITRB 2014, 187; *Krohm/Müller-Peltzer* (Fehlende) Privilegierung der Auftragsverarbeitung unter der Datenschutz-Grundverordnung?, RDV 2016, 307; *Kühn* Formerfordernisse in der IT-Beschaffung im regulierten Bereich und die elektronische Signatur, CR 2017, 834; *Laue/Kremer* Das neue Datenschutzrecht in der betrieblichen Praxis, 2. Aufl. 2018; *Lissner* Auftragsdatenverarbeitung nach der DSGVO – Was kommt, was bleibt?, DSRITB 2016, 401; *Möllenkamp/Ohrtmann* Auftragsverarbeitung im Konflikt mit Beweissicherungsinteressen des Auftragnehmers: Wenn aus Auftragsverarbeitung eigene Verantwortlichkeit erwächst, ZD 2019, 445; *Monreal* „Der für die Verarbeitung Verantwortliche" – das unbekannte Wesen des deutschen Datenschutzrechts – Mögliche Konsequenzen aus einem deutschen Missverständnis, ZD 2014, 611; *Müthlein* ADV 5.0 – Neugestaltung der Auftragsdatenverarbeitung in Deutschland, RDV 2016, 74; *Petri* Auftragsdatenverarbeitung – heute und morgen, Reformüberlegungen zur Neuordnung des Europäischen Datenschutzrechts, ZD 2015, 305; *Piltz* BDSG – Praxiskommentar für die Wirtschaft, 2018; *ders.* Die Datenschutz-Grundverordnung – Teil 3 – Rechte und Pflichten des Verantwortlichen und Auftragsverarbeiters, K&R 2016, 709; *ders.* Überprüfung der TOM beim Einsatz von Auftragsverarbeitern, DSB 2019, 200; *Pohle/Ghaffari* Die Neufassung des § 203 StGB – der Befreiungsschlag für IT-Outsourcing am Beispiel der Versicherungswirtschaft?, CR 2017, 489; *Redeker* Geheimhaltungsverpflichtungen in Auftragsverarbeitungsvereinbarungen, ITRB 2018, 215; *Roßnagel/Kroschwald* Was wird aus der Datenschutzgrundverordnung? Die Entschließung des Europäischen Parlaments über ein Verhandlungsdokument, ZD 2014, 495; *Ruppert* Der neue strafrechtliche Geheimnisschutz – Der Weg in die Zukunft des IT-Outsourcings?, K&R 2017, 609; *Sander* Technische und organisatorische Maßnahmen im Rahmen der Auftragsverarbeitung gem. Art. 28 DSGVO, PinG 2017, 250; *Schmidt* Der Steuerberater ist kein Auftragsverarbeiter, DSB 2018, 182; *Schmidt/Freund* Perspektiven der Auftragsverarbeitung. Wegfall der Privilegierung mit der DS-GVO? ZD 2017, 14; *Schmitz/von Dall,Armi* Auftragsdatenverarbeitung in der DS-GVO – das Ende der Privilegierung? Wie Daten künftig von Dienstleistern verarbeitet werden müssen, ZD 2016, 427; *Völkel* Die Auftragsverarbeitung im Sozialdatenschutz bei Gesetzlichen Krankenversicherungen mit besonderen Herausforderungen bei Wartung und Cloud-Computing, PinG 2018, 189; *Ziegenhorn/Fokken* Rechtsdienstleister: Verantwortliche oder Auftragsverarbeiter? Rechtsanwälte und Inkassounternehmen als Adressaten der DS-GVO, ZD 2019, 194.

A. Einordnung und Hintergrund

I. Normzweck

1 Noch mehr als der frühere Art. 17 DSRL (Rn. 8) und § 11 BDSG a.F. (Rn. 12) tragen die Regelungen zur Auftragsverarbeitung in Art. 28 dem Umstand Rechnung, dass eine Arbeitsteilung in der Verarbeitung personenbezogener Daten aus technischen, wirtschaftlichen und rechtlichen Gründen wegen derer zunehmend größeren Komplexität[1] nicht nur unvermeidlich, sondern regelmäßig auch gewollt und sinnvoll ist.[2] Dies gilt insbesondere für die Auslagerung („Outsourcing") der Infrastruktur (z.B. Informationstechnologie), einzelner Fachabteilungen (z.B. Personal) oder Funktionen (z.B. Telefon-Support, „Business Process Outsourcing" oder „BPO") vom Verantwortlichen auf einen Dienstleister, ebenso bei der Inanspruchnahme von Services eines Dienstleisters aus der Cloud durch den Verantwortlichen, insbesondere Infrastruktur (z.B. Dateiablage, „Infrastructure as a Service" oder „IaaS"), Plattformen (z.B. Entwicklungsumgebung, „Platform as a Service" oder „PaaS") oder Anwendungen (z.B. Zeiterfassung, „Software as a Service" oder „SaaS").[3]

2 Um zu vermeiden, dass in einem arbeitsteiligen Vorgehen für den Verantwortlichen die Beauftragung eines Dienstleisters mit der Verarbeitung stets zu einer erlaubnispflichtigen Offenlegung personenbezogener Daten i.S.v. Art. 4 Nr. 2 führt (dazu Art. 4 Rn. 49) und damit der Dienstleister in der Folge selbst Verantwortlicher für die ihm offengelegten personenbezogenen Daten wird, räumt die DS-GVO dem Verantwortlichen unter Beachtung der Regelungen in Art. 28 das Recht zur Erteilung eines Auftrags an den Dienstleister ein, bei dem der Verantwortliche seine Entscheidungshoheit über Zwecke und Mittel der Verarbeitung der von ihm offengelegten personenbezogenen Daten während der Verarbeitung wahrt. Die Entscheidung darüber, ob es einen Auftragsverarbeiter gibt oder die Verarbeitung ausschließlich beim Verantwortlichen selbst erfolgt, obliegt dabei allein dem Verantwortlichen.[4]

3 Art. 28 dient damit als eine der zentralen Vorschriften der DS-GVO[5] der Sicherstellung einer verordnungskonformen Verarbeitung personenbezogener Daten bei der

---

1 So 2010 bereits *Art.-29-Datenschutzgruppe* WP 169, S. 38.
2 Ähnlich wegen der wirtschaftlichen und Effizienzvorteile Paal/Pauly-*Martini* Art. 28 Rn. 8.
3 Weitere Beispiele mit rechtlicher Einordnung bei Taeger/Gabel-*Gabel/Lutz* Art. 28 Rn. 17 ff.; Gierschmann-*Kramer* Art. 28 Rn. 16 ff.; *Kremer* CR 2019, 225, 228 ff.; zum Fehlen einer Auftragsverarbeitung bei Telekommunikationsdiensten *Hunzinger/Sassenberg* CR 2019, 188 ff.; zu „Sale-and-lease-back" Verträgen über Datenträger als Auftragsverarbeitung *Breyer* K&R 2019, 637 f.
4 *Art.-29-Datenschutzgruppe* WP 169, S. 30; ähnlich Taeger/Gabel-*Gabel/Lutz* Art. 28 Rn. 2.
5 So Ehmann/Selmayr-*Bertermann* Art. 28 Rn. 1.

Beauftragung Dritter durch und für den Verantwortlichen. Zu Erreichung dieses Zwecks ergänzt Art. 28 die sich aus Art. 29 ergebende Weisungsgebundenheit des Auftragsverarbeiters (dazu Art. 29 Rn. 6, Rn. 13 ff.) insbesondere um die Verpflichtung zur Verarbeitung der personenbezogenen Daten des Verantwortlichen ausschließlich auf Grundlage eines Vertrags oder anderen Rechtsinstruments mit den sich aus Abs. 3 ergebenden Mindestinhalten (dazu Rn. 93 ff.), sowie um die sich aus Abs. 2, Abs. 4 ergebenden, konkreten Vorgaben für die Beauftragung weiterer Auftragsverarbeiter (Unterauftragsverarbeiter) in der Leistungskette (dazu Rn. 144 ff.).

Wesentliche Wirkung von Art. 28 ist die durch ihn geschaffene Rechtssicherheit für die Beziehung zwischen Verantwortlichem und Auftragsverarbeiter. Art. 28 ist jedoch nicht abschließend; er lässt insbesondere offen, wann tatsächlich eine Auftragsverarbeitung gegeben ist (dazu Rn. 29 ff.), und trifft keine Aussage darüber, ob die Auftragsverarbeitung trotz Beachtung aller in Art. 28 formulierter Anforderungen gleichwohl einer Rechtfertigung seitens des Verantwortlichen bedarf (dazu Rn. 63 ff.).[6] 4

II. Erwägungsgründe

ErwG 81 ergänzt Art. 28. Er stellt ergänzend klar, dass die vom Auftragsverarbeiter zu bietenden Garantien für eine verordnungskonforme Verarbeitung unter Wahrung der Rechte betroffener Personen (Rn. 90 ff.) sich insbesondere aus deren Fachwissen, Zuverlässigkeit und Ressourcen ergeben und auf die Sicherheit der Verarbeitung erstrecken sollen. Bei der Ausgestaltung der Auftragsverarbeitung sollen Verantwortlicher und Auftragsverarbeiter die besonderen Aufgaben und Pflichten des Auftragsverarbeiters bei der geplanten Verarbeitung und das Risiko für die Rechte und Freiheiten der betroffenen Person berücksichtigen. 5

III. BDSG

§ 62 BDSG bezieht sich nicht auf die DS-GVO, sondern dient der Umsetzung der RL (EU) 2016/680[7] in nationales Recht. Dies gilt ebenso für die weiteren, den Auftragsverarbeiter betreffenden Regelungen in den §§ 45–84 BDSG. § 38 Abs. 1 BDSG verpflichtet über Art. 37 Abs. 1, Abs. 4 hinaus den Auftragsverarbeiter zur Benennung eines Datenschutzbeauftragten in dort genannten Fällen (ausführlich Art. 37 Rn. 14 ff.). 6

IV. Normengenese und -umfeld

1. DSRL. Die Auftragsverarbeitung war bereits in der DSRL etabliert. Art. 2 lit. e DSRL definierte den Auftragsverarbeiter inhaltsgleich zu Art. 4 Nr. 8 (dazu Art. 4 Rn. 172) als „die natürliche oder juristische Person, Behörde, Einrichtung oder jede andere Stelle, die personenbezogene Daten im Auftrag des für die Verarbeitung Verantwortlichen verarbeitet". Ebenso wie nach Art. 4 Nr. 10 (dazu Art. 4 Rn. 199 ff.) war der Auftragsverarbeiter kein Dritter i.S.v. Art. 2 lit. f DSRL, sondern Empfänger i.S.d. 7

---

6 Kühling/Buchner-*Hartung* Art. 28 Rn. 2.
7 Richtlinie (EU) 2016/680 des Europäischen Parlaments und des Rates vom 27.4.2016 zum Schutz natürlicher Personen bei der Verarbeitung personenbezogener Daten durch die zuständigen Behörden zum Zwecke der Verhütung, Ermittlung, Aufdeckung oder Verfolgung von Straftaten oder der Strafvollstreckung sowie zum freien Datenverkehr und zur Aufhebung des Rahmenbeschlusses 2008/977/JI des Rates.

Art. 28 Auftragsverarbeiter

Art. 4 Nr. 9 (dazu Art. 4 Rn. 186 ff.) unter dem inhaltsgleichen Art. 2 lit. g DSRL. Nach dem zu Art. 29 inhaltsgleichen Art. 16 DSRL war der Auftragsverarbeiter nur zur weisungsgebundenen Verarbeitung personenbezogener Daten für den Verantwortlichen berechtigt (dazu Art. 29 Rn. 6, 13 ff.).

8 Deutlich rudimentärer als der heutige Art. 28 regelten Art. 17 Abs. 2–4 DSRL die Anforderungen an die Auftragsverarbeitung. Art. 17 Abs. 2 DSRL mit der Verpflichtung zur Auswahl eines geeigneten Auftragsverarbeiters sowie zur Überprüfung desselben durch den Verantwortlichen ist in Abs. 1 (dazu Rn. 89 ff.) und Abs. 3 S. 2 lit. h (dazu Rn. 139 ff.) aufgegangen. Art. 17 Abs. 3 DSRL enthielt die heute in Abs. 3 S. 2 lit. a und c i.V.m. Art. 32 enthaltenen Anforderungen an den Vertrag oder das Rechtsinstrument als Grundlage der Auftragsverarbeitung. Art. 17 Abs. 4 DSRL entsprach dem heutigen Abs. 9 zur Form des Vertrags oder anderen Rechtsinstruments (dazu Rn. 178 ff.).

9 **2. BDSG a.F.** Das BDSG a.F. enthielt anders als Art. 2 lit. e DSRL keine Begriffsbestimmung für den Auftragsverarbeiter, in Deutschland als Auftragsdatenverarbeiter bezeichnet. § 11 BDSG a.F. ging im Wesentlichen noch auf das BDSG 1990 zurück und wurde mit der BDSG-Novelle 2001 nur notdürftig an Art. 16, Art. 17 DSRL (Rn. 7 f.) angepasst.[8]

10 § 3 Abs. 8 S. 3 BDSG a.F. legte fest, dass der Auftragsdatenverarbeiter kein Dritter sei, solange er „im Inland, in einem anderen Mitgliedstaat der Europäischen Union oder in einem anderen Vertragsstaat des Abkommens über den Europäischen Wirtschaftsraum" personenbezogene Daten im Auftrag verarbeitet. Diese regionale Beschränkung kannte Art. 2 lit. f DSRL nicht und war europarechtswidrig.[9] Die grundsätzlich eine „umfassende Harmonisierung" bezweckende DSRL[10] gewährte dem deutschen Gesetzgeber keinerlei Flexibilität oder Ermessensspielräume für eine derartige Beschränkung (ausführlich Art. 27 Rn. 9). § 3 Abs. 8 S. 3 BDSG a.F. führte dazu, dass Auftragsdatenverarbeiter in Drittländern als Dritte i.S.d. § 3 Abs. 8 S. 2 BDSG a.F. galten[11] und damit die Privilegierungswirkung des § 11 BDSG (Rn. 58 ff.) für Auftragsdatenverarbeiter im Drittland strittig war.[12]

11 Art. 16 ging unvollständig in § 11 Abs. 3 S. 1 BDSG a.F. auf (dazu Art. 29 Rn. 3). Die Umsetzung von Art. 17 Abs. 2 bis Abs. 4 DSRL (Rn. 8) erfolgte in § 11 BDSG a.F. Art. 17 Abs. 2 DSRL wurde mit § 11 Abs. 2 S. 1, Abs. 2 S. 2 Nr. 3, Abs. 2 S. 4, S. 5 BDSG a.F. abgebildet, Art. 17 Abs. 3 DSRL mit § 11 Abs. 2 S. 2 BDSG a.F. Das Formerfordernis aus Art. 17 Abs. 4 DSRL wurde zur Anordnung einer konstitutiven[13],

---

8 Ausführlich zu den Änderungen in § 11 BDSG a.F. Gola/Schomerus-*Gola/Klug/Körffer* § 11 Rn. 1.
9 Ebenso Gierschmann-*Kramer* Art. 28 Rn. 8.
10 *EuGH* v. 6.11.2003 – C-101/01, Lindqvist Rn. 96 = RDV 2004, 16; ebenso *EuGH* v. 16.12.2008 – C-524/06, Huber Rn. 51 = RDV 2009, 65; *EuGH* Urt. v. 24.11.2011 – C-468/10, ASNEF/FECEMD m. Anm. *Freund* CR 2012, 29; dazu *Kahler* RDV 2012, 167, 169 ff.; *Kremer* RDV 2014, 73, 75 f.
11 Statt vieler Gola/Schomerus-*Gola/Klug/Körffer* § 3 BDSG Rn. 55.
12 Ausführlich Gola/Schomerus-*Gola/Klug/Körffer* § 11 BDSG Rn. 16.
13 Gegen eine solche Wirkung des Formerfordernisses ausdrücklich *Art.-29-Datenschutzgruppe* WP 169, S. 33.

gesetzlichen Schriftform i.S.d. § 126 BGB in § 11 Abs. 2 S. 2 BDSG a.F.,[14] die aus den vorgenannten Gründen ebenfalls überschießend und europarechtswidrig war (ausführlich Art. 27 Rn. 9).

Mit § 11 Abs. 5 BDSG a.F. wurde der Anwendungsbereich der Auftragsdatenverarbeitung auf Fälle erweitert, in denen „die Prüfung oder Wartung automatisierter Verfahren oder von Datenverarbeitungsanlagen durch andere Stellen im Auftrag vorgenommen wird und dabei ein Zugriff auf personenbezogene Daten nicht ausgeschlossen werden kann". Begrifflich lag hier noch keine Verarbeitung personenbezogener Daten i.S.d. § 3 Abs. 3–5 BDSG a.F. vor, da bereits der Zugang zu personenbezogenen Daten im Sinne der tatsächlichen Möglichkeit zur Kenntnisnahme auftragsdatenverarbeitungsbegründend wirken sollte (dazu Art. 29 Rn. 9). Diese Regelung ist in der DS-GVO nicht fortgeführt worden (zu den Rechtsfolgen Rn. 64 ff.). 12

Eine Sanktionierung von Zuwiderhandlungen sah das BDSG a.F. in Ausübung der durch Art. 24 DSRL eingeräumten Kompetenzen (Rn. 7) in § 43 Abs. 1 Nr. 2b BDSG a.F. vor, dass entgegen § 11 Abs. 2. S. 2 BDSG a.F. ein Auftrag nicht richtig, nicht vollständig oder nicht in der vorgeschriebenen Weise erteilt war oder der Verantwortliche sich entgegen § 11 Abs. 2 S. 4 BDSG a.F. nicht vor Beginn der Datenverarbeitung von der Einhaltung der beim Auftragsdatenverarbeiter getroffenen technischen und organisatorischen Maßnahmen überzeugt hatte, ferner in § 43 Abs. 2 Nr. 2 BDSG a.F. für eine unbefugte Erhebung oder Verarbeitung nicht allgemein zugänglicher personenbezogener Daten. Die Strafbarkeit einer nicht § 11 BDSG a.F. konformen Auftragsdatenverarbeitung konnte sich aus § 44 Abs. 1 BDSG a.F. i.V.m. § 43 Abs. 2 Nr. 1 BDSG a.F. ergeben (zu den Rechtsfolgen bei Zuwiderhandlungen gegen Art. 28 s. Rn. 188). 13

3. Änderungen im Gesetzgebungsverfahren. Der heutige Art. 28 wurde im Gesetzgebungsverfahren als Art. 26 geführt. Die heutige Fassung geht in wesentlichen Teilen auf den Ratsentwurf vom 11.6.2015[15] zurück. Dieser brachte umfangreiche Erweiterungen und Änderungen im Vergleich zum früheren Kommissionsentwurf vom 25.1.2012[16] und zum Parlamentsentwurf vom 12.3.2014[17]. 14

Abs. 1 war seinem wesentlichen Inhalt nach bereits Gegenstand des Kommissionsentwurfs v. 25.1.2012. Abs. 2 wurde mit dem Ratsentwurf v. 11.6.2015 als Abs. 1a nahezu inhaltsgleich zum heutigen Abs. 2 eingefügt. Abs. 3 war als Erweiterung des früheren Art. 17 Abs. 3 DSRL (Rn. 8) schon im Kommissionsentwurf v. 25.1.2012 als Abs. 2 enthalten und wurde sowohl durch den Parlamentsentwurf v. 12.3.2014 als auch durch den Ratsentwurf v. 11.6.2015 konkretisiert und um weitere Einzelaspekte ergänzt, insb. der Unterstützungspflicht im heutigen Abs. 3 lit. e. Der heutige Abs. 4 wurde inhaltsgleich mit dem Ratsentwurf v. 11.6.2015 als Abs. 2 lit. d und Abs. 2aa ergänzt. Abs. 5 entstand mit dem Parlamentsentwurf v. 12.3.2014 als Abs. 3a und wurde in der abgeschwächten Fassung des Ratsentwurfs v. 11.6.2015 in Abs. 2aa inhaltsgleich in die DS-GVO übernommen. 15

---

14 Zur Schriftlichkeit i.S.v. § 11 Abs. 2 S. 2 BDSG a.F. Gola/Schomerus-*Gola/Klug/Körffer* § 11 BDSG Rn. 17; Simitis-*Petri* § 11 BDSG Rn. 64.
15 Ratsdokument Nr. 9565/15, S. 109.
16 Entwurf der Kommission 2012/0011 (COD), S. 63.
17 Interinstitutionelles Dossier des Rats v. 27.3.2014, 2012/0011 (COD); 7427/1/14, REV 1.

16 Die durch Abs. 6 bis Abs. 8 eingeräumte Möglichkeit zur Nutzung von durch die Kommission im Prüfverfahren nach Art. 93 Abs. 2 (dazu Art. 93 Rn. 11 ff.) oder einer Aufsichtsbehörde im Kohärenzverfahren (dazu Art. 63 Rn. 8 ff.) festgelegten Standardvertragsklauseln für den Vertrag oder das andere Rechtsinstrument i.S.v. Abs. 3 (dazu Rn. 174 f.) stammen inhaltsgleich aus den mit dem Ratsentwurf vom 11.6.2015 ergänzten Abs. 2ab, 2b und 2c. Das Recht der Kommission zur Festlegung solcher Standardvertragsklauseln ist aus dem im Kommissionentwurf vom 25.1.2012 enthaltenen Abs. 5 abgeleitet worden,[18] welcher die Kommission zum Erlass delegierter Rechtsakte (dazu Art. 92 Rn. 6 ff.) ermächtigen sollte betreffend die „Kriterien und Anforderungen für die Verantwortlichkeiten, Pflichten und Aufgaben des Auftragsverarbeiters" sowie „die Bedingungen, durch die die Verarbeitung personenbezogener Daten in Unternehmensgruppen speziell zu Kontroll- und Berichterstattungszwecken vereinfacht werden kann".

17 Das Formerfordernis im heutigen Abs. 9 (dazu Rn. 178 ff.) war im Kommissionsentwurf vom 25.1.2012 zunächst als Dokumentationspflicht von Verantwortlichem und Auftragsverarbeiter für Vertrag oder Rechtsinstrument und die Weisungen des Verantwortlichen in einem Abs. 3 ausgestaltet. Erst mit dem Ratsentwurf v. 11.6.2015 wurde ein dem heutigen Abs. 9 inhaltsgleicher Abs. 3 aufgenommen. Die dabei entfallene Dokumentationspflicht für Weisungen wurde im Trilog dann im heutigen Abs. 3 S. 2 lit. a wieder ergänzt (dazu Rn. 110 ff., zur Dokumentation von Weisungen auch Art. 29 Rn. 15).

18 Eine dem heutigen Abs. 10 inhaltlich im Kern entsprechende Regelung war bereits in Abs. 4 des Kommissionsentwurfs v. 25.1.2012 enthalten und wurde durch den Parlamentsentwurf vom 12.3.2014 näher an die heutige Fassung herangeführt.

19 Mit der zweiten Berichtigung der DS-GVO v. 19.4.2018[19] wurde der Wortlaut von Art. 28 Abs. 3 S. 2 lit. g erweitert, in dem die Löschpflicht auch auf die beim Auftragsverarbeiter vorhandenen Kopien der personenbezogenen Daten erstreckt wurde (Rn. 135 ff.).

20 **4. Working Paper der Art.-29-Datenschutzgruppe.** In der noch zur DSRL (Rn. 7 f.) ergangenen Stellungnahme 1/2010 zu den Begriffen „für die Verarbeitung Verantwortlicher" und „Auftragsverarbeiter" (WP 169)[20] hat die Art.-29-Datenschutzgruppe ausführlich zum Auftragsverarbeiter Stellung genommen. Der Auftragsverarbeiter müsse zwei wesentliche Bedingungen erfüllen, einerseits seine rechtliche Eigenständigkeit, andererseits die Verarbeitung personenbezogener Daten im Auftrag des Verantwortlichen. Die Rolle als Auftragsverarbeiter ergebe sich damit aus „seinen konkreten Tätigkeiten in einem spezifischen Kontext" sowie „in Bezug auf spezifische Daten- oder Vorgangsreihen", nicht aus seiner Organisation[21] (ausführlich Rn. 28 ff.).

21 Ein Handeln im Auftrag des Verantwortlichen läge vor, wenn der Auftragsverarbeiter die vom Verantwortlichen „erteilten Weisungen zumindest hinsichtlich des Zwecks der Verarbeitung und der wesentlichen Elemente der Mittel [befolge]", die Rechtmäßigkeit

---

18 Kühling/Buchner-*Hartung* Art. 28 Rn. 10.
19 2012/0011(COD)-8088/18.
20 WP 169, abrufbar unter: http://ec.europa.eu/justice/policies/privacy/docs/wpdocs/2010/wp169_de.pdf.
21 *Art.-29-Datenschutzgruppe* WP 169, S. 30 und S. 40.

der Verarbeitung also durch den ihm vom Verantwortlichen erteilten Auftrag bestimmt wird (dazu Rn. 39 f.). Dies schließe jedoch einen „gewissen Ermessensspielraum in der Wahl der technischen und organisatorischen Mittel" durch den Auftragsverarbeiter oder die Delegation der Entscheidung über die Mittel der Verarbeitung vom Verantwortlichen an den Auftragsverarbeiter nicht aus[22] (dazu Rn. 53). Ebenso wenig schließe das Vorhandensein standardisierter Leistungen und ggf. durch einen großen, verhandlungsstärkeren Auftragsverarbeiter vorgegebener Verträge ein auftragsbezogenes, weisungsgebundenes Tätigwerden für Verantwortliche aus; diese könnten vom Verantwortlichen „aus freien Stücken angenommen" und „akzeptiert" werden und der Verantwortliche „damit die volle Verantwortung für sie [übernehmen]".[23]

Es spreche nichts dagegen, bei der Auftragsverarbeitung mehrstufige Auftragsverhältnisse mit weiteren Auftragsverarbeitern in der Leistungskette (Unterauftragsverarbeiter) gerade bei „komplexen (mehrstufigen oder diffusen) Strukturen der Verarbeitung personenbezogener Daten [...] aufgrund neuer Technologien" zuzulassen, solange bei Durchführung der Verarbeitung „alle diese Auftragsverarbeiter die Weisungen des [...] Verantwortlichen befolgen"[24] und die Leistungsketten nicht zu einer Aufweichung „von wirksame[r] Kontrolle und klare[r] Verantwortung für die [Verarbeitung]" führten oder diese sogar verhinderten (ausführlich Rn. 162 f.). Erforderlich sei deshalb, dass der Verantwortliche „zumindest über die wichtigsten Elemente der Verarbeitungsstruktur informiert werde (z.B. beteiligte Akteure, Sicherheitsmaßnahmen, Gewähr hinsichtlich der Verarbeitung in Drittländern usw.)".[25]   22

5. Kurzpapier der Datenschutzkonferenz. Im Kurzpapier Nr. 13 der Konferenz der unabhängigen Datenschutzbehörden des Bundes und der Länder (Datenschutzkonferenz – DSK)[26] v. 17.12.2018[27] nimmt die DSK eine „erste Orientierung insbesondere für den nichtöffentlichen Bereich" zur Anwendung von Art. 28 „im praktischen Vollzug" vor. Die DSK stellt zunächst klar, dass aus ihrer Sicht das von der Art.-29-Datenschutzgruppe noch zur DSRL (Rn. 7 f.) ergangene WP 169 (Rn. 20 ff.) in seinen „grundsätzlichen Erwägungen" auch für die Auslegung der DS-GVO herangezogen werden könne.[28]   23

In Übereinstimmung mit der Art.-29-Datenschutzgruppe (Rn. 20) wird zunächst klargestellt, dass die Entscheidung über die Zwecke der Verarbeitung bei einer Auftragsverarbeitung stets dem Verantwortlichen vorbehalten bleibe, aber die Entscheidung über „die technisch-organisatorischen Fragen der Verarbeitung auch auf den Auftragsverarbeiter delegiert werden" könne.[29] Dies stehe im Zusammenspiel mit den Regelungen zur gemeinsamen Verantwortlichkeit in Art. 26 (zur Abgrenzung Art. 26 Rn. 59 ff. und Rn. 85) der weiteren Verwendung der zum BDSG a.F. entwickelten   24

---

22 *Art.-29-Datenschutzgruppe* WP 169, S. 31 und S. 39.
23 *Art.-29-Datenschutzgruppe* WP 169, S. 32.
24 *Art.-29-Datenschutzgruppe* WP 169, S. 33.
25 *Art.-29-Datenschutzgruppe* WP 169, S. 34.
26 Zur Datenschutzkonferenz siehe www.datenschutzkonferenz-online.de.
27 Abrufbar unter https://www.datenschutzkonferenz-online.de/media/kp/dsk_kpnr_13.pdf (frühere Version vom 16.1.2018 wurde ersetzt).
28 *Datenschutzkonferenz* Kurzpapier Nr. 13, S. 1 (linke Spalte).
29 *Datenschutzkonferenz* Kurzpapier Nr. 13, S. 1 (linke Spalte).

Figur der Funktionsübertragung entgegen, die nicht länger erforderlich sei[30] (zur Funktionsübertragung Rn. 51 ff.).

25 Wegen § 1 Abs. 2 S. 3 BDSG sei es weiterhin untersagt, dem Auftragsverarbeiter personenbezogene Daten außerhalb der § 203 Abs. 3, Abs. 4 StGB zu offenbaren, wenn diese zugleich „aufgrund gesetzlicher Geheimhaltungspflichten oder von Berufs- oder besonderen Amtsgeheimnissen, die nicht auf gesetzlichen Vorschriften beruhen, vertraulich zu behandeln sind" (dazu Rn. 78 f.). Im Übrigen bedürfe die Offenlegung personenbezogener Daten i.S.v. Art. 4 Nr. 2 (dazu Art. 4 Rn. 49) „keiner weiteren Rechtsgrundlage im Sinne von Art. 6–10 [...] als derjenigen, auf die der Verantwortliche selbst die Verarbeitung" stütze[31] (ausführlich zur Privilegierung Rn. 58 ff.). Da für den notwendigen Inhalt des Vertrags gem. Abs. 3 zwischen Verantwortlichem und Auftragsverarbeiter „in großen Teilen das Gleiche wie bisher" gelte, könnten die „bestehenden Verträge [...] fortgelten, wenn sie den Anforderungen der DS-GVO entsprechen oder darüber hinausgehen."[32] (kritisch dazu Rn. 195 f.).

26 Nach dem Wegfall von § 11 Abs. 5 BDSG a.F. zur Auftragsverarbeitung bei Prüfung oder Wartung automatisierter Verfahren oder von Datenverarbeitungsanlagen im Auftrag (Rn. 12) komme es für das Vorliegen einer Auftragsverarbeitung i.S.v. Art. 28 darauf an, ob es sich bei Durchführung der vorgenannten Tätigkeiten um eine „rein technische Wartung der Infrastruktur einer IT" handele (z.B. bei Arbeiten an der Stromzufuhr, Kühlung oder Heizung) oder „für den Auftragsverarbeiter die Notwendigkeit oder Möglichkeit des Zugriffs auf personenbezogene Daten" bestehe; im letzteren Fall handele „es sich im Hinblick auf die weite Definition einer Verarbeitung in Art. 4 Nr. 2 [...] (z.B. Auslesen, Abfragen, Verwenden) ebenfalls um eine Form oder Teiltätigkeit einer Auftragsverarbeitung und die Anforderungen des Art. 28 [... seien] umzusetzen"[33] (kritisch dazu Rn. 83 ff.).

B. Kommentierung

I. Einordnung der Auftragsverarbeitung

27 Die Einordnung eines Beteiligten an der Verarbeitung personenbezogener Daten als Verantwortlichem i.S.v. Art. 4 Nr. 7 (dazu Art. 4 Rn. 130 ff.) oder als Auftragsverarbeiter oder als einer dem Verantwortlichen oder Auftragsverarbeiter unterstellten Person i.S.d. Art. 29 (dazu Art. 29 Rn. 8 f.) entscheidet darüber, wer für die verordnungskonforme Verarbeitung der personenbezogenen Daten und für den Schutz der Rechte und Freiheiten der betroffenen Personen verantwortlich ist.[34] Die Abgrenzung ist deshalb für die Pflichtenverteilung von herausragender Bedeutung.

28 **1. Begriffe Auftragsverarbeiter und Auftragsverarbeitung.** Auftragsverarbeiter ist gem. Art. 4 Nr. 8 (dazu auch Art. 4 Rn. 171 ff.) eine natürliche oder juristische Person, Behörde, Einrichtung oder andere Stelle, die personenbezogene Daten im Auftrag des Verantwortlichen verarbeitet. Wesensmerkmal der Auftragsverarbeitung sind wie schon unter der DSRL (Rn. 7, 20) die Personenverschiedenheit von Verantwortlichem

---

30 *Datenschutzkonferenz* Kurzpapier Nr. 13, S. 1 (rechte Spalte).
31 *Datenschutzkonferenz* Kurzpapier Nr. 13, S. 2 (linke Spalte).
32 *Datenschutzkonferenz* Kurzpapier Nr. 13, S. 2 (rechte Spalte).
33 *Datenschutzkonferenz* Kurzpapier Nr. 13, S. 3 (rechte Spalte).
34 So schon zur DSRL die *Art.-29-Datenschutzgruppe* WP 169, S. 38.

und Auftragsverarbeiter einerseits (Rn. 30 ff.) sowie die Verarbeitung im Auftrag andererseits (Rn. 34 ff.).[35] Dabei werden durch Art. 28 die für eine Verarbeitung im Auftrag erforderlichen Mindestanforderungen festgelegt und konkretisiert.[36]

Eine Definition der Auftragsverarbeitung kennt die DS-GVO ebenso wie die DSRL 29 und das BDSG a.F. nicht. Rückgriffe auf Definitionsversuche zu §11 BDSG a.F., etwa die Beschreibung als „technische Durchführung von Datenverarbeitungsprozessen"[37] mit dem Auftragsdatenverarbeiter als „verlängertem Arm des Verantwortlichen", verbieten sich, da §11 BDSG a.f. noch auf das BDSG 1990 zurückging und nur notdürftig an die DSRL angepasst wurde (Rn. 9). Art. 28 bedarf einer selbstständigen, nicht durch die bisherige nationale Sicht auf die Auftragsdatenverarbeitung nach §11 BDSG a.F. geprägten europäischen Auslegung.[38]

2. Personenverschiedenheit von Verantwortlichem und Auftragsverarbeiter. Wer Teil 30 der Organisation des Verantwortlichen ist, gehört zum Verantwortlichen i.S.v. Art. 4 Nr. 7 (dazu Art. 4 Rn. 130 ff.) und fällt unter die vom Verantwortlichen getroffene Entscheidung über Zwecke und Mittel der Verarbeitung. Dies schließt eine gleichzeitige Verarbeitung personenbezogener Daten im Auftrag i.S.v. Art. 4 Nr. 8 aus.[39] Dies gilt auch für die dem Verantwortlichen unterstellten Personen i.S.d. Art. 29 (dazu Art. 29 Rn. 6 ff., zur Prüfung oder Wartung Rn. 81 ff.).

Der Auftragsverarbeiter muss rechtlich eine vom Verantwortlichen abweichende 31 „natürliche oder juristische Person, Behörde, Einrichtung oder andere Stelle" sein.[40] Hieraus folgt, dass wegen derselben Verarbeitung ein Beteiligter nicht zugleich Verantwortlicher und Auftragsverarbeiter sein kann, was jedoch nicht ausschließt, dass die Rollen wegen anderer Verarbeitungen derselben personenbezogenen Daten auseinanderfallen. Im Übrigen steht der Auftragsverarbeiter neben dem Verantwortlichen und muss die ihm durch die DS-GVO auferlegten Pflichten selbstständig erfüllen,[41] z.B. das Führen des Verzeichnisses von Verarbeitungstätigkeiten gem. Art. 30 Abs. 2 (dazu Art. 30 Rn. 73 ff.) oder die Benennung eines Datenschutzbeauftragten nach Art. 37 Abs. 1 oder Art. 37 Abs. 4 i.V.m. § 38 Abs. 1 BDSG (dazu Art. 37 Rn. 14 ff.).

Trotz der Personenverschiedenheit zum Verantwortlichen ist der Auftragsverarbeiter 32 nicht Dritter i.S.v. Art. 4 Nr. 10. Er ist ebenso wie die dem Verantwortlichen und dem Auftragsverarbeiter unterstellten, zur Verarbeitung personenbezogener Daten für den Verantwortlichen befugten Personen (dazu Art. 29 Rn. 8 f.), ausdrücklich vom Begriff des Dritten ausgenommen. Im Datenschutz steht der Begriff des Dritten wie im Zivilrecht für jeden Beteiligten außerhalb des Verantwortlichen, des Auftragsverarbeiters und der diesen unterstellten Personen, sodass es für die Offenlegung personenbezoge-

---

35 So schon zur DSRL die *Art.-29-Datenschutzgruppe* WP 169, S. 30.
36 Kühling/Buchner-*Hartung* Art. 28 Rn. 28.
37 Formulierung zur Umschreibung der Auftragsdatenverarbeitung verwendet von *Müthlein* RDV 2016, 74.
38 Ähnlich unter Verweis auf das WP 169 der Art.-29-Datenschutzgruppe Kühling/Buchner-*Hartung* Art. 28 Rn. 26; ungenau deshalb Taeger/Gabel-*Gabel/Lutz* Art. 28 Rn. 2, welche die frühere Definition für im Grunde [...] weiterhin zutreffend erachten.
39 Ebenso Gierschmann-*Kramer* Art. 28 Rn. 15.
40 Ehmann/Selmayr-*Bertermann* Art. 28 Rn. 3; BeckOK DatenSR-*Spoerr* Art. 28 Rn. 16.
41 Laue/Kremer-*Kremer* Das neue Datenschutzrecht in der betrieblichen Praxis, § 5 Rn. 6 f.

ner Daten gegenüber einem Dritten einer Rechtfertigung i.S.d. Art. 6 ff. bedarf, weil diesem anderenfalls deren Verarbeitung untersagt ist (ausführlich Art. 4 Rn. 200 ff.).

33 Beim Auftragsverarbeiter handelt es sich stattdessen um einen Empfänger i.S.v. Art. 4 Nr. 9. Hierunter fällt jeder, dem gegenüber vom Verantwortlichen personenbezogene Daten i.S.v. Art. 4 Nr. 2 offengelegt werden (zum Empfänger Art. 4 Rn. 190 ff., zur Offenlegung Art. 4 Rn. 193 ff.), einschließlich dem Dritten i.S.v. Art. 4 Nr. 10 (Rn. 32). Anders als ein Dritter kann der Empfänger jedoch in die Verarbeitung durch den Verantwortlichen eingebunden und dadurch die dem Empfänger gegenüber erfolgende Offenlegung personenbezogener Daten privilegiert sein (Rn. 58 ff.). Die Einordnung des Auftragsverarbeiters als Empfänger i.S.v. Art. 4 Nr. 9 führt wegen Art. 13 Abs. 1 lit. e, Art. 14 Abs. 1 lit. e zur Informationspflicht des Verantwortlichen über seine Auftragsverarbeiter (dazu Art. 13 Rn. 41 f., Art. 14 Rn. 32 f.).

34 **3. Verarbeitung im Auftrag und Weisungsgebundenheit.** Die Verarbeitung im Auftrag i.S.v. Art. 4 Nr. 8 (Rn. 28) ist geprägt durch das Handeln des Auftragsverarbeiters im Rahmen der vom Verantwortlichen gem. Art. 4 Nr. 7 getroffen Entscheidung über Zwecke und Mittel der Verarbeitung (dazu Art. 4 Rn. 153 f.), also durch ein Handeln des Auftragsverarbeiters im Interesse des Verantwortlichen. Dieses Handeln im Interesse des Verantwortlichen spiegelt sich in der Weisungsgebundenheit des Auftragsverarbeiters gegenüber dem Verantwortlichen wider (zum Begriff der Weisung siehe Art. 29 Rn. 11 f.), die durch Art. 29 (dazu Art. 29 Rn. 6, Rn. 13) angeordnet wird und im Vertrag oder anderen Rechtsinstrument nach Abs. 3 S. 2 lit. a festzulegen ist (Rn. 110 ff.).

35 Fehlt es an der Weisungsgebundenheit, liegt keine Auftragsverarbeitung vor. Die Feststellung der Weisungsgebundenheit erfolgt dabei anhand einer sachbezogenen, funktionalen Betrachtung der tatsächlichen Verhältnisse zwischen Verantwortlichem und Auftragsverarbeiter.[42] Ob die Parteien einen Vertrag oder eine Vereinbarung getroffen haben ist für die Abgrenzung zwischen (alleiniger oder gemeinsamer) Verantwortlichkeit und Auftragsverarbeitung bedeutungslos.[43] Die vormals zum BDSG a.F. vertretene Vertragstheorie ist damit hinfällig.[44] Eines Auftrags i.S.d. § 662 BGB bedarf es für die Auftragsverarbeitung nicht.

36 Auftrag i.S.d. Art. 28 Abs. 1 meint jedes tatsächlich weisungsgebundene Tätigwerden eines Anderen für den Verantwortlichen unabhängig von Vertragstyp sowie Dauer und Umfang der Verarbeitung. Der Auftrag kann daher u.a. in einem Dienstvertrag, Werkvertrag, Mietvertrag und öffentlich-rechtlichen Vertrag enthalten sein oder einem Gefälligkeitsverhältnis entspringen.[45] Er ist nicht deckungsgleich zum Vertrag i.S.d. Abs. 3, kann diesen jedoch bereits beinhalten. Fehlt es am Auftrag ist der handelnde Beteiligte entweder (allein oder gemeinsam) Verantwortlicher i.S.d. Art. 4 Nr. 7 oder eine unterstellte Person i.S.d. Art. 29 (dazu Art. 29 Rn. 6 ff., zur Prüfung oder Wartung Rn. 81 ff.).

---

42 Kühling/Buchner-*Hartung* Art. 28 Rn. 27; *Völkel* PinG 2018, 189, 191 f.; ebenso für die Ermittlung des Verantwortlichen zur DSRL die *Art.-29-Datenschutzgruppe* WP 169, S. 22.
43 *Kremer* CR 2019, 225, 227.
44 Laue/Kremer-*Kremer* Das neue Datenschutzrecht in der betrieblichen Praxis, § 5 Rn. 21; *Petri* ZD 2015, 305, 308; a.A. Plath-*Plath* Art. 28 Rn. 39 (freie Wahlmöglichkeit der Parteien).
45 Siehe Taeger/Gabel-*Gabel/Lutz* Art. 28 Rn. 12.

a) Weisungsgebundenheit bei der Auftragsdatenverarbeitung nach § 11 Abs. 3 S. 1 BDSG a.F. In § 11 Abs. 3 S. 1 BDSG a.F. (Rn. 11) wurde die Weisungsgebundenheit zur Vermeidung von Haftungslücken für die Betroffenen (§ 3 Abs. 1 BDSG a.F.) im Außenverhältnis vielfach mit einer vollständigen Steuerung des Auftragsdatenverarbeiters durch die verantwortliche Stelle (§ 3 Abs. 7 BDSG a.F.) gleichgesetzt. Dies hatte zur Folge, dass dem Auftragsdatenverarbeiter ausschließlich eine Hilfs- oder Unterstützungsfunktion bei der Verarbeitung personenbezogener Daten für die verantwortliche Stelle ohne eigene Entscheidungsspielräume zukam.[46] 37

b) Weisungsgebundenheit bei der Auftragsverarbeitung nach Art. 28. Für die Abgrenzung zwischen dem Verantwortlichen i.S.v. Art. 4 Nr. 7 und dem Auftragsverarbeiter i.S.v. Art. 4 Nr. 8 kommt es bei der Ermittlung der Weisungsgebundenheit darauf an, wann der Verantwortliche nicht mehr (allein oder gemeinsam mit anderen Verantwortlichen, dazu Art. 26 Rn. 17 ff.) die Entscheidung über Zwecke und Mittel der Verarbeitung trifft, sondern diese soweit dem Auftragsverarbeiter überlässt, dass der Auftragsverarbeiter selbst an der Entscheidung i.S.v. Art. 4 Nr. 7 zumindest beteiligt ist und damit zum Verantwortlichen wird. 38

Festzuhalten ist, dass die Entscheidung über die Zwecke einer Verarbeitung personenbezogener Daten, also über das Ob und Warum der Verarbeitung (Art. 4 Rn. 153), ureigene Aufgabe des Verantwortlichen i.S.v. Art. 4 Nr. 7 ist und keinesfalls an den Auftragsverarbeiter delegiert werden kann. Es muss stets der Verantwortliche sein, der die Verfügungs- und Entscheidungsgewalt über Ob und Warum der Verarbeitung haben muss.[47] Eine Entscheidung über die Zwecke der Verarbeitung durch den Auftragsverarbeiter führt stets aus der Auftragsverarbeitung nach Art. 4 Nr. 8, Art. 28 heraus und macht den Auftragsverarbeiter zum (allein oder gemeinsam) Verantwortlichen i.S.v. Art. 4 Nr. 7 (siehe auch Art. 4 Rn. 153 ff.).[48] 39

Anders verhält es sich bei der Entscheidung über die Mittel der Verarbeitung. Mittel der Verarbeitung i.S.v. Art. 4 Nr. 7 legen die Art und Weise der Verarbeitung personenbezogener Daten fest, also das Wie (Art. 4 Rn. 153). Werden diese Mittel im arbeitsteiligen Vorgehen von Verantwortlichem und Auftragsverarbeiter (Rn. 1 f.) durch den Auftragsverarbeiter gestellt oder bedient, verfügt dieser über die größere Fachkenntnis bei der Auswahl und Anwendung der für eine verordnungskonforme Verarbeitung erforderlichen Mittel. 40

Ein eigener Ermessensspielraum des Auftragsverarbeiters in der Wahl der Mittel für die von ihm vorgenommene Verarbeitung oder die Delegation der Entscheidung hierüber an den Auftragsverarbeiter durch den Verantwortlichen entspricht der tatsächlichen Aufgabenverteilung zwischen Verantwortlichem und Auftragsverarbeiter. Diese Aufgabenteilung steht einer Entscheidung des Verantwortlichen über die Mittel der Verarbeitung solange nicht entgegen, wie sich der Verantwortliche insgesamt für oder gegen die vom Auftragnehmer eingesetzten Mittel entscheiden kann (zu den technischen und organisatorischen Maßnahmen Rn. 119 ff.) und jede Einflussnahme des 41

---

46 Statt vieler Simitis-*Petri* § 11 BDSG Rn. 20 ff.
47 *Kremer* CR 2019, 225, 229.
48 Ebenso Datenschutzkonferenz, Kurzpapier Nr. 13, S. 1 (linke Spalte); *Europäischer Datenschutzbeauftragter* Leitlinien zur VO 2018/1725 v. 7.11.2019, S. 18; *Art.-29-Datenschutzgruppe* zur Abgrenzung unter der DSRL im WP 169, S. 32 und S. 39; Taeger/Gabel-*Gabel/Lutz* Art. 28 Rn. 13; Ehmann/Selmayr-*Bertermann* Art. 28 Rn. 3.

Auftragsverarbeiters auf den Zweck der Verarbeitung durch die von ihm eingesetzten Mittel ausgeschlossen ist.[49] Allerdings muss der Verantwortliche vor der (auch nur teilweisen) Delegation der Entscheidung über die Mittel der Verarbeitung zumindest über deren wesentlichen Elemente informiert sein (zur Gestaltung des Vertrags oder anderen Rechtsinstruments Rn. 93 ff., zur Nachweispflicht des Auftragsverarbeiters Rn. 139 ff.).[50] Überschreitet der Auftrag diese Grenzen nicht, wird der Auftragsverarbeiter trotz des ihm eingeräumten Ermessensspielraums nicht zum Verantwortlichen i.S.v. Art. 4 Nr. 7.[51]

42 Die zu § 11 Abs. 3 S. 1 BDSG a.F. als Begründung für die strenge Weisungsgebundenheit des Auftragsdatenverarbeiters herangezogene Haftungslücke (Rn. 37) ist unter der DS-GVO nicht zu befürchten. Art. 82 Abs. 1 gewährt jeder, nicht nur der betroffenen Person (dazu Art. 82 Rn. 23) einen Anspruch auf Schadensersatz gegen den Verantwortlichen oder Auftragsverarbeiter, der über Art. 82 Abs. 4 zu einer gesamtschuldnerischen Haftung auch des Auftragsverarbeiters im Außenverhältnis führt (dazu Art. 82 Rn. 35 f.). Aus Art. 79 Abs. 1 i.V.m. § 44 Abs. 1, Abs. 2 BDSG ergibt sich außerdem eine Klagebefugnis der betroffenen Person gegen den Auftragsverarbeiter bei einer nicht verordnungskonformen Verarbeitung (dazu Art. 79 Rn. 12 ff.) und Art. 83 Abs. 4 lit. a erlaubt unmittelbare Sanktionen der Aufsichtsbehörden gegenüber dem Auftragsverarbeiter (zu Rechtsfolgen bei Zuwiderhandlungen Rn. 188). Schwingt sich der Auftragsverarbeiter zur Entscheidung über Zwecke und Mittel der Verarbeitung auf, wird er wegen Abs. 10 selbst zum Verantwortlichen mit allen sich daraus für die Verarbeitung personenbezogener Daten ergebenden Pflichten (Rn. 185).

43 c) Weisungsgebundenheit und vertragliche Übermacht des Auftragsverarbeiters. Die Weisungsgebundenheit des Auftragsverarbeiters wird nicht durch das Vorhandensein eines vom Auftragsverarbeiter kraft seiner Größe oder Verhandlungsstärke vorgegebenen, standardisierten Leistungskatalogs und Vertragswerks ausgeschlossen. Denn der Auftragsverarbeiter ist nicht zwangsläufig ein „Untergebener" des Verantwortlichen und kann bei der Erbringung seiner Leistungen über ein erhebliches Maß an Autonomie verfügen.[52] Solange der Verantwortliche frei darin bleibt, die vom Auftragsverarbeiter angebotenen Leistungen nebst Vertrag anzunehmen und zu akzeptieren, übernimmt er damit die für Art. 4 Nr. 7 erforderliche Entscheidung über Zwecke und Mittel der Verarbeitung (Rn. 38 ff., ergänzend Art. 4 Rn. 153 ff.), einschließlich der Verantwortlichkeit für ggf. im Vertrag enthaltene, verordnungswidrige Regelungen.[53] Anders wäre dies nur, wenn der Verantwortliche durch eine marktbeherrschende Stellung des Auftragsverarbeiters zum Vertrag mit diesem gedrängt wird, ohne dass ihm

---

49 Ähnlich *Datenschutzkonferenz* Kurzpapier Nr. 13, S. 1 (linke Spalte); Art.-29-Datenschutzgruppe zur Abgrenzung unter der DSRL im WP 169, S. 31 und 39; Gierschmann-*Kramer* Art. 28 Rn. 49; *Monreal* ZD 2014, 611, 614.
50 So schon zur DSRL *Art.-29-Datenschutzgruppe* WP 169, S. 34.
51 Ebenso *Europäischer Datenschutzbeauftragter* Leitlinien zur VO 2018/1725 v. 7.11.2019, S. 17 f.; Paal/Pauly-*Martini* Art. 28 Rn. 36; Kühling/Buchner-*Hartung* Art. 28 Rn. 30.
52 Zutreffend *Europäischer Datenschutzbeauftragter* Leitlinien zur VO 2018/1725 v. 7.11.2019, S. 18.
53 So schon zur DSRL die *Art.-29-Datenschutzgruppe* WP 169, S. 32; ebenso *Europäischer Datenschutzbeauftragter* Leitlinien zur VO 2018/1725 v. 7.11.2019, S. 18; Taeger/Gabel-*Gabel/Lutz* Art. 28 Rn. 13.

eine Entscheidungsmöglichkeit für eine zumindest grundsätzlich vergleichbare Alternative offensteht.

d) Missachtung der Weisungsgebundenheit durch den Auftragsverarbeiter. Missachtet der Auftragsverarbeiter ihm vom Verantwortlichen erteilte Weisungen (Rn. 110 ff.) oder handelt diesen zuwider, ohne dass die weisungswidrige Verarbeitung i.S.v. Art. 29, Art. 28 Abs. 3 S. 2 lit. a durch das Unionsrecht oder das Recht eines Mitgliedstaates verpflichtend angeordnet wird (dazu Art. 29 Rn. 21 ff., Rn. 114), liegt hierin zunächst eine Pflichtverletzung im Rahmen des Vertrags oder anderen Rechtsinstruments i.S.v. Abs. 3 S. 1 durch den Auftragsverarbeiter und ein Verstoß gegen Art. 29 (zu den Rechtsfolgen Art. 29 Rn. 24). 44

Durch die weisungswidrige Verarbeitung verliert der Auftragsverarbeiter die ihm mit Blick auf die Haftung aus Art. 82 Abs. 1 im Außenverhältnis (dazu Art. 82 Rn. 4 ff.) über Art. 82 Abs. 2 bei weisungskonformer Verarbeitung gewährte Exkulpationsmöglichkeit (dazu Art. 82 Rn. 29, zum Umgang mit rechtswidrigen Weisungen Rn. 116). Führt das weisungswidrige Handeln zur Entscheidung des Auftragsverarbeiters über Zwecke und Mittel der Verarbeitung i.S.v. Art. 4 Nr. 7, wird er gem. Abs. 10 insoweit zum Verantwortlichen (Rn. 185). 45

e) Festlegung der (fehlenden) Weisungsgebundenheit durch den Gesetzgeber. Art. 4 Nr. 7 gestattet der Union und den Mitgliedstaaten, die Zwecke und Mittel der Verarbeitung vorzugeben und hiernach den Verantwortlichen oder die Kriterien zu dessen Benennung vorzusehen. In § 11 Abs. 2 StBerG hat der deutsche Gesetzgeber festgelegt, dass Steuerberater und die von ihnen gegründeten Gesellschaften ihre Leistungen „weisungsfrei" als Verantwortliche i.S.d. Art. 4 Nr. 7 erbringen und hierbei gem. Art. 9 Abs. 2 lit. g auch besondere Kategorien personenbezogener Daten verarbeiten dürfen.[54] Damit sollte die Ungewissheit, ob die Leistungen eines Steuerberaters beim „Buchen laufender Geschäftsvorfälle", der „laufenden Lohnabrechnung" und beim „Fertigen der Lohnsteuer-Anmeldungen" eine Auftragsverarbeitung i.S.d. Abs. 1 sind oder nicht. 46

Ausweislich der Gesetzesbegründung versteht sich § 11 StBerG als Regelung, welche die berufsrechtlichen Pflichten des Steuerberaters als Berufsgeheimnisträger sicherstellt.[55] Allenfalls mittelbar lässt sich über § 11 Abs. 1 S. 1 StBerG eine Festlegung zumindest der Zwecke der Verarbeitung („[...] zur Erfüllung der Aufgaben nach diesem Gesetz [...]") i.S.d. Art. 4 Nr. 7 herleiten, sodass fraglich ist, ob sich die Norm tatsächlich innerhalb der Öffnungsklausel bewegt. Rechtsklarheit ist damit vom Gesetzgeber nur vermeintlich geschaffen worden, obwohl Regelungsziel und Regelungsergebnis nicht zu beanstanden sind.[56] 47

4. Abgrenzung zu anderen Formen arbeitsteiliger Verarbeitung. Der Auftragsverarbeiter i.S.v. Art. 4 Nr. 7, Art. 28 ist von den gemeinsam Verantwortlichen i.S.v. Art. 4 Nr. 7, Art. 26 (zum Begriff Art. 26 Rn. 17 ff.), der Offenlegung personenbezogener Daten i.S.v. Art. 4 Nr. 2 gegenüber Dritten i.S.v. Art. 4 Nr. 10, den unterstellten Personen i.S.d. Art. 29 (dazu Art. 29 Rn. 8 f.) und ggf. auch der zum BDSG a.F. entwickelten sog. Funktionsübertragung abzugrenzen. 48

---

54 Ebenso Rechtsanwälte, dazu *Ziegenhorn/Fokken* ZD 2019, 194, 195 f.
55 BT-Drucks. 19/14909, S. 58.
56 Dazu *Gola* RDV 2019, 73, 74; *Schmidt* DSB 2018, 182, 183.

Art. 28 — Auftragsverarbeiter

49 **a) Gemeinsam Verantwortliche (Art. 26).** Bei gemeinsam Verantwortlichen i.S.v. Art. 26 Abs. 1 S. 1 fehlt es im Verhältnis der Beteiligten zueinander an der Weisungsgebundenheit als dem Wesensmerkmal der Auftragsverarbeitung (Rn. 34 ff.). Stattdessen entscheiden die gemeinsam Verantwortlichen gemeinsam über Zwecke und Mittel der Verarbeitung (Art. 26 Rn. 22 ff., ausführlich zur Abgrenzung Art. 26 Rn. 59 ff.). Typisches Beispiel für gemeinsam Verantwortliche ist die Verarbeitung durch i.S.d. §§ 15 ff. AktG verbundene Unternehmen in Konzern, die jedoch in der Praxis fälschlicherweise häufig als sich gegenseitig überlagernde Auftragsverarbeitungen abgebildet werden.[57]

50 **b) Offenlegung gegenüber Dritten i.S.v. Art. 4 Nr. 10.** Legt der Verantwortliche gegenüber einem anderen Beteiligten personenbezogene Daten offen i.S.v. Art. 4 Nr. 2 (zum Begriff Art. 4 Rn. 193 ff.), ohne dass es sich bei dem anderen Beteiligten um einen Auftragsverarbeiter i.S.v. Art. 4 Nr. 8, Art. 28 handelt, bedarf diese Offenlegung einer Rechtfertigung i.S.d. Art. 6–10 DS-GVO, da es an einer Privilegierung wie bei der Auftragsverarbeitung (Rn. 63 ff.) fehlt (zur Offenlegung unter gemeinsam Verantwortlichen Art. 26 Rn. 63 ff.).

51 **c) Funktionsübertragung im BDSG a.F. und nach der DS-GVO.** Die Funktionsübertragung war im BDSG a.F. als ungeschriebener Sonderfall der Übermittlung personenbezogener Daten (§ 3 Abs. 4 S. 2 Nr. 3 BDSG) anerkannt und bedurfte anders als die privilegierte Auftragsdatenverarbeitung nach § 11 BDSG a.F. (dazu Rn. 58 ff.) einer Erlaubnis i.S.v. § 4 S. 1 BDSG a.F. als Rechtmäßigkeitsvoraussetzung.[58] Eine Funktionsübertragung lag vor, wenn nicht nur die Verarbeitung personenbezogener Daten, sondern auch die der Verarbeitung zu Grunde liegende Aufgabe vom Verantwortlichen auf einen Dritten i.S.v. § 3 Abs. 8 S. 2 BDSG a.F. übertragen wurde.[59]

52 Anders als bei der von einer strengen Weisungsgebundenheit in § 11 Abs. 3 S. 1 BDSG a.F. ausgehenden Auftragsdatenverarbeitung (Rn. 37) oblag dem Dritten bei der Funktionsübertragung i.S.d. BDSG a.F. ggf. sogar vollständig die Entscheidung über das Wie der Verarbeitung, die vom Dritten sodann eigenverantwortlich ausgeführt wurde.[60] Immer dann, wenn die Tätigkeit des Dritten sich nicht auf die bloße Verarbeitung personenbezogener Daten im Auftrag der verantwortlichen Stelle (§ 3 Abs. 7 BDSG a.F.) oder bloße Unterstützungsleistungen zu einer solchen Verarbeitung beschränkten, sollte eine Funktionsübertragung vorliegen.[61] Auch bei einem Handeln des Dritten gegenüber betroffenen Personen im eigenen Namen und eigenem Interesse einschließlich der eigenständigen Wahrnehmung von Betroffenenrechten gem. §§ 33 ff. BDSG a.F. sollte eine Funktionsübertragung gegeben sein.[62]

53 Nachdem Art. 4 Nr. 8, Art. 28 nunmehr eine Auftragsverarbeitung auch zulassen, wenn dem Auftragsverarbeiter eigene Ermessensspielräume wegen der Mittel der Verarbeitung zustehen oder der Verantwortliche die Entscheidung über die Mittel der Verar-

---

[57] Von einer Auftragsverarbeitung im Konzern geht auch aus Taeger/Gabel-*Gabel*/*Lutz* Art. 28 Rn. 24 ff.
[58] Laue/Kremer-*Kremer* Das neue Datenschutzrecht in der betrieblichen Praxis, § 5 Rn. 5.
[59] BT-Drucks. 11/4306; *Petri* ZD 2015, 305, 307.
[60] Laue/Kremer-*Kremer* Das neue Datenschutzrecht in der betrieblichen Praxis, § 5 Rn. 5.
[61] Kühling/Buchner-*Hartung* Art. 28 Rn. 42; zuletzt bejaht für die Übermittlung von Kundenlisten bei Facebook Custom Audiences durch *BayBGH* v. 26.9.2018 – 5 CS 18.1157 Rn. 15 f.; ebenso Vorinstanz *VG Bayreuth* v. 8.5.2018 – B 1 S 18.105 Rn. 48 f.
[62] Simitis-*Petri* § 11 BDSG a.F. Rn. 23.

beitung an den Auftragsverarbeiter delegiert (Rn. 38 ff.), besteht keine Erforderlichkeit mehr für die Fortführung der Funktionsübertragung.[63]

Die früheren Fälle der Funktionsübertragung können unter der DS-GVO vielfach als Auftragsverarbeitung i.S.v. Art. 28 eingeordnet werden.[64] Soll der die personenbezogenen Daten verarbeitende Beteiligte auch über die Zwecke der Verarbeitung entscheiden,[65] überschreitet dies jedoch die Grenzen der Auftragsverarbeitung (Rn. 39). Dann agieren die Beteiligten entweder als gemeinsame Verantwortliche i.S.v. Art. 26 Abs. 1 S. 1 (Rn. 49)[66] oder es liegt eine Offenlegung i.S.v. Art. 4 Nr. 2 im Verhältnis zweier voneinander unabhängiger, jeweils allein i.S.v. Art. 4 Nr. 7 Verantwortlicher vor (Rn. 50). 54

5. Auftragsverarbeiter im Drittland. – a) Niederlassung des Auftragsverarbeiters im Drittland. Die Begriffsbestimmung des Dritten in Art. 4 Nr. 10 (Art. 4 Rn. 196 ff.) enthält anders als § 3 Abs. 8 S. 3 BDSG a.F. (Rn. 10) keine Beschränkung dahingehend, dass nur Auftragsverarbeiter mit einer Niederlassung in einem Mitgliedstaat keine Dritten sind. Auch nicht in der Union niedergelassene Auftragsverarbeiter sind damit Empfänger i.S.v. Art. 4 Nr. 9 (Rn. 146 ff.) mit der Folge, dass auch ihnen gegenüber die Privilegierung der Auftragsverarbeitung nach Art. 28 (Rn. 63 ff.) greift.[67] Allerdings sind für eine verordnungskonforme Verarbeitung bei einem außerhalb der Union niedergelassenen Auftragsverarbeiter neben Art. 28 zusätzlich die sich aus Kapitel 5 (Art. 44 ff.) ergebenden Anforderungen an die Übermittlung personenbezogener Daten in ein Drittland zu beachten.[68] 55

b) Anwendbarkeit der DS-GVO auf den Auftragsverarbeiter im Drittland. Der Auftragsverarbeiter mit einer Niederlassung außerhalb der Union hat die DS-GVO unmittelbar zu beachten, sofern er sich in deren räumlichem Anwendungsbereich gem. Art. 3 Abs. 2 befindet (dazu Art. 3 Rn. 25 ff.) oder sich deren Anwendbarkeit aus dem Völkerrecht gem. Art. 3 Abs. 3 ergibt (dazu Art. 3 Rn. 40 f.).[69] 56

Ist der Auftragsverarbeiter vom räumlichen Anwendungsbereich der DS-GVO nicht erfasst, hat der Verantwortliche gleichwohl sämtliche für den Vertrag oder das andere Rechtsinstrument in Abs. 3 formulierten Festlegungen und Inhalte zu beachten (dazu Rn. 93 ff.). Im Vertrag mit dem Auftragsverarbeiter sollte vorsorglich die Anwendbarkeit der DS-GVO vereinbart werden, um zumindest im Innenverhältnis zwischen Verantwortlichem und Auftragsverarbeiter Regelungslücken zu vermeiden. Im Übrigen 57

---

63 Ebenso *Datenschutzkonferenz* Kurzpapier Nr. 13, S. 1 (rechte Spalte); Taeger/Gabel-*Gabel/ Lutz* Art. 28 Rn. 14 ff.; *Härting* ITRB 2016, 137, 138; Kühling/Buchner-*Hartung* Art. 28 Rn. 44; *Müthlein* RDV 2016, 74, 84 f.
64 Ebenso BeckOK DatenSR-*Spoerr* Art. 28 Rn. 27; Gierschmann-*Kramer* Art. 28 Rn. 101; *Härting* ITRB 2016, 137, 138; *Müthlein* RDV 2016, 74, 84 f.
65 Auf die Entscheidungsbefugnisse zur Abgrenzung stellt auch ab Kühling/Buchner-*Hartung* Art. 28 Rn. 44.
66 Zur Abgrenzung auch Gola-*Klug* Art. 28 Rn. 5.
67 Zur Beschränkung aus § 80 Abs. 2 SGB X bei der Auftragsverarbeitung von Sozialdaten ausführlich *Völkel* PinG 2018, 189, 191 f.
68 Ebenso Taeger/Gabel-*Gabel/Lutz* Art. 28 Rn. 27.
69 Befindet sich der Verantwortliche außerhalb der EU, aber der Auftragsverarbeiter in einem Mitgliedstaat, hat der Auftragsverarbeiter die DS-GVO zu beachten, der Verantwortliche jedoch nur im Anwendungsbereich von Art. 3 Abs. 2, Abs. 3, dazu *Fromageau/ Bäuerle/Werkmeister* PinG 2018, 216 f.

richtet sich das auf die Rechtsbeziehung zwischen Verantwortlichem und Auftragsverarbeiter anwendbare Recht nach dem Internationalen Privatrecht.

II. Privilegierung der Offenlegung bei der Auftragsverarbeitung

58 **1. Privilegierung der Auftragsdatenverarbeitung nach dem BDSG a.F. – a) Keine Übermittlung personenbezogener Daten durch verantwortliche Stelle.** Voraussetzung einer Übermittlung (§ 3 Abs. 4 S. 2 Nr. 3 BDSG a.F.) als eine Form der Verarbeitung personenbezogener Daten i.S.v. § 3 Abs. 4 S. 1 BDSG a.F. war „das Bekanntgeben [...] personenbezogener Daten an einen Dritten [...]". Eine solche Übermittlung an einen Dritten (§ 3 Abs. 8 S. 2 BDSG a.F.) bedurfte einer Erlaubnis gem. § 4 Abs. 1 BDSG a.F.

59 § 3 Abs. 8 S. 3 BDSG a.F. nahm den innerhalb von EU und EWR niedergelassenen Auftragsdatenverarbeiter jedoch vom Begriff des Dritten aus; dieser war lediglich Empfänger personenbezogener Daten i.S.v. § 3 Abs. 8 S. 1 BDSG a.F. (Rn. 10).[70] Im Verhältnis von verantwortlicher Stelle (§ 3 Abs. 7 BDSG a.F.) zum Auftragsdatenverarbeiter i.S.d. § 11 Abs. 1 S. 1 BDSG a.F. lag deshalb keine erlaubnispflichtige Übermittlung personenbezogener Daten i.S.v. § 3 Abs. 4 S. 2 Nr. 3 BDSG a.F. vor.[71]

60 **b) Weitergabe personenbezogener Daten als privilegierte Nutzung durch verantwortliche Stelle.** Statt als Übermittlung (§ 3 Abs. 4 S. 2 Nr. 3 BDSG a.F.) war die Weitergabe personenbezogener Daten durch die verantwortliche Stelle an den Auftragsdatenverarbeiter und deren nachfolgende Verwendung[72] durch den Auftragsdatenverarbeiter als Nutzung personenbezogener Daten i.S.v. § 3 Abs. 5 BDSG a.F. durch die verantwortliche Stelle einzuordnen.[73] Denn verantwortliche Stelle und der ihr gegenüber streng weisungsgebundene (Rn. 43) Auftragsdatenverarbeiter waren bei einer Verarbeitung im Auftrag i.S.d. § 11 Abs. 1 S. 1 BDSG a.F. rechtlich als Einheit zu betrachten.[74] War die verantwortliche Stelle selbst wegen einer Erlaubnis i.S.d. § 4 Abs. 1 BDSG a.F. zur Nutzung berechtigt, wirkte diese Erlaubnis auch für die durch den Auftragsdatenverarbeiter erfolgenden Verarbeitungen.[75]

61 Die Auftragsdatenverarbeitung gem. § 11 Abs. 1 S. 1 BDSG a.F. war also privilegiert, weil für die hier erfolgende Weitergabe personenbezogener Daten durch die verantwortliche Stelle anders als bei der Übermittlung (Rn. 56) keine Erlaubnis i.S.v. § 4 Abs. 1 BDSG a.F. erforderlich war.[76] An dieser Erlaubnis hätte es bei typischen Fällen arbeitsteiligen Vorgehens (Rn. 1 f.) regelmäßig gefehlt mit der Folge, dass die Arbeitsteilung zwischen verantwortlicher Stelle und Dienstleister datenschutzrechtlich unzulässig gewesen wäre. Dies galt insbesondere bei der Verarbeitung besonderer Arten personenbezogener Daten i.S.d. § 3 Abs. 9 BDSG a.F. (aufgegangen in Art. 9 Abs. 1)

---

70 Statt vieler Gola/Schomerus-*Gola/Klug/Körffer* § 11 BDSG Rn. 3; *Härting* ITRB 2016, 137 f.
71 *Härting* ITRB 2016, 137 f.; Plath-*Plath* § 11 Rn. 2; Kühling/Buchner-*Hartung* Art. 28 Rn. 14.
72 Verwenden fasst das Verarbeiten i.S.v. § 3 Abs. 4 S. 1 BDSG a.F. und Nutzen i.S.d. § 3 Abs. 5 BDSG a.F. zusammen, siehe Gola/Schomerus-*Gola/Klug/Körffer* § 3 Rn. 42.
73 Ausführlich *Kremer/Sander* ITRB 2014, 187 f.
74 Statt vieler Gola/Schomerus-*Gola/Klug/Körffer* § 11 BDSG Rn. 4; Taeger/Gabel-*Lutz/Gabel* Art. 28 Rn. 8 („gesetzliche Fiktion").
75 Kühling/Buchner-*Hartung* Art. 28 Rn. 13.
76 Ebenso Simitis-*Petri* § 11 Rn. 43; Plath-*Plath* § 11 Rn. 4; *Monreal* ZD 2014, 611, 615; *Petri* ZD 2015, 305 f.

wegen der hohen Anforderungen der gesetzlichen Erlaubnistatbestände in § 28 Abs. 6 bis Abs. 9 BDSG a.F. (aufgegangen in Art. 9 Abs. 2).

Die Absenkung der Anforderungen an die Weitergabe personenbezogener Daten an den Auftragsdatenverarbeiter durch die verantwortliche Stelle wurde durch zusätzliche Pflichten kompensiert, welche der verantwortlichen Stelle über § 11 BDSG a.F. auferlegt wurden. Dies waren insb. die sorgfältige Auswahl des Auftragsdatenverarbeiters gem. § 11 Abs. 2 S. 1 BDSG a.F., die Festlegung der vom Auftragsdatenverarbeiter i.S.d. § 9 BDSG a.F. zu treffenden technischen und organisatorischen Maßnahmen gem. § 11 Abs. 2 S. 2 Nr. 3 BDSG a.F. und die beim Auftragsdatenverarbeiter durchzuführenden Kontrollen gem. § 11 Abs. 2 S. 4, 5 BDSG a.F.[77] 62

2. Privilegierung der Auftragsverarbeitung nach der DS-GVO. – a) Offenlegung personenbezogener Daten gegenüber dem Auftragsverarbeiter. Die Übermittlung i.S.d. § 3 Abs. 4 S. 2 Nr. 3 BDSG a.F. ist in Art. 4 Nr. 2 zu einem Fall der Verarbeitung durch Offenlegung geworden („[...] Offenlegung durch Übermittlung, Verbreitung oder eine andere Form der Bereitstellung [...]", dazu Art. 4 Rn. 49). Ebenso wie der Auftragsdatenverarbeiter i.S.d. § 11 Abs. 1 S. 1 BDSG (Rn. 10) ist der Auftragsverarbeiter nicht Dritter i.S.v. Art 4 Nr. 10, sondern Empfänger i.S.v. Art 4 Nr. 9 (Rn. 146 ff.), da ihm gegenüber personenbezogene Daten durch den Verantwortlichen i.S.v. Art. 4 Nr. 7 (Rn. 116 ff.) offengelegt werden. 63

Anders als das BDSG a.F. differenziert die DS-GVO nicht zwischen der Übermittlung i.S.v. § 3 Abs. 4 S. 2 Nr. 3 BDSG a.F., die nur gegenüber einem Dritten i.S.v. § 3 Abs. 8 S. 2 BDSG a.F. erfolgen konnte (Rn. 56), und dem sonstigen „Erhalt" von Daten durch einen Empfänger i.S.v. § 3 Abs. 8 S. 1 BDSG a.F.[78] Vielmehr führt die DS-GVO in Art. 4 Nr. 2 mit einer Legaldefinition der Verarbeitung alle Vorgänge im Zusammenhang mit personenbezogenen Daten zusammen und nennt anschließend Beispiele für Verarbeitungen (ausführlich Art. 4 Rn. 54 ff.).[79] 64

b) Rechtfertigung der Offenlegung als Voraussetzung einer Auftragsverarbeitung? Art. 6 Abs. 1 erachtet eine Verarbeitung personenbezogener Daten nur dann als rechtmäßig, wenn einer der Erlaubnistatbestände in Art. 6 Abs. 1 S. 1 lit. a–f beim Verantwortlichen gegeben ist. Entsprechendes gilt für Verarbeitungen im Anwendungsbereich der Art. 9, Art. 10, insbesondere bei besonderen Kategorien personenbezogener Daten i.S.v. Art. 9 Abs. 1 (dazu Art. 9 Rn. 33 ff.). Hieraus wird z.T. abgeleitet, dass die Auftragsverarbeitung wegen der bei ihr erfolgenden Offenlegung personenbezogener Daten durch den Verantwortlichen gegenüber dem Auftragsverarbeiter als Verarbeitung einer Rechtfertigung insbesondere i.S.d. Art. 6 Abs. 1, Art. 9 Abs. 2, Art. 10 bedürfe und anders als im BDSG a.F. (Rn. 60) nicht privilegiert sei.[80] 65

Festzuhalten ist dazu, dass die DS-GVO mit dem gemeinsam Verantwortlichen gem. Art. 4 Nr. 7, Art. 26 Abs. 1 S. 1 (dazu Art. 26 Rn. 17 ff.) und dem Auftragsverarbeiter gem. Art. 4 Nr. 8, Art. 28 ein arbeitsteiliges Vorgehen bei der Verarbeitung personenbezogener Daten durch den Verantwortlichen ausdrücklich zulässt. Eine Auslegung der DS-GVO, die typische Anwendungsfälle eines arbeitsteiligen Vorgehens (dazu 66

---

77 Ähnlich *Petri* ZD 2015, 305 f.; Krohm/Müller-*Peltzer* RDV 2016, 307.
78 Krohm/Müller-*Peltzer* RDV 2016, 307 f.
79 Kühling/Buchner-*Herbst* Art. 4 Nr. 2 Rn. 4.
80 U.a. *Roßnagel/Kroschwald* ZD 2014, 495, 497.

Rn. 1 f.) sicher vereitelt, wäre mit dem Willen des Gesetzgebers und dem Zweck von Art. 26, Art. 28 nicht vereinbar. Die Annahme, eine Privilegierung der Auftragsverarbeitung sei wegen des Zusammenspiels von Art. 4 Nr. 2, Nr. 9 und Art. 6 Abs. 1, Art. 9, Art. 10 ausgeschlossen, ist vor diesem Hintergrund nicht haltbar, würde sie doch zu einer Zweckvereitelung gegen den Willen des Gesetzgebers führen.[81]

67 c) **Annahme einer rechtlichen Privilegierung der Auftragsverarbeitung?** Ein erster Lösungsansatz ist die Annahme einer rechtlichen Privilegierung über Art. 6 Abs. 1 S. 1 lit. f (zur Interessenabwägung allgemein Art. 6 Rn. 155 ff.). Sind die sich aus Art. 28 ergebenden Pflichten für Verantwortlichen und Auftragsverarbeiter eingehalten, liegt stets ein berechtigtes Interesse des Verantwortlichen i.S.d. Art. 6 Abs. 1 S. 1 lit. f vor, welches die schutzwürdigen Interessen, Grundrechte und Grundfreiheiten der von der Offenlegung betroffenen Personen überwiegt.[82]

68 Diese Annahme ist zutreffend, denn nach der durch Abs. 1 vorgeschriebenen sorgfältigen Auswahl des Auftragsverarbeiters durch den Verantwortlichen (Rn. 89 ff.), der Festlegung der in Abs. 3 S. 1 bezeichneten Anforderungen im Vertrag oder anderen Rechtsinstrument zwischen Verantwortlichem und Auftragsverarbeiter und dem durch Abs. 2, Abs. 4 gewährleisteten Schutz vor der Inanspruchnahme beliebiger weiterer Auftragsverarbeiter sind keine überwiegenden schutzwürdigen Interessen, Grundrechte und Grundfreiheiten betroffener Personen mehr denkbar. Mehr kann vom Verantwortlichen und Auftragsverarbeiter tatsächlich und rechtlich nicht verlangt werden.

69 Allerdings greift die rechtliche Privilegierung aus Art. 6 Abs. 1 S. 1 lit. f nicht, wenn Gegenstand der Auftragsverarbeitung auch oder sogar im Schwerpunkt die Verarbeitung besonderer Kategorien personenbezogener Daten i.S.v. Art. 9 Abs. 1 (dazu Art. 9 Rn. 33 ff.) ist. Art. 9 Abs. 2 enthält keine der Interessenabwägung in Art. 6 Abs. 1 S. 1 lit. f vergleichbare Ausnahme vom Verarbeitungsverbot in Art. 9 Abs. 1. Damit wäre schon das Outsourcing der Infrastruktur für die Verarbeitung personenbezogener Daten von Beschäftigten i.S.d. § 26 Abs. 8 BDSG durch Personalabteilungen als Auftragsverarbeitung unzulässig, weil hier regelmäßig besondere Kategorien personenbezogener Daten anfallen, z.B. als Bestandteil der Abrechnung des Arbeitsentgelts gem. § 108 Abs. 1 GewO. Entsprechendes würde für die Auslagerung der Videoüberwachung wg. der dabei anfallenden, zur eindeutigen Identifizierung einer natürlichen Person gedachten biometrischen Daten i.S.d. Art. 9 Abs. 1 (dazu Art. 9 Rn. 72 ff.) oder die durch § 80 SGB X[83] ausdrücklich zugelassene Verarbeitung von Sozialdaten im Auftrag gelten.

70 Eine derartige Beschränkung der Auftragsverarbeitung auf andere als besondere Kategorien personenbezogener Daten ist aus der DS-GVO heraus nicht begründbar. Abs. 3 S. 1 legt fest, dass die Art oder Kategorien der im Auftrag zu verarbeitenden personenbezogenen Daten u.a. zusammen mit Gegenstand, Art und Zweck der Verarbeitung im Vertrag oder anderen Rechtsinstrument (dazu Rn. 99 ff.) von Verantwortlichem und Auftragsverarbeiter festzulegen sind. Hieran haben sich die vom Auftrags-

---

81 Im Ergebnis ebenso Paal/Pauly-*Martini* Art. 28 Rn. 10.
82 Dazu *Krohm/Müller-Peltzer* RDV 2016, 307 f.; *Koós/Englisch* ZD 2014, 276, 284.
83 Gesetz zur Änderung des Bundesversorgungsgesetzes und anderer Vorschriften v. 17.7.2017, BGBl. 2017 I S. 2541; ausführlich zu § 80 SGB *Völkel* PinG 2018, 189 ff.

verarbeiter nach Abs. 1 zu gewährenden Garantien für die Durchführung geeigneter technischer und organisatorischer Maßnahmen für eine verordnungskonforme Verarbeitung auszurichten (dazu Rn. 119 ff.). ErwG 79 hält ergänzend fest, dass bei den Festlegungen im Vertrag oder anderen Rechtsinstrument „die besonderen Aufgaben und Pflichten des Auftragsverarbeiters bei der geplanten Verarbeitung und das Risiko für die Rechte und Freiheiten der betroffenen Person zu berücksichtigen sind".

Eine Aussage dahingehend, dass die Verarbeitung besonderer Kategorien personenbezogener Daten i.S.d. Art. 9 Abs. 1 der Auftragsverarbeitung nach Art. 28 regelmäßig entzogen sein soll, gibt es in der DS-GVO nicht. Die Lösung über eine rechtliche Privilegierung entspricht damit nicht dem Willen des Gesetzgebers und dem Normzweck von Art. 28 (Rn. 1 ff.).[84] Denn sie ermöglicht die Auftragsverarbeitung besonderer Kategorien personenbezogener Daten nur in den seltenen Ausnahmefällen, bei denen eine der besonderen Voraussetzungen aus Art. 9 Abs. 2 vorliegt (dazu Art. 9 Rn. 119 ff.). 71

d) Art. 28 als selbstständige Erlaubnis für die Offenlegung bei der Auftragsverarbeitung? Die Offenlegung personenbezogener Daten durch den Verantwortlichen gegenüber dem Auftragsverarbeiter ist tatsächliche Voraussetzung jeder Auftragsverarbeitung. Ohne den Zugang (zum Begriff Art. 29 Rn. 9) zu den personenbezogenen Daten beim Verantwortlichen ist dem Auftragsverarbeiter die Durchführung des ihm erteilten Auftrags nicht möglich.[85] Daher könnte angenommen werden, dass sich die Privilegierung der Offenlegung gegenüber dem Auftragsverarbeiter unmittelbar aus Art. 28 ergibt, der insoweit als einer Art. 6, Art. 9 vergleichbaren Erlaubnis wirkt.[86] 72

Einem solchen Verständnis von Art. 28 steht die Systematik der DS-GVO entgegen. Die Anforderungen an die Rechtmäßigkeit der Verarbeitung und die hierfür möglichen Erlaubnistatbestände sind im Kap. 2 in den Art. 6 ff. festgelegt. Demgegenüber befasst sich Kap. 4 in den Art. 24–43 mit den von an der Verarbeitung personenbezogener Daten Beteiligten zu beachtenden Pflichten und der Pflichtenverteilung im Verhältnis der Beteiligten zueinander. Art. 28 setzt mithin die Rechtmäßigkeit der Verarbeitung voraus. Eine Einordnung als Erlaubnistatbestand vergleichbar zu Art. 6 Abs. 1 oder Art. 9 Abs. 2 scheidet aus.[87] 73

e) Privilegierung aus der Gesamtbetrachtung der Verarbeitungstätigkeit. Im Ergebnis kann sich die auch unter der DS-GVO erforderliche Privilegierung der mit der Auftragsverarbeitung einhergehenden Offenlegung personenbezogener Daten durch den Verantwortlichen gegenüber dem Auftragsverarbeiter (Rn. 63 f.) nur aus einer Gesamtbetrachtung der von Verantwortlichem und Auftragsverarbeiter durchgeführten Verarbeitungstätigkeit ergeben. 74

Art. 4 Nr. 2 stellt bei der Legaldefinition der Verarbeitung (Rn. 34) nicht auf den einzelnen Verarbeitungsschritt (Vorgang auf der Mikroebene) ab, sondern betrachtet auch eine übergeordnete Verarbeitungstätigkeit i.S.v. Art. 30 (dazu Art. 30 Rn. 18), also eine Summe mehrerer aufeinanderfolgender, miteinander im Zusammenhang stehender Verarbeitungsschritte als eine einzige Verarbeitung i.S.v. Art. 4 Nr. 2 (Vor- 75

---

84 Ebenso Taeger/Gabel-*Lutz/Gabel* Art. 28 Rn. 9; Krohm/Müller-*Peltzer* RDV 2016, 307, 310.
85 Krohm/Müller-*Peltzer* RDV 2016, 307, 310.
86 Siehe etwa *Eckhardt/Kramer* DuD 2013, 287, 291.
87 Ebenso Taeger/Gabel-*Lutz/Gabel* Art. 28 Rn. 10; Krohm/Müller-*Peltzer* RDV 2016, 307, 310.

gangsreihe auf der Makroebene, dazu Art. 4 Rn. 54).[88] Daher muss sich auch die Betrachtung der Rechtmäßigkeit einer Verarbeitung gem. Art. 6 ff. nicht auf jeden einzelnen Verarbeitungsschritt beziehen, sondern kann sich anders als bei § 4 Abs. 1 BDSG a.F.[89] auf eine übergeordnete Verarbeitungstätigkeit erstrecken, die aus mehreren einzelnen Verarbeitungsschritten besteht.[90]

76 Die Top-Down Betrachtung der Rechtmäßigkeit einer übergeordneten Verarbeitungstätigkeit ist stets aus Sicht des Verantwortlichen i.S.v. Art. 4 Nr. 7 vorzunehmen, da der Verantwortliche über Zwecke und Mittel der Verarbeitung entscheidet (Art. 4 Rn. 152 ff.) und gem. Art. 5 Abs. 2, Abs. 1 lit. a die Rechtmäßigkeit der Verarbeitung zu gewährleisten hat (dazu Art. 5 Rn. 17 ff.). Greift zugunsten des Verantwortlichen für die eine Verarbeitungstätigkeit einer der Erlaubnistatbestände aus den Art. 6 ff. erstreckt sich die Rechtmäßigkeit dieser Verarbeitungstätigkeit auch auf diejenigen Verarbeitungsschritte, die zur Offenlegung personenbezogener Daten durch den Verantwortlichen gegenüber dem Auftragsverarbeiter und dessen anschließende Weiterverarbeitung führen.[91]

77 Das Abstellen auf die übergeordnete, vom Verantwortlichen unter Einbeziehung des Auftragsverarbeiters vorgenommene Verarbeitungstätigkeit führt zu einer mit § 11 Abs. 1. S. 1 BDSG a.F. (Rn. 61) vergleichbaren Privilegierung der Auftragsverarbeitung gem. Art. 4 Nr. 8, Art. 28. Ist die Verarbeitungstätigkeit rechtmäßig, erstreckt sich dies auch auf den Auftrag an den Auftragsverarbeiter, ohne dass es hierfür einer weiteren Erlaubnis aus den Art. 6 ff. bedarf.[92] Die Auftragsverarbeitung ist insoweit vom „Rechtfertigungsregime"[93] der Art. 6 ff. ausgenommen. Diese Betrachtung trägt auch dem Umstand Rechnung, dass unter der DS-GVO Verantwortlicher und Auftragsverarbeiter eine Verarbeitungseinheit bilden.[94]

78 **3. Privilegierung der Auftragsverarbeitung sowie Geheimhaltungs- oder Geheimnispflichten.** § 1 Abs. 2 S. 3 BDSG hält wie zuvor § 1 Abs. 3 S. 2 BDSG a.F. fest, dass neben dem formalen Datenschutzrecht das materielle Datenschutzrecht unberührt bleibt, soweit sich dieses auf die „Verpflichtung zur Wahrung gesetzlicher Geheimhaltungspflichten oder von Berufs- oder besonderen Amtsgeheimnissen, die nicht auf gesetzlichen Vorschriften beruhen" bezieht.[95] Aus der Rechtmäßigkeit der Offenlegung personenbezogener Daten gegenüber Empfängern i.S.v. Art. 4 Nr. 9, also auch gegenüber dem Auftragsverarbeiter (Rn. 33), folgt damit nicht zugleich die Erlaubnis für die Durchbrechung einer dem Verantwortlichen obliegenden Geheimhaltungs- oder Geheimnispflicht.[96]

---

88 Kühling/Buchner-*Herbst* Art. 4 Nr. 2 Rn. 15; Zu den Begriffen Mikroebene und Makroebene siehe *Art.-29-Datenschutzgruppe* WP 169, S. 25.
89 Statt vieler Simitis-*Scholz/Sokol* § 4 Rn. 12.
90 Ebenso Krohm/Müller-*Peltzer* RDV 2016, 307, 311; *Härting* ITRB 2016, 137, 139.
91 Ebenso Krohm/Müller-*Peltzer* RDV 2016, 307, 309; *Härting* Datenschutz-Grundverordnung, S. 84 f.
92 Ebenso *Datenschutzkonferenz* Kurzpapier Nr. 13, S. 2 (linke Spalte); *Fromageau/Bäuerle/Werkmeister* PinG 2018, 216, 218.
93 Paal/Pauly-*Martini* Art. 28 Rn. 10; Taeger/Gabel-*Lutz/Gabel* Art. 28 Rn. 11.
94 *Albrecht/Jotzo* Das neue Datenschutzrecht der EU, Teil 5, Rn. 22.
95 Ausführlich *Piltz* BDSG § 1 Rn. 18 ff.
96 *Datenschutzkonferenz* Kurzpapier Nr. 13, S. 2 (linke Spalte); Taeger/Gabel-*Gabel/Lutz* Art. 28 Rn. 5; *Härting* NJW 2019, 1423, 1425.

Regelmäßig bedarf es für die Offenlegung personenbezogener Daten, die neben der **79**
DS-GVO zusätzlich durch eine gesetzliche Geheimhaltungspflicht oder ein Berufs-
oder besonderes Amtsgeheimnis geschützt sind, welches nicht auf gesetzlichen Vorschriften beruht, der Entbindung des Geheimnisträgers von seiner Pflicht durch die
betroffene Person.[97] Anderenfalls kann trotz einer rechtmäßigen Auftragsverarbeitung gem. Art. 4 Nr. 7, Art. 28 der Straftatbestand der Verletzung von Privatgeheimnis-
sen gem. § 203 Abs. 1, Abs. 2 StGB verwirklicht sein.

Ausnahmen von der Notwendigkeit zur Entbindung von der Geheimnispflicht hat der **80**
Gesetzgeber mit der Neufassung von § 203 Abs. 3 StGB für die Offenbarung gegenüber solchen Personen und deren Unterauftragnehmer geschaffen, „die an [der]
beruflichen oder dienstlichen Tätigkeit [des Geheimnisträgers] mitwirken, soweit dies
für die Inanspruchnahme der Tätigkeit der sonstigen mitwirkenden Personen erforderlich ist [...]", allerdings unter Einbeziehung der Offenlegungsempfänger in den
Straftatbestand des § 203 StGB über den neu geschaffenen § 203 Abs. 4 StGB.[98] Diese
Änderung wird durch entsprechende Anpassungen im Berufsrecht wie in § 43e BRAO
und § 2 Abs. 4 BORA ergänzt, um neben dem Entfallen der Strafbarkeit auch eine
Verletzung der Berufspflichten bei einer befugten Offenlegung durch den Geheimnisträger zu beseitigen.[99]

III. Prüfung oder Wartung als Auftragsverarbeitung

1. Entsprechende Anwendung der Auftragsdatenverarbeitung gem. § 11 Abs. 5 BDSG **81**
a.F. § 11 Abs. 5 BDSG a.F. führte zu einer entsprechenden Anwendung der Regelungen für die Auftragsdatenverarbeitung in § 11 Abs. 1 bis Abs. 4 BDSG a.F. auf die
„Prüfung oder Wartung automatisierter Verfahren oder Datenverarbeitungsveranla-
gen [...] im Auftrag", wenn „dabei ein Zugriff auf personenbezogene Daten nicht ausgeschlossen werden kann" (Rn. 12). Die tatsächliche Möglichkeit des Zugangs (zum
Begriff Art. 29 Rn. 8 f.) zu personenbezogenen Daten führte mithin nach § 11 Abs. 5
BDSG a.F. bereits zur Auftragsdatenverarbeitung unabhängig davon, ob es tatsächlich
auch zur Verarbeitung personenbezogener Daten durch den von der verantwortlichen
Stelle (§ 3 Abs. 7 BDSG a.F.) beauftragten Dienstleister kam.

2. Keine Regelung in der DS-GVO zu Prüfung und Wartung als Auftragsverarbeitung.
§ 11 Abs. 5 BDSG a.F. ist mit der DS-GVO ersatzlos entfallen. Der deutsche Gesetz- **82**
geber scheint jedoch mit der Neufassung der Auftragsverarbeitung bei Sozialdaten in
§ 80 Abs. 5 SGB X[100] zu unterstellen, dass bei einer tatsächlichen Möglichkeit des
Zugangs zu personenbezogenen Daten beim Verantwortlichen durch den Auftragsverarbeiter anlässlich von Prüfungs- oder Wartungsleistungen dies weiterhin eine Auftragsverarbeitung sei.[101] Ebenso geht die Datenschutzkonferenz (Rn. 26) davon aus,

---

97 Von einer Einwilligung spricht Kühling/Buchner-*Hartung* Art. 28 Rn. 124.
98 Gesetz zur Neuregelung des Schutzes von Geheimnissen bei der Mitwirkung Dritter an
 der Berufsausübung schweigepflichtiger Personen vom 30.10.2017, BGBl. I S. 3618; dazu
 Redeker ITRB 2018, 215, 217 f.; *Kraus* PinG 2018, 16; *Hartung/Steinweg* PinG 2018, 21;
 Pohle/Ghaffari CR 2017, 489; *Fechtner* CR 2017, 355; *Ruppert* K&R 2018, 583.
99 Zur Geheimnispflicht bei unverschlüsselter E-Mail-Kommunikation ausführlich *Kremer*
 ITRB 2020, 35, 37 ff.; zu § 43e BRAO ausführlich *Härting* NRW 2019, 1423, 1424 f.
100 Gesetz zur Änderung des Bundesversorgungsgesetzes und anderer Vorschriften v.
 17.7.2017, BGBl. 2017 I S. 2541.
101 Zur Europarechtswidrigkeit von § 80 Abs. 5 SGB X *Völkel* PinG 2018, 189, 195.

dass eine Auftragsverarbeitung i.S.v. Art. 4 Nr. 7, Art. 28 bei Prüfung oder Wartung vorliege, wenn „für den Auftragsverarbeiter die Notwendigkeit oder Möglichkeit des Zugriffs auf personenbezogene Daten" bestehe.[102]

83   **3. Keine zwingende Auftragsverarbeitung bei Prüfung und Wartung.** Art. 4 Nr. 2 definiert die Verarbeitung als Vorgang oder Vorgangsreihe „im Zusammenhang mit personenbezogenen Daten" (ausführlich Art. 4 Rn. 48). Die sich hieran anschließenden Beispiele beginnen mit dem „Erheben" und „Erfassen", sie enden mit dem „Löschen" oder „Vernichten" personenbezogener Daten. Geht man davon aus, dass für ein Erheben i.S.d. Art. 4 Nr. 2 die tatsächliche Kenntnisnahme von personenbezogenen Daten nicht erforderlich ist, sondern die Verschaffung der Möglichkeit zur Kenntnisnahme ausreicht,[103] wäre der bislang unter § 11 Abs. 5 BDSG a.F. geregelte Sachverhalt einer „Möglichkeit" des Zugangs zu personenbezogenen Daten immer als Verarbeitung personenbezogener Daten durch den Auftragsverarbeiter zu qualifizieren und fiele damit unmittelbar in den Anwendungsbereich der Auftragsverarbeitung gem. Art 4 Nr. 8, Art. 28.[104] Einer analogen Anwendung von Art. 28 wie früher in § 11 Abs. 5 BDSG a.F. bedürfte es dann nicht.[105]

84   Eine Auslegung des Erhebens i.S.v. Art. 4 Nr. 2 als Verschaffung der Möglichkeit zur Kenntnisnahme personenbezogener Daten ist jedoch keinesfalls zwingend.[106] Denn im Übrigen besteht Einigkeit darüber, dass allein das **zielgerichtete Verschaffen personenbezogener Daten** den Tatbestand des Erhebens und des Erfassens erfüllt.[107] Besteht nur die tatsächliche Möglichkeit eines Zugangs (zum Begriff Art. 29 Rn. 8 f.) zu personenbezogenen Daten durch einen Dienstleister, fehlt es bis zur Kenntniserlangung noch an jeglichem Verschaffen derselben.

85   Selbst bei Kenntniserlangung liegt solange kein zielgerichtetes Verschaffen personenbezogener Daten vor, wie die handelnde Person nur bei Gelegenheit von Prüfung oder Wartung hiervon Kenntnis erlangt oder ihr diese gar durch den Verantwortlichen aufgedrängt werden,[108] z.B. bei der Bereitstellung nicht anonymisierter Dokumente oder Protokolldateien zur Prüfung einer Störung in dem betroffenen IT-System. Erst eine etwaige hiernach erfolgende weitere Verarbeitung der bei dieser Gelegenheit zur Kenntnis genommenen oder aufgedrängten personenbezogenen Daten, z.B. durch Speicherung, wäre eine zielgerichtete Verarbeitung i.S.v. Art. 4 Nr. 2.

86   Die Notwendigkeit zur Einbeziehung von Prüfung oder Wartung in die Auftragsverarbeitung besteht deshalb nur dann, wenn der Auftrag zur Prüfung oder Wartung sich

---

102   *Datenschutzkonferenz* Kurzpapier Nr. 13, S. 3 (rechte Spalte).
103   So Kühling/Buchner-*Herbst* Art. 4 Nr. 2 Rn. 21 unter Berufung auf Simitis-*Dammann* § 3 BDSG Rn. 106.
104   So etwa *Schmidt/Freund* ZD 2017, 14, 17; im Ergebnis auch Kühling/Buchner-*Hartung* Art. 28 Rn. 54.
105   So aber Ehmann/Selmayr-*Bertermann* Art. 28 Rn. 10; *Müthlein* RDV 2016, 74, 83; offen gelassen von Sydow-*Ingold* Art. 28 Rn. 20.
106   Offen gelassen u.a. von Gola/Schomerus-*Gola/Klug/Körffer* § 3 BDSG Rn. 24; Paal/Pauly-*Ernst* Art. 4 Rn. 23.
107   Kühling/Buchner-*Herbst* Art. 4 Nr. 2 Rn. 21; Gola/Schomerus-*Gola/Klug/Körffer* § 3 BDSG Rn. 24; Paal/Pauly-*Ernst* Art. 4 Rn. 23; vom Willensmoment bei der Verarbeitung spricht insoweit *Lissner* DSRITB 2016, 401, 415.
108   Sydow-*Reimer* Art. 4 Rn. 55; Gierschmann-*Kramer* Art. 28 Rn. 29.

gerade auf die Verarbeitung personenbezogener Daten bezieht, die Prüfungs- oder Wartungsleistung also die zielgerichtete Verarbeitung personenbezogener Daten i.S.v. Art. 4 Nr. 2 mit sich bringt.[109] Ein Beispiel ist der zwingende Zugriff auf Datenbanken mit personenbezogenen Daten etwa zu deren Berichtigung, nicht jedoch eine bloße technische Prüfungs- oder Wartungsleistung, die üblicherweise ohne Kenntnisnahme personenbezogener Daten möglich ist, z.B. durch die Analyse technischer Logfiles oder die Inaugenscheinnahme von Hardware, Software und IT-Systemen. Ein bloß bei Gelegenheit der Prüfung oder Wartung erfolgende Kenntniserlangung personenbezogener Daten ist demnach nicht von der Auftragsverarbeitung i.S.d. Art. 4 Nr. 8, Art. 28 erfasst.[110] Es fehlt schlichtweg am diesbezüglichen Auftrag (Rn. 36).

87 Durch das Herausnehmen von Prüfung und Wartung aus der Auftragsverarbeitung entsteht auch keine Schutzlücke. Fehlt der Auftrag i.S.d. Abs. 1 (Rn. 36) handelt es sich bei den die Prüfung oder Wartung durchführenden Beteiligten um dem Verantwortlichen unterstellte Personen i.S.d. Art. 29, gleich ob es sich um natürliche oder juristische Personen handelt (Art. Rn. 7). Diese unterstellten Personen dürfen ebenso wie der Auftragsverarbeiter gem. Art. 29 die ihnen bei Prüfung oder Wartung zur Kenntnis gelangenden, personenbezogenen Daten ausschließlich auf Weisung des Verantwortlichen verarbeiten. Diese Weisung kann insbesondere ein Verbot jeglicher über die Kenntniserlangung hinausgehender weiterer Verarbeitung durch die unterstellte Person umfassen.

88 Einer Erlaubnis zugunsten des Verantwortlichen für die Offenlegung gegenüber den unterstellten Personen bedarf es ebenfalls nicht, denn diese ist ebenso wie gegenüber dem Auftragsverarbeiter als Empfänger i.S.v. Art. 4 Nr. 9 privilegiert, erfasst doch Art. 29 als unterstellte Personen insbesondere auch die eigenen Beschäftigten des Verantwortlichen (Art. 29 Rn. 8). Solange die unterstellte Person die Weisungen des Verantwortlichen wegen der ausschließlich zur Kenntnis gelangten personenbezogenen Daten befolgt ergeben sich für sie keinerlei weitere datenschutzrechtliche Pflichten, da sie dann weder (allein oder gemeinsam) Verantwortlicher i.S.d. Art. 4 Nr. 7 noch Auftragsverarbeiter i.S.d. Art. 4 Nr. 8 ist.

IV. Auswahl des Auftragsverarbeiters durch den Verantwortlichen (Abs. 1)

89 Abs. 1 verpflichtet den Verantwortlichen zur sorgfältigen Auswahl der für ihn tätigen Auftragsverarbeiter.[111] Er darf nur mit solchen Auftragsverarbeitern zusammenarbeiten, die hinreichende Garantien dafür bieten, dass sie die geeigneten technischen und organisatorischen Maßnahmen so ausführen, dass eine verordnungskonforme Verarbeitung und der Schutz der Rechte der betroffenen Person gewährleistet ist. Hieraus

---

109 Ebenso *Bayerisches Landesamt für Datenschutzaufsicht* Kurzpapier Nr. 10 zur Auftragsverarbeitung vom 26.10.2016, S. 2 (rechte Spalte), abrufbar unter https://www.lda.bayern.de/media/baylda_ds-gvo_10_processor.pdf, zwischenzeitlich ersetzt durch Kurzpapier Nr. 13, S. 3 (rechte Spalte), S. 4 (linke Spalte); zustimmend Gierschmann-*Kramer* Art. 28 Rn. 25: für Sozialdaten auch *Völkel* PinG 2018, 189, 196.
110 Ähnlich, aber mit anderer Begründung Gierschmann-*Kramer* Art. 28 Rn. 22 (Rechtfertigung der Offenlegung über Art. 6 Abs. 1 lit. f).
111 Paal/Pauly-*Martini* Art. 28 Rn. 19; Sydow-*Ingold* Art. 28 Rn. 32.

Art. 28

lässt sich allerdings außerhalb des Vergaberechts keine Verpflichtung des Verantwortlichen ableiten, vor der Auswahl eine Ausschreibung des Auftrags vorzunehmen.[112]

90 Aus der Formulierung von Abs. 1 ergibt sich, dass sich die Auswahl des Auftragsverarbeiters nach den von ihm durchzuführenden TOM zu richten hat, die sich ausweislich ErwG 81 auch auf die Sicherheit der Verarbeitung i.S.d. Art. 32 (dazu Art. 32 Rn. 29 ff.) zu erstrecken haben; insoweit ist § 11 Abs. 2 S. 1 BDSG a.F. in Abs. 1 aufgegangen.[113] Dabei muss der Auftragsverarbeiter hinreichende Garantien dafür bieten, dass mit seinen Maßnahmen eine verordnungskonforme Verarbeitung erfolgt und der Schutz der Rechte betroffener Personen gewährleistet ist. Dabei ist mit Garantie jedoch keine unbedingte Einstandspflicht gemeint, sondern nur eine hinreichende Wahrscheinlichkeit.[114]

91 Zur Bewertung der hinreichenden Garantien soll der Verantwortliche ausweislich von ErwG 81 insbesondere auf das Fachwissen, die Zuverlässigkeit und die Ressourcen des Auftragsverarbeiters abstellen (zur Überwachung des Auftragsverarbeiters nach der Auswahl Rn. 139 ff.). Ergänzend kann der Verantwortliche gem. Abs. 5 in seine Bewertung vom Auftragsverarbeiter eingehaltene genehmigte Verhaltensregeln i.S.v. Art. 40 oder genehmigte Zertifizierungsverfahren i.S.v. Art. 42 einbeziehen (Rn. 172 ff.).

92 Die vom Verantwortlichen vorgenommene Auswahlentscheidung und die hierbei von ihm einbezogenen Nachweise des Auftragsverarbeiter wegen der von diesem getroffenen Maßnahmen und deren Eignung sollten wegen der durch Art. 5 Abs. 2 statuierten Rechenschaftspflicht (dazu Art. 5 Rn. 80 ff.) vom Verantwortlichen dokumentiert werden. Denn er trägt für die sorgfältige Auswahl i.S.d. Abs. 1 die Darlegungs- und Beweislast.[115] (zu Sanktionen Rn. 188). Eine fortlaufende Pflicht zur Kontrolle des Auftragsverarbeiters kennt die DS-GVO anders als § 11 BDSG a.F. demgegenüber nicht (Rn. 139 ff.).[116]

V. Inhalt des Vertrags oder anderen Rechtsinstruments zur Auftragsverarbeitung (Abs. 3)

93 Abs. 3 S. 1 legt fest, dass die Auftragsverarbeitung stets auf der Grundlage eines Vertrags oder eines anderen Rechtsinstruments nach dem Unionsrecht oder dem Recht der Mitgliedstaaten zu erfolgen hat, wodurch der Auftragsverarbeiter in Bezug auf den Verantwortlichen gebunden wird. Dabei schreibt Abs. 3 verschiedene Festlegungen und Inhalte fest, die der Vertrag oder das andere Rechtsinstrument gleichermaßen zwingend enthalten müssen. Insoweit ist Abs. 3 mit § 11 Abs. 2 S. 2 BDSG a.F. (Rn. 99) vergleichbar,[117] geht aber bei den Anforderungen im Einzelnen über § 11 Abs. 2 S. 2 BDSG a.F. deutlich hinaus (Praxishinweis Rn. 195).[118]

---

112 Taeger/Gabel-*Gabel/Lutz* Art. 28 Rn. 31.
113 *Sander* PinG 2017, 250, 252.
114 Offen gelassen von Kühling/Buchner-*Hartung* Art. 28 Rn. 56.
115 Sydow-*Ingold* Art. 28 Rn. 33; zum Vorgehen bei der Prüfung siehe *Piltz* DSB 2019, 200 f.
116 Ebenso *Deusch/Eggendorfer* K&R 2018, 223 f.
117 *Mühlein* RDV 2016, 74, 76.
118 Laue/Kremer-*Kremer* Das neue Datenschutzrecht in der betrieblichen Praxis, § 5 Rn. 18.

Ungeachtet der durch Abs. 3 formulierten Anforderungen haben der Vertrag oder das 94
andere Rechtsinstrument **keine konstitutive Wirkung**.[119] Ob eine Auftragsverarbeitung vorliegt, ist mittels einer sachbezogenen, funktionalen Betrachtung der tatsächlichen Verhältnisse zwischen Verantwortlichem und Auftragsverarbeiter festzustellen (Rn. 34). Ergibt sich hieraus eine Auftragsverarbeitung, ist der Vertrag i.S.d. Abs. 3 abzuschließen oder ein anderes Rechtsinstrument zu schaffen. Allein der Vertrag oder das andere Rechtsinstrument führen zu keiner Auftragsverarbeitung, wenn die tatsächlichen Verhältnisse eine solche nicht begründen (dazu Rn. 94). Schließen Verantwortlicher und Auftragsverarbeiter gleichwohl einen solchen Vertrag ab, hat dies in der Regel sanktionierbare Zuwiderhandlungen gegen mehrere Pflichten aus der DS-GVO zur Folge, weil etwa der vermeintliche Auftragsverarbeiter seine Verarbeitung nicht im Verzeichnis gem. Art. 30 Abs. 1 dokumentiert, seinen Informationspflichten aus Art. 13, 14 nicht nachkommt und ggf. auch keine Datenschutz-Folgenabschätzung gem. Art. 35 durchführt.

Fehlt es am Vertrag oder anderem Rechtsinstrument, etwa, weil die Parteien die Ver- 95
arbeitung im Auftrag i.S.d. Abs. 1 verkannt oder den Abschluss des Vertrags vergessen haben, ändert dies nichts daran, dass ein Auftrag vorliegt, der die gesetzlichen Rechte und Pflichten beider Parteien aus Art. 28 auslöst. Allerdings entfällt ohne den Vertrag oder das Rechtsinstrument die Privilegierungswirkung (Rn. 74 ff.) mit der Folge, dass zwischen Verantwortlichem und Auftragsverarbeiter eine erlaubnispflichtige Offenlegung i.S.d. Art. 4 Nr. 2 gegeben ist. Ist hierfür wie in der Regel keine Erlaubnis insbesondere aus Art. 6, Art. 9 begründbar, stellt dies eine unbefugte Offenlegung und damit eine Verletzung des Schutzes personenbezogener Daten i.S.d. Art. 4 Nr. 12, Art. 33, Art. 34 dar (Rn. 188). Die gleiche Rechtsfolge ergibt sich, wenn der Vertrag zwar geschlossen wird, aber nicht den Mindestanforderungen aus Abs. 3 entspricht.

Vertrag i.S.d. Abs. 3 meint jede rechtsgeschäftliche Vereinbarung zwischen Verant- 96
wortlichem und Auftragsverarbeiter über den Auftrag.[120] Sind die Festlegungen und anderen Inhalte des Vertrags gem. Abs. 3 bereits in einer anderen Vereinbarung zwischen Verantwortlichem und Auftragsverarbeiter enthalten, etwa in einem Rahmenvertrag, einem Einzelvertrag, einem Leistungsschein („Statement of Work" oder „SoW"), einem Leistungsverzeichnis oder einer Leistungsbeschreibung, kann im Vertrag nach Abs. 3 auf diese andere Vereinbarung verwiesen werden (Praxishinweis Rn. 196). Die andere Vereinbarung unterfällt dann jedoch dem Formerfordernis aus Abs. 9 für den Vertrag (dazu Rn. 178 ff.) oder Abs. 2 für die Genehmigung von Unterauftragsverarbeitern durch den Verantwortlichen (dazu Rn. 164 ff.).[121]

Anderes Rechtsinstrument nach dem Unionsrecht oder dem Recht der Mitgliedstaa- 97
ten meint die Erteilung des Auftrags durch Verordnung, Richtlinie oder formelles Gesetz,[122] nicht jedoch einseitig verpflichtende Rechtsgeschäfte im Verhältnis des Verantwortlichen zum Auftragsverarbeiter. Die anderen Rechtsinstrumente sind insbe-

---

119 Kühling/Buchner-*Hartung* Art. 28 Rn. 61; Taeger/Gabel-*Gabel/Lutz* Art. 28 Rn. 34.
120 Eine einseitige Verpflichtung für ausreichend erachtet ohne Begründung *Lissner* DSRITB 2016, 401, 407.
121 Kühling/Buchner-*Hartung* Art. 28 Rn. 65.
122 Ehmann/Selmayr-*Bertermann* Art. 28 Rn. 17.

sondere im Verhältnis verschiedener öffentlicher Stellen als Grundlage einer Auftragsverarbeitung dort denkbar, wo der Abschluss eines Vertrags ungewöhnlich ist.[123]

1. Bindung des Auftragsverarbeiters in Bezug auf den Verantwortlichen (Abs. 3 S. 1).
98 Der Vertrag oder das andere Rechtsinstrument muss gem. Abs. 3 S. 1 den Auftragsverarbeiter in Bezug auf den Verantwortlichen binden. Für die Weisungsgebundenheit des Auftragsverarbeiters ergibt sich dies bereits unmittelbar aus Art. 29 (dazu Art. 29 Rn. 6, Rn. 13), wegen des Vorhandenseins einer Auftragsverarbeitung aus den tatsächlichen Verhältnissen zwischen Verantwortlichem und Auftragsverarbeiter (Rn. 34). Gemeint mit der „Bindung" des Auftragsverarbeiters in Bezug auf den Verantwortlichen ist mithin das Bewirken der rechtlichen Bindung des Auftragsverarbeiters an den Verantwortlichen durch Abschluss des Vertrags oder Zustandekommen des anderen Rechtsinstruments, nicht die Aufnahme einer besonderen, auf die Bindung abzielenden Klausel im Vertrag oder anderen Rechtsinstrument.[124]

99 **2. Festlegungen zur Auftragsverarbeitung (Abs. 3 S. 1).** Der Vertrag oder das andere Rechtsinstrument muss Festlegungen zu (a) Gegenstand und Dauer der Verarbeitung, (b) Art und Zweck der Verarbeitung, (c) die Art (gemeint: Kategorien) der personenbezogenen Daten sowie (d) den Kategorien betroffener Personen enthalten. Dies entspricht im Wesentlichen den bislang nach § 11 Abs. 2 S. 2 lit. a, b BDSG a.F. zu treffenden Festlegungen. Die Festlegungen müssen so detailliert erfolgen, dass hieraus für den Verantwortlichen, den Auftragsverarbeiter und die Aufsichtsbehörde ohne Hinzuziehen anderer Informationsquellen ersichtlich ist, welche Verarbeitungen im Auftrag des Verantwortlichen von dem Auftragsverarbeiter durchgeführt werden.[125]

100 Die Festlegungen fließen gem. Art. 30 Abs. 1 lit. b, c in Teilen in das vom Verantwortlichen zu führende Verzeichnis von Verarbeitungstätigkeiten ein oder werden von dort für den Vertrag oder das andere Rechtsinstrument übernommen (dazu Art. 30 Rn. 44 ff.). Sie sind teilweise auch für die Erfüllung anderer Pflichten des Verantwortlichen relevant, z.B. bei den Informationspflichten gem. Art. 13, 14, bei der Meldung von Verletzungen des Schutzes personenbezogener Daten i.S.v. Art. 4 Nr. 12 an die Aufsichtsbehörde gem. Art. 33 oder bei der Durchführung der Datenschutz-Folgenabschätzung nach Art. 35.

101 **a) Gegenstand und Dauer der Verarbeitung.** Die Festlegung von Gegenstand und Dauer der Verarbeitung dienen der Konkretisierung des Auftrags in qualitativer, quantitativer und zeitlicher Hinsicht.[126] Die Angaben können bezogen auf eine Verarbeitungstätigkeit erfolgen und müssen nicht für jeden einzelnen zugehörigen Verarbeitungsschritt festgelegt werden (zu den Begriffen Rn. 75). Auch kann sich der Gegenstand der Verarbeitung auf einen spezifischen Gegenstand oder einen spezifischen Kontext der Verarbeitung beziehen oder allgemein und weit gefasst sein, wenn die vom Verantwortlichen in Anspruch genommenen Leistungen des Auftragsverarbeiters zu einer entsprechenden Bandbreite an Auftragsverarbeitungen führen.[127] Erfolgt die Festlegung von Gegenstand und Dauer der Verarbeitung nicht im Vertrag

---

123 Gola-*Klug* Art. 28 Rn. 7.
124 Paal/Pauly-*Martini* Art. 28 Rn. 28.
125 Ehmann/Selmayr-*Bertermann* Art. 28 Rn. 19.
126 Paal/Pauly-*Martini* Art. 28 Rn. 30; Ehmann/Selmayr-*Bertermann* Art. 28 Rn. 19.
127 So zur DSRL schon *Art.-29-Datenschutzgruppe* WP 169, S. 30.

gem. Abs. 3, sondern in einem Leistungsvertrag zwischen Verantwortlichem und Auftragsverarbeiter, muss auf diesen Leistungsvertrag im Auftragsverarbeitungsvertrag so Bezug genommen werden, dass das Formerfordernis aus Art. 9 gewahrt bleibt (Rn. 178 ff.).

b) Art und Zweck der Verarbeitung. Die Festlegung der Art der Verarbeitung dient der Beschreibung der vom Auftragsverarbeiter i.S.v. Art. 4 Nr. 2 (dazu Art. 4 Rn. 48 ff.) vorzunehmenden Verarbeitungen und konkretisiert damit sachbezogen und funktional die tatsächlich vom Auftragsverarbeiter erbrachten Leistungen (Rn. 110 ff.). Die Angabe eines eindeutigen Zwecks[128] für jede vom Auftragsverarbeiter durchgeführte Verarbeitung oder Verarbeitungstätigkeit (Rn. 75) ist für die Beurteilung der Rechtmäßigkeit der Verarbeitung erforderlich, da zur Entscheidung hierüber gem. Art. 4 Nr. 7 allein der Verantwortliche befugt ist (Rn. 106). Die Beachtung des Zweckbindungsgrundsatzes aus Art. 5 Abs. 1 lit. b (dazu Art. 5 Rn. 43 ff.) sowie die Erfüllung der Rechenschaftspflicht aus Art. 5 Abs. 2 (dazu Art. 5 Rn. 80 ff.) durch den Verantwortlichen bleiben von der Erteilung eines Auftrags gem. Art. 28 unberührt. 102

c) Art oder Kategorien der personenbezogenen Daten. Die Begriffe Art der personenbezogenen Daten bzw. Kategorien von personenbezogenen Daten werden in der DS-GVO gleichbedeutend verwendet. Gemeint ist die Festlegung der durch den Auftragsverarbeiter verarbeiteten Datenkategorien, nicht der einzelnen Datenfelder (Beispiel: Adressdaten statt Name, Vorname, Straße, Hausnummer, Postleitzahl, Ort, Land), damit diese bei der Bewertung der mit der Verarbeitung durch den Auftragsverarbeiter verbundenen Risiken sowie der Ermittlung der hierfür geeigneten technischen und organisatorischen Maßnahmen i.S.v. Art. 32 vom Verantwortlichen und Auftragsverarbeiter berücksichtigt werden (Rn. 110 ff.). 103

Festzulegen ist insbesondere, wenn besondere Kategorien personenbezogener Daten i.S.v. Art. 9 Abs. 1 (dazu Art. 9 Rn. 33 ff.) oder personenbezogene Daten über strafrechtliche Verurteilungen und Straftaten i.S.v. Art. 10 (dazu Art. 10 Rn. 3 ff.) Gegenstand der Verarbeitung (Rn. 34) sein sollen[129] (zur Zulässigkeit der Auftragsverarbeitung bei derartigen Daten Rn. 69). 104

d) Kategorien betroffener Personen. Die Festlegung der Kategorien betroffener Personen dient wie die Festlegung der Kategorien personenbezogener Daten der Bewertung der mit der Verarbeitung durch den Auftragsverarbeiter verbundenen Risiken. Sie ist bei der Ermittlung der hierfür geeigneten TOM i.S.v. Art. 32 vom Verantwortlichen und Auftragsverarbeiter zu berücksichtigen (Rn. 119 ff.). Die Kategorien ergeben sich durch die Zusammenfassung der betroffenen Personen in typisierten Gruppen mit gemeinsamen Merkmalen,[130] z.B. Kinder, Beschäftigte i.S.v. § 26 Abs. 8 BDSG, Patienten, Versicherte, Kunden, Interessenten oder Ansprechpartner bei Vertragspartnern. 105

3. Festlegung der Pflichten und Rechte des Verantwortlichen (Abs. 3 S. 1). Im Vertrag oder anderen Rechtsinstrument sind die Pflichten und Rechte des Verantwortlichen festzulegen. Anders als die über Abs. 3 S. 2 dem Auftragsverarbeiter auferlegten 106

---

128 Kühling/Buchner-*Hartung* Art. 28 Rn. 65.
129 Paal/Pauly-*Martini* Art. 28 Rn. 32; Taeger/Gabel-*Gabel/Lutz* Art. 28 Rn. 40.
130 Paal/Pauly-*Martini* Art. 28 Rn. 33.

Pflichten (Rn. 108 ff.) wird dies nicht weiter konkretisiert.[131] Gemeint ist mindestens die konkrete[132] Festlegung, dass jede Entscheidung über die Zwecke und – sofern nicht ganz oder teilweise an den Auftragsverarbeiter delegiert (Rn. 40) – Mittel der Verarbeitung durch den Verantwortlichen zu erfolgen hat (Recht des Verantwortlichen), der Verantwortliche für die Erfüllung der Rechte betroffener Personen verantwortlich ist (Pflicht des Verantwortlichen, zur Unterstützungspflicht des Auftragsverarbeiters Rn. 125 ff.), der Verantwortliche gem. Art. 29 ein Weisungsrecht und eine Weisungspflicht hat (Recht und Pflicht des Verantwortlichen, dazu Art. 29 Rn. 17, zur Konkretisierung im Vertrag Art. 29 Rn. 15), der Verantwortliche die Verarbeitung durch den Auftragsverarbeiter zu überprüfen berechtigt ist (Recht des Verantwortlichen Rn. 141) und der Verantwortliche die Rechtmäßigkeit der Verarbeitung zu gewährleisten hat (Pflicht des Verantwortlichen Rn. 182).

107 Die Verpflichtung zur Festlegung der Pflichten und Rechte des Verantwortlichen beschränkt sich auf den durch die DS-GVO eröffneten Gestaltungsspielraum für das Verhältnis zwischen Verantwortlichem und Auftragsverarbeiter. Hiervon abweichende Festlegungen sind durch Abs. 3 S. 1 nicht gedeckt.[133] Dies gilt etwa für ein Recht des Verantwortlichen zur Übertragung der Entscheidung über die Zwecke der Verarbeitung auf den Auftragsverarbeiter entgegen Art. 4 Nr. 7 (Rn. 130 f.) oder ein selbstständiges Auftreten des Auftragsverarbeiters im eigenen Namen gegenüber betroffenen Personen im Außenverhältnis.

108 **4. Festlegung der Pflichten des Auftragsverarbeiters (Abs. 3 S. 2, 3).** Die Pflichten des Auftragsverarbeiters werden durch die im Vertrag oder anderen Rechtsinstrument zwingend festzuschreibenden Mindestinhalte gem. Abs. 3 S. 2, 3 konkretisiert, aber nicht abschließend festgelegt[134] (zu möglichen optionalen Inhalten Praxishinweis Rn. 197).

109 Abs. 3 S. 2 legt nicht fest, ob der Auftragsverarbeiter für die Erfüllung seiner Pflichten eine (zusätzliche) Vergütung vom Verantwortlichen verlangen kann. Da es sich bei dem vom Auftragsverarbeiter im Vertrag übernommenen Pflichten um vertragliche Pflichten handelt, die zur Erbringung einer Leistung durch den Auftragsverarbeiter führen, besteht selbst ohne ausdrückliche Vereinbarung mit Blick auf das Vertragsrecht (§§ 670, 669 BGB) zumindest ein Aufwendungsersatzanspruch des Auftragsverarbeiters gegen den Verantwortlichen.[135] Im Übrigen sind Verantwortlicher und Auftragsverarbeiter in der Festlegung der Vergütung frei, solange bei Allgemeinen Geschäftsbedingungen die Grenzen insbesondere von § 307 Abs. 1, 2 BGB nicht überschritten werden. Zulässig ist insbesondere eine Festlegung, wonach die Leistungen in Erfüllung der Pflichten aus Abs. 3 S. 2 mit der Vergütung für die Hauptleistungen vollständig abgegolten ist, wenn dies vom Auftragsverarbeiter dort eingepreist werden konnte.

---

[131] Von einer unmittelbaren Festlegung durch Abs. 3 S. 1 geht demgegenüber aus Gierschmann-*Kramer* Art. 28 Rn. 53.
[132] Paal/Pauly-*Martini* Art. 28 Rn. 38.
[133] Kühling/Buchner-*Hartung* Art. 28 Rn. 66.
[134] Gierschmann-*Kramer* Art. 28 Rn. 44.
[135] Eine Vergütung für Inspektionen i.S.d. Abs. 3 S. 2 lit. h lässt auch zu Gierschmann-*Kramer* Art. 28 Rn. 75.

a) Verarbeitung nur auf dokumentierte Weisung (Abs. 3 S. 2 lit. a, S. 3). Gemäß Abs. 3 **110**
S. 2 lit. a ist im Vertrag oder anderen Rechtsinstrument (Rn. 97) vorzusehen, dass vom Auftragsverarbeiter die personenbezogenen Daten nur auf dokumentierte Weisung des Verantwortlichen verarbeitet werden (zum Begriff Weisung s. Art. 29 Rn. 16 f.). Dabei ergibt sich die Weisungsgebundenheit des Auftragsverarbeiters und der ihm unterstellten Personen bereits aus Art. 29 (dazu Art. 29 Rn. 6, Rn. 18 ff.), sodass Abs. 3 S. 2 lit. a im Anwendungsbereich der DS-GVO neben der gesetzlichen Weisungsgebundenheit zusätzlich eine vertragliche Weisungsgebundenheit des Auftragsverarbeiters begründet.

Der Umfang der dem Auftragsverarbeiter zu erteilenden Weisungen wird weder in **111**
Art. 29 noch in Abs. 3 S. 2 lit. a festgeschrieben.[136] Er richtet sich damit vorbehaltlich abweichender Festlegungen im Vertrag[137] oder anderem Rechtsinstrument (Rn. 97) nach den für die Verarbeitung vom Verantwortlichen zu treffenden, geeigneten TOM (dazu Art. 29 Rn. 17). Zwingender Gegenstand der Weisungsbefugnis ist die Erstreckung auf die vom Auftragsverarbeiter zu treffenden technischen und organisatorischen Maßnahmen (Rn. 119 ff.) jedoch nicht;[138] das bislang in § 80 Abs. 2 S. 3 SGB X a.F. enthaltene Weisungsrecht wurde mit der Neufassung zum 25.5.2018 ersatzlos gestrichen (Rn. 192). Ungeachtet dessen kann der Umfang der vom Auftragsverarbeiter geschuldeten Leistungen vorbehaltlich einer abweichenden Vereinbarung mit dem Verantwortlichen durch eine Weisung nicht einseitig erweitert werden; ein Recht zur einseitigen Vertragsänderung ergibt sich aus dem Weisungsrecht nicht.[139]

Über den Wortlaut von Art. 29 hinaus erstreckt Abs. 3 S. 2 lit. a die Weisungsgebun- **112**
denheit ausdrücklich auch auf die Übermittlung personenbezogener Daten an ein Drittland oder eine internationale Organisation. Für derartige Übermittlungen sind die besonderen Anforderungen im Kapitel 5 in den Art. 44–50 einzuhalten (zum Auftragsverarbeiter im Drittland Rn. 55 f.). Art. 3 Abs. 2 lit. a dokumentiert, dass dem Verantwortlichen die alleinige Entscheidung über Übermittlungen an ein Drittland oder eine internationale Organisation sowie die Prüfung von deren Rechtmäßigkeit obliegt[140] (Praxishinweis Rn. 197).

Art. 29 sieht keine Pflicht zur Dokumentation der Weisungen vor. Die durch Abs. 3 **113**
S. 2 lit. a angeordnete, in § 11 Abs. 2 S. 2 Nr. 9, Abs. 3 BDSG a.F. noch nicht enthaltene Dokumentationspflicht[141] ändert jedoch nichts daran, dass auch mündlich erteilte, nicht dokumentierte Weisungen vom Auftragsverarbeiter und den ihm unterstellten Personen zu beachten sind (dazu und den Rechtsfolgen nicht dokumentierter Weisungen Art. 29 Rn. 15).[142] Wie und durch wen die Dokumentation der Weisungen erfolgt, wird durch Abs. 3 S. 2 lit. a nicht vorgegeben und obliegt der Festlegung durch Verant-

---

136 Ebenso Taeger/Gabel-*Gabel/Lutz* Art. 28 Rn. 43.
137 Dazu *Sander* PinG 2017, 250 f.
138 Ebenso mit ausführlicher Begründung *Sander* PinG 2017, 250, 255 f.; anders wohl Taeger/Gabel-*Gabel/Lutz* Art. 28 Rn. 43, welche die Weisungen stets auch auf technische und organisatorische Maßnahmen beziehen.
139 Gierschmann-*Kramer* Art. 28 Rn. 56.
140 Kühling/Buchner-*Hartung* Art. 28 Rn. 69.
141 *Härting* ITRB 2016, 137, 139; *Müthlein* RDV 2016, 74, 76.
142 Paal/Pauly-*Martini* Art. 28 Rn. 39; Taeger/Gabel-*Gabel/Lutz* Art. 28 Rn. 44; *Müthlein* RDV 2016, 74, 78.

wortlichen und Auftragsverarbeiter (Praxishinweis bei Art. 29 Rn. 27). Der Form des Art. 28 Abs. 9 (Rn. 178 ff.) bedarf es für die Dokumentation der Weisungen nicht.[143]

114 Die Weisungsgebundenheit besteht gem. Art. 29 und Abs. 3 S. 2 lit. a nicht, wenn der Auftragsverarbeiter durch das auf ihn anwendbare Recht der Union oder der Mitgliedstaaten zur Verarbeitung verpflichtet ist (zu den Ausnahmen ausführlich Art. 29 Rn. 21 ff.). Ergänzend sieht Abs. 3 S. 2 lit. a eine Mitteilungspflicht des Auftragsverarbeiters gegenüber dem Verantwortlichen vor Beginn der Verarbeitung wegen des ihn zur Verarbeitung verpflichtenden Rechts vor, soweit dieses nicht wiederum wegen eines wichtigen öffentlichen Interesses eine solche Mitteilung verbietet.

115 Abs. 3 S. 3 verpflichtet den Auftragsverarbeiter zur unverzüglichen Information des Verantwortlichen, falls er eine Weisung für verordnungswidrig oder sonst für einen Verstoß gegen Datenschutzbestimmungen der Union oder der Mitgliedstaaten erachtet. Keine Aussage ist damit darüber getroffen, wie der Auftragsverarbeiter nach der Information des Verantwortlichen mit aus seiner Sicht rechtswidrigen Weisungen verfährt. Denn nur bei der Beachtung rechtmäßiger Weisungen des Verantwortlichen greift die Exkulpationsmöglichkeit in Art. 82 Abs. 2 S. 2 bei gegen den Auftragsverarbeiter gerichteten Schadensersatzansprüchen (dazu Art. 82 Rn. 29).

116 Da Art. 28 Abs. 3 S. 2 lit. a ebenso wie Art. 29 keine Rechtmäßigkeit der Weisung voraussetzt (Art. 29 Rn. 12), hat der Auftragsverarbeiter auch rechtswidrige Weisungen zu befolgen, ohne dass der Auftragsverarbeiter oder die ihm unterstellten Personen zur Prüfung der Rechtmäßigkeit der Weisung verpflichtet wären.[144] Die Nichtbefolgung einer Weisung ist jedoch zulässig, wenn der Verantwortliche mit der Weisung treuwidrig oder sonst missbräuchlich handelt, etwa bei offensichtlich rechtswidrigen Weisungen, die den Auftragsverarbeiter oder eine unterstellte Person einem eigenen Sanktions- oder Haftungsrisiko aussetzen.[145] In diesen Fällen wird der Auftragsverarbeiter wegen Art. 82 Abs. 2 S. 2 durch rechtswidrige Weisungen des Verantwortlichen nicht gebunden,[146] sodass die Verweigerung zur Ausführung der Weisung nicht zu Nachteilen beim Auftragsverarbeiter führt[147] und diesen auch nicht über Abs. 10 zum Verantwortlichen macht (zu Abs. 10 s. Rn. 185, zu Rechtsfolgen bei der Missachtung von Weisungen Rn. 188 und Art. 29 Rn. 24). Kann der Auftragsverarbeiter die Rechtmäßigkeit bei nicht offensichtlich rechtswidrigen Weisungen nicht sicher beurteilen, weil ihm anders als dem Verantwortlichen die zur Beurteilung erforderlichen Informationen nicht oder nicht vollständig vorliegen, geht das Risiko der Erteilung einer rechtswidrigen Weisung zu Lasten des Verantwortlichen.[148]

117 **b) Gewährleistung der Vertraulichkeit der Verarbeitung (Abs. 3 S. 2 lit. b).** Gemäß Abs. 3 S. 2 lit. b ist im Vertrag oder anderen Rechtsinstrument (Rn. 96 f.) die Gewährleistung des Auftragsverarbeiters vorzusehen, dass sich die bei ihm zur Verarbeitung der personenbezogenen Daten befugten Personen zur Vertraulichkeit verpflichtet

---

143 Gierschmann-*Kramer* Art. 28 Rn. 55.
144 Für den Auftragsverarbeiter ebenso Gierschmann-*Kramer* Art. 29 Rn. 24; Art. 28 Rn. 76.
145 Ebenso Taeger/Gabel-*Lutz/Gabel* Art. 29 Rn. 13.
146 Paal/Pauly-*Martini* Art. 29 Rn. 20a.
147 Kühling/Buchner-*Bergt* Art. 82 Rn. 30; Plath-*Becker* Art. 82 Rn. 6.
148 Ebenso Kühling/Buchner-*Bergt* Art. 82 Rn. 30.

haben oder einer angemessenen gesetzlichen Verschwiegenheitspflicht unterliegen, z.B. als Berufsgeheimnisträger.[149]

Der Auftragsverarbeiter muss damit einerseits durch organisatorische oder technische Maßnahmen i.S.d. Art. 32 (Rn. 22 ff.) sicherstellen, dass nur befugte Personen Zugang (zum Begriff Art. 29 Rn. 9) zu den im Auftrag verarbeiteten personenbezogenen Daten haben,[150] andererseits deren Verpflichtung auf die Vertraulichkeit beim Fehlen einer gesetzlichen Verschwiegenheitspflicht vornehmen (dazu Art. 5 Rn. 79).[151] Die Verpflichtung auf die Vertraulichkeit steht insoweit selbstständig neben der Weisungsgebundenheit des Auftragsverarbeiters und der ihm unterstellten Personen (Art. 29 Rn. 10). **118**

c) Ergreifen aller gem. Art. 32 erforderlichen Maßnahmen (Abs. 3 S. 2 lit. c). Gemäß Abs. 3 S. 2 lit. c ist im Vertrag oder anderen Rechtsinstrument (Rn. 96 f.) vorzusehen, dass der Auftragsverarbeiter alle gem. Art. 32 erforderlichen Maßnahmen (zum Begriff Art. 32 Rn. 26) ergreift. Erforderlich sind dabei diejenigen i.S.d. Abs. 1 (Rn. 89 ff.) geeigneten technischen und organisatorischen Maßnahmen, die eine verordnungskonforme Verarbeitung und den Schutz der Rechte der betroffenen Personen gewährleisten. Abs. 3 S. 2 lit. c begründet insoweit im Anwendungsbereich der DS-GVO neben der gesetzlichen Pflicht des Auftragsverarbeiters aus Art. 32 Abs. 1 (dazu Art. 32 Rn. 23) zusätzlich eine vertragliche Pflicht des Auftragsverarbeiters.[152] **119**

Anders als § 11 Abs. 2 S. 2 Nr. 3 BDSG a.F. (Rn. 62) sind nach Abs. 3 S. 2 lit. c die gem. Art. 32 erforderlichen Maßnahmen nicht zum Bestandteil des Vertrags oder anderen Rechtsinstruments i.S.v. Abs. 3 S. 1 (Rn. 98 ff.) zu machen.[153] Ebenso wenig sieht Abs. 3 S. 2 lit. c vor, die vom Verantwortlichen für die Auswahl des Auftragsverarbeiters nach Abs. 1 anzulegende Methodik zur Ermittlung der Geeignetheit der technischen und organisatorischen Maßnahmen im Vertrag oder anderen Rechtsinstrument festzuschreiben. **120**

Ausreichend ist die Verpflichtung des Auftragsverarbeiters, derartige Maßnahmen zu ergreifen.[154] Mit Blick auf die dem Verantwortlichen durch Art. 24 (dazu Art. 24 Rn. 9 f.) und Art. 32 (dazu Art. 32 Rn. 26 ff.) auferlegten Pflichten wegen der von ihm zu treffenden technischen und organisatorischen Maßnahmen und die von ihm gem. Art. 5 Abs. 2 zu erfüllende Rechenschaftspflicht (dazu Art. 5 Rn. 80 ff.) sollten gleichwohl weiterhin die bei Zustandekommen des Vertrags oder anderen Rechtsinstruments festgelegten Maßnahmen als Anlage aufgenommen und dokumentiert werden (Praxishinweis Rn. 200).[155] Verweigert der Auftragsverarbeiter die Durchführung bestimmter, geeigneter und ggf. sogar vom Auftraggeber verlangter technischer Maßnahmen (z.B. Penetrationstests bei Webanwendungen), liegt hierin eine Verletzung **121**

---

149 Ehmann/Selmayr-*Bertermann* Art. 28 Rn. 24; Gierschmann-*Kramer* Art. 28 Rn. 60.
150 Gola-*Klug* Art. 28 Rn. 10.
151 Ausführlich dazu *Redeker* ITRB 2018, 215 f.
152 Von einer deklaratorischen Wirkung geht aus Ehmann/Selmayr-*Bertermann* Art. 28 Rn. 25.
153 Ebenso *Müthlein* RDV 2016, 74, 81; a.A. *Sander* PinG 2017, 250, 254; offen gelassen von Taeger/Gabel-*Gabel/Lutz* Art. 28 Rn. 51.
154 *Müthlein* RDV 2016, 74, 81; a.A. Gierschmann-*Kramer* Art. 28 Rn. 67.
155 Ehmann/Selmayr-*Bertermann* Art. 28 Rn. 25; für eine Mischform *Müthlein* RDV 2016, 74, 81.

von Abs. 3 S. 2 lit. c und ggf. auch lit. a mit der Folge, dass der Vertrag nicht mehr zur Privilegierung der Verarbeitung im Auftrag führt (Rn. 95).[156]

d) Einhalten der Bedingungen für Unterauftragsverarbeiter (Abs. 3 S. 2 lit. d).
122 Gemäß Abs. 3 S. 2 lit. d ist im Vertrag vorzusehen, dass die in Abs. 2 und Abs. 4 genannten Bedingungen für die Inanspruchnahme der Dienste eines weiteren Auftragsverarbeiters (Unterauftragsverarbeiter oder Unterauftragnehmer, ausführlich dazu Rn. 144 ff.) vom Auftragsverarbeiter eingehalten werden. Diese Verpflichtung beschränkt wegen der sich aus Abs. 2 und Abs. 4 ergebenden, zwingenden Vorgaben für die Beauftragung weiterer Auftragsverarbeiter die bislang durch § 11 Abs. 2 S. 2 Nr. 6 BDSG a.F. (Rn. 144) gewährte Gestaltungsfreiheit erheblich.

123 Durch den Verantwortlichen und den Auftragsverarbeiter kann in dem durch Abs. 2 und Abs. 4 vorgegebenen Rahmen im Vertrag oder anderen Rechtsinstrument festgelegt werden, ob für den Auftrag die Inanspruchnahme weiterer Auftragsverarbeiter grundsätzlich möglich sein und wie sodann bei einer solchen Inanspruchnahme konkret verfahren werden soll,[157] insbesondere ob dem Auftragsverarbeiter eine allgemeine Genehmigung für die Inanspruchnahme weiterer Auftragsverarbeiter erteilt werden soll (dazu Rn. 147 ff., zur Form Rn. 164 ff., Praxishinweis Rn. 197).

124 Wird keine Festlegung getroffen, ist die Inanspruchnahme von Unterauftragsverarbeitern durch den Auftragsverarbeiter ohne vorherige gesonderte schriftliche Genehmigung des Verantwortlichen i.S.d. Abs. 2 S. 1 (dazu Rn. 147 ff., zur Form Rn. 164 ff.) stets ausgeschlossen.

125 **e) Unterstützung bei der Erfüllung von Rechten betroffener Personen (Abs. 3 S. 2 lit. e).** Gemäß Abs. 3 S. 2 lit. e ist im Vertrag oder anderen Rechtsinstrument (Rn. 96 f.) vorzusehen, dass der Auftragsverarbeiter angesichts der Art der Verarbeitung den Verantwortlichen nach Möglichkeit mit geeigneten technischen und organisatorischen Maßnahmen dabei unterstützt, seiner Pflicht zur Beantwortung von Anträgen auf Wahrnehmung der in Kapitel 3 genannten Rechte der betroffenen Person nachzukommen.

126 Die Unterstützungspflicht aus Abs. 3 S. 2 lit. e geht über § 11 Abs. 2 S. 2 Nr. 4 BDSG a.F. (Rn. 13) hinaus, weil dort überhaupt nur eine Regelung zum Umgang mit Betroffenenrechten verlangt wurde, während Abs. 3 S. 2 lit. e eine konkrete Unterstützungspflicht des Auftragsverarbeiters festschreibt.[158] In der Praxis fand sich die jetzt normierte Unterstützungspflicht jedoch meist schon in Aufträgen nach § 11 Abs. 2 S. 2 BDSG a.F.

127 Mit der Unterstützungspflicht des Auftragsverarbeiters wird die verordnungskonforme Erfüllung der Rechte der betroffenen Personen aus den Art. 12 ff. durch den Verantwortlichen sichergestellt.[159] Der Verantwortliche wird regelmäßig ohne die Mitwirkung des Auftragsverarbeiters insbesondere nicht in der Lage sein, Auskünfte i.S.v. Art. 15 zu erteilen oder personenbezogene Daten gem. Art. 17 zu löschen.[160] Dies

---

156 Ebenso *Deusch/Eggendorfer* K&R 2018, 223, 228.
157 Noch weitergehend Kühling/Buchner-*Hartung* Art. 28 Rn. 73 (muss festgelegt werden).
158 Anders *Petri* ZD 2015, 305, 308.
159 Paal/Pauly-*Martini* Art. 28 Rn. 47.
160 Ähnlich *Europäischer Datenschutzbeauftragter* Leitlinien zur VO 2018/1725 v. 7.11.2019, S. 21.

führt jedoch nicht zu einer Berechtigung des Auftragsverarbeiters zur selbstständigen Bearbeitung von Anfragen betroffener Personen außerhalb der vom Verantwortlichen erteilten Weisungen; damit würde der Auftragsverarbeiter selbst zum Verantwortlichen (Rn. 39 f.).[161]

Auf die Erfüllung dieser Rechte der betroffenen Personen sind die vom Auftragnehmer im Rahmen des tatsächlich Möglichen und objektiv Zumutbaren[162] zu treffenden technischen und organisatorischen Maßnahmen auszurichten. Dies kann etwa durch Bereitstellung von Anwendungen oder Funktionalitäten geschehen, mit denen der Verantwortliche selbstständig die für die Auskunftserteilung gem. Art. 15 Abs. 1 zu berücksichtigenden personenbezogenen Daten (dazu Art. 15 Rn. 30) ermitteln, gem. Art. 15 Abs. 3 Kopien hiervon fertigen (dazu Art. 15 Rn. 37 ff.) oder Löschungen personenbezogener Daten i.S.v. Art. 17 Abs. 1 vornehmen kann (dazu Art. 17 Rn. 16 ff.).[163] **128**

Sollen die vom Auftragsverarbeiter zu ergreifenden Maßnahmen den betroffenen Personen unmittelbar zur selbstständigen Wahrnehmung ihrer Rechte aus Art. 12 ff. zugänglich sein, ist dies wegen der dem Verantwortlichen insoweit obliegenden Erfüllungspflicht (Rn. 106) im Vertrag oder anderen Rechtsinstrument (Rn. 96 f.) festzulegen.[164] Ob die Unterstützungspflicht im Übrigen im Vertrag oder anderen Rechtsinstrument (Rn. 96 f.) oder im Einzelfall durch Weisungen des Verantwortlichen (Rn. 110 ff.) konkretisiert wird, unterliegt der Gestaltungsfreiheit der Parteien. Der Festschreibung einer bestimmten Aufgabenverteilung zwischen Verantwortlichem und Auftragsverarbeiter bedarf es nicht.[165] **129**

f) Unterstützung bei Einhaltung der Pflichten gem. Art. 32–36 (Abs. 3 S. 2 lit. f).

Gemäß Abs. 3 S. 2 lit. f ist im Vertrag oder anderen Rechtsinstrument (Rn. 96 f.) vorzusehen, dass der Auftragsverarbeiter unter Berücksichtigung der Art der Verarbeitung und der ihm zur Verfügung stehenden Informationen den Verantwortlichen bei der Einhaltung der in den Art. 32–36 genannten Pflichten unterstützt. Dies geht über § 11 Abs. 2 S. 2 Nr. 8 BDSG a.F. hinaus, weil dort überhaupt nur eine Regelung über Mitteilungspflichten verlangt wurde, während Abs. 3 S. 2 lit. f konkrete Unterstützungspflichten des Auftragsverarbeiters festschreibt.[166] In der Praxis fand sich die jetzt normierte Unterstützungspflicht jedoch meist schon in den Aufträgen nach § 11 Abs. 2 S. 2 BDSG a.F. **130**

Abs. 3 S. 2 lit. f mit der dort normierten Unterstützungspflicht erstreckt sich auf **131**
- die Gewährleistung der Sicherheit der Verarbeitung durch den Verantwortlichen wegen der von diesem gem. Art. 32 zu treffenden technischen und organisatorischen Maßnahmen,
- die Meldung von Verletzungen des Schutzes personenbezogener Daten durch den Verantwortlichen an Aufsichtsbehörden gem. Art. 33,

---

161 Taeger/Gabel-*Gabel/Lutz* Art. 28 Rn. 53.
162 Paal/Pauly-*Martini* Art. 28 Rn. 47; Ehmann/Selmayr-*Bertermann* Art. 28 Rn. 27.
163 Siehe zu Beispielen auch Kühling/Buchner-*Hartung* Art. 28 Rn. 74.
164 Paal/Pauly-*Martini* Art. 28 Rn. 47; ebenso *Europäischer Datenschutzbeauftragter* Leitlinien zur VO 2018/1725 v. 7.11.2019, S. 21.
165 Kühling/Buchner-*Hartung* Art. 28 Rn. 74.
166 Von einer Vergleichbarkeit in den wesentlichen Grundzügen spricht Kühling/Buchner-*Hartung* Art. 28 Rn. 76.

– die Benachrichtigung der von einer Verletzung des Schutzes personenbezogener Daten betroffenen Person durch den Verantwortlichen gem. Art. 34,
– die vom Verantwortlichen vorzunehmende Datenschutz-Folgenabschätzung gem. Art. 35 und
– die vorherige Konsultation der Aufsichtsbehörde durch den Verantwortlichen gem. Art. 36.

132 Die Unterstützungspflicht des Auftragsverarbeiters bei der Meldung von Verletzungen des Schutzes personenbezogener Daten i.S.v. Art. 4 Nr. 12 (dazu Art. 4 Rn. 222 ff.) ergibt sich im Anwendungsbereich der DS-GVO bereits aus Art. 33 Abs. 2, wonach der Auftragsverarbeiter eine Verletzung des Schutzes personenbezogener Daten unverzüglich nach ihrem Bekanntwerden dem Verantwortlichen zu melden hat (dazu Art. 33 Rn. 25 ff.). Abs. 3 S. 2 lit. f begründet insoweit neben der gesetzlichen Pflicht des Auftragsverarbeiters aus Art. 33 Abs. 2 im Anwendungsbereich der DS-GVO zusätzlich eine vertragliche Pflicht des Auftragsverarbeiters.

133 Die Unterstützung ist vom Auftragsverarbeiter im Rahmen des tatsächlich Möglichen und objektiv Zumutbaren (Rn. 128) unter Berücksichtigung der Art der Verarbeitung zu leisten. Art und Umfang der Unterstützung sind dabei vom konkreten Auftrag abhängig. Je näher der Auftragsverarbeiter an den personenbezogenen Daten beim Verantwortlichen ist, je mehr Ermessensspielraum ihm bei den Mitteln der Verarbeitung eingeräumt wird (Rn. 41) und je risikobehafteter für die Rechte und Freiheiten natürlicher Personen (dazu Art. 24 Rn. 20) die Verarbeitung durch den Auftragsverarbeiter ist, umso weiter reicht die Unterstützungspflicht. Dies gilt insbesondere für die Unterstützung bei den TOM des Verantwortlichen gem. Art. 32 und der Durchführung der Datenschutz-Folgenabschätzung durch den Verantwortlichen gem. Art. 35. Die Grenzen der Unterstützungspflicht sind vorbehaltlich einer abweichenden Vereinbarung mit dem Verantwortlichen dort erreicht, wo der Auftragsverarbeiter seinerseits Informationen erst bei einem Dritten beschaffen müsste, der nicht weiterer Auftragsverarbeiter i.S.d. Abs. 2, Abs. 4 ist (Rn. 147 ff.).[167]

134 Ob die Unterstützungspflicht aus Abs. 3 S. 2 lit. f im Übrigen im Vertrag oder anderem Rechtsinstrument (Rn. 96 f.) oder im Einzelfall durch Weisungen des Verantwortlichen (Rn. 110 ff.) konkretisiert wird, unterliegt der Gestaltungsfreiheit der Parteien. Der Festschreibung einer bestimmten Aufgabenverteilung zwischen Verantwortlichem und Auftragsverarbeiter bedarf es auch insoweit nicht.

135 **g) Löschung oder Rückgabe personenbezogener Daten (Abs. 3 S. 2 lit. g).** Gemäß Abs. 3 S. 2 lit. g ist im Vertrag oder anderen Rechtsinstrument (Rn. 96 f.) vorzusehen, dass nach Abschluss der Verarbeitung alle personenbezogenen Daten nach Wahl des Verantwortlichen vom Auftragsverarbeiter entweder gelöscht oder zurückgegeben werden, sofern nicht nach dem Unionsrecht oder dem Recht der Mitgliedstaaten eine Verpflichtung zur Speicherung der personenbezogenen Daten besteht. Dies entspricht inhaltlich der sich aus § 11 Abs. 2 S. 2 Nr. 10 BDSG a.F. ergebenden Verpflichtung zur Rückgabe und Löschung.[168] Durch die Berichtigung der DS-GVO v. 19.4.2018 (Rn. 19) wurde dies dahingehend ergänzt, dass auch eine Verpflichtung zur Löschung der beim

---

167 Ähnlich Gierschmann-*Kramer* Art. 28 Rn. 70.
168 Kühling/Buchner-*Hartung* Art. 28 Rn. 77.

Auftragsverarbeiter ggf. vorhandenen Kopien der personenbezogenen Daten aufzunehmen ist.

Mit Abschluss der Verarbeitung endet jedes Recht des Auftragsverarbeiters an den von ihm im Auftrag des Verantwortlichen verarbeiteten personenbezogenen Daten.[169] Zu diesem Zeitpunkt ggf. noch beim Auftragsverarbeiter vorhandene personenbezogene Daten des Verantwortlichen sind deshalb einschließlich etwaig vorhandener Kopien zu löschen oder an den Verantwortlichen zurückzugeben. Diese Pflichten erstrecken sich auf die dem Auftragsverarbeiter vom Verantwortlichen offengelegten und originär beim Auftragsverarbeiter in Erfüllung des Auftrags erhobenen personenbezogenen Daten.[170] Ein der Löschpflicht aus Art. 17 Abs. 1 (dazu Art. 17 Rn. 16 ff.) entgegenstehendes Recht des Verantwortlichen zur weiteren Speicherung von personenbezogenen Daten beim Auftragsverarbeiter gibt es nicht, insbesondere nicht aus Zumutbarkeits- oder Praktikabilitätserwägungen zugunsten des Auftragsverarbeiters. Auch Abs. 3 S. 2 lit. g begründet insoweit neben der gesetzlichen Pflicht zur Löschung oder Rückgabe im Anwendungsbereich der DS-GVO zusätzlich eine vertragliche Pflicht des Auftragsverarbeiters zur Löschung oder Rückgabe.

136

Nur ausnahmsweise ist der Auftragsverarbeiter zur weiteren Speicherung der im Auftrag verarbeiteten personenbezogenen Daten berechtigt, wenn sich eine Verpflichtung hierzu aus dem Unionsrecht oder dem Recht der Mitgliedstaaten ergibt. Abs. 3 S. 2 lit. g setzt insoweit eine sich aus anderen Rechtsnormen ergebende Speicherpflicht des Auftragsverarbeiters, nicht des Verantwortlichen voraus[171] und ist keine Öffnungsklausel für Abweichungen von der Lösch- oder Rückgabepflicht durch die Union oder die Mitgliedstaaten.[172]

137

Ob die Löschung oder Rückgabe gem. Abs. 3 S. 2 lit. g im Übrigen im Vertrag oder anderem Rechtsinstrument (Rn. 96 f.) oder im Einzelfall durch Weisungen des Verantwortlichen (Rn. 110 ff.) konkretisiert wird, unterliegt der Gestaltungsfreiheit der Parteien.

138

h) Nachweis der Pflichtenerfüllung und Überprüfungsrecht des Verantwortlichen (Abs. 3 S. 2 lit. h). Gemäß Abs. 3 S. 2 lit. h ist im Vertrag oder anderem Rechtsinstrument (Rn. 96 f.) vorzusehen, dass dem Verantwortlichen alle erforderlichen Informationen zum Nachweis der Einhaltung der in Art. 28 niedergelegten Pflichten durch den Auftragsverarbeiter zur Verfügung gestellt werden und der Auftragsverarbeiter Überprüfungen des Verantwortlichen oder einem von diesem beauftragten Prüfer, einschließlich Inspektionen, ermöglicht und dazu beiträgt.

139

In Abs. 3 S. 2 lit h sind § 11 Abs. 2 S. 2 Nr. 5, Nr. 7 und S. 4, S. 5 BDSG a.F. mit einem deutlich veränderten Fokus aufgegangen. Es steht nicht länger die Pflicht des Verantwortlichen zu regelmäßigen Kontrollen des Auftragsverarbeiters im Vordergrund, sondern die Verpflichtung des Auftragsverarbeiters zum Nachweis der Einhaltung der ihm durch Art. 28 auferlegten, durch den Vertrag oder das andere Rechtsinstrument (Rn. 96 ff.) konkretisierten Pflichten gegenüber dem Verantwortlichen. Die originäre Handlungspflicht trifft nicht länger den Verantwortlichen, sondern den Auftragsverar-

140

---

169 Ehmann/Selmayr-*Bertermann* Art. 28 Rn. 28.
170 Taeger/Gabel-*Gabel/Lutz* Art. 28 Rn. 55.
171 Paal/Pauly-*Martini* Art. 28 Rn. 51.
172 Kühling/Buchner-*Hartung* Art. 28 Rn. 112; Gierschmann-*Kramer* Art. 28 Rn. 72.

beiter als besondere Treuepflicht[173], dies gem. Abs. 3 S. 3 auch wegen etwaiger vom Auftragsverarbeiter für rechtswidrig erachteter Weisungen des Verantwortlichen (dazu Rn. 115 f.).[174]

141 Kommt der Verantwortliche zum Ergebnis, dass die ihm vom Auftragsverarbeiter mit den Nachweisen erteilten Informationen (z.B. aus Berichten zu internen oder externen Audits, internen oder externen Überprüfungen durch Wirtschaftsprüfer, Datenschutzbeauftragtem oder Revision), hierzu Anlass geben, etwa weil diese unvollständig, widersprüchlich oder sonst fehlerhaft sind, oder hält der Verantwortliche sonst wegen der mit der Verarbeitung durch den Auftragsverarbeiter verbundenen Risiken oder zum Schutz der Rechte und Freiheiten der betroffenen Personen (Rn. 106) eine Überprüfung beim Auftragsverarbeiter anlass- oder stichprobenbezogen für erforderlich, ist er durch Abs. 3 S. 2 lit. h hierzu jederzeit berechtigt, bei Mängeln der Nachweise sogar verpflichtet, und der Auftragsverarbeiter zur Mitwirkung[175] verpflichtet. Diese Überprüfung kann der Verantwortliche nach billigem Ermessen selbst oder durch von ihm beauftragte Prüfer durchführen, ggf. auch ohne vorherige Ankündigung. Dabei ist die Inspektion nach dem Ermessen des Verantwortlichen auch vor Ort beim Auftragsverarbeiter oder bei den von diesem für die Verarbeitung eingesetzten technischen Mitteln möglich, ohne dass die Berechtigung hierzu im Vertrag ausgeschlossen werden kann.[176] Im Vertrag oder anderen Rechtsinstrument ist dabei festzulegen, dass der Auftragsverarbeiter zur Mitwirkung verpflichtet ist.[177]

142 Werden dem Auftragsverarbeiter durch den Verantwortlichen eigene Ermessensspielräume wegen der vom Auftragsverarbeiter genutzten Mittel eingeräumt (Rn. 41), erstreckt sich die Nachweispflicht des Auftragsverarbeiters auch auf die wesentlichen Elemente der von ihm eingesetzten Mittel.[178] Dies gilt ebenso, wenn die vom Auftragnehmer gem. Abs. 3 S. 2 lit. c (Rn. 119 ff.) zu treffenden Maßnahmen nicht Bestandteil des Vertrags oder anderen Rechtsinstruments werden.

143 Ob die Nachweis- und Mitwirkungspflicht des Auftragsverarbeiters aus Abs. 3 S. 2 lit. h im Übrigen im Vertrag oder anderem Rechtsinstrument (Rn. 96 f.) oder im Einzelfall durch Weisungen des Verantwortlichen (Rn. 110 ff.) konkretisiert wird, unterliegt der Gestaltungsfreiheit der Parteien. Der Festschreibung einer bestimmten Aufgabenverteilung zwischen Verantwortlichem und Auftragsverarbeiter bedarf es dafür nicht.

VI. Inanspruchnahme weiterer Auftragsverarbeiter (Abs. 2 und Abs. 4)

144 § 11 Abs. 2 S. 2 Nr. 6 BDSG a.F. (Rn. 122) gewährte dem Verantwortlichem und seinem Auftragsverarbeiter Freiheit in der Gestaltung ihrer Regelungen zur Begründung von

---

173 Paal/Pauly-*Martini* Art. 28 Rn. 52; a.A. Gierschmann-*Kramer* Art. 28 Rn. 32, 74.
174 Für eine fortbestehende Kontrollpflicht Kühling/Buchner-*Hartung* Art. 28 Rn. 60; Paal/Pauly-*Martini* Art. 28 Rn. 21; Taeger/Gabel-*Gabel/Lutz* Art. 28 Rn. 28.
175 Paal/Pauly-*Martini* Art. 28 Rn. 53.
176 Ebenso Taeger/Gabel-*Gabel/Lutz* Art. 28 Rn. 57; a.A. Gierschmann-*Kramer* Art. 28 Rn. 74; *Fromageau/Bäuerle/Werkmeister* PinG 2018, 216, 217 f.
177 Taeger/Gabel-*Gabel/Lutz* Art. 28 Rn. 57.
178 So schon zur DSRL *Art.-29-Datenschutzgruppe* WP 169, S. 34.

Unterauftragsverhältnissen, solange hierbei die Herrschaft des Verantwortlichen über die Verarbeitung personenbezogener Daten in der Leistungskette gewahrt blieb.[179]

Abs. 2 legt demgegenüber Bedingungen für die Inanspruchnahme weiterer Auftragsverarbeiter (Unterauftragsverarbeiter oder Unterauftragnehmer) im Verhältnis vom Auftragsverarbeiter zum Verantwortlichen fest, die in Abs. 4 S. 1 durch weitere Bedingungen für die Ausgestaltung des Innenverhältnisses zwischen Auftragsverarbeiter und weiterem Auftragsverarbeiter erweitert werden, ergänzt durch Festlegungen zur Haftung des Auftragsverarbeiters für den weiteren Auftragsverarbeiter in Abs. 4 S. 2 (dazu Rn. 170 f.). Auf die Beachtung der Bedingungen aus Abs. 2 und Abs. 4 muss sich der Auftragsverarbeiter gem. Abs. 3 S. 2 lit. d gegenüber dem Verantwortlichen im Vertrag oder anderem Rechtsinstrument verpflichten (Rn. 122 ff.).

Mit der Verwendung des Begriffs weiterer Auftragsverarbeiter macht Abs. 2 S. 1 deutlich, dass der weitere Auftragsverarbeiter ebenfalls ein Auftragsverarbeiter i.S.d. Art. 4 Nr. 8, Art. 28 ist, ihn also wegen der von ihm für den Verantwortlichen vorgenommenen Verarbeitungen (dazu Rn. 75) dieselben Pflichten wie den unmittelbar vom Verantwortlichen beauftragten Auftragsverarbeiter treffen.[180] Die Inanspruchnahme eines weiteren Auftragsverarbeiters findet also nicht allein im Innenverhältnis zwischen Auftragsverarbeiter und weiterem Auftragsverarbeiter statt (dazu Rn. 156 ff.), sondern führt insbesondere auch zu einer Haftung dieses weiteren Auftragsverarbeiters aus Art. 82 im Außenverhältnis (dazu Rn. 181 ff., zur Mithaftung des Auftragsverarbeiters Rn. 170 f.).

1. Genehmigung des Verantwortlichen (Abs. 2). Gemäß Abs. 2 darf der Auftragsverarbeiter keine weiteren Auftragsverarbeiter ohne vorherige gesonderte oder allgemeine schriftliche Genehmigung des Verantwortlichen in Anspruch nehmen. Demnach ist zwischen den beiden Fällen der vorherigen gesonderten Genehmigung (sog. Genehmigungslösung, Rn. 152) und der allgemeinen Genehmigung (sog. Einspruchslösung, Rn. 153 ff.) zu differenzieren (zur Form der Genehmigung Rn. 164 ff.). Dabei meint Genehmigung i.S.v. Abs. 2 nicht die nachträgliche Zustimmung des Verantwortlichen i.S.d. der Legaldefinition in § 184 Abs. 1 BGB,[181] sondern überhaupt dessen Zustimmung ohne jede zeitliche Verortung.

Wird im Vertrag oder anderem Rechtsinstrument i.S.v. Abs. 3 S. 1 keine Festlegung zur Inanspruchnahme weiterer Auftragsverarbeiter getroffen, ist deren Inanspruchnahme durch den Auftragsverarbeiter ohne vorherige gesonderte Genehmigung des Verantwortlichen i.S.d. Abs. 2 S. 1 stets ausgeschlossen. Abs. 2 wirkt insoweit als Verbot mit Erlaubnisvorbehalt.[182]

Legen die Parteien fest, dass die Inanspruchnahme weiterer Auftragsverarbeiter generell ausgeschlossen ist, geht dies Abs. 2 vor. Eine derartige Festlegung dürfte im deutschen Recht ohne einen aus der konkreten Auftragsverarbeitung abgeleiteten, sachlichen Grund jedoch in Allgemeinen Geschäftsbedingungen wegen eines Verstoßes

---

179 So zur DSRL *Art.-29-Datenschutzgruppe* WP 169, S. 34; ausführlich *Kremer/Sander* ITRB 2014, 187, 190 f.
180 *Müthlein* RDV 2016, 74, 82.
181 Kühling/Buchner-*Hartung* Art. 28 Rn. 87; Paal/Pauly-*Martini* Art. 28 Rn. 60; Plath-*Plath* Art. 28 Rn. 10.
182 Sydow-*Ingold* Art. 28 Rn. 37.

gegen § 307 Abs. 1 S. 1 BGB unwirksam sein. Gewonnen hat der Auftragsverarbeiter damit jedoch nichts: Es bleibt dann beim Erfordernis der vorherigen gesonderten schriftlichen Genehmigung durch den Verantwortlichen, die dieser regelmäßig nicht erteilen wird.

150 Die vorherige oder allgemeine Genehmigung muss vom Verantwortlichen frei erteilt werden können; eine generelle Verpflichtung zur Erteilung der Genehmigung besteht nicht. Anderenfalls würde sich der Verantwortliche der Entscheidung über Zwecke und Mittel der Verarbeitung insoweit begeben (dazu Rn. 38 ff.). Möglich ist jedoch, den Verantwortlichen zur Erteilung der Genehmigung über den Vertrag oder das andere Rechtsinstrument i.S.v. Abs. 3 S. 1 zu verpflichten, wenn hiergegen kein sachlicher Grund spricht.[183] Als sachliche Gründe kommen insbesondere Zweifel des Verantwortlichen an der Eignung des weiteren Auftragsverarbeiters i.S.d. Abs. 1 in Betracht. Soll darüber hinaus auf die Entscheidung des Verantwortlichen über die Genehmigung Einfluss genommen werden wäre dies mit der Rollenverteilung zwischen Verantwortlichem und Auftragsverarbeiter unvereinbar. Ein solcher Fall liegt etwa vor, wenn der Auftragsverarbeiter bei Nichterteilung der Genehmigung sämtliche ihm dadurch entstehenden Kosten und Aufwände dem Verantwortlichen auferlegen will.

151 Vorbehaltlich einer abweichenden Festlegung im Vertrag oder anderem Rechtsinstrument ist jede Genehmigung vom Verantwortlichen nach billigem Ermessen jederzeit widerruflich[184] (Praxishinweis Rn. 197). Nicht ausgeschlossen werden kann durch den Vertrag oder das andere Rechtsinstrument das Recht zum Widerruf einer einmal erteilten gesonderten oder allgemeinen Genehmigung aus wichtigem Grund i.S.v. § 314 Abs. 1 S. 2 BGB.

a) Genehmigungslösung: Vorherige gesonderte Genehmigung des Verantwortlichen.
152 Bei der Genehmigungslösung bedarf jede Inanspruchnahme eines weiteren Auftragsverarbeiters durch den Auftragsverarbeiter der vorherigen gesonderten Genehmigung durch den Verantwortlichen (zur Form der Genehmigung Rn. 164 ff.). Ob, wie, wann und durch wen der Verantwortliche diese Genehmigung erteilt, liegt vorbehaltlich einer abweichenden Festlegung im Vertrag oder anderen Rechtsinstrument i.S.d. allein im dem Verantwortlichen (Rn. 149). Ohne eine solche Festlegung kann der Verantwortliche die Genehmigung nicht nur auf einen bestimmten weiteren Auftragsverarbeiter, sondern auch auf bestimmte Leistungen beschränken, für welche die Genehmigungen gelten soll.

153 b) Einspruchslösung: Allgemeine Genehmigung des Verantwortlichen. Bei der Einspruchslösung erteilt der Verantwortliche dem Auftragsverarbeiter entweder im Auftrag oder anderem Rechtsinstrument i.S.v. Abs. 3 S. 1 (Rn. 122 ff.) oder separat zu einem beliebigen Zeitpunkt während der Dauer des Auftrags (dazu Rn. 101) eine allgemeine Genehmigung für die Inanspruchnahme weiterer Auftragsverarbeiter (zur Form der allgemeinen Genehmigung Rn. 164 ff.). Eine solche allgemeine Genehmigung kann sich etwa auf bestimmte vom Auftragsverarbeiter vorzunehmende Verarbeitungen, auf bestimmte Kategorien personenbezogene Daten oder bestimmte Kategorien betroffener Personen (dazu Rn. 102 und 103) oder bestimmte Kategorien

---

183 Ähnlich Taeger/Gabel-*Gabel/Lutz* Art. 28 Rn. 63.
184 Sydow-*Ingold* Art. 28 Rn. 38; a.A. Gierschmann-*Kramer* Art. 28 Rn. 37.

weiterer Auftragsverarbeiter beziehen (Rn. 156). Die Parteien sind in der Gestaltung der allgemeinen Genehmigung frei.[185]

Das Recht zur Inanspruchnahme weiterer Auftragsverarbeiter in dem durch die allgemeine Genehmigung gesteckten Rahmen ohne vorherige gesonderte Genehmigung für jeden einzelnen Unterauftragsverarbeiter (Rn. 152) wird gem. Abs. 2 S. 2 kompensiert durch die Verpflichtung des Auftragsverarbeiters zur Information des Verantwortlichen über jede beabsichtigte Änderung in Bezug auf die Hinzuziehung oder die Ersetzung weiterer Auftragsverarbeiter. Diese Information durch den Auftragsverarbeiter muss ausweislich des Wortlauts „beabsichtigt" so rechtzeitig vor der Inanspruchnahme eines neuen, weiteren Auftragsverarbeiters erfolgen, dass der Verantwortliche nach Abs. 2 S. 2 noch die Möglichkeit hat, gegen diese Inanspruchnahme Einspruch zu erheben und damit die Verarbeitung personenbezogener Daten für den Verantwortlichen durch den angezeigten neuen, weiteren Auftragsverarbeiter zu verhindern. 154

Mit welcher Vorfrist die Information i.S.d. Abs. 2 S. 2 über beabsichtigte neue, weitere Auftragsverarbeiter durch den Auftragsverarbeiter zu erfolgen hat, wie lange die dem Verantwortlichen zu gewährende Einspruchsfrist ist und welche Gründe ggf. zum Einspruch berechtigen (Rn. 149), kann durch die Parteien im Vertrag oder anderem Rechtsinstrument festgelegt werden, ebenso durch wen die Information oder der Einspruch zu erfolgen hat. Fehlt es an entsprechenden Festlegungen, liegt der Einspruch im billigen Ermessen des Verantwortlichen und kann – außerhalb einer Verwirkung – jederzeit erhoben werden. Ohne Festlegung im Vertrag oder anderen Rechtsinstrument gibt es mithin keine Fiktion einer Genehmigung.[186] Die Fristen sollten im Einzelfall so festgelegt werden, dass bei einem üblichen Geschehensablauf die Erhebung eines in angemessener Frist erhobenen Einspruchs noch rechtzeitig geschieht (Praxishinweis Rn. 197). 155

2. Bindung der weiteren Auftragsverarbeiter an den Verantwortlichen (Abs. 4 S. 1).
– a) Auswahl der weiteren Auftragsverarbeiter. Die Auswahl weiterer Auftragsverarbeiter erfolgt regelmäßig durch den Auftragsverarbeiter; anderenfalls macht das durch Abs. 2 statuierte Genehmigungserfordernis zugunsten des Verantwortlichen (Rn. 147) keinen Sinn. Verantwortlichem und Auftragsverarbeiter bleibt jedoch vorbehalten, im Auftrag oder anderem Rechtsinstrument i.S.d. Abs. 3 S. 1 (Rn. 122 ff.) festzulegen, dass weitere Auftragsverarbeiter zu den dort genannten Bedingungen durch den Verantwortlichen vorgeschlagen oder (mit-)ausgewählt werden können. 156

b) Vertrag oder anderes Rechtsinstrument mit dem weiteren Auftragsverarbeiter. Abs. 4 S. 1 gibt vor, dass bei der Inanspruchnahme eines weiteren Auftragsverarbeiters diesem durch den Auftragsverarbeiter über einen Vertrag oder ein anderes Rechtsinstrument dieselben Datenschutzpflichten aufzuerlegen sind, wie sie in dem zwischen Verantwortlichem und Auftragsverarbeiter geltenden Vertrag oder anderem Rechtsinstrument i.S.d. Abs. 3 S. 1 festgelegt sind. 157

Zudem hat der Auftragsverarbeiter gem. Abs. 4 S. 1 seine weiteren Auftragsverarbeiter ebenso sorgfältig auszuwählen wie der Verantwortliche den Auftragsverarbeiter 158

---
185 *Piltz* K&R 2016, 709, 713.
186 Offengelassen von Taeger/Gabel-*Gabel/Lutz* Art. 28 Rn. 63.

gem. Abs. 1 (dazu Rn. 89 ff.).[187] Soweit in Abs. 4 S. 1 nur von der Verarbeitung entsprechend den Anforderungen der DS-GVO die Rede ist, während Abs. 1 zusätzlich auf den Schutz der Rechte der betroffenen Personen abstellt, handelt es sich mangels eines erkennbar abweichenden Willens des Gesetzgebers um ein Redaktionsversehen.

159 Wenn Abs. 4 S. 1 den Auftragsverarbeiter zum inhaltsgleichen, aber nicht zum wortgleichen Durchreichen der ihn im Verhältnis zum Verantwortlichen aus dem Vertrag oder anderem Rechtsinstrument (dazu Rn. 89 ff.) treffenden Datenschutzpflichten an den weiteren Auftragsverarbeiter anhält,[188] stellt die Bezugnahme auf die Datenschutzpflichten klar, dass hiervon unabhängige Pflichten des Auftragsverarbeiters gegenüber dem Verantwortlichen von Abs. 4 S. 1 nicht erfasst sind. Dies können etwa organisatorische, wirtschaftliche oder allgemein zivilrechtliche Bestimmungen sein, etwa die Festlegung der Vergütung des Auftragsverarbeiters.

160 **3. Verhältnis des weiteren Auftragsverarbeiters zum Verantwortlichen.** Der Auftragsverarbeiter muss die ihn im Verhältnis zum Verantwortlichen treffenden Datenschutzpflichten an den weiteren Auftragsverarbeiter durchreichen (Rn. 157). Damit unterliegt der weitere Auftragsverarbeiter derselben Bindung zum Verantwortlichen mit denselben Pflichten wie der Auftragsverarbeiter. Der Verantwortliche kann mithin etwa unmittelbar Weisungen gegenüber dem weiteren Auftragsverarbeiter erteilen (zum Weisungsrecht Rn. 34 ff.) oder dort Überprüfungen i.S.d. Abs. 3 S. 2 lit. h vornehmen (Rn. 139 ff.). Ein eigener Vertrag oder anderes Rechtsinstrument zwischen Verantwortlichem und weiterem Auftragsverarbeiter ist dafür nicht erforderlich.[189]

161 Verantwortlichem und Auftragsverarbeiter bleibt vorbehalten, im Vertrag oder anderem Rechtsinstrument i.S.d. Abs. 3 S. 1 die Steuerung des Unterauftragsverarbeiters durch Weisungen (Rn. 110 ff.) sowie ggf. dessen Überprüfung i.S.d. Abs. 3 S. 2 lit. h (Rn. 141) auf den Auftragsverarbeiter zu delegieren.[190] Insoweit handelt es sich beim weiteren Auftragsverarbeiter um ein Mittel der Verarbeitung, bei dem der Verantwortliche ohne Verlust seiner Entscheidungsbefugnis i.S.v. Art. 4 Nr. 7 (Rn. 40) zur Delegation von Entscheidungsbefugnissen an den Auftragsverarbeiter berechtigt ist (Rn. 41). Die Nachweispflicht des Auftragsverarbeiters aus Abs. 3 S. 2 lit. h (Rn. 139 ff.) erweitert sich dann um den Nachweis der verordnungskonformen Steuerung der weiteren Auftragsverarbeiter.

162 **4. Inanspruchnahme weiterer Auftragsverarbeiter in der Leistungskette.** Auch bei der Inanspruchnahme weiterer Auftragsverarbeiter in mehrstufigen Leistungsketten unterhalb des vom Auftragsverarbeiter in Anspruch genommenem weiteren Auftragsverarbeiters (Unterunterauftragsverarbeiter usw.) sind die Bedingungen aus Abs. 2 (Rn. 147 ff.) und Abs. 4 (Rn. 145, zur Haftung Rn. 170 f.) zu beachten. Die Genehmigung i.S.v. Abs. 2 wäre dann in der Leistungskette zunächst durch den Auftragsverarbeiter[191] und sodann durch den Verantwortlichen zu erteilen.

---

187 Sydow-*Ingold* Art. 28 Rn. 40; Taeger/Gabel-*Gabel/Lutz* Art. 28 Rn. 66.
188 Inhaltsgleiche Verpflichtung als ausreichend erachten auch Taeger/Gabel-*Gabel/Lutz* Art. 28 Rn. 65.
189 Taeger/Gabel-*Gabel/Lutz* Art. 28 Rn. 63.
190 Ebenso für zulässig erachtet von *Mühlein* RDV 2016, 74, 82; Gierschmann-*Kramer* Art. 28 Rn. 79.
191 Siehe Paal/Pauly-*Martini* Art. 28 Rn. 63.

Um dies zu vermeiden, steht es Verantwortlichem und Auftragsverarbeiter frei, im 163
Zusammenhang mit der Delegation der Steuerung und Überprüfung der Unterauftragsverarbeiter zugleich auch die Berechtigung zur Erteilung von Genehmigungen aus Abs. 2 einschließlich der hierfür vom Auftragsverarbeiter zu beachtenden Bedingungen im Vertrag oder anderem Rechtsinstrument i.S.d. Abs. 3 S. 1 an den Auftragsverarbeiter zu delegieren. Die Nachweispflicht des Auftragsverarbeiters (Rn. 139 ff.) umfasst dann zusätzlich den Nachweis der verordnungs- und vertrags- bzw. rechtsinstrumentenkonformen Erteilung der Genehmigungen für weitere Auftragsverarbeiter in der ggf. mehrstufigen, weiteren Leistungskette.[192]

5. Form der Genehmigung (Abs. 2 S. 1). – a) Reichweite des Formerfordernisses.
Abs. 2 S. 1 legt fest, dass der Verantwortliche eine „vorherige gesonderte oder allgemeine schriftliche Genehmigung" dem Auftragsverarbeiter vor der Inanspruchnahme eines weiteren Auftragsverarbeiters zu erteilen hat. Mit dieser im Aufbau unglücklichen Formulierung bleibt unklar, worauf sich die „Schriftlichkeit" bezieht. Gemeint sein kann die „vorherige gesonderte schriftliche Genehmigung" und die „allgemeine schriftliche Genehmigung",[193] ebenso aber auch die „vorherige gesonderte Genehmigung" und die Schriftlichkeit allein der allgemeinen Genehmigung.[194] 164

Zweck des Formerfordernisses in Abs. 2 S. 1 ist der Nachweis einer verordnungskonformen Verarbeitung wegen der durch den Verantwortlichen gem. Art. 4 Nr. 7 getroffenen Entscheidung über Zwecke und Mittel der Verarbeitung auch bei der vom Auftragsverarbeiter vorgenommenen Beauftragung weiterer Auftragsverarbeiter. Würde der Verantwortliche den Vertrag oder das andere Rechtsinstrument i.S.d. Abs. 3 S. 1 unmittelbar mit dem weiteren Auftragsverarbeiter abschließen, unterläge dies gem. Abs. 9 stets der Schriftlichkeit oder einem elektronischen Format (Rn. 178 ff.). Da auch Abs. 9 dem Nachweis einer verordnungskonformen Verarbeitung durch den Verantwortlichen dient (Rn. 139 f.), ist erforderlich, die Schriftlichkeit in Abs. 2 S. 1 auf jede der beiden Genehmigungsvarianten zu erstrecken. 165

b) Gegenstand des Formerfordernisses. Abs. 2 S. 1 kennt seinem Wortlaut nach abweichend von Abs. 9 für den Vertrag oder das andere Rechtsinstrument i.S.v. Abs. 3 und Abs. 4 (Rn. 106 f. und 156 ff.) ausschließlich die schriftliche Genehmigung. Insgesamt sind die in der DS-GVO für Formerfordernisse verwendeten Begrifflichkeiten inkonsistent (ausführlich Art. 27 Rn. 29). 166

Die in der DS-GVO begründeten Formerfordernisse sind grundsätzlich autonom und losgelöst vom nationalen Recht auszulegen. Jede Vermischung mit der gesetzlichen Schriftform gem. § 126 Abs. 1, Abs. 2 BGB oder der elektronischen Form gem. § 126 Abs. 3, § 126a BGB verbietet sich (ausführlich Art. 27 Rn. 30). Ergebnis dieser Auslegung ist, dass die DS-GVO Schriftlichkeit und elektronisches Format als grundsätzlich gleichwertig betrachtet und in separaten Formtypen nur dort differenziert, wo dies nach dem Schutzzweck der Norm geboten scheint (ausführlich Art. 27 Rn. 31). 167

Anders als in Abs. 9 (Rn. 178 ff.) und in Art. 30 Abs. 3 (dazu Art. 30 Rn. 87) fehlt in Abs. 2 S. 1 ebenso wie in Art. 27 Abs. 1, Art. 4 Nr. 17 (dazu Art. 27 Rn. 29 ff.) die Festle- 168

---

192 In Betracht gezogen auch von Taeger/Gabel-*Gabel/Lutz* Art. 28 Rn. 67.
193 So Paal/Pauly-*Martini* Art. 28 Rn. 62; Sydow-*Ingold* Art. 28 Rn. 47; Kühling/Buchner-*Hartung* Art. 28 Rn. 98; Taeger/Gabel-*Gabel/Lutz* Art. 28 Rn. 64.
194 So *Kühn* CR 2017, 834, 837.

gung, wonach die Schriftlichkeit auch durch ein elektronisches Format erreicht wird. Der Wortlaut von Abs. 2 S. 1 spricht so zunächst dafür, dass ausschließlich eine schriftliche Genehmigung des Verantwortlichen möglich ist, die nicht in einem elektronischen Format erfolgen kann. Schriftlichkeit meint dabei jedoch anders als § 126 Abs. 1, Abs. 2 BGB keine eigenhändige Unterschrift des Verantwortlichen auf einer Urkunde, sondern über § 126b BGB hinaus jedwede Verkörperung des Erklärungsinhalts auf einer Urkunde;[195] mehr ist zur Erreichung des mit den Formerfordernissen in der DS-GVO allein verfolgten Nachweiszwecks nicht erforderlich (ausführlich Art. 27 Rn. 35).

169 Eine vom Wortlaut abweichende Auslegung ist jedoch zulässig, wenn sich aus dem Normzweck ergibt, dass es der Schriftlichkeit zur Erreichung des Formzweckes (Rn. 165) nicht bedarf.[196] Dies ist ebenso wie bei Art. 27 Abs. 1, Art. 4 Nr. 17 (dazu Art. 27 Rn. 34) auch bei Abs. 2 S. 1 der Fall: Wie ausgeführt würde beim Zustandekommen von Vertrag oder anderem Rechtsinstrument unmittelbar zwischen Verantwortlichem und weiterem Auftragsverarbeiter das Formerfordernis aus Abs. 9 greifen, welches Schriftlichkeit auch in einem elektronischen Format zulässt (Rn. 178). Ein Grund für ein strengeres Formerfordernis bei der Erteilung der Genehmigung zur Unterbeauftragung statt der unmittelbaren Beauftragung selbst ist nicht ersichtlich.[197] Zudem dienen die Formerfordernisse in Abs. 2 S. 1 und Abs. 9 gleichermaßen ausschließlich Nachweiszwecken (Rn. 165, 168), sodass auch insoweit eine Gleichstellung der schriftlichen Genehmigung i.S.d. Abs. 2 S. 1 mit dem schriftlichen oder im elektronischen Format vorliegenden Vertrag oder anderem Rechtsinstrument i.S.d. Abs. 9 geboten ist.[198]

170 **6. Haftung für weitere Auftragsverarbeiter (Abs. 4 S. 2).** Kommt der weitere Auftragsverarbeiter seinen Datenschutzpflichten nicht nach (zum Begriff Rn. 160), haftet gem. Abs. 4 S. 2 der Auftragsverarbeiter gegenüber dem Verantwortlichen für die Einhaltung der Datenschutzpflichten durch den weiteren Auftragsverarbeiter. Die allgemeine Haftung des Auftragsverarbeiters (Rn. 181 ff.) wird im Innenverhältnis zum Verantwortlichen auf Pflichtverletzungen seiner weiteren Auftragsverarbeiter erweitert, was sich auf den Regress gem. Art. 82 Abs. 5 im Innenverhältnis (dazu Rn. 184) im Rahmen der gesamtschuldnerischen Haftung von Verantwortlichem und Auftragsverarbeiter gem. Art. 82 Abs. 4 auswirkt (ausführlich Art. 82 Rn. 35 f.).

---

[195] Enger beschränkt auf Textform Gola-*Piltz* Art. 27 Rn. 15; Ehmann/Selmayr-*Bertermann* Art. 28 Rn. 12; Plath-*Plath*, Art. 28, Rz. 17; Gierschmann-*Kramer* Art. 28 Rn. 38 f.; Forgó/Helfrich/Schneider-*Schneider* Betrieblicher Datenschutz, Kap. 2 Rn. 27; Kühling/Buchner-*Hartung* Art. 28 Rn. 96; *Eckhardt* CCZ 2017, 111 (116); a.A. für Schriftform oder elektronische Form mit qualifizierter elektronischer Signatur BeckOK DatenSR-*Spoerr* Art. 28 Rn. 103; vermittelnd *Kühn* CR 2017, 834, 836.

[196] Nomos Kommentar-BGB-*Noack/Kremer* § 126b Rn. 6 m.w.N. zum Streitstand.

[197] Ebenso Kühling/Buchner-*Hartung* Art. 28 Rn. 97; Plath-*Plath* Art. 28 Rn. 9; Taeger/Gabel-*Gabel/Lutz* Art. 28 Rn. 64; *Schmitz/von Dall'Armi* ZD 2016, 427, 432.

[198] Ebenso *Datenschutzkonferenz* Kurzpapier Nr. 13, S. 3 (linke Spalte); Sydow-*Ingold* Art. 28 Rn. 47; Kühling/Buchner-*Hartung* Art. 28 Rn. 97; Plath-*Plath* Art. 28 Rn. 9 (Redaktionsversehen), *Müthlein* RDV 2016, 74, 82; a.M. *Kühn* CR 2017, 834, 837; Laue/Kremer-*Kremer* Das neue Datenschutzrecht in der betrieblichen Praxis, § 5 Rn. 23; sogar für gesetzliche Schriftform i.S.v. § 126 Abs. 1 BGB Paal/Pauly-*Martini* Art. 28 Rn. 62.

Im Außenverhältnis haften Verantwortlicher und Auftragsverarbeiter ohnehin jeweils **171** gem. Art. 82 Abs. 2 S. 1, Abs. 4 gesamtschuldnerisch auf den gesamten Schaden.[199] Dem Auftragsverarbeiter ist durch die ihm zurechenbare Pflichtverletzung des weiteren Auftragsverarbeiters zudem der Rückgriff auf die Exkulpationsmöglichkeit in Art. 82 Abs. 2 S. 2 verwehrt (Rn. 45 und 115, ausführlich Art. 82 Rn. 29).[200] Da auch der weitere Auftragsverarbeiter ein Auftragsverarbeiter i.S.d. Art. 4 Nr. 8 ist (Rn. 146), haftet er im Übrigen ebenso wie der Auftragsverarbeiter im Außenverhältnis (Rn. 136). Eine Abstufung der Haftung oder Freistellungen hiervon abhängig von der Stellung in der Leistungskette kennt die DS-GVO nicht.[201] Im Innenverhältnis zwischen Auftragsverarbeiter und weiterem Auftragsverarbeiter kommt es dann ggf. zum Regress gem. Art. 82 Abs. 5[202] (dazu Art. 82 Rn. 37).

VII. Einhaltung genehmigter Verhaltensregeln oder Zertifizierungsverfahren (Abs. 5)

Nach Abs. 5 kann die Einhaltung genehmigter Verhaltensregeln gem. Art. 40 (dazu **172** Art. 40 Rn. 39 ff.) oder eines genehmigten Zertifizierungsverfahrens gem. Art. 42 (dazu Art. 42 Rn. 29 ff.) durch einen Auftragsverarbeiter als Faktor für den Nachweis hinreichender Garantien durch den Auftragsverarbeiter i.S.d. Abs. 1 (Rn. 92) und Abs. 4 (Rn. 161) herangezogen werden. Die Nachweispflicht und das Überprüfungsrecht des Verantwortlichen aus Abs. 3 S. 2 lit. h (Rn. 139 ff.) bleiben hiervon unberührt.[203]

Abs. 5 ist in seiner Wirkung mit Art. 24 Abs. 3 beim Verantwortlichen vergleichbar **173** (dazu Art. 24 Rn. 26 ff.). Die unterschiedlichen Begriffe „Faktor" (in Abs. 5) und „Gesichtspunkt" (Art. 24 Abs. 3) sind gleichbedeutend; im Englischen wird jeweils das Wort „element" verwendet. Hält der Auftragsverarbeiter mithin genehmigte Verhaltensregeln oder Zertifizierungsverfahren ein, ergibt sich daraus eine widerlegliche Vermutung hinreichender Garantien i.S.v. von Abs. 1 und Abs. 4 (ausführlich Art. 24 Rn. 27 f.).

VIII. Standardvertragsklauseln (Abs. 6–8)

Der Vertrag zwischen Verantwortlichem und Auftragsverarbeiter i.S.d. Abs. 3 **174** (Rn. 96 f.) sowie der Vertrag zwischen Auftragsverarbeiter und weiterem Auftragsverarbeiter i.S.d. Abs. 4 S. 1 (dazu Rn. 157 ff.) kann individuell durch die Parteien ausgestaltet werden. Daneben gestattet Abs. 6 für die Ausgestaltung des Vertrags oder anderen Rechtinstruments i.S.v. Abs. 3 und Abs. 4 die Nutzung von Standardvertragsklauseln nach Maßgabe von Abs. 7, 8. Diese Standardvertragsklauseln können auch Bestandteil einer dem Verantwortlichen oder Auftragsverarbeiter gem. Art. 42, 43 erteilten Zertifizierung sein. In Art. 58 Abs. 3 lit. h wird statt Standardvertragsklauseln der gleichbedeutende Begriff[204] Standarddatenschutzklauseln genutzt.

Eine Verpflichtung zur Nutzung von Standardvertragsklauseln i.S.v. Abs. 7, Abs. 8 **175** besteht nicht. Art. 6 lässt zu, dass unbeschadet eines individuellen Vertrags der Vertrag oder das andere Rechtsinstrument „ganz oder teilweise" auf den Standardver-

---

199 *Müthlein* RDV 2016, 74, 82; Paal/Pauly-*Martini* Art. 28 Rn. 66.
200 A.A. wohl Kühling/Buchner-*Bergt* Art. 82 Rn. 39.
201 Sydow-*Ingold* Art. 28 Rn. 42.
202 Plath-*Plath* Art. 28 Rn. 14.
203 Ähnlich Taeger/Gabel-*Gabel/Lutz* Art. 28 Rn. 69.
204 Taeger/Gabel-*Gabel/Lutz* Art. 28 Rn. 71.

tragsklauseln beruhen kann.²⁰⁵ Abweichungen von den Standardvertragsklauseln oder Ergänzungen hierzu sind dann jedoch auf deren Vereinbarkeit mit den Vorgaben aus Abs. 3 S. 2 zu prüfen (Rn. 93 ff.).

176 Gemäß Abs. 7 können Standardvertragsklauseln i.S.v. Abs. 6 durch die Kommission im Prüfverfahren nach Art. 93 Abs. 2 (dazu Art. 93 Rn. 11 ff.) festgelegt werden,²⁰⁶ gem. Abs. 8 auch durch eine Aufsichtsbehörde im Kohärenzverfahren (dazu Art. 64 Rn. 19). Erstmals am 9.7.2019 hat der Ausschuss (Art. 68 Abs. 1) über Standardvertragsklauseln entschieden, die ihm von der dänischen Aufsichtsbehörde im Kohärenzverfahren vorgelegt worden sind. Unter Umsetzung der vom Ausschuss ausgesprochenen Empfehlungen²⁰⁷ werden diese als geeignet zur Festlegung i.S.d. Abs. 8 eingeordnet.²⁰⁸

177 Die zuletzt mit dem Beschluss der Kommission vom 16.12.2016²⁰⁹ angepassten EU-Standardvertragsklauseln zur Auftragsdatenverarbeitung mit Drittlandsbezug sind (bislang) keine Standardvertragsklauseln i.S.v. Abs. 6. Ob im Übrigen die bisherigen EU-Standardvertragsklauseln den Anforderungen von Abs. 3, Abs. 4 entsprechen und deshalb insbesondere bei Auftragsverarbeitungen in Drittländern ohne einen ergänzenden weiteren Vertrag i.S.d. Abs. 3, Abs. 4 verordnungskonform genutzt werden können, ist ungeklärt, aber wohl zu verneinen.²¹⁰

IX. Form des Vertrags oder anderen Rechtsinstruments (Abs. 9)

178 Gemäß Abs. 9 bedürfen der Vertrag oder das andere Rechtsinstrument i.S.d. Abs. 3 und Abs. 4 der Schriftlichkeit, die auch in einem elektronischen Format erfolgen kann. Weder der Vertrag bzw. das andere Rechtsinstrument oder das Formerfordernis in Abs. 9 wirken dabei konstitutiv für die Auftragsverarbeitung.²¹¹ Ob ein an einer Verarbeitung personenbezogener Daten Beteiligter Auftragsverarbeiter nach Art. 4 Nr. 8, Art. 28 ist, richtet sich ausschließlich nach einer sachbezogenen, funktionalen Betrachtung der tatsächlichen Verhältnisse (Rn. 94).

179 Schriftlichkeit und elektronisches Format sind in der DS-GVO gleichwertig (Rn. 167; ausführlich Art. 27 Rn. 31). Dabei meint Schriftlichkeit, die auch in einem elektronischen Format erfolgen kann, über die Textform i.S.d. § 126b BGB hinaus jedwede Verkörperung des Erklärungsinhalts auf einem beliebigen Erklärungsträger (ausführlich auch zum Streitstand Art. 27 Rn. 35). Ein Rückgriff auf die gesetzliche Schriftform gem. § 126 Abs. 1, Abs. 2 BGB oder die elektronische Form gem. § 126 Abs. 3 BGB, § 126a BGB verbieten sich wegen der autonomen Auslegung europarechtlicher Formerfordernisse losgelöst vom nationalen Recht (siehe Art. 27 Rn. 30).

180 Die sich aus Abs. 9 an die Form des Vertrags oder anderen Rechtsinstruments i.S.v. Abs. 3, Abs. 4 ergebenden Anforderungen sind damit außerordentlich gering. Sie blei-

---

205 Taeger/Gabel-*Gabel/Lutz* Art. 28 Rn. 72; Gierschmann-*Kramer* Art. 28 Rn. 84.
206 Kritisch zu diesem Recht der Kommission Gierschmann-*Kramer* Art. 28 Rn. 87 ff.
207 Siehe *Europäischer Datenschutzausschuss* Opinion 14/2019 on the draft Standard Contractual Clauses submitted by the DK SA (Article 28(8) GDPR) v. 9.7.2019.
208 Standardvertragsklauseln (Stand: Januar 2020) abrufbar unter https://edpb.europa.eu/sites/edpb/files/files/file2/dk_sa_standard_contractual_clauses_january_2020_en.pdf.
209 Durchführungsbeschluss der Kommission v. 16.12.2016, C(2016)8471, Abl. L 344/100, abrufbar unter http://eur-lex.europa.eu/legal-content/EN/TXT/?uri=CELEX:32016D2297.
210 Zur Begründung ausführlich *Fromageau/Bäuerle/Werkmeister* PinG 2018, 216, 219.
211 Ebenso zur DSRL schon *Art.-29-Datenschutzgruppe* WP 169, S. 33.

ben deutlich hinter dem nach § 11 Abs. 2 S. 2 BDSG a.F. für Aufträge früher geltendem, strengem Schriftformerfordernis gem. § 126 Abs. 1, Abs. 2 BGB zurück.[212] Der Abschluss entsprechender Verträge wird hierdurch deutlich vereinfacht und insbesondere auch über elektronische Formulare auf Websites oder in Apps möglich.

X. Haftung des Auftragsverarbeiters

1. Schadensersatzansprüche betroffener Personen (Art. 82). Art. 82 Abs. 1, Abs. 2 S. 1 gewähren jeder, nicht nur der betroffenen Person (dazu Art. 82 Rn. 23) einen Anspruch auf Ersatz materieller und immaterieller Schäden gegen den Verantwortlichen oder Auftragsverarbeiter, der über Art. 82 Abs. 4 zu einer gesamtschuldnerischen Haftung auch des Auftragsverarbeiters im Außenverhältnis führt (dazu Art. 82 Rn. 35 f.).

Da für die Rechtmäßigkeit der Verarbeitung im Außenverhältnis der Verantwortliche einzustehen hat,[213] besteht der Schadensersatzanspruch gegenüber dem Auftragsverarbeiter gem. Art. 82 Abs. 2 S. 2 (dazu Art. 82 Rn. 29) nur, wenn dieser den ihm durch die DS-GVO auferlegten Pflichten nicht nachgekommen ist, Weisungen des Verantwortlichen nicht beachtet oder solchen Weisungen zuwidergehandelt hat (zu rechtswidrigen Weisungen Rn. 115 f.). Hierfür trägt gem. Art. 82 Abs. 3 der Auftragsverarbeiter die Darlegungs- und Beweislast (dazu Art. 82 Rn. 30 ff., zum Mitverschulden der betroffenen Person siehe Art. 82 Rn. 34).

2. Klagebefugnis betroffener Personen (Art. 79 i.V.m. § 44 BDSG). Aus Art. 79 Abs. 1 i.V.m. § 44 Abs. 1, Abs. 2 BDSG ergibt sich eine Klagebefugnis der betroffenen Person gegen den Auftragsverarbeiter bei einer nicht verordnungskonformen Verarbeitung (dazu Art. 79 Rn. 12 ff.), etwa zur Geltendmachung der Schadensersatzansprüche aus Art. 82 Abs. 1, insbesondere aber auch für Beseitigungs- und Unterlassungsansprüche gem. §§ 1004, 823 BGB i.V.m. dem allgemeinen Persönlichkeitsrecht der betroffenen Person aus Art. 2 Abs. 1, Art. 1 Abs. 3 GG (zu den Sanktionsbefugnissen der Aufsichtsbehörden Rn. 188).[214]

3. Haftung gegenüber dem Verantwortlichen (Art. 82 Abs. 5 und Vertrag). Neben dem Regress im Innenverhältnis nach Art. 82 Abs. 5 (dazu Art. 82 Rn. 37) durch den Verantwortlichen bei einer zumindest auch vom Auftragsverarbeiter zu vertretenden Verletzung der ihm durch die DS-GVO auferlegten Pflichten oder einer weisungswidrigen Verarbeitung (zu rechtswidrigen Weisungen Rn. 115 f.) steht die vertragliche Haftung des Auftragsverarbeiters gegenüber dem Verantwortlichen bei vom Auftragsverarbeiter zu vertretenden Pflichtverletzungen des gem. Abs. 3 S. 1 abgeschlossenen Vertrags.

---

212 Enger beschränkt auf Textform Gola-*Piltz* Art. 27 Rn. 15; Ehmann/Selmayr-*Bertermann* Art. 28 Rn. 12; Plath-*Plath* Art. 28 Rn. 17; Gola-*Klug* Art. 28 Rn. 12; Forgó/Helfrich/Schneider-*Schneider* Betrieblicher Datenschutz, Kap. 2 Rn. 27; Kühling/Buchner-*Hartung* Art. 28 Rn. 96; Taeger/Gabel-*Gabel/Lutz* Art. 28 Rn. 74 („einfache elektronische Unterschrift" erforderlich); *Eckhardt* CCZ 2017, 111, 116; a.A. für Schriftform oder elektronische Form mit qualifizierter elektronischer Signatur BeckOK DatenSR-*Spoerr* Art. 28 Rn. 103; wohl auch *Müthlein* RDV 2016, 74, 76; vermittelnd Paal/Pauly-*Martini* Art. 28 Rn. 75; *Kühn* CR 2017, 834, 836.
213 Paal/Pauly-*Martini* Art. 28 Rn. 6; Plath-*Plath* Art. 28 Rn. 6.
214 Ebenso Gierschmann-*Kramer* Art. 28 Rn. 108.

185 **4. Haftung beim Funktionsexzess (Abs. 10).** Schwingt sich der Auftragsverarbeiter zur Entscheidung über Zwecke und Mittel der Verarbeitung auf und kommt es damit zum sog. Funktionsexzess,[215] wird der Auftragsverarbeiter wegen Abs. 10 selbst zum Verantwortlichen mit allen sich daraus für die Verarbeitung personenbezogener Daten ergebenden Pflichten.[216] Dies umfasst die Haftung als Verantwortlicher gem. Art. 82 (dazu Art. 82 Rn. 22, 29) für die weitere, regelmäßig offensichtlich rechtswidrige Verarbeitung der dem früheren Verantwortlichen und vormaligen Auftraggeber zuzuordnenden personenbezogenen Daten. Ob ein Funktionsexzess vorliegt, richtet sich nach einer sachbezogenen, funktionalen Betrachtung der tatsächlichen Verhältnisse (Rn. 94).[217]

186 Ein Bestimmen von Zwecken und Mitteln der Verarbeitung durch den Auftragsverarbeiter ist auch gegeben, wenn der Verantwortliche den Auftragsverarbeiter zur Entscheidung hierüber so anweist, dass die Entscheidungsbefugnis – gewollt oder ungewollt – auf den Auftragsverarbeiter übergeht. Gemäß Abs. 10 hat auch dies die eigene Verantwortlichkeit des (vormaligen) Auftragsverarbeiters für die von dieser Weisung betroffene Verarbeitung zur Folge.[218] Eine derartige Weisung wäre jedoch offensichtlich rechtswidrig, sodass deren Befolgung vom Auftragsverarbeiter verweigert werden darf (Rn. 115 f.).

187 Weist der Verantwortliche den Auftragsverarbeiter an, die im Auftrag verarbeiteten personenbezogenen Daten zu anonymisieren, damit der Auftragsverarbeiter anschließend die anonymisierten Daten zu eigenen Zwecken weiterverarbeitet, ist dies keine auf die Entscheidung über Zwecke und Mittel gerichtete Weisung, die zur Verantwortlichkeit des Auftragsverarbeiters führt. Denn die Anonymisierung als Verarbeitung i.S.d. Art. 4 Nr. 2 erfolgt noch unter der Herrschaft des Verantwortlichen, während die Weiterverarbeitung sich nicht mehr auf personenbezogene Daten erstreckt und damit aus dem Auftrag i.S.d. Abs. 1 herausfällt.[219]

XI. Rechtsfolgen bei Missachtung

188 Eine Verletzung von Art. 28 durch den Auftragsverarbeiter liegt vor, wenn dieser gegen eine der ihm durch Abs. 2, 3, 4 oder 9 auferlegten Pflichten verstößt oder sich im Funktionsexzess gem. Abs. 10 befindet. Der Verantwortliche verletzt Art. 28, wenn er seine Pflichten aus Abs. 1, 3 oder 9 verletzt. Für beide Parteien ist damit insbesondere das Fehlen eines Vertrags i.S.d. Abs. 3 bei einer Verarbeitung im Auftrag i.S.d. Abs. 1 eine Verletzung des Art. 28, die sowohl beim Verantwortlichen als auch beim Auftragsverarbeiter sanktioniert werden kann.[220] Fehlt der Vertrag dürfte in vielen Fällen auch eine unbefugte Offenlegung i.S.d. Art. 4 Nr. 12 vorliegen, die zu einer Meldepflicht gem. Art. 33 Abs. 1 sowie ggf. einer Benachrichtigungspflicht gem. Art. 34 Abs. 1 fehlen kann.

---

215 Kühling/Buchner-*Hartung* Art. 28 Rn. 103; Paal/Pauly-*Martini* Art. 28 Rn. 77.
216 So schon zu Art. 17 DSRL ohne eine ausdrückliche Regelung hierüber *Art.-29-Datenschutzgruppe* WP 169, S. 31.
217 Zum Sonderfall einer Weiterverarbeitung durch den Auftragsverarbeiter für eigene Beweissicherungsinteressen ausführlich *Möllenkamp/Ohrtmann* ZD 2019, 445, 448 f.
218 Taeger/Gabel-*Gabel/Lutz* Art. 28 Rn. 76.
219 Ebenso Gierschmann-*Kramer* Art. 28 Rn. 100.
220 Einschränkend nur bei der Verletzung wesentlicher Pflichten aus Abs. 3 Gierschmann-*Kramer* Art. 28 Rn. 103 f.

Zuwiderhandlungen gegen Art. 28 können nach Art. 83 Abs. 4 lit. a mit Geldbußen 189
von bis zu 10 Mio. EUR oder im Fall eines Unternehmens i.S.d. Art. 4 Nr. 18 (dazu
Art. 4 Rn. 296 ff.) von bis zu 2 % des gesamten weltweit erzielten Jahresumsatzes des
vorangegangenen Geschäftsjahrs sanktioniert werden (dazu Art. 83 Rn. 109), ggf. auch
als Straftat nach § 42 Abs. 1 oder 2 BDSG. Derartige Sanktionen unterfallen nicht der
gesamtschuldnerischen Haftung (Rn. 50), sondern sind gegenüber Verantwortlichem
und Auftragsverarbeiter separat zu verhängen. Daneben stehen der Aufsichtsbehörde
die Untersuchungsbefugnisse nach Art. 58 Abs. 1 sowie die Abhilfebefugnisse nach
Art. 58 Abs. 2 im Zusammenhang mit Zuwiderhandlungen gegen Art. 28 zu.

Für den Verantwortlichen wird der Verstoß gegen Art. 83 Abs. 4 lit. a regelmäßig 190
keine eigenständige Bedeutung haben. Denn eine Verletzung der Pflichten des Verantwortlichen aus Art. 28 wird stets zugleich eine Verletzung mindestens einer der
Pflichten aus Art. 83 Abs. 5 lit. a, lit. b zur Folge haben, sodass mit Blick auf Art. 83
Abs. 3 der Verstoß gegen Art. 28 allenfalls verschärfend wegen der durch den Verstoß
gegen Art. 83 Abs. 5 ohnehin zu verhängenden Geldbuße wirken wird.

XII. Sondervorschriften zur Auftragsverarbeitung

Öffnungsklauseln für von Art. 28 abweichende Ausgestaltungen der Auftragsverarbei- 191
tung in den Mitgliedstaaten kennt die DS-GVO nicht (zur Öffnungsklausel in Abs. 3
S. 2 lit. a, Rn. 114).

Allerdings erlaubt Art. 6 Abs. 2 in Verbindung mit Art. 6 Abs. 1 S. 1 lit. e bei einer Ver- 192
arbeitung, die für die Wahrnehmung einer im öffentlichen Interesse liegenden oder in
Ausübung öffentlicher Gewalt erfolgenden Verarbeitung erforderlich ist, die Festlegung spezifischerer Bestimmungen zur Anpassung der Anwendung der Vorschriften
der DS-GVO (dazu Art. 6 Rn. 196 f.). Unter Berufung hierauf ist der ebenfalls zum
25.5.2018 in Kraft getretene § 80 SGB X[221] zur Verarbeitung von Sozialdaten im Auftrag verabschiedet worden.[222] Dieser sieht in Abs. 1 und Abs. 3 besondere Zulässigkeitsvoraussetzungen für eine Verarbeitung von Sozialdaten im Auftrag vor und
beschränkt in Abs. 2 die Verarbeitung von Sozialdaten im Auftrag auf die EU, den
EWR und Drittländer, für die ein Angemessenheitsbeschluss i.S.d. Art. 45 vorliegt (zu
Auftragsverarbeitern im Drittland Rn. 55 f.)

Weitere Sondervorschriften zur Auftragsdatenverarbeitung fanden sich bislang in vie- 193
len Landesdatenschutz- und Landeskrankenhausgesetzen. Diese sind vielfach ebenfalls unter Berufung auf Art. 6 Abs. 2, Abs. 1 S. 1 lit. e fortgeführt worden.

C. Praxishinweise

I. Relevanz für öffentliche und nichtöffentliche Stellen

Art. 28 ist für öffentliche und nichtöffentliche Stellen gleichermaßen relevant. Insbe- 194
sondere öffentliche Stellen haben neben Art. 28 auf etwaige Sondervorschriften zur
Auftragsverarbeitung in Landesgesetzen zu achten (Rn. 193).

---

221 Gesetz zur Änderung des Bundesversorgungsgesetzes und anderer Vorschriften v.
17.7.2017, BGBl. 2017 I S. 2541; *Völkel* PinG 2018, 189 ff.
222 BT-Drucks. 18/12611, S. 114.

195 Wegen der Unterschiede zwischen § 11 Abs. 2 S. 2 BDSG a.F. und Art. 28 Abs. 3[223] (Rn. 85 ff.) sollten von Verantwortlichen und Auftragsverarbeitern die vorhandenen Verträge zur Auftragsverarbeitung gem. § 11 BDSG a.F. geprüft und ggf. durch Abschluss von Ergänzungsvereinbarungen oder neuer Verträge an Art. 28 angepasst werden, sofern noch nicht geschehen. Das Fehlen eines den Anforderungen aus Abs. 3 entsprechenden Vertrags ist durch die Aufsichtsbehörden sanktionierbar (Rn. 188).

196 Bei der Gestaltung der Verträge gem. Art. 28 Abs. 3 (Rn. 93 ff.) kann auf Festlegungen und Inhalte in bestehenden anderen Vereinbarungen zwischen Verantwortlichem und Auftragsverarbeiter zurückgegriffen werden (Rn. 96). Hierbei droht jedoch das Risiko von Leerverweisen, sodass besondere Vorsicht bei derartigen Referenzen geboten ist (Beispiel: Vertrag nach Abs. 3: „Die Festlegungen gem. Art. 28 Abs. 3 DS-GVO finden sich in den Einzelverträgen zum Rahmenvertrag."; Einzelvertrag zum Rahmenvertrag: „Die Festlegungen gem. Art. 28 Abs. 3 DS-GVO finden sich in der Vereinbarung zur Auftragsverarbeitung.")[224] Die anderen Vereinbarungen müssen außerdem dem Formerfordernis gem. Abs. 2 und Abs. 9 entsprechen und in dem Vertrag nach Abs. 3 identifizierbar benannt sein.

197 Optionale, über Abs. 3 (Rn. 99 ff.) hinausgehende Inhalte im Vertrag oder anderen Rechtsinstrument (Rn. 96 f.) können insbesondere sein:

- Festlegungen zum Ort der Verarbeitung personenbezogener Daten durch den Auftragsverarbeiter; insbesondere der Ausschluss von Verarbeitungen in Drittländern oder durch internationale Organisationen oder die Festschreibung einer geografischen Region für die vom Auftragsverarbeiter vorzunehmenden Verarbeitungen (zur Auftragsverarbeitung in Drittländern Rn. 55 f.),
- Festlegungen zur Schutzbedarfsanalyse durch Verantwortlichen und ggf. Auftragsverarbeiter wegen der im Auftrag erfolgenden Verarbeitungen; einschließlich Festlegungen zu den Prüfschritten zur Ermittlung der geeigneten technischen und organisatorischen Maßnahmen i.S.v. Abs. 1, Abs. 3 S. 2 lit. c oder der Methodik zur Risikobewertung (Rn. 89 ff. und 119 ff.),
- Festlegungen zur Zulässigkeit der Übermittlung personenbezogener Daten unter der Auftragsverarbeitung an ein Drittland oder eine internationale Organisation, ggf. in Form einer allgemeinen Genehmigung entsprechend Abs. 2 (dazu Rn. 55 f., 147); Verarbeitungen in einem Drittland oder durch eine internationale Organisation unterfallen anderenfalls gem. Abs. 3 S. 2 lit. a dem Weisungsrecht des Verantwortlichen (Rn. 110 ff.),
- Festlegung der vom Auftragsverarbeiter zu treffenden technischen und organisatorischen Maßnahmen i.S.v. Abs. 3 S. 2 lit. c, Art. 32 (Rn. 119 ff.); ggf. ergänzt um Festlegungen zum Vorgehen bei Änderungen dieser Maßnahmen mit oder ohne Auswirkungen auf das vereinbarte Schutzniveau,
- Festlegung der mit Erteilung des Auftrags durch den Verantwortlichen i.S.d. Abs. 2 genehmigten weiteren Auftragsverarbeiter, ggf. einschließlich der Leistungen, die von diesen weiteren Auftragsverarbeitern im Auftrag des Verantwortlichen erbracht werden dürfen, sowie Festlegung des Verfahrens für die Genehmigung weiterer Auftragsverarbeiter nach Erteilung des Auftrags (Rn. 122 ff.),

---

[223] Ebenso *Sander* PinG 2017, 250, 251; Taeger/Gabel-*Gabel/Lutz* Art. 28 Rn. 61; nicht zutreffend *Datenschutzkonferenz* Kurzpapier Nr. 13, S. 2 (rechte Spalte).
[224] Auf die Risiken bei fehlender Abstimmung der Vertragsdokumente aufeinander weist auch hin Taeger/Gabel-*Gabel/Lutz* Art. 28 Rn. 36.

– Festlegungen zu den Folgen einer verweigerten Genehmigung des Verantwortlichen bei der Inanspruchnahme weiterer Auftragsverarbeiter durch den Auftragsverarbeiter (dazu Rn. 144 ff.); denkbar wäre etwa ein Sonderkündigungsrecht des Auftragsverarbeiters, insbesondere bei fehlender Möglichkeit zur Durchführung der vom Auftrag betroffenen Verarbeitungen ohne den weiteren Auftragsverarbeiter,[225] ebenso eine Notgeschäftsführungsbefugnis des Auftragsverarbeiters mit dem abgelehnten weiteren Auftragsverarbeiter bis zur Beauftragung einer vom Verantwortlichen genehmigten Alternative,
– Festlegungen zu den Ansprechpartnern beim Verantwortlichen oder Auftragsverarbeiter; insbesondere für die Erteilung oder den Empfang von Weisungen (dazu Rn. 34 ff.), und
– Festlegungen zur Haftung im Innenverhältnis von Verantwortlichem und Auftragsverarbeiter; insbesondere, wenn beim Regress im Innenverhältnis von der gesamtschuldnerischen Haftung gem. Art. 82 Abs. 4 abgewichen (dazu Rn. 170 f. und Art. 82 Rn. 35 f.) oder der Pflichtverteilung der Parteien folgend Haftungsobergrenzen festgeschrieben werden sollen.

II. Relevanz für betroffene Personen

Für betroffene Personen ergibt sich die Relevanz von Art. 28 mittelbar über die Haftungsregeln in Art. 82 (Rn. 181 f.). Denn die Schadensersatzhaftung des Auftragsverarbeiters knüpft an eine Verletzung der ihm durch Art. 28 auferlegten Pflichten an. Dabei muss wegen Art. 82 Abs. 3 der Auftragsverarbeiter den Beweis führen, die ihm vorgeworfene Pflichtverletzung nicht verschuldet zu haben. Im Übrigen hat die betroffene Person das Wahlrecht, ob sie gegenüber dem Verantwortlichen, dem Auftragsverarbeiter oder beiden Schadensersatzansprüche geltend macht. Demgegenüber bleibt die Erfüllung der Rechte betroffener Personen aus Kap. 3 allein Pflicht des Verantwortlichen (Rn. 106). 198

III. Relevanz für Aufsichtsbehörden

Für Aufsichtsbehörden ist Art. 28 von erheblicher Relevanz, regelt er doch den Pflichtenkreis von Verantwortlichem, Auftragsverarbeiter und ggf. weiteren Auftragsverarbeitern in der Leistungskette (Rn. 162 f.) und legt über Abs. 3, Abs. 4 die Mindestinhalte der im Innenverhältnis zwischen den Beteiligten jeweils abzuschließenden Verträge oder zu beachtenden anderen Rechtsinstrumente fest (Rn. 93 ff. und 144 ff.). Dabei unterliegen der Auftragsverarbeiter und jeder weitere Auftragsverarbeiter ebenso wie der Verantwortliche vollumfänglich den Untersuchungs- und Abhilfebefugnissen gem. Art. 58 Abs. 1, Abs. 2 und können bei Zuwiderhandlungen sanktioniert werden (Rn. 188). 199

IV. Relevanz für das Datenschutzmanagement

Im Datenschutzmanagement sollten Verantwortliche festlegen, wann eine Auftragsverarbeitung eingegangen wird, wer hierfür einschließlich des Abschlusses des Vertrags oder der Sicherstellung des Vorhandenseins eines anderen Rechtsinstruments i.S.d. Abs. 3 S. 1 (Rn. 93 ff.) verantwortlich ist, welche Mindestfestlegungen ggf. im Vertrag zu treffen sind (Rn. 93 ff. und 144 ff.), wie und durch wen die anschließende Steue- 200

---

225 Kühling/Buchner-*Hartung* Art. 28 Rn. 73.

rung der Auftragsverarbeiter und etwaiger weiterer Auftragsverarbeiter erfolgt (Rn. 162 f.), und welche Nachweise vom Auftragsverarbeiter mit Blick auf die Erfüllung der Rechenschaftspflicht aus Art. 5 Abs. 2 (dazu Art. 5 Rn. 80 ff.) bereitzustellen sind sowie deren Richtigkeit und Vollständigkeit durch den Verantwortlichen überprüft wird (Rn. 141). Dies gilt entsprechend für das Datenschutzmanagement des Auftragsverarbeiters, dies sowohl in Richtung des Verantwortlichen als auch bezogen auf etwaige weitere Auftragsverarbeiter in der Leistungskette (Rn. 162 f.).

Artikel 29 Verarbeitung unter der Aufsicht des Verantwortlichen oder des Auftragsverarbeiters

Der Auftragsverarbeiter und jede dem Verantwortlichen oder dem Auftragsverarbeiter unterstellte Person, die Zugang zu personenbezogenen Daten hat, dürfen diese Daten ausschließlich auf Weisung des Verantwortlichen verarbeiten, es sei denn, dass sie nach dem Unionsrecht oder dem Recht der Mitgliedstaaten zur Verarbeitung verpflichtet sind.

Übersicht

	Rn		Rn
A. Einordnung und Hintergrund	1	2. Verarbeitungsverbot ohne Weisungsgebundenheit	13
I. Normzweck	1	3. Dokumentation der Weisungen	15
II. Erwägungsgründe und BDSG	2	4. Weisungspflicht	17
III. Normgenese und -umfeld	3	5. Verhältnis zum Weisungsrecht des Auftragsverarbeiters	18
1. DSRL und BDSG a.F.	3		
2. Änderungen im Gesetzgebungsverfahren	4		
3. WP der Art.-29-Datenschutzgruppe	5	III. Ausnahmen von der Weisungsgebundenheit	21
B. Kommentierung	6	IV. Rechtsfolgen bei Missachtung	24
I. Anwendungsbereich	6	C. Praxishinweise	26
II. Weisungsgebundenheit	11		
1. Begriff der Weisung	11		

Literatur: *Gola* Neues Recht – neue Fragen: Einige aktuelle Interpretationsfragen zur DSGVO, K&R 2017, 145; *Laue/Kremer* Das neue Datenschutzrecht in der betrieblichen Praxis, 2. Aufl. 2018.

A. Einordnung und Hintergrund

I. Normzweck

1 Art. 29 erweitert die sich aus Art. 28 Abs. 3 S. 2 lit. a ergebende Weisungsgebundenheit des Auftragsverarbeiters bei der Verarbeitung personenbezogener Daten (s. Art. 28 Rn. 110 ff.) auf jede dem Verantwortlichen oder Auftragsverarbeiter unterstellte Person, die Zugang zu personenbezogenen Daten hat. Es wird eine lückenlose Weisungskette vom Verantwortlichen zu jeder mit der Verarbeitung personenbezogener Daten befassten Person gebildet,[1] die Grundlage der umfänglichen Haftung des Verantwortlichen ist (zur Haftung Art. 82 Rn. 4 ff.).[2] Damit gewährleistet Art. 29 die jederzeitige

---
1 *Gola* K&R 2017, 148.
2 Kühling/Buchner-*Hartung* Art. 29 Rn. 5.

Entscheidungsbefugnis des Verantwortlichen über Zwecke und Mittel der Verarbeitung i.S.d. Art. 4 Nr. 7 (s. Art. 4 Rn. 153 ff.).³ In Fortführung von Art. 29 verpflichtet Art. 32 Abs. 4 den Verantwortlichen und Auftragsverarbeiter, durch „Schritte" sicherzustellen, dass die ihnen jeweils unterstellten natürlichen Personen mit Zugang zu personenbezogenen Daten diese nur auf Anweisung des Verantwortlichen verarbeiten (dazu Art. 32 Rn. 113 ff.).

II. Erwägungsgründe und BDSG

Weder in den Erwägungsgründen noch im BDSG wird auf Art. 29 Bezug genommen. 2

III. Normgenese und -umfeld

1. DSRL und BDSG a.F. Art. 29 entspricht inhaltlich Art. 16 DSRL. Umgesetzt war 3 Art. 16 DSRL nur unvollständig in § 11 Abs. 3 S. 1 BDSG a.F., der die Weisungsgebundenheit des Auftragsdatenverarbeiters im Verhältnis zur verantwortlichen Stelle festschrieb.⁴ Demgegenüber wurde eine Weisungsgebundenheit der mit der Verarbeitung personenbezogener Daten befassten Personen beim Verantwortlichen oder Auftragsverarbeiter nicht vom BDSG a.F. angeordnet. Sie ergab sich bereits aus dem zwischenzeitlich in § 106 GewO normierten Weisungsrecht des Arbeitgebers. Zuwiderhandlungen gegen die Weisungsgebundenheit des Auftragsdatenverarbeiters waren über § 43 Abs. 2 Nr. 1 BDSG a.F. als Ordnungswidrigkeit und ggf. auch § 44 Abs. 1 BDSG a.F. als Straftat sanktionierbar.

2. Änderungen im Gesetzgebungsverfahren. Der zunächst als Art. 27 geführte heutige Art. 29 blieb während des gesamten Gesetzgebungsverfahrens inhaltlich unverändert. 4

3. WP der Art.-29-Datenschutzgruppe. Art. 16 DSRL (Rn. 3) ist Gegenstand des WP 5 169 der Art.-29-Datenschutzgruppe vom Januar 2010 zu den Begriffen „für die Verarbeitung Verantwortlicher" und „Auftragsdatenverarbeiter". Entsprechend dem Normzweck (Rn. 1) ging die Art.-29-Datenschutzgruppe davon aus, dass die Norm der Zuordnung und Abgrenzung der Verantwortlichkeit bei der Verarbeitung personenbezogener Daten und der Regelung der daran anknüpfenden Haftung diente.

B. Kommentierung

I. Anwendungsbereich

Der Anwendungsbereich von Art. 29 ist dreigeteilt: Er erstreckt sich (a) auf die Weisungsgebundenheit der dem Verantwortlichen unterstellten Personen, die Zugang zu personenbezogenen Daten haben, (b) auf die Weisungsgebundenheit der dem Auftragsverarbeiter unterstellten Personen, die Zugang zu personengebundenen Daten haben, und (c) auf die Weisungsgebundenheit des Auftragsverarbeiters selbst gegenüber dem Verantwortlichen. Demgegenüber bezieht sich Art. 28 Abs. 3 S. 2 lit. a ausschließlich auf die Festlegung der sich aus Art. 29 im Fall oben (c) ergebenden Weisungspflicht, also die Weisungsgebundenheit des Auftragsverarbeiters im Verhältnis zum Verantwortlichen (Art. 28 Rn. 38 ff.).⁵ 6

---

3 Kühling/Buchner-*Hartung* Art. 29 Rn. 1; Taeger/Gabel-*Lutz/Gabel* Art. 29 Rn. 1.
4 Ebenso Taeger/Gabel-*Lutz/Gabel* Art. 29 Rn. 3.
5 Sydow-*Ingold* Art. 29 Rn. 4; Gola-*Klug* Art. 29 Rn. 1.

7 Ebenso wie der Auftragsverarbeiter sind die dem Verantwortlichen oder Auftragsverarbeiter unterstellten Personen keine Dritten i.S.d. Art. 4 Nr. 10, sondern Empfänger i.S.d. Art. 4 Nr. 9. Art. 4 Nr. 10 nimmt insoweit die „Personen, die unter der unmittelbaren Verantwortung des Verantwortlichen oder Auftragsverarbeiters befugt sind, die personenbezogenen Daten zu verarbeiten", aus seinem Anwendungsbereich heraus. Hierbei handelt es sich um die durch Art. 29 erfassten, dem Verantwortlichen oder Auftragsverarbeiter unterstellten Personen.

8 Der Anwendungsbereich von Art. 29 ist eröffnet, wenn die Personen mit Zugang zu personenbezogenen Daten beim Verantwortlichen oder Auftragsverarbeiter einem der beiden unterstellt sind. Ein Arbeitsvertrag i.S.d. § 611a BGB ist hierfür nicht erforderlich, es genügt auch jede andere rechtliche oder tatsächliche Unterstellung der Person unter den Verantwortlichen oder Auftragsverarbeiter.[6] Erfasst sind damit auch Leiharbeitnehmer und freie Mitarbeiter („Freelancer") des Verantwortlichen oder Auftragsverarbeiters, selbst wenn es sich hierbei nicht um (weitere) Auftragsverarbeiter handelt.[7] Im Übrigen erstreckt sich die Weisungsgebundenheit gegenüber dem Verantwortlichen auf alle Personen, die rein tatsächlich beim Verantwortlichen oder Auftragsverarbeiter Zugang zu personenbezogen Daten haben. Gemeint ist jeweils der Zugang zu solchen personenbezogenen Daten, für die der Verantwortliche über Zwecke und Mittel der Verarbeitung i.S.v. Art. 4 Nr. 7 entscheidet (s. Art. 4 Rn. 153 ff.). Erfasst sind neben natürlichen Personen auch juristische Personen.[8]

9 Der Begriff des Zugangs zu personenbezogenen Daten ist als Verarbeitungstätigkeit in Art. 4 Nr. 2 nicht aufgeführt (s. Art. 4 Rn. 49). Da die Durchführung einer jeden Verarbeitung i.S.d. Art. 4 Nr. 2 einen solchen Zugang zu personenbezogenen Daten jedoch bedingt, fallen jedenfalls alle Personen, die für den Verantwortlichen oder Auftragsverarbeiter an einer Verarbeitung beteiligt sind, unter die Weisungsgebundenheit aus Art. 29. Zudem sind alle Personen erfasst, die auch ohne selbst schon eine Verarbeitung auszuführen, tatsächlich die Möglichkeit hierzu hätten. Die Weisungsgebundenheit greift mithin bereits bei der konkret bestehenden **Möglichkeit zur Verarbeitung** personenbezogener Daten.[9] Ein abstraktes Risiko genügt demgegenüber nicht[10] (zum Begriff Zugang auch Art. 32 Rn. 45 ff.).

10 Selbstständig neben der Weisungsgebundenheit aus Art. 29 steht die Verpflichtung der zur Verarbeitung befugten Personen auf die Vertraulichkeit aus Art. 28 Abs. 3 lit. b[11] (s. Art. 28 Rn. 117 ff., zur Verpflichtung auf die Vertraulichkeit, früher das Datengeheimnis gem. § 5 BDSG a.F., allgemein Art. 5 Rn. 79).

II. Weisungsgebundenheit

11 **1. Begriff der Weisung.** Eine Weisung ist jede sich auf die Verarbeitung personenbezogener Daten beziehende Anordnung des Verantwortlichen zu einem Tun oder

---

6 Ehmann/Selmayr-*Bertermann* Art. 29 Rn. 3; Gierschmann-*Kramer* Art. 29 Rn. 12 f.
7 Weitere Beispiele bei Taeger/Gabel-*Lutz/Gabel* Art. 29 Rn. 9.
8 Taeger/Gabel-*Lutz/Gabel* Art. 29 Rn. 9.
9 Ebenso Taeger/Gabel-*Lutz/Gabel* Art. 29 Rn. 5; Gierschmann-*Kramer* Art. 29 Rn. 15.
10 So aber Ehmann/Selmayr/*Bertermann* Art. 29 Rn. 3.
11 Ungenau Ehmann/Selmayr-*Bertermann* Art. 29 Rn. 6 f.

Unterlassen.[12] Eine solche Anordnung kann sich auf „Ob" oder „Wie" einer oder mehrerer Verarbeitungen beziehen. Gleichbedeutend verwendet die DS-GVO den Begriff „Anweisung", etwa in Art. 32 Abs. 4 (dazu Rn. 1).[13]

Art. 29 setzt keine Rechtmäßigkeit der Weisung voraus (zur Hinweispflicht des Auftragsverarbeiters bei rechtswidrigen Weisungen Art. 28 Rn. 115 f.).[14] Auch rechtswidrige Weisungen sind damit zu befolgen, ohne dass der Auftragsverarbeiter oder die unterstellten Personen zur Prüfung der Rechtmäßigkeit der Weisung verpflichtet wären.[15] Die Nichtbefolgung einer Weisung ist jedoch dort zulässig, wenn der Verantwortliche mit der Weisung treuwidrig oder sonst missbräuchlich handelt, etwa bei offensichtlich rechtswidrigen Weisungen, die den Auftragsverarbeiter oder eine unterstellte Person einem eigenen Sanktions- oder Haftungsrisiko aussetzen.[16] **12**

2. Verarbeitungsverbot ohne Weisungsgebundenheit. Art. 29 untersagt Verarbeitungen außerhalb der Weisungsgebundenheit und begründet zu Lasten des Verantwortlichen ein Verbot nicht weisungsgebundener Verarbeitungen (zu den Ausnahmen Rn. 21 ff.).[17] Der Nachweis der Beachtung dieser Weisungsgebundenheit ist vom Verantwortlichen als Teil der Rechenschaftspflicht aus Art. 5 Abs. 2 zu führen (s. Art. 5 Rn. 80 ff.). **13**

Weisungen können im Einzelfall oder allgemein (z.B. in Verträgen oder Richtlinien, dazu Art. 24 Rn. 22 f.) erteilt werden.[18] Erfolgt die Verarbeitung außerhalb der Weisungen, wird beim Verantwortlichen regelmäßig eine Offenlegung der betroffenen personenbezogenen Daten i.S.v. Art. 4 Nr. 2 (s. Art. 4 Rn. 49) im Verhältnis zu der die Verarbeitung durchführenden Person vorliegen. Dies hat zur Folge, dass die die Verarbeitung durchführende Person selbst zum Verantwortlichen i.S.d. Art. 4 Nr. 7 wird, weil der die weisungsunabhängige Verarbeitung veranlassende Verantwortliche bei der Verarbeitung nicht mehr i.S.v. Art. 4 Nr. 7 (s. Art. 4 Rn. 153 ff.) über Zwecke und Mittel der Verarbeitung entscheidet.[19] Für die Auftragsverarbeitung wird dies durch Art. 28 Abs. 10 ausdrücklich angeordnet (s. Art. 28 Rn. 185). **14**

3. Dokumentation der Weisungen. Anders als Art. 28 Abs. 3 S. 2 lit. a spricht Art. 29 nicht von „dokumentierten" Weisungen (s. Art. 28 Rn. 110 ff.), sodass Weisungen auch formfrei möglich sind.[20] Die Weisungsgebundenheit besteht aber uneingeschränkt auch dann, wenn die Weisungen des Verantwortlichen mündlich erteilt und nicht dokumentiert werden.[21] **15**

---

12 Kühling/Buchner-*Hartung* Art. 29 Rn. 15; inhaltsgleich Gierschmann-*Kramer* Art. 29 Rn. 18.
13 Taeger/Gabel-*Lutz/Gabel* Art. 29 Rn. 11; Hiervon geht auch Kühling/Buchner-*Jandt* Art. 32 Rn. 38 aus, wenn in der Kommentierung zur „Anweisung" gleichbedeutend der Begriff „Weisung" genutzt wird.
14 Taeger/Gabel-*Lutz/Gabel* Art. 29 Rn. 13.
15 Für den Auftragsverarbeiter ebenso Gierschmann-*Kramer* Art. 29 Rn. 24.
16 Ebenso Taeger/Gabel-*Lutz/Gabel* Art. 29 Rn. 13.
17 Sydow-*Ingold* Art. 29 Rn. 1.
18 Ehmann/Selmayr-*Bertermann* Art. 29 Rn. 4.
19 Ebenso Taeger/Gabel-*Lutz/Gabel* Art. 29 Rn. 18.
20 Taeger/Gabel-*Lutz/Gabel* Art. 29 Rn. 12; Gierschmann-*Kramer* Art. 29 Rn. 18.
21 *Laue/Kremer* Das neue Datenschutzrecht in der betrieblichen Praxis, § 5 Rn. 19; Ehmann/Selmayr-*Bertermann* Art. 29 Rn. 4.

Art. 29   Verarbeitung unter der Aufsicht des Verantwortlichen

16   Die fehlende Nachweisbarkeit nicht dokumentierter Weisungen kann zu Lasten des Verantwortlichen oder Auftragsverarbeiters als nicht verordnungskonforme Verarbeitung haftungsbegründend i.S.d. Art. 82 Abs. 2 wirken (s. Art. 82 Rn. 29, Praxishinweis Rn. 26) und der Enthaftung gem. Art. 82 Abs. 3 entgegenstehen (s. Art. 82 Rn. 30 ff.). Die fehlende Dokumentation der Weisungsgebundenheit wäre zudem bei der Bemessung von Geldbußen gem. Art. 83 Abs. 2 lit. a, d, k zu berücksichtigen (dazu Art. 83 Rn. 48 ff.).

17   **4. Weisungspflicht.** Da dem Verantwortlichen eine weisungsfreie Verarbeitung untersagt ist (Rn. 13 f.), folgt aus der Weisungsgebundenheit zugleich eine Weisungspflicht des Verantwortlichen. Der Zugang zu personenbezogenen Daten (Rn. 9) darf dem Auftragsverarbeiter oder den Personen beim Verantwortlichen und Auftragsverarbeiter nicht gewährt werden, bevor die für eine verordnungskonforme Verarbeitung erforderlichen Weisungen vom Verantwortlichen erteilt sind. Der Umfang der Weisungen richtet sich nach den für die Verarbeitung vom Verantwortlichen zu treffenden, geeigneten TOM (s. Art. 24 Rn. 9 ff.).

18   **5. Verhältnis zum Weisungsrecht des Auftragsverarbeiters.** Art. 29 erstreckt die Weisungsgebundenheit gegenüber dem Verantwortlichen wegen der von ihm beherrschten personenbezogenen Daten auch auf die dem Auftragsverarbeiter unterstellte Personen (Rn. 8). Schon aus Haftungsgründen (Rn. 1, 15) muss der Verantwortliche jederzeit die Verarbeitungskette vollständig beherrschen.[22] Diese Weisungsgebundenheit der dem Auftragsverarbeiter unterstellten Personen gegenüber dem Verantwortlichen kann aber im Widerspruch zu einem dem Auftragsverarbeiter zustehenden Weisungsrecht gegenüber diesen Personen stehen. Dies gilt insbesondere für das Weisungsrecht des Auftragsverarbeiters als Arbeitgeber aus § 106 GewO gegenüber seinen Arbeitnehmern.

19   Die Weisungsgebundenheit der dem Auftragsverarbeiter unterstellten Personen unmittelbar gegenüber dem Verantwortlichen könnte zunächst so verstanden werden, dass wegen des Zugangs zu personenbezogenen Daten (Rn. 9) das eigene Weisungsrecht das Auftragsverarbeiters gegenüber den ihm unterstellten Personen insoweit durchbrochen wird, wie dieses im Widerspruch zur Weisungsgebundenheit und den Weisungen des Verantwortlichen steht.[23] Einer solchen Auslegung von Art. 29 steht jedoch Art. 32 Abs. 4 entgegen, der neben dem Verantwortlichen ausdrücklich auch den Auftragsverarbeiter verpflichtet, die weisungsgebundene Verarbeitung durch „Schritte" sicherzustellen (Rn 1).[24]

20   Es obliegt der Entscheidung von Verantwortlichem und Auftragsverarbeiter als Bestandteil des nach Art. 28 Abs. 3 abzuschließenden Vertrags (s. Art. 28 Rn. 93 ff.), ob dem Verantwortlichen ein Weisungsrecht unmittelbar gegenüber den dem Auftragsverarbeiter unterstellten Personen eingeräumt und damit das Weisungsrecht des Auftragsverarbeiters insoweit durchbrochen wird, oder aber der Verantwortliche seine Weisungen an den ebenfalls durch Art. 29 weisungsgebunden Auftragsverarbeiter zu

---

[22] Kühling/Buchner-*Hartung* Art. 29 Rn. 10.
[23] Kühling/Buchner-*Hartung* Art. 29 Rn. 10.
[24] Ebenso mit einer aus Art. 28 abgeleiteten Begründung Taeger/Gabel-*Lutz*/Gabel Art. 29 Rn. 10.

richten hat (Rn. 6), der diese Weisungen dann in Ausübung seines eigenen Weisungsrechts an die ihm unterstellten Personen weitergibt.[25]

III. Ausnahmen von der Weisungsgebundenheit

Die Weisungsgebundenheit aus Art. 29 greift nicht, wenn der Auftragsverarbeiter oder die ihm oder dem Verantwortlichen unterstellten Personen (Rn. 6) nach dem Unionsrecht oder dem Recht der Mitgliedstaaten zur Verarbeitung verpflichtet sind. Ebenso formulieren dies Art. 28 Abs. 3 S. 2 lit. a für die Verpflichtung zur Festschreibung der Weisungsgebundenheit des Auftragsverarbeiters (s. Art. 28 Rn. 110 ff.) und Art. 32 Abs. 4 wegen der vom Verantwortlichen und Auftragsverarbeiters zu unternehmenden Schritte zur Sicherstellung der Weisungsgebundenheit (s. Art. 32 Rn. 113 ff., Rn. 1). 21

Greift die Ausnahme von der Weisungsgebundenheit für den Auftragsverarbeiter oder eine ihm oder dem Verantwortlichen unterstellte Person, ändert dies nichts an der im Übrigen fortbestehenden Weisungskette (Rn. 1). Anders als bei einer weisungsungebundenen oder weisungswidrigen Verarbeitung (Rn. 14) behalten der Verantwortliche und der Auftragsverarbeiter ihre Rollen bei. Art. 28 Abs. 10, der den Auftragsverarbeiter bei einer eigenen Entscheidung über Zwecke und Mittel der Verarbeitung zum Verantwortlichen macht, sog. Funktionsexzess, ist in diesem Fall nicht anwendbar (s. Art. 28 Rn. 185). 22

Die Ausnahme von der Weisungsgebundenheit greift nur bei **gesetzlichen Verarbeitungspflichten**, etwa zur Herausgabe personenbezogener Daten an Ermittlungsbehörden.[26] Folgt die Verarbeitungspflicht aus einer Kollektivvereinbarung i.S.d. Art. 88 Abs. 1 (s. Art. 88 Rn. 40 ff.) oder aus einem Vertrag zwischen der weisungsgebundenen Person bzw. dem weisungsgebundenen Auftragsverarbeiter und einem Dritten, ändert dies nichts am Fortbestand der Weisungsgebundenheit. Ungeachtet der kollektivrechtlichen oder vertraglichen Verarbeitungspflicht läge gleichwohl eine weisungswidrige Verarbeitung vor (Rn. 14). 23

IV. Rechtsfolgen bei Missachtung

Ein Verstoß gegen Art. 29 liegt vor, wenn die Weisungsgebundenheit nicht sichergestellt ist oder missachtet wird (Rn. 14). Sanktioniert werden können aber ausschließlich der Verantwortliche oder Auftragsverarbeiter, nicht jedoch die diesen unterstellten Personen.[27] Zuwiderhandlungen gegen Art. 29 können nach Art. 83 Abs. 4 lit. a mit Geldbußen von bis zu 10 000 000 EUR oder im Fall eines Unternehmens i.S.d. Art. 4 Nr. 18 (s. Art. 4 Rn. 30 ff.) von bis zu 2 % des gesamten weltweit erzielten Jahresumsatzes des vorangegangenen Geschäftsjahrs sanktioniert werden (s. Art. 83 Rn. 109), ggf. auch als Straftat nach § 42 Abs. 1 oder Abs. 2 BDSG. 24

Daneben stehen der Aufsichtsbehörde die Untersuchungsbefugnisse nach Art. 58 Abs. 1 sowie die Abhilfebefugnisse nach Art. 58 Abs. 2 im Zusammenhang mit Zuwiderhandlungen gegen Art. 29 zu. Beim Auftragsverarbeiter kann die weisungswidrige Verarbeitung gem. Art. 28 Abs. 10 dazu führen, dass dieser zum Verantwortlichen für die von ihm vorgenommene Verarbeitung wird, sog. Funktionsexzess (s. Art. 28 Rn. 185). 25

---

25 Plath-*Plath* Art. 29 Rn. 2.
26 Weitere Beispiele bei Taeger/Gabel-*Lutz/Gabel* Art. 29 Rn. 15.
27 Taeger/Gabel-*Lutz/Gabel* Art. 29 Rn. 16; Gierschmann-*Kramer* Art. 29 Rn. 27.

C. Praxishinweise

26 Verantwortliche sollten die bei der Verarbeitung personenbezogener Daten bestehende Weisungsgebundenheit der ihnen unterstellten Personen im Datenschutzmanagement dokumentieren. Ergänzend sind etwaige Weisungsketten bei Auftragsverarbeitungen zum Auftragsverarbeiter und den ihm unterstellten Personen zu dokumentieren, ebenso die erteilten Weisungen. Dies gilt umgekehrt auch für Auftragsverarbeiter, da der Nachweis der ausschließlich weisungsgebundenen Tätigkeit für den Verantwortlichen nach Art. 82 Abs. 2 S. 2 haftungsbefreiend zugunsten des Auftragsverarbeiters wirkt (s. Art. 82 Rn. 29).

27 Bei Auftragsverarbeitungen sollte im Vertrag nicht nur i.S.d. Art. 28 Abs. 3 lit. a festgelegt sein, dass personenbezogene Daten nur auf dokumentierte Weisung verarbeitet werden (s. Art. 28 Rn. 110 ff.), sondern auch, wie und durch wen die Dokumentation der Weisungen gegenüber wem erfolgt.[28] Ebenso sollte dokumentiert werden, ob Weisungen an die dem Auftragsverarbeiter unterstellten Personen unmittelbar durch den Verantwortlichen oder über den Auftragsverarbeiter erteilt und an die ihm unterstellten Personen durchgereicht werden (Rn. 20). Diese Festlegungen sind ggf. über Art. 28 Abs. 4 an weitere Auftragsverarbeiter in der Leistungskette durchzureichen (s. Art. 28 Rn. 156 ff.).

Artikel 30 Verzeichnis von Verarbeitungstätigkeiten

(1) ¹Jeder Verantwortliche und gegebenenfalls sein Vertreter führen ein Verzeichnis aller Verarbeitungstätigkeiten, die ihrer Zuständigkeit unterliegen. ²Dieses Verzeichnis enthält sämtliche folgenden Angaben:

a) den Namen und die Kontaktdaten des Verantwortlichen und gegebenenfalls des gemeinsam mit ihm Verantwortlichen, des Vertreters des Verantwortlichen sowie eines etwaigen Datenschutzbeauftragten;

b) die Zwecke der Verarbeitung;

c) eine Beschreibung der Kategorien betroffener Personen und der Kategorien personenbezogener Daten;

d) die Kategorien von Empfängern, gegenüber denen die personenbezogenen Daten offengelegt worden sind oder noch offengelegt werden, einschließlich Empfänger in Drittländern oder internationalen Organisationen;

e) gegebenenfalls Übermittlungen von personenbezogenen Daten an ein Drittland oder an eine internationale Organisation, einschließlich der Angabe des betreffenden Drittlands oder der betreffenden internationalen Organisation, sowie bei den in Artikel 49 Absatz 1 Unterabsatz 2 genannten Datenübermittlungen die Dokumentierung geeigneter Garantien;

f) wenn möglich, die vorgesehenen Fristen für die Löschung der verschiedenen Datenkategorien;

g) wenn möglich, eine allgemeine Beschreibung der technischen und organisatorischen Maßnahmen gemäß Artikel 32 Absatz 1.

---

28 Ehmann/Selmayr-*Bertermann* Art. 28 Rn. 19.

(2) Jeder Auftragsverarbeiter und gegebenenfalls sein Vertreter führen ein Verzeichnis zu allen Kategorien von im Auftrag eines Verantwortlichen durchgeführten Tätigkeiten der Verarbeitung, die Folgendes enthält:
a) den Namen und die Kontaktdaten des Auftragsverarbeiters oder der Auftragsverarbeiter und jedes Verantwortlichen, in dessen Auftrag der Auftragsverarbeiter tätig ist, sowie gegebenenfalls des Vertreters des Verantwortlichen oder des Auftragsverarbeiters und eines etwaigen Datenschutzbeauftragten;
b) die Kategorien von Verarbeitungen, die im Auftrag jedes Verantwortlichen durchgeführt werden;
c) gegebenenfalls Übermittlungen von personenbezogenen Daten an ein Drittland oder an eine internationale Organisation, einschließlich der Angabe des betreffenden Drittlands oder der betreffenden internationalen Organisation, sowie bei den in Artikel 49 Absatz 1 Unterabsatz 2 genannten Datenübermittlungen die Dokumentierung geeigneter Garantien;
d) wenn möglich, eine allgemeine Beschreibung der technischen und organisatorischen Maßnahmen gemäß Artikel 32 Absatz 1.

(3) Das in den Absätzen 1 und 2 genannte Verzeichnis ist schriftlich zu führen, was auch in einem elektronischen Format erfolgen kann.

(4) Der Verantwortliche oder der Auftragsverarbeiter sowie gegebenenfalls der Vertreter des Verantwortlichen oder des Auftragsverarbeiters stellen der Aufsichtsbehörde das Verzeichnis auf Anfrage zur Verfügung.

(5) Die in den Absätzen 1 und 2 genannten Pflichten gelten nicht für Unternehmen oder Einrichtungen, die weniger als 250 Mitarbeiter beschäftigen, es sei denn, die von ihnen vorgenommene Verarbeitung birgt ein Risiko für die Rechte und Freiheiten der betroffenen Personen, die Verarbeitung erfolgt nicht nur gelegentlich oder es erfolgt eine Verarbeitung besonderer Datenkategorien gemäß Artikel 9 Absatz 1 bzw. die Verarbeitung von personenbezogenen Daten über strafrechtliche Verurteilungen und Straftaten im Sinne des Artikels 10.

Übersicht

	Rn		Rn
A. Einordnung und Hintergrund	1	2. Verzeichnis der Verarbeitungstätigkeiten (VVT)	18
I. Erwägungsgründe	1		
II. BDSG	2		
III. Normengenese und -umfeld	5	3. Führung	28
1. DSRL	5	4. Gliederung des VVT	33
2. BDSG a.F.	6	5. Einzelne Angaben	37
3. Handreichungen des Europäischen Datenschutzausschuss/der Datenschutzkonferenz u.a. sowie deren Vorgängerorganisationen	8	a) Informationen zum Verantwortlichen	38
		b) Zwecke der Verarbeitung	44
B. Kommentierung	13	c) Kategorien betroffener Personen	48
I. Überblick	13		
II. Abs. 1: Erstellung und Führung durch Verantwortliche	17	d) Kategorien personenbezogener Daten	49
1. Normadressat	17	e) Kategorien von Empfängern	54

Art. 30 Verzeichnis von Verarbeitungstätigkeiten

	Rn		Rn
f) Übermittlungen an ein Drittland oder an eine internationale Organisation	58	aa) Informationen zum Auftragsverarbeiter	78
		bb) Informationen zum Verantwortlichen	79
aa) Angabe des Drittlands oder der internationalen Organisation	58	b) Kategorien von Verarbeitungen, die im Auftrag jedes Verantwortlichen durchgeführt werden	81
bb) Dokumentation geeigneter Garantien bei den in Art. 49 Abs. 1 UAbs. 2 genannten Datenübermittlungen	59	c) Übermittlungen an ein Drittland oder an eine internationale Organisation	83
g) Löschfristen	61	d) Wenn möglich, eine allgemeine Beschreibung der TOM gem. Art. 32 Abs. 1	85
aa) Fristen für die Löschung	61		
bb) Wenn möglich	63	IV. Abs. 3	87
h) TOM gem. Art. 32 Abs. 1	64	V. Abs. 4	91
III. Abs. 2	68	VI. Abs. 5	92
1. Normadressat	71	C. Sanktionen	98
2. Verzeichnis	73	D. Praxishinweise	99
3. Führung	74	I. Hinweise und Muster von Aufsichtsbehörden in der EU/im EWR	99
4. Inhalte	76		
a) Informationen zum Auftragsverarbeiter und zu Verantwortlichen	77	II. Hinweise und Muster von sonstigen Stellen (Deutschland)	102

Literatur: *Art.-29-Datenschutzgruppe* WP 243 rev.01 – Leitlinien in Bezug auf Datenschutzbeauftragte („DSB"), angenommen am 13.12.2016, zuletzt überarbeitet und angenommen am 5.4.2017[1]; *dies.* Positionspapier v. 19.4.2018, Position Paper on the derogations from the obligation to maintain records of processing activities pursuant to Article 30(5) GDPR[2]; *dies.* WP 262 Guidelines on Article 49 of Regulation 2016/679 v. 6.2.2018[3] übergeleitet in EDSA, Leitlinien 2/2018 zu den Ausnahmen nach Artikel 49 der Verordnung 2016/679 vom 25.5.2018[4]; *Bitkom* Das Verarbeitungsverzeichnis Verzeichnis von Verarbeitungstätigkeiten nach Art. 30 EU-Datenschutz-Grundverordnung (DS-GVO), 2017[5]; *DSK* Kurzpapier Nr. 1 Verzeichnis von Verarbeitungstätigkeiten – Art. 30 DS-GVO[6]; *dies.* Hinweise zum Verzeichnis von Verarbeitungstätigkeiten, Art. 30 DS-GVO, Stand: Februar 2018[7]; *dies.* Muster für Verantwortliche gem. Artikel 30 Abs. 1 DSGVO, Stand Februar 2018[8]; *dies.* Muster für Auf-

---

1 https://ec.europa.eu/newsroom/article29/item-detail.cfm?item_id=612048 (Stand: 30.1.2020).
2 https://ec.europa.eu/newsroom/article29/item-detail.cfm?item_id=624045 (Stand: 31.1.2020).
3 https://ec.europa.eu/newsroom/article29/item-detail.cfm?item_id=614232.
4 https://edpb.europa.eu/our-work-tools/our-documents/smjernice/guidelines-22018-derogations-article-49-under-regulation_de (Stand: 31.1.2020).
5 https://www.bitkom.org/NP-Themen/NP-Vertrauen-Sicherheit/Datenschutz/FirstSpirit-1496129138918170529-LF-Verarbeitungsverzeichnis-online.pdf (Stand: 30.1.2020).
6 https://www.datenschutzkonferenz-online.de/media/kp/dsk_kpnr_1.pdf (Stand: 30.1.2020).
7 https://www.datenschutzkonferenz-online.de/media/ah/201802_ah_verzeichnis_verarbeitungstaetigkeiten.pdf (Stand: 31.1.2020).
8 https://www.datenschutzkonferenz-online.de/media/ah/201802_ah_muster_verantwortliche.pdf (Stand: 31.1.2020).

Verzeichnis von Verarbeitungstätigkeiten   Art. 30

tragsverarbeiter gem. Artikel 30 Abs. 2 DS-GVO, Stand Februar 2018[9]; *Duda* Das Verfahrensverzeichnis und die DS GVO – ohne geht es nicht!, PinG 2016, 248 ff.; *EDPB* Endorsement of GDPR WP29 guidelines by the EDPB[10]; *GDD* GDD-Praxishilfe DS-GVO Va – Verzeichnis von Verarbeitungstätigkeiten – Verantwortlicher, Version 2.0, Stand 02-2020[11]; *dies.* GDD-Praxishilfe DS-GVO Vb – Verzeichnis von Verarbeitungstätigkeiten – Auftragsverarbeiter, Version 1.0, Stand Januar 2020[12]; *Gossen/Schramm* Das Verarbeitungsverzeichnis der DS-GVO, ZD 2017, 7; *Hamann* Europäische Datenschutz-Grundverordnung – neue Organisationspflichten für Unternehmen, BB 2017, 1090; *Hansen-Oest* Datenschutzrechtliche Dokumentationspflichten nach dem BDSG und der Datenschutz-Grundverordnung, PinG 2016, 79; *Herweg/Müthlein* Die Überwachungsaufgabe des Datenschutzbeauftragten nach DS-GVO, 2020; *Lehnert/Luther/Christoph/Pluder* Datenschutz mit SAP, 2017; *Lepperhoff* Dokumentationspflichten in der DS-GVO, RDV 2016, 197; *Licht* Das Verarbeitungsverzeichnis nach der DSGVO – Handlungsbedarf im Unternehmen, ITRB 2017, 65; *Müthlein* ADV 5.0 – Neugestaltung der Auftragsdatenverarbeitung in Deutschland, RDV 2016, 74 ff.; *Volkmer/Kaiser* Das Verzeichnis von Verarbeitungstätigkeiten und die Datenschutz-Folgenabschätzung in der Praxis, PinG 2017, 153.

A. Einordnung und Hintergrund

I. Erwägungsgründe

Dem Art. 30 ist der ErwG 82 zuzuordnen. **1**

II. BDSG

Zum Art. 30 sieht die DS-GVO keine Öffnungsklausel vor. Dementsprechend findet sich keine Regelung zu Art. 30 im BDSG. Die Regelung des § 70 BDSG betrifft die Umsetzung der RL (EU) 2016/680 und ist daher im Bezug auf die DS-GVO nicht anwendbar. **2**

Aufgrund der fehlenden Öffnungsklausel sind modifizierende Regelungen in den Datenschutzgesetzen der Länder nicht zu finden. Soweit sich in den Datenschutzgesetzen der Länder Regelungen zum Verzeichnis von Verarbeitungstätigkeiten (VVT) finden, betreffen diese Regelungen die Umsetzung der RL (EU) 2016/680 und ist daher in Bezug auf die DS-GVO nicht anwendbar. **3**

Vom Gesetzgeber offen gelassen wird die Frage, nach welchen organisatorischen Regelungen sich Behörden zu organisieren haben, die sowohl unter die DS-GVO bzw. BDSG/LDSG als auch unter die RL (EU) 2016/680 und die nationalen Umsetzungsregelungen fallen, z.B. Behörden, die neben verwaltungsrechtlichen auch ordnungsrechtliche Aufgaben haben. Hier stellt sich die Frage, ob diese Behörden für einen organisatorisch einheitlichen Fachprozess ggf. zwei unterschiedliche Regelungen zum VVT zu beachten und umzusetzen haben. Aufgrund fehlender anderslautender Regelungen ist tatsächlich von einem solchen „Doppelaufwand" auszugehen. Allerdings sieht Art. 30 Anforderungen vor, von denen der Verantwortliche abweichen kann, solange er sie nicht unterschreitet. Von daher sollte der Verant- **4**

---

9 https://www.datenschutzkonferenz-online.de/media/ah/201802_ah_muster_auftragsverarbeiter.pdf (Stand: 31.1.2020).
10 https://edpb.europa.eu/node/89 (Stand: 31.1.2020).
11 https://www.gdd.de/gdd-arbeitshilfen/praxishilfen-ds-gvo/praxishilfen-ds-gvo (Stand: 31.1.2020).
12 https://www.gdd.de/downloads/praxishilfen/GDDPraxishilfe_5bVVTAuftragsverarbeiter.pdf (Stand: 31.1.2020).

Art. 30   Verzeichnis von Verarbeitungstätigkeiten

> wortliche im Rahmen seiner Organisationsanweisungen die Anforderungen sowohl des Art. 30 als auch der jeweils einschlägigen Umsetzungsregelungen der RL (EU) 2016/680 berücksichtigen und die Vorgaben zur Dokumentation so gestalten, dass sie alle Erfordernisse abdecken.

III. Normengenese und -umfeld

5   **1. DSRL.**   Art. 30 führt die Rechtsgedanken der Art. 18, 19 RL 95/46/EG ohne wesentliche Abweichungen fort.

6   **2. BDSG a.F.**   Die Art. 18, 19 RL 95/46/EG wurden im BDSG a.F. durch §§ 4d, 4e, 4g umgesetzt. Aufgrund dieses „Stammbaums" des Art. 30 wies das LDA Bayern[13] frühzeitig darauf hin: „Verantwortliche Stellen, die bereits jetzt über eine strukturierte Verfahrensübersicht verfügen, sollten mit den geforderten Pflichtangaben des neuen Artikels aus der DS-GVO keine größeren Probleme haben."

7   Dennoch weist Art. 30 für die Praxis bedeutsame Unterschiede zu den Vorgängerregelungen auf:
– Das VVT kann nur noch von den Aufsichtsbehörden angefordert werden (nicht mehr von „Jedermann").
– Ein „öffentliches Verfahrensverzeichnis", das sich in der praktischen Anwendung des BDSG a.f. etabliert hatte, wird nicht mehr benötigt.
– Die nach BDSG a.F. vorgesehene weitere Trennung nach unterschiedlichen Informationen für „Jedermann", die Aufsichtsbehörden und den Datenschutzbeauftragten (hinsichtlich zugriffsberechtigter Personen) entfällt.
– Die Dokumentation der Zugriffsberechtigten ist im VVT anders als nach § 4g Abs. 2 BDSG a.F. nicht mehr erforderlich. Gleichwohl empfiehlt die DSK diese Angabe weiterhin im VVT zu pflegen[14].
– Im Gegensatz zum Verfahrensverzeichnis nach BDSG a.F. ist das VVT nicht vom Verantwortlichen an den Datenschutzbeauftragten zu übergeben.

8   **3. Handreichungen des Europäischen Datenschutzausschuss/der Datenschutzkonferenz u.a. sowie deren Vorgängerorganisationen.**   Frühzeitig im August 2016 hat das **LDA Bayern** Hinweise zu Art. 30 veröffentlicht[15]. Hierin wies es insbesondere auf die Gemeinsamkeiten mit dem Verfahrensverzeichnis nach § 4e BDSG a.F. hin, erläuterte die Pflicht für Auftragsverarbeiter, ein kundenbezogenes Verzeichnis zu führen (s. Abs. 2) und kritisierte die Quasi-Unanwendbarkeit der Ausnahmeregelung für KMU (s. Abs. 5).

---

13   *Bayerisches Landesamt für Datenschutzaufsicht* Verarbeitungsübersicht nach BDSG ist gute Grundlage (Positionspapier vom 2.8.2016), inzwischen ersetzt durch DSK-Kurzpapier Nr. 1 – Verzeichnis von Verarbeitungstätigkeiten – Art. 30 mit wörtlicher Übernahme dieser Passage, https://www.datenschutzkonferenz-online.de/media/kp/dsk_kpnr_1.pdf (Stand: 30.1.2020); So auch *Deutscher Dialogmarketing Verband* Anforderungen sind mit denen an die bestehende Verarbeitungsübersicht im Prinzip identisch (Practise Guide DS-GVO).
14   *DSK* Hinweise zum Verzeichnis von Verarbeitungstätigkeiten, nach Art. 30 (Stand: Februar 2018), https://www.datenschutzkonferenz-online.de/media/ah/201802_ah_verzeichnis_verarbeitungstaetigkeiten.pdf (Stand: 30.1.2020).
15   *Bayerisches Landesamt für Datenschutzaufsicht* Verarbeitungsübersicht nach BDSG ist gute Grundlage (Positionspapier vom 2.8.2016).

Die **DSK**[16] griff die Gedanken des LDA Bayern in ihrem Hinweis Nummer 1 vom 29.6.2017 (aktueller Stand: 17.12.2018) auf und vertiefte sie, ohne hiervon inhaltlich abzuweichen. **9**

Der **Düsseldorfer Kreis** griff mit seinen Hinweisen[17] die einzelnen Aspekte des Art. 30 auf und versuchte konkrete Beispiele für die Erstellung eines solchen Verzeichnisses zu bieten. Hieran schloss sich die **DSK** mit Anwendungshinweisen und Mustern an, wobei die Papiere des Düsseldorfer Kreises weitestgehend übernommen wurden[18]. Dabei ist auffallend, dass empfohlen wird, die durch Art. 30 vorgegebenen Inhalte in Richtung einer Rechtmäßigkeitsdokumentation[19] zu ergänzen. Hierbei wird teilweise versucht, Inhalte nach BDSG a.F. zu „reaktivieren", so zum Beispiel das Merkmal der zugriffsberechtigten Personen. **10**

Die **Art.-29-Datenschutzgruppe** greift im **WP 243 rev.01**[20] zum Datenschutzbeauftragten den Aspekt der Führung des VVT auf. Sie weist darauf hin, dass die Verantwortung zur Erstellung und Führung beim Verantwortlichen bzw. beim Auftragsverarbeiter liegt, sie aber nicht gehindert seien, dem „DSB die Aufgabe zu übertragen, unter der Verantwortung des Verantwortlichen oder des Auftragsverarbeiters ein Verzeichnis der Verarbeitungsvorgänge zu führen." Das WP 243 rev.01 wurde vom EDSA mit Beschluss vom 25.5.2018[21] übernommen. **11**

Weiter veröffentlichte die **Art.-29-Datenschutzgruppe** am 19.4.2018 einen Beschluss zu Art. 30 Abs. 5[22]. Hierbei erläutert sie die Rückausnahmen in Bezug auf die ursprünglich **12**

---

16 *DSK* Kurzpapier Nr. 1 – Verzeichnis von Verarbeitungstätigkeiten – Art. 30 https://www.datenschutzkonferenz-online.de/media/kp/dsk_kpnr_1.pdf (Stand: 30.1.2020).
17 *LDI RP* Hinweise zum Verzeichnis von Verarbeitungstätigkeiten, nach Art. 30 (Erarbeitet von einer Arbeitsgruppe des „Düsseldorfer Kreises" der Datenschutzaufsichtsbehörden – Stand: September 2017).
18 S. *DSK* Hinweise zum Verzeichnis von Verarbeitungstätigkeiten, Art. 30 DS-GVO (Stand: Februar 2018) https://www.datenschutzkonferenz-online.de/media/ah/201802_ah_verzeichnis_verarbeitungstaetigkeiten.pdf (Stand: 30.1.2020); *DSK* Muster für Verantwortliche gem. Artikel 30 Abs. 1 DSGVO (Stand: Februar 2018) https://www.datenschutzkonferenz-online.de/media/ah/201802_ah_muster_verantwortliche.pdf (Stand: 30.1.2020); *DSK* Muster für Auftragsverarbeiter gem. Artikel 30 Abs. 2 DS-GVO (Stand: Februar 2018) https://www.datenschutzkonferenz-online.de/media/ah/201802_ah_muster_auftragsverarbeiter.pdf (Stand: 30.1.2020).
19 Auch Verzeichnis von Verarbeitungstätigkeiten im weiteren Sinne (VVT i.w.S.) genannt, s. z.B. *GDD* GDD-Praxishilfe DS-GVO Va – Verzeichnis von Verarbeitungstätigkeiten, (Stand: Februar 2020) https://www.gdd.de/gdd-arbeitshilfen/praxishilfen-ds-gvo/praxishilfen-ds-gvo (Stand: 30.1.2020).
20 *Art.-29-Datenschutzgruppe* WP 243 rev.01 Leitlinien in Bezug auf Datenschutzbeauftragte („DSB"), angenommen am 13.12.2016, zuletzt überarbeitet und angenommen am 5.4.2017, https://ec.europa.eu/newsroom/article29/item-detail.cfm?item_id=612048 (Stand: 30.1.2020). Diese Leitlinie gehört zu den vom EDSA gebilligten Leitlinien, s. https://edpb.europa.eu/node/89.
21 *EDPB* Endorsement 1/2018 vom 25.5.2018 https://edpb.europa.eu/sites/edpb/files/files/news/endorsement_of_wp29_documents_en_0.pdf (Stand: 30.1.2020).
22 *Art.-29-Datenschutzgruppe* Position Paper on the derogations from the obligation to maintain records of processing activities pursuant to Article 30(5) GDPR (Stand: 19.4.2018) https://ec.europa.eu/newsroom/article29/document.cfm?action=display&doc_id=51422 (Stand: 30.1.2020).

Art. 30 Verzeichnis von Verarbeitungstätigkeiten

gewollte Befreiung von KMU von der Dokumentationspflicht des Art. 30 (im Einzelnen s. u. Rn. 93 ff. zu Art. 30 Abs. 5).

B. Kommentierung

I. Überblick

13 Aus dem Verfahrensverzeichnis bzw. der Verarbeitungsübersicht gem. § 4e und § 4g BDSG a.F./Art. 18, 19 EU-Datenschutz-Richtlinie 95/46/EG (DSRL) wurde das VVT gem. Art. 30. Gemäß ErwG 82 der DS-GVO soll der Verantwortliche oder der Auftragsverarbeiter „zum Nachweis der Einhaltung dieser Verordnung" [DS-GVO] das Verzeichnis der Verarbeitungstätigkeiten führen. Weiterhin kann die zuständige Aufsichtsbehörde die Vorlage dieses Verzeichnisses auf Anfrage verlangen, „damit die betreffenden Verarbeitungsvorgänge anhand dieser Verzeichnisse kontrolliert werden können" (ErwG 82), s. Abs. 4.

14 Die Norm verpflichtet Verantwortliche, s. Abs. 1. Soweit Auftragsverarbeitungen erbracht werden, hat der Auftragsverarbeiter auch diese nach besonderen Vorgaben kundenbezogen zu dokumentieren, s. Abs. 2.

15 Von der Führung des schriftlich oder in elektronischer Form zu erstellenden Verzeichnisses, s. Abs. 3, sollen KMU unter 250 Mitarbeitern befreit werden, s. Abs. 5. Durch eine Reihe von Rückausnahmen kommt diese Erleichterung in der Praxis kaum zum Tragen.

16 Mit Blick auf weitere Dokumentationspflichten der DS-GVO[23] kann es sinnvoll sein, das VVT zum zentralen Bestandteil der Dokumentation zu machen. Über die Vorlagepflicht gegenüber der Aufsichtsbehörde auf deren Anforderung (s. Abs. 4) hinaus sollte es auch dem DSB als Grundlage seiner Aufgabenerfüllung zugänglich gemacht werden. Das VVT kann bspw. zur Grundlage für Risikobewertungen durch den DSB für dessen risikoorientierten Überwachungsauftrag werden (Art. 39 Abs. 2). Denkbar sind auch Erweiterungen des VVT durch Risikoabschätzungen bzw. eine zusätzliche Strukturierung, die festhält, welche Verarbeitungen einer DSFA unterfallen müssen und welche mit welcher Begründung nicht[24]. Insbesondere im Hinblick darauf, dass die Einhaltung des Art. 30 unter die Bußgeldandrohung des Art. 83 Abs. 4 lit. a fällt, erscheint es allerdings nicht sinnvoll, das VVT zu sehr aufzublähen, um es im Hinblick auf Aktualität und Vollständigkeit pflegbar zu gestalten. So sollte es bspw. von der allgemeinen Informationssicherheit und ihren Übersichten klar getrennt sein. Einen entsprechenden Ansatz verfolgen die Hinweise von GDD[25] und Bitkom[26]. Sie empfehlen eine Unterteilung des VVT in ein sogenanntes VVT i.e.S., das die gesetzlichen Anfor-

---

23 Vgl. die Auflistung bei *Lepperhoff* RDV 2016, 197, 202 ff.; darauf, dass neben dem VVT weitere Dokumentationspflichten bestehen, weist insbesondere die DSK in ihrem Kurzpapier Nr. 1 hin, https://www.datenschutzkonferenz-online.de/media/kp/dsk_kpnr_1.pdf (Stand: 30.1.2020).
24 Zu einer diesbezüglichen Verknüpfung s. *Gossen/Schramm* Das Verarbeitungsverzeichnis der DS-GVO, ZD 2017, 7, 11.
25 *GDD* GDD-Praxishilfe DS-GVO Va – Verzeichnis von Verarbeitungstätigkeiten, Stand: 2/2020. https://www.datenschutzkonferenz-online.de/media/kp/dsk_kpnr_1.pdf (Stand: 30.1.2020).
26 *Bitkom* Das Verarbeitungsverzeichnis Verzeichnis von Verarbeitungstätigkeiten nach Art. 30 EU-Datenschutz-Grundverordnung (DS-GVO), 2017, https://www.bitkom.org/NP-Themen/NP-Vertrauen-Sicherheit/Datenschutz/FirstSpirit-1496129138918170529-LF-Verarbeitungsverzeichnis-online.pdf (Stand: 30.1.2020).

derungen des Art. 30 abdeckt, und ein VVT i.w.S. das auf einer detaillierteren Ebene insbesondere Rechtmäßigkeitsaspekte dokumentiert. Der gesetzliche Zweck des VVT (i.e.S.) ist es, einer Aufsichtsbehörde einen Überblick zu verschaffen. Ein Überblick setzt naturgemäß eine angemessen verdichtete Darstellung voraus. Ein DSB z.B. benötigt für seine Tätigkeiten regelmäßig Detaildarstellungen. Insofern ist fraglich, ob ein pflegbares VVT für die Tätigkeiten eines DSB ausreichend detailliert ist. Für das Risiko einer Selbstbelastung, siehe Rn. 35.

II. Abs. 1: Erstellung und Führung durch Verantwortliche

1. Normadressat. Nach Abs. 1 S. 1 sind alle Verantwortlichen i.S.d. Art. 4 Nr. 7 (z.B. 17 Unternehmen/Legaleinheiten, Behörden, Freiberufler, Vereine) verpflichtet, ein VVT zu führen, soweit sie nicht nach der Ausnahmeregelung des Abs. 5 hiervon befreit sind. Die Regelung bezieht sich dabei auch auf den Vertreter im Sinne von Art. 4 Nr. 17[27].

2. Verzeichnis der Verarbeitungstätigkeiten (VVT). Das VVT ist – wie auch schon 18 das Verfahrensverzeichnis nach der DSRL und im BDSG a.F. – nicht als Listung einzelner Verarbeitungsschritte, sondern als prozessorientierte Übersicht der Verarbeitungen zu verstehen. Entscheidend ist, dass über das VVT der einzelne Verarbeitungsprozess und nicht jeder hierunter aggregierte Verarbeitungsschritt zu identifizieren ist. Insoweit legt schon *Hartung*[28] überzeugend dar, dass der Begriff „Verarbeitungstätigkeit" in Art. 30 verwendet wird, „um eine Mehrzahl von Verarbeitungsschritten auszudrücken" mit der Konsequenz, dass diesbezüglich das gleiche Verständnis zugrunde zu legen ist, wie dem des Verfahrens nach BDSG a.F. und der EU-DS-RL. Mithin kann die Summe aller Datenverarbeitungen, die für einen bestimmten Zweck oder für mehrere miteinander zusammenhängende Zwecke durchgeführt werden, als eine Verarbeitungstätigkeit verstanden werden[29].

Dieses prozessbezogene Verständnis des Begriffs Verarbeitung und damit von „Verar- 19 beitungstätigkeiten" betont auch der **EuGH in der Entscheidung „Fashion-ID"**[30]. Hier führt er aus, dass unter „Verarbeitung" eine Reihe von aufeinanderfolgenden Vorgängen verstanden wird.

In eine ähnliche Richtung argumentiert auch der Europäische Datenschutzbeauftragte (EDPS)[31]: „... In practice, processing operations are grouped in sets of processing operations that serve a defined purpose. Controllers have a certain margin of appreciation in defining the boundaries of sets of processing operations."

---

27 *DSK* Hinweise zum Verzeichnis von Verarbeitungstätigkeiten, Art. 30 DS-GVO (Stand: Februar 2018) https://www.datenschutzkonferenz-online.de/media/ah/201802_ah_verzeichnis_verarbeitungstaetigkeiten.pdf (Stand: 30.1.2020).
28 Kühling/Buchner-*Hartung* 2. Aufl., Art. 30 Rn. 15 m.w.N.
29 *Feiler/Forgó* EU-DSGVO, 2017, Art. 30 Rn. 2.
30 *EuGH* Urteil vom 29.07.2019 – C-40/17 – FashionID, http://curia.europa.eu/juris/document/document.jsf?text=&docid=216555&pageIndex=0&doclang=DE&mode=req&dir=&occ=first&part=1 (Stand: 30.1.2020).
31 *EDPS* Guidelines on the concepts of controller, processor and joint controllership under Regulation (EU) 2018/1725, 7.11.2019, S. 11 https://edps.europa.eu/sites/edp/files/publication/19-11-07_edps_guidelines_on_controller_processor_and_jc_reg_2018_1725_en.pdf (Stand: 30.1.2020).

For example, controllers could see the recruitment and on-boarding process for new staff (for the EUIs meaning e.g. determination of rights under Staff Regulations, badge for physical access, access to IT resources, publication of info on intranet etc.) as one integrated set of processing operations, or split it into different sets of operations. As a rule of thumb, controllers should look at it from the data subjects, perspective: does it appear as an integrated process to them? ..."

20 D.h., eine Verarbeitung bzw. Verarbeitungstätigkeit i.S.d. DS-GVO stellt einen Prozess dar. Mithin hat auf dieser Ebene eines Prozesses dessen Dokumentation im VVT zu erfolgen. Entscheidend ist dabei, dass über das VVT der einzelne Verarbeitungsprozess zu identifizieren ist. Es ist also für die Erstellung des VVT ein Ansatz zu wählen, der sich an den Geschäftsprozessen und nicht an der eingesetzten Technik orientiert.

21 Im Hinblick auf den angestrebten Detaillierungsgrad des VVT ist durch den Verantwortlichen eine Entscheidung unter Berücksichtigung folgender Komponenten zu treffen:
 – Zweck des VVT,
 – Transparenz der Geschäftsprozesse,
 – Wirksame Umsetzung/Pflege.

22 Nach ErwG 82 soll der Zweck des VVT darin liegen, dass der Verantwortliche und der Auftragsverarbeiter hierüber einen Nachweis der Einhaltung der DS-GVO führen. Daneben soll das VVT auf Anfrage der Aufsichtsbehörde vorgelegt werden, „damit die betreffenden Verarbeitungsvorgänge anhand dieser Verzeichnisse kontrolliert werden können". Nicht zuletzt im Hinblick auf die wechselhafte Entstehungsgeschichte des Art. 30[32] ist zweifelhaft, ob die Norm diesem Gedanken des Erwägungsgrundes überhaupt gerecht werden kann. Schon im Hinblick auf die enumerativen Inhalte des VVT werden die Anforderungen der DS-GVO nur ansatzweise aufgegriffen. So bleibt z.B. der gesamte Bereich der Organisation des Datenschutzes, s. Art. 24 ff., außen vor.

23 Auch die Frage, inwieweit das VVT geeignet ist, eine abschließende Kontrolle von Verarbeitungsvorgängen durch eine Aufsichtsbehörde zu ermöglichen, wird zu verneinen sein. Vielmehr heißt es schon im Wortlaut des ErwG 82 lediglich, dass eine Kontrolle **anhand** des VVT erfolgen soll. „Anhand" heißt aber insoweit, dass hierüber ein Einstieg in die Kontrolle möglich sein soll, diese aber nicht – ausschließlich – auf der „Papierlage" des VVT durchgeführt wird. Insofern „soll es [das VVT] nach der Intention der VO den Aufsichtsbehörden ermöglichen, einen **Eindruck** von der eingesetzten Datenverarbeitung zu erhalten."[33] Ausgehend von diesen Überlegungen kommt dem VVT also nur eingeschränkte Bedeutung im Außenverhältnis zu. Insofern wird der Verantwortliche entscheiden müssen, wie er den Aufwand für das VVT so gestaltet, dass es die gesetzlichen Zwecke aber auch eigene Zwecke hinreichend berücksichtigt. Mit anderen Worten: die Frage der Detaillierung ist pragmatisch so zu beantworten, dass mit der Dokumentation im VVT vor allem auch eigene Zielsetzungen des Verantwortlichen im Hinblick auf seine Verpflichtungen zur Umsetzung der DS-GVO verwirklicht werden. Hierzu gehört insbesondere seine Einschätzung, wie detailliert er im datenschutzrechtlichen Sinne des VVT einen Geschäftsprozess beschrieben haben

---
[32] S. ausf. hierzu Kühling/Buchner-*Hartung* 2. Aufl., Art. 30 Rn. 4 ff.
[33] *Spyra* Die Datenschutzgrundverordnung – Forderungen und Hinweise, 2016, S. 142.

muss, um seine hiermit verbundenen datenschutzrechtlichen Pflichten abschätzen zu können. Insoweit kann ein Geschäftsprozess im Sinne des VVT identisch mit dem Zweck eines Fachbereiches sein, kann aber auch Teilprozesse im Fachbereich betreffen. Insbesondere im Fachbereich Personal wird regelmäßig durch die sehr unterschiedlichen Aufgabenstellungen (z.B.: Bewerbermanagement, Personalverwaltung, Personalabrechnung, Fuhrparkmanagement etc.) eine Dokumentation unterhalb der Fachbereichsebene angebracht sein.

Weitere Zwecke des VVT sehen die Aufsichtsbehörden hinsichtlich folgender Aspekte[34]: **24**
- für eine Festlegung der Verarbeitungszwecke nach Art. 5 Abs. 1 lit. b,
- für Zwecke der Rechenschafts- und Dokumentationspflicht, Art. 5 Abs. 2, Art. 24,
- als Nachweis der Rechtmäßigkeit der Verarbeitung nach Art. 5 Abs. 1 lit. a DS-GVO,
- als Nachweis der Datenminimierung nach Art. 5 Abs. 1 lit. c DS-GVO,
- als Nachweis der Richtigkeit und Aktualität der Daten nach Art. 5 Abs. 1 lit. d DS-GV,
- als geeignete Maßnahme zur Erfüllung der Betroffenenrechte nach Art. 12 Abs. 1,
- zur Schaffung und als Nachweis geeigneter technisch-organisatorischer Maßnahmen nach Art. 24 Abs. 1 und Art. 32,
- zur Prüfung, ob eine Datenschutzfolgenabschätzung nach Art. 35 erfolgen muss,
- als Basis für die Aufgabenerfüllung des Datenschutzbeauftragten nach Art. 39".

Sie weisen allerdings in diesem Zusammenhang auch darauf hin, dass für solche – ggf. **25** zusätzlichen – Zwecke auch weitere Informationen im VVT aufgenommen werden müssen. In der Praxis begegnen Verbände wie die GDD oder die Bitkom diesen Überlegungen im Rahmen ihrer Praxishilfen und Muster mit einer Unterscheidung in ein VVT i.e.S. zur Abbildung der Anforderungen des Art. 30 und ein VVT i.w.S. zur Dokumentation weiterer Informationen zur Erfüllung der Rechenschaftspflicht, wie sie von den Aufsichtsbehörden angeregt werden[35].

Im Hinblick auf die Tatsache, dass Art. 30 der Bußgeldandrohung unterliegt, **26** (s. Rn. 98), ist auch für die Verfahrensdefinition zu beachten, dass das Verzeichnis leicht pflegbar ist. Insofern wird eine zu kleinteilige Dokumentation im VVT, zum Beispiel auf der Ebene einzelner Verarbeitungsschritte oder Dokumente, dazu führen, dass die Vollständigkeit und Aktualität auf Dauer nicht gewährleistet werden kann. Weiterhin sollte in diesem Zusammenhang beachtet werden, dass im Rahmen der Erstellung und Pflege des VVT die Erstellung und Pflege der einzelnen Meldungen zum VVT/der Verarbeitungsdokumentationen regelmäßig auf die Fachbereiche delegiert werden wird. Hier sind regelmäßig datenschutzrechtliche Laien anzutreffen, die mit einer zu komplexen Darstellung im VVT häufig überfordert sind.

---

34 *DSK* Hinweise zum Verzeichnis von Verarbeitungstätigkeiten, Art. 30 DS-GVO (Stand: Februar 2018) https://www.datenschutzkonferenz-online.de/media/ah/201802_ah_verzeichnis_verarbeitungstaetigkeiten.pdf (Stand: 30.1.2020).
35 *GDD* GDD-Praxishilfe DS-GVO Va – Verzeichnis von Verarbeitungstätigkeiten, Stand: 2/2020. https://www.datenschutzkonferenz-online.de/media/kp/dsk_kpnr_1.pdf (Stand: 30.1.2020); *Bitkom* Das Verarbeitungsverzeichnis Verzeichnis von Verarbeitungstätigkeiten nach Art. 30 EU-Datenschutz-Grundverordnung (DS-GVO), 2017, https://www.bitkom.org/NP-Themen/NP-Vertrauen-Sicherheit/Datenschutz/FirstSpirit-1496129138918170529-LF-Verarbeitungsverzeichnis-online.pdf (Stand: 30.1.2020).

27 Einzubeziehen in das VVT sind neben automatisierten Verarbeitungen personenbezogener Daten auch nicht automatisierte Verarbeitungen, die in einem Dateisystem gespeichert sind oder gespeichert werden sollen[36].

28 **3. Führung.** Die Anforderung, das VVT auf Anfrage der Aufsichtsbehörde zur Verfügung zu stellen, legt es nahe, das Verzeichnis zentral zu führen. Eine konkretisierende organisatorische Regelung sieht die DS-GVO – im Gegensatz zu einigen Vorgängerregelungen – nicht vor. So ist z.B. im Gegensatz zum Verfahrensverzeichnis nach BDSG a.F. das VVT nicht vom Verantwortlichen an den Datenschutzbeauftragten zur Führung zu übergeben. Insoweit steht es dem Verantwortlichen frei, die Erstellung/Pflege/Führung des VVT im Hinblick auf seine Organisation pragmatisch zu organisieren. Sicherzustellen ist dabei allerdings, dass bei Anforderung durch die Aufsichtsbehörde das VVT kurzfristig vollständig zur Verfügung gestellt werden kann.

29 Die gesetzliche Forderung, „Jeder Verantwortliche und gegebenenfalls sein Vertreter führen ein Verzeichnis von Verarbeitungstätigkeiten ...."; Art. 30 Abs. 1 S. 1, knüpft organisatorisch gesehen an das „Ende" eines durch den Verantwortlichen zu regelnden internen Prozesses an. Um ein solches Verzeichnis als Zusammenfassung aller Verarbeitungstätigkeiten – zentral – zu führen, ist eine – dezentrale – Erhebung und Pflege erforderlich[37]. Im Hinblick auf eine nachweisbare Organisation im Sinne des Art. 24 sollten die hierzu erforderlichen Prozesse im Rahmen einer Organisationsanweisung (Richtlinie/Policy) festgelegt werden. Dabei ist insbesondere darauf zu achten, dass

- Verantwortlichkeiten, insbesondere für die zentrale Führung z.B. durch die „Datenschutz-Organisation" und die dezentrale Verarbeitungsmeldung z.B. durch die Fachbereichsverantwortlichen, und Kommunikationswege festgelegt,
- Formate definiert, z.B. Muster für das zentrale VVT und für die dezentral zu erstellenden Verarbeitungsmeldungen, sowie
- Prüfroutinen erstellt und durchgeführt werden[38].

30 Die Art.-29-Datenschutzgruppe zeigt in ihrem WP 243 rev.01[39] auf, dass es keine inkompatible Tätigkeit sei, wenn der DSB mit der Erstellung/Führung/Pflege betraut wird, um eine zentrale Führung zu gewährleisten. Allerdings betont die Art.-29-Datenschutzgruppe in diesem Zusammenhang, dass das Verzeichnis wie die anderen Pflichten der DS-GVO in der Verantwortung des Unternehmens bzw. der öffentlichen Stellen bleibt. Daher muss auch bei einer solchen Konstellation deutlich sein, dass es sich bei der Beibringung der Angaben zum Verzeichnis (Verarbeitungsmeldungen) um eine Bringschuld des Verantwortlichen, also in der Praxis des Unternehmens/der

---

36 Zu nicht automatisierter Verarbeitung s. auch *EuGH* v. 10.7.2018, C-25/17 (Zeugen Jehovas) http://curia.europa.eu/juris/document/document.jsf?docid=203822&doclang=DE (Stand: 30.1.2020).
37 In der GDD Praxishilfe Va wird dies als Verarbeitungsmeldung bezeichnet, *GDD* GDD-Praxishilfe DS-GVO Va – Verzeichnis von Verarbeitungstätigkeiten, Stand: 2/2020. https://www.datenschutzkonferenz-online.de/media/kp/dsk_kpnr_1.pdf (Stand: 30.1.2020).
38 Näheres zu organisatorischen Fragen des VVT s. *GDD* GDD-Praxishilfe DS-GVO Va – Verzeichnis von Verarbeitungstätigkeiten, Stand: 2/2020. https://www.datenschutzkonferenz-online.de/media/kp/dsk_kpnr_1.pdf (Stand: 30.1.2020).
39 Angenommen durch EDSA *EDPB* Endorsement 1/2018 vom 25.5.2018 https://edpb.europa.eu/sites/edpb/files/files/news/endorsement_of_wp29_documents_en_0.pdf (Stand: 30.1.2020).

öffentlichen Stelle bzw. – durch Delegation – der Fachbereiche handelt. In diesem Sinne kann es als „**Best practice Ansatz**" sinnvoll sein, dass das Verzeichnis als wichtiger Baustein im Datenschutzmanagement beim DSB quasi treuhänderisch vorgehalten wird.

Wird die Führung des VVT der Intention der DS-GVO folgend unabhängig vom DSB organisiert, sollte dem DSB – soweit vorhanden – in jedem Fall der Zugriff auf das VVT zur Unterstützung seiner Aufgabenerfüllung möglich sein. 31

Unabhängig von der Frage, ob der DSB das VVT führt, kann er im Rahmen seines Bratungsauftrags Vorschläge für Vorgaben zum VVT machen und im Rahmen seines Überwachungsauftrags die Führung und Pflege dieses VVT überprüfen[40]. 32

4. Gliederung des VVT. Abs. 1 S. 2 beschreibt, welche Angaben das Verzeichnis enthält. Da sich diese Aufzählung nur auf das Verzeichnis, nicht aber auf die Beschreibung jeder Verarbeitungstätigkeit bezieht, ist der Verantwortliche frei, eine nach seiner Organisationsstruktur angemessene Gliederung des Verzeichnisses vorzusehen. So schlagen zum Beispiel **GDD**[41] und **Bitkom**[42] vor, sich wiederholende für alle oder für eine überwiegende Zahl der Verarbeitungstätigkeiten geltende Angaben auch nur einmal – zentral – zu dokumentieren, um den Pflegeaufwand und damit die Fehleranfälligkeit zu reduzieren. Dies gilt insbesondere für die Angaben, die den Verantwortlichen beschreiben, Art. 30 Abs. 2 lit. a. Weiterhin kann es auch sinnvoll sein, andere Aspekte, die grundsätzlich für alle oder für eine überwiegende Zahl der Verarbeitungstätigkeiten gelten, nur einmal – zentral – zu dokumentieren und bei der Dokumentation der einzelnen Verarbeitungstätigkeiten – sowie im Rahmen der Verarbeitungsmeldungen – mit Verweisen und gegebenenfalls dokumentierten Abweichungen zu arbeiten. Dies gilt zum Beispiel hinsichtlich der TOMs i.S.d. Art. 32, soweit hierzu ein einheitliches, unternehmens-/behördenweit geltendes Sicherheitskonzept besteht. 33

Das Verzeichnis an sich muss sämtliche der in Art. 30 Abs. 1 S. 2 lit a bis g aufgezählten Angaben enthalten. Diese Aufzählung ist für den Gesetzgeber zur Umsetzung der Norm abschließend und insofern keine Mindestanforderung[43]. Soweit die DS-GVO weitere Angaben fordert und die in der DS-GVO genannten Anforderungen nur als Mindestanforderungen sieht, benennt sie dies auch ausdrücklich so, siehe z.B. in Art. 33 Abs. 3, 34 Abs. 2, 35 Abs. 7, 39 Abs. 1. 34

Dennoch steht es dem Verantwortlichen frei, das Verzeichnis im Hinblick auf seine Organisationsanforderungen zu organisieren und dementsprechend mit weiteren Dokumentationen zu verbinden. Sinnvoll ist dies z.B. hinsichtlich der Aufnahme von Informationen, die die genaue Identifikation der beschriebenen Verarbeitungstätigkeiten ermöglichen. Solche Angaben, die die genaue interne Bezeichnung der Verar- 35

---

40 S. zum Überwachungsauftrag des DSB in Bezug auf das VVT s. *Herweg/Müthlein* Die Überwachungsaufgabe des Datenschutzbeauftragten nach DS-GVO, 2020, S. 73 ff.
41 S. *GDD* GDD-Praxishilfe DS-GVO Va – Verzeichnis von Verarbeitungstätigkeiten, Stand: 2/2020. https://www.datenschutzkonferenz-online.de/media/kp/dsk_kpnr_1.pdf (Stand: 30.1.2020).
42 S. *Bitkom* Das Verarbeitungsverzeichnis Verzeichnis von Verarbeitungstätigkeiten nach Art. 30 EU-Datenschutz-Grundverordnung (DS-GVO), 2017, https://www.bitkom.org/NP-Themen/NP-Vertrauen-Sicherheit/Datenschutz/FirstSpirit-1496129138918170529-LF-Verarbeitungsverzeichnis-online.pdf (Stand: 30.1.2020).
43 A.A. Paal/Pauly-*Martini* Datenschutz-Grundverordnung, 2. Aufl. 2018, Art. 30, Rn. 6 ohne weitere Begründung.

beitungstätigkeit oder die Fachverantwortlichkeit beschreiben, sieht Art. 30 selbst nicht vor. Soweit über die Angaben des Art. 30 Abs. 1 S. 2 weitere Angaben aus Sicht des Verantwortlichen in das VVT aufgenommen werden sollen, z.B. zur Unterstützung bei der Erfüllung der Nachweispflichten i.S.d. Art. 5, 24, sollte er die Fragen des Pflegeaufwands hinreichend berücksichtigen (s. hierzu Rn. 23). Im Hinblick darauf schlagen die Verbände GDD und Bitkom auf der Grundlage der Praxiserfahrung ihrer Mitglieder einen Aufbau des VVT vor, der eine eindeutige Trennung der Pflichtangaben (VVT i.e.S.) von weiteren Angaben im eigenen Interesse des Verantwortlichen, z.B. im Rahmen der Dokumentation weitergehender Rechenschaftspflichten, vorsieht (VVT i.w.S.). Präferiert wird hierbei, das VVT als führendes Verzeichnis auf Geschäftsprozessebene (Verarbeitungstätigkeiten) zu nutzen und gegebenenfalls detailliertere Dokumentationen zu einzelnen Aspekten der Geschäftsprozesse einzelne Verarbeitungsschritte (Vorgänge) oder Systeme „anzuhängen".[44] Mit Blick auf die Aufgabe des VVT, einer Aufsichtsbehörde einen Überblick zu verschaffen und damit faktisch als Ausgangspunkt für weitere Prüfungen zu dienen, will wohl überlegt sein, welche freiwilligen Angaben oder Verweise auf weitere Dokumente aufgenommen werden. Einer Aufsichtsbehörde steht es frei, auch die freiwilligen Angaben in ihre Prüfung einzubeziehen.

36 Soweit die Verarbeitung personenbezogener Daten vom Verantwortlichen ausgelagert wurde und im Rahmen einer Auftragsverarbeitung gem. Art. 28 durch Dienstleister erfolgt, ist diese Datenverarbeitung im Rahmen des VVT **des Verantwortlichen** mit zu berücksichtigen. Die Dokumentation obliegt also dem Verantwortlichen in seinem VVT, insbesondere im Rahmen der Dokumentation der Auftragsverarbeiter unter „Kategorien von Empfängern", Art. 30 Abs. 1 lit. d. Die Auslagerung kann einzelne Verarbeitungsschritte oder auch ganze Geschäftsprozesse umfassen.

37 **5. Einzelne Angaben.** Die nach Art. 30 Abs. 1 S. 2 lit a bis g zu dokumentierenden Angaben unterscheiden sich nur geringfügig von denen nach der RL 95/46/EG und dem BDSG a.F. geforderten. Die Abweichungen, die durch die DS-GVO bedingt sind, betreffen insbesondere die Angaben zum Verantwortlichen (Abs. 1 lit. a), Details bei der Übermittlung in Drittländer (Abs. 1 lit. c) sowie den Verzicht auf die Angabe der mit der Leitung der Datenverarbeitung beauftragten Personen (§ 4e Nr. 2 BDSG a.F.) und den Verzicht auf die Angaben zu zugriffsberechtigten Personen (§ 4g Abs. 2 S. 1 BDSG a.F.). Allerdings werden sich die zugriffsberechtigten Personen auch unter der DS-GVO im Wesentlichen unter den „Empfängern", s. Abs. 1 lit. d und Art. 4 Nr. 9, finden.

38 **a) Informationen zum Verantwortlichen.** Nach Abs. 1 lit. a sind die Namen und die Kontaktdaten
– des Verantwortlichen (s. Art. 4 Nr. 7),
– gegebenenfalls des gemeinsam mit ihm Verantwortlichen (s. Art. 26),

---

[44] S. *GDD* GDD-Praxishilfe DS-GVO Va – Verzeichnis von Verarbeitungstätigkeiten, Stand: 02.2020. https://www.datenschutzkonferenz-online.de/media/kp/dsk_kpnr_1.pdf (Stand: 30.1.2020), *Bitkom* Das Verarbeitungsverzeichnis Verzeichnis von Verarbeitungstätigkeiten nach Art. 30 EU-Datenschutz-Grundverordnung (DS-GVO), 2017, https://www.bitkom.org/NP-Themen/NP-Vertrauen-Sicherheit/Datenschutz/FirstSpirit-1496129138918170529-LF-Verarbeitungsverzeichnis-online.pdf (Stand: 30.1.2020).

- gegebenenfalls des Vertreters des Verantwortlichen (s. Art. 4 Nr. 9, Art. 27),
- eines etwaigen Datenschutzbeauftragten (s. Art. 37, §§ 5, 38 BDSG)

zu dokumentieren.

Die Angaben sollen, zumindest hinsichtlich des Verantwortlichen, eine eindeutige **39** Identifikation der verantwortlichen Stelle bzw. ihres Ansprechpartners in der EU ermöglichen[45]. Dies wird nach deutschem Rechtsverständnis regelmäßig durch die Angaben Name/Firmierung und ladungsfähige Anschrift ermöglicht. Im Hinblick darauf, dass die Aufsichtsbehörden die Zurverfügungstellung des VVT für ihre Zwecke verlangen dürfen, siehe Abs. 4, wird auch von der Erforderlichkeit der Dokumentation der gesetzlichen Vertreter ausgegangen werden müssen.

Zur Interpretation des Begriffs der „Kontaktdaten" hat die Art.-29-Datenschutz- **40** gruppe im WP 243rev.01 im Hinblick auf die Veröffentlichung der Kontaktdaten des Datenschutzbeauftragten gem. Art. 37 wie folgt Stellung genommen[46]:

„... Die Kontaktdaten des DSB sollten Angaben enthalten, die Betroffene ebenso wie die Aufsichtsbehörde in die Lage versetzen, den DSB auf einfachem Wege (postalisch, über eine persönliche Telefonnummer und/oder über eine persönliche E-Mail-Adresse) zu erreichen. Wo dies angezeigt ist, können zum Zwecke der Kommunikation mit der Öffentlichkeit weitere Kommunikationsmöglichkeiten (z.B. eine persönliche Hotline oder ein an den DSB persönlich adressiertes Kontaktformular auf der Website der Einrichtung) angeboten werden.

Artikel 37 Absatz 1 schreibt nicht vor, dass in den veröffentlichten Kontaktdaten auch der Name des DSB aufzuführen ist. ..."

Während es im Hinblick auf die vertrauliche Kontaktaufnahme durch einen Betroffe- **41** nen mit dem Datenschutzbeauftragten gegebenenfalls noch angemessen ist, einen direkten Kommunikationsweg über eine **persönliche** E-Mail-Adresse oder eine **persönliche** Telefonnummer zu fordern, ist eine solche Forderung im Zusammenhang mit dem VVT, das extern allenfalls den Aufsichtsbehörden zur Verfügung steht, unangemessen. Hier muss es reichen, dass die Aufsichtsbehörden die Informationen haben, um über die allgemein üblichen Kommunikationswege wie zum Beispiel Funktions-E-Mail-Adressen oder Telefonzentralen mit ihren Kommunikationspartnern in Erstkontakt zu treten.[47]

Die entsprechenden Angaben wie zum Verantwortlichen sind auch für benannte Ver- **42** treter des Verantwortlichen (Art. 4 Nr. 17, Art. 27) anzugeben, soweit der Verantwortliche keine Niederlassung in der Europäischen Union hat und die Voraussetzungen des Art. 27 Abs. 1 i.V.m. Art. 3 Abs. 2 vorliegen.

---

45 Kühling/Buchner-*Hartung* 2. Aufl., Art. 30 Rn. 17.
46 S. *Art.-29-Datenschutzgruppe* WP 243 rev.01 Leitlinien in Bezug auf Datenschutzbeauftragte („DSB"), angenommen am 13.12.2016, zuletzt überarbeitet und angenommen am 5.4.2017, https://ec.europa.eu/newsroom/article29/item-detail.cfm?item_id=612048 (Stand: 30.1.2020), S. 15.
47 Die Anknüpfung von Paal/Pauly-*Martini* 2. Aufl., Art. 30 Rn. 7, an die Wahrnehmung von Betroffenenrechten und Haftungsansprüchen geht insofern fehl, als dass das VVT ausschließlich der internen Nutzung des Verantwortlichen und Aufsichtsbehörden, nicht aber Betroffenen, zur Verfügung steht.

43 Diese Angaben sind im gleichen Umfang auch in dem Falle zu dokumentieren, dass eine gemeinsame Verantwortung i.S.d. Art. 26 gegeben ist. Während der Umstand, dass ein Vertreter nach Art. 4 Nr. 17, Art. 27 zu bestellen ist, für alle Verarbeitungstätigkeiten eines Verantwortlichen zutreffen wird, liegt die gemeinsame Verantwortung regelmäßig nur in Bezug auf einzelne Verarbeitungstätigkeiten oder Verarbeitungsschritte vor. Dementsprechend wird die Tatsache einer gemeinsamen Verantwortung regelmäßig zur konkreten Verarbeitungstätigkeit, in der Regel ein Geschäftsprozess wie oben beschrieben, zu dokumentieren sein, während die Angaben zum Verantwortlichen, zu einem gegebenenfalls benennenden Vertreter sowie zum gegebenenfalls benannten Datenschutzbeauftragten in einem „Vorblatt" zur einmaligen Dokumentation erfasst werden können.[48]

44 **b) Zwecke der Verarbeitung.** Nach Art. 30 Abs. 1 S. 2 lit b sind die Zwecke der Verarbeitung zu dokumentieren. Das VVT verfolgt einen geschäftsprozessbezogenen Ansatz, s. Rn. 18. Von daher kann eine Verarbeitung (aus der Anwendung des BDSG a.F. als „Verfahren" vertraut) mehrere Teil-Geschäftsprozesse zusammenfassen. Folglich kann eine Verarbeitung auch mehrere Zwecke umfassen, so dass auch mehrere Zweckbestimmungen angegeben werden können.

45 In der Literatur wird immer wieder darauf hingewiesen, dass die „Zwecke" wesentlichen Einfluss auf die Bestimmung der Rechtmäßigkeit haben und auch im Rahmen der Information und Auskunftsrechte dem Betroffenen gegenüber zu nennen sind[49]. Aufgrund der unterschiedlichen Zielrichtungen der betroffenen Normen zur Zulässigkeit, den Transparenzrechten der Betroffenen sowie zum VVT erscheint jedoch eine pauschale Gleichsetzung der Auslegung des Begriffs „Zwecke" im Kontext der unterschiedlichen Normen nicht gerechtfertigt. Zwar ist der Hinweis, dass zumindest aufgrund der Transparenzrechte gegenüber dem Betroffenen Informationen zu den Zwecken vorliegen müssen[50], gerechtfertigt, heißt aber nicht, dass die Beschreibung der Zwecke an allen Stellen identisch formuliert sein muss. Dafür sprechen auch die unterschiedlichen Adressatenkreise. Während für Betroffene eine einfache Sprache zu verwenden ist (Art. 12 Abs. 1), dürfte für eine Aufsichtsbehörde eine dem Datenschutzrecht angelehnte Formulierung angemessen sein.

46 Die Zwecke sind jeweils im Hinblick auf die konkrete Verarbeitung in den jeweiligen Geschäftsprozessen zu beschreiben, z.B. bei der Verarbeitung: „Allgemeine Kundenverwaltung" können die verfolgten Zweckbestimmungen lauten: „Auftragsbearbeitung, Buchhaltung und Inkasso" oder bei der Verarbeitung: „Customer-Relationship-Management" können die verfolgten Zweckbestimmungen sein: „Dokumentation und Verwaltung von Kundenbeziehungen, Marketing, Neukundenakquise, Kundenbindungsmaßnahmen, Kundenberatung, Beschwerdemanagement, Kündigungsprozess".[51]

---

48 zum Beispiel auf den Vorschlag der *GDD* GDD-Praxishilfe DS-GVO Va – Verzeichnis von Verarbeitungstätigkeiten, Stand: 2/2020. https://www.datenschutzkonferenz-online.de/media/kp/dsk_kpnr_1.pdf (Stand: 30.1.2020).
49 Kühling/Buchner-*Hartung*, 2. Aufl., Rn. 18; Paal/Pauly-*Martini* 2. Aufl., Art. 30 Rn. 8f.
50 So Kühling/Buchner-*Hartung* 2. Aufl., Rn. 18.
51 S. *GDD* GDD-Praxishilfe DS-GVO Va – Verzeichnis von Verarbeitungstätigkeiten, Stand: 2/2020. https://www.datenschutzkonferenz-online.de/media/kp/dsk_kpnr_1.pdf (Stand: 30.1.2020).

Zu beachten ist bei einer geschäftsprozessbezogenen Dokumentation im VVT, dass neben dem Fachprozess auch regelmäßig begleitende mitarbeiterbezogene Unterstützungsprozesse vorliegen können wie z.B. zur Personalführung/-einsatzplanung. Deren Zwecke sind entweder als Teil einer anderen Verarbeitung oder als eigene Verarbeitung zu beschreiben. Die DSK nennt als Beispiele für Zwecke in einzelnen Verzeichnissen unter anderem: Personalaktenführung/Stammdaten, Lohn-, Gehalts- und Bezügeabrechnung, Firmenparkplatzverwaltung[52].

c) Kategorien betroffener Personen. Art. 30 Abs. 1 S. 2 lit. c fordert eine Beschreibung der Kategorien betroffener Personen und der Kategorien personenbezogener Daten. Eine Kategorie stellt eine Gruppe dar, der jemand oder etwas aufgrund typisierender Merkmale zugeordnet wird. Als solche Kategorien betroffener Personen kommen bspw. Kunden, Interessenten, Beschäftigte, Geschäftspartner, Schuldner, Versicherungsnehmer usw. in Betracht. Betroffene sind definitionsgemäß natürliche Personen. Für juristische Personen sind auch deren Mitarbeiter oder Ansprechpartner als Kategorie aufzuführen. Z.B. „Kunden und deren Mitarbeiter". Sind bspw. alle Kunden juristische Personen entfällt die Kategorie „Kunde", so dass lediglich die Kategorie „Mitarbeiter von Kunden" aufzuführen ist.

d) Kategorien personenbezogener Daten. Auch hier ist von Kategorien die Rede. Damit ist eine typisierte Zusammenfassung mehrerer Daten gemeint. Zu dokumentieren sind also nicht etwa konkrete personenbezogene Daten oder etwa einzelne Datenfelder.

Die gemeinsame Nennung der Kategorien betroffener Personen und der Kategorien personenbezogener Daten legt es nahe, dass ein Bezug hergestellt werden soll in der Weise, dass der jeweiligen Personengruppe die zugehörigen Daten auch in der Darstellung des VVT zugeordnet werden.

Dementsprechend verweist zum Beispiel die **GDD** auf folgende Zuordnung[53]:
- „Kunden: Adressdaten, Kontaktkoordinaten (einschl. Telefon-, Fax- und E-Mail-Daten), Geburtsdatum, Vertragsdaten, Bonitätsdaten, Betreuungsinformationen einschließl. Kundenentwicklung, Produkt- bzw. Vertragsinteresse, Statistikdaten, Abrechnungs- und Leistungsdaten, Bankverbindung,
- Beschäftigtendaten (Lohn und Gehalt): Kontaktdaten, Bankverbindung, Sozialversicherungsdaten."

und die **DSK** in ähnlicher Weise[54]:
- „… „Kategorie Beschäftigte" in die Daten-Kategorien:
  - Mitarbeiter-Stammdaten mit Adressdaten, Geburtsdatum, Bankverbindung, Steuermerkmale, Lohngruppe, Arbeitszeit, bisherige Tätigkeitsbereiche, Qualifikationen etc.,

---

52 *DSK* Hinweise zum Verzeichnis von Verarbeitungstätigkeiten, nach Art. 30 (Stand: Februar 2018), https://www.datenschutzkonferenz-online.de/media/ah/201802_ah_verzeichnis_verarbeitungstaetigkeiten.pdf (Stand: 30.1.2020).
53 *GDD* GDD-Praxishilfe DS-GVO Va – Verzeichnis von Verarbeitungstätigkeiten, Stand: 2/2020. https://www.datenschutzkonferenz-online.de/media/kp/dsk_kpnr_1.pdf (Stand: 30.1.2020).
54 *DSK* Hinweise zum Verzeichnis von Verarbeitungstätigkeiten, nach Art. 30 (Stand: Februar 2018), https://www.datenschutzkonferenz-online.de/media/ah/201802_ah_verzeichnis_verarbeitungstaetigkeiten.pdf (Stand: 30.1.2020).

- Bewerbungen mit Kontaktdaten, Qualifikationsdaten, Tätigkeiten etc.,
- Arbeitszeugnisse mit Adressdaten, Leistungsdaten, Beurteilungsdaten etc.,
- Abmahnungen mit Adressdaten, Arbeitsverhalten, Leistungsdaten etc.,
- Betriebsarztuntersuchungen mit Adressdaten, Gesundheitsdaten etc.,
- Stundenplan als Einsatzplan für Lehrkräfte,
- Videoüberwachung an Arbeitsplätzen etc.
- ... „Kategorie Kundendaten" in die Kategorien:
  - Kunden-Kontaktdaten mit Adressdaten, Ansprechpartnern etc.,
  - Kundengruppe/-interesse,
  - Umsatzdaten bisher,
  - Bonitätsdaten,
  - Zahlungsdaten usw. ..."

53 Es bleibt festzuhalten, dass die Aufzählung vollständig und abschließend sein muss. Beispiele genügen nicht.

54 **e) Kategorien von Empfängern.** Die Kategorien[55] von Empfängern, gegenüber denen die personenbezogenen Daten offengelegt worden sind oder noch offengelegt werden, sind nach Art. 30 Abs. 1 S. 2 lit. d einschließlich der Empfänger in Drittländern oder internationalen Organisationen zu dokumentieren. Der Begriff des Empfängers ist definiert in Art. 4 Nr. 9 und umfasst alle Personen oder Institutionen, denen personenbezogene Daten weitergeleitet werden, unabhängig davon, ob es sich um interne Stellen des Verantwortlichen, Auftragsverarbeiter i.S.d. Art. 4 Nr. 10 oder um Dritte i.S.d. Art. 4 Nr. 10 handelt.

55 Solche Empfänger, die Daten – ggf. über Schnittstellen – erhalten, sind z.B. in den Prozess eingebundene weitere Fachabteilungen, Vertragspartner, Kunden, Behörden, Versicherungen, Auftragsverarbeiter (z.B. Dienstleistungsrechenzentrum, Call-Center, Datenvernichter, Cloud Service Provider) usw. Die DSK[56] nennt als Beispiele im Bereich der Lohn- und Gehaltsabrechnung u.a. folgende Empfänger: Banken, Sozialversicherungsträger, Finanzämter, unternehmensinterne andere Datenempfänger (z.B. Betriebsrat, Fachvorgesetzte), ggf. Gläubiger bei Lohn-/Gehaltspfändungen.

56 Der Hinweis auf Empfänger in Drittländern oder internationalen Organisationen an dieser Stelle kann nur deklaratorischen Charakter haben, da per Definition Empfänger in Drittländern auch Empfänger Sinne des Art. 4 Nr. 9 sind. Damit sind Empfänger in Drittländern in jedem Fall auch ohne besondere Erwähnung mit zu erfassen. Weiterhin sind die näheren Umstände einer Weitergabe in Drittländer nach Art. 30 Abs. 1 S. 2 lit. e detaillierter zu dokumentieren.

57 Zu beachten ist, dass Behörden, die auf gesetzlicher Grundlage im Rahmen eines bestimmten Untersuchungsauftrags möglicherweise personenbezogenen Daten erhalten, nicht als Empfänger gelten und mithin hier nicht zu dokumentieren sind, s. Art. 4 Nr. 9.

---

55 Zum Begriff „Kategorie" s. Rn. 48.
56 *DSK* Hinweise zum Verzeichnis von Verarbeitungstätigkeiten, nach Art. 30 (Stand: Februar 2018), https://www.datenschutzkonferenz-online.de/media/ah/201802_ah_verzeichnis_verarbeitungstaetigkeiten.pdf (Stand: 30.1.2020).

f) Übermittlungen an ein Drittland oder an eine internationale Organisation. – aa) Angabe des Drittlands oder der internationalen Organisation. Wenn personenbezogene Daten im Rahmen der Verarbeitung – also prozessimmanent – in ein Drittland, d.h. ein Land außerhalb der EU/des EWR, oder eine internationale Organisation wie zum Beispiel die UNO oder deren Institutionen weitergegeben werden, sind die betroffenen Drittstaaten oder internationalen Organisationen zu benennen. Ein typischer Fall betrifft die Weitergabe personenbezogener Daten in internationalen, weltweit operierenden Konzernen. 58

bb) Dokumentation geeigneter Garantien bei den in Art. 49 Abs. 1 UAbs. 2 genannten Datenübermittlungen. Art. 30 Abs. 1 S. 2 lit. e verlangt zudem die Dokumentation geeigneter Garantien ausschließlich bei den in Art. 49 Abs. 1 UAbs. 2 genannten Datenübermittlungen. Diese Dokumentation der „Garantien" ist jedoch in normalen Prozessen regelmäßig entbehrlich[57]. Art. 49 Abs. 1 UAbs. 2 betrifft nämlich einen sehr restriktiv ausgelegten Ausnahmetatbestand zur Übermittlung in Drittländer, wenn keine der Voraussetzungen der Art. 45 oder 46 oder 49 Abs. 1 UAbs. 1 eingehalten werden kann. Dann darf unter näher definierten Umständen eine Übermittlung an ein Drittland oder eine internationale Organisation auch dann erfolgen, wenn die Übermittlung **nicht wiederholt** erfolgt, nur eine **begrenzte Zahl** von betroffenen Personen betrifft, und weitere einschränkende Voraussetzungen erfüllt sind. Die auf Art. 49 Abs. 1 UAbs. 2 gestützten Weitergaben erfolgen also nicht wiederholt. Die im VVT zu dokumentierenden Prozesse sind hingegen gerade auf Wiederholung angelegt. 59

Eine Dokumentation anderer Garantien, wie zum Beispiel eines Angemessenheitsbeschlusses der Kommission oder durch Standardvertragsklauseln zur Drittlandsweitergabe ist nicht gefordert, kann aber – optional – sinnvoll sein. 60

g) Löschfristen. – aa) Fristen für die Löschung. Die vorgesehenen Fristen für die Löschung der verschiedenen Datenkategorien sind nach Art. 30 Abs. 1 S. 2 lit. f anzugeben. Die DS-GVO sieht grundsätzlich vor, dass personenbezogene Daten zu löschen sind, soweit sie für die Zwecke, für die sie erhoben oder verarbeitet wurden, nicht mehr notwendig sind, Art. 5 Abs. 1 lit. c, e, 17 Abs. 1 lit a. Allerdings kann eine weitere Aufbewahrung aufgrund gesetzlicher Aufbewahrungsfristen erforderlich sein. Umgekehrt schränken gesetzliche festgelegte Höchstspeicherdauern die Aufbewahrung ein. Insoweit soll festgelegt werden, wann personenbezogene Daten tatsächlich gelöscht werden. Es sollten daher hier die konkreten Aufbewahrungs-/Löschfristen angegeben werden, die in Verfahren implementiert sind. Soweit diese in einem Löschkonzept dokumentiert sind, kann ein Verweis auf das vorhandene und im Verfahren umgesetzte Löschkonzept, das die Vorgaben zur Datenlöschung beim Verantwortlichen beschreibt, ausreichen. 61

Besteht ein solches Löschkonzept, auf das verwiesen werden kann, nicht, sind die Fristen hier näher zu konkretisieren. Ein konkreter Löschtermin wird im Blick darauf, dass das VVT Geschäftsprozesse dokumentiert, regelmäßig nicht angegeben werden können. Es muss daher ausreichen, die Fristdauer und den Fristenbeginn anzugeben, 62

---

[57] S.a. Auernhammer-*Brüggemann* DSGVO/BDSG, 5. Aufl., Art. 30 Rn. 8.

Müthlein

z.B.: „Die Daten werden nach zehn Jahren ab ... gelöscht"[58]. Ähnlich pragmatische Beispiele führt die DSK an[59]:

„...
- die geltenden handels- und steuerrechtlichen Aufbewahrungspflichten für Personaldaten, Kundendaten etc.
- geltende Aufbewahrungs- und Löschfristen für Schülerdaten, Prüfungsunterlagen etc.
- gesetzlich vorgesehene Löschungsfristen (z.B. § 14 Bundesmeldegesetz)
- vom Verantwortlichen festgelegte Überprüfungs-/Löschfristen ..."

63 **bb) Wenn möglich.** Der Möglichkeitsvorbehalt in Art. 30 Abs. 1 lit. f und g verwirrt, da nicht klar ist, wann es unmöglich wäre, diese Angaben zu machen[60]. Dies gilt insbesondere, da die Löschfristen schon im Rahmen der Informationspflichten nach Art. 13 Abs. 2 lit. a und 14 Abs. 2 lit a bei der Erhebung anzugeben und die Festlegung technischer und organisatorischer Maßnahmen nach Art. 32 verpflichtend, bußgeldbewehrt und im Rahmen der Accountability-Regelungen der Art. 5 Abs. 2, 24 Abs. 1 nachweispflichtig sind. Insoweit kann sich dieser Vorbehalt nicht auf das „Ob" der Angaben, sondern allenfalls auf das „Wie" beziehen. Entsprechend ist z.B. auch der Möglichkeitsvorbehalt bei den Informationspflichten formuliert[61]. Es wird also in der Regel erwartet werden, dass die Informationen vorliegen.[62] Daher ist es nicht verwunderlich, dass diesem Möglichkeitsvorbehalt wenig praktische Bedeutung prophezeit wurde.[63]

64 **h) TOM gem. Art. 32 Abs. 1.** Nach Abs. 1 lit. g ist, „wenn möglich[64], eine allgemeine Beschreibung der TOMs gem. Art. 32 Abs. 1" in das VVT aufzunehmen. Der Zusatz des § 4e Nr. 9 BDSG a.F. im Hinblick auf die Möglichkeit, vorläufig zu beurteilen, ob die Maßnahmen zur Gewährleistung der Sicherheit der Verarbeitung angemessen sind, fehlt hingegen. Die DSK interpretiert jedoch genau diesen Zusatz hier hinein[65]. Soll tatsächlich anhand des VVT eine erste Beurteilung der Angemessenheit der ergriffenen technischen und organisatorischen Maßnahmen ermöglicht werden, kann dies nur geschehen, wenn zugleich die technische Infrastruktur über den Wortlaut der Norm hinaus zumindestens in ihrer wesentlichen Struktur hier auch dokumentiert wird. Dies erscheint insbesondere dann sinnvoll, wenn das VVT zur Absicherung des

---

58 Kühling/Buchner-*Hartung* 2. Aufl., Rn. 23.
59 *DSK* Hinweise zum Verzeichnis von Verarbeitungstätigkeiten, nach Art. 30 (Stand: Februar 2018), https://www.datenschutzkonferenz-online.de/media/ah/201802_ah_verzeichnis_verarbeitungstaetigkeiten.pdf (Stand: 30.1.2020).
60 BeckOK DatenSR-*Spoerr* Stand: 1.11.2019, Rn. 10 m.w.N.
61 Art. 13 Abs. 2 lit. a bzw. Art. 13 Abs. 2 lit. b lautet: „... a) die Dauer, für die die personenbezogenen Daten gespeichert werden oder, **falls dies nicht möglich ist**, die Kriterien für die Festlegung dieser Dauer; ...", entsprechend auch die Formulierung in Art. 15 Abs. 1 lit. d.
62 S.a. Sydow-*Ingold* 2. Aufl., Art. 30 Rn. 17; *Müthlein* Auftragsverarbeitung 5.0, RDV 2016, 74, 81.
63 Ehmann/Selmayr-*Bertermann* 2. Aufl., Art. 30 Rn. 15.
64 Zum Möglichkeitsvorbehalt s. Rn. 57.
65 DSK-Kurzpapier Nr. 1 – Verzeichnis von Verarbeitungstätigkeiten – Art. 30 https://www.datenschutzkonferenz-online.de/media/kp/dsk_kpnr_1.pdf (Stand: 30.1.2020): „ ... Jedenfalls sollte die Beschreibung der Maßnahmen nach Art. 32 so konkret erfolgen, dass die Aufsichtsbehörden eine erste Rechtmäßigkeitsüberprüfung vornehmen können." Zum Problem der „Rechtmäßigkeitsprüfung" anhand des VVT s. Rn. 22 und 23.

Verantwortlichen selbst genutzt werden soll, weil er durch die Dokumentation gleichzeitig überprüfen will, ob tatsächlich ausreichende Schutzmaßnahmen vorgenommen wurden.[66]

Gefordert wird eine **allgemeine** Beschreibung der TOMs. Insofern sollten auch Verweise auf angewendete und dokumentierte Sicherheitskonzepte ausreichen. So weist auch die DSK auf Verweise auf bestehende Dokumente hin: „... Bei größeren Unternehmen genügt ggf. auch ein Verweis auf schon vorhandene Dokumentationen und Sicherheitskonzepte (z.B. Standarddatenschutzmodell (SDM)), ohne dass diese hier in Gänze dargestellt werden. ..."[67]. 65

Bestehen derartige übergeordnete Sicherheitskonzepte als eigenständige Dokumente allerdings nicht, werden die getroffenen Sicherheitsmaßnahmen in konkreterer Form direkt im VVT zu dokumentieren sein. Aber auch bei bestehendem Sicherheitskonzept, auf das verwiesen wird, wird stets zu überprüfen sein, ob die tatsächlich umgesetzten Maßnahmen denen des Sicherheitskonzeptes entsprechen. Bei Abweichungen sind diese in das VVT aufzunehmen. 66

Im Hinblick auf die Frage, wie konkret die Maßnahmen beschrieben werden sollen, ist neben der Forderung nach einer allgemeinen Beschreibung und den Vorgaben des Art. 32 auch zu bedenken, dass das VVT ggf. an die Aufsichtsbehörde weitergegeben wird und damit das Unternehmen bzw. die Behörde verlässt. Um durch diese Weitergabe keine Risiken im Sicherheitskonzept entstehen zu lassen, sollte es keine schutzbedürftigen, internen Informationen im Zusammenhang mit den IT-Sicherheitsmaßnahmen (z.B. Implementationsdetails technischer Sicherheitsmaßnahmen) enthalten. 67

III. Abs. 2

Das VVT, das ein Auftragsverarbeiter nach Art. 30 Abs. 2 zu führen hat, hat primär zum Ziel, eine erste Übersicht darüber zu geben, welche Kategorien von Verarbeitungen – oder mit anderen Worten: Leistungen – für welchen Auftraggeber erbracht werden. 68

Im Vordergrund stehen also die durch den Auftragsverarbeiter angebotenen Leistungen. Im Rahmen der DS-GVO treffen den Auftragsverarbeiter für seine Leistungen eigene Verantwortlichkeiten. So ist er zum Beispiel dafür verantwortlich, dass bezüglich seiner Leistungen hinreichende Sicherheitskonzepte (s. Art. 32) umgesetzt werden. Unter diesen Prämissen sollte Folgendes für die Erstellung des VVT beachtet werden: 69

– Auftragsverarbeiter müssen explizit ein VVT im Hinblick auf die Auftragsverarbeitung führen. Das schließt die Führung eines weiteren VVT als Verantwortlicher für eigene Geschäftsprozesse nicht aus.
– In der Praxis wird es sinnvoll sein, für die sehr unterschiedlichen Anforderungen an das VVT für Verantwortliche und Auftragsverarbeiter gesonderte VVT-Vorlagen jeweils mit eigenem Aufbau zu nutzen.

---

66 So Kühling/Buchner-*Hartung* 2. Aufl., Rn. 24 m.w.N.
67 *DSK* Hinweise zum Verzeichnis von Verarbeitungstätigkeiten, nach Art. 30 (Februar 2018), https://www.datenschutzkonferenz-online.de/media/ah/201802_ah_verznis_verarbeitungstaetigkeiten.pdf (Stand: 30.1.2020).

Müthlein

70 Auch dieses VVT der Auftragsverarbeiter dient allein der internen Dokumentation und der Zurverfügungstellung an die Aufsichtsbehörde auf Anforderung. Die Einsichtnahme durch andere Stellen, insbesondere durch Betroffene oder die Auftraggeber selbst sieht der Gesetzgeber nicht vor. Ein Anspruch auf Einsichtnahme durch oder eine Aushändigung an diese besteht daher nicht.

71 **1. Normadressat.** Nach Abs. 2 sind alle **Auftragsverarbeiter** i.S.d. Art. 4 Nr. 8 (natürliche oder juristische Person, Behörde, Einrichtung oder andere Stelle, die personenbezogene Daten im Auftrag des Verantwortlichen verarbeitet) verpflichtet, ein „Verzeichnis zu allen Kategorien von im Auftrag eines Verantwortlichen durchgeführten Tätigkeiten der Verarbeitung" zu führen, soweit sie nicht nach der Ausnahmeregelung des Abs. 5 hiervon befreit sind.

72 Die Regelung bezieht sich dabei auch auf den **Vertreter** im Sinne von Art. 4 Nr. 17[68]. Allerdings ist hierbei zu beachten, dass gem. Art. 27 Abs. 1 die Pflicht zur Bestellung eines Vertreters nur dann besteht, wenn die Voraussetzungen des Art. 3 Abs. 2 gegeben sind, also in der Regel nur dann, wenn sich die Leistung des Auftragsverarbeiters als Angebot an die **betroffenen** Personen darstellt. Da sich die Auftragsverarbeitung per Definition zwischen Verantwortlichen – und gerade nicht Betroffenen – und Auftragsverarbeiter abspielt, ist ein Vertreter eines Auftragsverarbeiters mit Sitz im Drittland regelmäßig nicht verpflichtend.

73 **2. Verzeichnis.** Die DSK weist darauf hin, dass „… hier die Pflichtangaben überschaubar [sind], so dass der Aufwand, dieses Verzeichnis zu erstellen, als eher gering einzustufen sein wird."[69] Eine solche Aussage wird jedoch nur dann haltbar sein, wenn der Auftragsverarbeiter über einen beschränkten Kreis von Auftraggebern und eine geringe Anzahl unterschiedlicher angebotener Dienstleistungen verfügt. Je mehr Auftraggeber zum Beispiel im Massengeschäft mit Cloud-Dienstleistungen bedient werden bzw. je weiter das Angebot ausgebaut wird umso komplexer wird die Darstellung bzw. der Umfang des Verzeichnisses werden. Also wird es eine Einzelfallentscheidung sein müssen, wie der Auftragsverarbeiter die Erstellung und Führung dieses Verzeichnisses am sinnvollsten organisiert. Daher hat zum Beispiel die GDD auf die Erarbeitung eines konkreten Musters verzichtet und lediglich unterschiedliche Vorschläge für die Dokumentation gemacht (dreiteiliger Aufbau in Anlehnung an den Aufbau des VVT der Verantwortlichen mit unterschiedlichen Arten der Darstellung der Kunden/Leistungsbeziehung)[70].

74 **3. Führung.** Siehe hierzu grundsätzlich Rn. 28. Das Verzeichnis ist vom Auftragsverarbeiter zu führen, der entscheiden muss, ob er dieses zentral oder dezentral tut.

75 Zu beachten ist allerdings hier, dass sich das Verzeichnis lediglich auf bestimmte Fachbereiche in einem Unternehmen bezieht, nämlich die, die tatsächlich Dienstleistungen

---

68 *DSK* Hinweise zum Verzeichnis von Verarbeitungstätigkeiten, nach Art. 30 (Stand: Februar 2018), https://www.datenschutzkonferenz-online.de/media/ah/201802_ah_verzeichnis_verarbeitungstaetigkeiten.pdf (Stand: 30.1.2020).

69 *DSK* Kurzpapier Nr. 1 – Verzeichnis von Verarbeitungstätigkeiten – Art. 30 https://www.datenschutzkonferenz-online.de/media/kp/dsk_kpnr_1.pdf (Stand: 30.1.2020).

70 *GDD* GDD-Praxishilfe DS-GVO Va – Verzeichnis von Verarbeitungstätigkeiten, Stand: 2/2020. https://www.datenschutzkonferenz-online.de/media/kp/dsk_kpnr_1.pdf (Stand: 30.1.2020), s.a. Rn. 30 ff.

im Rahmen einer Auftragsverarbeitung erbringen. Soweit die Erbringung solcher Dienstleistungen das Kerngeschäft des Auftragsverarbeiters darstellt, fällt die Identifikation der entsprechenden Fachbereiche relativ leicht. Insbesondere im Konzernumfeld bei arbeitsteiliger Verarbeitung durch unterschiedliche Konzernunternehmen verschwimmen diese klaren Zuordnungen jedoch schnell. Von daher wird es situationsbedingt zu entscheiden sein, ob das Verzeichnis zentral, zum Beispiel in Kombination mit einer Kundenverwaltung, oder dezentral durch die jeweilig betroffenen Fachabteilungen geführt wird. Sicherzustellen ist jedoch, dass quasi auf „Knopfdruck" ein umfassendes Verzeichnis auf Anforderung der Aufsichtsbehörde zur Verfügung gestellt werden kann. Eine Führung oder Übergabe des Verzeichnisses an den DSB sieht das Gesetz nicht vor. Ob die Führung dieses Verzeichnisses des Auftragsverarbeiters durch den DSB oder die Übergabe an ihn dennoch sinnvoll ist, ist insbesondere im Hinblick auf die Dynamik von Kunden- und Leistungsbeziehungen zu bezweifeln. Zudem ist es nicht offensichtlich, welchen Nutzen der DSB für seine Arbeit aus der Führung oder Übergabe dieses Verzeichnisses ziehen sollte.

4. Inhalte. Die geforderten Inhalte nach Abs. 2 lit. a bis d unterscheiden sich zwar auf 76 den ersten Blick nicht wesentlich von den Angaben des Abs. 1. Dennoch ist ein wesentlicher Unterschied darin zu sehen, dass nicht eigene Geschäftsprozesse, sondern die Leistungserbringung je Verantwortlichen dokumentiert werden soll. Insofern sind neben Angaben zu zum Auftragsverarbeiter Abs. 2 lit. a (analog zu Abs. 1 lit. a) Angaben zu den Kunden des Auftragsverarbeiters (Verantwortliche, Abs. 2 lit. a) sowie zu den erbrachten Leistungen zu dokumentieren. Dies betrifft zunächst die Leistungen sich (Kategorien von Verarbeitungen, Abs. 2 lit. b) sowie die hierzu getroffenen technischen und organisatorischen Maßnahmen (Abs. 2 lit. d) und – sofern eine Weiterleitung der Daten in Drittländer erfolgt – Details bei der Übermittlung in Drittländer (Abs. 2 lit. c). Weitere Angaben werden gesetzlich nicht gefordert. Da die Komplexität sehr schnell steigen kann, sollte eine freiwillige Ausweitung der Angaben wohl bedacht sein.

a) Informationen zum Auftragsverarbeiter und zu Verantwortlichen. Wenn es in 77 Abs. 2 lit. a heißt, anzugeben sind „…Namen und die Kontaktdaten des Auftragsverarbeiters oder der Auftragsverarbeiter und jedes Verantwortlichen, in dessen Auftrag der Auftragsverarbeiter tätig ist, sowie gegebenenfalls des Vertreters des Verantwortlichen oder des Auftragsverarbeiters und eines etwaigen Datenschutzbeauftragten;" wird hier einiges zusammengewürfelt, was grundsätzlich nicht zusammengehört. Zunächst soll analog zu Abs. 1 lit. a der Auftragsverarbeiter selbst beschrieben werden. Soweit Informationen zum Verantwortlichen gefordert werden, sind dies die Informationen zu den jeweiligen Kunden (Auftraggeber) des Auftragsverarbeiters, die datenschutzrechtlich weiterhin verantwortlich für die durch den Auftragsverarbeiter durchgeführten Verarbeitungen bleiben.

aa) Informationen zum Auftragsverarbeiter. Zu Informationen zum Auftragsverar- 78 beiter zählen Namen und die Kontaktdaten:
– des Auftragsverarbeiters oder der Auftragsverarbeiter,
– gegebenenfalls des Vertreters des Auftragsverarbeiters[71],
– eines etwaigen Datenschutzbeauftragten.

Zum Umfang der Informationen siehe entsprechend oben Rn. 35 ff.

---

71 In der Regel nicht einschlägig, s. Rn. 72.

Art. 30 Verzeichnis von Verarbeitungstätigkeiten

79 **bb) Informationen zum Verantwortlichen.** Zu Informationen zum jeweiligen Verantwortlichen zählen Namen und die Kontaktdaten:
- jedes Verantwortlichen, in dessen Auftrag der Auftragsverarbeiter tätig ist,
- gegebenenfalls des Vertreters des Verantwortlichen.

80 Auch wenn Abs. 2 lit. a diesbezüglich vielleicht missverständlich formuliert ist, ist es nicht Aufgabe des Auftragsverarbeiters über die Angaben des Art. 28 hinaus Angaben zu einem gegebenenfalls von dem Verantwortlichen benannten Datenschutzbeauftragten zu erheben.

Zum Umfang der Informationen siehe entsprechend oben Rn. 35 ff.

81 **b) Kategorien von Verarbeitungen, die im Auftrag jedes Verantwortlichen durchgeführt werden.** Die „Kategorien von Verarbeitungen, die im Auftrag jedes Verantwortlichen durchgeführt werden" lassen sich grundsätzlich aus Sicht des Auftragsverarbeiters aus seinen Standardleistungen (Produkten) als Dienstleister ableiten[72]. Dementsprechend allgemein gehaltene Kategorien[73] führt die DSK als Beispiele auf wie „Lohn- und Gehaltsabrechnung, Finanzbuchhaltung, eMail-Datenbank, Übernahme der betrieblichen/behördlichen Telefonanlage, Werbeadressenverarbeitung, Einscannen von betrieblichen/behördlichen Schriftstücken, Support-/Wartungsservice, Rechnerservice mit Support und Datensicherung, bei denen allein der Auftraggeber den Zweck und die Verarbeitungen festlegt, Archivierung von Datenbeständen, Löschung sowie Entsorgung von Datenträgern, Lernplattform, Datenverarbeitung in einem externen Rechenzentrum[74]."

82 Kundenspezifische Abweichungen von der angebotenen Standardleistung ergeben sich regelmäßig aus den konkreten vertraglichen Vereinbarungen, insbesondere aus dem Vertrag nach Art. 28 und den Weisungen des Verantwortlichen. Aus der Beschränkung der Dokumentationspflicht des Art. 30 Abs. 2 auf „Kategorien von Verarbeitungen" ergibt sich allerdings, dass die Dokumentation von diesen „Kategorien von Verarbeitungen" modifizierenden Verträgen oder Weisungen nicht Gegenstand des Verzeichnisses eines Auftragsverarbeiters ist[75]. Dies betrifft insbesondere die allgemeinen Weisungen sowie die Weisungen zur Weitergabe von personenbezogenen Daten in ein Drittland, s. Art. 28 Abs. 3 lit. a. Zwar besteht in diesen Fällen eine ausdrückliche Dokumentationspflicht, die aber unabhängig von Art 30 Abs. 2 ist. Diesbezüglich ist der Auftragsverarbeiter frei zu entscheiden, wie er eine entsprechende Dokumentation führt. Soweit Auftragsverarbeiter für die Kommunikation mit ihren Auftraggebern eingerichtete Ticketsysteme nutzen, kann es sich anbieten, diese auch hierfür zu nutzen. Wichtig ist allerdings dabei, dass die entsprechenden Weisungen quasi auf „Knopfdruck" aus einem solchen System herausgefiltert werden können.

---

72 Zur Bestimmung, was eine Standarddienstleistung ausmacht, siehe zum Beispiel den Standard „Anforderungen an Auftragnehmer nach § 11 BDSG" – DATENSCHUTZSTANDARD DS-BVD-GDD-01 – der GDD und des BvD, http://www.dsz-audit.de/wp-content/uploads/GDD-BvD-DATENSCHUTZSTANDARD-DS-BVD-GDD-01-V1-0.pdf. (Stand: 30.1.2020).
73 Zum Begriff „Kategorie" s. Rn. 48.
74 *DSK* Hinweise zum Verzeichnis von Verarbeitungstätigkeiten, nach Art. 30 (Stand: Februar 2018), https://www.datenschutzkonferenz-online.de/media/ah/201802_ah_verzeichnis_verarbeitungstaetigkeiten.pdf (Stand: 30.1.2020).
75 So auch Kühling/Buchner-*Hartung* 2. Aufl., Rn. 28.

c) Übermittlungen an ein Drittland oder an eine internationale Organisation. Auch der Auftragsverarbeiter hat Übermittlungen an ein Drittland oder eine internationale Organisation in seinem Verzeichnis zu dokumentieren. Da er allerdings seine Dokumentation im Verzeichnis nach Abs. 2 bezogen auf die „Kategorien von Verarbeitungen", also bezogen auf die von ihm angebotenen Dienstleistungen, zu führen hat, kann sich diese Dokumentation der Drittlandsweitergabe nur auf solche Fälle beziehen, in denen der Auftragsverarbeiter sie selbst vorsieht, zum Beispiel durch Einschaltung eines weiteren Auftragsverarbeiters (Unterauftragnehmer) in einem Drittland. Daher sollte bei der Bestimmung der Leistung – insbesondere bei der vertraglichen Gestaltung – klar darauf geachtet werden, was in den Verantwortungsbereich des Auftragsverarbeiters bzw. des Auftraggebers fällt. So ist z.B. die Weitergabe personenbezogener Daten an einen vom Auftragsverarbeiter eingesetzten weiteren Auftragsverarbeiter im Drittland Bestandteil der vom Auftragsverarbeiter angebotenen Leistungskette. Insoweit fällt diese Weitergabe in die Sphäre des Auftragsverarbeiters und ist von ihm in seinem Verzeichnis nach Art. 30 Abs. 2 zu dokumentieren. Dagegen fällt eine vom Auftraggeber angewiesene Weitergabe seiner Daten an eine Stelle im Drittland in die Sphäre des Auftraggebers. Die entsprechende Weisung ist zwar zu dokumentieren, nicht aber Gegenstand des Verzeichnisses eines Auftragsverarbeiters.

83

Hinsichtlich weiterer Erläuterungen siehe Rn. 55, bezüglich der Dokumentation geeigneter Garantien bei den in Art. 49 Abs. 1 UAbs. 2 genannten Datenübermittlungen siehe Rn. 56.

84

d) Wenn möglich, eine allgemeine Beschreibung der TOM gem. Art. 32 Abs. 1. Auch hier gilt der Bezug zur angebotenen Dienstleistung ("Kategorien von Verarbeitungen"), also die Standardmaßnahmen, die der Dienstleister vorsieht.

85

Kundenspezifische Abweichungen von der angebotenen Standardleistung ergeben sich regelmäßig aus den konkreten vertraglichen Vereinbarungen, insbesondere aus dem Vertrag nach Art. 28. Zur Dokumentation dieser vertraglichen Abweichungen von der Standardleistung kann auf den entsprechenden Vertrag verlinkt werden. Dabei können Anpassungen insbesondere Änderungen der Standardleistung, z.B. durch Customizing, oder der vereinbarten technischen und organisatorischen Maßnahmen betreffen. Allerdings ist durch die Dokumentationsbeschränkung auf „Kategorien von Verarbeitungen" die Dokumentation der konkreten (angepassten) Leistung im Verzeichnis nach Art. 30 Abs. 2 nicht erforderlich. Hinsichtlich weiterer Erläuterungen siehe oben Rn. 61, zum Möglichkeitsvorbehalt siehe Rn. 59.

86

IV. Abs. 3

Nach Abs. 3 ist das in den Abs. 1 und 2 genannte Verzeichnis schriftlich zu führen, was auch in einem elektronischen Format erfolgen kann. Es kann also explizit in einem elektronischen Format geführt werden. Dies ist nicht an die Form des deutschen Rechts i.S.d. § 126a BGB gebunden.[76] Allerdings verpflichtet Art. 30 Abs. 4 den Verantwortlichen oder den Auftragsverarbeiter bzw. deren Vertreter, das Verzeichnis der Aufsichtsbehörde auf Anfrage „zur Verfügung zu stellen". Daher muss ein elektronisch geführtes Verzeichnis exportierbar sein. Damit ist eine einfache Zusammenstellung von internen Hyperlinks nicht tauglich, wohl aber ein Dokument, das nach

87

---

76 S. Kühling/Buchner-*Hartung* 2. Aufl., Rn. 32.

Art. 30 Verzeichnis von Verarbeitungstätigkeiten

Anfrage der Aufsichtsbehörde aus Hyperlinks auf interne Dokumente und Informationen zusammengestellt wird.

88 Ein solches Dokument, das an die Aufsichtsbehörde weitergegeben wird und damit das Unternehmen bzw. die Behörde verlässt, sollte keine schutzbedürftigen, internen Informationen im Zusammenhang mit den IT-Sicherheitsmaßnahmen (z.b. Implementationsdetails technischer Sicherheitsmaßnahmen) enthalten.

89 Offen bleibt, in welcher Sprache das jeweilige Verzeichnis zu führen ist. Dieses Thema wird insbesondere bei international tätigen Unternehmen eine Rolle spielen. Auch wenn die DS-GVO hierzu keine eindeutige Aussage macht, bleibt es der zuständigen Aufsichtsbehörde unbenommen, gem. nationaler Regelungen zu verfahren. Diesbezüglich weisen die deutschen Aufsichtsbehörden darauf hin, dass sie berechtigt sind, eine deutsche Fassung zu erhalten[77]. Jedes Abweichen hiervon kann allenfalls im Rahmen von direkten Verhandlungen mit der jeweiligen Aufsichtsbehörde ohne jeglichen Rechtsanspruch erfolgen.

90 Zweifelsohne haben die Verzeichnisse nach Art. 30 den jeweils aktuellen Stand darzustellen. Insoweit ist es unerlässlich, die Erstellung und Pflege der Verzeichnisse im Unternehmen bzw. bei der Behörde zu organisieren. Das Gesetz geht aber nach seinem Wortlaut hierüber nicht hinaus. Anders allerdings die deutschen Aufsichtsbehörden[78], die eine Änderungshistorie mit einer „Dokumentation der Änderungen mit einer Speicherfrist von einem Jahr" aus Art. 5 Abs. 2 herleiten wollen. Ob sich diese Ansicht im europäischen Kontext auf Dauer halten wird, bleibt insbesondere im Hinblick auf den Wortlaut des Art. 30 abzuwarten. Aktuell ist dies in den bislang veröffentlichten Hinweisen/Mustern anderer Aufsichtsbehörden in der EU/dem EWR nicht festzustellen[79].

V. Abs. 4

91 Die Verzeichnisse nach Art. 30 sind der zuständigen Aufsichtsbehörde auf deren Anfrage hin zur Verfügung zu stellen. Eine proaktive Weitergabe an Aufsichtsbehörden ist weder verlangt noch notwendig. Neben den Aufsichtsbehörden gibt es nach dem Gesetzeswortlaut keine weiteren berechtigten Personen oder Institutionen, die Einsicht in die oder Herausgabe der Verzeichnisse verlangen können.[80] Der Umfang bezieht sich auf die gesetzlichen Inhalte des Art. 30 Abs. 1 beim VVT der Verantwortlichen, also das VVT i.e.S.[81], bzw. des Art. 30 Abs. 2 für Auftragsverarbeiter.

VI. Abs. 5

92 Nach Art. 30 Abs. 5 soll für **KMU mit weniger als 250 Mitarbeitern** eine Entlastung geschaffen werden. Danach ist die Führung der Verzeichnisse zwar beschränkt auf Unternehmen mit mehr als 250 Mitarbeitern. Allerdings gibt es zu dieser Ausnahme

---

77 *DSK* Hinweise zum Verzeichnis von Verarbeitungstätigkeiten, nach Art. 30 (Stand: Februar 2018), https://www.datenschutzkonferenz-online.de/media/ah/201802_ah_verzeichnis_verarbeitungstaetigkeiten.pdf (Stand: 30.1.2020).
78 *DSK* Hinweise zum Verzeichnis von Verarbeitungstätigkeiten, nach Art. 30 (Stand: Februar 2018), https://www.datenschutzkonferenz-online.de/media/ah/201802_ah_verzeichnis_verarbeitungstaetigkeiten.pdf (Stand: 30.1.2020).
79 S.a. Rn. 99.
80 S.a. Rn. 22 f., 28, 70.
81 S. Rn. 25.

Rückausnahmen, die Abs. 5 quasi ins Leere laufen lassen.[82] Die Rückausnahmen bestehen bei
- Risiko in der Verarbeitung;

oder
- Verarbeitung von Daten nach Art. 9 oder 10;

oder
- nicht nur gelegentlich stattfindender Verarbeitung.

Die Pflicht zur Dokumentation im VVT lebt in diesen Fällen für Verantwortliche oder Auftragsverarbeiter aber nur für die Verarbeitungen wieder auf, auf die eine der drei genannten Gegenausnahmen zutrifft.[83] 93

Während die Verarbeitung von Daten nach Art. 9 oder 10 relativ einfach zu bestimmen ist, bedürfen die beiden anderen Kriterien einer näheren Untersuchung. Im Hinblick darauf, ob eine Verarbeitung ein Risiko für die Betroffenen in sich birgt, weist die DSK[84] im Zusammenhang mit dem Risiko auf Folgendes hin: „... Da es anders als in Art. 35 (DSFA) nicht darauf ankommt, dass es sich voraussichtlich um ein hohes Risiko für die Rechte und Freiheiten natürlicher Personen handelt, sondern jedes Risiko für die Rechte und Freiheiten bezüglich der Verarbeitung zu betrachten ist, wird vielfach das Erstellen eines Verzeichnisses von Verarbeitungstätigkeiten geboten sein." 94

Auch wenn ein Verantwortlicher oder Auftragsverarbeiter „nicht nur gelegentlich", also „regelmäßig" personenbezogene Daten verarbeitet, ist er unabhängig von der Mitarbeiterstärke zur Führung eines VVT bezüglich dieser Verarbeitungen verpflichtet. Die „nicht nur gelegentliche" Verarbeitung erläutert die Art.-29-Datenschutzgruppe[85] am Beispiel der Verarbeitung von Mitarbeiterdaten. Hier sei es auch bei kleinen Unternehmen wahrscheinlich, dass sie regelmäßig Daten über ihre Mitarbeiter verarbeiten. Eine solche Verarbeitung sei dann nicht nur als „gelegentlich" anzusehen und muss nach dieser Auffassung in das VVT aufgenommen werden. 95

Zur Definition einer nur **„gelegentlichen"** Verarbeitungstätigkeit bezieht sich dabei die Art.-29-Datenschutzgruppe auf das WP 262[86]. Danach erfolgt eine Negativ-Abgrenzung in Bezug auf „gelegentlich". So darf eine „gelegentliche" Verarbeitungs- 96

---

82 Kühling/Buchner-*Hartung* 2. Aufl., Rn. 39, *Müthlein* Auftragsverarbeitung 5.0, RDV 2016, 81, Paal/Pauly-*Martini* 2. Aufl., Art. 30 Rn. 31.
83 S. *Art.-29-Datenschutzgruppe* Positionspapier v. 19.4.2018, Position Paper on the derogations from the obligation to maintain records of processing activities pursuant to Article 30(5) GDPR, https://ec.europa.eu/newsroom/article29/item-detail.cfm?item_id=624045.
84 *DSK* Kurzpapier Nr. 1 – Verzeichnis von Verarbeitungstätigkeiten – Art. 30 https://www.datenschutzkonferenz-online.de/media/kp/dsk_kpnr_1.pdf (Stand: 30.1.2020).
85 S. *Art.-29-Datenschutzgruppe* Positionspapier v. 19.4.2018, Position Paper on the derogations from the obligation to maintain records of processing activities pursuant to Article 30(5) GDPR, https://ec.europa.eu/newsroom/article29/item-detail.cfm?item_id=624045.
86 WP 262 Guidelines on Article 49 of Regulation 2016/679 v. 6.2.2018, https://ec.europa.eu/newsroom/article29/item-detail.cfm?item_id=614532, übergeleitet in EDSA, Leitlinien 2/2018 zu den Ausnahmen nach Artikel 49 der Verordnung 2016/679 vom 25.5.2018, https://edpb.europa.eu/our-work-tools/our-documents/smjernice/guidelines-22018-derogations-article-49-under-regulation_de.

tätigkeit nicht regelmäßig erfolgen und muss sich außerhalb gewöhnlicher Abläufe zutragen, bspw. unter zufälligen, unvorhergesehenen Umständen und in beliebigen Zeitabständen.

97 Auch die **DSK**[87] stellt besonders auf das Merkmal der regelmäßigen Verarbeitung ab: „… Wegen der regelmäßig erfolgenden Lohnabrechnungen werden damit kaum Unternehmen von der Pflicht eines solchen Verzeichnisses generell befreit sein, allenfalls Unternehmen, die diese Tätigkeiten komplett durch einen Steuerberater erledigen lassen sowie eventuell kleinere Vereine. Zudem liegen bei Lohnabrechnungen oder in der Schülerverwaltung mit der Angabe der Konfessionszugehörigkeit zumeist auch gleich besondere Datenkategorien i.S.d. Art. 9 Abs. 1 vor. …"

C. Sanktionen

98 Verstöße gegen die Führung bzw. Vorlage der Verzeichnisse auf Anforderung der Aufsichtsbehörden sind sanktioniert. Gemäß Art. 83 Abs. 4 lit. a führt insbesondere die fehlende oder nicht vollständige Führung eines Verzeichnisses durch Verantwortliche oder Auftragsverarbeiter oder das Nichtvorlegen des Verzeichnisses nach Aufforderung durch die Aufsichtsbehörde zu Geldbußen von bis zu 10 Mio. EUR oder im Fall eines Unternehmens von bis zu 2 % seines gesamten weltweit erzielten Jahresumsatzes des vorangegangenen Geschäftsjahrs, je nachdem, welcher der Beträge höher ist[88].

D. Praxishinweise

I. Hinweise und Muster von Aufsichtsbehörden in der EU/im EWR

99 Die einheitliche Dokumentation der Verarbeitungen im VVT ist bislang[89] noch nicht Gegenstand der Guidelines des EDSA. Insofern liegen noch keine einheitlichen Vorschläge bzw. Muster der Aufsichtsbehörden der EU/EWR-Staaten vor. Allerdings haben mittlerweile viele **nationale Aufsichtsbehörden eigenständige Hinweise und Muster** als Hilfestellungen für Unternehmen und Behörden ihres jeweiligen nationalen Zuständigkeitsbereichs auf ihren Webseiten veröffentlicht. Eine diesbezügliche Übersicht findet sich – ohne Anspruch auf Vollständigkeit – unter Rn. 100. In der Regel handelt es sich hierbei um Muster zu Art. 30 Abs. 1, also zum VVT des Verantwortlichen. Vergleicht man diese Muster miteinander, so stellt man eine recht große Bandbreite sowohl im Hinblick auf Detailtiefe der Dokumentation als auch bezüglich zusätzlicher – über die Anforderungen des Art. 30 Abs. 1 hinausgehender – Dokumentationen im VVT fest, also als Muster für das VVT i.w.S. Während z.B. das Muster der DSK (Deutschland) umfangreich und detailliert ausgestaltet ist, stellen viele andere Aufsichtsbehörden in der EU mit wenigen Stichworten zu füllende Tabellenblätter mit den (Mindest-)Angaben des Art. 30 Abs. 1 zur Verfügung, s. z.B. Frankreich, Luxemburg und Belgien. Diesen Ansatz verfolgt auch das LDA Bayern mit Beispielen für kleinere Unternehmen, Vereine und Freiberufler (s. Rn. 100).

---

87 *DSK* Hinweise zum Verzeichnis von Verarbeitungstätigkeiten, nach Art. 30 (Stand: Februar 2018), https://www.datenschutzkonferenz-online.de/media/ah/201802_ah_verzeichnis_verarbeitungstaetigkeiten.pdf (Stand: 30.1.2020).
88 *DSK* Hinweise zum Verzeichnis von Verarbeitungstätigkeiten, nach Art. 30 (Stand: Februar 2018), https://www.datenschutzkonferenz-online.de/media/ah/201802_ah_verzeichnis_verarbeitungstaetigkeiten.pdf (Stand: 30.1.2020).
89 Stand: Januar 2020.

Verzeichnis von Verarbeitungstätigkeiten — Art. 30

Nachfolgend eine **Übersicht über Muster und Hinweise zum VVT** von Aufsichtsbehörden der EU/des EWR (Stand: Januar 2020; bei nicht genannten Aufsichtsbehörden der EU/des EWR wurde nicht gesucht): **100**

Aufsichtsbehörde (Staat)	Hinweise	Muster	Link
Deutschland			
– DSK	X		https://www.datenschutzkonferenz-online.de/media/kp/dsk_kpnr_1.pdf
	X		https://www.datenschutzkonferenz-online.de/media/ah/201802_ah_verzeichnis_verarbeitungstaetigkeiten.pdf
		X	https://www.datenschutzkonferenz-online.de/media/ah/201802_ah_muster_verantwortliche.pdf
		X	https://www.datenschutzkonferenz-online.de/media/ah/201802_ah_muster_auftragsverarbeiter.pdf
– LDA Bayern		X	https://www.lda.bayern.de/de/muster.html https://www.lda.bayern.de/media/muster/muster_5_arztpraxis_verzeichnis.pdf https://www.lda.bayern.de/media/muster/muster_11_beherbergungsbetrieb_verzeichnis.pdf https://www.lda.bayern.de/media/muster/muster_12_einzelhaendler_verzeichnis.pdf https://www.lda.bayern.de/media/muster/muster_2_kfz-werkstatt_verzeichnis.pdf https://www.lda.bayern.de/media/muster/muster_9_online-shop_verzeichnis.pdf https://www.lda.bayern.de/media/muster/muster_1_verein_verzeichnis.pdf https://www.lda.bayern.de/media/muster/muster_6_weg-verwaltung_verzeichnis.pdf
Belgien	X		https://www.autoriteprotectiondonnees.be/canevas-de-registre-des-activites-de-traitement
		X	https://www.autoriteprotectiondonnees.be/node/20442 auch unter https://www.autoriteprotectiondonnees.be/sites/privacycommission/files/documents/canevas%20registre%20des%20activit%C3%A9s%20de%20traitement_version19072017.xls

Müthlein

Aufsichts-behörde (Staat)	Hinweise	Muster	Link
Dänemark	X		https://www.datatilsynet.dk/media/6567/fortegnelse.pdf
Finnland	X		https://tietosuoja.fi/en/record-of-processing-activities
	X		https://tietosuoja.fi/en/controller-s-record-of-processing-activities
		X	https://tietosuoja.fi/documents/6927448/8323207/Template+for+controllers+-+record+of+processing+activities.xlsx/696390cb-00ae-4780-884a-668d0f8dd655
Frankreich	X		https://www.cnil.fr/fr/cartographier-vos-traitements-de-donnees-personnelles
	X		https://www.cnil.fr/fr/RGDP-le-registre-des-activites-de-traitement
		X	https://www.cnil.fr/sites/default/files/atoms/files/registre-traitement-simplifie.ods
Griechenland	X		https://www.dpa.gr/portal/page?_pageid=33,211400&_dad=portal&_schema=PORTAL
		X	http://www.dpa.gr/pls/portal/url/ITEM/6CDCE1FFFC42A14AE050A8C07C243BD0
Großbritannien	X		https://ico.org.uk/for-organisations/guide-to-data-protection/guide-to-the-general-data-protection-regulation-gdpr/documentation/how-do-we-document-our-processing-activities/#how5
		X	https://ico.org.uk/media/for-organisations/documents/2172937/gdpr-documentation-controller-template.xlsx
Italien	X		https://www.garanteprivacy.it/home/faq/registro-delle-attivita-di-trattamento

Verzeichnis von Verarbeitungstätigkeiten Art. 30

Aufsichts-behörde (Staat)	Hinweise	Muster	Link
		X	https://www.garanteprivacy.it/web/guest/home/docweb/-/docweb-display/docweb/9048342 https://www.garanteprivacy.it/web/guest/home/docweb/-/docweb-display/docweb/9048327 https://www.garanteprivacy.it/web/guest/home/docweb/-/docweb-display/docweb/9048348 https://www.garanteprivacy.it/web/guest/home/docweb/-/docweb-display/docweb/9048395
Liechtenstein	X		https://www.datenschutzstelle.li/index.php?cID=319
		X	https://www.datenschutzstelle.li/download_file/300/319
Luxemburg	X		https://cnpd.public.lu/en/professionnels/obligations/registre.html
	X*	X*	https://cst.cnpd.lu/portal/
Polen	X		https://uodo.gov.pl/pl/file/708
Spanien	X		https://www.aepd.es/es/derechos-y-deberes/cumple-tus-deberes/medidas-de-cumplimiento/actividades-tratamiento
		X	https://www.aepd.es/es/prensa-y-comunicacion/blog/elaborar-el-registro-de-actividades-de-tratamiento

* „GDPR Compliance Support Tool" mit der Möglichkeit, das VVT hier anzulegen

Auf den Webseiten folgender Aufsichtsbehörden konnten keine Hinweise oder Muster zur Führung eines VVT gefunden werden: 101
- Bulgarien
- Estland
- Irland
- Österreich (allerding Verweis auf Bundesministerium für Digitalisierung und Wirtschaftsstandort: https://www.usp.gv.at/Portal.Node/usp/public/content/it_und_geistiges_eigentum/datenschutz_neu/datenverarbeitungsverzeichnis/313018.html https://www.wko.at/service/wirtschaftsrecht-gewerberecht/EU-Datenschutz-Grundverordnung:-Dokumentationspflicht.htm https://www.wko.at/service/wirtschaftsrecht-gewerberecht/EU-DSGVO-MUSTER-Verarbeitungsverzeichnis-Verantwortlicher.docx
- Niederlande
- Schweden
- Schweiz

II. Hinweise und Muster von sonstigen Stellen (Deutschland)

102 Weit verbreitete Anleitungen und Muster zum VVT haben in Deutschland die Verbände GDD und Bitkom entwickelt. Beide Verbände unterscheiden VVT i.e.S. zur Dokumentation der Vorgaben des Art. 30 Abs. 1 und VVT i.w.S. zur Erfüllung weitergehender Rechenschaftspflichten[90]. Die GDD veröffentlicht auch eine eigene Praxishilfe für Auftragsverarbeiter, VVT nach Art. 30 Abs. 2.[91]

Im Rahmen der GDD-Praxishilfe Va[92] werden über die Zurverfügungstellung von Mustern hinaus auch Organisationshinweise zur Erstellung, Pflege und Führung des Verzeichnisses und von Verarbeitungsmeldungen gegeben. Dies umfasst auch Hinweise zur Erstellung einer Themenpolicy zum VVT.

103 Bei Verwendung von Mustern der Aufsichtsbehörden wie auch von Verbänden oder Softwareherstellern ist zu beachten, dass es sich in allen Fällen um unverbindliche Empfehlungen handelt. Es obliegt daher jedem Verantwortlichen oder Auftragsverarbeiter selbst zu entscheiden, wie er welche Muster anpasst und in seiner Organisation einsetzt.

Artikel 31 Zusammenarbeit mit der Aufsichtsbehörde

Der Verantwortliche und der Auftragsverarbeiter und gegebenenfalls deren Vertreter arbeiten auf Anfrage mit der Aufsichtsbehörde bei der Erfüllung ihrer Aufgaben zusammen.

– *ErwG:* 82
– *BDSG n.F.:* §§ 16, 40

Übersicht

	Rn		Rn
A. Einordnung und Kontext	1	4. Besondere Zusammenarbeitspflicht	11
I. Erwägungsgründe	3	5. BDSG a.F.	12
II. BDSG n.F.	4	a) Nichtöffentlicher Bereich	13
III. Normgenese	8	b) Öffentlicher Bereich/ Post, Telekommunikation	14
1. Kommissionsentwurf	8		
2. Entwurf des Europäischen Parlaments	9		
3. Entwurf des Rats der Europäischen Union	10	6. Allgemeines Verwaltungsverfahrensrecht	16

---

90 *GDD* GDD-Praxishilfe DS-GVO Va – Verzeichnis von Verarbeitungstätigkeiten, (Stand: Februar 2020) https://www.gdd.de/gdd-arbeitshilfen/praxishilfen-ds-gvo/praxishilfen-ds-gvo (Stand: 30.1.2020); *Bitkom* Das Verarbeitungsverzeichnis Verzeichnis von Verarbeitungstätigkeiten nach Art. 30 EU-Datenschutz-Grundverordnung (DS-GVO), 2017, https://www.bitkom.org/NP-Themen/NP-Vertrauen-Sicherheit/Datenschutz/FirstSpirit-1496129138918170529-LF-Verarbeitungsverzeichnis-online.pdf (Stand: 30.1.2020).

91 *GDD* GDD-Praxishilfe DS-GVO Vb – Verzeichnis von Verarbeitungstätigkeiten – Auftragsverarbeiter, Version 1.0, Stand: Januar 2020, https://www.gdd.de/downloads/praxishilfen/GDDPraxishilfe_5bVVTAuftragsverarbeiter.pdf (Stand: 31.1.2020).

92 *GDD* GDD-Praxishilfe DS-GVO Va – Verzeichnis von Verarbeitungstätigkeiten, (Stand: Februar 2020) https://www.gdd.de/gdd-arbeitshilfen/praxishilfen-ds-gvo/praxishilfen-ds-gvo (Stand: 30.1.2020).

	Rn		Rn
B. Kommentierung	17	I. Relevanz für öffentliche Stellen	30
I. Normadressat	17	II. Relevanz für nichtöffentliche	
1. Insbesondere der Vertreter	18	Stellen	31
2. Aufsichtsbehörde	19	III. Relevanz für betroffene Personen	32
II. Zusammenarbeit	22		
III. Anfrage	27	IV. Relevanz für Aufsichtsbehörden	33
IV. Aufgabenerfüllung	29	V. Datenschutzmanagement	34
C. Praxishinweise	30	VI. Sanktionen	35

Literatur: *von Danwitz* Europäisches Verwaltungsrecht, 2008; *Dietrich* Rechtsdurchsetzungsmöglichkeiten nach der DS-GVO – Einheitlicher Rechtsrahmen führt nicht zwangsläufig zu einheitlicher Rechtsanwendung, ZD 2016, 260; *Kranig* Zuständigkeit der Datenschutzaufsichtsbehörden – Feststellung des Status quo mit Ausblick auf die DS-GVO, ZD 2013, 550; *Neun/Lubitzsch* Die neue EU-Datenschutz-Grundverordnung – Rechtsschutz und Schadensersatz, BB 2017, 2563; *Wenzel/Wybitul* Vermeidung hoher DS-GVO-Bußgelder und Kooperation mit Datenschutzbehörden, ZD 2019, 290.

A. Einordnung und Kontext[1]

Art. 31 enthält eine Regelung zur **Zusammenarbeit** des Verantwortlichen, des Auftragsverarbeiters und des Vertreters mit den Datenschutzaufsichtsbehörden. Die Regelung ist neuartig. Die Vorgängernormen der RL 95/46/EG enthielten keine entsprechende Vorschrift. Im Gesetzgebungsverfahren war die Norm umstritten und Gegenstand zahlreicher Änderungen. 1

Art. 31 hat **deklaratorischen Charakter**.[2] Die Normverpflichteten sind bereits nach den allgemeinen (Art. 58) sowie besonderen Eingriffsbefugnissen zur Duldung und Mitwirkung verpflichtet. Der Zusammenarbeitsverpflichtung liegt die Eingriffsbefugnis zugrunde, die ihrerseits als Eingriff in grundrechtlich geschützte Positionen der Betroffenen Verwaltungsaktcharakter hat. 2

I. Erwägungsgründe

Zum Normgehalt eines Teilbereichs des Art. 31 korrespondiert der ErwG 82. Demnach sollte jeder Verantwortliche und jeder Auftragsverarbeiter verpflichtet sein, mit der Aufsichtsbehörde zusammenzuarbeiten und dieser auf Anfrage das **Verzeichnis von Verarbeitungstätigkeiten** (Art. 30) vorzulegen, damit die betreffenden Verarbeitungsvorgänge anhand dieser Verzeichnisse kontrolliert werden können. 3

II. BDSG n.F.

Besondere Zusammenarbeitsverpflichtungen sind im BDSG in der Fassung der Bekanntmachung des DSAnpUG-EU[3] niedergelegt. 4

Öffentliche Stellen des Bundes, die der Aufsicht der oder des Bundesbeauftragten unterliegen, sind gem. § 16 Abs. 4 BDSG verpflichtet, jederzeit Zugang zu den 5

---

1 Der Verfasser vertritt seine persönliche Auffassung, die nicht notwendigerweise der Auffassung des Dienstherrn entspricht.
2 Kühling/Buchner-*Hartung* Art. 31 Rn. 1; Gola-*Klug* Art. 31 Rn. 1; a.A. BeckOK DatenSR-*Spoerr* Art. 31 Rn. 19; Auernhammer-*Kieck* Art. 31 Rn. 15; Paal/Pauly-*Martini* Art. 31 Rn. 3a.
3 BGBl. I 2017 S. 2097.

Grundstücken und Diensträumen, einschließlich aller Datenverarbeitungsanlagen und -geräte, sowie zu allen personenbezogenen Daten und Informationen, die zur Erfüllung ihrer oder seiner Aufgaben notwendig sind, zu gewähren (§ 16 Abs. 4 Nr. 1 BDSG) und alle Informationen, die für die Erfüllung ihrer oder seiner Aufgaben erforderlich sind, bereitzustellen (§ 16 Abs. 4 Nr. 2 BDSG).

6 **Nichtöffentliche Stellen**, die grundsätzlich der Aufsicht der Behörden der Länder unterliegen, sind gem. § 40 Abs. 5 S. 2 BDSG verpflichtet, die Betretung von Grundstücken und Geschäftsräumen und den Zugang zu allen Datenverarbeitungsanlagen und -geräten zu dulden. Zudem ordnet § 40 Abs. 5 S. 3 BDSG die entsprechende Geltung des § 16 Abs. 4 BDSG für nichtöffentliche Stellen an. Sie müssen demnach den Aufsichtsbehörden der Länder ebenfalls Zugang zu Räumlichkeiten, Anlagen und personenbezogenen Daten gewähren sowie Informationen bereitstellen. Ausnahmen hiervon bilden **Telekommunikationsdienste** und **Postdienste**, die gegenüber der oder dem Bundesbeauftragten für den Datenschutz zur Zusammenarbeit verpflichtet sind.[4]

7 Gegen die **europarechtliche Vereinbarkeit** der Regelungen des § 16 Abs. 4 BDSG und des § 40 Abs. 5 S. 2, S. 3 BDSG mit den Vorgaben des Art. 31 bestehen Bedenken. Zum einen ist der Umfang der im BDSG enthaltenen Verpflichtungen dem Wortlaut nach geringer als in Art. 31 und umfasst lediglich Zugangs-, Betretungs- und Bereitstellungspflichten. Zum anderen ist der Anwendungsbereich der Regelungen des BDSG nicht ausdrücklich auf Bereiche beschränkt, in denen die DS-GVO keine Anwendung findet (z.B. Nachrichtendienste gem. Art. 2 Abs. 2 lit. b) oder in denen die DS-GVO dem nationalen Gesetzgeber Umsetzungsspielraum gewährt (z.B. Beschäftigtendatenschutz gem. Art. 88). Da Art. 31 unmittelbar anwendbar ist und keinen Umsetzungsspielraum eröffnet[5], sprechen europarechtliche Argumente für einen Anwendungsvorrang des Art. 31 vor den § 16 Abs. 4, § 40 Abs. 5 S. 2, S. 3 BDSG.[6]

III. Normgenese

8 **1. Kommissionsentwurf.** Der Kommissionsentwurf[7] aus dem Jahr 2012 sah hinsichtlich der Zusammenarbeitsverpflichtung in Art. 29 Abs. 1 S. 1 die Pflicht vor, dass der für die Verarbeitung Verantwortliche, der Auftragsverarbeiter sowie der etwaige Vertreter des für die Verarbeitung Verantwortlichen der Aufsichtsbehörde auf Verlangen **zuarbeiten**, um ihr die Erfüllung ihrer Pflichten zu erleichtern. Ebenfalls in Art. 29 Abs. 1 S. 1 des Kommissionsentwurfs wurden als Gegenstand der Zuarbeitsverpflichtung nicht abschließend die Befugnis zur Übermittlung von Informationen und die Gewährung des Zugangs zu Geschäftsräumen und Datenverarbeitungsanlagen genannt. Schließlich enthielt der Kommissionsentwurf in Art. 29 Abs. 2 die ausdrückliche Verpflichtung, innerhalb einer von der Aufsichtsbehörde zu setzenden angemessenen Frist zu antworten und die im Anschluss an die Bemerkungen der Aufsichtsbehörde getroffenen Maßnahmen und die erzielten Ergebnisse zu benennen. Im

---

4 S. § 9 Abs. 1 S. 1 BDSG und § 42 Abs. 3 PostG jeweils in der Fassung des 2. DSAnpUG-EU v. 20.11.2019 (BGBl. 2019 I S. 1626).
5 Kühling/Buchner-*Hartung* Art. 31 Rn. 20; Auernhammer-*Kieck* Art. 31 Rn. 18.
6 Vgl. *EuGH* v. 15.7.1964 – C-6/64, ECLI:EU:C:1964:51, Costa/E.N.E.L.
7 KOM(2012) 11 endgültig.

Vergleich zur in Kraft getretenen Regelung des Art. 31 ist der Wortlaut des Kommissionsentwurfs weitergehend (Zuarbeits- statt Zusammenarbeitsverpflichtung) und durch ausdrückliche Benennung einzelner Befugnisse der Aufsichtsbehörde sowie Vorgaben zu Frist und Inhalt der Beantwortung sprachlich präziser.

2. Entwurf des Europäischen Parlaments. Die in der ersten Lesung vom Plenum des Europäischen Parlaments am 12.3.2014 verabschiedete Fassung[8] des Art. 29 enthielt lediglich sprachliche Änderungen. Insbesondere behielt der Parlamentsentwurf die **Zuarbeitsverpflichtung** und die nicht abschließende Aufzählung der Aufsichtsbefugnisse bei.

9

3. Entwurf des Rats der Europäischen Union. Die am 8.4.2016 verabschiedete Position des EU-Rats[9] **kürzte** den Text der nunmehr in Art. 31 enthaltenen Verpflichtung zur Zusammenarbeit auf den Verordnungstext zusammen. Dem Kompromiss vorausgegangen waren Diskussionen über die Funktion der Norm und Vorschläge, die Norm aus der Datenschutz-Grundverordnung gänzlich zu streichen.

10

4. Besondere Zusammenarbeitspflicht. Neben der in Art. 31 geregelten allgemeinen Zusammenarbeitsverpflichtung enthält Art. 30 Abs. 4 eine besondere Pflicht zur Zusammenarbeit. Danach ist der Verantwortliche oder der Auftragsdatenverarbeiter sowie gegebenenfalls der Vertreter des Verantwortlichen oder des Auftragsverarbeiters verpflichtet, der Aufsichtsbehörde auf Anfrage das **Verzeichnis von Verarbeitungstätigkeiten** zur Verfügung zu stellen. Auf diese Pflicht wird in ErwG 82 Bezug genommen.[10] Eine weitere besondere Zusammenarbeitspflicht der für die **Verhütung, Ermittlung, Aufdeckung, Verfolgung oder Ahndung von Straftaten oder Ordnungswidrigkeiten zuständigen öffentlichen Stellen** gegenüber den Aufsichtsbehörden enthält § 68 BDSG in Umsetzung des Art. 26 der RL (EU) 2016/680.[11]

11

5. BDSG a.F. Das auf der Grundlage der RL 95/46/EG erlassene Bundesdatenschutzgesetz enthielt ebenso wie die Richtlinie **keine allgemeine Zusammenarbeitsverpflichtung**, wie sie in Art. 31 vorgesehen ist.

12

a) Nichtöffentlicher Bereich. Für nichtöffentliche Stellen sah § 38 Abs. 4 S. 4 BDSG a.F. die **Pflicht zur Duldung der Ausübung aufsichtsbehördlicher Befugnisse** vor. Dies betraf zum einen die Befugnis, während der Betriebs- und Geschäftszeiten Grundstücke und Geschäftsräume der Stelle zu betreten und dort Prüfungen und Besichtigungen vorzunehmen (§ 38 Abs. 4 S. 1 BDSG a.F.). Zum anderen betraf dies die Befugnis, geschäftliche Unterlagen, insbesondere die Übersicht der von der Meldepflicht gem. § 4e BDSG a.F. umfassten Angaben (§ 4g Abs. 2 S. 1 BDSG a.F.) sowie sonstige gespeicherte personenbezogene Daten und die Datenverarbeitungsprogramme einzusehen (§ 38 Abs. 4 S. 2 BDSG a.F.). Aufgrund der Verweisung auf § 38 BDSG a.F. in § 11 Abs. 4 Nr. 2 BDSG a.F. galten die genannten Duldungspflichten auch für nichtöffentliche Auftragnehmer einer Auftragsdatenverarbeitung.

13

b) Öffentlicher Bereich/Post, Telekommunikation. Im öffentlichen Bereich in der Zuständigkeit des bzw. der Bundesbeauftragten waren Stellen gem. § 24 Abs. 4 S. 1 BDSG a.F. grundsätzlich verpflichtet, die Bundesbeauftragte oder den Bundesbeauf-

14

---

8 P7_TC1-COD(2012)0011.
9 5419/1/16 REV1.
10 Siehe Rn. 3.
11 ABl. EU 2016 L 119, 89.

Art. 31 Zusammenarbeit mit der Aufsichtsbehörde

tragten für den Datenschutz und ihre oder seine Beauftragten bei der Erfüllung ihrer oder seiner Aufgaben zu **unterstützen**. Insbesondere bezog sich die Unterstützungsleistung auf die Auskunft zu Fragen sowie auf die Einsicht in alle Unterlagen, in gespeicherte Daten und in Datenverarbeitungsprogramme (§ 24 Abs. 4 S. 2 Nr. 2 BDSG a.F.). Des Weiteren bezog sich die Verpflichtung auf die Gewährung des Zutritts zu allen Diensträumen (§ 24 Abs. 4 S. 2 Nr. 2 BDSG a.F.).

15 Eine Erweiterung erfuhr die Pflicht zur Unterstützungsleistung zum einen aufgrund des Verweises in § 11 Abs. 4 Nr. 1 BDSG a.F. auf § 24 BDSG a.F. für **Auftragnehmer**, die öffentliche Stellen (§ 11 Abs. 4 Nr. 1 lit. a BDSG a.F.) oder nichtöffentliche Stellen sind, bei denen der öffentlichen Hand die Mehrheit der Anteile gehört oder die Mehrheit der Stimmen zusteht und der Auftraggeber eine öffentliche Stelle ist (§ 11 Abs. 4 Nr. 1 lit. b BDSG a.F.). Der Anwendungsbereich der Unterstützungspflicht des § 24 Abs. 2 BDSG a.F. wurde zum anderen erweitert durch die Anordnung der entsprechenden Geltung gegenüber nichtöffentlichen Stellen, die geschäftsmäßig **Telekommunikations-** (§ 115 Abs. 4 S. 1 TKG) **oder Postdienste** (§ 42 Abs. 3 PostG) erbringen.

16 **6. Allgemeines Verwaltungsverfahrensrecht.** Über die genannten Vorschriften hinaus waren vor Anwendbarkeit der DS-GVO die Vorschriften des allgemeinen Verwaltungsverfahrensrechts zu beachten. Demnach waren Beteiligte eines Verwaltungsverfahrens verpflichtet, bei der Ermittlung des Sachverhalts **mitzuwirken** (§ 26 Abs. 2 S. 1 VwVfG[12]). Sie sollten insbesondere ihnen bekannte Tatsachen und Beweismittel angeben (§ 26 Abs. 2 S. 2 VwVfG). Allerdings beansprucht gegenüber diesen Anforderungen im Anwendungsbereich der DS-GVO die Norm des Art. 31 Anwendungsvorrang.[13]

B. Kommentierung

I. Normadressat

17 Art. 31 benennt als **Verpflichtete** drei Personenkreise: den Verantwortlichen (Art. 4 Nr. 7), den Auftragsverarbeiter (Art. 4 Nr. 8) und den Vertreter (Art. 4 Nr. 17). Zum Berechtigten der Norm ist die **Aufsichtsbehörde** (Art. 4 Nr. 21) bestimmt.

18 **1. Insbesondere der Vertreter.** Die Aufnahme des Vertreters in den Verpflichtetenkreis stellt eine Neuerung im Vergleich zum zuvor im BDSG a.F. geregelten innerstaatlichen Recht dar. Besondere Bedeutung erlangt der Vertreter im Hinblick auf das in Art. 3 Abs. 2 enthaltene **Marktortprinzip**. Demnach soll der Aufsichtsbehörde auch dann ein zur Zusammenarbeit verpflichteter Ansprechpartner zur Verfügung stehen, wenn der Verantwortliche oder der Auftragsverarbeiter keine Niederlassung im Gebiet ihrer örtlichen Zuständigkeit hat, jedoch z.B. gegenüber betroffenen Personen in diesem Gebiet Waren oder Dienstleistungen anbietet und in diesem Zusammenhang deren personenbezogene Daten verarbeitet (Art. 3 Abs. 2 lit. a).

19 **2. Aufsichtsbehörde.** Berechtigte der Zusammenarbeitsverpflichtung sind die Aufsichtsbehörden (Art. 4 Nr. 21). Die **Einrichtung der Aufsichtsbehörde** durch die Mitgliedstaaten ist in Art. 51 geregelt. Der Bund ist dieser Verpflichtung in seiner Gesetzgebungszuständigkeit durch die Regelung über die Bundesbeauftragte/den Bundesbeauftragten für den Datenschutz in §§ 8 ff. BDSG nachgekommen. Entspre-

---

12 Sowie die jeweils entsprechende Norm in den Verwaltungsverfahrensgesetzen der Länder.
13 Paal/Pauly-*Martini* Art. 31 Rn. 10 m.w.N.; krit. Kühling/Buchner-*Hartung* Art. 31 Fn. 38.

chend fällt die Kompetenz zur Bestimmung der Aufsichtsbehörde eines Landes in dessen Gesetzgebungszuständigkeit (vgl. § 40 BDSG).

Dem Wortlaut des Art. 31 nach wird nicht zwischen federführender (Art. 56) oder betroffener Aufsichtsbehörde (Art. 4 Nr. 22) unterschieden. Ob eine Aufsichtsbehörde demnach federführend oder betroffen ist, hat keine Auswirkung auf die Zusammenarbeitsverpflichtung. Voraussetzung für die Berechtigung nach Art. 31 ist jedoch, dass die Aufsichtsbehörde, welche die Zusammenarbeit verlangt, **sachlich und örtlich zuständig** ist. Insofern greift Art. 31 nicht in bestehende Zuständigkeitsregelungen ein.[14]   20

Nicht zur Zusammenarbeit berechtigt sind mangels Benennung in Art. 31 spezifische **Aufsichtsbehörden** für besondere Verarbeitungssituationen nach Art. 85, 91 oder der **EDSA** gem. Art. 68. Jedoch ist im Rahmen der Entscheidungen des Ausschusses die teilnehmende Aufsichtsbehörde eines Mitgliedstaats berechtigt, den Verpflichteten um Zusammenarbeit zu ersuchen. Der Ausschuss kann die auf diese Weise erlangten Informationen anschließend seinen Beratungen zugrunde legen. Gegenüber dem **EDSB** besteht darüber hinaus für Organe und Einrichtungen der Europäischen Union eine besondere Zusammenarbeitsverpflichtung gem. Art. 32 VO (EU) 2018/1725[15].   21

II. Zusammenarbeit

Inhalt und Umfang des Begriffs der Zusammenarbeit bedürfen der näheren Bestimmung. Sie hat das Spannungsfeld zwischen den Interessen der Verpflichteten und der Berechtigten zu berücksichtigen und einen angemessenen **Interessenausgleich** herbeizuführen. Zu berücksichtigen sind zum einen grundrechtlich geschützte Positionen der Verpflichteten. Primärrechtlich sind von der Verpflichtung zur Zusammenarbeit regelmäßig eigentumsrechtliche Positionen sowie justizielle Grundrechte betroffen. So schützt die Charta der Grundrechte der Europäischen Union[16] als Freiheitsrechte die Berufsausübung, die unternehmerische Freiheit und das Eigentum (Art. 15, 16, 17 GRCh). Gegenüber der Verwaltung sieht die Charta grundsätzlich nicht Zusammenarbeitspflichten, sondern vielmehr Beteiligungsrechte (z.B. rechtliches Gehör, Art. 41 Abs. 2 GRCh) sowie das Recht auf ein faires Verfahren (Art. 47 Abs. 2 GRCh) vor. Des Weiteren gelten im Unionsrecht ebenfalls das Verbot der Selbstbezichtigung und der Amtsermittlungsgrundsatz.[17] Zum anderen ist dem Umstand Rechnung zu tragen, dass Betroffene primärrechtlich das Recht auf Schutz der sie betreffenden personenbezogenen Daten haben (Art. 8 Abs. 1 GRCh) und dass zur Überwachung der Einhaltung der Vorschriften zum Schutz personenbezogener Daten die Aufsichtsbehörden als unabhängige Stellen berufen sind (Art. 8 Abs. 3 GRCh, Art. 16 Abs. 2 S. 2 AEUV). Zudem ist zu berücksichtigen, dass in der Aufsichtspraxis die Ausübung der Befugnisse durch die Behörde vielfach die Zusammenarbeit mit der zu kontrollierenden Stelle erfordert. So ist z.B. der Zugang zu Räumlichkeiten oder der Zugriff auf Datenbestände regelmäßig seitens der zu kontrollierenden Stelle durch technische und orga-   22

---

14 Plath-*Plath* Art. 31 Rn. 4; Paal/Pauly-*Martini* Art. 31 Rn. 15; i.E. ebenso BeckOK DatenSR-*Spoerr* Art. 31 Rn. 7.
15 ABl. EU 2018 L 295, 39.
16 2000/C 364/01.
17 S. hierzu *EuGH* v. 21.9.1983 – 205/82, 2633, Rn. 35; *von Danwitz* Europäisches Verwaltungsrecht, S. 533.

nisatorische Maßnahmen (vgl. Art. 32) gesichert. Damit die Aufsichtsbehörde ihre Befugnisse wirksam ausüben kann, bedarf es der praktischen Unterstützung durch den Verpflichteten, z.b. indem er Räumlichkeiten aufschließt oder sich durch Eingabe von Benutzername und Passwort am Computer als Berechtigter identifiziert.

23 Hinsichtlich der Ausübung der Befugnisse der Aufsichtsbehörden gelten die **allgemeinen innerstaatlichen Voraussetzungen an die Rechtmäßigkeit eines Verwaltungsakts** (ErwG 129), insbesondere an die Zuständigkeit der Behörde sowie die Bestimmtheit[18] und die Verhältnismäßigkeit[19] der Maßnahme. Die Zusammenarbeit ist auf das für die Aufgabenerfüllung erforderliche Maß zu reduzieren. Hierzu bedarf der weite Wortlaut der Zusammenarbeitsverpflichtung der Konkretisierung durch die Aufsichtsbehörde im Rahmen der Anfrage zur Zusammenarbeit.[20]

24 Die Zusammenarbeitsverpflichtung ist auf die der Aufsichtsbehörde gem. Art. 58 eingeräumten allgemeinen **Befugnisse** sowie auf ihre sonstigen Befugnisse beschränkt. Demnach ist die Aufsichtsbehörde unter anderem befugt, den Verantwortlichen, den Auftragsverarbeiter und gegebenenfalls den Vertreter des Verantwortlichen oder des Auftragsverarbeiters anzuweisen, alle Informationen bereitzustellen, die für die Erfüllung ihrer Aufgaben erforderlich sind (Art. 58 Abs. 1 lit. a)[21], sowie Zugang zu allen personenbezogenen Daten und Informationen, die zur Erfüllung ihrer Aufgaben notwendig sind (Art. 58 Abs. 1 lit. e), und zu den Geschäftsräumen, einschließlich aller Datenverarbeitungsanlagen und -geräte, des Verantwortlichen und des Auftragsverarbeiters zu gewähren (Art. 58 Abs. 1 lit. f).

25 Die Verpflichtung zur Zusammenarbeit umfasst auch **Betriebs- und Geschäftsgeheimnisse**.[22] Diese sind allerdings von der Aufsichtsbehörde, z.B. durch Schwärzung in den Akten, entsprechend zu schützen und nicht weiterzugeben.[23] Umstritten ist die Pflicht zur Zusammenarbeit bei Anfragen der Aufsichtsbehörde **ohne konkreten Anlass „ins Blaue hinein"**.[24] Nicht zulässig sind vor dem Hintergrund des Amtsermittlungsgrundsatzes jedenfalls Ersuchen zur Zusammenarbeit, die nur der Arbeitserleichterung der Aufsichtsbehörde dienen.[25] Anders als die Entwürfe der Kommission und des Parlaments sieht Art. 31 gerade nicht die Verpflichtung zur Zuarbeit zur Aufsichtsbehörde vor.

26 Die **praktische Durchführung** der Zusammenarbeit obliegt gem. Art. 39 Abs. 1 lit. d dem DSB des Verantwortlichen bzw. des Auftragsverarbeiters. Die Pflicht zur Benen-

---

18 Paal/Pauly-*Martini* Art. 31 Rn. 25.
19 Paal/Pauly-*Martini* Art. 31 Rn. 30a, 42a.
20 Simitis-*Polenz* Art. 31 Rn. 10.
21 S. hierzu insb. Paal/Pauly-*Martini* Art. 31 Rn. 17.
22 Paal/Pauly-*Martini* Art. 31 Rn. 21; BeckOK DatenSR-*Spoerr* Art. 31 Rn. 13; Ehrmann/Selmayr-*Raum* Art. 31 Rn. 8; Simitis-*Polenz* Art. 31 Rn. 5.
23 Kühling/Buchner-*Hartung* Art. 31 Rn. 14.
24 Ablehnend: Ehmann/Selmayr-*Raum* Art. 31 Rn. 7; Plath-*Plath* Art. 31 Rn. 7; BeckOK DatenSR-*Spoerr* Art. 31 Rn. 12; zustimmend: Kühling/Buchner-*Hartung* Art. 31 Rn. 11; Däubler/Wedde u.a.-*Sommer* Art. 31 Rn. 4; Gola-*Klug* Art. 31 Rn. 2; Simitis-*Polenz* Art. 31 Rn. 9; Paal/Pauly-*Martini* Art. 31 Rn. 30b, 30c differenziert zwischen anlasslos und „ins Blaue hinein".
25 Paal/Pauly-*Martini* Art. 31 Rn. 19; BeckOK DatenSR-*Spoerr* Art. 31 Rn. 12; Ehrmann/Selmayr-*Raum* Art. 31 Rn. 10; Plath-*Plath* Art. 31 Rn. 7.

nung eines internen DSB ist in Art. 37 sowie in § 38 BDSG geregelt. Unterliegt eine Unternehmensgruppe verbindlichen unternehmensinternen Datenschutzvorschriften (Art. 47 Abs. 1), dann sind Angaben zum Verfahren der Zusammenarbeit mit den Aufsichtsbehörden verpflichtend Bestandteil dieser Vorschriften (Art. 47 Abs. 2 lit. l).

III. Anfrage

Art. 31 enthält das Erfordernis der Anfrage, aufgrund derer der Verpflichtete mit der Aufsichtsbehörde zusammenarbeiten muss. Das Merkmal „auf Anfrage" bedeutet eine Beschränkung auf **zeitlich befristete Maßnahmen im Einzelfall**.[26] Es besteht somit keine Pflicht zum proaktiven Tätigwerden[27] sowie zur zeitlich unbefristeten Zusammenarbeit.[28] Andererseits bleiben Vorschriften, die eine proaktive Verpflichtung gegenüber der Aufsichtsbehörde darstellen, z.B. die Meldung von Verletzungen des Schutzes personenbezogener Daten an die Aufsichtsbehörde (Art. 33), von Art. 31 unberührt. 27

Die Anfrage stellt nach überwiegender Auffassung **keinen Verwaltungsakt** dar.[29] Hierzu fehlt es der Anfrage als Mitwirkungs- und Duldungsverpflichtung gegenüber den weiterreichenden Eingriffsbefugnissen der Aufsichtsbehörde an einer eigenständigen Regelung i.S.d. § 35 VwVfG. Mangels VA-Qualität ist die Zusammenarbeit nicht eigenständig mit hoheitlichen **Zwangsmitteln** durchsetzbar.[30] Jedoch kann die der Anfrage zur Zusammenarbeit regelmäßig zugrunde liegende aufsichtsrechtliche Maßnahme nach Art. 58 ihrerseits mit Zwangsmitteln durchgesetzt werden. Hiervon umfasst sind ebenfalls Duldungs- und Mitwirkungspflichten des von der Maßnahme Betroffenen. Auch ist keine Anordnung der **sofortigen Vollziehung** der Verpflichtung zur Zusammenarbeit möglich.[31] Verstöße gegen die Zusammenarbeitspflicht führen für sich genommen schließlich nicht zur **Präklusion** des späteren Vorbringens des Verpflichteten.[32] Im Gegenzug ist die Aufsichtsbehörde nicht daran gehindert, auch ohne erfolgte Zusammenarbeit des Verpflichteten auf der Grundlage ihres Kenntnisstands aufsichtsbehördliche Maßnahmen zu ergreifen.[33] 28

IV. Aufgabenerfüllung

Ziel der Zusammenarbeit ist die Aufgabenerfüllung der Aufsichtsbehörden. Die Aufgaben der Aufsichtsbehörden sind in Art. 57 festgelegt. Die Aufgabenbeschreibung ist **weit gefasst**. Hierzu zählen u.a. die Überwachung und Durchsetzung der Anwendung 29

---

26 BeckOK DatenSR-*Spoerr* Art. 31 Rn. 13a.
27 Plath-*Plath* Art. 31 Rn. 6; Kühling/Buchner-*Hartung* Art. 31 Rn. 8; Däubler/Wedde u.a.-*Sommer* Art. 31 Rn. 5; Simitis-*Polenz* Art. 31 Rn. 5, 7; Paal/Pauly-*Martini* Art. 31 Rn. 23a.
28 Auernhammer-*Kieck* Art. 31 Rn. 9; Plath-*Plath* Art. 31 Rn. 6.
29 Kühling/Buchner-*Hartung* Art. 31 Rn. 9; BeckOK DatenSR-*Spoerr* Art. 31 Rn. 14; Ehmann/Selmayr-*Raum* Art. 31 Rn. 6; Gierschmann-*Kramer* Art. 31 Rn. 13; Plath-*Plath* Art. 31 Rn. 7; Simitis-*Polenz* Art. 31 Rn. 6; a.A. Paal/Pauly-*Martini* Art. 31 Rn. 24 ff.
30 Kühling/Buchner-*Hartung* Art. 31 Rn. 17; Plath-*Plath* Art. 31 Rn. 11; i.E. ebenso BeckOK DatenSR-*Spoerr* Art. 31 Rn. 14; differenzierend nach Tiefe des Grundrechtseingriffs: Paal/Pauly-*Martini* Art. 31 Rn. 34a.
31 Simitis-*Polenz* Art. 31 Rn. 7.
32 Plath-*Plath* Art. 31 Rn. 11; BeckOK DatenSR-*Spoerr* Art. 31 Rn. 14; Paal/Pauly-*Martini* Art. 31 Rn. 35.
33 Vgl. hierzu auch Paal/Pauly-*Martini* Art. 31 Rn. 37.

der Vorschriften der DS-GVO (Art. 57 Abs. 1 lit. a), die Befassung mit Beschwerden betroffener Personen, die Untersuchung des Gegenstands der Beschwerde sowie die Unterrichtung des Beschwerdeführers innerhalb einer angemessenen Frist über den Fortgang der Beschwerde (Art. 57 Abs. 1 lit. f) sowie jede sonstige Aufgabe im Zusammenhang mit dem Schutz personenbezogener Daten (Art. 57 Abs. 1 lit. v).

C. Praxishinweise

I. Relevanz für öffentliche Stellen

30 Für öffentliche Stellen erhalten die Vorschriften des Art. 31 insbesondere im Hinblick auf die **neu eingeräumten Befugnisse** des Art. 58 i.V.m § 16 BDSG Bedeutung. Demnach kann der/die Bundesbeauftragte für den Datenschutz erstmals gegenüber öffentlichen Stellen anordnen, die Verarbeitungsvorgänge in Einklang mit der DS-GVO zu bringen (Art. 58 Abs. 2 lit. d), sowie die Berichtigung, Löschung oder Einschränkung der Verarbeitung personenbezogener Daten (Art. 58 Abs. 2 lit. g) anordnen.

II. Relevanz für nichtöffentliche Stellen

31 Relevanz für nichtöffentliche Stellen erlangt die Zusammenarbeitsverpflichtung des Art. 31 vor allem aufgrund der **Bußgeldregelung** in Art. 83. Anfragen zur Zusammenarbeit können durch verwaltungsgerichtliches Urteil auf ihre Rechtmäßigkeit hin überprüft werden. Mangels VA-Qualität ist zulässige Klageart regelmäßig die allgemeine Feststellungsklage.[34] Ebenso kann die Zusammenarbeitsverpflichtung inzident zum Gegenstand der verwaltungsgerichtlichen Überprüfung der Ausübung der Befugnisse der Aufsichtsbehörde werden, welche der Anfrage zur Zusammenarbeit zugrunde liegen.[35]

III. Relevanz für betroffene Personen

32 Die Vorschrift zur Zusammenarbeitsverpflichtung gem. Art. 31 ermöglicht eine **bessere Durchsetzung** der Rechte der Bürgerinnen und Bürger auf Schutz ihrer personenbezogenen Daten. Zu diesem Zweck und im Interesse einer effektiven Kontrolle der Datenverarbeitung ergänzt die Vorschrift die Befugnisse der Aufsichtsbehörden durch Pflichten des Verantwortlichen, des Auftragsverarbeiters und des Vertreters zur Duldung und zur Hilfeleistung.

IV. Relevanz für Aufsichtsbehörden

33 Relevanz für die Aufsichtsbehörden erlangt Art. 31 insbesondere aufgrund des Anwendungsvorrangs der DS-GVO vor entsprechenden Normen des BDSG, welcher vom Normanwender zu beachten ist. Bei der praktischen Anwendung ist aufgrund des weiten Tatbestands und der Bußgeldbewehrung besonderes Augenmerk auf die **Bestimmtheit und Verhältnismäßigkeit** der Anfrage zur Zusammenarbeit zu richten.[36] Hierzu gehört die Befugnis, gegenüber dem Verpflichteten eine angemessene Frist zur

---

34 Kühling/Buchner-*Hartung* Art. 31 Rn. 18; Paal/Pauly-*Martini* Art. 31 Rn. 44; Simitis-*Polenz* Art. 31 Rn. 7.
35 Paal/Pauly-*Martini* Art. 31 Rn. 44.
36 Ehmann/Selmayr-*Raum* Art. 31 Rn. 6, 7; Plath-*Plath* Art. 31 Rn. 9.

Zusammenarbeit zu setzen.[37] Die widerstreitenden Interessen sind in der Anfrage so weit wie möglich in Ausgleich zu bringen.[38]

V. Datenschutzmanagement

Das Datenschutzmanagement hat zur Umsetzung der Zusammenarbeitsverpflichtung insbesondere den Vorschriften zu den Aufgaben des **internen DSB** (Art. 39 Abs. 1 lit. d) sowie zu **verbindlichen internen Datenschutzvorschriften** (Art. 47 Abs. 2 lit. l) Rechnung zu tragen. 34

VI. Sanktionen

Eine unterbliebene Zusammenarbeit kann gem. Art. 83 Abs. 4 lit. a mit einer **Geldbuße** von bis zu 10 000 000 EUR oder im Fall eines Unternehmens von bis zu 2 % seines gesamten weltweit erzielten Jahresumsatzes des vorangegangenen Geschäftsjahres geahndet werden, je nachdem, welcher der Beträge höher ist. Umgekehrt kann die erfolgte Zusammenarbeit, um einem Verstoß abzuhelfen und seine möglichen nachteiligen Auswirkungen zu mindern, gem. Art. 83 Abs. 2 lit. f bei der **Bemessung der Geldbuße** mindernd berücksichtigt werden. Aus Wortlaut und Sinn des Art. 83 Abs. 2 lit. f sowie aus dem allgemeinen Grundsatz des Doppelverwertungsverbots[39] folgt hingegen, dass eine nicht erfolgte Zusammenarbeit sich nicht doppelt auf ein Bußgeldverfahren wegen Verstoßes gegen Art. 31 sowie auf ein weiteres, hierzu in Zusammenhang stehendes Bußgeldverfahren auswirkt. 35

Abschnitt 2
Sicherheit personenbezogener Daten

Artikel 32   Sicherheit der Verarbeitung

(1) Unter Berücksichtigung des Stands der Technik, der Implementierungskosten und der Art, des Umfangs, der Umstände und der Zwecke der Verarbeitung sowie der unterschiedlichen Eintrittswahrscheinlichkeit und Schwere des Risikos für die Rechte und Freiheiten natürlicher Personen treffen der Verantwortliche und der Auftragsverarbeiter geeignete technische und organisatorische Maßnahmen, um ein dem Risiko angemessenes Schutzniveau zu gewährleisten; diese Maßnahmen schließen gegebenenfalls unter anderem Folgendes ein:

a) die Pseudonymisierung und Verschlüsselung personenbezogener Daten;
b) die Fähigkeit, die Vertraulichkeit, Integrität, Verfügbarkeit und Belastbarkeit der Systeme und Dienste im Zusammenhang mit der Verarbeitung auf Dauer sicherzustellen;
c) die Fähigkeit, die Verfügbarkeit der personenbezogenen Daten und den Zugang zu ihnen bei einem physischen oder technischen Zwischenfall rasch wiederherzustellen;

---

37 Kühling/Buchner-*Hartung* Art. 31 Rn. 10; Paal/Pauly-*Martini* Art. 31 Rn. 28; Däubler/Wedde u.a.-*Sommer* Art. 31 Rn. 5; Ehrmann/Selmayr-*Raum* Art. 31 Rn. 8; Simitis-*Polenz* Art. 31 Rn. 5.
38 Kühling/Buchner-*Hartung* Art. 31 Rn. 17; Plath-*Plath* Art. 31 Rn. 11.
39 BeckOK DatenSR-*Spoerr* Art. 31 Rn. 14.

d) ein Verfahren zur regelmäßigen Überprüfung, Bewertung und Evaluierung der Wirksamkeit der technischen und organisatorischen Maßnahmen zur Gewährleistung der Sicherheit der Verarbeitung.

(2) Bei der Beurteilung des angemessenen Schutzniveaus sind insbesondere die Risiken zu berücksichtigen, die mit der Verarbeitung verbunden sind, insbesondere durch – ob unbeabsichtigt oder unrechtmäßig – Vernichtung, Verlust, Veränderung oder unbefugte Offenlegung von beziehungsweise unbefugten Zugang zu personenbezogenen Daten, die übermittelt, gespeichert oder auf andere Weise verarbeitet wurden.

(3) Die Einhaltung genehmigter Verhaltensregeln gemäß Artikel 40 oder eines genehmigten Zertifizierungsverfahrens gemäß Artikel 42 kann als Faktor herangezogen werden, um die Erfüllung der in Absatz 1 des vorliegenden Artikels genannten Anforderungen nachzuweisen.

(4) Der Verantwortliche und der Auftragsverarbeiter unternehmen Schritte, um sicherzustellen, dass ihnen unterstellte natürliche Personen, die Zugang zu personenbezogenen Daten haben, diese nur auf Anweisung des Verantwortlichen verarbeiten, es sei denn, sie sind nach dem Recht der Union oder der Mitgliedstaaten zur Verarbeitung verpflichtet.

– *ErwG:* 83, 84

Übersicht

	Rn		Rn
A. Einordnung	1	b) Vertraulichkeit, Integrität, Verfügbarkeit, Belastbarkeit (lit. b)	43
I. Erwägungsgründe	1		
II. BDSG n.F.	3		
III. Hinweise der Aufsichtsbehörden	5	aa) Vertraulichkeit	45
		bb) Integrität	55
IV. Verhältnis zu anderen Vorschriften	6	cc) Verfügbarkeit	58
		dd) Belastbarkeit	61
1. § 13 Abs. 7 TMG	6	c) Wiederherstellung der Verfügbarkeit – lit. c	65
2. § 109 TKG	7		
3. Art. 29 der RL EU 2016/680 und § 64 BDSG n.F.	8	d) Verfahren zur Überprüfung, Bewertung, Wirksamkeitsevaluierung (lit. d)	72
4. § 22 Abs. 2 BDSG n.F.	9		
5. ePrivacy-VO	10		
6. NIS-RL und BSIG	11	2. Auswahl der Maßnahmen und Abwägungsbelange	81
7. MiFID II-Richtlinie	13	a) Allgemein	81
8. Regelungen aus dem Kirchendatenschutz	14	b) Stand der Technik	83
9. § 2 BORA	16	c) Berücksichtigung von Art, Umfang, Umständen und Zwecken der Verarbeitung	85
B. Erläuterungen	17		
I. Einleitung	17		
II. Regelungsadressaten	21		
III. Maßnahmen – Abs. 1	26	d) Eintrittswahrscheinlichkeit und Schwere des Risikos	90
1. Maßnahmenkatalog des Abs. 1 Hs. 2 lit. a–d	29		
		e) Implementierungskosten	95
a) Pseudonymisierung und Verschlüsselung	30	IV. Risikoberücksichtigung (Abs. 2)	99

Sicherheit der Verarbeitung Art. 32

	Rn		Rn
V. Genehmigte Verhaltensregeln und Zertifizierungsverfahren (Abs. 3)	108	1. Umsetzung	129
VI. Unterstellte Personen (Abs. 4)	113	2. Verpflichtung der Mitarbeiter nach Abs. 4	130
VII. Aufsichtsmaßnahmen – Kontrollen und Sanktionen	119	3. Haftung	131
1. Kontrollrechte	120	4. Konsultation der Aufsichtsbehörden	135
2. Sanktionen	123	II. Hinweise für Betroffene	136
C. Praxishinweise	129	III. Hinweise für öffentliche Stellen	138
I. Hinweise für Verantwortliche und Auftragsverarbeiter	129	IV. Hinweise für Aufsichtsbehörden	140

Literatur: *Bechtolf/Vogt* Datenschutz in der Blockchain – Eine Frage der Technik, ZD 2018, 66; *Bieker/Hansen/Friedewald* Die grundrechtskonforme Ausgestaltung der Datenschutz-Folgenabschätzung nach der neuen europäischen Datenschutz-Grundverordnung, RDV 2016, 188; *Bundesamt für Sicherheit in der Informationstechnik* Blockchain sicher gestalten (Stand März 2019); *Dieterich* Rechtsdurchsetzungsmöglichkeiten der DS-GVO, ZD 2016, 260; *Eckhardt/Menz* Bußgeldsanktionen der DS-GVO, DuD 2018, 139; *Feiler/Forgó* EU-DSGVO, 2016; *Franck* Das System der Betroffenenrechte nach der Datenschutzgrundverordnung (DS-GVO), RDV 2016, 111; *Gehrke/Rajchowski* Auswirkung von Sicherheitsvorfällen begrenzen, KES Special „Kritische Infrastrukturen" 2017, 20; *Gierschmann* Was „bringt" deutschen Unternehmen die DS-GVO?, ZD 2016, 51; *Gonscherowski/Hansen/Rost* Resilienz – eine neue Anforderung aus der Datenschutz-Grundverordnung, DuD 2018; *Hansen* Vertraulichkeit und Integrität von Daten und IT-Systemen im Cloud-Zeitalter, DuD 2012, 407; *Härting* Datenschutzgrundverordnung, 2016; *Hennrich* Cloud Computing – Herausforderung für den Datenschutz, 2015; *Herdegen* Europarecht, 17. Aufl. 2015; *Huppertz* Gesetzliche Pflichten und Haftungsrisiken im Zusammenhang mit mangelnder Absicherung von IT-Hardware, CR 2019, 625; *Kallenbach/Lührig* Verschwiegenheit: § 2 BORA zu E-Mails des Anwalts an Mandanten ab 2020, Anwaltsblatt 2019; *Keppeler* Was bleibt vom TMG-Datenschutz nach der DS-GVO?, MMR 2015, 779; *ders.* Datenschutzrechtliche und strafrechtliche Implikationen des SSL-Decryption, KuR 2018, 453; *ders.* Warum Anwälte nach der DSGVO nicht (zwingend) Ende-zu-Ende verschlüsselt kommunizieren müssen, CR 2019, 18; *Kiparski/Sassenberg* DSGVO und TK-Datenschutz – Ein komplexes europarechtliches Geflecht, CR 2018, 324; *Kipker/Stelter* Datenschutz unter MiFID II, DuD 2018, 364; *Kneuper/Macke* Rolle der Transportverschlüsselung für die sichere E-Mail-Kommunikation, DuD 2019, 76; *Kranig/Sachs/Gierschmann* Datenschutz-Compliance nach der DS-GVO, 2017; *Kraska* Datenschutz-Zertifizierungen in der EU-Datenschutzgrundverordnung, ZD 2016, 153; *Krings/Mammen* Zertifizierungen und Verhaltensregeln – Bausteine eines modernen Datenschutzes für die Industrie 4.0, RDV 2015, 231; *Kroschwald* Verschlüsseltes Cloud Computing, ZD 2014, 77; *Krupar/Strassemeyer* Distributed Ledger Technologien und Datenschutz, KuR 2018, 746; *Laue* Öffnungsklauseln in der DS-GVO – Öffnung wohin?, ZD 2016, 463; *Laue/Kremer* Das neue Datenschutzrecht in der betrieblichen Praxis, 2019; *Leeb* Digitalisierung, Legal Technology und Innovation, 2019; *Lepperhoff* Dokumentationspflichten in der DS-GVO, RDV 2016, 199; *Lorenz* Datensicherheit von E-Mails, DuD 2017, 757; *Marnau* Die Blockchain im Spannungsfeld der Grundsätze der Datenschutzgrundverordnung, Eibl/Gaedke (Hrsg.), INFORMATIK 2017, 1025; *Mayr* Kompetenzen: Menschen entscheiden über den Erfolg, DSB 2019, 200; *Piltz* Überprüfung der TOM beim Einsatz von Auftragsverarbeitern, DSB 2019, 200; *Raabe/Schallbruch/Steinbrück* Systematisierung des IT-Sicherheitsrechts, CR 2018, 706; *Roßnagel* Wie zukunftsfähig ist die Datenschutz-Grundverordnung?, DuD 2016, 561; *ders.* Umsetzung der Unionsregelungen zum Datenschutz, DuD 2018, 741; *Schulz* Datensicherheit beim Faxversand über All-IP,

Art. 32 Sicherheit der Verarbeitung

DSB 2019, 190 *Schuster/Hunzinger* Pflichten zur Datenschutzeignung von Software, CR 2017, 141; *Schwartmann/Weiß* Ko-Regulierung vor einer neuen Blüte, RDV 2016, 68; *Schweiger* Behördliche Entscheidungen und Rechtsprechung zur DSGVO in Österreich, PinG 2019, 84; *Seibel* Abgrenzung der „allgemein anerkannten Regeln der Technik" vom „Stand der Technik", NJW 2013, 3000; *Sesing* Eine Bestandsaufnahme zum bereichsspezifischen Datenschutz für Telemedien, MMR 2019, 347; *Steinebach/Jung/Krempel/Hoffmann* Datenschutz und Datenanalyse, DuD 2016, 440; *Sydow/Kring* Die Datenschutzgrundverordnung zwischen Technikneutralität und Technikbezug – Konkurrierende Leitbilder für den europäischen Rechtsrahmen, ZD 2014, 271; *Wenzel/Wybitul* Vermeidung hoher DS-GVO-Bußgelder und Kooperation mit Datenschutzbehörden, ZD 2019, 290; *Wolff* Updates aus Sicht des Datenschutzes, KuR 2019, 537.

A. Einordnung

I. Erwägungsgründe

1 Wie er die Sicherheit der Verarbeitung ausgestaltet wissen will, hat der europäische Gesetzgeber in der Regelung des Art. 32 selbst niedergelegt, aber auch darüber hinaus. So geben teilweise auch die ErwG weitere Hinweise, die bei der Ausgestaltung der Sicherheit berücksichtigt werden sollten. In ErwG 83 werden nicht nur weitgehend die Regelungsinhalte des Art. 32 zusammengefasst, sondern darüber hinaus auch Hinweise darauf gegeben, welche Risiken für die Betroffenen durch die Verantwortlichen oder Auftragsverarbeiter konkret in den Blick zu nehmen sind.

2 Daneben dienen die ErwG auch als gedankliche Klammer, mit der die einzelnen Regelungen verbunden werden. So stellt ErwG 84 noch einmal klar, dass die Ergebnisse der Datenschutz-Folgenabschätzung nach Art. 35 bei der Auswahl geeigneter Maßnahmen (u.a. nach Art. 32) zu berücksichtigen sind. Er gibt auch Hinweise, wie damit umzugehen ist, wenn Maßnahmen aus Kostengründen nicht ergriffen werden, obwohl ein Risiko für die Betroffenen besteht. Damit schlägt er zum einen den Bogen zwischen der Absicherungspflicht des Art. 32 und der Konsultationspflicht aus Art. 36. Zum anderen macht er noch einmal deutlich, dass Kostengründe auch nach der DS-GVO auch bei höheren Verarbeitungsrisiken ein grundsätzlich berücksichtigenswerter Belang sind.

II. BDSG n.F.

3 Der deutsche Gesetzgeber hat die DS-GVO mit dem Datenschutzanpassungs- und Umsetzungsgesetz (DSAnpUG)[1] in deutsches Recht umgesetzt. Eine Umsetzung des Art. 32 in das BDSG n.F. ist **nicht** erfolgt. Anders als in anderen Bereichen[2] sieht die DS-GVO im Bereich der Sicherheit der Verarbeitung keine Öffnungsklausel vor, die dem nationalen Gesetzgeber einen entsprechenden Umsetzungsspielraum eingeräumt hätte. Gleichwohl findet sich eine dem Art. 32 vergleichbare Regelung zur Sicherheit der Verarbeitung in § 64 BDSG. Diese betrifft allerdings nur die Verarbeitung personenbezogener Daten nach Art. 29 der RL EU 2016/680 zum Schutz natürlicher Personen bei der Verarbeitung personenbezogener Daten durch die zuständigen Behörden zum Zwecke der Verhütung, Ermittlung, Aufde-

---

1 Gesetz v. 30.6.2017, BGBl. I S. 2097.
2 Vgl. *Laue* ZD 2016, S. 463, 464 m.w.N.

ckung oder Verfolgung von Straftaten oder der Strafvollstreckung.³ Inhaltlich orientiert sich der nationale Gesetzgeber dabei an den Regelungen des Art. 32⁴ und konkretisiert sie in § 64 Abs. 3 BDSG für die Fälle automatisierter Verarbeitungen.

Teilweise baut der deutsche Gesetzgeber jedoch Bezüge zu Art. 32 auf, wo er bestehende Öffnungsklauseln der DS-GVO bei der Umsetzung in deutsches Recht nutzt. So nutzt er die Öffnungsklausel des Art. 9 hinsichtlich der Verarbeitung besonderer Kategorien personenbezogener Daten durch Schaffung einer Ausnahmeregelung in § 22 BDSG. Soll diese Ausnahme genutzt werden, müssen nach § 22 Abs. 2 BDSG jedoch angemessene Maßnahmen ergriffen werden. Die dabei zu beachtenden Aspekte stellen teilweise einen Verweis u.a. auf Art. 32 (§ 22 Abs. 2 S. 2 Nr. 1 BDSG) bzw. eine Wiederholung von dessen Regelungen in teilweise nur leicht anderer Form (z.B. § 22 Abs. 2 S. 1 und S. 2 Nr. 6–8, etc.) dar. 4

III. Hinweise der Aufsichtsbehörden

Die Datenschutzaufsichtsbehörden versuchten bereits vor Ablauf der Umsetzungsfrist, Orientierungshilfen zur DS-GVO zur Verfügung zu stellen. Das Bayerische Landesamt für Datenschutzaufsicht hat eine solche auch für Art. 32 veröffentlicht, in der zumindest ein erster kurzer Überblick über die Norm gegeben wurde.⁵ Auch der Bundesbeauftragte für Datenschutz und Informationsfreiheit hat eine solche Kurzübersicht veröffentlicht.⁶ Manche Aufsichtsbehörden haben Checklisten veröffentlicht.⁷ Auch auf der Seite der Datenschutzkonferenz finden sich Papiere, die für die Umsetzung von Art. 32 fruchtbar gemacht werden können⁸. Es bleibt zu hoffen, dass die Aufsichtsbehörden künftig auch weiterhin tiefergehende Hinweise zur Umsetzung der Absicherungspflichten geben werden. 5

IV. Verhältnis zu anderen Vorschriften

1. § 13 Abs. 7 TMG. Wie Art. 32 verlangt auch § 13 Abs. 7 TMG eine Pflicht zur Umsetzung technisch organisatorischer Maßnahmen zum Schutz gegen Verletzungen personenbezogener Daten. Vor der DS-GVO wurde angenommen, dass § 13 Abs. 7 TMG insoweit enger als § 9 BDSG a.F. war, da sich der Schutz von § 13 TMG nur auf die bei Betrieb und Nutzung anfallenden Bestands- und Nutzungsdaten im Sinne des TMG bezieht, wohingegen § 9 BDSG a.F. grundsätzlich auch den Schutz von Inhaltsdaten erfasst. Allerdings sollte § 13 Abs. 7 TMG im Bereich der Telemediendienste als lex specialis den Regelungen des § 9 BDSG a.F. vorgehen.⁹ Dieses Rangverhältnis war unter Geltung der Richtlinie unproblematisch möglich, da diese von den Mitgliedstaaten in nationales Recht transformiert werden musste und ihnen dabei Gestaltungsspielraum zukam, wie sie die Ziele der Richtlinie umsetzen. Da die DS-GVO unmit- 6

---

3 ABl. EU L 119/89.
4 BT-Drucks. 18/11325, S. 116.
5 https://www.lda.bayern.de/media/baylda_ds_gvo_1_security.pdf.
6 https://www.bfdi.bund.de/SharedDocs/Publikationen/Infobroschueren/INFO6.pdf.
7 Z.B. LfD Sachsen-Anhalt, abrufbar unter: https://datenschutz.sachsen-anhalt.de/informationen/internationales/datenschutz-grundverordnung/checkliste-zur-dokumentation-der-getroffenen-technischen-und-organisatorischen-massnahmen/).
8 https://www.datenschutzkonferenz-online.de/kurzpapiere.html.
9 Zusammenfassend Auernhammer-*Schreibauer* § 13 TMG Rn. 65.

telbare Geltung beansprucht und den Mitgliedstaaten somit kein Umsetzungsspielraum verbleibt, sind Regelungen wie § 13 Abs. 7 TMG jedoch nach Ablauf der Umsetzungsfrist im Mai 2018 nicht mehr anzuwenden[10], soweit es um Sachverhalte geht, die vom Regelungsbereich der DS-GVO erfasst werden[11]. Aufgrund von Art. 288 AEUV gilt die DS-GVO selbst unmittelbar in den Mitgliedstaaten.[12] Aufgrund des Vorrangs des Unionsrechts[13] werden nationale Regelungen insoweit **verdrängt** und sind – soweit sie nicht aufgehoben werden – nicht mehr anzuwenden.

7 **2. § 109 TKG.** § 109 Abs. 1 S. 1 Nr. 2 TKG verpflichtet Diensteanbieter i.S.d. TKG zu den „erforderliche[n] technische[n] Vorkehrungen und sonstigen Maßnahmen [...] gegen die Verletzung des Schutzes personenbezogener Daten". Insoweit ist die Zielrichtung des § 109 TKG mit der von Art. 32 vergleichbar[14]. Anders als § 13 TMG (s. Rn. 6) muss § 109 TKG jedoch nicht in jedem Fall hinter Art. 32 zurücktreten, da Art. 95 explizit klarstellt, dass mit der DS-GVO keine zusätzlichen Pflichten für Anbieter öffentlich zugänglicher Kommunikationsdienste in öffentlichen Telekommunikationsnetzen einhergehen, soweit sie bereits entsprechenden Verpflichtungen aus der RL 2002/58/EG unterliegen. Mit § 109 TKG wurden die Art. 4 Abs. 1 und Abs. 1a der RL 2002/58/EG in deutsches Recht umgesetzt[15]. Bei der Umsetzung hat der deutsche Gesetzgeber allerdings von seinem Recht Gebrauch gemacht, neben den Anbietern öffentlicher Dienste und Netze auch solche zu verpflichten, die ihre Dienste und Netze nicht öffentlich anbieten. Da die RL 2002/58/EG dies weder vorsah noch verbot, kommt es nun zu einem Zerfall der Regelungssystematik in § 109 TKG. Denn nur soweit die darin enthaltenen Regelungen Erbringer öffentlich zugänglicher Telekommunikationsdienste und Betreiber öffentlicher Telekommunikationsnetze verpflichten, gilt der lex specialis-Grundsatz des Art. 95.[16] Für die übrigen Anbieter nichtöffentlicher Dienste und Netze gilt die Ausnahmeregelung des Art. 95 nicht, so dass für diese unmittelbar die Regelung des Art. 32 gilt und die Vorgaben des § 109 TKG durch den Anwendungsvorrang **verdrängt** werden.[17]

8 **3. Art. 29 der RL EU 2016/680 und § 64 BDSG n.F.** Regelungen zur Sicherheit der Verarbeitung finden sich auch im § 64 BDSG und dem diesem zugrundeliegenden Art. 29 der RL 2016/680. Diese findet jedoch nur Anwendung auf die Verarbeitung durch Behörden, soweit diese bestimmte Aufgaben (z.B. der Strafverfolgung) wahrnehmen. Insoweit sind die beiden Regelungen lex specialis gegenüber Art. 32 und verdrängen diesen. Ungeachtet dessen können die in § 64 Abs. 3 BDSG aufgezeigten Kontrollmaßnahmen aus rein technisch organisatorischer Sicht durchaus als Orientierung herangezogen werden, wenn die eher allgemein gehaltenen Anforderungen des Art. 32 praktisch umgesetzt werden. Diese Kontrollmaßnahmen orientieren sich

---

10 So für die Regelungen der §§ 11 ff. TMG insgesamt auch *Keppeler* MMR 2015, 779 f.
11 Ebenfalls *Sesing* MMR 2019, 347, 350 mit Darstellung des Streitstandes zur Anwendbarkeit der TMG-Regelungen.
12 Zum diesem Grundsatz *Herdegen* Europarecht § 8 Rn. 40; speziell zur DS-GVO *Keppeler* MMR 2015, 779, 780.
13 Dazu *Herdegen* Europarecht § 10 Rn. 1.
14 So auch *Kiparski/Sassenberg* CR 2018, 324, 329.
15 Auernhammer-*Heun* § 109 TKG Rn. 2.
16 So im Ergebnis auch *Kiparski/Sassenberg* CR 2018, 324, 327.
17 So auch Auernhammer-*Heun/Assion* Art. 95 Rn. 11f.; *Keppeler* MMR 2015, 779, 781; *Kiparski/Sassenberg* CR 2018, 324f.

Sicherheit der Verarbeitung Art. 32 / § 22 BDSG

weitgehend an den Zielen, die bisher schon in der Anlage 1 zu § 9 BDSG a.F. aufgeführt wurden.

4. § 22 Abs. 2 BDSG n.F. Nach § 22 Abs. 2 BDSG n.F. müssen Maßnahmen zur Wahrung der Interessen der Betroffenen ergriffen werden, wenn besondere Kategorien personenbezogener Daten auf der Grundlage des § 22 Abs. 1 BDSG n.F. verarbeitet werden sollen. Die Öffnungsklausel des Art. 9, auf die § 22 BDSG zurückgeht, lässt grundsätzlich keine Ausnahme von Art. 32 zu. Insofern kann Art. 32 daher auch nicht durch § 22 Abs. 2 BDSG verdrängt werden. Da Art. 9 jedoch vorsieht, dass eine Öffnung davon abhängt, ob Maßnahmen zum Schutz der Betroffenen ergriffen wurden, ist den Gesetzgebern der Mitgliedstaaten ein gewisser Gestaltungsspielraum eingeräumt worden, wie entsprechende Maßnahmen auszusehen haben. Die Mitgliedstaaten dürfen Art. 32 daher zwar nicht aushebeln, es spricht aber einiges dafür, dass sie dessen Anforderungen zumindest für besondere Kategorien personenbezogener Daten konkretisieren können. Da die aufgelisteten Maßnahmen weitgehend identisch mit den Anforderungen aus Art. 32 sind, dürften sich daraus keine praktischen Probleme oder Widersprüche ergeben. 9

5. ePrivacy-VO. Die EU-Kommission hat zur Ergänzung der DS-GVO bereits Anfang 2017 den Entwurf für eine Verordnung über Privatsphäre und elektronische Kommunikation (ePrivacy-VO) veröffentlicht.[18] Diese soll in ihrem Anwendungsbereich lex specialis zur DS-GVO werden. Soweit keine Regelungen zur Informationssicherheit ergänzt werden, dürfte insoweit Art. 32 gelten. In Art. 8 Abs. 2 lit. b des ePrivacy-VO-Entwurfes wird die Anwendung technischer und organisatorischer Maßnahmen nach Art. 32 sogar explizit zur Voraussetzung gemacht, damit Daten, die von Endgeräten zur Verbindungssuche ausgesendet werden (z.B. WLAN, Bluetooth), erhoben werden dürfen. Dies ist vor allem für Offline-Tracking (z.B. bei der Verfolgung in Kaufhäusern oder Verkehrsflussmessungen) relevant. 10

6. NIS-RL und BSIG. Weitere Absicherungspflichten hinsichtlich der Datenverarbeitung ergeben sich auch aus Art. 14 und Art. 16 der NIS-RL[19]. Diese verpflichten Betreiber kritischer Infrastrukturen und Anbieter digitaler Dienste (Suchmaschinen, Online-Marktplätze und Cloud-Computing-Dienstleister) zur Absicherung ihrer IT nach dem Stand der Technik. Diese Pflichten wurden weitgehend in § 8a und § 8c BSI-Gesetz in deutsches Recht umgesetzt.[20] Unter diese gesetzlichen Regelungen können auch Systeme fallen, die personenbezogene Daten verarbeiten. Gerade bei den Anbietern digitaler Dienste (u.a. Cloud-Computing Dienste) ist dies sogar wahrscheinlich. Gleichwohl gelten für die Anforderungen an die Verarbeitung personenbezogener Daten die Regelungen des Art. 32. Nach Art. 2 NIS-RL sind personenbezogene Daten nach Maßgabe der RL 95/46/EG zu verarbeiten. Zwar wird diese Richtlinie durch die DS-GVO abgelöst und die Verweisung in Art. 2 NIS-RL ist nicht dyna- 11

---

18 Vorschlag für eine Verordnung über die Achtung des Privatlebens und den Schutz personenbezogener Daten in der elektronischen Kommunikation und zur Aufhebung der Richtlinie 2002/58/EG vom 10.1.2017.
19 RL (EU) 2016/1148 v. 6.7.2016 über Maßnahmen zur Gewährleistung eines hohen gemeinsamen Sicherheitsniveaus von Netz- und Informationssystemen in der Union.
20 Die Umsetzung der Pflichten für Betreiber Kritischer Infrastrukturen wurde mit dem IT-Sicherheitsgesetz aus dem Jahr 2015 sogar schon vor Verabschiedung der NIS-RL vorweggenommen.

misch formuliert, allerdings kommt das vom europäischen Gesetzgeber gewünschte Rangverhältnis zwischen NIS-RL und europäischen Datenschutzregelungen hinreichend klar zum Ausdruck.

12 In praktischer Hinsicht sind auch keine Probleme bei der Umsetzung zu erwarten. Wer beiden Regelungsregimen unterfällt, wird in der Regel die jeweils höchsten Anforderungen hinsichtlich der Absicherung erfüllen müssen, die sich aus NIS-RL (und den nationalen Umsetzungen) und DS-GVO ergeben. Zielkonflikte werden sich dabei i.d.R. nicht ergeben, da beide Regime weitgehend auf die klassischen IT-Sicherheitsschutzziele abstellen.

13 **7. MiFID II-Richtlinie.** Die MiFID II-Richtlinie[21] verpflichtet Finanzinstitute in Art. 16 Abs. 5 zu Sicherheitsmaßnahmen für ihre Datenverarbeitungssysteme. Sie sollen die Sicherheit und Authentizität ihrer Informationsübermittlungswege gewährleisten, das Risiko von Datenverfälschungen und unberechtigten Zugriffen minimieren, um die Vertraulichkeit der Daten jederzeit sicherzustellen. Diese Vorgaben werden durch die Umsetzungsverordnung (EU) 2017/565[22] ergänzt. Nach Art. 21 Abs. 2 VO (EU) 2017/565 haben die Wertpapierfirmen die Sicherheit, Integrität und Vertraulichkeit von Informationen auf Dauer zu gewährleisten. Art. 21 Abs. 3 VO (EU) 2017/565 verpflichtet die Unternehmen dazu, sicherzustellen, dass Daten und Funktionen im Fall von Störungen erhalten bleiben. Die Schutzziele weisen daher mit denen des Art. 32 DS-GVO durchaus Überschneidungen auf. Die unter der MiFID verarbeiteten Daten können auch personenbezogen sein (z.B. die aufgezeichneten Daten über Anrufe)[23]. Hinsichtlich der Verarbeitung personenbezogener Daten verweist Art. 78 MiFID II-RL jedoch auf die von der DS-GVO abgelöste Datenschutz-RL 95/46/EG. Auch wenn dies formal keine dynamische Verweisung ist, dürfte damit hinreichend klar sein, dass die MiFID II-RL keine vorrangige Regelung zum Schutz der Verarbeitung personenbezogener Daten treffen sollte und somit Art. 32 DS-GVO auch im Anwendungsbereich der MiFID II-RL gilt[24]. Rein praktisch dürfte dies angesichts der ähnlichen Schutzziele kaum zu Problemen führen.

14 **8. Regelungen aus dem Kirchendatenschutz.** Für den Bereich der Kirchen gibt es eigene Normen zum Datenschutz, die ebenfalls Vorgaben zur Sicherheit der Verarbeitung vorsehen. So findet sich für die katholischen Kirchen in § 26 des KDG[25] bzw. § 26 KDR-OG[26] und für die evangelische Kirche in § 27 DSG-EKD[27] eine zu Art 32 fast identische Regelung, die nur in wenigen Punkten abweicht.[28] Interessant an § 27 DSG-EKD ist, dass in Abs. 6 eine zusätzliche explizite Verpflichtung zur Gewährleistung

---

21 RL (EU) 2014/65 v. 15.5.2014 über Märkte für Finanzinstrumente sowie zur Änderung der RL 2002/92/EG und 2011/61/EU.
22 Delegierte VO (EU) 2017/565 v. 25.4.2016 zur Ergänzung der RL 2014/65/EU.
23 Vgl. dazu tiefergehend *Kipker/Stelter* DuD 2018, 364, 366 ff.
24 So im Ergebnis auch *Kipker/Stelter* DuD 2018, 364, 366.
25 Gesetz über den kirchlichen Datenschutz vom 29.12.2017, Kirchliches Amtsblatt vom 23.1.2018, S. 2.
26 Kirchliche Datenschutzregelungen der Ordensgemeinschaft päpstlichen Rechts in der Fassung des Vorstandsbeschlusses der DOK Deutschen Ordensoberkonferenz v. 30.1.2018.
27 Kirchengesetz über den Datenschutz der evangelischen Kirche in Deutschland vom 15.11.2017, ABl. EKD, S. 353.
28 Anders als in Art. 32 ist dort u.a die Nachweispflicht explizit geregelt und die Verhältnismäßigkeit von Aufwand und Zweck als Grenze der Pflicht statuiert.

der „IT-Sicherheit" erfolgt, die durch die ITSVO-EKD[29] konkretisiert wird – u.a. durch Verweis auf Empfehlungen des BSI und den BSI-IT-Grundschutz.

Für die in den Geltungsbereich der jeweiligen Regelungen fallenden Einrichtungen tritt Art. 32 hinter den kircheneigenen Regelungen zurück. Zu beachten ist dabei, dass jedoch nicht alle Einrichtungen aus den Gemeinden vom Geltungsbereich erfasst sind. Vereine der Pfarrgemeinden stehen z.b. oft in organisatorischem Zusammenhang mit den örtlichen Kircheneinrichtungen, unterfallen aber dem nicht-kirchlichen Datenschutzrecht und damit den Anforderungen des Art. 32. 15

9. § 2 BORA. Seit Anfang 2020 enthält auch die Berufsordnung für Rechtsanwälte (BORA) in § 2 Abs. 2 das Erfordernis von organisatorischen und technischen Maßnahmen zum Schutz des Mandatsgeheimnisses, die risikoadäquat und für den Anwaltsberuf zumutbar sind. Da viele Daten im Mandatsverhältnis Personenbezug aufweisen, kommt es zu inhaltlichen Überlappungen mit Art. 32. Jedoch verweist § 2 Abs. 2 S. 2 BORA selbst auf die Anwendbarkeit der Regelungen des Datenschutzrechts und erklärt dessen Anforderungen für ausreichend. Damit kommt zum Ausdruck, dass die Regelungen in § 2 BORA zwar das anwaltliche Berufsrecht regeln, aber das Datenschutzrecht in seiner Wirkung unberührt lassen[30]. Das ist eigentlich eine Selbstverständlichkeit, da das anwaltliche Berufsrecht den Vorrang des Europarechts nicht brechen kann. Soweit teilweise darauf verwiesen wird, dass Art. 90 Abs. 1 S. 1 eine Öffnungsklausel enthalte, die die Nicht-Anwendbarkeit der DS-GVO-Regelungen im Bereich der Anwaltschaft bewirke[31], wird übersehen, dass schon die formalen Voraussetzungen für diese Annahme fehlen. Entsprechende berufsrechtliche Sonderregelungen müssten von den Mitgliedstaaten notifiziert werden, vgl. Art. 90 Abs. 2. Es ist jedoch derzeit nicht ersichtlich, dass dies für die BORA erfolgt ist. Durch den Verweis auf die Anforderungen des Datenschutzes, dürften die zu ergreifenden Maßnahmen nach BORA und DS-GVO jedoch ohnehin oft identisch sein, so dass dieser Streit hinsichtlich der organisatorischen und technischen Maßnahmen voraussichtlich wenig praktische Auswirkungen haben wird. 16

B. Erläuterungen

I. Einleitung

Art. 32 verpflichtet die für die Datenverarbeitung Verantwortlichen, die Sicherheit der Datenverarbeitung zu gewährleisten. Diese Verpflichtung ist nicht neu, sondern fand sich im Wesentlichen bereits in Art. 17 der Datenschutzrichtlinie 95/46/EG (DSRL), sowie den darauf basierenden nationalen Regelungen in § 9 BDSG a.F.[32] und den Datenschutzgesetzen der Bundesländer. § 9 BDSG a.F. forderte bisher nur abstrakt zu „technischen und organisatorischen Maßnahmen" auf, die „erforderlich sind", um die Anforderungen des Bundesdatenschutzgesetzes zu erfüllen. Zur deren Konkretisierung wurde bisher auf einen Maßnahmenkatalog in der Anlage verwiesen. 17

---

29 Verordnung zur Sicherheit der Informationstechnik vom 29.5.2015, ABl. EKD, S. 146.
30 Vgl. *Kallenbach/Lürig* Anwaltsblatt, abrufbar unter https://anwaltsblatt.anwaltverein.de/de/anwaeltinnen-anwaelte/anwaltspraxis/verschwiegenheit-neue-bora-norm-zu-e-mails-an-mandanten.
31 Vgl. *Leeb* Digitalisierung, Legal Technology und Innovation, S. 130f. m.w.N.
32 Vgl. Plath-*Grages* Art. 32 DS-GVO Rn. 4.

18 Demgegenüber enthält die DS-GVO eine solche Konkretisierung der Maßnahmen in Art. 32 Abs. 1 selbst. Die dort aufgeführten Maßnahmen sind nicht mit denen aus der Anlage zu § 9 S. 1 BDSG a.f. identisch. Jedoch lassen sich die Maßnahmen der Anlage zu § 9 BDSG a.F. auch nutzbar machen, um die Anforderungen des Art. 32 zu erfüllen.

19 Nach Art. 17 DSRL und dem § 9 BDSG a.f. sollten die technisch-organisatorischen Maßnahmen auch zur Sicherstellung der Rechtmäßigkeit der Verarbeitung getroffen werden. Sie umfassten damit auch Maßnahmen, die mit der Sicherheit der Daten nichts zu tun hatten, wie die Sicherstellung der Auskunftspflichten[33]. Diese weite Verpflichtung wurde für Art. 32 nicht übernommen, sondern findet sich nunmehr in Art. 24.[34] Dadurch, dass die Sicherheit der Verarbeitung in Art. 32 eigenständig geregelt wurde, erfährt sie eine – wenn auch nur graduelle – gesetzliche Aufwertung. Das ist angesichts zunehmender Bedrohungen für die Datenverarbeitung ebenso zu begrüßen wie der Risiko-basierte Ansatz der Absicherungspflicht[35].

20 Die Pflicht zur Absicherung der Verarbeitung ist dem Grunde nach auch **unabdingbar**.[36] Gleichwohl dürfte es den Verantwortlichen und Auftragsverarbeitern freistehen, mit den Betroffenen Vereinbarungen zu treffen, welches Sicherheitsniveau im Hinblick auf die von ihnen verarbeiteten Daten eingehalten werden soll.[37] Es ist Ausfluss der Selbstbestimmung der Betroffenen zu entscheiden, welche Risiken für ihre personenbezogenen Daten noch akzeptabel sind und welche nicht. Voraussetzung ist freilich, dass sie die Entscheidung informiert und freiwillig treffen und sie die Entscheidung nur für ihre eigenen Daten treffen können[38]. Da die Risikobereitschaft der verschiedenen Betroffenen stark variieren dürfte, die technischen und organisatorischen Maßnahmen jedoch tatsächlich nur einheitlich umgesetzt werden können, dürfte die praktische Relevanz solcher Vereinbarungen jedoch gegen Null tendieren.[39]

II. Regelungsadressaten

21 Die Verpflichtung richtet sich sowohl an Verantwortliche als auch Auftragsverarbeiter, derer sich Verantwortliche bedienen. Dies stellen Art. 32 Abs. 1 Hs. 1 und Abs. 4 klar. Insoweit unterscheiden sie sich von Art. 24, der die Verpflichtung zu technisch organisatorischen Maßnahmen für die **Rechtmäßigkeit** der Verarbeitung zunächst alleine den Verantwortlichen auferlegt.

---

33 Plath-*Plath* § 9 BDSG Rn. 1
34 *Feiler/Forgo* Art. 32 Rn. 12; a.A. in Teilen offenbar Kühling/Buchner-*Jandt* Art. 32 Rn. 5, die „Schutz gegen jegliche Arten der (datenschutz-)rechtswidrigen Verarbeitung" als Ziel der Maßnahmen nach Art. 32 ansieht.
35 Hinsichtlich Offenheit der Norm (die aus dem risikobasierten Ansatz folgt) eher kritisch *Roßnagel* DuD 2018, 741, 745.
36 Zum Streit dazu siehe Kühling/Buchner-*Jandt* Art. 32 Rn. 40.
37 So zumindest in Bezug auf gewisse Maßnahmen und unter der Maßgabe, dass Betroffene u.a. über das Risiko aufgeklärt werden: *BayLDA* Tätigkeitsbericht 2017/2018, S. 137; a.A. die Österreichische Datenschutzbehörde mit Bescheid DSB-D213.692/0001-DSB/2018 v. 16.11.2018 dort unter 3.2.2, abrufbar via https://www.ris.bka.gv.at/Dsk/; Laue/Kremer-*Laue* Das neue Datenschutzrecht in der betrieblichen Praxis, § 7 Rn. 29.
38 Vgl. zu dieser Frage im Rahmen der Kommunikation zwischen Anwaltschaft und Mandanten *Leeb* Digitalisierung, Legal Technology und Innovation, S. 137.
39 So im Ergebnis auch: Kühling/Buchner-*Jandt* Art. 32 Rn. 40.

Zwar schreibt Art. 28 Abs. 3 S. 2 lit. c vor, dass der Auftragsverarbeiter vertraglich verpflichtet werden muss, alle nach Art. 32 notwendigen Maßnahmen zu ergreifen. Dem kommt aufgrund der unmittelbaren Pflichten des Auftragsverarbeiters aus Art. 32 jedoch praktisch nur eine wenig eigenständige Bedeutung zu. Anders ist dies bei der nach Art. 28 Abs. 3 S. 2 lit. f vertraglich vorzusehenden Pflicht des Auftragsverarbeiters, den Verantwortlichen bei der Erfüllung von dessen Verpflichtungen nach Art. 32 zu unterstützen. Diese reine Unterstützungspflicht des Auftragsverarbeiters entsteht erst durch den Vertrag und ungeachtet seiner eigenen gesetzlichen Absicherungspflichten. 22

Auch wenn ein Verantwortlicher selbst gar keine Daten verarbeitet, sondern dies komplett dem Auftragsverarbeiter überlässt, bleibt er selbst verpflichtet, die Sicherheit der Verarbeitung zu gewährleisten.[40] Gerade in diesen Fällen kommt der vertraglich zu vereinbarenden Unterstützungspflicht des Auftragsverarbeiters besondere Bedeutung zu, da der Verantwortliche seine Pflicht ohne dessen Unterstützung nicht selbst erfüllen könnte. So muss der Verantwortliche sich auch von den Maßnahmen des Auftragsverarbeiters überzeugen. Dies kann je nach Höhe des Risikos der Verarbeitung durch rein formelle oder materielle Prüfungen erfolgen. Für die formelle Prüfung sollten Dokumentationen und Zertifizierungen eingefordert und auf die Eignung der Maßnahmen hin untersucht werden. Dies wird bei niedrigem oder mittlerem Verarbeitungsrisiko i.d.R. reichen. Bei höherem Risiko können materielle Prüfungen angezeigt sein, bei denen sich der Verantwortliche auch vor Ort selbst ein Bild von den vom Auftragsverarbeiter gewählten und umgesetzten Maßnahmen macht.[41] Für die Prüfung bieten sich Checklisten an, die von den Aufsichtsbehörden veröffentlicht wurden.[42] 23

Die Verpflichtung sowohl des Verantwortlichen als auch des Auftragsverarbeiters ist zu begrüßen. Zuständigkeitsfragen durch unklare Verträge zwischen beiden werden so schon im Ansatz vermieden[43]. Der Verantwortliche, der das (i.d.R. auch wirtschaftliche) Interesse an der Datenverarbeitung hat, kann sich seiner Verantwortung nicht durch Verlagerung der Datenverarbeitung entziehen. Gleichzeitig wird der Tatsache Rechnung getragen, dass nur der Auftragsverarbeiter tatsächlich in der Lage ist, unmittelbar auf den Verarbeitungsvorgang technisch und organisatorisch einzuwirken.[44] 24

Nicht unmittelbar verpflichtet werden die Hersteller von Produkten, Diensten und Anwendungen, mit denen personenbezogene Daten verarbeitet werden, solange sie nicht selbst Verantwortliche oder Auftragsverarbeiter sind.[45] Zu bedenken ist dabei jedoch, dass die Hersteller im Rahmen der Beschaffung durch die Verantwortlichen 25

---

40 Gola-*Piltz* Art. 32 Rn. 8.
41 *Piltz* DSB 2019, 200.
42 *Piltz* DSB 2019, 200 f. mit Verweis auf die Checkliste des LfD Sachsen-Anhalt, abrufbar unter https://datenschutz.sachsen-anhalt.de/fileadmin/Bibliothek/Landesaemter/LfD/PDF/binary/Informationen/Internationales/Datenschutz-Grundverordnung/Checkliste_TOM/Checkliste_toM_nach_DS-GVO.pdf.
43 Siehe auch ErwG 79, der dieses Bedürfnis hervorhebt.
44 So im Ergebnis auch Kühling/Buchner-*Jandt* Art. 32 Rn. 4. Ähnlich *Sydow/Kring* ZD 2014, 271, 274f. hinsichtlich der Pflicht des Auftragsverarbeiters, aber kritisch im Hinblick auf die zusätzliche Verpflichtung des Verantwortlichen.
45 Dies kritisierend Simitis/Hornung/Spiecker gen. Döhmann-*Hansen* Art. 32 Rn. 15, unter Verweis auf die diesbezüglichen Defizite der Angebote.

und Auftragsverarbeiter vertraglich verpflichtet werden müssen, Angebote zu liefern, mit denen die Anforderungen des Art. 32 eingehalten werden können.[46] Daneben könnte auch das Mängelgewährleistungsrecht eine mittelbare Verpflichtung der Hersteller bewirken.[47] In Bezug auf Art. 32 wird man dies vermutlich nur selten annehmen können. Voraussetzung müsste wohl sein, dass die Produkte explizit für die Verarbeitung personenbezogener Daten gedacht sind und es Verantwortlichen und Auftragsverarbeitern selbst unter Hinzunahme anderer technisch-organisatorischer Maßnahmen unmöglich wäre, die Anforderungen aus Art. 32 bei Einsatz des Produktes einzuhalten.

III. Maßnahmen – Abs. 1

26 Art. 32 Abs. 1 fordert geeignete **technische und organisatorische Maßnahmen (TOM)**. Darunter fallen nicht nur IT-bezogene Maßnahmen, wie z.B. Passwortschutz oder Updates, sondern auch über die IT hinausgehende Datensicherheitsmaßnahmen, wie z.B. die Schulung der Mitarbeiter im Hinblick auf den Datenschutz und die Datensicherheit, der bauliche Schutz der Daten vor unbefugten Zugriffen durch Einbruchsschutzvorkehrungen[48] und die Verwendung von Blickschutzfolien auf Bildschirmen.

27 Eine abschließende Liste der notwendigen Maßnahmen enthält Art. 32 nicht. Durch die Formulierung „unter anderem" in Art. 32 Abs. 1 Hs. 2 wird, wie schon durch die Formulierung „insbesondere" in § 9 S. 1, letzter Hs. BDSG a.F. klargestellt, dass die in Art. 32 Abs. 1 Hs. 2 lit. a–d aufgelisteten Maßnahmen keinen Anspruch auf Vollständigkeit erheben. Sie sollen als Regelbeispiele nur aufzeigen, welche Maßnahmen in jedem Fall in Betracht zu ziehen sind.[49] Das Erfüllen dieser Maßnahmen stellt daher nicht in jedem Fall sicher, dass die Absicherungspflicht aus Art. 32 Abs. 1 Hs. 1 damit erfüllt ist.

28 Es besteht allerdings auch kein bedingungsloser Zwang, alle der in lit. a–d genannten Maßnahmen zu ergreifen. Dies ergibt sich aus dem Begriff „gegebenenfalls", der seit einer Korrektur vom 19.4.2018 auch in der deutschen Sprachfassung der Norm enthalten ist. Aber auch vor der Korrektur bestand diesbezüglich wohl Einigkeit, da bereits ein Vergleich mit der englischen Sprachfassung („including inter alia as appropriate") deutlich zeigte, dass die ursprüngliche deutsche Fassung der Norm einen Übersetzungsfehler enthielt.[50] Die Betroffenen haben dabei i.d.R. auch keinen Anspruch auf bestimmte Absicherungsmaßnahmen.[51]

29 **1. Maßnahmenkatalog des Abs. 1 Hs. 2 lit. a–d.** Im Katalog des Abs. 1 Hs. 2 lit. a–d führt der Gesetzgeber einige Maßnahmen auf, die zumindest in Betracht gezogen werden müssen.

---

46 Simitis/Hornung/Spiecker gen. Döhmann-*Hansen* Art. 32 Rn. 16.
47 Vgl. zur Mangelhaftigkeit einer nicht datenschutzkonformen Software *Schuster/Hunzinger* CR 2017, 141, 148.
48 Auernhammer-*Kramer/Meints* Art. 32 DS-GVO Rn. 16.
49 Plath-*Grages* Art. 32 Rn. 5; Simitis/Hornung/Spiecker gen. Döhmann-*Hansen* Art. 32 Rn. 31.
50 So zur ursprünglichen deutschen Fassung bereits die Vorauflage siehe u.a. *Feiler/Forgo* Art. 32 Rn. 7.
51 Vgl. *Schweiger* PinG 2019, 84, 85.

a) Pseudonymisierung und Verschlüsselung. Zu den vom Verordnungsgeber exemplarisch aufgeführten Beispielen gehören die in lit. a genannte Pseudonymisierung sowie die Verschlüsselung personenbezogener Daten. Im System der Informationssicherheit dienen beide Maßnahmen vor allem dem Schutzgut der Vertraulichkeit. Die Verschlüsselung kann darüber hinaus auch dem Ziel der Integrität dienen.[52] 30

Was unter Pseudonymisierung zu verstehen ist, regelt Art. 4 Nr. 5 (Rn. 72). 31

Aufgrund der Pseudonymisierung sinkt das Risiko für die Rechte und Freiheiten der Betroffenen, wenn deren pseudonymisierte Daten verloren gehen und Personen zugänglich werden, für die sie nicht bestimmt waren.[53] Ohne Kenntnis zusätzlicher Informationen können die personenbezogenen Daten dann nicht wieder im Klartext lesbar gemacht werden, so dass Nachteile für die Betroffenen weitgehend ausgeschlossen werden können. 32

Unter **Verschlüsselung** werden in der Regel mathematische Methoden und Techniken verstanden, die dem Schutz von Informationen gegen unbefugte Kenntnisnahme oder absichtliche Manipulation dienen. Dabei wird ein Klartext nach einem bestimmten Verfahren – dem Algorithmus – in einen unlesbaren verschlüsselten Text – das Chiffrat – umgewandelt.[54] Dabei werden als Algorithmen üblicherweise solche mathematischen Verfahren gewählt, denen bestimmte mathematische Probleme zugrunde liegen, die ein Rückrechnen des Chiffrats aufgrund des daraus resultierenden Aufwandes kaum praktikabel erscheinen lassen. Da dies in erster Linie eine Frage der Rechenleistung ist, können Krypto-Algorithmen auch niemals als absolut sicher gelten.[55] Vielmehr beruhen Sicherheitsaussagen über Algorithmen und Schlüssellängen auf einer Prognose realistischer Angriffsszenarien in einem bestimmten vorhersehbaren Zeitraum von wenigen Jahren.[56] Als Szenario wird dabei u.a. unterstellt, dass mittels sogenannter Brute-Force-Angriffe versucht werden kann, jede mögliche Schlüsselkombination auf das Chiffrat anzuwenden und das daraus resultierende Klartextergebnis auf Plausibilität zu überprüfen.[57] Mit steigender Rechenleistung steigt die Wahrscheinlichkeit, dass Angreifer auf diese Art den echten Klartext wiederherstellen können. 33

Konkrete Vorgaben, wie pseudonymisiert oder verschlüsselt werden soll, macht die Norm nicht. Diese Technikneutralität ist zu begrüßen, da sich sowohl die eingesetzte Technik als auch die daraus erwachsenden Gefahren für die personenbezogenen Daten sehr dynamisch entwickeln. Gerade im Bereich der Verschlüsselung ist jedoch darauf zu achten, dass ein Verschlüsselungsalgorithmus gewählt wird, der noch als sicher angesehen werden kann. Zur Orientierung bei der Auswahl kann u.a. auf entsprechende (wissenschaftliche) Fachliteratur zurückgegriffen werden. Bisher wurde diesbezüglich auch immer auf den Algorithmenkatalog der Bundesnetzagentur verwiesen, in dem diese die sicheren Algorithmen für qualifiziert elektronische Signaturen nach dem Signaturgesetz (SigG) aufführte. Da das SigG nach Einführung der 34

---

52 Kühling/Buchner-*Jandt* Art. 32 Rn. 20; *Hansen* DuD 2012, 407, 409.
53 Auernhammer-*Kramer/Meints* Art 32 Rn. 12.
54 *Hennrich* Cloud Computing, S. 137; *Kroschwald* ZD 2014, 75, 77.
55 Ebenso *Hennrich* Cloud Computing, S. 138 und *Kroschwald* ZD 2014, 75, 78.
56 Vgl. die Darstellung zum Algorithmenkatalog der BNetzA bei *Kroschwald* ZD 2014, 75, 79, sowie die Einleitung des Algorithmenkataloges 2017 selbst: BAnz AT 30.12.2016 B 5, S. 1 f.
57 *Kroschwald* ZD 2014, 75, 77.

Art. 32   Sicherheit der Verarbeitung

eIDAS-VO durch den deutschen Gesetzgeber aufgehoben wurde, ist die Grundlage für Feststellungen der BNetzA entfallen und die Zukunft des Kataloges unklar. Aufgrund des ohnehin auf einer Prognose basierenden Charakters der Auflistung kann der zuletzt veröffentlichte Katalog aber zumindest vorübergehend als Anhaltspunkt für die Auswahl sicherer Verfahren dienen. Außerdem kann auch auf die Veröffentlichungen des BSI[58] zurückgegriffen werden, da dessen Krypto-Expertise auch bisher schon dem Katalog der BNetzA zugrunde lag. Verschlüsselungsalgorithmen, die bekannt unsicher sind (z.b. RC 4), sollten nicht mehr für die Verarbeitung personenbezogener Daten eingesetzt werden.

35   Neben der Auswahl eines geeigneten Verschlüsselungsverfahrens ist außerdem darauf zu achten, dass dieses technisch sauber in der Verarbeitungssoftware implementiert ist. Ansonsten besteht die Möglichkeit, Schwächen der jeweiligen Software (z.B. bei der Art, den Krypto-Schlüssel zu verarbeiten) auszunutzen und – trotz eigentlich sicherem Algorithmus – Zugriff auf den Klartext der Daten zu erhalten.

36   Die Sicherheit der Verschlüsselung steigt grundsätzlich mit zunehmender Länge des Kryptoschlüssels. Welche Länge mindestens zu wählen ist, hat der Verordnungsgeber nicht festgelegt. Da mit der Schlüssellänge jedoch auch der Ressourcenbedarf für die Verarbeitung steigt, was insbesondere bei der Massenverarbeitung schnell enorme Aufwände erzeugen kann, müssen nicht generell möglichst die längsten Schlüssel gewählt werden. Entscheidend ist eine dem Schutzbedarf der jeweiligen Daten angemessene Schlüssellänge. Je sensibler die Daten sind und je höher die Wahrscheinlichkeit ist, dass Unbefugte den Willen und die Ressourcen haben, diese Daten zu erlangen, desto länger sollte grundsätzlich der auch der verwendete Schlüssel sein.[59]

37   Da der personenbezogene Klartext aus einem Chiffrat nur durch Hinzuziehung des geheimen Schlüssels wiederhergestellt werden kann, sind Verschlüsselungsverfahren gleichzeitig auch eine Methode der Pseudonymisierung.[60]

38   Gerade auch bei der Auslagerung von personenbezogenen Daten auf Systeme Dritter, z.B. im Rahmen des Cloud-Computings, ist Verschlüsselung ein geeignetes Mittel, um die Daten zu schützen. Derzeit funktioniert dies jedoch nur für die Speicherung der Daten problemlos. Ideal wäre es, wenn die Daten verschlüsselt an Dritte übertragen und durch diese so verarbeitet (z.B. analysiert) werden könnten und erst das durch den Verantwortlichen erhaltene Ergebnis der Verarbeitung wieder entschlüsselt werden müsste. Die Verarbeiter könnten dann niemals Kenntnis vom Klartext, also den personenbezogenen Daten selbst, erlangen. Dieses Prinzip nennt man homomorphe Verschlüsselung und es ist derzeit noch weitgehend Zukunftsmusik. Selbst für den ohnehin ressourcenintensiven Sektor des Cloud-Computings sind die für homomorphe Verschlüsselung nötigen Rechenressourcen derzeit noch unverhältnismäßig groß.[61] Gerade in diesem Bereich könnten durch technische Fortschritte Veränderungen anstehen, die Verantwortliche und Auftragsverarbeiter im Blick behalten sollten.

---

58   Z.B. im BSI Grundschutz, BSI-Cybersicherheitsempfehlungen und dergleichen. Zu finden auf www.bsi.bund.de.
59   *Kroschwald* ZD 2014, 75, 77.
60   *Hennrich* Cloud Computing, S. 137; *Kroschwald* ZD 2014, 75, 78.
61   Siehe *Steinebach/Krempel/Jung/Hoffmann* DuD 2016, 440, 443.

906   Ritter

E-Mails, die personenbezogene Daten enthalten, sollten grundsätzlich verschlüsselt werden.[62] In Literatur und Aufsichtspraxis ist jedoch umstritten, ob und ggf. wann E-Mails Inhalts- bzw. Ende-zu-Ende-verschlüsselt werden müssen und wann eine **Transportverschlüsselung**, z.B. mittels Transport-Layer-Security (TLS), genügt. Das LDA Bayern und Stimmen in der Literatur gehen davon aus, dass grundsätzlich eine Transportverschlüsselung nach dem Stand der Technik genügt, sofern kein hohes Risiko besteht. Es lässt unter gewissen Umständen(!) sogar ein Absinken unter dieses Niveau zu, sofern über die Risiken aufgeklärt und eine Alternative angeboten wird.[63] Nur wenn ein hohes Risiko besteht, solle demnach auch eine **Inhaltsverschlüsselung** mittels PGP, S/MIME oder eines verschlüsselten PDF notwendig sein.[64] Andere Aufsichtsbehörden widersprechen dem nicht explizit, äußern sich aber zu Fallgruppen, bei denen von einem hohen Risiko und damit einer Verpflichtung zur Inhaltsverschlüsselung auszugehen sei, z.B. bei der Kommunikation von Berufsgeheimnisträgern wie Anwälten.[65] Teile der Literatur halten eine Transportverschlüsselung tendenziell für grundsätzlich ungeeignet, da sie nur die Kommunikation mit dem Provider des Absenders absichert, aber keine Vertraulichkeit bis zum Empfänger sicherstellen kann.[66] Dabei dürfte es sich derzeit jedoch um eine Mindermeinung handeln. Andere Teile der Literatur erachten die Transportverschlüsselung auch bei Kommunikation von Berufsgeheimnisträgern grds. als ausreichend[67], wofür auch in der Tat die überzeugenderen Argumente sprechen. Zum einen zeigen sich bei E-Mail-Verschlüsselungslösungen regelmäßig praktische Hürden, z.B. weil der Schlüsselaustausch mangels einheitlicher Public-Key-Infrastruktur schwierig oder die Integration der Verschlüsselungslösungen auf verschiedenen Endgeräten (z.B. Smartphones/Tablets) kompliziert zu realisieren ist.[68] Zum anderen spricht auch die Wertung des Gesetzgebers an anderer Stelle dafür, dass eine Transportverschlüsselung in der Regel ausreicht. So hat er beim De-Mail-Gesetz zwar ebenfalls die Vertraulichkeit als Schutzgut festgelegt, aber die Transportverschlüsselung als Standard ausreichen lassen.[69] Die dahinter stehende Wertung ist auch konsequent, da es letztlich darauf ankommt, ob mit der Verarbeitung ein konkretes Risiko für den Betroffenen einhergeht, das mit der Verschlüsselung abgewendet werden soll. Dies wird man nicht bei jedem E-Mail-Austausch annehmen können, bloß weil es sich um Kommunikation von Berufsgeheimnisträgern (z.B. Anwälten) handelt und die E-Mail personenbezogene Daten (z.B. von den Kommunikationsteilnehmern) enthält. Es kommt vielmehr darauf an, ob die Natur der übermittelten personenbezogenen Daten es gebietet, Inhalts-Verschlüsselung einzusetzen, da aus der Offenbarung oder Veränderung der Daten relevante Beeinträchtigungen für die Betroffenen folgen können (z.B. bei Informationen aus dem Kernbereich privater Lebensgestaltung, Gesundheitsdaten, Perso-

39

---

62 Vgl. Tätigkeitsbericht 2017/2018 des *BayLDA* S. 137; *Lorenz* DuD 2017, 757, 759f.
63 Tätigkeitsbericht 2017/2018 des *BayLDA* S. 137.
64 Tätigkeitsbericht 2017/2018 des *BayLDA* S. 137. Hier sei jedoch darauf hingewiesen, dass die PDF-Verschlüsselung teilweise angreifbar und ihre Eignung zum Schutz vor Angriffen damit nur bedingt – also gegen triviale Angreifer – gegeben ist.
65 In diese Richtung der *LfDI Baden-Württemberg* im Tätigkeitsbericht 2018, S. 101 mit Bezug auf anwaltliche Kommunikation.
66 *Kneuper/Macke* DuD 2019, 76, 78.
67 Vgl. *Leeb* Digitalisierung, Legal Technology und Innovation, S. 139; *Keppeler* CR 2019, 18, 23; *Lorenz* DuD 2017, 757, 759f.
68 Vgl. *Keppeler* CR 2019, 18f.
69 Vgl. *Keppeler* CR 2019, 18, 19f.

naldaten im Arbeitsverhältnis).[70] Dabei sind die sonstigen Rahmenbedingungen und Absicherungsmaßnahmen ebenfalls zu berücksichtigen, sofern sie die Übermittlungsrisiken ebenfalls reduzieren oder gar beseitigen (z.b. bei internen E-Mails, die das Netz des Verantwortlichen nicht verlassen).[71]

40 Personenbezogene Daten sollten auch bei der lokalen Speicherung durch **Laufwerksverschlüsselung** geschützt werden. Auch die Aufsichtsbehörden halten dies für eine notwendige Maßnahme.[72] Durch sie wird das Risiko unbefugter Offenbarung reduziert. Viele Betriebssysteme haben inzwischen eingebaute Verschlüsselungslösungen und bei manchen besteht im Rahmen der Administration sogar die Möglichkeit, allgemein festzulegen, dass nicht auf unverschlüsselte Festplatten oder USB-Sticks geschrieben werden kann[73]. Davon sollte möglichst Gebrauch gemacht werden.

41 Webseitenkommunikation sollte ebenfalls verschlüsselt werden. Das gilt sowohl für den Betrieb von eigenen Webservern als auch für die Nutzung fremder Webserver, sofern dabei schutzbedürftige personenbezogene Daten übertragen werden[74]. Ob die Verbindung mit einer Webseite verschlüsselt ist, lässt sich z.B. daran erkennen, dass die URL mit „https" statt „http" beginnt. Bei manchen Browsern wird auch ein verschlossenes Schloss angezeigt oder die Webseitenadresse grün eingefärbt. Beim Betrieb eigener Webseiten müssen die von Webseitenformularen übertragenen personenbezogenen Daten der Nutzer durch Verschlüsselung geschützt werden.[75] Beim Einsatz der **Webseitenverschlüsselung** muss darauf geachtet werden, dass die Zertifikate für die Verschlüsselung aktuell sind und keine veralteten Algorithmen oder Software-Versionen eingesetzt werden.[76] Bei der Webseitenverschlüsselung kann auf SSL bzw. TLS[77] zurückgegriffen werden. Zu den aktuell noch empfehlenswerten Varianten veröffentlicht das BSI regelmäßig Mindeststandards[78], an denen man sich orientieren kann.

42 Verschlüsselte Kommunikation schützt nicht nur vor der Offenbarung personenbezogener Daten, sondern schützt auch übermittelte Schadprogramme und Angriffsversuche vor Kenntnisnahme. Daher kann es für die Absicherung der Informationstechnik notwendig sein, die Transportverschlüsselung der Kommunikation zu öffnen, um die transportierten Daten auf mögliche Angriffe hin untersuchen zu können. Für diese sog. **SSL-Decryption** wird üblicherweise ein SSL-Proxy eingesetzt. Dieser stellt einen Übergangspunkt dar, über den die zu prüfende Kommunikation geleitet wird. Statt einer verschlüsselten Verbindung zwischen dem Nutzer und einem externen Server gibt es dann zwei verschlüsselte Verbindungen. Eine besteht zwischen dem Nutzer und dem SSL-Proxy, eine weitere zwischen dem SSL-Proxy und dem externen Server. Dies ermöglicht es, die übertragenen Daten in entschlüsselter Form auf dem SSL-

---

70 Vgl. *Keppeler* CR 2019, 18, 21.
71 Vgl. *Keppeler* CR 2019, 18, 23.
72 *LfDI BW* Tätigkeitsbericht 2018, S. 54.
73 Diese Möglichkeit gibt es z.B. bei Windows. Über Gruppenrichtlinien lässt sich ein Schreiben auf nicht mit BitLocker verschlüsselte Laufwerke verbieten.
74 Für den Webseitenbetrieb siehe dazu auch *LfDI BW* Tätigkeitsbericht 2018, S. 84 f.
75 *LfDI BW* Tätigkeitsbericht 2018, S. 44.
76 Vgl. *BayLDA* Tätigkeitsbericht 2017/2018, S. 135 ff.
77 SSL steht für Secure Sockets Layer. TLS steht für Transport Layer Security.
78 Vgl. https://www.bsi.bund.de/DE/Themen/StandardsKriterien/Mindeststandards_Bund/TLS-Protokoll/TLS-Protokoll_node.html.

Proxy auf Angriffe hin zu untersuchen.⁷⁹ Die SSL-Decryption ist auch grundsätzlich zulässig. Jedoch müssen dabei ebenfalls bestimmte rechtliche Rahmenbedingungen (z.B. Transparenz der Maßnahme) eingehalten werden.⁸⁰

b) Vertraulichkeit, Integrität, Verfügbarkeit, Belastbarkeit (lit. b). Zu den Absicherungsmaßnahmen soll insbesondere die Fähigkeit gehören, **auf Dauer** die Vertraulichkeit, Integrität, Verfügbarkeit und Belastbarkeit der **Systeme** und **Dienste** im Zusammenhang mit der Verarbeitung sicherzustellen. Dabei wird mit Vertraulichkeit, Integrität und Verfügbarkeit auf die Grundwerte der Informationssicherheit Bezug genommen.⁸¹ Diese sollen nach dem Wortlaut nicht in Bezug auf die personenbezogenen Daten selbst sichergestellt werden. Vielmehr sind die Grundwerte in Bezug auf die IT-Systeme und die auf diesen laufenden bzw. durch diese erbrachten Dienste zu gewährleisten, da genau dadurch der Schutz der personenbezogenen Daten erreicht wird⁸². Zu den IT-Systemen zählen insbesondere die Hard- und Software von Servern, Arbeitsplatzrechnern, Netzwerktechnik oder sog. Embedded Systems. Bei letzten handelt es sich um Computer, die zur Erfüllung bestimmter Aufgaben in einen oftmals größeren technischen Rahmen (z.B. in Produktionsanlagen) eingebunden werden. Der Begriff „System" ist also weit zu verstehen und umfasst praktisch jede Form von elektronischer Informationstechnik.   43

Aus der Formulierung, dass „die Fähigkeit" bestehen muss, folgt anders, als teilweise vertreten wird, nicht, dass hinsichtlich der Schutzzielerreichung nicht von einem absoluten Sicherheitsverständnis auszugehen ist.⁸³ Die Formulierung „die Fähigkeit, [die Schutzgüter] auf Dauer sicherzustellen" legt sogar im Gegenteil eher ein absolutes Verständnis nahe. Allerdings, und insoweit besteht daher Einigkeit, ist diese Forderung letztlich vor dem allgemeinen Grundsatz des „angemessenen Schutzniveaus" aus Abs. 1 zu lesen, der die rigide Formulierung des lit. b wieder relativiert.   44

aa) Vertraulichkeit. Die **Vertraulichkeit** dient dem Ziel, dass auf Daten nicht unbefugt zugegriffen wird⁸⁴ oder diese unbefugt offenbart werden. Sie sollen also nur denjenigen zugänglich sein, für die sie bestimmt sind. Alle anderen sollen vom Zugang zu den Daten ausgeschlossen werden.⁸⁵ Zu den Maßnahmen, mit denen die Vertraulichkeit sichergestellt werden kann, gehören Zugangs-, Zutritts-, Zugriffs- und Weitergabekontrollen, die schon bisher nach der Anlage zu § 9 BDSG a.F. umzusetzen waren.⁸⁶   45

Die **Zutrittskontrolle** zielt darauf ab, den Zugang zu Datenverarbeitungssystemen physisch zu verhindern (z.B. durch bauliche Maßnahmen wie einbruchshemmende   46

---

79 Vgl. zu all dem die tiefergehende Einleitung in das Thema von *Keppeler* KuR 2017, 453, 454 f.
80 Vgl. *Keppeler* KuR 2017, 454, 459.
81 Ehmann/Selmayr-*Hladjk* Art. 32 Rn. 8.
82 Kritisch dazu Simitis/Hornung/Spiecker gen. Döhmann-*Hansen* Art. 32 Rn. 38, die darauf hinweist, dass das Schutzgut teilweise nur die Daten sein könnten. So diene die Vertraulichkeit nicht der Geheimhaltung der Systemeigenschaften selbst, sondern dem Schutz der Daten bei ihrer Verarbeitung.
83 So aber Sydow-*Mantz* Art. 32 Rn. 14.
84 So u.a. *Hennrich* Cloud Computing, S. 207 f.
85 Vgl. BVerfGE 120, 274 (314 f.); *Hansen* DuD 2012, 407 und 409.
86 *Härting* DS-GVO Rn. 144.

Art. 32 Sicherheit der Verarbeitung

und durch Schlösser oder andere Zutrittskontrollsysteme gesicherte Türen).[87] Ausgangspunkt ist zunächst die notwendige Festlegung, welche Personen berechtigterweise Zutritt zu welchen konkreten Datenverarbeitungsanlagen benötigen und für welche Zwecke sie dies dürfen[88]. Die Einhaltung dieser Berechtigungen ist dann sicherzustellen.

47 Als Organisationsmaßnahme ist denkbar, den Zutritt zu Verarbeitungsanlagen rund um die Uhr durch Personal überwachen zu lassen, welches Unbefugte erkennt und am Zutritt zu den Anlagen hindert. Praktikabel ist dies jedoch i.d.R. nur als Perimeterabsicherung von Gebäuden oder einzelnen besonders schützenswerten Bereichen.

48 Baulich kann der Zutritt durch abgeschottete Räume mit verschließbaren Türen und Fenstern reguliert werden. Es kann auch angebracht sein, den Zutritt zu einzelnen Datenverarbeitungsanlagen innerhalb eines baulichen Raumes dadurch feingliedriger zu steuern, dass die Verarbeitungsanlagen ihrerseits durch technische Maßnahmen nochmals vor unbefugtem Zutritt geschützt werden (Sicherheitszonen). Dies ist z.B. in der Form denkbar, dass Serverschränke in nochmals durch Gitter abgetrennten Bereichen stehen oder die Serverschränke abschließbar sind. Solche Maßnahmen bieten sich z.B. an, wenn Dienstleister in einem Raum Datenverarbeitungsanlagen für verschiedene Kunden betreiben. Der Zutritt zu den Anlagen sollte protokolliert werden.

49 Neben der baulichen Absicherung muss organisatorisch sichergestellt werden, dass der Zugang zu den Schließmitteln (Schlüssel, Codes, biometrische Daten, etc.) für den Zugang zu den geschützten Bereichen nur denjenigen eingeräumt ist, die berechtigterweise Zutritt zu genau diesen Bereichen benötigen. Einräumung und Entzug der Mittel sollten dokumentiert werden.

50 Demgegenüber bezwecken **Zugangskontrollen**, dass auf die Daten bei vernetzten Systemen auch aus der Ferne nicht zugegriffen werden kann.[89] Technisch sind Zugangskontrollen auf verschiedene Art möglich. Veröffentlichungen wie der BSI-Grundschutzkatalog, das diesen ablösende BSI-Grundschutzkompendium oder auch internationale Normen wie die ISO-Reihe bieten hier einen umfangreichen Fundus. So kann z.B. durch ein **Rechtemanagement** sichergestellt werden, dass die Verarbeitungsanlagen tatsächlich nur von den Personen genutzt werden können, die dies dürfen bzw. für deren Aufgabenerfüllung (Rolle) dies notwendig ist. Für jede berechtigte Person oder Rolle sollte ein entsprechendes Nutzerkonto im System angelegt werden. Damit Unbefugte nicht den Zugang von Berechtigten in deren Abwesenheit nutzen können, sollte der Zugang zum System gesperrt werden, wenn es nicht vom berechtigten Nutzer verwendet wird. Die entsprechenden Mitarbeiter sollten entsprechend geschult werden, dass sie die Sperre aktivieren, wenn sie die Anlage verlassen. Nach einer gewissen Zeit ohne Nutzerinteraktion sollte sich das System aber auch automatisch sperren. Damit nur Berechtigte Zugang zu den Systemen erlangen, müssen die Nutzerkonten eine **geeignete Authentifizierung** der Berechtigten vorsehen. Hier sind je nach Schutzbedarf verschiedenste Varianten denkbar. In sehr einfachen Fällen reichen Ein-Faktor-Verfahren. Bei diesen muss ein Faktor erfüllt sein, um Zugang zu dem System zu erlangen. Gängige Faktoren sind Besitz (z.B. (USB-)Token, Zugangs-

---

[87] Vgl. Simitis-*Ernestus* § 9 BDSG Rn. 77.
[88] Vgl. Simitis-*Ernestus* § 9 BDSG Rn. 79.
[89] Vgl. Kühling/Buchner-*Jandt* Art. 32 Rn. 23.

karten, etc.), Wissen (PIN-Codes, Passwörter, Muster, etc.) und biometrische Merkmale (z.B. Fingerabdrücke, Iris-Muster, Venen-Muster, Gesichtsform, etc.). Bei höherem Schutzbedarf können auch sicherere Zwei- oder Drei-Faktor-Verfahren angebracht sein. Sie schaffen je nach Implementierung ein signifikant höheres Sicherheitsniveau[90], weil für den Zugang zu einem System mehrere der genannten Faktoren benötigt werden. Wird z.B. ein Token gefunden, kann der Finder es dann nicht nutzen, wenn er die dem Token zugehörige PIN nicht kennt. Schafft es ein Unbefugter, die PIN eines Berechtigten auszuspähen, nutzt ihm das nichts, wenn der Berechtigte weiterhin in Besitz des Tokens ist. Sofern Wissenselemente (z.B. Passwörter) als Authentisierungsfaktor verwendet werden, spielen die Rahmenbedingungen der Implementierung eine besondere Rolle für das Sicherheitsniveau. Daher sollte darauf besonderes Augenmerk gelegt werden, wenn nur eine Ein-Faktor-Authentisierung vorgesehen ist. So sollten Passwörter eine hinreichende Komplexität aufweisen, damit Unbefugte sie nicht einfach erraten oder durch Ausprobieren herausfinden können. Die Passwörter sollten eine angemessene Mindestlänge haben. Die Zeichen sollten aus Groß- und Kleinbuchstaben, Zahlen und Sonderzeichen gewählt werden.[91] Während es früher als erforderlich angesehen wurde, die Passwörter zwangsweise in regelmäßigen Zeiträumen zu wechseln, dürfte dies inzwischen nicht mehr dem aktuellen Stand der Technik entsprechen[92]. Ein Wechsel ist nur dann angezeigt, wenn es einen Anlass gibt – z.B. den Verdacht einer Kompromittierung.[93] Im Idealfall sollte das System bei der Wahl eines neuen Passwortes keine Kombinationen akzeptieren, die die o.g. Mindestanforderungen (z.B. Länge) nicht erfüllen oder die in der (überschaubaren) Vergangenheit bereits einmal vom Nutzer verwendet wurden. Je nach Risiko, sollte das System nach mehreren erfolglosen Anmeldeversuchen automatisch gesperrt werden oder zumindest weitere Versuche nur mit (ansteigender) zeitlicher Verzögerung zulassen. Werden Nutzername und Passwort als Authentifizierungsmethode verwendet, sollte das System fehlerhafte Anmeldeversuche auch nicht mit der Ausgabe

---

90 Insbesondere die Verwendung von Hardware-Token als Teil einer Mehrfaktor-Authentisierung verringert das Risiko, dass Unberechtigte durch sog. Phishing erfolgreich eine Zugriffsmöglichkeit erlangen.
91 Siehe dazu auch Baustein M 2.11 zur „Regelung für den Passwortgebrauch" aus dem BSI-Grundschutzkatalog. Voraussetzung ist, dass die Nutzer sich die Passwörter merken können. Daher einen technischen Zwang zur Erstellung der Passwörter aus verschiedenen Zeichengruppen ablehnend: *NIST* SP 800-63B, 5.1.1.2, abrufbar unter pages.nist.gov/800-63-3/sp800-63b.html.
92 Vgl. *LfDI BW* https://www.baden-wuerttemberg.de/hinweise-zum-umgang-mit-passwoertern/, dort unter C. 2 m.w.N; AK Technische und organisatorische Datenschutzfragen der DSK dort unter 2.2, abrufbar unter https://www.datenschutzkonferenz-online.de/media/oh/20190405_oh_anbieter_onlinedienste.pdf; Ebenso das BSI im finalen Entwurf für den Baustein ORP.4.A8 im BSI-Grundschutz-Kompendium v. 27.9.2019, abrufbar unter https://www.bsi.bund.de/SharedDocs/Downloads/DE/BSI/Grundschutz/IT-Grundschutz-Modernisierung/BS_IBM_2.pdf, der zur Zeit der Manuskripterstellung jedoch noch keinen Eingang in das Kompendium gefunden hatte.
93 Vgl. die Ausführungen der US-Standardisierungsbehörde *NIST* SP 800-63B dort unter 5.1.1.2, abrufbar unter https://pages.nist.gov/800-63-3/sp800-63b.html; des UK National Cyber Security unter https://www.ncsc.gov.uk/articles/problems-forcing-regular-password-expiry ; CentreMargosis zur Motivation die Policies in Microsoft Windows abzuschaffen, abrufbar unter https://blogs.technet.microsoft.com/secguide/2019/05/23/security-baseline-final-for-windows-10-v1903-and-windows-server-v1903/.

Art. 32 Sicherheit der Verarbeitung

quittieren, ob jeweils der Nutzername oder das Passwort falsch waren. Stattdessen sollte dem Nutzer nur gezeigt werden, dass die Anmeldung nicht erfolgreich war. So wird Unbefugten ein Erraten der Zugangsdaten deutlich erschwert.

51 Ebenfalls der Zugangssicherheit dürften Maßnahmen der **Abstrahlsicherheit** dienen. Informationstechnik kann bei ihrem Betrieb sog. bloßstellende Abstrahlung in den verschiedensten Formen abgeben. Dazu können neben elektromagnetischen Wellen (z.B. von Platinen, Kabeln) auch Schallwellen (z.B. von Tastaturen) zählen. Diese Abstrahlung kann Rückschlüsse auf die gerade verarbeiteten Daten enthalten.[94] Bei Daten mit sehr hohem Schutzbedarf sollte daher geprüft werden, inwiefern dieses Risiko bei der konkreten Datenverarbeitung besteht und ob Absicherungsmaßnahmen ergriffen werden müssen. Die Wahrscheinlichkeit von Angriffen über das Auslesen der Abstrahlung dürfte für die meisten Verarbeitungskonstellationen nicht überwiegend hoch sein[95], da dies im Vergleich zu anderen Angriffstechniken aufwändiger ist und gleichzeitig i.d.R. nur einen eingeschränkten Zugriff auf die wenigen Daten zulässt, die gerade aktiv verarbeitet werden. Angreifer werden daher in i.d.R. andere Angriffstechniken verwenden, bei denen sie den wahlfreien Zugriff auf die Daten erlangen können. Bei Zielen, bei denen selbst das Erlangen weniger Daten für den Angreifer ein lohnendes Ziel ist (z.B. im Fall von Spionage) oder die Abstrahlung über lange Zeiträume unbemerkt erfassbar ist, kann das jedoch anders aussehen. Die Verarbeiter sollten dann Maßnahmen zur Reduzierung der erfassbaren Abstrahlung in Erwägung ziehen. Dies kann die Beschaffung abstrahlarmer oder abstrahlgeschützter IT (abgeschirmte Kabel, abgeschirmte Rechner und Peripherie) sein, die Unterbringung der IT in räumlichen Umgebungen, die eine Erfassung der Abstrahlung erschweren oder verhindern (z.B. abgeschirmte Räume, oder genügend Abstand zu Bereichen, von denen aus Dritte die Abstrahlung erfassen können). In diesem Zusammenhang sollte auch dem Stromnetz Aufmerksamkeit gewidmet werden. Über dieses können ebenfalls Informationen abfließen. Dies gilt in besonderem Maße, wenn das Stromnetz als PowerLAN bewusst als Ersatz für WLAN oder LAN verwendet wird, um ein Netzwerk aufzubauen. In diesem Fall muss sichergestellt werden, dass die Daten keinem unbefugten Dritten zugänglich werden (z.B. weil er Zugang zum gleichen Stromkreis hat).

52 Mit **Zugriffskontrolle** ist gemeint, dass die Berechtigten nur auf die Daten zugreifen können sollen, auf die sich ihre Berechtigung bezieht und personenbezogene Daten nicht unbefugt gelesen, kopiert, verändert oder entfernt werden können.[96] Insbesondere ein klares Rollen- und Rechtemanagement kann eine gute Zugriffskontrolle darstellen. Dabei können zunächst bestimmte Rollen festgelegt werden, die den einzelnen Nutzern zugewiesen werden. Jeder Rolle werden dann nur die Rechte zum Schreiben, Lesen, Ändern, etc. von Daten zugewiesen, die sie zur Erfüllung ihrer Aufgaben (z.B. Administrator, Call-Center, Kontrolle, etc.) benötigt. Welcher Rolle welche Rechte zugewiesen werden, sollte als Rollen- und Rechtekonzept ebenso doku-

---

94 BSI Grundschutz Kompendium, Edition 2019, G 0.13.
95 A.A. *Huppertz*, CR 2019, 625, 629 mit der (zumindest für den Datenschutz) nicht näher belegten Behauptung, dass diese Technik „offensichtlich intensiv für Angriffe genutzt wird". Zutreffend dürfte diese Aussage allenfalls im Bereich der staatlichen Spionage sein, die sich jedoch gerade nicht gegen jede Verarbeitung personenbezogener Daten richtet.
96 Vgl. Auerhammer-*Kramer/Meints* § 64 BDSG Rn. 18.

mentiert werden, wie die Zuordnung, welchen Nutzern welche Rollen wann zugeordnet und entzogen wurden (Berechtigungskonzept).[97] Besonders relevant ist dies auf Systemen auf denen durch mehrere Verantwortliche oder Auftragsverarbeiter personenbezogene Daten verarbeitet werden, wie z.B. beim Cloud-Computing. In solchen Fällen sollte sichergestellt werden, dass die Systeme **mandantenfähig** sind.[98] Die Systeme müssen ermöglichen, dass die Kunden nur Zugriff auf die für sie verarbeiteten personenbezogenen Daten haben.[99] Doch auch durch Trennung der Netze nach ihren jeweiligen Funktionen (z.B. Verwaltungsnetz, Netz für Produktionsanlagen u.Ä.) kann ein Zugriffsschutz realisiert und damit ein unerlaubter Zugriff auf personenbezogene Daten erschwert oder verhindert werden. Ebenfalls als Teil der Zugriffskontrolle kann in Service- und Beschaffungsverträgen vorgesehen werden, dass fehlerhafte Systeme im Support- oder Gewährleistungsfall zwar an den IT-Dienstleister oder Verkäufer übergeben werden, der Speicher (mit den personenbezogenen Daten) jedoch beim Verantwortlichen bzw. Auftragsverarbeiter verbleibt.

Mit einer **Weitergabekontrolle** soll den Risiken entgegengewirkt werden, denen personenbezogene Daten bei der Weitergabe auf Datenträgern oder über Netzwerke ausgesetzt sind. So soll sichergestellt werden, dass die Daten nur an diejenigen weitergegeben bzw. übertragen werden, für die sie bestimmt sind. Ein unbefugtes Lesen, Kopieren, Verändern oder Entfernen soll verhindert werden. Erreicht werden kann dies u.a. mit einem Rollenmanagement, bei dem die Rollen, die Daten weitergeben oder empfangen dürfen, festgelegt werden. Diese Rollen werden dann den entsprechenden Personen zugewiesen. Um sicherzustellen, dass die Daten auf dem Transportweg nicht von Unberechtigten gelesen oder verändert werden, kann auf Verschlüsselung zurückgegriffen werden[100]. Um sicherzustellen, dass Absender und Empfänger tatsächlich die Berechtigten sind und nicht Unbefugte, die sich als diese ausgeben, kann auf starke Authentifizierungsverfahren mit Zertifikaten und ggf. hardwarebasierten Identifikationstoken zurückgegriffen werden, wie sie z.B. auch im elektronischen Personalausweis Anwendung finden. Diesen Anforderungen – insbesondere der Verschlüsselungsmöglichkeit – genügt der Faxversand auf heutiger IP-basierter Technik nach Ansicht einiger Aufsichtsbehörden und von Teilen der Literatur nicht mehr.[101] **53**

Um unberechtigte Zutritte, Zugriffe und Weitergaben erkennen und verhindern zu können, kann auch eine Anomalie-Erkennung angebracht sein, die Alarm schlägt, wenn eine Datenweitergabe erfolgen soll, die aufgrund ihrer Umstände eher einen Missbrauchsfall nahelegt (z.B. wenn die Weitergabe unter den Zugangsdaten eines Mitarbeiters veranlasst wird, der zu der Zeit gar nicht im Dienst ist.). Eine Möglich- **54**

---

97 Vgl. Auerhammer-*Kramer/Meints* § 64 BDSG Rn. 18.
98 Siehe dazu auch die vom AK Technik der Konferenz der unabhängigen Datenschutzbehörden beschlossene Orientierungshilfe „Mandantenfähigkeit". Online abrufbar z.B. unter https://www.lda.bayern.de/media/oh_mandantenfaehigkeit.pdf.
99 Weitere Anforderungen speziell für Cloud-Computing-Dienste können z.B. dem BSI C5 (Cloud Computing Compliance Controls Catalogue) und der „Orientierungshilfe – Cloud Computing" des AK Technik entnommen werden.
100 Zur Frage der Verschlüsselung s.o. Rn. 39 ff.
101 Bremer LfD im 1. Jahresbericht nach der DSGVO 2018, S. 22; Auf das Problem der Notwendigkeit von Verschlüsselung und das Problem der Realisierung hinweisend *Schulz* DSB 2019, 190, 192.

keit sind sogenannte Honey- oder Canarytokens. Diese können in Dateien mit den zu schützenden Daten untergebracht werden. Greift dann ein Unberechtigter auf die Datei zu, wird der Verantwortliche gewarnt. Ebenso kann es angebracht sein, die Datenweitergabe über die Netze grundsätzlich zu sperren und nur für die berechtigten Absender und Empfänger einzeln zu ermöglichen (sog. Whitelisting). Dies kann z.B. erfolgen, indem die Möglichkeit des E-Mailversandes von bestimmten Systemen und E-Mail-Konten eingeschränkt oder unterbunden wird.

55 **bb) Integrität.** Mit dem Begriff der **Integrität** ist gemeint, dass die Unversehrtheit der Daten sichergestellt und unbefugte Veränderungen der Daten verhindert werden.[102] Risiken für die Integrität der Systeme und Dienste drohen vor allem durch externe Angreifer. Diese nutzen oft Schadsoftware, um Daten auf fremden Systemen zu verändern – die Systeme und Dienste also manipulieren zu können. Oftmals sind Systeme und Dienste gegen unbefugte Zugriffe aber auch nicht ausreichend geschützt (z.B. weil unsichere Passwörter verwendet werden) und Angreifer können ohne Nutzung einer Schadsoftware Zugriff erlangen. Schadsoftware nutzt oft Lücken in den Systemen und Diensten aus. Diese können auf eine schlechte Programmierung und Konzeption des Herstellers zurückgehen oder auch durch fehlerhaftes Anwenderverhalten verursacht werden (z.B. wenn Systeme und Dienste falsch konfiguriert werden). Oftmals finden sich in Systemen und Diensten auch Mischformen, z.B. wenn Sicherheitslücken vorhanden sind, die mit vorhandenen Sicherheitsupdates geschlossen werden könnten, die der Anwender aber nicht in Systeme oder Dienste einspielt.

56 Zu den integritätssichernden Maßnahmen gehören daher sowohl Maßnahmen, die auf eine laufende Erkennung und Abwehr von Angriffen setzen (z.B. Firewalls, Antiviren-Scanner, Intrusion-Detection-Systeme, etc.), als auch entsprechende Vorfeldmaßnahmen, die entsprechende Angriffe von vorneherein ins Leere laufen lassen (z.B. das Einspielen von Sicherheitsupdates[103], eine sichere Konfiguration, etc.). Daneben dienen auch viele der o.g. Maßnahmen zur Vertraulichkeitssicherung gleichzeitig dem Schutz der Integrität.[104]

57 Zur Sicherstellung der Integrität der auf den Systemen verwendeten Daten kann auch auf kryptographische Absicherungen, etwa in Form einer **Blockchain**, zurückgegriffen werden[105]. Bei dieser werden Daten und die Änderungen an ihnen in einzelnen, kryptografisch miteinander verknüpften Blöcken gespeichert. Eine unbefugte Änderung der Daten ist grds. nicht möglich, ohne die bestehende kryptografische Kette zu durchbrechen.[106] Es ist jedoch zu beachten, dass einige Ausprägungen der Blockchain in Konflikt mit den Betroffenenrechten geraten können.[107] Was aus technischer Sicht der Integritätssicherung dient – die Unveränderbarkeit –, kann z.B. dem Recht auf

---

102 BVerfGE 120, 274, 314; *Hennrich* Cloud Computing, S. 208; *Hansen* DuD 2012, 407, 409.
103 Art. 32 verlangt nicht, dass alle Updates eingespielt werden. Wie bei allen TOM ist eine Abwägung grds. zulässig, vgl. *Wolff* KuR 2019, 537, 540.
104 So generell für die Zutritts-, Zugangs-, Zugriffs- und Weitergabekontrolle: *Härting* DS-GVO Rn. 144.
105 Vgl. *Marnau* Eibl/Gaedke (Hrsg.), INFORMATIK 2017, 1025, 1032 mit Hinweis auf eine sehr begrenzte Eignung (dort S. 1034). Dies schon eher grundsätzlich kritisch sehend Simitis/Hornung/Spiecker gen Döhmann-*Hansen* Art. 32 Rn. 40.
106 *BSI* Blockchain sicher gestalten, S. 16.
107 Simitis/Hornung/Spiecker gen. Döhmann-*Hansen* Art. 32 Rn. 40.

Korrektur (Art. 16) oder auf Löschung (Art. 17) im Wege stehen.[108] Es gibt Ansätze, dieses Problem z.B. durch veränderbare Blöcke (sog. Chameleon Hashes[109]) in „redactable Blockchains" zu lösen. Bei diesen können bestimmte, authorisierte Nutzer Informationen verändern oder löschen, wobei die Tatsache der Änderungen jedoch transparent und die kryptografische Kette intakt bleibt.[110] Nur solche Modelle dürften überhaupt datenschutzkonform sein und damit geeignete Maßnahmen i.S.d. Art. 32 darstellen.

cc) Verfügbarkeit. Der Grundwert der **Verfügbarkeit** bedeutet, dass IT-Systeme erreichbar sind und bestimmungsgemäß funktionieren.[111] Die dahingehenden Maßnahmen sollen das System vor inneren und äußeren Einflüssen schützen.[112] Innere Einflüsse können insbesondere technische Fehlfunktionen sein, z.B. der Ausfall von Komponenten zur Stromversorgung. Als Schutz bietet sich eine redundante Auslegung wichtiger Komponenten an, wie sie im Bereich der Servertechnik ohnehin weit verbreitet ist. Zu den externen Einflüssen können z.B. der Ausfall der Stromversorgung, Unwettereinflüsse (Blitzschlag, Überschwemmung, auf das Gebäude und die IT stürzende Bäume, etc.) oder auch vorsätzliche menschliche Handlungen (gezielte Sabotage, ungezielter Vandalismus, etc.) gehören. Gegen Stromnetzschwankungen oder kurzfristige Stromausfälle schützen sog. unterbrechungsfreie Stromversorgungen (USV)[113]. Wenn die Verfügbarkeitsanforderungen und das Risiko längerer Stromausfälle hoch sind (z.B. wegen instabiler lokaler Stromnetze), können auch Netzersatzanlagen sinnvoll sein, die längere Ausfälle überbrücken können. Dies sind oftmals mit Treibstoff betriebene Notstromgeneratoren, teilweise aber auch enorm große Batteriebänke. **58**

Schutz gegen Beeinträchtigung durch natürliche Einflüsse kann z.B. durch entsprechende Wahl der Standorte (z.B. weg von Hochwasser- bzw. Überschwemmungsgebieten) und technische bzw. bauliche Sicherungsmaßnahmen (Wasserdichtheit der Räume, Blitzschutzeinrichtungen, etc.) erreicht werden. Gegen menschliche Einflüsse ist eine bauliche Sicherung der Systeme und Anlagen (z.B. Zutrittsschutz durch abgeschlossene Räume, abschließbare Serverschränke, verdeckt liegende und nicht leicht zugreifbare Versorgungsleitungen) ratsam. **59**

Zu beachten ist dabei, dass die Verfügbarkeit der datenverarbeitenden Systeme oder Dienste kein Selbstzweck ist. Mit der Verfügbarkeitsanforderung soll gewährleistet werden, dass die Verarbeitung der personenbezogenen Daten auf Dauer sichergestellt ist. Es müssen daher nicht alle Systeme oder Dienste jederzeit und in vollem Umfang verfügbar sein[114], sofern die personenbezogenen Daten auch anderweitig verarbeitet werden können (z.B. auf Ausweich-Systemen) oder die betroffenen Systeme für die **60**

---

108 Vgl. *Bechtolf/Vogt* ZD 2018, 66 (69).
109 Vgl. *BSI* Blockchain sicher gestalten, S. 63; *Krupar/Strassemeyer* KuR 2018, 746, 752.
110 Vgl. *BSI* Blockchain sicher gestalten, S. 63 f. m.w. Ansätzen; *Marnau* Eibl/Gaedke (Hrsg.), INFORMATIK 2017, 1025, 1032; *Bechtolf/Vogt* ZD 2018, 66, 70 f.
111 *Hennrich* Cloud Computing, S. 208.
112 *Sydow-Mantz* Art. 32 Rn. 16.
113 Dabei handelt es sich im Wesentlichen um Batteriesysteme, die einen kurzfristigen Weiterbetrieb bei Stromausfall gewährleisten. Über entsprechende Software stellen sie auch sicher, dass die Systeme sicher heruntergefahren werden, wenn die Batterieenergie zur Neige geht. So kann Datenverlusten und Systemschäden vorgebeugt werden.
114 Hinsichtlich der Bedeutung der Systeme zutreffend *Sydow-Mantz* Art. 32 Rn. 16.

Verarbeitung der personenbezogenen Daten schlicht irrelevant sind. Welches Maß der Verfügbarkeit erforderlich ist und welche Maßnahmen zur Sicherstellung der Verfügbarkeit ergriffen werden müssen, hängt daher im Wesentlichen von der Bedeutung der Systeme und Dienste sowie den verarbeiteten Daten ab.[115]

61 **dd) Belastbarkeit.** Der Begriff der **Belastbarkeit** ist im Bereich der IT-Sicherheit bisher untypisch. Gemeint ist damit, dass ein IT-System oder ein Dienst in der Lage ist, seine Funktion auch unter widrigen Umständen aufrechtzuerhalten[116] – z.B. wenn es gerade Angriffen ausgesetzt ist. Es dürfte jedoch h.m. sein, dass die Belastbarkeit kein neues, eigenständiges Schutzziel ist.[117] Vielmehr meint Resilienz, dass Maßnahmen zur Erreichung der existierenden Schutzziele so ausgelegt sein müssen, dass die Schutzziele auch bei unerwarteten Problemen erreicht werden.[118] Dafür können Maßnahmen zur Erreichung der Schutzziele gewählt werden, die ihrerseits eine starke Belastbarkeit aufweisen. Es können auch mehrere Maßnahmen gleichzeitig sein, die sich in ihrer Schutzwirkung ergänzen und damit auch dann noch Schutz bieten, wenn einzelne der Maßnahmen versagen.[119] Zu den die Belastbarkeit erhöhenden Maßnahmen gehören u.a. die Verringerung der Angriffsflächen, das Verhindern von Abhängigkeiten (bei Technik, Prozessen oder Dienstleistungen), die Angriffs- und Störungserkennung, vorbereitende Planungen und Schulungen für den Notfall (Prozesse, Schulungen) sowie die Schaffung von Möglichkeiten, im Bedarfsfall steuernd in die Verarbeitung einzugreifen.[120]

62 Gegen Verfügbarkeitsangriffe, die eine besondere Last erzeugen, können Systeme dadurch geschützt werden, dass sie von vorneherein überdimensioniert geplant werden (z.B. eine Anbindung an das Internet mit besonders großer Bandbreite, um Denial of Service Angriffen zu begegnen, die ansonsten die Leitungskapazität ausschöpfen würden). Der Nachteil ist, dass die Systeme dann im Normalfall praktisch nie vollständig genutzt werden, gleichzeitig aber die Kosten enorm steigen.

63 Sinnvoller ist es daher, sich gegen solche Angriffe vor allem organisatorisch zu schützen. So können Leistungen zur Abwehr von Überlastungs- bzw. Verfügbarkeitsangriffen, z.B. auch sog. DDoS-Mitigation-Leistungen, vorab eingekauft werden. Diese Leistungen müssen nicht dauernd erbracht werden, sondern können im Fall eines Angriffes umgehend durch den Verantwortlichen beim Dienstleister angefordert werden. Neben Maßnahmen, die die Belastbarkeit der Netzanbindung gewährleisten, können auch Server- und Rechenkapazitäten auf Abruf bereitgehalten werden, die im Bedarfsfall schnell aktiviert werden, ohne dass im Normalbetrieb dauerhaft hohe Kosten anfallen würden.

64 Bei gewissen Systemfunktionen sollte je nach Gefährdungsszenario zur Sicherstellung der Belastbarkeit auf Redundanzen gesetzt werden, da die o.g. (Abruf-)Maßnahmen

---

115 Sydow-*Mantz* Art. 32 Rn. 16.
116 Kühling/Buchner-*Jandt* Art. 32 Rn. 26 übersetzt den Begriff mit Verweis auf die englische Sprachfassung „resilience" als „Widerstandsfähigkeit oder Ausfallsicherheit", was von *Gonscherowsi/Hansen/Rost* DuD 2018, 442, 443 jedoch als „zu kurz greifend" kritisiert wird. *Kranig/Sachs/Gierschmann* Datenschutz-Compliance nach der DS-GVO, S. 139 verstehen den Begriff gut vertretbar als Fehlertoleranz.
117 Vgl. Kühling/Buchner-*Jandt* Art. 32 Rn. 26; *Gonscherowsi/Hansen/Rost* DuD 2018, 442, 446.
118 *Gonscherowsi/Hansen/Rost* DuD 2018, 442, 443 f.
119 *Gonscherowsi/Hansen/Rost* DuD 2018, 442, 444.
120 Vgl. Simitis/Hornung/Spiecker gen. Döhmann-*Hansen* Art. 32 Rn. 45.

Sicherheit der Verarbeitung   Art. 32

den Gefahren nicht oder kaum sinnvoll begegnen können. Dies wird z.B. regelmäßig im Bereich der Stromversorgung der Fall sein. In essentiellen Server-Systemen sollten redundante Netzteile vorhanden sein. Auch der Datenspeicher sollte redundant ausgelegt werden, da auch moderne Datenträger unvorhergesehen ausfallen können. Einen gewissen Schutz bieten RAID-Systeme, bei denen Daten so gespeichert werden können, dass sie beim Ausfall eines oder mehrerer Datenträger weiterhin verfügbar sind oder zumindest wiederhergestellt werden können[121]. Für einen sicheren Schutz ist die Auswahl des richtigen RAID-Levels wichtig, da manche RAID-Konfigurationen keinen Schutz vor Datenverlust bieten, sondern allein der Geschwindigkeitserhöhung dienen[122].

c) Wiederherstellung der Verfügbarkeit – lit. c. – Art. 32 Abs. 1 lit. c soll sicherstellen, 65 dass die Verfügbarkeit von und der Zugang zu personenbezogenen Daten nach einem Zwischenfall schnell wiederhergestellt werden kann. Anders als in lit. b geht es nicht mehr um Vorfallsvermeidung, sondern darum, einen eingetretenen Vorfall zu bewältigen, indem nicht oder nur noch eingeschränkt verfügbare Daten wiederhergestellt werden (Disaster-Recovery).

Während lit. b Systeme und Dienste in den Blick nimmt (und damit nur indirekt die 66 personenbezogenen Daten), bezieht sich lit. c direkt auf die personenbezogenen Daten selbst. Es geht also nicht mehr darum, bestimmte Systeme oder Dienste zu retten, sondern darum, personenbezogene Daten wiederherstellen zu können. Hinsichtlich der adressierten Grundwerte beschränkt sich lit. c auf die Verfügbarkeit (und implizit die Integrität).

Wie bei praktisch allen Maßnahmen sollten sich die Verantwortlichen auch bei der 67 Umsetzung von lit. c zunächst eine Übersicht darüber verschaffen, welchen Verfügbarkeitsrisiken die personenbezogenen Daten ausgesetzt sind und wie schnell diese Daten im Ernstfall wiederhergestellt müssen, um Schäden für die betroffenen Personen zu vermeiden. Davon ausgehend können die angemessenen (Vorbereitungs-)Maßnahmen ergriffen werden.[123]

Für die Umsetzung der Wiederherstellungspflicht des Art. 32 Abs. 1 lit. c kann auch 68 ein Blick auf die Maßnahmen hilfreich sein, die bisher im Zusammenhang mit der Verfügbarkeitskontrolle nach Anlage 1 S. 2 Nr. 7 zu § 9 BDSG a.F. angezeigt waren. Denn schon die bisherige Verpflichtung sollte sicherstellen, dass Daten gegen (zufällige) Zerstörung und Verlust geschützt sind.

Hierfür kann gegebenenfalls auf Maßnahmen des Business Continuity Managements 69 (BCM) zurückgegriffen werden[124], welches zumindest größere Unternehmen schon aus betriebswirtschaftlichen Gründen ohnehin implementiert haben. Das sind vor allem der Aufbau einer Organisationsstruktur für das Notfallmanagement, die Erstellung von Konzepten für den Notfall und die Überprüfung der geplanten Notfallmaßnahmen. Neben diesen theoretischen Vorbereitungsmaßnahmen gehört auch das

---

121 So auch Kühling/Buchner-*Jandt* Art. 32 Rn. 26.
122 Zu den einzelnen RAID-Leveln, vgl. die Darstellung unter https://de.wikipedia.org/wiki/RAID.
123 *Gehrke/Rajchowski* KES special „Kritische Infrastrukturen" 2017, 20 f. in Bezug auf Geschäftsprozesse allgemein.
124 Vgl. auch Auernhammer-*Kramer/Meints* Art. 32 DS-GVO Rn. 33.

Ritter   917

regelmäßige Üben von Notfällen dazu.[125] Zum einen spielen sich die Notfallprozesse bei den zuständigen Personen dadurch ein, zum anderen zeigen gerade Übungen oft erst auf, wo bei der praktischen Umsetzung noch Defizite bestehen. Auch Konzeptionsfehler in der Notfallplanung können durch Übungen zu Tage gefördert werden. Diese können dann bei der Nachjustierung der Notfallplanungen ausgemerzt werden.

70 Schon nach alter Rechtslage, waren Datensicherungskonzepte zu planen und umzusetzen. Dies bezieht sowohl das Erstellen regelmäßiger Datensicherungen ein, als auch deren regelmäßige Überprüfung daraufhin, dass die Daten im Ernstfall wieder korrekt hergestellt werden können.[126] In jedem Fall wird man davon ausgehen können, dass die Daten durch Backups gegen Verlust gesichert werden müssen.[127] Im Hinblick auf die Möglichkeit moderner Schadsoftware, auch per Netzwerk angebundene Backup-Systeme zu verschlüsseln, um die Daten für die Berechtigten unzugänglich zu machen, sollten Backups auch auf nicht vernetzten Datenspeichern vorgenommen werden. Diese in erster Linie technischen Maßnahmen müssen in organisatorischer Hinsicht durch Planungen bzw. Prozesse ergänzt werden, wie die in den Backups gesicherten Daten im Ernstfall wiederhergestellt und für die Verarbeitung verfügbar gemacht werden. Je dringender die Daten wiederherzustellen sind und um je mehr Daten es sich handelt, desto sorgfältiger sollten diese Recovery-Planungen durchgeführt werden. Bei wenigen Daten und geringen Auswirkungen einer vorübergehenden Nichtverfügbarkeit kann ein einfacher Plan mit klaren Zuständigkeitsregelungen und einer Ablaufplanung bereits reichen. Auf der anderen Seite des Spektrums kann es dagegen bei großen Datenmengen, die ständig verfügbar sein müssen (z.B. behandlungsrelevante Patientendaten), angezeigt sein, neben den o.g. Planungen auch Ausweichsysteme vorzuhalten, auf die im Ernstfall schnellstmöglich umgeschaltet wird.

71 Konkrete Anforderungen, **innerhalb welcher Zeiträume** Daten wiederhergestellt sein müssen, finden sich in der Norm nicht. Der Wortlaut „rasch" ist bisher rechtlich nicht vorgeprägt.[128] Es ist fraglich, ob bewusst nicht auf den üblichen Begriff „unverzüglich" zurückgegriffen wurde, der ein Handeln „ohne schuldhaftes Zögern" einfordert[129]. Sprachlich verdeutlicht der Begriff „rasch" jedoch genau wie „unverzüglich", dass die Wiederherstellung schnell zu erfolgen hat. Was noch als schnell anzusehen ist, hängt von der Bedeutung der Daten und Systeme einerseits und der Schwere des Zwischenfalles andererseits ab.[130] Als Orientierung kann hier jedoch Art. 33 dienen. Dieser sieht vor, dass der Verantwortliche nach einem Zwischenfall unverzüglich möglichst binnen 72 Stunden die Aufsichtsbehörden informieren muss. Der Gesetzgeber sieht demnach 72 Stunden ohne weiteres als unverzügliche – also schnelle – Reaktion an. Sofern keine gesteigerten Verfügbarkeitsanforderungen an personenbezogene Daten bestehen, wird man vermutlich auch eine Wiederherstellung in einem Zeitrahmen von 24–72 Stunden noch als „rasch" ansehen können. Bei Zwischenfällen, die trotz (!) ergriffener Vorsorgemaßnahmen gravierende Ausmaße haben (z.B. außergewöhnliche

---

125 Vgl. Auernhammer-*Kramer/Meints* § 64 BDSG Rn. 25; *Gehrke/Rajchowski* KES special „Kritische Infrastrukturen" 2017, 20, 21.
126 Siehe dazu: Auernhammer-*Kramer/Meints*, 5. Aufl., § 9 BDSG Rn. 50
127 *Härting* DS-GVO Rn. 146.
128 Auf die Umgangssprachlichkeit verweisend Ehmann/Selmayr-*Hladjk* Art. 32 Rn. 9.
129 So die Legaldefinition im dt. Recht in § 121 Abs. 1 S. 1 BGB.
130 Sydow-*Mantz* Art. 32 Rn. 19.

Sicherheit der Verarbeitung   Art. 32

Katastrophen, die ganze Gebiete in den Ausnahmezustand versetzen), können sicherlich auch längere Fristen noch als „rasch" im Sinne der Norm gelten.

d) Verfahren zur Überprüfung, Bewertung, Wirksamkeitsevaluierung (lit. d). Nach lit. d ist ein **Verfahren** zur **regelmäßigen Überprüfung, Bewertung und Evaluierung der Wirksamkeit der Maßnahmen** und zur **Gewährleistung der Sicherheit** der Verarbeitung erforderlich. **72**

Die Absicherungspflicht aus Abs. 1 insgesamt erfordert ohnehin eine ständige Überprüfung und Anpassung der Absicherungsmaßnahmen. Das Erfordernis der regelmäßigen Überprüfung, Bewertung und Evaluierung entsteht daher nicht erst aufgrund des lit. d, sondern ist Ausfluss des risikobasierten Ansatzes der Absicherung nach dem Stand der Technik.[131] Allerdings wird hier das Anpassungserfordernis dahingehend konkretisiert, dass es ein entsprechendes Verfahren zur regelmäßigen Überprüfung, Bewertung und Evaluierung geben muss.[132] Es genügt also nicht, sporadisch und zufällig in beliebigen Zeiträumen die ergriffenen Maßnahmen in Frage zu stellen und zu prüfen. Vielmehr muss dieser Prozess planvoll erfolgen. Damit regelt lit. d etwas, das aus IT-Sicherheitssicht ohnehin selbstverständlich sein sollte. Zur Realisierung bietet sich z.B. der PDCA-Zyklus[133] nach dem BSI-Standard 200-1 oder der ISO 27001 an. Die dahingehenden organisatorischen Maßnahmen zur Implementierung eines solchen Managementsystems sind zu dokumentieren.[134] **73**

Bei der Erarbeitung eines entsprechenden Verfahrens sollten sich Verantwortliche mit der Frage auseinandersetzen, welche **Mittel** zur Überprüfung, Bewertung und Evaluierung eingesetzt werden sollen, in welchen **Abständen** dies erfolgt und wer die **Verantwortung** für diesen Prozess innehat. **74**

Welche konkreten Überprüfungs-, Bewertungs- und Evaluierungsverfahren bzw. -mittel notwendig sind, hängt u.a. davon ab, welche Maßnahmen zur Absicherung ergriffen wurden. Wenn Verschlüsselung eingesetzt wird, ist z.B. zu überprüfen, ob die eingesetzten Verfahren tatsächlich noch sicher genug sind oder durch bessere Verfahren ersetzt werden müssen[135], z.B. weil neue Risiken für die Daten oder Angriffsszenarien für die alten Verschlüsselungsmethoden bekannt geworden sind. Im Hinblick auf das Update- und Verfügbarkeitsmanagement sollten die eigenen Systeme und Netze regelmäßig auf Verwundbarkeiten überprüft werden. So kann z.B. durch einfache Portscans überprüft werden, ob unberechtigt oder versehentlich abgesicherte Kommunikationsschnittstellen geöffnet wurden, die Angreifer wieder als Einfallstore nutzen könnten. Zur Überprüfung des Schwachstellen- und Patchmanagements können die eigenen Systeme und Netze mit Schwachstellen- und Netzwerkscannern (z.B. OpenVAS) automatisch durchsucht werden. Denkbar sind auch sogenannte Penetrationstests, bei denen beauftragte Dritte versuchen, wie ein Angreifer in das System einzudringen. Dadurch kann insbesondere geprüft werden, ob die Maßnahmen auch gegen zielgerichtete Angriffe hinreichend schützen.[136] Dies ist bei Systemen und Daten ange- **75**

---

131 Zumindest in diese Richtung tendiert wohl auch *Härting* DS-GVO Rn. 147, der von einer „flankierenden Verpflichtung" spricht.
132 *Lepperhoff* RDV 2016, 197, 201.
133 PDCA = Plan, Do, Check, Act; Instruktiv dazu *Lepperhoff* RDV 2016, 197, 199 ff.
134 *Lepperhoff* RDV 2016, 197, 199.
135 Vgl. Sydow-*Mantz* Art 32 Rn. 12.
136 Ehmann/Selmayr-*Hladjk* Art. 32 Rn. 10.

bracht, deren Kritikalität und Risiko als hoch einzustufen ist.[137] Als organisatorische Maßnahme kann es auch sinnvoll sein, eine Kontaktadresse (z.b. eine E-Mail-Adresse „security@") anzugeben, über die Dritte gezielt Lücken in der IT-Sicherheit der Verantwortlichen oder Auftragsverarbeiter an die richtige Stelle melden können, die diese Dritten – z.B. im Rahmen der IT-Sicherheitsforschung – entdeckt haben. Die so erhaltenen Informationen über die eigene Absicherung können die eigenen Überprüfungsmaßnahmen wirkungsvoll ergänzen.

76 Da die Verantwortlichen bei der Überprüfung und Bewertung auch neue Risiken und technische Entwicklungen berücksichtigen müssen, sollten sie sich über die entsprechenden Entwicklungen auf dem Laufenden halten. Zu diesem Zweck kann auf Fachzeitschriften, Fortbildungen, Veröffentlichungen und Warnungen (z.b. des BSI[138]) zurückgegriffen werden.

77 Wie groß die **Abstände** zwischen den regelmäßigen Überprüfungen, Bewertungen und Evaluierungen sein dürfen, hängt vom Risikoprofil der Systeme und der konkreten Datenverarbeitung ab. Hier können Zeiträume von wenigen Monaten bis hin zu Jahren vertretbar sein. Die Obergrenze wird man vermutlich bei 2 Jahren sehen müssen,[139] da andere gesetzliche Regelungen zur Datensicherheit (wie § 8a BSI-Gesetz) unter „regelmäßig" maximal 2 Jahre verstehen. Die Antwort hängt immer vom jeweiligen Einzelfall und den spezifischen Risiken ab. So ist bei der Bestimmung der Zeiträume zu berücksichtigen, wie stark sich die Risiken für die einzelnen Systeme im Laufe der Zeit verändern können. Bei Verarbeitungsvorgängen, die konstant neuen Angriffen ausgesetzt sind (z.B. Content-Management-Systeme oder Datenbank-Software, bei denen regelmäßig neue Verwundbarkeiten bekannt werden), müssen deutlich kürzere Abstände vorgesehen werden als bei Systemen, deren Risiken weitgehend statisch oder nur in etwas längeren Zyklen einem Wandel unterworfen sind (z.B. im Bereich der Kryptographie).

78 Auch im Bereich der Überprüfungs-, Bewertungs- und Evaluierungsverfahren sind klare **Verantwortlichkeiten** essentiell. Es sollte geregelt werden, wer die Gesamtverantwortung trägt und wer für die einzelnen Teilaspekte (z.B. Sammeln von Informationen, Planung der Überprüfungen, Durchführung einzelner Überprüfungen, etc.) zuständig ist.

79 Die Festlegungen zu Verantwortlichkeiten, der Überprüfungsplanung und deren Umsetzung[140] sollten dokumentiert werden. Dies trägt einerseits zu einer besseren Umsetzung der Absicherungsmaßnahmen bei und erleichtert andererseits die Zusammenarbeit mit den Aufsichtsbehörden, da diesen gegenüber leichter der Nachweis der Pflichterfüllung geführt werden kann.

80 Zu beachten ist auch, dass solche Überprüfungen nicht erst dann notwendig sind, wenn die Absicherungsmaßnahmen bereits einige Zeit umgesetzt sind. Vielmehr muss eine Überprüfung ihrer Wirksamkeit bereits unmittelbar nach der Implementierung durchgeführt und dokumentiert werden.[141]

---

137 Sydow-*Mantz* Art 32 Rn. 20.
138 https://www.bsi.bund.de/DE/Themen/Cyber-Sicherheit/Gefaehrdungslage/WID/wid.html.
139 Sydow-*Mantz* Art. 32 Rn. 21.
140 Ebenso Sydow-*Mantz* Art 32 Rn. 21.
141 *Bieker/Hansen/Friedewald* RDV 2016, 188, 195.

2. Auswahl der Maßnahmen und Abwägungsbelange. – a) Allgemein. Bei der Aus- 81
wahl der Maßnahmen sind verschiedene Belange in die Entscheidung einzustellen.
Ziel ist es, ein dem Risiko **angemessenes Schutzniveau** zu gewährleisten. Die zu
ergreifenden Maßnahmen werden also je nach Anwendungsfall und gegebener Bedrohungslage variieren[142]. Wenn sich das Risiko mit der Zeit ändert – z.B. weil neue
Angriffstechniken bekannt werden oder kryptographische Funktionen durch steigende Rechenleistung keinen adäquaten Schutz der mit ihnen verschlüsselten Daten
mehr bieten – müssen auch die Maßnahmen entsprechend angepasst werden.[143] Die
Absicherungspflicht ist daher nicht erledigt, wenn einmal angemessene Maßnahmen
implementiert wurden.[144] Vielmehr ist sie in einem kontinuierlichen Prozess von Planung, Umsetzung, Prüfung und Nachsteuerung zu erfüllen[145]. Hierfür hat sich der
PDCA-Zyklus in verschiedenen Risikomanagementsystemen etabliert.[146]

Die Maßnahmen müssen **geeignet** sein, also dem Ziel, die aus der Datenverarbeitung 82
resultierenden Risiken zu vermindern, zumindest förderlich sein.[147]

b) Stand der Technik. Bei der Auswahl der geeigneten Maßnahmen ist der **Stand der** 83
Technik zu berücksichtigen. Der Stand der Technik ist eines der drei rechtlich vorgeprägten Sicherheitsniveaus, die sich am häufigsten in gesetzlichen Regelungen wiederfinden. Er ist nach unten von den „allgemein anerkannten Regeln der Technik" und
nach oben gegenüber dem „Stand von Wissenschaft und Technik" abzugrenzen.[148] Die
anerkannten Regeln der Technik müssen sich – verkürzt gesagt – sowohl wissenschaftlich als auch praktisch bei einer Mehrheit der Fachleute als richtig und bewährt durchgesetzt haben. Aufgrund dessen sind Maßnahmen nach allgemein anerkannten Regeln
der Technik praktisch niemals neu, sondern eher alt, da die Akzeptanz unter den
Fachleuten oftmals Zeit benötigt.[149] Demgegenüber verlangt der Stand der Technik
die Umsetzung von Maßnahmen, die dichter an der „Front des technischen Fortschritts" liegen.[150] Anders als beim „Stand von Wissenschaft und Technik" müssen
jedoch noch keine Maßnahmen ergriffen werden, die sich noch im Forschungsstadium
befinden und deren praktische Bewährung unklar ist. Für den Bereich der Datensicherheit enthielt die Gesetzesbegründung des Regierungsentwurfes für das IT-Sicherheitsgesetz eine Definition, die als Anhaltspunkt dienen kann: „Stand der Technik in
diesem Sinne ist der Entwicklungsstand fortschrittlicher Verfahren, Einrichtungen
oder Betriebsweisen, der die praktische Eignung einer Maßnahme zum Schutz der

---

142 Die Wahlfreiheit hinsichtlich der Maßnahmen wird in der Literatur teilweise kritisch betrachtet, vgl. *Roßnagel* DuD 2018, 741, 745.
143 *Kroschwald* ZD 2014, 75, 77.
144 *Gola-Piltz* Art. 32 Rn. 12; Kühling/Buchner-*Jandt* Art. 32 Rn. 9.
145 Ähnlich schon zu § 9 BDSG Däubler/Wedde u.a.-*Wedde* § 9 BDSG Rn. 30 und Simitis-*Ernestus* § 9 BDSG Rn 67.
146 Siehe dazu auch *Kranig/Sachs/Gierschmann* Datenschutz-Compliance nach der DS-GVO, S. 90; *Lepperhoff* RDV 2016, 197, 199.
147 So auch Kühling/Buchner-*Jandt* Art. 32 Rn. 5.
148 Siehe Handbuch der Rechtsförmlichkeit, BAnz 2008, Nr. 160a v. 22.10.2008, S. 84 (online abrufbar unter: http://www.bmjv.de/SharedDocs/Downloads/DE/PDF/Themenseiten/RechtssetzungBuerokratieabbau/HandbuchDerRechtsfoermlichkeit_deu.pdf?__blob=publicationFile).
149 Tiefergehend *Seibel* NJW 2013, 3000, 3001.
150 Vgl. *Seibel* NJW 2013, 3000, 3003.

Funktionsfähigkeit von informationstechnischen Systemen, Komponenten oder Prozessen gegen Beeinträchtigungen der Verfügbarkeit, Integrität, Authentizität und Vertraulichkeit gesichert erscheinen lässt."[151]

84 Was genau den Stand der Technik darstellt, kann im konkreten Einzelfall schwer zu ermitteln sein. Zur Konkretisierung kann auf Fachveröffentlichungen, etwa auch des BSI (BSI-Grundschutzkataloge, das neue BSI-Grundschutzkompendium, Cybersicherheits-Empfehlungen[152] etc.) oder der Datenschutzaufsichtsbehörden, zurückgegriffen werden.

c) Berücksichtigung von Art, Umfang, Umständen und Zwecken der Verarbeitung.
85 **Art, Umfang, Umstände und Zwecke der Verarbeitung** sind bei der Wahl der Maßnahmen ebenfalls zu berücksichtigen. Die Einbeziehung dieser Aspekte dient auch dem Ausgleich der Interessen von Verantwortlichen und Betroffenen. Von der Art, dem Umfang und den Umständen der Verarbeitung hängen die Risiken für die Daten und damit für die Rechte der Betroffenen ab[153].

86 Je nach **Art** der Verarbeitung variieren die Möglichkeiten für Datensicherheitsverletzungen. Werden Daten rein lokal auf Systemen verarbeitet, die nicht an Netzwerke angeschlossen sind, folgen daraus andere Gefahren, als wenn die Daten in Netzwerkumgebungen verarbeitet werden, z.B. Cloud-Services.[154] Daran muss sich auch die Auswahl der Schutzmaßnahmen orientieren.

87 Mit dem **Umfang** der Verarbeitung ist gemeint, in welchen Mengen personenbezogene Daten verarbeitet werden. Dies ist deshalb relevant, da mit dem Umfang der Verarbeitung grundsätzlich auch das Risiko für die Betroffenen insgesamt, aber auch als Individuum steigt. So steigt das Risiko für den Einzelnen, wenn sich seine Daten in großen Datensammlungen befinden, da diese z.B. für Angreifer regelmäßig sehr attraktive Ziele darstellen – die Wahrscheinlichkeit von erfolgreichen Angriffen also steigt.[155] Gleichzeitig treffen Angriffe auf große Datensammlungen zu vielen Personen auch mehr Betroffene und entfalten alleine deshalb größere Schäden für die Gesamtheit der Betroffenen. Dies muss bei der Wahl der Absicherungsmaßnahmen angemessen berücksichtigt werden.

88 Mit den **Umständen** der Verarbeitung sind – in Abgrenzung zu Art und Umfang – die externen Rahmenbedingungen der Verarbeitung gemeint. Zu diesen Rahmenbedingungen können neben der globalen IT-Sicherheitslage (z.B. Welche Angriffe werden aktuell besonders häufig durchgeführt und welche Vorgehensweisen sind dabei zu beobachten?) auch betriebliche Rahmenbedingungen zählen (z.B. herrschen Umstände in der Organisation, die Datensicherheitsverletzungen begünstigen – z.B. überarbeitete oder frustrierte Mitarbeiter).[156]

---

151 BT-Drucks. 18/4096, S. 26. Eine entsprechende Legaldefinition in § 8a Abs. 2 BSIG-E sah noch der 2013 veröffentlichten RefE des IT-Sicherheitsgesetzes vor.
152 Z.B. für Anbieter von Telemedien: https://www.bsi.bund.de/ACS/DE/_/downloads/BSI-CS_125.pdf.
153 Siehe *Roßnagel* DuD 2016, 561, 566 zu den unterschiedlichen Risiken für die Betroffenenrechte bei Big Data, Cloud Computing und datengetriebenen Geschäften einerseits und einfachen Kundenlisten andererseits.
154 So auch *Kranig/Sachs/Gierschmann* Datenschutz-Compliance nach der DS-GVO, S. 136.
155 Zutreffend *Kranig/Sachs/Gierschmann* Datenschutz-Compliance nach der DS-GVO, S. 136.
156 Vgl. *Kranig/Sachs/Gierschmann* Datenschutz-Compliance nach der DS-GVO, S. 136.

Die Berücksichtigung des **Zwecks** der Verarbeitung hat doppelte Bedeutung.[157] Zum einen dürfen Daten grundsätzlich nur zweckgebunden verwendet werden. Dafür muss die Reichweite des Zweckes zunächst ermittelt werden. Erst danach kann festgelegt werden, welche Verarbeitungen der Daten notwendig und erlaubt sind und gegen welche Gefahren unbefugter Zugriffe demnach zu schützen ist.[158] Zum anderen wird man dem Verantwortlichen je nach Zweck der Verarbeitung mehr (z.b. wenn die Daten der Gewinnmaximierung dienen) oder weniger (z.b. wenn die Verarbeitung in erster Linie und weit überwiegend den Interessen der Betroffenen dient) Maßnahmen zumuten können.

89

d) Eintrittswahrscheinlichkeit und Schwere des Risikos. Zwei Abwägungsposten sind verhältnismäßig leicht für die Abwägungsentscheidung zu operationalisieren. Denn neben den o.g. Aspekten sind auch die **Eintrittswahrscheinlichkeit** und die **Schwere des Risikos** für die Rechte und Freiheiten natürlicher Personen zu berücksichtigen. Die Eintrittswahrscheinlichkeit kann als einer der Faktoren einer **quantitativen Risikobewertung** dienen. Bei dieser werden Risiken in Geldbeträgen ausgedrückt, indem die Höhe eines potentiellen Einzelschadens mit dem Faktor der jährlichen Häufigkeit des Schadens – eben der Eintrittswahrscheinlichkeit – multipliziert wird.[159] Neben einer quantitativen Risikobewertung ist auch die Berücksichtigung in einer Risikomatrix denkbar, in der Risiko und Eintrittswahrscheinlichkeiten jeweils in Kategorien (geringfügig bis groß) eingeteilt werden. Jedem Quadranten der Matrix können dann bestimmte Anforderungen und Maßnahmen zugeordnet werden.[160] Diese qualitative Methode entspricht der von den Datenschutzaufsichtsbehörden vertretenen Position.[161] Die quantitative Methode hat jedoch gegenüber dem von subjektiven Wertungen getragenen qualitativen Modell den Vorteil, dass sie das Risiko objektiviert, wenn die zugrunde gelegten Zahlen auf einer tragfähigen empirischen Basis beruhen. Das erleichtert zum einen die Abwägung mit den Implementierungskosten, was für die Auswahl der zu ergreifenden Maßnahmen relevant sein kann. Zum anderen ist die Objektivierung geboten, da an die Risikoabschätzung Pflichten anknüpfen, deren Nichterfüllung zu Aufsichtsmaßnahmen führen kann, die in die Grundrechte der Verantwortlichen oder Auftragsverarbeiter eingreifen[162]. Gleichwohl wird sich noch zeigen müssen, wie die Aufsichtspraxis auf das quantitative Modell reagieren wird.

90

Bei der Schwere des Risikos wird eine (grund-)rechtsbezogene Prognose der Schadensschwere gefordert, die die individuellen Folgen (also auch rein moralische Schäden wie z.B. Diskriminierungen) berücksichtigt.[163] Allerdings sind z.B. moralische Schäden für sich genommen kaum operabel. Gleichwohl gelingt es der Rechtsprechung immer wieder, sie als Schadensersatz in Geldbeträgen auszudrücken.[164] Es

91

---

157 Siehe auch *Lepperhoff* RDV 2016, 197, 199.
158 Ähnlich *Kranig/Sachs/Gierschmann* Datenschutz-Compliance nach der DS-GVO, S. 136.
159 Tiefergehend *Feiler/Forgo* Art. 32 Rn. 2 m.w.N.
160 *Kranig/Sachs/Gierschmann* Datenschutzcompliance nach der DS-GVO, S. 105.
161 Vgl. das DSK-Kurzpapier Nr. 18, S. 4 ff., abrufbar unter https://www.datenschutzkonferenzonline.de/media/kp/dsk_kpnr_18.pdf.
162 Vgl. *Raabe/Schallbruch/Steinbrück* CR 2018, 706, 712.
163 Vgl. Gola-*Piltz* Art. 24 Rn. 26 ff., Kühling/Buchner-*Jandt* Art. 32 Rn. 5.
164 Für die Verarbeitung der errechneten Parteipräferenz einer konkreten Person ohne deren Einwilligung wurde vom österreichischen *LG Feldkirch* ein Ersatz immateriellen Schadens von 800 EUR zugesprochen, CRi 2019, 147.

erscheint daher bei der quantitativen Methode sinnvoll, zur Ermittlung der Schadensschwere zu ermitteln, welche finanziellen Folgen bestimmte Verletzungen des Datenschutzes hätten, und dazu typisierte Fallgruppen zu bilden.[165] Da ErwG 83 von physischen, materiellen und immateriellen Schäden spricht, sollten die Verantwortlichen zunächst untersuchen, welcher dieser Schadenstypen bei der Verletzung des Datenschutzes jeweils einschlägig ist und welches finanzielle Gewicht diesem von der Rechtsprechung zugemessen wird.

92 Beispiele:
1. Werden Daten aus dem höchstpersönlichen Bereich verarbeitet, verletzt deren unbefugte Offenbarung die Persönlichkeitsrechte der Betroffenen (z.b. durch Bloßstellung oder Rufschädigung). Die Höhe des potentiellen Einzelschadens könnte in diesen Fällen anhand der Rechtsprechung zum Ersatz immaterieller Schäden ermittelt werden.
2. Ist die Verarbeitung personenbezogener Daten notwendig, um gegenüber einem Kunden (z.B. dem Betroffenen selbst) kostenpflichtige Dienste zu erbringen, verletzt der Ausfall der Verfügbarkeit dieser Daten üblicherweise die Leistungsrechte des Kunden aus dem Vertrag.
Die Höhe des potentiellen Einzelschadens richtet sich dann nach der Höhe von Schadensersatz- bzw. Minderungsrechten des Betroffenen. In der Regel entstehen diese zumindest in Höhe des Betrages, um den der Kunde die Rechnung wegen Nichterfüllung mindern kann. Benötigt der Kunde die Daten für eigene Erwerbszwecke, z.B. weil sie zur Abwicklung von Bestellungen benötigt werden, kann der Schaden deutlich höher ausfallen. Dann ist eine seriöse Abschätzung des potentiellen Schadens i.d.R. nur möglich, wenn mehr über das Geschäft und den Geschäftsverlauf des Kunden bekannt ist (z.B. Umsatz oder Gewinnkennzahlen). Indizien für ein hohes Schadenspotenzial können Service-Level-Agreements sein, die ein hohes Interesse des Kunden hinsichtlich der Verfügbarkeit nahelegen.
3. Sofern die Datenverarbeitung nötig ist, um dringende medizinische Hilfe leisten zu können, können physische Schäden drohen. Denkbar ist dies etwa, wenn in einem Krankenhaus dringend für eine Behandlung benötigte Daten durch einen Krypto-Trojaner verschlüsselt werden. Würde der Patient dann nicht behandelt und könnten gesundheitliche Verschlechterung eintreten, die nur noch durch irreversible Methoden – z.B. Amputation von Gliedmaßen – aufgehalten werden können, würde dem Patienten ein Schadensersatz zustehen. Zur Einschätzung der Höhe solcher Schäden kann auf entsprechende Tabellen zurückgegriffen werden, die von der Rechtsprechung ausgeurteilte Schadensersatzbeträge übersichtlich aufzeigen.

93 Die Verantwortlichen sollten sich mit der Art der Daten und den Gefahren für die Interessen der Betroffenen vertraut machen. Die identifizierten Risiken und deren Schwere sind ebenso zu dokumentieren wie die Art, in der beides ermittelt wurde.[166] Unter Umständen bietet sich auch eine Einteilung in Kategorien von Risikograden an, die sich an den Auswirkungen auf die Betroffenen orientieren.[167]

94 Für die Bestimmung der Eintrittswahrscheinlichkeit kann entweder auf statistische Daten aus der Vergangenheit zurückgegriffen oder eine fundierte Abschätzung für die Zukunft durchgeführt werden. Dies ist nicht immer einfach.[168] Für die statistische Aus-

---

165 A.A. *Bieker/Hansen/Friedewald* RDV 2016, 188, 193.
166 Siehe auch *Bieker/Hansen/Friedewald* RDV 2016, 188, 195.
167 Detaillierte Vorschläge machen *Kranig/Sachs/Gierschmann* Datenschutzcompliance nach der DS-GVO, S. 104.
168 Die Praktikabilität generell bezweifelnd *Bieker/Hansen/Friedewald* RDV 2016, 188, 193.

Sicherheit der Verarbeitung — Art. 32

wertung kann auf entsprechende Veröffentlichungen, etwa zu Vertraulichkeitsbrüchen bei E-Mail-, Online-Banking- und sonstigen Zugangsdaten zurückgegriffen werden. Für die zukunftsbezogene Abschätzung kann z.b. auf die Notfallplanungen der Verantwortlichen oder – sofern vorhanden – ihr Business Continuity Management zurückgegriffen werden. Aus diesen sollte sich ergeben, welche Leistungen auch beim Ausfall von betriebswichtigen Mitteln noch aufrechterhalten werden können. Es gibt auch Vorschläge, die Wahrscheinlichkeit für externe Angriffe grob in die Kategorien vernachlässigbar (scheinbar unmögliche Risikorealisierung), begrenzt (schwierig aber mit gewissem Aufwand realisierbar), wesentlich (auch mit geringem Aufwand möglich) und maximal (einfach zu realisieren) einzuordnen.[169] Eine Näherung ist damit auch gut möglich. Sie bedarf dann für eine quantitative Operationalisierung trotzdem noch der Übersetzung in Zahlen.

e) Implementierungskosten. Art. 32 Abs. 1 gestattet es explizit, die **Implementierungskosten** bei der Auswahl der geeigneten Maßnahmen zu berücksichtigen. Hohe Implementierungskosten alleine rechtfertigen jedoch noch nicht den Verzicht auf Sicherheitsmaßnahmen oder die Wahl günstiger aber unzureichender Maßnahmen.[170] Vielmehr soll mit der Berücksichtigung der Kosten den allgemeinen Grundsätzen der Verhältnismäßigkeit und der Erforderlichkeit Rechnung getragen werden[171]. Eine Maßnahme ist nicht erforderlich, wenn ein vergleichbarer Schutz auch mit günstigeren Mitteln erreicht werden kann. Verhältnismäßig sind Maßnahmen, wenn ihre Kosten für den Verantwortlichen in keinem eklatanten Missverhältnis zu den potentiellen materiellen oder immateriellen Schäden der Betroffenen und deren Eintrittswahrscheinlichkeit stehen. 95

Nach einer quantitativen Risikobewertung (Rn. 90) können die als Geldbetrag bezifferbaren Risiken besonders leicht den Implementierungskosten einer Sicherheitsmaßnahme gegenübergestellt werden. Dies kann helfen, die Angemessenheit der Sicherheitsmaßnahmen zu bestimmen.[172] Wenn die Implementierungskosten das bezifferte Risiko übersteigen, rechtfertigt das alleine noch keinen Verzicht auf die Umsetzung der Maßnahmen. Vielmehr muss auch dann noch eine Abwägung stattfinden, bei der insbesondere auch die Schwere der Folgen einer Datenschutzverletzung für den Betroffenen berücksichtigt werden muss.[173] Je wahrscheinlicher technische Risiken sind und je größer die teilweise auch nicht in Geld bezifferbaren Schäden für den Betroffenen sein können, desto weniger tauglich wird die rein an Beträgen orientierte Abwägung. Ist die Eintrittswahrscheinlichkeit hoch – wie z.B. beim Diebstahl und Bekanntwerden von Login-Daten für E-Mail-Accounts oder Online-Banking[174] –, sind entsprechende Schutzmaßnahmen auch dann verpflichtend umzusetzen, wenn ihre Implementierungskosten das in Geld quantifizierbare Risiko übersteigen. Das Gleiche 96

---

169 *Kranig/Sachs/Gierschmann* Datenschutzcompliance nach der DS-GVO, S. 104.
170 Vgl. Auernhammer-*Kramer/Meints* Art. 32 Rn. 40 f., Plath-*Grages* Art. 32 Rn. 3.
171 Vgl. Gola-*Piltz* Art. 32 Rn. 20.
172 So auch *Feiler/Forgo* Art. 32 Rn. 3.
173 *Härting* DS-GVO, Rn. 131 betont sogar, dass eine Betrachtung von Menge und Art der Datenverarbeitung nicht ausreicht um das Gewicht des Eingriffs für den Betroffenen zu bewerten. Vielmehr sei darauf zu achten, welche Informationen aus den Daten gewonnen werden können. Eine so feingranulare Betrachtung wird jedoch in vielen Fällen kaum praktikabel sein.
174 Absolut zutreffend Kühling/Buchner-*Jandt* Art. 32 Rn. 13.

gilt, wenn z.b. aufgrund der Art der verarbeiteten personenbezogenen Daten besonders schwere Folgen für die Betroffenen drohen. In besonderem Maße gilt dies für immaterielle Schäden (z.B. massive Rufschädigungen), da finanzieller Schadensersatz diese nur begrenzt kompensieren kann. Je wahrscheinlicher Datensicherheitsverletzungen und je tiefgreifender ihre Auswirkungen sind, desto eher sind auch Implementierungskosten zu akzeptieren, die über den in einer quantitativen Risikoanalyse ermittelten Risikobeträgen liegen. Bei einer sehr hohen Wahrscheinlichkeit von schweren Folgen einer Datensicherheitsverletzung kann der Abwägungsbelang der Implementierungskosten auch völlig in den Hintergrund treten. Dass dies jedoch nicht die vom Gesetzgeber intendierte Regelfolge ist, wird in ErwG 84 deutlich. Dort wird explizit der Fall angesprochen, dass ein hohes Risiko besteht, welches der Verantwortliche aus technischen Gründen oder aufgrund der Implementierungskosten nicht eindämmen kann. Als Folge sieht der ErwG dann weder die Unterlassung der Verarbeitung vor, noch geht er davon aus, dass der Verantwortliche trotzdem beliebig hohe Kosten auf sich zu nehmen hat. Vielmehr sehen die ErwG 84 und 94 dann die Konsultation der Aufsichtsbehörden vor. Diese können dann gemeinsam mit dem Verantwortlichen eruieren, ob und welche Maßnahmen dem Verantwortlichen noch zuzumuten sind, um das Risiko zumindest zu reduzieren. Im Hinblick auf die in den ErwG 84 und 94 sichtbare Intention der Norm ist zu hoffen, dass die Konsultation der Aufsichtsbehörden nur in seltenen Fällen damit endet, dass eine Verarbeitung final unterlassen werden muss.

97 Als Implementierungskosten kann nur der finanzielle Implementierungsaufwand berücksichtigt werden – z.B. Materialkosten, Personalkosten, Kosten für die Beauftragung Dritter. Faktische Schwierigkeiten oder ein Zeitaufwand, der nicht gleichzeitig auch finanziell ausdrückbar ist (z.B. weil es bei gleichem Personalaufwand einfach nur länger dauert), zählen nicht zu den Implementierungskosten.[175] Ebenso wenig zählen dazu solche Kosten, die dem Betroffenen ohnehin entstanden wären (**Sowieso-Kosten**). Daher dürfen die Kosten für betrieblich ohnehin erforderliche Maßnahmen (z.B. Beschaffung von Servern) nicht bei der Frage der Angemessenheit der Implementierungskosten berücksichtigt werden. Berücksichtigungsfähig sind nur Zusatzkosten für besondere Sicherheitsfunktionalitäten[176]. Auch wenn der Begriff der **Implementierungskosten** nahelegt, dass es nur um die Kosten der Einführung der Sicherheitsmaßnahmen geht, dürften auch die laufenden Kosten (**Betriebskosten**) für die Sicherheitsmaßnahmen in die Kostenabwägung einzubeziehen sein. Eine Trennung nach Implementierungs- und Betriebskosten ist bei einigen Maßnahmen ohnehin nicht haarscharf möglich. Die Kosten für die Einrichtung eines Prozesses für das regelmäßige Einspielen von Sicherheitsupdates könnten z.B. den Betriebskosten zugeordnet werden, der u.U. hohe Aufwand durch damit verbundene Betriebsunterbrechungen dürfte dagegen eher den Implementierungskosten[177] für die konkrete Absicherungsmaßnahme „Sicherheitsupdate für X" zuzuordnen sein.

---

175 Vgl. Gola-*Piltz* Art. 32 Rn. 21. Gleichwohl können faktische Schwierigkeiten im Rahmen der Angemessenheitsabwägung berücksichtigt werden.
176 Dazu zählen auch die Kosten für die Prüfung, inwiefern eine Sicherheitsmaßnahme rechtskonform umsetzbar ist. Vgl. *Wolff* KuR 2019, 537, 539 mit dem Verweis auf die Unübersehbarkeit für den Verwender, ob ein Sicherheitsupdate mehr Daten an den Hersteller überträgt, als rechtlich zulässig.
177 Zu Implementierungskosten für Updates auch *Wolff* KuR 2019, 53.

Sicherheit der Verarbeitung   **Art. 32**

Wie bei fast allen Entscheidungen im Rahmen des Datenschutzes, sollten die Verant- **98**
wortlichen und Auftragsverarbeiter auch ihre Auswahl- und Abwägungsentscheidung
hinsichtlich bestimmter Maßnahmen und die ihr zu Grunde liegenden Tatsachen und
Erwägungen gründlich dokumentieren.

IV. Risikoberücksichtigung (Abs. 2)

In Abs. 2 wird klargestellt, welche Risiken bei der Ermittlung des angemessenen Schutz- **99**
niveaus insbesondere in Betracht gezogen werden müssen. Die Verantwortlichen sollen
situationsabhängig[178] ermitteln, welche Risiken ganz konkret für die von ihnen geplanten oder durchgeführten Datenverarbeitungen bestehen, und dies bei der Auswahl der
Maßnahmen berücksichtigen. In diese Betrachtung sollte einbezogen werden, welche
Risiken dadurch entstehen könnten, dass Mitarbeiter (noch) nicht die nötigen Fähigkeiten haben, um Fehlverhalten im Umgang mit den Daten zu vermeiden.[179]

Auch wenn Art. 32 – anders als Art. 17 DSRL und § 9 BDSG a.F. – nicht grundsätzlich **100**
die Rechtmäßigkeit der Datenverarbeitung sicherstellen soll[180], sind auch bestimmte
Formen rechtswidrigen oder unbefugten Umgangs mit Daten bei der Risikobetrachtung mit einzubeziehen[181]. So sollen nicht nur solche Fälle von **Vernichtung, Verlust
oder Veränderungen** in Betracht gezogen werden, die unbeabsichtigt – also durch
bloße Fehler – erfolgen. Vielmehr sind in die Beurteilung auch die Fälle einzustellen,
in denen Vernichtung, Verlust oder Veränderung unrechtmäßig herbeigeführt werden.
Hierbei geht es vor allem um Angriffe von Dritten, von denen in zunehmendem Maße
Gefahren auch für personenbezogene Daten ausgehen.

Neben möglichen unrechtmäßigen Einwirkungen durch Dritte sind allerdings auch **101**
solche aus der Sphäre des Verantwortlichen selbst in den Blick zu nehmen. Das gleiche gilt für die Fälle der unbefugten Offenlegung von bzw. den unbefugten Zugang zu
personenbezogenen Daten.

Typische Risiken für die Verfügbarkeit durch **Verlust bzw. Veränderung der Daten** **102**
drohen z.B. durch Schadsoftware, mit der Angreifer versuchen, wichtige Daten zu verschlüsseln (also zunächst zu verändern), um sie dem Zugriff der Berechtigten zu entziehen (sog. Krypto-Trojaner). Der zur Wiederherstellung notwendige elektronische
Schlüssel wird dann im Gegenzug zur Zahlung eines Lösegeldes angeboten. Zahlen
die Verantwortlichen nicht, sind die Daten für die Verantwortlichen verloren, wenn
die Angreifer ein gutes Verschlüsselungsverfahren gewählt und dieses richtig in ihre
Schadsoftware implementiert haben.

Verlustrisiken bestehen auch aufgrund von Schadprogrammen, die darauf angelegt **103**
sind, schlicht alle Daten zu löschen oder die Datenverarbeitungssysteme insgesamt zu
sabotieren.

---

178 Zur Situationsabhängigkeit Schantz/Wolff-*Wolff* Das neue Datenschutzrecht, Rn. 849 ff.
179 Vgl. im Hinblick auf den Einfluss der Kompetenz auf die IT-Sicherheit *Mayr* DuD 2019,
    399 f.
180 A.A. Kühling/Buchner-*Jandt* Art. 32 Rn. 5.
181 A.A. scheinbar *Feiler/Forgo* Art. 32 Rn. 12, die den Schutz vor „unbefugter oder unrechtmäßiger Verarbeitung" kategorisch aus Art. 32 ausschließen, ohne jedoch zum gegensätzlichen und eindeutigen Wortlaut des Abs. 2 („ob unbeabsichtigt oder unrechtmäßig") Stellung zu nehmen.

Art. 32 Sicherheit der Verarbeitung

104 Neben diesen aus Angriffen resultierenden Risiken sollte bedacht werden, dass Daten auch durch schlichte Fehler in der Hard- oder Software vernichtet werden oder verloren gehen können. Fehlerhafte Algorithmen können zur Veränderung von Daten während der Verarbeitung führen, z.B. eine fehlerhafte interne Software eines Scanners. Wurden mit diesem Gerät Papiere eingescannt, hat dessen fehlerhafte Bildverarbeitungs-Software die Daten in bestimmten Fällen so verfälscht, dass die Zahlen auf dem Scan-Ergebnis nicht mehr mit den Zahlen auf dem eingescannten Papier übereinstimmten.[182] Solche Fehler sind dem Grunde nach bei jeder Software denkbar. Zur Vermeidung sollte regelmäßig – auch nach Updates – die ordnungsgemäße Funktionsfähigkeit stichprobenartig geprüft werden.

105 Das **Risiko der unbefugten Offenbarung** personenbezogener Daten sollte insbesondere im Rahmen der Entscheidung über den Einsatz von Verschlüsselungsverfahren bedacht werden. Bei der Auswahl der Algorithmen sollten Gefahren durch Hacking-Angriffe in Betracht gezogen werden. Wenn verschlüsselt werden soll, sollte bei der Wahl der Verschlüsselung und weiterer Schutzmaßnahmen auch die Frage gestellt werden, inwiefern der durch die gewählte Verschlüsselung gewährte Schutz unterlaufen werden könnte. Hier ist zu prüfen, wie wahrscheinlich es ist, dass der Schlüssel durch eine Person unberechtigt weitergegeben wird. Beim sog. „social engineering" versuchen Angreifer gezielt, Mitarbeiter zur Offenbarung von vertraulichen Informationen oder zur Vornahme bestimmter Handlungen zum Vorteil des Angreifers zu bewegen. Je größer eine Organisation ist und je mehr Personen Zugriff auf personenbezogene Daten haben, desto größer ist das Risiko der Preisgabe – auch wenn diese Daten durch Verschlüsselung eigentlich geschützt sind. Mit der Zahl der Schlüsselinhaber steigt das Risiko. Als Gegenmaßnahmen kommen z.B. Mitarbeiterschulungen in Betracht, bei denen hinsichtlich solcher Risiken sensibilisiert wird.

106 Die genannten Risiken sind nach dem Willen des Gesetzgebers grundsätzlich im Hinblick auf die Rechte und Freiheiten der Betroffenen zu betrachten, deren Daten verarbeitet werden[183]. Sofern eine Datenschutz-Folgenabschätzung durchzuführen ist, kann dabei auch auf deren Ergebnisse zurückgegriffen werden.

107 Verantwortliche und Auftragsverarbeiter sollten dokumentieren, welche Risiken sie identifiziert, wie sie bewertet und welche Maßnahmen sie daraufhin zur Risikoverhinderung oder -minimierung ergriffen bzw. aus welchen Gründen sie bestimmte Maßnahmen unterlassen haben.[184]

V. Genehmigte Verhaltensregeln und Zertifizierungsverfahren (Abs. 3)

108 Die Verantwortlichen und die Auftragsverarbeiter müssen in der Lage sein, die Erfüllung der Anforderungen nach Abs. 1 nachzuweisen. Dies folgt nicht aus Abs. 3 selbst, sondern aus den Regelungen zur Rechenschaftspflicht z.B. in Art. 5 Abs. 2 i.V.m. Art. 5 Abs. 1 lit. f oder auch Art. 24 Abs. 1 S. 1.

109 Es muss der Nachweis geführt werden können, dass angemessene technische oder organisatorische Maßnahmen umgesetzt wurden. Der Nachweis muss sich daher auf

---

182 Zum Scan-Fehler siehe https://heise.de/-1931956.
183 Siehe dazu die ständige Bezugnahme auf die „Rechte und Freiheiten]" der Personen in den Erwägungsgründen (z.B. ErwG 78).
184 Siehe *Bieker/Hansen/Friedewald* RDV 2016, 188, 195.

die Risikoermittlung, die Eignung der Maßnahmen, die Abwägungsentscheidung, die Umsetzung der Maßnahmen und die Überprüfungsverfahren beziehen.[185]

Im Hinblick auf diese Nachweispflicht konkretisiert Abs. 3, wie dieser Nachweis u.a. geführt werden kann. Es wird klargestellt, dass die Einhaltung genehmigter Verhaltensregeln nach Art. 40 oder eines genehmigten Zertifizierungsverfahrens nach Art. 42 bei dem erforderlichen Nachweis „als Faktor" herangezogen werden und insoweit den Nachweis erleichtern können. Innerhalb der jeweiligen Geltungsbereiche wird man eine Verarbeitung, die den genehmigten Zertifizierungen oder Verhaltensregeln entspricht, nicht mehr als unvereinbar mit den Vorschriften der DS-GVO ansehen können.[186] Für die Verantwortlichen und Auftragsverarbeiter steigt damit die Rechtssicherheit.[187]   **110**

Dabei ist zu beachten, dass beides für die Beurteilung der Datenverarbeitung als Ganzes jedoch nur „als Faktor" herangezogen werden kann. Das bedeutet, die Einhaltung von genehmigten Verhaltensregeln oder genehmigten Zertifizierungsverfahren muss nicht zwingend und vollumfänglich bedeuten, dass dies alleine ausreicht, um den Nachweis der Einhaltung der Anforderungen des Abs. 1 zu erbringen. Nach dem insoweit eindeutigen Wortlaut können daneben auch andere Faktoren relevant sein.[188] Wichtig ist das vor allem dort, wo die genehmigten Zertifizierungen oder Verhaltensregeln nur einen Teil der Datenverarbeitungsvorgänge abdecken.   **111**

Gleichzeitig stellt Abs. 3 auch keine Einschränkung auf genehmigte Zertifizierungsverfahren dar. Vielmehr können auch nicht genehmigte Zertifizierungen ausreichende Nachweise darstellen. Diese müssen freilich hinsichtlich der materiellen Anforderungen, des Verfahrens und der Form die Gewähr bieten, die Einhaltung der Anforderungen des Art. 32 unabhängig und fachlich fundiert abzuprüfen und geeignet und transparent zu bescheinigen.[189]   **112**

VI. Unterstellte Personen (Abs. 4)

Um die Sicherheit der Verarbeitung zu gewährleisten, müssen Verantwortliche und Auftragsverarbeiter auch sicherstellen, dass die ihnen unterstellten natürlichen Personen, die Zugang zu personenbezogenen Daten haben, diese nur auf Anweisung des Verantwortlichen verarbeiten, es sei denn, sie sind nach dem Recht der Union oder der Mitgliedstaaten zur Verarbeitung verpflichtet.   **113**

Das bedeutet, dass unterstellte natürliche Personen die personenbezogenen Daten nur verarbeiten dürfen, wenn sie dazu von den Verantwortlichen oder Auftragsverarbeitern angewiesen werden oder sie aufgrund rechtlicher Vorgaben eine Verarbeitungspflicht trifft. Abs. 4 begründet die Pflicht sicherzustellen, dass die Verarbeitung auch tatsächlich nur bei Anweisung oder anderweitigen rechtlichen Verpflichtung   **114**

---

185 Siehe dazu auch Sydow-*Mantz* Art 32 Rn. 29; *Bieker/Hansen/Friedewald* RDV 2016, 188, 195.
186 *Krings/Mammen* RDV 2015, 231, 235.
187 Diesen Vorteil genehmigter Verhaltensregeln und Zertifizierungen begrüßend *Kraska* ZD 2016, 153, 154.
188 Ebenso Gola-*Piltz* Art. 32 Rn. 46. Zertifikat und Verhaltensregeln alleine scheinbar generell nicht als ausreichend ansehend Sydow-*Mantz* Art. 32 Rn. 29.
189 Zu den Anforderungen an Zertifizierungsverfahren s. *Schwartmann/Weiß* RDV 2016, 68, 70 ff.; *Krings/Mammen* RDV 2015, 231, 232.

erfolgen kann. Da der Gesetzgeber die Formulierung „auf Anweisung" verwendet hat, adressiert Abs. 4 nur die Frage des „Ob" der Verarbeitung durch die unterstellten Personen. Hätte Abs. 4 auch das „Wie" erfassen wollen, hätte der Gesetzgeber eher die Formulierung „entsprechend der Anweisung" gewählt.

115 Der Wortlaut spricht allgemein von unterstellten Personen und nicht von Mitarbeitern oder Angestellten. Damit werden z.b. auch Leiharbeiter erfasst, die in die Weisungsstrukturen der Verantwortlichen oder Auftragsverarbeiter eingebunden sind. Entscheidend ist, dass eine rechtliche Weisungsmöglichkeit zwischen dem jeweiligen Normadressaten und der ihm unterstellten Person besteht. Grundsätzlich könnte auch an Mitarbeiter von externen Dritten zu denken sein. Wenn z.B. externe IT-Dienstleister eingebunden sind, haben deren Mitarbeiter oftmals umfassenden Zugriff auf die IT-Systeme und damit auch auf die personenbezogenen Daten. Allerdings ist hier fraglich, wie weit das Merkmal „unterstellt" zu verstehen ist. Oftmals stehen unmittelbare Weisungsrechte gegenüber externen Mitarbeitern nur dem externen Dienstleister zu, bei dem sie angestellt sind. Anderenfalls droht schnell die Gefahr, dass die Tätigkeit des externen Mitarbeiters beim Verantwortlichen oder Auftragsverarbeiter als (ggf. unzulässige) Arbeitnehmerüberlassung zu qualifizieren ist. Um dies zu verhindern und die Einheit der Rechtsordnung zu wahren, spricht daher einiges dafür, dass solche Mitarbeiter von eingeschalteten Dienstleistern nicht als unterstellte natürliche Personen i.S.d. Abs. 4 anzusehen sind.[190]

116 Die Pflicht aus Abs. 4 kann sowohl organisatorisch als auch technisch erfüllt werden. Zum einen können die natürlichen Personen vertraglich verpflichtet werden, die personenbezogenen Daten nur auf Anweisung zu verarbeiten oder wenn eine Verpflichtung nach dem Recht der Union oder der Mitgliedstaaten besteht. Die Einhaltung der Verpflichtungen ist zu kontrollieren.[191] Zum anderen können die Normadressaten die ihnen unterstellten Mitarbeiter auch schulen.[192] So können sie über die rechtlichen Rahmenbedingungen der Verarbeitung und insbesondere eventuell bestehender Verarbeitungspflichten nach dem Recht der Union oder der Mitgliedstaaten informiert werden.

117 Daneben kann aber auch durch technische Maßnahmen sichergestellt werden, dass eine Verarbeitung nur in den genannten Fällen möglich ist.[193] Hier kann ein ausdifferenziertes Rechtemanagement hilfreich sein, mit dem die (Verarbeitungs-)Rechte vom Verantwortlichen oder Auftragsverarbeiter anlassbezogen eingeräumt werden.

118 Auch die Planungen und ergriffenen Maßnahmen (Verträge, durchgeführte Schulungsmaßnahmen nebst Teilnehmerlisten, technische Absicherungen, etc.) sollten für die Datenschutzkontrolle dokumentiert werden.[194]

VII. Aufsichtsmaßnahmen – Kontrollen und Sanktionen

119 Die Aufsichtsbehörden haben nach Art. 57 Abs. 1 lit. a die Aufgabe, die Anwendung der DS-GVO zu überwachen und durchzusetzen. Dazu gehört auch die Einhaltung

---

[190] A.A. scheinbar Sydow-*Mantz* Art. 32 Rn. 23.
[191] Sydow-*Mantz* Art. 32 Rn. 25.
[192] Sydow-*Mantz* Art. 32 Rn. 25.
[193] Gola-*Piltz* Art. 32 Rn. 49; Sydow-*Mantz* Art. 32 Rn. 25.
[194] Vgl. Sydow-*Mantz* Art. 32 Rn. 25.

Sicherheit der Verarbeitung — Art. 32

der Verpflichtungen zur Datensicherheit aus Art. 32. Damit die Aufsichtsbehörden ihre Aufgaben erfüllen können, wird ihnen in Art. 58 Abs. 1 und Abs. 2 ein breit gefächertes Arsenal an Untersuchungs- und Abhilfebefugnissen eingeräumt.

1. Kontrollrechte. Um die Sicherheit der Datenverarbeitung überprüfen zu können, dürfen die Aufsichtsbehörden nach Art. 58 Abs. 1 lit. a vom Verantwortlichen oder dem Auftragsverarbeiter die notwendigen **Informationen verlangen** und **Datenschutzprüfungen** durchführen. Im Hinblick auf Art. 32 wird man zu den notwendigen Informationen, neben der Dokumentation der ergriffenen Maßnahmen, auch die Dokumentation des Risikomanagements (inkl. Darlegung der Abwägungsentscheidungen) zählen können. **120**

Sofern bei den Nachweisen der Absicherungen gem. Art. 32 Abs. 1 i.V.m. Abs. 3 auf Zertifizierungen gem. Art. 47 abgestellt wird, können die Aufsichtsbehörden die erteilten Zertifizierungen überprüfen (Art. 58 Abs. 1 lit. c). **121**

Nach Art. 58 Abs. 1 lit. c umfassen die **Kontrollrechte** der Aufsichtsbehörden auch den Zugang zu den Geschäftsräumen einschließlich der Datenverarbeitungsanlagen und -geräte, entsprechend des jeweiligen Verfahrensrechts der Union oder der Mitgliedstaaten[195]. **122**

2. Sanktionen. Neben den reinen Kontrollrechten können die Aufsichtsbehörden sowohl Verantwortliche als auch Auftragsverarbeiter nach Art. 58 Abs. 2 lit. a **warnen**, wenn eine beabsichtigte (aber noch nicht vorgenommene) Verarbeitung voraussichtlich gegen die DS-GVO verstößt, etwa weil die Absicherungsmaßnahmen voraussichtlich nicht den Anforderungen des Art. 32 genügen. Dieser schwächste Eingriff wird vor allem dann Anwendung finden, wenn die Aufsichtsbehörden vor der Aufnahme der Verarbeitung schon in der Planungsphase konsultiert werden. **123**

Ist die Verarbeitung dagegen schon aufgenommen worden, kann die Aufsichtsbehörde verschiedene Befugnisse nutzen, um auf eine angemessene Sicherheit der Verarbeitung hinzuwirken. Die verschiedenen Instrumente sind in Art. 58 Abs. 2 in aufsteigender Reihenfolge vom schwächsten zum härtesten aufgeführt.[196] Als schwächstes Instrument kann eine **Verwarnung** (Art. 58 Abs. 2 lit. b) ausgesprochen werden. Im Hinblick auf den Verhältnismäßigkeitsgrundsatz wird dies als „erster Warnschuss" gegenüber dem Betroffenen der Regelfall sein. Erst wenn dieser daraufhin nicht ausreichend einlenkt, um die Datensicherheit herzustellen, dürften stärker eingreifende Instrumente gerechtfertigt sein. Von dieser Regel dürften Ausnahmen zulässig sein, wenn aufgrund unzureichender Datensicherheitsmaßnahmen ein sehr hohes Risiko mit potenziell schwerwiegenden Folgen für die Betroffenen besteht, deren personenbezogene Daten verarbeitet werden. **124**

Zu den stärkeren Maßnahmen zählt auch das Recht der Datenschutzbehörden, **Anweisungen** zu erteilen, Datenschutzverstöße auf bestimmte Weise und innerhalb einer bestimmten Zeit zu beseitigen (Art. 58 Abs. 2 lit. d). Sie können also nicht nur anordnen, dass Maßnahmen zur Erfüllung des Art. 32 ergriffen werden, sondern auch, welche Maßnahmen umgesetzt werden sollen und innerhalb welcher Frist Verantwortliche und Auftragsverarbeiter dies zu erledigen haben. Freilich werden sich auch sol- **125**

---

195 Siehe dazu die Kommentierung zu Art. 58.
196 So auch *Dieterich* ZD 2016, 260, 263.

che Anordnungen hinsichtlich der Vorgabe bestimmter Maßnahmen und der Fristsetzung am Verhältnismäßigkeitsgrundsatz messen lassen müssen.

126 Sicherlich eines der schärfsten Eingriffsrechte stellt die Möglichkeit nach Art. 58 Abs. 2 lit. f dar, ein vorübergehendes oder endgültiges **Verbot der Verarbeitung** zu verhängen. Dies dürfte im Hinblick auf die Sicherheit der Verarbeitung in erster Linie dann in Frage kommen, wenn ein sehr hohes Risiko von der Datenverarbeitung ausgeht, dem z.B. aus Kostengründen nicht durch entsprechende Maßnahmen begegnet wird, oder wenn Pflichtverletzungen trotz Anweisung der Aufsichtsbehörden nicht beseitigt werden[197].

127 Zu beachten ist, dass nicht nur solch direkte Maßnahmen der Aufsichtsbehörden Auswirkungen auf die Verarbeitung haben. Einzelne Aufsichtsbefugnisse können mittelbar die Erfüllung der Anforderungen des Art. 32 betreffen. So können Aufsichtsbehörden nach Art. 58 Abs. 2 lit. h **Zertifizierungen widerrufen** oder per Anweisung an die Zertifizierungsstelle widerrufen zu lassen. Sofern die Zertifizierung die Grundlage für den Nachweis gem. Art. 32 Abs. 3 darstellt, führt deren Widerruf automatisch zum Problem, dass diese Nachweisverpflichtung nicht erfüllt werden kann. Verantwortliche und Auftragsverarbeiter sollten daher darauf achten, dass die Voraussetzungen für die Zertifizierung stets eingehalten werden, um einem Widerruf vorzubeugen.

128 Verstöße gegen die Pflicht zur Gewährleistung der Sicherheit der Verarbeitung können gem. Art. 58 Abs. 2 lit. i **anstelle oder zusätzlich** zu den vorstehenden Aufsichtsmaßnahmen auch mit **Geldbußen** nach Art. 83 geahndet werden. Nach Art. 83 Abs. 4 lit. a kann diese für Verstöße gegen Art. 32 bis zu 10 Mio. EUR oder im Fall von Unternehmen bis zu 2 % des weltweiten Jahresumsatzes des Vorjahres betragen – je nachdem, welcher Betrag höher ist. Sofern ein Verstoß gegen die Pflichten aus Art. 32 vorliegt, die Aufsichtsbehörden aufgrund von Art. 58 Abs. 2 dessen Abstellung verlangen und ein Verantwortlicher oder Auftragsverarbeiter dieser Anordnung nicht nachkommt, kann dafür gem. Art. 83 Abs. 6 sogar ein Bußgeld in doppelter Höhe verhängt werden. Da sich die Höhe des Bußgeldes ohnehin u.a. daran orientiert, wie kooperativ sich die Verantwortlichen und Auftragsverarbeiter zeigen und wie sehr sie versuchen, die Schäden für die Betroffenen zu minimieren[198], sollten die Verpflichteten im Fall einer Verletzung der Pflichten aus Art. 32 in der Regel nicht unbedacht die Konfrontation mit den Aufsichtsbehörden suchen. Gleichwohl sollten die Vorteile der Kooperation mit deren Nachteilen (z.B. der Selbstbelastung durch Offenlegung dieser oder weiterer Datenschutzverstöße) abgewogen werden.[199]

C. Praxishinweise

I. Hinweise für Verantwortliche und Auftragsverarbeiter

129 **1. Umsetzung.** Zur Umsetzung der Anforderungen können sich Verantwortliche oder Auftragsverarbeiter an verschiedenen Modellen wie z.B. der ISO 27000er Reihe,

---

197 Nach § 38 Abs. 5 S. 2 BDSG a.F. war eine Untersagung nur möglich, wenn schwerwiegende Mängel trotz Anordnung und Verhängung eines Zwangsgeldes nicht abgestellt wurden, vgl. *Dieterich* ZD 2016, 260, 263, dort Fn. 51.
198 Vgl. insoweit Art. 83 Abs. 2. So ebenfalls: *Eckhardt/Menz* DuD 2018, 139, 141; *Wenzel/Wybitul* ZD 2019, 290, 293.
199 *Eckhardt/Menz* DuD 2018, 139 (141); *Wenzel/Wybitul* ZD 2019, 290, 295.

dem Standard-Datenschutz-Modell (SDM) oder auch dem BSI-Grundschutz orientieren. Es gibt eine Reihe von Software-Tools, die die Umsetzung auch in größeren Organisationen erleichtern, indem sie Kontrollfragen und Checklisten je nach Anwendungsbereich vorgeben. Sie unterstützen u.a. bei der Risikoerhebung, der Wahl der Maßnahmen und der Dokumentation. Hilfreich können auch Veröffentlichungen der Aufsichtsbehörden sein, aus denen sich Maßnahmen zur Umsetzung u.a. des Art. 32 ergeben.[200]

2. Verpflichtung der Mitarbeiter nach Abs. 4. Nach hier vertretener Auffassung betrifft die Verpflichtung aus Abs. 4 nicht die Mitarbeiter von Auftragnehmern der Verantwortlichen oder der Auftragsverarbeiter, da diesen gegenüber kein direktes Weisungsrecht besteht. Gleichwohl sollten Verantwortliche und Auftragsverarbeiter in den Verträgen mit ihren Auftragnehmern vorsehen, dass deren Mitarbeiter die personenbezogenen Daten nur entsprechend der Anweisungen des Auftraggebers verarbeiten. Die Anweisungsverhältnisse bestehen dann einerseits zwischen Auftraggeber und dem Auftragnehmer, sowie andererseits zwischen dem Auftragnehmer und dessen Mitarbeitern. So können die Ziele des Art. 32 gewahrt werden, obwohl die Mitarbeiter des Auftragnehmers keine natürlichen Personen sind, die arbeitsrechtlich dem Verantwortlichen oder dem Auftragsverarbeiter unterstellt sind. 130

3. Haftung. Neben Maßnahmen der Aufsichtsbehörden können Verstöße gegen die Pflichten aus Art. 32 Haftungsfolgen auslösen. Verantwortliche und Auftragsverarbeiter haften nach Art. 82 gegenüber den Personen, denen daraus ein Schaden entsteht, dass die jeweiligen Pflichten zur Implementierung von technischen und organisatorischen Maßnahmen nach Art. 32 Abs. 1 verletzt wurde.[201] Sind mehr als nur ein Verantwortlicher oder Auftragsverarbeiter für den Schaden verantwortlich, haften sie **gesamtschuldnerisch**. Die jeweils zuerst in Anspruch Genommenen können dann vom jeweils anderen im Innenverhältnis entsprechend der Verschuldensanteile einen Ausgleich verlangen.[202] Da der Geschädigte sich in solchen Fällen aussuchen kann, bei wem er den Schaden liquidiert, sollten sich Verantwortliche und Auftragsverarbeiter bei der Vertragsanbahnung absichern, dass ihr jeweiliger Partner solvent oder entsprechend versichert ist. Ansonsten droht ihnen, dass sie zwar dem Geschädigten den gesamten Schadensersatz zahlen, im Innenausgleich mit ihrem Vertragspartner (Verantwortlicher oder Auftragsverarbeiter) aber selbst (teilweise) leer ausgehen. 131

Verantwortliche und Auftragsverarbeiter sollten zur Reduzierung ihres Haftungsrisikos auch vertraglich vorsehen, dass die Stellen, mit denen sie u.U. gesamtschuldnerisch haften, sie informieren müssen, wenn Betroffene Schadensersatz geltend machen. Auch eine vertragliche Verpflichtung zur gemeinsamen oder zumindest **abgestimmten Rechtsverteidigung** gegen Schadensersatzansprüche durch Betroffene kann sinnvoll sein. 132

Zu beachten ist, dass die Betroffenen ihr Recht auf Schadensersatz wegen einer Verletzung der Pflicht zur Gewährleistung der Sicherheit der Verarbeitung nicht mehr 133

---

200 Z.B. aus der Checkliste des LfD Sachsen-Anhalt, abrufbar unter: https://datenschutz.sachsen-anhalt.de/informationen/internationales/datenschutz-grundverordnung/checkliste-zur-dokumentation-der-getroffenen-technischen-und-organisatorischen-massnahmen/.
201 Siehe Auernhammer-*Eßer* Art. 82 Rn. 11.
202 Vgl. *Franck* RDV 2016, 111, 119.

selbst geltend machen müssen. Sie können dieses Recht aufgrund der Regelung des Art. 80 Abs. 1 auch durch gemeinnützige Organisationen wahrnehmen lassen (**Verbandsklagen**). Dies sollte bei der betriebswirtschaftlichen Betrachtung des Risikos von Klagen der Betroffenen berücksichtigt werden. Bisher war das Risiko von Klagen Betroffener insbesondere dann gering, wenn es sich bei Verantwortlichen oder Auftragsverarbeitern um große Konzerne handelte, da die Betroffenen geringe Erfolgsaussichten für sich sahen und den Aufwand oft scheuten.[203] Den Verantwortlichen oder Auftragsverarbeitern drohte daher kaum ein betriebswirtschaftlich signifikantes Risiko, wenn sie Maßnahmen für die Sicherheit der Verarbeitung nicht vornahmen. Das dürfte sich mit der der Einführung des Verbandsklagerechtes ändern[204], so dass Unternehmen, die dies bisher so gehandhabt haben, ihr Verhalten dringend überdenken sollten.

134 Verantwortliche und Auftragsverarbeiter sollten auch die Möglichkeit einer Versicherung ihres Haftungsrisikos in Betracht ziehen. Auch die Versicherungen werden einen Nachweis verlangen, dass die Risiken durch technische und organisatorische Maßnahmen minimiert werden. Deren Zusage von Versicherungsschutz ist daher – neben dem Aspekt der finanziellen Absicherung – ein guter Indikator, dass die ergriffenen Maßnahmen einen hinreichenden Schutz bieten.

135 **4. Konsultation der Aufsichtsbehörden.** Im Hinblick darauf, dass zur DS-GVO bisher weder Aufsichtspraxis noch Rechtsprechung existieren und auch die Regelung des Art. 32 reichlich Interpretationsspielraum bietet, sollten Verantwortliche und Auftragsverarbeiter von der Möglichkeit Gebrauch machen, die Datenschutzaufsichtsbehörden zu konsultieren. So können sie wertvolle Hinweise erhalten, welche Erwartungen die Aufsichtsbehörden an die Umsetzung haben. Gerade bei Fragen mit viel Auslegungsspielraum (z.B. der Risikobewertung und der Angemessenheit der Mittel) können dadurch verlorene Investitionen ebenso vermieden werden, wie spätere Aufsichtsmaßnahmen.

II. Hinweise für Betroffene

136 Sofern Betroffenen ein Schaden entsteht, weil die Verantwortlichen oder Auftragsverarbeiter die Pflichten aus Art. 32 nicht erfüllt haben, können sie Schadensersatz geltend machen. Sind mehrere für den Schaden verantwortlich, haften diese gesamtschuldnerisch. In diesen Fällen sollten die Betroffenen den gesamten Schaden bei der Stelle liquidieren, die solventer ist und/oder den Schadensersatz mit geringerer Wahrscheinlichkeit abwehren wird (z.B. weil sie es erfahrungsgemäß nicht auf Klagen ankommen lässt.

137 Da Verbandsklagen zugelassen sind, sollten Betroffene bei unklaren Erfolgsaussichten ihrer Schadensersatzbegehren prüfen, ob sie ihr Anliegen auch durch Verbandsklagen verfolgen können. Gerade bei Fragen zur Verletzung der Absicherungspflichten nach Art. 32 ist das Prozessrisiko nicht zu unterschätzen. Die Ermittlung des Sachverhalts im Hinblick auf die ergriffenen Maßnahmen kann ebenso schwierig sein wie die rechtliche Frage, welche Maßnahmen in einer Gesamtschau durch den Anbie-

---

203 Siehe dazu auch *Dieterich* ZD 2016, 260, 265.
204 *Gierschmann* ZD 2016, 51, 53.

ter hätten ergriffen werden müssen. Das insoweit bestehende Prozessrisiko kann für den Betroffenen über den Weg der Verbandsklagen u.U. reduziert werden.

III. Hinweise für öffentliche Stellen

Behörden und sonstige öffentliche Stellen des Bundes genießen eine Privilegierung, was die Sanktionen bei Verstößen gegen die Pflichten aus der DS-GVO angeht. Diese erstreckt sich auch auf Verstöße gegen die Absicherungspflichten aus Art. 32. Mit § 43 Abs. 3 BDSG n.F. hat der dt. Gesetzgeber von der entsprechenden Öffnungsklausel in Art. 83 Abs. 7 Gebrauch gemacht. 138

Zu beachten ist, dass diese Privilegierung nicht für die sonstigen Folgen gilt. Schon um sich vor Schadensersatzforderungen zu schützen, wären auch Behörden und sonstige öffentliche Stellen des Bundes gut beraten, ihre Absicherungspflicht aus Art. 32 zu erfüllen. 139

IV. Hinweise für Aufsichtsbehörden

Die Anforderungen des Art. 32 treten neben eine Reihe anderer Verpflichtungen zur Sicherheit der Datenverarbeitung. Verantwortliche oder Auftragsverarbeiter stehen vor der Aufgabe, diesen allen gerecht zu werden. Die Umsetzung verschiedener materieller oder formeller Anforderungen kann dabei zum praktischen Problem werden. Daher sollten es die Aufsichtsbehörden den Verpflichteten ermöglichen, wo immer dies passend ist, auf bestehende nationale, europäische und internationale IT-Sicherheitsstandards und IT-Sicherheitszertifizierungssysteme (ISO 27000er Reihe, BSI-Grundschutz, etc.) aufzusetzen. Dadurch würde den Unternehmen Rechtssicherheit geboten und ein Zersplittern der IT-Compliance-Anforderungen verhindert. Teilweise sind bestehende Standards zu generisch oder lassen Zertifizierungen Abweichungen von den Datenschutzinteressen zu.[205] Hier wäre es hilfreich, wenn die Aufsichtsbehörden entsprechende Hinweise – auch abseits genehmigter Regeln und Verfahren – veröffentlichen, unter welchen einschränkenden Randbedingungen die Verpflichteten auf solche Standards und Zertifizierungen zurückgreifen können – z.B. durch Vorgaben, wo die Grenzen tragbarer Risiken gesehen werden. 140

Artikel 33 Meldung von Verletzungen des Schutzes personenbezogener Daten an die Aufsichtsbehörde

(1) ¹Im Falle einer Verletzung des Schutzes personenbezogener Daten meldet der Verantwortliche unverzüglich und möglichst binnen 72 Stunden, nachdem ihm die Verletzung bekannt wurde, diese der gemäß Artikel 55 zuständigen Aufsichtsbehörde, es sei denn, dass die Verletzung des Schutzes personenbezogener Daten voraussichtlich nicht zu einem Risiko für die Rechte und Freiheiten natürlicher Personen führt. ²Erfolgt die Meldung an die Aufsichtsbehörde nicht binnen 72 Stunden, so ist ihr eine Begründung für die Verzögerung beizufügen.

(2) Wenn dem Auftragsverarbeiter eine Verletzung des Schutzes personenbezogener Daten bekannt wird, meldet er diese dem Verantwortlichen unverzüglich.

---

205 Siehe dazu *Kraska* ZD 2016, 153.

(3) Die Meldung gemäß Absatz 1 enthält zumindest folgende Informationen:
a) eine Beschreibung der Art der Verletzung des Schutzes personenbezogener Daten, soweit möglich mit Angabe der Kategorien und der ungefähren Zahl der betroffenen Personen, der betroffenen Kategorien und der ungefähren Zahl der betroffenen personenbezogenen Datensätze;
b) den Namen und die Kontaktdaten des Datenschutzbeauftragten oder einer sonstigen Anlaufstelle für weitere Informationen;
c) eine Beschreibung der wahrscheinlichen Folgen der Verletzung des Schutzes personenbezogener Daten;
d) eine Beschreibung der von dem Verantwortlichen ergriffenen oder vorgeschlagenen Maßnahmen zur Behebung der Verletzung des Schutzes personenbezogener Daten und gegebenenfalls Maßnahmen zur Abmilderung ihrer möglichen nachteiligen Auswirkungen.

(4) Wenn und soweit die Informationen nicht zur gleichen Zeit bereitgestellt werden können, kann der Verantwortliche diese Informationen ohne unangemessene weitere Verzögerung schrittweise zur Verfügung stellen.

(5) ¹Der Verantwortliche dokumentiert Verletzungen des Schutzes personenbezogener Daten einschließlich aller im Zusammenhang mit der Verletzung des Schutzes personenbezogener Daten stehenden Fakten, von deren Auswirkungen und der ergriffenen Abhilfemaßnahmen. ²Diese Dokumentation muss der Aufsichtsbehörde die Überprüfung der Einhaltung der Bestimmungen dieses Artikels ermöglichen.

– *ErwG: 85, 87 und 88*
– *BDSG n.F.: §§ 42 Abs. 4, 43 Abs. 4*

Übersicht

	Rn		Rn
A. Einordnung und Hintergrund	1	b) Vernichtung, Verlust, Veränderung	29
I. Überblick	1	c) Unbefugte Offenlegung, unbefugter Zugang	33
II. Normengenese und -umfeld	3	d) Bekanntwerden	37
1. DSRL	6	e) Altpannen	39
2. BDSG a.F.	7	2. Risiko	42
a) Adressaten	8	a) Interessen und Rechtsgüter	42
b) Meldung	9	b) Risikobewertung	44
c) Verwendungsverbot	10	3. Pflichtiger	51
d) Evaluation	11	4. Empfänger	54
3. Landesgesetze	12	5. Frist	58
4. RL 2016/680 und BDSG n.F.	15	II. Meldepflicht des Auftragsverarbeiters (Abs. 2)	64
5. RL 2016/1148 (NIS-RL) und ITSG	16	III. Mindestinhalt (Abs. 3)	69
6. VO (EU) Nr. 910/2014 (eIDAS)	18	1. Inhalt	69
7. ePrivacy-VO-E	21	a) Beschreibung der Schutzverletzung (lit. a)	70
8. Behördenpapiere	23	b) Datenschutzbeauftragter, Anlaufstelle (lit. b)	72
B. Kommentierung	25	c) Beschreibung der Folgen (lit. c)	73
I. Meldepflicht des Verantwortlichen (Abs. 1)	25		
1. Schutzverletzung	25		
a) Sicherheit	27		

	Rn		Rn
d) Beschreibung der Maßnahmen (lit. d)	74	I. Öffentliche Stellen	104
		II. Nichtöffentliche Stellen	105
2. Form	77	III. Betroffene Personen	106
a) Darreichung	77	IV. Aufsichtsbehörden	107
b) Sprache	81	V. Datenschutzmanagement	111
IV. Schrittweise Information (Abs. 4)	82	1. Incident response plan	111
		a) Interne Richtlinien	113
V. Dokumentation (Abs. 5)	84	b) Implementierung eines geeigneten Incident Response Systems	114
1. Inhalt	84		
2. Sprache	86		
3. Aufbewahrungsdauer	87	c) Kontakt zu Aufsichts- und Strafverfolgungsbehörden	115
VI. Verwendungsverbot	88		
1. Nemo-tenetur-Grundsatz	88		
2. §§ 42 und 43 BDSG	96	2. Einbindung des Datenschutzbeauftragten	116
3. Irrtümliche und missbräuchliche Meldungen	102	3. Vertragsmanagement	117
C. Praxishinweise	104	VI. Sanktionen	118

Literatur: *Bayerisches Landesamt für Datenschutz* Meldepflicht und Benachrichtigungspflicht des Verantwortlichen – Erläuterungen zu Art. 33 und 34 Datenschutz-Grundverordnung, 2019; *Becker* Meldungen nach Art. 33 DS-GVO, Voraussetzungen der Meldepflicht und die Doppelrolle der Aufsichtsbehörden, ZD 2020, 175; *Bieker/Bremert/Hansen* Die Risikobeurteilung nach der DS-GVO, DuD 2018, 492; *Boms* Ahndung von Ordnungswidrigkeiten nach der DS-GVO in Deutschland. Ist § 43 Abs. 4 BDSG unionsrechtskonform?, ZD 2019, 536; *Claus/Reif* Praxisfälle zum Datenschutzrecht III: Musterfalllösungen zu den Transparenzpflichten bei „Datenpannen", RDV 2020, 23; *Der Hamburgische Beauftragte für Datenschutz und Informationssicherheit* Data-Breach-Meldungen nach Art. 33 DS-GVO, 2018; *Eckhardt* Security Breach Notification – Risiken der Meldepflicht, BvD-News 3/2018, 44; *Els* Meldung von Datenschutzvorfällen nach Art. 33 DSGVO, DÖD 2019, 213; *Engelbrecht* Meldepflicht gegenüber der Rechts- oder Fachaufsichtsbehörde bei einer Verletzung des Schutzes von Sozialdaten, NZS 2019, 693; *Euler-Ajayi/Dowden* Data Breach Notifications in the UK – How will "UK GDPR" work in practice?, PinG 2019, 136; *European Network and Information Security Agency* Recommendations for a methodology of the assessment of severity of personal data breaches, Version 1.0, 2013; *Fuhlrott* Data Incident Management: Rechtlicher Umgang mit „Datenpannen", NZA 2019, 649; *Gabel* Datenschutz, Gabel/Heinrich/Kiefner, Rechtshandbuch Cyber-Security, 2019, S. 88 ff.; *Georganta* Data Breach Notifications and the advice that DPAs are giving in various European countries – France, PinG 2019, 133; *Green* Ransomware and the GDPR, Network Security 3/2017, 18 f.; *Haag* Informationspflichten der Krankenhäuser bei Datenschutzverletzungen, Das Krankenhaus 2018, 320; *Hanßen* Umgang mit Datenpannen: Erfüllung von Melde- und Benachrichtigungspflichten nach der DS-GVO, BvD-News 3/2018, 30; *Hessel/Potel* Zur Notwendigkeit einer Data Breach Notification bei Datenträgerverschlüsselung, DuD 2020, 94; *Kasner* Melde- und Benachrichtigungspflichten nach Art. 33, 34 DSGVO, PinG 2019, 111; *Kaufmann* Meldepflichten und Datenschutz-Folgenabschätzung – Kodifizierung neuer Pflichten in der EU-Datenschutz-Grundverordnung, ZD 2012, 358; *Krügel* Der Einsatz von Angriffserkennungssystemen im Unternehmen, MMR 2017, 795; *Leeb/Faußner* Typische Fallgruppen von meldepflichtigen Datenschutzverletzungen im Unternehmen, AnwZert ITR 19/2019 Anm. 2; *Leibold* Meldung von Verletzungen des Schutzes personenbezogener Daten an die Aufsichtsbehörde nach Art. 33 DS-GVO – auch bei Verschlüsselung?, ZD-Aktuell 2019, 06650; *Malatras/Sanchez/Beslay/Coisel/Vakalis/D,Acquisto/Garcia Sanchez/Grall/Hansen/Zorkadis* Pan-European personal data breaches: Mapping of current practices and recommendations

Art. 33 Meldungen an die Aufsichtsbehörde

to facilitate cooperation among Data Protection Authorities, Computer Law & Security Review 33/2017, 458 *Marschall* Datenpannen – „neue" Meldepflicht nach der europäischen DS-GVO?, DuD 2015, 183; *Neufeld* Notfallmanagement bei Cyberangriffen durch Cyber Incident Response Plan, DSB 2017, 209; *Paal* Meldepflicht bei Datenschutzverstößen nach Art. 33 DS-GVO – Praxisrelevante Rechtsfragen und Handlungsempfehlungen, ZD 2020, 119; *Petri* Kliniken melden Datenschutzverstöße nach Art. 33 DSGVO – erste Erfahrungen einer Aufsichtsbehörde, DuD 2018, 753; *Piechocki/Siciński* Data breach notification. Polish perspective, PinG 2019, 178; *Piltz/Pradel* Wie lange dauern 72 Stunden? Umgang mit der EU-weiten Fristenverordnung am Beispiel der DS-GVO, ZD 2019, 152; *Pohl* Verwendungsverbot für Data Breach Notifications, PinG 2019, 100; *Ritter/Reibach/Lee* Lösungsvorschlag für eine praxisgerechte Risikobeurteilung von Verarbeitungen, ZD 2019, 531; *Rüb* Der Nemo-tenetur-Grundsatz im BDSG im Lichte der Kartellrechts-Judikatur des EuGH, RDV 2019, 246; *Schierbaum* Was tun bei Datenschutz-Pannen?, Der Personalrat 4/2018, 29; *Schneider* Meldepflichten im IT-Sicherheitsrecht, 2017; *Sowa* Meldepflichten für Sicherheitsvorfälle: Was gilt – was wird, PinG 2019, 213; *Spittka* Nur noch 72 Stunden – Data Breach Notification nach der EU-Datenschutz-Grundverordnung, DSRITB 2016, 387; *Spittka* Si tacuisses ... – nemo tenetur und die DSGVO, RDV 2019, 167; *Strittmatter/Treiterer/Harnos* Schadensbemessung bei Datenschutzrechtsverstößen am Beispiel von data leakage-Fällen, CR 2019, 789; *Suchánková* Notification of a Personal Data Breach in the Czech Republic, PinG 2019, 180; *Taeger* Data Breach Notification – Melde- und Benachrichtigungspflichten bei „Datenpannen", RDV 2020, 3; *Taney* Cyber-Attacken in den Griff bekommen, RDV 2016, 93; *Sydow* Meldung machen! – Neue Melde und Benachrichtigungspflichten nach der Datenschutz-Grundverordnung, DFN-Infobrief Recht 11/2016, 6; *Thode* Die neuen Compliance-Pflichten nach der Datenschutz-Grundverordnung, CR 2016, 714; *Thole/Solms/Moll* Cyber Security: How to Deal With (Cross Border) Data Breaches, CRi 2015, 134; *Voss* Internal Compliance Mechanisms for Firms in the EU General Data Protection Regulation RJTUM 50.3 (2018), 783; *Werkmeister/Brandt/Felcht* Die Meldepflicht nach Art. 33 DSGVO – Berechnung der 72-Stunden-Frist, CR 2020, 89.

A. Einordnung und Hintergrund

I. Überblick

1 Die Art. 33 und 34 statuieren Meldepflichten gegenüber Aufsichtsbehörden und Benachrichtigungspflichten gegenüber betroffenen Personen, wenn sich Verletzungen des Schutzes personenbezogener Daten ereignen. ErwG 85 erklärt, dass solche Verletzungen ggf. physische, materielle oder immaterielle Schäden für natürliche Personen nach sich ziehen können, wenn nicht rechtzeitig und angemessen reagiert wird. Beide Vorschriften stehen in unmittelbarem Zusammenhang mit dem **Transparenz**gebot des Art. 5 Abs. 1 lit. a und den Geboten der **Integrität** und **Vertraulichkeit** gem. Art. 5 Abs. 1 lit. f.

2 Die Meldung nach Art. 33 vermittelt der Aufsichtsbehörde insoweit zunächst ein **Lagebild** über vorhandene Bedrohungen und Fehlerquellen bei der Verarbeitung personenbezogener Daten. Hierdurch wird eine sachgemäße Beratung von Verantwortlichen und Betroffenen sichergestellt. Art. 58 Abs. 2 lit. e i.V.m. Art. 34 Abs. 4 gestattet es der Behörde zudem, den Verantwortlichen anzuweisen, betroffene Personen entsprechend zu benachrichtigen (Art. 34 Rn. 46 ff.). Somit dient Art. 33 mittelbar auch dem Schutz von **Betroffeneninteressen**, falls das originäre Betroffenenrecht des Art. 34 vom Verantwortlichen im Einzelfall nicht bedient werden sollte. Schließlich

setzt die drohende Publizität einen gewichtigen **Anreiz** für den Verantwortlichen, es gar nicht erst zu Schutzverletzungen kommen zu lassen.¹

II. Normengenese und -umfeld

So genannte Security Breach Notification Laws existieren im US-amerikanischen Raum bereits seit 2002². Im Jahr 2007 regte die EU-Kommission eine Änderung der RL 2002/58/EG über die Verarbeitung personenbezogener Daten und den Schutz der Privatsphäre in der elektronischen Kommunikation an. Sicherheitsverletzungen, die zum Verlust oder zur Preisgabe personenbezogener Daten führen, könnten demnach erhebliche wirtschaftliche Schäden und soziale Nachteile nach sich ziehen. Betroffene sollten in die Lage versetzt werden, entsprechende Gegenmaßnahmen zu ergreifen³. Die Arbeiten auf europäischer Ebene mündeten in Art. 4 Abs. 3 der RL 2002/58/EG i.d.F. der RL 2009/136/EG (ePrivacy-RL/Cookie-RL, in Deutschland später umgesetzt durch § 93 Abs. 3 i.V.m. § 109a TKG).⁴ Adressaten der RL waren ausschließlich die Erbringer öffentlich zugänglicher Telekommunikationsdienste. Für diesen Sektor ist später die eigenständige VO (EU) 611/2013 über Maßnahmen für die Benachrichtigung von Verletzungen des Schutzes personenbezogener Daten hinzugetreten.⁵

Der deutsche Gesetzgeber übernahm die Ausgangsüberlegungen der Kommission bei den Arbeiten am BDSG. Vor allem sei es darum gegangen, potenzielle Schäden bei Betroffenen einzudämmen. Damit einhergehen sollten verstärkte Anstrengungen bei den Unternehmen zur Sicherung der Daten⁶. Die **BDSG-Novelle II** trat am 1.9.2009 in Kraft. Zu den damaligen Neuerungen gehörte u.a. die Benachrichtigungspflicht bei Datenpannen gem. § 42a BDSG a.F. Zusätzlich wurden Verweisketten aus dem TKG und TMG⁷ angelegt, damit die BDSG-Vorschrift zugleich umfassend auf datenverarbeitende Stellen aus diesen Bereichen Anwendung finden konnte. 2010 folgte die Neufassung des § 83a SGB X a.F., der für den Sozialdatenschutz ebenfalls auf die Regelung des BDSG a.F. verwies.

Die Meldepflicht des Art. 4 Abs. 3 RL 2002/58/EG i.d.F. von RL 2009/136/EG war trotz des spezifischen Adressatenkreises der **Prototyp** für die Art. 33 und 34. Insbesondere decken sich die Definitionen der Schutzverletzung in Art. 2 lit. h RL 2002/58/EG i.d.F von RL 2009/136/EG sowie Art. 4 Nr. 12.

1. DSRL. Die RL 95/46/EG enthielt zu keinem Zeitpunkt eine Regelung über die Meldung von Datenpannen. Die allgemeine Meldepflicht nach Art. 18 f. RL 95/46/EG steht mit dem hiesigen Themenkomplex nicht in Zusammenhang.

---

1 So auch *Art.-29-Datenschutzgruppe* WP 250 Rev. 1 v. 6.2.2018, 7; *Schneider* Meldepflichten im IT-Sicherheitsrecht, S. 246.
2 Übersicht online unter http://www.ncsl.org/research/telecommunications-and-information-technology/security-breach-notification-laws.aspx. Zu den Erfahrungen in den USA siehe *Duisberg/Picot* CR 2009, 827.
3 KOM (2007) 698, S. 12.
4 Hierzu *Hanloser* MMR 2010, 300 ff.
5 Eingehend *Schneider* Meldepflichten im IT-Sicherheitsrecht, S. 281 ff.; *Werkmeister/Görlich* K&R 2014, 632.
6 BT-Drucks. 17/12319, S. 2.
7 Für § 15a TMG bleibt nach Mai 2018 kein Raum, vgl. Roßnagel-*Geminn/Richter* S. 300; Sydow-*Sassenberg* Art. 33 Rn. 33; ferner *Keppeler* MMR 2015, 779 zum TMG-Datenschutz insgesamt.

Art. 33 Meldungen an die Aufsichtsbehörde

7 **2. BDSG a.F.** Nicht der auf Art. 4 Abs. 3 RL 2002/58/EG i.d.F. von RL 2009/136/EG beruhende § 93 Abs. 3 i.V.m. § 109a TKG galt als die Standardvorschrift für die Meldung von Datenpannen, sondern § 42a BDSG a.F.[8] Dies war im Wesentlichen der Priorisierung durch den Bundesgesetzgeber geschuldet. Dabei war der Anwendungsbereich für obligatorische Meldungen recht eingeschränkt.

8 **a) Adressaten.** Die Informationspflicht des § 42a S. 1 BDSG a.F. betraf ausschließlich nichtöffentliche Stellen sowie öffentliche Stellen im Wettbewerb. Dass hierdurch der Verwaltung weitestgehend die Meldepflicht erlassen wurde, stieß auf gerechtfertigte Kritik.[9]

9 **b) Meldung.** Die Meldepflicht galt zudem nur bei unrechtmäßiger Übermittlung oder sonstiger Kenntniserlangung durch Dritte, und auch nur für gesondert bezeichnete Risikodaten des § 42a S. 1 Nr. 1–4 BDSG a.F. Darüber hinaus mussten auf Grund des Datenverlustes schwerwiegende Beeinträchtigungen für die Rechte oder schutzwürdigen Interessen der Betroffenen drohen. Bei bestehender Meldepflicht hatte die Benachrichtigung von Datenschutzaufsicht und Betroffenen unverzüglich zu erfolgen. Art und Weise der Meldung sowie deren Pflichtinhalte waren in § 42a S. 3–5 BDSG a.F. umrissen.

10 **c) Verwendungsverbot.** § 42a S. 6 BDSG a.F. statuierte ein umfassendes Verwendungsverbot zugunsten der Meldepflichtigen.[10] Die Bundesregierung sah in § 42a S. 6 BDSG a.F. eine verfassungskonforme Auflösung des Spannungsverhältnisses von Mitteilungspflicht und Selbstbezichtigungsfreiheit.[11]

11 **d) Evaluation.** Gemäß § 48 BDSG a.F. war die Bundesregierung verpflichtet, § 42a BDSG a.F. bis Ende 2012 zu evaluieren und einen entsprechenden Bericht vorzulegen. In 177 Fällen bejahten die Aufsichtsbehörden eine Meldepflicht. Zu den typischen Fällen gehörten dabei der Verlust von Hardware, der falsche Versand bzw. der Verlust von Dokumenten sowie der unberechtigte Zugriff auf Webserver.[12] Die Einführung der Benachrichtigungspflicht wurde, obschon anfangs als „Datenschutzpranger" verrufen, von den Befragten überwiegend positiv bewertet.[13]

12 **3. Landesgesetze.** Die Datenschutzgesetze der Länder sind mittlerweile an die DS-GVO angepasst worden. Darüber hinaus dienen sie der Umsetzung der Vorgaben der RL 2016/680 (DSRL-Polizei/Justiz). Vorschriften über Melde- und Benachrichtigungspflichten bei Schutzverletzungen finden sich darin entweder als Ausnahmeregelungen zur DS-GVO oder als Umsetzung von Definitionsnorm, Melde- und Benachrichtigungspflicht der Art. 3 Nr. 11, Art. 30 und Art. 31 RL 2016/680.

13 Ausnahmeregelungen innerhalb der DS-GVO-Sphäre finden sich in den meisten Bundesländern. Sie zielen ausnahmslos auf die Benachrichtigung betroffener Personen:

---

8 Eingehend *Franck* GDD-Ratgeber Datenpannen, 2. Aufl. 2015.
9 *BfDI* RDV 2011, 263; *BfDI* 24. TB 2013, S. 58; *Gabel* BB 2009, 2046; *Hornung* NJW 2010, 1842; Simitis-*Dix* § 42a BDSG Rn. 2.
10 Einzelheiten bei *Franck* GDD-Ratgeber Datenpannen, 2. Aufl. 2015, S. 31 ff.
11 BT-Drucks. 16/12011, S. 35; BT-Drucks. 17/12319, S. 5.
12 BT-Drucks. 17/12319, S. 2.
13 BT-Drucks. 17/12319, S. 5.

Baden-Württemberg: § 11 DSG BW
Bayern: Art. 13 i.V.m. Art. 6 Abs. 2 Nr. 3 lit. a, b, d BayDSG
Berlin: § 27 BlnDSG
Brandenburg: § 12 DSG Bbg
Bremen: § 10 BremDSGVOAG
Hamburg: § 18 HmbDSG
Mecklenburg-Vorpommern: § 7 DSG M-V
Nordrhein-Westfalen: § 13 DSG NRW
Rheinland-Pfalz: § 13 DSG Rlp
Saarland: § 12 SaarlDSG
Sachsen: § 10 SächsDSG
Schleswig-Holstein: § 10 DSG SH
Thüringen: § 24 ThürDSG

In Hamburg und Sachsen-Anhalt bleiben zudem einige Altregelungen formal in Kraft: **14**

Hamburg: § 18 Abs. 4 S. 5–8 HmbMDÜV – Benachrichtigung Betroffener bei unzulässigen Meldedatenabrufen (Altregelung nach Vorbild von Art. 4 Abs. 3 RL 2002/58/EG i.d.F. der RL 2009/136/EG)[14]

Sachsen-Anhalt: § 14b DSG LSA – Benachrichtigung Betroffener bei Kenntnisnahme durch Dritte (Altregelung nach Vorbild von Art. 4 Abs. 3 RL 2002/58/EG i.d.F. der RL 2009/136/EG)

4. RL 2016/680 und BDSG n.F. Die RL 2016/680 (DSRL-Polizei/Justiz) enthält in Art. 30 und 31 RL 2016/680 eine Vorgabe für die Mitgliedstaaten, die **nahezu wortgleich** zur DS-GVO-Regelung ist. Ein Alleinstellungsmerkmal besteht hier hinsichtlich Art. 30 Abs. 6 RL 2016/680, der den innereuropäischen Datentransfer betrifft und weitergehende Meldepflichten gegenüber Verantwortlichen in anderen EU-Mitgliedstaaten begründet. Die Umsetzung der RL erfolgte auf Bundesebene durch die §§ 65 und 66 BDSG. § 46 Nr. 10 BDSG. enthält die notwendige mitgliedstaatliche Definition der Schutzverletzung. **15**

5. RL 2016/1148 (NIS-RL) und ITSG. Die RL 2016/1148 über Maßnahmen zur Gewährleistung eines hohen gemeinsamen Sicherheitsniveaus von Netz- und Informationssystemen in der Union regelt in Art. 14 und Art. 16 die Meldung von Sicherheitsvorfällen bei sog. wesentlichen und digitalen Diensten.[15] Die RL verfolgt das Ziel, eine „Kultur des Risikomanagements" zu fördern.[16] **16**

---

14 *HmbBfDI* 25. TB 2014/2015, S. 104.
15 Einzelheiten bei *Schneider* Meldepflichten im IT-Sicherheitsrecht, 2017, S. 361 ff.
16 ErwG 4 RL 2016/1148.

17 Die Umsetzung der NIS-RL im BSIG und anderen bereichsspezifischen Vorschriften[17] stellt nicht auf das Vorhandensein von personenbezogenen Daten ab. Sie kann sich im Einzelfall mit datenschutzrechtlichen Meldepflichten decken, hat aber keinen spezifisch datenschutzrechtlichen Gehalt.

18 **6. VO (EU) Nr. 910/2014 (eIDAS).** Die VO (EU) Nr. 910/2014 über elektronische Identifizierung und Vertrauensdienste für elektronische Transaktionen im Binnenmarkt (sog. eIDAS-VO) regelt die elektronische Identifizierung und elektronische Vertrauensdienste. Gem. Art. 10 Abs. 1 VO (EU) Nr. 910/2014 ist im Falle einer Verletzung oder partiellen Beeinträchtigung von elektronischen Identifizierungssystemen oder Authentifizierungen ist der jeweilige Mitgliedstaat verpflichtet, die übrigen Mitgliedstaaten und die Kommission zu unterrichten.

19 Gemäß Art. 19 Abs. 1 UAbs. 1 und 2 VO (EU) Nr. 910/2014 melden Vertrauensdiensteanbieter der Aufsichtsstelle (und ggf. der für Informationssicherheit zuständigen nationalen Stelle oder der Datenschutzbehörde) unverzüglich und spätestens innerhalb von 24 Stunden nach Kenntnisnahme jede Sicherheitsverletzung oder jeden Integritätsverlust, die bzw. der sich erheblich auf den erbrachten Vertrauensdienst oder die darin vorhandenen personenbezogenen Daten auswirkt.[18] Wenn sich die Sicherheitsverletzung oder der Integritätsverlust voraussichtlich nachteilig auf eine natürliche oder juristische Person auswirken, für die der Vertrauensdienst erbracht wurde, unterrichtet der Vertrauensdiensteanbieter auch diese.

20 Je nach Fallgestaltung können Meldepflichten nach DS-GVO, NIS-RL und eIDAS-VO durchaus zusammentreffen.[19]

21 **7. ePrivacy-VO-E.** Die Entwürfe einer Verordnung über die Achtung des Privatlebens und den Schutz personenbezogener Daten in der elektronischen Kommunikation (sog. „ePrivacy-VO") enthalten keine der DS-GVO entsprechende Datenpannenregelung.[20] Es ist daher davon auszugehen, dass die VO (EU) Nr. 611/2013 für diesen Sektor bestehen bleibt.

22 Art. 17 ePrivacy-VO-E begründet unterdessen für Betreiber elektronischer Kommunikationsdienste die Pflicht, im Falle eines besonderen Risikos, das die Sicherheit von Netzen und elektronischen Kommunikationsdiensten gefährden kann, die Endnutzer hierüber zu unterrichten. Wenn das Risiko außerhalb der Sphäre des Diensteanbieters liegt, sind die Endnutzer über mögliche Abhilfemaßnahmen zu informieren.

23 **8. Behördenpapiere.** Zwei Arbeitspapiere der Art.-29-Datenschutzgruppe sind hervorzuheben. Das WP 213 („Opinion 3/2014 on Personal Data Breach Notification"

---

17 Hierzu *Bräutigam/Wilmer* ZRP 2015, 38, 40 ff.; *Kipker* MMR-Aktuell 2017, 389121; *Kipker* ZD-Aktuell 2016, 05261; *Kipker* MMR 2017, 143 ff.; *Rosenthal/Trautwein* PinG 2017, 148 ff.; *Schallbruch* CR 2016, 663 ff.; *Voigt/Gehrmann* ZD 2016, 355 ff.; *Witt/Freudenberg* CR 2016, 657 ff.
18 Einzelheiten bei *Schneider* Meldepflichten im IT-Sicherheitsrecht, S. 541 ff.
19 *Art.-29-Datenschutzgruppe* WP 250 Rev. 1 v. 6.2.2018, 29.
20 KommE v. 10.1.2017 (http://eur-lex.europa.eu/legal-content/DE/TXT/PDF/?uri=CELEX:52017PC0010) sowie ParlE v. 9.6.2017 (http://www.europarl.europa.eu/sides/getDoc.do?pubRef=-%2f%2fEP%2f%2fNONSGML%2bCOMPARL%2bPE-606.011%2b01%2bDOC%2bPDF%2bV0%2f%2fEN).

vom 25.3.2014[21] war seinerzeit bezogen auf Art. 4 Abs. 3 der RL 2002/58/EG i.d.F. der RL 2009/136/EG. Es hat insoweit den Grundstein für den aufsichtsbehördlichen Umgang mit data breach notifications gelegt.

Das WP 250 („Guidelines on Personal data breach notification under Regulation 2016/679")[22] ist unmittelbar auf die Art. 33 und 34 bezogen. Seit Veröffentlichung der „revised"-Fassung wird es (zumindest aus Behördensicht) als verbindlich angesehen werden können. 24

B. Kommentierung

I. Meldepflicht des Verantwortlichen (Abs. 1)

1. Schutzverletzung. Art. 4 Nr. 12 definiert die Verletzung des Schutzes personenbezogener Daten als „eine Verletzung der Sicherheit, die, ob unbeabsichtigt oder unrechtmäßig, zur Vernichtung, zum Verlust oder zur Veränderung oder zur unbefugten Offenlegung von beziehungsweise zum unbefugten Zugang zu personenbezogenen Daten führt, die übermittelt, gespeichert oder auf sonstige Weise verarbeitet wurden". Nach Auswertung der bislang eingegangenen Meldungen beim BayLDA lassen sich 90 % in die Kategorien Cyberangriffe, Phishing, Verschlüsselungstrojaner, Malware, Verlust, Diebstahl, Fehlversendung, Fehlentsorgung oder Softwarefehler einordnen.[23] Schutzverletzungen von **Daten juristischer Personen** sind ggf. im Sozialdatenschutz (§ 35 Abs. 4 SGB I i.V.m. § 67 Abs. 2 S. 2 SGB X) sowie im Steuerdatenschutz (§ 2a Abs. 5 Nr. 2 AO) meldepflichtig. Zu den Daten Verstorbener siehe Art. 34 Rn. 7. 25

Die Schutzverletzung unterliegt nur dann der Melde- und Benachrichtigungspflicht nach den Art. 33 und 34, wenn sie beim Pflichtigen aufgetreten ist.[24] Die Daten müssen also vom Pflichtigen selbst „übermittelt, gespeichert oder auf sonstige Weise verarbeitet" worden sein. Erhält der Verantwortliche Kenntnis von Schutzverletzungen, die **außerhalb seiner Sphäre** liegen, kann er ggf. aus vertraglicher Rücksichtnahme (vgl. § 241 Abs. 2 BGB) oder Verkehrssicherung (vgl. § 823 BGB) verpflichtet sein, die betroffenen Personen zu informieren. Die Aufsichtsbehörde bleibt hierbei außen vor. Problematisch ist insoweit das sog. **Skimming**, also das Auslesen von EC-Karten und Abfangen der PIN, da Automaten-Attrappen und falsche Tastenfelder keine Verarbeitung durch den Verantwortlichen darstellen und die PIN überhaupt nicht auf der EC-Karte gespeichert ist.[25] 26

a) Sicherheit. Der Begriff der Sicherheit ist identisch mit demjenigen in Art. 32. Daher ist die Melde- und Benachrichtigungspflicht in unmittelbarer Nähe hierzu und nicht etwa bei den Betroffenenrechten geregelt. Bereits in Art. 17 Abs. 1 RL 95/46/EG waren die nunmehr in Art. 4 Nr. 12 genannten Sicherheitseinbußen unter dem Aspekt der Sicherheit vereint. Art. 32 Abs. 2 nimmt diesen Kanon erneut auf. 27

---

21 Online unter https://ec.europa.eu/justice/article-29/documentation/opinion-recommendation/files/2014/wp213_en.pdf.
22 Online unter http://ec.europa.eu/newsroom/article29/document.cfm?doc_id=49827.
23 *BayLDA* 8. TB NÖB 2017/2018, S. 118.
24 A.A. wohl *Marschall* DuD 2015, 183, 184.
25 Zum Skimming unter § 42a BDSG a.F. *Franck* ZD-Aktuell 2016, 05700.

28 Die **rechtswidrige Verarbeitung** von personenbezogenen Daten – etwa entgegen Art. 6 Abs. 1 – stellt als solche noch keine Schutzverletzung dar.[26] Die Verwendung des Ausdrucks „Verletzung" (engl.: „breach") lässt allerdings den Eindruck entstehen, es würden ggf. nur rechtswidrige Vorkommnisse erfasst. Dem ist ausweislich Art. 4 Nr. 12 nicht so: Die unrechtmäßige Verletzung steht demnach gleichrangig neben der unbeabsichtigten. Auf **Vorsatz oder Fahrlässigkeit** kommt es ebenfalls nicht an. Die Befugnis, auf eine bestimmte Weise mit Daten umzugehen, entbindet nicht von der Meldepflicht, falls etwas schiefläuft. Willigt die betroffene Person bspw. in den Verzicht auf technisch-organisatorische Maßnahmen ein, besteht die Meldepflicht bei tatsächlich eingetretener Schutzverletzung dennoch.[27] Das gleiche gilt, wenn es zum Fehlversand von Briefpost kommt, weil der Empfänger zwischenzeitlich umgezogen ist und dem Verantwortlichen seine neue Adresse nicht mitgeteilt hat.[28]

29 **b) Vernichtung, Verlust, Veränderung.** Die Art.-29-Datenschutzgruppe unterscheidet seit jeher zwischen „availability", „integrity" und confidentiality breaches".[29] Freilich können mehrere hiervon gemeinsam auftreten. Die drei disruptiven Tatbestandsvarianten – Vernichtung, Verlust und Veränderung – sind unmittelbar auf die Schutzziele **Integrität und Verfügbarkeit** im Sinne von Art. 32 Abs. 1 lit. b und c bezogen. Beispiele sind etwa die versehentliche oder absichtliche Löschung von Patientendokumentation bzw. Kommunikationsinhalten durch Mitarbeiter, ein Wasserschaden im Aktenarchiv[30] oder auch der Befall mit einem Krypto-Trojaner[31] (Ransomware).

30 **Vernichtung** meint die Zerstörung des verwendeten Datenträgers, unabhängig davon, ob es sich um magnetische, optische, papierne oder sonstige Speichermethoden handelt. **Verlust** erfasst alle Fälle der Löschung sowie die tatsächliche Nichtauffindbarkeit. Insbesondere Speichermedien mit geringen Abmessungen wie USB-Sticks oder SD-Karten gehen nach den bisherigen Erfahrungen sehr leicht verloren. Beim Versand solcher Medien ist auf eine Fixierung auf Papptägern und die Verwendung von Luftpolsterumschlägen zu achten, da Briefsortiermaschinen lose Speichermedien z.T. per Fliehkraft aus den Umschlägen herausschießen können.[32] Bei der Löschung ist es nicht von Belang, ob es sich um sog. „sicheres" Löschen oder die bloße Freigabe im Dateisystem zum Überschreiben handelt, solange hierdurch die Verfügbarkeit der Daten in Mitleidenschaft gezogen wird.[33] **Veränderung** lässt die vorhandenen Datenfelder bzw. Dokumente zwar bestehen, verfälscht jedoch die gespeicherten Informationen. Irrelevant ist, ob die Veränderung durch das verwendete System nachweisbar ist, sofern nicht zugleich verhindert wird, dass die modifizierten Daten in die weitere

---

26 Zutreffend *Piltz* K&R 2017, 709, 715; neuerdings *HmbBfDI* 27. TB 2018, S. 116.
27 Näher *Franck* CR 2016, 238, 239 f.; a.A. Gola-*Reif* Art. 33 Rn. 22.
28 Zur Parallelkonstellation einer irrtümlichen Annahme eines Familienumzuges *LfD Niedersachsen* 23 TB 2015/2016, S. 123.
29 *Art.-29-Datenschutzgruppe* WP 213 v. 25.3.2014, 4; *dies.* WP 250 Rev. 1 v. 6.2.2018, 7.
30 *HBDI* 47. TB 2018, S. 182.
31 Ein grassierendes Problem, Einzelheiten bei *LDI NRW* 23. TB 2017, S. 106 ff.; ferner *BlnBDI* TB 2016, S. 161 f.; *BayLDA* 7. TB NÖB 2015/2016, S. 133 f.; *BayLDA* 8. TB NÖB 2017/2018, S. 123 f.; *LDI NRW* 24. TB 2017/2018, S. 87 f.; *BlnBDI* TB 2018, S. 24 f. *Green Network Security* 3/2017, 15 f.
32 *LfDI Baden-Württemberg* 34. TB. 2018, S. 56.
33 A.A. Kühling/Bucher-*Jandt* Art. 4 Nr. 12 Rn. 7.

Verarbeitung gelangen. Wird eine Veränderung umgehend festgestellt, die ursprünglichen Daten sind jedoch nicht wiederherstellbar, ist tatbestandlich Verlust eingetreten.

Die aufgeführten Tatbestandsvarianten sind keineswegs abschließend zu verstehen. Auch das Vergessen einer Passphrase zu verschlüsselten Daten und die damit einhergehende Verfügbarkeitseinbuße stellen insoweit eine Schutzverletzung im Sinne von Art. 4 Nr. 12 dar.[34] Das Gleiche gilt für den zeitweisen oder dauerhaften Ausfall von Datenverarbeitungssystemen (Stromausfall etc.). Insoweit ist ggf. von einem „vorübergehenden Verlust" auszugehen.[35] Die unbeabsichtigte Beschädigung oder Löschung eines Backup-Datenträgers stellt eine Schutzverletzung dar, nicht jedoch planmäßiger Austausch und Vernichtung des Backup-Mediums.[36] **Bagatellfälle** werden mittels der obligatorischen Risikobewertung korrigiert. 31

Unklar ist, ob auch geplante Maßnahmen wie **Wartungsarbeiten** als Schutzverletzung gewertet werden können, wenn hierdurch ein Risiko für betroffene Personen hervorgerufen wird.[37] Nach hiesiger Ansicht stellen Erhaltungsmaßnahmen gem. Art. 5 Abs. 1 lit. f und Art. 32 Abs. 1 zulässige Fremdgefährdungen dar. Ggf. ist vor der Wartungsmaßnahme ein funktionierender Notbetrieb sicherzustellen. Lediglich dann, wenn der Wegfall der Verarbeitungsmöglichkeit planwidrig länger andauert, ist die Grenze zur Schutzverletzung überschritten. 32

c) Unbefugte Offenlegung, unbefugter Zugang. Bei den „confidentiality breaches" existieren zwei Nuancen. Die **unbefugte Offenlegung** rekurriert auf die Definition der Verarbeitung in Art. 4 Nr. 2. Es handelt sich um die Weitergabe von personenbezogenen Daten durch Übermittlung, Verbreitung oder eine andere Form der Bereitstellung. Die Übermittlung ist dabei ziel- und ggf. zweckgerichtet, die Verbreitung hingegen an eine unbestimmte Vielzahl von Empfängern gerichtet. Der **unbefugte Zugang** umfasst die unmittelbare Einsichtnahme oder die Abrufmöglichkeit. Dabei kommt es nicht darauf an, ob der Zugang vom Verantwortlichen wissentlich und willentlich gewährt oder vom Zugreifenden eigenmächtig geschaffen wird (z.B. Hacker-Angriff, social engineering). 33

Weder die unbefugte Offenlegung noch der unbefugte Zugang verlangen tatbestandlich einen **Dritten** im Sinne von Art. 4 Nr. 10. Eine Schutzverletzung ist daher auch dann gegeben, wenn sich ein Mitarbeiter des Verantwortlichen außerhalb seiner Zuständigkeit oder zu privaten Zwecken personenbezogene Daten verschafft. Als unbefugte Offenlegung ist auch die versehentliche interne Weitergabe wegen eines fehlerhaften Berechtigungskonzepts anzusehen. 34

Beispiele: Bankangestellter nutzt Kundentelefonnummer für Flirt-SMS.[38] Mitarbeiter einer Pflegeeinrichtung speichert Videoaufnahmen der Bewohner auf dem ihm zugeordneten Dienst-PC.[39] Nach Benutzung eines SSL-verschlüsselten Kontaktformulars wird eine unverschlüsselte Eingangsbestätigung mit Vollzitat versendet. Dienstleister leitet Bewerbung auf 35

---

34 So auch *Art.-29-Datenschutzgruppe* WP 250 Rev. 1 v. 6.2.2018, 8.
35 *Art.-29-Datenschutzgruppe* WP 250 Rev. 1 v. 6.2.2018, 8.
36 So auch *Schneider* Meldepflichten im IT-Sicherheitsrecht, S. 253.
37 Ablehnend Gola-*Reif* Art. 33 Rn. 21.
38 *LAG Rheinland-Pfalz* v. 10.11.2011 – 10 Sa 329/11, ZD 2012, 437 f. zur arbeitsrechtlichen Dimension des Falles.
39 *LfDI Bremen* 39. TB 2016, S. 91 f.

Chiffre-Anzeige weiter, obwohl Bewerberin bereits beim Auftraggeber beschäftigt ist.[40] Schadcode in Hotelmanagement-Software, welcher Kreditkartennummern der Gäste ausleitet.[41] Malware (z.B. Emotet) liest Kontakte aus und fingiert Mailverkehr, wodurch eine Weiterverbreitung des Schädlings und die Ausleitung weiterer personenbezogener Daten möglich wird.[42] Gewaltsames Öffnen von Nachtbriefkästen in Bankfilialen zwecks Entwendung von Überweisungsbelegen.[43] Verschwundene Digitalkamera einer Kita.[44] Verwendung von CC- statt BCC-Feldern in eMails.[45]

36 Der **Verlust von Datenträgern** stellt eine Schutzverletzung im Sinne von Art. 4 Nr. 12 dar, auch wenn ungeklärt bleibt, ob die Daten jemandem zur Kenntnis gelangt sind.[46] Sofern die Daten dem Stand der Technik entsprechend verschlüsselt sind, mag die Benachrichtigungspflicht gem. Art. 34 Abs. 3 lit. a entfallen, für die Meldung gegenüber der Aufsicht gilt dies nicht.[47] Der Behörde obliegt nämlich gem. Art. 34 Abs. 4 die letzte Entscheidung darüber, ob eine sichere Verschlüsselung gewählt wurde, die das Risiko in den Hintergrund treten lässt.

37 d) **Bekanntwerden.** Nach Art. 33 Abs. 1 S. 1 muss die Schutzverletzung dem Verantwortlichen „bekannt geworden" sein. Die unbefugte Offenlegung mag insoweit zweifelsfrei feststellbar sein, beim unbefugten Zugang ist dies ggf. nicht so einfach. Bei begründetem **Verdacht** kann den Verantwortlichen insoweit eine Nachforschungspflicht treffen, etwa wenn Kontodaten in die Hände Dritter gelangt sind und Anhaltspunkte dafür sprechen, dass diese aus der eigenen Buchhaltung stammen oder wenn ein bestimmter Rechner Teil eines Bot-Netzes geworden ist. Richtigerweise muss bereits die **hohe Wahrscheinlichkeit** einer Kenntnisnahme durch Dritte genügen. Diese Interpretation entspricht dem Schutzzweck der Norm, Betroffene rechtzeitig vor einem möglichen Datenmissbrauch zu warnen und Behörden ein zutreffendes Lagebild zu vermitteln. Die deutschen Aufsichtsbehörden teilten dieses Verständnis bereits hinsichtlich § 42a BDSG a.F. durchweg.[48] Es setzt sich bei der Art.-29-Datenschutzgruppe fort.[49] Im Falle geschickter Angreifer, die ihre Spuren auf dem datenverarbeitenden System weitgehend verwischen, bliebe eine Meldung ansonsten aus, obwohl eine missbräuchliche Verwendung der gewonnenen Informationen umso wahrscheinlicher sein dürfte.

38 Ein „**Kennenmüssen**", d.h. die fahrlässige Unkenntnis von der Schutzverletzung, ist der DS-GVO fremd. Dem Verantwortlichen bzw. einem seiner Wissensvertreter müs-

---

40 *TLfDI* 3. TB NÖB 2016/2017, S. 308.
41 *BayLDA* 8. TB NÖB 2017/2018, S. 119.
42 *BayLDA* 8. TB NÖB 2017/2018, S. 125 f.
43 *LfD Sachsen* 19. TB 2017/2018, S. 101.
44 *LDA Brandenburg* TB 2018, S. 25
45 *HmbBfDI* 27. TB 2018, S. 116
46 Ebenso Gola-*Reif* Art. 33 Rn. 32.
47 A.A. kurioserweise *Art.-29-Datenschutzgruppe* WP 250 Rev. 1 v. 6.2.2018, 19 in Verkennung des mehrfach betätigten ausdrücklichen Willens des Unionsgesetzgebers, vgl. Art. 4 Abs. 3 UAbs. 3 der RL 2002/58/EG i.d.F. der RL 2009/136/EG, Art. 4 Abs. 1 und Abs. 2 lit. a VO (EU) 611/2013 sowie Art. 34 Abs. 3 lit. a. Vgl. ferner *Leibold* ZD Aktuell 2019, 06690, *Hessel/Potel* DuD 2020, 94, 95; *Taeger* RDV 2020, 3, 5.
48 *BayLDA* 4. TB 2011, S. 95; *BlnBDI* TB 2010, S. 176; *BlnBDI* TB 2011, S. 165; *HBDI* 40. TB 2012, S. 161, *LDI NRW* 20. TB 2011, S. 61; *LVwA Sachsen-Anhalt* 5. TB 2011, S. 20; *LfD Sachsen-Anhalt* 12. TB 2016, S. 153.
49 *Art.-29-Datenschutzgruppe* WP 250 Rev. 1 v. 6.2.2018, 11.

sen zumindest hinreichende Anhaltspunkte bekannt geworden sein, um die Pflichten aus Art. 33 und 34 auszulösen.[50] Entzieht sich der Verantwortliche hingegen bewusst der Kenntnis, ist er so zu behandeln, als seien ihm die notwendigen Tatsachen bekanntgeworden.[51]

e) Altpannen. U.U. wird eine gem. § 42a BDSG a.F. meldepflichtige Datenpanne erst nach Mai 2018 bemerkt oder eine von § 42a BDSG a.F. noch nicht erfasste Datenpanne nach den Art. 33 f. meldepflichtig.[52] **39**

Offen ist, ob eine Schutzverletzung i.S.d. Art. 33 f. erst mit Geltung der entsprechenden Definition in Art. 4 Nr. 12 gegeben ist, oder ob der die Meldepflicht auslösende Tatbestand bereits vor Mai 2018 eingetreten sein kann. Die Art. 33 und 34 verlangen lediglich (irgend-)eine Schutzverletzung. Einen bestimmten Zeitpunkt legt die DS-GVO insoweit nicht fest. Aus der kurzen Meldefrist des Art. 33 Abs. 1 S. 1 von 72 Stunden ab Kenntnis der Datenpanne kann sich unterdessen keine Präklusion von Altpannen ergeben, da jene erst mit Bekanntwerden zu laufen beginnt. **40**

Tatbestandlicher Anknüpfungspunkt für die Skandalisierungspflicht ist freilich nicht allein die Schutzverletzung, sondern das fortdauernde Risiko für die betroffenen Personen. So lange also das Risiko für die betroffenen Personen fortbesteht, sind Altpannen gem. der Art. 33 f. zu melden.[53] Irrelevant ist hierbei, ob die Schutzverletzung bereits nach altem BDSG meldepflichtig war. Die Benachrichtigung der Betroffenen kann unterdessen entfallen, wenn das hohe Risiko aller Wahrscheinlichkeit nach nicht mehr gegeben ist (Art. 34 Rn. 24 ff.). **41**

2. Risiko. – a) Interessen und Rechtsgüter. ErwG 85 zeichnet ein sehr genaues Bild, welche Szenarien dem Unionsgesetzgeber vor Augen standen. Schutzverletzungen können ggf. **physische, materielle oder immaterielle Schäden** zur Folge haben. Hierzu zählt der Verlust der Kontrolle über die eigenen Daten oder die Einschränkung von Betroffenenrechten. Darüber hinaus werden Diskriminierung, Identitätsdiebstahl, Identitätsbetrug, finanzielle Einbußen, unbefugte Aufhebung der Pseudonymisierung,[54] Rufschädigung sowie Verlust der Vertraulichkeit von dem Berufsgeheimnis unterliegenden Daten genannt. Diese Aufzählung ist selbstverständlich nicht abschließend, sondern dient lediglich der Illustration. Jeder erhebliche wirtschaftliche oder gesellschaftliche Nachteil für die betroffene oder jede andere natürliche Person ist erfasst. Ein Risiko besteht daher z.B. auch, wenn die Schutzverletzung Beweismittel für einen Rechtsstreit zutage fördert, die für die betroffene Person nachteilig sind. Dies gilt unabhängig davon, ob die geltend gemachten Ansprüche tatsächlich bestehen oder nicht. **42**

---

50 A.A. offenbar *Laue/Kremer* Das neue Datenschutzrecht in der betrieblichen Praxis, § 7 Rn. 41.
51 Paal/Pauly-*Martini* Art. 33 Rn. 19.
52 Dass im Gegensatz dazu eine ehemals meldepflichtige Panne unter die Skandalisierungsschwelle rutschen könnte, ist auszuschließen.
53 *Franck* RDV 2017, 289 ff. zu Altpannen und Alt-Ordnungswidrigkeiten, etwa wegen pflichtwidrigen Unterlassens einer Meldung.
54 Die Aufhebung der Pseudonymisierung ist insb. wegen der ihr innewohnenden Schutz- und Ermöglichungsfunktion brisant, vgl. *Schwartmann/Weiß* Whitepaper zur Pseudonymisierung, S. 14 ff.

43 Ein Risiko besteht grundsätzlich immer dann, wenn ein Schaden noch nicht eingetreten ist und daher noch abwendbar erscheint. Dies bedeutet jedoch nicht, dass die Mitteilungspflicht entfiele, wenn der Nachteil tatsächlich **bereits eingetreten** ist.[55] Zum einen erscheint eine Vertiefung des Schadens u.U. noch möglich, zum anderen wäre schlichtweg nicht erklärbar, warum die Aufsichtsbehörde über all jene Fälle unterrichtet werden sollte, in denen die Beeinträchtigung von Betroffeneninteressen noch abgewendet werden konnte, die echten Schadensfälle aber durch einen Mantel des Schweigens verdeckt werden dürften. Es gibt überdies keine Ausnahme i.S.v. Art. 13 Abs. 4, Art. 14 Abs. 5 lit. a, soweit die betroffene Person bereits aus eigener Anschauung über die Information verfügt.

44 **b) Risikobewertung.** Die Gefahrenprognose obliegt dem Verantwortlichen. Art. 33 Abs. 1 S. 1 enthält diesbezüglich eine **Beweislastumkehr** („es sei denn"). Insoweit ist jede Schutzverletzung an die Aufsichtsbehörde zu melden, wenn der Verantwortliche im Rahmen seiner Accountability-Pflichten nicht von sich aus nachweisen kann, dass voraussichtlich kein Risiko für die Rechte und Freiheiten natürlicher Personen besteht. Das Ausbleiben der Meldung stellt daher nach dem Willen des Unionsgesetzgebers die Ausnahme dar. Dies führt unweigerlich zu einem rapiden Anstieg der Meldungen unter dem neuen Regime.[56] Z.T. versuchen sich Aufsichtsbehörden pflichtwidrig der Flut an Meldungen zu erwehren, indem Vorfälle mit lediglich geringem Risiko nicht mehr gemeldet werden müssen.[57] Ist der Verantwortliche objektiv oder subjektiv nicht in der Lage, festzustellen, ob ein Risiko besteht (**non liquet**), ist eine Meldung abzusetzen. Die Beweislastumkehr kann unterdessen nicht zum Anlass genommen werden, pauschal jede Verletzung zu melden, ohne sich überhaupt Gedanken über das Risiko zu machen: Art. 33 Abs. 3 lit. c verlangt insoweit stets eine Beschreibung der wahrscheinlichen Folgen.

45 Die Risikobewertung ist stets auf den **Zeitpunkt der Schutzverletzung** bezogen. Eine nachträgliche Kompensation des Risikos (vgl. Art. 34 Abs. 3 lit. b) ist für die Meldepflicht ohne Belang. Die Prognose kann ggf. auf einer bestehenden Datenschutz-Folgenabschätzung gem. Art. 35 Abs. 7 lit. c aufbauen. Sie ist damit jedoch nicht abgeschlossen, da in Abhängigkeit der Umstände weitere Aspekte des Einzelfalls berücksichtigt werden müssen.

46 Die Bedrohungslage ist anhand objektiver Kriterien zu bewerten. Ein allzu strenger Maßstab sollte hierbei nicht angelegt werden. Die Risikobewertung im Rahmen des Art. 33 Abs. 1 S. 1 soll lediglich **Bagatellfälle** ausschließen.[58] Je größer der potentielle Schaden ausfallen könnte, desto geringer sollten die Anforderungen an die Eintrittswahrscheinlichkeit veranschlagt werden.[59] Dieses Axiom lässt sich wie folgt darstellen:

$$\text{Risiko} = \text{Schadensintensität} \times \text{Eintrittswahrscheinlichkeit}$$

$$\text{Risiko}_{gesamt} = \text{Risiko}_1 + \text{Risiko}_2 + \ldots + \text{Risiko}_n$$

---

[55] A.A. *Marschall* RDV 2015, 17, 18 zu § 42a BDSG a.F.
[56] Anstelle vieler *Kranig* RDV 2018, 243, 245; *Petri* DuD 2018, 753.
[57] *LDI NRW* 24. TB 2017/2018, S. 85.
[58] So bereits *BayLDA* 4. TB 2011, S. 96 zu § 42a BDSG a.F.
[59] Vgl. auch ErwG 75 und 76.

Die Art.-29-Datenschutzgruppe hat einen Kriterienkatalog zur Risikobewertung mit weiteren Details aufgestellt:[60]
- Art der Schutzverletzung,
- Art, Sensibilität und Menge der personenbezogenen Daten,
- leichte Identifizierung von Individuen,
- schwerwiegende Konsequenzen für Individuen,
- besondere Eigenschaften der Individuen (Kinder oder sonstig schutzbedürftige Betroffene),
- Zahl der betroffenen Personen,
- besondere Eigenschaften des Verantwortlichen (Rolle und Bedeutung, erhöhte Sensibilität der typischerweise verarbeiteten Daten).

47

Bereits 2013 stellte die ENISA ihre Methodologie zur Bestimmung der Schwere einer Schutzverletzung vor.[61]

48

Die Bewertungskriterien können ferner in Anlehnung an Art. 3 Abs. 2 VO (EU) Nr. 2013/611 festgelegt werden. Immerhin steht die VO (EU) Nr. 2013/611 laut ihrem ErwG 19 in vollem Einklang mit dem seinerzeitigen Kommissionsentwurf zur DS-GVO. Auch das **Alter der Daten** kann eine Rolle bei der Gefahrenprognose spielen.[62] Bei Rechtsunsicherheit kann es sinnvoll sein, vor der offiziellen Meldung die zuständige Aufsichtsbehörde informell um Rat zu fragen.

49

Das **Risiko gesellschaftlicher Nachteile** wird in der Regel nur schwer vorherzusehen sein.[63] Hier kommt es auf die individuellen Beziehungen der betroffenen Person zu ihrem **Soziotop** an, die i.d.R. von der datenverarbeitenden Stelle kaum überblickt werden können. Die Art. 33 und 34 ermächtigen jedenfalls nicht zur Ausforschung Betroffener, um die Risikoprognose auf eine geeignete Tatsachengrundlage stellen zu können.[64] Besonders kompromittierende Daten sind regelmäßig solche der Art. 9 und 10. Der BlnBDI geht etwa bei unbefugter Kenntnisnahme Dritter von Gesundheitsdaten per se davon aus, dass schwerwiegende Beeinträchtigungen drohen.[65]

50

3. Pflichtiger. Die Meldepflicht des Art. 33 Abs. 1 S. 1 trifft den Verantwortlichen im Sinne von Art. 4 Nr. 7. Öffentliche und nichtöffentliche Stellen sind gleichermaßen angesprochen. Für öffentliche Stellen ist die Verpflichtung zur Meldung neu und ungewohnt, da § 42a S. 1 BDSG a.F. diese weitestgehend vom Anwendungsbereich ausnahm. Den Empfänger einer unbefugten Offenlegung oder eines unbefugten Zugangs treffen nicht die Pflichten aus Art. 33.[66] **Auftragsverarbeiter** haben in Art 33 Abs. 2 eine eigenständige Regelung erfahren, die Meldung im Namen des Verantwort-

51

---

60 *Art.-29-Datenschutzgruppe* WP 250 Rev. 1 v. 6.2.2018, 23 ff.
61 *ENISA* Recommendations for a methodology of the assessment of severity of personal data breaches, Version 1.0, Dezember 2013, https://www.enisa.europa.eu/publications/dbn-severity.
62 *BlnBDI* TB 2013, S. 171.
63 So bereits *Holländer* RDV 2009, 220 zu § 42a BDSG a.F.
64 Zur Zulässigkeit der Datenverarbeitung anlässlich der Durchführung von Cyber-Sicherheitsmaßnahmen vgl. stattdessen Gabel/Heinrich/Kiefner-*Gabel* Rechtshandbuch Cyber-Security, 2019, S. 112 ff.
65 *BlnBDI* TB 2011, S. 166; *BlnBDI* TB 2014, S. 150.
66 Zur Problematik aufgedrängter Daten auch *Franck* ZD 2016, 324 ff.

lichen kann ihnen jedoch vertraglich auferlegt werden.[67] Mitarbeiter, denen **„Bring your own Device"** (BYOD) gestattet wird,[68] werden hierdurch weder zu eigenverantwortlichen Stellen, noch zu Auftragsverarbeitern. Das gleiche gilt bei Teleheimarbeit. Mitarbeiter, denen die Abgabe von Meldungen übertragen ist (ggf. auch Datenschutzbeauftragte), handeln im Namen des Verantwortlichen, nicht in eigenem Namen.

52 Im **Konzern** meldet die jeweilige Legaleinheit, bei der die Schutzverletzung aufgetreten ist, nicht die Konzernmutter. Etwaige anderslautende Vereinbarungen sind bestenfalls als Stellvertretungsregelungen zu verstehen (vgl. §§ 164 ff. BGB). Dies hat u.a. Auswirkungen auf die Dokumentationspflicht nach Art. 33 Abs. 5 und das Bereitstellen eines Ansprechpartners gem. Art. 33 Abs. 3 lit. b. Lediglich **gemeinsam für die Verarbeitung Verantwortliche** können gem. Art. 26 Abs. 1 festlegen, wer die Meldung abgibt. Dies freilich nur, solange hierdurch keine Verzögerung droht. Fehlt es an einer entsprechenden Regelung, meldet allein derjenige Verantwortliche, in dessen Sphäre die Schutzverletzung aufgetreten ist.[69]

53 Der **Vertreter in der Union** gem. Art. 27 kann die Meldung gegenüber der Aufsichtsbehörde und ggf. weiteren Behörden im Namen des Meldepflichtigen abgeben.[70]

54 **4. Empfänger.** Gemäß Art. 33 Abs. 1 S. 1 ist die Meldung bei der nach Art. 55 zuständigen **Datenschutzaufsichtsbehörde** abzusetzen. Sie ist vor dem Auftreten einer Schutzverletzung zu ermitteln. Bei grenzüberschreitender Datenverarbeitung, also Betroffenen in mehreren Staaten, ist die federführende Behörde i.S.v. Art. 56 zu bestimmen.[71] Verantwortliche außerhalb der EU melden an diejenige Aufsichtsbehörde, in deren Sprengel der jeweilige Vertreter gem. Art. 27 ansässig ist.[72]

55 Die Meldung bei einer örtlich oder sachlich **unzuständigen Behörde** wirkt nicht befreiend.[73] Sie ist verfristet, wenn sie nicht rechtzeitig bei der zuständigen Aufsicht eingeht.[74] Anders als § 16 Abs. 2 SGB I oder § 17a Abs. 2 GVG regelt das VwVfG nicht die Weiterverweisung an die zuständige Behörde. Die Weiterleitung wird jedoch in Anlehnung an jene Vorschriften sowie Art. 60 Abs. 1 S. 2, 61 Abs. 1 S. 1 für zulässig erachtet werden dürfen.[75]

56 In gesetzlich geregelten Sonderfällen (z.B. § 83a SGB X; § 109a Abs. 1 S. 1 TKG) können parallel weitere **Fachbehörden** zuständig sein.[76]

57 Ungelöst ist die Frage, **an wen die Aufsichtsbehörde meldet**, wenn bei ihr selbst eine Verletzung des Schutzes personenbezogener Daten auftritt. Sie ist insoweit nicht vor

---

67 *Art.-29-Datenschutzgruppe* WP 250 Rev. 1 v. 6.2.2018, 14.
68 Zu BYOD insgesamt *Franck* RDV 2013, 185 ff.
69 So auch Sydow-*Sassenberg* Art. 33 Rn. 6.
70 Zur erweiterten Pflichtenvertretung durch den Vertreter in der EU *Franck* RDV 2018, 303, 305.
71 Sydow-*Sassenberg* Art. 33 Rn. 26.
72 *HmbBfDI* 27. TB 2018, S. 52 f.
73 Auch dann nicht, wenn Zweifel hinsichtlich der örtlichen Zuständigkeit bestehen, insoweit missverständlich *Art.-29-Datenschutzgruppe* WP 250 Rev. 1 v. 6.2.2018, 17.
74 Zum Zugangshindernis auf Seiten der Behörde, s. Rn. 62.
75 Kühling/Buchner-*Jandt* Art. 33 Rn. 17; *Kranig* ZD 2013, 550, 557 wertet dies als Routinevorgang.
76 Zur Meldepflicht gegenüber der Rechts- oder Fachaufsichtsbehörde nach SGB X *Engelbrecht* NZS 2019, 693 ff.

Datenschutzverstößen gefeit[77] und auch nicht von den Art. 33 und 34 ausgenommen. Die Vorschriften über die federführende Behörde in Art. 56 helfen nicht weiter. Dem Wortlaut nach müsste die Meldung im eigenen Hause bearbeitet werden. Zweifelhaft ist, ob dies mit den Anforderungen an eine unabhängige Datenschutzaufsicht i.S.v. Art. 52 Abs. 2 und 3[78] in Deckung zu bringen ist.

5. Frist. Art. 33 Abs. 1 S. 1 sieht eine Meldung an die Aufsichtsbehörde **unverzüglich** **und möglichst binnen 72 Stunden** vor. Die nach Stunden bemessene Frist berechnet sich einheitlich nach der VO 1182/71.[79] Die Meldefrist beginnt mit Bekanntwerden, nicht mit Auftreten der Schutzverletzung. Bekanntwerden setzt voraus, dass die Information in die Sphäre des Verantwortlichen gelangt, es gelten die Grundsätze der Wissensvertretung (§ 166 Abs. 1 BGB analog),[80] z.B. wenn dem Vertreter in der Union gem. Art. 27 hinreichende Anhaltspunkte für eine Schutzverletzung vorliegen.[81] Nicht als Wissensvertreter gelten hingegen Auftragsverarbeiter.[82]

58

Die Verwendung des zivilrechtlichen Begriffs der Unverzüglichkeit in § 42a BDSG a.F. war ein indirekter Verweis auf § 121 Abs. 1 S. 1 BGB. Unverzüglich sei demnach eine Handlung, die „ohne schuldhaftes Zögern" erfolgt. Dies straffte einerseits den Entscheidungsfindungsprozess bei der verantwortlichen Stelle, bedeutete jedoch andererseits, dass die Meldung keineswegs „sofort" zu erfolgen hatte. Stattdessen war ein nach den Umständen des Einzelfalles zu bemessendes **beschleunigtes Verhalten** an den Tag zu legen.[83]

59

Eine europarechtlich fundierte Definition fehlt derweil. Die englische Fassung („without undue delay") weist deutliche Verwandtschaft mit der deutschen Lesart auf. Die Maßgabe, „möglichst" binnen 72 Stunden zu melden, deutet darauf hin, dass auch nach der DS-GVO in begründeten Fällen durchaus längere Fristen in Kauf zu nehmen sind. ErwG 87 will zudem bei der Beurteilung Art und Schwere der Schutzverletzung sowie deren Folgen und nachteilige Auswirkungen berücksichtigt wissen. Nach ErwG 86 ist zumindest die Benachrichtigung der betroffenen Person „stets so rasch wie nach allgemeinem Ermessen möglich" vorzunehmen. Die hergebrachte BGB-Definition kann daher weiterhin herangezogen werden.[84]

60

Werden die 72 Stunden überschritten, ist gem. Art. 33 Abs. 1 S. 2 eine **Begründung** zu liefern. Umfangreiche und schwierige Sachverhaltsermittlungen können zur Verzöge-

61

---

77 Dem Verfasser sind bspw. mehrere Fälle der Verwendung offener CC-Verteiler durch Datenschutzaufsichtsbehörden bekannt.
78 Vgl. auch *EuGH* v. 9.3.2010 – C-518/07, RDV 2010, 121 ff.
79 *Piltz/Pradel* ZD 2019, 152 ff.; *BayLfD* Meldepflicht und Benachrichtigungspflicht des Verantwortlichen, 2019, S. 38; *BlnBDI* TB 2018, S. 25 Fn. 35. Einzelheiten bei *Werkmeister/Brandt/Felcht* CR 2020, 89 ff. A.A. *Taeger* RDV 2020, 3, 7.
80 Graduell weiter *HmbBfDI* 27. TB 2018, S. 117: „dass irgendjemand im Unternehmen oder der verantwortlichen Behörde Kenntnis erlangt".
81 *Franck* RDV 2018 303, 304.
82 Arg. ex Art. 33 Abs. 2 Rn. 65 ff. Nunmehr auch *Art.-29-Datenschutzgruppe* WP 250 Rev. 1 v. 6.2.2018, 13.
83 *RG* v. 22.2.1929 – II 357/28, RGZ 124, 115, 118.
84 So bereits *Hanloser* MMR 2010, 300, 302 zur RL 2009/136/EG; ferner *Marschall* DuD 2015, 183, 186; Paal/Pauly-*Martini* Art. 33 Rn. 34; Gola-*Reif* Art. 33 Rn. 38; Kühling/Buchner-*Jandt* Art. 33 Rn. 15.

rung führen.[85] Je nachdem kann die unverzügliche Meldung durchaus mehrere Monate beanspruchen, wenn etwa der Nachmieter einer Geschäftsimmobilie Unterlagen der zuvor dort ansässigen Bank in Besitz nimmt und die Bank daraufhin zunächst gezwungen ist, auf Herausgabe zu klagen.[86] Dass noch nicht sämtliche Pflichtinhalte einer Meldung ermittelt sind, ist hingegen kein genügender Grund für ein Zuwarten, wie sich aus Art. 33 Abs. 4 ergibt.

62 Die stundenmäßige (und nicht etwa werktägige) Angabe bedeutet , dass ggf. auch **außerhalb der typischen Geschäftszeiten** Vorkehrungen getroffen sein müssen, die die zeitnahe Meldung sicherstellen.[87] Inwiefern hiermit auch eine Pflicht der Aufsichtsbehörden korrespondiert, außerhalb der Geschäftszeiten ansprechbar zu sein, ergibt sich nicht unmittelbar aus der Verordnung. Da die Behörde jedoch einen umfassenden Beratungsauftrag hat und ihr gem. Art. 34 Abs. 4 die letztgültige Entscheidung obliegt, ob parallel zur Meldung auch eine Benachrichtigung der Betroffenen notwendig ist, dürfte ein entsprechender behördlicher **Notdienst** tunlich sein.

63 **Technische Hindernisse** beim Empfänger – z.B. Systemdefekte, leeres Faxpapier, überfüllte Mailbox oder der Verlust des private Key für verschlüsselte E-Mails – hindern den fristgemäßen Zugang grds. nicht.[88] Lediglich dann, wenn bereits die Abgabe der Meldung als solche unmöglich ist, etwa wegen Komplettausfalls des behördlichen Web-Portals, müssen umgehend anderweitige Zustellversuche unternommen werden. Der Grund für die Verzögerung ist beweiskräftig zu dokumentieren und ggf. mitzuteilen (Rn. 61).

II. Meldepflicht des Auftragsverarbeiters (Abs. 2)

64 Den Auftragsverarbeiter trifft keine eigenständige Pflicht aus Art. 33 Abs. 1. Gemäß Art. 28 Abs. 3 lit. f hat er jedoch den Auftraggeber unter Berücksichtigung der Art der Verarbeitung und der ihm zur Verfügung stehenden Informationen bei der Einhaltung der in den Art. 32–36 genannten Pflichten zu unterstützen, was auch zwingend im Auftrag zu berücksichtigen ist.

65 Art. 33 Abs. 2 flankiert jene Regelung zur Auftragsverarbeitung, sodass die Meldung gegenüber dem Verantwortlichen schon von Gesetzes wegen zu erfolgen hat, selbst wenn sie im Auftrag nicht oder nicht in geeigneter Form niedergelegt sein sollte. Gleichzeitig unterliegt der Auftragsverarbeiter hierdurch der Haftung gem. Art. 83 Abs. 4 lit. a. Der Auftragnehmer versetzt den Auftraggeber durch Weiterleitung der nötigen Informationen überhaupt erst in die Lage, seinerseits der Meldeverpflichtung nachzukommen. Deshalb sind **sämtliche Informationen** zur Verfügung zu stellen, die dem Verantwortlichen die Risikobewertung und die Meldung ermöglichen, wenngleich sich dies nicht unmittelbar aus Abs. 2 ergibt. Der Auftragnehmer hat seiner Meldepflicht unverzüglich nach Bekanntwerden der Schutzverletzung nachzukommen, wobei dieselben Grundsätze zur Anwendung kommen, wie in Art. 33 Abs. 1 S. 1.

---

85 *Kamps/Schneider* K&R-Beilage 1/2017, 24, 29.
86 *LfD Niedersachsen* 21. TB 2015, S. 34. Erst nach zehn Monaten konnte die Bank überhaupt in die Risikoprüfung einsteigen.
87 Dies ggf. in den Nachtstunden, wohl aber nicht an Sonn- und Feiertagen, arg. ex Art. 3 Abs. 5 VO 1182/71.
88 *Herwig* MMR 2001, 145, 146; MüKo BGB-*Einsele* § 130 Rn. 34 ff.; Spindler/Schuster-*Spindler* Recht der elektronischen Medien, § 130 BGB Rn. 15 f.

Meldungen an die Aufsichtsbehörde   Art. 33

Die Meldepflicht gegenüber dem Verantwortlichen besteht unabhängig von der Frage, 66
ob ein Risiko für betroffene Personen gegeben ist. Irrelevant ist auch, ob die Schutzverletzung der **Sphäre des Auftragsverarbeiters** zuzurechnen ist. Anders war dies bislang gem. § 11 Abs. 2 Nr. 8 BDSG a.F., wonach lediglich Regelungen über mitzuteilende Verstöße des Auftragnehmers oder der bei ihm beschäftigten Personen gegen Datenschutzvorschriften bzw. gegen die im Auftrag getroffen Festlegungen getroffen werden mussten.

Bei der Bemessung des Bußgeldes gegenüber dem Verantwortlichen kann erschwe- 67
rend berücksichtigt werden, wenn er durch seinen Dienstleister ausdrücklich auf die Pflicht zur Benachrichtigung hingewiesen wurde, daraufhin jedoch untätig geblieben ist (vgl. Art. 83 Abs. 2 lit. b).[89]

Auch der **Subdienstleister** ist Auftragsverarbeiter i.S.v. Art. 33 Abs. 2 (vgl. Art. 28 68
Abs. 4: „weiterer Auftragsverarbeiter"). Er hat Schutzverletzungen daher genauso an den Verantwortlichen zu melden, wie der Hauptauftragnehmer. Es dürfte unterdessen sinnvoll erscheinen, vertraglich festzuhalten, dass der Subauftragnehmer parallel den Hauptauftragnehmer in Kenntnis setzt.

III. Mindestinhalt (Abs. 3)

1. Inhalt. Die Mindestinhalte der Meldung sind in Art. 33 Abs. 3 festgelegt. Optionale 69
Zusätze werden in der Verordnung nicht erwähnt, können aber ggf. von der Behörde im weiteren Verlauf abgefragt werden (vgl. Art. 58 Abs. 1 lit. e).

a) Beschreibung der Schutzverletzung (lit. a). Die Beschreibung der Art der Verlet- 70
zung des Schutzes personenbezogener Daten muss zumindest eine der in Art. 33 Abs. 1 S. 1 genannten Verletzungsmodalitäten (Vernichtung, Verlust, Veränderung, unbefugte Offenlegung, unbefugter Zugang) enthalten. Das Vorkommnis kann technisch detaillierter geschildert werden, da bei der Meldung gegenüber der Behörde keine **Nachahmer** drohen. In Anlehnung an Anhang I der VO (EU) Nr. 611/2013 sollten Datum und Zeitpunkt der Schutzverletzung und ihrer Feststellung sowie der physische Ort und die betroffenen Datenträger mitgeteilt werden. Ggf. auch, wer der mutmaßliche Verursacher der Schutzverletzung gewesen ist.

Darüber hinaus sind Kategorien und ungefähre Zahl der betroffenen Personen sowie 71
Kategorien und ungefähre Zahl[90] der betroffenen personenbezogenen Datensätze zu nennen, soweit dies möglich ist. Es müssen alle von der Schutzverletzung betroffenen Datenkategorien benannt werden, nicht nur diejenigen, die das Risiko begründen. Die Übermittlung der betroffenen Daten als solche ist nicht geschuldet.[91] **Personenkategorien** können bspw. sein: Kunden; Mitarbeiter; Vereins-, Partei- oder Gewerkschaftsmitglieder, Schüler, Patienten, Mandanten etc. Als **Datenkategorien** kommen bspw. in Betracht: Name, Adresse, Telefonnummer, Zugangsdaten, Auftragsdaten,

---

89 Ferner *HBDI* 42. TB 2014, S. 178 zu § 43 Abs. 2 Nr. 7 BDSG a.F.
90 „Ungefähr" möglicherweise ein redaktionelles Überbleibsel aus Art. 31 Abs. 3 lit. a RatsE, wonach sowohl Personenkategorien, Betroffenenzahl, Datenkategorien als auch die Zahl der Datensätze näherungsweise gemeldet werden sollten. Der Schätzaspekt hat jedoch im verabschiedeten Text keine eigenständige Bedeutung mehr (nun: „soweit möglich").
91 *Schneider* Meldepflichten im IT-Sicherheitsrecht, S. 258.

Franck   953

Konto- und Kreditkartendaten, Personalakten, Lohnabrechnungen, Mitgliederverzeichnisse, Patientenakten etc.

72 **b) Datenschutzbeauftragter, Anlaufstelle (lit. b).** Es ist eine Anlaufstelle zu nennen. Der DSB ist bereits gem. Art. 39 Abs. 1 lit. d und e DS-GVO als **Ansprechpartner** für die Behörde dediziert. Sofern ihm auch das Handling von Datenpannen übertragen ist, sind dessen Name und Kontaktdaten mitzuteilen. Dass die Information strenggenommen gem. Art. 37 Abs. 7 bereits bei der Behörde vorliegt, ist irrelevant. Alternativ kann eine spezialisierte Anlaufstelle (ggf. ein **incident Response Team**) genannt werden, auch hier sind Name(n) und Kontaktdaten gefordert.

73 **c) Beschreibung der Folgen (lit. c).** Die Beschreibung der wahrscheinlichen Folgen orientiert sich am Katalog, der in ErwG 85 festgehalten ist. Dieser ist freilich nicht abschließend. Der deutsche Verordnungstext suggeriert, es müsse ein erhöhter Wahrscheinlichkeitsgrad für den Eintritt der Folgen gegeben sein, um diese zum Gegenstand der Meldung zu machen. Im Vergleich mit der englischen Fassung („unlikely", „likely") ergibt sich jedoch, dass die „wahrscheinlichen Folgen" in Art. 33 Abs. 3 lit. c mit dem „voraussichtlichen Risiko" in Art. 33 Abs. 1 S. 1 deckungsgleich sind.

74 **d) Beschreibung der Maßnahmen (lit. d).** Die in Abs. 3 lit. d genannten Maßnahmen richten sich zunächst ausschließlich an den Verantwortlichen (engl.: „measures taken or proposed to be taken by the controller"). Sie wirken in der Sphäre des Verantwortlichen oder seines Auftragsverarbeiters und dienen der Behebung der Schutzverletzung bzw. der nachträglichen Abmilderung des Risikos (vgl. Art. 34 Abs. 3 lit. b). **Beispiele für Maßnahmen des Verantwortlichen**: systemweites Ändern von Zugangsdaten; Absichern des betroffenen Systems; Ermitteln des (Innen-)täters, Warnen Dritter vor etwaigen betrügerischen Handlungen, Auffordern unberechtigter Empfänger zur Löschung, Nacherheben verlorengegangener Daten.[92]

75 „Ergriffene Maßnahmen" sind bereits durchgeführt worden oder werden zum Zeitpunkt der Meldung durchgeführt. „Vorgeschlagene Maßnahmen" benötigen mehr Vorlauf bzw. Informationen, ggf. auch eine Absprache mit der zuständigen Aufsichtsbehörde.

76 Maßnahmen, die die betroffene Person ergreifen sollte, sind lediglich mittelbar erfasst. Eine Pflicht zum Handeln ergibt sich für betroffene Personen nicht aus den Art. 33 und 34, sondern allenfalls aus ihrer Schadensminderungspflicht (vgl. § 253 BGB). Es ist jedoch Aufgabe des Verantwortlichen im Sinne von Abs. 3 lit. d, betroffene Personen zum Handeln aufzufordern und ggf. anzuleiten.[93] **Beispiele für Maßnahmen der betroffenen Person**: Ändern gleichlautender Passwörter bei anderen Anbietern, Achten auf verdächtige Kontoaktivitäten, Achten auf verdächtiges Streuen von Informationen im Umfeld, Überprüfen der gespeicherten Daten auf Vollständigkeit und Richtigkeit, etc.

77 **2. Form. – a) Darreichung.** Art. 33 trifft (anders als Art. 34 i.V.m. Art. 12 Abs. 1 S. 2 und 3) keine Anordnung hinsichtlich Form oder Übertragungsweg der Meldung. Ein Äquivalent zu Art. 2 Abs. 4 VO (EU) Nr. 2013/611 aus dem Bereich der öffentlich

---

92 Weitere denkbare Maßnahmen s. Art. 34 Rn. 24 ff.
93 *Art.-29-Datenschutzgruppe* WP 250 Rev. 1 v. 6.2.2018, 20.

zugänglichen Kommunikationsdienste fehlt.⁹⁴ Art. 31 Abs. 6 KommE enthielt noch die Befugnis der Kommission, das Standardformat für derartige Meldungen, die Verfahrensvorschriften sowie Form und Modalitäten der Dokumentation festzulegen. Der Passus ist im weiteren Verlauf ersatzlos entfallen.

Es existiert daher keine allgemeine Verpflichtung der Aufsichtsbehörden, **gesicherte elektronische Mittel** zur Verfügung zu stellen sowie Informationen über den Zugang hierzu und deren Benutzung bereitzuhalten.⁹⁵   78

Es ist dennoch zu vermuten, dass der **Postweg** nach Vorstellung des Unionsgesetzgebers ungeeignet sein dürfte, da insoweit die Frist von 72 Stunden ihre Bedeutung verlöre. Zwar gelten Briefe in Deutschland typischerweise am dritten Tag **nach der Aufgabe zur Post** als zugegangen (vgl. § 41 Abs. 2 S. 1 VwVfG, § 4 Abs. 2 S. 2 VwZG), dann sind die 72 Stunden **nach Bekanntwerden der Schutzverletzung** jedoch de facto bereits abgelaufen. Vorzugswürdig sind daher instantane Kommunikationsmittel wie (gesicherte) Online-Formulare,⁹⁶ (verschlüsselte) E-Mail, De-Mail oder Fax.⁹⁷ Meldepflichtige müssen sich freilich nicht auf den von der Behörde präferierten Kommunikationskanal verweisen lassen, solange deswegen keine unverhältnismäßige Verzögerung droht. Dies gilt insbesondere, wenn Behördenformulare in proprietären Office-Formaten angeboten werden.⁹⁸   79

In dringenden Fällen, insb. wenn der Verantwortliche unmittelbar auf die Unterstützung durch die Aufsichtsbehörde angewiesen ist, sind auch **telefonische Meldungen** denkbar. Diese sind jedoch anschließend gem. Art. 33 Abs. 5 S. 1 zu verschriftlichen.⁹⁹   80

b) Sprache. Die Meldung hat in der jeweiligen **Amtssprache** der Behörde zu erfolgen, selbst wenn die Unternehmens- oder Konzernsprache eine andere sein sollte.¹⁰⁰ Das Erfordernis der klaren und einfachen Sprache i.S.v. Art. 34 Abs. 1 bzw. Art. 12 Abs. 1 besteht gegenüber der Aufsicht nicht.   81

IV. Schrittweise Information (Abs. 4)

Die Möglichkeit zur schrittweisen Information ist keine Privilegierung, sondern erhöht den zeitlichen Druck. Zwar sind ggf. auch Meldungen nach Ablauf der in Art. 33 Abs. 1 S. 1 festgelegten 72 Stunden möglich, dies soll jedoch in Ansehung von Art. 33 Abs. 1 S. 2 sowie Abs. 4 die Ausnahme bleiben. Liegen im konkreten Fall noch   82

---

94 Immerhin veranschlagt Art. 2 Abs. 2 UAbs. 1 VO (EU) 2013/611 eine lediglich 24-stündige Meldefrist, weshalb die Vergleichbarkeit zur DS-GVO-Regelung diskutabel ist. Beachte jedoch die einst geplante 24-Stunden-Frist in Art. 31 Abs. 1 KommE.
95 Vgl. stattdessen die Bereitstellung elektronischer Beschwerdeformulare für betroffene Personen in Art. 57 Abs. 2.
96 Fast alle Aufsichtsbehörden haben inzwischen Online-Meldeportale implementiert.
97 Vgl. das von BNetzA und BfDI erstellte PDF-Formular für Meldungen gem. § 109a TKG via eMail oder Fax, online unter https://www.bundesnetzagentur.de/SharedDocs/Downloads/DE/Sachgebiete/Telekommunikation/Unternehmen_Institutionen/Anbieterpflichten/Datenschutz/Meldeformular.pdf.
98 Wie etwa beim *HBDI* https://datenschutz.hessen.de/service/meldungen-von-verletzungen-des-schutzes-personenbezogener-daten.
99 Sydow-*Sassenberg* Art. 33 Rn. 25.
100 Für die Dokumentation gem. Art. 33 Abs. 5 gilt dies nicht (Rn. 86). Zur Sprache der Benachrichtigung s. Art. 34 Rn. 16.

nicht alle Mindestinhalte der Meldung vor, soll nicht länger zugewartet werden dürfen. Nach erfolgter Teilmeldung ist der Verantwortliche keineswegs befreit. Er ist vielmehr gehalten, seine Meldung ohne unangemessene weitere Verzögerung zu **vervollständigen**.[101]

83 Die schrittweise Information kann auch dazu führen, dass eine zunächst angenommene Meldepflicht **nachträglich entfällt**, z.B., wenn ein verloren oder gestohlen geglaubter Backup-Datenträger lediglich falsch abgelegt und wieder aufgefunden wurde.[102]

V. Dokumentation (Abs. 5)

84 **1. Inhalt.** Der Verantwortliche hat sämtliche Schutzverletzungen zu dokumentieren,[103] d.h. auch solche, die **unter der Risikoschwelle** des Art. 33 Abs. 1 S. 1 liegen. Die Forderung steht im engen Zusammenhang mit den Accountability-Pflichten nach Art. 5 Abs. 2. Die Dokumentation dient vor allem dem Verantwortlichen zu Nachweis-, der Aufsichtsbehörde darüber hinaus zu Überprüfungszwecken. Sie umfasst daher alle **Fakten** zum Vorfall, die **Auswirkungen** und die ergriffenen **Abhilfemaßnahmen**.[104]

85 Der Vollständigkeit halber sollte sich die Dokumentation auch auf die nur möglichen Auswirkungen und die lediglich vorgeschlagenen Maßnahmen (vgl. Art. 33 Abs. 3 lit. d) beziehen, dies ist jedoch dem Wortlaut nicht zu entnehmen. Jene Details über den ausdrücklichen Wortlaut hinaus als vorfallbezogene Fakten in die Vorschrift hineinzuinterpretieren, erscheint unter Berücksichtigung des Haftungsrisikos für eine unvollständige Dokumentation gem. Art. 83 Abs. 4 lit. a heikel.

86 **2. Sprache.** Die Dokumentation kann in der jeweiligen Unternehmens- oder Konzernsprache abgefasst werden, und damit von der **Landes- oder Amtssprache** abweichen.[105] Etwas anderes ergibt sich nicht aus der Verordnung. Wegen des Haftungsrisikos für eine unrichtige Dokumentation müsste die Sprache unmittelbar vom Unionsgesetzgeber vorgeschrieben werden. Eine solche Regelung wäre jedoch spätestens dann sinnlos, wenn im Einzelfall eine andere europäische Behörde federführend wird.

87 **3. Aufbewahrungsdauer.** Art. 31 Abs. 6 KommE enthielt noch einen Passus zu **Löschfristen** hinsichtlich der Dokumentation. Das Fehlen vergleichbarer Regelungen in den konsekutiven Entwurfsfassungen sowie Art. 70 Abs. 1 lit. g deutet darauf hin, dass eine Löschung nicht länger vorgesehen ist. Zur Vermeidung dauerhafter Hochrisiko-Datenpools sollten die betroffenen Daten als solche nach Möglichkeit weder gemeldet noch dokumentiert werden (Rn. 71).[106]

---

101 Eine ähnliche Regelung trifft Art. 2 Abs. 3 VO (EU) 2013/611.
102 *Art.-29-Datenschutzgruppe* WP 250 Rev. 1 v. 6.2.2018, 16.
103 Zweifelhaft *Spittka* DSRITB 2016, 387, 396, der annimmt, die Dokumentation könne auf den Auftragsverarbeiter übertragen werden. Dies darf höchstens dann angenommen werden, wenn dem Dienstleister auch das Absetzen der Meldung als solcher obliegt.
104 *Veil* will den nemo-tenetur-Grundsatz (Rn. 88 ff.) bereits im Rahmen der Dokumentation berücksichtigt wissen, ZD 2018, 12.
105 *Franck* RDV 2018, 157, 158 f.
106 Etwas anderes kann im Falle der Veränderung personenbezogener Daten (s. Rn. 30) gelten.

VI. Verwendungsverbot

1. Nemo-tenetur-Grundsatz. Die Freiheit, sich nicht selbst bezichtigen zu müssen (lat.: „nemo tenetur se ipsum accusare"), besitzt **Grundrechtsrang** und stellt eine notwendige Prämisse des Strafprozesses nach Art. 47 und 48 GRCh dar. Sie ergibt sich darüber hinaus ausdrücklich aus Art. 14 Abs. 3 lit. g IPbpR sowie aus Art. 6 Abs. 1 S. 1 MRK.[107] Sie kommt grds. nicht nur natürlichen, sondern auch juristischen Personen zugute.[108] 88

Weder in Art. 33 und 34 noch im vorangegangenen Art. 4 Abs. 3 RL 2002/58/EG i.d.F. von RL 2009/136/EG findet der Nemo-tenetur-Grundsatz expressis verbis Berücksichtigung. Dies verwundert, da die Meldung an die Aufsichtsbehörde und die Benachrichtigung der betroffenen Personen in erheblicher Weise belastendes Material enthalten kann. Nicht umsonst wird von einer **„Skandalisierungspflicht"** gesprochen.[109] 89

Integrity und availability reaches sind u.a. von den §§ 269, 303a und 303b StGB erfasst. Confidentiality breaches finden sich u.a. in den §§ 203–206 StGB. Eine Vielzahl ordnungswidrigkeitenrechtlicher Verstöße ergeben sich aus Art. 83 Abs. 4 und 5. 90

Der Verantwortliche gerät u.U. in die Situation, Behörden und Betroffenen belastendes Material liefern zu müssen, welches im weiteren Fortgang gegen ihn verwendet werden könnte.[110] Indes der Verantwortliche schweigt, droht wiederum ein Bußgeld gem. Art. 83 Abs. 4 lit. a. Dieser Konflikt ist mit Bordmitteln der DS-GVO nicht zu lösen.[111] 91

Nach Art. 47 und 48 GRCh sind insofern zwei Wege denkbar: 92
1. unmittelbarer Wegfall der Skandalisierungspflicht gem. Art. 33 und 34, sofern sich der Verantwortliche selbst bezichtigen müsste oder
2. Verwendungsverbot kraft höherrangigen Rechts.

Richtigerweise wird die zweitgenannte Lösung zum Einsatz kommen müssen, um die grundrechtsdefizitäre Regelung der DS-GVO zu kompensieren, gleichzeitig aber den 93

---

107 Das deutsche Verfassungsrecht bietet Anknüpfungspunkte in der Menschenwürdegarantie (Art. 1 Abs. 1 GG), der freien Entfaltung der Persönlichkeit (Art. 2 Abs. 1 GG), der Freiheit als solcher (Art. 2 Abs. 2 S. 2 GG), dem allgemeinen Persönlichkeitsrecht (Art. 1 Abs. 1 i.V.m. Art. 2 Abs. 1 GG), der Gewissensfreiheit (Art. 4 Abs. 1 Var. 2 GG) sowie dem Rechtsstaatsprinzip (Art. 20 Abs. 3 GG).
108 Zutreffend *Dannecker* ZStW 127 (2015), 991 ff.; *Eckhardt/Menz* DuD 2018, 143; *Taeger* RDV 2020, 3, 9.
109 *Schneider* ZD 2011, 6, 8; Forgó/Helfrich/Schneider-*Helfrich* Betrieblicher Datenschutz, 2. Aufl. 2017, Teil IV 2 Rn. 70.; *Franck* GDD-Ratgeber Datenpannen, 2. Aufl. 2015, S. 38; ähnlich *Ernst* „Pflicht zur Öffentlichkeit", DuD 2010, 7.
110 Der in dem Urteil des *EuGH* v. 18.10.1989 – 374/87, Slg. 1989, 3283 beschrittene Irrweg, den Nemo-tenetur-Grundsatz zum bloßen Geständnisverweigerungsrecht herabzuwürdigen, ist dringend zu verlassen. Die Selbstbezichtigung beginnt schon dann, wenn Auskünfte rein tatsächlicher Art gegeben werden müssen, ebenso BeckOK DatenSR-*Brink* 30. Ed. 2019, Art. 33 Rn. 41; Paal/Pauly-*Martini* Art. 33 Rn. 27/64; *Rüb*, RDV 2019, 246, 247. A.A. Kühling/Buchner-*Bergt* Art. 83 Rn. 111.
111 Entsprechende grundrechtliche Bedenken auch bei *Kaufmann* ZD 2012, 358, 360; Paal/Pauly-*Martini* Art. 33 Rn. 27/64; Gola-*Reif* Art. 33 Rn. 44; BeckOK DatenSR-*Schlösser-Rost* 30. Ed. 2019, § 65 BDSG Rn. 29.

Betroffeneninteressen sachgemäß Rechnung zu tragen.[112] Quasi in weiser Voraussicht führt ErwG 87 S. 3 aus, dass die Meldung zwar zu einem Tätigwerden der Aufsichtsbehörde führen kann, aber eben nur im Einklang mit ihren Aufgaben und Befugnissen. Die eingeräumten Befugnisse bewegen sich gem. Art. 58 Abs. 4 per se nur in dem von der GRCh gesteckten Rechtsrahmen.

94 Bemerkenswert ist insoweit, dass die Art.-29-Datenschutzgruppe ebenfalls nur das Ausbleiben einer Meldung zum Anlass nehmen möchte, das Fehlen von adäquaten Sicherheitsmechanismen zu ahnden, nicht aber den Inhalt einer Meldung an sich.[113]

95 Da es sich bei Art. 47 und 48 GRCh um höherrangiges Recht handelt, besteht die Möglichkeit, den Nemo-tenetur-Gedanken mittels verbandseigener **Verhaltensregeln** gem. Art. 40 Abs. 2 lit. i bzw. **Leitlinien** des EDSA gem. Art. 70 Abs. 1 lit. g zu konkretisieren. Dies freilich nicht in der Form, dass die grundsätzliche Meldepflicht gänzlich unterlaufen wird.[114]

96 **2. §§ 42 und 43 BDSG.** Der deutsche Gesetzgeber hat versucht, das **Spannungsverhältnis** von Mitteilungspflicht und Selbstbezichtigungsfreiheit auf nationaler Ebene verfassungskonform aufzulösen.[115] Weder der Inhalt noch der Umstand einer Information dürfen gem. §§ 42 Abs. 4 und § 43 Abs. 4 BDSG in einem Straf- oder Ordnungswidrigkeitenverfahren ohne Zustimmung des Meldepflichtigen oder Benachrichtigenden verwendet werden. Derselbe Schutz gilt zugleich **Angehörigen** im Sinne des § 52 Abs. 1 StPO.[116] Dieser Regelungsansatz hat den Vorteil, dass die Behörde weiterhin ein zutreffendes Lagebild erhält und auch die Betroffeneninteressen geschützt bleiben.[117] **Gleichgelagerte Vorschriften** finden sich in § 384a Abs. 3 AO für Datenpannen im Bereich des Steuergeheimnisses sowie in § 85 Abs. 3, § 85a Abs. 2 SGB X für den Sozialdatenschutz.

---

112 Bereits jetzt h.M., vgl. BeckOK DatenSR-*Brink* 30. Ed. 2017, Art. 33 Rn. 42; Sydow-*Sassenberg* Art. 33 Rn. 29; *Schneider* Meldepflichten im IT-Sicherheitsrecht, S. 276 f.; *Spittka* RDV 2019, 167, 171; Simitis/Hornung/Spiecker gen. Döhmann-*Dix* Art. 33 Rn. 25; wohl auch Auernhammer-*Schreibauer* Art. 33 Rn. 24.
113 *Art.-29-Datenschutzgruppe* WP 250 Rev. 1 v. 6.2.2018, 10.
114 Verhaltensregeln bspw. dahingehend, dass die Verpflichtung zur Meldung und die Auswirkungen der Selbstbelastungsfreiheit klargestellt und erläutert werden, die Aufsicht genehmigt solche Verhaltensregeln gem. Art. 40 Abs. 5 und bindet sich hierdurch. Leitlinien ggf. insofern, als dass zunächst eine anonyme Beratung zur Risikoeinschätzung angeboten wird. Im medizinischen Bereich existieren bereits anonyme und sanktionsfreie Critical Incident Reporting Systems (CIRS).
115 Siehe bereits BT-Drucks. 16/12011, S. 35; BT-Drucks. 17/12319, S. 5. zu § 42a S. 6 BDSG a.F.; neuerdings *Eckhardt/Menz* DuD 2018, 142 f.
116 Verlobte (auch zwecks eingetragener Lebenspartnerschaft), Ehegatten, Ex-Ehegatten, Lebenspartner, Ex-Lebenspartner, Verwandte, Verschwägerte und Ex-Verschwägerte in gerader Linie, Verwandte in der Seitenlinie bis zum dritten Grad, Verschwägerte und Ex-Verschwägerte bis zum zweiten Grad.
117 Zur ordnungsgemäßen Meldung durch die FIFA und die daraus folgende Sanktionsfreiheit *HmbBfDI* 27. TB 2018, S. 52. Das soziale Netzwerk Knuddels wurde demgegenüber trotz vorangegangener Meldung mit einem Bußgeld belegt, *LfDI Baden-Württemberg* Pressemeldung v. 22.11.2018, online, https://www.baden-wuerttemberg.datenschutz.de/wp-content/uploads/2018/11/LfDI-Baden-W%C3%BCrttemberg-verh%C3%A4ngt-sein-erstes-Bu%C3%9Fgeld-in-Deutschland-nach-der-DS-GVO.pdf.

Da die BDSG-Vorschriften lediglich Konkretisierungen der in Art. 47 und 48 GRCh niedergelegten Garantien darstellen, bedarf es keiner **Öffnungsklausel** in der DS-GVO.[118] Für das Ordnungswidrigkeitenverfahren ergeben sich entsprechende Regelungsspielräume dennoch unmittelbar aus Art. 58 Abs. 4 und Art. 83 Abs. 8.[119] Hinsichtlich des Strafverfahrens stellt die Bundesregierung auf Art. 84 Abs. 1 ab.[120]   97

Die Formulierung von §§ 42 Abs. 4 und 43 Abs. 4 BDSG ist missverständlich geraten. Dem Wortlaut nach wird allein der für die Verarbeitung Verantwortliche selbst geschützt. Bei **juristischen Personen** sind aber ggf. auch die Organe und Mitarbeiter von Verfolgung bedroht. Aus diesem Grund sind die Vorschriften des BDSG dahingehend grundrechtskonform auszulegen, dass die mitgeteilten Tatsachen in keiner irgendwie gearteten Form für ein straf- oder ordnungswidrigkeitenrechtliches Verfahren nutzbar gemacht werden dürfen. Mithin handelt es sich keineswegs um ein bloßes Beweisverwertungsverbot, sondern um ein vollumfängliches **Verwendungsverbot**, welches zugleich **Fernwirkung** für alle anderen hierdurch aufgefundenen Beweismittel besitzt (insoweit auch h.M. zum gleichgelagerten § 97 Abs. 1 S. 2 InsO[121]).   98

Das Verwendungsverbot betrifft allerdings nur diejenigen Tatsachen, die sich auf die vorangegangene Schutzverletzung beziehen. Es greift nicht, wenn gegen Art. 33 oder 34 als solche verstoßen wurde, etwa indem die gesetzlichen Pflichtinhalte nicht berücksichtigt oder die Meldung verfristet abgegeben wurde. Insofern werden eben nicht Umstand und Inhalt der Meldung verwertet, sondern das Ausbleiben der Meldung und das Fehlen von Inhalten.   99

Auch im **Zivilprozess** gilt das Verwendungsverbot nicht. Der Wortlaut erfasst ausdrücklich Straf- und Ordnungswidrigkeitenverfahren. Eine Ausdehnung auf bürgerliche Rechtsstreitigkeiten ist wegen der weniger drastischen Folgen eines solchen Verfahrens auch nicht angezeigt.[122]   100

Ebenso wenig sperrt die Meldung eine anlassbezogene Prüfung durch die Aufsichtsbehörde gem. Art. 58 Abs. 1 lit. b.[123] Zufallsfunde, die bei einer solchen Prüfung zutage treten, und die mit dem gemeldeten Sachverhalt nicht in Beziehung stehen, können durchaus verwertet werden[124]. Eine Verwarnung gem. Art. 58 Abs. 2 lit. b bleibt ebenfalls möglich, da sie sich unterhalb der Schwelle einer Sanktion bewegt.   101

3. Irrtümliche und missbräuchliche Meldungen. Das Verwendungsverbot muss auch gelten, wenn die verantwortliche Stelle irrtümlicherweise eine Meldung abgibt, etwa weil das Risiko falsch eingeschätzt wurde.[125] Dies gilt sowohl für die grundrechtsun-   102

---

118 So auch *Taeger* RDV 2020, 3, 9.
119 So auch *Spittka* RDV 2019, 167, 170. A.A. *Bergt* DuD 2017, 555, 560, der irrig von der vollständigen Europarechtswidrigkeit der §§ 42 Abs. 4, 43 Abs. 4 BDSG ausgeht.
120 BT-Drucks. 18/11325, S. 109.
121 *Hanloser* CCZ 2010, 29; *Hornung* NJW 2010, 1844; *Taeger* RDV 2020, 3, 10.
122 Wohl aber für berufsgerichtliche Streitigkeiten, BeckOK DatenSR-*Brink* 30. Ed. 2019, Art. 33 Rn. 42; Paal/Pauly-*Martini* Art. 33 Rn. 27.
123 *Becker* ZD 2020, 175, 178 f. Siehe auch ErwG 87 S. 3.
124 So bereits *Krupna* BB 2014, 2254 zu § 42a BDSG a.F.
125 Hiervon zu unterscheiden ist die Situation, in der das Risiko gar nicht eingeschätzt werden kann, da die Meldung dann bereits von Gesetzes wegen vorgeschrieben ist, Rn. 44.

mittelbare als auch die mitgliedstaatliche Geltung des Nemo-tenetur-Grundsatzes. §§ 42 Abs. 4 und 43 Abs. 4 BDSG setzen zwar jeweils einen „Pflichtigen" voraus und verweisen somit tatbestandlich auf die Art. 33 und 34. Jedoch darf der Verantwortliche, der sich irrigerweise für pflichtig hält, in seinem Streben nach Rechtskonformität nicht schlechter behandelt werden. Sein **Gewissenskonflikt** ist derselbe.

103 Unter den tatsächlich gemeldeten Datenpannen fanden sich bisher stets auch solche, die eigentlich keine Meldepflicht begründeten. Dies war bereits bei der Evaluation von § 42a BDSG a.f. durch die Bundesregierung der Fall[126] und setzte sich in den Tätigkeitsberichten der Aufsichtsbehörden fort[127]. Der Verdacht liegt nahe, dass auch niederschwellige Versäumnisse oder allgemeine Verstöße gegen die Grundsätze des Art. 5 (z.B. Verarbeitung ohne rechtliche Grundlage) gemeldet werden könnten, um dadurch ein **drohendes Bußgeld zu verhindern**. Mangels Gewissenskonflikt ist hier für ein Verwendungsverbot kein Raum. Die insoweit missbräuchliche Meldung ist nicht genauso privilegiert, wie die irrtümlich abgegebene.[128] Freilich werden sich in diesem Zusammenhang Beweisprobleme ergeben.

C. Praxishinweise

I. Öffentliche Stellen

104 Hinsichtlich der Meldepflicht gem. Art. 33 bestehen für öffentliche Stellen keine Besonderheiten gegenüber nichtöffentlichen Stellen. Erstere können jedoch bereichsspezifischen Meldepflichten unterliegen, etwa nach Landesrecht, § 65 BDSG oder § 83a SGB X (parallele Meldepflicht gegenüber der Fachaufsicht).

II. Nichtöffentliche Stellen

105 Es bestehen keine Besonderheiten für nichtöffentliche Stellen. **Verbände und andere Vereinigungen**, die Kategorien von Verantwortlichen oder Auftragsverarbeitern vertreten, sind jedoch vornehmlich im nichtöffentlichen Bereich anzutreffen. Diese Verbände sind gem. Art. 40 Abs. 2 lit. i in der Lage, präzisierende **Verhaltensregeln** auszuarbeiten, die die Meldung von Schutzverletzungen an Aufsichtsbehörden und die Benachrichtigung der betroffenen Personen betreffen.

III. Betroffene Personen

106 Betroffene Personen werden unmittelbar durch Art. 33 nicht berührt. Die Benachrichtigung Betroffener richtet sich stattdessen nach Art. 34. Auskunfts- oder Einsichtsrechte insb. hinsichtlich der Dokumentation können im Einzelfall bestehen (Art. 34 Rn. 56).

---

126 BT-Drucks. 17/12319, S. 2.
127 *BayLDA* 4. TB 2011, S. 96; *BlnBDI* TB 2012, S. 149; *LfDI Bremen* 39. TB 2016, S. 92; *HmbBfDI* 23. TB 2012, S. 199; *HmbBfDI* 24. TB 2014, S. 252; *HBDI* 40. TB 2012, S. 162; *HBDI* 42. TB 2014, S. 23; *HBDI* 44. TB 2015, S. 26; *HBDI* 45. TB 2016, S. 41; *Sächsischer DSB* 5. TB NÖB 2011, S. 133; *Sächsischer DSB* 6. TB NÖB 2013, S. 109; *Sächsischer DSB* 7. TB NÖB 2015, S. 98; *Sächsischer DSB* 8. TB NÖB 2015/2016, S. 148; *LfD Sachsen-Anhalt* 12. TB 2016, S. 154.
128 Gegenteilig zur alten Rechtslage noch *Franck* GDD-Ratgeber Datenpannen, 2. Aufl. 2015, S. 33 f. wegen des Zusammenspiels von § 42a S. 6 BDSG a.F. mit § 43 Abs. 2 Nr. 7 BDSG a.F.

IV. Aufsichtsbehörden

Die Datenschutzaufsichtsbehörden haben die Aufgabe, eingehende Meldungen entgegenzunehmen und mit ihrer Hilfe ein **Lagebild** zu erstellen, welche typischen und ggf. atypischen Gefahren und Fehlerquellen bei der Verarbeitung personenbezogener Daten drohen. Je größer der Erfahrungsschatz der Behörde ist, desto besser kann sie ihren **Beratungsauftrag** erfüllen. Sie sollte sich insoweit mit anderen Behörden austauschen. 107

Innerhalb des **EDSA** können die Aufsichtsbehörden gem. Art. 70 Abs. 1 lit. g **Leitlinien, Empfehlungen und bewährte Verfahren** bereitstellen für die Feststellung von Verletzungen des Schutzes personenbezogener Daten und die Festlegung der Unverzüglichkeit und zu den spezifischen Umständen, unter denen der Verantwortliche oder der Auftragsverarbeiter die Verletzung des Schutzes personenbezogener Daten zu melden hat. Art. 70 Abs. 1 lit. h sieht darüber hinaus Leitlinien, Empfehlungen und bewährte Verfahren vor bezüglich der Umstände, unter denen eine Verletzung des Schutzes personenbezogener Daten voraussichtlich ein hohes Risiko für die Rechte und Freiheiten natürlicher Personen zur Folge hat. Das WP 250 der Art.-29-Datenschutzgruppe (Rn. 24) dürfte den Grundstein hierfür gelegt haben. 108

Um eine zeitnahe Bearbeitung der Meldung und eine sachgemäße Beratung der Verantwortlichen zu gewährleisten, sind **unmittelbare Kommunikationsmittel** zur Verfügung zu stellen, dies ggf. auch außerhalb der typischen Geschäftszeiten (Rn. 62, 78 ff.). 109

Die Meldung kann in Ansehung von ErwG 87 zu einem Tätigwerden der Aufsichtsbehörde gem. Art. 58 Abs. 1 lit. b führen, dies freilich nur in den Grenzen des Verbots der Selbstbezichtigung (Rn. 88 ff.). Zugleich können die gesammelten Informationen in eine allgemeine Information der Öffentlichkeit über bestehende Risiken gem. Art. 57 Abs. 1 lit. b einfließen. 110

V. Datenschutzmanagement

1. Incident response plan. Verletzungen des Schutzes personenbezogener Daten gilt es zuvörderst zu vermeiden. Doch darf sich ein effektives Datenschutz-Management nicht allein auf Sicherungsmaßnahmen beschränken. Der Verantwortliche (und der Auftragsverarbeiter) sollte daher interne Prozesse festlegen, um Verletzungen des Schutzes personenbezogener Daten und sonstige Unregelmäßigkeiten aufdecken und abstellen zu können.[129] 111

Im Anschluss hieran ist ein **Incident Response Plan** erforderlich.[130] Bekanntgewordene Schutzverletzungen müssen korrekt identifiziert und umgehend an die zuständige Management-Ebene weitergeleitet werden.[131] Das Hauptaugenmerk sollte nicht allein darauf liegen, die Schutzverletzung einzudämmen, sondern auch frühzeitig in die Risikobewertung (Rn. 47 ff.) einzusteigen. Ein Flussdiagramm und illustrative Beispielsfälle finden sich im WP 250 der Art.-29-Datenschutzgruppe.[132] 112

---

[129] *Art.-29-Datenschutzgruppe* WP 250 Rev. 1 v. 6.2.2018, 12 zu entsprechenden technischen Maßnahmen.
[130] Hierzu auch *Neufeld/Schemmel* DSB 2017, 209 ff.
[131] *Hamann* BB 2017, 1090, 1096.
[132] *Art.-29-Datenschutzgruppe* WP 250 Rev. 1 v. 6.2.2018, 30 ff.

Art. 33 — Meldungen an die Aufsichtsbehörde

113 **a) Interne Richtlinien.**
– Definition von Datenpannen,
– Festlegung von Data-Breach-Notification-Verantwortlichen und weiteren Ansprechpartnern,
– ggf. Schaffung eines Krisenteams,
– Unterrichtung sämtlicher Mitarbeiter.
– Arbeitsanweisungen bzgl. des Meldewegs zur Feststellung und Behebung der Schutzverletzung und die Verpflichtung, sich während der Sachverhaltsklärung kurzfristig erreichbar zu halten, unterliegen der Mitbestimmung des Betriebsrats nach § 87 Abs. 1 Nr. 1 BetrVG.[133]

114 **b) Implementierung eines geeigneten Incident Response Systems.**
– Monitoring der IT-Systeme auf sicherheitsrelevante Zugriffe,[134]
– Bestimmung von Art und Umfang der Schutzverletzung,
– Beseitigung von Datenlecks und Sicherheitsrisiken,
– Sicherstellung computerforensischer Analyse,
– Festlegung von Kommunikationswegen
  – Kooperation verschiedener Untergliederungen,
  – Informationsaustausch mit Auftragsverarbeitern,
  – rechtzeitige Benachrichtigung der Entscheidungsträger,
  – Regelung von Whistleblowing-Situationen,
  – ggf. Beteiligung der Mitarbeitervertretung,
– Vorbereitung von Mustern für Meldung an Behörden und Benachrichtigung von betroffenen Personen[135]
– ggf. Anpassung von behördlicherseits zur Verfügung gestellten Mustern,
– Modalitäten für die öffentliche Bekanntmachung oder ähnliche Maßnahme (Art. 34 Abs. 3 lit. c),
– Sicherstellung der Dokumentation, auch unterhalb der Risikoschwelle.

115 **c) Kontakt zu Aufsichts- und Strafverfolgungsbehörden.**
– Identifizierung der zuständigen Aufsichtsbehörde,
– Erörterung von Zweifelsfällen schon vor offizieller Meldung,
– Beachtung behördlicher Hinweise,
– Vermeidung behördlicher Benachrichtigungsaufforderungen nach Art. 34 Abs. 4,
– Erstattung einer Strafanzeige/ggf. Stellen eines Strafantrages,
– Abstimmung, ob Benachrichtigung von betroffenen Personen Ermittlungen gefährden könnte.

116 **2. Einbindung des Datenschutzbeauftragten.** Der Datenschutzbeauftragte ist bereits gem. Art. 39 Abs. 1 lit. d und e sowie Art. 33 Abs. 3 lit. b als **Ansprechpartner** der Behörde gedacht. Auch wenn ein spezialisiertes incident response team die Führung übernimmt, sollte der Datenschutzbeauftragte stets involviert werden. Er spielt während der Meldung und der weiteren Ermittlungen eine wichtige Rolle.[136]

---

133 *LAG Schleswig-Holstein* NZA-RR 2019, 647.
134 Vgl. *Krügel* MMR 2017, 795 ff.
135 *Koreng/Lachenmann-Koreng* Formularhandbuch Datenschutzrecht, 2. Aufl. 2018, S. 222 ff.
136 *Art.-29-Datenschutzgruppe* WP 250 Rev. 1 v. 6.2.2018, 27 f.

3. Vertragsmanagement.
Sowohl Verträge zur Auftragsverarbeitung gem. Art. 28 als auch Vereinbarungen zwischen gemeinsam für die Verarbeitung Verantwortlichen i.S.v. Art. 26 müssen daraufhin überprüft werden, ob entsprechende Meldeverpflichtungen und Kommunikationswege festgehalten sind. 117

VI. Sanktionen

Verstöße gegen die Meldeverpflichtung gem. Art. 33 Abs. 1 S. 1 werden grds. gem. Art. 83 Abs. 4 lit. a mit Geldbußen von bis zu 10 000 000 EUR oder im Fall eines Unternehmens von bis zu 2 % seines gesamten weltweit erzielten Vorjahresumsatzes geahndet, je nachdem, welcher der Beträge höher ist. 118

Das Ignorieren einer Benachrichtigungsaufforderung nach Art. 34 Abs. 4 wird gem. Art. 83 Abs. 5 lit. e i.V.m. Art. 58 Abs. 2 lit. e mit Geldbußen von bis zu 20 000 000 EUR oder im Fall eines Unternehmens von bis zu 4 % seines gesamten weltweit erzielten Vorjahresumsatzes geahndet, je nachdem, welcher der Beträge höher ist. 119

Behörden und sonstige öffentliche Stellen sind gem. § 43 Abs. 3 BDSG vom Bußgeld ausgenommen, solange sie nicht am Wettbewerb teilnehmen (§ 2 Abs. 5 BDSG). 120

Artikel 34 Benachrichtigung der von einer Verletzung des Schutzes personenbezogener Daten betroffenen Person

(1) Hat die Verletzung des Schutzes personenbezogener Daten voraussichtlich ein hohes Risiko für die persönlichen Rechte und Freiheiten natürlicher Personen zur Folge, so benachrichtigt der Verantwortliche die betroffene Person unverzüglich von der Verletzung.

(2) Die in Absatz 1 genannte Benachrichtigung der betroffenen Person beschreibt in klarer und einfacher Sprache die Art der Verletzung des Schutzes personenbezogener Daten und enthält zumindest die in Artikel 33 Absatz 3 Buchstaben b, c und d genannten Informationen und Maßnahmen.

(3) Die Benachrichtigung der betroffenen Person gemäß Absatz 1 ist nicht erforderlich, wenn eine der folgenden Bedingungen erfüllt ist:
a) der Verantwortliche geeignete technische und organisatorische Sicherheitsvorkehrungen getroffen hat und diese Vorkehrungen auf die von der Verletzung betroffenen personenbezogenen Daten angewandt wurden, insbesondere solche, durch die die personenbezogenen Daten für alle Personen, die nicht zum Zugang zu den personenbezogenen Daten befugt sind, unzugänglich gemacht werden, etwa durch Verschlüsselung;
b) der Verantwortliche durch nachfolgende Maßnahmen sichergestellt hat, dass das hohe Risiko für die Rechte und Freiheiten der betroffenen Personen gemäß Absatz 1 aller Wahrscheinlichkeit nach nicht mehr besteht;
c) dies mit einem unverhältnismäßigen Aufwand verbunden wäre. In diesem Fall hat stattdessen eine öffentliche Bekanntmachung oder eine ähnliche Maßnahme zu erfolgen, durch die die betroffenen Personen vergleichbar wirksam informiert werden.

(4) Wenn der Verantwortliche die betroffene Person nicht bereits über die Verletzung des Schutzes personenbezogener Daten benachrichtigt hat, kann die Aufsichtsbehörde unter Berücksichtigung der Wahrscheinlichkeit, mit der die Verletzung des

Art. 34 Benachrichtigung der betroffenen Person

Schutzes personenbezogener Daten zu einem hohen Risiko führt, von dem Verantwortlichen verlangen, dies nachzuholen, oder sie kann mit einem Beschluss feststellen, dass bestimmte der in Absatz 3 genannten Voraussetzungen erfüllt sind.
- *ErwG: 86–88*
- *BDSG n. F.: §§ 29 Abs. 1 S. 3 und 4, 42 Abs. 4 und 43 Abs. 4*

Übersicht

	Rn		Rn
A. Einordnung und Hintergrund	1	b) Nachträgliche Maßnahmen (Abs. 3 lit. b)	24
B. Kommentierung	2	c) Unverhältnismäßiger Aufwand (Abs. 3 lit. c)	29
I. Benachrichtigungspflicht des Verantwortlichen (Abs. 1)	2	2. § 29 Abs. 1 S. 3 und 4 BDSG	34
1. Schutzverletzung und hohes Risiko	2	a) Ausnahme ohne Anwendungsfall	39
2. Pflichtiger	5	b) Gegenausnahme ohne Bewertungskriterien	42
3. Empfänger	6	c) Voraussetzungen der Öffnungsklausel	43
4. Frist	8	d) Parallelwertung zu Art. 14 Abs. 5 lit. c	45
II. Mindestinhalt und Form (Abs. 2)	10	IV. Behördliche Aufforderung (Abs. 4)	46
1. Inhalt	10	V. Verwendungsverbot	50
2. Form	12	C. Praxishinweis – Relevanz	51
a) Darreichung	12	I. Öffentliche Stellen	51
b) Sprache	16	II. Nichtöffentliche Stellen	52
3. Unentgeltlichkeit	18	III. Betroffene Personen	54
III. Ausnahmen (Abs. 3)	19	IV. Aufsichtsbehörden	57
1. Inhärente Ausnahmen	20	V. Datenschutzmanagement	59
a) Technische und organisatorische Sicherheitsvorkehrungen, Verschlüsselung (Abs. 3 lit. a)	22	VI. Sanktionen	60

A. Einordnung und Hintergrund

1 Die Benachrichtigungspflicht gegenüber betroffenen Personen steht in unmittelbarem Zusammenhang mit der Meldepflicht in Art. 33 und teilt deren Genese (Art. 33 Rn. 3 ff.). In ihr kommt verstärkt der betroffenenrechtliche Aspekt zum Tragen (Art. 33 Rn. 2), da es vornehmlich um die Vermeidung und Minimierung von Folgeschäden geht. Anders als bei der Meldepflicht, die den Verantwortlichen immer trifft, wenn ein Risiko für die betroffenen Personen nicht ausgeschlossen werden kann, greift die Benachrichtigungspflicht nur ein, wenn tatsächlich ein hohes Risiko besteht. Darüber hinaus wartet die Benachrichtigungspflicht u.a. in Abs. 3 mit weiteren Einschränkungen auf.

B. Kommentierung

I. Benachrichtigungspflicht des Verantwortlichen (Abs. 1)

2 **1. Schutzverletzung und hohes Risiko.** Der Begriff der **Verletzung des Schutzes personenbezogener Daten** ist identisch mit demjenigen in Art. 33 Abs. 1 S. 1 (Art. 33 Rn. 25 ff.). Für Altpannen gilt dasselbe wie bei der Meldung an die Aufsichtsbehörde (Art. 33 Rn. 39 ff.). Auslösendes Moment für die Benachrichtigung Betroffener ist jedoch nicht schon das Bekanntwerden (Art. 33 Rn. 37 f.) einer Schutzverletzung, sondern das **Ergebnis der Risikobewertung**. Die Risikoeinschätzung gleicht derjenigen in Art. 33 Abs. 1 S. 1 (Art. 33 Rn. 42 ff.).

Es bedarf der positiven Feststellung, dass ein „**hohes Risiko**" gegeben ist. Die Art.-29- 3 Datenschutzgruppe sieht ein solches hohes Risiko immer dann gegeben, wenn der Schadenseintritt wahrscheinlich ist.[1] Die lediglich abstrakte Möglichkeit eines Schadenseintritts genügt nicht. Ein bestimmter Wahrscheinlichkeitsgrad ist freilich nicht vorgesehen, insoweit wird wiederum auf das zu Art. 33 entwickelte Axiom zurückgegriffen werden müssen (Art. 33 Rn. 46). **Leitlinien** zur Bestimmung des hohen Risikos gem. Art. 70 Abs. 1 lit. h fehlen derzeit.

Die Benachrichtigungspflicht besteht auch, wenn der **Schaden** bereits eingetreten ist 4 (Art. 33 Rn. 43).[2] Insbesondere existiert keine Ausnahme i.S.v. Art. 13 Abs. 4, 14 Abs. 5 lit. a, soweit die betroffene Person bereits aus eigener Anschauung über die Information verfügt.

2. Pflichtiger. Die Benachrichtigungspflicht trifft im Wesentlichen den Verantwortlichen. **Auftragsverarbeiter** bleiben weitgehend außen vor (Art. 33 Rn. 51). **Gemeinsam für die Verarbeitung Verantwortliche** können intern vereinbaren, wer der Pflicht nachkommt (Art. 33 Rn. 52). Der **Vertreter in der Union** gem. Art. 27 kann die Benachrichtigung im Namen des Pflichtigen vornehmen.

3. Empfänger. Der Wortlaut des Art. 34 Abs. 1 bezieht sich vordergründig auf die 6 betroffene Person im Sinne von Art. 4 Nr. 1. Nichtsdestotrotz können sich Abweichungen ergeben. An die Stelle der Betroffenen treten im Falle von Minderjährigen deren **Eltern**,[3] im Falle von Betreuungsverhältnissen deren **Betreuer**.[4] Sofern etwa wegen des Sozial- oder Steuergeheimnisses eine Benachrichtigungspflicht gegenüber juristischen Personen besteht (Art. 33 Rn. 25), sind **Vorstand oder Geschäftsleitung** zu informieren.

Sozialdatenschutz (§ 35 Abs. 5 SGB I n.F.) und Steuergeheimnis (§ 2a Abs. 5 Nr. 1 7 AO n.F.) umfassen zudem die Daten Verstorbener. Im Einzelfall kann sich daher die Pflicht zur Benachrichtigung der **Angehörigen** bzw. **Erben** ergeben,[5] wenngleich strengere Anforderungen an das drohende Risiko zu stellen sein dürften (z.B. Einbußen an der Erbmasse; mittelbarer Schutz Dritter bei Identitätsbetrug; erhebliche Verletzungen des postmortalen Persönlichkeitsrechts).

4. Frist. Die Benachrichtigung hat **unverzüglich** zu erfolgen. Die Bemessung gleicht 8 derjenigen in Art. 33 Abs. 1 S. 1 (Art. 33 Rn. 58 ff.), allerdings ohne die Anforderung, möglichst binnen 72 Stunden zu informieren. Unverzüglichkeit ist hier insofern weiter zu verstehen, als dass zusätzliche Bestimmungskriterien einfließen. Nach ErwG 88 sollte etwa den berechtigten **Interessen der Strafverfolgungsbehörden** Rechnung getragen werden, wenn die Untersuchung der Umstände einer Schutzverletzung durch

---

1 *Art.-29-Datenschutzgruppe* WP 250 Rev. 1 v. 6.2.2018, 23; detaillierter Sydow-*Wilhelm* Art. 34 Rn. 5, der bei vernünftiger Betrachtung eines objektiven Dritten eine gewisse, realistische Wahrscheinlichkeit eines Schadenseintritts voraussetzt.
2 BeckOK DatenSR-*Brink* 30. Ed. 2019, Art. 34 Rn. 2; a.A. Paal/Pauly-*Martini* Art. 34 Rn. 17.
3 *BlnBDI* TB 2014, S. 151.
4 *BlnBDI* TB 2012, S. 152.
5 Vgl. *BlnBDI* TB 2014, S. 151 f. zu § 18a BlnDSG a.F., welcher ebenfalls die Daten Verstorbener erfasste.

eine frühzeitige Offenlegung in unnötiger Weise behindert würde. Um das Risiko eines unmittelbaren Schadens mindern zu können, sollen betroffene Personen in Ansehung von ErwG 86 sofort benachrichtigt werden, wohingegen eine längere Benachrichtigungsfrist gerechtfertigt sein kann, wenn Maßnahmen gegen fortlaufende oder vergleichbare Schutzverletzungen zu treffen sind. Die Zeit läuft auch hier mit Bekanntwerden der Schutzverletzung, insofern ist ein gestraffter Prozess für die Risikobewertung vonnöten.

9   Es gibt kein Äquivalent zur schrittweisen Information in Art. 33 Abs. 4 (Art. 33 Rn. 82). Dies darf jedoch nicht dahingehend missverstanden werden, dass die Benachrichtigung der Betroffenen erst dann zu erfolgen braucht, wenn der gesamte Sachverhalt vom Verantwortlichen **ausermittelt** worden ist und geeignete Abhilfemaßnahmen i.S.v. Art. 33 Abs. 3 lit. d feststehen. Zweck der Vorschrift ist ein effektiver Betroffenenschutz, daher ist eine **möglichst frühzeitige Information** essentiell, selbst wenn der Verantwortliche noch keine gescheite Antwort auf die Fragen der Betroffenen hat.

II. Mindestinhalt und Form (Abs. 2)

10 **1. Inhalt.** Der Informationsgehalt der ordnungsgemäßen Benachrichtigung deckt sich weitestgehend mit demjenigen der Meldung an die Aufsichtsbehörde. Zunächst ist die **Art der Schutzverletzung** anzugeben (Art. 33 Rn. 68 f.). Dabei ist es insb. im Hinblick auf etwaige Nachahmer nicht erforderlich, zu sehr in technische Details zu gehen.[6] Außerdem kann je nach Komplexität des Vorfalls die klare und einfache Sprache im Sinne von Art. 33 Abs. 2 i.V.m. Art. 12 Abs. 1 S. 1 leiden. Auf die Angabe der Personenkategorien und Zahl der betroffenen Personen im Sinne von Art. 33 Abs. 3 lit. a kann bei der Benachrichtigung i.d.R. verzichtet werden.[7] Demgegenüber können die konkreten Datenkategorien und die Zahl der jeweiligen Datensätze für die persönliche Risikoeinschätzung durch die betroffenen Personen durchaus relevant sein.[8] Insb. bei Veränderung, unbefugter Offenlegung oder unbefugtem Zugang kann es erforderlich sein, auch die tatsächlichen **inhaltlichen Daten** zu übermitteln.[9] Die konkreten Empfänger unbefugter Offenlegungen sind nach Art. 34 nicht Teil der Benachrichtigung, können jedoch ggf. gem. Art. 15 Abs. 1 Hs. 2 lit. c erfragt werden.[10]

11 Die weiteren Informationen sind mit Art. 33 Abs. 3 lit. b, c und d identisch (Art. 33 Rn. 72 ff.) Besondere Bedeutung erlangen hierbei Empfehlungen, die unmittelbar an betroffene Personen gerichtet sind. (Art. 33 Rn. 76).

12 **2. Form. – a) Darreichung.** Die Benachrichtigung der betroffenen Personen erfolgt gem. Art. 12 Abs. 1 S. 2 schriftlich oder in anderer Form, ggf. auch elektronisch. Vorrangig ist stets die vereinbarte Form im Sinne von § 127 BGB (z.B. PGP-signiert) zu berücksichtigen. Nach Art. 12 Abs. 1 S. 2 und 3 ist ggf. die mündliche Erteilung von Informationen möglich. Dem kommt vor allem bei großer Eile Bedeutung zu. Erfolgt die Benachrichtigung (fern-)mündlich, ist der Inhalt im Rahmen der Accountability zu dokumentieren.[11]

---

6 *Eckhardt/Schmitz* DuD 2010, 394; *Hornung* NJW 2010, 1843.
7 *Kühling/Buchner-Jandt* Art. 34 Rn. 11.
8 *Gola-Reif* Art. 34 Rn. 11.
9 Bei der Meldung an die Aufsichtsbehörde ist dies nicht erforderlich, Art. 33 Rn. 71, 87.
10 *LfDI Baden-Württemberg* 34. TB 2018, S. 45 f.
11 So bereits *BlnBDI* TB 2012, S. 160 zu § 42a BDSG a.F.

Nach dem parallelgelagerten Art. 3 Abs. 4 S. 2 VO (EU) Nr. 611/2013 darf die Benachrichtigung nicht als **Gelegenheit zur Verkaufsförderung oder Werbung** für neue oder zusätzliche Dienste genutzt werden. Gemäß Art. 3 Abs. 6 S. 2 VO (EU) Nr. 611/2013 darf die Information generell nicht mit anderen Themen verbunden werden. Dies sollte auch unter der DS-GVO selbstverständlich sein, da die eigentliche Benachrichtigung anderenfalls untergehen könnte.[12] Aus demselben Grund sollte bei brieflicher Benachrichtigung ein Posttarif gewählt werden, der spezifisch für die Übersendung rechtlich erheblicher Informationen gedacht ist, da Werbebriefe beim Empfänger oft schon anhand der Frankierung aussortiert und entsorgt werden.[13]   13

Sofern die Ausnahme nach Art. 34 Abs. 3 lit. c greift, ist die Benachrichtigung durch öffentliche Bekanntmachung oder eine ähnliche Maßnahme vorzunehmen. Die **öffentliche Zustellung** durch Aushang an der Gerichtstafel (vgl. etwa § 186 Abs. 1 S. 1 ZPO) scheidet freilich aus, da es bei Art. 34 Abs. 2 nicht um eine bloße Zustellfiktion geht, sondern um effektiven Schutz der Betroffeneninteressen. Die öffentliche Information wurde vormals gem. § 42a S. 5 BDSG a.F. sichergestellt durch Anzeigen in mindestens zwei bundesweit erscheinenden **Tageszeitungen**, welche jeweils mindestens eine halbe Seite umfassen mussten.[14] Regionale Zeitungen mögen unterdessen genügen, wenn der Kreis der Betroffenen entsprechend lokal angesiedelt ist.[15] Die Datenschutzaufsicht hat im Einzelfall bereits einen **Aushang** im Fachbereich einer Hochschule genügen lassen, nachdem ein Laptop mit Zeugnisdaten aus einem Seminarraum gestohlen worden war.[16] **Amts- und Verkündungsblätter** sind mangels einschlägigen Leserkreises ungeeignet.[17] Der parallel gelagerte Art. 3 Abs. 7 S. 1 VO (EU) Nr. 611/2013 fordert insb. bei grenzüberschreitenden Verarbeitungen Bekanntmachungen in großen nationalen oder regionalen Medien der betreffenden Mitgliedstaaten. Es reicht nicht aus, dass die Medien von sich aus über den Vorfall berichten.[18]   14

Eine anderweitige öffentlichkeitswirksame Maßnahme ist ggf. die Verbreitung über **elektronische Medien** (Unternehmens-Website,[19] Facebook-Page, Twitter). Eine Veröffentlichung auf der Website der jeweiligen zuständigen Datenschutzaufsichtsbehörde mag bei behördlichen Datenpannen angehen),[20] erscheint hingegen für privatwirtschaftliche Unternehmen ungeeignet. Unterdessen ist gem. Art. 57 Abs. 1 lit. b i.V.m. Art. 62 Abs. 1 der Weg offen für ein **europaweites behördliches Datenpannenportal** im Internet. Der Verantwortliche kann nötigenfalls mehrere der genannten Maßnahmen verknüpfen, um deren Wirksamkeit sicherzustellen.   15

b) Sprache. Die Benachrichtigung hat in klarer und einfacher Sprache zu erfolgen. Hier wiederholt Art. 34 Abs. 2 einen Teil des Pflichtenkatalogs aus Art. 12 Abs. 1. Die   16

---

12 So auch *Art.-29-Datenschutzgruppe* WP 250 Rev. 1 v. 6.2.2018, 21.
13 Vgl. *Franck* ZJS 2015, 635, 637 zum inzwischen eingestellten Tarif „Infopost" der Deutschen Post AG.
14 FAZ, FR, SZ, Welt, taz, BILD, Neues Deutschland und junge welt, wobei die beiden letztgenannten ob ihrer Auflagenstärke vmtl. nicht geeignet sein dürften.
15 *Duisberg/Picot* CR 2009, 825; *Hanloser* DSB 2009, 13; *Hornung* NJW 2010, 1843 jeweils zu § 42a S. 5 BDSG a.F.
16 *BlnBDI* TB 2018, S. 27.
17 A.A. Paal/Pauly-*Martini* Art. 34 Rn. 41b sowie Kühling/Buchner-*Jandt* Art. 34 Rn. 15a.
18 Sydow-*Wilhelm* Art. 34 Rn. 13.
19 Dann jedoch direkt auf der Startseite, Sydow-*Wilhelm* Art. 34 Rn. 15.
20 Vgl. § 27a S. 3 DSG SH a.F.

Art. 34 Benachrichtigung der betroffenen Person

dort ebenfalls festgeschriebenen Merkmale der präzisen, transparenten, verständlichen und leicht zugänglichen Form werden unterdessen keineswegs verdrängt, insbesondere da Art. 12 Abs. 1 auf die hiesige Vorschrift unmittelbar verweist. Es ist diejenige **Landessprache** zu verwenden, die üblicherweise für die Kommunikation mit dem Betroffenen gewählt wird.[21] Bei längeren Texten ist auf eine sinnvolle Ordnung und **Untergliederung** zu achten, sie sollten nicht zu klein gedruckt oder blass wiedergegeben werden.

17 Die konkreten Besonderheiten der Mitteilung an Kinder gem. Art. 12 Abs. 1 S. 1 Hs. 2 spielen bei der Benachrichtigung über Schutzverletzungen eine untergeordnete Rolle, da Kinder i.d.R. nicht die intendierten Empfänger sind (Rn. 6). Insgesamt ist die Art der Formulierung aber durchaus am erwarteten Empfängerkreis auszurichten.[22]

18 **3. Unentgeltlichkeit.** Die Benachrichtigung erfolgt gem. Art. 12 Abs. 5 S. 1 stets unentgeltlich. Die Ausnahmen des Art. 12 Abs. 5 S. 2 greifen in den Fällen aktiver Transparenz nicht.[23] Die Unentgeltlichkeit spielt richtigerweise auch dann eine Rolle, wenn gem. Art. 33 Abs. 3 lit. c telefonische Kontaktdaten oder ein Faxabruf für weitere Informationen zur Verfügung gestellt werden.

III. Ausnahmen (Abs. 3)

19 Sofern Ausnahmen von der Benachrichtigungspflicht greifen, sind deren Voraussetzungen im Rahmen der Accountability i.S.v. Art. 5 Abs. 2, 33 Abs. 5 nachzuweisen.[24] Die meisten Landesdatenschutzgesetze enthalten Ausnahmevorschriften zu Art. 34 (Art. 33 Rn. 13).

20 **1. Inhärente Ausnahmen.** Art. 34 Abs. 3 erklärt die Benachrichtigung in bestimmten Fällen für **nicht erforderlich**. Die Vorschrift gewährt insoweit ein Leistungsverweigerungsrecht hinsichtlich der spezifisch-datenschutzrechtlichen Obliegenheit. Manifestiert sich das Risiko anschließend trotzdem, bleiben Ersatzansprüche wegen der unterlassenen Benachrichtigung denkbar (Rn. 51 ff.).

21 Wird eine Benachrichtigung **überobligatorisch** vorgenommen, muss sie nicht vollends den gesetzlichen Anforderungen genügen, was Inhalt und Form angeht.[25] Dies ergibt sich aus dem Umkehrschluss zu Art. 34 Abs. 4. Nur die Aufsichtsbehörde kann zur Nachholung der ordnungsgemäßen Benachrichtigung auffordern, der Verantwortliche hingegen kann nicht durch eigenes Informationshandeln in den (bußgeldbewehrten) Anwendungsbereich des Art. 34 Abs. 1 zurückfallen.

22 **a) Technische und organisatorische Sicherheitsvorkehrungen, Verschlüsselung (Abs. 3 lit. a).** Die Benachrichtigung **wegen unbefugter Offenbarung oder unbefugten Zugangs** ist nicht erforderlich, wenn der Verantwortliche geeignete technische und organisatorische Sicherheitsvorkehrungen getroffen hat, wenn die Daten hierdurch für alle Personen, die nicht zum Zugang zu den personenbezogenen Daten befugt

---

21 So auch Kühling/Buchner-*Jandt* Art. 34 Rn. 10; Sydow-*Wilhelm* Art. 34 Rn. 19; Simitis/Hornung/Spiecker gen. Döhmann-*Dix* Art. 34 Rn. 8.
22 Gola-*Franck* Art. 12 Rn. 22.
23 Gola-*Franck* Art. 12 Rn. 37.
24 *Art.-29-Datenschutzgruppe* WP 250 Rev. 1 v. 6.2.2018, 22; Ehmann/Selmayr-*Hladjk* Art. 34 Rn. 13.
25 Sie bleibt jedoch unentgeltlich gem. Art. 12 Abs. 5 und muss in der Sache zutreffend sein.

sind, unzugänglich gemacht werden. Der Wortlaut nennt ausdrücklich die **Verschlüsselung**. Diese muss dem aktuellen Stand der Technik entsprechen.[26] Sichere kryptographische **Hashes**, die keine Aufhebung der Pseudonymisierung erlauben, können im Einzelfall ebenfalls geeignet sein.[27] ErwG 88 deutet in diesem Zusammenhang technische Sicherheitsvorkehrungen an, die die Wahrscheinlichkeit eines Identitätsbetrugs oder anderer Formen des Datenmissbrauchs wirksam verringern.

Trotz des verunglückten Wortlauts sind nur solche Sicherheitsvorkehrungen gemeint, die auch nach dem Auftreten einer Schutzverletzung noch wirken. Nicht in den Anwendungsbereich des lit. a fallen überdies availability und integrity breaches (Art. 33 Rn. 29). Die Vorschrift ist allein auf den Zugang zu den personenbezogenen Daten beschränkt. 23

b) Nachträgliche Maßnahmen (Abs. 3 lit. b). Die Benachrichtigungspflicht entfällt außerdem, sofern der Verantwortliche durch nachfolgende Maßnahmen sichergestellt hat, dass das hohe Risiko aller Wahrscheinlichkeit nach nicht mehr besteht. Gefordert ist eine erneute Risikoprognose unter geänderten Bedingungen. Der Verantwortliche muss nicht völlig ausschließen können, dass sich das Risiko doch noch verwirklicht. Es muss sich lediglich als vernachlässigbar darstellen. Bei gewöhnlichem Geschehensablauf soll kein Eintritt des Schadens mehr zu erwarten sein.[28] 24

Beispiele: Ermitteln und Festsetzen des unbefugt Zugreifenden; Sperren von Zugangsdaten oder Abschaltung von Zugängen, solange noch kein Missbrauch stattgefunden hat; Sperren von Kreditkartendaten und Neuvergabe; Zusicherung seitens unberechtigter Empfänger, die personenbezogenen Daten zu löschen und nicht weiterzugeben. 25

Sofern ein Datenträger gelöscht oder beschädigt wird, aber durch technische und organisatorische Sicherheitsvorkehrungen zeitnah ein **Backup** eingespielt werden kann, handelt es sich um eine nachträgliche Maßnahme. Das bloße Vorhandensein einer Backup-Lösung lässt noch nicht das hohe Risiko entfallen, da auch hier Fehlerquellen (Vollständigkeit, Aktualität, Übertragungsvorgang) bestehen können. 26

Das **umgehende Nacherheben** fehlender Daten kann als Maßnahme im Sinne des lit. b gewertet werden, falls availability oder integrity breaches vorangegangen sind. Dies freilich nur außerhalb der Direkterhebung. Wird in die Direkterhebung eingestiegen, gebietet es schon der Grundsatz von Treu und Glauben nach Art. 5 Abs. 1 lit. a, zugleich die Schutzverletzung mitzuteilen. Die Ausnahme des Art. 34 Abs. 3 lit. b soll verhindern, dass betroffene Personen ohne Not alarmiert werden. Bei einer Direkterhebung verloren gegangener Daten geschieht dies jedoch unweigerlich. 27

Die **Meldung an die Aufsichtsbehörde** gem. Art. 33 Abs. 1 kann niemals die Benachrichtigung entfallen lassen. Das Gleiche gilt für zeitlich eng beieinanderliegende Benachrichtigungen, denen zwar unterschiedliche Schutzverletzungen zu Grunde liegen, jedoch identische Empfehlungen zur Folge haben. 28

---

26 Das BayLDA weist in diesem Zusammenhang auf AES-256 hin, *BayLDA* 6. TB 2015, S. 153; der LfD Sachsen-Anhalt stellt ein Infoblatt zur Verfügung u.a. zu Bitlocker und VeraCrypt, http://lsaurl.de/Datentraegerschutz; der *LfDI Baden-Württemberg* 34. TB 2018, S. 54 nennt zudem dm-crypt bzw. LUKS unter Linux, GELI bzw. CGD unter BSD, EFS unter AIX sowie encrypted ZFS unter Solaris.
27 Zum Personenbezug kryptographischer Hashes *Voitel* DuD 2017, 686 ff.
28 Paal/Pauly-*Martini* Art. 34 Rn. 39.

29 **c) Unverhältnismäßiger Aufwand (Abs. 3 lit. c).** Die individuelle Benachrichtigung kann unterbleiben, wenn sie mit einem unverhältnismäßigen Aufwand verbunden wäre. An ihre Stelle tritt die öffentliche Bekanntmachung (Rn. 14 f.). Bei der Bestimmung des Aufwandes ist zunächst die **Zahl der betroffenen Personen** im Verhältnis zur Leistungsfähigkeit des Verantwortlichen heranzuziehen.[29] Außerdem kann es von Bedeutung sein, inwieweit der Verantwortliche den gesteigerten Aufwand selbst verschuldet hat, z.B. durch vorschnelle Vernichtung der beim unbefugten Empfänger sichergestellten Daten.

30 Eine Benachrichtigung sämtlicher Betroffener per E-Mail wird niemals einen unverhältnismäßigen Aufwand darstellen.[30] Eine hierüber hinausgehende Faustformel fehlt bislang, hier könnten Verhaltensregeln i.S.v. Art. 40 Abs. 2 lit. i helfen. Leitlinien gem. Art. 70 Abs. 1 lit. h sind zu diesem Themenkomplex nicht vorgesehen.[31]

31 Wenn mangels Kontaktdaten überhaupt kein Kommunikationskanal zu den Betroffenen besteht, ist ebenfalls die öffentliche Bekanntmachung zu wählen.[32] Bei der insoweit bestehenden **Unmöglichkeit** (vgl. § 275 Abs. 1 BGB) einer individuellen Benachrichtigung greift Abs. 3 lit. c im Wege des Erstrechtschlusses.

32 Wenn stattdessen nur **unbekannt** ist, wessen personenbezogene Daten konkret durch die Schutzverletzung in Mitleidenschaft gezogen wurden, ist zunächst die individuelle Benachrichtigung **aller potentiell Betroffenen** einschlägig. Art. 34 Abs. 1 ist im Interesse eines effektiven Schutzes (vgl. ErwG 11) dahingehend auszulegen, dass „wenigstens" die betroffene Person zu benachrichtigen ist. Nur, wenn hierdurch wiederum die Zahl der Benachrichtigungsempfänger überbordend anschwillt, ist von einem unverhältnismäßigen Aufwand auszugehen.

33 Der Verantwortliche wird **durch öffentliche Bekanntmachung frei**. Verringert sich der unverhältnismäßige Aufwand für die individuelle Benachrichtigung nachträglich, da der betroffene Personenkreis besser eingegrenzt werden kann, ist keine zweite individuelle Benachrichtigung vorgesehen. Dies ist ein Versäumnis des Unionsgesetzgebers, ist aber wegen des drohenden Bußgeldes für pflichtwidrig ausgebliebene Informationen kaum anders lösbar. Auch Art. 34 Abs. 4 hilft nicht weiter.

34 **2. § 29 Abs. 1 S. 3 und 4 BDSG.** Die Pflicht zur Benachrichtigung besteht gem. § 29 Abs. 1 S. 3 BDSG nicht, soweit durch die Benachrichtigung Informationen offenbart würden, die nach einer Rechtsvorschrift oder ihrem Wesen nach, insb. wegen der überwiegenden berechtigten Interessen eines Dritten, geheim gehalten werden müssen.

35 In § 29 Abs. 1 S. 4 BDSG ist eine Gegenausnahme enthalten, falls die Interessen der betroffenen Person unter Berücksichtigung drohender Schäden, gegenüber dem Geheimhaltungsinteresse überwiegen.

36 Die Regelung soll vor allem Berufsgeheimnisträgern mit gesetzlicher oder satzungsmäßiger **Verschwiegenheitspflicht** zu Gute kommen, also vor allem den Katalogberufen des § 203 Abs. 1 StGB.

---

29 Art. 32 Abs. 3 lit. c RatsE stellte allein auf die Zahl der betroffenen Fälle ab.
30 Gola-*Reif* Art. 34 Rn. 9; ferner *Hornung* NJW 2010, 1841, 1843 zu § 42a BDSG a.F.
31 Art. 70 Abs. 1 lit. h bezieht sich ausschließlich auf die Bestimmung des hohen Risikos.
32 *Art.-29-Datenschutzgruppe* WP 250 Rev. 1 v. 6.2.2018, 22.

Beispiel: Rechtsanwalt verliert USB-Stick mit Informationen über die Gegenpartei, die Benachrichtigung würde das Mandatsverhältnis offenbaren. Der Wortlaut erfasst überdies alle sonstigen Informationen, an denen ein berechtigtes Geheimhaltungsinteresse bestehen könnte, bspw. **Geschäfts- und Betriebsgeheimnisse** oder Informationen, die nach den Grundsätzen des **therapeutischen Privilegs** (vgl. § 630g Abs. 1 S. 1 BGB) nicht einmal an die betroffene Person selbst gelangen sollen. 37

Die BDSG-Vorschrift ist dabei gleich in mehrerlei Hinsicht problematisch. Sie ist tatbestandsmäßig verunglückt, in der Sache unangemessen und **europarechtswidrig**.[33] Die Vorschrift ist daher keinesfalls anzuwenden.[34] 38

a) Ausnahme ohne Anwendungsfall. Zunächst fehlt ein dem § 29 Abs. 1 S. 3 BDSG entsprechender Gegenstand. Die Norm bezieht sich expressis verbis auf Informationen die nach einer Rechtsvorschrift oder ihrem Wesen nach geheim gehalten werden müssen. Art. 34 Abs. 1 stellt jedoch seinerseits eine **Offenbarungsbefugnis** i.S.d. § 203 StGB dar. Insoweit war bereits § 42a S. 1 Nr. 2 BDSG a.F. ausdrücklich auf personenbezogene Daten bezogen, die einem Berufsgeheimnis unterlagen. Wohlweislich hat der Unionsgesetzgeber in ErwG 85 den Verlust der Vertraulichkeit von dem Berufsgeheimnis unterliegenden Daten ausdrücklich als schwerwiegende Risikokategorie benannt.[35] 39

Ein sachlicher Anwendungsbereich bliebe nur übrig, wenn es bereits genügen würde, dass die betreffenden Informationen nach „einer Rechtsvorschrift" geheim gehalten werden müssen, das Zusammenspiel mit „anderen Rechtsvorschriften" hingegen geflissentlich ignoriert würde. So unterläge jede nur potentiell als geheimhaltungswürdig denkbare Information der Ausnahme, also sogar dann, wenn in der konkreten Situation eine Schweigepflichtentbindung existierte. 40

Unterbleibt die Benachrichtigung, kann die Aufsichtsbehörde amtlich feststellen, dass eine in Art. 34 Abs. 3 lit. a–c aufgeführte Ausnahme einschlägig ist (Rn. 48). Für sonstige Ausnahmen wie diejenige gem. § 29 Abs. 1 S. 3 BDSG trifft dies nicht zu, da es an einer entsprechenden nationalen Regelung fehlt. Gleichsam wird Art. 58 Abs. 2 lit. e nicht durch § 29 Abs. 3 S. 1 BDSG eingeschränkt. Insoweit ist stets zwingend die Aufforderung gem. Art. 34 Abs. 4 (Rn. 46 ff.) die Folge. 41

b) Gegenausnahme ohne Bewertungskriterien. Falls die Interessen der betroffenen Person gegenüber dem Geheimhaltungsinteresse überwiegen – insb. unter Berücksichtigung drohender Schäden – soll die Pflicht zur Benachrichtigung gem. § 29 Abs. 1 S. 4 BDSG bestehen bleiben. Mit der Frage, welche besonderen Schadens- und Risikoklassen das sein sollen, ist der Berufsgeheimnisträger auf sich allein gestellt. Der Bundesgesetzgeber hat auch keine Obliegenheit geschaffen, zunächst um Schweigepflichtentbindung zu ersuchen, um das Geheimhaltungsinteresse entfallen zu lassen. Die Empfehlung kann freilich nicht sein, gar nicht zu benachrichtigen und stattdessen auf eine Aufforderung durch die Behörde gem. Art. 34 Abs. 4 zu warten. Z.T. wird für eine möglichst weite Auslegung der Gegenausnahme plädiert, 42

---

33 Zweifelnd auch Gola-*Reif* Art. 34 Rn. 10.
34 Zu den aufsichtsbehördlichen Befugnissen bei Befolgung des unionsrechtswidrigen § 29 Abs. 1 S. 3 BDSG *Franck* ZD 2018, 345, 347.
35 In Art. 32 Abs. 1 RatsE war das Berufsgeheimnis sogar als Regelbeispiel enthalten.

demnach bestünde die Benachrichtigungspflicht im Grunde stets, wenn die betroffene Person Maßnahmen zur Schadensminderung ergreifen muss.[36]

43 **c) Voraussetzungen der Öffnungsklausel.** Die Bundesregierung stützt § 29 Abs. 1 BDSG ausweislich der Gesetzesbegründung auf Art. 23 Abs. 1 lit. i,[37] also den Schutz der betroffenen Person oder der Rechte und Freiheiten anderer Personen. Sowohl die Privatsphäre Dritter als auch die Berufsausübung der Berufsgeheimnisträger kann hierbei gemeint sein. Die Öffnungsklausel ist jedoch **kein Freibrief.** Gemäß Art. 23 Abs. 1 darf vom Regelungsspielraum nur Gebrauch gemacht werden, sofern die Beschränkung von Betroffenenrechten den Wesensgehalt der Grundrechte und Grundfreiheiten achtet und in einer demokratischen Gesellschaft eine notwendige und verhältnismäßige Maßnahme darstellt.[38] Die Gesetzesbegründung schweigt sich zu diesem wesentlichen Punkt aus.

44 Darüber hinaus fehlt es an geeigneten **kompensierenden gesetzgeberischen Maßnahmen** i.S.d. Art. 23 Abs. 2, hier insb. lit. c („Umfang der vorgenommenen Beschränkungen"), lit. d („Garantien gegen Missbrauch oder unrechtmäßigen Zugang oder unrechtmäßige Übermittlung") und lit. g („Risiken für die Rechte und Freiheiten der betroffenen Personen").[39] Einfach eine neue Risikoklasse in § 29 Abs. 1 S. 4 BDSG einzuführen und die Bewertung dem Geheimnisträger aufzubürden, reicht nicht aus.

45 **d) Parallelwertung zu Art. 14 Abs. 5 lit. c.** Dem Unionsgesetzgeber waren bei der Regelung der Transparenzregeln die Komplikationen durch Berufsgeheimnisse wohl bekannt. Deshalb wurde im Rahmen der Informationspflicht außerhalb der Direkterhebung gem. Art. 14 Abs. 5 lit. c unmittelbar eine Ausnahme für Daten aufgenommen, die vertraulich behandelt werden müssen. Es wäre ein arger Wertungswiderspruch, wenn der Unionsgesetzgeber die banalen Fälle selbst regele, die hochriskanten Fälle aber den Mitgliedstaaten zur freien Verfügung überantwortete. Vor allem würde hierdurch das von ErwG 11 gesteckte Ziel eines wirksamen Schutzes personenbezogener Daten und einer Stärkung und präzisen Festlegung von Betroffenenrechten unterlaufen.

IV. Behördliche Aufforderung (Abs. 4)

46 Ist eine Benachrichtigung zunächst ausgeblieben, kann die Aufsichtsbehörde gem. Art. 34 Abs. 4 i.V.m. Art. 58 Abs. 2 lit. e verlangen, dies nachzuholen. Die Behörde entscheidet **unter Berücksichtigung der Wahrscheinlichkeit,** mit der die Verletzung des Schutzes personenbezogener Daten zu einem hohen Risiko führt. Sie kann stattdessen auch feststellen, dass eine in Art. 34 Abs. 3 lit. a–c genannten Voraussetzungen erfüllt ist.

47 Die Aufforderung ergeht im Wesentlichen in all jenen Fällen, in denen eine Benachrichtigungspflicht per se besteht, jedoch **pflichtwidrig missachtet** wurde. Art. 34 Abs. 4

---

36 Paal/Pauly-*Gräber/Nolden* § 29 BDSG Rn. 15.
37 BT-Drucks. 18/11325, S. 100.
38 Eingehend *Kühling/Martini* u.a. Die Datenschutz-Grundverordnung und das nationale Recht, S. 68 ff.
39 Zurückhaltender, aber im Ergebnis ebenso *Johannes* ZD-Aktuell 2017, 05533.

greift auch, wenn lediglich eine unvollständige Benachrichtigung erfolgt ist.[40] Der Wortlaut lässt allerdings offen, ob auch in Fällen aufgefordert werden kann, in denen das **hohe Risiko nicht positiv festgestellt** wird. Dass sich Art. 58 Abs. 2 lit. e auf „Abhilfebefugnisse" bezieht, bedeutet nicht notwendigerweise, dass zuvor ein Rechtsverstoß geschehen sein muss. Im Interesse eines wirksamen Schutzes personenbezogener Daten und einer Stärkung von Betroffenenrechten (ErwG 11) muss die Behörde daher in der Lage sein, unter der Schwelle des hohen Risikos oder trotz eines Ausnahmetatbestandes für die Benachrichtigung zu sorgen.

Aus der Formulierung des Art. 34 Abs. 4 („kann") ergibt sich keineswegs, dass die Behörde nach dem **Opportunitätsprinzip** von der Aufforderung absehen darf. Es existieren auch keinerlei Kriterien, die das pflichtgemäße Ermessen in diese Richtung lenkten. Stattdessen stehen die Aufforderung und die Feststellung einer Ausnahme nach Art. 34 Abs. 3 lit. a–c in einem Alternativverhältnis. **48**

Die Aufsichtsbehörde übernimmt die Benachrichtigung nicht selbst im Wege der **Ersatzvornahme** (arg. e Art. 58 Abs. 2 lit. e).[41] Das Fehlen dieser typisch-ordnungsrechtlichen Befugnis ist freilich verschmerzbar. Die unterlassene Benachrichtigung ist gem. Art. 83 Abs. 4 lit. a mit Geldbuße bedroht. Mit der rechtskräftigen Sanktion tritt eine Zäsur ein, sodass bei fortgesetzter Weigerung ein erneutes Bußgeld verhängt werden kann (kein ne bis in idem). Darüber hinaus ist das Ignorieren einer Anweisung nach Art. 34 Abs. 4 gem. Art. 83 Abs. 5 lit. e i.V.m. Art. 58 Abs. 2 lit. e als eigenständiges Delikt mit dem höheren Bußgeldrahmen belegt. **49**

V. Verwendungsverbot

Das Verwendungsverbot (Art. 33 Rn. 88 ff.) der § 42 Abs. 4 und § 43 Abs. 4 BDSG (parallel: § 384a Abs. 3 AO n.F.; § 85 Abs. 3, § 85a Abs. 2 SGB X n.F.) greift auch für Umstand und Inhalt der Benachrichtigung. **50**

C. Praxishinweis – Relevanz

I. Öffentliche Stellen

Wird das hohe Risiko verneint, ist die öffentliche Stelle noch nicht vollends befreit. Das der Bundesrepublik zu Grunde liegende **Rechtsstaatsprinzip**, welches u.a. in Art. 20 Abs. 3 GG seine textliche Ausprägung erfährt, verpflichtet die Verwaltung zur Schadensminimierung.[42] Manifestiert sich ein Risiko, sei es auch zunächst unwahrscheinlich erschienen, nachdem die verantwortliche Behörde die Information unterlassen hat, drohen ggf. Amtshaftungsansprüche,[43] Folgenbeseitigungsansprüche oder dienstaufsichtsrechtliche Konsequenzen. Hieraus folgt, dass ggf. auch unter der Schwelle des hohen Risikos i.S.v. Art. 34 Abs. 1 eine Benachrichtigung der Betroffenen tunlich ist. **51**

---

40 A.A. Sydow-*Wilhelm* Art. 34 Rn. 21.
41 So auch Paal/Pauly-*Martini* Art. 34 Rn. 55; Kühling/Buchner-*Jandt* Art. 34 Rn. 16; BeckOK DatenSR-*Brink* 30. Ed. 2019, Art. 34 Rn. 44; Taeger/Gabel-*Schultze-Melling* Art. 34 Rn. 33.
42 *Albrecht* DSB 2010, 15; *Gabel* BB 2009, 2046.
43 *Albrecht* DSB 2010, 15.

II. Nichtöffentliche Stellen

52 Ebenso kann die Benachrichtigungspflicht aus dem **vertraglichen Rücksichtnahmegebot** erwachsen.[44] Gemäß § 241 Abs. 2 BGB verpflichten bestehende Schuldverhältnisse zur Rücksicht auf die Rechte, Rechtsgüter und Interessen des anderen Teils. Sofern also ein Schuldverhältnis zwischen dem für die Verarbeitung Verantwortlichen und betroffener Person besteht,[45] müssen etwaige Risiken mitgeteilt werden. Wird die Benachrichtigung unterlassen, können im Falle der Risikoverwirklichung Schadensersatzansprüche gem. der §§ 280 ff. BGB die Folge sein.

53 Eine Benachrichtigungspflicht kann sich zudem aus **Verkehrssicherungspflichten** gem. Art. 82 Abs. 1 bzw. §§ 823 ff. BGB ergeben. Beruht etwa die unrechtmäßige Kenntniserlangung durch Dritte auf unzureichenden IT-Sicherheitsmaßnahmen, hat der für die Verarbeitung Verantwortliche dadurch eine Gefahrenquelle geschaffen. Er ist deshalb deliktsrechtlich verpflichtet, weitere Schäden abzuwenden.

III. Betroffene Personen

54 Betroffene Personen werden in die Lage versetzt, **Haftungsansprüche** wegen Schutzverletzungen geltend zu machen. Sie sind im Rahmen ihrer **Schadensminderungspflicht** (vgl. § 254 BGB) gehalten, den Empfehlungen im Sinne von Art. 33 Abs. 3 lit. d (Art. 33 Rn. 76) Folge zu leisten und ggf. eigene Abwehrmaßnahmen zu ergreifen.

55 Bleibt die Benachrichtigung aus, ergeben sich aber z.B. aus der Presseberichterstattung oder den Tätigkeitsberichten der Aufsichtsbehörden Anhaltspunkte für Schutzverletzungen, kann die betroffene Person über den **Auskunftsanspruch** gem. Art. 15 Abs. 1 lit. c zumindest die unbefugten Empfänger erfragen. Ggf. besteht auch ein **Urkundeneinsichtsanspruch** gem. § 810 BGB hinsichtlich der Dokumentation i.S.v. Art. 33 Abs. 5, wenn die betroffene Person ein entsprechendes rechtliches Interesse daran hat.

56 Gelangt die betroffene Person zu dem Schluss, die Benachrichtigung sei pflichtwidrig unterlassen worden, kann sie gem. § 823 Abs. 2 BGB i.V.m. Art. 34 Abs. 2, Art. 33 Abs. 3 lit. d die **Abgabe geeigneter Abhilfeempfehlungen** verlangen.

IV. Aufsichtsbehörden

57 Die Aufsichtsbehörden sind vor allem in Art. 34 Abs. 4 angesprochen. Sie können zur **Nachholung unterlassener Benachrichtigungen** auffordern oder eine Ausnahme feststellen (Rn. 46 ff.). Die Möglichkeit zur Ersatzvornahme besteht nicht (Rn. 49).

58 Hinsichtlich der öffentlichen Bekanntgabe i.S.v. Art. 34 Abs. 3 lit. c bietet es sich an, gem. Art. 57 Abs. 1 lit. b i.V.m. Art. 62 Abs. 1 ein **europaweites behördliches Datenpannenportal** im Internet zu schaffen. Innerhalb des Europäischen Datenschutzausschusses, können die Behörden **Leitlinien** zur Bestimmung des hohen Risikos herausgeben (Art. 33 Rn. 108).

---

44 *Gabel* BB 2009, 2046.
45 Die Verarbeitung personenbezogener Daten stellt nicht per se ein Schuldverhältnis i.S.d. § 311 BGB dar.

V. Datenschutzmanagement

Die Management-Elemente decken sich mit denen der Meldung an die Aufsichtsbehörde (Art. 33 Rn. 109 ff.). Insb. sind Vorgaben für die **Bestimmung des hohen Risikos** erforderlich und **Mustertexte** für die Benachrichtigung vorzubereiten. Für die öffentliche Bekanntmachung bedarf es geeigneter technischer Vorkehrungen und ggf. passender Anzeigenkontakte bei Printmedien (Rn. 14 f.). 59

VI. Sanktionen

Verstöße gegen die Benachrichtigungspflicht gem. Art. 34 Abs. 1 werden grundsätzlich gem. Art. 83 Abs. 4 lit. a mit Geldbußen von bis zu 10 000 000 EUR oder im Fall eines Unternehmens von bis zu 2 % seines gesamten weltweit erzielten Vorjahresumsatzes geahndet, je nachdem, welcher der Beträge höher ist. 60

Die Nichtbefolgung einer Benachrichtigungsaufforderung nach Art. 34 Abs. 4 wird gem. Art. 83 Abs. 5 lit. e i.V.m. Art. 58 Abs. 2 lit. e mit Geldbußen von bis zu 20 000 000 EUR oder im Fall eines Unternehmens von bis zu 4 % seines gesamten weltweit erzielten Vorjahresumsatzes geahndet, je nachdem, welcher der Beträge höher ist. 61

Behörden und sonstige öffentliche Stellen sind gem. § 43 Abs. 3 BDSG vom Bußgeld ausgenommen, solange sie nicht am Wettbewerb teilnehmen (§ 2 Abs. 5 BDSG). 62

Abschnitt 3
Datenschutz-Folgenabschätzung und vorherige Konsultation

Artikel 35 Datenschutz-Folgenabschätzung

(1) ¹Hat eine Form der Verarbeitung, insbesondere bei Verwendung neuer Technologien, aufgrund der Art, des Umfangs, der Umstände und der Zwecke der Verarbeitung voraussichtlich ein hohes Risiko für die Rechte und Freiheiten natürlicher Personen zur Folge, so führt der Verantwortliche vorab eine Abschätzung der Folgen der vorgesehenen Verarbeitungsvorgänge für den Schutz personenbezogener Daten durch. ²Für die Untersuchung mehrerer ähnlicher Verarbeitungsvorgänge mit ähnlich hohen Risiken kann eine einzige Abschätzung vorgenommen werden.

(2) Der Verantwortliche holt bei der Durchführung einer Datenschutz-Folgenabschätzung den Rat des Datenschutzbeauftragten, sofern ein solcher benannt wurde, ein.

(3) Eine Datenschutz-Folgenabschätzung gemäß Absatz 1 ist insbesondere in folgenden Fällen erforderlich:
a) systematische und umfassende Bewertung persönlicher Aspekte natürlicher Personen, die sich auf automatisierte Verarbeitung einschließlich Profiling gründet und die ihrerseits als Grundlage für Entscheidungen dient, die Rechtswirkung gegenüber natürlichen Personen entfalten oder diese in ähnlich erheblicher Weise beeinträchtigen;
b) umfangreiche Verarbeitung besonderer Kategorien von personenbezogenen Daten gemäß Artikel 9 Absatz 1 oder von personenbezogenen Daten über strafrechtliche Verurteilungen und Straftaten gemäß Artikel 10 oder
c) systematische umfangreiche Überwachung öffentlich zugänglicher Bereiche.

Ferik

Art. 35 — Datenschutz-Folgenabschätzung

(4) ¹Die Aufsichtsbehörde erstellt eine Liste der Verarbeitungsvorgänge, für die gemäß Absatz 1 eine Datenschutz-Folgenabschätzung durchzuführen ist, und veröffentlicht diese. ²Die Aufsichtsbehörde übermittelt diese Listen dem in Artikel 68 genannten Ausschuss.

(5) ¹Die Aufsichtsbehörde kann des Weiteren eine Liste der Arten von Verarbeitungsvorgängen erstellen und veröffentlichen, für die keine Datenschutz-Folgenabschätzung erforderlich ist. ²Die Aufsichtsbehörde übermittelt diese Listen dem Ausschuss.

(6) Vor Festlegung der in den Absätzen 4 und 5 genannten Listen wendet die zuständige Aufsichtsbehörde das Kohärenzverfahren gemäß Artikel 63 an, wenn solche Listen Verarbeitungstätigkeiten umfassen, die mit dem Angebot von Waren oder Dienstleistungen für betroffene Personen oder der Beobachtung des Verhaltens dieser Personen in mehreren Mitgliedstaaten im Zusammenhang stehen oder die den freien Verkehr personenbezogener Daten innerhalb der Union erheblich beeinträchtigen könnten.

(7) Die Folgenabschätzung enthält zumindest Folgendes:
a) eine systematische Beschreibung der geplanten Verarbeitungsvorgänge und der Zwecke der Verarbeitung, gegebenenfalls einschließlich der von dem Verantwortlichen verfolgten berechtigten Interessen;
b) eine Bewertung der Notwendigkeit und Verhältnismäßigkeit der Verarbeitungsvorgänge in Bezug auf den Zweck;
c) eine Bewertung der Risiken für die Rechte und Freiheiten der betroffenen Personen gemäß Absatz 1 und
d) die zur Bewältigung der Risiken geplanten Abhilfemaßnahmen, einschließlich Garantien, Sicherheitsvorkehrungen und Verfahren, durch die der Schutz personenbezogener Daten sichergestellt und der Nachweis dafür erbracht wird, dass diese Verordnung eingehalten wird, wobei den Rechten und berechtigten Interessen der betroffenen Personen und sonstiger Betroffener Rechnung getragen wird.

(8) Die Einhaltung genehmigter Verhaltensregeln gemäß Artikel 40 durch die zuständigen Verantwortlichen oder die zuständigen Auftragsverarbeiter ist bei der Beurteilung der Auswirkungen der von diesen durchgeführten Verarbeitungsvorgänge, insbesondere für die Zwecke einer Datenschutz-Folgenabschätzung, gebührend zu berücksichtigen.

(9) Der Verantwortliche holt gegebenenfalls den Standpunkt der betroffenen Personen oder ihrer Vertreter zu der beabsichtigten Verarbeitung unbeschadet des Schutzes gewerblicher oder öffentlicher Interessen oder der Sicherheit der Verarbeitungsvorgänge ein.

(10) Falls die Verarbeitung gemäß Artikel 6 Absatz 1 Buchstabe c oder e auf einer Rechtsgrundlage im Unionsrecht oder im Recht des Mitgliedstaats, dem der Verantwortliche unterliegt, beruht und falls diese Rechtsvorschriften den konkreten Verarbeitungsvorgang oder die konkreten Verarbeitungsvorgänge regeln und bereits im Rahmen der allgemeinen Folgenabschätzung im Zusammenhang mit dem Erlass dieser Rechtsgrundlage eine Datenschutz-Folgenabschätzung erfolgte, gelten die Absätze 1 bis 7 nur, wenn es nach dem Ermessen der Mitgliedstaaten erforderlich ist, vor den betreffenden Verarbeitungstätigkeiten eine solche Folgenabschätzung durchzuführen.

Art. 35 Datenschutz-Folgenabschätzung

(11) Erforderlichenfalls führt der Verantwortliche eine Überprüfung durch, um zu bewerten, ob die Verarbeitung gemäß der Datenschutz-Folgenabschätzung durchgeführt wird; dies gilt zumindest, wenn hinsichtlich des mit den Verarbeitungsvorgängen verbundenen Risikos Änderungen eingetreten sind.

- *ErwG: 75, 84, 89–96*
- *BDSG n.F.: § 38 Abs. 1*
- *DSRL: Art. 17, 18, 20*
- *BDSG a.F.: § 4d BDSG*
- *WP der Art.-29-Datenschutzgruppe:*
  - *WP 243 rev.01, 16/DE*: Leitlinien in Bezug auf Datenschutzbeauftragte („DSB")
  - *WP 251, 17/EN*: Guidelines on Automated individual decision-making and Profiling for the purposes of Regulation 2016/679
  - *WP 203, 00569/13/EN*: Opinion 03/2013 on purpose limitation
  - *WP 218, 14/EN*: Statement on the role of a risk-based approach in data protection legal frameworks
  - *WP209, 2064/13/DE*: Stellungnahme 7/2013 zum Muster für die Datenschutzfolgenabschätzung für intelligente Netze und intelligente Messsysteme, erstellt durch die Sachverständigengruppe 2 der Taskforce der Kommission für intelligente Netze
  - *WP 248 rev.01, 17/EN*: Guidelines on Data Protection Impact Assessment (DPIA) and determining whether processing is „likely to result in a high risk" for the purposes of Regulation 2016/679
- *Kurzpapiere der Datenschutzkonferenz (DSK) zur DS-GVO:*
  - *Kurzpapier Nr. 5*: Datenschutz-Folgenabschätzung nach Art. 35 (Stand: 17.12.2018)
- *Kurzpapiere des Bayerisches Landesamt für Datenschutzaufsicht (BayLDA) zur DS-GVO:*
  - *Kurzpapier Nr. 1*: Veröffentlichung zum Art. 32 DS-GVO – Sicherheit der Verarbeitung
  - *Kurzpapier Nr. 18*: Datenschutz-Folgenabschätzung (DSFA) – Art. 35
  - *Kurzpapier Nr. 17*: Verhaltensregeln – Art. 40 DS-GVO

Übersicht

	Rn		Rn
A. Einordnung und Hintergrund	1	a) Automatisierte systematische und umfassende Bewertung persönlicher Aspekte	44
I. Überblick	1		
II. Unterschiede und Gemeinsamkeiten zur Vorabkontrolle	21		
B. Kommentierung	34	b) Umfangreiche Verarbeitung von Daten besonderer Kategorien nach Art. 9 Abs. 1 oder umfangreiche Daten über strafrechtliche Verurteilungen und Straftaten	
I. Notwendigkeit einer Datenschutzfolgenabschätzung (DSFA)	34		
1. Risikobegriff	36		
2. Auslöser einer DSFA	40		45
3. Regelbeispiele für ein hohes Risiko: Abstrakte Auslösekriterien	43	c) Systematische umfangreiche Überwachung (öffentlich) zugänglicher Bereiche	46

		Rn
4.	Kriterienkatalog für ein hohes Risiko: Konkrete Auslösekriterien	53
	a) Bewertung oder Scoring, inklusive Profilbildung und Vorhersagen	59
	b) Automatisierte Entscheidungsfindung mit rechtlicher oder ähnlicher bedeutender Wirkung	65
	c) Systematische Überwachung: Verarbeitung zur Beobachtung, Überwachung oder Kontrolle der betroffenen Personen	68
	d) Sensible oder höchstpersönliche Daten	74
	e) Datenverarbeitung im großen Maßstab	75
	f) Abgleich oder Zusammenführen von Datensätzen	80
	g) Daten gefährdeter Personen	86
	h) Innovative Nutzung oder Anwendung neuer technologischer oder organisatorischer Lösungen	91
	i) Benachteiligung oder Ausschluss der betroffenen Person	100
5.	Zwischenergebnis: Erforderlichkeit/Auslösekriterien	101
II.	Zeitpunkt der Durchführung einer DSFA	109
1.	Vor Beginn des Verarbeitungsvorgangs	109
2.	Nach Beginn des Verarbeitungsvorgangs	110
3.	Altverhältnisse	113
III.	Beteiligte einer DSFA	116
1.	Verantwortlicher	117
2.	Gemeinsam Verantwortliche	120
3.	Datenschutzbeauftragter	122
	a) Klare Rollenverteilung	123
	b) Kooperative Tätigkeit	127
	c) Interessenskonflikt	130
4.	Auftragsverarbeiter	133

		Rn
5.	Betroffene oder Vertreter	136
6.	Aufsichtsbehörde	141
IV.	Prüfschema einer DSFA	142
1.	Vorprüfung: Ist eine DSFA relevant?	142
2.	Schritt: Rechtmäßigkeit	150
3.	Schritt: Pflicht zur Durchführung einer DSFA	153
	a) Verarbeitungsvorgang lässt sich der Whitelist zuordnen	153
	b) Vorweggenommene DSFA i.S.d. Art. 35 Abs. 10	154
	c) Ähnlicher Verarbeitungsvorgang mit ähnlich hohem Risiko	156
	d) Verarbeitungsvorgang lässt sich Blacklist zuordnen	160
	e) Besteht ein hohes Risiko für die Rechte und Freiheiten natürlicher Personen?	163
4.	Schritt: Durchführung einer DSFA	167
	a) Mindestinhalt einer DSFA	168
	b) Vorgehen bei einer DSFA	171
	aa) Vorbereitungsphase	171
	bb) Bewertungsphase	180
	(1) Normative Bewertung gem. Art. 35 Abs. 7 lit. b	181
	(2) Bewertung des Risikos gem. Art. 35 Abs. 7 lit. c	188
	cc) Maßnahmenphase	196
	dd) Berichtsphase	201
5.	Schritt: Überprüfung und Wiederholung der DSFA	204
6.	Bußgeld	208
C.	Praxishinweise	211
I.	Relevanz für öffentliche Stellen	211
II.	Relevanz für nichtöffentliche Stellen	212

	Rn		Rn
III. Relevanz für betroffene Personen	213	V. Relevanz für das Datenschutzmanagement	215
IV. Relevanz für Aufsichtsbehörden	214		

Literatur: *Baumgartner/Gausling* Datenschutz durch Technikgestaltung und datenschutzfreundliche Voreinstellungen; ZD 2017, S. 308; *Bieker/Bremert/Hansen* Die Risikobeurteilung nach der DS-GVO, DuD 2018, 493; *Bieker/Hansen/Friedewald* Die grundrechtskonforme Ausgestaltung der Datenschutz-Folgenabschätzung nach der europäischen Datenschutz-Grundverordnung, RDV 2016, 188; *BITKOM – AK Datenschutz* Leitfaden – Risk Assessment & Datenschutz-Folgenabschätzung; *Der Bayerische Landesbeauftragte für den Datenschutz* Datenschutz-Folgeabschätzung, Methodik und Fallstudie, Oktober 2019; *ders.* Datenschutz-Folgenabschätzung – Orientierungshilfe, März, 2019; *Engelien-Schulz* Die Vorabkontrolle gem. § 4d Abs. 5 und Abs. 6 Bundesdatenschutzgesetz (BDSG), RDV 2003, 270; *Franck* Nachträgliche Datenschutz-Folgenabschätzung, PinG 2018, 41; *ders.* Altverhältnisse unter DS-GVO und neuem BDSG, ZD 2017, 509; *Friedewald* Datenschutz-Folgenabschätzung – Chancen, Grenzen, Umsetzung, TATuP, Bd. 26 Nr. 1-2/2017, 66; *Friedewald/Martin/Schiering/Mester/Hallinan/Jensen* Fraunhofer ISI, Die Datenschutz-Folgenabschätzung nach Art. 35 DSGVO, Ein Handbuch für die Praxis, 2020; *Friedewald/Obersteller/Nebel/Bieker/Rost* Whitepaper Datenschutz-Folgenabschätzung, Ein Werkzeug für einen besseren Datenschutz, 2016; *Friedewald/Schiering/Martin* Datenschutz-Folgenabschätzung in der Praxis, DuD 2019, 473; *GDD* Praxishilfe DS-GVO I – Der Datenschutzbeauftragte nach der Datenschutz-Grundverordnung; *dies.* Praxishilfe DS-GVO II – Verantwortlichkeiten und Aufgaben nach der Datenschutz-Grundverordnung; *dies.* Praxishilfe DS-GVO V – Verzeichnis von Verarbeitungstätigkeiten; *dies.* Praxishilfe DS-GVO X – Voraussetzungen der Datenschutz-Folgenabschätzung; *dies.* Praxishilfe XV – Die gemeinsame Verantwortlichkeit nach Art. 26 DS-GVO (Joint Controllership); *Gola* Neues Recht – neue Fragen: Einige aktuelle Interpretationsfragen zur DS-GVO, K&R 2017, 145; *Gola/Schomerus* BDSG – Bundesdatenschutzgesetz, 12. Aufl. 2015; *Hansen* Datenschutz-Folgenabschätzung – gerüstet für Datenschutzvorsorge?, DuD 2016, 587?; *Jaspers/Reif* Der Datenschutzbeauftragte nach der Datenschutz-Grundverordnung: Bestellpflicht, Rechtsstellung und Aufgaben, RDV 2016, 61; *Kaufmann* Meldepflicht und Datenschutz-Folgenabschätzung, ZD 2012, 358; *Kiesche* So funktioniert die Folgenabschätzung, CuA 2017, 31; *Piltz* Die Datenschutz-Grundverordnung, Teil 3: Rechte und Pflichten des Verantwortlichen und Auftragsverarbeiters, K&R 2016, 709; *Quiel* Die DSFA und ihre Durchführung in der Praxis am Beispiel von Werbebildschirmen mit Gesichtserkennungssensorik, PinG 2018, 30; *Richter* Datenschutz durch Technik und die Grundverordnung der EU-Kommission, DuD 2012, 576; *Roßnagel/Geminn/Johannes* Datenschutz-Folgenabschätzung im Zuge der Gesetzgebung, ZD 2019, 435; *Schmitz/von Dall'Armi* Datenschutz-Folgenabschätzung – verstehen und anwenden, ZD 2017, 57; *Schröder* Der risikobasierte Ansatz in der DS-GVO, ZD 2019; *Schulz* Art. 35 DS-GVO – Datenschutzfolgenabschätzung, Ping 2018, 97; *Syckor/Strufe/Lauber-Rönsberg* Die Datenschutz-Folgeabschätzung: Ausnahme oder Regelfall?, ZD 2019, 390; *Veil* DS-GVO: Risikobasierter Ansatz statt rigides Verbotsprinzip, ZD 2015, 347; *Volkmer/Kaiser* Das Verzeichnis von Verarbeitungstätigkeiten und die Datenschutz-Folgenabschätzung in der Praxis, PinG 2017, 153; *Wagner/Scheuble* Working Paper Datenschutz-Folgenabschätzung – mehr Rechtssicherheit durch die Art.-29-Datenschutzgruppe, ZD-Aktuell 2017, 05664; *Wichtermann* Die Datenschutz-Folgenabschätzung in der DS-GVO, DuD 2016, 797.

A. Einordnung und Hintergrund
I. Überblick

1 Die Datenschutzfolgenabschätzung (DSFA) soll gem. Art. 35 eine **umfassende Risikoeinschätzung** von Datenverarbeitungsvorgängen ermöglichen[1]. Die DSFA ist grundsätzlich nur dann durchzuführen, wenn **voraussichtlich** ein **hohes Risiko** für die **Rechte und Freiheiten Betroffener** angenommen werden kann. Besonders risikobehaftete Verarbeitungsvorgänge sollen vor dem **Produktivbetrieb** oder vor einer **wesentlichen Änderung** im Rahmen des Produktivbetriebs, einer entsprechenden Analyse unterworfen werden. Daran sollen sich **geeignete Maßnahmen** anschließen, die das hohe Risiko für die betroffene Person im Idealfall gänzlich beseitigen.

2 Der für die Verarbeitung Verantwortliche muss einerseits jede relevante Datenverarbeitung dahingehend bewerten, ob diese mit einem voraussichtlich hohen Risiko für die Rechte und Freiheiten der betroffenen Person behaftet ist. Andererseits enthält die DS-GVO **keine konkrete Definition**, mit deren Hilfe der Verantwortliche zu einer verlässlichen Einschätzung in der Lage wäre, ob das Risiko dermaßen hoch ist, dass es als **Auslöser** einer Datenschutz-Folgenabschätzung betrachtet werden muss[2]. Die Einschätzung eines Risikos ohne objektive Leitlinien birgt die Gefahr, dass die Wertung der Risikolage einen subjektiven Einschlag erhält und in der Praxis zu erheblichen Unsicherheiten führen kann[3].

3 Aus Art. 35 Abs. 1 S. 1 ergeben sich jedoch mehrere **Anhaltspunkte**, welches zu erwartende Risiko als Auslöser einer DSFA in Frage kommt. So soll die Verwendung **neuer Technologien** das Risiko soweit erhöhen können, dass das Risiko die **Relevanzschwelle** einer DSFA zu überschreiten vermag. Die bestehende Unsicherheit hinsichtlich des Bestehens eines hohen Risikos wird jedoch durch die Bezugnahme auf Technologien oder neue Technologien nicht eliminiert, da beide Begriffe zwar in der DS-GVO erwähnt, aber dort weder näher beschrieben noch definiert werden[4].

4 Auch die **Art**, der **Umfang** sowie die **Zwecke** der Verarbeitung gem. Art. 35 Abs. 1 S. 1 können Anhaltspunkte für die Notwendigkeit zur Durchführung einer DSFA bieten, soweit diese dazu dienen, **große Mengen** personenbezogener Daten auf **regionaler**, **nationaler** oder **supranationaler** Ebene zu verarbeiten. ErwG 91 stellt klar, dass ein voraussichtlich hohes Risiko zudem bei Verarbeitungsvorgängen bestehen kann, die dazu führen, dass den betroffenen Personen die Ausübung ihrer **Rechte erschwert** wird. Aber auch diese Anhaltspunkte sind, vor allem in Anbetracht der Höhe der Bußgeldandrohung für die Nichtdurchführung einer DSFA, nicht ausreichend konkret. Als Unsicherheitsfaktor kommt hinzu, dass es dem Wandel der Zeit unterworfen ist, was unter dem Begriff der neuen Technologie zu verstehen ist.

5 Die **Regelbeispiele** des Art. 35 Abs. 3 lit. a–c konkretisieren die in Abs. 1 genannten Anhaltspunkte und geben dem Verantwortlichen eine weitere Orientierung, bei welchen Verarbeitungsvorgängen eine DSFA durchgeführt werden muss. Diese Konkreti-

---

1 *DSK* Kurzpapier Nr. 5, Datenschutz-Folgenabschätzung nach Art. 35 S. 1; 17/EN WP 248 rev.01: Guidelines on Data Protection Impact Assessment (DPIA) and determining whether processing is „likely to result in a high risk" for the purposes of Regulation 2016/679, S. 4.
2 *Schröder* ZD 2019, 503, 505.
3 Sydow-*Schwendemann* Art. 35 Rn. 7.
4 *Schmitz/von Dall'Armi* ZD 2017, 57, 58.

sierungen lassen sich wiederum den einzelnen Indizien aus Abs. 1 zuordnen. Weitere **Hinweise**, die den Begriff des hohen Risikos konturieren, finden sich in zahlreichen Erwägungsgründen[5], so dass eine größere **Rechtssicherheit** hinsichtlich der Frage, ob eine DSFA durchzuführen ist oder nicht, durch die Berücksichtigung der Erwägungsgründe erlangt werden kann.

Es obliegt damit den Aufsichtsbehörden, die verbleibenden Unsicherheiten hinsichtlich der Annahme eines hohen Risikos durch eigene **Konkretisierungen** zu verringern oder bestenfalls zu beseitigen. Die Aufsichtsbehörden haben gem. Art. 35 Abs. 4 S. 1 den gesetzlichen Auftrag, sog. „**Blacklists**" derjenigen Verarbeitungsvorgänge zu erstellen, für die stets eine DSFA durchzuführen ist. Die Liste wird nach der Erstellung, dem in Art. 68 genannten Ausschuss übermittelt und veröffentlicht. Eine solche Liste hat die DSK im Oktober 2018 an den EDSA zur Prüfung nach Art. 64 eingereicht[6]. Die von der DSK veröffentlichte gemeinsame Version der deutschen Aufsichtsbehörden liegt mittlerweile in der Version 1.1 vor[7]. 6

In bestimmten Fällen müssen diese Listen im Rahmen eines **Kohärenzverfahrens** gem. Art. 35 Abs. 6 i.S.d. Art. 63 **harmonisiert** werden. Die Erstellung und Veröffentlichung einer sog. **Whitelist** ist jedoch gem. Art. 35 Abs. 5 für die Aufsichtsbehörden nicht verpflichtend. Die deutschen Aufsichtsbehörden haben bislang keine Whitelists veröffentlicht und sich gegen eine solche Liste ausgesprochen[8]. Länder wie Spanien, die Tschechische Republik, Frankreich und Österreich haben jedoch bereits Entwürfe für Whitelists[9] veröffentlicht. 7

Aus der Feder der DSK existiert ein erstes Kurzpapier zur DSFA[10]. Darüber hinaus hat die sog. Art.-29-Datenschutzgruppe[11] ein **WP** zur DSFA verabschiedet. Es darf vermutet werden, dass die darin entwickelten **Kriterien** zum Begriff des hohen Risikos Eingang in die vorgenannten Listen der Aufsichtsbehörden gefunden haben[12]. Es stellt sich auch die Frage, ob eine solche Liste die Handhabbarkeit der DSFA als Compliance-Instrument in der praktischen Anwendung tatsächlich erleichtert oder ggf. sogar zu mehr Rechtsunsicherheit führt[13]. 8

Eine weitere Konkretisierung und mehr Rechtssicherheit kann der Verantwortliche durch Zuhilfenahme der WP der Art.-29-Datenschutzgruppe und zukünftiger Papiere des EDSA[14] erlangen. Das WP 248 der Art.-29-Datenschutzgruppe zeigt bspw. auf, 9

---

5 ErwG 71 sowie 91.
6 *Roßnagel/Geminn/Johannes* ZD 2019, 435, 436.
7 DSK „Liste der Verarbeitungstätigkeiten, für die eine DSFA durchzuführen ist".
8 *Bayerisches Landesamt für Datenschutzaufsicht* https://www.lda.bayern.de/de/thema_dsfa.html.
9 *European Data Protection Board* Opinions: https://edpb.europa.eu/our-work-tools/consistency-findings/opinions_en.
10 DSK Kurzpapier Nr. 5, Datenschutz-Folgenabschätzung nach Art. 35.
11 *Article 29 Working Party* http://ec.europa.eu/newsroom/just/item-detail.cfm?item_id=50083.
12 17/EN WP 248 rev.01: Guidelines on Data Protection Impact Assessment (DPIA) and determining whether processing is „likely to result in a high risk" for the purposes of Regulation 2016/679, S. 4.
13 Kritisch dazu: *Hansen* DuD 2017, 588; BeckOK DatenSR-*Hansen* Art. 35 Rn. 36.
14 Der Europäische Datenschutzausschuss ist eine Einrichtung der Europäischen Union. Er soll sicherstellen, dass die Datenschutz-Grundverordnung in den EU-Mitgliedstaaten einheitlich angewandt wird. De facto ist der Europäische Datenschutzausschuss der Nachfolger der sog. Art.-29-Datenschutzgruppe.

Ferik

unter welchen Voraussetzungen und zu welchem Zeitpunkt eine DSFA durchzuführen ist. Sofern es dem Verantwortlichen nicht durch einen Abgleich mit der Blacklist oder Whitelist möglich ist, ausreichend sicher zu bewerten, ob für die beabsichtigte Datenverarbeitung eine DSFA durchgeführt werden soll, bleibt ihm die Möglichkeit, mittels obig aufgezeigter Indizien zu einer abschließenden Entscheidung darüber zu gelangen.

10 Nicht nur die Auslöser einer DSFA sind im Gesetzestext lediglich vage beschrieben und können nur durch eine Zusammenschau von Erwägungsgründen sowie durch Aufsichtsbehörden zur Verfügung gestellte Arbeitspapiere, für die praktische Anwendung der DSFA nutzbar gemacht werden. Auch zu der Frage der **Durchführung** einer DSFA gibt Art. 35 Abs. 7 lediglich Anhaltspunkte. Die **Mindestinhalte** ergeben sich aus den in Art. 35 Abs. 7 lit. a–d niedergelegten Punkten. Aus den Regelbeispielen des Abs. 7 lässt sich ein viergliedriges Prüfschema mit den groben dazugehörigen Inhalten erstellen.

11 Derzeit sind mehrere **Modelle** in der Diskussion, wie bei einer DSFA am besten vorzugehen ist[15]. Weiterhin existieren zur Durchführung einer DSFA innerhalb der EU auch Papiere, die sich mit **branchenspezifischen Rahmenbedingungen** beschäftigen[16]. Diese können ebenfalls bis zu einer weiteren Konkretisierung des Verfahrensablaufs einer DSFA durch die Aufsichtsbehörden genutzt werden, um die weiterhin bestehende Unsicherheit darüber, in welchen Fällen eine DSFA erforderlich ist, teilweise zu beseitigen[17].

12 Ökonomischen Erwägungen folgend, erlaubt Art. 35 Abs. 1 S. 2 mehrere **ähnliche Verarbeitungsvorgänge**, die mit ähnlich hohen Risiken behaftet sind, durch eine **einzige DSFA** auf ihre möglicherweise schädliche Auswirkung hinsichtlich der Rechte und Freiheiten der betroffenen Person zu untersuchen[18]. In Bezug auf die DSFA sieht die DS-GVO gem. Art. 35 Abs. 2 ausdrücklich die **frühzeitige Einbindung des DSB** vor und besagt, dass der Verantwortliche bei der Durchführung solcher Folgenabschätzungen den DSB **zu Rate zu ziehen** hat[19].

13 Die Abs. 8–11 ergänzen diese komplexe Regelung. Im Rahmen einer DSFA ist Abs. 8 insoweit immer dahingehend zu überprüfen, ob ggf. **genehmigte Verhaltensregeln** zu berücksichtigen sind. Nach Art. 35 Abs. 9 holt der Verantwortliche ggf. den **Standpunkt der Betroffenen** oder ihrer **Vertreter** ein. Wann und wie dies zu erfolgen hat, ist weder in Art. 35 noch in den Erwägungsgründen näher beschrieben.

---

15 Deutschland: Standard Datenschutzmodell, Version 2.0a; Spanien: Guía Para Una Evaluación de Impacto de la Protección de Datos Personales (EIPD), Agencia Española de Protección de Datos (AEPD), 2017; Frankreich: Privacy Impact Assessment (PIA), Commission Nationale de l'Informatique et des Libertés (CNIL), 2015; Großbritannien: Conducting privacyimpact assessments code of practice, Information Commissioner's Office (ICO), 2014.
16 Privacy and Data Protection Impact Assessment Framework for RFID Applications; Data Protection Impact Assessment Template for Smart Grid and Smart Metering systems; ISO: Ein internationaler Standard wird auch der ISO-Standard zu Methoden für die Durchführung einer Datenschutz-Folgenabschätzung (ISO/IEC 29134) sein.
17 Die Durchführung einer DSFA als Planspiel am Beispiel eines Pay-as-you-drive-Tarifs, ULD, https://datenschutzzentrum.de/artikel/1174-.html.
18 ErwG 92.
19 Im Detail zur Rolle des DSB innerhalb der DSFA: WP 243 rev.01 – Guidelines on Data Protection Officers (,DPOs'), S. 17.

Art. 35 Abs. 10 erlaubt es sowohl dem europäischen als auch dem nationalen Gesetzgeber, eine notwendige DSFA in das Gesetzgebungsverfahren „vorzuziehen". Der Verantwortliche ist dann von der Pflicht zur Durchführung einer eigenen Abschätzung befreit[20]. Art. 35 Abs. 11 regelt die Überprüfung, ob die Verarbeitung (noch) nach der ursprünglichen DSFA durchgeführt wird. Daraus ergibt sich für den Verantwortlichen eine permanente Kontrolle, ob die einst bestehenden Prämissen weiterhin gelten können. 14

Für den Fall, dass der Verantwortliche nach Durchführung einer DSFA zu dem Ergebnis gelangt, dass trotz bereits getroffener oder noch zu treffender Maßnahmen weiterhin ein hohes Risiko für die Rechte und Freiheiten der betroffenen Person angenommen werden muss, hat er die Pflicht gem. Art. 36 Abs. 1 die Aufsichtsbehörde bzgl. einer Rechtmäßigkeitsprüfung zu **konsultieren**. Die Aufsichtsbehörde kontrolliert daraufhin, ob die Risiken richtig eingeschätzt wurden und überprüft die Effektivität der geplanten oder getroffenen Gegenmaßnahmen[21]. 15

Eine DSFA ist neben dem **VVT** ein zentrales Werkzeug, welches der Verantwortliche nutzen kann, um der von der DS-GVO geforderten **Rechenschaftspflicht** systematisch nachzukommen und diese nachvollziehbar zu **dokumentieren**[22]. Die angemessenen Maßnahmen, die der Verantwortliche zum Schutz des Betroffenen und der Verringerung des Risikos für dessen Rechte und Freiheiten ergreifen muss, tragen dazu bei, die geforderte **Compliance** auch nach außen sichtbar zu machen[23]. 16

Etwaige Unsicherheiten bei der praktischen Anwendung der DSFA rühren zum einen aus der Komplexität der Norm[24] und zum anderen aus den wenigen, in der Norm selbst formulierten sowie in den Erwägungsründen verstreuten Hinweisen, die sich mit der Notwendigkeit einer DSFA befassen. Unsicherheiten bestehen bislang auch hinsichtlich der Vorgaben, die sich auf die Durchführung der DSFA beziehen. Diese können aber in der Regel durch die Orientierung an anderweitig bestehenden Prüfverfahren für sog. DPIA kompensiert werden. 17

Es ist nicht fernliegend anzunehmen, dass das Prüfverfahren einer DSFA in naher Zukunft auch durch ein **softwaregestütztes Werkzeug** weiter **standardisiert** und **systematisiert** werden könnte. Beispielsweise könnte eine Institution wie das Bundesamt für Sicherheit in der Informationstechnik (BSI) die Entwicklung einer graphischen Benutzerführung für ein **kohärentes Prüfschema** übernehmen, um diese dem Rechtsanwender zur Verfügung zu stellen. 18

Sobald ein von den Aufsichtsbehörden freigegebenes **Prüfschema** für die Durchführung vorhanden ist, dürften auch keine Bedenken gegen eine durch die Privatwirtschaft programmierte Anwendung bestehen. Für ein **softwaregestütztes Werkzeug**, das den Benutzer bei der Durchführung der DSFA begleitet, dürfte ein gewisser 19

---

20 Roßnagel/Geminn/Johannes ZD 2019, 435.
21 Kühling/Buchner-*Jandt* Art. 36 Rn. 1.
22 Zum sinnvollen Zusammenspiel von DSFA und VVT vgl.: *Der Bayerische Landesbeauftragte für den Datenschutz* Datenschutz-Folgenabschätzung, Methodik und Fallstudien, S. 18.
23 Diese Transparenz ist durch die Detailtiefe eines optional zu veröffentlichenden DSFA-Berichts skalierbar.
24 *Jandt* DuD 2017, 562, 563.

Bedarf bestehen[25]. Vorstellbar und sinnvoll wäre im Falle einer softwaregestützten DSFA eine Verknüpfung weiterer mit der DSFA verwandter Instrumente der DS-GVO vorzunehmen[26]. Eine DSFA lässt sich bereits jetzt methodisch gut mit dem sog. PIA-Tool durchführen, einer von der französischen Datenschutz-Aufsichtsbehörde Commission Nationale de l'Informatique et des Libertés (CNIL) bereitgestellten Software, die kontinuierlich weiterentwickelt wird[27].

20 Die DS-GVO sieht mehrere Instrumente vor, die wie die DSFA, einem risikobasierten Ansatz folgen. Eine funktionelle Verknüpfung der Art. 25 und 32 würde sich geradezu anbieten. Als zentrales Element und Ankerpunkt für die Art. 25, 32 sowie 35 würde sich das VVT gem. Art. 30 eignen. Ein Verarbeitungsverzeichnis stellt die Grundlage zur Umsetzung des Art. 32 und der Art. 35 und 36 dar. Kann der Verantwortliche bei einer Datenschutz-Risikobeurteilung nicht auf ein gut gepflegtes Verzeichnis von Verarbeitungstätigkeiten zurückgreifen, droht diese an der Komplexität des Vorhabens zu scheitern[28].

II. Unterschiede und Gemeinsamkeiten zur Vorabkontrolle

21 Bereits das BDSG a.F. enthielt einen Vorläufer zur DSFA, der als sog. **Vorabkontrolle** bekannt war. Auch in den Erwägungsgründen der DSRL[29] finden sich Überlegungen zur Einführung der Vorabkontrolle, wie sie auch in den Erwägungsgründen zur DSFA nachzulesen sind.

22 Die **nationale Umsetzung** der Vorgaben in das jeweilige Datenschutzrecht des Mitgliedslands wurde durch Art. 20 Abs. 1 DSRL geregelt. Dem nationalen Gesetzgeber oblag die Festlegung, welche Verarbeitungen spezifische Risiken für die Rechte und Freiheiten der betroffenen Person beinhalten können, wobei Art. 20 DSRL dem nationalen Gesetzgeber die Freiheit darüber ließ, ob die Vorabkontrolle von einer staatlichen Kontrollbehörde oder vom betrieblichen oder behördlichen DSB durchzuführen war[30].

23 Die **nationale Ausgestaltung** dieser Vorgaben manifestierte sich in Deutschland in § 4d Abs. 5 BDSG a.F. Danach sollten automatisierte Verarbeitungen, soweit sie besondere Risiken für die Rechte und Freiheiten der Betroffenen aufwiesen, vor Beginn der Verarbeitung einer Prüfung, der Vorabkontrolle unterliegen. Schon damals war für die Einführung der Vorabkontrolle die Befürchtung bestimmend, dass spezielle Verarbeitungen aufgrund ihrer **Art**, ihrer **Tragweite** oder ihrer **Zweckbestimmung** sowie aufgrund der

---

25 Für die softwaregestützte Erstellung eines Verfahrensverzeichnisses nach BDSG-Anforderungen gab es einen recht großen Markt an Produktlösungen.
26 Es gibt bereits Anstrengungen in dieser Hinsicht. Beispiel: Das im September 2017 gestartete und vom BMBF geförderte Projekt „Datenschutz-Folgenabschätzung für den betrieblichen und behördlichen Einsatz".
Die französische Aufsichtsbehörde CNIL hat ebenfalls ein Online-Tool für Datenschutz-Folgenabschätzung angekündigt.
27 *CNIL* Privacy Impact Assessment (PIA): https://www.cnil.fr/en/privacy-impact-assessment-pia.
28 *BITKOM* Leitfaden: Risk Assessment & Datenschutz-Folgenabschätzung, S. 13.
29 ErwG 53 und 54 der Richtlinie 95/46/EG.
30 *Engelien-Schulz* RDV 2003, 270, 272.

Datenschutz-Folgenabschätzung Art. 35

besonderen Verwendung einer neuen Technologie, besondere Risiken im Hinblick auf die Rechte und Freiheiten der betroffenen Personen aufweisen könnten[31].

Zuständig für die Vorabkontrolle sollte kraft Gesetzes der betriebliche DSB (§ 4d Abs. 6 S. 1 BDSG a.F.) sein. Dem Gesetzeswortlaut des Art. 35 nach hat der DSB bei der Vornahme der DSFA auf dem ersten Blick keine dermaßen exponierte Position inne[32], denn anders als die Vorabkontrolle nach dem BDSG a.F. ist die Durchführung der DSFA nicht dem DSB **übertragen**. Zuständig ist vielmehr der für die Verarbeitung Verantwortliche und damit in abgeleiteter Verantwortung die jeweilige **Fachabteilung**[33]. Die Aufgaben des DSB im Zusammenhang mit der DSFA liegen zum einen in der **Überwachung**, ob diese durchgeführt wird, und zum anderen in der Verpflichtung, auf Anfrage im Hinblick auf deren Durchführung zu **beraten** (Art. 39 Abs. 1 lit. c)[34]. Die Verpflichtung der Fachabteilung gem. Art. 35 Abs. 2 den Rat des DSB einzuholen, korrespondiert mit der **Beratungspflicht** des DSB. **24**

Nach der gesetzlichen Regelung des BDSG a.F. war eine Vorabkontrolle insbesondere dann durchzuführen, wenn **25**
- besondere Arten personenbezogener Daten (§ 3 Abs. 9 BDSG a.F.) verarbeitet wurden. Dazu zählten Angaben über die rassische und ethnische Herkunft, politische Meinungen, religiöse oder philosophische Überzeugungen, Gewerkschaftszugehörigkeit, Gesundheit oder Sexualleben, oder
- die Verarbeitung personenbezogener Daten dazu bestimmt war, die Persönlichkeit des Betroffenen zu bewerten einschließlich seiner Fähigkeiten, seiner Leistung oder seines Verhaltens.

Bei diesen Konstellationen handelt es sich um keine abschließende Aufzählung, d.h. die Annahme „besonderer Risiken" nach § 4d Abs. 5 S. 1 BDSG a.F. konnte sich auch aus anderen Umständen ergeben. Somit war jede beabsichtigte Erhebung, Verarbeitung und Nutzung personenbezogener Daten vorweg auf ihre Vorabkontrollbedürftigkeit zu überprüfen. Eine Vorabkontrollpflicht konnte jedoch entfallen, wenn einer der in § 4d Abs. 5 S. 2 BDSG a.F. genannten Ausnahmetatbestände vorlag, nämlich: **26**
- im Fall einer gesetzlichen Verpflichtung zur Datenverarbeitung,
- bei Einwilligung des Betroffenen oder
- wenn die Videoüberwachung für die Erhebung, Verarbeitung oder Nutzung für die Begründung, Durchführung oder Beendigung eines rechtsgeschäftlichen oder rechtsgeschäftsähnlichen Schuldverhältnisses erforderlich war.

Diese vorgenannten **Ausnahmen** finden sich in der DS-GVO im Wesentlichen nicht mehr. Nur wenn die Verarbeitung auf Art. 6 Abs. 1 lit. c oder e beruht, also zu Erfüllung einer rechtlichen Verpflichtung erforderlich ist, der der Verantwortliche unterliegt, oder die Verarbeitung erforderlich ist zur Wahrnehmung einer Aufgabe, die im öffentlichen Interesse liegt oder in Ausübung öffentlicher Gewalt erfolgt, die dem **27**

---

31 Eine ähnliche Motivation tritt auch aus zahlreichen Erwägungsgründen der DS-GVO, insbesondere aus ErwG 91 zu Tage.
32 Gola/Schomerus-*Gola/Klug/Körffer* § 4d BDSG Rn. 9.
33 *GDD* Praxishilfe DS-GVO II; Verantwortlichkeiten und Aufgaben nach der Datenschutz-Grundverordnung, S. 4.
34 *GDD* Praxishilfe DS-GVO I, Der Datenschutzbeauftragte nach der Datenschutz-Grundverordnung, S. 10.

Verantwortlichen übertragen wurde, kann eine DSFA entfallen. Dies gilt jedoch nur, wenn die Rechtsvorschrift den konkreten Verarbeitungsvorgang regelt und bereits im Rahmen der allgemeinen Folgenabschätzung bei Erlass der Vorschrift eine DSFA erfolgte[35]. Darüber hinaus ergeben sich die Ausnahmen, im Gegensatz zum BDSG a.F., nicht aus der Norm selbst. Es obliegt nunmehr den Aufsichtsbehörden in Listen aufzuführen, für welche Verarbeitungen eine DSFA entfallen kann und für welche sie zwingend vorgeschrieben ist[36].

28 Neben diesen Ausnahmen war die Schlagkraft der Vorabkontrolle auch dadurch gemindert, dass die Prüfung lediglich auf das konkrete Verfahren und auch nur auf **automatisierte Datenverarbeitungen**[37] beschränkt war und sich nicht auf die Entwicklung und Gestaltung eines Systems im Allgemeinen erstreckte[38]. Anstatt ein datenschutzrelevantes System oder einen Verarbeitungsvorgang zu **gestalten**, konnte mit der Vorabkontrolle lediglich ein bereits fertiges und einsatzbereites System **beanstandet** werden[39]. Kein Autohersteller käme jedoch bspw. auf die Idee, erforderliche Sicherheitsmaßnahmen wie Airbags erst nach der Herstellung eines Fahrzeugs in diesen einbauen zu wollen, anstatt den Einbau während des Herstellungsvorgangs zu berücksichtigen. Mit der DSFA, insbesondere i.V.m. mit dem Konzept des Art. 25 kann eine ganzheitlichere Bewertung darüber getroffen werden, wie technologische Entwicklungen und die **Schutzgüter** der DS-GVO besser in **Einklang** gebracht werden können[40].

29 Sofern im Ergebnis die **Erforderlichkeit** einer Vorabkontrolle nach § 4d Abs. 5 BDSG a.F. zu bejahen war, lag die Zuständigkeit für deren Durchführung gem. § 4d Abs. 6 BDSG a.F. bei dem DSB. **Unabhängig** von der **Anzahl** der damit **beschäftigten Personen** hatten nichtöffentliche Stellen gem. § 4f Abs. 1 S. 6 BDSG a.F. einen DSB zu bestellen, sofern sie entweder automatisierte Verarbeitungen vornahmen, welche der Vorabkontrolle (§ 4d Abs. 5 BDSG a.F.) unterlagen, oder soweit sie personenbezogene Daten **geschäftsmäßig** zum Zweck der Übermittlung, der **anonymisierten Übermittlung** oder für **Zwecke der Markt- oder Meinungsforschung** automatisiert verarbeiteten. Dies bedeutete gem. § 4f Abs. 1 S. 6 BDSG a.F., dass in diesen Fällen die verantwortliche Stelle einen betrieblichen DSB zu bestellen hatte und zwar unabhängig von der Anzahl der mit der automatisierten Verarbeitung beschäftigten Personen.

30 Eine damit **vergleichbare Regelung** ergibt sich unmittelbar aus der DS-GVO selbst nicht. Das ebenfalls mit Anwendbarkeit der DS-GVO zum 25.5.2018 wirksam gewordene **BDSG n.F.** legt jedoch in § 38 Abs. 1 fest, dass immer dann, wenn eine DSFA durchgeführt werden muss, zwingend ein DSB zu bestellen ist. Der **Schwellenwert** von 20 Beschäftigten, bis zu der kein DSB zu bestellen ist, gilt in diesen Fällen nicht. Nehmen der Verantwortliche oder der Auftragsverarbeiter Verarbeitungen vor, die einer DSFA unterliegen, haben sie gem. § 38 Abs. 1 S. 2 BDSG n.F. unabhängig von der Anzahl ihrer Beschäftigten einen DSB zu benennen. Die sich

---

35 *GDD* Praxishilfe DS-GVO X – Voraussetzungen der Datenschutz-Folgenabschätzung, S. 8.
36 Die von der DSK veröffentlichte gemeinsame Version (Blacklist) der deutschen Aufsichtsbehörden liegt mittlerweile in der Version 1.1 vor.
37 Roßnagel-*Marschall* Europäische Datenschutz-Grundverordnung § 3 Rn. 170.
38 *Engelien-Schulz* RDV 2003, 270, 272.
39 Gola-*Nolte/Werkmeister* Art. 35 Rn. 9.
40 *Friedwald/Schiering/Martin* DuD 2019, 473.

aus § 38 Abs. 1 S. 2 BDSG n.F. ergebende **Bestellpflicht**, deckt sich folglich mit derjenigen bei der Vorabkontrolle nach § 4f Abs. 1 S. 6 BDSG a.F. Die **Öffnungsklausel** hierfür ergibt sich aus Art. 37 Abs. 4 S. 1 Hs. 2. Ob künftig für deutlich mehr Unternehmen eine Pflicht zur Bestellung eines DSB bestehen wird als bisher, hängt auch davon ab, welche Verarbeitungsvorgänge sich in der Liste der DSFA-pflichtigen Verarbeitungen (Blacklist) befinden[41].

Die Vorabkontrolle ergänzte in der Systematik des BDSG a.F. sowohl die **Zulässigkeitsprüfung** der §§ 4, 28 BDSG a.F. als auch die Anforderungen, die sich aus den **technischen und organisatorischen Maßnahmen** aus § 9 BDSG a.F. ergaben. In der risikoorientierten Ausrichtung und Systematik der DS-GVO gliedert sich die DSFA in die Liste der Werkzeuge[42] ein, mit Hilfe der Verantwortliche seiner im Vergleich zum BDSG a.F. gesteigerten Rechenschaftspflicht systematischer nachkommen kann[43]. Auf die Frage, ob die Vorabkontrolle, wie sie von der Datenschutz-Richtlinie gefordert und im BDSG a.F. umgesetzt wurde, ein Erfolgsmodell darstellte, gibt ErwG 89 eine recht klare Antwort. Danach waren gem. der RL 95/46/EG Verarbeitungen personenbezogener Daten bei den Aufsichtsbehörden generell **meldepflichtig**. Die **unterschiedslosen allgemeinen Meldepflichten** wurden jedoch als zu bürokratisch empfunden[44]. Bei einer Gegenüberstellung von finanziellem und zeitlichem Aufwand für die Durchführung einer Vorabkontrolle und dem hierdurch erzielten Schutz personenbezogener Daten, stellte sich die Verbesserung des Schutzes für die Betroffenen oftmals als nicht effektiv genug dar. 31

Die Einführung einer DSFA ist daher auch ein Ergebnis der Erkenntnis, dass diese uneffektiven Meldepflichten abgeschafft und durch wirksamere Verfahren und Mechanismen ersetzt werden sollten. Im Vergleich zu den unterschiedslosen und allgemeinen Meldepflichten soll sich der Verantwortliche stattdessen vorrangig mit denjenigen Arten von Verarbeitungsvorgängen befassen, die aufgrund ihrer Art, ihres Umfangs, ihrer Umstände und ihrer Zwecke wahrscheinlich ein hohes Risiko für die Rechte und Freiheiten natürlicher Personen mit sich bringen[45]. 32

Als eben solche Verarbeitungsvorgänge identifizierte der europäische Gesetzgeber insbesondere solche, bei denen neue Technologien eingesetzt werden oder die neuartig sind und bei denen der Verantwortliche noch keine DSFA durchgeführt hat bzw. bei denen aufgrund der seit der ursprünglichen Verarbeitung vergangenen Zeit eine DSFA notwendig geworden ist[46]. 33

B. Kommentierung

I. Notwendigkeit einer Datenschutzfolgenabschätzung (DSFA)

Eine DSFA ist ein Instrument, um das Risiko zu erkennen und zu bewerten, dass für das Individuum in dessen **unterschiedlichen Rollen** (als Bürger, Kunde, Patient etc.) 34

---

41 *GDD* Praxishilfe DS-GVO X – Voraussetzungen der Datenschutz-Folgenabschätzung, S. 10.
42 I.V.m. bspw. Art. 25 und Art. 32.
43 Zur Idee des risikobasierten Ansatzes: *Veil* ZD, 2015, 347, 348.
44 ErwG 89 S. 2.
45 Zur Idee des risikobasierten Ansatzes: *Veil* ZD 2015, 347, 348.
46 ErwG 89.

durch den Einsatz einer bestimmten Technologie oder eines Systems durch eine Organisation entsteht[47] und dient damit zur Beschreibung einer risikoreichen Verarbeitung, zur Beurteilung ihrer Notwendigkeit und Verhältnismäßigkeit.

35 Dabei soll die DSFA nachvollziehbar darlegen, wie die Beherrschung der Risiken für die Rechte und Freiheiten natürlicher Personen, die aus der Verarbeitung personenbezogener Daten[48] voraussichtlich entstehen werden, gemildert oder bestenfalls verhindert werden soll. Dazu muss der Verantwortliche eine Bewertung des Risikos durchführen und **geeignete Maßnahmen** zur **Bewältigung des Risikos** festlegen. **Zentraler Begriff** der DSFA ist damit der Begriff des „**hohen Risikos**"[49].

36 **1. Risikobegriff.** Art. 35 Abs. 1 S. 1 schreibt die Durchführung einer DSFA vor, wenn eine Form der Verarbeitung aufgrund der Art, des Umfangs, der Umstände und der Zwecke der Verarbeitung **voraussichtlich ein hohes Risiko** für die Rechte und Freiheiten natürlicher Personen zur Folge hat. Der Verordnungsgeber verweist in zahlreichen anderen Artikeln der DS-GVO immer wieder auf den Begriff des Risikos[50]. Der Begriff bleibt jedoch mangels einer Definition trotzdem **unscharf**. Dies ist misslich, da von der Bestimmung eines hohen Risikos, die **Erforderlichkeit** für die Prüfung und Durchführung einer DSFA abhängt. Auch wenn, wie das Wort „voraussichtlich" in Art. 35 Abs. 1 S. 1 signalisiert, keine Gewissheit, sondern nur eine **Prognoseentscheidung** von dem Verantwortlichen erwartet wird, führt eine Unschärfe in diesem Fall zu bedenklichen **Unsicherheiten**[51].

37 Allgemein formuliert, wird ein hohes Risiko angenommen werden können, wenn das mit einer Verarbeitung verbundene Risiko, über die allgemeinen Gefahren hinausgeht, die mit der Datenverarbeitung üblicherweise einhergehen[52]. Die **Risikoprognose** soll nach dem Willen des Verordnungsgebers, wie aus den in Art. 35 Abs. 1 genannten vier Grundbedingungen „Art, Umfang, Umstände und Zwecke" hervorgeht, anhand dieser Attribute erfolgen. Daraus ist nicht zu schlussfolgern, dass ein Verarbeitungsvorgang alle vier Attribute aufweisen muss, um als hoch riskant zu gelten. Wohl kann aber **vermutet** werden, dass die **Wahrscheinlichkeit**, dass der Verarbeitungsvorgang mit einem hohen Risiko behaftet ist, umso **höher** zu bewerten sein wird, **je mehr dieser Attribute** auf die Datenverarbeitung zutreffen.

38 Nach Auffassung des Gesetzgebers haben rasche technologische Entwicklungen und die Globalisierung den Datenschutz vor neue Herausforderungen gestellt[53]. Der Zusatz „insbesondere bei Verwendung neuer Technologien" in Abs. 1 S. 1 spiegelt diese Sichtweise des Gesetzgebers wieder und gibt zugleich einen weiteren Anhaltspunkt, um die vier genannten Attribute zu kolorieren und einzugrenzen. Erfolgt die Verarbeitung personenbezogener Daten, insbesondere durch Nutzung von Technolo-

---

47 *Friedewald/Obersteller/Nebel/Bieker/Rost* Whitepaper Datenschutz-Folgenabschätzung, S. 5.
48 Die DS-GVO definiert den Begriff einer Datenschutz-Folgenabschätzung formal nicht als solche, spezifiziert aber den Mindestinhalt in Art. 35 Abs. 7 lit. a–d.
49 *Veil* ZD 2015, 347, 348.
50 Im Besonderen hat der Risikogedanke im gesamten Kapitel IV der DS-GVO Eingang gefunden.
51 *Schröder* ZD 2019, 503, 505.
52 Gola-*Nolte/Werkmeister* Art. 35 Rn. 13.
53 ErwG 6.

gien wie bspw. **Big Data, Smart Cars, Smart Home, Autonomik, Tracking-Verfahren** oder innerhalb von **IoT-Systemen**, kann dieser Umstand bei der zu treffenden Prognoseentscheidung hinsichtlich der Annahme eines hohen Risikos mitberücksichtigt werden[54].

Allgemein erwartet der Verordnungsgeber offensichtlich ein höheres Risiko für die Rechte und Freiheiten des Einzelnen, wenn die persönlichen und sozialen Folgen des Einsatzes einer neuen Technologie noch **nicht vollständig untersucht** sind und noch **viele Unbekannte** aufweisen. Aber auch der Begriff der neuen Technologien bzw. was man darunter wird subsumieren können, wird dem Wandel der Zeit unterworfen sein. Autonomik, Big Data, Cloud Computing, Smart Cars, Smart Cities oder Datenverarbeitung innerhalb von IoT-Systemen können irgendwann soweit entwickelt und im Hinblick auf Datenschutz und Datensicherheit abgesichert und ausgereift sein, dass diese zumindest nicht mehr per se unter den Begriff der neuen Technologien subsumiert werden können. Die **technikneutrale** Verwendung des Begriffs „neue Technologien" mag in der Verordnung zwar zu einer Unschärfe führen, ist aber daher aus dem Blickwinkel der **Gesetzgebungsmethodik** unvermeidlich und sinnvoll. Weiterhin eröffnet auch ErwG 75 die Möglichkeit, der Bedeutung des Risikobegriffs näher zu kommen, in dem er zumindest die **nachteiligen Folgen** beschreibt, die aus der Verletzung der Rechte und Freiheiten natürlicher Personen resultieren können[55]. 39

2. Auslöser einer DSFA. Schon nach dem BDSG a.F. war es erforderlich, in bestimmten Fällen eine Vorabkontrolle durchzuführen, nämlich dann, wenn sich aus der automatisierten Verarbeitung personenbezogener Daten besondere Risiken für die Betroffenen ergaben (§ 4d Abs. 5 BDSG a.F.). Art. 35 Abs. 1 enthält eine abstrakte Beschreibung, **wann** eine DSFA durchzuführen ist. Dem **risikobasierten Ansatz** der DS-GVO entsprechend, ist die **Durchführung** einer DSFA nicht für jeden Verarbeitungsvorgang **verpflichtend**. Eine DSFA ist nur dann erforderlich, wenn die Verarbeitung „ein hohes Risiko für die Rechte und Freiheiten natürlicher Personen darstellen kann" (Art. 35 Abs. 1, illustriert durch Art. 35 Abs. 3 und ergänzt durch Art. 35 Abs. 4)[56]. Sie ist besonders relevant, wenn eine **neuartige** Datenverarbeitungstechnologie eingeführt wird[57]. 40

Im Mittelpunkt der Betrachtung steht der Verarbeitungsvorgang. Dieses kann als Summe von Daten, Systemen und Prozessen verstanden werden, wobei sich die Betrachtung sowohl auf die Hardware als auch die Software erstreckt[58]. Bereits bei der sog. Vorabkontrolle gem. § 4d Abs. 5 S. 1 BDSG a.F. gab es keine abschließende Antwort, wodurch eine Vorabkontrolle ausgelöst werden kann. Darüber, dass die Vorabkontrolle nur bei automatisierten Verfahren notwendig wurde, die „besondere Risiken für die Rechte und Freiheiten der Betroffenen ausweisen, gab es zwar Klarheit. Die Erklärung, dass ein „besondere Risiko" insbesondere dann angenommen werden 41

---

54 Kühling/Buchner-*Jandt* Art. 35 Rn. 8.
55 ErwG 75 unterscheidet zwischen einem Risiko, welches dem technischen Verarbeitungsvorgang entspringt und den physischen, materiellen oder immateriellen Schäden, die aus der Realisierung dieses Risikos entstehen könne.
56 17/EN WP 248 rev.01: Guidelines on Data Protection Impact Assessment (DPIA) and determining whether processing is „likely to result in a high risk" for the purposes of Regulation 2016/679, S. 8.
57 Weitere Beispiele siehe ErwG 89, 91 und 35 Abs. 1 und 3.
58 *DSK* Kurzpapier Nr. 5, Datenschutz-Folgenabschätzung nach Art. 35 S. 1.

kann, wenn besondere Arten personenbezogener Daten (§ 3 Abs. 9 BDSG a.F.) verarbeitet werden (Nr. 1) oder die Verarbeitung personenbezogener Daten dazu bestimmt, ist die Persönlichkeit des Betroffenen zu bewerten, einschließlich seiner Fähigkeiten, seiner Leistung oder seines Verhaltens, war jedoch **nicht abschließend**. Damit ergaben sich bei der Frage, ob eine Vorabkontrolle durchzuführen ist, oder nicht, oftmals Unsicherheiten. In der Praxis dürfte dieser Unsicherheit nicht selten damit begegnet worden sein, dass im **Zweifelsfalle** lieber eine Vorabkontrolle durchgeführt wurde, da eine nachträgliche Änderung aufwändiger war als eine ggf. überobligatorisch durchgeführte Vorabkontrolle[59].

42 Ähnlich formuliert es Art. 35 Abs. 1, ohne jedoch ausdrücklich zu definieren, wann eine Verarbeitung ein hohes Risiko für den Betroffenen zur Folge hat. Allerdings werden in Art. 35 Abs. 3 Anwendungsfälle (Regelbeispiele) aufgeführt, die im Wesentlichen den bisherigen Beispielen des BDSG a.F. entsprechen. Ergänzt werden diese Anwendungsfälle durch die ErwG 89–91, die zusätzlich auf den Umfang der Verarbeitung und den Einsatz neuer Technologien abstellen.

43 **3. Regelbeispiele für ein hohes Risiko: Abstrakte Auslösekriterien.** Die Regelbeispiele des Art. 35 Abs. 3 lit. a–c konkretisieren die in Abs. 1 genannten Anhaltspunkte und geben dem Verantwortlichen eine weitere Orientierung, bei welchen Verarbeitungsvorgängen eine DSFA durchgeführt werden muss.

a) Automatisierte systematische und umfassende Bewertung persönlicher Aspekte.
44 Gemäß Art. 35 Abs. 3 lit. a kann eine DSFA erforderlich sein, wenn der Verantwortliche vor der Einführung einer Verarbeitung steht, die eine **automatisierte, systematische** und **umfassende Bewertung persönlicher Aspekte** ermöglicht. Die Erforderlichkeit leitet sich aber noch nicht aus diesen Umständen selbst ab. Dieses Regelbeispiel verlangt, dass diese **Bewertung** wiederum gerade als **Basis** für **Entscheidungen** genutzt wird, die eine **Rechtswirkung** gegenüber natürlichen Personen entfalten oder diese in ähnlich erheblicher Weise beeinträchtigen. Diese könnten möglicherweise **Persönlichkeitstests** oder **Scorewertberechnungen** sein. Bei reinen **Mitarbeiterbefragungen**, wie sie bspw. oftmals im Unternehmensumfeld vorkommen, sind in der Regel unmittelbare Rückschlüsse auf einzelne Beschäftigte nicht möglich. Eine DSFA würde sich in diesen Fällen erübrigen.

45 **b) Umfangreiche Verarbeitung von Daten besonderer Kategorien nach Art. 9 Abs. 1 oder umfangreiche Daten über strafrechtliche Verurteilungen und Straftaten.** Das Regelbespiel des Art. 35 Abs. 3 lit. b Alt. 1 wird bspw. im Bereich des **Arbeitnehmerdatenschutzes** eine Rolle spielen. **Besondere Kategorien** personenbezogener Daten nach Art. 9 Abs. 1 sind häufig Bestandteil in **Personalprozessen** wie **Arbeitsmedizin** und **Gesundheitsvorsorge** (Gesundheitsdaten) innerhalb des **Betrieblichen Eingliederungsmanagements** (BEM) und adressieren daher oftmals Fragen der Tauglichkeit im Unternehmensumfeld. Daneben zählen zu den besonderen Kategorien personenbezogener Daten Informationen zur **rassischen** und **ethnischen Herkunft, politische Meinungen, religiöse** oder **weltanschauliche Überzeugung, Gewerkschaftszugehörigkeit, genetische** und **biometrische Daten** zur eindeutigen Identifikation, **Gesundheitsdaten** und Daten zum **Sexualleben** oder **sexueller Orientierung**[60]. Von der Alt. 2 des Regel-

---
59 *Volkmer/Kaiser* PinG 2017, 153, 155.
60 Gola-*Schulz* Art. 9 Rn. 11–13.

beispiels können bspw. Datenverarbeitungen im Zusammenhang mit **Führungszeugnissen** und **Sicherheitsüberprüfungen** berührt sein.

c) Systematische umfangreiche Überwachung (öffentlich) zugänglicher Bereiche.
Eine DSFA soll nach dem Willen des Gesetzgebers auch für die **weiträumige Überwachung öffentlich zugänglicher Bereiche** erforderlich sein. Dies gilt insbesondere, wenn diese mittels **optoelektronischer Vorrichtungen** erfolgt, oder für alle anderen Vorgänge, bei denen nach Auffassung der zuständigen Aufsichtsbehörde die Verarbeitung wahrscheinlich ein hohes Risiko für die Rechte und Freiheiten der betroffenen Personen mit sich bringt, insbesondere weil sie die betroffenen Personen an der **Ausübung eines Rechts** oder der **Nutzung einer Dienstleistung** bzw. **Durchführung eines Vertrags hindern** oder weil sie **systematisch** in **großem Umfang** erfolgen. 46

Klassische Beispiele für den Anwendungsfall dieses Regelbeispiels stellt die **Videoüberwachung** in Gebäuden wie Einkaufszenten, Bahnhöfen, aber Zügen oder Bussen sowie die systematische Erfassung von Autokennzeichen auf Autobahnen zur Identifikation dar[61]. Was die Definition für den Begriff „öffentlich zugängliche Bereiche" angeht, wird eine Orientierung an der bisherigen Rechtslage und den Anwendungsfällen des BDSG a.F. möglich sein. Es bleibt aber abzuwarten, ob dieser Begriff, genauso wie viele andere, im Laufe der Zeit nicht eine **europäischere Prägung** erhalten wird. Ob bspw. das Areal, welches von verschiedenen Unternehmen geteilt wird ggf. ein öffentlich zugänglicher Bereich ist, kann in anderen europäischen Ländern möglicherweise anders bewertet werden, als in Deutschland. 47

Als abstrakte Kriterien lassen sich zusammenfassen: 48
– Verarbeitungsform
– Verwendung neuer Technologien
– aufgrund der Art
– aufgrund des Umfangs
– aufgrund der Umstände
– aufgrund der Zwecke
– hohes Risiko

Ob es sich um die Verwendung einer neuen Technologie, um die Art, den Umfang, die Umstände und Zwecke der Verarbeitung handelt, spielt für die Notwendigkeit der Durchführung einer DSFA eine wichtige Rolle. Das Vorliegen dieser Kriterien kann aber letztlich nur als **Anhaltspunkt** für das das Erfordernis der Durchführung einer Datenschutzfolgenabschätzung dienen. **Entscheidend ist im Ergebnis**, ob daraus ein hohes Risiko für die Rechte und Freiheiten natürlicher Personen entstehen kann. Der **kritische Auslöser** ist und bleibt damit das Vorhandensein eines voraussichtlich **hohen Risikos**. 49

Mangels einer Legaldefinition in der DS-GVO für den Begriff des hohen Risikos ist die Konturierung mit Hilfe der Erwägungsgründe hilfreich. Die Erwägungsgründe können als weitere Orientierung dafür dienen, welche Auswirkungen einer Datenverarbeitung als Risiko für die Recht der betroffenen Personen betrachtet werden. 50

---

61 17/EN WP 248 rev.01: Guidelines on Data Protection Impact Assessment (DPIA) and determining whether processing is „likely to result in a high risk" for the purposes of Regulation 2016/679, S. 9.

51 Eine Verarbeitung führt zu physischen, materiellen oder immateriellen Schäden i. S. e. hohen Risikos, insbesondere bei:
- Diskriminierung,
- Identitätsdiebstahl oder -betrug,
- finanziellem Verlust,
- Rufschädigung,
- Verlust der Vertraulichkeit von dem Berufsgeheimnis unterliegenden personenbezogenen Daten,
- unbefugter Aufhebung der Pseudonymisierung,
- anderen erheblichen wirtschaftlichen oder gesellschaftlichen Nachteilen, oder wenn
- betroffene Personen um ihre Rechte und Freiheiten gebracht oder daran gehindert werden[62].

52 Diese Beispiele machen deutlich, dass die DSFA die Rechte der betroffenen Person im Fokus hat und sich nicht auf die Gewährleistung der Informationssicherheit beschränkt[63].

53 **4. Kriterienkatalog für ein hohes Risiko: Konkrete Auslösekriterien.** Die Art.-29-Datenschutzgruppe hat eine revidierte Fassung des Arbeitspapiers 248 zur DSFA veröffentlicht, die diese gesetzlichen Vorgaben und Auslöse-Kriterien mit weiteren Beispielen konkretisiert[64]. Dieses Arbeitspapier ist deshalb von besonderer Bedeutung, weil sich die Art.-29-Datenschutzgruppe (die mit der DS-GVO durch den Europäischen Ausschuss nach Art. 68 abgelöst wurde) aus Vertretern der Aufsichtsbehörden der Mitgliedstaaten zusammensetzt – also derjenigen Behörden, die durch Positiv- und Negativlisten klarstellen sollen, wann eine DSFA durchzuführen ist.

54 Aber auch das WP 248 definiert den Risikobegriff nicht abschließend. Stattdessen werden im WP 248 insgesamt 9 Kriterien ausgearbeitet[65], die als **Indiz** für ein hohes Risiko bewertet werden können. Darin wird angenommen, dass die **Wahrscheinlichkeit** eines hohen Risikos für die Rechte und Freiheiten der Betroffenen steigt, je **mehr dieser Kriterien gleichzeitig erfüllt** sind.

55 Die Art.-29-Datenschutzgruppe versteht ihre Ausarbeitung für konkrete die Auslöse-Kriterien zur DSFA als ein Schritt für ein **vereinheitlichtes Verständnis** der abstrakten Auslöser, die in Abs. 3 des Art. 35 genannt sind. Die in diesem Zusammenhang gemachten Präzisierungen der Begriffe werden dann voraussichtlich bei der Erstellung der Listen nach Art. 35 Abs. 4 (Blacklist) oder auch Art. 35 Abs. 5 (Whitelist) zur Orientierung herangezogen.

56 Wie das Wort „insbesondere" im Einleitungssatz von Art. 35 Abs. 3 andeutet, handelt es sich hierbei um **keine abschließende Aufzählung**. Einerseits kann es „risikoreiche" Verarbeitungsprozesse geben, die in dieser Liste nicht erfasst werden, die aber ähnlich hohe Risiken bergen. Andererseits könnten aber theoretisch auch Verarbeitungen

---

62 ErwG 75.
63 BeckOK DatenSR-*Hansen* Art. 35 Rn. 47.
64 17/EN WP 248 rev.01: Guidelines on Data Protection Impact Assessment (DPIA) and determining whether processing is „likely to result in a high risk" for the purposes of Regulation 2016/679, S. 9–11.
65 In einer früheren Version des WP 248 waren 10 Kriterien genannt. Der Punkt „Datenübermittlung in Drittstaaten außerhalb der EU" wurde in der ersten Revision gestrichen.

existieren, auf die alle Kriterien passen, ohne dass am Ende einer DSFA ein hohes Risiko verbleibt.

Eine DSFA soll nach dem Willen der Art.-29-Datenschutzgruppe durchgeführt werden, wenn mindestens zwei der neun aufgeführten Kriterien erfüllt sind. In der Abstimmungsfassung war hier noch als zehntes Kriterium die Drittstaatenübermittlung aufgeführt[66], welche aber in der revidierten Fassung vom Oktober 2017 weggefallen ist. Mit Beispielen, wann eine DSFA durchzuführen sein soll und wann nicht, bietet das WP 248 zwar konkrete Vorgaben, insgesamt wird die Rechtsunsicherheit dadurch aber nicht gänzlich beseitigt werden.

Die Aufsichtsbehörden schlagen für die Identifizierung einer Verarbeitung, für die eine DSFA obligatorisch sein soll, die Berücksichtigung folgender **neun Kriterien als Auslöser** vor:

a) Bewertung oder Scoring, inklusive Profilbildung und Vorhersagen. Ziffer 1 des Kriterienkatalogs der Art.-29-Datenschutzgruppe betrifft Verarbeitungsvorgänge, die zur **Evaluierung**, **Scoring**, inklusive **Profilbildung** und zur Erstellung von **Prognosen** dienen. Bei diesen handelt es sich um Konkretisierungen von Art. 35 Abs. 3 lit. a.

Zur Konkretisierung wird im WP 248 das Beispiel eines Finanzinstituts herangezogen, das seine Kunden gegen eine Kreditreferenzdatenbank oder gegen eine Datenbank zur Bekämpfung von Geldwäsche, Terrorismusfinanzierung oder auch Betrug prüft.

Soweit eine Profilbildung durch einen Erlaubnistatbestand im Sinne von Art. 6 Abs. 1 lit. a–f legitimiert werden kann, ist diese erst einmal datenschutzrechtlich erlaubt. Die Durchführung einer DSFA ist kein bloßer Reflex, welcher automatisch auf die beabsichtigte Erstellung von Profilen folgt. Eine DSFA kann unterbleiben, wenn aus **rechtmäßig erhobenen** und verarbeiteten personenbezogenen Daten Profile erstellt werden, soweit diese im Weiteren **nicht die Grundlage** für eine **automatisierte Entscheidung** gegen die Betroffenen bilden. Mangels einer risikobehafteten Datenverarbeitung besteht dann nämlich für die Durchführung einer DSFA keine Notwendigkeit.

Als Auslöser einer DSFA kommt die Profilbildung als Bewertung persönlicher Aspekte jedoch dann in Frage, wenn diese Bewertung für automatisierte Entscheidungen mit rechtswirksamer Wirkung oder Beeinträchtigung für die Betroffenen genutzt werden soll[67].

Sollten die erstellten Profile also für automatisierte Entscheidungen genutzt werden, die **rechtswirksame Auswirkungen** auf die betroffenen Personen haben, hat der Betroffene gem. Art. 22 das Recht, einer solcher Entscheidung nicht unterworfen zu werden. Es bedarf in diesem Fall einer DSFA, die neben den Anforderungen aus Art. 35 auch die Anforderungen aus Art. 22 Abs. 3 zu berücksichtigen hat.

Bei einer DSFA, die durch Verarbeitungsvorgänge ausgelöst wird, welche sich mit Profiling im Sinne des Art. 22 beschäftigen, empfiehlt die Art.-29-Datenschutzgruppe in ihrem WP 251 zum Thema „Profiling" den Einsatz bestimmter Gegenmaßnahmen,

---

66 WP 248, Guidelines on Data Protection Impact Assessment (DPIA) and determining whether processing is „likely to result in a high risk" for the purposes of Regulation 2016/679, Adopted on 4 April 2017.
67 *Schmitz/von Dall'Armi* ZD 2017, 57, 61.

um das Risiko für die Rechte und Freiheiten der betroffenen Person zu mildern[68]. Zu diesen Maßnahmen sollen Informationen hinsichtlich der **Logik** des **automatisierten Entscheidungsprozesses** gehören, sowie eine **Erläuterung**, welche **Folgen** die geplante Verarbeitung auf die Rechte und Freiheiten der betroffenen Person haben könnte. Diese Informationen sollen der betroffenen Person zur Verfügung gestellt werden. Weiterhin gehört zu den vorgeschlagenen Maßnahmen, dass die betroffene Person die Möglichkeit haben soll, die automatisierte Entscheidung abzulehnen und ihren eigenen Standpunkt klar zu machen[69]. Es bleibt jedoch unklar, ob diese „mildernden Maßnahmen" im Ergebnis dazu führen können, dass kein hohes Risiko mehr angenommen werden muss.

65 **b) Automatisierte Entscheidungsfindung mit rechtlicher oder ähnlicher bedeutender Wirkung.** Als zweites Kriterium wird im Katalog des WP 248 eine **automatisierte Entscheidungsfindung** mit rechtlicher oder ähnlich bedeutender Wirkung für die Rechte und Freiheiten der betroffenen Person genannt. Hierbei handelt es sich um eine Konkretisierung des Art. 35 Abs. 3 lit. a Alt. 2. Als Indiz hierfür kann eine Verarbeitung genannt werden, die zum **Ausschluss** oder **Diskriminierung** von Einzelpersonen führen kann. Damit der Ausschluss oder die Diskriminierung tatsächlich als Auslöser einer DSFA gewertet werden kann, darf die Auswirkung auf den Einzelnen als **nicht gering** gewertet werden.

66 Plant der Verantwortliche eine Verarbeitung einzuführen, die eine rechtliche Wirkung für die betroffene Person entfaltet oder sie ähnlicher Weise beeinträchtigt, hat der Verantwortliche Sorge dafür zu tragen, dass die betroffene Person keiner Entscheidung von sie betreffenden persönlichen Aspekten unterworfen ist, die **ausschließlich** auf einer automatisierten Verarbeitung beruht und rechtliche Wirkung für die betroffene Person entfaltet oder sie in ähnlicher Weise erheblich beeinträchtigt.

67 Bespielhaft hierfür werden die automatische Ablehnung eines **Online-Kreditantrags** oder **Online-Einstellungsverfahren** ohne jegliches **menschliche** Eingreifen genannt[70]. Diese Ausführungen lassen den Rückschluss zu, dass sich die Wertung als Auslösekriterium für eine DSFA ggf. wesentlich ändern dürfte, wenn das Verfahren an einer geeigneten Stelle um eine **menschliche Komponente ergänzt** werden würde und nicht vollständig automatisiert abläuft.

68 **c) Systematische Überwachung: Verarbeitung zur Beobachtung, Überwachung oder Kontrolle der betroffenen Personen.** Die Ausarbeitungen zur Konkretisierung des hohen Risikos in Ziffer 3 des WP 248 betreffen Art. 35 Abs. 3 lit. c. Danach soll die DSFA insbesondere in Fällen einer **systematischen Überwachung öffentlich zugänglicher Bereiche** erforderlich sein.

69 Der Begriff der systematischen Überwachung ist in der DS-GVO zwar nicht definiert, doch das Konzept einer „**Beobachtung des Verhaltens von betroffenen Personen**" erstreckt sich nach dem Willen des europäischen Gesetzgebers auf jede Form des **Tra-**

---

68 Abschnitt VI. Data protection impact assessments (DPIA), WP 251, Guidelines on Automated individual decision-making and Profiling for the purposes of Regulation 2016/679, Adopted on 3 October 2017, S. 27.
69 Diese Maßnahmen stehen spiegelbildlich zu den Art. 13 Abs. 2 lit. f, 14 Abs. 2 lit. g und Art. 22 Abs. 3.
70 ErwG 71.

Datenschutz-Folgenabschätzung Art. 35

ckings und Profilerstellung im Internet, darunter auch zu Zwecken der **verhaltensbasierten Werbung**[71].

Beobachtung bzw. Überwachung ist dabei nicht im engeren Wortsinne als Wahrnehmung mit den Augen zu verstehen. Gemeint ist vielmehr, dass umfangreiche regelmäßige und systematische personenbezogene Auswertungen, insbesondere Profilbildungen erfolgen, wie die bspw. oftmals auf die Tätigkeit von Auskunfteien und Detekteien zutrifft. Auch Versicherungsunternehmen, die zwecks Beurteilung ihrer Risiken und zur ggf. notwendigen Anpassung der Verträge ihre Versicherungsnehmer „beobachten" oder individualisierte Tarife („Pay as you drive") anbieten, werden erfasst[72].

Eine Verarbeitung erfolgt den Anforderungen der Art.-29-Datenschutzgruppe entsprechend systematisch, wenn sie dadurch gekennzeichnet ist, dass sie im **Voraus geplant, organisiert** oder **methodisch** erfolgt, im Rahmen eines allgemeinen Plans zur Datenerhebung erfolgt und Teil einer **Strategie** darstellt. Zur Verdeutlichung werden von den Aufsichtsbehörden folgende Beispiele genannt[73]:

„Betrieb eines Telekommunikationsnetzes, Anbieten von Telekommunikationsdienstleistungen, E-Mail-Werbung mit Tracking, Typisierung und Scoring zu Zwecken der Risikobewertung (zum Beispiel zu Zwecken der Kreditvergabe, der Festlegung von Versicherungsprämien, Maßnahmen zur Verhinderung von betrügerischen Handlungen, Ermittlung von Geldwäsche), Standortverfolgung (bspw. durch Mobilfunkanwendungen), Treueprogramme, verhaltensbasierte Werbung, Überwachung von Wellness-, Fitness- und gesundheitsbezogenen Daten über in Kleidung integrierte Geräte (Wearables), Überwachungskameras oder vernetzte Geräte (z.B. intelligente Stromzähler, intelligente Autos, Haustechnik usw.)".

Die Annahme, dass es sich bei einer systematischen Überwachung nicht lediglich um ein „herkömmliches" Risiko handelt, wie sie jeglicher Verarbeitung von personenbezogenen Daten innewohnt, sondern ein hohes Risiko darstellt, beruht auf der Überlegung, dass die Daten unter Umständen erhoben werden können, **ohne das Wissen der betroffenen Person** darüber, **wer** seine Daten erfasst und **wie** sie verwendet werden. Das hohe Risiko einer systematischen Überwachung kann auch darauf beruhen, dass Einzelpersonen **kaum die Möglichkeit** haben, einer solchen **Verarbeitungen in öffentlichen Räumen zu entgehen**.

d) Sensible oder höchstpersönliche Daten. Bei diesem Punkt des von der Art.-29-Datenschutzgruppe aufgestellten Kriterienkatalogs handelt es sich um eine Konkretisierung des Art. 35 Abs. 3 lit. b Alt. 1 DS-GVO. Darunter fallen Daten zur rassischen und ethnischen Herkunft, politische Meinungen, religiöse oder weltanschauliche Überzeugung, Gewerkschaftszugehörigkeit, genetische und biometrische Daten zur eindeutigen Identifikation, Gesundheitsdaten und Daten zum Sexualleben oder sexueller Orientierung. Insbesondere **Gesundheitsdaten** sind häufig Bestandteil in **Personalprozessen** wie **Arbeitsmedizin** und **Gesundheitsvorsorge (BEM)** oder in Verfahren zur Tauglichkeit[74].

e) Datenverarbeitung im großen Maßstab. Zwar findet sich in der DS-GVO auch für den Begriff „**umfangreich**" keine Legaldefinition. Gleichwohl liefert ErwG 91 für den

---

71 ErwG 24.
72 *Jaspers/Reif* RDV 2016, 61, 62.
73 6/DE, WP 243, Leitlinien in Bezug auf Datenschutzbeauftragte („DSB"), S. 10.
74 Gola-*Schulz* Art. 9 Rn. 11–13.

Ferik

Begriff „umfangreich" einen gewissen Anhaltspunkt. Diesem ErwG zufolge bezieht sich dieser Begriff insbesondere auf „umfangreiche Verarbeitungsvorgänge [...], die dazu dienen, **große Mengen personenbezogener Daten auf regionaler, nationaler oder supranationaler Ebene** zu verarbeiten, eine **große Anzahl von Personen** betreffen könnten und – bspw. aufgrund ihrer Sensibilität – **wahrscheinlich** ein hohes Risiko mit sich bringen".

76 Andererseits ist im ErwG 91 ausdrücklich vorgesehen: „Die Verarbeitung personenbezogener Daten sollte nicht als umfangreich gelten, wenn die Verarbeitung personenbezogene Daten von Patienten oder von Mandanten betrifft und durch einen einzelnen Arzt, sonstigen Angehörigen eines Gesundheitsberufes oder Rechtsanwalt erfolgt."

77 Der europäische Gesetzgeber differenziert bei der Bewertung des Risikos zwischen der Verarbeitung der personenbezogenen Daten durch einen **einzelnen Arzt** und der **landes- oder europaweiten Verarbeitung** der Daten. Gemäß ErwG 91 soll eine Verarbeitung **nicht als umfangreich** gelten und damit die Durchführung einer DSFA in Konsequenz nicht zwingend vorgeschrieben sein, wenn die Verarbeitung personenbezogene Daten von **Patienten** oder von **Mandanten** betrifft und durch einen einzelnen Arzt, sonstigen **Angehörigen eines Gesundheitsberufes** oder **Rechtsanwalt** erfolgt. Jedoch erfolgt die Differenzierung zum einen ohne jegliche weitere Begründung[75] und zum anderen nicht im Normtext selbst, sondern lediglich in den Erwägungsgründen. Die im ErwG 91 genannte Ausnahme bietet sowohl Raum für die Vermutung, dass sie Ergebnis einer erfolgreichen **Lobbyarbeit**[76] sein kann, als auch Anhaltspunkte für eine andere schlüssige Erklärung. Ein Erklärungsansatz führt als Argument an, dass die Regelung in ErwG 91 lediglich als Hinweis zu verstehen ist, dass solche **Verarbeitungen nicht auf der Positivliste** gem. Art. 35 Abs. 4 enthalten sein sollen und das Kriterium **„umfangreich"** verneint werde[77].

78 Vor dem Hintergrund, dass **Erwägungsründe** zwar als **Interpretationshilfe** hinzugezogen werden können, jedoch nicht als Bestimmungen mit eigenständiger normativer Bedeutung betrachtet werden[78], ist zu befürchten, dass diese unterschiedliche Wertung, die Rechtsunsicherheit bei der Anwendung der DSFA nicht mindern wird.

79 Generell ist hinsichtlich dieses Kriteriums festzustellen, dass es nicht möglich ist, eine genaue, auf jeden Einzelfall anwendbare Zahlenangabe bezüglich der Menge an verarbeiteten Daten oder der Zahl an betroffenen natürlichen Personen zu machen[79]. Es kann jedoch angenommen werden, dass der Begriff der „umfangreichen Verarbeitung" von Seiten der Aufsichtsbehörden in Zukunft noch **präzisiert** werden wird, da der Begriff auch für den **Schwellwert** maßgeblich ist, von dem die verpflichtende **Benennung** eines DSB maßgeblich ist[80].

80 **f) Abgleich oder Zusammenführen von Datensätzen.** Nach Einschätzung der Art.-29-Datenschutzgruppe kann auch der **Abgleich** oder das **Zusammenführen von**

---

75 Kühling/Buchner-*Jandt* Art. 35 Rn. 10.
76 Paal/Pauly-*Martini* Art. 35 Rn. 35.
77 BeckOK DatenSR-*Hansen* Art. 35 Rn. 37.
78 Zum Problem überschießender Erwägungsgründe: *Gola* K&R 2017, 145 ff.
79 6/DE, WP 243, Leitlinien in Bezug auf Datenschutzbeauftragte („DSB"), S. 19.
80 Vgl. Art. 37 Abs. 1 lit. b.

Datensätzen zu einem **erhöhten Risiko** führen, welches dann wieder als Auslöser für eine DSFA betrachtet werden kann. Die erhöhte Risikolage kommt in diesen Fällen durch die **Verletzung des Transparenzgebots** und des **Grundsatzes der Zweckbindung** zustande.

Ausschlaggebend für die Bewertung ist die **Perspektive eines objektiven Dritten** als betroffene Person. Durfte die betroffene Person im konkreten Fall mit einem derartigen Abgleich ihrer personenbezogenen Daten **rechnen** oder durfte die betroffene Person berechtigterweise darauf **vertrauen**, dass ihre Daten, die ggf. von **verschiedenen Verantwortlichen** oder für **unterschiedliche Zwecke** erhoben wurden, nicht zusammengeführt werden, können als Kontrollfragen hierfür genutzt werden. 81

Für natürliche Personen sollte **Transparenz** dahingehend bestehen, welche personenbezogenen Daten erhoben, verwendet, eingesehen oder anderweitig verarbeitet werden und in welchem Umfang die personenbezogenen Daten verarbeitet werden und künftig noch verarbeitet werden sollen. Dieser Grundsatz betrifft insbesondere die Informationen über die **Identität des Verantwortlichen** und die **Zwecke der Verarbeitung** und sonstige Informationen, die eine **faire** und **transparente** Verarbeitung im Hinblick auf die betroffenen natürlichen Personen gewährleisten, sowie deren Recht, eine **Bestätigung und Auskunft** darüber zu erhalten, welche sie betreffende personenbezogene Daten verarbeitet werden. Natürliche Personen sollten über die Risiken, Vorschriften, Garantien und Rechte im Zusammenhang mit der Verarbeitung personenbezogener Daten informiert und darüber aufgeklärt werden, wie sie ihre diesbezüglichen Rechte geltend machen können[81]. 82

Die **Zwecke** der Datenverarbeitung müssen dabei bereits **bei der Erhebung** personenbezogener Daten **festgelegt**, **eindeutig** und **legitim** sein. Eine **Weiterverarbeitung zu anderen Zwecken** ist gleichwohl möglich, sofern die Zwecke der Weiterverarbeitung **nicht** mit den **ursprünglichen Erhebungszwecken unvereinbar** sind und eine **Rechtsgrundlage** hierfür vorliegt[82]. 83

In Art. 5 Abs. 1 lit. b ist festgelegt, dass personenbezogene Daten nur für **eindeutige und legitime** Zwecke erhoben werden dürfen. Wenn eine Erhebung für einen bestimmten Zweck erfolgt, dürfen die Daten nicht **außerhalb** dieser Zweckbestimmung genutzt werden. Allerdings ist in Ausnahmefällen eine Zweckänderung durchaus möglich. 84

Grundsätzlich ist eine **Zweckänderung** nur dann zulässig, wenn die Verarbeitung mit denjenigen **Zwecken vereinbar** ist, für die die Daten ursprünglich erhoben worden sind[83]. Die Erhebung kann dabei sowohl von dem Verantwortlichen, dem Auftragsverarbeiter oder einem Dritten erfolgt sein. Hierzu hat Art. 6 Abs. 4 verschiedene Kriterien benannt. Dabei sind die Kriterien nicht abschließend benannt. Zu berücksichtigen sind für die Frage der Zweckvereinbarkeit unter anderem der **Erhebungskontext**, die **Art** der Daten, das **Verhältnis zwischen dem Verantwortlichen** und den betroffenen Personen. Auch soll auf die **vernünftigen Erwartungen** der betroffenen Personen abgestellt werden, die auf ihrer Beziehung zum Verantwortlichen beruhen. 85

---

81 ErwG 39.
82 Gola-*Pötters* Art. 5 Rn. 12–20.
83 Kühling/Buchner-*Buchner/Petri* Art. 6 Rn. 186.

86 **g) Daten gefährdeter Personen.** Der Datenschutz thematisiert u.a. die **Machtasymmetrie** zwischen Organisationen und betroffenen Personen und hat die Aufgabe, die Betroffenenrechte zu gewährleisten. Dabei wird zunächst jede **Organisation als potenzieller Angreifer** auf die Rechte des Individuums als strukturell schwächeren Risikonehmer betrachtet, dessen faktisch notorische Übergriffe abgewehrt werden müssen[84].

87 Das 7. Kriterium, welches die Art.-29-Datenschutzgruppe ausgearbeitet hat, um die Frage der Notwendigkeit der Durchführung einer DSFA beantworten zu können, hat ihren Bezugspunkt in dieser Machtasymmetrie, welche in bestimmten Fällen als wahrscheinlich erachtet wird. Das Hinzuziehen dieses Kriteriums für die Ermittlung der Notwendigkeit einer DSFA wird als ein **Gegenmittel für das zunehmende Ungleichgewicht** zwischen den Betroffenen und der für die Verarbeitung Verantwortlichen betrachtet. Dieses Kriterium sollte immer dann als möglicher Auslöser betrachtet werden, wenn die betroffenen Personen möglicherweise nicht ohne Weiteres der **Verarbeitung ihrer Daten zustimmen** oder diese **ablehnen** oder ihre **Rechte ausüben** können. Zu diesem Kreis betroffener Personen werden im WP 248 bspw. **Kinder**, **Beschäftigte** und **besonders schutzbedürftige Bevölkerungsgruppen**[85] gezählt.

88 Die Festlegung **starrer Personenkategorien** innerhalb des Kriterienkatalogs hat ihre Tücken. Für **Kinder unter 16 Jahren** schreibt Art. 8 vor, dass die Einwilligung nur dann wirksam ist, wenn sie entweder von den Eltern **selbst** erteilt wurde oder zumindest mit deren **Zustimmung**. Die Einwilligung des Kindes allein **genügt** dann **nicht**. Dies gilt zumindest für Einwilligungen hinsichtlich der Dienste der Informationsgesellschaft.

89 Hinsichtlich der informationellen Selbstbestimmung kam es nach alter Rechtslage (BDSG a.F.) mangels Bestehens einer gesetzlichen Altersgrenze für die Wirksamkeit von kindlichen Einwilligungen in die Datenverarbeitung auf die **Einsichtsfähigkeit** an[86]. Die **Einwilligung** eines Kindes in die Verarbeitung seiner Daten war dann **wirksam**, wenn es die **Tragweite seiner Entscheidung** vernünftigerweise absehen konnte. Die Geschäftsfähigkeit war dagegen nicht maßgeblich. Was die Durchführung einer DSFA angeht, scheint die Art.-29-Datenschutzgruppe bzgl. der Schutzbedürftigkeit/ Gefährdung des Kindes, nicht mal mehr dieser Differenzierung des Art. 8 zu folgen.

90 In Konsequenz könnte diese starre Grenze dazu führen, dass für die Verarbeitung Verantwortliche bei der Erhebung der Daten insbesondere auch das **Alter** bzw. **Geburtsdatum** erheben werden, obwohl dies für den Verarbeitungsvorgang an sich gar nicht erforderlich ist, sondern nur für die Frage der Notwendigkeit der Durchführung einer DSFA benötigt wird.

Generell wird ein **Ungleichgewicht** in der Beziehung zwischen der Position der betroffenen Person und der Position des für die Verarbeitung Verantwortlichen als Indiz dafür gewertet, dass dieses Kriterium erfüllt ist[87].

---

84 Friedewald/Obersteller/Nebel/Bieker/Rost Whitepaper Datenschutz-Folgenabschätzung, S. 1; Friedewald TATuP 26/1-2 (2017), 66.
85 Beispielhaft erwähnt hier das WP 248: geistig kranke Personen, Asylbewerber oder ältere Menschen, Patienten usw.).
86 Gola-*Gola/Klug/Körffer* § 4a BDSG Rn. 2–3a.
87 Buchner/Kühling-*Jandt* Art. 7 Rn. 42–45.

h) Innovative Nutzung oder Anwendung neuer technologischer oder organisatorischer 91
Lösungen. Die beiden ErwG 89 und 91 DS-GVO erwähnen explizit den Begriff der **neuen Technologie**, ohne diesen noch näher zu spezifizieren. Das für die Durchführung einer DSFA relevante Risiko wird insbesondere für **umfangreiche Verarbeitungsvorgänge** als wahrscheinlich erachtet, bei denen entsprechend dem jeweils aktuellen Stand der Technik, in großem Umfang eine neue Technologie eingesetzt wird.

Aus den Konkretisierungen des WP 248 wird deutlich, dass die Aufsichtsbehörden das 92
gesteigerte Risiko darin begründet sehen, dass bei Einsatz **neuer Technologien** noch **Unsicherheit** über deren **Beherrschbarkeit** bestehen kann und die möglicherweise **weitreichenden Konsequenzen** einer solchen Verarbeitung noch nicht in jeglicher Konsequenz eingeschätzt werden können. Das zur Veranschaulichung dieses Kriteriums bemühte Beispiel einer Kombination von Fingerabdruck- und Gesichtserkennung für eine verbesserte physische Zugangskontrolle weist darauf hin, dass auch bereits **einzeln** für sich **etablierte Technologien** eine Brisanz im Sinne dieser Regelung aufweisen können, wenn sie in **Kombination** genutzt werden.

Allgemein wird ein hohes Risiko für die Rechte und Freiheiten des Einzelnen erwartet, 93
wenn die **persönlichen und sozialen Folgen** des Einsatzes einer neuen Technologie noch nicht vollständig untersucht sind und noch viele **Unbekannte** aufweisen. Zu Recht wird exemplarisch auf den Bereich des **Internet of Things** (IoT) verwiesen[88], der in jüngster Vergangenheit dadurch aufgefallen ist, dass die Nutzer und mannigfaltige Hardware auf Grund der vielfach **unsicheren Werkeinstellungen** ganz ohne Wissen der Nutzer für verschiedene Formen der Computer-Kriminalität missbraucht wurden[89].

Insofern ist dieses Kriterium auch eng mit den Vorgaben aus **Art. 25** verwandt und 94
adressiert vor allem auch Verantwortliche aus dem Bereich der Soft- und Hardware-Produzenten und die Nutzer dieser Produkte als für die Verarbeitung Verantwortliche. Sofern die Prinzipien des **Privacy by Design und Privacy by Default** unmittelbare Beachtung durch die Hersteller finden, kann sich das als Wettbewerbsvorteil für die Produzenten darstellen und gleichzeitig die DSFA der Verantwortlichen in der Position der Nutzer vereinfachen und im besten Fall obsolet machen[90].

Technik oder **neue Technologien** können als Auslöser neuer datenschutzrechtlicher 95
Risiken eingestuft werden und gleichzeitig kann Datenschutz durch Technik durch seinen enormen Vorteil des unmittelbaren und **faktischen Wirkens** als Mittel zur Vorbeugung von Datenschutz-Risiken bevorzugt zum Einsatz gebracht werden[91].

Datenschutzfreundliche Technikgestaltung spielt auch im Rahmen der DSFA eine 96
wichtige Rolle. Was die datenschutzfreundliche Technikgestaltung im Rahmen der Konzeption, Architektur und Programmierung von Datenverarbeitungssystemen angeht, sind zwar überwiegend die Hersteller dieser Produkte Adressat des Art. 25[92].

---

88 17/EN WP 248 rev.01: Guidelines on Data Protection Impact Assessment (DPIA) and determining whether processing is „likely to result in a high risk" for the purposes of Regulation 2016/679, S. 10.
89 PM des BSI vom 25.10.2016: Cyber-Angriffe durch IoT-Botnetze: BSI fordert Hersteller zu mehr Sicherheitsmaßnahmen auf.
90 *Baumgartner/Gausling* ZD 2017, 308, 309.
91 *Richter* DuD 2012, 576.
92 *Kühling/Buchner-Hartung* Art. 25 Rn. 13.

Jedoch können Verantwortliche durch die bevorzugte Auswahl und Implementierung datenschutzfreundlicher Produkte den Aspekt des **Privacy by Design und Privacy by Default** auch im Hinblick auf die DSFA zu Ihrem Vorteil nutzen. Die Empfehlung, dass Produkte und Dienste für den betroffenen Nutzer bzw. für den Verantwortlichen derart **konfiguriert** sein müssen, dass bei der **erstmaligen Nutzung die datenschutzfreundlichste Verarbeitungsvariante** durch entsprechende **Voreinstellungen** gewährleistet sein muss, lässt sich gerade auch auf die DSFA übertragen.

97 Entwickelt jedoch ein Verantwortlicher Soft- oder Hardware (auch) für die eigene Nutzung, können Art. 25 und Art. 35 noch viel enger miteinander verwoben sein. In diesen Fällen ist auch Raum für die Frage, was genau die Vorgabe „vorab" in Art. 35 Abs. 1 S. 1 zu bedeuten hat. Aus der Perspektive eines Verantwortlichen, der die Individual-Programmierung selbst nutzen möchte, verschiebt die Zeitvorgabe „vorab" die Durchführung einer DSFA bereits in die **Phase der Entwicklung und der Konzeption**, so dass hier zwangsläufig eine Überlagerung der Art. 25 und Art. 35 erfolgt.

98 Wird die Daten verarbeitende Soft- oder Hardware jedoch von einem Verantwortlichen erst erworben, bedeutet „vorab", dass die DSFA lediglich vor dem erstmaligen Einsatz im Produktivbetrieb (ggf. auch Testbetrieb, wenn Echtdaten genutzt werden) einer DSFA unterzogen werden muss. Die Verbindung des Art. 35 zum Art. 25 ist hierbei nicht so eng. Privacy by Design und by Default werden hier jedoch als Kaufkriterium eine gewichtige Rolle spielen und damit sowohl für den Ersteller der Soft- und Hardware als auch für den Verantwortlichen in der Rolle des Nutzers einen Wettbewerbsvorteil darstellen[93].

99 Produkte sollten vor allem im Hinblick auf eine relevante DSFA[94] in den **Werkseinstellungen auf maximale Datenschutzfreundlichkeit** eingestellt werden, um dann ggf. durch **bewusste Nutzeraktionen deaktiviert**[95] werden zu können. Allein die Verpflichtung sich mit dem Prinzip einer DSFA zu beschäftigen, dürfte positive Effekte auf das Verständnis und das Bewusstsein der Verantwortlichen in punkto Verbesserung der Datensicherheit haben.

100 **i) Benachteiligung oder Ausschluss der betroffenen Person.** Die Art.-29-Datenschutzgruppe vermutet im Einklang mit ErwG 91 und unter Bezugnahme auf Art. 22, dass ein hohes Risiko im Sinne des Art. 35 immer dann vorliegen kann, wenn die Verarbeitung an sich, die betroffene Person daran **hindert**, ein Recht **auszuüben** oder eine Dienstleistung oder einen Vertrag in **Anspruch zu nehmen**. Jegliche Verarbeitung, die darauf abzielt, den Betroffenen den Zugang zu einer Dienstleistung oder den Abschluss eines Vertrages zu **gestatten,** zu **ändern** oder zu **verweigern,** sollte damit einer DSFA unterzogen werden. Das WP 248 führt hierfür den Abgleich mit einer Kreditreferenzdatenbank an, die für die Entscheidung einer Kreditvergabe genutzt wird.

101 **5. Zwischenergebnis: Erforderlichkeit/Auslösekriterien.** Ergibt die Abschätzung der Risiken hinsichtlich der Verarbeitungsvorgänge (**„Schwellenwertanalyse"**), dass voraussichtlich ein hohes Risiko besteht, so ist eine DSFA durchzuführen. Stellt der

---

93 *Bieker/Bremert/Hansen* DuD 2018, 492, 495.
94 *Jandt* DuD 2017, 562, 563.
95 *Baumgartner/Gausling* ZD 2017, 308, 312.

für die Verarbeitung Verantwortliche jedoch an diesem Punkt fest, dass der Verarbeitungsvorgang kein hohes Risiko aufweist, dann ist die Durchführung einer DSFA nicht zwingend erforderlich[96].

Als **Faustregel** empfiehlt die Art.-29-Datenschutzgruppe Verantwortlichen davon auszugehen, dass die Durchführung einer DSFA erforderlich ist, wenn **zwei** der **neun** beschriebenen **Kriterien erfüllt** sind. In konsequenter Fortführung dieses Ansatzes steigt die Wahrscheinlichkeit dafür, dass eine DSFA durchgeführt werden sollte, je mehr Kriterien auf den jeweiligen Verarbeitungsvorgang passen. Je mehr Kriterien eine Verarbeitung erfüllt, des höher wird das Risiko für die Rechte und Freiheiten der betroffenen Person eingeschätzt. 102

Es ist und bleibt jedoch eine **Prognose**. Es ist nicht ausgeschlossen, dass auch beim Vorliegen eines einzigen Kriteriums, eine DSFA durchzuführen ist, genauso wie es rein theoretisch sein kann, dass die DSFA letztlich nicht durchgeführt zu werden braucht, obwohl 5 Kriterien oder mehr bejaht werden müssen. Die Quantität der Kriterien trifft lediglich eine **grobe Aussage** über die mit der Anzahl der Kriterien **steigende Wahrscheinlichkeit** hinsichtlich des Zutreffens eines hohen Risikos. Verbleiben Zweifel darüber, ob Anzahl und Qualität der Kriterien als Auslöser für eine DSFA taugen und damit eine DSFA durchgeführt werden soll, kann nur empfohlen werden, stets eine DSFA durchzuführen[97]. 103

Zeitökonomische Gründe sprechen zumindest nicht dagegen, sondern eher dafür. Zum einen muss auch die **unterlassene Durchführung** einer DSFA **ausführlich begründet** werden, wenn der Verantwortliche seiner Rechenschaftspflicht aus Art. 5. Abs. 2 nachkommen möchte. Dazu muss er nämlich ohnehin dokumentieren, die technisch-organisatorischen Anforderungen und Datenschutzgrundsätze aus Art. 5 Abs. 1 eingehalten zu haben. Die sog. **Vorbereitungsphase** dürfte sich inhaltlich größtenteils mit den Angaben aus dem **Verzeichnis von Verarbeitungstätigkeiten** gem. Art. 30 **decken**. Betrachtet man die Aufwände, die der Verantwortliche ohnehin regemäßig hinsichtlich der Einhaltung der Anforderungen aus den Art. 24, 25, 30 und auch 32 betreiben muss, bleibt als **DSFA-spezifischer Mehraufwand** im Wesentlichen nur der Aspekt des hohen Risikos. 104

Dieser Mehraufwand dürfte in der Praxis nicht allzu sehr ins Gewicht fallen und würde aber aus Compliance-Sicht einen gewichtigen Vorteil mit sich bringen, da durch die überobligatorisch durchgeführte DSFA **Klarheit und Überblick** über die unternehmensinternen Datenverarbeitungsvorgänge erlangt werden kann. So ließen sich Risiken im Unternehmen besser erkennen und die gewonnen Zusatz-Infos bei der Kommunikation mit Behörden und Fachabteilungen einbringen. 105

Denkbar sind **interne Erweiterungen des Verzeichnisses von Verarbeitungstätigkeiten** durch Risikoabschätzungen bzw. eine zusätzliche Strukturierung, die festhält, welche Verarbeitungen ggf. eine DSFA erfordern und welche nicht. Daneben können die durchgeführten Prüfungen zur DSFA aufgenommen werden[98]. 106

---

96 *DSK* Kurzpapier Nr. 5: Datenschutz-Folgenabschätzung nach Art. 35 S. 1.
97 17/EN WP 248 rev.01: Guidelines on Data Protection Impact Assessment (DPIA) and determining whether processing is „likely to result in a high risk" for the purposes of Regulation 2016/679; S. 8; *Rath/Feuerherdt* CR 2017, 500, 501.
98 *GDD* Praxishilfe DS-GVO V – Verzeichnis von Verarbeitungstätigkeiten, S. 5.

126 Es dürfte auch der betrieblichen Wirklichkeit nicht widersprechen, dass insbesondere in kleineren Unternehmen, die **Erwartungshaltung** an den Datenschutzbeauftragten und seine Rolle bei der Durchführung der DSFA, im Vergleich zu der tatsächlichen Rolle, die die Verordnung im zuweist, **überschießend** sein dürfte. Möglicherweise wird dieser überschießenden Rollenverteilung, besonders in den Fällen einer externen Benennung eine größere Akzeptanz durch den Datenschutzbeauftragten entgegengebracht werden. Aber auch, wenn externe Datenschutzbeauftragte naturgemäß eine größere Bereitschaft haben werden ihre Einbindung in die DSFA breiter zu fassen, entbindet das den Verantwortlichen nicht davon, dass die DSFA seine originäre Verantwortung bleibt[118].

127 **b) Kooperative Tätigkeit.** Dass eine so strikte Trennung der Rollen in der Praxis zumindest Schwierigkeiten bereiten wird, dürfte sich allen erschließen, die sich in der Vergangenheit mit dem **Vorgänger** zur DSFA, der **Vorabkontrolle**, beschäftigt haben. Wie schon bei der Vorabkontrolle als **Best Practice** etabliert, ist es empfehlenswert, bei der Durchführung der DSFA auf eine **wechselseitige Kommunikation** zwischen dem für den Verarbeitungsvorgang Verantwortlichen und dem Datenschutzbeauftragten zu setzen. Allerdings muss, in Abgrenzung zur Vorabkontrolle, für die Durchführung der DSFA ganz klar betont werden, dass die **datenschutzrechtliche Verantwortung** zur ordnungsgemäßen Durchführung der DSFA gem. Art. 35 Abs. 1 bei der verantwortlichen Stelle liegt.

128 Der Verantwortliche hat zunächst die Pflicht, den geplanten Verarbeitungsvorgang **systematisch zu beschreiben.** Für die **Bewertungsphase**, das heißt für die Einschätzung der Risiken, sollte er sich mit dem Datenschutzbeauftragten beraten, bzw. ihn so früh wie möglich einbeziehen. Beide Funktionen sollten gemeinsam überlegen, welche Maßnahmen geeignet sind, die ermittelten Risiken einzudämmen.

129 Den Verantwortlichen mit diesen Aufgaben alleine zu lassen, wäre nicht zielführend. Der Datenschutzbeauftragte wird in der Regel weiterhin auf Grund seines **Wissensvorsprungs** die **Datenschutz-Kompetenz** im Unternehmen bleiben. Andererseits wäre es aber auch abwegig, die Durchführung einer DSFA insgesamt auf den Datenschutzbeauftragten zu **delegieren**[119].

130 **c) Interessenskonflikt.** Abgesehen davon, dass der Datenschutzbeauftragte zwingend auf Informationen zu dem geplanten Verarbeitungsvorgang angewiesen ist, bedeutete eine Aufgabendelegierung einen Interessenkonflikt. Denn ein Datenschutzbeauftragter kann seine gesetzliche Überwachungspflicht einer DSFA nicht interessenfrei wahrnehmen, die er selbst und alleine durchgeführt hat. Zudem würde eine Delegierung der Durchführung der DSFA auf den Datenschutzbeauftragten der gesetzlich in Art. 35 Abs. 2 festgelegten **Rollenverteilung widersprechen**, die insoweit dem Verantwortlichen als Aufgabe auferlegt ist. Der Vorschlag, eine wei-

---

118 WP 248: „The controller is responsible to ensure that the DPIA is carried out. Carrying out the DPIA may be done by someone else, inside or outside the organization, but the controller remains ultimately accountable for that task".
119 *GDD* Praxishilfe DS-GVO X – Voraussetzungen der Datenschutz-Folgenabschätzung, S. 11.

tere **objektive Instanz**[120] einzubinden bzw. eine nachträgliche Überprüfung durchzuführen, um auszuschließen, dass sich die Organisation bei der Analyse als mögliche Risikoquelle ausblendet[121], dürfte insbesondere die Ressourcen der meisten kleineren Unternehmen sprengen.

Dieser Interessenskonflikt dürfte jedoch bereits auch bei der Vorabkontrolle, unter dem Regime des BDSG a.f. existent gewesen sen. Zuständig für die Vorabkontrolle war kraft Gesetzes der betriebliche Datenschutzbeauftragte (§ 4d Abs. 6 S. 1 BDSG a.F.). Es wurde jedoch davon ausgegangen, dass die **Weisungsfreiheit** des Datenschutzbeauftragten der Erteilung von konkreten **Prüfaufträgen** durch die Geschäftsleitung grds. nicht entgegen steht[122]. **131**

Mit Verantwortlicher ist nach Art. 4 Nr. 7 die jeweilige natürliche oder juristische Person gemeint, die über die Zwecke und Mittel der Verarbeitung von personenbezogenen Daten entscheidet. Das kann nicht der Datenschutzbeauftragte sein, dessen Aufgaben in Art. 39 klar umrissen sind. Hier sind also Verantwortlicher und Datenschutzbeauftragter aufgerufen, in einer **abgestimmten und kooperativen Vorgehensweise** den Prozess der DSFA zu beginnen und iterativ durchzuführen. Dabei sind gegebenenfalls und idealerweise auch die Meinungen der betroffenen Personen oder ihrer Vertreter, z.B. Gremien der Mitbestimmung, einzuholen. **132**

4. Auftragsverarbeiter. Die DSFA ist nach der DS-GVO Aufgabe des Verantwortlichen[123]. Der Auftragsverarbeiter muss keine solche Abschätzung durchführen[124]. Es ist aber gem. Art. 28 Abs. 3 lit. f **im Vertrag** sicherzustellen, dass er den Verantwortlichen bei der DSFA **unterstützt**, bspw. beim **Identifizieren** technisch-organisatorischer Maßnahmen[125] zur Seite steht. Bei der Frage, ob und welche Rolle ein Auftragsverarbeiter bei der Durchführung oder sogar für die Notwendigkeit einer DSFA spielt, lassen sich Schnittmengen mit den Grundsätzen des Privacy by Design und Privacy by Default erkennen. **133**

Bietet ein Auftragsverarbeiter seine Dienstleistung für eine Form der Verarbeitungstätigkeit an, die thematisch die Durchführung einer DSFA nahelegt, kann der Auftragsverarbeiter bereits bei der Entwicklung seines Produkts (Standard-Software oder Standard-IT) die **Grundsätze der Art. 25** dergestalt in seine Produkte implementieren, dass diese bei Nutzung der **default-Einstellungen** im Rahmen der angebotenen Auftragsverarbeitung keine DSFA auslösen. **134**

Anbieter von Hard-und Software-Lösungen, deren Produkte im Rahmen einer Verarbeitung im DSFA-Umfeld genutzt werden, können die Default-Einstellungen für die zur Datenverarbeitung genutzten Funktion auf „inaktiv" belassen, damit diese erst von den eigentlichen Nutzern und damit den Verantwortlichen jeweils individuell kon- **135**

---

120 *Friedewald/Obersteller/Nebel/Bieker/Rost* Whitepaper Datenschutz-Folgenabschätzung, S. 22: Im Whitepaper wird die Abteilung Qualitätssicherung als eine solche neutrale Stelle genannt, jedoch ohne weitere Erklärung, warum die Qualitätssicherung als eine neutralere Stelle begriffen werden sollte, als der DSB.
121 *Friedewald* TATuP 26/1-2 (2017), 66, 68.
122 *Klug* RDV 2001, 12, 13.
123 Vgl. ErwG 84 und 90.
124 *Quiel* PinG 2018, 30, 31.
125 *Kiesche* CuA 2017, 31, 35.

figuriert werden können. Der Dienstleister kann seine **Standard-IT** oder **Standard-Software** also ab Werk als **Nicht-DSFA-auslösend** anbieten, so wie ein Autohersteller seine Fahrzeuge ab Werk als verkehrssicher anbietet. Dem Nutzer steht es dann frei **Modifikationen** an dem **Werkszustand** vorzunehmen. Jedoch hat dann der Nutzer die Pflicht dafür Sorge zu tragen, dass die Verarbeitung, spiegelbildlich zum Fahrzeug, weiterhin sicher bleibt.

136 **5. Betroffene oder Vertreter.** Die EU-Kommission hatte bereits in ihrer Stellungnahme zum von der EU-Kommission vorgeschlagenen Rahmen einer DSFA für RFID (RFID-Empfehlung)[126] gefordert, dass eine Konsultation der Beteiligten, auf die sich der Einsatz der Technik auswirke, vorzunehmen sei[127]. Diese Forderung hat mit der Norm des Art. 35 Abs. 9 Gehör gefunden.

137 Nach Art. 35 Abs. 9 holt der Verantwortliche ggf. den **Standpunkt der Betroffenen** oder ggf. ihrer **Vertreter** ein. Wann und wie dies zu erfolgen hat, ist weder in Art. 35 noch in den Erwägungsgründen näher ausgeführt. Als Vorteil dieser Maßnahme wird hier die **Vermeidung von Betriebsblindheit** und einer **verengten Sichtweise** ins Feld geführt, die mit der der ausschließlichen Einholung von **Expertenmeinungen** einhergehen kann[128].

138 Nach Auffassung der DSK umfasst dies bspw. die Einbindung der Mitbestimmungsgremien.[129] Diese erfolgt bei der Einführung neuer IT-Systeme im **Beschäftigtenkontext** regelmäßig ohnehin im Rahmen der Mitbestimmung nach § 87 BetrVG. So wäre im Beispiel der Art.-29-Datenschutzgruppe (Einführung eines umfassenden MA-Monitoring-Systems) der Betriebsrat zu beteiligen und der Abschluss einer Betriebsvereinbarung empfehlenswert[130].

139 Ob **Betriebs- und Personalräte** über die Konsultation hinaus auch Anspruch darauf haben, dass ihnen der jeweilige DSFA-Bericht gem. § 80 Abs. 1 Nr. 1 BetrVG (§ 68 Abs. 2 BPersVG) zur Verfügung gestellt wird, kann an dieser Stelle offenbleiben. Nachvollziehbar ist jedoch der Gedanke, dass Interessenvertretungen motiviert sein werden, für **alle Datenverarbeitungen mit Beschäftigtendaten** eine DSFA zu fordern, um deren, im Idealfall objektive Ergebnisse, zur **Grundlage einer Betriebs- oder Dienstvereinbarung** zu machen[131]. Denkbar ist es natürlich auch umgekehrt, gedankliche Vorarbeiten aus Dienst- und Betriebsvereinbarungen für die eigentliche Durchführung der DSFA nutzbar zu machen, soweit sich darin geeignete Informationen und Bewertungen dafür finden lassen.

140 Sofern ein Unternehmen über einen Kundenbeirat verfügt, könnte dieser in eine DSFA eingebunden werden. Darüber hinaus ist auch denkbar, eine **abstrakte Beteili-**

---

126 *EU-Kommission* Empfehlung vom 12.5.2009 zur Umsetzung der Grundsätze der Wahrung der Privatsphäre und des Datenschutzes in RFID-gestützten Anwendungen, S. 47–51.
127 *Art.-29-Datenschutzgruppe* Stellungnahme 5/2010 zum Vorschlag der Branche für einen Rahmen für Datenschutz-Folgenabschätzungen für RFID-Anwendungen, Arbeitspapier 00066/10/DE, WP 175.
128 Kritische und ausführliche Auseinandersetzung mit dem Thema der Einbindung von Betroffenen und Vertretern im Sinne von Art. 35 Abs. 9 bei: *Friedewald* TATuP 26/1-2 (2017), 66 ff.
129 *DSK* Kurzpapier Nr. 5, Datenschutz-Folgenabschätzung nach Art. 35, S. 2.
130 So auch *Wichtermann* DuD 2016, 797, 799.
131 *Kiesche* CuA 2017, 31, 36.

gung Betroffener durch die Berücksichtigung von vorangegangenen **Studien oder Umfragen** sicherzustellen[132].

6. **Aufsichtsbehörde.** In einem direkten Zusammenhang mit der Folgenabschätzung steht die Verpflichtung nach Art. 36 Abs. 1, wonach der Verantwortliche die **Aufsichtsbehörde konsultieren** muss, wenn das Ergebnis einer zuvor durchgeführten Folgenabschätzung ist, dass die beabsichtigte Verarbeitung ein hohes Risiko zur Folge hätte und der Verantwortliche keine Maßnahmen zur Eindämmung dieses hohen Risikos trifft. Grundsätzlich soll die Aufsichtsbehörde das **Beratungsersuchen** des Verantwortlichen **innerhalb einer bestimmten Frist beantworten**[133]. Nach Art. 36 Abs. 2 S. 1 soll die Aufsichtsbehörde innerhalb eines Zeitraums von bis zu 8 Wochen nach Erhalt des Ersuchens um Konsultation eine schriftliche Empfehlung an den Verantwortlichen aussprechen. Gleichzeitig kann sie jedoch auch sämtliche Befugnisse nach Art. 58 ausüben, wozu sowohl **Untersuchungsbefugnisse** nach Art. 58 Abs. 1 als auch **Abhilfebefugnisse** nach Art. 58 Abs. 2 (also etwa auch eine Untersagung der Verarbeitung; vgl. auch ErwG 94 S. 4) zählen[134]. 141

IV. Prüfschema einer DSFA

1. **Vorprüfung: Ist eine DSFA relevant?** Beim Verantwortlichen muss jederzeit Klarheit darüber bestehen, wie mit **neuen** oder **geänderten** Verfahren umzugehen ist. Dafür muss er sich zunächst mit der Frage auseinandersetzen, ob im konkreten Fall die Durchführung einer DSFA überhaupt notwendig ist. Insbesondere ist bei neuen oder geänderten Verfahren sicherzustellen, dass jemandem die **Entscheidung obliegt**, ob eine DSFA durchzuführen ist[135]. 142

Nach der Vorstellung des Verordnungsgebers trifft diese Entscheidung der Verantwortliche, während die DSB hierbei berät[136]. **Auslösendes Ereignis** für die Prüfung kann das **Bekanntwerden** oder die **Bekanntgabe** einer Neuerung, z.B. im Rahmen eines Projektantrages oder im Austausch zwischen Fachbereich und DSB sein. Vor der Durchführung einer DSFA steht daher immer eine **gedankliche Vorprüfung**, ob die Durchführung einer DSFA überhaupt in Frage kommt. 143

Den Verantwortlichen trifft wie bereits ausgeführt die Pflicht, die Folgen eines Verarbeitungsvorgangs im Sinne der DSFA abzuschätzen nur, soweit die Datenverarbeitung „voraussichtlich" ein hohes Risiko für die Rechte und Freiheiten der betroffenen Person mit sich bringt. Eine Prognose im Hinblick auf das voraussichtliche Risiko **bedingt** aber bereits eine **vorab** durchgeführte Risikobewertung. Eine **seriöse Feststellung**, ob ein hohes Risiko besteht, erfordert bereits eine **Abschätzung potentieller Folgen**, welche dokumentiert werden müssen. Um zu entscheiden, ob ggf. die Pflicht zur DSFA besteht, muss also bereits formal mit einer DSFA begonnen werden[137]. 144

---

132 *GDD* Praxishilfe DS-GVO X – Voraussetzungen der Datenschutz-Folgenabschätzung, S. 11.
133 ErwG 94 S. 3.
134 *Piltz* K&R 2017, 716.
135 Prüfschema angelehnt an: *GDD* Praxishilfe DS-GVO X – Voraussetzungen der Datenschutz-Folgenabschätzung.
136 Vgl. Art. 35 Abs. 2 und Art. 39 Abs. 1 lit. c.
137 *Syckor/Strufe/Lauber-Rönsberg* ZD 2019, 390, 392.

145 Dieses Problem der **Zirkularität** mag teilweise dadurch gelöst werden, dass sich der Verantwortliche bei der Prognose an den Kriterienkatalog der Art.-29-Datenschutzgruppe hält, um zu entscheiden, ob ein Auslöser für eine DSFA vorliegt. Hilfreich werden in diesem Zusammenhang auch die veröffentlichten **Blacklists** der Aufsichtsbehörden sein. Jedoch sind weder die Blacklists noch der Kriterienkatalog als abschließende Aufzählung zu verstehen. In diesem Stadium muss der Verantwortliche lediglich eine **kursorische Prüfung** anstoßen, um festzustellen, ob eine DSFA formal beginnen muss[138].

146 Je nach Größe des Unternehmens und je nachdem wie der Verantwortliche die DSFA in die Datenschutz-Organisation implementiert hat, kann die **Prüfschleife** für eine DSFA an unterschiedlichen Punkten angedockt werden. Vorstellbar ist, dass alle neuen **Projektanträge** neben der Abfrage, ob personenbezogene Daten verarbeitet werden, auch eine Abfrage zur Relevanz einer etwaigen DSFA enthalten. In einem Wechselspiel von Informationsaustausch zwischen Projekteigentümer (Owner), Fachbereich, Verantwortlichem und einem ggf. vorhandenem DSB kann der Beginn des Projekts von der Vorprüfung auf eine Erforderlichkeit zur DSFA-Prüfung abhängig gemacht werden.

147 Soweit ein **Change-Management** im Unternehmen vorhanden ist, kann die Prüfung einer DSFA auch verankert werden, in dem die für die durchzuführende Änderung benötigten **Freigaben** von der Einbindung einer Datenschutz-Kompetenz abhängig gemacht werden. Diese Kompetenz sollte i.S.v. Art. 35 Abs. 2 und Art. 39 Abs. 1 lit. c idealerweise bei einem bestellten DSB gesucht und gefunden werden.

148 Wichtig ist es, die Prüfschleife für die DSFA an einem Punkt aufzuhängen, der sowohl für die Einführung von neuen Verfahren als auch für die Änderung **bereits etablierter Verfahren** einen Fixpunkt bildet. Dies kann bspw. der Aspekt der Kostenstelle bzw. der Budgetfreigabe sein. Sowohl die Einführung als auch die Änderung bestehender Verfahren wird in der betrieblichen Praxis regelmäßig mit einem freizugebenden Budget verbunden sein. Wird die Vorprüfung einer DSFA an diesen Punkt angedockt, dürfte dies in der Regel dafür sorgen, dass der Punkt DSFA nicht in Vergessenheit gerät[139].

149 Vorstellbar ist es ebenfalls, bei der Erstellung oder der Pflege des **VVT** nach Art. 30 die DSFA-Relevanz eines Verfahrens als Merkposten zu kennzeichnen[140].

150 **2. Schritt: Rechtmäßigkeit.** Wenn die Prüfung der **Relevanzschwelle** ergeben hat, dass eine DSFA formal eingeleitet werden muss, stellt die **Rechtmäßigkeitsprüfung** den nächsten logischen Schritt dar[141]. Kann bereits die Rechtmäßigkeit eines Verfahrens im Sinne von Art. 6 nicht festgestellt werden, kann die formal begonnene Prüfung einer DSFA **abgebrochen** werden. Die Prüfung, ob die Verarbeitung voraussichtlich ein hohes Risiko mit sich bringt, kann nicht sinnvoll sein, wenn die Verarbeitung bereits **mangels eines Erlaubnistatbestands** nicht zulässig ist.

---

138 *Wagner/Scheuble* ZD Aktuell, 05664.
139 *Schulz* mit einem Muster-Prüfvermerk, PinG 2018, 97, 98.
140 *GDD* Praxishilfe DS-GVO V – Verzeichnis von Verarbeitungstätigkeiten, S. 5.
141 *Friedewald/Obersteller/Nebel/Bieker/Rost* Whitepaper Datenschutz-Folgenabschätzung, S. 23.

Dieses Vorgehen ergibt sich auch aus ErwG 39. Danach sollten insbesondere die **bestimmten wecke**, zu denen die personenbezogenen Daten verarbeitet werden, **eindeutig** und **rechtmäßig** sein und zum Zeitpunkt der Erhebung der personenbezogenen Daten **feststehen**. Als Grundrechtseingriff kann die Datenverarbeitung nur rechtmäßig sein, wenn einer der in Art. 6 Abs. 1 abschließend aufgezählten Gründe einschlägig ist[142]. 151

Im Sinne einer von der DS-GVO geforderten Accountability sollte auch der **Abbruch** einer Prüfung mangels eines Erlaubnistatbestandes **nachweisbar dokumentiert** werden. Die Dokumentation der angestellten Überlegungen und juristischen Bewertungen, die zum Abbruch führten, sollten unbedingt überprüfbar und nachvollziehbar festgehalten werden. 152

3. Schritt: Pflicht zur Durchführung einer DSFA. – a) Verarbeitungsvorgang lässt sich der Whitelist zuordnen. Die Behörden haben die Möglichkeit, gem. Art. 35 Abs. 5 spezifische Ausnahmen von der DSFA in „Whitelists„ zu erfassen. Noch existieren diese Listen nicht. Wenn sich der überprüfte Verarbeitungsvorgang in der Whitelist befindet, ist die Prüfung formal beendet, da keine DSFA notwendig ist. 153

b) Vorweggenommene DSFA i.S.d. Art. 35 Abs. 10. Art. 35 Abs. 10 enthält eine verordnungsseitig getroffene **Ausnahme von der Durchführungspflicht**, die im Einzelfall gelten kann. Es ist weitestgehend eine Ermessensentscheidung des einzelnen Mitgliedstaats, ob die Durchführung einer DSFA nach Art. 35 Abs. 1–7 im Einzelfall erforderlich ist. Dies gilt, wenn die Verarbeitung dieser Daten aufgrund einer im konkreten Fall einschlägigen europäischen oder mitgliedstaatlichen Rechtsvorschrift erfolgt[143]. 154

Liegt bereits eine vorweggenommene Folgenabschätzung i.S.d. Art. 35 Abs. 10 vor und hat der Mitgliedstaat keine gesonderte DSFA angeordnet, kann die Durchführung der DSFA an diesem Prüfungspunkt abgebrochen werden[144]. 155

c) Ähnlicher Verarbeitungsvorgang mit ähnlich hohem Risiko. Der Verordnungsgeber erlaubt dem für die Verarbeitung Verantwortlichen unter bestimmten Umständen **unterschiedliche Geschäftsprozesse** und **mehrere Verfahren** im Gesamtkontext zu prüfen, sofern sie einen gemeinsamen Verarbeitungszweck verfolgen. Der Vernunft und ökonomischen Gesichtspunkten folgend, muss dann eine DSFA nicht lediglich auf ein bestimmtes Projekt beschränkt sein, sondern kann **thematisch breiter** angelegt werden. Als Beispiel hierfür nennt der Verordnungsgeber eine **gemeinsame Anwendung** oder **Verarbeitungsplattform**, die von Behörden betrieben wird oder den Fall, dass mehrere Verantwortliche eine **gemeinsame Anwendung** oder **Verarbeitungsumgebung** für einen **gesamten Wirtschaftssektor**, für ein **bestimmtes Marktsegment** oder für eine **weit verbreitete horizontale Tätigkeit** einführen möchten[145]. 156

So kann es ausreichen, bei der Videoüberwachung **gleichgelagerte Überwachungsanlagen** – z.B. die Videoüberwachung **verschiedener Filialen oder Niederlassungen** eines 157

---

142 *Bieker/Hansen/Friedewald* RDV 2016, 188, 191.
143 Paal/Pauly-*Martini* Art. 35 Rn. 64–71.
144 *Roßnagel/Geminn/Johannes* ZD 2019, 435, 437.
145 ErwG 92.

Unternehmens nach einem feststehenden Konzept – nur **einer DSFA** zu unterziehen[146]. Demgegenüber wäre eine solche stationäre Videoüberwachung nicht vergleichbar mit dem Einsatz **mobiler Videosysteme** wie z.B. beim Einsatz von Drohnen oder Bodycams bzw. intelligenter Videosysteme zum Tracking mit Personen- oder Gesichtserkennung.

158 Ob diese Möglichkeit, wie vermutet insbesondere in **Konzernunternehmen** und bei Verarbeitungstätigkeiten der **Joint Controller** nach Art. 26, bei Auftragsverarbeitern nach Art. 28 und bei neuen Themen in einer Branche Anklang finden wird, bleibt abzuwarten[147].

159 Liegt bereits eine DSFA für einen **ähnlichen Verarbeitungsvorgang mit ähnlich hohem Risiko** im Sinne von Art. 35 Abs. 1 S. 2 vor, ist keine DSFA notwendig und die Prüfung kann an dieser Stelle beendet werden. In jedem Falle ist eine kursorische Prüfung erforderlich, ob die in Rede stehenden Fälle wirklich „gleichgelagert" sind[148].

160 **d) Verarbeitungsvorgang lässt sich Blacklist zuordnen.** Die Aufsichtsbehörden haben gem. Art. 35 Abs. 4 S. 1 den gesetzlichen Auftrag, sog. **„Blacklists"** derjenigen Verarbeitungsvorgänge zu erstellen, für die stets eine DSFA durchzuführen ist. Möglicherweise wird eine Liste von DSFA-pflichtigen Verarbeitungen gem. Art. 35 Abs. 4 S. 1 auch solche Verarbeitungsvorgänge enthalten, die nicht unmittelbar und offenkundig einen Tatbestand des Art. 35 Abs. 3 lit. a–c erfüllen. Es ist auch nicht ausgeschlossen, dass veröffentlichte Listen nachträglich überarbeitet werden.

161 Hierdurch ist es möglich, dass Verantwortliche zunächst auf eine DSFA verzichten dürfen, um dann von der **nachgeschobenen Blacklist** eingeholt zu werden. Hierbei handelt es sich um einen Anwendungsfall des Art. 35 Abs. 11, da sich die rechtlichen Rahmenbedingungen der Verarbeitung geändert haben. Eine nachträgliche DSFA ist dann notwendig.

162 Lässt sich ein Verarbeitungsvorgang einer solchen Blacklist zuordnen, ist die Durchführung einer DSFA **obligatorisch**. Der nächste Prüfungsschritt wäre dann damit **Schritt vier**[149].

163 **e) Besteht ein hohes Risiko für die Rechte und Freiheiten natürlicher Personen?** Als Beispiele für ein **besonderes Risiko** nennt das BDSG a.F. die Verarbeitung besonderer Arten personenbezogener Daten sowie die Verarbeitung personenbezogener Daten zur Bewertung einer Person. Ähnlich formuliert es Art. 35, ohne jedoch ausdrücklich zu definieren, wann eine Verarbeitung ein hohes Risiko für den Betroffenen zur Folge hat. Allerdings werden in Abs. 3 **Anwendungsfälle** aufgeführt, die im Wesentlichen den bisherigen Beispielen des BDSG a.F. entsprechen. Ergänzt werden diese Anwendungsfälle durch die ErwG 89–91, die zusätzlich auf den Umfang der Verarbeitung und den **Einsatz neuer Technologien** abstellen. Damit muss sich der für die Verarbeitung Verantwortliche folgende Fragen stellen:

---

146 WP 248 (Guidelines on Data Protection Impact Assessment (DPIA) and determining whether processing is „likely to result in a high risk" for the purposes of Regulation 2016/679), S. 7.
147 *Wichtermann* DuD 2016, 797, 798.
148 Gola-*Nolte/Werkmeister* Art. 35 Rn. 44.
149 Siehe Rn. 128.

– Ist eine der Fallgruppen des Art. 35 Abs. 3 lit. a–c erfüllt?
Wenn ja: DSFA ist notwendig; Prüfung geht weiter mit Schritt vier.
– Ist ein sonstiges hohes Risiko i.S.d. Art. 35 Abs. 1 erkennbar?
Wenn ja: DSFA ist notwendig, Prüfung geht weiter mit Schritt vier.

Die an diesem Punkt zu erfolgende Prüfung der Notwendigkeit kann bspw. anhand des bereits erläuterten **Kriterienkatalogs**[150] aus dem WP 248 erfolgen. Die Notwendigkeit kann aber möglicherweise genauso mittels einer **eigenen Checkliste** des DSB ermittelt werden. Je spezieller der Datenverarbeitungsvorgang ist, desto konkreter können die Checklisten ausgestaltet und verfeinert werden. Ganz im Sinne der Empfehlung, für die Durchführung der DSFA ein **interdisziplinäres Team**[151] einzusetzen, kann die Entwicklung einer **Checkliste** auch durch eine **interdisziplinär besetzte Mannschaft** erfolgen. 164

Sofern der Verantwortliche zu dem **Ergebnis** kommt, dass **kein hohes Risiko** für den Betroffenen zu erwarten ist und eine DSFA demzufolge **nicht erforderlich** ist, ist dieses Ergebnis zu dokumentieren (**Rechenschaftspflicht**). Da aber ungeachtet einer etwa erforderlichen DSFA in jedem Fall angemessene Maßnahmen zum Schutz personenbezogener Daten zu treffen sind (u.a. nach Art. 5, 32), sollte dieser Schritt (Prüfung und Dokumentation der Erforderlichkeit) keinen besonderen Zusatzaufwand darstellen. Denkbar ist, diesen Prüfschritt in der Dokumentation der Verarbeitungstätigkeiten zu verankern[152]. 165

Wenn festgestellt wird, dass voraussichtlich ein hohes Risiko für die Rechte und Freiheiten natürlicher Personen besteht und somit eine DSFA notwendig ist, kann die Prüfung mit **Schritt 4**. fortgeführt werden. 166

4. Schritt: Durchführung einer DSFA. Eine genaue Vorgehensweise zur Durchführung einer DSFA enthält das WP 248 der Art.-29-Datenschutzgruppe nicht. Derzeit sind mehrere Modelle in der Diskussion, wie bei einer DSFA am besten vorzugehen ist. Ein Verweis auf eine Reihe von möglichen Methoden und Ansätzen sind jedoch im Anhang des WP 248 erwähnt[153]. Darin enthalten ist auch das sog. Standard-Datenschutzmodell (SDM). Das Unabhängige Landeszentrum für Datenschutz Schleswig-Holstein (ULD) und die Datenschutzaufsicht Mecklenburg-Vorpommern haben das Standard-Datenschutzmodell als Basis für ein Ablaufmodel[154] genommen und anhand dieses Modells eine DSFA als Planspiel durchgeführt[155]. Das Bayerische Landesamt für Datenschutzaufsicht (BayLDA) führte die DSFA mit einer an ISO angelehnten Methodik durch. Die im Planspiel entwickelte Durchführung dürfte dabei, allein wegen des zeitlichen und organisatorischen Aufwands, eine idealtypische Lösung darstellen. Eine über 60 Seiten umfassende DSFA dürfte das dafür einplanbare Zeitbudget der meisten Verantwortlichen sprengen. 167

---

150 Siehe Rn. 46.
151 *Friedewald/Obersteller/Nebel/Bieker/Rost* Whitepaper Datenschutz-Folgenabschätzung, S. 44.
152 *GDD* Praxishilfe DS-GVO IX – Accountability, S. 12.
153 WP 248, Annex 1 – Examples of existing EU DPIA frameworks, S. 21.
154 Dieses wurde im Rahmen des Forum Privatheit entwickelt.
155 *ULD* Planspiel zur Datenschutz-Folgenabschätzung gem. Art. 35, https://datenschutzzentrum.de/artikel/1174-.html.

168 **a) Mindestinhalt einer DSFA.** Art. 35 Abs. 7 beschreibt den **Mindestinhalt** einer DSFA. Interessanterweise stellt Art. 35 keine Anforderung an die **Form** der Folgenabschätzung[156]. Diese kann daher grundsätzlich in jeglicher Form durchgeführt werden, wobei die generelle Dokumentations- und Nachweispflicht des Art. 5 Abs. 2 zu beachten ist. In der Praxis dürfte sich daher eine Durchführung bzw. damit einhergehende **Dokumentation in Textform** oder in einem **elektronischen Format** anbieten[157]. Es ist zu erwarten, dass die bereits auf nationaler und europäischer gemachten Vorschläge zu einer Vereinheitlichung der Abläufe und Dokumentationen sich langfristig als offizielle Leitfäden etablieren werden. Vorschläge und Leitfäden für eine vereinheitlichte Durchführung der DSFA sind in jedem Fall zu begrüßen, da diese zusätzlich das Verständnis von Risiken für die Rechte und Freiheiten und von technischen, organisatorischen und juristischen Lösungsmöglichkeiten verbessern dürften[158].

169 Bis eine konkretere Vorgehensweise ggf. aufsichtsbehördlich festgelegt ist, können Verantwortliche sich an der grundsätzlichen Vorgehensweise und den allgemeinen Anforderungen des Art. 35 Abs. 7 orientieren. Dem Gesetzeswortlaut lassen sich folgende Anforderungen als Mindestinhalt entnehmen:
- **systematische Beschreibung** der geplanten Verarbeitungsvorgänge und der Zwecke der Verarbeitung
- ggf. einschließlich der von dem Verantwortlichen verfolgten **berechtigten Interessen**
- eine Bewertung der **Notwendigkeit** und **Verhältnismäßigkeit** der Verarbeitungsvorgänge in Bezug auf den Zweck
- eine **Bewertung** der Risiken für die Rechte und Freiheiten der betroffenen Personen gem. Abs. 1
- die zur Bewältigung der Risiken geplanten Abhilfemaßnahmen (einschließlich Garantien, Sicherheitsvorkehrungen und Verfahren, durch die der Schutz personenbezogener Daten sichergestellt und der Nachweis dafür erbracht wird, dass diese Verordnung eingehalten wird, wobei den Rechten und berechtigten Interessen der betroffenen Personen und sonstiger Betroffener Rechnung getragen wird)

170 Bei genauerer Betrachtung lassen sich diese Inhalte zu insgesamt **drei Schritten** zusammenfassen. Naturgemäß können Mindestinhalte nicht dem Anspruch gerecht werden, all jene Fragestellungen zu erfassen, die sich im Rahmen der Durchführung einer DSFA in der Praxis stellen werden. Es wird sowohl der Rechtspraxis als auch weiteren Hilfestellungen der Aufsichtsbehörden überlassen bleiben, inhaltliche und organisatorische Anforderungen aufzugreifen und diese bestenfalls durch Entwicklung von Best Practices einer Lösung zuzuführen und zu verfeinern[159].

171 **b) Vorgehen bei einer DSFA. – aa) Vorbereitungsphase.** Aus Art. 35 Abs. 7 lit. a ergibt sich die **Vorbereitungsphase**. Diese soll nach dem Willen des Verordnungsgebers eine **systematische Beschreibung** der geplanten Verarbeitungsvorgänge und der **Zwecke der Verarbeitung**, gegebenenfalls einschließlich der von dem Verantwortlichen verfolgten **berechtigten Interessen** enthalten.

---

156 BeckOK DatenSR-*Hansen* Art. 35 Rn. 40.
157 *Piltz* K&R 2016, 716.
158 *Hansen* DuD, 2016, 587, 589; Kühling/Buchner-*Jandt* Art. 35 Rn. 31.
159 *Friedewald/Obersteller/Nebel/Bieker/Rost* Whitepaper Datenschutz-Folgenabschätzung, S. 22.

Aus der Zusammenschau mit Art. 35 Abs. 1 S. 1 ergibt sich, dass zum einen der **Datenverarbeitungsprozess** selbst beschrieben werden muss und die Beschreibung daneben zumindest Angaben über die **eingesetzte Technik** sowie **Art**, **Umfang** und **Umstände** der Datenverarbeitung umfassend erläutern muss. Hierbei kann der Verantwortliche ggf. auf bereits geleistete Vorarbeiten zurückgreifen. 172

Die Art der Datenverarbeitung sollte der Verantwortliche bereits bei der Erstellung des **Verzeichnisses von Verarbeitungstätigkeiten** erläutert haben. In diesem Falle wird die relevante Verarbeitung mit Angaben zu den Kategorien der Daten, den Umgang mit Daten, insbesondere die Weitergabe der Daten an einen Auftragsverarbeiter und die Speicherdauer im Verzeichnis von Verarbeitungstätigkeiten beschrieben worden sein. Auch die Konkretisierungen zum Umfang der Daten werden sich bei einem gut geführten Verzeichnis von Verarbeitungstätigkeiten aus den **inhaltlichen Vorgaben** des Art. 30 Abs. 1 S. 2 ableiten lassen. 173

Darin werden sich im Idealfall bereits Angaben zu den Daten und ihrer Formate, Verschlüsselungsmethoden, Übertragungsprotokolle, verwendete IT-Systeme und deren Schnittstellen, Zugriffsberechtigungen sowie beteiligte Person und ihre rechtlichen Beziehungen zueinander finden lassen[160]. 174

Zum **Umfang** der verwendeten Daten zählt nicht nur die Anzahl dieser selbst, sondern auch die **Häufigkeit** ihres Abrufs. Bei der **Bestimmung der Umstände** des Verarbeitungsvorgangs lassen sich Angaben wie automatisiert/nicht automatisiert, Transparenz für die betroffene Person gewährleistet/nicht gewährleistet und Möglichkeit der betroffenen Person sich der Verarbeitung zu entziehen als Beschreibung für die Umstände heranziehen[161]. 175

Zu der Vorbereitungsphase gehört es auch, den **Prüfgegenstand** im Hinblick auf die **Zwecke** der Datenverarbeitung zu beschreiben. Zur weiteren Charakterisierung des Zwecks wird es bspw. erforderlich sein, zu konkretisieren, ob es sich um einen Verarbeitungsvorgang im Arbeitsverhältnis handelt oder um eine Kundenbeziehung und damit um die Durchführung eines rechtsgeschäftlichen oder rechtsgeschäftsähnlichen Schuldverhältnisses mit der betroffen Person. Sowohl die Bewertung des Risikos als auch die normativen Bewertungen können davon abhängen, in welcher Beziehung die betroffene Person zum Verantwortlichen steht (Schutzbedürftigkeit etc.)[162]. 176

Für die spätere Bewertungsphase relevant und damit bereits in der Vorbereitungsphase anzugeben, sind umfassende **Angaben über die Beteiligten** des Verarbeitungsvorgangs. Dies können Angaben zum Hersteller und Betreiber des Prüfgegenstands, die eigenen Mitarbeiter und auch die betroffenen Personen sein. Wichtig ist dabei die Kennzeichnung, welche Rollen die einzelnen Akteure im Rahmen des Verarbeitungsvorgangs einnehmen[163]. 177

Die Vorgabe, dass gem. Art. 35 Abs. 7 lit. b zur Beschreibung des Prüfgegenstandes ggf. auch die vom Verantwortlichen verfolgten berechtigten Interessen gehören, lässt die Frage aufkommen, ob diese Beschreibung nicht zwangsläufig **Redundanzen** ent- 178

---

160 Vgl. *Hansen* DuD 2016, 587, 590.
161 *Jandt* DuD 2017, 562, 564.
162 Gola-*Nolte/Werkmeister* Art. 35 Rn. 51.
163 Vgl. Die Durchführung einer DSFA als Planspiel am Beispiel eines Pay-as-you-drive-Tarifs (V 0.10), *ULD* S. 13, https://datenschutzzentrum.de/artikel/1174-.html.

halten würde. Unter dem Gesichtspunkt, dass die Prüfung einer DSFA erst **nach einer Rechtmäßigkeitsprüfung** ansetzt, erscheint diese Vorgabe wie eine unnötige Doppelung. Diese Redundanz träfe aber nur für die Fälle zu, bei deren Prüfung der Zulässigkeit eine Interessenabwägung als Erlaubnistatbestand für die Legitimierung des Verarbeitungsvorgangs herangezogen wurde.

179 Auch im Sinne einer **Schlüssigkeit und Nachvollziehbarkeit** der nachfolgenden Prüfschritte sollte der Verantwortliche generell darauf achten, eine Beschreibung des Prüfgegenstands, die verwendete Technik, Art, Umfang, Umstände, Zwecke, Verantwortliche und betroffene Personen zumindest so konkret zu beschreiben, dass auch eine in die DSFA nachgelagert einbezogene **Aufsichtsbehörde** die Beschreibung des Prüfgegenstands als **Basis für eine eigene Verifizierung** des DSFA-Ergebnisses nutzen kann. Sollten bspw. die Infos zur verwendeten Technik nicht ausreichend sein, wäre das Herausarbeiten von Abhilfemaßnahmen, für die im Rahmen der Risikobewertung prognostizierten Gefahren für die Rechte und Freiheiten der betroffenen Person kaum möglich. Ein zu erstellender Ergebnisbericht zu der Vorbereitungsphase gibt somit den **verbindlichen Rahmen** für die darauffolgenden Bewertungsschritte vor.

180 **bb) Bewertungsphase.** Eine Bewertungsphase ergibt sich aus den Anforderungen des Art. 35 Abs. 7 lit. b und lit. c. Innerhalb der Bewertungsphase lassen sich zwei unterschiedliche Blickwinkel unterscheiden.

181 **(1) Normative Bewertung gem. Art. 35 Abs. 7 lit. b.** Art. 35 Abs. 7 lit. b hat den Fokus auf einer **juristischen Bewertung**. Es muss eine Bewertung der **Notwendigkeit** und **Verhältnismäßigkeit** der Verarbeitungsvorgänge in Bezug auf den zuvor **beschriebenen Zweck** vorgenommen werden. Die Erforderlichkeit beschreibt das Verhältnis eines eingesetzten Mittels zu einem erstrebten Zweck. Ein Mittel ist genau dann erforderlich, wenn es geeignet ist, den erstrebten Zweck zu erreichen und unter gleichermaßen geeigneten Mitteln das mildeste Mittel darstellt[164].

182 Personenbezogene Daten sollten nur verarbeitet werden dürfen, wenn der Zweck der Verarbeitung nicht in zumutbarer Weise durch andere Mittel erreicht werden kann[165]. Diese Vorgabe entspricht damit auch dem **Datenminimierungs-Grundsatz** aus Art. 5 Abs. 1 lit. c. Danach müssen personenbezogene Daten dem Zweck angemessen und erheblich sowie auf das für die Zwecke der Verarbeitung notwendige Maß beschränkt sein.

183 Aus der Definition der **Erforderlichkeit** ergibt sich ein konkreter Hinweis für den Verantwortlichen. Der Verantwortliche kommt den Anforderungen des Art. 35 Abs. 7 lit. b nach, wenn er darlegen kann, dass er **minimalinvasive und datenschutzfreundlichere** Alternativen gesucht hat. Das Ergebnis kann dann selbstverständlich auch sein, dass diese Alternativen entweder nicht existieren oder die Alternative nicht gleich gut oder gar nicht geeignet war, um den Zweck der Datenverarbeitung in gleichem Maße zu erreichen.

184 Jeder Aspekt, der im Rahmen der systematischen Beschreibung geschildert wurde, muss in Relation zum vorgegebenen Zweck erforderlich sein. Die vom Verantwortlichen eingesetzte Technik, Art, Umfang und Umstände der Datenverarbeitung sollten

---

164 *Bieker/Hansen/Friedewald* RDV 2016, 188, 191.
165 ErwG 39.

die mildesten Mittel darstellen, um das Ziel des Verarbeitungsvorgangs in gleichem Maße zu erreichen.

Aus den sog. Grundsätzen der Datenverarbeitung[166] ergeben sich weitere Vorgaben, die der Verantwortliche bei seiner normativen Bewertung der Erforderlichkeit berücksichtigen muss. Die personenbezogenen Daten müssen im Hinblick auf den Verarbeitungszweck angemessen und erheblich sowie auf das für die Zwecke ihrer Verarbeitung notwendige Maß beschränkt sein. Dies erfordert insbesondere, dass die **Speicherfrist** für personenbezogene Daten auf das unbedingt erforderliche **Mindestmaß** beschränkt bleibt. Ein Verarbeitungsvorgang ganz ohne Retention-Policy dürfte damit bspw. in jedem Fall ein deutlicher Hinweis sein, dass das Ergebnis der normativen Bewertung nicht positiv ausfallen kann. 185

Die Anforderung „verhältnismäßig" in Art. 35 Abs. 7 lit. b lässt sich durch „angemessen" ersetzen. Die Maßnahme ist angemessen, wenn der verfolgte Zweck **nicht außer Verhältnis** zu der Schwere des Eingriffs steht[167]. 186

Je invasiver die eingesetzte Technik und je intensiver die Art, Umfang und die Umstände der Datenverarbeitung im konkreten Fall sind, desto **höherrangiger** wird das verfolgte Zweck sein müssen, um noch als verhältnismäßig eingestuft zu werden. Dieser Teil einer DSFA wird im Regelfall immer als Einzelfallbetrachtung ausgestaltet werden müssen und dem Verantwortlich viel **Raum für Argumentationen** lassen, warum die konkreten Verarbeitungsvorgänge in Bezug auf den Zweck als (noch) verhältnismäßig gelten[168]. 187

(2) Bewertung des Risikos gem. Art. 35 Abs. 7 lit. c. Nachdem der Verantwortliche die Notwendigkeit und Verhältnismäßigkeit der Verarbeitungsvorgänge in Bezug auf den verfolgten Zweck bewertet hat, sollte er im **dritten Schritt** der DSFA die Risiken für die Rechte und Freiheiten der betroffenen Personen bewerten. Was zu diesem Zeitpunkt der Prüfung **bereits feststeht**, ist die **Existenz eines voraussichtlich hohen Risikos** für die Rechte und Freiheiten der betroffenen Person. Diese **Prognose** muss der Verantwortliche bereits **zeitlich vorgelagert** und ggf. kursorisch getroffen haben[169], da er sonst die formal angefangene Vorprüfung der DSFA nicht bis zu diesem Punkt verfolgt hätte. 188

Im Rahmen der jetzt anstehenden Risikobewertung muss der Verantwortliche nun detaillierter auf die zu erwartenden Rechtsbeeinträchtigungen der betroffenen Person eingehen. Eine sehr allgemeine Betrachtung, welche Rechte das sein können, bietet Art. 1 Abs. 1. Die DS-GVO schützt die Grundrechte und Grundfreiheiten natürlicher Personen und insbesondere deren Recht auf Schutz personenbezogener Daten. Konsequenterweise müssen alle Beeinträchtigungen, die zu einem voraussichtlich hohen Risiko führen können, unter diese Rechte subsumierbar sein. Die Risikobetrachtung konzentriert sich auf die technischen Risiken für die Datensicherheit. Mit der Verletzung der Datensicherheit geht die Verletzung der Rechte und Freiheiten der betroffenen Person einher[170]. 189

---

166 Detailliert in ErwG 39.
167 *DSK* Kurzpapier Nr. 5, Datenschutz-Folgenabschätzung nach Art. 35, S. 3.
168 Kühling/Büchner-*Jandt* Art. 35 Rn. 41.
169 Vgl. Rn. 109 ff. „Vorprüfung: Ist eine Datenschutz-Folgenabschätzung relevant?".
170 *Jandt* DuD 2017, 562, 565.

190 Diese Risiken werden in ErwG 75 DS-GVO konkretisiert.

Eine Verarbeitung kann zu **physischen, materiellen** oder **immateriellen Schäden** führen und damit zu einem Risiko führen. Damit gibt ErwG 75 einen recht genauen **Risikokatalog** bereits vor. Diese kann durch die Zuhilfenahme des WP 248 noch weiter ausgebaut werden.

191 Es hat sich im Bereich der IT-Sicherheit bzw. Informationssicherheit bewährt, Anforderungen als Schutzziele zu formulieren.

192 Nach der Eingrenzung des Risikos kann der für die Verarbeitung Verantwortliche, im nächsten Schritt die **Eintrittswahrscheinlichkeit und Schwere** des Risikos für die Rechte und Freiheiten der betroffenen Person in Bezug auf die Art, den Umfang, die Umstände und die Zwecke der Verarbeitung bestimmen. Das Risiko sollte der Verantwortliche anhand einer objektiven Bewertung beurteilen, bei der festgestellt wird, ob die Datenverarbeitung lediglich ein Risiko oder gar ein hohes Risiko birgt[171]. Das BayLDA empfiehlt die Faktoren Eintrittswahrscheinlichkeit und Schaden zu unterteilen, um dann die Ausprägungen der beiden Faktoren zueinander in Beziehung zu setzen[172].

193 So mag der Schaden bei einem Meteoriteneinschlag auf die IT eines Unternehmens zwar groß bis vernichtend sein. Die Wahrscheinlichkeit wird aber für solch ein Ereignis als gering einzustufen sein[173]. Die Gefahren für die Schutzziele Integrität und Verfügbarkeit in Bezug auf Kontaktdaten von Arbeitnehmern durch Fehlverhalten oder das Ausnutzen von Schwächen im IT-System werden höher sein als ein Meteoriteneinschlag. Dafür dürfte die Schwere des Risikos überschaubarer sein als im ersten Fall.

194 Die Bewertungsphase ist abgeschlossen, wenn die Schutzziele zusammengestellt sind, mögliche Angreifer und ihre Motive herausgearbeitet und danach die Risiken identifiziert und bewertet wurden. Bei einer klassischen Risikoanalyse im Bereich der Informationssicherheit werden die Risiken aus der Sicht eines möglichen Schadens für das jeweilige Unternehmen vorgenommen. Eine Risikobetrachtung, die den Anforderungen der DS-GVO entspricht, muss eine Bewertung der Höhe eines Datenschutzrisikos aus Sicht des Betroffenen vornehmen[174].

195 Der Verantwortliche kann sich hier an zahlreich bestehenden Ablaufmustern und Modellen orientieren, die zum Thema existieren. Bei der Verwendung eines vorhandenen Ablaufschemas sollte nicht der Fehler gemacht werden, unberücksichtigt zu lassen, dass einige Modelle nicht die Rechte und Freiheiten der betroffenen Person im Fokus haben[175], sondern primär die Assets der Organisation. Dieses Vorgehen wäre nicht im Einklang mit der DS-GVO[176].

196 cc) **Maßnahmenphase.** Die Inhalte einer **Maßnahmenphase** lassen sich Art. 35 Abs. 7 lit. d entnehmen. In der Maßnahmenphase entscheidet sich, ob der für die Verarbei-

---

171 ErwG 76.
172 *DSK* Kurzpapier Nr. 5 Datenschutz-Folgenabschätzung nach Art. 35, S. 3.
173 Zudem dürfte ein räumlich getrenntes backup-Konzept zumindest die Verfügbarkeit der Daten weiterhin gewährleisten.
174 *BITKOM* Leitfaden Risk Assessment & Datenschutz-Folgenabschätzung, S. 13; *Gola-Nolte/Werkmeister* Art. 35 Rn. 4.
175 Beispielsweise Grundschutzmodell für Informationssicherheit.
176 *Hansen* DuD 2016, 590.

tung Verantwortliche den **identifizierten** und einer **Bewertung** zugeführten **Risiken** auch **geeignete Schutzmaßnahmen** entgegensetzen kann und welche genau das sind[177].

Der Verantwortliche muss beschreiben, welche Maßnahmen er ergreifen wird, um eine Verletzung der Datenschutz-Prinzipien zu vermeiden. Insbesondere fordert die DS-GVO in Art. 35 Abs. 7 lit. d die Festlegung von Abhilfemaßnahmen (einschließlich Garantien, Sicherheitsvorkehrungen und Verfahren), durch die der Schutz personenbezogener Daten sichergestellt und der Nachweis dafür erbracht wird, dass diese Verordnung eingehalten wird. Dabei ist den Rechten der betroffenen Personen und sonstiger Betroffener Rechnung zu tragen. 197

Datenschutzkonformität setzt daher neben der Zulässigkeit der Verarbeitung personenbezogener Daten, die in Art. 6 grundsätzlich geregelt ist, die Sicherheit der Verarbeitung voraus. Gem. Art. 4 Nr. 12 ist eine Verletzung des Schutzes personenbezogener Daten anzunehmen bei einer Verletzung der Sicherheit, die zur Vernichtung, zum Verlust oder zur Veränderung, ob unbeabsichtigt oder unrechtmäßig, oder zur unbefugten Offenlegung von beziehungsweise zum unbefugten Zugang zu personenbezogenen Daten führt, die übermittelt, gespeichert oder auf sonstige Weise verarbeitet wurden. 198

Diese Daten- und System-Sicherheit kann nur durch technische und organisatorische Maßnahmen realisiert werden. Konkrete rechtliche Anforderungen, wie dieses Ziel der Datensicherheit zu erreichen ist, sind in Art. 25 und den Art. 32 ff. geregelt. Diese Vorschriften sehen sowohl präventive als auch repressive technische und organisatorische Maßnahmen zur Gewährleistung der Sicherheit vor, die sich gegenseitig ergänzen. 199

Jede standardisierter der Prozess in dieser Phase abläuft, desto reproduzierbarer werden die Ergebnisse letztlich sein. Die Standardisierung wird zudem die behördliche Überprüfbarkeit, aber auch, sofern gewünscht, die Überprüfbarkeit durch die betroffenen Personen sicherstellen und verbessern. Der Umstand, dass die betroffene Person im Sinne eines Rankings konkurrierende technische Systeme vergleichen und ggf. das datenschutzfreundlichere System wählen kann, dürfte kein unwesentlicher Wettbewerbsfaktor sein[178]. 200

dd) Berichtsphase. Ein **Bericht** für eine DSFA muss gem. Art. 35 Abs. 7 mindestens die folgenden **Angaben** enthalten: 201
– eine systematische Beschreibung der geplanten Verarbeitungsvorgänge und der Zwecke der Verarbeitung, gegebenenfalls einschließlich der von dem Verantwortlichen verfolgten berechtigten Interessen;
– eine Bewertung der Notwendigkeit und Verhältnismäßigkeit der Verarbeitungsvorgänge in Bezug auf den Zweck;
– eine Bewertung der Risiken für die Rechte und Freiheiten der betroffenen Personen gem. Abs. 1 und
– die zur Bewältigung der Risiken geplanten Abhilfemaßnahmen, einschließlich Garantien, Sicherheitsvorkehrungen und Verfahren, durch die der Schutz personenbezogener Daten sichergestellt und der Nachweis dafür erbracht wird, dass diese Verordnung eingehalten wird, wobei den Rechten und berechtigten Interessen der betroffenen Personen und sonstiger Betroffener Rechnung getragen wird.

---

177 *Bieker/Hansen/Friedewald* RDV 2016, 188, 194.
178 Vgl. *Friedewald* TATuP 26/1-2 (2017), 66, 70.

202 Sofern eine **Konsultation** der Aufsichtsbehörde notwendig ist, muss ein DSFA-Bericht um die folgenden Angaben ergänzt werden (Art. 36 Abs. 3):
- ggf. Angaben zu den jeweiligen Zuständigkeiten des Verantwortlichen, der gemeinsam Verantwortlichen und der an der Verarbeitung beteiligten Auftragsverarbeiter, insbesondere bei einer Verarbeitung innerhalb einer Gruppe von Unternehmen;
- die Zwecke und die Mittel der beabsichtigten Verarbeitung;
- die zum Schutz der Rechte und Freiheiten der betroffenen Personen gem. dieser Verordnung vorgesehenen Maßnahmen und Garantien;
- gegebenenfalls die Kontaktdaten des DSB;
- die DSFA gem. Art. 35 und
- alle sonstigen von der Aufsichtsbehörde angeforderten Informationen.

203 Der Bericht zur DSFA dient auch zur **Dokumentation**, dass der für die Verarbeitung Verantwortliche seiner in Art. 5 Abs. 2 normierten **Rechenschaftspflicht** nachgekommen ist. Ob und welche Teile aus dem DSFA-Bericht ggf. für die betroffenen Personen **veröffentlicht** werden sollten, muss im Einzelfall unter Abwägung der Gesichtspunkte **Transparenz** und **Geschäftsgeheimnisse** entschieden werden[179].

204 5. Schritt: **Überprüfung und Wiederholung der DSFA.** Art. 35 Abs. 11 regelt die **Überprüfung**, ob die Verarbeitung (noch) nach der ursprünglichen DSFA durchgeführt wird. Dies bedeutet eine permanente Kontrolle, ob die einst zugrunde gelegten Vorstellungen weiterhin Geltung beanspruchen.

205 In Art. 35 Abs. 11 Hs. 2 ist die **anlassbezogene Kontrolle** geregelt. So könnte z.B. nach einem Hinweis oder einer Beschwerde offenkundig sein, dass vormals festgelegte Abhilfemaßnahmen nicht eingehalten werden oder sich die rechtlichen bzw. tatsächlichen Rahmenbedingungen der Verarbeitung geändert haben.

206 Art. 35 Abs. 11 Hs. 1 befasst sich demgegenüber mit der **turnusmäßigen Kontrolle**, die dann konsequenterweise ohne einen **konkreten Anlass** erfolgt[180]. Hier ist zumindest eine kursorische Prüfung notwendig, um zu beurteilen, ob sich eine Änderung des Risikos ergeben haben könnte. Für die turnusmäßige Kontrolle bietet sich ein **Jahresrhythmus** an. Maßgebliches Kriterium sollte jedoch nicht die zeitliche Komponente, sondern die **tatsächliche Risikoeinschätzung** sein.

207 Auch die Möglichkeit der Aufsichtsbehörden gem. Art. 35 Abs. 4 S. 1 einen Verarbeitungsvorgang einer Blacklist zuordnen zu können, stellt den für die Verarbeitung Verantwortlich vor das Problem, dass das Ergebnis einer DSFA **periodisch hinterfragt** werden sollte. Denkbar ist es, dass Verantwortliche legitimerweise auf die Durchführung einer DSFA verzichten, aber sich dann durch die normative Wirkung einer nachgeschobenen Blacklist trotzdem in der Pflicht zur Durchführung einer DSFA befinden können. Eine **kontinuierliche Überprüfung**, ob ein Verarbeitungsvorgang einer DSFA unterfällt, stellt daher einen Teil des Datenschutz-Managements nach DS-GVO dar[181].

---

179 *Friedewald* hält die Datenschutz-Folgenabschätzung gar für ein Mittel der Transparenz gegenüber der Öffentlichkeit und der Politik, mit der eine informierte Debatte über Risiken ermöglicht und über Verantwortlichkeiten verdeutlicht werden könne, TATuP 26/1-2 (2017), 66.
180 *Franck* PinG 2018, 41.
181 *Kiesche* CuA 2017, 31, 35.

6. Bußgeld.
Fraglich ist, wie das Bußgeldrisiko für den Fall zu bewerten ist, dass die Durchführung einer DSFA trotz einer gesetzlichen Verpflichtung unterbleibt. Art. 83 Abs. 4 setzt bei Verstößen ein Bußgeld in Höhe von bis zu 10 000 000 EUR bzw. bis zu 2 % des gesamten weltweit erzielten Vorjahresumsatzes des Unternehmens an.

Zwei Alternativen dürften jedoch in der praktischen Ausgestaltung der Bußgeldhöhe besondere Berücksichtigung finden. Zum einen ist vorstellbar, dass der Verantwortliche die DSFA noch gar nicht in seine Datenschutz-Organisation implementiert hat. Vorstellbar und bei einer solche komplexen Norm sogar praxisnah ist das Szenario, dass der Verantwortliche das zu bestimmende Risiko fehlerhaft als nicht hoch genug eingeschätzt hat bzw. verkannt hat, dass der relevante Verarbeitungsvorgang durch die Aufsichtsbehörden gem. Art. 35 Abs. 4 S. 1 nachträglich in eine Blacklist aufgenommen wurde[182].

Auch wenn die Aufsichtsbehörde für diese Fälle rein formal gar nicht umhin kommt einen Verstoß gem. Art. 83 Abs. 4 lit. a i.V.m. Art. 35 Abs. 1 zu attestieren, wäre es interessengerecht bei der Gesamtwürdigung der Umstände, eine ggf. nachträglich durchgeführte DSFA im Sinne eines Verfahrens gem. Art. 83 Abs. 2 S. 2 lit. c oder f (Schadensminderung; Zusammenarbeit mit der Aufsichtsbehörde) zu berücksichtigen und von der Verhängung einer Geldbuße abzusehen. Dieser Ansatz wäre zumindest dann zu erörtern, wenn die verspätete Prüfung tatsächlich Rechte der betroffenen Personen stärkt, die Sicherheit der Verarbeitung erhöht oder eine bestehende Beeinträchtigung abmildert[183].

C. Praxishinweise

I. Relevanz für öffentliche Stellen
Hier besteht keine besondere Relevanz.

II. Relevanz für nichtöffentliche Stellen
Eine frühzeitig durchgeführte DSFA kann dabei helfen die Anforderungen aus Art. 25 des Datenschutzes durch Technik (data protection by design) und durch datenschutzfreundliche Voreinstellungen (data protection by default) zu erfüllen. Durch die frühzeitige Einbindung des DSB und Durchführung einer Datenschutz-Folgenabschätzung können hohe Folgekosten für Verfahrens- bzw. Produktanpassungen vermieden werden. Gleichzeitig kann die DSFA auch als ein Teil einer internen Datenschutzstrategie und -maßnahme verstanden werden, um die Einhaltung der DS-GVO nachweisen zu können. Durch die Analyse der bestehenden Risiken können entsprechende Sicherheitsvorkehrungen und Maßnahmen, insbesondere technische und organisatorische Lösungen, abgeleitet und nachgewiesen werden. Durch den Prozess und die Dokumentation der Datenschutz- Folgenabschätzung wird eine Transparenz über die Verarbeitung geschaffen, die es auch Externen (z.B. Kunden, Aufsichtsbehörden) ermöglicht die Rechtmäßigkeit und die Risiken zu bewerten und einzuschätzen und entsprechende Schwächen beim Datenschutz und -sicherheit zu erkennen.

---

182 *Franck* PinG 2018, 42.
183 *GDD* Praxishilfe DS-GVO X – Voraussetzungen der Datenschutz-Folgenabschätzung, S. 9.

III. Relevanz für betroffene Personen

213 Die DSFA stellt ein systematisch einsetzbares Instrument dar, das die betroffene Person so gut es geht vor dem Risiko bewahren soll, dass seine Grundrechte und Grundfreiheiten trotz einer rechtmäßigen Verarbeitung verletzt werden. Durch die systematische und dokumentierte Arbeitsweise wird sowohl dem Transparenzerfordernis im Hinblick auf die Rechte der betroffenen Person Genüge getan als auch die Nachvollziehbarkeit für anstehende Überprüfungen der Verarbeitung durch die Aufsichtsbehörden erleichtert[184].

IV. Relevanz für Aufsichtsbehörden

214 Hier besteht keine besondere Relevanz.

V. Relevanz für das Datenschutzmanagement

215 Nicht zuletzt gibt die DSFA jedoch auch dem Verantwortlichen eine Struktur vor, bei deren Einhaltung er relativ sicher sein kann, dem erhöhten Accountability-Prinzip der DS-GVO gerecht zu werden. Das Ergebnis der DSFA ist im Idealfall für alle Beteiligten reproduzierbar und auch überprüfbar[185]. Die Überprüfbarkeit der Lösung ist damit ein entscheidender Vorteil. Denn so können verschiedene Lösungen für vergleichbare Risiken in einem Ranking gegenübergestellt werden, um ggf. konzernweite oder sogar branchenweite Best Practices entwickeln zu können.

Artikel 36 Vorherige Konsultation

(1) Der Verantwortliche konsultiert vor der Verarbeitung die Aufsichtsbehörde, wenn aus einer Datenschutz-Folgenabschätzung gemäß Artikel 35 hervorgeht, dass die Verarbeitung ein hohes Risiko zur Folge hätte, sofern der Verantwortliche keine Maßnahmen zur Eindämmung des Risikos trifft.

(2) ¹Falls die Aufsichtsbehörde der Auffassung ist, dass die geplante Verarbeitung gemäß Absatz 1 nicht im Einklang mit dieser Verordnung stünde, insbesondere weil der Verantwortliche das Risiko nicht ausreichend ermittelt oder nicht ausreichend eingedämmt hat, unterbreitet sie dem Verantwortlichen und gegebenenfalls dem Auftragsverarbeiter innerhalb eines Zeitraums von bis zu acht Wochen nach Erhalt des Ersuchens um Konsultation entsprechende schriftliche Empfehlungen und kann ihre in Artikel 58 genannten Befugnisse ausüben. ²Diese Frist kann unter Berücksichtigung der Komplexität der geplanten Verarbeitung um sechs Wochen verlängert werden. ³Die Aufsichtsbehörde unterrichtet den Verantwortlichen oder gegebenenfalls den Auftragsverarbeiter über eine solche Fristverlängerung innerhalb eines Monats nach Eingang des Antrags auf Konsultation zusammen mit den Gründen für die Verzögerung. ⁴Diese Fristen können ausgesetzt werden, bis die Aufsichtsbehörde die für die Zwecke der Konsultation angeforderten Informationen erhalten hat.

---

184 *Wichtermann* DuD 2016, 797, 798.
185 *Bieker/Hansen/Friedewald* RDV 2016, 188.

(3) Der Verantwortliche stellt der Aufsichtsbehörde bei einer Konsultation gemäß Absatz 1 folgende Informationen zur Verfügung:
a) gegebenenfalls Angaben zu den jeweiligen Zuständigkeiten des Verantwortlichen, der gemeinsam Verantwortlichen und der an der Verarbeitung beteiligten Auftragsverarbeiter, insbesondere bei einer Verarbeitung innerhalb einer Gruppe von Unternehmen;
b) die Zwecke und die Mittel der beabsichtigten Verarbeitung;
c) die zum Schutz der Rechte und Freiheiten der betroffenen Personen gemäß dieser Verordnung vorgesehenen Maßnahmen und Garantien;
d) gegebenenfalls die Kontaktdaten des Datenschutzbeauftragten;
e) die Datenschutz-Folgenabschätzung gemäß Artikel 35 und
f) alle sonstigen von der Aufsichtsbehörde angeforderten Informationen.

(4) Die Mitgliedstaaten konsultieren die Aufsichtsbehörde bei der Ausarbeitung eines Vorschlags für von einem nationalen Parlament zu erlassende Gesetzgebungsmaßnahmen oder von auf solchen Gesetzgebungsmaßnahmen basierenden Regelungsmaßnahmen, die die Verarbeitung betreffen.

(5) Ungeachtet des Absatzes 1 können Verantwortliche durch das Recht der Mitgliedstaaten verpflichtet werden, bei der Verarbeitung zur Erfüllung einer im öffentlichen Interesse liegenden Aufgabe, einschließlich der Verarbeitung zu Zwecken der sozialen Sicherheit und der öffentlichen Gesundheit, die Aufsichtsbehörde zu konsultieren und deren vorherige Genehmigung einzuholen.

– *ErwG: 94–96*

Übersicht

	Rn		Rn
A. Einordnung und Hintergrund	1	V. Öffnungsklausel zur Konsultationspflicht	33
I. Überblick	1	C. Praxishinweise	36
II. Unterschiede und Gemeinsamkeiten zur Meldepflicht	5	I. Relevanz für öffentliche Stellen	36
B. Kommentierung	10	II. Relevanz für nichtöffentliche Stellen	37
I. Auslöser einer Konsultationspflicht	10	III. Relevanz für betroffene Personen	41
II. Pflichten und Befugnisse der Aufsichtsbehörde gem. Art. 36 Abs. 2	15	IV. Relevanz für Aufsichtsbehörden	42
III. Basisinformationen des Konsultationsersuchens	25	V. Relevanz für das Datenschutzmanagement	47
IV. Konsultation im Rahmen von Gesetzgebungsverfahren	30		

Literatur: *Bieker/Hansen/Friedewald* Die grundrechtskonforme Ausgestaltung der Datenschutz-Folgenabschätzung nach der europäischen Datenschutz-Grundverordnung, RDV 2016, 188; *Gola* Datenschutz-Grundverordnung: DS-GVO, 2018; *Hansen-Oest* Datenschutzrechtliche Dokumentationspflichten nach dem BDSG und der Datenschutz-Grundverordnung, PinG 2016, 79; *Jaspers/Reif* Der Datenschutzbeauftragte nach der Datenschutz-Grundverordnung: Bestellpflicht, Rechtsstellung und Aufgaben, RDV 2016, 61; *Kaufmann* Meldepflicht und Datenschutz-Folgenabschätzung, ZD 2012, 358; *Volkmer/Kaiser* Das Verzeichnis von Verarbeitungstätigkeiten und die Datenschutz-Folgenabschätzung in der Praxis, PinG 2017, 153; *Wichtermann* Die Datenschutz-Folgenabschätzung in der DS-GVO, DuD 2016, 797.

Art. 36

A. Einordnung und Hintergrund

I. Überblick

1 Die **DSFA** nach Art. 35 und die sich ggf. daran anschließende vorherige Konsultation nach Art. 36 lösen die bisher aus der DSRL bekannten **Meldepflicht** ab und kommen in den Fällen zur Anwendung, in denen eine Verarbeitung ein **hohes Risiko** nach sich zieht und der Verantwortliche keine **Maßnahmen zur Eindämmung** dieses erkannten Risikos ergreift[1].

2 Sollte der Verantwortliche bei einer **Risikoabschätzung** der einzelnen Verarbeitungsvorgänge zu dem Ergebnis kommen, dass diese voraussichtlich ein hohes Risiko für die Rechte und Freiheiten des Betroffenen darstellt, muss er eine Datenschutz-Folgeabschätzung durchführen – insbesondere dann, wenn es um eine **automatisierte Entscheidung** für den Betroffenen geht, **massenhaft sensible Daten** verarbeitet werden oder **systematisch öffentlich zugängliche Bereiche massenhaft beobachtet** werden. Auch bei der **Einführung neuer Technologien** kann eine Datenschutzfolgeabschätzung notwendig werden.

3 Stellt der Verantwortliche im Rahmen der Durchführung der DSFA fest, dass das von ihm identifizierte hohe Risiko für die Rechte und Freiheiten der betroffenen Person die **Relevanzschwelle** verletzt[2], wird er nach einer Risikobeurteilung dazu übergehen **Maßnahmenkataloge** und **Abwehrmaßnahmen** zu überdenken, die ihm ermöglichen, dass prognostizierte Risiko auf ein akzeptables Maß zu drücken oder bestenfalls gänzlich zu eliminieren. Sollte ihm das nicht gelingen, muss sich an die Durchführung der DSFA, die vorherige Konsultation nach Art. 36 Abs. 1 anschließen. Art. 36 erlegt dem Verantwortlichen die Pflicht auf, den mit einem hohen Risiko behafteten Verarbeitungsvorgang der zuständigen Aufsichtsbehörde zu melden. Damit ist diese Konsultationspflicht mit der Vorschrift des § 4d Abs. 6 S. 3 BDSG a.F. vergleichbar[3].

4 Es ist vorgesehen, dass die Aufsichtsbehörde auf das **Beratungsersuchen** des Verantwortlichen innerhalb eines Zeitraums von bis zu 8 Wochen nach dessen Erhalt mit einer **schriftlichen Empfehlung** reagiert[4]. Daneben kann die konsultierte Aufsichtsbehörde auch sämtliche Möglichkeiten ausschöpfen, die ihr durch Art. 58 zur Verfügung gestellt werden. Dazu gehören **Untersuchungsbefugnisse** nach Art. 58 Abs. 1, genauso wie **Abhilfebefugnisse** gem. Art. 58 Abs. 2. In Konsequenz dürfte die Aufsichtsbehörde somit den relevanten Verarbeitungsvorgang auch **untersagen**[5].

II. Unterschiede und Gemeinsamkeiten zur Meldepflicht

5 Bereits die DSRL enthielt eine vergleichbare Regelung, wonach die verantwortliche Stelle im Grundsatz, Verarbeitungen bei den Aufsichtsbehörden zu melden hatte. Der europäische Richtliniengeber eröffnete jedoch den Mitgliedstaaten die Möglichkeit von dieser Regel abzuweichen. In Deutschland spiegelte sich diese Ausnahme in § 4d BDSG a.F. wieder. Andere Länder machten von dieser Ausnahme keinen Gebrauch.

---

1 ErwG 91 S. 1.
2 Dies wird der Verantwortliche innerhalb des 4. Schrittes im Rahmen der DSFA-Prüfung erkennen.
3 *Hansen-Oest* PinG 2016, 79, 84.
4 ErwG 94 S. 3.
5 ErwG 94 S. 4.

Vergleichbar mit der Verschiebung der Pflichten von dem DSB, hin zum Verantwortlichen (was die Vorabkontrolle und die DSFA angeht), führt die DS-GVO ebenfalls zu einer Verlagerung der Rollen hinsichtlich der Meldepflicht gem. § 4d Abs. 5 BDSG a.F. und Art. 36. Was die **Vorabkontrolle** betrifft, verlagert sich die Zuständigkeit des DSB hinsichtlich der Durchführung der DSFA zum Verantwortlichen. Sollte eine nachgelagerte Überprüfung angebracht sein, weil der Verarbeitungsvorgang trotz angedachter Maßnahmen zur Bewältigung der prognostizierten hohen Risiken weiterhin hochriskant erscheint, muss der Verantwortliche die Aufsichtsbehörde im Wege der vorherigen Konsultation involvieren. Für diejenigen Mitgliedstaaten, die nach alter Rechtslage einer grundsätzlichen Meldepflicht von Verarbeitungsvorgängen unterlagen, kommt die aktuelle Rechtslage einer **Vereinfachung und Erleichterung** der bisherigen Anforderungen gleich. 6

Für Verantwortliche in Deutschland führt die neue Regelung jedoch zu einer **Verschärfung**[6] ihrer Pflichten, da das **Prinzip der innerbetrieblichen Selbstkontrolle**[7] in diesem Fall eine einschneidende Änderung erfährt. Eine Lösung des innerbetrieblichen Problems ist durch eine Beteiligung des DSB allein nicht mehr möglich. Was die konzeptionelle Neuausrichtung der DS-GVO angeht, entspricht diese Änderung jedoch in Konsequenz dem **risikobasierten Ansatz** der DS-GVO, der sich wie ein roter Faden durch wesentliche Regelungen der DS-GVO zieht[8]. 7

Eine Verschärfung, im Vergleich zu der aktuellen Rechtslage, kann auch insbesondere für Branchen vermutet werden, deren **Geschäftsmodelle** und **Wettbewerbsvorteile** gerade darauf beruhen, schnell, flexibel und unkonventionell auf die sich dynamisch ändernden äußeren Bedingungen reagieren zu können[9]. In der Tat lassen hier, vor allem die in Aussicht gestellten Zeitvorgaben, die ein Verantwortlicher für eine weiterführende Stellungnahme durch die Aufsichtsbehörde im schlimmsten Fall zu erwarten hat, befürchten, dass diese für insbesondere junge Unternehmen mit **zeitkritischen Geschäftsmodellen** und wenig finanziellem Polster eine nicht zu unterschätzende Eintrittsbarriere und laufende Gefahr für den Geschäftsbetrieb darstellen können. 8

Die DSFA und somit auch die Pflicht zur vorherigen Konsultation können sich auch aus einem Umstand ergeben, der nicht unmittelbar aus der Sphäre des Verantwortlichen stammt. Beispielsweise könnte ein Verarbeitungsvorgang durch das Auftauchen von Sicherheitslücken in einer als bisher sicher geglaubten Verschlüsselung **unerwartet** zu einem hohen Risiko führen, weil eine Verschlüsselung gebrochen wurde. Der Verantwortliche müsste hier eine DSFA i.S.v. Art. 35 Abs. 1 Hs. 2 anstoßen. Damit stünde der Verantwortliche vor dem Problem, dass ein bereits **etablierter Geschäftsprozess** bis zur Klärung durch die Aufsichtsbehörde **untersagt** werden könnte und hätte zudem das Risiko zu tragen, den Geschäftsbetrieb zu stoppen oder gänzlich zu beenden. Damit ist eine Aufstockung der Aufsichtsbehörden in punkto Personalausstattung und technisches Know-how ein wichtiges Argument für den Erfolg der vorhe- 9

---

6 Gola-*Nolte/Werkmeister* Art. 36 Rn. 1.
7 *Jaspers/Reif* RDV 2016, 61 ff.
8 *Veil* ZD 2015, 347, 348.
9 *Hansen-Oest* Ping 2016, 79, 84: Wahrscheinlich sind hier insbesondere Vorgehensmodelle des Projekt- und Produktmanagements aus dem Bereich der agilen Softwareentwicklung, wie bspw. „Scrum" gemeint.

rigen Konsultation gem. Art. 36. Die Wartezeit sollte für den Verantwortlichen in diesen Fällen auf ein Minimum bzw. erträgliches Maß reduziert werden können.

B. Kommentierung

I. Auslöser einer Konsultationspflicht

10 Ohne eine genaue Betrachtung der DSFA nach Art. 35 lässt sich nicht bestimmen, ob eine vorherige Konsultation von dem Verantwortlichen verpflichtend durchzuführen ist. Die Voraussetzungen, die zu einer vorherigen Konsultation führen, sind denkbar kurz in Art. 36 Abs. 1 beschrieben. Der sehr wortkarge Wortlaut erklärt, dass die vorherige Konsultation für die Fälle von durchgeführten DSFA obligatorisch ist, bei denen der Verantwortliche zwar ein hohes Risiko festgestellt hat, aber gleichzeitig keine Maßnahmen zur Eindämmung des Risikos trifft.

11 Der Wortlaut des Art. 36 Abs. 1 verleitet zu der Annahme, dass hier der Fall eines Verantwortlichen beschrieben wird, der trotz einer erlangten Prognose oder Gewissheit, dass ein hohes Risiko für die Rechte und Freiheiten der betroffenen Person besteht, **untätig** bleibt, was die **Umsetzung von Abwehrmaßnahmen** hinsichtlich dieser Gefahren angeht. Der eigentlichen Motivation der Regelung käme es ggf. näher, wenn es hieße, dass der „Verantwortliche zwar ein hohes Risiko festgestellt hat, aber gleichzeitig nicht in der Lage ist, geeignete Maßnahmen zur Eindämmung des Risikos zu treffen".

12 Der dazugehörige ErwG scheint etwas näher an dem **eigentlichen Willen des Verordnungsgebers** zu liegen. Der Verantwortliche muss danach der Auffassung sein, dass das Risiko nicht durch **verfügbare Technologien und Implementierungskosten** vertretbare Mittel eingedämmt werden kann, **obwohl** aus einer durchgeführten DSFA hervorgeht, dass die Verarbeitung bei Fehlen von Garantien, Sicherheitsvorkehrungen und Mechanismen zur Minderung des Risikos ein **hohes Risiko** für die Rechte und Freiheiten natürlicher Personen mit sich bringen würde[10]. Diese Ansicht wird durch einen weiteren ErwG, der sich mit der Risikoevaluierung und Folgenabschätzung allgemein beschäftigt, gestützt[11]. Darin wird erläutert, dass die Aufsichtsbehörde vor der Verarbeitung konsultiert werden sollte, sofern aus einer DSFA hervorgeht, dass Verarbeitungsvorgänge ein hohes Risiko bergen, welches der Verantwortliche nicht durch geeignete Maßnahmen in Bezug auf verfügbare Technik und Implementierungskosten eindämmen kann.

13 Der konkrete Auslöser einer vorherigen Konsultation ist damit als dasjenige Risiko zu charakterisieren, dass **trotz aller Maßnahmen** zur Eindämmung des hohen Risikos, weiterhin **verbleibt**. Wäre das Risiko auf Grund der möglichen oder eingeleiteten Maßnahmen zwar noch vorhanden, aber nicht mehr als hoch zu qualifizieren, wäre das Ergebnis der DSFA negativ ausgefallen. Die Verarbeitung dürfte damit in den Produktivbetrieb übergehen. Das trotz der Maßnahmen verbleibende Restrisiko muss also daher nach wie vor als hoch zu qualifizieren sein[12]. Der Auslöser ist damit ein Verarbeitungsvorgang, dessen Risiko nach erfolgter Durchführung der DSFA und dem Einsatz von Eindämmungsmaßnahmen zur Reduzierung des Risikos, nach wie vor als hochriskant einzustufen ist, so dass der Verantwortliche im Anschluss an die

---

10 ErwG 94 S. 1.
11 ErwG 84.
12 Gola-*Nolte/Werkmeister* Art. 36 Rn. 4.

Durchführung der DSFA und vor einem Beginn des relevanten Verarbeitungsvorgangs die zuständige Aufsichtsbehörde konsultieren muss.

In Anbetracht der Bußgelder, die eine Verletzung der Konsultationspflicht nach sich ziehen würde, kann Unternehmen nur geraten werden, für Zwecke der **Dokumentation** der vorherigen Konsultation zumindest die **Textform** zu wählen[13]. 14

II. Pflichten und Befugnisse der Aufsichtsbehörde gem. Art. 36 Abs. 2

Nach dem die Aufsichtsbehörde das **Konsultationsersuchen** des Verantwortlichen erhalten hat, stehen ihr bis zu 8 Wochen zur Verfügung, um dem Verantwortlichen eine **schriftliche Empfehlung** zukommen zu lassen. 15

Nach dem Wortlaut trifft diese Pflicht die Aufsichtsbehörde zwar nur, wenn sie der Auffassung ist, dass die geplante Verarbeitung gem. Art. 36 Abs. 1 **nicht im Einklang** mit dieser Verordnung steht. Als exemplarischen Grund für diese mögliche Bewertung durch die Aufsichtsbehörde spricht der Verordnungsgeber die Möglichkeit an, dass der Verantwortliche das Risiko nicht ausreichend genug eingedämmt hat. Jedoch dürfte klar sein, dass die Aufsichtsbehörde auch bei einem Konsultationsersuchen, welches auf einem Verarbeitungsvorgang beruht, das nicht als hoch riskant eingestuft wird, ebenfalls innerhalb des genannten Zeitraums schriftlich Stellung beziehen muss. 16

Denkbar wäre es, dass ein Verantwortlicher, eine **nicht zeitkritische Freigabe** der Verarbeitung vorausgesetzt, sogar Verarbeitungen zur vorherigen Konsultation einreicht, die offensichtlich nicht risikobehaftet sind. Die Möglichkeit, dass ein Verantwortlicher in Zweifelsfällen den geplanten Verarbeitungsvorgang sicherheitshalber immer der Aufsichtsbehörde zur Konsultation vorlegen wird, ist nachvollziehbar und von der Intention der Regelung gedeckt. Ähnlich wurde dies auch in der Praxis bei der Vorabkontrolle gehandhabt, mit dem Unterschied, dass der gesamte Ablauf durch das Prinzip der betrieblichen Selbstkontrolle gedeckt, nicht nach außen drang. Auch nach alter Rechtslage wurde **im Zweifel lieber eine Vorabkontrolle** durchgeführt[14]. 17

Es könnte sich in der Praxis jedoch die Frage stellen, wie die Aufsichtsbehörden mit Verantwortlichen umgehen, die **offensichtlich risikolose Verarbeitungen**, der Aufsichtsbehörde zur Prüfung und Stellungnahme vorlegen. Es steht nicht außerhalb jeglicher Lebenserfahrung, dass die behördliche „**Freigabe**" eines Verarbeitungsvorgangs als **Marketingaspekt** betrachtet werden könnte, wenn bspw. Auftragsverarbeiter diese Verarbeitung dann im Nachgang als Dienstleitung vermarkten und dieses Produkt oder System als „**von der Aufsichtsbehörde für unbedenklich gehalten**" bewerben. 18

Sollte eine Aufsichtsbehörde bei offensichtlicher Unbedenklichkeit des zur Konsultation eingereichten Verarbeitungsvorgangs eine **Missbräuchlichkeit** sehen und die Konsultation ohne qualifizierte Stellungnahme abgeben, könnte der Verantwortliche zur Kaschierung der Offensichtlichkeit eine wieder leicht behebbare Schwäche in seine technisch-organisatorischen Maßnahmen einbauen und diese dann nach der Empfehlung der Aufsichtsbehörde wieder beseitigen[15]. 19

---

13 *Hansen-Oest* ZD 2016, 79, 84.
14 *Volkmer/Kaiser* PinG 153, 155.
15 Beispielsweise könnte im Rahmen eines Verarbeitungsvorgangs auf eine Verschlüsselung oder Anonymisierung verzichtet werden, um diese nach der Rüge der Aufsichtsbehörde zu implementieren.

Ferik

20 Mögliche Missbräuche in dieser Hinsicht könnten ggf. dadurch eingedämmt werden, dass die Möglichkeit der vorherigen Konsultation mit einer Gebühr für die Inanspruchnahme durch den Verantwortlichen belegt wird. Es sollte dann nur Sorge dafür getragen werden, dass die Höhe der Gebühr kein Dilemma zwischen „abschreckend genug gegen Missbrauch" und „zu abschreckend" für eine rechtskonforme Nutzung des Instruments darstellt. Ein deutlicher Mehraufwand für die Aufsichtsbehörden scheint hierbei wahrscheinlich[16].

21 Nicht nur der **Verantwortliche**, sondern auch der Auftragsverarbeiter können in das Instrument der vorherigen Konsultation eingebunden werden. Ihre schriftlichen Empfehlungen kann die Aufsichtsbehörde auch direkt an den Auftragsverarbeiter richten. Dies schließt ein, dass die Aufsichtsbehörde im Rahmen ihrer in der Verordnung festgelegten Aufgaben und Befugnisse eingreifen kann, was die Befugnis einschließt, **Verarbeitungsvorgänge** auch beim Auftragsverarbeiter zu **untersagen**. Hat die Aufsichtsbehörde Zweifel und macht davon Gebrauch und untersagt das geplante Vorgehen im Rahmen ihrer Kompetenzen gem. Art. 58, verpflichtet Art. 36 Abs. 2 S. 1 sie ausdrücklich zur Unterbreitung von **Vorschlägen zur Mängelbeseitigung**[17].

22 In Einzelfällen kann die Frist von 8 Wochen auch um **weitere 6 Wochen ausgedehnt** werden. Der Anwendungsfall dafür wird die **Komplexität** des vorliegenden Falls sein. Da der Begriff der Komplexität einer objektiven Prüfung nicht zugänglich ist, ist die Befürchtung nicht ganz fernliegend, dass ggf. auch andere Gründe für eine Verlängerung der Frist angeführt werden könnten[18]. In jedem Fall muss der Verantwortliche oder ggf. der Auftragsverarbeiter über die **Verzögerung** und die Gründe dafür innerhalb eines Monats nach Eingang der Konsultation **unterrichtet** werden.

23 Es ist nicht ausgeschlossen, dass der Verantwortliche oder der Auftragsverarbeiter auch länger als 14 Wochen auf eine schriftliche Empfehlung warten müssen. Zum Repertoire der Aufsichtsbehörde, was ihre Befugnisse angeht, gehört es auch, dass sie die **Fristen aussetzen** kann, bis sie von dem Verantwortlichen oder Auftragsverarbeiter die für die Zwecke der Konsultation **angeforderten Informationen** erhalten hat.

24 Der Umstand, dass die für die Zwecke der Konsultation angeforderten und für eine Stellungnahme durch die Aufsichtsbehörde erforderlichen Informationen ggf. nur ausreichend schnell zu beschaffen sind, wenn der Auftragsverarbeiter gut **kooperiert**, verdeutlicht die Wichtigkeit, entsprechende Klauseln in die Vereinbarungen zur Auftragsverarbeitung gem. Art. 28 aufzunehmen[19]. Es ergibt sich auch aus den Erwägungsgründen[20], dass der **Auftragsverarbeiter** erforderlichenfalls den Verantwortlichen auf Anfrage bei der Gewährleistung der Einhaltung der sich aus der Durchführung der DSFA und der vorherigen Konsultation der Aufsichtsbehörde ergebenden Auflagen **unterstützen** sollte. Im Rahmen einer Vereinbarung nach Art. 28 kann diese

---

16 *Hansen-Oest* PinG 2016, 79, 84.
17 *Kaufmann* ZD 2012, 358, 362.
18 Die nach alter Rechtslage existierende Personalknappheit dürfte sich mit Wirksamwerden der DS-GVO nicht sofort erledigt haben. Ebenfalls kritisch: *Kaufmann* ZD 2012, 358, 362.
19 Wie bspw. in Ziffer 5 lit. f und h, GDD-Praxishilfe DS-GVO IV – Vertragsmuster zur Auftragsverarbeitung, https://www.gdd.de/downloads/praxishilfen/GDD-Praxishilfe_DS-GVO_4.pdf.
20 ErwG 96.

Unterstützungspflicht deutlich mehr konkretisiert und ggf. auch mit Haftungsmöglichkeiten für die Fälle einer fehlenden Kooperationsbereitschaft erweitert werden.

III. Basisinformationen des Konsultationsersuchens

Art. 36 Abs. 3 legt die Inhalte fest, die der Verantwortliche im Rahmen einer vorherigen Konsultation der Aufsichtsbehörde vorzulegen hat. Verpflichtet diese Informationen zusammenzutragen ist zwar originär der Verantwortliche. Jedoch wird er in der Praxis, insbesondere bei der Einbindung von Auftragsverarbeitern, auf die **Kooperation aller Beteiligten** angewiesen sein, die auch im Rahmen der DSFA als Beteiligte involviert waren.   25

So sind auch in Art. 36 Abs. 3 lit. a **Angaben** derjenigen **Beteiligten** gefordert, die bei der Durchführung der DSFA eine **Rolle gespielt** haben[21]. Eines der zur Verfügung zu stellenden Angaben, sind gem. Art. 36 Abs. 3 lit. e die Informationen aus der DSFA selbst. Das ist verständlich, da die Aufsichtsbehörde anhand dieser Informationen am schnellsten und sichersten eine Beurteilung fällen kann. Insbesondere die Informationen, die der Verantwortliche zur **Eindämmung des hohen Risikos** für die Rechte und Freiheiten natürlicher Personen als Maßnahme ins Feld führt, werden für die Beurteilung und Empfehlung der Aufsichtsbehörde von Relevanz sein.   26

Auch alle anderen Angaben, die gem. Art. 36 Abs. 3 lit a–f der Aufsichtsbehörde zur Verfügung gestellt werden sollen, dürften bei dem Verantwortlichen **keine wesentlichen Mehraufwände** verursachen, sofern er bei der Durchführung der DSFA gewissenhaft gearbeitet und wie erforderlich dokumentiert hat. Alle geforderten Informationen können eins zu eins aus dem **Bericht** zur DSFA entnommen oder abgeleitet werden.   27

Nach Art. 36 Abs. 3 lit. d sollen auch die **Kontaktdaten des Datenschutzbeauftragten** ggf. zur Verfügung gestellt werden. Unklar ist, ob sich das ggf. auf den Umstand bezieht, dass ein Datenschutzbauftragter benannt ist oder den Umstand, dass dieser nicht ohnehin schon nach Art. 37 Abs. 7 gemeldet und damit der Aufsichtsbehörde bekannt ist.   28

Da die in Art. 36 Abs. 3 lit. a–f genannten Informationen nicht abschließend sind, liegt es in der Befugnis der Aufsichtsbehörde weitere Informationen anzufordern, soweit diese zum **weiteren Erkenntnisgewinn** in der Sache dienlich sind.   29

IV. Konsultation im Rahmen von Gesetzgebungsverfahren

Art. 36 Abs. 4 adressiert Mitgliedstaaten, sofern sie den **Erlass von Rechts- oder Verwaltungsvorschriften** planen. Danach soll eine Konsultation der Aufsichtsbehörde auch während der Ausarbeitung von Gesetzes- oder Regelungsvorschriften, in denen eine Verarbeitung personenbezogener Daten vorgesehen ist, erfolgen[22].   30

Um die Vereinbarkeit von Verordnung und eben solchen Regelungen zu gewährleisten, normiert Art. 36 Abs. 4 diese **Konsultationspflicht für den nationalen Gesetzgeber**. Damit ist klar, dass ihn diese Pflicht immer dann trifft, wenn es um die Verarbeitung personenbezogener Daten geht. Die Konsultation der Aufsichtsbehörde soll nach den Konkretisierungen des dazugehörigen ErwG erfolgen, um bei der Ausarbeitung von   31

---

21 Vgl. Art. 35 Rn. 110 ff.
22 ErwG 96.

Ferik 1029

Art. 36   Vorherige Konsultation

Gesetzes- oder Regelungsvorschriften, in denen eine Verarbeitung personenbezogener Daten vorgesehen ist, die Vereinbarkeit der geplanten Verarbeitung mit dieser Verordnung sicherzustellen und insbesondere das mit ihr für die betroffene Person verbundene Risiko einzudämmen.

32   Eine damit vergleichbare Vorschrift existierte nach alter Rechtslage gem. Art. 20 Abs. 3 DSRL. Auf nationaler Ebene existiert ein vergleichbares Konzept im Rahmen der gemeinsamen Geschäftsordnung der Bundesministerien. Eine Beteiligung der BfDI durch das federführende Bundesministerium entsprechend den Vorgaben der Gemeinsamen Geschäftsordnung der Bundesministerien soll im Regelfall ebenfalls für eine Vereinbarkeit im Bereich der Verarbeitung personenbezogener Daten sorgen[23]. Die Regelung berührt das verfassungsrechtlich in Art. 76 ff. GG geregelte Verfahren der Gesetzgebung, ohne jedoch generell das Verfahren zu ändern, in dem Parlamentsgesetze im Zusammenspiel der Institutionen entsprechend der Verfassung zustande kommen. Betroffen sind nur bestimmte Konstellationen von Normen mit datenschutzrechtlichem Charakter[24]. Die Regelung geht **nicht auf die Konsequenzen im Falle einer unterbliebenen Konsultation** ein.

V. Öffnungsklausel zur Konsultationspflicht

33   Bei Art. 36 Abs. 5 handelt es sich um eine der zahlreichen **Öffnungsklauseln**, die die DS-GVO vorsieht. Diese Öffnungsklausel sieht insoweit eine Abweichung zu Art. 36 Abs. 1 vor. Klarer wird die Motivation des europäischen Gesetzgebers bei Betrachtung der Erwägungsgründe[25].

34   Der Verordnungsgeber eröffnet den Mitgliedstaaten die Möglichkeit nationale Bestimmungen, mit denen die Anwendung der Vorschriften dieser Verordnung genauer festgelegt wird, beizubehalten oder einzuführen, sofern es um eine Verarbeitung personenbezogener Daten zur Erfüllung einer rechtlichen Verpflichtung oder zur Wahrnehmung einer Aufgabe geht, die im öffentlichen Interesse liegt oder in Ausübung öffentlicher Gewalt erfolgt, die dem Verantwortlichen übertragen wurde.

35   Eine beispielhafte Aufzählung, welche Aufgaben darunterfallen, kann der nicht abschließenden Aufzählung in Art. 23 Abs. 1 lit. e entnommen werden[26]. Dazu zählt der Verordnungsgeber bspw. den Währungs-, Haushalts- und Steuerbereich sowie den Bereich der öffentlichen Gesundheit und der sozialen Sicherheit.

C. Praxishinweise

I. Relevanz für öffentliche Stellen

36   Hier besteht keine besondere Relevanz.

II. Relevanz für nichtöffentliche Stellen

37   Es ist zu erwarten, dass viele Verantwortliche zu Beginn der Wirksamkeit der DS-GVO noch Unsicherheiten in der Anwendung dieses neuen Instruments haben wer-

---

23 Gemeinsame Geschäftsordnung der Bundesministerien: Abschn. 3 Beteiligungen und Unterrichtungen.
24 *Kühling/Martini u.a.* Die Datenschutz-Grundverordnung und das nationale Recht, S. 92.
25 ErwG 10 S. 3.
26 Gola-*Nolte/Werkmeister* Art. 36 Rn. 13.

den. Das bisherige Pendant zur DSFA, in Form der Vorabkontrolle, war eher ein Instrument der betrieblichen Selbstkontrolle, so dass sich in der Regel der Datenschutzbeauftragte mit den Fragen rund um die Vorabkontrolle befasste. Auch jetzt wird der Datenschutzbeauftragte manche der Fragen und Unsicherheiten rund um die DSFA und eine mögliche vorherige Konsultation ggf. abfangen können.

Verbleibende Restfragen werden aber sowohl der DSB als auch der Verantwortliche mit der Aufsichtsbehörde klären wollen, und in Anbetracht der möglichen Geldbußen auch klären müssen, um gerade bei diesem neuen Instrument keine Fehler zu begehen. **38**

Sollte sich jedoch herausstellen, dass die Aufsichtsbehörden dieser Aufgabe, die sowohl in personeller als auch organisatorischer Hinsicht anspruchsvoll sein wird, nicht in einer für die Unternehmen zumutbaren Geschwindigkeit und Güte nachkommen können, dürfte sich die Motivation der Verantwortlichen, den Schritt der vorherigen Konsultation zu gehen, trotz der verschärften Geldbußen verringern. Ob die Unternehmen dann tatsächlich diesen Schritt gehen und erforderlichenfalls eine vorherige Konsultation einleiten, dürfte zu einem rein monetär betrachteten Risikoabwägungsprozess verkümmern. **39**

Diese Risikoabwägungsprozesse könnten zumindest bei lukrativen Geschäftsvorhaben durch die Einholung von juristischen oder technischen Gutachten zusätzlich flankiert werden, um der Aufsichtsbehörde im Falle einer näheren Untersuchung des Geschäftsvorhabens eine belastbare Durchführung einer DSFA vorlegen zu können. **40**

III. Relevanz für betroffene Personen

Hier besteht keine besondere Relevanz. **41**

IV. Relevanz für Aufsichtsbehörden

Im Falle, dass die Aufsichtsbehörde nicht innerhalb der in Art. 36 Abs. 2 genannten Fristen eine positive Rückmeldung gibt oder schriftliche Empfehlungen zur Nachbesserung vorlegt, könnte der für die Verarbeitung Verantwortliche, gegen die Aufsichtsbehörde Untätigkeitsklage erheben[27]. Ausgehend von der aktuellen personellen Ausstattung der meisten Aufsichtsbehörden, erscheint es jedoch nicht allzu unwahrscheinlich, dass es den konsultierten Aufsichtsbehörden Schwierigkeiten bereiten dürfte, binnen 14 Wochen die geforderte Rückmeldung oder schriftliche Empfehlung zu liefern. Datenverarbeitungsvorgänge können sowohl technisch wie auch juristisch beliebig komplex und anspruchsvoll sein. Insbesondere bis eine gewisse Sicherheit bei der Anwendung dieses neuen Instruments eingekehrt ist, könnte es sein, dass die Anzahl der zeitgleich eingereichten Konsultationen so hoch ist, dass die Aufsichtsbehörden in personelle Engpässe geraten. **42**

Die bei den Verantwortlichen zu befürchtende Unsicherheit, welche Maßnahmen sie nach der DSFA und der vorherigen Konsultation vornehmen müssen, dürfte einen nicht zu vernachlässigenden zusätzlichen Beratungsbedarf bei den Aufsichtsbehörden verursachen. **43**

---

[27] *Laue/Kremer* Das neue Datenschutzrecht in der betrieblichen Praxis, § 7 Rn. 108.

44 Die Beratung dürfte mit einem wechselseitigen Austausch von Informationen zwischen der Aufsichtsbehörde und dem Verantwortlichen, der Konzipierung von Gestaltungsvorschlägen für die Verarbeitungsvorgänge und die Erörterung von Alternativen einhergehen[28].

45 In eher untypischen Fällen muss die Aufsichtsbehörde umfangreiche Untersuchungen und Abschätzungen durchführen, um zu ihrer in ErwG 91 erwähnten Auffassung der Notwendigkeit einer DSFA zu gelangen. Dies wird einen hohen Beratungsbedarf für die zur DSFA Verpflichteten nach sich ziehen.

46 Ob diese Prognosen eintreffen, wird zum einen davon abhängen, wie schnell es zum einen gelingt, eine ausreichende Rechtssicherheit darüber zu erlangen, wann eine Konsultation tatsächlich erforderlich ist und zum anderen, wie gut sich die Aufsichtsbehörden auf den Bedarf von mehr Personal sowie ggf. auch einem breiteren juristischen und technischen Know-how einstellen können.

V. Relevanz für das Datenschutzmanagement

47 Bei der Erstellung oder der Anpassung des Datenschutz-Managements muss das Erfordernis einer ggf. erforderlichen vorherigen Konsultation mitberücksichtigt werden. Dies gilt für die Frage, auf Basis welcher Bewertungen und durch welche Beteiligte eine solche Entscheidungen getroffen werden soll.

Abschnitt 4
Datenschutzbeauftragter

Artikel 37 Benennung eines Datenschutzbeauftragten

(1) Der Verantwortliche und der Auftragsverarbeiter benennen auf jeden Fall einen Datenschutzbeauftragten, wenn

a) die Verarbeitung von einer Behörde oder öffentlichen Stelle durchgeführt wird, mit Ausnahme von Gerichten, soweit sie im Rahmen ihrer justiziellen Tätigkeit handeln,

b) die Kerntätigkeit des Verantwortlichen oder des Auftragsverarbeiters in der Durchführung von Verarbeitungsvorgängen besteht, welche aufgrund ihrer Art, ihres Umfangs und/oder ihrer Zwecke eine umfangreiche regelmäßige und systematische Überwachung von betroffenen Personen erforderlich machen, oder

c) die Kerntätigkeit des Verantwortlichen oder des Auftragsverarbeiters in der umfangreichen Verarbeitung besonderer Kategorien von Daten gemäß Artikel 9 oder von personenbezogenen Daten über strafrechtliche Verurteilungen und Straftaten gemäß Artikel 10 besteht.

(2) Eine Unternehmensgruppe darf einen gemeinsamen Datenschutzbeauftragten ernennen, sofern von jeder Niederlassung aus der Datenschutzbeauftragte leicht erreicht werden kann.

---

28 *Roßnagel* Zusätzlicher Arbeitsaufwand für die Aufsichtsbehörden der Länder durch die Datenschutz-Grundverordnung, S. 99.

(3) Falls es sich bei dem Verantwortlichen oder dem Auftragsverarbeiter um eine Behörde oder öffentliche Stelle handelt, kann für mehrere solcher Behörden oder Stellen unter Berücksichtigung ihrer Organisationsstruktur und ihrer Größe ein gemeinsamer Datenschutzbeauftragter benannt werden.

(4) [1]In anderen als den in Absatz 1 genannten Fällen können der Verantwortliche oder der Auftragsverarbeiter oder Verbände und andere Vereinigungen, die Kategorien von Verantwortlichen oder Auftragsverarbeitern vertreten, einen Datenschutzbeauftragten benennen; falls dies nach dem Recht der Union oder der Mitgliedstaaten vorgeschrieben ist, müssen sie einen solchen benennen. [2]Der Datenschutzbeauftragte kann für derartige Verbände und andere Vereinigungen, die Verantwortliche oder Auftragsverarbeiter vertreten, handeln.

(5) Der Datenschutzbeauftragte wird auf der Grundlage seiner beruflichen Qualifikation und insbesondere des Fachwissens benannt, das er auf dem Gebiet des Datenschutzrechts und der Datenschutzpraxis besitzt, sowie auf der Grundlage seiner Fähigkeit zur Erfüllung der in Artikel 39 genannten Aufgaben.

(6) Der Datenschutzbeauftragte kann Beschäftigter des Verantwortlichen oder des Auftragsverarbeiters sein oder seine Aufgaben auf der Grundlage eines Dienstleistungsvertrags erfüllen.

(7) Der Verantwortliche oder der Auftragsverarbeiter veröffentlicht die Kontaktdaten des Datenschutzbeauftragten und teilt diese Daten der Aufsichtsbehörde mit.

- *ErwG: 24, 91 und 97*
- *BDSG n.F.: §§ 5, 38*

Übersicht

	Rn			Rn
A. Einordnung und Hintergrund	1		c) Anforderungen an die Benennung	23
I. Einführung	1		d) Arbeits- und mitbestimmungsrechtliche Aspekte	27
II. Erwägungsgründe	4		2. BDSG	28
III. BDSG	6		a) Öffentliche Stellen des Bundes	28
1. Öffentliche Stellen des Bundes	6		b) Nichtöffentliche Stellen	29
2. Nichtöffentliche Stellen	9		3. Benennungspflicht des Personal-/Betriebsrats	32
IV. Normengenese und -umfeld	10		4. Fortgeltung von Altbestellungen	33
1. DSRL	10		II. Gemeinsamer Datenschutzbeauftragter bei Unternehmensgruppen (Abs. 2)	34
2. BDSG a.F.	11		1. Entfallen der Verpflichtung zur Mehrfachbestellung	34
3. Europäischer Datenschutzausschuss/nationale Datenschutzkonferenz/Aufsichtsbehörden	13		2. Leichte Erreichbarkeit des Konzerndatenschutzbeauftragten	35
B. Kommentierung	14			
I. Pflicht zur Benennung eines Datenschutzbeauftragten (Abs. 1)	14			
1. DS-GVO-Regelung	14			
a) Pflicht öffentlicher Stellen zur Benennung	14			
b) Pflicht nichtöffentlicher Stellen zur Benennung	15			

Jaspers/Reif

Art. 37 Benennung eines Datenschutzbeauftragten

	Rn			Rn
3. Unterstützung des Konzerndatenschutzbeauftragten	36	VI.	Interner und externer Datenschutzbeauftragter (Abs. 6)	48
III. Gemeinsamer Datenschutzbeauftragter bei Behörden oder öffentlichen Stellen (Abs. 3)	37		1. DS-GVO-Regelung a) Vergleich interner und externer Datenschutzbeauftragter	48 48
1. DS-GVO-Regelung	37		b) Juristische Personen als Datenschutzbeauftragter	49
2. BDSG	38		2. BDSG	50
IV. Öffnungsklausel, freiwillige Benennung, Benennung durch Verbände (Abs. 4)	39	VII.	Veröffentlichung der Kontaktdaten (Abs. 7)	51
1. Öffnungsklausel	39		1. DS-GVO-Regelung	51
2. Freiwillige Benennung	40		2. BDSG n.F.	52
3. Verbände/Vereinigungen	42	C.	Praxishinweis – Relevanz	53
V. Anforderungen an die Qualifikation (Abs. 5)	43	I.	Für öffentliche Stellen	53
		II.	Für nichtöffentliche Stellen	54
1. DS-GVO-Regelung	43	III.	Für betroffene Personen	55
a) Fachliche Qualifikation	43	IV.	Für Aufsichtsbehörden	56
b) Fähigkeit zur Aufgabenerfüllung	46	V.	Für das Datenschutzmanagement	57
2. BDSG	47	VI.	Sanktionen	58

Literatur: *Art.-29-Datenschutzgruppe* WP 243 rev. 01 „Leitlinien in Bezug auf Datenschutzbeauftragte („DSB")", WP, bestätigt durch den *EDSA* am 25.5.2018; *Baumgartner/ Hansch* Der betriebliche Datenschutzbeauftragte, ZD 2019, 99; *Bittner* Der Datenschutzbeauftragte gem. EU-Datenschutz-Grundverordnungs-Entwurf, RDV 2014, 183; *Datenschutzkonferenz* Kurzpapier Nr. 12 „Datenschutzbeauftragte bei Verantwortlichen und Auftragsverarbeitern" (Stand: 17.12.2018); *dies.* Entschließung v. 26.4.2018 zur Datenschutzbeauftragten-Bestellpflicht nach Art. 37 Abs. 1 Buchst. c DS-GVO bei Arztpraxen, Apotheken und sonstigen Angehörigen eines Gesundheitsberufs; *Franck* Altverhältnisse unter DS-GVO und neuem BDSG, ZD 2017, 509; *Franck/Reif* Pluralistische Datenschutzkontrolle – Datenschutzbeauftragte, Stellvertreter, Hilfspersonal und mehr, ZD 2015, 405; *Gola* Spezifika bei der Benennung behördlicher Datenschutzbeauftragter, ZD 2019, 383; *Hansch* 2. DSAnpUG-EU: Der Anfang vom Ende des betrieblichen Datenschutzbeauftragten in Deutschland?, DSB 2019, 246; *ders.* Die „neue" Rolle des Konzerndatenschutzbeauftragten – Erfahrungen und Schwierigkeiten, DSB 2019, 186; *HessDSB* Der behördliche und betriebliche Datenschutzbeauftragte nach neuem Recht, Stand: 06/2017; *Jaspers/Reif* Der Datenschutzbeauftragte nach der Datenschutz-Grundverordnung: Pflicht zur Benennung, Rechtsstellung und Aufgaben, RDV 2016, 61; *Johannes* Gegenüberstellung – Der Datenschutzbeauftragte nach DS-GVO, JI-Richtlinie und zukünftigem BDSG, ZD-Aktuell 2017, 05794; *Kazemi* Der Datenschutzbeauftragte in der Rechtsanwaltskanzlei, NJW 2018, 443; *Klug* Der Datenschutzbeauftragte in der EU – Maßgaben der Datenschutzgrundverordnung, ZD 2016, 315; *Knopp* Dürfen juristische Personen zum betrieblichen Datenschutzbeauftragten bestellt werden? DuD 2015, 98 ff.; *Kort* Was ändert sich für Datenschutzbeauftragte, Aufsichtsbehörden und Betriebsrat mit der DS-GVO?, ZD 2017, 3; *Kramer* Ist eine GmbH, AG oder ein Verein als externer Datenschutzbeauftragter nach DSGVO zulässig?, DSB 2018, 40; *LDI NRW* Häufig gestellte Fragen zum Datenschutzbeauftragten (FAQ), Stand: 1/2020; *LfD Niedersachsen* Die oder der Datenschutzbeauftragte (DSB) in Behörden und sonstigen öffentlichen Stellen in Niedersachsen; Hinweise für die Erstellung von Arbeitsplatz- oder Dienstpostenbeschreibungen sowie von Arbeitsplatz- oder Dienstpostenbewertungen; Aufgabenwahrnehmung durch eigenes Personal, Stand: 28.6.2018; *dies.*

Hilfestellungen für Verantwortliche und den Personalrat bei der Benennung einer oder eines gemeinsamen Datenschutzbeauftragten, Stand: 26.7.2018; *LfDI Baden-Württemberg* Der/die betriebliche Beauftragte für den Datenschutz Teil 1 und Teil 2, Stand: 11/2019; *Lurtz/Schomberg* Pflicht zur Benennung eines Datenschutzbeauftragten, ZD-Aktuell 2019, 06732; *Marschall/Müller* Der Datenschutzbeauftragte im Unternehmen zwischen BDSG und DS-GVO, ZD 2016, 415; *Niklas/Faas* Der Datenschutzbeauftragte nach der Datenschutz-Grundverordnung, NZA 2017, 1091; *Paal/Nabulsi* Der externe Datenschutzbeauftragte im Konflikt mit dem RDG?, NJW 2019, 3673; *Schmidt* Gemeinsamer DSB im öffentlichen Bereich, DSB 2018, 16; *ULD* Praxisreihe Datenschutzbestimmungen praktisch umsetzen, Band 2, Datenschutzbeauftragte, Stand: 10.10.2019; *Weichert* Die Zukunft des Datenschutzbeauftragten, CuA 4/2016, 8.

A. Einordnung und Hintergrund

I. Einführung

Die Art. 37–39 dienen der **Effektivierung der Datenschutzpraxis durch betriebliche und behördliche Selbstkontrolle**.[1] Über die Verpflichtung zur Benennung eines Datenschutzbeauftragten[2] durch die datenverarbeitenden Stellen wurde während des Verfahrens zum Erlass der DS-GVO heftig gestritten.[3] Die Mehrheit im Europäischen Rat lehnte eine Benennungspflicht strikt ab, weil sie diese für eine zu hohe Kostenbelastung hielt. Das Ergebnis der Verhandlungen war ein Kompromiss, wonach nach der **DS-GVO** eine **Benennungspflicht nur in relativ wenigen Fällen** besteht, nämlich nur für öffentliche Stellen sowie Verantwortliche und Auftragsverarbeiter, deren Kerntätigkeit eine umfangreiche regelmäßige und systematische Überwachung von betroffenen Personen erfordert bzw. deren Kerntätigkeit in der umfangreichen Verarbeitung besonders geschützter Daten (Art. 9 und 10) besteht[4], es aber über eine **Öffnungsklausel** in Art. 37 Abs. 4 gestattet ist, auf nationaler Ebene eine weiterreichende Benennungspflicht vorzusehen. Auf Art. 37 Abs. 4 basiert § 38 Abs. 1 BDSG, der für nichtöffentliche Stellen in Deutschland zunächst im Kern diejenigen Voraussetzungen für die verpflichtende Benennung eines Datenschutzbeauftragten festschrieb, wie sie auch schon unter dem BDSG a.F. galten. Im Jahr 2019 erfolgte dann eine Anhebung des Schwellenwerts für die Benennung von zehn auf 20 Personen.[5]

Die Einhaltung der DS-GVO stellt die Unternehmen vor große Herausforderungen und der Druck, die datenschutzrechtlichen Vorgaben einzuhalten, ist aufgrund der drastischen Bußgeldrahmen der Verordnung höher als je zuvor. Der Datenschutzbeauftragte als fachkundiges internes Beratungs- und Kontrollorgan leistet insoweit nicht nur einen wichtigen Beitrag zum **Persönlichkeitsrechtsschutz**, sondern hilft auch bei der **Reduzierung von Unternehmensrisiken**. Dies sieht auch der EDSA[6] ähnlich, der den Datenschutzbeauftragten als „Schlüsselfigur" bezeichnet, die die Einhaltung der Bestimmungen der DS-GVO erleichtert und als Mittler zwischen den maßgebli-

---

1 Gola-*Klug* Art. 37 Rn. 1.
2 Für eine bessere Lesbarkeit wird auf die gleichzeitige Verwendung männlicher/weiblicher/diverser Sprachformen verzichtet. Sämtliche Personenbezeichnungen sollen gleichermaßen für alle Geschlechter gelten.
3 *Albrecht/Jotzo* Das neue Datenschutzrecht der EU, S. 95.
4 Zu den Benennungsvoraussetzungen nach der DS-GVO vgl. im Einzelnen Rn. 14 ff.
5 Zu den Benennungsvoraussetzungen nach BDSG vgl. im Einzelnen Rn. 28 ff.
6 *Art.-29-Datenschutzgruppe* WP 243 rev. 01, S. 4 f., bestätigt durch den *EDSA* am 25.5.2018.

Art. 37 Benennung eines Datenschutzbeauftragten

chen Interessenträgern (z.B. Aufsichtsbehörden, betroffene Personen und Unternehmensleitung) fungiert. Insofern ist es sehr zu begrüßen, dass der nationale Gesetzgeber sein Versprechen[7] gehalten und das bewährte System des Datenschutzbeauftragten in Deutschland beibehalten hat, auch wenn es im Hinblick auf die mit der DS-GVO bezweckte europaweite Harmonisierung des Datenschutzrechts vorzugswürdig gewesen wäre, wenn sich dem deutschen Standard entsprechende Anforderungen an die Pflicht zur Benennung europaweit durchgesetzt hätten.

3 Art. 37 regelt insbesondere, unter welchen Voraussetzungen Verantwortliche und Auftragsverarbeiter einen Datenschutzbeauftragten benennen müssen. Zusätzlich finden sich u.a. Regelungen zum sog. gemeinsamen Datenschutzbeauftragten in Unternehmensgruppen und bei öffentlichen Stellen, zu den Anforderungen an die berufliche Qualifikation des Datenschutzbeauftragten, zur Option der Benennung eines externen Datenschutzbeauftragten sowie zur Kommunikation der Kontaktdaten des Datenschutzbeauftragten. Die Rechtsstellung des Datenschutzbeauftragten regelt nachfolgend Art. 38, seine Aufgaben Art. 39.

II. Erwägungsgründe

4 ErwG 97 hat den Datenschutzbeauftragten zum Gegenstand und befasst sich u.a. mit den Voraussetzungen, unter denen ein solcher zu benennen ist. S. 1 des ErwG gibt dabei im Wesentlichen die in Art. 37 Abs. 1 geregelten Benennungsvoraussetzungen wieder. **Die im ErwG und in Art. 37 Abs. 1 enthaltenen Benennungsvoraussetzungen sind allerdings nicht exakt identisch.** So werden nach Art. 37 Abs. 1 lit. a von der Benennungspflicht bei Behörden oder öffentlichen Stellen lediglich Gerichte ausgenommen, die im Rahmen ihrer justiziellen Tätigkeit handeln. Nach ErwG 97 S. 1 sollen Gerichte oder unabhängige Justizbehörden, die im Rahmen ihrer justiziellen Tätigkeit handeln, von der Pflicht zur Benennung ausgenommen sein. Vieles spricht insofern für eine **weite Auslegung des Begriffs des Gerichts** in Art. 37 Abs. 1 lit. a, so dass auch im Fall von „unabhängigen Justizbehörden, die im Rahmen ihrer justiziellen Tätigkeit handeln" kein Datenschutzbeauftragter erforderlich ist.[8] Zwar haben Erwägungsgründe lediglich die Funktion einer (amtlichen) Auslegungshilfe und unmittelbare Rechtsfolgen können aus ihnen nicht abgeleitet werden. Das Nichteingreifen der Benennungspflicht als vorliegend relevante Rechtsfolge hat seine Grundlage jedoch in Art. 37 Abs. 1 lit. a und damit im normativen Teil selbst. Lediglich zur Interpretation der Reichweite der Ausnahme wird auf die Erwägungsgründe zurückgegriffen. Die weite Auslegung entspricht der in ErwG 97 zum Ausdruck kommenden Intention des Verordnungsgebers, die Unabhängigkeit der Justiz nicht durch eine datenschutzrechtliche Kontrolle in Frage stellen zu wollen.[9] Die S. 2 und 3 des ErwG 97 enthalten weitere Informationen zur Auslegung der Bestimmungen des Art. 37, nämlich zur **Interpretation des Begriffs der Kerntätigkeit** i.S.v. Art. 37 Abs. 1 lit. b und c und zur **Bestimmung des erforderlichen Niveaus des Fachwissens** i.S.v. Art. 37 Abs. 5.

---

7 BT-Drucks. 17/11325, Abschnitt II., Nr. 21.
8 Kühling/Buchner-*Bergt* Art. 37 Rn. 16; ähnlich Gola-*Klug* Art. 37 Rn. 6; Paal/Pauly-*Paal* Art. 37 Rn. 6; Simitis/Hornung/Spiecker gen. Döhmann-*Drewes* Art. 37 Rn. 10; BeckOK DatenSR-*Moos* 30. Edition, Stand: 1.11.2019, Art. 37 Rn. 13; anderer Ansicht Ehmann/Selmayr-*Heberlein* Art. 37 Rn. 22.
9 Kühling/Buchner-*Bergt* Art. 37 Rn. 16.

ErwG 91, der sich mit der DSFA (Art. 35) befasst, enthält Anhaltspunkte dafür, wann eine umfangreiche Verarbeitung i.S.v. Art. 37 Abs. 1 lit. b und c vorliegt. **ErwG 24** gibt Hinweise, wann eine Überwachung von betroffenen Personen i.S.v. Art. 37 Abs. 1 lit. b vorliegt.

III. BDSG

1. Öffentliche Stellen des Bundes. Regelungen zur Benennung eines Datenschutzbeauftragten enthält das **BDSG** in **§ 5 für sämtliche öffentliche Stellen des Bundes**.[10] Die §§ 5–7 dienen nicht lediglich der Umsetzung der Richtlinie (EU) 2016/680 und damit für solche Stellen des Bundes, die mit der Verhütung, Ermittlung, Aufdeckung oder Verfolgung von Straftaten oder der Strafvollstreckung befasst sind. Der Gesetzgeber hat sich vielmehr entschieden, Benennung, Rechtsstellung und Aufgaben behördlicher Datenschutzbeauftragter in der Bundesverwaltung im Anwendungsbereich der DS-GVO, der Richtlinie (EU) 2016/680 und für die Bereiche außerhalb des Unionsrechts (z.B. für die Nachrichtendienste) einheitlich auszugestalten.[11] Für den Bereich der Richtlinie (EU) 2016/680 wird zu diesem Zweck zum Teil über deren Vorgaben hinausgegangen.

Aus Sicht des Rechtsanwenders ist die einheitliche Ausgestaltung prinzipiell begrüßenswert. Im Ergebnis unproblematisch dürfte sein, dass zu diesem Zweck die Richtlinienvorgaben überschritten werden. Es ist anzunehmen, dass die Richtlinie (EU) 2016/680 im Hinblick auf den Datenschutzbeauftragten lediglich einen Mindeststandard setzt. Fraglich ist jedoch, ob die gewählte Regelungstechnik mit dem **sog. Wiederholungsverbot**[12] des EuGH zu vereinbaren ist. Dieses soll verhindern, dass die unmittelbare Geltung einer Verordnung verschleiert wird, weil die Normadressaten über den wahren Urheber des Rechtsaktes oder die Jurisdiktion des EuGH im Unklaren gelassen werden. Die Gesetzesbegründung[13] zum BDSG geht auf das Verbot ausführlich ein und stützt die angewendete Regelungstechnik darauf, dass diese im Interesse der Kohärenz des Datenschutzrechts sowie der Erhöhung der Verständlichkeit und Übersichtlichkeit für den Rechtsanwender zweckmäßig sei. Durch den integrativen Ansatz des Gesetzentwurfs werde dem mit dem EU-Datenschutzpaket verbundenen Harmonisierungsziel in besonderer Weise und über das Soll hinaus Rechnung getragen. Zu beachten ist allerdings, dass die DS-GVO in **ErwG 8** eine explizite Aussage zur Aufnahme von Teilen der Verordnung in nationales Recht trifft und die Wiederholung im nationalen Recht auf Sachverhalte beschränkt, in denen in der DS-GVO Präzisierungen und Einschränkungen ihrer Vorschriften durch das Recht der Mitgliedstaaten vorgesehen sind. Das trifft für die Benennungspflicht behördlicher Datenschutzbeauftragter in der Bundesverwaltung aber nicht zu.

---

10 Für die Landes- und Kommunalebene fehlt dem Bundesgesetzgeber die Gesetzgebungszuständigkeit. Sollten die Landesgesetzgeber vergleichbare Regelungen vorsehen, stellt sich auch insofern die Frage nach der Europarechtskonformität.
11 BT-Drucks. 18/11325, S. 81.
12 *EuGH* v. 10.10.1973 – Rs. C-34/73, Variola, Rn. 9 ff.; *EuGH* v. 31.1.1978 – Rs. C-94/77, Zerbone, Rn. 22, 27.
13 BT-Drucks. 18/11325, S. 73 f.

Art. 37 / § 5 BDSG Benennung eines Datenschutzbeauftragten

8 § 5 BDSG enthält in Abs. 1 Regelungen zur Benennungspflicht.[14] § 5 Abs. 2 BDSG enthält eine Art. 37 Abs. 3 entsprechende Regelung zum gemeinsamen Datenschutzbeauftragten bei öffentlichen Stellen. § 5 Abs. 3 BDSG regelt die Anforderungen an die Qualifikation des Datenschutzbeauftragten und entspricht inhaltlich Art. 37 Abs. 5. § 5 Abs. 4 BDSG enthält das inhaltliche Äquivalent zu Art. 37 Abs. 6 und sieht vor, dass ein interner oder externer Datenschutzbeauftragter benannt werden kann. § 5 Abs. 5 BDSG verpflichtet zur Veröffentlichung der Kontaktdaten des Datenschutzbeauftragten sowie zur Weitergabe der Informationen an den/die BfDI und stellt die Entsprechung zu Art. 37 Abs. 7 dar.

9 **2. Nichtöffentliche Stellen.** Für **nichtöffentliche Stellen** enthält § 38 Abs. 1 BDSG[15] Regelungen zur Benennungspflicht. Mit diesen Regelungen wird von der in Art. 37 Abs. 4 enthaltenen Öffnungsklausel Gebrauch gemacht.

IV. Normengenese und -umfeld

10 **1. DSRL.** Beim Datenschutzbeauftragten handelte es sich lange um ein rein deutsches Phänomen und die **Aufnahme der Rechtsfigur in die DSRL (95/46/EG)** erforderte viel Überzeugungsarbeit von deutscher Seite.[16] In der Richtlinie war allerdings noch keine Verpflichtung zur Bestellung vorgesehen. Den Mitgliedstaaten war **nur die Option** eingeräumt, Vereinfachungen der Meldung an die Aufsichtsbehörde bzw. Ausnahmen von der Meldepflicht vorzusehen, sofern der für die Verarbeitung Verantwortliche entsprechend dem einzelstaatlichen Recht einen Datenschutzbeauftragten bestellte, vgl. im Detail Art. 18 Abs. 2 der Richtlinie.

11 **2. BDSG a.F.** Bereits die erste Fassung des **BDSG von 1977** kannte die Verpflichtung zur Bestellung eines Datenschutzbeauftragten. Bis zur Geltung der DS-GVO und dem Inkrafttreten des BDSG n.F. am 25.5.2018 bestimmte sich die Verpflichtung zur Bestellung eines Datenschutzbeauftragten nach § **4f Abs. 1 BDSG a.F.** Hiernach galt für nichtöffentliche Stellen abhängig von der Form der personenbezogenen Datenverarbeitung ein **Schwellenwert für die Bestellung von 10 datenverarbeitenden Personen (automatisierte Verarbeitung) bzw. 20 Personen (Erhebung, Verarbeitung oder Nutzung auf andere Weise).** Zudem bestand für diese eine schwellenwertunabhängige Bestellpflicht, sofern sie entweder automatisierte Verarbeitungen vornahmen, welche der Vorabkontrolle (§ 4d Abs. 5 BDSG a.F.) unterlagen, oder soweit sie personenbezogene Daten geschäftsmäßig zum Zweck der Übermittlung, der anonymisierten Übermittlung oder für Zwecke der Markt- oder Meinungsforschung automatisiert verarbeiteten. **Öffentliche Stellen des Bundes** hatten nach dem BDSG a.F. **im Fall der automatisierten personenbezogenen Datenverarbeitung** einen Datenschutzbeauftragten **unabhängig von der Anzahl der damit beschäftigten Personen** zu bestellen (§ 4f Abs. 1 S. 1). Im Fall der nicht automatisierten Verarbeitung griff die Bestellpflicht, sobald regelmäßig mindestens 20 Personen mit personenbezogener Datenerhebung, -verarbeitung bzw. -nutzung beschäftigt waren (§ 4f Abs. 1 S. 3 BDSG a.F.).

12 Auch die für die Landesbehörden und Kommunalverwaltungen einschlägigen **Landesdatenschutzgesetze** sahen sämtlich Regelungen zur Selbstkontrolle durch einen

---

14 Vgl. hierzu im Einzelnen Rn. 28.
15 Vgl. hierzu im Einzelnen Rn. 29 f.
16 *Klug* RDV 2005, 163.

Datenschutzbeauftragten vor. Dieser war somit ein durchgängiges Organisationsprinzip auch im öffentlichen Bereich.[17] Nicht alle Länder sahen allerdings eine Verpflichtung zur Bestellung behördlicher Datenschutzbeauftragter vor. Vielmehr war die Bestellung zum Teil nur als Option geregelt. Aufgrund der verbindlichen Vorgabe in Art. 37 Abs. 1 lit. a ist eine solche optionale Lösung nicht mehr möglich.[18]

3. Europäischer Datenschutzausschuss/nationale Datenschutzkonferenz/Aufsichtsbehörden. Am 13.12.2016 wurde von der Art.-29-Datenschutzgruppe das **WP 243 "Leitlinien in Bezug auf Datenschutzbeauftragte ("DSB")"** angenommen, welches sich mit der Auslegung der Art. 37–39 befasst und seit dem 5.4.2017 auch in einer überarbeiteten Fassung existiert (WP 243 rev. 01). Die Art.-29-Datenschutzgruppe äußert sich darin u.a. zu den Voraussetzungen der Benennungspflicht nach DS-GVO, zur Benennung eines gemeinsamen Beauftragten für mehrere Organisationen bzw. Unternehmen sowie zu den Fachkundeanforderungen. Das WP 243 rev. 01 wurde durch den Europäischen Datenschutzausschuss am 25.5.2018 bestätigt. Auch auf nationaler Ebene existieren **Verlautbarungen der Aufsichtsbehörden** zum Datenschutzbeauftragten nach der DS-GVO.[19] Die **Datenschutzkonferenz** hat sich in ihrem **Kurzpapier Nr. 12 "Datenschutzbeauftragte bei Verantwortlichen und Auftragsverarbeitern"** (Stand: 17.12.2018) ebenfalls mit dem Datenschutzbeauftragten beschäftigt.

13

B. Kommentierung

I. Pflicht zur Benennung eines Datenschutzbeauftragten (Abs. 1)

1. DS-GVO-Regelung. – a) Pflicht öffentlicher Stellen zur Benennung. Gemäß Art. 37 Abs. 1 besteht eine Verpflichtung zur Benennung eines Datenschutzbeauftragten in drei Fällen. Nach Art. 37 Abs. 1 lit. a sind **Behörden bzw. öffentliche Stellen** generell zur Benennung eines Datenschutzbeauftragten verpflichtet. Eine Ausnahme gilt nur, soweit Gerichte oder unabhängige Justizbehörden[20] personenbezogene Daten im Rahmen ihrer justiziellen Tätigkeit verarbeiten. Von der personenbezogenen Datenverarbeitung im Rahmen der justiziellen Tätigkeit ist diejenige im Bereich der Justiz- und Personalverwaltung zu unterscheiden. Insoweit besteht sehr wohl eine Benennungspflicht.[21] Art. 39 Abs. 1 lit. a Hs. 2 bedeutet im Ergebnis nur, dass sich der Aufgabenbereich des Datenschutzbeauftragten (Art. 39 Abs. 1) von Gesetzes wegen nicht auf den Bereich der justiziellen Tätigkeit erstreckt.[22] Nehmen nichtöffentliche Stellen hoheitliche Aufgaben der öffentlichen Verwaltung wahr (sog. Beliehene), sind sie insoweit öffentliche Stellen im Sinne von Art. 37 Abs. 1 lit. a. **Nicht erfasst** von der Pflicht zur Benennung nach DS-GVO sind **Behörden der Mitgliedstaaten nach Art. 3 Nr. 7 RL (EU) 2016/680,** also insbesondere die Polizei, die Staatsanwaltschaften, die Strafgerichte und die Justizvollzugsbehörden.

14

---

17 GDD-Ratgeber: Der betriebliche Datenschutzbeauftragte (2014), S. 20.
18 Vgl. auch Gola-*Klug* DS-GVO, Art. 37 Rn. 3.
19 Vgl. Literaturübersicht.
20 Vgl. Rn. 4.
21 Simitis/Hornung/Spiecker gen. Döhmann-*Drewes* Art. 37 Rn. 10; BeckOK DatenSR-*Moos* 30. Edition, Stand: 1.11.2019, Art. 37 Rn. 13.
22 So auch BeckOK DatenSR-*Moos* 30. Edition, Stand: 1.11.2019, Art. 37 Rn. 13, der allerdings entgegen hier vertretener Auffassung eine dienstvertragliche Ausdehnung des Aufgabenbereichs für möglich erachtet.

15 b) Pflicht nichtöffentlicher Stellen zur Benennung. Private Stellen trifft die Benennungspflicht aus der DS-GVO nur, wenn deren Datenverarbeitung mit Blick auf den Persönlichkeitsrechtsschutz einen gewissen Risikograd erreicht.[23] Die für private Stellen maßgeblichen Regelungen in Art. 37 Abs. 1 lit. b und c haben jeweils zwei Anforderungen. Zum einen muss die die Benennungspflicht auslösende personenbezogene Datenverarbeitung zur „**Kerntätigkeit**" des Verantwortlichen bzw. **Auftragsverarbeiters** gehören. Zum anderen muss es sich um eine besonders risikobehaftete Tätigkeit in dem Sinne handeln, dass entweder eine umfangreiche regelmäßige und systematische Überwachung von betroffenen Personen erforderlich ist (lit. b) oder dass in umfangreicher Weise Daten nach Art. 9 oder 10 verarbeitet werden (lit. c).

16 In ErwG 97 ist ausgeführt, dass sich die **Kerntätigkeit** („**core activities**") eines Verantwortlichen auf „seine **Haupttätigkeiten** und nicht auf die Verarbeitung personenbezogener Daten als Nebentätigkeit" bezieht. **Als Kerntätigkeit sind** nach Auffassung des Europäischen Datenschutzausschusses[24] **die wichtigsten Arbeitsabläufe zu betrachten, die zur Erreichung der Ziele des Verantwortlichen oder des Auftragsverarbeiters erforderlich sind.**[25] Dazu sollen auch sämtliche Tätigkeiten gehören, bei denen die Verarbeitung von Daten einen untrennbaren Bestandteil bildet. So sei etwa die Verarbeitung von gesundheitsbezogenen Daten als Kerntätigkeit eines jeden Krankenhauses anzusehen, weshalb Krankenhäuser zur Benennung eines Datenschutzbeauftragten verpflichtet seien. **Bei den Nebentätigkeiten handelt es sich um Hilfsfunktionen für den eigentlichen Geschäftszweck.**[26] Allein die Unverzichtbarkeit oder Notwendigkeit einer Tätigkeit macht diese nicht zur Kerntätigkeit. Als Beispiele für Nebentätigkeiten sieht der Europäische Datenschutzausschuss die Entlohnung der Mitarbeiter bzw. den Standard-IT-Support an. Indiz für eine Nebentätigkeit kann sein, dass eine Tätigkeit nicht nur von Unternehmen der jeweiligen Branche durchgeführt wird, sondern von allen Einrichtungen. Festzustellen ist, dass dem Kriterium der Kerntätigkeit – ebenso wie den weiteren Voraussetzungen in Art. 37 Abs. 1 lit. b und c – die notwendige klare Konturierung fehlt[27], was **Rechtsunsicherheit** begründet und umso problematischer ist, weil die DS-GVO immense Bußgeldandrohungen (Art. 83 Abs. 4) an die pflichtwidrige Nichtbenennung eines Datenschutzbeauftragten knüpft.[28] Die Abgrenzungsschwierigkeiten zeigen sich eindrucksvoll daran, dass noch nicht einmal ein Standardverfahren wie die **Beschäftigtendatenverarbeitung** in der Literatur eindeutig als Kern- oder Nebentätigkeit eingeordnet werden kann.[29] Richtig ist wohl, dass es sich im Ausgangspunkt um einen **Unterstützungsprozess und damit eine**

---

23 Gola-*Klug* Art. 37 Rn. 1.
24 *Art.-29-Datenschutzgruppe* WP 243 rev. 01, S. 8 und 24, bestätigt durch den *EDSA* am 25.5.2018.
25 Ähnlich *Jaspers/Reif* RDV 2016, 61, 62.
26 Ehmann/Selmayr-*Heberlein* Art. 37 Rn. 25; ähnlich Kühling/Buchner-*Bergt* Art. 37 Rn. 19.
27 *Niklas/Faas* NZA 2017, 1092.
28 So zu Recht Kühling/Buchner-*Bergt* Art. 37 Rn. 22.
29 Für Kerntätigkeit *Weichert* CuA 4/2016, 8, 9 f. Für Nebentätigkeit sprechen sich Paal/Pauly-*Paal* Art. 37 Rn. 8; BeckOK DatenSR-*Moos* 30. Edition, Stand: 1.11.2019, Art. 37 Rn. 19; Laue/Kremer-*Kremer* Das neue Datenschutzrecht in der betrieblichen Praxis, § 6 Rn. 9 und *Niklas/Faas* NZA 2017, 1091, 1092 aus. Nach dem Umfang der Tätigkeit differenzierend Kühling/Buchner-*Bergt* Art. 37 Rn. 21.

Nebentätigkeit handelt.[30] Dies gilt insbesondere für Kleinunternehmen, deren Beschäftigtendatenverarbeitung sich im Wesentlichen auf die Bereiche Gehaltsabrechnung, Zeiterfassung und gelegentliche Bewerbungsverfahren beschränkt. Die Personalverwaltung und -gewinnung dient nicht der Wertschöpfung des Unternehmens bzw. den eigentlichen Zielen des Verantwortlichen oder Auftragsverarbeiters, was sich u.a. auch daran zeigt, dass diese Prozesse in der Praxis nicht selten ausgelagert werden. An der Bewertung als Nebentätigkeit dürfte sich auch dann nichts ändern, wenn der Umfang der Tätigkeit steigt[31], sondern nur, wenn die Qualität sich ändert, z.B. Funktionen der Personalabteilung für andere Stellen ausgeübt werden[32]. Knüpfte man an den Umfang der Datenverarbeitung an, würden die Abgrenzungsschwierigkeiten nicht geringer, sondern mehr. Im Übrigen ist der Umfang der Datenverarbeitung ein eigenständiges Tatbestandsmerkmal und vom Begriff der Kerntätigkeit zu differenzieren.

Sowohl Art. 37 Abs. 1 lit. b als auch Art. 37 Abs. 1 lit. c knüpft an das Vorliegen einer **umfangreichen Verarbeitung** an. Auch dieses Kriterium ist schwer greifbar. Bei der Beurteilung, ob sich von einer umfangreichen Verarbeitung sprechen lässt, sollen nach dem Europäischen Datenschutzausschuss insbesondere **folgende Faktoren** einbezogen werden:[33] die Zahl der betroffenen Personen – entweder als bestimmte Zahl oder als Anteil an der maßgeblichen Bevölkerung –, das Datenvolumen und/oder das Spektrum an in Bearbeitung befindlichen Daten, die Dauer oder Permanenz der Datenverarbeitungstätigkeit sowie die geografische Ausdehnung der Verarbeitungstätigkeit. **Beispiele für eine umfangreiche Verarbeitung** sollen nach dem EDSA sein:[34] die Verarbeitung von Patientendaten im gewöhnlichen Geschäftsbetrieb eines Krankenhauses, die Verarbeitung von Reisedaten natürlicher Personen, die ein Verkehrsmittel des kommunalen ÖPNV nutzen (z.B. Nachverfolgung über Netzkarten), die Verarbeitung von Geolokalisierungsdaten von Kunden einer internationalen Fast-Food-Kette in Echtzeit zu statistischen Zwecken durch einen auf Dienstleistungen dieser Art spezialisierten Auftragsverarbeiter, die Verarbeitung von Kundendaten im gewöhnlichen Geschäftsbetrieb eines Versicherungsunternehmens oder einer Bank, die Verarbeitung personenbezogener Daten durch eine Suchmaschine zu Zwecken der verhaltensbasierten Werbung oder die Verarbeitung von Daten (Inhalte, Datenverkehrsaufkommen, Standort) durch Telefon- oder Internetdienstleister. 17

Eine **regelmäßige und systematische Überwachung von betroffenen Personen** ist Anknüpfungspunkt i.R. von Art. 37 Abs. 1 lit. b. Wie **ErwG 24** zeigt, wird die **Nachverfolgung und Profilerstellung im Internet, etwa zu Zwecken der verhaltensbasierten Werbung,** diesen Tatbestand regelmäßig erfüllen. Der Tatbestand ist jedoch nicht auf den Online-Bereich beschränkt.[35] **Eine regelmäßige und systematische Überwachung** 18

---

30 So auch die *Art.-29-Datenschutzgruppe* WP 243 rev. 01, S. 8 bezogen auf die Gehaltsabrechnung, bestätigt durch den *EDSA* am 25.5.2018; ebenso auch die Datenschutzkonferenz, Kurzpapier Nr. 12 (Stand: 17.12.2018), S. 1 bezogen auf die Verarbeitung von Beschäftigtendaten allgemein.
31 So aber Kühling/Buchner-*Bergt* Art. 37 Rn. 21.
32 Laue/Kremer-*Kremer* Das neue Datenschutzrecht in der betrieblichen Praxis, § 6 Rn. 9.
33 *Art.-29-Datenschutzgruppe* WP 243 rev. 01, S. 9, bestätigt durch den *EDSA* am 25.5.2018.
34 *Art.-29-Datenschutzgruppe* WP 243 rev. 01, S. 9 f., bestätigt durch den *EDSA* am 25.5.2018.
35 *Art.-29-Datenschutzgruppe* WP 243 rev. 01, S. 10, bestätigt durch den *EDSA* am 25.5.2018.

von betroffenen Personen können nach dem Europäischen Datenschutzausschuss bspw. **folgende Tätigkeiten darstellen**:[36]

19 Betrieb eines Telekommunikationsnetzes, Anbieten von Telekommunikationsdienstleistungen, verfolgende E-Mail-Werbung, datengesteuerte Marketingaktivitäten, Typisierung und Scoring zu Zwecken der Risikobewertung (z.b. zu Zwecken der Kreditvergabe, der Festlegung von Versicherungsprämien, Maßnahmen zur Verhinderung von betrügerischen Handlungen, Ermittlung von Geldwäsche), Standortverfolgung (bspw. durch Mobilfunkanwendungen), Treueprogramme, verhaltensbasierte Werbung, Überwachung von Wellness-, Fitness- und gesundheitsbezogenen Daten über in Kleidung integrierte Geräte (Wearables), Überwachungskameras oder vernetzte Geräte (z.B. intelligente Stromzähler, intelligente Autos, Haustechnik usw.).

20 Auskunfteien[37] und Detekteien nehmen ebenfalls eine regelmäßige und systematische Überwachung von betroffenen Personen vor.[38] Auch das Bewachungsgewerbe ist erfasst.[39]

21 Art. 37 Abs. 1 lit. c ist einschlägig, wenn die Kerntätigkeit des Verantwortlichen oder Auftragsverarbeiters in der umfangreichen Verarbeitung von **Daten nach Art. 9 oder 10** besteht. Sog. **sensitive Daten** i.S.v. Art. 9 sind nach Abs. 1 der Vorschrift personenbezogene Daten, aus denen die rassische und ethnische Herkunft, politische Meinungen, religiöse oder weltanschauliche Überzeugungen oder die Gewerkschaftszugehörigkeit hervorgehen, sowie genetische Daten, biometrische Daten zur eindeutigen Identifizierung einer natürlichen Person, Gesundheitsdaten oder Daten zum Sexualleben oder der sexuellen Orientierung. Art. 10 regelt die Verarbeitung personenbezogener **Daten über strafrechtliche Verurteilungen und Straftaten oder damit zusammenhängende Sicherungsmaßregeln**. Straftaten, die Gegenstand eines Ermittlungsverfahrens waren, dürften nach dem Schutzziel von Art. 10 ebenfalls erfasst sein.[40] Eine Pflicht zur Benennung nach Art. 37 Abs. 1 lit. c wird sich etwa für größere Gesundheitseinrichtungen, insbesondere Krankenhäuser, mit genetischen oder allgemeinen Gesundheitsuntersuchungen befasste Labors, Beratungsstellen wie Pro Familia, Dienstleister im biometrischen ID-Management oder Anbieter erotischen Zubehörs ergeben.[41]

22 Praxisrelevant ist die Frage nach der **Benennungspflicht bei Arztpraxen, Apotheken und sonstigen Angehörigen eines Gesundheitsberufs**, sofern diese weniger als 20 Personen mit der Verarbeitung personenbezogener Daten beschäftigen. Maßgeblich ist insofern, ob eine umfangreiche Verarbeitung von Gesundheitsdaten i.S.v. Art. 37 Abs. 1 lit. c stattfindet. Sofern es sich um einen einzelnen Arzt oder sonstigen Angehörigen eines Gesundheitsberufs handelt, spricht regelmäßig ErwG 91 S. 4 gegen die Annahme einer solchen umfangreichen Verarbeitung. Nach Ansicht der Datenschutzkonferenz soll zudem regelmäßig selbst dann nicht von einer umfangreichen Verarbeitung auszugehen sein, wenn Angehörige eines Gesundheitsberufs in einer Berufsaus-

---

36 *Art.-29-Datenschutzgruppe* WP 243 rev. 01, S. 10 f., bestätigt durch den *EDSA* am 25.5.2018.
37 Gola-*Klug* Art. 37 Rn. 10.
38 *Jaspers/Reif* RDV 2016, 61, 62; ähnlich Paal/Pauly-*Paal* Art. 37 Rn. 8; Kühling/Buchner-*Bergt* Art. 37 Rn. 20.
39 Kühling/Buchner-*Bergt* Art. 37 Rn. 20; *Eckhardt/Kramer/Mester* DuD 2013, 623, 628; Plath-*von der Bussche* Art. 37 Rn. 4.
40 Gola-*Gola* Art. 10 Rn. 3.
41 *Jaspers/Reif* RDV 2016, 61, 62.

übungsgemeinschaft (Praxisgemeinschaft) bzw. Gemeinschaftspraxis zusammengeschlossen sind oder weitere Angehörige eines Gesundheitsberufs beschäftigen und weniger als 10 Personen mit der Verarbeitung personenbezogener Daten befasst sind.[42] Eine Benennungspflicht auch in diesen Fällen könne sich aber ergeben, wenn z.b. wegen des Einsatzes von neuen Technologien eine Datenschutz-Folgenabschätzung vorgeschrieben sei (§ 38 Abs. 1 S. 2 BDSG), so die Konferenz. Angesichts der Sensitivität der verarbeiteten personenbezogenen Daten ist im Übrigen eine freiwillige Benennung zu bedenken.

c) Anforderungen an die Benennung. Der **Zeitpunkt der Benennung** ist in der DS-GVO nicht explizit geregelt, insbesondere wird anders als nach § 4f Abs. 1 S. 2 BDSG a.F. keine Frist für die Benennung nach Aufnahme der Datenverarbeitung eingeräumt. Die Benennung muss also bereits erfolgt sein, wenn der Verantwortliche bzw. Auftragsverarbeiter mit der Datenverarbeitung beginnt. Auch eine bestimmte **Form** der Benennung ist nicht vorgegeben, so dass eine mündliche Benennung möglich ist. Zu beachten ist allerdings, dass der Verantwortliche bzw. Auftragsverarbeiter nachweispflichtig im Hinblick auf die Benennung ist; die Benennung ist insofern in geeigneter Weise zu dokumentieren.[43] Da die engen Schriftformvoraussetzungen des § 126 BGB nicht einschlägig sind, ist auch eine Benennung per E-Mail (Textform) möglich. Sinnvollerweise sollte der Datenschutzbeauftragte bestätigen, z.B. durch seine Unterschrift im Fall der Schriftform, dass er mit der Benennung einverstanden ist.[44] 23

Im Sinne eines effektiven und kontinuierlichen Datenschutzes ist **für interne Datenschutzbeauftragte regelmäßig von einer unbefristeten Benennung auszugehen.**[45] Befristete Benennungen hindern den Datenschutzbeauftragten, unliebsame Positionen gegenüber Unternehmensleitung und Fachabteilung einzunehmen und gefährden insofern seine Unabhängigkeit (ErwG 97). Auch um eine Aushöhlung des gesetzlichen Abberufungsschutzes (Art. 38 Abs. 3 S. 2) zu vermeiden, dürfen Befristungen daher nur erfolgen, wenn ein sachlicher Grund vorliegt, z.B., weil das Amt im Rahmen einer Elternzeitvertretung wahrgenommen wird. **Verträge mit externen Datenschutzbeauftragten** bedürfen zur Gewährleistung der notwendigen Unabhängigkeit einer **Mindestlaufzeit.**[46] Empfohlen wird eine regelmäßige Mindestvertragslaufzeit von vier Jahren. Bei Erstverträgen ist wegen der Notwendigkeit der Überprüfung der Eignung eine kürzere Frist von ein bis zwei Jahren zulässig. 24

Zur Frage, ob auch **juristische Personen** zum Datenschutzbeauftragten benannt werden können, vgl. Rn. 49. 25

---

42 Beschluss der Konferenz der unabhängigen Datenschutzbehörden des Bundes und der Länder – Düsseldorf, 26.4.2018, Datenschutzbeauftragten-Bestellpflicht nach Art. 37 Abs. 1 lit. c DS-GVO bei Arztpraxen, Apotheken und sonstigen Angehörigen eines Gesundheitsberufs.
43 *Datenschutzkonferenz* Kurzpapier Nr. 12 (Stand: 17.12.2018), S. 3.
44 Laue-*Kremer* Das neue Datenschutzrecht in der betrieblichen Praxis, § 6 Rn. 6.
45 *LfDI Baden-Württemberg* Praxisratgeber Die/der Beauftragte für den Datenschutz Teil 2, S. 14 f.; jedenfalls „unzulässig kurze" Befristungen ablehnend Kühling/Buchner-*Bergt* Art. 37 Rn. 42; ähnlich Ehmann/Selmayr-*Heberlein* Art. 37 Rn. 18; Simitis/Hornung/Spiecker gen. Döhmann-*Drewes* Art. 37 Rn. 55 f.
46 So auch *LfDI Baden-Württemberg* Praxisratgeber Die/der Beauftragte für den Datenschutz Teil 2, S. 15.

26 Eine **Benennung mehrerer Personen** zum Datenschutzbeauftragten kommt nur in Betracht, sofern eine klare Aufgabentrennung besteht. Eine solche Trennung ist etwa dann anzunehmen, wenn die eine Person ausschließlich für den Mitarbeiterdatenschutz zuständig ist und die andere Person für den Schutz der Daten von Kunden, Interessenten, Lieferanten usw.[47] In der Praxis gibt es allerdings einen gewichtigen Grund dafür, sich gegen die Benennung mehrerer Personen zu entscheiden: In diesem Fall genießen alle Benannten Abberufungs- und – im Fall von internen Datenschutzbeauftragten – Kündigungsschutz. Dieses Ergebnis wird von der benennenden Stelle regelmäßig nicht gewünscht sein.

27 **d) Arbeits- und mitbestimmungsrechtliche Aspekte.** Wird ein Arbeitnehmer von seinem Arbeitgeber zum Datenschutzbeauftragten benannt, führt dies nach Auffassung des BAG[48] in der Regel zu einer **Änderung des Inhalts des Arbeitsvertrages**, ist also nicht über das Direktionsrecht gedeckt. Eine einvernehmliche Benennung beinhaltet zugleich den notwendigen arbeitsrechtlichen Änderungsvertrag, sofern arbeitsvertraglich für Vertragsänderungen keine bestimmte Form vereinbart ist. Ein spezielles auf die Benennung des Datenschutzbeauftragten bezogenes **Mitbestimmungsrecht der Mitarbeitervertretung** existiert nicht. Mitbestimmungsrechte können im Einzelfall dennoch eingreifen, sofern mit der Benennung eine Einstellung, Eingruppierung, Umgruppierung oder Versetzung verbunden ist (§ 99 BetrVG und § 75 Abs. 1 Nr. 1, 2 und 3 BPersVG).

28 **2. BDSG. – a) Öffentliche Stellen des Bundes.** § 5 Abs. 1 BDSG regelt, wann ein Datenschutzbeauftragter in öffentlichen Stellen des Bundes zu benennen ist, nämlich stets (S. 1) und auch dann, wenn es sich um eine öffentliche Stelle nach § 2 Abs. 5 BDSG handelt, die am Wettbewerb teilnimmt (S. 2). **§ 7 Abs. 1 S. 2 BDSG** stellt diesbzgl. klar, dass die Aufgaben eines Datenschutzbeauftragten eines Gerichtes sich nicht auf das Handeln im Rahmen der justiziellen Tätigkeit beziehen.

29 **b) Nichtöffentliche Stellen.** Wie bereits angesprochen, eröffnet **Art. 37 Abs. 4** den Mitgliedstaaten die Möglichkeit, die relativ engen Voraussetzungen der DS-GVO für eine Benennungspflicht zu erweitern und auf nationaler Ebene eine weitergehende Verpflichtung vorzusehen. Von dieser Option wurde in Deutschland mit **§ 38 Abs. 1 BDSG** Gebrauch gemacht. Nach § 38 Abs. 1 S. 1 BDSG haben nichtöffentliche Verantwortliche und Auftragsverarbeiter einen Datenschutzbeauftragten verpflichtend zu benennen, **soweit sie in der Regel mindestens 20 Personen ständig mit der automatisierten Verarbeitung personenbezogener Daten beschäftigen**. Unabhängig von der Zahl der mit der Datenverarbeitung beschäftigten Personen besteht überdies für nichtöffentliche Stellen die Pflicht zur Benennung eines Datenschutzbeauftragten, sofern Verarbeitungen durchgeführt werden, die einer Datenschutz-Folgenabschätzung nach Art. 35 unterliegen, oder wenn personenbezogene Daten geschäftsmäßig zum Zweck der Übermittlung, der anonymisierten Übermittlung oder für Zwecke der Markt- oder Meinungsforschung verarbeitet werden (§ 38 Abs. 1 S. 2 BDSG). Während die schwellenwertabhängige Benennungspflicht dabei ausschließlich an die automatisierte Verarbeitung personenbe-

---

47 *Franck/Reif* ZD 2015, 405.
48 *BAG* v. 13.3.2007 – 9 AZR 612/05, NJW 2007, 2507, 2508 = DB 2007, 1199 = RDV 2007, 123; vgl. auch *BAG* v. 29.9.2010 – 10 AZR 588/09, NJW 2011, 476 = BB 2011, 637 = NZA 2011, 151 = RDV 2011, 88.

zogener Daten anknüpft, fehlt es bei der schwellenwertunabhängigen Benennungspflicht an einer solchen Einschränkung. Vielmehr ist allgemein von (personenbezogenen Daten-)„Verarbeitungen" die Rede.

Die gesetzlich vorgesehene Mindestzahl von 20 Personen muss „**in der Regel**" 30
erreicht werden. Eine zeitweilige Unterschreitung des Schwellenwerts, z.B. infolge eines zeitweisen Arbeitsrückgangs, bleibt außer Betracht und führt nicht zum Wegfall der Benennungspflicht.[49] Entscheidend für die Beurteilung der Benennungspflicht ist die Anzahl der Personen, die das Unternehmen normalerweise beschäftigt. Zum BDSG a.F. ging die wohl h.M. davon aus, dass eine Bestellpflicht gegeben ist, wenn der maßgebliche Schwellenwert über einen **Zeitraum von mindestens einem Jahr** erreicht wurde bzw. im Rahmen einer vorausschauenden Betrachtung erreicht werden wird.[50] „**Ständig**" beschäftigt ist die Person, wenn sie die Aufgabe, die nicht ihre Hauptaufgabe zu sein braucht, regelmäßig wahrnimmt. Der Begriff wird gebraucht, um von einer rein gelegentlichen Tätigkeit abzugrenzen.[51] **Geschäftsmäßig** ist eine Tätigkeit schon dann, wenn sie auf Wiederholung gerichtet und auf gewisse Dauer angelegt ist.[52] Nicht nötig ist, dass die Tätigkeit mit Gewinnerzielungsabsicht betrieben wird oder (Haupt-)Geschäftszweck ist.

Nach dem BDSG kann ein weiterer Anknüpfungspunkt für die Benennung eines 31
Datenschutzbeauftragten auch die **Verarbeitung besonderer Kategorien personenbezogener Daten** sein. § 22 Abs. 1 BDSG enthält Zulässigkeitstatbestände zur Verarbeitung solcher Daten, die in Ausgestaltung von Art. 9 Abs. 2 lit. b, g, h und i der Verordnung ergangen sind. Dabei sind nach § 22 Abs. 2 BDSG **angemessene und spezifische Maßnahmen zur Wahrung der Interessen der betroffenen Person** vorzusehen. Als derartige Maßnahme ist explizit auch die Benennung eines Datenschutzbeauftragten genannt (§ 22 Abs. 2 S. 2 Nr. 4 BDSG). Ob die zu ergreifenden Maßnahmen im Einzelfall so stark auf den Datenschutzbeauftragten zulaufen können, dass eine mittelbare Benennungspflicht entsteht, erscheint allerdings zweifelhaft. Bemerkenswert an der Bestimmung ist vor allem, dass die Benennung eines Datenschutzbeauftragten danach nicht nur eine allgemeine organisatorische Maßnahme ist, sondern konkret zur Datenschutzkonformität von Verarbeitungen besonderer Kategorien personenbezogener Daten beiträgt.

3. Benennungspflicht des Personal-/Betriebsrats. Ob sich eine Pflicht des Personal- 32
bzw. Betriebsrats zur Benennung eines Datenschutzbeauftragten ergeben kann, hängt davon ab, ob man diesen als eigenen Verantwortlichen i.S.v. Art. 4 Nr. 7 einstuft. Dies ist umstritten. Während vor der Geltung der DS-GVO vorherrschende Meinung war, dass die Beschäftigtenvertretungen als Teil der verantwortlichen Stelle anzusehen waren, wird nunmehr teilweise vertreten, dass es sich datenschutzrechtlich um eigen-

---

49 Simitis/Hornung/Spiecker gen. Döhmann-*Drewes* Art. 37 Rn. 40.
50 Bergmann/Möhrle/Herb § 4f BDSG Rn. 33; Simitis-*Simitis* § 4f BDSG Rn. 19; Gola/Schomerus § 4f Rn. 11; a.A. Taeger/Gabel-*Scheja* § 4f BDSG Rn. 20, der diesen Zeitraum allerdings auf das Tatbestandsmerkmal „ständig" bezog.
51 BT-Drucks. 16/1407, S. 9 f.
52 Simitis-*Ehmann* § 29 BDSG Rn. 58.

ständige Verantwortliche handelt.[53] Der Thüringische Landesgesetzgeber hat 2019 in § 80 Abs. 1 S. 2 ThürPersVG die Pflicht des Personalrats zur Bestellung explizit gesetzlich geregelt.[54] Um den fortbestehenden Konflikt zwischen der Eigenverantwortung der Mitarbeitervertretung und datenschutzrechtlicher Verantwortlichkeit des Arbeitgebers praktisch aufzulösen, bietet es sich an, unternehmensintern die Verantwortung der Mitarbeitervertretung für bestimmte Vorgaben des Datenschutzrechts festzulegen, z.B. mit Blick auf die Betroffenenrechte oder das Verarbeitungsverzeichnis, oder Prozesse aufzusetzen, die eine hinreichende Kooperation bei der Umsetzung der DS-GVO gewährleisten.[55] Bezüglich des Datenschutzbeauftragten kann eine Lösung darin bestehen, dass sich Leitung des Verantwortlichen und Mitarbeitervertretung auf eine Person verständigen, die als Datenschutzbeauftragter die personenbezogene Datenverarbeitung insgesamt überwacht, also auch bei der Mitarbeitervertretung. Die zu benennende Person sollte auf die Wahrung der Vertraulichkeit der Arbeit der Mitarbeitervertretung verpflichtet werden. Benennen Leitung und Mitarbeitervertretung jeweils eigene Datenschutzbeauftragte, kann dies zu erheblichen Problemen führen, wenn Beschäftigtendatenverarbeitungen von diesen jeweils unterschiedlich beurteilt werden.

33 **4. Fortgeltung von Altbestellungen.** Der Wechsel vom BDSG a.F. hin zur DS-GVO und zum BDSG n.F. hat nicht zu einem automatischen Wegfall nach dem BDSG a.F. oder früherer BDSG-Fassungen vorgenommener Bestellungen geführt. **Der aufgrund von früheren BDSG-Fassungen benannte Datenschutzbeauftragte wurde automatisch zum Datenschutzbeauftragten nach neuem Recht.**[56] Die Urkunde und etwaige darin enthaltene Zusatzvereinbarungen und Aufgabenzuweisungen sollten aber auf ihre Vereinbarkeit mit den aktuellen Regelungen überprüft und ggf. angepasst werden.[57]

II. Gemeinsamer Datenschutzbeauftragter bei Unternehmensgruppen (Abs. 2)

34 **1. Entfallen der Verpflichtung zur Mehrfachbestellung.** In der Praxis ist die Benennung sog. **Konzerndatenschutzbeauftragter** verbreitet. Die Benennung derselben Person für alle Konzerngesellschaften bietet vor allem den Vorteil, dass eine einheitliche Behandlung von Datenschutzfragen konzernweit gewährleistet ist. Da das BDSG a.F. bezüglich der Bestellung auf die verantwortliche Stelle abstellte, bedurfte es nach alter Rechtslage der Bestellung durch jedes einzelne Konzernunternehmen. Die DS-GVO nimmt sich dieses administrativen Aufwands an, indem sie in Art. 37 Abs. 2 Unternehmensgruppen i.S.v. Art. 4 Nr. 19 die **Benennung eines gemeinsamen Datenschutzbeauftragten** gestattet, vorausgesetzt, dieser ist leicht erreichbar aus allen Niederlassungen. Somit kann ein Konzern nunmehr für alle konzernangehörigen Unternehmen

---

53 Für eine datenschutzrechtliche Verantwortlichkeit des Betriebsrats *LfDI Baden-Württemberg* 34. Tätigkeitsbericht 2018, S. 37 f.; die Einordnung des Betriebsrats als Verantwortlichen für „konsequent" erachtend *Gola-Gola* Art. 4 Rn. 56; anderer Ansicht *Lücke* NZA 2019, 658 ff.
54 Zurückhaltender für den Personal- als für den Betriebsrat hingegen *Brink/Joos* NZA 2019, 1395. Zur thüringischen Regelung *Meinhold* NZA 2019, 670.
55 *Gola-Gola* Art. 4 Rn. 56.
56 *Laue/Kremer-Kremer* Das neue Datenschutzrecht in der betrieblichen Praxis, § 6 Rn. 21; ebenso *Datenschutzkonferenz* Kurzpapier Nr. 12 (Stand: 17.12.2018), S. 3.
57 *Datenschutzkonferenz* Kurzpapier Nr. 12 (Stand: 17.12.2018), S. 3.

verpflichtende oder freiwillige Benennungen in einem Akt vornehmen.[58] Die **Zentralisierung einer bislang dezentralen Datenschutzorganisation** setzt in Deutschland wegen des hier geltenden Kündigungsschutzes (§ 6 Abs. 4 BDSG, für nichtöffentliche Stellen i.V.m. § 38 Abs. 2 BDSG) jedoch das Einverständnis der von der Maßnahme betroffenen Datenschutzbeauftragten voraus.[59]

2. Leichte Erreichbarkeit des Konzerndatenschutzbeauftragten. Art. 37 Abs. 2 führt 35 mit der Voraussetzung **der leichten Erreichbarkeit aus allen Niederlassungen** eine bisher nicht bekannte tatsächliche Grenze für die Benennung von Konzerndatenschutzbeauftragten ein.[60] Der Begriff der Erreichbarkeit bezieht sich dabei einerseits auf die Aufgaben des Datenschutzbeauftragten als Ansprechpartner für Betroffene (Art. 38 Abs. 4) und die Aufsichtsbehörde (Art. 39 Abs. 1 lit. e), gilt aber andererseits auch für dessen Aufgaben als einrichtungsinterner Ansprechpartner (Art. 39 Abs. 1 lit. a).[61] Die leichte Erreichbarkeit erfordert zunächst, dass mit dem Datenschutzbeauftragten per **Telefon** oder über **andere gesicherte Kommunikationskanäle** persönlich Kontakt aufgenommen werden kann.[62] Da sachgerechte Beratung nach Art. 39 Abs. 1 lit. a auch ein **persönliches Zusammentreffen** erforderlich machen kann, muss der Datenschutzbeauftragte zudem unter Aufwand zumutbarer zeitlicher und finanzieller Ressourcen von der Niederlassung aus aufgesucht werden können.[63] Nach Auffassung des EDSA soll der Datenschutzbeauftragte seinen Sitz regelmäßig in der Europäischen Union haben.[64] Als maximale Grenze der Zumutbarkeit dürfte wohl eine **Tagesreise innerhalb der üblichen Arbeitszeit** per PKW bzw. mit öffentlichen Verkehrsmitteln – Hin- und Rückreise eingerechnet – anzusehen sein,[65] wobei räumliche Entfernung in gewissem Umfang durch regelmäßige Vor-Ort-Termine in den Niederlassungen kompensiert werden können wird[66]. Leichte Erreichbarkeit impliziert auch, dass der Kommunikation mit dem Datenschutzbeauftragten in multinationalen Konzernen **keine Sprachbarrieren** entgegenstehen dürfen.[67] Die fließende Beherrschung der Arbeits-

---

58 *LfDI Baden-Württemberg* Praxisratgeber „Die/der Beauftragte für den Datenschutz – Teil II", Stand: November 2019, S. 16 f.; Kühling/Buchner-*Bergt* Art. 37 Rn. 27; Gola-*Klug* Art. 37 Rn. 17; Paal/Pauly-*Paal* Art. 37 Rn. 10; Simitis/Hornung/Spiecker gen. Döhmann-*Drewes* Art. 37 Rn. 30; Roßnagel-*Maier/Ossoinig* Europäische Datenschutz-Grundverordnung, S. 210; *Gierschmann* ZD 2016, 51, 52; *Marschall/Müller* ZD 2016, 415, 416; Laue/Kremer-*Kremer* Das neue Datenschutzrecht in der betrieblichen Praxis, § 6 Rn. 13; wohl auch Ehmann/Selmayr-*Heberlein* Art. 37 Rn. 29.
59 Vgl. *BAG* v. 23.3.2011 – 10 AZR 562/09, RDV 2011, 237 = NZA 2011, 1036, wonach das bloße Interesse, die Datenschutzorganisation umzugestalten, keinen wichtigen Grund i.S.v. § 626 BGB bildet.
60 Laue/Kremer-*Kremer* Das neue Datenschutzrecht in der betrieblichen Praxis, § 6 Rn. 14.
61 *Art.-29-Datenschutzgruppe* WP 243 rev. 01, S. 12, bestätigt durch den *EDSA* am 25.5.2018.
62 *Art.-29-Datenschutzgruppe* WP 243 rev. 01, S. 12, bestätigt durch den *EDSA* am 25.5.2018; Laue/Kremer-*Kremer* Das neue Datenschutzrecht in der betrieblichen Praxis, § 6 Rn. 14; ähnlich auch *Datenschutzkonferenz* Kurzpapier Nr. 12 (Stand: 17.12.2018), S. 2.
63 Paal/Pauly-*Paal* Art. 37 Rn. 10; ähnlich auch Kühling/Buchner-*Bergt* Art. 37 Rn. 28; anderer Ansicht BeckOK DatenSR-*Moos* 30. Edition, Stand: 1.11.2019, Art. 37 Rn. 19.
64 *Art.-29-Datenschutzgruppe* WP 243 rev. 01, S. 13, bestätigt durch den *EDSA* am 25.5.2018.
65 Paal/Pauly-*Paal* Art. 37 Rn. 10; Kühling/Buchner-*Bergt* Art. 37 Rn. 28.
66 Kühling/Buchner-*Bergt* Art. 37 Rn. 28.
67 Ehmann/Selmayr-*Heberlein* Art. 37 Rn. 30; Paal/Pauly-*Paal* Art. 37 Rn. 10; Kühling/Buchner-*Bergt* Art. 37 Rn. 29; *Bittner* RDV 2014, 183, 184.

Art. 37 Benennung eines Datenschutzbeauftragten

sprache des Konzerns allein ist insofern nicht ausreichend, denn der Datenschutzbeauftragte hat nicht nur interne Aufgaben, sondern ist auch Ansprechpartner im Verhältnis zu den betroffenen Personen und zur Aufsichtsbehörde.[68] Relevant ist vielmehr die Sprache des Landes, in dem sich die Niederlassung befindet,[69] wobei Sprachbarrieren aber auch mit Hilfe von vor Ort ansässigem Hilfspersonal des Datenschutzbeauftragten überwunden werden können.[70] Zur leichten Erreichbarkeit gehört schließlich auch, intern und extern angemessen zu **kommunizieren, wie der Datenschutzbeauftragte erreicht werden kann**. Hierzu kann eine ergänzende Beschreibung erforderlich sein, die über die Veröffentlichung bzw. Mitteilung der Kontaktdaten des Datenschutzbeauftragten nach Art. 37 Abs. 7 hinausgeht, z.B. die Angabe von Sprechzeiten in den Niederlassungen oder die Veröffentlichung der Kontaktdaten des Hilfspersonals im Intranet.[71]

36   3. **Unterstützung des Konzerndatenschutzbeauftragten.** Wird ein Konzerndatenschutzbeauftragter benannt, bezieht sich die Unterstützungspflicht (Art. 38 Abs. 2) ihm gegenüber insbesondere auch darauf, dass er **angemessene zeitliche Ressourcen** erhält sowie entsprechendes **Hilfs- und Korrespondenzpersonal**[72] in den einzelnen Unternehmen, um dort entsprechend präsent zu sein.

III. Gemeinsamer Datenschutzbeauftragter bei Behörden oder öffentlichen Stellen (Abs. 3)

37   1. **DS-GVO-Regelung.** Auch im öffentlichen Bereich können nach Art. 37 Abs. 3 **mehrere Stellen** einen **gemeinsamen Datenschutzbeauftragten** benennen, wobei die Organisationsstruktur sowie die Größe der Behörden bzw. Stellen zu berücksichtigen ist. Letzteres bedeutet vor allem, dass sicherzustellen ist, dass der gemeinsame Datenschutzbeauftragte in der Lage ist, die Aufgaben zu erfüllen, welche ihm in Bezug auf sämtliche Behörden oder öffentlichen Stellen übertragen wurden.[73] Dazu muss er insbesondere über angemessene zeitliche Kapazitäten verfügen sowie über entsprechendes Hilfs- und Korrespondenzpersonal bei den jeweiligen öffentlichen Stellen, für die er zuständig ist.[74]

38   2. **BDSG.** § 5 Abs. 2 BDSG enthält für **Datenschutzbeauftragte in öffentlichen Stellen des Bundes** eine inhaltsgleiche Regelung zu Art. 37 Abs. 3. Die vorstehenden Ausführungen gelten entsprechend.

---

68 Kühling/Buchner-*Bergt* Art. 37 Rn. 29; *Datenschutzkonferenz* Kurzpapier Nr. 12 (Stand: 17.12.2018), S. 2; anderer Ansicht Simitis/Hornung/Spiecker gen. Döhmann-*Drewes* Art. 37 Rn. 32.
69 Kühling/Buchner-*Bergt* Art. 37 Rn. 29; Paal/Pauly-*Paal* Art. 37 Rn. 10; *Bittner* RDV 2014, 183, 184.
70 Laue/Kremer-*Kremer* Das neue Datenschutzrecht in der betrieblichen Praxis, § 6 Rn. 15.
71 Laue/Kremer-*Kremer* Das neue Datenschutzrecht in der betrieblichen Praxis, § 6 Rn. 15.
72 Ehmann/Selmayr-*Heberlein* Art. 37 Rn. 30.
73 *LDI NRW* Häufig gestellte Fragen zum Datenschutzbeauftragten (FAQ), Stand: 1/2020, S. 10.
74 Vgl. insoweit auch die Ausführungen zum Konzerndatenschutzbeauftragten vorstehend unter Rn. 36.

IV. Öffnungsklausel, freiwillige Benennung, Benennung durch Verbände (Abs. 4)

1. Öffnungsklausel. Art. 37 Abs. 4 enthält eine **Öffnungsklausel**, die es ermöglicht, auf 39
der Ebene des Unionsrechts bzw. des nationalen Rechts **Regelungen zur verpflichtenden Benennung von Datenschutzbeauftragten** vorzusehen, **welche über die Vorgaben des Art. 37 Abs. 1 hinausgehen.** Nicht möglich ist hingegen, die Benennungspflicht aus Art. 37 Abs. 1 einzuschränken oder Rechtsstellung und Aufgaben des Datenschutzbeauftragten abweichend zu regeln. Von der Öffnungsklausel, die maßgeblich auch auf deutsches Betreiben in die DS-GVO aufgenommen wurde, wurde durch **Einführung von § 38 Abs. 1 BDSG**[75] Gebrauch gemacht.

2. Freiwillige Benennung. Die Möglichkeit, einen Datenschutzbeauftragten **freiwillig** 40
zu benennen, wird in Art. 37 Abs. 4 ausdrücklich angesprochen. Für eine Benennung ohne rechtliche Verpflichtung spricht, dass Datenschutzbeauftragte einen zentralen Beitrag zur Gewährleistung von Datenschutzkonformität und damit zur **Vermeidung von Unternehmensrisiken**[76] darstellen. Ein gewisser Anreiz für die freiwillige Benennung mag auch sein, dass Datenschutzbeauftragte – anders als für die Verarbeitung Verantwortliche bzw. Auftragsverarbeiter – Anspruch auf unentgeltliche Beratung durch die Aufsichtsbehörde haben (Art. 57 Abs. 3). In Deutschland hat die Möglichkeit der freiwilligen Benennung allerdings weniger praktische Relevanz als in den anderen Mitgliedstaaten, weil hier die über die DS-GVO hinausgehende Pflicht zur Benennung nach § 38 Abs. 1 BDSG gilt.

Auch sofern ein Datenschutzbeauftragter freiwillig benannt wird, ergeben sich **Aufga-** 41
ben und Rechtsstellung aus der DS-GVO. Es besteht kein Gestaltungsspielraum.[77] Sollen im Falle einer freiwilligen Benennung Aufgaben und Rechtsstellung von der DS-GVO abweichen, bedarf es einer anderen Bezeichnung, z.B. als Datenschutzkoordinator oder Referent für Datenschutz, und einer entsprechenden Stellenbeschreibung. Im Falle der nur fakultativen Benennung besteht allerdings kein Kündigungsschutz nach dem BDSG, da insofern an das Bestehen einer Pflicht zur Benennung angeknüpft wird (§ 38 Abs. 2 BDSG). Ob auch der Abberufungsschutz eingeschränkt ist, ist umstritten.[78] Insofern wird man differenzieren müssen. Während der erweiterte[79] Abberufungsschutz nach § 38 Abs. 2 BDSG i.V.m. § 6 Abs. 4 S. 1 BDSG nach dem expliziten Gesetzeswortlaut nur für den Fall der verpflichtenden Benennung zum Tragen kommt, gilt nach hier vertretener Auffassung im Übrigen, dass es keine Datenschutzbeauftragte mit unterschiedlichem Status bzw. Schutz geben sollte. Entscheidet sich ein Verantwortlicher für die freiwillige Benennung, genießt die benannte Person daher auch den Abberufungsschutz aus Art. 38 Abs. 3 S. 2 DS-GVO.

---

75 Zur Regelung in § 38 Abs. 1 BDSG vgl. im Einzelnen Rn. 29 f.
76 *Klug* ZD 2016, 315, 317.
77 *Art.-29-Datenschutzgruppe* WP 243 rev. 01, S. 6 und 24, bestätigt durch den *EDSA* am 25.5.2018; Ehmann/Selmayr-*Heberlein* Art. 37 Rn. 37; Kühling/Buchner-*Bergt* Art. 37 Rn. 26.
78 Für eine Einschränkung Simitis/Hornung/Spiecker gen. Döhmann-*Drewes* Art. 37 Rn. 37; BeckOK DatenSR-*Moos* 30. Edition, Stand: 1.11.2019, Art. 37 Rn. 47; für eine umfassende Geltung der Art. 37 ff. DS-GVO auch für freiwillig benannte Datenschutzbeauftragte *Art.-29-Datenschutzgruppe* WP 243 rev. 01, S. 6 und 24, bestätigt durch den *EDSA* am 25.5.2018; Ehmann/Selmayr-*Heberlein* Art. 37 Rn. 11, 37; Kühling/Buchner-*Bergt* Art. 37 Rn. 26.
79 Vgl. Art. 38 Rn. 19.

42 **3. Verbände/Vereinigungen.** Art. 37 Abs. 4 beinhaltet schließlich Regelungen für die **Benennung von Datenschutzbeauftragten durch Verbände und andere Vereinigungen, die Kategorien von Verantwortlichen oder Auftragsverarbeitern vertreten.** Leider sind die Regelungen missglückt und die dahinterstehende Intention ist kaum verständlich,[80] was sich auch an den sehr verschiedenen Kommentierungen zeigt. Mit der Regelung in Art. 37 Abs. 4 S. 1 dürfte jedenfalls nicht der Fall gemeint sein, dass Verbände oder andere Vereinigungen einen Datenschutzbeauftragten bezogen auf die verbandseigene Datenverarbeitung benennen, denn in diesem Fall handelt es sich um eine Benennung als Verantwortlicher und der besonderen Regelung für Verbände und Vereinigungen hätte es nicht bedurft. Ebenfalls nicht gemeint sein dürfte, dass Verbände entsprechend dem Modell eines „Konzerndatenschutzbeauftragten" einen übergeordneten Datenschutzbeauftragten benennen, der automatisch für alle Mitglieder als Datenschutzbeauftragter fungiert.[81] Dies wäre mit der Autonomie der Mitglieder nicht zu vereinbaren. Gemeint sein könnte, dass Verbände oder andere Vereinigungen, die Kategorien von Verantwortlichen oder Auftragsverarbeitern vertreten, einen Datenschutzbeauftragten zu dem Zweck benennen, dass die Mitglieder über die berufsständische Vereinigung fachkundige branchenspezifische Datenschutzberatung erhalten können.[82] Der Datenschutzbeauftragte vertritt den Verband oder die Vereinigung und damit die jeweilige Branche im Verhältnis zur Aufsichtsbehörde (Art. 37 Abs. 4 S. 2).

V. Anforderungen an die Qualifikation (Abs. 5)

43 **1. DS-GVO-Regelung. – a) Fachliche Qualifikation.** Regelungsgegenstand von Art. 37 Abs. 5 sind die fachliche Qualifikation des Datenschutzbeauftragten und dessen Fähigkeit zur Erfüllung der in Art. 39 genannten Aufgaben. Hinsichtlich der notwendigen **fachlichen Qualifikation** des Datenschutzbeauftragten ergeben sich keine gravierenden Unterschiede zur Rechtslage vor der DS-GVO. Erforderlich ist weiterhin eine **Trias rechtlicher, technischer und (betriebs-)organisatorischer Kenntnisse.**[83] Das Rechtswissen muss die nationalen und europäischen Datenschutzgesetze umfassen einschließlich vertiefter Kenntnisse der DS-GVO und der nationalen Anpassungs- und Umsetzungsgesetzgebung, also in Deutschland des BDSG. Auf technischer Ebene muss der potenzielle Datenschutzbeauftragte die Funktionsweise der einschlägigen Informationstechnologien verstehen sowie Wissen auf dem Gebiet der Datensicherheit mitbringen. In organisatorischer Sicht bedarf es einer guten Kenntnis der Strukturen der zu betreuenden Stelle bzw. des einschlägigen Wirtschaftszweigs sowie der dort stattfindenden Datenverarbeitungsprozesse. Die Anforderungen an die Fachkunde sind nicht universell, sondern werden je nach Eigenart des Verantwortlichen bzw. Auftragsverarbeiters z.B. dann besonders hoch sein, wenn besonders komplexe Datenverarbeitungen durchgeführt, große Mengen von sensitiven Daten verarbeitet oder systematisch Datentransfers in Länder außerhalb der EU vorgenommen werden.[84] Dies zeigt auch ErwG 97, wonach sich das erforderliche Niveau des Fachwissens insbesondere nach den durchgeführten Datenverarbeitungsvorgängen und dem erforderlichen

---

80 So auch Kühling/Buchner-*Bergt* Art. 37 Rn. 31.
81 Ebenso BeckOK DatenSR-*Moos* 30. Edition, Stand: 01.11.2019, Art. 37 Rn. 53.
82 Ehmann/Selmayr-*Heberlein* Art. 37 Rn. 36.
83 Gola-*Klug* Art. 37 Rn. 18.
84 *Art.-29-Datenschutzgruppe* WP 243 rev. 01, S. 13, bestätigt durch den *EDSA* am 25.5.2018.

Schutz für die von dem Verantwortlichen oder Auftragsverarbeiter verarbeiteten personenbezogenen Daten richten sollte. Für die berufliche Qualifikation i.S.d. DS-GVO kommt es dabei nicht nur auf theoretische Kenntnisse an. Nach Art. 37 Abs. 5 soll sich das Fachwissen der zu benennenden Person explizit auch auf die **Datenschutzpraxis** beziehen, also darauf, wie datenschutzrechtliche Vorgaben konkret umgesetzt werden können.

Angesichts der Abstraktheit der DS-GVO-Anforderungen zur Fachkunde und bereits in der Vergangenheit festzustellender großer qualitativer Unterschiede im Hinblick auf die Ausbildung von Datenschutzbeauftragten bedarf es der **Entwicklung einheitlicher europaweiter Standards im Hinblick auf** deren **berufliche Qualifikation**.[85]   44

Fraglich ist, inwiefern die Wahrnehmung des Amtes des Datenschutzbeauftragten durch andere Personen als Rechtsanwälte mit den **Bestimmungen des Rechtsdienstleistungsgesetzes (RDG)** vereinbar ist. Hierzu ist zunächst festzustellen, dass das RDG ausschließlich selbstständig erbrachte (außergerichtliche) Rechtsdienstleistungen regelt (§ 3 RDG). Die Erbringung von Rechtsdienstleistungen in abhängiger Beschäftigung wird dagegen vom RDG nicht erfasst, so dass sich ein Konflikt mit dem RDG im Hinblick auf interne Beauftragte bereits deshalb ausschließt. Im Hinblick auf die Tätigkeit eines externen Datenschutzbeauftragten ist zu differenzieren. Nach § 2 Abs. 1 RDG ist eine Rechtsdienstleistung eine Tätigkeit, die in einer konkreten fremden Angelegenheit erbracht wird und eine rechtliche Prüfung des Einzelfalls erfordert. Schulungen, Publikationen sowie allgemeine Rechtsauskünfte des Beauftragten, die einen großen Teil seiner Tätigkeit ausmachen, unterfallen mangels Bezugs auf einen konkreten Einzelfall nicht § 2 Abs. 1 RDG. Das Gleiche gilt für das reine Auffinden von Lektüre oder Fundstellen oder die Wiedergabe bzw. allein schematische Anwendung von Rechtsvorschriften. Selbst wenn „echte" rechtliche Prüfungen im Sinne von einzelfallbezogenen juristischen Subsumtionsvorgängen durchgeführt werden, so ergibt sich daraus nicht zwingend, dass das Amt des Datenschutzbeauftragten nur von einem Rechtsanwalt bekleidet werden darf. Erlaubt sind nach § 5 Abs. 1 RDG nämlich Rechtsdienstleistungen im Zusammenhang mit einer anderen Tätigkeit, wenn sie als „Nebenleistung" zum Berufs- oder Tätigkeitsbild gehören. Bei der Tätigkeit des Datenschutzbeauftragten steht aber die rechtliche Beratung jedenfalls nicht im Mittelpunkt. Neben der Beratungsaufgabe nimmt der Datenschutzbeauftragte eine Reihe anderer Aufgaben wahr und der Aspekt der Rechtsberatung bildet auch nur einen Teil der Beratungsfunktion des Datenschutzbeauftragten ab, die sich ebenso auf technische und organisatorische Aspekte bezieht.[86]   45

b) Fähigkeit zur Aufgabenerfüllung. Der **Fähigkeit zur Erfüllung der in Art. 39 genannten Aufgaben**, die Art. 37 Abs. 5 verlangt, kommt neben der fachlichen Qualifikation eigenständige Bedeutung zu. Erforderlich sind die **persönliche Integrität** und ein entsprechender **Berufsethos** der zu benennenden Person.[87] Darüber hinaus bedarf es **sozialer Kompetenz, Kommunikationsfähigkeit und der Fähigkeit zum Risiko-Management** i.S.v. Art. 39 Abs. 2.[88] Ebenfalls im Sinne der Fähigkeit zur Aufgabenerfüllung erforder-   46

---

85 Ehmann/Selmayr-*Heberlein* Art. 37 Rn. 39.
86 Der Ansicht, dass von Datenschutzbeauftragten übernommene Rechtsdienstleistungen im Regelfall zulässige Nebenleistungen darstellen, sind auch *Paal/Nabulsi* NJW 2019, 3673.
87 *Art.-29-Datenschutzgruppe* WP 243 rev. 01, S. 14, bestätigt durch den *EDSA* am 25.5.2018.
88 Ehmann/Selmayr-*Heberlein* Art. 37 Rn. 40.

Art. 37　　　　　　　　　　Benennung eines Datenschutzbeauftragten

lich ist, dass bei Datenschutzbeauftragten, die für den Verantwortlichen bzw. Auftragsverarbeiter noch andere Aufgaben und Pflichten wahrnehmen, **keine Interessenkonflikte** bestehen. Dieser Umstand ist in Art. 38 Abs. 6 speziell geregelt.

47　2. **BDSG.** § 5 Abs. 3 BDSG regelt die Qualifikationsanforderungen an **Datenschutzbeauftragte in öffentlichen Stellen des Bundes** und entspricht inhaltlich Art. 37 Abs. 5, auf dessen Kommentierung insofern verwiesen wird.

VI. Interner und externer Datenschutzbeauftragter (Abs. 6)

1. **DS-GVO-Regelung. – a) Vergleich interner und externer Datenschutzbeauftragter.**
48　Nach Art. 37 Abs. 6 kann der Datenschutzbeauftragte Beschäftigter des Verantwortlichen bzw. Auftragsverarbeiters sein oder aber seine Aufgaben aufgrund eines Dienstleistungsvertrages erfüllen. Es kann sich also um einen **internen oder externen Datenschutzbeauftragten** handeln. Der Einsatz eines externen Datenschutzbeauftragten kann insbesondere bei kleinen und mittleren Unternehmen sinnvoll sein. Für eine Entscheidung zugunsten eines externen Datenschutzbeauftragten spricht, dass dessen Expertise und Erfahrungen sofort in Anspruch genommen werden können und der initiale Aufwand für die Ausbildung eines eigenen Mitarbeiters zum Datenschutzbeauftragten entfällt. Vorteile des internen Datenschutzbeauftragten sind demgegenüber die regelmäßig bessere Kenntnis der Prozesse und Spezifika des Verantwortlichen bzw. Auftragsverarbeiters. Aufgaben und Rechtsstellung des internen wie externen Datenschutzbeauftragten ergeben sich aus Art. 38 und 39 und sind identisch. Kündigungsschutz nach § 6 Abs. 4 BDSG, ggf. in Verbindung mit § 38 Abs. 2 BDSG, steht allerdings nur dem internen Datenschutzbeauftragten zu, da nur er in einem Arbeitsverhältnis mit dem Verantwortlichen bzw. Auftragsverarbeiter steht. Externer Datenschutzbeauftragter ist auch der Konzerndatenschutzbeauftragte und zwar bei all denjenigen Konzernunternehmen, für die er zwar benannt, bei denen er jedoch nicht beschäftigt ist.

49　b) **Juristische Personen als Datenschutzbeauftragte.** Praktisch bedeutsam für externe Datenschutzdienstleister ist, ob auch eine **Benennung juristischer Personen** zum Datenschutzbeauftragten zulässig ist oder ob lediglich natürliche Personen benannt werden können. In der Literatur und von den Aufsichtsbehörden wird die Benennung einer juristischen Person teilweise abgelehnt.[89] Diese Auffassung bringt nicht unerhebliche Praxisprobleme mit sich, wenn im Falle der Beauftragung eines externen Dienstleistungsunternehmens mit den Aufgaben aus Art. 39 die konkret benannte natürliche Person ihren bisherigen Arbeitgeber, den Vertragspartner des Verantwortlichen bzw. Auftragsverarbeiters, verlässt. Diese Probleme werden ohne Not in Kauf genommen. Selbst wenn der Unionsgesetzgeber primär die Benennung einer natürlichen Person im Blick gehabt haben sollte,[90] so gibt es auch keine Vorgaben, die die Benennung einer juristischen Person explizit ausschließen. Fachkennt-

---

[89] Ehmann/Selmayr-*Heberlein* Art. 37 Rn. 43; Laue/Kremer-*Kremer* Das neue Datenschutzrecht in der betrieblichen Praxis, § 6 Rn. 18; unentschieden Kühling/Buchner-*Bergt* Art. 37 Rn. 36; *LDI* Häufig gestellte Fragen zum Datenschutzbeauftragten (FAQ), Stand: 1/2020, S. 15 f.

[90] Dieser Auffassung ist Paal/Pauly-*Paal* Art. 37 Rn. 15; ähnlich Kühling/Buchner-*Bergt* Art. 37 Rn. 36.

nisse der Gesellschafter bzw. Mitarbeiter können der juristischen Person zugerechnet, das Vorliegen von Interessenkonflikten kann anhand der Personen beurteilt werden, welche die Aufgaben des Datenschutzbeauftragten konkret wahrnehmen. So sieht dies offenbar auch der EDSA[91], der ohne Umschweife davon ausgeht, dass auch juristische Personen zum Datenschutzbeauftragten benannt werden können und die praktische Aufgabenwahrnehmung durch deren Angehörige erfolgt. Im Interesse der Rechtssicherheit und einer ordnungsgemäßen Organisation sowie um Interessenkonflikte der Teammitglieder zu vermeiden empfiehlt der Europäische Datenschutzausschuss allerdings, eine klare Aufgabenverteilung innerhalb des Datenschutzbeauftragten-Teams vorzusehen sowie eine einzelne Person als primären Ansprechpartner festzulegen, der zugleich für den jeweiligen Kunden zuständig ist.

2. BDSG. § 5 Abs. 4 BDSG enthält für **Datenschutzbeauftragte in öffentlichen Stellen des Bundes** eine inhaltsgleiche Regelung zu Art. 37 Abs. 6. Die Ausführungen zu Art. 37 Abs. 6 gelten insoweit entsprechend. 50

VII. Veröffentlichung der Kontaktdaten (Abs. 7)

1. DS-GVO-Regelung. Nach Art. 37 Abs. 7 veröffentlicht der Verantwortliche oder Auftragsverarbeiter die **Kontaktdaten des Datenschutzbeauftragten** und teilt diese der Aufsichtsbehörde mit.[92] Die Veröffentlichung bzw. Mitteilung der Kontaktdaten soll gewährleisten, dass betroffene Personen von ihrem Recht zur Anrufung des Datenschutzbeauftragten (Art. 38 Abs. 4) Gebrauch machen können und die Aufsichtsbehörde mit diesem in Kontakt treten kann (Art. 39 Abs. 1 lit. d und e). Mittelbar ermöglicht sie den Behörden zudem die Feststellung, ob ein Datenschutzbeauftragter benannt wurde. Erforderlich sind **Informationen, die es ermöglichen, den Datenschutzbeauftragten auf einfache Weise zu erreichen.** Dazu gehören mindestens Adresse, Telefonnummer, E-Mail-Adresse des Datenschutzbeauftragten sowie ggf. sonstige Möglichkeiten der Kontaktaufnahme (Datenschutzbeauftragten-Hotline, Kontaktformular auf der Webseite oder Ähnliches).[93] Die **Angabe des Namens des Datenschutzbeauftragten** ist im Rahmen von Art. 37 Abs. 7 **keine Pflicht**.[94] Dies zeigt ein Vergleich mit Art. 13 Abs. 1 lit. a und Art. 14 Abs. 1 lit. a, wo anders als von „Kontaktdaten" von „Name und Kontaktdaten" die Rede ist. Im Verhältnis zur Aufsichtsbehörde wird die Angabe des Namens gleichwohl regelmäßig sinnvoll sein. Über das Verzeichnis der Verarbeitungstätigkeiten wäre dieser der Name des Datenschutzbeauftragten ohnehin zur Verfügung zu stellen (Art. 30 Abs. 1 lit. a und Abs. 2 lit. a) bzw. sie kann den Namen nach Art. 58 Abs. 1 lit. a erfragen. Mittel der Wahl für die Veröffentlichung der Kontaktdaten wird regelmäßig sein, dass diese für außenstehende 51

---

91 *Art.-29-Datenschutzgruppe* WP 243 rev. 01, S. 14 f., bestätigt durch den *EDSA* am 25.5.2018; ähnlich BeckOK DatenSR-*Moos* 30. Edition, Stand: 1.11.2019, Art. 37 Rn. 65 ff.; Taeger/Gabel-*Scheja* Art. 37 Rn. 77 ff.; *Bittner* RDV 2014, 183, 186; *Knopp* DuD 2015, 98 ff.
92 Die Aufsichtsbehörden stellen zur Zurverfügungstellung der Daten entsprechende (Online-)Formulare bereit.
93 *LDI* Häufig gestellte Fragen zum Datenschutzbeauftragten (FAQ), Stand: 1/2020, S. 18.
94 So auch die *Art.-29-Datenschutzgruppe* WP 243 rev. 01, S. 15, bestätigt durch den *EDSA* am 25.5.2018; ebenso Ehmann/Selmayr-*Heberlein* Art. 37 Rn. 45; ebenso, allerdings die Angabe des Namens für sinnvoll haltend Simitis/Hornung/Spiecker gen. Döhmann-*Drewes* Art. 37 Rn. 68; Kühling/Buchner-*Bergt* Art. 37 Rn. 38.

Art. 37 Benennung eines Datenschutzbeauftragten

Dritte auf der **Unternehmenshomepage sowie** innerhalb der Organisation **im Intranet und auf den vorhandenen Organisationsplänen** bereitgestellt werden.[95]

52 **2. BDSG n.F.** Im Hinblick auf **Datenschutzbeauftragte in öffentlichen Stellen des Bundes** verpflichtet § 5 Abs. 5 BDSG zur Veröffentlichung der Kontaktdaten sowie zur Weitergabe der Informationen an den/die BfDI und stellt insofern das inhaltliche Äquivalent zu Art. 37 Abs. 7 dar, auf dessen Kommentierung verwiesen wird.

C. Praxishinweis – Relevanz

I. Für öffentliche Stellen

53 Die DS-GVO führt dazu, dass in Deutschland mehr öffentliche Stellen als zuvor einen Datenschutzbeauftragten benennen müssen, nämlich grundsätzlich alle. Insbesondere entfällt die Möglichkeit, den behördlichen Datenschutzbeauftragten lediglich als Option vorzusehen, wie es früher in den Landesdatenschutzgesetzen teilweise der Fall war. Auch der 20-Personen-Schwellenwert für nicht automatisierte Datenverarbeitungen durch bundesöffentliche Stellen nach § 4f Abs. 1 S. 3 BDSG a.F. gilt nicht mehr. **Gestaltungsmöglichkeiten der benennenden Stelle** bestehen insofern, als die Wahl zwischen einem internen oder externen Datenschutzbeauftragten besteht[96] und bei mehreren öffentlichen Stellen unter bestimmten Voraussetzungen ein gemeinsamer Beauftragter[97] benannt werden kann.

II. Für nichtöffentliche Stellen

54 Für nichtöffentliche Stellen ergaben sich ab dem 25.5.2018 zunächst **nur marginale Änderungen im Hinblick auf die Pflicht zur Bestellung bzw. jetzt Benennung eines Datenschutzbeauftragten**. Zwar sind die Voraussetzungen der Pflicht für nichtöffentliche Stellen nach der DS-GVO deutlich enger als der früher einschlägige § 4f Abs. 1 BDSG a.F., allerdings hat der nationale Gesetzgeber von der ihm durch die DS-GVO eingeräumten Möglichkeit Gebrauch gemacht, auf nationaler Ebene strengere Regelungen zur Benennung vorzusehen. Mittels § 38 Abs. 1 BDSG n.F. wurde insofern zunächst im Kern die alte Regelung zur Bestellungspflicht aus § 4f Abs. 1 BDSG a.F. beibehalten. Im Jahr 2019 erfolgte dann allerdings eine Anhebung des Werts für die schwellenwertabhängige Benennung von zehn auf 20 Personen. Auch nichtöffentliche Stellen haben die Wahl zwischen **interner oder externer Benennung** und können im Unternehmensverbund ggf. einen gemeinsamen Beauftragten benennen.

III. Für betroffene Personen

55 Die Verpflichtung zur Benennung eines Datenschutzbeauftragten dient dem Schutz der Persönlichkeitsrechte der betroffenen Personen und damit deren Interessen. Ist ein Datenschutzbeauftragter benannt, können sie sich mit ihren datenschutzrechtlichen Anliegen an diesen wenden (Art. 38 Abs. 4) und haben einen kompetenten **Ansprechpartner**. Die betroffene Person hat bei Vorliegen der Voraussetzungen indes **keinen Anspruch auf Benennung**.

---

95 *LDI* Häufig gestellte Fragen zum Datenschutzbeauftragten (FAQ), Stand: 1/2020, S. 18.
96 Zu den jeweiligen Vorteilen vgl. Rn. 48.
97 Vgl. Rn. 37 f.

IV. Für Aufsichtsbehörden

Ist ein Datenschutzbeauftragter benannt, sind der Aufsichtsbehörde vom Verantwortlichen bzw. Auftragsverarbeiter zumindest[98] dessen **Kontaktdaten** mitzuteilen (Art. 37 Abs. 7). Der Datenschutzbeauftragte ist **sachkundige Anlaufstelle für die Behörde und arbeitet mit dieser zusammen** (Art. 39 Abs. 1 lit. d und e). Ist **pflichtwidrig kein Datenschutzbeauftragter** benannt, kann die Aufsichtsbehörde hieran ein **Bußgeld** knüpfen, allerdings nur dann, wenn auf die Stelle die in Art. 37 Abs. 1 lit. b oder c genannten Voraussetzungen zutreffen. Ein Verstoß gegen § 38 Abs. 1 BDSG rechtfertigt ein Bußgeld nicht, weil das BDSG in Art. 83 Abs. 4 nicht Anknüpfungspunkt ist und das BDSG keinen eigenen entsprechenden Bußgeldtatbestand enthält.[99] Verstöße von öffentlichen Stellen können generell nicht mit Bußgeld geahndet werden (§ 43 Abs. 3 BDSG). 56

V. Für das Datenschutzmanagement

Dem Verantwortlichen (Art. 4 Nr. 7) **kommt die Aufgabe zu, den Datenschutz so zu organisieren**, dass er unternehmensweit gelebt und seine Umsetzung jederzeit nachgewiesen werden kann. Im Hinblick auf die Umsetzungsmaßnahmen wird der **Datenschutzbeauftragte zugleich beratend** (Art. 39 Abs. 1 lit. a) **und überwachend** (Art. 39 Abs. 1 lit. b) **tätig**.[100] Auftragsverarbeiter sind nicht für die Datenverarbeitung des Auftraggebers verantwortlich. Auch sie unterliegen aber nach der DS-GVO eigenen Pflichten und haben bei Überschreiten des BDSG-Schwellenwerts einen Datenschutzbeauftragten zu bestellen. 57

VI. Sanktionen

Verletzungen des Art. 37 können gem. Art. 83 Abs. 4 mit Geldbußen von bis zu 10 Mio. EUR oder im Fall eines Unternehmens von bis zu 2 % seines gesamten weltweit erzielten Jahresumsatzes des vorangegangenen Geschäftsjahrs, je nachdem, welcher der Beträge höher ist, belegt werden. Dies gilt allerdings nicht für öffentliche Stellen. Zwar sind auch öffentliche Stellen nach Art. 37 Abs. 1 lit. a zur Benennung eines Datenschutzbeauftragten verpflichtet, jedoch kann gegen diese nach § 43 Abs. 3 BDSG n.F. kein Bußgeld verhängt werden. Auch die **Verletzung einer Benennungspflicht, die allein aus den nationalen Vorgaben in § 38 Abs. 1 BDSG resultiert**, kann nach hier vertretener Ansicht nicht mit einem Bußgeld geahndet werden.[101] 58

Artikel 38 Stellung des Datenschutzbeauftragten

(1) Der Verantwortliche und der Auftragsverarbeiter stellen sicher, dass der Datenschutzbeauftragte ordnungsgemäß und frühzeitig in alle mit dem Schutz personenbezogener Daten zusammenhängenden Fragen eingebunden wird.

---

98 Vgl. Rn. 51.
99 Anderer Ansicht Gola/Heckmann-*Rücker/Dienst* § 38 BDSG Rn. 51 f.; wohl auch Auernhammer-*Raum* § 38 BDSG Rn. 14.
100 Zur Rolle des Datenschutzbeauftragten im Datenschutzmanagement vgl. *GDD-Praxishilfe DS-GVO II* Verantwortlichkeiten und Aufgaben nach der DS-GVO (Dezember 2016), S. 7 f.
101 Vgl. Rn. 56.

(2) Der Verantwortliche und der Auftragsverarbeiter unterstützen den Datenschutzbeauftragten bei der Erfüllung seiner Aufgaben gemäß Artikel 39, indem sie die für die Erfüllung dieser Aufgaben erforderlichen Ressourcen und den Zugang zu personenbezogenen Daten und Verarbeitungsvorgängen sowie die zur Erhaltung seines Fachwissens erforderlichen Ressourcen zur Verfügung stellen.

(3) ¹Der Verantwortliche und der Auftragsverarbeiter stellen sicher, dass der Datenschutzbeauftragte bei der Erfüllung seiner Aufgaben keine Anweisungen bezüglich der Ausübung dieser Aufgaben erhält. ²Der Datenschutzbeauftragte darf von dem Verantwortlichen oder dem Auftragsverarbeiter wegen der Erfüllung seiner Aufgaben nicht abberufen oder benachteiligt werden. ³Der Datenschutzbeauftragte berichtet unmittelbar der höchsten Managementebene des Verantwortlichen oder des Auftragsverarbeiters.

(4) Betroffene Personen können den Datenschutzbeauftragten zu allen mit der Verarbeitung ihrer personenbezogenen Daten und mit der Wahrnehmung ihrer Rechte gemäß dieser Verordnung im Zusammenhang stehenden Fragen zu Rate ziehen.

(5) Der Datenschutzbeauftragte ist nach dem Recht der Union oder der Mitgliedstaaten bei der Erfüllung seiner Aufgaben an die Wahrung der Geheimhaltung oder der Vertraulichkeit gebunden.

(6) ¹Der Datenschutzbeauftragte kann andere Aufgaben und Pflichten wahrnehmen. ²Der Verantwortliche oder der Auftragsverarbeiter stellt sicher, dass derartige Aufgaben und Pflichten nicht zu einem Interessenkonflikt führen.

– *ErwG:* 97
– *BDSG n.F.:* §§ 6, 7, 38

Übersicht

	Rn		Rn
A. Einordnung und Hintergrund	1	b) Zurverfügungstellung der erforderlichen Ressourcen	10
I. Erwägungsgründe	1		
II. BDSG	2		
1. Öffentliche Stellen des Bundes	2	c) Zugang zu Daten und Verarbeitungsvorgängen	13
2. Nichtöffentliche Stellen	3		
III. Normengenese und -umfeld	4	d) Anspruch auf Fort- und Weiterbildung	14
1. DSRL	4		
2. BDSG a.F.	5	2. BDSG	15
3. Europäischer Datenschutzausschuss/nationale Datenschutzkonferenz/Aufsichtsbehörden	6	III. Unabhängigkeit und Schutz des Datenschutzbeauftragten (Abs. 3)	16
B. Kommentierung	7	1. DS-GVO-Regelung	16
I. Einbindung des Datenschutzbeauftragten (Abs. 1)	7	a) Überblick	16
		b) Weisungsfreiheit	17
1. DS-GVO-Regelung	7	c) Abberufungs- und Kündigungsschutz	18
2. BDSG	8	d) Benachteiligungsverbot	22
II. Unterstützung des Datenschutzbeauftragten (Abs. 2)	9	e) Verhältnis des Datenschutzbeauftragten zur Leitungsebene	23
1. DS-GVO-Regelung	9		
a) Überblick	9	2. BDSG	24

Stellung des Datenschutzbeauftragten   Art. 38

	Rn		Rn
IV. „Anwalt der betroffenen Personen" (Abs. 4)	25	C. Praxishinweis – Relevanz	34
		I. Für öffentliche Stellen	34
1. DS-GVO-Regelung	25	II. Für nichtöffentliche Stellen	35
2. BDSG	26	III. Für betroffene Personen	36
V. Geheimhaltung/Vertraulichkeit	27	IV. Für Aufsichtsbehörden	37
VI. Vermeidung von Interessenkollisionen (Abs. 6)	28	V. Für das Datenschutzmanagement	38
1. DS-GVO-Regelung	28	VI. Sanktionen	39
2. BDSG	33		

Literatur: *Art.-29-Datenschutzgruppe* WP 243 rev. 01 „Leitlinien in Bezug auf Datenschutzbeauftragte („DSB")", bestätigt durch den *EDSA* am 25.5.2018; *Baumgartner/Hansch* Der betriebliche Datenschutzbeauftragte, ZD 2019, 99; *Bittner* Der Datenschutzbeauftragte gem. EU-Datenschutz-Grundverordnungs-Entwurf, RDV 2014, 183; *Datenschutzkonferenz* Kurzpapier Nr. 12 „Datenschutzbeauftragte bei Verantwortlichen und Auftragsverarbeitern" (Stand: 17.12.2018); *Ernst* Interessenkonflikt bei Personalunion zwischen Revisionsabteilung und Datenschutzbeauftragtem, NJOZ 2010, 2443; *Franck* Altverhältnisse unter DS-GVO und neuem BDSG, ZD 2017, 509; *ders.* Personalunion von behördlichem Datenschutzbeauftragten und Ansprechperson für Korruptionsprävention in der Bundesverwaltung, NVwZ 2019, 854; *Franck/Reif* Pluralistische Datenschutzkontrolle – Datenschutzbeauftragte, Stellvertreter, Hilfspersonal und mehr, ZD 2015, 405; *HessDSB* Der behördliche und betriebliche Datenschutzbeauftragte nach neuem Recht, Stand: 6/2017; *Jaspers/Reif* Der Datenschutzbeauftragte nach der Datenschutz-Grundverordnung: Pflicht zur Benennung, Rechtsstellung und Aufgaben, RDV 2016, 61; *Johannes* Gegenüberstellung – Der Datenschutzbeauftragte nach DS-GVO, JI-Richtlinie und zukünftigem BDSG, ZD-Aktuell 2017, 05794; *Kazemi* Der Datenschutzbeauftragte in der Rechtsanwaltskanzlei, NJW 2018, 443; *Klug* Der Datenschutzbeauftragte in der EU – Maßgaben der Datenschutzgrundverordnung, ZD 2016, 315; *Kort* Was ändert sich für Datenschutzbeauftragte, Aufsichtsbehörden und Betriebsrat mit der DS-GVO?, ZD 2017, 3; *LDI NRW* Häufig gestellte Fragen zum Datenschutzbeauftragten (FAQ), Stand: 1/2020; *LfD Niedersachsen* Die oder der Datenschutzbeauftragte (DSB) in Behörden und sonstigen öffentlichen Stellen in Niedersachsen; Hinweise für die Erstellung von Arbeitsplatz- oder Dienstpostenbeschreibungen sowie von Arbeitsplatz- oder Dienstpostenbewertungen; Aufgabenwahrnehmung durch eigenes Personal, Stand: 28.6.2018; *LfDI Baden-Württemberg* Der/die betriebliche Beauftragte für den Datenschutz Teil 1 und Teil 2, Stand: 11/2019; *Marschall/Müller* Der Datenschutzbeauftragte im Unternehmen zwischen BDSG und DS-GVO, ZD 2016, 415; *Niklas/Faas* Der Datenschutzbeauftragte nach der Datenschutz-Grundverordnung, NZA 2017, 1091; *ULD* Praxisreihe Datenschutzbestimmungen praktisch umsetzen, Band 2, Datenschutzbeauftragte, Stand: 10.10.2019; *Weichert* Die Zukunft des Datenschutzbeauftragten, CuA 4/2016, 8; *Wybitul/von Gierke* Checklisten zur DSGVO – Teil 2: Pflichten und Stellung des Datenschutzbeauftragten im Unternehmen, BB 2017, 181.

A. Einordnung und Hintergrund

I. Erwägungsgründe

ErwG 97 befasst sich mit dem Datenschutzbeauftragten. Auf die Stellung des Datenschutzbeauftragten bezieht sich S. 4, wonach Datenschutzbeauftragte unabhängig davon, 1 ob es sich bei ihnen um Beschäftigte des Verantwortlichen[1] handelt oder nicht, ihre Pflichten und Aufgaben in **vollständiger Unabhängigkeit** ausüben können sollten. Die Garantie der Unabhängigkeit ist Dreh- und Angelpunkt für eine effektive Aufgabenwahrnehmung durch den Datenschutzbeauftragten. Zugleich bildet die Unabhängigkeit die Grundlage diverser Einzelgewährleistungen gegenüber dem Datenschutzbeauftragten, insbesondere der Weisungsfreiheit und des Abberufungs- und Kündigungsschutzes.

II. BDSG

2 **1. Öffentliche Stellen des Bundes.** Regelungen zur Stellung des Datenschutzbeauftragten enthält **§ 6 BDSG für sämtliche**[2] **öffentliche Stellen des Bundes**. Die Regelungen in § 6 Abs. 1 und 2 BDSG entsprechen den Regelungen in Art. 38 Abs. 1 und 2 (ordnungsgemäße und frühzeitige Einbindung des Datenschutzbeauftragten, Unterstützung bei der Aufgabenerfüllung). § 6 Abs. 3 BDSG entspricht inhaltlich Art. 38 Abs. 3 (Weisungsfreiheit, Abberufungs- und Benachteiligungsschutz, Bericht zur höchsten Leitungsebene), nur ist die Reihenfolge der letzten beiden Sätze umgekehrt. Art. 38 Abs. 4 (Anrufungsrecht gegenüber dem Datenschutzbeauftragten) findet sich in § 6 Abs. 5 S. 1 BDSG wieder mit dem Unterschied, dass das Recht in § 6 Abs. 5 S. 1 BDSG etwas weiter gefasst ist.[3] § 6 Abs. 5 S. 2 BDSG (Verschwiegenheitspflicht) stellt ebenso wie § 6 Abs. 6 BDSG (Zeugnisverweigerungsrecht) eine Umsetzung von Art. 38 Abs. 5 dar. § 6 Abs. 4 S. 1 BDSG regelt den Abberufungsschutz des Datenschutzbeauftragten und geht dabei über den Schutz der DS-GVO (Art. 38 Abs. 3 S. 2) hinaus.[4] § 6 Abs. 4 S. 2 BDSG enthält eine Regelung zum Kündigungsschutz des Datenschutzbeauftragten, welche in der DS-GVO keine Entsprechung hat. Die Kompetenz zur Regelung des Kündigungsschutzes ergibt sich daraus, dass es sich insofern um eine arbeitsrechtliche Regelung handelt, die ergänzend zu den Vorgaben der DS-GVO beibehalten werden kann.[5] Die Regelung aus Art. 38 Abs. 6 zum nebenamtlichen Datenschutzbeauftragten und die diesbezügliche Pflicht zur Vermeidung von Interessenkollisionen wurde nicht in § 6 BDSG aufgenommen, sondern findet sich in § 7 Abs. 2 BDSG. § 7 BDSG regelt die Aufgaben behördlicher Datenschutzbeauftragter in der Bundesverwaltung.

3 **2. Nichtöffentliche Stellen.** Über einen **Verweis in § 38 Abs. 2 BDSG** finden **Teile des § 6 BDSG auch für nichtöffentliche Stellen** Anwendung. Im Einzelnen handelt es sich um den Abberufungs- und Kündigungsschutz (§ 6 Abs. 4 BDSG), die Verschwiegenheitspflicht (§ 6 Abs. 5 S. 2 BDSG) und das Zeugnisverweigerungsrecht (§ 6 Abs. 6 BDSG) des Datenschutzbeauftragten.

---

1 Obgleich S. 4 des ErwG 97 den Auftragsverarbeiter nicht explizit benennt, ist davon auszugehen, dass auch dessen DSB Unabhängigkeit genießt. Es handelt sich insoweit wohl um ein Redaktionsversehen.
2 Zur Frage der Zulässigkeit einer solchen einheitlichen Regelung vgl. Art. 37 Rn. 6 f.
3 Vgl. dazu Rn. 26.
4 Vgl. dazu Rn. 19.
5 Ehmann/Selmayr-*Heberlein* Art. 37 Rn. 14; Paal/Pauly-*Paal* Art. 38 Rn. 10; Kühling/Buchner-*Bergt* Art. 38 Rn. 33; anderer Ansicht *Härting* Rn. 16.

III. Normengenese und -umfeld

1. DSRL. Wie bereits bei Art. 37 erläutert, enthielt die **DSRL (95/46/EG)** den Datenschutzbeauftragten nur als Option für die Mitgliedstaaten, falls diese Vereinfachungen der Meldung an die Aufsichtsbehörde bzw. Ausnahmen von der Meldepflicht vorsehen wollten. Im Hinblick auf die Stellung des Datenschutzbeauftragten verlangte die DSRL in **ErwG 49**, der im Kern identisch ist mit ErwG 97 S. 4, die **vollständige Unabhängigkeit** des Datenschutzbeauftragten. Die Unabhängigkeit der Aufgabenwahrnehmung durch den Datenschutzbeauftragten wurde darüber hinaus in Art. 18 Abs. 2 DSRL aufgegriffen, nunmehr als tatbestandliche Voraussetzung für die Zulässigkeit der Einschränkung der Meldepflicht. Die Ausgestaltung der **Rechtsstellung im Einzelnen** blieb den **Mitgliedstaaten überlassen**. 4

2. BDSG a.F. Für die privaten Stellen und die Bundesbehörden war die Stellung des Datenschutzbeauftragten früher in **§ 4f BDSG a.F.** geregelt. Für die öffentlichen Stellen unterhalb der Bundesebene waren die Bestimmungen der jeweiligen Landesdatenschutzgesetze einschlägig. Die damaligen nationalen Anforderungen an die Rechtsstellung des Datenschutzbeauftragten stimmten dabei weitgehend mit denen des heutigen Art. 38 überein.[6] 5

3. Europäischer Datenschutzausschuss/nationale Datenschutzkonferenz/Aufsichtsbehörden. Die Art.-29-Datenschutzgruppe äußerte sich in ihren „**Leitlinien in Bezug auf Datenschutzbeauftragte („DSB")" (WP 243 rev. 01)** u.a. zur Stellung des Datenschutzbeauftragten, insbes. zu den Anforderungen an die frühzeitige und ordnungsgemäße Einbeziehung, zu den notwendigen Ressourcen, zur Weisungsfreiheit, zum Abberufungs- und Benachteiligungsschutz sowie zu möglichen Interessenkonflikten bei nebenamtlichen Datenschutzbeauftragten. Das WP 243 rev. 01 wurde durch den EDSA am 25.5.2018 bestätigt. In Deutschland haben sich verschiedene Aufsichtsbehörden zum Datenschutzbeauftragten nach DS-GVO geäußert.[7] Auch hat sich die nationale **Datenschutzkonferenz** in ihrem **Kurzpapier Nr. 12 „Datenschutzbeauftragte bei Verantwortlichen und Auftragsverarbeitern" (Stand: 17.12.2018)** mit dem Datenschutzbeauftragten beschäftigt. 6

B. Kommentierung

I. Einbindung des Datenschutzbeauftragten (Abs. 1)

1. DS-GVO-Regelung. Gemäß Art. 38 Abs. 1 hat der Verantwortliche bzw. Auftragsverarbeiter sicherzustellen, dass der Datenschutzbeauftragte ordnungsgemäß und frühzeitig in alle mit dem Schutz personenbezogener Daten zusammenhängenden Fragen eingebunden wird. Diese unscheinbare Vorschrift regelt eine Kernvoraussetzung für eine erfolgreiche Aufgabenwahrnehmung durch den Datenschutzbeauftragten und damit für einen effektiven Datenschutz. Insbesondere kann der Datenschutzbeauftragte seinem Beratungs- (Art. 39 Abs. 1 lit. a und c) und Überwachungsauftrag (Art. 39 Abs. 1 lit. b) nicht sachgemäß nachkommen, sofern er über datenschutzrelevante Sachverhalte nicht oder nur verspätet informiert wird. Die frühzeitige Einbindung des Datenschutzbeauftragten liegt im Übrigen auch im wohlverstandenen Eigeninteresse des Verantwortlichen bzw. Auftragsverarbeiters, da Prozessänderungen, die 7

---

6 So im Hinblick auf das BDSG a.F. auch Gola-*Klug* Art. 38 Rn. 2.
7 Vgl. Literaturverzeichnis.

Art. 38   Stellung des Datenschutzbeauftragten

aufgrund datenschutzrechtlicher Vorgaben erforderlich werden, zu erheblichen Kosten und/oder Zeitverzögerungen führen können. **Ordnungsgemäße Einbindung** meint, dass dem Datenschutzbeauftragten ungefragt alle für seine Beurteilung potenziell relevanten Informationen zur Verfügung zu stellen sind. Er steht nicht in der Holschuld, auch wenn es selbstverständlich ihm obliegt, zu erläutern, welche Informationen für ihn von besonderer Relevanz sind. Der Datenschutzbeauftragte muss über die mit den Verarbeitungen betrauten Personen informiert werden, Zugang zu den Verarbeitungsvorgängen[8] und ein Vorspracherecht bei den die Verarbeitung betreffenden Leitungsbesprechungen erhalten.[9] Sinnvollerweise steht der Datenschutzbeauftragte ohnedies in einem regelmäßigen Informationsaustausch mit der Leitungsebene und dem mittleren Management.[10] **Frühzeitig** ist die Einbindung, wenn sie erfolgt, sobald ein Verfahren personenbezogener Datenverarbeitung bzw. dessen Änderung konkret in Erwägung gezogen wird. Jedenfalls muss der Datenschutzbeauftragte über angemessene Zeit verfügen, seinem Beratungs- und Kontrollauftrag nachzukommen, bevor das Verfahren in Betrieb genommen wird.

8   **2. BDSG.** Die Regelung für **Datenschutzbeauftragte in öffentlichen Stellen des Bundes** in § 6 Abs. 1 BDSG entspricht inhaltlich Art. 38 Abs. 1. Die Ausführungen zu Art. 38 Abs. 1 gelten insofern entsprechend.

II. Unterstützung des Datenschutzbeauftragten (Abs. 2)

9   **1. DS-GVO-Regelung. – a) Überblick.** Die Unterstützungspflicht des Verantwortlichen bzw. Auftragsverarbeiters gegenüber dem Datenschutzbeauftragten nach Art. 38 Abs. 2 bezieht sich auf drei Aspekte. Erstens sind dem Datenschutzbeauftragten die zur Aufgabenerfüllung erforderlichen **Ressourcen** zur Verfügung zu stellen. Zweitens muss der Datenschutzbeauftragte **Zugang zu den verarbeiteten personenbezogenen Daten und den Verarbeitungsvorgängen** erhalten. Drittens hat der **Datenschutzbeauftragte Anspruch auf Fort- und Weiterbildung** einschließlich entsprechender Kostenübernahme und Freistellung.

10   **b) Zurverfügungstellung der erforderlichen Ressourcen.** Die relevanten Ressourcen entsprechen im Wesentlichen den in § 4f Abs. 5 S. 1 BDSG a.F. explizit Genannten, also Hilfspersonal, Räume[11], Einrichtungen, Geräte sowie finanzielle und sonstige Mittel. Unter anderem sind dem Datenschutzbeauftragten alle gängigen Kommunikationsmittel zur Verfügung zu stellen, wobei jegliche Kontrolle der Kommunikation im Hinblick auf deren Vertraulichkeit (§ 6 Abs. 5 S. 2 BDSG, ggf. i.V.m. § 38 Abs. 2 BDSG) zu unterbleiben hat[12]. Praktisch bedeutsam ist darüber hinaus, dass nebenamtlichen Datenschutzbeauftragten, also solchen, die neben dieser Position noch weitere Aufgaben wahrnehmen[13], die notwendigen **zeitlichen Kapazitäten** für die Erfüllung

---

8   Vgl. auch Art. 38 Abs. 2 DS-GVO.
9   Paal/Pauly-*Paal* Art. 38 Rn. 4; Ehmann/Selmayr-*Heberlein* Art. 38 Rn. 7.
10   So auch die *Art.-29-Datenschutzgruppe* WP 243 rev. 01, S. 16, bestätigt durch den *EDSA* am 25.5.2018.
11   Zu den diesbezüglichen Anforderungen an die Vertraulichkeit vgl. unten Rn. 27.
12   Vgl. auch Rn. 27.
13   In diesem Fall dürfen keine Interessenkonflikte bestehen, vgl. Art. 38 Abs. 6 S. 2 DS-GVO.

der Aufgaben nach Art. 39 eingeräumt werden.[14] Der Amtsinhaber muss also im Hinblick auf seine sonstigen Aufgaben angemessen entlastet werden. Andernfalls liegt eine Verletzung von Art. 38 Abs. 2 vor, ggf. sogar eine faktische Nichtbenennung. Das **konkrete Maß der erforderlichen Unterstützung** ist im Einzelfall zu bestimmen. Kriterien für die erforderliche finanzielle und materielle Ausstattung sowie ein angemessenes Zeitbudget können dabei etwa sein:[15]

- Größe des Unternehmens
  - Anzahl der Mitarbeiter
  - Anzahl der Standorte/Betriebsstätten
- Organisation des Unternehmens
  - Einbindung in eine Konzernstruktur
  - national oder international
  - Matrixorganisation
  - Komplexität der Geschäftsprozesse
  - Home-Office/Telearbeit
  - Außendienst-/Vertriebsorganisation
  - Delegationsmöglichkeiten (Rechtsabteilung/Revisionsabteilung/IT-Sicherheitsbeauftragter/externe Berater)
  - Inanspruchnahme externer Dienstleister (Outsourcing)
- Branche
- Art und Anzahl der zu verwaltenden Personengruppen (Mitarbeiter, Kunden, Lieferanten, Dritte, Kontaktpersonen etc.)
- Sensibilität der verarbeiteten personenbezogenen Daten bzw. der verwendeten Verfahren

In Fällen, in denen die Datenschutzbeauftragten-Aufgabe nicht in Vollzeit wahrgenommen wird, ist es unerlässlich, hierfür einen **festen Prozentsatz der Arbeitszeit** vorzusehen.[16] Jedenfalls in größeren Organisationen sollte der Datenschutzbeauftragte zur Gewährleistung seiner Unabhängigkeit ein **eigenes Budget** erhalten, mittels dessen er die Ausgaben für Fortbildung, Fachliteratur etc. bestreiten kann.[17]

Zu den Ressourcen zählt auch, dass der Datenschutzbeauftragte **Zugang zu fachkundiger Beratung** erhält, soweit erforderlich. Beratung kann etwa notwendig sein, sofern sehr komplexe Systeme oder besonders sensible Datenverarbeitungen zu beurteilen sind. Die Unterstützung kann durch Bereitstellen interner Ressourcen[18], z.B. Rechtsabteilung, IT-Sicherheitsbeauftragter, Revision, wie auch durch Zurverfügungstellen externer Beratungsleistungen[19], z.B. eines IT-Experten oder einschlägig spezialisierten

---

14 So auch die *Art.-29-Datenschutzgruppe* WP 243 rev. 01, S. 16 f., bestätigt durch den *EDSA* am 25.5.2018.
15 GDD-Praxishilfe DS-GVO I, Der Datenschutzbeauftragte nach der Datenschutz-Grundverordnung, Stand: Juli 2019, S. 11.
16 *LfDI Baden-Württemberg* Praxisratgeber „Die/der Beauftragte für den Datenschutz – Teil II", Stand: November 2019, S. 21.
17 Generell für ein eigenes Budget Taeger/Gabel-*Scheja* Art. 38 Rn. 35.
18 *Art.-29-Datenschutzgruppe* WP 243 rev. 01, S. 17, bestätigt durch den *EDSA* am 25.5.2018; *LfDI Baden-Württemberg* Praxisratgeber „Die/der Beauftragte für den Datenschutz – Teil II", Stand: November 2019, S. 22.
19 Kühling/Buchner-*Bergt* Art. 38 Rn. 21; BeckOK DatenSR-*Moos* 30. Edition, Stand: 1.11.2019, Art. 38 Rn. 8.

Rechtsanwalts, geschehen, wobei ein Anspruch des Datenschutzbeauftragten auf Unterstützung von extern erst besteht, nachdem alle zur Verfügung gestellten internen Beratungsmöglichkeiten ausgeschöpft wurden.

13 **c) Zugang zu Daten und Verarbeitungsvorgängen.** Gemeint ist hier nicht nur der physikalische Zutritt zu den Bereichen, in denen personenbezogene Daten verarbeitet werden, z.b. Serverräumen, sondern auch ein lesender Zugriff auf die relevanten EDV-Systeme.

14 **d) Anspruch auf Fort- und Weiterbildung.** Bereits erworbene Kenntnisse vermögen dem Stelleninhaber stets nur temporäre Fachkunde zu garantieren.[20] Er ist deshalb berechtigt und verpflichtet, sich durch den regelmäßigen Besuch von Seminaren, Fachforen, Erfahrungsaustauschkreisen etc. über die relevanten technischen und rechtlichen Entwicklungen auf dem Laufenden zu halten. Die Verpflichtung des Verantwortlichen bzw. Auftragsverarbeiters, dem Datenschutzbeauftragten vor Aufnahme der Tätigkeit eine **angemessene initiale Ausbildung** zukommen zu lassen, regelt Art. 38 Abs. 2 nicht. Dies erklärt sich aus der Gesetzessystematik, beschreibt Art. 38 doch die Rechtsstellung des bereits benannten Datenschutzbeauftragten. Die Verpflichtung, dem Stelleninhaber bereits vor Aufnahme der Tätigkeit eine angemessene Ausbildung angedeihen zu lassen, resultiert aus Art. 37 Abs. 5, wonach nur fachkundige Personen überhaupt benannt werden dürfen.[21] Der konkrete Umfang der notwendigen Fachkunde sowie der Aus- und Fortbildungsbedarf hängen von den jeweiligen Anforderungen beim Verantwortlichen bzw. Auftragsverarbeiter ab.[22] Teil des Anspruchs auf Fort- und Weiterbildung ist auch, dass dem Datenschutzbeauftragten die für die tägliche Arbeit benötigte **Fachliteratur** gestellt wird, wozu insbesondere Gesetzeskommentierungen und Fachzeitschriften gehören.[23]

15 **2. BDSG.** Für **Datenschutzbeauftragte in öffentlichen Stellen des Bundes** enthält § 6 Abs. 2 BDSG eine Art. 38 Abs. 2 entsprechende Regelung. Die Ausführungen zu Art. 38 Abs. 2 gelten insofern entsprechend.

III. Unabhängigkeit und Schutz des Datenschutzbeauftragten (Abs. 3)

16 **1. DS-GVO-Regelung. – a) Überblick.** Art. 38 Abs. 3 regelt die **Weisungsfreiheit** des Datenschutzbeauftragten, den **Schutz gegen Abberufung und Benachteiligung** sowie die **Berichterstattung an die höchste Managementebene**.

17 **b) Weisungsfreiheit.** Die **Weisungsfreiheit** ist Kern der in ErwG 97 postulierten vollständigen Unabhängigkeit des Datenschutzbeauftragten und hat insbesondere zur Konsequenz, dass dieser unabhängig ist im Hinblick auf die Bewertung stattfindender und geplanter Verarbeitungsvorgänge. Er ist nicht Anwalt des Verantwortlichen bzw. Auftragsverarbeiters und verteidigt dessen Verarbeitungsprozesse, sondern ist zur Meinungsbildung nach eigenen Erkenntnissen verpflichtet. Keinen Konflikt mit der Weisungsfreiheit stellt es regelmäßig dar, wenn der Datenschutzbeauftragte vom Verantwortlichen bzw. Auftragsverarbeiter **datenschutzrechtliche Anfragen** mit der Bitte

---

20 Vgl. auch Gola-*Klug* Art. 38 Rn. 4, der insofern auch auf die „Dynamik im Bereich des Datenschutzes" verweist.
21 Kühling/Buchner-*Bergt* Art. 38 Rn. 23.
22 Vgl. auch Art. 37 Rn. 43.
23 Paal/Pauly-*Paal* Art. 38 Rn. 6.

um Prüfung erhält.²⁴ Solche Anfragen zu bearbeiten ist Teil der Beratungsaufgabe nach Art. 39 Abs. 1 lit. a. Etwas anderes kann nur ausnahmsweise dann gelten, wenn Prüfbitten mit der Intention erfolgen, die Kapazitäten des Datenschutzbeauftragten zu binden und diesen von aus seiner Sicht vordringlichen Themenstellungen abzuhalten. Im Übrigen trägt die Behörden- bzw. Geschäftsleitung die Verantwortung für den Datenschutz und muss daher auch entscheiden können dürfen, welche Sachverhalte sie überprüft haben möchte. Teil der Weisungsfreiheit ist hingegen, dass der Datenschutzbeauftragte grundsätzlich selbst entscheiden kann, ob bzw. wann er sich an die Aufsichtsbehörde wendet.²⁵ Er wird hierbei aber seine arbeitsvertragliche Treuepflicht (interner Datenschutzbeauftragter) bzw. die Nebenpflichten aus dem Dienstleistungsvertrag (externer Datenschutzbeauftragter) angemessen zu berücksichtigen haben.²⁶ **Allgemeine organisatorische Vorgaben**, z.B. Vorgaben zur Arbeitszeit, Reisekosten- oder IT-Richtlinien, sind auch vom Datenschutzbeauftragten zu beachten, sofern sie nicht ausnahmsweise mit seinen Aufgaben kollidieren.²⁷ Weisungsfreiheit bedeutet schließlich nicht, dass der Datenschutzbeauftragte, mit Ausnahme der ihm zugewiesenen Hilfspersonen, seinerseits weisungsbefugt wäre.²⁸ Die Verantwortung für den Datenschutz verbleibt stets bei der Leitung des Verantwortlichen bzw. Auftragsverarbeiters, die sich über die Ansichten des Datenschutzbeauftragten auch hinwegsetzen kann.

c) Abberufungs- und Kündigungsschutz. Im Rahmen von Art. 38 Abs. 3 kann prinzipiell jeder Grund die **Abberufung** des Datenschutzbeauftragten gestatten, solange zur Begründung nicht die Aufgabenwahrnehmung des Datenschutzbeauftragten herangezogen wird. Insbesondere können auch betriebliche bzw. organisatorische Gründe die Abberufung nach Art. 38 Abs. 3 rechtfertigen.²⁹ Diese Regelung ist insofern problematisch, als Gefahr besteht, dass zulässige Abberufungsgründe lediglich vorgeschoben werden. Sofern dies der Fall ist, ist die Abberufung unwirksam. Die Beweislast für das Vorliegen eines nicht mit der Amtsführung zusammenhängenden Grundes liegt bei der benennenden Stelle.³⁰ **18**

Ein weitergehender Abberufungsschutz als derjenige der DS-GVO ist in § 6 Abs. 4 S. 1 BDSG enthalten, der nach § 38 Abs. 2 auch für Datenschutzbeauftragte nichtöffentlicher Stellen gelten soll. Hierbei soll es sich ausweislich der Gesetzesbegründung – ebenso wie beim Kündigungsschutz des Datenschutzbeauftragten nach BDSG – um eine arbeitsrechtliche Regelung handeln, die ergänzend zu den DS-GVO-Vorgaben beibehalten werden kann. Dafür, dass die **nationale Erweiterung des Abberufungsschutzes** eine arbeitsrechtliche Regelung darstellt, spricht insbesondere, dass bei internen Datenschutzbeauftragten mit der Abberufung regelmäßig eine Änderung des **19**

---

24 Anderer Ansicht Taeger/Gabel-*Scheja* Art. 38 Rn. 60; ebenso Kühling/Buchner-*Bergt* Art. 38 Rn. 27.
25 Ehmann/Selmayr-*Heberlein* Art. 38 Rn. 13.
26 Vgl. auch Art. 39 Rn. 20.
27 Kühling/Buchner-*Bergt* Art. 38 Rn. 26; Ehmann/Selmayr-*Heberlein* Art. 38 Rn. 14.
28 Ehmann/Selmayr-*Heberlein* Art. 38 Rn. 14.
29 Kühling/Buchner-*Bergt* Art. 38 Rn. 30; Paal/Pauly-*Paal* Art. 38 Rn. 10; Laue/Kremer-*Kremer* Das neue Datenschutzrecht in der betrieblichen Praxis, § 6 Rn. 37; anderer Ansicht *LfDI Baden-Württemberg* Praxisratgeber „Die/der Beauftragte für den Datenschutz – Teil II", Stand: November 2019, S. 24.
30 Kühling/Buchner-*Bergt* Art. 38 Rn. 30.

Arbeitsvertrags einhergeht.[31] Die Abberufung hat insofern Auswirkung auf das arbeitsvertragliche Grundverhältnis. Abberufung und Kündigung stehen in einem arbeitsrechtlichen Gesamtzusammenhang, der insgesamt vom nationalen Gesetzgeber geregelt werden kann. Diese Begründung für die nationale Sonderregelung zum Abberufungsschutz greift allerdings nur bezogen auf interne Datenschutzbeauftragte, nicht auch bezogen auf externe Datenschutzbeauftragte.

20 Anders als das BDSG a.F. enthält die DS-GVO keine Regelung zur Abberufung auf Verlangen der Aufsichtsbehörde. Dies ist problematisch. Die Regelung in § 4f Abs. 3 S. 4 BDSG a.F. verhinderte, dass die verantwortliche Stelle in Konflikt mit den gesetzlichen Abberufungsvorgaben geriet, wenn die Behörde den Datenschutzbeauftragten für ungeeignet hielt. Nach der DS-GVO kann aber genau dieses Problem entstehen, da nach Art. 38 Abs. 3 S. 2 die Abberufung nicht auf die Aufgabenerfüllung des Datenschutzbeauftragten gestützt werden darf. Der nationale Gesetzgeber hat dieses Problem erkannt und in § 40 Abs. 6 S. 2 BDSG geregelt. Danach kann die Aufsichtsbehörde die Abberufung verlangen, wenn der Datenschutzbeauftragte die zur Erfüllung der Aufgaben erforderliche Fachkunde nicht besitzt oder im Fall des Art. 38 Abs. 6 DS-GVO ein schwerwiegender Interessenkonflikt vorliegt.[32] Das Verlangen der Aufsichtsbehörde führt nicht automatisch zum Wegfall der Bestellung. Der benennenden Stelle steht allerdings kein Ermessen zu, ob sie dem behördlichen Verlangen nachkommen will, sie ist hierzu verpflichtet.[33] Hält sie die Anordnung für unbegründet, muss sie den hierin liegenden Verwaltungsakt anfechten. In jedem Fall hat die Aufsichtsbehörde zu berücksichtigen, dass ein Abberufungsverlangen einen schwerwiegenden Eingriff darstellt. Bei fehlender Fachkunde wird eine Verhältnismäßigkeit regelmäßig nur gegeben sein, wenn die Fachkunde nicht in angemessener Zeit durch geeignete Maßnahmen erworben werden kann.[34]

21 Handelt es sich um einen internen Datenschutzbeauftragten, ist der **Kündigungsschutz** nach § 6 Abs. 4 S. 2 und 3 BDSG (für nichtöffentliche Stellen i.V.m. § 38 Abs. 2 BDSG) zu beachten. Insofern hat das BAG[35] 2011 festgestellt, dass allein die Organisationsentscheidung, nunmehr konzernweit einen externen Datenschutzbeauftragten mit dem Datenschutz betrauen zu wollen, keinen wichtigen Grund i.S.v. § 626 BGB bildet. Da sich der Kündigungsschutz nach § 38 Abs. 2 i.V.m. § 6 Abs. 4 S. 2 BDSG nur auf den Fall der verpflichtenden und nicht auch der freiwilligen Benennung bezieht, entfällt

---

31 *BAG* v. 23.3.2011 – 10 AZR 562/09, NZA 2011, 1036; zur regelmäßigen Änderung des Arbeitsvertrages durch die Benennung vgl. auch Art. 37 Rn. 24. Für das Vorliegen einer arbeitsrechtlichen Regelung auch BeckOK DatenSR-*Moos* 30. Edition, Stand: 1.11.2019, Art. 38 Rn. 18; Paal/Pauly-*Körffer* § 6 Rn. 3; Taeger/Gabel-*Kinast* Art. 38 Rn. 44; den arbeitsrechtlichen Charakter der Regelung und die Europarechtskonformität von § 6 Abs. 4 S. 1 BDSG bezweifelnd dagegen Simitis/Hornung/Spiecker gen. Döhmann-*Drewes* Art. 37 Rn. 58 ff.; ähnlich Ehmann/Selmayr-*Heberlein* Art. 38 Rn. 28; Kühling/Buchner-*Bergt* Art. 38 Rn. 33.
32 Die nationale Regelung für europarechtswidrig erachtet Simitis/Hornung/Spiecker gen. Döhmann-*Drewes* Art. 37 Rn. 65.
33 So zur Regelung in § 38 Abs. 5 S. 3 BDSG a.F., an der sich die Neuregelung orientiert, Simitis-*Simitis* § 38 BDSG Rn. 74 sowie Gola/Schomerus-*Gola/Klug/Körffer* § 38 BDSG Rn. 28.
34 BeckOK DatenSR-*Wilhelm* 30. Edition, Stand: 1.11.2019, § 40 Rn. 43; ähnlich Paal/Pauly-*Pauly* § 40 BDSG Rn. 40; Kühling/Buchner-*Dix* § 40 BDSG Rn. 17.
35 *BAG* v. 23.3.2011 – 10 AZR 562/09, RDV 2011, 237; NZA 2011, 1036.

der nationale Sonderkündigungsschutz, sobald die **Benennungsvoraussetzungen nachträglich entfallen.** Für ein Jahr besteht allerdings noch der nachwirkende Kündigungsschutz aus § 6 Abs. 4 S. 3 BDSG.[36] Der Kündigungsschutz bezieht sich auch auf **stellvertretende Datenschutzbeauftragte**, sofern diese tatsächlich aktiv werden.[37]

d) Benachteiligungsverbot. Das **Benachteiligungsverbot** ist weit zu verstehen, insbesondere genügt das Vorliegen einer objektiven Benachteiligung und die Benachteiligung muss nicht vorsätzlich erfolgen. Eine Benachteiligung kann etwa darin liegen, dass der Amtsinhaber keine Gehaltserhöhungen mehr erhält, er räumlich isoliert und von den unternehmensinternen Informationsflüssen ausgeschlossen wird oder er keine adäquate Büroausstattung erhält. Die Beweislast liegt bei der benennenden Stelle, d.h., diese muss beweisen, dass die Benachteiligung nicht mit der Amtstätigkeit zusammenhängt.[38] 22

e) Verhältnis des Datenschutzbeauftragten zur Leitungsebene. Nach Art. 38 Abs. 3 S. 3 **berichtet** der Datenschutzbeauftragte **unmittelbar der höchsten Managementebene.** Hierbei handelt es sich nicht allein um die Vorgabe eines Berichtswegs, sondern zugleich um eine Vorgabe in hierarchischer Hinsicht, die es verbietet, den Datenschutzbeauftragten einer anderen Stelle als unmittelbar der Leitung zu unterstellen.[39] Den Datenschutzbeauftragten unmittelbar unter der Leitung zu verorten ist organisatorische Konsequenz seiner Unabhängigkeit (ErwG 97 S. 4). Zugleich spricht hierfür die englische Fassung der DS-GVO, welche Gegenstand der Trilogverhandlungen war („shall directly report to the highest management level"). In der englischen Sprache bedeutet „to report to" auch jemandem unterstellt zu sein. 23

2. BDSG. Für **Datenschutzbeauftragte in öffentlichen Stellen des Bundes** findet Art. 38 Abs. 3 sein inhaltliches Äquivalent in § 6 Abs. 3 BDSG, nur ist bei letzterer Regelung die Reihenfolge der letzten beiden Sätze umgekehrt, es findet sich also der Bericht zur höchsten Leitungsebene vor dem Abberufungs- und Benachteiligungsschutz. Im Hinblick auf die Inhalte des § 6 Abs. 3 BDSG wird auf die vorstehende Kommentierung zu Art. 38 Abs. 3 verwiesen. 24

IV. „Anwalt der betroffenen Personen" (Abs. 4)

1. DS-GVO-Regelung. Nach Art. 38 Abs. 4 können betroffene Personen den Datenschutzbeauftragten zu allen mit der Verarbeitung ihrer personenbezogenen Daten und mit der Wahrnehmung ihrer Rechte aus der DS-GVO im Zusammenhang stehenden Fragen zu Rate ziehen. Die Regelung ist als Recht der betroffenen Personen formuliert. Aus ihr resultiert aber zugleich auch die Pflicht des Datenschutzbeauftragten, sich Beschwerden der betroffenen Personen anzunehmen, d.h. den Sachverhalt zu 25

---

36 So das *BAG* v. 5.12.2019 – 2 AZR 223/19 zu § 4f Abs. 3 S. 5 und 6 BDSG a.F.
37 *BAG* v. 27.7.2017 – 2 AZR 812/16; im Hinblick auf den Stellvertreter des Datenschutzbeauftragten und sein Hilfspersonal ausführlich *Franck/Reif* ZD 2015, 405.
38 So auch Kühling/Buchner-*Bergt* Art. 38 Rn. 31.
39 Ähnlich wie hier Ehmann/Selmayr-*Heberlein* Art. 38 Rn. 16; Taeger/Gabel-*Scheja* Art. 38 Rn. 67 und Plath-*von der Bussche* Art. 38 Rn. 2; anderer Auffassung BeckOK DatenSR-*Moos* 30. Edition, Stand: 1.11.2019, Art. 38 Rn. 26; Paal/Pauly-*Paal* Art. 38 Rn. 11; die unmittelbare Unterstellung unter die Leitung nicht für zwingend, aber jedenfalls für empfehlenswert erachtend Kühling/Buchner-*Bergt* Art. 38 Rn. 25.

prüfen, auf die Abstellung etwaiger Datenschutzverstöße hinzuwirken und dem Beschwerdeführer innerhalb einer angemessenen Zeit eine Antwort zukommen zu lassen.[40] Auf entsprechende Nachfrage hat er zu erläutern, welche Rechte der betroffenen Person zustehen und wie diese ihre Rechte wahrnehmen kann. Der Datenschutzbeauftragte fungiert insofern als **„Anwalt der betroffenen Personen"**[41]. Zu beachten ist, dass der Datenschutzbeauftragte die betroffenen Personen nur im Hinblick auf die Wahrnehmung ihrer Rechte berät, die Rechte selbst sich aber nicht gegen ihn, sondern gegen den Verantwortlichen richten. Von Eingaben nach Art. 38 Abs. 4 sind etwa Auskunftsbegehren (Art. 15) und Widersprüche (Art. 21) zu unterscheiden. Die Bearbeitung dieser Sachverhalte ist nicht originär Aufgabe des Datenschutzbeauftragten, kann ihm aber übertragen werden. Eng mit dem Recht auf Anrufung des Datenschutzbeauftragten zusammen hängt dessen **Verschwiegenheitsverpflichtung** (§ 6 Abs. 5 S. 2 BDSG, für nichtöffentliche Stellen i.V.m. § 38 Abs. 2 BDSG).[42] Während es Kunden teilweise sogar recht sein mag, wenn ihre Eingabe der Geschäftsleitung kommuniziert wird, werden sich Beschäftigte aus Angst vor karrieretechnischen Nachteilen häufig nur dann an den Datenschutzbeauftragten wenden, wenn die Vertraulichkeit sichergestellt ist. Dem Datenschutzbeauftragten müssen gem. Art. 38 Abs. 2 die notwendigen zeitlichen Kapazitäten auch für die Wahrnehmung der Aufgaben aus Art. 38 Abs. 4 zur Verfügung gestellt werden.[43] Um zu gewährleisten, dass der Datenschutzbeauftragte als Ansprechpartner für die betroffenen Personen erreichbar ist, schreibt die DS-GVO in Art. 37 Abs. 7 die Veröffentlichung seiner **Kontaktdaten** vor und verpflichtet den Verantwortlichen, den betroffenen Personen diese im Rahmen der Informationspflichten (Art. 13 Abs. 1 lit. b, Art. 14 Abs. 1 lit. b) bzw. im Falle eines Datenschutzverstoßes (Art. 34 Abs. 2 i.V.m. Art. 33 Abs. 3 lit. b) mitzuteilen.[44]

26 **2. BDSG.** Im Hinblick auf **Datenschutzbeauftragte bei öffentlichen Stellen des Bundes** findet sich das Anrufungsrecht der betroffenen Personen in § 6 Abs. 5 S. 1 BDSG, wobei die Regelung etwas weiter gefasst ist als Art. 38 Abs. 4. Während Art. 38 Abs. 4 lediglich die Verordnung in Bezug nimmt, bezieht sich § 6 Abs. 5 S. 1 BDSG auch auf das BDSG und das sonstige Datenschutzrecht.

V. Geheimhaltung/Vertraulichkeit

27 Art. 38 Abs. 5 verpflichtet den Datenschutzbeauftragten zur **Wahrung der Geheimhaltung bzw. Vertraulichkeit** bei der Erfüllung seiner Aufgaben, überlässt allerdings die nähere Ausgestaltung dieser Verpflichtung dem Unionsrecht bzw. Recht der

---

40 Kühling/Buchner-*Bergt* Art. 38 Rn. 36; Paal/Pauly-*Paal* Art. 38 Rn. 12.
41 Wie hier Paal/Pauly-*Paal* Art. 38 Rn. 12; die Bezeichnung „Anwalt der Betroffenen" für zu weitgehend hält Ehmann/Selmayr-*Heberlein* Art. 38 Rn. 18. In einer „Zwickmühle" zwischen den Interessen der datenverarbeitenden Stelle und denjenigen der betroffenen Personen sehen den Datenschutzbeauftragten *Marschall/Müller* ZD 2016, 415, 420.
42 Zu den Details vgl. die nachstehende Kommentierung zu Abs. 5.
43 Ehmann/Selmayr-*Heberlein* Art. 38 Rn. 18.
44 Ehmann/Selmayr-*Heberlein* Art. 38 Rn. 18.

Mitgliedstaaten.⁴⁵ Von dieser Regelungsmöglichkeit wurde in Deutschland Gebrauch gemacht und § 6 Abs. 5 S. 2 BDSG geschaffen, wonach der Datenschutzbeauftragte zur Verschwiegenheit über die Identität der betroffenen Person sowie über Umstände, die Rückschlüsse auf die betroffene Person zulassen, verpflichtet ist, soweit er nicht von dieser hiervon befreit wird. Die Verletzung der Vertraulichkeit durch für Berufsgeheimnisträger tätige Datenschutzbeauftragte ist gem. § 203 Abs. 4 S. 1 StGB zudem strafbar. Das Zeugnisverweigerungsrecht in § 6 Abs. 6 BDSG sichert die Verschwiegenheitspflicht prozessual ab. Die Regelungen in § 6 Abs. 5 S. 2 und Abs. 6 BDSG gelten unmittelbar nur für Datenschutzbeauftragte in öffentlichen Stellen des Bundes. Über den Verweis in § 38 Abs. 2 BDSG wird ihr Anwendungsbereich aber auf Datenschutzbeauftragte nichtöffentlicher Stellen erstreckt. Im Hinblick auf die Verpflichtung zur Geheimhaltung bzw. Vertraulichkeit ist dem Datenschutzbeauftragten ein **vertrauliches E-Mail-Postfach** speziell für die Tätigkeit als Datenschutzbeauftragter (dsb@firma.de) sowie eine von Dritten **nicht abhörbare Mailbox** zur Verfügung zu stellen.⁴⁶ Sein Anschluss ist **von einer ggf. stattfindenden Telefondatenerfassung auszunehmen**. An den Datenschutzbeauftragten adressierte **Post ist ungeöffnet weiterzuleiten**. Teilweise wird vertreten, dass dem Datenschutzbeauftragten zwingend dauerhaft ein **eigenes Arbeitszimmer** zur Verfügung zu stellen ist, in dem auch vertrauliche Besprechungen oder Telefonate stattfinden können.⁴⁷ Nach herrschender Ansicht ist es hingegen ausreichend, dass der Datenschutzbeauftragte jederzeit vertraulich kontaktiert werden und seine Aufgabe geheim ausführen kann, was ggf. auch auf andere Weise gewährleistet werden kann als durch ein Einzelbüro.⁴⁸ Angesichts der notwendigen organisatorischen Vorkehrungen dürfte sich dann in der Praxis aber doch das Einzelbüro vielfach als die praktikabelste Variante darstellen.

VI. Vermeidung von Interessenkollisionen (Abs. 6)

1. DS-GVO-Regelung. Gemäß Art. 38 Abs. 6 ist es dem Datenschutzbeauftragten ausdrücklich gestattet, auch andere Aufgaben und Pflichten wahrzunehmen (sog. **nebenamtlicher Datenschutzbeauftragter**). Die Zulässigkeit der Wahrnehmung anderer Aufgaben und Pflichten steht allerdings unter der Bedingung, dass diese nicht zu einem **Interessenkonflikt** mit der Tätigkeit als Datenschutzbeauftragter führen. Ein Interessenkonflikt ergibt sich regelmäßig dann, wenn der Datenschutzbeauftragte im Rahmen seiner sonstigen Tätigkeit für die gleiche Organisation Zwecke und Mittel der Verarbeitung personenbezogener Daten festlegt⁴⁹ und sich insofern selbst kontrol-

28

---

45 Ehmann/Selmayr-*Heberlein* Art. 38 Rn. 19; Kühling/Buchner-*Bergt* Art. 38 Rn. 38; Simitis/Hornung/Spiecker gen. Döhmann-*Drewes* Art. 38 Rn. 49; BeckOK DatenSR-*Moos* 30. Edition, Stand: 1.11.2019, Art. 38 Rn. 29 ff.; anderer Ansicht Paal/Pauly-*Paal* Art. 38 Rn. 13; Laue/Kremer-*Kremer* Das neue Datenschutzrecht in der betrieblichen Praxis, § 6 Rn. 41.
46 Laue/Kremer-*Kremer* Das neue Datenschutzrecht in der betrieblichen Praxis, § 6 Rn. 14.
47 *LfDI Baden-Württemberg* Praxisratgeber „Die/der Beauftragte für den Datenschutz – Teil II", Stand: November 2019, S. 23.
48 BeckOK DatenSR-*Moos* 30. Edition, Stand: 1.11.2019, Art. 38 Rn. 9; Laue/Kremer-*Kremer* Das neue Datenschutzrecht in der betrieblichen Praxis, § 6 Rn. 31; ebenso und ausführlich zu den Anforderungen an die Räumlichkeiten des Datenschutzbeauftragten Taeger/Gabel-*Scheja* Art. 38 Rn. 36; wohl auch Ehmann/Selmayr-*Heberlein* Art. 38 Rn. 10.
49 *Art.-29-Datenschutzgruppe* WP 243 rev. 01, S. 19, bestätigt durch den *EDSA* am 25.5.2018.

lieren müsste. Lebensfremd wäre allerdings die Annahme, dass sich allein durch die kluge Auswahl des Amtsinhabers Interessenkollisionen völlig ausschließen lassen. Gewisse Konflikte sind dem Amt des Datenschutzbeauftragten vielmehr immanent. So wird der interne Datenschutzbeauftragte auch die Interessen seines Arbeitgebers schützen wollen, die mit dem Interesse an datenschutzkonformer Verarbeitung in Konflikt stehen können. Ähnlich ist es bei externen Dienstleistern, die auf zufriedene Kunden und die Fortsetzung ihrer Vertragsbeziehungen angewiesen sind. Ob ein „echter" Interessenkonflikt vorliegt, der die Amtsübernahme ausschließt, kann regelmäßig nur im konkreten Einzelfall entschieden werden[50], allerdings gibt es einige Leitlinien, die zu berücksichtigen sind.

29 Von der Wahrnehmung des Amtes als Datenschutzbeauftragter ausgeschlossen sind insbesondere der **Inhaber** des Verantwortlichen bzw. Auftragsverarbeiters **oder Personen, die mit der Leitung betraut sind, wie z.B. Geschäftsführer oder Vorstände.**[51] Auch der **Leiter und andere Schlüsselfiguren aus den Abteilungen IT, Personal, Vertrieb oder Marketing** scheiden als Datenschutzbeauftragte regelmäßig aus.[52] Ebenso wenig kann ein Datenschutzbeauftragter zugleich **Geldwäschebeauftragter** sein.[53] Da Letzterer für seine Tätigkeit auch auf personenbezogenen Auswertungen angewiesen ist, wäre ansonsten eine unabhängige Datenschutzkontrolle nicht gewährleistet.

30 Praxisrelevant ist, dass die Aufgabe des Datenschutzbeauftragten von einem Mitarbeiter der (Innen-)**Revision** bzw. deren Leiter wahrgenommen wird. Für eine solche Kombination spricht, dass dieser Personenkreis über eine besondere Kenntnis der organisatorischen Abläufe beim Verantwortlichen bzw. Auftragsverarbeiter verfügt sowie Prüf- und Audittechniken beherrscht, die auch im Rahmen der Datenschutzkontrolle zur Anwendung kommen.[54] Ein Konflikt entsteht allerdings, sofern der Datenschutzbeauftragte im Rahmen seiner Revisionstätigkeit selbst Datenauswertungen durchführt bzw. verantwortet.[55] Entsprechend wird man auch die Benennung von **Mitarbeitern aus dem Bereich Compliance** zu bewerten haben.

---

50 Ebenso *Art.-29-Datenschutzgruppe* WP 243 rev. 01, S. 19, bestätigt durch den *EDSA* am 25.5.2018; ähnlich Kühling/Buchner-*Bergt* Art. 38 Rn. 40.
51 Vgl. auch *Art.-29-Datenschutzgruppe* WP 243 rev. 01, S. 19, bestätigt durch den *EDSA* am 25.5.2018; Ehmann/Selmayr-*Heberlein* Art. 38 Rn. 22; Kühling/Buchner-*Bergt* Art. 38 Rn. 40; Laue/Kremer-*Kremer* Das neue Datenschutzrecht in der betrieblichen Praxis, § 6 Rn. 27.
52 Vgl. etwa Kühling/Buchner-*Bergt* Art. 38 Rn. 40; Ehmann/Selmayr-*Heberlein* Art. 38 Rn. 22.
53 *LfDI Baden-Württemberg* Praxisratgeber „Die/der Beauftragte für den Datenschutz – Teil II", Stand: November 2019, S. 10; zur Rechtslage vor Geltung der DS-GVO ebenso *BayLDA* 5. TB 2011/2012, S. 16; Kühling/Buchner-*Bergt* Art. 38 Rn. 42; Laue/Kremer-*Kremer* Das neue Datenschutzrecht in der betrieblichen Praxis, § 6 Rn. 27; zur Unzulässigkeit der Personalunion von behördlichem Datenschutzbeauftragten und Ansprechperson für Korruptionsprävention in der Bundesverwaltung *Franck* NVwZ 2019, 854.
54 Für Revisionsmitarbeiter als Datenschutzbeauftragte *BayLDA* 5. TB 2011/2012, S. 16 f.; BeckOK DatenSR-*Moos* 30. Edition, Stand: 1.11.2019, Art. 38 Rn. 36.
55 Kühling/Buchner-*Bergt* Art. 38 Rn. 42; ähnlich auch Ehmann/Selmayr-*Heberlein* Art. 38 Rn. 23; generell von einer Inkompatibilität zwischen Revisionstätigkeit und der Benennung zum Datenschutzbeauftragten geht *Ernst* NJOZ 2010, 2443 aus.

Im Jahr 2011 entschied das BAG[56], dass allein die bloße Mitgliedschaft im **Betriebsrat** 31
kein ausreichender Grund ist, die Zuverlässigkeit eines Datenschutzbeauftragten in
Frage zu stellen. 2019 urteilte sodann das LAG Sachsen[57], dass auch der Betriebsratsvorsitzende als Datenschutzbeauftragter eines Unternehmens in Betracht kommt.
Letztere Entscheidung ist allerdings nicht rechtskräftig und aktuell beim BAG anhängig. Ein Interessenkonflikt zwischen der Tätigkeit als Betriebsrat und Datenschutzbeauftragter wird jedenfalls dann anzunehmen sein, wenn der Datenschutzbeauftragte
als Betriebsratsmitglied für die EDV des Betriebsrats verantwortlich ist.[58] In diesem
Fall müsste er sich selbst kontrollieren.[59]

Als zulässige Ämterkombination wird es vielfach angesehen, wenn der **IT-Sicherheits-** 32
beauftragte oder ein Mitarbeiter der IT-Sicherheit benannt wird.[60] So entschied auch
das LAG Hamm[61], dass allein die Mitarbeit im IT-Bereich (im konkreten Fall: IT-Projektarbeit, Umsetzung von IT-Sicherheitsstandards) nicht die Zuverlässigkeit des
Datenschutzbeauftragten in Frage stellt. Vorhandene Spezialkenntnisse einer Person
böten auch die Chance, jemanden mit ausgewiesener Fachkunde für die Tätigkeit als
Datenschutzbeauftragten zu gewinnen, so das Gericht. Auch der **Leiter bzw. Mitarbeiter der Rechtsabteilung** werden tendenziell zulässig benannt werden können.[62] Ob im
Einzelfall ein Konflikt besteht, ist jeweils vor dem Hintergrund der konkreten Stellenbzw. Aufgabenbeschreibung zu beurteilen. Entscheidend ist, ob der Stelleninhaber
selbst Datenauswertungen durchführt oder verantwortet, z.B. zur Begründung von
Kündigungen von Beschäftigten.

2. BDSG. Für **Datenschutzbeauftragte in öffentlichen Stellen des Bundes** findet 33
sich eine Art. 38 Abs. 6 entsprechende Regelung in § 7 Abs. 2 BDSG. Für die Interpretation von § 7 Abs. 2 BDSG wird auf die vorstehenden Ausführungen verwiesen.

C. Praxishinweis – Relevanz

I. Für öffentliche Stellen

Es empfiehlt sich, der Benennung eine **Stellenbeschreibung** beizufügen, die Aufgaben 34
und Stellung des jeweiligen Datenschutzbeauftragten im Einzelnen und bezogen auf

---

56 *BAG* v. 23.3.2011 – 10 AZR 562/09, RDV 2011, 237; NZA 2011, 1036.
57 *LAG Sachsen* v. 19.8.2019 – 9 Sa 268/18, BB 2019, 2424; NZA-RR 2020, 56.
58 Kühling/Buchner-*Bergt* Art. 38 Rn. 45.
59 Zur Kontrolle des Betriebsrats durch den Datenschutzbeauftragten vgl. Art. 39 Rn. 15.
60 *LfDI Baden-Württemberg* Praxisratgeber „Die/der Beauftragte für den Datenschutz – Teil II", Stand: November 2019, S. 11; BeckOK DatenSR-*Moos* 30. Edition, Stand: 1.11.2019, Art. 38 Rn. 36; Laue/Kremer-*Kremer* Das neue Datenschutzrecht in der betrieblichen Praxis, § 6 Rn. 27; einschränkend, aber die Personalunion wohl für zulässig erachtend Kühling/Buchner-*Bergt* Art. 38 Rn. 42; regelmäßig einen Interessenkonflikt von Mitarbeitern der IT-Abteilung nimmt hingegen Simitis/Hornung/Spiecker gen. Döhmann-*Drewes* Art. 38 Rn. 55 an; ähnlich Taeger/Gabel-*Scheja* Art. 38 Rn. 75.
61 *LAG Hamm* v. 8.4.2011 – 13 TaBV 92/10.
62 Für Beschäftigte der Rechtsabteilung als Datenschutzbeauftragte *BayLDA* 5. TB 2011/2012, S. 16 f.; differenzierend *LfDI Baden-Württemberg* Praxisratgeber „Die/der Beauftragte für den Datenschutz – Teil II", Stand: November 2019, S. 11; Kühling/Buchner-*Bergt* Art. 38 Rn. 42; Ehmann/Selmayr-*Heberlein* Art. 38 Rn. 23; Laue/Kremer-*Kremer* Das neue Datenschutzrecht in der betrieblichen Praxis, § 6 Rn. 27.

die individuellen Besonderheiten beim Verantwortlichen bzw. Auftragsverarbeiter beschreibt.[63] Ziel ist es, die rechtlichen Vorgaben zu Aufgaben und Stellung des Datenschutzbeauftragten unter Berücksichtigung von Größe und Organisation der benennenden Stelle sowie der Komplexität der Datenverarbeitung zu konkretisieren. Auch die Verpflichtung der benennenden Stelle, diesem die notwendige Unterstützung in Form von Ressourcen und Zugang zu Daten und Verarbeitungsvorgängen zukommen zu lassen (Art. 38 Abs. 2), ist entsprechend zu konkretisieren. Praxisrelevant ist in diesem Zusammenhang insbesondere die Bestimmung, welche zeitlichen Kapazitäten für die Wahrnehmung der Aufgaben nach Art. 39 zur Verfügung stehen.

II. Für nichtöffentliche Stellen

35   Die vorstehenden **Ausführungen für öffentliche Stellen gelten entsprechend**. Auch bei nichtöffentlichen Stellen sollte die Benennung auf Basis einer detaillierten Stellenbeschreibung erfolgen.

III. Für betroffene Personen

36   Aus Sicht der betroffenen Personen ist im Hinblick auf Art. 38 vor allem Abs. 4 von Bedeutung, wonach diese den Datenschutzbeauftragten zu allen mit der Verarbeitung ihrer personenbezogenen Daten und mit der Wahrnehmung ihrer Rechte gem. der DS-GVO im Zusammenhang stehenden Fragen zu Rate ziehen können („**Anwalt der Betroffenen**"). Der Datenschutzbeauftragte hat den betroffenen Personen eine Antwort zukommen zu lassen, Beschwerden nachzugehen und auf die Abstellung etwaiger Datenschutzverstöße hinzuwirken.[64]

IV. Für Aufsichtsbehörden

37   Während im Rahmen des BDSG a.F. **Bußgelder** nur an die fehlende, fehlerhafte oder nicht rechtzeitige Bestellung des Datenschutzbeauftragten geknüpft werden konnten (vgl. § 43 Abs. 1 Nr. 2 BDSG a.F.), können nach Art. 83 Abs. 4 sämtliche Verstöße gegen Pflichten aus Art. 37–39 geahndet werden, also z.B. auch Verstöße gegen die Verpflichtung zur Einbindung (Art. 38 Abs. 1), die Unterstützungspflicht (Art. 38 Abs. 2) oder die Weisungsfreiheit (Art. 38 Abs. 3 S. 1).

V. Für das Datenschutzmanagement

38   Die Leitung des Verantwortlichen bzw. Auftragsverarbeiters muss sicherstellen, dass eine **Einbindung des Datenschutzbeauftragten** in allen Fragen mit Datenschutzbezug gewährleistet ist (Art. 38 Abs. 1) und sein Rat eingeholt wird, wenn eine DSFA (Art. 35) durchzuführen ist (Art. 35 Abs. 2). Erforderlich sind organisationsinterne Richtlinien, die den Fachabteilungen vorgeben, unter welchen Voraussetzungen der Datenschutzbeauftragte über die Einführung bzw. Änderung von Prozessen zu informieren ist. Auch geregelt werden sollte die Beteiligung des Datenschutzbeauftragten an Gremien, die personenbezogene Verarbeitungen zum Gegenstand haben.

---

63   Ein Muster für eine Stellenbeschreibung findet sich etwa auf der Homepage der GDD (www.gdd.de) in der Rubrik Datenschutzbeauftragter.
64   Vgl. im Einzelnen vorstehend Rn. 25.

VI. Sanktionen

Verletzungen des Art. 38 durch den Verantwortlichen bzw. Auftragsverarbeiter können gem. Art. 83 Abs. 4 mit **Geldbußen** von bis zu 10 Mio. EUR oder im Fall eines Unternehmens von bis zu 2 % seines gesamten weltweit erzielten Jahresumsatzes des vorangegangenen Geschäftsjahrs, je nachdem, welcher der Beträge höher ist, belegt werden. Dies gilt jedoch nicht für öffentliche Stellen. Zwar sind diese nach Art. 37 Abs. 1 lit. a zur Benennung eines Datenschutzbeauftragten verpflichtet und müssen Art. 38 beachten, jedoch kann gegen öffentliche Stellen wegen § 43 Abs. 3 BDSG kein Bußgeld verhängt werden. Auch Verstöße des Datenschutzbeauftragten gegen seine Pflichten sind nicht bußgeldbewehrt.[65]

39

Artikel 39 Aufgaben des Datenschutzbeauftragten

(1) Dem Datenschutzbeauftragten obliegen zumindest folgende Aufgaben:
a) Unterrichtung und Beratung des Verantwortlichen oder des Auftragsverarbeiters und der Beschäftigten, die Verarbeitungen durchführen, hinsichtlich ihrer Pflichten nach dieser Verordnung sowie nach sonstigen Datenschutzvorschriften der Union bzw. der Mitgliedstaaten;
b) Überwachung der Einhaltung dieser Verordnung, anderer Datenschutzvorschriften der Union bzw. der Mitgliedstaaten sowie der Strategien des Verantwortlichen oder des Auftragsverarbeiters für den Schutz personenbezogener Daten einschließlich der Zuweisung von Zuständigkeiten, der Sensibilisierung und Schulung der an den Verarbeitungsvorgängen beteiligten Mitarbeiter und der diesbezüglichen Überprüfungen;
c) Beratung – auf Anfrage – im Zusammenhang mit der Datenschutz-Folgenabschätzung und Überwachung ihrer Durchführung gemäß Artikel 35;
d) Zusammenarbeit mit der Aufsichtsbehörde;
e) Tätigkeit als Anlaufstelle für die Aufsichtsbehörde in mit der Verarbeitung zusammenhängenden Fragen, einschließlich der vorherigen Konsultation gemäß Artikel 36, und gegebenenfalls Beratung zu allen sonstigen Fragen.

(2) Der Datenschutzbeauftragte trägt bei der Erfüllung seiner Aufgaben dem mit den Verarbeitungsvorgängen verbundenen Risiko gebührend Rechnung, wobei er die Art, den Umfang, die Umstände und die Zwecke der Verarbeitung berücksichtigt.

– *ErwG:* 77, 97
– *BDSG n.F.:* § 7

Übersicht

	Rn		Rn
A. Einordnung und Hintergrund	1	3. Europäischer Datenschutz-	
I. Erwägungsgründe	1	ausschuss/nationale Daten-	
II. BDSG	2	schutzkonferenz/Aufsichts-	
III. Normengenese und -umfeld	5	behörden	7
1. DSRL	5	B. Kommentierung	
2. BDSG a.F.	6	I. Aufgaben des Datenschutzbe-	
		auftragten (Abs. 1)	8

---

65 Vgl. Art. 39 Rn. 34.

Art. 39

	Rn		Rn
1. DS-GVO-Regelung	8	1. DS-GVO-Regelung	23
a) Allgemeines	8	2. BDSG	24
b) Unterrichtung und Beratung	9	III. Haftung des Datenschutzbeauftragten	25
c) Überwachung der Einhaltung des Datenschutzes	12	IV. Dokumentation der Arbeit des Datenschutzbeauftragten	28
d) Aufgaben im Zusammenhang mit der DSFA	16	C. Praxishinweis – Relevanz	29
		I. Für öffentliche Stellen	29
		II. Für nichtöffentliche Stellen	30
e) Verhältnis zur Aufsichtsbehörde	19	III. Für betroffene Personen	31
2. BDSG	22	IV. Für Aufsichtsbehörden	32
II. Verpflichtung zur risikoorientierten Tätigkeit (Abs. 2)	23	V. Für das Datenschutzmanagement	33
		VI. Sanktionen	34

Literatur: *Art.-29-Datenschutzgruppe* WP 243 rev. 01 „Leitlinien in Bezug auf Datenschutzbeauftragte („DSB")"; *Baumgartner/Hansch* Der betriebliche Datenschutzbeauftragte, ZD 2019, 99; *Bittner* Der Datenschutzbeauftragte gem. EU-Datenschutz-Grundverordnungs-Entwurf, RDV 2014, 183; *Eßer/Steffen* Zivilrechtliche Haftung des betrieblichen Datenschutzbeauftragten, CR 2018, 289; *Franck* Risikobasierte Aufgabenpriorisierung für Datenschutzbeauftragte, Datenschutz-Berater 2019, 181; *Franck/Reif* Pluralistische Datenschutzkontrolle – Datenschutzbeauftragte, Stellvertreter, Hilfspersonal und mehr, ZD 2015, 405; *HessDSB* Der behördliche und betriebliche Datenschutzbeauftragte nach neuem Recht, Stand: 06/2017; *Jaspers/Reif* Der Datenschutzbeauftragte nach der Datenschutz-Grundverordnung: Pflicht zur Benennung, Rechtsstellung und Aufgaben, RDV 2016, 61; *Johannes* Gegenüberstellung – Der Datenschutzbeauftragte nach DS-GVO, JI-Richtlinie und zukünftigem BDSG, ZD-Aktuell 2017, 05794; *Klug* Der Datenschutzbeauftragte in der EU – Maßgaben der Datenschutzgrundverordnung, ZD 2016, 315; *Konferenz der unabhängigen Datenschutzbehörden des Bundes und der Länder (Datenschutzkonferenz)* Kurzpapier Nr. 12 „Datenschutzbeauftragte bei Verantwortlichen und Auftragsverarbeitern" (Stand: 17.12.2018); *Lantwin* Risikoberuf Datenschutzbeauftragter? Die Haftung nach der neuen DS-GVO, ZD 2017, 411; *LDI NRW* Häufig gestellte Fragen zum Datenschutzbeauftragten (FAQ), Stand: 1/2020; *LfDI Baden-Württemberg* Der/die betriebliche Beauftragte für den Datenschutz Teil 1 und Teil 2, Stand: 11/2019; *Marschall/Müller* Der Datenschutzbeauftragte im Unternehmen zwischen BDSG und DS-GVO, ZD 2016, 415; *Niklas/Faas* Der Datenschutzbeauftragte nach der Datenschutz-Grundverordnung, NZA 2017, 1091; *Paal/Nabulsi* Der externe Datenschutzbeauftragte im Konflikt mit dem RDG?, NJW 2019, 3673; *Steffen* Zivilrechtliche Haftung von Datenschutzbeauftragten für Bußgelder, DuD 2018, 145; *ULD* Praxisreihe Datenschutzbestimmungen praktisch umsetzen, Band 2, Datenschutzbeauftragte, Stand: 10.10.2019; *Weichert* Die Zukunft des Datenschutzbeauftragten, CuA 4/2016, 8; *Wybitul/von Gierke* Checklisten zur DSGVO – Teil 2: Pflichten und Stellung des Datenschutzbeauftragten im Unternehmen, BB 2017, 181.

A. Einordnung und Hintergrund

I. Erwägungsgründe

1 In den Erwägungsgründen finden sich **nur wenige Stellen, welche auf die Aufgaben des Datenschutzbeauftragten Bezug nehmen**. So findet zwar die **Überwachungsfunktion** (Art. 39 Abs. 1 lit. b) des Datenschutzbeauftragten Erwähnung in ErwG 97. Eine nähere Erläuterung dieser Aufgabe erfolgt allerdings nicht und weitere Aufgaben werden den nicht genannt. Eine gewisse Konkretisierung bezüglich der **Unterrichtungs- und Beratungspflicht** (Art. 39 Abs. 1 lit. a) findet sich in ErwG 77. Danach können Daten-

Aufgaben des Datenschutzbeauftragten — Art. 39 / § 7 BDSG

schutzbeauftragten dem Verantwortlichen bzw. Auftragsverarbeiter Hinweise auf geeignete (technische und organisatorische) Maßnahmen geben sowie darauf, wie die Einhaltung der Verordnung nachgewiesen werden kann. Die Hinweise können sich insbesondere beziehen auf die Ermittlung des mit der Verarbeitung verbundenen Risikos, dessen Abschätzung in Bezug auf Ursache, Art, Eintrittswahrscheinlichkeit und Schwere und die Festlegung bewährter Verfahren für dessen Eindämmung.

II. BDSG

§ 7 BDSG enthält Regelungen zu den Aufgaben des Datenschutzbeauftragten **für sämtliche**[1] **öffentliche Stellen des Bundes**. Wie Art. 39 Abs. 1 regelt § 7 Abs. 1 S. 1 BDSG in Form eines Katalogs die Aufgaben des Datenschutzbeauftragten. § 7 Abs. 3 BDSG verpflichtet den Datenschutzbeauftragten zur risikoorientierten Tätigkeit. Die Regelung ist inhaltlich identisch mit Art. 39 Abs. 2.   **2**

Zudem bestimmt § 7 Abs. 1 S. 2 BDSG, dass im Fall eines bei einem Gericht bestellten Datenschutzbeauftragten sich dessen Aufgaben nicht auf das **Handeln im Rahmen der justiziellen Tätigkeit** beziehen. Diese Regelung entspricht inhaltlich den Vorgaben aus Art. 37 Abs. 1 lit. a. Nach dieser DS-GVO-Bestimmung benennen der Verantwortliche bzw. der Auftragsverarbeiter einen Datenschutzbeauftragten, wenn die Verarbeitung von einer Behörde oder öffentlichen Stelle durchgeführt wird, mit Ausnahme von Gerichten, die im Rahmen ihrer justiziellen Tätigkeit handeln. Diese Formulierung ist deshalb unglücklich, weil tatsächlich wohl nicht die Benennungspflicht von Gerichten eingeschränkt werden soll, sondern nur der Aufgabenbereich der dort tätigen Datenschutzbeauftragten auf Bereiche außerhalb der justiziellen Tätigkeit beschränkt sein soll.[2] Die Regelung im nationalen Recht, also im Zusammenhang mit den Aufgaben des Datenschutzbeauftragten, ist insofern geglückter.   **3**

§ 7 Abs. 2 BDSG regelt die **Wahrnehmung von anderen Aufgaben durch den Datenschutzbeauftragten** und die **Unzulässigkeit von Interessenkonflikten**. Die Bestimmungen entsprechen denen in Art. 38 Abs. 6. Während der Verordnungsgeber die Thematik im Zusammenhang mit der Stellung des Datenschutzbeauftragten regelt, verortet der nationale Gesetzgeber sie bei dessen Aufgaben.   **4**

III. Normengenese und -umfeld

1. DSRL. Wie bereits ausgeführt,[3] war der **Datenschutzbeauftragte in der DSRL (95/46/EG) nur als Option geregelt**, um Vereinfachungen der Meldung gegenüber der Aufsichtsbehörde bzw. Ausnahmen von der Meldepflicht vorsehen zu können. Damit von der Meldepflicht abgewichen werden konnte, musste nach Art. 18 Abs. 2 DSRL dem Datenschutzbeauftragten nach einzelstaatlichem Recht mindestens die **unabhängige Überwachung der Anwendung der zur Umsetzung der Richtlinie erlassenen einzelstaatlichen Bestimmungen** sowie die **Führung eines Verzeichnisses** über die durch den Verantwortlichen vorgenommene Verarbeitung obliegen.   **5**

---

1 Zur Frage der Zulässigkeit einer solchen einheitlichen Regelung vgl. Art. 37 Rn. 6 f.
2 Kühling/Buchner-*Bergt* Art. 37 Rn. 17; Simitis/Hornung/Spiecker gen. Döhmann-*Drewes* Art. 37 Rn. 10; BeckOK DatenSR-*Moos* Art. 37 Rn. 1, 30. Edition, Stand: 1.11.2019.
3 Vgl. Art. 37 Rn. 10.

6 **2. BDSG a.F.** Für die privaten Stellen und die Bundesbehörden waren die Aufgaben des Datenschutzbeauftragten früher in § 4g BDSG a.F. geregelt. Für die öffentlichen Stellen unterhalb der Bundesebene waren die Bestimmungen der jeweiligen Landesdatenschutzgesetze einschlägig. Die Regelung zu den Aufgaben des Datenschutzbeauftragten in Art. 39 DS-GVO stimmt im Kern mit der Regelung im BDSG a.f. überein. Die Rolle des DS-GVO-Datenschutzbeauftragten ist allerdings weniger proaktiv, sondern mehr die eines Überwachungsorgans. Neu im Verhältnis zum BDSG a.F. ist die explizite Verpflichtung des Datenschutzbeauftragten zur risikoorientierten Tätigkeit (Art. 39 Abs. 2).

7 **3. Europäischer Datenschutzausschuss/nationale Datenschutzkonferenz/Aufsichtsbehörden.** Die Art.-29-Datenschutzgruppe befasste sich für ihre **„Leitlinien in Bezug auf Datenschutzbeauftragte („DSB")" (WP 243 rev. 01)** u.a. mit den Aufgaben des Datenschutzbeauftragten. Das Dokument geht insbesondere auf die Überwachung der Einhaltung der DS-GVO durch den Datenschutzbeauftragten, seine Funktion bei der DSFA (Art. 35), die Zusammenarbeit mit der Aufsichtsbehörde sowie den risikobasierten Ansatz (Art. 39 Abs. 2) ein. Darüber hinaus finden sich in dem Papier Aussagen zur Funktion, die der Datenschutzbeauftragte bei der Führung von Verzeichnissen nach Art. 30 hat.[4] Das WP 243 rev. 01 wurde durch den Europäischen Datenschutzausschuss am 25.5.2018 bestätigt. Auch auf nationaler Ebene gibt es **Positionspapiere der Aufsichtsbehörden**[5] zum Datenschutzbeauftragten nach der DS-GVO und die **Datenschutzkonferenz** hat sich in ihrem **Kurzpapier Nr. 12 „DSB bei Verantwortlichen und Auftragsverarbeitern" (Stand: 17.12.2018)** mit dem Thema befasst.

B. Kommentierung

I. Aufgaben des Datenschutzbeauftragten (Abs. 1)

8 **1. DS-GVO-Regelung. – a) Allgemeines.** Nach dem ausdrücklichen Wortlaut des Art. 39 Abs. 1 („zumindest") handelt es sich bei den dort aufgeführten Aufgaben lediglich um einen **Mindestkatalog**. Es ist folglich **zulässig, dem Datenschutzbeauftragten zusätzliche Aufgaben zu übertragen**, die über die in Art. 39 Abs. 1 ausdrücklich erwähnten Aufgaben hinausgehen, oder gesetzliche Aufgaben zu präzisieren.[6] Voraussetzung ist allerdings, dass die zusätzlich übertragenen Aufgaben nicht in Konflikt mit der Unabhängigkeit des Datenschutzbeauftragten stehen, insbesondere keine Interessenkonflikte begründen. Auch müssen genügend zeitliche Ressourcen für die Pflichtaufgaben verbleiben. Zur **Übertragung der Schulungsaufgabe** vgl. nachstehend Rn. 10. **Nicht übertragen werden kann** dem Datenschutzbeauftragten **die Durchführung der DSFA (Art. 35)**.[7] Nach der DS-GVO handelt es sich hierbei um eine Aufgabe des Verantwortlichen, welcher wiederum vom Datenschutzbeauftragten kontrolliert wird. Würde der Datenschutzbeauftragte die DSFA selbst durchführen, entfiele die zusätzli-

---

[4] Vgl. dazu nachfolgend Rn. 8.
[5] Vgl. Literaturübersicht.
[6] Vgl. auch *Art.-29-Datenschutzgruppe* WP 243 rev. 01, S. 20, Fn. 35, bestätigt durch den EDSA am 25.5.2018.
[7] Ehmann/Selmayr-*Heberlein* Art. 39 Rn. 21; Simitis/Hornung/Spiecker gen. Döhmann-*Karg* Art. 35 Rn. 67; ähnlich Taeger/Gabel-*Scheja* Art. 38 Rn. 77.

che Kontrollinstanz und der Datenschutzbeauftragte müsste sich selbst kontrollieren.[8] Nach Ansicht des EDSA soll dem Datenschutzbeauftragten auch die **Führung des Verzeichnisses der Verarbeitungstätigkeiten (Art. 30)** übertragen werden können.[9] Tatsächlich können sich hierdurch sogar Synergien ergeben, bilden die enthaltenen Informationen doch auch für den Datenschutzbeauftragten die Grundlage seiner Kontrolltätigkeit. Wichtig ist allerdings, dass sich die Aufgabenübertragung nur auf das Führen des Verzeichnisses beziehen kann.[10] Die notwendigen Informationen für das Verzeichnis beizubringen bleibt Aufgabe der Fachabteilung, die auch die Verantwortung für die Verarbeitung trägt. Die Verantwortung für das Vorhandensein und die Vollständigkeit der Dokumentation trägt weiterhin der für die Verarbeitung Verantwortliche bzw. Auftragsverarbeiter.

b) Unterrichtung und Beratung. Der Datenschutzbeauftragte hat den Verantwortlichen bzw. Auftragsverarbeiter sowie die konkret mit der Datenverarbeitung Beschäftigten hinsichtlich ihrer Pflichten nach der DS-GVO sowie nach den sonstigen Datenschutzvorschriften der Union bzw. der Mitgliedstaaten zu **unterrichten und beraten** (Art. 39 Abs. 1 lit. a). Der Begriff der Unterrichtung ist nicht klar konturiert und die Abgrenzung zu Maßnahmen mit Sensibilisierungs- und Schulungscharakter schwierig und vielfach fließend.[11] So wird in der Kommentarliteratur teilweise davon ausgegangen, dass der Datenschutzbeauftragte seiner Unterrichtungspflicht u.a. durch Schulungen nachkommen kann.[12] Letzteres mag im Ergebnis zwar zutreffen, allerdings darf nicht verkannt werden, dass der DS-GVO-Gesetzgeber offenbar bewusst zwischen Unterrichtung einerseits und Schulung bzw. Sensibilisierung andererseits differenziert und diese Aufgaben, wie sogleich noch näher dargestellt, verschiedenen Stellen zuweist. Insofern spricht einiges dafür, unter **Unterrichtung** die **Zurverfügungstellung allgemeiner Informationen über datenschutzrechtliche Vorgaben** zu verstehen.[13] Dies können etwa Informationen über neue gesetzliche Bestimmungen oder neue Rechtsprechung sein oder über neue technische Entwicklungen, die zu Datenschutzrisiken führen können oder umgekehrt zusätzliche Schutzinstrumente eröffnen.[14] Eine **Schulung** zeichnet sich demgegenüber dadurch aus, dass mittels pädagogisch aufbereiteter Inhalte standardisierte Kenntnisse und Fähigkeiten in einem bestimmten Bereich vermittelt werden.

Ob der Datenschutzbeauftragte – wie nach dem BDSG a.F. – die Aufgabe hat, die **Schulung und Sensibilisierung der Mitarbeiter** zum Datenschutz durchzuführen, ist

---

8 Ehmann/Selmayr-*Heberlein* Art. 39 Rn. 21; zweifelnd gegenüber dieser Argumentation Kühling/Buchner-*Bergt* Art. 39 Rn. 16.
9 *Art.-29-Datenschutzgruppe* WP 243 rev. 01, S. 22, bestätigt durch den *EDSA* am 25.5.2018.
10 Zu unscharf insoweit *LfDI Baden-Württemberg* Praxisratgeber Die/der Beauftragte für den Datenschutz Teil 2, S. 33, der die „Mitarbeit an der Erstellung und Aktualisierung des Verfahrensverzeichnisses" zulassen will.
11 Ähnlich auch Taeger/Gabel-*Scheja* Art. 39 Rn. 5; Kühling/Buchner-*Bergt* Art. 39 Rn. 12.
12 BeckOK DatenSR-*Moos* Art. 39 Rn. 3, 30. Edition, Stand: 1.11.2019; ebenso Sydow-*Helfrich* Art. 39 Rn. 63.
13 Ähnlich auch Simitis/Hornung/Spiecker gen. Döhmann-*Drewes* Art. 39 Rn. 7; Paal/Pauly-*Paal* Art. 39 Rn. 5; anders Kühling/Buchner-*Bergt* Art. 39 Rn. 12, der die Unterrichtung als „eine Art arbeitsplatzbezogene Erst-Information" interpretiert.
14 Simitis/Hornung/Spiecker gen. Döhmann-*Drewes* Art. 39 Rn. 7.

umstritten.[15] Die unterschiedlichen Auffassungen hierzu resultieren daraus, dass die in Art. 39 Abs. 1 lit. b enthaltene Passage „einschließlich der Zuweisung von Zuständigkeiten, der Sensibilisierung und Schulung der an den Verarbeitungsvorgängen beteiligten Mitarbeiter und der diesbezüglichen Überprüfungen" teilweise auf das Art. 39 Abs. 1 lit. b einleitende Wort „Überwachung", teilweise dagegen auf die Strategien des Verantwortlichen bzw. Auftragsverarbeiters bezogen wird.[16] Im ersten Fall handelt es sich bei der Schulung um eine Aufgabe des Datenschutzbeauftragten, im zweiten Fall nicht. Für erstere Interpretation spricht, dass es weder inhaltlich nachvollziehbar noch sauber abgrenzbar wäre, wenn die Unterrichtung über die datenschutzrechtlichen Pflichten dem Datenschutzbeauftragten, die Schulung dagegen dem Verantwortlichen bzw. Auftragsverarbeiter übertragen wäre.[17] Für die zweite Interpretation spricht zum einen, dass, wenn der DS-GVO-Gesetzgeber dem Datenschutzbeauftragten die Schulungsaufgabe hätte zuweisen wollen, es naheliegend gewesen wäre, hierfür einen eigenen Unterpunkt in Art. 39 Abs. 1 vorzusehen bzw. die Schulungsfunktion in lit. a der Regelung explizit anzusprechen. Zum anderen sind in der zitierten Passage neben der Sensibilisierung und Schulung auch die Zuweisung von Zuständigkeiten sowie „Überprüfungen" zur Sicherstellung des Datenschutzes angesprochen. Im Rahmen der Gesamtverantwortung für den Datenschutz handelt es sich hierbei aber um Aufgaben des Verantwortlichen (Art. 24 Abs. 1). Jedenfalls ist es unbedenklich, dem Datenschutzbeauftragten die Durchführung der Schulungsaufgabe zusätzlich zu übertragen,[18] sofern dieser über die hierfür erforderlichen zeitlichen Kapazitäten verfügt.

11 **Beratung** meint die Unterstützung bei der Lösung von konkreten datenschutzrechtlichen Fragestellungen,[19] etwa der Entwicklung von Datenschutzstrategien des Verantwortlichen oder Auftragsverarbeiters. Die Beratungspflicht ist wie die Unterrichtungspflicht unabhängig von einer Anfrage, der Datenschutzbeauftragte muss selbst proaktiv tätig werden.[20] Gemäß ErwG 77 gibt der Datenschutzbeauftragte insbesondere Hinweise auf geeignete (technische und organisatorische) Maßnahmen sowie darauf, wie die Einhaltung der Verordnung nachgewiesen werden kann.[21] Ein Sonderfall der Beratung ist in Art. 39 Abs. 1 lit. c geregelt, wonach der Datenschutzbeauftragte – auf zwingende Anfrage (Art. 35 Abs. 2) – im Zusammenhang mit der DSFA zu beraten hat. Der Datenschutzbeauftragte ist in jedem Fall auf die Beraterrolle beschränkt und hat keine eigenen Entscheidungsbefugnisse zur Gewährleistung des Datenschutzes. Die Einhaltung der datenschutzrechtlichen Vorgaben ist nach der DS-GVO ausschließlich Angelegenheit des Verantwortlichen (Art. 24). Dem Datenschutzbeauftragten können auch keine eigenen datenschutzrechtlichen Entscheidungsbefugnisse übertragen werden, weil er sich dann selbst kontrollieren müsste.

---

15 Bejahend Paal/Pauly-*Paal* Art. 39 Rn. 6a; ablehnend Kühling/Buchner-*Bergt* Art. 39 Rn. 12; Gola-*Klug* Art. 39 Rn. 4; Taeger/Gabel-*Scheja* Art. 39 Rn. 5; Simitis/Hornung/Spiecker gen. Döhmann-*Drewes* Art. 39 Rn. 15; BeckOK DatenSR-*Moos* Art. 39 Rn. 8 ff., 30. Edition, Stand: 1.11.2019; Sydow-*Helfrich* Art. 39 Rn. 86 ff.; *Marschall/Müller* ZD 2016, 415, 418.
16 Laue/Kremer-*Kremer* Das neue Datenschutzrecht in der betrieblichen Praxis, § 6 Rn. 49.
17 Laue/Kremer-*Kremer* Das neue Datenschutzrecht in der betrieblichen Praxis, § 6 Rn. 50.
18 Kühling/Buchner-*Bergt* Art. 39 Rn. 12; Sydow-*Helfrich* Art. 39 Rn. 91; Laue/Kremer-*Kremer* Das neue Datenschutzrecht in der betrieblichen Praxis, § 6 Rn. 51; die Gefahr eines Interessenkonfliktes sieht Taeger/Gabel-*Scheja* Art. 39 Rn. 5.
19 Paal/Pauly-*Paal* Art. 39 Rn. 5.
20 Kühling/Buchner-*Bergt* Art. 39 Rn. 11; Ehmann/Selmayr-*Heberlein* Art. 39 Rn. 8.
21 Vgl. auch Rn. 1.

c) Überwachung der Einhaltung des Datenschutzes. Dem Datenschutzbeauftragten 12
obliegt gem. Art. 39 Abs. 1 lit. b die **Überwachung der Einhaltung der DS-GVO, anderer Datenschutzvorschriften der Union bzw. der Mitgliedstaaten sowie der Strategien des Verantwortlichen oder des Auftragsverarbeiters** für den Schutz personenbezogener Daten. Tätigkeitsschwerpunkte im Rahmen der Überwachungsfunktion sind das Sammeln von Informationen, um Verarbeitungsaktivitäten zu identifizieren, die Analyse und Überprüfung der Verarbeitungsaktivitäten auf Einhaltung der rechtlichen Vorgaben, die Information und Beratung des Verantwortlichen oder Auftragsverarbeiters sowie die Abgabe von Empfehlungen an diesen.[22]

Die Aufgabe des Datenschutzbeauftragten, die Einhaltung des Datenschutzes zu überwachen, stellt im Verhältnis zum früheren Recht keine Neuerung dar. So war der Hinwirkungspflicht nach § 4g Abs. 1 S. 1 BDSG a.F. stets auch eine Kontroll- und Überwachungskomponente immanent. Auch sah § 4g Abs. 1 S. 4 Nr. 1 BDSG a.F. die „Überwachung" der ordnungsgemäßen Anwendung der Datenverarbeitungsprogramme, mit deren Hilfe personenbezogene Daten verarbeitet werden sollen, durch den Datenschutzbeauftragten vor. Allerdings erfuhr die Überwachungsfunktion des Datenschutzbeauftragten durch die DS-GVO eine Verstärkung. Denn einerseits entfielen operative Aufgaben des Datenschutzbeauftragten wie die Mitarbeiterschulung, die Vorabkontrolle und die Bereitstellung des Verfahrensverzeichnisses für jedermann, andererseits wurde diesem zudem die Kontrolle der Einhaltung der Datenschutzstrategien des Verantwortlichen bzw. Auftragsverarbeiters übertragen. 13

Zum Teil wird davon ausgegangen, dass mit Geltung der DS-GVO die **Haftungsrisiken für den Datenschutzbeauftragten** deutlich gestiegen sind. Anknüpfungspunkt ist in diesem Zusammenhang insbesondere der Überwachungsauftrag aus Art. 39 Abs. 1 lit. b. So wird aus der Überwachungsaufgabe **teilweise eine Stellung als sog. Überwachergarant abgeleitet**.[23] Dem ist entgegenzuhalten, dass sich außer der erwähnten stärkeren Betonung des Überwachungsauftrags an den Aufgaben des Datenschutzbeauftragten nichts Grundlegendes geändert hat. Wie bereits ausgeführt, hatte der Datenschutzbeauftragte schon nach § 4g BDSG a.F. auch eine Überwachungsfunktion. Entscheidend ist, dass der Datenschutzbeauftragte nach wie vor **keine eigenen Entscheidungs- oder Weisungsbefugnisse** besitzt, um Datenschutzverletzungen zu unterbinden.[24] Der Datenschutzbeauftragte überwacht diese, ist aber gleichwohl nicht verantwortlich für die Einhaltung der datenschutzrechtlichen Vorgaben. Sicherzustellen und nachzuweisen, dass die Datenverarbeitungen im Einklang mit der DS-GVO stehen, bleibt nach Art. 24 Abs. 1 vielmehr Pflicht des Verantwortlichen.[25] Der Datenschutzbeauftragte übt weiterhin nur eine beratende und kontrollierende Tätigkeit 14

---

22 *Art.-29-Datenschutzgruppe* WP 243 rev. 01, S. 20, bestätigt durch den *EDSA* am 25.5.2018; *LDI* Häufig gestellte Fragen zum Datenschutzbeauftragten (FAQ), Stand: 1/2020, S. 29.
23 *Kühling/Buchner-Bergt* Art. 37 Rn. 55; *Wybitul* ZD 2016, 203, 205; *Wybitul/von Gierke* BB 2017, 181, 182; *Laue/Kremer-Kremer* Das neue Datenschutzrecht in der betrieblichen Praxis, § 6 Rn. 60; tendenziell dafür, im Ergebnis aber offen *Golla* RDV 2017, 123, 127; für nicht ausgeschlossen und klärungsbedürftig halten die Garantenstellung Paal/Pauly-*Paal* Art. 39 Rn. 12; unentschieden letztlich auch *Nolde* PinG 2017, 114, 119; bereits unter dem BDSG a.F. sprach sich *Marschall* ZD 2014, 66, 68 für eine Garantenstellung aus.
24 So auch Simitis/Hornung/Spiecker gen. Döhmann-*Drewes* Art. 39 Rn. 66.
25 *Art.-29-Datenschutzgruppe* WP 243 rev. 01, S. 20, bestätigt durch den *EDSA* am 25.5.2018; Ehmann/Selmayr-*Heberlein* Art. 39 Rn. 10.

aus.[26] Die Garantenstellung eines Betriebsbeauftragten kann sich zwar auch aus einem bestehenden „Informationsvorsprung" gegenüber der Geschäftsleitung ergeben.[27] Die internen Datenverarbeitungsprozesse werden der Leitung des Verantwortlichen bzw. Auftragsverarbeiters in der Regel aber ebenso bekannt sein wie dem Datenschutzbeauftragten. Ein Informationsvorsprung im vorgenannten Sinne ergibt sich auch nicht schon allein aus dem Umstand, dass der Datenschutzbeauftragte über bessere Kenntnisse des Datenschutzrechts verfügt als die Leitung des Verantwortlichen bzw. Auftragsverarbeiters.[28] **Eine Überwachergarantenstellung des Datenschutzbeauftragten ist nach alledem regelmäßig abzulehnen.**[29]

15 Fraglich ist, ob der Datenschutzbeauftragte nach DS-GVO auch berechtigt ist, die personenbezogene **Datenverarbeitung des Betriebsrates zu kontrollieren**. Nach einer Entscheidung des BAG[30] aus dem Jahr 1997 sollte der Datenschutzbeauftragte nach BDSG a.F. nicht berechtigt sein, eine Datenschutzkontrolle beim Betriebsrat durchzuführen, was faktisch zu einem kontrollfreien Raum bei der verantwortlichen Stelle führte. Diese Beschränkung der Kompetenzen des Datenschutzbeauftragten war insbesondere auch deshalb bedenklich, weil es beim Betriebsrat oft zur Verwendung von besonders sensiblen personenbezogenen Informationen kommt. Sieht man mit der noch h.M. die Mitarbeitervertretung weiterhin als Teil des Verantwortlichen an, dürften aufgrund der unmittelbaren Geltung der höherrangigen DS-GVO heute die Argumente für ein Kontrollrecht des Datenschutzbeauftragten auch gegenüber dem Betriebsrat überwiegen.[31] Innerhalb der benennenden Stelle darf es keine kontrollfreien Räume geben. Der Datenschutzbeauftragte ist berechtigt und verpflichtet, Informationen vertraulich zu behandeln, die ihm im Rahmen einer Beratung oder Kontrolle des Betriebsrates bekannt geworden sind.[32] Folgt man hingegen der im Vordringen befindlichen Ansicht, dass der Betriebsrat datenschutzrechtlich selbstständig verantwortlich ist,[33] so hat der Datenschutzbeauftragte des Unternehmens bei diesem kein Kontrollrecht. Ggf. trifft den Betriebsrat dann eine eigene Benennungspflicht.[34]

16 **d) Aufgaben im Zusammenhang mit der DSFA.** Dem Datenschutzbeauftragten kommt bei der DSFA **nur** eine **Beratungs- und Kontrollaufgabe** zu (Art. 39 Abs. 1

---

26 *Lantwin* ZD 2017, 411, 414; ähnlich *Steffen* DuD 2018, 145, 148.
27 So für den Gewässerschutzbeauftragten *Böse* NStZ 2003, 636, 640.
28 Anderer Ansicht *Barton* RDV 2010, 247, 252 und wohl auch *Marschall* ZD 2014, 66, 68.
29 Ebenso *LfDI Baden-Württemberg* Praxisratgeber Die/der Beauftragte für den Datenschutz Teil 2, S. 28; Simitis/Hornung/Spiecker gen. Döhmann-*Drewes* Art. 39 Rn. 66; BeckOK DatenSR-*Moos* Art. 39 Rn. 38, 30. Edition, Stand: 1.11.2019; Sydow-*Helfrich* Art. 39 Rn. 71 f.; *Lantwin* ZD 2017, 411, 414.
30 *BAG* v. 11.11.1997 – 1 ABR 21/97, RDV 1998, 64; NJW 1998, 2466; NZA 1998, 385.
31 Kühling/Buchner-*Bergt* Art. 38 Rn. 18; Simitis/Hornung/Spiecker gen. Döhmann-*Drewes* Art. 39 Rn. 27; Paal/Pauly-*Paal* Art. 39 Rn. 6b; *Gola/Pötters* RDV 2017, 279, 283; *Kort* ZD 2017, 3, 6; *Taeger/Rose* BB 2016, 819, 828; Taeger/Gabel-*Scheja* Art. 39 Rn. 10 ff. hält die BAG-Entscheidung für falsch, geht aber davon aus, dass diese auch in DS-GVO Zeiten zu berücksichtigen ist.
32 *Gola/Pötters* RDV 2017, 279, 283.
33 So etwa *LfDI Baden-Württemberg* 34. Tätigkeitsbericht 2018, 37 f.; BeckOK DatenSR-*Moos* Art. 39 Rn. 14, 30. Edition, Stand: 1.11.2019; Gola-*Gola* Art. 4 Rn. 56; tendenziell ebenso Taeger/Gabel-*Arning/Rothkegel* Art. 4 Rn. 167; *Kort* NZA 2015, 1345, 1348.
34 Vgl. auch Art. 37 Rn. 32.

lit. c). Nach hier vertretener Auffassung kann dem Datenschutzbeauftragten die Aufgabe der Durchführung der DSFA auch nicht wirksam zusätzlich übertragen werden.[35]
Korrespondierend zur Beratungspflicht des Datenschutzbeauftragten nach Art. 39 Abs. 1 lit. c besteht **eine Verpflichtung der Fachabteilung, den Rat** des Datenschutzbeauftragten auch **einzuholen**, sofern ein solcher benannt wurde (Art. 35 Abs. 2). Die Fachabteilung hat insofern kein Ermessen.[36] Der EDSA[37] empfiehlt, den Datenschutzbeauftragten insbesondere zurate zu ziehen, wenn es darum geht, ob eine DSFA durchgeführt werden muss, welche Methodik anzuwenden ist, ob die DSFA intern oder extern erfolgen sollte, welche Sicherheitsvorkehrungen getroffen werden sollten, um bestehenden Bedrohungen der Rechte und Interessen der betroffenen Personen zu begegnen, und ob eine solche DSFA ordnungsgemäß durchgeführt worden ist und ob die daraus gezogenen Schlussfolgerungen im Einklang mit der DS-GVO stehen. Falls der Verantwortliche der Empfehlung des Datenschutzbeauftragten nicht zustimme, sei in der Dokumentation zur DSFA ausdrücklich schriftlich zu begründen, warum der Empfehlung nicht Folge geleistet wurde, so der EDSA unter Hinweis auf die Nachweispflicht aus Art. 24 Abs. 1. Vor dem Hintergrund seiner Verpflichtung zur risikoorientierten Tätigkeit (Art. 39 Abs. 2) wird der Datenschutzbeauftragte Beratungsanfragen im Zusammenhang mit Art. 35 regelmäßig bevorzugt nachkommen müssen.[38]

Die **Überwachung der Durchführung der DSFA** ist eine Konkretisierung des allgemeinen Überwachungsauftrages des Datenschutzbeauftragten aus Art. 39 Abs. 1 lit. b. Zu prüfen ist, ob eine DSFA Pflicht ist und, falls ja, ob diese korrekt durchgeführt wurde. Hält die Fachabteilung eine DSFA für notwendig, ergibt sich eine Information des Datenschutzbeauftragten zwangsläufig über Art. 35 Abs. 2. Unabhängig davon muss der Datenschutzbeauftragte ordnungsgemäß und frühzeitig in alle mit dem Schutz personenbezogener Daten zusammenhängenden Fragen eingebunden werden (Art. 38 Abs. 1).

e) Verhältnis zur Aufsichtsbehörde. Art. 39 Abs. 1 lit. d und e stehen in Zusammenhang und regeln das **Verhältnis des Datenschutzbeauftragten zur Aufsichtsbehörde.** Art. 39 Abs. 1 lit. e stellt insofern die Funktion des Datenschutzbeauftragten als **direkter Ansprechpartner der Aufsichtsbehörde** klar („Anlaufstelle für die Aufsichtsbehörde"). Dies ist insofern sinnvoll, als der Behörde mit dem Datenschutzbeauftragten im Regelfall die fachkundigste Auskunftsperson zur Verfügung gestellt wird. Nach altem Recht hatte die Aufsichtsbehörde sich bei formaler Betrachtung regelmäßig an die Leitung der jeweiligen Stelle zu wenden.[39] Die Tätigkeit als Anlaufstelle für die Behörde bezieht sich auf die Fälle der vorherigen Konsultation durch den Verantwortlichen gem. Art. 36 sowie alle anderen mit der Verarbeitung personenbezogener Daten zusammenhängenden Fragen. Durch die Pflicht des Verantwortlichen bzw. Auftragsverarbeiters, der Aufsichtsbehörde die Kontaktdaten des Datenschutzbeauftrag-

---

35 Vgl. oben Rn. 8.
36 Ehmann/Selmayr-*Heberlein* Art. 39 Rn. 15; Kühling/Buchner-*Bergt* Art. 39 Rn. 16; Paal/Pauly-*Paal* Art. 39 Rn. 7; *Klug* ZD 2016, 315, 318 f.
37 *Art.-29-Datenschutzgruppe* WP 243 rev. 01, S. 20 f., bestätigt durch den *EDSA* am 25.5.2018.
38 Kühling/Buchner-*Bergt* Art. 39 Rn. 16; vgl. zudem nachstehend Rn. 23.
39 Vgl. dazu Regierung von Mittelfranken, 2. Tätigkeitsbericht 2006, S. 18 f.; *LDI* Häufig gestellte Fragen zum Datenschutzbeauftragten (FAQ), Stand: 1/2020, S. 30.

ten aktiv zur Verfügung zu stellen (Art. 37 Abs. 7), ist gewährleistet, dass eine direkte Kontaktaufnahme seitens der Behörde problemlos möglich ist.

20 Über die Tätigkeit als Kontaktpunkt der Aufsichtsbehörde hinaus sieht Art. 39 Abs. 1 lit. e vor, dass sich der Datenschutzbeauftragte ggf. zu allen sonstigen Fragen mit dieser berät, und regelt damit die **Konsultation der Behörde durch den Datenschutzbeauftragten** (vgl. englische Fassung „and to consult, where appropriate, with regard to any other matter").[40] Ein Anlass hierzu wird sich insbesondere dann ergeben, wenn sich der Datenschutzbeauftragte über die Auslegung einschlägiger gesetzlicher Regelungen oder die Angemessenheit einzelner Datenschutzmaßnahmen im Unklaren ist. Im Hinblick auf die **Anzeige von Datenschutzverstößen gegenüber der Aufsichtsbehörde** wird gelten müssen, dass der Datenschutzbeauftragte insofern auch seine Treuepflicht gegenüber dem Arbeit- bzw. Auftraggeber zu beachten hat mit der Konsequenz, dass er zunächst bestehende interne Möglichkeiten zur Beseitigung des Verstoßes auszuschöpfen hat, bevor er sich an die staatliche Stelle wendet.[41] Ansonsten ist eine vertrauensvolle Zusammenarbeit zwischen dem Datenschutzbeauftragten und der Leitung der jeweiligen Stelle nicht möglich. Eine **Pflicht** des Datenschutzbeauftragten, eigeninitiativ Datenschutzverstöße an die Behörde zu melden, ist angesichts fehlender konkreter Anhaltspunkte hierfür in der DS-GVO und aufgrund der damit verbundenen weitreichenden Konsequenzen für den Datenschutzbeauftragten abzulehnen.[42] Nach Art. 57 Abs. 3 erfolgt die Beratungstätigkeit der Behörde gegenüber dem Datenschutzbeauftragten unentgeltlich.

21 Gemäß Art. 39 Abs. 1 lit. d ist der Datenschutzbeauftragte zur **Zusammenarbeit** mit der Aufsichtsbehörde verpflichtet. Ähnlich dem Gebot der vertrauensvollen Zusammenarbeit im Betriebsverfassungsrecht wird das Gebot der Zusammenarbeit zwischen Datenschutzbeauftragtem und Behörde zu einer offenen Kommunikation, Fairness und Rücksichtnahme verpflichten. Der Datenschutzbeauftragte ist aber nicht verlängerter Arm der Behörde beim Verantwortlichen bzw. Auftragsverarbeiter.[43] Dies zeigt insbesondere die Abkehr von der Fassung der Aufgaben des Datenschutzbeauftragten, wie sie noch im DS-GVO-Entwurf der EU-Kommission (KOM(2012) 11) enthalten war.[44] Danach sollte der Datenschutzbeauftragte nicht nur mit der Aufsichtsbehörde zusammenarbeiten, sondern auch überwachen, dass auf Anfrage der Behörde ergriffene Maßnahmen beim Verantwortlichen bzw. Auftragsverarbeiter durchgeführt werden. Nach der Fassung, die sich im Ergebnis durchgesetzt hat, sind **Behörde und Datenschutzbeauftragter voneinander unabhängige Kontrollorgane** und der Daten-

---

40 Anders Paal/Pauly-*Paal* Art. 39 Rn. 9, der aus der Passage eine Beratungspflicht des Beauftragten gegenüber der Behörde herausliest.
41 Ebenso Ehmann/Selmayr-*Heberlein* Art. 39 Rn. 19; Paal/Pauly-*Paal* Art. 39 Rn. 8; einschränkend Kühling/Buchner-*Bergt* Art. 39 Rn. 19.
42 Ähnlich Taeger/Gabel-*Scheja* Art. 39 Rn. 19; BeckOK DatenSR-*Moos* Art. 39 Rn. 22, 30. Edition, Stand: 1.11.2019; für eine Pflicht zur Information der Aufsichtsbehörde im Falle schwerer Beeinträchtigungen der betroffenen Personen: Ehmann/Selmayr-*Heberlein* Art. 39 Rn. 19; Kühling/Buchner-*Bergt* Art. 39 Rn. 19 nimmt eine Meldepflicht des Datenschutzbeauftragten „allenfalls" bei besonders schweren Datenschutzverstößen wie Straftaten an; ähnlich wie *Berg* auch Simitis/Hornung/Spiecker gen. Döhmann-*Drewes* Art. 39 Rn. 36.
43 Ähnlich Ehmann/Selmayr-*Heberlein* Art. 39 Rn. 16.
44 Hierauf weist auch Paal/Pauly-*Paal* Art. 39 Rn. 8 hin.

schutzbeauftragte ist zur eigenständigen Meinungsbildung berechtigt und verpflichtet, so dass seine Meinung also auch von derjenigen der Behörde abweichen kann. Daran ändert auch die Pflicht zur Zusammenarbeit nichts.

2. BDSG. Ausweislich der Gesetzesbegründung[45] soll § 7 Abs. 1 S. 1 BDSG die Aufgaben der Datenschutzbeauftragten bundesöffentlicher Stellen für alle Verarbeitungszwecke einheitlich ausgestalten, also für den Anwendungsbereich der DS-GVO, der Richtlinie (EU) 2016/680 und für die Bereiche außerhalb des Unionsrechts.[46] Die Formulierung von § 7 BDSG spiegelt diese Intention allerdings nicht wider. Vielmehr legt die Einleitung von § 7 BDSG an sich nahe, dass durch diesen nur Aufgaben „neben" der DS-GVO geregelt werden.

22

II. Verpflichtung zur risikoorientierten Tätigkeit (Abs. 2)

1. DS-GVO-Regelung. Nach Art. 39 Abs. 2 hat der Datenschutzbeauftragte bei der Erfüllung seiner Aufgaben dem mit den Verarbeitungsvorgängen verbundenen Risiko gebührend Rechnung zu tragen, wobei er die Art, den Umfang, die Umstände und die Zwecke der Verarbeitung berücksichtigt, sog. **Pflicht zur risikoorientierten Tätigkeit**. Diese Verpflichtung entspricht dem risikobasierten Ansatz, der der gesamten DS-GVO zugrunde liegt.[47] Der Datenschutzbeauftragte hat seine Tätigkeiten nach Priorität zu ordnen und seine Anstrengungen auf Sachverhalte zu konzentrieren, von denen größere Bedrohungen für den Datenschutz ausgehen, was letztlich einem allgemeinen und auf dem gesunden Menschenverstand basierenden Grundsatz entspricht.[48] Insbesondere mit Verarbeitungen, die aufgrund des hohen Risikos für die Rechte und Freiheiten der betroffenen Personen einer DSFA (Art. 35)[49] bedürfen, wird der Datenschutzbeauftragte sich regelmäßig zeitnah befassen müssen.[50] Zur Gewährleistung der garantierten Unabhängigkeit muss die Bewertung, welche Verarbeitungsvorgänge wegen des mit ihnen verbundenen Risikos einer vorrangigen Betrachtung bedürfen, grundsätzlich dem Datenschutzbeauftragten selbst obliegen.[51] Auch weniger risikobehaftete Datenverarbeitungsvorgänge dürfen schließlich nicht vernachlässigt werden.[52]

23

2. BDSG. Die Regelung für **Datenschutzbeauftragte in öffentlichen Stellen des Bundes** in § 7 Abs. 3 BDSG entspricht inhaltlich Art. 39 Abs. 2. Die vorstehenden Ausführungen zu Art. 39 Abs. 2 gelten insofern entsprechend.

24

---

45 BT-Drucks. 18/11325, S. 81 f.
46 Vgl. hierzu auch Art. 37 Rn. 6 f.
47 Gola-*Klug* Art. 39 Rn. 2.
48 *Art.-29-Datenschutzgruppe* WP 243 rev. 01, S. 22, bestätigt durch den *EDSA* am 25.5.2018.
49 Die Datenschutz-Folgenabschätzung selbst ist keine Aufgabe des Datenschutzbeauftragten, sondern des Verantwortlichen. Der Datenschutzbeauftragte berät aber im Zusammenhang mit der Datenschutz-Folgenabschätzung und überwacht ihre Durchführung (Art. 39 Abs. 1 lit. c).
50 Ehmann/Selmayr-*Heberlein* Art. 39 Rn. 22 f. Ein Modell für eine Aufgabenpriorisierung für Datenschutzbeauftragte hat *Franck* Datenschutz-Berater 2019, 181 f. entwickelt.
51 Kühling/Buchner-*Bergt* Art. 39 Rn. 23. Zu datenschutzrechtlichen Anfragen der Leitung bzw. der Fachabteilung vgl. Art. 38 Rn. 17.
52 *Art.-29-Datenschutzgruppe* WP 243 rev. 01, S. 22, bestätigt durch den *EDSA* am 25.5.2018.

III. Haftung des Datenschutzbeauftragten

25 Eine Haftung des Datenschutzbeauftragten auf Grundlage von Art. 82 scheidet aus, da sich dieser nur an Verantwortliche und Auftragsverarbeiter richtet. Mangels abschließendem Charakter der Regelung kommen daneben aber vertragliche Haftungsansprüche bzw. Ansprüche aufgrund nationaler deliktischer Normen in Frage.[53] Da mit dem internen Datenschutzbeauftragten ein Arbeitsverhältnis und mit dem externen Datenschutzbeauftragten ein Geschäftsbesorgungsvertrag (§ 675 BGB) besteht, ist mögliche Rechtsgrundlage für die **Haftung gegenüber dem Verantwortlichen bzw. Auftragsverarbeiter** regelmäßig § 280 Abs. 1 BGB, wobei ggf. eine Minderung der Haftung infolge Mitverschuldens (§ 254 BGB) des Verantwortlichen bzw. Auftragsverarbeiters zu bedenken ist. Ein Schaden der benennenden Stelle kann sich z.B. dann ergeben, wenn sich diese aufgrund einer falschen Beratung des Datenschutzbeauftragten nunmehr einem von der betroffenen Person geltend gemachten Schadensersatzanspruch gegenübersieht. Eine Falschberatung kann auch dazu führen, dass bereits aufgenommene Datenverarbeitungsverfahren im Nachhinein kostenintensiven Änderungen unterzogen werden müssen. Voraussetzung der Haftung des Datenschutzbeauftragten ist das Vorliegen einer Pflichtverletzung im Verhältnis zur benennenden Stelle. Als verletzte Pflicht kommt die Beratungspflicht des Datenschutzbeauftragten nach Art. 39 Abs. 1 lit. a in Betracht. Diese originär gesetzliche Verpflichtung wird durch die Bezugnahme im Arbeits- bzw. Geschäftsbesorgungsvertrag auch zu einer vertraglichen Verpflichtung. Eine inhaltlich falsche Beratung verletzt diese Beratungspflicht. Zu beachten ist allerdings, dass die gesetzliche Beratungspflicht und damit auch die – regelmäßig identische – vertragliche Verpflichtung nicht existiert, um die benennende Stelle vor Schäden zu bewahren. Der Datenschutzbeauftragte ist eine organisatorische Vorkehrung des Gesetzgebers zum Schutz der Persönlichkeitsrechte natürlicher Personen. Dem Schutz der betroffenen Personen dient auch dessen Beratungsauftrag. Zwar schützt die Tätigkeit des Datenschutzbeauftragten faktisch auch die benennende Stelle vor einer Inanspruchnahme wegen Datenschutzverletzungen. Dies ist jedoch nicht Intention der gesetzlichen Regelung, sondern lediglich Reflexwirkung. **Vieles spricht also dafür, eine Haftung des Datenschutzbeauftragten im Verhältnis zur benennenden Stelle** entgegen verbreiteter Auffassung[54] **regelmäßig schon dem Grunde nach abzulehnen.** Selbstverständlich kann der Datenschutzbeauftragte im Einzelfall vertraglich eine weitergehende, auch auf den Schutz der benennenden Stelle bezogene Beratungspflicht übernehmen. Dafür bedarf es aber entsprechender Anhaltspunkte im Einzelfall. Vorgesagtes gilt entsprechend im Hinblick auf eine Haftung wegen einer möglichen Verletzung des Überwachungsauftrags (Art. 39 Abs. 1 lit. b) durch den Datenschutzbeauftragten. Auch diese Pflicht besteht im Interesse der betroffenen Personen und nicht zum Schutz der benennenden Stelle.

26 Rechtsgrundlage einer möglichen **Haftung** des Datenschutzbeauftragten **im Verhältnis zur betroffenen Person** ist § 823 Abs. 1 BGB bzw. § 823 Abs. 2 BGB i.V.m. Art. 39. Auf Basis ihres Schutzzwecks (Art. 1 Abs. 1) sind die Normen der DS-GVO regelmäßig als

---

53 Gola-*Gola/Piltz* Art. 82 Rn. 20.
54 Vgl. etwa Kühling/Buchner-*Bergt* Art. 37 Rn. 53; Paal/Pauly-*Paal* Art. 39 Rn. 12; Simitis/Hornung/Spiecker gen. Döhmann-*Drewes* Art. 39 Rn. 44; BeckOK DatenSR-*Moos* Art. 39 Rn. 28, 30. Edition, Stand: 1.11.2019; auch *Eßer/Steffen* CR 2018, 289, 291 ff. halten eine Haftung gegenüber der benennenden Stelle für möglich.

deliktsrechtliche Schutzgesetze einzuordnen.[55] Relativ unproblematisch sind insofern Fälle, in denen die Datenschutzverletzung auf ein **aktives Handeln** des Datenschutzbeauftragten zurückzuführen ist. Dies ist z.b. dann der Fall, wenn die benennende Stelle aufgrund falscher Beratung durch den Datenschutzbeauftragten eine datenschutzwidrige Maßnahme durchführt mit der Konsequenz, dass die Rechte der betroffenen Person beeinträchtigt werden. In der Praxis wird der Vorwurf gegenüber dem Datenschutzbeauftragten allerdings häufig darin liegen, dass er eine gegen Datenschutzrecht verstoßende Maßnahme der benennenden Stelle nicht unterbunden hat, also in einem **Unterlassen**. Ein Unterlassen kann jedoch nur dann zu einer Haftung führen, wenn es pflichtwidrig ist, also eine Rechtspflicht zum Handeln besteht. Als Anknüpfungspunkt kommt in diesem Zusammenhang insbesondere der Überwachungsauftrag aus Art. 39 Abs. 1 lit. b in Betracht. So wird aus dieser Überwachungsaufgabe **teilweise** auch **eine Stellung als sog. Überwachergarant abgeleitet.**[56] **Dem ist entgegenzuhalten, dass der Datenschutzbeauftragte keine eigenen Entscheidungs- oder Weisungsbefugnisse besitzt, um Datenschutzverletzungen zu unterbinden.** Schwierigkeiten bereitet in Unterlassenskonstellationen zudem die Begründung, dass das Nichteinschreiten des Datenschutzbeauftragten tatsächlich ursächlich für die Rechtsverletzung gegenüber der betroffenen Person geworden ist (**sog. haftungsbegründende Kausalität**).[57] Insofern stellt sich zunächst die Frage, ob dieser über die betreffende Datenverarbeitung rechtzeitig informiert war, er also überhaupt die Möglichkeit gehabt hätte, das Verfahren zu monieren. Selbst wenn der Datenschutzbeauftragte auf bestehende Datenschutzverstöße hinweist, bedeutet dies im Übrigen nicht zwingend, dass die Unternehmens- bzw. Behördenleitung den Hinweis auch umsetzt und damit die Rechtsverletzung unterbleibt.[58]

Für die Haftung interner Datenschutzbeauftragter gelten die von der Rechtsprechung aufgestellten Grundsätze zur **Haftungserleichterung bei Arbeitnehmern**.[59] Da externe Datenschutzbeauftragte hierüber keinen Schutz erfahren, empfiehlt sich insbesondere für sie der Abschluss einer entsprechenden **Vermögensschadenhaftpflichtversicherung**.[60] **27**

IV. Dokumentation der Arbeit des Datenschutzbeauftragten

Der Kommissionsentwurf zur DS-GVO (KOM(2012) 11) sah noch die explizite Verpflichtung vor, dass der Datenschutzbeauftragte seine Unterrichtungs- und Beratungstätigkeit zu dokumentieren hat. Obgleich die explizite Verpflichtung entfallen ist, bleibt eine **Dokumentation im Eigeninteresse ratsam**, insbesondere damit der Daten- **28**

---

55 Gola-*Gola/Piltz* Art. 82 Rn. 26; bejahend für Art. 39 und Art. 38 Abs. 4 auch Kühling/Buchner-*Bergt* Art. 37 Rn. 54; bejahend für Art. 39 Simitis/Hornung/Spiecker gen. Döhmann-*Drewes* Art. 39 Rn. 51 und BeckOK DatenSR-*Moos* Art. 39 Rn. 34, 30. Edition, Stand: 1.11.2019.
56 Vgl. dazu im Einzelnen vorstehend Rn. 14.
57 Ähnlich *Eßer/Steffen* CR 2018, 289, 292.
58 So auch *Eßer/Steffen* CR 2018, 289, 292.
59 Kühling/Buchner-*Bergt* Art. 37 Rn. 53; BeckOK DatenSR-*Moos* Art. 39 Rn. 30, 30. Edition, Stand: 1.11.2019; Simitis/Hornung/Spiecker gen. Döhmann-*Drewes* Art. 39 Rn. 45; *Eßer/Steffen* CR 2018, 289, 293 f.
60 Laue/Kremer-*Kremer* Das neue Datenschutzrecht in der betrieblichen Praxis, § 6 Rn. 59.

schutzbeauftragte sich entlasten kann, falls er haftbar gemacht werden soll.[61] Gleiches gilt für die Überwachungstätigkeit des Datenschutzbeauftragten. Eine Dokumentation ist vor allem angezeigt, wenn Empfehlungen und Einwänden des Datenschutzbeauftragten nicht oder nicht ausreichend Rechnung getragen wird.[62] Ein Mittel zur Entlastung des Datenschutzbeauftragten können auch regelmäßige an die Leitung gerichtete **Tätigkeitsberichte** sein.[63]

C. Praxishinweis – Relevanz

I. Für öffentliche Stellen

29 Die Benennung sollte auf Basis einer **Stellenbeschreibung** erfolgen, die Aufgaben und Stellung des jeweiligen Datenschutzbeauftragten im Einzelnen und bezogen auf die individuellen Besonderheiten beim Verantwortlichen bzw. Auftragsverarbeiter beschreibt.[64] Dort kann ggf. auch geregelt werden, dass der Datenschutzbeauftragte zusätzliche Aufgaben übernehmen soll, die über den Aufgabenkatalog in Art. 39 Abs. 1 hinausgehen.[65]

II. Für nichtöffentliche Stellen

30 Die vorstehenden **Ausführungen gelten für nichtöffentliche Stellen entsprechend**. Auch bei nichtöffentlichen Stellen sollte die Benennung auf Grundlage einer detaillierten Stellenbeschreibung erfolgen.

III. Für betroffene Personen

31 Die in Art. 39 geregelten Aufgaben des Datenschutzbeauftragten dienen dem Schutz der Persönlichkeitsrechte der von der Datenverarbeitung betroffenen Personen. Aus Art. 39 ergibt sich indes kein individualrechtlicher Anspruch in dem Sinne, dass die betroffenen Personen verlangen können, dass der Datenschutzbeauftragte in ihrem Interesse tätig wird. Dazu dient das **Anrufungsrecht der betroffenen Personen nach Art. 38 Abs. 4**.[66]

IV. Für Aufsichtsbehörden

32 Unmittelbaren Bezug zur Aufsichtsbehörde haben die Aufgaben des Datenschutzbeauftragten aus Art. 39 Abs. 1 lit. d und e, wonach der Datenschutzbeauftragte mit der Behörde **zusammenarbeiten** soll und deren **Anlaufstelle** ist.[67] Im Sinne eines effektiven Datenschutzes greifen insofern externe und interne Datenschutzkontrolle ineinander.

---

61 Vgl. z.B. Ehmann/Selmayr-*Heberlein* Art. 39 Rn. 8; ebenso *Datenschutzkonferenz* Kurzpapier Nr. 12 (Stand: 17.12.2018), S. 4.
62 Ehmann/Selmayr-*Heberlein* Art. 39 Rn. 8.
63 Vgl. etwa Laue/Kremer-*Kremer* Das neue Datenschutzrecht in der betrieblichen Praxis, § 6 Rn. 60.
64 Ein Muster für eine Stellenbeschreibung findet sich auf der Homepage des GDD (www.gdd.de) in der Rubrik Datenschutzbeauftragter.
65 Vgl. dazu Rn. 8.
66 Vgl. Art. 38 Rn. 25.
67 Vgl. im Einzelnen oben Rn. 19 ff.

V. Für das Datenschutzmanagement

Zur Umsetzung der DS-GVO gehört auch, dass die Leitung des Verantwortlichen bzw. Auftragsverarbeiters sicherstellt, dass der Datenschutzbeauftragte seine Aufgaben nach Art. 39 erfüllen kann. Die hierzu **notwendigen Unterstützungsleistungen sind insbesondere in Art. 38 spezifiziert**, wonach der Datenschutzbeauftragte in allen datenschutzrelevanten Fragen ordnungsgemäß und frühzeitig einzubinden ist (Abs. 1) und er die zur Wahrnehmung seiner Aufgaben und Erhaltung seines Fachwissens erforderlichen Ressourcen sowie Zugang zu personenbezogenen Daten und Verarbeitungsvorgängen erhält (Abs. 2). Die Verpflichtung zur frühzeitigen Einbindung und der Zugang zu Daten und Verarbeitungsvorgängen sind zentral für die Beratungs- und Überwachungsfunktion (Art. 39 Abs. 1 lit. a und b) des Datenschutzbeauftragten. Die Einbindung des Datenschutzbeauftragten nach Maßgabe von Art. 38 Abs. 1 setzt entsprechende **organisationsinterne Vorgaben, z.B. in Form einer Richtlinie zum Datenschutz**, voraus. Über diese ist auch sicherzustellen, dass entsprechend Art. 35 Abs. 2 sein Rat eingeholt wird, sofern eine Datenschutz-Folgenabschätzung durchzuführen ist (Art. 39 Abs. 1 lit. c). 33

VI. Sanktionen

Verletzungen des Art. 39 können gem. Art. 83 Abs. 4 lit. a theoretisch mit Geldbußen von bis zu 10 Millionen EUR oder im Fall eines Unternehmens von bis zu 2 % seines gesamten weltweit erzielten Jahresumsatzes des vorangegangenen Geschäftsjahrs, je nachdem, welcher der Beträge höher ist, belegt werden. Allerdings sanktioniert der genannte Bußgeldtatbestand nach seinem expliziten Wortlaut nur Pflichtverletzungen des Verantwortlichen bzw. Auftragsverarbeiters. Die Aufgaben aus Art. 39 gehören jedoch nicht zu deren Pflichtenkreis. Es handelt sich vielmehr um Pflichten des Datenschutzbeauftragten selbst, gegen den mangels Einbeziehung in den Bußgeldtatbestand aber kein Bußgeld verhängt werden kann.[68] 34

Abschnitt 5
Verhaltensregeln und Zertifizierung

Artikel 40 Verhaltensregeln

(1) Die Mitgliedstaaten, die Aufsichtsbehörden, der Ausschuss und die Kommission fördern die Ausarbeitung von Verhaltensregeln, die nach Maßgabe der Besonderheiten der einzelnen Verarbeitungsbereiche und der besonderen Bedürfnisse von Kleinstunternehmen sowie kleinen und mittleren Unternehmen zur ordnungsgemäßen Anwendung dieser Verordnung beitragen sollen.

(2) Verbände und andere Vereinigungen, die Kategorien von Verantwortlichen oder Auftragsverarbeitern vertreten, können Verhaltensregeln ausarbeiten oder ändern oder erweitern, mit denen die Anwendung dieser Verordnung beispielsweise zu dem Folgenden präzisiert wird:

---

[68] *Bergt* DuD 2017, 555, 561; *Piltz* K&R 2017, 85, 91. Zur umstrittenen Frage, ob der Datenschutzbeauftragte als Überwachergarant einzustufen ist, vgl. oben Rn. 14.

Art. 40 — Verhaltensregeln

a) faire und transparente Verarbeitung;
b) die berechtigten Interessen des Verantwortlichen in bestimmten Zusammenhängen;
c) Erhebung personenbezogener Daten;
d) Pseudonymisierung personenbezogener Daten;
e) Unterrichtung der Öffentlichkeit und der betroffenen Personen;
f) Ausübung der Rechte betroffener Personen;
g) Unterrichtung und Schutz von Kindern und Art und Weise, in der die Einwilligung des Trägers der elterlichen Verantwortung für das Kind einzuholen ist;
h) die Maßnahmen und Verfahren gemäß den Artikeln 24 und 25 und die Maßnahmen für die Sicherheit der Verarbeitung gemäß Artikel 32;
i) die Meldung von Verletzungen des Schutzes personenbezogener Daten an Aufsichtsbehörden und die Benachrichtigung der betroffenen Person von solchen Verletzungen des Schutzes personenbezogener Daten;
j) die Übermittlung personenbezogener Daten an Drittländer oder an internationale Organisationen oder
k) außergerichtliche Verfahren und sonstige Streitbeilegungsverfahren zur Beilegung von Streitigkeiten zwischen Verantwortlichen und betroffenen Personen im Zusammenhang mit der Verarbeitung, unbeschadet der Rechte betroffener Personen gemäß den Artikeln 77 und 79.

(3) [1]Zusätzlich zur Einhaltung durch die unter diese Verordnung fallenden Verantwortlichen oder Auftragsverarbeiter können Verhaltensregeln, die gemäß Absatz 5 des vorliegenden Artikels genehmigt wurden und gemäß Absatz 9 des vorliegenden Artikels allgemeine Gültigkeit besitzen, auch von Verantwortlichen oder Auftragsverarbeitern, die gemäß Artikel 3 nicht unter diese Verordnung fallen, eingehalten werden, um geeignete Garantien im Rahmen der Übermittlung personenbezogener Daten an Drittländer oder internationale Organisationen nach Maßgabe des Artikels 46 Absatz 2 Buchstabe e zu bieten. [2]Diese Verantwortlichen oder Auftragsverarbeiter gehen mittels vertraglicher oder sonstiger rechtlich bindender Instrumente die verbindliche und durchsetzbare Verpflichtung ein, die geeigneten Garantien anzuwenden, auch im Hinblick auf die Rechte der betroffenen Personen.

(4) Die Verhaltensregeln gemäß Absatz 2 des vorliegenden Artikels müssen Verfahren vorsehen, die es der in Artikel 41 Absatz 1 genannten Stelle ermöglichen, die obligatorische Überwachung der Einhaltung ihrer Bestimmungen durch die Verantwortlichen oder die Auftragsverarbeiter, die sich zur Anwendung der Verhaltensregeln verpflichten, vorzunehmen, unbeschadet der Aufgaben und Befugnisse der Aufsichtsbehörde, die nach Artikel 55 oder 56 zuständig ist.

(5) [1]Verbände und andere Vereinigungen gemäß Absatz 2 des vorliegenden Artikels, die beabsichtigen, Verhaltensregeln auszuarbeiten oder bestehende Verhaltensregeln zu ändern oder zu erweitern, legen den Entwurf der Verhaltensregeln bzw. den Entwurf zu deren Änderung oder Erweiterung der Aufsichtsbehörde vor, die nach Artikel 55 zuständig ist. [2]Die Aufsichtsbehörde gibt eine Stellungnahme darüber ab, ob der Entwurf der Verhaltensregeln bzw. der Entwurf zu deren Änderung oder Erweiterung mit dieser Verordnung vereinbar ist und genehmigt diesen Entwurf der Verhaltensregeln bzw. den Entwurf zu deren Änderung oder Erweiterung, wenn sie der Auffassung ist, dass er ausreichende geeignete Garantien bietet.

(6) Wird durch die Stellungnahme nach Absatz 5 der Entwurf der Verhaltensregeln bzw. der Entwurf zu deren Änderung oder Erweiterung genehmigt und beziehen sich die betreffenden Verhaltensregeln nicht auf Verarbeitungstätigkeiten in mehreren Mitgliedstaaten, so nimmt die Aufsichtsbehörde die Verhaltensregeln in ein Verzeichnis auf und veröffentlicht sie.

(7) Bezieht sich der Entwurf der Verhaltensregeln auf Verarbeitungstätigkeiten in mehreren Mitgliedstaaten, so legt die nach Artikel 55 zuständige Aufsichtsbehörde – bevor sie den Entwurf der Verhaltensregeln bzw. den Entwurf zu deren Änderung oder Erweiterung genehmigt – ihn nach dem Verfahren gemäß Artikel 63 dem Ausschuss vor, der zu der Frage Stellung nimmt, ob der Entwurf der Verhaltensregeln bzw. der Entwurf zu deren Änderung oder Erweiterung mit dieser Verordnung vereinbar ist oder – im Fall nach Absatz 3 dieses Artikels – geeignete Garantien vorsieht.

(8) Wird durch die Stellungnahme nach Absatz 7 bestätigt, dass der Entwurf der Verhaltensregeln bzw. der Entwurf zu deren Änderung oder Erweiterung mit dieser Verordnung vereinbar ist oder – im Fall nach Absatz 3 – geeignete Garantien vorsieht, so übermittelt der Ausschuss seine Stellungnahme der Kommission.

(9) [1]Die Kommission kann im Wege von Durchführungsrechtsakten beschließen, dass die ihr gemäß Absatz 8 übermittelten genehmigten Verhaltensregeln bzw. deren genehmigte Änderung oder Erweiterung allgemeine Gültigkeit in der Union besitzen. [2]Diese Durchführungsrechtsakte werden gemäß dem Prüfverfahren nach Artikel 93 Absatz 2 erlassen.

(10) Die Kommission trägt dafür Sorge, dass die genehmigten Verhaltensregeln, denen gemäß Absatz 9 allgemeine Gültigkeit zuerkannt wurde, in geeigneter Weise veröffentlicht werden.

(11) Der Ausschuss nimmt alle genehmigten Verhaltensregeln bzw. deren genehmigte Änderungen oder Erweiterungen in ein Register auf und veröffentlicht sie in geeigneter Weise.

– *ErwG: 77, 98, 99, 148, 168*
– *BDSG n.F.: § 21*

Übersicht

	Rn		Rn
A. Einordnung und Hintergrund	1	2. Vorteile von Verhaltens-regeln	22
I. Erwägungsgründe	1	3. Voraussetzungen für die Einreichung eines Ent-wurfs von Verhaltens-regeln	25
II. BDSG n.F.	6		
III. Normengenese und -umfeld	8		
1. DSRL	8		
2. BDSG a.F.	10	4. Kriterien für die Geneh-migung von Verhaltens-regeln	27
3. WP der Art.-29-Daten-schutzgruppe/Beschlüsse des Düsseldorfer-Kreises	12		
B. Kommentierung	15	5. Vorlage, Zulässigkeit und Genehmigung	33
I. Überblick	15	III. Rechtsnatur und Funktion von Verhaltensregeln	39
II. Die Leitlinien 1/2019 des Europäischen Datenschutz-ausschusses (Tz. 1 bis 58)	18		
1. Einführung und Zweck	18	1. Begriff und Rechts-natur	39

		Rn
	2. Weitere Funktion/Rolle von Verhaltensregeln	42
	3. Bindungswirkung	46
IV.	Förderungspflicht bzgl. Verhaltensregeln (Abs. 1)	48
V.	Verfasser von Verhaltensregeln, Ausarbeitung (Abs. 2)	50
	1. Verbände und andere Vereinigungen, die Kategorien von Verantwortlichen oder Auftragsverarbeitern vertreten	50
	2. Ausarbeitung, Änderung oder Erweiterung	53
VI.	Inhalt und Anwendungsbereich der Verhaltensregeln (Abs. 2)	57
	1. Übersicht	57
	2. Berücksichtigung der Besonderheiten der einzelnen Verarbeitungsbereiche	59
	3. Berücksichtigung von Kleinstunternehmen und KMU	60
	4. Beitrag zur ordnungsgemäßen Anwendung der DS-GVO	62
	5. Präzisierung von Vorschriften	63
	6. Einzelne inhaltliche Gesichtspunkte für Verhaltensregeln gem. Abs. 2	66
	a) Faire und transparente Verarbeitung	67
	b) Berechtigte Interessen des Verantwortlichen in bestimmten Zusammenhängen	68
	c) Erhebung personenbezogener Daten	71
	d) Pseudonymisierung (Art. 4 Nr. 5) personenbezogener Daten	72
	e) Unterrichtung/Schutz von Kindern und Art und Weise, in der die Einwilligung des Trägers der elterlichen Verantwortung für das Kind einzuholen ist	73

		Rn
	f) Maßnahmen und Verfahren gem. Art. 24/25 und Maßnahmen gem. Art. 32	74
	g) Meldung von Datenschutzvorfällen an Aufsichtsbehörden und Benachrichtigung der betroffenen Person hiervon	76
	h) Anwendungsbeispiel: Code of Conduct der Internet Service Providers Austria v. 27.11.2018 (Version 1.0 v. 26.11.2018)	77
VII.	Ausweitung der Anwendung von Verhaltensregeln – Datentransfer in ein Drittland (Abs. 3)	81
VIII.	Obligatorischer Inhalt von Verhaltensregeln: Ermöglichung von Kontrolle durch die nach Art. 41 geschaffene Institution (Abs. 4)	84
IX.	Übersicht zu Abs. 5 bis 11	90
X.	Überprüfung und Genehmigung von Verhaltensregeln durch die Aufsichtsbehörde, Wirkung der Genehmigung (Abs. 5)	91
XI.	Veröffentlichung bei Verarbeitung in nur einem Mitgliedstaat (Abs. 6)	100
XII.	Genehmigung bei Verarbeitungstätigkeiten in mehreren Mitgliedstaaten, Übermittlung der Stellungnahme an die Kommission, Veröffentlichung (Abs. 7, Abs. 8, Abs. 11)	101
XIII.	Allgemeingültigkeitserklärung durch die Kommission und deren Veröffentlichung (Abs. 9, 10)	104
XIV.	Gebühren im Verfahren	108
XV.	Rechtsfolgen	109

Verhaltensregeln Art. 40

Literatur: *Abel* Umsetzung der Selbstregulierung im Datenschutz: Probleme und Lösungen, RDV 2003, 11; *Albrecht* Das neue EU-Datenschutzrecht – von der Richtlinie zur Verordnung – Überblick und Hintergründe zum finalen Text für die Datenschutz-Grundverordnung der EU nach der Einigung im Trilog, CR 2016, 88; *Art.-29-Datenschutzgruppe* Künftige Arbeit im Hinblick auf Verhaltensregeln: Arbeitsunterlage über das Verfahren für die Prüfung der Verhaltensregeln der Gemeinschaft durch die Arbeitsgruppe (WP 13); *dies.* Stellungnahme 3/2003 zum europäischen Verhaltenskodex von FEDMA zur Verwendung personenbezogener Daten im Direktmarketing (WP 77); *Bergt* Anmerkung zu EuGH, Urteil v. 6.10.2015 – C-362/14, MMR 2015, 759; *ders.* Die Bedeutung von Verhaltensregeln und Zertifizierungen nach der Datenschutz-Grundverordnung, DSRITB 2016, 483; *ders.* Verhaltensregeln als Mittel zur Beseitigung der Rechtsunsicherheit in der Datenschutz-Grundverordnung, CR 2016, 670; *Bizer/Körffer* Gütesiegel: Mit den besten Empfehlungen – Konzeption und Erfahrung mit der Datenschutzzertifizierung in Schleswig-Holstein, digma 1/2006; *von Braunmühl* Ansätze zur Ko-Regulierung in der Datenschutz-Grundverordnung, PinG 2015, 231; *ders.* Selbstregulierung im Datenschutz – Chancen, Grenzen, Herausforderungen, DIVSI magazin 7/2013, 11; *Christiansen* Selbstregulierung, regulatorischer Wettbewerb und staatliche Eingriffe im Internet, MMR 2000, 123; *Dehmel* Umsetzungsoptionen der Ko-Regulierung im Datenschutz, Kompendium Digitale Standortpolitik, 2013, 162; *Düsseldorfer Kreis* Orientierungshilfe der Datenschutzaufsichtsbehörden für den Umgang mit, Verhaltensregeln nach § 38a BDSG, v. 26./27.2.2013; *Härting* Datenschutzreform in Europa: Einigung im EU-Parlament – Kritische Anmerkungen, CR 2013, 715; *Hofmann* Zertifizierungen nach der DS-GVO, ZD 12/2016, XVI, ZD-Aktuell 2016, 05324; *Hornung/Hartl* Datenschutz durch Marktanreize – auch in Europa?, ZD 2014, 219; *Kaper* Datenschutzsiegel und Zertifizierungen nach der Datenschutz-Grundverordnung, PinG 2016, 201; *Kinast/Schröder* Audit & Rating: Vorsprung durch Selbstregulierung, ZD 2012, 207; *Koós/Englisch* Eine „neue" Auftragsdatenverarbeitung? – Gegenüberstellung der aktuellen Rechtslage und der DS-GVO in der Fassung des LIBE-Entwurfs, ZD 2014, 276; *Kranig/Peintinger* Selbstregulierung im Datenschutzrecht-Rechtslage in Deutschland, Europa und den USA unter Berücksichtigung des Vorschlags zur DS-GVO, ZD 2014, 3; *Kraska* Datenschutz-Zertifizierungen in der EU-Datenschutzgrundverordnung, ZD 2016, 153; *Krings/Mammen* Zertifizierungen und Verhaltensregeln – Bausteine eines modernen Datenschutzes für die Industrie 4.0, RDV 2015, 231; *Krohm* Anreize für Selbstregulierung nach der Datenschutz-Grundverordnung, PinG 2016, 205; *Krüger* Datensouveränität und Digitalisierung, ZRP 2016, 190; *Lachaud* Why the certification process in the General Data Protection Regulation cannot be successful, CLSR 2016, 814; *Martini* Do it yourself im Datenschutzrecht – Der „GeoBusiness Code of Conduct", NVwZ-Extra 6/2016, 1; *Moos* Die Entwicklung des Datenschutzrechts im Jahr 2013, K&R 2014, 149; *Polenz* Verbraucherdatenschutz durch Selbstregulierung?, VuR 2012, 303; *Roßnagel/Nebel/Richter* Was bleibt vom Europäischen Datenschutzrecht? – Überlegungen zum Ratsentwurf der DS-GVO, ZD 2015, 455; *Roßnagel/Richter/Nebel* Besserer Internetdatenschutz für Europa – Vorschläge zur Spezifizierung der DS-GVO, ZD 2013, 103; *Schaar* Selbstregulierung im Datenschutz – Chancen, Grenzen, Risiken, DIVSI magazin 7/2013, 8; *ders.* Selbstregulierung und Selbstkontrolle – Auswege aus dem Kontrolldilemma?, DuD 2003, 421; *Schantz* Die Datenschutz-Grundverordnung – Beginn einer neuen Zeitrechnung im Datenschutzrecht, NJW 2016, 1841; *Schreiber/Kohm* Rechtssicherer Datentransfer unter dem EU-US-Privacy-Shield? – Der transatlantische Datentransfer in der Unternehmenspraxis, ZD 2016, 255; *Schwartmann/Weiß* Ko-Regulierung vor einer neuen Blüte – Verhaltensregeln und Zertifizierungsverfahren nach der Datenschutz-Grundverordnung (1. Teil Zertifizierung), RDV 2016, 68; *dies.* Ko-Regulierung vor einer neuen Blüte – Verhaltensregeln und Zertifizierungsverfahren nach der Datenschutz-Grundverordnung (2. Teil Verhaltensregeln), RDV 2016, 240; *Spindler* Die neue EU-Datenschutz-Grundverordnung, DB 2016, 937; *ders.* Selbstregulierung und Zertifizierungsverfahren nach der DS-GVO, ZD 2016, 407; *Spindler/Thorun* Die

Rolle der Ko-Regulierung in der Informationsgesellschaft, MMR 2016, 1; *dies.* Eckpunkte einer digitalen Ordnungspolitik-Politikempfehlungen zur Verbesserung der Rahmenbedingungen für eine effektive Ko-Regulierung in der Informationsgesellschaft, 2015[1]; *Traung* The Proposed New EU General Data Protection Regulation – Further Opportunities, CRi 2012, 33; *Vomhof* Verhaltensregeln nach § 38a BDSG – Der Code of Conduct der Versicherungswirtschaft, PinG 2014, 209; *Wilhelm* Auskunftsansprüche in der Informationsgesellschaft, DÖV 2016, 899; *Wronka* Anmerkungen zu den Verhaltensregeln der Deutschen Versicherungswirtschaft, RDV 2014, 93.

A. Einordnung und Hintergrund

I. Erwägungsgründe

1 Nach ErwG 98 und 99 will die DS-GVO datenschutzrechtliche Verhaltensregeln (im internationalen Kontext auch als „Code of Conduct" mit datenschutzrechtlicher Zweckbestimmung bezeichnet) für Verbände und andere Vereinigungen von Verantwortlichen[2] bzw. Auftragsverarbeitern bzw. deren Mitglieder oder für vertraglich an entsprechende Verhaltensregeln Gebundene fördern. Solche Verhaltensregeln sollen ein wesentliches Element der Ko-Regulierung bzw. der regulierten Selbstregulierung[3] werden. Verbände bzw. Vereinigungen sollen „ermutigt" werden, „in den Grenzen der DS-GVO" solche Verhaltensregeln aufzustellen. Bei der Erstellung solcher Verhaltensregeln sollen insbesondere die Betroffenen beteiligt werden bzw. die Möglichkeit zur Stellungnahme erhalten.

2 ErwG 98 sieht das Aufstellen von Verhaltensregeln als Chance, den Besonderheiten in bestimmten Sektoren bzw. Branchen Rechnung tragen zu können[4]. Außerdem[5] sollen Verhaltensregeln in der Lage sein, den Bedürfnissen von Kleinstunternehmen und KMU[6] in der jeweiligen Branche besser Rechnung zu tragen. Möglicherweise geht hiermit die sich auch aus der datenschutzrechtlichen Praxis ableitende Vorstellung einher, über Verbände und vergleichbare Vereinigungen und die von diesen aufgestellten Verhaltensregeln in kleineren Unternehmen eher für datenschutzkonforme Zustände sorgen zu können, als wenn Unternehmen unterhalb einer bestimmten Größenordnung, die typischerweise eher wenig für ein strukturiertes und konsequentes Vorgehen im Bereich Datenschutz zu begeistern sind, dies selbst übernehmen[7]. Dafür

---

1 Abrufbar unter: https://sriw.de/images/pdf/Spindler_Thorun-Eckpunkte_digitale_Ordnungspolitik_final.pdf, zuletzt abgerufen: 15.9.2017.
2 Hierunter fallen auch gemeinsam Verantwortliche nach Art. 26, vgl. *Schwartmann/Weiß* RDV 2016, 240, 242.
3 Zu einem frühen Ansatz von regulierter Selbstregulierung für das Internet vgl. *Christiansen* MMR 2000, 123.
4 S.a. Tz. 8 der LL 1/2019; zum Datenschutz durch Marktanreize (unter dem Blickwinkel von Zertifizierungen) vgl. *Hornung/Hartl* ZD 2014, 219.
5 Die Norm ist nicht so auszulegen, dass nur KMU Verhaltensregeln nach Art. 40 aufstellen könnten, vgl. *Spindler* ZD 2016, 407.
6 *Spindler/Thorun* Studie Eckpunkte einer digitalen Ordnungspolitik, S. 33, sieht entsprechende Vorteile gegenüber einem „one size fits all" des Gesetzgebers.
7 Siehe hierzu auch das Beispiel in Tz. 11 der Leitlinien 1/2019 des Europäischen Datenschutzausschusses über Verhaltensregeln und Überwachungsstellen („LL 1/2019"): Kleinstunternehmen, die Forschungstätigkeiten im Gesundheitsbereich durchführen, können sich zur Abfassung von Verhaltensregelung zusammentun und sich so den Aufwand für die erforderliche umfassende Datenschutzanalyse teilen.

spricht auch, dass nach ErwG 98 S. 2 insbesondere die Pflichten der Verantwortlichen und Auftragsverarbeiter in solchen Verhaltensregeln angesprochen sein sollen. Nach ErwG 77, der insoweit u.a. mit Art. 40 Abs. 2 lit. d und h korreliert, können Gegenstand einer Verhaltensregel insbesondere Anleitungen sein, wie Verantwortliche oder Auftragsverarbeiter mit Blick auf die vorzunehmende Risikobewertung geeignete Maßnahmen durchzuführen haben und wie die Einhaltung der sich daraus ergebenden Anforderungen nachzuweisen ist, insbesondere bezüglich der Ermittlung des Risikos, dessen Abschätzung in Bezug auf Ursache, Art, Eintrittswahrscheinlichkeit und Schwere und die Festlegung valider Verfahren für die Eindämmung des ermittelten Risikos.

Nach ErwG 99 sollten bei der Ausarbeitung, Änderung oder Erweiterung entsprechender Verhaltensregeln die maßgeblichen Interessenträger, insbesondere die Betroffenen, um Stellungnahmen gebeten werden und diese Stellungnahmen sollen bei der Ausarbeitung berücksichtigt werden. Eine hiermit korrelierende gesetzliche Anforderung, solche Stellungnahmen einzuholen bzw. eingereichte Eingaben zu berücksichtigen, gibt es im Verordnungstext selbst nicht[8]; gem. der DSRL bestand noch die – nicht in § 38a BDSG a.F. übernommene – Anregung, dies zu tun. Für länderübergreifende Verhaltensregeln sei auf Art. 70 Abs. 4 verwiesen, wonach der Ausschuss (im Rahmen des Verfahrens nach Art. 40 Abs. 7 die Möglichkeit hat, interessierte Kreise zu konsultieren. 3

Nach ErwG 148 ist im Rahmen der Bemessung des Bußgeldes bei Verstößen gegen die DS-GVO auch zu bewerten, inwiefern wirksame Verhaltensregeln eingehalten wurden. Damit wird u.a. dem Gesichtspunkt Rechnung getragen, dass derjenige, der sich in den Grenzen genehmigter Verhaltensregeln bewegt, sich auch bis zu einem gewissen Grad darauf verlassen darf, sich im Rahmen dieser Genehmigung datenschutzkonform zu verhalten. Umgekehrt dürfte wahrscheinlich ein nicht unerhebliches Verschulden vorliegen, wenn sich ein Verantwortlicher oder Auftragsverarbeiter nicht an genehmigte Verhaltensregeln hält, die speziell für die Bedürfnisse seiner Branche entwickelt wurden und daher speziell an diese Bedürfnisse angepasste Regelungen enthalten, die für ihn per se verständlicher sein dürften als die recht abstrakten Regelungen der DS-GVO und ihm voraussichtlich auch entsprechend von dem Verband nahegebracht wurden. 4

Aus ErwG 168 wird auf das Prüfverfahren verwiesen, soweit die Zuständigkeit der Kommission für den Erlass von Durchführungsrechtsakten (auch) für Verhaltensregeln gegeben ist. 5

II. BDSG n.F.

Für Art. 40 und 41 existieren keine Öffnungsklauseln, sodass eine Regelung im BDSG n.F. nicht in Betracht kommt. 6

---

8 Nach Ansicht von *Spindler* ZD 2016, 407, m.H.a. BVerwGE 77, 285, 291 f.; BVerwGE 79, 254, 264; BVerwGE 81, 197, 203 ff.; *BGH* NJW 1987, S. 2222 ff. ist aus deutscher (verfassungs-)rechtlicher Sicht eine Beteiligung von sog. Stakeholdern, also Vertretern anderer Interessen als denjenigen der Verbandsmitglieder, bei der Ausarbeitung von Kodizes erforderlich, um ihnen eine stärkere rechtliche Wirkung beizumessen. Zur Beteiligung der Betroffenen und anderer Stakeholder s.a. Tz. 28 der LL 1/2019.

7   Nach § 21 Abs. 1 BDSG hat eine mit einer Datenschutzangelegenheit befasste, zuständige Aufsichtsbehörde ihr Verfahren, in dem eine Verhaltensregel eine Rolle spielt, auszusetzen und einen Antrag auf gerichtliche Entscheidung (im Verwaltungsgerichtsweg) zu stellen, wenn sie einen Beschluss der Kommission über Allgemeingültigkeit von genehmigten Verhaltensregeln (Art. 40 Abs. 9, Art. 93 Abs. 2), auf dessen Gültigkeit es für die entsprechende Entscheidung der Aufsichtsbehörde ankommt, für rechtswidrig hält.

III. Normengenese und -umfeld

8   **1. DSRL.** Art. 40 hat einen Vorläufer in Art. 27 DSRL. Während nach Art. 40 Abs. 2 S. 1 Initiativen für Verhaltensregeln nunmehr von Gesetzes wegen auch von Verbänden bzw. Vereinigungen ausgehen können, die Kategorien von Auftragsverarbeitern vertreten, beschränkte Art. 27 DSRL dieses Recht auf Verbände von Verantwortlichen. Die Kommentarliteratur stand jedoch im Wesentlichen auch bisher auf dem Standpunkt, dass auch Vereinigungen von Auftragsverarbeitern ein solches Vorlagerecht gem. § 38a BDSG hatten a.F.[9] Damit ergibt sich mit Wirkung für Deutschland insoweit keine erhebliche Änderung der Rechtslage.

9   Nach Art. 27 Abs. 3 DSRL konnten auch gemeinschaftliche Verhaltensregeln aufgestellt werden. Zuständig für deren Bewertung war die Art.-29-Datenschutzgruppe. Nach Art. 27 Abs. 3 S. 3 DSRL konnte die Kommission Verhaltensregeln, die von der Art.-29-Datenschutzgruppe positiv bewertet wurden, veröffentlichen. Zu solchen gemeinschaftlichen Verhaltensregelungen ist es auch gekommen, wenn auch nicht in erheblichem Umfang. So wurde der europäische Verhaltenskodex des Fachverbands FEDMA zur Verwendung personenbezogener Daten im Direktmarketing im Jahr 2003 anerkannt[10] (WP 77) und der von der Art.-29-Datenschutzgruppe hierzu geforderte erläuternde Anhang für Online-Aktivitäten im Jahr 2010 (WP 174)[11].

10 **2. BDSG a.F.** § 38a BDSG a.F. stellte eine eher knappe Umsetzung von Art. 27 DSRL in bundesdeutsches Recht dar. Hiernach konnten Berufsverbände und andere Vereinigungen, die bestimmte Gruppen von verantwortlichen Stellen vertreten, Entwürfe für Verhaltensregelungen zur Förderung der Durchführung von datenschutzrechtlichen Regelungen der zuständigen Aufsichtsbehörde unterbreiten. Diese überprüfte die Vereinbarkeit der entworfenen Verhaltensregeln mit dem geltenden Datenschutzrecht. Das entsprechende Verwaltungsverfahren endete, sofern positiv, mit einem Verwaltungsakt, der die Vereinbarkeit des Entwurfs mit geltenden Datenschutzrecht feststellte[12]. Bei positiver Feststellung (und übereinstimmender Bewertung seinerzeit im Düsseldorfer Kreis) entstand eine Bindung für die deutschen Aufsichtsbehörden.

11 Die bisherige föderale Struktur und die damit einhergehenden unterschiedlichen Auffassungen der zuständigen Aufsichtsbehörden führten wohl dazu, dass § 38a BDSG a.F.

---

9 Taeger/Gabel-*Kinast* § 38a BDSG Rn. 16 m.w.N.
10 Weitere Versuche, Verhaltensregeln zu etablieren, schildern *Schwartmann/Weiß* RDV 2016, 240, 241.
11 Vgl. auch WP 13, 77, 174 der Art.-29-Datenschutzgruppe.
12 Orientierungshilfe der Datenschutzaufsichtsbehörden für den Umgang mit Verhaltensregeln nach § 38a BDSG, Februar 2013, S. 7.

sehr wenig praktische Bedeutung erlangte. Nach der früheren Orientierungshilfe des Düsseldorfer Kreises zu Verhaltensregeln[13] sollte die Zurückhaltung auch darin begründet sein, dass verschiedene Datenschutzaufsichtsbehörden das Wort „Förderung" in § 38a Abs. 1 BDSG a.F. so verstanden, dass durch die Verhaltensregeln ein datenschutzrechtlicher Mehrwert im Sinne einer Steigerung des Datenschutzniveaus relativ zu den gesetzlichen Anforderungen erreicht werden sollte. Diese offenbar missverstandene Anforderung und zudem eine nach Ansicht des Düsseldorfer Kreises unklare Situation über die Schaffung von (im Zweifel bundesweit notwendiger) Rechtsverbindlichkeit sollten dazu beigetragen haben, dass das Aufstellen von Verhaltensregeln für die Wirtschaft nicht hinreichend attraktiv war. Mit Wirkung für den Anwendungsbereich des BDSG sind von 2001 bis zum Inkrafttreten der DS-GVO lediglich zwei Regelwerke anerkannt worden, zum einen 2013 die „Verhaltensregeln für den Umgang mit personenbezogenen Daten"[14] der deutschen Versicherungswirtschaft (GDV)[15] und zum anderen 2015 der sog. „GeoBusiness Code of Conduct"[16].

3. WP der Art.-29-Datenschutzgruppe/Beschlüsse des Düsseldorfer-Kreises. Der 12 Düsseldorfer Kreis hatte im Februar 2013 eine Orientierungshilfe für den Umgang mit Verhaltensregeln nach § 38a BDSG a.F. veröffentlicht, um die von der Wirtschaft beklagte mangelnde Einheitlichkeit der Anforderungen der deutschen Aufsichtsbehörden an solche Verhaltensregeln zu beseitigen. Auf folgende Teile der damaligen Ergebnisse sei hingewiesen:

- Vereinigungen i.S.d. § 38a BDSG a.F. können nicht nur klassische Berufsverbände, sondern auch öffentlich-rechtlich organisierte Kammern sein. Nicht notwendig ist, dass ein solcher Verband bzw. eine Kammer **sämtliche** im jeweiligen räumlichen Anwendungsbereich sitzende Mitgliedsunternehmen repräsentiert. Auch Konzerne sind nicht von vornherein als Vereinigung ausgeschlossen. Nicht Normadressaten sind jedenfalls Verbraucherverbände, Arbeitnehmervertretungen oder Vertretungen von Betroffenen, denn es geht nur um Verbände bzw. Vereinigungen von verantwortlichen Stellen.
- Es geht bei Verhaltensregeln lediglich um Vollzugsregelungen, nicht um gesetzesergänzende oder gar gesetzesändernde Regelungen, sodass weder eine Erhöhung noch eine Absenkung des Datenschutzniveaus in gesetzlichen Regelungen möglich ist. Auch Verhaltensregeln, die lediglich gesetzliche Regelungen wiederholen, sind untauglich. „Förderung" ist so zu verstehen, dass die Verhaltensregeln zwar einen branchenbezogenen und datenschutzrechtlichen Mehrwert vermitteln müssen, darunter ist jedoch keine Steigerung des Datenschutzniveaus relativ zu gesetzlichen Anforderungen zu verstehen. Insbesondere sollen das Ausfüllen unbestimmter Rechtsbegriffe, Ermessenskriterien, Musterklauseln, verfahrensrechtliche Vorkehrungen, Vorgaben für die Bearbeitung von Betroffenenrechten oder technisch organisatorische Maßnahmen Aufgabe von Verhaltensregeln sein. Ihr Mehrwert

---

13 Orientierungshilfe der Datenschutzaufsichtsbehörden für den Umgang mit Verhaltensregeln nach § 38a BDSG, Februar 2013.
14 *Wronka* RDV 2014, 93.
15 S.a. die ausführliche Besprechung von *Vomhof* PinG 2014, 209.
16 Verhaltensregeln gem. § 38a BDSG zur Geodaten-Nutzung durch Wirtschaftsunternehmen des Vereins Selbstregulierung Informationswirtschaft e.V. (SRIW) und der Kommission für Geoinformationswirtschaft des Bundesministeriums für Wirtschaft und Energie (GIW-Kommission).

kann sich aus bereichsspezifischen Präzisierungen, ergänzenden konkretisierenden Regelungen und Anforderungen, fördernden Verfahren oder Standardisierungen und technischen Festlegungen ergeben. Ergänzend zog der Düsseldorfer Kreis das nachfolgend noch angesprochene WP 13 der Art.-29-Datenschutzgruppe zur Auslegung des Begriffs der Förderung heran.

13 Die Art.-29-Datenschutzgruppe hatte bereits 1998 im WP 13[17] allgemeine Regeln zu den Formalien des Verfahrens für die Aufstellung gemeinschaftlicher Verhaltensregeln aufgestellt; dieses WP ist spätestens durch die nachfolgend in Ziff. B.II. kommentierten Leitlinien 1/2019 des Europäischen Datenschutzausschusses über Verhaltensregeln und Überwachungsstellen (Fassung 2.0 vom 4.6.2019) als solches obsolet geworden, weil die Leitlinien die dort enthaltenen Maßgaben erneut und eigenständig aufgreifen[18]. Mit Blick auf die Anforderungen an den sachlichen Gehalt solcher Verhaltensregeln wird lediglich die 2013 auch vom Düsseldorfer Kreis in der o.a. Orientierungshilfe aufgenommene allgemeine Maßgabe angesprochen, dass Verhaltensregeln „ausreichende Qualität und Kohärenz aufweisen" und genügenden „zusätzlichen Nutzen" für die Datenschutzrechtsvorschriften liefern müssen, wobei insbesondere maßgeblich ist, dass (i) die Verhaltensregeln ausreichend auf die spezifischen Fragen und Probleme des Datenschutzes in der jeweiligen Organisation oder dem Sektor bzw. der Branche ausgerichtet sind, für den/die sie gelten sollen, und (ii) insoweit ausreichend klare Lösungen bieten.

14 In zwei weiteren WP 77 (2003) und 174 (2010) befasste sich die Art.-29-Datenschutzgruppe mit Verhaltensregeln des FEDMA (Federation of European Direct and Interactive Marketing, Dachverband nationaler europäischer Verbände von Direktmarketingunternehmen); dabei wurde der untersuchte Kodex im Ergebnis angenommen. WP 77 befasste sich mit dem grundlegenden Verhaltenskodex, WP 174 mit einem ergänzenden Anhang, den die Art.-29-Datenschutzgruppe im WP 77 für Online-Aktivitäten gefordert hatte. Jedenfalls aus dem WP 77 lässt sich beispielhaft ablesen, welchen „zusätzlichen Nutzen" in dem vorgenannten Sinne die Art.-29-Datenschutzgruppe aus solchen Verhaltensregeln erwartete oder zumindest positiv zur Kenntnis nahm. Der Kodex enthält bspw. (i) eine Reihe von Definitionen für den Sektor des Direktmarketings, (ii) Regelungen für Kernfragen des Direktmarketings, insbesondere die Erläuterung verschiedener Szenarien für die Sammlung von Daten beim Direktmarketing, (iii) Erläuterungen spezieller Marketingszenarien, (iv) Detailfragen im Zusammenhang mit Bewerbung von Kindern, (v) ausreichende Compliance- und Monitoring-Regelungen. Verbunden wurde die Annahme des Kodex nebst Anhang

---

17 Künftige Arbeit im Hinblick auf Verhaltensregeln: Arbeitsunterlage über das Verfahren für die Prüfung der Verhaltensregeln der Gemeinschaft durch die Arbeitsgruppe, WP 13 v. 10.9.1998.
18 Wenngleich auch einzelne Maßgaben des WP 13 in den LL 1/2019 inhaltlich aufgegriffen und unter Rückgriff auf das WP 13 dort selbst eingespeist werden, so z.B. zu Fragen der Präzisierung der Anwendung der DS-GVO in Verhaltensregeln gem. Tz. 36 LL 1/2019 bzw. in den Fn. 43 und 45 hierzu. Mit Blick auf das Verfahren zur Überwachung der Einhaltung von Verhaltensregeln wird in Tz. 41, Fußnote 52, auf das WP 7 der Art.-29-Datenschutzgruppe (1998) verwiesen, in dem es in Teilen um die Beurteilung der Selbstkontrolle der Wirtschaft geht; auch in diesem Dokument sind nach Auffassung des EDSA wertvolle Informationen für die Bewertung von Verhaltensregeln enthalten, sodass in den LL 1/2019 die Berücksichtigung des WP 7, soweit relevant, bei der Ausarbeitung von Verhaltensregeln empfohlen wird.

u.a. mit der Maßgabe, dass die Datenschutzverantwortlichen des FEDMA der Gruppe jährlichen Bericht über die Wirksamkeit des Kodex zu erstatten hatte.

B. Kommentierung
I. Überblick

Die genehmigten Verhaltensregeln nach Art. 40 stellen einen Kernbereich der sog. regulierten Selbstregulierung im Datenschutzbereich dar. Die DS-GVO enthält zahlreiche unbestimmte Rechtsbegriffe und ist daher schon im Sinne der Rechtssicherheit auslegungsbedürftig, im Übrigen auch im Zusammenhang mit Art. 40, 41. Hinzu kommt, dass sich die DS-GVO als technikneutral versteht, sodass sich die Regelungen auf entsprechend hohem Abstraktionsniveau befinden müssen und Einzelheiten der technischen Entwicklung und Umsetzung nicht unmittelbar Rechnung getragen werden kann. Insoweit ist es willkommen, dass mit Art. 40 Gelegenheit gegeben wird, entsprechende Generalklauseln zu konkretisieren und auf bestimmte, für die Adressaten der Verhaltensregeln bedeutsame Lebenssachverhalte anwendbar zu machen und branchenintern (z.b. technische) Mindeststandards zu setzen. Entsprechend ErwG 98 sollen Verhaltensregeln nach Art. 40 insbesondere branchentypische Rechtsfragen behandeln und sich zudem in besonderer Weise Fragestellungen annehmen, die Kleinstunternehmen oder KMU berühren. Insoweit mag man sich von Verhaltensregeln auch erhoffen, dass das datenschutzrechtliche Bewusstsein und Schutzniveau in Kleinstunternehmen und KMU, in denen Datenschutzthemen oft eher als Kostenfaktor behandelt werden, gesteigert wird. Außerdem signalisiert derjenige, der sich, nach außen wahrnehmbar oder gar aktiv beworben, Verhaltensregeln unterwirft, in den Markt, dass ihm Datenschutzfragen wichtig sind – so mag die Einhaltung anerkannter Datenschutzregelungen zum Marketinginstrument[19] werden.

Wer den Weg über Art. 40 zu genehmigten Verhaltensregeln wählt, kann ein gewisses Maß an Rechtssicherheit erlangen, wenn die Verhaltensregeln über eine Genehmigung (Abs. 6) (feststellender Verwaltungsakt) oder durch Allgemeingültigerklärung durch die Kommission (Abs. 9/10)[20] auch für die Aufsichtsbehörden bindend werden. Die Verhaltensregeln nach Art. 40 geben der Wirtschaft damit Gestaltungsmöglichkeiten und treten damit zur Erlangung höherer Rechtssicherheit neben Standardvertragsklauseln (Art. 28 Abs. 6), Zertifizierungen (Art. 42), Standarddatenschutzklauseln (Art. 46 Abs. 2 lit. c und d) und verbindliche interne Datenschutzvorschriften/Binding Corporate Rules (BCR) (Art. 47).

Dementsprechend können Verhaltensregeln nach der DS-GVO dazu dienen, Nachweise bzw. Garantien, zumindest aber Anhaltspunkte für eine datenschutzkonforme Verarbeitung zu bieten und dadurch das notwendige Datenschutzniveau für Produkte und Anwendungen zu implementieren, vgl. hierzu
- Art. 24 Abs. 3 (Erfüllung der Verpflichtungen des Verantwortlichen),
- Art. 28 Abs. 5 (datenschutzkonforme Auftragsverarbeitung),

---

19 Vgl. schon das Plädoyer von *Kinast/Schröder* ZD 2012, 207 für den Datenschutz als Chance für den Wettbewerb.
20 Zur Bindungswirkung gegenüber Behörden, die nicht die Genehmigung erteilt haben, vgl. nachstehend Rn. 46.

Art. 40 Verhaltensregeln

- Art. 32 Abs. 3 (Nachweis der Erfüllung der Anforderungen an ein wirksames Datenschutzkonzept),
- Art. 35 Abs. 8 (Beurteilung der Auswirkungen von Verarbeitungsvorgängen im Zusammenhang einer Datenschutz-Folgenabschätzung) und
- Art. 46 Abs. 2 lit. e (Übermittlung personenbezogener Daten durch Verantwortliche oder Auftragsverarbeiter in ein Drittland oder an eine internationale Organisation).

II. Die Leitlinien 1/2019 des Europäischen Datenschutzausschusses (Tz. 1 bis 58)

18   1. **Einführung und Zweck.** Der EDSA (zu Aufgaben und Funktion vgl. die Kommentierung zu Art. 68 und 70) hat zur Konkretisierung von Art. 40, 41 die „Leitlinien 1/2019 über Verhaltensregeln und Überwachungsstellen gem. der Verordnung (EU) 216/679" in der Fassung 2.0 am 4.6.2019 („LL 1/2019") angenommen (zur Funktion von Leitlinien vgl. die Kommentierung zu Art. 70 Abs. 1). Allgemeiner Zweck von Leitlinien des EDSA ist (regelmäßig), eine praktische Orientierungshilfe und Unterstützung bei der Auslegung der jeweils in Bezug genommenen Vorschriften zu geben.

19   **Zweck** der LL 1/2019 ist es nach Tz. 3 und 4,
1. **Mindestkriterien** vorzugeben, die erfüllt sein müssen, bevor eine zuständige Aufsichtsbehörde der Durchführung und Prüfung vorgeschlagener Verhaltensregeln zustimmt (Art. 40 Abs. 5, Art. 55 Abs. 1, ErwG 122),
2. Gesichtspunkte aufzuführen, die zu berücksichtigen sind, wenn es um die **Bewertung** geht, ob bestimmte Verhaltensregeln die ordnungsgemäße und wirksame Anwendung der DSGVO gewährleisten (Art. 40 Abs. 1, ErwG 98),
3. Voraussetzungen für die wirksame **Überwachung** der Einhaltung von Verhaltensregeln aufzustellen (Art. 41 Abs. 2, 3),
4. als **klarer Rahmen für alle zuständigen Aufsichtsbehörden**, den Datenschutzausschuss und die Kommission zu dienen, um Verhaltensregeln einheitlich prüfen und das Prüfungsverfahren straffen zu können,
5. für **mehr Transparenz** zu sorgen und sicherzustellen, dass Inhaber von Verhaltensregeln, die ihre Verhaltensregeln genehmigen lassen wollen, **mit dem Verfahren vertraut gemacht** werden und die formalen Voraussetzungen sowie die jeweiligen sonstigen Bedingungen für die Genehmigung verstehen.

20   Der sachliche (und räumliche) Anwendungsbereich der LL 1/2019 bezieht sich ausweislich Tz. 5 und Anhang 1 **nicht** auf Verhaltensregeln als Instrument für **Datenübermittlungen in Drittländer** (Art. 40 Abs. 3, Art. 46 Abs. 2 lit. e); zur Datenübermittlung in Drittländer wird es gesonderte Leitlinien des EDSA geben. Der übernationale Bezug in den LL 1/2019 bezieht sich lediglich auf sogenannte „**transnationale" Verhaltensregeln**. Das sind nach Anhang 1 LL 1/2019 cum grano salis Verhaltensregeln, die sich auf Verarbeitungstätigkeiten in mehr als einem Mitgliedstaat der EU beziehen, was nicht zwangsläufig gleichbedeutend ist mit einer grenzüberschreitenden Verarbeitung, weil auch die gleichzeitige/parallele Verarbeitung von Daten in mehreren Mitgliedstaaten ohne grenzüberschreitenden Datenaustausch unter den Begriff der transnationalen Verhaltensregeln fällt. Das kann zu Herausforderungen führen, wenn sich einem lediglich in einem Mitgliedstaat tätigen Verband, für den in diesem Mitgliedstaat rein nationale Verhaltensregeln genehmigt wurden, ein aus einem anderen Mitgliedstaat stammendes Mitglied anschließt, welches grenzüberschreitende Verarbei-

tungen durchführt. Dieses Mitglied kann die Vorteile der genehmigten nationalen Verhaltensregeln nur insoweit in Anspruch nehmen, wie deren räumlicher Geltungsbereich reicht, also nur für den Mitgliedstaat, für den die Genehmigung vorliegt. Solche Maßgaben müssen in den Verhaltensregeln selbst klargestellt sein. Selbstverständlich bleibt es den Beteiligten unbenommen, den Anwendungsbereich der ursprünglich lediglich nationalen Verhaltensregeln räumlich zu erweitern und ein Genehmigungsverfahren für transnationale Verhaltensregeln einzuleiten.

In Tz. 6 wird klargestellt, dass alle **bislang** genehmigten Verhaltensregeln, also solche, die vor Inkrafttreten der DS-GVO genehmigt wurden, nach den Vorgaben der DS-GVO erneut zu prüfen sind; daher ist auch eine erneute Genehmigung zu beantragen. Einzelheiten zur Rechtswirkung früher genehmigter Verhaltensregeln werden in den LL 1/2019 nicht gegeben; man wird davon ausgehen müssen, dass spätestens mit Annahme der LL 1/2019 (wenn nicht schon mit Inkrafttreten der DS-GVO) kein Vertrauensschutz (mehr) dahingehend besteht, dass frühere Verhaltensregelung die nach Art. 40 vorgesehene Wirkung entfalten können. 21

2. Vorteile von Verhaltensregeln. Besonderer Vorteil von Verhaltensregeln soll nach Tz. 11 LL 1/2019 sein, dass Marktteilnehmern damit die Möglichkeit gegeben wird, ein Regelwerk zu erstellen, welches auf **praktische, transparente und (jedenfalls potenziell) kostenwirksame** Weise einen Beitrag zur ordnungsgemäßen Anwendung der DS-GVO leistet und dabei gleichzeitig die Chance bietet, den Feinheiten von Verarbeitungstätigkeiten in bestimmten Sektoren gerecht zu werden. Das können insbesondere **Kleinstunternehmen sowie KMU** sein. Als Beispiel wird in Tz. 11 LL 1/2019 die Forschung im Gesundheitsbereich durch Kleinstunternehmen genannt (wohl Arztpraxen, medizinische Versorgungszentren): Hier soll die Möglichkeit bestehen, sich über zuständige Verbände zusammen zu tun und gemeinsam Verhaltensregeln für die Erhebung und Verarbeitung von Gesundheitsdaten in dem entsprechenden Sektor zu entwickeln. Indirekt soll damit wohl auch deutlich werden, dass sich in einem solchen Fall die Beteiligten den Aufwand einer umfassenden Datenschutzanalyse teilen und damit insgesamt wirtschaftlicher eine DS-GVO-Konformität anstreben können. 22

Wesentliche Bereiche, in denen Verhaltensregeln die Einhaltung der DS-GVO unterstützen können, sollen nach Tz. 12 LL 1/2019 faire und transparente Verarbeitung, berechtigte Interessen, Sicherheit und Datenschutz durch Technikgestaltung bzw. datenschutzfreundliche Voreinstellungen (Art. 25) und Pflichten von Verantwortlichen sein. Dabei wird in den LL 1/2019 unterschieden zwischen eher eng und eher weit gefassten Verhaltensregeln, je nach Angemessenheit derselben für den jeweiligen Sektor; klargestellt wird in Fn. 21 zu Tz. 12 LL 1/2019, dass Verhaltensregeln mit **eng gefasstem sachlichen Anwendungsbereich** den betroffenen Personen ausreichend (auch aus Sicht der zuständigen Aufsichtsbehörden) verdeutlichen müssen, dass die Einhaltung der Verhaltensregeln für sich genommen nicht ausreichend ist, um die gesamten in Rede stehenden Anforderungen der DS-GVO einzuhalten. Dies korreliert mit der generellen Maßgabe des Art. 40, dass Verhaltensregeln ohnehin lediglich einen „Beitrag" leisten zur Einhaltung der datenschutzrechtlichen Vorschriften, für sich genommen aber diese Einhaltung nicht schon sicherstellen. 23

Weitere mögliche Vorteile von Verhaltensregeln werden in den Tz. 13–18 benannt. Sie sollen insbesondere aus Folgendem bestehen: 24

Art. 40 — Verhaltensregeln

- Ermöglichung einer gemeinsamen **Ko-Regulierung** für Verantwortliche und Auftragsverarbeiter zur Vermeidung eines Rückgriffs auf Orientierungshilfen für besondere Verarbeitungstätigkeiten,
- **Konsolidierung** von bewährten Verfahren für Verarbeitungstätigkeiten auf bestimmten (fachlichen oder technischen) Gebieten, einschließlich der Möglichkeit des Rückgriffs auf die Verhaltensregeln zur Lösung kritischer Probleme bei einzelnen Verarbeitungsverfahren,
- **Anbieten praktischer Lösungen** für Herausforderungen bestimmte Sektoren im Zusammenhang mit dort jeweils gängigen Verarbeitungstätigkeiten, Entwicklung eines gemeinsamen, einheitlichen Konzepts für die Erfordernisse in einem solchen Sektor,
- Einwandsvorwegnahme/Beseitigung von **Bedenken** der Öffentlichkeit oder von Institutionen innerhalb eines Sektors sowie, daraus resultierend, Steigerung der Transparenz[21],
- Einsatz von Verhaltensregeln im Rahmen **internationaler** Übermittlung personenbezogener Daten in Drittländer (hierzu soll es gesonderte LL geben),
- Beitrag zur Gewährleistung der Einhaltung der **Rechenschaftspflicht**; insbesondere dadurch, dass die Einhaltung genehmigter Verhaltensregeln Einfluss auf die Bußgeldhöhe haben kann.

25 **3. Voraussetzungen für die Einreichung eines Entwurfs von Verhaltensregeln.** Im fünften Abschnitt befassen sich die LL 1/2019 mit den **Voraussetzungen**, die einzuhalten sind, um überhaupt einen einer Prüfung würdigen Entwurf von Verhaltensregeln vorzulegen. Die Anforderungen sind im Wesentlichen:
- die Einreichung des Entwurfs darf nur durch **ausreichend legitimierte Vertreter** von Verbänden oder sonstigen Vereinigungen erfolgen, die Kategorien von Verantwortlichen oder von Auftragsverarbeitern vertreten (z.B. Berufsverband, akademische Organisationen, Interessenverbände), wobei nachgewiesen werden muss, dass Verband/Vereinigung ein gewisses Minimum an Mitgliedern/Institutionen aus dem jeweiligen Sektor vertreten müssen („**Repräsentativität**"; gemeint ist eine gewisse Mindestdurchdringung der Mitglieder im Sektor sowie eine gewisse Mindesterfahrung des Verbands/der Vereinigung in Bezug auf den Sektor und die von den Verhaltensregeln abgedeckten Verarbeitungstätigkeiten);
- dem Entwurf ist eine klare und knappe **Begründung** beizufügen (ggf. mit unterstützenden Dokumenten) mit Einzelheiten über (i) den Zweck der Verhaltensregeln, (ii) ihrem Anwendungsbereich (insbesondere: Identifizierung der Mitglieder, der Verarbeitungstätigkeiten, der betroffenen Personen, der Art der Daten, gerichtlicher Zuständigkeiten und Betroffener Aufsichtsbehörden), (iii) dem Beitrag zur Förderung der Einhaltung der DS-GVO;

---

21 Beispielhaft verweisen die LL 1/2019 in Tz. 16 auf die Fallgestaltung der Verarbeitung von Gesundheitsdaten zu Forschungszwecken; mögliche Aspekte zur Ausräumung von Bedenken können sein: Garantien in Bezug auf die Information betroffener Personen, Garantien in Bezug auf etwa von Dritten erhobene Daten, Informationen zu Kommunikation oder Verbreitung der Daten, Kriterien zur Umsetzung des Grundsatzes der Datenminimierung, spezielle Sicherheitsvorkehrungen, Zeitpläne für die angemessene Datenspeicherung, Mechanismen zur Verwaltung von Daten infolge der Ausübung von Rechten betroffener Personen (Art. 32, 89).

- im Entwurf muss die Angabe eines **räumlichen Anwendungsbereichs** erfolgen, insbesondere zu der Frage, ob es sich um **nationale oder transnationale Verhaltensregeln** handelt; bei transnationalen Verhaltensregeln bzw. bei deren Änderung oder Erweiterung ist eine Liste der betroffenen Aufsichtsbehörden beizufügen;
- der Entwurf ist bei der **zuständigen Aufsichtsbehörde** gem. Art. 55 einzureichen[22];
- Bestandteil der Verhaltensregeln müssen nach Art. 40 Abs. 4 **Verfahren** sein, die eine Überwachung der **Einhaltung** der Verhaltensregeln ermöglichen;
- der Entwurf muss eine **Überwachungsstelle** benennen sowie **Verfahren** enthalten, die der (nach Art. 41 akkreditierten) Überwachungsstelle die Wahrnehmung der Aufgaben nach Art. 41 ermöglichen; Verhaltensregeln für den öffentlichen Sektor müssen ungeachtet dessen geeignete Verfahren zur Überwachung der Verhaltensregeln enthalten;
- entsprechend ErwG 99 müssen vor Einreichung des Entwurfs **Konsultationen** der **maßgeblichen Interessenträger** (insbesondere die Institutionen, die die Verhaltensregeln einsetzen wollen; insoweit wird eine Konsultation „dringend empfohlen") und möglichst auch der **betroffenen Personen** erfolgt sein; die Konsultationen sind nachzuweisen, die Ergebnisse dieser Konsultationen haben in den Entwurf einzufließen. Diesem Punkt widmen die LL 1/2019 einige Aufmerksamkeit. Zu der Darstellung der Konsultationen soll bspw. auch gehören, welchen anderen Verhaltensregeln potentielle Mitglieder unterliegen, inwieweit die eingereichten Verhaltensregeln andere Verhaltensregeln ergänzen, Inhalt und Umfang der Konsultation ist zu beschreiben, wohl auch die Art und Weise der Beurteilung von im Rahmen der Konsultation eingegangenen Beiträgen, die Verarbeitungstätigkeiten bei Kunden beitretende Unternehmen ist zu beschreiben;
- soweit in dem einschlägigen Sektor, den der Entwurf abdecken soll, besondere **nationale Rechtsvorschriften** bestehen, die Einfluss auf die Verhaltensregeln, insbesondere auf die Verarbeitungsvorgänge, haben können, so sind diese zu beschreiben. Für den deutschen Rechtsraum kommen bspw. regulatorische Vorschriften im Finanzdienstleistungssektor und im Versicherungssektor in Betracht (herausgegeben bspw. durch die BaFin bzw. durch entsprechende Organisationen auf europäischer Ebene wie z.B. die EIOPA);
- der Entwurf muss in der **Sprache** eingereicht werden, die die zuständige Aufsichtsbehörde vorsieht; transnationale Verhaltensregeln sollten in dieser Sprache und zusätzlich in englischer Sprache eingereicht werden.

Sind alle diese Voraussetzungen erfüllt, ob liegt es der zuständigen Aufsichtsbehörde, die weitergehende Prüfung durchzuführen, insbesondere in inhaltlicher Hinsicht. Hierzu ist den LL 1/2019 (Anhang 3) eine Prüfliste mit elf Fragen/Anforderungen beigefügt worden. Diese Prüfliste arbeitet im Wesentlichen die bereits vorstehend beschriebenen Anforderungen ab und schließt mit der sehr allgemein gehaltenen

26

---

22 Dabei gibt Anhang 2 LL 1/2019 verschiedene Hinweise auf die Wahl der zutreffenden Aufsichtsbehörde im Zusammenhang mit Entwürfen für transnationale Verhaltensregeln; Kriterien hierbei sind die Dichte der Verarbeitungstätigkeiten oder des Verarbeitungsbereichs, die Dichte der hiervon betroffenen Personen, der Sitz des Inhabers der Verhaltensregeln, der Sitz der vorgeschlagenen Überwachungsstelle oder die von einer bestehenden Aufsichtsbehörde in einem bestimmten Bereich bereits entwickelten Initiativen (zum Beispiel Grundsatzpapiere).

Frage, ob die Vorlage/der Entwurf ausreichende Einzelheiten enthält, um die ordnungsgemäße Anwendung der DS-GVO (siehe folgender Abschnitt) nachzuweisen.

27 **4. Kriterien für die Genehmigung von Verhaltensregeln.** Der folgende Abschnitt der LL 1/2019 (Tz. 32–41) befasst sich sodann mit den notwendigen **materiellen Inhalten** des Entwurfs von Verhaltensregeln. Im Wesentlichen geht es darum, dass die Inhaber von Verhaltensregeln nachweisen müssen, wie ihre Verhaltensregeln entsprechend der Grundanforderung von Art. 40 Abs. 1 zur ordnungsgemäßen Anwendung der DS-GVO beitragen werden. Art. 40 Abs. 1 fordert dabei eine Berücksichtigung der Besonderheiten der verschiedenen Verarbeitungsbereiche sowie der speziellen Anforderungen und Pflichten von Verantwortlichen bzw. Auftragsverarbeitern, für die die Verhaltensregeln gelten sollen. Diese Grundanforderung wird zerlegt in vier Teilanforderungen:

- Deckung eines **besonderen Bedarfs** eines Sektors bzw. von bestimmten Verarbeitungstätigkeiten,
- **Erleichterung** der Anwendung der DS-GVO,
- **Präzisierung** der Anwendung der DS-GVO,
- Anbieten **ausreichender Garantien** (ggf. in Abhängigkeit von dem Risikopotenzial, welches in einem Sektor herrscht, z.B. im Gesundheitssektor),
- wirksame **Verfahren zur Überwachung** der Einhaltung der Verhaltensregeln.

28 In Tz. 33 LL 1/2019 wird auf die Notwendigkeit verwiesen, nachzuweisen, dass Verhaltensregeln in einem bestimmten Sektor oder bei einer bestimmten Verarbeitungstätigkeit **einen besonderen Bedarf decken**. Wird dieser Bedarf nicht dargelegt[23], können Verhaltensregeln nicht wirksam aufgestellt bzw. genehmigt werden. Wesentlicher Bestandteil der Verhaltensregeln müssen sodann im weiteren Verlauf naturgemäß, gleichsam als Lösungsansatz für den sich aus besonderen Herausforderungen ergebenden Bedarf, dann auch Maßgaben sein, mit denen diese Herausforderungen bewältigt werden können. Dabei dürfen Verhaltensregeln nicht nur die Mitglieder des jeweiligen Verbandes bzw. der Vereinigung im Blick haben, sondern die Lösung muss sich auch für die betroffenen Personen, auf die sich die Verarbeitung der Daten bezieht, im Blick haben.

29 Wenig unmittelbare Hilfestellung wird in den LL geboten mit Blick auf die Notwendigkeit, dass Verhaltensregeln der **Erleichterung** der Anwendung der DS-GVO zu dienen haben (ErwG 98, Art. 40 Abs. 1). Lediglich aus den in Tz. 35 LL 1/2019 gewählten Beispielen lässt sich mittelbar schließen, was hier aus Sicht des EDSA beabsichtigt ist:

- Förderung des Verständnisses der Regeln in einem Wirtschaftszweig durch (i) sektorspezifische Definitionen, (ii) angemessene Schwerpunktsetzung auf Themen, die für den Sektor besonders relevant sind, (iii) Verwendung einer sektorspezifischen Terminologie zur präzisen Beschreibung der Umsetzung der Anforderungen der DS-GVO,

---

23 Als Beispiele werden hier Informationssysteme zu Ermittlung von Verbraucherkreditrisiken genannt, die zu gewährleisten haben, dass die verarbeiteten Daten relevant, richtig und ausschließlich für den bestimmten und legitimen Zweck des Kreditschutzes genutzt werden, sowie Verhaltensregeln im Bereich Gesundheitsforschung zur Ermöglichung einheitlicher Vorgehensweisen im Zusammenhang mit bspw. der Einholung von Einwilligungen und der damit einhergehenden Rechenschaftspflicht (Vorhalten von Nachweisen über erteilte Einwilligungen).

Verhaltensregeln Art. 40

- vollständige Berücksichtigung der wahrscheinlichen Risiken, die mit den Verarbeitungstätigkeiten in einem bestimmten Sektor einhergehen, und Abstimmung der Verpflichtungen von Verantwortlichen und Auftragsverarbeitern auf die Vermeidung solcher Risiken,
- Wahl eines Formats (wohl: einer Darstellungsweise), welches das Verständnis der Verhaltensregeln, ihre Nutzung in der Praxis und die Anwendung der DS-GVO erleichtert.

Mit Blick auf die **Präzisierung** der Anwendung der DS-GVO (Tz. 36–38) werden u.a. Anforderungen wieder aufgegriffen, die bereits im WP 13 der Art.-29-Datenschutzgruppe genannt waren. Es geht um klare, branchenspezifische Verbesserungen der Einhaltung des Datenschutzrechts, die Aufstellung realistischer und erreichbarer, eindeutiger, konkreter und durchsetzbarer (prüfbarer) Standards und Regeln für alle den Verhaltensregeln unterliegenden Mitgliedern des Verbandes bzw. der Vereinigung und um die Herstellung der erforderlichen Qualität und inneren Widerspruchsfreiheit solcher Standards und Regeln. Insgesamt müssen die Verhaltensregeln angemessen auf Datenschutzbereiche und Fragen des jeweiligen Sektors ausgerichtet sein und hierfür ausreichend klare Lösungen bieten. Hinzu kommen können bspw. die Erläuterung bestimmter Fallgestaltungen/Szenarien oder konkrete Beispiele für bewährte Verfahren (Best-Practice). Eine reine Neuformulierung gesetzlicher Datenschutznormen kann, wie dies in der Literatur ebenfalls gesehen wird, in Verhaltensregeln nicht wirksam abgebildet werden, weil es einer Präzisierung der Anwendung der DS-GVO fehlt. Ungenau sind die Hinweise in Tz. 38 LL 1/2019, wenn dort als ein Anwendungsfall der Präzisierung die bloße Kommunikation über beabsichtigte Verhaltensregeln angeführt wird. Erwähnt sei abschließend der wohl nur klarstellende Hinweis, dass Verhaltensregeln Stellungnahmen/Standpunkte des EDSA zu berücksichtigen haben, die zum einschlägigen Sektor bzw. zu einschlägigen Verarbeitungstätigkeiten veröffentlicht bzw. gebilligt wurden, naturgemäß auch die einschlägige nationale und europäische Rechtsprechung. 30

Soweit es um **ausreichende Garantien** geht (Art. 40 Abs. 5), stellen die LL 1/2019 in Tz. 39 lediglich fest, dass – naturgemäß – die Nachweispflicht dafür, dass solche ausreichenden Garantien in den Verhaltensregeln geboten werden, beim Inhaber der Verhaltensregeln liegt. Als Beispiel für den Versuch, ausreichende Garantien zu bieten, wird insbesondere eine umfangreichere Konsultation in Fallgestaltungen mit hohem Risiko angeführt, verbunden mit erhöhten Vorgaben für Verantwortliche und Auftragsverarbeiter zur Sicherstellung eines angemessenen Schutzniveaus. 31

Schließlich besteht die Anforderung, **Verfahren** zu beschreiben und zu etablieren, die eine effektive **Überwachung** der **Einhaltung** der Verhaltensregeln einschließlich angemessener **Durchsetzungsmaßnahmen** für den Fall der Nichtbeachtung ermöglichen, um die Einhaltung sicherzustellen. Notwendiger Bestandteil der Verhaltensregeln ist damit die Beschreibung von Strukturen und Verfahren zu diesen Zwecken, sowie die Benennung einer für diese Überwachung zuständigen Stelle, ggf. auch mehrerer Stellen mit unterschiedlichen Zuständigkeiten im Gesamtgefüge der Überwachung der Verhaltensregeln (Einzelheiten vgl. die Kommentierung zu Art. 41). Teil des Verfahrens können Pflichten zur regelmäßigen Prüfung und Berichterstattung (gegenüber der Überwachungsstelle) sein, klare und transparente Beschwerde- und Streitbeilegungsverfahren, konkrete Sanktionen und Abhilfemaßnahmen bei Verstößen gegen 32

Art. 40 — Verhaltensregeln

die Verhaltensregeln sowie Maßgaben zur Meldung von Verletzungen der Verhaltensregeln. Bei Verhaltensregeln für nichtöffentliche Einrichtungen und Stellen muss eine (bzw. können mehrere) Überwachungsstelle(n) benannt (und geschaffen) sein, die die Einhaltung sicherstellt bzw. (mit ggf. verteilten Rollen) sicherstellen. Gleich, wie die Überwachungsverfahren aussehen mögen, sie müssen jedenfalls klar, geeignet, realisierbar, effizient und durchsetzbar, im Ganzen also prüfbar, sein[24].

33 **5. Vorlage, Zulässigkeit und Genehmigung.** Mit Blick auf **Vorlage, Zulässigkeit und Genehmigung von Verhaltensregeln** unterscheiden die LL 1/2019 zwischen nationalen und transnationalen (zum Begriff s. Rn. 36 Verweisung) Verhaltensregeln. Das Verfahren zu nationalen Verhaltensregeln wird, entsprechend den Vorgaben in Art. 40 Abs. 5, recht kurz abgehandelt, das Verfahren zu transnationalen Verhaltensregeln (im Wesentlichen Art. 40 Abs. 7–11) ist naturgemäß umfangreicher beschrieben und in Anhang 4 zu den LL 1/2019 mit einem Ablaufschema erläutert.

34 Soweit es um **nationale** Verhaltensregeln geht, stellen die LL 1/2019 klar, dass der Entwurf in elektronischer oder in schriftlicher (Ausdruck auf Papier) Form einzureichen ist. Auf die Einreichung folgt die Bestätigung des Eingangs und anschließend zunächst die Zulässigkeitsprüfung und bei Zulässigkeit die inhaltliche Prüfung. Sind schon die Zulässigkeitskriterien (allgemeine oder verfahrensrechtliche Vorbedingungen) nicht erfüllt, erhalten die Inhaber eine schriftliche Antwort mit Begründung. Das Verfahren ist sodann beendet und es ist ein neuer Entwurf vorzulegen. Anderenfalls erfolgt die sachliche Prüfung. Innerhalb eines angemessenen Zeitraums (sofern das nationale Recht keine Frist bestimmt) hat die zuständige Aufsichtsbehörde eine Stellungnahme auszuarbeiten, während des Verfahrens werden die Inhaber regelmäßig überstand und Zeitplan in Kenntnis gesetzt. Sodann erfolgt die ablehnende oder genehmigende Stellungnahme (Art. 40 Abs. 5 S. 2). Sie ist in jedem Fall insoweit zu begründen, als die rechtlichen und tatsächlichen Grundlagen für die Entscheidung zu benennen sind. Bei Ablehnung steht es den Inhabern der Verhaltensregeln frei, die Erkenntnisse auszuwerten und ggf. einen überarbeiteten Entwurf vorzulegen. Offen bleibt in den LL 1/2019, ob nach Vorlage des überarbeiteten Entwurfs eine vollständige erneute Prüfung erfolgt oder lediglich eine Abhilfeprüfung, diese, ggf. auch nur in Bezug auf inhaltliche Fragen, nicht mehr in Bezug auf die o.a. Zulässigkeitskriterien. Bei Genehmigung des Entwurfs wird dieser in ein Verzeichnis aufgenommen und veröffentlicht (Art. 40 Abs. 6).

35 In Tz. 58 LL 1/2019 wird ausdrücklich klargestellt, dass Verhandlungen mit der zuständigen Aufsichtsbehörde nach Abgabe des Entwurfs nicht erwünscht sind. In dieser Phase soll eine etwaige Kommunikation zwischen den Beteiligten in erster Linie für Klarstellungen und für die Unterstützung der Prüfung gem. Art. 40/41 genutzt werden. Insbesondere ist Kommunikation im Sinne von laufender Nachbesserung des eingereichten Entwurfs unerwünscht. Umgekehrt jedoch haben die Antragsteller für etwaige Rückfragen der Behörde zur Verfügung zu stehen und diese umgehend zu beantworten. Die Entscheidung, ob Rückfragen gestellt werden oder weitere Informationen notwendig sind, trifft allein die Behörde.

---

24 S.o. Rn. 13 mit den Anmerkungen in Fn. 17 und den dort benannten Hinweis auf das WP 7 der Art.-29-Datenschutzgruppe, dessen Berücksichtigung der EDSA bei der Aufstellung von Verhaltensregeln empfiehlt.

Bei **transnationalen** Verhaltensregeln folgt die Beschreibung im Wesentlichen den Regelungen in Art. 40 Abs. 7–11. Insoweit sei der Gehalt von Tz. 48–53 LL 1/2019 nur schlaglichtartig (und nicht notwendig chronologisch) wiedergegeben: 36
- Einreichung des Entwurfs elektronisch oder schriftlich bei der zuständigen Aufsichtsbehörde; diese ist die (sog.) „Hauptbehörde" für die Genehmigung;
- Eingangsbestätigung durch die Hauptbehörde;
- Benachrichtigung aller anderen Aufsichtsbehörden (wohl unter Vorlage des Entwurfs); hernach Prüfung durch alle anderen Aufsichtsbehörden darauf hin, ob diese betroffene Aufsichtsbehörden nach Art. 4 Nr. 22 sind oder nicht, entsprechende Mitteilung der informierten Aufsichtsbehörden an die Hauptbehörde;
- Prüfung der Zulässigkeitsbedingungen durch die Hauptbehörde; bei negativer Prüfung Mitteilung an die Antragsteller (wie bei nationalen Verhaltensregeln) und an alle betroffenen Aufsichtsbehörden; bei positiver Prüfung Bestätigung an die Antragsteller, dass zur nächsten Verfahrensphase übergegangen und der Inhalt der Verfahrensregeln geprüft wird;
- bei positiver Prüfung der Zulässigkeitsbedingungen Mitteilung an die betroffenen Aufsichtsbehörden mit Ersuchen um (maximal zwei) sog. Nebenprüfer, die die Hauptbehörde unterstützen, indem sie nach ihrer Bestätigung innerhalb von 30 Tagen Ihre Anmerkungen zum Inhalt der Verhaltensregeln vorlegen und der Hauptbehörde übermitteln; ferner erfolgt die inhaltliche Prüfung durch die zuständige Aufsichtsbehörde/Hauptbehörde;
- inhaltliche Prüfung des Entwurfs der Verfahrensregeln durch die Hauptbehörde;
- Prüfung durch die Hauptbehörde daraufhin, ob (Absicht der Hauptbehörde zur Genehmigung vorausgesetzt) der Entwurf des Beschlusses nach Art. 63 oder Art. 64 dem EDSA vorzulegen ist; bei Ablehnung der Genehmigung endet hingegen das Verfahren (ggf. erneute Aufnahme/Weiterführung wie beim nationalen Verfahren) und alle betroffenen Aufsichtsbehörden werden über die Gründe für die Ablehnung informiert;
- beabsichtigt die Hauptbehörde eine Genehmigung, übersendet sie den Entwurf der Genehmigung an alle betroffenen Aufsichtsbehörden, bevor die Vorlage beim Ausschuss erfolgt; diese können innerhalb von 30 Kalendertagen auf den Entwurf der Genehmigung antworten; erfolgt innerhalb dieser Frist keine Reaktion, folgt die nächste Verfahrensphase;
- erfolgt eine Verweisung an den EDSA, werden alle Aufsichtsbehörden über diese Entscheidung informiert;
- der Ausschuss gibt gem. Art. 64 eine Stellungnahme zu den in Art. 40 Abs. 7 adressierten Themen ab; diese Stellungnahme wird an die zuständige Aufsichtsbehörde/Hauptbehörde übermittelt, die darüber entscheidet, ob sie ihren Beschlussentwurf entsprechend Art. 40 Abs. 5 aufrecht erhält oder ändert (gegebenenfalls Übermittlung der Stellungnahme an die Kommission, Art. 40 Abs. 8);
- bei Genehmigung erfolgt durch den EDSA die Veröffentlichung nach Art. 40 Abs. 11.

37 Dieses Vorgehen wird in folgendem Schaubild wie folgt schematisch erläutert:

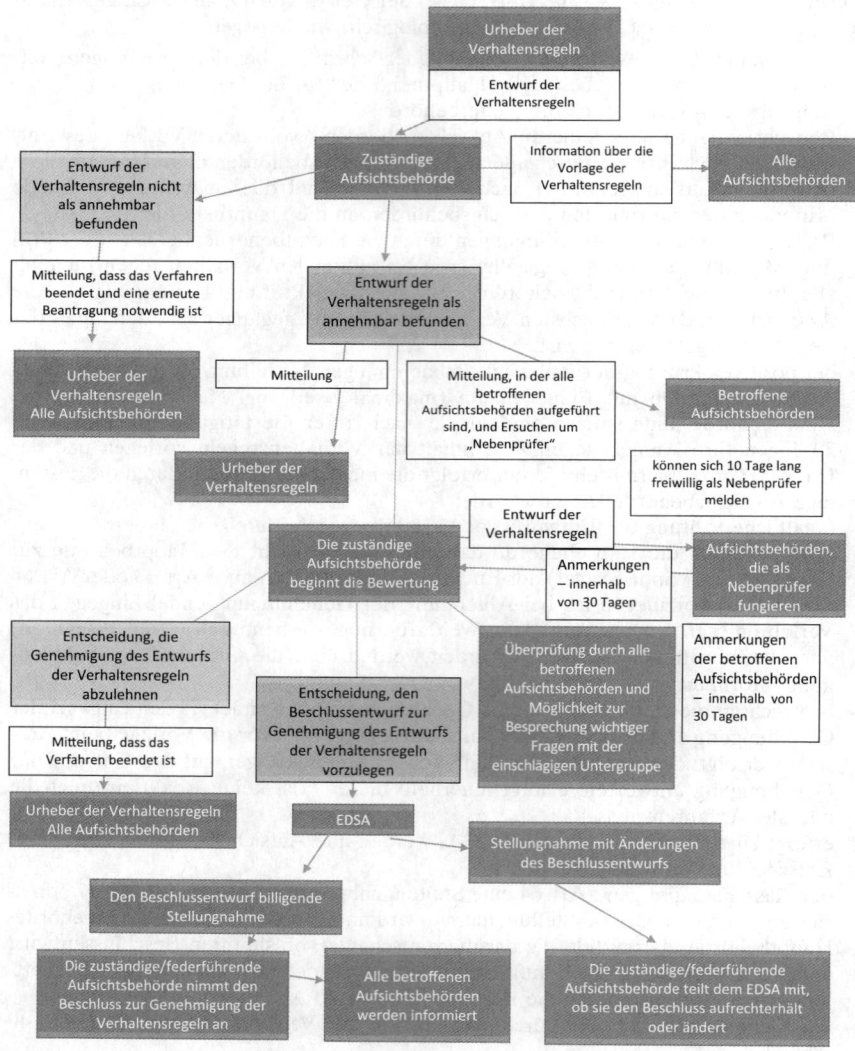

Transnationale Verhaltensregeln (Ablaufschema[25])

---

25 Siehe Anh. 4 der Leitlinien des EDSA 1/2019, S. 34 „Transnationale Verhaltensregeln (Ablaufschema)".

Die weiteren Regelungen der LL 1/2019 (Tz. 60 ff.) befassen sich mit den Anforderungen an Überwachungsstellen und deren Akkreditierung, vgl. hierzu die Kommentierung zu Art. 41, auch, soweit die Rolle der Überwachungsstellen in den Verhaltensregeln selbst beschrieben und daher Inhalt der Verhaltensregeln selbst sind. 38

III. Rechtsnatur und Funktion von Verhaltensregeln

1. Begriff und Rechtsnatur. Verhaltensregeln[26] sind, wie auch die LL 1/2019 ausweisen, eine Zusammenstellung von Regelungen, die von Wirtschaftsverbänden bzw. Vereinigungen von Verantwortlichen und/oder Auftragsverarbeitern aufgestellt werden. Diese regulierte Selbstregulierung erfolgt in erster Linie durch eine Genehmigung (Abs. 5), ohne die eine Rechtswirkung der Verhaltensregeln nicht entfaltet werden kann. 39

Unabhängig von der Genehmigung muss im Verhältnis zu den Standards unterworfenen Verbindlichkeit hergestellt werden, Art. 40 Abs. 4 („verpflichten"). Hierzu stehen zwei Möglichkeiten zur Verfügung, eine Beachtung der Regelungen kraft Satzung des Verbandes anzuordnen, und die Möglichkeit zur freiwilligen – vertraglichen – Verpflichtung zur Einhaltung der Regelungen gegenüber dem Verband. Eine Verpflichtung sich dem Kodex anzuschließen, besteht für ein Verbandsmitglied nicht, dann kann der Verband aber natürlich nicht damit werben, dass alle seine Mitglieder per se bestimmte Verhaltensregeln einhalten. 40

Ein gesonderter Zwang zur Herbeiführung der Verbindlichkeit besteht aber im Verhältnis zu Betroffenen, wenn Verhaltensregelungen nach Abs. 3 dazu dienen sollen, einen Datenexport in ein Drittland zu rechtfertigen (Art. 46 Abs. 2 lit. e). Bei unmittelbarer Vertragsbeziehung kann die Verbindlichkeit durch Einbeziehung der Verhaltensregeln in den Vertrag erfolgen. 41

2. Weitere Funktion/Rolle von Verhaltensregeln. Eine zentrale Rolle im Zusammenhang mit der Aufstellung branchenspezifischer Regeln und der Präzisierung von Regelungen der DS-GVO[27] können, und zwar nur in diesem Rahmen, Verhaltensregeln nach den Vorgaben der DS-GVO und gem. den LL 1/2019 als Garantie oder zumindest als „ein Faktor" für die Wahrung der Rechte der Betroffenen bzw. der Einhaltung der Verpflichtungen des Verantwortlichen bzw. Auftragsverarbeiters spielen. 42

In der DS-GVO sind hierzu fünf Fälle benannt, die jeweils auch unmittelbar oder indirekt in den LL 1/2019 in Bezug genommen werden. 43
1. Art. 24 Abs. 1 verpflichtet den Verantwortlichen zum Einsatz geeigneter technischer und organisatorischer Maßnahmen, damit dieser sicherstellen und den Nachweis dafür erbringen kann, dass die Verarbeitung gem. der DS-GVO erfolgt. Nach Art. 24 Abs. 3 können genehmigte Verhaltensregeln als „ein Gesichtspunkt" bei der Beurteilung der Erfüllung der Verpflichtungen des Verantwortlichen, also zur Ausfüllung der Rechenschaftspflicht, herangezogen werden.

---

26 Der Singular „Verhaltensregel" mag dabei insoweit für die einzelne Regelung innerhalb eines Kodex stehen, aber auch für eine Summe von Regelungen, die zu einem bestimmten Kodex zusammengefasst sind, also als Synonym für den Kodex selbst. Für Zwecke der Kommentierung des Art. 40 wird stets der Plural „Verhaltensregeln" für alle Anwendungsfälle gebraucht.
27 Vgl. Rn. 63.

2. Nach Art. 28 Abs. 1 und Abs. 4 sind Auftragsverarbeiter verschiedener Stufen verpflichtet, hinreichende Garantien dafür zu bieten, dass geeignete technische und organisatorische Maßnahmen bestehen und so durchgeführt werden, dass die Verarbeitung durch den Auftragsverarbeiter im Einklang mit der DS-GVO erfolgt. Art. 28 Abs. 5 sieht genehmigte Verhaltensregeln als „einen Faktor" dafür an, dass der Auftragsverarbeiter hinreichende Garantien für eine datenschutzkonforme Auftragsverarbeitung nachweisen kann.
3. Art. 32 Abs. 1 verpflichtet den Verantwortlichen und den Auftragsverarbeiter zum Einsatz von in Ansehung einer getroffenen Risikoabwägung geeigneten technischen und organisatorischen Maßnahmen (Datenschutzkonzept). Nach Art. 32 Abs. 3 stellt die Einhaltung genehmigter Verhaltensregeln „einen Faktor" zum Nachweis der Erfüllung der Anforderungen an ein wirksames Datenschutzkonzept dar.
4. Art. 35 Abs. 1 fordert von dem Verantwortlichen die Durchführung einer DSFA, wenn eine bestimmte Form der Verarbeitung voraussichtlich ein hohes Risiko für die möglicherweise Betroffenen darstellen kann. Gemäß Art. 35 Abs. 8 stehen genehmigte Verhaltensregeln als ein Maßstab bei der Beurteilung der Auswirkungen von Verarbeitungsvorgängen im Zusammenhang mit der DSFA zur Verfügung, d.h. sie sind im Rahmen einer solchen Abschätzung „gebührend zu berücksichtigen".
5. Art. 46 behandelt die Voraussetzungen der Zulässigkeit einer Datenübermittlung in Drittländer oder internationale Organisationen außerhalb eines Angemessenheitsbeschlusses nach Art. 45. Nach Art. 46 Abs. 2 lit. e, vgl. auch Art. 40 Abs. 3, dienen genehmigte Verhaltensregeln als eine mögliche Garantie im Zusammenhang mit der Übermittlung personenbezogener Daten durch Verantwortliche oder Auftragsverarbeiter in ein Drittland oder an eine internationale Organisation, also außerhalb des räumlichen Anwendungsbereichs der DS-GVO. Dies gilt aber nur unter der weiteren Voraussetzung, dass sich der Verantwortliche bzw. der Auftragsverarbeiter in dem Drittland rechtsverbindlich und durchsetzbar verpflichten, die Verhaltensregeln anzuwenden.

44 Nach keiner der vorstehend in lit. a–d genannten Vorschriften ist, geht man vom Wortlaut der Normen aus, die Etablierung und Einhaltung genehmigter Verhaltensregeln jeweils für sich genommen vollständig ausreichend, um die nach der entsprechenden Norm jeweils angeforderten Garantien zu geben. Das sehen auch die LL 1/2019 so. Das führt dazu, dass bei einer Prüfung auf Bestehen insgesamt ausreichender Garantien eine einzelfallbezogene Betrachtung unter Einbeziehung der aufgestellten (genehmigten) Verhaltensregeln und etwa anderer gegebener Garantien anzustellen ist. Dabei kann der Verantwortliche bzw. Auftragsverarbeiter die genehmigten Verhaltensregeln und den Nachweis ihrer Einhaltung nur als „einen Baustein" für die Erbringung der jeweils geforderten Nachweise betrachten und muss ggf. ergänzend weiter gehende oder andere Garantien geben. Das ist nachvollziehbar, weil Verhaltensregeln schon ihrer Funktion nach Abs. 2 zufolge, wonach mit ihrer Hilfe lediglich die „Anwendung" der DS-GVO „präzisiert" werden soll, diese also nicht ersetzen können. Jedoch wird man Unternehmen nur dazu bringen können, das Mittel der Verhaltensregeln einzuführen, wenn sich dadurch für sie die Rechtssicherheit[28] erhöht. So

---

28 Zu einer mögl. zivilrechtlichen Vermutungswirkung (wie im Produktsicherheitsrecht) bei der Einhaltung von Verhaltensregeln und zum Gegenbeweis (hier: durch den Betroffenen), jedenfalls in den Bereichen, in denen die Verhaltensregeln nicht nur einen „Faktor" darstellen, vgl. *Spindler* ZD 2016, 407, 414.

verweist Tz. 18 LL 1/2019 immerhin darauf, dass die Einhaltung genehmigter Verhaltensregeln dazu führen dürfte, dass mit Blick auf die Einhaltung der Rechenschaftspflicht Verhaltensregeln Einfluss auf die Bußgeldhöhe haben können oder auf andere von der Aufsichtsbehörde zu ergreifende Abhilfemaßnahmen (s.a. Art. 83 Abs. 2 lit. j).

Gleicht man die vorstehend in lit. a–d genannten Fälle mit den möglichen Inhalten von Verhaltensregeln nach Abs. 2 ab, so ergibt sich jedenfalls in Bezug auf Abs. 2 lit. h insofern eine Lücke, als Art. 25 (Privacy by Design und by Default)[29] keine explizite Verweisung auf Art. 40 bzw. Verhaltensregeln als Faktor/Mittel zum Nachweis ausreichender Garantien aufweist, so dass diese sofern sie sich zu Art. 25 verhalten, bestenfalls entsprechend heranzuziehen sind. Dass sich Verhaltensregeln nach Ansicht des EDSA auch mit Maßgaben von Art. 25 befassen können (und sollten) ergibt sich unmittelbar aus den LL 1/2019. 45

3. Bindungswirkung. Entsprechend der bereits in der Orientierungshilfe des Düsseldorfer Kreises von 2013 zur bisherigen Rechtslage geäußerten Ansicht handelt es sich bei genehmigten Verhaltensregeln um einen feststellenden Verwaltungsakt (§ 35 VwVfG). Dieser wirkt zunächst zwischen der für die Genehmigung zuständigen Aufsichtsbehörde und einem den Antrag stellenden Verband bzw. einer Vereinigung bzw. denjenigen, die sich der Geltung der Verhaltensregeln unterwerfen. Zu der Frage, wie die Bindungswirkung im nationalen Raum entsteht, verhalten sich die LL 1/2019 naturgemäß nicht. 46

Offen ist, ob unter der Konzeption der DS-GVO ein solcher Verwaltungsakt auch alle anderen Aufsichtsbehörden bindet, die innerhalb der EU mit einem möglichen Datenschutz(vor)fall befasst sind, der auf der Basis im konkreten Fall anwendbarer, genehmigter Verhaltensregeln zu beurteilen ist. Dies wurde für die Rechtslage unter § 38a BDSG a.F. in der Kommentarliteratur bejaht[30]. Anders ist die nach Art. 40 gewünschte Rechtswirkung nicht zu erzielen und die erwünschte Förderungswirkung dürfte häufig nicht eintreten. Nach anderer Ansicht[31] ist eine solche Bindungswirkung für „dritte" Behörden nur dann gegeben, wenn (i) diese der Genehmigung zugestimmt haben, z.B. mit Wirkung für Deutschland innerhalb des Düsseldorfer Kreises (vgl. auch Kap. C. 4 S. 2 der Orientierungshilfe des Düsseldorfer Kreises zu § 38a BDSG a.F.[32], § 18 Abs. 1 BDSG n.F.) oder in einem Kohärenzverfahren nach Art. 51 Abs. 3, 63, 64 oder (ii) bei Allgemeingültigkeitserklärung durch die Kommission nach Abs. 8, 9 bzw. nach Maßgabe eines verbindlichen Beschlusses des Ausschusses nach Art. 65. Folgt man der strengeren Auffassung, müsste man, wenn es um die Verarbeitung nur in Deutschland geht, als einen Antrag stellender Verband im Verfahren nach Art. 40 Abs. 5 die zuständige nationale Behörde dazu bewegen, die Verhaltensregeln nach Kap. C.4 der Orien- 47

---

29 Art. 25 Abs. 3 DS-GVO referenziert zwar ein genehmigtes Zertifizierungsverfahren nach Art. 42 DS-GVO, nicht aber genehmigte Verhaltensregeln.
30 Taeger/Gabel-*Kinast* § 38a BDSG Rn. 30; *Ritzer* DSRITB 2014, 501, 503; Simitis-*Petri* § 38a BDSG Rn. 25.
31 Kühling/Buchner-*Bergt* Art. 40 Rn. 41; vgl. zur Begrenzung auf eine Selbstbindungswirkung im Vgl. zu einer allseits bindenden Wirkung gegenüber Gerichten auch *Spindler* ZD 2016, 407, 411, auch mit Blick auf die Allgemeinverbindlichkeitserklärung nach Abs. 9.
32 „Die Aufsichtsbehörden stimmen sich untereinander ab, um die bundesweite Bindungswirkung zu gewährleisten." Fehlt eine solche Abstimmung, dürfte es hiernach keine bundesweite Bindungswirkung geben.

tierungshilfe zu § 38a BDSG a.F. in der Datenschutzkonferenz zu behandeln bzw. bei Abs. 7 (Datenverarbeitung in mehreren Ländern der Union) für jede Änderung oder Erweiterung gesondert, eine Allgemeinverbindlichkeitserklärung bewirken. Darauf besteht jedoch kein Rechtsanspruch. Auch ein verbindlicher Beschluss nach Art. 65 ist daran geknüpft, dass Meinungsverschiedenheiten in bestimmten Fällen bestehen. Initiativ außerhalb rein nationaler Sachverhalte auf eine für alle etwa zuständigen Aufsichtsbehörden verbindliche Verhaltensregeln hinzuwirken wäre nach der strengeren Ansicht für einen Antragsteller nicht möglich[33] – was der Intention von Art. 40 widerspricht.

IV. Förderungspflicht bzgl. Verhaltensregeln (Abs. 1)

48 Was unter einer Förderung durch die in Abs. 1 angesprochenen Mitgliedstaaten, Aufsichtsbehörden (gesetzliche Aufgabe nach Art. 57 Abs. 1 lit. m), Ausschuss (gesetzliche Aufgabe nach Art. 70 Abs. 1 lit. n) und/oder Kommission zu verstehen ist, bleibt unter der DS-GVO wie unter der DSRL unklar, auch die LL 1/2019 geben insoweit keinen Aufschluss. Aus Sicht der Verbände und Vereinigungen kann eine sinnvolle Förderung nur am auch durch die LL 1/2019 befürworteten Ergebnis gemessen werden, insbesondere dadurch, dass sich durch Verhaltensregeln die Rechtssicherheit für die Mitglieder des Verbandes bzw. die Institutionen in den erfassten Sektoren/Verarbeitungssituationen spürbar erhöht und sie sich sicher sein dürfen, dass die Einhaltung genehmigter Verhaltensregeln ganz erhebliche Beiträge zur Einhaltung der DS-GVO leisten.

49 Die in Abs. 1 genannten Gesichtspunkte dürfen nicht überbewertet werden. Jedenfalls dem Wortlaut nach würde sich die Förderung nur auf solche Verhaltensregeln beziehen, die die Besonderheiten der einzelnen Verarbeitungsbereiche berücksichtigen. Darunter kann man einerseits verschiedene Verarbeitungsschritte, andererseits die spezifischen Sektoren/Branchen einschließlich Kleinstunternehmen/KMU verstehen, wie dies auch die LL 1/2019 nahelegen. Verhaltensregeln, die diese Gesichtspunkte nicht aufnehmen, wären danach nicht förderungswürdig. Jedenfalls kommt in Abs. 1 die Hoffnung zum Ausdruck, dass Verhaltensregeln auch in Unternehmen geringer Größe einen aus Sicht des einzelnen Unternehmens leichter zu erreichenden Beitrag zur Datenschutzkonformität zu leisten vermögen.

V. Verfasser von Verhaltensregeln, Ausarbeitung (Abs. 2)

50 **1. Verbände und andere Vereinigungen, die Kategorien von Verantwortlichen oder Auftragsverarbeitern vertreten.** Nur Verbände und andere Vereinigungen, die Kategorien von Verantwortlichen oder Auftragsverarbeitern vertreten, können Entwürfe von Verhaltensregeln einreichen, etwa Industrie- und Wirtschaftsverbände, Freiberuflerverbände sowie Kammern und Innungen[34]. Nicht notwendig ist, dass der Verband oder Verein sämtliche Mitglieder einer entsprechenden Kategorie vertritt oder auch nur einen mengenmäßigen oder in der wirtschaftlichen Bedeutung überwiegenden

---

33 Insoweit wird von den Vertretern der strengeren Auffassung angeregt, die Regelungen zum freiwilligen Kohärenzverfahren nach Art. 64 Abs. 2 weit auszulegen und eine entsprechende Stellungnahme des Ausschusses zu erwirken, vgl. Kühling/Buchner-*Bergt* Art. 40 Rn. 29, s.a. Rn. 71.
34 Simitis-*Petri* § 38a Rn. 12.

Anteil[35]. Nicht ausgeschlossen ist die Gründung eines Verbandes allein zum Zweck der Einreichung von Entwürfen von Verhaltensregeln für seine Mitglieder, sofern dieser Zusammenschluss Beständigkeit aufweist und damit als dauerhaft tätiger Verband gelten kann, wobei Mindestmaß an Homogenität in der Gruppe verlangt wird[36]. Auch verbundene Unternehmen/Konzerne können eine solche Vereinigung darstellen[37]. Gemäß Tz. 21 /22 LL 1/2019 wird jedenfalls eine „Repräsentativität" der Inhaber von Verhaltensregeln gefordert, also einerseits ein gewisses Mindestmaß an zahlenmäßiger und bedeutungsmäßiger Durchdringung in der Branche bzw. im Sektor und andererseits ein gewisses Mindestmaß in Bezug auf den Sektor bzw. die von den Verhaltensregeln abgedeckten Verarbeitungstätigkeiten. Mindestens muss der Inhaber der Verhaltensregeln in der Lage sein, die Bedürfnisse der Mitglieder zu verstehen und die Verarbeitungstätigkeiten oder den Verarbeitungsbereich, auf die bzw. auf den sich die Verhaltensregeln beziehen sollen, klar zu definieren.

Nicht vorlageberechtigt sind Verbände oder Vereinigungen, die im Datenschutz Tätige oder solche, die Betroffene[38], Verbraucher oder Arbeitnehmer vertreten, weil dies keine Kategorien von Verantwortlichen oder Auftragsverarbeitern sind. Da diese Organisationen aber ihrerseits Verantwortliche sind, können sie, gleichsam eine Organisationsebene höher, wiederum Verbände/Vereinigungen bilden. 51

Die Berechtigung zur Vorlage des Entwurfs von Verhaltensregeln führt jedoch nicht zu einer entsprechenden Verpflichtung. Denkbar sind daher auch Verhaltensregeln, die nicht genehmigt, sondern innerhalb des Verbandes bzw. der Vereinigung nur tatsächlich und unverbindlich gelten sollen. Im Zweifel werden solche Verhaltensregeln anlässlich eines Datenschutzvorfalls oder anlässlich einer Initiative der Aufsichtsbehörde dahin gehend auf den Prüfstand gelangen, welchen Beitrag sie (naturgemäß nur im Falle ihrer Einhaltung) zur Entlastung des im konkreten Fall Verantwortlichen leisten können, insbesondere mit Blick auf Bußgeld und Schadensersatz. Nach Art. 58 Abs. 2 lit. a dürfte es der zuständigen Aufsichtsbehörde dessen ungeachtet unbenommen bleiben, entsprechende Warnungen bei Verwendung ungeeigneter freier Verhaltensregeln auszusprechen. 52

2. Ausarbeitung, Änderung oder Erweiterung. Abs. 2 stellt klar, dass die Regelungen auch für Änderungen oder Erweiterungen gelten. Hiermit korrelieren Abs. 5 S. 1, wonach das Verfahren zur Genehmigung nicht nur bei erstmaliger Ausarbeitung der Verhaltensregeln gilt, sondern auch bei entsprechenden Änderungen oder Erweiterungen, und Abs. 9, der auch Änderungen oder Erweiterungen allgemeingültiger Verhaltensregeln erfasst. 53

Unter einer **Änderung** ist eine inhaltliche Änderung einer bestehenden Regelung zu verstehen, die fachlich denselben Gesichtspunkt regelt wie vor der Änderung. 54

Eine **Erweiterung** ist demgegenüber eine räumliche, sachliche oder persönliche Änderung des Anwendungsbereichs der Verhaltensregeln. Nach anderem Verständnis 55

---

35 Taeger/Gabel-*Kinast* § 38a BDSG Rn. 17.
36 Vgl. zur alten Rechtslage Simitis-*Petri* § 38a BDSG Rn. 12, s.a. *Bergt* CR 2016, 670, 674.
37 Vergleiche schon zum BDSG a.F. Orientierungshilfe *Düsseldorfer Kreis* zu § 38a BDSG, Februar 2013, Ziff. C.1., S. 4, wonach Konzerne „nicht ausgeschlossen" sind; *Bergt* CR 2016, 670, 674.
38 *Bergt* CR 2016, 670, 674.

könnte Erweiterung auch eine fachlich-inhaltliche Präzisierung sein, also bspw. die deutliche Spezifikation bestehender Verhaltensregeln. Letzteres spielt im Ergebnis keine Rolle, da dann jedenfalls einer der beiden Gesichtspunkte – Änderung oder Erweiterung – vorliegt.

56 Inhaltliche Anforderungen an den Umfang der Änderung oder Erweiterung, der überschritten sein muss, damit erneut die entsprechenden Verfahren durchzuführen sind, werden nicht gestellt. Man wird im Zweifel vertreten können, dass marginale, sprachlich den Inhalt unverändert lassende Änderungen oder Erweiterungen nicht hierunter fallen. Im Zweifel kann nur im Verfahren nach Abs. 5 geklärt werden, ob nach einer Modifikation der Verhaltensregeln weiterhin „ausreichende geeignete Garantien" geboten werden.

VI. Inhalt und Anwendungsbereich der Verhaltensregeln (Abs. 2)

57 **1. Übersicht.** Sofern es um Sachverhalte ausschließlich innerhalb der Union geht, macht Abs. 2 keine zwingenden Vorgaben für die Inhalte von Verhaltensregeln, wenn sich diese mit der Präzisierung der Anwendung der DS-GVO befassen. Nach dem Wortlaut sind die in Abs. 2 genannten Topoi[39] beispielhaft zu verstehen[40]. Eine zwingende Vorgabe enthält jedoch Abs. 4, wonach Verhaltensregeln gem. Abs. 2 Verfahren vorsehen müssen, die es der Überwachungsstelle nach Art. 41 Abs. 1 ermöglichen, die (obligatorische) Überwachung der Einhaltung der Verhaltensregeln durch die Verpflichteten vorzunehmen.[41]

58 Von den Sachverhalten innerhalb der Union, auch sog. transnationalen Verhaltensregeln nach Anhang 1 LL 1/2019, sind Fallgestaltungen zu unterscheiden, in denen über die Verhaltensregeln, vgl. Art. 40 Abs. 2 lit. j i.V.m. Abs. 3, ein **Datenexport in Drittländer** nach Art. 46 Abs. 2 lit. e gerechtfertigt werden soll. Auf solche Datenexporte beziehen sich die LL 1/2019 nicht. Ob eine solche Rechtfertigung Teil der Verhaltensregeln werden soll, ist dem Verband/der Vereinigung anheimgestellt, weil die Inhalte nach Abs. 2 als solche nicht verpflichtend sind. Entscheidet man sich jedoch für eine solche Funktion der Verhaltensregeln, und tritt der Fall des Abs. 3 ein[42], dann besteht die Bindung der Verantwortlichen oder Auftragsverarbeiter, die nicht gem. Art. 3 unter die DS-GVO fallen. Für diese Situation besteht der Zwang, dass die Verhaltensregeln sämtliche grundrechtlichen Anforderungen gem. der Rechtsprechung des EuGH und des EGMR einhalten.[43]

59 **2. Berücksichtigung der Besonderheiten der einzelnen Verarbeitungsbereiche.** Abs. 1 fordert, vgl. auch Tz. 32/33 LL 1/2019, die Berücksichtigung der Besonderheiten der einzelnen Verarbeitungsbereiche (Sektoren/Branchen). Damit ist nicht der Katalog des Abs. 2 angesprochen, sondern eine grundlegende inhaltliche Ausrichtung der Verhaltensregeln. Jedenfalls im praktischen Ergebnis werden die Mitglieder der Vereinigung bzw. des Verbandes inhaltliche Anforderungen an die Verhaltensregeln stellen, die ihnen helfen, die sie interessierenden Verarbeitungssituationen zu erfassen und hierbei entstehende Problemstellungen zu lösen.

---

39 Dazu nachfolgend Rn. 66 ff.
40 S.a. Tz. 8 der LL 1/2019.
41 Dazu nachfolgend Rn. 84 ff.
42 Vgl. nachfolgend Rn. 81 ff.
43 Siehe dazu Ausführungen bei Art. 44.

3. Berücksichtigung von Kleinstunternehmen und KMU. Abs. 1 fordert, vgl. auch Tz. 60
11 LL 1/2019, die Berücksichtigung der besonderen Bedürfnisse von Kleinstunternehmen sowie KMU[44]. Sofern nicht die DS-GVO ohnehin Ausnahmen für diese Größenklasse vorsieht, z.B. in ErwG 13 und Art. 30 Abs. 5 (Führen des Verzeichnisses von Verarbeitungstätigkeiten, vorbehaltlich der dort normierten Rückausnahmen)[45], ordnet ErwG 167 an, dass die Kommission, soweit ihr zur Gewährleistung einheitlicher Bedingungen für die Durchführung der DS-GVO Durchführungsbefugnisse nach Maßgabe der Verordnung (EU) Nr. 182/2011 übertragen werden, besondere Maßnahmen für Kleinstunternehmen sowie KMU erwägen soll.

Damit bleibt im Verordnungstext aber letztlich unklar, welche besonderen Maßgaben 61
Verhaltensregeln in Bezug auf Kleinstunternehmen und KMU insoweit enthalten können. Ein von den LL 1/2019 angeführte Aspekt ist jedenfalls die Bündelung von Datenschutzbestrebungen für Kleinstunternehmen/KMU über gemeinsame Verhaltensregeln, um den Aufwand für umfangreiche Datenschutzanalysen und daraus resultierende gleichförmige Maßnahmen in Grenzen zu halten.

4. Beitrag zur ordnungsgemäßen Anwendung der DS-GVO. Gefordert wird in Abs. 1 62
ferner, dass Verfahrensregeln einen „Beitrag" zur ordnungsgemäßen Anwendung der DS-GVO leisten sollen. Dies dürfte mit dem bereits von der Art.-29-Datenschutzgruppe 1998 im WP 13 im Zusammenhang mit dem Begriff der „Förderung" des Datenschutzes angesprochenen „zusätzlichen Nutzen" korrelieren. Er liegt vor, wenn solche Verhaltensregeln „ausreichende Qualität und Kohärenz" aufweisen und ebendiesen genügenden „zusätzlichen Nutzen" für Datenschutzrechtsvorschriften liefern. Das ist insbesondere der Fall, wenn die Verhaltensregeln „ausreichend auf die spezifischen Fragen und Probleme des Datenschutzes in der Organisation oder dem Sektor ausgerichtet" [sind], für die [sie] gelten [sollen], und „für diese Fragen und Probleme ausreichend klare Lösungen" [bieten]. Die LL 1/2019 befassen sich im sechsten Abschnitt (Tz. 32–35) mit dieser Anforderung; Einzelheiten siehe Kommentierung in Ziff. III.

5. Präzisierung von Vorschriften. Eine Aufgabe von Verhaltensregeln ist die Präzisierung 63
der Vorschriften zur Anwendung der DS-GVO. Diese schließt zwar begrifflich eine Verschärfung nicht zwingend aus[46]; eine solche ist aber nicht geboten und wird wohl auch bei einer Selbstregulierung z.B. durch einen Verband nicht Ziel sein. Eine Unterschreitung des Schutzniveaus bzw. der Vorgaben und Rechtsfolgen einzelner Vorschriften ist demgegenüber nicht zugelassen. Jedenfalls letzteres ergibt sich auch aus Abs. 5, 7 und 8, in denen jeweils auf die Vereinbarkeit der Verhaltensregeln mit der DS-GVO und auf die Gewährung ausreichender bzw. geeigneter Garantien abgestellt wird. Daran dürfte es fehlen, wenn die Verhaltensregeln das Datenschutzniveau absenken würden.

Eine Präzisierung in diesem Sinne wird man jedenfalls dann annehmen können, wenn 64
die Verhaltensregeln, wie bereits unter Art. 27 DSRL, entsprechend dem vorstehend

---

44 Nach ErwG 13 S. 5 sind dies Unternehmen, die unter Art. 2 des Anhangs zur Empfehlung 2003/361/EG der Kommission fallen.
45 Vgl. dazu Art. 30 Rn. 92.
46 Vgl. z.B. *Schwartmann/Weiß* RDV 2016, 240, 242. Ein datenschutzrechtlicher Mehrwert ist demnach nicht erforderlich, vgl. *Martini* NVwZ-Extra 6/2016, 1, 10.

zitierten WP 13 aus dem Jahr 1998 wie dem WP 77 (dort Ziffer 2) und nun auch in Tz. 36 ff. LL 1/2019 unter Rückgriff auf eben dieses WP 13 gefordert, ausreichend klare Lösungen für in den Verhaltensregeln aufgeworfene (branchentypische) Probleme bieten[47]. Nicht nötig und nicht sinnvoll ist auch, dass solche Verhaltensregeln (stets) die Möglichkeit offenhalten, aufgrund besonderer Umstände eines Einzelfalls eine abweichende Entscheidung zu ermöglichen. Vielmehr ist es gerade Aufgabe solcher Verhaltensregeln, nach Möglichkeit viele einzelne Situationen im Detail anzusprechen (Präzisierung) und für diese einzelnen Situationen verbindliche Vorgaben zu treffen. Die inhaltliche Kontrolle solcher Entscheidungen erfolgt letztlich im Genehmigungsverfahren nach Abs. 5. Die Möglichkeit, in Einzelfällen stets wieder von getroffenen Wertungen abzuweichen, würde den Sinn der Verhaltensregeln an dieser Stelle in ihr Gegenteil verkehren. Es geht um die Erhöhung der Rechtssicherheit und die Steigerung des Grades an Verbindlichkeit, nicht darum, zu einem in den Verhaltensregeln diskutierten und gelösten Fall wiederum Abweichungen zuzulassen.

65 Abschließend bleibt auf Abs. 2 lit. k hinzuweisen, wo als einziger nicht ohnehin in der DS-GVO behandelter Gesichtspunkt aus dem Abs. 2 (letztlich für die betroffene Person nicht verbindliche) außergerichtliche Verfahren und sonstige Beilegungsverfahren für Streitigkeiten zwischen Verantwortlichen (nicht: Auftragsverarbeitern) und betroffenen Personen angesprochen sind. Regelungen in Verhaltensregeln zu solchen Verfahren stehen unter dem Vorbehalt der Rechte betroffener Personen nach Art. 77 und 79, Regelungen zur Streitbeilegung in Verhaltensregeln können also die Rechtsbehelfe aus der DS-GVO nicht übersteuern. Eine Besonderheit gilt damit insofern, als solche Verfahren bzw. Streitbeilegungsverfahren keine Erwähnung in der DS-GVO finden und Abs. 2 damit an dieser Stelle keine „Präzisierung" ermöglicht, sondern eine zusätzliche und für die betroffenen Personen nicht verbindliche Regelung.

66 **6. Einzelne inhaltliche Gesichtspunkte für Verhaltensregeln gem. Abs. 2.** Die Aufzählung in Abs. 2 ist nicht abschließend, vgl. auch Tz. 8 LL 1/2019. Insoweit können auch andere Regelungen aus der DS-GVO, die eine Präzisierung in dem von Art. 40 gemeinten Sinne erfahren können, Gegenstand von Verhaltensregeln sein. Denkbare Regelungsgegenstände gem. Abs. 2 können z.B. sein:

67 **a) Faire und transparente Verarbeitung.** Denkbare Inhalte von Verhaltensregeln sind in diesem Zusammenhang (vgl. auch ErwG 39, 60) formale oder technisch gelagerte Informationsprozeduren, die Bestimmung etwa zu übermittelnder Informationen über den Kerngehalt von Art. 12–14 hinaus. In Betracht kommt auch eine Präzisierung der Fälle, in denen Zweifel an der Identität im Sinne des Art. 12 Abs. 6 bestehen. Im Übrigen enthalten die Art. 12–14 eine Reihe von inhaltlich der Präzisierung zugänglichen Regelungen, beginnend mit der Generalklausel in Art. 12 Abs. 1, wonach lediglich vorgegeben ist, dass „geeignete Maßnahmen" zu treffen sind, um der betroffenen Person alle Informationen bzw. Mitteilungen gem. Art. 13–22, 34 zu übermitteln.[48]

b) Berechtigte Interessen des Verantwortlichen in bestimmten Zusammenhängen.
68 Nach Art. 6 Abs. 1 lit. f ist die Verarbeitung zulässig, wenn sie zur Wahrung der berechtigten Interessen des Verantwortlichen oder eines Dritten erforderlich ist und

---

47 Weitere Hinweise zu möglichen Inhalten, z.B. mit Blick auf die RL 2006/123/EG und deren EG 114/115, *Schwartmann/Weiß* RDV 2016, 240, 243, 244.
48 Vgl. dazu auch § 32 BDSG n.F.

im konkreten Fall nicht die Interessen oder Grundrechte und Grundfreiheiten der betroffenen Person überwiegen. ErwG 47–49 nennen Beispiele, in denen ein berechtigtes Interesse des Verantwortlichen an einer Verarbeitung personenbezogener Daten bestehen kann.

Als Gegenstand von Verhaltensregeln kommt daher eine Fülle branchenbezogener Fälle in Betracht, in denen das berechtigte Interesse des Verantwortlichen gegen die Interessen der betroffenen Person abgewogen werden und für bestimmte Verarbeitungsfälle das Überwiegen der Interessen des Verantwortlichen und den anderen das Überwiegen der Interessen der betroffenen Person festgestellt werden. So werden in ErwG 47 bspw. Situationen angesprochen, in denen eine betroffene Person „vernünftigerweise nicht mit einer weiteren Verarbeitung rechnen muss". Solche Fälle könnten präzisiert werden, ebenso wie konzerninterne Fallgestaltungen, die ErwG 48 kurz adressiert, die aber keinen Niederschlag im eigentlichen Verordnungstext gefunden haben. **69**

Ob der Umstand, dass Dritte, deren berechtigte Interessen gem. Art. 6 Abs. 1 lit. f eine Verarbeitung rechtfertigen könnten, in Art. 40 Abs. 2 lit. b nicht genannt sind, lediglich ein redaktionelles Versehen darstellt, ist offen. Es spricht jedoch nach dem Sinn und Zweck der Vorschrift nichts dagegen, auch Fälle in Verhaltensregeln aufzunehmen, die in diesem Sinne die berechtigten Interessen Dritter betreffen. Adressat der Verhaltensregeln bleiben schließlich die entsprechenden Unternehmen, die im Zweifel nachzuweisen haben, welche berechtigten Interessen Dritter die Verarbeitung rechtfertigen. **70**

c) **Erhebung personenbezogener Daten.** Hiermit sind alle Erhebungssituationen angesprochen. Soweit im Zusammenhang damit Informationspflichten des Verantwortlichen angesprochen sind, dürften diese unter lit. b fallen, womit es bei lit. c mehr um den technisch-fachlichen Erhebungsvorgang als solchen einschl. damit verbundener organisatorischer Fragen geht, bis hin zu der Frage, welche – notwendigen – Daten in welchen Erhebungs- und Zwecksituationen tatsächlich erhoben werden (sollen) und welche (noch) nicht. **71**

d) **Pseudonymisierung (Art. 4 Nr. 5) personenbezogener Daten.** Hier ist als Regelungsgegenstand bspw. die Beschreibung geeigneter Pseudonymisierungsverfahren in technischer Hinsicht in bestimmten Erhebungs- oder sonstigen Verarbeitungssituationen denkbar. Mitumfasst sind Maßnahmen, die zu einer Vermeidung unbefugter Aufhebung der Pseudonymisierung (EG 79) führen könnten, vgl. auch ErwG 26, 28, 29, Art 6 Abs. 4 lit. e. Soweit Pseudonymisierung eine Maßnahme nach Art. 25 Abs. 1 oder nach Art. 32 sein kann, wird dies ohnehin nach lit. h Gegenstand von Verfahrensregeln sein. **72**

e) **Unterrichtung/Schutz von Kindern und Art und Weise, in der die Einwilligung des Trägers der elterlichen Verantwortung für das Kind einzuholen ist.** Hier sind Art. 12 Abs. 1 (Information für Kinder) und Art. 8 Abs. 1 (Einholen der Einwilligung) angesprochen. Nach ErwG 58 müssen Informationen und Hinweise für Kinder in einer dergestalt klaren und einfachen Sprache[49] erfolgen, dass ein Kind sie verstehen kann – hierzu könnten in Verhaltensregeln Musterformulierungen enthalten sein. Zudem können z.B. die angemessenen Anstrengungen, die nach Art. 8 Abs. 2 unter **73**

---

49 Vgl. dazu Art. 7 Rn. 35.

Berücksichtigung der verfügbaren Technik zu unternehmenden sind, um sich in zu vergewissern, dass eine Einwilligung durch den Träger der elterlichen Verantwortung für das Kind oder mit dessen Zustimmung erteilt wird, in Verhaltensregeln beschrieben werden.

74 **f) Maßnahmen und Verfahren gem. Art. 24/25 und Maßnahmen gem. Art. 32.** Im Zusammenhang mit den o.a. Normen, die sich im Wesentlichen mit Fragen der Risikoabwägung und der Risikobewältigung in den unterschiedlichsten Verarbeitungssituationen befassen, besteht eine Fülle von Möglichkeiten, bspw. einzelne konkrete technische und/oder organisatorische Maßnahmen vorzuschlagen. Im Zusammenhang mit der notwendigen Risikoabwägung kommt ferner der Darstellung (und Lösung) typisierter Fragestellungen und Risikosituationen in Betracht.

75 Nach ErwG 78 und Art. 25 Abs. 1 ist die Pseudonymisierung eine Maßnahme bei Privacy by Design; hiernach soll diese „so schnell wie möglich erfolgen".

76 **g) Meldung von Datenschutzvorfällen an Aufsichtsbehörden und Benachrichtigung der betroffenen Person hiervon.** Damit sind die Maßnahmen nach Art. 33, 34 angesprochen. Mögliche Regelungsgegenstände von Verhaltensregeln sind z.B. typisierte Fallgestaltungen, in denen aller Voraussicht nach nicht mit einem Risiko für die Rechte und Freiheiten natürlicher Personen zu rechnen ist oder in denen mit einem solchen Risiko gerade zu rechnen ist (Art. 33 Abs. 1, Art. 34 Abs. 1), typisierte Aufgabenzuweisungen und Organisationsmaßnahmen, die die Einhaltung der 72-Stunden-Frist des Art. 33 Abs. 1 ermöglichen oder Checklisten und Muster für Mindestanforderungen an die Meldung nach Art. 33 Abs. 2. Hinzu kommen Dokumentation nach Art. 33 Abs. 5, die Mitteilung an die betroffene Person nach Art. 34 Abs. 2 oder zur Beschreibung ausreichender Sicherheitsvorkehrungen nach Art. 34 Abs. 3 lit. a, typische Maßnahmen nach Art. 34 Abs. 3 lit. b oder Fälle von unverhältnismäßigem Aufwand, die unter Art. 34 Abs. 3 lit. c fallen sollen.

77 **h) Anwendungsbeispiel[50]: Code of Conduct der Internet Service Providers Austria v. 27.11.2018 (Version 1.0 v. 26.11.2018)[51].** Ein Recht früh unter der Geltung der DS-GVO erschienenes Anwendungsbeispiel von (nationalen) Verfahrensregeln ist der „Datenschutzgrundverordnung-Code of Conduct für Internet Service Provider" in der Version 1.0 v. 26.11.2018, herausgegeben vom Verband ISPA (Internet Service Providers Austria). Diese Verfahrensregeln sind in der Version 1.0 zum Zeitpunkt der Drucklegung dieser Auflage noch nicht mit einer wirksam gem. Art. 41 genehmigten Überwachungsstelle versehen (sog. Aufsichtsbeirat)[52].

---

50 S.a. die sachlich begrenzten „Verhaltensregeln für die Prüf- und Löschfristen von personenbezogenen Daten durch die deutschen Wirtschaftsauskunfteien vom 25.5.2018" in der Fassung des Entwurfs vom 18.4.2018, http://handelsauskunfteien.de/fileadmin/user_upload/handelsauskunfteien/doc/DW_CoC_Loeschfristen_180418_final_Logo.pdf, abgerufen am 24.2.2020, eines Verbands mit Sitz in Neuss (NRW), sowie die Genehmigung durch die LDI NRW vom 25.5.2018 nach Umlaufbeschluss der DSK vom 23.3.2018, http://handelsauskunfteien.de/fileadmin/user_upload/handelsauskunfteien/doc/DW_Genehmigung_Loeschfristen_Landesbeauftragter_Datenschutz.pdf, abgerufen am 24.2.2020.
51 https://www.ispa.at/wissenspool/datenschutz.html.
52 S.a. die Überwachungsstellenakkreditierungs-Verordnung (ÜStAkk-V), Bundesgesetzblatt für die Republik Österreich, 2019, 30.8.2019, Teil II, ergangen aufgrund § 21 Abs. 3 des Datenschutzgesetzes (A).

Wesentlicher Gegenstand dieser Verhaltensregeln ist die Aufklärung über den in der ISP-Branche herrschenden (Kommunikations-)Lebenssachverhalt, insbesondere die Erläuterung der infrastrukturbezogenen Leistungsbeziehungen und die beispielhafte Auflistung und Beschreibung von ISP-Leistungen. Hierzu erfolgt eine ausführliche, teilweise auch mit Grafiken versehene und über branchenbezogene Definitionen (bspw. Zusammenschaltung, IT-Peering, IT-Transit, National Roaming, Entbündelung) angereicherte Darstellung der Leistungsbeziehungen zwischen unterschiedlichen Providern und den Endkunden, einschließlich der Einordnung des als datenschutzrechtlich Verantwortlichem anzusehenden Providers bei einer Mehrheit von Providern, die an einer TK-Verbindung beteiligt sind. Außerdem erfolgt eine Darstellung des Einflusses einschlägiger Regulierungsvorgaben auf den datenschutzrechtlichen Lebenssachverhalt. Im Grundsatz ist eine solche Darstellung gem. den LL 1/2019 geeignet, eine Erleichterung, gegebenenfalls auch eine Präzisierung der Anwendung der DS-GVO zu ermöglichen, weil eine über die bloße Erläuterung der DS-GVO hinaus gehende Erläuterung des Lebenssachverhalts erfolgt. In den Abschnitten II–IV befassen sich die Verhaltensregeln mit drei ausgewählten Betroffenenrechten (Auskunft, Einschränkung der Verarbeitung, Datenportabilität). In dem Abschnitt über Datenportabilität wird bspw. erläutert, welche Arten von personenbezogenen Daten (insbesondere) unter den Grundsatz der Datenübertragbarkeit/Portabilität fallen. 78

Sodann befassen sich die Verhaltensregeln mit Einzelheiten zu Informationen bei Datenschutzvorfällen (R), insbesondere mit Blick auf die Frage, wie die Schwere des drohenden Schadens sowie die Eintrittswahrscheinlichkeit (das Risiko) zu bewerten ist. 79

Abschließend finden sich Bestimmungen zur Teilnahme an den Verhaltensregeln sowie (Ziffer VIII) ausführliche Regelungen zu der Überwachungsstelle („Aufsichtsbeirat", Aufgaben, Bestellung, Stellung, Entgegennahme von Beschwerden, Beschwerdeverfahren, Abstimmungsgrundsätze im Aufsichtsbeirat, Wirkung von Empfehlungen, Entscheidungen des Aufsichtsbeirats sowie Kosten des Verfahrens). Als deutlichste Konsequenz aus einem Verstoß gegen die Verhaltensregeln erfolgt (in der Regel nach zweimaliger Fristsetzung) der Ausschluss von der Teilnahme an den Verhaltensregeln sowie die Unterrichtung der Datenschutzbehörde über den Ausschluss (oder etwaige andere ergriffenen Maßnahmen). 80

VII. Ausweitung der Anwendung von Verhaltensregeln – Datentransfer in ein Drittland (Abs. 3)

Abs. 3 benennt einen zusätzlichen Fall für den Anwendungsbereich von Verhaltensregeln: Verantwortliche oder Auftragsverarbeiter, die nicht bereits gem. dem in Art. 3 vorgegebenen räumlichen Anwendungsbereich unter die DS-GVO fallen, können sich vertraglich verpflichten, nach Abs. 5 (Abs. 7) und Abs. 9 wirksam gewordene Verhaltensregelungen einzuhalten, um Garantien für eine konforme Übermittlung an Drittländer oder internationale Organisationen gem. Art. 46 Abs. 2 lit. e zu bieten. Diese Fallgestaltung ist nicht Bestandteil der LL 1/2019; ausweislich Tz. 5 LL 1/2019 sieht der EDSA hierzu gesonderte Leitlinien vor. 81

Die Anwendung von Abs. 3 setzt voraus, dass die Verhaltensregeln als nicht obligatorischen sachlichen Regelungsgegenstand gem. Abs. 2 lit. j auch die Übermittlung personenbezogener Daten an Drittländer oder an internationale Organisationen enthält. 82

Dies hat nichts mit der Frage zu tun, ob außerhalb dieser Übermittlung die Verarbeitung lediglich in einem Mitgliedstaat erfolgt bzw. sich die Verhaltensregeln hierauf beziehen (dann Verfahren nach Abs. 5) oder mehrere Mitgliedstaaten betroffen sind (dann Verfahren zusätzlich nach Abs. 7). Jedoch geht der Wortlaut von Abs. 3 S. 1 Hs. 1 („... die gem. Abs. 5 des vorliegenden Artikels genehmigt wurden **und** gem. Abs. 9 des vorliegenden Artikels allgemeine Gültigkeit besitzen ...,") davon aus, dass in beiden genannten Fällen eine Allgemeinverbindlichkeitserklärung nach Abs. 9 erfolgt sein muss[53], weil anderenfalls der vorstehend zitierte Bezug sinnlos wäre. Hierfür spricht auch der Bezug auf Abs. 3 in Abs. 8. Das ergibt sich zudem auch daraus, dass die Verweisung in Art. 46 Abs. 2 lit. e auf Art. 40 nicht auf einen bestimmten Teil dieser Norm verweist, sondern auf die Norm im Ganzen[54].

83 Die Möglichkeit der Ausgestaltung über Verhaltensregeln ist in diesem Fall aber nur gegeben, wenn die außerhalb des räumlichen Anwendungsbereichs gem. Art. 3 liegenden Verantwortlichen oder Auftragsverarbeiter vertragliche oder sonst rechtlich bindende und durchsetzbare Verpflichtungen eingehen, die dazu führen, dass die sich aus den Verhaltensregeln ergebenden geeigneten Garantien für sie verbindliche Vorgaben enthalten bzw. anzuwenden sind. Genehmigungsfähig dürften Verhaltensregeln nach Art. 3 Abs. 2 nur sein, wenn diese Verhaltensregeln auch gegenüber den Unternehmen durchgesetzt werden können. Die Verbindlichkeit muss auch im Verhältnis zu den betroffenen Personen bestehen, damit diese sich auf dieser Verbindlichkeit im Verhältnis zu den Unternehmen berufen können.

VIII. Obligatorischer Inhalt von Verhaltensregeln: Ermöglichung von Kontrolle durch die nach Art. 41 geschaffene Institution (Abs. 4)

84 Nach Abs. 4, vgl. auch Tz. 26 LL 1/2019, müssen Verhaltensregeln als zwingenden Inhalt ein Verfahren vorsehen, das einer nach Art. 41 Abs. 1 zuständigen, akkreditierten Stelle die Kontrolle darüber ermöglicht, ob die Verhaltensregeln eingehalten wurden. Abs. 4 stellt damit sicher, dass jenseits der anfänglichen Genehmigungs- bzw. Allgemeinverbindlicherklärung eine regelmäßige Kontrolle und Überwachung der Einhaltung erfolgen kann, und zwar jenseits der Aufgaben und Befugnisse der Aufsichtsbehörde gem. Art. 57, 58. Damit sind Verhaltensregeln nur dann genehmigungsfähig bzw. können für allgemeinverbindlich erklärt werden, wenn die Vorgaben von Abs. 4 eingehalten sind und entsprechende Regelungen zur Überwachung in die Verhaltensregeln aufgenommen wurden. Mit dieser Kontrollmöglichkeit unterscheiden sich Verhaltensregeln auch von etwaigen freiwilligen Selbstverpflichtungen. Hierzu im Widerspruch steht jedoch der Wortlaut von Art. 41 Abs. 1, wonach solche Überwachungsstellen geschaffen und akkreditiert werden „können". Der Wortlaut von Art. 40 Abs. 4 ist jedoch insoweit eindeutig und, sollte man darin auch in der Sache einen Widerspruch erkennen wollen, vorrangig, weil am Ende des Absatzes ausdrücklich festgehalten ist, dass entsprechende Verfahrensregeln „unbeschadet" der Aufgaben und Befugnisse der zuständigen Aufsichtsbehörde aufzunehmen sind. Art. 40 Abs. 4 sieht also ausdrücklich vor, dass es eine originäre Zuständigkeit der Aufsichtsbehörde

---

53 So auch *Bergt* CR 2016, 670, 672; *Schantz* NJW 2016, 1841, 1846; Plath-*von Braunmühl* Art. 40 Rn. 20.
54 Zur Auflösung des evtl. Widerspruchs zwischen Art. 40 Abs. 5, 9 einerseits und Art. 46 Abs. 2 lit. e anderseits vgl. *Spindler* ZD 2016, 407, 410.

für die Überwachung/Regulierung über Verhaltensregeln geben soll und fordert gleichwohl die Aufnahme entsprechende Regelungen in die Verhaltensregeln[55]. In der Praxis dürfte die Einhaltung von Verhaltensregeln womöglich künftig eher durch akkreditierte Überwachungsstellen kontrolliert werden als durch Aufsichtsbehörden. Es bleibt also dabei, dass Regelungen zur Ermöglichung der Kontrolle von Verhaltensregeln durch akkreditierte Überwachungsstellen zwingender Bestandteil von Verhaltensregeln sein müssen, wenn diese genehmigungsfähig sein sollen. Konsequenter Weise sieht Tz. 26 LL 1/2019 bereits als eine der Zulässigkeitsvoraussetzungen die Etablierung eines solchen Verfahrens vor; sieht der zu genehmigende Entwurf der Verhaltensregeln ein solches Verfahren nicht vor, erfolgt ggf. bereits keine vertiefte inhaltliche Prüfung, ungeachtet der inhaltlichen Prüfung des Verfahrens im Einzelfall (vgl. Tz. 40 ff. LL 1/2019).

Nicht fernliegend ist, dass Verbände zugleich eine Stelle etablieren und nach Art. 41 akkreditieren lassen wollen, die über die Einhaltung der Verhaltensregeln wacht. Sofern die Voraussetzungen des Art. 41 Abs. 2 eingehalten sind, insbesondere die Unabhängigkeit gewahrt ist und Interessenkonflikte nicht bestehen (Art. 41 Abs. 2 lit. a und d), steht dem nichts entgegen. In solchen Fällen wird bei der Akkreditierung besonderer Wert darauf gelegt werden, dass die Stelle einerseits und der Verband und seine Mitglieder andererseits nach Maßgabe von Art. 41 Abs. 2 ausreichend unabhängig voneinander sind. Anderenfalls könnte der Verdacht bestehen, dass ein Verband zugleich Regeln setzt und deren Einhaltung kontrollieren lässt. Vgl. im Übrigen die Kommentierung zu Art. 41. **85**

Offen bleibt aufgrund des Wortlauts, welche Regelungen im Einzelnen in Verhaltensregeln aufzunehmen sind, damit eine entsprechende Kontrolle gewährleistet werden kann. Beispielsweise folgende Maßgaben dürften künftig in Verhaltensregeln vorhanden sein; einige dieser Maßnahmen sind auch in Tz. 40 LL 1/2019 genannt: **86**
- Zu denken ist an Meldepflichten, die dazu führen, dass Mitglieder von Vereinigungen oder Verbänden, die sich Verhaltensregeln unterwerfen, diesen Umstand auch der Überwachungsstelle melden müssen.
- In Betracht kommen Berichtspflichten im Verhältnis zur Überwachungsstelle, und zwar sowohl regelmäßige (wohl i.d.R. jährliche), jedenfalls aber anlassbezogene bzw. außerordentliche (z.B. bei Auftreten von Datenschutzvorfällen bzw. erfolgten oder konkret zu vermutenden Verstößen gegen die Verhaltensregeln).
- Regelungen können auch zu Anhörungsrechten getroffen werden, womöglich verbunden, soweit es um Verstöße geht, mit Äußerungspflichten des Unternehmens.
- Möglich sind zudem Bestimmungen, die das Eingreifen der Stelle bei Verstößen gegen die Verhaltensregeln und anderen in der Zuständigkeit der Stelle liegenden Fällen regeln. Dies dürfte das Recht zu einseitigen Anordnungen gegenüber den Mitgliedern bzw. Unternehmen bedingen, einschließlich der Verhängung von Sanktionen, die auch in Vertragsstrafen bestehen können.
- Dementsprechend kann es auch interne Rechtsmittelmaßnahmen geben, bspw. im Sinne einer Art Revision einer Beschwerde, die zur nochmaligen internen Überprüfung des in Rede stehenden Sachverhalts auf einer intern höheren Eskalations-

---

55 AA wohl *Krings/Mammen* RDV 2015, 231, 235; wie hier *Kühling/Buchner-Bergt* Art. 40 Rn. 22 (der insoweit wohl Plath-*von Braunmühl* Art. 40 Rn. 13 missversteht, wenn er meint, dass dieser anderer Ansicht sei), *Spindler* ZD 2016, 407, 408.

ebene führen wird. Hieran wird man jedenfalls dann denken, wenn ein Verband bzw. eine Einigung ein ernstliches Interesse daran hat, Maßnahmen nach Art. 41 Abs. 4 zu vermeiden.
- Zu beachten schließlich der nach Art. 41 Abs. 4 notwendige Inhalt, d.h. das Recht der Stelle zum Ergreifen geeigneter Maßnahmen einschließlich des vorläufigen oder endgültigen Ausschlusses des Unternehmens bzw. Mitglieds von den Verhaltensregeln (vgl. z.B. Ziff. VIII.28.c der Verhaltensregeln der ISPA v. 26.11.2018, Version 1.0[56]).

87 Schließlich dürften außerhalb des obligatorischen Inhalts Bestimmungen in Verhaltensregeln zu Kosten des Überwachungsverfahrens und zum Kostenschuldner eingeführt werden. Ein Gesichtspunkt hierbei kann die Größe des Unternehmens sein, denn Art. 40 Abs. 1 fordert die Berücksichtigung der Bedürfnisse von Kleinstunternehmen und KMU.

88 Für Verhaltensregeln nach Abs. 3 ergibt sich die Geltung von Abs. 4, obschon im ersten Halbsatz von Abs. 4 nur Abs. 2 in Bezug genommen ist. Das liegt daran, dass Verhaltensregeln nach Abs. 3 genehmigt sein müssen und allgemeine Gültigkeit besitzen müssen (Abs. 5, Abs. 9). Genehmigungsfähig nach Abs. 5 sind sie aber nur, wenn sie ihrerseits den vorgeschriebenen Inhalt nach Abs. 4 aufweisen. Zudem haben die Verhaltensregeln in diesem Fall eine weitergehende Funktion, weil eine konkurrierende Zuständigkeit der Aufsichtsbehörden (Art. 40 Abs. 4, letzter Hs., Art. 41 Abs. 1 Hs. 1), wie sie für Vorgänge besteht, die im Rahmen des räumlichen Anwendungsbereichs gem. Art. 3 erfolgen, gerade nicht vorhanden ist.

89 Diese Aufgaben der Stelle bestehen „unbeschadet" der Aufgaben und Befugnisse der nach Art. 55 und 56 zuständigen Aufsichtsbehörde. Damit bleibt trotz Abs. 4 die Aufsichtsbehörde konkurrierend für die Überwachung der Einhaltung der Verhaltensregeln zuständig. Ein paralleles Vorgehen von Überwachungsstelle einerseits und Aufsichtsbehörde andererseits, bspw. bei einem Datenschutzvorfall, ist also nicht ausgeschlossen. Die Aufsichtsbehörde ist dabei jedoch insoweit gebunden, als bei Einhaltung genehmigter Verhaltensregeln ein Einschreiten rechtswidrig sein dürfte, sofern sie den sachlichen, räumlichen und zeitlichen Anwendungsbereich der Verhaltensregeln betreffen.

IX. Übersicht zu Abs. 5 bis 11

90 Die Regelungen zum Verfahren sind im Gesetzeswortlaut selbst knapp und z.T. unglücklich und unübersichtlich gefasst. Sie seien vor der Kommentierung im Überblick vorgestellt; vgl. auch die komprimierte Darstellung sowie die Grafik in Ziff. II.5:
- Abs. 5 enthält das grundlegende Verfahren zur Genehmigung von Verhaltensregeln nach deren Ausarbeitung, Änderung oder Erweiterung. Die dort genannten Regelungen betreffen grundsätzlich alle Anträge auf Genehmigung von Verhaltensregeln und sind erschöpfend, soweit Verhaltensregeln zur Genehmigung beantragt werden, die sich auf die Verarbeitung in nur einem Land der EU beziehen.

---

56 https://www.akis.at/wp-content/uploads/sites/2/2019/05/20181126_ISPA_DSGVO_CoC_ISP_DE_final_1_0_redigiert.pdf.

Verhaltensregeln   **Art. 40**

- Der entsprechende Entwurf wird der gem. Art. 55 zuständigen Aufsichtsbehörde vorgelegt, die sodann eine Stellungnahme dazu abgibt, ob der Entwurf mit der DS-GVO vereinbar ist.
- Eine Genehmigung erfolgt, wenn die Aufsichtsbehörde der Auffassung ist, dass der Entwurf ausreichende geeignete Garantien hierfür bietet. Der Fall, dass die Aufsichtsbehörde nicht von einer Genehmigungsfähigkeit ausgeht, und ein sich etwa daran anschließendes Verfahren sind nicht erwähnt.
- Abs. 6 stellt klar, dass genehmigte Entwürfe, die Verarbeitungstätigkeiten nur in einem Mitgliedstaat erfassen, von der zuständigen Aufsichtsbehörde in ein Verzeichnis aufgenommen und veröffentlicht werden.
- Abs. 7 erfasst im Unterschied zu Abs. 5 zusätzliche Anforderungen an das Verfahren für den Fall, dass der Entwurf Verarbeitungstätigkeiten in mehreren Mitgliedstaaten erfasst. In diesem Fall ist der Entwurf vor einer beabsichtigten Genehmigung gem. Art. 63 dem Ausschuss vorzulegen. Der Ausschuss nimmt sodann zu der Frage Stellung, ob der Entwurf mit der DS-GVO vereinbar ist oder, sofern ein Fall des Abs. 3 vorliegt, geeignete Garantien vorsieht.
- Nach Abs. 8 übermittelt der Ausschuss eine positive Stellungnahme nach Abs. 7 (auch für den Fall des Abs. 3) der Kommission.
- Die Kommission hat sodann nach Abs. 9 die Möglichkeit im Prüfverfahren nach Art. 93 Abs. 2 zu beschließen, dass ihr nach Abs. 8 (also auch den Fall von Abs. 3 erfassende) übermittelte, genehmigte Verhaltensregeln/Änderungen/Erweiterungen Allgemeingültigkeit in der Union erhalten sollen.
- Abs. 10 trägt der Kommission auf, die nach Abs. 9 behandelten Verhaltensregeln in geeigneter Weise zu veröffentlichen.
- Abs. 11 stellt klar, dass alle genehmigten Verhaltensregeln/Änderungen/Erweiterungen in ein Register aufzunehmen und in geeigneter Weise zu veröffentlichen sind.

X. Überprüfung und Genehmigung von Verhaltensregeln durch die Aufsichtsbehörde, Wirkung der Genehmigung (Abs. 5)

Erster Schritt der Etablierung, Änderung oder Erweiterung von Verhaltensregelung ist die Ausarbeitung eines Entwurfs durch den Verband bzw. die Vereinigung. Dabei geht ErwG 99 davon aus, dass bei dieser Ausarbeitung die maßgeblichen Interessenträger, möglichst auch die betroffenen Personen, konsultiert und deren Stellungnahmen berücksichtigt werden. Eine hiermit korrelierende Verpflichtung ist mit dieser Empfehlung jedoch in der DS-GVO wie auch unter der DSRL nicht verbunden. Allerdings macht Tz. 28 LL 1/2019 sehr deutlich, dass der Konsultation der Interessenträger und der betroffenen Personen eine erhebliche Bedeutung zukommt, sie wird „dringend empfohlen". Damit korreliert die Verpflichtung in Tz. 28 a.E. LL 1/2019, für den Fall des Ausbleibens einer Konsultation den Grund hierfür zu erläutern. Man will also über den Begründungszwang die (zeitintensive und mit Kosten verbundene) Konsultation indirekt einführen.   91

Der Entwurf ist der nach Art. 55 zuständigen Aufsichtsbehörde vorzulegen. Zuständig ist jede Aufsichtsbehörde, in deren örtlichen Zuständigkeitsbereich jedenfalls auch Verarbeitungen gem. den Verhaltensregeln erfolgen sollen. Fällt der räumliche Anwendungsbereich der entworfenen Verhaltensregeln in den örtlichen Zuständigkeitsbereich mehrerer Aufsichtsbehörden, so hat der Antragsteller die freie Wahl. Es   92

Schwartmann/Gennen   1119 ließe sich auch die Auffassung vertreten, dass über Art. 56 Abs. 1 in diesem Fall die Aufsichtsbehörde der Hauptniederlassung zuständig ist; Abs. 5 verweist jedoch ausschließlich auf Art. 55 und nicht, wie bspw. Abs. 4, auf Art. 55 und Art. 56. Auch aus Abs. 7 lässt sich kein anderer Rückschluss ziehen; auch dort wird lediglich auf Art. 55 und nicht auch auf Art. 56 Bezug genommen. Aufschluss über Kriterien für die Wahl der zuständigen Aufsichtsbehörde gibt Anhang 2 LL 1/2019.

93 Da Art. 40 keine Verpflichtung zur Vorlage in einem Verband oder einer Vereinigung tatsächlich gehandhabter Verhaltensregeln statuiert, kommt auch in Betracht, dass ein Verband bzw. eine Vereinigung Verhaltensmaßregeln zunächst ohne Vorlage gegenüber der Aufsichtsbehörde einführt und erst nach einer gewissen Zeit der Anwendung das Genehmigungsverfahren durchführt. Zwar spricht Art. 40 Abs. 5–8 ausdrücklich von einem „Entwurf". Dieser liegt so lange vor, bis eine Genehmigung erteilt oder endgültig abgelehnt wurde. Das stillschweigende Anwenden eines Entwurfs kann keine Genehmigung ersetzen.

94 Die Aufsichtsbehörde prüft den Entwurf[57] daraufhin, ob er mit der DS-GVO „vereinbar ist". Maßstab der Prüfung ist, ob der Entwurf „ausreichende geeignete Garantien bietet". Weitere Anhaltspunkte für den Prüfungsmaßstab werden im Verordnungswortlaut nicht gegeben, auch Tz. 39 LL 1/2019 hilft hier nicht weiter. Die Aufsichtsbehörde gibt unabhängig vom Ergebnis der Prüfung eine Stellungnahme ab und genehmigt den Entwurf oder verweigert die Genehmigung. Befasst sich die Aufsichtsbehörde nicht mit dem Entwurf und sucht auch nicht den Dialog zum Antragsteller, kann dieser gegebenenfalls Untätigkeitsklage erheben (Art. 78; zuständig ist das Gericht des Mitgliedstaats, in dem die Aufsichtsbehörde ihren Sitz hat).

95 Bei **Genehmigung** erfolgt eine Veröffentlichung durch die Aufsichtsbehörde, vgl. Abs. 6. Sofern es innerhalb des deutschen Rechtsraums um Verhaltensregeln mit Wirkung über ein Bundesland hinaus geht, dürfte intern die Abstimmung zwischen den Aufsichtsbehörden zu suchen sein. Jedenfalls regelt Abs. 5 kein innerstaatliches Abstimmungsverfahren; es wird demnach Gegenstand innerstaatliche Regelungen sein dürfen und müssen, vgl. auch § 18 Abs. 1 BDSG n.F. Nach Kap. C.4 der Orientierungshilfe des Düsseldorfer Kreises zu § 38a BDSG a.F. (2013) wird das Verfahren, wenn eine bundesweite Anerkennung der Verhaltensregeln gewünscht ist, von der für den Hauptsitz des Verbandes bzw. der Vereinigung zuständigen Aufsichtsbehörde durchgeführt. Dabei erfolgt auch eine interne Abstimmung zwischen den Aufsichtsbehörden. Das dürfte sich unter Art. 40 nicht ändern. Das Kohärenzverfahren gem. Art. 63 jedenfalls wird nach Art. 40 Abs. 7 ausdrücklich nur für Verhaltensregeln angeordnet, die Verarbeitungstätigkeiten in mehreren Mitgliedstaaten betreffen.

96 Zu beachten ist, dass Abs. 6 und Abs. 7 bei der Abgrenzung zu rein nationalen Sachverhalten nicht darauf abstellen, ob es um die Verarbeitung personenbezogener Daten von Personen aus mehreren Mitgliedstaaten geht, sondern allein darauf, ob die von den Verhaltensregeln erfassten Verarbeitungstätigkeiten in mehreren Mitgliedstaaten (sodann transnationale Verhaltensregeln erforderlich) oder nur in einem Mitgliedstaat (sodann nationale Verhaltensregeln ausreichend) erfolgen. Der Begriff der Verarbeitung ist zwar legaldefiniert, nicht aber der hier verwendete Begriff der Verarbeitungs-

---

[57] *Spindler* ZD 2016, 407, 408 geht hierbei (eher) von einer gebundenen Entscheidung aus und nicht von einer Ermessensentscheidung.

tätigkeit. Er dürfte synonym zu verstehen oder zumindest so auslegen sein, dass die konkreten Handlungen gemeint sind, die im Rechtssinne eine Form der Verarbeitung darstellen. Damit ist nur dann ein rein nationaler Fall im Sinne von Abs. 5 gegeben, wenn alle auf eine Verarbeitung gerichteten Tätigkeiten, beginnend mit der Erhebung und schließend mit der Löschung, ausschließlich in einem Mitgliedstaat erfolgen. Alle anderen Fälle, die nicht in diesem Sinne rein national sind, dürften unter Abs. 7 fallen.

Folgt man der strengeren Auffassung zur jeweils innerhalb der Zuständigkeit eingeschränkten Bindungswirkung und lässt eine solche für die gesamte Union nur dann zu, wenn ein verpflichtendes Kohärenzverfahren durchgeführt wird oder ein Kommissionsbeschluss nach Abs. 9 ergeht, so ist in dem nationalen Verfahren nach Abs. 5 eine Bindungswirkung für die gesamte Union nicht zu erreichen[58]. Naturgemäß stellt sich in einem solchen Fall ohnehin die Frage nach dem Bedürfnis einer unionsweiten Regelung. Nicht umsonst geht es bei Abs. 5 nämlich ausschließlich um Verarbeitungstätigkeiten innerhalb eines einzelnen Mitgliedstaates. Sobald unter dem weit gefassten Begriff der Verarbeitung eine einzelne Verarbeitungstätigkeit in einem anderen Mitgliedstaat erfolgt, ist keine Zuständigkeit nach Abs. 5 gegeben, sondern nach Abs. 7.

97

Regelungen dazu, dass nur uneingeschränkte Genehmigungen erteilt werden, enthält Abs. 5 nicht. Daher dürften zu einem entsprechenden Verwaltungsakt auch Nebenbestimmungen aufgenommen werden, zu dem insbesondere eine Befristung gehören kann, auch wenn sich die LL 1/2019 hierzu nicht verhalten. Angemessen erscheint auch, den Antragsteller zu regelmäßigen Berichten an die Aufsichtsbehörde über die Anwendung der Verfahrensregeln zu verpflichten. Auf diese Weise kann die Aufsichtsbehörde bspw. auch bei sich verändernden technischen Maßnahmen, die sinnvollerweise in den Verhaltensregeln angesprochen und behandelt sind, rechtzeitig gegensteuern. Ein steter oder zumindest regelmäßiger Abgleich von Verhaltensregeln und dem in technisch-fachlicher Hinsicht anzuwendenden Stand der Technik bleibt damit der Aufsichtsbehörde vorbehalten, vgl. z.B. Art. 24, 25, 32 i.V.m. Art. 40 Abs. 2 lit. h. Wenn im Rahmen der Beobachtungszyklen Verhaltensregeln veralten und Begünstigte sich weigern nachzubessern, dürfte die Genehmigung mangels europarechtlicher Vorschriften nach nationalem Recht zurückgenommen oder widerrufen werden (vgl. §§ 48 ff. VwVfG) müssen.

98

Das weitere Verfahren für den Fall, dass die zuständige Behörde zunächst oder endgültig die Genehmigung verweigert, ist in Art. 40 nicht geregelt.

99

XI. Veröffentlichung bei Verarbeitung in nur einem Mitgliedstaat (Abs. 6)

Die nach Abs. 5 genehmigten Verhaltensregeln sowie deren Änderungen und Erweiterungen (überarbeitete Fassungen) werden von der genehmigenden Aufsichtsbehörde in ein Register aufgenommen und veröffentlicht. Das ermöglicht insbesondere interessierten Kreisen eine Information über genehmigte Verhaltensregeln und damit eine Anregung für die Auslegung der DS-GVO in den behandelten Fällen.

100

---

58 Kühling/Buchner-*Bergt* Art. 40 Rn. 29.

XII. Genehmigung bei Verarbeitungstätigkeiten in mehreren Mitgliedstaaten, Übermittlung der Stellungnahme an die Kommission, Veröffentlichung (Abs. 7, Abs. 8, Abs. 11)

101 Abs. 7 greift, wenn unter den Verhaltensregeln in mehr als einem Mitgliedstaat Verarbeitungstätigkeiten erfolgen sollen. Dann legt die Aufsichtsbehörde gem. Abs. 7 i.V.m. Art. 63, 64 Abs. 1 lit. b den Entwurf der Verhaltensregeln gemeinsam mit ihrer Stellungnahme und einem Entwurf der Entscheidung dem Ausschuss vor, und zwar unabhängig davon, ob die Aufsichtsbehörde die Genehmigung erteilen will oder nicht.

102 Nach Zugang der Dokumente führt der Ausschuss das Kohärenzverfahren nach Art. 63 ff. durch und erarbeitet eine eigene Stellungnahme parallel zu der der Aufsichtsbehörde. Geht es um ein Fall des Abs. 3, bezieht sich die Stellungnahme auch darauf, ob die Verhaltensregeln in Bezug auf den Datentransfer ausreichende Garantien für die Rechte der Betroffenen vorsehen. Abs. 8 sieht vor, dass eine Stellungnahme des Ausschusses, die bestätigt, dass der Entwurf mit der DS-GVO vereinbar ist bzw. geeignete Garantien enthält, der Kommission zu übermitteln ist. Dies wird aber nur gelten, wenn insoweit die Stellungnahme der Aufsichtsbehörde bestätigt wird. Eine Übermittlung an die Kommission kann nicht erfolgen, wenn Aufsichtsbehörde und Ausschuss übereinstimmend der Auffassung sind, dass der Entwurf in der vorgelegten Form nicht genehmigungsfähig ist. Sind Aufsichtsbehörden und Ausschuss nicht vollständig einer Meinung, hat der Ausschuss seine Stellungnahme an die Aufsichtsbehörde zurück zu übermitteln, damit innerhalb von zwei Wochen (Art. 64 Abs. 7) entscheiden kann, den Entwurf ihres Beschlusses beizubehalten oder zu ändern. Trägt die betroffene Aufsichtsbehörde dem Beschluss nicht vollständig Rechnung, beginnt nach Art. 64 Abs. 8 das Streitbeilegungsverfahren nach Art. 65[59]. Das Verfahren endet mit einem verbindlichen Beschluss des Ausschusses und auf dieser Basis erfolgt die abschließende Entscheidung der Aufsichtsbehörde über Genehmigung oder deren Ablehnung.

103 Gemäß Abs. 11 werden die nach Abs. 7 genehmigten Verhaltensregeln sowie deren Änderungen und Erweiterungen vom Ausschuss in ein Register aufgenommen und veröffentlicht. Ungeachtet dessen existiert beim Ausschuss nach Art. 70 Abs. 1 lit. y ein öffentliches, elektronisches Register der Beschlüsse der Aufsichtsbehörden und Gerichte zu Fragen, die im Kohärenzverfahren behandelt wurden.

XIII. Allgemeingültigkeitserklärung durch die Kommission und deren Veröffentlichung (Abs. 9, 10)

104 Trifft der Ausschuss nach Abs. 8 eine positive Entscheidung, übermittelt er seine diesbezügliche Stellungnahme der Kommission. Daraufhin hat die Kommission die Möglichkeit[60], im Prüfverfahren nach Art. 93 Abs. 2 einen Durchführungsakt zu erlassen (Art. 291 AEUV) und zu beschließen, dass die im Verfahren befindlichen Verhaltensregeln allgemeine Gültigkeit in der Union besitzen. Diese Rolle der Kommission ist in Tz. 59 LL 1/2019 nur extrem kurz adressiert. In dem Verfahren bedarf es mithin einer Zustimmung einer qualifizierten Mehrheit des nach Art. 5 VO (EU) Nr. 182/2011 dafür zuständigen Ausschusses der Kommission. Nicht erfasst vom Wortlaut des Abs. 9

---

59 Siehe dazu Art. 64 Rn. 37.
60 Es besteht keine Verpflichtung der Kommission, vgl. *Spindler* ZD 2016, 407, 408.

ist der Fall, dass das Verfahren über die Genehmigung nach Abs. 7 erst über die Durchführung des Kohärenzverfahrens und einen Beschluss des Ausschusses nach Art. 65 positiv abgeschlossen wird. Man wird diesen Fall jedoch als erfasst ansehen müssen, weil Abs. 9 alle Fälle erfassen soll, in denen in einem Verfahren des Abs. 7 über das Kohärenzverfahren eine verbindliche positive Entscheidung über die Genehmigung herbeigeführt worden ist.

Ein Beschluss der Kommission hat die Bindungswirkung des Art. 288 AEUV. **105**

Damit ist er innerhalb der Union für Aufsichtsbehörden und die nationalen Gerichte insofern verbindlich, als bei Einhaltung der Verhaltensregeln, soweit diese persönlich und sachlich-inhaltlich reichen, auch die Anforderungen der DS-GVO eingehalten sind.

Gibt es bspw. eine zivilrechtliche Auseinandersetzung zwischen einem Betroffenen **106** und einem Adressaten der Verhaltensregeln, in dem der Betroffene geltend macht, die DS-GVO sei aus zu vertretenden Gründen nicht eingehalten und ihm stehe daher ein Schadensersatzanspruch zu, so kann diese Klage nicht erfolgreich sein, wenn (i) sich der angebliche Verstoß ausschließlich auf eine Situation bezieht, die einschließlich eines vollständigen Vorschlags zur Lösung in den Verhaltensregel abgebildet ist und (ii) der Adressat darlegen und beweisen (Art. 82 Abs. 3) kann, dass er die Verhaltensregeln insoweit eingehalten hat. Zu beachten bleiben jedoch einerseits die begrenzte Reichweite des möglichen Inhalts von Verhaltensregeln (lediglich Präzisierung der DS-GVO) und andererseits der Umstand, dass in den vier Fällen, in denen Verhaltensregeln in der DSG-VO ausdrücklich angezogen werden (Art. 24 Abs. 3, Art. 28 Abs. 5, Art. 32 Abs. 3 und Art. 35 Abs. 8), diese lediglich „einen Faktor" für ausreichende Garantien darstellen, und damit nicht vollständig für die entsprechenden Garantien sorgen. Damit muss dem Betroffenen mindestens in diesen vier Fällen der Einwand offenbleiben, dass die Einhaltung der Verhaltensregel als solche nicht schon stets unter allen Umständen ausreichend ist, um den eingetretenen Datenschutzverstoß zu vermeiden. Die Berechtigung, als Verletzter diesen Einwand vorbringen zu können, ergibt sich indirekt auch daraus, dass nach Art. 83 Abs. 2 lit. j die Einhaltung genehmigter Verfahrensregeln lediglich ein Zumessungsmerkmal für Geldbußen ist. Würde die Einhaltung einer genehmigten Verfahrensregel für sich genommen bereits stets zu einem vollständig DS-GVO-konformen Verhalten führen, müsste die Einhaltung der Verfahrensregeln kein einzelnes Kriterium für die Verhängung der Geldbuße sein. Denn ansonsten läge bei Einhaltung der Verfahrensregeln ohnehin niemals einen Verstoß vor, so dass es auch keine Geldbuße geben könnte. Einen entsprechenden Hinweis gibt indirekt auch Art. 41 Abs. 4 S. 1, wonach die Überwachungsstelle im Falle einer Verletzung von Verhaltensregeln geeignete Maßnahmen nur „vorbehaltlich geeigneter Garantien" zu ergreifen hat; dies kann man so verstehen, dass Unternehmen für den Fall der Verletzung von Verhaltensregeln auf ergänzend oder vorsorglich ergriffene weitere Maßnahmen zurückfallen können, die ihrerseits geeignete Garantien darstellen. Das wiederum lässt den Schluss zu, dass von Unternehmen durchaus erwartet wird, sich nicht ausschließlich auf Verhaltensregeln zu verlassen. Lediglich im Fall des Abs. 3 i.V.m. Art. 46 Abs. 2 lit. e wird daher eine genehmigte Verhaltensregel bzw. deren Einhaltung als solche ausreichen können.

Die Kommission trägt nach Abs. 10 dafür Sorge, dass nach Abs. 9 für allgemeingültig **107** erklärte Verhaltensregeln im Amtsblatt (Art. 297 Abs. 2 UAbs. 2 S. 1 AEUV) veröffentlicht wird.

XIV. Gebühren im Verfahren

108 Das Verfahren nach Art. 40 ist grundsätzlich nicht kostenfrei. Einen ausdrücklichen Fall der Kostenfreiheit enthält nur Art. 57 Abs. 3 für den Fall der Tätigkeit der Aufsichtsbehörden gegenüber der betroffenen Person und ggf. dem Datenschutzbeauftragten.

XV. Rechtsfolgen

109 Nach Art. 83 Abs. 2 lit. j stellt die Einhaltung bzw. Nichteinhaltung genehmigter Verhaltensregeln ein Kriterium – nicht mehr und nicht weniger – bei der Verhängung und bei der Bestimmung der Höhe des Bußgeldes dar, auch Tz. 18 a.E. LL 1/2019, wo deutlich wird, dass bei Einhaltung genehmigter Verfahrensregelungen das Bedürfnis nach einem erheblichen Bußgeld oder nach einer anderen Abhilfemaßnahme ggf. geringer sein könnte.

110 Ist die zuständige Aufsichtsbehörde nach Maßgabe der geltenden Regelungen rechtlich an die genehmigten Verhaltensregeln gebunden, wird bei Einhaltung der Verhaltensregeln ein Bußgeld nicht in Betracht kommen, sofern nicht zugleich ein sonstiger Verstoß gegeben ist. Zu beachten ist jedoch, dass zumindest in vier in der DS-GVO genannten Fällen die Einhaltung genehmigter Verfahrensregeln dem Wortlaut nach nicht abschließend sind, sondern auch bei Einhaltung genehmigter Verfahrensregeln noch weitere Maßgaben einzuhalten sind bzw. Garantien angemessen sein können. Sind in einem solchen Fall zumindest die zugehörigen Verhaltensregeln eingehalten worden, dürfte sich dies aus Sicht des Unternehmens positiv auf die Höhe des Bußgeldes auswirken.

Artikel 41 Überwachung der genehmigten Verhaltensregeln

(1) Unbeschadet der Aufgaben und Befugnisse der zuständigen Aufsichtsbehörde gemäß den Artikeln 57 und 58 kann die Überwachung der Einhaltung von Verhaltensregeln gemäß Artikel 40 von einer Stelle durchgeführt werden, die über das geeignete Fachwissen hinsichtlich des Gegenstands der Verhaltensregeln verfügt und die von der zuständigen Aufsichtsbehörde zu diesem Zweck akkreditiert wurde.

(2) Eine Stelle gemäß Absatz 1 kann zum Zwecke der Überwachung der Einhaltung von Verhaltensregeln akkreditiert werden, wenn sie

a) ihre Unabhängigkeit und ihr Fachwissen hinsichtlich des Gegenstands der Verhaltensregeln zur Zufriedenheit der zuständigen Aufsichtsbehörde nachgewiesen hat;

b) Verfahren festgelegt hat, die es ihr ermöglichen, zu bewerten, ob Verantwortliche und Auftragsverarbeiter die Verhaltensregeln anwenden können, die Einhaltung der Verhaltensregeln durch die Verantwortlichen und Auftragsverarbeiter zu überwachen und die Anwendung der Verhaltensregeln regelmäßig zu überprüfen;

c) Verfahren und Strukturen festgelegt hat, mit denen sie Beschwerden über Verletzungen der Verhaltensregeln oder über die Art und Weise, in der die Verhaltensregeln von dem Verantwortlichen oder dem Auftragsverarbeiter angewendet werden oder wurden, nachgeht und diese Verfahren und Strukturen für betroffene Personen und die Öffentlichkeit transparent macht, und

d) zur Zufriedenheit der zuständigen Aufsichtsbehörde nachgewiesen hat, dass ihre Aufgaben und Pflichten nicht zu einem Interessenkonflikt führen.

Art. 41

(3) Die zuständige Aufsichtsbehörde übermittelt den Entwurf der Anforderungen an die Akkreditierung einer Stelle nach Absatz 1 gemäß dem Kohärenzverfahren nach Artikel 63 an den Ausschuss.

(4) [1]Unbeschadet der Aufgaben und Befugnisse der zuständigen Aufsichtsbehörde und der Bestimmungen des Kapitels VIII ergreift eine Stelle gemäß Absatz 1 vorbehaltlich geeigneter Garantien im Falle einer Verletzung der Verhaltensregeln durch einen Verantwortlichen oder einen Auftragsverarbeiter geeignete Maßnahmen, einschließlich eines vorläufigen oder endgültigen Ausschlusses des Verantwortlichen oder Auftragsverarbeiters von den Verhaltensregeln. [2]Sie unterrichtet die zuständige Aufsichtsbehörde über solche Maßnahmen und deren Begründung.

(5) Die zuständige Aufsichtsbehörde widerruft die Akkreditierung einer Stelle gemäß Absatz 1, wenn die Anforderungen an ihre Akkreditierung nicht oder nicht mehr erfüllt sind oder wenn die Stelle Maßnahmen ergreift, die nicht mit dieser Verordnung vereinbar sind.

(6) Dieser Artikel gilt nicht für die Verarbeitung durch Behörden oder öffentliche Stellen.

- *ErwG: 77, 98, 99, 148, 168*
- *BDSG n.F.: § 21*

Übersicht

	Rn		Rn
A. Einordnung und Hintergrund	1	IV. Ausnahmen vom Anwendungsbereich (Abs. 6)	51
B. Kommentierung	2	V. Überwachungsstellen, Kriterien für die Akkreditierung (Abs. 1, Abs. 3)	52
I. Einleitung, Sinn und Zweck	2	1. Schaffung von Überwachungsstellen	52
II. Die Leitlinien 1/2019 des Europäischen Datenschutzausschusses (Tz. 59–87)	4	2. Befugnisse der Aufsichtsbehörden, Kriterien für die Akkreditierung (Abs. 3)	53
1. Einführung und Zweck	4	VI. Anforderungen an die Überwachungsstelle (Abs. 1, Abs. 2)	56
2. Akkreditierungsanforderungen für Überwachungsstellen	6	1. Notwendigkeit einer Akkreditierung	56
3. Widerruf einer Akkreditierung	18	2. Vorhandensein und Nachweis von Fachwissen und Unabhängigkeit/Abwesenheit von Interessenkonflikten (Abs. 2 lit. a und d)	57
4. Stellungnahmen des EDSA in Kohärenzverfahren	20	3. Festlegung von Verfahren zur Bewertung (Abs. 2 lit. b)	59
III. Die Anwendungshinweise der DSK „Kriterien zur Akkreditierung einer Überwachungsstelle für Verhaltensregeln nach Art. 41 DS-GVO i.V.m. Art. 57 Abs. 1 lit. p Alt. DS-GVO"	22	4. Festlegung von (Beschwerde-)Verfahren (Abs. 2 lit. c)	63
1. Antragserfordernis, Verfahrenssprache	24		
2. Anforderungen an die Überwachungsstelle und Befugnisse	28		
3. Beschwerdeverfahren	47		

Art. 41 Überwachung der genehmigten Verhaltensregeln

	Rn		Rn
VII. Befugnisse der Überwachungsstelle bei Verletzung der Verhaltensregeln (Abs. 4)	65	3. Ergreifung geeigneter Maßnahmen	68
		VIII. Widerruf der Akkreditierung	
1. Übersicht	65	(Abs. 5)	71
2. Verletzung der Verhaltensregeln		IX. Gebühren und Kosten	74
	67	1. Gebühren	74
		2. Kosten der Überwachung	75

Literatur: *Abel* Umsetzung der Selbstregulierung im Datenschutz: Probleme und Lösungen, RDV 2003, 11; *Albrecht* Das neue EU-Datenschutzrecht – von der Richtlinie zur Verordnung – Überblick und Hintergründe zum finalen Text für die Datenschutz-Grundverordnung der EU nach er Einigung im Trilog, CR 2016, 88; *Art.-29-Datenschutzgruppe* Künftige Arbeit im Hinblick auf Verhaltensregeln – Arbeitsunterlage über das Verfahren für die Prüfung der Verhaltensregeln der Gemeinschaft durch die Arbeitsgruppe (WP 13); *dies.* Stellungnahme 3/2003 zum europäischen Verhaltenskodex von FEDMA zur Verwendung personenbezogener Daten im Direktmarketing (WP 77); *Bergt* Anmerkung zu EuGH, Urteil v. 6.10.2015 – C-362/14, MMR 2015, 759; *ders.* Die Bedeutung von Verhaltensregeln und Zertifizierungen nach der Datenschutz-Grundverordnung, DSRITB 2016, 483; *ders.* Verhaltensregeln als Mittel zur Beseitigung der Rechtsunsicherheit in der Datenschutz-Grundverordnung, CR 2016, 670; *Bizer/Körffer* Gütesiegel: Mit den besten Empfehlungen – Konzeption und Erfahrung mit der Datenschutzzertifizierung in Schleswig-Holstein, digma 1/2006; *von Braunmühl* Ansätze zur Ko-Regulierung in der Datenschutz-Grundverordnung, PinG 2015, 231; *ders.* Selbstregulierung im Datenschutz – Chancen, Grenzen, Herausforderungen, DIVSI magazin 7/2013, 11; *Christiansen* Selbstregulierung, regulatorischer Wettbewerb und staatliche Eingriffe im Internet, MMR 2000, 123; *Dehmel* Umsetzungsoptionen der Ko-Regulierung im Datenschutz, Kompendium Digitale Standortpolitik 2013, 162; *Düsseldorfer Kreis* Orientierungshilfe der Datenschutzaufsichtsbehörden für den Umgang mit, Verhaltensregeln nach § 38a BDSG v. 26./27.2.2013; *Härting* Datenschutzreform in Europa: Einigung im EU-Parlament – Kritische Anmerkungen, CR 2013, 715; *Herfurth/Engels* Codes of Conduct im Konzern? – Verhaltensregeln von Unternehmensgruppen nach Art. 40 DS-GVO, ZD 2017, 367; *Hofmann* Zertifizierungen nach der DS-GVO, ZD 12/2016, XVI, ZD-Aktuell 2016, 05324; *Hornung/Hartl* Datenschutz durch Marktanreize – auch in Europa?, ZD 2014, 219; *Kaper* Datenschutzsiegel und Zertifizierungen nach der Datenschutz-Grundverordnung, PinG 2016, 201; *Kinast/Schröder* Audit & Rating: Vorsprung durch Selbstregulierung, ZD 2012, 207; *Koós/Englisch* Eine „neue" Auftragsdatenverarbeitung? – Gegenüberstellung der aktuellen Rechtslage und der DS-GVO in der Fassung des LIEBE-Entwurfs, ZD 2014, 276; *Kranig/Peintinger* Selbstregulierung im Datenschutzrecht-Rechtslage in Deutschland, Europa und den USA unter Berücksichtigung des Vorschlags zur DS-GVO, ZD 2014, 3; *Kraska* Datenschutz-Zertifizierungen in der EU-Datenschutzgrundverordnung, ZD 2016, 153; *Krings/Mammen* Zertifizierungen und Verhaltensregeln – Bausteine eines modernen Datenschutzes für die Industrie 4.0, RDV 2015, 231; *Krohm* Anreize für Selbstregulierung nach der Datenschutz-Grundverordnung, PinG 2016, 205; *Krüger* Datensouveränität und Digitalisierung, ZRP 2016, 190; *Lachaud* Why the certification process in the General Data Protection Regulation cannot be successful, CLSR 2016, 814; *Martini* Do it yourself im Datenschutzrecht – Der „GeoBusiness Code of Conduct", NVwZ-Extra 6/2016, 1; *Moos* Die Entwicklung des Datenschutzrechts im Jahr 2013, K&R 2014, 149; *Polenz* Verbraucherdatenschutz durch Selbstregulierung?, VuR 2012, 303; *Reifert* Codes of Conduct nach der DS-GVO –6 Ein Mittel für mehr Rechtssicherheit auf europäischer Ebene?, ZD 2019, 305; *Roßnagel/Nebel/Richter* Was bleibt vom Europäischen Datenschutzrecht? – Überlegungen zum Ratsentwurf der DS-GVO, ZD 2015, 455; *dies.* Besserer Internetdatenschutz für Europa – Vorschläge zur Spezifizierung der DS-GVO, ZD 2013, 103; *Schaar* Selbstregulierung im Datenschutz – Chancen, Grenzen, Risiken, DIVSI magazin

7/2013, 8; *ders.* Selbstregulierung und Selbstkontrolle – Auswege aus dem Kontrolldilemma?, DuD 2003, 421; *Schantz* Die Datenschutz-Grundverordnung – Beginn einer neuen Zeitrechnung im Datenschutzrecht, NJW 2016, 1841; *Schreiber/Kohm* Rechtssicherer Datentransfer unter dem EU-US-Privacy-Shield? – Der transatlantische Datentransfer in der Unternehmenspraxis, ZD 2016, 255; *Schwartmann/Weiß* Ko-Regulierung vor einer neuen Blüte – Verhaltensregeln und Zertifizierungsverfahren nach der Datenschutz-Grundverordnung (1. Teil Zertifizierung), RDV 2016, 68; *dies.* Ko-Regulierung vor einer neuen Blüte – Verhaltensregeln und Zertifizierungsverfahren nach der Datenschutz-Grundverordnung (2. Teil Verhaltensregeln), RDV 2016, 240; *Spindler* Die neue EU-Datenschutz-Grundverordnung, DB 2016, 937; *ders.* Selbstregulierung und Zertifizierungsverfahren nach der DS-GVO, ZD 2016, 407; *Spindler/Thorun* Die Rolle der Ko-Regulierung in der Informationsgesellschaft, MMR 2016, 1; *dies.* Eckpunkte einer digitalen Ordnungspolitik-Politikempfehlungen zur Verbesserung der Rahmenbedingungen für eine effektive Ko-Regulierung in der Informationsgesellschaft 2015[1]; *Traung* The Proposed New EU General Data Protection Regulation – Further Opportunities, CRi 2012, 33; *Vomhof* Verhaltensregeln nach § 38a BDSG – Der Code of Conduct der Versicherungswirtschaft, PinG 2014, 209; *Wilhelm* Auskunftsansprüche in der Informationsgesellschaft, DÖV 2016, 899; *Wolf* Verhaltensregeln nach Art. 40 DS-GVO auf dem Prüfstand – Neuauflage eines europäischen Instituts mit schlechter Entwicklungsprognose, ZD 2017, 151; *Wronka* Anmerkungen zu den Verhaltensregeln der Deutschen Versicherungswirtschaft, RDV 2014, 93.

A. Einordnung und Hintergrund

Hierzu wird auf die Kommentierung zu Art. 40 verwiesen. 1

B. Kommentierung

I. Einleitung, Sinn und Zweck

Unter der DS-GVO sollen Verhaltensregeln gefördert werden. Um die damit beabsichtigte Regulierung ernst nehmen zu können, muss auch eine Überwachung der Einhaltung genehmigter Verhaltensregeln erfolgen, einschließlich etwa notwendiger Maßnahmen zur Steuerung der Einhaltung, notfalls bis hin zum Ausschluss eines Unternehmens bzw. einer Institution von der Begünstigung durch Verhaltensregeln. Unterstellt man eine beabsichtigte Zunahme der Menge genehmigter Verhaltensregeln relativ zu den bisher geltenden, könnte eine Kanalisierung der Überwachung ausschließlich über eine zuständige Aufsichtsbehörde wegen der Überlastung zu Verzögerungen führen. Auch aus diesem Grund wird es nach dem Willen der DS-GVO vermehrte Selbstregulierungsmechanismen geben, auch in Bezug auf Verhaltensregeln. Verpflichtend müssen daher nicht nur die materiellen Verhaltensregeln selbst sein, sondern auch innerhalb derselben die mehr proceduralen Vorschriften zur Überwachung und zur Steuerung für den Fall der Nichteinhaltung, vgl. Art. 40 Abs. 4. Sollen außerhalb der Aufsichtsbehörden Stellen geschaffen werden, die geeignet und bestimmt sind, die Einhaltung von Verhaltensregeln zu überwachen, so ergibt sich zwangsläufig als Regelungsgehalt: 2

– Voraussetzungen für die Schaffung und Akkreditierung von Überwachungsstellen einschließlich Handhaben der Aufsichtsbehörde bei Fortfall der Akkreditierungsvoraussetzungen,

---

[1] Abrufbar unter: https://sriw.de/images/pdf/Spindler_Thorun-Eckpunkte_digitale_Ordnungspolitik_final.pdf, zuletzt abgerufen 15.9.2017.

Art. 41 Überwachung der genehmigten Verhaltensregeln

- Verhältnis der Zuständigkeit der akkreditierten Überwachungsstelle zur Zuständigkeit der Aufsichtsbehörde,
- Voraussetzungen für das Eingreifen akkreditierter Überwachungsstellen im Rahmen der Überwachung, verbunden mit einer Verpflichtung der Überwachungsstelle zum Eingreifen,
- Handhaben der Aufsichtsbehörde bei Versagen der Akkreditierungsstelle.

3 Dem dient Art. 41. Dementsprechend wird in Ziff. 2 (Tz. 6 a.E.) der Leitlinien 1/2019 des europäischen Datenschutzausschusses über Verhaltensregeln und Überwachungsstellen (Fassung 2.0 v. 4.6.2019) („LL 1/2019") die Akkreditierung definiert als „die Feststellung, dass die vorgeschlagene Überwachungsstelle die in Art. 41 der DS-GVO aufgeführten Anforderungen erfüllt, um die Überwachung der Einhaltung von Verhaltensregeln durchzuführen. Dies wird durch die Aufsichtsbehörde geprüft, bei der die Genehmigung der Verhaltensregeln beantragt wurde (Art. 41 Abs. 1). Die Akkreditierung einer Überwachungsstelle gilt nur für die jeweiligen Verhaltensregeln."

II. Die Leitlinien 1/2019 des Europäischen Datenschutzausschusses (Tz. 59–87)

4 **1. Einführung und Zweck.** Der EDSA (zu Aufgaben und Funktion vgl. die Kommentierung zu Art. 68 und 70) hat zur Konkretisierung von Art. 40, 41 die „Leitlinien 1/2019 über Verhaltensregeln und Überwachungsstellen gem. der Verordnung (EU) 216/679" in der Fassung 2.0 am 4.6.2019 („LL 1/2019") angenommen. Allgemeiner Zweck von Leitlinien des EDSA ist (regelmäßig), eine praktische Orientierungshilfe und Unterstützung bei der Auslegung der jeweils in Bezug genommenen Vorschriften zu geben.

5 Der Teil der Leitlinien, der Konkretisierungen zu Art. 40 enthält, ist dort entsprechend kommentiert (Art. 40 Kommentierung Abschnitt B.II., Rn. 18–38). In diesem Abschnitt erfolgt die Erläuterung derjenigen Teile der LL 1/2019, die sich mit der Akkreditierung bzw. der Funktion der Überwachungsstelle sowie der damit einher gehenden Maßgaben befassen.

6 **2. Akkreditierungsanforderungen für Überwachungsstellen.** Ein wesentliches Merkmal der Überwachungsstelle ist nach Tz. 63 ff. LL 1/2019 deren **Unabhängigkeit** und **Unparteilichkeit**.

7 Die **Unabhängigkeit** meint insbesondere die Unabhängigkeit von den Mitgliedern des Verbandes bzw. der Berufsgruppe, von dem Industriebereich oder dem Sektor, für den die Verhaltensregeln gelten sollen. Wesentliche Aspekte der Unabhängigkeit ist die unabhängige Finanzierung, die Freiheit in der Ernennung von Mitgliedern bzw. Mitarbeitern, die Art und Weise der Entscheidungsfindung innerhalb der Überwachungsstelle sowie deren Organisationsstruktur.

8 Dabei ist zu unterscheiden zwischen **internen Überwachungsstellen** (z.B. ad hoc eingerichteten Ausschüssen oder gesonderte Abteilungen) und **externen Überwachungsstellen**. Insbesondere bei internen Überwachungsstellen bedarf es einer getrennten Organisation und wirksamer Organisations- und Informationsbarrieren (Chinese Walls), abgetrennter Strukturen für die Berichterstattung in der Hierarchie des Verbands einerseits und der Überwachungsstelle andererseits. In Tz. 65 wird die Überwachungsstelle mit der Funktion des Datenschutzbeauftragten verglichen, insbesondere mit Blick auf die Weisung Unabhängigkeit und die Freiheit von jeglichen Sanktionen.

Sofern externe Berater eingesetzt werden, die die Verhaltensregeln (mit) ausgearbeitet haben, ist deren Unabhängigkeit und eine Freiheit von Interessenkonflikten nachzuweisen. Die Sicherstellung der Unabhängigkeit ist dabei kein einmaliger Vorgang, sondern ein laufender Prozess; aufkommende Unsicherheiten sind zu beseitigen und es sind Verfahren zu implementieren, mit denen solche Unsicherheiten dauerhaft vermieden werden.

Mit Blick auf die **finanzielle Unabhängigkeit** ist zumindest eine vollständige Eigenständigkeit bei der Verwaltung des Haushalts und andere Ressourcen sicherzustellen; das gilt in besonderem Maße für interne Überwachungsstellen. 9

Notwendig ist ferner eine Unabhängigkeit der Überwachungsstellen bei der Wahl und Verhängung von **Sanktionen** gegenüber Teilnehmern, die gegen die Verhaltensregeln verstoßen. 10

Jedweder Interessenkonflikt bei Personen, die für die Überwachungsstelle handeln, ist zu vermeiden. 11

Unabhängig von der Frage, ob die Überwachungsstelle intern oder extern organisiert ist, muss sie eine **Rechtsform** haben (Tz. 81), die es erlaubt, dass sie ihre Aufgaben nach Art. 41 Abs. 4 erfüllen kann und für den Fall des Verstoßes gegen diese Verpflichtungen nach Art. 83 Abs. 4 lit. c rechtswirksam und gesondert mit einem Bußgeld belegt werden kann. 12

Zudem muss in der Überwachungsstelle das erforderliche **Fachwissen** vorhanden sein und nachgewiesen werden können (Tz. 69). Dieses bezieht sich insbesondere auf das Datenschutzrecht und die Verarbeitungstätigkeiten. Die Mitarbeiter sollten über angemessene operative Erfahrungen in Compliance-Fragen verfügen wie sie für geschulte Mitarbeiter in den Bereichen Revision, Überwachung oder Qualitätssicherung vorliegen. 13

Außerdem muss die Überwachungsstelle über **festgelegte Verfahren und Strukturen** verfügen (Tz. 70–73). Damit sind Leitungsstrukturen und Leitungsverfahren gemeint. Ziel dieser Anforderung ist es, Überwachungsstellen in den Stand zu versetzen bewerten zu können, ob verantwortliche/Auftragsverarbeiter die Verhaltensregeln anwenden können sowie die Anwendung und die Einhaltung der Verhaltensregeln zu überwachen bzw. zu überprüfen. Das setzt Prüfverfahren voraus sowie Verfahren und Strukturen zur aktiven und effektiven Überwachung der den Verhaltensregeln unterliegenden Mitgliedern. Teile solcher Prüfverfahren sind insbesondere stichprobenartige oder unangekündigte Revisionen, jährliche Prüfungen, regelmäßige Berichterstattungen und der Einsatz von Fragebögen. Ungeachtet der konkreten Ausprägung der Überwachungsverfahren sind jedenfalls die Risiken zu berücksichtigen, die durch die relevante Datenverarbeitung entstehen sowie eingehende Beschwerden oder Zwischenfälle und die Anzahl der den Verhaltensregeln unterliegenden Mitglieder/Teilnehmer. Eine Möglichkeit ist auch die regelmäßige Herausgabe von Prüfungsberichten für den Anwendungsbereich der Verhaltensregeln. Ohnehin ist Maßgabe, dass die Überwachungsstelle über ausreichende Ressourcen und Mitarbeiter verfügt, insbesondere in Relation zur erwarteten Zahl und Größe der Mitglieder sowie dem Komplexitätsgrad und den Risiken der Datenverarbeitung. 14

Wesentlicher Gesichtspunkt ist ferner die **transparente Bearbeitung von Beschwerden** (Tz. 74–77). Damit meinen die LL 1/2019 auch den unparteiischen Umgang mit 15

Art. 41   Überwachung der genehmigten Verhaltensregeln

Beschwerden. Notwendig ist ein öffentlich zugängliches Beschwerdeverfahren, welches jedenfalls darin mündet, dass Beschlüsse der Stelle veröffentlicht werden. Auch sind Konsequenzen bei Nichtabhilfe berechtigter Beschwerden vorzusehen, die bis zum vorübergehenden oder endgültigen Ausschluss aus der Anwendung der Verhaltensregeln gehen. Sobald Verstöße gegen Verhaltensregeln festgestellt werden, sind umgehend geeignete Maßnahmen durch die Überwachungsstelle zu ergreifen, deren Ziel es ist, den konkret angefallenen Verstoß zu unterbinden und vergleichbare Verstöße in der Zukunft zu vermeiden. Beispiele für solche Korrekturmaßnahmen oder Sanktionen sind insbesondere Schulungen, Mahnschreiben, die Aufforderung zur Umsetzung konkreter Maßnahmen innerhalb einer angegebenen Frist, ein vorübergehender Ausschluss, ein endgültiger Ausschluss. Der Überwachungsstelle sollte vorbehalten werden, solche Maßnahmen auch zu veröffentlichen. Bestandteil der Maßnahmen ist auch eine Information über den Verstoß sowie über die ergriffenen Maßnahmen und deren Begründung, und zwar nicht nur im Verhältnis zu dem Beschwerdeführer und dem Beschwerdegegner, sondern auch im Verhältnis zu dem Inhaber der Verhaltensregeln sowie der zuständigen Aufsichtsbehörde und allen etwa sonst betroffenen Aufsichtsbehörden.

16   Ein wesentliches Augenmerk ist auf die **Kommunikation mit den zuständigen Aufsichtsbehörden** zu richten (Tz. 78 f.). Damit ist bereits die Kommunikation mit der Aufsichtsbehörde angesprochen. Diese können sich auf die v.g. Maßnahmen beziehen, möglicherweise aber auch auf die Bereitstellung periodischer Berichte über Geschehnisse um die Verhaltensregeln und/oder von Ergebnissen aus Prüfungen oder Überarbeitungen der Verhaltensregeln. Kommunikationsregeln, die dazu führen würden, dass bspw. eine Überwachungsstelle ohne Information an die Behörde nennenswert verändert oder aufgelöst würde, dürften dementsprechend zu Maßnahmen nach Art. 41 Abs. 5 führen.

17   Weitere Akkreditierungsvoraussetzung, in Tz. 80 LL 1/2019 möglicherweise etwas systemwidrig untergebracht, ist das Vorhandensein von **Überprüfungsmechanismen**, die sicherstellen, dass die Verhaltensregeln in fachlicher und technischer und auch in sonstiger Hinsicht aktuell bleiben, einschließlich der dauerhaften Konformität mit dem jeweils anwendbaren Recht. Dass diese Maßgabe in dem Abschnitt über die Akkreditierungsanforderungen für Überwachungsstellen untergebracht sind, mag zu der Annahme verleiten, dass es eine Aufgabe der Überwachungsstelle ist, über diese Konformität zu wachen.

18   **3. Widerruf einer Akkreditierung.** Nach Art. 41 Abs. 5 besteht in bestimmten Fällen die Möglichkeit des Widerrufs der Akkreditierung. Dementsprechend fordert der EDSA, dass Verhaltensregeln Bestimmungen für Widerrufsszenarien enthalten müssen.

19   Nach Ansicht des EDSA führt ein Widerruf der Akkreditierung, je nach Einzelfall zu einer Suspendierung oder zu einem dauerhaften Widerruf von Verhaltensregeln, für deren Einhaltung die Überwachungsstelle verantwortlich war, weil es nach dem Widerruf unmöglich ist, die weitere Überwachung der Einhaltung der Verhaltensregeln sicherzustellen. (Auch) aus diesem Grund soll nach Tz. 87 ein Widerruf der Akkreditierung erst dann erfolgen, wenn die zuständige Aufsichtsbehörde der Überwachungsstelle, für die der Widerruf der Akkreditierung erfolgen soll, eine Abmahnung mit Fristsetzung erteilt hat, also die Möglichkeit eingeräumt hat, innerhalb eines (zu vereinbarenden) Zeitplans die Möglichkeit eingeräumt hat, die relevanten

Herausforderungen zu klären und etwa notwendige Verbesserungen vorzunehmen. Für transnationale Verhaltensregeln bedarf es in aller Regel einer Beratung der zuständigen Aufsichtsbehörde mit den betroffenen Aufsichtsbehörden über diese Angelegenheit.

4. Stellungnahmen des EDSA in Kohärenzverfahren. Nach Annahme der LL 1/2019 hat der EDSA in verschiedenen Stellungnahmen Position bezogen zu den Vorhaben einzelner Mitgliedstaaten, jeweils Anforderungen an die Überwachungsstelle nach Art. 41 Abs. 2 aufzustellen und im Kohärenzverfahren über Art. 41 Abs. 3 verbindlich zu machen. Auf dem Stand v. 31.1.2020 wurden bewertet (abrufbar auf der Webseite des EDSA) Frankreich[2], Belgien[3], Spanien[4], Großbritannien[5] (vor dem Austritt) und Österreich[6]. 20

Die Kritik an den jeweiligen Entwürfen richtet sich auf die unterschiedlichsten Gesichtspunkte, wird aber i.d.R. – neben formalen Klarstellungen/Begrifflichkeiten, insbesondere dem Wunsch, sich in der Darstellung anhand von Ziff. 12 der LL 1/2019 zu orientieren – anhand der grundlegenden Themenkreise in den LL 1/2019 diskutiert, insbesondere Unabhängigkeit, Interessenkonflikt, Fachkenntnisse, festgelegte Verfahren und Strukturen, transparente Beschwerdebearbeitung, Kommunikation mit der Aufsichtsbehörde und Rechtsform. So wurde z.B. in Bezug auf Österreich (Stellungnahme 9/2019 des EDSA), das einzige bei Redaktionsschluss dieser Auflage abgeschlossene Verfahren, u.a. verlangt, ausdrücklich klarzustellen, dass die Beweislast für die Unabhängigkeit der Überwachungsstelle der die Akkreditierung beantragenden Stelle obliegt, aufzunehmen, dass die beiden in den Leitlinien vorgesehenen Modelle einer Überwachungsstelle (intern/extern) im VO-Wortlaut abzubilden seien, dass die Anforderungen in Bezug auf die Unabhängigkeit in vier in den LL 1/2019 genannten Bereichen abzubilden seien (rechtliche u. Entscheidungsverfahren, Finanzen, Organisation und Rechenschaftspflicht), dass Verfahren bzgl. der Vermeidung von Interessenkonflikten aufzunehmen seien und dass klarzustellen sei, ob und unter welchen Bedingungen die Überwachungsstelle auf Unterauftragnehmer zurückgreifen könne. Den Anforderungen des EDSA ist die österreichische Behörde sodann in dem Rahmen der in Kraft getretenen Fassung der „Verordnung der Datenschutzbehörde über die Anforderungen an eine Stelle für die Überwachung der Einhaltung von Verhal- 21

---

2 Opinion 3/2020 on the France data protection supervisory authority draft accreditation requirements for a code of conduct monitoring body pursuant to article 41 GDPR, Adopted on 28 January 2020.
3 Opinion 2/2020 on the Belgium data protection supervisory authority draft accreditation requirements for a code of conduct monitoring body pursuant to article 41 GDPR, Adopted on 28 January 2020.
4 Opinion 1/2020 on the Spanish data protection supervisory authority draft accreditation requirements for a code of conduct monitoring body pursuant to article 41 GDPR, Adopted on 28January 2020.
5 Opinion 17/2019on the UK data protection supervisory authority draft accreditation requirements for a code of conduct monitoring body pursuant to article 41GDPRadopted on 02December 2019.
6 Stellungnahme 9/2019 zum Entwurf der österreichischen Datenschutzaufsichtsbehörde über die Akkreditierungsanforderungen an eine Stelle für die Überwachung der Einhaltung von Verhaltensregeln gem. Artikel 41 DSGVO, angenommen am 9.7.2019.

tensregeln (Überwachungsstellenakkreditierungs-Verordnung – ÜstAkk-V)"[7] gefolgt, z.T. durch Änderung des Wortlauts gegenüber dem Entwurf, z.T. durch Aufnahme entsprechender Klarstellungen in die amtlichen Erläuterungen zur ÜstAKK-V.

III. Die Anwendungshinweise der DSK „Kriterien zur Akkreditierung einer Überwachungsstelle für Verhaltensregeln nach Art. 41 DS-GVO i.V.m. Art. 57 Abs. 1 lit. p 1. Alt. DS-GVO"

22 Die Datenschutzkonferenz (DSK) hat unter den 24.11.2019 Anwendungshinweise für die Kriterien zur Akkreditierung von Überwachungsstellen nach Art. 41 verabschiedet. Aufgrund der unterschiedlichen Aufgabenstellungen von EDSA einerseits und der DSK andererseits können die Leitlinien einerseits und Anwendungshinweise andererseits parallel bestehen. Jedenfalls betreffen die Anwendungshinweise nationale Verhaltensregeln mit Wirkung für Deutschland.

23 Dabei befasst sich die DSK zunächst mit der **formalen Antragstellung**, stellt danach auf die allgemeinen **Anforderungen an Überwachungsstellen** ab, behandelt sodann deren **Untersuchungs- und Handlungsbefugnisse**, um schließlich als (auch hier) einen wesentlichen Teil der Aufgaben der Überwachungsstelle die Abwicklung eines **Beschwerdeverfahrens** zu beschreiben. Die für eine Akkreditierung innerhalb Deutschlands zuständige Aufsichtsbehörde wird die Erfüllung der in Art. 41 Abs. 2 DS-GVO genannten Voraussetzungen anhand der in den Anwendungshinweisen niedergelegten Akkreditierungskriterien prüfen.

24 **1. Antragserfordernis, Verfahrenssprache.** Voraussetzung für die Akkreditierung einer Überwachungsstelle ist zunächst ein vollständiger **schriftlicher** Antrag bei der für die Überwachungsstelle zuständigen Aufsichtsbehörde; ggf. auch auf **elektronischem** Weg, sofern die gesetzlichen Voraussetzungen bei der zuständigen Aufsichtsbehörde vorliegen. Verweise auf ggf. auch öffentlich zugängliche Informationen sind nicht möglich, der Antrag muss also alle relevanten Informationen selbst und unmittelbar (als Anlagen) enthalten. Die Verfahrenssprache ist **deutsch**.

25 Der Antrag hat insbesondere folgende **Angaben** zu umfassen:
1. Name/Firma der Überwachungsstelle, einschließlich ladungsfähiger Anschrift und Kommunikationsdaten und ggf. gesetzliche/rechtsgeschäftliche Vertreter der Überwachungsstelle;
2. Ansprechpartner für das Akkreditierungsverfahren und deren Kontaktdaten;
3. Anzahl und Funktion der Mitarbeitenden;
4. allgemeine Informationen einschließlich Organigramm und interner Aufbauorganisation, sowie ihre etwaigen Beziehungen innerhalb von Konzern- oder sonstigen Verbundorganisationen;
5. Benennung der durch die Überwachungsstelle zu überwachenden Verhaltensregeln;
6. Benennung der in die Zuständigkeit der Überwachungsstelle fallenden Kategorien von Verantwortlichen/Auftragsverarbeitern bzw. Branchen (Sektoren);
7. Festlegung des räumlichen Anwendungsbereichs, in dem die Kontrolltätigkeit ausgeübt wird.

---

[7] BGBl. für die Republik Österreich, 2019, 30.8.2019, Teil II; 264. Verordnung: Überwachungsstellenakkreditierungs-Verordnung – ÜStAkk-V.

Zur **Sicherstellung der Unabhängigkeit** muss der Antrag die Zusicherung enthalten, dass im Zeitpunkt der Antragsstellung und während der Tätigkeit der Überwachungsstelle als solche keine Verflechtungen zwischen der Überwachungsstelle und überwachten Stellen bestehen, ohne dass das hieraus resultierende Risiko hinreichend minimiert ist und kein für die Überwachungstätigkeit eingesetztes Personal der Überwachungsstelle zu den zu überwachenden Unternehmen in einem Beratungsverhältnis stehen. 26

Sofern **mehr als eine Überwachungsstelle** für die Verhaltensregeln zu akkreditieren ist, von denen nicht alle in den Zuständigkeitsbereich einer einzelnen deutschen Aufsichtsbehörde fallen, muss eine Darstellung zum Nachweis der Erfüllung der in Art. 41 Abs. 2 genannten Voraussetzungen liefern und dabei insbesondere in transparenter Weise die Zuständigkeit und Verantwortlichkeit der im räumlichen Anwendungsbereich des BDSG zu akkreditierenden Überwachungsstelle darstellen. Dabei sind Zuständigkeiten und Verantwortlichkeiten der Überwachungsstellen so voneinander abzugrenzen, dass sowohl die Aufgabenerfüllung der jeweiligen Überwachungsstelle als auch die Aufgabenerfüllung der jeweils zuständigen Aufsichtsbehörden (Abgrenzung innerhalb Deutschlands bzw. bei transnationalen Verhaltensregeln Abgrenzung zu anderen Mitgliedstaaten) daraus hervorgehen. Das geht bis hin zu einer Liste, aus der sich ergibt, welche Überwachungsstelle für welche überwachten Stellen zuständig ist. Im Antrag sind schließlich die für eine solche Abgrenzung erforderlichen Strukturen, Geschäftsprozesse und sonstigen organisatorischen Vorkehrungen zu beschreiben. 27

2. Anforderungen an die Überwachungsstelle und Befugnisse. Der Detaillierungsgrad der Anforderungen und der Wege und Mittel zum Nachweis der Einhaltung dieser Anforderungen ist in der Anwendungshinweisen der DSK deutlich höher als in den eher programmatischen LL 1/2019. 28

Die zu akkreditierende Überwachungsstelle muss nachweisen, dass sie stets in der Lage ist, ihre Überwachungstätigkeit in Erfüllung der Anforderungen der Art. 40, 41 und der Akkreditierungskriterien auszuüben. Dabei gelten die von der DSK gestellten Anforderungen grundsätzlich sowohl für interne als auch für externe Überwachungsstellen. 29

Nachweise können für die Überwachungsstelle bspw. wie folgt erbracht werden: 30
1. Offenlegung der wirtschaftlichen Eigentümer;
2. Angaben zu den Entscheidungsträgern;
3. Angaben zur Finanzierung;
4. Vorlage der Dokumentation der Bewertung der sich aus ihrer Tätigkeit ergebenden Risiken für die Unabhängigkeit;
5. Vorlage der z.B. in Form von Handbüchern und Richtlinien festgelegten Grundsätze der Überwachungstätigkeit;
6. Vorlage der Dokumentation der Verfahren und Strukturen, insbesondere der aufbau- und ablaufbezogenen Geschäftsprozesse, und der sonstigen organisatorischen Vorkehrungen.

Die allgemeinen Anforderungen sind hierbei folgende: 31
1. Geschäftssitz bzw. Sitz für die Ausübung der beruflichen Tätigkeit als Überwachungsstelle müssen im BWA liegen;

Art. 41 Überwachung der genehmigten Verhaltensregeln

2. Nachweis einer ausreichenden personellen Ausstattung einschließlich der Fortführung der Geschäftstätigkeit auch im Falle eines unvorhergesehenen Ereignisses, das zu einem plötzlichen, vorübergehenden oder dauerhaften Wegfall der Überwachungsstelle führt;
3. schriftliche Dokumentation der Grundsätze der Überwachungstätigkeit sowie der Verfahren und Strukturen der Überwachungsstelle, insbesondere aufbau- und ablaufbezogenen Geschäftsprozesse und sonstige organisatorische Vorkehrungen.

32 Erforderlich ist ein Nachweis, dass die Überwachungsstelle ihre auch in den RL 1/2019 geforderte **Unabhängigkeit** von allen relevanten Stakeholdern jederzeit sichergestellt ist, einschließlich des Nachweises geeigneter Verfahren und Strukturen für das angemessene Management von Risiken. Für die Unabhängigkeit erforderlich sind Unparteilichkeit, Objektivität und Integrität. Die Unabhängigkeit umfasst rechtliche, wirtschaftliche, personelle und tatsächliche Aspekte. Die Überwachungsstelle muss geeignete Vorkehrungen treffen, um einer direkten oder indirekten Einflussnahme, sei es kommerzieller, finanzieller und sonstiger Natur, zu begegnen, die die Unparteilichkeit der Überwachungsstelle gefährdet oder gefährden könnte. Das bezieht sich auf Organisationsstrukturen (Ziff. 2.2.1 der Anwendungshinweise), Finanzierung (Ziff. 2.2.2), personelle und sonstige (auch: technische) organisatorische Ausstattung (Ziff. 2.2.3) und Entscheidungsprozesse (Ziff. 2.2.4).

33 Hier neben muss (Ziff. 2.3), wie auch durch die LL 1/2019 gefordert, stets das erforderliche Fachwissen (teilweise auch Erfahrungen) in einschlägigen Bereichen vorhanden sein und nachgewiesen werden können, nämlich im Bereich des Datenschutzrechts, bezüglich des Gegenstands der Verhaltensregeln und auf von diesen erfassten Verarbeitungsvorgängen sowie die Prozesse in diesem Bereich, bezüglich technischer und organisatorischer Kenntnisse, insbesondere Kenntnisse technisch-organisatorischer Maßnahmen, bezüglich der Risikobewertung (insbes. Risiken für die Rechte und Freiheiten betroffener Personen) und Erfahrungen im Bereich der Überwachung von Verhaltensregeln/Compliance Standards, einschließlich der Überwachung in Form von Audits.

34 Dabei werden die erforderlichen Kenntnisse/Erfahrungen deutlich detaillierter aufgeführt als in den LL 1/2019. Für das für die Leitung verantwortliche Personal der Überwachungsstelle ist ein Nachweis über einen Berufsabschluss und über eine auf das rechtliche und technische Fachwissen bezogene einschlägige Berufserfahrung erforderlich, wobei rechtliches und technisches Fachwissen nicht in einer Person vorhanden sein muss. Der Nachweis kann grds. durch 1einen Abschluss gem. European Qualifications Framework 2 (EQF2) Level 6[8] und einer auf das rechtliche und technische Fachwissen bezogene einschlägige Berufserfahrung von mindestens fünf Jahren oder durch

---

8 Level 6 – erster Studienzyklus (Bachelor oder vergleichbare Abschlüsse gem. dem Europäischen Qualifikationsrahmen), mit fortgeschrittenen Kenntnissen in einem Arbeits- oder Lernbereich, die die Beherrschung des Faches sowie Innovationsfähigkeit erkennen lassen, und zur Lösung komplexer und nicht vorhersehbarer Probleme in einem spezialisierten Arbeits- oder Lernbereich, auf der Basis eines kritischen Verständnisses von Theorien und Grundsätzen, nötig sind.

einen Abschluss gem. EQF2, Level 7[9] und einschlägiger Berufserfahrung von mindestens drei Jahren erbracht werden.

Verpflichtend ist das Vorhandensein unter Nachweis geeigneter Prozesse für das Erhalten dieser Kompetenzen und Erfahrungen und das Halten derselben auf jeweils aktuellem Stand (Fortbildungsbescheinigungen, einschlägige Arbeitserfahrung, Prüfungen). 35

Ferner ist nachzuweisen, dass **Interessenkonflikte** bei der Aufgabenwahrnehmung stets ausgeschlossen sind. Das schließt das Schaffen angemessener Strukturen zur Vermeidung von Interessenkonflikten ein. Die hierzu aufgeführten Kriterien sind im Wesentlichen dieselben wie unter den LL 1/2019 (insbesondere weisungsfreies Handeln, Schutz vor Maßnahmen und Sanktionen durch den Inhaber der Verhaltensregeln und von den zu überwachenden Stellen). Damit ist ein Konzept für die Vermeidung und den Umgang mit Interessenkonflikten zu notwendig, dazu gehören schriftliche Verpflichtungen der Mitarbeiter, mögliche Interessenkonflikte oder Gefährdungen der Unabhängigkeit anzuzeigen. 36

Eine Annahme von Leistungen (außerhalb rein administrativer oder organisatorischer Hilfs- oder Unterstützungstätigkeiten) von Institutionen, die die Unabhängigkeit der Stelle gefährden bzw. Interessenkonflikte befördern können, ist untersagt. 37

Auch darf weder die Überwachungsstelle noch das von ihr für die Überwachung eingesetzte Personal über die eigentliche Überwachungstätigkeit hinaus bei den überwachten Stellen tätig werden oder sonstige Leistungen, insbesondere auch keine Beratungsleistungen in datenschutzrechtlichen Fragen, für die überwachten Stellen erbringen, es sei denn, die Überwachungsstelle weist nach, dass sie angemessene Vorkehrungen getroffen hat, um das hieraus resultierende Risiko für einen Interessenkonflikt hinreichend zu minimieren. Gleiches gilt für den Fall, dass die Überwachungsstelle oder das von ihr eingesetzte Personal in die Erstellung der Überwachungsregeln eingebunden war. Angemessene Vorkehrungen können zum Beispiel in einer aufbauorganisatorischen Aufgabentrennung des diese Leistungen erbringenden Bereichs von dem für die Überwachung zuständigen Bereich bestehen (z.B. Chinese Walls, vgl. auch Ziffer 2.2.1 zu internen Überwachungsstellen). 38

In Ziffer 2.5 der Anwendungshinweise wird eine Thematik berührt, die in den LL 1/2019 nicht unter diesem Blickwinkel behandelt wird, die nämlich die **Auslagerung** der Überwachungstätigkeit. Zwar werden in den LL 1/2019 auch **externe Überwachungsstellen** als solche benannt, jedoch finden sich dort keine detaillierten Anforderungen für eine Auslagerung. Nach Ziffer 2.5 sind einzelne Aktivitäten und Prozesse der Überwachungstätigkeit auslagerbar, soweit der Nachweis geführt ist, dass diese externe Stelle über dokumentierte Verfahren und Strukturen verfügt, gem. derer 39

1. die Anforderungen an die Überwachungsstelle grundsätzlich in gleicher Weise durch den externen Dienstleister erfüllt werden;

---

9 Level 7 – zweiter Studienzyklus (Master oder vergleichbare Abschlüsse gem. dem Europäischen Qualifikationsrahmen), mit hoch spezialisiertem Wissen, spezialisierten Problemlösungsfertigkeiten, als Grundlage für innovative Denkansätze, um neue Kenntnisse zu gewinnen und neue Verfahren zu entwickeln sowie um Wissen aus verschiedenen Bereichen zu integrieren.

Art. 41   Überwachung der genehmigten Verhaltensregeln

    2. die Überwachungsstelle weiterhin über Kenntnisse und Erfahrungen verfügt, die eine wirksame Überwachung der vom beauftragten Unternehmen erbrachten Dienstleistungen gewährleisten;
    3. die Auslagerung nicht zu einer Delegation der Verantwortung für die Überwachung führt und die Überwachungsstelle gegenüber der Aufsichtsbehörde in jedem Falle für die Überwachung verantwortlich bleibt.

40 Hierbei handelt es sich um Anforderungen, wie man sie dem Grunde nach auch aus über die BaFin regulierten Bereichen (Finanzdienstleistungsunternehmen/Versicherungen) kennt, bis hin zu insoweit üblichen Anforderungen an ein geordnetes **Auslagerungsmanagement**:
1. Bestehen einer rechtlich bindenden, durchsetzbaren, schriftlichen Vereinbarung, mit insbesondere bezüglich folgenden Regelungsgegenständen:
    a) Spezifizierung und ggf. Abgrenzung der extern zu erbringenden Leistung;
    b) Fachwissen und zur Unabhängigkeit des eingesetzten Personals und Umgang mit Unparteilichkeit, Vertraulichkeit und Interessenkonflikten;
    c) Verpflichtung des externen Unternehmens, die Überwachungsstelle über Entwicklungen zu informieren, die die ordnungsgemäße Erledigung der ausgelagerten Aktivitäten und Prozesse beeinträchtigen können.
2. Es bedarf einer angemessenen Risikosteuerung und ordnungsgemäßen Überwachung der ausgelagerten Aktivitäten und Prozesse.
3. Für den Fall der beabsichtigten oder erwarteten Beendigung der Auslagerungsvereinbarung sind Vorkehrungen zu treffen, um die Kontinuität und Qualität der ausgelagerten Aktivitäten und Prozesse auch nach Beendigung zu gewährleisten.

41 Im Einklang mit Art. 41 Abs. 2 lit. b muss die Überwachungsstelle gem. Ziffer 2.6 nachweisen, dass sie über **dokumentierte Verfahren** verfügt, die es ihr ermöglichen, stets folgende Aufgaben und Pflichten zu erfüllen:
- Schaffung der Voraussetzungen vor Aufnahme der Überwachungstätigkeit (z.B. anzuwendender Prüfungsmaßstab, Grundsätze des Prüfungs- und Bewertungsverfahrens, Eckpunkte für die Planung der Überwachungstätigkeit, Standardisierung der Abläufe und Kriterien, Aktualisierung und Fortschreibung der Evaluierungsmethoden im Hinblick auf Änderungen des Rechtsrahmens, der relevanten Risiken, des Stands der Technik oder den geänderten Umsetzungskosten von technischen und organisatorischen Maßnahmen, Verfahren zur Information der überwachten Stellen über rechtliche oder tatsächliche Änderungen, die die Verhaltensregeln betreffen);
- Durchführung der Bewertung der überwachten Stelle (repräsentative Stichprobenprüfung);
- Überprüfung der Anwendung und Überwachung der Einhaltung der Verhaltensregeln, Einzelheiten sind z.B. Rotationsprinzip der Kontrollen, Metrik, Anzahl der jährlich überprüften überwachten Stellen muss einen Rückschluss auf den Umsetzungsgrad der Verhaltensregeln bei den überwachten Stellen insgesamt erlauben, anlassbezogene Prüfungen);
- Überprüfung der Geeignetheit der Verhaltensregeln (z.B. turnusmäßige sowie anlassbezogene konzeptionelle Überprüfung, bei Feststellung von Defiziten Mitteilung an den Inhaber der Verhaltensregeln mit und Empfehlung der Überarbeitung der betreffenden Regelungen im Rahmen der vorgesehenen Evaluierung.

Dabei muss die Überwachungsstelle nachweisen, dass sie ihre Kontrolltätigkeit in 42
üblicher Form stets angemessen dokumentiert und der zuständigen Aufsichtsbehörde
auf Anfrage ihre Dokumentationen vorlegen kann. Das bedeutet Informationen über
das Prüfprogramm, einschließlich des Bewertungsverfahrens, Informationen zu den
Regeln und Verfahren, die die Aufgabenerfüllung ermöglichen. Die Dokumentation
umfasst auch die Ergebnisse der Überprüfungen einschließlich einer zusammenfassenden Konformitätsaussage zur überwachten Stelle.

Die Überwachungsstelle muss nachweisen, dass sie über dokumentierte Verfahren 43
und Strukturen verfügt, um gegenüber der überwachten Stelle geeignete und verhältnismäßige Maßnahmen zum Abstellen von Verstößen und zu deren künftiger Vermeidung zu ergreifen, wie sie auch in den LL 1/2019 vorgesehen sind, z.B. Schulungsmaßnahmen, Information der Geschäftsleitung, förmliche Aufforderung zur Umsetzung
bestimmter Maßnahmen innerhalb einer Frist, zeitweiser oder endgültiger Ausschluss
überwachter Stellen aus den Verhaltensregeln.

Die Überwachungsstelle muss über dokumentierte Verfahren und Strukturen verfügen (und sie nachweisen), die es ihr ermöglichen, die zuständige Aufsichtsbehörde 44
über schwerwiegende Maßnahmen (z.B. Suspendierung oder Ausschluss aus den Verhaltensregeln) unverzüglich zu informieren. Die Überwachungsstelle muss außerdem
nachweisen, dass sie über dokumentierte Verfahren und Strukturen verfügt, die es ihr
stets ermöglichen, die zuständige Aufsichtsbehörde im Fall von Änderungen, die die
Überwachungstätigkeit der Überwachungsstelle wesentlich beeinträchtigen können,
unverzüglich schriftlich zu informieren.

Die Überwachungsstelle muss nachweisen, dass sie und etwa von ihr eingeschaltete 45
Dritte über dokumentierte Verfahren stets die gebotene Vertraulichkeit wahren kann
bzw. können.

Die Überwachungsstelle muss dokumentierte Verfahren und Strukturen nachweisen, 46
die es ihr ermöglichen, die ihr übertragenden **Befugnisse** auszuüben. Das betrifft in
erster Linie Untersuchungs- und Handlungsbefugnisse. Überwachte Stellen müssen
z.B. sicherstellen, dass die Überwachungsstelle kontrollieren kann, dass ein Auftragsverarbeiter einer überwachten Stelle die Verhaltensregeln einhält, z.B. durch Vorlage
von Nachweisen. Außerdem bedarf es eines Nachweises der Durchsetzung von Maßnahmen gegen festgestellte Verstöße gegen die die überwachten Stellen treffenden
Pflichten aus den Verhaltensregeln.

3. Beschwerdeverfahren. Ein wesentlicher Gesichtspunkt ist, wie schon in den LL 1/ 47
2019, in Bezug auf Beschwerden über Verletzungen der Verhaltensregeln oder über
die Art und Weise, in der die Verhaltensregeln von überwachten Stellen angewendet
werden, die Entgegennahme, die Beurteilung, die Entscheidung über die Beschwerde
innerhalb eines angemessenen Zeitraums, und zwar in einem unabhängiges, effektives
und transparentes Beschwerdeverfahren, in dem Entscheidungen zu Beschwerden
unter Beachtung des Grundsatzes der Verhältnismäßigkeit getroffen werden.

Notwendige Mindestanforderungen an das Beschwerdeverfahren sind: 48
1. Verfahren zur Entgegennahme, Validierung, Untersuchung der Beschwerde sowie
   Entscheidung, welche Maßnahmen als Antwort darauf ergriffen werden müssen;
2. Verfolgen und Aufzeichnen der Beschwerden, einschließlich Maßnahmen zu ihrer
   Lösung bzw. der Gründe, die der Behandlung als Beschwerde entgegenstehen;

Art. 41 — Überwachung der genehmigten Verhaltensregeln

3. Sicherstellung, dass entsprechende Maßnahmen innerhalb eines angemessenen Zeitraums ergriffen werden;
4. Information des (betroffenen) Beschwerdeführers zum Verfahrensausgang innerhalb von drei Monaten nach Eingangsbestätigung, ansonsten erfolgt eine Information zum Verfahrensstand.

49 Die Überwachungsstelle ist für das Erfassen und Verifizieren aller erforderlichen Informationen verantwortlich, um die Beschwerde zu validieren. Erforderliche Informationen sind solche, die eine objektive und diskriminierungsfreie Nachprüfung des mit der Beschwerde beanstandeten Sachverhalts ermöglichen.

50 Die Beschreibung des Beschwerdeverfahrens ist nach der Akkreditierung in allgemein zugänglicher Form zu veröffentlichen.

IV. Ausnahmen vom Anwendungsbereich (Abs. 6)

51 Ausgenommen aus dem Anwendungsbereich der Selbstregulierung sind nach Abs. 6 Behörden und öffentliche Stellen. Insoweit verbleibt es bei der ausschließlichen Zuständigkeit der Aufsichtsbehörde. Tz. 88 LL 1/2019 stellt klar, dass diese Ausnahme nicht dazu führt, dass Behörden und öffentliche Stellen nicht zur Umsetzung wirksamer Verfahren zur Überwachung von Verhaltensregeln verpflichtet sind; der Vorschlag in Tz. 88 geht insoweit dahin, bestehende Revisionspflichten um die Überwachung der Verhaltensregeln zu erweitern.

V. Überwachungsstellen, Kriterien für die Akkreditierung (Abs. 1, Abs. 3)

52 1. Schaffung von Überwachungsstellen. Nach Art. 41 Abs. 1 „kann" unbeschadet der Aufgaben und Befugnisse der Aufsichtsbehörde (Art. 57, 58) die Überwachung der Einhaltung von Verhaltensregeln gem. Art. 40 von einer außerhalb der Aufsichtsbehörden geschaffenen akkreditierten Überwachungsstelle durchgeführt werden[10]. Demgegenüber fordert Art. 40 Abs. 4 als obligatorischen Bestandteil von Verhaltensregeln ein Verfahren, das es einer nach Art. 41 akkreditierten Überwachungsstelle ermöglicht, die für eine Regulierung notwendige obligatorische Überwachung auch vorzunehmen, und zwar unbeschadet der Aufgaben und Befugnisse der zuständigen Aufsichtsbehörde.[11]

53 2. Befugnisse der Aufsichtsbehörden, Kriterien für die Akkreditierung (Abs. 3). Nach Abs. 1 letzter Hs., besteht die Notwendigkeit einer Akkreditierung der Überwachungsstelle und der Schaffung von Akkreditierungskriterien. Hierbei ist es Aufgabe einer jeden Aufsichtsbehörde, nach Art. 57 Abs. 1 lit. p Kriterien für die Akkreditierung von Überwachungsstellen zu schaffen und, vgl. Art. 57 Abs. 1 lit. q, die Überwachungsstelle gem. den für die Akkreditierung geltenden Kriterien zu prüfen und zu akkreditieren[12]. Dies ist seitens der DSK mit Wirkung für die Bundesrepublik Deutschland durch die o.a. Anwendungshinweise geschehen. Abs. 3 fordert i.V.m.

---

10 Die Organisation, die die Verhaltensregeln erlassen hat, kann die Überwachung selbst übernehmen, vgl. *Schwartmann/Weiß* RDV 2016, 240, 242.
11 Vgl. Art. 40 Rn. 84 f.
12 Nach Ansicht von *Kühling/Buchner-Bergt* Art. 41 Rn. 4 a.E. besteht bei Erfüllung der Kriterien ein Rechtsanspruch auf Akkreditierung; es besteht kein Ermessensspielraum auf der Rechtsfolgenseite.

Art. 64 Abs. 1 lit. c, dass die Aufsichtsbehörde den Entwurf ihrer Kriterien vorab im Kohärenzverfahren dem Ausschuss vorlegt. Folgt der Ausschuss ausweislich seiner Stellungnahme dem Entwurf, werden die Kriterien verbindlich. Bestehen zwischen Aufsichtsbehörde und Ausschuss unterschiedliche Auffassungen, so ist nach Art. 64 Abs. 7, Abs. 8, Art. 65 das Streitbeilegungsverfahren durchzuführen, an dessen Ende in der Regel ein verbindlicher Beschluss des Ausschusses steht, vgl. Art. 65 Abs. 1.

Existiert eine akkreditierte Überwachungsstelle, ist von einer konkurrierenden Zuständigkeit mit Blick auf die für das Verhalten des Verantwortlichen bzw. Auftragsverarbeiters bzw. den Verarbeitungsvorgang zuständige Aufsichtsbehörde auszugehen[13]. In die Zuständigkeit der Aufsichtsbehörde fällt neben der Billigung der Verhaltensregeln nach Art. 57 Abs. 1 lit. m, der Schaffung von Kriterien für die Akkreditierung der Überwachungsstelle nach Art. 57 Abs. 1 lit. p, verbunden mit der Befugnis nach Art. 58 Abs. 3 lit. d, Stellungnahmen abzugeben und Entwürfe von Verhaltensregeln nach Art. 40 Abs. 5 zu billigen, auch die Überwachung und Durchsetzung der Anwendung der DS-GVO, vgl. Art. 57 Abs. 1 lit. a. 54

Eine maximale Dauer der Akkreditierung oder deren Befristung ist, anders als bei Zertifizierungsstellen nach Art. 43, nicht vorgesehen. Eine behördliche Überprüfung auf deren Eigeninitiative ist davon unbenommen. Hierzu verhalten sich die o.a. Anwendungshinweise der DSK nicht. 55

VI. Anforderungen an die Überwachungsstelle (Abs. 1, Abs. 2)

1. Notwendigkeit einer Akkreditierung. Abs. 1 letzter Hs., fordert eine Akkreditierung der Überwachungsstelle. Die Akkreditierung wird anhand der von der zuständigen Aufsichtsbehörde aufgestellten Kriterien (Abs. 3, vgl. die o.a. Anwendungshinweise der DSK) geprüft. Erfüllt die Überwachungsstelle alle Kriterien, besteht ein Anspruch auf Akkreditierung. 56

2. Vorhandensein und Nachweis von Fachwissen und Unabhängigkeit/Abwesenheit von Interessenkonflikten (Abs. 2 lit. a und d). Art. 41 Abs. 1, Abs. 2 lit. a fordert das Vorhandensein und den Nachweis von Fachwissen auf Seiten der Überwachungsstelle (s.a. LL 1/2019 und Anwendungshinweisen der DSK), allerdings nur „hinsichtlich des Gegenstands der Verhaltensregeln". Auch wenn Fachwissen mit Blick auf die sonstigen Regelungsinhalte der DS-GVO nicht verlangt wird, muss man dieses als ungeschriebene Notwendigkeit voraussetzen. Das ergibt sich indirekt aus Abs. 2 lit. b und c, die vertieftes Wissen über die Bewertung der Einhaltung von Verhaltensregeln und den Umgang mit Beschwerden von betroffenen Personen voraussetzen. 57

Zudem muss die Überwachungsstelle, wie in den LL 1/2019 und den Anwendungshinweisen näher beschrieben, nach lit. a unabhängig sein. Dies entspricht der Anforderung nach lit. d, wonach keine Interessenkonflikte bestehen dürfen. Beide Voraussetzungen müssen nachgewiesen sein. Die Voraussetzung der Unabhängigkeit ist auch so zu verstehen, dass die Überwachungsstelle auch wirtschaftlich unabhängig vom zu überwachenden Unternehmen sein muss. Jedenfalls darf ihre Finanzierung nicht unmittelbar von den Mitgliedern abhängig sein, was etwa bei einer Beitrags- oder 58

---

[13] Kühling/Buchner-*Bergt* Art. 41 Rn. 17 geht davon aus, dass die Aufsichtsbehörden bei funktionierenden Verfahrensregeln mit effektiver Selbstregulierung oft von entsprechenden Verstößen erfahren wird.

Gebührenfinanzierung der Fall wäre. Auch darf es keine Möglichkeit geben, auf die Überwachungsstelle einzuwirken, insbesondere Weisungen zu erteilen[14] oder Sanktionen auszusprechen. Ein Problem dürfte auch Personenidentität bei den zu überwachenden Unternehmen und der Überwachungsstelle darstellen. Eine Beteiligung an der Gründung einer Überwachungsstelle dürfte indes nicht von vorneherein unzulässig sein. Grundsätzlich dürften vertragliche Verbindungen zwischen Verband bzw. Vereinigung und Überwachungsstelle problematisch sein[15]. Weitere Einzelheiten der Anforderungen zur Unabhängigkeit ergeben sich aus den Anwendungshinweisen der DSK und auch aus den LL 1/2019.

59 **3. Festlegung von Verfahren zur Bewertung (Abs. 2 lit. b).** Abs. 2 lit. b verlangt die Etablierung wirksamer interner Arbeitsverfahren, die es der Überwachungsstelle ermöglichen zu bewerten, ob die Unternehmen die Verhaltensregeln anwenden können und die Einhaltung der Verhaltensregeln zu überwachen bzw. zu überprüfen[16], vgl. auch die o.a. Anwendungshinweise der DSK.

60 Mit dem erstgenannten Gesichtspunkt ist eine Bewertung daraufhin angesprochen, ob die Verhaltensregeln aus Sicht der Unternehmen, bspw. unter dem Gesichtspunkt der Verständlichkeit und des Detaillierungsgrades, überhaupt praxistauglich sind („anwenden können"). Das hat einerseits grundlegenden Charakter, ermöglicht andererseits noch einmal im Besonderen die Überprüfung der Verhaltensregeln daraufhin, ob sie für Kleinstunternehmen und KMU anwendbar[17] sind. Hierbei wird die Überwachungsstelle nicht die Möglichkeit haben, von sich aus entsprechende Anpassungen der Verhaltensregeln vorzunehmen. Es bleibt lediglich der Weg, der Institution, die die Verhaltensregeln geschaffen hat, gegenüber entsprechende Anregungen zu geben. Eine Änderung oder Erweiterung der Verhaltensregeln ist nur der Institution möglich, die sie aufgestellt hat. In diesem Fall wäre erneut das Genehmigungsverfahren nach Art. 40 zu durchlaufen.

61 Die beiden weiteren Kriterien in lit. b, die Einhaltung der Verhaltensregeln überwachen und deren Anwendung regelmäßig überprüfen zu können, fließen ineinander. Je detaillierter dabei Verhaltensregeln ein Überwachungsverfahren nach Art. 40 Abs. 4 ansprechen und in einer Weise regeln, die es den zu überwachenden Unternehmen ermöglicht, für sie negative Konsequenzen eher zu vermeiden, desto größer ist die Gefahr, dass diese Verhaltensregeln bereits in den Verfahren nach Art. 40 Abs. 5, 7 nicht genehmigt werden. Zudem wird dies dazu führen, dass für die Akkreditierungsstelle nach Art. 41 Abs. 2 lit. b sowie mit Blick auf lit. a und d nur noch ein sehr knapper Gestaltungsraum verbleibt, was wiederum zur Folge haben mag, dass jedenfalls im Rahmen der Akkreditierung der Überwachungsstelle solche Verhaltensregeln durchfallen.

---

14 *Spindler* ZD 2016, 407, 408; hiernach können Überwachungsstellen auch „in einen Verband integriert sein".
15 *Kühling/Buchner-Bergt* Art. 41 Rn. 7.
16 Mittel hierzu sind nicht vorgegeben; in Betracht kommen hierzu z.B. zu beantwortende Fragebögen oder Vor-Ort-Kontrollen, vgl. *Schwartmann/Weiß* RDV 2016, 240, 242.
17 Damit ist nicht zwingend eine realistische Möglichkeit der Umsetzung gemeint oder gar eine besondere Praxistauglichkeit der Verhaltensregeln. Aus der Differenzierung zwischen Einhaltung und Anwendung ergibt sich, dass ein Datenverarbeiter sein Handeln an den Verhaltensregeln auszurichten hat, vgl. *Schwartmann/Weiß* RDV 2016, 240, 242.

Unter die gem. Abs. 2 lit. b zu regelnden Gesichtspunkte fällt auch die Konkretisierung von Voraussetzungen, unter denen ein Ausschluss nach Art. 41 Abs. 4 erfolgen kann.

4. Festlegung von (Beschwerde-)Verfahren (Abs. 2 lit. c). Abs. 2 lit. c fordert, wie in den LL 1/2019 und den Anwendungshinweisen der DSK i.E. dargelegt, ein Beschwerdemanagement als Teil der inneren Verfahrensregeln. Im Unterschied zu lit. b, wo nur Verfahren angesprochen sind, geht es in lit. c um „Verfahren und Strukturen". Das stellt auf eine konstante und planmäßige Aufgabenverteilung und stabile Organisation ab, die personell und strukturell in der Lage sein muss, allen aufkommenden Beschwerden über Verstöße zeitnah nachzugehen. Zudem müssen Verfahren und Strukturen für die betroffenen Personen und die Öffentlichkeit transparent gemacht werden.

Die Verpflichtung zur Transparenz führt dazu, dass die einschlägigen Regelungen zum Beschwerdeverfahren öffentlich bekannt gemacht werden müssen[18]. Hierfür kommt die Webseite der Überwachungsstelle in Betracht, möglicherweise aber auch im Zusammenhang mit der Behandlung einer Beschwerde im Einzelfall, bspw. als automatisierte Mitteilung bei Eingang einer Beschwerde. Diese Transparenz erleichtert es einem Betroffenen, bei von ihm vermuteten Fehlleistungen der Überwachungsstelle an die Aufsichtsbehörden heranzutreten.

VII. Befugnisse der Überwachungsstelle bei Verletzung der Verhaltensregeln (Abs. 4)

1. Übersicht. Nach Abs. 4 ist die Überwachungsstelle verpflichtet, vorbehaltlich geeigneter Garantien im Falle einer Verletzung der Verhaltensregeln, wie in den LL 1/2019 und in den Anwendungshinweisen der DSK ausgeführt, geeignete Maßnahmen zu ergreifen, die auch in einem vorübergehenden oder endgültigen Ausschluss von den Verhaltensregeln bestehen können oder in konkret anordnenbaren Abhilfemaßnahmen. Dies gilt ungeachtet der dem Betroffenen bzw. der Aufsichtsbehörde offenstehenden Instrumentarien in Kap. VIII. Ergreift die Überwachungsstelle solche Maßnahmen, hat sie die zuständige Aufsichtsbehörde darüber und über die Begründung für das Ergreifen der Maßnahmen zu unterrichten; ergreift sie solche Maßnahmen nicht, weil sie bewirken konnte, dass über andere Vorgehensweisen den Beschwerden abgeholfen werden konnte, entfällt die Informationspflicht.

Die Wendung „vorbehaltlich geeigneter Garantien" bedeutet, dass es dem Unternehmen möglich sein muss, bei eventueller Verletzung von Verhaltensregeln eigeninitiativ Vorsorge zu treffen und über das bloße Aufstellen der Verhaltensregeln hinaus für kritische Verarbeitungssituationen weitere Garantien zu stellen. Wenn man berücksichtigt, dass nach Art. 24 Abs. 3 (Erfüllung der Verpflichtungen des Verantwortlichen), Art. 28 Abs. 5 (datenschutzkonforme Auftragsverarbeitung), Art. 32 Abs. 3 (Nachweis der Erfüllung der Anforderungen an ein wirksames Datenschutzkonzept) und Art. 35 Abs. 8 (Beurteilung der Auswirkungen von Verarbeitungsvorgängen im Zusammenhang einer Datenschutz-Folgenabschätzung) die Verhaltensregeln von vornherein lediglich „einen Faktor" für entsprechende Garantien darstellen, ist insbe-

---

18 Nach *Spindler* ZD 2016, 407, 408, würde es ausreichen, wenn die Regelungen auf Anfrage offengelegt werden.

sondere für diese vier Fälle dazu zu raten, von vornherein über die präzisierende Aufstellung von Verhaltensregeln hinaus technisch-organisatorische Maßnahmen bereitzustellen.

67 **2. Verletzung der Verhaltensregeln.** Dem Wortlaut nach greift Abs. 4 nur im Falle einer Verletzung der Verhaltensregeln. Da Verhaltensregeln lediglich zu einer Präzisierung der DS-GVO führen können, bleibt möglicherweise eine Lücke zwischen einer Verletzung von Verhaltensregeln und einer Verletzung von Vorschriften der DS-GVO. Dann wäre die Überwachungsstelle für eine solche Verletzung insoweit nicht zuständig. Das gilt auch dann, wenn zwar keine Verletzung der Verhaltensregeln vorliegt, wohl aber eine solche der DS-GVO, deren Ahndung den allgemeinen Regeln unterliegt.[19]

68 **3. Ergreifung geeigneter Maßnahmen.** Liegt eine Verletzung der Verhaltensregeln vor, sind diejenigen Maßnahmen zu ergreifen, die geeignet sind, die Verletzung zu sanktionieren und die Verletzung abzustellen. Hierzu enthalten die LL 1/2019 und die o.a. Anwendungshinweise der DSK Beispiele bzw. Grundlagen. Mögliche Maßnahmen sind die Erteilung von Auflagen an das Unternehmen, Verwarnungen, möglicherweise verbunden mit der Androhung eines vorübergehenden oder endgültigen Ausschlusses oder Vertragsstrafen, z.T. erst nach vergeblicher Abmahnung. Voraussetzung für eine wirksame Verhängung ist stets, dass im Verhältnis zwischen Überwachungsstelle und Unternehmen die Sanktion auch durchgesetzt werden kann.

69 Damit ist fraglich, ob die Überwachungsstelle Maßnahmen ergreifen kann, die nicht explizit in den Verhaltensregeln vorgesehen sind und/oder darüber hinausgehen. Inhaltliche Anforderung an die Verhaltensregeln ist nach Art. 40 Abs. 4 lediglich, dass diese Verfahren vorsehen müssen, es der Überwachungsstelle ermöglichen, die Überwachung vorzunehmen. Zwar müssen nicht sämtliche möglicherweise geeigneten Maßnahmen in den Verhaltensregeln selbst beschrieben werden. Andererseits ist auf Wirksamkeit zu achten. Denkbar ist aber, dass Verhaltensregeln ihrerseits der Überwachungsstelle die Möglichkeit eröffnen, nach festen Kriterien eine Abstufung der Sanktionen zu ermöglichen. Eine Grenze für zu ergreifende Maßnahmen stellt Abs. 5 dar; hiernach kann die zuständige Aufsichtsbehörde die Akkreditierung einer Überwachungsstelle widerrufen, wenn die Stelle Maßnahmen ergreift, die nicht mit der DS-GVO vereinbar sind. Danach müssen also alle angeordneten Maßnahmen ihrerseits DS-GVO-konform sein. Die möglichen Sanktionen völlig zur Disposition der Überwachungsstelle zu stellen, widerspräche jedenfalls dem Sinn und Zweck von Verhaltensregeln. Sie dienen der Präzisierung und sollen unbestimmte Rechtsbegriffe und einseitige Leistungsbestimmungen vermeiden.

70 Für Rechtsschutz gegen Sanktionen steht der Zivilrechtsweg offen. Bei Fehlverhalten der Überwachungsstelle kann gem. Art. 83 Abs. 4 lit. c ein Bußgeld verhängt werden, wenn die Überwachungsstelle gegen ihre Verpflichtungen gem. Art. 41 Abs. 4 verstößt. Das ist der Fall, wenn keine Maßnahmen oder nicht ausreichende Maßnahmen verhängt und/oder die Aufsichtsbehörde über die Maßnahmen und deren Begründung

---

19 In wettbewerbsrechtlicher Hinsicht dürfte es eine irreführende geschäftliche Handlung i.S.v. § 5 Abs. 1 S. 2 Nr. 6 UWG darstellen, wenn ein Unternehmen lediglich im Rechtsverkehr behauptet, es halte Verhaltensregeln ein, dies aber tatsächlich nicht erfolgt; vgl. BeckOK DatenSR-*Meltzian* § 38a BDSG Rn. 27 (zu § 38a BDSG).

nicht unterrichtet wird. Andere Fälle des Fehlverhaltens, bspw. eine mangelhafte Durchführung der Überwachungsverfahren, sind nicht bußgeldbewehrt. Hier dürfte aber ein Verstoß gegen Art. 41 Abs. 4 vorliegen. Lässt sich ein Fehlverhalten daran nicht festmachen, bleibt der Aufsichtsbehörde mit Wirkung für Deutschland nur der Widerruf der Akkreditierung. Dort wurde von Art. 84 im Zusammenhang mit Überwachungsstellen keinen Gebrauch gemacht hat.

VIII. Widerruf der Akkreditierung (Abs. 5)

Nach Abs. 5 widerruft die zuständige Aufsichtsbehörde die Akkreditierung in zwei Fällen, zum einen bei Nichtbestehen/Fortfall der Akkreditierungsvoraussetzungen und zum anderen bei Ergreifen von Maßnahmen, die nicht mit der DS-GVO vereinbar sind. Die Aufsichtsbehörde ist dann nach dem eindeutigen Wortlaut zum Widerruf verpflichtet. 71

Für den letztgenannten Fall ist unklar, ob auch das Unterlassen erforderlicher Maßnahmen bei Verstößen zum Widerruf verpflichtet. Dies ist über Art. 83 Abs. 4 lit. c zwar sanktioniert. Diese Sanktion ist aber nicht abschließend. Untätigkeit ist nach Sinn und Zweck von Verhaltensregeln jedenfalls dann Grund nach Abs. 5, wenn neben dem Verstoß gegen die Verhaltensregeln zugleich gegen die DS-GVO verstoßen wird und die Überwachungsstelle einen Beitrag dazu, den Verstoß abzustellen, verweigert. 72

Nach einem Widerruf der Akkreditierung nach Abs. 5, stellt sich die Frage nach dem Schicksal der festgeschriebenen Verhaltensregeln. Sie verstoßen als solche nicht gegen die DS-GVO, sonst wären sie nicht genehmigt worden. 73

– Sie könnten entweder fortgelten bis wieder eine akkreditierte Überwachungsstelle existiert[20], weil sie materiell wirksam sind. Hierfür spricht, dass sich die Situation eines Widerrufs der Akkreditierung von der in Art. 40 Abs. 4 geregelten Fallgestaltung unterscheidet, wo in den zur Genehmigung anstehenden Verhaltensregeln gar nicht erst die Möglichkeit einer Überwachung durch eine akkreditierte Überwachungsstelle geschaffen wurde. Zweckmäßigerweise wären ein etwaiger Widerruf der Akkreditierung und die daraus resultierenden Folgen, auf eine Überwachung durch die Aufsichtsbehörde angewiesen zu sein, auch in den Verhaltensregeln selbst anzusprechen.
– Im Gegensatz dazu, und dies vertritt der EDSA in Tz. 87 LL 1/2019, besteht die Auffassung, dass die Verhaltensregeln nicht weiter wirken, weil es nach dem Widerruf unmöglich ist, die weitere Überwachung der Einhaltung der Verhaltensregeln sicherzustellen.

IX. Gebühren und Kosten

1. Gebühren. Art. 41 sieht keine Kostenfreiheit für die Akkreditierung vor. Im Rahmen nationalen Rechts können also Aufsichtsbehörden Gebühren für die Akkreditierung vorsehen. 74

2. Kosten der Überwachung. Die Kosten des Überwachungsvorgangs selbst und die sonstigen laufenden Kosten der Überwachung sind in der DS-GVO nicht geregelt. Sie werden voraussichtlich, sollte eine für die Unternehmen verbindliche Kostentragungs- 75

---

20 A.A. Kühling/Buchner-*Bergt* DS-GVO, Art. 41 Rn. 11 mit dem Argument, das Vorhandensein einer akkreditierten Überwachungsstelle sei auch in diesem Fall zwingend.

regelung etabliert werden, in der Satzung bzw. dem sonstigen, die Verhaltensregeln insgesamt verbindlich machenden Rechtsakt oder in den Verhaltensregeln selbst enthalten sein.[21]

Artikel 42 Zertifizierung

(1) [1]Die Mitgliedstaaten, die Aufsichtsbehörden, der Ausschuss und die Kommission fördern insbesondere auf Unionsebene die Einführung von datenschutzspezifischen Zertifizierungsverfahren sowie von Datenschutzsiegeln und -prüfzeichen, die dazu dienen, nachzuweisen, dass diese Verordnung bei Verarbeitungsvorgängen von Verantwortlichen oder Auftragsverarbeitern eingehalten wird. [2]Den besonderen Bedürfnissen von Kleinstunternehmen sowie kleinen und mittleren Unternehmen wird Rechnung getragen.

(2) [1]Zusätzlich zur Einhaltung durch die unter diese Verordnung fallenden Verantwortlichen oder Auftragsverarbeiter können auch datenschutzspezifische Zertifizierungsverfahren, Siegel oder Prüfzeichen, die gemäß Absatz 5 des vorliegenden Artikels genehmigt worden sind, vorgesehen werden, um nachzuweisen, dass die Verantwortlichen oder Auftragsverarbeiter, die gemäß Artikel 3 nicht unter diese Verordnung fallen, im Rahmen der Übermittlung personenbezogener Daten an Drittländer oder internationale Organisationen nach Maßgabe von Artikel 46 Absatz 2 Buchstabe f geeignete Garantien bieten. [2]Diese Verantwortlichen oder Auftragsverarbeiter gehen mittels vertraglicher oder sonstiger rechtlich bindender Instrumente die verbindliche und durchsetzbare Verpflichtung ein, diese geeigneten Garantien anzuwenden, auch im Hinblick auf die Rechte der betroffenen Personen.

(3) Die Zertifizierung muss freiwillig und über ein transparentes Verfahren zugänglich sein.

(4) Eine Zertifizierung gemäß diesem Artikel mindert nicht die Verantwortung des Verantwortlichen oder des Auftragsverarbeiters für die Einhaltung dieser Verordnung und berührt nicht die Aufgaben und Befugnisse der Aufsichtsbehörden, die gemäß Artikel 55 oder 56 zuständig sind.

(5) [1]Eine Zertifizierung nach diesem Artikel wird durch die Zertifizierungsstellen nach Artikel 43 oder durch die zuständige Aufsichtsbehörde anhand der von dieser zuständigen Aufsichtsbehörde gemäß Artikel 58 Absatz 3 oder – gemäß Artikel 63 – durch den Ausschuss genehmigten Kriterien erteilt. [2]Werden die Kriterien vom Ausschuss genehmigt, kann dies zu einer gemeinsamen Zertifizierung, dem Europäischen Datenschutzsiegel, führen.

(6) Der Verantwortliche oder der Auftragsverarbeiter, der die von ihm durchgeführte Verarbeitung dem Zertifizierungsverfahren unterwirft, stellt der Zertifizierungsstelle nach Artikel 43 oder gegebenenfalls der zuständigen Aufsichtsbehörde alle für die Durchführung des Zertifizierungsverfahrens erforderlichen Informationen zur Verfügung und gewährt ihr den in diesem Zusammenhang erforderlichen Zugang zu seinen Verarbeitungstätigkeiten.

---

21 Ohne eine entsprechende Bestimmung besteht kein Anspruch auf Kostenersatz, vgl. *Bergt* CR 2016, 670, 673; Siehe dazu auch Art. 40 Rn. 108.

(7) ¹Die Zertifizierung wird einem Verantwortlichen oder einem Auftragsverarbeiter für eine Höchstdauer von drei Jahren erteilt und kann unter denselben Bedingungen verlängert werden, sofern die einschlägigen Kriterien weiterhin erfüllt werden. ²Die Zertifizierung wird gegebenenfalls durch die Zertifizierungsstellen nach Artikel 43 oder durch die zuständige Aufsichtsbehörde widerrufen, wenn die Kriterien für die Zertifizierung nicht oder nicht mehr erfüllt werden.

(8) Der Ausschuss nimmt alle Zertifizierungsverfahren und Datenschutzsiegel und -prüfzeichen in ein Register auf und veröffentlicht sie in geeigneter Weise.
– *ErwG:* 100

Übersicht

	Rn		Rn
A. Einordnung und Hintergrund	1	5. Rolle der Aufsichtsbehörden	37
I. Erwägungsgründe	1	6. Genehmigung von Zertifizierungskriterien	39
II. BDSG	2		
III. Normengenese und -umfeld	3	7. Mitwirkungspflichten des Verantwortlichen oder Auftragsverarbeiters	46
1. DSRL	3		
2. BDSG a.F.	4	8. Überprüfung und Widerruf von Zertifikaten	49
3. WP der Art.-29-Datenschutzgruppe/Beschlüsse des DD-Kreises/Beschlüsse der Datenschutzkonferenz	5	9. Rechtsfolge einer Zertifizierung/Selbstbindung der Verwaltung	52
B. Kommentierung	6	10. Gültigkeit von Zertifikaten	57
I. Einführung	6	11. Rechtsfolgen von Verstößen	58
1. Datenschutz-Zertifizierungen in Deutschland	6	12. Publizität von Zertifizierungsverfahren	59
2. Datenschutz-Zertifizierungen in Europa	11	C. Praxishinweise	60
3. Datenschutz-Zertifizierungen in der Grundverordnung	15	I. Relevanz für öffentliche Stellen	60
II. Sinn und Zweck der Regelung	22	II. Relevanz für nichtöffentliche Stellen	61
III. Norminhalt	23	III. Relevanz für betroffene Personen	62
1. Förderauftrag	23	IV. Relevanz für Aufsichtsbehörden	63
2. Datenexporte in Drittländer	25	V. Relevanz für das Datenschutzmanagement	64
3. Zertifizierungsgegenstand	29		
4. Anforderungen an Zertifizierungsverfahren und deren Charakteristika	34		

Literatur: *Bergt* Verhaltensregeln als Mittel zur Beseitigung der Rechtsunsicherheit in der Datenschutz-Grundverordnung, CR 2016, 670; *Centre for Information Policy Leadership GDPR Implementation Project* Certifications, Seals and Marks under the GDPR and Their Roles as Accountability Tools and Cross-Border Data Transfer Mechanisms April 2017; *Europäischer Datenschutzausschuss* Guidelines 1/2018 on certification and identifying certification criteria in accordance with Articles 42 and 43 of the Regulation – Version 3.0; *European Commission* Data Protection Certification Mechanisms – Study on Articles 42 and 43 of the Regulation (EU) 2016/679; *Feik/von Lewinski* Der Markt für Datenschutz-Zertifizierungen – Eine Übersicht, ZD 2014, 59; *Hornung/Hartl* Datenschutz durch Marktanreize – auch in Europa?, ZD 2014, 219; *Karper* Datenschutzsiegel und Zertifizierungen nach der

Datenschutz-Grundverordnung, PiNG 2016, 201; *Konferenz der unabhängigen Datenschutzbehörden des Bundes und der Länder (Datenschutzkonferenz)* Anforderungen zur Akkreditierung gem. Art. 43 Abs. 3 DS-GVO i.V.m. DIN EN ISO/IEC 17065; *dies.* Kurzpapier Nr. 9 – Zertifizierung nach Art. 42 DS-GVO; *Krings/Mammen* Zertifizierungen und Verhaltensregeln – Bausteine eines modernen Datenschutzes für die Industrie 4.0, RDV 2015, 231; *Lachaud* The General Data Protection Regulation Contributes to the Rise of Certification as Regulatory Instrument, March 25, 2017; *ders.* Why the certification process defined in the General Data Protection Regulation cannot be successful, Computer Law & Security Review Volume 32, Issue 6, 814; *Laue/Kremer* Das neue Datenschutzrecht in der betrieblichen Praxis, 2. Aufl. 2019; *Richter* Chancen für die Zertifizierung im Datenschutz, RDV 2017, 63; *ders.* Zertifizierung unter der DS-GVO, ZD 2020, 84; *Roßnagel* Handbuch Datenschutzrecht – Die neuen Grundlagen für Wirtschaft und Verwaltung, 2003; *Schwartmann/Weiß* Ko-Regulierung vor einer neuen Blüte – Verhaltensregelungen und Zertifizierungsverfahren nach der Datenschutzgrundverordnung (Teil 1), RDV 2016, 68; *dies.* Ko-Regulierung vor einer neuen Blüte – Impulse für datenschutzspezifische Zertifizierungsverfahren und Verhaltensregeln (2. Teil Verhaltensregeln) RDV 2016, 240; *dies.* (*Hrsg.*) Anforderungen an den datenschutzkonformen Einsatz von Pseudonymisierungslösungen – Ein Arbeitspapier der Fokusgruppe Datenschutz der Plattform Sicherheit, Schutz und Vertrauen für Gesellschaft und Wirtschaft im Rahmen des Digital-Gipfels 2018; *dies.* (*Hrsg.*) Entwurf für einen Code of Conduct zum Einsatz DS-GVO konformer Pseudonymisierung – ein Arbeitspapier der Fokusgruppe Datenschutz der Plattform Sicherheit, Schutz und Vertrauen für Gesellschaft und Wirtschaft im Rahmen des Digital-Gipfels 2019; *dies.* (*Hrsg.*) Whitepaper zur Pseudonymisierung der Fokusgruppe Datenschutz der Plattform Sicherheit, Schutz und Vertrauen für Gesellschaft und Wirtschaft im Rahmen des Digital-Gipfels 2017; *dies.* Ein Entwurf für einen Code of Conduct zum Einsatz DS-GVO konformer Pseudonymisierung, RDV 2020, 71; *Spindler* Selbstregulierung und Zertifizierungsverfahren nach der DS-GVO – Reichweite und Rechtsfolgen der genehmigten Verhaltensregeln, ZD 2016, 407; *Stoll/Rost* Technische Herausforderungen in der DS-GVO – Im Spannungsfeld zwischen Prüfungen und Sanktionen, RDV 2017, 53.

A. Einordnung und Hintergrund

I. Erwägungsgründe

1 ErwG 100 formuliert den Fördergedanken des Gesetzgebers hinsichtlich Zertifizierungsverfahren sowie Datenschutzsiegel und -prüfzeichen. Er enthält rudimentäre Vorgaben zur Ausgestaltung solcher Verfahren.

II. BDSG

2 Das BDSG enthält keine Regelungen zu Zertifizierungsverfahren sowie Datenschutzsiegel und -prüfzeichen i.S.d. Art. 42.

III. Normengenese und -umfeld

3 **1. DSRL.** Die DSRL 95/46/EG sah keine Regelungen zu Zertifizierungsverfahren vor, sondern lediglich zu bereichsspezifischen Verhaltensregeln.[1]

4 **2. BDSG a.F.** In § 9a BDSG a.F. fand sich eine Programmnorm des Gesetzgebers für ein Datenschutzaudit, wobei die nähere Ausgestaltung einem gesonderten Gesetz überlassen wurde. Zu einer Verabschiedung des Gesetzes ist es nie gekommen.

---

1 Vgl. BeckOK DatenSR-*Schantz* § 9a BDSG Rn. 8; Ehmann/Selmayr-*Will* Rn. 8.

3. WP der Art.-29-Datenschutzgruppe/Beschlüsse des DD-Kreises/Beschlüsse der Datenschutzkonferenz. Der EDSA hat am 4.6.2019 Hinweise zur Zertifizierung und einschlägiger Zertifizierungskriterien nach Abschluss eines vorangegangenen Konsultationsverfahrens in der Version 3.0 veröffentlicht.[2] Ausführungen zum Zusammenspiel zwischen der Rechenschaftspflicht und den Zertifizierungsverfahren finden sich in der Stellungnahme 3/2010 zum Grundsatz der Rechenschaftspflicht[3]. Der Düsseldorfer Kreis hat sich in 2014 mit Rahmenbedingungen für Modelle zur Vergabe von Prüfzertifikaten befasst.[4] Die Datenschutzkonferenz hat in ihrem Kurzpapier Nr. 9 v. 15.8.2017 den Anforderungen von Art. 42 DS-GVO gewidmet.[5]   5

B. Kommentierung

I. Einführung

1. Datenschutz-Zertifizierungen in Deutschland. Die Zertifizierungslandschaft in Deutschland zum Datenschutz zeichnet sich aktuell durch eine ausgeprägte Heterogenität aus, wobei sich gesetzlich konkretisierte Zertifizierungsverfahren vor Anwendung der Grundverordnung nur sehr vereinzelt auf Länderebene fanden.[6] Verfahren, die eine Konformität mit der DS-GVO auf Basis von Art. 42 und 43 ausdrücken, bestehen bis dato nicht.[7] Sehr vereinzelt findet sich in novellierten Landesdatenschutzgesetzen zumindest eine Befugnisnorm für die Festlegung verbindlicher Prüfkriterien durch Aufsichtsbehörden.[8]   6

Das staatliche Engagement im Bereich der Zertifizierungen erschöpft sich momentan in Initiativen mit Bezug zum Datenschutz. So beschäftigte sich die Fokusgruppe Datenschutz des Digital-Gipfels der Bundesregierung, in Gestalt eines Anforderungspapiers an die Pseudonymisierung, mit den Grundlagen für eine Standardisierung und Zertifizierung für Prozesse zur Pseudonymisierung personenbezogener Daten.[9] Dieses Papier wurde in einen Entwurf für einen Code of Conduct für die Pseudonymisierung überführt.[10] Daneben befasst sich das vom Bundesministerium für Wirtschaft und   7

---

2 *Europäischer Datenschutzausschuss* Guidelines 1/2018 on certification and identifying certification criteria in accordance with Articles 42 and 43 of the Regulation 2016/679.
3 WP 29, Stellungnahme 3/2010 zum Grundsatz der Rechenschaftspflicht (WP 173); siehe auch Rn. 21.
4 *Düsseldorfer Kreis* Modelle zur Vergabe von Prüfzertifikaten, die im Wege der Selbstregulierung entwickelt und durchgeführt werden, v. 25./26.2.2014.
5 *Konferenz der unabhängigen Datenschutzbehörden des Bundes und der Länder (Datenschutzkonferenz)* Kurzpapier Nr. 9 – Zertifizierung nach Art. 42 DS-GVO.
6 Vgl. § 4 Abs. 2 LDSG Schleswig-Holstein a.F.; § 7b BREMDSG a.F.; ausführlich hierzu *Richter* ZD 2020, 84 ff.
7 Vgl. https://stiftungdatenschutz.org/themen/datenschutzzertifizierung/zertifikate-uebersicht/, zuletzt abgerufen am 28.4.2020.
8 Vgl. § 13 Abs. 2 LDSG Schleswig-Holstein:
9 *Schwartmann/Weiß (Hrsg.)* Anforderungen an den datenschutzkonformen Einsatz von Pseudonymisierungslösungen – Ein Arbeitspapier der Fokusgruppe Datenschutz der Plattform Sicherheit, Schutz und Vertrauen für Gesellschaft und Wirtschaft im Rahmen des Digital-Gipfels 2018.
10 *Schwartmann/Weiß (Hrsg.)* Entwurf für einen Code of Conduct zum Einsatz DS-GVO konformer Pseudonymisierung – ein Arbeitspapier der Fokusgruppe Datenschutz der Plattform Sicherheit, Schutz und Vertrauen für Gesellschaft und Wirtschaft im Rahmen des Digital-Gipfels 2019.

Art. 42 Zertifizierung

Energie (BMWi) getragene Projekt „Trusted Cloud"[11] mit der Sicherheit von Cloud-Diensten, ohne wiederum selbst ein Zertifizierungsverfahren anzubieten. „Insoweit wird jedoch in der Nachfolge zu den entwickelten Zertifizierungskriterien (TCDP) das Forschungsprojekt AUDITOR einen Standard für die Datenschutz-Zertifizierung von Cloud-Diensten nach der DSGVO erarbeiten."[12]

8 Da jedoch gerade die Privatwirtschaft auf das Vertrauen Betroffener hinsichtlich eines adäquaten Schutzes ihrer Daten ebenso angewiesen ist, wie auf rechtssichere Prozesse, hatten sich bereits vor Inkrafttreten der DS-GVO auf nationaler Ebene verschiedene Zertifizierungsverfahren privater Stellen herausgebildet, um diesen Bedürfnissen mit einer Nachweisführung nachzukommen.[13] Als Modell der Ko-Regulierung konnte das durch den Landesbeauftragten für Datenschutz und Informationsfreiheit Mecklenburg-Vorpommern betriebene Verfahren angesehen werden, das ein behördliches Gütesiegel für privat- oder öffentlich-rechtliche Zertifizierungsverfahren vorsah. Hierbei musste ein entwickeltes Zertifizierungsverfahren den Anforderungen der Aufsicht auf Basis eines Prüfverfahrens genügen, bevor es das „Gütesiegel Datenschutz M-V" vergeben darf. Eine elementare Voraussetzung war hierbei, dass die zertifizierten Produkte oder Verfahren zur Nutzung durch öffentliche Stellen des Landes Mecklenburg-Vorpommern geeignet waren. Ein konkreter Kriterienkatalog seitens der Aufsichtsbehörde bestand jedoch nicht, vielmehr muss eine Zertifizierungsstelle den von ihr entwickelten Anforderungskatalog übermitteln, der technische sowie organisatorische Aspekte beinhaltete und regelmäßig fortgeschrieben würde.[14]

9 Ein Zusammenspiel aus Privatwirtschaft und Aufsichtsbehörde zeigt sich auch bei der von den Datenschutzverbänden Gesellschaft für Datenschutz und Datensicherheit e.V. und Berufsverband der Datenschutzbeauftragten Deutschlands e.V. betriebenen Zertifizierung von Auftragsdatenverarbeitern[15], deren Gesamtkonzept eine Befürwortung von der Landesbeauftragten für Datenschutz und Informationsfreiheit Nordrhein-Westfalen auf Basis der Rechtslage vor dem 25.05.2018 erhalten hatte. Im Bereich der Auftragsdatenverarbeitung hatten sich im Übrigen weitere Testate von Zertifizierungsanbietern hervorgetan, die im Rahmen der in § 11 Abs. 2 S. 4 BDSG a.F. auferlegten Prüfpflicht des Auftraggebers Unterstützung bei der Überzeugung über angemessene technisch-organisatorische Maßnahmen beim Auftragnehmer leisten konnten.[16]

10 Insgesamt ist festzustellen, dass sich das Gros der Zertifizierungen der Einhaltung technisch-organisatorischer Maßnahmen widmet, dicht gefolgt von Prüfungen von Effektivität und Effizienz einer Datenschutzorganisation.[17] Diesbezüglich bleibt mit Blick auf die

---

11 https://www.trusted-cloud.de, zuletzt abgerufen am 28.4.2020.
12 https://www.auditor-cert.de/nachfolge-tcdp/, zuletzt abgerufen am 28.4.2020.
13 https://stiftungdatenschutz.org/fileadmin/Redaktion/PDF/Zertifizierungsuebersicht/SDS-Zertifizierungs-uebersicht_02_2017.pdf, zuletzt abgerufen am 28.4.2020.
14 Hinweise zum Zertifizierungsverfahren wurden mittlerweile auf der Internetpräsenz des Landesbeauftragten für Datenschutz und Informationsfreiheit Mecklenburg-Vorpommern entfernt.
15 Der der Zertifizierung zugrunde liegende Datenschutzstandard DS-BvD-GDD-01 wurde bereits an die DS-GVO angepasst, soll jedoch als Verhaltensregel für Auftragsverarbeiter weitergeführt werden.
16 So bereits auch vorgesehen furch den Gesetzgeber, vgl. BT-Drucks. 15/13657, S. 18.
17 *Feik/von Lewinski* ZD 2014, 59, 60; ebenso *Richter* RDV 2/2017, 63, 64.

aktuelle Lage festzustellen, dass die entwickelten Verfahren sowie die diesen zugrunde liegenden Prüfparameter und -grundlagen noch sehr unterschiedlich ausgestaltet sind und, wie bereits erwähnt, keine Grundlage gem. Art. 42 und 43 vorweisen können. Folglich ist das Bedürfnis nach einem Ausfüllen des gesetzlichen Rahmens durch akkreditierte Verfahren, wie es durch die Grundverordnung vorgesehen ist, nicht von der Hand zu weisen, möchten Datenschutzzertifizierungen an Akzeptanz gewinnen.

2. Datenschutz-Zertifizierungen in Europa. Auch auf europäischer Ebene gab und gibt es Bestrebungen für Zertifizierungs- bzw. Gütesiegelverfahren in Sachen Datenschutz. Die Datenschutzrichtlinie 95/46/EG adressierte das Thema der Gütesiegel nicht explizit, sondern thematisierte lediglich andere selbstregulierende Maßnahmen wie Codes of Conduct, die im Richtlinientext befürwortet wurden.[18] Entsprechend wurde auf einem nicht-gesetzlichen Weg versucht, eine Gesetzeskonformität mit einem europäischen Geltungscharakter sichtbar zu machen. Ein Beispiel hierzu bildet das European Privacy Seal.[19] Was in 2007 noch als Pilotvorhaben unter der Schirmherrschaft des Unabhängigen Landeszentrums für Datenschutz Schleswig-Holstein (ULD) in Kooperation mit der Aufsichtsbehörde für den Datenschutz der Gemeinde Madrid (Agencia de Protección de Datos de la Communidad de Madrid) und der französischen Aufsicht (Commission Nationale de l'Informatique et de Libertés, CNIL) sowie anderen begann, hat sich zu einem eigenständigen, mittlerweile privatrechtlich gesteuertem Verfahren entwickelt.

Aber auch nationale Aufsichtsbehörden versuchten teilweise entsprechende Verfahren zu entwickeln, so bspw. das unvollendete „ICO Privacy Seal" der Aufsichtsbehörde für den Datenschutz Großbritanniens (Information Commissioner's Office, ICO) als Modell der Ko-Regulierung, wobei erste Prüfkriterien im Rahmen eines Konsultationsprozesses bereits veröffentlicht wurden.[20]

Teilweise bestand bzw. besteht weiterhin auch die Möglichkeit eines freiwilligen Audits außerhalb eines Zertifizierungs- oder Gütesiegelverfahrens durch eine Aufsichtsbehörde, das in die Bescheinigung einer datenschutzkonformen Datenverarbeitung bezogen auf den Auditierungsgegenstand münden kann.[21] Neben Zertifizierungen oder Auditierungen, bei denen Organisationen und deren Datenverarbeitungen im Fokus stehen, hatten sich auch Zertifizierungen oder Gütesiegelverfahren auf Personenebene, so insbesondere beim DSB hervorgetan, die durch Initiativen der Datenschutzverbände getragen wurden.[22] Besagte Zertifizierungen werden auch im Rahmen der Grundverordnung weiterhin angeboten. Darüber hinaus haben sich nach Inkrafttreten der Grundverordnung hoheitlich gesteuerte Zertifizierungsverfahren für Datenschutzbeauftragte herausgebildet, die durch nationale Befugnisnormen ermöglicht werden.[23]

---

18 Art. 27 Abs. 1 der Richtlinie 95/46/EG.
19 https://www.european-privacy-seal.eu, zuletzt abgerufen am 28.4.2020.
20 https://ico.org.uk/media/about-the-ico/consultations/2030/framework-criteria-for-an-ico-endorsed-privacy-seal-scheme.pdf, zuletzt abgerufen am 28.4.2020.
21 https://ico.org.uk/for-organisations/audits/, zuletzt abgerufen am 28.4.2020.
22 So bspw. die Zertifizierung „DPO" der Asociación Profesional Española de Privacidad (APEP), das „ICS Data Protection Practitioner Certificate" der Irish Computer Society oder das „GDDcert". Der Gesellschaft für Datenschutz und Datensicherheit e.V.
23 Vgl. Art. 11 Abs. 1 Nr. 2 lit-f-g Loi n° 78-17 du 6 janvier 1978 relative à l'informatique, aux fichiers et aux libertés (Frankreich); Esquema de certification de delegados de protección de datos de la Agencia Española de Protección de Datos (Spanien).

14 Die auf europäischer Ebene bestehende uneinheitliche Zertifizierungsstruktur, deren Gründe auch in mangelnden gesetzlichen Regelung durch die DSRL 95/46/EG zu suchen sind, hat die EU-Kommission im Rahmen der Vorarbeiten und einem hierzu gehörenden Konsultationsverfahren für einen Entwurf für eine Datenschutz-Grundverordnung dazu bewogen, den Nutzen von Gütesiegeln zum Datenschutz zu prüfen.[24]

15 **3. Datenschutz-Zertifizierungen in der Grundverordnung.** Die Grundverordnung sieht – im Gegensatz zur DSRL 95/46/EG – eine gesetzliche Regelung für Zertifizierungsverfahren sowie Datenschutzsiegel und -prüfzeichen vor. Die Eingruppierung der Zertifizierung findet sich im fünften Abschnitt des vierten Kap. der Grundverordnung, der sich mit den Mechanismen der Selbstregulierung befasst. In Art. 42 sind einige, wenige Informationen zu Rahmenbedingungen und zur Durchführung einer Zertifizierung beschrieben.[25] Ergänzt wird Art. 42 durch die in Art. 43 geregelten Vorgaben für Zertifizierungsstellen und deren Akkreditierung. Die gesetzliche Regelung soll Verfahren außerhalb des über die Art. 42 und 43 gesetzten Rahmens jedoch nicht ausschließen.[26] Die Zertifizierungsregeln der Grundverordnung beziehen sich auf Zertifizierungen durch Dritte in Abgrenzung von eigenen Auditierungen eines Verantwortlichen oder Auftragsverarbeiters.[27] Eine Zertifizierung soll zum einen die Transparenz der Verarbeitung personenbezogener Daten erhöhen, zum anderen die Einhaltung der Grundverordnung verbessern. Ferner soll es dem Betroffenen ermöglicht werden, einen raschen Überblick über das Datenschutzniveau vorhandener Produkte und Dienstleistungen zu erhalten (vgl. ErwG 100). Einerseits werden Zertifizierungen allgemein als Vorgriff auf eine Prüfung einer Aufsichtsbehörde verstanden, die z.B. bei einer Beschwerde des Betroffenen tätig wird.[28] Andererseits haben Zertifizierungen eine Bedeutung im Kontext der Rechenschaftspflichten gem. Art. 5 Abs. 2.[29] Eine Zertifizierung kann sowohl durch eine öffentliche als auch eine nichtöffentliche Stelle vorgenommen werden (vgl. Art. 42 Abs. 2 und 42 Abs. 5).[30]

16 Der Begriff der „Zertifizierung" wird durch die Grundverordnung nicht definiert. Die International Standards Organisation (ISO) beschreibt die Zertifizierung als die Bescheinigung eines Dritten, dass ein Produkt, ein Service, ein System oder Person bestimmte Anforderungen erfüllt.[31] Besagte Bescheinigung erfolgt in der Abgabe einer Entscheidung basierend auf einer Prüfung, dass die Erfüllung bestimmter Anforderungen demonstriert wurde.[32] Im Umfeld der Zertifizierung gem. Art. 42 und 43

---

24 http://europa.eu/rapid/press-release_MEMO-10-542_en.htm, zuletzt abgerufen am 28.4.2020.
25 *Stoll/Rost* RDV 2017, 53, 58.
26 Bezugnehmend auf Personenzertifizierungen außerhalb der Grundverordnung, vgl. *Centre for Information Policy Leadership* GDPR Implementation Project, Certifications, Seals and Marks under the GDPR and Their Roles as Accountability Tools and Cross-Border Data Transfer Mechanisms, April 2017, S. 7.
27 Vgl. *Lachaud* The General Data Protection Regulation Contributes to the Rise of Certification as Regulatory Instrument, March 25, 2017, S. 9, abrufbar unter https://ssrn.com/abstract=2940805, zuletzt abgerufen am 28.4.2020.
28 *Stoll/Rost* RDV 2017, 53, 59.
29 *European Commission* Data Protection Certification Mechanisms – Study on Articles 42 and 43 of the Regulation (EU) 2016/679, S. 20.
30 Ebenso *Richter* RDV 2017, 63, 64.
31 Vgl. ISO/IEC 17000:2004 Ziff. 5.5.
32 ISO/IEC 17000:2004 Ziff. 5.2.

DS-GVO soll sich diese auf die Bescheinigung eines Dritten bezogen auf Datenverarbeitungen durch Verantwortliche oder Auftragsverarbeiter beziehen.[33]

Ebenso wenig werden die in der DS-GVO verwendeten Begrifflichkeiten „Zertifizierungsverfahren" sowie „Datenschutzsiegel und -prüfzeichen" definiert. Nach Meinung des EDSA stellt ein Zertifikat eine Konformitätserklärung dar. Ein Datenschutzsiegel oder -prüfzeichen hingegen könne darauf hinweisen, dass ein Zertifizierungsverfahren erfolgreich abgeschlossen worden sei, was Ausdruck über das bereitgestellte Logo oder Symbol fände.[34] Die Anforderungen an den Prozess der Zertifizierung und die beteiligten Stellen werden wiederum über Art. 43 normiert. 17

Die Grundverordnung berücksichtigt Zertifizierungen an einer Vielzahl von Stellen, um die Erfüllung von Datenschutzpflichten nachweisen zu können. Zertifizierungen sollen dabei als „Gesichtspunkt" oder als „Faktor" herangezogen werden können, um einen Nachweis zu erbringen. Dies spiegelt den Fördergedanken der Grundverordnung wider.[35] Im Rahmen der Maßnahmen des Verantwortlichen im Kontext eines Datenschutzmanagements verweist Art. 24 Abs. 3 auf Zertifizierungen, um einen Nachweis für geeignete technisch-organisatorische Maßnahmen für eine Verarbeitung im Sinne der Grundverordnung erbringen zu können. Im Rahmen der Auftragsverarbeitung kann eine Zertifizierung als Faktor herangezogen werden, um hinreichende Garantien für eine konforme Verarbeitung nach der Grundverordnung nachzuweisen (vgl. Art. 28 Abs. 5). Mit gleichem Wortlaut möchte Art. 32 Abs. 3 genehmigte Zertifizierungen im Rahmen der Sicherheit der Verarbeitung berücksichtigen, die ein mit Blick auf das Risiko der Verarbeitung angemessenes Schutzniveau durch geeignete technisch-organisatorische Maßnahmen gewährleisten. Letztlich sieht Art. 25 Abs. 3 vor, dass die Erfüllung der gesetzlichen Anforderungen an den Datenschutz durch Technikgestaltung durch ein genehmigtes Zertifizierungsverfahren nachgewiesen werden kann. 18

Im Gegensatz zu den Verhaltensregeln nach Art. 40[36] werden Zertifizierungsverfahren im Rahmen einer DFSA nicht ausdrücklich berücksichtigt (vgl. Art. 35 Abs. 8). Hintergrund ist, dass Zertifizierungsverfahren in der Regel nicht vorab einer Datenverarbeitung durchgeführt werden, sondern einen Status Quo dokumentieren. Es ist jedoch nicht ausgeschlossen, dass bereits zertifizierte technisch-organisatorische Maßnahmen bspw. in eine Risikoabschätzung einer DSFA einfließen, um den Verantwortlichen bei der Beurteilung der Maßnahmen zur Minimierung des „hohen Risikos" zu unterstützen. 19

Bei Übermittlungen personenbezogener Daten an Empfänger außerhalb der EU können Zertifizierungsverfahren zusammen mit rechtsverbindlichen und durchsetzbaren Verpflichtungen des Verantwortlichen oder des Auftragsverarbeiters im Drittland geeignete Garantien beinhalten, um den jeweiligen Datenexport zu ermöglichen (vgl. Art. 46 Abs. 2 lit. f.). 20

Als freiwilliges Instrument zur Überprüfung der Gesetzeskonformität konkreter Datenverarbeitungen kann eine Zertifizierung eine solche Konformität sichtbar 21

---

33 Vgl. *Europäischer Datenschutzausschuss* Guidelines 1/2018, Ziff. 1.3.1.
34 Vgl. *Europäischer Datenschutzausschuss* Guidelines 1/2018, Ziff. 1.3.2.
35 Vgl. Rn. 1.
36 Zur Abgrenzung vgl. *Schwartmann/Weiß* RDV 2016, 240, 242 f.

machen[37] und damit, wie auch die Codes of Conduct, für mehr Rechtssicherheit sorgen.[38] Ferner trägt sie dem in der Grundverordnung verankerten Prinzip der Rechenschaftspflicht bzw. der Accountability Rechnung (vgl. Art. 24 Abs. 3). Nach Meinung der Art.-29-Datenschutzgruppe bedingen sich die Rechenschaftspflicht sowie Zertifizierungsprogramme, indem eine gesetzliche Regelung zur Rechenschaftspflicht – wie in der Grundverordnung erfolgt – die Entwicklung solcher Programme unterstützt.[39]

II. Sinn und Zweck der Regelung

22 Die Norm regelt die Anforderungen an Zertifizierungsverfahren und deren Ausgestaltung. Zertifizierungen, Siegel und Prüfzeichen sollen insgesamt als Nachweis dienen, dass eine Verarbeitung von personenbezogenen Daten gesetzeskonform erfolgt. Hierbei wird ein Modell der Ko-Regulierung zugrunde gelegt, das private und öffentliche Stellen adressiert. Hierzu können private oder öffentliche Stellen ihre Zertifizierungskriterien einer Aufsichtsbehörde bzw. dem Europäischen Datenschutzausschuss zur Genehmigung vorlegen. Ziel soll eine Förderung der Legitimität dieses Verfahrens sein.[40] Das Ergebnis einer Zertifizierung ist ein Zertifikat, ein Siegel oder Prüfzeichen, das von einer akkreditierten Zertifizierungsstelle ausgegeben wird.[41] Zertifizierungsverfahren können auch gewährleisten, dass Verantwortliche oder Auftragsverarbeiter in Drittstaaten datenschutzkonform arbeiten. Durch den Verweis verschiedener Regelungen der Grundverordnung auf Zertifizierungen wird deutlich, dass Art. 42 nicht eine bestimmte Zertifizierung regeln möchte, sondern vielmehr verschiedene Ausprägungen berücksichtigt und diesbezüglich die gesetzlichen Rahmenbedingungen schafft.

III. Norminhalt

23 **1. Förderauftrag.** Art. 42 Abs. 1 S. 1 appelliert an die Mitgliedstaaten, die Aufsichtsbehörden, den EDSA und die Kommission, die Einführung von datenschutzspezifischen Zertifizierungsverfahren sowie von Datenschutzsiegeln und -prüfzeichen zu fördern. Eine Definition oder Abgrenzung der verwendeten Begrifflichkeiten sieht die Grundverordnung nicht vor. Mangels entgegenstehender Hinweise des Gesetzgebers ist es sinnig, einheitlich von Zertifizierungsverfahren zu sprechen.[42]

24 Spiegelbildlich zum gesetzgeberischen Appell erhalten die Aufsichtsbehörden in ihrem Aufgabenkatalog des Art. 57 Abs. 1 lit. n den Auftrag, Datenschutzzertifizierungsmechanismen sowie Datenschutzsiegel und -prüfzeichen anzuregen sowie Kriterien solcher Verfahren zu billigen. D.h. hier wird den Behörden eine mitgestaltende Rolle im Rahmen der Zertifizierungsverfahren zugewiesen. Der Europäische Datenschutzausschuss soll solche Verfahren „einrichten" (Art. 70 Abs. 1 S. 2 lit. n), ohne dass der Gesetzgeber die inhaltliche Ausgestaltung der Einrichtungsaufgabe weiter kon-

---

37 Vgl. *Schwartmann/Weiß* RDV 2016, 68, 69.
38 Vgl. *Schwartmann/Weiß* RDV 2020, 71, 71.
39 *WP 29* Stellungnahme 3/2010 zum Grundsatz der Rechenschaftspflicht, S. 19.
40 Vgl. *Lachaud* The General Data Protection Regulation Contributes to the Rise of Certification as Regulatory Instrument, March 25, 2017, S. 11.
41 Zu den Voraussetzungen einer Akkreditierung siehe Art. 43 Rn. 10 ff.
42 So auch *Karper* PiNG 2016, 201, 203; *Centre for Information Policy Leadership* GDPR Implementation Project, Certifications, Seals and Marks under the GDPR and Their Roles as Accountability Tools and Cross-Border Data Transfer Mechanisms, April 2017, S. 8.

kretisiert. Der Förderauftrag an die Kommission wird zunächst durch Art. 43 Abs. 8 konkretisiert, indem sie über den Erlass delegierter Rechtsakte Anforderungen festlegen kann, die für die in Art. 42 Abs. 1 genannten datenschutzspezifischen Zertifizierungsverfahren zu berücksichtigen sind.[43] Die Kommission kann dem Förderauftrag auch administrativ[44] oder finanziell nachkommen, was gleichermaßen für die Mitgliedstaaten gilt.

2. Datenexporte in Drittländer. Hinsichtlich der Verfahren nach Art. 42 ist zwischen Zertifizierungen im EU-Raum und Zertifizierungen für Datenexporte in Drittländer gem. des Abs. 2 zu unterscheiden, die ausschließlich Verantwortliche oder Auftragsverarbeiter adressieren, die gem. Art. 3 nicht unter den räumlichen Anwendungsbereich der Grundverordnung fallen. 25

Datenexporte in Drittländer bedürfen grundsätzlich geeigneter Garantien, damit das durch die Grundverordnung geschaffene Schutzniveau durch den Datenexport nicht untergraben wird (vgl. Art. 44). Ein Zertifizierungsmechanismus, zusammen mit rechtsverbindlichen und durchsetzbaren Verpflichtungen des Verantwortlichen oder Auftragsverarbeiters in Drittland, kann eine solche „geeignete Garantie" darstellen (vgl. Art. 46 Abs. 2 lit. f), wobei die Grundverordnung deren Ausgestaltung nicht näher spezifiziert. Im Fokus stehen die Grundrechte und -freiheiten der Betroffenen (vgl. ErwG 2) und diesbezügliche Schutzmechanismen. Die Ausgestaltung geeigneter Garantien für die Datenübermittlung in ein Drittland wurden bereits im Jahr 1998 durch die Art.-29-Datenschutzgruppe auf Basis der DSRL 95/46/EG formuliert[45], wobei eine Anpassung des Papiers an die Grundverordnung zu erwarten ist. Das Urteil des EuGH zu Safe Harbor stellt dabei aktuell hohe grundrechtliche Anforderungen an den Drittlandexport auf.[46] 26

Verantwortliche oder Auftragsverarbeiter im Drittland verpflichten sich mittels vertraglicher oder sonstiger rechtlich bindender Instrumente die vorgesehenen Garantien der Zertifizierung anzuwenden (Art. 42 Abs. 2 S. 2). Warum der Gesetzgeber neben der Zertifizierung auch vertragliche oder sonstige rechtlich bindende Instrumente fordert, wird weder über die Norm noch über den ErwG erläutert. Ein ähnliches Vorgehensmodell findet sich bei den APEC Cross-Border Privacy Rules, das als Blaupause für den europäischen Gesetzgeber gedient haben könnte.[47] Letztlich geht es um Durchsetzungsmöglichkeiten gegenüber dem Verantwortlichen oder Auftragsverarbeiter im Drittland, was auch den Betroffenen mit einbeziehen sollte.[48] 27

---

43 Siehe hierzu Art. 43 Rn. 33.
44 So bspw. über die bereits eingerichtete Expertengruppe zur Identifizierung datenschutzrechtlicher Herausforderungen in der Grundverordnung und deren Behebung, vgl. http://ec.europa.eu/transparency/regexpert/index.cfm?do=groupDetail.groupDetail&groupID=3537&NewSearch=1&NewSearch=1, zuletzt abgerufen am 28.04.2020.
45 *WP 29* Übermittlungen personenbezogener Daten an Drittländer: Anwendung von Art. 25 und 26 der Datenschutzrichtlinie der EU (WP 12).
46 *EuGH* v. 6.10.2015 – C-362/14.
47 Vgl. *Lachaud* Why the certification process defined in the General Data Protection Regulation cannot be successful, Computer Law & Security Review Volume 32, Issue 6, 814, 817.
48 Vgl. Art. 40 Rn. 76 f.

28 Die EU-Kommission hat in einem jüngeren Strategiepapier[49] betont, dass neue Transfermechanismen wie genehmigte Verhaltenskodizes und akkreditierte Zertifizierungen der Industrie die Möglichkeit geben, maßgeschneiderte Lösungen für internationale Datentransfers einzuführen und gleichzeitig von den Wettbewerbsvorteilen zu profitieren, die bspw. mit einer Zertifizierung verbunden sind. Einige dieser Instrumente könnten als transfer-spezifische Mechanismen oder als Teil allgemeinerer Instrumente entwickelt werden, um die Einhaltung aller Bestimmungen der Grundverordnung nachzuweisen. Hierbei wolle man mit der Industrie, der Zivilgesellschaft und den Datenschutzbehörden zusammenarbeiten, um das Potenzial des Instrumentariums für internationale Datentransfers voll auszuschöpfen. Dies zeigt, dass die Grundverordnung an dieser Stelle lediglich den Rahmen für eine Zertifizierung der Drittlandtransfers schafft und die Kommission federführend die weitere Ausgestaltung geeigneter Garantien vornehmen wird.

29 **3. Zertifizierungsgegenstand.** Der Gesetzgeber gibt nicht abschließend vor, was Gegenstand einer Zertifizierung nach Art. 42 sein kann. Ziel einer Solchen muss es jedoch sein, nachzuweisen, dass die Grundverordnung bei Verarbeitungsvorgängen von Verantwortlichen oder Auftragsverarbeitern eingehalten wird (Art. 42 Abs. 1 S. 1). Im Rahmen der Beurteilung eines oder mehrerer Verarbeitungsvorgänge sollten nach Meinung des Europäischen Datenschutzausschuss drei Komponenten Berücksichtigung finden: Die personenbezogenen Daten, die zur Verarbeitung verwendete Infrastruktur sowie die Prozesse und Verfahrensweisen, die einen Bezug zum Verarbeitungsvorgang aufweisen.[50] Die Ausarbeitung von Kriterien einer Zertifizierung obliegt der jeweiligen Zertifizierungsstelle oder einer Aufsichtsbehörde selbst.[51] Die Zertifizierungskriterien werden in der Grundverordnung hauptsächlich als ein Anforderungsset beschrieben, das zielgerichtet für eine Zertifizierung entwickelt wird.[52]

30 Mit Blick auf den offenen Wortlaut der Norm können auch entwickelte Verhaltensregeln gem. Art. 40 als Kriterien für eine Zertifizierung herangezogen werden, da auch sie im Ergebnis die Einhaltung der Grundverordnung im Blick haben. Ebenfalls sieht der Wortlaut keine Einschränkung hinsichtlich öffentlicher oder nichtöffentlicher Datenverarbeiter vor.

31 Unmittelbare Adressaten einer Zertifizierung sind nicht die klassischen Hersteller von IT-Produkten, sondern Verantwortliche bzw. der Auftragsverarbeiter und deren Verarbeitungsvorgänge. Da ErwG 100 jedoch auf „einschlägige Produkte und Dienstleistungen" verweist, wird der Anwendungsbereich einer Zertifizierung als weit anzusehen sein.[53] Insofern werden auch Hersteller von IT-Produkten durch Art. 42 dann adressiert, wenn sie in dieser Eigenschaft personenbezogene Daten verarbeiten.[54] Vor dem Hintergrund des veränderten Nutzungsmodells von Software, weg vom physischen Datenträger hin zu einer Online-Lizenzierung mit regelmäßigen Updates und

---

49 *European Commission* Communication from the Commission to the European Parliament and the Council – Exchanging and Protecting Personal Data in a Globalised World, COM (2017) 7 final.
50 Vgl. *Europäischer Datenschutzausschuss* Guidelines 1/2018, Ziff. 5.1.
51 Zur Problematik der Interessenkonflikte siehe Art. 43 Rn. 26.
52 Vgl. Art. 43 Abs. 9, der von „technischen Standards für Zertifizierungsverfahren" spricht.
53 Vgl. *Stoll/Rost* RDV 2017, 53, 58.
54 Roßnagel-*Barlag* Europäische Datenschutz-Grundverordnung, 2016, S. 108 f. sowie 174 f.

Patches werden Hersteller solcher Software zunehmend vom Anwendungsbereich einer Datenschutz-Zertifizierung nach der Grundverordnung erfasst sein. Nicht umfasst von Art. 42 sind Personenzertifizierungen wie die Fachkunde eines betrieblichen Datenschutzbeauftragten.[55]

Unklar ist, ob mehrere Zertifizierungsverfahren mit unterschiedlichen Anwendungsbereichen unter einem Zertifikat vereint werden können.[56] Eine Klarstellung ist durch den Gesetzgeber nicht erfolgt. Mit Blick auf den weiten Anwendungsbereich von Zertifizierungen dürfte eine solche Architektur nicht ausgeschlossen sein. 32

Regelungen zur verpflichtenden Weiterentwicklung und Aktualisierung von Kriterien einer Zertifizierung sieht die Verordnung im Übrigen nicht vor. Indirekt ergibt sich ein Anpassungsbedarf solcher Kriterien an aktuelle Gegebenheiten allerdings aus der Gültigkeit von Zertifikaten.[57] 33

4. Anforderungen an Zertifizierungsverfahren und deren Charakteristika. Die Zertifizierung in der Grundverordnung zielt auf die Rechtssicherheit für Verantwortliche und Auftragsverarbeiter ab, indem eine Aussage über eine Vereinbarkeit einer Verarbeitung personenbezogener Daten mit der Grundverordnung getroffen wird (Art. 42 Abs. 1 S. 1). Eine überobligatorische Einhaltung der gesetzlichen Anforderungen wird nicht ausdrücklich ermöglicht, was eine Honorierung durch den Markt verhindert.[58] Ohne eine „Übererfüllung" der gesetzlichen Anforderungen ist es für den Betroffenen wie für Verantwortliche schwierig, sich einen Überblick über ein Datenschutzniveau von Produkten und Dienstleistungen zu verschaffen.[59] Daher muss auch ein „Plus" an Datenschutz im Rahmen eines Zertifizierungsverfahrens möglich sein.[60] 34

Bei der Ausarbeitung von Zertifizierungsverfahren ist den Bedürfnissen von Kleinstunternehmern sowie kleinen und mittelständischen Unternehmen[61] Rechnung zu tragen (Art. 42 Abs. 1 S. 2). Diese Vorgabe ist verpflichtend für die Gestaltung eines Datenschutz-Zertifizierungsverfahrens im Sinne der Norm[62] und Ausdruck eines skalierbaren Verfahrens in Abhängigkeit der zu zertifizierenden Stelle.[63] Wie besagte Skalierung erfolgen kann, lässt die Grundverordnung offen. Mit Blick auf den risikoorientierten Ansatz des Gesetzes kann den Bedürfnissen solcher Unternehmen – 35

---

55 *Schwartmann/Weiß* RDV 2016, 68, 72.
56 Vgl. *Lachaud* Why the certification process defined in the General Data Protection Regulation cannot be successful, Computer Law & Security Review Volume 32, Issue 6, 814, 817.
57 Vgl. *Krings/Mammen* RDV 2016, 231, 233.
58 Vgl. *Hornung/Hartl* ZD 2014, 219, 223.
59 Vgl. ErwG 100.
60 Vgl. *Kühling/Buchner-Bergt* Datenschutz-Grundverordnung, Art. 42 Rn. 15.
61 Nach ErwG 13 ist die Definition des Art. 2 des Anhangs zur Empfehlung 2003/361/EG der Kommission für den Begriff „Kleinstunternehmen sowie kleinere und mittlere Unternehmen maßgeblich.
62 *Paal/Pauly-Paal* Art. 42 Rn. 8; Plath-*von Braunmühl* Art. 42 Rn. 8; a.A. *Laue/Kremer* Das neue Datenschutzrecht in der betrieblichen Praxis, § 8 Rn. 28, die von einem bloßen Appell ausgehen.
63 *Centre for Information Policy Leadership* GDPR Implementation Project, Certifications, Seals and Marks under the GDPR and Their Roles as Accountability Tools and Cross-Border Data Transfer Mechanisms (April 2017), S. 7.

Art. 42 Zertifizierung

mit entsprechend beschränkten Ressourcen für die Implementierung der gesetzlichen Vorgaben – durch ein Verfahren begegnet werden, das nicht übermäßig aufwendig ist.[64]

36 Die Nachweisführung einer Gesetzeskonformität über eine Zertifizierung ist sowohl für Verantwortliche als auch für Auftragsverarbeiter freiwillig (Art. 42 Abs. 3). Daher wäre es unzulässig, wenn eine Zertifizierung durch eine behördliche Auflage bspw. zwingend vorgeschrieben würde. Die Zertifizierung bleibt damit ein Instrument zur freiwilligen Selbstkontrolle. Ferner muss die Zertifizierung über ein transparentes Verfahren zugänglich sein. Diese Transparenz bezieht sich nicht nur auf die Kriterien einer Zertifizierung, sondern auch auf die jeweilige Zertifizierungsstelle und das von ihr betriebene Verfahren. Insofern ist es konsequent, dass Zertifizierungskriterien sowie Kriterien für eine Akkreditierung öffentlich zugänglich gemacht werden.[65] Die Verwendung nichtöffentlicher Kriterien ist daher ebenso unzulässig wie nicht nachvollziehbare Prüfparameter. Für die Transparenz über bestehende Zertifizierungsverfahren sorgt der EDSA, der diese in geeigneter Weise veröffentlicht.[66]

37 **5. Rolle der Aufsichtsbehörden.** Der EDSA beschreibt mögliche Rollen einer Aufsichtsbehörde im Rahmen von Zertifizierungsverfahren wie folgt[67]:
- eigenständige Ausgabe von Zertifikaten auf Basis eines selbst entwickelten Zertifizierungsschemas,
- eigenständige Ausgabe von Zertifikaten auf Basis eines selbst entwickelten Zertifizierungsschemas, allerdings wird der Prüfprozess insgesamt oder teilweise auf Dritte übertragen,
- Entwicklung eines eigenen Zertifizierungsschemas bei Beauftragung von Zertifizierungsstellen mit der Durchführung des Zertifizierungsverfahrens, die in diesem Kontext auch Zertifikate vergeben,
- Ermutigung des Marktes, Zertifizierungsmechanismen zu entwickeln.

38 Eine gesetzliche Pflicht, Zertifizierungskriterien zu entwickeln gibt es für Aufsichtsbehörden nicht.

39 **6. Genehmigung von Zertifizierungskriterien.** Bieten Zertifizierungsstellen eine Zertifizierung an, wobei die Grundverordnung den Entwurf von Zertifizierungskriterien einer jeden Stelle überlässt[68], sind die zugrunde liegenden Kriterien durch die örtlich zuständige Aufsichtsbehörde zu billigen bzw. zu genehmigen (vgl. Art. 42 Abs. 5 i.V.m. Art. 58 Abs. 3 lit. f Alt. 2). Hierbei handelt es sich im einen feststellenden Verwaltungsakt nach § 35 VwVfG. Dieser wirkt zwischen der genehmigenden Aufsichtsbehörde und dem Antragsteller, mithin der jeweiligen Zertifizierungsstelle. Beteiligungsmöglichkeiten von anderen, nicht örtlich zuständigen Aufsichtsbehörden sieht die Norm nicht vor.

---

64 S. auch Art. 39 Abs. 1b der legislativen Entschließung des Europäischen Parlaments vom 12.3.2014 zu dem Vorschlag für eine Verordnung des Europäischen Parlaments und des Rates zum Schutz natürlicher Personen bei der Verarbeitung personenbezogener Daten und zum freien Datenverkehr (allgemeine Datenschutzverordnung) (COM(2012)0011 – C7-0025/2012 – 2012/0011(COD)).
65 Vgl. Art. 43 Rn. 10 ff.
66 Vgl. Rn. 59.
67 *Europäischer Datenschutzausschuss* Guidelines 1/2018, Ziff. 2 Nr. 21.
68 Vgl. *European Commission* Data Protection Certification Mechanisms, Ziff. 2.2.1.

Unter welchen Voraussetzungen eine Genehmigung für Prüfkriterien erteilt werden kann, mithin welche inhaltlichen Vorgaben eingehalten werden müssen, wird durch die Grundverordnung nicht unmittelbar adressiert. Der EDSA verlangt, dass zumindest die Anforderungen und Prinzipen der Grundverordnung angemessen Berücksichtigung finden müssten und hierbei ein Beitrag zu einer konsistenten Anwendung der Grundverordnung geleistet würde.[69] Dieser Appell wurde über Prüfkriterien für Zertifizierungskriterien konkretisiert.[70] 40

Hinweise auf eine ausschließlich uneingeschränkte Genehmigung von Zertifizierungskriterien durch eine Aufsichtsbehörde enthält Art. 42 Abs. 5 nicht. Daher können in einen entsprechenden Verwaltungsakt auch Nebenbestimmungen aufgenommen werden. 41

Eine Zertifizierung kann jedoch – neben einer Zertifizierungsstelle nach Art. 43 – auch durch die zuständige Aufsichtsbehörde anhand von ihr gem. Art. 58 Abs. 3 lit. f genehmigter Kriterien erteilt werden (Art. 42 Abs. 5 S. 1). Demnach können nationale Aufsichtsbehörden ebenfalls Kriterien für eine Zertifizierung verabschieden. Die Doppelrolle der Aufsichtsbehörde als Zertifizierungsstelle sowie gleichzeitig akkreditierende Stelle[71] wird teilweise gerade bei kostenpflichtigen Zertifizierungen als konflikträchtig gesehen.[72] Hintergrund sind die seitens des Düsseldorfer Kreises beschlossenen Empfehlungen zur alten Rechtslage, die die unterschiedlichen Ebenen in Gestalt der Zertifizierung und Akkreditierung trennen möchten.[73] Doch nicht nur die Bereiche der Zertifizierung und Akkreditierung sind als konflikträchtig anzusehen, sondern auch die Konstellation, dass eine Aufsichtsbehörde im Rahmen eines eigenen Zertifizierungsverfahrens Sachverhalte aufgrund von Eingaben Betroffener bspw. prüfen und sanktionieren muss. Hier wird durch eine klare und transparente Aufteilung von Kompetenzen innerhalb der Behörde entgegengewirkt werden müssen.[74] 42

Ein Stellungnahmeverfahren über den EDSA gem. Art. 64 Abs. 1 ist bei einer geplanten Genehmigung von Zertifizierungskriterien durch eine zuständige Aufsichtsbehörde seit der redaktionellen Korrektur der Norm nunmehr obligatorisch (vgl. Art. 64 Abs. 1 lit. c).[75] 43

Vom EDSA genehmigte Kriterien können zu einer europaweit gemeinsamen Zertifizierung in Gestalt des „Europäischen Datenschutzsiegels" führen (Art. 42 Abs. 5 S. 2). Ausweislich des Wortlauts steht es im Ermessen des EDSA, ob und ggf. in welcher konkreten Ausgestaltung ihm vorgelegte Zertifizierungskriterien zu besagter europäischer Zertifizierung führen sollen. Wann die Genehmigung von Zertifizierungskriterien durch den EDSA zu einem „Europäischen Datenschutzsiegel" führt, wird durch die Grundverordnung damit ebenso wenig konkretisiert, wie die die Frage nach der Möglichkeit der Vereinigung mehrerer Zertifizierungsverfahren unter einem „Europäischen Datenschutzsiegel". Der EDSA selbst fordert von solchen Verfahren, dass 44

---

69 *Europäischer Datenschutzausschuss* Guidelines 1/2018, Ziff. 3 Abs. 31.
70 *Europäischer Datenschutzausschuss* Guidelines 1/2018, Annex 2.
71 Vgl. Art. 43 Rn. 42.
72 Gola-*Lepperhoff* Art. 42 Rn. 8.
73 *Düsseldorfer Kreis* Modelle zur Vergabe von Prüfzertifikaten, die im Wege der Selbstregulierung entwickelt und durchgeführt werden, v. 25./26.2.2014, S. 2.
74 Vgl. *Europäischer Datenschutzausschuss* Guidelines 1/2018, Ziff. 2.1 Abs. 23.
75 Berichtigung der Verordnung (EU) 2016/679 des Europäischen Parlaments und des Rates vom 23. Mai 2018, Abl. EU 2018 L 127/2.

sie europaweit bestehende Anforderungen, so auch die eines nationales Umsetzungsgesetzes, behandelt und damit in allen Mitgliedstaaten eingesetzt werden können.[76] Im Übrigen wird sich die Genehmigung solcher Kriterien nach den allgemeinen Grundsätzen bemessen.[77]

45 Sonstige Zertifizierungen auf dem Markt – auch mit einer Aussage über die Rechtmäßigkeit einer Datenverarbeitung – bleiben weiterhin zulässig und genehmigungsfrei, sind allerdings nicht vom Anwendungsbereich der Art. 42 und 43 umfasst.[78] Ein damit verbundener Wettbewerbsnachteil ist nicht von der Hand zu weisen.

46 **7. Mitwirkungspflichten des Verantwortlichen oder Auftragsverarbeiters.** Möchte ein Verantwortlicher oder Auftragsverarbeiter eine Zertifizierung beantragen oder verlängern, ist er zur Mitwirkung verpflichtet, in dem er der Zertifizierungsstelle oder ggf. der zuständigen Aufsichtsbehörde alle für die Durchführung des Verfahrens erforderlichen Informationen zur Verfügung stellt und erforderlichen Zugang zu seinen Verarbeitungstätigkeiten gewährt (Art. 42 Abs. 6).

47 Durch die gesetzliche Mitwirkungspflicht werden gleichzeitig zumindest rudimentäre Vorgaben für ein Zertifizierungsverfahren auf Seiten der Zertifizierungsstelle formuliert. Insofern hat die Zertifizierungsstelle insbesondere Verfahren für eine Bewertung der Zertifizierung vorzusehen.[79] Eine stetige Verpflichtung der Zertifizierungsstelle vor Ort beim Verantwortlichen oder Auftragsverarbeiter zu prüfen, wird hieraus nicht abgeleitet, kann aber für eine adäquate Prüftiefe sorgen.[80] Die Mitwirkungspflicht beschränkt sich auf „erforderliche Informationen" und einen „erforderlichen Zugang". Dies wird im Einzelfall anhand des Zertifizierungsgegenstandes zu beurteilen sein. Die Zertifizierung eines Auftragsverarbeiters wird bspw. regelmäßig nicht die Pflicht zur Vorlage von Unterlagen zu Datenschutz und Datensicherheit des eigenen Personalinformationssystems des Dienstleisters beinhalten können.

48 Kommt der Antragsteller seiner Mitwirkungspflicht nicht nach, ist von der Folge der Nichterteilung einer Zertifizierung auszugehen, auch wenn das Gesetz diese Folge nicht ausdrücklich formuliert.[81] Gem. Art. 83 Abs. 2 lit. a ist eine unzureichende oder unterlassene Mitwirkung ferner bußgeldbewährt. Eine spätere Sanktionierung des Art. 42 Abs. 6 ist insbesondere dann denkbar, wenn eine Zertifizierung auf unvollständiger oder unrichtiger Tatsachengrundlage getroffen wurde. Sollte ein Antragsteller einen oder mehrere Auftragsverarbeiter für eine Verarbeitung einsetzen, die in eine Zertifizierung miteinbezogen werden sollen, sollte er sich deren Unterstützung hinsichtlich der Vorgaben des Art. 42 Abs. 6 vertraglich zusichern lassen.

49 **8. Überprüfung und Widerruf von Zertifikaten.** Zertifikate sind zu widerrufen, wenn die Voraussetzungen nicht mehr vorliegen (Art. 42 Abs. 7 S. 2). Der irreführende Hinweis der deutschen Sprachfassung der Grundverordnung „wird gegebenenfalls [...]

---

76 *Europäischer Datenschutzausschuss* Guidelines 1/2018, Ziff. 4.22 Abs. 41.
77 Vgl. Simitis/Hornung/Spiecker gen. Döhmann-*Scholz* Art. 42 Rn. 40.
78 Vgl. *Centre for Information Policy Leadership* GDPR Implementation Project, Certifications, Seals and Marks under the GDPR and Their Roles as Accountability Tools and Cross-Border Data Transfer Mechanisms (April 2017), S. 7.
79 Vgl. Art. 43 Rn. 28.
80 *Schwartmann/Weiß* RDV 2016, 68, 72.
81 Vgl. BeckOK DatenSR-*Eckhardt* Art. 42 Rn. 56.

widerrufen", sieht mit Blick auf die englischsprachige Fassung „shall be withdrawn" eine Verpflichtung vor. Die Zertifizierungsstelle hat die zuständige Aufsichtsbehörde hierüber zu informieren.[82]

Die Frage nach den „Voraussetzungen für eine Zertifizierung" bedingt einen Überwachungsprozess auf Seiten der Zertifizierungsstelle auch während einer bestehenden Gültigkeit einer Zertifizierung. Insofern verpflichtet Art. 57 Abs. 1 lit. o die Aufsichtsbehörde zur Überwachung erteilter Zertifizierungen, die sie als Zertifizierungsstelle ausgegeben hat. Für andere Zertifizierungsstellen als die Aufsichtsbehörde ergibt sich diese Vorgabe aus Art. 43 Abs. 2 lit. c, der im Rahmen der Akkreditierung Verfahren für die regelmäßige Überprüfung von Zertifizierungen fordert (s. weiterführend Art. 43 Rn. 25). Die Ausgestaltung des Überwachungsprozesses obliegt der Zertifizierungsstelle, wobei eine dauerhafte Überwachung der zertifizierten Stellen abseits von einem Zertifizierungsaudit als zu weitgehend angesehen werden muss. Stichprobenkontrollen oder Kontrollen auf Basis von Eingaben Betroffener müssen hier ausreichend sein. Um bestehende Zertifizierungen wirksam überwachen und ggf. widerrufen zu können (vgl. Art. 58 Abs. 2 lit. h) sind dokumentierte Prozessbeschreibungen ebenso förderlich, wie rechtlich durchsetzbare Vereinbarungen als Grundlage einer Zertifizierung mit dem jeweiligen Zertifizierungsnehmer, die diese Rechte adressieren.[83] 50

Da ein Zertifikat gem. Art. 42 bestätigt, dass eine Verarbeitung im Einklang mit der Grundverordnung steht, dürfte ein Widerruf regelmäßig auch bedeuten, dass die betroffene Verarbeitung rechtlich unzulässig ist.[84] 51

9. Rechtsfolge einer Zertifizierung/Selbstbindung der Verwaltung. Art. 42 Abs. 4 stellt klar, dass der Verantwortliche oder der Auftragsverarbeiter trotz einer bestehenden Zertifizierung weiterhin die Grundverordnung einzuhalten hat. Verantwortliche oder der Auftragsverarbeiter sind entsprechend zu einem rechtskonformen Verhalten verpflichtet. Ebenso bleiben die Aufgaben und Befugnisse der Aufsichtsbehörden durch eine Zertifizierung unangetastet. Abhilfe- oder Sanktionsmaßnahmen einer Aufsichtsbehörde, die sich auf den Gegenstand einer erteilten Zertifizierung beziehen, sind demnach als Ausdruck ihrer unabhängigen Aufgabenwahrnehmung[85] weiterhin möglich. Insofern beinhalt eine Zertifizierung eine Konformitätsvermutung hinsichtlich der Einhaltung der Grundverordnung, ohne hierfür einen Beweis zu erbringen. Eine unmittelbare Rechtsfolge tritt durch die Zertifizierung daher nicht ein.[86] 52

Gleichwohl sollen nach Art. 42 Abs. 1 Hs. 2 Zertifizierungsverfahren den Nachweis erbringen können, dass die Verordnung bei Verarbeitungsvorgängen eingehalten wird. Dies soll jedoch nach Maßgabe der Grundverordnung nicht zu einer uneingeschränkten Selbstbindung der Verwaltung im Falle einer erteilten Zertifizierung führen. Dies unterstreicht auch Art. 58 Abs. 2 lit. h, der es der Aufsichtsbehörde ermöglicht, eine Zertifizierung selbst zu widerrufen oder eine Zertifizierungsstelle hierzu anzuweisen. Folglich kann eine Aufsichtsbehörde eine Zertifizierung jederzeit „anfechten", so wenn bspw. Anhaltspunkte vorliegen, dass ein Zertifikat unter falschen Annahmen 53

---

82 Vgl. Art. 43 Rn. 29.
83 Vgl. *Europäischer Datenschutzausschuss* Guidelines 1/2018, Ziff. 2 Nr. 24.
84 *Laue/Kremer* Das neue Datenschutzrecht in der betrieblichen Praxis, § 8 Rn. 36 f.
85 Vgl. Art. 51 Rn. 65.
86 Vgl. *Lachaud* The General Data Protection Regulation Contributes to the Rise of Certification as Regulatory Instrument, March 25, 2017, S. 13.

bzw. Angaben erteilt worden ist oder gleichzeitig Gründe vorliegen, die den Widerruf der Akkreditierung der Zertifizierungsstelle rechtfertigen würden.[87] Dies muss auch für den Fall gelten, dass eine Aufsichtsbehörde selbst als Zertifizierungsstelle auftritt, was in der Architektur der DS-GVO vorgesehen ist.[88] Letzteres wäre jedoch mit einer gesteigerten Darlegungslast der Aufsichtsbehörde verbunden, da die eigene, zuvor positiv ausgefallene Entscheidung bezüglich einer Datenverarbeitung, nunmehr revidiert wird.

54 Eine Zertifizierung auf Ebene eines Mitgliedstaates auf Basis einer Akkreditierung entfaltet keine automatische Wirkung in anderen Mitgliedstaaten, zumal die Akkreditierung national geregelt wird[89] und die Kompetenzen der Aufsichtsbehörde durch eine Zertifizierung nicht berührt werden.[90] Hierzu bedürfe es auf Ebene der Mitgliedstaaten einer gegenseitigen Anerkennung, so bspw. über entsprechende Vereinbarungen.[91] Sollte ein Zertifizierungsverfahren eine Angelegenheit mit allgemeiner Bedeutung darstellen oder Auswirkungen in mehr als einem Mitgliedstaat haben, kann eine territoriale Ausdehnung der Anerkennung lediglich seiner Zertifizierungskriterien erfolgen.[92] Dies führt jedoch zu keiner automatischen Anerkennung einer Zertifizierung in allen Mitgliedstaaten.

55 Zertifizierungsverfahren können entweder den Nachweis der Gesetzeskonformität vollständig erbringen oder eine Behörde hält zusätzliche Faktoren für notwendig. Dies ist ebenfalls Ausdruck der fehlenden Selbstbindung der Verwaltung.[93]

56 Zwar bleiben die Kompetenzen und Aufgaben der Aufsichtsbehörde durch eine Zertifizierung unangetastet, allerdings soll eine solche nach Art. 83 Abs. 2 lit. j bei der Frage, ob eine Sanktionierung eines Datenschutzverstoßes über eine Geldbuße erfolgen soll bzw. falls ja in welcher Höhe, gebührend berücksichtigt werden. Haftungsrisiken können durch eine Zertifizierung demnach reduziert werden.[94]

57 **10. Gültigkeit von Zertifikaten.** Die Gültigkeit eines Zertifikats ist auf maximal drei Jahre begrenzt, wobei eine Mindestgültigkeit gesetzlich nicht vorgeschrieben ist (Art. 42 Abs. 7 S. 1). Grund für die Festlegung einer maximalen Gültigkeitsdauer ist die technische Weiterentwicklung und eine sich hieraus möglicherweise ergebende Notwendigkeit zur Anpassung technisch-organisatorischer Maßnahmen.[95] Der Wortlaut der Norm erlaubt auch kürzere Laufzeiten. Ein Zertifikat kann unter denselben Bedingungen verlängert werden, wenn die einschlägigen Voraussetzungen weiterhin erfüllt werden (Art. 42 Abs. 7 S. 1). Unter „denselben Bedingungen" ist das Verfahren

---

[87] Vgl. *Spindler* ZD 2016, 407, 413.
[88] Vgl. Rn. 63 ff.
[89] Vgl. Art. 43 Rn. 6 ff.
[90] Vgl. Art. 43 Abs. 1.
[91] *Lachaud* The General Data Protection Regulation Contributes to the Rise of Certification as Regulatory Instrument, March 25, 2017, S. 15.
[92] Zum Europäischen Datenschutzsiegel siehe Rn. 59.
[93] Zur Frage der überobligatorischen Einhaltung der Grundverordnung über eine Zertifizierung vgl. Rn. 60.
[94] So, auch *Karper* PiNG 2016, 201.
[95] *Krings/Mammen* RDV 2015, 231, 233.

der erstmaligen Prüfung zu verstehen, das insoweit wiederholt wird. Dies beinhaltet auch die erneute Gültigkeitsdauer z.B. von maximal drei Jahren.[96]

11. Rechtsfolgen von Verstößen. Art. 83 Abs. 4 lit. a sieht für Verstöße gegen die Vorgaben des Art. 42 für Verantwortliche oder Auftragsverarbeiter eine Geldbuße von bis zu 10 Mio. EUR oder zwei Prozent des gesamten, weltweit erzielten Jahresumsatzes des vorausgegangenen Geschäftsjahrs – je nachdem welcher Betrag höher ist – vor. In diesem Zusammenhang regelt allein Art. 42 Abs. 6 Pflichten von Verantwortlichen oder Auftragsverarbeitern im Rahmen eines Zertifizierungsverfahrens in Gestalt der Zurverfügungstellung erforderlicher Informationen sowie eines Zugangs zu den Datenverarbeitungen.[97] Nur solche Verstöße können daher über Art. 83 Abs. 4 lit. a geahndet werden. 58

12. Publizität von Zertifizierungsverfahren. Der EDSA nimmt alle Zertifizierungsverfahren und Datenschutzsiegel in ein Register auf und macht sie in angemessener Weise öffentlich zugänglich (Art. 42 Abs. 8). Diese Transparenzvorgabe bezieht sich auf bestehende Verfahren und nicht auf das Ergebnis einer Zertifizierung. Die Norm ist demnach als Marktübersicht zu werten und verschafft Verantwortlichen, Auftragsverarbeitern, Betroffenen sowie Marktteilnehmern einen Überblick über das Repertoire an Verfahren i.S.d. Art. 42. 59

C. Praxishinweise

I. Relevanz für öffentliche Stellen

Zertifizierungen ermöglichen es sowohl öffentlichen wie nichtöffentlichen Stellen, einen Nachweis für eine rechtskonforme Verarbeitung personenbezogener Daten im Sinne der Grundverordnung zu erbringen. Auch im öffentlichen Bereich ist das Bedürfnis nach einer rechtskonformen Verarbeitung groß, zumal auch hier zunehmend eine Zentralisierung von Datenverarbeitungsprozessen stattfindet. Die Bündelung der Verarbeitungen bei einem oder mehreren Dienstleistern bspw. wirft Fragen hinsichtlich einer Rechtskonformität auf, die es zu beantworten gilt. Zertifikate können das Vertrauen in öffentlich-rechtliche Auftragsverarbeiter und Verantwortliche entsprechend steigern. 60

II. Relevanz für nichtöffentliche Stellen

Selbiges gilt für nichtöffentliche Stellen, auch in diesem Bereich ist das Bedürfnis nach einer sichtbaren Rechtskonformität groß. Hierbei können einheitliche Rahmenbedingungen über die Grundverordnung einen wichtigen Beitrag leisten. Datenverarbeiter, die möglicherweise nicht über die Ressourcen für das Durchlaufen einer Zertifizierung verfügen, können sich die Publizitätsanforderungen der Grundverordnung bezüglich des Zertifizierungsverfahrens und ihrer Kriterien zunutze machen und im Zuge einer Eigenkontrolle die Einhaltung dieser Kriterien überprüfen[98], wenn auch 61

---

[96] Vgl. *Lachaud* Why the certification process defined in the General Data Protection Regulation cannot be successful, Computer Law & Security Review Volume 32, Issue 6, 814, 818.
[97] Vgl. Kühling/Buchner-*Bergt* Art. 42 Rn. 34.
[98] S. nach der alten Rechtsgrundlage bereits der öffentlich zugängliche Datenschutzstandard DS-BvD-GDD-01 für Auftragsdatenverarbeiter.

die Aussagekraft dieser Eigenkontrolle im Vergleich zu einer unabhängigen Prüfung durch einen Auditor eingeschränkt ist.

III. Relevanz für betroffene Personen

62 Betroffene können in ihrem Vertrauen in die Verarbeitung personenbezogener Daten durch einen Verantwortlichen oder Auftragsverarbeiter durch standardisierte und transparente Verfahren gestärkt werden.[99] Ferner helfen Zertifizierungsverfahren bei der Qualität der Verarbeitung personenbezogener Daten, wodurch der Betroffene ebenfalls profitieren kann.

IV. Relevanz für Aufsichtsbehörden

63 Aufsichtsbehörden werden umfassend in Zertifizierungsverfahren nach der Grundverordnung mit einbezogen. Dies umfasst u.a. die Verabschiedung von Akkreditierungsvoraussetzungen[100], die Genehmigung von Zertifizierungskriterien sowie den Widerruf einer Zertifizierung. Daneben bestehen auch Mitgestaltungsmöglichkeiten mittels der Entwicklung eigener Kriterien für eine Zertifizierung. In einem solchen Fall müssen auch Überwachungsprozesse auf Seiten der Behörde bestehen, um eigene Zertifikate zu bewerten und zu widerrufen. Über das Kohärenzverfahren besteht die Möglichkeit, europaweit einheitliche Standards für die Zertifizierung zu setzen. Insofern kann ein Zertifizierungsverfahren nach Genehmigung der zugrunde liegenden Kriterien durch den Europäischen Datenschutzausschuss zu einem „Europäischen Datenschutzsiegel" führen.

V. Relevanz für das Datenschutzmanagement

64 Aufgrund des weiten Anwendungsbereichs der Zertifizierungen in der Grundverordnung kann grundsätzlich auch ein Datenschutzmanagement nach Art. 24 Abs. 1 einer Zertifizierung unterzogen werden, um eine Konformität mit dem Gesetz zum Ausdruck zu bringen. Von Bedeutung ist hierbei jedoch, dass dem Managementsystem ein Verarbeitungsvorgang zugrunde liegt bzw. im Anwendungsbereich der ISO/IEC 17065 liegt. Daher werden Managementsysteme gem. ISO/IEC 17021 unter der Grundverordnung nicht eigenständig zertifiziert werden können, sondern lediglich als Teil eines Produktes, Prozesses oder einer Dienstleistung und dabei vorgenommener Verarbeitungsvorgänge.[101]

Artikel 43 Zertifizierungsstellen

(1) ¹Unbeschadet der Aufgaben und Befugnisse der zuständigen Aufsichtsbehörde gemäß den Artikeln 57 und 58 erteilen oder verlängern Zertifizierungsstellen, die über das geeignete Fachwissen hinsichtlich des Datenschutzes verfügen, nach Unterrichtung der Aufsichtsbehörde – damit diese erforderlichenfalls von ihren Befugnissen

---

99 Vgl. *Schwartmann/Weiß* (Hrsg.) Whitepaper zur Pseudonymisierung der Fokusgruppe Datenschutz der Plattform Sicherheit, Schutz und Vertrauen für Gesellschaft und Wirtschaft im Rahmen des Digital-Gipfels 2017, S. 8.
100 Vgl. hierzu Art. 43 Rn. 10 ff.
101 Vgl. *Konferenz der unabhängigen Datenschutzbehörden des Bundes und der Länder (Datenschutzkonferenz)* Anforderungen zur Akkreditierung gem. Art. 43 Abs. 3 DS-GVO i.V.m. DIN EN ISO/IEC 17065, S. 3.

gemäß Artikel 58 Absatz 2 Buchstabe h Gebrauch machen kann – die Zertifizierung. ²Die Mitgliedstaaten stellen sicher, dass diese Zertifizierungsstellen von einer oder beiden der folgenden Stellen akkreditiert werden:
a) der gemäß Artikel 55 oder 56 zuständigen Aufsichtsbehörde;
b) der nationalen Akkreditierungsstelle, die gemäß der Verordnung (EG) Nr. 765/2008 des Europäischen Parlaments und des Rates[1] im Einklang mit EN-ISO/IEC 17065/2012 und mit den zusätzlichen von der gemäß Artikel 55 oder 56 zuständigen Aufsichtsbehörde festgelegten Anforderungen benannt wurde.

(2) Zertifizierungsstellen nach Absatz 1 dürfen nur dann gemäß dem genannten Absatz akkreditiert werden, wenn sie
a) ihre Unabhängigkeit und ihr Fachwissen hinsichtlich des Gegenstands der Zertifizierung zur Zufriedenheit der zuständigen Aufsichtsbehörde nachgewiesen haben;
b) sich verpflichtet haben, die Kriterien nach Artikel 42 Absatz 5, die von der gemäß Artikel 55 oder 56 zuständigen Aufsichtsbehörde oder – gemäß Artikel 63 – von dem Ausschuss genehmigt wurden, einzuhalten;
c) Verfahren für die Erteilung, die regelmäßige Überprüfung und den Widerruf der Datenschutzzertifizierung sowie der Datenschutzsiegel und -prüfzeichen festgelegt haben;
d) Verfahren und Strukturen festgelegt haben, mit denen sie Beschwerden über Verletzungen der Zertifizierung oder die Art und Weise, in der die Zertifizierung von dem Verantwortlichen oder dem Auftragsverarbeiter umgesetzt wird oder wurde, nachgehen und diese Verfahren und Strukturen für betroffene Personen und die Öffentlichkeit transparent machen, und
e) zur Zufriedenheit der zuständigen Aufsichtsbehörde nachgewiesen haben, dass ihre Aufgaben und Pflichten nicht zu einem Interessenkonflikt führen.

(3) ¹Die Akkreditierung von Zertifizierungsstellen nach den Absätzen 1 und 2 erfolgt anhand der Anforderungen, die von der gemäß Artikel 55 oder 56 zuständigen Aufsichtsbehörde oder – gemäß Artikel 63 – von dem Ausschuss genehmigt wurden. ²Im Fall einer Akkreditierung nach Absatz 1 Buchstabe b des vorliegenden Artikels ergänzen diese Anforderungen diejenigen, die in der Verordnung (EG) Nr. 765/2008 und in den technischen Vorschriften, in denen die Methoden und Verfahren der Zertifizierungsstellen beschrieben werden, vorgesehen sind.

(4) ¹Die Zertifizierungsstellen nach Absatz 1 sind unbeschadet der Verantwortung, die der Verantwortliche oder der Auftragsverarbeiter für die Einhaltung dieser Verordnung hat, für die angemessene Bewertung, die der Zertifizierung oder dem Widerruf einer Zertifizierung zugrunde liegt, verantwortlich. ²Die Akkreditierung wird für eine Höchstdauer von fünf Jahren erteilt und kann unter denselben Bedingungen verlängert werden, sofern die Zertifizierungsstelle die Anforderungen dieses Artikels erfüllt.

(5) Die Zertifizierungsstellen nach Absatz 1 teilen den zuständigen Aufsichtsbehörden die Gründe für die Erteilung oder den Widerruf der beantragten Zertifizierung mit.

---

1 Verordnung (EG) Nr. 765/2008 des Europäischen Parlaments und des Rates vom 9. Juli 2008 über die Vorschriften für die Akkreditierung und Marktüberwachung im Zusammenhang mit der Vermarktung von Produkten und zur Aufhebung der Verordnung (EWG) Nr. 339/93 des Rates (ABl. L 218 vom 13.8.2008, S. 30).

(6) ¹Die Anforderungen nach Absatz 3 des vorliegenden Artikels und die Kriterien nach Artikel 42 Absatz 5 werden von der Aufsichtsbehörde in leicht zugänglicher Form veröffentlicht. ²Die Aufsichtsbehörden übermitteln diese Anforderungen und Kriterien auch dem Ausschuss.

(7) Unbeschadet des Kapitels VIII widerruft die zuständige Aufsichtsbehörde oder die nationale Akkreditierungsstelle die Akkreditierung einer Zertifizierungsstelle nach Absatz 1, wenn die Voraussetzungen für die Akkreditierung nicht oder nicht mehr erfüllt sind oder wenn eine Zertifizierungsstelle Maßnahmen ergreift, die nicht mit dieser Verordnung vereinbar sind.

(8) Der Kommission wird die Befugnis übertragen, gemäß Artikel 92 delegierte Rechtsakte zu erlassen, um die Anforderungen festzulegen, die für die in Artikel 42 Absatz 1 genannten datenschutzspezifischen Zertifizierungsverfahren zu berücksichtigen sind.

(9) ¹Die Kommission kann Durchführungsrechtsakte erlassen, mit denen technische Standards für Zertifizierungsverfahren und Datenschutzsiegel und -prüfzeichen sowie Mechanismen zur Förderung und Anerkennung dieser Zertifizierungsverfahren und Datenschutzsiegel und -prüfzeichen festgelegt werden. ²Diese Durchführungsrechtsakte werden gemäß dem in Artikel 93 Absatz 2 genannten Prüfverfahren erlassen.

- *ErwG: 100*
- *BDSG n.F.:§ 39*
- *Verordnung (EG) Nr. 765/2008*
- *EN-ISO/IEC 17051*

Übersicht

	Rn
A. Einordnung und Hintergrund	1
I. Erwägungsgründe	1
II. BDSG n.F.	2
III. Normengenese und -umfeld	3
1. DSRL	3
2. BDSG a.F.	4
3. WP der Art.-29-Datenschutzgruppe/Beschlüsse des DD-Kreises/Beschlüsse der Datenschutzkonferenz	5
B. Kommentierung	6
I. Überblick	6
II. Sinn und Zweck der Regelung	9
III. Norminhalt	10
1. Akkreditierung	10
2. Anforderungen an Zertifizierungsstellen	19
3. Befristung einer Akkreditierung	30
4. Widerruf einer Akkreditierung	31
5. Widerruf einer Zertifizierung	32
6. Transparenz	33
7. Konkretisierungen durch die Europäische Kommission	36
8. Sanktionen	39
C. Praxishinweise	40
I. Relevanz für öffentliche und nichtöffentliche Stellen	40
II. Relevanz für betroffene Personen	41
III. Relevanz für Aufsichtsbehörden	42
IV. Relevanz für das Datenschutzmanagement	43

Literatur: *Centre for Information Policy Leadership* GDPR Implementation Project, Certifications, Seals and Marks under the GDPR and Their Roles as Accountability Tools and Cross-Border Data Transfer Mechanisms, April 2017; *Dimitropoulos* Zertifizierung und Akkreditierung im Internationalen Verwaltungsverbund, 2012; *Europäischer Datenschutz-*

ausschuss Guidelines 1/2018 on certification and identifying certification criteria in accordance with Articles 42 and 43 of the Regulation – Version 3.0; *ders.* Guidelines 4/2018 on the accreditation of certification bodies under Article 43 of the General Data Protection Regulation (2016/679) – Version 3.0; *Konferenz der unabhängigen Datenschutzbehörden des Bundes und der Länder (Datenschutzkonferenz)* Anforderungen zur Akkreditierung gem. Art. 43 Abs. 3 DS-GVO i.V.m. DIN EN ISO/IEC 17065; *Lachaud* Why the certification process defined in the General Data Protection Regulation cannot be successful, Computer Law & Security Review Volume 32, Issue 6, 814; *Laue/Kremer* Das neue Datenschutzrecht in der betrieblichen Praxis, 2. Aufl. 2019; *Richter* Zertifizierung unter der DS-GVO, ZD 2020, 84; *Schwartmann/Weiß* Ko-Regulierung vor einer neuen Blüte – Verhaltensregelungen und Zertifizierungsverfahren nach der Datenschutzgrundverordnung (Teil 1), RDV 2016, 68; *dies.* Ko-Regulierung vor einer neuen Blüte – Impulse für datenschutzspezifische Zertifizierungsverfahren und Verhaltensregeln (Teil 2) RDV 2016, 240; *Spindler* Selbstregulierung und Zertifizierungsverfahren nach der DS-GVO – Reichweite und Rechtsfolgen der genehmigten Verhaltensregeln, ZD 2016, 407; *WP 29* Draft Guidelines on the accreditation of certification bodies under Regulation (EU) 2016/679.

A. Einordnung und Hintergrund

I. Erwägungsgründe

Für die gesetzliche Regelung der Zertifizierungsstellen und deren Akkreditierung über Art. 43 gibt es keine unmittelbaren Hinweise über einen Erwägungsgrund. ErwG 100 enthält einen Fördergedanken für Zertifizierungsverfahren und gibt erste Hinweise bezüglich eines Zertifizierungsgegenstands. 1

II. BDSG n.F.

Das BDSG n.F. regelt über § 39 die nationale Umsetzung der zuständigen Akkreditierungsstelle für Zertifizierungsanbieter und die dabei zu beachtenden Anforderungen aus dem Akkreditierungsstellengesetz. 2

III. Normengenese und -umfeld

1. DSRL. Die DSRL 95/46/EG befasste sich nicht ausdrücklich mit Zertifizierungsverfahren im Datenschutz, sondern lediglich mit bereichsspezifischen Verhaltensregeln.[2] 3

2. BDSG a.F. In § 9a BDSG a.F. fand sich eine Programmnorm des Gesetzgebers für ein Datenschutzaudit, wobei die nähere Ausgestaltung einem gesonderten Gesetz überlassen wurde.[3] 4

3. WP der Art.-29-Datenschutzgruppe/Beschlüsse des DD-Kreises/Beschlüsse der Datenschutzkonferenz. Der EDSA hat am 4.6.2019 Hinweise zur Zertifizierung und einschlägiger Kriterien im Rahmen der Akkreditierung von Zertifizierungsstellen nach Abschluss eines vorangegangenen Konsultationsverfahrens in einer Version 3.0 veröffentlicht.[4] Die Guidelines 4/2018 v. 4.6.2019 befassen sich in einer Version 3.0 mit der Akkreditierung von Zertifizierungsstellen gem. Art. 43 und enthalten diesbezügli- 5

---

2 Vgl. BeckOK DatenschutzR-*Schantz* § 9a BDSG Rn. 8.
3 Vgl. hierzu Art. 42 Rn. 4.
4 *Europäischer Datenschutzausschuss* Guidelines 1/2018 on certification and identifying certification criteria in accordance with Articles 42 and 43 of the Regulation.

che Vorgaben.[5] Die Datenschutzkonferenz hat am 28.8.2018 Anforderungen an die Akkreditierung gem. Art. 43 Abs. 3 formuliert.[6] Ausführungen zum Zusammenspiel zwischen der Rechenschaftspflicht und Zertifizierungsverfahren finden sich in der Stellungnahme 3/2010 zum Grundsatz der Rechenschaftspflicht.[7]

B. Kommentierung

I. Überblick

6 Art. 43 regelt die Akkreditierung von Zertifizierungsstellen, die Zertifikate nach Art. 42 erteilen oder verlängern können sowie den Widerruf einer solchen. Dies beinhaltet die Kompetenzzuweisung für das Formulieren von Akkreditierungskriterien auf nationaler Ebene. Den Mitgliedstaaten wird hinsichtlich der für die Akkreditierung zuständigen Stelle ein Wahlrecht eingeräumt.[8] Ein harmonisiertes Vorgehen auf europäischer Ebene besteht wiederum bei der Frage der Höchstdauer einer Akkreditierung, die fünf Jahre betragen soll. Transparenzvorgaben sorgen dafür, dass Akkreditierungskriterien nach diesem Artikel und Kriterien einer Zertifizierung nach Art. 42 in leicht zugänglicher Form veröffentlicht werden.

7 Zertifizierungsstellen dürfen nur unter den in Art. 43 Abs. 2 und Abs. 3 genannten Voraussetzungen akkreditiert werden, was die Schaffung von Verfahrensstrukturen bedingt. Anhaltspunkte für eine fehlende Unabhängigkeit oder Fachkunde einer Zertifizierungsstelle dürfen nicht bestehen.[9] Darüber hinaus werden die Erteilung und der Widerruf von Zertifikaten sowie die hierbei bestehende Verantwortlichkeit der Zertifizierungsstelle geregelt.

8 Konkretisierungen hinsichtlich der Anforderungen, die in Zertifizierungsverfahren zu berücksichtigen sind, können von der Europäischen Kommission formuliert werden, was auch mittels technischer Standards erfolgen kann. Diese Konkretisierungsmöglichkeiten beziehen sich nicht auf Regelungsinhalte des Art. 43, sondern auf Zertifizierungsverfahren nach Art. 42. Der EDSA wiederum kann für einen einheitlichen europäischen Rahmen für Akkreditierungskriterien sorgen. Diesbezüglich besteht seitens der Aufsichtsbehörden gem. Art. 64 Abs. 1 S. 2 lit. c eine Vorlagepflicht, an die sich eine Stellungnahme des Ausschusses anschließt.

II. Sinn und Zweck der Regelung

9 Die Norm möchte ein einheitliches Verfahren für eine Akkreditierung von Zertifizierungsstellen schaffen und sorgt für gesetzliche Rahmenbedingungen auf Seiten der Zertifizierungsstellen. Die bei einer Zertifizierungsstelle betriebenen Verfahren sollen für die Öffentlichkeit möglichst transparent sein. Die Norm gibt ein Zusammenspiel zwischen aufsichtsbehördlicher Überwachung und einer Selbstregulierung wieder.

---

5 *Europäischer Datenschutzausschuss* Guidelines 4/2018 on the accreditation of certification bodies under Article 43 of the General Data Protection Regulation (2016/679).
6 Konferenz der unabhängigen Datenschutzbehörden des Bundes und der Länder (Datenschutzkonferenz), Anforderungen zur Akkreditierung gem. Art. 43 Abs. 3 DS-GVO i.V.m. DIN EN ISO/IEC 17065.
7 *WP 29* Stellungnahme 3/2010 zum Grundsatz der Rechenschaftspflicht (WP 173); vgl. auch Art. 42 Rn. 21.
8 Siehe hierzu Rn. 10 ff.
9 Siehe hierzu Rn. 22 ff.

III. Norminhalt

1. Akkreditierung. Die Grundverordnung verlangt die Akkreditierung einer Zertifizierungsstelle entweder durch die zuständige Aufsichtsbehörde (Art. 43 Abs. 1 S. 2 lit. a) oder durch eine nationale Akkreditierungsstelle (Art. 43 Abs. 1 S. 2 lit. b) und sorgt für eine verpflichtende Umsetzung des Fördergedankens aus Art. 42 Abs. 1 durch Schaffung einer Akkreditierungsstelle.[10] Eine Definition der Akkreditierung sieht die Grundverordnung nicht vor. Die Verordnung (EG) Nr. 765/2008 versteht unter der Akkreditierung eine „Bestätigung durch eine nationale Akkreditierungsstelle, dass eine Konformitätsbewertungsstelle die in harmonisierten Normen festgelegten Anforderungen und, gegebenenfalls, zusätzliche Anforderungen, einschließlich solcher in relevanten sektoralen Akkreditierungssystemen, erfüllt, um eine spezielle Konformitätsbewertungstätigkeit durchzuführen".[11] Art. 43 Abs. 1 steht ausweislich seiner Berücksichtigung der Datenschutz-Aufsichtsbehörden im Widerspruch zu Art. 2 Nr. 11 der Verordnung (EG) Nr. 765/2008, die lediglich von einer Akkreditierungsstelle ausgeht. Die in der Grundverordnung geregelte Abweichung ist jedoch seitens des EU-Gesetzgebers gewollt und rechtlich möglich, zumal die Grundverordnung in ihren Regelungen als lex specialis einzuordnen ist.[12]

10

Der deutsche Gesetzgeber hat sich für die Übertragung der Akkreditierungszuständigkeit auf die Deutsche Akkreditierungsstelle (DAkkS) entschieden und das hierbei zu beachtende Verfahren in § 39 BDSG geregelt.[13] Grund für die Kompetenzzuweisung zur DAkkS ist die in den Augen des Gesetzgebers dort vorhandene hohe Kompetenz und Erfahrung bei der Akkreditierung und das Vorhandensein einer etablierten und erprobten Akkreditierungsinfrastruktur.[14] Die nicht durch die Grundverordnung beantwortete Auslegungsfrage, ob im Falle der Akkreditierung durch eine nationale Aufsichtsbehörde gem. Art. 43 Abs. 1 S. 2 lit. a die zusätzlichen Anforderungen des Art. 43 Abs. 1 S. 2 lit. b ebenso gelten sollen, stellt sich in Deutschland damit nicht. Art 43 Abs. 1 S. 2 lit. b verlangt eine Benennung der nationalen Akkreditierungsstelle gem. der bereits bestehenden Akkreditierungsvorschrift in Gestalt der Verordnung (EG) Nr. 765/2008 im Einklang mit der Norm EN-ISO/IEC 17065:2012. Die Verordnung (EG) Nr. 765/2008 beinhaltet Vorschriften für die Akkreditierung und Marktüberwachung im Zusammenhang mit der Vermarktung von Produkten.[15] Sie zielt darauf ab, einen EU-weiten Rechtsrahmen für die Akkreditierung vorzusehen und verpflichtet die Mitgliedstaaten zur Etablierung einer einzigen nationalen Akkreditierungsstelle.[16] In Deutschland wurde hierzu die besagte DAkkS weit vor Verabschiedung der Grundverordnung etabliert. Die internationale Norm EN-ISO/

11

---

10 Die Formulierung in Art. 57 Abs. 1 lit. q ist insofern missverständlich, als hieraus die Pflicht einer Aufsichtsbehörde zur Akkreditierung abgeleitet werden könnte, was nach dem Willen des Gesetzgebers nicht zwingend ist.
11 Vgl. Verordnung (EG) Nr. 765/2008 des europäischen Parlaments und des Rates vom 9. Juli 2008 über die Vorschriften für die Akkreditierung und Marktüberwachung im Zusammenhang mit der Vermarktung von Produkten und zur Aufhebung der Verordnung (EWG) Nr. 339/93 des Rates, ABl. 2008 OJ L 218, Art. 2 Nr. 10.
12 Vgl. *Europäischer Datenschutzausschuss* Guidelines 4/2018, Ziff. 4.2 Abs. 33.
13 Siehe hierzu Rn. 14 ff.
14 BT-Drucks. 18/11325, S. 107.
15 Verordnung (EG) Nr. 765/2008, Art. 1.
16 Vgl. Verordnung (EG) Nr. 765/2008, Art. 4.

IEC 17065:2012 legt Anforderungen fest, die sicherstellen sollen, dass Zertifizierungsprogramme durch Zertifizierungsstellen kompetent, konsequent und unparteiisch betrieben werden. Dadurch soll die Anerkennung solcher Stellen sowie die Akzeptanz zertifizierter Produkte, Prozesse und Dienstleistungen auf nationaler und internationaler Ebene erleichtert und der internationale Handel gefördert werden.[17]

12 Art. 43 Abs. 1 S. 2 lit. b verweist, neben den oben angeführten Vorgaben, auf „zusätzliche, von der zuständigen Aufsichtsbehörde festgelegte Anforderungen". Das Abfassen von Kriterien einer Akkreditierung ist zunächst eine der Aufsichtsbehörde unmittelbar zugewiesene Aufgabe (vgl. Art. 57 Abs. 1 lit. p). Dies ist nachzuvollziehen, zumal die Sachnähe zum Datenschutz im Falle einer universalen nationalen Akkreditierungsstelle nicht per se angenommen werden kann.[18] Welche „zusätzlichen Anforderungen" gestellt werden können, wird über die Grundverordnung selbst nicht spezifiziert, sondern liegt in der Kompetenz der Aufsichtsbehörden. Die Konferenz der unabhängigen Datenschutzbehörden des Bundes und der Länder hat solche Anforderungen an die Akkreditierung formuliert.[19] Diese basieren wiederum auf den Leitlinien des Europäischen Datenschutzausschusses.[20] Darüber hinaus bestehen zusätzliche Akkreditierungsvorgaben seitens der DAkkS, so insbesondere Festlegungen für die Anwendung der EN-ISO/IEC 17065.[21]

13 Kriterien der Aufsichtsbehörde für eine Akkreditierung sind dem EDSA zur Prüfung vorzulegen, um das Kohärenzverfahren nach Art. 63 ff. zu gewährleisten (Art. 64 Abs. 1 S. 2 lit. c). Die Vorlage hat vorab der Billigung der nationalen Behörde zu erfolgen. Hintergrund ist das Ziel einer kohärenten Anwendung der Akkreditierungsanforderungen durch generelle Leitlinien des Ausschusses. Bestehen zwischen Aufsichtsbehörde und Ausschuss unterschiedliche Standpunkte hinsichtlich der Akkreditierungskriterien, ist nach Art. 64 Abs. 7, Abs. 8, Art. 65 das Streitbeilegungsverfahren durchzuführen, das in der Regel mit einem verbindlichen Entschluss des Ausschusses endet (vgl. Art. 65 Abs. 1). Akkreditierungskriterien, die nicht dem Ausschuss vorgelegt wurden, sind unwirksam.[22]

14 § 39 BDSG regelt die Akkreditierung von Zertifizierungsstellen in Deutschland, seien sie privatrechtlicher oder öffentlich-rechtlicher Natur[23], und folgt dem Regelungsauftrag des Art. 43 Abs. 1 S. 1. Hierbei wird in S. 1 sprachlich zwischen der Erteilung einer Befugnis, als Zertifizierungsstelle tätig werden zu dürfen und der Akkreditierung unterschieden. Zuständig für die Akkreditierung einer Zertifizierungsstelle soll die DAkkS sein, während die Erteilung der Befugnis durch die für die Zertifizierungsstelle zuständige Aufsichtsbehörde erfolgt. Aus Gründen der

---

17 Vgl. EN-ISO/IEC 17065:2012, S. 6.
18 Vgl. *Schwartmann/Weiß* RDV 2/2016, 68, 70.
19 *Konferenz der unabhängigen Datenschutzbehörden des Bundes und der Länder (Datenschutzkonferenz)* Anforderungen zur Akkreditierung gem. Art. 43 Abs. 3 DS-GVO i.V.m. DIN EN ISO/IEC 17065.
20 *Europäischer Datenschutzausschuss* Guidelines 4/2018, Annex 1.
21 Vgl. https://www.ldi.nrw.de/mainmenu_Datenschutz/submenu_Datenschutzrecht/Inhalt/Akkreditierung_Zertifizierung/Inhalt/Akkreditierung_Zertifizierung/20190315_oh_akk_c.pdf, zuletzt abgerufen am 4.5.2020.
22 Vgl. Ehmann/Selmayr-*Will* Datenschutz-Grundverordnung Art. 43 Rn. 9.
23 Vgl. Gola-*Lepperhoff* Art. 43 Rn. 14.

Praktikabilität wird besagte Entscheidung über einen eingerichteten Ausschuss mit Vertretern beider Behörden erfolgen.[24] Der Gesetzgeber hat sich demnach für ein Hybridverfahren bei der Akkreditierung entschieden, das die Genehmigung der Aufsichtsbehörde sowie die Akkreditierung durch die DAkkS voraussetzt. Der Gesetzgeber sieht hierdurch „gebotene Einwirkungsmöglichkeiten der zuständigen Aufsichtsbehörde".[25] Die Genehmigung der Aufsichtsbehörde bezieht sich im Übrigen darauf, in ihrem Zuständigkeitsbereich tätig werden zu dürfen.[26] Dies dürfte sich im Rahmen der Ermächtigung aus Art. 43 Abs. 1 S. 2 lit. b bewegen, auch wenn eine zusätzliche Genehmigung durch eine Aufsichtsbehörde vom Wortlaut der Norm nicht unmittelbar erfasst ist. Der Normtext sieht im Falle einer Akkreditierung durch eine nationale Akkreditierungsstelle die Festlegung zusätzlicher Anforderungen durch eine Aufsichtsbehörde vor. Insoweit werden Mitwirkungsrechte durch die Aufsichtsbehörde begründet, die in Deutschland durch den Genehmigungsakt und die zugrunde liegenden zusätzlichen Anforderungen formalisiert werden. § 39 S. 2 BDSG verweist auf das bestehende Akkreditierungsstellengesetz (AkkStelleG), das den Datenschutz bis dato nicht expressis verbis in seinen Regelungen berücksichtigt hat. Damit sollen die dort genannten Paragraphen des AkkStelleG mit der Maßgabe Anwendung finden, dass der Datenschutz dem Anwendungsbereich des § 1 Abs. 2 S. 2 AkkStelleG unterfallen soll.

15 Die Akkreditierung wird in § 1 Abs. 1 S. 1 AkkStelleG als hoheitliche Tätigkeit definiert, die durch die DAkkS durchgeführt wird. § 3 AkkStelleG regelt die Befugnisse dieser Stelle, die mit hoheitlichen Befugnissen ausgestattet ist und die erforderlichen Maßnahmen zur Sicherstellung der Kompetenz der Konformitätsbewertungsstellen treffen kann.[27] Die Begrifflichkeit der „Konformitätsbewertungsstelle" kann im Übrigen mit der einer „Zertifizierungsstelle" gleichgesetzt werden.[28] D.h. die Regelung des § 3 AkkStelleG enthält entsprechend Befugnisse der DAkkS zur Sicherstellung der Kompetenzen einer Zertifizierungsstelle nach Art. 43.

16 Die in „anderen Rechtsvorschriften" geregelte Zuständigkeit von Behörden, die Befugnis zu erteilen, um als Konformitätsstelle bzw. im Wortlaut der Grundverordnung als Zertifizierungsstelle tätig zu werden, wird explizit auf die Aufsichtsbehörden im Datenschutz übertragen (vgl. § 39 S. 2 BDSG i.V.m. § 1 Abs. 2 S. 2 AkkStelleG). Hierbei kann sich die DAkkS im Zuge der Überwachung der akkreditierten Konformitätsbewertungsstellen der Aufsichtsbehörden im Datenschutz als „Genehmiger" bedienen (§ 2 Abs. 3 S. 2 AkkStelleG). § 4 Abs. 3 AkkStelleG stellt klar, dass die Akkreditierungsentscheidung der DAkkS im Einvernehmen mit der „begutachtenden", sprich der zuständigen Aufsichtsbehörde im Datenschutz hinsichtlich der Genehmigung für das Operieren als Konformitätsbewertungsstelle, erfolgen soll. Hierzu wird ein Vertreter der Aufsichtsbehörden in den Akkreditierungsausschuss der DAkkS berufen, um über die Akkreditierung zu entscheiden. Im Falle einer positiven Entscheidung über eine Akkreditierung kann bei der zuständigen Auf-

---

24 Vgl. *Konferenz der unabhängigen Datenschutzbehörden des Bundes und der Länder* (Datenschutzkonferenz) Kurzpapier Nr. 9 – Zertifizierung nach Art. 42 DS-GVO S. 2.
25 *Richter* ZD 2020, 84, 85 m.w.N.
26 Vgl. Simitis/Hornung/Spiecker gen. Döhmann-*Scholz* Art. 43 Rn. 6.
27 Ausführlich hierzu *Dimitropoulos* Zertifizierung und Akkreditierung im Internationalen Verwaltungsverbund, S. 72 ff.
28 Vgl. EN-ISO/IEC 17065:2012, Ziff. 3.1.2.

Art. 43 / § 39 BDSG

sichtsbehörde der Antrag auf Erteilung der Befugnis als Zertifizierungsstelle gem. Art. 43 Abs. 1 S. 1 tätig zu werden, gestellt werden.

17 Gemäß § 8 Abs. 1 AkkStelleG können auch juristische Personen des Privatrechts mit Aufgaben und Befugnissen einer Akkreditierungsstelle beliehen werden.

18 § 10 AkkStelleG stellt Vorgaben an die zu beleihende Stelle. Diese Vorgaben sollen auch im Falle einer Beleihung einer privatrechtlich organisierten Stelle mit Aufgaben und Befugnissen der DAkkS im Bereich des Datenschutzes möglich sein, was die Einbeziehung des § 39 S. 2 BDSG an dieser Stelle bezweckt.

19 **2. Anforderungen an Zertifizierungsstellen.** Für Zertifizierungsstellen gelten strukturelle sowie fachliche Anforderungen, die in Art. 43 formuliert werden. Werden diese Anforderungen nicht mehr erfüllt, ist eine Akkreditierung zu widerrufen.

20 Art. 43 Abs. 2 enthält zunächst Mindestanforderungen für Zertifizierungsstellen.[29] Dies ergibt sich aus Art. 43 Abs. 3 S. 1, der von einer Akkreditierung nach den Abs. 1 und 2 anhand von Anforderungen ausgeht, die von der zuständigen Aufsichtsbehörde oder durch den EDSA genehmigt wurden. Der fehlende Verweis auf „Anforderungen nach Absatz 2" im Kontext des Art. 43 Abs. 3 S. 1 lässt den Rückschluss zu, dass die dortigen Anforderungen hiermit nicht gemeint sind. Demnach sind weitere Anforderungen seitens der Aufsichtsbehörden bezüglich der Akkreditierung einer Zertifizierungsstelle möglich.[30] Im Übrigen ist eine Genehmigung durch eine nationale Aufsichtsbehörde oder durch den EDSA jedoch, entgegen des gesetzlichen Wortlauts, nicht alternativ möglich.[31] Der EDSA hat sich gem. der gesetzlichen Aufgabenzuweisung mit den Kriterien für eine Akkreditierung zu befassen (vgl. Art. 70 Abs. 1 S. 2 lit. p). Mithin sind ihm Kriterien zur Stellungnahme vorzulegen (vgl. Art. 64 Abs. 1 lit. c).

21 Im Falle einer nationalen Akkreditierungsstelle nach Verordnung (EG) Nr. 765/2008 gelten, neben den Kriterien des Abs. 3 S. 1, die weiteren Vorgaben der Verordnung (EG) Nr. 765/2008 und die technischen Vorschriften, in denen die Methoden und Verfahren der Zertifizierungsstelle beschrieben werden (vgl. Art. 43 Abs. 3 S. 2). Mit den „technischen Vorschriften" wird in erster Linie auf die Norm EN-ISO/IEC 17065:2012 zu verweisen sein. Immerhin befasst diese sich mit den Anforderungen an Stellen, die Produkte, Prozesse und Dienstleistungen zertifizieren.[32] Der Verweis des Abs. 3 S. 2 auf „diese Anforderungen" ist so zu verstehen, dass hiermit die „zusätzlichen Anforderungen" des Abs. 1 lit. b gemeint sind sowie die des Abs. 2.[33]

22 Zertifizierungsstellen des Abs. 1 dürfen nur dann akkreditiert werden, wenn sie über das geeignete Fachwissen hinsichtlich des Datenschutzes verfügen (Art. 43 Abs. 1 S. 1). Art. 43 Abs. 2 lit. a konkretisiert die allgemeine Vorgabe des Absatzes 1 auf ein Fachwissen bezogen „auf den Gegenstand der Zertifizierung" (vgl. Art. 42 Abs. 5 S. 1). D.h. auch, dass je komplexer der Zertifizierungsgegenstand ist, desto umfangreicher muss

---

29 A.A. BeckOK DatenSR-*Eckhardt* Art. 43 Rn. 16, der durch den fehlenden Verweis auf „Mindestanforderungen" in der Norm von einem abschließenden Charakter ausgeht.
30 Vgl. auch *Europäischer Datenschutzausschuss* Guidelines 4/2018, Ziff. 4.4 Abs. 39 im Kontext der Akkreditierung durch eine nationale Aufsichtsbehörde.
31 Vgl. Simitis/Hornung/Spiecker gen. Döhmann-*Scholz* Art. 43 Rn. 19.
32 Vgl. EN-ISO/IEC 17065:2012, S. 6.
33 Vgl. *Europäischer Datenschutzausschuss* Guidelines 4/2018, Ziff. 4.3 Abs. 25.

das Fachwissen der Zertifizierungsstelle sein, wobei eine Übertragung der geforderten Fachkunde auf eingeschaltete Dritte (z.B. Gutachter oder Auditoren) möglich ist.[34] Ein diesbezüglicher Nachweis wird über die Vorlage von Zeugnissen oder anderer Fachkundenachweise erbracht werden können. Durch den Verweis des Art. 43 Abs. 1 S. 1 auf ein „geeignetes Fachwissen hinsichtlich des Datenschutzes" stellt sich im Rahmen der Regeln für Zertifizierungsstellen die Frage nicht, ob ein Fachwissen auch über sonstige Regelungsinhalte der Grundverordnung vorhanden sein muss.[35] Die extensive Auslegung des „Fachwissens" wird im Übrigen durch die Datenschutzkonferenz bestätigt, die eine Fachkunde zum Datenschutz und Zertifizierungsgegenstand ebenso verlangt, wie Kenntnisse im Bereich der Konformitätsbewertung und der Managementsysteme.[36] Eine Bündelung der Kompetenzen auf eine oder wenige Personen ist dabei möglichst zu vermeiden.

Neben dem Fachwissen muss die Zertifizierungsstelle ihre Unabhängigkeit nachgewiesen haben (Art. 43 Abs. 2 lit. a). Diese Unabhängigkeit steht im engen Zusammenhang mit dem Ausschluss von Interessenskonflikten gem. Art 43 Abs. 2 lit. e.[37] Unabhängigkeit bedeutet, dass die Kontrollstelle unbeeinflusst von den von ihr kontrollierten Organisationen agieren kann. Es darf, mit Ausnahme unerheblicher Einzelfälle, keinerlei Verbindung zu der bewertenden Stelle bestehen.[38] Das Angebot einer kostenpflichtigen Zertifizierung steht der geforderten Unabhängigkeit jedoch nicht im Wege.[39] 23

Ferner müssen sich Zertifizierungsstellen dazu verpflichten, die festgelegten und genehmigten Kriterien einer Zertifizierung nach Art. 42 Abs. 5 einzuhalten (Art. 43 Abs. 2 lit. b). Mit Blick auf die Erwartungshaltung des Art. 42 Abs. 5 sowie der Gesamtheit der Anforderungen an Zertifizierungsstelen nach Art. 43 ist dieser Vorgabe lediglich ein Appellcharakter zuzumessen. Sie enthält damit keine für Zertifizierungsstellen konkret auszufüllende Bedingung. 24

Verfahren für die Erteilung, die regelmäßige Überprüfung und den Widerruf einer Zertifizierung müssen ebenfalls festgelegt werden (Art. 43 Abs. 2 lit. c). Dies bedingt verschiedene Prozesse auf Seiten der Zertifizierungsstelle. Zum einen müssen Anträge auf Zertifizierung anhand eigener Vorgaben geprüft werden, so bspw., ob der Zertifizierungsgegenstand hinreichend abgegrenzt ist. Zum anderen ist eine sich hieran anschließende Überprüfung der Einhaltung der Prüf- bzw. Zertifizierungskriterien (Audit) ebenso vorzusehen, wie ein Verfahren für die Zertifikatserteilung.[40] Die Pflicht zur regelmäßigen Überprüfung bestehender Zertifizierungen bezieht sich auf die Phase nach der Erteilung eines Zertifikats. Hierbei wird über Art. 43 Abs. 2 lit. c wiederum nicht konkretisiert, wie eine solche Überprüfung zu gestalten wäre. Aus der ISO/IEC 17065 lassen sich jedoch zumindest grundsätzliche Vorgaben hierfür ablei- 25

---

34 Vgl. *Europäischer Datenschutzausschuss* Guidelines 4/2018, Ziff. 4.6 Abs. 47.
35 Vgl. Art. 41 Rn. 65 ff.
36 Vgl. *Konferenz der unabhängigen Datenschutzbehörden des Bundes und der Länder (Datenschutzkonferenz)* Anforderungen zur Akkreditierung, S. 9.
37 Vgl. nachstehend Rn. 26.
38 Vgl. Art. R 17 Abs. 3 S. 1 des Beschl. Nr. 768/2008/EG.
39 Vgl. Gola-*Lepperhoff* Art. 43 Rn. 17.
40 Ausführliche Vorgaben hierzu vgl. ISO/IEC 17065:2012, Ziff. 7. ff.

ten.[41] Im Rahmen der Zertifikatserteilung sowie der Verlängerung muss im Übrigen die gesetzlich vorgeschriebene Information der Aufsichtsbehörde beachtet werden (vgl. Art. 43 Abs. 1 S. 1). Um bestehende Zertifikate einer Stelle bei Nichteinhaltung der Zertifizierungskriterien wirksam zu entziehen, muss ein Verfahren für den verpflichtenden Widerruf etabliert sein.[42] Die Möglichkeit der Aufsichtsbehörde zum Widerrufs eines Zertifikats oder der Anordnung des Widerrufs bzw. der Nichterteilung[43] ist hiervon unabhängig zu sehen, da diese Befugnis über Verfahren auf Seiten der Behörde ausgefüllt wird. Letztlich müssen Verfahren und Strukturen bezüglich Beschwerden zu einer Zertifizierung festgelegt werden (Art. 43 Abs. 2 lit. d). Das jeweilige Verfahren muss Beschwerden hinsichtlich der Verletzung einer Zertifizierung oder die Art und Weise, wie eine Zertifizierung von einem Verantwortlichen oder Auftragsverarbeiter umgesetzt wird, nachgehen. D.h. es bedarf entsprechender Prozesse bei der Zertifizierungsstelle, die dem Betroffenen eine einfache Beschwerde ermöglichen und eine sich anschließende sorgfältige Prüfung und Behandlung gewährleisten. Hierzu gehört eine entsprechende Publizität von Beschwerdekanälen ebenso, wie ein sich hieran anschließender Prozess zur Prüfung.[44] Der Verweis des lit. d. auf „Strukturen" zielt auf eine konstante und planmäßige Aufgabenverteilung und eine stabile Organisation ab, um Verstößen nachzugehen.[45] Eine Frist zur Beantwortung von Beschwerden von Betroffenen sieht die Norm nicht vor. Eine Beantwortung innerhalb angemessener Zeit ist somit als grundlegendes Kriterium anzulegen.

26 Auch ohne dass die Grundverordnung hierzu nähere Vorgaben treffen würde, ist nachzuweisen, dass die Aufgaben und Pflichten der Zertifizierungsstelle nicht zu einem Interessenskonflikt führen (Art. 43 Abs. 2 lit. e). Hierbei werden insbesondere Regelungen zur Vermeidung von Interessenkollisionen der an einem Zertifizierungsprozess Beteiligten zu treffen sein.[46] Dabei ist eine organisatorische Unabhängigkeit von der zu zertifizierenden Stelle ebenso nachzuweisen wie eine kommerzielle oder finanzielle.[47] Eine wirtschaftliche Verbindung eines Prüfers einer Zertifizierungsstelle zum zu auditierenden Verantwortlichen oder Auftragsverarbeiter stünde einer unabhängigen Aufgabenwahrnehmung damit im Wege.[48] Der Ausschluss von Interessenskonflikten gilt auch für die Aufsicht, sollte sie als Akkreditierungs- und Zertifizierungsstelle auftreten.[49]

27 Im Rahmen der Anforderungen an das Fachwissen (vgl. Art. 43 Abs. 2 lit. a) und dem Ausschluss an Interessenskonflikte (vgl. Art. 43 Abs. 2 lit. e) normiert die Grundverordnung eine besondere Mitwirkungspflicht der Zertifizierungsstelle. D.h. insbesondere in diesen Bereichen wird eine Unterstützung durch entsprechende Dokumentati-

---

41 Vgl. ISO/IEC 17065:2012, Ziff. 7.9 ff.
42 Vgl. Art. 42 Rn. 49 ff.
43 Siehe hierzu Art. 58 Abs. 2 lit. h.
44 Einzelne Vorkommnisse sind nicht zu veröffentlichen, vgl. *Konferenz der unabhängigen Datenschutzbehörden des Bundes und der Länder (Datenschutzkonferenz)* Anforderungen zur Akkreditierung, S. 7.
45 Vgl. Art. 41 Rn. 59 ff.
46 Vgl. *Düsseldorfer Kreis* Modelle zur Vergabe von Prüfzertifikaten, S. 2.
47 Vgl. ISO/IEC 17065:2012, Ziff. 4.2.
48 Vgl. *Schwartmann/Weiß* RDV 2/2016, 68, 71.
49 *WP 29* Draft Guidelines on the accreditation of certification bodies under Regulation (EU) 2016/679, S. 11.

onen (z.B. Zeugnisse, Prozessbeschreibungen, Verträge) essenziell sein, um eine Akkreditierung zu erlangen. Hierbei besteht ein Beurteilungsspielraum im Zuge der behördlichen Prüfung.[50]

Art. 43 Abs. 4 S. 1 normiert die Verantwortlichkeit der Zertifizierungsstelle für die angemessene Bewertung einer Zertifizierung oder deren Widerruf. In Abgrenzung zur Verpflichtung zur bloßen Einhaltung der Prüfkriterien einer Zertifizierung gem. Art. 43 Abs. 2 lit. b ist damit ein „Mehr" verbunden, das zu einer eigenständigen Kontrollverpflichtung der Zertifizierungsstelle für zu erteilende oder erteilte Zertifikate führt. Wie die Bewertung durch die jeweilige Stelle zu erfolgen hat, spezifiziert die Grundverordnung nicht. Definierte Bewertungskriterien einer Zertifizierungsstelle wären ebenso zu erwarten, wie Rahmenbedingungen für darauf basierende Kontrollhandlungen, seien diese stichprobenhaft oder auf Basis der Beschwerde eines Betroffenen. Ergänzt wird die allgemeine Vorgabe der Grundverordnung in Form der Pflicht zur „angemessenen Bewertung" durch die ISO/IEC 17065, die konkrete Vorgaben an die Prüfschritte einer Zertifizierung beinhaltet. Für den Fall, dass eine lokale Aufsichtsbehörde für die Akkreditierung einer Zertifizierungsstelle zuständig sein soll, ist diese nicht formal an ISO/IEC 17065 gebunden. Es wird jedoch gefordert, dass in einem solchen Fall vergleichbare bzw. gar identische Verfahrensschritte bei der Prüfung einer Zertifizierung einzuhalten sind.[51]   **28**

Nach Art. 43 Abs. 5 haben Zertifizierungsstellen der zuständigen Aufsichtsbehörde die Gründe für die Erteilung oder den Widerruf einer Zertifizierung mitzuteilen. Hierdurch werden aufsichtsbehördliche Entscheidungsbefugnisse in Gestalt der Untersagung einer Zertifizierung oder des Widerrufs einer solchen (vgl. Art. 58 Abs. 2 lit. h) gewahrt. Trotz des nicht eindeutigen Wortlauts der Norm ist von einer vorherigen Mitteilungspflicht auszugehen. Dies bedeutet für eine erstmalige Zertifizierung, dass die Unterrichtung der Aufsichtsbehörde vorab einer solchen zu erfolgen hat, wobei konkrete Fristen im Gesetz nicht spezifiziert sind. Die Verlängerung einer Zertifizierung ist vom Wortlaut der Norm nicht adressiert, hat aber, ebenso wie bei der Ersterteilung, die Gründe zu beinhalten, da die Aufsichtsbehörde ansonsten nicht adäquat von ihren Weisungsbefugnissen Gebrauch machen könnte. Sollten sich bei der Zertifikatsverlängerung keine für die jeweilige Zertifizierung relevanten Änderungen bei den zu zertifizierenden Unternehmen ergeben, kann sich die Information der Aufsicht auf diesen Umstand beschränken.[52] Für den Fall der Nichterteilung einer Zertifizierung sieht das Gesetz keine Information der Aufsichtsbehörde vor. Über die Sinnhaftigkeit einer Unterrichtung trotz fehlender gesetzlicher Aufforderung besteht Uneinigkeit.[53] Letztlich wird man den Streit auf die Kompetenzausübung der Aufsichtsbehörden spiegeln müssen, die bei unterbleibender Information weder behindert noch eingeschränkt wird. In Abgrenzung zur pflichtigen Information über eine widerrufene Zertifizierung liegen die Gründe für eine Nichterteilung möglicherweise allein in einer Entscheidung des oberen Managements zur Aufgabe der Bemühungen und haben   **29**

---

50 „Zur Zufriedenheit der zuständigen Aufsichtsbehörde", vgl. Art. 43 Abs. 2 lit. a und e sowie BeckOK DatenSR-*Eckhardt* Art. 43 Rn. 19.
51 Vgl. *European Commission* Data Protection Certification Mechanisms, Ziff. 2.2.2. m.w.N.
52 Vgl. Kühling/Buchner-*Bergt* Art. 43 Rn. 18.
53 Für eine freiwillige Information vgl. Auernhammer-*Hornung* Art. 43 Rn. 10; a.A. Gierschmann-*Heilmann/Schulz* Art. 43 Rn. 27.

daher keine generelle Aussagekraft über die Befolgung bzw. Nichtbefolgung der aufgestellten Kriterien.

30 **3. Befristung einer Akkreditierung.** Im Gegensatz zu den Verhaltensregeln nach Art. 40 und 41 unterliegen Akkreditierungen einer Befristung von fünf Jahren mit einer Verlängerungsmöglichkeit unter „denselben „Bedingungen" (Art. 43 Abs. 4 S. 2). Unter „denselben Bedingungen" ist das Verfahren der erstmaligen Akkreditierung zu verstehen, das insoweit wiederholt wird.[54] Die Befristung berücksichtigt insbesondere Veränderungen auf Seiten der Zertifizierungsstelle wie bspw. organisatorische oder technologische Veränderungen sowie Veränderungen beim dort vorhandenen Fachwissen. Die unterschiedliche Befristung von Zertifikat und Akkreditierung führt zur Frage, ob mit dem Wegfall einer Akkreditierung automatisch ein Zertifikat der Zertifizierungsstelle ungültig wird. Mit Blick auf Art. 43 Abs. 4 S. 1 muss eine gleichzeitige Ungültigkeit angenommen werden, da eine „Bewertung" des Zertifikats nicht mehr stattfindet.[55] Eine Ausnahme hiervon könnte gemacht werden, wenn eine „Bewertung" von einer anderen Stelle wahrgenommen wird, die dieselben Kriterien der ursprünglichen Zertifizierung als Grundlage ihrer Bewertung hat genehmigen lassen bzw. akkreditiert ist.[56]

31 **4. Widerruf einer Akkreditierung.** Gemäß Art. 43 Abs. 7 widerruft die zuständige Aufsichtsbehörde oder die nationale Akkreditierungsstelle die Akkreditierung unter zwei gesetzlich genannten Voraussetzungen, die abschließend sind. Ein Ermessen steht der Behörde hierbei nicht zu.[57] Zum einen, wenn die Voraussetzungen für eine Akkreditierung nach den festgelegten Kriterien des Art. 43 Abs. 3 zu keiner Zeit bestanden und fälschlicherweise eine Akkreditierung dennoch erfolgte oder diese Voraussetzungen im Laufe einer Akkreditierung entfallen sind. Darüber hinaus soll der Widerruf einer Akkreditierung möglich sein, wenn eine Zertifizierungsstelle Maßnahmen ergreift, die mit der Grundverordnung nicht vereinbar sind. Dies kann bspw. die eigenmächtige Abschwächung der genehmigten Zertifizierungskriterien durch eine Zertifizierungsstelle umfassen. Aber auch ein Unterlassen kann eine solche „Maßnahme" darstellen[58], so bspw. das Unterlassen eines Widerrufs eines Zertifikats trotz Nichteinhaltung der Kriterien durch einen Verantwortlichen oder Auftragsverarbeiter. Das Verfahren für einen „Widerruf" orientiert sich im Übrigen an den §§ 48 ff. VwVfG, was auch in eine Rücknahme einer Akkreditierung münden kann.

32 **5. Widerruf einer Zertifizierung.** Die jeweilige Zertifizierungsstelle muss der zuständigen Aufsichtsbehörde die Gründe für die Erteilung oder den Widerruf einer Zertifizierung mitteilen, Art. 43 Abs. 5. Dass damit keine Verdrängung der Befugnisse der Aufsichtsbehörden verbunden ist, zeigt Art. 58 Abs. 2 lit. h, der der Behörde die Kompetenz verleiht, die Zertifizierungsstelle zum Widerruf der Zertifizierung anzuweisen oder erst gar keine Zertifizierung zu erteilen.[59] Die Streitfrage, ob hinsichtlich des Widerrufs einer Zertifizierung ebenso wie vorab einer Erteilung eine Vorabinforma-

---

54 Vgl. Rn. 10 ff.
55 Vgl. Ehmann/Selmayr-*Will* Art. 43 Rn. 11; a.A. Kühling/Buchner-*Bergt* Art. 43 Rn. 16; Gola-*Lepperhoff* Art. 43 Rn. 25.
56 Vgl. Ehmann/Selmayr-*Will* Art. 43 Rn. 11.
57 Vgl. Kühling/Buchner-*Bergt* Art. 43 Rn. 15; Gola-*Lepperhoff* Art. 43 Rn. 24.
58 Siehe hierzu bereits Art. 41 Rn. 72.
59 Vgl. *Spindler* ZD 2016 407, 409.

tion zu erfolgen habe, wird unterschiedlich beurteilt.[60] Unabhängig vom Zeitpunkt der Information kann die Aufsichtsbehörde gem. Art. 58 Abs. 2 lit. h jederzeit eine Zertifizierung widerrufen bzw. einen Widerruf anweisen. Die jeweilige Zertifizierungsstelle ist zum Widerruf verpflichtet, wenn die Voraussetzungen für die Zertifizierung nicht mehr erfüllt werden.[61]

6. Transparenz. Der Transparenzgedanke des Art. 42 Abs. 3 hinsichtlich des Zertifizierungsverfahrens wird über die Anforderungen des Art. 43 Abs. 6 S. 1 fortgesetzt, der die Aufsichtsbehörden zur Veröffentlichung der Akkreditierungsvoraussetzungen und Zertifizierungskriterien in leicht zugänglicher Form verpflichtet. Diese Transparenz bezieht sich damit nicht nur auf die Kriterien einer Zertifizierung, sondern auch auf die jeweiligen Akkreditierungsvoraussetzungen für eine Zertifizierungsstelle. Die Verwendung nichtöffentlicher Akkreditierungskriterien ist daher ebenso unzulässig, wie nicht nachvollziehbare Prüfparameter einer Zertifizierung. Dies wirft die Frage auf, inwieweit die ISO/IEC 17065:2012, die Teil der hiesigen Akkreditierungskriterien darstellt, in leicht zugänglicher Form veröffentlicht werden kann, immerhin ist sie kostenpflichtig. 33

Dem EDSA sind die Anforderungen an eine Akkreditierung sowie Zertifizierungskriterien zu übermitteln (Art. 43 Abs. 6 S. 2). Diese Vorgabe unterstreicht nochmals die gesetzlich bestehende Vorlagepflicht für Akkreditierungskriterien beim Ausschuss gem. Art. 64 Abs. 1 S. 2 lit. c. 34

Die über Art. 43 Abs. 6 S. 3 a.F. normierte Pflicht des EDSA, alle Zertifizierungsverfahren in ein Register aufzunehmen und diese „in geeigneter Weise" zu veröffentlichen ist durch die redaktionelle Bereinigung der Norm[62] entfallen, die insofern lediglich eine Wiederholung von Art. 42 Abs. 8 war. 35

7. Konkretisierungen durch die Europäische Kommission. Die Grundverordnung befähigt die Kommission, Anforderungen für Zertifizierungsverfahren im Rahmen von delegierten Rechtsakten festzulegen (Art. 43 Abs. 8). Nach Art. 290 des Vertrags über die Arbeitsweise der Europäischen Union (AEUV) kann der Kommission eine solche Befugnis übertragen werden, vorausgesetzt der „nachgeschobene" Rechtsakt hat allgemeine Geltung, was eine Einzelfallregelung ausschließt.[63] Der Entwurf eines solchen delegierten Rechtsakts wird dem EDSA zur Stellungnahme vorgelegt (vgl. Art. 70 Abs. 1 lit. q). Die Konkretisierungsmöglichkeit der Kommission bezieht sich dabei nicht nur auf den Fördergedanken des Art. 42 Abs. 1, sondern kann inhaltliche Anforderungen an Zertifizierungsverfahren umfassen.[64] 36

Die Kommission soll auch mittels Durchführungsrechtsakten technische Standards für Zertifizierungsverfahren sowie Mechanismen zur Förderung und Anerkennung sol- 37

---

60 Für eine Vorabinformation: *Laue/Kremer* Das neue Datenschutzrecht in der betrieblichen Praxis, § 8 Rn. 35 sowie Plath-*von Braunmühl* Art. 42 Rn. 6; für eine nachträgliche Information: Kühling/Buchner-*Bergt* Art. 43 Rn. 18.
61 Vgl. Art. 42 Rn. 49.
62 Berichtigung der Verordnung (EU) 2016/679 des Europäischen Parlaments und des Rates vom 23. Mai 2018, Abl. EU 2018 L 127, 2.
63 Zu den delegierten Rechtsakten siehe Art. 92 Rn. 1 ff.
64 Vgl. *Lachaud* Why the certification process defined in the General Data Protection Regulation cannot be successful, 814, 818; a.A. BeckOK DatenSR-*Eckhardt* Art. 43 Rn. 39, der der Kommission lediglich die Ausgestaltung des Fördergedankens belässt.

cher Verfahren festlegen können (Art. 43 Abs. 9). Diese Durchführungsrechtsakte sind gem. dem in Art. 93 Abs. 2 genannten Prüfverfahren zu erlassen. Denkbar, und durch den Wortlaut der Norm nicht ausgeschlossen, wäre auch die Anerkennung bestehender Standards, bspw. aus dem Bereich Informationssicherheitsmanagement. Wie besagte „Anforderungen für Zertifizierungsverfahren" oder die Formulierung technischer Standards durch die Kommission konkret interpretiert werden wird, bleibt offen. Konkretisierungen sind hierzu durch die „Multistakeholder Expert Group" der Kommission zu erwarten, die sich mit Anwendungsfragen zur DS-GVO befassen soll.[65]

38 Die Kompetenzen aus Art. 43 Abs. 8 und 9 werden teilweise als Ermächtigung für die Kommission gesehen, Vorgaben für ein EU-weites Zertifizierungsverfahren formulieren zu können, wobei sich dann die Abgrenzungsfrage zur Rolle des EDSA stellt. Unabhängig hiervon sollen beide Institutionen für eine einheitliche Anwendung von Zertifizierungsverfahren sorgen.[66]

39 **8. Sanktionen.** Verletzt die Zertifizierungsstelle ihre Pflichten gem. Art. 43, ist die Verhängung einer Geldbuße von bis zu 10 Mio. EUR oder im Falle eines Unternehmens 2 % des gesamten weltweit erzielten Jahresumsatzes, je nachdem welcher Betrag höher ist, möglich (Art. 83 Abs. 4 lit. b). Daneben ist eine zivilrechtliche Haftung einer Zertifizierungsstelle gem. Art. 82 denkbar, wenn sie im Rahmen der Zertifikatserteilung oder ihres Entzugs pflichtwidrig handelt und hierdurch ein Schaden entsteht.[67] Als schädigende Handlung kommt bspw. eine Zertifikatserteilung trotz Nichtvorliegen der Voraussetzungen in Betracht. Hierbei wären Handlungen durch eingeschaltete Prüfer oder Auditoren sowie zugrunde liegende vertragliche Bestimmungen weiter zu beachten. Art. 43 Abs. 2 regelt keine Pflicht der Zertifizierungsstelle, die sanktionsfähig wäre, sondern lediglich die Voraussetzungen, unter denen eine Akkreditierung überhaupt erfolgen darf. Ferner ist der Widerruf einer Akkreditierung möglich[68], wobei dies neben einer Nichterfüllung der Akkreditierungsvoraussetzungen gem. Art. 43 Abs. 7 auch bei Maßnahmen der Zertifizierungsstelle gelten soll, die mit der Verordnung nicht vereinbar sind. Die offene Formulierung der „Maßnahmen" bezieht dabei nicht nur Verstöße gegen Art. 42 und 43 mit ein.

C. Praxishinweise

I. Relevanz für öffentliche und nichtöffentliche Stellen

40 Die Regeln für Zertifizierungsstellen des Art. 43 gelten für den öffentlichen wie für den nichtöffentlichen Bereich. Zertifizierungsstellen aus beiden Bereichen haben sich den gesetzlichen Regeln unterzuordnen.

---

65 http://ec.europa.eu/newsroom/just/item-detail.cfm?item_id=59372, zuletzt abgerufen am 4.5.2020.
66 *Centre for Information Policy Leadership* GDPR Implementation Project, Certifications, Seals and Marks under the GDPR and Their Roles as Accountability Tools and Cross-Border Data Transfer Mechanisms, April 2017, S. 15; *European Commission* Data Protection Certification Mechanisms, Ziff. 2.3.
67 Vgl. Kühling/Buchner-*Bergt* Art. 42 Rn. 35.
68 Vgl. Art. 43 Rn. 31.

II. Relevanz für betroffene Personen

Eine unmittelbare Relevanz für betroffene Personen ergibt sich aus den Regeln für die Zertifizierungsstellen nicht. Indirekt profitieren Betroffene durch die gesetzlich normierten Rahmenbedingungen für Zertifizierungsstellen. Dies beinhaltet auch Kontrollmechanismen über Zertifikate ebenso wie Vorgaben für eine Akkreditierung von Zertifizierungsstellen und deren Widerruf. Hierdurch wird insgesamt die Qualität von Zertifizierungsverfahren gesteigert und das Vertrauen hierin auf Seiten der Betroffenen gestärkt. **41**

III. Relevanz für Aufsichtsbehörden

Auch Aufsichtsbehörden haben sich bei eigens betriebenen Zertifizierungsverfahren an die gesetzlichen Vorgaben für Zertifizierungsstellen zu halten. Ferner spielen sie eine aktive Rolle abseits eigener möglicher Zertifizierungsverfahren, u.a. im Rahmen der Erarbeitung von Akkreditierungskriterien sowie bei der Erteilung zur Befugnis, als Zertifizierungsstelle tätig sein dürfen. **42**

IV. Relevanz für das Datenschutzmanagement

Die gesetzlichen Vorgaben an eine Zertifizierungsstelle haben keine Relevanz für das Datenschutzmanagement, sondern vielmehr hinsichtlich der Gestaltung der Prozesse für eine Zertifizierung und den hierbei zu beachtenden Standards. Eine Einbettung in ein Managementsystem ist sinnvoll, um ein systematisches Vorgehen im Sinne des PDCA Cycles zu erreichen. **43**

Kapitel V
Übermittlungen personenbezogener Daten an Drittländer oder an internationale Organisationen

Artikel 44 Allgemeine Grundsätze der Datenübermittlung

¹Jedwede Übermittlung personenbezogener Daten, die bereits verarbeitet werden oder nach ihrer Übermittlung an ein Drittland oder eine internationale Organisation verarbeitet werden sollen, ist nur zulässig, wenn der Verantwortliche und der Auftragsverarbeiter die in diesem Kapitel niedergelegten Bedingungen einhalten und auch die sonstigen Bestimmungen dieser Verordnung eingehalten werden; dies gilt auch für die etwaige Weiterübermittlung personenbezogener Daten aus dem betreffenden Drittland oder der betreffenden internationalen Organisation an ein anderes Drittland oder eine andere internationale Organisation. ²Alle Bestimmungen dieses Kapitels sind anzuwenden, um sicherzustellen, dass das durch diese Verordnung gewährleistete Schutzniveau für natürliche Personen nicht untergraben wird.

Übersicht

	Rn		Rn
I. Allgemeines	1	c) Drittland	7
1. Zweck und Bedeutung der Vorschrift	1	d) Internationale Organisation	8
		e) Organe, Einrichtungen, Ämter und Agenturen der Union	9
2. Verhältnis zu anderen Vorschriften	4		
3. Begrifflichkeiten	5	II. Einzelheiten der Übermittlung in Drittländer	10
a) Übermittlung (S. 1 1. Fall)	5		
b) Weiterübermittlung/„Onward Transfer" (S. 1 2. Fall)	6		

Literatur: *Albrecht* Das neue EU-Datenschutzrecht – von der Richtlinie zur Verordnung CR 2016, 88 ff.; *Botta* Eine Frage des Niveaus: Angemessenheit drittstaatlicher Datenschutzregime im Lichte der Schlussanträge in „Schrems II" CR 2020, 82; *Grabitz//Hilf/Nettesheim* Das Recht der Europäischen Union, Stand: 68. EL Oktober 2019; *Lachenmann/Leibold* Brexit und Datenschutz – Sofortmaßnahmen für Unternehmen ZD-Aktuell 2019, 06442; *Martini/Botta* Undurchsichtige Datentransfers – gläserne Studierende? VerwArch 2019, 235; *Terhechte* Strukturen und Probleme des Brexit-Abkommens NJW 2020, 425; *Wybitul/Ströbel/Lukas* Übermittlung personenbezogener Daten in Drittländer, Überblick und Checkliste für die Prüfung nach der DS-GVO, ZD 2017, 503.

I. Allgemeines

1. Zweck und Bedeutung der Vorschrift. Die Flut an personenbezogenen Daten, die in Drittländer und internationale Organisationen oder aus Drittländern oder von internationalen Organisationen fließen, hat einen kaum überschaubaren Umfang angenommen. In internationalen Konzernen fließen die Daten rund um den Globus und durch eine Vielzahl von Jurisdiktionen. Weltweit tätige Datendienstleiter versenden und empfangen Daten, etwa bei der Verwendung von Clouds, ungeachtet jedweder jurisdiktionaler Grenzen.[1] Prägnant lässt sich formulieren, dass globale Kontakte

---
1 Kühling/Buchner-*Schröder* Art. 44 Rn. 1.

Art. 44   Allgemeine Grundsätze der Datenübermittlung

und Verbindungen die Welt zu einem „Dorf" machen.[2] Auch wenn die Geschwindigkeit der Entwicklung für den einen oder anderen bedrohlich erscheinen mag, ist sie jedoch insgesamt angesichts der Globalisierung des Handels sowie der sich stetig ausweitenden Vernetzung internationaler Zusammenarbeit essentiell – unter Umständen sogar alternativlos.[3] Nehmen wir bspw. einen Whistleblower, der aus einem Mitgliedsland der EU über einen erheblichen Compliance-Verstoß (Korruption, Steuerverkürzungen, Datenmissbrauch, Kartellrecht etc.) in einer außerhalb der EU befindlichen Gesellschaft berichtet. In einem solchen Fall könnte es passieren, dass Aufsichtsbehörden entsprechenden Beschwerden nicht nachgehen oder Untersuchungen nicht vornehmen können, die einen Bezug zu Tätigkeiten außerhalb der Grenzen ihres Mitgliedstaats haben.[4]

2   Vor dem Hintergrund der vorstehend beschriebenen Herausforderungen und Anforderungen im Hinblick auf den Schutz personenbezogener Daten herrschte zwischen Kommission[5], Europäischem Parlament[6] und Rat[7] Einigkeit darüber, dass eine Überarbeitung des bisherigen Regelwerks der Datenübermittlung in Drittländer in der DSRL geboten war. Gleichwohl stellt man bei genauerer Analyse fest, dass die Eckpfeiler der DSRL erhalten geblieben sind. Internationale Datenübermittlungen beruhen weiterhin vornehmlich auf einem **Angemessenheitsbeschluss, geeigneten** bzw. **angemessenen Garantien** (darunter **Standardvertragsklauseln** und **verbindliche unternehmensinterne Datenschutzvorschriften**) sowie auf **bestimmten Ausnahmen vom allgemeinen Verbot** der Übermittlung personenbezogener Daten in Länder außerhalb des EWR.[8] Eine erleichterte Rechtsanwendung verspricht die DS-GVO allerdings im Hinblick auf die Beurteilung der Zulässigkeit von Datenübermittlungen an Drittländer; der Verordnungstext ist hier erheblich präziser als die Regelungen der DSRL. Wie vorstehend bereits dargestellt, wird hier der Rechtswirklichkeit – nämlich der außerordentlichen Wichtigkeit des internationalen Handels sowie auch den Interessen von internationalen Organisationen (einschließlich nachrichtendienstlicher Tätigkeiten) – Rechnung getragen. Durch Art. 44 wird die Durchsetzung eines effektiven Datenschutzrechtes im internationalen Rechtsverkehr erheblich gestärkt.[9]

3   Art. 44 hat folgenden Regelungsgegenstand: S. 1 Hs. 1 normiert, dass die Übermittlung an ein Drittland sowie an eine internationale Organisation nur zulässig ist, wenn

---

2   So Sydow-*Towfigh/Ulrich* Art. 44 Rn. 1.
3   ErwG 101.
4   ErwG 116.
5   Mitteilung der Kommission „Gesamtkonzept für den Datenschutz in der Europäischen Union" KOM (2010) 609; Mitteilung der Kommission „Der Schutz der Privatsphäre in einer vernetzten Welt – Ein europäischer Datenschutzrahmen für das 21. Jahrhundert", KOM (2012) 09.
6   Entschließung des Europäischen Parlaments v. 6.7.2011 zur Mitteilung der Kommission an das Europäische Parlament und den Rat „Gesamtkonzept für den Datenschutz", 2011/2025 (INI).
7   Schlussfolgerungen des Rates v. 15.2.2011 zur Mitteilung der Kommission an das Europäische Parlament und den Rat „Gesamtkonzept für den Datenschutz", Ratsdok. 5980/4/11 REV 4.
8   Ehmann/Selmayr-*Zerdick* 44 Rn. 3; Gola-*Klug* Art. 44 Rn. 2; *Wybitul/Ströbel/Lukas* ZD 2017, 503.
9   So auch *Albrecht* CR 2016, 88, 94 ff.

sowohl die besonderen Bedingungen des Kapitel V als auch die sonstigen Bestimmungen der Verordnung erfüllt bzw. eingehalten werden. Gemäß S. 1 Hs. 2 gilt dies darüber hinaus für etwaige Weiterübermittlungen innerhalb eines Drittlandes bzw. an andere Drittländer oder andere internationale Organisationen. Abschließend regelt S. 2 – eher deklaratorisch –, dass die Regeln des Kapitel V so angewendet und ausgelegt werden müssen, dass das Schutzniveau für die Betroffenen nicht untergraben wird (etwa indem Verantwortliche, die der DS-GVO unterworfen sind, Daten zwecks Umgehung ausschließlich außerhalb Europas verarbeiten).[10]

2. Verhältnis zu anderen Vorschriften. Art. 44 ist als Eingangs- und Grundnorm konzipiert: Die Datenverarbeitungen gem. Kapitel V, d.h. einerseits Übermittlungen personenbezogener Daten an Drittländer oder an internationale Organisationen und andererseits die Datenverarbeitungen im Drittland (Nicht-EU/EWR Länder), Bereichen bzw. Sektoren in einem Drittland und/oder internationalen Organisationen, finden ihren allgemeinen rechtlichen Rahmen in Art. 44. 4

3. Begrifflichkeiten. – a) Übermittlung (S. 1 1. Fall). Der Begriff der Übermittlung wird ebenso wie bereits in der DSRL bewusst nicht, etwa in Form einer Legaldefinition, konkretisiert. Herkömmlich wird unter Übermittlung im Sinne der Art. 44 ff. jeglicher Verarbeitungsvorgang verstanden, bei dem personenbezogene Daten außerhalb des Geltungsbereichs der DS-GVO gebraucht werden und sich die Endbestimmung der Daten außerhalb des Gebiets der Europäischen Union befindet oder ein Zugriff auf die Daten außerhalb der Union möglich ist.[11] Ein typischer und seit langem diskutierter Fall ist daher die Bereitstellung von Informationen zum Abruf ins Internet.[12] 5

b) Weiterübermittlung/„Onward Transfer" (S. 1 2. Fall). Die Regelung der Weiterübermittlung (bzw. des sogenannten Onward Transfers) stellt hingegen eine wesentliche Neuerung dar. Eine vergleichbare Regelung existierte in der DSRL nicht. Durch die explizite Aufnahme in den Normtext steht nunmehr fest, dass für die Weiterübermittlung dieselben Zulässigkeitsvoraussetzungen vorliegen müssen wie im Fall einer (Erst-)Übermittlung. Das Schutzniveau für Daten, die ihren Ursprung in der Europäischen Union haben oder solche, für deren Verarbeitung die DS-GVO direkte Anwendung gefunden hat, bleibt aufrechterhalten.[13] Genau hieraus folgt eine erhebliche Stärkung der internationalen Durchsetzung datenschutzrechtlicher Vorgaben durch die DSRL. Denn das Schutzniveau bleibt an den Daten praktisch haften und kann nicht abbedungen werden.[14] Unbeachtlich ist in diesem Zusammenhang, ob die weiter übermittelten Daten wiederum weiter übermittelt werden. Sinn und Zweck dieser Regelung ist es, dass die Zulässigkeitsvoraussetzungen stets bei jedem individuellen Transfer der Daten erfüllt sein müssen. Das Schutzniveau darf in einer Übermittlungskette niemals unterbrochen sein.[15] Eine abweichende Sichtweise trüge die Gefahr in 6

---

10 *Botta* CR 2020, 82.
11 Ehmann/Selmayr-*Zerdick* Art. 44 Rn. 7 mit zahlreichen Nachweisen.
12 Ehmann/Selmayr-*Zerdick* Art. 44 Rn. 7; a.A. Grabitz/Hilf/Nettesheim-*Brühann* Das Recht der Europäischen Union, A 30.
13 BeckOK DatenSR-*Kamp/Beck* Art. 44 Rn. 33.
14 Paal/Pauly-*Pauly* Art. 44 Rn. 4; BeckOK DatenSR-*Kamp/Beck* Art. 44 Rn. 17.
15 In diesem Sinne siehe ErwG 101 S. 4.

sich, dass das bezweckte konstante Schutzniveau unterlaufen würde; gerade dies ist ausweislich Art. 44 S. 2 jedoch nicht gewollt.[16]

7 **c) Drittland.** Die DS-GVO verzichtet auf eine Legaldefinition des Begriffs Drittland. Drittland im datenschutzrechtlichen Sinne sind alle Nicht-Mitgliedsländer der Europäischen Union sowie des EWR. Das Begriffsverständnis ist insofern identisch mit dem der DSRL.

8 **d) Internationale Organisation.** Art. 4 Nr. 26 enthält eine Legaldefinition des Begriffs internationale Organisation. Hiernach ist unter einer internationalen Organisation „eine völkerrechtliche Organisation und ihre nachgeordneten Stellen oder jede sonstige Einrichtung, die durch eine zwischen zwei oder mehr Ländern geschlossene Übereinkunft oder auf der Grundlage einer solchen Übereinkunft geschaffen wurde" zu verstehen.

9 **e) Organe, Einrichtungen, Ämter und Agenturen der Union.** Die Regelungen des Kapitel V sind nicht anwendbar auf Datenverarbeitungen, deren Empfänger die Europäische Union selbst sowie ihre Organe, Einrichtungen, Ämter und Agenturen sind. Weder können diese unter den Begriff Drittland subsumiert werden, noch handelt es sich um internationale Organisationen i.S.v. Art. 4 Nr. 26. Es gilt, dass zuletzt genannte Institutionen gem. Art. 8 GRCh und Art. 16 AEUV das gleiche Schutzniveau im Hinblick auf personenbezogene Daten zu erfüllen haben wie die Mitgliedstaaten selbst. Die relevanten Regelungen folgen aus der Verordnung (EG) Nr. 45/2001. Diese Verordnung und sonstige Rechtsakte der EU sind gem. Art. 2 Abs. 3 i.V.m. Art. 98 an die Grundsätze und Vorschriften der DS-GVO anzupassen.

II. Einzelheiten der Übermittlung in Drittländer

10 Für weitere Einzelheiten bezüglich der Anforderungen an die Datenübermittlung in Drittländer und internationale Organisationen wird auf die Kommentierungen zu den Art. 45–49 sowie zu den übrigen relevanten Normen verwiesen.

Artikel 45 Datenübermittlung auf der Grundlage eines Angemessenheitsbeschlusses

(1) [1]Eine Übermittlung personenbezogener Daten an ein Drittland oder eine internationale Organisation darf vorgenommen werden, wenn die Kommission beschlossen hat, dass das betreffende Drittland, ein Gebiet oder ein oder mehrere spezifische Sektoren in diesem Drittland oder die betreffende internationale Organisation ein angemessenes Schutzniveau bietet. [2]Eine solche Datenübermittlung bedarf keiner besonderen Genehmigung.

(2) Bei der Prüfung der Angemessenheit des gebotenen Schutzniveaus berücksichtigt die Kommission insbesondere das Folgende:
a) die Rechtsstaatlichkeit, die Achtung der Menschenrechte und Grundfreiheiten, die in dem betreffenden Land bzw. bei der betreffenden internationalen Organisation geltenden einschlägigen Rechtsvorschriften sowohl allgemeiner als auch sektoraler Art – auch in Bezug auf öffentliche Sicherheit, Verteidigung, nationale Sicherheit

---

16 Einen eigenen Regelungsgehalt von Art. 44 S. 2 zweifelt Kühling/Buchner-*Schröder* Art. 44 Rn. 23 an.

und Strafrecht sowie Zugang der Behörden zu personenbezogenen Daten – sowie die Anwendung dieser Rechtsvorschriften, Datenschutzvorschriften, Berufsregeln und Sicherheitsvorschriften einschließlich der Vorschriften für die Weiterübermittlung personenbezogener Daten an ein anderes Drittland bzw. eine andere internationale Organisation, die Rechtsprechung sowie wirksame und durchsetzbare Rechte der betroffenen Person und wirksame verwaltungsrechtliche und gerichtliche Rechtsbehelfe für betroffene Personen, deren personenbezogene Daten übermittelt werden,

b) die Existenz und die wirksame Funktionsweise einer oder mehrerer unabhängiger Aufsichtsbehörden in dem betreffenden Drittland oder denen eine internationale Organisation untersteht und die für die Einhaltung und Durchsetzung der Datenschutzvorschriften, einschließlich angemessener Durchsetzungsbefugnisse, für die Unterstützung und Beratung der betroffenen Personen bei der Ausübung ihrer Rechte und für die Zusammenarbeit mit den Aufsichtsbehörden der Mitgliedstaaten zuständig sind, und

c) die von dem betreffenden Drittland bzw. der betreffenden internationalen Organisation eingegangenen internationalen Verpflichtungen oder andere Verpflichtungen, die sich aus rechtsverbindlichen Übereinkünften oder Instrumenten sowie aus der Teilnahme des Drittlands oder der internationalen Organisation an multilateralen oder regionalen Systemen insbesondere in Bezug auf den Schutz personenbezogener Daten ergeben.

(3) ¹Nach der Beurteilung der Angemessenheit des Schutzniveaus kann die Kommission im Wege eines Durchführungsrechtsaktes beschließen, dass ein Drittland, ein Gebiet oder ein oder mehrere spezifische Sektoren in einem Drittland oder eine internationale Organisation ein angemessenes Schutzniveau im Sinne des Absatzes 2 des vorliegenden Artikels bieten. ²In dem Durchführungsrechtsakt ist ein Mechanismus für eine regelmäßige Überprüfung, die mindestens alle vier Jahre erfolgt, vorzusehen, bei der allen maßgeblichen Entwicklungen in dem Drittland oder bei der internationalen Organisation Rechnung getragen wird. ³Im Durchführungsrechtsakt werden der territoriale und der sektorale Anwendungsbereich sowie gegebenenfalls die in Absatz 2 Buchstabe b des vorliegenden Artikels genannte Aufsichtsbehörde bzw. genannten Aufsichtsbehörden angegeben. ⁴Der Durchführungsrechtsakt wird gemäß dem in Artikel 93 Absatz 2 genannten Prüfverfahren erlassen.

(4) Die Kommission überwacht fortlaufend die Entwicklungen in Drittländern und bei internationalen Organisationen, die die Wirkungsweise der nach Absatz 3 des vorliegenden Artikels erlassenen Beschlüsse und der nach Artikel 25 Absatz 6 der Richtlinie 95/46/EG erlassenen Feststellungen beeinträchtigen könnten.

(5) ¹Die Kommission widerruft, ändert oder setzt die in Absatz 3 des vorliegenden Artikels genannten Beschlüsse im Wege von Durchführungsrechtsakten aus, soweit dies nötig ist und ohne rückwirkende Kraft, soweit entsprechende Informationen – insbesondere im Anschluss an die in Absatz 3 des vorliegenden Artikels genannte Überprüfung – dahingehend vorliegen, dass ein Drittland, ein Gebiet oder ein oder mehrere spezifischer Sektor in einem Drittland oder eine internationale Organisation kein angemessenes Schutzniveau im Sinne des Absatzes 2 des vorliegenden Artikels mehr gewährleistet. ²Diese Durchführungsrechtsakte werden gemäß dem Prüfverfahren nach Artikel 93 Absatz 2 erlassen.

Art. 45 — Angemessenheitsbeschluss

³In hinreichend begründeten Fällen äußerster Dringlichkeit erlässt die Kommission gemäß dem in Artikel 93 Absatz 3 genannten Verfahren sofort geltende Durchführungsrechtsakte.

(6) Die Kommission nimmt Beratungen mit dem betreffenden Drittland bzw. der betreffenden internationalen Organisation auf, um Abhilfe für die Situation zu schaffen, die zu dem gemäß Absatz 5 erlassenen Beschluss geführt hat.

(7) Übermittlungen personenbezogener Daten an das betreffende Drittland, das Gebiet oder einen oder mehrere spezifische Sektoren in diesem Drittland oder an die betreffende internationale Organisation gemäß den Artikeln 46 bis 49 werden durch einen Beschluss nach Absatz 5 des vorliegenden Artikels nicht berührt.

(8) Die Kommission veröffentlicht im *Amtsblatt der Europäischen Union* und auf ihrer Website eine Liste aller Drittländer beziehungsweise Gebiete und spezifischen Sektoren in einem Drittland und aller internationalen Organisationen, für die sie durch Beschluss festgestellt hat, dass sie ein angemessenes Schutzniveau gewährleisten bzw. nicht mehr gewährleisten.

(9) Von der Kommission auf der Grundlage von Artikel 25 Absatz 6 der Richtlinie 95/46/EG erlassene Feststellungen bleiben so lange in Kraft, bis sie durch einen nach dem Prüfverfahren gemäß den Absätzen 3 oder 5 des vorliegenden Artikels erlassenen Beschluss der Kommission geändert, ersetzt oder aufgehoben werden.

Übersicht

	Rn
I. Allgemeines	1
II. Angemessenheitsentscheidung	6
1. Kommissionsbeschluss (Abs. 1 und 2)	6
2. Prüfung durch die Kommission	7
a) Rechtslage der Drittstaaten, Gebiete oder Sektoren	8
b) Prüfmaßstab „Berücksichtigen"	9
3. Tatbestandsmerkmale des angemessenen Schutzniveaus	11
a) Begriff des angemessenen Schutzniveaus	12
b) Vorgaben der Art.-29-Datenschutzgruppe aus WP 12	13
aa) Der Grundsatz der Beschränkung der Zweckbestimmung	15
bb) Der Grundsatz der Datenqualität und -verhältnismäßigkeit	16
cc) Der Grundsatz der Transparenz	17
dd) Der Grundsatz der Sicherheit	18
ee) Das Recht auf Zugriff, Berichtigung und Widerspruch	19
ff) Beschränkungen der Weiterübermittlung in andere Drittländer	20
gg) Gewährleistung einer guten Befolgungsrate der Vorschriften	21
hh) Unterstützung und Hilfe für einzelne Personen	22
ii) Gewährleistung angemessener Entschädigung	23
c) Vorgaben der Art.-29-Datenschutzgruppe aus WP 237	24
aa) Garantie A – Die Datenverarbeitung muss auf klaren, genauen und verständlichen Regeln basieren	25
bb) Garantie B – Notwendigkeit und Verhältnismäßigkeit in Bezug auf die legitim verfolgten Ziele müssen nachgewiesen werden	26

	Rn		Rn
cc) Garantie C – Ein unabhängiger Aufsichtsmechanismus sollte existieren	27	g) Rechtsfolge	32
		III. Durchführungsrechtsakt (Abs. 3)	35
		1. Durchführung	36
dd) Garantie D – Der einzelnen Person müssen wirksame Rechtsmittel zur Verfügung stehen	28	2. Widerrufs- oder Abänderungsbeschluss (Abs. 5)	39
		3. Veröffentlichung (Abs. 8)	40
		IV. Wirksamkeit früherer Entscheidungen	41
d) Rechtsstaatlichkeitskriterien (Abs. 2 lit. a)	29	1. Art. 25 Abs. 6 DSRL	41
e) Existenz und wirksame Funktionsweise unabhängiger Aufsichtsbehörden (Abs. 2 lit. b)	30	2. In den Jahren 2000–2015: Safe-Harbor-Abkommen	44
		3. Seit dem Jahr 2016: EU-US Privacy Shield	46
f) Internationale Verpflichtungen des Drittlands bzw. der betreffenden internationalen Organisation (Abs. 2 lit. c)	31	V. Verhältnis zu anderen Vorschriften; Europarecht und nationales Recht	47
		VI. Brexit	48

Literatur: *Albrecht* Das neue EU-Datenschutzrecht – von der Richtlinie zur Verordnung, CR 2016, 88 ff.; *Botta* Der California Consumer Privacy Act: Wegbereiter eines angemessenen Datenschutzniveaus im Silicon Valley? Eine rechtsvergleichende Analyse des neuen kalifornischen Datenschutzgesetzes am Maßstab des Art. 45 DSGVO, PinG 2019, 261; *ders.* Eine Frage des Niveaus: Angemessenheit drittstaatlicher Datenschutzregime im Lichte der Schlussanträge in „Schrems II", CR 2020, 82; *Comans* Ein modernes europäisches Datenschutzrecht; *Grabitz/Hilf/Nettesheim* Das Recht der Europäischen Union, 62. EL Juli 2017; *von der Groeben/Schwarze/Hatje* Europäisches Unionsrecht, 7. Aufl. 2015; *Härting* EuGH: „Safe Harbor"-Entscheidung ungültig, CR 2015, 633; *Maunz/Dürig* Grundgesetz, 81. Aufl. 2017; *Molnár-Gábor/Kaffenberger* EU-US-Privacy-Shield – ein Schutzschild mit Löchern? ZD 2017, 18 ff.; *Piltz* Die Datenschutz-Grundverordnung (4. Teil), K&R 2016, 777; *Simitis* Die EU-Datenschutzrichtlinie NJW 1997, 281; *ZD-Aktuell* Pressemitteilung 2016, 05212.

I. Allgemeines

Art. 45 trifft Regelungen in Bezug auf die Übermittlung personenbezogener Daten an ein Drittland oder einen sonstigen qualifizierten Adressaten auf der Grundlage eines Angemessenheitsbeschlusses der Kommission[1]. 1

Art. 45 dient der Sicherung des Fortbestands eines hohen Schutzniveaus hinsichtlich personenbezogener Daten, wie von Art. 8 Abs. 1 GRCh vorgesehen. Außerdem werden die einheitliche Rechtsanwendung und Rechtssicherheit dadurch sichergestellt, dass die Kommission entsprechende Beschlüsse mit Wirkung für die gesamte Europäische Union fasst. Ein Angemessenheitsbeschluss kann ergehen, wenn der Adressat ein angemessenes Schutzniveau i.S.v. Abs. 1 bietet. Abs. 2 bestimmt die Kriterien für die Beurteilung eines in diesem Zusammenhang angemessenen Schutzniveaus. Weiterhin werden die Form des Erlasses als Durchführungsrechtsakt[2] sowie der Veröffentlichung 2

---

1 Vgl. in diesem Zusammenhang auch die instruktiv rechtsvergleichenden Ausführungen *Bottas* gegenüber dem progressiven California Consumer Privacy Act, *ders.* PinG 2019, 261.
2 Grabitz/Hilf/Nettesheim-*Nettesheim* Art. 291 Rn. 1 ff. mit Hinweisen zur Durchführungsrechtsakten im Allgemeinen.

geregelt und die Folgen der Feststellung des Wegfalls eines angemessenen Schutzniveaus normiert. Letztlich enthält Art. 45 Abs. 9 noch eine Regelung hinsichtlich des Umgangs mit Angemessenheitsentscheidungen auf Grundlage der DSRL.

3 Sofern ein Angemessenheitsbeschluss der Kommission nach Art. 45 vorliegt, sind die Bedingungen des Abs. 5 in Übereinstimmung mit Art. 44 erfüllt. Ob die weiteren Bestimmungen der DS-GVO, insbesondere für die Zulässigkeit der jeweiligen Übermittlung von Daten zu berücksichtigen und gegebenenfalls daraus resultierende weitere Voraussetzungen vorliegen, ist unabhängig von einem Angemessenheitsbeschluss einzelfallabhängig nach den speziellen Vorschriften der DS-GVO zu bewerten, da Art. 45 nur die Frage des angemessenen Schutzniveaus und nicht die Einhaltung der sonstigen Bestimmungen, wie von Art. 44 für die Zulässigkeit der Datenübertragung im Übrigen verlangt, betrifft. Eine Übermittlung von Daten in Drittländer und an andere qualifizierte Adressaten ist nach einem entsprechenden Kommissionsbeschluss nach Abs. 1 erlaubt.

4 Die Regelung des Art. 45 basiert zwar auf Art. 25 Abs. 6 DSRL, legt jedoch erstmals umfangreiche Kriterien fest, die bei der Prüfung der Angemessenheit zwingend zu berücksichtigen sind.[3] Anders als noch Art. 25 Abs. 5 DSRL, sieht die DS-GVO keine Verhandlungen mehr vor, die auf die Herstellung eines angemessenen Datenschutzniveaus und einer dadurch ermöglichten Angemessenheitsentscheidung gerichtet sind.

5 Weiterhin enthält die Regelung nunmehr Ausführungen hinsichtlich der Änderung und Rücknahme von Beschlüssen und begründet eine Überwachungspflicht der Kommission hinsichtlich der festgestellten Angemessenheit. Ebenfalls wurde mit Art. 45 erstmals die Möglichkeit eingeführt, einen Angemessenheitsbeschluss nicht ausschließlich zugunsten eines Drittstaates zu erlassen, sondern nunmehr auch zugunsten von Gebieten oder Sektoren in einem Drittland sowie zugunsten von internationalen Organisationen.[4]

II. Angemessenheitsentscheidung

6 **1. Kommissionsbeschluss (Abs. 1 und 2).** Die Kommission kann durch einen Angemessenheitsbeschluss feststellen, dass ein Drittland, ein Gebiet oder Sektoren eines Drittlands oder eine internationale Organisation das vorausgesetzte, angemessene Schutzniveau bietet.[5]

7 **2. Prüfung durch die Kommission.** Lediglich die Kommission hat die Hoheit, das Vorhandensein des angemessenen Schutzniveaus in einem Drittland, Gebiet oder einem oder mehreren Sektoren eines Drittlands bzw. einer internationalen Organisation zu prüfen und verfügt bei ihrer Entscheidung, ob sie das Drittland, das Gebiet oder den Sektor bzw. die internationale Organisation einer Prüfung unterzieht, über einen weiten Ermessensspielraum.[6] Vor dem Erlass eines Angemessenheitsbeschlusses hat die Kommission nach Art. 45 Abs. 3 zu prüfen, ob das Drittland, das Gebiet, oder die internationale Organisation ein angemessenes Schutzniveau gem. Art. 45 Abs. 2 bietet. Dabei unterliegt die Entwicklung der Drittländer und der internationalen Organisati-

---

3 Siehe dazu Rn. 9.
4 Paal/Pauly-*Pauly* Art. 45 Rn. 3.
5 BeckOK DatenSR-*Kamp* Art. 45 Rn. 3.
6 Ehmann/Selmayr-*Zerdick* Art. 45 Rn. 4.

onen einer fortlaufenden Überwachung durch die Kommission. Besonderes Augenmerk wird auf Entwicklungen gelegt, welche die Wirkungsweise der nach Art. 45 Abs. 3 erlassenen oder zu erlassenden Beschlüsse und der Feststellungen, die nach Art. 25 Abs. 6 der DSRL erlassen wurden, beeinträchtigen könnten.[7] Soweit die umfassende Prüfung zu einem positiven Ergebnis führt, stellt die Kommission durch Beschluss fest, dass ein Drittland bzw. ein Gebiet oder ein spezifischer Sektor eines Drittlands oder einer internationalen Organisation ein angemessenes Schutzniveau im Sinne des Abs. 2 gewährleistet. Ein Negativbeschluss ergeht, sollten Informationen zu der Feststellung führen, dass der jeweilige Adressat kein angemessenes Schutzniveau gewährleisten kann. Die gem. den Art. 42–44 an das betreffende Drittland bzw. an das Gebiet, den spezifischen Sektor des Drittlands oder die betreffende internationale Organisation übermittelten personenbezogenen Daten werden durch einen Beschluss nach Abs. 5 nicht berührt.

a) Rechtslage der Drittstaaten, Gebiete oder Sektoren. Während der Prüfung der Voraussetzungen für das Vorliegen eines angemessenen Schutzniveaus hat die Kommission auch die Rechtslage der Adressaten zu berücksichtigen. Innerhalb dieser Prüfung sind alle einschlägigen Rechtsvorschriften zu überprüfen. Hierzu zählen sowohl die Rechtsvorschriften sektoraler als auch allgemeiner Art bezüglich der öffentlichen und nationalen Sicherheit und Verteidigung als auch alle Vorschriften im Zusammenhang mit dem Zugang der Behörden zu personenbezogenen Daten.[8]   8

b) Prüfmaßstab „Berücksichtigen". Gemäß Art. 45 Abs. 2 sind die in lit. a–c aufgeführten Kriterien bei der Beurteilung der Angemessenheit des Schutzniveaus zu berücksichtigen. Fraglich ist in diesem Zusammenhang, welche Reichweite dem Begriff der „Berücksichtigung" zukommt. In diesem Sinne sind vor allem zwei Auslegungsvarianten naheliegend: Während man den Begriff „berücksichtigen" einerseits als unbedingt erachten könnte, d.h. eine Nichtbeachtung der Kriterien eine Unmöglichkeit der Angemessenheitsbeschlussfassung zur Folge hätte,[9] könnte man dem Begriff der „Berücksichtigung" andererseits auch einen Spielraum zuerkennen, welcher der Kommission in Zweifelsfällen die Möglichkeit lässt, auch weitere Aspekte zu berücksichtigen.[10]   9

Fremdsprachige Fassungen der DS-GVO können in diesem Zusammenhang als Auslegungshilfe nicht herangezogen werden, da auch diese für das Normmerkmal „berücksichtigen" vergleichbar unbestimmte Ausdrücke der jeweiligen Sprache verwenden.[11] Für die strenge Auslegung des Begriffs als unbedingt spricht die besondere Grundrechtsrelevanz des Datenschutzes.[12] In diesem Sinne stellt auch Art. 44 S. 2 explizit fest, dass die Rechtsanwendung des Art. 44 in einer Weise zu erfolgen habe, dass das   10

---

7 Vgl. Rat der Europäischen Union Nr. 5455/16, Vorschlag für eine Verordnung des Europäischen Parlaments und des Rates zum Schutz natürlicher Personen bei der Verarbeitung personenbezogener Daten und zum freien Datenverkehr (Datenschutz-Grundverordnung), S. 144.
8 Vgl. hierzu BeckOK DatenSR-*Kamp* Art. 45 Rn. 10–14.
9 Vgl. hierzu auch *Simitis* NJW 1997, 281, 284.
10 So Sydow-*Sydow* Art. 45 Rn. 7 f.
11 Zum Vergleich der Sprachfassungen als Ausgangspunkt der Auslegung von Normen im Europarecht vgl. *EuGH* Rs. C-449/93, Slg. 1995, I-4291 Rn. 28.
12 Vgl. zum europäischen Recht von der Groeben/Schwarze/Hatje-*Augsberg* Art. 8 GRCh Rn. 1 ff.; zum deutschen Recht vgl. Maunz/Dürig-*Di Fabio* Art. 2 Rn. 173–178.

durch die Verordnung gewährleistete Schutzniveau für natürliche Personen nicht unterlaufen wird. Für eine strengere Auslegung spricht außerdem, dass in ErwG 104 der Schutz der Menschenrechte, zu dem auch der Schutz personenbezogener Daten gehört, als Grundwert der Union bezeichnet wird. Auch der EuGH stellte in seiner „Schrems-Entscheidung" (sog. Safe-Harbor-Entscheidung) fest, dass die DS-GVO im Lichte der Grundrechtscharta auszulegen sei, um einen umfangreichen Schutz der Rechte Betroffener sicherstellen zu können.[13] Um ihrer Pflicht aus Art. 8 GRCh angemessen gerecht werden zu können, müsse die Kommission also zwingend die Kriterien des Art. 45 Abs. 2 beachten und könne einen Angemessenheitsbeschluss ohne Vorliegen dieser Kriterien nicht erlassen.[14]

11   **3. Tatbestandsmerkmale des angemessenen Schutzniveaus.** Für eine materiell rechtmäßige Kommissionsentscheidung bedarf es zwingend der Einhaltung eines angemessenen Schutzniveaus für Datentransfers in ein Drittland, ein Gebiet oder einen oder mehrere Sektoren eines Drittlands bzw. an eine internationale Organisation.[15]

12   **a) Begriff des angemessenen Schutzniveaus.** Der Beurteilungsmaßstab für ein angemessenes Schutzniveau ist durch die DS-GVO konkretisiert worden und ergibt sich aus den ErwG 102–104 sowie aus Art. 45 Abs. 2.[16] Auch die Schrems-Entscheidung des EuGH spielt eine bedeutende Rolle für die Beurteilung des Vorliegens eines angemessenen Schutzniveaus.[17] Weiterhin hat die Art.-29-Datenschutzgruppe diesbezgl. weitere Vorgaben gemacht. Diese Kriterien werden auch nach Inkrafttreten der DS-GVO das europäische Datenschutzrecht prägen,[18] da sie geeignet sind, ein angemessenes Schutzniveau zu beurteilen.[19]

13   **b) Vorgaben der Art.-29-Datenschutzgruppe aus WP 12.** Grundsätzlich ist das Schutzniveau eines Drittlands, Gebiets oder Sektors eines Drittlands oder einer internationalen Organisation als angemessen zu erachten, wenn es im Verhältnis zum europäischen Schutz der Sache nach gleichwertig ist.[20]

14   Die folgenden Grundsätze stellen dabei nach Ansicht der Art.-29-Datenschutzgruppe[21] zwingend zu berücksichtigende Kriterien des europäischen Datenschutzes dar:[22]

---

13   Vgl. *EuGH* EuZW 2015, 881, Rn. 66, 73, 78 – Schrems.
14   Ähnlich im Zusammenhang mit der DSRL *EuGH* EuZW 2015, 881, Rn. 70–72, 78 – Schrems; *Piltz* K&R 2016, 777.
15   *Molnár-Gábor/Kaffenberger* ZD 2017, 18, 19; Towfigh/Ulrich-*Sydow* Art. 45 Rn. 10 m.w.N.
16   Towfigh/Ulrich/*Sydow* Art. 45 Rn. 10; *Molnár-Gábor/Kaffenberger* ZD 2017, 18, 19; zum Problem des unkonkreten Begriffs der „Angemessenheit" in der DSRL siehe: *Comans* S. 90 ff.
17   *EuGH* CR 2015, 633 m. Anm. *Härting*; *Albrecht* CR 2016, 88, 95; *Molnár-Gábor/Kaffenberger* ZD 2017, 18, 19.
18   So auch Towfigh/Ulrich-*Sydow* Art. 45 Rn. 10.
19   Towfigh/Ulrich-*Sydow* Art. 45 Rn. 10; *Molnár-Gábor/Kaffenberger* ZD 2017, 18, 19.
20   So ErwG 104; *Albrecht* CR 2016, 88, 95; Towfigh/Ulrich-*Sydow* Art. 45 Rn. 10; *Albrecht* CR 2016, 88, 95; *Molnár-Gábor/Kaffenberger* ZD 2017, 18, 19.
21   Die Art.-29-Datenschutzgruppe wurde gem. Art. 29 DSRL eingesetzt. Nach Art. 68 ff. wird sie durch den Europäischen Datenschutzausschuss ersetzt.
22   Näheres zu den einzelnen Punkten: *Art.-29-Datenschutzgruppe* Übermittlung personenbezogener Daten an Drittländer: Anwendung von Artikel 25 und 26 der Datenschutzrichtlinie der EU, WP 12, 5 ff.; siehe auch Towfigh/Ulrich-*Sydow* Art. 45 Rn. 10 m.w.N.

aa) Der Grundsatz der Beschränkung der Zweckbestimmung. Daten müssen für 15
einen bestimmten Zweck verarbeitet werden und können in diesem Sinne nur in dem
Umfang verwendet oder übermittelt werden, als dies mit der Zweckbestimmung der
Übermittlung vereinbar ist.[23]

bb) Der Grundsatz der Datenqualität und -verhältnismäßigkeit. Daten müssen sach- 16
lich richtig und auf dem neuesten Stand sein. Die Datenerhebung soll angemessen,
relevanzorientiert und in Anbetracht des Zwecks, zu dem sie übertragen oder verarbeitet werden, nicht exzessiv sein.

cc) Der Grundsatz der Transparenz. Natürliche Personen müssen Informationen 17
über die Zweckbestimmung der Verarbeitung und die Identität des Verantwortlichen,
der in einem Drittland die Daten verarbeitet, sowie weitere im Einzelfall ggf. aus Billigkeitsgründen erforderliche Informationen, erhalten.[24]

dd) Der Grundsatz der Sicherheit. Die für die Verarbeitung verantwortliche Person 18
muss geeignete technische und organisatorische Sicherheitsmaßnahmen in Bezug auf
die Risiken der Verarbeitung treffen. Alle Personen, die unter der Verantwortung der
für die Verarbeitung verantwortlichen Person stehen, dürfen Daten nur auf deren
Anweisung verarbeiten.

ee) Das Recht auf Zugriff, Berichtigung und Widerspruch. Den betroffenen Perso- 19
nen muss das Recht eingeräumt werden, eine Kopie aller Daten zu erhalten, die verarbeitet werden. Auch müssen sie die Daten berichtigen dürfen, sofern die Daten
unrichtig sind. Ebenfalls muss in bestimmten Situationen ein Widerspruchsrecht gegen
die Verarbeitung der die Personen betreffenden Daten gewährt werden.[25]

ff) Beschränkungen der Weiterübermittlung in andere Drittländer. Eine Weiterüber- 20
mittlung der Daten von dem ursprünglichen Bestimmungsdrittland in ein weiteres
Drittland ist nur unter der Voraussetzung zulässig, dass das empfangende Drittland
ebenfalls ein angemessenes Schutzniveau aufweist.[26]

gg) Gewährleistung einer guten Befolgungsrate der Vorschriften. Es ist erforderlich, 21
ein geeignetes System einzusetzen, das sich dadurch auszeichnet, dass sich die für die
Verarbeitung Verantwortlichen ihrer Pflichten sowie die betroffenen Personen ihrer
Rechte klar bewusst sind. Auch müssen wirksame Sanktionen existieren, um die Einhaltung der Bestimmungen sowie die Möglichkeit der direkten Überprüfung einer
Einhaltung durch Behörden, Buchprüfer oder unabhängige Datenschutzbeauftragte
sicherzustellen.

hh) Unterstützung und Hilfe für einzelne Personen. Einzelne Personen müssen bei der 22
Wahrnehmung ihrer Rechte adäquat unterstützt werden. Dabei ist zu beachten, dass der
Einzelne seine Rechte rasch und wirksam, ohne eine Beschränkung wie etwa durch
überhöhte Kosten, durchsetzen können muss. Um dies sicherzustellen, ist ein Mechanismus einzusetzen, der eine unabhängige Prüfung von Beschwerden ermöglicht.

---

23 Ausgenommen sind die aufgeführten Gründe in Art. 13 DSRL.
24 Ausnahmen sind lediglich in Übereinstimmung mit Art. 11 Abs. 2 und 13 der DSRL möglich.
25 Ausgenommen sind die aufgeführten Gründe in Art. 13 DSRL.
26 Ausnahmen sind lediglich in Übereinstimmung mit Art. 26 Abs. 1 DSRL möglich.

23 **ii) Gewährleistung angemessener Entschädigung.** Eine in ihren Rechten verletzte Person/Partei muss bei einem Verstoß gegen die Bestimmungen angemessen entschädigt werden. Zu diesem Zweck ist ein System zu implementieren, das unabhängig schlichtet und die Zahlung von Entschädigungen oder die Auferlegung von Sanktionen ermöglicht.

24 **c) Vorgaben der Art.-29-Datenschutzgruppe aus WP 237.** In einer weiteren Stellungnahme hat die Art.-29-Datenschutzgruppe vier wesentliche Garantien aufgesetzt, die einen interpretationsoffenen Maßstab für den zulässigen Datenzugriff staatlicher Stellen in einem demokratischen Rechtsstaat vorgeben.[27]

25 **aa) Garantie A – Die Datenverarbeitung muss auf klaren, genauen und verständlichen Regeln basieren.** Die rechtliche Grundlage der Datenverarbeitung soll gesetzlich verankert sein und dabei Straftaten benennen, die zu einer Überwachung führen können. Auch sollen Kategorien definiert werden, die Personen benennen, die von einer Überwachung betroffen sein können, und eine zeitliche Begrenzung der Maßnahme sowie das Verfahren, das für die Untersuchung, Nutzung und Aufbewahrung der Daten verwendet wird, beschreiben. Darüber hinaus sollen Vorsichtsmaßnahmen für den Fall definiert werden, dass Daten an Dritte kommuniziert werden.[28]

26 **bb) Garantie B – Notwendigkeit und Verhältnismäßigkeit in Bezug auf die legitim verfolgten Ziele müssen nachgewiesen werden.** In Garantie B gibt die Art.-29-Datenschutzgruppe lediglich relativ vage Vorgaben und geht zudem auf einige Urteile des EuGH und EGMR ein. Im Grundsatz wird festgestellt, dass jegliche Datenverarbeitung durch die Regierung per definitionem eine Beeinträchtigung der Rechte auf Privatsphäre und Datenschutz ist.[29] Dies trifft nach Auffassung der Art.-29-Datenschutzgruppe ebenso für die Datenverarbeitung der Regierungsbehörden mit zweckmäßigen Informationen zu. Eine solche kann nur dann rechtmäßig sein, wenn sie notwendig und verhältnismäßig in Relation zu dem legitimen Ziel steht.[30]

27 **cc) Garantie C – Ein unabhängiger Aufsichtsmechanismus sollte existieren.** Bereits seit den 1970er Jahren hat der EGMR die Auffassung vertreten, dass jegliche Einwirkung auf die Rechte der Privatsphäre oder des Datenschutzes einem wirksamen, unabhängigen und unparteiischen Aufsichtssystem unterliegen soll, das entweder von

---

27 *Art.-29-Datenschutzgruppe* Working Document 01/2016 on the justification of interferences with the fundamental rights to privacy and data protection through surveillance measures when transferring personal data (European Essential Guarantees), WP 237, S. 12; siehe dazu auch Kühling/Buchner-*Schröder* Art. 45 Rn. 23.
28 *Art.-29-Datenschutzgruppe* Working Document 01/2016 on the justification of interferences with the fundamental rights to privacy and data protection through surveillance measures when transferring personal data (European Essential Guarantees), WP 237, S. 7 unter Verweis auf *EGMR* EuGRZ 85, 20, §§ 65 ff. – Malone; *EGMR* NJW 2007, 1433, 1436 Rn. 95 – Weber und Saravia; *EuGH* EuZW 2014, 459, 463 Rn. 61 – Digital Rights Ireland; *EGMR* v. 1.7.2008 – 58243/00, Rn. 63 – Liberty; *EGMR* v. 4.12.2015 – 47143/06, Rn. 229, Zakharov.
29 *Art.-29-Datenschutzgruppe* Working Document 01/2016 on the justification of interferences with the fundamental rights to privacy and data protection through surveillance measures when transferring personal data (European Essential Guarantees), WP 237, S. 7 unter Verweis auf *EuGH* EuZW 2014, 459, 463 Rn. 36, Digital Rights Ireland.
30 *Art.-29-Datenschutzgruppe* Working Document 01/2016 on the justification of interferences with the fundamental rights to privacy and data protection through surveillance measures when transferring personal data (European Essential Guarantees), WP 237, S. 12.

einem Richter oder einer anderen unabhängigen Stelle bereitgestellt werden muss. Unabhängig von der Form der Aufsicht ist die Existenz von Aufsichtsbehörden ein wesentlicher Bestandteil des Schutzes von Einzelpersonen in Bezug auf die Verarbeitung personenbezogener Daten.[31]

dd) Garantie D – Der einzelnen Person müssen wirksame Rechtsmittel zur Verfügung stehen. Jeder Person muss ein wirksames Rechtsmittel zur Verfügung stehen, um sich gegen eine etwaige Rechtsverletzung zur Wehr zu setzen. Jedoch ist die Meldung einer Überwachungsmaßnahme stets zwingende Voraussetzung für eine Ausübung. Fehlt eine solche Meldung, kann eine Maßnahme gleichwohl zulässig sein, wenn sie durch ein Gericht überprüft werden kann.[32] Die Art.-29-Datenschutzgruppe geht dabei auch auf die Frage ein, ob eine wirksame Durchsetzung nur von einem Gericht oder auch durch eine andere unabhängige Einrichtung durchgeführt werden kann. Der EGMR hat im sog. Kennedy-Urteil ausgeführt, dass nicht zwingend ein Gericht die Rechte durchsetzen muss, sondern vielmehr auch andere Einrichtungen dafür geeignet sein können.[33] Eindeutig positioniert sich die Art.-29-Datenschutzgruppe diesbezüglich jedoch nicht. 28

d) Rechtsstaatlichkeitskriterien (Abs. 2 lit. a). Zunächst stellt Abs. 2 lit. a auf die Rechtssituation des betreffenden Drittlands bzw. der internationalen Organisation ab. Grundvoraussetzung für ein angemessenes Schutzniveau sind Rechtsstaatlichkeit sowie die Achtung der Menschenrechte und der Grundfreiheiten.[34] Die einschlägigen Rechtsvorschriften des Drittlands oder der betreffenden internationalen Organisation sind dabei sowohl allgemein als auch sektoral zu betrachten.[35] Neu ist, dass sich die DS-GVO – im Gegensatz zur DSRL – auf Bereiche wie die nationale und öffentliche Sicherheit, Verteidigung und Strafrecht sowie explizit den Zugang von Behörden zu personenbezogenen Daten bezieht. In den Kriterienkatalog wurden nunmehr die von der Art.-29-Datenschutzgruppe geforderten effektiven Rechtsmittel aufgenommen, die betroffenen Personen im jeweiligen Drittland bzw. der internationalen Organisation zustehen müssen. Dies kann als Reaktion auf die Veröffentlichungen durch Edward Snowden gedeutet werden.[36] Doch auch die Vorgaben des EuGH aus der 29

---

31 *Art.-29-Datenschutzgruppe*, Working Document 01/2016 on the justification of interferences with the fundamental rights to privacy and data protection through surveillance measures when transferring personal data (European Essential Guarantees), WP 237, S. 9 unter Verweis auf *EGMR* v. 6.9.1978 – 5029/71, Rn. 17 und 51, Klass u.a.; *EuGH* v. 9.3.2010 – C-518/07, Rn. 23 – Commission.

32 *Art.-29-Datenschutzgruppe* Working Document 01/2016 on the justification of interferences with the fundamental rights to privacy and data protection through surveillance measures when transferring personal data (European Essential Guarantees), WP 237, S. 11 unter Verweis auf *EGMR* v. 4.12.2015 – 47143/06, Rn. 229, Zakharov; *EGMR* v. 18.2.1999 – 26083/94, Rn. 167, Kennedy.

33 *Art.-29-Datenschutzgruppe* Working Document 01/2016 on the justification of interferences with the fundamental rights to privacy and data protection through surveillance measures when transferring personal data (European Essential Guarantees), WP 237, S. 11 unter Verweis auf *EGMR* v. 4.12.2015 – 47143/06, Rn. 229, Zakharov; *EGMR* v. 18.2.1999 – 26083/94, Rn. 167, Kennedy.

34 So auch ErwG 104; Gola-*Klug* Art. 45 Rn 6.

35 Vgl. Towfigh/Ulrich-*Sydow* Art. 45 Rn. 11 der eine Vergleichbarkeit der Rechtsstaatlichkeit der EU fordert.

36 So auch Towfigh/Ulrich-*Sydow* Art. 45 Rn. 11; Paal/Pauly-*Pauly* Art. 45 Rn. 5.

Schrems-Entscheidung werden die Aufnahme der Zugriffsbefugnisse staatlicher Behörden in die DS-GVO beeinflusst haben.[37]

30 **e) Existenz und wirksame Funktionsweise unabhängiger Aufsichtsbehörden (Abs. 2 lit. b).** Gemäß Art. 45 Abs. 2 lit. b muss mindestens eine Aufsichtsbehörde mit wirksamen Befugnissen im betreffenden Drittland bestehen bzw. der internationalen Organisation übergeordnet sein. Diese überwacht die Einhaltung und wirksame Durchsetzung der Datenschutzvorschriften des Drittlandes bzw. der internationalen Organisation und steht den betroffenen Personen unterstützend und beratend bei der Ausübung ihrer Rechte bei. An dieser Stelle wurde die von der Art.-29-Datenschutzgruppe geforderte Garantie, dass den einzelnen Personen effektive Rechtsmittel zustehen müssen, unmittelbar in die DS-GVO aufgenommen.

31 **f) Internationale Verpflichtungen des Drittlands bzw. der betreffenden internationalen Organisation (Abs. 2 lit. c).** Die von dem betreffenden Drittland bzw. der internationalen Organisation eingegangenen völkerrechtlichen Verträge und andere Verpflichtungen, insbesondere in Bezug auf den Datenschutz, sind bei jeder Bewertung zu beachten und dürfen mit den vorhergehenden Kriterien nicht konfligieren.[38] Insbesondere einen Beitritt des zu prüfenden Drittlands zur Datenschutzkonvention des Europarats v. 28.1.1981 wird die Kommission vor diesem Hintergrund prüfen.[39]

32 **g) Rechtsfolge.** Im Vergleich zu Art. 25 Abs. 2 DSRL führt Art. 45 Abs. 2 wesentlich mehr Kriterien auf, die – wie die Formulierung „insbesondere" verdeutlicht – jedoch nicht abschließend sind. Die aufgeführten Kriterien sind von der Kommission bei der Beurteilung eines angemessenen Schutzniveaus jedoch stets zu berücksichtigen.

33 Sind indes alle Voraussetzungen für den Beschluss über ein angemessenes Datenschutzniveau erfüllt, steht der Übermittlung personenbezogener Daten in ein Drittland, ein Gebiet oder ein oder mehrere Verarbeitungssektoren eines Drittlands oder an eine internationale Organisation nichts weiter im Wege.

34 Mit Blick auf den internationalen Datenverkehr und die Globalisierung im Allgemeinen, dürfte dies für die Parteien einen willkommenen Bürokratieabbau darstellen, wobei gleichwohl ein angemessener Datenschutz dadurch gewährleistet ist, dass die Kommission gem. Art. 45 im Durchführungsrechtsakt einen Mechanismus für eine regelmäßige, mindestens alle vier Jahre erfolgende Überprüfung des angemessenen Schutzniveaus, vorzusehen hat.[40]

III. Durchführungsrechtsakt (Abs. 3)

35 Liegt bei einem Drittland, einem Gebiet bzw. Sektor eines Drittlands oder einer internationalen Organisation nach Prüfung der in Art. 45 Abs. 2 genannten Kriterien durch die Kommission ein angemessenes Schutzniveau vor, wird dies mittels eines Durchführungsrechtsakts durch die Kommission im Sinne des Art. 291 AEUV festgestellt und ein entsprechender Angemessenheitsbeschlusses gefasst.

---

37 *EuGH* NJW 2015, 3151, 3157 Rn. 93; Paal/Pauly-*Pauly* Art. 45 Rn. 5.
38 Siehe Towfigh/Ulrich-*Sydow* Art. 45 Rn. 13.
39 Vgl. ErwG 105; Towfigh/Ulrich-*Sydow* Art. 45 Rn. 13.
40 So auch Towfigh/Ulrich-*Sydow* Art. 45 Rn. 14.

1. Durchführung. Der Erlass eines solchen Durchführungsrechtsakts basiert dabei auf einem Prüfverfahren i.S.d. Art. 93 Abs. 2 i.V.m. Art. 5 VO (EU) 182/2011[41] (sog. „Komitologieverfahren"). Dabei wird die Kommission nach Art. 3 der VO (EU) 182/2011 von einem Ausschuss unterstützt, der aus Vertretern der Mitgliedstaaten besteht. Diesem legt die Kommission zunächst einen Entwurf des Durchführungsrechtsakts vor. Nur bei zustimmender Stellungnahme des Ausschusses erlässt die Kommission den Durchführungsrechtsakt.[42] Nach Bekanntmachung gegenüber der Kommission tritt der Angemessenheitsbeschluss in Kraft.

Gleichzeitig sind bestimmte inhaltliche Mindestanforderungen bei Erlass eines solchen Rechtsakts einzuhalten. Diese bestehen in der Festlegung der territorialen und sektoralen Reichweite der Angemessenheitsentscheidung sowie der Angabe gegebenenfalls vorhandener zuständiger Datenaufsichtsbehörden. Unmittelbarer Bestandteil des Durchführungsrechtsakts muss auch ein mindestens alle vier Jahre zu wiederholendes Überprüfungsverfahren sein.[43] Dieses 4-Jahres-Intervall berechnet sich ab dem Zeitpunkt der Fassung des Angemessenheitsbeschlusses durch die Kommission.[44] Letztere Voraussetzung folgt aus einer unmittelbaren Umsetzung der Schrems-Entscheidung durch den EuGH. Insgesamt zeigt sich so ein gegenüber den Vorgaben der früheren DSRL verschärftes Anforderungsprofil.[45]

Ungeachtet der vorigen Ausführungen darf der erlassene Durchführungsrechtsakt keine Klauseln enthalten, die unstatthafte Einschränkungen zum Inhalt hätten. Angemessenheitsentscheidungen auf Grundlage der DSRL beinhalteten demgegenüber Beschränkungen der Eingriffsmöglichkeiten der nationalen Kontrollstellen, übereinstimmend mit Art. 3 der Safe Harbor-Entscheidung der Kommission[46]. Diese Einschränkung ist mit dem in der Schrems-Entscheidung durch den EuGH festgelegten Maßstab des EuGH nicht vereinbar und folglich nunmehr unzulässig.[47] Der EuGH setzt die vollständige Unabhängigkeit der Aufsichtsbehörden voraus. Als Folge dessen kündigte die Kommission die Ersetzung der ungültigen Klauseln im Wege eines im Ausschussverfahren zu erlassenden Beschlusses an.[48]

2. Widerrufs- oder Abänderungsbeschluss (Abs. 5). Sofern die Kommission im Rahmen der Prüfung der Kriterien eines angemessenen Schutzniveaus zur Feststellung gelangt, dass ein Drittland die Voraussetzungen für den Erlass eines Angemessenheitsbeschlusses nicht oder nicht mehr erfüllt, muss die Kommission die Angemessenheitsentscheidung widerrufen, aussetzen oder ändern. Eine Änderung kann bspw. in Form einer Beschränkung des Beschlusses auf bestimmte Gebiete erfolgen. Ände-

---

41 Verordnung des Europäischen Parlaments und des Rates vom 16.2.2011 zur Festlegung der allgemeinen Regeln und Grundsätze, nach denen die Mitgliedstaaten die Wahrnehmung der Durchführungsbefugnisse durch die Kommission kontrollieren (Komitologie-VO).
42 Vgl. Art. 5 Abs. 3 VO (EU) 182/2011.
43 Siehe auch ErwG 106.
44 Vgl. hierzu auch Ehmann/Selmayr-*Zerdick* Art. 45 Rn. 13.
45 Vgl. *EuGH* NJW 2015, 3151, Rn. 76.
46 Vgl. Entscheidung der Kommission 2000/520/EG, ABl. 2000 L 215, 7.
47 Vgl. *EuGH* NJW 2015, 3151, Rn. 99 ff.
48 *Europäische Kommission* Mitteilung der Kommission an das Europäische Parlament und den Rat zu der Übermittlung personenbezogener Daten aus der EU in die Vereinigten Staaten von Amerika auf der Grundlage der Richtlinie 95/46/EG nach dem Urteil des Gerichtshofs in der Rechtssache C-362/14 (Schrems) vom 6.11.2015, S. 15.

rungsbedarf kann sich zudem infolge aktualisierter Informationen hinsichtlich einer unveränderten Rechtslage ergeben. Um dem Umstand, der zu einem Widerrufs- oder Änderungsbeschluss gem. Abs. 5 geführt hat, Abhilfe zu schaffen, führt die Kommission gem. Abs. 6 Gespräche mit dem betroffenen Adressaten.

40 **3. Veröffentlichung (Abs. 8).** Sämtliche Entscheidungen der Kommission über die Angemessenheit des Schutzniveaus in einem Drittland bzw. einer internationalen Organisation, gleich ob positiver oder negativer Art, sind im Amtsblatt der Europäischen Union zu veröffentlichen.

IV. Wirksamkeit früherer Entscheidungen

41 **1. Art. 25 Abs. 6 DSRL.** Feststellungen der Kommission, die diese nach Art. 25 Abs. 6 DSRL getroffen hat, bleiben auch nach Inkrafttreten der DS-GVO weiterhin bestandskräftig. Gemäß Art. 45 Abs. 9 bleiben die Entscheidungen nach Art. 25 Abs. 6 DSRL so lange in Kraft, bis sie durch einen nach dem Prüfverfahren gem. Art. 45 Abs. 3 oder 5 erlassenen Beschluss der Kommission geändert, ersetzt oder aufgehoben werden.

42 Die folgenden Angemessenheitsentscheidungen wurden bisher von der Kommission nach Art. 25 Abs. 6 DSRL beschlossen:

- **Andorra**;[49]
- **Argentinien**;[50]
- **Faröer Inseln**;[51]
- **Guernsey**;[52]
- **Isle of Man**;[53]
- **Israel**[54] mit der Begrenzung des Anwendungsbereiches des Beschlusses auf automatisierte Verarbeitungen;
- **Jersey**;[55]
- **Kanada**[56] mit der Begrenzung des Anwendungsbereichs des Beschlusses auf kanadische Organisationen, die personenbezogene Daten im Rahmen ihrer kommerziellen Tätigkeit verarbeiten (dies durch den sog. Personal Information Protection and Electronic Documents Act);
- **Neuseeland**;[57]
- **Uruguay**;[58]
- **Schweiz**;[59]

---

49 Beschluss der Kommission (EU) 2010/625, ABl. 2010 L 277, 27.
50 Entscheidung der Kommission 2003/490/EG, ABl. 2003 L 168, 19.
51 Beschluss der Kommission (EU) 2010/146, ABl. 2010 L 58, 17.
52 Entscheidung der Kommission 2003/821/EG, ABl. 2003 L 308, 28.
53 Entscheidung der Kommission 2004/411/EG, ABl. 2004 L 141, 51.
54 Beschluss der Kommission (EU) 2011/61, ABl. 2011 L 27, 39.
55 Entscheidung der Kommission 2008/393/EG, ABl. 2008 L 138, 21.
56 Entscheidung der Kommission 2002/2/EG, ABl. 2002 L 2, 13.
57 Durchführungsbeschluss der Kommission (EU) 2013/65, ABl. 2013 L 28, 12.
58 Durchführungsbeschluss der Kommission (EU) 2012/484, ABl. 2012 L 227, 11.
59 Entscheidung der Kommission 2002/518/EG, ABl. 2002 L 215, 1.

- USA[60] mit der Begrenzung des Anwendungsbereiches des Beschlusses auf Übermittlungen aus der EU an US-Organisationen die in der sog. Datenschutzschild-Liste des US-Handelsministeriums geführt werden (EU-US-Datenschutzschild). Ausweislich an dieser Entscheidung ist, dass bereits im Beschluss eine Bewertung der Kommission nach Inkrafttreten der DS-GVO vorgesehen ist.[61]

Entsprechend ErwG 106 müssen jedoch auch Angemessenheitsbeschlüsse nach Art. 25 Abs. 4 DSRL fortlaufend gem. Art. 45 Abs. 4 dahingehend überwacht werden, ob Gründe für eine Überprüfung des erforderlichen Schutzniveaus vorliegen. Sollte ein solcher Grund existieren, wird auch dann das Prüfverfahren gem. Art. 45 Abs. 5 eingeleitet, um die Entscheidung zu ändern, zu ersetzen oder dieselbe aufzuheben. **43**

2. In den Jahren 2000–2015: Safe-Harbor-Abkommen. Durch Entscheidung v. 26.7.2000 gestattete die Europäische Kommission Datenübermittlungen an Unternehmen, die am sog. Safe-Harbor-Programm teilnahmen und die infolgedessen so behandelt werden durften, als seien sie in der EU ansässig.[62] Schon früh wurde Kritik an der unzureichenden Sanktionierung von Verstößen durch die US Federal Trade Commission geübt, im Nachgang zu den Datenveröffentlichungen durch Edward Snowden und angesichts der dadurch bekannt gewordenen Informationen sowie diesbezüglicher Untersuchungen kritisierten deutsche Aufsichtsbehörden insbesondere den umfassenden und anlasslosen Zugriff der US-Geheimdienste auf personenbezogene Daten.[63] Im Folgenden wurde das Safe-Harbor Abkommen durch die Schrems-Entscheidung des EuGH zu Fall gebracht. Zuvor hatte der Irish High Court dem EuGH die Frage vorgelegt, ob eine nationale Behörde an die Entscheidung der Kommission, dass die USA ein angemessenes Schutzniveau gewährleisteten nach Art. 25 Abs. 6 DSRL per se gebunden sei oder ob die nationale Behörde im Fall einer Beschwerde die tatsächlichen Entwicklungen im jeweiligen Drittland trotzdem prüfen müsse und sich somit gegebenenfalls über die Entscheidung der Kommission hinwegsetzen könne.[64] **44**

Die daraufhin durch den EuGH getroffene Entscheidung enthält insbesondere die folgenden drei wesentlichen Aussagen: **45**

„a) Die Safe-Harbor Entscheidung der Kommission ist unwirksam und stellt keine rechtliche Grundlage mehr für eine Datenübermittlung aus der EU in die USA dar, da sich die Kommission bei Erlass der Safe-Harbor Entscheidung nicht an die Vorgaben der DSRL gehalten hat.

Somit konnte der EuGH ohne Prüfung des Inhalts der Grundsätze feststellen, dass die Safe-Harbor Entscheidung der Kommission ungültig ist.[65]

---

60 Durchführungsbeschluss der Kommission (EU) 2016/1250, ABl. 2016 L 207, 1.
61 Durchführungsbeschluss der Kommission (EU) 2016/1250, ABl. 2016 L 207, 1 Rn. 146; vgl. auch BeckOK DatenSR-*Kamp* Art. 45 Rn. 43; dazu ausführlich Kühling/Buchner-*Schröder* Art. 45 Rn. 40 ff.; sowie zu Schrems II *Botta* CR 2020, 82, 86 ff.
62 Entscheidung der Kommission 2000/520/EG, ABl. 2000 L 215, 7; Kühling/Buchner-*Schröder* Art. 45 Rn. 36.
63 Vgl. Pressemitteilung der Konferenz der Datenschutzbeauftragten des Bundes und der Länder v. 24.7.2013, https://www.datenschutz.bremen.de/sixcms/detail.php?gsid=bremen236.c.9283.de; Kühling/Buchner-*Schröder* Art. 45 Rn. 37.
64 Vgl. *EuGH* EuZW 2015, 881, 882, Schrems.
65 Vgl. *EuGH* EuZW 2015, 881, 887, Rn. 97 f., Schrems.

Die Angemessenheit des Datenschutzniveaus war gem. Artikel 25 Abs. 6 DSRL u.a. danach beurteilt worden, ob ein Drittland angemessene innerstaatliche Rechtsvorschriften oder internationale Verpflichtungen eingegangen war. Der EuGH stellt nun fest, dass zwar ein Rückgriff eines Drittlands auf ein System der Selbstzertifizierung nicht grundsätzlich gegen das Erfordernis in Art. 25 Abs. 6 DSRL verstößt, dass die Zuverlässigkeit eines solchen Systems jedoch regelmäßig im Wesentlichen auf der Schaffung wirksamer Überwachungs- und Kontrollmechanismen, die eine Ermittlung und Ahndung etwaiger Verstöße erlauben, beruht. Im Fall des Safe-Harbor-Abkommens sind die selbstauferlegten Grundsätze jedoch ausschließlich auf die teilnehmenden US-Organisationen beschränkt, ohne dass von den amerikanischen Behörden die Einhaltung eben jener Grundsätze verlangt wird."[66]

b) Nationale Datenschutzbehörden der Europäischen Union sind vollständig unabhängig.[67]

c) Angemessenheitsentscheidungen der Kommission sind in regelmäßigen Abständen zu kontrollieren und daraufhin zu prüfen, ob Gründe vorliegen, die eine Rechtfertigung des angemessenen Schutzniveaus inzwischen konterkarieren. Eine solche Prüfung ist jedenfalls stets dann geboten, wenn Anhaltspunkte vorliegen, die Zweifel an einem angemessenen Schutzniveau wecken."[68]

46 **3. Seit dem Jahr 2016: EU-US Privacy Shield.** Nachfolgeregelung zum Safe-Harbor-Abkommen wurde nach der diesbezüglichen Unwirksamkeitserklärung durch den EuGH im Jahr 2015 der am 12.7.2016 durch die Europäische Kommission beschlossene EU-US Privacy Shield (siehe vorstehend).[69]

V. Verhältnis zu anderen Vorschriften; Europarecht und nationales Recht

47 Ein Widerruf der Angemessenheitsentscheidungen nach Art. 45 Abs. 5 lässt die Übermittlung von personenbezogenen Daten nach Art. 46, 47 oder 49 unberührt.[70] Eine nationale Ratifikation ist nicht erforderlich, vielmehr werden § 4b Abs. 2 S. 2 und Abs. 3 BDSG a.F. durch Art. 44 und 45 ersetzt.[71]

VI. Brexit

48 Der Austritt des Vereinigten Königreichs aus der EU erfolgte am 31.1.2020. Das Austrittsabkommen enthält die Vereinbarung, dass ein Übergangszeitraum zum 31.12.2020 gelten soll, bis zu dessen Ende die DS-GVO für das Vereinigte Königreich bindend bleibt.[72] Wie sich jedoch das Verhältnis zwischen der EU und dem Vereinigten Königreich ab dem 1.1.2021 ausgestaltet, ist zum derzeitigen Stand ungewiss.[73] Sollte es zu kei-

---

66 *EuGH* EuZW 2015, 881, 886 Rn. 81 f., Schrems. vgl. auch Paal/Pauly-*Pauly* Art. 45 Rn. 13.
67 *EuGH* EuZW 2015, 881, 882, Rn. 40 ff., Schrems.
68 *EuGH* EuZW 2015, 881, 885, Rn. 76, Schrems.
69 Durchführungsbeschluss der Kommission (EU) 2016/1250, ABl. 2016 L 207, 1; vgl. hierzu auch *Martini/Botta* VerwArch 2019, 235, 260 ff.
70 Vgl. Towfigh/Ulrich-*Sydow* Art. 45 Rn. 25.
71 Vgl. Kühling/Buchner-*Schröder* Art. 45 Rn. 48.
72 Artikel 126 und Artikel 71 des Abkommen über den Austritt des Vereinigten Königreichs Großbritannien und Nordirland aus der Europäischen Union und der Europäischen Atomgemeinschaft v. 12.11.2019.
73 Vgl. *Botta* CR 2020, 82, 88; *Terhechte* NJW 2020, 425, 425.

ner bilateralen Einigung zwischen der EU und dem Vereinigten Königreich kommen, wird das Land nach den Grundsätzen der DS-GVO als Drittland anzusehen sein.[74] In diesem Fall fänden die Mechanismen der Art. 44 ff. Anwendung.[75] Prinzipiell könnte die Kommission dann eine entsprechend Art. 45 durchzuführende Angemessenheitsentscheidung treffen. Damit wäre festgestellt, dass das Vereinigte Königreich ein der DS-GVO gleichwertiges Datenschutzniveau bietet, mit der Folge, dass Unternehmen ohne weiteres personenbezogene Daten in das Vereinigte Königreich übertragen können.[76] Alternativ könnte die Datenübertragung zwischen zwei Parteien durch den Abschluss von EU-Standardschutzklauseln gem. Art. 46 stattfinden.[77]

Artikel 46 Datenübermittlung vorbehaltlich geeigneter Garantien

(1) Falls kein Beschluss nach Artikel 45 Absatz 3 vorliegt, darf ein Verantwortlicher oder ein Auftragsverarbeiter personenbezogene Daten an ein Drittland oder eine internationale Organisation nur übermitteln, sofern der Verantwortliche oder der Auftragsverarbeiter geeignete Garantien vorgesehen hat und sofern den betroffenen Personen durchsetzbare Rechte und wirksame Rechtsbehelfe zur Verfügung stehen.

(2) Die in Absatz 1 genannten geeigneten Garantien können, ohne dass hierzu eine besondere Genehmigung einer Aufsichtsbehörde erforderlich wäre, bestehen in

a) einem rechtlich bindenden und durchsetzbaren Dokument zwischen den Behörden oder öffentlichen Stellen,
b) verbindlichen internen Datenschutzvorschriften gemäß Artikel 47,
c) Standarddatenschutzklauseln, die von der Kommission gemäß dem Prüfverfahren nach Artikel 93 Absatz 2 erlassen werden,
d) von einer Aufsichtsbehörde angenommenen Standarddatenschutzklauseln, die von der Kommission gemäß dem Prüfverfahren nach Artikel 93 Absatz 2 genehmigt wurden,
e) genehmigten Verhaltensregeln gemäß Artikel 40 zusammen mit rechtsverbindlichen und durchsetzbaren Verpflichtungen des Verantwortlichen oder des Auftragsverarbeiters in dem Drittland zur Anwendung der geeigneten Garantien, einschließlich in Bezug auf die Rechte der betroffenen Personen, oder
f) einem genehmigten Zertifizierungsmechanismus gemäß Artikel 42 zusammen mit rechtsverbindlichen und durchsetzbaren Verpflichtungen des Verantwortlichen oder des Auftragsverarbeiters in dem Drittland zur Anwendung der geeigneten Garantien, einschließlich in Bezug auf die Rechte der betroffenen Personen.

---

74 Art. 71 Abs. 1 lit. b des Abkommen v. 12.11.2019 enthält gleichwohl die Regelung, dass die DS-GVO auch dann noch gilt, sofern personenbezogene Daten nach dem Ablauf des Übergangszeitraums aufgrund des Abkommens im Vereinigten Königreich verarbeitet werden.
75 Vgl. ZD-Aktuell 2016, 05212.
76 *Lachenmann/Leibold* ZD-Aktuell 2019, 06442; so auch *Botta*, der zudem zu Recht die Existenz eines angemessenen Datenschutzniveaus zumindest im Sicherheitssektor angesichts der umstrittenen Vorratsdatenspeicherung und der Enthüllungen Snowdens über das Government Communications Headquarter in Frage stellt, vgl. *ders.* CR 2020, 82, 88.
77 Siehe hierzu *Lachenmann/Leibold* ZD-Aktuell 2019, 06442 m.w.N.

(3) Vorbehaltlich der Genehmigung durch die zuständige Aufsichtsbehörde können die geeigneten Garantien gemäß Absatz 1 auch insbesondere bestehen in
a) Vertragsklauseln, die zwischen dem Verantwortlichen oder dem Auftragsverarbeiter und dem Verantwortlichen, dem Auftragsverarbeiter oder dem Empfänger der personenbezogenen Daten im Drittland oder der internationalen Organisation vereinbart wurden, oder
b) Bestimmungen, die in Verwaltungsvereinbarungen zwischen Behörden oder öffentlichen Stellen aufzunehmen sind und durchsetzbare und wirksame Rechte für die betroffenen Personen einschließen.

(4) Die Aufsichtsbehörde wendet das Kohärenzverfahren nach Artikel 63 an, wenn ein Fall gemäß Absatz 3 des vorliegenden Artikels vorliegt.

(5) ¹Von einem Mitgliedstaat oder einer Aufsichtsbehörde auf der Grundlage von Artikel 26 Absatz 2 der Richtlinie 95/46/EG erteilte Genehmigungen bleiben so lange gültig, bis sie erforderlichenfalls von dieser Aufsichtsbehörde geändert, ersetzt oder aufgehoben werden. ²Von der Kommission auf der Grundlage von Artikel 26 Absatz 4 der Richtlinie 95/46/EG erlassene Feststellungen bleiben so lange in Kraft, bis sie erforderlichenfalls mit einem nach Absatz 2 des vorliegenden Artikels erlassenen Beschluss der Kommission geändert, ersetzt oder aufgehoben werden.

– *ErwG: 108, 109*

Übersicht

	Rn		Rn
A. Einordnung und Hintergrund	1	4. Standarddatenschutz-	
B. Kommentierung	2	klauseln	21
I. Anwendungsbereich	3	5. Genehmigte Verhaltens-	
II. Geeignete Garantien	8	regeln	25
III. Regelbeispiele	15	6. Zertifizierung	27
1. Keine Genehmigung erforderlich	16	IV. Genehmigte geeignete Garantien	28
2. Rechtlich bindendes Dokument	18	1. Vertragsklauseln	29
		2. Verwaltungsvereinbarung	32
3. Binding Corporate Rules	19	V. Übergangsregelungen	34

Literatur: *Piltz* Die Datenschutz-Grundverordnung, Teil 4: Internationale Datentransfers und Aufsichtsbehörden, K&R 2016, 777.

A. Einordnung und Hintergrund

1   Bereits die Datenschutzrichtlinie 95/46/EG sah für die Übermittlung personenbezogener Daten in Drittländer ohne angemessenes Datenschutzniveau eine Rechtfertigung vor, die sich auf einen Katalog einzelner Ausnahmetatbestände stützte (Art. 26 RL 95/46/EG). Im Einzelnen waren dies die Einwilligung des Betroffenen; ein Vertrag zwischen Verantwortlichem und Betroffenem; ein Vertrag zwischen Verantwortlichem und einem Dritten, sofern dies im Interesse des Betroffenen lag; die Wahrung eines wichtigen öffentlichen Interesses oder die Geltendmachung, Ausübung oder Verteidigung von Rechtsansprüchen vor Gericht; die Wahrung lebenswichtiger Interessen der betroffenen Person; die Übermittlung aus einem öffentlichen Register. Diese Struktur wurde in der DS-GVO nur teilweise beibehalten. Es kamen neue Instrumente hinzu und einige der hier genannten wurden nicht mit aufgenommen.

Geeignete Garantien   Art. 46

B. Kommentierung

Im Rahmen der DS-GVO stellt Art. 46 die zentrale Norm für die Rechtmäßigkeit der 2
Übermittlungen personenbezogener Daten an Drittländer oder an internationale
Organisationen dar. Nach dem Wortlaut in Abs. 1 ist Art. 46 eine Ergänzung zu
Art. 45.

I. Anwendungsbereich

Zunächst ist festzuhalten, dass sogenannte Direkterhebungen in der EU durch einen 3
Verantwortlichen im Drittland schon begrifflich keine Übermittlung darstellen. In diesen Fällen ist die DS-GVO ohne Umwege anwendbar, so dass ein ausreichendes
Schutzniveau besteht und keine der Garantien aus Art. 46 erforderlich ist.

Transfers an ein Drittland oder eine internationale Organisation erfolgen nach der 4
DS-GVO nunmehr in einem gestuften Verhältnis.

Liegt ein Angemessenheitsbeschluss nach Art. 45 Abs. 3 vor, bedarf es keiner weiteren 5
Rechtfertigungstatbestände für die Übermittlung in ein Drittland.

Liegt kein Beschluss der EU-Kommission vor, dass das betreffende Drittland, ein 6
Gebiet oder ein oder mehrere spezifische Sektoren in diesem Drittland oder die
betreffende internationale Organisation ein angemessenes Schutzniveau bieten, darf
ein Verantwortlicher oder ein Auftragsverarbeiter personenbezogene Daten an ein
Drittland oder eine internationale Organisation nur übermitteln, sofern der Verantwortliche oder der Auftragsverarbeiter selbst geeignete Garantien vorgesehen haben
und den betroffenen Personen durchsetzbare Rechte und wirksame Rechtsbehelfe zur
Verfügung stehen. Art. 46 regelt welche geeigneten Garantien in Frage kommen und
stellt weitere Anforderungen auf.

Das Fehlen eines Angemessenheitsbeschlusses für die gewünschte Datenübermittlung 7
wird häufig eher die Regel als die Ausnahme sein. Bisher wurde für folgende Länder
ein solcher Angemessenheitsbeschluss gefasst: Andorra, Argentinien, Kanada,
Schweiz, Färöer Inseln, Guernsey, Israel, Isle of Man, Japan, die Kanalinsel Jersey,
Neuseeland und Uruguay sowie die USA mittels des Privacy Shields (s. Kommentierung zu Art. 45 Rn. 42, 44 ff.). Für die überwiegende Anzahl der Drittländer existiert
demgegenüber kein Angemessenheitsbeschluss. In Hinblick auf Datenübermittlungen
unter Beteiligung dieser Länder sind daher die in Art. 46 geregelten geeigneten
Garantien von besonderer Bedeutung und ist ein Transfer in ein Drittland oder eine
internationale Organisation nach Art. 46 Abs. 1 zu prüfen.

II. Geeignete Garantien

Gemäß Art. 46 Abs. 1 ist eine Übermittlung an eine Stelle im Drittland oder an eine 8
internationale Organisation zulässig, wenn geeignete Garantien beim Verantwortlichen oder Auftragsverarbeiter im Drittland vorgesehen sind und den betroffenen Personen durchsetzbare Rechte und wirksame Rechtsbehelfe zur Verfügung stehen.
Damit sind die Voraussetzungen für einen Drittlandtransfer abseits des Angemessenheitsbeschlusses nach Art. 45 Abs. 3 deutlich strikter als noch in Art. 26 Abs. 2 Datenschutzrichtlinie.[1]

---

1 Vgl. *Spindler* DB 2016, 937, 945.

9   Insbesondere die Sicherstellung der durchsetzbaren Rechte der betroffenen Personen und das Zur-Verfügung-Stehen von wirksamen Rechtsbehelfen erhalten in Art. 46 einen besonderen Stellenwert. Die Garantien müssen insbesondere sicherstellen, dass das fehlende Schutzniveau für die betroffenen Personen im Drittland durch die Garantien ausgeglichen wird.[2] Das heißt, dass die Betroffenen im Vergleich zu einer entsprechenden Verarbeitung innerhalb der Europäischen Union entsprechende, geeignete Absicherungen erfahren und ihre Rechte ebenso effektiv durchsetzbar sein müssen.[3]

10 Die effektive Durchsetzung von Betroffenenrechten kann in der vertraglichen Abrede zwischen Betroffenen und Datenexporteur bzw. Datenimporteur Schwierigkeiten bereiten, da verbraucherschützende Regelungen unter Umständen die Wahl eines Gerichtsstandes außerhalb der Europäischen Union auch für bestimmte Verfahren, etwa eine Geltendmachung von Schadensersatz wegen Datenschutzverstößen, erschweren. Aus der Formulierung des ErwG 108 ergibt sich allerdings, dass ein Rechtsbehelf der nur im Drittland geltend gemacht werden kann, wohl dennoch zulässig sein wird.

11 Darüber hinaus kann das Rechtssystem im Drittland bspw. keinen Verwaltungsrechtsweg vorsehen, wie dies unter der DS-GVO vorausgesetzt wird. Insofern ist dann ErwG 108 S. 3 so zu verstehen, dass vergleichbare gerichtliche Rechtsbehelfe zur Verfügung stehen müssen, ohne dass der Wortlaut aus Art. 46 Abs. 1 zu eng auszulegen ist.[4]

12 Die Garantien müssen als Konsequenz auf die Einhaltung der allgemeinen Grundsätze für die Verarbeitung personenbezogener Daten aus der DS-GVO gerichtet sein, einschließlich der Umsetzung der Grundsätze des Datenschutzes durch Technik (**Privacy by Design**) und durch datenschutzfreundliche Voreinstellung (**Privacy by Default**).[5] Im Ergebnis bedeutet dies, dass die materiellen Schutzvorschriften der DS-GVO entsprechend in den Garantien aufzunehmen sind.[6]

13 Im Übrigen können zur näheren Bestimmung der inhaltlichen Anforderungen an geeignete Garantien die Anforderungen an die verbindlichen internen Datenschutzvorschriften nach Art. 47 entsprechend herangezogen werden, da ausdrückliche Regelungen hierzu in Art. 46 Abs. 1 fehlen.[7] Für das Einhalten der Garantien sowie für deren Geeignetheit sind grundsätzlich der Verantwortliche und – je nach inhaltlicher Ausgestaltung – der Auftragsverarbeiter verantwortlich. Aus der Formulierung aus Art. 46 Abs. 1 in Bezug auf die geeigneten Garantien beim Verantwortlichen oder Auftragsverarbeiter lässt sich indes keine Änderung in Bezug auf die Verantwortlichkeiten nach den Standardvertragsklauseln ableiten. Insofern sind diese mit ihren Regelungen vorrangig zu behandeln (s. Kommentierung zu Art. 46 Abs. 2 lit. c Rn. 21 ff.).

---

2 Siehe ErwG 108 S. 1.
3 Ehmann/Selmayr-*Zerdick* Art. 46 Rn. 6; BeckOK-DatenSR-*Lange/Filip* Art. 46 Rn. 8.
4 So auch BeckOK-DatenSR-*Lange/Filip* Art. 46 Rn. 10.
5 Kühling/Buchner-*Schröder* Art. 46 Rn. 10.
6 Vgl. BeckOK-DatenSR-*Lange/Filip* Art. 46 Rn. 13.
7 Vgl. Ehmann/Selmayr-*Zerdick* Art. 46 Rn. 6; Kühling/Buchner-*Schröder* Art. 46 Rn. 10.

Abweichend von der Formulierung der Datenschutzrichtlinie ist nunmehr nicht mehr darauf abzustellen, ob die Garantien „ausreichend" sind, sondern auf ihre Geeignetheit. Dies bedeutet nicht, dass zwingend höhere inhaltliche Anforderungen an die Garantien gestellt werden müssen, sondern, dass sie im Einzelfall für die jeweilige beabsichtigte Verarbeitung, insbesondere die betroffenen personenbezogenen Daten und das Schutzniveau im Drittland, zu überprüfen sind. Ferner muss der für den Drittland-Transfer Verantwortliche (d.h., u.U. auch der Auftragsverarbeiter) Sorge dafür tragen, dass diese geeigneten Garantien während der Gesamtzeit der Verarbeitung aufrechterhalten werden. 14

III. Regelbeispiele

Art. 46 Abs. 2 führt Regelbeispiele für geeignete Garantien bzw. Maßnahmen auf, die geeignete Garantien darstellen können. Im Einklang mit der Systematik der DS-GVO ist diese Liste weder abschließend noch allgemein verbindlich, sondern muss auf ihre Geeignetheit für die jeweilige Verarbeitung geprüft werden. 15

1. Keine Genehmigung erforderlich. Eine der wesentlichen Erleichterungen im Rahmen der Neuregelung von Drittlandtransfers ohne entsprechenden Angemessenheitsbeschluss ist der Umstand, dass eine gesonderte Genehmigung einer Aufsichtsbehörde nicht erforderlich ist, sollte auf eine der geeigneten Garantien nach Art. 46 Abs. 2 zurückgegriffen werden.[8] Eine wie auch immer geartete Vorabgenehmigung einer Aufsichtsbehörde ist demnach nicht mehr zulässig. 16

Damit dürfte die unter der Datenschutzrichtlinie bestehende Praxis einiger Mitgliedstaaten, solche Drittlandtransfers etwa aufgrund der Standardvertragsklauseln mit der Bedingung zu versehen, diese Übermittlung vorab an die jeweilige Aufsichtsbehörde zu melden, nun unzulässig sein.[9] Zwar hatte die Meldepflicht im Gegensatz zu einer Vorabprüfung auch den Sinn und Zweck den Aufsichtsbehörden ein effizientes Mittel an die Hand zu geben, Drittlandtransfers zu auditieren, allerdings dürfte eine generelle Meldepflicht nicht mit der Ratio des Art. 46 Abs. 2 zu vereinbaren sein.[10] 17

2. Rechtlich bindendes Dokument. Findet ein Transfer zwischen Behörden oder öffentlichen Stellen statt, können diese ein rechtlich bindendes und durchsetzbares Dokument vereinbaren, das die entsprechenden geeigneten Garantien vorsieht. Eine reine behördeninterne Abstimmung genügt damit den Anforderungen aus Art. 46 Abs. 2 lit. a ebenso wenig wie bloße Absichtserklärungen.[11] 18

3. Binding Corporate Rules. Die in Art. 46 Abs. 2 lit. b genannten „verbindlichen internen Datenschutzvorschriften" sind gem. Art. 4 Nr. 20 Maßnahmen zum Schutz personenbezogener Daten, zu deren Einhaltung sich ein im Hoheitsgebiet eines Mitgliedstaats niedergelassener Verantwortlicher oder Auftragsverarbeiter im Hinblick auf Datenübermittlungen oder eine Kategorie von Datenübermittlungen personenbezogener Daten an einen Verantwortlichen oder Auftragsverarbeiter derselben Unternehmensgruppe oder derselben Gruppe von Unternehmen, die eine gemeinsame 19

---

8 Paal/Pauly-*Pauly* Art. 46 Rn. 14; BeckOK-DatenSR-*Lange/Filip* Art. 46 Rn. 18.
9 Vgl. Kühling/Buchner-*Schröder* Art. 46 Rn. 22.
10 So auch Ehmann/Selmayr-*Zerdick* Art. 46 Rn. 7.
11 Plath-*von dem Bussche* Art. 46 Rn. 10.

Art. 46 — Geeignete Garantien

Wirtschaftstätigkeit ausüben, in einem oder mehreren Drittländern, verpflichtet (siehe hierzu im Detail die Kommentierung zu Art. 47).

20 Die Regelung zu den sog. verbindlichen internen Datenschutzvorschriften gem. Art. 47 ist etwas missverständlich. Entgegen der Formulierung in Art. 46 Abs. 2 lit. b bedürfen sog. **Binding Corporate Rules** nach Art. 47 Abs. 1 der Genehmigung im Kohärenzverfahren zwischen den Aufsichtsbehörden (vgl. hierzu Kommentierung zu Art. 47 Rn. 8, 30, 63). Lediglich die dann folgenden Übermittlungen auch in Drittländer bedürfen künftig keiner weiteren Genehmigung mehr.[12] Auch insoweit ist die Klarstellung durch die Aufsichtsbehörden in der künftigen Praxis zu beachten.[13]

21 **4. Standarddatenschutzklauseln.** Nach Art. 46 Abs. 2 lit. c und d können sogenannte Standarddatenschutzklauseln einen Drittlandtransfer rechtfertigen. Standarddatenschutzklauseln, insbesondere die sogenannten Standardvertragsklauseln,[14] waren insbesondere nach der Invalidierung des Safe-Harbor-Abkommens durch den EuGH[15] eines der wesentlichen Mittel für die Übermittlung von personenbezogenen Daten in Drittländer.

22 Neu sind die gem. Art. 46 Abs. 2 lit. d von den Aufsichtsbehörden selbst verabschiedeten und von der Kommission genehmigten Standarddatenschutzklauseln. Diese Verlagerung der Initiative hin zu den nationalen Behörden wird einen gewissen Wettbewerb unter den Aufsichtsbehörden auslösen, für bestimmte, datensparsame Verarbeitungsvorgänge besser geeignete Standarddatenschutzklauseln zu entwerfen als bspw. die sehr umfangreichen Standardvertragsklauseln.

23 Gemäß ErwG 109 ist die Verwendung von Standarddatenschutzklauseln künftig nicht davon abhängig, dass diese unverändert übernommen werden. Vielmehr sollen auch ohne weiteres Genehmigungserfordernis modifizierte Standarddatenschutzklauseln verwendet werden können, soweit und sofern die Ergänzungen der Standarddatenschutzklauseln nicht die jeweils genehmigten Klauseln in Hinblick auf ihren Schutzgedanken verkürzen.[16] Dies schließt insbesondere auch die Einbeziehung der Standarddatenschutzklauseln etwa in Rahmenverträge mit ein.[17]

24 Im Gegensatz dazu steht der „ad-hoc"-Vertrag gem. Art. 46 Abs. 3 lit. a, der jedoch nur dann einschlägig ist, wenn von den Standarddatenschutzklauseln zum Nachteil der betroffenen Personen abgewichen wird.

25 **5. Genehmigte Verhaltensregeln.** Verhaltensregeln nach Art. 40 können ebenfalls als geeignete Garantien angesehen werden, wenn sie um Verpflichtungen des Verantwortlichen oder des Auftragsverarbeiters in dem Drittland zu deren Anwendung ergänzt werden, insbesondere auch in Hinblick auf die Rechte der Betroffenen (s. Kommentierung zu Art. 40 Rn. 83).

---

12 Plath-*von dem Bussche* Art. 47 Rn. 1; Kühling/Buchner-*Schröder* Art. 46 Rn. 24.
13 Insoweit ist eine erste Entscheidung des EDPB bezüglich der BCR von ExxonMobil ergangen, *EDPB* Opinion 16/2019.
14 Vgl. Kommissionsentscheidung 2001/497/EG, 2005/915/EG und (EU) 2010/87; siehe auch Gola-*Klug* Art. 46 Rn. 8 ff.
15 *EuGH* v. 6.10.2015 – C-362/14, ECLI:EU:C:2015:650.
16 Paal/Pauly-*Pauly* Art. 46 Rn. 21; BeckOK-DatenSR-*Lange/Filip* Art. 46 Rn. 32; *Piltz* K&R 2016, 777, 779.
17 Vgl. Ehmann/Selmayr-*Zerdick* Art. 46 Rn. 10.

Beim Entwurf solcher Verhaltensregeln ist vor allem zu beachten, dass diese keine Vereinbarung zulasten der Betroffenen als Dritte darstellen. Ihre Rechte müssen vollumfänglich gewährt werden. 26

6. Zertifizierung. Anstelle der genehmigten Verhaltensregeln gem. Art. 40 kann auch ein genehmigter Zertifizierungsmechanismus gem. Art. 42 in gleicher Art und Weise genutzt werden (s. Kommentierung zu Art. 42 Rn. 26 ff.). 27

IV. Genehmigte geeignete Garantien

Im Gegensatz zu den geeigneten Garantien, die ohne weitere Genehmigung einer Aufsichtsbehörde von dem Verantwortlichen oder Auftragsverarbeiter verwendet werden können, bedürfen die in Art. 46 Abs. 3 genannten geeigneten Garantien einer vorherigen Genehmigung durch die zuständige Aufsichtsbehörde. 28

1. Vertragsklauseln. Art. 46 Abs. 3 lit. a beschreibt die bereits unter der Datenschutzrichtlinie bekannten individuellen Vertragsklauseln zwischen dem Verantwortlichen oder Auftragsverarbeiter als Exporteur und dem Verantwortlichen oder Auftragsverarbeiter im Drittland als Importeur von personenbezogenen Daten. 29

Diese Regelungen enthalten im Unterschied zu den Standarddatenschutzklauseln nach Art. 46 Abs. 2 lit. c und d individuelle Regelungen und zeichnen sich insbesondere dadurch aus, dass sie entweder inhaltlich erheblich von den Datenschutzklauseln abweichen oder unter Umständen aufgrund der Art der verarbeiteten personenbezogenen Daten, die z.B. einem deutlich geringeren Risiko unterliegen, auf bestimmte Schutzmechanismen der Standarddatenschutzklauseln verzichten.[18] 30

Durch erhebliche Abweichungen genügen Vertragsklauseln nicht den Anforderungen an eine genehmigungsfreie Garantie nach Art. 46 Abs. 2 lit. c und d i.V.m. ErwG 109, selbst wenn sie auf Standarddatenschutzklauseln aufbauen. Insoweit tritt keine Rechtsänderung zum Stand unter der Datenschutzrichtlinie ein. 31

2. Verwaltungsvereinbarung. Findet die Übermittlung in ein Drittland oder eine internationale Organisation zwischen Behörden oder öffentlichen Stellen statt, gilt statt Art. 46 Abs. 3 lit. a die Regelung in Art. 46 Abs. 3 lit. b. Anstelle der zu genehmigenden Vertragsklauseln treten Bestimmungen und Verwaltungsvereinbarungen zwischen den Behörden, die aus sich heraus im Gegensatz zu Art. 46 Abs. 2 lit. a nicht rechtsverbindlich sind und die insbesondere durchsetzbare und wirksame Rechte für die betroffenen Personen einschließen müssen.[19] 32

Art. 46 Abs. 4 verweist im Hinblick auf das anzuwendende Verfahren im Falle von „ad-hoc"-Klauseln bzw. -Bestimmungen in Verwaltungsvereinbarungen auf Art. 63 auf das Kohärenzverfahren (s. Kommentierung zu Art. 63 Rn. 8 ff.). 33

V. Übergangsregelungen

Art. 46 Abs. 5 enthält eine Übergangsregelung sowohl für Einzelgenehmigungen einer zuständigen Aufsichtsbehörde als auch unter der Datenschutzrichtlinie erlassenen Kommissionsentscheidungen. Nicht nur die jeweils im Einzelfall erteilten Genehmigungen, sondern auch die Kommissionsentscheidungen gelten demnach fort, sofern keine neue Entscheidung erlassen wird. 34

---

18 Vgl. Paal/Pauly-*Pauly* Art. 46 Rn. 47; BeckOK-DatenSR-*Lange/Filip* Art. 46 Rn. 47.
19 Ehmann/Selmayr-*Zerdick* Art. 46 Rn. 17.

Klein/Pieper

35 Eine Klarstellung besteht nunmehr in Hinblick auf die Verwendung der Standardvertragsklauseln im Auftragsverarbeitungsverhältnis. Unter der Datenschutzrichtlinie war unklar, ob neben den Regelungen der Standardvertragsklauseln zusätzlich die fehlenden Regelungen nach § 11 BDSG a.F. zu ergänzen sind.[20] Zum Teil haben die deutschen Aufsichtsbehörden eine solche Ergänzung gefordert, womit zwingend eine Ergänzung der Standardvertragsklauseln einherging, die bei strenger Auslegung von Klausel 10 als Änderung der Standardvertragsklauseln gewertet werden konnte.[21] Unter der DS-GVO bestehen neben Art. 28 keine weiteren nationalen Regelungen, die die Auftragsverarbeitung zum Gegenstand haben und abweichende oder ergänzende Anforderungen aufstellen. Im Rahmen der Regelung des Art. 46 Abs. 5 wird der europäische **status quo** festgeschrieben, der die Verwendung der Standardvertragsklauseln ohne weitere Ergänzung erlaubt.[22] Damit ist nun klargestellt, dass für den nationalen Sonderweg der deutschen Aufsichtsbehörden künftig kein Raum ist. Eine Ergänzung um die Vorgaben nach Art. 28 ist aber zulässig.

Artikel 47 Verbindliche interne Datenschutzvorschriften

(1) Die zuständige Aufsichtsbehörde genehmigt gemäß dem Kohärenzverfahren nach Artikel 63 verbindliche interne Datenschutzvorschriften, sofern diese

a) rechtlich bindend sind, für alle betreffenden Mitglieder der Unternehmensgruppe oder einer Gruppe von Unternehmen, die eine gemeinsame Wirtschaftstätigkeit ausüben, gelten und von diesen Mitgliedern durchgesetzt werden, und dies auch für ihre Beschäftigten gilt,

b) den betroffenen Personen ausdrücklich durchsetzbare Rechte in Bezug auf die Verarbeitung ihrer personenbezogenen Daten übertragen und

c) die in Absatz 2 festgelegten Anforderungen erfüllen.

(2) Die verbindlichen internen Datenschutzvorschriften nach Absatz 1 enthalten mindestens folgende Angaben:

a) Struktur und Kontaktdaten der Unternehmensgruppe oder Gruppe von Unternehmen, die eine gemeinsame Wirtschaftstätigkeit ausüben, und jedes ihrer Mitglieder;

b) die betreffenden Datenübermittlungen oder Reihen von Datenübermittlungen einschließlich der betreffenden Arten personenbezogener Daten, Art und Zweck der Datenverarbeitung, Art der betroffenen Personen und das betreffende Drittland beziehungsweise die betreffenden Drittländer;

c) interne und externe Rechtsverbindlichkeit der betreffenden internen Datenschutzvorschriften;

d) die Anwendung der allgemeinen Datenschutzgrundsätze, insbesondere Zweckbindung, Datenminimierung, begrenzte Speicherfristen, Datenqualität, Datenschutz durch Technikgestaltung und durch datenschutzfreundliche Voreinstellungen, Rechtsgrundlage für die Verarbeitung, Verarbeitung besonderer Kategorien von personenbezogenen Daten, Maßnahmen zur Sicherstellung der Datensicherheit

---

20 Vgl. Kühling/Buchner-*Schröder* Art. 46 Rn. 33.
21 Vgl. Beschl. des Düsseldorfer Kreises v. 11./12.9.2013; BeckOK DatenSR-*Lange/Filip* Art. 46 Rn. 43; Vgl. Kühling/Buchner-*Schröder* Art. 46 Rn. 33.
22 Vgl. Kühling/Buchner-*Schröder* Art. 46 Rn. 33; a.A. BeckOK DatenSR-*Lange/Filip* Art. 46 Rn. 43.

Verbindliche interne Datenschutzvorschriften — Art. 47

und Anforderungen für die Weiterübermittlung an nicht an diese internen Datenschutzvorschriften gebundene Stellen;

e) die Rechte der betroffenen Personen in Bezug auf die Verarbeitung und die diesen offenstehenden Mittel zur Wahrnehmung dieser Rechte einschließlich des Rechts, nicht einer ausschließlich auf einer automatisierten Verarbeitung – einschließlich Profiling – beruhenden Entscheidung nach Artikel 22 unterworfen zu werden sowie des in Artikel 79 niedergelegten Rechts auf Beschwerde bei der zuständigen Aufsichtsbehörde beziehungsweise auf Einlegung eines Rechtsbehelfs bei den zuständigen Gerichten der Mitgliedstaaten und im Falle einer Verletzung der verbindlichen internen Datenschutzvorschriften Wiedergutmachung und gegebenenfalls Schadenersatz zu erhalten;

f) die von dem in einem Mitgliedstaat niedergelassenen Verantwortlichen oder Auftragsverarbeiter übernommene Haftung für etwaige Verstöße eines nicht in der Union niedergelassenen betreffenden Mitglieds der Unternehmensgruppe gegen die verbindlichen internen Datenschutzvorschriften; der Verantwortliche oder der Auftragsverarbeiter ist nur dann teilweise oder vollständig von dieser Haftung befreit, wenn er nachweist, dass der Umstand, durch den der Schaden eingetreten ist, dem betreffenden Mitglied nicht zur Last gelegt werden kann;

g) die Art und Weise, wie die betroffenen Personen über die Bestimmungen der Artikel 13 und 14 hinaus über die verbindlichen internen Datenschutzvorschriften und insbesondere über die unter den Buchstaben d, e und f dieses Absatzes genannten Aspekte informiert werden;

h) die Aufgaben jedes gemäß Artikel 37 benannten Datenschutzbeauftragten oder jeder anderen Person oder Einrichtung, die mit der Überwachung der Einhaltung der verbindlichen internen Datenschutzvorschriften in der Unternehmensgruppe oder Gruppe von Unternehmen, die eine gemeinsame Wirtschaftstätigkeit ausüben, sowie mit der Überwachung der Schulungsmaßnahmen und dem Umgang mit Beschwerden befasst ist;

i) die Beschwerdeverfahren;

j) die innerhalb der Unternehmensgruppe oder Gruppe von Unternehmen, die eine gemeinsame Wirtschaftstätigkeit ausüben, bestehenden Verfahren zur Überprüfung der Einhaltung der verbindlichen internen Datenschutzvorschriften. Derartige Verfahren beinhalten Datenschutzüberprüfungen und Verfahren zur Gewährleistung von Abhilfemaßnahmen zum Schutz der Rechte der betroffenen Person. Die Ergebnisse derartiger Überprüfungen sollten der in Buchstabe h genannten Person oder Einrichtung sowie dem Verwaltungsrat des herrschenden Unternehmens einer Unternehmensgruppe oder der Gruppe von Unternehmen, die eine gemeinsame Wirtschaftstätigkeit ausüben, mitgeteilt werden und sollten der zuständigen Aufsichtsbehörde auf Anfrage zur Verfügung gestellt werden;

k) die Verfahren für die Meldung und Erfassung von Änderungen der Vorschriften und ihre Meldung an die Aufsichtsbehörde;

l) die Verfahren für die Zusammenarbeit mit der Aufsichtsbehörde, die die Befolgung der Vorschriften durch sämtliche Mitglieder der Unternehmensgruppe oder Gruppe von Unternehmen, die eine gemeinsame Wirtschaftstätigkeit ausüben, gewährleisten, insbesondere durch Offenlegung der Ergebnisse von Überprüfungen der unter Buchstabe j genannten Maßnahmen gegenüber der Aufsichtsbehörde;

m) die Meldeverfahren zur Unterrichtung der zuständigen Aufsichtsbehörde über jegliche für ein Mitglied der Unternehmensgruppe oder Gruppe von Unternehmen, die eine gemeinsame Wirtschaftstätigkeit ausüben, in einem Drittland geltenden rechtlichen Bestimmungen, die sich nachteilig auf die Garantien auswirken könnten, die die verbindlichen internen Datenschutzvorschriften bieten, und
n) geeignete Datenschutzschulungen für Personal mit ständigem oder regelmäßigem Zugang zu personenbezogenen Daten.

(3) ¹Die Kommission kann das Format und die Verfahren für den Informationsaustausch über verbindliche interne Datenschutzvorschriften im Sinne des vorliegenden Artikels zwischen Verantwortlichen, Auftragsverarbeitern und Aufsichtsbehörden festlegen. ²Diese Durchführungsrechtsakte werden gemäß dem Prüfverfahren nach Artikel 93 Absatz 2 erlassen.

Übersicht

	Rn			Rn
A. Einordnung und Hintergrund	1		g) Haftung eines Gruppenmitgliedes in der Union (Abs. 2 lit. f)	40
I. Genese und Bezüge	1			
II. Rechtsnatur von BCR, Begriffsbestimmungen	4		h) Information der Betroffenen (Abs. 2 lit. g)	43
III. BCR im System der DS-GVO, Umgang mit Daten auf Grundlage von BCR	7		i) Compliance-Organisation (Abs. 2 lit. h und j)	47
B. Kommentierung	11		j) Gruppeninternes Beschwerdeverfahren (Abs. 2 lit. i)	52
I. Inhaltliche Anforderungen an BCR (Art. 47 Abs. 1 und 2)	11			
1. Rechtliche Bindungswirkung	12		k) Meldung und Erfassung von Änderungen der BCR (Abs. 2 lit. k)	55
a) Interne rechtliche Verbindlichkeit (Art. 47 Abs. 1 lit. a)	13		l) Zusammenarbeit mit der zuständigen Aufsichtsbehörde (Abs. 2 lit. l)	58
b) Sanktionen	18			
2. Durchsetzbare Rechte für Betroffene (Art. 47 Abs. 1 lit. b)	19		m) Meldung von beeinträchtigenden Drittlandbestimmungen (Abs. 2 lit. m)	60
3. Anforderungen nach Art. 47 Abs. 1 lit. c i.V.m. Art. 47 Abs. 2	25		n) Schulung von Mitarbeitern (Abs. 2 lit. n)	62
a) Notwendiger Konkretisierungsgrad	27		II. Genehmigungsverfahren, Anspruch auf Erteilung der Genehmigung, gerichtliche Überprüfung (Art. 47 Abs. 1)	63
b) Struktur und Kontaktangaben (Abs. 2 lit. a)	28			
c) Datenübermittlungen und verarbeitete Daten (Abs. 2 lit. b)	29		C. Praxishinweise	67
			I. Relevanz für Verantwortliche und Auftragsverarbeiter/ Gestaltungshinweise	67
d) Interne und externe Verbindlichkeit (Abs. 2 lit. c)	32		II. Relevanz für betroffene Personen	71
e) Anwendung der allgemeinen Datenschutzgrundsätze (Abs. 2 lit. d)	33		III. Relevanz für Aufsichtsbehörden	72
f) Rechte der betroffenen Person (Abs. 2 lit. e)	36		IV. Relevanz für das Datenschutzmanagement	73
			V. Sanktionen	74

# Verbindliche interne Datenschutzvorschriften — Art. 47

Literatur: *Ambrock* Nach Safe Harbor: Schiffbruch des transatlantischen Datenverkehrs?, NZA 2015, 1493; *Art.-29-Datenschutzgruppe/EDPB* Working Document Setting Forth a Co-Operation Procedure for the approval of "Binding Corporate Rules" for controllers and processors under the GDPR, WP 263 rev.01; *dies.* Recommendation on the Standard Application for Approval of Controller Binding Corporate Rules for the Transfer of Personal Data, WP 264; *dies.* Recommendation on the Standard Application form for Approval of Processor Binding Corporate Rules for the Transfer of Personal Data, WP 265; *dies.* Working Document setting up a table with the elements and principles to be found in Binding Corporate Rules, WP 256 rev.01; *dies.* Working Document setting up a table with the elements and principles to be found in Processor Binding Corporate Rules, WP 257 rev.01; *Büllesbach* Transnationalität und Datenschutz, 2008; *Filip* Binding Corporate Rules (BCR) aus der Sicht einer Datenschutzaufsichtsbehörde – Praxiserfahrungen mit der europaweiten Anerkennung von BCR, ZD 2013, 51; *Fuchs* Personenbezogene Daten zwischen der EU und den USA, BB 2015, 3074; *Gliss* Internationaler Datenverkehr: Bindung Corporate Rules setzten sich durch, DSB 2015, 128; *Grau/Granetzny* EU-US-Privacy Shield – Wie sieht die Zukunft des transatlantischen Datenverkehrs aus?, NZA 2016, 405; *Hladjk* Checkliste für Binding Corporate Rules, DSB 2014, 85; *ders.* Binding Corporate Rules für Auftragsverarbeiter, DSB 2013, 42; *Rudgard/Jackson* BCRs under the Regulation – reasons to be cheerful?, Privacy & Data Protection 2012, 7; *Schröder* Die Haftung für Verstöße gegen Privacy Policies und Codes of Conduct nach US-amerikanischem und deutschem Recht, 2007; *Thüsing* Beschäftigtendatenschutz und Compliance, 2. Aufl. 2014.

A. Einordnung und Hintergrund

I. Genese und Bezüge

Art. 47 regelt Anforderungen an und die Genehmigung von verbindlichen internen Datenschutzvorschriften, häufig auch mit dem englischen Begriff „**Binding Corporate Rules**" (im Folgenden: BCR) bezeichnet. Sie stellen ein angemessenes Datenschutzniveau bei der Übermittlung von und dem weiteren Umgang[1] mit den übermittelten Daten durch Mitglieder der Unternehmensgruppe bzw. Gruppe von Unternehmen im Drittstaat sicher. Damit sind sie eine adäquate Garantie gem. Art. 46 Abs. 2 lit. b. 1

BCR waren als Grundlage für den Datentransfer in Drittstaaten bereits unter **Datenschutzrichtlinie 95/46/EG** (DSRL) anerkannt, wenn auch nicht ausdrücklich in dieser geregelt. Nach Art. 26 der DSRL konnten Mitgliedstaaten eine Übermittlung oder eine Kategorie von Übermittlungen personenbezogener Daten in ein Drittland, das kein angemessenes Schutzniveau im Sinne des Art. 25 Abs. 2 DSRL gewährleistete, genehmigen, wenn der für die Verarbeitung Verantwortliche ausreichende Garantien hinsichtlich des Schutzes der Privatsphäre, der Grundrechte und Grundfreiheiten der Personen sowie hinsichtlich der Ausübung der damit verbundenen Rechte sicherstellte. Mit dem **Working Paper** (WP)[2] 74 v. 3.6.2003 der Art.-29-Datenschutzgruppe wurden BCR als mögliches Instrument anerkannt, um in diesem Sinne ausreichende Garantien für einen Datentransfer in ein Drittland zu schaffen. In den weiteren WP 102, 107, 108, 133, 153, 154, 155, 174, 195, 195a, 204 wurden die Anforderungen bzw. Verfahrensfragen näher konkretisiert und praktische Handreichungen gegeben. Diese WP wurden in wei- 2

---

1 Und nicht etwa nur die Übermittlung als solche, BeckOK DatenSR-*Lange/Filip* Art. 47 Rn. 17.
2 Alle WP sind abrufbar unter http://ec.europa.eu/justice, zuletzt eingesehen am 5.2.2020.

Traut

ten Teilen durch Art. 47 **kodifiziert**.³ Sie sind daher für die Auslegung von Art. 47 ebenso von erheblicher Bedeutung wie für die behördliche Praxis. Wesentliche Neuerung der DS-GVO gegenüber der Praxis nach der DSRL ist jedoch, dass nun klargestellt ist, dass lediglich die BCR als solche einmalig genehmigt werden müssen, nicht aber die einzelnen Datenübermittlungen auf ihrer Grundlage (vgl. Art. 46 Abs. 2 lit. b). Dies wurde bislang zwischen den Aufsichtsbehörden unterschiedlich gehandhabt.⁴

3 Vor Inkrafttreten der DS-GVO hat die Art.-29-Datenschutzgruppe ihre Guidance zu BCR in den **WP 256–257** sowie **263–265** aktualisiert sowie an die DS-GVO angepasst. Da diese WP zu den vom EDPB anerkannten WP zählen, sind sie nicht nur für die behördliche **Praxis wesentliche Orientierungspunkte**. Die WP 256–257 sind im Ergebnis „Checklisten" der von den Aufsichtsbehörden erwarteten Inhalte von BCR für Verantwortliche bzw. Auftragsverarbeiter. Die WP 263–265 betreffen Verfahrensfragen bzw. Details der Standardantragsformulare. Soweit Punkte nicht unmittelbar in diesen WP oder der DS-GVO selbst geregelt sind, wird man jedenfalls als Orientierung ergänzend auf die bisherigen WP (Rn. 2) zurückgreifen können. Zwar wurden diese vom EDPB nicht unmittelbar anerkannt, sie werden jedoch in den neuen WP weiter in Bezug genommen.⁵

II. Rechtsnatur von BCR, Begriffsbestimmungen

4 **Verbindliche interne Datenschutzvorschriften** sind in Art. 4 Nr. 20 definiert als „Maßnahmen zum Schutz personenbezogener Daten, zu deren Einhaltung sich ein im Hoheitsgebiet eines Mitgliedstaats niedergelassener Verantwortlicher oder Auftragsverarbeiter verpflichtet im Hinblick auf Datenübermittlungen oder eine Kategorie von Datenübermittlungen personenbezogener Daten an einen Verantwortlichen oder Auftragsverarbeiter derselben Unternehmensgruppe oder derselben Gruppe von Unternehmen, die eine gemeinsame Wirtschaftstätigkeit ausüben, in einem oder mehreren Drittländern".

5 Die DS-GVO gibt damit **keine bestimmte Rechtsnatur oder Rechtsqualität** von BCR vor. Sie beschränkt sich vielmehr darauf, ein Ergebnis festzulegen. Dieses Ergebnis kann durch ein Bündel von unterschiedlichen Maßnahmen und Rechtsakten und Rechtsbeziehungen erreicht werden. Diese Maßnahmen sind insbesondere die unabhängig von der DS-GVO zur Verfügung stehenden Mittel des mitgliedstaatlichen Zivil-, Gesellschafts- und Arbeitsrechts. Bei der Gestaltung von BCR besteht damit erhebliche Gestaltungsfreiheit nicht nur hinsichtlich der inhaltlichen (näher Rn. 68), sondern auch der rechtstechnischen Gestaltung, insbesondere der Verpflichtungsbeziehungen innerhalb der Unternehmensgruppe. Ferner ist nicht zwingend erforderlich, sämtliche Inhalte der BCR in einem Dokument niederzulegen. Es ist zwar üblich, jedenfalls die im Ergebnis geltenden Regelungen in einem solchen zusammenzufassen. Rechtlich zwingend vorgeschrieben ist es jedoch nicht (vgl. auch Rn. 25 und zu praxisnaher Gestaltung Rn. 67 ff.).

6 Neben dem Begriff der „verbindlichen internen Datenschutzvorschriften" selbst (Art. 4 Nr. 20) definiert die DS-GVO auch die Begriffe des „**Unternehmens**" (Art. 4

---

3 Paal/Pauly-*Pauly* Art. 47 Rn. 2.
4 Nachweise bei BeckOK DatenSR-*Lange/Filip* Art. 47 Rn. 17 ff.; Wybitul-*Schuppert/Pflüger* Art. 47 Rn. 18; *Filip* ZD 2013, 51, 53.
5 Vgl. z.B. Einführung zu WP 256; WP 264 Fn. 8–9.

Nr. 18) sowie der „**Unternehmensgruppe**" (Art. 4 Nr. 19). Nicht legal definiert ist die **Gruppe von Unternehmen, die eine gemeinsame Wirtschaftstätigkeit ausüben** (im Folgenden aus Vereinfachungsgründen ebenfalls „Unternehmensgruppe" genannt). In Abgrenzung zur Unternehmensgruppe i.S.d. Art. 4 Nr. 19 können darunter insbesondere solche Formen der Unternehmenskooperation zwischen zwei oder mehr Unternehmen verstanden werden, die nicht in einem Abhängigkeitsverhältnis zueinander stehen,[6] etwa Gemeinschaftsunternehmen („joint ventures").[7] Die Kommission hat erklärt, dass es sich etwa um Unternehmen aus dem „Reisegewerbe" handeln könne.[8] Jedenfalls spricht der Wortlaut des Gesetzes für ein weites Verständnis.[9] Von einem solchen ist gerade deshalb auszugehen, weil der Gesetzgeber die eher weitergehenden Anforderungen, die die Aufsichtsbehörden nach der DSRL an die gemeinsame Wirtschaftstätigkeit gestellt hatten,[10] nicht übernommen hat.[11] Auch sachlich besteht keine Notwendigkeit, qualifizierte Anforderungen zu stellen. BCR können und müssen schlicht so gestaltet werden, dass sie eine ausreichende Koordination zwischen den Mitgliedern auch lose zusammenarbeitender Unternehmensgruppen im Hinblick auf die Verarbeitung von Daten in Drittländern sicherstellen.

III. BCR im System der DS-GVO, Umgang mit Daten auf Grundlage von BCR

Nach Art. 44 S. 1 unterliegen Datentransfers in Drittstaaten oder – was für Art. 47 keine Rolle spielt – in internationale Organisationen einer **zweistufigen Rechtfertigung**.[12] Auf der **ersten Stufe** muss der Datentransfer – als Transfer innerhalb des Binnenmarktes gedacht – nach den allgemeinen Regelungen der DS-GVO zulässig, insbesondere gem. Art. 6 gerechtfertigt sein. Darüber hinaus muss auf **der zweiten Stufe** sichergestellt werden, dass für die übermittelten Daten ein angemessenes Datenschutzniveau im Drittland besteht. Soweit ein solches nicht durch einen Beschluss der Kommission gem. Art. 45 festgestellt ist, wird das angemessene Datenschutzniveau regelmäßig durch angemessene Garantien gem. Art. 46 abgesichert werden. BCR sind insofern eine mögliche Form der geeigneten Garantie (Art. 46 Abs. 2 lit. b) und erfüllen somit die Anforderungen der zweiten Stufe der Rechtfertigung.[13]

7

BCR treten damit als Instrument insbesondere neben **Standardvertragsklauseln**, mit denen sie einige Gemeinsamkeiten wie etwa die rechtliche Verbindlichkeit teilen. Wesentlicher Vorteil gegenüber diesen ist jedoch die Möglichkeit der Anpassung an die Gegebenheiten der konkreten Gruppe und das im Verhältnis deutlich einfachere

8

---

6 Ehmann/Selmayr-*Zerdick* Art. 47 Rn. 8; Kühling/Buchner-*Schröder* Art. 47 Rn. 13; BeckOK DatenSR-*Lange/Filip* Art. 47 Rn. 4.
7 Ehmann/Selmayr-*Zerdick* Art. 47 Rn. 8.
8 Mitteilung v. 10.1.2017, COM(2017) 7 final; vgl. auch Ehmann/Selmayr-*Zerdick* Art. 47 Rn. 8: Unternehmensallianzen etwa im Flugverkehr.
9 BeckOK DatenSR-*Lange/Filip* Art. 47 Rn. 4.
10 Bereits WP 74, S. 8 (für „lose Zusammenschlüsse" höchstwahrscheinlich kein geeignetes Instrument).
11 A.A. Kühling/Buchner-*Schröder* Art. 47 Rn. 14; Paal/Pauly-*Pauly* Art. 47 Rn. 4.
12 Allg. M. siehe nur Art. 44 Rn. 2; Ehmann/Selmayr-*Zerdick* Art. 44 Rn. 13; Kühling/Buchner-*Schröder* Art. 44 Rn. 20; vgl. auch BeckOK DatenSR-*Lange/Filip* Art. 47 Rn. 17.
13 Art. 44 Rn. 2; BeckOK DatenSR-*Lange/Filip* Art. 47 Rn. 18; Kühling/Buchner-*Schröder* Art. 47 Rn. 12; Paal/Pauly-*Pauly* Art. 44 Rn. 16.

Management der rechtlichen Beziehungen.[14] Anders als diese sind BCR selbst jedoch vor der ersten Übermittlung einmalig durch die Aufsichtsbehörde zu genehmigen (Art. 47 Abs. 1). Die einzelnen auf die BCR gestützten Übermittlungsvorgänge sind genehmigungsfrei (Art. 46 Abs. 2 lit. b). Dies ist eine wesentliche Verbesserung gegenüber der zuvor fragmentierten Handhabung der Aufsichtsbehörden (Rn. 3).

9 Mit verbindlichen unternehmensinternen Datenschutzvorschriften ist – vorbehaltlich der Einhaltung der übrigen Bestimmungen der DS-GVO – ein **freier Fluss personenbezogener Daten** zwischen den verschiedenen Unternehmen einer Unternehmensgruppe weltweit möglich. Die Unternehmen brauchen untereinander keine zusätzlichen diesbezüglichen Vereinbarungen zur Erfüllung der „2. Stufe der Rechtfertigung" bei Drittstaatentransfers mehr zu treffen.[15] Diese „Erweiterung" des Binnenmarktes und des freien Datenverkehrs auf die Unternehmensgruppe bzw. der von den BCR erfassten Teilen dieser[16] auch im Drittstaat ist der wesentliche Vorteil von BCR. Beschränkungen ergeben sich insofern jedoch aus **zwingenden Vorschriften der Drittstaaten** (zu Regelungen zulässiger Abweichungen in BCR Rn. 61).

10 Bei der Gestaltung der BCR haben die Unternehmen einen erheblichen **Gestaltungsspielraum**. Dieser betrifft insbesondere die Entscheidung, für welche Mitglieder der Unternehmensgruppe bzw. Gruppe von Unternehmen die BCR gelten sollen und welche Übermittlungen ihr unterstellt werden sollen. Beispielsweise ist es möglich, lediglich die Übermittlungen personenbezogener Daten von Beschäftigten den BCR zu unterstellen, während etwa die Übermittlung von Kunden- und Lieferantendaten auf anderer Grundlage erfolgt.[17] Ebenso können BCR sowohl für die Rolle als Verantwortlicher wie auch als Auftragsverarbeiter festgelegt werden.[18]

B. Kommentierung

I. Inhaltliche Anforderungen an BCR (Art. 47 Abs. 1 und 2)

11 Art. 47 Abs. 1 listet die **Genehmigungsvoraussetzungen abschließend** auf. Auch das Wort „mindestens" in Art. 47 Abs. 2 ermöglicht nicht, weitere Anforderungen zu stellen (Rn. 26).

12 **1. Rechtliche Bindungswirkung.** Zentrale Anforderung an BCR ist ihre rechtliche Verbindlichkeit. Insofern ist zwischen den Dimensionen der **internen und externen Verbindlichkeit** (vgl. Art. 47 Abs. 2 lit. c)[19] zu unterscheiden.

---

14 Thüsing-*Forst* Beschäftigtendatenschutz § 17 Rn. 57; Paal/Pauly-*Pauly* Art. 47 Rn. 1.
15 Ehmann/Selmayr-*Zerdick* Art. 47 Rn. 3.
16 Kühling/Buchner- *Schröder* Art. 47 Rn. 16.
17 BeckOK DatenSR-*Lange/Filip* Art. 47 Rn. 34; ausdrücklich auch WP 256/257, Tabelle Ziff. 1.1. und Ziff. 4.1–4.2
18 Ehmann/Selmayr-*Zerdick* Art. 47 Rn. 9; Kühling/Buchner-*Schröder* Art. 47 Rn. 14; BeckOK DatenSR-*Lange/Filip* Art. 47 Rn. 11 ff.; Paal/Pauly-*Pauly* Art. 47 Rn. 7; vgl. die unterschiedlichen WP des EDPB für Verantwortliche und Auftragsverarbeiter (Rn. 3).
19 Die *Art.-29-Datenschutzgruppe* bezeichnete bisher die rechtliche Verbindlichkeit von BCR für die Unternehmen, die Mitglieder der Gruppe sind, und deren Mitarbeiter als „interne" Verbindlichkeit. Die nun in Art. 47 Abs. 1 lit. b geregelte Einräumung durchsetzbarer Rechte an Dritte wird als „externe" Verbindlichkeit bezeichnet; vgl. nur Thüsing-*Forst* Beschäftigtendatenschutz § 17 Rn. 41 ff. Dies entspricht der jetzt auch durch die Art.-29-Datenschutzgruppe/EDPB verwandte Terminologie (z.B. WP 256, Tabelle Ziff. 1.3).

a) Interne rechtliche Verbindlichkeit (Art. 47 Abs. 1 lit. a). Die interne rechtliche Verbindlichkeit muss sich auf alle Mitglieder der Unternehmensgruppe in Drittländern erstrecken, an die Daten übermittelt werden („**gruppeninterne Verbindlichkeit**").[20] Von diesen Mitgliedern muss jeweils wiederum die Verbindlichkeit auch für ihre jeweiligen Beschäftigten sichergestellt werden („**unternehmensinterne Verbindlichkeit**").[21] **13**

Die DS-GVO legt die Mittel und Methoden, mit denen gruppeninterne Verbindlichkeit hergestellt wird, nicht fest[22]. Gruppeninterne Verbindlichkeit wird typischerweise mit den Mitteln des jeweils anwendbaren **Zivil- und Gesellschaftsrechts** hergestellt, unternehmensinterne Verbindlichkeit mit **arbeitsrechtlichen Mitteln.**[23] Neben der Wahl der rechtlichen Mittel ist auch die genauere Gestaltung der gruppeninternen Verpflichtungsbeziehungen innerhalb der Unternehmensgruppe, insbesondere wem gegenüber die Mitglieder der Unternehmensgruppe eine Verpflichtung eingehen, im Rahmen der bestehenden Strukturen gestaltbar. **14**

In jedem Fall ausreichend ist der wechselseitige **Abschluss von Verträgen** zwischen den Mitgliedern der Unternehmensgruppe, in denen sie sich gegenseitig verpflichten, die BCR einzuhalten.[24] Derartige Verträge sind nach deutschem Recht formfrei möglich und unterliegen als allgemeine zivilrechtliche Verträge grundsätzlich der freien Rechtswahl (vgl. Art. 3 Rom-I-VO). Weiterer Vorteil einer wechselseitigen Verpflichtung ist, dass damit gleichzeitig die Einräumung durchsetzbarer Rechte für Betroffene sichergestellt werden kann (Rn. 20). Ebenfalls zur wechselseitigen Verpflichtung, auch unter Einbeziehung der Konzernspitze, führt theoretisch die Verpflichtung zur Einhaltung der BCR in einer (Konzern-)Betriebsvereinbarung. Diese können mit ihrem nach dem Territorialitätsprinzip auf Deutschland beschränkten Anwendungsbereich jedoch nur für einen Teil der Unternehmen im Anwendungsbereich der BCR für Verbindlichkeit sorgen.[25] **15**

Darüber hinaus genügt zur Herstellung gruppeninterner Verbindlichkeit in hierarchischen Unternehmensgruppen auch, dass das herrschende Unternehmen die Einhaltung der BCR durch **verbindliche einseitige Weisung** sicherstellt, ohne selbst gegenüber den abhängigen Unternehmen gebunden zu sein. Dies ergibt sich bereits unmittelbar aus der Definition der BCR als vom Verantwortlichen ergriffene Maßnahmen. Hierfür spricht insbesondere, dass die Art.-29-Datenschutzgruppe auch einseitige, verbindliche Weisungen für ausreichend hielt.[26] Nunmehr ist klargestellt, dass aus behördlicher Sicht jede rechtliche Verbindlichkeit, wozu auch verbindliche Weisungen zählen, genügt.[27] **16**

---

20 Paal/Pauly-*Pauly* Art. 47 Rn. 16; WP 256/257 Tabelle Ziff. 1.2.
21 Paal/Pauly-*Pauly* Art. 47 Rn. 17.
22 Ehmann/Selmayr-*Zerdick* Art. 47 Rn. 11.
23 Vgl. auch Kühling/Buchner-*Schröder* Art. 47 Rn. 18 ff.
24 Kühling/Buchner-*Schröder* Art. 47 Rn. 20; Paal/Pauly-*Pauly* Art. 47 Rn. 16; Wybitul-*Schuppert/Pflüger* Art. 47 Rn. 23; Thüsing-*Forst* Beschäftigtendatenschutz § 17 Rn. 41; WP 256/257 Tabelle 1.2 „Intra-group agreements".
25 Vgl. Kühling/Buchner-*Schröder* Art. 47 Rn. 20; Thüsing-*Forst* Beschäftigtendatenschutz § 17 Rn. 41.
26 WP 108, Nr. 5.6.; anderes folgt auch nicht aus der unpräzisen Verwendung der Wendung „sich verpflichten" in der deutschen Fassung von Art. 4 Nr. 20. Z.B. die englische Fassung legt mit der Verwendung des Begriffs „adhere to" offen, dass auch eine auf einseitige Weisung beruhende Einhaltung der BCR genügt.
27 WP 256/257 Tabelle Ziff. 1.2; WP 264, S. 9.

Eine Schutzlücke entsteht nicht, da auch das herrschende Unternehmen unternehmensinterne Verbindlichkeit herstellen (Rn. 17) und den Betroffenen unmittelbar durchsetzbare Rechte eingeräumt werden müssen (Rn. 19 ff.). Entsprechend genügt etwa ein Beschluss der Gesellschafterversammlung zur Sicherstellung der Verbindlichkeit gegenüber einer abhängigen GmbH. Gegenüber abhängigen Aktiengesellschaften kommen jedoch nur Weisungen im Vertragskonzern nach § 308 AktG in Betracht.

17 **Unternehmensinterne Verbindlichkeit** kann gegenüber **Arbeitnehmern** regelmäßig unproblematisch durch arbeitsrechtliche Mittel hergestellt werden. In Betracht kommen insbesondere entsprechende arbeitsrechtliche Weisungen (für das deutsche Recht: § 106 GewO). Letztere decken z.b. auch die Einführung von BCR als Teil interner Unternehmensgrundsätze ab. Entsprechende Weisungen sollten durch einen förmlichen Beschluss der Geschäftsführung und entsprechende Kommunikation dokumentiert werden. Rechtlich möglich, aber wegen der geringen Flexibilität für die Praxis nicht zu empfehlen ist selbstverständlich auch die Vereinbarung der Einhaltung in Arbeitsverträgen oder separaten Vereinbarungen.[28] Die Art.-29-Datenschutzgruppe/EDPB nennen darüber hinaus etwa interne, sanktionsbewehrte Richtlinien oder Kollektivvereinbarungen.[29] Im Hinblick auf letztere ist zu berücksichtigen, dass die Verpflichtung der Mitarbeiter in einer (Konzern-, Gesamt-)Betriebsvereinbarung, wegen des Territorialitätsprinzips nur begrenzte Wirkung haben kann (Rn. 15). Gegenüber sonstigen im internen Bereich des Unternehmens tätigen Personen – etwa **Freelancern** – wird die interne Verbindlichkeit regelmäßig durch vertragliche Regelungen hergestellt werden.[30]

18 **b) Sanktionen.** Von der Art.-29-Datenschutzgruppe wird betont, dass die Einhaltung der BCR durch Androhung von Sanktionen sichergestellt werden muss.[31] Praktisch bereitet dies keine Schwierigkeiten. Die gruppeninterne Verbindlichkeit kann bei Verwendung von Verträgen durch die entsprechenden zivilrechtlichen Sanktionen (z.B. Erfüllungsanspruch, Schadensersatz) und zusätzlich ggf. entsprechende Vertragsgestaltung (z.B. Vertragsstrafen) sichergestellt werden. Die Einhaltung gesellschaftsrechtlicher Weisungen ist durch das Arsenal der gesellschaftsrechtlichen Sanktionen (z.B. Organhaftung) abgesichert. Die unternehmensinterne Verbindlichkeit ist durch arbeitsrechtliche Sanktionen (z.B. Abmahnung, Kündigung, Schadensersatz) gewährleistet.

19 **2. Durchsetzbare Rechte für Betroffene (Art. 47 Abs. 1 lit. b).** Neben die gruppen- und unternehmensinterne Verbindlichkeit tritt die sog. **externe Verbindlichkeit** gegenüber den Betroffenen. Die BCR selbst oder parallel dazu geschlossene Verträge müssen betroffenen Personen ausdrücklich durchsetzbare Rechte in Bezug auf die Verarbeitung ihrer personenbezogenen Daten übertragen (zu den einzelnen Inhalten näher Rn. 36 ff. sowie Rn. 40 ff.). Die DS-GVO legt die Mittel und Methoden, wie diese Rechte eingeräumt werden, nicht fest.[32] Dies ist wiederum – abhängig von den Gruppen von Betrof-

---

28 Wybitul-*Schupper/Pflüger* Art. 47 Rn. 23.
29 WP 256/257 Tabelle Ziff. 1.2; vgl. auch WP 108, Ziff. 1.2.
30 Vgl. WP 264, S. 10.
31 Z.B. WP 256/257, Tabelle Ziff. 1.2; WP 108, Ziff. 1.2.
32 WP 264, S. 12; Ehmann/Selmayr-*Zerdick* Art. 47 Rn. 12; Kühling/Buchner-*Schröder* Art. 47 Rn. 21.

fenen – eine Frage des jeweils anwendbaren Zivil- bzw. Arbeitsrechts. Nach deutschem Recht ist insofern regelmäßig eine **vertragliche Vereinbarung** erforderlich.[33]

Naheliegend und in der Praxis üblich ist die Kombination mit der wechselseitigen vertraglichen Verpflichtung der Mitglieder der Unternehmensgruppe bzw. Gruppe von Unternehmen zur Einhaltung von BCR.[34] In diesen können den jeweiligen Betroffenen im Wege eines **Vertrages zugunsten Dritter gem. § 328 ff. BGB** die nach Art. 47 Abs. 1 lit. b erforderlichen Rechte eingeräumt werden.[35] Vergleichbare Instrumente bestehen in anderen wichtigen Rechtsordnungen.[36] 20

Nach deutschem Zivilrecht letztlich einziges weiteres in Betracht kommendes Mittel zur Einräumung entsprechender Rechte ist das Angebot auf Abschluss eines selbstständigen **Garantievertrages**.[37] Dogmatisch lässt sich dies dadurch konstruieren, dass ein Angebot auf Abschluss eines solches Vertrages **ad incertas personas**[38] abgegeben wird, welches die betroffenen Unternehmen, für die BCR gelten sollen, gem. § 145 BGB bindet. Dieses Angebot wird ggf. mit der Übermittlung von Daten durch den Betroffenen angenommen, wobei auf den Zugang der Annahmeerklärung verzichtet werden kann (§ 151 BGB). Spätestens erfolgt die Annahme im Fall der Geltendmachung entsprechender Rechte durch den jeweiligen Betroffenen. 21

Von Art. 47 Abs. 1 lit. b wird nicht vorgegeben, **welche Mitglieder der Unternehmensgruppe durchsetzbare Rechte einräumen** müssen.[39] Insofern bestehen erhebliche Gestaltungsspielräume. Es muss lediglich sichergestellt sein, dass die Betroffenen die Einhaltung der BCR und ihre weiteren Rechte (Rn. 36 ff. und 40 ff.) effektiv geltend machen können. In einer hierarchischen Unternehmensgruppe dürfte hierfür bereits ausreichen, dass nur das in der Union niedergelassene herrschende Unternehmen den Betroffenen durchsetzbare Rechte einräumt. Das herrschende Unternehmen kann die Erfüllung dieser Rechte dann mittels der Maßnahmen zur Herstellung gruppeninterner Verbindlichkeit in- und außerhalb des Geltungsbereichs der DS-GVO sicherstellen. Für den Betroffenen stellt diese **Zuständigkeitskonzentration** keine wesentliche Hürde dar, da er seine Rechte auch bei einem in einem anderen Mitgliedstaat ansässigen herrschenden Unternehmen gegenüber den Aufsichtsbehörden und Gerichten seines Aufenthaltsstaates geltend machen kann (Art. 77 Abs. 1, Art. 79 Abs. 2 S. 2).[40] Unberührt bleiben in einem solchen Fall selbstverständlich die sich unmittelbar aus der DS-GVO ergebende Verantwortung der weiteren in der Union 22

---

33 Thüsing-*Forst* Beschäftigtendatenschutz Rn. 44; im Ergebnis auch Kühling/Buchner-*Schröder* Art. 47 Rn. 21.
34 Thüsing-*Forst* Beschäftigtendatenschutz Rn. 44; Paal/Pauly-*Pauly* Art. 47 Rn. 18; Kühling/Buchner-*Schröder* Art. 47 Rn. 21; *ders.* Haftung für Verstöße, 2007, S. 221; Filip ZD 2013, 51, 58.
35 Thüsing-*Forst* Beschäftigtendatenschutz Rn. 44; Kühling/Buchner-*Schröder* Art. 47 Rn. 21.
36 Übersicht bei Thüsing-*Forst* Beschäftigtendatenschutz Rn. 44; vgl. auch WP 74, Fn. 12.
37 Paal/Pauly-*Pauly* Rn. 18; Kühling/Buchner-*Schröder* Art. 47 Rn. 21; Filip ZD 2013, 51, 58.
38 Vgl. dazu MüKo BGB-*Busche* § 145 Rn. 15.
39 WP 256/257 Tabelle Ziff. 1.4. Eine solche Festlegung erfolgt, insbesondere auch nicht durch die Definition in Art. 4 Nr. 20, da sich diese auf die interne Verbindlichkeit bezieht.
40 Weshalb auch die ursprüngliche Anforderung der Aufsichtsbehörden, auch im Staat des Mitglieds der Unternehmensgruppe, das die Daten exportiert, soweit von dem herrschenden Unternehmen verschieden, klagen zu können (vgl. z.B. WP 154, Ziff. 18, S. 9 f.), überholt ist.

ansässigen Gruppenmitglieder für ihre Verarbeitungsprozesse und die im Hinblick auf diese bestehenden Rechte.

23 Unter Praktikabilitätsgesichtspunkten kann es jedoch auch sinnvoll sein, dass die Einräumung durchsetzbarer Rechte unmittelbar durch die jeweiligen **Datenexporteure** erfolgt. Dies hat für die Gruppenmitglieder den Vorteil, dass der Verwaltungsaufwand verringert und eine unmittelbare Erfüllung einfacher sichergestellt werden kann.[41] Damit ist dies auch betroffenenfreundlicher. Noch weiter geht es, wenn auch die Gruppenmitglieder außerhalb der Union (**Datenimporteure**) den Betroffenen unmittelbar durchsetzbare Rechte einräumen. Dies entspräche dann der Drittbegünstigungsklausel in einigen Standardvertragsklauseln,[42] die vom WP 74 auch als Vorlage für die Drittbegünstigungsklausel in BCR in Bezug genommen wurden.[43] Soweit ersichtlich gehen jedenfalls Art.-29-Datenschutzgruppe/EDPB jedoch davon aus, dass die Haftung immer bei einem Verantwortlichen in der Union liegen müsse. Eine Haftung der Datenimporteure wäre danach nur als zusätzliche Absicherung vorgesehen.[44]

24 Sowohl bei einem Vertrag zugunsten Dritter wie auch bei dem Angebot auf Abschluss eines selbstständigen Garantievertrages sollten **Änderungsvorbehalte** oder Bedingungen aufgenommen werden. Da einmal vorbehaltlos in einem Vertrag zugunsten Dritter Dritten eingeräumte Rechte nach deutschem Recht nicht mehr einseitig aufgehoben werden können,[45] sollte insbesondere für etwaige Änderungen der BCR oder auch die Beendigung der Anwendung der BCR ausdrücklich Vorsorge getroffen werden. Um datenschutzrechtlichen Belangen Rechnung zu tragen, sollte sichergestellt werden, dass entweder vor der Beendigung der eingeräumten Rechte die auf Grundlage der BCR übermittelten Daten gelöscht wurden oder die weitere Speicherung und Nutzung auf anderer datenschutzkonformer Basis erfolgt.

25 **3. Anforderungen nach Art. 47 Abs. 1 lit. c i.V.m. Art. 47 Abs. 2.** Die Anforderungen an BCR im Einzelnen sind in Art. 47 Abs. 2 aufgeführt. Hierbei handelt es sich um materiell-rechtliche Vorgaben notwendiger Inhalte. In der deutschen Fassung ist der Einleitungssatz, wonach bestimmte „Angaben" zu machen sind, insofern missverständlich, weil er eine eher beschreibende Funktion nahelegt. Dass dies nicht gemeint ist, zeigt z.B. der Blick in die englische Fassung, wonach die BCR die genannten Regelungsinhalte „festlegen" müssen[46]. Gleichzeitig darf die Regelung nicht dahingehend missverstanden werden, dass alle diese Anforderungen bzw. Inhalte in einem Dokument erfüllt werden müssten. Es ist rechtlich auch möglich, die Erfüllung der Anforderungen ggf. in verschiedenen separaten rechtlichen Dokumenten sicherzustellen (Rn. 5).

26 Die Auflistung der Anforderungen in Art. 47 Abs. 2 ist **abschließend**. Der Hinweis in Art. 47 Abs. 2, dass „mindestens folgende Angaben" enthalten sein müssen, stellt lediglich klar, dass freiwillig weitere Inhalte aufgenommen werden können.[47]

---

41 WP 256/257, Tabelle Ziff. 1.4.
42 Kommissionsentscheidung (EU) 2010/87, Anlage Klausel 3; Kommissionsentscheidung 2004/915/EG Anlage III.
43 WP 74, S. 11 ff., Ziff. 3.3.2.
44 WP 256/257, Tabelle Ziff. 1.4.
45 Vgl. nur BeckOK BGB-*Janoscheck* § 328 Rn. 19 m.w.N.
46 „The binding corporate rules referred to in paragraph 1 shall specify at least".
47 A.A. Ehmann/Selmayr-*Zerdick* Art. 47 Rn. 13.

a) Notwendiger Konkretisierungsgrad. BCR dürfen sich nicht in einer bloßen Wiedergabe des Gesetzestextes erschöpfen. [48] Erforderlich ist die **Anpassung an die konkreten Umstände** der Datenverarbeitung in der Unternehmensgruppe.[49] Sinnvoll ist z.b. das Weglassen von konkret nicht erforderlichen Inhalten. Gleichzeitig bedeutet die Notwendigkeit der Anpassung an die konkreten Umstände nicht, dass in BCR sämtliche Verarbeitungsoperationen im Einzelnen beschrieben werden müssen. So müssen z.b. BCR nur „eine allgemeine Beschreibung der wichtigsten Verarbeitungszwecke und Arten der Datenübermittlung" enthalten.[50] Ebenfalls ist es zulässig, **abstrakte Regelungen** vorzusehen. Dies ist schon deshalb erforderlich, um gerade bei umfassenden BCR Flexibilität, praktische Handhabbarkeit und Transparenz zu wahren. Bestätigt wird dies z.b. auch durch den von der Art.-29-Datenschutzgruppe veröffentlichten „Rahmen für verbindliche unternehmensinterne Datenschutzregelungen (BCR)". Dieser sieht an zahlreichen Stellen abstrakte Regelungen vor, mit denen eine Vielzahl von Fallgestaltungen geregelt wird (näher auch Rn. 35).[51]   27

b) Struktur und Kontaktangaben (Abs. 2 lit. a). Praktisch abgebildet werden kann dies z.b. durch eine grafische Darstellung der Struktur der Gruppe in Form eines **Organigramms** und die Auflistung tabellarischer Kontaktangaben. Sinnvoll ist die Bezeichnung, welches Unternehmen herrschend ist und welche Unternehmen abhängig sind. Nicht zwingend erforderlich sind weitergehende Angaben zu den Details der Beziehung der Unternehmen untereinander (etwa Beteiligungsquote, Bestehen von Unternehmensverträgen usw.). Dies kann ggf. den bestehenden öffentlichen Registern entnommen werden.   28

c) Datenübermittlungen und verarbeitete Daten (Abs. 2 lit. b). Nach lit. b sind die betreffenden Datenübermittlungen oder Reihen von Datenübermittlungen einschließlich der betreffenden Arten personenbezogener Daten, Art und Zweck der Datenverarbeitung, Art der betroffenen Personen und das betreffende Drittland beziehungsweise die betreffenden Drittländer anzugeben. Während diese Vorgaben in Bezug auf z.B. die betreffenden Drittländer leicht umzusetzen sind, wird man bei der Beschreibung der einzelnen Datenübermittlungen und ihrer Zwecke eher generische Beschreibungen wählen müssen, um der gebotenen Flexibilität und Überschaubarkeit von Datenverarbeitungen innerhalb von größeren Unternehmensgruppen Rechnung tragen zu können.[52]   29

Schröder[53] ist zuzustimmen, dass nicht mehr erforderlich sein kann, der Aufsichtsbehörde im Genehmigungsverfahren zusätzlich so hinreichend detaillierte Informationen über die geplanten Datenübermittlungen bereitzustellen, dass sie die Zulässigkeit jeder einzelnen möglicherweise in Zukunft erfolgenden Übermittlung im Voraus prüfen kann. Denn Gegenstand der Genehmigung nach Art. 47 Abs. 1 sind nur noch die   30

---

48 Kühling/Buchner-*Schröder* Art. 47 Rn. 27; vgl. auch z.B. WP 154, S. 2, Einleitung.
49 Kühling/Buchner-*Schröder* Art. 47 Rn. 27.
50 WP 264, S. 16 (Beschreibung „in broad terms"); WP 153, S. 10 f., Ziff. 4.1 m.w.N.; WP 155, S. 5, Ziff. 6; näher Rn. 29 ff.
51 Z.B. hinsichtlich der Rechtsgrundlagen der Verarbeitung, WP 154, S. 4, Ziff. 5.
52 Kühling/Buchner-*Schröder* Art. 47 Rn. 31; vgl. auch WP 264, S. 16 (Beschreibung „in broad terms"); WP 153, S. 10 f., Ziff. 4.1.
53 Kühling/Buchner-*Schröder* Art. 47 Rn. 32.

BCR als solche, nicht aber die einzelnen Übertragungsvorgänge.[54] Dies scheint nunmehr auch der Sichtweise der Art.-29-Datenschutzgruppe/des EDPB zu entsprechen.

31 Eine weiterhin hilfreiche Orientierung bieten insofern die Ausführungen in dem WP 155 zu den allgemeinen Anforderungen. Als Beispiel wird dort genannt:

„Beispielsweise kann in den BCR angegeben werden, dass im Zusammenhang mit der Mobilität des Personals Daten an alle Unternehmen der Gruppe übermittelt werden, dass Personaldaten an die Hauptdatenzentren in Deutschland, den USA und Singapur zur Speicherung und Archivierung übermittelt werden oder dass diese Daten der Konzernspitze mitgeteilt werden, um eine allgemeine Strategie für Löhne und Gehälter und für sonstige Leistungen innerhalb der Unternehmensgruppe festlegen zu können."[55]

32 **d) Interne und externe Verbindlichkeit (Abs. 2 lit. c).** Nach lit. c müssen die BCR Angaben zur internen wie externen Verbindlichkeit enthalten. Hinsichtlich des Umfangs der jeweiligen Angaben ist zutreffender Weise in Anlehnung an die bisherigen WP der Art.-29-Datenschutzgruppe zu unterscheiden:[56]

– Hinsichtlich der **internen Verbindlichkeit** genügt die klare Feststellung derselben insbesondere für die Beschäftigten der betroffenen Unternehmen.[57] Es reicht letztlich der einfache Satz: „Diese BCR sind für alle Unternehmen und Mitarbeiter der ...-Gruppe verbindlich und jederzeit einzuhalten." Weitere Angaben, etwa wie diese Verbindlichkeit herbeigeführt wird, sind nicht erforderlich[58] und wären bei größeren Unternehmensgruppen der Transparenz auch abträglich.[59] Nicht überzeugend ist insbesondere das Argument, diese weiteren Angaben wären erforderlich, um der Behörde die Prüfung der Wirkungsweise der BCR zu ermöglichen.[60] Dies kann – wie auch schon bisher Praxis – ergänzend im Verfahren im sog. „Background Document" mitgeteilt werden.[61]
– Die Angaben zur **externen Verbindlichkeit** erfordert die genaue Angabe, welche Rechte der Betroffene gegenüber welchem Mitglied der Gruppe hat.[62] Nicht erforderlich sind wiederum Hinweise, wie diese Rechte rechtstechnisch eingeräumt werden oder die Einräumung dieser Rechte in den BCR selbst.

33 **e) Anwendung der allgemeinen Datenschutzgrundsätze (Abs. 2 lit. d).** Zentraler Inhalt von BCR ist die nach Art. 47 Abs. 2 lit. d geforderte Angabe der Anwendung der allgemeinen Datenschutzgrundsätze. Diese umfassen nach dem Wortlaut des Gesetzes „insbesondere" Zweckbindung, Datenminimierung, begrenzte Speicherfristen, Datenqualität, Datenschutz durch Technikgestaltung und durch datenschutzfreundliche Voreinstellungen, Rechtsgrundlage für die Verarbeitung, Verarbeitung besonderer Kategorien von personenbezogenen Daten, Maßnahmen zur Sicherstel-

---

54 Kühling/Buchner-*Schröder* Art. 47 Rn. 32.
55 WP 155, S. 5, Ziff. 6.
56 Kühling/Buchner-*Schröder* Art. 47 Rn. 33.
57 A.A. Paal/Pauly-*Pauly* Art. 47 Rn. 16.
58 S. WP 153, S. 3, Ziff. 1.2 m.w.N.; a.A. BeckOK DatenSR-*Lange/Filip* Art. 47 Rn. 35; Paal/Pauly-*Pauly* Art. 47 Rn. 21.
59 Kühling/Buchner-*Schröder* Art. 47 Rn. 33.
60 So aber BeckOK DatenSR-*Lange/Filip* Art. 47 Rn. 35.
61 WP 256/257, Tabelle Ziff. 1.2; WP 264, S. 9ff.
62 S. WP 153, S. 3, Ziff. 1.3 m.w.N.; wiederum a.A. BeckOK DatenSR-*Lange/Filip* Art. 47 Rn. 36; Wybitul-*Schnupper/Pflüger* Art. 47 Rn. 25.

Verbindliche interne Datenschutzvorschriften Art. 47

lung der Datensicherheit und Anforderungen für die Weiterübermittlung an nicht an diese internen Datenschutzvorschriften gebundene Stellen.

Diese Anforderung läuft darauf hinaus, dass – wie es auch dem Zweck der BCR entspricht – letztlich die wesentlichen datenschutzrechtlichen Vorgaben der DS-GVO in die BCR aufgenommen werden und über diese bzw. die jeweils dahinterstehenden rechtlichen Regelungen in die Drittstaaten transportiert werden. Dies gilt insbesondere für die materiell-rechtlichen Vorgaben der DS-GVO – die Daten sollen im Drittland im Wesentlichen ebenso restriktiv verarbeitet werden wie unter der Geltung der DS-GVO.[63]   **34**

Die Darstellung dieser Grundsätze kann insofern unter Berücksichtigung des konkreten Verarbeitungszusammenhangs und auf diesen zugeschnitten erfolgen. Bei entsprechend beschränkten Verarbeitungsvorgängen kann diese daher sehr knapp ausfallen. Erforderlich ist dies jedoch nicht. Insbesondere geht es deutlich zu weit, eine jeweilige Konkretisierung für jedes übermittelte Datum zu fordern. Vielmehr kann bei umfassenden BCR, die eine Vielzahl von Verarbeitungsvorgängen und Daten im Drittland erfassen, kein Konkretisierungsgrad (dazu auch Rn. 27) gefordert werden, der wesentlich über den der DS-GVO selbst hinausgeht. Denn dies liefe darauf hinaus, für die Verarbeitung im Drittland strengere Anforderungen zu stellen als im digitalen Binnenmarkt. Hierfür spricht auch, dass auch die bisherigen und auch weiterhin als „ausreichende Garantien" anerkannten Standardvertragsklauseln (Art. 46 Abs. 2 lit. d) die Grundsätze lediglich abstrakt auflisten.[64]   **35**

f) Rechte der betroffenen Person (Abs. 2 lit. e). Anzugeben sind die Rechte der betroffenen Personen in Bezug auf die Verarbeitung. Die BCR müssen der betroffenen Person im Wesentlichen[65] dieselben Rechte gewähren, die sie im Geltungsbereich der DS-GVO hätten. Dies umfasst zunächst einen **Anspruch auf Einhaltung der drittschützenden Inhalte der BCR** wie insbesondere der wesentlichen Datenschutzgrundsätze, die den Umfang der Verarbeitungstätigkeiten begrenzen.[66]   **36**

Hinzu kommen die **Betroffenenrechte** auf Auskunft (Art. 15), Berichtigung (Art. 16), Löschung (Art. 17), auf Einschränkung der Datenverarbeitung (Art. 18), zum Widerspruch gegen bestimmte Datenverarbeitungen (Art. 21) oder für das Recht, nicht einer ausschließlich auf einer automatisierten Verarbeitung beruhenden Entscheidung nach Art. 22 unterworfen zu werden.[67]   **37**

Ebenfalls müssen **Rechte auf Beschwerde** bei der zuständigen Aufsichtsbehörde in den Mitgliedstaaten (Art. 77) sowie auf **gerichtlichen Rechtsschutz** in den Mitgliedstaaten (Art. 78) eingeräumt werden. Ferner ist das Recht auf Wiedergutmachung und   **38**

---

63 Vgl. auch BeckOK DatenSR-*Lange/Filip* Art. 47 Rn. 37; Ehmann/Selmayr-*Zerdick* Art. 47 Rn. 13; Paal/Pauly-*Pauly* Art. 47 Rn. 22.
64 Vgl. Entscheidungen der Kommission 2001/497/EG, 2004/915/EG und 2010/87/EU, dort jeweils im Anhang.
65 BeckOK DatenSR-*Lange/Filip* Art. 47 Rn. 39; WP 155 S. 6, Ziff. 9.
66 Vgl. die Auflistung der einzuräumenden Rechte in WP 256/257, Tabelle Ziff. 1.3; zur bisherigen Praxis WP 154 S. 9 f., Ziff. 18; WP 155, S. 6 f., Ziff. 9; Ehmann/Selmayr-*Zerdick* Art. 47 Rn. 13; nicht erwähnt bei Kühling/Buchner-*Schröder* Art. 47 Rn. 38.
67 WP 256/257, Tabelle Ziff. 1.3; BeckOK DatenSR-*Lange/Filip* Art. 47 Rn. 39; Kühling/Buchner-*Schröder* Art. 47 Rn. 38; Ehmann/Selmayr-*Zerdick* Art. 47 Rn. 13; Paal/Pauly-*Pauly* Art. 47 Rn. 23.

Traut

gegebenenfalls Schadenersatz im Falle der Verletzung der verbindlichen internen Datenschutzvorschriften zu gewähren (dazu auch näher Rn. 41 ff.).[68]

39 Gestaltungsspielräume bestehen hinsichtlich der Frage, durch welches bzw. welche Mitglieder der Gruppe diese Rechte eingeräumt werden müssen. **Anspruchsgegner** kann in hierarchischen Unternehmensgruppen nur das in der Union niedergelassene herrschende Unternehmen sein[69]. Ebenso ist jedoch möglich einige oder alle in der Union ansässigen Datenexporteure[70] und ggf. zusätzlich auch die Datenimporteure als Anspruchsgegner vorzusehen (näher Rn. 22 f.). Eine Einschränkung ergibt sich im Hinblick auf das Recht auf Beschwerde bei einer Aufsichtsbehörde aus dem Territorialprinzip (vgl. Rn. 59).

40 **g) Haftung eines Gruppenmitgliedes in der Union (Abs. 2 lit. f).** Die Übernahme einer Haftung für außerhalb der Union erfolgende Verstöße gegen die BCR durch ein Gruppenmitglied innerhalb der Union steht in unmittelbarem Zusammenhang mit der Einräumung durchsetzbarer Rechte.[71] Sie muss durch die BCR bzw. in ihrer Umsetzung durch vertragliche Mittel begründet werden (dazu näher Rn. 29 ff.).[72] Diese Haftung tritt neben eine etwaige Haftung des Datenimporteurs außerhalb der Union.

41 Die Unternehmensgruppe kann grundsätzlich frei entscheiden, welches in der Union ansässige Gruppenmitglied die Haftung übernehmen soll.[73] Die Aufsichtsbehörden dürfen die BCR jedoch nur dann genehmigen, wenn nachgewiesen ist, dass das ausgewählte Gruppenmitglied über ausreichende finanzielle Mittel verfügt.[74] In einer hierarchischen Gruppe spricht für die Auswahl des herrschenden Unternehmens, dass dieses durch seine Einflussmöglichkeiten am ehesten etwaige Verstöße verhindern kann.[75]

42 Ausdrücklich aufgenommen werden sollte in die BCR die von Abs. 2 lit. f vorgesehene Möglichkeit der **Exkulpation**. Danach ist das Gruppenmitglied in der Union dann teilweise oder vollständig von dieser Haftung befreit, wenn es nachweist, dass der Umstand, durch den der Schaden eingetreten ist, ihm nicht zur Last gelegt werden kann.[76]

43 **h) Information der Betroffenen (Abs. 2 lit. g).** BCR müssen auch festlegen, wie Betroffene über die ohnehin einzuhaltenden allgemeinen Informationspflichten nach Art. 13 f. hinaus über die BCR selbst, die nach lit. d einzuhaltenden Datenschutzgrund-

---

68 WP 256/257, Tabelle Ziff. 1.3; BeckOK DatenSR-*Lange/Filip* Art. 47, Rn. 41; Kühling/Buchner-*Schröder* Art. 47 Rn. 39; Ehmann/Selmayr-*Zerdick* Art. 47 Rn. 13; Paal/Pauly-*Pauly* Art. 47 Rn. 23.
69 WP 256/257, Tabelle Ziff. 1.4.
70 WP 256/257, Tabelle Ziff. 1.4.
71 Kühling/Buchner-*Schröder* Art. 47 Rn. 42; BeckOK DatenSR-*Lange/Filip* Art. 47 Rn. 46; Thüsing-*Forst* Beschäftigtendatenschutz, § 17 Rn. 46.
72 Kühling/Buchner-*Schröder* Art. 47 Rn. 42; BeckOK DatenSR-*Lange/Filip* Art. 47 Rn. 46; Thüsing-*Forst* Beschäftigtendatenschutz, § 17 Rn. 49.
73 Kühling/Buchner-*Schröder* Art. 47 Rn. 42; BeckOK DatenSR-*Lange/Filip* Art. 47 Rn. 44.
74 WP 256/257, Tabelle Ziff. 1.5; Kühling/Buchner-*Schröder* Art. 47 Rn. 43; Paal/Pauly-*Pauly* Art. 47 Rn. 24.
75 Paal/Pauly-*Pauly* Art. 47 Rn. 24, 13.
76 Wybitul-*Schuppert/Pflüger* Art. 47 Rn. 31.

sätze und weiteren Maßnahmen, die nach lit. e zu gewährenden Rechte und über die Verantwortung der europäischen Unternehmensteile nach lit. f **informiert** werden.[77] Die Verwendung des Begriffs der „Information" und dass es sich um eine über Art. 13 f. hinausgehende Verpflichtung handeln soll, spricht dafür, dass diese benannten Informationen dem Betroffenen vergleichbar den Informationen nach Art. 13 f. **aktiv mitgeteilt** werden müssen. Es soll dementsprechend nicht ausreichen, wenn diese lediglich auf der Website des Verantwortlichen verfügbar sind.[78] Auch wenn der Zeitpunkt der Mitteilung dieser Informationen nicht festgelegt wurde, dürfte es naheliegend sein, in der BCR festzulegen, dass diese Informationen in die Informationserklärungen nach Art. 13 f. aufgenommen und entsprechend mit dieser mitgeteilt werden.[79] **44**

Die Information über die BCR selbst erfordert nicht die Mitteilung des Textes der BCR (die ggf. aus einer Vielzahl von Dokumenten bestehen kann, vgl. Rn. 5, 25), sondern lediglich den Hinweis auf deren Existenz und wie der Betroffene in diese **Einsicht nehmen** kann. Hierfür kann z.b. auf der Website des Verantwortlichen verwiesen werden.[80] Auch die weiteren Informationen über die Angaben nach lit. d–f sind im Sinne der Transparenz eher knapp zu halten. Eine vollständige, aber **knappe Zusammenfassung** dürfte ausreichen. Ggf. kann auf zusätzliche Erläuterungen an anderer Stelle verwiesen werden. **45**

Über **weitere Inhalte der BCR** ist – mit Ausnahme des internen Beschwerderechts (vgl. Rn. 53) – im Umkehrschluss aus lit. g nicht gesondert zu informieren.[81] Dem weitergehenden Informationsinteresse des Betroffenen genügt es, wenn er sich diese Informationen durch die nach lit. g sowie nach Art. 13, 14 mitgeteilten Informationen und die Einsichtnahme in die BCR selbst verschaffen kann. **46**

i) Compliance-Organisation (Abs. 2 lit. h und j). Nach Abs. 2 lit. h müssen in BCR die **Aufgaben eines DSB** oder anderer Personen oder Einrichtungen, die mit der Überwachung der Einhaltung der verbindlichen internen Datenschutzvorschriften sowie mit der Überwachung der Schulungsmaßnahmen und dem Umgang mit Beschwerden befasst sind, festgehalten werden. Hiermit in Zusammenhang steht die Verpflichtung gem. Abs. 2 lit. j, dass ein **Verfahren zur Überprüfung der Einhaltung der verbindlichen internen Datenschutzvorschriften** vorzusehen ist. Dieses Verfahren muss insbesondere Datenschutzüberprüfungen und Verfahren zur Gewährleistung von Abhilfemaßnahmen zum Schutz der Rechte der betroffenen Person umfassen. **47**

Mit diesen Regelungen implizit vorausgesetzt wird[82] eine vorausgeschaltete **Pflicht zur Einrichtung einer Compliance-Organisation**, die die Einhaltung der BCR in angemessenem Umfang überwacht. Insofern wird auf die entsprechenden Anforde- **48**

---

77 WP 256/257, Tabelle Ziff. 1.7; Wybitul-*Schuppert/Pflüger* Art. 47 Rn. 31.
78 A.A. Paal/Pauly-*Pauly* Art. 47 Rn. 25.
79 Wohl weitergehend BeckOK DatenSR-*Lange/Filip* Art. 47 Rn. 50: Erweiterung der Pflichten nach Art. 13, 14 DSGVO. Für eine eigenständige Regelung, insbesondere auch hinsichtlich des Zeitpunkts und des Mittels spricht jedoch die Formulierung „Art und Weise" sowie die Wendung „über die Bestimmungen der Art. 13 und 14 hinaus".
80 WP 256/257, Tabelle Ziff. 1.7; Kühling/Buchner-*Schröder* Art. 47 Rn. 44.
81 BeckOK DatenSR-*Lange/Filip* Art. 47 Rn. 49.
82 Kühling/Buchner-*Schröder* Art. 47 Rn. 45; BeckOK DatenSR-*Lange/Filip* Art. 47 Rn. 52.

rungen der Art.-29-Datenschutzgruppe verwiesen, die vom Gesetzgeber in Abs. 2 lit. h und j kodifiziert wurden.[83]

49 Abs. 2 lit. h nimmt hierbei die Forderung der Art.-29-Datenschutzgruppe auf, dass sich das Unternehmen in BCR selbst verpflichten sollte, einen Mitarbeiterstab zu bilden, der mit Unterstützung der Unternehmensspitze die Einhaltung der BCR überwacht und gewährleistet. In den BCR sollten die Struktur, Aufgaben und Zuständigkeiten der Stelle beschrieben werden.[84] Eine namentliche Benennung einzelner Personen ist nicht erforderlich[85] – dies wäre auch datenschutzrechtlich eher nicht sinnvoll. Abs. 2 lit. j nimmt Bezug auf die auch bisher schon von der Art.-29-Datenschutzgruppe geforderte[86] Überprüfung der Einhaltung der BCR durch regelmäßige Auditierungen.[87]

50 Als vorgeschriebene Gegenstände der Compliance-Organisation werden von Abs. 2 lit. h und j genannt die Überwachung der Einhaltung der BCR als solcher (z.B. durch Stichproben), die Überwachung der Schulungsmaßnahmen und eine Bearbeitung von Beschwerden. Im Übrigen kommt der Unternehmensgruppe ein erheblicher **Gestaltungsspielraum** zu. Dies betrifft insbesondere die Frage, ob in erster Linie der oder die etwaig bestellte Datenschutzbeauftragte oder auch – ggf. in Ergänzung zu der gesetzlichen Zuständigkeit der Datenschutzbeauftragten – sonstige Mitarbeiter oder externe Stellen mit der Sicherstellung der Compliance beauftragt werden.[88] Eine Verpflichtung, getrennte Zuständigkeiten für Überwachung „im Alltag" nach lit. h und für die gesonderte Auditierung nach lit. j vorzusehen, besteht nicht.[89] Dennoch kann es zweckmäßig sein, mit Aufgaben nach lit. h den Datenschutzbeauftragten und mit der Auditierung nach lit. j die Konzernrevision zu beauftragen.[90]

51 Das Ergebnis der Überprüfungen nach lit. j sollte der in lit. h genannten Person oder Einrichtung sowie dem Verwaltungsrat des herrschenden Unternehmens der Unternehmensgruppe mitgeteilt werden. Zudem sollte es der zuständigen Aufsichtsbehörde auf Anfrage zur Verfügung gestellt werden.[91]

52 j) Gruppeninternes Beschwerdeverfahren (Abs. 2 lit. i). Diese Anforderung wurde vom Rat eingefügt und bezieht sich auf die bereits von der Art.-29-Datenschutzgruppe geforderte[92] Einrichtung eines (Unternehmensgruppen-)**internen Beschwerdeverfahrens**.[93] Dieses soll dem Betroffenen eine einfache Möglichkeit geben, sich

---

83 WP 256/257, Tabelle Ziff. 2.3 ff.; WP 264, S. 14.
84 WP 154, S. 9, Ziff. 15.
85 WP 256/257, Tabelle Ziff. 2.3 ff.; WP 264, S. 14; Kühling/Buchner-*Schröder* Art. 47 Rn. 46.
86 Bereits WP 74, S. 16 f., Ziff. 5.2; WP 153, S. 8, Ziff. 2.3; jetzt WP 256/257, Tabelle Ziff. 2.3 ff.; WP 264, S. 14.
87 BeckOK DatenSR-*Lange/Filip* Art. 47 Rn. 57.
88 WP 264, S. 14; Kühling/Buchner-*Schröder* Art. 47 Rn. 45; BeckOK DatenSR-*Lange/Filip* Art. 47 Rn. 53 f.
89 A.A. BeckOK DatenSR-*Lange/Filip* Art. 47 Rn. 58.
90 Vorschlag von BeckOK DatenSR-*Lange/Filip* Art. 47 Rn. 58.
91 Kühling/Buchner-*Schröder* Art. 47 Rn. 49 kritisiert die darin liegende „Beweisführung gegen sich selbst".
92 Vgl. nur WP 74, S. 17, Ziff. 5.3; WP 153, S. 7, Ziff. 2.3 m.w.N.
93 Kühling/Buchner-*Schröder* Art. 47 Rn. 47; vgl. auch WP 74, S. 17, Ziff. 5.3; WP 153, S. 7, Ziff. 2.3 m.w.N.

gegenüber einer Stelle über Verstöße gegen BCR durch die verschiedenen Gruppenunternehmen zu beschweren.⁹⁴

Notwendig hierfür ist die Einräumung eines durchsetzbaren Beschwerderechts gegenüber dem Betroffenen. Insofern ist misslich, dass dieses durchsetzbare Recht in Abs. 2 lit. e keine Erwähnung gefunden hat. Dies ist wohl wegen der Aufnahme erst im Gesetzgebungsverfahren versehentlich unterblieben. Wegen der Einordnung als durchsetzbares Recht spricht alles dafür, dass im Rahmen der Angaben nach Abs. 2 lit. g (Rn. 46) auch eine **aktive Information** über das Bestehen des internen Beschwerderechts vorgesehen werden muss.⁹⁵ 53

Die Beschwerden sollen von einer ausdrücklich **hierfür bestimmten Stelle** bearbeitet werden, die zudem innerhalb der Unternehmensgruppe über die notwendige Unabhängigkeit zur Untersuchung solcher Beschwerden verfügt.⁹⁶ In der Praxis wird dies meist durch die Einrichtung einer zentralen Beschwerdestelle etwa bei dem Datenschutzbeauftragten des in der Union niedergelassenen herrschenden Unternehmens umgesetzt. 54

k) Meldung und Erfassung von Änderungen der BCR (Abs. 2 lit. k). Verbindliche interne Datenschutzvorschriften sind angesichts der ständigen Veränderungen von Unternehmensgruppen und ihren Datenverarbeitungen **keine statischen Objekte**.⁹⁷ Deshalb besteht die Verpflichtung, ein Verfahren für die Meldung und Erfassung von Änderungen der BCR einzurichten. 55

Umgesetzt werden kann dies z.B. durch **Benennung einer Stelle** in der Unternehmensgruppe, die eine stets aktualisierte Liste der an die BCR gebundenen Unternehmen führt und alle Änderungen der BCR erfasst.⁹⁸ Hierbei soll es ausreichen, wenn Änderungen der BCR, die sich auf die Datenverarbeitungsbedingungen auswirken sowie Änderungen der Liste der an die BCR gebundenen Unternehmen **mindestens einmal im Jahr** an die Aufsichtsbehörden mit einer kurzen Erläuterung gemeldet werden.⁹⁹ Dies trifft in jedem Fall bei bloßen Änderungen der Zusammensetzung der Gruppe zu, für die es in aller Regel keiner vorherigen Genehmigung bedarf.¹⁰⁰ Hinsichtlich größerer Änderungen bietet es sich ggf. an, eine vorherige Klärung mit der zuständigen Aufsichtsbehörde zu suchen, ob die Schwelle zur erneuten Genehmigung über- 56

---

94 Nun WP 256/257, Tabelle Ziff. 2.2; Kühling/Buchner-*Schröder* Art. 47 Rn. 47; BeckOK DatenSR-*Lange/Filip* Art. 47 Rn. 55 f; vgl. auch WP 74, S. 17, Ziff. 5.3; WP 153, S. 7, Ziff. 2.3 m.w.N.
95 Für eine solche aktive Informationspflicht im Ergebnis auch Kühling/Buchner-*Schröder* Art. 47 Rn. 47; BeckOK DatenSR-*Lange/Filip* Art. 47 Rn. 55; vgl. auch WP 153, S. 7, Ziff. 2.3.
96 Kühling/Buchner-*Schröder* Art. 47 Rn. 47; BeckOK DatenSR-*Lange/Filip* Art. 47 Rn. 55 f.; wohl offener nun WP 256/257, Tabelle Ziff. 2.2.
97 Kühling/Buchner-*Schröder* Art. 47 Rn. 50; Paal/Pauly-*Pauly* Art. 47 Rn. 29.
98 WP 256/257, Tabelle Ziff. 5.1; BeckOK DatenSR-*Lange/Filip* Art. 47 Rn. 59; Kühling/Buchner-*Schröder* Art. 47 Rn. 51; Paal/Pauly-*Pauly* Rn. 29; ebenso bereits WP 154, S. 9, Ziff. 21.
99 WP 256/257, Tabelle Ziff. 5; BeckOK DatenSR-*Lange/Filip* Art. 47 Rn. 59; Paal/Pauly-*Pauly* Rn. 29; eher strenger Kühling/Buchner-*Schröder* Art. 47 Rn. 51 f.
100 Kühling/Buchner-*Schröder* Art. 47 Rn. 52; BeckOK DatenSR-*Lange/Filip* Art. 47 Rn. 59; Paal/Pauly-*Pauly* Art. 47 Rn. 29.

schritten ist.[101] Für die Praxis empfiehlt sich, die Fälle, in denen eine vorherige Genehmigung erforderlich ist, in den BCR selbst zu regeln. Dann erstreckt sich die ursprüngliche Genehmigung auch auf alle Änderungen, die unterhalb dieser Schwelle liegen. Zu pauschal sein dürfte es, immer eine erneute Genehmigung zu fordern, wenn sich Verarbeitungsziele, die verarbeiteten Datenkategorien oder die Kategorien betroffener Personen ändern.[102]

57 Nach bisheriger Praxis sind über wesentliche Änderungen der BCR auch die Betroffenen zu informieren.[103] Bei der Verwendung von BCR durch Auftragsverarbeiter sollte es auch erforderlich sein, den Auftraggeber zu benachrichtigen, um ihnen die Möglichkeit zum Widerspruch zu eröffnen.[104] An beiden Anforderungen kann jedoch nicht ohne weiteres festgehalten werden. Art. 47 lit. g regelt die **Informationspflichten gegenüber Betroffenen** abschließend. Soweit nicht die dort genannten Gegenstände betroffen sind, besteht bei Änderungen der BCR keine Notwendigkeit zur erneuten aktiven Information von Betroffenen.[105] Die Inhalte nach Abs. 2 lit. k genügen insofern, um sie in die Lage zu versetzen, ggf. durch Einsichtnahme Kenntnis von Änderungen zu erlangen. Gleiches gilt für Auftraggeber, die zudem eine Informationspflicht in den Auftragsverarbeitungsvertrag aufnehmen lassen können. Dies scheint nun auch die Sichtweise der Art.-29-Datenschutzgruppe / des EDPB zu sein.[106]

58 **l) Zusammenarbeit mit der zuständigen Aufsichtsbehörde (Abs. 2 lit. l).** Neben der bereits in Abs. 2 lit. j geregelten Pflicht zur Offenlegung der Ergebnisse von Audits an die Aufsichtsbehörden soll eine ausdrückliche Selbstverpflichtung dahingehend erforderlich sein, dass die Gruppenmitglieder bei **Untersuchungen** mit den Aufsichtsbehörden zusammenarbeiten. Dies wird in der Literatur teilweise auch dahingehend verstanden, dass sich die Verantwortlichen verpflichten müssten, Anweisungen der Aufsichtsbehörden zur **Auslegung der BCR** nachzukommen.[107] Andere gehen davon aus, dass jedenfalls eine Selbstverpflichtung aufgenommen werden muss, Untersuchungen zu dulden.[108]

59 Es bleibt abzuwarten, inwiefern bei weiterer Verbreitung von BCR „extraterritoriale" Prüfungen durch die Drittstaaten hingenommen werden.[109] Die Art.-29-Datenschutzgruppe / der EDPB geben scheinbar von einem sehr weiten Verständnis aus. Danach müsse sichergestellt werden, dass alle den BCR unterliegenden Mitglieder der Gruppe – und damit mutmaßlich auch solche außerhalb der EU – sowohl Überprüfung der Aufsichtsbehörden zulassen wie auch dem „Rat" der Aufsichtsbehörden hinsichtlich der Auslegung und Anwendung der BCR folgen.[110] Dies geht jedoch zu weit. Insbesondere würde die Verpflichtung zur Umsetzung von Auslegungshinweisen der

---

101 Kühling/Buchner-*Schröder* Art. 47 Rn. 52.
102 So aber Paal/Pauly-*Pauly* Rn. 29.
103 WP 154, S. 9, Ziff. 21.
104 WP 204, S. 15 f., Ziff. 3.2.
105 A.A. BeckOK DatenSR-*Lange/Filip* Art. 47 Rn. 59 f.; Kühling/Buchner-*Schröder* Art. 47 Rn. 50.
106 Vgl. WP 256/257, Tabelle Ziff. 5.2; WP 264, S. 17.
107 BeckOK DatenSR-*Lange/Filip* Art. 47 Rn. 61 unter Verweis auf WP 154, S. 10, Ziff. 20.
108 Kühling/Buchner-*Schröder* Art. 47 Rn. 53.
109 Vgl. auch Kühling/Buchner-*Schröder* Art. 47 Rn. 53: „spannende Fragen über die Ausübung hoheitlicher Funktionen in fremden Jurisdiktionen".
110 WP 256/257, Tabelle Ziff. 3.1; WP 264, S. 15.

Behörden zu einer unzumutbaren **Verkürzung des Rechtsschutzes** der Verantwortlichen bzw. Auftragsverarbeiter führen. Auch würden die Anforderungen für eine Anordnung der sofortigen Vollziehung einer aufsichtsbehördlichen Maßnahme (für deutsche Verwaltungsakte z.B. Art. 58 Abs. 4 i.V.m. § 80 Abs. 2 VwGO) umgangen. Umgekehrt bedarf es einer solchen Selbstverpflichtung aber auch nicht, da die zuständigen Aufsichtsbehörden erforderlichenfalls entsprechende Maßnahmen, dann aber eben gem. dem Verfahrensrecht, jedenfalls gegenüber den Teilen der Unternehmensgruppe in der Union einseitig anordnen könnten.[111]

m) Meldung von beeinträchtigenden Drittlandbestimmungen (Abs. 2 lit. m). Das 60 Meldeverfahren soll sicherstellen, dass die zuständige Aufsichtshörde in der EU informiert wird, falls nationale Bestimmungen die Datenimporteure davon abhalten, ihren nach den BCR auferlegten Pflichten teilweise oder ganz nachzukommen. Dies erfordert die Einrichtung entsprechender **Prüfungs- und Meldeprozesse**[112]. Diese können ggf. mit der Überwachung nach lit. g verbunden werden.

Maßstab der Meldepflicht als solche sind die BCR. Entsprechend sollte in diesen 61 geregelt werden, in welchem Umfang im Hinblick auf zwingende Anforderungen des Drittlandes Abweichungen von diesen möglich sind, allein schon um die Zahl möglicher Kollisionen bestmöglich zu verringern. Inhaltlich ist die Hinnahme derartiger Abweichungen nur beschränkt möglich (dazu näher Art. 46 Rn. 23).[113]

n) Schulung von Mitarbeitern (Abs. 2 lit. n). Die Beschränkung auf Mitarbeiter der 62 Mitglieder der Unternehmensgruppe, die ständig oder regelmäßig Zugang zu personenbezogenen Daten haben, dürfte nur eine begrenzte Rolle spielen. Regelmäßig Zugang zu personenbezogenen Daten hat jedenfalls jeder Mitarbeiter, der einen dienstlichen E-Mail Account hat. Ausgenommen sind von dem Schulungserfordernis damit im Wesentlichen **Hilfskräfte**, z.B. in der Produktion oder Reinigungskräfte. Inhaltliche Leitlinien für die Schulungsmaßnahmen können zahlreiche Stellungnahmen der Art.-29-Datenschutzgruppe geben.[114]

II. Genehmigungsverfahren, Anspruch auf Erteilung der Genehmigung, gerichtliche Überprüfung (Art. 47 Abs. 1)

Gegenstand der Genehmigung nach Art. 47 Abs. 1 ist die Feststellung, dass das Bündel 63 an Maßnahmen, die vom Verantwortlichen bzw. Auftragsverarbeiter ergriffen wurden, die Anforderungen des Art. 47 erfüllt. Mit Vorliegen der Genehmigung kann die Verarbeitung bzw. Übermittlung von Daten auf Grundlage der BCR erfolgen. Vieles spricht dafür, dass die Erteilung dieser Genehmigung damit **Legalisierungswirkung** hat. Datenübermittlung und -verarbeitung auf der Grundlage genehmigter BCR sind deshalb – solange die Genehmigung besteht – auch dann rechtmäßig im Sinne der Verordnung, wenn die Genehmigungsvoraussetzungen nicht erfüllt waren bzw. sind.

---

111 Vgl. nur *EuGH* v. 6.10.2015 – C-362/14 (Rs. Schrems), RDV 2015, 313, Rn. 43, 58; BeckOK DatenSR-*Lange/Filip* Art. 47 Rn. 67.
112 Vgl. nur WP 256/257, Tabelle Ziff. 6.3.
113 Dazu auch Kühling/Buchner-*Schröder* Art. 47 Rn. 55; BeckOK DatenSR-*Lange/Filip* Art. 47 Rn. 62; Paal/Pauly-*Pauly* Art. 47 Rn. 31.
114 Vgl. nur WP 264, S. 13; WP 256/257, Tabelle Ziff. 2.1; WP 264, S. 13; WP 153, S. 5 f., Ziff. 2.1 m.w.N.

64 Es besteht ein **subjektiv-rechtlicher Anspruch des Antragsstellers** auf Erteilung der Genehmigung, wenn die in Art. 47 Abs. 1 – abschließend – aufgezählten Genehmigungsvoraussetzungen erfüllt sind.[115] Es handelt sich insofern um eine gebundene Entscheidung. Es besteht kein Ermessen der Aufsichtsbehörde. Soweit unbestimmte Rechtsbegriffe verwandt werden, ist deren Auslegung und Anwendung vollständig gerichtlich überprüfbar.

65 Die **Zuständigkeit** der Aufsichtsbehörde richtet sich nach Art. 55, 56,[116] wobei es für die Feststellung der Zuständigkeit richtigerweise auf die Hauptverwaltung des antragstellenden Mitgliedes der Unternehmensgruppe in der Union ankommt.[117] Dies wird meist, aber nicht notwendigerweise das herrschende Unternehmen sein. Einer analogen Anwendung von Art. 56 bedarf es jedenfalls nicht. Erlassen wird die Genehmigung dann im **Kohärenzverfahren** nach Art. 63[118]. Verbreitet wird vertreten, dass dies dann nicht gelten soll, wenn die Unternehmensgruppe Niederlassungen nur in einem Mitgliedstaat hat.[119] In dem Verfahren haben die Aufsichtsbehörden nach Art. 58 Abs. 3 lit. i die erforderlichen Genehmigungs- und beratenden Befugnisse. Für die Praxis nehmen die **Art.-29-Datenschutzgruppe/der EDPB** hinsichtlich Verfahrens- und Zuständigkeitsfragen im WP 263 eine **pragmatische Sichtweise** an. Eine wesentliche Erleichterung ist insbesondere, dass losgelöst von den in der Praxis häufig nicht gegebenen Anforderungen nach Art. 56 DS-GVO eine „BCR Lead Authority" festgelegt wird, die als Hauptansprechpartner für den Antragsteller fungiert.[120]

66 Gegen Entscheidungen der Aufsichtsbehörden steht der **Rechtsweg** offen (Art. 78 Abs. 1). Für Klagen gegen Entscheidungen der deutschen Aufsichtsbehörden ist das Verwaltungsgericht zuständig, in dessen Bezirk die Aufsichtsbehörde ihren Sitz hat (Art. 78 Abs. 1 i.V.m. § 21 BDSG). Kommt es innerhalb des Kohärenzverfahrens zu einem verbindlichen **Beschluss des Datenschutzausschusses** (Art. 65), kann der Rechtsweg nach Art. 263 AEUV eröffnet sein. Voraussetzung ist, dass Beschlüsse des Ausschusses einen Verantwortlichen, einen Auftragsverarbeiter oder den Beschwerdeführer unmittelbar und individuell betreffen. Dies wird bei einem Unternehmen, dessen verbindliche interne Datenschutzvorschriften vom Datenschutzausschuss für nicht genehmigungsfähig erklärt wurden, regelmäßig der Fall sein.[121] Eine solche Klage müsste binnen zwei Monaten nach Veröffentlichung der betreffenden Beschlüsse erhoben werden.

---

115 In diese Richtung wohl auch Ehmann/Selmayr-*Zerdick* Art. 47 Rn. 15.
116 Ehmann/Selmayr-*Zerdick* Art. 47 Rn. 14; Gola/*Klug* Art. 47 Rn. 7.
117 A.A. Kühling/Buchner-*Schröder* Art. 47 Rn. 25; BeckOK DatenSR-*Lange/Filip* Art. 47 Rn. 16: in entsprechender Anwendung des Art. 56 Aufsichtsbehörde am Hauptsitz der **Unternehmensgruppe**.
118 WP 263, S. 2.
119 Paal/Pauly-*Pauly* Art. 47 Rn. 12; Kühling/Buchner-*Schröder* Art. 47 Rn. 25; BeckOK DatenSR-*Lange/Filip* Art. 47 Rn. 15.
120 WP 263, S. 3 ff., Ziff. 1.
121 Ehmann/Selmayr-*Zerdick* Art. 47 Rn. 18.

C. Praxishinweise

I. Relevanz für Verantwortliche und Auftragsverarbeiter/Gestaltungshinweise

BCR stehen als Instrument nur einem Teil der Verantwortlichen und Auftragsverarbeitern zur Verfügung, nämlich nur denen, die **Teil einer Unternehmensgruppe** oder Gruppe von Unternehmen mit gemeinsamer Wirtschaftstätigkeit sind (Rn. 6). Kein geeignetes Mittel sind sie daher, um Datentransfers innerhalb internationaler Organisationen zu rechtfertigen. 67

Auch wenn hinsichtlich der **Gestaltung von BCR** unterschiedlichste Ansätze möglich sind, hat sich in der Praxis jedenfalls bei hierarchischen Unternehmensgruppen bewährt, die eigentlichen Inhalte der BCR in einer **Konzernrichtlinie** (meist selbst verkürzend „BCR" genannt) niederzulegen. Diesem Ansatz folgt insbesondere auch der von der Art.-29-Datenschutzgruppe veröffentliche und vom EDPB anerkannte Rahmen für die Gestaltung von BCR.[122] 68

Von diesen eigentlichen Inhalten getrennt erfolgt die Herstellung gruppen- und unternehmensinterner Verbindlichkeit dann durch separate Rechtsakte (z.B. Vereinbarungen oder Weisungen), mit denen die Mitglieder der Unternehmensgruppe und ihre Mitarbeiter auf die Einhaltung der BCR verpflichtet werden. Dies hat den Vorteil, dass insbesondere eine Änderung der Mitgliedschaft in der Unternehmensgruppe wesentlich vereinfacht wird. 69

Bei der Entwicklung eigener BCR empfiehlt es sich für Verantwortliche im Übrigen, sich an den umfangreichen **Hinweisen** der **Aufsichtsbehörden** zu orientieren. Von besonderer Bedeutung sind hierbei das WP 256, das eine Übersicht über die Bestandteile und Grundsätze verbindlicher unternehmensinterner Datenschutzregelungen gibt, sowie das WP 264, das einen Musterantrag mit Kommentierung der notwendigen Angaben enthält. Für Verfahrensfragen ist das WP 263 erste Anlaufstelle. Besonders hilfreich ist hier die Unterscheidung zwischen Inhalten der BCR als solcher und weiteren Informationen, die dem Antrag beigefügt werden. Für Auftragsverarbeiter sind die WP 257 und 265 sowie ebenfalls WP 263 heranzuziehen. 70

II. Relevanz für betroffene Personen

Vgl. oben Rn. 36 ff. 71

III. Relevanz für Aufsichtsbehörden

Vgl. oben Rn. 63 ff. 72

IV. Relevanz für das Datenschutzmanagement

Im Hinblick auf BCR bestehen insbesondere folgende **wesentliche Anforderungen** an das Datenschutzmanagement: 73
- Errichtung einer internen Compliance-Organisation, die die Einhaltung der BCR überwacht und auditiert (Rn. 47 ff.),
- Einrichtung eines gruppeninternen Beschwerdeverfahrens (Rn. 52 ff.),
- Meldung und Erfassung von Änderungen der BCR (Rn. 55 f.).

---

122 WP 256/257.

– Einrichtung eines Verfahrens zum Auffinden und zur Meldung von beeinträchtigenden Drittlandbestimmungen (Rn. 56 f.),
– Schulung von Mitarbeitern (Rn. 62).

V. Sanktionen

74 Vom **Betroffenen** können bei Verstößen gegen genehmigte BCR, insbesondere
– das gruppeninterne Beschwerdeverfahren genutzt werden
– die in den BCR eingeräumten Ansprüche geltend gemacht werden (Rn. 39), insb.:
  – Recht auf Beschwerde bei einer Aufsichtsbehörde,
  – gerichtliche Geltendmachung der Betroffenenrechte,
  – Ansprüche auf Schadensersatz und Widergutmachung – insbesondere auch für Verstöße von außerhalb der Union niedergelassenen Mitgliedern der Gruppe (Rn. 41 ff.),
  – Anspruchsgegner können verschiedene Mitglieder der Gruppe sein (Rn. 22).

75 **Aufsichtsbehörden** können bei Verstößen gegen genehmigte BCR insbesondere folgende Sanktionen ergreifen:
– Aussetzung der Übermittlung nach Art. 58 Abs. 2 lit. j,
– Verhängung von Geldbußen wegen Verstoßes gegen Art. 46 Abs. 1 gem. Art. 83 Abs. 5 lit. c (bis zu 20 000 000 EUR oder 4 % des erzielten weltweiten Jahresumsatzes).

76 Der Verstoß gegen die Anforderungen im Genehmigungsprozess zieht nur die Folge nach sich, dass die BCR nicht genehmigt werden. Soweit **BCR zu Unrecht genehmigt** wurden, weil die Genehmigungsvoraussetzungen nicht vorlagen, kommt wegen der Legalisierungswirkung der Genehmigung (Rn. 63) als einzige „Sanktion" die Rücknahme der Genehmigung in Betracht.

Artikel 48   Nach dem Unionsrecht nicht zulässige Übermittlung oder Offenlegung

Jegliches Urteil eines Gerichts eines Drittlands und jegliche Entscheidung einer Verwaltungsbehörde eines Drittlands, mit denen von einem Verantwortlichen oder einem Auftragsverarbeiter die Übermittlung oder Offenlegung personenbezogener Daten verlangt wird, dürfen unbeschadet anderer Gründe für die Übermittlung gemäß diesem Kapitel jedenfalls nur dann anerkannt oder vollstreckbar werden, wenn sie auf eine in Kraft befindliche internationale Übereinkunft wie etwa ein Rechtshilfeabkommen zwischen dem ersuchenden Drittland und der Union oder einem Mitgliedstaat gestützt sind.

– *ErwG: 115*

Übersicht

	Rn		Rn
A. Einordnung und Hintergrund	1	III. Andere Ermächtigungen	8
B. Kommentierung	2	IV. Konflikt für Unternehmen	9
I. Anwendungsbereich	3	V. Vereinigtes Königreich und Irland	10
II. Internationale Übereinkommen	6		

Literatur: *Piltz* Die Datenschutz-Grundverordnung, Teil 4: Internationale Datentransfers und Aufsichtsbehörden, K&R 2016, 777; *Voigt/Klein* Deutsches Datenschutzrecht als „blokking statute"? – Auftragsdatenverarbeitung unter dem USA PATRIOT Act, ZD 2013, 16; *Zöller* Zivilprozessordnung, 33. Aufl. 2020.

A. Einordnung und Hintergrund

Art. 48 stellt eine besondere Form des grundsätzlichen Verbots der Datenübermittlung ohne entsprechende Rechtfertigung dar und ist eine gesetzgeberische Reaktion auf die Vorbehalte gegenüber den Aktivitäten außereuropäischer Dienste, die eine ungehinderte Exposition von personenbezogenen Daten europäischer Bürger gegenüber Drittstaaten zur Folge hatte.[1] Somit ist Art. 48 quasi als die **lex Snowden** zu verstehen. 1

B. Kommentierung

Ein ausländisches Urteil oder eine Verwaltungsentscheidung, die auf den Zugriff auf personenbezogene Daten in der EU aus einem Drittland bzw. das Übermittlungsverlangen an ein Drittland gerichtet sind, stellten an sich bereits nach der unter der Datenschutzrichtlinie vorherrschenden Auffassung keine ausreichende Rechtfertigung für die Übermittlung oder Offenlegung durch Verantwortliche oder Auftragsverarbeiter dar.[2] Mit Art. 48 erhält diese Auffassung eine Stärkung und Klarstellung, die zumindest als deutliches Signal an Drittländer zu verstehen ist, die für europäische Bürger bzw. ihre personenbezogenen Daten keinen ausreichenden Schutz vorsehen.[3] 2

I. Anwendungsbereich

Art. 48 erfasst nicht nur Urteile und Verwaltungsentscheidungen, sondern wohl sämtliche hoheitlichen Akte.[4] Nicht erfasst sind hingegen Herausgabeansprüche Dritter im Rahmen eines Gerichtsverfahrens.[5] Nur im Falle einer gerichtlichen Entscheidung, die die Herausgabe der Daten zum Gegenstand hat, kann auch ein solches Verlangen Dritter Gegenstand von Art. 48 werden.[6] Die im Rahmen eines sogenannten „Discovery-Verfahrens" gestellten Gesuche der anderen Prozesspartei, bestimmte Daten zu übermitteln, stellen hingegen keinen Fall einer gerichtlichen Entscheidung oder Verwaltungsanordnung im Sinne des Art. 48 dar.[7] 3

Dabei verbietet Art. 48 nicht schlichtweg jede Übermittlung oder Offenlegung von personenbezogenen Daten an ein Drittland aufgrund eines Urteils oder einer Verwaltungsentscheidung: Eine solche Übermittlung durch Verantwortliche und Auftragsverarbeiter bleibt möglich und ist erlaubt. Voraussetzung hierfür ist, dass die betreffende Entscheidung in der Europäischen Union anerkannt und vollstreckbar ist, indem sie sich auf ein Rechtshilfeabkommen oder eine andere, sich in Kraft befindliche internationale Übereinkunft oder aber andere in Kapitel V genannte Rechtfertigungstatbe- 4

---

1 Vgl. *Albrecht/Jotzo* Das neue Datenschutzrecht der EU, S. 111.
2 So schon *Voigt/Klein* ZD 2013, 16, 19.
3 Ehmann/Selmayr-*Zerdick* Art. 48 Rn. 1.
4 Kühling/Buchner-*Schröder* Art. 48 Rn. 13.
5 Plath-*von dem Bussche* Art. 48 Rn. 4.
6 Paal/Pauly-*Pauly* Art. 48 Rn. 6.
7 Kühling/Buchner-*Schröder* Art. 48 Rn. 13; Paal/Pauly-*Pauly* Art. 48 Rn. 6.

stände stützen kann.[8] Diese anderen Erlaubnistatbestände treten neben den Erlaubnistatbestand des Art. 48.[9]

5 Unklar ist die extraterritoriale Anwendung von Art. 48 in Bezug auf Verantwortliche oder Auftragsverarbeiter, die die Verarbeitungstätigkeit nicht innerhalb der EU durchführen. Verarbeiten sie personenbezogene Daten europäischer Bürger, unterliegen sie der DS-GVO. Werden diese Unternehmen mit einem Herausgabeverlangen eines lokalen Gerichts oder einer lokalen Behörde konfrontiert, müssten sie dem Herausgabeverlangen das Verbot des Art. 48 entgegenhalten, ohne dass dies im Zweifel von der jeweiligen lokalen Rechtsordnung als rechtmäßige Einwendung angesehen wird.[10] Eine solche extraterritoriale Anwendbarkeit verwaltungsrechtlicher Vorschriften dürfte damit systemwidrig sein und Art. 48 sich tatsächlich nur auf Verantwortliche oder Auftragsverarbeiter innerhalb der EU beziehen bzw. solche, die die Datenverarbeitung in der EU durchführen.[11]

II. Internationale Übereinkommen

6 Die nach Art. 48 erforderliche internationale Übereinkunft zwischen dem ersuchenden Drittland oder der Union bzw. einem Mitgliedstaat muss sich ausdrücklich auf die Übermittlung personenbezogener Daten beziehen. Übereinkommen wie etwa das EU/US-Privacy-Shield-Abkommen stellen eine solche Übereinkunft nicht dar, da sie nicht die Übermittlung von Daten an ein Drittland regeln, sondern nur den Schutz der personenbezogenen Daten der Betroffenen im Drittland bezwecken.[12]

7 Die USA haben als Reaktion auf die Empfehlung der Bundesrichter im Verfahren United States v. Microsoft Corp.[13] ein Gesetz erlassen, das den Zugriff auf personenbezogene Daten in der Cloud regelt.[14] Der sogenannte Clarifying Lawful Overseas Use of Data Act (CLOUD Act) ergänzt den Stored Communication Act (SCA) um Erlaubnistatbestände für die US-Regierung sowie US-Gerichte und Unternehmen, die in den USA ansässig sind und sich zur Herausgabe von Daten und Unterlagen zu verpflichten, selbst wenn diese sich außerhalb der USA befinden.[15] Zwar sieht der **CLOUD Act** Rechtsbehelfe für Unternehmen gegen solche Herausgabeverpflichtungen vor, doch dürften diese mangels sog. Executive Agreements mit den USA in der Regel leer laufen.[16] Selbst wenn die EU oder ein Mitgliedstaat ein Executive Agreement mit den USA abschließen würde, dürfte ein solches nicht als Rechtshilfeabkommen zu verstehen sein, so dass die Voraussetzungen für die Anwendbarkeit von Art. 48 nicht vorlägen.[17] Es wäre dann zu prüfen, ob möglicherweise Art. 49 oder eine andere Norm des Kapitel V ausreichend wäre, was allerdings mit Risiken für den Verantwortlichen verbunden ist.[18]

---

8 Kühling/Buchner-*Schröder* Art. 48 Rn. 12; Zöller-*Geimer* § 328 Rn. 12.
9 Kühling/Buchner-*Schröder* Art. 48 Rn. 12; Plath-*von dem Bussche* Art. 48 Rn. 1.
10 Vgl. Kühling/Buchner-*Schröder* Art. 48 Rn. 12.
11 Vgl. Kühling/Buchner-*Schröder* Art. 48 Rn. 14; a.A. Ehmann/Selmayr-*Zerdick* Art. 48 Rn. 5.
12 Kühling/Buchner-*Schröder* Art. 48 Rn. 16.
13 United States v. Microsoft Corp., No. 17-2.
14 Vgl. *Schwartz/Pfeifer* CRi 2019, 1, 2.
15 Vgl. die Regelung in § 2713 (1) CLOUD Act.
16 Vgl. *Lejeune* ITRB 2018, 121.
17 *Lejeune* ITRB 2018, 121; vgl. *Determann/Nebel* CR 2018, 408, 412.
18 Siehe Rn. 9.

III. Andere Ermächtigungen

In Bezug auf die einzelnen weiteren Rechtfertigungen für eine Übermittlung nach Kapitel V siehe Kommentierung Art. 45, 46 und 49, insbes. 49 Abs. 1 lit. e Rn. 17.

IV. Konflikt für Unternehmen

Für Unternehmen ergibt sich aus der Regelung des Art. 48 gleich in mehrfacher Hinsicht ein erhebliches Anwendungsrisiko. Ein Unternehmen, das Adressat eines ausländischen Urteils oder einer Verwaltungsentscheidung wird, ist in der Regel innerhalb kurzer Frist gezwungen, eine Entscheidung zu treffen, ob das Herausgabeverlangen rechtmäßig ist oder nicht. Dies kann bei komplexeren Anfragen dazu führen, dass ein Unternehmen gar nicht vollumfänglich prüfen kann, ob das Herausgabeverlangen an sich auf eine entsprechende, nach Art. 48 genügende Grundlage gestützt werden kann. In diesem Fall ist das Unternehmen gezwungen, die Risiken, die dem Unternehmen bei Nichteinhaltung des Urteils oder der Verwaltungsentscheidung drohen, mit der entsprechenden Sanktion durch die europäischen Behörden und die Betroffenen abzuwägen. In diesem Falle ist dem betroffenen Unternehmen dringend anzuraten, die Aufsichtsbehörde zu konsultieren und hier eine Klarstellung zu erreichen.

V. Vereinigtes Königreich und Irland

Das Vereinigte Königreich und Nordirland haben erklärt, nicht an die Bestimmungen des Art. 48 gebunden zu sein.[19] Demnach ist eine Zersplitterung der Rechtslage in Europa zu befürchten, was die Herausgabe von Daten im Rahmen des Art. 48 betrifft. Derzeit ist noch ungeklärt, ob das Vereinigte Königreich und Nordirland sich tatsächlich auf eine Nichtanwendbarkeit des Art. 48 berufen können oder nicht.[20] Es ist zu erwarten, dass das Vereinigte Königreich und Nordirland nach Verlassen der Europäischen Union die Regelung des Art. 48 nicht entsprechend übernehmen werden.

Artikel 49 Ausnahmen für bestimmte Fälle

(1) ¹Falls weder ein Angemessenheitsbeschluss nach Artikel 45 Absatz 3 vorliegt noch geeignete Garantien nach Artikel 46, einschließlich verbindlicher interner Datenschutzvorschriften, bestehen, ist eine Übermittlung oder eine Reihe von Übermittlungen personenbezogener Daten an ein Drittland oder an eine internationale Organisation nur unter einer der folgenden Bedingungen zulässig:
a) die betroffene Person hat in die vorgeschlagene Datenübermittlung ausdrücklich eingewilligt, nachdem sie über die für sie bestehenden möglichen Risiken derartiger Datenübermittlungen ohne Vorliegen eines Angemessenheitsbeschlusses und ohne geeignete Garantien unterrichtet wurde,
b) die Übermittlung ist für die Erfüllung eines Vertrags zwischen der betroffenen Person und dem Verantwortlichen oder zur Durchführung von vorvertraglichen Maßnahmen auf Antrag der betroffenen Person erforderlich,
c) die Übermittlung ist zum Abschluss oder zur Erfüllung eines im Interesse der betroffenen Person von dem Verantwortlichen mit einer anderen natürlichen oder juristischen Person geschlossenen Vertrags erforderlich,

---
19 Ratsdokument 7920/16 v. 14.4.2016, S. 4.
20 Vgl. Ehmann/Selmayr-*Zerdick* Art. 48 Rn. 8.

d) die Übermittlung ist aus wichtigen Gründen des öffentlichen Interesses notwendig,
e) die Übermittlung ist zur Geltendmachung, Ausübung oder Verteidigung von Rechtsansprüchen erforderlich,
f) die Übermittlung ist zum Schutz lebenswichtiger Interessen der betroffenen Person oder anderer Personen erforderlich, sofern die betroffene Person aus physischen oder rechtlichen Gründen außerstande ist, ihre Einwilligung zu geben,
g) die Übermittlung erfolgt aus einem Register, das gemäß dem Recht der Union oder der Mitgliedstaaten zur Information der Öffentlichkeit bestimmt ist und entweder der gesamten Öffentlichkeit oder allen Personen, die ein berechtigtes Interesse nachweisen können, zur Einsichtnahme offensteht, aber nur soweit die im Recht der Union oder der Mitgliedstaaten festgelegten Voraussetzungen für die Einsichtnahme im Einzelfall gegeben sind.

²Falls die Übermittlung nicht auf eine Bestimmung der Artikel 45 oder 46 – einschließlich der verbindlichen internen Datenschutzvorschriften – gestützt werden könnte und keine der Ausnahmen für einen bestimmten Fall gemäß dem ersten Unterabsatz anwendbar ist, darf eine Übermittlung an ein Drittland oder eine internationale Organisation nur dann erfolgen, wenn die Übermittlung nicht wiederholt erfolgt, nur eine begrenzte Zahl von betroffenen Personen betrifft, für die Wahrung der zwingenden berechtigten Interessen des Verantwortlichen erforderlich ist, sofern die Interessen oder die Rechte und Freiheiten der betroffenen Person nicht überwiegen, und der Verantwortliche alle Umstände der Datenübermittlung beurteilt und auf der Grundlage dieser Beurteilung geeignete Garantien in Bezug auf den Schutz personenbezogener Daten vorgesehen hat. ³Der Verantwortliche setzt die Aufsichtsbehörde von der Übermittlung in Kenntnis. ⁴Der Verantwortliche unterrichtet die betroffene Person über die Übermittlung und seine zwingenden berechtigten Interessen; dies erfolgt zusätzlich zu den der betroffenen Person nach den Artikeln 13 und 14 mitgeteilten Informationen.

(2) ¹Datenübermittlungen gemäß Absatz 1 Unterabsatz 1 Buchstabe g dürfen nicht die Gesamtheit oder ganze Kategorien der im Register enthaltenen personenbezogenen Daten umfassen. ²Wenn das Register der Einsichtnahme durch Personen mit berechtigtem Interesse dient, darf die Übermittlung nur auf Anfrage dieser Personen oder nur dann erfolgen, wenn diese Personen die Adressaten der Übermittlung sind.

(3) Absatz 1 Unterabsatz 1 Buchstaben a, b und c und sowie Absatz 1 Unterabsatz 2 gelten nicht für Tätigkeiten, die Behörden in Ausübung ihrer hoheitlichen Befugnisse durchführen.

(4) Das öffentliche Interesse im Sinne des Absatzes 1 Unterabsatz 1 Buchstabe d muss im Unionsrecht oder im Recht des Mitgliedstaats, dem der Verantwortliche unterliegt, anerkannt sein.

(5) ¹Liegt kein Angemessenheitsbeschluss vor, so können im Unionsrecht oder im Recht der Mitgliedstaaten aus wichtigen Gründen des öffentlichen Interesses ausdrücklich Beschränkungen der Übermittlung bestimmter Kategorien von personenbezogenen Daten an Drittländer oder internationale Organisationen vorgesehen werden. ²Die Mitgliedstaaten teilen der Kommission derartige Bestimmungen mit.

(6) Der Verantwortliche oder der Auftragsverarbeiter erfasst die von ihm vorgenommene Beurteilung sowie die angemessenen Garantien im Sinne des Absatzes 1 Unterabsatz 2 des vorliegenden Artikels in der Dokumentation gemäß Artikel 30.
– *ErwG: 111, 112, 113, 114*

Übersicht

	Rn		Rn
A. Einordnung und Hintergrund	1	5. Übermittlung zur Geltendmachung, Ausübung oder Verteidigung von Rechtsansprüchen erforderlich	17
B. Kommentierung	4		
I. Allgemeines	4		
II. Abs. 1	5		
1. Einwilligung	5	6. Übermittlung zum Schutz lebenswichtiger Interessen	18
2. Für Vertragsdurchführung mit Betroffenem erforderlich	8	7. Übermittlung aus einem Register	19
3. Für Vertragsdurchführung im Interesse des Betroffenen erforderlich	12	8. Neue Ausnahme: Interessenabwägung und Sicherungsmaßnahmen	21
4. Übermittlung aus wichtigen Gründen des öffentlichen Interesses notwendig	14	III. Abs. 2	27
		IV. Abs. 3	28
		V. Abs. 4	30
		VI. Abs. 5	31
		VII. Abs. 6	32

A. Einordnung und Hintergrund

Über Art. 46 ff. hinaus verbleiben Anwendungsfälle, in denen weder der Empfängerstaat noch die empfangende Stelle ein angemessenes Datenschutzniveau gewährleisten, weil weder ein Angemessenheitsbeschluss nach Art. 45 Abs. 3 vorliegt noch geeignete Garantien nach Art. 46, einschließlich verbindlicher interner Datenschutzvorschriften, bestehen. Für diese Situationen sieht Art. 49 „Ausnahmen für bestimmte Fälle" vor, nach denen eine Übermittlung oder eine Reihe von Übermittlungen personenbezogener Daten an ein Drittland oder an eine internationale Organisation unter einer der sodann beschriebenen Bedingungen zulässig sind. **1**

Abs. 1 ähnelt stark Art. 26 Abs. 1 der Datenschutzrichtlinie. Dort war bereits ein Katalog von Ausnahmen vorgesehen. Dieser Katalog wurde wiederum weitgehend unverändert in § 4c BDSG a.F. übernommen. Insoweit können die hierzu ergangenen Auslegungen grundsätzlich auch bei der Interpretation der DS-GVO angewendet werden.[1] Andererseits darf auch in diesem Zusammenhang nicht übersehen werden, dass die Regelungen der DS-GVO primär autonom nach europäischem Recht auszulegen sind. Das bedeutet, dass bisherige deutsche Interpretationen von Konzepten zukünftig einer europäischen Sichtweise unterliegen und insoweit ggf. noch Anpassungen erfahren können. Über die bekannten Ausnahmetatbestände hinaus wurde ein neuer Auffangtatbestand eingeführt, der eine Übermittlung personenbezogener Daten auch dann gestattet, wenn die übrigen Ausnahmetatbestände nicht eingreifen (Abs. 1 UAbs. 2). **2**

---

1 Siehe insbesondere *Art.-29-Datenschutzgruppe* WP 114.

3   Am 25.5.2018 hat der EDSA seine „Leitlinien 2/2018 zu den Ausnahmen nach Artikel 49 der Verordnung 2016/679" angenommen, die eine „Orientierungshilfe" für die Anwendung von Art. 49 über Ausnahmen bei der Übermittlung personenbezogener Daten an Drittländer bieten soll.[2] Ferner existiert eine „Orientierungshilfe" des Bayerischen Landesbeauftragten für den Datenschutz mit Stand vom 1.10.2018.[3]

B. Kommentierung

I. Allgemeines

4   Die in Art. 49 aufgeführten Tatbestände sind abschließend.[4] Das ist nachvollziehbar, weil es sich hierbei um Ausnahmen handelt, die eine Datenübermittlung in Länder ermöglichen, in denen Bedenken hinsichtlich des Datenschutzniveaus bestehen. Insofern kann durchaus von einem Numerus Clausus gesprochen werden. Da es sich um restriktive Erweiterungen der explizit erlaubten Drittlandtransfers nach Art. 44 ff. handelt, sind die hierin enthaltenen Ausnahmen eng auszulegen.

II. Abs. 1

5   **1. Einwilligung.** Es ist möglich, dass die betroffene Person in die „vorgeschlagene" Datenübermittlung ausdrücklich einwilligt. Hierfür muss sie zuvor über die für sie bestehenden möglichen Risiken derartiger Datenübermittlungen ohne Vorliegen eines Angemessenheitsbeschlusses und ohne geeignete Garantien unterrichtet werden.[5] Dies kann freilich (wie üblicherweise) auch in einem einheitlichen Einwilligungsdokument erfolgen, solange gewährleistet ist, dass die Information der Einwilligungserklärung vorgeschaltet ist. Der Verantwortliche muss also zweierlei sicherstellen: die rechtskonforme Information und das Einholen einer rechtswirksamen Einwilligung. Letztere muss nach dem eindeutigen Wortlaut ausdrücklich erfolgen. Das ist mehr als Art. 4 Nr. 11 und in diesem Zusammenhang ErwG 32 verlangen: Sie fordern eine unmissverständliche Bekundung oder eine eindeutige Signalisierung. Hier wird gerade das Wort „ausdrücklich" nicht genutzt. Demgegenüber erwähnen dies Nr. 1 sowie der zugehörige ErwG 111 unmissverständlich. Hier kommt also lediglich ein „Opt-in" in Betracht.

6   Die Einwilligung muss darüber hinaus freilich auch die allgemein für Einwilligungen bestehenden Voraussetzungen erfüllen.[6] Insbesondere sind hier die Erfordernisse der Informiertheit und Bestimmtheit zu beachten. Diese sind mit den verarbeitungsspezifischen Besonderheiten im Drittland auszufüllen. Dies kann sich im Hinblick auf die

---

2   *EDSA* Leitlinien 2/2018 zu den Ausnahmen nach Artikel 49 der Verordnung 2016/679, abrufbar unter https://edpb.europa.eu/sites/edpb/files/files/file1/edpb_guidelines_2_2018_derogations_de.pdf.
3   *Der Bayerische Landesbeauftragte für den Datenschutz* Die Datenschutz-Grundverordnung und der internationale Datenverkehr, Orientierungshilfe, Stand: 1. Oktober 2018, abrufbar unter https://www.datenschutz-bayern.de/datenschutzreform2018/Internationaler_Datenverkehr.pdf. Obschon der Bayerische Landesbeauftragte für den Datenschutz nur für Behörden und staatliche Stellen zuständig ist, finden sich allgemeingültige Ausführungen in der Orientierungshilfe, die bei der Auslegung hilfreich sein können.
4   Kühling/Buchner-*Schröder* Art. 49, Rn. 1.
5   Ehmann/Selmayr-*Zerdick* Art. 49 Rn. 6.
6   Siehe hierzu detailliert die Kommentierung zu Art. 4 Nr. 11 sowie Art. 7.

Aufklärung über das tatsächliche Schutzniveau in einem Empfängerstaat durchaus als schwierig erweisen. Denn dem Betroffenen muss Aufklärung darüber geleistet werden, welche datenschutzrechtlichen Rahmenbedingungen vor Ort herrschen und welche datenschutzrechtlichen Risiken (im Vergleich zum europäischen Datenschutzniveau) bestehen, um sich darüber klar zu werden, ob er in eine entsprechende Übermittlung wirklich einwilligen will.[7] Fraglich ist dann letztlich, wie umfangreich dies geschehen muss und wie zielführend es der Verantwortliche überhaupt leisten kann. Dies stellt den Verantwortlichen in der Praxis vor die Herausforderung, den Umfang der Aufklärung ordnungsgemäß zu bestimmen und abzuwägen, welcher Umfang einerseits ausreichend und noch angemessen ist, andererseits aber auch den Betroffenen nicht überfordert. Zwar sollten hier die Anforderungen nicht überspannt werden. Der internationale Kontext ist aber angemessen zu berücksichtigen. Jedenfalls werden allzu generalisierte und unspezifische Erläuterungen regelmäßig nicht ausreichen. Das betroffene Land, der betroffene Empfänger oder die Kategorien von Empfängern, die Tatsache, dass es sich um ein Drittland handelt und die damit verbundenen Risiken (insbesondere, dass die Betroffenenrechte gegebenenfalls nicht durchgesetzt werden können) dürften regelmäßig notwendige Angaben sein.[8] Aufgrund des Ausnahmecharakters der Vorschrift wird vertreten, dass die Einwilligung regelmäßig nicht für die wiederholte, massenhafte oder routinemäßige Übermittlung personenbezogener Daten in Betracht komme.[9] Diese Einschränkung lässt sich der DS-GVO jedoch nicht explizit entnehmen. ErwG 111 nennt als eine Voraussetzung, dass „die Übermittlung gelegentlich erfolgt". Diese Einschränkung lässt sich jedoch nicht dezidiert auf die Einwilligungsvariante übertragen. Die Struktur von ErwG 111 spricht sogar eher dagegen, dass diese Einschränkung sich auch auf die Einwilligungsmöglichkeit bezieht, weil im gleichen Atemzug auch die Übermittlung „im Rahmen eines Vertrags oder zur Geltendmachung von Rechtsansprüchen" genannt werden. Die systematische Stellung des Merkmals „gelegentlich" lässt sich somit nicht eindeutig bestimmen. Demnach lässt sich durchaus vertretbar argumentieren, dass die Einwilligung nicht auf „gelegentliche" Fälle beschränkt ist.[10] Allerdings darf dies nicht darüber hinwegtäuschen, dass wiederholte, systematische oder routinemäßige Drittlandübermittlungen jedenfalls nicht im Wege der Pauschaleinwilligung gerechtfertigt werden können. Für die Zentralisierung der Personaldatenverwaltung und viele Outsourcing-Dienste kann die Einwilligung gem. Art. 49 daher keine tragfähige Grundlage bieten.[11] Freilich fragt

---

[7] Gola-*Klug* Art. 49 Rn. 5.
[8] Ähnlich *EDSA* Leitlinien 2/2018, S. 9; *Der Bayerische Landesbeauftragte für den Datenschutz* Die Datenschutz-Grundverordnung und der internationale Datenverkehr, Orientierungshilfe, S. 9.
[9] *Der Bayerische Landesbeauftragte für den Datenschutz* Die Datenschutz-Grundverordnung und der internationale Datenverkehr, Orientierungshilfe, S. 9 unter Verweis auf die „Leitlinien in Bezug auf die Einwilligung gem. Verordnung 2016/679" *Art.-29-Datenschutzgruppe* WP 259 rev. 01, dort S. 21, Fn. 45, die wiederum auf das „Arbeitspapier über eine gemeinsame Auslegung des Artikels 26 Absatz 1 der Richtlinie 95/46/EG vom 24. Oktober 1995" der *Art.-29-Datenschutzgruppe* WP 114, S. 11 verweist.
[10] Wie hier BeckOK DatenSR-*Lange/Filip* Stand: 1.5.2019, Art. 49 Rn. 11; a.A. Sydow-*Towfigh/Ulrich* Art. 49 Rn. 5.
[11] Ebenso Spindler/Schuster-*Voigt* Recht der elektronischen Medien, 4. Auflage 2019, Art. 49 Rn. 24 m.w.N.

sich dann, wieviel Raum für Art. 49 überhaupt noch bleibt. Dies ist aber kein spezifisches Problem des Art. 49, sondern der allgemeinen Einwilligungsvoraussetzungen der DS-GVO.

7 Aufgrund des besonderen Fokus auf die Informiertheit ist es fraglich, inwieweit sich die Änderung maßgeblicher Umstände gegenüber dem Zeitpunkt der Erteilung der Einwilligung auf die kontinuierliche Wirksamkeit auswirkt, bspw., wenn Subunternehmer, die ebenfalls mit der Datenverarbeitung betraut sind, im Drittland wechseln oder sich erweitern. Pragmatischerweise wird man es hier als vertretbar erachten können, wenn bei nur geringfügigen Änderungen, nach denen sich der wesentliche Rahmen der Einwilligungserklärung nicht ändert, keine gesonderte Information oder erneute Einholung der Einwilligung erfolgt. Anders dürfte jedoch der Fall zu beurteilen sein, dass die Übermittlung in ein Drittland zum Zeitpunkt der Einwilligung noch gar nicht absehbar war. Denn dann konnte der Drittlandtransfer noch nicht von der Einwilligungserklärung erfasst sein und der Betroffene daher das Risiko eines Drittlandtransfers nicht ordnungsgemäß seiner Entscheidung zugrunde legen.[12]

8 **2. Für Vertragsdurchführung mit Betroffenem erforderlich.** Eine weitere Möglichkeit ist, dass die Übermittlung für die Erfüllung eines Vertrags zwischen der betroffenen Person und dem Verantwortlichen oder zur Durchführung von vorvertraglichen Maßnahmen auf Antrag der betroffenen Person erforderlich ist. Für den Betroffenen wird insoweit das Interesse an der Vertragserfüllung von größerer Bedeutung sein als die Einhaltung eines möglichst hohen datenschutzrechtlichen Niveaus.[13]

9 Es muss sich demnach um einen Vertrag zwischen Betroffenem und Verantwortlichen handeln. Im Rahmen dieses Vertrags muss eine Übermittlung in ein Drittland vorgesehen sein. Diese Übermittlung muss zudem für die Vertragsdurchführung erforderlich sein. Das Kriterium der Erforderlichkeit dürfte hier wie sonst auch insoweit verstanden werden, dass die Übermittlung zur Durchführung das mildeste von mehreren gleich effektiven Mitteln ist.[14] Das bedeutet regelmäßig, dass eine Übermittlung in das Drittland für die Vertragserfüllung notwendig sein muss, bspw. weil der Verantwortliche ausschließlich in dem Drittland ansässig ist und von dort sämtliche Erfüllungsvorgänge steuert (wie etwa das Fulfillment bei einem Kauf in einem Online-Shop). Das Gleiche gilt sofern es sich lediglich um vorvertragliche Maßnahmen handelt. Dies ist insoweit denklogisch notwendig, als natürlich auch bereits für die Vorbereitung des Vertragsschlusses die Notwendigkeit bestehen kann Daten vom Betroffenen zu erheben.[15]

10 Gleichzeitig ist zu beachten, dass insoweit auch die Anzahl der übermittelten Daten aufgrund der Erforderlichkeit beschränkt ist. Denn es dürfen regelmäßig nur solche Daten verarbeitet werden, die für die Erfüllung des Vertrags benötigt werden.[16] Der Verantwortliche muss in Grenzfällen sauber abwägen, ob die Übermittlung wirklich die einzige Möglichkeit zur Vertragserfüllung darstellt. Teilweise können hierbei auch Fragen auftreten, die primär die Anwendbarkeit der DS-GVO betreffen, bspw. wenn ein internationales Unternehmen in einem Drittland Tochterunternehmen im EWR

---

12 Ebenso *EDSA* Leitlinien 2/2018, S. 8.
13 So auch Taeger/Gabel-*Gabel* § 4c BDSG Rn. 7.
14 Kühling/Buchner-*Schröder* Art. 49 Rn. 19.
15 Kühling/Buchner-*Schröder* Art. 49 Rn. 20.
16 Paal/Pauly-*Pauly* Art. 49 Rn. 13.

Ausnahmen für bestimmte Fälle Art. 49

hat und diese gegebenenfalls nur am Rande (also nicht konstitutiv) in die Datenverarbeitung involviert sind (weil sie bspw. nur Serverkapazität bereitstellen).

Praktisch bedeutsam ist lit. b aber auch, weil der Empfänger der Übermittlung auch ein außerhalb der Vertragsbeziehung zwischen Verantwortlichen und Betroffenem stehender Dritter sein kann. So ist der Anwendungsbereich der Ausnahmeregelung dann eröffnet, wenn ein Reiseunternehmen (Verantwortlicher) Kundendaten eines Vertragspartners des Reisevertrags (Betroffener) zur Organisation des Aufenthalts an Hotels (Dritte und Empfänger) übermittelt.[17] Der Anwendungsbereich erscheint daher zunächst recht weit. Reguliert wird er jedoch auch hier durch das Kriterium der Erforderlichkeit: Zu fordern ist ein objektiv enger, direkter und erheblicher Zusammenhang zwischen der Übermittlung und dem Vertragszweck.[18] Die Ausnahme sollte daher nicht auf die Übermittlung zusätzlicher Informationen angewandt werden, die nicht für die Erfüllung des Vertrags oder die Durchführung vorvertraglicher Maßnahmen auf Antrag der betroffenen Person erforderlich sind. Ein weiteres einschränkendes Kriterium soll sein, dass personenbezogene Daten im Rahmen dieser Ausnahmeregelung nur übermittelt werden dürfen, wenn die Übermittlung gelegentlich erfolgt.[19] Sie dürfe daher nicht systematisch und regelmäßig erfolgen. Im Gegensatz zum Einwilligungstatbestand[20] wird die Verknüpfung der gelegentlichen Übermittlung und der Erforderlichkeit zur Vertragserfüllung hier aus ErwG 111 durchaus deutlich.[21]

3. Für Vertragsdurchführung im Interesse des Betroffenen erforderlich. Ferner ist eine Ausnahme einschlägig, sofern die Übermittlung zum Abschluss oder zur Erfüllung eines im Interesse der betroffenen Person von dem Verantwortlichen mit einer anderen natürlichen oder juristischen Person geschlossenen Vertrags erforderlich ist. Der Unterschied zu lit. b ist demnach, dass hier der Betroffene nicht Vertragspartner ist, sondern der Verantwortliche und ein Dritter einen Vertrag im Interesse des Betroffenen schließen und im Rahmen von dessen Durchführung eine Übermittlung in einen unsicheren Drittstaat erforderlich ist. Hier kommt es gerade nicht darauf an, dass der Betroffene selbst Vertragspartner ist, sondern er „nur" von dem Vertragsschluss zwischen Verantwortlichem und Dritten profitiert.

11

12

Um diesen Vorteil greifbar zu machen, sollte festgestellt werden, ob eine enge und substanzielle Verbindung zwischen den Interessen des Betroffenen und dem Vertragszweck vorliegt.[22] Dazu wird vertreten, dass dies nicht einschlägig ist bei Übertragungen von Mitarbeiterdaten durch Unternehmen an einen Anbieter, die außerhalb der EU ansässig sind, bspw. beim Lohnabrechnungs-Management.[23] Es ist davon auszugehen, dass das Erforderlichkeitskriterium ein gewisses „Weniger" an erlaubten Datenüber-

13

---

17 Spindler/Schuster-*Voigt* Recht der elektronischen Medien, 4. Auflage 2019, Art. 49 Rn. 25m.w.N; weitere Beispiele finden sich bei Simitis/Hornung/Spiecker gen. Döhmann-*Schantz* Art. 49 Rn. 22.
18 *EDSA* Leitlinien 2/2018, S. 10; BeckOK Datenschutzrecht-*Lange/Filip* Stand: 1.5.2019, Art. 49 Rn. 14; Simitis/Hornung/Spiecker gen. Döhmann-*Schantz* Art. 49 Rn. 21.
19 *EDSA* Leitlinien 2/2018, S. 11.
20 Dazu zuvor Rn. 5 f.
21 Dafür spricht die unmittelbare wörtliche Verknüpfung im Rahmen der Formulierung „wenn die Übermittlung gelegentlich erfolgt und im Rahmen eines Vertrags (...) erforderlich ist" ErwG 111; ebenso *EDSA* Leitlinien 2/2018, S. 11, 5.
22 *Art.-29-Datenschutzgruppe* WP 114, S. 14.
23 *Art.-29-Datenschutzgruppe* WP 114, S. 14.

Art. 49 — Ausnahmen für bestimmte Fälle

mittlungen bedeutet, weil nach lit. b der Betroffene selbst am Vertragsschluss beteiligt ist und mehr Einfluss auf die Übermittlung hat als nach lit. c, wo für ihn jeweils fremde Parteien letztlich über die Zulässigkeit der Übermittlung entscheiden. Der Verantwortliche ist daher angehalten, hier sorgfältig abzuwägen, wann er eine Übermittlung auf diese Rechtsgrundlage stützen will und vor allem eine ausreichende Dokumentation der Entscheidungsfindung vorzunehmen hat. Erfasst sein sollen aber wohl insbesondere Verträge zugunsten Dritter gem. § 328 BGB, bspw. bei einem internationalen Banktransfer, dessen Empfänger der Betroffene ist.[24] Zudem greift auch hier das Kriterium der nur „gelegentlichen" Übermittlung.

14   **4. Übermittlung aus wichtigen Gründen des öffentlichen Interesses notwendig.** Ferner greift eine Ausnahme, wenn die Übermittlung aus wichtigen Gründen des öffentlichen Interesses notwendig ist. Wichtige Gründe des öffentlichen Interesses sind bspw. der internationale Datenaustausch zwischen Wettbewerbs-, Steuer- oder Zollbehörden, zwischen Finanzaufsichtsbehörden oder zwischen für Angelegenheiten der sozialen Sicherheit oder für die öffentliche Gesundheit zuständigen Diensten, etwa im Falle der Umgebungsuntersuchung bei ansteckenden Krankheiten oder zur Verringerung und/oder Beseitigung des Dopings im Sport, vgl. ErwG 112.[25]

15   Als wichtigen Grund des öffentlichen Interesses bestimmt ErwG 112 ferner beispielhaft die Übermittlung an eine internationale humanitäre Organisation, die erfolgt, um eine nach den Genfer Konventionen obliegende Aufgabe auszuführen (also bspw. die Verbesserung des Loses der Verwundeten und Kranken der bewaffneten Kräfte im Felde oder zur See oder zur Behandlung der Kriegsgefangenen sowie zum Schutz von Zivilpersonen in Kriegszeiten) oder um dem in bewaffneten Konflikten anwendbaren humanitären Völkerrecht nachzukommen. Umgekehrt lässt sich daraus schließen, dass ein solches öffentliches Interesse wohl kaum je durch private Stellen verfolgt oder verwirklicht werden dürfte. Der Ausnahmecharakter der Vorschrift legt jedenfalls nahe, dass hier eher internationale humanitäre Sachverhalte erfasst sein sollten. Dementsprechend wird hierzu vertreten, dass die Übermittlung im Interesse der Behörden eines EU-Mitgliedstaats liegen muss. Allein im Interesse einer im Drittland ansässigen Behörde liegende Gründe erfüllen den Ausnahmetatbestand mithin nicht.[26] Jedenfalls muss das öffentliche Interesse des Drittlands auch im Unionsrecht oder in dem betroffenen Mitgliedstaat anerkannt sein (so Abs. 4, siehe Rn. 30).

16   Interessanterweise fordert lit. d im Gegensatz zu den umliegenden Regelungen nicht, dass eine Übermittlung zum entsprechenden Grund „erforderlich" ist, sondern, dass eine Übermittlung aus wichtigen Gründen des öffentlichen Interesses „notwendig" ist. Hierdurch ist keine andere Auslegung seitens des EU-Gesetzgebers gewünscht, welcher in der englischen Fassung nicht differenziert („is necessary"). Folglich handelt es sich um eine Ungenauigkeit der deutschen Übersetzung.

17   **5. Übermittlung zur Geltendmachung, Ausübung oder Verteidigung von Rechtsansprüchen erforderlich.** Ferner geregelt ist der Tatbestand, dass die Übermittlung zur Geltendmachung, Ausübung oder Verteidigung von Rechtsansprüchen erforderlich

---

[24] Spindler/Schuster-*Voigt* Recht der elektronischen Medien, 4. Auflage 2019, Art. 49 Rn. 26 m.w.N.
[25] Kühling/Buchner-*Schröder* Art. 49 Rn. 24.
[26] Gola/*Klug* Art. 49 Rn. 8.

ist. Die Geltendmachung von Rechtsansprüchen kann dabei ausweislich des ErwG 111 sowohl vor Gericht oder auf dem Verwaltungswege als auch in außergerichtlichen Verfahren stattfinden. Zu letzteren zählen auch Verfahren vor Regulierungsbehörden. Im Zentrum der Beurteilung steht hier das Kriterium der Erforderlichkeit.[27] Allerdings dürfte vor dem Hintergrund des restlichen Wortlauts diese eher weit zu verstehen sein, da bei vielen zumindest nicht von vornherein ausgeschlossen werden kann, dass Datenübermittlungen für ein wie auch immer geartetes Verfahren gegebenenfalls erforderlich sein können. Zumindest eine nachweisbare Verbindung muss aber vorliegen und ein Bedürfnis, die Daten zwecks Geltendmachung der Ansprüche zu übermitteln, muss nachweislich gegeben sein. Andernfalls würde man dem Ausnahmecharakter der Vorschrift nicht gerecht. Auf Basis dieses insgesamt weiten Verständnisses dürfte die Ausnahme auch im Falle von US-amerikanischen Pre-Trial-Discovery-Anfragen anwendbar sein.[28]

6. Übermittlung zum Schutz lebenswichtiger Interessen. Eine weitere Ausnahme besteht darin, die Übermittlung als zum Schutz lebenswichtiger Interessen der betroffenen Person oder anderer Personen erforderlich anzusehen, sofern die betroffene Person aus physischen oder rechtlichen Gründen außerstande ist, ihre Einwilligung zu geben. Die Art.-29-Datenschutzgruppe stellt dazu fest, dass der Ausnahmetatbestand „offensichtlich" erfüllt ist, sofern eine Übermittlung im Falle eines medizinischen Notfalls angezeigt ist, weil sie als unmittelbar notwendig erachtet wird, um dem Betroffenen die erforderliche medizinische Versorgung bereit zu stellen.[29] 18

7. Übermittlung aus einem Register. Schließlich gestattet lit. g eine Übermittlung sofern diese aus einem Register erfolgt, das gem. dem Recht der Union oder der Mitgliedstaaten zur Information der Öffentlichkeit bestimmt ist und entweder der gesamten Öffentlichkeit oder allen Personen, die ein berechtigtes Interesse nachweisen können, zur Einsichtnahme offensteht. Erfasst sind demnach alle Register sowohl auf europäischer wie auch nationaler Ebene. Es kann sich auch um private Register handeln, sofern diese „zur Information der Öffentlichkeit bestimmt" sind.[30] In der Regel wird es sich aber um öffentliche Register handeln. Beachtet werden sollte, dass in der Regel „durch Rechtsvorschriften vorgesehene" Register gemeint sind, vgl. ErwG 111. Beispiele solcher Register in Deutschland sind das Handelsregister, das Vereinsregister oder das Bundeszentralregister. Aufgrund dieser Systematik dürfte auch das Grundbuch hierunter fallen, auch wenn grundsätzlich ein spezifisches Interesse für dessen Einsicht vorgetragen werden muss. Lit. g stellt insoweit sicher, dass eine Übermittlung nur zulässig ist, soweit die im Recht der Union oder der Mitgliedstaaten festgelegten Voraussetzungen für die Einsichtnahme im Einzelfall gegeben sind.[31] 19

Insbesondere sollte die Übermittlung nur auf Anfrage einer Person, die ein berechtigtes Interesse an der Übermittlung geltend macht bzw. nur dann erfolgen, wenn diese Person Adressat der eben genannten Vorschriften der Übermittlung ist. Dabei ist den 20

---

27 Ehmann/Selmayr-*Zerdick* Art. 49 Rn. 15.
28 So auch BeckOK DatenSR-*Lange/Filip* Art. 49 Rn. 30; Kühling/Buchner-*Schröder* Art. 49 Rn. 27 ff.
29 *Art.-29-Datenschutzgruppe* WP 114, S. 15.
30 Nicht erfasst ist nach einer Ansicht daher bspw. ein Schufa-Register, vgl. Kühling/Buchner-*Schröder* Art. 49 Rn. 36.
31 Ehmann/Selmayr-*Zerdick* Art. 49 Rn. 17.

Interessen und Grundrechten der betroffenen Person in vollem Umfang Rechnung zu tragen, vgl. ErwG 111. Damit ist prinzipiell eine Prüfung des berechtigten Interesses sowohl an den Registerdaten an sich als auch der Übermittlung notwendig.

21 **8. Neue Ausnahme: Interessenabwägung und Sicherungsmaßnahmen.** Eine komplette Neuerung sieht Art. 49 Abs. 1 UAbs. 2 vor. Hierin ist eine weitere Ausnahmevorschrift statuiert, die jegliche anderen Ausnahmen „ausstechen" kann, also sowohl solche nach Art. 45 oder 46 als auch die soeben beschriebenen des Art. 49 Abs. 1 UAbs. 1 lit. a–g. Selbst wenn die hier genannten Ausnahmen nicht vorliegen, besteht also ein Auffangtatbestand, der eine Übermittlung dennoch rechtfertigen kann.[32] Hiernach darf eine Übermittlung an ein Drittland oder eine internationale Organisation nur dann erfolgen, wenn die Übermittlung nicht wiederholt erfolgt, nur eine begrenzte Zahl von betroffenen Personen betrifft, für die Wahrung der zwingenden berechtigten Interessen des Verantwortlichen erforderlich ist, sofern die Interessen oder die Rechte und Freiheiten der betroffenen Person nicht überwiegen, und der Verantwortliche alle Umstände der Datenübermittlung beurteilt und auf der Grundlage dieser Beurteilung geeignete Garantien in Bezug auf den Schutz personenbezogener Daten vorgesehen hat. Aufgrund des speziellen Ausnahmecharakters der Vorschrift ist die Datenschutzbehörde von ihrem Gebrauch zu unterrichten. Außerdem sind seitens des Verantwortlichen die Voraussetzungen der Art. 13 und 14 zu erfüllen und darüber hinaus hat er zu seinen „zwingenden berechtigten Interessen" explizit gegenüber dem Betroffenen Stellung zu nehmen. Diese Ausnahme gilt nur für private Verantwortliche, nicht für die öffentliche Hand (vgl. Abs. 3 und Kommentierung in Rn. 28 f.).

22 Die Voraussetzungen müssen nebeneinander vorliegen und allesamt erfüllt sein.[33] Der Anwendungsbereich der Vorschrift dürfte in der Praxis, zumal zahlreiche etablierte Verfahren bei einem Drittlandtransfer existieren, nur untergeordnete Bedeutung haben. Es ist zwar nicht ausgeschlossen, dass sie sich vermehrt durchsetzen könnte. Allerdings gilt für sie der erhöhte Bußgeldrahmen des Art. 83 Abs. 5, mithin die Möglichkeit der Aufsichtsbehörde ein Bußgeld von bis zu 20 000 000 EUR oder im Fall eines Unternehmens von bis zu 4 % seines gesamten weltweit erzielten Jahresumsatzes des vorangegangenen Geschäftsjahres aufzuerlegen. Die Prüfung der einzelnen Voraussetzungen, deren Vorliegen und die notwendige Dokumentation beinhalten daher ein erhebliches Momentum des Prüfungs- und Erfüllungsaufwands zulasten eines Verantwortlichen, dessen lohnenswertes Potential sich erst beweisen muss.[34] ErwG 113 nimmt auf das Vorliegen der Voraussetzungen keinen, nämlich im Ergebnis lediglich wiederholend Bezug und bietet kaum greifbare Anhaltspunkte für die Auslegung. Einzig festgehalten wird, dass der Verantwortliche insbesondere die Art der personenbezogenen Daten, den Zweck und die Dauer der vorgesehenen Verarbeitung, die Situation im Herkunftsland, in dem betreffenden Drittland und im Endbestimmungsland berücksichtigen und angemessene Garantien zum Schutz der Grundrechte und Grundfreiheiten natürlicher Personen in Bezug auf die Verarbeitung ihrer personenbezogenen Daten vorsehen sollte.

---

32 BeckOK DatenSR-*Lange/Filip* Art. 49, Rn. 47.
33 Gola-*Klug* Art. 49 Rn. 12.
34 Kühling/Buchner-*Schröder* Art. 49 Rn. 43.

Ausnahmen für bestimmte Fälle   **Art. 49**

Zunächst darf es sich nicht um eine wiederholte Übermittlung handeln. Vom reinen 23
Wortlaut kann daher argumentiert werden, dass bereits eine zweite Übermittlung eine
Wiederholung der ersten wäre.[35] Dann hätte jedoch auch ein noch einschränkender
Begriff gewählt werden können. Im Ergebnis lässt sich „nicht wiederholt" als zwar
öfter als einmal, aber nicht regelmäßig verstehen.[36] Demnach sollte jedenfalls sicher-
gestellt werden, dass es sich um absolute Ausnahmefälle handelt und die Berufung auf
Abs. 1 UAbs. 2 aufgrund der besonderen Situation ausnahmsweise erfolgt.

Ferner darf nur eine begrenzte Anzahl von Personen betroffen sein. Es existieren in der 24
DS-GVO keine Anhaltspunkte, wann dies der Fall ist. Das Kriterium der „Zahl" der
Personen ist zwar an einigen Stellen der DS-GVO vorgesehen, aber nur in anderen
Zusammenhängen.[37] Vor diesem Hindernis stehen Verantwortliche wie auch prüfende
Datenschutzbehörden gleichermaßen. Eine Obergrenze existiert nicht, allerdings dürfen es nach dem Wortlaut auch nicht „alle" in einem spezifischen Zusammenhang
Betroffenen sein. Andererseits ist nicht ersichtlich, warum die Vorschrift derart eingeschränkt verstanden werden soll, wenn im Einzelfall eine mehr als begrenzte im Sinne
von eingeschränkte Anzahl von Daten von Betroffenen einer Übermittlung unterliegen.[38] Der Verordnungsgeber hat den Beteiligten mit der wagen und äußerst ausle-
gungsbedürftigen Formulierung keinen Gefallen getan. Ein Verantwortlicher sollte
daher den Entscheidungsprozess, der bei ihm zur Einschätzung geführt hat, dass nur
eine begrenzte Zahl Betroffener vorliegt, ordnungsgemäß und nachvollziehbar treffen
und ausreichend dokumentieren. In einem solchen Fall kann zumindest nachgewiesen
werden, warum nur eine geringe Anzahl angenommen wurde.[39]

Außerdem müssten zwingende berechtigte Interessen des Verantwortlichen vorliegen 25
und die Übermittlung für deren Wahrung erforderlich sein. In diesem Zusammenhang
ist außerdem eine Abwägung mit den Interessen des Betroffenen zu treffen.[40] Das
Wort „zwingend" stellt eine gesteigerte Voraussetzung gegenüber den „normalen"
berechtigten Interessen – insbesondere gem. Art. 6 Abs. 1 S. 1 lit. f – dar. Insoweit muss
ein Mehr zu jeglichen allgemein anerkannten Interessen der Rechtsordnung existieren. Das Interesse muss für die Übermittlung unumstößlich sein. Die weiteren
Voraussetzungen gleichen denen der Interessenabwägung nach Art. 6.[41] Die Übermittlung muss insbesondere erforderlich sein, das heißt das mildeste von mehreren gleich
effektiven Mitteln zur Erreichung des Verarbeitungszwecks darstellen und die Betroffeneninteressen dürfen nicht überwiegen.

---

35 Ebenso BeckOK DatenSR-*Lange/Filip* Art. 49 Rn. 51.
36 *EDSA* Leitlinien 2/2018, S. 18, 5, die zudem fordern, dass entsprechende Übermittlungen
    eher unter zufälligen, unvorhergesehenen Umständen und in beliebigen Zeitabständen
    erfolgen müssen und nicht systematisch sind.
37 Beispielsweise ErwG 58, 75 oder 91, wobei hier regelmäßig nur auf eine große und gerade
    nicht geringe Anzahl von Personen rekurriert wird.
38 *EDSA* Leitlinien 2/2018, S. 18, nennt das Beispiel, dass ein Verantwortlicher zum Schutz sei-
    nes Unternehmens einen einmaligen und ernsten Sicherheitsvorfall aufdecken muss.
39 BeckOK DatenSR-*Lange/Filip* Art. 49 Rn. 52.
40 Die *Art.-29-Datenschutzgruppe* hat zur Auslegung des Begriffs berechtigte Interessen ein
    Working Paper herausgebracht, WP 217, „Opinion 06/2014 on the notion of legitimate
    interests of the data controller under Article 7 of Directive 95/46/EC", das auch hier hilf-
    reich sein kann.
41 Siehe hierzu die Kommentierung dort in Rn. 155 ff.

26 Der Verantwortliche muss ferner alle Umstände der Datenübermittlung beurteilen und darauf basierend geeignete Garantien bei der Übermittlung vorsehen. Es wird nicht weiter konkretisiert welche Garantien dies sein können. Insgesamt dürften dies solche sein die auch sonst unter einer derartigen Formulierung verstanden werden, insbesondere technische und organisatorische Maßnahmen, Pseudonymisierung oder sonstige „privacy enhancing technologies".

III. Abs. 2

27 Abs. 2 sieht in Ergänzung zu Abs. 1 UAbs. 1 lit. g ferner vor, dass Datenübermittlungen gem. Abs. 1 UAbs. 1 lit. g nicht die Gesamtheit oder ganze Kategorien der im Register enthaltenen personenbezogenen Daten umfassen dürfen. Die Systematik überrascht hier etwas. Wurde i.S.v. lit. g gerade erst statuiert, dass nationale Register, die im europäischen Kontext ihren spezifischen Zweck erfüllen und sich über Jahre etabliert haben (bspw. Handelsregister, Vereinsregister), plötzlich weltweit verfügbar gemacht werden können, sieht Abs. 2 nunmehr vor, dass Übermittlungen „nicht die Gesamtheit oder ganze Kategorien der im Register enthaltenen personenbezogenen Daten umfassen" dürfen. Die Register enthalten natürlich die Daten, die notwendig sind, um die Register ordnungsgemäß zu führen. Mit anderen Worten: Sie enthalten, was sie enthalten. Abs. 2 versucht dies nun aber mit holprigem Wortlaut dahingehend zu begrenzen, dass offenbar die Register jedenfalls nicht in ihrer Gänze übermittelt werden oder ganze (zusammengehörige) Kategorien enthalten dürfen.[42] Was dann also im Ergebnis noch „übermittlungsfähig" ist, sagt die DS-GVO allerdings nicht. Erkennbar ist lediglich der Versuch, den Umfang der zu übermittelnden Register zu beschränken. Dies gelingt aber nur eingeschränkt, da die Anknüpfungspunkte für eine Bewertung des (noch) zulässigen Umfangs nicht näher konkretisiert werden. Im Hinblick auf den (noch in der Ratsversion vorhandenen) Wortlaut „aber nur" wird vertreten, dass die Daten eben auch nur in dem Umfang übermittelt werden dürfen, in dem nach anwendbarem Recht eine Einsehbarkeit zulässig wäre".[43]

IV. Abs. 3

28 Abs. 3 legt fest, dass bestimmte Ausnahmetatbestände nicht für Tätigkeiten gelten, die Behörden in Ausübung ihrer hoheitlichen Befugnisse durchführen. Konkret kann sich eine Behörde nicht auf die Einwilligung eines Betroffenen berufen (Abs. 1 UAbs. 1 lit. a) oder geltend machen, die Übermittlung sei für die Erfüllung eines Vertrags oder vorvertraglicher Maßnahmen zwischen der betroffenen Person und dem Verantwortlichen (Abs. 1 UAbs. 1 lit. b) bzw. zum Abschluss oder zur Erfüllung eines im Interesse der betroffenen Person von dem Verantwortlichen mit einer anderen natürlichen oder juristischen Person geschlossenen Vertrags (Abs. 1 UAbs. 1 lit. c) erforderlich. Ferner nimmt Abs. 3 auch auf Abs. 1 UAbs. 2 Bezug und nimmt Behörden damit die Möglichkeit, einen Drittlandtransfer auf Basis der neu geschaffenen Ausnahme der zwingenden berechtigten Interessen des Verantwortlichen durchzuführen.[44] Damit können auch Behörden zwar einen Auslandstransfer auf Basis des Art. 49 durchführen, sind aber in der Wahl der rechtfertigenden Tatbestände eingeschränkt.

---

42 Kühling/Buchner-*Schröder* Art. 49 Rn. 37.
43 Kühling/Buchner-*Schröder* Art. 49 Rn. 37.
44 Kühling/Buchner-*Schröder* Art. 49 Rn. 44.

Die Gründe hierfür sind unterschiedlich. Die ausdrückliche Einwilligung nach Abs. 1 **29**
UAbs. 1 lit. a dürfte aus Gründen eines abstrakten Schutzes vor letztlich nicht freiwillig erteilten Zustimmungen aufgrund staatlicher Übermacht ausgeschlossen sein.[45] Mit dem Ausschluss der Übermittlung aufgrund besonderer Interessen im Einzelfall nach Abs. 1 UAbs. 2 sowie aufgrund vertraglicher Notwendigkeiten nach Abs. 1 UAbs. 1 lit. b und c soll eine Umgehung der für die Behörden üblicherweise einschlägigen Rechtfertigung aufgrund wichtiger öffentlicher Interessen nach Abs. 1 UAbs. 1 lit. d verhindert werden, der gerade dann relevant und passgenau ist, wenn Behörden in Ausübung der öffentlichen Gewalt tätig werden.[46]

V. Abs. 4

Wie bereits gezeigt muss die Übermittlung im Interesse der Behörden eines EU-Mit- **30**
gliedstaats liegen. Allein im Interesse einer im Drittland ansässigen Behörde liegende Gründe erfüllen den Ausnahmetatbestand mithin nicht. Abs. 4 konkretisiert insoweit, dass das öffentliche Interesse im Sinne des Abs. 1 UAbs. 1 lit. d im Unionsrecht oder im Recht des Mitgliedstaats, dem der Verantwortliche unterliegt, anerkannt sein muss. Dies ist im Sinne der Art.-29-Datenschutzgruppe zu verstehen, wonach es sich um ein autonomes europäisches Interesse handeln muss.[47] Hierunter dürften zumindest solche Interessen fallen, die aufgrund einer Auseinandersetzung eines Mitgliedstaats mit diesen aufgrund der Umsetzung europäischer Vorgaben in Richtlinien mit datenschutzrechtlichem Bezug (z.B. Datenschutzrichtlinie, SWIFT Abkommen) schon einmal „perpetuiert" wurden.

VI. Abs. 5

Art. 49 sieht in dessen Abs. 5 weiter vor, dass im Unionsrecht oder im Recht der Mit- **31**
gliedstaaten aus wichtigen Gründen des öffentlichen Interesses ausdrücklich Beschränkungen der Übermittlung bestimmter Kategorien von personenbezogenen Daten an Drittländer oder internationale Organisationen vorgesehen werden können, für die kein Angemessenheitsbeschluss vorliegt. Hierzu existierte keine entsprechende Regelung in der Datenschutzrichtlinie. Gleichwohl kann der Regelung einschneidendes Potential zukommen. Denn im Umkehrschluss bedeutet sie, dass seitens eines Mitgliedstaats allein beim Fehlen eines Angemessenheitsbeschlusses (trotz Vorliegens sonstiger Garantien der Art. 46 f.) eine Übermittlung ausgeschlossen werden kann.[48] Der Wortlaut spricht zwar nur von „Beschränkungen". Da aber Abs. 1 UAbs. 2 bereits die Möglichkeit vorsieht, Übermittlungen mit geeigneten Garantien als zulässig zu erachten, bleibt hier nur noch Raum für die Auslegung, dass durch Abs. 5 ein kompletter Ausschluss der Übermittlung möglich gemacht wird. Hierfür bedarf es lediglich des Vorliegens eines wichtigen Grundes des öffentlichen Rechts.[49] Gleichfalls ist die Einschränkung auf „**bestimmte** Kategorien von personenbezogenen Daten" beschränkt, was allerdings leider nicht weiter konkretisiert wird. Dieser Terminus findet sich auch an keiner anderen Stelle in der DS-GVO.[50] Vermutlich sollte hiermit

---

45 Plath-*von dem Bussche* Art. 49 Rn. 11.
46 Plath-*von dem Bussche* Art. 49 Rn. 11.
47 *Art.-29-Datenschutzgruppe* WP 114, S. 18, Ziff. 2.4.
48 Ebenso Ehmann/Selmayr-*Zerdick* Art. 49 Rn. 19.
49 Siehe hierzu bereits unter Rn. 14 f.
50 Außer in ErwG 112, der allerdings den Wortlaut nur gleichlautend wiedergibt.

eine gewisse Einschränkung dahingehend erreicht werden, dass eine Beschränkung nur für eine abgrenzbare „kritische Masse" an personenbezogenen Daten gilt die in einem nachvollziehbaren Zusammenhang zueinander stehen. Ob dieses Korrektiv allerdings allein durch den Wortlaut der Vorschrift erreicht wird, erscheint fraglich und wird sich erst in der Rechtsanwendung von Behörden oder Gerichten zeigen, sofern es hierzu überhaupt einmal kommt. Denn das Anwendungspotential der Vorschrift ist angesichts der sonstigen umfassenden Maßnahmen und Ausnahmemöglichkeiten doch zumindest begrenzt, zumal sich hier immer eine gesamteuropäische Auswirkungsanalyse seitens des betroffenen Mitgliedstaats empfiehlt. Denn ein Vorgehen in diesem Bereich kann durchaus als „Vorstoß" mit Symbolcharakter verstanden werden. Dieser wird sowohl rechtlich wie auch politisch einiges an Begründungsaufwand mit sich bringen, sodass es interessant zu sehen sein wird, inwieweit hiervon tatsächlich Gebrauch gemacht wird.

VII. Abs. 6

32 Abs. 6 bestimmt schließlich, dass der Verantwortliche oder der Auftragsverarbeiter die vorgenommene Beurteilung sowie die angemessenen Garantien i.S.d. Abs. 1 UAbs. 2 in der Dokumentation gem. Art. 30 zu erfassen haben. Dies stellt im Grunde eine deklaratorische Anforderung dar, da gem. Art. 30 Abs. 2 lit. c auch Übermittlungen von personenbezogenen Daten an ein Drittland oder an eine internationale Organisation, einschließlich der Angabe des betreffenden Drittlands oder der betreffenden internationalen Organisation, im Verzeichnis von Verarbeitungstätigkeiten aufgeführt sein muss.[51]

Artikel 50 Internationale Zusammenarbeit zum Schutz personenbezogener Daten

In Bezug auf Drittländer und internationale Organisationen treffen die Kommission und die Aufsichtsbehörden geeignete Maßnahmen zur

a) **Entwicklung von Mechanismen der internationalen Zusammenarbeit, durch die die wirksame Durchsetzung von Rechtsvorschriften zum Schutz personenbezogener Daten erleichtert wird,**

b) **gegenseitigen Leistung internationaler Amtshilfe bei der Durchsetzung von Rechtsvorschriften zum Schutz personenbezogener Daten, unter anderem durch Meldungen, Beschwerdeverweisungen, Amtshilfe bei Untersuchungen und Informationsaustausch, sofern geeignete Garantien für den Schutz personenbezogener Daten und anderer Grundrechte und Grundfreiheiten bestehen,**

c) **Einbindung maßgeblicher Interessenträger in Diskussionen und Tätigkeiten, die zum Ausbau der internationalen Zusammenarbeit bei der Durchsetzung von Rechtsvorschriften zum Schutz personenbezogener Daten dienen,**

d) **Förderung des Austauschs und der Dokumentation von Rechtsvorschriften und Praktiken zum Schutz personenbezogener Daten einschließlich Zuständigkeitskonflikten mit Drittländern.**

– *ErwG: 116*

---

51 Siehe hierzu die Kommentierung von Art. 30.

Art. 50

Übersicht

	Rn		Rn
A. Einordnung und Hintergrund	1	B. Kommentierung	2

A. Einordnung und Hintergrund

Art. 50 betrifft die internationale Zusammenarbeit zum Schutz personenbezogener Daten. Regelungsadressaten sind sowohl die Kommission als auch die nationalen Aufsichtsbehörden im Sinne von Art. 4 Nr. 21. Beide werden verpflichtet, bestimmte Maßnahmen zu ergreifen, um den internationalen Austausch und die internationale Rechtsdurchsetzung beim Umgang mit personenbezogenen Daten zu stärken. Insbesondere will die Vorschrift erreichen, dass die Kommission und die Aufsichtsbehörden Informationen austauschen und bei Tätigkeiten, die mit der Ausübung ihrer Befugnisse in Zusammenhang stehen, mit den zuständigen Behörden der Drittländer nach dem Grundsatz der Gegenseitigkeit und gemäß der Verordnung zusammenarbeiten. Die Vorschrift steht im fünften Kapitel systematisch etwas verloren, da Vorschriften zur Zusammenarbeit und Kohärenz zwischen und mit den Datenschutzbehörden, der Kommission und dem Europäischen Datenschutzausschuss in den Art. 60 ff. in Kap. VII umfassend vorhanden sind. Auch diese sehen beispielsweise Regelungen zur Zusammenarbeit, zum Informationsaustausch oder zur Amtshilfe vor. Art. 50 ist insoweit als Ergänzung zu verstehen, die sich flankierend zu der Zusammenarbeit „in Bezug auf Drittländer und internationale Organisationen" stellt. 1

B. Kommentierung

Nach Art. 50 lit. a sollen Maßnahmen zur Entwicklung von Mechanismen der internationalen Zusammenarbeit getroffen werden, durch die die wirksame Durchsetzung von Rechtsvorschriften zum Schutz personenbezogener Daten erleichtert wird. Die Maßnahmen sollen in „Bezug auf Drittländer und internationale Organisationen" getroffen werden. Drittländer sind in der DS-GVO nicht definiert. Gemeint sind solche Länder, die nicht in der EU oder dem EWR gelegen und damit nicht dem Regelungsregime der DS-GVO unterworfen sind bzw. die kein vergleichbares Datenschutzniveau vorweisen.[1] Internationale Organisationen sind gem. Art. 4 Nr. 26 völkerrechtliche Organisationen und ihre nachgeordneten Stellen oder jede sonstige Einrichtung, die durch eine zwischen zwei oder mehr Ländern geschlossene Übereinkunft oder auf der Grundlage einer solchen Übereinkunft geschaffen wurde. 2

Die Vorschrift betrifft daher flankierend zum intraeuropäischen Regelungsregime die internationale Komponente der Zusammenarbeit zum Schutz personenbezogener Daten. Dies ist insofern sinnvoll, als die Verarbeitung personenbezogener Daten immer mehr auch im internationalen Kontext an Bedeutung gewinnt und flankierende Schutzmaßnahmen hier einen wichtigen Beitrag leisten können, um deren Schutz auch über Landesgrenzen hinaus sicherzustellen.[2] Insoweit verwundert es nicht, dass es sich bei der Vorschrift um ein Novum gegenüber der Datenschutzrichtlinie handelt. Die Vorschrift war dementsprechend (in leicht abgewandelter Form) auch bereits im Kommissionsentwurf 2012/11/DE final vorhanden. 3

---

1 Vgl. auch ErwG 101 „zwischen der Union und Drittländern".
2 Zum Zweck internationaler Regelungen vgl. auch Sydow-*Towfigh/Ulrich* Europäische Datenschutzgrundverordnung, 2017, Art. 50 Rn. 2.

4 Die Maßnahmen werden nicht weiter konkretisiert. Eine Orientierung bietet die Empfehlung der Organisation für wirtschaftliche Zusammenarbeit und Entwicklung (OECD) vom 12. Juni 2007 zur grenzübergreifenden Zusammenarbeit bei der Durchsetzung des Datenschutzrechts und den darin niedergelegten Grundsätzen der Verfahren für die internationale Zusammenarbeit zwischen Aufsichtsbehörden.[3]

5 Es sollen gem. lit. a Mechanismen der internationalen Zusammenarbeit entwickelt werden, durch die die wirksame Durchsetzung von Rechtsvorschriften zum Schutz personenbezogener Daten erleichtert wird. Das bedeutet, dass in Drittländern oder internationalen Organisationen solche Mechanismen unter Mitwirkung von Kommission und Aufsichtsbehörden etabliert werden sollten, um den Vollzug der DS-GVO auch in diesem Kontext zu stärken. In diese Richtung kann bspw. das „Working Paper Towards International Principles or Instruments to Govern Intelligence Gathering" der International Working Group on Data Protection in Telecommunications (IWGDPT), eine auf Initiative des Berliner Landesdatenschutzbeauftragten gegründete Arbeitsgruppe der Internationalen Datenschutzkonferenz[4] verstanden werden, der einen wachsenden Konsens feststellt, dass es einige international vereinbarte Grundsätze geben sollte, die die Aktivitäten von Nachrichtendiensten aus datenschutzrechtlicher Perspektive regeln. Dies könnte beispielsweise durch Schaffung eines neuen Satzes internationaler Grundsätze zur Stärkung der Aufsicht über die Nachrichtendienste und ihre Praktiken bei der Erfassung von Informationen (einschließlich Telekommunikationsinformationen) geschehen.[5]

6 Weiterhin soll gem. lit. b eine gegenseitige Leistung internationaler Amtshilfe bei der Durchsetzung von Rechtsvorschriften zum Schutz personenbezogener Daten gewährleistet werden, unter anderem durch Meldungen, Beschwerdeverweisungen, Amtshilfe bei Untersuchungen und Informationsaustausch, sofern geeignete Garantien für den Schutz personenbezogener Daten und anderer Grundrechte und Grundfreiheiten bestehen. Hier sind klare und präzise Regeln für Maßnahmen der Amtshilfe vorzusehen.[6]

7 Ferner sollen maßgebliche Interessenträger in Diskussionen und Tätigkeiten, die zum Ausbau der internationalen Zusammenarbeit bei der Durchsetzung von Rechtsvorschriften zum Schutz personenbezogener Daten dienen eingebunden werden. Die Mitgliedstaaten können hierzu beispielsweise die Einrichtung eines informellen Netzes von Datenschutzbehörden und anderer geeigneter Akteure fördern, um die praktischen Aspekte bei der Zusammenarbeit im Bereich der Durchsetzung des Datenschutzrechts zu erörtern, bewährte Verfahren zur Bewältigung grenzübergreifender Herausforderungen auszutauschen, gemeinsame Durchsetzungsprioritäten zu entwi-

---

3 OECD Recommendation on Cross-border Cooperation in the Enforcement of Laws Protecting Privacy, abrufbar unter http://www.oecd.org/sti/ieconomy/38770483.pdf.
4 Internationale Konferenz der Beauftragten für den Datenschutz und den Schutz der Privatsphäre, englisch International Conference of Data Protection & Privacy Commissioners, abgekürzt ICDPPC, heute Global Privacy Assembly (GPA).
5 „Working Paper Towards International Principles or Instruments to Govern Intelligence Gathering" der International Working Group on Data Protection in Telecommunications der ICDPPC, abrufbar unter https://www.datenschutz-berlin.de/fileadmin/user_upload/pdf/publikationen/working-paper/2017/2017-IWGDPT_Working_Paper_Govern_Intelligence_Gathering-en.pdf.
6 Vgl. insoweit *EuGH* Urt. v. 6.10.2015 – C-362/14, ECLI:EU:C:2015:650, Schrems/Digital Rights Ireland = NJW 2015, 3151, Rn. 91.

ckeln und Unterstützung zu leisten im Hinblick auf gemeinsame Durchsetzungsinitiativen und Sensibilisierungskampagnen.[7] Auch wird hierunter die Dokumentation der Zuständigkeitskonflikte mit Drittländern gezählt.

Schließlich soll der Austausch gefördert und die Dokumentation von Rechtsvorschriften und Praktiken zum Schutz personenbezogener Daten einschließlich Zuständigkeitskonflikten mit Drittländern gefördert werden. Hierbei kommen insbesondere folgende Maßnahmen in Betracht:[8] die Zusammenarbeit mit Strafverfolgungsbehörden, um zu ermitteln, wie im Hinblick auf den Schutz der Privatsphäre in strafrechtlicher Hinsicht am besten zusammenzuarbeiten ist, um die Privatsphäre über Grenzen hinweg möglichst wirksam zu schützen, die Zusammenarbeit mit Datenschutzbeauftragten in öffentlichen und privaten Organisationen und in Aufsichtsgremien des privaten Sektors, um zu determinieren, wie sie dazu beitragen könnten, Beschwerden im Zusammenhang mit dem Datenschutz in einem frühen Stadium möglichst einfach und effektiv zu lösen sowie die Zusammenarbeit mit der Zivilgesellschaft und Unternehmen in ihren jeweiligen Rollen bei der Erleichterung der grenzüberschreitenden Durchsetzung der Gesetze zum Schutz der Privatsphäre und insbesondere bei der Sensibilisierung von Einzelpersonen für die Einreichung von Beschwerden und die Einholung von Rechtsbehelfen unter besonderer Berücksichtigung des grenzüberschreitenden Kontexts. Beispiele für bestehende und geplante Zusammenarbeitsstrukturen in der Praxis sind das Europarats-Übereinkommen Nr. 108, das Global Privacy Enforcement Network, das bereits benannte GPA samt deren International Conference of Data Protection & Privacy Commissioners sowie die so genannte Spring Conference.[9]

8

---

7 Siehe dazu Ziff. 21 der OECD Recommendation on Cross-border Cooperation in the Enforcement of Laws Protecting Privacy; nennenswerte Aktivitäten in diese Richtung entfaltet bereits die GPA, die insbesondere ihre „Adopted Resolutions" und „Declarations & Communiques" auf ihrer Webseite zur Verfügung stellt, siehe unter https://globalprivacyassembly.org/document-archive.
8 Angelehnt an Ziff. 22 der OECD Recommendation on Cross-border Cooperation in the Enforcement of Laws Protecting Privacy, s. OECD Recommendation on Cross-border Cooperation in the Enforcement of Laws Protecting Privacy, abrufbar unter http://www.oecd.org/sti/ieconomy/38770483.pdf.
9 Vgl. zu diesen Initiativen ausführlich BeckOK DatenSR-*Lange/Filip* 30. Edition, Stand: 1.5.2019, Art. 50 Rn. 17 ff.

Kapitel VI
Unabhängige Aufsichtsbehörden

Abschnitt 1
Unabhängigkeit

Artikel 51 Aufsichtsbehörde

(1) Jeder Mitgliedstaat sieht vor, dass eine oder mehrere unabhängige Behörden für die Überwachung der Anwendung dieser Verordnung zuständig sind, damit die Grundrechte und Grundfreiheiten natürlicher Personen bei der Verarbeitung geschützt werden und der freie Verkehr personenbezogener Daten in der Union erleichtert wird (im Folgenden „Aufsichtsbehörde").

(2) ¹Jede Aufsichtsbehörde leistet einen Beitrag zur einheitlichen Anwendung dieser Verordnung in der gesamten Union. ²Zu diesem Zweck arbeiten die Aufsichtsbehörden untereinander sowie mit der Kommission gemäß Kapitel VII zusammen.

(3) Gibt es in einem Mitgliedstaat mehr als eine Aufsichtsbehörde, so bestimmt dieser Mitgliedstaat die Aufsichtsbehörde, die diese Behörden im Ausschuss vertritt, und führt ein Verfahren ein, mit dem sichergestellt wird, dass die anderen Behörden die Regeln für das Kohärenzverfahren nach Artikel 63 einhalten.

(4) Jeder Mitgliedstaat teilt der Kommission bis spätestens 25. Mai 2018 die Rechtsvorschriften, die er aufgrund dieses Kapitels erlässt, sowie unverzüglich alle folgenden Änderungen dieser Vorschriften mit.

- *ErwG: 117, 119, 122, 123*
- *BDSG n.F.: §§ 17, 18, 19*

Übersicht

	Rn		Rn
A. Einordnung und Kontext	1	2. Die Ziele des Grundrechtsschutzes und des freien Datenverkehrs	23
I. Erwägungsgründe	1		
II. BDSG	5	3. Die Rolle der Datenschutzaufsichtsbehörden	29
1. Vertretung im EDSA	6		
2. Zusammenarbeit der Aufsichtsbehörden des Bundes und der Länder	8	4. Einrichtung und Ausrichtung der Behörden	35
3. Zuständigkeiten	9	II. Europäische Verwaltungskooperation und die Stellung der Datenschutzaufsichtsbehörden	39
III. Normgenese und Materialien	11		
1. Datenschutz-Richtlinie 95/46/EG (DSRL)	11	1. Durchsetzung des Datenschutzes als europäische Verwaltungskooperation	39
2. BDSG a.F.	12		
3. Europäischer Datenschutzausschuss (EDSA)/WP 29	14	2. Stellung der Datenschutzaufsichtsbehörden	43
B. Kommentierung	19	III. Einheitliche Anwendung der DS-GVO (Abs. 2)	47
I. Funktionen unabhängiger Aufsichtsbehörden (Abs. 1)	19		
1. Grundzüge	19	IV. Mehrzahl von Aufsichtsbehörden im Mitgliedstaat (Abs. 3)	49

Art. 51 Aufsichtsbehörde

	Rn		Rn
1. Einheitliches Auftreten im EDSA	49	II. Relevanz für nichtöffentliche Stellen	58
2. Zusammenarbeit beim Kohärenzverfahren	53	III. Relevanz für betroffene Personen	59
V. Pflicht der Mitteilung an die Kommission (Abs. 4)	55	IV. Relevanz für Aufsichtsbehörden	60
C. Praxishinweise	57	V. Datenschutzmanagement	64
I. Relevanz für öffentliche Stellen	57	VI. Sanktionen	65

Literatur: *Albrecht/Nils* Datenschutz und Meinungsfreiheit nach der Datenschutzgrundverordnung, CR 2016, 500; *Bäcker/Hornung* EU-Richtlinie für die Datenverarbeitung bei Polizei und Justiz in Europa, ZD 2012, 147; *Benecke/Wagner* Öffnungsklauseln in der Datenschutz-Grundverordnung und das deutsche BDSG – Grenzen und Gestaltungsspielräume für ein nationales Datenschutzrecht, DVBl. 2016, 600; *Bergt* Sanktionierung von Verstößen gegen die Datenschutz-Grundverordnung, DuD 2017, 555; *Brink* Der Beratungsauftrag der Datenschutzbehörden, ZD 2020, 59; *Calliess/Ruffert (Hrsg.)* EUV/AEUV, 5. Aufl. 2016; *Dix* Unabhängige Datenschutzkontrolle als vorgezogener Grundrechtschutz, Kröger/Pilniok (Hrsg.), Unabhängiges Verwalten in der Europäischen Union, 2016; *Glauben* „Politische Immunität" des Bundesbeauftragten und der Landesbeauftragten für den Datenschutz gegenüber dem Parlament?, DVBl. 2017, 485; *Globig* Arndt/Knemeyer/Kugelmann/Meng Schweitzer (Hrsg.), Völkerrecht und deutsches Recht, 2001, S. 441; *Gusy* Gefahraufklärung zum Schutz der öffentlichen Sicherheit und Ordnung, JA 2011, 641; *Härtel (Hrsg.)* Handbuch Föderalismus, Band III: Entfaltungsbereiche des Föderalismus, 2012; *Hoffmann-Riem* Verhaltenssteuerung durch Algorithmen – eine Herausforderung für das Recht, AöR 142/2017, 1; *Klement* Öffentliches Interesse an Privatheit, JZ 2017, 161; *Kröger* Unabhängiges Verwalten in der Europäischen Union – Eine Einführung, Kröger/Pilniok (Hrsg.), Unabhängiges Verwalten in der Europäischen Union, 2016, S. 1; *ders.* Unabhängigkeitsregime im europäischen Verwaltungsverbund, 2020; *Kugelmann* Wirkungen des EU-Rechts auf die Verwaltungsorganisation der Mitgliedstaaten, Verwaltungsarchiv 98/2007, 78; *ders.* Datenschutz bei Polizei und Justiz, DuD 2012, 581; *ders.* Grundrechte, Niedobitek (Hrsg.), Europarecht, 2. Aufl. 2019, § 4; *ders.* Datenschutzfinanzierte Internetangebote, DuD 2016, 566; *ders.* Datenschutz im Mehrebenensystem, Hill/Kugelmann/Martini (Hrsg.), Digitalisierung in Recht, Politik und Verwaltung, 2018, S. 27; *ders.* Anwendungsbereich und Spielräume der Landesdatenschutzgesetze, Seckelmann (Hrsg.), Digitalisierte Verwaltung – Vernetztes E-Government, Kapitel 18, 2019; *ders.* Kooperation und Betroffenheit im Netzwerk, ZD 2020, 76; *Kühling/Martini* Die Datenschutz-Grundverordnung: Revolution oder Evolution im europäischen und deutschen Datenschutzrecht?, EuZW 2016, 448; *Lejeune* Datenschutz in den Vereinigten Staaten von Amerika, CR 2013, 755; *von Lewinski* Unabhängigkeit der Bundesbeauftragten für den Datenschutz und die Informationsfreiheit, ZG 2015, 228; *ders.* Datenschutzaufsicht in Europa als Netzwerk, NVwZ 2017, 1483; *Michl* Das Verhältnis zwischen Art. 7 und Art. 8 GRCh – zur Bestimmung der Grundlage des Datenschutzrechts im EU-Recht, DuD 2017, 349; *Marsch* Das europäische Datenschutzgrundrecht, 2018; *Nguyen* Die zukünftige Datenschutzaufsicht in Europa, ZD 2015, 262; *Niedobitek (Hrsg.)* Europarecht, 2. Aufl. 2019; *Petri/Tinnefeld* Völlige Unabhängigkeit der Datenschutzkontrolle – Demokratische Legitimation und unabhängige Kontrolle als moderne Konzeption der Gewaltenteilung, MMR 2010, 157; *Roßnagel* Gesetzgebung im Rahmen der Datenschutz-Grundverordnung, DuD 2017, 277; *ders.* Datenschutzgesetzgebung für öffentliche Interessen und den Beschäftigungskontext, DuD 2017, 290; *ders.* Datenschutzaufsicht nach der EU-Datenschutz-Grundverordnung, 2017; *Rudolf* Merten/Papier (Hrsg.), Handbuch der Grundrechte, Band IV, 2011, § 90; *Schaar* Datenschutz und Föderalismus – Schöpferische Vielfalt oder Chaos?, Härtel (Hrsg.), Handbuch Föderalismus, Band III, 2012, § 55; *Schantz*

Die Datenschutz-Grundverordnung – Beginn einer neuen Zeitrechnung im Datenschutzrecht, NJW 2016, 1841; *Schneider* Informationssysteme als Bausteine des Europäischen Verwaltungsverbunds, NVwZ 2012, 65; *Schroeder* Nationale Maßnahmen zur Durchführung von EG-Recht und das Gebot der einheitlichen Wirkung, AöR 2004, 3; *Skouris* Leitlinien der Rechtsprechung des EuGH zum Datenschutz, NVwZ 2016, 1359; *Spiecker gen. Döhmann* Unabhängigkeit von Datenschutzbehörden als Voraussetzung von Effektivität, Kröger/Pilniok (Hrsg.), Unabhängiges Verwalten in der Europäischen Union, 2016, S. 97; *Streinz (Hrsg.)* EUV/AEUV, 3. Aufl. 2018; *Thiel* DSK – starke Stimme für den Datenschutz, ZD 2020, 93; *Thomé* Reform der Datenschutzaufsicht, 2015; *Weichert* Harmonisierte Instrumente und Standards für Datenschutzkontrollen und Ermittlungsmaßnahmen – Die Situation im föderalen Deutschland, Härtel (Hrsg.), Handbuch Föderalismus, Band III, 2012, § 56; *Weinhold/Johannes* Europäischer Datenschutz in Strafverfolgung und Gefahrenabwehr – Die neue Datenschutz-Richtlinie im Bereich Polizei und Justiz sowie deren Konsequenzen für deutsche Gesetzgebung und Praxis, DVBl. 2016, 1501; *Wolff* Der EU-Richtlinienentwurf zum Datenschutz in Polizei und Justiz – Gehalt und Auswirkungen auf das Strafprozess- und Polizeirecht, Kugelmann/Rackow (Hrsg.), Prävention und Repression im Raum der Freiheit, der Sicherheit und des Rechts, 2014; *ders.* Die Grenzen des Untersuchungsrechts parlamentarischer Untersuchungsausschüsse über die Tätigkeit der unabhängigen Datenschutzbeauftragten am Beispiel des Freistaats Thüringen, ThürVBl. 2015, 205; *Zöllner* Der Datenschutzbeauftragte im Verfassungssystem – Grundfragen der Datenschutzkontrolle, 1995.

A. Einordnung und Kontext

I. Erwägungsgründe

Die **Grundlagen** werden in ErwG 123 zusammengefasst. Die Datenschutzaufsichtsbehörden überwachen die Anwendung der DS-GVO und tragen zu ihrer einheitlichen Anwendung bei. Grundrechtsschutz und freier Datenverkehr sollen gesichert werden. Die Kooperation der Datenschutzaufsichtsbehörden ist zu diesen Zwecken in der DS-GVO geregelt, ohne dass es weiterer Vorschriften über Amtshilfe bedürfte. 1

In den ErwG sind die allgemeinen Fragen der Stellung und Aufgaben der Datenschutzaufsichtsbehörden deutlich angesprochen. Aus Sicht des Unionsrechts geht es um das **effektive Funktionieren der europäischen Behördenkooperation**.[1] Die Aufsichtsbehörden sind Bestandteil der Erreichung des Gesamtziels (ErwG 117). Die ErwG bestätigen den Grundsatz der Unabhängigkeit, erläutern allerdings dessen Gehalte nicht. 2

Ein Schwerpunkt liegt auf der **Errichtung mehrerer Aufsichtsbehörden** in einem Mitgliedstaat (Art. 51 Abs. 3), also insbesondere auf der Situation in der Bundesrepublik Deutschland (ErwG 119). Eine wirksame Beteiligung aller unabhängigen Datenschutzaufsichtsbehörden im Mitgliedstaat wird ausdrücklich gefordert. Die zentrale Anlaufstelle wird besonders genannt, weil sie eine reibungslose Durchführung des Kohärenzverfahrens ermöglichen und begleiten soll. 3

Im Hinblick auf die Zuständigkeiten und Aufgaben stellen die ErwG das **umfassende Aufgabenspektrum** der Datenschutzaufsichtsbehörden fest (ErwG 122). Die Aufgaben und Befugnisse werden nicht abschließend aufgezählt, aber in ihrer Grundausrichtung benannt. Eine Priorisierung lässt sich dem ErwG nicht entnehmen. 4

---

1 Ehmann/Selmayr-*Selmayr* Art. 51 Rn. 5; Kröger/Pilniok-*Spiecker gen. Döhmann* S. 104 f.

II. BDSG

5   Im BDSG wird die **innerstaatliche Koordination und Kooperation** der Datenschutzaufsichtsbehörden in den §§ 17–19 BDSG erläutert und mit Blick auf die DS-GVO auch teilweise geregelt. Die Regelungen sind nicht abschließend, soweit die innerstaatliche Zusammenarbeit im Einzelnen betroffen ist. Hier besteht Raum für weitere Mechanismen, die in Kooperation der deutschen Aufsichtsbehörden unterhalb der gesetzlichen Ebene eingerichtet werden können. Einschlägige Bestimmungen können etwa nach der Geschäftsordnung der unabhängigen Datenschutzaufsichtsbehörden des Bundes und der Länder getroffen werden.

6   **1. Vertretung im EDSA.** Die Vertretung im EDSA und deren Einzelheiten regelt § 17 BDSG. **Gemeinsamer Vertreter** der Bundesrepublik Deutschland ist die oder der Bundesbeauftragte (§ 17 Abs. 1 S. 1 BDSG). Die Stellvertretung übernimmt die Leiterin oder der Leiter der Aufsichtsbehörde eines Landes (§ 17 Abs. 1 S. 2 BDSG).

7   Die **sachlichen Aufgaben** übernimmt der Gemeinsame Vertreter, der allerdings aufgrund der Kompetenzordnung des Grundgesetzes einengenden Rahmenbedingungen unterliegt und mit den Aufsichtsbehörden der Länder zusammenarbeitet. Der Stellvertreter kann verlangen, die Verhandlungsführung und das Stimmrecht wahrzunehmen, falls es um eine Angelegenheit geht, für welche die Länder das alleinige Recht zur Gesetzgebung haben (§ 17 Abs. 2 BDSG).

8   **2. Zusammenarbeit der Aufsichtsbehörden des Bundes und der Länder.** Die Zusammenarbeit der Aufsichtsbehörden des Bundes und der Länder nach § 18 BDSG verfolgt das Ziel, ein **angemessenes Verfahren** zu finden, um auf der Ebene der EU mit einer kraftvollen Stimme zu sprechen (Rn. 49).[2]

9   **3. Zuständigkeiten.** Die Aufgaben und Zuständigkeiten der Aufsichtsbehörden folgen weit überwiegend unmittelbar aus Art. 57. Die Vorschrift des § 19 BDSG trifft ergänzende Regelungen (Art. 55 Rn. 47 ff.). Eine vor dem Hintergrund von Art. 56 wiederholende Normierung zu der **Zuständigkeit als federführende Aufsichtsbehörde**, die den föderalen Kontext berücksichtigt enthält § 19 Abs. 1 BDSG.[3] Die Regelung betrifft die Rollenverteilung im Bundesstaat, ist aber im Rahmen der europarechtlichen Vorgaben zu sehen, auf die sie auch ausdrücklich Bezug nimmt.[4] Die Auslegungsbefugnis liegt insoweit auf der Ebene der Union.[5] Auch diese Vorschrift des BDSG trägt ergänzenden Charakter.[6]

10 Die **Zuständigkeit für Beschwerden betroffener Personen** nach Art. 77 wird in § 19 Abs. 2 BDSG geregelt. Nach Art. 77 Abs. 2 trifft die Behörde, bei der die Beschwerde eingelegt wurde, eine Unterrichtungspflicht gegenüber dem Beschwerdeführer. Sie prüft ihre Zuständigkeit und gibt im Fall der Unzuständigkeit die Beschwerde an die federführende Behörde ab. Es kann also mehrere zuständige, aber nur eine federführende Aufsichtsbehörde geben.[7] Die Behörden am Ort der

---

[2] Gola/Heckmann-*Thiel* § 18 Rn. 5.
[3] Allgemein Härtel-*Schaar* Handbuch Föderalismus, Band III, § 55 Rn. 32 ff.
[4] *Kugelmann* ZD 2020, 76, 78; a.A. BeckOK DatenSR-*Kisker* Art. 51 Vor Rn. 1.
[5] *Kühling/Martini* u.a. Die Datenschutz-Grundverordnung und das nationale Recht, S. 122.
[6] Gola/Heckmann-*Thiel* § 19 Rn. 1, 3.
[7] *Nguyen* ZD 2015, 266.

Niederlassung des Verantwortlichen oder am Wohnsitz des Beschwerdeführers kommen gem. § 19 BDSG ersatzweise in Betracht.[8] In jedem Fall ist die Bearbeitung der Beschwerde durch eine Aufsichtsbehörde zu gewährleisten.

III. Normgenese und Materialien

1. Datenschutz-Richtlinie 95/46/EG (DSRL). Bereits nach Art. 28 Abs. 1 DSRL war 11 eine unabhängige Kontrollstelle vorgesehen. Diese Regelung bildete die Grundlage für die Rechtsprechung des EuGH zur Unabhängigkeit gerade auch – aber nicht nur – der deutschen Datenschutzaufsichtsbehörden.[9]

2. BDSG a.F. Die §§ 22–26 BDSG a.F. legen die Stellung des oder der Bundesbeauf- 12 tragten für den Datenschutz und die Informationsfreiheit fest. Die Unabhängigkeit ist in § 22 Abs. 4 BDSG a.F. festgeschrieben. Allerdings sicherte erst eine **Rechtsänderung mit Wirkung zum 1.1.2016** das Entfallen der Rechtsaufsicht, die Stellung als oberste Bundesbehörde und die organisatorische Unabhängigkeit vom Bundesministerium des Innern.[10]

Zur **Rechtsstellung** des oder der Bundesbeauftragten trifft § 23 BDSG a.F. Festlegun- 13 gen, die sich auf das Amtsverhältnis und dessen Ausgestaltung beziehen. Im Zusammenhang der Aufgaben und Befugnisse der Aufsichtsbehörde ist die Übermittlung von Informationen an andere Aufsichtsbehörden und die Pflicht zur Amtshilfe geregelt (§ 38 Abs. 1 S. 4 und 5 BDSG a.F.).

3. Europäischer Datenschutzausschuss (EDSA)/WP 29. Im Hinblick auf die Stellung 14 der unabhängigen Datenschutzaufsichtsbehörden verfügt der EDSA (European Data Protection Board – EDPB) nur über begrenzte Befugnisse. Denn **die Unabhängigkeit besteht auch gegenüber dem EDSA**, der wiederum selbst bei der Erfüllung seiner Aufgaben oder in Ausübung seiner Befugnisse unabhängig ist (Art. 69).

Im Hinblick auf Aufgaben und Zuständigkeiten der Datenschutzaufsichtsbehörden 15 der Mitgliedstaaten kann der EDSA die **effektive und einheitliche Anwendung der Regeln der DS-GVO fördern.** Im Kohärenzverfahren kann der EDSA in den Fällen des Art. 65 Abs. 1 verbindliche Beschlüsse fassen, die gegenüber den Datenschutzaufsichtsbehörden rechtliche Bindungswirkung entfalten. Ansonsten kann der EDSA im Hinblick auf eine Reihe von Anwendungsfragen Leitlinien, Empfehlungen und bewährte Verfahren erarbeiten und zur Verfügung stellen (Art. 70 Abs. 1). Er hat die Funktion einer zentralen Koordinierungsinstanz.[11]

Zu den grundlegenden Festlegungen über Funktion und Unabhängigkeit der Daten- 16 schutzaufsichtsbehörden der Mitgliedstaaten sind direkte Aussagen durch den EDSA kaum zu erwarten. **Tertiäres Unionsrecht zu Art. 51** wäre angesichts der Unabhängigkeit und der grundsätzlichen Zuständigkeit der Mitgliedstaaten für die Verwaltungsorganisation eingehend auf seine Zulässigkeit zu prüfen.

---

8 Paal/Pauly-*Körffer* § 19 Rn. 3.
9 *EuGH* v. 9.3.2010 – C-518/07, ECLI:EU:C:2010:125, Kommission/Deutschland; *EuGH* v. 16.10.2012 – C-614/10, ECLI:EU:C:2012:63, Kommission/Österreich; *EuGH* v. 8.4.2014 – C-288/12, ECLI:EU:C:2014:237, Kommission/Ungarn.
10 Zweites Gesetz zur Änderung des Bundesdatenschutzgesetzes – Stärkung der Unabhängigkeit der Datenschutzaufsicht im Bund durch Errichtung einer obersten Bundesbehörde v. 5.2.2015, BGBl. I 2015 S. 162.
11 *Kühling/Martini* EuZW 2016, 448, 453; *Kröger* Unabhängigkeitsregime, S. 186 f.

17 Dem EDSA kommt die Aufgabe zu, die einheitliche Anwendung der Verordnung sicherzustellen (Art. 70 Abs. 1 S. 1). Dieser Aufgabe wird er durch die Erarbeitung einer Vielzahl von Dokumenten zu dem **Verständnis und der Durchführung der Vorschriften der DS-GVO** gerecht. Diese sollen und werden die konkreten Tätigkeiten der Datenschutzaufsichtsbehörden in Erfüllung ihrer Aufgaben und in Wahrnehmung ihrer Befugnisse anleiten. Dabei macht er vorwiegend vom Instrument der Leitlinien Gebrauch.

18 Die WP 29 hat im Kontext des Art. 56 ein **Arbeitspapier zu der Frage der federführenden Aufsichtsbehörde** erarbeitet. Bei der Auslegung und Anwendung des Art. 56 i.V.m. § 19 Abs. 1 BDSG kann dies Berücksichtigung finden.

B. Kommentierung

I. Funktionen unabhängiger Aufsichtsbehörden (Abs. 1)

19 1. Grundzüge. Die Aufsichtsbehörden haben die **Funktion der effektiven Durchsetzung der DS-GVO**.[12] Dies steht im Zusammenhang des Leitbegriffs des effet utile, der in der Rechtsprechung des EuGH zur Sicherung der einheitlichen Anwendung und Geltung des Unionsrechts in den Mitgliedstaaten entwickelt und genutzt wird.[13] Grundlage ist die Pflicht zur loyalen Zusammenarbeit von Union und Mitgliedstaaten des Art. 4 Abs. 3 EUV. Durch die sekundärrechtlichen Festlegungen der DS-GVO wird dies für ihren Anwendungsbereich konkretisiert. Die Regelungen der DS-GVO sind dahin auszulegen, dass den Aufsichtsbehörden effektive Mittel und Instrumente zur Verfügung stehen müssen, um ihre Aufgaben zu erfüllen.

20 Nach Art. 51 Abs. 1 sind die Datenschutzaufsichtsbehörden für die Überwachung der Anwendung der Verordnung zuständig. Angesichts der vielfältigen Regelungen bedeutet dies eine **umfassende Funktionszuschreibung**, die über die Kontrolle der Datenverarbeitung hinausreicht (s. ErwG 122, 123). Die Pflichtaufgaben des Art. 57 betreffen Aufklärung und Öffentlichkeitsarbeit ebenso wie die Bearbeitung von Beschwerden oder das Erteilen von Genehmigungen (Art. 57 Rn. 23 ff.). Eine Beschränkung auf den Verwaltungsvollzug ist damit nicht vereinbar. Die Anwendung der Verordnung reicht darüber hinaus und beinhaltet auch die Beratung oder rechtspolitische Aspekte. Dergestalt werden die Aufsichtsbehörden den Zielen der Verordnung auch dann gerecht, wenn sie rechtspolitisch oder informierend tätig werden.[14] Dies bestätigt ErwG 122, der keinerlei Priorisierung von Aufgaben enthält.

21 Jede Aufsichtsbehörde trägt zur einheitlichen Anwendung der Verordnung bei (Art. 51 Abs. 2). Das Datenschutzrecht bedarf der Durchsetzung gegenüber den Verantwortlichen und Auftragsverarbeitern, um das **Ziel der Schaffung eines einheitlichen Datenschutzniveaus in der EU** zu erreichen (ErwG 13) und damit einheitliche Bedingungen für Anbieter im Binnenmarkt.[15] Dieses Ziel leitet die Datenschutzaufsichtsbehörden bei ihrem Tätigwerden. Sie leisten dazu einen Beitrag (ErwG 123).

22 Da der Kreis der Verantwortlichen sehr vielgestaltig ist, müssen die mit der Durchsetzung der DS-GVO betrauten Behörden **gegenüber allen Verantwortlichen unabhängig**

---

12 Specht/Mantz-*Mantz/Marosi* § 3 Rn. 199.
13 Streinz-*Streinz* Art. 4 EUV Rn. 33.
14 *Brink* ZD 2020, 62.
15 *Schantz* NJW 2016, 1841, 1842.

sein. Daher wird die völlige Unabhängigkeit in Art. 51 bereits festgelegt, dann aber in Art. 52 nicht nur erneut festgeschrieben, sondern in ihren Ausprägungen eingehend bestimmt. Die normativen Garantien folgen der Rechtsprechung des EuGH.[16] Die völlige Unabhängigkeit als Kern der Rollenfestlegung prägt die Stellung der Datenschutzaufsichtsbehörden und die Art und Weise der Aufgabenerfüllung.

2. Die Ziele des Grundrechtsschutzes und des freien Datenverkehrs. Die DS-GVO wurde auf der Grundlage der **Kompetenzvorschrift des Art. 16 Abs. 2 AEUV** erlassen. Dementsprechend verfolgt sie zwei Ziele. Nach Art. 1 Abs. 1 DS-GVO bezweckt sie den Schutz natürlicher Personen bei der Verarbeitung personenbezogener Daten und zugleich den freien Verkehr solcher Daten. Dies bestätigen die Festlegungen in Art. 1 Abs. 2 und 3 (s. auch ErwG 123). 23

Dem Grunde nach stehen **beide Ziele gleichrangig** nebeneinander,[17] allerdings entfaltet der Grundrechtsschutz bei der Setzung von Prioritäten sein besonderes Gewicht (Art. 57 Rn. 21).[18] Dieses **besondere Gewicht des Grundrechtsschutzes** betrifft Abwägungen insbesondere im Rahmen der Verhältnismäßigkeit. Es kommt dann auch für das Ergebnis der Abwägung darauf an, ob und inwieweit der freie Datenverkehr ebenfalls grundrechtlich oder doch zumindest durch Grundfreiheiten unterlegt ist. Die Herstellung praktischer Konkordanz ist eine stete Aufgabe auch der Datenschutzaufsichtsbehörden. 24

Der Schutz der Grundrechte, insbesondere der Art. 7, 8 GRCh,[19] sichert die Rechtspositionen des Einzelnen im digitalen Binnenmarkt. Die Verordnung zielt auf den **Schutz der Grundrechte und Grundfreiheiten natürlicher Personen** (Art. 1 Abs. 2). Das Recht auf Datenschutz steht dabei im Vordergrund, aber auch weitere Grundrechte wie z.B. die Meinungsfreiheit (Art. 11 GRCh) oder die unternehmerische Freiheit (Art. 16 GRCh) können bei der Anwendung der Verordnung eine Rolle spielen.[20] Im digitalen Binnenmarkt gilt dies zudem für die Grundfreiheiten, insbesondere die Dienstleistungsfreiheit des Art. 56 AEUV. 25

Da die Datenschutzaufsichtsbehörden gem. Art. 51 Abs. 1 die Anwendung der DS-GVO überwachen, findet die GRCh Anwendung, wenn und soweit die **Durchführung des Unionsrechts** betroffen ist (Art. 51 Abs. 1 GRCh).[21] Dies umfasst die Umsetzung und den Vollzug ebenso wie die Ausfüllung von Ermessens- und Handlungsspielräumen.[22] Der Vollzug von Verordnungen ist als administrative Durchführung einzuordnen.[23] Soweit die Datenschutzaufsichtsbehörden die DS-GVO anwenden, greift die 26

---

16 *EuGH* v. 9.3.2010 – C-518/07, ECLI:EU:C:2010:125, Kommission/Deutschland; *EuGH* v. 16.10.2012 – C-614/10, ECLI:EU:C:2012:631, Kommission/Österreich; *EuGH* v. 8.4.2014 – C-288/12, ECLI:EU:C:2014:237, Kommission/Ungarn.
17 *Klement* JZ 2017, 161, 164.
18 Sydow-*Ziebarth* Art. 51 Rn. 20; insoweit kritisch BeckOK DatenSR-*Schneider* Art. 51 Vor Rn. 1.
19 Zu deren Verhältnis zueinander *Michl* DuD 2017, 349.
20 Simitis/Hornung/Spiecker gen. Döhmann-*Polenz* Art. 51 Rn. 12.
21 Roßnagel-*Johannes* Europäische Datenschutz-Grundverordnung, S. 78.
22 Niedobitek-*Kugelmann* § 4 Rn. 65 ff.
23 Streinz-*Streinz/Michl* Art. 51 GRCh Rn. 7, 10.

GRCh mit der Folge, dass der EuGH zuständig ist.[24] Unabhängige Aufsichtsbehörden im Sinne des Art. 8 Abs. 3 GRCh sind dann die Datenschutzaufsichtsbehörden der Mitgliedstaaten.

27 Komplizierte Fragestellungen werfen insoweit die **Öffnungsklauseln** auf, da sie innerstaatliches Recht zulassen. Aufgrund der parallelen Situation zur Umsetzung von Richtlinien kommen die einschlägigen Grundlagen für den Grundrechtsschutz zum Zug. Wenn in der Anwendung dieses innerstaatlichen Rechts eine Grundfreiheit, insbesondere die Dienstleistungsfreiheit beschränkt wird, findet die GRCh Anwendung.[25] Wenn und soweit aber das Handeln der Behörden nicht vom Unionsrecht gesteuert wird, sondern die Handlungen auf innerstaatlichem Recht beruhen, sind die Grundrechte des Grundgesetzes anwendbar und das BVerfG zuständig.[26] Nach seiner neuen Rechtsprechung nimmt das BVerfG für sich in Anspruch, die Grundrechte der GRCh zu prüfen.[27] Dies betrifft auch vollständig vereinheitlichte Materien des Unionsrechts.[28] Für das Datenschutzrecht ist damit die umfassende Wirkung der Grundrechte des Unionsrechts und ihre Prüfung im Zusammenspiel des BVerfG mit dem EuGH sichergestellt, auch wenn die Einzelheiten dieses Zusammenspiels noch offen sind.[29]

28 Die wirtschaftliche Zielrichtung der DS-GVO findet darin Niederschlag, dass der freie Verkehr personenbezogener Daten aus Gründen des Schutzes natürlicher Personen bei der Datenverarbeitung grundsätzlich nicht beschränkt oder verboten werden darf (Art. 1 Abs. 3).[30] Der **freie Datenverkehr ist Teil der Rahmenbedingungen für die Wirtschaft im Binnenmarkt**. Die Herstellung einheitlicher Bedingungen war ein wesentlicher Grund für die Wahl der Verordnung als Rechtsform (ErwG 13). Mit der Verwendung der Begriffe der Beschränkung und des Verbots enthüllt die Regelung ihre Herkunft aus der Logik des Binnenmarktes.[31] Eine wesentliche Konsequenz dieser Zielrichtung ist das Marktortprinzip (Art. 3 Abs. 2), denn auf dem Binnenmarkt können sich auch Marktteilnehmer bewegen, die über keine Niederlassung in der EU verfügen. Auch für sie müssen die Regeln gelten, um einheitliche Bedingungen herzustellen. Dies betrifft in besonderem Maße die digitale Wirtschaft.

29 **3. Die Rolle der Datenschutzaufsichtsbehörden.** Unabhängige Datenschutzaufsichtsbehörden sind unabdingbar für einen effektiven Schutz des Rechts auf informationelle Selbstbestimmung.[32] Die Datenschutzaufsichtsbehörden sind die **institutionelle Absicherung des Grundrechtsschutzes** (Art. 8 Abs. 3 GRCh). Dies bestätigt ErwG 119, der den Aufsichtsbehörden eine Schutzfunktion für natürliche Personen bei der Datenverarbeitung zuweist.

---

24 Zum Agrarrecht *EuGH* v. 13.7.1989 – C-5/88, ECLI:EU:C:1989:321, Wachauf Rn. 19; s. auch Roßnagel-*Hoidn* Europäische Datenschutz-Grundverordnung, S. 86.
25 St. Rspr. seit *EuGH* v. 18.6.1991 – C-260/89, ECLI:EU:C:1991:254, ERT, Rn. 43 ff.
26 *BVerfG* v. 24.4.2013 – 1 BvR 1215/07 (ATDG), Rn. 91, BVerfGE 133, 277.
27 *BVerfG* v. 6.11.2019 – 1 BvR 16/13 (Recht auf Vergessen I), Rn. 43.
28 *BVerfG* v. 6.11.2019 – 1 BvR 276/17 (Recht auf Vergessen II), Rn. 43 f.
29 *Kämmerer/Kotzur* NVwZ 2020, 177; *Kühling* NJW 2020, 277; *Wendel* JZ 2020, 157.
30 *Schantz* NJW 2016, 1861.
31 Vgl. *Klement* JZ 2017, 161, 163 f.
32 Merten/Papier-*Rudolf* § 90 Rn. 57.

Aufgrund der doppelten Zielrichtung der Verordnung sind die Datenschutzaufsichts- 30
behörden nicht nur für den Grundrechtsschutz, sondern **auch für den freien Datenverkehr zuständig.** Die umfassende Funktionszuschreibung des Art. 51 Abs. 1 betrifft die Anwendung der Verordnung in allen ihren Zielen. Im Rahmen der Erfüllung der Aufgaben nach Art. 57 können durch die Datenschutzaufsichtsbehörden Schwerpunkte und Prioritäten gesetzt werden (Art. 57 Rn. 24).

Funktional ist dabei zu berücksichtigen, dass im Zusammenhang der wirtschaftlichen 31
Verkehrsfreiheiten auch **andere Behörden** auf nationaler und europäischer Ebene über Zuständigkeiten verfügen. Die Kartell- und Wettbewerbsbehörden sollen für den fairen und freien Wettbewerb auch dann sorgen, wenn dabei der freie Datenverkehr eine Rolle spielt.[33] Die in den Mitgliedstaaten unterschiedlich organisierten Stellen des Verbraucherschutzes greifen auch dann ein, wenn im Zuge des freien Datenverkehrs die Verbraucherinnen und Verbraucher unzulässig benachteiligt werden.

Die Datenschutzaufsichtsbehörden verfügen über das **Alleinstellungsmerkmal der** 32
Grundrechtsverwirklichung als Aufgabe. Dies unterscheidet sie von anderen Behörden. Die Rechte des Einzelnen auf Privatheit oder informationelle Selbstbestimmung haben erhebliches Gewicht. Daher liegt für die Datenschutzaufsichtsbehörden eine Priorität in der Anwendung der Verordnung nach Art. 51 Abs. 1 auf der Wahrung der Grundrechte. Das Ziel des freien Datenverkehrs im Binnenmarkt ist daneben zu erreichen und auch insoweit können die Datenschutzaufsichtsbehörden Aktivitäten entfalten.

Im Fall der **Datenverarbeitung durch öffentliche Stellen** wirken die Grundrechte 33
zuvörderst als Abwehrrechte und die Datenschutzaufsichtsbehörden unterstützen die Bürgerinnen und Bürger. Innerstaatliche Regelungen, die in Ausfüllung von Öffnungsklauseln wie Art. 6 Abs. 2 i.V.m Abs. 1 UAbs. 1 lit. e erlassen werden, stellen regelmäßig für die Abwägung und die Entscheidung im Einzelfall besondere Maßstäbe auf.

Im Fall der **Datenverarbeitung durch private Stellen** zielt die Tätigkeit der Daten- 34
schutzaufsichtsbehörden verstärkt auf objektive Rechtsverwirklichung. Grundlage des Handelns sind regelmäßig die Regelungen der DS-GVO. Ausgangspunkt ist die weitest mögliche Verwirklichung des Grundrechtsschutzes, das Wirtschaftsrecht kann rechtfertigungsbedürftige Beschränkungen enthalten. Die Maßstäbe der Erforderlichkeit der Datenverarbeitung und der Verhältnismäßigkeit in ihren Ausprägungen erlauben die Abwägung und die Entscheidung im Einzelfall.

4. Einrichtung und Ausrichtung der Behörden. Die Datenschutzaufsichtsbehörden in 35
der Bundesrepublik Deutschland werden durch Art. 51 in ihrer Existenz und ihrer Unabhängigkeit gesichert. Damit besteht wie bereits nach Art. 28 DSRL eine **europarechtliche Fundierung der deutschen Aufsichtsbehörden**. Sie können nicht abgeschafft werden und sie müssen in einer Weise ausgestaltet sein, die ihrer völligen Unabhängigkeit Rechnung trägt.

Das Bestehen einer unabhängigen Datenschutzaufsichtsbehörde ist **keine Selbstver-** 36
ständlichkeit. Dies gilt auf der universellen Ebene, auf der eine große Vielfalt an

---

[33] S. aber *OLG Düsseldorf* v. 26.8.2019 – VI-Kart 1/19 (V) zur Aussetzung einer Anordnung des Bundeskartellamtes gegenüber facebook.

unterschiedlichen Ausgestaltungen festzustellen ist. Spezialbehörden, die lediglich den Datenschutz in einem bestimmten rechtlichen Teilbereich durchsetzen, stehen neben Behörden mit einer Vielzahl von Zuständigkeiten, in denen der Datenschutz nur ein Aspekt unter mehreren ist. Dementsprechend ist etwa die Federal Trade Commission (FTC) in den USA übergreifend für die Marktaufsicht und damit auch für Verbraucher- und Datenschutz zuständig und arbeitet in einem anderen Rechtsrahmen, während es daneben weitere bereichsspezifische Datenschutzaufsichtsbehörden gibt.[34] Das Bestehen unabhängiger Datenschutzaufsichtsbehörden steht regelmäßig in Zusammenhang mit der Wahrung eines individuell verstandenen Rechts des Einzelnen. Auf der Grundlage des Art. 28 DSRL sind allerdings auch in der EU durchaus unterschiedliche Organisationsstrukturen vorhanden.[35] Die bereits danach erforderliche Einrichtung von Datenschutzaufsichtsbehörden wird durch Art. 51 ff. genauer ausgestaltet.[36] In einigen Mitgliedstaaten führte die DS-GVO zu teils erheblichen Umstellungen in der Struktur und Organisation der Datenschutzaufsicht.

37 Die Europäisierung der Aufsicht stellt **die deutschen Datenschutzaufsichtsbehörden vor Herausforderungen**. Die erweiterten Aufgaben generieren Personalbedarf und erfordern organisatorische Umstellungen.[37] Dies betrifft etwa die Durchführung oder Unterstützung von Akkreditierungen, Datenschutzaufsicht, Zertifizierungen oder DSFA.

38 Die Behörden müssen die **Ausrichtung an dem europäisierten Vollzug des Datenschutzrechts** verwirklichen. Die Mitwirkung an den Verfahren auf europäischer Ebene muss intern abgebildet werden. Dies betrifft das Kohärenzverfahren ebenso wie die Mitwirkung an anderen Verfahren des Europäischen Datenschutzausschusses.

II. Europäische Verwaltungskooperation und die Stellung der Datenschutzaufsichtsbehörden

39 **1. Durchsetzung des Datenschutzes als europäische Verwaltungskooperation.** Die Datenschutzaufsichtsbehörden bilden ein **Netzwerk europäischer Verwaltungskooperation**.[38] Das Datenschutzrecht nach der DS-GVO ist ein Anschauungsfall der europäisierten Durchführung und Durchsetzung von Unionsrecht.[39] In Verbindung mit der Datenschutz-Richtlinie 2016/680 für Polizei und Justiz besteht damit ein wenn auch nicht restlos konsistentes, so doch weitreichendes Regelwerk für den Datenschutz in der Europäischen Union. Eine Reihe von Besonderheiten ergeben sich jedoch aus der Unabhängigkeit der Datenschutzaufsichtsbehörden.

40 In föderalen oder prä-föderalen Gebilden ist es nicht ungewöhnlich, dass **Rechtsetzungskompetenz und Verwaltungskompetenz** unterschiedlichen Rechtsträgern zuge-

---

34 Härtel-*Schaar* Handbuch Föderalismus, Band III, § 55 Rn. 31; zum Rechtsrahmen *Lejeune* CR 2013, 755, 756 ff.
35 Vgl. *Thomé* S. 134.
36 BeckOK DatenSR-*Schneider* Art. 51 Rn. 3.
37 Eingehend *Roßnagel* Arbeitsaufwand passim.
38 *Kugelmann* ZD 2020, 76, 79 f.; *von Lewinski* NVwZ 2017, 1483; ähnlich *Kröger* Unabhängigkeitsregime, S. 187, der allerdings von einem Datenschutzverwaltungsverbund spricht.
39 Allgemein *Schneider* NVwZ 2012, 65; Ehmann/Selmayr-*Selmayr* Art. 51 Rn. 6 verweist zutreffend auf die Parallelen, verdeutlicht aber nicht hinreichend die Folgen der auch von ihm genannten Besonderheiten.

wiesen sind. Aufgrund der Gesetzgebungskompetenz des Art. 16 AEUV hat die Union die DS-GVO geschaffen, deren Durchsetzung nunmehr vorrangig von den zuständigen Datenschutzaufsichtsbehörden der Mitgliedstaaten vollzogen wird. Diese wiederum bilden den Europäischen Datenschutzausschuss, der eine konsistente und grundsätzlich einheitliche Verwirklichung der Standards gewährleisten soll.

Ausgehend von diesem Ansatz stellen sich dann allerdings viele **Einzelfragen in der Verwirklichung.** Die unterschiedliche Wahrnehmung von Öffnungsklauseln durch die innerstaatlichen Gesetzgeber widerstrebt bereits dem Gedanken der Einheitlichkeit und führt zu rechtlichen Unterschieden. Die Möglichkeiten für die Datenschutzaufsichtsbehörden, Ermessen auszuüben und Prioritäten zu setzen, kann ebenfalls zu einer differenzierenden Anwendung der DS-GVO in den Mitgliedstaaten führen. Für die Bundesrepublik Deutschland gilt dies auch für die Anwendung in den Ländern durch die jeweiligen Landesbehörden. Die im Zusammenhang der Evaluierung nach Art. 97 beklagte **Uneinheitlichkeit der Anwendung** ist in der Systematik des Netzwerkes rechtlich angelegt. Das Bemühen, Unterschiede zu minimieren, spiegelt sich in den Verfahrensregelungen auf den Ebenen der DS-GVO, des BDSG und der untergesetzlichen Regelungen. 41

Die europarechtliche Fundierung und Ausgestaltung der Datenschutzaufsichtsbehörden stellt eine erhebliche **Einwirkung auf die innerstaatliche Verwaltungsorganisation** dar.[40] Die Kompetenz zur Regelung der Verwaltungsorganisation steht grundsätzlich den Mitgliedstaaten zu. Das Unionsrecht kann aber zur Erreichung seiner Ziele derartige Einwirkungen vornehmen.[41] 42

2. Stellung der Datenschutzaufsichtsbehörden. Die Datenschutzaufsichtsbehörden nehmen eine besondere Rolle im Mehrebenensystem der EU ein. Sie setzen Unionsrecht ebenso durch wie nationales Recht. Sie sind keine dezentralen europäischen Behörden.[42] Sie erfüllen ihre Aufgaben in völliger Unabhängigkeit und Weisungsfreiheit und stehen in keiner Behördenhierarchie. Die Datenschutzaufsichtsbehörden verwirklichen das Vollzugsprogramm des Unionsrechts und sind insoweit **funktional teileuropäisierte Behörden**, die nicht nur europäisch gesetzte Aufgaben wahrnehmen (Art. 57), sondern zudem ihre Stellung auf das Unionsrecht zurückführen können (Art. 51, 52).[43] Diese Stellung können sie gegenüber den innerstaatlichen Gesetzgebern geltend machen. 43

In der Bundesrepublik Deutschland stehen die DSB und die Bediensteten der Behörden im öffentlichen Dienst des Bundes oder eines Landes. Die Beauftragten selbst sind vom jeweiligen Parlament gewählt und verfügen damit über **eigene abgeleitete demokratische Legitimation.** Dies ist untrennbar mit ihrer Unabhängigkeit verbunden und unterscheidet sie von anderen Behörden. Daraus erwachsen eine starke Stellung und eine starke Verantwortung. 44

Die Datenschutzaufsichtsbehörden erfüllen unterschiedliche Funktionen und Aufgaben auf der **Grundlage von Unionsrecht, Bundesrecht und Landesrecht.** Konsequenz 45

---

40 BeckOK DatenSR/*Schneider* Art. 51 Rn. 4.
41 *Kugelmann* Verwaltungsarchiv 98/2007, 78; *Schroeder* AöR 2004, 3.
42 Zu weit gehend Ehmann/Selmayr-*Selmayr* Art. 51 Rn. 6, der von dezentralen Unionsbehörden spricht.
43 *Kugelmann* ZD 2020, 76, 79.

der besonderen Rolle ist, dass die Datenschutzaufsichtsbehörden über spezifische Befugnisse auch gegenüber anderen Behörden und öffentlichen Stellen verfügen. Denn die Durchsetzung des Datenschutzrechts betrifft alle Verantwortlichen, sie erfolgt lediglich nach unterschiedlichen rechtlichen Maßgaben, soweit die Öffnungsklauseln insbesondere des Art. 6 Abs. 2 i.V.m. Abs. 1 UAbs. 1 lit. c und e andere rechtliche Maßgaben ermöglichen.

46 Kennzeichen der Datenschutzaufsichtsbehörden ist insbesondere ihre völlige Unabhängigkeit (Art. 52), die ihnen weitreichende Handlungsmöglichkeiten eröffnet. Sie **kooperieren eigenständig miteinander und mit anderen Behörden** auf nationaler wie internationaler Ebene (s. auch Art. 50). Im Vordergrund steht die Zusammenarbeit mit anderen Aufsichtsbehörden (Art. 60 ff.), die auf die gemeinsame Verwirklichung der Ziele gerichtet ist. Die Kooperation mit der Europäischen Kommission erfolgt auf gleicher Ebene wie mit den anderen Aufsichtsbehörden (vgl. Art. 63). Die Datenschutzaufsichtsbehörden bewegen sich in der Zusammenarbeit mit Behörden und Einrichtungen auf Augenhöhe.

III. Einheitliche Anwendung der DS-GVO (Abs. 2)

47 Den Datenschutzaufsichtsbehörden kommt eine wichtige **Gewährleistungsfunktion für die einheitliche Anwendung der DS-GVO** zu. Aus dieser Funktion folgen die Pflichten zur Kooperation der Aufsichtsbehörden untereinander und mit der Kommission im europäischen Rahmen, insbesondere im Kohärenzverfahren (Art. 51 Abs. 2 S. 2). Diesen Pflichten zur Mitwirkung können sich die Datenschutzaufsichtsbehörden nicht entziehen. In einigen Verfahren bestehen Fristen, innerhalb derer eine Stellungnahme abgegeben werden muss. Untätigkeit bedeutet den Verlust der Einwirkungsmöglichkeiten im Verfahren.

48 Als zentrale Einrichtung der Koordinierung und Unterstützung fungiert der EDSA.[44] Konsequenz der Funktion der Datenschutzaufsichtsbehörden, die einheitliche Anwendung der DS-GVO zu gewährleisten, ist die **Bindungswirkung von Beschlüssen des EDSA**. Sie betrifft lediglich die Fälle des Art. 65 Abs. 1 im Kohärenzverfahren. Als Ergebnis des Verfahrens, in dem die Behörde beteiligt war, kann gegenüber einer Datenschutzaufsichtsbehörde ein Beschluss gefasst werden. Nicht bindende Maßnahmen sind Leitlinien, Empfehlungen und bewährte Verfahren, die der EDSA im Hinblick auf eine Reihe von Anwendungsfragen erarbeiten und zur Verfügung stellen kann (Art. 70 Abs. 1). Sie dienen der Anleitung des Handelns der Datenschutzaufsichtsbehörden und unterstützen sie dabei, ihren Beitrag zu einer einheitlichen Anwendung des DS-GVO zu leisten (vgl. ErwG 123).

IV. Mehrzahl von Aufsichtsbehörden im Mitgliedstaat (Abs. 3)

49 **1. Einheitliches Auftreten im EDSA.** Das grundlegende **Ziel der Regelung des § 17 BDSG** ist, dass die Bundesrepublik Deutschland mit einer kraftvollen Stimme im EDSA vertreten ist. Damit erfüllt die Vorschrift den Auftrag des Art. 51 Abs. 3 und regelt die Vertretung der Bundesrepublik Deutschland im EDSA.

50 Das Ziel einer effektiven Vertretung der Bundesrepublik Deutschland schließt die **Einbindung der Datenschutzaufsichtsbehörden der Länder** nicht aus, sondern erfor-

---

[44] Kühling/Martini EuZW 2016, 448, 453.

dert sie.⁴⁵ Denn nach der innerstaatlichen Kompetenzverteilung sind die Landesbeauftragten weit überwiegend für die Aufsicht über die privaten Wirtschaftsunternehmen zuständig,⁴⁶ die gerade im Fokus der Tätigkeiten des Europäischen Datenschutzausschusses stehen. Eine wirksame Beteiligung aller Datenschutzaufsichtsbehörden, also gerade auch der Landesbehörden, wird in ErwG 119 ausdrücklich gefordert. Denn dies dient dem Zweck der einheitlichen Anwendung und Durchsetzung der DS-GVO.

Der oder die Bundesbeauftragte ist gemeinsamer Vertreter und aufgrund der gesetzlichen Festlegung in § 17 Abs. 1 S. 1 BDSG **zentrale Anlaufstelle** i.S.d. ErwG 119. Die zentrale Anlaufstelle hat die Aufgabe, die wirksame Beteiligung an dem Kohärenzverfahren sicherzustellen. Dieser Zusammenhang wird deutlich zum Ausdruck gebracht, weil die Beteiligung in Satz 2 des Erwägungsgrundes sich dezidiert auf das in Satz 1 genannte Kohärenzverfahren bezieht. 51

Der zentralen Anlaufstelle können darüber hinaus weitere Aufgaben zugewiesen werden, die allerdings nicht unmittelbar aus ErwG 119 abgeleitet werden können. In Betracht kommen etwa die Vertretung der deutschen Datenschutzaufsichtsbehörden in Brüssel oder die administrative Begleitung der effektiven Zusammenarbeit nach § 18 BDSG. Die nationale Anlaufstelle hat **unterstützende Funktion** und soll die Kommunikation zwischen dem Europäischen Datenschutzausschuss und den Datenschutzaufsichtsbehörden des Bundes und der Länder erleichtern.⁴⁷ 52

2. Zusammenarbeit beim Kohärenzverfahren. Die oder der Bundesbeauftragte und die Aufsichtsbehörden der Länder wirken auf der **Grundlage der Kompetenzordnung des Grundgesetzes** zusammen. Dem trägt § 18 BDSG Rechnung. Die Effektivität des Zusammenwirkens der Aufsichtsbehörden ist mit ihren verfassungsrechtlich verankerten Aufgaben in Einklang zu bringen. 53

Die Regelung des § 18 BDSG legt das Verfahren fest, mit dem gem. Art. 51 Abs. 3 sichergestellt wird, dass alle Aufsichtsbehörden die Regeln für das **Kohärenzverfahren** nach Art. 63 einhalten. Soweit reicht der Regelungsauftrag, über den § 18 BDSG nicht hinausgehen kann.⁴⁸ Angesichts oft kurzer Fristen stellt die Abstimmung unter den Behörden eine Herausforderung dar.⁴⁹ 54

V. Pflicht der Mitteilung an die Kommission (Abs. 4)

Die Pflicht, die innerstaatlichen Regelungen der Kommission mitzuteilen, dient der **Transparenz der Zuständigkeitsverteilungen**. Sie betrifft Neuregelungen ebenso wie Änderungen. 55

Eine **Verletzung der Mitteilungspflicht** kann zu europarechtlichen Konsequenzen führen. Allerdings ist nicht von vornherein ein Charakter der Mitteilungspflicht als individualschützend zu bejahen.⁵⁰ Denn die Gewährleistung der individuellen Rechtsstel- 56

---

45 *Kugelmann* ZD 2020, 76, 79.
46 Härtel-*Schaar* Handbuch Föderalismus, Band III, § 55 Rn. 31 ff.
47 Kühling/Buchner-*Boehm* Art. 51 Rn. 24; *Kühling/Martini* EuZW 2016, 448, 453; weiter gehend BeckOK DatenSR-*Kisker* § 17 Rn. 5.
48 A.A. BeckOK DatenSR-*Kisker* § 17 Rn. 6.
49 Simitis/Hornung/Spiecker gen. Döhmann-*Polenz* Art. 51 Rn. 24.
50 So Ehmann/Selmayr-*Selmayr* Art. 51 Rn. 21.

Art. 51 — Aufsichtsbehörde

lung des Einzelnen folgt unmittelbar aus den einschlägigen Regelungen der DS-GVO selbst und nicht erst aus dem innerstaatlichen Recht. Immerhin erlaubt die Mitteilung eine Prüfung durch die Kommission, ob die Rechte des Einzelnen unzulässig verkürzt wurden. In diesem Fall kommt ein Vertragsverletzungsverfahren nach Art. 258 AEUV in Betracht.

C. Praxishinweise

I. Relevanz für öffentliche Stellen

57 Im Verhältnis zu öffentlichen Stellen als Verantwortlichen regelt Art. 51 den **Hintergrund** des Tätigwerdens der Aufsichtsbehörden, indem er ihre Struktur festlegt. Änderungen in den Rahmenbedingungen können zu Änderungen in der Wahrnehmung und im Auftreten der Aufsichtsbehörden führen.

II. Relevanz für nichtöffentliche Stellen

58 Da Art. 51 als Grundlagenvorschrift die Stellung und Kooperation der Datenschutzaufsichtsbehörden betrifft, hat er **nur mittelbare Auswirkungen** auf nichtöffentliche Stellen. Er klärt aber immerhin den Ausgangspunkt für Abwägungen im Einzelfall. Jedoch wird für das private Unternehmen die unmittelbare Rechtsvorschrift maßgebend sein, auf der eine Entscheidung beruht.

III. Relevanz für betroffene Personen

59 Bürgerinnen und Bürger können sicher sein, dass sie sich an eine unabhängige Datenschutzbehörde wenden können. Ihnen steht damit eine Ansprechpartnerin zur Verfügung, die eine **wirksame Bearbeitung von Anliegen und Beschwerden** gewährleistet.

IV. Relevanz für Aufsichtsbehörden

60 Die Datenschutzaufsichtsbehörden in der Bundesrepublik Deutschland werden mit Art. 51, 52 in ihrer Existenz und ihrer Unabhängigkeit gesichert. Damit besteht eine **europarechtliche Fundierung der Aufsichtsbehörden**. Aus dem Europarecht folgen unmittelbare Konsequenzen für die Funktion und die Stellung der Aufsichtsbehörden. Diese Konsequenzen haben auch die Gesetzgeber in Bund und Ländern zu beachten.

61 Im Rahmen ihrer Selbstorganisation reagieren die Datenschutzaufsichtsbehörden auf Änderungen in den Rahmenbedingungen. Die **Konferenz der unabhängigen Datenschutzaufsichtsbehörden des Bundes und der Länder (DSK)**[51] verfügt über Autonomie hinsichtlich der internen Organisation zur Koordination der Aufgabenerfüllung.

62 Die **Aufsichtsbehörden selbst** verfügen nur über wenige Möglichkeiten, Rechtsschutz anzustoßen oder in Anspruch zu nehmen. Nach Art. 58 Abs. 5 muss das innerstaatliche Recht aber vorsehen, dass den Datenschutzaufsichtsbehörden Rechtsbehelfe zur Verfügung stehen, um Verstöße gegen die DS-GVO zu beseitigen. Die Regelung schließt nicht aus, dass Datenschutzaufsichtsbehörden sich auch gegen eine mit der DS-GVO unvereinbare Beschränkung ihrer Stellung oder Handlungsbefugnisse wenden können.

---

51 Zur DSK Simitis/Hornung/Spiecker gen. Döhmann-*Polenz* Art. 51 Rn. 21; Härtel-*Weichert* Handbuch Föderalismus, Band III, § 56 Rn. 12.

Nach § 20 BDSG ist für Streitigkeiten über Rechte gem. Art. 58 Abs. 1 und 2 der Verwaltungsrechtsweg eröffnet. Die Aufsichtsbehörden verfügen über eine **prozessuale Stellung**, können aber nur Beklagte oder Antragsgegnerin sein. Sonderregeln gelten für das Bußgeldverfahren. Eine Aufsichtsbehörde kann gem. § 21 BDSG einen Antrag bei dem Bundesverwaltungsgericht auf gerichtliche Entscheidung gegen bestimmte Beschlüsse der Europäischen Kommission stellen.

63

V. Datenschutzmanagement

Die generellen Aussagen des Art. 51 werden **in anderen Bestimmungen konkretisiert**. Für das Management von Datenverarbeitungen finden sich dort die konkreteren Vorgaben.

64

VI. Sanktionen

Verstöße der Mitgliedstaaten gegen Art. 51 können auf der gesetzlichen Ebene oder der Anwendungsebene vorkommen. Sanktionen gegenüber Verantwortlichen bis hin zu Geldbußen sollen Verstöße präventiv verhindern und repressiv bekämpfen.[52] Die Kommission kann das Vertragsverletzungsverfahren nach Art. 258 AEUV einleiten. Letztlich ist der EuGH dazu berufen über die Frage zu entscheiden, ob die Struktur und Gestaltung der Aufsichtsbehörden einschließlich ihrer Ausstattung den Vorgaben der DS-GVO entsprechen. Seine Rechtsprechung setzt gerade im Datenschutz einen Schwerpunkt.[53] Der Einzelne kann in einem gerichtlichen Verfahren gegen eine ihn belastende Entscheidung rügen, dass diese formal rechtswidrig sei. Dies umfasst auch die Regelung der Zuständigkeit.

65

Artikel 52 Unabhängigkeit

(1) Jede Aufsichtsbehörde handelt bei der Erfüllung ihrer Aufgaben und bei der Ausübung ihrer Befugnisse gemäß dieser Verordnung völlig unabhängig.

(2) Das Mitglied oder die Mitglieder jeder Aufsichtsbehörde unterliegen bei der Erfüllung ihrer Aufgaben und der Ausübung ihrer Befugnisse gemäß dieser Verordnung weder direkter noch indirekter Beeinflussung von außen und ersuchen weder um Weisung noch nehmen sie Weisungen entgegen.

(3) Das Mitglied oder die Mitglieder der Aufsichtsbehörde sehen von allen mit den Aufgaben ihres Amtes nicht zu vereinbarenden Handlungen ab und üben während ihrer Amtszeit keine andere mit ihrem Amt nicht zu vereinbarende entgeltliche oder unentgeltliche Tätigkeit aus.

(4) Jeder Mitgliedstaat stellt sicher, dass jede Aufsichtsbehörde mit den personellen, technischen und finanziellen Ressourcen, Räumlichkeiten und Infrastrukturen ausgestattet wird, die sie benötigt, um ihre Aufgaben und Befugnisse auch im Rahmen der Amtshilfe, Zusammenarbeit und Mitwirkung im Ausschuss effektiv wahrnehmen zu können.

---

52 Vgl. *Art.-29 Datenschutzgruppe* WP 253, Guidelines on the application and setting of administrative fines for the purposes of the Regulation 2016/679, 3.10.2017; s. auch *Bergt* DuD 2017, 555.
53 *Skouris* NVwZ 2016, 1363 f.

Art. 52   Unabhängigkeit

(5) Jeder Mitgliedstaat stellt sicher, dass jede Aufsichtsbehörde ihr eigenes Personal auswählt und hat, das ausschließlich der Leitung des Mitglieds oder der Mitglieder der betreffenden Aufsichtsbehörde untersteht.

(6) Jeder Mitgliedstaat stellt sicher, dass jede Aufsichtsbehörde einer Finanzkontrolle unterliegt, die ihre Unabhängigkeit nicht beeinträchtigt und dass sie über eigene, öffentliche, jährliche Haushaltspläne verfügt, die Teil des gesamten Staatshaushalts oder nationalen Haushalts sein können.

– *ErwG:* 118, 120, 121
– *BDSG n.F.:* §§ 8 bis 13

Übersicht

	Rn		Rn
A. Einordnung und Kontext	1	II. Persönliche Unabhängigkeit	
I. Erwägungsgründe	1	(Abs. 2)	34
II. BDSG	4	III. Integrität und Inkompatibilität	
III. Normgenese und Materialien	7	(Abs. 3)	38
1. Datenschutz-Richtlinie 95/		IV. Ressourcen (Abs. 4)	41
46/EG (DSRL)	7	V. Personal (Abs. 5)	44
2. BDSG a.F.	8	VI. Haushalt und Finanzen	
3. Europäischer Datenschutz-		(Abs. 6)	49
ausschuss/WP 29	9	C. Praxishinweise	53
B. Kommentierung	10	I. Relevanz für öffentliche	
I. Grundlagen und Sicherstellung		Stellen	53
der Unabhängigkeit (Abs. 1)	10	II. Relevanz für nichtöffentliche	
1. Sinn und Zweck	10	Stellen	54
2. Rechtliche Grundlagen	13	III. Relevanz für betroffene	
3. Ausprägungen	20	Personen	55
4. Verhältnis zum Europäi-		IV. Relevanz für Aufsichtsbe-	
schen Datenschutzausschuss	25	hörden	56
5. Verhältnis zur Kommission	30	V. Datenschutzmanagement	57
		VI. Sanktionen	58

Literatur: s. Literatur zu Art. 51 und 53.

A. Einordnung und Kontext

I. Erwägungsgründe

1 Anzahl und Umfang der Erwägungsgründe, die sich auf die Sicherung der Unabhängigkeit richten, verdeutlichen deren zentrale Bedeutung für die Datenschutzaufsichtsbehörden und damit für die effektive Verwirklichung der Ziele der DS-GVO. Zunächst stellt ErwG 118 klar, dass die Unabhängigkeit der Datenschutzaufsichtsbehörden keineswegs bedeutet, dass sie hinsichtlich ihrer Ausgaben keinem **Kontroll- oder Überwachungsmechanismus** unterworfen werden bzw. sie keiner gerichtlichen Überprüfung unterzogen werden können. Die finanzielle Kontrolle bestätigt Art. 52 Abs. 6 dem Grunde nach. Die Kontrolle durch die Gerichte wird insbesondere für den Betroffenen sichergestellt, der über wirksame Rechtsbehelfe gegen Entscheidungen der Datenschutzaufsichtsbehörde verfügen muss (Art. 78).

2 Besonderes Gewicht wird der **angemessenen Ausstattung** der Datenschutzaufsichtsbehörden zugemessen. Die Grundlage bildet Art. 52 Abs. 4. Nach ErwG 120 sollen jeder

Aufsichtsbehörde die notwendigen Ressourcen zur Verfügung gestellt werden. Dies betrifft Finanzmittel, Personal, Räumlichkeiten und Infrastruktur. Jede Aufsichtsbehörde sollte zudem über einen eigenen, öffentlichen, jährlichen Haushaltsplan verfügen sollte.

Die allgemeinen **Anforderungen an das Mitglied oder die Mitglieder der Aufsichtsbehörde** sollten nach ErwG 121 durch Rechtsvorschriften von jedem Mitgliedstaat geregelt werden. Das Verfahren der Ernennung soll transparent sein. Die Ernennung selbst soll dem Parlament, der Regierung oder dem Staatsoberhaupt oder einer unabhängigen Stelle obliegen. Hier ist das Bemühen erkennbar, den unterschiedlichen rechtlichen Rahmenbedingungen in den Mitgliedstaaten Rechnung zu tragen. Der ErwG 121 sieht weiter vor, dass die Mitglieder ihr Amt integer ausüben und Regeln der Inkompatibilität unterliegen. Damit soll ebenso wie mit der eigenständigen Auswahl des Personals die Unabhängigkeit gesichert werden. 3

II. BDSG

Im Hinblick auf den oder die Bundesbeauftragte(n) gestalten die §§ 8–13 BDSG die Unabhängigkeit aus. Die 2016 eingeführte Rechtsstellung als oberste Bundesbehörde wird festgeschrieben (§ 8 Abs. 1 BDSG), aus der die Personalhoheit folgt.[1] Damit wird die institutionelle Eigenständigkeit gesichert, die nach der Rechtsprechung ein wesentliches Element der Unabhängigkeit ist.[2] Der oder die Bundesbeauftragte ist zuständig für die öffentlichen Stellen des Bundes (§ 9 Abs. 1). In Anlehnung an Art. 52 Abs. 1, 2 bestätigt **§ 10 BDSG mit deklaratorischer Wirkung** die völlige Unabhängigkeit und Weisungsfreiheit. 4

Umfangreiche Bestimmungen betreffen **die persönliche Stellung**. Der oder die Bundesbeauftragte wird vom Deutschen Bundestag mit mehr als der Hälfte der gesetzlichen Zahl seiner Mitglieder für fünf Jahre gewählt (§ 11 BDSG). Regelungen zum Amtsverhältnis, zur Vertretung und zu den Amtsbezügen trifft § 12 BDSG. Rechte und Pflichten werden nach Maßgabe des Art. 52 Abs. 3 in § 13 BDSG insbesondere hinsichtlich Inkompatibilitäten und Verschwiegenheitspflichten festgelegt. 5

Das BDSG schweigt zu Einzelheiten der Ausstattung und Ressourcen des oder der Bundesbeauftragten sowie zum Haushaltsplan. Die **Pflicht des Bundes zu angemessener Ausstattung** der Aufsichtsbehörde folgt bereits aus Art. 52 Abs. 4, 6.[3] Ihre Konkretisierung obliegt damit zuvörderst dem Haushaltsgesetzgeber. 6

III. Normgenese und Materialien

1. Datenschutz-Richtlinie 95/46/EG (DSRL).
Die Unabhängigkeit war europarechtlich schon durch Art. 28 Abs. 1 DSRL gewährleistet, der eine unabhängige Kontrollstelle vorsieht. Die ErwG 62 und 63 enthalten weit reichende Aussagen zu Rolle, 7

---

1 Kühling/Buchner-*Boehm* Art. 52 Rn. 27; Sydow-*Ziebarth* Art. 52 Rn. 56; vgl. *Kröger* Unabhängigkeitsregime, S. 290 ff.
2 *EuGH* v. 9.3.2010 – C-518/07, ECLI:EU:C:2010:125, Kommission/Deutschland Rn. 23; *EuGH* v. 16.10.2012 – C-614/10, ECLI:EU:C:2012:631, Kommission/Österreich, Rn. 37; wortgleich bereits ErwG 62 der DSRL.
3 Ehmann/Selmayr-*Selmayr* Art. 52 Rn. 21.

Rechten und Ausstattung. Auf dieser Grundlage hat der EuGH seine **Rechtsprechung zur Unabhängigkeit** der Datenschutzaufsichtsbehörden entwickelt.[4]

8 **2. BDSG a.F.** Die §§ 22–26 BDSG a.F. legen die Stellung des oder der Bundesbeauftragten für den Datenschutz und die Informationsfreiheit fest. Die Unabhängigkeit ist in § 22 Abs. 4 BDSG a.F. festgeschrieben. Allerdings sicherte erst eine **Rechtsänderung mit Wirkung zum 1.1.2016** das Entfallen der Rechtsaufsicht, die Stellung als oberste Bundesbehörde und die organisatorische Unabhängigkeit vom Bundesministerium des Innern.[5]

9 **3. Europäischer Datenschutzausschuss/WP 29.** Im Zusammenhang der Unabhängigkeit sind **kaum weit reichende Äußerungen** des EDSA zu erwarten, denn sie gilt auch ihm gegenüber. Er ist an Eingriffen in die Unabhängigkeit durch Art. 52 gehindert. Immerhin mögen aufgrund der dem EDPB selbst zustehenden Unabhängigkeit Hilfestellungen in Frage kommen, die Datenschutzaufsichtsbehörden in ihrer Unabhängigkeit stärken.

B. Kommentierung

I. Grundlagen und Sicherstellung der Unabhängigkeit (Abs. 1)

10 **1. Sinn und Zweck.** Kern der **Stellung der unabhängigen Datenschutzaufsichtsbehörde** ist ihre Unabhängigkeit. Sie wird daher ausdrücklich und ausführlich in ihren Entfaltungen durch Art. 52 gewährleistet. Die Funktionen und Aufgaben der Datenschutzaufsichtsbehörden sind untrennbar mit ihrer Unabhängigkeit verbunden.

11 Die Unabhängigkeit ist weder Fetisch noch Monstranz. Sie ist **zur Aufgabenerfüllung unabdingbar**, weil der Datenschutz gegenüber natürlichen Personen und juristischen Personen des Privatrechts ebenso durchgesetzt werden muss wie gegenüber Behörden, Kommunen oder sonstigen öffentlichen Stellen.[6] Die Unabhängigkeit gilt auch gegenüber den Organen und Einrichtungen der EU einschließlich der Kommission und des Europäischen Datenschutzausschusses.

12 Die Datenschutzaufsichtsbehörden arbeiten unabhängig, aber nicht im rechtsfreien Raum. Sie verfügen regelmäßig über **demokratische Legitimation und unterliegen gerichtlicher Kontrolle**. Mitglieder werden vom Parlament ernannt oder von staatlichen Organen, die selbst zumindest über abgeleitete Legitimation verfügen (Art. 53 Abs. 1).[7] Die Legitimation ist sachlich nicht beschränkt.[8] Sie beinhaltet die Mitwirkung im EDSA nach Maßgabe der einschlägigen vom unmittelbar legitimierten

---

4 *EuGH* v. 9.3.2010 – C-518/07, ECLI:EU:C:2010:125, Kommission/Deutschland; *EuGH* v. 16.10.2012 – C-614/10, ECLI:EU:C:2012:631, Kommission/Österreich; *EuGH* v. 8.4.2014 – C-288/12, ECLI:EU:C:2014:237, Kommission/Ungarn.
5 Zweites Gesetz zur Änderung des Bundesdatenschutzgesetzes – Stärkung der Unabhängigkeit der Datenschutzaufsicht im Bund durch Errichtung einer obersten Bundesbehörde v. 5.2.2015, BGBl. 2015 I S. 162.
6 *Skouris* NVwZ 2016, 1363.
7 Vgl. *Thomé* S. 137 ff.
8 Die von BeckOK DatenSR-*Schneider* Art. 52 Rn. 20 befürchtete „legitimatorische Überforderung" wegen der komplexen zu treffenden Entscheidungen vernachlässigt die rechtliche Rahmung der Daueraufgabe der Abwägung.

Normgeber erlassenen Verfahrensregeln.⁹ Der gerichtlichen Überprüfung von den Einzelnen betreffenden Entscheidungen steht die Unabhängigkeit nicht entgegen (vgl. ErwG 118).

2. Rechtliche Grundlagen. Die Kontrolle der Einhaltung der Europäischen Grundrechte-Charta durch eine **unabhängige Datenschutzbehörde** regelt Art. 8 Abs. 3 GRCh. Die unabhängige Stelle i.S.d. Unionsrechts ist zunächst der Europäische Datenschutzbeauftragte.¹⁰ Wenn und soweit die Datenschutzaufsichtsbehörden der Mitgliedstaaten im Rahmen der Durchführung des Unionsrechts gem. Art. 51 GRCh zuständig sind,¹¹ nehmen sie diese Funktion ein. 13

Die Regelung verdeutlicht durch ihre systematische Anbindung an die materiellen Vorschriften die Notwendigkeit des Bestehens unabhängiger Behörden zur effektiven Wahrung des Grundrechts auf Datenschutz. Der **Grundrechtsschutz durch Organisation und Verfahren** hat in Art. 8 Abs. 3 GRCh seinen spezifischen normativen Niederschlag gefunden.¹² Da damit die Rechtsprechung des EuGH aufgegriffen und normiert wurde, ist mit Art. 8 Abs. 3 GRCh die Unabhängigkeit in vollem Umfang primärrechtlich garantiert.¹³ 14

Dieser Ansatz entspricht der Rechtsprechung des BVerfG zum Recht auf informationelle Selbstbestimmung, das der Beteiligung unabhängiger Datenschutzbeauftragter eine erhebliche Bedeutung zuerkennt.¹⁴ Daraus kann eine **verfassungsrechtliche Verankerung** der Unabhängigkeit in Art. 2 Abs. 1 i.V.m. Art. 1 Abs. 1 GG abgeleitet werden.¹⁵ 15

Die Überwachung des Datenschutzrechts durch unabhängige Behörden ist durch die **primärrechtliche Festlegung** des Art. 16 Abs. 2 S. 2 AEUV vorgeschrieben, wenn einschlägiges Sekundärrecht erlassen wird.¹⁶ Da Art. 16 AEUV die Ermächtigung für den Erlass der DS-GVO und der Richtlinie für Polizei und Justiz bildet, ist die Unabhängigkeit der Datenschutzaufsicht auch aufgrund des AEUV zwingend. 16

Die Regelung des Art. 52 verbrieft das Prinzip der Unabhängigkeit und gestaltet es aus, indem **wesentliche Elemente festgeschrieben** werden. Sie hat persönliche, sachliche und finanzielle Entfaltungen. Der Art. 52 knüpft an Art. 28 DSRL an. Damit besteht auch der vom EuGH angenommen enge Zusammenhang zu Art. 8 Abs. 3 GRCh fort.¹⁷ 17

---

9 A.A. Sydow-*Ziebarth* Art. 52 Rn. 14 wegen der Möglichkeit, im EDSA überstimmt zu werden.
10 Calliess/Ruffert-*Kingreen* Art. 8 GRCh Rn. 18.
11 Dazu Niedobitek-*Kugelmann* § 4 Rn. 58 ff.
12 Allgemein *Thomé* S. 74 ff.
13 Ehmann/Selmayr-*Selmayr* Art. 52 Rn. 13.
14 BVerfGE 65, 1, 46.
15 Für eine verfassungsrechtliche Qualität auch des datenschutzrechtlichen Auskunftsanspruches *Globig* FS Rudolf, S. 446.
16 Calliess/Ruffert-*Kingreen* Art. 16 Rn. 8.
17 *EuGH* v. 6.10.2015 – C-362/14, ECLI:EU:C:2015:650, Schrems/Digital Rights Ireland, Rn. 69.

18 Die **Rechtsprechung des EuGH** bereits zu Art. 28 DSRL ist eindeutig.[18] Die völlige Unabhängigkeit der Datenschutzaufsicht ist zu gewährleisten („with complete independence", „en toute indépendance"). Der EuGH versteht darunter eine umfassende und nicht lediglich funktionale Unabhängigkeit gegenüber jeglicher äußeren unmittelbaren oder mittelbaren Einflussnahme.[19]

19 Für die Ausgestaltung der unabhängigen Stellung der Datenschutzaufsicht bestehen im Rahmen der Vorgaben des Art. 52 **Spielräume**, die der innerstaatliche Gesetzgeber nutzen kann.[20] Die sachliche, persönliche und organisatorische Unabhängigkeit kann in das Rechtssystem des jeweiligen Mitgliedstaates eingepasst werden.[21] Maßgebend bleibt aber die europarechtlich abgesicherte Stellung der Datenschutzaufsichtsbehörde, die sich im Verhältnis zu innerstaatlichen Regelungen durchsetzt. Sie hat Teil am Anwendungsvorrang des Unionsrechts.[22]

20 **3. Ausprägungen.** Die Unabhängigkeit ist **funktional**.[23] Sie dient der Erreichung der Ziele der DS-GVO und damit dem Schutz der Grundrechte des Einzelnen (Art. 1 Abs. 2) und dem freien Datenverkehr (Art. 1 Abs. 3). Die Reichweite und Ausgestaltung der Unabhängigkeit ist auf dieser Grundlage zu konkretisieren.[24]

21 Die Unabhängigkeit ist im Hinblick auf die Adressaten **absolut**. Sie wirkt gegenüber allen Stellen des Mitgliedstaates und der EU, auch gegenüber dem Europäischen Datenschutzausschuss und der Europäischen Kommission.[25]

22 Zur effektiven Erfüllung ihrer Aufgaben hat die Unabhängigkeit der Datenschutzaufsichtsbehörden eine **verfahrensrechtliche Ausprägung**. Sie können daher in Verfahren eigenständig auftreten. In Verwaltungsverfahren gilt dies ohnehin, weil sie Maßnahmen gegenüber dem Einzelnen treffen, insbesondere auch Verwaltungsakte erlassen können. Im Verhältnis zu Behörden schließt § 20 Abs. 7 BDSG die sofortige Vollziehung nach § 80 Abs. 2 S. 1 Nr. 4 VwGO aus. Dieser Ausschluss ist aber nicht zwingend, da die effektive Anwendung der DS-GVO auch Zwangsmittel umfasst. Auch die Möglichkeit der Durchführung der Verwaltungsvollstreckung kann gesetzlich eröffnet werden, etwa nach Maßgabe des Landesrechts im Kontext der Landesdatenschutzgesetze.

23 Die Datenschutzaufsichtsbehörden nehmen eine eigenständige Stellung in bestimmten gerichtlichen Verfahren ein. Aufgrund ihrer Unabhängigkeit verfügen sie über eine **eigenständige Rechtsposition**, die durch die Gesetze und Verfahrensordnungen näher ausgestaltet wird. Der Betroffene hat gegen ihre Entscheidungen das Recht, einen gerichtlichen Rechtsbehelf zu erheben (Art. 78). Der Verwaltungsrechtsweg

---

18 *EuGH* v. 9.3.2010 – C-518/07, ECLI:EU:C:2010:125, Kommission/Deutschland = EuGRZ 2010, 58 = K&R 2010, 326 m. Anm. *Taeger* = EuZW 2010, 296 m. Anm. *Roßnagel*; JZ 2010, 784 m. Anm. *Spiecker*; dazu *Bull* EuZW 2010, 488; zusammenfassend zur Rechtsprechung *Skouris* NVwZ 2016, 1361 ff.
19 Eingehend *Thomé* S. 97 ff.; zur älteren Diskussion *Zöllner* passim; zu den Grundlagen auch Kröger/Pilniok-*Kröger* Unabhängiges Verwalten in der Europäischen Union, S. 7 ff.
20 Paal/Pauly-*Körffer* Art. 51 Rn. 3.
21 *Thomé* S. 137 ff.
22 Zum Anwendungsvorrang der DS-GVO Hill/Kugelmann/Martini-*Kugelmann* S. 35 f.
23 *EuGH* v. 9.3.2010 – C-518/07, ECLI:EU:C:2010:125, Kommission/Deutschland, Rn. 25.
24 Ehmann/Selmayr-*Selmayr* Art. 52 Rn. 12.
25 Vgl. *von Lewinski/Herrmann* PinG 2017, 214; Ehmann/Selmayr-*Selmayr* Art. 52 Rn. 14.

ist für sämtliche Streitigkeiten über die Ausübung der Befugnisse nach Art. 58 Abs. 1, 2 eröffnet (§ 20 Abs. 1 BDSG), Sonderregeln gelten aufgrund des Ordnungswidrigkeitengesetzes für das Bußgeldverfahren. In gerichtlichen Verfahren kommt ihnen zumindest die Stellung als Antragsgegnerin oder Beklagte zu (§ 20 Abs. 5 Nr. 2 BDSG).

Die Rechtsstellung, die aus der unabhängigen Wahrnehmung ihrer Aufgabe des Grundrechtsschutzes folgt, trägt auch im **Verhältnis zur europäischen Gerichtsbarkeit**. Zumeist dürfte die Klärung von Streitigkeiten um die DS-GVO im Vorabentscheidungsverfahren des Art. 267 AEUV erfolgen. Vor dem EuGH kann die Datenschutzaufsichtsbehörde in diesem Verfahren Schriftsätze oder schriftliche Erklärungen einreichen, wenn sich ein Einzelner gegen ihre Entscheidungen wendet (Art. 23 Abs. 2 Satzung des EuGH). Darüber hinaus kommen Möglichkeiten des Rechtsschutzes gegen Beschlüsse des EDSA in Betracht (Rn. 29). 24

4. Verhältnis zum Europäischen Datenschutzausschuss. Die Unabhängigkeit der Datenschutzaufsichtsbehörden **wirkt auch gegenüber dem EDSA**. Der EDSA selbst ist ebenfalls unabhängig (Art. 69), da er sich aus Vertretern unabhängiger Behörden zusammensetzt. Er verfügt über abgeleitete Unabhängigkeit. 25

Der EDSA hat die Aufgabe, für die einheitliche Anwendung der DS-GVO zu sorgen. Dieses normative Ziel soll auch in der Durchführung verwirklicht werden. Ihm kommt insoweit eine **unterstützende Funktion** zu. Die Überwachung und Sicherstellung der ordnungsgemäßen Anwendung der Verordnung obliegt ihm unbeschadet der Aufgaben der nationalen Aufsichtsbehörden (Art. 70 Abs. 1), die in Art. 51 niedergelegt sind. 26

Der EDSA kann **unverbindliche Vorgaben** ausarbeiten, die als Handlungsanleitung zu einer europaweit angeglichenen Handhabung der DS-GVO beitragen sollen. Der EDSA erarbeitet Leitlinien, Empfehlungen und bewährte Verfahren und stellt sie den Datenschutzaufsichtsbehörden zur Verfügung (Art. 70 Abs. 1). 27

Verbindliche Beschlüsse betreffen Einzelfälle, insbesondere wenn mehrere unabhängige Datenschutzaufsichtsbehörden involviert sind. Im Kohärenzverfahren kann der EDSA in den Fällen des Art. 65 Abs. 1 verbindliche Beschlüsse fassen, die dann auch gegenüber den Datenschutzaufsichtsbehörden rechtliche Bindungswirkung entfalten. 28

Gegen verbindliche Beschlüsse des EDSA muss **Rechtsschutz** gewährleistet sein (Art. 47 GRCh). Sie können den Einzelnen, aber auch die Aufsichtsbehörde in eigenen Rechten betreffen. Der Betroffene kann eine Nichtigkeitsklage gem. Art. 263 AEUV erheben.[26] In Betracht kommt eine eigenständige Klagebefugnis der Datenschutzaufsichtsbehörde gem. Art. 263 AEUV analog,[27] da sie in die Lage versetzt werden sollte, sich aufgrund ihrer Unabhängigkeit gegen einen ihrer Meinung nach rechtswidrigen Beschluss des EDSA zu wehren. Ansonsten würde das Prozessrisiko dem Betroffenen aufgebürdet, dessen grundrechtlich fundierte Interessen hier die Aufsichtsbehörde vertritt. 29

---

26 Ehmann-Selmayr-*Klabunde* Art. 65 Rn. 21.
27 Im Ergebnis ebenso Ehmann/Selmayr-*Selmayr* Art. 52 Rn. 14, der allerdings von einer zu engen Einbindung in einen europäischen Verwaltungsverbund ausgeht.

30 5. **Verhältnis zur Kommission.** Die institutionelle Unabhängigkeit der Aufsichtsbehörden kommt **auch gegenüber der Kommission** zur Geltung.[28] Das Verhältnis zur Kommission ist dem Grunde nach auf Zusammenarbeit angelegt (vgl. Art. 51 Abs. 2 S. 2). Im Konfliktfall überspielt aber die Unabhängigkeit der Aufsichtsbehörden die Befugnisse der Kommission. Denn die Kommission sorgt zwar für die Anwendung des Unionsrechts (Art. 17 Abs. 1 S. 3 EUV), ihre Tätigkeiten tragen aber funktionalen Charakter.[29] Die Funktion, die Anwendung der DS-GVO zu überwachen, nehmen jedoch vorrangig die Datenschutzaufsichtsbehörden wahr (Art. 51 Abs. 1). Sie sind funktional teileuropäisiert, aber keine dezentralen Unionsbehörden (Art. 51 Rn. 43). Deren Unabhängigkeit ist in ihren Entfaltungen vorrangig.

31 Die Kommission darf nach der **Rechtsprechung des EuGH** keine Entscheidungen erlassen, welche die Befugnisse der Aufsichtsbehörden beschränken.[30] Die grundlegende Funktion der Aufsichtsbehörden, die Rechte des Einzelnen zu schützen und zu diesem Zweck Beschwerden in völliger Unabhängigkeit zu prüfen, darf nicht beschnitten werden.[31]

32 Den Datenschutzaufsichtsbehörden können **Rechtsbehelfe gegen Entscheidungen der Kommission** zustehen. Im Fall der Entscheidungen über die Angemessenheit des Datenschutzniveaus in Drittstaaten, hat der EuGH deutlich gemacht, dass der nationale Gesetzgeber eine solche Möglichkeit eröffnen sollte.[32]

33 Eine Aufsichtsbehörde kann gem. **§ 21 BDSG** einen Antrag bei dem Bundesverwaltungsgericht auf gerichtliche Entscheidung gegen bestimmte Beschlüsse der Europäischen Kommission stellen. Der Streitgegenstand ist auf Angemessenheitsbeschlüsse, einen Beschluss über die Anerkennung von Standardschutzklauseln und Beschlüsse über die Allgemeingültigkeit von genehmigten Verhaltensregeln beschränkt. Voraussetzung ist, dass es für eine Entscheidung der Aufsichtsbehörde auf die Gültigkeit des Beschlusses ankommt. Die Regelung des § 21 BDSG setzt also eine Betroffenheit der Aufsichtsbehörde in eigenen Rechten voraus, weil sie eine konkrete Entscheidung gegenüber einem Verantwortlichen treffen will, an der sie durch einen Beschluss der Kommission gehindert wird.[33]

II. Persönliche Unabhängigkeit (Abs. 2)

34 Zur objektiven Erfüllung ihrer Aufgaben zu Gunsten des Einzelnen müssen die Datenschutzaufsichtsbehörden **vor jeder Einflussnahme von außen** geschützt sein und nicht nur vor der Einflussnahme der kontrollierten natürlichen oder juristischen Per-

---

28 Kühling/Buchner-*Boehm* Art. 52 Rn. 17.
29 Streinz-*Kugelmann* Art. 17 Rn. 13.
30 *EuGH* v. 6.10.2015 – C-362/14, ECLI:EU:C:2015:650, Schrems/Digital Rights Ireland, Rn. 104.
31 *EuGH* v. 6.10.2015 – C-362/14, ECLI:EU:C:2015:650, Schrems/Digital Rights Ireland, Rn. 99.
32 *EuGH* v. 6.10.2015 – C-362/14, ECLI:EU:C:2015:650, Schrems/Digital Rights Ireland, Rn. 65.
33 Paal/Pauly-*Frenzel* § 21 Rn. 6; Gola/Heckmann-*Lapp* § 21 Rn. 15; BeckOK DatenSR-*Mundil* § 21 Rn. 3.

sonen oder Einrichtungen.[34] Dies umfasst nicht nur unmittelbare Beeinflussungen, sondern auch mittelbare Einflussnahmen, die zur Steuerung der Entscheidungen geeignet wären.[35]

Die Freiheit von Einflussnahme betrifft **das Mitglied oder die Mitglieder** der Aufsichtsbehörde. Damit wird auf die Leitungsebene abgezielt wie sich aus den persönlichen Anforderungen und dem Ernennungsverfahren des Art. 53 ergibt. In der Bundesrepublik Deutschland sind der oder die Bundesbeauftragte sowie die oder der jeweilige Landesbeauftragte gemeint. In Mitgliedstaaten, in denen es eine kollegiale Leitung gibt wie etwa in Luxemburg, sind alle Mitglieder der Leitungsebene gemeint, die das Verfahren des Art. 53 durchlaufen haben. Für die Bediensteten sieht Art. 52 Abs. 5 eine unabhängige Personalauswahl durch das Mitglied vor. Dessen Stellung schützt auch das Personal, weil nur das Mitglied oder die Mitglieder ihre Bediensteten anweisen können. 35

Organisatorische und hierarchische Unterordnungen des Mitglieds in ein bürokratisches Gefüge erweisen sich als unzulässig, wenn und soweit dies Möglichkeiten der Beeinflussung mit sich bringt. Ausgeschlossen sind **direkte Einflussnahmen** wie Weisungen. Eine Fachaufsicht, die Zweckmäßigkeitserwägungen umfasst, scheidet aus, da sie die inhaltliche Seite betrifft. Eine Rechtsaufsicht kommt ebenfalls nicht in Betracht, denn die Tätigkeiten der Datenschutzaufsichtsbehörden sind stark durch rechtliche Beurteilungen und Rechtsauslegungen geprägt.[36] Die Beaufsichtigung und die Bewertung der rechtlichen Auffassungen der Datenschutzaufsichtsbehörde durch eine andere Behörde oder Dritte würden in den Kern der Aufgabenwahrnehmung eingreifen. 36

Unzulässig sind auch **indirekte Einflussnahmen**. Die Einräumung einer **Dienstaufsicht** ist kritisch zu sehen.[37] Die Möglichkeit einer Dienstaufsicht wird teils im Vergleich zur eingeschränkten richterlichen Dienstaufsicht für zulässig erachtet.[38] Eine Dienstaufsicht über Mitglieder und Bedienstete der Aufsichtsbehörde ist jedoch regelmäßig unzulässig.[39] Sie erweckt zumindest den Anschein, dass eine Beeinflussung möglich ist und Wohlverhalten erwartet werden könnte. Die Heranziehung externen Sachverstandes durch eine Datenschutzaufsichtsbehörde ist möglich, wenn die abschließende Meinungsbildung und Entscheidung der Behörde selbst vorbehalten bleiben. Dabei können Gutachten, Stellungnahmen oder Erkenntnisse aus wissenschaftlichen und praktischen Konferenzen eine Rolle spielen. Die Datenschutzaufsichtsbehörden nehmen am öffentlichen Diskurs über rechtliche, politische und gesellschaftliche Fragen des Datenschutzes und der Entwicklung der Informationsgesellschaft aktiv teil (Art. 57 lit. b und lit. i). 37

---

34 *EuGH* v. 9.3.2010 – C-518/07, ECLI:EU:C:2010:125, Kommission/Deutschland, Rn. 25.
35 *EuGH* v. 16.10.2012 – C-614/10, ECLI:EU:C:2012:631, Kommission/Österreich, Rn. 47.
36 Sydow-*Ziebarth* Art. 52 Rn. 27.
37 Zur Unzulässigkeit der spezifischen Regelung im österreichischen Recht *EuGH* v. 16.10.2012 – C-614/10, ECLI:EU:C:2012:63,1, Kommission/Österreich, Rn. 50.
38 *Glauben* DVBl. 2017, 488; Sydow-*Ziebarth* Art. 52 Rn. 29.
39 *Albrecht/Jotzo* Das neue Datenschutzrecht, S. 114 (Teil 7 Rn. 5); Ehmann/Selmayr-*Selmayr* Art. 52 Rn. 17; Kühling/Buchner-*Boehm* Art. 52 Rn. 19; Paal/Pauly-*Körffer* Art. 52 Rn. 3; *Roßnagel* Datenschutzaufsicht, S. 147; eine spezifische Ausgestaltung angesichts einer besonderen Ausprägung der innerstaatlichen verfassungsrechtlichen Systematik mag eine differenzierende Beurteilung zulassen.

III. Integrität und Inkompatibilität (Abs. 3)

38 Die Vorschrift stellt Anforderungen an die persönliche Integrität. Unvereinbar mit der Unabhängigkeit sind alle **Handlungen**, die den Eindruck erwecken könnten, dass das Mitglied oder die Mitglieder der Aufsichtsbehörde ihre Aufgaben nicht unbeeinflusst und in völliger Unabhängigkeit erfüllen.

39 Jede entgeltliche oder unentgeltliche **Tätigkeit**, die mit dem Amt nicht zu vereinbaren ist, ist unzulässig. Inkompatibilität besteht zu anderen Amtsverhältnissen, die mit eigenen Dienstpflichten verbunden sind. Das Mitglied darf demnach kein anderes öffentlich-rechtliches Dienstverhältnis begründen. Vertragliche Vereinbarungen mit privaten Dritten sind jedenfalls unzulässig, wenn der Dritte als von Kontrollen Betroffener in den Zuständigkeitsbereich der Behörde fällt. Dem Grunde nach dürften auf Dauer angelegte Vereinbarungen mit Privaten insgesamt kaum zu rechtfertigen sein, zumal angesichts des europäischen Netzwerkes der Aufsichtsbehörden vielfältige Querverbindungen und Einflussmöglichkeiten zu anderen Behörden bestehen.[40]

40 Zulässig sind **Ehrenämter und angemessene Nebentätigkeiten**. Unentgeltliche ehrenamtliche Tätigkeiten können etwa in Vereinen oder Einrichtungen, die keinen Bezug zu den Aufgaben nach Art. 51, 57 aufweisen, möglich sein. Dies kann z.b. auf Sportvereine oder caritative Einrichtungen zutreffen. Vortragstätigkeiten, auch zum Datenschutz, sind als Teil der Aufgabe, die Öffentlichkeit zu informieren und aufzuklären (vgl. Art. 57 Abs. 1 lit. b), zulässig. Dies umfasst auch Mitgliedschaften in Gremien oder sonstigen Gruppen, die das Ziel des Schutzes personenbezogener Daten betreffen (vgl. Art. 57 Abs. 1 lit. v). In Frage kommen bspw. Beiräte zu Forschungsvorhaben, während bei Gruppierungen mit Nähe zur Privatwirtschaft die Schwelle der Angemessenheit der Tätigkeit schnell überschritten sein kann, zumal wenn es sich um entgeltliche Tätigkeiten handelt. Dagegen sind institutionalisierte Tätigkeiten, mit denen die Beratungsfunktion gegenüber Parlament, Regierung oder sonstigen Gremien i.S.d. Art. 57 Abs. 1 lit. c konkretisiert wird, mit den Aufgaben vereinbar.

IV. Ressourcen (Abs. 4)

41 Eine angemessene Ausstattung der Datenschutzaufsichtsbehörden ist die **Voraussetzung für eine angemessene und effektive Aufgabenerfüllung**. Darauf hat der Gesetzgeber in Art. 52 Abs. 4 Wert gelegt, weil die Wirksamkeit der DS-GVO von ihrer praktischen Verwirklichung abhängt.[41] Dies betrifft auch die Ertüchtigung der Behörden zur Kooperation nach den Maßgaben der DS-GVO (Art. 52 Abs. 4 a.E.). Die DS-GVO hat aufgrund ihrer Aufgabenfülle erheblichen Personalbedarf ausgelöst.[42] Dieser Bedarf ist vielfacht nicht befriedigt, so dass die Befürchtung besteht, dass die Datenschutzaufsichtsbehörden die Überwachung der Anwendung der DS-GVO nicht in angemessener Weise durchführen können.[43]

---

40 Vgl. Simitis/Hornung/Spiecker gen. Döhmann-*Polenz* Art. 52 Rn. 13, der weiter gehend gewisse freiberufliche Tätigkeiten als zulässig erachtet.
41 *Albrecht/Jotzo* Das neue Datenschutzrecht, S. 114 (Teil 7 Rn. 5); Simitis/Hornung/Spiecker gen. Döhmann-*Polenz* Art. 52 Rn. 15 ff.
42 *Roßnagel* Datenschutzaufsicht, passim.
43 Vgl. Kühling/Buchner-*Boehm* Art. 52 Rn. 24; Simitis/Hornung/Spiecker gen. Döhmann-*Polenz* Art. 52 Rn. 16.

Das Verständnis von **Ressourcen** ist weit und umfasst insbesondere Finanzmittel, Personal, Räumlichkeiten und Infrastruktur. Teils treffen Art. 52 Abs. 5 und 6 weitere Regelungen, die darauf fußen, dass die Ressourcen zur Verfügung stehen. 42

Die von Art. 52 Abs. 4 vorgesehene Sicherung einer angemessenen Ausstattung der Datenschutzaufsichtsbehörden ist auch deshalb von erheblicher Bedeutung für die Wahrung der Unabhängigkeit, weil sie die **Grundlage für die Nutzung von Spielräumen** und der Setzung von Schwerpunkten bei der Aufgabenerfüllung darstellt. Zwar gibt es gem. Art. 58 eine Reihe von zu erfüllenden Aufgaben, diese stehen aber nicht in einer Rangfolge, so dass jede Datenschutzaufsichtsbehörde die Möglichkeit hat, eigene Akzente und Prioritäten zu setzen. 43

V. Personal (Abs. 5)

Die Ausgestaltung der Datenschutzaufsichtsbehörden als organisatorisch eigenständige Einrichtungen und ihre **Personalhoheit** stärken die Unabhängigkeit und sind von ihr geschützt.[44] In der Bundesrepublik Deutschland sind der oder die Bundesbeauftragte oberste Bundesbehörde und viele Landesbeauftragte oberste Behörden des jeweiligen Landes. Im Hinblick auf die Eingliederung in die staatliche Ordnung bestehen Spielräume, um den Gegebenheiten des Bundes oder Landes Rechnung tragen zu können. 44

Die **Personalauswahl** obliegt dem Mitglied bzw. den Mitgliedern. Im Rahmen der geltenden Regelungen für die Beschäftigten im öffentlichen Dienst sind die Auswahl und das Auswahlverfahren durchzuführen. Versuche von Einflussnahmen können aufgrund der Unabhängigkeit unberücksichtigt bleiben. 45

Grundlegende **Entscheidungen der Personalverwaltung** trifft das Mitglied der Aufsichtsbehörde, also der oder die Beauftragte. Nur dann „hat" die Behörde eigenes Personal i.S.d. Art. 52 Abs. 5). Die von der Vorschrift angesprochene Leitung umfasst die Dienstaufsicht und die Fachaufsicht über das Personal der Datenschutzaufsichtsbehörde. Beamtenrechtliche Statusentscheidungen oder vertragliche Ausgestaltungen des Verhältnisses zu Tarifbeschäftigten obliegen der eigenständigen Grundentscheidung der Datenschutzaufsichtsbehörde. Dies steht der Mitbestimmung durch die Personalvertretung nicht entgegen. 46

Die **Verwaltungsorganisation** kann Prioritäten oder Schwerpunkte widerspiegeln, deren Festlegung das Mitglied der Datenschutzaufsichtsbehörde selbst vornimmt. Als Folge dieser Querbezüge kann sich die Datenschutzaufsichtsbehörde autonom organisieren. Die innere Organisation der Behörde bestimmt das Mitglied. 47

Die **administrative Durchführung** des Personalmanagements kann mit der Unterstützung anderer öffentlicher Stellen verwirklicht werden. Dabei geht es um die verwaltungstechnische Erleichterung der Abläufe. Dem Mitglied der Aufsichtsbehörde steht allerdings ein Zugriffs- und Rückholrecht zu, falls einzelne Maßnahmen den Rahmen der Unterstützung überschreiten sollten. 48

---

44 *Albrecht/Jotzo* Das neue Datenschutzrecht, S. 114 (Teil 7 Rn. 5); eingehend *Kröger* Unabhängigkeitsregime, S. 297 ff.

VI. Haushalt und Finanzen (Abs. 6)

49 Die **Finanzkontrolle** darf die Unabhängigkeit nicht beeinträchtigen. Prüfungen etwa durch den Rechnungshof sind dem Grunde nach zulässig. Sie haben aber spezifische Grenzen, die den Prüfungsumfang und die Prüfungstiefe betreffen können. Auch bei der Veröffentlichung der Ergebnisse muss auf die Unabhängigkeit Rücksicht genommen werden.

50 Jede Aufsichtsbehörde muss über einen **eigenen, öffentlichen, jährlichen Haushaltsplan** verfügen, der Teil des gesamten Staatshaushalts oder nationalen Haushalts sein kann (s. auch ErwG 119). Den Mitgliedstaat trifft die Verpflichtung, dies sicherzustellen. Aus Gründen der Transparenz des Handelns der Datenschutzaufsichtsbehörde ist es sinnvoll, auch ihre finanzielle Grundlage der Öffentlichkeit zur Verfügung zu stellen. Damit kann die Situation der Ressourcen eingeschätzt werden.

51 Zweifel daran, dass die Datenschutzaufsichtsbehörde über einen **eigenen** Haushaltsplan verfügt, können dann bestehen, wenn er Teil des Haushaltsplans einer anderen öffentlichen Stelle des Bundes oder des Landes ist, etwa des Landtages. Eine funktionale Auslegung führt dazu, dass dies zulässig ist, wenn die Unabhängigkeit nicht beeinträchtigt wird.[45]

52 Für die **Aufstellung** des Haushalts gelten grundsätzlich die allgemeinen Regeln, wenn sie nicht als Möglichkeit unbotmäßiger Einflussnahme genutzt werden können. Da der Haushaltsplan der Behörde in der Bundesrepublik Deutschland regelmäßig Teil des Haushalts des Bundes oder des Landes sein wird, ist er Teil des allgemeinen Verfahrens.

C. Praxishinweise

I. Relevanz für öffentliche Stellen

53 Die Eingliederung der Datenschutzaufsichtsbehörde in den Staatsaufbau sollte nicht den Blick darauf verstellen, dass ihr **Entscheidungsbefugnisse auch gegenüber öffentlichen Stellen** zustehen. Diese beruhen auf der Unabhängigkeit und finden ihre Konkretisierung in Art. 58.

II. Relevanz für nichtöffentliche Stellen

54 Durch die Unabhängigkeit soll sichergestellt werden, dass die Maßnahmen der Datenschutzaufsichtsbehörden den Zielen des Art. 1 verpflichtet sind. Sie werden nicht ergriffen, um vorrangig wirtschaftliche Ziele zu verfolgen. Dem Grunde nach führt dies **nicht zu Verzerrungen des Wettbewerbs**. Zwar können aufsichtsbehördliche Maßnahmen gegen Unternehmen deren wirtschaftliche Situation beeinflussen. Dies ist aber die Folge von Verletzungen des Datenschutzrechts durch den Verantwortlichen.

III. Relevanz für betroffene Personen

55 Die Unabhängigkeit sichert das **Vertrauen** der betroffenen Personen darauf, dass ihre Grundrechte und Grundfreiheiten, insbesondere die Grundrechte auf Datenschutz und Privatheit nach Art. 7, 8 GRCh effektiv und angemessen geschützt werden.

---

45 Sydow-*Ziebarth* Art. 52 Rn. 51.

IV. Relevanz für Aufsichtsbehörden

Die Sicherung der Unabhängigkeit durch Art. 52 ist die **Magna Charta** für die Aufsichtsbehörden. Auf dieser grundlegenden Weichenstellung beruhen ihre Stellung, ihre weit reichenden Aufgaben (Art. 57) und ihre starken Befugnisse (Art. 58).   56

V. Datenschutzmanagement

Als Partner für die unabhängige Aufsichtsbehörde steht von Seiten der Verantwortlichen der **Datenschutzbeauftragte** zur Verfügung (s. insbesondere Art. 39 Abs. 1 lit. d). Dieser Position sollte daher in der internen Organisation des Verantwortlichen hinreichendes Gewicht beigemessen werden.   57

VI. Sanktionen

Die **Praxis** der Verhängung von Geldbußen und anderen Sanktionen kann sich zwischen den Datenschutzaufsichtsbehörden in gewissem Maße unterscheiden, da sie auch insoweit unabhängig sind. Allerdings bildet die DS-GVO einen ausgefeilten Rahmen, der vom EDSA noch präzisiert werden kann. Immerhin ist ergänzend innerstaatliches Recht anzuwenden.   58

Artikel 53 Allgemeine Bedingungen für die Mitglieder der Aufsichtsbehörde

(1) Die Mitgliedstaaten sehen vor, dass jedes Mitglied ihrer Aufsichtsbehörden im Wege eines transparenten Verfahrens ernannt wird, und zwar
- vom Parlament,
- von der Regierung,
- vom Staatsoberhaupt oder
- von einer unabhängigen Stelle, die nach dem Recht des Mitgliedstaats mit der Ernennung betraut wird.

(2) Jedes Mitglied muss über die für die Erfüllung seiner Aufgaben und Ausübung seiner Befugnisse erforderliche Qualifikation, Erfahrung und Sachkunde insbesondere im Bereich des Schutzes personenbezogener Daten verfügen.

(3) Das Amt eines Mitglieds endet mit Ablauf der Amtszeit, mit seinem Rücktritt oder verpflichtender Versetzung in den Ruhestand gemäß dem Recht des betroffenen Mitgliedstaats.

(4) Ein Mitglied wird seines Amtes nur enthoben, wenn es eine schwere Verfehlung begangen hat oder die Voraussetzungen für die Wahrnehmung seiner Aufgaben nicht mehr erfüllt.
- *ErwG: 121*
- *BDSG n.F.: §§ 11, 12*

Übersicht

	Rn		Rn
A. Einordnung und Kontext	1	2. Voraussetzungen für die Ernennung der oder des Bundesbeauftragten	4
I. Erwägungsgründe	1		
II. BDSG n.F.	2		
1. Ernennung der oder des Bundesbeauftragten	3	3. Ende der Amtszeit der oder des Bundesbeauftragten	5

	Rn		Rn
III. Normgenese und Materialien	9	III. Voraussetzungen für die Ernennung (Abs. 2)	29
1. Datenschutz-Richtlinie 95/46/EG (DSRL)	9	IV. Ende der Amtszeit (Abs. 3 und 4)	38
2. BDSG a.F.	10	1. Regelungsinhalt und Hintergrund	38
3. Europäischer Datenschutzausschuss/WP 29	12	2. Reguläre Beendigung der Amtszeit (Abs. 3)	39
B. Kommentierung	13	3. Außerordentliche Beendigung der Amtszeit durch Enthebung (Abs. 4)	44
I. Regelungsinhalt und Hintergrund	13	C. Praxishinweise	51
II. Ernennung der Mitglieder der Aufsichtsbehörden (Abs. 1)	17	I. Relevanz für öffentliche und nichtöffentliche Stellen sowie betroffene Personen	51
1. Grundzüge	17	II. Relevanz für Aufsichtsbehörden	52
2. Transparenz	18	III. Datenschutzmanagement	53
3. Ernennungsstelle	20	IV. Sanktionen	54
4. Im BDSG geregeltes Ernennungsverfahren der oder des Bundesbeauftragten	23		

Literatur: Siehe auch Hinweise zu Art. 51; *Bull* Die „völlig unabhängige" Aufsichtsbehörde, Zum Urteil des EuGH vom 9.3.2010 in Sachen Datenschutzaufsicht, EuZW 2010, 488 ff.; *Petri/Tinnefeld* Völlige Unabhängigkeit der Datenschutzkontrolle, Demokratische Legitimation und unabhängige parlamentarische Kontrolle als moderne Konzeption der Gewaltenteilung, MMR 2010, 157 ff.; *Roßnagel* Unabhängigkeit der Datenschutzaufsicht, Zweites Gesetz zur Änderung des BDSG, ZD 2015, 106 ff.; *Thomé* Die Unabhängigkeit der Bundesdatenschutzaufsicht, VuR 2015, 130 ff.; *Ziebarth* Demokratische Legitimation und Unabhängigkeit der deutschen Datenschutzbehörden, CR 2013, 60 ff.

A. Einordnung und Kontext

I. Erwägungsgründe

1 ErwG 121 wiederholt in S. 1 den Inhalt des Art. 53 Abs. 1 und enthält Bestimmungen zum **Vorschlagsrecht** zur Ernennung eines Mitglieds. Dieses können die Mitgliedstaaten durch Rechtsvorschriften der Regierung, einem Mitglied der Regierung, dem Parlament oder der Parlamentskammer einräumen. Zudem nimmt dieser ErwG auf Art. 53 Abs. 2 Bezug und sieht insoweit vor, dass die **allgemeinen Anforderungen an das Mitglied** durch Rechtsvorschriften von jedem Mitgliedstaat geregelt werden sollten.

II. BDSG n.F.

2 Die Ernennung, die Amtszeit und das Amtsverhältnis als „allgemeine Bedingungen" i.S.d. Art. 53 für die **Bundesbeauftragte** oder den Bundesbeauftragten als Mitglied der Datenschutzaufsichtsbehörde des Bundes regeln die §§ 11 und 12 BDSG. Hinsichtlich der Ernennung und des Amtsverhältnisses der **Landesbeauftragten** als Aufsichtsbehörden der Länder in der Bundesrepublik Deutschland finden sich mangels Gesetzgebungskompetenz des Bundesgesetzgebers insoweit keinerlei Regelungen im BDSG.

3 **1. Ernennung der oder des Bundesbeauftragten.** Der Regelungsauftrag des Art. 53 Abs. 1 wird in § 11 Abs. 1 und § 12 Abs. 1 und 2 BDSG umgesetzt.

2. Voraussetzungen für die Ernennung der oder des Bundesbeauftragten. Welche Voraussetzungen die oder der Bundesbeauftragte erfüllen muss, regelt § 11 Abs. 1 S. 3–5 BDSG. 4

3. Ende der Amtszeit der oder des Bundesbeauftragten. Nähere Regelungen zur **Amtszeit** bzw. **zum Ende der Amtszeit** der bzw. des Bundesbeauftragten treffen die §§ 11 Abs. 3 und 12 Abs. 2 BDSG 5

§ 12 Abs. 2 BDSG enthält noch weitere Regelungen zum **Amtsverhältnis** in diesem Zusammenhang. 6

Die **Amtszeit der oder des Bundesbeauftragten** kann sich verlängern, wenn das Amtsverhältnis mit Ablauf der Amtszeit endet. Dann ist die oder der Bundesbeauftragte zum Führen der Geschäfte bis zur Ernennung einer Nachfolgerin oder eines Nachfolgers verpflichtet, wenn die Präsidentin oder der Präsident des Bundestages dazu ersucht; allerdings höchstens für die Dauer von 6 Monaten (§ 12 Abs. 2 S. 6 BDSG). 7

Darüber hinaus enthält § 12 Abs. 3 BDSG Regelungen zur **Stellvertretung** durch die leitende Beamtin oder den leitenden Beamten bei Verhinderung der oder des Bundesbeauftragten an der Ausübung des Amtes, Beendigung des Amtsverhältnisses oder fehlender Verpflichtung zur Weiterführung der Geschäfte. 8

III. Normgenese und Materialien

1. Datenschutz-Richtlinie 95/46/EG (DSRL). Bereits Art. 28 Abs. 1 DSRL sah die Errichtung einer **Kontrollstelle** für den Datenschutz vor, vor dem Hintergrund, dass ErwG 62 der DSRL die Einrichtung unabhängiger Kontrollstellen schon als ein wesentliches Element des Schutzes der Personen bei der Verarbeitung personenbezogener Daten bezeichnete. Allerdings waren dort keine weiteren Vorgaben bezüglich der Ernennung von deren Mitglieder(n) oder sonstiger Bedingungen enthalten. 9

2. BDSG a.F. Schon § 22 BDSG a.F. enthielt Vorschriften zur **Ernennung der oder des Bundesbeauftragten**, deren Voraussetzungen und zur Amtszeit. Das Vorschlagsrecht der Bundesregierung mit der anschließenden Wahl ohne Aussprache durch den Bundestag mit mehr als der Hälfte der gesetzlichen Mitglieder und der Ernennung durch den Bundespräsidenten bestand bereits (§ 22 Abs. 1 BDSG a.F.). Auch die formale **Ernennungsvoraussetzung** in Form der erforderlichen Vollendung des 35. Lebensjahres galt schon bislang (§ 22 Abs. 1 S. 2 BDSG a.F.). Nähere Anforderungen hinsichtlich Qualifikation, Erfahrung und Sachkunde der oder des Bundesbeauftragten waren allerdings bislang nicht geregelt. 10

Die **Amtszeit** betrug auch bislang fünf Jahre mit der Möglichkeit der **einmaligen Wiederwahl** (§ 22 Abs. 3 BDSG a.F.). Die Amtszeit endete mit Ablauf der Amtszeit oder mit der Entlassung, die entweder auf Verlangen der oder des Bundesbeauftragten erfolgte oder auf Vorschlag der Bundesregierung, wenn Gründe vorlagen, die bei einem Richter auf Lebenszeit die Entlassung aus dem Dienst rechtfertigen können (§ 23 Abs. 1 S. 2 und 3 BDSG a.F.). 11

3. Europäischer Datenschutzausschuss/WP 29. Hinsichtlich der Stellung der unabhängigen Datenschutzaufsichtsbehörden verfügt der EDSA nur über begrenzte Befugnisse, da die Unabhängigkeit auch gegenüber dem EDSA besteht (s.o. Art. 51 12

Art. 53 Allgemeine Bedingungen für die Mitglieder

Rn. 14 ff.). Zudem handelt es sich bei den Regelungen des Art. 53 (z.T. i.V.m. Art. 54) überwiegend um Regelungsaufträge an die Mitgliedstaaten, bei deren Erfüllung den Mitgliedstaaten gewisse Spielräume bleiben, die diese ohne weitere Vorgaben durch die europäische Ebene ausnutzen können. Aufgrund dessen ist keine große Einflussnahme durch den EDSA diesbezüglich zu erwarten.

B. Kommentierung

I. Regelungsinhalt und Hintergrund

13 Art. 53 enthält unter der Überschrift „**Allgemeine Bedingungen für die Mitglieder der Aufsichtsbehörde**" Regelungen zum Ernennungsverfahren der Mitglieder, zu deren erforderlicher Qualifikation, Erfahrung und Sachkunde als Voraussetzungen der Ernennung, sowie zum Ende deren Amtszeit. Ergänzende Regelungen diesbzgl. bzw. diesbezügliche Regelungsaufträge an die Mitgliedstaaten finden sich in Art. 54.

14 Letztlich dienen diese Regelungen der Sicherstellung der **Unabhängigkeit der Aufsichtsbehörden**.[1] Zwar trifft Art. 53 nur Regelungen hinsichtlich der Mitglieder als Leitungsorgane der Aufsichtsbehörden. Aber die Unabhängigkeit der Aufsichtsbehörde hängt auch maßgeblich von der Unabhängigkeit ihres Mitglieds als Leitungsorgan ab.[2]

15 **Mitglieder der Aufsichtsbehörde** in diesem Sinne sind lediglich die **Leitungsorgane**, d.h. die Behördenspitzen.[3] Zwar wird dieser Begriff weder in der DS-GVO selbst, noch in den Erwägungsgründen definiert. Allerdings kann nach dem Sinn und Zweck lediglich die Behördenspitze gemeint sein und nicht das gesamte Personal der Aufsichtsbehörde. Denn dem Leitungsorgan obliegt letztlich die Sicherstellung der Erfüllung der Aufgaben und Ausübung der Befugnisse der Aufsichtsbehörde, so dass dessen Unabhängigkeit – die Art. 53 (i.V.m. Art. 54) sicherstellen soll – primär entscheidend ist für die Unabhängigkeit der Aufsichtsbehörde. Aus Art. 54 Abs. 2 ergibt sich zudem, dass die DS-GVO zwischen den Mitgliedern und den „Bediensteten" unterscheidet. Auch die englische Fassung der DS-GVO unterscheidet zwischen „member" und „staff", sodass insoweit auch ein Übersetzungsfehler in Art. 54 Abs. 2 ausgeschlossen sein sollte.[4] Ferner bestätigt dies auch ErwG 121, der das Personal der Leitung des Mitglieds bzw. der Mitglieder der Aufsichtsbehörde unterstellt.

16 Der **Stellvertreter** eines Leitungsorgans einer monokratisch organisierten Aufsichtsbehörde ist kein Mitglied in diesem Sinne (s. auch Art. 54 Rn. 30).[5] Der Stellvertreter muss daher nicht ein mit Art. 53 konformes Ernennungsverfahren durchlaufen und nicht zwingend die in Art. 53 Abs. 2 genannten Voraussetzungen erfüllen. Anders ist dies bei kollegial organisierten Leitungsorganen der Aufsichtsbehörden mit mehreren gleichrangig nebeneinander stehenden Leitungsorganen; diese sind jeweils Mitglieder i.S.d. Art. 53. Im deutschen Gefüge der Datenschutzaufsichtsbehörden, die allesamt

---

1 Zur Unabhängigkeit siehe Art. 51 u. 52.
2 So auch *Ziebarth* CR 2013, 60, 63.
3 So auch *Kühling/Martini u.a.* Die Datenschutz-Grundverordnung und das nationale Recht, S. 124.
4 So auch i.Erg. BeckOK DatenSR-*Schneider* Art. 53 Rn. 2.
5 A.A. Paal/Pauly-*Körffer* Art. 54 Rn. 3; zu der Möglichkeit einer Stellvertreterregelung im nationalen Recht siehe Art. 54 Rn. 33.

monokratisch organisiert sind, ist folglich immer nur jeweils ein Mitglied i.S.d. Art. 53 vorhanden. Eine ggf. erforderliche demokratische Legitimation (Rn. 22) des Stellvertreters aufgrund der Tatsache, dass er im Vertretungsfalle ebenso großen Einfluss hat wie das Mitglied selbst, wird durch eine Ernennung vom Mitglied selbst infolge einer Legitimationskette ausreichend vermittelt.[6]

II. Ernennung der Mitglieder der Aufsichtsbehörden (Abs. 1)

1. Grundzüge. Art. 53 Abs. 1 steht in engem Zusammenhang mit Art. 54 Abs. 1 lit. c, der den Mitgliedstaaten auferlegt, Vorschriften und Verfahren für die Ernennung des Mitglieds oder der Mitglieder jeder Aufsichtsbehörde zu erlassen bzw. zu regeln. Art. 53 Abs. 1 i.V.m. Art. 54 Abs. 1 lit. c enthält den **obligatorischen Regelungsauftrag**[7] an die Mitgliedstaaten, durch Rechtsvorschriften die Ernennung der Mitglieder der Aufsichtsbehörden – insb. auch das Verfahren der Ernennung – zu regeln. Die Mitgliedstaaten sind hinsichtlich der Ausgestaltung ihrer Regelungen nicht völlig frei – wie es bei alleiniger Betrachtung des Art. 54 Abs. 1 lit. c zunächst scheint –, vielmehr haben sie nur einen gewissen Regelungsspielraum, den Art. 53 Abs. 1 vorgibt. Sie haben insb. ein transparentes Verfahren sicherzustellen und die Ernennung muss durch eine der vier in Art. 53 Abs. 1 genannten Stellen (Parlament, Regierung, Staatsoberhaupt oder unabhängige Stelle) erfolgen.   17

2. Transparenz. Art. 53 Abs. 1 gibt den Mitgliedstaaten vor, dass die **Ernennung** in einem **transparenten Verfahren** zu erfolgen hat. Doch was unter einem transparenten Verfahren zu verstehen ist, ergibt sich weder aus Art. 53 noch aus sonstigen Vorschriften der DS-GVO oder den Erwägungsgründen. Transparenz bedeutet Durchsichtigkeit, Nachvollziehbarkeit.[8] Erforderlich ist also ein durchsichtiges, nachvollziehbares Verfahren. Daraus ergibt sich, dass sich zumindest die interessierte Öffentlichkeit über wesentliche Schritte des Verfahrens informieren können muss.[9] Zudem muss die Auswahl anhand objektiver Kriterien vorgenommen werden.[10]   18

Transparenzfördernd sind z.B. eine öffentliche Ausschreibung des Amtes, eine öffentliche Bewerberliste, aber auch öffentliche Anhörungen der Kandidaten im Rahmen des Ernennungsverfahrens.[11] Insbesondere bei öffentlichen Anhörungen besteht allerdings die Gefahr, dass die zukünftigen Mitglieder bereits vor Amtsantritt durch eine öffentliche Personaldiskussion Schaden nehmen können.[12] Parlamentarische Öffentlichkeit im Rahmen des Verfahrens kann ein wichtiger Baustein sein.[13] Auch die in   19

---

6 Ziebarth CR 2013, 60, 65; Sydow-*Ziebarth* Art. 53 Rn. 35.
7 *Kühling/Martini u.a.* Die Datenschutz-Grundverordnung und das nationale Recht, S. 166.
8 Siehe https://www.duden.de/rechtschreibung/transparent, zuletzt abgerufen am 9.2.2020, 13:41.
9 *Kühling/Martini u.a.* Die Datenschutz-Grundverordnung und das nationale Recht, S. 165 meint, dass Transparenz in diesem Sinne vor allem Nachvollziehbarkeit für den Bürger bedeute.
10 Näher dazu Ehmann/Selmayr-*Selmayr* Art. 53 Rn. 5.
11 Ehmann/Selmayr-*Selmayr* Art. 53 Rn. 5 hält zumindest eine öffentlich zugängliche Stellenausschreibung für erforderlich, a.A. Sydow-*Ziebarth* Art. 53 Rn. 8.
12 Siehe *Kühling/Martini u.a.* Die Datenschutz-Grundverordnung und das nationale Recht, S. 168, 169.
13 Simitis/Hornung/Spiecker gen. Döhmann-*Polenz* Art. 53 Rn. 5 fordert eine gewisse Öffentlichkeit des Auswahlprozesses.

Art. 53 Abs. 2 festgelegten Ernennungsvoraussetzungen fördern die Nachvollziehbarkeit einer getroffenen Entscheidung und damit die Transparenz des Verfahrens. Ein Beispiel für ein transparentes Verfahren ist das Ernennungsverfahren des Europäischen Datenschutzbeauftragten, das eine Entscheidung auf Grundlage einer im Anschluss an eine öffentliche Aufforderung zur Einreichung von Bewerbungen erstellten Liste vorsieht (Art. 42 Abs. 1 VO Nr. 45/2001).[14]

20 **3. Ernennungsstelle.** Die **Ernennung** der Mitglieder ist explizit nur hochrangigen Stellen der Mitgliedstaaten vorbehalten. Dabei meint Ernennung sowohl den formalen Akt als solchen, als auch die dahinterstehende materielle Auswahlentscheidung.[15] Welche Stelle in den einzelnen Staaten konkret damit betraut wird, wird den Mitgliedstaaten überlassen. Sie haben die **Wahl zwischen den vier aufgeführten Stellen** – haben dieses Wahlrecht infolge des obligatorischen Regelungsauftrages aber auch auszuüben. Möglich ist auch das Zusammenwirken mehrerer genannter Stellen zur Ernennung des Mitglieds (Rn. 23).[16]

21 Möglich ist daher die Ernennung sowohl durch die **Legislative** als auch durch die **Exekutive**. Zwar wird teilweise eine Bestellung alleine durch die Exekutive als möglicherweise nicht zulässig erachtet.[17] Allerdings lässt die DS-GVO dies ausdrücklich zu, so wie auch schon der EuGH[18] zuvor unter Geltung der DSRL. Dennoch ist eine Ernennung durch die Legislative im Hinblick auf die zu gewährleistende Unabhängigkeit des Mitglieds zu bevorzugen.

22 Dass es ein **Vorschlagsrecht** geben und wem ein solches zustehen sollte, ergibt sich aus dem ErwG 121. Auch dieses sollte grundsätzlich hochrangigen Stellen vorbehalten sein, nämlich der Regierung, einem Mitglied der Regierung, dem Parlament oder einer Parlamentskammer. Im Hinblick auf die zu gewährleistende Unabhängigkeit des Mitglieds ist auch insoweit das Überlassen des Vorschlagsrechts dem Parlament oder einer Parlamentskammer zu bevorzugen (s. auch Rn. 24).

23 **4. Im BDSG geregeltes Ernennungsverfahren der oder des Bundesbeauftragten.** Nach dem BDSG sind, wie auch bereits nach BDSG a.F., **mehrere Stellen** in das **Ernennungsverfahren** der oder des Bundesbeauftragten involviert – Vorschlagsrecht der Regierung mit anschließender Wahl durch den Bundestag und förmlicher Ernennung durch die Bundespräsidentin oder den Bundespräsidenten. Dies lässt die DS-GVO auch zu.[19] Zwar könnte man aufgrund des Wortlautes des Art. 53 Abs. 1 annehmen (insb. aufgrund des Wortes „oder"), dass nur eine der genannten Stellen mit der Ernennung betraut werden kann. Diese Auslegung wäre allerdings zu streng. Die DS-GVO zielt primär darauf ab, ein transparentes Verfahren sicherzustellen und dabei die Ernennung hochrangigen Stellen vorzubehalten. Dies wird jedenfalls auch bei einer Ernennung unter

---

14 Laut Ehmann/Selmayr-*Selmayr* Art. 53 Rn. 5 hat das Ernennungsverfahren des Europäischen Datenschutzbeauftragten „Maßstabsfunktion".
15 Siehe zu dieser Unterscheidung näher Sydow-*Ziebarth* Art. 53 Rn. 5 ff.
16 So auch *Kühling/Martini u.a.* Die Datenschutz-Grundverordnung und das nationale Recht, S. 168 und Sydow-*Ziebarth* Art. 55 Rn. 9.
17 So z.B. *Petri/Tinnefeld* MMR 2010, 157, 160, da insoweit die kontrollierende von der kontrollierten Stelle abhängig sei.
18 *EuGH* v. 9.3.2010 – C-518/07, ECLI:EU:C:2010:125, Kommission/Deutschland, Rn. 44.
19 So auch *Kühling/Martini u.a.* Die Datenschutz-Grundverordnung und das nationale Recht, S. 168 und Sydow-*Ziebarth* Art. 55 Rn. 9.

Involvierung des Bundestages in Form einer Wahl mit der anschließenden Ernennung durch die Bundespräsidentin oder den Bundespräsidenten als rechtsförmlichen Akt sichergestellt.

Hinsichtlich der Ernennung der oder des Bundesbeauftragten wurde das **Vorschlagsrecht** – wie auch nach BDSG a.F. – der Bundesregierung übertragen und damit einer der in ErwG 121 genannten Stellen. Das Übertragen des Vorschlagsrechts der Bundesregierung steht grundsätzlich im Einklang mit den Vorgaben der DS-GVO. Eine Zuweisung des Vorschlagsrechts an die Fraktionen oder den Bundestag – und nicht lediglich an die Bundesregierung als Exekutive – könnte allerdings nochmals die Unabhängigkeit der oder des Bundesbeauftragten (von der Exekutive) stärken.[20] 24

Nach einem Vorschlag durch die Bundesregierung erfolgt die Wahl durch den Bundestag (§ 11 Abs. 1 S. 1 BDSG), der als das Parlament insoweit als (ein) in Art. 53 Abs. 1 genanntes Ernennungsorgan fungieren kann. Diese Wahl erfolgt in Deutschland auch aufgrund der infolge des Art. 20 Abs. 2 GG erforderlichen **demokratischen Legitimation** der Aufsichtsbehörde bzw. des Leiters der Aufsichtsbehörde.[21] Denn staatliche Gewalt bedarf der demokratischen Legitimation, wobei sich die personelle Legitimation durch Direktwahl durch das Volk oder aus einer Legitimationskette, z.B. durch Wahl durch das durch Direktwahl zuständige kommunale Parlament, ergeben kann.[22] Auch bei einer Ernennung durch die Regierung wäre die erforderliche personelle Legitimation (infolge einer Legitimationskette) noch hergestellt.[23] Aufgrund dieser erforderlichen Legitimation würde sich allerdings in Deutschland die durch die DS-GVO ebenfalls als möglich vorgesehene Ernennung durch eine unabhängige Stelle schwierig gestalten.[24] 25

Die Ernennung als der **rechtsförmliche Akt** erfolgt nach dem BDSG – wie auch schon nach BDSG a.F. – durch die Bundespräsidentin oder den Bundespräsidenten (§ 11 Abs. 1 S. 2 BDSG) und damit auch durch eine in Art. 53 Abs. 1 ausdrücklich aufgeführte Stelle. Bei den Regelungen zur Ablegung des **Amtseids** vor der Bundespräsidentin oder dem Bundespräsidenten (§ 11 Abs. 2 BDSG) und Aushändigung der Ernennungsurkunde (§ 12 Abs. 2 S. 1 BDSG) handelt es sich um weitere zulässige Konkretisierungen des Ernennungsvorgangs[25] bzw. um Vorschriften zum Verfahren der Ernennung i.S.d. Art. 54 Abs. 1 lit. c i.V.m. Art. 53 Abs. 1. 26

---

20 Kritisch hinsichtlich des Vorschlagsrechts der Bundesregierung bei der oder dem BfDI Paal/Pauly-*Körffer* § 11 Rn. 2.
21 Paal/Pauly-*Körffer* Art. 53 Rn. 2; *Roßnagel* ZD 2015, 106, 108; *Bull* EuZW 2010, 488, 489 sieht dadurch nur die institutionelle Legitimation gewährleistet, hat aber Zweifel an der sachlich-inhaltlichen Legitimation des Handelns der Aufsichtsbehörden; a.A. *Ziebarth* CR 2013, 60, 62, der explizit auch die sachlich-inhaltliche Legitimation für gegeben hält aufgrund der Möglichkeit des Beschreitens des Rechtsweges und der Kontrollfunktion des Parlaments.
22 Siehe dazu näher *Ziebarth* CR 2013, 60, 61.
23 A.A. *Ziebarth* CR 2013, 60, 63 und Sydow-*Ziebarth* Art. 53 Rn. 11.
24 Siehe dazu Sydow-*Ziebarth* Art. 53 Rn. 9 und auch Gola-*Nguyen* Art. 53 Rn. 3, der eine Ernennung durch eine unabhängige Stelle nur dann für zulässig hält, wenn diese Stelle ihrerseits über ausreichende demokratische Legitimation verfügt.
25 *Kühling/Martini u.a.* Die Datenschutz-Grundverordnung und das nationale Recht, S. 411.

Art. 53 / § 11 BDSG   Allgemeine Bedingungen für die Mitglieder

27   Das Verfahren der Ernennung der oder des Bundesbeauftragten ist durch die Wahl durch den Bundestag (§ 11 Abs. 1 S. 1 BDSG) und durch die bestehende **Parlamentsöffentlichkeit** zumindest zum Teil durchsichtig. Das Verfahren könnte allerdings durch eine öffentliche Aussprache oder auch öffentliche Anhörung vor der Wahl transparenter gestaltet werden, allerdings bestünde dabei die Gefahr, dass die oder der zukünftige Bundesbeauftragte bereits vor Amtsantritt durch eine öffentliche Personaldiskussion Schaden nehmen könnte.[26] Transparenzfördernd wäre zumindest die Regelung einer zwingenden öffentlichen Ausschreibung gewesen. Trotz dieser letztlich eingeschränkten, aber dennoch vorhandenen **Transparenz** der Ernennung der oder des Bundesbeauftragten liegt grundsätzlich eine zulässige Verfahrenskonkretisierung durch den Bundesgesetzgeber vor[27], wobei dennoch ggf. aufgrund der europarechtlichen Vorgaben hinsichtlich der Transparenz zumindest aber eine öffentliche Ausschreibung vor der Wahl zu fordern ist – auch ohne ausdrückliche Regelung im BDSG.

28   Aus diesen Regelungen auf Bundesebene folgt nicht, dass die **Landesgesetzgeber** der Bundesrepublik das Vorschlagsrecht für die Datenschutzbeauftragten der Länder auch zwingend auf die Landesregierungen zu übertragen hätten und auch das übrige Verfahren entsprechend dem Wahlverfahren der oder des Bundesbeauftragten zu regeln hätten. Vielmehr sind die Landesgesetzgeber aufgrund des **Föderalismus** im Rahmen der durch die DS-GVO eröffneten Regelungsspielräume frei in der Festlegung.[28]

III. Voraussetzungen für die Ernennung (Abs. 2)

29   Art. 53 Abs. 2 enthält dem Wortlaut zufolge keinen Regelungsauftrag an die Mitgliedstaaten (ein solcher ergibt sich allerdings aus Art. 54 Abs. 1 lit. b, was ErwG 121 nochmals bestätigt, Rn. 32), sondern regelt direkt und zunächst scheinbar abschließend die **Voraussetzungen, die die Mitglieder der Aufsichtsbehörden zu erfüllen haben**; nämlich das Verfügen über die für die Erfüllung der Aufgaben und Ausübung der Befugnisse erforderliche Qualifikation, Erfahrung und Sachkunde insb. im Bereich des Schutzes personenbezogener Daten. Eindeutig ist, dass diese Voraussetzungen **kumulativ** und nicht lediglich alternativ vorliegen müssen. Dies ergibt sich bereits aus dem Wortlaut („und"). Dass das Mitglied Gewähr für seine Unabhängigkeit zu bieten hat, ist eine ungeschriebene Voraussetzung, die sich schon aus dem allgemeinen Erfordernis der Unabhängigkeit der Aufsichtsbehörden ableiten lässt.[29] Denn die Unabhängigkeit der Aufsichtsbehörde hängt auch maßgeblich von der Unabhängigkeit des Mitglieds ab (Rn. 14).

---

26 So auch *Kühling/Martini u.a.* Die Datenschutz-Grundverordnung und das nationale Recht, S. 168, 169 mit detaillierteren Ausführungen.
27 So auch *Kühling/Martini u.a.* Die Datenschutz-Grundverordnung und das nationale Recht, S. 411.
28 Vgl. Ehmann/Selmayr-*Selmayr* Art. 53 Rn. 7, der eine „optionale Pluralität der Ernennungsverfahren" für möglich hält.
29 So i. Erg. auch Ehmann/Selmayr-*Selmayr* Art. 53 Rn. 9.

Durch diese Vorgabe soll sichergestellt werden, dass die Mitglieder auch **geeignet** sind, den aufsichtsbehördlichen Aufgaben nachzukommen und die Befugnisse auszuüben.[30] Damit dient sie der Sicherung der Qualität der Arbeit und letztlich der Effektivität des Grundrechtsschutzes, trägt aber auch insoweit zur **Unabhängigkeit** bei, als dass nicht nur politisch genehme, sondern nur (auch) fachlich geeignete Personen ernannt werden dürfen.[31] Aufgrund dieser Voraussetzungen sollte es zukünftig jedenfalls nicht mehr möglich sein, Personen ohne explizite datenschutzrechtliche Kenntnisse und ohne jede einschlägige Vorerfahrung zum Leiter einer Aufsichtsbehörde zu ernennen. Dies war bisweilen anders, da weder die DSRL noch das BDSG a.F. eine derartige Fachkunde erforderten.[32] 30

Unter **Sachkunde** versteht man allgemein das Vorhandensein von Kenntnissen im relevanten Bereich; dies heißt hier Kenntnisse des Datenschutzrechts. **Qualifikation** in diesem Sinne geht im Allgemeinen darüber noch hinaus und erfordert hier eine vorhandene Befähigung zur Ausübung des Amtes als Leitungsperson der Aufsichtsbehörde aufgrund einer entsprechenden Ausbildung. Führungsqualitäten sind auch erforderlich. **Erfahrung** ist die vorhandene Kenntnis aufgrund vorangegangener Tätigkeiten im datenschutzrechtlichen Bereich.[33] 31

Indem Art. 54 Abs. 1 lit. b den Mitgliedstaaten auferlegt, durch Rechtsvorschriften die erforderlichen Qualifikationen und sonstigen Voraussetzungen für die Ernennung zum Mitglied zu regeln, ergibt sich jedoch – trotz der zunächst scheinbar abschließenden Regelung des Art. 53 Abs. 2 – ein expliziter **Regelungsauftrag** an die Mitgliedstaaten in diesem Zusammenhang. Dies bestätigt auch ErwG 121, der vorsieht, dass die allgemeinen Anforderungen an das Mitglied durch Rechtsvorschriften von jedem Mitgliedstaat geregelt werden sollten. Dabei sollten in den nationalen Rechtsvorschriften insbesondere die unbestimmten Rechtsbegriffe Sachkunde, Qualifikation und Erfahrung konkretisiert werden.[34] Von den Mitgliedstaaten können auch aufgrund Art. 54 Abs. 1 lit. b noch **weitere Ernennungsvoraussetzungen**, die nicht die Sachkunde, Qualifikation und Erfahrung betreffen, geregelt werden.[35] Letztlich sind Regelungen der Mitgliedstaaten zu den Ernennungsvoraussetzungen aufgrund des Regelungsauftrags zwingend, Konkretisierungen der unbestimmten Rechtsbegriffe im Einzelnen wohl aber nicht, sondern diese sind lediglich wünschenswert. 32

Mögliche **Konkretisierungen der Begriffe** Qualifikation, Erfahrung und Sachkunde könnten z.B. durch Regelungen der notwendigen Ausbildung(en) erfolgen. Es kommt auch eine Regelung dahingehend in Betracht, dass als Mitglied nur ernannt werden darf, wer zuvor zumindest Leiter eines Bereichs einer Datenschutzaufsichtsbehörde 33

---

30 So auch *Kühling/Martini u.a.* Die Datenschutz-Grundverordnung und das nationale Recht, S. 165.
31 *Sydow-Ziebarth* Art. 53 Rn. 18 mwN.
32 Näheres dazu Ehmann/Selmayr-*Selmayr* Art. 53 Rn. 8.
33 Simitis/Hornung/Spiecker gen. Döhmann-*Polenz* Art. 53 Rn. 6.
34 *Kühling/Martini u.a.* Die Datenschutz-Grundverordnung und das nationale Recht, S. 166 verlangt eine Konkretisierung und operable Gestaltung des Art. 53 Abs. 2.
35 So auch Ehmann/Selmayr-*Selmayr* Art. 53 Rn. 10.

oder Stellvertreter eines Mitglieds war.³⁶ Auch Art. 42 Abs. 2 VO Nr. 45/2001 sieht hinsichtlich des Europäischen Datenschutzbeauftragten vor, dass dieser über eine herausragende Erfahrung und Sachkunde für die Erfüllung der Aufgaben des **EDSB** zu verfügen hat, „wie bspw. die gegenwärtige oder frühere Tätigkeit in einer Kontrollstelle nach Artikel 28 der Richtlinie 95/46/EG". Gerade aufgrund der Tatsache, dass die DSRL – deren Nachfolger die DS-GVO ist – das Gegenstück der VO Nr. 45/2001 ist, und den beiden dasselbe Konzept zugrunde liegt, was dazu führt, dass die Bestimmungen grundsätzlich homogen auszulegen sind³⁷, sollte eine Konkretisierung durch die Mitgliedstaaten in Anlehnung an Art. 42 Abs. 2 VO Nr. 45/2001 in Betracht gezogen werden.

34 Die Regelung sonstiger Voraussetzungen – neben der Qualifikation, Erfahrung und Sachkunde – darf nicht grenzenlos erfolgen. Insbesondere bildet das Erfordernis der Unabhängigkeit der Aufsichtsbehörde eine Grenze.³⁸ Zudem darf auch **keine unzulässige Diskriminierung** erfolgen. Deshalb dürfte jedenfalls das Innehaben einer bestimmten Staatsangehörigkeit nicht zu einer Ernennungsvoraussetzung gemacht werden.³⁹

35 Der Bundesgesetzgeber ist dem Regelungsauftrag des Art. 54 Abs. 1 lit. b i.V.m. Art. 53 Abs. 2 für die Bundesbeauftragte oder den Bundesbeauftragten mit § 11 Abs. 1 S. 3 bis 5 BDSG grundsätzlich nachgekommen. Er hat dabei allerdings die unbestimmten Rechtsbegriffe Qualifikation, Erfahrung und Sachkunde nicht erheblich konkretisiert, sondern diese zunächst lediglich wiederholt, was angesichts des **Wiederholungsverbotes**⁴⁰ zunächst problematisch erscheint. Zulässige Konkretisierungen sind lediglich dahingehend erfolgt, dass die Befähigung zum Richteramt oder höheren Verwaltungsdienst sowie durch einschlägige Berufserfahrung erworbene Kenntnisse des Datenschutzrechts vorhanden sein müssen. Aufgrund dieser gleichzeitig erfolgten Konkretisierung dürfte die Wiederholung allerdings unter Berücksichtigung des ErwG 8 zulässig sein.

36 Außerdem wurde die schon nach dem BDSG a.F. bestehende **Altersgrenze** beibehalten, obwohl dies weder ein Qualifikations-, Erfahrungs- oder Sachkundemerkmal ist. Die Altersgrenze ist gerade keine Gewähr für Erfahrung. Zwar können grundsätzlich solche weiteren Voraussetzungen, die nicht die Sachkunde, Qualifikation und Erfahrung betreffen, geregelt werden (s.o. Rn. 32). Allerdings handelt es

---

36 Zu der Frage, welche Konkretisierungen insoweit möglich sind, näher Ehmann/Selmayr-*Selmayr* Art. 53 Rn. 10 und Art. 54 Rn. 7; *Thomé* VuR 2015, 130, 133 schlägt z.B. vor, regelbeispielhaft zu regeln, dass eine Person aus dem Kreis derer gewählt werden sollte, die bereits eine Kontrollstelle auf Landesebene zumindest stellvertretend geleitet haben. Kühling/Buchner-*Boehm* Art. 53 Rn. 9 dagegen meint, dass eine genaue Festlegung des Anforderungsprofils wohl nicht möglich sein wird aufgrund der unterschiedlichen Aufgaben des Bundesbeauftragten.
37 *EuGH* v. 9.3.2010 – C-518/07, ECLI:EU:C:2010:125, Kommission/Deutschland Rn. 26 u. 28.
38 Ehmann/Selmayr-*Selmayr* Art. 53 Rn. 10.
39 Siehe dazu näher Ehmann/Selmayr-*Selmayr* Art. 53 Rn. 10; a.A. BeckOK DatenSR-*Schneider* Art. 53 Rn. 6.
40 *EuGH* v. 28.3.1985 – C-272/83, ECLI:EU:C:1985:147, Kommission/Italien Rn. 27.

sich bei der Altersgrenze um eine **unzulässige Altersdiskriminierung**, da keine sachliche Rechtfertigung für eine solche Regelung ersichtlich ist.[41]

Diese Regelungen zu den Ernennungsvoraussetzungen der oder des Bundesbeauftragten werden wohl dem Regelungsauftrag der DS-GVO formal betrachtet grundsätzlich gerecht. Allerdings sind diese dennoch mangels hinreichender Konkretisierungen wohl nicht ausreichend, gerade unter dem Gesichtspunkt, dass eine klare Regelung der Voraussetzungen Bedingung dafür ist, dass der Kreis der möglichen Kandidaten feststeht und nicht willkürlich politisch gestaltet wird.[42] 37

IV. Ende der Amtszeit (Abs. 3 und 4)

1. Regelungsinhalt und Hintergrund. Art. 53 Abs. 3 und 4 enthalten Regelungen zum **Ende der Amtszeit** der Mitglieder. Hintergrund dieser Regelungen ist, dass es zur Sicherung der **Unabhängigkeit eines Mitglieds** erforderlich ist, genau zu bestimmen, in welchen konkreten Fällen es zur Beendigung der Amtszeit kommt.[43] Unabhängig ist ein Mitglied nämlich dann nicht, wenn es jederzeit gegen seinen Willen abberufen werden kann, da es möglicherweise sodann – um eine Abberufung zu verhindern – dem Willen Anderer ggf. Folge leistet.[44] 38

2. Reguläre Beendigung der Amtszeit (Abs. 3). Die Gründe der **regulären Beendigung der Amtszeit** sind in Art. 53 Abs. 3 abschließend geregelt: Ablauf der Amtszeit, Rücktritt des Mitglieds oder verpflichtende Versetzung in den Ruhestand gem. dem Recht des betroffenen Mitgliedstaats. Weitere Gründe zur regulären Beendigung der Amtszeit können die Mitgliedstaaten aufgrund dessen nicht eigenständig regeln. Ein ungeschriebener Grund der regulären Amtsbeendigung dürfte aber der Tod des Mitglieds sein.[45] 39

Das diesbezügliche Verfahren ist in der DS-GVO allerdings nicht geregelt, insoweit ist eine Spezifizierung zulässig und geboten.[46] Teilweise wird vertreten, Art. 53 Abs. 3 enthalte aufgrund des Zusatzes am Ende „gem. dem Recht des betroffenen Mitgliedstaats" eine Öffnungsklausel zur weiteren Konkretisierung des **Verfahrens der Beendigung**.[47] Allerdings bezieht sich dieser Zusatz lediglich auf den letztgenannten Grund der Versetzung in den Ruhestand. Denn eine **Öffnungsklausel** zur Regelung des Verfahrens ergibt sich insoweit aus Art. 54 Abs. 1 lit. f letzter Hs., der den Mitgliedstaaten auferlegt, Regelungen zur Beendigung des Beschäftigungsverhältnisses zu treffen[48] – sowohl für den Fall der regulären als auch der außerordentlichen Beendigung. Dabei 40

---

41 A.A. *Kühling/Martini u.a.* Die Datenschutz-Grundverordnung und das nationale Recht, S. 169, Fn. 263, der das Mindestalter als Teil der Lebenserfahrung sieht, die Voraussetzung für eine fachliche Bewältigung der Aufgabe sei, sowie Paal/Pauly-*Körffer* § 11 BDSG Rn. 3, die dies für eine zulässige sonstige Voraussetzung für die Ernennung hält.
42 Siehe Sydow-*Ziebarth* Art. 54 Rn. 15.
43 Siehe *Petri/Tinnefeld* MMR 2010, 157, 160.
44 *EuGH* v. 8.4.2014 – C-288/12, ECLI:EU:C:2014:237, Kommission/Ungarn Rn. 54; *Ziebarth* CR 2013, 60, 64 m.w.N.
45 Ehmann/Selmayr-*Selmayr* Art. 53 Rn. 11.
46 Ehmann/Selmayr-*Selmayr* Art. 53 Rn. 2.
47 So wohl BeckOK DatenSR-*Schneider* Art. 53 Rn. 8.
48 So auch *Kühling/Martini u.a.* Die Datenschutz-Grundverordnung und das nationale Recht, S. 167.

meint Beschäftigungsverhältnis in diesem Sinne nicht lediglich das Verhältnis der Bediensteten zu der Aufsichtsbehörde, sondern auch das des Mitglieds als Leitungsorgan zu der Aufsichtsbehörde (Art. 54 Rn. 55).

41 Der Grund der Beendigung des Amtes infolge des **Ablaufs der Amtszeit** steht eng im Zusammenhang mit dem Regelungsauftrag des Art. 54 Abs. 1 lit. d an die Mitgliedstaaten, die Amtszeit zu regeln, die mindestens vier Jahre zu betragen hat (Art. 54 Rn. 42 ff.). **Rücktritt** des Mitglieds i.d.S. kann aufgrund des Erfordernisses der Unabhängigkeit nur den freiwilligen Rücktritt meinen.

42 Aufgrund der abschließenden Regelung in Art. 53 Abs. 3 enthält das BDSG keine zusätzlichen Gründe zur **regulären Beendigung des Amtes der oder des Bundesbeauftragten**. Es wiederholt in § 12 Abs. 2 S. 1 BDSG lediglich, dass das Amtsverhältnis mit Ablauf der Amtszeit oder mit dem Rücktritt endet, was angesichts des grundsätzlich geltenden **Wiederholungsverbotes**[49] zunächst bedenklich erscheint. Letztlich dürfte diese Wiederholung allerdings zulässig sein, um die im Rahmen der Öffnungsklausel des Art. 54 Abs. 1 lit. f getroffenen Regelungen zum Verfahren der Beendigung und des in Deutschland nicht bestehenden Beendigungsgrundes der verpflichtenden Versetzung in den Ruhestand verständlich zu halten (ErwG 8). Die **verpflichtende Versetzung in den Ruhestand** wurde vom Bundesgesetzgeber bewusst nicht in das nationale Gesetz übernommen, da eine solche Versetzung wegen der Ausgestaltung der oder des Bundesbeauftragten als öffentlich-rechtliches Amtsverhältnis eigener Art nicht in Betracht kommt.[50]

43 Zulässige **Verfahrensregelungen zur regulären Beendigung des Amtes** enthält § 12 Abs. 2 S. 4 BDSG, dem zufolge die oder der Bundesbeauftragte bei Beendigung des Amtsverhältnisses von der Bundespräsidentin oder dem Bundespräsidenten die vollzogene Urkunde erhält. Auch insoweit als § 12 Abs. 2 S. 6 BDSG vorsieht, dass die oder der Bundesbeauftragte bei Beendigung des Amtsverhältnisses mit Ablauf der Amtszeit auf Ersuchen der Präsidentin oder des Präsidenten des Bundestags verpflichtet ist, die Geschäfte bis zur Ernennung einer Nachfolgerin oder eines Nachfolgers für die Dauer von höchstens sechs Monaten weiterzuführen ist, dürfte es sich um eine zulässige Verfahrensregelung im Rahmen der Öffnungsklauseln von Art. 54 Abs. 1 lit. d und f handeln (Art. 54 Rn. 44). Auch wenn die **demokratische Legitimation** eines gewählten Mitglieds mit Zeitablauf abnimmt, dürfte diese mögliche **faktische Verlängerung** von sechs Monaten einer fünfjährigen **Amtszeit** noch ausreichend legitimiert sein. Diese Befristung kann möglicherweise zu einer Beschleunigung des Ernennungsverfahrens einer Nachfolgerin bzw. eines Nachfolgers führen. Mit dieser Regelung soll nach der Gesetzesbegründung dem ausscheidenden Leitungsorgan eine persönliche Perspektive und Planungssicherheit gegeben werden.[51] Problematisch ist allerdings, dass keine Regelung für den Fall vorgesehen ist, dass nach Ablauf der sechs Monate noch keine Nachfolgerin bzw. kein Nachfolger im Amt ist. In diesem Fall wird vermutlich auf die Stellvertreterregelung zurückgegriffen werden müssen, wie in dem Fall, dass der ausscheidende Amtswalter gar nicht zur Weiterführung der Geschäfte verpflichtet wird.

---

49 *EuGH* v. 28.3.1985 – C-272/83, ECLI:EU:C:1985:147, Kommission/Italien Rn. 27.
50 BT-Drucks. 18/11325, S. 85.
51 BT-Drucks. 18/11325, S. 86.

3. Außerordentliche Beendigung der Amtszeit durch Enthebung (Abs. 4).
Abs. 4 regelt die Gründe für eine **außerordentliche Beendigung der Amtszeit** durch Enthebung abschließend. Möglich ist eine **Enthebung** nur, wenn das Mitglied eine schwere Verfehlung begangen hat oder die Voraussetzungen für die Wahrnehmung seiner Aufgaben nicht mehr erfüllt. Die Gründe sind damit dieselben, die für die Enthebung des Europäischen Bürgerbeauftragten nach Art. 228 Abs. 2 AEUV bzw. für die Enthebung der Mitglieder der Europäischen Kommission nach Art. 247 AEUV erforderlich sind. Angesichts der erheblichen Folgen einer derartigen Amtsenthebung, sind die Gründe restriktiv auszulegen.[52] Eine rein politische Abwahl – auch durch eine (qualifizierte) Parlamentsmehrheit – ist damit jedenfalls nicht (mehr) möglich.[53]

Auch diese Regelung ist lediglich bezüglich der Gründe abschließend, es finden sich allerdings keine **Verfahrensregeln** in der DS-GVO, sodass auch insoweit eine Spezifizierung zulässig und geboten ist. Zumindest ist zu regeln, wer über die Amtsenthebung zu entscheiden hat. Im Kommissionsentwurf war zur Amtsenthebung noch ein Gerichtsbeschluss vorgesehen, was in der Folge der Verhandlungen über den Text der DS-GVO allerdings gestrichen wurde.[54] Eine **Öffnungsklausel** zur Regelung des Verfahrens ergibt sich auch bezüglich der außerordentlichen Beendigung des Amtes aus Art. 54 Abs. 1 lit. f letzter Hs., der den Mitgliedstaaten auferlegt, Regelungen zur Beendigung des Beschäftigungsverhältnisses zu treffen.[55] Dabei meint Beschäftigungsverhältnis in diesem Sinne nicht lediglich das Verhältnis der Bediensteten zu der Aufsichtsbehörde, sondern auch das des Mitglieds als Leitungsorgan zu der Aufsichtsbehörde (Art. 54 Rn. 55).

Es genügt keine einfache Verletzung von Pflichten des Mitglieds um eine **schwere Verfehlung** i.d.S. anzunehmen, sondern es bedarf einer erheblichen Pflichtverletzung. Ansonsten könnten die Mitgliedstaaten durch erhebliche Konkretisierungen der Pflichten der Mitglieder im Rahmen der Öffnungsklausel des Art. 54 Abs. 1 lit. f eine Amtsenthebung erleichtern.[56] Allerdings muss es sich nicht zwingend um eine schwere Dienstverfehlung handeln, sondern es können auch besonders schwere Verfehlungen im privaten Bereich, die (auch) Einfluss auf die Amtsstellung des Mitglieds haben, im Einzelfall eine Amtsenthebung begründen.[57] Eine nur formale Betrachtung greift zu kurz, vielmehr ist die Verfehlung vor dem Hintergrund der Aufgabenerfüllung zu würdigen. Letztlich bedarf es immer einer Betrachtung im Einzelfall, weshalb sich eine weitere Konkretisierung der Gründe auf nationaler Ebene allenfalls durch Nennung von (Regel-)Beispielen anbietet.

Hinsichtlich des Grundes der nicht mehr erfüllten Voraussetzungen für die Wahrnehmung der Aufgaben kommen besonders schwere **gesundheitliche Beeinträchtigungen**

---

52 Kühling/Buchner-*Boehm* Art. 53 Rn. 12; BeckOK DatenSR-*Schneider* Art. 53 Rn. 9.
53 Dies wäre nämlich mit der völligen Unabhängigkeit des Mitglieds nicht vereinbar, Sydow-*Ziebarth* Art. 53 Rn. 30.
54 Art. 48 Abs. 4 des Kommissionsentwurfs, KOM(2012) 11 endgültig, 2012/0011 (COD).
55 So auch Ehmann/Selmayr-*Selmayr* Art. 53 Rn. 17 u. i.Erg. auch BeckOK DatenSR-*Schneider* Art. 53 Rn. 9, der von einer erweiterten Auslegung des Art. 54 Abs. 1 lit. f spricht; *Kühling/Martini u.a.* Die Datenschutz-Grundverordnung und das nationale Recht, S. 167 meint aufgrund des engen thematischen Zusammenhangs zu Art. 53 Abs. 2 und 3 sowie ErwG 8 und 121 sei eine gesetzliche Ausgestaltung durch nationales Recht geboten.
56 Siehe Gola-*Nguyen* Art. 53 Rn. 9.
57 So im Ergebnis auch Ehmann/Selmayr-*Selmayr* Art. 53 Rn. 14 mit näheren Ausführungen.

in Betracht. Allerdings fallen darunter auch nicht auflösbare Interessenkollisionen, da diese nicht notwendig mit einer schweren Verfehlung einhergehen müssen.[58]

48 Kein ausreichender Grund für eine Amtsenthebung kann die Verschärfung der Ernennungsvoraussetzungen für die Mitglieder mit Geltung für den amtierenden Amtsinhaber sein.[59] Auch die Änderung bzw. Umstrukturierung des institutionellen Modells der Aufsichtsbehörde bzw. die **Auflösung der Aufsichtsbehörde** und Gründung einer neuen Aufsichtsbehörde (mit anderen Aufgaben und Befugnissen) kann keine außerordentliche Beendigung des Amtes des amtierenden Amtsinhabers rechtfertigen.[60]

49 § 12 Abs. 2 S. 3 BDSG enthält zulässige Regelungen zur **Amtsenthebung** im Rahmen der Öffnungsklausel des Art. 54 Abs. 1 lit. f letzter Hs. Die oder der Bundesbeauftragte wird von der Bundespräsidentin oder dem Bundespräsidenten auf Vorschlag der Präsidentin oder des Präsidenten des Bundestages dann ihres bzw. seines Amtes enthoben, wenn die oder der Bundesbeauftragte eine schwere Verfehlung begangen hat oder die Voraussetzungen für die Wahrnehmung ihrer oder seiner Aufgaben nicht mehr erfüllt (§ 12 Abs. 2 S. 3 BDSG). Soweit es damit zu einer Wiederholung der Gründe der außerordentlichen Beendigung des Amtes kommt, ist kein Verstoß gegen das grundsätzlich geltende **Wiederholungsverbot**[61] anzunehmen, da im Rahmen der Ausfüllung der Öffnungsklausel eine Wiederholung erforderlich ist, um Kohärenz zu wahren und die nationalen Vorschriften zum Verfahren in diesem Zusammenhang verständlich zu halten (ErwG 8).

50 Zulässige Verfahrensregelungen im Rahmen der Öffnungsklausel des Art. 54 Abs. 1 lit. f letzter Hs. enthalten auch § 12 Abs. 2 S. 4 und 5 BDSG, denen zufolge die oder der Bundesbeauftragte bei Beendigung des Amtsverhältnisses von der Bundespräsidentin oder dem Bundespräsidenten die vollzogene Urkunde erhält, mit deren Aushändigung die Amtsenthebung wirksam wird.

C. Praxishinweise

I. Relevanz für öffentliche und nichtöffentliche Stellen sowie betroffene Personen

51 Für öffentliche und nichtöffentliche Stellen sowie betroffene Personen hat die Vorschrift nur indirekt eine Relevanz, als dadurch die Schaffung einer unabhängigen und gleichzeitig qualitativ sowie effektiv arbeitenden Aufsichtsbehörde sichergestellt wird.

II. Relevanz für Aufsichtsbehörden

52 Für die Aufsichtsbehörden hat die Vorschrift in ihrer Gänze eine große Relevanz, da diese festlegt, wie und unter welchen Voraussetzungen das Leitungsorgan ernannt und abberufen wird.

---

58 So auch Paal/Pauly-*Körffer* Art. 53 Rn. 5; anders Ehmann/Selmayr-*Selmayr* Art. 53 Fn. 29.
59 So auch Sydow-*Ziebarth* Art. 54 Rn. 15.
60 Siehe *EuGH* v. 8.4.2014 – C-288/12, ECLI:EU:C:2014:237, Kommission/Ungarn und Ehmann/Selmayr-*Selmayr* Art. 53 Rn. 12.
61 *EuGH* v. 28.3.1985 – C-272/83, ECLI:EU:C:1985:147, Kommission/Italien, Rn. 27.

III. Datenschutzmanagement

Es ist derzeit keine direkte Relevanz für das Datenschutzmanagement ersichtlich. 53

IV. Sanktionen

Es existieren insoweit keine Sanktionsmöglichkeiten, aber das Mitglied einer Aufsichtsbehörde hat die Möglichkeit, z.B. bei Amtsenthebung, Rechtsschutz, etc., bei den nationalen Gerichten zu suchen. Allerdings besteht keine Möglichkeit zur Klage direkt beim EuGH.[62] 54

Artikel 54 Errichtung der Aufsichtsbehörde

(1) Jeder Mitgliedstaat sieht durch Rechtsvorschriften Folgendes vor:
a) die Errichtung jeder Aufsichtsbehörde;
b) die erforderlichen Qualifikationen und sonstigen Voraussetzungen für die Ernennung zum Mitglied jeder Aufsichtsbehörde;
c) die Vorschriften und Verfahren für die Ernennung des Mitglieds oder der Mitglieder jeder Aufsichtsbehörde;
d) die Amtszeit des Mitglieds oder der Mitglieder jeder Aufsichtsbehörde von mindestens vier Jahren; dies gilt nicht für die erste Amtszeit nach 24. Mai 2016, die für einen Teil der Mitglieder kürzer sein kann, wenn eine zeitlich versetzte Ernennung zur Wahrung der Unabhängigkeit der Aufsichtsbehörde notwendig ist;
e) die Frage, ob und – wenn ja – wie oft das Mitglied oder die Mitglieder jeder Aufsichtsbehörde wiederernannt werden können;
f) die Bedingungen im Hinblick auf die Pflichten des Mitglieds oder der Mitglieder und der Bediensteten jeder Aufsichtsbehörde, die Verbote von Handlungen, beruflichen Tätigkeiten und Vergütungen während und nach der Amtszeit, die mit diesen Pflichten unvereinbar sind, und die Regeln für die Beendigung des Beschäftigungsverhältnisses.

(2) ¹Das Mitglied oder die Mitglieder und die Bediensteten jeder Aufsichtsbehörde sind gemäß dem Unionsrecht oder dem Recht der Mitgliedstaaten sowohl während ihrer Amts- beziehungsweise Dienstzeit als auch nach deren Beendigung verpflichtet, über alle vertraulichen Informationen, die ihnen bei der Wahrnehmung ihrer Aufgaben oder der Ausübung ihrer Befugnisse bekannt geworden sind, Verschwiegenheit zu wahren. ²Während dieser Amts- beziehungsweise Dienstzeit gilt diese Verschwiegenheitspflicht insbesondere für die von natürlichen Personen gemeldeten Verstößen gegen diese Verordnung.

– *ErwG: 117, 121*
– *BDSG n.F.: §§ 8, 9, 11, 12, 13, 17, 18, 19, 40*

Übersicht

	Rn		Rn
A. Einordnung und Kontext	1	1. Errichtung der oder des Bundesbeauftragten mit Zuständigkeitsregelungen	4
I. Erwägungsgründe	1		
II. BDSG n.F.	3		

---

62 Siehe dazu näher Ehmann/Selmayr-*Selmayr* Art. 53 Rn. 18.

	Rn		Rn
2. Voraussetzungen für die Ernennung der oder des Bundesbeauftragten	8	3. Verfahren der Ernennung der Mitglieder der Aufsichtsbehörde (lit. c)	39
3. Verfahren der Ernennung der oder des Bundesbeauftragten	9	4. Amtszeit der Mitglieder der Aufsichtsbehörde (lit. d)	42
4. Amtszeit der oder des Bundesbeauftragten	10	5. Möglichkeit der Wiederwahl der Mitglieder der Aufsichtsbehörde (lit. e)	45
5. Möglichkeit der Wiederwahl der oder des Bundesbeauftragten	11	6. Pflichten der Mitglieder und der Bediensteten der Aufsichtsbehörde und zur Beendigung des Beschäftigungsverhältnisses (lit. f)	48
6. Pflichten der oder des Bundesbeauftragten bzw. der Bediensteten sowie Beendigung des Beschäftigungsverhältnisses/Ende der Amtszeit	12	a) Pflichten der Mitglieder und der Bediensteten der Aufsichtsbehörde	49
7. Verschwiegenheitspflicht	16	b) Vorschriften zu verbotenen Tätigkeiten und Vergütungen	51
III. Normgenese und Materialien	19	c) Regelungen zur Beendigung des Beschäftigungsverhältnisses	55
1. Datenschutz-Richtlinie 95/46/EG (DSRL)	19	III. Verschwiegenheitspflicht (Abs. 2)	59
2. BDSG a.F	21	C. Praxishinweise	66
3. Europäischer Datenschutzausschuss/WP 29	25	I. Relevanz für öffentliche Stellen	66
B. Kommentierung	26	II. Relevanz für nichtöffentliche Stellen	67
I. Regelungsinhalt und Hintergrund	26	III. Relevanz für betroffene Personen	68
II. Regelungsaufträge des Abs. 1	29	IV. Relevanz für Aufsichtsbehörden	69
1. Errichtung der Aufsichtsbehörde (lit. a)	29	V. Datenschutzmanagement	70
2. Voraussetzungen für die Ernennung der Mitglieder der Aufsichtsbehörde (lit. b)	36	VI. Sanktionen	71

Literatur: Siehe auch Hinweise zu Art. 51; *Roßnagel* Unabhängigkeit der Datenschutzaufsicht, Zweites Gesetz zur Änderung des BDSG, ZD 2015, 106 ff.; *Ziebarth* Demokratische Legitimation und Unabhängigkeit der deutschen Datenschutzbehörden, CR 2013, 60 ff.

A. Einordnung und Kontext

I. Erwägungsgründe

1 Im Zusammenhang mit der Errichtung der Aufsichtsbehörde weist ErwG 117 darauf hin, dass deren Befugnis, die Aufgaben und Befugnisse völlig **unabhängig** wahrzunehmen, ein wesentlicher Bestandteil des Schutzes natürlicher Personen bei der Verarbeitung personenbezogener Daten ist und dass in einem Mitgliedstaat mehrere Aufsichtsbehörden errichtet werden sollten, wenn dies dessen verfassungsmäßiger, organisatorischer und administrativer Struktur entspricht.

2 ErwG 121 wiederholt in S. 1 den Inhalt des Art. 53 Abs. 1 und enthält Bestimmungen zum **Vorschlagsrecht zur Ernennung** eines Mitglieds, was relevant ist im Rahmen der Ausgestaltung des Ernennungsverfahrens aufgrund des Regelungsauftrages des

Art. 54 Abs. 1 lit. c. Zudem nimmt dieser ErwG auf Art. 53 Abs. 2 bzw. Art. 54 Abs. 1 lit. b Bezug und sieht insoweit vor, dass die **allgemeinen Anforderungen an das Mitglied** durch Rechtsvorschriften von jedem Mitgliedstaat geregelt werden sollten. Ferner wird dort in Bezug auf Art. 54 Abs. 1 lit. f nochmals ausgeführt, dass die Mitglieder ihr **Amt integer auszuüben haben,** von allen mit den Aufgaben ihres Amtes nicht zu vereinbarenden Handlungen abzusehen und während der Amtszeit keine andere mit dem Amt nicht zu vereinbarende entgeltliche oder unentgeltliche Tätigkeit auszuüben haben, um die Unabhängigkeit zu gewährleisten.

II. BDSG n.F.

Die §§ 8, 11–13 BDSG regeln die Errichtung der oder des **Bundesbeauftragten** (als Datenschutzaufsichtsbehörde), die Ernennung und Abberufung der oder des Bundesbeauftragten als deren bzw. dessen Leitungsorgan, die Ausgestaltung des Amtsverhältnisses des Leitungsorgans sowie die Rechte und Pflichten sowohl der Bediensteten als auch des Leitungsorgans der oder des Bundesbeauftragten. Die §§ 9, 17–19 und 40 Abs. 1 und 2 BDSG enthalten zudem Regelungen zur **Zuständigkeit und Kooperation der Aufsichtsbehörden des Bundes und der Länder** infolge der Errichtung mehrerer Aufsichtsbehörden in der föderalen Bundesrepublik Deutschland. 3

1. Errichtung der oder des Bundesbeauftragten mit Zuständigkeitsregelungen. Die oder der Bundesbeauftragte ist eine **oberste Bundesbehörde** mit Dienstsitz in Bonn (§ 8 Abs. 1 BDSG). In diesem Zusammenhang wird auch zugleich geregelt, dass es sich bei deren Beamten um solche des Bundes handelt (§ 8 Abs. 2 BDSG). Nach § 12 Abs. 1 BDSG steht die oder der Bundesbeauftragte zum Bund in einem öffentlich-rechtlichen Amtsverhältnis. 4

Mit der Errichtung der oder des Bundesbeauftragten in engem Zusammenhang stehen auch die **Zuständigkeitsregelungen** des § 9 und des § 40 Abs. 2 BDSG; ferner auch die Regelungen der §§ 17–19 BDSG, die die innerstaatliche Koordination und Kooperation der Aufsichtsbehörden der Bundesrepublik Deutschland regeln. 5

Darüber hinaus enthält § 12 Abs. 3 BDSG Regelungen zur **Stellvertretung** durch die leitende Beamtin oder den leitenden Beamten bei Verhinderung der oder des Bundesbeauftragten an der Ausübung des Amtes, Beendigung des Amtsverhältnisses oder fehlender Verpflichtung zur Weiterführung der Geschäfte. 6

§ 12 Abs. 4 BDSG trifft Regelungen zur **Besoldung** bzw. sonstigen Versorgung der oder des Bundesbeauftragten. 7

2. Voraussetzungen für die Ernennung der oder des Bundesbeauftragten. Welche **Voraussetzungen** die oder der Bundesbeauftragte für deren oder dessen Ernennung erfüllen muss, regelt § 11 Abs. 1 S. 3–5 BDSG. 8

3. Verfahren der Ernennung der oder des Bundesbeauftragten. Der Deutsche Bundestag wählt auf Vorschlag der Bundesregierung die Bundesbeauftragte oder den Bundesbeauftragten mit mehr als der Hälfte der gesetzlichen Zahl seiner Mitglieder (§ 11 Abs. 1 S. 1 BDSG). Die **Ernennung** erfolgt durch die Bundespräsidentin oder den Bundespräsidenten (§ 11 Abs. 1 S. 2 BDSG). Dabei ist eine in § 11 Abs. 2 BDSG näher geregelte Eidesleistung vor der Bundespräsidentin oder dem Bundespräsidenten vorgesehen. Bei Ernennung wird eine Ernennungsurkunde ausgehändigt, 9 mit der das zum Bund bestehende öffentlich-rechtliche Amtsverhältnis beginnt (§ 12 Abs. 1 und 2 S. 1 BDSG).

10 **4. Amtszeit der oder des Bundesbeauftragten.** Die **Amtszeit** der oder des Bundesbeauftragten beträgt fünf Jahre (§ 11 Abs. 3 S. 1 BDSG). Zu einer faktischen Verlängerung der Amtszeit kann es aufgrund der Regelung des § 12 Abs. 2 S. 6 BDSG kommen, der zufolge die oder der Bundesbeauftragte bei Beendigung des Amtsverhältnisses mit Ablauf der Amtszeit auf Ersuchen der Präsidentin oder des Präsidenten des Bundestags verpflichtet ist, die Geschäfte bis zur Ernennung einer Nachfolgerin oder eines Nachfolgers für die Dauer von höchstens sechs Monaten weiterzuführen.

11 **5. Möglichkeit der Wiederwahl der oder des Bundesbeauftragten.** Die **Wiederwahl** ist einmalig möglich (§ 11 Abs. 3 S. 2 BDSG).

12 **6. Pflichten der oder des Bundesbeauftragten bzw. der Bediensteten sowie Beendigung des Beschäftigungsverhältnisses/Ende der Amtszeit.** § 13 BDSG regelt die **Rechte und Pflichten** der oder des Bundesbeauftragten bzw. auch partiell die ihrer oder seiner Bediensteten. Die oder der Bundesbeauftragte darf keine mit dem Amt nicht zu vereinbarenden Handlungen ausführen und während der Amtszeit keine mit dem Amt nicht zu vereinbarende entgeltliche oder unentgeltliche Tätigkeit ausüben, wobei es insb. untersagt ist, neben dem Amt ein anderes besoldetes Amt, ein Gewerbe oder einen Beruf auszuüben, der Leitung oder dem Aufsichts- bzw. Verwaltungsrat eines auf Erwerb gerichteten Unternehmens, einer Regierung oder einer gesetzgebenden Körperschaft anzugehören und außergerichtliche Gutachten gegen Entgelt abzugeben (§ 13 Abs. 1 BDSG).

13 Bezüglich der Pflicht der oder des Bundesbeauftragten im Hinblick auf das Erhalten von Geschenken, die sie oder er in Bezug auf das Amt erhält, trifft § 13 Abs. 2 BDSG eine Regelung.

14 Nähere Regelungen zum Ende der **Amtszeit der oder des Bundesbeauftragten** trifft § 12 Abs. 2 BDSG.

15 Für die **Beendigung des Beschäftigungsverhältnisses** der Bediensteten finden sich keine Regelungen im BDSG.

16 **7. Verschwiegenheitspflicht.** § 13 Abs. 4 BDSG regelt die **Verschwiegenheitspflicht** der oder des Bundesbeauftragten.

17 § 13 Abs. 4 BDSG erklärt zudem einige Vorschriften der **Abgabenordnung** für die Bundesbeauftragte oder den Bundesbeauftragten sowie die Bediensteten für nicht anwendbar.

18 In § 13 Abs. 3 BDSG findet sich eine Regelung zum **Zeugnisverweigerungsrecht** der oder des Bundesbeauftragten und der Bediensteten, während § 13 Abs. 5 BDSG Regelungen zur **Zeugenaussageberechtigung** für die Bundesbeauftragte oder den Bundesbeauftragten trifft.

III. Normgenese und Materialien

1. Datenschutz-Richtlinie 95/46/EG (DSRL). Bereits Art. 28 Abs. 1 DSRL sah die 19
Errichtung einer **Kontrollstelle** für den Datenschutz vor, vor dem Hintergrund, dass
ErwG 62 der DSRL die Einrichtung unabhängiger Kontrollstellen schon als ein
wesentliches Element des Schutzes der Personen bei der Verarbeitung personenbezogener Daten bezeichnete. Allerdings waren dort keine weiteren Vorgaben bezüglich
der Errichtung enthalten.

Art. 28 Abs. 7 DSRL verpflichtete die Mitgliedstaaten bereits zu Regelungen dahinge- 20
hend, dass die Mitglieder und Bediensteten der Aufsichtsbehörden hinsichtlich der
vertraulichen Informationen, die sie erhalten, dem **Berufsgeheimnis** unterliegen –
auch nach deren Ausscheiden.

2. BDSG a.F. Die oder der Bundesbeauftragte war bereits bislang eine **oberste Bun-** 21
desbehörde mit Dienstsitz in Bonn und deren oder dessen Beamte waren solche des
Bundes (§ 22 Abs. 5 BDSG a.F.). Auch das öffentlich-rechtliche Amtsverhältnis zum
Bund bestand schon (§ 22 Abs. 4 BDSG a.F.). Zuständigkeitsregelungen fanden sich in
§ 24 BDSG a.F. Auch eine Stellvertreterregelung existierte (§ 22 Abs. 6 BDSG a.F.). Die
Besoldung bzw. Versorgung der oder des Bundesbeauftragten war in § 23 Abs. 7
BDSG a.F. geregelt.

Bereits § 22 BDSG a.F. enthielt Vorschriften zur **Ernennung der oder des Bundesbe-** 22
auftragten, zu deren Voraussetzungen und zur Amtszeit. Das Vorschlagsrecht der
Bundesregierung mit der anschließenden Wahl durch den Bundestag mit mehr als der
Hälfte der gesetzlichen Mitglieder und der Ernennung durch die Bundespräsidentin
oder den Bundespräsidenten bestand bereits (§ 22 Abs. 1 BDSG a.F.). Auch die
Ernennungsvoraussetzung in Form der Vollendung des 35. Lebensjahres galt schon
bislang (§ 22 Abs. 1 S. 2 BDSG a.F.). Nähere Anforderungen hinsichtlich Qualifikation,
Erfahrung und Sachkunde der oder des Bundesbeauftragten waren allerdings bislang
nicht geregelt.

Die **Amtszeit** betrug auch bislang fünf Jahre mit der Möglichkeit der einmaligen Wie- 23
derwahl (§ 22 Abs. 3 BDSG a.F.). Die Amtszeit endete mit Ablauf der Amtszeit oder
mit der Entlassung, die entweder auf Verlangen der oder des Bundesbeauftragten
erfolgte oder auf Vorschlag der Bundesregierung, wenn Gründe vorlagen, die bei
einem Richter auf Lebenszeit die Entlassung aus dem Dienst rechtfertigen können
(§ 23 Abs. 1 S. 2 und 3 BDSG a.F.).

Die Regelungen zur **Verschwiegenheit**, zur Zeugnisverweigerung, zum Umgang mit 24
Geschenken und zum Verbot der Ausübung eines mit der Unabhängigkeit nicht zu
vereinbarenden Amtes bestanden ebenfalls schon nahezu inhaltsgleich.

3. Europäischer Datenschutzausschuss/WP 29. Hinsichtlich der Stellung der unab- 25
hängigen Datenschutzaufsichtsbehörden verfügt der EDSA nur über begrenzte
Befugnisse, da die Unabhängigkeit auch gegenüber dem EDSA besteht (Art. 51
Rn. 14 ff.). Zudem handelt es sich bei den Regelungen des Art. 54 um Regelungsaufträge an die Mitgliedstaaten bzw. um Öffnungsklauseln, bei deren Erfüllung den Mitgliedstaaten gewisse Spielräume bleiben, die diese ohne weitere Vorgaben durch die
europäische Ebene ausnutzen können. Aufgrund dessen ist keine große Einflussnahme durch den EDSA diesbezüglich zu erwarten.

B. Kommentierung

I. Regelungsinhalt und Hintergrund

26 Art. 54 enthält in dessen Abs. 1 **zwingende bzw. obligatorische Regelungsaufträge**[1] an die Mitgliedstaaten im Zusammenhang mit der Errichtung der Aufsichtsbehörde, die zum Teil an die Art. 51–53 anknüpfen. Dabei enthalten die lit. a–c des Art. 54 Abs. 1 reine Regelungsaufträge ohne eigene materiell-rechtliche Vorgaben, während die lit. d–f des Art. 54 Abs. 1 neben dem bloßen Regelungsauftrag auch eigene materielle Regelungen enthalten.[2] Dies ist dem geschuldet, dass sich materielle Vorgaben bezüglich der Regelungsaufträge des Art. 54 Abs. 1 lit. a–c bereits aus den Art. 51–53 ergeben, während dies bei den Regelungsaufträgen des Art. 54 Abs. 1 lit. d–f nicht der Fall ist. Trotz einzelner materieller Vorgaben – in Art. 54 selbst oder den vorangehenden Art. 51–53 – wurde den Mitgliedstaaten zur Regelung dieser Punkte ein großer Regelungsspielraum eingeräumt, damit die Mitgliedstaaten ihrer jeweiligen **verfassungsmäßigen, organisatorischen und administrativen Struktur** gerecht werden können.[3] Die Regelungsaufträge sind durch „Rechtsvorschriften" zu erfüllen; damit sind sowohl formelle als auch materielle Gesetze gemeint.[4]

27 Art. 54 Abs. 2 enthält dagegen keinen direkten ausdrücklichen Regelungsauftrag, sondern regelt selbst teilweise unmittelbar die **Verschwiegenheitspflicht**, verweist aber auch auf sonstige Regelungen des Unionsrechts oder mitgliedstaatliche Regelungen.

28 Im Wesentlichen soll auch Art. 54 die **Unabhängigkeit** der Mitglieder sicherstellen und damit auch gleichzeitig die nach Art. 52 erforderliche vollständige Unabhängigkeit der Aufsichtsbehörde (Art. 53 Rn. 14). Denn insb. das Ernennungsverfahren, die Dauer der Amtszeit, die Möglichkeit der Wiederwahl und auch die Voraussetzungen zur Abberufung sind wesentliche Faktoren in diesem Zusammenhang.[5]

II. Regelungsaufträge des Abs. 1

29 **1. Errichtung der Aufsichtsbehörde (lit. a).** Art. 54 Abs. 1 lit. a schreibt den Mitgliedstaaten die **Errichtung** (mindestens) **einer Aufsichtsbehörde**, d.h. einer unabhängigen staatlichen Stelle (Art. 4 Nr. 21) vor. Vorgaben dahingehend, wie eine Errichtung konkret zu erfolgen hat bzw. was in diesem Zusammenhang zu regeln ist, ergeben sich dagegen aus Art. 54 nicht. Art. 54 Abs. 1 lit. a steht allerdings in engem Zusammenhang mit Art. 51 Abs. 1. Die alleinige Errichtung einer i.S.d. Art. 52 unabhängigen Aufsichtsbehörde genügt jedenfalls nicht zur Erfüllung des Regelungsauftrages. Vielmehr ist auch zumindest festzulegen, ob die Leitung der Behörde durch ein **pluralistisch oder monokratisch organisiertes Organ** erfolgt. Zudem sind die Organisationsform und der Sitz[6] der Aufsichtsbehörde zu regeln. Im Falle der Errichtung mehrerer Aufsichtsbehörden sind zudem Regelungen zur innerstaatlichen Zuständigkeitsverteilung

---

1 Paal/Pauly-*Körffer* Art. 54 Rn. 1, *Kühling/Martini* EuZW 2016, 448, 449.
2 Siehe *Kühling/Martini* u.a. Die Datenschutz-Grundverordnung und das nationale Recht, S. 171.
3 *Kühling/Martini* u.a. Die Datenschutz-Grundverordnung und das nationale Recht, S. 108.
4 Siehe dazu näher Ehmann/Selmayr-*Selmayr* Art. 54 Rn. 5 u. *Kühling/Martini* u.a. Die Datenschutz-Grundverordnung und das nationale Recht, S. 125.
5 So auch *Ziebarth* CR 2013, 60, 63.
6 Zum Ort bzw. einem möglichen Umzug und dessen Zusammenhang mit der Unabhängigkeit siehe Sydow-*Ziebarth* Art. 54 Rn. 11 und 12.

(jedenfalls zur Klarstellung bzw. soweit vom Grundsatz des Art. 55 DS-GVO abweichende Regelungen getroffen werden sollen) und Kooperation zu treffen. Dabei haben sämtliche Regelungen in Erfüllung dieses Regelungsauftrages mit der nach Art. 52 erforderlichen Unabhängigkeit der Aufsichtsbehörde in Einklang zu stehen.

Die DS-GVO lässt sowohl monokratisch als auch kollegial strukturierte **Leitungsorgane** der Aufsichtsbehörden zu. Indem sowohl Art. 52 Abs. 3 und 3 als auch Art. 54 Abs. 1 lit. c–f und Abs. 2 S. 1 jeweils von „Mitglied" oder „Mitglieder(n)" sprechen, wird dies deutlich. Von einer kollegialen Struktur spricht man allerdings nicht schon dann, wenn neben der Leitungsperson einer Behörde ein **Stellvertreter** für diese bestellt wird (Art. 53 Rn. 16). Im Falle einer pluralistischen Struktur bedarf es weiterer Regelungen zum Verhältnis der Mitglieder zueinander.[7] Insbesondere in Fällen von monokratisch organisierten Leitungsorganen sollten Stellvertreterregelungen vorgesehen werden, um die Funktionsfähigkeit der Aufsichtsbehörde auch im Falle der Abwesenheit der Leitungsperson zu gewährleisten (Rn. 33). 30

Den Mitgliedstaaten steht es frei, ob sie eine oder **mehrere Aufsichtsbehörden** errichten. Dies ergibt sich aus Art. 51 Abs. 3. Nach ErwG 117 sollte sogar mehr als eine Aufsichtsbehörde errichtet werden, wenn dies der verfassungsmäßigen, organisatorischen und administrativen Struktur des Mitgliedstaats entspricht. In diesem Fall der Errichtung mehrerer Aufsichtsbehörden ist im Rahmen der Rechtsvorschriften zur Errichtung der Aufsichtsbehörde(n) auch eine **Zuständigkeitsregelung** zu treffen (Art. 55 Rn. 36 ff.). Ferner ist dann eine Aufsichtsbehörde zu bestimmen, die die übrigen Aufsichtsbehörden im Europäischen Datenschutzausschuss vertritt und ein Verfahren einzuführen, das sicherstellt, dass die anderen Aufsichtsbehörden die Regeln für das Kohärenzverfahren nach Art. 63 einhalten (Art. 51 Abs. 3); auch im Übrigen ist die Koordination und Kooperation der Aufsichtsbehörden untereinander zu regeln (Art. 51 Rn. 49 ff.). 31

Aufgrund der **föderalen Struktur** der Bundesrepublik Deutschland existieren mehrere Aufsichtsbehörden nebeneinander auf Bundes- und Landesebene. Der Regelungsauftrag ist sowohl an den Bund als auch an die Länder gerichtet. Auf Bundesebene wird daher die oder der Bundesbeauftragte als oberste Bundesbehörde errichtet (§ 8 Abs. 1 S. 2 BDSG). Die Ausgestaltung als **oberste Bundesbehörde** im Gefüge der Exekutive erfolgt aufgrund der unionsrechtlich geforderten Unabhängigkeit (Art. 52).[8] Die Regelungen zum Dienstsitz in Bonn (§ 8 Abs. 1 S. 2 BDSG) und die körperschaftliche Zuweisung der bei der oder dem Bundesbeauftragten beschäftigten Beamtinnen und Beamten als solche des Bundes (§ 8 Abs. 2 BDSG) stehen in unmittelbarem Zusammenhang mit der Errichtung der Aufsichtsbehörden[9] und sind deshalb vom Regelungsauftrag des Art. 54 Abs. 1 lit. a umfasst. Gleiches gilt für die Regelung des § 12 Abs. 1 BDSG, der zufolge die oder der Bundesbeauftragte zum Bund in einem öffentlich-rechtlichen Amtsverhältnis steht, sowie für die in § 12 Abs. 4 BDSG geregelte Besoldung, Versorgung bzw. die sonstigen Bezüge der oder des Bundesbeauftragten. 32

---

7 Siehe Sydow-*Ziebarth* Art. 54 Rn. 9.
8 Siehe BT-Drucks. 18/2848, S. 13.
9 BT-Drucks. 18/11325, S. 83.

33 Bei der **Stellvertreterregelung** des § 12 Abs. 3 BDSG handelt es sich um eine sinnvolle Konkretisierung im Rahmen der Ausgestaltung der Aufsichtsbehörde.[10] Sie dient der Gewährleistung der Funktionsfähigkeit und Aufgabenerfüllung bei Abwesenheit der oder des Bundesbeauftragten.[11] Gerade in Aufsichtsbehörden mit monokratisch organisierten Leitungsorganen – wie den deutschen – ist eine Vertretungsregelung zwingend, da es bei Abwesenheit des ernannten Mitglieds ansonsten keine Person mit den entsprechenden Befugnissen gäbe. Die erforderliche demokratische Legitimation (Art. 53 Rn. 22) des Stellvertreters aufgrund der Tatsache, dass er im Vertretungsfalle ebenso großen Einfluss hat wie die oder der Bundesbeauftragte selbst, wird durch die Ernennung von der oder dem Bundesbeauftragten selbst infolge einer Legitimationskette ausreichend vermittelt.[12]

34 Mit der Errichtung der oder des Bundesbeauftragten in engem Zusammenhang stehen auch die **Zuständigkeitsregelungen** der §§ 9, 19 und des § 40 Abs. 1 und 2 BDSG (Art. 55 Rn. 4 ff., 36 ff.). Gibt es in einem Mitgliedstaat mehrere Aufsichtsbehörden, gehört es zur Errichtung der Aufsichtsbehörden dazu, deren Zuständigkeiten innerstaatlich zu regeln, um deren Funktionsfähigkeit sicherzustellen. Die Öffnungsklausel zu den mitgliedstaatlichen Regelungen ergibt sich insoweit aus Art. 54 Abs. 1 lit. a i.V.m. Art. 51 Abs. 1 und 3 (Art. 55 Rn. 36 ff.).[13]

35 Ferner sind im Falle der Errichtung mehrerer Aufsichtsbehörden auch Regelungen zur **innerstaatlichen Koordination und Kooperation** zu treffen. Dem ist der Bundesgesetzgeber mit den §§ 17–18 BDSG nachgekommen (Art. 51 Rn. 49 ff. und Art. 56 Rn. 8 ff., 51 ff.). Auch insoweit ergibt sich die Öffnungsklausel aus Art. 54 Abs. 1 lit. a i.V.m. Art. 51 Abs. 1 und 3. Ob der Bundesgesetzgeber insoweit vollständig unionsrechts- und verfassungskonforme Regelungen getroffen hat, ist zumindest zweifelhaft (Art. 55 Rn. 47, Art. 56 Rn. 51 ff.).

2. Voraussetzungen für die Ernennung der Mitglieder der Aufsichtsbehörde (lit. b).

36 Art. 54 Abs. 1 lit. b erlegt den Mitgliedstaaten auf, Regelungen zu den erforderlichen Qualifikationen und sonstigen **Voraussetzungen für die Ernennung** zum Mitglied der Aufsichtsbehörde zu treffen. ErwG 121 wiederholt den Regelungsauftrag nochmal sinngemäß. Dabei meint Mitglied das Leitungsorgan der Aufsichtsbehörde (Art. 53 Rn. 15 f.).

37 In diesem Kontext ist Art. 53 Abs. 2 zu beachten, der insoweit konkretisierende Regelungen enthält (Art. 53 Rn. 29 ff.).

38 Der Bundesgesetzgeber ist diesem Regelungsauftrag des Art. 54 Abs. 1 lit. b i.V.m. Art. 53 Abs. 2 für die Bundesbeauftragte oder den Bundesbeauftragten mit § 11 Abs. 1 S. 3 bis 5 BDSG nachgekommen (Art. 53 Rn. 35 ff.).

39 **3. Verfahren der Ernennung der Mitglieder der Aufsichtsbehörde (lit. c).** Auch Art. 54 Abs. 1 lit. c fordert von den Mitgliedstaaten Regelungen für die **Ernennung** des Mitglieds oder der Mitglieder der Aufsichtsbehörden, insbesondere solche des Verfah-

---

10 *Kühling/Martini u.a.* Die Datenschutz-Grundverordnung und das nationale Recht, S. 412 f.
11 BT-Drucks. 18/11325, S. 86.
12 Siehe *Ziebarth* CR 2013, 60, 65.
13 So auch Ehmann/Selmayr-*Selmayr* Art. 55 Rn. 9.

rens, ohne diesbezüglich nähere Regelungen zu treffen. Dabei meint **Mitglied** lediglich das Leitungsorgan der Aufsichtsbehörde (Art. 53 Rn. 15 f.).

Aus Art. 53 Abs. 1 ergibt sich, wie dieses Verfahren auszugestalten ist, nämlich transparent mit dem Vorbehalt des Ernennens des Mitglieds durch **hochrangige staatliche Stellen** (Art. 53 Rn. 17 ff.). 40

Die Verfahrenskonkretisierung hinsichtlich der Ernennung der oder des **Bundesbeauftragten** ist im BDSG erfolgt (Art. 53 Rn. 23 ff.). 41

4. Amtszeit der Mitglieder der Aufsichtsbehörde (lit. d). Die Mitgliedstaaten haben auch bezüglich der **Amtszeit** der Mitglieder der Aufsichtsbehörde Regelungen zu treffen (Art. 54 Abs. 1 lit. d). Dabei muss diese Amtszeit mindestens 4 Jahre betragen; dies ergibt sich aus Art. 54 Abs. 1 lit. d. Eine Ausnahme von diesem Grundsatz sieht Art. 54 Abs. 1 lit. d selbst vor für den Fall der ersten Amtszeit nach dem 24.5.2016, wenn eine zeitlich versetzte Ernennung zur Wahrung der Unabhängigkeit der Aufsichtsbehörde notwendig ist. Diese Ausnahmeregelung ist allerdings nur für kollegial organisierte Leitungsorgane von Bedeutung, um als Mitgliedstaat verhindern zu können, dass infolge der sodann Anwendung findenden DS-GVO möglicherweise alle Amtszeiten aller Mitglieder gleichzeitig auslaufen.[14] 42

Auch die Festlegung einer Mindestdauer der Amtszeit soll zur Sicherstellung der **Unabhängigkeit** von Mitglied und Aufsichtsbehörde beitragen.[15] Je länger die Amtszeit, desto unabhängiger sind Mitglied und Aufsichtsbehörde.[16] Da die nach Art. 20 Abs. 2 GG in der Bundesrepublik Deutschland erforderliche **demokratische Legitimation** (Art. 53 Rn. 25) mit zunehmendem Zeitablauf verblasst, sollte die Amtsdauer sich bei einer Wahl durch das Parlament an der Dauer der Legislaturperiode orientieren.[17] 43

Die in § 11 Abs. 3 S. 1 BDSG geregelte **Amtszeit** von fünf Jahren hat die Mindestamtszeit von vier Jahren minimal überschritten. Basierend auf den bisherigen Erfahrungen in der Bundesrepublik Deutschland ist diese Amtszeit durchaus angemessen.[18] Von der Möglichkeit der Regelung einer Ausnahme wurde aufgrund der bzw. des monokratisch organisierten **Bundesbeauftragten** kein Gebrauch gemacht. Die aufgrund § 12 Abs. 2 S. 6 BDSG mögliche faktische Verlängerung der Amtszeit um maximal sechs Monate ist zulässig (Art. 53 Rn. 43), insb. auch unter dem Aspekt, dass Art. 54 Abs. 1 lit. d nur eine Mindestdauer, aber keine maximale Dauer einer Amtszeit festschreibt. 44

5. Möglichkeit der Wiederwahl der Mitglieder der Aufsichtsbehörde (lit. e). Art. 54 Abs. 1 lit. e lässt es ausdrücklich zu, dass die Mitgliedstaaten eine Möglichkeit der Wiederwahl vorsehen. Die Mitgliedstaaten haben aufgrund dieses Regelungsauftrages zwingend eine Regelung in Bezug auf die Wiederwahl zu treffen. Wenn eine Wiederwahl vorgesehen wird, so haben die Mitgliedstaaten allerdings auch zu regeln, wie oft 45

---

14 Siehe dazu nähere Ausführungen bei Ehmann/Selmayr-*Selmayr* Art. 54 Rn. 9 und Sydow-Ziebarth Art. 54 Rn. 29 ff.
15 Kühling/Buchner-*Boehm* Art. 54 Rn. 12.
16 Sydow-*Ziebarth* Art. 54 Rn. 25.
17 Sydow-*Ziebarth* Art. 54 Rn. 25.
18 Zur demokratischen Legitimation und Amtszeit siehe näher *Ziebarth* CR 2013, 60, 64.

eine solche Wiederwahl möglich sein soll. Möglich ist in diesem Zusammenhang auch die Festlegung, ob die Amtszeiten unmittelbar aufeinander folgen dürfen oder müssen.

46 Dabei könnte bei Bestehen der Möglichkeit einer Wiederwahl die **Unabhängigkeit** des Mitglieds **gefährdet sein**; denn wer wiedergewählt werden will, könnte dafür zu Zugeständnissen bereit sein.[19] Aber ein Mitglied könnte genauso zu Zugeständnissen bereit sein, wenn eine Wiederwahl nicht möglich ist und es daher auf die Zuweisung einer neuen Aufgabe angewiesen ist.[20] Aus Art. 54 Abs. 1 lit. e ergibt sich jedenfalls, dass nach Auffassung des europäischen Verordnungsgebers eine Möglichkeit der Wiederwahl der Mitglieder mit der nach Art. 52 erforderlichen Unabhängigkeit in Einklang steht. Jedenfalls ist bei Vorsehen einer Möglichkeit zur Wiederwahl eine entsprechend kürzere Amtszeit als bei Ausschluss der Wiederwahl vorzusehen, um letztlich keine unangemessen langen Amtsperioden zu ermöglichen, die ebenfalls wieder eine Gefahr für die Unabhängigkeit darstellen könnten.

47 In § 11 Abs. 3 S. 2 BDSG ist die Möglichkeit der **Wiederwahl der oder des Bundesbeauftragten** ausdrücklich vorgesehen, allerdings auf eine einmalige Wiederwahl beschränkt. Die Möglichkeit der einmaligen Wiederwahl steht mit der fünfjährigen Amtszeit in einem angemessenen Verhältnis. Denn mit der Aussicht auf ein mögliches zehnjähriges Amtsverhältnis erreicht man in der Regel auch besonders qualifizierte Personen.[21] Mangels ausdrücklicher anderweitiger Regelung müssen die Amtszeiten nicht zwingend aufeinanderfolgen, können es aber.

48 **6. Pflichten der Mitglieder und der Bediensteten der Aufsichtsbehörde und zur Beendigung des Beschäftigungsverhältnisses (lit. f).** Art. 54 Abs. 1 lit. f enthält Regelungsaufträge zu verschiedenen Aspekten. Es sind Regelungen zu den Pflichten der Mitglieder der Aufsichtsbehörden als auch deren Bediensteten zu treffen. Darüber hinaus sind Vorschriften zu den verbotenen Tätigkeiten und Vergütungen der Mitglieder sowohl während als auch nach deren Amtszeit zu erlassen. Letztlich ist auch die „Beendigung des Beschäftigungsverhältnisses" zu regeln.

49 **a) Pflichten der Mitglieder und der Bediensteten der Aufsichtsbehörde.** Art. 54 Abs. 1 lit. f erlegt den Mitgliedstaaten u.a. auf, Regelungen zu den **Pflichten der Mitglieder** der Aufsichtsbehörden und deren Bediensteten zu treffen. Dabei ergibt sich eine allgemeine Pflicht der Mitglieder und der Bediensteten der Aufsichtsbehörden letztlich schon aus der **Aufgabe der Aufsichtsbehörden**. Dies ist, die Überwachung und Anwendung der DS-GVO mit dem Ziel die Grundrechte und Grundfreiheiten natürlicher Personen bei der Verarbeitung zu schützen und den freien Verkehr personenbezogener Daten in der Europäischen Union zu erleichtern (Art. 51 Abs. 1). Die Mitglieder und Bediensteten haben die Pflicht in Erfüllung dieser Aufgabe zu handeln.

---

19 Siehe *Ziebarth* CR 2013, 60, 64 m.w.N.; auch Ehmann/Selmayr-*Selmayr* Art. 54 Rn. 10 hält das Verbot der Wiederernennung als ein besonders wirksames Mittel zur Absicherung der persönlichen Unabhängigkeit der Mitglieder.
20 Siehe Sydow-*Ziebarth* Art. 54 Rn. 35.
21 Ehmann/Selmayr-*Selmayr* Art. 54 Rn. 10.

Das BDSG trifft unter der Überschrift „**Rechte und Pflichten**" in § 13 primär Regelungen für die oder den **Bundesbeauftragten**, lediglich partielle Regelungen zu den Bediensteten. Hauptsächlich stehen diese Regelungen im Zusammenhang mit der in Art. 54 Abs. 2 geregelten Verschwiegenheitspflicht (Rn. 59 ff.) bzw. sie konkretisieren die verbotenen Tätigkeiten und Vergütungen der Mitglieder (Rn. 51 ff.). Hinsichtlich der Bediensteten ergeben sich allgemeine Pflichten im Hinblick auf die Ausübung der Tätigkeit insb. aus dem Bundesbeamtengesetz und dem Bundesdisziplinargesetz.[22] Ob sich weitere konkretere Regelungen zu Pflichten der Mitglieder und der Bediensteten zur Sicherstellung der Unabhängigkeit unter Anwendung der DS-GVO noch als erforderlich erweisen werden, und falls ja welche, bleibt abzuwarten. 50

b) Vorschriften zu verbotenen Tätigkeiten und Vergütungen. Bezüglich des Regelungsauftrages zu **verbotenen Tätigkeiten und Vergütungen** der Mitglieder steht Art 54 Abs. 1 lit. f in engem Kontext zu Art. 52 Abs. 3. Dieser regelt, von welchen Tätigkeiten die Mitglieder der Aufsichtsbehörden während ihrer Amtszeit abzusehen haben (Art. 52 Rn. 38 ff.). Infolge des Regelungsauftrages des Art. 54 Abs. 1 lit. f wird den Mitgliedstaaten aber auferlegt, noch konkretere Regelungen diesbezüglich – insbesondere auch Regelungen zu verbotenen Tätigkeiten und Vergütungen nach der Amtszeit – zu treffen. ErwG 121 wiederholt die Regelung des Art. 52 Abs. 3 und bringt zum Ausdruck, dass die Mitglieder ihr Amt integer auszuüben haben, um die Unabhängigkeit der Aufsichtsbehörde zu gewährleisten. 51

Nebentätigkeiten sollten dadurch nicht generell untersagt sein, sondern in dem Umfang zugelassen, wie sie die Unabhängigkeit nicht beeinträchtigen.[23] Denn nicht jede Art von anderweitiger Tätigkeit steht der ordnungsgemäßen Ausübung des Amtes entgegen; vielmehr kann eine Nebentätigkeit auch gewinnbringend für das Hauptamt sein. Auch eine sog. „cooling-off-Periode" könnte bzw. sollte im Rahmen dieses Regelungsauftrags mitgliedstaatlich geregelt werden.[24] 52

§ 13 Abs. 1 BDSG wiederholt zunächst Art. 52 Abs. 3, konkretisiert im Folgenden dann aber das Verbot. Aufgrund der sich anschließenden Konkretisierung ist auch kein Verstoß gegen das **Wiederholungsverbot** anzunehmen, da die Wiederholung zur Wahrung der Kohärenz und der Verständlichkeit erforderlich ist (ErwG 8). Diese im Anschluss an die Wiederholung folgende Konkretisierung ist auch zulässig. Die Untersagung, neben dem Amt ein anderes besoldetes Amt, ein Gewerbe oder einen Beruf auszuüben, soll insb. sicherstellen, dass die oder der Bundesbeauftragte der Aufsichtstätigkeit hauptamtlich nachkommt. Einer Leitung oder dem Aufsichts- bzw. Verwaltungsrats eines auf Erwerb gerichteten Unternehmens, einer Regierung oder einer gesetzgebenden Körperschaft anzugehören könnte zu Interessenkollisionen und damit zu einer **Gefährdung der Unabhängigkeit** führen. Gleiches gilt für die Abgabe von außergerichtlichen Gutachten gegen Entgelt. 53

Auch die **Geschenkeregelung** in § 13 Abs. 2 BDSG ist eine zulässige Regelung zur Erfüllung des Regelungsauftrags des Art. 54 Abs. 1 lit. f hinsichtlich des Verbotes 54

---

22 Ob dies dem Regelungsauftrag genügt bezweifelt Kühling/Buchner-*Boehm* Art. 54 Rn. 21.
23 Sydow-*Ziebarth* Art. 54 Rn. 44.
24 Siehe Ehmann/Selmayr-*Selmayr* Art. 54 Rn. 11.

von Tätigkeiten und Vergütungen. Letztlich soll durch diese Regelung die allgemeine Ordnung der übertragenen Dienstaufgaben gewährleistet werden sowie kein Verdacht der Korruption entstehen.[25] Diese Regelung dürfte die Unabhängigkeit der oder des Bundesbeauftragten nicht beeinträchtigen; im Gegenteil dürfte sie die **Unabhängigkeit** fördern, denn das Erhalten von Geschenken könnte ein verdecktes Entgelt für eine Tätigkeit sein bzw. durch Geschenke könnte versucht werden, Einfluss auf die Tätigkeit der oder des Bundesbeauftragten zu nehmen.

55 c) **Regelungen zur Beendigung des Beschäftigungsverhältnisses.** Die Mitgliedstaaten sollen zudem Regelungen zur Beendigung des Beschäftigungsverhältnisses schaffen. **Beschäftigungsverhältnis** in diesem Sinne meint dabei nicht lediglich das Verhältnis des Personals bzw. der Bediensteten der Aufsichtsbehörde zum Dienstherrn, sondern auch das des Mitglieds als **Leitungsorgan** zur Aufsichtsbehörde.[26] Zwar unterscheidet die DS-GVO an einigen Stellen zwischen den Mitgliedern als Leitungspersonen und den Bediensteten als Personal. Allerdings soll Art. 54 Abs. 1 lit. f insgesamt sowohl für die Mitglieder als auch die Bediensteten gelten, was aus dem Wortlaut des ersten Teils dieser Regelung („des Mitglieds oder der Mitglieder und der Bediensteten jeder Aufsichtsbehörde") eindeutig hervorgeht.

56 Zur **Beendigung des Amtsverhältnisses** der Mitglieder finden sich Regelungen in Art. 53 Abs. 3 und 4, die aufgrund des Regelungsauftrages in Art. 54 Abs. 1 lit. f von den Mitgliedstaaten eine Konkretisierung erfahren müssen (Art. 53 Rn. 38 ff.).

57 Der Bundesgesetzgeber ist dem Regelungsauftrag insoweit im Hinblick auf die **Bundesbeauftragte** oder den Bundesbeauftragen auch nachgekommen (§ 12 Abs. 2 BDSG), (Art. 53 Rn. 5 ff., 42 f. und 49 f.).

58 Bezüglich der Regelungen zur Beendigung des Beschäftigungsverhältnisses der Bediensteten sind die Mitgliedstaaten gänzlich frei; Art. 53 Abs. 3 und 4 finden keine Anwendung. Im BDSG selbst finden sich diesbezüglich keine Regelungen, da diese nicht für erforderlich gehalten wurden wegen der vorhandenen allgemeinen beamten- und arbeitsrechtlichen Grundsätze.[27] Allerdings existieren solche Regelungen in den §§ 30 ff. BBG zumindest für die Beamten der oder des Bundesbeauftragten. Inwieweit diesbezüglich konkretere Regelungen auf nationaler Ebene ggf. erforderlich werden sollten bleibt abzuwarten.

III. Verschwiegenheitspflicht (Abs. 2)

59 Art. 54 Abs. 2 enthält Regelungen zur **Verschwiegenheitspflicht.** Sowohl die Mitglieder der Aufsichtsbehörden als auch die Bediensteten sind zur Verschwiegenheit gem. dem Unionsrecht oder dem Recht der Mitgliedstaaten verpflichtet; dies auch über ihre Amts- bzw. Dienstzeit hinaus. Soweit das Unionsrecht keine entsprechende Regelung enthält, muss der Mitgliedstaat Regelungen diesbezüglich treffen.[28] Trotz des materiellen Inhalts des Art. 54 Abs. 2 ist nämlich eine Konkretisierung in einem anderen

---

25 *Roßnagel* ZD 2015, 106, 108.
26 So auch Sydow-*Ziebarth* Art. 54 Rn. 47; zum Begriff des „Mitglieds" siehe Art. 53 Rn. 15.
27 BT-Drucks. 18/11325, S. 86.
28 *Kühling/Martini u. a.* Die Datenschutz-Grundverordnung und das nationale Recht, S. 173.

Gesetz – sei es auf Unionsebene oder nationaler Ebene – erforderlich.[29]

In S. 2 des Art. 54 Abs. 2 wird nunmehr ausdrücklich hervorgehoben, dass die Verschwiegenheitspflicht während der Amts- bzw. Dienstzeit insb. für die **von natürlichen Personen gemeldeten Datenschutzverstöße** gilt. Dies ergibt sich zwar bereits aus S. 1 des Art. 54 Abs. 2. Allerdings macht die zusätzliche Erwähnung deutlich, welch hohen Stellenwert die Verschwiegenheitspflicht bezüglich dieser Tatsache hat. Denn nur wenn betroffene Personen davon ausgehen können, dass absolute Verschwiegenheit herrscht, werden sie sich an die Aufsichtsbehörde wenden.[30] 60

Hinsichtlich der Regelung der Verschwiegenheitspflicht in Art. 54 Abs. 2 und nicht in einem eigenen Artikel – insb. weil auch die Überschrift von Art. 54 nicht auf eine solche Regelung zur Verschwiegenheit hindeutet – wird vielfach Kritik geübt.[31] Es kann bei näherem Hinsehen allerdings ein innerer Zusammenhang zur Regelung des Art. 54 Abs. 1 lit. f festgestellt werden. Denn letztlich ist die Verschwiegenheitspflicht eine besondere Pflicht der Mitglieder und Bediensteten der Aufsichtsbehörden, sodass die Kritik nicht gänzlich berechtigt erscheint. 61

Die Verschwiegenheitspflicht gilt nur für **vertrauliche Informationen**. Vertrauliche Informationen sind letztlich alle, die nicht offenkundig oder geheimhaltungsbedürftig sind.[32] 62

§ 13 Abs. 4 BDSG konkretisiert Art. 54 Abs. 2 im Hinblick auf die Verschwiegenheitspflicht der oder des **Bundesbeauftragten**. Soweit es während der Amtszeit im pflichtgemäßen Ermessen der oder des Bundesbeauftragten steht, zu entscheiden, ob sie oder er über eine Angelegenheit aussagt oder Erklärungen abgibt, steht dies mit der erforderlichen Unabhängigkeit im Einklang. Nach Ablauf der Amtszeit bedarf es allerdings einer Genehmigung der oder des amtierenden Bundesbeauftragten, was kritisch zu sehen ist im Hinblick auf die **Unabhängigkeit** wegen der Möglichkeit anderer Beurteilung durch den Nachfolger.[33] 63

Die Regelungen zum **Zeugnisverweigerungsrecht** und zur **Zeugenaussageberechtigung** gehören ebenfalls in den Kontext der Verschwiegenheitsverpflichtung.[34] § 13 Abs. 3 BDSG regelt das Zeugnisverweigerungsrecht der oder des Bundesbeauftragten. Es gilt sowohl bezüglich Personen, die der oder dem Bundesbeauftragten in deren bzw. dessen Eigenschaft als Bundesbeauftragte(r) Tatsachen anvertraut haben, als auch bezüglich der anvertrauten Tatsachen selbst. Auch die Mitarbeiter der oder des Bundesbeauftragten dürfen das Zeugnis verweigern, wobei aber über die Ausübung dieses Rechts die oder der Bundesbeauftragte entscheidet. Die Regelung zum Zeugnisaussagerecht in § 13 Abs. 5 S. 1 Nr. 1 BDSG ist insoweit im Hinblick auf die Unabhängigkeit bedenklich, als ein Zeugnisrecht u.a. nicht bestehen soll, wenn die Aussage dem Wohl des Bundes oder Landes Nachteile – insb. für die Sicherheit 64

---

29 A.A. Ehmann/Selmayr-*Selmayr* Art. 54 Rn. 4, der eine weitere Konkretisierung für nicht erforderlich, aber auch nicht für ausgeschlossen hält.
30 Kühling/Buchner-*Boehm* Art. 54 Rn. 18.
31 BeckOK DatenSR-*Schneider* Art. 54 Rn. 1.
32 Kühling/Buchner-*Boehm* Art. 54 Rn. 19 und Gola-*Nguyen/Stroh* Art. 54 Rn. 9 u. 10.
33 Roßnagel ZD 2015, 106, 109; Sydow-*Ziebarth* Art. 54 Rn. 50.
34 So auch *Kühling/Martini u.a.* Die Datenschutz-Grundverordnung und das nationale Recht, S. 416.

oder die Beziehung zu anderen Staaten – bereiten würde.[35] Gleiches gilt für die Regelung, dass die oder der Bundesbeauftragte über laufende oder abgeschlossene Vorgänge, die dem Kernbereich exekutiver Eigenverantwortung der Bundesregierung zuzurechnen sind oder sein könnten, nur im Benehmen mit der Bundesregierung aussagen darf.[36] Nach § 13 Abs. 6 gelten die Abs. 3 und 4 S. 5–7 entsprechend für die Datenschutzbeauftragten der Länder.

65 Es fehlt allerdings im BDSG eine Regelung zur Verschwiegenheitsverpflichtung für die Bediensteten. Sie sind lediglich in der Regelung betreffend die Zeugnisverweigerung miterfasst. Eine Regelung für die beamteten Bediensteten ergibt sich aus § 67 BBG. Gerade für nicht verbeamtete Mitarbeiter ist unklar, ob einzig auf arbeitsvertragliche Regelungen zurückgegriffen werden kann.[37]

C. Praxishinweise

I. Relevanz für öffentliche Stellen

66 Für öffentliche Stellen hat die Vorschrift nur indirekt eine Relevanz, als dadurch die Schaffung einer unabhängigen und gleichzeitig qualitativ sowie effektiv arbeitenden Aufsichtsbehörde sichergestellt wird.

II. Relevanz für nichtöffentliche Stellen

67 Auch für nichtöffentliche Stellen hat Art. 54 Abs. 1 nur indirekt eine Relevanz, als dadurch die Schaffung einer unabhängigen und gleichzeitig qualitativ sowie effektiv arbeitenden Aufsichtsbehörde sichergestellt wird. Aufgrund der Regelung des Art. 54 Abs. 2 können sich nichtöffentliche Stellen auf die Verschwiegenheit der Mitglieder und Bediensteten der Aufsichtsbehörde verlassen, was insb. im Hinblick auf **Geschäftsgeheimnisse** von Bedeutung ist.

III. Relevanz für betroffene Personen

68 Auch für betroffene Personen hat Art. 54 Abs. 1 nur indirekt eine Relevanz, als dadurch die Schaffung einer unabhängigen und gleichzeitig qualitativ sowie effektiv arbeitenden Aufsichtsbehörde sichergestellt wird. Aufgrund der Regelung des Art. 54 Abs. 2, insb. des S. 1, können sich betroffene Personen mit der Gewissheit der absoluten Verschwiegenheit an die Aufsichtsbehörden wenden.

IV. Relevanz für Aufsichtsbehörden

69 Für die Aufsichtsbehörden hat die Vorschrift eine große Relevanz, da diese zahlreiche Vorgaben und Regelungsaufträge hinsichtlich der Ausgestaltung der Aufsichtsbehörden enthält.

V. Datenschutzmanagement

70 Es ist derzeit keine direkte Relevanz für das Datenschutzmanagement ersichtlich.

---

35 Siehe dazu näher *Roßnagel* ZD 2015, 106, 109.
36 Siehe auch dazu näher *Roßnagel* ZD 2015, 106, 109.
37 Kühling/Buchner-*Boehm* Art. 54 Rn. 24.

Zuständigkeit — Art. 55

VI. Sanktionen

Verstoßen Mitglieder oder Beschäftigte der Aufsichtsbehörde gegen ihre Verschwiegenheitspflicht hinsichtlich der vertraulichen Informationen betroffener Personen, so haben die betroffenen Personen Möglichkeit **Klage auf Schadensersatz** einzureichen. 71

Abschnitt 2
Zuständigkeit, Aufgaben und Befugnisse

Artikel 55 Zuständigkeit

(1) Jede Aufsichtsbehörde ist für die Erfüllung der Aufgaben und die Ausübung der Befugnisse, die ihr mit dieser Verordnung übertragen wurden, im Hoheitsgebiet ihres eigenen Mitgliedstaats zuständig.

(2) ¹Erfolgt die Verarbeitung durch Behörden oder private Stellen auf der Grundlage von Artikel 6 Absatz 1 Buchstabe c oder e, so ist die Aufsichtsbehörde des betroffenen Mitgliedstaats zuständig. ²In diesem Fall findet Artikel 56 keine Anwendung.

(3) Die Aufsichtsbehörden sind nicht zuständig für die Aufsicht über die von Gerichten im Rahmen ihrer justiziellen Tätigkeit vorgenommenen Verarbeitungen.

– *ErwG: 20, 122, 128*
– *BDSG n.F.: §§ 9, 19, 40*

Übersicht

	Rn		Rn
A. Einordnung und Kontext	1	b) Parallele Zuständigkeiten verschiedener Aufsichtsbehörden	33
I. Erwägungsgründe	1		
II. BDSG n.F.	4		
III. Normgenese und Materialien	8	3. Innerstaatliche Regelung im BDSG	36
1. Datenschutz-Richtlinie 95/46/EG (DSRL)	8	a) Sachliche Zuständigkeit der Datenschutzaufsichtsbehörden	39
2. BDSG a.F	11		
3. Europäischer Datenschutzausschuss/WP 29	14	b) Örtliche Zuständigkeit der Datenschutzaufsichtsbehörden bzw. Regelung der Verbandskompetenz	41
B. Kommentierung	16		
I. Regelungsinhalt und Ziel der Regelung	16		
II. Grundsatz der territorialen Zuständigkeit (Abs. 1)	19	aa) Regelung des § 40 Abs. 2 BDSG	42
1. Anknüpfungspunkt zur Bestimmung der Zuständigkeit	20	bb) Regelung des § 19 BDSG	47
2. Rechtsfolge der begründeten Zuständigkeit	30	III. Spezifische Zuständigkeiten bei Verarbeitung im öffentlichen Interesse (Abs. 2)	53
a) Erfüllung der Aufgaben unter Wahrnehmung der Befugnisse im Hoheitsgebiet	30	IV. Zuständigkeit für die Justiz (Abs. 3)	59
		1. Grundsätzliches und Hintergrund der Regelung	60
		2. Justizielle Tätigkeiten	66

Kugelmann/Römer 1301

	Rn		Rn
3. Besondere Kontrollstellen im Justizsystem und BDSG	73	III. Relevanz für betroffene Personen	78
C. Praxishinweise	76	IV. Relevanz für Aufsichtsbehörden	79
I. Relevanz für öffentliche Stellen	76	V. Datenschutzmanagement	80
II. Relevanz für nichtöffentliche Stellen	77	VI. Sanktionen	81

Literatur: Siehe auch Hinweise zu Art. 51; *Engeler* Auswirkungen der Datenschutz-Grundverordnung auf die Arbeit der justiziellen Beteiligungsgremien, NVwZ 2019, 611 ff.; *Greve* Das neue Bundesdatenschutzgesetz, NVwZ 2017, 737 ff.; *Kranig* Zuständigkeit der Datenschutzaufsichtsbehörden – Feststellung des Status quo mit Ausblick auf die DS-GVO, ZD 2013, 550 ff.; *von Lewinski* Datenschutzaufsicht in Europa als Netzwerk, NVwZ 2017, 1483 ff.; *Ludwigs/Huller* OTT-Kommunikation: (Noch) Keine TK-Regulierung für Gmail & Co., NVwZ 2019, 1099 ff.; *Roßnagel/Kroschwald* Was wird aus der Datenschutzgrundverordnung? Die Entschließung des Europäischen Parlaments über ein Verhandlungsdokument, ZD 2014, 495 ff.; *Wiebe/Eichfeld* Spannungsverhältnis Datenschutzrecht und Justiz: Anwendungsbereich, Verantwortlichkeit, richterliche Unabhängigkeit, NJW 2019, 2734 ff.

A. Einordnung und Kontext

I. Erwägungsgründe

1 ErwG 122 wiederholt zunächst Art. 55 Abs. 1 inhaltlich und führt sodann auf, für welche Verarbeitungen von personenbezogenen Daten durch welche Verantwortliche bzw. für welche Verarbeitungssituationen Art. 55 Abs. 1 insbesondere eine Zuständigkeit einer Datenschutzaufsichtsbehörde begründet werden soll. Letztlich werden **vier Verarbeitungssituationen** genannt: die Verarbeitung im Rahmen der Tätigkeiten einer Niederlassung des Verantwortlichen oder Auftragsverarbeiters im Hoheitsgebiet des Mitgliedstaats (der Datenschutzaufsichtsbehörde) (1), die Verarbeitung personenbezogener Daten durch Behörden oder private Stellen (des Mitgliedstaats der Datenschutzaufsichtsbehörde), die im öffentlichen Interesse handeln (2), Verarbeitungstätigkeiten, die Auswirkungen auf betroffene Personen im Hoheitsgebiet (der Datenschutzaufsichtsbehörde) haben (3) oder Verarbeitungstätigkeiten eines Verantwortlichen oder Auftragsverarbeiters ohne Niederlassung in der Union, sofern sie auf betroffene Personen mit Wohnsitz im Hoheitsgebiet (der Datenschutzaufsichtsbehörde) ausgerichtet sind (4). Eingeschlossen sollen dabei sein, d.h. von der insoweit zuständigen Aufsichtsbehörde sollen sodann grundsätzlich insbesondere folgende Aufgaben erledigt werden: die Bearbeitung von Beschwerden einer betroffenen Person, die Durchführung von Untersuchungen über die Anwendung der DS-GVO sowie die Förderung der Information der Öffentlichkeit über Risiken, Vorschriften, Garantien und Rechte im Zusammenhang mit der Verarbeitung personenbezogener Daten. Damit erfolgt letztlich ein partieller Hinweis auf die Aufgaben und Befugnisse der zuständigen Aufsichtsbehörde.

2 ErwG 128 nimmt Bezug auf Art. 55 Abs. 2. Es sollen weder die Vorschriften über die federführende Behörde noch die über das Verfahren der Zusammenarbeit und Kohärenz Anwendung finden, wenn die **Verarbeitung im öffentlichen Interesse** erfolgt – sei es durch Behörden oder nichtöffentliche Stellen –, sondern es soll einzig und allein die Aufsichtsbehörde des Mitgliedstaats, in dem der Verantwortliche seinen Sitz hat, zuständig sein.

Aus ErwG 20 ergibt sich der Hintergrund der Regelung des Art. 55 Abs. 3. Die **Unab-** **hängigkeit der Justiz** bei Ausübung ihrer gerichtlichen Aufgaben einschließlich ihrer Beschlussfassung soll unangetastet bleiben. Deshalb sollen die Aufsichtsbehörden nicht für die Verarbeitung personenbezogener Daten durch Gerichte im Rahmen ihrer **justiziellen Tätigkeit** zuständig sein. Um dennoch auch in diesem Bereich die Einhaltung der DS-GVO sicherzustellen, sollen besondere Stellen im Justizsystem des jeweiligen Mitgliedstaats geschaffen werden, die mit der Aufsicht betraut werden sollen. 3

II. BDSG n.F.

Aufgrund der föderalen Struktur der Bundesrepublik Deutschland mit Datenschutzaufsichtsbehörden auf Landes- und Bundesebene, ist die Zuständigkeit der Aufsichtsbehörden auf nationaler Ebene zu regeln. **Zuständigkeitsregelungen** finden sich in §§ 9, 19 und 40 Abs. 1 und 2 BDSG. 4

Die sachliche Zuständigkeit der oder des Bundesbeauftragten für den öffentlichen Bereich (und nunmehr für Unternehmen, soweit diese für die geschäftsmäßige Erbringung von Telekommunikationsdienstleistungen Daten von natürlichen oder juristischen Personen verarbeiten und sich die Zuständigkeit nicht bereits aus § 115 Abs. 4 des TKG ergibt)[1] ist in § 9 BDSG geregelt. Die Zuständigkeit besteht für die **öffentlichen Stellen des Bundes**, auch soweit sie als öffentlich-rechtliche Unternehmen am Wettbewerb teilnehmen, und für Auftragsverarbeiter, soweit sie nichtöffentliche Stellen sind, bei denen dem Bund die Mehrheit der Anteile gehört oder die Mehrheit der Stimmen zusteht und der Auftraggeber eine öffentliche Stelle des Bundes ist. § 40 Abs. 1 BDSG stellt klar, dass die nach Landesrecht zuständigen Behörden im Anwendungsbereich der DS-GVO grundsätzlich bei nichtöffentlichen Stellen die Anwendung der Vorschriften über den Datenschutz überwachen. Daneben bestehen allerdings weiterhin spezialgesetzliche Regelungen (z.B. TKG, PostG), die für die Verarbeitung durch bestimmte nichtöffentliche Stellen abweichend vom Grundsatz der oder dem Bundesbeauftragten die Zuständigkeit zuweisen. Spezielle Zuweisungen betreffen etwa die Jobcenter (§ 50 Abs. 4 SGB II) oder die Finanzbehörden (§ 32h AO).[2] Der EuGH hat entschieden, dass ein internetbasierter E-Mail-Dienst, der keinen Internetzugang vermittelt und nicht in der Übertragung von Signalen über elektronische Kommunikationsnetze besteht, nicht als elektronischer Kommunikationsdienst i.S.d. Art. 2 lit. c RahmenRL 2009/140/EG zu betrachten ist.[3] Da es sich daher nicht um einen Telekommunikationsdienst nach § 6 TKG handelt, ist die Zuständigkeit für solche Dienste von der bzw. dem Bundesbeauftragten auf die Datenschutzaufsichtsbehörden der Länder übergegangen. 5

§ 9 Abs. 2 BDSG wiederholt Art. 55 Abs. 3 in Bezug auf **Bundesgerichte**. In der Gesetzesbegründung wird insoweit klargestellt, dass Art. 55 Abs. 3 unmittelbar gilt 6

---

1 Eingefügt durch 2. DSAnpUG-EU, BGBl. 2019 S. 1626 ff., siehe zu dieser Regelung näher BT-Drucks. 19/4674, S. 210.
2 Gola/Heckmann-*Thiel* § 9 Rn. 5; Kühling/Buchner-*Wieczorek* § 9 Rn. 8.
3 *EuGH* v. 13.6.2019 — C-193/18, ECLI:EU:C:2019:498, Google LLC/Bundesrepublik Deutschland; dazu *Ludwigs/Huller* NVwZ 2019, 1099, die darauf hinweisen, dass mit der Umsetzung des Europäischen Kodex für die elektronische Kommunikation zum 31.12.2020 hier wieder eine Änderung eintreten könnte.

und § 9 Abs. 2 BDSG lediglich die Umsetzung des Art. 45 Abs. 2 S. 1 der Datenschutz-Richtlinie 2016/680 für Polizei und Justiz durchführt.[4]

7 Erstmals enthält das BDSG nunmehr Regelungen zur **örtlichen Zuständigkeit der Aufsichtsbehörden**. Der § 40 Abs. 2 BDSG enthält eine Regelung zur innerstaatlichen Zuständigkeitsverteilung für den Fall, dass Verantwortlicher oder Auftragsverarbeiter mehrere inländische Niederlassungen haben und erklärt insoweit Art. 4 Nr. 16 für anwendbar. Bei Unstimmigkeiten bzw. Zweifelsfragen bezüglich der Zuständigkeit soll das Verfahren nach § 18 Abs. 2 BDSG Anwendung finden. Abschließend wird § 3 Abs. 3 und 4 des Verwaltungsverfahrensgesetzes für entsprechend anwendbar erklärt. Aus § 19 Abs. 1 BDSG ergibt sich die Bestimmung der federführenden Behörde im innerstaatlichen Kontext für die unionsweiten Verfahren der Zusammenarbeit und Kohärenz nach der DS-GVO (Art. 51 Rn. 9 f.; Art. 56 Rn. 8 ff.; 51 ff.). § 19 Abs. 2 BDSG enthält besondere Regelungen zur innerstaatlichen Zuständigkeitsverteilung im Zusammenhang mit dem Eingang einer Beschwerde. Beschwerden sind demzufolge grundsätzlich an die federführende Behörde i.S.d. § 19 Abs. 1 BDSG abzugeben, in Ermangelung einer solchen an die Aufsichtsbehörde eines Landes, in dem der Verantwortliche oder Auftragsverarbeiter eine Niederlassung hat (§ 19 Abs. 2 S. 1 BDSG). Eine Sonderregelung ist für den Fall vorgesehen, bei dem eine Beschwerde an eine sachlich unzuständige Behörde gerichtet wird (§ 19 Abs. 2 S. 2 BDSG). Die empfangende Aufsichtsbehörde soll dann gem. § 19 Abs. 2 S. 3 BDSG als die Aufsichtsbehörde nach Maßgabe des Kapitels VII der DS-GVO, bei der die Beschwerde eingereicht worden ist, gelten und den Verpflichtungen aus Art. 60 Abs. 7 bis 9 und Art. 65 Abs. 6 nachkommen. Nach § 19 Abs. 2 S. 4 BDSG soll im Zuständigkeitsbereich oder des Bundesbeauftragten die Aufsichtsbehörde, bei der eine Beschwerde eingereicht wurde, diese, sofern eine Abgabe nach Absatz 1 nicht in Betracht kommt, an den Bundesbeauftragten oder die Bundesbeauftragte abgeben.[5]

III. Normgenese und Materialien

8 **1. Datenschutz-Richtlinie 95/46/EG (DSRL).** Bereits die DSRL enthielt eine **Zuständigkeitsregelung**. Danach war jede Kontrollstelle bzw. Aufsichtsbehörde im Hoheitsgebiet ihres Mitgliedstaats für die Ausübung ihrer Befugnisse zuständig und zwar unabhängig vom auf die jeweilige Verarbeitung anwendbaren einzelstaatlichen Recht (Art. 28 Abs. 6 DSRL).

9 Aufgrund der Tatsache, dass es keine Regelungen zur **federführenden Aufsichtsbehörde** gab (Art. 56), war auch keine Ausnahmeregelung entsprechend Art. 55 Abs. 2 für die Aufsicht über die Verarbeitung von Daten im öffentlichen Interesse vorhanden.

10 Die DSRL enthielt auch keine Regelung zur Ausnahme der von Gerichten im Rahmen von **justiziellen Tätigkeiten** vorgenommenen Datenverarbeitung von der Aufsicht, nahm aber die polizeiliche und justizielle Zusammenarbeit und die Tätigkeiten des Staates im strafrechtlichen Bereich von der Anwendung der DSRL aus (Art. 3 Abs. 2 Spiegelstrich 1 a.E. DSRL).

---

[4] BT-Drucks. 18/11325, S. 84.
[5] Eingefügt durch 2. DSAnpUG-EU, BGBl. 2019 S. 1626 ff., siehe zu dieser Regelung näher BT-Drucks. 19/4674, S. 210.

2. BDSG a.F. Bereits das BDSG a.F. enthielt eine Regelung zur **sachlichen Zustän-** 11
digkeit der oder des Bundesbeauftragten (§ 24 Abs. 1 BDSG a.F.).

Nach § 24 Abs. 3 BDSG a.F. unterlagen **Bundesgerichte** der Kontrolle nur, soweit sie 12
in **Verwaltungsangelegenheiten** tätig wurden. Die Zuständigkeit war also positiv abzugrenzen – im Gegensatz zur jetzigen Regelung in Art. 55 Abs. 3.

Regelungen zur **örtlichen Zuständigkeit der verschiedenen Aufsichtsbehörden** des 13
Bundes und der Länder waren im BDSG a.F. nicht enthalten. Die Bestimmung der Zuständigkeit bzw. Abgrenzung bereitete daher vielfach Schwierigkeiten, insbesondere für die Datenschutzaufsichtsbehörden der Länder untereinander – kaum im Verhältnis zur oder zum Bundesbeauftragten, da es auf der Ebene der sachlichen Zuständigkeit in der Regel keine Überschneidungen mit den Datenschutzaufsichtsbehörden der Länder gab und gibt.[6]

3. Europäischer Datenschutzausschuss/WP 29. Hinsichtlich der Stellung der unab- 14
hängigen Datenschutzaufsichtsbehörden verfügt der EDSA nur über begrenzte Befugnisse, da die Unabhängigkeit auch gegenüber dem EDSA besteht (Art. 51 Rn. 14 ff.). Aufgrund dessen wird es diesbezüglich keine erhebliche Konkretisierung des Regelungsgehalts der DS-GVO in Form von Leitlinien, Empfehlungen und bewährten Verfahren des EDSA geben.

Die WP 29 hat im Kontext des Art. 56 ein Arbeitspapier zu der Frage der **federführen-** 15
den Aufsichtsbehörde erarbeitet (Art. 56 Rn. 13). Zu Art. 55 ist derzeit kein Arbeitspapier in Bearbeitung. Jedoch können aus den Leitlinien 3/18 zum Marktortprinzip des Art. 3 Folgerungen für die Auslegung des Begriffes der Niederlassung in der EU und für das Kriterium des Ausrichtens auf den europäischen Markt gezogen werden.[7]

B. Kommentierung

I. Regelungsinhalt und Ziel der Regelung

Der Art. 55 enthält Regelungen zur **Bestimmung der zuständigen Datenschutzauf-** 16
sichtsbehörden. Der Grundsatz des Territorialprinzips (Art. 55 Abs. 1), dessen alleinige Anwendung ggf. zu parallelen Zuständigkeiten mehrerer Aufsichtsbehörden führt – insbesondere im Falle von grenzüberschreitenden Verarbeitungen –, wird ergänzt durch Regelungen zur ausschließlichen Zuständigkeit der Aufsichtsbehörde am Sitz der öffentlichen oder nichtöffentlichen Stelle im Falle von Verarbeitungen im öffentlichen Interesse (Art. 55 Abs. 2) und zur Ausnahme von Verarbeitungen der Gerichte im Rahmen von justiziellen Tätigkeiten von der Aufsicht der Datenschutzaufsichtsbehörden (Art. 55 Abs. 3).

Zuständigkeitsfragen erweisen sich als mitentscheidend für die effektive Durchset- 17
zung der DS-GVO. Die zuständige Datenschutzaufsichtsbehörde muss feststehen, um die für die Durchsetzung erforderlichen Schritte zu ergreifen. Art. 55 steht in engem

---

6 Siehe dazu *Kranig* ZD 2013, 550 ff.
7 Guidelines 3/2018 on the territorial scope of the GDPR, version 2.1., 29.11.2019, abrufbar unter: https://edpb.europa.eu/our-work-tools/our-documents/guidelines/guidelines-32018-territorial-scope-gdpr-article-3-version_en.

Art. 55 — Zuständigkeit

Zusammenhang mit Art. 3, der das **Marktortprinzip** festschreibt[8] und verfolgt das **Ziel, eine lückenlose Zuständigkeitsordnung zu begründen**, um die Überwachung der Anwendung der DS-GVO gem. Art. 51 Abs. 1 und 2 flächendeckend sicherzustellen. Zur Erreichung dieses Ziels sind insbesondere die Erwägungsgründe weit formuliert. Dies führt zu Überlappungen in den Aussagen und ist auf der Grundlage der Systematik der Art. 55, 56 zu klären. Diese Bestimmungen wählen einen räumlichen Ansatz, indem sie auf das Hoheitsgebiet als Bezugspunkt der Zuständigkeit abheben.

18 Letztlich geht es im Kern bei Art. 55 auch darum, einheitliche Maßstäbe bei der Anwendung und Durchsetzung des Datenschutzrechts zu schaffen und dennoch nationale Besonderheiten, insbesondere bei Verarbeitungen im öffentlichen Interesse, zu berücksichtigen.

II. Grundsatz der territorialen Zuständigkeit (Abs. 1)

19 Art. 55 Abs. 1 regelt die grundsätzliche Zuständigkeit der Datenschutzaufsichtsbehörden. Diese bestimmt sich nach dem **Territorialprinzip** – wie auch zuvor in der DSRL vorgesehen (Rn. 8). Demzufolge haben die Aufsichtsbehörden grundsätzlich ihre Aufgaben und Befugnisse im Hoheitsgebiet ihres Mitgliedstaates auszuüben bzw. zu erfüllen.

20 **1. Anknüpfungspunkt zur Bestimmung der Zuständigkeit.** Der Anknüpfungspunkt für die Zuständigkeit ergibt sich aus Art. 55 Abs. 1 nicht eindeutig. Zunächst wird lediglich vom **Hoheitsgebiet** des Mitgliedstaates ausgegangen, womit ein räumlicher Ansatz zum Tragen kommt. Davon ausgehend kommt in Betracht, an den Verantwortlichen bzw. Auftragsverarbeiter, die betroffenen Personen oder die Datenverarbeitung an sich anzuknüpfen.[9] Alle diese Anknüpfungspunkte können bei Bezug zu deren Hoheitsgebiet (z.B. durch Sitz, Wohnsitz) eine Zuständigkeit einer Datenschutzaufsichtsbehörde begründen. Je nach Wahl des Anknüpfungspunktes können sich unterschiedliche Zuständigkeiten ergeben.

21 ErwG 122 führt beispielhaft – „insbesondere" – auf, für welche Verarbeitungen von personenbezogenen Daten durch welche Verantwortliche bzw. für welche Verarbeitungssituationen Art. 55 Abs. 1 die Zuständigkeit einer Datenschutzaufsichtsbehörde begründen soll: (1) die Verarbeitung im Rahmen der Tätigkeiten einer Niederlassung des Verantwortlichen oder Auftragsverarbeiters im Hoheitsgebiet des Mitgliedstaats einer Datenschutzaufsichtsbehörde, (2) die Verarbeitung personenbezogener Daten durch Behörden oder private Stellen (des Mitgliedstaats der Datenschutzaufsichtsbehörde), die im öffentlichen Interesse handeln, (3) Verarbeitungstätigkeiten, die Auswirkungen auf betroffene Personen im Hoheitsgebiet (des Staats der Datenschutzaufsichtsbehörde) haben oder (4) Verarbeitungstätigkeiten eines Verantwortlichen oder Auftragsverarbeiters ohne Niederlassung in der Union, sofern sie auf betroffene Personen mit Wohnsitz im Hoheitsgebiet (des Staats der Datenschutzaufsichtsbehörde) ausgerichtet sind.

22 Die Zuständigkeit der Datenschutzaufsichtsbehörde kann sich folglich aus dem **Sitz des Verantwortlichen oder Auftragsverarbeiters** in deren Hoheitsgebiet ergeben. In Frage kommt die Verarbeitung im Rahmen der Tätigkeit einer Niederlassung des Ver-

---

8 Dieses war vom *EuGH* v. 13.5.2014 – C-131/12, ECLI:EU:C:2014:317, Google v. Spain bereits angedeutet worden; siehe näher hierzu Art. 3.
9 Paal/Pauly-*Körffer* Art. 55 Rn. 2; Ehmann/Selmayr-*Selmayr* Art. 55 Rn. 6.

antwortlichen oder Auftragsverarbeiters im jeweiligen Hoheitsgebiet (1). Entscheidend ist also insoweit, ob eine Niederlassung im Hoheitsgebiet des Mitgliedstaats der Datenschutzaufsichtsbehörde vorhanden ist. Dabei wird **Niederlassung** in der DS-GVO im Gegensatz zur Hauptniederlassung (Art. 4 Nr. 16) nicht legaldefiniert, allerdings ergibt sich aus ErwG 22, dass eine effektive und tatsächliche Ausübung einer Tätigkeit durch eine feste Einrichtung erforderlich ist.[10] Ein Verantwortlicher oder Auftragsverarbeiter mit mehreren Niederlassungen in verschiedenen Mitgliedstaaten kann nach Art. 55 Abs. 1 dem Grunde nach mehrere zuständige Aufsichtsbehörden haben.[11]

Einen räumlichen Ansatz verfolgt auch die Zuständigkeit aufgrund der Verarbeitung personenbezogener Daten durch **Behörden oder private Stellen**, die im **öffentlichen Interesse** handeln ((2), Art. 55 Abs. 2). Die Aufsichtsbehörde des betroffenen Mitgliedstaats ist diejenige, die infolge einer Verarbeitung aufgrund regelmäßig öffentlich-rechtlicher Vorschriften oder durch funktional öffentliches Handeln betroffen ist. Anknüpfungspunkt sind der Verantwortliche bzw. Auftragsverarbeiter nach Maßgabe ihres Sitzes und die Datenverarbeitung. Auch in den Fällen der Verarbeitung im öffentlichen Interesse bestimmt sich die Zuständigkeit zunächst nach Art. 55 Abs. 1; Art. 55 Abs. 2 enthält insoweit lediglich ergänzende Regelungen, insbesondere den Ausschluss der Anwendung des Art. 56.

Eine Zuständigkeit der Aufsichtsbehörde besteht auch für alle Verarbeitungstätigkeiten, die **Auswirkungen auf betroffene Personen** im Hoheitsgebiet des eigenen Mitgliedstaats der Aufsichtsbehörde haben (3), d.h. unabhängig davon, wo der Verantwortliche oder Auftragsverarbeiter seine Niederlassung hat. In diesem Fall kann die aufgrund dessen zuständige Datenschutzaufsichtsbehörde auch gleichzeitig betroffene Behörde i.S.d. Art. 4 Nr. 22 lit. b sein.

Schlichte, also nicht notwendig erheblich **Auswirkungen** sollen dem Wortlaut des ErwG 122 zufolge genügen, um eine Zuständigkeit zu begründen. Diese liegen jedenfalls vor, wenn Daten von im Hoheitsgebiet ansässigen Personen verarbeitet werden oder diese Rechte aus der DS-GVO ableiten können.[12]

Ausreichend zur Begründung der Zuständigkeit sind auch Verarbeitungstätigkeiten eines Verantwortlichen oder Auftragsverarbeiters ohne Niederlassung in der Europäischen Union, sofern diese Tätigkeiten auf betroffene Personen mit Wohnsitz im Hoheitsgebiet der Datenschutzaufsichtsbehörde **ausgerichtet** sind (4), unabhängig von vorhandenen tatsächlichen Auswirkungen. Dies betrifft auch europäische Staaten, die nicht (mehr) Mitglied der Union sind, wenn keine Sonderregeln greifen.

Eine **Ausrichtung** in o.g. Sinn ist in den in Art. 3 Abs. 2 genannten Fällen anzunehmen (**Marktortprinzip**), d.h. wenn die Datenverarbeitung dazu dient, betroffenen Personen in dem Mitgliedstaat Waren oder Dienstleistungen anzubieten oder die betroffenen

---

10 Zum Begriff der Niederlassung s. Art. 56 Rn. 28 f. und *EuGH* v. 1.10.2015 – C-230/14, ECLI:EU:C:2015:639, Weltimmo; vgl. *EDPB* Guidelines 3/18, S. 6 f.
11 Ehmann/Selmayr-*Selmayr* Art. 55 Rn. 7 geht insoweit davon aus, dass der Fall, dass ein Verantwortlicher oder ein Auftragsverarbeiter Niederlassungen in mehreren Mitgliedstaaten unterhält, gar nicht von Art. 55 Abs. 1 erfasst ist.
12 Gola-*Nguyen/Stroh* Art. 55 Rn. 6.

Personen zu beobachten.[13] Denn mit „ausrichten" ist letztlich gemeint, etwas auf jemanden einzustellen, einzurichten oder abzustellen[14] und genau diese Fälle sind von Art. 3 Abs. 2 erfasst, indem es dort um ein gezieltes Angebot an betroffene Personen oder deren Beobachtung durch Verantwortliche geht.

28 **Anknüpfungspunkt** des Art. 55 Abs. 1 kann in diesen beiden letztgenannten Fällen ((3) und (4)) zur Begründung der Zuständigkeit **nur die betroffene Person** (insbesondere deren Staatsangehörigkeit, Wohnsitz bzw. Aufenthaltsort) und ggf. die Verarbeitungstätigkeit sein.[15] Eine Zuständigkeitsbegründung einer Aufsichtsbehörde in diesen Fällen alleine aufgrund der Auswirkung bzw. Ausrichtung ist auch von großer Bedeutung, da es ansonsten in Fällen, in denen es keine Niederlassung des Verantwortlichen oder Auftragsverarbeiters in der Europäischen Union gibt (und ggf. trotz der grundsätzlich bestehenden Pflicht auch kein Vertreter nach Art. 27 benannt wurde), möglicherweise keine zuständige Aufsichtsbehörde gäbe, die ihre Aufgaben ausüben und Befugnisse wahrnehmen könnte. Dann würde das Ziel, eine flächendeckende Zuständigkeitsordnung zu begründen, nicht erreicht.

29 In dem Kontext der Zuständigkeitsbegründung infolge der Anknüpfung an die betroffenen Personen steht auch die Regelung des **Art. 77 Abs. 1**. Der zufolge haben die betroffenen Personen immer die Möglichkeit, sich mit einer Beschwerde an jede Aufsichtsbehörde – insbesondere an die in dem Mitgliedstaat ihres Aufenthaltsortes, ihres Arbeitsplatzes oder des Orts des mutmaßlichen Verstoßes (letztlich aber an die von ihnen frei gewählte Aufsichtsbehörde) – zu wenden, wenn sie einen Verstoß gegen die DS-GVO hinsichtlich der Verarbeitung ihrer personenbezogenen Daten vermuten, unabhängig davon durch wen die Datenverarbeitung erfolgt (**Recht auf Beschwerde**). Diese Aufsichtsbehörde, bei der eine Beschwerde eingereicht wurde, ist sodann jedenfalls eine betroffene Aufsichtsbehörde im Sinne des Art. 4 Nr. 22 lit. c.[16] Sie ist in der Regel auch schon eine zuständige Behörde im Sinne des Art. 55 Abs. 1 aufgrund des Vorliegens einer der oben genannten vier Fälle, denn häufig werden sich die betroffenen Personen an die Aufsichtsbehörde ihres Wohnsitzes wenden, und dann sind jedenfalls regelmäßig Auswirkungen im obigen Sinne zu bejahen oder an die Aufsichtsbehörde, in deren Mitgliedstaat eine Niederlassung des Verantwortlichen oder Auftragsverarbeiters vorhanden ist. Aber auch im Übrigen sollte sie eine zuständige Aufsichtsbehörde i.S.d. Art. 55 Abs. 1 sein, wegen des Zieles einer **flächendeckenden Zuständigkeitsbegründung** und da sie für die Unterrichtung der betroffenen Personen über den Stand und die Ergebnisse der Beschwerde alleinig zuständig bleibt (Art. 77 Abs. 2). Sie involviert allerdings ggf. andere zuständige Behörden (falls solche vorhanden sind) bzw. die möglicherweise vorhandene federführende Aufsichtsbehörde in ihre Aufsichtstätigkeit.

30 **2. Rechtsfolge der begründeten Zuständigkeit. – a) Erfüllung der Aufgaben unter Wahrnehmung der Befugnisse im Hoheitsgebiet.** Folge der begründeten Zuständigkeit ist die Verpflichtung der Aufsichtsbehörde zur Erfüllung ihrer **Aufgaben** (Art. 57)

---

13 Gola-*Nguyen/Stroh* Art. 55 Rn. 6; BeckOK DatenSR-*Eichler* Art. 55 Rn. 7; vgl. *EDPB* Guidelines 3/18, S. 16 f.
14 Siehe https://www.duden.de/rechtschreibung/ausrichten, zuletzt abgerufen am 2.2.2020, 11:48 Uhr.
15 Simitis/Hornung/Spiecker gen. Döhmann-*Polenz* Art. 55 Rn. 15.
16 *Kugelmann* ZD 2020, 76, 78.

unter Wahrnehmung ihrer **Befugnisse** (Art. 58). ErwG 122 erwähnt diesbezüglich explizit die Bearbeitung von Beschwerden betroffener Personen, die Durchführung von Untersuchungen über die Anwendung der DS-GVO und die Förderung der Information der Öffentlichkeit über Risiken, Vorschriften, Garantien und Rechte im Zusammenhang mit der Verarbeitung personenbezogener Daten.

Dabei haben die Aufsichtsbehörden ihre Aufgaben und Befugnisse grundsätzlich nur im Hoheitsgebiet ihres Mitgliedstaates zu erfüllen bzw. auszuüben. Denn eine Ausübung der Befugnisse durch eine Aufsichtsbehörde im Hoheitsgebiet eines anderen Mitgliedstaates ist mit dessen **territorialer Souveränität** grundsätzlich nicht zu vereinbaren.[17] Dies schließt eine kooperative Wahrnehmung bestimmter Aufgaben durch Behörden unterschiedlicher Mitgliedstaaten, die auf der Grundlage des Unionsrechts vorgehen, allerdings nicht aus. Voraussetzung ist eine Regelungskompetenz der Europäischen Union und ihre Ausübung durch den Erlass einschlägiger Regelungen. Die DS-GVO gestaltet allerdings **keinen Verwaltungsverbund** im Sinne eines hierarchischen Korsetts,[18] sondern errichtet eine Kooperation unabhängiger Behörden zur Erreichung der Ziele des Art. 1 (Art. 51 Rn. 46). 31

Die Frage der **Reichweite des Prinzips der territorialen Souveränität** stellt sich insbesondere in den Fällen, bei denen Anknüpfungspunkt für die Zuständigkeit lediglich die betroffenen Personen sind ((3) und (4)). Befassen können und ggf. müssen (insbesondere bei Vorliegen einer Beschwerde) sich die Aufsichtsbehörden mit den Datenverarbeitungen, die Auswirkungen auf betroffene Personen in ihrem Hoheitsgebiet haben oder mit solchen, die von einem Verantwortlichen oder Auftragsverarbeiter ohne Niederlassung in der Europäischen Union auf betroffene Personen mit Wohnsitz in ihrem Hoheitsgebiet ausgerichtet sind.[19] Voraussetzung ist, dass der Verantwortliche oder Auftragsverarbeiter in ihrem Zuständigkeitsbereich auf dem Markt auftritt. Die Ausübung der Aufgaben und Befugnisse durch die Aufsichtsbehörde kommt aber grundsätzlich nur in ihrem eigenen Hoheitsgebiet in Betracht. Gegenüber den betroffenen Personen mit Wohnsitz im Hoheitsgebiet des Mitgliedstaats der Aufsichtsbehörde handelt die Aufsichtsbehörde sodann rechtserheblich, weshalb die betroffene Person ihr gegenüber Rechtsschutz suchen kann (Art. 78).[20] Im Übrigen bedarf es der Amtshilfe bzw. der Verfahren der Zusammenarbeit und Kohärenz (Art. 60 ff.). Auf internationaler Ebene kann eine Zusammenarbeit mit Stellen und Behörden außerhalb der Europäischen Union erforderlich sein, insbesondere mit solchen in dem Staat, in dem der Verantwortliche oder Auftragsverarbeiter Sitz oder Niederlassung hat. 32

b) **Parallele Zuständigkeiten verschiedener Aufsichtsbehörden.** Eine nach Art. 55 Abs. 1 begründete Zuständigkeit einer Aufsichtsbehörde bedeutet nicht notwendig deren alleinige Zuständigkeit. Wie bereits erwähnt, kann ein Verantwortlicher oder Auftragsverarbeiter mit mehreren Niederlassungen in unterschiedlichen Mitgliedstaaten letztlich nach Art. 55 Abs. 1 dem Grunde nach mehrere zuständige Aufsichtsbehörden haben (Rn. 22). Auch kann es ggf. zu einer **parallelen Zuständigkeit** verschiedener 33

---

17 *EuGH* v. 1.10.2015 – C-230/14, ECLI:EU:C:2015:639, Weltimmo Rn. 56; so auch Sydow-Ziebarth Art. 55 Rn. 3 und Kühling/Buchner-*Boehm* Art. 55 Rn. 9.
18 Vgl. aber Ehmann/Selmayr-*Selmayr* Art. 51 Rn. 6.
19 Gola-*Nguyen/Stroh* Art. 55 Rn. 1.
20 Ehmann/Selmayr-*Selmayr* Art. 55 Rn. 4.

Aufsichtsbehörde kommen, wenn betroffene Personen, auf die die Verarbeitung Auswirkungen hat, in unterschiedlichen Mitgliedstaaten wohnen. Ferner kann es aufgrund des **Marktortprinzips** unter Anwendung des Art. 55 Abs. 1 zu parallelen Zuständigkeiten verschiedener Aufsichtsbehörden kommen, wenn die Tätigkeiten des außereuropäischen Unternehmens auf betroffene Personen mit Wohnsitz in verschiedenen Mitgliedstaaten ausgerichtet sind.[21]

34 Um **divergierende Entscheidungen** in den Fällen von parallelen Zuständigkeiten **zu vermeiden**, sieht die DS-GVO für einige Fälle bestimmte Mechanismen vor. Unterhält ein Verantwortlicher mehrere Niederlassungen in unterschiedlichen Mitgliedstaaten, so liegt häufig eine grenzüberschreitende Verarbeitung vor, so dass Art. 56 – ggf. in Verbindung mit Art. 60 – Anwendung findet. Insoweit wird Art. 55 Abs. 1 durch speziellere Regelungen überlagert.[22] Ausgenommen sind die Verarbeitungen im öffentlichen Interesse oder die von Gerichten vorgenommenen Verarbeitungen im Rahmen der justiziellen Tätigkeit, Art. 55 Abs. 2 und 3.

35 Letztlich zeigt sich, dass in der Regel jede **betroffene Aufsichtsbehörde** im Sinne des Art. 4 Nr. 22 auch eine nach Art. 55 Abs. 1 zuständige Behörde ist. Umgekehrt ist aber eine zuständige Aufsichtsbehörde nach Art. 55 Abs. 1 nicht zwingend eine betroffene Aufsichtsbehörde im Sinne des Art. 4 Nr. 22 (z.B. wenn von Verarbeitungstätigkeiten eines Verantwortlichen ohne Niederlassung im Mitgliedstaat lediglich nicht erhebliche Auswirkungen auf betroffene Personen im Hoheitsgebiet des Mitgliedstaats ausgehen und keine Beschwerde bei der Aufsichtsbehörde dieses Mitgliedstaats eingereicht wurde).

36 **3. Innerstaatliche Regelung im BDSG.** Art. 55 Abs. 1 ist keine Öffnungsklausel. Grundsätzlich regelt Art. 55 Abs. 1 dem Wortlaut zufolge die Zuständigkeit der Aufsichtsbehörde eines Mitgliedstaats für die Erfüllung der Aufgaben und die Ausübung der Befugnisse im Hoheitsgebiet ihres Mitgliedstaats. **Art. 55 Abs. 1 begründet grundsätzlich aber auch eine Zuständigkeit** (einer) der verschiedenen Datenschutzaufsichtsbehörden innerhalb des Mitgliedstaats Deutschland bei Vorliegen eines Anknüpfungspunktes (nicht lediglich die Zuständigkeit einer fingierten Datenschutzaufsicht Deutschland an sich).[23] Art. 55 Abs. 1 ist aber dennoch nicht dahingehend zu verstehen, dass jede nationale Aufsichtsbehörde zwingend im ganzen Hoheitsgebiet ihres Mitgliedstaats zuständig ist.[24]

---

21 Für den letzteren Fall so auch Simitis/Hornung/Spiecker gen. Döhmann-*Polenz* Art. 55 Rn. 15.
22 Ehmann/Selmayr-*Selmayr* Art. 55 Rn. 7.
23 A.A. BeckOK DatenSR-*Kisker* Art. 51 Vor Rn. 1; s. auch Kühling/Buchner-*Boehm* Art. 55 Rn. 16, der zufolge die aufsichtsbehördliche Zuständigkeit grundsätzlich an den Grenzen des jeweiligen Mitgliedstaates endet bzw. innerhalb dieser Grenzen gilt; welche der innerstaatlichen Aufsichtsbehörden wann konkret zuständig sei, richte sich dagegen nach nationalem Recht. Sydow-*Ziebarth* Art. 55 Rn. 4 äußert sich diesbezüglich nicht eindeutig, scheint aber eine innerstaatliche Geltung des Art. 55 Abs. 1 anzunehmen, indem er klarstellt, dass Art. 55 Abs. 1 nicht dahingehend zu verstehen ist, dass jede nationale Aufsichtsbehörde zwingend im ganzen Hoheitsgebiets ihres Mitgliedstaats zuständig ist, sondern die Zuständigkeit in örtlicher Hinsicht auf die Ebene beschränkt ist, für die sie eingerichtet ist, sodass Aufsichtsbehörden der Bundesländer nicht für andere Bundesländer zuständig sind.
24 Sydow-*Ziebarth* Art. 55 Rn. 4.

Vor diesem Hintergrund sind etwa die §§ 19, 40 Abs. 2 BDSG zu verstehen. In 37
Deutschland ist es aufgrund des föderalen Staatsaufbaus und der daraus resultierenden Aufsichtsstruktur mit mehreren Datenschutzaufsichtsbehörden auf Bundes- und auf Landesebene sinnvoll und notwendig, **innerstaatlich weitere Zuständigkeitsregelungen** zu schaffen und damit letztlich die Zuständigkeiten der Datenschutzaufsichtsbehörden innerstaatlich zuzuordnen. Die Notwendigkeit von innerstaatlichen Zuständigkeitsregelungen folgt insbesondere auch aus der bewährten Verteilung der Zuständigkeit der Datenschutzaufsicht in der Bundesrepublik Deutschland auf unterschiedliche Aufsichtsbehörden nicht lediglich nach einem räumlichen Ansatz, sondern auch aufgrund von Sonderzuständigkeitszuweisungen.

Die **Öffnungsklausel** ergibt sich insoweit aus Art. 54 Abs. 1 lit. a, der den Mitgliedstaaten die Errichtung der Aufsichtsbehörden durch Rechtsvorschriften auferlegt, i.V.m. Art. 51 Abs. 1 und 3, der ausdrücklich die Möglichkeit vorsieht, mehrere Aufsichtsbehörde in einem Mitgliedstaat zu errichten.[25] Gibt es mehrere Aufsichtsbehörden, gehört es zur Errichtung der Aufsichtsbehörden dazu, deren Zuständigkeiten innerstaatlich zu regeln, falls dies erforderlich ist um ihre Funktionsfähigkeit sicherzustellen (Art. 54 Rn. 34). In diesem Rahmen kommt die mitgliedstaatliche Befugnis zu Regelungen des Verwaltungsverfahrens und der Verwaltungsorganisation zum Tragen. 38

a) **Sachliche Zuständigkeit der Datenschutzaufsichtsbehörden.** Eine Regelung zur 39
sachlichen Zuständigkeit der oder des **Bundesbeauftragten** befand sich schon im BDSG a.F. bzw. in sonstigen bereichsspezifischen bundesgesetzlichen Regelungen (PostG, TKG). Der oder die Bundesbeauftragte war und ist für die Überwachung der öffentlichen Stellen des Bundes zuständig (§ 9 Abs. 1 BDSG). § 9 Abs. 1 BDSG übernahm den bisherigen § 24 Abs. 1 BDSG a.F. zunächst ohne inhaltliche Änderungen, wurde allerdings nunmehr dahingehend ergänzt, dass auch eine Zuständigkeit der oder des Bundesbeauftragten für Unternehmen besteht, soweit diese für die geschäftsmäßige Erbringung von Telekommunikationsdienstleistungen Daten von natürlichen oder juristischen Personen verarbeiten und sich die Zuständigkeit nicht bereits aus § 115 Abs. 4 TKG ergibt.[26] Spezialgesetzliche Zuweisungen der Datenschutzaufsicht über nichtöffentliche Stellen an die Bundesbeauftragte oder den Bundesbeauftragten bleiben weiterhin von der Regelung des § 9 Abs. 1 BDSG unberührt.[27]

Die **Aufsichtsbehörden der Länder** waren (§ 38 BDSG a.F.) und sind verantwortlich 40
für die Überwachung der nichtöffentlichen Stellen (§ 40 Abs. 1 BDSG) – vorbehaltlich der spezialgesetzlichen Zuweisungen an die Bundesbeauftragte oder den Bundesbeauftragten – sowie für die Überwachung der jeweiligen öffentlichen Stellen der Länder nach den Landesdatenschutzgesetzen,[28] wobei eine Zuständigkeit der Aufsichtsbehörden der Länder im jeweiligen Hoheitsgebiet dem Grunde nach bereits aus der konsequenten Anwendung des Art. 55 Abs. 1 abgeleitet werden kann (s. Rn. 36).

---

25 So auch Ehmann/Selmayr-*Selmayr* Art. 55 Rn. 9.
26 Eingefügt durch 2. DSAnpUG-EU, BGBl. 2019 S. 1626 ff., siehe zu dieser Regelung näher BT-Drucks. 19/4674, S. 210.
27 BT-Drucks. 18/11325, S. 83.
28 Gola/Heckmann-*Gola* § 40 Rn. 1, 3.

41 **b) Örtliche Zuständigkeit der Datenschutzaufsichtsbehörden bzw. Regelung der Verbandskompetenz.** Regelungen zur örtlichen Zuständigkeit der unterschiedlichen Aufsichtsbehörden des Bundes und der Länder waren im BDSG a.F. nicht enthalten. Auch finden sich diesbezügliche Regelungen für die nichtöffentlichen Stellen nicht in den Landesdatenschutzgesetzen oder den Durchführungs- und Zuständigkeitsverordnungen der Länder, sondern es wird nur die Behörde des Landes bestimmt, die für die Überwachung in Bezug auf den Datenschutz zuständig ist. Angesichts des Vorliegens einer Verbandskompetenz bereitete dies in der Vergangenheit Schwierigkeiten.[29] Aufgrund der Anwendung des § 3 Abs. 1 Nr. 2 VwVfG bei mehreren Niederlassungen eines Unternehmens in verschiedenen Bundesländern kam es zu einer parallelen Zuständigkeit mehrerer Datenschutzaufsichtsbehörden der Länder.[30] Die Zuständigkeitsabgrenzung hat man sodann häufig pragmatisch nach dem Unternehmenssitz vorgenommen.[31] Zwar sind nunmehr partielle Zuständigkeitsregelungen auf nationaler Ebene getroffen worden, sie umfassen jedoch nicht alle Fallgestaltungen. Wird Art. 55 Abs. 1 zuständigkeitsbegründender Charakter auch auf innerstaatlicher Ebene zugeschrieben, d.h. auch für die Landesdatenschutzaufsichtsbehörden, so bedarf es auch keiner umfassenden Zuständigkeitsregelung auf nationaler Ebene. Es ist dann hinzunehmen, dass es ggf. auch innerstaatlich mehrere zuständige Behörden gibt. Geht man dagegen davon aus, dass die aufsichtsbehördliche Zuständigkeit grundsätzlich an den Grenzen des jeweiligen Mitgliedstaates endet (Rn. 36 Fn. 23), kommt ein Rückgriff auf die Regelungen des VwVfG in Betracht.[32]

42 **aa) Regelung des § 40 Abs. 2 BDSG.** § 40 Abs. 2 BDSG enthält – neben § 19 BDSG – eine partielle Regelung der örtlichen Zuständigkeit für den Fall, dass mehrere inländische Niederlassungen vorhanden sind und erklärt insoweit Art. 4 Nr. 16 für anwendbar. Diese Zuständigkeitsabgrenzung findet nur Anwendung auf die Datenschutzaufsichtsbehörden der Länder.[33] Es handelt sich um eine vermittelnde Lösung mit konsensualen Elementen.[34] Damit wird das **One-Stop-Shop-System** auf die innerstaatliche Ebene übertragen;[35] sowohl für Verarbeitungen mit grenzüberschreitendem Bezug als auch für rein innerstaatliche Verarbeitungen, während die DS-GVO das One-Stop-Shop-Prinzip nur bei grenzüberschreitenden Verarbeitungen vorsieht. Wird die Beschwerde bei einer inländisch unzuständigen Behörde eingelegt, erfolgt eine Abgabe an die inländisch zuständige Behörde im Wege der zwischenbehördlichen Kooperation.[36]

---

29 Siehe dazu näher *Kranig* ZD 2013, 550 ff.
30 Die Abgrenzungsschwierigkeiten bestanden dabei insbesondere für die Datenschutzaufsichtsbehörden der Länder untereinander. Im Verhältnis zu der oder dem Bundesbeauftragten gab und gibt es auf Ebene der sachlichen Zuständigkeit in der Regel kaum Überschneidungen mit den Datenschutzaufsichtsbehörden der Länder, *Kranig* ZD 2013, 550, 551.
31 *von Lewinski* NVwZ 2017, 1483, 1488.
32 Siehe Kühling/Buchner-*Boehm* Art. 55 Rn. 17, 20.
33 „Im sachlichen Zuständigkeitsbereich der oder des Bundesbeauftragten für den Datenschutz und die Informationsfreiheit stellen sich vergleichbare Fragestellungen nicht, so dass lediglich eine Zuständigkeitsabgrenzung bei sachlicher Zuständigkeit der Aufsichtsbehörden der Länder erforderlich ist." BT-Drucks. 18/12144, S. 6.
34 *von Lewinski* NVwZ 2017, 1483, 1488.
35 BT-Drucks. 18/12144, S. 6; siehe auch *Greve* NVwZ 2017, 737, 741.
36 BeckOK DatenSR-*Wilhelm* § 40 Rn. 19a.

Maßgeblich ist infolge dessen der **Sitz der inländischen Hauptverwaltung** des Verantwortlichen, es sei denn, dass die Entscheidungen über die Zwecke und Mittel der Verarbeitung in einer anderen inländischen Niederlassung des Verantwortlichen getroffen werden und diese Niederlassung befugt ist, diese Entscheidungen umsetzen zu lassen (Art. 56 Rn. 30 ff.). 43

Beim **Auftragsverarbeiter** ist grundsätzlich immer der **Ort der Hauptverwaltung** entscheidend und nicht der Ort der Niederlassung, in der Entscheidungen im Zusammenhang mit der Verarbeitung personenbezogener Daten getroffen werden. Sofern der Auftragsverarbeiter keine Hauptverwaltung in der Bundesrepublik Deutschland hat, ist die Aufsichtsbehörde des Landes zuständig, in welcher die Verarbeitungstätigkeiten hauptsächlich stattfinden. 44

Die Regelung soll dazu führen, dass es – sofern eine inländische Hauptniederlassung i.S.d. Art. 4 Nr. 16 vorhanden ist – im innerstaatlichen Rahmen nur noch **eine zuständige Aufsichtsbehörde** gibt; es soll innerstaatlich nicht eine federführende Behörde und daneben eine oder ggf. mehrere betroffene Aufsichtsbehörden geben, obwohl dies der Systematik der DS-GVO entspräche, (Art. 56). Nach der Gesetzesbegründung soll diese Zuständigkeitskonzentration bislang mögliche Mehrfachzuständigkeiten vermeiden und damit sowohl Aufsichtsbehörden als auch Wirtschaft entlasten.[37] Bei mehreren Niederlassungen, aber keiner Hauptniederlassung entsprechend Art. 4 Nr. 16 in der Bundesrepublik Deutschland, hilft § 40 Abs. 2 BDSG nur bedingt. Zwar soll dann das Verfahren nach § 18 Abs. 2 BDSG Anwendung finden, aber nach welchen Kriterien dann eine zuständige Aufsichtsbehörde vorgeschlagen werden soll, ist fraglich. Ob die Regelung des § 40 Abs. 2 BDSG vollständig unionsrechtskonform ist, ist zumindest zweifelhaft, da das von der DS-GVO errichtete System von grundsätzlich parallel nebeneinander zuständigen Aufsichtsbehörden mit ggf. einer federführenden Aufsichtsbehörde auf innerstaatlicher Ebene modifiziert wird. 45

Bei Streitigkeiten bzw. Zweifelsfragen bezüglich der Zuständigkeit nach § 40 Abs. 2 BDSG soll gem. § 40 Abs. 2 S. 2 BDSG das **Verfahren nach § 18 Abs. 2 BDSG** Anwendung finden (Art. 51 Rn. 53 f.).[38] Bei Änderung der die Zuständigkeit begründenden Umstände während des Verwaltungsverfahrens oder beim Treffen unaufschiebbarer Maßnahmen wegen Gefahr im Verzug, gelten die § 3 Abs. 3 und 4 VwVfG entsprechend.[39] 46

bb) Regelung des § 19 BDSG. In § 19 Abs. 1 ist die Zuständigkeit insoweit geregelt, als festgelegt wird, welches die **federführende Behörde** in einem Verfahren der Zusammenarbeit und Kohärenz nach Kapitel VII der DS-GVO ist. Dies soll die Aufsichtsbehörde des Landes sein, in dem der Verantwortliche oder Auftragsverarbeiter seine Hauptniederlassung im Sinne des Art. 4 Nr. 16 oder seine einzige Niederlassung in der Europäischen Union hat (§ 19 Abs. 1 S. 1 BDSG; Art. 56 Rn. 51 ff.). Dies entspricht der Regelung des Art. 56 Abs. 1. In der Regel wird es sich um die nach § 40 Abs. 2 BDSG zuständige Behörde handeln. Der § 19 Abs. 1 S. 2 BDSG ent- 47

---

37 BT-Drucks. 18/12144, S. 6.
38 Gola-*Nguyen/Stroh* Art. 55 Rn. 12 bezweifeln, ob dieser Verweis mit dem Föderalismusprinzip zu vereinbaren ist; s. auch BeckOK DatenSR-*Wilhelm* § 40 Rn. 19.
39 BT-Drucks. 18/12144, S. 6.

hält eine die sachliche Zuständigkeit der oder des Bundesbeauftragten berücksichtigende Regelung.

48 Im Zusammenhang mit dem Eingang einer Beschwerde bestimmt § 19 Abs. 2 BDSG, dass Beschwerden in bestimmten Fällen innerstaatlich abgegeben werden. Nach § 19 Abs. 2 S. 1 BDSG werden Beschwerden von der die Beschwerde empfangenden Aufsichtsbehörde grundsätzlich an die federführende Behörde nach § 19 Abs. 1 BDSG abgegeben, d.h. an die Aufsichtsbehörde des Landes, in dem der Verantwortliche oder Auftragsverarbeiter seine Hauptniederlassung oder seine einzige Niederlassung in der Europäischen Union hat. Existiert eine solche Hauptniederlassung oder einzige Niederlassung nicht in der Bundesrepublik Deutschland, so soll eine **Abgabe an die Aufsichtsbehörde des Landes** erfolgen, in dem der Verantwortliche oder Auftragsverarbeiter eine Niederlassung hat. Wie mit dem Fall umzugehen ist, dass mehrere Niederlassungen in unterschiedlichen Ländern der Bundesrepublik Deutschland vorhanden sind, ist nicht geregelt. Wenn eine Beschwerde an eine „sachlich unzuständige Behörde" gerichtet wird, und weder eine inländische Hauptniederlassung noch eine anderweitige Niederlassung in der Bundesrepublik Deutschland besteht, so erfolgt gem. § 19 Abs. 2 S. 2 BDSG eine Abgabe an die sachlich zuständige Aufsichtsbehörde am Wohnsitz des Beschwerdeführers.

49 Die empfangende Aufsichtsbehörde gilt nach § 19 Abs. 2 S. 3 BDSG als die Aufsichtsbehörde nach Maßgabe des Kapitels VII der DS-GVO, bei der die Beschwerde eingereicht worden ist, und soll den Verpflichtungen aus Art. 60 Abs. 7–9 und Art. 65 Abs. 6 nachkommen. Die Aufsichtsbehörde, bei der die Beschwerde ursprünglich eingereicht wurde, scheint sodann folglich nicht als eine solche zu gelten und an dem weiteren Verfahren (Art. 60 ff.) nicht beteiligt zu sein. Dies sieht die DS-GVO selbst nicht vor, sondern nach der DS-GVO sind Aufsichtsbehörden, die eine Beschwerde erhalten haben, immer betroffene Aufsichtsbehörden (Art. 4 Nr. 22) und als solche zuständig gem. Art. 55 Abs. 1, auch wenn der Verantwortliche oder Auftragsverarbeiter keine Niederlassung im Hoheitsgebiet dieser Aufsichtsbehörde hat. Betroffene Aufsichtsbehörden sind dementsprechend an dem weiteren Verfahren, das sich an eine Beschwerde anschließt, in gewissem Maße beteiligt (Art. 60 ff.).

50 Nach dem neuen § 19 Abs. 2 S. 4 BDSG soll im **Zuständigkeitsbereich der oder des Bundesbeauftragten** die Aufsichtsbehörde, bei der eine Beschwerde eingereicht wurde, diese, sofern eine Abgabe nach Abs. 1 nicht in Betracht kommt, an den Bundesbeauftragten oder die Bundesbeauftragte abgeben.[40]

51 Inwiefern die Regelung des § 19 Abs. 2 BDSG Auswirkungen auf die Pflicht der die Beschwerde empfangenden Aufsichtsbehörde aus Art. 77 Abs. 2 bzw. auf die sonstigen **Rechte und Pflichten der Aufsichtsbehörde** außer den ausdrücklich genannten des Kapitels VII der DS-GVO hat, die ihr infolge des Erhaltens einer Beschwerde und der damit einhergehenden Stellung als „betroffene Aufsichtsbehörde" zustehen bzw. obliegen, geht weder aus dem Wortlaut des § 19 Abs. 2 BDSG eindeutig hervor, noch liefert die Gesetzesbegründung insoweit stichhaltige Anhaltspunkte. In europarechtskonformer Auslegung sollte die Ursprungsbehörde, also die Aufsichtsbe-

---

40 Eingefügt durch 2. DSAnpUG-EU, BGBl. 2019 S. 1626 ff., siehe zu dieser Regelung näher BT-Drucks. 19/4674, S. 210.

hörde i.S.d. § 19 Abs. 2 S. 1 BDSG, als betroffene Behörde angesehen werden.[41] Sie sollte zumindest über die entsprechenden Rechte verfügen bzw. sich diese vorbehalten dürfen, während die Pflichten teils von der empfangenden Behörde ausgeübt werden können. In der Konsequenz kann zwar eine innerstaatliche Abgabe erfolgen, wie dies bereits entsprechend praktiziert wird; die Behörde, die sodann die Beschwerde von der sog. abgebenden Behörde übernimmt, erfüllt für die abgebende Behörde sodann deren Pflichten nach der DS-GVO (insbesondere die in § 19 Abs. 2 BDSG genannten Pflichten sowie die Pflicht zur fortlaufenden Unterrichtung der betroffenen Person, Art. 77 Abs. 2), soweit die Behörde, bei der die Beschwerde erhoben wurde, dies zulässt, wobei insbesondere auch die Interessen der betroffenen Person insoweit von den Aufsichtsbehörden berücksichtigt werden sollten.[42]

Die Vorschrift des § 19 Abs. 2 BDSG enthält keine ausdrückliche Regelung zum Umgang mit einer Beschwerde, die bei einer sachlich zuständigen Aufsichtsbehörde eingereicht wird und mangels Hauptniederlassung oder Niederlassung in einem Bundesland nicht nach § 19 Abs. 2 S. 1 BDSG abgegeben werden kann. Aus der Gesetzesbegründung ergibt sich aber, dass die Aufsichtsbehörde, bei der die Beschwerde eingereicht wurde, dann für die Bearbeitung der Beschwerde zuständig sein soll, unabhängig davon, wo der Beschwerdeführer seinen Wohnsitz hat.[43] Dies entspricht der Rechtslage, die sich ohne Modifikation durch das BDSG schon aus der DS-GVO ergibt. Letztlich scheint der Bundesgesetzgeber durch die Regelungen des § 19 Abs. 2 BDSG versucht zu haben, das ausdifferenzierte System der DS-GVO mit der Bestimmung von federführender Behörde und betroffenen Behörden und den sich daran anschließenden Zusammenarbeitsmechanismen aus Vereinfachungsgründen teilweise zu modifizieren. Ob dies der DS-GVO im Rahmen der Öffnungsklauseln in derartigem Umfang zugelassen ist, ist zumindest zweifelhaft, jedenfalls ist eine europarechtskonforme Auslegung (s.o. Rn. 51) erforderlich. 52

III. Spezifische Zuständigkeiten bei Verarbeitung im öffentlichen Interesse (Abs. 2)

Art. 55 Abs. 2 enthält ergänzende Regelungen hinsichtlich der Zuständigkeit für den Sonderfall der Verarbeitung auf Grundlage von Art. 6 Abs. 1 UAbs. 1 lit. c oder e. Denn letztlich bestimmt sich auch in den von Art. 55 Abs. 2 erfassten Fällen die 53

---

41 A.A. Gola-*Nguyen/Stroh* Art. 55 Rn. 10 denen zufolge der Betroffene nicht das Recht haben soll, sich bei der Aufsichtsbehörde seines Bundeslandes zu beschweren – letztlich entgegen Art. 77 Abs. 2 DS-GVO –, wegen der Regelung des § 19 Abs. 2 BDSG. Dies ist nach Auffassung von *Nguyen/Stroh* auch mit der DS-GVO zu vereinbaren, da diese lediglich vorgebe, dass eine Beschwerde bei einer Aufsichtsbehörde innerhalb der Aufsichtsbehörde des eigenen Mitgliedstaats möglich sein müsse. Dabei wird allerdings verkannt, dass Art. 77 Abs. 2 DS-GVO der betroffenen Person ein Wahlrecht einräumt, an welche Aufsichtsbehörde sie sich wenden möchte.
42 Nach Däubler/Wedde u.a.-*Sommer* § 19 BDSG Rn. 8 kollidiert die Regelung des § 19 Abs. 2 BDSG sowohl mit Art. 57 Abs. 1 lit. f als auch mit Art. 77 Abs. 2 DS-GVO und widerspricht dem Grundsatz, mit der Wahl der Aufsichtsbehörde, bei der eine Beschwerde eingelegt wird, auch das für belastende Entscheidungen dieser Aufsichtsbehörde nach Art. 78 Abs. 1 zuständige Gericht zu bestimmen.
43 BT-Drucks. 18/11325, S. 93.

Art. 55 — Zuständigkeit

Zuständigkeit zunächst nach Art. 55 Abs. 1; Art. 55 Abs. 2 enthält insoweit lediglich ergänzende Regelungen, insbesondere den Ausschluss der Anwendung des Art. 56.

54 Art. 6 regelt die Zulässigkeit der Verarbeitung personenbezogener Daten. Um eine rechtmäßige Verarbeitung vornehmen zu können, muss mindestens eine der Voraussetzungen des Art. 6 Abs. 1 UAbs. 1 erfüllt sein. Art. 6 Abs. 1 UAbs. 1 lit. c lässt die Verarbeitung zu, die zur Erfüllung einer kraft objektiven Rechts bestehenden Verpflichtung des Verantwortlichen erforderlich ist, eine vertraglich begründete Pflicht genügt insoweit nicht (siehe Art. 6 Rn. 67 ff.). Nach Art. 6 Abs. 1 UAbs. 1 lit. e ist die Verarbeitung rechtmäßig, wenn sie zur Erfüllung einer öffentlichen Aufgabe erfolgt, d. h. für die Wahrnehmung einer Aufgabe erforderlich ist, die im **öffentlichen Interesse** oder in **Ausübung öffentlicher Gewalt** erfolgt (siehe Art. 6 Rn. 88 ff.).

55 Sowohl Art. 6 Abs. 1 UAbs. 1 lit. c als auch Art. 6 Abs. 1 UAbs. 1 lit. e sind keine eigenen Erlaubnistatbestände, sondern setzen entsprechende Grundlagen im Unionsrecht oder nationalen Recht voraus (ErwG 45). In Deutschland existieren insoweit zahlreiche bereichsspezifische Regelungen des Bundes- als auch Landesrechts, die entsprechende Pflichten begründen bzw. Verarbeitungen zur Erfüllung einer **öffentlichen Aufgabe** vorsehen.

56 Für die Anwendung des Art. 55 Abs. 2 ist es irrelevant, ob die Verarbeitung durch eine private oder öffentliche Stelle erfolgt.[44] Hauptanwendungsfall ist allerdings die Verarbeitung durch öffentliche Stellen.

57 In diesen Fällen der Verarbeitung auf Grundlage von Art. 6 Abs. 1 UAbs. 1 lit. c oder e ist immer alleine die Aufsichtsbehörde des betroffenen Mitgliedstaats zuständig und das **One-Stop-Shop-Verfahren** des Art. 56 findet keine Anwendung, selbst wenn ein Fall der grenzüberschreitenden Datenverarbeitung vorliegt. Demzufolge kann es in diesen Fällen weder zur Anwendung der Verfahren der Zusammenarbeit (Art. 60 ff.) noch zum Kohärenzverfahren (Art. 63) kommen. Innerhalb Deutschlands ist für die Verarbeitung im öffentlichen Interesse durch öffentliche Stellen allein die Aufsichtsbehörde des Bundeslands regelungsbefugt und betroffen, dessen öffentliche Stelle betroffen ist[45] bzw. die oder der Bundesbeauftragte, wenn es sich um eine öffentliche Stelle des Bundes handelt. Letztlich ist Art. 55 Abs. 2 keine Ausnahmeregelung von Art. 55 Abs. 1, sondern lediglich von Art. 56. Die Pflicht aus Art. 77 Abs. 2 für die die Beschwerde erhaltende Aufsichtsbehörde besteht dennoch grundsätzlich unabhängig davon.

58 Hintergrund dieser Regelung sind die zahlreichen nationalen ausdifferenzierten Regelungen, die in Deutschland im **bereichsspezifischen Recht** bereits bestehen[46] und infolge der Öffnungsklauseln des Art. 6 Abs. 1 UAbs. 1 lit. c und e aufrechterhalten bzw. geschaffen werden können. Für die Bewertung des Sachverhalts primär entscheidend sind dann mitgliedstaatliche Normen, worüber nur die Aufsichtsbehörde des ent-

---

44 Ursprünglich sollte die Ausnahme auf öffentliche Stellen beschränkt werden, siehe dazu näher Kühling/Buchner-*Boehm* Art. 55 Rn. 12.
45 *Kühling/Martini u.a.* Die Datenschutz-Grundverordnung und das nationale Recht, S. 207.
46 Diese besonderen bereichsspezifischen Vorschriften waren auch vielfach Grund für die Kritik an dem Rechtsinstrument der Verordnung zur Vereinheitlichung des Datenschutzrechts statt einer Richtlinie; siehe zu dieser Problematik näher *Roßnagel/Kroschwald* ZD 2014, 495, 495 f.

sprechenden Mitgliedstaats befinden kann.[47] Sie ist insoweit die sachnächste Aufsichtsbehörde, die die innerstaatlichen Verhältnisse und Erwägungen sachgerecht in ihre Prüfung mit einbeziehen kann. Soweit es um rein mitgliedstaatliches Recht geht, kann auch kein Harmonisierungsbedarf bestehen, der die Zusammenarbeit und Kohärenz erforderlich machen könnte.[48] Sofern es um die Aufsicht über die hoheitliche Tätigkeit durch öffentliche Stellen geht, ist das Handeln nur der Aufsichtsbehörde des betroffenen Mitgliedstaates auch schon aus Souveränitätsaspekten nötig.[49]

IV. Zuständigkeit für die Justiz (Abs. 3)

Art. 55 Abs. 3 enthält eine Ausnahmeregelung für Gerichte: Die von Gerichten im Rahmen ihrer **justiziellen Tätigkeit** vorgenommenen Verarbeitungen unterliegen nicht der Aufsicht der Aufsichtsbehörden.   59

1. Grundsätzliches und Hintergrund der Regelung. Die DS-GVO nimmt diesen Bereich selbst aus der Aufsicht der Datenschutzaufsichtsbehörden aus; es handelt sich insoweit **nicht** um eine **Öffnungsklausel**.[50] Allerdings handelt es sich auch **nicht** um eine **Bereichsausnahme** insoweit, als die DS-GVO ihren Regelungsanspruch für die Gerichte gänzlich zurücknähme.[51] Auch aus der DS-GVO im Übrigen ergibt sich eine solche Bereichsausnahme für Gerichte gerade nicht. Dies folgt bereits aus ErwG 20, der ausdrücklich darauf hinweist, dass die DS-GVO für die Tätigkeiten der Gerichte und anderer Justizbehörden gilt und insoweit vorschlägt, im jeweiligen Justizsystem besondere Stellen zu schaffen, die damit betraut werden können insbesondere die Einhaltung der Vorschriften der DS-GVO sicherzustellen.   60

Soweit die Gerichte zum Zwecke der Verhütung, Ermittlung, Aufdeckung oder **Verfolgung von Straftaten** oder der Strafvollstreckung tätig werden, ist ohnehin der Anwendungsbereich der DS-GVO nicht eröffnet (Art. 2 Abs. 2 lit. c), sondern die DSRL 2016/680 für Polizei und Justiz bzw. deren Umsetzungsgesetze finden Anwendung (Art. 2 Rn. 2).   61

Staatsanwaltschaften sind von dieser Ausnahme nicht erfasst, auch wenn nach ErwG 20 die besonderen Stellen im Justizsystem, die die Einhaltung der Vorschriften der DS-GVO sicherstellen sollen, sowohl Richter als auch Staatsanwälte hinsichtlich ihrer Pflichten sensibilisieren sollen. Der Wortlaut der DS-GVO ist in Art. 55 Abs. 3 eindeutig. Staatsanwälte genießen zudem in Deutschland keine Unabhängigkeit wie die Richter, die eine derartige Ausnahmeregelung begründet. Im Übrigen unterfällt die Tätigkeit der Staatsanwaltschaften zu großen Teilen ohnehin gar nicht dem sachlichen Anwendungsbereich der DS-GVO (Art. 2 Abs. 2 lit. c).   62

---

47 *Kühling/Martini u.a.* Die Datenschutz-Grundverordnung und das nationale Recht, S. 175.
48 *Kühling/Martini u.a.* Die Datenschutz-Grundverordnung und das nationale Recht, S. 175.
49 Simitis/Hornung/Spiecker gen. Döhmann-*Polenz* Art. 55 Rn. 18; Sydow-*Ziebarth* Art. 55 Rn. 7.
50 Es existiert auch im Übrigen in der DS-GVO keine Öffnungsklausel dahingehend, dass die nationalen Gesetzgeber die Gerichte aus dem Anwendungsbereich der DS-GVO herausnehmen könnten.
51 So auch Ehmann/Selmayr-*Selmayr* Art. 55 Rn. 13; *Schantz/Wolff* Das neue Datenschutzrecht, Rn. 1374, *Engeler* NVwZ 2019, 611, *Wiebe/Eichfeld* NJW 2019, 2734 ff., insb. 2734 und 2737; a.A. *Kühling/Martini u.a.* Die Datenschutz-Grundverordnung und das nationale Recht, S. 175.

63 Selbst wenn die **polizeilichen** und **staatsanwaltschaftlichen Maßnahmen** der Datenverarbeitung auf Grundlage einer **richterlichen Anordnung** erfolgen, besteht eine Aufsichtsbefugnis der Aufsichtsbehörden.[52]

64 Teilweise wird eine Ausnahme der **Rechnungshöfe** von der Kontrolle der Aufsichtsbehörde unter Anwendung des Art. 55 Abs. 3 für zulässig erachtet, da diese ihre Aufgaben in richterlicher Unabhängigkeit wahrnähmen.[53] Allerdings ist die Sonderregelung des Art. 55 Abs. 3 ausweislich des Wortlautes ausdrücklich auf die justizielle Tätigkeit der Gerichte beschränkt und lässt sich dadurch nicht auf andere Gebilde, selbst wenn diese mit einer Unabhängigkeit ähnlich der richterlichen ausgestattet sind, übertragen.[54] Zudem enthält Art. 55 Abs. 3 selbst keine Öffnungsklausel, die den Mitgliedstaaten insoweit Regelungsspielraum einräumen könnte.

65 ErwG 20 enthält Ansätze der **Begründung für die Regelung des Art. 55 Abs. 3**, nämlich die Unabhängigkeit der Justiz bei der Ausübung ihrer gerichtlichen Aufgaben einschließlich ihrer Beschlussfassung unangetastet zu lassen. Damit wird die durch Art. 47 Abs. 2 S. 1 GRCh und Art. 6 Abs. 1 S. 1 EMRK gewährleistete Unabhängigkeit der Justiz gewahrt.[55] Die richterliche Unabhängigkeit richtet sich gegen jegliche Einflussnahme von außen, die den Richter zu einer bestimmten Entscheidung veranlassen könnte. Eine solche Einflussnahme könnte auch mit einer datenschutzrechtlichen Kontrolle und der damit verbundenen Bewertung von Sachverhalten einhergehen. Trotz dieser Regelung ist es den Datenschutzaufsichtsbehörden nicht untersagt, Rechtsprechung im Rahmen der abzugebenden Tätigkeitsberichte oder der Aufgaben zu thematisieren (z.B. in Gutachten, Berichten und Stellungnahmen).[56] Dies stellt keine die richterliche Unabhängigkeit gefährdende Einflussnahme dar.

66 **2. Justizielle Tätigkeiten.** Nur die im Rahmen der **justiziellen Tätigkeit** vorgenommenen Verarbeitungen unterfallen Art. 55 Abs. 3. Die DS-GVO enthält keine Definition von justiziellen Tätigkeiten. ErwG 20 liefert Hinweise, was unter justizieller Tätigkeit zu verstehen ist: die **Unabhängigkeit der Justiz** soll gerade bei der „Ausübung ihrer gerichtlichen Aufgaben einschließlich ihrer Beschlussfassung" unangetastet bleiben. Letztlich geht es darum, den **Kernbereich der verfassungsrechtlich** (Art. 97 GG) **und unions- bzw. europarechtlich** (Art. 47 Abs. 2 S. 1 GRCh, Art. 6 Abs. 1 S. 1 EMRK) **gesicherten richterlichen Unabhängigkeit** zu wahren. Justizielle Tätigkeiten sind damit nur solche, die von der richterlichen Unabhängigkeit erfasst sind.

67 Eine weitere Fassung des Begriffs der justiziellen Tätigkeiten ist nicht haltbar, da die Aufsicht durch die Datenschutzaufsichtsbehörden ein wesentliches Element der Gewährleistung des Rechts auf informationelle Selbstbestimmung ist, die nicht weiter eingeschränkt werden darf, als dies unbedingt geboten ist. Dies hebt Art. 8 GRCh besonders hervor, der die Anwendung der DS-GVO leitet.

---

52 Entschließung der Datenschutzkonferenz München, 28./29.9.2011.
53 Paal/Pauly-*Körffer* Art. 55 Rn. 8.
54 So auch Ehmann/Selmayr-*Selmayr* Art. 55 Rn. 15.
55 Sydow-*Ziebarth* Art. 55 Rn. 18 sieht als weiteren Grund für diese Regelung die Tatsache, dass ansonsten der Kontrollierende der Kontrolle des Kontrollierten unterliegen würde, da die Tätigkeiten der Aufsichtsbehörden der gerichtlichen Kontrolle zugänglich sind.
56 So für die oder den Bundesbeauftragten Kühling/Buchner-*Wieczorek* § 9 Rn. 12.

68 Nicht den justiziellen Tätigkeiten unterfallen jedenfalls die **Verwaltungstätigkeiten** der Gerichte.[57] Zu den Verwaltungstätigkeiten zählen z.b. die Verarbeitung personenbezogener Daten der Mitarbeiter der Gerichte (Personalverwaltung), die Datenverarbeitung bei der Mittelbeschaffung sowie Fragen der Rechtspflege.[58] Auch die Tätigkeit der Mitbestimmungs- und Beteiligungsgremien ist keine justizielle Tätigkeit im vorgenannten Sinne.[59]

69 Die Aufsichtsbehörden sind auch befugt zu prüfen, ob die Gerichte die erforderlichen technischen und organisatorischen Maßnahmen zur Datensicherung treffen und einhalten, insbesondere bei automatisierter Datenverarbeitung.[60] Dies gilt auch für die technischen und organisatorischen Maßnahmen im Zusammenhang mit der Aktenführung, insbesondere auch bei der **Elektronischen Akte**. Das Interesse der Aufsichtsbehörden an der Wahrung des Datenschutzes trifft sich hier mit dem Interesse der Justiz an Datensicherheit.

70 Die Ausnahme des Art. 55 Abs. 3 erfasst auch nicht jegliche Tätigkeiten eines Richters, sodass eine Abgrenzung von justiziellen Tätigkeiten zu anderen gerichtlichen Tätigkeiten zumindest nicht ausschließlich anhand von personellen Gesichtspunkten erfolgen kann.[61] Insb. **Hilfstätigkeiten**, die vom Richter zwar selbst vorgenommen werden, die aber letztlich bloße praktische Bürotätigkeiten darstellen und auch von technischem Personal ausgeführt werden könnten, unterfallen nicht der Ausnahme von der Aufsicht.[62]

71 Erfasst von der Ausnahme des Art. 55 Abs. 3 ist dagegen die **rechtsprechende Tätigkeit**.[63] Dem Begriff der rechtsprechenden Tätigkeit unterfallen allerdings nicht sämtliche Tätigkeiten, die mit der gerichtlichen Entscheidungsfindung im Zusammenhang stehen.[64] Zu den wesentlichen Begriffsmerkmalen der Rechtsprechung in diesem Sinne gehört das Element der Entscheidung, der letztverbindlichen, der Rechtskraft fähigen Feststellung und des Ausspruchs dessen, was im konkreten Fall rechtens ist.[65] Unter den Begriff der rechtsprechenden Tätigkeit fallen damit jedenfalls die Verarbeitungen durch den Richter selbst im Rahmen der (mündlichen) Verhandlung sowie im Urteil bzw. in sonstigen Schlussentscheidungen.

72 Auch alle der Rechtsfindung nur mittelbar dienenden **Sach- und Verfahrensentscheidungen**, einschließlich nicht ausdrücklich vorgeschriebener, dem Interesse der Rechtsuchenden dienender richterlicher Handlungen, die in einem konkreten Verfahren mit der Aufgabe des Richters, Recht zu finden und den Rechtsfrieden zu sichern, in Zusammen-

---

57 So auch Ehmann/Selmayr-*Selmayr* Art. 55 Rn. 14.
58 Ehmann/Selmayr-*Selmayr* Art. 55 Rn. 14.
59 Siehe dazu näher *Engeler* NVwZ 2019, 611 ff.
60 Entschließung der Datenschutzkonferenz v. 6.10.1998.
61 *Wiebe/Eichfeld* NJW 2019, 2734, 2738 halten die nähere Eingrenzung der justiziellen Tätigkeit vor allem unter personellen Gesichtspunkten insbesondere aus praktischen Gründen für sinnvoll.
62 So auch BeckOK DatenSR-*Schiedermair* § 24 BDSG Rn. 19 für die Regelung im BDSG a.F.
63 *Albrecht/Jotzo* Das neue Datenschutzrecht der EU, Teil 7 D., Rn. 10.
64 A.A. Ehmann/Selmayr-*Selmayr* Art. 55 Rn. 12.
65 *BVerfG* v. 8.2.2001 – 2 BvF 1/00 m.w.N., BVerfGE 103, 111.

hang stehen, zählen grundsätzlich zu den rechtsprechenden Tätigkeiten.[66] Die Übersendung von Akten zur Vorbereitung einer von einem Richter in richterlicher Unabhängigkeit zu treffenden Entscheidung durch prozessleitende Verfügung an das Ministerium mit der Bitte um Stellungnahme, ist Teil der rechtsprechenden Tätigkeit in diesem Sinne.[67] Dies betrifft allerdings nicht die Erteilung von Auskünften aus der Gerichtsakte an Dritte zu Forschungszwecken oder in Versicherungsangelegenheiten.[68]

73 3. **Besondere Kontrollstellen im Justizsystem und BDSG.** Nach ErwG 20 sollen aufgrund der Ausnahme der justiziellen Tätigkeiten von der Aufsicht durch die Datenschutzaufsichtsbehörden im jeweiligen Justizsystem **besondere Stellen** geschaffen werden, die damit betraut werden können insbesondere die Einhaltung der Vorschriften sicherzustellen, Richter sowie Staatsanwälte auf ihre Pflichten zu sensibilisieren und Beschwerden in Bezug auf derartige Datenverarbeitungsvorgänge zu bearbeiten. Insoweit enthält die DS-GVO an dieser Stelle eine fakultative Öffnungsklausel.[69] Für die Bundesgerichte liegt die Regelungskompetenz diesbezüglich beim Bundesgesetzgeber, für Landesgerichte beim Landesgesetzgeber. Die Beauftragung bestimmter Richterinnen und Richter mit der Wahrnehmung von Aufgaben des Datenschutzes in Ausübung der autonomen Organisationsgewalt der Gerichte, die vielfach bereits erfolgt ist, kann ein Erfolg versprechender Schritt sein.

74 Im **BDSG** findet sich keine einschlägige Regelung. Zwar können die Erwägungsgründe die Mitgliedstaaten zur Einrichtung einer solchen Stelle nicht verpflichten. Doch im Hinblick auf die Sicherstellung des Datenschutzes im eigenen Hoheitsgebiet in einem Bereich, der von der Kontrolle der Aufsichtsbehörde ausgenommen ist, erscheint die Einrichtung einer solchen Stelle angebracht.

75 Die Wiederholung des Art. 55 Abs. 3 in **§ 9 Abs. 2 BDSG** in Bezug auf die Bundesgerichte ist angesichts der Gesetzesbegründung, die insoweit klarstellt, dass Art. 55 Abs. 3 unmittelbar gilt und mit § 9 Abs. 2 BDSG lediglich Art. 45 Abs. 2 S. 1 der Datenschutz-Richtlinie 2016/680 für Polizei und Justiz umsetzt[70] trotz des grundsätzlich bestehenden Wiederholungsverbotes aufgrund der Struktur des BDSG hinzunehmen.

C. Praxishinweise

I. Relevanz für öffentliche Stellen

76 Da öffentliche Stellen zumeist im öffentlichen Interesse oder in Ausübung öffentlicher Gewalt tätig werden, bestimmt sich die Zuständigkeit deren Aufsichtsbehörde in der Regel nach Art. 55 Abs. 1 i.V.m. Abs. 2. In diesen Fällen findet Art. 56 auch keine Anwendung. Nur im Übrigen bestimmt sich die Zuständigkeit für öffentliche Stellen nach Art. 55 Abs. 1 allein. Gerichte unterliegen hinsichtlich der Datenverarbeitung im Rahmen ihrer justiziellen Tätigkeit keiner Aufsicht. Innerstaatlich ist für öffentliche Stellen des Bundes die oder der Bundesbeauftragte zuständig (§ 9 BDSG); für öffentliche Stellen der Länder die jeweiligen Länderbeauftragten.

---

66 Vgl. *BGH* NJW 2006, 1674 im Verfahren zur Dienstaufsicht eines Richters.
67 Vgl. *BGH* NJW-RR 2008, 1660 im Verfahren zur Dienstaufsicht eines Richters.
68 BeckOK DatenSR-*Schiedermair* § 24 BDSG Rn. 18 für die Regelung im BDSG a.F.
69 So auch Ehmann/Selmayr-*Selmayr* Art. 55 Rn. 13.
70 BT-Drucks. 18/11325, S. 84.

II. Relevanz für nichtöffentliche Stellen

Die zuständige Aufsicht für die nichtöffentlichen Stellen bestimmt sich in der Regel nach Art. 55 Abs. 1 (ggf. i.V.m. Art. 56) i.V.m. § 40 Abs. 1 und 2 BDSG (ggf. in unionsrechtskonformer Auslegung) bzw. spezialgesetzlichen Regelungen, es sei denn, diese nehmen die Verarbeitung aufgrund einer Rechtsnorm, die auf Grundlage von Art. 6 Abs. 1 UAbs. 1 lit. c oder lit. e erlassen wurde, vor. Dann findet ergänzend Art. 55 Abs. 2 Anwendung. 77

III. Relevanz für betroffene Personen

Die Zuständigkeit einer Aufsichtsbehörde besteht auch schon dann, wenn lediglich Auswirkungen auf betroffene Personen in deren Hoheitsgebiet des Mitgliedstaats vorliegen oder Tätigkeiten von rein außereuropäischen Unternehmen auf betroffene Personen mit Wohnsitz in ihrem Hoheitsgebiet ausgerichtet sind. Besteht eine Zuständigkeit, so besteht grundsätzlich eine Pflicht der jeweiligen Aufsichtsbehörde ihre Aufgaben gem. Art. 57 zu erfüllen, d.h. insbesondere auch Beschwerden zu bearbeiten. Rechtmäßige Entscheidungen setzen die Zuständigkeit der Behörde voraus, welche die Entscheidung trifft. 78

IV. Relevanz für Aufsichtsbehörden

Aus Art. 55 ergibt sich die grundsätzliche Zuständigkeitsverteilung für die Aufsichtsbehörden. An die begründete Zuständigkeit knüpft die Verpflichtung zur Aufgabenerfüllung durch Inanspruchnahme der Befugnisse an. 79

V. Datenschutzmanagement

Im Rahmen des Datenschutzmanagements sollte überprüft werden, auf welchen rechtlichen Grundlagen die Verarbeitungstätigkeiten erfolgen und ob demzufolge Art. 55 Abs. 1 allein oder zusätzlich Abs. 2 einschlägig ist. 80

VI. Sanktionen

Der Einzelne kann in einem gerichtlichen Verfahren gegen eine ihn belastende Entscheidung rügen, dass diese formal rechtswidrig sei. Dies umfasst auch die Regelung der Zuständigkeit. 81

Artikel 56 Zuständigkeit der federführenden Aufsichtsbehörde

(1) Unbeschadet des Artikels 55 ist die Aufsichtsbehörde der Hauptniederlassung oder der einzigen Niederlassung des Verantwortlichen oder des Auftragsverarbeiters gemäß dem Verfahren nach Artikel 60 die zuständige federführende Aufsichtsbehörde für die von diesem Verantwortlichen oder diesem Auftragsverarbeiter durchgeführte grenzüberschreitende Verarbeitung.

(2) Abweichend von Absatz 1 ist jede Aufsichtsbehörde dafür zuständig, sich mit einer bei ihr eingereichten Beschwerde oder einem etwaigen Verstoß gegen diese Verordnung zu befassen, wenn der Gegenstand nur mit einer Niederlassung in ihrem Mitgliedstaat zusammenhängt oder betroffene Personen nur ihres Mitgliedstaats erheblich beeinträchtigt.

Art. 56

(3) ¹In den in Absatz 2 des vorliegenden Artikels genannten Fällen unterrichtet die Aufsichtsbehörde unverzüglich die federführende Aufsichtsbehörde über diese Angelegenheit. ²Innerhalb einer Frist von drei Wochen nach der Unterrichtung entscheidet die federführende Aufsichtsbehörde, ob sie sich mit dem Fall gemäß dem Verfahren nach Artikel 60 befasst oder nicht, wobei sie berücksichtigt, ob der Verantwortliche oder der Auftragsverarbeiter in dem Mitgliedstaat, dessen Aufsichtsbehörde sie unterrichtet hat, eine Niederlassung hat oder nicht.

(4) ¹Entscheidet die federführende Aufsichtsbehörde, sich mit dem Fall zu befassen, so findet das Verfahren nach Artikel 60 Anwendung. ²Die Aufsichtsbehörde, die die federführende Aufsichtsbehörde unterrichtet hat, kann dieser einen Beschlussentwurf vorlegen. ³Die federführende Aufsichtsbehörde trägt diesem Entwurf bei der Ausarbeitung des Beschlussentwurfs nach Artikel 60 Absatz 3 weitestgehend Rechnung.

(5) Entscheidet die federführende Aufsichtsbehörde, sich mit dem Fall nicht selbst zu befassen, so befasst die Aufsichtsbehörde, die die federführende Aufsichtsbehörde unterrichtet hat, sich mit dem Fall gemäß den Artikeln 61 und 62.

(6) Die federführende Aufsichtsbehörde ist der einzige Ansprechpartner der Verantwortlichen oder der Auftragsverarbeiter für Fragen der von diesem Verantwortlichen oder diesem Auftragsverarbeiter durchgeführten grenzüberschreitenden Verarbeitung.

– *ErwG: 22, 36, 37, 124, 125, 126, 127, 128, 131*
– *BDSG n.F.: § 19*

Übersicht

	Rn		Rn
A. Einordnung und Kontext	1	bb) Hauptniederlassung von gemeinsam für die Verarbeitung Verantwortlichen	38
I. Erwägungsgründe	1		
II. BDSG	8		
III. Normgenese und Materialien	11		
1. Datenschutz-Richtlinie 95/46/EG (DSRL)	11		
2. BDSG a.F.	12	cc) Hauptniederlassung des Auftragsverarbeiters	39
3. Europäischer Datenschutzausschuss/WP 29	13		
B. Kommentierung	14	dd) Hauptniederlassung bei Betroffenheit des Verantwortlichen und des Auftragsverarbeiters	40
I. Regelungsinhalt und Hintergrund	14		
II. Federführende Aufsichtsbehörde (Abs. 1)	20		
1. Regelungsinhalt	20	ee) Hauptniederlassung der Unternehmensgruppe	41
2. Verhältnis zu Art. 55	22		
3. Grenzüberschreitende Verarbeitung	24	5. Rechtsfolge und Bedeutung der Federführung	45
4. Bestimmung der Federführung	26	6. Übertragung des Prinzips der federführenden Behörde in nationales Recht (BDSG)	51
a) Niederlassung	28		
b) Hauptniederlassung	30		
aa) Hauptniederlassung des Verantwortlichen	31	III. Zuständigkeit bei begrenzter Wirkung (Abs. 2)	55

	Rn		Rn
IV. Besonderes Abstimmungsverfahren bei begrenzter Wirkung (Abs. 3–5)	59	V. Ansprechpartner bei grenzüberschreitenden Fragen (Abs. 6)	69
1. Information und Entscheidung der federführenden Aufsichtsbehörde (Abs. 3)	61	C. Praxishinweise	72
		I. Relevanz für öffentliche Stellen	72
		II. Relevanz für nichtöffentliche Stellen	73
2. Anwendbarkeit des Verfahrens der Zusammenarbeit (Abs. 4)	64	III. Relevanz für betroffene Personen	74
		IV. Relevanz für Aufsichtsbehörden	75
3. Reservezuständigkeit (Abs. 5)	67	V. Datenschutzmanagement	77
		VI. Sanktionen	78

Literatur: Siehe auch Hinweise zu Art. 51; *Caspar* Das aufsichtsbehördliche Verfahren nach der EU-Datenschutz-Grundverordnung, Defizite und Alternativregelungen, ZD 2012, 555 ff.; *Hornung* Eine Datenschutz-Grundverordnung für Europa? Licht und Schatten im Kommissionsentwurf vom 25.1.2012 ZD 2012, 99 ff.; *Kranig* Zuständigkeit der Datenschutzaufsichtsbehörden – Feststellung des Status quo mit Ausblick auf die DS-GVO, ZD 2013, 550 ff.; *Laue/Kremer* Das neue Datenschutzrecht in der betrieblichen Praxis, 2. Aufl. 2019; *Nguyen* Die Verhandlungen um die EU-Datenschutz-Grundverordnung unter litauischer Ratspräsidentschaft, RDV 2014, 26 ff.; *Roßnagel/Kroschwald* Was wird aus der Datenschutzgrundverordnung? Die Entschließung des Europäischen Parlaments über ein Verhandlungsdokument, ZD 2014, 495 ff.; *Schultze-Melling* Keine Aufsichtsbehörde ist eine Insel ..., ZD 2015, 397 ff.; *von der Bussche/Voigt (Hrsg.)* Konzerndatenschutz, Rechtshandbuch, 2. Aufl. 2019.

A. Einordnung und Kontext

I. Erwägungsgründe

ErwG 124 konkretisiert Art. 56 Abs. 1 unter Berücksichtigung der in Art. 4 Nr. 23 enthaltenen Definition von „**grenzüberschreitender Verarbeitung**". Zudem soll die federführende Behörde mit gewissen anderen Behörden – den betroffenen Aufsichtsbehörden (Art. 4 Nr. 22), die ErwG 124 näher beschreibt – zusammenarbeiten. Aus ErwG 124 ergibt sich ferner, dass der EDSA im Rahmen seiner Aufgaben in Bezug auf die Herausgabe von **Leitlinien** insbesondere Leitlinien zu den folgenden zwei Punkten herausgeben sollte: 1. wann eine Verarbeitung erhebliche Auswirkungen auf betroffene Personen in mehr als einem Mitgliedstaat hat und 2. was einen maßgeblichen und begründeten Einspruch darstellt. 1

Eine entscheidende Rolle im Zusammenhang mit der Bestimmung der federführenden Behörde spielen die Begriffe „**Niederlassung**", „**Hauptniederlassung**" und „**Unternehmensgruppe**". Der in Art. 4 Nr. 16 legaldefinierte Begriff „Hauptniederlassung" wird in ErwG 36 konkretisiert; ErwG 37 konkretisiert den in Art. 4 Nr. 19 legaldefinierten Begriff „Unternehmensgruppe". „Niederlassung" wird in der DS-GVO selbst nicht definiert, allerdings enthält ErwG 22 eine Konkretisierung des Begriffs. 2

An die Eigenschaft, federführende Behörde zu sein, knüpfen sich verschiedene **Wirkungen**. Diese formulieren die ErwG 125 und 126 zu wesentlichen Teilen aus. Insb. soll die federführende Behörde berechtigt sein, verbindliche Beschlüsse über Maßnahmen zu erlassen, aber auch für eine enge Einbindung und Koordinierung der 3 betroffenen Aufsichtsbehörden im Entscheidungsprozess sorgen (ErwG 125). Dabei sollten die Beschlüsse gemeinsam mit den betroffenen Aufsichtsbehörden vereinbart werden (ErwG 126). Wenn mit einem Beschluss die Beschwerde einer betroffenen Person abgewiesen werden sollte, so sollte dieser Beschluss von der Aufsichtsbehörde angenommen werden, bei der die Beschwerde eingelegt wurde (ErwG 125).

4   Die **Beschlüsse der federführenden Behörde** sind an die Hauptniederlassung oder die einzige Niederlassung des Verantwortlichen oder Auftragsverarbeiters zu richten (ErwG 126). Aufgrund der Verbindlichkeit des Beschlusses sollten der Verantwortliche oder der Auftragsverarbeiter die erforderlichen Maßnahmen treffen, um die Einhaltung der DS-GVO und die Umsetzung des Beschlusses zu gewährleisten (ErwG 126).

5   ErwG 127 nimmt inhaltlich Bezug auf Art. 56 Abs. 2–5 und konkretisiert diese partiell. Insbesondere nennt es ein Beispiel für einen Fall mit **begrenzter Wirkung**. Zudem wird das Verfahren in Fällen mit begrenzter Wirkung näher beschrieben.

6   ErwG 128 nimmt Bezug auf Art. 55 Abs. 2. Wenn eine **Verarbeitung im öffentlichen Interesse** erfolgt – sei es durch Behörden oder nichtöffentliche Stellen – so sollen insbesondere Art. 56 als Vorschrift über die federführende Behörde sowie die Vorschriften über das Verfahren der Zusammenarbeit und Kohärenz keine Anwendung finden, sondern es soll einzig und allein die Aufsichtsbehörde des Mitgliedstaats, in dem der Verantwortliche seinen Sitz hat, zuständig sein (Art. 55 Rn. 23, 53 ff.).

7   ErwG 131 enthält Ausführungen zum Tätigwerden der federführenden Aufsichtsbehörde für den Fall, dass der konkrete Gegenstand einer Beschwerde oder der mögliche Verstoß nur solche Verarbeitungstätigkeiten in dem Mitgliedstaat betrifft, in dem die Beschwerde eingereicht wurde bzw. der mögliche Verstoß aufgedeckt wurde, und die Angelegenheit gerade **keine erheblichen Auswirkungen** auf betroffene Personen in anderen Mitgliedstaaten hat oder haben dürfte. Zunächst sollte die federführende Behörde in diesen Fällen nicht tätig werden, sondern die Aufsichtsbehörde, bei der eine Beschwerde eingereicht wurde oder die Situationen, die mögliche Verstöße gegen die DS-GVO darstellen, aufgedeckt hat bzw. auf andere Weise darüber informiert wurde. ErwG 131 konkretisiert insoweit, welche Maßnahmen diese Aufsichtsbehörde ergreifen sollte.

II. BDSG

8   Der § 19 Abs. 1 BDSG regelt, wer innerstaatlich, d.h. im **Verhältnis zwischen Bund und den einzelnen Ländern**, für das Verfahren der Zusammenarbeit und Kohärenz (Art. 60 ff.) die federführende Behörde sein soll. Entscheidend ist grundsätzlich, wo bei der grenzüberschreitenden Datenverarbeitung der Verantwortliche oder der Auftragsverarbeiter seine Hauptniederlassung (Art. 4 Nr. 16) oder seine einzige Niederlassung in der Europäischen Union hat (§ 19 Abs. 1 S. 1 BDSG).

9   § 19 Abs. 1 S. 2 BDSG enthält eine Sonderregelung im Hinblick auf die **Bundesbeauftragte** oder den Bundesbeauftragten. Im sachlichen Zuständigkeitsbereich der oder des Bundesbeauftragten soll diese oder dieser immer federführende Aufsichtsbehörde sein, wenn sich die Hauptniederlassung oder die einzige Niederlassung in der Europäischen Union im Hoheitsgebiet der Bundesrepublik Deutschland befindet. Für den Fall, dass über die Federführung kein Einvernehmen besteht, soll das Verfahren des § 18 Abs. 2 BDSG entsprechende Anwendung finden (§ 19 Abs. 1 S. 2 BDSG).

§ 19 Abs. 2 BDSG regelt das Vorgehen der deutschen Aufsichtsbehörden bei Erhalt **10**
einer Beschwerde. Grundsätzlich soll die **Beschwerde** an die federführende
Behörde nach § 19 Abs. 1 BDSG abgegeben werden (Art. 55 Rn. 7, 47 ff.).

III. Normgenese und Materialien

1. Datenschutz-Richtlinie 95/46/EG (DSRL). Die DSRL enthält keine dem Art. 56 **11**
vergleichbaren Regelungen. Die Zuständigkeitsverteilung richtete sich nach dem
innerstaatlichen Recht. Grenzüberschreitende Datenverarbeitungsvorgänge waren bei
Ausarbeitung der DSRL auch nicht derart häufig, dass eine Regelung für diese Fälle
angezeigt gewesen wäre. Art. 28 Abs. 6 UAbs. 1 DSRL sah lediglich vor, dass jede
Datenschutzaufsichtsbehörde in ihrem Hoheitsgebiet für die Ausübung der ihr übertragenen Befugnisse zuständig ist, unabhängig vom auf die jeweilige Verarbeitung
anwendbaren einzelstaatlichen Recht.

2. BDSG a.F. Das Bestimmen einer federführenden Aufsichtsbehörde zur Behand- **12**
lung von grenzüberschreitenden Verarbeitungen ist ein gänzlich neues Vorgehen,
das bislang auch auf nationaler Ebene nicht praktiziert wurde. Deshalb enthielt das
BDSG a.F. auch keine diesbezüglichen Regelungen. Regelungen zur örtlichen
Zuständigkeit der verschiedenen Aufsichtsbehörden des Bundes und der Länder
waren im BDSG a.F. auch nicht enthalten. Die Bestimmung der Zuständigkeit bzw.
Abgrenzung bereitete daher vielfach Schwierigkeiten, insbesondere für die Datenschutzaufsichtsbehörden der Länder untereinander – kaum im Verhältnis zur oder
zum Bundesbeauftragten, da es auf der Ebene der sachlichen Zuständigkeit in der
Regel kaum Überschneidungen mit den Datenschutzaufsichtsbehörden der Länder
gab und gibt.[1]

3. Europäischer Datenschutzausschuss/WP 29. Die WP 29 hat im Kontext des Art. 56 **13**
ein Arbeitspapier zur **Identifizierung der federführenden Aufsichtsbehörde** erarbeitet
(WP 244), welches der EDSA – zusammen mit einer Reihe anderer Arbeitspapiere
der WP 29 – in seiner ersten Sitzung übernommen bzw. gebilligt hat.[2] Aus den Leitlinien 3/18 des EDSA zum Marktortprinzip des Art. 3[3] können zudem Folgerungen für
die Auslegung des Begriffes der Niederlassung in der EU und für das Kriterium des
Ausrichtens auf den europäischen Markt gezogen werden.

B. Kommentierung

I. Regelungsinhalt und Hintergrund

Zuständigkeitsfragen sind mitentscheidend für die effektive Durchsetzung der DS- **14**
GVO. Dies gilt gerade auch bei grenzüberschreitenden Verarbeitungen. Der Art. 56
knüpft an Art. 55 an und enthält Regelungen zur **Verteilung der Zuständigkeit der
Aufsichtsbehörden** bei grenzüberschreitenden Verarbeitungen (Abs. 1) bzw. solchen

---

1 Siehe dazu *Kranig* ZD 2013, 550 ff.
2 Guidelines for identifying a controller or processor's lead supervisory authority, abrufbar
unter: http://ec.europa.eu/newsroom/document.cfm?doc_id=44102.
3 Guidelines 3/2018 on the territorial scope of the GDPR, version 2.1., 29.11.2019, abrufbar
unter: https://edpb.europa.eu/our-work-tools/our-documents/guidelines/guidelines-32018-territorial-scope-gdpr-article-3-version_en.

mit begrenzter Wirkung (Abs. 2–5). Damit soll sichergestellt werden, dass ein Unternehmen mit Niederlassungen in mehreren Mitgliedstaaten im Wesentlichen nur eine Aufsichtsbehörde als Ansprechpartner hat (**Sole Interlocutor**). Im Sinne des digitalen Binnenmarktes soll sich ein Unternehmen, das Datenverarbeitungen mit grenzüberschreitendem Bezug vornimmt, in der Regel nicht mit mehreren Aufsichtsbehörden und dadurch ggf. abweichenden rechtlichen Bewertungen gleicher Sachverhalte auseinandersetzen müssen. Dies bringt Art. 56 Abs. 6 deutlich zum Ausdruck. Dennoch wird dieser Ansatz in der DS-GVO häufig durchbrochen, sodass es in vielen Fällen doch zu parallelen Zuständigkeiten unterschiedlicher Aufsichtsbehörden kommt bzw. ausnahmsweise zu mehr als einer federführenden Behörde für ein Unternehmen.

15 Die Aufsichtsbehörde am Sitz der Hauptniederlassung bzw. der einzigen Niederlassung ist nicht die einzig zuständige Behörde – wie in den Entwürfen ursprünglich vorgesehen –, sondern die federführende Behörde (sog. **Lead Authority**) unter Beteiligung der anderen betroffenen Aufsichtsbehörden (Art. 4 Nr. 22). Daher führt Art. 56 das Konzept aus, erläutert die Zuständigkeiten der federführenden Aufsichtsbehörde und die Mechanismen der Zusammenarbeit mit anderen Aufsichtsbehörden.

16 Diese Modifikation der ursprünglich vorgesehenen strengen One-Stop-Shop-Regelung mit einer einzigen zuständigen Aufsichtsbehörde für den Verantwortlichen bzw. Auftragsverarbeiter hin zu einer Regelung der pluralistischen Zuständigkeit mit Bestimmung einer federführenden Behörde und einer weiteren oder gar mehreren betroffenen Aufsichtsbehörden[4], war im Hinblick auf das Gebot des **effektiven Rechtsschutzes** und zur Vermeidung des sog. Forum Shopping[5] zwingend erforderlich.[6] Dieses Gebot erfordert eine **Beschwerdestelle** in einer gewissen Nähe zu den betroffenen Personen, der zudem Befugnisse zur Durchsetzung der Betroffenenrechte in gewissem Umfang zustehen müssen.[7] Denn nur so kann der effektive Schutz des informationellen Selbstbestimmungsrechts letztlich erreicht werden. Dies war auch der Grund zur Schaffung der Regelung des Art. 77 (siehe Art. 77 Rn. 1 ff.).

17 Durch das Konzept der betroffenen Behörde wird die Möglichkeit des sog. **Forum Shopping** in gewissem Maße eingedämmt, bei dem internationale Konzerne ihre aufsichtspflichtigen Tätigkeiten in das Hoheitsgebiet derjenigen Aufsichtsbehörde legen, deren Aufsichtstätigkeit mutmaßlich als am moderatesten eingeschätzt wird. Denn nicht in allen Fällen entscheidet eine Aufsichtsbehörde allein, sondern oftmals unter

---

4 Siehe zu dieser Entwicklung näher *Nguyen* RDV 2014, 26, 27f.; Ehmann/Selmayr-*Selmayr* Art. 55 Rn. 1 ff., insbesondere Rn. 3 und Kühling/Buchner-*Dix* Art. 56 Rn. 3.
5 Der Vermeidung des Forum Shopping im internationalen Kontext dient schon das Marktortprinzip.
6 Diese zwei Nachteile sieht auch *Schantz* NJW 2016, 1841, 1847 bei dem One-Stop-Shop-Prinzip in seiner Reinform.
7 Siehe dazu näher *Nguyen* ZD 2015, 265, 266 und Gola-*Nguyen* Art. 56 Rn. 1 sowie Simitis/Hornung/Specker gen. Döhmann-*Polenz* Art. 56 Rn. 3; Entschließung der DSK, 28.3.2014; fehlende Bürgernähe sieht *Schantz* NJW 2016, 1841, 1847, wenn sich eine betroffene Person an eine Datenschutzaufsichtsbehörde in einem anderen Mitgliedstaat wenden muss, möglicherweise sogar in einer fremden Sprache; *Schultze-Melling* ZD 2015, 397, 398 dagegen sieht diese Verwandlung von dem einfachen One-Stop-Shop in „ein hochkompliziertes Durcheinander europäischer Zuständigkeiten und paralleler Handlungsmöglichkeiten" sehr kritisch.

Beteiligung anderer betroffener Aufsichtsbehörden.[8] Dennoch ist nicht in allen Fällen eine Abstimmung der federführenden Aufsichtsbehörde mit anderen Aufsichtsbehörden erforderlich, weshalb die Möglichkeit des Forum Shopping immer noch besteht.[9] Die Reaktion der betroffenen Behörde setzt zudem eine vorherige Aktion der federführenden Behörde voraus, insbesondere das Vorlegen eines Beschlussentwurfes nach Art. 60 Abs. 3. Erheblichen Einfluss in diesem Zusammenhang dürfte die Praxis der unterschiedlichen Behörden bei der Verhängung von Geldbußen haben.

Die grenzüberschreitende Datenverarbeitung hat zunehmend an Bedeutung gewonnen und damit auch das Erfordernis eines einheitlichen datenschutzrechtlichen Standards über die Grenzen der Staaten hinweg. Dies berücksichtigt die DS-GVO dem Grunde nach. Aufgrund der Rechtsform der DS-GVO und dem Ziel der Setzung eines einheitlichen Datenschutzstandards in der Europäischen Union kommt der **Verteilung von Zuständigkeiten zwischen den Datenschutzaufsichtsbehörden** eine zentrale Rolle für die Harmonisierung der datenschutzrechtlichen Rahmenbedingungen zu. Denn die Ausgestaltung der Vollzugsebene ist für ein einheitliches Datenschutzniveau ebenso bedeutsam wie die materielle Ausgestaltung des Datenschutzrechts.[10] 18

Es hängt auch von der effektiven und funktionierenden **Zusammenarbeit der Aufsichtsbehörden** ab, ob letztlich auf europäischer Ebene ein einheitliches Schutzniveau geschaffen wird, wie mit der DS-GVO erstrebt.[11] Allerdings darf dadurch die **Unabhängigkeit** jeder einzelnen Aufsichtsbehörde nicht in Frage gestellt werden; es muss jeder Aufsichtsbehörde weiterhin überlassen bleiben zu entscheiden, wie sie arbeitet – in dem von der DS-GVO gesteckten Rahmen.[12] Die Regelung des Art. 56 an sich verletzt die Unabhängigkeit der datenschutzrechtlichen Aufsichtsbehörden jedenfalls nicht.[13]

Ziel der Regelungen über Zuständigkeit und Federführung ist die **einheitliche Rechtsauslegung und -anwendung** durch die Aufsichtsbehörden, insbesondere gegenüber großen international tätigen Konzernen.[14] Letztlich soll die Vereinheitlichung des Datenschutzrechts im Binnenmarkt zu einer erheblichen finanziellen Entlastung der 19

---

8 So auch *Schantz* NJW 2016, 1841, 1847. Die Befürchtung des sog. Forum Shopping bestand zunächst (*Caspar* ZD 2012, 556; *Hornung* ZD 2012, 101, 105), wenn man nicht ohnehin davon ausging, dass unter Anwendung der DS-GVO in der gesamten EU dasselbe Datenschutzrecht gelten werde und deshalb eine Gefahr nicht bestehe, siehe dazu *Kranig* ZD 2013, 550, 556.
9 So auch Sydow-*Peuker* Art. 56 Rn. 22.
10 *Nguyen* ZD 2015, 265.
11 So auch *Nguyen* ZD 2015, 265.
12 *Schultze-Melling* ZD 2015, 397, 398 meint dagegen, dass es den Aufsichtsbehörden unter der DS-GVO nicht selbst überlassen werden dürfe, wie sie arbeiten. Extreme Unterschiede in verwaltungsbehördlichem Handeln würden eine Gefährdung der Glaubwürdigkeit europäischen Verwaltungshandelns und der Existenzfähigkeit des europäischen digitalen Binnenmarkts bedeuten.
13 Siehe Kühling/Buchner-*Dix* Art. 56 Rn. 4.
14 Kühling/Buchner-*Boehm* Art. 55 Rn. 3; dazu *Schultze-Melling* ZD 2015, 397, 398, der ansonsten eine Gefährdung der Glaubwürdigkeit europäischen Verwaltungshandelns und der Existenzfähigkeit des europäischen digitalen Binnenmarkts befürchtet.

europäischen Wirtschaft führen[15] und zu einer effektiveren Aufsicht[16], die ressourcenschonend ist.[17] Gleichzeitig wird teils allerdings infolge der Zentralisierung auch eine Bürokratisierung mit der Folge einer Schwächung der aufsichtsbehördlichen Aufgabenerfüllung befürchtet.

II. Federführende Aufsichtsbehörde (Abs. 1)

20 **1. Regelungsinhalt.** Der Art. 56 Abs. 1 regelt die Zusammenarbeit der Aufsichtsbehörden durch Schaffung einer federführenden Aufsichtsbehörde im Falle einer grenzüberschreitenden Verarbeitung. Gleichzeitig enthält Art. 56 Abs. 1 eine **Legaldefinition der federführenden Aufsichtsbehörde**. Liegt eine grenzüberschreitende Verarbeitung vor, so ist die Aufsichtsbehörde der Hauptniederlassung oder der einzigen Niederlassung des Verantwortlichen oder des Auftragsverarbeiters die zuständige federführende Aufsichtsbehörde für die von dem Verantwortlichen oder dem Auftragsverarbeiter durchgeführte grenzüberschreitende Verarbeitung.

21 Für die Fälle, in denen der Verantwortliche oder Auftragsverarbeiter **keine Niederlassung in der Europäischen Union** hat, die Verordnung aber aufgrund des **Marktortprinzips** (Art. 3 Abs. 2) Anwendung findet, existiert keine Regelung zur Bestimmung einer federführenden Behörde, auch wenn mehrere europäische Aufsichtsbehörden nach Art. 55 Abs. 1 zuständig sind. Art. 56 Abs. 1 findet keine Anwendung. Die Zuständigkeit richtet sich dann allein nach Art. 55 Abs. 1 (Art. 55 Rn. 19 ff.). Insb. kann nicht der gem. Art. 27 Abs. 1 verpflichtend zu benennende Vertreter als Hauptverwaltung angesehen werden.[18] Dies kann dazu führen, dass sich diese Unternehmen weiterhin mit unterschiedlichen nach Art. 55 Abs. 1 zuständigen Aufsichtsbehörden auseinandersetzen müssen[19], was wieder zu divergierenden Entscheidungen führen kann.[20] Nach Auffassung der WP 29 sollten sich die betroffenen Aufsichtsbehörden anhand von Kriterien – wie hauptsächlich betroffene Mitgliedstaaten, Ort der Einreichung von Beschwerden – abstimmen, wer die Federführung übernimmt.[21] In Zweifels- oder Streitfällen sollte nach teils vertretener Auffassung der EDSA eine verbindliche Entscheidung treffen,[22] wobei sich die Frage stellt, aufgrund welcher Befugnis er diese Entscheidung treffen soll.

22 **2. Verhältnis zu Art. 55.** Die Regelung des Art. 56 Abs. 1 gilt unbeschadet des Art. 55. Die Regelung des Art. 56 Abs. 1 kann nur zur Anwendung gelangen, wenn Art. 55 Abs. 1 die Zuständigkeit der Aufsichtsbehörde begründet hat. Art. 55 wird also insoweit nicht verdrängt, wie die Formulierung „**unbeschadet des Art. 55**" schon zum Ausdruck bringt. Unter sämtlichen nach Art. 55 Abs. 1 zuständigen Behörden übernimmt im Falle der grenzüberschreitenden Verarbeitung bei Vorhandenseins zumindest einer

---

15 Mitteilung der Kommission v. 25.1.2012, KOM(2012) 9, Ziff. 3.
16 *Roßnagel/Kroschwald* ZD 2014, 495, 499.
17 *Kühling/Martini u.a.* Die Datenschutz-Grundverordnung und das nationale Recht, S. 109.
18 *Ehmann/Selmayr-Selmayr* Art. 56 Rn. 11; *Gola-Nguyen* Art. 56 Rn. 7; vgl. *Franck* RDV 2018, 303.
19 BeckOK DatenSR-*Eichler* Art. 56 Rn. 3; *Ehmann/Selmayr-Selmayr* Art. 56 Rn. 11.
20 Die Befürchtung hat auch *Sydow-Peuker* Art. 56 Rn. 23.
21 Stellungnahme 1/2012 zu den Reformvorschlägen im Bereich des Datenschutzes v. 23.3.2012, WP 191, 20 f.; näher dazu *Paal/Pauly-Körffer* Art. 56 Rn. 3; *Kühling/Buchner-Dix* Art. 56 Rn. 6.
22 *Paal/Pauly-Körffer* Art. 56 Rn. 3; *Kühling/Buchner-Dix* Art. 56 Rn. 6.

Niederlassung des Verantwortlichen oder Auftragsverarbeiters in der Europäischen Union eine Behörde die Federführung.[23]

Art. 55 bleibt auch insofern unberührt als es um eine **grenzüberschreitende Verarbeitung** zur Erfüllung einer rechtlichen Verpflichtung oder im öffentlichen Interesse bzw. in Ausübung öffentlicher Gewalt (Art. 6 Abs. 1 UAbs. 1 lit. c und e) geht. Denn dann findet Art. 56 gem. Art. 55 Abs. 2 keine Anwendung (Art. 55 Rn. 53 ff.).   23

3. Grenzüberschreitende Verarbeitung. Der Art. 56 Abs. 1 setzt das Bestehen einer grenzüberschreitenden Verarbeitung innerhalb der Europäischen Union voraus. Eine **grenzüberschreitende Verarbeitung** liegt nach der Legaldefinition in Art. 4 Nr. 23 zum einen vor, wenn die Datenverarbeitung im Rahmen der Tätigkeiten von Niederlassungen eines Verantwortlichen oder Auftragsverarbeiters in mehr als einem Mitgliedstaat erfolgt und der Verantwortliche oder Auftragsverarbeiter in mehr als einem Mitgliedstaat niedergelassen ist (Art. 4 Nr. 23 lit. a). Die konkreten Daten müssen dabei nicht von mehreren Niederlassungen verarbeitet werden, sondern es genügt, wenn die verschiedenen Niederlassungen eine ähnliche Tätigkeit ausführen, bei der ein vergleichbares Verarbeitungsverfahren eingesetzt wird.[24] Werden die Beschäftigtendaten des Bürgers im Staat A von einem Tochterunternehmen verarbeitet, dessen Mutterunternehmen im Staat B seinen Hauptsitz hat, handelt es sich dann um eine grenzüberschreitende Verarbeitung, wenn die Entscheidungen über Zwecke und Mittel der Datenverarbeitung in der Hauptniederlassung im Staat B getroffen werden. Fallen diese Entscheidungen über die Beschäftigten im Tochterunternehmen, ist die Verarbeitung nicht grenzüberschreitend, so dass eine Beschwerde des Bürgers von der Datenschutzaufsichtsbehörde im Staat A zu bearbeiten wäre.   24

Eine grenzüberschreitende Verarbeitung ist zudem anzunehmen, wenn eine Verarbeitung im Rahmen der **Tätigkeiten einer einzelnen Niederlassung** eines Verantwortlichen oder Auftragsverarbeiters erfolgt, diese jedoch erhebliche Auswirkungen auf betroffene Personen in mehr als einem Mitgliedstaat hat oder haben kann (Art. 4 Nr. 23 lit. b). Wann derartige **erhebliche Auswirkungen** anzunehmen sind, ergibt sich nicht aus der DS-GVO. Vielmehr soll der EDSA diesbezügliche Kriterien in **Leitlinien** festlegen (ErwG 124). Im Arbeitspapier zur Identifizierung der federführenden Aufsichtsbehörde (WP 244) der WP 29[25], welches der EDSA in seiner ersten Sitzung übernommen bzw. gebilligt hat, sind bereits einige Ausführungen zu diesen Auswirkungen enthalten. Eindeutig muss jedenfalls ein qualifizierendes Element vorliegen.[26] Nach dem WP 244 der WP 29 zur Identifizierung der federführenden Behörde[27] ist der Begriff der erheblichen Auswirkungen wie folgt zu verstehen: Es reicht nicht irgendeine Auswirkung, d.h. jegliche Folge einer Verarbeitung. Erforderlich ist eine Einwirkung auf die betroffene Person bzw. eine Beeinflussung derselben. Diese muss   25

---

23 Siehe dazu auch Ehmann/Selmayr-*Selmayr* Art. 56 Rn. 3.
24 Gola-*Nguyen* Art. 56 Rn. 5; siehe zur Auslegung des Begriffs näher *Schantz/Wolff* Das neue Datenschutzrecht, Rn. 1026 ff.
25 Guidelines for identifying a controller or processor's lead supervisory authority, abrufbar unter: http://ec.europa.eu/newsroom/document.cfm?doc_id=44102.
26 Siehe ausführlich zur Auslegung von erheblichen Auswirkungen Gola-*Nguyen* Art. 56 Rn. 6.
27 Guidelines for identifying a controller or processor's lead supervisory authority, abrufbar unter: http://ec.europa.eu/newsroom/document.cfm?doc_id=44102.

auch umfangreich bzw. beträchtlich sein. Die Einwirkung muss noch nicht stattgefunden haben; es genügt deren höchstwahrscheinlicher Eintritt. Selbst wenn eine erhebliche Anzahl von betroffenen Personen involviert ist, liegt nicht zwingend eine erhebliche Auswirkung vor. Es ist immer eine Bestimmung im Einzelfall vorzunehmen unter Berücksichtigung verschiedener Aspekte (wie z.B. vorliegende Schäden oder sonstige Beeinträchtigungen bestimmter Rechtsgüter).[28] Das datenschutzrechtlich unzulässige Bestellformular eines Online-Versandhandels mit Sitz in Staat A, der seine Waren an Kundschaft in mehreren anderen Mitgliedstaaten liefert, hat erhebliche Auswirkungen auf alle Kundinnen und Kunden und begründet regelmäßig den grenzüberschreitenden Charakter der Verarbeitung.

26 **4. Bestimmung der Federführung.** Der ausschlaggebende Anknüpfungspunkt für die Bestimmung der federführenden Aufsichtsbehörde ist der **Ort einer (Haupt-)Niederlassung**. Dies ergibt sich aus Art. 56 Abs. 1 selbst. Existiert nur eine einzige Niederlassung in der Europäischen Union, so ist die Aufsichtsbehörde des Mitgliedstaats der einzigen Niederlassung federführende Aufsichtsbehörde. Ansonsten obliegt der Aufsichtsbehörde der Hauptniederlassung des Verantwortlichen oder Auftragsverarbeiters die Federführung. Die Datenschutzaufsichtsbehörden verfügen über eine gemeinsame Plattform im Rahmen der von der EU-Kommission vorgehaltenen Binnenmarktplattform (Internal Market Information System – IMI), die durch Informationsaustausch die Bestimmung der federführenden Behörde ermöglicht.

27 Bei **Unstimmigkeiten** zwischen den einzelnen Aufsichtsbehörden über die Bestimmung der Federführung, d.h. über die Bestimmung der Hauptniederlassung im o.g. Sinne, kann das Kohärenzverfahren eingeleitet werden (Art. 65 Abs. 1 lit. b). Keine expliziten Regelungen trifft die DS-GVO für die Zuweisung der Federführung einer Aufsichtsbehörde bzw. für die Bestimmung oder Änderung der federführenden Aufsichtsbehörde im Falle einer Veränderung von Umständen, die die Hauptniederlassung oder die einzige Niederlassung betreffen, d.h. konkret für folgende Fälle: die Verlegung der Hauptniederlassung oder einzigen Niederlassung innerhalb des EWR, die Gründung der Hauptniederlassung oder der einzigen Niederlassung im EWR oder Verlegung aus einem Drittland in den EWR und der Wegzug aus dem EWR oder die Auflösung der Hauptniederlassung oder einzigen Niederlassung. Wie in solchen Fällen zu verfahren ist, insbesondere ob und ab wann eine Bestimmung oder Änderung der federführenden Aufsichtsbehörde eintritt, hat der EDSA allerdings in einer Stellungnahme nach Art. 64 festgelegt.[29]

28 **a) Niederlassung.** Der Begriff der **Niederlassung** setzt eine effektive und tatsächliche Ausübung einer Tätigkeit durch eine feste Einrichtung voraus, wobei die Rechtsform irrelevant ist; d.h. sowohl eine Zweigstelle als auch eine Tochtergesellschaft mit eigener Rechtspersönlichkeit sind Niederlassungen in diesem Sinne (ErwG 22). Diesem Verständnis von Niederlassung liegt die Rechtsprechung des EuGH zugrunde.[30]

---

28 Guidelines for identifying a controller or processor's lead supervisory authority, abrufbar unter: http://ec.europa.eu/newsroom/document.cfm?doc_id=44102, WP 244 S. 3, 4.
29 Stellungnahme 8/2019 zur Zuständigkeit einer Aufsichtsbehörde im Falle einer Veränderung von Umständen, die die Hauptniederlassung oder die einzige Niederlassung betrifft, angenommen am 9.7.2019, abrufbar unter: https://edpb.europa.eu/sites/edpb/files/files/file1/edpb_opinion_201908_changeofmainorsingleestablishment_de.pdf.
30 *EuGH* v. 1.10.2015 – C-230/14, ECLI:EU:C:2015:639, Weltimmo, Rn. 28 ff.

Bei der Bestimmung, ob eine Niederlassung vorliegt, ist keine rein formalistische 29
Sichtweise zugrunde zu legen, nach der ein Unternehmen ausschließlich an dem Ort
niedergelassen sein kann, an dem es eingetragen ist. Vielmehr ist neben dem Grad an
Beständigkeit der Einrichtung auch die **effektive Ausübung der wirtschaftlichen Tätigkeiten** unter Beachtung des besonderen Charakters der Tätigkeiten und Dienstleistungen zu berücksichtigen; insbesondere bei Unternehmen, die Leistungen ausschließlich über das Internet anbieten. Die Tätigkeit kann auch nur geringfügig sein. Es kann
somit auch das Vorhandensein eines einzigen Vertreters unter Umständen ausreichen,
um eine feste Einrichtung zu begründen, wenn dieser mit einem ausreichenden Grad
an Beständigkeit mit den für die Erbringung der betreffenden konkreten Dienstleistungen erforderlichen Mitteln in einem Mitgliedstaat tätig ist.[31]

b) Hauptniederlassung. Was eine Hauptniederlassung i.S.d. DS-GVO ist, ergibt sich 30
aus Art. 4 Nr. 16. Dabei wird grundsätzlich unterschieden zwischen dem Verantwortlichen und dem Auftragsverarbeiter.

aa) Hauptniederlassung des Verantwortlichen. Bezüglich der Bestimmung der 31
Hauptniederlassung des Verantwortlichen wird deutlich, dass entscheidend ist, welche
Niederlassung die **Entscheidungen im Zusammenhang mit der Verarbeitung von personenbezogenen Daten** trifft. Zwar sollte grundsätzlich der Ort der Hauptverwaltung
in der Europäischen Union die Hauptniederlassung sein; werden dort alle Entscheidungen hinsichtlich der Verarbeitungstätigkeiten zentralisiert getroffen, so gibt es nur
eine federführende Aufsichtsbehörde, nämlich die des Mitgliedstaats der Hauptverwaltung. Ausnahmsweise sollte allerdings eine andere Niederlassung in der Europäischen Union als Hauptniederlassung betrachtet werden, wenn dort – und nicht in der
Hauptverwaltung – Entscheidungen über Zwecke und Mittel der Verarbeitung personenbezogener Daten getroffen werden und diese Niederlassung befugt ist, diese Entscheidungen umsetzen zu lassen. Werden in einer anderen Niederlassung als der der
Hauptverwaltung alle Entscheidungen hinsichtlich der Verarbeitungstätigkeiten zentralisiert getroffen, so gibt es auch nur eine federführende Aufsichtsbehörde, nämlich
die des Mitgliedstaats dieser Niederlassung. Wenn allerdings die Entscheidungen
bezüglich unterschiedlicher Verarbeitungstätigkeiten bzw. der Verarbeitung verschiedener Kategorien personenbezogener Daten in unterschiedlichen Niederlassungen
getroffen werden, so könnte die federführende Behörde je nach Verarbeitungstätigkeit bzw. Kategorie entsprechend variieren und ein Unternehmen könnte damit
grundsätzlich mehrere federführende Aufsichtsbehörden haben.[32] Da dies nicht mit
dem Grundgedanken der Schaffung eines einzigen Ansprechpartners für ein Unternehmen in Einklang steht, sollten die Unternehmen präzise festlegen, wo die Entscheidungen über die Zwecke und Mittel der Verarbeitung getroffen werden und diesbezüglich bestenfalls eine Niederlassung bestimmen.

Zur Bestimmung der Hauptniederlassung sind **objektive Kriterien** zugrunde zu legen, 32
wie unter anderem die effektive und tatsächliche Ausübung von Managementtätigkei-

---

[31] Siehe zum gesamten Absatz *EuGH* v. 1.10.2015 – C-230/14, ECLI:EU:C:2015:639, Weltimmo Rn. 28 ff.
[32] BeckOK DatenSR-*Eichler* Art. 56 Rn. 7; Guidelines for identifying a controller or processor's lead supervisory authority, abrufbar unter: http://ec.europa.eu/newsroom/document.cfm?doc_id=44102, WP 244, S. 5; siehe zu diesem Problem näher Ehmann/Selmayr-*Selmayr* Art. 56 Rn. 8 und Gola-*Nguyen* Art. 56 Rn. 18.

ten durch eine feste Einrichtung mit Treffen der Grundsatzentscheidungen im Zusammenhang mit der Verarbeitung von personenbezogenen Daten, wobei nicht ausschlaggebend ist, ob die Verarbeitung selbst an diesem Ort stattfindet, sodass auch das Vorhandensein und die Verwendung technischer Mittel und Verfahren zur Verarbeitung personenbezogener Daten oder die Verarbeitungstätigkeit keine entscheidenden Faktoren sind (ErwG 36).[33]

33 Ausschlaggebend kann insbesondere sein, wo die **finale Entscheidung über die Zwecke und Mittel der Datenverarbeitung** getroffen wird, wo Entscheidungen über Geschäftstätigkeiten, die die Verarbeitung personenbezogener Daten beinhalten, getroffen werden, wo die Entscheidungsbefugnis tatsächlich liegt, wo die Leitungsperson für die grenzüberschreitende Datenverarbeitung sitzt bzw. wo der rechtliche Sitz des Unternehmens ist.[34] Damit kann es nicht reichen, in einem Mitgliedstaat eine **Briefkastenfirma** zu errichten, die im Organigramm als Hauptverwaltung bezeichnet wird.[35]

34 Grundsätzlich gibt der Verantwortliche zunächst einmal selbst an, wo seine Hauptniederlassung im obigen Sinne ist. Die **eigenständige Festlegung durch den Verantwortlichen** selbst ist Grundlage und Ausgangspunkt der Bewertung. Hat die Aufsichtsbehörde allerdings diesbezügliche Zweifel, kann sie von dem Verantwortlichen Informationen zur eigenständigen Prüfung bzw. Beweise verlangen, wobei dies aktive Ermittlungen und die Zusammenarbeit mit anderen Aufsichtsbehörden erforderlich machen kann. Letztlich liegt die Beweislast beim Verantwortlichen.[36] Antwortet er auf entsprechende Anfragen nicht, kooperieren die Behörden zur Festlegung der Hauptniederlassung.

35 Eine einfachere Bestimmung wäre sicherlich z.B. allein anhand des eingetragenen Sitzes möglich gewesen.[37] Allerdings soll durch die o.g. Anknüpfungspunkte sichergestellt werden, dass die federführende Behörde bei Untersuchungen vor Ort die auskunftsfähigen Personen antrifft und die Unterlagen vorfindet, die Aufschluss hinsichtlich der Entscheidungen über die Datenverarbeitung geben.[38] Zudem würde durch eine Anknüpfung an den eingetragenen Sitz die Gefahr des **Forum Shopping** größer, da es leichter wäre die federführende Behörde „auszuwählen".

36 Der Kritik an der Bestimmung der Hauptniederlassung anhand der vorgenannten Kriterien dahingehend, dass **für die betroffenen Personen** schwer ersichtlich sei, wer federführende Behörde ist, kann mit dem Hinweis auf Art. 77 begegnet werden; denn da sich die betroffenen Personen immer an die Aufsichtsbehörde ihrer Wahl wenden können, ist deren Bedürfnis nach effektivem **Rechtsschutz** insoweit Genüge getan.[39]

---

33 Zu möglicherweise auftretenden Problemen bei der Bestimmung der Hauptniederlassung siehe *Nguyen* ZD 2015, 265, 267.
34 Guidelines for identifying a controller or processor's lead supervisory authority, abrufbar unter: http://ec.europa.eu/newsroom/document.cfm?doc_id=44102, WP 244, S. 7.
35 Ehmann/Selmayr-*Selmayr* Art. 56 Rn. 7.
36 Siehe zu dem gesamten Absatz Guidelines for identifying a controller or processor's lead supervisory authority, abrufbar unter: http://ec.europa.eu/newsroom/document.cfm?doc_id=44102, WP 244, S. 7.
37 So auch *Nguyen* ZD 2015, 265, 270.
38 Gola-*Nguyen* Art. 56 Rn. 14.
39 So auch Sydow-*Peuker* Art. 56 Rn. 21.

Für den Fall, dass zwar **mehrere Niederlassungen** in der Europäischen Union vorhanden sind, aber weder die Hauptverwaltung in der Europäischen Union ist, noch eine Niederlassung, die die Entscheidungen hinsichtlich der Datenverarbeitungen trifft, sieht die DS-GVO keine Regelung vor. Das Unternehmen sollte dann die als seine Hauptniederlassung fungierende Niederlassung in der Europäischen Union bestimmen, welche befugt ist, Entscheidungen über die Verarbeitungstätigkeit umzusetzen und für die Verarbeitung zu haften, was auch das Vorhandensein ausreichender Mittel für die Tätigkeit als Hauptniederlassung einschließt. Unterbleibt diese Festlegung, kann keine federführende Aufsichtsbehörde ermittelt werden.[40] 37

bb) Hauptniederlassung von gemeinsam für die Verarbeitung Verantwortlichen. Im Falle von **gemeinsam für die Verarbeitung Verantwortlichen** (Art. 26) sollten die gemeinsam Verantwortlichen festlegen, welche entscheidungsbefugte Niederlassung eines der gemeinsam Verantwortlichen die Befugnis haben soll, für alle gemeinsam Verantwortlichen Entscheidungen über die Datenverarbeitung umzusetzen. Diese gilt dann als Hauptniederlassung.[41] Letztlich kann die Aufsichtsbehörde bei Zweifeln insoweit ebenfalls eigenständig prüfen (Rn. 34). 38

cc) Hauptniederlassung des Auftragsverarbeiters. Beim **Auftragsverarbeiter** ist grundsätzlich immer der Ort der Hauptverwaltung entscheidend und nicht der Ort der Niederlassung, in der Entscheidungen im Zusammenhang mit der Verarbeitung personenbezogener Daten getroffen werden. Nur, wenn der Auftragsverarbeiter keine Hauptverwaltung in der Europäischen Union hat, ist entscheidend, an welchem Ort in der Europäischen Union die wesentlichen Verarbeitungstätigkeiten vorgenommen werden. Hintergrund dieser anders gearteten Regelung im Vergleich zum Verantwortlichen ist, dass Auftragsverarbeiter in der Regel aufgrund ihrer Weisungsgebundenheit keine Entscheidungen über Art und Zwecke der Datenverarbeitung treffen.[42] 39

dd) Hauptniederlassung bei Betroffenheit des Verantwortlichen und des Auftragsverarbeiters. Sind sowohl **Verantwortlicher** als auch **Auftragsverarbeiter** betroffen, so sollte die Federführung bei der Aufsichtsbehörde des Mitgliedstaats bleiben, in dem der Verantwortliche seine Hauptniederlassung oder seine einzige Niederlassung hat, während die Aufsichtsbehörde des Auftragsverarbeiters betroffene Aufsichtsbehörde sein sollte (vgl. ErwG 36). Dies entspricht einer Bewertung nach dem Schwerpunkt der Entscheidungen über die Datenverarbeitung. 40

ee) Hauptniederlassung der Unternehmensgruppe. Unternehmensgruppe ist nach der Legaldefinition des Art. 4 Nr. 19 eine Gruppe, die aus einem herrschenden Unternehmen und den von diesem abhängigen Unternehmen besteht. Dabei sollte das **herrschende Unternehmen** dasjenige sein, das z.B. aufgrund der Eigentumsverhältnisse, der finanziellen Beteiligung oder der für das Unternehmen geltenden Vorschriften oder der Befugnis, Datenschutzvorschriften umsetzen zu lassen, einen beherrschenden Einfluss auf die übrigen Unternehmen ausüben kann (ErwG 37). 41

---

40 Siehe zu dem gesamten Absatz Guidelines for identifying a controller or processor's lead supervisory authority, abrufbar unter: http://ec.europa.eu/newsroom/document.cfm?doc_id=44102, WP 244, S. 8.
41 Guidelines for identifying a controller or processor's lead supervisory authority, abrufbar unter: http://ec.europa.eu/newsroom/document.cfm?doc_id=44102, WP 244, S. 8.
42 Gola-*Nguyen* Art. 56 Rn. 15.

42 Auch auf eine Unternehmensgruppe sind die Regeln des One-Stop-Shop-Prinzips anwendbar, wenn die **Verarbeitung durch die Unternehmensgruppe** erfolgt.[43] Dies ergibt sich aus dem ErwG 36, der in diesem Kontext konkretisiert, welches Unternehmen der Gruppe als Hauptniederlassung gilt, an die dann die Federführung anknüpft. Bei der Verarbeitung durch eine Unternehmensgruppe bzw. einen Konzern richtet sich die Zuständigkeit der federführenden Aufsichtsbehörde grundsätzlich nach der Hauptverwaltung des herrschenden Unternehmens, es sei denn, die Zwecke und Mittel der Verarbeitung werden von einem anderen Unternehmen in der Unternehmensgruppe festgelegt (ErwG 36). Im WP 244 wird dies ebenfalls entsprechend ausgeführt.[44] Auch wenn die Tochtergesellschaften als juristische Personen mit eigener Rechtspersönlichkeit letztlich selbst auch Verantwortliche bzw. Auftragsverarbeiter sind, so ist für die konkrete Verarbeitung durch die Unternehmensgruppe die Hauptniederlassung für die Unternehmensgruppe zu bestimmen.

43 Die DS-GVO knüpft an den **funktionellen Unternehmensbegriff** an. Die konkrete Ausgestaltung des Konzerns soll gerade keine Auswirkungen auf die Zuständigkeit der Aufsichtsbehörden haben. Ziel ist eine eindeutige Zuordnung der Zuständigkeiten unabhängig von gesellschaftsrechtlichen Konstruktionen, die wegen des zu Grunde liegenden innerstaatlichen Rechts zudem variieren können.

44 Voraussetzung ist allerdings eine **Verarbeitung „durch" die Unternehmensgruppe**, nicht die alleinige Verarbeitung durch einzelne selbstständige Unternehmen als eigene Verantwortliche. Wie genau insoweit zukünftig die Abgrenzung vorzunehmen sein wird, wird sich in der Praxis zeigen.

45 **5. Rechtsfolge und Bedeutung der Federführung.** Der federführenden Aufsichtsbehörde kommt eine maßgebliche Rolle zu, da sie berechtigt ist, **verbindliche Beschlüsse** über Maßnahmen zu erlassen, mit denen sie ihre Befugnisse ausübt (ErwG 125) und zwar mit Wirkung für die Verarbeitung in der gesamten Europäischen Union.[45] Sie hat in sämtlichen Verfahren die Verantwortlichen und Auftragsverarbeiter betreffend eine starke Stellung, da sie verbindliche Maßnahmen treffen und Geldbußen verhängen kann, sowie für Genehmigungen, Beratungs- und sonstige Ersuchen zuständig ist; überstimmt werden von anderen Behörden kann sie allenfalls im Kohärenzverfahren.[46] Zwar können sich betroffene Personen auch an die Aufsichtsbehörde ihres Aufenthaltsstaates wenden (Art. 77). Verbindliche Entscheidungen gegenüber den insoweit Verantwortlichen kann diese Aufsichtsbehörde aber nicht immer treffen, vielmehr regelmäßig nur in den Fällen, wenn sie entweder allein bzw. mit anderen nicht federführenden Behörden zuständig ist (z.B. wenn keine grenzüberschreitende Verarbeitung vorliegt), infolge Art. 56 Abs. 2 zuständig (Zuständigkeit bei begrenzter Wirkung und Nichtbefassung durch die federführende Behörde, Rn. 55 ff.) oder federführende Behörde ist.

---

43 Ähnlich *Schantz* NJW 2016, 1841, 1846 ff.; a.A. Gola-*Nguyen* Art. 56 Rn. 8 und 9; siehe zu diesem Aspekt auch *Schantz/Wolff* Das neue Datenschutzrecht, Rn. 1024 und *Laue/Kremer* Das neue Datenschutzrecht in der betrieblichen Praxis, § 10 Rn. 32 und 38.
44 Guidelines for identifying a controller or processor's lead supervisory authority, abrufbar unter: http://ec.europa.eu/newsroom/document.cfm?doc_id=44102, WP 244, S. 8.
45 Ehmann/Selmayr-*Selmayr* Art. 56 Rn. 5.
46 Siehe dazu näher Gola-*Nguyen* Art. 56 Rn. 17.

Federführende Aufsichtsbehörde   Art. 56

Die federführende Behörde soll mit anderen betroffenen Behörden zusammenarbei- 46
ten (Art. 60, ErwG 124). Sie soll für eine enge Einbindung und Koordinierung der
betroffenen Aufsichtsbehörden im Entscheidungsprozess sorgen (ErwG 125). **Betrof-**
fene Behörde wird in Art. 4 Nr. 22 legal definiert. Demzufolge ist eine Aufsichtsbehörde betroffen, wenn der Verantwortliche oder Auftragsverarbeiter im Hoheitsgebiet
des Mitgliedstaats dieser Aufsichtsbehörde niedergelassen ist, die Verarbeitung erhebliche Auswirkungen (s.o. Rn. 25) auf betroffene Personen mit Wohnsitz im Mitgliedstaat dieser Aufsichtsbehörde hat oder haben kann oder eine Beschwerde bei dieser
Aufsichtsbehörde eingereicht wurde.

Die **verbindlichen Beschlüsse** sollten bestenfalls von der federführenden Aufsichtsbe- 47
hörde und den betroffenen Aufsichtsbehörden[47] gemeinsam vereinbart werden (ErwG
126) nach dem in Art. 60 beschriebenen Abstimmungsverfahren. Der Art. 60 Abs. 1
und 3 eröffnet Spielräume für eine Abstimmung der behördlichen Positionen. Wird
beschlossen, die Beschwerde der betroffenen Person vollständig oder teilweise abzuweisen, so sollte dieser Beschluss von der Aufsichtsbehörde angenommen werden, bei
der die Beschwerde eingelegt wurde (ErwG 125).

Ist eine solche **gemeinsame Entscheidungsfindung** im Verfahren nach Art. 60 nicht 48
möglich – insbesondere wenn betroffene Aufsichtsbehörden gegen den von der federführenden Behörde vorgeschlagenen Beschluss fristgerecht Einspruch eingelegt
haben –, kommt es zur Durchführung des Kohärenzverfahrens nach Art. 63 ff., in dessen Rahmen der EDSA verbindliche Beschlüsse fassen kann (Art. 60 ff.).

Der verbindliche Beschluss soll an die Hauptniederlassung oder die einzige Niederlas- 49
sung des Verantwortlichen oder Auftragsverarbeiters gerichtet sein. **Adressat** ist der
im Schwerpunkt Verantwortliche. Aufgrund der Verbindlichkeit sollten Verantwortliche oder Auftragsverarbeiter dann die erforderlichen Maßnahmen treffen, um die
Einhaltung der DS-GVO und die Umsetzung des Beschlusses zu gewährleisten (ErwG
126). Die federführende Aufsichtsbehörde hat insoweit nicht die Pflicht über eine
Involvierung der betroffenen Aufsichtsbehörden auch die Umsetzung des Beschlusses
in den Niederlassungen des Verantwortlichen oder des Auftragsverarbeiters in den
übrigen Mitgliedstaaten zu veranlassen, sondern dafür haben Verantwortliche und
Auftragsverarbeiter selbst Sorge zu tragen.

Eine Ausnahme hinsichtlich des Treffens der verbindlichen Entscheidung durch die 50
federführende Aufsichtsbehörde sieht ErwG 131 vor. Er nimmt auf den Fall Bezug,
dass zwar eine grenzüberschreitende Verarbeitung vorliegt, aber der konkrete Gegenstand einer Beschwerde oder der mögliche Verstoß nur solche Verarbeitungstätigkeiten in dem Mitgliedstaat betrifft, in dem die Beschwerde eingereicht wurde bzw. der
mögliche Verstoß aufgedeckt wurde, und die Angelegenheit gerade **keine erheblichen**
Auswirkungen auf betroffene Personen in anderen Mitgliedstaaten hat oder haben
dürfte. Dies könnte etwa die einmalig fehlerhafte Erhebung von Beschäftigtendaten
betreffen, die dann grenzüberschreitend verarbeitet werden. Dann sollte die Aufsichtsbehörde, bei der eine Beschwerde eingereicht wurde oder die Situationen, die
mögliche Verstöße gegen die DS-GVO darstellen, aufgedeckt hat bzw. auf andere
Weise darüber informiert wurde, versuchen, eine gütliche Einigung mit dem Verant-

---

47 Aber auch die federführende Behörde ist gleichzeitig auch eine betroffene Behörde i.S.d.
Art. 4 Nr. 22, wie sich aus Art. 60 Abs. 1 S. 1 ergibt.

wortlichen zu erzielen. Falls eine gütliche Einigung nicht möglich sein sollte, sollte die Aufsichtsbehörde umfassend ihre Befugnisse wahrnehmen.

51 **6. Übertragung des Prinzips der federführenden Behörde in nationales Recht (BDSG).** Zwar enthält Art. 56 Abs. 1 keine Öffnungsklausel, sondern eine abschließende Regelung hinsichtlich der Bestimmung der federführenden Behörde. Art. 56 Abs. 1 adressiert aber nicht lediglich die Aufsicht eines Mitgliedstaats in ihrer Gesamtheit, sondern wirkt direkt auf die nationale Ebene ein; d.h. grundsätzlich folgt bereits unmittelbar aus Art. 56 Abs. 1, welche der deutschen Aufsichtsbehörden federführende Behörde ist.[48] Wegen des Föderalismus und der aufgrund dessen bestehenden Mehrzahl von Aufsichtsbehörden in der Bundesrepublik Deutschland und aufgrund der spezialgesetzlichen Zuweisung der Aufsicht in bestimmten Fällen an die oder den Bundesbeauftragte(n), ist jedoch eine innerstaatliche Regelung zur Bestimmung der federführenden Behörde in Verfahren der Zusammenarbeit und Kohärenz nach Kapitel VII der DS-GVO zu treffen.

52 Die **Öffnungsklausel** ergibt sich aus Art. 54 Abs. 1 lit. a, der den Mitgliedstaaten die Errichtung der Aufsichtsbehörden durch Rechtsvorschriften auferlegt, i.V.m. Art. 51 Abs. 1 und 3, der ausdrücklich die Möglichkeit vorsieht, mehrere Aufsichtsbehörden in einem Mitgliedstaat zu errichten. Nach Art. 51 Abs. 3 ist jedenfalls ein Verfahren einzuführen, mit dem sichergestellt wird, dass die anderen Behörden des Mitgliedstaats die Regeln für das Kohärenzverfahren nach Art. 63 einhalten. § 19 Abs. 1 BDSG legt in diesem Zusammenhang fest, welche deutsche Aufsichtsbehörde den aus der DS-GVO folgenden Verpflichtungen der federführenden Behörde nachzukommen hat. Ob und inwieweit der deutsche Gesetzgeber bei den innerstaatlichen Regelungen an die Regeln der DS-GVO zur Zusammenarbeit von federführender Behörde mit den betroffenen Behörden gebunden ist, ist umstritten.[49] Jedenfalls darf der nationale Gesetzgeber insoweit nicht das von der DS-GVO grundsätzlich geschaffene System der nebeneinander bestehenden Zuständigkeit von Aufsichtsbehörden vollständig aushebeln, das die Zuweisung der Federführung an eine Aufsichtsbehörde und die Beteiligung der anderen Aufsichtsbehörden als betroffene Aufsichtsbehörden vorsieht (s.a. Art. 55 Rn. 36 ff.).

53 Es erscheint grundsätzlich sinnvoll, das Prinzip zu übertragen, wie **§ 19 Abs. 1 BDSG** es auch getan hat. Der „Gleichlauf" zwischen DS-GVO und innerstaatlichem Recht wird dadurch hergestellt.[50] § 19 Abs. 1 S. 2 BDSG enthält eine folgerichtige Sonderregelung für die Bundesbeauftragte oder den Bundesbeauftragten, die oder der auch künftig in einigen Fällen eine spezielle sachliche Zuständigkeit für

---

48 So auch Däubler/Wedde u.a.-*Sommer* § 19 BDSG Rn. 6; aber Ehmann/Selmayr-*Selmayr* Art. 56 Rn. 23: „Für innerstaatliche Kompetenzkonflikte zwischen Aufsichtsbehörden, wie sie Deutschland infolge der dort gem. Art. 51 Abs. 3 gewählten Pluralität der Aufsichtsbehörden (...) entstehen können, kann Art. 56 nicht herangezogen werden." Für Art. 55 Abs. 1 und die nationale Ebene siehe Art. 55 Rn. 36 ff.

49 Zweifel bei von der Bussche/Voigt-*Ambros/Karg* Teil 8 Rn. 75; nach Auffassung von *Kühling/Martini u.a.* Die Datenschutz-Grundverordnung und das nationale Recht, S. 219 besteht keine Bindung, sondern der nationale Gesetzgeber sei grundsätzlich frei.

50 BT-Drucks. 18/11325, S. 92; so schon *Kühling/Martini u.a.* Die Datenschutz-Grundverordnung und das nationale Recht, S. 220.

bestimmte Bereiche hat.[51] Nach § 19 Abs. 1 S. 3 BDSG soll in den Fällen, in denen über die Federführung zwischen den deutschen Aufsichtsbehörden kein Einvernehmen besteht, das Verfahren des § 18 Abs. 2 BDSG entsprechende Anwendung finden.[52]

§ 19 Abs. 1 S. 1 und 2 BDSG enthält insoweit nachvollziehbare Regelungen zur Bestimmung der federführenden Behörde in einem Verfahren der Zusammenarbeit und Kohärenz nach Kapitel VII der DS-GVO im innerstaatlichen Kontext im Einklang mit der DS-GVO.[53] Die Europarechtskonformität des § 19 Abs. 1 S. 3 BDSG ist aber zumindest zweifelhaft.[54] 54

III. Zuständigkeit bei begrenzter Wirkung (Abs. 2)

Der Art. 56 Abs. 2 regelt die Zuständigkeit bei grenzüberschreitenden Fällen[55] im Sinne von Art. 4 Nr. 23 mit begrenzter Wirkung. Es geht um grenzüberschreitende Fälle, in denen Verantwortlicher oder Auftragsverbeiter Niederlassungen in mehr als einem Mitgliedstaat haben (ErwG 127), die Wirkung auf den Datenverkehr allerdings begrenzt ist. Es soll dadurch eine schnelle und unbürokratische Bearbeitung sog. lokaler Fälle erfolgen können.[56] Die Zuständigkeit für die Tätigkeit einer Niederlassung fällt zunächst der örtlich zuständigen Datenschutzaufsichtsbehörde zu. 55

Eine **begrenzte Wirkung** liegt vor, wenn der Gegenstand nur mit einer Niederlassung in einem Mitgliedstaat zusammenhängt (räumliche Begrenzung) oder nur betroffene Personen des Mitgliedstaats erheblich beeinträchtigt sind (persönliche Begrenzung). 56

Eine solche begrenzte Wirkung mit der Folge, dass die Aufsichtsbehörde, die nicht federführende Aufsichtsbehörde ist, deren Mitgliedstaat aber einzig betroffen ist, zuständig ist, soll darüber hinaus vorliegen, wenn es um die Verarbeitung von personenbezogenen Daten von Arbeitnehmern im spezifischen **Beschäftigungskontext** eines Mitgliedstaats geht (ErwG 127). Ein anderes Beispiel ist die **Videoüberwachung**, bei der Art und Weise der Überwachung von der lokalen Zweigniederlassung eigenständig bestimmt wird.[57] 57

---

51 So im Ergebnis auch Däubler/Wedde u.a.-*Sommer* § 19 BDSG Rn. 3.
52 Nach Däubler/Wedde u.a.-*Sommer* § 19 BDSG Rn. 5 steht diese Regelung im Widerspruch zu Art. 65 Abs. 1 lit. b.
53 Zur fraglichen Vereinbarkeit der Regelungen des § 19 Abs. 2 und § 40 Abs. 2 mit der DS-GVO siehe Art. 55 Rn. 36 ff.
54 Siehe Däubler/Wedde u.a.-*Sommer* § 19 BDSG Rn. 5.
55 So auch Gola-*Nguyen* Art. 56 Rn. 19; Kühling/Buchner-*Boehm* Art. 56 Rn. 9; Simitis/Hornung/Spiecker gen. Döhmann-*Polenz* Art. 56 Rn. 10; nach a.A. liegt in diesen Fällen der begrenzten Wirkung gar keine grenzüberschreitende Verarbeitung vor (BeckOK DatenSR-*Eichler* Art. 56 Rn. 14; Ehmann/Selmayr-*Selmayr* Art. 56 Rn. 15; Paal/Pauly-*Körffer* Art. 56 Rn. 4). Liegt allerdings gar keine grenzüberschreitende Verarbeitung vor, so bedarf es keiner Ausnahmeregelung von Art. 56 Abs. 1, weil der Anwendungsbereich des Art. 56 Abs. 1 gar nicht erst eröffnet ist.
56 *Nguyen* ZD 2015, 265, 267.
57 Siehe zu den Beispielen näher *Nguyen* ZD 2015, 265, 267; Gola-*Nguyen* Art. 56 Rn. 20 f.; Simitis/Hornung/Spiecker gen. Döhmann-*Polenz* Art. 56 Rn. 11; *Schantz* NJW 2016, 1841, 1847; zu weiteren Beispielen siehe Kühling/Buchner-*Dix* Art. 56 Rn. 10.

58 Es bedarf dieser Regelung zur Begründung der Zuständigkeit einer Aufsichtsbehörde am Ort des Sitzes des Verantwortlichen oder einer betroffenen Person aufgrund der bestehenden Regelung des Art. 55 Abs. 1 eigentlich nicht. Sie begründet aber immerhin eine Ausnahme von Art. 56 Abs. 1.

IV. Besonderes Abstimmungsverfahren bei begrenzter Wirkung (Abs. 3–5)

59 Art. 56 Abs. 3–5 regelt das Verfahren in den Fällen der Zuständigkeit bei begrenzter Wirkung nach Abs. 2.

60 Gegenstand sind die Kooperation, die Information, aber auch die Sicherstellung einer entscheidungsfähigen Behörde.

61 **1. Information und Entscheidung der federführenden Aufsichtsbehörde (Abs. 3).** Die nach Art. 56 Abs. 2 zuständige Aufsichtsbehörde hat die federführende Aufsichtsbehörde unverzüglich über die eingereichte Beschwerde bzw. den Verstoß gegen die DS-GVO zu unterrichten. Dabei hat die Aufsichtsbehörde die federführende Behörde über jede **Beschwerde** zu unterrichten – sei diese auch offensichtlich unzulässig, unbegründet oder rechtsmissbräuchlich.[58] Diesbezüglich ist der Wortlaut eindeutig. Es kann zudem auch von Relevanz sein, von solchen Beschwerden Kenntnis zu erlangen, um auch insoweit ein einheitliches Vorgehen zu gewährleisten.

62 Nach dieser Unterrichtung entscheidet dann die federführende Aufsichtsbehörde, ob sie sich im Rahmen eines Verfahrens nach Art. 60 mit dieser Angelegenheit befasst oder nicht. Sie übt ihr **Befassungsrecht** aus. Damit entscheidet sie auch, ob sie den Fall nach den Bestimmungen zur Zusammenarbeit zwischen der federführenden Aufsichtsbehörde und anderen betroffenen Aufsichtsbehörden regelt oder ob die nach Art. 56 Abs. 2 zuständige Aufsichtsbehörde den Fall auf örtlicher Ebene regeln sollte (vgl. ErwG 127). Diese Entscheidung hat sie binnen 3 Wochen nach Unterrichtung zu treffen.[59]

63 Bei der Entscheidung zu berücksichtigen hat die federführende Behörde, ob der Verantwortliche oder Auftragsverarbeiter in dem Mitgliedstaat, dessen Aufsichtsbehörde nach Art. 56 Abs. 2 zuständig ist, eine Niederlassung hat oder nicht. Diese **Berücksichtigung** hat zu erfolgen, da es letztlich darauf ankommt, dass Beschlüsse gegenüber dem Verantwortlichen oder dem Auftragsverarbeiter wirksam durchgesetzt werden können (ErwG 127). Hat die nach Art. 56 Abs. 2 zuständige Behörde ausreichende Befugnisse, so sollte die federführende Behörde von einer Befassung mit dem Fall absehen.[60] Darin zeigt sich, dass in den Fällen des Art. 56 Abs. 2 der Bezug zu einem einzigen Mitgliedstaat im Vordergrund steht.

64 **2. Anwendbarkeit des Verfahrens der Zusammenarbeit (Abs. 4).** Art. 56 Abs. 4 regelt das weitere Verfahren für den Fall, dass die federführende Behörde sich dazu entscheidet, sich mit dem Fall zu befassen. Dann findet das Verfahren nach Art. 60 Anwendung.

---

58 A.A. Paal/Pauly-*Körffer* Art. 56 Rn. 5 und Kühling/Buchner-*Dix* Art. 56 Rn. 11.
59 Zu der Frage, ob diese Frist in Eilfällen kürzer sein sollte, siehe Paal/Pauly-*Körffer* Art. 56 Rn. 5; ob diese in Einzelfällen verlängert werden sollte, siehe BeckOK DatenSR-*Eichler* Art. 56 Rn. 19.
60 So auch Ehmann/Selmayr-*Selmayr* Art. 56 Rn. 18; für eine zurückhaltende Anwendung der Sonderregelung aufgrund der bedeutenden Rolle der örtlichen Aufsichtsbehörde auch BeckOK DatenSR-*Eichler* Art. 56 Rn. 17 und Kühling/Buchner-*Dix* Art. 56 Rn. 12 f.

Art. 56 — Federführende Aufsichtsbehörde

Die nach Art. 56 Abs. 2 zuständige Aufsichtsbehörde verfügt dann über die Möglichkeit, der federführenden Behörde einen **Beschlussentwurf** vorzulegen. Macht die Aufsichtsbehörde von dieser Möglichkeit Gebrauch, so trägt die federführende Aufsichtsbehörde diesem Entwurf bei der Ausarbeitung des Beschlussentwurfs nach Art. 60 Abs. 3 weitestgehend Rechnung (nicht lediglich gebührend Rechnung, wie ansonsten im Verfahren der Zusammenarbeit und Kohärenz). Sie muss diesem zwar nicht gänzlich folgen[61], allerdings ist eine Abweichung nur mit expliziter und eingehender Begründung möglich.[62] Auch dies liegt wieder in dem besonderen örtlichen Bezug des Falles begründet.[63] 65

Weicht die federführende Behörde von dem Beschlussentwurf ab, kann die nach Art. 56 Abs. 2 zuständige Aufsichtsbehörde **Einspruch** einlegen (Art. 60 Abs. 4); sofern die federführende Aufsichtsbehörde sich dem Einspruch nicht anschließt, wird das Kohärenzverfahren nach Art. 63 eingeleitet. 66

3. Reservezuständigkeit (Abs. 5). Art. 56 Abs. 5 regelt das weitere Verfahren, wenn die federführende Behörde sich nicht mit dem Fall selbst befassen möchte. Sie hat also ihr Befassungsrecht ausgeübt, sich aber dazu entschlossen, den **Fall nicht weiter zu verfolgen**. Dann hat die nach Art. 56 Abs. 2 zuständige Aufsichtsbehörde die Angelegenheit nach den Art. 61 und 62 zu behandeln. 67

Angesichts des Wortlautes ist von einer insoweit bestehenden **Verpflichtung** der Aufsichtsbehörde zur Behandlung der Angelegenheit nach den Art. 61 und 62 und nicht lediglich von der Eröffnung einer Möglichkeit auszugehen. Denn trotz begrenzter Wirkung handelt es sich dem Kern nach um eine grenzüberschreitende Verarbeitung, die die Behandlung der Angelegenheit nach den Art. 61–62 – wenn schon nicht nach Art. 60 – rechtfertigt.[64] 68

V. Ansprechpartner bei grenzüberschreitenden Fragen (Abs. 6)

Der Art. 56 Abs. 6 trifft eine Regelung dazu, wer in Fragen zu grenzüberschreitenden Verarbeitungen für Verantwortliche und Auftragsverarbeiter der richtige Ansprechpartner ist. Dies ist ausschließlich die federführende Aufsichtsbehörde. Damit wird nochmals der Grundgedanke des **One-Stop-Shop-Prinzips als zentrales Anliegen des Unionsgesetzgebers**[65] aufgegriffen. Denn letztlich sollen Verantwortliche und Auftragsverarbeiter soweit möglich nur **einen Ansprechpartner** haben. Die DS-GVO enthält allerdings selbst einige Abweichungen von diesem Grundsatz (Rn. 21 und 37; Art. 60 Rn. 38 und 40). 69

Diese Regelung schafft einen Anreiz für die Verantwortlichen und die Auftragsverarbeiter, die Möglichkeiten des Forum Shopping auszuloten (Rn. 15 ff.).[66] 70

Aber auch Art. 56 Abs. 6 begründet die alleinige Zuständigkeit nur für die Fälle der grenzüberschreitenden Verarbeitung im Sinne des Art. 4 Nr. 23 und wenn eine Haupt- 71

---

61 Kühling/Buchner-*Dix* Art. 56 Rn. 14.
62 Ehmann/Selmayr-*Selmayr* Art. 56 Rn. 19; im Ergebnis auch Sydow-*Peuker* Art. 56 Rn. 32.
63 So auch Sydow-*Peuker* Art. 56 Rn. 32.
64 Siehe auch Paal/Pauly-*Körffer* Art. 56 Rn. 7, die jedoch zur gegenteiligen Auffassung zu neigen scheint, wie auch BeckOK DatenSR-*Eichler* Art. 56 Rn. 22.
65 Kühling/Buchner-*Dix* Art. 56 Rn. 17.
66 Diese Gefahr sieht auch Sydow-*Peuker* Art. 56 Rn. 35.

niederlassung oder nur eine einzige Niederlassung in der Europäischen Union vorhanden ist. In den übrigen Fällen hat der Verantwortliche bzw. Auftragsverarbeiter also weiterhin ggf. mehrere Ansprechpartner.

C. Praxishinweise

I. Relevanz für öffentliche Stellen

72 Die Relevanz für öffentliche Stellen ist begrenzt, da diese hauptsächlich **Verarbeitungen im öffentlichen Interesse** bzw. in Ausübung öffentlicher Gewalt (Art. 6 Abs. 1 UAbs. 1 lit. c) vornehmen und in diesen Fällen Art. 56 gem. Art. 55 Abs. 2 keine Anwendung findet.

II. Relevanz für nichtöffentliche Stellen

73 Für die nichtöffentlichen Stellen ist Art. 56 **eine der zentralen Vorschriften** der DS-GVO. In Fällen der grenzüberschreitenden Verarbeitung haben diese grundsätzlich nur noch einen Ansprechpartner – die federführende Aufsichtsbehörde. Im Kern müssen sie sich nur noch mit dieser und nicht mehr mit mehreren Aufsichtsbehörden (und dadurch ggf. abweichenden rechtlichen Bewertungen gleicher Sachverhalte) auseinandersetzen, von Ausnahmen abgesehen. Dadurch soll es auch zu einer erheblichen finanziellen Entlastung der nichtöffentlichen Stellen in Europa kommen.

III. Relevanz für betroffene Personen

74 Für die betroffenen Personen selbst hat Art. 56 insofern keine allzu große Relevanz, als diese sich in sämtlichen Angelegenheiten an die **Aufsichtsbehörde ihrer Wahl** wenden können (Art. 77), die sich ihrer Angelegenheit sodann annehmen muss – ggf. in Zusammenarbeit mit den anderen Aufsichtsbehörden. Letztlich sollten aber auch die betroffenen Personen von einer Verfahrensvereinfachung und -beschleunigung sowie einer einheitlichen Anwendung infolge der Bestimmung einer federführenden Behörde und der sich anschließenden Verfahren nach Art. 60 ff. profitieren.

IV. Relevanz für Aufsichtsbehörden

75 Für die Aufsichtsbehörden erübrigt sich künftig die **teilweise komplizierte Zusammenarbeit** in grenzüberschreitenden Fällen außerhalb geregelter Verfahren. Nunmehr ist geregelt wer in diesen Fällen die Federführung übernimmt und wie das Verfahren zu gestalten ist (Art. 60 ff.). Künftig ist eine enge Koordinierung und ein Abstimmungsaufwand erforderlich, um eine einheitliche Rechtsauslegung und -anwendung sicherzustellen. Art. 56 kann insoweit zu einer effektiveren, ressourcenschonenderen Aufsicht führen.

76 Im Falle von Streitigkeiten zwischen Aufsichtsbehörden – deren Entscheidung nicht ausdrücklich dem EDSA zugewiesen ist – können die Aufsichtsbehörden, die sich in den ihnen zustehenden Rechten verletzt sehen, gem. Art. 78 Klage erheben.[67]

V. Datenschutzmanagement

77 Im Rahmen des Datenschutzmanagements sollte insbesondere den Umständen Beachtung geschenkt werden, an denen die Hauptniederlassung im Sinne der DS-GVO festgemacht werden kann (Rn. 30 ff.).

---

67 Siehe dazu ausführlich Ehmann/Selmayr-*Selmayr* Art. 56 Rn. 22.

VI. Sanktionen

Der Einzelne kann in einem gerichtlichen Verfahren gegen eine ihn belastende Entscheidung rügen, dass diese formal rechtswidrig sei. Dies umfasst auch die Regelung der Zuständigkeit. 78

Artikel 57 Aufgaben

(1) Unbeschadet anderer in dieser Verordnung dargelegter Aufgaben muss jede Aufsichtsbehörde in ihrem Hoheitsgebiet

a) die Anwendung dieser Verordnung überwachen und durchsetzen;
b) die Öffentlichkeit für die Risiken, Vorschriften, Garantien und Rechte im Zusammenhang mit der Verarbeitung sensibilisieren und sie darüber aufklären. Besondere Beachtung finden dabei spezifische Maßnahmen für Kinder;
c) im Einklang mit dem Recht des Mitgliedsstaats das nationale Parlament, die Regierung und andere Einrichtungen und Gremien über legislative und administrative Maßnahmen zum Schutz der Rechte und Freiheiten natürlicher Personen in Bezug auf die Verarbeitung beraten;
d) die Verantwortlichen und die Auftragsverarbeiter für die ihnen aus dieser Verordnung entstehenden Pflichten sensibilisieren;
e) auf Anfrage jeder betroffenen Person Informationen über die Ausübung ihrer Rechte aufgrund dieser Verordnung zur Verfügung stellen und gegebenenfalls zu diesem Zweck mit den Aufsichtsbehörden in anderen Mitgliedstaaten zusammenarbeiten;
f) sich mit Beschwerden einer betroffenen Person oder Beschwerden einer Stelle, einer Organisation oder eines Verbandes gemäß Artikel 80 befassen, den Gegenstand der Beschwerde in angemessenem Umfang untersuchen und den Beschwerdeführer innerhalb einer angemessenen Frist über den Fortgang und das Ergebnis der Untersuchung unterrichten, insbesondere, wenn eine weitere Untersuchung oder Koordinierung mit einer anderen Aufsichtsbehörde notwendig ist;
g) mit anderen Aufsichtsbehörden zusammenarbeiten, auch durch Informationsaustausch, und ihnen Amtshilfe leisten, um die einheitliche Anwendung und Durchsetzung dieser Verordnung zu gewährleisten;
h) Untersuchungen über die Anwendung dieser Verordnung durchführen, auch auf der Grundlage von Informationen einer anderen Aufsichtsbehörde oder einer anderen Behörde;
i) maßgebliche Entwicklungen verfolgen, soweit sie sich auf den Schutz personenbezogener Daten auswirken, insbesondere die Entwicklung der Informations- und Kommunikationstechnologie und der Geschäftspraktiken;
j) Standardvertragsklauseln im Sinne des Artikels 28 Absatz 8 und des Artikels 46 Absatz 2 Buchstabe d festlegen;
k) eine Liste der Verarbeitungsarten erstellen und führen, für die gemäß Artikel 35 Absatz 4 eine Datenschutz-Folgenabschätzung durchzuführen ist;
l) Beratung in Bezug auf die in Artikel 36 Absatz 2 genannten Verarbeitungsvorgänge leisten;
m) die Ausarbeitung von Verhaltensregeln gemäß Artikel 40 Absatz 1 fördern und zu diesen Verhaltensregeln, die ausreichende Garantien im Sinne des Artikels 40 Absatz 5 bieten müssen, Stellungnahmen abgeben und sie billigen;

n) die Einführung von Datenschutzzertifizierungsmechanismen und von Datenschutzsiegeln und -prüfzeichen nach Artikel 42 Absatz 1 anregen und Zertifizierungskriterien nach Artikel 42 Absatz 5 billigen;
o) gegebenenfalls die nach Artikel 42 Absatz 7 erteilten Zertifizierungen regelmäßig überprüfen;
p) die Anforderungen an die Akkreditierung einer Stelle für die Überwachung der Einhaltung der Verhaltensregeln gemäß Artikel 41 und einer Zertifizierungsstelle gemäß Artikel 43 abfassen und veröffentlichen;
q) die Akkreditierung einer Stelle für die Überwachung der Einhaltung der Verhaltensregeln gemäß Artikel 41 und einer Zertifizierungsstelle gemäß Artikel 43 vornehmen;
r) Vertragsklauseln und Bestimmungen im Sinne des Artikels 46 Absatz 3 genehmigen;
s) verbindliche interne Vorschriften gemäß Artikel 47 genehmigen;
t) Beiträge zur Tätigkeit des Ausschusses leisten;
u) interne Verzeichnisse über Verstöße gegen diese Verordnung und gemäß Artikel 58 Absatz 2 ergriffene Maßnahmen und
v) jede sonstige Aufgabe im Zusammenhang mit dem Schutz personenbezogener Daten erfüllen.

(2) Jede Aufsichtsbehörde erleichtert das Einreichen von in Absatz 1 Buchstabe f genannten Beschwerden durch Maßnahmen wie etwa die Bereitstellung eines Beschwerdeformulars, das auch elektronisch ausgefüllt werden kann, ohne dass andere Kommunikationsmittel ausgeschlossen werden.

(3) Die Erfüllung der Aufgaben jeder Aufsichtsbehörde ist für die betroffene Person und gegebenenfalls für den Datenschutzbeauftragten unentgeltlich.

(4) ¹Bei offenkundig unbegründeten oder – insbesondere im Fall von häufiger Wiederholung – exzessiven Anfragen kann die Aufsichtsbehörde eine angemessene Gebühr auf der Grundlage der Verwaltungskosten verlangen oder sich weigern, aufgrund der Anfrage tätig zu werden. ²In diesem Fall trägt die Aufsichtsbehörde die Beweislast für den offenkundig unbegründeten oder exzessiven Charakter der Anfrage.

– *ErwG: 122, 123, 129*
– *BDSG n.F.: § 14*

Übersicht

	Rn		Rn
A. Einordnung und Hintergrund	1	1. Datenschutz-Richtlinie 95/46/EG (DSRL): Art. 28	
I. Erwägungsgründe	1		
II. BDSG	4	Kontrollstelle	7
1. Aufgaben im Rahmen der Richtlinienumsetzung	4	2. BDSG a.F.	8
		a) Bearbeitung von Eingaben (§ 21 BDSG a.F.)	9
2. Konkretisierung der Aufgaben in Bezug auf den Bundestag (§ 14 Abs. 2 BDSG)	5	b) Kontrolle (§ 24 Abs. 1, Abs. 2 BDSG a.F.)	10
3. Beschwerdeformular und Unentgeltlichkeit der Aufgabenerfüllung	6	c) Beratungen gegenüber dem Deutschen Bundestag, der Bundesregierung und den Ausschüssen (§ 26 Abs. 2 BDSG a.F.)	11
III. Normengenese, Historie	7		

		Rn				Rn
	d) Kooperationsprinzip	12		i)	Verfolgung maßgeblicher Entwicklungen	77
	e) Aufsicht über die nichtöffentlichen Stellen (§ 38 Abs. 1 BDSG a.F.)	13		j)	Festlegung von Standardvertragsklauseln	80
3.	WP 29/Europäischer Datenschutzausschuss	14		k)	Liste der Verarbeitungsarten für DSFA	82
B.	Kommentierung	16		l)	Beratung bei der DSFA	85
I.	Grundlagen und Zweck	16		m)	Verhaltensregeln	88
II.	Verständnis der Aufgabenerfüllung und Prioritäten	23		n)	Datenschutzzertifizierungsmechanismen und Datenschutzsiegel	90
III.	Anpassungs-/Umsetzungssystematik im BDSG	28		o)	Prüfung von Zertifizierungen	93
	1. Verordnungsanpassung und Richtlinienumsetzung	28		p)	Kriterien für die Akkreditierung	95
	2. Konkretisierung der Aufgaben (§ 14 Abs. 2 BDSG)	31		q)	Vornahme von Akkreditierungen	99
IV.	Einordnung der Aufgaben	32		r)	Genehmigung von Vertragsklauseln und Bestimmungen	100
	1. Überblick	32				
	2. Systematisierung der Aufgaben	36		s)	Genehmigung interner Vorschriften	102
	3. Die Aufgaben im Einzelnen (Abs. 1)	40		t)	Unterstützung des EDSA	105
	a) Überwachung und Durchsetzung der Anwendung der DS-GVO	40		u)	Führen interner Verzeichnisse über Verstöße	107
	b) Sensibilisierung und Aufklärung der Öffentlichkeit	43		v)	Sonstige Aufgaben	111
			V.	Beschwerdeformular (Abs. 2)		115
			VI.	Kosten (Abs. 3)		119
	c) Beratung von Legislative und Exekutive	50	VII.	Gebühr bei exzessivem Antrag (Abs. 4)		126
	d) Sensibilisierung der Verantwortlichen	55	C.	Praxishinweise		132
			I.	Relevanz für öffentliche Stellen		132
	e) Information von Betroffenen	60	II.	Relevanz für nichtöffentliche Stellen		133
	f) Bearbeitung von Beschwerden	63	III.	Relevanz für betroffene Personen		134
	g) Zusammenarbeit mit anderen Aufsichtsbehörden	69	IV.	Relevanz für Aufsichtsbehörden		135
			V.	Datenschutzmanagement		136
	h) Untersuchungen über die Anwendung dieser Verordnung	74	VI.	Geldbußen		138
			VII.	Dokumente der DSK		139

Literatur: Zur allgemeinen Literatur wird auf Art. 51 verwiesen. *Brink* Der Beratungsauftrag der Datenschutzaufsichtsbehörden. Aufgabe, Befugnis oder Pflicht?, ZD 2020, 59; *Dammann* Erfolge und Defizite der EU-Datenschutzgrundverordnung – Erwarteter Fortschritt, Schwächen und überraschende Innovationen, ZD 2016, 307; *Greve* Das neue Bundesdatenschutzgesetz, NVwZ 2017, 737; *Hofmann* Zertifizierungen nach der DS-GVO, ZD-Aktuell 2016, 05324; *Kort* Was ändert sich für die Datenschutzbeauftragte, Aufsichtsbehörden und Betriebsrat mit der DS-GVO ?, ZD 2017, 3; *Kugelmann* Kooperation und Betroffenheit im Netzwerk – Die deutschen Datenschutzaufsichtsbehörden in Europa, ZD

2020, S. 76; *ders.* Seckelmann (Hrsg.), Digitalisierte Verwaltung – Vernetztes E-Government, Anwendungsbereich und Spielräume der Landesdatenschutzgesetze, Kap. 18, 2019; *Laue/ Nink/Kremer* Das neue Datenschutzrecht in der betrieblichen Praxis, 2017; *Martini* Do it yourself im Datenschutzrecht – Der „Geo Business Code of Conduct" als Anwendungsfall regulierter Selbstregulierung, NVwZ-Extra 3/2016, 7; *Nguyen* Die zukünftige Datenschutzaufsicht in Europa, ZD 2015, 262; *Pohl* Durchsetzungsdefizite der DSGVO? Der schmale Grat zwischen Flexibilität und Unbestimmtheit, PinG 03.17, 85; *Roßnagel* Gesetzgebung im Rahmen der Datenschutz-Grundverordnung, DuD 2017, 277; *Schmitz/von Dall'Armi* Datenschutz-Folgenabschätzung – verstehen und anwenden, ZD 2017, 57; *Thiel* DSK – Starke Stimme für den Datenschutz. Geschichte und Schwerpunkte der Datenschutzkonferenz seit 2016, ZD 2020, 93; *Thomé* Die Unabhängigkeit der Bundesdatenschutzaufsicht, VuR 2015, 130; *Weiß* Die Bußgeldpraxis der Aufsichtsbehörden in ausgewählten EU-Staaten – ein aktueller Überblick, PinG 03.17, 97; *Will* Vermittelt die DS-GVO einen Anspruch auf aufsichtsbehördliches Einschreiten? (Noch) ungeklärte Fragen aus dem Alltag einer Datenschutzaufsichtsbehörde, ZD 2020, 97.

A. Einordnung und Hintergrund

I. Erwägungsgründe

1   Der ErwG 122 betont, dass die Datenschutzaufsichtsbehörden von den Mitgliedstaaten auch dazu befähigt werden müssen, die **Aufgaben** und **Befugnisse,** die die DS-GVO ihnen überträgt, wahrnehmen und ausüben zu können. Dabei werden Schwerpunkte herausgestellt und in Kontext zu den Zuständigkeitsbestimmungen gesetzt. Die Datenschutzaufsichtsbehörden sind zuständig für die Überwachung der Verantwortlichen und Auftragsverarbeiter, deren Niederlassungen sich in ihrem Hoheitsgebiet befinden (Niederlassungsprinzip). Sie sollen die Verarbeitung personenbezogener Daten durch Behörden oder private Stellen überwachen, die im öffentlichen Interesse handeln. Auch Datenverarbeitungstätigkeiten in Bezug auf betroffene Personen, die ihren Wohnsitz in dem örtlichen Zuständigkeitsbereich der Datenschutzaufsichtsbehörden haben, sind Gegenstand derer Überwachung und Aufsicht. Dies gilt auch dann, wenn die Verantwortlichen oder die Auftragsverarbeiter ihre Niederlassungen nicht in der Europäischen Union haben. (Marktortprinzip). Diese Prinzipien wirken sich auch auf sonstige Aufgaben der Datenschutzaufsichtsbehörden aus, die sich auf den gesamten Zuständigkeitsbereich erstrecken, wie die Bearbeitung von Beschwerden, Untersuchungen, Öffentlichkeitsarbeit und Aufklärung in Bezug auf die Verarbeitung personenbezogener Daten.

2   In dem ErwG 123 wird die **Funktion der Datenschutzaufsichtsbehörden** in Bezug auf die Durchsetzung der DS-GVO geschärft. Sie sollen die Anwendung der Regelungen der DS-GVO überwachen und dadurch ihren Zielen zum Erfolg verhelfen: Ein einheitlicher Grundrechtsschutz für personenbezogene Daten in der Europäischen Union und die Förderung des freien Verkehrs personenbezogener Daten im Europäischen Binnenmarkt. Wie bereits an anderen Stellen der DS-GVO wird auch Kooperation – sowohl zu anderen Datenschutzaufsichtsbehörden als auch mit der Europäischen Kommission – als Mittel zur Erreichung dieser Ziele genannt.

3   ErwG 129 betrifft die **einheitliche Überwachung und Durchsetzung** der DS-GVO im Einklang mit geeigneten Verfahrensgarantien. Um die Harmonisierung des Datenschutzes in der Europäischen Union zu gewährleisten, sollen auch die Aufgaben der Datenschutzaufsichtsbehörden in der Europäischen Union vereinheitlicht werden.

Über die Mindestanforderungen an die Aufsichtsbehörden hinaus können die Mitgliedstaaten weitere Aufgaben im Zusammenhang mit dem Schutz personenbezogener Daten für die Aufsichtsbehörden festlegen. Im Übrigen trägt der ErwG 129 eine stärkere Bedeutung für die Befugnisse der Aufsichtsbehörden gem. Art. 58.

II. BDSG

1. Aufgaben im Rahmen der Richtlinienumsetzung. Im Anwendungsbereich der DS-GVO kommt die umfassende Regelung des Art. 57 zur Anwendung, die wenig Raum für innerstaatliche Zuweisungen lässt. **Aufgaben der oder des Bundesbeauftragte(n)** werden darüber hinaus detailliert in § 14 BDSG geregelt. Zweck dieser Regelung ist zuvörderst die Umsetzung der RL (EU) 2016/680. Die Aufgaben bestehen nach dem Wortlaut „neben" den in Art. 57 genannten Aufgaben. 4

2. Konkretisierung der Aufgaben in Bezug auf den Bundestag (§ 14 Abs. 2 BDSG). Korrespondierend zu der Aufgabe der oder des Bundesbeauftragten, den Bundestag, den Bundesrat, die Bundesregierung und andere Gremien über **legislative und administrative Maßnahmen** zum Schutz der Rechte und Freiheiten natürlicher Personen in Bezug auf die Verarbeitung personenbezogener Daten zu **beraten** (§ 14 Abs. 1 Nr. 3 BDSG), wird in dem folgenden Absatz das Recht der Stellungnahme in diesen Gremien statuiert, sowohl proaktiv als auch auf Anfrage. Der Adressatenkreis wird dahingehend konkretisiert, dass die Beratungsbefugnisse auch gegenüber allen sonstigen Einrichtungen und Stellen sowie den Ausschüssen des Deutschen Bundestages und dem Bundesrat als Teil des nationalen Parlaments bestehen. Die Mitwirkung der oder des Bundesbeauftragten im Gesetzgebungsverfahren zählt zu den wichtigsten Aufgaben. 5

3. Beschwerdeformular und Unentgeltlichkeit der Aufgabenerfüllung. Die Regelungen, die die Zurverfügungstellung eines **Beschwerdeformulars** und die Grundsätze zur Gebührenfreiheit der Bearbeitung von Petitionen betreffen, entsprechen dem Wortlaut der DS-GVO und dienen der Umsetzung der RL (EU) 2016/280, in Übereinstimmung mit der Regelung des Art. 57 Abs. 2–4. 6

III. Normengenese, Historie

1. Datenschutz-Richtlinie 95/46/EG (DSRL): Art. 28 Kontrollstelle. Die DSRL sah für die Kontrollstellen vorrangig die Aufgabe der **Überwachung** der Anwendung der Vorschriften des Datenschutzes durch die datenverarbeitenden Stellen vor, insbesondere in ihrer Funktion bzgl. der Sicherung der Rechtsstellung der Betroffenen (Art. 28 Abs. 1 DSRL). Auch die Aufgabe der Beratung der Mitgliedstaaten bei dem Erlass von Gesetzen, Rechtsverordnungen und Verwaltungsvorschriften wurde bereits in der DSRL angelegt, da den Kontrollstellen in Art. 28 Abs. 2 DSRL ein Anhörungsrecht eingeräumt wurde, mit dem die Beratungsaufgabe der Datenschutzaufsichtsbehörde bezüglich dieser Gesetzgebungsverfahren korrespondierte. Hinsichtlich der betroffenen Personen hatte die Kontrollstelle die Aufgabe, deren Eingaben zu bearbeiten und die diesen zugrunde liegenden Datenverarbeitungsvorgänge auf ihre Rechtmäßigkeit zu untersuchen (Art. 28 Abs. 4 DSRL). Auch das **Kooperationsprinzip** zwischen den Datenschutzaufsichtsbehörden wurde bereits in der DSRL als Aufgabe der Aufsichtsbehörden besonders hervorgehoben, ohne einen festen Rahmen festzulegen (Art. 28 Abs. 6 S. 2 DSRL). 7

Art. 57 — Aufgaben

8 **2. BDSG a.F.** In dem BDSG a.F. waren für die oder den Bundesbeauftragte(n) die Aufgaben und Befugnisse in den Vorschriften des § 21 BDSG a.F. und §§ 24–26 BDSG a.F. geregelt. Daneben regelte § 38 BDSG a.F. die **Aufgaben** der Aufsichtsbehörden für den nichtöffentlichen Bereich.

9 a) **Bearbeitung von Eingaben (§ 21 BDSG a.F.).** Mit dem in § 21 BDSG a.F. geregelten Recht zur **Anrufung** der oder des Bundesbeauftragten für den Fall, dass eine betroffene Person befürchtet, durch Erhebung, Verarbeitung oder Nutzung ihrer personenbezogenen Daten durch öffentliche Stellen des Bundes in ihren Rechten verletzt worden zu sein, korrespondierte die Aufgabe der oder des Bundesbeauftragten, diese Eingaben zu bearbeiten und die notwendigen Schritte zu unternehmen.

10 b) **Kontrolle (§ 24 Abs. 1, Abs. 2 BDSG a.F.).** Die oder der Bundesbeauftragte hatte bereits nach der vorherigen Rechtslage die Aufgabe, die **öffentlichen Stellen des Bundes** hinsichtlich der Einhaltung der Vorschriften des BDSG a.F. und hinsichtlich anderer Vorschriften über den Datenschutz zu kontrollieren. Bereichsausnahmen bestanden bezüglich personenbezogener Daten, die der Aufsicht und Kontrolle der G-10 Kommission unterliegen und im Hinblick auf Bundesgerichte, soweit diese nicht in Verwaltungstätigkeiten tätig sind.

11 c) **Beratungen gegenüber dem Deutschen Bundestag, der Bundesregierung und den Ausschüssen (§ 26 Abs. 2 BDSG a.F.).** Die Aufgabe bzw. Pflicht der oder des Bundesbeauftragten für den Datenschutz und die Informationsfreiheit für den Bundestag, die Bundesregierung und die genannten Ausschüsse **Gutachten und Berichte** zu erstellen, bestand nicht proaktiv, sondern nur auf deren Ersuchen hin. Die Regelung legte außerdem fest, dass die oder der Bundesbeauftragte zur Kontrolle der öffentlichen Stellen auch durch den Bundestag, die Bundesregierung oder den Ausschüssen ersucht werden konnte. Eine Beratungsaufgabe wurde dergestalt in § 26 Abs. 3 BDSG a.F. geregelt, dass die oder der Bundesbeauftragte diesen Stellen Empfehlungen zur Verbesserung des Datenschutzes aussprechen konnte und Berichtspflichten hinsichtlich der Fachaufsichten dieser Stellen wahrnehmen sollte.

12 d) **Kooperationsprinzip.** Des Weiteren kam der oder dem Bundesbeauftragten die Aufgabe zu, auf die **Zusammenarbeit** mit den öffentlichen Stellen, die für die Kontrolle der Einhaltung der Vorschriften über den Datenschutz in den Ländern zuständig waren sowie mit den Aufsichtsbehörden nach § 38 BDSG a.F. hinzuwirken.

13 e) **Aufsicht über die nichtöffentlichen Stellen (§ 38 Abs. 1 BDSG a.F.).** Die Aufsichtsbehörden der Länder hatten die Aufgabe, die **nichtöffentlichen Stellen** hinsichtlich der Ausführung des BDSG a.F. sowie hinsichtlich anderer Vorschriften über den Datenschutz zu kontrollieren. Daneben hatte die Aufsichtsbehörde gegenüber den Datenschutzbeauftragten und den verantwortlichen Stellen eine Beratungsaufgabe „mit Rücksicht auf deren typischen Bedürfnisse." Das Anrufungsrecht der betroffenen Personen nach § 21 S. 1 BDSG a.F. galt entsprechend auch gegenüber den Aufsichtsbehörden (§ 38 Abs. 1 S. 8 BDSG a.F.).

14 **3. WP 29/Europäischer Datenschutzausschuss.** In der Stellungnahme der Art.-29-Datenschutzgruppe (WP 168 02356/09/DE) „Die Zukunft des Datenschutzes" aus dem Jahr 2009 wurde die **ineffektive und heterogene Durchsetzung der DSRL** durch die Datenschutzaufsichtsbehörden als ein Symptom identifiziert, an dem der Datenschutz in der Europäischen Union leidet. Als Grund wurden historische und kulturelle

Unterschiede der Mitgliedstaaten sowie unterschiedliche Rechtsrahmen für die Aufsichtsbehörden aufgeführt, die auch zur Folge hatten, dass die Datenschutzaufsichtsbehörden unterschiedlich aufgestellt waren, sowohl was ihre Ausrichtung, Ressourcen und Befugnisse betraf als auch die Stellung im Staats- und Verwaltungsgefüge. Dazu trug auch die unterschiedliche Umsetzung der DSRL bei, was nicht zuletzt ihrer mangelnden Präzision zuzuschreiben ist.[1] Dies ist mit der Grund dafür, dass die Aufgaben in der DS-GVO unmittelbar gelten und den Mitgliedstaaten wenig Spielraum für eigene Regelungen verbleibt. Daneben stellte die Art.-29-Datenschutzgruppe heraus, dass den neuen Herausforderungen des Datenschutzes, die durch die **Globalisierung** und durch **technologischen Neuerungen** bedingt sind, durch eine harmonisierte, striktere und effektivere Überwachung Rechnung zu tragen ist. Dazu sollte das Profil der Aufsichtsbehörden um Beratungsaufgaben und Befugnisse erweitert und deren Unabhängigkeit gewährleistet werden.[2]

Der EDSA arbeitet kontinuierlich Themen der DS-GVO und des Datenschutzes im Allgemeinen auf. Dabei werden grundlegende Leitlinien verabschiedet, z.B. zu der territorialen Reichweite der DS-GVO (Guidelines 3/2018 on the territorial scope of the GDPR (Article 3) V2.0), aber auch spezielle datenschutzrechtliche Themen behandelt, wie das Thema Videoüberwachung (Guidelines 3/2019 on processing of personal data through video devices). Der Schwerpunkt liegt insoweit auf der Angleichung der Wahrnehmung von Aufgaben durch die Behörden der Mitgliedstaaten. **15**

B. Kommentierung

I. Grundlagen und Zweck

Die **Ziele** der DS-GVO, Grundrechte zu schützen und ein einheitliches Datenschutzniveau im Europäischen Binnenmarkt herzustellen (Art. 1), können nur dann erreicht werden, wenn auch die Aufsicht und die Kontrolle über den Datenschutz in der Europäischen Union vereinheitlicht werden (ErwG 129). Die bisher heterogene Datenschutzpraxis ist maßgeblich auf unterschiedliche Rechtstraditionen und die unterschiedliche Umsetzung der DSRL zurückzuführen.[3] **16**

Die Aufgaben und Befugnisse der Datenschutzaufsichtsbehörden folgen weit überwiegend **unmittelbar aus der DS-GVO**. Damit ist sichergestellt, dass der Ausgangspunkt für die Datenschutzaufsichtsbehörden in der Europäischen Union gleich ist und die Verantwortlichen mit einer deutlich einheitlicheren Anwendung der datenschutzrechtlichen Vorgaben rechnen können. Dies dient der Rechtssicherheit. Aus den Aufgaben des Art. 57 selbst ergeben sich für die Aufsichtsbehörden keine Eingriffsrechte. Eingriffe in Rechtspositionen sind nur auf Grundlage konkreter Befugnisse möglich. Mit der Unterscheidung zwischen Aufgaben und Befugnissen hat die deutsche und österreichische Rechtstradition Einzug in das europäische Datenschutzrecht genommen.[4] **17**

---

1 WP 168 (02356/09/DE), Rn. 87.
2 WP 168 (02356/09/DE), Rn. 88, 89.
3 *Albrecht/Jotzo* Das neue Datenschutzrecht der EU, Teil 1 Rn. 6 ff.; *Kugelmann* ZD 2020, 76, 77.
4 Ausf. Ehmann/Selmayr-*Selmayr* Art. 57 Rn. 2.

Art. 57   Aufgaben

18   Zur **Vereinheitlichung der Datenschutzpraxis** gehört ein unmittelbar wirksames und damit allen Datenschutzaufsichtsbehörden in der Europäischen Union übertragenes gleiches Bündel an Aufgaben.[5] Dies dient einem einheitlichen Verständnis der Funktion der Datenschutzaufsichtsbehörden und trägt neben den maßgeblichen Art. 52 ff. zur Sicherung der Stellung im Verwaltungsgefüge der Mitgliedstaaten bei. Von maßgeblicher Bedeutung auf dem Weg zu einer praktischen Angleichung der Aufsichtspraxis ist die dem Grunde nach einheitliche Durchsetzung der DS-GVO unter Nutzung der unmittelbar europarechtlich geregelten Befugnisse (Art. 58 Rn. 23).

19   Soweit die Aufgaben der Datenschutzaufsichtsbehörden reichen, reicht auch die anleitende Wirkung von Leitlinien und Empfehlungen des EDSA. Der innerstaatliche Gesetzgeber kann diese **Aufgaben nicht antasten oder beschränken**. In ihrer Erfüllung sind die Datenschutzaufsichtsbehörden an das Recht gebunden und unterliegen der gerichtlichen Kontrolle.

20   Diese Aufgaben können durch **weitere Aufgaben** ergänzt werden, die auf dem innerstaatlichen Recht beruhen. Dazu gehören auch die Aufgaben, die den Datenschutzaufsichtsbehörden aufgrund der Umsetzung der Richtlinie (EU) 2016/680 zur Polizei und Justiz obliegen. Sie werden richtlinienkonform durch die Umsetzungsgesetze der Mitgliedstaaten festgelegt, insbesondere durch die Polizeigesetze und die Datenschutzgesetze des Bundes und der Länder, wenn und soweit sie die Richtlinie umsetzen. Auf dem Gebiet der Gewährleistung von Sicherheit kommen zudem die Aufgaben hinzu, die aus der **Notwendigkeit kompensatorischen Grundrechtsschutzes** folgen und die das Bundesverfassungsgericht im Hinblick auf Prüfpflichten der Datenschutzaufsichtsbehörden und regelmäßige Kontrollen konkretisiert hat.[6]

21   Die Erfüllung der Aufgaben verfolgt die beiden **grundlegenden Ziele des Grundrechtsschutzes und des freien Datenverkehrs** (Art. 1 Abs. 2, 3, ErwG 123). Bereits die DSRL umfasste diese beiden Zwecke. Das Verhältnis dieser Ziele zueinander ist im Ansatz von Gleichrangigkeit geprägt.[7] Konsequenz ist das Erfordernis der Abwägung der beiden Ziele bei der Ausübung und Wahrnehmung der Aufgaben und Befugnisse der Datenschutzaufsichtsbehörden. Ziel der Abwägung im Rahmen der Prüfung der Verhältnismäßigkeit ist es, ein ausgewogenes Verhältnis zwischen dem Grundrechtsschutz der einzelnen Person und der Gewährleistung des freien Binnenmarkts zu erzielen.[8] Im Ergebnis entfaltet der Grundrechtsschutz in Abwägungen allerdings erhebliche Durchschlagskraft (Art. 51 Rn. 24 ff.).

22   Es besteht ein **Verhältnis wechselseitiger Beeinflussung der beiden Ziele**. So kann die Gewährleistung und Förderung des freien Datenverkehrs durch die Datenschutzaufsichtsbehörden eine **mittelbare Folge** des Grundrechtsschutzes sein. Wird durch die flächendeckende und einheitlich effektive Überwachung und Durchsetzung der DS-GVO gewährleistet, dass in der Europäischen Union ein einheitlicher Grundrechts-

---

5 Ehmann/Selmayr-*Selmayr* Art. 57 Rn. 1.
6 *BVerfG* v. 24.4.2013 – 1 BvR 1215/07 (ATDG), BVerfGE 133, 277; *BVerfG* v. 20.4.2016 – 1 BvR 966/09, 1 BvR 1140/09 (BKA-Gesetz), BVerfGE 141, 220.
7 *Laue/Kremer* Das neue Datenschutzrecht in der betrieblichen Praxis, § 10 Rn. 2.
8 *EuGH* v. 8.4.2014 – C–288/12, ECLI:EU:C:2014:237, Kommission/Ungarn, Rn. 51.

II. Verständnis der Aufgabenerfüllung und Prioritäten

Die Datenschutzaufsichtsbehörden legen **ihre Rolle und ihr Selbstverständnis** in Ausübung ihrer Unabhängigkeit selbst in dem Rahmen fest, den die DS-GVO vorgibt (Art. 51 Rn. 29 ff.). Die Aufgabenzuweisungen bilden dabei Grenzen. Anleitung geben die unverbindlichen Leitlinien des EDSA. Aufgrund der völligen Unabhängigkeit steht es jeder Datenschutzaufsichtsbehörde frei, den gesetzlich vorgegebenen Rahmen eigenständig auszufüllen. 23

Die DS-GVO misst den Datenschutzaufsichtsbehörden nicht nur eine große Bedeutung zu, sondern überträgt ihnen auch eine **Vielzahl von Aufgaben**. Solange und soweit die Datenschutzaufsichtsbehörde das gesetzlich vorgeschriebene Mindestmaß erfüllt, bleibt es ihr jedoch unbenommen, im Rahmen ihrer Unabhängigkeit eigene **Schwerpunkte** zu setzen.[10] 24

Prävention und Repression von Verletzungen des Datenschutzrechts sind grundsätzlich gleichrangige Entfaltungen der Aufgabenerfüllung durch die Datenschutzaufsichtsbehörden.[11] Die präventive Beratung der Verantwortlichen nimmt eine große Rolle ein. Angesichts der Verschränkung technischer Bezüge mit rechtlichen Gegebenheiten und der Schwierigkeit, Rechte in digital geprägten Beziehungen zwischen Vertragspartnern oder Behörden auch durchzusetzen, erweist sich die Beratung durch die Datenschutzaufsichtsbehörden als überaus wichtig.[12] Die repressiv ausgerichtete behördliche Kontrolle wird von der DS-GVO als zentral für die Durchsetzung eingeschätzt. Dies schlägt sich in den erweiterten Befugnissen der Datenschutzaufsichtsbehörden nieder, mit denen einem möglichen Kontrolldefizit begegnet werden soll. 25

Die vielfältigen Aufgaben des Art. 57 betreffen Aufklärung und Öffentlichkeitsarbeit ebenso, wie die Bearbeitung von Beschwerden oder das Erteilen von Genehmigungen (vgl. ErwG 122, 123). Die DS-GVO selbst bestimmt **keine Rangfolge der Aufgaben**, dem Grunde nach sind alle gleichrangig. Eine Beschränkung der Datenschutzaufsichtsbehörden auf den Verwaltungsvollzug ist daher mit Art. 57 nicht vereinbar. Die Anwendung der Verordnung reicht darüber hinaus und beinhaltet auch die Aufklärung oder rechtspolitische Aspekte (Rn. 50). Demnach werden die Aufsichtsbehörden den Zielen der Verordnung auch dann gerecht, wenn sie rechtspolitisch oder informierend tätig werden (Rn. 46). Die Annahme einer abstrakten Abstufung derartiger Aufgaben entspricht weder Art. 57 noch den Funktionen der Aufsichtsbehörden.[13] Dies bestätigen die Erwägungsgründe, die nicht priorisieren (ErwG 122). 26

---

9   Zur wirtschaftlichen Bedeutung der Harmonisierung des Datenschutzes in der Europäischen Union *Albrecht/Jotzo* Das neue Datenschutzrecht der EU, Teil 1, Rn. 7 mit Verweis auf die Mitteilung der Europäischen Kommission vom 6.5.2015 zur Strategie für einen digitalen Binnenmarkt für Europa, S. 17.
10 Diese Empfehlung sprach ebenfalls die *Art.-29-Datenschutzgruppe* aus, WP 168 (02356/09/DE), Rn. 92.
11 Vgl. Härtel-*Weichert* Handbuch Föderalismus, Band III, § 56 Rn. 25 ff.
12 Ausf. *Brink* ZD 2020, 61 f.
13 Andere Tendenz bei *Nguyen* ZD 2015, 269.

27 Einige Aufgaben der Datenschutzaufsichtsbehörden sind mit **Verpflichtungen** verbunden. Dies betrifft insbesondere die **Sicherung der Rechtspositionen des Einzelnen**. Beschwerden sind innerhalb gewisser Fristen zu bearbeiten (Art. 77). Sie sind ggf. an die zuständige Datenschutzaufsichtsbehörde weiterzuleiten. Hinzu treten Verpflichtungen zur Kooperation mit anderen Datenschutzaufsichtsbehörden etwa im Rahmen der Amtshilfe (Art. 61) oder des Kohärenzverfahrens (Art. 63 ff.). Angesichts der vorhandenen begrenzten behördlichen Ressourcen verengen diese Pflichten die Spielräume in nicht unerheblichem Maße. Die von Art. 52 Abs. 4 vorgesehene Sicherung einer angemessenen Ausstattung ist daher wichtig für die Wahrung der Unabhängigkeit, weil dazu auch die Möglichkeit eigener Schwerpunktsetzung gehört (Art. 52 Rn. 41 ff.).

III. Anpassungs-/Umsetzungssystematik im BDSG

28 **1. Verordnungsanpassung und Richtlinienumsetzung.** Die Aufgaben der oder des Bundesbeauftragte(n) werden in § 14 BDSG geregelt. Diese Regelungen geben teilweise nahezu **identisch den Wortlaut des Verordnungstextes** wieder. Der Grund liegt in der Systematik des BDSG. Die Vorschriften zur oder zum Bundesbeauftragten für den Datenschutz und die Informationsfreiheit befinden sich im „Allgemeinen Teil" (Teil 1 – Gemeinsame Bestimmungen) des BDSG, in dem die Regelungen enthalten sind, die sowohl der **Anpassung** des BDSG an die **DS-GVO** dienen, als auch der **Umsetzung der Richtlinie (EU) 2016/680**.

29 Zweck dieser Regelungssystematik ist das Schaffen einer homogenen Regelung, die sowohl einer angeblich drohenden „Rechtszersplitterung" als auch einer „Verkomplizierung" entgegenwirken soll.[14] Kritik daran wurde insbesondere aufgrund des europarechtlichen **Wiederholungsverbotes** geäußert.[15] Auch die grundsätzlich unmittelbar bestehende Geltung und der Anspruch auf Gesamtverbindlichkeit der DS-GVO werden dadurch kompromittiert. Abweichungen von dem Wiederholungsverbot sind gem. ErwG 8 im Rahmen von Öffnungsklauseln zulässig, wenn dadurch Kohärenz gewahrt wird und sie der Verständlichkeit dienen. Es ist jeweils bei der Regelung des innerstaatlichen Rechts zu prüfen, ob sie diese Ziele verfolgt, ohne durch die Wiederholung Klarheit und Geltungsanspruch der DS-GVO übermäßig zu berühren.

30 Diese Systematik des BDSG und derjenigen Landesdatenschutzgesetze, die ihm insoweit folgen, stellt die Praxis jedoch vor Herausforderungen. Die **Abgrenzung der Anwendungsbereiche** von DS-GVO und Richtlinie (EU) 2016/680 muss möglichst trennscharf erfolgen.[16] Klarstellend nehmen einzelne Aufgabenregelungen konkret auf die Richtlinie (EU) 2016/680 Bezug. Dies ist im Hinblick auf die abschließende Regelung in der DS-GVO geboten. Dennoch ist nicht ausgeschlossen, dass abhängig von dem Ziel und Zweck der Datenverarbeitung für die Aufgabenerfüllung etwa einer Ordnungs- oder Gefahrenabwehrbehörde unterschiedliche

---

14 Gesetzesbegründung, BT-Drucks.18/11325, S. 73; *Greve* NVwZ 2017, 737.
15 Krit. BR-Drucks. 110/1/17, S. 5.
16 Ein in Bezug auf eine klare Systematik positives Beispiel stellt das Landesdatenschutzgesetz in Rheinland-Pfalz dar, in dem die RL (EU) 2016/680 als Vollregelung in Teil 3 umgesetzt wurde. Ausf. Seckelmann-*Kugelmann* Digitalisierte Verwaltung – Vernetztes E-Government, Kap. 18, 2019.

Regelungen des Datenschutzes greifen. Auch für die betroffenen Personen wird die zumindest vorübergehende Rechtsunsicherheit, die mit der Datenschutzreform einhergeht, durch die Systematik des BDSG nicht minimiert.[17]

2. Konkretisierung der Aufgaben (§ 14 Abs. 2 BDSG). Näher ausgestaltet wird das Verhältnis der oder des Bundesbeauftragten zu den **Verfassungsorganen**. So werden das Recht und die Aufgabe der oder des Bundesbeauftragten geregelt, zu Fragen, die im Zusammenhang mit dem Schutz personenbezogener Daten stehen, gegenüber den Organen selbst oder der Öffentlichkeit Stellung zu nehmen. Das Kontrollrecht gegenüber den öffentlichen Stellen des Bundes besteht weiterhin auch auf Ersuchen der Verfassungsorgane. Der Adressatenkreis wird dahingehend konkretisiert, dass die Beratungsbefugnisse ebenfalls gegenüber allen sonstigen Einrichtungen und Stellen sowie den Ausschüssen des Deutschen Bundestages und dem Bundesrat als Teil des nationalen Parlaments bestehen.

IV. Einordnung der Aufgaben

1. Überblick. Durch die Aufzählung von einundzwanzig Aufgaben und einer Auffangklausel werden die **Rolle der Datenschutzaufsichtsbehörden** und ihr Verhältnis zu den Akteuren des Datenschutzes, also den betroffenen Personen, den Verantwortlichen, den Auftragsverarbeitern, den Mitgliedstaaten und der Öffentlichkeit, festgelegt. Damit soll die unterschiedlichen Standards entgegengewirkt werden, nach denen in der Europäischen Union die Datenschutzaufsichtsbehörden agierten.[18]

Die Aufgaben entsprechen in weiten Teilen der aufsichtsbehördlichen Praxis in der Bundesrepublik Deutschland. Ihre Ausgestaltung durch Art. 57 erweist sich als eher allgemein.[19]

Die Aufgaben umfassen nicht nur den **Grundrechtsschutz** durch die Unterstützung der betroffenen Personen bei ihrer Rechtsdurchsetzung bei der Behandlung von Beschwerden und durch Kontrollen der Verantwortlichen. Sie betreffen auch **Maßnahmen, die mittelbaren Einfluss auf den Grundrechtsschutz** nehmen, wie die Stärkung des Datenschutzbewusstseins durch Aufklärung, die Unterstützung der Verantwortlichen durch Beratung und die Beratung der Mitgliedstaaten bei ihrer Rechtssetzung. Damit wird keine Wertung vorgenommen und der unmittelbare Grundrechtsschutz auch nicht geringer priorisiert[20], sondern dem Umstand Rechnung getragen, dass die **proaktive Gewährleistung des Datenschutzes** verstärkt in den Fokus genommen wird. Der Ansatz des präventiven Datenschutzes der DS-GVO, der an vielen Stellen, z.B. in Art. 25 (Datenschutz durch Technikgestaltung und durch datenschutzfreundliche Voreinstellung) deutlich wird, bildet sich damit auch in den Aufgaben der Datenschutzaufsicht ab.

Der **Katalog** der Aufgaben ist **nicht abschließend**. Die DS-GVO enthält keine explizite Öffnungsklausel, abgesehen von dem Gestaltungsspielraum hinsichtlich des

---

17 Damit ist die Erwartung bzw. Forderung, die *Roßnagel* an die Gesetzgebung gestellt hatte, die Rechtsunsicherheit durch gesetzgeberische Maßnahmen zu reduzieren, nicht erfüllt worden, vgl. *Roßnagel* DuD 2017, 277.
18 Beispiele bei *Weiß* PinG 03.17, 97.
19 Krit. dazu *Kort* ZD 2017, 3, 4, der diese Regelungssystematik als zu „vage" bewertet.
20 So befürchtend *Nguyen* ZD 2015, 265, 269.

Art. 57 Abs. 1 lit. c (s.u. Rn. 54). Der gestalterische Freiraum folgt jedoch bereits aus der Unabhängigkeit der Aufsichtsbehörde.

36 2. **Systematisierung der Aufgaben.** **Die selbstständigen Kernaufgaben** werden durch Art. 57 fortgeschrieben. Die Aufsichtsbehörden sind Kontrollinstanz. Auch vorsorgende Aufgaben wie die Aufklärung der betroffenen Personen und Verantwortlichen werden weitergeführt.

37 Hinzu treten ab Art. 57 lit. j **kontextbezogene Aufgaben**, die in Verbindung mit bestimmten Vorgaben und Instrumenten der DS-GVO bestehen. Teilweise werden die Aufgaben der Aufsichtsbehörde bereits in den speziellen Regelungen festgelegt, z.B. die Konsultation der Datenschutzaufsichtsbehörde bei der Datenschutz-Folgenabschätzung gem. Art. 36 Abs. 1. Diese Regelungen sind gegenüber den Aufgaben in Art. 57 Abs. 1 insoweit speziell, als sie die Anforderungen an die Aufsichtsbehörden zur Wahrnehmung ihrer Aufgaben detaillierter regeln. Die umfassende Nennung dieser Aufgaben auch in Art. 57 erfolgte auf Initiative des Rates im Gesetzgebungsverfahren.[21]

38 Die Aufzählung der kontextbezogenen Aufgaben in Art. 57 ist nicht abschließend. Einige Aufgaben finden sich **nur in besonderen Regelungen**. Die Aufgabe der Aufsichtsbehörde, Meldungen von Verletzungen des Datenschutzes („Datenpannen") nach Art. 33 Abs. 1 und Abs. 5 entgegenzunehmen, oder die Aufgabe der Kooperation mit dem Datenschutzbeauftragten gem. Art. 39 Abs. 1 lit. d und e ist in Art. 57 nicht erneut aufgeführt. Die deklaratorische Aufzählung ist dadurch nicht vollständig, sodass sie an klarstellender Wirkung einbüßt.

39 Aufgrund der Weite der Aufgaben kann es zu **Überschneidungen** kommen. So sind Aufklärung und Sensibilisierung (lit. b) regelmäßig eng verknüpft mit dem Verfolgen aktueller Entwicklungen (lit. i). Eine konkrete Maßnahme oder Tätigkeit der Datenschutzaufsichtsbehörde kann zur Erfüllung zweier oder mehrerer Aufgaben beitragen. Die Handlung muss auf der Grundlage einer konkreten Befugnisnorm erfolgen und sie muss im Aufgabenspektrum der DS-GVO liegen.

40 3. **Die Aufgaben im Einzelnen (Abs. 1). – a) Überwachung und Durchsetzung der Anwendung der DS-GVO. Die Aufgaben der Überwachung** und **Durchsetzung** der DS-GVO werden als Kernaufgaben der Datenschutzaufsichtsbehörde und Funktionsbeschreibung im Regelungsgefüge der DS-GVO vorangestellt. Dies schließt an Art. 51 Abs. 1 und 2 an (Art. 51 Rn. 20). Die folgend aufgezählten Aufgaben und die weiteren Aufgaben in der DS-GVO stellen Ausprägungen, Entfaltungen und Konkretisierungen dieser grundlegenden Aufgaben dar und umreißen damit genauer das Tätigkeitsfeld der Datenschutzaufsichtsbehörden.[22]

41 Die Aufgabe der **Überwachung** bzw. Kontrolle wurde den Datenschutzaufsichtsbehörden bereits durch Art. 28 Abs. 1 DSRL als Hauptaufgabe übertragen. Auch § 38 BDSG a.F. und § 24 Abs. 1 und Abs. 3 BDSG a.F. hatten die Kontrolle der Einhaltung datenschutzrechtlicher Vorschriften als Aufgabe der Aufsichtsbehörden zum Gegenstand. Die Überwachung und Kontrolle im Sinne einer Aufgabenumschreibung betrifft

---

21 Rats-Dok. Nr. 68335 v. 9.3.2015.
22 Vgl. Paal/Pauly-*Körffer* Art. 57 Rn. 2; Simitis/Hornung/Spiecker gen. Döhmann-*Polenz* Art. 57 Rn. 9.

nicht nur die konkrete Kontrolle von Datenverarbeitungsvorgängen, sondern die Anwendung und Einhaltung der datenschutzrechtlichen Vorschriften im Allgemeinen.

Die **Durchsetzung** der Anwendung der DS-GVO wird gleichrangig neben der Überwachung als Aufgabe der Datenschutzaufsichtsbehörden statuiert. Dies ist eine Neuerung und soll dem Durchsetzungsdefizit entgegenwirken, das für die DSRL festgestellt wurde.[23] Zur effektiven und flächendeckenden Durchsetzung werden die Datenschutzaufsichtsbehörden durch zahlreiche Befugnisse befähigt. 42

b) Sensibilisierung und Aufklärung der Öffentlichkeit. Die Sensibilisierung und Aufklärung durch die Datenschutzaufsichtsbehörden sollen dieÖffentlichkeit zu einem selbstbestimmten und informierten **Selbstdatenschutz** befähigen. Bereits in § 26 Abs. 3 S. 2 BDSG a.F. wurde der oder dem Bundesbeauftragten die Aufgabe zugewiesen, durch den Tätigkeitsbericht den Deutschen Bundestag und die Öffentlichkeit über wesentliche Entwicklungen des Datenschutzes zu unterrichten. Dies galt für die Landesbeauftragten und die Aufsichtsbehörden im Sinne von § 38 BDSG a.F. ebenso. 43

Eine wirksame und aktive **Öffentlichkeitsarbeit** stellt das maßgebliche Instrument der Sensibilisierung und Aufklärung der Öffentlichkeit dar. Durch Internetpräsenzen und Veranstaltungen werden aktuelle Entwicklungen des Datenschutzes oder auch gesellschaftliche und technische Entwicklungen, die sich auf den Datenschutz auswirken, der Öffentlichkeit berichtet, erläutert und diskutiert. In Reaktion auf die Tagesaktualität verhilft fundierte Öffentlichkeitsarbeit zu brisanten datenschutzrechtlichen Themen oder Themen mit datenschutzrechtlichen Implikationen, wie der weltweiten Corona-Pandemie 2020, den Verantwortlichen und betroffenen Personen zu kurzfristiger Rechts- und Handlungssicherheit. 44

Die Verantwortlichen können durch die Datenschutzaufsichtsbehörden kontrolliert werden, die betroffenen Personen nicht. Mechanismen des Datenschutzes wie die Wahrnehmung von Betroffenenrechten oder die Erteilung einer Einwilligung als Datenverarbeitungsgrundlage liegen in der Entscheidung der **betroffenen Personen** selbst. Das Recht auf informationelle Selbstbestimmung zielt auch darauf ab, den Einzelnen in die Lage zu versetzen, selbstbestimmt zu entscheiden, ob seine Daten verarbeitet werden dürfen.[24] Jedoch ist die Verletzung von Datenschutzrechten für die betroffenen Personen oft nicht erkennbar. Es fehlt vielfach an Kenntnissen und Bewusstsein darüber, dass die betroffene Person selbst im Rahmen ihrer Auskunftsrechte und Löschungsansprüche Einfluss auf die Datenverarbeitungen nehmen kann.[25] Rechte können nur dann wahrgenommen werden, wenn man diese auch kennt. Es ist Aufgabe der Datenschutzaufsichtsbehörden, die Eigenverantwortung und Handlungsfähigkeit in diesem Bereich **proaktiv** zu stärken. 45

Die **Konferenz der unabhängigen Datenschutzaufsichtsbehörden des Bundes und der Länder (DSK)** nimmt durch Entschließungen politisch Einfluss auf Entscheidungsträger im Datenschutz, wie die Bundes- und Landesregierungen oder die gesetzgebenden 46

---

23 WP 168 (02356/09/DE), Rn. 88.
24 Simitis/Hornung/Spiecker gen. Döhmann-*Simitis/Hornung/Spiecker* Einleitung, Rn. 31 ff.
25 Ähnlich *Pohl*, der aufgrund dieser „rationalen Apathie" der Durchsetzung durch die betroffene Person geringe Erfolgschancen beimisst, dabei jedoch den Verantwortlichen und seine Informationspflicht als Schlüssel zur Auflösung dieses Konflikts sieht. *Pohl* PinG 03.17, 85, 87.

Körperschaften. Mit der europäischen Datenschutzreform wird der Anwendungsbereich dieser Entschließungen sowie der weiteren Entscheidungen erweitert auf den europäischen Rechtsrahmen und dessen Auslegung durch den Europäischen Datenschutzausschuss und den EuGH. Im Rahmen der DSK entstehen auch Anwendungshinweise im Hinblick auf bestimmte Fragen und Felder des Datenschutzes.[26]

47 Die Öffentlichkeitsarbeit durch die Datenschutzaufsichtsbehörde sollte den unterschiedlichen Beratungs- oder Aufklärungsbedürfnissen der betroffenen Personen bzw. Verantwortlichen Rechnung tragen, z.B. die speziellen Probleme bzw. **Aufklärungsbedürfnisse von Kleinstunternehmen** und kleiner und mittlerer Unternehmen berücksichtigen (ErwG 132).

48 Aufklärung umfasst die Stärkung und Steigerung der **Medienkompetenz** der Anwender durch angepasste Informationsangebote, die technisch unerfahrenen Anwendern die Möglichkeit geben, informiert sich dem Stand der Technik zu öffnen, um Teilhabe an der Informationsgesellschaft zu erlangen.[27]

49 Besonderes Augenmerk ist auf **Kinder** zu legen (Art. 57 Abs. 1 lit. b S. 2). Jugendliche sind insoweit eine wichtige Zielgruppe, weil sie in den Schulen erreicht werden können und damit eine frühzeitige Sensibilisierung möglich ist.[28]

50 **c) Beratung von Legislative und Exekutive.** Durch Art. 57 lit. c wird die Funktion der Datenschutzaufsichtsbehörden als **Beratungsinstanz** für die Legislative und Exekutive geregelt. Darin kommt die politische Aufgabenstellung für die Datenschutzaufsichtsbehörde zum Ausdruck. Gegenstand der Beratung können rechtliche, technische oder gesellschaftliche Aspekte sein. Bereits nach Art. 28 Abs. 2 DSRL sollten die Datenschutzaufsichtsbehörden bei der Gesetzgebung mittels eines Anhörungsrechts beteiligt werden Diesem Anhörungsrecht ist eine Beratung im Rahmen der Anhörung immanent. Entsprechend wurden bereits in § 26 BDSG a.F. und in den Landesdatenschutzgesetzen die Beratungsfunktion der Datenschutzaufsichtsbehörde geregelt.[29]

51 Der **Zweck** der Beratung liegt in der Unterstützung einer datenschutzkonformen Gesetzgebung, Rechtsetzung und Rechtsanwendung. Dies erfordert die Expertise der Datenschutzaufsichtsbehörden. Denn die Gesetzgebung zum Datenschutz und die Durchführung des Datenschutzrechts müssen Schritt halten mit den Neuerungen und Herausforderungen, mit denen die Datenverarbeitung konfrontiert ist. Deswegen ist die Beratung durch die Datenschutzaufsicht und damit die Einbindung ihrer praktischen Erfahrungen wichtig, um adäquate und praktisch umsetzbare rechtliche Rahmenbedingungen für den Datenschutz zu schaffen und in die Tat umzusetzen.[30]

---

26 Überblick über die zahlreichen Ergebnisse der DSK seit 2016 bei *Thiel* ZD 2020, 93 ff.
27 Anwender und Nutzer fortgeschrittenen Alters können sich auf www.silvertipps.de informieren.
28 Zur Aufklärung von Kindern trägt bereits maßgeblich die Plattform www.youngdata.de bei, in der die Datenschutzaufsichtsbehörden der Bundesrepublik Deutschland und des Kantons Zürich wesentliche Informationen für den Bereich des Datenschutzes altersgerecht aufbereiten und verbreiten; s. auch Simitis/Hornung/Spiecker gen. Döhmann-*Polenz* Art. 57 Rn. 22.
29 Das Beratungsrecht bestand dabei jedoch eher in einer „willkürlichen Konsultation", vgl. Kühling/Buchner-*Boehm* Art. 57 Rn. 16.
30 WP 168 (02356/09/DE), Rn. 91.

Der Wortlaut des Art. 57 Abs. 1 lit. c macht deutlich, dass diese Beratungsaufgabe und das Beratungsrecht für die Datenschutzaufsicht **verpflichtend** ausgestaltet ist („shall" und die Form des Indikativs in der französischen Fassung).[31] Die Unabhängigkeit der Datenschutzaufsichtsbehörde gewährleistet dabei, dass sie im Rahmen der Beratungsaufgabe die gebotene Neutralität innehat, da sie frei von jeglichem Einfluss anderer staatlicher Stellen ist.[32] Auch wenn die Beratungspflicht besteht, lässt sich dadurch kein Anspruch der von der Beratungspflicht Begünstigten ableiten. Denn die Vorschriften des Art. 57 Abs. 1 sind als Pflichtenkatalog konzipiert; dadurch soll die Funktion der Datenschutzaufsichtsbehörden festgelegt werden. Damit geht aber kein im Einzelfall durchsetzbarer Anspruch der Legislative auf Beratung einher.[33]

52

Der Beratungsbedarf der Administration bzw. der Verwaltung im Hinblick auf **administrative Maßnahmen** zum Schutz der Rechte und Freiheiten natürlicher Personen in Bezug auf die Verarbeitung personenbezogener Daten betrifft Strategien und Positionen, die die Ausführungen der Gesetze zum Datenschutz betreffen. Auch Verwaltungsvorschriften und andere handlungsleitende Instrumente kommen als Gegenstand der Beratung in Betracht. Fraglich ist, ob ebenfalls die eigene Datenverarbeitung der Verwaltung – in ihrer Rolle als Verantwortliche – als Beratungsgegenstand von Art. 57 lit. c umfasst ist[34] oder unter den Art. 57 lit. d fällt, der generell auf Verantwortliche Bezug nimmt.[35] Ersteres widerspräche der flächendeckenden Durchsetzung durch weitgehende Gleichbehandlung der öffentlichen und nicht öffentlichen Stellen, wie die DS-GVO sie im Grundsatz vorsieht (Art. 58 Rn. 27 ff.). In der ursprünglichen Textfassung der Europäischen Kommission wurde der Ausdruck „Rechts- und Verwaltungsmaßnahmen" in der entsprechenden Regelung des Art. 52 Abs. 1 lit. f KOM-E-DS-GVO genutzt. Auch dadurch wird deutlich, dass mit administrativen Maßnahmen nach außen gerichtete Maßnahmen der Exekutive, und nicht deren Datenverarbeitung im Rahmen ihrer Verwaltungstätigkeit gemeint ist. Diese ist Beratungs- bzw. Sensibilisierungsgegenstand nach Art. 57 Abs. 1 lit. d.

53

Der Art. 57 lit. c stellt die einzige Vorschrift des Aufgabenkatalogs dar, die dem mitgliedstaatlichen Gesetzgeber ausdrücklich die Möglichkeit eröffnet, eine Aufgabe weiter auszugestalten. In dem Fall der Beratungsaufgabe betrifft dies das „Wie" der Beratung, bzw. die Beratungsadressaten. Auf dieser Grundlage nennt § 14 Abs. 2 BDSG die Beratungsbefugnisse der oder des Bundesbeauftragten und konkretisiert den Adressatenkreis der Beratung, indem die Vorschrift der oder dem Bundesbeauftragten das Beratungsrecht in Form von Stellungnahmen gegenüber dem Deutschen Bundestag oder einem seiner Ausschüsse, dem Bundesrat, der Bundesregierung, sonstigen Einrichtungen und Stellen sowie gegenüber der Öffentlichkeit einräumt.

54

---

31 So auch *Kühling/Martini* u.a. die Datenschutz-Grundverordnung und das nationale Recht, S. 178.
32 Vgl. *Thomé* Die Unabhängigkeit der Bundesdatenschutzaufsicht im Bundesstaat, S. 130, 132; *Roßnagel* ZD 2015, 106, 110.
33 So auch *Kühling/Martini* u.a. die Datenschutz-Grundverordnung und das nationale Recht, S. 178.
34 Im Umkehrschluss *Nguyen*, der bezüglich der Aufgabe nach Art. 57 Abs. 1 lit. d zur Sensibilisierung der Verantwortlichen die nichtöffentlichen Stellen als Adressat benennt, Gola-*Nguyen* Art. 57 Rn. 15.
35 Sydow-*Ziebarth* Art. 57 Rn. 24.

Art. 57 — Aufgaben

55 **d) Sensibilisierung der Verantwortlichen.** Die DS-GVO macht an vielen Stellen deutlich, dass zuvörderst der Verantwortliche selbst für die Datenschutzkonformität seiner Verarbeitung zuständig ist.[36] Eine Vielzahl von Datenschutzverstößen könnte dadurch vermieden werden, dass durch **Aufklärung und proaktive Hinweise** das Bewusstsein des Verantwortlichen für die Grundzüge seiner Verantwortung hinsichtlich der Verarbeitungspraxis gestärkt wird. Diese Hinweise können rechtliche Rahmenbedingungen betreffen und neue Anforderungen, die durch technische oder gesetzliche Änderungen bedingt werden.

56 Teil des **präventiven** und auch des **risikobasierten Ansatzes** der DS-GVO ist es, die Verantwortlichen frühzeitig aufzuklären und auf eine datenschutzkonforme Verarbeitungsweise hinzuwirken, bevor ein Datenschutzverstoß begangen wurde und damit die Rechtsverletzung einer betroffenen Person eingetreten ist. Ziel ist die Stärkung der Eigenverantwortung der Verantwortlichen.[37]

57 Der DSRL war die Beratungsaufgabe gegenüber Verantwortlichen fremd. In der **bisherigen Aufsichtspraxis** der Datenschutzaufsichtsbehörden gehörte die Beratung von Unternehmen dennoch zu dem Aufgabenspektrum, insbesondere aufgrund des § 38 Abs. 1 S. 1 BDSG a.F., der den Aufsichtsbehörden auftrug, die nichtöffentlichen Stellen zu beraten und zu unterstützen.[38]

58 Die Beratung der Verantwortlichen insbesondere aus dem privaten Sektor kann den **freien Datenverkehr** fördern, ohne den Schutz der Grundrechte zu vernachlässigen. Die Beratung von Unternehmen erfolgt vor dem Hintergrund des Verhältnisses der beiden Ziele (Art. 57 Rn. 21, Art. 51 Rn. 23 ff.).

59 Die Aufgabe der Sensibilisierung gerinnt jedoch nicht zu einer Beratungspflicht, auf die das Beratungssubjekt einen Anspruch haben könnte.[39] Der Umfang und die Intensität der Beratung liegen im pflichtgemäßen Ermessen der Datenschutzaufsichtsbehörde und diese muss die ausgeglichene Verteilung der behördlichen **Ressourcen** berücksichtigen.[40]

60 **e) Information von Betroffenen.** Diese Aufgabe betrifft die Information **auf Anfrage** der betroffenen Person hinsichtlich der Ausübung ihrer Rechte. In Abgrenzung zu der allgemeinen Öffentlichkeitsarbeit gem. Art. 57 lit. b und der Aufgabe nach Art. 57 lit. f, Beschwerden von betroffenen Personen nachzugehen, betrifft diese Aufgabe eine generelle Informierung von betroffenen Personen, ohne dass eine Verletzung der Datenschutzrechte eingetreten sein oder bevorstehen muss. Daran wird erneut der präventive Ansatz der Verordnung deutlich.

61 Die **Information in Kooperation** mit den Datenschutzaufsichtsbehörden anderer Mitgliedstaaten zielt auf das Sicherstellen einer angemessenen Information ab. Dabei können aufgrund der rechtlichen Verflechtungen die rechtlichen und sachlichen Gegebenheiten in anderen Mitgliedstaaten eine Rolle spielen. Abhängig vom Einzelfall kann die Aufgabenerfüllung die Abgabe einer Anfrage zuständigkeitshalber an eine

---

36 Allgemein deutlich in Art. 5 Abs. 2 „accountability".
37 Ehmann/Selmayr-*Selmayr* Art. 57 Rn. 14.
38 Vgl. *Brink* ZD 2020, 59, 60.
39 Es sei denn, die Beratung ist Teil oder Mechanismus eines Datenschutzinstruments, wie z.B. bei der Konsultationspflicht gem. Art. 36.
40 *Nguyen* ZD 2015, 265, 270.

andere Datenschutzaufsichtsbehörde nach sich ziehen. Welche zuständigen Stellen zu beteiligen sind, richtet sich nach der Anfrage.

Die Information kann ganz oder teilweise auch durch den **Verweis auf vorhandene Informationsmaterialien** erfolgen. Dies betrifft Leitlinien und Empfehlungen des Europäischen Datenschutzausschusses ebenso wie Hilfestellungen der nationalen Datenschutzaufsichtsbehörden und der Datenschutzkonferenz. 62

f) Bearbeitung von Beschwerden. Die Bearbeitungen von Beschwerden, bzw. Eingaben oder Petitionen von betroffenen Personen kann als **Kernaufgabe** der Datenschutzaufsichtsbehörden verstanden werden. Der Grundrechtsschutz erfordert, eine mögliche Rechtsverletzung zu untersuchen und sie ggf. abzustellen. Sowohl in § 21 BDSG a.F. als auch in den Landesdatenschutzgesetzen wurde die Wahrnehmung dieser Aufgabe gewährleistet. Dadurch wurde dem Umsetzungsauftrag aus Art. 28 DSRL Rechnung getragen. Da das Beschwerderecht in Art. 77 unionsunmittelbar geregelt ist, wird diese Aufgabe in § 14 BDSG nur für den Anwendungsbereich der RL (EU) 2016/680 oder außerhalb des Anwendungsbereichs der DS-GVO geregelt. Der § 19 Abs. 2 BDSG regelt die Zuständigkeiten der Aufsichtsbehörden bezüglich der Beschwerden (siehe Art. 55 Rn. 47 ff.).[41] Der Aufgabe der Bearbeitung von Eingaben und Beschwerden wird auch unter der DS-GVO keine geringere Bedeutung beigemessen,[42] sondern sie gehört zum festen Aufgabenspektrum der Aufsichtsbehörden und wird mit der Frist von drei Monaten für die Befassung noch gestärkt (Art. 78 Abs. 2). 63

Die Bearbeitung von Beschwerden dient zwar vorrangig, aber nicht ausschließlich dem Grundrechtsschutz der betroffenen Person. Trotz Melde- und Rechenschaftspflichten gegenüber der Datenschutzaufsichtsbehörde, die durch die DS-GVO z.B. mit Instrumenten wie der Konsultation bei der Datenschutz-Folgenabschätzung eingeführt wurden, fungieren die Beschwerden von betroffenen Personen immer noch als **maßgeblicher Hinweis** auf **unzulässige Datenverarbeitungen**. Sie bieten Anlass dafür, dass Verantwortliche kontrolliert werden, dass Sachverhalte von den Datenschutzaufsichtsbehörden im Rahmen der Untersuchungsbefugnisse nach Art. 58 Abs. 1 untersucht werden und dass unzulässige Datenverarbeitungen ggfs. beanstandet oder anderweitig sanktioniert werden. 64

Um diesen Beschwerden und den sich darin befindlichen Hinweisen effektiv nachgehen zu können, wurden die Datenschutzaufsichtsbehörden in Art. 58 Abs. 1 und Abs. 2 mit zahlreichen **Untersuchungs- und Abhilfebefugnissen** ausgestattet. 65

Das **Recht auf Beschwerde** des Einzelnen, Datenschutzverstöße gegenüber einer Aufsichtsbehörde anzuzeigen, folgt unmittelbar aus Art. 77. Diese Vorschrift begründet einklagbare Pflichten gegenüber der Aufsichtsbehörde (Art. 78). Die betroffene Person kann einen Rechtsanspruch auf Tätigwerden der Datenschutzaufsichtsbehörde aus Art. 77 i.V.m. Art. 78 Abs. 2 geltend machen. Der Rechtsanspruch ist darauf gerichtet, dass die Datenschutzaufsichtsbehörde überhaupt tätig wird, jedoch nicht auf 66

---

41 Nach Ansicht *Wolffs* wurden dabei die Vorgaben der Datenschutz-Grundverordnung überschritten, vgl. Schantz/Wolff-*Wolff* Das neue Datenschutzrecht, Rn. 1008.
42 *Nguyen* ZD 2015, 265, 270.

Art. 57 — Aufgaben

die Ergreifung einer bestimmten Maßnahme, es sei denn es besteht insoweit eine Ermessensreduzierung auf null.[43]

67 Die Datenschutzaufsichtsbehörde hat sich mit der Beschwerde zu befassen und ihren Gegenstand in einem angemessenen Umfang zu untersuchen. Die Befassung betrifft zumindest die Prüfung der eigenen Zuständigkeit und die Erfassung des Sachverhalts dahingehend, ob eine subjektive Rechtsgutverletzung der betroffenen Person durch Datenverarbeitungsvorgänge oder in Bezug auf Datenverarbeitungen hinreichend vorgebracht wird.[44] Der dabei identifizierte Beschwerdegegenstand ist in einem angemessenen Umfang zu untersuchen. Die Angemessenheit des Untersuchungsumfangs bemisst sich nach der Art und der Schwere des jeweiligen Verstoßes im Verhältnis zum Untersuchungsaufwand der Datenschutzaufsichtsbehörde und unter Berücksichtigung ihrer Ressourcen. Dies beurteilt die Datenschutzaufsichtsbehörde nach pflichtgemäßen Ermessen entsprechend der Sachlage im Einzelfall.[45]

68 Die Angemessenheit der Frist lässt sich nicht eindeutig bestimmen. Aus der Klagefrist in Art. 78 Abs. 2 wird eine Bearbeitungsfrist bzw. eine Frist zur Rückmeldung oder Zwischennachricht vor Ablauf von 3 Monaten hergeleitet.[46] Der Zeitpunkt, an dem der Fristablauf beginnt, ist vom **Einzelfall** abhängig. Vielfach erfordert die Bewertung der rechtlichen Zulässigkeit einer Datenverarbeitung **viele Untersuchungsschritte**, deren Erfolge von externen Faktoren abhängen, die die Bearbeitung verzögern können. Deswegen beginnt die Frist erst dann, wenn der Sachverhalt ausreichend ermittelt ist und eine Bewertung und die Entscheidung über die Art und das Maß des Vorgehens der Aufsichtsbehörde getroffen werden kann.[47] Darüber ist die betroffene Person in angemessenem Abstand zu unterrichten, um **Transparenz** über das aufsichtsbehördliche Verfahren der Beschwerde führenden Person gegenüber zu gewährleisten.[48]

69 **g) Zusammenarbeit mit anderen Aufsichtsbehörden.** Sowohl das Ziel der DS-GVO, ein einheitliches Datenschutzniveau in der Europäischen Union herzustellen als auch die Funktion der Datenschutzaufsichtsbehörden, zu diesem Ziel durch eine konsequente, flächendeckende und einheitliche Durchsetzung und Aufsicht beizutragen, machen die unionsweite Zusammenarbeit der Datenschutzaufsichtsbehörden erforderlich (sog. Pflicht zur **horizontalen Verwaltungskooperation**).[49] Aber auch die Zuständigkeiten der Datenschutzaufsichtsbehörden, insbesondere im Kohärenzverfahren, erfordern eine kontinuierliche Kooperation und gegenseitige Information.

---

43 *VGH Baden-Württemberg* v. 22.1.2020 – 1 S 3001/19 (noch unveröffentlicht); *VG Ansbach* v. 8.8.2019 – AN 14 K 19.00272; vgl. *Will* ZD 2020, 97, 98.
44 Simitis/Hornung/Spiecker gen. Döhmann-*Polenz* Art. 57 Rn. 28.
45 BeckOK DatenSR-*Eichler* Art. 57 Rn. 17; zum Umfang der Befassung mit einer Beschwerde, die einen Antrag auf Löschung gem. Art. 17 zum Gegenstand hat *OVG Hamburg* v. 7.10.2019 – 5 Bf 291/17 Rn. 44 ff.
46 Ehmann/Selmayr-*Nemitz* Art. 77 Rn. 13; Kühling/Buchner-*Bergt* Art. 78 Rn. 19. Diese Frist sieht auch die Untätigkeitsklage gem. § 75 S. 2 VwGO vor.
47 Vgl. auch Paal/Pauly-*Körffer* Art. 78 Rn. 11.
48 Auch der ErwG 141 sieht vor, dass die betroffene Person über den Zwischenstand zu informieren ist, sofern weitere Untersuchungen oder die Abstimmung mit anderen Aufsichtsbehörden zur Behandlung der Beschwerde erforderlich sind.
49 Ehmann/Selmayr-*Selmayr* Art. 57 Rn. 11; *Kugelmann* ZD 2020 76, 79.

Die unionsweite Zusammenarbeit der Datenschutzaufsichtsbehörden wird durch die **Verfahren des Kap. VII** institutionalisiert (Art. 60, 61, 62) und findet besondere Erwähnung in Art. 51 Abs. 2. **70**

Im Unterschied zu anderen Mitgliedstaaten erfordert das föderale System der Bundesrepublik Deutschland auch innerstaatlich einen **regelmäßigen Informationsaustausch** zwischen den Datenschutzaufsichtsbehörden. Dieser wird fachspezifisch in Arbeitskreisen und letztlich auf der Ebene der **Konferenz der unabhängigen Datenschutzaufsichtsbehörden des Bundes und der Länder** organisiert. Dabei handelt es sich um eine freiwillige Koordination der Aufsichtsbehörden. Sobald im Rahmen des Kohärenzverfahrens oder an anderer Stelle ein gemeinsamer Standpunkt der Länder und des Bundes konsolidiert werden muss, führen die Datenschutzaufsichtsbehörden gem. § 18 BDSG Abs. 1 das sog. „kleine Kohärenzverfahren" durch. **71**

Erweiterte Anforderungen an die mitgliedstaatliche Kooperation stellt der Beitrag zu den Arbeiten des Europäischen Datenschutzausschusses. Die DS-GVO sieht vor, dass in dem Fall, dass ein Mitgliedstaat mehrere Aufsichtsbehörden hat, ein **„gemeinsamer Vertreter"** bestimmt werden muss, der den Mitgliedstaat im Europäischen Datenschutzausschuss vertritt. Durch das BDSG wurde in § 17 Abs. 1 BDSG bestimmt, dass die oder der Bundesbeauftragte diese Stellung des gemeinsamen Vertreters hat. Als **Stellvertreter** wählt der Bundesrat eine Leiterin oder einen Leiter der Aufsichtsbehörde eines Landes. **72**

§ 17 Abs. 1 S. 1 BDSG bestimmt die oder den Bundesbeauftragte(n) zur **zentralen Anlaufstelle**. Funktion der zentralen Anlaufstelle ist es laut ErwG 119, eine wirksame Beteiligung aller Aufsichtsbehörden am Kohärenzverfahren und eine rasche und reibungslose Zusammenarbeit mit den Aufsichtsbehörden der anderen Mitgliedstaaten, dem Europäischen Datenschutzausschuss und der Europäischen Kommission zu gewährleisten. Hauptzweck der zentralen Anlaufstelle ist die Sicherstellung der kontinuierlichen Kommunikation und die Gewährleistung eines effektiven Informationsaustausches zwischen den Datenschutzaufsichtsbehörden und der europäischen Ebene im Kohärenzverfahren (Art. 51 Rn. 51). Eine darüber hinausgehende Funktion ist rechtlich zwingend weder in der DS-GVO noch in dem Gesetzestext des BDSG angelegt. Die Erwägungen der Gesetzesbegründung gehen insoweit über das gebotene Maß hinaus.[50] **73**

h) Untersuchungen über die Anwendung dieser Verordnung. Mit Untersuchungen sind in diesem Kontext Kontrollen und Überprüfungen der Verantwortlichen hinsichtlich der Anwendung der DS-GVO gemeint. Diese Untersuchungen sind nicht **einzelfall- oder anlassbezogen**, sondern umfassen neben der repressiven Kontrolle auch die **präventive** Kontrolle. Dies entspricht der Praxis der Datenschutzaufsichtsbehörden im Rahmen der Kontrollen nach dem BDSG a.F. **74**

Der ursprüngliche Entwurf der Kommission stellte einen Rückschritt bezüglich der bisherigen deutschen Aufsichtspraxis dar und sah lediglich Untersuchungen **aufgrund** **75**

---

50 „Die Unterstützungsfunktion der zentralen Anlaufstelle besteht über das in ErwG 119 genannte Kohärenzverfahren hinaus für alle Angelegenheiten der Europäischen Union, insbesondere für das Verfahren der Zusammenarbeit der Art. 60–62 der Verordnung (EU) 2016/679", vgl. BT-Drucks. 18/11325, S. 89.

einer **Beschwerde** oder der Information von anderen Aufsichtsbehörden vor.[51] Der Entwurf des Parlaments wollte dies stärker konkretisieren. Der Rat setzte durch, dass die Anlässe von Untersuchungen nicht als Voraussetzungen geregelt werden, so dass **anlasslose Kontrollen von Amtswegen** über die Durchführung der Verordnung möglich sein sollten.[52]

76 In § 14 Abs. 2 BDSG wird geregelt, dass die oder der Bundesbeauftragte **auf Ersuchen** des Deutschen Bundestages, einer seiner Ausschüsse oder der Bundesregierung Hinweisen zu Angelegenheiten und Vorgängen des Datenschutzes bei den öffentlichen Stellen des Bundes nachgeht. Da diese Regelung unbeschadet der Aufgaben nach Art. 57 besteht und explizit „ferner" eingefügt wurde, begründet diese Vorschrift eher ein „Anrufungsrecht" als eine Limitierung der Aufgabe der Untersuchung dahingehend, dass sie nur auf Ersuchen dieser genannten Stellen erfolgen darf.

77 **i) Verfolgung maßgeblicher Entwicklungen.** Bereits im Rahmen der Evaluation der DSRL wurde als eine der Herausforderungen des Datenschutzes das **Schritthalten mit dem technischen Fortschritt und der Globalisierung und Vernetzung** identifiziert.[53] Dies betrifft nicht nur die Gesetzgebung, die bei ihrem Regelungsspielraum das Maß zwischen Bestimmtheit und Technikoffenheit finden muss, sondern auch die Datenschutzaufsichtsbehörden, die ihre zahlreichen Aufgaben nur dann pflichtgemäß erfüllen können, wenn sie die aktuellen Entwicklungen verfolgen und sie in ihre Beratungspraxis und Öffentlichkeitsarbeit einfließen lassen.

78 Im Vordergrund stehen die technischen Entwicklungen. Die ständige Fortentwicklung automatisierter Datenverarbeitungsverfahren erfordert eine entsprechend flexible und nach Stand der Technik informierte Aufsicht. Aber auch gesellschaftliche, politische und gesetzgeberische Entwicklungen sollten durch die Datenschutzaufsichtsbehörden verfolgt werden, um ihre Beratungspraxis **aktuell** und **zeitgemäß** zu halten.[54] Gesondert erwähnt werden die Geschäftspraktiken.

79 Davon betroffen sind Entwicklungen auf nationaler und **europäischer Ebene**. Besonderes Augenmerk sollte auf Entwicklungen in anderen Mitgliedstaaten oder bei anderen Datenschutzaufsichtsbehörden gerichtet werden, um Änderungen absehen zu können und betroffene Verantwortliche und betroffene Personen proaktiv sensibilisieren zu können (Art. 57 lit. d). Auch hier leistet der Europäische Datenschutzausschuss durch Leitlinien, Empfehlungen und Stellungnahmen Unterstützung. Diese Erweiterung zählt zu der neuen internationalen Ausprägung, die den Datenschutzaufsichtsbehörden durch die DS-GVO auferlegt wird.[55]

---

51 Vgl. Paal/Pauly-*Körffer* Art. 58 Rn. 15.
52 Ehmann/Selmayr-*Selmayr* Art. 57 Rn. 9.
53 WP 168 (02356/09/DE), Rn. 88.
54 Ein Beispiel ist die tagesaktuelle Auseinandersetzung der Datenschutzaufsichtsbehörden des Bundes und der Länder mit datenschutzrechtlichen Fragestellungen zu den Auswirkungen der Corona-Pandemie. Dabei wurden Themen wie die Entwicklung einer Tracking-App zur Erleichterung der Untersuchung von Infektionsketten oder technisch-organisatorische Maßnahmen im Zusammenhang mit Heimarbeit oder Telearbeit und dem Einsatz digitaler Mittel für schulischen Fernunterricht verfolgt und behandelt und Handlungsempfehlungen ausgesprochen.
55 *Dammann* ZD 2016, 307, 309.

j) Festlegung von Standardvertragsklauseln. Es ist Aufgabe der Datenschutzauf- 80
sichtsbehörden, Standardvertragsklauseln i.S.d. Art. 28 Abs. 8, 46 Abs. 2 lit. d festzulegen. Die Vorschrift des Art. 57 Abs. 1 lit. j steht nicht in Einklang mit Art. 28 Abs. 8.
Während die Aufgabenbeschreibung eine **Pflicht** zur Festlegung von Standardvertragsklauseln vorsieht, räumt Art. 28 Abs. 8 im Verhältnis zum Auftragsverarbeiter
den Aufsichtsbehörden ein Ermessen ein. Die Aufgabe beschränkt sich auf die Festlegung; demgegenüber verbleibt die Konkretisierung und Anpassung dieser Standard-
verträge im Verantwortungsbereich der Verantwortlichen.[56]

Jedenfalls zu beachten ist, dass bei der Festlegung von Standardvertragsklauseln nach 81
Art. 28 Abs. 8 das **Kohärenzverfahren** gem. Art. 64 Abs. 1 lit. d durchzuführen ist.

k) Liste der Verarbeitungsarten für DSFA. Das Instrument der DSFA soll in seiner 82
Handhabung dadurch erleichtert werden, dass die Datenschutzaufsichtsbehörden
gem. Art. 35 Abs. 4 mittels einer sog. **Blacklist** oder Muss-Liste feststellen, für welche
Datenverarbeitungsvorgänge sie eine DSFA zwingend vorsehen. Dies erspart den
Verantwortlichen für die aufgeführten Datenverarbeitungsarten die sog. Schwellwertanalyse (Art. 35 Abs. 1) und sichert gleichermaßen bei besonders risikoreichen Datenverarbeitungsvorgängen die Berücksichtigung und Eindämmung des hohen Risikos
für die Rechte und Freiheiten natürlicher Personen. Im Hinblick auf Datenverarbeitungen durch nichtöffentliche Verantwortliche haben die Datenschutzaufsichtsbehörden des Bundes und der Länder eine entsprechende Liste erstellt und veröffentlicht.

Daneben wird den Datenschutzaufsichtsbehörden nach Art. 35 Abs. 5 optional ermög- 83
licht, eine **Whitelist** zu erstellen, die Datenverarbeitungsvorgänge nennt, die keine
Datenschutz-Folgenabschätzung erfordern. Problematisch an einer solchen Whitelist
ist, dass die Bewertung des Risikos, das ein bestimmter Verarbeitungsvorgang zur
Folge haben könnte, grundsätzlich einzelfallbezogen zu treffen ist und maßgeblich von
dem Verarbeitungszweck abhängt. Eine Liste für Datenverarbeitungsvorgänge zu
erstellen, bei denen keine Risiken bestehen, erscheint dem Datenschutz systemfremd
und es ist fraglich, ob eine solche Garantie für die Verantwortlichen möglich ist, ohne
die Rechte und Freiheiten der betroffenen Personen zu gefährden.[57]

Die Listen sind dem EDSA zu übermitteln gem. Art. 64 Abs. 1 lit. a. Dieser hat die 84
Listen nahezu aller Mitgliedstaaten teils nach erfolgten Änderungen der Entwürfe
angenommen.

l) Beratung bei der DSFA. Die vorherige Konsultation der Datenschutzaufsichtsbe- 85
hörden ist speziell in Art. 36 geregelt. Gegenstand der Konsultation nach Art. 36
Abs. 1 ist die **Prüfung des gegenständlichen Verarbeitungsvorgangs** hinsichtlich der
Vereinbarkeit mit der DS-GVO. Dies bedeutet nicht zwangsläufig eine Überprüfung
der Schritte der DSFA.[58]

---

56 Gola-*Nguyen* Art. 57 Rn. 19.
57 So auch Paal/Pauly-*Körffer* Art. 57 Rn. 14.
58 *Schmitz/von Dall'Armi* ZD 2017, 57, 63, die noch weitere Fragestellung zur Konsultation
der Aufsichtsbehörden anstellen, z.B. hinsichtlich der Reichweite der Bindungswirkung der
Stellungnahme der konsultierten Aufsichtsbehörde. Eine die Aufsichtsbehörde bindende
Genehmigungsfiktion würde einen Widerspruch zu der Regelungssystematik des Gesetzgebers darstellen, der Genehmigungsvorbehalte der Datenschutzaufsichtsbehörden z.B. hinsichtlich Verhaltensregeln explizit normiert hat, im Zusammenhang mit der DSFA dagegen
davon Abstand nahm.

86 Für den Fall, dass nach Auffassung der Datenschutzaufsichtsbehörde die vorgesehene Verarbeitung nicht den Vorgaben der DS-GVO entsprechen würde, zieht dies die in Art. 36 Abs. 2 aufgeführten Konsequenzen nach sich. Die Datenschutzaufsichtsbehörde ist dazu verpflichtet, ihrerseits binnen **acht Wochen schriftliche Empfehlungen** zum gegenständlichen Datenverarbeitungsvorgang zu geben und sie kann dann die ihr gem. Art. 58 zustehenden Befugnisse ausüben. Diese Beratungspflicht geht inhaltlich weiter als die in Art. 57 Abs. 1 lit. d genannte Aufgabe, die Verantwortlichen zu sensibilisieren.

87 Die Beratungspflicht gem. Art. 36 Abs. 2 für sich genommen kann **nicht** durch eine **Untätigkeitsklage** durchgesetzt werden.[59]

88 **m) Verhaltensregeln.** Eine weitere kontextbezogene Aufgabe betrifft die Förderung der Ausarbeitung von Verhaltensregeln gem. Art. 40 Abs. 1, insbesondere die bereits in Art. 40 Abs. 5 statuierte Aufgabe, Verhaltensregeln, die von Verbänden vorgelegt wurden, zu prüfen und zu billigen, bzw. zu genehmigen. Das Mindestmaß der **Förderung** durch die Datenschutzbehörde wird in Art. 40 Abs. 5 und Abs. 6 ausführlich geregelt. Über diese Leistungen im Rahmen des Genehmigungsverfahrens kann die Beratung und Förderung der Datenschutzaufsichtsbehörde hinausgehen, muss sie aber nicht.

89 Da solche Verfahren mit einem hohen Arbeitsaufwand verbunden sein können, kommt diese Aufgabe als **Gebührentatbestand** in Betracht (Art. 57 Abs. 4, Rn. 119 ff.).

90 **n) Datenschutzzertifizierungsmechanismen und Datenschutzsiegel.** Die DS-GVO sieht bestimmte Instrumente vor, mit denen Datenschutzkonformität durch den Verantwortlichen oder Auftragsverarbeiter dokumentiert und nachgewiesen werden kann. Insofern tragen diese Instrumente zum Nachweis im Rahmen der **Rechenschaftspflicht** bei. Auch diese Mechanismen sind letztlich Ausdruck der Eigenverantwortung der Verantwortlichen.[60] Verhaltensregeln (s. o. Rn. 88) und Zertifizierungen zählen zu diesen Instrumenten. Bereits vor Geltung der DS-GVO wurden Datenschutzgarantien und Gütesiegel angeboten, auch durch Datenschutzaufsichtsbehörden.[61] Diesen Siegeln und Zertifikaten wurde nach der DSRL bislang keine Rechtswirkung zugesprochen.[62] Die Datenschutzaufsichtsbehörden werden durch Art. 57 Abs. 1 lit. n nunmehr dazu angehalten, diese Zertifizierungen zu fördern und anzuregen.

91 Diese Zertifizierungen könnten die Aufsichtsbehörden selbst vornehmen – allerdings mit dem Problem, sich ggf. damit einem **Interessenkonflikt** auszusetzen, wenn diese Zertifizierungen entsprechend lit. o überprüft werden müssen.[63] Gegebenenfalls könnte man in diesem Zusammenhang mit Auditing arbeiten, wie es bereits bei ande-

---

59 Gola-*Nolte/Werkmeister* Art. 36 Rn. 15, die der Beratung im Rahmen der Beratungspflicht im Sinne des Art. 36 Abs. 2 dazu einen nicht ausreichend rechtsverbindlichen Charakter beimessen.
60 Dadurch soll eine Alternative zum tradierten „command and control"-Ansatzes geschaffen werden vgl. Sydow-*Raschauer* Art. 42 Rn. 2.
61 Z.B. dem Unabhängigen Landeszentrum für Datenschutz vgl. Gola-*Nguyen* Art. 57 Rn. 18.
62 *Hofmann* ZD-Aktuell 2016, 05324.
63 Gola-*Nguyen* Art. 57 Rn. 18.

ren Behörden vorgenommen wird.[64] Die deutschen Datenschutzaufsichtsbehörden werden nicht selbst zertifizieren, sondern entsprechende Stellen akkreditieren.

Die **Billigung von Zertifizierungskriterien** nach Art. 42 Abs. 5 erfolgt durch die Aufsichtsbehörden gem. Art. 58 Abs. 3 lit. f. Auf der Grundlage dieser Kriterien kann dann die Zertifizierungsstelle arbeiten. 92

o) Prüfung von Zertifizierungen. Für die Aufsichtsbehörden würde die regelmäßige **Überprüfung** sämtlicher ihrer Zuständigkeit nach Art. 55 oder Art. 56 unterliegenden Zertifizierungen einen unverhältnismäßigen Aufwand bedeuten, der im Widerspruch zu dem Sinn und Zweck dieser Selbstregulierungsinstrumente steht, Vollzugsdefizite selbst zu verhindern.[65] Dies würde außerdem den Zertifizierungen die selbstverpflichtende bzw. selbstregulierende Natur absprechen. Zur Erfüllung dieser Aufgabe reichen Stichproben oder anlassbezogene Überprüfungen aus.[66] Dies wird daraus deutlich, dass die Zertifizierungen „gegebenenfalls" überprüft werden müssen.[67] Auch die Zertifizierungsstelle trifft eine regelmäßige Überprüfungspflicht.[68] 93

Sollten dagegen durch Beschwerden oder auf anderem Wege **Datenschutzverstöße des zertifizierten Verantwortlichen** festgestellt worden sein, sollte die Datenschutzaufsichtsbehörde auch die Zertifizierung überprüfen und gegebenenfalls von ihrer Befugnis gem. Art. 58 Abs. 2 lit. h i.V.m. Art. 42 Abs. 7 Gebrauch machen, die Zertifizierung zu widerrufen oder den Widerruf anzuweisen. 94

p) Kriterien für die Akkreditierung. Für die Akkreditierung von Stellen, die nach Art. 43 Zertifizierungen ausstellen können und für die Akkreditierung von Stellen, die gem. Art. 41 Verhaltensregeln überwachen sollen, müssen die Datenschutzaufsichtsbehörden **Kriterien** aufstellen. 95

Die Kriterien werden von der gem. Art. 55 oder Art. 56 zuständigen Datenschutzaufsichtsbehörde festgelegt. Dies erfordert eine Abstimmung der Datenschutzaufsichtsbehörden.[69] Gegebenenfalls muss der Entwurf der Kriterien dem Europäischen Datenschutzausschuss vorgelegt werden (vgl. Art. 64 Abs. 1 lit. c). 96

Durch diese Akkreditierungen sollen **Prüfungskompetenzen** von den Datenschutzaufsichtsbehörden auf andere Stellen **übertragen** werden. Davon bleiben die Aufgaben und Befugnisse der Datenschutzaufsichtsbehörden jedoch unberührt. Trotzdem werden durch die Kriterien Standards gesetzt, die erhebliche Auswirkungen auf den Datenschutz durch die Verantwortlichen und damit Auswirkungen auf den Grundrechtsschutz der betroffenen Personen haben können.[70] Diese Aufgabe sowie die Erteilung von Akkreditierungen (Rn. 99) erfordern einen erhöhten Personalaufwand und eine breite Expertise der Datenschutzaufsichtsbehörden. 97

---

64 Z.B. gem. § 41a Abs. 3 Polizei- und Ordnungsbehördengesetz Rheinland-Pfalz.
65 *Martini* NVwZ-Extra 3/2016, 7, 8.
66 Kühling/Buchner-*Bergt* Art. 42 Rn. 22.
67 In der englischen Fassung „where applicable".
68 Paal/Pauly-*Paal* Art. 42 Rn. 22.
69 *Roßnagel* Datenschutzaufsicht nach der EU-Datenschutz-Grundverordnung, 2017, 5.4.1.
70 *Roßnagel* bezeichnet diese Aufgabe sogar als „quasi gesetzgeberische Tätigkeit", vgl. *Roßnagel* Datenschutzaufsicht nach der EU-Datenschutz-Grundverordnung, 2017, 5.4.3.

Art. 57 — Aufgaben

98 Die Kriterien für die Akkreditierung müssen gem. Art. 43 Abs. 6 in leicht zugänglicher Form veröffentlicht werden. Dem **Europäischen Datenschutzausschuss** sollen die Anforderungen und Kriterien der Akkreditierung ebenfalls übermittelt werden.

99 **q) Vornahme von Akkreditierungen.** Neben der Nationalen Akkreditierungsstelle, die entsprechend der Maßstäbe des Art. 43 Abs. 1 lit. b einbezogen wird, ist es vorrangig **Aufgabe der Datenschutzaufsichtsbehörden**, Akkreditierungen vorzunehmen. Dazu können strukturierte Kooperationsmechanismen errichtet werden. In der Bundesrepublik Deutschland ist in Ausfüllung von § 39 BDSG eine vertragliche Grundlage zwischen den Datenschutzaufsichtsbehörden und der Deutschen Akkreditierungsstelle geschaffen worden.

100 **r) Genehmigung von Vertragsklauseln und Bestimmungen.** Geeignete Garantien für die Datenübermittlung in Drittstaaten können neben den Möglichkeiten in Art. 46 Abs. 2 auch in zivilrechtlichen oder öffentlich-rechtlichen Vereinbarungen bestehen (Art. 46 Abs. 3). Diese Vereinbarungen müssen der jeweiligen Datenschutzaufsichtsbehörde zur **Prüfung und Genehmigung** vorgelegt werden. Nach Art. 46 Abs. 4 ist dabei das Kohärenzverfahren gem. Art. 63 durchzuführen.

101 Bereits die DSRL sah in Art. 26 Abs. 2 die Genehmigung der Datenschutzaufsichtsbehörden von Datenübermittlungen in Drittstaaten bei **individual-rechtlichen Garantien** vor. Mit dieser Aufgabenausprägung der sog. Kontrollstelle wurde die eigentlich repressive Funktion hin in einen präventiven und beratenden Bereich des Datenschutzes ausgeweitet. Das BDSG a.F. setzte die DSRL in § 4c BDSG a.F. entsprechend um. Da diese Aufgabe nunmehr unmittelbar in der DS-GVO geregelt ist, besteht in dem BDSG kein Regelungsbedarf.

102 **s) Genehmigung interner Vorschriften.** Auch verbindliche interne Datenschutzvorschriften, die **Binding Corporate Rules** für Gruppen von Unternehmen oder Unternehmensgruppen, sind von der zuständigen Datenschutzaufsichtsbehörde vorab und nach Durchführung eines Kohärenzverfahrens zu genehmigen. Der EDSA gibt nach Art. 64 Abs. 1 lit. f eine Stellungnahme im Kohärenzverfahren ab. Dadurch kann die Mehrheit der Datenschutzaufsichtsbehörden die betreffende Entscheidung der zuständigen Datenschutzaufsichtsbehörde maßgeblich beeinflussen, sie insbesondere gegebenenfalls ändern, erzwingen oder verhindern.[71] Die unionsweite Bedeutung sowohl der Binding Corporate Rules als auch der Vertragsklauseln wird insoweit durch die DS-GVO fingiert.[72] Sofern die Unternehmensgruppe Niederlassungen nur in einem Mitgliedstaat hat, wird vertreten, dass kein Kohärenzverfahren durchzuführen ist.[73]

103 Im Gegensatz zur DSRL, die die verbindlichen internen Vorschriften als einen Unterfall der Garantien gem. Art. 26 Abs. 2 DSRL vorsah, werden sie in der DS-GVO nunmehr explizit in Art. 47 geregelt. Dies trägt der **Bedeutung** Rechnung, die Binding

---

[71] *Albrecht/Jotzo* Das neue Datenschutzrecht in der EU, Teil 6 Rn. 14–15.
[72] WP 107 legte für die bisherige Rechtslage ein Kooperationsverfahren fest, das die Art.-29-Datenschutzgruppe für den Fall beschlossen hat, dass Unternehmensgruppenbestandteile unterschiedlicher Aufsichtsbehörden unterstehen. Siehe „Working Document Setting Forth a Co-Operation Procedure for Issuing Common Opinions on Adequate Safeguards Resulting From Binding Corporate Rules".
[73] Vgl. mit weiteren Nachweisen Art. 47 Rn. 65.

Corporate Rules für den **Unternehmensdatenschutz** haben. Bestätigt wird diese Bedeutung durch die zahlreichen Arbeitspapiere,[74] die von der Art.-29-Datenschutzgruppe verabschiedet wurden und deren Inhalt Art. 47 maßgeblich prägen.[75]

Das Erfordernis einer Genehmigung durch die Datenschutzaufsichtsbehörde sah bereits § 4c Abs. 2 S. 1 BDSG a.F. vor. In diesem Zusammenhang herrschte jedoch Uneinigkeit dahingehend, ob die Binding Corporate Rules selbst oder die Datenübermittlungen der Genehmigungsbedürftigkeit der Datenschutzaufsicht unterlagen. Insoweit ist der Wortlaut der DS-GVO dahingehend klar, dass es Aufgabe der Datenschutzaufsichtsbehörde ist, die Binding Corporate Rules selbst zu genehmigen.[76] 104

t) Unterstützung des EDSA. Der EDSA kann seine Aufgaben aus Art. 70 ff. ohne die Unterstützung der Datenschutzaufsichtsbehörden schwerlich erbringen. Dies betrifft nicht nur die Beiträge der Datenschutzaufsichtsbehörden, die sie aufgrund von **Beteiligungs- und Vorlagepflichten** leisten müssen. Diese Aufgaben sind an den entsprechenden Stellen bereits dezidiert den Aufsichtsbehörden aufgetragen. Es entspricht darüber hinaus auch der grundsätzlichen Aufgabe und Funktion zum Zweck einer einheitlichen Überwachung, an der Arbeit des EDSA mitzuwirken, im Sinne der vertikalen Verwaltungskooperation.[77] Komplementär trifft auch den EDSA gem. Art. 70 Abs. 1 lit. u die Aufgabe, die Zusammenarbeit der Datenschutzaufsichtsbehörden und sowohl den multilateralen als auch den bilateralen Austausch dazu zu fördern. 105

Die Arbeitsweise der Art.-29-Datenschutzgruppe als „Vorgängerin" des EDSA, datenschutzrechtliche Themen in Untergruppen („Subgroups") für das Plenum auf- und vorzubereiten, wird im Rahmen des EDSA fortgeführt. Die nunmehrigen „Expert-Subgroups" arbeiten **Leitlinien, Empfehlungen und bewährte Verfahren** in Zusammenarbeit mit den Datenschutzaufsichtsbehörden der Mitgliedstaaten aus. Da diese Verfahren nicht nur unter Zeitdruck stehen, sondern auch ein hohes Maß an **Abstimmungen** erfordern, ist die **Bereitschaft** der Datenschutzaufsichtsbehörden, sich **zeitnah** und fundiert zu beteiligen, gefordert. 106

u) Führen interner Verzeichnisse über Verstöße. In einem internen Verzeichnis sollen die Verstöße gegen die DS-GVO und die dagegen unternommenen Abhilfemaßnahmen durch die Datenschutzaufsichtsbehörden nach Art. 58 Abs. 2 aufgeführt werden. Damit trifft die Datenschutzaufsichtsbehörden eine **Pflicht zur Führung solcher Verzeichnisse**. 107

Diese Dokumentation dient der Entwicklung und Förderung einer **einheitlichen** und **ausgeglichenen** Aufsichtspraxis – sowohl für die Datenschutzaufsichtsbehörde selbst als auch im Austausch mit anderen Datenschutzaufsichtsbehörden national und in der Europäischen Union. Insbesondere die Abstimmung im Rahmen der Behördenko- 108

---

[74] Z.B. WP 133, Recommendation 1/2007 on the Standard Application for Approval of Binding Corporate Rules for the Transfer of Personal Data, angenommen am 10.1.2007; WP 195a, Recommendation 1/2012 on the Standard Application form for Approval of Binding Corporate Rules for the Transfer of Personal Data for Processing Activities, angenommen am 7.9.2012; WP 204 Rev. 01, Explanatory Document on the Processor Binding Corporate Rules, angenommen am 19.4.2013, zuletzt überarbeitet und angenommen am 22.5.2015, 00658/13/EN.
[75] *Albrecht/Jotzo* Das neue Datenschutzrecht in der EU, Teil 6 Rn. 15.
[76] Kühling/Buchner-*Schröder* Art. 47 Rn. 8.
[77] Ehmann/Selmayr-*Selmayr* Art. 57 Rn. 11.

operation, um europaweit die Durchsetzung und Überwachung der DS-GVO zu vereinheitlichen (ErwG 129), wird durch das Führen und durch den Austausch solcher Verzeichnisse vereinfacht.

109 Das Verzeichnis kann auch der **Selbstkontrolle** dienen, insbesondere dem Nachhalten von Fristen. Damit trägt es zur Effektivität der aufsichtsbehördlichen Arbeit bei, die bei der erheblich gestiegenen Anzahl von Aufgaben unter der DS-GVO geboten ist. Diese Dokumentation erleichtert zudem das Führen von Statistiken und die Vorbereitung des jährlichen Tätigkeitsberichts (siehe Art. 59), der ebenfalls eine Liste der Arten der gemeldeten Verstöße und der Arten der getroffenen Abhilfemaßnahmen der Datenschutzaufsichtsbehörde enthalten soll (Art. 59 S. 1).[78]

110 Das Merkmal intern stellt klar, dass es sich nicht um ein öffentliches Verzeichnis handelt. Eine Vertraulichkeit, die etwa **Informationsfreiheitsansprüche** zwingend ausschließen könnte, wird dadurch nicht indiziert.

111 **v) Sonstige Aufgaben.** Die **DS-GVO** gibt nicht den Mitgliedstaaten mittels einer Öffnungsklausel die Möglichkeit, weitere Aufgaben für die Datenschutzaufsichtsbehörden zu regeln.[79] Mit der Auffangregelung des Art. 57 Abs. 1 lit. v obliegt jedoch **jede Aufgabe**, die dem Schutz personenbezogener Daten zugute kommt, den Datenschutzaufsichtsbehörden.

112 Diese Auffangregelung soll den **unterschiedlichen Ausgestaltungen der Datenschutzaufsichtsregimes** in den **Mitgliedstaaten** Rechnung tragen und sicherstellen, dass weitere über diesen Katalog hinausgehende Aufgaben weiterhin geleistet werden können.

113 Zudem werden dergestalt weitere Aufgaben der Datenschutzaufsichtsbehörden berücksichtigt, die zwar in der DS-GVO angelegt sind, jedoch im Gegensatz zu den zahlreichen aufgezählten „kontextbezogenen Aufgaben" nicht in den Katalog klarstellend aufgenommen wurden. Dies betrifft bspw. die Pflicht der Aufsichtsbehörde nach Art. 34 Abs. 4, die Benachrichtigung einer betroffenen Person, die von einer Verletzung des Schutzes personenbezogener Daten betroffen ist, zu überprüfen und durchzusetzen.

114 Des Weiteren trägt auch diese Aufgabe dem **technologieoffenen Ansatz** der DS-GVO Rechnung. Der stete Wandel, dem der Datenschutz aufgrund des technischen Fortschritts ausgesetzt wird, wirkt sich auch auf die Arbeit der Datenschutzaufsichtsbehörden aus. Dies betrifft nicht nur ihre in lit. i verbürgte Pflicht, mit dem technischen Fortschritt Schritt zu halten, sondern auch die daran anknüpfende Aufgabe, die Aufsichtspraxis so auszurichten, dass der Schutz personenbezogener Daten unter jedweder Entwicklung gewährleistet bleibt im Rahmen der Förderung des freien Datenverkehrs.

V. Beschwerdeformular (Abs. 2)

115 Das Bereitstellen von Beschwerdeformularen, die sowohl **per Hand** als auch **elektronisch** von den betroffenen Personen ausgefüllt werden können, um Eingaben zu tätigen bzw. Beschwerden einreichen zu können, gehört bereits regelmäßig zu dem Internetangebot der Datenschutzaufsichtsbehörden der Bundesrepublik Deutschland.

---

78 So auch Simitis/Hornung/Spiecker gen. Döhmann-*Polenz* Art. 57 Rn. 50.
79 A.A. Kühling/Buchner-*Boehm* Art. 57 Rn. 24.

Die Formulare sollten so ausgestaltet sein, dass das Einreichen der Eingabe auch tatsächlich **erleichtert** wird. Dazu eignen sich speziell benannte Eingabefelder, die die Beschwerde führende Person bereits dazu anleiten, die für die Bearbeitung der Beschwerde erforderlichen Informationen bereitzustellen, oder Hinweise zur Ausfüllung des Formulars. 116

Neben Beschwerdeformularen werden auch Formulare zur Meldung von Verletzungen des Schutzes personenbezogener Daten gem. Art. 33 elektronisch durch die Datenschutzaufsichtsbehörden vorgehalten. 117

Damit das Beschwerderecht nicht nur für die innerstaatlichen Beschwerdeführer erleichtert wird, sondern auch den gegebenenfalls **unionsweit bestehenden Zuständigkeiten** der Datenschutzaufsichtsbehörde Rechnung getragen wird, sollte das Beschwerdeformular zumindest auch in **englischer Sprache** bereitgestellt werden. 118

VI. Kosten (Abs. 3)

Die **Unentgeltlichkeit** der Aufgabenerfüllung durch die Datenschutzaufsichtsbehörden besteht in jedem Fall für die betroffene Person. Dies ist notwendige Konsequenz der Funktion der Datenschutzaufsichtsbehörde, den Grundrechtsschutz der betroffenen Personen im Bereich des Datenschutzes aktiv zu gewährleisten. Auf Initiative des Rates wurde ergänzt, dass diese Gebührenfreiheit für Beschwerden an jede Datenschutzaufsichtsbehörde gilt. Damit ist die Kooperation der Behörden in der Europäischen Union angesprochen, die nicht zu Lasten der betroffenen Person gehen darf. 119

Anfallende **Gebühren und Geldbußen** fallen in der Bundesrepublik Deutschland in den Haushalt des Rechtsträgers der Behörde. Sie kommen also grundsätzlich nicht dem Haushalt der Datenschutzaufsichtsbehörde, sondern regelmäßig Bund oder Land zugute. In anderen Mitgliedstaaten der Europäischen Union ist die rechtliche Situation bisher anders. 120

Im Wege eines Regel-Ausnahmeprinzips legt Art. 57 Abs. 3 neben der Unentgeltlichkeit fest, dass **bestimmte Aufgaben** der Datenschutzaufsichtsbehörden **entgeltlich** erfolgen können. Diese betreffen sicherlich unterstützende Beratungsleistungen gegenüber Verantwortlichen und Auftragsverarbeitern auf deren Ersuchen hin, aber auch Pflichtaufgaben, aus denen andere Stellen einen wirtschaftlichen Nutzen haben, so wie Beratungsleistungen gegenüber Verantwortlichen oder die Akkreditierung von Zertifizierungsstellen durch die Datenschutzaufsichtsbehörde. Bei anderen Aufgaben, insbesondere solchen, die die Genehmigung von Verhaltensregeln und verbindliche interne Regelungen betreffen, sollte der Aufwand, der mit der Aufgabe zusammenhängt, entscheidend für die Gebührenpflichtigkeit sein. 121

Der behördliche oder betriebliche **DSB** wird eingeschränkt – „gegebenenfalls" – durch die Unentgeltlichkeit ihm gegenüber vorgenommener Handlungen der Datenschutzaufsichtsbehörde **privilegiert**. Die Ergänzung um den DSB wurde durch den Rat im Gesetzgebungsverfahren eingebracht und hat sich durchgesetzt.[80] Dies stärkt die Unabhängigkeit seiner Stellung gegenüber dem Verantwortlichen, der für die Kosten aufkommen müsste. 122

---

80 Dieser Zusatz wurde auf Initiative der Bundesrepublik Deutschland in die Fassung der DS-GVO aufgenommen, siehe mit weiteren Nachweisen Kühling/Buchner-*Boehm* Art. 57 Rn. 26.

123 **Unentgeltlich** sind die in der DS-GVO vorgesehenen Formen der Zusammenarbeit des DSB mit der Datenschutzaufsichtsbehörde, wenn sie zwingend sind. Dies ist z.B. der Fall bei der vorherigen Konsultation im Rahmen der DSFA (vgl. Art. 39 Abs. 1 lit. e). Außerdem unentgeltlich sollten die Leistungen der Aufsichtsbehörden in Bezug auf Anfragen sein, die der Datenschutzbeauftragte zur Gewährleistung des Grundrechtsschutzes betroffener Personen tätigt, als Zwischeninstanz zur Datenschutzaufsichtsbehörde. Bei vielen Verantwortlichen umfasst der Aufgabenbereich der Datenschutzbeauftragten auch die Beantwortung von Anfragen und Anträge betroffener Personen, die die Geltendmachung ihrer Betroffenenrechte betreffen.

124 Allgemeine Beratung des DSB kann dagegen **entgeltlich** sein, weil es nicht Aufgabe der Datenschutzaufsichtsbehörde sein kann, einen staatlichen Beitrag zu einer Dienstleistung zu leisten, die der Datenschutzbeauftragte seinem Auftraggeber in Rechnung stellt. Beratungsanfragen oder Prüfungsersuchen von Datenschutzbeauftragten an die Datenschutzaufsichtsbehörden, durch die ihnen originär eigene oder dem Verantwortlichen obliegende Arbeit aufgetragen werden oder Erkenntnisse gewonnen werden sollen, die kommerziell genutzt werden, sind daher nicht im Rahmen der Unentgeltlichkeit privilegiert, sondern können gebührenpflichtig gestellt werden.[81] Dies sollte im Rahmen von Katalogen oder expliziten Gebührentatbeständen durch die Datenschutzaufsichtsbehörden festgelegt und veröffentlicht werden.

125 **Kleinstunternehmen**, die nicht zu der Bestellung eines Datenschutzbeauftragten verpflichtet sind, dürfen durch die Privilegierung nicht schlechter gestellt werden.[82] Dies ist auch nicht zu befürchten, denn die Erhebung von Kosten und Gebühren steht grundsätzlich im Ermessen der Datenschutzaufsichtsbehörde, die an das Prinzip der Verhältnismäßigkeit gebunden ist, das im Kostenrecht von dem Prinzip der Äquivalenz ergänzt wird.

VII. Gebühr bei exzessivem Antrag (Abs. 4)

126 Die Datenschutzaufsichtsbehörde kann dann eine Gebühr für ihr Tätigwerden verlangen, wenn sie durch offenkundig unbegründete oder quantitativ exzessive Anfragen initiiert wurden. Da dies eine Ausnahmeregelung zu der in Abs. 3 geregelten Unentgeltlichkeit darstellt, betrifft die Regelung das gleiche Regelungssubjekt: **die betroffene Person**.[83]

127 Die Vorschrift trägt dem Umstand Rechnung, dass die Datenschutzaufsichtsbehörden nur bezüglich der Beschwerden gem. Art. 77 verpflichtend tätig werden müssen, zumindest ist diesbzgl. die Untätigkeitsklage in Art. 78 Abs. 2 explizit vorgesehen.[84]

---

81 Ähnliche Tendenzen Gola-*Nguyen* Art. 57 Rn. 21.
82 So befürchtend *Ziebarth*, der daraus jedoch den fragwürdigen Schluss zieht, dass auch gegenüber Auftragsverarbeitern und Verantwortlichen jede Tätigkeit der Datenschutzaufsichtsbehörden unentgeltlich erfolgen soll, vgl. Sydow-*Ziebarth* Art. 57 Rn. 72.
83 Andere Ansicht *Nguyen*, der auch Anfragen nach Art. 57 Abs. 1 lit. e und die Konsultation der Datenschutzaufsichtsbehörde bei risikobehafteten Datenverarbeitungsvorgängen als Anträge im Sinne des Art. 57 Abs. 4 auffasst, vgl. Gola-*Nguyen* Art. 57 Rn. 22.
84 Zwar werden den Aufsichtsbehörden auch andere Aufgaben verpflichtend aufgetragen, da diesbezüglich jedoch der Rechtsbehelf nicht explizit in der DS-GVO geregelt wurde, ist es fraglich, ob insoweit eine Untätigkeitsklage ebenfalls statthaft ist, vgl. Ehmann/Selmayr-*Will* Art. 42 Rn. 31.

Um dem unverhältnismäßigen Gebrauch dieses Rechtes vorzubeugen, wird geregelt, dass die Datenschutzaufsichtsbehörden bezüglich des übermäßigen **Arbeitsaufwands** durch Verwaltungsgebühren entschädigt werden.[85] Der Abschreckungseffekt einer Gebühr ist dabei eher als ein vorteilhafter Nebeneffekt und weniger als Ziel der Gebühr zu verstehen.

Offenkundig unbegründet ist eine Anfrage dann, wenn der Sachverhalt sich so darstellt, dass durch keinen Anhaltspunkt von einer Betroffenheit der Beschwerde führenden Person ausgegangen werden kann. Des Weiteren offenkundig unbegründet kann eine Anfrage dann sein, wenn die Anfrage bzw. der Lebenssachverhalt bereits beschieden oder beurteilt wurde und Gegenstand der Anfrage lediglich die Nachprüfung der gleichen Rechtsfrage umfasst.[86] Ein weiterer Anwendungsfall betrifft Anfragen, die sachlich nicht dem Datenschutzrecht zuzuordnen sind. Wenn diese Nachprüfung wiederholt erfolgt, kann die Gebühr auch aufgrund der Exzessivität der Anfrage erhoben werden. 128

Exzessive Anfragen müssen nicht zwangsläufig unbegründet sein. Aber auch begründete Anfragen – also Anfragen mit plausiblen Anhaltspunkten für eine Grundrechtsbetroffenheit – führen dann zu einem unverhältnismäßigen Arbeitsaufwand für die Datenschutzaufsichtsbehörden, wenn sie Arbeitskraft dauerhaft binden.[87] Dies rechtfertigt die Bearbeitungsgebühr, mit der die betroffene Person in diesen Situationen beschwert wird. 129

Im zweiten Schritt können die Beantwortungen solcher „offenkundig unbegründeten" oder exzessiven Anfragen verweigert werden.[88] Die Möglichkeit, rechtsmissbräuchliche Eingaben abweisen zu können, wurde bereits nach vorheriger Rechtslage eingeräumt. Diese **stufenweise Handhabung** ist nicht in dem Wortlaut angelegt („oder"), ergibt sich jedoch aus der Anwendung des Verhältnismäßigkeitsprinzips.[89] Die Ablehnung eines Antrags ist etwa in den Fällen angezeigt, in denen die unbegründeten oder exzessiven Anfragen missbräuchlich gestellt werden, also darauf abzielen, Ressourcen der Datenschutzaufsichtsbehörde zu binden, bzw. ihre Funktionsfähigkeit zu beeinträchtigen. Dann können die Datenschutzaufsichtsbehörden die Bearbeitung der Anfragen verweigern. Ein solcher Missbrauch kann z.B. in dem Umstand liegen, dass die Anfragen vorsätzlich, also wissend ob des Umstands der offenkundigen Unbegründetheit oder Exzessivität, gestellt werden. 130

Dass die Datenschutzaufsichtsbehörden nicht selbst missbräuchlich diesen Tatbestand zum Anlass nehmen, Anfragen nicht zu bearbeiten, wird dadurch verhindert, dass sie die **Beweislast** für den offenkundig unbegründeten oder exzessiven Charakter der 131

---

85 Richtigerweise durch eine Bearbeitungsgebühr und nicht durch eine Missbrauchsgebühr, vgl. Gola-*Nguyen* Art. 57 Rn. 21, a.A. Schantz/Wolff-*Wolff* Das neue Datenschutzrecht, Rn. 1006.
86 Ggf. könnte in diesem Fall die Beschwerde führende Person auch auf den Rechtsweg gem. Art. 78 Abs. 1 verwiesen werden.
87 Ehmann/Selmayr-*Selmayr* Art. 57 Rn. 24.
88 Einbringung in die Verordnung auf Vorschlag der Bundesrepublik Deutschland, RatsDok. v. 21.6.2013, Dok.-Nr. 11013/13, 177, Fn. 421, vgl. Kühling/Buchner-*Boehm* Art. 57 Rn. 27.
89 Dieses gestufte Verhältnis nimmt auch Ehmann/Selmayr-*Selmayr* Art. 57 Rn. 24 an.

Art. 57 — Aufgaben

Anfrage tragen müssen. Da in dem Fall eines ablehnenden Bescheids mit einem Widerspruch bzw. einer Verpflichtungsklage zu rechnen ist, ist diese Beweislast sinnvoll.

C. Praxishinweise

I. Relevanz für öffentliche Stellen

132 Aufgrund der auch für öffentliche Stellen geltenden unmittelbaren Verpflichtungen der DS-GVO besteht nicht nur hoher Beratungsbedarf, sondern auch ein **Bedarf an Modifikationen** der Datenverarbeitungen. Gewachsene Arbeitsbeziehungen haben Bestand.

II. Relevanz für nichtöffentliche Stellen

133 Die zahlreichen Beratungsaufgaben der Datenschutzaufsichtsbehörden kommen insbesondere den nichtöffentlichen Stellen, die Daten **geschäftsmäßig** und **kommerziell** verarbeiten, zu Gute. Der freie Datenverkehr wird insoweit durch die Datenschutzaufsichtsbehörden gefördert.

III. Relevanz für betroffene Personen

134 Neben dem Beschwerdewesen der DS-GVO, das auch in Art. 57 Abs. 1 lit. f explizit aufgegriffen wird, ist besonders die Aufgabe der Sensibilisierung der Öffentlichkeit und der Information der betroffenen Person nach Art. 57 Abs. 1 lit. e für diese bedeutsam und trägt zu deren **Selbstdatenschutz** bei.

IV. Relevanz für Aufsichtsbehörden

135 Die **Aufgabenvielfalt** erfordert eine Neuausrichtung und teilweise Umorganisation der Datenschutzaufsichtsbehörden, insbesondere durch die globale Ausprägung des Datenschutzes und die unionsweite Vereinheitlichung.

V. Datenschutzmanagement

136 Die **Funktionen** der Datenschutzaufsichtsbehörden in Bezug auf die kontextbezogenen Aufgaben bilden Gegenstände des Kooperationsverhältnisses, das gem. Art. 39 Abs. 1 lit. d besteht.

137 Für die Arbeit und Kooperation des Datenschutzbeauftragten mit den Datenschutzaufsichtsbehörden sind die Entwicklungen und gesetzlichen Umsetzungen etwaiger Gebührentatbestände, die diesen betreffen können, bedeutsam.

VI. Geldbußen

138 Die Aufgabe und Befugnis der Verhängung von Geldbußen werden speziell in Art. 83 geregelt. Sie kann als ein Unterfall der Aufgabe der Durchsetzung der DS-GVO nach Art. 57 Abs. 1 lit. a aufgefasst werden.

VII. Dokumente der DSK

Durch die DSK bisher angenommene Dokumente[90]: 139

Artikel	Kurzpapier	Gegenstand
Art. 6	3 14 15 Orientierungshilfe	Verarbeitung pb Daten für Werbung Beschäftigtendatenschutz Videoüberwachung Verarbeitung pbD für Zwecke der Direktwerbung
Art. 7, 8	20	Einwilligung nach der DS-GVO
Art. 9	17	Besondere Kategorien pb Daten
Art. 13, 14	10	Informationspflichten
Art. 15	6	Auskunftsrecht der betroffenen Person
Art. 17	11	Recht auf Löschung/Vergessenwerden
Art. 24	8	Maßnahmenplan DS-GVO für Unternehmen
Art. 26	16	Gemeinsam für die Verarbeitung Verantwortliche
Art. 28	13	Auftragsverarbeitung
Art. 29	19	Unterrichtung und Verpflichtung von Beschäftigten
Art. 30	1	Verzeichnis von Verarbeitungstätigkeiten
Art. 35	5 18	Datenschutz-Folgenabschätzung Risiko für die Rechte und Freiheiten
Art. 37–39	12	Datenschutzbeauftragte
Art. 42, 43	9	Zertifizierung
Art. 44 ff.	4	Datenübermittlung in Drittländer
Art. 55, 56	7	Marktortprinzip
Art. 84	2	Aufsichtsbefugnisse/Sanktionen

Artikel 58 Befugnisse

(1) Jede Aufsichtsbehörde verfügt über sämtliche folgenden Untersuchungsbefugnisse, die es ihr gestatten,

a) den Verantwortlichen, den Auftragsverarbeiter und gegebenenfalls den Vertreter des Verantwortlichen oder des Auftragsverarbeiters anzuweisen, alle Informationen bereitzustellen, die für die Erfüllung ihrer Aufgaben erforderlich sind,
b) Untersuchungen in Form von Datenschutzüberprüfungen durchzuführen,
c) eine Überprüfung der nach Artikel 42 Absatz 7 erteilten Zertifizierungen durchzuführen,

---

90 Vgl. *Datakontext* PPP, Dialog mit der Datenschutzaufsicht, F. 4.

d) den Verantwortlichen oder den Auftragsverarbeiter auf einen vermeintlichen Verstoß gegen diese Verordnung hinzuweisen,
e) von dem Verantwortlichen und dem Auftragsverarbeiter Zugang zu allen personenbezogenen Daten und Informationen, die zur Erfüllung ihrer Aufgaben notwendig sind, zu erhalten,
f) gemäß dem Verfahrensrecht der Union oder dem Verfahrensrecht des Mitgliedstaats Zugang zu den Räumlichkeiten, einschließlich aller Datenverarbeitungsanlagen und -geräte, des Verantwortlichen und des Auftragsverarbeiters zu erhalten.

(2) Jede Aufsichtsbehörde verfügt über sämtliche folgenden Abhilfebefugnisse, die es ihr gestatten,

a) einen Verantwortlichen oder einen Auftragsverarbeiter zu warnen, dass beabsichtigte Verarbeitungsvorgänge voraussichtlich gegen diese Verordnung verstoßen,
b) einen Verantwortlichen oder einen Auftragsverarbeiter zu verwarnen, wenn er mit Verarbeitungsvorgängen gegen diese Verordnung verstoßen hat,
c) den Verantwortlichen oder den Auftragsverarbeiter anzuweisen, den Anträgen der betroffenen Person auf Ausübung der ihr nach dieser Verordnung zustehenden Rechte zu entsprechen,
d) den Verantwortlichen oder den Auftragsverarbeiter anzuweisen, Verarbeitungsvorgänge gegebenenfalls auf bestimmte Weise und innerhalb eines bestimmten Zeitraums in Einklang mit dieser Verordnung zu bringen,
e) den Verantwortlichen anzuweisen, die von einer Verletzung des Schutzes personenbezogener Daten betroffene Person entsprechend zu benachrichtigen,
f) eine vorübergehende oder endgültige Beschränkung der Verarbeitung, einschließlich eines Verbots, zu verhängen,
g) die Berichtigung oder Löschung von personenbezogenen Daten oder die Einschränkung der Verarbeitung gemäß den Artikeln 16, 17 und 18 und die Unterrichtung der Empfänger, an die diese personenbezogenen Daten gemäß Artikel 17 Absatz 2 und Artikel 19 offengelegt wurden, über solche Maßnahmen anzuordnen,
h) eine Zertifizierung zu widerrufen oder die Zertifizierungsstelle anzuweisen, eine gemäß den Artikel 42 und 43 erteilte Zertifizierung zu widerrufen, oder die Zertifizierungsstelle anzuweisen, keine Zertifizierung zu erteilen, wenn die Voraussetzungen für die Zertifizierung nicht oder nicht mehr erfüllt werden,
i) eine Geldbuße gemäß Artikel 83 zu verhängen, zusätzlich zu oder anstelle von in diesem Absatz genannten Maßnahmen, je nach den Umständen des Einzelfalls,
j) die Aussetzung der Übermittlung von Daten an einen Empfänger in einem Drittland oder an eine internationale Organisation anzuordnen.

(3) Jede Aufsichtsbehörde verfügt über sämtliche folgenden Genehmigungsbefugnisse und beratenden Befugnisse, die es ihr gestatten,

a) gemäß dem Verfahren der vorherigen Konsultation nach Artikel 36 den Verantwortlichen zu beraten,
b) zu allen Fragen, die im Zusammenhang mit dem Schutz personenbezogener Daten stehen, von sich aus oder auf Anfrage Stellungnahmen an das nationale Parlament, die Regierung des Mitgliedstaats oder im Einklang mit dem Recht des Mitgliedstaats an sonstige Einrichtungen und Stellen sowie an die Öffentlichkeit zu richten,
c) die Verarbeitung gemäß Artikel 36 Absatz 5 zu genehmigen, falls im Recht des Mitgliedstaats eine derartige vorherige Genehmigung verlangt wird,

d) eine Stellungnahme abzugeben und Entwürfe von Verhaltensregeln gemäß Artikel 40 Absatz 5 zu billigen,
e) Zertifizierungsstellen gemäß Artikel 43 zu akkreditieren,
f) im Einklang mit Artikel 42 Absatz 5 Zertifizierungen zu erteilen und Kriterien für die Zertifizierung zu billigen,
g) Standarddatenschutzklauseln nach Artikel 28 Absatz 8 und Artikel 46 Absatz 2 Buchstabe d festzulegen,
h) Vertragsklauseln gemäß Artikel 46 Absatz 3 Buchstabe a zu genehmigen,
i) Verwaltungsvereinbarungen gemäß Artikel 46 Absatz 3 Buchstabe b zu genehmigen,
j) verbindliche interne Vorschriften gemäß Artikel 47 zu genehmigen.

(4) Die Ausübung der der Aufsichtsbehörde gemäß diesem Artikel übertragenen Befugnisse erfolgt vorbehaltlich geeigneter Garantien einschließlich wirksamer gerichtlicher Rechtsbehelfe und ordnungsgemäßer Verfahren gemäß dem Unionsrecht und dem Recht des Mitgliedstaats im Einklang mit der Charta.

(5) Jeder Mitgliedstaat sieht durch Rechtsvorschriften vor, dass seine Aufsichtsbehörde befugt ist, Verstöße gegen diese Verordnung den Justizbehörden zur Kenntnis zu bringen und gegebenenfalls die Einleitung eines gerichtlichen Verfahrens zu betreiben oder sich sonst daran zu beteiligen, um die Bestimmungen dieser Verordnung durchzusetzen.

(6) ¹Jeder Mitgliedstaat kann durch Rechtsvorschriften vorsehen, dass seine Aufsichtsbehörde neben den in den Absätzen 1, 2 und 3 aufgeführten Befugnissen über zusätzliche Befugnisse verfügt. ²Die Ausübung dieser Befugnisse darf nicht die effektive Durchführung des Kapitels VII beeinträchtigen.

– *ErwG: 11, 122, 129*
– *BDSG n.F.: §§ 16, 21, 29, 40, 41*

Übersicht

	Rn		Rn
A. Einordnung und Hintergrund	1	III. Europäischer Datenschutzausschuss/Art.-29-Datenschutzgruppe	12
I. Erwägungsgründe	1		
II. BDSG n.F.	5		
1. § 16 BDSG – Stufenweise Ausübung der Befugnisse durch die Verordnung	5	1. WP 168 02356/09/DE Die Zukunft des Datenschutzes	12
a) § 16 Abs. 1 BDSG	6	2. WP 253 Guidelines on the application and setting of administrative fines for the purpose of the Regulation 2016/679	13
b) § 16 Abs. 4 BDSG	7		
c) § 16 Abs. 5 BDSG	8		
2. § 21 BDSG: Antrag der Aufsichtsbehörde auf gerichtliche Entscheidung bei angenommener Rechtswidrigkeit eines Beschlusses der Europäischen Kommission	9	3. WP 248 Guidelines on Data Protection Impact Assessment (DPIA) and determining whether processing is "likely to result in a high risk" for the purposes of Regulation 2016/679	14
3. § 29 Abs. 3 BDSG	10		
4. § 40 BDSG	11	IV. Normengenese, Historie	15

	Rn
1. Art. 28 Abs. 3 Datenschutz-Richtlinie 95/46/EG (DSRL)	15
2. BDSG a.F.	17
B. Kommentierung	21
I. Zweck	21
1. Effektive Durchsetzung	21
2. Flächendeckende und einheitliche Durchsetzung	27
a) Einheitliche Datenschutzaufsicht über öffentliche und private Verantwortliche	27
b) Neuorientierung und Anpassung der Aufsicht	31
II. Grundlagen zur Ausübung der Befugnisse	37
1. Auswahlermessen	37
2. Kohärenz und Konsistenz	40
3. Territoriale Grenzen der Befugnisse	41
III. Adressaten der Befugnisse	43
1. Verantwortliche und Auftragsverarbeiter	43
2. Vertreter von nicht in der Union niedergelassenen Verantwortlichen oder Auftragsverarbeitern	46
IV. Systematisierung	49
1. Untersuchungsbefugnisse (Abs. 1)	51
a) Anweisung zur Herausgabe von Informationen	52
b) Untersuchungen zur Durchführung von Datenschutzüberprüfungen	56
c) Überprüfung von Zertifizierungen	58
d) Hinweis auf einen vermeintlichen Verstoß	60
e) Zugang zu Informationen	64
f) Zugang zu Geschäftsräumen	71
2. Abhilfebefugnisse (Abs. 2)	76
a) Warnung	80
b) Verwarnung	82
c) Anweisung zur Rechtsdurchsetzung der betroffenen Personen	88
d) Anweisung zur Datenverarbeitung	91

	Rn
e) Anweisung der Benachrichtigung	96
f) Beschränkung oder Verbot der Verarbeitung	100
g) Anordnung der Berichtigung oder Löschung oder Einschränkung	104
h) Widerruf einer Zertifizierung	109
i) Verhängung einer Geldbuße	111
j) Anordnung der Aussetzung der Übermittlung von Daten in Drittländer	116
3. Genehmigungsbefugnisse (Abs. 3)	121
a) Beratung des Verantwortlichen bei der Konsultation im Rahmen der Datenschutz-Folgenabschätzung	123
b) Abgeben von Stellungnahmen	128
c) Genehmigung der Verarbeitung durch öffentliche Stellen	134
d) Verhaltensregeln	136
e) Akkreditierung von Zertifizierungsstellen	141
f) Erteilung von Zertifizierungen	143
g) Festlegen von Standarddatenschutzklauseln	145
h) Genehmigung von Vertragsklauseln	147
i) Genehmigung von Verwaltungsvereinbarungen	148
j) Genehmigung verbindlicher interner Vorschriften	149
V. Der Rechtsrahmen der Befugnisausübung (Abs. 4)	151
1. Zweck	151
2. Verfahrensgarantien	153
3. Vorverfahren i.S.d. § 16 Abs. 1 S. 2–4 BDSG	156
4. Rechtsschutz der Verantwortlichen	159
a) Klagebefugnis der Verantwortlichen	159

	Rn
b) Anordnung der sofortigen Vollziehung	161
VI. Rechtsschutz der Datenschutzaufsichtsbehörden (Abs. 5)	163
1. Hintergrund	163
2. Ansatz der Öffnungsklausel und Gestaltungsmöglichkeiten	165
a) Rügemöglichkeit der Angemessenheitsentscheidungen der Europäischen Kommission	165
b) Feststellungsklage gegen öffentliche Stellen und Behörden	168
c) Beteiligung der Datenschutzaufsichtsbehörden im Ordnungswidrigkeitenverfahren zur Verhängung von Geldbußen	169
VII. Zusätzliche Befugnisse (Abs. 6)	172
1. Zweck	172

	Rn
2. Weitere Befugnisse nach dem BDSG	174
a) Auskunftsverpflichtung und Auskunftsverweigerung	174
b) Abberufung des Datenschutzbeauftragten durch die Datenschutzaufsichtsbehörden	175
C. Praxishinweise	177
I. Relevanz für öffentliche Stellen	177
II. Relevanz für nichtöffentliche Stellen	179
III. Relevanz für betroffene Personen	181
IV. Relevanz für Aufsichtsbehörden	182
V. Datenschutzmanagement	185
VI. Geldbußen	187
Anhang § 40 BDSG Aufsichtsbehörden der Länder	

Literatur: Zur allgemeinen Literatur wird auf Art. 51 verwiesen. *Albrecht* Das neue EU-Datenschutzrecht – von der Richtlinie zur Verordnung, CR 2016, 88; *Brink* Der Beratungsauftrag der Datenschutzaufsichtsbehörden. Aufgabe, Befugnis oder Pflicht?, ZD 2020, 59; *Britz* Abschied vom Grundsatz fehlender Polizeipflicht von Hoheitsträgern?, DÖV 2002, 891; *Bull* Die „völlig" unabhängige" Aufsichtsbehörde, EuZW 2010, 488; *Dammann* Erfolge und Defizite der EU-Datenschutzgrundverordnung – Erwarteter Fortschritt, Schwächen und überraschende Innovationen, ZD 2016, 307; *Dieterich* Rechtsdurchsetzungsmöglichkeiten der DS-GVO, ZD 2016, 260; *Franz* Die Staatsaufsicht über die Kommunen, JuS 2004, 937; *Golla* Säbelrasseln in der DS-GVO: Drohende Sanktionen bei Verstößen gegen die Vorgaben zum Werbedatenschutz, RDV 2017, 123; *Jensen* Kritik von Sachverständigen zum derzeitigen Entwurf des DSAnpUG-EU, ZD-Aktuell 2017, 05596; *Kranig* Zuständigkeit der Datenschutzaufsichtsbehörden, ZD 2013, 550; *Kugelmann* Polizei- und Ordnungsrecht, 2012; *ders.* Kooperation und Betroffenheit im Netzwerk. Die deutschen Datenschutzaufsichtsbehörden in Europa, ZD 2020, 76; *ders.* Seckelmann (Hrsg.), Digitalisierte Verwaltung – Vernetztes E-Government, Anwendungsbereich und Spielräume der Landesdatenschutzgesetze, Kap. 18, 2019; *Lüdemann/Wenzel* Zur Funktionsfähigkeit der Datenschutzaufsicht in Deutschland RDV 2015, 285; *Martini/Wagner/Wenzel* Das Sanktionsregime der DSGVO – ein scharfes Schwert ohne legislativen Feinschliff, VerwArch 2018, 163 und 296; *Martini/Wenzel* „Gelbe Karte" von der Aufsichtsbehörde: die Verwarnung als datenschutzrechtliches Sanktionshybrid PinG 03.17, 92; *Nguyen* Die zukünftige Datenschutzaufsicht in Europa, ZD 2015, 262; *Pohl* Durchsetzungsdefizite der DSGVO? Der schmale Grat zwischen Flexibilität undUnbestimmtheit, PinG 03.17, 85; *Ronellenfitsch* Fortentwicklung des Datenschutzes – Die Pläne der Europäischen Kommission, DuD 2012, 561; *ders.* Kohärenz und Vielfalt, DuD 2016, 357; *Roßnagel* Unabhängigkeit der Datenschutzaufsicht, ZD 2015, 106; *ders.* Gesetzgebung im Rahmen der Datenschutz-Grundverordnung, DuD 2017, 277; *Roßnagel/Nebel/Richter* Was bleibt vom Europäischen Datenschutzrecht? Überlegungen zum Ratsentwurf der DS-GVO, ZD

Art. 58 Befugnisse

2015, 455; *Rost* Bußgeld im digitalen Zeitalter – was bringt die DS-GVO? RDV 2017, 13;*dies.* Datenschutzsanktionen: scharfes Schwert oder Papiertiger? DuD 2019, 488; *Schantz/Wolff* Das neue Datenschutzrecht, 2017; *Schild* Die völlige Unabhängigkeit der Aufsichtsbehörden aus europarechtlicher Sicht, DuD 2010, 549; *Schönefeld/Thomé* Auswirkungen der Datenschutz-Grundverordnung auf die Sanktionierungspraxis der Aufsichtsbehörden, PinG 03.17, 126; *Schulze Lohoff/Bange* Die (fehlenden) Abhilfebefugnisse des BfDI nach § 16 Abs. 2 BDSG, ZD 2019, 199; *Spindler* Selbstregulierung und Zertifizierungsverfahren nach der DS-GVO – Reichweite und Rechtsfolgen der genehmigten Verhaltensregeln, ZD 2016; *Will* Vermittelt die DS-GVO einen Anspruch auf aufsichtsbehördliches Einschreiten? (Noch) ungeklärte Fragen aus dem Alltag einer Datenschutzaufsichtsbehörde, ZD 2020, 97.

A. Einordnung und Hintergrund

I. Erwägungsgründe

1 Als **Kernelemente** eines unionsweit wirksamen Schutzes personenbezogener Daten identifiziert ErwG 11 die Stärkung und präzise Festlegung der Rechte der betroffenen Personen sowie die Verschärfung der Verpflichtungen und der Verantwortung für diejenigen, die personenbezogene Daten verarbeiten und darüber entscheiden. Korrespondierend dazu treten in allen Mitgliedstaaten gleiche Befugnisse bei der Überwachung und Gewährleistung der Einhaltung der Vorschriften zum Schutz personenbezogener Daten durch die Datenschutzaufsichtsbehörden sowie gleiche Sanktionen im Falle ihrer Verletzung als Gewährleistungselemente des Schutzes personenbezogener Daten hinzu.

2 ErwG 122 betrifft die **Zuständigkeiten**, im Rahmen derer die Datenschutzaufsichtsbehörden ihre **Befugnisse** ausüben können. Diese werden aufgezählt nach Adressaten und Anlass des Tätigwerdens. Neben der Zuständigkeit für Verarbeitungen in ihrem Hoheitsgebiet sind sie auch für die Bearbeitung und Untersuchung von Beschwerden zuständig, die in ihrem Hoheitsgebiet wohnende Personen betreffen, auch dann, wenn der Verantwortliche oder Auftragsverarbeiter keine Niederlassung in der Union hat. Diese Zuständigkeiten betreffen neben der Bearbeitung von Beschwerden betroffener Personen auch Untersuchungen und die Sensibilisierung der Öffentlichkeit über Gefahren, Risiken, Garantien und Rechte im Zusammenhang mit dem Schutz personenbezogener Daten.

3 In ErwG 129 wird die **Bedeutung unionsweit einheitlicher Aufgaben und Befugnisse** der Datenschutzaufsichtsbehörden betont, insbesondere im Fall von Beschwerden natürlicher Personen. Darunter fallen Untersuchungs-, Abhilfe-, Sanktions-, Beratungs- und Genehmigungsbefugnisse. Dazu zählt es auch, neben den Strafverfolgungsbehörden eigenständig Verstöße gegen die DS-GVO den Justizbehörden zur Kenntnis zu bringen und Gerichtsverfahren anzustrengen. Die Befugnis, eine Verarbeitung vorübergehend oder endgültig zu beschränken (Art. 58 Abs. 2 lit. f) wird gesondert erwähnt.

4 Bei der Ausübung der Befugnisse sind von den Datenschutzaufsichtsbehörden die **Verfahrensgarantien** nach dem Unionsrecht und dem Recht der Mitgliedstaaten zu beachten. Dazu zählt es, Anhörungsrechte einzuräumen sowie unparteiisch, gerecht, innerhalb einer angemessenen Frist und unter Wahrung des Verhältnismäßigkeitsprinzips zu handeln. Außerdem sollten die Befugnisse so ausgeübt werden, dass überflüssige Kosten und Nachteile für die betroffenen Verantwortlichen vermieden werden.

Daneben werden verschiedene Formerfordernisse betreffend der Maßnahmen der Datenschutzaufsichtsbehörden aufgezählt, wie die Schriftform und die Bestimmtheit von verbindlichen Beschlüssen, die Notwendigkeit einer Begründung und einer Rechtsbehelfserklärung. Gesonderte Verfahrensvoraussetzungen der Mitgliedstaaten, die den Zugang zu Räumlichkeiten bei der Ausübung von Untersuchungsbefugnissen betreffen, sind zu beachten. Es muss nach dem Recht des Mitgliedstaats möglich sein, den verbindlichen Beschluss der Datenschutzaufsichtsbehörde gerichtlich überprüfen zu lassen. Unterschiedliche weitere Verfahrensvorschriften in den Mitgliedstaaten erweisen sich als Erschwernis für eine Harmonisierung des Vorgehens der Datenschutzaufsichtsbehörden.

II. BDSG n.F.

1. § 16 BDSG – Stufenweise Ausübung der Befugnisse durch die Verordnung. Die Befugnisse der oder des Bundesbeauftragten sind an unterschiedlichen Stellen geregelt. **Kern** bildet § 16 BDSG, der zunächst klarstellt, dass die oder der Bundesbeauftragte die Befugnisse nach der DS-GVO wahrnimmt. Teilweise dient die Vorschrift der Umsetzung der Richtlinie (EU) 2016/680.[1]

a) § 16 Abs. 1 BDSG. In Abs. 1 S. 2 wird die Ausübung der Befugnisse verfahrensmäßig so modifiziert, dass unter Bezugnahme auf die DS-GVO für bestimmte Befugnisse ein **Verfahren vorgeschaltet** ist, in dem Datenschutzverstöße der zuständigen Fach- oder Rechtsaufsichtsbehörde gemeldet werden und ihr Gelegenheit zur Stellungnahme gegenüber dem Verantwortlichen gegeben wird. Von diesem Verfahren kann abgesehen werden, wenn Gefahr in Verzug oder ein besonderes öffentliches Interesse eine sofortige Entscheidung erfordern. In der Stellungnahme sind auch die Abhilfemaßnahmen zu nennen, die aufgrund der Meldung der oder des Bundesbeauftragten ergangen sind.

b) § 16 Abs. 4 BDSG. In Abs. 4 wird die Befugnis der oder des Bundesbeauftragten geregelt, bei öffentlichen Stellen des Bundes jederzeit Zugang zu den Grundstücken und Diensträumen und zu den Datenverarbeitungsanlagen und -geräten verlangen zu können sowie zu allen personenbezogenen Daten und Informationen, deren Kenntnis zur ordnungsgemäßen Aufgabenerfüllung erforderlich ist. Diese Verpflichtung besteht für nichtöffentliche Stellen nur während der üblichen Betriebs- und Geschäftszeiten. Im Spielraum der Öffnungsklausel des Art. 58 Abs. 1 lit. f hat der Gesetzgeber damit **Zugangs- und Betretungsrechte** von Grundstücken und Diensträumen geschaffen. Die Regelung der Informations- und Zugangsrechte zu den Datenverarbeitungsanlagen und Daten dient der Umsetzung der RL (EU) 2016/680.[2]

c) § 16 Abs. 5 BDSG. Die besondere aufsichtsbehördliche Struktur Deutschlands wird in Abs. 5 aufgegriffen, der die Kooperationsaufgabe und die **Kooperationsbefugnis** der oder des Bundesbeauftragten hinsichtlich der öffentlichen Stellen, die für die Kontrolle der Einhaltung der Vorschriften über den Datenschutz in den Ländern zuständig sind, sowie hinsichtlich der Aufsichtsbehörden nach § 40 BDSG. Diese Hinwirkungsfunktion der oder des Bundesbeauftragten bestand bereits nach § 26 Abs. 4 BDSG a.F.

---

1 Zu dieser Regelungssystematik Art. 57 Rn. 28 f.
2 BT-Drucks. 18/11325, S. 94.

Art. 58 / §§ 21, 29, 40 BDSG   Befugnisse

9   **2. § 21 BDSG: Antrag der Aufsichtsbehörde auf gerichtliche Entscheidung bei angenommener Rechtswidrigkeit eines Beschlusses der Europäischen Kommission.** Mit § 21 BDSG wird ein **Klagerecht** der Datenschutzaufsichtsbehörden gegen Angemessenheitsbeschlüsse der Europäischen Kommission nach Art. 45, gegen Beschlüsse über die Anerkennung einer Standarddatenschutzschutzklausel oder einer Verhaltensregeln nach Art. 46 Abs. 2 lit. c–e sowie gegen Beschlüsse über die Allgemeingültigkeit von Verhaltensregeln nach Art. 40 Abs. 9 statuiert, soweit sie betroffen sind, es ihnen also auf die Gültigkeit dieser Instrumente ankommt.

10 **3. § 29 Abs. 3 BDSG.** Durch § 29 Abs. 3 BDSG werden die **Untersuchungsbefugnisse** gem. Art. 58 Abs. 1 lit. e und f gegenüber den in § 203 Abs. 1, 2a und 3 StGB genannten Berufsgeheimnisträgern und deren Auftragsverarbeitern eingeschränkt, soweit deren Ausübung zu einem Verstoß gegen die Geheimhaltungspflichten dieser Personen führen würde. Die Vereinbarkeit dieser Einschränkung mit der DS-GVO wird teils bezweifelt (s. Rn. 68 f.). Erlangt die Datenschutzaufsichtsbehörde im Rahmen einer Untersuchung Kenntnis von Daten, die einer Geheimhaltungspflicht i. S. d. § 29 Abs. 3 S. 1 BDSG unterliegen, überträgt sich diese auf sie.

11 **4. § 40 BDSG.** In § 40 BDSG wird die Zuständigkeit der nach Landesrecht zuständigen Datenschutzaufsichtsbehörden für die Überwachung der Verarbeitung der nichtöffentlichen Stellen geregelt. Bestehen mehrere inländische Niederlassungen des Verantwortlichen oder des Auftragsverarbeiters in unterschiedlichen Bundesländern, wird die zuständige Aufsichtsbehörde nach Art. 4 Nr. 16 bestimmt.[3] Außerdem regelt § 40 Abs. 4–6 BDSG Modifikationen der nach Art. 58 bestehenden Befugnisse und schafft neue nach Maßgabe der Art. 58 Abs. 6.

III. Europäischer Datenschutzausschuss/Art.-29-Datenschutzgruppe

12 **1. WP 168 02356/09/DE Die Zukunft des Datenschutzes.** In ihrer Empfehlung an die Europäische Kommission stellte die Art.-29-Datenschutzgruppe bereits stark auf das Erfordernis einer einheitlichen Durchsetzung und einer **strikteren** und **effektiveren Überwachung** der Verantwortlichen ab. Dazu sollen die Datenschutzaufsichtsbehörden mit effektiven Befugnissen ausgestattet werden.

13 **2. WP 253 Guidelines on the application and setting of administrative fines for the purpose of the Regulation 2016/679.** In den Leitlinien werden Empfehlungen für eine konsistente Aufsichtspraxis in Bezug auf die Verhängung von Geldbußen nach Art. 83 und die Ausübung von Befugnissen nach Art. 58 zur Verfügung gestellt. Diese Befugnisse sowohl anordnender als auch sanktionierender Art werden als Bestandteile einer „**Toolbox**" aufgefasst, mit der die DS-GVO effektiv durchgesetzt werden kann.

14 **3. WP 248 Guidelines on Data Protection Impact Assessment (DPIA) and determining whether processing is "likely to result in a high risk" for the purposes of Regulation 2016/679.** Die Datenschutzaufsichtsbehörden und deren Befugnisse betreffen diese Leitlinien dadurch, dass sie auch Grundsätze und Empfehlungen zur **Konsultation** der **Datenschutzaufsicht** im Rahmen der Datenschutz-Folgenabschätzung nach Art. 36 aufstellen.

---

3 Diese Zuständigkeitsregelungen wurden zur Konkretisierung des Art. 58 Abs. 6 aufgenommen, so konnte der bislang geltende § 38 BDSG a.F. – soweit er nicht durch die unmittelbare Geltung der DS-GVO verdrängt wurde – teilweise beibehalten werden.

IV. Normengenese, Historie

1. Art. 28 Abs. 3 Datenschutz-Richtlinie 95/46/EG (DSRL). Die DSRL sah in Art. 28 Abs. 3 **Untersuchungsbefugnisse** vor, wie das Recht auf Zugang zu Daten, die Gegenstand von Verarbeitungen sind und das Recht auf Einholung aller für ihre Untersuchung bzw. Kontrolle erforderlichen Informationen. Außerdem sah die DSRL Einwirkungsbefugnisse vor. Dazu zählten die Befugnisse zur Abgabe einer Stellungnahme, die Befugnisse zur Sperrung, Löschung oder Vernichtung von Daten, die Befugnis, ein Verarbeitungsverbot anzuordnen, oder die Befugnis, den Verantwortlichen zu verwarnen oder zu ermahnen. Auch Parlamente oder andere politische Institutionen konnten durch die Datenschutzaufsichtsbehörde mit Fragen und Themen des Datenschutzes befasst werden. 15

Ein Klagerecht der Datenschutzaufsichtsbehörden bestand nach Art. 28 Abs. 3 DSRL in Bezug auf Verstöße der Mitgliedstaaten bei der Umsetzung der DSRL. Gegen beschwerende Entscheidungen der Kontrollstelle stand der **Rechtsweg** offen. 16

2. BDSG a.F. § 24 Abs. 1 und Abs. 2 BDSG a.F. regelten die **Kontrollbefugnis** der oder des Bundesbeauftragten für den Datenschutz und die Informationsfreiheit gegenüber den öffentlichen Stellen des Bundes. Nach § 24 Abs. 3 BDSG a.F. beschränkte sich diese Kontrollbefugnis bei Bundesgerichten auf deren Verwaltungstätigkeit. Im Anschluss an die Kontrolle konnte die oder der Bundesbeauftragte Empfehlungen zur Beseitigung von festgestellten datenschutzrechtlichen Mängeln aussprechen. 17

Bei der Feststellung datenschutzrechtlicher Verstöße war die oder der Bundesbeauftragte dazu befugt, nach § 25 BDSG a.F. **Beanstandungen** gegenüber der jeweiligen obersten Bundesbehörde bzw. dem obersten weisungsberechtigten Organ auszusprechen und diese zur Stellungnahme aufzufordern. 18

Nach § 26 Abs. 3 BDSG a.F. konnte die oder der Bundesbeauftragte die Bundesregierung und die öffentlichen Stellen des Bundes beraten und **Empfehlungen** aussprechen. 19

Die Befugnisse der Aufsichtsbehörden gegenüber **nichtöffentlichen Stellen** waren dezidiert in § 38 BDSG a.F. geregelt. Danach waren sie sowohl zu Untersuchungen befugt (Abs. 4) als auch zu Anordnungs- und Beseitigungsverfügungen (Abs. 5). 20

B. Kommentierung

I. Zweck

1. Effektive Durchsetzung. Der zentralen Rolle der Datenschutzaufsichtsbehörden für die Verwirklichung der DS-GVO entspricht die Ausstattung mit weitreichenden Befugnissen. Ziel ist die **effektive Durchsetzung** der Vorschriften der DS-GVO.[4] Dem viel beklagten Vollzugsdefizit im Datenschutzrecht soll entgegengewirkt werden.[5] Zum Erreichen dieses Ziels steht den Datenschutzaufsichtsbehörden eine Vielzahl von Befugnissen zur Verfügung, die dem Grunde nach gleichrangig sind. Bereits auf der Grundlage der DSRL wurde bzgl. der Effektivität der Datenschutzaufsichtsbehör- 21

---

4 Albrecht/Jotzo Das neue Datenschutzrecht der EU, Teil 7 Rn. 1; Ehmann/Selmayr-*Selmayr* Art. 51 Rn. 5.
5 Kröger/Pilniok-*Spiecker gen. Döhmann* Unabhängiges Verwalten in der Europäischen Union, S. 104 f.; vgl. WP 168 (02356/09/DE), Rn. 87.

den festgestellt, dass sie über die für die Aufgabenerfüllung erforderlichen personellen und sachlichen Mittel sowie die notwendigen Befugnisse verfügen müssen.[6]

22 Wesentliche Maßstäbe sind die **Effektivität der Aufgabenerfüllung** und die Wahrung des Prinzips der **Verhältnismäßigkeit**. Sie leiten die Auswahl der Befugnis, die ausgeübt werden soll und ihre Anwendung im Einzelfall.[7] Die Datenschutzaufsichtsbehörde kann in ein und demselben Fall auch mehrere Befugnisse nacheinander oder nebeneinander wahrnehmen. Dies ist von der Ausübung ihres Ermessens umfasst.

23 Die Befugnisse der Datenschutzaufsichtsbehörden werden **unmittelbar** in der DS-GVO geregelt. Einer Umsetzung durch die nationalen Gesetze bedarf es nicht. Dabei wird den Mitgliedstaaten nur wenig eigener Ausgestaltungsspielraum für die nach der DS-GVO bestehenden Befugnisse durch Öffnungsklauseln gewährt.[8] Dieser besteht lediglich hinsichtlich der Verfahrensausgestaltungen (vgl. Rn. 66 f.). Die Möglichkeit für die Mitgliedstaaten gem. Art. 58 Abs. 6, den Aufsichtsbehörden zusätzliche Befugnisse einzuräumen, verdeutlicht, dass der starken Ausstattung mit Befugnissen eine hohe Bedeutung beigemessen wird, damit die Datenschutzaufsichtsbehörden die DS-GVO effektiv durchsetzen können.

24 Die **Entstehungsgeschichte** der Norm zeigt die Bedeutung auf, die der Gesetzgeber der Frage des mitgliedstaatlichen Ausgestaltungsspielraums zugesprochen hat. Im Hinblick auf den Entwurf der Kommission hat der Rat Forderungen erhoben, die auf die Begrenzung der unionsunmittelbaren Anwendung zielten. Im Gegensatz zum Verordnungsentwurf, der bereits die Befugnisse der Datenschutzaufsichtsbehörden unmittelbar in der DS-GVO geregelt hatte, forderte der Rat, dass es den nationalen Gesetzgebern überlassen sein solle, die Befugnisse im mitgliedstaatlichen Recht zu regeln. Damit könne unterschiedlichen prozessualen Gegebenheiten der Mitgliedstaaten Rechnung getragen werden (Art. 53 Abs. 1 DS-GVO-Rat).[9] Durchgesetzt hat sich dieser Vorstoß nicht.[10]

25 Die Ausgestaltung erneut den nationalen Gesetzgebern zu überlassen, hätte der **Problematik der uneinheitlichen Rechtsdurchsetzung** nicht abgeholfen, sondern im Gegenteil einen gesetzlichen Rahmen geschaffen, der bereits unter Geltung der DSRL bestand und die zersplitterte Aufsichtspraxis maßgeblich bedingte.[11] Neben des dadurch bestehenden unterschiedlichen Datenschutzniveaus und der Schaffung von „Datenschutzinseln"[12] wäre auch eine erhebliche Rechtsunsicherheit für Unternehmen damit einher gegangen.[13] Für die unmittelbare und einheitliche Geltung streitet auch der ErwG 129, der klarstellt, dass durch die unmittelbare Geltung sowohl die einheitliche Überwachung als auch die einheitliche Durchsetzung gewährleistet werden soll.

---

6 *EuGH* v. 16.10.2012 – C-614/10, ECLI:EU:C:2012:631, Rn. 58; BVerfGE 133, 277, 370.
7 Simitis/Hornung/Spiecker gen. Döhmann-*Polenz* Art 58 Rn. 63.
8 Kühling/Buchner-*Boehm* Art 58 Rn. 9.
9 Krit. *Nguyen* ZD 2015, 265, 269, vgl. Rats-Dok. Nr. 68335 v. 9.3.2015.
10 Krit. *Roßnagel/Nebel/Richter* ZD 2015, 455, 469, die befürchten, dass die unmittelbare Geltung der Befugnisse (als „Fremdkörper im Gesetzesvollzug") die Effektivität der Ausübung der Befugnisse stärker beeinträchtigt.
11 Vgl. WP 168 (02356/09/DE), Rn. 87.
12 *Nguyen* ZD 2015, 265, 269.
13 *Kühling/Martini u.a.* Die Datenschutz-Grundverordnung und das nationale Recht, S. 185.

Die in ihrer Reichweite starken Befugnisse der Datenschutzaufsichtsbehörden sind 26
Bestandteil eines ausgewogenen und mit unterschiedlichen Mechanismen und Instrumenten ausgestatteten **Regimes der Datenschutzkontrolle.** Dokumentationspflichten der Verantwortlichen und Instrumente der Selbstkontrolle, wie die Datenschutz-Folgenabschätzung und die weitreichenden technisch-organisatorischen Verpflichtungen der Verantwortlichen stellen wichtige Elemente des Schutzsystems dar. Eine durchsetzungsstarke und effektive Datenschutzaufsicht bildet einen zentralen Ankerpunkt des Gesamtsystems. Selbstkontrolle wird durch Abhilfebefugnisse und die Möglichkeit von Sanktionen aktiviert und flankiert: Denn bei einem Zuwiderhandeln gegen Pflichten der Selbstkontrolle drohen Maßnahmen der Aufsichtsbehörden, wodurch der Verantwortliche in der Wahrnehmung seiner grundlegenden Eigenverantwortung diszipliniert wird.[14]

2. Flächendeckende und einheitliche Durchsetzung. – a) Einheitliche Datenschutzaufsicht 27
über öffentliche und private Verantwortliche. Die Befugnisse können gegenüber öffentlichen und nichtöffentlichen Verantwortlichen **gleichermaßen** ausgeübt werden. Eine Unterscheidung wird auch auf Aufsichtsebene nicht mehr getroffen.[15] Die flächendeckende Vereinheitlichung der Durchsetzung der DS-GVO betrifft damit nicht nur die Vereinheitlichung auf Ebene der Europäischen Union, sondern auch die Vereinheitlichung der Datenverarbeitungsvoraussetzungen und Rahmenbedingungen, insb. die Aufsichtsmechanismen in allen Bereichen und Sektoren (ErwG 129). Die einheitliche Geltung der DS-GVO bedingt auch einen einheitlichen Vollzug derselben.[16] Dieses Grundprinzip gilt als einer ihrer Erfolge.[17] Soweit Spielräume vorhanden sind, können diese durch Gesetze des Bundes oder des Landes genutzt werden, um gerade auch die Funktionsfähigkeit der öffentlichen Verwaltung zu gewährleisten.

Hinsichtlich der Verhängung von **Geldbußen** obliegt es den Mitgliedstaaten im Rahmen 28
der Öffnungsklausel des Art. 83 Abs. 7 zu regeln, ob sie die Datenschutzaufsichtsbehörden dazu befähigen, diese Sanktionen auch gegenüber Behörden und anderen öffentlichen Stellen ausüben zu können.[18] Diese Unterscheidung wird bzgl. der weiteren Durchsetzungsbefugnisse von dem Verordnungsgeber bewusst nicht getroffen und auch nicht zur Disposition der mitgliedstaatlichen Gesetzgeber gestellt.[19] Das BDSG enthält keine entsprechende Regelung.

---

14 So drohen entgegen der Bedenken *Pohls* nicht zwangsläufig mit der stärkeren Selbstkontrolle einhergehende Datenschutzverstöße, vgl. *Pohl* PinG 03.17, 85, 88.
15 Vgl. auch Gola-*Nguyen* Art. 58 Rn. 27; Ehmann/Selmayr-*Selmayr* Art. 58 Rn. 4; sehr kritisch steht der Auflösung *Bull* gegenüber, *Bull* EuZW 2010, 488, 493 und *Ronellenfitsch* DuD 2012, 561, 563, *Ronellenfitsch* DuD 2016, 357, 359.
16 *Dieterich* ZD 2016, 260, 266;„erhebliche Bedeutung aus deutscher Perspektive" misst *Polenz* dieser Neuerung bei, vgl. Simitis/Hornung/Spieker gen. Döhmann-*Polenz* Art. 58 Rn. 2.
17 So z.B. *Dammann* ZD 2016, 307, 308.
18 Der Bundesgesetzgeber hat von diesem Regelungsspielraum keinen Gebrauch gemacht, vgl. § 43 Abs. 3 BDSG.
19 Die *Art.-29-Datenschutzgruppe* stärkte diese Interpretation des Entwurfs in ihrer Stellungnahme v. 17.6.2015 „The Working Party recalls that the whole range of DPAs powers, including fines should apply wherever the controller is a public or a private entity", WP Appendix „Core topics in the view of trilogue" S. 21, vgl. auch Ehmann/Selmayr-*Selmayr* Art. 58 Rn. 4 Fn. 9.

29 Zuvor hatten die Datenschutzaufsichtsbehörden gegenüber öffentlichen Stellen und Behörden keine Abhilfebefugnisse, wie sie gegenüber nichtöffentlichen Stellen im § 38 BDSG a.F. bestanden. Das „schärfste Schwert" gegenüber den öffentlichen Stellen stellte bislang die Beanstandung dar, die jedoch keine verbindliche Rechtsfolge für die beanstandete Stelle enthielt und der damit regelmäßig keine Verwaltungsaktqualität beigemessen wurde.[20] Der nationale Gesetzgeber hat bislang für den öffentlichen Bereich Zurückhaltung geübt und hat dem Umsetzungsbedarf gem. Art. 28 DSRL, „wirksame Einwirkungsbefugnisse" zu schaffen, nur bedingt bei der Ausgestaltung des BDSG a.F. und der Landesdatenschutzgesetze Rechnung getragen.[21]

30 Die oder der Bundesbeauftragte und die Landesbeauftragten übten gegenüber den öffentlichen Stellen vermittelnde Funktionen aus. Da die öffentliche Verwaltung an Gesetz und Recht gebunden ist (Art. 20 Abs. 3 GG), kann grundsätzlich davon ausgegangen werden, dass Hinweisen und Beanstandungen Rechnung getragen wird.

31 b) Neuorientierung und Anpassung der Aufsicht. Nach dem hergebrachten Verständnis des Verfassungsrechts, des nationalen Verwaltungs- und Verwaltungsverfahrensrechts sowie dem überkommenen Selbstverständnis der öffentlichen Verwaltung stellte die Möglichkeit der Datenschutzaufsichtsbehörden, Anordnungen bzw. Anweisungen in Form von Verwaltungsakten gegenüber Behörden und öffentliche Stellen zu erlassen und diese durchzusetzen, einen **unüberwindbaren Widerspruch** zu dem verfassungsrechtlich verankerten **Verwaltungsvorbehalt** dar.[22] Danach dürfen Ordnungsbehörden ohne besondere gesetzliche Ermächtigung nicht mit obrigkeitlichen Mitteln in den hoheitlichen Zuständigkeitsbereich einer anderen Verwaltungsbehörde eingreifen.[23] Denn nach der staatlichen Kompetenzordnung sei jeder Hoheitsträger bereits durch die Bindung an Recht und Gesetz verpflichtet, bei der Wahrnehmung seiner Aufgaben die ordnungsrechtlichen Vorschriften zu beachten.[24] Auch im innerstaatlichen Recht der Bundesrepublik Deutschland wird zunehmend ein **funktionaler Ansatz** vertreten.[25] Dies gilt auch für das Ordnungsrecht.[26] Anordnungen und Zwangsmaßnahmen gegenüber Behörden und öffentlichen Stellen sind dem Recht und Handlungsspektrum von Aufsichtsbehörden nicht fremd. So ist die Kommunalaufsicht in der Regel dazu befugt, Zwangsmaßnahmen anzuordnen und/oder Anordnungen im Wege der Ersatzvornahme durchzusetzen, wenn die nachgeordneten Behörden mit ihrer Tätigkeit gegen Rechtsvorschriften verstoßen.[27]

32 Diese Ausgangssituation, insbesondere das sie begründende funktionale Verständnis ist auf die **Datenschutzaufsicht** übertragbar. Nach europäischem Verständnis, das nunmehr mit den Regelungen der DS-GVO unmittelbare innerstaatliche Geltung erlangt, sind Datenschutzaufsichtsbehörden Institutionen der besonderen Rechtsaufsicht.[28]

---

20 Grundlegend *BVerwG* v. 5.2.1992 – 7 B 15/92, NVwZ-RR 1992, 371.
21 Krit. *Schirm* DuD 2010, 549, 552.
22 Z.B. *HessVGH* v. 29.8.2001 – 2 UE 1491/01 Rn. 14; vehement z.B. *Ronelienfitsch* DuD 2012, 561, 563.
23 BVerwGE 29, 52, 59 f.
24 *HessVGH* v. 29.8.2001 – 2 UE 1491/01 Rn. 14; *Kühling/Martini u.a.* Die Datenschutz-Grundverordnung und das nationale Recht, S. 276 f.
25 *Britz* DÖV 2002, 891.
26 *Kugelmann* Polizei- und Ordnungsrecht, 8. Kap. Rn. 17 f.
27 Ausf. zu den Befugnissen der Staatsaufsicht über Kommunen *Franz* JuS 2004, 937 f.
28 *Sydow-Ziebarth* Art. 58 Rn. 2.

Darin kommt eine wichtige Konsequenz der Unabhängigkeit der Aufsichtsbehörden nach Art. 52 zum Ausdruck. Die Datenschutzaufsichtsbehörden sind trotz einer etwaigen Angliederung an den Staatsapparat kein Teil der allgemeinen Staatsverwaltung, sondern funktional eingegliedert in das europäische Verwaltungsnetzwerk zum einheitlichen Vollzug der DS-GVO. Darin liegt eine Überlagerung des deutschen Verwaltungsrechts durch das Unionsrecht.[29] Daraus kann sich eine Verantwortungsteilung zwischen Fachaufsicht und Datenschutzaufsicht als besonderer Rechtsaufsicht ergeben. Dies stellt aber kein Hindernis für den Erlass oder den Vollzug von Verwaltungsakten durch die Datenschutzaufsichtsbehörden dar.

Sollte die rechtliche Bewertung des Datenschutzverstoßes des Verantwortlichen von der der Aufsicht abweichen, steht der **Rechtsweg offen**. Dazu wird den Mitgliedstaaten durch die obligatorische Öffnungsklausel des Art. 58 Abs. 4 aufgetragen, geeignete Garantien, insbesondere wirksame Rechtsbehelfe und ordnungsgemäße Verfahren vorzusehen (Art. 58 Rn. 151 ff.).[30] Auch Art. 78 Abs. 1 statuiert das Recht des betroffenen Verantwortlichen auf einen wirksamen Rechtsbehelf gegen ihn betreffende rechtsverbindliche Beschlüsse. Trotz des abweichenden Wortlauts („natürliche oder juristische Personen") betrifft dieses Recht auch durch Maßnahmen der Datenschutzaufsichtsbehörden beschwerte öffentliche Stellen und Behörden.[31] Es entspricht insoweit dem Prinzip der einheitlichen Rechtsdurchsetzung, dass öffentliche und nichtöffentliche Verantwortliche auch hinsichtlich der Rechtsschutzmöglichkeiten grundsätzlich gleichgestellt werden. 33

Unterschiede zu der Aufsicht über nichtöffentliche Verantwortliche bestehen hinsichtlich der Durchsetzung bzw. Vollstreckung von Verwaltungsakten gegenüber öffentlichen Stellen. Dies führt zu dem Erfordernis der Anpassung des **Verwaltungsvollstreckungsrechts**. Nach den Verwaltungsvollstreckungsgesetzen des Bundes und der Länder, kann gegen juristische Personen des öffentlichen Rechts nur dann vollstreckt werden, soweit dies aufgrund von Rechtsvorschriften ausdrücklich zugelassen ist.[32] Dieser explizite Regelungsvorbehalt eröffnet konsequent auch die Möglichkeit der Schaffung einer Regelung für den Bundes- oder Landesgesetzgeber. 34

Der Grundsatz des „effet utile" weist eindeutig in die Richtung, dass die Mitgliedstaaten ihr **nationales Verfahrensrecht** umfassend hinsichtlich der ebenso wirksamen wie einheitlichen Anwendung und Durchsetzung der DS-GVO an europäisches Recht anpassen oder bestehende Regelungen entsprechend auslegen.[33] Soweit von dem bestehenden Regelungsspielraum hinsichtlich der Verwaltungsvollstreckung von den mitgliedstaatlichen Gesetzgebern kein Gebrauch gemacht wurde und davon Abstand genommen wurde, ein gleich wirksames Verfahren gegenüber nichtöffentlichen wie öffentlichen Verantwortlichen zu schaffen, kann eine unionswidrige Beeinträchtigung der wirksamen Wahrnehmung der Befugnisse der nationalen Datenschutzaufsichtsbe- 35

---

29 Ehmann/Selmayr-*Selmayr* Art. 58 Rn. 4, Fn. 4.
30 Ausf. zu der Öffnungsklausel des Art. 58 Abs. 4 *Kühling/Martini u.a.* Die Datenschutz-Grundverordnung und das nationale Recht, S. 196 ff.
31 Paal/Pauly-*Körffer* Art. 78 Rn. 2.
32 Z.B. § 17 VwVG, *vgl. Ronellenfitsch* DuD 2012, 561, 563.
33 Ehmann/Selmayr-*Selmayr* Art. 58 Rn. 5, Einführung Rn. 81; Gola-*Nguyen* Art. 58 Rn. 4.

hörden bestehen.[34] Vorbild für eine Regelung könnte zum Beispiel die Regelung nach § 17 Abs. 1 FinDAG sein. Für die Bewertung kommt es auf die Effektivität des Gesamtsystems der Rechtsdurchsetzung an.

36 Die Abkehr von einer umfassenden Polizeifestigkeit der öffentlichen Verwaltung führt zu einer Wandlung des Verständnisses der Datenschutzaufsichtsbehörden und der öffentlichen Stellen bezüglich ihrer Funktionen. Die DS-GVO hat daher Auswirkungen auf das **Selbstverständnis** der Datenschutzaufsichtsbehörden und deren Verhältnis zu den öffentlichen Stellen. Die praktischen Konsequenzen hängen auch von den Regelungen des innerstaatlichen Rechts ab. Die Bindung der Verwaltung an Recht und Gesetz sollte nahelegen, dass von den Datenschutzaufsichtsbehörden erlassenen Verwaltungsakten nachgekommen wird. Bereits das aufsichtsbehördliche Mittel der Beanstandung führt in der Regel dazu, dass Datenschutzverstöße ausgeräumt werden. Das Ergreifen verbindlicher Maßnahmen durch die Datenschutzaufsichtsbehörde kann sich dann als nicht mehr notwendig erweisen.

II. Grundlagen zur Ausübung der Befugnisse

37 **1. Auswahlermessen.** Nach Art. 58 verfügen die Aufsichtsbehörden über **neue und stärker eingreifende Befugnisse**.[35] Neben den Verwarnungen sind die Anordnungen bzw. Anweisungen hervorzuheben, die gegenüber allen Verantwortlichen erlassen werden können. Die Stärkung der Rolle der Datenschutzaufsichtsbehörden findet in dem deutlich strengeren Rahmen für Geldbußen nach Art. 83 seinen offensichtlichsten Ausdruck.

38 Die **Wahl der Befugnis steht im Ermessen** der zuständigen Datenschutzaufsichtsbehörde. Eine Stufenfolge, wonach zunächst zwingend die eine Maßnahme zu treffen ist, bevor die stärker eingreifende Maßnahme getroffen werden kann, besteht nicht. Es besteht demnach ein Auswahlermessen. Jedenfalls im Fall einer Beschwerde nach Art. 77 besteht kein Entschließungsermessen. Die Datenschutzaufsichtsbehörden haben die Aufgabe, sich mit der Beschwerde zu befassen, den Gegenstand der Beschwerde in angemessenen Umfang zu untersuchen und den Beschwerdeführer innerhalb einer angemessenen Frist über das Ergebnis der Untersuchung zu unterrichten (Art. 57 Abs. 1 lit. f). Der Umfang der Befassung steht im Ermessen der Datenschutzaufsichtsbehörde (siehe Art. 57 Rn. 67). Ein Anspruch auf die Wahrnehmung einer bestimmten Befugnis bzw. auf die Ergreifung einer bestimmten Maßnahme besteht grds. nicht, es sei denn dies ist aufgrund einer Ermessensreduktion auf null angezeigt.[36]

39 Im Rahmen des **Verhältnismäßigkeitsprinzips** ist die Datenschutzaufsichtsbehörde dazu verpflichtet, bei der Wahl ihrer Mittel das bei gleicher Effektivität am geringsten

---

34 Generell und nicht (nur) in Bezug auf die Zwangsvollstreckung Ehmann/Selmayr-*Selmayr* Art. 58 Rn. 5. Zu der Alternative der Klagebefugnis der Datenschutzaufsichtsbehörden gegenüber öffentlichen Stellen Rn. 168. Man könnte die Zwangsbefugnis des Zwangsgeldes aufgrund ihres sanktionierenden Charakters auch im Rahmen des Art. 84 regeln, vgl. Kühling/Buchner-*Bergt* Art. 84 Rn. 8.
35 Kröger/Pilniok-*Spiecker gen. Döhmann* Unabhängiges Verwalten in der Europäischen Union, S. 107.
36 Vgl. *VG Ansbach* v. 8.8.2019 – AN 14 K 19.00272; vgl. *Will* ZD 2020 97, 98.

eingreifende Mittel auszuwählen.[37] Orientierung bieten die nach Eingriffsintensität gestaffelte Reihenfolge bzw. die „Eskalationsstufen"[38].

2. Kohärenz und Konsistenz. Die DS-GVO verlangt als Bestandteil der flächendeckenden Vereinheitlichung **Konsistenz** bei der Ausübung der Durchsetzungsbefugnisse. Trotz ihrer Unabhängigkeit und ihres Ermessensspielraums sollen die Datenschutzaufsichtsbehörden in ihrer Aufsichtspraxis konsistent sein, insbesondere sollen gleiche Datenschutzverstöße nicht unterschiedlich sanktioniert und ihnen nicht unterschiedlich abgeholfen werden.[39] Im Rahmen der Kooperation gem. Art. 57 Abs. 1 lit. g und Art. 63 soll eine weitgehend parallele oder gar einheitliche Aufsichtspraxis abgestimmt werden, die gleichwohl „effektiv, verhältnismäßig und abschreckend" ist.[40] Einen maßgeblichen Beitrag dazu „erfüllen der Europäische Datenschutzausschuss im Rahmen seiner Aufgabenerfüllung gem. Art. 70 sowie in Bezug auf Deutschland konsensorientiertes Abstimmen von Vorgehensweisen im Rahmen der Konferenz der unabhängigen Datenschutzaufsichtsbehörden des Bundes und der Länder. 40

3. Territoriale Grenzen der Befugnisse. Grundsätzlich sind die Datenschutzaufsichtsbehörden gem. Art. 55 Abs. 1 **in ihrem Hoheitsgebiet** für die Ausübung ihrer Befugnisse zuständig. Die Zuständigkeit als federführende Behörde richtet sich nach Art. 56 Abs. 1. Innerstaatlich tritt § 40 Abs. 2 BDSG hinzu. Die Zuständigkeitsordnung soll lückenlos sein, um auch einen lückenlosen Schutz der Grundrechte und des freien Datenverkehrs zu gewährleisten. 41

Im Rahmen der Befassung mit einer Beschwerde nach Art. 77 können die Datenschutzaufsichtsbehörden einzelne **Untersuchungsbefugnisse** auch **außerhalb ihres Hoheitsgebiets** ausüben. Dies hat der EuGH in seinem Urteil „Weltimmo" klargestellt.[41] Danach gilt das Territorialprinzip ausdrücklich für Einwirkungsbefugnisse, aber nicht in gleichem Maße für Untersuchungsbefugnisse. Ziel von Untersuchungen ist insbesondere das Sammeln von Informationen zur Klärung der Zuständigkeiten und des weiteren Vorgehens. Wenn eine Beschwerde bei einer Datenschutzaufsichtsbehörde erhoben wird, kann diese ihre unmittelbar auf der DS-GVO beruhenden informatorischen Untersuchungsbefugnisse etwa dadurch ausüben, dass sie sich an den möglichen Verantwortlichen wendet.[42] Ansonsten würde die fristgerechte Behandlung von Beschwerden nach Art. 77 Abs. 1 zu Lasten des Beschwerdeführers unangemessen erschwert. Bereits für die Bestimmung der zuständigen bzw. federführenden Behörde muss es den Datenschutzaufsichtsbehörden möglich sein, Informationen einzuholen (Art. 57 Abs. 1 lit. a). Erst recht gilt dies für die Inanspruchnahme von Amtshilfe nach Art. 61 und die Durchführung gemeinsamer Maßnahmen nach Art. 62. 42

---

37 Dieses Prinzip greift der ErwG 129 explizit auf.
38 *Dieterich* ZD 2016, 260, 262.
39 WP 253/17/EN, S. 5. Aus dieser Überlegung heraus kam auch der Vorschlag der Europäischen Kommission zur Institutionalisierung des EDSA als Harmonisierungsinstanz, vgl. *Albrecht* CR 2/2016, 88, 96.
40 WP 253/17/EN, S. 6 setzt diese Aussage des ErwG 129 in Kontext. Zum Tragen kommt dieses Prinzip besonders bei der Verhängung von Geldbußen als verwaltungsrechtliche Sanktion.
41 *EuGH* v. 1.10.2015 – C-230/14, ECLI:EU:C:2015:639, Weltimmo, Rn. 54.
42 Lediglich die Verhängung von Sanktionen soll ihr verwehrt sein, vgl. *EuGH* v. 1.10.2015 – C-230/14, ECLI:EU:C:2015:639, Weltimmo, Rn. 57.

III. Adressaten der Befugnisse

43 **1. Verantwortliche und Auftragsverarbeiter.** Die Befugnisse können sowohl gegen Auftragsverarbeiter als auch gegen Verantwortliche ausgeübt werden. Dies ist eine Konsequenz daraus, dass die **Verantwortung für die Verarbeitung** im Rahmen der Auftragsverarbeitung nicht mehr allein und nicht vorrangig bei dem Verantwortlichen liegt, sondern der Auftragsverarbeiter durch die DS-GVO verstärkt in die Verantwortung genommen wird (Art. 28 Abs. 3). Er hat eigene unmittelbare datenschutzrechtliche Pflichten (z.B. Art. 27 Abs. 1, Art. 30 Abs. 2, Art. 32 Abs. 1).[43]

44 Für den Fall, dass der Auftragsverarbeiter im Rahmen eines **Exzesses** nach Art. 28 Abs. 10 die Zwecke und Mittel der Verarbeitung eigenständig bestimmt, wird er selbst zum Verantwortlichen und als solcher Adressat der Befugnisse. Geteilte Verantwortlichkeiten zwischen gemeinsamen Verantwortlichen und im Verhältnis von Verantwortlichen und Auftragsverarbeitern müssen klar festgelegt werden, insbesondere im Hinblick auf Überwachungs- und sonstige Maßnahmen der Aufsichtsbehörden (ErwG 79).

45 Werden Auftragsverarbeiter und Verantwortlicher wegen **desselben Datenverarbeitungsvorgangs** in die Pflicht genommen und fällt die Datenschutzaufsicht jedoch auseinander, besteht erhöhter Koordinations- und Kooperationsbedarf zwischen den beteiligten Behörden. Dies müsste sich aus Verhältnismäßigkeitsgesichtspunkten auf der Ebene der Sanktionen fortsetzen.

46 **2. Vertreter von nicht in der Union niedergelassenen Verantwortlichen oder Auftragsverarbeitern.** Die Befugnisse der Datenschutzaufsichtsbehörden richten sich nur dann gegen **Vertreter i.S.d. Art. 27**, wenn der Adressatenkreis der Befugnisse nicht eindeutig im Wortlaut begrenzt ist.[44] Dies dient der Geltung der DS-GVO i.S.d. Marktortprinzips (Art. 3 Abs. 2).

47 Die in ErwG 80 angesprochene Funktion des Vertreters als „**Anlaufstelle** der Aufsichtsbehörden" bietet keine klare Hilfestellung. Eine Anlaufstelle ist jedenfalls ein Ansprechpartner und ein Adressat für Informationsersuchen. Für die Möglichkeit auch gegenüber dem Vertreter Befugnisse ausüben zu können, spricht ErwG 81. Danach ist der Vertreter zur Zusammenarbeit mit den Datenschutzaufsichtsbehörden bezüglich Maßnahmen angehalten, die der Sicherstellung der Verordnung entsprechen. Insbesondere soll der Vertreter bei Verstößen des Verantwortlichen oder Auftragsverarbeiters einem **Durchsetzungsverfahren**[45] unterworfen werden können.

48 Diese Formulierung macht deutlich, dass die Aufsichtsbehörden bei Verstößen von Verantwortlichen, die außerhalb des territorialen Geltungsbereichs der DS-GVO ihre Niederlassung haben, **Befugnisse über den Vertreter** geltend machen können, sonst würde der Schutzgehalt des Marktortprinzips in Bezug auf die Aufsichtstätigkeit ins Leere gehen.[46] Hinsichtlich der Durchsetzung der Maßnahmen sind dagegen ggf. Amts- bzw. Rechtshilfeverfahren anzustrengen, da insoweit das Territorialprinzip der Ausübung und Durchsetzung von Befugnissen auf fremdem Hoheitsgebiet außerhalb der Europäischen Union entgegen steht. Der Vertreter selbst kann nur betroffener

---

43 Paal/Pauly-*Martini* Art. 28 Rn. 17.
44 Ausdrücklicher Adressat ist der Vertreter in Art. 58 Abs. 1 lit. a.
45 „enforcement proceedings" – ErwG 80.
46 Vgl. Guidelines 3/2018 on the territorial scope of the GDPR (Article 3), Version 2.1 v. 12.11.2019, S. 28.

Adressat von Sanktions- oder Abhilfemaßnahmen der Datenschutzaufsichtsbehörde sein, soweit diese seine eigenen Verpflichtungen betreffen.[47]

IV. Systematisierung

Die Datenschutzaufsichtsbehörden werden mit 26 Befugnissen ausgestattet, um die zahlreichen Aufgaben und Funktionen, die ihr nach der DS-GVO zukommen, erfüllen zu können. Diese **Vielzahl von Befugnissen** weisen teils Überschneidungen in ihrem Gehalt und ihrer Reichweite auf.

Wie bereits in der DSRL vorgesehen, verfügen die Aufsichtsbehörde weiterhin über Untersuchungs- (Abs. 1) und Abhilfebefugnisse (Abs. 2).[48] Zusätzlich werden Beratungs- und Genehmigungsbefugnisse (Abs. 3) in Entsprechung zu den speziellen Genehmigungsvorbehalten der DS-GVO geregelt.

1. Untersuchungsbefugnisse (Abs. 1). Korrespondierend zu den Aufgaben der Datenschutzaufsichtsbehörden, insbesondere der Kontrolle gem. Art. 57 Abs. 1 lit. h, die **anlasslos** bestehen, sind die Aufsichtsbehörden bei der Ausübung ihrer Untersuchungsbefugnisse nicht daran gebunden, dass ein Datenschutzverstoß vermutet wird, bzw. eine Beschwerde einer betroffenen Person einging. Untersuchungen können auch von Amtswegen erfolgen. Auch wenn die Untersuchungsbefugnisse getrennt aufgeführt werden, können sie kollektive Bestandteile einer Untersuchung sein und werden (abgesehen von der Überprüfung der Zertifizierung nach Art. 58 Abs. 1 lit. c) vielfach gemeinsam wahrgenommen, z.B. im Rahmen einer Vor-Ort-Kontrolle.

a) Anweisung zur Herausgabe von Informationen. Maßgebliche Voraussetzung für weiter gehende Maßnahmen der Datenschutzaufsichtsbehörden ist zunächst die Erfassung eines vollständigen Sachverhalts. Dazu sind sie befugt, den Auftragsverarbeiter oder Verantwortlichen und ggf. den Vertreter anzuweisen, ihnen die erforderlichen Informationen zur Verfügung zu stellen. Die Informationen müssen **vollständig, aktuell und richtig** sein. Bei der Ausübung dieser Befugnis sind die Datenschutzaufsichtsbehörden dazu angehalten, so konkret wie möglich gegenüber dem Adressaten zu äußern, welche Informationen zu welchen Datenverarbeitungsvorgängen benötigt werden.[49] So kann vermieden werden, dass es zu Zeitverlusten bei der Bearbeitung kommt, die zu einem sich vertiefenden Datenschutzverstoß führen können.

Die Ergebnisse der zahlreichen Dokumentationspflichten, die in der DS-GVO den Verantwortlichen auferlegt werden, sollten den Aufsichtsbehörden zur Verfügung gestellt werden, um bei einer Prüfung alle bereits für den Datenschutz getätigten Schritte nachvollziehen zu können. Diese notwendige **Nachvollziehbarkeit** bezieht sich sowohl auf die technisch-organisatorischen Maßnahmen, insbesondere auf das Verzeichnis von Verarbeitungstätigkeiten,[50] als auch auf die Grundlagen der Datenverarbeitung.

---

47 Vgl. Guidelines 3/2018 on the territorial scope of the GDPR (Article 3), Version 2.1 v. 12.11.2019, S. 28.
48 In der Terminologie der DSRL wurden die Abhilfebefugnisse noch Einwirkungsbefugnisse genannt.
49 Zum möglichen Umfang des Auskunftsanspruchs der Datenschutzaufsichtsbehörde *VG Mainz* v. 9.5.2019 – 1 K 760/8.MZ, ZD 2020, 171, 172.
50 Dieses ist nach Art. 30 Abs. 4 auf Anfrage der Datenschutzaufsichtsbehörde zur Verfügung zu stellen.

54 Die Befugnis, alle für die Kontrolle erforderlichen Informationen einzuholen, war bereits in der DSRL vorgesehen und wurde z.b. durch § 38 Abs. 3 BDSG a.F. geregelt. Gleichwohl wurde darin lediglich eine **Auskunftspflicht** manifestiert. Dagegen impliziert die weite Formulierung „Einholung von Information", dass die Datenschutzaufsichtsbehörden nicht an eine Form gebunden sind, sondern die erforderlichen Informationen z.b. auch in Form einer Kopie von Originalunterlagen und Dateien verlangen können.[51] Auch im öffentlichen Bereich der oder des Bundesbeauftragten waren die öffentlichen Stellen des Bundes dazu verpflichtet, gem. § 24 Abs. 4 Nr. 1 BDSG a.F. die erforderlichen Unterlagen bereitzustellen. Diese Regelung wurde durch § 16 Abs. 4 Nr. 2 BDSG beibehalten.

55 Nach dem Wortlaut der DS-GVO wird diese Befugnis nicht durch ein Auskunftsverweigerungsrecht, wie sie § 38 Abs. 3 BDSG a.F. vorsah, eingeschränkt. Gleichwohl kann rechtsstaatlich von dem Verantwortlichen keine Information oder Auskunft verlangt werden, durch die er sich einer Straftat bezichtigen würde.[52] Dieses rechtsstaatliche Prinzip ist bereits in Art. 58 Abs. 4 verbürgt und im Rahmen des BDSG in § 40 Abs. 4 S. 2 BDSG für die Verantwortlichen im nichtöffentlichen Bereich explizit geregelt.

56 **b) Untersuchungen zur Durchführung von Datenschutzüberprüfungen.** Mit der Durchführung von Untersuchungen ist hier die **datenschutzrechtliche Kontrolle** gemeint, die präventiv und anlasslos erfolgen kann.[53] Diese Befugnis ist von grundlegender Bedeutung, um die Überwachungsaufgabe der Datenschutzaufsichtsbehörden effektiv verwirklichen zu können. Als Gegenstand der Untersuchung kommen in Betracht die Überprüfung der rechtlichen Vorgaben, die dem Datenverarbeitungsvorgang zugrunde liegen, die Einhaltung der Transparenzpflichten gegenüber den betroffenen Personen und die Maßgaben, die in technisch-organisatorischer Hinsicht und hinsichtlich der Datensicherheit bestehen.

57 Die vereinheitlichte und flächendeckende Durchsetzung der DS-GVO durch die Datenschutzaufsichtsbehörden würde die Durchführung **gemeinsamer Datenschutzüberprüfungen** nahe legen, z.B. für den Fall, dass sich Niederlassungen eines Verantwortlichen in unterschiedlichen Mitgliedstaaten befinden. In der deutschen Aufsichtspraxis sind solche gemeinsamen Prüfungen insbesondere im Sicherheitsbereich bereits vorgenommen worden. Den Datenschutzaufsichtsbehörden steht unionsweit im Rahmen der Vorschriften über die Zusammenarbeit die Möglichkeit zur Verfügung, gem. Art. 62 Abs. 1 **gemeinsame Maßnahmen** einschließlich gemeinsamer Untersuchungen durchzuführen.

58 **c) Überprüfung von Zertifizierungen.** Die von Zertifizierungen herbei geführte Rechtssicherheit reicht nicht soweit, dass der zertifizierte Verantwortliche deswegen keine Kontrollen der Datenschutzaufsicht befürchten müsste. Diese können sowohl durch die Datenschutzaufsichtsbehörden erteilte Zertifizierungen als auch die von Zertifizierungsstellen erteilten Zertifizierungen betreffen.

---

51 Ehmann/Selmayr-*Selmayr* Art. 58 Rn. 12.
52 Ausf. Gola-*Nguyen* Art. 58 Rn. 9.
53 Im Englischen wird der Ausdruck „audit" verwendet, dies bekräftigt den präventiven Charakter der Kontrolle bzw. Untersuchung.

Die Überprüfung der Zertifizierung stellt dabei die notwendige **Vorprüfung** vor einem 59
eventuellen **Widerruf** gem. Art. 42 Abs. 7 S. 2 dar und ist deswegen im Zusammenhang
zu der Abhilfebefugnis gem. Art. 58 Abs. 2 lit. h zu sehen, bzw. für den Fall, dass die
Datenschutzaufsichtsbehörde selbst die Zertifizierung erteilt hat, im Zusammenhang
mit der Verlängerung der Maßnahme nach Art. 42.

d) Hinweis auf einen vermeintlichen Verstoß. Der Hinweis auf einen vermeintlichen 60
Verstoß gegen die Vorgaben der DS-GVO entfaltet dem Verantwortlichen oder Auftragsverarbeiter gegenüber noch **keine Rechtsfolge**, dies erklärt den Regelungsstandort abseits der Abhilfebefugnisse. Der Hinweis ist damit kein Verwaltungsakt.[54]

Der Hinweis kann vielmehr als Bestandteil der **Selbstkontrolle** des Verantwortlichen 61
aufgefasst werden, der durch den Hinweis zunächst zur Selbstvornahme befähigt
wird. Ein solcher Hinweis auf einen vermeintlichen Verstoß kommt etwa in
Betracht, wenn bei einer vergleichbaren Datenverarbeitung eines anderen Verantwortlichen Verstöße festgestellt wurden oder Hinweise anderer Datenschutzaufsichtsbehörden nachgegangen wird.[55] Der Hinweis kann auch in Bezug auf einen
festgestellten datenschutzrechtlichen Verstoß des Verantwortlichen erfolgen. In
Betracht kommt er etwa bei Verstößen, denen eine geringere Eingriffsintensität beigemessen wird, weswegen die Datenschutzaufsichtsbehörde von weiter gehenden
Untersuchungen oder der Ausübung einschneidender Befugnisse absieht.

Es stellen sich **Abgrenzungsfragen** zu den Befugnissen der **Warnung** und der **Verwarnung** aus der Kategorie der Abhilfebefugnisse (Art. 58 Abs. 2 lit. a und b). Ein 62
Unterschied liegt in der Natur des Verstoßes. Während es sich bei dem Hinweis um
einen Verstoß gegen die Verordnung handelt, ist die Warnung und Verwarnung spezifischer. Dort betrifft der drohende (Warnung) oder festgestellte Verstoß (Verwarnung) einen Datenverarbeitungsprozess. Ein Verstoß gegen die DS-GVO, wie er
Gegenstand eines Hinweises sein kann, kann dagegen auch die unterbliebene
Bestellung eines Datenschutzbeauftragten betreffen oder den Verdacht, dass der
Pflicht zum Führen eines Verzeichnisses von Verarbeitungstätigkeiten nicht nachgekommen wurde.

Der Zusatz „vermeintlich"[56] macht deutlich, dass dieser Hinweis auch dann ergehen 63
kann, wenn der Sachverhalt **nicht ausermittelt** ist. Dies ist ebenfalls ein Unterschied
zu der Warnung und Verwarnung nach Art. 58 Abs. 2 lit. a und b. Da der Hinweis
keine Rechtsfolge setzt und damit auch keinen Eingriff in Grundrechte zur Folge hat,
kann er auch ergehen, wenn nur ein Verdacht besteht. Diese Befugnis ist damit in
ihrer Wirkung präventiver Natur.[57] Sollte der Verantwortliche einem solchen Hinweis
nicht nachgehen und die Überprüfung der Datenschutzaufsichtsbehörde dagegen fest-

---

54 Deswegen hätte es einer Befugnis grds. nicht bedurft, vgl. Paal/Pauly-*Körffer* Art. 58
 Rn. 12; ein solcher Hinweis kann bereits im Rahmen der Aufgabenerfüllung nach Art. 57
 Abs. 1 lit. d ergehen.
55 Mögliche Anwendungskonstellationen bei Paal/Pauly-*Körffer* Art. 58 Rn. 12.
56 Der in der englischen Fassung genutzte Ausdruck „alleged infringement" (präziser übersetzt durch „angeblicher Verstoß") macht dies noch deutlicher.
57 Ehmann/Selmayr-*Selmayr* Art. 58 Rn. 15.

stellen, dass tatsächlich ein Verstoß vorlag, könnte sich dies auf die folgende Sanktion auswirken.[58] Im Grunde wird der Verantwortliche dadurch bösgläubig.

64 **e) Zugang zu Informationen.** Besonders bei Kontrollen ist es erforderlich, dass der Datenschutzaufsichtsbehörde Zugang zu den Informationen, die entweder Gegenstand der Datenschutzkontrolle sind oder für sie benötigt werden, ermöglicht wird. Darin kann ein eigenständiger Eingriff in Rechte liegen.

65 Die Klassifizierung von Informationen durch den Verantwortlichen als **geheimhaltungsbedürftig** oder als **Betriebs- und Geschäftsgeheimnisse** schließt die datenschutzrechtliche Kontrolle nicht aus.[59] Sie kann auf die Verwertung der Ergebnisse z.B. im Tätigkeitsbericht oder die Akteneinsicht Auswirkungen haben. Dies gilt auch für als Verschlusssache qualifizierte Daten, mit dem Unterschied, dass bestimmte Geheimhaltungsgrade Sicherheitsüberprüfungen in der Person des oder derÜberprüfenden voraussetzen.[60]

66 Hinsichtlich **Berufsgeheimnisträgern** hat das BDSG gem. § 29 Abs. 3 BDSG **Einschränkungen** des Rechts auf Zugang zu Informationen, die einem Berufsgeheimnis unterfallen könnten, vorgenommen.[61] Danach sind die Untersuchungsbefugnisse der Datenschutzaufsichtsbehörden gem. Art. 58 Abs. 1 lit. f und e insoweit beschränkt, als der Zugang zu einem Verstoß gegen § 203 Abs. 1, 2a und 3 StGB führen würde.[62] Sollten trotzdem derartig geheimhaltungsbedürftige Informationen zur Kenntnis der Datenschutzaufsicht gelangen (z.B. durch Ausübung der Untersuchungsbefugnisse nach Art. 58 Abs. 1 lit. a oder b), sind sie gleichermaßen zur Geheimhaltung verpflichtet.[63]

67 Laut Gesetzesbegründung sei diese Einschränkung der Befugnisse (im Geltungsbereich der Öffnungsklausel des Art. 90) erforderlich, um das **geschützte Vertrauen** insbesondere von Mandanten und Patienten gegenüber Anwälten und Ärzten nicht zu beeinträchtigen.[64] Diese Bereichsausnahme bezieht sich auch auf Auftragsverarbeiter, die so vor der Gefahr des zwingenden Vertragsbruchs bewahrt werden sollen.[65] Die Einschränkung entzieht die Datenverarbeitung dieser Berufsgeheimnis-

---

58 Vgl. ErwG 148 stellt klar, dass bei der Ausübung sanktionierender Befugnisse u.a. auch dem vorsätzlichen Charakter des Verstoßes und dem Grad der Verantwortlichkeit Rechnung getragen wird. Zu den Wechselwirkungen macht die Art.-29-Datenschutzgruppe in den „Guidelines on the application and setting of administrative fines for the purposes of the Regulation 2016/679" Empfehlungen, vgl. WP 253/17/EN, S. 12 f.
59 So auch BeckOK DatenSR-*Eichler* Art. 58 Rn. 13.
60 Die Kontrolle von Daten, die etwa nach § 4 des Sicherheitsüberprüfungsgesetzes geschützt sind, dürfte eher im Rahmen der RL (EU) 680/2016 oder in Bereichen, die außerhalb des Unionsrecht liegen, wie der nachrichtendienstliche Bereich, auf die Datenschutzaufsichtsbehörden zukommen.
61 Bereits in § 1 Abs. 2 S. 2 BDSG stellt das BDSG die gesonderte Stellung und Privilegierung der Berufsgeheimnisträger heraus.
62 Zum geschützten Personenkreis Schantz/Wolff-*Schantz* Das neue Datenschutzrecht, Rn. 1364.
63 Die Informationen dürfen damit nicht an andere Stellen oder Private herausgegeben werden. Auch das Akteneinsichtsrecht und Ansprüche nach dem Transparenz-/Informationsfreiheitsgesetz dürften nicht oder nur eingeschränkt bestehen.
64 BT-Drucks. 18/11325, S. 101, 102.
65 BT-Drucks. 18/11325, S. 101.

träger pauschal der Kontrolle der Datenschutzaufsichtsbehörden. Aufgrund der Verarbeitung besonders geheimhaltungsbedürftiger Informationen ist die Einhaltung der vorgegebenen Datenschutzstandards jedoch besonders bedeutsam. Dies erfordert erst recht eine ausreichende Aufsicht.

Zumal bei der Verarbeitung von **besonderen Kategorien personenbezogener Daten** i.S.d. Art. 9, die nach der DS-GVO nur sehr restriktiv verarbeitet werden dürfen, ist diese Beschränkung kritikwürdig.[66] Das Zusammenspiel von Ausnahmen im Rahmen von Öffnungsklauseln oder Erwägungsgründen offenbart erhebliche Lücken der datenschutzrechtlichen Kontrolle. So werden bereits hinsichtlich der Datenschutz-Folgenabschätzung (Art. 35) in Entsprechung des ErwG 91 die **Einzelarztpraxen** und **Einzelanwaltskanzleien privilegiert** dahingehend, dass auch bei der Verarbeitung von Daten i.S.d. Art. 9 oder Art. 10 nicht zwingend eine DSFA vorgenommen werden muss, wie eigentlich durch Art. 35 Abs. 3 lit. b vorgegeben wird. Diese Privilegierung in Kombination mit den eingeschränkten Untersuchungsbefugnissen der Datenschutzaufsichtsbehörden stellen hohe Risiken für die Rechte und Freiheiten der betroffenen Personen dar. Weiter verstärkt werden diese Risiken dadurch, dass in Anwendung des ErwG 91 die Benennungspflicht eines Datenschutzbeauftragten für Einzelarztpraxen und Einzelanwaltskanzleien entfallen soll.[67]

68

Diesem Entstehen einer **Kontrolllücke** sollte ursprünglich im Gesetzgebungsverfahren zum BDSG im Rahmen eines Änderungsantrags des Bundesrats Einhalt geboten werden.[68] Es wurde eingebracht, dass diese Regelung zurückgestellt werden soll „zugunsten einer zeitnahen, rechtssicheren und umfassenderen Gesamtregelung auf Grundlage der Anforderungen des Art. 90".[69] Die in Art. 90 geforderte **Interessenabwägung** zwischen dem Recht auf Schutz personenbezogener Daten und der Pflicht zur Geheimhaltung geht aus der Ausgestaltung der Ausnahmeregelung des § 29 BDSG nicht hervor. Schutzmechanismen, die die durch die Regelung entstandene „aufsichtsfreie Zone" kompensieren, sind nicht ersichtlich.[70] Dieser Änderungsantrag hatte keinen Erfolg.[71] Damit werden die Befugnisse der Datenschutzaufsichtsbehörden im Vergleich zur vorherigen Rechtslage erheblich eingeschränkt, was zu einer **Absenkung des Datenschutzniveaus** in diesen Sektoren führt.

69

Die Vorschrift schränkt die Aufsichtsbefugnisse der Datenschutzaufsichtsbehörden unionsrechtswidrig ein.[72] Damit kann sie ein Fall für den Anwendungsvorrang des Unionsrechts sein. Sollte keine europarechtskonforme Auslegung möglich sein, wäre also im Einzelfall zu prüfen, ob die Einschränkung des § 29 Abs. 3 BDSG unanwendbar ist.[73]

70

---

66 Krit. auch *Schaar* im Rahmen Anhörung des Innenausschusses am 27.3.2017; siehe auch den Bericht von *Jensen* Gliederungspunkt 2. ZD-Aktuell 2017, 05596; ausf. zum Streitstand Kühling/Buchner-*Herbst* § 29 BDSG Rn. 28 ff.
67 Krit. Kühling/Buchner-*Bergt* Art. 37 Rn. 24.
68 Siehe BT-Drucks. 18/11655, S. 17.
69 Vgl. BT-Drucks. 18/11655, S. 17.
70 Siehe die Begründung BT-Drucks. 18/11655, S. 17.
71 BT-Drucks. 18/11655, S. 33.
72 *Roßnagel* DuD 5/2017, 277, 281 m.w.N.
73 Vgl. Hill/Kugelmann/Martini-*Kugelmann* Digitalisierung im Recht, Politik und Verwaltung, S. 33 ff.

71 **f) Zugang zu Geschäftsräumen.** Der Zugang zu den Geschäftsräumen und den Datenverarbeitungsanlagen und -geräten soll „gem. dem Verfahrensrecht der Union und dem Verfahrensrecht des Mitgliedstaats" erfolgen, z.B. hinsichtlich verfahrenssichernder Voraussetzungen wie Richtervorbehalten.[74] Dies stellt eine fakultative Öffnungsklausel dar, die in ihrer Reichweite jedoch auf die **mitgliedstaatliche Ausgestaltung des Verfahrensrechts** begrenzt ist und nicht den Mitgliedstaaten die Möglichkeit eröffnet, auch eigene materielle Regelungen zu treffen.[75] Abgesehen von den Geschäftsräumen von Berufsgeheimnisträgern (s.o. Rn. 66 ff.) gelten die bisherigen Zutrittsrechte der Datenschutzaufsichtsbehörden weiter fort.

72 Nach dem BDSG a.F. bestand sowohl die Verpflichtung der öffentlichen Stellen des Bundes, gem. § 24 Abs. 1 und 4 S. 2 Nr. 1, 2 BDSG a.F. der oder dem Bundesbeauftragten Zutritt zu allen Diensträumen, Auskunft über und Einsicht in alle Unterlagen zu gewähren. Nichtöffentliche Stellen waren demgegenüber nach § 38 Abs. 4 BDSG a.F. verpflichtet, den Datenschutzaufsichtsbehörden während der Betriebs- und Geschäftszeiten Zugang zu den Geschäftsräumen einzuräumen. Dies wird durch § 16 Abs. 4 BDSG und § 40 Abs. 5 BDSG entsprechend geregelt.

73 Der ursprüngliche **Entwurf der DS-GVO der Europäischen Kommission** sah den Zugang zu den Geschäftsräumen nur dann vor, wenn ein Anlass dazu bestand z.B. in Form einer Beschwerde gem. Art. 77.[76] Dieser repressive Ansatz hätte einen Rückschritt bedeutet und wäre der Funktion der Datenschutzaufsichtsbehörde als Überwachungsinstanz nicht gerecht geworden.[77] Gerade die Möglichkeit der **anlasslosen Überprüfung** stellt einen wichtigen Anstoß für den Verantwortlichen dahingehend dar, dass seine Datenverarbeitungsvorgänge und in dem Zusammenhang vorgesehenen Pflichten zu jedem Zeitpunkt im Einklang mit der DS-GVO stehen und nicht nur dann, wenn Kontrollen angekündigt wurden.[78] Dieser latente Druck übt eine präventive Wirkung auf den Verantwortlichen aus.

74 Bei Kontrollen in den Geschäftsräumen sollen die Möglichkeit der Einsichtnahme in Dateien und Datenverarbeitungssysteme und der Zugriff auf diese ermöglicht werden. Dies betrifft insbesondere die Protokollierungen der Datenverarbeitungsvorgänge, z.B. von Löschungen.[79]

75 Die bereits unter lit. e dargestellten Regelungen des § 29 Abs. 3 BDSG, die den Zugang zu Informationen und Geschäftsräumen von Berufsgeheimnisträgern betreffen, fußen auf der Öffnungsklausel des Art. 90 (Rn. 67).[80]

76 **2. Abhilfebefugnisse (Abs. 2).** Zur Durchsetzung der DS-GVO stehen den Datenschutzaufsichtsbehörden **zehn Abhilfebefugnisse** zur Verfügung, die unterschiedliche

---

74 So z.B. in Großbritannien, vgl. *Nguyen* ZD 2015, 265, 269.
75 Vgl. *Kühling/Martini u.a.* Die Datenschutz-Grundverordnung und das nationale Recht, S. 187 f., der in der Gesamtschau von einem materiellen Regelungsspielraum ausgeht.
76 *Nguyen* ZD 2015, 265, 268.
77 Vgl. Paal/Pauly-*Körffer* Art. 58 Rn. 15.
78 Vgl. *Nguyen* ZD 2015, 265, 269.
79 Das *BVerfG* hat in seiner Entscheidung v. 20.4.2016 deutlich gemacht, dass Protokolldaten so lange geführt und aufbewahrt werden sollen, dass eine aufsichtliche Kontrolle gewährleistet werden kann, NJW 2016, 1781, 1789 Rn. 141.
80 Zu der Kritik, die ebenfalls für die Beschränkungen der Befugnis nach Art. 58 Abs. 1 lit. f besteht, wird auf Rn. 66 f. verwiesen.

Eingriffsintensität haben. Während die Warnbefugnisse (Art. 58 Abs. 2 lit. a und b) und die Anweisungsbefugnisse (Art. 58 Abs. 2 lit. c–e) weniger intensiv in die Rechtspositionen der Verantwortlichen eingreifen, kommt den direkten Anordnungsbefugnissen (Art. 58 Abs. 2 lit. f–j) eine erhebliche Eingriffsintensität zu.[81] Die Datenschutzaufsichtsbehörden sind jedoch nicht daran gebunden, Eskalationsstufen einzuhalten. Vielmehr hängt es von dem Verstoß ab, mittels welcher Maßnahme am **effektivsten** ein datenschutzkonformer Zustand hergestellt werden kann. Auch das Bemühen um eine möglichst schnelle Abhilfe kann eine Rolle spielen.

Bereits die DSRL sah **Einwirkungsbefugnisse** vor, die auch nach nationalem Recht gegenüber den privaten Stellen in § 38 Abs. 5 BDSG a.F. durch das Gesetz zur Änderung datenschutzrechtlicher Vorschriften[82] geregelt wurden. Durch dieses wurden die Aufsichtsbehörden befugt, gegen materielle Rechtsverstöße bzgl. Vorschriften zum Schutz personenbezogener Daten im Wege des Verwaltungsverfahrens vorzugehen. Vorher konnten lediglich bzgl. technisch organisatorischer Verstöße der Datensicherheit Verwaltungsakte erlassen werden.[83] 77

Der oder dem Bundesbeauftragten standen dagegen **keine Abhilfebefugnisse** gegen nichtöffentliche Stellen zur Verfügung. Selbst im Bereich der Telekommunikations- und Postdienstleistung unterstanden zwar wohl 3 000 TK- und 1 500 Postdienstleister ihrer bzw. seiner Aufsicht, als einzige Einwirkungsmöglichkeit i.S.d. Art. 28 Abs. 3 DSRL stand dem oder der Bundesbeauftragten jedoch lediglich die Beanstandung gegenüber der Bundesnetzagentur als Befugnis zur Verfügung.[84] 78

Besondere Relevanz äußern die unmittelbar geltenden Abhilfebefugnisse für die **öffentlichen Verantwortlichen**, denen gegenüber die Datenschutzaufsichtsbehörden in ihrer (alten) Funktion (Rn. 30) bislang keine Anordnungs- oder Anweisungsbefugnisse hatten. 79

a) Warnung. Die Warnung wird gegenüber dem Verantwortlichen oder Auftragsverarbeiter dann ausgesprochen, wenn eine beabsichtigte Datenverarbeitung voraussichtlich gegen die DS-GVO verstoßen werde. Es steht insoweit noch kein Verstoß fest; durch die Warnung soll der Eintritt verhindert werden. Die Maßnahme trägt damit keinen sanktionierenden Charakter und entfaltet keine feststellende Wirkung.[85] Ihr ist keine Verwaltungsaktqualität beizumessen,[86] gleichwohl ist sie ähnlich zum Hinweis mittelbar eine **Aufforderung zur Selbstvornahme**. Wird die Warnung missachtet, kann sich dies strafschärfend bei der Verhängung von Sanktionen auswirken.[87] Sie ergeht gegenüber dem Verantwortlichen. Wenn und soweit mit ihr eine beschwerende Wirkung einhergeht, ist gegen sie ein Rechtsbehelf im Sinne des Art. 78 Abs. 1 statthaft. Wenn sie veröffentlicht wird, können ihr weiter gehende Rechtswirkungen zukommen.[88] 80

---

81 *Dieterich* ZD 2016, 260, 263.
82 BGBl. 2009 I S. 2814.
83 *Bull* EuZW 2010, 488, 493.
84 *Roßnagel* ZD 2015, 106, 111 mit Verweis auf BT-Drucks. 18/2848, S. 19 zu den genannten Zahlen.
85 Es soll sich um eine Maßnahme der Spezial-Prävention handeln vgl. *Martini/Wenzel* Ping 03.2017, 92.
86 So auch Simitis/Hornung/Spiecker gen. Döhmann-*Polenz* Art. 58 Rn. 24
87 Vgl. ErwG 148.
88 Vgl. *BVerfG* v. 26.6.2002 – 1 BvR 558/91, 1 BvR 1428/91, Rn. 49 ff.; siehe Rn. 130 ff.

81 Die Warnung kommt etwa in Betracht, wenn die Konsultation der Datenschutzaufsichtsbehörde nach Art. 36 ergibt, dass die beabsichtigte Datenverarbeitung nicht im Einklang mit der Datenschutz-Grundverordnung steht. In diesem Zusammenhang wird sie in der Regel im **Zusammenhang mit der Beratung** nach Art. 58 Abs. 3 lit. a ausgesprochen werden.

82 **b) Verwarnung.** Die Verwarnung geht von einem **vollendeten objektiven Datenschutzverstoß** durch eine Datenverarbeitung aus und verwarnt den Verantwortlichen oder Auftragsverarbeiter mit dem Ziel, dass er zukünftig eine datenschutzkonforme Ausgestaltung der gegenständlichen Datenverarbeitung vornimmt.

83 Die missbilligende Feststellung der Datenschutzaufsichtsbehörde, dass ein datenschutzrechtlicher Verstoß vorliegt, wird als feststellender Verwaltungsakt erlassen.[89] Eine solche **feststellende Wirkung** wurde hinsichtlich der Beanstandung mangels Regelungswirkung bislang verneint.[90] Trotzdem werden Parallelitäten zwischen Beanstandung und Verwarnung gezogen. Die Annahme, dass von der Verwarnung keine rechtverbindliche Wirkung ausgehe, bzw. mit ihr keine Rechtsfolge bzw. Handlungsanweisung an den Adressaten der Maßnahme gesetzt werde und sie insoweit der Beanstandung vergleichbar sei,[91] überzeugt insoweit nicht, als sie verhaltenslenkende Wirkung entfalten soll und damit eine verbindliche Rechtsfolge gegenüber dem Verantwortlichen gesetzt wird.[92]

84 Das Instrument der Beanstandung soll dem Wesen nach gegenüber öffentlichen Stellen des Bundes bzw. im Anwendungsbereich des BDSG nach dem Willen des nationalen Gesetzgebers als zusätzliches Instrument weiter bestehen bleiben. Deswegen sieht er hinsichtlich der Ausübung der Befugnisse gem. § 16 Abs. 1 BDSG für die Befugnisse nach Art. 58 Abs. 2 lit. b–g, i und j vor, dass vor Ausübung der Befugnisse die zuständige Rechts- oder Fachaufsichtsbehörde informiert wird und ihr die Gelegenheit zur Stellungnahme gegenüber dem Verantwortlichen innerhalb einer angemessenen Frist erteilt wird, soweit keine Gefahr in Verzug oder ein zwingend entgegen stehendes öffentliches Interesse besteht.[93] In § 16 Abs. 2 BDSG wird die Beanstandung für Datenverarbeitungen außerhalb des Anwendungsbereichs der DS-GVO aufrechterhalten.[94]

85 Nach der Neuregelung des BDSG sind die **Adressaten** des beanstandungsähnlichen Vorverfahrens und der Verwarnung **unterschiedlich**. Die Verwarnung ergeht gegenüber dem Verantwortlichen und nicht wie das Vorverfahren gem. § 16 Abs. 1 BDSG

---

[89] *VG Mainz* v. 20.2.2020 – 1 K 467/19 (noch unveröffentlicht); *Golla* RDV 2017, 123, 124; *Martini/Wenzel* PinG 03.2017, 92, 96.
[90] Z.B. Urteil des *OVG Bautzen* v. 21.6.2011 – 3 A 224/10, NVwZ-RR 2011, 980. Demgegenüber wird der Beanstandung einer Landesmedienanstalt die Rechtsnatur eines feststellenden Verwaltungsakts mit Eingriffscharakter beigemessen, durch den ein Rechtsverstoß förmlich festgestellt und missbilligt wird. *OVG Nordrhein-Westfalen* v. 17.6.2015 – 13 A 1215/12, ZUM 2015, 910.
[91] Paal/Pauly-*Körffer* Art. 58 Rn. 18.
[92] *VG Hannover* v. 27.11.2019 – 10 A 820/19, BeckRS 2019, 31874 Rn. 17 beck-online.
[93] Kritisch dazu Rn. 130 ff.
[94] Mit der Beschränkung der Abhilfebefugnisse des oder der Bundesbeauftragten auf das Beanstandungsrecht wird Art. 47 Abs. 2 RL (EU) 2016/680 unzureichend umgesetzt; ausf. *Schulze Lohoff/Bange* ZD 2019, 199 ff.

gegenüber dessen Fachaufsicht. Dies stellt im öffentlichen Sektor einen Unterschied dar.[95] Eine Beanstandung kann aufgrund des Landesrechts gegenüber der öffentlichen Stelle selbst ergehen, zumindest wenn sie eine gewisse Eigenständigkeit aufweist wie die Kommunen.

Da die Verwarnung keine unmittelbare Rechtsfolge setzt, mit der die Beseitigung des datenschutzwidrigen Zustands herbeigeführt wird, kommt sie lediglich bei **geringfügigen Verstößen** in Betracht und dann, wenn **keine Wiederholungsgefahr** unmittelbar bevorsteht. Sie kann dann statt der Verhängung von Geldbußen ausgesprochen werden, wenn diese eine unverhältnismäßige Belastung für die verantwortliche natürliche Person bewirken würde.[96] Die Geringfügigkeit bemisst sich nach den Kriterien des Art. 83 Abs. 2 S. 2.[97] 86

In § 41 Abs. 2 S. 2 BDSG schließt der Bundesgesetzgeber die Anwendbarkeit der Vorschriften der **Verwarnung** nach den §§ 56–58 OWiG aus, da insoweit die DS-GVO in Art. 58 Abs. 2 lit. b eine **abschließende Regelung** trifft.[98] Die sanktionierende Regelungswirkung ist insoweit gleich, im Regelfall ist die Verwarnung im OWiG jedoch mit der Verhängung eines Verwarnungsgeldes verbunden.[99] Dies ist nach der DS-GVO dagegen nicht vorgesehen; im Gegenteil ist das Aussprechen der Verwarnung als eine Geldbuße ersetzendes Mittel – wie bereits ausgeführt – ausdrücklich vorgesehen. 87

c) Anweisung zur Rechtsdurchsetzung der betroffenen Personen. Die Datenschutzaufsichtsbehörden sind befugt, die Verantwortlichen anzuweisen, den Anträgen betroffener Personen zu entsprechen. Klassischer Anwendungsfall ist der, dass die betroffene Person Anträge im Rahmen ihrer Betroffenenrechte gestellt hat, denen der Verantwortliche nicht Rechnung getragen hat. Davon umfasst sind z.B. das **Auskunftsrecht** gem. Art. 15, das **Recht auf Berichtigung** gem. Art. 16, das **Recht auf Löschung** der personenbezogenen Daten gem. Art. 17, **das Recht auf Beschränkung der Verarbeitung** gem. Art. 18 sowie das **Recht auf Datenübertragbarkeit** gem. Art. 20. Kommt die Datenschutzaufsichtsbehörde im Rahmen ihrer Untersuchung nach Art. 58 Abs. 1 zu dem Ergebnis, dass den Anträgen zu entsprechen ist und die Verweigerung rechtswidrig war, kann sie dies gegenüber dem Verantwortlichen anweisen. Die Anweisung hat Regelungswirkung und ergeht damit als Verwaltungsakt. 88

Durch die Inanspruchnahme dieser Befugnis nimmt die Datenschutzaufsichtsbehörde ihre klassische Funktion als Verteidigerin des Rechts zwischen der betroffenen Person und dem Verantwortlichen ein, um den Grundrechtsschutz, den die Betroffenenrechte für die betroffenen Personen vorsehen, durchsetzen zu können. Sie vermittelt allerdings nicht wie dies grundsätzlich nach vorheriger Rechtslage der Fall war, sondern sie trifft Entscheidungen. Für den nichtöffentlichen Bereich war diese Befugnis zumindest mittelbar in § 38 Abs. 5 BDSG a.F. vorgesehen. Im öffentlichen Bereich leitete sich eine abgeschwächte, nicht zwingende Form der Anweisung aus der allgemeinen Kontrollaufgabe und aus dem Anrufungsrecht der betroffenen Person her, etwa aus § 21 BDSG a.F. Wurde einer derartigen „Empfehlung" nicht entsprochen, konnte der 89

---

95 Ebenso *Martini/Wenzel* PinG 03.2017, 92, 93, Fn. 12.
96 Siehe ErwG 148.
97 *Golla* RDV 2017, 123, 124; *Martini/Wenzel* PinG 03.2017, 92, 94.
98 BT-Drucks. 18/11325, S. 108.
99 *Martini/Wenzel* PinG 03.2017, 92, 93.

Verantwortliche beanstandet werden. Bei der Befassung mit Beschwerden im Sinne des Art. 77 hat diese Anweisungsbefugnis eine hohe Relevanz für die effektive Durchsetzung des Datenschutzrechts.

90 Kommt der Verantwortliche oder der Auftragsverarbeiter der Anweisung nicht nach, kann auch die Berichtigung und Löschung unmittelbar angeordnet werden nach Art. 58 Abs. 2 lit. g. Daneben drohen dem Verantwortlichen die Verhängung einer Geldbuße gem. Art. 83 Abs. 5 lit. e.

91 **d) Anweisung zur Datenverarbeitung.** Stellt die Datenschutzaufsichtsbehörde im Rahmen der Untersuchung aufgrund einer Beschwerde nach Art. 77 oder im Rahmen einer anlasslosen Untersuchung bzw. Kontrolle nach Art. 58 Abs. 1 lit. c fest, dass von einer bestimmten Datenverarbeitung Datenschutzverstöße ausgehen bzw. dass die Datenverarbeitung nicht im Einklang mit der DS-GVO vorgenommen wird, kann sie die **datenschutzkonforme Ausgestaltung** bzw. **Anpassung** anweisen. Eine solche Befugnis sah bereits § 38 Abs. 5 S. 1 BDSG a.F. vor. Der Vollzug dieser Befugnis blieb in der Aufsichtspraxis Einzelfällen vorbehalten.[100]

92 Die Anweisung muss hinreichend bestimmt sowohl die festgestellten Verstöße benennen als auch die Maßnahmen, die vorzunehmen sind, damit die Datenverarbeitung im Einklang mit der DS-GVO steht.[101]

93 Im Rahmen der **Verhältnismäßigkeitsprüfung** sollte die Datenschutzaufsichtsbehörde die **Realisierbarkeit** der Maßnahmen miteinbeziehen – sowohl faktisch, technisch als auch von den Kosten her –, die sie dem Verantwortlichen auferlegt. Kommt sie dabei zum Ergebnis, dass keine Realisierbarkeit besteht, kann sie im Sinne einer **effektiven Durchsetzung** von der eingriffsintensiveren Befugnis der Beschränkung bzw. des Verbots der Verarbeitung gem. Art. 58 Abs. 2 lit. f Gebrauch machen. Voraussetzungen und Rahmenbedingungen, die diese Realisierbarkeit bedingen, sind im Rahmen der verwaltungsverfahrensrechtlichen Anhörung oder der vorangegangenen Untersuchung gem. Art. 58 Abs. 1 zu erheben.[102]

94 Zur effektiven Durchsetzung sollte dem Verantwortlichen oder dem Auftragsverarbeiter eine **angemessene Frist** zur Umsetzung der Maßnahme gesetzt werden. Dies sollte durch die Datenschutzaufsichtsbehörde im Rahmen ihrer Untersuchungsbefugnisse überprüft werden.

95 Diese Befugnis verlangt den Datenschutzaufsichtsbehörden eine **breite Expertise** ab[103] und steht damit im direkten Zusammenhang zu der Aufgabe nach Art. 57 Abs. 1 lit. i, die **maßgeblichen Entwicklungen** zu verfolgen.

96 **e) Anweisung der Benachrichtigung.** Diese Befugnis betrifft die **aufsichtsbehördliche Durchsetzung der Benachrichtigungspflicht** gegenüber einer betroffenen Person, die den Verantwortlichen gem. Art. 34 Abs. 1 trifft, wenn durch die von ihm verantwortete

---

100 Vermutet *Golla* RDV 2017, 123, 124.
101 Zu den Anforderungen an die Bestimmtheit von datenschutzrechtlichen Anordnungen mit weiteren Nachweisen Gola-*Nguyen* Art. 58 Rn. 19.
102 Dies ergibt sich bereits aus dem ErwG 129, der anträgt, bei der Entscheidung über die Wahl der Befugnis auch die nachteiligen Auswirkungen für den Verantwortlichen, wie Kosten und „übermäßige Unannehmlichkeiten" mit einbeziehen und ggf. zu vermeiden.
103 Die Vielfalt der möglichen Anweisungen zeigt Paal/Pauly-*Körffer* Art. 58 Rn. 20 auf.

Datenverarbeitung eine Datenschutzverletzung für die Person ausging, die ein hohes Risiko für die Rechte und Freiheiten der betroffenen Personen zur Folge hat.

Die Anweisung sollte im Einklang mit Art. 34 Abs. 3 und 4 erfolgen, die als spezielle Befugnis der Datenschutzaufsichtsbehörde vorsehen, die **Benachrichtigung** anzuweisen oder durch Beschluss festzustellen, dass aufgrund des Art. 34 Abs. 3 von einer Benachrichtigung abgesehen werden kann. Dort wird eine **Interessenabwägung** vorgenommen, bei der die Tragweite und die Konsequenzen Berücksichtigung finden, die vom Aufwand und Kosten her auf den Verantwortlichen zukommen.[104] Dafür streitet auch der deutsche Wortlaut („entsprechend"). 97

Besteht die Benachrichtigungspflicht des Verantwortlichen, ist diese **unverzüglich** durch die Datenschutzaufsichtsbehörde anzuweisen. Die Fristsetzung zur Vornahme sollte entsprechend kurz sein. Die Wertung des ErwG 86 hinsichtlich des Zeitmoments sollte gleichfalls für die Anweisung der Benachrichtigung durch die Datenschutzaufsichtsbehörde gelten, diese sollte ebenfalls zeitnah erfolgen, um den Zweck der Vorschrift zu erfüllen. 98

Die Pflicht zur Benachrichtigung trifft nur den Verantwortlichen, der deswegen auch ausschließlich Adressat der Befugnis sein kann. Begeht der Auftragsverarbeiter eine Datenschutzverletzung, ist er nach Art. 33 Abs. 2 nur zu einer Mitteilung an den Verantwortlichen verpflichtet, den daraufhin die Mitteilungspflichten nach Art. 33 und Art. 34 treffen. 99

f) Beschränkung oder Verbot der Verarbeitung. Übersteigt die Datenverarbeitung das für ihren Zweck erforderliche Maß, gebieten das Prinzip der **Datensparsamkeit** und das Prinzip der **Erforderlichkeit** als Ausdruck des Verhältnismäßigkeitsgrundsatzes, dass die Datenverarbeitung entsprechend eingeschränkt wird. Dieses aus dem deutschen Datenschutzrecht bekannte und explizit z.B. in § 3a BDSG a.F. geregelte Prinzip wurde in der DS-GVO in Art. 5 Abs. 1 lit. c als Grundsatz der Datenminimierung normiert.[105] Entsprechend werden die Datenschutzaufsichtsbehörden durch Art. 58 Abs. 2 lit. f dazu berechtigt, Beschränkungen der Datenverarbeitungen – sowohl temporäre als auch finale – anzuordnen. 100

Ein **vollständiges Verarbeitungsverbot** kommt in Frage, wenn die Datenverarbeitung nicht im Einklang mit der DS-GVO vorgenommen werden kann oder Anordnungen bzw. Anweisungen, die dies erreichen wollten, von dem Verantwortlichen oder Auftragsverarbeiter missachtet wurden.[106] 101

Nach § 38 Abs. 5 BDSG a.F. kam ein Verarbeitungsverbot nur dann in Betracht, wenn gravierende Verstöße vorliegen und bestimmte Verfahrensschritte vergeblich waren. Diese Qualifizierung als **ultima ratio** nimmt die Anordnungsbefugnis in Art. 58 Abs. 2 lit. f nicht explizit auf. Sie ergibt sich jedoch aus der Wahrung des **Verhältnismäßigkeitsgrundsatzes** durch die Datenschutzaufsichtsbehörde bei der Ausübung ihrer Befugnisse.[107] Insbesondere stellt der ErwG 129 klar, dass die Ausübung „im Hinblick auf die Gewährleistung der Einhaltung der Verordnung geeignet, erforderlich und 102

---

104 Vgl. auch Sydow-*Ziebarth* Art. 58 Rn. 51.
105 *Albrecht/Jotzo* Das neue Datenschutzrecht der EU, Teil 2 Rn. 6.
106 Darüber hinaus kann wegen einer solchen Missachtung einer Anweisung eine Geldbuße gem. Art. 83 Abs. 5 lit. e verhängt werden.
107 So auch Gola-*Nguyen* Art. 58 Rn. 20.

Art. 58 Befugnisse

verhältnismäßig sein soll". Diese einzelfallbezogene Einschätzung soll nach einer Anhörung des Verantwortlichen erfolgen, wie es in Deutschland das Verwaltungsverfahrensrecht gem. § 28 VwVfG vor Erlass eines Verwaltungsaktes vorsieht.

103 Sowohl die Beschränkung als auch das Verbot der Datenverarbeitung können im Einklang mit dem umfassenden Verarbeitungsbegriff nach Art. 4 Nr. 2 **alle Verarbeitungsformen** betreffen.

104 **g) Anordnung der Berichtigung oder Löschung oder Einschränkung.** Die Verwirklichung der **Betroffenenrechte** auf Berichtigung gem. Art. 16 und Löschung gem. Art. 17 der personenbezogenen Daten der betroffenen Person sowie die Einschränkung der Datenverarbeitung gem. Art. 18 können die Datenschutzaufsichtsbehörden anordnen, sofern die Voraussetzung dieser Rechte vorliegen (Art. 16, 17 Abs. 1 unter Berücksichtigung von Abs. 3 und Art. 18 Abs. 1).

105 In der Konsequenz ist die Datenschutzaufsichtsbehörde auch befugt, die **Unterrichtung der Empfänger** anzuordnen, an die diese personenbezogenen Daten gem. Art. 17 Abs. 2 und Art. 19 offengelegt wurden. Die Wertung des Art. 19 S. 1, Hs. 1 muss dabei berücksichtigt werden, so dass keine Mitteilungspflichten angeordnet werden können, die unmöglich oder mit einem unverhältnismäßigen Aufwand verbunden sind.

106 In Abgrenzung zu der Befugnis nach Art. 58 Abs. 2 lit. c, dem Verantwortlichen gegenüber anzuweisen, entsprechenden Anträgen nachzukommen, ist diese Befugnis einschlägig, wenn kein Antrag auf Löschung, Berichtigung oder Einschränkung zuvor durch die betroffene Person gestellt wurde und dieser grds. vorgesehene Verfahrensgang, der mit zeitlichen Verzögerungen verbunden ist, den **Datenschutzverstoß intensivieren** würde.

107 Außerdem kommt die Anordnung in Betracht, wenn die Verwaltungsakte nach Art. 58 Abs. 2 lit. c und f – als mildere Mittel – nicht erfolgreich waren.[108]

108 Damit kann die Datenschutzaufsichtsbehörde diese Rechte auch von **Amts wegen** durchsetzen.[109] Abhängig davon, welche Gründe die Löschung (z.B. Art. 17 Abs. 1 lit. b, c) oder Einschränkung (z.B. Art. 18 Abs. 1) bedingen, muss die betroffene Person gegebenenfalls einbezogen werden, bevor die Anordnung ergeht. Dies betrifft etwa den Fall, dass die Daten einwilligungsbasiert verarbeitet werden und festgestellt wird, dass die Verarbeitung in unzulässiger Weise erfolgt. Dann ist die betroffene Person vor der Löschung zu unterrichten.

109 **h) Widerruf einer Zertifizierung.** Liegen die Voraussetzungen für eine erteilte Zertifizierung nicht mehr vor, kann nach Art. 42 Abs. 7 i.V.m. Art. 58 Abs. 2 lit. h die zuständige Aufsichtsbehörde die Zertifizierung **widerrufen** oder die Zertifizierungsstelle nach Art. 43 dazu anweisen, die Zertifizierung zu widerrufen.[110]

110 Fraglich ist, ob die Datenschutzaufsichtsbehörde auch Zertifizierungen widerrufen kann, die sie nicht selbst erteilt hat.[111] Dafür spricht, dass die Erteilung einer Zertifizierung durch die Zertifizierungsstellen nach Art. 43 Abs. 1 unbeschadet der Aufgaben und

---

108 Ehmann/Selmayr-*Selmayr* Art. 58 Rn. 25.
109 Paal/Pauly-*Körffer* Art. 58 Rn. 24.
110 Zur Verbindlichkeit einer solchen Anweisung Paal/Pauly-*Paal* Art. 42 Rn. 21
111 Verneinend Ehmann/Selmayr-*Selmayr* Art. 58 Rn. 26, bejahend *Albrecht/Jotzo* Das neue Datenschutzrecht der EU, Teil 5, Rn. 30.

Befugnisse erteilt oder verlängert werden kann. Dies wird jedoch nach dem Wortlaut der DS-GVO dahingehend konkretisiert, dass die Datenschutzaufsichtsbehörde nach ihrer Unterrichtung die Gelegenheit bekommen, unter anderem von ihrer Befugnis nach Art. 58 Abs. 2 lit. h Gebrauch machen zu können, die Erteilung oder Verlängerung einer Zertifizierung zu untersagen. Der Widerruf der Zertifizierung wird dagegen nicht explizit aufgezählt, sondern bleibt der Zertifizierungsstelle vorbehalten.[112] Dann ist die Datenschutzaufsichtsbehörde gem. Art. 58 Abs. 2 lit. h befugt, die Zertifizierungsstelle anzuweisen, die Zertifizierung zu widerrufen. Diese Anweisung des Widerrufs ergeht in Gestalt eines belastenden Verwaltungsakts mit Drittwirkung.[113]

i) Verhängung einer Geldbuße. Die Verhängung von Geldbußen dient einer **konsequenten Durchsetzung** der Vorschriften dieser Verordnung (ErwG 148). 111

Genauso wie Art. 58 Abs. 2 lit. i regelt Art. 83 Abs. 2 S. 1, dass Geldbußen je nach Umständen zusätzlich zu oder anstatt von Abhilfemaßnahmen verhängt werden können. Dies ist auf die **unterschiedlichen Zwecke** zurückzuführen. Abhilfemaßnahmen können zwar faktisch eine sanktionierende Wirkung gegenüber dem Verantwortlichen entfalten, z.B. durch finanzielle Einbußen als Folge des Verarbeitungsverbotes, zuvörderst sind sie jedoch darauf gerichtet, einen datenschutzkonformen Zustand herzustellen. Geldbußen haben dagegen einen vorwiegend sanktionierenden Zweck. 112

Zwischen den Anweisungen und Anordnungen gem. Art. 58 Abs. 2 und der Verhängung der Geldbuße besteht eine **bedeutsame Wechselwirkung**.[114] Denn bei der Entscheidung über die Verhängung einer Geldbuße haben die Datenschutzaufsichtsbehörden vielen Gesichtspunkten Rechnung zu tragen, die auch etwaige vorherige Anordnungen gegenüber dem Verantwortlichen oder Auftragsverarbeiter betreffen. So soll die Entscheidung über die Verhängung von Geldbußen nach ErwG 148 der Art, Schwere und Dauer des Verstoßes, der Vorsätzlichkeit des Verstoßes, den Maßnahmen zur Minderung des entstandenen Schadens, dem Grad der Verantwortlichkeit bzw. die vorherige Begehung von Verstößen, der Art und Weise, wie der Verstoß der Datenschutzaufsichtsbehörde zur Kenntnis gelangt ist, der Einhaltung der von ihr angeordneten Maßnahmen, der Einhaltung von Verhaltensregeln und jedem anderen erschwerenden oder mildernden Umstand Rechnung tragen.[115] 113

Die Verfolgung von Ordnungswidrigkeiten führt zu **Anpassungsbedarf** bei der Ausrichtung der Datenschutzaufsichtsbehörden.[116] Zwar war es bereits nach § 38 BDSG a.F. möglich, im Rahmen von Ordnungswidrigkeitsverfahren nach § 47 OWiG Bußgelder zu verhängen. Von dieser Befugnis wurde jedoch in der Bundesrepublik Deutschland nur zurückhaltend Gebrauch gemacht.[117] Sowohl die zu sanktionierenden Verstöße als auch deren Verfolgung sind im Vergleich zur vorherigen Rechtslage jedoch strenger.[118] 114

---

112 Dies entspricht dem verwaltungsrechtlich tradierten Rechtsgedanken des actus contrarius, der in Bezug auf die Zertifizierungsstellen entsprechend Anwendung finden dürfte.
113 Sydow-*Ziebarth* Art. 58 Rn. 63.
114 WP 253/17/EN, S. 7.
115 Zu dem Verhältnis Paal/Pauly-*Frenzel* Art. 83 Rn. 9.
116 Zu der bisherigen Ausgestaltung und Praxis der Datenschutzaufsichtsbehörden in Deutschland und dem Anpassungsbedarf Paal/Pauly-*Körffer* Art. 58 Rn. 26.
117 Einen Überblick bietet *Lüdemann/Wenzel* RDV 2015, 285, 290.
118 *Golla* RDV 2017, 123, 125.

115 Nach Art. 83 Abs. 7 ist es Aufgabe der Mitgliedstaaten festzulegen, ob Geldbußen auch gegenüber öffentlichen Stellen und Behörden verhängt werden können. Das BDSG hat von dieser Möglichkeit keinen Gebrauch gemacht (§ 43 Abs. 3 BDSG). Die Landesgesetzgeber folgten diesem Beispiel weitestgehend.

116 **j) Anordnung der Aussetzung der Übermittlung von Daten in Drittländer.** Die Datenschutzaufsichtsbehörden verfügen über die Befugnis, die Aussetzung der Datenübermittlung in Drittländer oder an internationale Organisationen anzuordnen, sofern die Datenübermittlung rechtswidrig ist im Sinne des Kapitels V der DS-GVO.

117 Durch diese Befugnis wird maßgeblich dem „Safe Harbor"-Urteil des EuGH Rechnung getragen, das u.a. konstatierte, dass die Aufgaben und Befugnisse unbeschadet einer Angemessenheitsentscheidung der Europäischen Kommission weiter bestehen und nicht beseitigt oder beschränkt werden können.[119] Die **Kompetenz** zur **Aufhebung** einer Entscheidung der Europäischen Kommission verbleibt ausschließlich beim **EuGH**.[120]

118 Es bestand bislang Uneinigkeit dahingehend, welchen Charakter entsprechende Maßnahmen der Datenschutzaufsichtsbehörden in Bezug auf Datenübermittlungen in Drittstaaten haben, die angegriffenen Angemessenheitsentscheidungen der Europäischen Kommission unterliegen. Dies betrifft insbesondere die Frage, ob entsprechende Maßnahmen **nur vorläufig** bis zur Aufhebung der Entscheidung der Kommission vorhalten oder ob **alle Abhilfebefugnisse ausgeschöpft** werden können – bis hin zu einem endgültigen Verarbeitungsverbot.[121]

119 Dieser Streit wird durch den eindeutigen Wortlaut des Art. 58 Abs. 2 lit. j beigelegt. Der Ausdruck „Aussetzung" bzw. im englischen „suspension" impliziert die **Vorläufigkeit der Maßnahme**, die so lange andauern kann bis die entsprechende Entscheidung der Europäischen Kommission aufgehoben wird.[122] Diese zeitliche Dimension wird nicht ausdrücklich in der Befugnis angelegt, ergibt sich aber aus dem Verhältnis der Befugnisse der Europäischen Kommission zu den Befugnissen der Datenschutzaufsichtsbehörden.[123] Der Widerruf, die Änderung oder Aussetzung des zugrundliegenden Angemessenheitsbeschlusses obliegt allein der Europäischen Kommission.

120 Jenseits dieses Falls, dass Datenübermittlungen in Drittländer auf nach Art. 45 geeignete Garantien gestützt werden, können mittels der Befugnis die Aussetzung von Datentransfers angeordnet werden, die aufgrund der Instrumente nach Art. 46 oder Art. 47 erfolgen.[124]

121 **3. Genehmigungsbefugnisse (Abs. 3).** Korrespondierend zu den zahlreichen zu bestimmten Datenschutzinstrumenten bestehenden kontextbezogenen Aufgaben der Datenschutzaufsichtsbehörden, die Beratungen und Genehmigungen betreffen, werden diese in Art. 58 Abs. 3 mit den entsprechenden Befugnissen im Bereich der **Beratung, Genehmigung** bzw. **Billigung** ausgestattet, um diese Aufgaben erfüllen zu können.

---

119 *EuGH* v. 6.10.2015 – C–362/14, ECLI:EU:C:2015:650, Rn. 53.
120 *EuGH* v. 6.10.2015 – C–362/14, ECLI:EU:C:2015:650, Rn. 61.
121 Ausf. *Dieterich* ZD 2016 260, 264.
122 Ebenfalls Simitis/Hornung/Spieker gen. Döhmann-*Polenz* Art. 58 Rn. 48.
123 Ausf. Ehmann/Selmayr-*Selmayr* Art. 58 Rn. 28, a.A. *Dieterich*, der dem Ausdruck „Aussetzung" nicht zwangsläufig einen vorläufigen Charakter beimisst, vgl. *Dieterich* ZD 2016, 260, 264.
124 Vgl. auch Paal/Pauly-*Körffer* Art. 58 Rn. 27; BeckOK DatenSR-*Eichler* Art. 58 Rn. 33.

Die Ausübung der Genehmigungsbefugnis erfolgt grds. als **feststellender Verwaltungs-** 122
akt. Beratungen entfalten demgegenüber nur dann den verbindlichen Charakter eines
Verwaltungsaktes, wenn verbindliche Rechtsfolgen dadurch gesetzt werden, bzw.
Anweisungen i.S.d. Art. 58 Abs. 2 in der Folge der Beratung ergehen.

a) Beratung des Verantwortlichen bei der Konsultation im Rahmen der Datenschutz- 123
Folgenabschätzung. Die Datenschutzaufsichtsbehörden sind nach Art. 58 Abs. 3 lit. a
befugt, den Verantwortlichen im Rahmen der DSFA zu beraten. Die Pflicht der Verantwortlichen, die Datenschutzaufsichtsbehörden zu konsultieren, wird in Art. 36 speziell geregelt.

Sollte die DSFA ergeben, dass von der gegenständlichen Verarbeitung ein **hohes** 124
Risiko ausgeht, wenn keine eindämmenden Maßnahmen durch den Verantwortlichen
getroffen werden, muss dieser die **Datenschutzaufsichtsbehörde konsultieren** (Art. 36
Abs. 1). Der Wortlaut ist nicht eindeutig. So besteht das Konsultationserfordernis erst
dann, wenn **weitere** Maßnahmen zur Eindämmung des Risikos notwendig sind, um
das im Rahmen der DSFA identifizierte Restrisiko einzudämmen.[125] Bei anderer Auslegung würde die Konsultationspflicht bereits dann vorliegen, wenn nach der **Schwellwertanalyse** gem. Art. 35 Abs. 1 ein voraussichtlich **hohes Risiko** festgestellt wurde.
Dies widerspräche dem selbstregulierenden Zweck der DSFA. Von Konsultationen,
unterhalb der Schwelle des hohen, nicht eingedämmten Risikos sollte seitens des Verantwortlichen abgesehen werden.

Da diese Konsultationspflicht verschiedene Kooperationsmechanismen begründet, 125
betrifft die Befugnis die **gesamte Konsultation** i.S.d. Art. 36. Beratungen weisen erst
dann Eingriffswirkung auf, wenn mit ihnen bestimmte Rechtsfolgen auferlegt werden.
Deswegen müssen zumindest verbindliche Beratungen, die z.B. Auswirkungen auf die
Kosten oder auf den Umfang der Datenverarbeitung haben, von einer Befugnis
gedeckt sein.

Aus Art. 36 Abs. 4 folgt, dass die Datenschutzaufsichtsbehörden auch während der 126
Ausarbeitung von Gesetzes- oder Regelungsvorschriften, in denen die Verarbeitung
personenbezogener Daten vorgesehen sind, zu konsultieren sind, um die Vereinbarkeit dieser Datenverarbeitung mit der DS-GVO zu gewährleisten. Die Beratungsbefugnis sollte entsprechend auch bzgl. dieser Beratung bestehen. Insoweit besteht ein
sich **überschneidender Anwendungsbereich** hinsichtlich der Beratungsbefugnis der
Datenschutzaufsichtsbehörden nach Art. 58 Abs. 3 lit. b.

Der **Zeitpunkt** der Konsultation ist **vor** der Durchführung des geplanten Datenverar- 127
beitungsvorgangs. Damit betreffen auch die Befugnisse, die gem. Art. 36 Abs. 2 S. 1
a.E. den Datenschutzaufsichtsbehörden vorbehalten bleiben, nur Befugnisse, die auf
die Untersuchung von Datenschutzverstößen gerichtet werden (Art. 58 Abs. 1) oder
Befugnisse, die bei **drohenden Verstößen** ausgeübt werden können (z.B. das Aussprechen einer Warnung gem. Art. 58 Abs. 2 lit. a).

---

125 Insofern hilft der ErwG 84, der die Konsultation der Datenschutzaufsichtsbehörden dann
für erforderlich erachtet, wenn es dem Verantwortlichen nicht nach seinen technischen
Möglichkeiten oder Ressourcen möglich ist, das Risiko einzudämmen. Vgl. Gola-*Nolte/
Werkmeister* Art. 36 Rn. 4. Vgl. auch WP 248/17/EN „Guidelines on Data Protection
Impact Assessment (DPIA) and determining whether processing is „likely to result in a
high risk" for the purposes of Regulation 2016/679", S. 18.

128 **b) Abgeben von Stellungnahmen.** Die Datenschutzaufsichtsbehörden sind dazu befugt, zu **allen im Zusammenhang mit dem Schutz personenbezogener Daten stehenden Fragen** von sich aus oder auf Anfrage Stellungnahmen an das nationale Parlament, die Regierung des Mitgliedstaats oder im Einklang mit dem Recht des Mitgliedstaats an sonstige Einrichtungen und Stellen sowie an die Öffentlichkeit zu richten. Diese Aufgaben wurden ihnen in Art. 57 Abs. 1 lit. b, c und d zugewiesen. Die Befugnis bezieht sich damit auf einen breiten Adressatenkreis und betrifft alle für den Datenschutz relevanten Materien, eine hinreichende **Bestimmtheit** lässt sie dagegen vermissen.

129 Hinsichtlich der beratenden Stellungnahmen gegenüber Parlamenten und der Regierung stellt diese Befugnis eine Verbesserung zur vorherigen Rechtslage dar, so sind die Datenschutzaufsichtsbehörden nicht davon abhängig, auf eine entsprechende „Konsultation" in Form von Anhörungen zu warten, sondern können von sich aus **proaktiv** Stellungnahmen abgeben. Dadurch gelingt es den Datenschutzaufsichtsbehörden sich effektiver im Rahmen von Gesetzgebungsverfahren einzubringen (Art. 57 Rn. 50 ff.) und ihre **Überwachungsfunktion** frühzeitig auszuüben.[126]

130 Durch die explizite Ausgestaltung als Befugnis ist es den Datenschutzaufsichtsbehörden künftig möglich, auch grundrechtsintensive **Warnungen** bzgl. bestimmter datenverarbeitender Geschäftspraktiken der Öffentlichkeit gegenüber auszusprechen. Nach vorheriger Rechtslage bestand diese Befugnis nicht explizit, sondern wurde aus der Aufgabe der Datenschutzaufsichtsbehörden i.V.m. Schutzpflichten hergeleitet.[127]

131 Aufgrund der Befugnis dürfte die Begrenzung bestehen, diese Empfehlungen nur im Rahmen der Zuständigkeit nach Art. 55, 56 auszusprechen.[128] Die durch Rechtsprechung tradierten Grenzen sollten beachtet werden und Warnungen im Rahmen von Stellungnahmen an die Öffentlichkeit erst dann ausgesprochen werden, wenn ein hinreichend gewichtiger Datenschutzverstoß besteht und die mit der Warnung einhergehenden Werturteile in den **Grenzen der Sachlichkeit** verbleiben und auf einem ausreichend untersuchten und gewürdigten Tatsachenkern beruhen.[129] Für dieses Gebot der Sachlichkeit streitet auch der ErwG 129 S. 5.[130]

132 Grundsätzlich ist es für die Aufsichtspraxis in der Bundesrepublik Deutschland sicher begrüßenswert, dass in Hinblick auf Warnungen der Öffentlichkeit eine Befugnis besteht.[131] Aufgrund der unbestimmten und **generalklauselartigen** Ausgestaltung der

---

126 Eine „willkürliche Konsultation" sollte damit nicht mehr befürchtet werden müssen, vgl. Kühling/Buchner-*Boehm* Art. 57 Rn. 16.
127 St. Rspr. BVerfG NJW 1989, 3269, 3270 – Transzendentale Meditation; *BVerfG* v. 26.6.2002 – 1 BvR 558/91, 1 BvR 1428/91, BVerfGE 105, 252, 49 ff.
128 A.A. Sydow-*Ziebarth* Art. 58 Rn. 88. Dies hätte in dem streitgegenständlichen Fall des *OVG Schleswig–Holstein* dazu geführt, dass die Warnung mangels Zuständigkeit rechtswidrig gewesen wäre, vgl. *OVG Schleswig-Holstein* v. 28.2.2014 – 4 MB 82/13 (*VG Schleswig*), ZD 2014, 536. Zu den Zuständigkeiten der Aufsichtsbehörden nach der vorherigen Rechtslage grundlegend *Kranig* ZD 2013, 550.
129 Vgl. zu den Grundsätzen *VG Schleswig* v. 5.11.2013 – 8 B 50/13, ZD 2014, 102 mit Anm. *Abel*; ebenfalls Simitis/Hornung/Spieker gen. Döhmann-*Polenz* Art. 58 Rn. 54, Gola-*Nguyen* Art. 58 Rn. 23.
130 Ehmann/Selmayr-*Selmayr* Art. 58 Rn. 32.
131 So zumindest Paal/Pauly-*Körffer* Art. 58 Rn. 29.

Befugnis sollten die bereits in der Rechtsprechung ausgebildeten Grundsätze weiterhin in die Aufsichtspraxis einfließen, damit die Befugnis „im Einklang mit dem Recht des Mitgliedstaats" (letzter Hs.) ausgeübt wird.

Dass den Datenschutzaufsichtsbehörden nach der DS-GVO vielfältige Befugnisse zur Verfügung stehen, um Datenschutzverstöße zu untersuchen und mittels Abhilfebefugnissen zu unterbinden, muss im Rahmen der Verhältnismäßigkeit berücksichtigt werden. Ein **öffentliches Anprangern**, das sich intensiv auf den eingerichteten und ausgeübten Gewerbebetrieb nach Art. 12 und Art. 14 GG auswirkt,[132] sollte erst dann Mittel der Datenschutzaufsichtsbehörden sein, wenn andere Maßnahmen oder Einwirkungen **fruchtlos** blieben. 133

c) Genehmigung der Verarbeitung durch öffentliche Stellen. Durch die Öffnungsklausel aus Art. 36 Abs. 5 besteht für die Mitgliedstaaten die Möglichkeit für bestimmte Verarbeitungsvorgänge, von denen ein voraussichtlich hohes Risiko für die Rechte und Freiheiten natürlicher Personen ausgeht, zur Erfüllung einer im öffentlichen Interesse liegenden Aufgabe, Verarbeitungen zum Zwecke der **sozialen Sicherheit und öffentlichen Gesundheit** eine Genehmigungspflicht vorzusehen. 134

Im BDSG hat der Bundesgesetzgeber von dieser Öffnungsklausel bislang keinen Gebrauch gemacht. 135

d) Verhaltensregeln. Nach Art. 58 Abs. 3 lit. d sind die Datenschutzaufsichtsbehörden befugt, zu Entwürfen von Verhaltensregeln Stellungnahmen abzugeben und sie gem. Art. 40 Abs. 5 zu billigen.[133] 136

Art. 40 Abs. 5 S. 2 regelt die Ausgestaltung der Stellungnahme. Von ihr umfasst ist die Entscheidung, ob der Entwurf der Verhaltensregeln bzw. der Entwurf zu deren Änderung oder Erweiterung mit den Vorgaben der DS-GVO im Einklang steht und ausreichend geeignete Garantien bietet. Dass die Datenschutzaufsichtsbehörden in Art. 58 Abs. 3 lit. d die Verhaltensregeln „billigen" statt sie wie in Art. 40 Abs. 5 zu „genehmigen" stellt einen Übersetzungsfehler dar, die Wertung ist damit dieselbe.[134] 137

Betreffen die Verhaltensregeln Datenverarbeitungsvorgänge in mehreren Mitgliedstaaten, muss gem. Art. 64 Abs. 1 S. 2 lit. b ein Kohärenzverfahren durchgeführt werden. 138

Betreffen die Verhaltensregeln mehrere Zuständigkeitsbereiche von Datenschutzaufsichtsbehörden in einem Mitgliedstaat, erlässt die nach Art. 55, 56 für den Verband zuständige Aufsichtsbehörde den feststellenden Verwaltungsakt.[135] Dessen Bindungswirkung gegenüber den anderen Aufsichtsbehörden ist nicht geklärt. Ein **„kleines Kohärenzverfahren"** im Sinne des § 18 BDSG könnte angezeigt sein. Je nachdem, wie weitreichend die Verhaltensregeln sind, kann sich eine Abstimmungsbedürftigkeit aus dem Gebot der Kooperation (ErwG 123) ergeben. Diesem könnte z.B. im Rahmen der erforderlichen Stellungnahme Rechnung getragen werden, die den weiteren Datenschutzaufsichtsbehörden eines Mitgliedstaats zur Kenntnis gegeben wird. 139

---

132 Gola-*Nguyen* Art. 58 Rn. 23.
133 Siehe Guidelines 1/2019 on Codes of Conduct and Monitoring Bodies under Regulation 2016/679 des EDSA.
134 In der englischen Fassung nutzen beide Vorschriften „approve".
135 Dabei ist nicht eindeutig, inwieweit eine gebundene Entscheidung der Aufsichtsbehörde besteht oder sie ein Ermessen hat, vgl. *Spindler* ZD 2016, 407, 408.

140 Die Genehmigung der Verhaltensregeln durch die Datenschutzaufsichtsbehörde soll zur Rechtssicherheit beitragen. Dies setzt das Einhalten der Verhaltensregeln voraus. Die Feststellung eines Datenschutzverstoßes ist grundsätzlich möglich, wenn ein Sachverhalt besteht, der nicht von den Verhaltensregeln erfasst ist.[136] Dann ist die Datenschutzaufsichtsbehörde befugt, die **Genehmigung zu widerrufen** und sollte deswegen regelmäßig Überprüfungen anstellen.

141 **e) Akkreditierung von Zertifizierungsstellen.** Die Datenschutzaufsichtsbehörden sind befugt, die in Art. 43 genannten Stellen zu akkreditieren, sofern die Mitgliedstaaten dies vorsehen. § 39 BDSG regelt insoweit, dass die für die datenschutzrechtliche Aufsicht über die Zertifizierungsstelle zuständige Aufsichtsbehörde des Bundes oder der Länder die Befugnis zur Zertifizierung erteilt. Dies soll auf der Grundlage einer Akkreditierung durch die Deutsche Akkreditierungsstelle erfolgen. Laut der Gesetzesbegründung wird so gewährleistet, dass bundesweit nach **einheitlichen Kriterien** akkreditiert wird.[137]

142 Die Anwendbarkeit von § 4 Abs. 3 AkkStelleG soll sicherstellen, dass die zuständige Datenschutzaufsichtsbehörde in den Akkreditierungsprozess involviert wird und eine Akkreditierung nur im **Einvernehmen** mit ihr und nach Maßgabe ihrer Kriterien erfolgt.

143 **f) Erteilung von Zertifizierungen.** Grundsätzlich sind die Datenschutzaufsichtsbehörden auch befugt, selbst Verantwortliche zu zertifizieren gem. Art. 42 Abs. 5. Daneben erhalten sie die explizite Befugnis, gem. Art. 42 Abs. 5, Art. 57 Abs. 1 lit. n die Kriterien zu genehmigen, die für eine Zertifizierung von der Zertifizierungsstelle erfüllt werden müssen.[138] Die deutschen Datenschutzaufsichtsbehörden sehen von eigenen Zertifizierungen ab und nehmen lediglich die Akkreditierung entsprechender Stellen vor.

144 Dazu kann ein Kohärenzverfahren gem. Art. 63, Art. 64 Abs. 1 S. 2 lit. c zur Anwendung kommen.

145 **g) Festlegen von Standarddatenschutzklauseln.** Die Standarddatenschutzklauseln, die Datenschutzaufsichtsbehörden sowohl nach Art. 28 Abs. 8 als auch nach Art. 46 Abs. 2 lit. d festlegen können, werden ebenfalls verbindlich genehmigt.

146 Die Aufgabe und Befugnis betrifft damit nicht nur die Festlegung und Gestaltung dieser Klauseln, sondern auch die Feststellung der Verbindlichkeit der Entscheidung gegenüber dem Verantwortlichen.

147 **h) Genehmigung von Vertragsklauseln.** Entsprechend der Aufgabe der Datenschutzaufsichtsbehörden nach Art. 57 Abs. 1 lit. r, die Vertragsklauseln gem. Art. 46 Abs. 3 zu genehmigen, ist sie auch befugt dies zu tun.

---

136 *Spindler* ZD 2016, 407, 412.
137 BT-Drucks. 18/11325, S. 106. Der EDSA hat bereits Leitlinien für die Akkreditierung von Zertifizierungsstellen ausgearbeitet, siehe Guidelines 4/2018 on the accreditation of certification bodies under Article 43 of the General Data Protection Regulation (2016/679) – Annex 1.
138 Siehe Guidelines 1/2018 on certification and identifying certification criteria in accordance with Articles 42 and 43 of the Regulation 2016/679.

i) Genehmigung von Verwaltungsvereinbarungen. Die Datenschutzaufsichtsbehör- 148
den sind befugt, **Verwaltungsvereinbarungen** im Sinne von Art. 46 Abs. 3 lit. b zu
genehmigen. Diese Vereinbarungen binden nicht die beteiligten Behörden und sie
können nicht gegeneinander durchgesetzt werden. Vielmehr handelt es sich dabei um
Selbstbindungen im Sinne eines „Memorandum of Understanding".[139] Zu beachten ist,
dass die Rechte der betroffenen Personen berücksichtigt werden und durch **Rechtsbehelfe** bzw. durch einen **Rechtsweg** garantiert werden. Dies wird einen bedeutsamen
Teil der aufsichtsbehördlichen Beratungen im Vorfeld der Genehmigung der Verwaltungsvereinbarungen darstellen.[140]

j) Genehmigung verbindlicher interner Vorschriften. Der Genehmigungsvorbehalt 149
bei verbindlichen internen Vorschriften wird bereits dezidiert in Art. 47 geregelt.
Bedeutsam ist, dass die Genehmigung sich lediglich auf die **Feststellung** bezieht, dass
die **Binding Corporate Rules** im Einklang mit den Vorgaben der DS-GVO geeignete
Garantien für die Datenübermittlung in Drittländer darstellen. Die Datenübermittlung an sich wird dadurch nicht legitimiert.

Die feststellende Wirkung des Verwaltungsaktes bezieht sich nur auf die internen ver- 150
bindlichen Vorschriften an sich.

V. Der Rechtsrahmen der Befugnisausübung (Abs. 4)
1. Zweck. Im Rahmen der Ratsverhandlungen wurde Abs. 4 in die Vorschrift einge- 151
fügt, der teils als Rechtsstaatlichkeitsklausel bezeichnet wird.[141] Die Befugnisse sollen
demnach vorbehaltlich geeigneter Garantien und wirksamer Rechtsbehelfe und ordnungsgemäßer Verfahren gem. dem Unionsrecht und dem Recht des Mitgliedstaats im
Einklang mit der Charta ausgeübt werden. Für die Organe der EU gelten diese
Grundzüge bereits aufgrund u.a. Art. 5 Abs. 4 und Art. 6 EUV. Jedoch wendet sich
Art. 58 Abs. 4 an die **Datenschutzaufsichtsbehörden der Mitgliedstaaten**. Der Europäische Datenschutzausschuss ist an rechtsstaatliche Grundsätze ebenfalls gebunden, die
insoweit aus dem Unionsrecht folgen.

Zweck der Regelung ist es insbesondere sicherzustellen, dass die in den Mitgliedstaa- 152
ten bestehenden **Verfahrenssicherungen** Anwendung finden.[142] Der Vorbehalt betrifft
in der Bundesrepublik Deutschland das deutsche Verwaltungsverfahrensrecht und das
Verwaltungsvollstreckungsrecht, wenn und soweit es die Datenschutzaufsichtsbehörden bei dem Erlass von Verwaltungsakten zu beachten haben.[143] Die unterschiedlichen Verfahrensvorschriften der Mitgliedstaaten erweisen sich als Erschwernis für
eine zügige und inhaltlich europäisierte Verwirklichung des Datenschutzrechts. Sie
sind strikt auf ihre Notwendigkeit zur Sicherstellung rechtsstaatlicher Grundprinzipien zu prüfen.

---

139 Ehmann/Selmayr-*Zerdick* Art. 46 Rn. 16–17.
140 BeckOK DatenSR-*Lange/Filip* Art. 46 Rn. 67, die Präzisierungsbedarf durch die Datenschutzaufsichtsbehörden sehen.
141 Kühling/Buchner-*Boehm* Art. 58 Rn. 10, Rats-Dok. Nr. 68335 v. 9.3.2015.
142 Maßgeblich dazu *EuGH* v. 1.10.2015 – C–230/14, ECLI:EU:C:2015:639; ZD 2015, 580 mit
 Anm. *Karg* – Weltimmo, Rn. 50.
143 Zur zwangsweisen Durchsetzung eines aufsichtsbehördlichen Auskunftsanspruchs *VG
 Mainz* v. 9.5.2019 – 1 K 760/8.MZ, ZD 2020, 171.

153 2. **Verfahrensgarantien.** Das Recht auf Anhörung, das Recht auf ein transparentes Verfahren (insb. Schriftformerfordernis) und die Wahrung des Verhältnismäßigkeitsprinzips werden gesondert in ErwG 129 und ErwG 148 erwähnt. Sie sind bereits in dem VwVfG für die nationalen Datenschutzaufsichtsbehörden der Bundesrepublik Deutschland vorgeschrieben.

154 Die Garantie eines rechtsstaatlichen Verfahrens gebietet es auch, keine Auskünfte zu verlangen, durch die der Auskunftsgegebene sich einer Straftat bezichtigt („**nemo tenetur se ipsum accusare**").[144] Dieser Grundsatz wurde in § 40 Abs. 3 S. 2 BDSG im Rahmen des Auskunftsrechts der Aufsichtsbehörden gegenüber nichtöffentlichen Stellen ausdrücklich geregelt. Damit wurde die Regelung aus § 38 Abs. 3 BDSG a.F. beibehalten.

155 Bei der Ausübung der Befugnis nach Art. 58 Abs. 2 lit. g – Verhängung von Geldbußen – ist insbesondere der Grundsatz „**ne bis in idem**" zu beachten, indem kein Verstoß doppelt sanktioniert wird. Fraglich ist, ob sich dieser Grundsatz auch bei gemeinsamen Verantwortlichen oder im Verhältnis von Auftragsverarbeiter und Auftraggeber auswirkt. Stärkere Berücksichtigung wird der Grundsatz bei der Verhängung von Geldbußen gem. Art. 83 finden.

156 3. **Vorverfahren i.S.d. § 16 Abs. 1 S. 2–4 BDSG.** Bezüglich des beanstandungsähnlichem Vorverfahrens im Sinne des § 16 Abs. 1 S. 2–4 BDSG (siehe oben Rn. 84 f.) hat der Bundesgesetzgeber von der Öffnungsklausel gem. Art. 58 Abs. 4 Gebrauch gemacht.[145] Das in der Gesetzesbegründung angeführte Argument, dass dadurch sich **widersprechende Maßnahmen** der Fachaufsicht und der Datenschutzaufsicht vermieden werden können,[146] liegt zunächst aus praktischer Sicht nahe.

157 Fraglich ist, ob die **Grenze der Öffnungsklausel** unzumutbar überschritten wurde. Die Befugnisse der Datenschutzaufsichtsbehörden dürfen durch die Regelung von Verfahrensrechten und Rechtsbehelfen nicht ausgehöhlt werden.[147] Zweifelhaft ist insbesondere, ob die Regelung überhaupt in den Anwendungsbereich des Art. 58 Abs. 4 fällt. Dann müsste durch die unmittelbare Ausübung von Befugnissen der/ dem Bundesbeauftragten gegenüber den öffentlichen Stellen des Bundes ohne die Mitteilung an die Fachaufsicht verfahrensrechtliche Garantien missachtet werden. Aufgrund der Stellung der Datenschutzaufsichtsbehörden als **besondere Rechtsaufsicht** und deren Unabhängigkeit, sind sie nicht an Weisungen der Fachaufsicht oder deren Rechtsauffassungen gebunden und es sind keine derartige Rücksichtnahmen oder Absprachen geboten.[148] Es besteht kein rechtsstaatlicher Grundsatz, insbesondere keine Kollision von Hoheitsbereichen, die eine nacheinander geschaltete Befugnisausübung oder Koordinierung der Maßnahmen erfordern.

158 Zwar wird bzgl. der Ausübung der Befugnisse maßgeblich **verfahrenstechnisch interveniert**, jedoch wird durch die Rückausnahmen der Gefahr in Verzug oder des überwiegenden bzw. zwingenden öffentlichen Interesses gewährleistet, dass die Datenschutzaufsichtsbehörden ausreichend ihre Funktion der effektiven Rechtsdurchsetzung ausüben können.

---

144 Ehmann/Selmayr-*Selmayr* Art. 58 Rn. 6.
145 BT-Drucks. 18/11325, S. 88.
146 BT-Drucks. 18/11325, S. 88.
147 *Kühling/Martini* Die Datenschutz-Grundverordnung und das nationale Recht, S. 197.
148 Ebenfalls kritisch Sydow-*Ziebarth* Art. 58 Rn. 124.

4. Rechtsschutz der Verantwortlichen. – a) Klagebefugnis der Verantwortlichen. Die 159
Regelung des Art. 78 Abs. 1 und 2 garantiert den Verantwortlichen **ausreichende Rechtsschutzmöglichkeiten** gegen sie belastende Maßnahmen i.S.d. Art. 58 Abs. 1– Abs. 3. Der ErwG 143 stellt dazu klar, dass dieses Recht nur rechtlich bindende Maßnahmen der Aufsichtsbehörden umfasst und nicht z.b. von ihr abgegebene Stellungnahmen oder Empfehlungen. Örtlich zuständig für Klagen sind die Gerichte des Mitgliedstaats, in dem die Aufsichtbehörde ihren Sitz hat. Auch sie sollen im Einklang mit dem Verfahrensrecht dieses Mitgliedstaats durchgeführt werden. In Deutschland sind dies die Verwaltungsgerichtsordnung und ihre Ausführungsgesetze.

Das Recht auf wirksamen Rechtsbehelf gegen eine Aufsichtsbehörde gem. Art. 78 160
Abs. 1 gilt nach dem Wortlaut nicht für öffentliche Stellen, da der Wortlaut nur natürliche und juristische Personen als Klagegegner aufführt. Auch Behörden können Adressaten belastender Verwaltungsakte sein. Diesen muss ebenfalls ein Rechtsweg eröffnet werden zur Überprüfung der in ihre Rechte eingreifenden Verwaltungsakte.[149] Die flächendeckende Durchsetzung der Datenschutz-Grundverordnung sollte sich in **flächendeckenden Rechtsschutzmöglichkeiten** der Verantwortlichen fortsetzen.

b) Anordnung der sofortigen Vollziehung. Der Bundesgesetzgeber hat durch eine 161
weitere Regelung von der Öffnungsklausel des Art. 58 Abs. 4 Gebrauch gemacht. Die Befugnisse, bzw. deren Durchsetzung und Vollzug werden durch § 20 Abs. 7 BDSG dahingehend eingeschränkt, dass die Aufsichtsbehörde, sofern sie gegenüber einer anderen Behörde tätig wird, keine sofortige Vollziehung anordnen kann.

Begründet wird dies mit der Gleichrangigkeit der Verwaltungsbehörden und dem 162
Fehlen eines Über-/Unterordnungsverhältnisses.[150] Nach den Grundsätzen der effektiven Rechtsdurchsetzung und dem Verständnis der Datenschutzaufsichtsbehörden als besondere Rechtsaufsicht (Rn. 32) überzeugt die Annahme einer derartigen Gleichartigkeit nicht.[151] Vielmehr sind die Datenschutzaufsichtsbehörden im Verhältnis zu verantwortlichen öffentlichen Stellen als übergeordnete Aufsichtsbehörden anzusehen. Durch die Ausschließung des Befugnis, die sofortige Vollziehung anzuordnen, werden die Datenschutzaufsichtsbehörden in ihrer Funktion durch nationales Recht in unionsrechtswidriger Weise beschnitten.[152]

VI. Rechtsschutz der Datenschutzaufsichtsbehörden (Abs. 5)

1. Hintergrund. Bereits im Kommissionsentwurf war der Abs. 5 vorgesehen. Er 163
wurde im Rahmen der Ratsverhandlungen dahingehend ergänzt, dass das Recht, Verstöße den Justizbehörden zur Kenntnis zu bringen, nicht unmittelbar aus dem Unionsrecht folgt, sondern durch die Mitgliedstaaten mittels Rechtsvorschriften geregelt werden muss.[153]

---

149 Ebenfalls Kühling/Buchner-*Bergt* Art. 78 Rn. 8; Paal/Pauly-*Körffer* Art. 78 Rn. 2.
150 Gesetzesbegründung BT-Drucks. 18/11325, S. 93.
151 Siehe auch Gola/Heckmann-*Lapp* § 20 BDSG Rn. 19.
152 So auch Paal/Pauly-*Frenzel* § 20 BDSG Rn. 13, Kühling/Buchner-*Bergt* § 20 BDSG Rn. 15 f., *Gola/Heckmann* § 20 LappBDSG Rn. 18; a.A. Schantz/Wolff-*Wolff* Das neue Datenschutzrecht, Rn. 1098, 1099, die keine verfassungsrechtlichen oder europarechtlichen Bedenken gegen die gesamte Vorschrift des § 20 BDSG haben.
153 Kühling/Buchner-*Boehm* Art. 58 Rn. 10; Rats-Dok. Nr. 68335 v. 9.3.2015.

164 Durch diese obligatorische Öffnungsklausel müssen die Mitgliedstaaten Regelungen treffen, die die Datenschutzaufsichtsbehörden dazu befähigen, **Verstöße gegen die DS-GVO den Justizbehörden** anzuzeigen und „ggf." **gerichtlich** geltend machen zu können. Je nach Interpretation des Worts „ggf." soll damit den Datenschutzaufsichtsbehörden ein Klagerecht gegeben werden.[154] Nach anderer Ansicht sind die Datenschutzaufsichtsbehörden bei gerichtlichen Verfahren zu beteiligen (i.S.d. Art. 58 Abs. 4), z.B. als Beklagte, wenn der Verantwortliche sich gegen einen gegen ihn gerichteten Beschluss zur Wehr setzt.[155]

165 **2. Ansatz der Öffnungsklausel und Gestaltungsmöglichkeiten. – a) Rügemöglichkeit der Angemessenheitsentscheidungen der Europäischen Kommission.** Ein solches Klagerecht der Datenschutzaufsichtsbehörden sieht der EuGH bereits in seiner „Safe Harbor"-Entscheidung für zwingend erforderlich an. Dieses Klagerecht betrifft die Überprüfung von Entscheidungen der Kommission. Diese sind nur dann einer Rechtmäßigkeitskontrolle zugänglich, wenn ein nationales Gericht dem EuGH diese Überprüfung zur Entscheidung vorlegt.[156]

166 Nunmehr sieht § 21 Abs. 1 BDSG für die Datenschutzaufsichtsbehörden im Hinblick auf die Rechtswidrigkeit von „einem Angemessenheitsbeschluss der Europäischen Kommission, einen Beschluss über die Anerkennung von Standardschutzklauseln oder über die Allgemeingültigkeit von genehmigten Verhaltensregeln, auf dessen Gültigkeit es für eine Entscheidung der Aufsichtsbehörde ankommt" ein **Klagerecht vor dem BVerwG** vor.[157]

167 Die Öffnungsklausel des Art. 58 Abs. 5 betrifft allerdings darüber hinaus auch Möglichkeiten, Rechtsbehelfe gegen jeden Datenschutzverstoß zu ergreifen.[158] Auch in diesem Zusammenhang kann die Einleitung eines gerichtlichen Verfahrens vorgesehen werden.

168 **b) Feststellungsklage gegen öffentliche Stellen und Behörden.** Für den Fall, dass keine Regelungen von dem Mitgliedstaat getroffen werden, die die Durchsetzung der Befugnisse auch gegenüber öffentlichen Verantwortlichen gewährleisten (siehe oben Rn. 34), müssen die Datenschutzaufsichtsbehörden zumindest andere rechtliche Instrumente zur Durchsetzung von Maßnahmen erhalten. Dies kann die **Feststellungsklage** sein, wenn und soweit ein Rechtsverhältnis besteht.

169 **c) Beteiligung der Datenschutzaufsichtsbehörden im Ordnungswidrigkeitenverfahren zur Verhängung von Geldbußen.** Bezüglich der Verfahren zur Verhängung von Geldbußen mussten mitgliedstaatliche Regelungen geschaffen werden, die die **Beteiligung** der Datenschutzaufsichtsbehörden im Ordnungswidrigkeitenverfahren

---

154 Dazu *Kühling/Martini u.a.* Die Datenschutz-Grundverordnung und das nationale Recht, S. 199, die in § 17 AGVWGO Rlp eine vergleichbare Klagebefugnis einer Aufsichtsbehörde sehen.
155 Gola-*Nguyen* Art. 58 Rn. 29.
156 *EuGH* v. 6.10.2015 – C-362/14, ECLI:EU:C:2015:650, Rn. 60 ff.
157 Ausf. zu den unterschiedlichen Rechtsschutzkonstellationen bzgl. rechtswidriger Angemessenheitsentscheidungen Schantz/Wolff-*Wolff* Das neue Datenschutzrecht, Rn. 1014; vgl. *Kugelmann* ZD 2020, 76, 77.
158 Dazu *Kühling/Martini u.a.* Die Datenschutz-Grundverordnung und das nationale Recht, S. 199.

sichern, sobald dieses in ein Gerichtsverfahren mündet.[159] Durch das BDSG ist insoweit eine formelle Beteiligung im Fall der Einstellung durch die Staatsanwaltschaft vorgesehen, allerdings nur dahingehend, dass die Einstellung mit Zustimmung der den Bußgeldbescheid erlassenden Aufsichtsbehörde ergehen kann (§ 41 Abs. 2 S. 3 BDSG). Im gerichtlichen Verfahren wird ein solcher Einstellungsvorbehalt der Datenschutzaufsichtsbehörden hingegen nicht geregelt.

Art. 58 Abs. 5 soll die Durchsetzung der DS-GVO unter Wahrung der geeigneten Garantien erreichen; diesen Vorgaben wird durch die bislang geregelte Beteiligungsform im BDSG nicht ausreichend entsprochen. Denn es wird insbesondere der uneingeschränkten exekutiven Eigenständigkeit der Aufsichtsbehörde nicht ausreichend Rechnung getragen. Sie sollte direkte Beteiligte in den Gerichtsverfahren bzgl. der Ahndung von Datenschutzverstößen durch Geldbußen sein.[160]   **170**

Nach dem Verständnis der DS-GVO entspricht die Funktion der Datenschutzaufsichtsbehörde bei der Ahndung von Datenschutzverstößen der einer Verfolgungsbehörde. Sie trotzdem nicht als diese im Gerichtsverfahren zu beteiligen, steht nicht im Einklang mit der DS-GVO. Des Weiteren wird die Effektivität des Verfahrens dadurch beeinträchtigt, dass das Fachwissen und die Expertise der Datenschutzaufsicht auf diese Weise im gerichtlichen Verfahren nicht ausreichend eingebracht werden, obwohl dies die Qualität des gerichtlichen Verfahrens jedoch steigern würde.[161]   **171**

VII. Zusätzliche Befugnisse (Abs. 6)

1. Zweck. Die Öffnungsklausel des Abs. 6 ist erst im Rahmen der Trilog-Verhandlungen hinzugekommen und eröffnet den Mitgliedstaaten die Möglichkeit, die Aufsichtsbehörden mit zusätzlichen Befugnissen auszustatten.[162] Damit kann den **Rechtstraditionen in den Mitgliedstaaten** Rechnung getragen werden, die angesichts bisher unterschiedlich ausgestalteter Rollen und Rechtsstellungen der Datenschutzaufsichtsbehörden auch unterschiedliche Befugnisse mit sich brachten. In der Bundesrepublik Deutschland betrifft dies etwa die Beanstandung.[163]   **172**

Diese Gestaltungsmöglichkeiten der Mitgliedstaaten finden ihre **Grenzen** zum einen in den Aufgaben der Datenschutzaufsichtsbehörden, die detailliert in Art. 57 Abs. 1 aufgeführt sind. In Entsprechung des Art. 57 Abs. 1 lit. v sollten sie dem Schutz personenbezogener Daten dienen. Davon sind keine Befugnisse bzw. die Ausweitung von Befugnissen zugunsten anderweitigen Grundrechtsschutzes umfasst.[164] Dabei dürfen diese zusätzlichen Befugnisse nicht die „effektive Durchführung des Kapitels VII   **173**

---

159 Gola-*Ngyen* Art. 58 Rn. 22, a.A. *Dieterich* ZD 2016, 260, 265.
160 *Schönefeld/Thomé* PinG 03.17, 126, 128.
161 *Schönefeld/Thomé* PinG 03.17, 126, 128.
162 Kühling/Buchner-*Boehm* Art. 58 Rn. 11.
163 Anstatt als Verfahrensvoraussetzung i.S.d. § 16 Abs. 1 BDSG, hätte diese auch als für sich stehende Befugnis im Rahmen der Öffnungsklausel des Art. 58 Abs. 6 geregelt werden können, wie es vereinzelte Landesdatenschutzgesetze vorsehen.
164 Vereinzelte Landesdatenschutzgesetze fassen z.B. Kameraattrappen unter den Schutzgehalt der Regelungen zur Videoüberwachung durch öffentliche Stellen. Diese verarbeiten jedoch keine personenbezogenen Daten. Eine Regelung zur Zulässigkeit des Verwendens von Kameraattrappen würde damit nicht im Einklang mit der Öffnungsklausel des Art. 58 Abs. 6 stehen.

beeinträchtigen."¹⁶⁵ Dies betrifft die Ausweitung von Abhilfebefugnissen auf andere Hoheitsgebiete, die den Verfahren nach Art. 60 ff. vorbehalten bleiben.

174 **2. Weitere Befugnisse nach dem BDSG. – a) Auskunftsverpflichtung und Auskunftsverweigerung.** In dem BDSG wurde von dem Bundesgesetzgeber die Öffnungsklausel dahingehend genutzt, dass die anders akzentuierten bzw. ausgestalteten Befugnisse, wie die Auskunftsverpflichtung, dem Grunde nach beibehalten werden. So bestehen die Auskunftsverpflichtung und der Auskunftsverweigerungsanspruch fort (vgl. § 40 Abs. 4 BDSG).

175 **b) Abberufung des Datenschutzbeauftragten durch die Datenschutzaufsichtsbehörden.** Eine weitere ausdrücklich geregelte Befugnis betrifft das „Verlangen" der **Abberufung** von Datenschutzbeauftragten (§ 40 Abs. 5 BDSG). Eine solche Befugnis bestand bereits nach der vorherigen Rechtslage (vgl. § 38 Abs. 5 S. 3 BDSG a.F.).¹⁶⁶ Diese Befugnis besteht nur im nichtöffentlichen Bereich und betrifft damit zuvörderst die Aufsichtsbehörden der Länder. Sie steht nach dem BDSG der oder dem Bundesbeauftragten nicht gegenüber den öffentlichen Stellen zur Verfügung.¹⁶⁷

176 Der **Zweck** der Regelung liegt in der Vermeidung von Schutzdefiziten bzgl. der Zulässigkeit der Datenverarbeitung, die entstehen können, wenn ein Datenschutzbeauftragter seine Funktion nicht erfüllt. Gegenüber dem Verantwortlichen ist der Datenschutzbeauftragte vor einer Abberufung grundsätzlich geschützt (Art. 38 Abs. 3 S. 2). Dadurch wird die Unabhängigkeit des Datenschutzbeauftragten gesichert, die er benötigt, um die Aufgaben des Art. 38 effektiv wahrnehmen zu können. Gerade wegen dieser Verantwortung für die Überwachung der Datenverarbeitung und damit über die personenbezogenen Daten vieler betroffener Personen, sollen Mechanismen vorgesehen werden, die es ermöglichen, den Datenschutzbeauftragten im Falle nachweislich fehlender Sachkunde oder im Falle eines schwerwiegenden Interessenkonflikts abzuberufen.

C. Praxishinweise

I. Relevanz für öffentliche Stellen

177 Aufgrund der auch für öffentliche Stellen geltenden unmittelbaren Verpflichtungen der DS-GVO besteht nicht nur hoher Beratungsbedarf, sondern auch ein **Bedarf an Modifikationen** der Datenverarbeitungen.

178 Nach Art. 58 verfügen die Datenschutzaufsichtsbehörden über neue und stärker **eingreifende Befugnisse** auch gegenüber öffentlichen Stellen.¹⁶⁸ Sie können nicht nur als Berater auftreten, sondern verstärkt auch als Aufsicht.

---

165 Kühling/Buchner-*Boehm* Art. 58 Rn. 12.
166 BeckOK DatenSR-*Eichler* Art. 58 Rn. 46.
167 Eine Abberufung würde sich in diesem Zusammenhang gegenüber öffentlich-rechtlich Angestellten oder Bediensteten auch dienstrechtlich problematisch darstellen.
168 Kröger/Pilniok-*Spiecker gen. Döhmann* Unabhängiges Verwalten in der Europäischen Union, S. 107.

II. Relevanz für nichtöffentliche Stellen

Eine Reihe von Untersuchungs- und Abhilfebefugnissen gegenüber nichtöffentlichen Stellen haben sich gegenüber der vorherigen Rechtslage nicht grundlegend geändert. Allerdings gibt es auch Änderungen, deren wesentlichste die weitreichendere Befugnis darstellt, Geldbußen zu verhängen. Der Art. 58 führt aber zu einer geänderten Systematik, die auf die Ausübung der Befugnisse ausstrahlen wird. Neuerungen beinhalten die Beratungs- und Genehmigungsbefugnisse des Art. 58 Abs. 3. 179

Neuerungen können die **Verfahren und den Rechtsschutz** betreffen. Wenn und soweit Verwaltungsakte vorliegen, ist das einschlägige Verfahrensrecht anwendbar. Die Möglichkeiten, Rechtsbehelfe geltend zu machen, stellen den Ausgleich für den individuellen Rechtsschutz dar (Art. 47 GRCh). 180

III. Relevanz für betroffene Personen

Mit den durchsetzungsfähigeren Befugnissen wird der Grundrechtsschutz für die betroffenen Personen verbessert. Bedeutsam ist, dass die betroffene Person im Falle eines Beschwerdeverfahrens zwar einen Anspruch auf ein Tätigwerden der Behörde hat, dieses Recht jedoch nicht so weit reicht, dass die betroffene Person die **Ausübung einer bestimmten Befugnis** verlangen kann.[169] Dieses Ermessen verbleibt bei der Datenschutzaufsichtsbehörde. Die Klage gem. Art. 78 Abs. 2 bezieht sich darauf, dass die Datenschutzaufsichtsbehörden auf die Beschwerde einer betroffenen Person nach Art. 77 hin nicht tätig werden oder nicht ausreichend unterrichten. 181

IV. Relevanz für Aufsichtsbehörden

Mit den neuen Befugnissen erhalten die Aufsichtsbehörden ein Handlungsinstrumentarium wie es zuvor nicht bestand. Sie werden **erheblich gestärkt**. Der Grundrechtsschutz ist damit effektiver möglich; bei der Ausübung ist jedoch der freie Datenverkehr als zusätzliches Gewährleistungsziel der Datenschutzaufsichtsbehörden im Rahmen der Verhältnismäßigkeit zu beachten und die beiden Ziele sind in einen angemessenen Ausgleich zu bringen (Art. 57 Rn. 21). 182

Der Beratungsauftrag wird zuvörderst bei der neuen Ausrichtung der Datenschutzaufsichtsbehörden deutlich. Zahlreiche Befugnisse betreffen die Beratung der Verantwortlichen.[170] Die Beratung betrifft regelmäßig **unverbindliche Empfehlungen**. Verbindliche Maßnahmen erfolgen auf der Grundlage des Art. 58 Abs. 2 oder 3. 183

Im Rahmen einer **Neuausrichtung** ist der Ausübung der Befugnisse durch die Datenschutzaufsichtsbehörden Rechnung zu tragen. Sie können und müssen ihre Rolle neu finden. Deutlicher Anpassungsbedarf kommt hinsichtlich der Verhängung von Geldbußen und der Begleitung und Beratung der Akkreditierungs- und Zertifizierungsverfahren auf die Datenschutzaufsichtsbehörden zu. 184

V. Datenschutzmanagement

Die Befugnisse richten sich ausschließlich gegen den Verantwortlichen oder gegen den Auftragsverarbeiter, sofern dieser verantwortlich ist. Durch eine **angemessene interne Organisation** und die Einrichtung entsprechender Mechanismen der Daten- 185

---

169 Vgl. *VG Ansbach* v. 8.8.2019 – AN 14 K 19.00272; vgl. *Will* ZD 2020 97, 98.
170 Ausf. *Brink* ZD 2020, 59.

verarbeitung können Datenschutzverstöße und damit Abhilfemaßnahmen der Aufsicht **vermieden** werden.

186 Die Kooperation der **Datenschutzbeauftragten** mit den Datenschutzaufsichtsbehörden und die effektive Wahrnehmung der Überwachungs- und Beratungsaufgabe der Datenschutzbeauftragten spielt eine wichtige Rolle. Diesen Mehrwert sollten die Verantwortlichen erkennen und den Datenschutzbeauftragten entsprechend durch Stellung und Ressourcen befähigen und seine Weisungen umsetzen. Als Bindeglied zwischen der Datenschutzaufsichtsbehörde und dem Verantwortlichen kommt dem Datenschutzbeauftragten im Rahmen der Untersuchungen nach Art. 57 Abs. 1 die maßgebliche Rolle zu, den Informationsfluss zu gewährleisten.

VI. Geldbußen

187 Das Zuwiderhandeln gegen bestimmte Anweisungen der Datenschutzaufsichtsbehörden kann durch eine Geldbuße sanktioniert werden (Art. 83 Abs. 5 lit. e). Der Begriff der „Anweisung" ist dabei **weit auszulegen** und betrifft nicht nur die „Anweisungen", die explizit im Wortlaut enthalten sind, sondern alle verbindlichen Weisungen der Aufsichtsbehörde gem. Art. 58 Abs. 2 und Abs. 1.[171] Dabei handelt es sich – mit Ausnahme der Geldbuße nach Art. 58 Abs. 2 lit. i – um vollstreckbare Verwaltungsakte, die eine handlungsanweisende Rechtsfolge setzen.

188 Zu beachten ist, dass die Verhängung von Geldbußen bzgl. bestimmter Datenschutzverstöße anstelle aber auch zusätzlich zu den Anweisungs- und Anordnungsbefugnissen nach Art. 58 Abs. 2 erfolgen kann. Bei der Verhängung spielen Gesichtspunkte, die die Kooperation des Verantwortlichen bei der Untersuchung des Datenschutzverstoßes betreffen, eine Rolle (ErwG 148).

189 Bei den **Untersuchungsbefugnissen** betrifft dies gem. Art. 83 Abs. 5 lit. e Alt. 5 die Verweigerung des Zugangs der Aufsichtsbehörde zu Daten und Informationen sowie zu Geschäftsräumen und EDV-Anlagen (Art. 58 Abs. 1 lit. e und f). Die Verweigerung kann Geldbußen bis zu 20 000 000 EUR bzw. vier Prozent des gesamten weltweit erzielten Jahresumsatzes des vorangegangenen Geschäftsjahrs begründen, je nachdem, welcher der Beträge höher ist.[172]

190 Bei den **Abhilfebefugnissen** nach Art. 83 Abs. 5 lit. e Alt. 1–4 sind folgende Abhilfebefugnisse nach Art. 58 Abs. 2 mit einer Geldbuße bewehrt: die Missachtung oder das Zuwiderhandeln von Anweisungen der Aufsichtsbehörde zur Erfüllung von Betroffenenrechten (lit. c), zur datenschutzkonformer Anpassung von Verarbeitungsvorgängen (lit. d), zur Benachrichtigung der Betroffenen bei Datenschutzverstößen (lit. e), zur Beschränkung oder zum Verbot von Verarbeitungen (lit. f), zur Berichtigung, Löschung oder Sperrung und Unterrichtung der Empfänger (lit. g), zum Widerruf oder zur Nichterteilung von Zertifizierungen (lit. h), zur Aussetzung von Übermittlungen in Drittländer (lit. j).[173] Bei den Verstößen kann die Datenschutzaufsichtsbehörde Geldbußen bis 20 000 000 EUR bzw. vier Prozent des gesamten weltweit erzielten Jahresumsatzes des vorangegangenen Geschäftsjahrs verhängen.

---

171 Vgl. auch Kühling/Buchner-*Bergt* Art. 83 Rn. 108–109.
172 Ausf. dazu *Rost* RDV 2017, 13, 16.
173 Vgl. dazu auch die "Guidelines on the application and setting of administrative fines for the purposes of the Regulation 2016/679", vgl. WP 253/17/EN, S. 10, Fn. 8.

Anhang

§ 40 BDSG Aufsichtsbehörden der Länder

(1) Die nach Landesrecht zuständigen Behörden überwachen im Anwendungsbereich der Verordnung (EU) 2016/679 bei den nichtöffentlichen Stellen die Anwendung der Vorschriften über den Datenschutz.

(2) Hat der Verantwortliche oder Auftragsverarbeiter mehrere inländische Niederlassungen, findet für die Bestimmung der zuständigen Aufsichtsbehörde Artikel 4 Nummer 16 der Verordnung (EU) 2016/679 entsprechende Anwendung. Wenn sich mehrere Behörden für zuständig oder für unzuständig halten oder wenn die Zuständigkeit aus anderen Gründen zweifelhaft ist, treffen die Aufsichtsbehörden die Entscheidung gemeinsam nach Maßgabe des § 18 Absatz 2. § 3 Absatz 3 und 4 des Verwaltungsverfahrensgesetzes findet entsprechende Anwendung.

(3) Die Aufsichtsbehörde darf die von ihr gespeicherten Daten nur für Zwecke der Aufsicht verarbeiten; hierbei darf sie Daten an andere Aufsichtsbehörden übermitteln. Eine Verarbeitung zu einem anderen Zweck ist über Artikel 6 Absatz 4 der Verordnung (EU) 2016/679 hinaus zulässig, wenn

1. offensichtlich ist, dass sie im Interesse der betroffenen Person liegt und kein Grund zu der Annahme besteht, dass sie in Kenntnis des anderen Zwecks ihre Einwilligung verweigern würde,
2. sie zur Abwehr erheblicher Nachteile für das Gemeinwohl oder einer Gefahr für die öffentliche Sicherheit oder zur Wahrung erheblicher Belange des Gemeinwohls erforderlich ist oder
3. sie zur Verfolgung von Straftaten oder Ordnungswidrigkeiten, zur Vollstreckung oder zum Vollzug von Strafen oder Maßnahmen im Sinne des § 11 Absatz 1 Nummer 8 des Strafgesetzbuchs oder von Erziehungsmaßregeln oder Zuchtmitteln im Sinne des Jugendgerichtsgesetzes oder zur Vollstreckung von Geldbußen erforderlich ist.

Stellt die Aufsichtsbehörde einen Verstoß gegen die Vorschriften über den Datenschutz fest, so ist sie befugt, die betroffenen Personen hierüber zu unterrichten, den Verstoß anderen für die Verfolgung oder Ahndung zuständigen Stellen anzuzeigen sowie bei schwerwiegenden Verstößen die Gewerbeaufsichtsbehörde zur Durchführung gewerberechtlicher Maßnahmen zu unterrichten. § 13 Absatz 4 Satz 4 bis 7 gilt entsprechend.

(4) Die der Aufsicht unterliegenden Stellen sowie die mit deren Leitung beauftragten Personen haben einer Aufsichtsbehörde auf Verlangen die für die Erfüllung ihrer Aufgaben erforderlichen Auskünfte zu erteilen. Der Auskunftspflichtige kann die Auskunft auf solche Fragen verweigern, deren Beantwortung ihn selbst oder einen der in § 383 Absatz 1 Nummer 1 bis 3 der Zivilprozessordnung bezeichneten Angehörigen der Gefahr strafgerichtlicher Verfolgung oder eines Verfahrens nach dem Gesetz über Ordnungswidrigkeiten aussetzen würde. Der Auskunftspflichtige ist darauf hinzuweisen.

(5) Die von einer Aufsichtsbehörde mit der Überwachung der Einhaltung der Vorschriften über den Datenschutz beauftragten Personen sind befugt, zur Erfüllung ihrer Aufgaben Grundstücke und Geschäftsräume der Stelle zu betreten und

Zugang zu allen Datenverarbeitungsanlagen und -geräten zu erhalten. Die Stelle ist insoweit zur Duldung verpflichtet. § 16 Absatz 4 gilt entsprechend.

(6) Die Aufsichtsbehörden beraten und unterstützen die Datenschutzbeauftragten mit Rücksicht auf deren typische Bedürfnisse. Sie können die Abberufung der oder des Datenschutzbeauftragten verlangen, wenn sie oder er die zur Erfüllung ihrer oder seiner Aufgaben erforderliche Fachkunde nicht besitzt oder im Fall des Artikels 38 Absatz 6 der Verordnung (EU) 2016/679 ein schwerwiegender Interessenkonflikt vorliegt.

(7) Die Anwendung der Gewerbeordnung bleibt unberührt.

Übersicht

	Rn		Rn
A. Einordnung und Hintergrund	1	III. Unterrichtungsbefugnisse und Verschwiegenheitspflicht (§ 40 Abs. 3 S. 3 und 4 BDSG)	20
B. Kommentierung	5		
I. Zuständigkeitszuweisungen (§ 40 Abs. 1 und 2 BDSG)	5		
II. Zulässigkeit der Datenverarbeitung durch Aufsichtsbehörden (§ 40 Abs. 3 S. 1 und 2 BDSG)	6	IV. Auskunftsverpflichtung gegenüber der Aufsichtsbehörde (§ 40 Abs. 4 BDSG)	25
1. Datenverarbeitung zu Aufsichtszwecken	7	V. Zugangsbefugnis (§ 40 Abs. 5 BDSG)	31
2. Datenverarbeitung zu anderen Zwecken	12	VI. Verhältnis zum betrieblichen Datenschutzbeauftragten (§ 40 Abs. 6 BDSG)	35
a) Zulässigkeitstatbestände	13	1. Beratungspflicht	36
b) Öffnungsklausel	18	2. Abberufungsrecht	38
		VII. Anwendung der Gewerbeordnung (§ 40 Abs. 7 BDSG)	42

A. Einordnung und Hintergrund

1 § 40 Abs. 1 und 2 BDSG regeln Zuständigkeiten; Abs. 3–7 **konkretisieren** und **ergänzen** die **Befugnisse der Aufsichtsbehörden der Länder über nichtöffentliche Stellen**[1]. § 40 Abs. 3–7 BDSG ist daher stets im Zusammenhang mit Art. 58 zu lesen, der bestimmt, von welchen Untersuchungs- und Abhilfebefugnissen die Aufsicht grundsätzlich Gebrauch machen kann.

2 Die Regelung orientiert sich weitgehend an der **bisherigen Regelung** des § 38 BDSG a.F. Die Regelungen zur Amtshilfe (§ 38 Abs. 1 S. 5 BDSG a.F.), zum Beschwerderecht (§ 38 Abs. 1 S. 8 BDSG a.F.), zur Registerführung meldepflichtiger Datenverarbeitungen (§ 38 Abs. 2 BDSG a.F.), zum Einsichtsrecht geschäftlicher Unterlagen (§ 38 Abs. 4 S. 2 BDSG a.F.) und zu den Anordnungs- und Beseitigungsverfügungen (§ 38 Abs. 5 S. 1 und 2 BDSG a.F.) wurden aufgrund unmittelbar geltender Vorgaben der DS-GVO gestrichen. Ebenso wurde die Regelung der Bestimmung der zuständigen Aufsichtsbehörden durch die Landesregierungen (§ 38 Abs. 6 BDSG a.F.) nicht übernommen.[2]

---

1 Vgl. BT-Drucks. 18/11325, 108.
2 Vgl. BT-Drucks. 18/11325, 108.

Zentrale Öffnungsklausel für § 40 BDSG ist die Regelung des **Art. 58 Abs. 6**, der den Mitgliedstaaten gestattet den Aufsichtsbehörden über die Befugnisse des Art. 58 hinausgehende Rechte zu gewähren. Außerdem macht der Gesetzgeber in § 40 Abs. 3 BDSG von der Gestaltungsbefugnis im Art. 6 Abs. 1 lit. e, Abs. 2 und 3 sowie von den Befugnissen aus Art. 54 Abs. 2 und Art. 58 Abs. 5 Gebrauch.

3

Die Norm enthält **dogmatisch** mannigfaltige Bestimmungen. Erfasst sind neben Zuständigkeitsbestimmungen (Abs. 1 und 2), datenschutzrechtliche Erlaubnistatbestände (Abs. 3), Ermittlungsbefugnisse (Abs. 4 und 5) sowie typischerweise verwaltungsrechtliche Ermächtigungen (auch) zum Erlass von Verwaltungsakten (Abs. 3 und 6).

4

B. Kommentierung

I. Zuständigkeitszuweisungen (§ 40 Abs. 1 und 2 BDSG)

§ 40 BDSG enthält Vorgaben hinsichtlich der Frage, welche nationale Aufsichtsbehörde zuständig ist, wenn **rein innerstaatliche Sachverhalte** betroffen sind.

5

II. Zulässigkeit der Datenverarbeitung durch Aufsichtsbehörden (§ 40 Abs. 3 S. 1 und 2 BDSG)

Die Zulässigkeit der Datenverarbeitung durch die Aufsichtsbehörden der Länder bei der Wahrnehmung ihrer Aufgaben bestimmt sich neben den allgemeinen Bestimmungen vor allem anhand der **Erlaubnistatbestände** des § 40 Abs. 3 S. 1 und 2 BDSG.

6

1. Datenverarbeitung zu Aufsichtszwecken. § 40 Abs. 3 S. 1 Hs. 1 BDSG bestimmt, dass die Aufsicht die von ihr gespeicherten Daten (nur) zu Aufsichtszwecken verarbeiten darf. Enthalten ist insoweit sowohl ein Erlaubnistatbestand als auch eine Regelung zum erforderlichen Verarbeitungszweck.

7

Die Norm schafft einen **Zulässigkeitstatbestand** nur für die **Weiterverarbeitung** von bereits bei der Aufsicht **gespeicherten Daten**, da sie lediglich für diese konkrete Voraussetzungen enthält.[3] Insofern ist für die **Datenerhebung** auf allgemeine Zulässigkeitstatbestände zurückzugreifen.

8

Die für die Verarbeitung erforderliche **Voraussetzung** ist dem Wortlaut zufolge nicht dem Regelungsgehalt des Art. 5 Abs. 1 lit. b entsprechend die Bindung des Verarbeitungszwecks an den Erhebungszweck, sondern vielmehr eine **Bindung** des Verarbeitungszwecks **an den Aufsichtszweck** der Behörde.[4]

9

Die **Zwecke der Aufsicht** sind im § 40 BDSG nicht weiter konkretisiert und bestimmen sich insofern anhand einer Gesamtschau der Rechte und Pflichten der Aufsicht aus der DS-GVO, dem BDSG und den Landesdatenschutzgesetzen. Von der Ermächtigung umfasst sind damit insbesondere Datenverarbeitungsprozesse, die im

10

---

3 A.A. ohne nähere Begründung Taeger/Gabel-*Thiel* § 40 Rn. 15.
4 Ähnlich Kühling/Buchner-*Dix* § 40 Rn. 9; Taeger/Gabel-*Thiel* § 40 BDSG Rn. 15, die davon ausgehen, die Norm würde die prinzipielle Zweckbindung aus Art. 5 Abs. 1 lit. b wiederholen und auf alle bei der Behörde gespeicherten Daten ausweiten; a.A. Gola-Heckmann-*Gola* § 40 BDSG Rn. 9; Paal/Pauly-*Pauly* § 40 BDSG Rn. 10 die davon ausgehen, die Norm enthalte lediglich eine klarstellende Wiederholung der Zweckbindung.

Anhang Art. 58 / § 40 BDSG

Zuge der Aufgabenwahrnehmung aus Art. 57 sowie der Befugnisausübung aus Art. 58 durchgeführt werden.[5]

11 Nach § 40 Abs. 3 S. 1 Hs. 2 BDSG ist die Behörde im Zusammenhang mit ihrer Aufgabenerfüllung („hierbei") auch befugt, Daten an andere Aufsichtsbehörden zu übermitteln.[6] Die Norm enthält insofern einen **speziellen Erlaubnistatbestand** für die **Weiterverarbeitung in Form der Datenübermittlung an andere Aufsichtsbehörden** und damit ein gegenüber § 25 BDSG (der die Datenübermittlung durch öffentliche Stellen im Allgemeinen regelt) speziellere Rechtsgrundlage.

12 **2. Datenverarbeitung zu anderen Zwecken.** In § 40 Abs. 3 S. 2 BDSG bestimmt der Gesetzgeber, unter welchen Voraussetzungen die Behörde Daten „zu einem anderen Zweck" verarbeiten darf. Angesichts des Regelungsgehalts des S. 1 (vgl. Rn. 9) ist davon auszugehen, dass hiermit nicht ein vom Erhebungs- sondern vom Aufsichtszweck abweichender Zweck gemeint ist.[7] Die Norm enthält insofern einen **Erlaubnistatbestand** für die **Datenverarbeitung** durch die Aufsichtsbehörden, die **nicht der Datenschutzaufsicht dient**. Ein solche ist nach Abs. 3 S. 2 im Interesse der betroffenen Person (Nr. 1), zugunsten eines öffentlichen Interesses (Nr. 2) oder zur Verfolgung von Straftaten und Ordnungswidrigkeiten (Nr. 3) zulässig.

13 **a) Zulässigkeitstatbestände.** Nach § 40 Abs. 3 S. 1 **Nr. 1** BDSG ist eine Verarbeitung zu einem vom Aufsichtszweck abweichenden Zweck zulässig, wenn offensichtlich ist, dass sie im Interesse der betroffenen Person liegt und kein Grund zu der Annahme besteht, dass sie in Kenntnis des anderen Zwecks ihre Einwilligung verweigern würde. Insofern macht Nr. 1 die **mutmaßliche Einwilligung** zum Rechtfertigungstatbestand.[8]

14 Nach § 40 Abs. 3 S. 1 **Nr. 2** BDSG ist eine Verarbeitung zu einem vom Aufsichtszweck abweichenden Zweck zulässig, wenn sie zur Abwehr erheblicher Nachteile für das Gemeinwohl (Var. 1), einer Gefahr für die öffentliche Sicherheit (Var. 2) oder zur Wahrung erheblicher Belange des Gemeinwohls (Var. 3) erforderlich ist. Jede Variante erfordert hierbei eine Prüfung der **Erforderlichkeit**, d.h. eine **Interessenabwägung im Einzelfall**.[9]

15 **Var. 1 und 2** haben die **Abwehr** von erheblichen Nachteilen für das Gemeinwohl bzw. Gefahren für die öffentliche Sicherheit zum Gegenstand. Für die Abwehr von Gefahren für die öffentliche Sicherheit (Var. 2) kann auf die Definitionen des Polizeirechtes zurückgegriffen werden. Geschützt ist daher die Rechtsordnung in ihrer Gesamtheit, Einrichtungen und Veranstaltungen des Staates sowie Rechtsgüter des Einzelnen.[10] Da für eine Rechtfertigung nach Var. 1 die Abwehr von Nachteilen nicht ausreicht, vielmehr der Schutz vor erheblichen Nachteilen erforderlich ist,

---

5 Piltz § 40 BDSG Rn. 26.
6 So auch Kühling/Buchner-*Dix* § 40 BDSG Rn. 9.
7 Diese Auslegung steht auch im Einklang mit den Normen aus dem BDSG a.F. aus denen § 40 teils wortgleich übernommen wurde. Im § 38 a.F. wurde ebenfalls eine Zweckbindung an den Aufsichtszweck normiert und eine „entsprechende" Anwendung der Vorschriften über die Zweckänderung bestimmt.
8 So auch Paal/Pauly-*Pauly* § 40 BDSG Rn. 12.
9 Paal/Pauly-*Pauly* § 40 BDSG Rn. 16.
10 Vgl. Paal/Pauly-*Pauly* § 40 BDSG Rn. 18

wird Var. 1 in der Praxis wohl, trotz der des weiten Begriffes des Gemeinwohls, nur selten zur Anwendung kommen.[11]

Var. 3 normiert, anders als Var. 1 und 2, einen Rechtfertigungstatbestand für eine Datenverarbeitung zum **präventiven Schutz des Gemeinwohls**. Allerdings wird auch hier eine hohe Eingriffsschwelle in Form von „erheblichen Belangen" und damit eine hohe Hürde an die Zulässigkeit normiert.[12]   16

Nach § 40 Abs. 3 S. 1 **Nr. 3** BDSG ist eine Verarbeitung zu einem vom Aufsichts-   17
zweck abweichenden Zweck zulässig, wenn dies zur Verfolgung von **Straftaten** oder **Ordnungswidrigkeiten**, zur Vollstreckung oder zum Vollzug von Strafen oder Maßnahmen im Sinne des § 11 Abs. 1 Nr. 8 StGB oder von Erziehungsmaßregeln oder Zuchtmitteln im Sinne des Jugendgerichtsgesetzes bzw. zur Vollstreckung von Geldbußen erforderlich ist.

b) Öffnungsklausel. Unklar erscheint, in Umsetzung welchen Gestaltungsspiel-   18
raums der Gesetzgeber beim Erlass der Norm gehandelt haben könnte. Der Gesetzgeber geht ausweislich der Gesetzesbegründung zu §§ 23, 24 BDSG davon aus, Art. 6 Abs. 4 enthalte eine **Öffnungsklausel** für die Normierung von Rechtfertigungstatbeständen hinsichtlich zweckändernder Datenverarbeitung. Von dieser hat er in Ansehung des Regelungsgehalts der Norm auch beim Erlass des § 40 Abs. 3 S. 2 BDSG Gebrauch gemacht.

Nach der hier vertretenen Auffassung können Mitgliedstaaten die Zulässigkeit   19
einer Datenverarbeitung im Hinblick auf die Zweckbindung jedoch nur dann im Rahmen einer Öffnungsklausel ausgestalten, wenn ihnen bereits die inhaltliche Regelungsbefugnis für die ursprüngliche Datenverarbeitung zukommt. Andernfalls bestünde die erhebliche Gefahr der Absenkung des Schutzstandards der DS-GVO, wenn extensiv auf mitgliedstaatlicher Ebene zulässige Zweckänderungen (etwa auch im nichtöffentlichen Bereich) festgelegt werden könnten.[13] Insofern kommt im Regelungsbereich des § 40 Abs. 3 S. 2 BDSG als Öffnungsklausel nur **Art. 6 Abs. 1 lit. e, Abs. 2, 3** in Betracht.[14] Hieraus lassen sich zwar § 40 Abs. 3 S. 2 Nr. 2 sowie Nr. 3 BDSG problemlos legitimieren, nicht jedoch Nr. 1, die eine Datenverarbeitung auf der Grundlage einer mutmaßlichen Einwilligung gestattet. Die Regelung des § 40 Abs. 3 S. 1 **Nr. 1** BDSG ist nach der hier vertretenen Auffassung insofern mangels Öffnungsklausel **unionsrechtswidrig**.

III. Unterrichtungsbefugnisse und Verschwiegenheitspflicht (§ 40 Abs. 3 S. 3 und 4 BDSG)

Die Aufsichtsbehörde ist nach § 40 Abs. 3 S. 3 BDSG befugt, einen **Datenschutz-   20
verstoß** der **betroffenen Person**, anderen für die **Verfolgung oder Ahndung** eines solchen Verstoßes **zuständigen Stelle** oder im Falle schwerwiegender Verstöße der **Gewerbeaufsicht** anzuzeigen. Abs. 3 enthält eine verwaltungsrechtliche **Ermächti-**

---

11 Paal/Pauly-*Pauly* § 40 BDSG Rn. 17.
12 Paal/Pauly-*Pauly* § 40 BDSG Rn. 19.
13 So die Kommentierung zu Art. 6 Rn. 234.
14 So i.E. auch Kühling/Buchner-*Dix* § 40 BDSG Rn. 10.

Anhang Art. 58 / § 40 BDSG

gungsgrundlage. Die hiermit einhergehende Datenverarbeitung ist nach Abs. 3 S. 1 zulässig.[15]

21   Es handelt sich um eine **Ermessensnorm**. Die Behörde ist insoweit nicht per se zu einer Unterrichtung verpflichtet. Hinsichtlich der Befugnis zur Unterrichtung der **betroffenen Person** wird jedoch teilweise vertreten, das Ermessen sei bei unionsrechtskonformer Auslegung **stets auf Null reduziert**.[16] Tatsächlich kennt die DS-GVO zwar Meldepflichten an die betroffene Person, diese liegen aber nur in den ausdrücklich bestimmten Fällen des Art. 34 und des Art. 77 Abs. 2 vor.[17] Ein prinzipieller Ermessensspielraum der Aufsicht bei der Frage nach der Erforderlichkeit der Unterrichtung ist insofern durchaus mit den Wertungen der DS-GVO vereinbar. Lediglich wenn die Ermittlung auf Beschwerde des Betroffenen hin erfolgt, reduziert sich das Ermessen bei unionsrechtskonformer Auslegung von Art. 77 Abs. 2 auf Null.[18]

22   Die Unterrichtung anderer **zur Verfolgung zuständiger Stellen** kann sowohl staatliche Stellen umfassen, konkret **Strafverfolgungsbehörden**, als auch **betriebliche**. Hiermit erfasst ist etwa die Leitung der verantwortlichen Stelle, bspw. Arbeitgeber im Falle von Verstößen der Mitarbeiter, oder aber die Unterrichtung der verantwortlichen Stelle bei Verstößen des Auftragsverarbeiters.[19] Mit der Normierung der Befugnis zur Unterrichtung von Strafverfolgungsbehörden setzt der Gesetzgeber seine **Handlungsverpflichtung aus Art. 58 Abs. 5** um. Die Aufsichtsbehörden sind zudem nach § 42 Abs. 3 BDSG für die hier normierten Straftaten strafantragsberechtigt.

23   Die **Gewerbeaufsicht** darf nur bei schwerwiegenden Verstößen unterrichtet werden. **Schwerwiegend** ist ein Verstoß, wenn er geeignet ist, die **Zuverlässigkeit** des Verantwortlichen zur Gewerbeausübung zu beeinträchtigen und insofern die Gewerbeaufsicht dazu zu befähigt, die gewerbliche Tätigkeit ganz oder teilweise zu untersagen (§ 35 GewO).[20] Da die GewO nach § 40 Abs. 7 BDSG unberührt bleibt, liegt die Entscheidung über eine potentielle Gewerbeuntersagung aber auch beim Vorliegen von Datenschutzverstößen allein bei den Gewerbeaufsichtsbehörden.

24   Nach § 40 Abs. 3 S. 4 BDSG gilt § 13 Abs. 4 S. 4–7 BDSG entsprechend. Hierbei handelt es sich um Regelungen zur **Verschwiegenheitspflicht** im Aufgabenbereich des oder der Bundesdatenschutzbeauftragten, auf deren Kommentierung verwiesen werden kann. Der Verweis setzt die Handlungsaufforderung aus **Art. 54 Abs. 2** um.[21]

---

15   So auch *Piltz* § 40 BDSG Rn. 51.
16   Schaffland-Holthaus-*Schaffland/Wiltfang* § 40 BDSG Rn. 26.
17   Nach Art. 34 liegt es prinzipiell im Pflichtenkreis des Verantwortlichen, den Betroffenen über Datenschutzverletzungen zu unterrichten. Diese Pflicht greift überdies nur dann, wenn ein hohes Risiko für die persönlichen Rechte und Freiheiten droht. Aufgabe der Aufsichtsbehörde ist (lediglich) die Einhaltung dieser Verpflichtung zu gewährleisten. Zudem bestimmt Art. 77 Abs. 2, dass die Aufsichtsbehörde den Beschwerdeführer über den Stand des Verfahrens und die Möglichkeit eines gerichtlichen Rechtsbehelfs gegen die Aufsichtsbehörde zu unterrichten hat.
18   So auch Paal/Pauly-*Pauly* § 40 BDSG Rn. 22.
19   So auch Paal/Pauly-*Pauly* § 40 BDSG Rn. 23.
20   Gola-Heckmann-*Gola* § 40 BDSG Rn. 20.
21   Ausführlich hierzu *Piltz* § 40 BDSG Rn. 58 ff.

IV. Auskunftsverpflichtung gegenüber der Aufsichtsbehörde (§ 40 Abs. 4 BDSG)

§ 40 Abs. 4 S. 1 BDSG normiert eine **Auskunftsverpflichtung** des Verantwortlichen bzw. Auftragsverarbeiters gegenüber der Aufsicht und damit eine schon vom **Regelungsgehalt des Art. 58 Abs. 1 lit. a umfasste** Verpflichtung.[22] **25**

Bedeutsamer ist die Regelung des § 40 Abs. 4 S. 2 BDSG, der bestimmt, dass die **Auskunft verweigert** werden kann, wenn sich der Verpflichtete hierdurch selbst oder einen Angehörigen belasten würde; hierauf ist er nach Abs. 4 S. 3 hinzuweisen. Wird die **Belehrung** versäumt, entsteht für die erteilten Auskünfte ein **Beweisverwertungsverbot**.[23] **26**

Im **Auskunftsverweigerungsrecht** des § 40 Abs. 4 S. 2 BDSG hat die verfassungsrechtlich verbürgte **Selbstbelastungsfreiheit** und damit eine Verfahrensgarantie Ausdruck gefunden.[24] Unabhängig von der Frage nach der Notwendigkeit einer Öffnungsklausel (vgl. Art. 84 Anhang § 43 BDSG, Rn. 10), konnte sich der Gesetzgeber insofern beim Erlass der Regelung auf Art. 58 Abs. 4 stützen.[25] **27**

Das Auskunftsverweigerungsrecht greift, wenn dem zur Auskunft Verpflichteten oder seinen Angehörigen im Falle der Beantwortung ein „Verfahren nach dem Gesetz über Ordnungswidrigkeiten" droht. Erfasst ist somit ausweislich des Wortlautes der Norm auch das **Bußgeldverfahren nach Art. 83**, auf welches die Vorschriften über Ordnungswidrigkeiten nach § 41 BDSG entsprechend anzuwenden sind. **28**

Vereinzelt wird in Ansehung der Weite des Tatbestandes, der sich eben nicht auf drohende Sanktionen aus dem nationalen Recht beschränkt, sondern auch Bußgelder nach Art. 83 erfasst, eine **Unionsrechtswidrigkeit** der Norm angenommen bzw. der Tatbestand teleologisch reduziert. Anderenfalls würde das Auskunftsverweigerungsrecht die unionsrechtlichen Wertungen der Art. 57 f. unterlaufen.[26] Nach der hier vertretenen Auffassung ergibt sich ein dem § 40 Abs. 4 BDSG entsprechendes Aussageverweigerungsrecht allerdings nicht erst aus dem nationalen Abs. 4 S. 2, sondern vielmehr bereits unmittelbar kraft höherrangigen Unionsrechts[27] (ausführlich hierzu Art. 84 Anhang § 43 BDSG Rn. 22 ff.).[28] Da § 40 Abs. 4 S. 3 BDSG insofern kein im Vergleich zum Unionsrecht höheres Schutzniveau normiert, kommt ein Wertungswiderspruch von vornherein nicht in Betracht. **29**

---

22 Vgl. hierzu die Kommentierung zu Art. 58 Rn. 54.
23 Gola-Heckmann-*Gola* § 40 BDSG Rn. 28; Paal/Pauly-*Pauly* § 40 BDSG Rn. 27.
24 Die Selbstbelastungsfreiheit ist außerdem sowohl in Art. 14 Abs. 3 lit. g IPBPR als auch im europäischen Recht auf ein faires Verfahren aus Art. 6 Abs. 1 EMRK sowie Art. 47 Abs. 2 GRCh enthalten. Seit dem Orkem-Urteil des *EuGH* gilt sie ausdrücklich nicht nur für das Strafverfahren selbst, sondern hierüber hinaus auch innerhalb vorbereitender Verfahren.
25 So auch hierzu Piltz § 40 BDSG Rn. 73.
26 So BeckOK DatenSR-*Wilhelm* § 40 BDSG Rn. 33.
27 Konkret aus Art. 6 Abs. 1 EMRK i.V.m. Art. 6 Abs. 3 EUV bzw. Art. 47 Abs. 2 i.V.m. 52 Abs. 3 GRCh.
28 Die Übertragbarkeit der (wohlgemerkt zur Rechtsprechung des EGMR im Widerspruch stehenden) kartellrechtlichen Rechtsprechung des *EuGH* zur Selbstbelastungsfreiheit auf § 40 Abs. 4 S. 2 BDSG ist allerdings, anders als hinsichtlich des Verwertungsverbots aus § 43 Abs. 4 BDSG, jedenfalls nicht zweifelsfrei auszuschließen. Schließlich betraf die Rechtsprechung ein inhaltlich mit § 40 Abs. 4 S. 2 BDSG vergleichbares Aussageverweigerungsrecht.

30 Uneinigkeit herrscht überdies bezüglich der Frage, ob auch Unternehmen bzw. deren Vertreter Aussagen verweigern können, die das Unternehmen belasten. Nach der hier vertretenen Ansicht gilt das Selbstbelastungsprivileg aber nicht nur zugunsten natürlicher, sondern auch **zugunsten juristischer Personen** uneingeschränkt (vgl. hierzu § 43 Rn. 11). Insofern kann die Aussage auch zum Schutze einer juristischen Person verweigert werden. Diese Auslegung steht auch im Einklang mit Art. 83 Abs. 2 lit. f, der bestimmt, dass der Umfang der Kooperation bei der Bemessung des Bußgeldes berücksichtigt wird. Diese Bestimmung würde wenig Sinn machen, wenn der Beteiligte ohnehin zur Zusammenarbeit verpflichtet wäre.

V. Zugangsbefugnis (§ 40 Abs. 5 BDSG)

31 § 40 Abs. 5 S. 1 BDSG enthält, in Umsetzung der Regelungsbefugnis aus Art. 58 Abs. 1 lit. f, das Recht der Aufsichtsbehörde, Grundstücke und Geschäftsräume der nichtöffentliche Stelle zu betreten und Zugang zu allen Datenverarbeitungsanlagen und -geräten zu erhalten. Der Tatbestand der Norm ist nicht mehr, wie im BDSG a.F., auf Betriebs- und Geschäfts**zeiten**, nach wie vor jedoch auf Geschäfts**räume**, beschränkt.[29] Auch sind nur Grundstücke erfasst, die ausschließlich zu **geschäftlichen**, nicht zu privaten **Zwecken** genutzt werden. Anderenfalls würde Abs. 5 den verfassungsrechtlichen Anforderungen des Art. 13 Abs. 2, der einen Richtervorbehalt für Durchsuchungen von Wohnraum fordert, nicht entsprechen.[30]

32 Die Ausübung der Befugnis liegt im **Ermessen** der Aufsichtsbehörden. Prinzipiell ist davon auszugehen, dass der Zugang (nur) dann erforderlich ist, wenn die Behörde ihre Aufgabe nicht mit anderen geeigneten, milderen Mitteln etwa schriftlich, telefonisch oder elektronisch erlangten kann.[31]

33 Spiegelbildlich zu § 40 Abs. 5 S. 1 BDSG enthält S. 2 die Pflicht der nichtöffentlichen Stelle, die genannten Maßnahmen zu dulden.

34 § 40 Abs. 5 S. 3 BDSG verweist zudem auf die Ermächtigung des oder der Bundesbeauftragten gegenüber **nichtöffentlichen Stellen** in § 16 Abs. 4 Nr. 1 BDSG. Thematisch werden hier sowohl Zugangsrechte als auch Auskunftspflichten geregelt. Insofern erfasst der Verweis sowohl eine dem Abs. 4 als auch eine dem Abs. 5 entsprechende Befugnis der Aufsichtsbehörden gegenüber nichtöffentlichen Stellen.[32]

VI. Verhältnis zum betrieblichen Datenschutzbeauftragten (§ 40 Abs. 6 BDSG)

35 In § 40 Abs. 6 BDSG wird die „**Doppelfunktion**" der Datenschutzaufsicht deutlich. Die Behörden werden grundsätzlich sowohl **präventiv** in Kooperation mit dem Verantwortlichen tätig (**Beratungsfunktion**), verfügen aber auch über **repressive** Sanktionsbefugnisse (**Überwachungsfunktion**). Es besteht ein Spannungsverhältnis zwischen Beratungsfunktion auf der einen und der Befugnis zur Verhängung einer Geldbuße auf der anderen Seite. Diese Verzahnung von Unterstützung und Sanktion findet sich auch im Abs. 6 wieder, der sowohl eine **Beratungspflicht**, als auch ein **Abberufungsrecht** bestimmt.

---

29 Vgl. hierzu BeckOK DatenSR-*Wilhelm* § 40 BDSG Rn. 35.
30 *Piltz* § 40 BDSG Rn. 81.
31 *Piltz* § 40 BDSG Rn. 82.
32 *Piltz* § 40 BDSG Rn. 87 f.

1. Beratungspflicht. § 40 Abs. 6 S. 1 BDSG zufolge **beraten** und **unterstützen** die 36
Aufsichtsbehörden die **DSB** mit Rücksicht auf deren typische Bedürfnisse. Im Vergleich zur Vorgängerregelung enthält die Norm keine Pflicht zur Unterstützung des *Verantwortlichen* mehr.[33]

Ausweislich des Wortlautes der Norm ist Rücksicht auf die „typischen" Bedürfnisse 37
eines DSB zu nehmen. Hierdurch wird deutlich, dass es nicht etwa Aufgabe der Aufsichtsbehörde ist, eine umfassende Rechts- oder IT-Beratung im Einzelfall vorzunehmen oder konkrete Datenschutzmanagementsysteme zu entwickelt. Sie ist vielmehr gehalten **allgemeine Hinweise** – im Interesse einer großen Reichweite im besten Falle **öffentlich** – zu erteilen.[34]

2. Abberufungsrecht. § 40 Abs. 6 S. 2 BDSG gibt der Aufsicht die Möglichkeit, den 38
DSB abzuberufen, wenn ihm die nötige Fachkenntnis fehlt oder er einem schwerwiegenden Interessenkonflikt unterliegt (zum Zweck der Vorschrift vgl. Art. 58 Rn. 176). Bei der Abberufung handelt es sich um einen **Verwaltungsakt**, gerichtet an den Verantwortlichen. Er verpflichtet diesen zur Abberufung, geht also über einen Hinweis nach Art. 58 Abs. 1 lit. d hinaus. Gleichzeitig stellt er die fehlende Fachkunde bzw. einen Interessenskonflikt beim DSB auch gegenüber diesem verbindlich fest, insofern handelt es sich um einen Verwaltungsakt mit Doppelwirkung. Rechtsbehelfe können daher sowohl vom Verantwortlichen als auch vom Datenschutzbeauftragten erhoben werden.[35]

Die erforderliche **Fachkunde** bestimmt sich anhand des Art. 37 Abs. 5 und meint insofern Fachwissen im Gebiet des Datenschutzrechts sowie der Datenschutzpraxis mit 39
Blick auf die im Art. 39 Abs. 2 definierten Aufgaben eines DSB.[36] Nach vorherrschender Meinung der Datenschutzbehörden ist in jedem Fall grundlegende Kenntnis des nationalen und europäischen Datenschutzrechtes sowie organisatorisches und vertieftes technisches Wissen erforderlich. Das konkrete Niveau richtet sich hierbei nach der Sensitivität, Komplexität und dem Umfang der Datenverarbeitung.[37]

Ein offenkundiger **Interessenkonflikt** liegt vor, wenn der DSB verpflichtet wäre, 40
schwerpunktmäßig seine eigene Arbeit zu überwachen. Dies ist etwa dann der Fall, wenn er Leiter der IT-Abteilung oder mit der Bearbeitung von Personaldaten betraut ist.[38] Mitarbeiter des Betriebsrates sind nicht generell als DSB ungeeignet.[39]

Die Abberufung steht im **Ermessen** der Aufsichtsbehörde und muss damit insbesondere **verhältnismäßig** sein. Gerade in Ansehung der Wechselwirkung zwischen 41
Beratung und Überwachung (vgl. Rn. 35) sollte eine Abberufung des DSB nur dann

---

33 Schon im BDSG a.F. vor umstritten, ob es sich um eine Pflicht oder eine Befugnis gehandelt hat, vgl. hierzu *Piltz* § 40 Rn. 93.
34 Paal/Pauly-*Pauly* § 40 BDSG Rn. 36; BeckOK DatenSR-*Wilhelm* § 40 BDSG Rn. 39.
35 Vgl. Gola-Heckmann-*Gola* § 40 BDSG Rn. 40; Kühling/Buchner-*Dix* § 40 BDSG Rn. 16; *Piltz* § 40 BDSG Rn. 101 f.
36 So auch BeckOK DatenSR-*Wilhelm* § 40 BDSG Rn. 40.
37 *Piltz* § 40 BDSG Rn. 105 m.w.N.
38 Weitere Beispiele bei *Piltz* § 40 BDSG Rn. 107.
39 Hierzu *Piltz* § 40 BDSG Rn. 108.

Art. 59

Mittel der Wahl sein, wenn ihm erfolglos die Möglichkeit gegeben wurde, etwa durch Nachschulungen, die notwendige Fachkunde zu erlangen.[40]

VII. Anwendung der Gewerbeordnung (§ 40 Abs. 7 BDSG)

42 Die Anwendung der GewO bleibt nach § 40 Abs. 7 BDSG ausdrücklich unberührt. Abs. 7 steht in engem Zusammenhang zu Abs. 3 S. 3, wonach die Datenschutzaufsicht befugt ist, die Gewerbeaufsichtsbehörde zwecks Durchführung gewerberechtlicher Maßnahmen über schwerwiegende Datenschutzverstöße zu unterrichten.[41]

43 § 40 Abs. 7 BDSG dient der Klarstellung, dass die Gewerbeaufsichtsbehörden eigenständig darüber entscheiden, ob die für das Betreiben eines Gewerbes erforderliche Zuverlässigkeit (§ 35 GewO) durch die festgestellten Datenschutzverstöße beeinträchtigt ist und die gewerbliche Tätigkeit in deren Folge ganz oder teilweise untersagt wird.[42]

Artikel 59 Tätigkeitsbericht

¹Jede Aufsichtsbehörde erstellt einen Jahresbericht über ihre Tätigkeit, der eine Liste der Arten der gemeldeten Verstöße und der Arten der getroffenen Maßnahmen nach Artikel 58 Absatz 2 enthalten kann. ²Diese Berichte werden dem nationalen Parlament, der Regierung und anderen nach dem Recht der Mitgliedstaaten bestimmten Behörden übermittelt. ³Sie werden der Öffentlichkeit, der Kommission und dem Ausschuss zugänglich gemacht.

- *ErwG: keine*
- *BDSG n.F.: § 15*

Übersicht

	Rn		Rn
A. Einordnung und Kontext	1	3. Kohärenz der Aufsichtspraxis	14
I. Erwägungsgründe	1	III. Inhalt	16
II. § 15 BDSG n.F.	2	1. Tätigkeit der Aufsichtsbehörde	16
III. Genese, Historie	3	2. Liste der Arten der gemeldeten Verstöße und der Arten der getroffenen Maßnahmen	21
1. Datenschutz-Richtlinie 95/46/EG (DSRL)	3		
2. BDSG a.F.	4		
3. Europäischer Datenschutzausschuss	5		
B. Kommentierung	6	IV. Adressaten des Berichts	24
I. Regelungsinhalt und Entstehungsgeschichte	6	V. Berichtszeitraum	28
II. Funktion des Tätigkeitsberichts	10	C. Praxishinweise	32
1. Rechenschaft und Transparenz	10	I. Relevanz für öffentliche Stellen	32
2. Aufklärung	12	II. Relevanz für nichtöffentliche Stellen	33

---

40 So auch Gola/Heckmann-*Gola* § 40 BDSG Rn. 38; Paal/Pauly-*Pauly* § 40 BDSG Rn. 39; BeckOK DatenSR-*Wilhelm* § 40 BDSG Rn. 43.
41 *Piltz* § 40 BDSG Rn. 109.
42 Vgl. *Piltz* § 40 BDSG Rn. 110.

	Rn		Rn
III. Relevanz für betroffene Personen	34	V. Datenschutzmanagement	36
IV. Relevanz für Aufsichtsbehörden	35	VI. Geldbußen	37

Literatur: *von Lewinski* Tätigkeitsberichte im Datenschutz, RDV 2004, 163.

A. Einordnung und Kontext

I. Erwägungsgründe

Einschlägige Erläuterungen in den Erwägungsgründen sind nicht ersichtlich. 1

II. § 15 BDSG n.F.

§ 15 BDSG regelt die Pflicht der oder des Bundesbeauftragten, einen Jahresbericht 2
über ihre oder seine Tätigkeit zu erstellen. Dieser kann eine Liste der Arten der
gemeldeten Verstöße und der Arten der getroffenen Maßnahmen, einschließlich
der verhängten Sanktionen und der Maßnahmen nach Art. 58 Abs. 2 enthalten. Der
Bericht wird dem Deutschen Bundestag, dem Bundesrat und der Bundesregierung
übermittelt und der Öffentlichkeit, der Europäischen Kommission und dem Europäischen Datenschutzausschuss zugänglich gemacht.

III. Genese, Historie

1. Datenschutz-Richtlinie 95/46/EG (DSRL). Art. 28 Abs. 5 DSRL regelte, dass jede 3
Kontrollstelle regelmäßig einen Tätigkeitsbericht vorlegt, der auch veröffentlicht wird.

2. BDSG a.F. Die Verpflichtung zur Vorlage eines Tätigkeitsberichts traf auch den 4
oder die Bundesbeauftragte. § 26 Abs. 1 BDSG a.F. regelte, dass die oder der Bundesbeauftragte dem Deutschen Bundestag alle zwei Jahre einen Tätigkeitsbericht erstattet, mit dem sie/er den Bundestag und auch die Öffentlichkeit über die wesentlichen
Entwicklungen des Datenschutzes unterrichtet. Auch die Aufsichtsbehörden mussten
gem. § 38 Abs. 1 S. 7 BDSG a.F. spätestens alle zwei Jahre einen Tätigkeitsbericht veröffentlichen.

3. Europäischer Datenschutzausschuss. Dem Europäischen Datenschutzausschuss 5
kommt nach Art. 71 Abs. 1 die Pflicht zur jährlichen Berichterstattung zu. Deren
Inhalt ist dahingehend konkreter, dass sie den Schutz natürlicher Personen bei der
Verarbeitung in der Union und ggf. in Drittländern und internationalen Organisationen beinhalten soll. Wie bereits die Art.-29-Datenschutzgruppe erstattet der Europäische Datenschutzausschuss den Bericht gegenüber der Europäischen Kommission,
dem Europäischen Rat und dem Europäischen Parlament.

B. Kommentierung

I. Regelungsinhalt und Entstehungsgeschichte

Die Datenschutzaufsichtsbehörden müssen nach Art. 59 jährlich einen **Tätigkeits-** 6
bericht erstellen, der insbesondere eine Liste der Arten der gemeldeten Verstöße und
der Arten der getroffenen Maßnahmen im Rahmen der Abhilfebefugnisse nach
Art. 58 Abs. 2 enthalten kann (S. 1). Der Bericht muss dem nationalen Parlament, der
Regierung und anderen nach dem Recht des Mitgliedstaats bestimmten Behörden

ebenfalls übermittelt werden (S. 2). Außerdem muss er der Öffentlichkeit, der Europäischen Kommission und dem Europäischen Datenschutzausschuss zugänglich gemacht werden (S. 3).

7 Das Erstellen eines Tätigkeitsberichts gehörte bereits nach der **DSRL** zu dem festen Aufgabenbereich der Datenschutzaufsichtsbehörden. Die dortige Regelung in Art. 28 Abs. 5 DSRL war weit gefasst und enthielt weder bestimmte inhaltliche Anforderungen noch einen bestimmten Zeitraum, den der Bericht betreffen soll. Auch ein fester Adressatenkreis wurde nicht benannt, sondern es wurde lediglich aufgetragen, den Bericht „vorzulegen" und zu veröffentlichen.

8 Umgesetzt wurde die DSRL in § 26 und § 38 Abs. 1 S. 7 BDSG a.F. Während § 26 BDSG a.F. den Gegenstand des Tätigkeitsberichts auf die wesentlichen Entwicklungen des Datenschutzes konkretisierte, bezog sich der Tätigkeitsbericht der Aufsichtsbehörden auf die Wahrnehmung der Aufgaben und Ausübung der Befugnisse i.S.d. § 38 BDSG a.F. Dies war zwar nicht explizit in dem Wortlaut angelegt, legte der Regelungsstandort in diesem Paragraphen jedoch nahe. Die Tätigkeitsberichte der unabhängigen Datenschutzaufsichtsbehörden der Länder betrafen in der Regel beide Ausrichtungen.

9 Die DS-GVO konkretisiert diese Parameter. Diese Konkretisierung erfolgte maßgeblich im Trilogverfahren. Dort wurde entschieden, dass der explizite Verweis auf die Tätigkeiten in Bezug auf Art. 58 Abs. 2 Regelungsgegenstand wird.[1] Der ursprüngliche Entwurf der Kommission legte keinen Maßstab an den Inhalt des Berichts. Der Entwurf des europäischen Parlaments sah dagegen eine Erweiterung des Berichtszeitraums auf zwei Jahre vor, was sich nicht durchsetzte.

II. Funktion des Tätigkeitsberichts

10 **1. Rechenschaft und Transparenz.** Der Tätigkeitsbericht dient der Herstellung von Transparenz über das behördliche Handeln der Datenschutzaufsichtsbehörde und gleichzeitig dem Ablegen von Rechenschaft. Die Funktion der Rechenschaftspflicht steht in einem engen Zusammenhang zur **Unabhängigkeit** der Datenschutzaufsichtsbehörde. Das aufgrund der Unabhängigkeit gebotene Fehlen einer Fach- oder Dienstaufsicht über die Tätigkeit der Datenschutzaufsichtsbehörde (Art. 52 Rn. 37) wird durch die Rechenschaftspflicht gegenüber der Öffentlichkeit und im Rahmen der **parlamentarischen Kontrolle** kompensiert.[2] Dies erfordert das auch unionsrechtlich anerkannte Demokratieprinzip.[3]

11 Diese Transparenz und **Rechenschaft** betreffen auch die Auseinandersetzung der Datenschutzaufsichtsbehörde mit ihrer Schwerpunktsetzung, ihrer Ausstattung und der Verteilung der vorhandenen **Ressourcen**.[4] Der Tätigkeitsbericht dient auch der Selbstvergewisserung der Behörde. Anhand der Dokumentation können Kapazitätsgrenzen der Datenschutzaufsichtsbehörde aufgezeigt werden, um diese zukünftig im

---

1 Kühling/Buchner-*Boehm* Art. 59 Rn. 3.
2 Vgl. *EuGH* v. 9.3.2010 – C- 516/07, ECLI:EU:C2010:125, Kommission/Deutschland, Rn. 44, 45.
3 Ausf. Ehmann/Selmayr-*Selmayr* Art. 59 Rn. 7.
4 Ebenfalls Ehmann/Selmayr-*Selmayr* Art. 59 Rn. 9.

Haushalt besser auszustatten und sicherzustellen, dass den Vorgaben des Art. 52 Abs. 4 (Art. 52 Rn. 41 ff.) entsprochen wird.

2. Aufklärung. Die Unterrichtung über die **maßgeblichen Entwicklungen des Datenschutzes** und über die Aufsichtspraxis der Datenschutzaufsichtsbehörde tragen im erheblichen Maße zur Sensibilisierung und Aufklärung der Öffentlichkeit, der betroffenen Personen und der Verantwortlichen bei.[5] Der Tätigkeitsbericht ist dazu ein Instrument, um die entsprechenden Aufgaben der Datenschutzaufsichtsbehörden, die mit Sensibilisierung und Informierung der Öffentlichkeit, der Verantwortlichen und der betroffenen Personen verbunden sind (Art. 57 Abs. 1 lit. b, c, d und e), zu erfüllen.   12

Die Aufklärung der Öffentlichkeit im Rahmen des Tätigkeitsberichts dient zudem der **demokratischen Meinungsbildung**.[6] Werden die Grundrechte auf Datenschutz und Privatheit z.B. aufgrund von Sicherheitserwägungen oder Wirtschaftsbestrebungen beeinträchtigt, sollte die Öffentlichkeit über die damit zusammenhängenden Risiken informiert werden, um derartige Fragen dem öffentlichen, gesellschaftlichen und nicht zuletzt dem demokratischen **Diskurs** zuzuführen. Die Tätigkeitsberichte dienen neben den anderen Instrumenten der Öffentlichkeitsarbeit der Datenschutzaufsichtsbehörden auch diesem Zweck.[7]   13

3. Kohärenz der Aufsichtspraxis. Das Ziel der einheitlichen und flächendeckenden Überwachung und Durchsetzung der DS-GVO in der Europäischen Union erfordert ein gewisses Maß an Selbstdisziplinierung der Datenschutzaufsichtsbehörden. Diese sollten in ihrer Aufsichtspraxis in Bezug auf die Ausübung ihrer Abhilfebefugnisse gem. Art. 58 Abs. 2, insb. der Verhängung von Geldbußen konsistent sein.[8] Dies betrifft zum einen die eigene Tätigkeit, aber auch die Einheitlichkeit der Datenschutzaufsichtspraxis insgesamt in der Europäischen Union. Durch den Tätigkeitsbericht lässt sich die **Konsistenz** der Aufsichtspraxis darstellen und von der Öffentlichkeit nachvollziehen. Der EDSA benötigt die Informationen der Datenschutzaufsichtsbehörden, um seine Koordinierungsaufgabe wahrzunehmen. Daher stellt er jenseits der Jahresberichte vielfach Anfragen an sie, um vergleichbare und belastbare Informationen für seine Arbeit zu erhalten.   14

Durch das Kohärenzverfahren und den Kooperationsmechanismen des Kapitels VII werden die Aufgaben vermehrt kooperativ ausgeübt. Gerade diese **Kooperationen** verdienen eine besondere Herausstellung im Tätigkeitsbericht. Insbesondere in Bezug auf die Verantwortlichen ist diese Komponente der Transparenz bedeutsam, damit diese sich auf bestimmte Positionen der Datenschutzaufsichtsbehörden einstellen können.   15

---

5 *von Lewinski* RDV 2004, 163, 164.
6 Vgl. auch Simitis/Hornung/Spiecker gen. Döhmann-*Polenz* Art. 59 Rn. 2.
7 Derartige Berichtspflichten als Mittel der Transparenz sind von dem *Bundesverfassungsgericht* in seinem Urteil zum Bundeskriminalamtsgesetz v. 20.4.2016 hervorgehoben worden, insbesondere die Funktion, eine öffentliche Diskussion über die Tätigkeiten (in dem besonderen Fall des Bundeskriminalamts) zu ermöglichen und diese einer demokratischen Kontrolle und Überprüfung zu unterwerfen, vgl. BVerfG v. 20.4.2016 – 1 BvR 966/09, 1 BvR 1140/09, NJW 2016, 1781, 1789 Rn. 143.
8 Vgl. Guidelines on the application and setting of administrative fines for the purposes of the Regulation 2016/679, WP253/17/EN, S. 5 und S. 7.

III. Inhalt

16 1. Tätigkeit der Aufsichtsbehörde. Nach dem Wortlaut soll der jährliche Tätigkeitsbericht die Tätigkeit der Datenschutzaufsichtsbehörde darstellen. In der Darstellung und der **Schwerpunktsetzung** ist sie dabei entsprechend ihrer Unabhängigkeit weitgehend frei. Um die Funktion der Aufklärung und Rechenschaftspflicht zu erfüllen, sollte der Tätigkeitsbericht jedoch anhand der Arbeitsbereiche der Datenschutzaufsichtsbehörde ein authentisches Bild ihrer **Aufstellung** und **Ausprägung** umfassen.

17 Maßgeblicher Inhalt des Tätigkeitsberichts ist die **Darstellung datenschutzrechtlicher Verstöße** und die Tätigkeit der Datenschutzaufsichtsbehörden in Bezug auf diese. Fraglich ist, ob die jeweiligen Verantwortlichen dabei genannt werden dürfen. Grundsätzlich würde die Verschwiegenheitspflicht der Datenschutzaufsichtsbehörden dadurch nicht kompromittiert werden.[9] Aufgrund der mit einer Nennung einhergehenden Beeinträchtigung der Reputation der Verantwortlichen sollte die Nennung jedoch auf Fälle besonders gravierender Datenschutzverstöße beschränkt bleiben. Dabei können die Wertungen der Benachrichtigungspflicht des Verantwortlichen gegenüber der Öffentlichkeit nach Art. 34 Abs. 3 berücksichtigt werden.[10] Auch die Wertungen und Grundsätze hinsichtlich Warnungen der Öffentlichkeit durch die Datenschutzaufsichtsbehörden finden Anwendung.[11] Für die Aufklärung anderer Verantwortlicher ist es hilfreich, ebenfalls die Abhilfemaßnahmen der in dem Bericht betroffenen Verantwortlichen darzustellen.

18 Auch die **Tätigkeiten** und die Positionen der Datenschutzaufsichtsbehörden **in Gesetzgebungsverfahren** sollten in dem Tätigkeitsbericht dokumentiert werden. Nicht zuletzt wird dadurch die rechtspolitische Ausrichtung der Datenschutzaufsichtsbehörde publik und sie nimmt ihre Aufgabe wahr, als neutrale und unabhängige Instanz die Gesetzgebung zu verfolgen sowie zu bewerten und damit zur demokratischen Meinungsbildung der Öffentlichkeit beizutragen (vgl. Art. 57 Abs. 1 lit. b und Art. 57 Rn. 50 ff.). Außerdem eignet sich die Darstellung im Tätigkeitsbericht dazu, im Rahmen der Auseinandersetzung Anregungen für weitere gesetzgeberische Tätigkeiten, z.B. zur Beseitigung von bestehenden Regelungslücken, zu geben.

19 Der Tätigkeitsbericht kann aus dem **gesamten Aufgabenbereich** der Datenschutzaufsichtsbehörde berichten. Entsprechend der unterschiedlichen Ansatzpunkte für Zuständigkeiten der Datenschutzaufsichtsbehörde kann er damit grundsätzlich auch wesentliche Entwicklungen oder Tätigkeiten der Datenschutzaufsichtsbehörde **über ihr Hoheitsgebiet hinaus** betreffen, z.B. wenn sie als betroffene Datenschutzaufsichtsbehörde zuständig war. Berühren diese Berichte Tätigkeiten anderer Datenschutzaufsichtsbehörden, ist ggf. auf deren Berichte Bezug zu nehmen, insbesondere der federführenden Datenschutzaufsichtsbehörde.[12] Deren Deutungshoheit hinsichtlich der Datenverarbeitung der in ihrem Hoheitsgebiet ansässigen Verantwortlichen bleibt so unberührt.

---

9 Hinsichtlich der Verschwiegenheitspflicht aus § 23 Abs. 5 BDSG a.F. vgl. *BGH* v. 9.12.2002 – 5 StR 276/02 (LG Dresden), NJW 2003, 979.
10 Vgl. Kühling/Buchner-*Boehm* Art 59 Rn. 6.
11 Vgl. Art. 58 Rn. 130 ff.
12 Vgl. *OVG Schleswig-Holstein* v. 28.2.2014 – 4 MB 82/13, ZD 2014, 536.

Bestehen jedoch differenzierende Auffassungen zwischen betroffener und federführender Datenschutzaufsichtsbehörde, die zu einem **Kohärenzverfahren** geführt haben, sollte in diesem Kontext Transparenz hergestellt werden. 20

2. Liste der Arten der gemeldeten Verstöße und der Arten der getroffenen Maßnahmen. Der **Zusatz**, dass der Tätigkeitsbericht insbesondere eine Liste der Arten der gemeldeten Verstöße und der entsprechenden getroffenen Maßnahmen im Rahmen der Abhilfebefugnisse enthalten kann, wurde auf Initiative des Rats im Trilogverfahren eingefügt.[13] Diese Liste ist nicht gleichzusetzen mit der Liste bzw. den Verzeichnissen, die die Datenschutzaufsichtsbehörden nach Art. 57 Abs. 1 lit. u führen müssen, da diese nach dem Wortlaut explizit intern geführt werden müssen und weitaus expliziter in Bezug auf die Nennung der Verantwortlichen und der betroffenen Personen sind.[14] 21

Das BDSG konkretisiert den Inhalt dieser optionalen Liste dahingehend, dass sie neben den Maßnahmen nach Art. 58 Abs. 2 auch **verhängte Sanktionen** enthalten kann. Diese Klarstellung ist in Bezug auf die Kohärenz, die im Rahmen der Sanktionierungspraxis in der europäischen Union hergestellt werden soll begrüßenswert. 22

Die Veröffentlichung einer solchen Liste ist nicht zwingend durch die DS-GVO vorgegeben, was der Unabhängigkeit der Datenschutzaufsichtsbehörde Rechnung trägt.[15] Kritisiert an dieser optionalen Vorgabe wird, dass eine solche Liste nur einen punktuellen Einblick in die Aufsichtspraxis geben kann und der **Sinn und Zweck** deswegen fraglich ist.[16] Beizupflichten ist dem dahingehend, dass die Maßnahmen gem. Art. 58 Abs. 2 nur einen Teilbereich der Aufsichtspraxis der Datenschutzaufsichtsbehörden betreffen. Durch die Liste allein lässt sich bspw. der Einsatz der Ressourcen nicht dokumentieren.[17] Trotzdem zeigt die Liste Tendenzen und Positionen der Datenschutzaufsicht auf und stellt sie in Bezug zu der daraus folgenden abhelfenden Aufsichtspraxis. Die etwaig damit einhergehende Abschreckungswirkung ist für die Durchsetzung der DS-GVO hilfreich. Zum anderen dient die Veröffentlichung der Kohärenz der Datenschutzaufsicht in der Europäischen Union (Rn. 14 f.). 23

IV. Adressaten des Berichts

Der Bericht ist entsprechend seiner Funktion im Rahmen der **parlamentarischen Kontrolle an das nationale Parlament und die nationale Regierung** zu richten bzw. dieser vorzulegen. In Ausprägung dessen wurde und wird der Tätigkeitsbericht dort beraten. In § 15 BDSG wird dieser Adressatenkreis neben dem Deutschen Bundestag und der Bundesregierung auf den Deutschen Bundesrat erweitert. Daneben besteht im Rahmen der Öffnungsklausel des Art. 59 S. 2 noch die Möglichkeit, den Bericht an weitere Behörden zu richten. Davon wurde im BDSG keinen Gebrauch gemacht. 24

---

13 Kühling/Buchner-*Boehm* Art. 59 Rn. 3.
14 *Ziebarth* sieht daggen in der Liste einen Ausschnitt des Verzeichnisses nach Art. 57 Abs. 1 lit. u, vgl. Sydow-*Ziebarth* Art. 59 Rn. 8.
15 So auch Kühling/Buchner-*Boehm* Art. 59 Rn. 5.
16 Paal/Pauly-*Körffer* Art. 59 Rn. 3.
17 Diese Funktion misst *Selmayr* der Liste dagegen maßgeblich bei, vgl. Ehmann/Selmayr-*Selmayr* Art. 59 Rn. 7.

25 Die jährlichen Tätigkeitsberichte der Landesdatenschutzaufsichtsbehörden sind ebenfalls der nationalen Regierung und dem nationalen Parlament vorzulegen; sie können – wenn dies in den jeweiligen Landesdatenschutzgesetzen ergänzend geregelt ist – entsprechend der **Landesregierung** und dem Landtag vorgelegt werden.[18] Im Unterschied zu der Zugänglichmachung i.S.d. Art. 59 S. 3, ist die Übermittlung als willentliche und explizit adressierte Übersendung oder Übergabe des Berichts aufzufassen.

26 Der Tätigkeitsbericht ist außerdem der Öffentlichkeit, der Europäischen Kommission und dem Europäischen Datenschutzausschuss zugänglich zu machen. Für eine Zugänglichmachung ist die Veröffentlichung im Internet ausreichend.[19] Die **Öffentlichkeit** ist hinsichtlich der Funktion der Transparenz behördlichen Handelns und auch der **Aufklärung** ein bedeutsamer Adressat des Tätigkeitsberichts. Entsprechend sind die Entwicklungen des Datenschutzes und die Risiken der Datenverarbeitungen adressatengerecht, also verständlich aufzubereiten.

27 Der **Europäische Datenschutzausschuss** sollte sich deswegen mit den Tätigkeitsberichten befassen, da er die Aufgabe hat, auf **Kohärenz** der Aufsichtspraxis hinzuwirken (Art. 70 Abs. 1 S. 1). Dazu muss er sich über deren jeweilige Tätigkeiten informieren. Des Weiteren kann dadurch auch die Umsetzung bzw. Anwendung der Leitlinien und Empfehlungen und bewährte Verfahren (vgl. Art. 70 Abs. 1) – kursorisch – überprüft werden. Auch die **Europäische Kommission** hat im Rezipientenkreis des Tätigkeitsberichts eine bedeutende Rolle, da sie die Ausfüllung der unionsrechtlich durch die DS-GVO begründeten Funktion der Datenschutzaufsicht zu überwachen hat.[20]

V. Berichtszeitraum

28 Während sich in der Bundesrepublik Deutschland nahezu flächendeckend ein Berichtszeitraum von zwei Jahren eingebürgert hatte, ist dieser nunmehr auf **ein Jahr** festgelegt. Dieser Turnus bestand für die oder den Bundesbeauftragte(n) bereits zuvor, wurde jedoch auf zwei Jahre erweitert, da der deutsche Bundestag die Beratung der Tätigkeitsberichte nicht in dem Zeitraum schaffte. Der Zwei-Jahresrhythmus wurde grundlegend als ausreichend angesehen, insbesondere angesichts der sonstigen Öffentlichkeitsarbeit der Bundesbeauftragten. Auch die Landesbeauftragten berichteten durchgängig in diesem Turnus.[21]

29 Der Zeitraum von einem Jahr ist demgegenüber **üblicher.** So umfasste der Berichtszeitraum der Art.-29-Datenschutzgruppe (Art. 30 Abs. 6 DSRL) und anderer datenschutzrechtlicher Kontrollgremien ebenfalls ein Jahr.[22] Auch der Europäische Datenschutzbeauftragte berichtet gem. Art. 48 Abs. 1 VO (EG) Nr. 45/2001 jährlich an das Europäische Parlament, den Rat und die Europäische Kommission und an die Öffentlichkeit.[23]

---

18 Vgl. Ehmann/Selmayr-*Selmayr* Art. 59 Rn. 10.
19 So auch z.B. Kühling/Buchner-*Boehm* Art. 59 Rn. 8.
20 Ausf. Ehmann/Selmayr-*Selmayr* Art. 59 Rn. 11.
21 Siehe z.B. § 29 Abs. 2 LDSG RP a.F.; § 27 Abs. 1 S. 1 LDSG NRW a.F.
22 Z.B. der EDPS in Bezug auf Eurodac (gem. Art. 31 Abs. 2 Verordnung (EU) Nr. 604/2013) und Europol, (gem. Art. 41 Abs. 6 lit. f Verordnung (EU) 2016/794).
23 Ehmann/Selmayr-*Selmayr* Art. 59 Rn. 2.

Angesichts des kürzeren Zeitraums werden die Datenschutzaufsichtsbehörden **Anpas-** 30
sungen vornehmen müssen, die die Struktur und Fertigung des Tätigkeitsberichts
betreffen, insbesondere hinsichtlich der laufenden Dokumentation ihrer Tätigkeit und
der Beschwerdebearbeitung sowie hinsichtlich des Führens von Statistiken.[24] Diese
Prozesse sind **arbeitsökonomisch** zu optimieren, um die größere Arbeitsbelastung zu
kompensieren.

Der **Beginn** des Berichtszeitraums ist nicht eindeutig geregelt. Die Eigenschaft eines 31
Jahresberichts bestimmt sich nicht nur daran, dass er 12 Monate umfasst, sondern
auch daran, dass der Bericht **einem bestimmten Jahr** zuzuordnen ist. Deswegen sollte
der Bericht zum Ende eines jeden Jahres, bzw. eine angemessen kurze Zeit danach
veröffentlicht werden. Damit korrespondiert auch die bereits dargestellte Interdependenz zwischen dem Tätigkeitsbericht und dem Haushaltsjahr (siehe oben Rn. 11).
Nicht zuletzt ist zu berücksichtigen, dass die Festlegung des Berichtszeitraums nicht in
die Disposition der Mitgliedstaaten fällt. Dass der Zeitraum verordnungsunmittelbar
geregelt wird, zeigt auf, dass der Tätigkeitsbericht auch einer Vergleichbarkeit der
Aufsichtspraxis der Datenschutzaufsichtsbehörden dienen soll. Dazu sollte entsprechend über den gleichen Zeitraum berichtet werden.

C. Praxishinweise

I. Relevanz für öffentliche Stellen

Die Sensibilisierungs- und Aufklärungsfunktion des Tätigkeitsberichts insbesondere in 32
Bezug auf die Ausübung der Abhilfebefugnisse sind für öffentliche Verantwortliche
beachtenswert. Da sie bislang nicht Adressat von Abhilfebefugnissen (abseits der
Beanstandung) waren, müssen sie sich auf eine neue Aufsichtspraxis einstellen. Vergleichswerte, wie sie durch den Tätigkeitsbericht generiert werden, sind dazu hilfreich.

II. Relevanz für nichtöffentliche Stellen

Der Tätigkeitsbericht kann insbesondere bei grenzüberschreitenden Datenverarbei- 33
tungen den nichtöffentlichen Verantwortlichen die Möglichkeit bieten, sich auf die
Aufsichtspraxis der federführenden Aufsichtsbehörde einzustellen.

III. Relevanz für betroffene Personen

Die Erstellung und Veröffentlichung des Tätigkeitsberichts sind eine spezielle Auspra- 34
gung der Aufgabe der Datenschutzaufsichtsbehörden nach Art. 57 Abs. 1 lit. b, die
Öffentlichkeit über Belange des Datenschutzes zu sensibilisieren. Auch wenn diese
Ausprägung erst durch die DS-GVO explizit benannt wurde, wurde sie bereits zuvor
durch die deutsche Datenschutzaufsicht erfüllt, in dem die Tätigkeitsberichte im Internet veröffentlicht wurden.

IV. Relevanz für Aufsichtsbehörden

Die Erstellung des jährlichen Tätigkeitsberichts ist aufwendig und bindet die Ressour- 35
cen der Datenschutzaufsichtsbehörden in einem nicht unerheblichen Maße. Der jahresmäßige Turnus führt jedoch auch dazu, dass die Tätigkeitsberichte nicht so umfang-

---

24 Zunehmend enthalten die Tätigkeitsberichte der deutschen Datenschutzaufsichtsbehörden
    einheitlich das Kapitel „Zahlen und Fakten".

reich sind wie zuvor. Trotzdem sind mit dieser Aufgabe Anpassungen in der Behördenorganisation verbunden, um das Berichtswesen arbeitsökonomisch zu gestalten, z.B. im Rahmen einer einheitlichen Dokumentationspraxis und dem Führen von aussagekräftigen Statistiken.

V. Datenschutzmanagement

36 Wie auch die Verantwortlichen werden die Datenschutzbeauftragten durch die Tätigkeitsberichte über die Aufsichtspraxis der Datenschutzaufsichtsbehörden informiert und können sich entsprechend darauf einstellen.

VI. Geldbußen

37 Im Rahmen der fakultativen Liste von Datenschutzverstößen und Abhilfebefugnissen könnte darüber berichtet werden, ob und in welcher Höhe die Datenschutzverstöße zu Geldbußen führten.

Kapitel VII
Zusammenarbeit und Kohärenz

Abschnitt 1
Zusammenarbeit

Artikel 60 Zusammenarbeit zwischen der federführenden Aufsichtsbehörde und den anderen betroffenen Aufsichtsbehörden

(1) ¹Die federführende Aufsichtsbehörde arbeitet mit den anderen betroffenen Aufsichtsbehörden im Einklang mit diesem Artikel zusammen und bemüht sich dabei, einen Konsens zu erzielen. ²Die federführende Aufsichtsbehörde und die betroffenen Aufsichtsbehörden tauschen untereinander alle zweckdienlichen Informationen aus.

(2) Die federführende Aufsichtsbehörde kann jederzeit andere betroffene Aufsichtsbehörden um Amtshilfe gemäß Artikel 61 ersuchen und gemeinsame Maßnahmen gemäß Artikel 62 durchführen, insbesondere zur Durchführung von Untersuchungen oder zur Überwachung der Umsetzung einer Maßnahme in Bezug auf einen Verantwortlichen oder einen Auftragsverarbeiter, der in einem anderen Mitgliedstaat niedergelassen ist.

(3) ¹Die federführende Aufsichtsbehörde übermittelt den anderen betroffenen Aufsichtsbehörden unverzüglich die zweckdienlichen Informationen zu der Angelegenheit. ²Sie legt den anderen betroffenen Aufsichtsbehörden unverzüglich einen Beschlussentwurf zur Stellungnahme vor und trägt deren Standpunkten gebührend Rechnung.

(4) Legt eine der anderen betroffenen Aufsichtsbehörden innerhalb von vier Wochen, nachdem sie gemäß Absatz 3 des vorliegenden Artikels konsultiert wurde, gegen diesen Beschlussentwurf einen maßgeblichen und begründeten Einspruch ein und schließt sich die federführende Aufsichtsbehörde dem maßgeblichen und begründeten Einspruch nicht an oder ist der Ansicht, dass der Einspruch nicht maßgeblich oder nicht begründet ist, so leitet die federführende Aufsichtsbehörde das Kohärenzverfahren gemäß Artikel 63 für die Angelegenheit ein.

(5) ¹Beabsichtigt die federführende Aufsichtsbehörde, sich dem maßgeblichen und begründeten Einspruch anzuschließen, so legt sie den anderen betroffenen Aufsichtsbehörden einen überarbeiteten Beschlussentwurf zur Stellungnahme vor. ²Der überarbeitete Beschlussentwurf wird innerhalb von zwei Wochen dem Verfahren nach Absatz 4 unterzogen.

(6) Legt keine der anderen betroffenen Aufsichtsbehörden Einspruch gegen den Beschlussentwurf ein, der von der federführenden Aufsichtsbehörde innerhalb der in den Absätzen 4 und 5 festgelegten Frist vorgelegt wurde, so gelten die federführende Aufsichtsbehörde und die betroffenen Aufsichtsbehörden als mit dem Beschlussentwurf einverstanden und sind an ihn gebunden.

(7) ¹Die federführende Aufsichtsbehörde erlässt den Beschluss und teilt ihn der Hauptniederlassung oder der einzigen Niederlassung des Verantwortlichen oder gegebenenfalls des Auftragsverarbeiters mit und setzt die anderen betroffenen Aufsichtsbehörden und den Ausschuss von dem betreffenden Beschluss einschließlich einer

Zusammenfassung der maßgeblichen Fakten und Gründe in Kenntnis. ²Die Aufsichtsbehörde, bei der eine Beschwerde eingereicht worden ist, unterrichtet den Beschwerdeführer über den Beschluss.

(8) Wird eine Beschwerde abgelehnt oder abgewiesen, so erlässt die Aufsichtsbehörde, bei der die Beschwerde eingereicht wurde, abweichend von Absatz 7 den Beschluss, teilt ihn dem Beschwerdeführer mit und setzt den Verantwortlichen in Kenntnis.

(9) ¹Sind sich die federführende Aufsichtsbehörde und die betreffenden Aufsichtsbehörden darüber einig, Teile der Beschwerde abzulehnen oder abzuweisen und bezüglich anderer Teile dieser Beschwerde tätig zu werden, so wird in dieser Angelegenheit für jeden dieser Teile ein eigener Beschluss erlassen. ²Die federführende Aufsichtsbehörde erlässt den Beschluss für den Teil, der das Tätigwerden in Bezug auf den Verantwortlichen betrifft, teilt ihn der Hauptniederlassung oder einzigen Niederlassung des Verantwortlichen oder des Auftragsverarbeiters im Hoheitsgebiet ihres Mitgliedstaats mit und setzt den Beschwerdeführer hiervon in Kenntnis, während die für den Beschwerdeführer zuständige Aufsichtsbehörde den Beschluss für den Teil erlässt, der die Ablehnung oder Abweisung dieser Beschwerde betrifft, und ihn diesem Beschwerdeführer mitteilt und den Verantwortlichen oder den Auftragsverarbeiter hiervon in Kenntnis setzt.

(10) ¹Nach der Unterrichtung über den Beschluss der federführenden Aufsichtsbehörde gemäß den Absätzen 7 und 9 ergreift der Verantwortliche oder der Auftragsverarbeiter die erforderlichen Maßnahmen, um die Verarbeitungstätigkeiten all seiner Niederlassungen in der Union mit dem Beschluss in Einklang zu bringen. ²Der Verantwortliche oder der Auftragsverarbeiter teilt der federführenden Aufsichtsbehörde die Maßnahmen mit, die zur Einhaltung des Beschlusses ergriffen wurden; diese wiederum unterrichtet die anderen betroffenen Aufsichtsbehörden.

(11) Hat – in Ausnahmefällen – eine betroffene Aufsichtsbehörde Grund zu der Annahme, dass zum Schutz der Interessen betroffener Personen dringender Handlungsbedarf besteht, so kommt das Dringlichkeitsverfahren nach Artikel 66 zur Anwendung.

(12) Die federführende Aufsichtsbehörde und die anderen betroffenen Aufsichtsbehörden übermitteln einander die nach diesem Artikel geforderten Informationen auf elektronischem Wege unter Verwendung eines standardisierten Formats.

– *ErwG: 123–128, 130*
– *BDSG n.F.: §§ 17, 18, 19, 40*

Übersicht

	Rn		Rn
A. Einordnung und Kontext	1	1. Kommissionsentwurf	13
I. Erwägungsgründe	4	2. Entwurf des Europäischen Parlaments	14
II. Richtlinie 95/46/EG	6		
III. BDSG	7	3. Entwurf des Rats der Europäischen Union	15
1. Federführende Behörde	8		
2. Betroffene Behörde	9	B. Kommentierung	16
3. Zentrale Anlaufstelle	11	I. Grundsatz der Zusammenarbeit (Abs. 1)	16
4. Gemeinsamer Standpunkt	12		
IV. Normgenese	13	1. Federführende Behörde	19

	Rn		Rn
2. Betroffene Behörde	23	2. Beschluss gegenüber Beschwerdeführer	38
3. Informationsaustausch	24	3. Teilbeschlüsse	39
II. Amtshilfe/gemeinsame Maßnahmen (Abs. 2)	25	V. Umsetzung durch Verantwortlichen/Auftragsverarbeiter (Abs. 10)	41
III. Verfahren der Beschlussfassung (Abs. 3–6)	26	VI. Dringlichkeitsverfahren (Abs. 11)	42
1. Informationspflicht	26		
2. Beschlussentwurf	27	VII. Elektronische Übermittlung (Abs. 12)	43
3. Einspruch	30	C. Praxishinweise	45
a) Übergang ins Kohärenzverfahren	32	I. Relevanz für öffentliche Stellen	45
b) Überarbeitung des Beschlussentwurfs	33	II. Relevanz für nichtöffentliche Stellen	46
4. Schweigen	35	III. Relevanz für betroffene Personen	47
IV. Bekanntgabe und Unterrichtung (Abs. 7–9)	36	IV. Relevanz für Aufsichtsbehörden	48
1. Beschluss gegenüber Verantwortlichem/Auftragsverarbeiter	37	V. Relevanz für das Datenschutzmanagement	50

Literatur: *Albrecht* Das neue EU-Datenschutzrecht – Von der Richtlinie zur Verordnung, CR 2016, 88; *Art.-29-Datenschutzgruppe* Advice paper on the practical implementation of the Article 28(6) of the Directive 95/46/EC; *Caspar* Das aufsichtsbehördliche Verfahren nach der EU-Datenschutz-Grundverordnung, ZD 2012, 555; *Dammann* Erfolge und Defizite der EU-Datenschutzgrundverordnung, ZD 2016, 307; *Greve* Das neue Bundesdatenschutzgesetz, NVwZ 2017, 737; *Hornung* Eine Datenschutz-Grundverordnung für Europa?, ZD 2012, 99; *Kaiser* Die Aufsichtsmechanismen der neuen europäischen Datenschutzgesetzgebung – Nationaler Vollzug im Spannungsfeld supranationaler Zusammenarbeit und Entscheidungsfindung, RDV 2017, 273; *Kranig* Zuständigkeit der Datenschutzaufsichtsbehörden – Feststellung des Status quo mit Ausblick auf die DS-GVO, ZD 2013, 550; *Kühling/Martini* Die neue Datenschutz-Grundverordnung: Revolution oder Evolution im europäischen und deutschen Datenschutzrecht?, EuZW 2016, 448; *von Lewinski* Datenschutzaufsicht in Europa als Netzwerk, NVwZ 2017, 1483; *Nguyen* Die zukünftige Datenschutzaufsicht in Europa, ZD 2015, 265; *Reding* Sieben Grundbausteine der europäischen Datenschutzreform, ZD 2012, 195; *Roßnagel/Kroschwald* Was wird aus der Datenschutzgrundverordnung?, ZD 2014, 495; *Schantz* Die Datenschutz-Grundverordnung – Beginn einer neuen Zeitrechnung im Datenschutzrecht, NJW 2016, 1841; *Spindler* Die neue EU-Datenschutz-Grundverordnung, DB 2016, 937; *Unabhängige Datenschutzbehörden der Länder* Kühlungsborner Erklärung, 10.11.2016.

A. Einordnung und Kontext[1]

Art. 60 enthält im Vergleich zur Richtlinie 95/46/EG die neue Verfahrensart der Zusammenarbeit der Aufsichtsbehörden der Mitgliedstaaten der Europäischen Union.[2] Die Regelung verfolgt das Ziel, dass im Sinne eines **„One-Stop-Shop"** einerseits Verantwortliche und Auftragsverarbeiter sowie andererseits betroffene Bürger sich in Fragen der Datenschutzaufsicht nur an eine zuständige Behörde wenden müs- 1

---

1 Der Verfasser vertritt seine persönliche Auffassung, die nicht notwendigerweise der Auffassung des Dienstherrn entspricht.
2 Paal/Pauly-*Körffer* Vorb. zu Art. 60 ff. Rn. 1.

sen. Für den Verantwortlichen bzw. Auftragsverarbeiter ist dies die federführende Behörde am Ort seiner einzigen oder seiner Hauptniederlassung (Art. 56 Abs. 6). Für den Bürger ist dies die betroffene Aufsichtsbehörde (Art. 4 Nr. 22, Art. 77, ErwG 141), die z.B. aufgrund seiner eingereichten Beschwerde tätig wird. Zugleich gewährleisten die Bestimmungen des Verfahrens, dass Stellen ohne Niederlassung in der EU, die jedoch aufgrund des Marktortprinzips gem. Art. 3 Abs. 2 europäischem Datenschutzrecht unterliegen, der Maßnahme einer jeden Aufsichtsbehörde eines jeden Mitgliedstaats unterliegen können.[3]

2 Die Regelung zur Zusammenarbeit zählt wie das Verfahren der Kohärenz zu den wichtigsten Neuerungen der DS-GVO.[4] Sie soll neben der Vereinheitlichung des materiellen Rechts ebenso der **einheitlichen und effektiven Rechtsanwendung in der Union**[5] dienen und somit nicht zuletzt Rechtssicherheit für die wirtschaftliche Betätigung der Unternehmen im Binnenmarkt der Europäischen Union leisten.[6] Während vor Anwendbarkeit der DS-GVO Unternehmen bei grenzüberschreitenden Datenverarbeitungen aufgrund der Zersplitterung der Aufsichtszuständigkeiten die gegebenenfalls voneinander abweichenden Auffassungen der Aufsichtsbehörden am Ort jeder einzelnen Niederlassung zu beachten hatten und die Datenverarbeitungen in ihren Niederlassungen daraufhin abstimmen mussten, verlagert das Zusammenarbeitsverfahren das Erfordernis, sich untereinander abzustimmen, auf die Aufsichtsbehörden der Mitgliedstaaten, die nunmehr mit einer Stimme nach außen auftreten und lediglich deren einheitliche Auffassung die Unternehmen zu beachten haben. Zugleich wirkt das Zusammenarbeitsverfahren der Gefahr des „Forum Shopping" entgegen, demzufolge Unternehmen einzelne Aufsichtsbehörden gegeneinander ausspielen und ihren Geschäftssitz nach dem Gesichtspunkt einer möglichst geringen Datenschutzkontrolle wählen.[7]

3 Die Vorschriften der Zusammenarbeit enthalten in Fällen grenzüberschreitender Verarbeitung insbesondere Maßgaben zur Aufgabenverteilung zwischen federführender und betroffener Aufsichtsbehörde, zu Fristen und zu Mitteilungserfordernissen. Grundprinzip des Zusammenarbeitsverfahrens ist die Erzielung eines **Konsenses** zwischen den am Verfahren beteiligten Aufsichtsbehörden (Art. 60 Abs. 1). Kommt trotz Bemühens kein Konsens zustande, wird das Verfahren im Ausschuss zur Entscheidung im Kohärenzverfahren fortgesetzt (Art. 60 Abs. 4). Im Ausschuss sind über federführende und betroffene Aufsichtsbehörden hinaus weitere Aufsichtsbehörden der Mitgliedstaaten stimmberechtigt. Zudem besteht im Rahmen der Beratungen des Ausschusses nicht das Erfordernis der Einstimmigkeit. Vielmehr werden im Ausschuss Mehrheitsentscheidungen getroffen (Art. 65 Abs. 2, 3).

---

3 Ehmann/Selmayr-*Klabunde* Art. 60 Rn. 2.
4 *Albrecht* CR 2016, 88, 96; *Reding* ZD 2012, 195, 196; *Schantz* NJW 2016, 1841, 1847; Kühling/Buchner-*Dix* Art. 60 Rn. 1.
5 Auernhammer-*Lachmayer* Art. 60 Rn. 2.
6 *Reding* ZD 2012, 195, 196.
7 *Albrecht* CR 2016, 88, 96; *Hornung* ZD 2012, 99, 105; *Caspar* ZD 2012, 555, 556; *Roßnagel/Kroschwald* ZD 2014, 496, 499; Taeger/Gabel-*Thiel* Art. 60 Rn. 3.

I. Erwägungsgründe

Den **Grundsatz der Zusammenarbeitsverpflichtung** zwischen federführender und einer oder mehreren betroffenen Aufsichtsbehörden enthält ErwG 124. Darüber hinaus soll im Rahmen der Zusammenarbeit die federführende Behörde für die enge Einbindung und Koordinierung der betroffenen Aufsichtsbehörden im Entscheidungsprozess sorgen (ErwG 125). Beschlüsse der federführenden und betroffenen Aufsichtsbehörden sollen „gemeinsam vereinbart" werden (ErwG 126). Bei Maßnahmen, die rechtliche Wirkungen entfalten, unter anderem bei der Verhängung von Geldbußen, sollte die federführende Aufsichtsbehörde den Standpunkt der betroffenen Aufsichtsbehörde weitestgehend berücksichtigen (ErwG 130).   4

Ausnahmen vom Zusammenarbeitserfordernis sind hingegen in ErwG 127 und 128 beschrieben. Danach soll kein Zusammenarbeitsverfahren in Fällen mit lediglich örtlichem Bezug (ErwG 127) sowie in Fällen, in denen die Verarbeitung durch Behörden oder private Stellen im öffentlichen Interesse erfolgt (ErwG 128)[8], stattfinden.   5

II. Richtlinie 95/46/EG

Die Richtlinie 95/46/EG enthielt lediglich rudimentäre Vorgaben zur Zusammenarbeit der Aufsichtsbehörden. Demnach hatten die Aufsichtsbehörden gem. Art. 28 Abs. 6 UAbs. 2 für die zur Erfüllung ihrer Kontrollaufgaben notwendige **gegenseitige Zusammenarbeit**, insbesondere durch den Austausch sachdienlicher Informationen, zu sorgen. In der Vergangenheit arbeiteten die Aufsichtsbehörde im Rahmen der Art.-29-Datenschutzgruppe daher lediglich im Einzelfall, auf freiwilliger Grundlage und ohne gesetzliche Fristen zusammen.[9]   6

III. BDSG

Der Bundesgesetzgeber hat mit Verabschiedung der §§ 17 ff. BDSG in Kapitel 5 „Vertretung im Europäischen Datenschutzausschuss, zentrale Anlaufstelle, Zusammenarbeit der Aufsichtsbehörden des Bundes und der Länder in Angelegenheiten der Europäischen Union" des ersten Teils des BDSG in der Fassung des ersten DSAnpUG-EU[10] **Regelungen zur Beteiligung innerstaatlicher Aufsichtsbehörden** an europäischen Verfahren geschaffen. Die Regelungen sind dem Inhalt[11] und der Form[12] nach seit dem Gesetzgebungsverfahren[13] umstritten.   7

1. Federführende Behörde. In Anlehnung an Art. 56 ist in § 19 Abs. 1 S. 1 BDSG[14] zur federführenden Behörde eines Landes im Verfahren der Zusammenarbeit grundsätzlich die Aufsichtsbehörde des Landes bestimmt, in dem der Verantwortliche oder der Auftragsverarbeiter seine **Hauptniederlassung** i.S.d. Art. 4 Nr. 16 oder   8

---

8 S. hierzu Rn. 22.
9 Ehmann/Selmayr-*Klabunde* Art. 60 Rn. 2; zur Evaluation s. *Art.-29-Datenschutzgruppe* Advice paper on the practical implementation of the Article 28(6) of the Directive 95/46/EC, v. 4.4.2011, Ref. Ares(2011)444105 – 20/04/2011.
10 BGBl. 2017 I S. 2097.
11 Däubler/Wedde u.a.-*Sommer* Art. 60 Rn. 22.
12 Stattdessen für einen Bund-Länder-Staatsvertrag plädiert Kühling/Buchner-*Dix* § 17 Rn. 3.
13 Vgl. *Unabhängige Datenschutzbehörden der Länder* Kühlungsborner Erklärung, 10.11.2016.
14 Krit. zur Gesetzgebungszuständigkeit des Bundes Kühling/Buchner-*Dix* § 18 Rn. 3.

seine **einzige Niederlassung** hat. Im Zuständigkeitsbereich der oder des Bundesbeauftragten für den Datenschutz gilt die Vorschrift entsprechend (§ 19 Abs. 1 S. 2 BDSG).[15] Besteht über die Federführung kein Einvernehmen, wird sie entsprechend dem Verfahren des § 18 Abs. 2 BDSG festgelegt (§ 19 Abs. 1 S. 3 BDSG). Hiernach legen der gemeinsame Vertreter (§ 17 Abs. 1 S. 1 BDSG) und sein Stellvertreter (§ 17 Abs. 1 S. 2 BDSG) einen **Vorschlag für einen gemeinsamen Standpunkt** über die Federführung vor. Einigen sie sich nicht auf einen Vorschlag, legt der den Ländern zuzuordnende Stellvertreter anhand des Kriteriums des alleinigen Rechts der Länder zur Gesetzgebung[16] oder der Betroffenheit der Einrichtung oder des Verfahrens von Landesbehörden den Standpunkt zur Federführung fest, andernfalls der oder die Bundesbeauftragte für den Datenschutz als gemeinsamer Vertreter.[17] Der auf diese Weise vorgeschlagene Standpunkt über die Federführung ist der Zusammenarbeit zu Grunde zu legen, wenn nicht die Aufsichtsbehörden von Bund und Ländern einen anderen Standpunkt mit einfacher Mehrheit beschließen; der Bund und jedes Land haben hierbei jeweils eine Stimme, Enthaltungen werden nicht gezählt (§ 18 Abs. 2 S. 5–7 BDSG).

9 **2. Betroffene Behörde.** Hinsichtlich der betroffenen Behörde enthält § 19 Abs. 2 S. 1 BDSG von Art. 4 Nr. 22 abweichende innerstaatliche Bestimmungen. Anders als hinsichtlich der federführenden Behörde enthält das BDSG **keine Bestimmung zur Teilnahme am Zusammenarbeitsverfahren einer betroffenen Behörde**. Vielmehr geht der Bundesgesetzgeber davon aus, dass es einer solchen Bestimmung nicht bedarf, da die Aufsichtsbehörden des Bundes und der Länder in ihrer Gesamtheit betroffen und an die Einhaltung der aus dem Verfahren der Zusammenarbeit erwachsenden Pflichten gebunden sind.[18]

10 Dementsprechend bestimmt der nationale Gesetzgeber hinsichtlich der betroffenen Behörde im Sinne einer **Zuständigkeitskonzentration** lediglich, dass die Aufsichtsbehörde, bei der eine betroffene Person Beschwerde eingereicht hat, die Beschwerde an die federführende Aufsichtsbehörde nach § 19 Abs. 1 BDSG abgibt, in Ermangelung einer solchen an die Aufsichtsbehörde eines Landes, in dem der Verantwortliche oder der Auftragsverarbeiter eine Niederlassung hat (§ 19 Abs. 2 S. 1 BDSG). Des Weiteren gibt eine sachlich unzuständige Aufsichtsbehörde eine bei ihr eingereichte Beschwerde, sofern eine Abgabe nach § 19 Abs. 2 S. 1 BDSG nicht in Betracht kommt, an die Aufsichtsbehörde am Wohnsitz des Beschwerdeführers ab (§ 19 Abs. 2 S. 2 BDSG). Entsprechend bestimmt § 19 Abs. 2 S. 3 BDSG in der Fassung des Zweiten DSAnpUG-EU[19], dass eine Aufsichtsbehörde, bei der eine Beschwerde im sachlichen Zuständigkeitsbereich der oder des Bundesbeauftragten

---

15 Wobei angesichts der bundesweiten Zuständigkeit unklar ist, ob es diesbezüglich einer innerstaatlichen Anknüpfung an den Ort der Hauptniederlassung bzw. einzigen Niederlassung bedarf.
16 Zur Kritik am Kriterium der alleinigen Gesetzgebungszuständigkeit s. Empfehlungen der Ausschüsse zu Punkt 36 der 954. Sitzung des Bundesrates am 10.3.2017, Drucks. 110/1/17, S. 11.
17 Krit. zur gesetzlichen Festlegung der oder des Bundesbeauftragten als gemeinsamem Vertreter: Kühling/Buchner-*Dix* § 17 Rn. 5.
18 BT-Drucks. 18/11325, S. 93; krit. BeckOK DatenSR-*Nguyen* Art. 60 Rn. 13.1; Kühling/Buchner-*Dix* § 17 Rn. 6, § 18 Rn. 4.
19 2. DSAnpUG-EU v. 20.11.2019, BGBl. 2019 I S. 1626.

eingereicht wurde, diese an den Bundesbeauftragten oder die Bundesbeauftragte abgibt, sofern eine Abgabe nach Absatz 1 nicht in Betracht kommt. In jedem der genannten Fälle ist die abgebende Behörde verpflichtet, die Tatsache der Abgabe an die beschwerdeführende Person anzuzeigen.[20] Die gem. § 19 Abs. 2 BDSG bestimmte Aufsichtsbehörde gilt als die Behörde, bei der die Beschwerde eingereicht worden ist.[21] Ihr obliegt die Beschlussfassung sowie die Benachrichtigung von Beschwerdeführer, Verantwortlichem und Auftragsverarbeiter nach Abschluss des Zusammenarbeitsverfahrens gem. Art. 60 Abs. 7–9 (§ 19 Abs. 2 S. 3 BDSG). Darüber hinaus ist sie gem. Art. 77 Abs. 2 verpflichtet, den Beschwerdeführer über den Stand der Bearbeitung sowie im Rahmen eines Bescheids über einen möglichen Rechtsbehelf zu unterrichten.[22]

3. Zentrale Anlaufstelle. Unabhängig von der Frage der Zuständigkeit für die Beteiligung am europäischen Verfahren der Zusammenarbeit ist die Frage zu beantworten, ob eine Behörde als zentrale Anlaufstelle für weitere am Verfahren beteiligte Behörden anderer Mitgliedstaaten der Union sowie für den Ausschuss benannt wird. In ErwG 119 ist eine solche zentrale Anlaufstelle für die Beteiligung am Kohärenzverfahren gem. Art. 63 vorgesehen. Gemäß § 17 Abs. 1 S. 1 BDSG ist dies die oder der **Bundesbeauftragte für den Datenschutz**. Entgegen dem Wortlaut des ErwG 119 geht der Bundesgesetzgeber davon aus, dass die zentrale Anlaufstelle ihre Aufgaben über die Zuständigkeit im Rahmen des Kohärenzverfahrens hinaus ebenso im Verfahren der Zusammenarbeit gem. Art. 60 wahrnimmt. Zu den Aufgaben der zentralen Anlaufstelle zählt der Gesetzgeber Unterstützungsleistungen ohne hoheitliche Ausübung von Verwaltungsaufgaben. Hierzu gehören u.a. die Koordinierung der gemeinsamen Willensbildung unter den Aufsichtsbehörden des Bundes und der Länder sowie das Hinwirken auf die Einhaltung von der DS-GVO vorgesehenen Fristen und Verfahren des Informationsaustauschs.[23] Aufsichtsbehörden in Deutschland oder im EU-Ausland sind jedoch nicht verpflichtet, die Dienste der zentralen Anlaufstelle im Rahmen des Zusammenarbeitsverfahrens in Anspruch zu nehmen.[24]

4. Gemeinsamer Standpunkt. Gemäß § 17 Abs. 1 S. 1, 2 BDSG arbeiten die oder der Bundesbeauftragte und die Aufsichtsbehörden der Länder in Angelegenheiten der Europäischen Union mit dem **Ziel einer einheitlichen Anwendung der DS-GVO** zusammen und legen u.a. zu diesem Zweck gemeinsame Standpunkte fest, die sie an die Aufsichtsbehörden anderer Mitgliedstaaten übermitteln. Nach dem Wortlaut der Norm und der Gesetzesbegründung findet diese Vorschrift auch für Fälle der Zusammenarbeit gem. Art. 60 Anwendung, z.B. vor Einlegung eines Einspruchs gem. Art. 60 Abs. 4.[25] Jedoch fordert der Unionsgesetzgeber gem. ErwG 119 lediglich eine wirksame Beteiligung mehrerer Aufsichtsbehörden eines Mitgliedstaats am Kohärenzverfahren gem. Art. 63 und ordnet dementsprechend in Art. 51 Abs. 3 an, dass andere, nicht im Ausschuss vertretene Aufsichtsbehörden eines Mitgliedstaats

---

20 Kühling/Buchner-*Dix* § 19 Rn. 7.
21 Krit. hierzu vor dem Hintergrund des in der DG-GVO verankerten „One-Stop-Shop"-Prinzips: Däubler/Wedde u.a.-*Sommer* Art. 60 Rn. 37.
22 Kühling/Buchner-*Dix* § 19 Rn. 9.
23 BT-Drucks. 18/11325, S. 89; krit. BeckOK DatenSR-*Nguyen* Art. 60 Rn. 4.1.
24 Kühling/Buchner-*Dix* § 17 Rn. 6.
25 BT-Drucks. 18/11325, S. 90.

die Regeln für das Kohärenzverfahren einhalten. Bezüglich des Zusammenarbeitsverfahrens enthält die DS-GVO keine entsprechenden Vorgaben. Daher ist die Festlegung eines gemeinsamen Standpunkts durch die Aufsichtsbehörden des Bundes und der Länder im Rahmen des Zusammenarbeitsverfahrens nicht gem. § 17 Abs. 1 S. 2 BDSG geboten.[26] Dies schließt jedoch nicht aus, dass die Aufsichtsbehörden entsprechend ihrer Praxis informell ihre Standpunkte untereinander abstimmen können.[27]

IV. Normgenese

13   **1. Kommissionsentwurf.** Der Kommissionsentwurf[28] aus dem Jahr 2012 sah noch **kein Zusammenarbeitsverfahren** i.S.d. Art. 60 vor. Der Entwurf enthielt lediglich Vorschläge zur Amtshilfe, zu gemeinsamen Maßnahmen und zum Kohärenzverfahren. Anstelle eines auf Konsens abzielenden Verfahrens der sachnäheren federführenden und betroffenen Aufsichtsbehörden sah der Entwurf im Fall grenzüberschreitender Datenverarbeitung die alsbaldige Befassung des EDSB mit dem Verfahren im Wege der Mehrheitsentscheidung vor.

14   **2. Entwurf des Europäischen Parlaments.** Die in der ersten Lesung vom Plenum des Europäischen Parlaments am 12.3.2014 verabschiedete Fassung[29] enthielt in Art. 54a erstmals eine **Bestimmung zu den Aufgaben einer federführenden Behörde** bei grenzüberschreitender Datenverarbeitung. Darin war die örtliche Zuständigkeit der federführenden Behörde als zentrale Anlaufstelle für Datenverarbeitungen des Verantwortlichen oder des Auftragsverarbeiters in allen Mitgliedstaaten festgeschrieben. Zu ihren Aufgaben gehörte es, im Wege der Konsultation mit anderen zuständigen Aufsichtsbehörden einen Konsens zu erzielen. Hierzu war vorgesehen, dass sie „den Stellungnahmen der beteiligten Behörden größtmögliche Beachtung schenkt". Gem. Art. 58a Abs. 4–6 sollte der Ausschuss im Fall von Meinungsverschiedenheiten der zuständigen Aufsichtsbehörden zunächst eine Stellungnahme abgeben, welcher die federführende Behörde größtmöglich Rechnung zu tragen hatte. Erst für den Fall, dass die federführende Behörde beabsichtigte, der Stellungnahme des Europäischen Datenschutzausschusses nicht Folge zu leisten, sah der Entwurf die Möglichkeit des bindenden Beschlusses durch den Ausschuss vor (Art. 58a Abs. 7).

15   **3. Entwurf des Rats der Europäischen Union.** Seinen im Wesentlichen endgültigen Inhalt erhielt Art. 60 infolge der Verhandlungen im Europäischen Rat, die mit der am 8.4.2016 verabschiedeten Position endeten.[30] Vorausgegangen waren Diskussionen unter den Mitgliedstaaten insbesondere um die **Anforderungen an Einsprüche** der betroffenen Aufsichtsbehörden gegen Beschlussentwürfe der federführenden Aufsichtsbehörde. Zeitweilig wurde ein Quorum von 1/3 der Mitgliedstaaten für die Geltendmachung eines Einspruchs diskutiert.[31] Am Ende einigte man sich auf die inhaltliche Anforderung, dass ein Einspruch „maßgeblich und begründet" sein muss.

---

26   Kühling/Buchner-*Dix* § 18 Rn. 5.
27   Däubler/Wedde u.a.-*Sommer* Art. 60 Rn. 22.
28   KOM(2012) 11 endgültig.
29   P7_TC1-COD(2012)0011.
30   5419/1/16 REV1.
31   *Nguyen* ZD 2015, 265, 267.

B. Kommentierung
I. Grundsatz der Zusammenarbeit (Abs. 1)

Art. 60 Abs. 1 S. 1 enthält den Grundsatz des Verfahrens der Zusammenarbeit der Aufsichtsbehörden. Danach arbeitet die federführende Aufsichtsbehörde mit den betroffenen Aufsichtsbehörden zusammen und bemüht sich dabei, einen **Konsens** zu erzielen. Die Einzelheiten des Verfahrens sind in den Folgeabsätzen des Art. 60 festgelegt. Sie weisen einen Detailgrad auf, der zusätzliche Vereinbarungen der Aufsichtsbehörden über die Zusammenarbeit unnötig machen machen soll (ErwG 123). 16

Das Verfahren der Zusammenarbeit kommt grundsätzlich hinsichtlich der Ausübung jeder **Befugnis** der federführenden Aufsichtsbehörde gem. Art. 58 in Betracht.[32] Ausnahmsweise ist eine Zusammenarbeit nicht erforderlich, wenn die DS-GVO für die Ausübung einer Befugnis die Befassung aller Aufsichtsbehörden im Kohärenzverfahren verbindlich vorsieht (ErwG 138).[33] Dies gilt z.B. für die Festlegung der Listen von Verarbeitungsvorgängen, hinsichtlich derer eine Datenschutz-Folgenabschätzung jeweils durchzuführen bzw. nicht durchzuführen ist (Art. 35 Abs. 6), für die Billigung von Verhaltensregeln (Art. 58 Abs. 3 lit. d) gem. Art. 40 Abs. 7, für die Genehmigung von Vertragsklauseln (Art. 58 Abs. 3 lit. h) gem. Art. 46 Abs. 4 oder für die Prüfung verbindlicher interner Datenschutzvorschriften (Art. 58 Abs. 3 lit. j) gem. Art. 47 Abs. 1. Ebenso ist die Zusammenarbeit nicht zweckmäßig, wenn nicht der Erlass eines verbindlichen Beschlusses (ErwG 125) Gegenstand des Verwaltungshandelns ist, sondern z.B. die Sensibilisierung oder Aufklärung der Öffentlichkeit zu datenschutzrelevanten Themen.[34] Diesbezüglich kommen allerdings gemeinsame Maßnahmen nach Art. 62 in Betracht. 17

Die den Behörden im Rahmen der Zusammenarbeit auferlegten Pflichten und Einschränkungen stellen keine Verletzung ihrer **Unabhängigkeit** (Art. 8 Abs. 3 GRCh, Art. 16 Abs. 2 S. 2 AEUV) dar. Zwar sind federführende Behörden nunmehr verpflichtet, ihre Beschlüsse mit anderen Behörden abzustimmen. Ebenso werden Einsprüche betroffener Behörden möglicherweise nicht im Beschlussergebnis berücksichtigt. Die Unabhängigkeit der Aufsichtsbehörden schließt jedoch europarechtliche Vorgaben zur Verwaltungskooperation nicht aus.[35] 18

1. Federführende Behörde. Die federführende Aufsichtsbehörde nach Art. 56[36] leitet das Verfahren der Zusammenarbeit ein. Die Federführung kann eine Behörde auf zwei Arten erlangen. Erstens ist eine Behörde gem. Art. 56 Abs. 1 (ErwG 124) federführend für grenzüberschreitende Datenverarbeitungen (Art. 4 Nr. 23) aufgrund des **Ortes der Hauptniederlassung** (Art. 4 Nr. 16) **oder der einzigen Niederlassung eines Verantwortlichen** (Art. 4 Nr. 7) **bzw. eines Auftragsverarbeiters** (Art. 4 Nr. 8) im Gebiet ihrer örtlichen Zuständigkeit. Zweitens kann eine Datenverarbeitung mit ursprünglich rein lokaler Bedeutung gem. Art. 56 Abs. 2 in die Zuständigkeit einer 19

---

32 Paal/Pauly-*Körffer* Art. 60 Rn. 3.
33 Paal/Pauly-*Körffer* Art. 60 Rn. 3.
34 Auernhammer-*Lachmayer* Art. 60 Rn. 7.
35 Kühling/Buchner-*Dix* Art. 60 Rn. 4 m.w.N.
36 Zum Begriff der federführenden Behörde s. auch *Art.-29-Datenschutzgruppe* Leitlinien für die Bestimmung der federführenden Aufsichtsbehörde eines Verantwortlichen oder eines Auftragsverarbeiters, WP 244 rev.01, v. 5.7.2017.

Art. 60 Zusammenarbeit der Aufsichtsbehörden

federführenden Behörde fallen, wenn eine ursprünglich zuständige Behörde die federführende Behörde über den Fall unterrichtet (Art. 56 Abs. 3) und die federführende Behörde **entscheidet, sich mit dem Fall zu befassen** (Art. 56 Abs. 4).

20 Nicht in Art. 56 geregelt ist der Fall, dass der Verantwortliche/Auftragsverarbeiter über **keine Niederlassung** in der Europäischen Union verfügt. Dann kann jede aufgrund des Marktortprinzips (Art. 3 Abs. 2) zuständige Aufsichtsbehörde gegenüber der Stelle Maßnahmen ergreifen und sich hierzu an den Vertreter (Art. 4 Nr. 17) wenden.[37]

21 Der Wortlaut des Art. 60 Abs. 1 lässt es zu, dass eine Behörde aufgrund ihrer Zuständigkeit für den Verantwortlichen und eine andere Behörde aufgrund ihrer Zuständigkeit für den Auftragsverarbeiter die Federführung jeweils für sich beansprucht. In diesem Fall sollte die Aufsichtsbehörde des Mitgliedstaats, in dem der **Verantwortliche seine Haupt- oder seine einzige Niederlassung** hat, die zuständige federführende Aufsichtsbehörde sein und die Aufsichtsbehörde des Auftragsverarbeiters als betroffene Aufsichtsbehörde gelten (ErwG 36).

22 Gemäß Art. 55 Abs. 2 S. 2 findet zum einen Art. 56 keine Anwendung und wird keine federführende Behörde bestimmt, wenn personenbezogene Daten durch **öffentliche Stellen** verarbeitet werden (Art. 55 Abs. 2 S. 1, 1. Alt.). Zum anderen fehlt es an der Bestimmung einer federführenden Behörde bei der Verarbeitung personenbezogener Daten durch nichtöffentliche Stellen gem. Art. 55 Abs. 2 S. 1, 2. Alt., sofern die Verarbeitung zur **Erfüllung einer rechtlichen Verpflichtung**, welcher der Verantwortliche unterliegt, erforderlich ist (Art. 6 Abs. 1 S. 1 lit. c) bzw. für die **Wahrnehmung einer Aufgabe** erforderlich ist, die **im öffentlichen Interesse** liegt oder in **Ausübung öffentlicher Gewalt** erfolgt (Art. 6 Abs. 1 S. 1 lit. e). Mangels Festlegung einer federführenden Aufsichtsbehörde findet folglich in den genannten Fällen kein Beteiligungsverfahren weiterer betroffener Behörden im Rahmen eines Zusammenarbeitsverfahrens statt.

23 **2. Betroffene Behörde.** Die zu beteiligende betroffene Behörde ist in Art. 4 Nr. 22 definiert. Die **Betroffenheit** kann sich aus dem Umstand ergeben, dass der Verantwortliche oder der Auftragsverarbeiter im Hoheitsgebiet des Mitgliedstaats dieser Aufsichtsbehörde niedergelassen ist (Art. 4 Nr. 22 lit. a), eine Verarbeitung erhebliche Auswirkungen auf betroffene Personen mit Wohnsitz im Mitgliedstaat der Aufsichtsbehörde hat oder haben kann (Art. 4 Nr. 22 lit. b) oder dass eine Beschwerde bei der Aufsichtsbehörde eingereicht worden ist (Art. 4 Nr. 22 lit. c).

24 **3. Informationsaustausch.** Art. 60 Abs. 1 S. 2 enthält die Verpflichtung der federführenden und betroffenen Behörden, bereits vor der Vorlage eines Beschlussentwurfs gem. Art. 60 Abs. 3 **alle zweckdienlichen Informationen auszutauschen**.[38] Soweit personenbezogene Daten übermittelt werden sollen, bedarf es über die Aufgabenzuweisung des Art. 60 Abs. 1 S. 2 hinaus einer Befugnisnorm. Die Befugnisnorm enthält regelmäßig Art. 6 Abs. 1 S. 1 lit. e, Abs. 3 i.V.m. §§ 3, 40 Abs. 3 BDSG, demzufolge die Übermittlung personenbezogener Daten u.a. zulässig ist, wenn sie für die Wahrnehmung einer öffentlichen Aufgabe erforderlich ist.[39] Darüber hinaus haben die Aufsichtsbehörden bei der Übermittlung nach Art. 25 Abs. 1 den Grundsatz der **Datenminimie-**

---

37 Gola-*Eichler* Art. 60 Rn. 4.
38 Kühling/Buchner-*Dix* Art. 60 Rn. 8.
39 Kühling/Buchner-*Dix* Art. 60 Rn. 9; a.A. Sydow-*Peuker* Art. 60 Rn. 11, der bereits die Pflicht aus Art. 60 Abs. 1 S. 2 genügen lässt.

rung zu beachten und nach Art. 32 **technisch-organisatorische Maßnahmen** zur Sicherheit der Informationen zu ergreifen.[40]

II. Amtshilfe/gemeinsame Maßnahmen (Abs. 2)

Gemäß Art. 60 Abs. 2 kann die federführende Behörde jederzeit betroffene Behörden um Amtshilfe (Art. 61) ersuchen oder mit ihnen gemeinsame Maßnahmen (Art. 62) durchführen. Die Norm hat lediglich eine klarstellende Funktion.[41] Praktische Bedeutung, über die in der Norm genannten Befugnisse der Durchführung von Untersuchungen oder der Überwachung der Umsetzung einer Maßnahme hinaus, erlangt die Amtshilfe zur **Ermittlung, ob eine grenzüberschreitende Datenverarbeitung** i.S.d. Art. 56 Abs. 1 vorliegt.[42]   25

III. Verfahren der Beschlussfassung (Abs. 3–6)

1. Informationspflicht. Art. 60 Abs. 3 S. 1 enthält eine erneute Informationspflicht der federführenden Behörde. Der Vorschrift zufolge hat sie den betroffenen Aufsichtsbehörden unverzüglich die zweckdienlichen Informationen zu der Angelegenheit zu übermitteln. Informationen sind hierbei nur in dem Umfang auszutauschen, in dem sie bereits vorhanden sind. Art. 60 Abs. 3 S. 1 begründet keine Beschaffungspflicht für Informationen.[43] Allerdings kann bezüglich solcher Informationen um Amtshilfe gem. Art. 61 ersucht werden. Dem Kooperationsgedanken des europäischen Verwaltungsrechts folgend hat die federführende Behörde die Informationen **unverzüglich nach Kenntniserlangung** zu übermitteln.[44] Im Hinblick auf die Übermittlung personenbezogener Daten ist wiederum regelmäßig der Erlaubnistatbestand des Art. 6 Abs. 1 S. 1 lit. e, Abs. 3 i.V.m. §§ 3, 40 Abs. 3 BDSG einschlägig.[45]   26

2. Beschlussentwurf. Die federführende Behörde legt den betroffenen Behörden unverzüglich einen Beschlussentwurf zur Stellungnahme vor (Art. 60 Abs. 3 S. 2). Den Stellungnahmen der betroffenen Behörden trägt sie **gebührend Rechnung**. ErwG 126 spricht in diesem Zusammenhang davon, dass der Beschluss „gemeinsam vereinbart" wird. Das Erfordernis der gebührenden Berücksichtigung bedeutet, dass die federführende Behörde sich inhaltlich mit den Argumenten der betroffenen Behörden auseinanderzusetzen hat und nur aus sachgerechten Gründen von diesen abweichen darf.[46]   27

Bei **Maßnahmen, die rechtliche Wirkungen entfalten**, unter anderem bei der Verhängung von Geldbußen, sollte die federführende Behörde den Standpunkt der Aufsichtsbehörde, bei der die Beschwerde eingereicht worden ist, darüber hinaus sogar **weitestgehend berücksichtigen** (ErwG 130). Hinsichtlich solcher Maßnahmen erfordert ein Abweichen von dem Standpunkt einer betroffenen Aufsichtsbehörde einen   28

---

40 Kühling/Buchner-*Dix* Art. 60 Rn. 9.
41 Paal/Pauly-*Körffer* Art. 60 Rn. 6; Sydow-*Peuker* Art. 60 Rn. 12; BeckOK DatenSR-*Nguyen* Art. 60 Rn. 7; Taeger/Gabel-*Thiel* Art. 60 Rn. 13.
42 Kühling/Buchner-*Dix* Art. 60 Rn. 10.
43 Gierschmann-*Gramlich* Art. 60 Rn. 13.
44 Paal/Pauly-*Körffer* Art. 60 Rn. 7.
45 Vgl. Rn. 24.
46 Kühling/Buchner-*Dix* Art. 60 Rn. 12; Gola-*Eichler* Art. 60 Rn. 10; Sydow-*Peuker* Art. 60 Rn. 20; BeckOK DatenSR-*Nguyen* Art. 60 Rn. 9.

höheren Rechtfertigungsbedarf.[47] Gleiches gilt in Fällen von **lediglich örtlicher Bedeutung** (Art. 56 Abs. 2), wenn die federführende Behörde nach Art. 56 Abs. 4 S. 3 über den Fall entscheidet. Auch dann hat sie Standpunkte der unterrichtenden Behörde weitestgehend zu berücksichtigen. Ein solcher Fall lediglich lokaler Bedeutung ist z.B. die Verarbeitung personenbezogener Daten von Arbeitnehmern im spezifischen Beschäftigungskontext eines Mitgliedstaats (ErwG 127).

29   Eine **Beteiligung** der Betroffenen bzw. der Verantwortlichen oder Auftragsverarbeiter hinsichtlich des Beschlussentwurfs ist im Zusammenarbeitsverfahren nicht vorgesehen. Ist das Zusammenarbeitsverfahren auf den Erlass einer behördlichen Anordnung gerichtet, so ist der Adressat der Anordnung hingegen nach allgemeinen Grundsätzen vor Erlass dieser Anordnung anzuhören.[48]

30   **3. Einspruch.** Innerhalb von vier Wochen nach der Konsultation durch die federführende Behörde kann eine betroffene Behörde Einspruch gegen den Beschlussentwurf nach Art. 60 Abs. 3 S. 2 einlegen (Art. 60 Abs. 4). Der Einspruch muss **maßgeblich und begründet** sein (Art. 4 Nr. 24). Analog Art. 56 Abs. 4 S. 2 kann die betroffene Behörde zu diesem Zweck der federführenden Behörden einen Beschlussentwurf vorlegen.[49] Um den Begriff des maßgeblichen und begründeten Einspruchs näher zu bestimmen, ist der Ausschuss aufgerufen, Leitlinien gem. Art. 70 Abs. 1 lit. e zu erlassen (ErwG 124). Die Frist zur Einlegung des Einspruchs beginnt mit Eingang des Beschlussentwurfs bei der betroffenen Behörde.[50]

31   Hinsichtlich der **Dauer der Prüfung des Einspruchs** durch die federführende Behörde ist keine Frist festgelegt.[51] Um keine Verzögerung des auf Beschleunigung angelegten Verfahrens eintreten zu lassen, soll die federführende Behörde die Einsprüche zügig prüfen.[52] Zudem besteht bei Verzögerung die Möglichkeit der Beschwerde/Untätigkeitsklage des Betroffenen nach Art. 77, 78 Abs. 2.

32   **a) Übergang ins Kohärenzverfahren.** In den Fällen, in denen die federführende Behörde sich einem maßgeblichen und begründeten Einspruch einer betroffenen Behörde nicht anschließt oder den Einspruch für nicht maßgeblich oder begründet hält, ist sie verpflichtet, das **Kohärenzverfahren** nach Art. 63, 65 Abs. 1 lit. a einzuleiten. Gegenstand der Untersuchung des Kohärenzverfahrens sind alle Angelegenheiten, die Gegenstand des maßgeblichen und begründeten Einspruchs sind, insbesondere die Frage, ob ein Verstoß gegen die DS-GVO vorliegt (Art. 65 Abs. 1 lit. a S. 2). Unabhängig vom Einspruch im Rahmen des Zusammenarbeitsverfahrens ist ebenfalls die Einholung einer **Stellungnahme des Ausschusses** nach Art. 64 Abs. 2 möglich.[53]

33   **b) Überarbeitung des Beschlussentwurfs.** Schließt sich die federführende Behörde dem Einspruch einer betroffenen Behörde an, so ist sie verpflichtet, innerhalb der

---

47   Sydow-*Peuker* Art. 60 Rn. 20.
48   Simitis-*Polenz* Art. 60 Rn. 17; a.A. die Anhörungspflicht bereits i.R.d. Konsultation des Zusammenarbeitsverfahrens bejahend: Schaffland-*Holthaus* Art. 60 Rn. 5; Sydow-*Peuker* Art. 60 Rn. 14f.
49   I.E. ebenso Kühling/Buchner-*Dix* Art. 60 Rn. 12; Gola-*Eichler* Art. 60 Rn. 15.
50   Gola-*Eichler* Art. 60 Rn. 13.
51   Ehmann/Selmayr-*Klabunde* Art. 60 Rn. 10.
52   BeckOK DatenSR-*Nguyen* Art. 60 Rn. 11.
53   Ehmann/Selmayr-*Klabunde* Art. 60 Rn. 13; BeckOK DatenSR-*Nguyen* Art. 60 Rn. 2.1.

Frist von zwei Wochen einen **überarbeiteten Beschlussentwurf** vorzulegen (Art. 60 Abs. 5). Es wird hierfür ein neues Verfahren wie zur Vorlage des ersten Beschlussentwurfs nach Art. 60 Abs. 4 in Gang gesetzt. Der Beschlussentwurf ist allen betroffenen Aufsichtsbehörden, nicht nur denjenigen, die sich zuvor am Verfahren beteiligt haben oder die Einspruch eingelegt haben, vorzulegen.[54]

Der Wortlaut des Art. 60 Abs. 5 lässt unbeschadet der allgemeinen Regeln zur Präklusion wiederholten Vorbringens[55] **eine unbestimmte Vielzahl von Abstimmungsrunden** zu.[56] In der Praxis ist jedoch davon auszugehen, dass bei fortbestehenden Meinungsverschiedenheiten die federführende Behörde von sich aus das Kohärenzverfahren einleiten wird.[57] Darüber hinaus können die Leitlinien des Ausschusses (ErwG 124) Vorgaben dazu enthalten, wie in Fällen mehrerer Abstimmungsrunden zu verfahren ist.[58] 34

4. Schweigen. Nach der Vorschrift des Art. 60 Abs. 6 gilt **Schweigen** der betroffenen Behörden im Zusammenarbeitsverfahren als **Zustimmung**. Demgemäß gelten federführende und betroffene Behörden als mit dem Beschlussentwurf einverstanden und sind an ihn gebunden. 35

IV. Bekanntgabe und Unterrichtung (Abs. 7–9)

Art. 60 Abs. 7–9 enthält detaillierte Vorschriften zur **Bekanntgabe von Maßnahmen** an Verantwortliche/Auftragsverarbeiter oder Beschwerdeführer sowie zur **Unterrichtung** weiterer Betroffener. Die Vorschriften sind von dem Leitbild geprägt, dass ein Beschluss, der negative Rechtsfolgen für den Adressaten hat, von der federführenden Behörde gegenüber dem Verantwortlichen/Auftragsverarbeiter und von der betroffenen Behörde gegenüber dem Beschwerdeführer erlassen werden soll. Zugleich soll die jeweils andere Behörde den jeweils anderen begünstigten Verfahrensbeteiligten über den Beschluss unterrichten. 36

1. Beschluss gegenüber Verantwortlichem/Auftragsverarbeiter. Hat der Beschluss für den Verantwortlichen bzw. Auftragsverarbeiter nachteilige Folgen, so erlässt die **federführende Aufsichtsbehörde** diesem gegenüber den Beschluss und unterrichtet hierüber die betroffenen Behörden sowie den Ausschuss einschließlich einer Zusammenfassung der maßgeblichen Fakten und Gründe (Art. 60 Abs. 7 S. 1). Die Aufsichtsbehörde, bei der eine Beschwerde eingereicht worden ist, unterrichtet hingegen den Beschwerdeführer über den für ihn günstigen Beschluss (Art. 60 Abs. 7 S. 2). Bei Einreichung der Beschwerde an eine unzuständige Behörde unterrichtet den Beschwerdeführer davon abweichend die zuständige Behörde, an welche die Beschwerde abgegeben worden ist.[59] Dies ist vor dem Hintergrund sachgerecht, dass der Beschwerdeführer ihr gegenüber 37

---

54 Kühling/Buchner-*Dix* Art. 60 Rn. 16.
55 BeckOK DatenSR-*Nguyen* Art. 60 Rn. 12.
56 Paal/Pauly-*Körffer* Art. 60 Rn. 8; Simitis-*Polenz* Art. 60 Rn. 13; Sydow-*Peuker* Art. 60 Rn. 25.
57 Ehmann/Selmayr-*Klabunde* Art. 60 Rn. 10; Auernhammer-*Lachmayer* Art. 60 Rn. 24; Taeger/Gabel-*Thiel* Art. 60 Rn. 19; weitergehend Kühling/Buchner-*Dix* Art. 60 Rn. 17, der von einer Verpflichtung zur Einleitung des Kohärenzverfahrens ausgeht; a.A. Däubler/Wedde u.a.-*Sommer* Art. 60 Rn. 31 unter Betonung des Konsensprinzips.
58 Gola-*Eichler* Art. 60 Rn. 17.
59 Kühling/Buchner-*Dix* Art. 60 Rn. 22.

gem. Art. 78 Rechtsbehelf einlegen kann.[60] Ebenfalls ist dem Beschwerdeführer über den Wortlaut des Art. 60 Abs. 7 hinaus eine Zusammenfassung der maßgeblichen Fakten und Gründe des Beschlusses, jedoch nicht notwendigerweise der gesamte Beschluss, mitzuteilen.[61] Hierbei hat die unterrichtende Behörde dafür Sorge zu tragen, dass keine Betriebs- und Geschäftsgeheimnisse offenbart werden.[62] Eine Frist für die Unterrichtung sieht die DS-GVO nicht vor. Im Interesse der Verfahrensbeschleunigung und der Wahrung der Rechte des Beschwerdeführers sollte sie jedoch unverzüglich erfolgen.[63]

38 **2. Beschluss gegenüber Beschwerdeführer.** Umgekehrt erlässt die **betroffene Aufsichtsbehörde** gegenüber dem Beschwerdeführer einen für ihn nachteiligen Beschluss (Ablehnung oder Abweisung) gem. Art. 60 Abs. 8. Anders als in Art. 60 Abs. 7 unterrichtet jedoch nicht die federführende Behörde den Verantwortlichen über den für ihn vorteilhaften Beschluss, sondern die betroffene Behörde. Hierdurch wird zugleich von Art. 56 Abs. 6 abgewichen, demzufolge die federführende Aufsichtsbehörde der einzige Ansprechpartner der Verantwortlichen oder der Auftragsverarbeiter für Fragen der von ihnen durchgeführten grenzüberschreitenden Verarbeitung ist. Anders als in Art. 60 Abs. 7 sind mangels Erwähnung in Art. 60 Abs. 8 der Ausschuss und die anderen betroffenen Behörden nicht über den gefassten Beschluss zu unterrichten.[64] Neben den Verantwortlichen hat die betroffene Behörde jedoch ebenfalls die vom Wortlaut des Art. 60 Abs. 8 nicht umfassten Auftragsverarbeiter zu informieren.[65]

39 **3. Teilbeschlüsse.** Schließlich enthält Art. 60 Abs. 9 die Verteilung der Pflichten hinsichtlich **ablehnenden und stattgebenden Teilbeschlüssen.** Unter Inkaufnahme einer Rechtswegspaltung[66] wird in diesem Fall für jeden dieser Teile ein eigener Beschluss erlassen. Die federführende Aufsichtsbehörde erlässt den Beschluss für den Teil, der das Tätigwerden in Bezug auf den Verantwortlichen betrifft, teilt ihn der Hauptniederlassung oder einzigen Niederlassung des Verantwortlichen oder des Auftragsverarbeiters im Hoheitsgebiet ihres Mitgliedstaats mit und unterrichtet den Beschwerdeführer hierüber. Die für den Beschwerdeführer zuständige Aufsichtsbehörde hingegen erlässt den Beschluss für den Teil, der die Ablehnung oder Abweisung seiner Beschwerde betrifft, teilt ihn dem Beschwerdeführer mit und unterrichtet den Verantwortlichen oder den Auftragsverarbeiter hierüber.

40 Im Hinblick auf die **Unterrichtung** des Beschwerdeführers durch die federführende Behörde enthält Art. 60 Abs. 9 eine Abweichung von der Regelung des Art. 60 Abs. 7. Die Pflicht zur Unterrichtung des Verantwortlichen/Auftragsverarbeiters durch die betroffene Behörde ist zwar in gleicher Weise geregelt wie in Art. 60 Abs. 8, weicht jedoch wie diese von der Regelung des Art. 56 Abs. 6 ab.[67] Auch ohne Erwähnung in Art. 60 Abs. 9 haben federführende und betroffene Behörde weitere betroffene Auf-

---

60 Paal/Pauly-*Körffer* Art. 60 Rn. 10.
61 Paal/Pauly-*Körffer* Art. 60 Rn. 10; Kühling/Buchner-*Dix* Art. 60 Rn. 22.
62 Paal/Pauly-*Körffer* Art. 60 Rn. 10; BeckOK DatenSR-*Nguyen* Art. 60 Rn. 17.
63 Gola-*Eichler* Art. 60 Rn. 20.
64 So Däubler/Wedde u.a.-*Sommer* Art. 60 Rn. 36; a.A. Kühling/Buchner-*Dix* Art. 60 Rn. 24.
65 Sydow-*Peuker* Art. 60 Rn. 28; Gierschmann-*Gramlich* Art. 60 Rn. 27; Gola-*Eichler* Art. 60 Rn. 21; von Redaktionsversehen geht Kühling/Buchner-*Dix* Art. 60 Rn. 23 aus; ähnlich: Däubler/Wedde u.a.-*Sommer* Art. 60 Rn. 35.
66 Simitis-*Polenz* Art. 60 Rn. 21.
67 S. hierzu Rn. 38.

sichtsbehörden sowie den Ausschuss über die Beschlüsse einschließlich einer Zusammenfassung der maßgeblichen Fakten und Gründe zu unterrichten.[68]

V. Umsetzung durch Verantwortlichen/Auftragsverarbeiter (Abs. 10)

Gemäß Art. 60 Abs. 10 ergreifen der Verantwortliche und der Auftragsverarbeiter nach der Unterrichtung über den Beschluss der federführenden Aufsichtsbehörde gem. Art. 60 Abs. 7, 9 die erforderlichen Maßnahmen, um die Verarbeitungstätigkeiten all ihrer Niederlassungen in der Union **mit dem Beschluss in Einklang** zu bringen. Der Verantwortliche und der Auftragsverarbeiter teilen der federführenden Aufsichtsbehörde die Maßnahmen mit, die zur Einhaltung des Beschlusses ergriffen wurden. Diese wiederum unterrichtet die betroffenen Aufsichtsbehörden. Die Norm hat lediglich deklaratorische Wirkung, da die Verpflichtung zur Umsetzung sich bereits aus der Anordnung der Maßnahme ergibt.[69] Eine Frist zur Umsetzung der angeordneten Maßnahme ist in Art. 60 Abs. 10 nicht festgelegt. Es ist davon auszugehen, dass der Verpflichtete die Maßnahme unverzüglich oder innerhalb einer durch die Aufsichtsbehörden in der Anordnung eingeräumten angemessenen Übergangsfrist umzusetzen hat.[70]

41

VI. Dringlichkeitsverfahren (Abs. 11)

Art. 60 Abs. 11 legt fest, dass in Ausnahmefällen das Dringlichkeitsverfahren nach Art. 66 zur Anwendung kommt, wenn eine betroffene Aufsichtsbehörde Grund zu der Annahme hat, dass zum Schutz der Interessen betroffener Personen **dringender Handlungsbedarf** besteht. Von Dringlichkeitsmaßnahmen ist nur in Ausnahmefällen Gebrauch zu machen, da sie grundsätzlich der durch das Verfahren der Zusammenarbeit bezweckten Vereinheitlichung der Aufsichtsmaßnahmen widersprechen.[71] Mit den in der Norm bezeichneten zu schützenden Interessen sind die Rechte und Freiheiten der betroffenen Person gemeint.[72] Alternativ hat die betroffene Aufsichtsbehörde gem. Art. 64 Abs. 2 die Möglichkeit, eine Befassung des Ausschusses mit dem Ziel einer Stellungnahme herbeizuführen.

42

VII. Elektronische Übermittlung (Abs. 12)

Art. 60 Abs. 12 enthält Vorgaben für die Übermittlung von Informationen im Verfahren der Zusammenarbeit durch beteiligte Aufsichtsbehörden. Danach übermitteln die federführende Aufsichtsbehörde und die betroffenen Aufsichtsbehörden einander die geforderten Informationen auf **elektronischem Wege unter Verwendung eines standardisierten Formats**. Auch wenn der Wortlaut der Norm nur die elektronische Form der Übermittlung erwähnt, ist dennoch die Verwendung einer anderen Form nicht ausgeschlossen.[73] Dies wird z.B. dann erforderlich, wenn eine elektronische Kommunikation aufgrund Ausfalls der Technik nicht möglich ist oder nicht sicher durchgeführt werden

43

---

68 Kühling/Buchner-*Dix* Art. 60 Rn. 26; Simitis-*Polenz* Art. 60 Rn. 22.
69 BeckOK DatenSR-*Nguyen* Art. 60 Rn. 19; Paal/Pauly-*Körffer* Art. 60 Rn. 11 aus Anwendungsbefehl der Anordnung; Sydow-*Peuker* Art. 60 Rn. 33 aus Art. 288 Abs. 4 S. 2 AEUV.
70 Kühling/Buchner-*Dix* Art. 60 Rn. 28.
71 Gola-*Eichler* Art. 60 Rn. 23.
72 Auernhammer-*Lachmayer* Art. 60 Fn. 39; a.A. Gierschmann-*Gramlich* Art. 60 Rn. 29.
73 Kühling/Buchner-*Dix* Art. 60 Rn. 30; lediglich für die zusätzliche Möglichkeit anderer Formen der Kommunikation: Simitis-*Polenz* Art. 60 Rn. 37.

kann. Können zwei Behörden nicht verschlüsselt miteinander elektronisch kommunizieren, ist z.B. auf postalische Kommunikation zurückzugreifen.[74]

44 Anders als hinsichtlich der Amtshilfe (Art. 61 Abs. 9) enthalten die Vorschriften zum Verfahren der Zusammenarbeit keine Ermächtigung der Kommission, in Durchführungsrechtsakten Form und Verfahren der Zusammenarbeit sowie die Ausgestaltung des elektronischen Informationsaustauschs festzulegen. Die Festlegung obliegt als Konsequenz den Aufsichtsbehörden[75], z.B. durch Beschluss von Leitlinien des Ausschusses gem. Art. 70 Abs. 1 lit. u. Die Aufsichtsbehörden haben sich als Plattform zum Informationsaustausch auf das **Binnenmarktinformationssystem** der Europäischen Kommission IMI (Internal Market Information System) verständigt.[76]

C. Praxishinweise

I. Relevanz für öffentliche Stellen

45 Im Hinblick auf öffentliche Stellen haben die Vorschriften des Zusammenarbeitsverfahrens keine Relevanz. Gem. Art. 55 Abs. 2 (ErwG 128) wird in diesen Fällen **keine federführende Behörde bestimmt** (Art. 56)[77], sondern es bleibt gem. Art. 55 Abs. 1 die Aufsichtsbehörde im Hoheitsgebiet des jeweiligen Mitgliedstaats örtlich zuständig.

II. Relevanz für nichtöffentliche Stellen

46 Die Vorschriften der DS-GVO zum „One-Stop-Shop" zielen für nichtöffentliche Stellen, die grenzüberschreitend Daten verarbeiten, insbesondere für kleine und mittlere Unternehmen, auf eine erhebliche **Verfahrensvereinfachung**[78] sowie auf **den freien Verkehr personenbezogener Daten im Binnenmarkt**[79] ab. Die Kommission schätzte bei Veröffentlichung ihres Entwurfs der DS-GVO die Nettoeinsparungen für Unternehmen auf EU-weit insgesamt rund 2,3 Mrd. EUR jährlich.[80] Das genaue Einsparpotential der DS-GVO bleibt abzuwarten. Hierbei ist zu berücksichtigen, dass im Laufe des weiteren Gesetzgebungsverfahrens zahlreiche Öffnungsklauseln für nationale Gesetzgeber geschaffen worden sind, mittels derer vom einheitlichen materiellen Schutzniveau abgewichen werden kann.

III. Relevanz für betroffene Personen

47 Die Vorschrift zur Zusammenarbeit gem. Art. 60 soll eine **bessere Durchsetzung** der Rechte der Bürgerinnen und Bürger auf Schutz ihrer personenbezogenen Daten über das Hoheitsgebiet des einzelnen Mitgliedstaats hinaus ermöglichen. Zugleich sollen die Vorschriften der DS-GVO den Aufwand zur Geltendmachung der eigenen Rechte verringern, indem eine betroffene Person gem. Art. 77 Beschwerde bei einer Aufsichtsbehörde insbesondere in dem Mitgliedstaat ihres Aufenthaltsorts oder ihres Arbeitsplatzes einlegen kann.

---

74 Kühling/Buchner-*Dix* Art. 60 Rn. 30; Däubler/Wedde u.a.-*Sommer* Art. 60 Rn. 41.
75 Kühling/Buchner-*Dix* Art. 60 Rn. 31; a.A. für direkte Anwendung des Art. 61 Abs. 9 Paal/Pauly-*Körffer* Art. 60 Rn. 14; für analoge Anwendung Sydow-*Peuker* Art. 60 Rn. 39.
76 Krit. aus Gründen der Unabhängigkeit der Datenschutzaufsicht: Kühling/Buchner-*Dix* Art. 60 Rn. 25.
77 S. Rn. 22.
78 Ehmann/Selmayr-*Klabunde* Art. 60 Rn. 17.
79 Gola-*Eichler* Art. 60 Rn. 1.
80 KOM(2012), 9 endgültig.

IV. Relevanz für Aufsichtsbehörden

Für die Aufsichtsbehörden bedeuten die Vorschriften zum Zusammenarbeitsverfahren eine gewichtige Neuerung und einen bislang noch nicht absehbaren **Mehraufwand**.[81] Angesichts der zunehmenden grenzüberschreitenden Datenverarbeitung ist mit einer großen Zahl an Anwendungsfällen des Zusammenarbeitsverfahrens zu rechnen.[82] Besondere Bedeutung kommt daher der Ausgestaltung des Verfahrens durch die Aufsichtsbehörden zu. Klärungsbedürftige Fragen sind neben der sicheren elektronischen Kommunikation und der zu verwendenden Amtssprache insbesondere die Festlegung der im Rahmen des Zusammenarbeitsverfahrens zu beteiligenden betroffenen Behörden durch die hierzu verpflichtete federführende Behörde. Die Gesetzgeber der Mitgliedstaaten sind aufgefordert, die Aufsichtsbehörden mit ausreichend Finanzmitteln, Personal, Räumlichkeiten und einer Infrastruktur auszustatten, wie sie für die wirksame Wahrnehmung ihrer Aufgaben im Zusammenarbeitsverfahren notwendig sind (ErwG 120).

48

Gegenüber den Aufsichtsbehörden der Mitgliedstaaten können die von einer Maßnahme Betroffenen **Beschwerde** einlegen (Art. 77) und **Klage** vor den nationalen Gerichten erheben (Art. 78). Zur Klärung von Meinungsverschiedenheiten der Aufsichtsbehörden über eine Angelegenheit mit allgemeiner Geltung oder mit Auswirkungen in mehr als einem Mitgliedstaat kann jede Aufsichtsbehörde gem. Art. 64 Abs. 2 den Europäischen Datenschutzausschuss anrufen. Entscheidungen des Ausschusses können wiederum von jeder natürlichen oder juristischen Person, einschließlich einer Aufsichtsbehörde, unter den Voraussetzungen des Art. 263 AEUV im Rahmen einer Nichtigkeitsklage vor dem Gerichtshof überprüft werden (ErwG 143).

49

V. Relevanz für das Datenschutzmanagement

Das Datenschutzmanagement der Verantwortlichen bzw. der Auftragsverarbeiter ist daraufhin einzustellen, dass grundsätzlich nach den Vorgaben des „**One-Stop-Shop**" nur die Behörde am Ort der Hauptniederlassung bzw. einzigen Niederlassung für sie zuständig ist (Art. 56). Dies schließt nicht aus, dass betroffene Behörden sie über einen abweisenden oder ablehnenden Bescheid gegenüber einem Beschwerdeführer nach den Vorschriften der Zusammenarbeit unterrichten (Art. 60 Abs. 8, 9).

50

Artikel 61 Gegenseitige Amtshilfe

(1) ¹Die Aufsichtsbehörden übermitteln einander maßgebliche Informationen und gewähren einander Amtshilfe, um diese Verordnung einheitlich durchzuführen und anzuwenden, und treffen Vorkehrungen für eine wirksame Zusammenarbeit. ²Die Amtshilfe bezieht sich insbesondere auf Auskunftsersuchen und aufsichtsbezogene Maßnahmen, beispielsweise Ersuchen um vorherige Genehmigungen und eine vorherige Konsultation, um Vornahme von Nachprüfungen und Untersuchungen.

(2) ¹Jede Aufsichtsbehörde ergreift alle geeigneten Maßnahmen, um einem Ersuchen einer anderen Aufsichtsbehörde unverzüglich und spätestens innerhalb eines Monats nach Eingang des Ersuchens nachzukommen. ²Dazu kann insbesondere auch

---

81 Paal/Pauly-*Körffer* Art. 60 Rn. 1.
82 Auernhammer-*Lachmayer* Art. 60 Rn. 32.

die Übermittlung maßgeblicher Informationen über die Durchführung einer Untersuchung gehören.

(3) ¹Amtshilfeersuchen enthalten alle erforderlichen Informationen, einschließlich Zweck und Begründung des Ersuchens. ²Die übermittelten Informationen werden ausschließlich für den Zweck verwendet, für den sie angefordert wurden.

(4) Die ersuchte Aufsichtsbehörde lehnt das Ersuchen nur ab, wenn
a) sie für den Gegenstand des Ersuchens oder für die Maßnahmen, die sie durchführen soll, nicht zuständig ist oder
b) ein Eingehen auf das Ersuchen gegen diese Verordnung verstoßen würde oder gegen das Unionsrecht oder das Recht der Mitgliedstaaten, dem die Aufsichtsbehörde, bei der das Ersuchen eingeht, unterliegt.

(5) ¹Die ersuchte Aufsichtsbehörde informiert die ersuchende Aufsichtsbehörde über die Ergebnisse oder gegebenenfalls über den Fortgang der Maßnahmen, die getroffen wurden, um dem Ersuchen nachzukommen. ²Die ersuchte Aufsichtsbehörde erläutert gemäß Absatz 4 die Gründe für die Ablehnung des Ersuchens.

(6) Die ersuchten Aufsichtsbehörden übermitteln die Informationen, um die von einer anderen Aufsichtsbehörde ersucht wurde, in der Regel auf elektronischem Wege unter Verwendung eines standardisierten Formats.

(7) ¹Ersuchte Aufsichtsbehörden verlangen für Maßnahmen, die sie aufgrund eines Amtshilfeersuchens getroffen haben, keine Gebühren. ²Die Aufsichtsbehörden können untereinander Regeln vereinbaren, um einander in Ausnahmefällen besondere aufgrund der Amtshilfe entstandene Ausgaben zu erstatten.

(8) ¹Erteilt eine ersuchte Aufsichtsbehörde nicht binnen eines Monats nach Eingang des Ersuchens einer anderen Aufsichtsbehörde die Informationen gemäß Absatz 5, so kann die ersuchende Aufsichtsbehörde eine einstweilige Maßnahme im Hoheitsgebiet ihres Mitgliedstaats gemäß Artikel 55 Absatz 1 ergreifen. ²In diesem Fall wird von einem dringenden Handlungsbedarf gemäß Artikel 66 Absatz 1 ausgegangen, der einen im Dringlichkeitsverfahren angenommenen verbindlichen Beschluss des Ausschusses gemäß Artikel 66 Absatz 2 erforderlich macht.

(9) ¹Die Kommission kann im Wege von Durchführungsrechtsakten Form und Verfahren der Amtshilfe nach diesem Artikel und die Ausgestaltung des elektronischen Informationsaustauschs zwischen den Aufsichtsbehörden sowie zwischen den Aufsichtsbehörden und dem Ausschuss, insbesondere das in Absatz 6 des vorliegenden Artikels genannte standardisierte Format, festlegen. ²Diese Durchführungsrechtsakte werden gemäß dem in Artikel 93 Absatz 2 genannten Prüfverfahren erlassen.

– *ErwG: 120, 123, 133, 138, 168*

Übersicht

	Rn		Rn
A. Einordnung und Kontext	1	1. Kommissionsentwurf	7
I. Erwägungsgründe	3	2. Entwurf des Europäischen Parlaments	8
II. Richtlinie 95/46/EG; BDSG a.F.	4	3. Entwurf des Rats der Europäischen Union	9
III. BDSG	6	B. Kommentierung	10
IV. Normgenese	7		

Gegenseitige Amtshilfe Art. 61

		Rn			Rn
I.	Systematik der Vorschriften	10	c) Verstoß gegen nationales Recht		29
II.	Hauptverpflichtungen (Abs. 1)	12	VII.	Informationspflichten (Abs. 5)	33
	1. Übermittlung maßgeblicher Informationen	13	VIII.	Form (Abs. 6)	34
	2. Amtshilfe	16	IX.	Gebühren (Abs. 7)	35
	3. Vorkehrungen für wirksame Zusammenarbeit	17	X.	Einstweilige Maßnahmen (Abs. 8)	36
III.	Verpflichtete und Berechtigte (Abs. 1)	19	XI.	Durchführungsrechtsakte (Abs. 9)	38
IV.	Frist (Abs. 2)	20	C.	Praxishinweise	41
V.	Zweck/Begründung (Abs. 3)	22	I.	Relevanz für öffentliche Stellen	41
VI.	Ablehnungsgründe (Abs. 4)	24	II.	Relevanz für nichtöffentliche Stellen	42
	1. Unzuständigkeit	25			
	2. Verstoß gegen DS-GVO, Unionsrecht oder Recht der Mitgliedstaaten	26	III.	Relevanz für betroffene Personen	43
			IV.	Relevanz für Aufsichtsbehörden	44
	a) DS-GVO	27	V.	Relevanz für das Datenschutzmanagement	46
	b) Sonstiges Unionsrecht	28			

Literatur: *Art.-29-Datenschutzgruppe* Stellungnahme 01/2012 zu den Reformvorschlägen im Bereich des Datenschutzes, WP 191, S. 22; *Dietrich* Rechtsdurchsetzungsmöglichkeiten in der DSGVO, ZD 2016, 260; *Kaiser* Die Aufsichtsmechanismen der neuen europäischen Datenschutzgesetzgebung – Nationaler Vollzug im Spannungsfeld supranationaler Zusammenarbeit und Entscheidungsfindung, RDV 2017, 273; *Konferenz der unabhängigen Datenschutzbehörden des Bundes und der Länder* Entschließung v. 25.5.2016 „EU-Datenschutz-Grundverordnung erfordert zusätzliche Ressourcen für Datenschutzbehörden"; *von Lewinski* Datenschutzaufsicht in Europa als Netzwerk, NVwZ 2017, 1483; *Schneider/Hofmann/Ziller* ReNEUAL – Musterentwurf für ein EU-Verwaltungsverfahrensrecht, 2015.

A. Einordnung und Kontext[1]

Art. 61 enthält im Vergleich zur Vorgängernorm in der Richtlinie 95/46/EG detail- 1 lierte, wenn auch nicht abschließende, Vorgaben zum **Informationsaustausch** und zur **gegenseitigen Amtshilfe** der Aufsichtsbehörden der Mitgliedstaaten der Europäischen Union. Aufsichtsbehörden können sich somit gegenseitig bei ihren Tätigkeiten unterstützen, ohne dass eine Vereinbarung zwischen den Mitgliedstaaten über die Leistung von Amtshilfe erforderlich wäre (ErwG 123).

Mit Art. 61 trägt der Gesetzgeber dem Anliegen Rechnung, neben der einheitlichen 2 materiellen Grundlage für die Verarbeitung personenbezogener Daten ebenso Vorkehrungen zur **einheitlichen Durchführung und Anwendung** der Vorschriften zu schaffen. Zugleich ist Art. 61 Ausdruck des primärrechtlich in Art. 4 Abs. 3 EUV verankerten Grundsatzes der loyalen Zusammenarbeit, nach dem sich die Union und die Mitgliedstaaten gegenseitig bei der Erfüllung der Aufgaben unterstützen, die sich aus den EU-Verträgen ergeben.

---

[1] Der Verfasser vertritt seine persönliche Auffassung, die nicht notwendigerweise der Auffassung des Dienstherrn entspricht.

Dietze

I. Erwägungsgründe

3   ErwG 133 enthält neben einzelnen Vorgaben zum Verfahren die **Beschreibung des Zwecks** der Amtshilfe, eine einheitliche Anwendung und Durchsetzung der DS-GVO im Binnenmarkt zu gewährleisten. Weitere Erläuterungen sind den Erwägungsgründen zur Mittelausstattung der Aufsichtsbehörden (ErwG 120), zur Amtshilfe im Rahmen der Kohärenz (ErwG 138) sowie zur Befugnis der Kommission zum Erlass von Durchführungsrechtsakten (ErwG 168) zu entnehmen.

II. Richtlinie 95/46/EG; BDSG a.F.

4   Vorschriften zu Amtshilfe und Informationsaustausch waren in der **Vorgängernorm der Richtlinie 95/46/EG** lediglich rudimentär enthalten. Art. 28 Abs. 6 UAbs. 1 S. 2 sah vor, dass jede Aufsichtsbehörde von einer Aufsichtsbehörde eines anderen Mitgliedstaats um die Ausübung ihrer Befugnisse ersucht werden kann. Art. 28 Abs. 6 UAbs. 2 fügte hinzu, dass die Kontrollstellen für die zur Erfüllung ihrer Kontrollaufgaben notwendige gegenseitige Zusammenarbeit sorgen, insbesondere durch den Austausch sachdienlicher Informationen.

5   Ebenso gering im Umfang war die nationale Umsetzung der RL 95/46/EG in § 38 Abs. 1 S. 5 **BDSG a.F.** Ohne weitere Festlegung der formellen und materiellen Anforderungen an die Amtshilfe hieß es zu den Pflichten der Aufsichtsbehörde dort lediglich: „Sie leistet den Aufsichtsbehörden anderer Mitgliedstaaten der Europäischen Union auf Ersuchen ergänzende Hilfe (Amtshilfe)."

III. BDSG

6   Die zur Umsetzung der und zur Anpassung an die Datenschutz-Grundverordnung erlassenen Vorschriften des BDSG in der Fassung des ersten DSAnpUG-EU[2] enthalten **keine Regelungen** zur gegenseitigen Amtshilfe i.S.d. Art. 61. Lediglich in § 14 Abs. 1 Nr. 7 BDSG wird die Amtshilfe als Aufgabe des oder der Bundesbeauftragten für den Datenschutz genannt.

IV. Normgenese

7   **1. Kommissionsentwurf.** Der Kommissionsentwurf[3] aus dem Jahr 2012 sah zum einen in Art. 55 genauere Festlegungen für die gegenseitige Amtshilfe und zum anderen weniger Befugnisse für die Mitgliedstaaten vor. So enthielt Art. 55 Abs. 1 die Verpflichtungen der ersuchten Behörde zur Unterrichtung der ersuchenden Behörde über die Befassung mit einer Angelegenheit und darüber hinaus über weitere Entwicklungen in Fällen, in denen Personen in mehreren Mitgliedstaaten voraussichtlich von Verarbeitungsvorgängen betroffen sind. Der Entwurf sah jedoch in Abs. 4 nicht die Befugnis der ersuchten Behörde vor, ein Amtshilfeersuchen wegen **Verstoßes gegen das Recht des Mitgliedstaats**, dem sie unterliegt, abzulehnen.

8   **2. Entwurf des Europäischen Parlaments.** Der in erster Lesung vom Plenum des Europäischen Parlaments am 12.3.2014 verabschiedete Entwurf[4] sah i.S.d. **Unabhängigkeit der Datenschutzaufsicht** insbesondere hinsichtlich der in Art. 55 Abs. 10 des

---

2 BGBl. 2017 I S. 2097.
3 KOM(2012)11 endgültig.
4 P7_TC1-COD(2012)0011.

Entwurfs geregelten Durchführungsrechtsakte vor, dass diese vom Europäischen Datenschutzausschuss anstelle von der Kommission festgelegt werden.

3. Entwurf des Rats der Europäischen Union. Der am 8.3.2016 vom Rat der Europäischen Union verabschiedete Entwurf[5] fügte im Interesse der Mitgliedstaaten insbesondere in Art. 61 Abs. 4 lit. b den **Ablehnungsgrund nach dem Recht der Mitgliedstaaten** ein und sah in Art. 61 Abs. 7 vor, dass Aufsichtsbehörden ausnahmsweise im Falle einer Vereinbarung zur Erstattung der durch die Amtshilfe entstandenen Kosten verpflichtet sind. 9

B. Kommentierung

I. Systematik der Vorschriften

Zunächst ist die EU-weite Amtshilfe i.S.d. Art. 61 von der internationalen Amtshilfe gem. Art. 50 lit. b in Bezug auf **Drittstaaten und internationale Organisationen** zu unterscheiden. Darüber hinaus werden neben der Amtshilfe in der DS-GVO weitere mitgliedstaatenübergreifende Verfahren geregelt. Die Amtshilfe kann zum einen **unabhängig von** der **Zusammenarbeit** gem. Art. 60, den **gemeinsamen Maßnahmen** gem. Art. 62 und dem **Kohärenzverfahren** gem. Art. 63 durchgeführt werden. Jede Aufsichtsbehörde eines Mitgliedstaats kann jede andere um Amtshilfe ersuchen.[6] Die Einleitung eines solchen Verfahrens liegt im Ermessen der ersuchenden Aufsichtsbehörde.[7] Ein ausdrücklich im Gesetz geregelter Fall der Amtshilfe stellt die Konstellation mit lediglich örtlicher Bedeutung gem. Art. 56 Abs. 2 dar. Entscheidet die federführende Aufsichtsbehörde, sich nicht mit dem genannten Fall zu befassen (Art. 56 Abs. 4), so entscheidet ihn die Aufsichtsbehörde, welche die federführende Aufsichtsbehörde unterrichtet hat, und wendet hierbei u.a. die Vorschriften der gegenseitigen Amtshilfe an (Art. 56 Abs. 5). Eine nicht durchgeführte Amtshilfe kann schließlich gem. Art. 64 Abs. 2 zum Gegenstand einer Stellungnahme des Europäischen Datenschutzausschusses werden. 10

Amtshilfeverfahren können zum anderen **zusätzlich zu Verfahren der Zusammenarbeit und der Kohärenz** durchgeführt werden. So kann im Rahmen der Zusammenarbeit die federführende Aufsichtsbehörde jederzeit eine betroffene Aufsichtsbehörde um Amtshilfe ersuchen (Art. 60 Abs. 2). Des Weiteren enthält ErwG 138 den Hinweis, dass um Amtshilfe vor Einleitung eines Kohärenzverfahrens gem. Art. 63 ersucht werden kann, wenn die Durchführung eines Kohärenzverfahrens nicht verbindlich vorgeschrieben ist. 11

II. Hauptverpflichtungen (Abs. 1)

Art. 61 Abs. 1 enthält **drei unterschiedliche Verpflichtungen**, die mit der gesetzlichen Überschrift „Gegenseitige Amtshilfe" nur unzureichend umschrieben sind. Die Verpflichtungen umfassen die Übermittlung maßgeblicher Informationen, die gegenseitige Amtshilfe und die Pflicht, Vorkehrungen für eine wirksame Zusammenarbeit zu treffen. 12

---

5 5419/1/16 REV1.
6 Ehmann/Selmayr-*Klabunde* Art. 61 Rn. 4.
7 BeckOK DatenSR-*Nguyen* Art. 61 Rn. 1.

13 **1. Übermittlung maßgeblicher Informationen.** Die erste in Art. 61 Abs. 1 enthaltene Verpflichtung ist die **Informationsgewährung.** Gemäß Art. 61 Abs. 1 S. 1 1. Alt. übermitteln die Aufsichtsbehörden einander maßgebliche Informationen, um die DS-GVO einheitlich durchzuführen und anzuwenden.

14 Der Begriff der **maßgeblichen Information** ist in der DS-GVO nicht definiert. Zudem wird der Begriff der auszutauschenden Informationen in der DS-GVO uneinheitlich verwendet. Im Rahmen des Zusammenarbeitsverfahrens haben Aufsichtsbehörden gem. Art. 60 Abs. 1 S. 2 „zweckdienliche Informationen" auszutauschen. Es ist davon auszugehen, dass die Begriffe synonym verwendet werden. Hierfür spricht zudem die englische Sprachfassung der DS-GVO, in der einheitlich der Begriff „relevant information" gebraucht wird.

15 Besondere Anforderungen an die Übermittlung sind zu beachten, wenn es sich bei den zu übermittelnden Informationen um **personenbezogene Daten** handelt. Art. 61 Abs. 1 genügt im Hinblick auf Bestimmtheit und Verhältnismäßigkeit nicht den Anforderungen an eine Befugnisnorm zur Verarbeitung personenbezogener Daten. Sollen im Rahmen der Amtshilfe personenbezogene Daten übermittelt werden, ist deswegen mangels Einwilligung der Betroffenen auf einen gesetzlichen Erlaubnistatbestand abzustellen. Dies ist in der Regel Art. 6 Abs. 1 lit. e, Abs. 3 i.V.m. §§ 3, 40 Abs. 3 BDSG[8], der die Verarbeitung personenbezogener Daten u.a. gestattet, sofern sie für die Wahrnehmung einer Aufgabe erforderlich ist, die im öffentlichen Interesse liegt. Ebenso ist gem. Art. 25 Abs. 1 das Gebot der **Datenminimierung** zu beachten und sind gem. Art. 32 geeignete **technische und organisatorische Maßnahmen** zu treffen, um die Daten während des Übermittlungsvorgangs vor unbefugter Kenntnisnahme zu schützen. Dies kann z.B. durch Verschlüsselung der elektronischen Kommunikation sichergestellt werden.[9]

16 **2. Amtshilfe.** Gemäß Art. 61 Abs. 1 S. 1 2. Alt. gewähren die Aufsichtsbehörden einander Amtshilfe, um die DS-GVO einheitlich durchzuführen und anzuwenden. Zu den unterstützenden Hilfeleistungen gehören gem. Art. 61 Abs. 1 S. 2 insbesondere Auskunftsersuchen (Art. 58 Abs. 1 lit. a) und aufsichtsbezogene Maßnahmen, zu denen wiederum insbesondere vorherige Genehmigungen (z.B. Art. 46 Abs. 3), die vorherige Konsultation (Art. 36) sowie die Vornahme von Nachprüfungen und Untersuchungen (Art. 58 Abs. 1) zählen. Die Norm betrifft **sämtliche Untersuchungs-, Abhilfe- und Genehmigungsbefugnisse** nach Art. 58.[10] In Betracht kommt eine Amtshilfe z.B. auch für den Fall, den Ort einer Hauptniederlassung gem. Art. 4 Nr. 16 zur Bestimmung der federführenden Aufsichtsbehörde gem. Art. 56 zu ermitteln, um daran anschließend aufsichtsbehördlich tätig zu werden.[11]

17 **3. Vorkehrungen für wirksame Zusammenarbeit.** Art. 61 Abs. 1 S. 1 3. Alt. enthält die allgemeine Pflicht der Aufsichtsbehörden, Vorkehrungen für eine wirksame Zusammenarbeit zu treffen. Hierzu gehören insbesondere die **Bereitstellung von Ressour-**

---

8 Paal/Pauly-*Körffer* Art. 61 Rn. 2; Kühling/Buchner-*Dix* Art. 61 Rn. 8; BeckOK DatenSR-*Nguyen* Art. 61 Rn. 10.
9 Kühling/Buchner-*Dix* Art. 61 Rn. 8; Däubler/Wedde u.a.-*Sommer* Art. 61 Rn. 6.
10 A.A. Kühling/Buchner-*Dix* Art. 61 Rn. 10, der die Verhängung von Geldbußen und Vollstreckungsmaßnahmen von Art. 61 ausnimmt; ebenso BeckOK DatenSR-*Nguyen* Art. 61 Rn. 6.
11 Gola-*Eichler* Art. 61 Rn. 4.

cen, die Einrichtung einer **Kontaktstelle für Amtshilfeersuchen** sowie die **Schulung des Personals** im Hinblick auf die Anforderungen der Zusammenarbeit.[12] Die Vorkehrungen haben den Anforderungen zu genügen, denen zufolge Behörden sich innerhalb maximal eines Monats mit dem Amtshilfeersuchen befassen (Art. 61 Abs. 2). Des Weiteren sind technische und organisatorische Maßnahmen zu treffen, um das in der Regel zu verwendende elektronische Format zur Beantwortung der Ersuchen einzusetzen (Art. 61 Abs. 6).

Um diese Verpflichtungen umzusetzen, hat jeder Mitgliedstaat gem. Art. 52 Abs. 4 (ebenso ErwG 120) sicherzustellen, dass jede Aufsichtsbehörde mit den **personellen, technischen und finanziellen Ressourcen, Räumlichkeiten und Infrastrukturen** ausgestattet wird, die sie benötigt, um ihre Aufgaben und Befugnisse u.a. im Rahmen der Amtshilfe effektiv wahrnehmen zu können. Bereits im Vorfeld des Inkrafttretens der DS-GVO gehörte die angemessene Ausstattung der Aufsichtsbehörden daher zu den Forderungen der Art.-29-Datenschutzgruppe[13] sowie der Konferenz der unabhängigen Datenschutzbehörden des Bundes und der Länder.[14]   18

III. Verpflichtete und Berechtigte (Abs. 1)

Berechtigte und Verpflichtete der Norm sind die **Aufsichtsbehörden** der Mitgliedstaaten i.S.d. Art. 51, denen gem. Art. 57 Abs. 1 lit. g die Aufgabe der Amtshilfe zugewiesen ist. Nicht erforderlich ist, dass ersuchende oder ersuchte Behörde zugleich federführende (Art. 56) oder betroffene (Art. 4 Nr. 22) Behörde ist. Auch muss der Amtshilfe im Gegensatz zur Zusammenarbeit gem. Art. 60 nicht unbedingt eine grenzüberschreitende Datenverarbeitung zugrunde liegen.[15] Nicht vom Wortlaut umfasst sind hingegen **spezifische Aufsichtsbehörden** für besondere Verarbeitungssituationen nach Art. 85, Art. 91, der **EDSA** gem. Art. 68 sowie der **EDSB** gem. Art. 52 der Verordnung (EU) 2018/1725[16]. Ebenso keine Aufsichtsbehörde im Sinne der Vorschrift ist die bei dem oder der Bundesbeauftragten eingerichtete **zentrale Anlaufstelle**. Sie soll jedoch nach dem Willen des Gesetzgebers der DSAnpUG-EU[17] im Verfahren der Amtshilfe Unterstützungsleistungen ohne hoheitliche Ausübung von Verwaltungsaufgaben leisten, ohne dass Aufsichtsbehörden in Deutschland oder im EU-Ausland verpflichtet sind, die Dienste der zentralen Anlaufstelle in Anspruch zu nehmen.[18] Eine weitere besondere Amtshilfeverpflichtung der Aufsichtsbehörden der für die **Verhütung, Ermittlung, Aufdeckung, Verfolgung oder Ahndung von Straftaten oder Ordnungswidrigkeiten zuständigen öffentlichen Stellen** enthält § 82 BDSG in Umsetzung des Art. 50 der RL (EU) 2016/680.[19]   19

---

12 Gola-*Eichler* Art. 61 Rn. 3.
13 *Art.-29-Datenschutzgruppe* Stellungnahme 01/2012 zu den Reformvorschlägen im Bereich des Datenschutzes, WP 191, S. 22.
14 *Konferenz der unabhängigen Datenschutzbehörden des Bundes und der Länder* Entschließung „EU-Datenschutz-Grundverordnung erfordert zusätzliche Ressourcen für Datenschutzbehörden", 25.5.2016.
15 BeckOK DatenSR-*Nguyen* Art. 61 Rn. 5.
16 ABl. EU 2018 L 295, 39.
17 BT-Drucks. 11/11325, S. 89; zur Kritik an Rolle und Befugnissen der zentralen Anlaufstelle siehe § 60 Rn. 3.
18 Kühling/Buchner-Dix § 17 Rn. 6.
19 ABl. EU 2016 L 119, 89.

IV. Frist (Abs. 2)

20 Gemäß Art. 61 Abs. 2 ergreift jede Aufsichtsbehörde alle geeigneten Maßnahmen, um einem Ersuchen einer anderen Aufsichtsbehörde unverzüglich und **spätestens innerhalb eines Monats** nach Eingang des Ersuchens nachzukommen. Als ungeschriebene Nebenpflicht hat die ersuchte Behörde zunächst den Erhalt des Ersuchens zu bestätigen.[20] Anschließend hat sie Maßnahmen zur Bearbeitung des Ersuchens zu ergreifen. Geeignete Maßnahmen i.S.d. Art. 61 Abs. 2 können nur solche innerhalb des Kompetenzrahmens, der Zuständigkeit und einer Befugnisnorm der ersuchten Behörde sein.[21] Gemäß Art. 61 Abs. 2 S. 2 hat die ersuchte Behörde insbesondere maßgebliche Informationen über die Durchführung einer Untersuchung an die ersuchende Behörde zu übermitteln. Darüber hinaus ist als weitere ungeschriebene Nebenpflicht bei auftretenden Schwierigkeiten die ersuchende Behörde zu konsultieren und Einvernehmen herstellen, z.b. durch frühzeitigen Hinweis auf Ablehnungsgründe gem. Art. 61 Abs. 4.[22]

21 Bei der Frist des Art. 61 Abs. 2 handelt es sich um eine Höchstfrist. Die ersuchte Behörde ist grundsätzlich verpflichtet, dem Ersuchen **unverzüglich** nachzukommen. Gerade die im Vergleich zur Rechtslage vor Anwendbarkeit des Art. 61 Abs. 2 neu geregelte Frist soll der Verfahrensbeschleunigung dienen. Jedoch genügt es zur Fristwahrung, wenn eine Maßnahme innerhalb der Frist ergriffen worden ist, sie jedoch noch nicht abgeschlossen ist.[23] Trotzdem ist fraglich, ob die Frist aufgrund ihrer Kürze in der Praxis in jedem Einzelfall wird eingehalten werden können.[24]

V. Zweck/Begründung (Abs. 3)

22 Gemäß Art. 61 Abs. 3 S. 1 enthalten Amtshilfeersuchen **alle erforderlichen Informationen**, einschließlich des Zwecks und der Begründung des Ersuchens. Dies betrifft zum einen die Informationen, die zur Durchführung des Amtshilfeverfahrens erforderlich sind. Zum anderen sind hiervon auch Informationen umfasst, die dazu dienen, eine doppelte Sachverhaltsermittlung bzw. Informationserhebung zu vermeiden.[25] Erforderlich sind zudem die Informationen zur Begründung, weshalb die ersuchende Behörde die ersuchte Aufgabe nicht selbst erfüllen kann.[26] Die Informationen sollen des Weiteren Angaben enthalten, die es der ersuchten Aufsichtsbehörde ermöglichen, Ablehnungsgründe i.S.d. Art. 61 Abs. 4 zu prüfen.[27] Die ersuchende Behörde hat die Pflicht zur vollständigen Übermittlung der erforderlichen Informationen. Erst wenn

---

20 Kühling/Buchner-*Dix* Art. 61 Rn. 16; Sydow-*Peuker* Art. 61 Rn. 20.
21 Sydow-*Peuker* Art. 61 Rn. 19.
22 Sydow-*Peuker* Art. 61 Rn. 20, 29.
23 Paal/Pauly-*Körffer* Art. 61 Rn. 4; Plath-*Roggenkamp* Art. 61 Rn. 6; Simitis-*Polenz* Art. 61 Rn. 10f.
24 BeckOK DatenSR-*Nguyen* Art. 61 Rn. 7; Sydow-*Peuker* Art. 61 Rn. 22 bewertet die Frist als „knapp bemessen"; Paal/Pauly-*Körffer* Art. 61 Rn. 4.
25 Sydow-*Peuker* Art. 61 Rn. 24.
26 Sydow-*Peuker* Art. 61 Rn. 25; Däubler/Wedde u.a.-*Sommer* Art. 61 Rn. 7; zur Pflicht der ersuchenden Behörde, zunächst eigene Möglichkeiten und Befugnisse auszuschöpfen s. auch BeckOK DatenSR-*Nguyen* Art. 61 Rn. 5.
27 Gola-*Eichler* Art. 61 Rn. 9.

das Ersuchen vollständig gestellt worden ist, beginnt die Frist zur Beantwortung von höchstens einem Monat nach Art. 61 Abs. 2.[28]

Gemäß Art. 61 Abs. 3 S. 2 darf die ersuchende Behörde die übermittelten Informationen ausschließlich für den Zweck verwenden, für den sie angefordert worden sind. Uneinigkeit besteht darüber, ob über den Wortlaut hinaus die **Zweckbindung** auch für die ersuchte Behörde gilt.[29] Jedoch besteht über die allgemeine Verpflichtung der datenverarbeitenden Stelle zur Zweckbindung in Art. 5 Abs. 1 lit. b hinaus hinsichtlich der ersuchten Behörde kein Bedarf an einer besonderen Festschreibung der Zweckbindung in Art. 61. Dies hat zur Folge, dass übermittelte personenbezogene Daten von der ersuchten Aufsichtsbehörde unter Beachtung der allgemeinen Anforderungen für weitere Ermittlungen oder Maßnahmen herangezogen werden können. 23

VI. Ablehnungsgründe (Abs. 4)

Art. 61 Abs. 4 enthält die Gründe, aufgrund derer eine ersuchte Behörde die Gewährung von Amtshilfe **ablehnen** kann. Die Gründe sind als Ausnahmetatbestände grundsätzlich eng auszulegen.[30] Die Regelung des Art. 61 Abs. 4 ist zudem abschließend (Wortlaut: „lehnt das Ersuchen nur ab, wenn")[31], enthält jedoch mit dem Verweis auf nationales Recht in Art. 61 Abs. 4 lit. b eine Öffnungsklausel. Unabhängig davon, welcher Ablehnungsgrund geltend gemacht wird, ist die Ablehnung gegenüber der ersuchenden Aufsichtsbehörde jedenfalls zu begründen (Art. 61 Abs. 5 S. 2). 24

1. Unzuständigkeit. Gemäß Art. 61 Abs. 4 lit. a ist eine ersuchte Aufsichtsbehörde befugt, das Ersuchen abzulehnen, wenn sie für den Gegenstand des Ersuchens oder für die Maßnahme, die sie durchführen soll, **nicht zuständig** ist. Dies betrifft zum einen Fälle, die nicht dem Datenschutzrecht unterliegen, z.B. weil die verarbeiteten Daten keinen Personenbezug aufweisen. Zum anderen sind von der Ausnahmevorschrift Fälle erfasst, in denen die ersuchte Aufsichtsbehörde örtlich oder sachlich nicht zuständig für die ersuchte Maßnahme ist. 25

2. Verstoß gegen DS-GVO, Unionsrecht oder Recht der Mitgliedstaaten. Gemäß Art. 61 Abs. 4 lit. b kann ein Amtshilfeersuchen zurückgewiesen werden, wenn ein Eingehen auf das Ersuchen gegen die DS-GVO, gegen das Unionsrecht oder gegen das Recht der Mitgliedstaaten, dem die ersuchte Aufsichtsbehörde unterliegt, verstoßen würde. 26

a) DS-GVO. Ein Verstoß gegen die DS-GVO i.S.d. Art. 61 Abs. 4 lit. b 1. Alt. liegt zum Beispiel dann vor, wenn die ersuchte Aufsichtsbehörde **keine Befugnis zur Vornahme der ersuchten Maßnahme** hat.[32] Dieser Fall kann z.B. dann auftreten, wenn das nationale Recht des ersuchenden Staats gem. Art. 58 Abs. 6 über zusätzliche, in der Grundverordnung nicht aufgeführte Befugnisse verfügt, die Rechtsordnung des ersuchten Staats hingegen nicht. 27

---

28 Gola-*Eichler* Art. 61 Rn. 6; Paal/Pauly-*Körffer* Art. 61 Rn. 5.
29 Bejahend: Kühling/Buchner-*Dix* Art. 61 Rn. 12, der allerdings den Zweck weit als „Ausübung der Datenschutzaufsicht" auslegt; Auernhammer-*Lachmayer* Art. 61 Rn. 16; Paal/Pauly-*Körffer* Art. 61 Rn. 6; verneinend: BeckOK DatenSR-*Nguyen* Art. 61 Rn. 10; Gola-*Eichler* Art. 61 Rn. 8.
30 Sydow-*Peuker* Art. 61 Rn. 27.
31 Gola-*Eichler* Art. 61 Rn. 11; Sydow-*Peuker* Art. 61 Rn. 27.
32 Sydow-*Peuker* Art. 61 Rn. 31.

28 **b) Sonstiges Unionsrecht.** Umstritten ist, ob ein Ersuchen wegen Verstoßes gegen den Verhältnismäßigkeitsgrundsatz als allgemeinen Grundsatz des Unionsrechts abgelehnt werden kann, wenn die Bearbeitung des Ersuchens einen **unverhältnismäßigen Verwaltungsaufwand** für die ersuchte Behörde in personeller, zeitlicher oder finanzieller Hinsicht darstellt.[33] Vor dem Hintergrund, dass die Mitgliedstaaten gem. Art. 52 Abs. 4 gerade im Hinblick auf die in der Norm ausdrücklich erwähnte Amtshilfe verpflichtet sind sicherzustellen, dass die Aufsichtsbehörden mit ausreichenden Ressourcen ausgestattet sind, und dass Aufsichtsbehörden gem. Art. 61 Abs. 1 S. 1 Vorkehrungen für eine wirksame Zusammenarbeit zu treffen haben, kann sich eine ersuchte Behörde jedoch nicht auf einen unverhältnismäßigen Verwaltungsaufwand zur Ablehnung eines Amtshilfeersuchens berufen.[34] Hingegen schließt die tatsächliche Unmöglichkeit, einer ersuchten Maßnahme nachzukommen, die Amtshilfe aus.[35]

29 **c) Verstoß gegen nationales Recht.** Im Zuge der Ratsbefassung neu in den Text der DS-GVO aufgenommen wurde der Ablehnungsgrund des Verstoßes gegen nationales Recht des Mitgliedstaats. Von praktischer Bedeutung ist diesbezüglich insbesondere der Ablehnungsgrund des **erheblichen Nachteils für das Wohl des Bundes oder eines Landes** gem. § 5 Abs. 2 Nr. 2 i.V.m. § 8a Abs. 3 VwVfG.[36] Zu berücksichtigen ist in diesem Zusammenhang, dass auch europäisches Primärrecht wesentliche Sicherheitsinteressen eines Mitgliedstaats im Verwaltungsverfahren anerkennt.[37] Gemäß Art. 346 Abs. 1 lit. a AEUV ist ein Mitgliedstaat nicht verpflichtet, Auskünfte zu erteilen, deren Preisgabe seines Erachtens nach seinen wesentlichen Sicherheitsinteressen widerspricht.

30 Des Weiteren ist fraglich, inwieweit Vorschriften zum Schutz von **Betriebs- und Geschäftsgeheimnissen** zur Ablehnung eines Amtshilfeersuchens berechtigen.[38] Jedoch kann dem Interesse an der Geheimhaltung durch Schwärzung in den Unterlagen Rechnung getragen werden, falls durch die Übermittlung an die Aufsichtsbehörde eines anderen Mitgliedstaats die Preisgabe an Dritte zu befürchten ist.

31 Unklar ist, wie mit Amtshilfeersuchen in einer **fremden Sprache** umzugehen ist. Gem. § 8b Abs. 2 VwVfG dürften Ersuchen von Behörden anderer Mitgliedstaaten der Europäischen Union nur erledigt werden, wenn sich ihr Inhalt in deutscher Sprache aus den Akten ergäbe. Soweit erforderlich soll bei Ersuchen in einer anderen Sprache von der ersuchenden Behörde eine Übersetzung verlangt werden. Einerseits ist fraglich, ob diese Norm mit den Vorgaben des Rechts der Europäischen Union und der Tatsache ihrer 24 anerkannten Amts- und Arbeitssprachen vereinbar ist. Andererseits besteht in der Praxis der Bedarf an zumindest der Beschränkung auf eine Sprache, in der sich ersuchende und ersuchte Behörde verständigen können. Die Lösung dieses

---

33 Bejahend: Sydow-*Peuker* Art. 61 Rn. 33; verneinend: Gola-*Eichler* Art. 61 Rn. 11; Simitis-*Polenz* Art. 61 Nr. 17.
34 A.A. für die Möglichkeit der Priorisierung nach Dringlichkeit: Däubler/Wedde u.a.-*Sommer* Art. 61 Rn. 8; BeckOK DatenSR-*Nguyen* Art. 61 Rn. 7.
35 Auernhammer-*Lachmayer* Art. 61. Rn. 21; Sydow-*Peuker* Art. 61 Rn. 36.
36 Sowie jeweils entsprechende Norm in den Verwaltungsverfahrensgesetzen der Länder; bejahend nach europarechtskonformer Abwägung: Kühling/Buchner-*Dix* Art. 61 Rn. 13; BeckOK DatenSR-*Nguyen* Art. 61 Rn. 13; Sydow-*Peuker* Art. 61 Rn. 34; a.A. Roßnagel-*Hofmann* Europäische Datenschutz-Grundverordnung, § 3 Rn. 314.
37 Sydow-*Peuker* Art. 61 Rn. 35 m.w.N.
38 Bejahend: Sydow-*Peuker* Art. 61 Rn. 34; ablehnend: Kühling/Buchner-*Dix* Art. 61 Rn. 14.

Problems könnten künftig die durch die Kommission festzulegenden Bestimmungen zu Form und Verfahren der Amtshilfe gem. Art. 61 Abs. 9 enthalten. Bis dahin ist eine Klärung auf bilateralem Weg zwischen ersuchender und ersuchter Aufsichtsbehörde anzustreben.[39]

Nicht zur Ablehnung eines Amtshilfeersuchens berechtigen die in § 5 Abs. 3 VwVfG aufgezählten lediglich **fakultativen** Gründe.[40] Danach bräuchte die ersuchte Behörde Hilfe nicht leisten, wenn eine andere Behörde die Hilfe wesentlich einfacher oder mit wesentlich geringerem Aufwand leisten könnte, sie die Hilfe nur mit unverhältnismäßig großem Aufwand leisten könnte oder sie unter Berücksichtigung der Aufgaben der ersuchenden Behörde durch die Hilfeleistung die Erfüllung ihrer eigenen Aufgaben ernstlich gefährdete. 32

VII. Informationspflichten (Abs. 5)

Gemäß Art. 61 Abs. 5 S. 1 **informiert** die ersuchte Aufsichtsbehörde die ersuchende Aufsichtsbehörde über die Ergebnisse oder ggf. über den Fortgang der Maßnahmen, die getroffen wurden, um dem Ersuchen nachzukommen. Ebenso sind die Gründe für die Ablehnung des Ersuchens nach Art. 61 Abs. 4 zu erläutern (Art. 61 Abs. 5 S. 2). Genauere Vorgaben zur Informationspflicht enthält die DS-GVO nicht. Jedoch ist gem. dem Grundsatz der loyalen Zusammenarbeit zu fordern, dass die ersuchte Aufsichtsbehörde ihre Angaben substantiiert darlegt.[41] 33

VIII. Form (Abs. 6)

Gemäß Art. 61 Abs. 6 übermitteln die ersuchten Aufsichtsbehörden die Informationen, um die von einer anderen Aufsichtsbehörde ersucht wurde, **in der Regel auf elektronischem Wege** unter Verwendung eines standardisierten Formats. Die Vorschrift sieht lediglich die regelmäßige elektronische Kommunikation vor, wohingegen der Wortlaut des Art. 60 Abs. 12 für das Verfahren der Zusammenarbeit ohne Ausnahme die elektronische Kommunikation vorsieht. Zur näheren Bestimmung des elektronischen Kommunikationsmittels sowie des standardisierten Formats ist die Kommission gem. Art. 61 Abs. 9 befugt, Durchführungsrechtsakte zu erlassen. Über den Wortlaut des Art. 61 Abs. 6 hinaus ist nicht nur die Kommunikation der ersuchten an die ersuchende Behörde auf elektronischem Wege zu ermöglichen, sondern ebenso die Kommunikation der ersuchenden an die ersuchte Behörde.[42] Jedenfalls ist bei der elektronischen Kommunikation durch Verschlüsselung der Schutz vor unberechtigter Kenntnisnahme durch Dritte sicherzustellen. Andernfalls hat die Kommunikation auf dem Postweg zu erfolgen.[43] 34

---

39 Kühling/Buchner-*Dix* Art. 61 Rn. 15.
40 BeckOK DatenSR-*Nguyen* Art. 61 Rn. 14; Kühling/Buchner-*Dix* Art. 61 Rn. 13; Sydow-*Peuker* Art. 61 Rn. 34; a.A. Roßnagel-*Hofmann* Europäische Datenschutz-Grundverordnung, § 3 Rn. 314.
41 Sydow-*Peuker* Art. 61 Rn. 39.
42 Kühling/Buchner-*Dix* Art. 61 Rn. 17.
43 Kühling/Buchner-*Dix* Art. 61 Rn. 17.

IX. Gebühren (Abs. 7)

35 Gemäß Art. 61 Abs. 7 S. 1 verlangen ersuchte Aufsichtsbehörden für Maßnahmen, die sie aufgrund eines Amtshilfeersuchens getroffen haben, **grundsätzlich keine Gebühren**. Lediglich gem. Art. 61 Abs. 7 S. 2 können die Aufsichtsbehörden untereinander Regeln vereinbaren, um einander in Ausnahmefällen besondere, aufgrund der Amtshilfe entstandene Ausgaben zu erstatten. S. 2 ist aufgrund der Initiative des Rats der Europäischen Union in den Text der DS-GVO aufgenommen worden. Hiermit sollen unbillige finanzielle Härten für die Mitgliedstaaten im Einzelfall abgefangen werden. Besondere Ausgaben im Sinn des S. 2 sind z. b. Auslagen für Sachverständige oder Dolmetscher.[44]

X. Einstweilige Maßnahmen (Abs. 8)

36 Erteilt eine ersuchte Aufsichtsbehörde nicht binnen eines Monats nach Eingang des Ersuchens einer anderen Aufsichtsbehörde die Informationen gem. Art. 61 Abs. 5, so kann die ersuchende Aufsichtsbehörde gem. Art. 61 Abs. 8 S. 1 einstweilige Maßnahmen im Hoheitsgebiet ihres Mitgliedstaats ergreifen. Die Vorschrift dient der **Verfahrensbeschleunigung** und soll verhindern, dass eine Aufsichtsmaßnahme durch die ersuchte Behörde einseitig verzögert wird. Die einstweilige Maßnahme ist auf eine Geltungsdauer von höchstens drei Monaten zu befristen.[45] Zudem wird gem. Art. 61 Abs. 8 S. 2 in diesem Fall von einem dringenden Handlungsbedarf gem. Art. 66 Abs. 1 ausgegangen, der einen im Dringlichkeitsverfahren angenommenen verbindlichen Beschluss des Ausschusses gem. Art. 66 Abs. 2 erforderlich macht. Hierdurch entfällt das Begründungserfordernis für eine Befassung des Datenschutzausschusses gem. Art. 70 Abs. 1 lit. e, der von sich aus oder auf Antrag eines jeden Mitglieds tätig werden kann.[46] Inhalt des Beschlusses ist die Verpflichtung der ersuchten Behörde zur Amtshilfe, welche die ersuchende Behörde befähigt, eine endgültige Maßnahme zu treffen.[47]

37 Darüber hinaus kann nach Art. 64 Abs. 2 jede Aufsichtsbehörde, der Vorsitz des Ausschusses oder die Kommission beantragen, dass der Ausschuss um eine **Stellungnahme** ersucht wird, wenn eine zuständige Aufsichtsbehörde den Verpflichtungen zur Amtshilfe gem. Art. 61 nicht nachkommt. Gegenstand der Stellungnahme ist die Feststellung, dass die ersuchte Behörde die Pflicht zur Amtshilfe verletzt hat.[48]

XI. Durchführungsrechtsakte (Abs. 9)

38 Gemäß Art. 61 Abs. 9 S. 1 kann die Kommission im Wege von Durchführungsrechtsakten **Form und Verfahren der Amtshilfe und die Ausgestaltung des elektronischen Informationsaustauschs** zwischen den Aufsichtsbehörden sowie zwischen den Aufsichtsbehörden und dem Ausschuss, insbesondere das in Art. 61 Abs. 6 genannte standardisierte Format, festlegen. Diese Durchführungsrechtsakte werden gem. dem in Art. 93 Abs. 2 bezeichneten Prüfverfahren erlassen (Art. 61 Abs. 9 S. 2).

---

44 Sydow-*Peuker* Art. 61 Rn. 44.
45 Kühling/Buchner-*Dix* Art. 61 Rn. 20.
46 Kühling/Buchner-*Dix* Art. 61 Rn. 21; Däubler/Wedde u. a.-*Sommer* Art. 61 Rn. 12 geht sogar von einer Pflicht zur Antragstellung der ersuchenden Behörde aus.
47 Sydow-*Peuker* Art. 61 Rn. 48.
48 Sydow-*Peuker* Art. 61 Rn. 45.

Bedarf für weitere Festlegungen besteht insbesondere hinsichtlich des **elektronischen** 39
Formats gem. Art. 61 Abs. 6 sowie der zu verwendenden **Amtssprache**. Anhaltspunkte
für im Wege des Durchführungsrechtsakts zu bestimmende Vorgaben zur EU-weiten
Amtshilfeverpflichtung enthält die wissenschaftliche Veröffentlichung des Musterentwurfs des Research Network on EU Administrative Law (ReNEUAL).[49] Das in
Art. 61 Abs. 9 S. 2 genannte Prüfverfahren nach Art. 93 Abs. 2 ist in Art. 5 der Verordnung (EU) Nr. 182/2011 zur Festlegung der allgemeinen Regeln und Grundsätze, nach
denen die Mitgliedstaaten die Wahrnehmung der Durchführungsbefugnisse durch die
Kommission kontrollieren, geregelt.

Angesichts des gleichen Bedarfs an Vorgaben zum **Informationsaustausch der Auf-** 40
sichtsbehörden und des Ausschusses spricht vieles dafür, bezüglich aller in Frage kommenden Verfahren (Zusammenarbeit, Amtshilfe, gemeinsame Maßnahmen, Kohärenz
und Dringlichkeitsverfahren) einheitliche Vorgaben festzulegen, die entweder von der
Kommission im Wege von Durchführungsrechtsakten oder vom Ausschuss im Wege
von Leitlinien verabschiedet werden. Gegebenenfalls ist vor der Festlegung durch die
Kommission zu prüfen, ob notwendige Vorgaben nicht zeit- und sachnäher vom Ausschuss erlassen werden können.[50] Derzeit haben sich die Aufsichtsbehörden darauf
verständigt, als Plattform zum Informationsaustausch das **Binnenmarktinformations-**
system der Europäischen Kommission IMI (Internal Market Information System) zu
nutzen.[51]

C. Praxishinweise

I. Relevanz für öffentliche Stellen

Amtshilfeersuchen nach Art. 61 Abs. 1 betreffen Datenverarbeitungen nichtöffentli- 41
cher wie öffentlicher Stellen. Erstmals enthalten europarechtliche datenschutzrechtliche Vorgaben somit die ausdrückliche Befugnis zur Amtshilfe in Bezug auf Datenverarbeitungen durch öffentliche Stellen. Da aufgrund der **Öffnungsklauseln der DS-**
GVO in Art. 6 Abs. 2 und Abs. 3 S. 1 lit. b Datenverarbeitungen für öffentliche Zwecke
durch Behörden der Mitgliedstaaten voraussichtlich weiterhin vielfach auf der Grundlage nationalen Rechts erfolgen werden, bleibt jedoch abzuwarten, ob Amtshilfeersuchen zur einheitlichen Anwendung der DS-GVO gegenüber öffentlichen Stellen in
der Praxis häufig vorkommen werden.

II. Relevanz für nichtöffentliche Stellen

Hauptanwendungsfall der Amtshilfe werden künftig voraussichtlich Datenverarbeitun- 42
gen durch nichtöffentliche Stellen werden. Insbesondere auf **internationale Unterneh-**
men mit Niederlassungen in mehreren Mitgliedstaaten können sich Amtshilfeersuchen
erstrecken. Möglicherweise erhöht sich für die Unternehmen die Eintrittswahrscheinlichkeit der Aufdeckung eines Datenschutzverstoßes durch das Zusammenwirken der
Aufsichtsbehörden. Dem steht gegenüber, dass nach der Konzeption der DS-GVO, mit
der Ausnahme der Öffnungsklauseln für die nationalen Gesetzgeber, die verschiedenen

---

49 *Schneider/Hofmann/Ziller* ReNEUAL Model Rules on EU Administrative Procedure,
Book V – Mutual Assistance.
50 Gola-*Eichler* Art. 61 Rn. 14; i.E. ebenso Kühling/Buchner-*Dix* Art. 61 Rn. 22.
51 Krit. Kühling/Buchner-*Dix* Art. 61 Rn. 15, der für Ausstattung des Sekretariats des Europäischen Datenschutzausschusses mit entsprechenden Ressourcen plädiert.

Art. 61 — Gegenseitige Amtshilfe

Aufsichtsbehörden europaweit einheitliches materielles Recht durchsetzen sollen. Die verpflichteten nichtöffentlichen Stellen haben folglich vielfach nicht mehr jeweils unterschiedliche nationale Rechtsordnungen in der EU zu beachten. Somit erfordert die EU-weite Einhaltung des einheitlich geltenden Rechts bei den nichtöffentlichen Stellen weniger Umsetzungsaufwand und fördert auf diese Weise den Binnenmarkt.

III. Relevanz für betroffene Personen

43 Die Vorschriften zur Amtshilfe dienen der einheitlichen Anwendung der Vorschriften zum Schutz personenbezogener Daten in der Europäischen Union und sollen eine **bessere Durchsetzung** der Rechte der Bürgerinnen und Bürger auf Schutz ihrer personenbezogenen Daten über das Hoheitsgebiet des einzelnen Mitgliedstaats hinaus ermöglichen.

IV. Relevanz für Aufsichtsbehörden

44 Für die Aufsichtsbehörden bedeuten die Vorschriften zur Amtshilfe einen bislang noch nicht absehbaren **Mehraufwand**. Besondere Bedeutung kommt der Umsetzung der Vorschriften z.b. im Wege von Durchführungsrechtsakten der Kommission oder von Leitlinien des Ausschusses zu. Klärungsbedürftige Fragen sind neben der sicheren elektronischen Kommunikation und den verwendeten Formaten insbesondere die Frage der verwendeten Amtssprache. Die Gesetzgeber der Mitgliedstaaten sind zudem aufgefordert, die Aufsichtsbehörden mit Finanzmitteln, Personal, Räumlichkeiten und einer Infrastruktur auszustatten, wie sie für die wirksame Wahrnehmung ihrer Aufgaben, einschließlich derer im Zusammenhang mit der Amtshilfe, notwendig sind (ErwG 120).

45 Gegenüber den Aufsichtsbehörden der Mitgliedstaaten können die von einer Maßnahme Betroffenen **Beschwerde** einlegen (Art. 77) und **Klage** vor den nationalen Gerichten erheben (Art. 78). Zur Klärung von Meinungsverschiedenheiten der Aufsichtsbehörden über eine Angelegenheit mit allgemeiner Geltung oder mit Auswirkungen in mehr als einem Mitgliedstaat kann jede Aufsichtsbehörde gem. Art. 64 Abs. 2 den EDSA anrufen. Entscheidungen des Ausschusses wiederum können von jeder natürlichen oder juristischen Person, einschließlich einer betroffenen Aufsichtsbehörde, unter den Voraussetzungen des Art. 263 AEUV im Rahmen einer Nichtigkeitsklage vor dem Gerichtshof überprüft werden (ErwG 143).

V. Relevanz für das Datenschutzmanagement

46 Die Verantwortlichen sowie die Auftragsverarbeiter sind nach der allgemeinen Norm des Art. 31 zur **Zusammenarbeit mit den Aufsichtsbehörden** verpflichtet. Diese Pflicht besteht gegenüber der am Ort der Niederlassung der Verantwortlichen/Auftragsverarbeiter zuständigen Aufsichtsbehörde sowohl in Bezug auf eigene Maßnahmen der Behörde als auch in Bezug auf solche Maßnahmen, um welche die Behörde im Rahmen der Amtshilfevorschriften ersucht worden ist. Das Datenschutzmanagement hat dem Rechnung zu tragen und ist im Bedarfsfall entsprechend anzupassen.

Artikel 62 Gemeinsame Maßnahmen der Aufsichtsbehörden

(1) Die Aufsichtsbehörden führen gegebenenfalls gemeinsame Maßnahmen einschließlich gemeinsamer Untersuchungen und gemeinsamer Durchsetzungsmaßnahmen durch, an denen Mitglieder oder Bedienstete der Aufsichtsbehörden anderer Mitgliedstaaten teilnehmen.

(2) [1]Verfügt der Verantwortliche oder der Auftragsverarbeiter über Niederlassungen in mehreren Mitgliedstaaten oder werden die Verarbeitungsvorgänge voraussichtlich auf eine bedeutende Zahl betroffener Personen in mehr als einem Mitgliedstaat erhebliche Auswirkungen haben, ist die Aufsichtsbehörde jedes dieser Mitgliedstaaten berechtigt, an den gemeinsamen Maßnahmen teilzunehmen. [2]Die gemäß Artikel 56 Absatz 1 oder Absatz 4 zuständige Aufsichtsbehörde lädt die Aufsichtsbehörde jedes dieser Mitgliedstaaten zur Teilnahme an den gemeinsamen Maßnahmen ein und antwortet unverzüglich auf das Ersuchen einer Aufsichtsbehörde um Teilnahme.

(3) [1]Eine Aufsichtsbehörde kann gemäß dem Recht des Mitgliedstaats und mit Genehmigung der unterstützenden Aufsichtsbehörde den an den gemeinsamen Maßnahmen beteiligten Mitgliedern oder Bediensteten der unterstützenden Aufsichtsbehörde Befugnisse einschließlich Untersuchungsbefugnisse übertragen oder, soweit dies nach dem Recht des Mitgliedstaats der einladenden Aufsichtsbehörde zulässig ist, den Mitgliedern oder Bediensteten der unterstützenden Aufsichtsbehörde gestatten, ihre Untersuchungsbefugnisse nach dem Recht des Mitgliedstaats der unterstützenden Aufsichtsbehörde auszuüben. [2]Diese Untersuchungsbefugnisse können nur unter der Leitung und in Gegenwart der Mitglieder oder Bediensteten der einladenden Aufsichtsbehörde ausgeübt werden. [3]Die Mitglieder oder Bediensteten der unterstützenden Aufsichtsbehörde unterliegen dem Recht des Mitgliedstaats der einladenden Aufsichtsbehörde.

(4) Sind gemäß Absatz 1 Bedienstete einer unterstützenden Aufsichtsbehörde in einem anderen Mitgliedstaat im Einsatz, so übernimmt der Mitgliedstaat der einladenden Aufsichtsbehörde nach Maßgabe des Rechts des Mitgliedstaats, in dessen Hoheitsgebiet der Einsatz erfolgt, die Verantwortung für ihr Handeln, einschließlich der Haftung für alle von ihnen bei ihrem Einsatz verursachten Schäden.

(5) [1]Der Mitgliedstaat, in dessen Hoheitsgebiet der Schaden verursacht wurde, ersetzt diesen Schaden so, wie er ihn ersetzen müsste, wenn seine eigenen Bediensteten ihn verursacht hätten. [2]Der Mitgliedstaat der unterstützenden Aufsichtsbehörde, deren Bedienstete im Hoheitsgebiet eines anderen Mitgliedstaats einer Person Schaden zugefügt haben, erstattet diesem anderen Mitgliedstaat den Gesamtbetrag des Schadenersatzes, den dieser an die Berechtigten geleistet hat.

(6) Unbeschadet der Ausübung seiner Rechte gegenüber Dritten und mit Ausnahme des Absatzes 5 verzichtet jeder Mitgliedstaat in dem Fall des Absatzes 1 darauf, den in Absatz 4 genannten Betrag des erlittenen Schadens anderen Mitgliedstaaten gegenüber geltend zu machen.

(7) [1]Ist eine gemeinsame Maßnahme geplant und kommt eine Aufsichtsbehörde binnen eines Monats nicht der Verpflichtung nach Absatz 2 Satz 2 des vorliegenden Artikels nach, so können die anderen Aufsichtsbehörden eine einstweilige Maßnahme im Hoheitsgebiet ihres Mitgliedstaats gemäß Artikel 55 ergreifen. [2]In diesem Fall wird von einem dringenden Handlungsbedarf gemäß Artikel 66 Absatz 1 ausgegangen, der

eine im Dringlichkeitsverfahren angenommene Stellungnahme oder einen im Dringlichkeitsverfahren angenommenen verbindlichen Beschluss des Ausschusses gemäß Artikel 66 Absatz 2 erforderlich macht.
– ErwG: 134, 138

Übersicht

	Rn		Rn
A. Einordnung und Kontext	1	V. Einstweilige Maßnahmen	
I. Erwägungsgründe	3	(Abs. 7)	30
II. Richtlinie 95/46/EG; BDSG a.F.	4	VI. Durchführungsrechtsakte	32
		C. Praxishinweise	33
III. BDSG	5	I. Relevanz für öffentliche Stellen	33
IV. Normgenese	6		
B. Kommentierung	7	II. Relevanz für nichtöffentliche Stellen	34
I. Grundzüge (Abs. 1)	7		
II. Gemeinsame Maßnahmen bei grenzüberschreitender Datenverarbeitung (Abs. 2)	15	III. Relevanz für betroffene Personen	35
		IV. Relevanz für Aufsichtsbehörden	36
III. Übertragung eigener/Gestaltung fremder Hoheitsbefugnisse (Abs. 3)	21	V. Relevanz für das Datenschutzmanagement	38
IV. Haftung (Abs. 4–6)	25		

Literatur: *Albrecht* Das neue EU-Datenschutzrecht – Von der Richtlinie zur Verordnung, CR 2016, 88; *Art.-29-Datenschutzgruppe* Entschließung zum Thema Rechtsdurchsetzung, WP 101, 2004; *dies.* Bericht 1/2007 über die erste gemeinsame Durchsetzungsmaßnahme: Bewertung und zukünftige Schritte, WP 137, 2007; *dies.* Bericht 1/2010 über die zweite gemeinsame Durchsetzungsmaßnahme: Erfüllung der nach den innerstaatlichen Rechtsvorschriften über die Vorratsspeicherung von Verkehrsdaten aufgrund der Artikel 6 und 9 der Richtlinie 2002/58/EG (Datenschutzrichtlinie für elektronische Kommunikation) und der Richtlinie 2006/24/EG (über die Vorratsspeicherung von Daten und zur Änderung der Datenschutzrichtlinie für elektronische Kommunikation) bestehenden Pflichten durch die Telekommunikations-Diensteanbieter und die Internet-Diensteanbieter auf nationaler Ebene, WP 172, 2010; *dies.* Cookie sweep combined analysis, WP 229, 2014.

A. Einordnung und Kontext[1]

1 Die Norm zur Zusammenarbeit der Aufsichtsbehörden dient der **einheitlichen Anwendung und Durchsetzung** der Vorschriften der DS-GVO. Indem die Norm die Durchführung gleichgerichteter Aufsichtsmaßnahmen durch mehrere Aufsichtsbehörden in mehreren Mitgliedstaaten ermöglicht, wird hierdurch die grundsätzliche territoriale Beschränkung der Befugnis einer Aufsichtsbehörde eines jeweiligen Mitgliedstaats überwunden. Vorbild für die Befugnisse der Datenschutzaufsicht waren im Gesetzgebungsverfahren entsprechende europarechtliche Befugnisse zur polizeilichen Zusammenarbeit.[2]

---

1 Der Verfasser vertritt seine persönliche Auffassung, die nicht notwendigerweise der Auffassung des Dienstherrn entspricht.
2 *Albrecht* CR 2016, 88, 96; Auernhammer-*Lachmayer* Art. 62 Rn. 2; Gola-*Eichler* Art. 62 Rn. 2; BeckOK DatenSR-*Nguyen* Art. 62 Rn. 2.

Gemeinsame Maßnahmen — Art. 62

Die Vorschrift des Art. 62 tritt neben **weitere Regelungen** zur Koordinierung von aufsichtsrechtlichen Maßnahmen zum Schutz personenbezogener Daten. Im Anwendungsbereich der DS-GVO sind die Zusammenarbeit (Art. 60), die Amtshilfe (Art. 61) und die Kohärenz (Art. 63) zu nennen. Von der Zusammenarbeit und der Kohärenz unterscheiden sich gemeinsame Maßnahmen vor allem dadurch, dass erstere auf Fassung eines gemeinsamen Beschlusses und letztere insbesondere auf die gemeinsame Untersuchung und Durchsetzung gerichtet sind.[3] Von der Amtshilfe wiederum unterscheiden sich gemeinsame Maßnahmen insbesondere dadurch, dass um Amtshilfe ersucht wird, wenn die ersuchende Behörde nicht örtlich zuständig und somit auf Unterstützung der ersuchten Behörde angewiesen ist, wohingegen bei gemeinsamen Maßnahmen grundsätzlich jede der beteiligten Behörden in ihrem Hoheitsgebiet örtlich zuständig ist.

I. Erwägungsgründe

Nähere Angaben zu gemeinsamen Maßnahmen gem. Art. 62 enthalten die ErwG 134 und 138, ohne jedoch den Begriff der gemeinsamen Maßnahme zu definieren. ErwG 134 weist lediglich auf die den Aufsichtsbehörden in Art. 62 eingeräumte Befugnis zur Teilnahme an gemeinsamen Maßnahmen hin sowie auf die Verfahrenspflicht einer ersuchten Aufsichtsbehörde, auf das Ersuchen binnen einer bestimmten Frist zu antworten. ErwG 138 verweist in Fällen grenzüberschreitender Datenverarbeitungen auf die Möglichkeit u.a. gemeinsamer Maßnahmen anstelle des Kohärenzverfahrens, falls die Einleitung eines Kohärenzverfahrens nicht verbindlich vorgeschrieben ist.

II. Richtlinie 95/46/EG; BDSG a.F.

Die Vorgängerregelung der RL 95/46/EG enthielt ebenso wie das zu ihrer Umsetzung beschlossene Bundesdatenschutzgesetz alter Fassung **keine Vorschrift** zu gemeinsamen Maßnahmen i.S.d. Art. 62.

III. BDSG

Das Bundesdatenschutzgesetz in der Fassung des ersten DSAnpUG-EU[4] enthält ebenfalls **keine Vorschriften** zu gemeinsamen Maßnahmen i.S.d. Art. 62, sei es innerstaatlich zwischen den Datenschutzaufsichtsbehörden des Bundes und der Länder, sei es im Verbund mit den Aufsichtsbehörden anderer Mitgliedstaaten der Europäischen Union.

IV. Normgenese

Im **Gesetzgebungsverfahren** zur DS-GVO waren die wesentlichen Inhalte der endgültigen Regelung zu gemeinsamen Maßnahmen bereits in Art. 56 des Kommissionsentwurfs aus dem Jahr 2012[5] enthalten. Der Verordnungsentwurf in der Fassung, die vom Europäischen Parlament in erster Lesung im Jahr 2014[6] verabschiedet worden ist, erweiterte den Anwendungsbereich auf Stellen mit Niederlassungen in mehreren Mitgliedstaaten und enthielt lediglich die sprachliche Präzisierung der Befugnis zur Einla-

---

3 Auernhammer-*Lachmayer* Art. 62 Rn. 9.
4 BGBl. 2017 I S. 2097.
5 KOM(2012) 11 endgültig.
6 P7_TC1-COD(2012)0011.

dung zu gemeinsamen Maßnahmen durch die federführende Behörde. Im Ratsentwurf aus dem Jahr 2016[7] schließlich wurde der Anwendungsbereich auf Auswirkungen auf eine „bedeutende Zahl betroffener Personen" beschränkt. Neu eingefügt wurden zudem Haftungsregelungen der beteiligten Aufsichtsbehörden untereinander.

B. Kommentierung

I. Grundzüge (Abs. 1)

7 Art. 62 enthält die Grundzüge des Verfahrens gemeinsamer Maßnahmen der Aufsichtsbehörden. Demnach führen die Aufsichtsbehörden gegebenenfalls **gemeinsame Maßnahmen einschließlich gemeinsamer Untersuchungen und gemeinsamer Durchsetzungsmaßnahmen** durch, an denen Mitglieder oder Bedienstete der Aufsichtsbehörden anderer Mitgliedstaaten teilnehmen.

8 Dies betrifft zum einen zwischen den Aufsichtsbehörden abgestimmte gemeinsame Vorgehen **in ihren jeweiligen Mitgliedstaaten**. Beispielsweise haben in der Vergangenheit bereits Aufsichtsbehörden der Mitgliedstaaten im Rahmen der Art.-29-Datenschutzgruppe in ihren jeweiligen örtlichen Zuständigkeitsbereichen Auskünfte von dort ansässigen Stellen eingeholt, Prüfaktionen durchgeführt, die Ergebnisse gemeinsam ausgewertet und diese veröffentlicht.[8] Auf diese Weise ermöglicht Art. 62 konzertierte Untersuchungen mehrerer beteiligter Aufsichtsbehörden in verschiedenen, EU-weit verstreuten Niederlassungen eines Verantwortlichen oder eines Auftragsverarbeiters.[9]

9 Zum anderen sind von der Vorschrift zwischen den Aufsichtsbehörden koordinierte Maßnahmen gegenüber Verantwortlichen oder Auftragsverarbeitern **im örtlichen Zuständigkeitsbereich der einladenden Aufsichtsbehörde** umfasst.[10] Grund für die gemeinsame Maßnahme können einerseits Fälle grenzüberschreitender Datenverarbeitung i.S.d. Art. 4 Nr. 23 sein.[11] Dementsprechend bestimmt Art. 60 Abs. 2, dass insbesondere im Zusammenarbeitsverfahren die federführende Aufsichtsbehörde jederzeit mit betroffenen Aufsichtsbehörden gemeinsame Maßnahmen durchführen kann.

10 Andererseits können gemeinsame Maßnahmen auch **ohne grenzüberschreitende Datenverarbeitung** lediglich der Unterstützung der einladenden Aufsichtsbehörde dienen, z.B. wenn diese nicht über ausreichend Personal oder genügend sonstige Kapazitäten verfügt.[12] Nicht vom Anwendungsbereich des Art. 62 umfasst sind hingegen rein nationale Maßnahmen der Datenschutzaufsichtsbehörden des Bundes und der Länder.

---

7 5419/1/16 REV1.
8 Vgl. die Entschließung der *Art.-29-Datenschutzgruppe* zum Thema Rechtsdurchsetzung (WP 101), zu den Durchsetzungsmaßnahmen gegenüber privaten Krankenversicherungsunternehmen (WP 137), zur Umsetzung der Vorratsdatenspeicherung von Telekommunikations-Verkehrsdaten (WP 172) und zur Verwendung von Cookies durch Telemedienanbieter (WP 229).
9 Gola-*Eichler* Art. 62 Rn. 2.
10 Sydow-*Peuker* Art. 62 Rn. 9.
11 Kühling/Buchner-*Dix* Art. 62 Rn. 5; Simitis-*Polenz* Art. 62 Rn. 3.
12 Zu diesem Anwendungsfall s. auch Kühling/Buchner-*Dix* Art. 62 Rn. 13; a.A. Ehmann/Selmayr-*Klabunde* Art. 62 Rn. 9.

Gemäß Art. 62 Abs. 1 führen die Aufsichtsbehörden gegebenenfalls gemeinsame Maß- 11
nahmen durch. Der **Begriff der gemeinsamen Maßnahmen** umfasst grundsätzlich alle
den Aufsichtsbehörden gem. Art. 58 eingeräumten Untersuchungs- und Durchsetzungsbefugnisse.[13]

Der Gesetzgeber nennt beispielhaft gemeinsame Untersuchungen gem. Art. 58 Abs. 1 12
und gemeinsame Durchsetzungsmaßnahmen i.S.d. Art. 58 Abs. 2.[14] **Beispiele** für
gemeinsame Untersuchungen sind die Befugnisse, die Bereitstellung von Informationen zu fordern (Art. 58 Abs. 1 lit. a) sowie Zugang zu allen personenbezogenen Daten
und Informationen, die zur Erfüllung ihrer Aufgaben notwendig sind (Art. 58 Abs. 1
lit. e), und zu den Geschäftsräumen, einschließlich aller Datenverarbeitungsanlagen
und -geräte, des Verantwortlichen und des Auftragsverarbeiters zu erhalten (Art. 58
Abs. 1 lit. f).

Das Tatbestandsmerkmal „**gegebenenfalls**" in Art. 62 Abs. 1 (in der englischen Sprach- 13
fassung „where appropriate") ist im Sinne von „wenn angemessen"[15] sowie „im Einzelfall"[16] zu verstehen. Darüber hinaus ist das Merkmal Ausdruck des den beteiligten Aufsichtsbehörden eingeräumten Ermessens, an gemeinsamen Maßnahmen teilzunehmen.

Berechtigte i.S.d. Art. 62 Abs. 1 sind Aufsichtsbehörden. Der Begriff der Aufsichtsbe- 14
hörde ist in Art. 4 Nr. 21 definiert. Nicht zu gemeinsamen Maßnahmen berechtigt sind
spezifische Aufsichtsbehörden für besondere Verarbeitungssituationen nach Art. 85,
91, der EDSA gem. Art. 68 sowie der EDSB gem. Art. 52 der Verordnung (EU) 2018/
1725[17]. Ebenso nicht zur Teilnahme an gemeinsamen Maßnahmen berechtigt ist die
bei dem oder den Bundesbeauftragten eingerichtete **Zentrale Anlaufstelle**. Sie soll
jedoch nach dem Willen des Gesetzgebers der DSAnpUG-EU[18] auch bei gemeinsamen Maßnahmen Unterstützung ohne hoheitliche Ausübung von Verwaltungsaufgaben leisten, zu deren Inanspruchnahme die Aufsichtsbehörden in Deutschland oder
im EU-Ausland jedoch nicht verpflichtet sind.[19] Zur Teilnahme an der konkreten
Maßnahme sind jeweils Mitglieder oder Bedienstete der Aufsichtsbehörden anderer
Mitgliedstaaten berechtigt. Der Begriff der Mitglieder bezeichnet i.S.d. Art. 53 die
Behördenleitung und der Begriff der Bediensteten das behördliche Personal.[20]

II. Gemeinsame Maßnahmen bei grenzüberschreitender Datenverarbeitung (Abs. 2)

Art. 62 Abs. 2 enthält im Vergleich zu Abs. 1 **Sonderregelungen für Fälle grenzüber-** 15
schreitender Datenverarbeitung. Demnach ist die Aufsichtsbehörde eines Mitglied-

---

13 Ehmann/Selmayr-*Klabunde* Art. 62 Rn. 15.
14 Auernhammer-*Lachmayer* Art. 62 Rn. 12; a.A. Ehmann/Selmayr-*Klabunde* Art. 62 Rn. 17,
    wonach Abhilfebefugnisse stets die Entscheidung der örtlich zuständigen Aufsichtsbehörde
    erfordern.
15 Paal/Pauly-*Körffer* Art. 62 Rn. 1.
16 Sydow-*Peuker* Art. 62 Rn. 10.
17 ABl. EU 2018 L 295, 39.
18 BT-Drucks. 11/11325, S. 89.
19 Zur Kritik an Rolle und Befugnissen der zentralen Anlaufstelle s. Kommentierung
    zu Art. 60 Rn. 11.
20 Vgl. Kommentierung zu Art. 53 Rn. 35; a.A. Sydow-*Peuker* Art. 62 Rn. 12, der nach Art. 53
    ernannte Beamte der Aufsichtsbehörde zu den Mitgliedern und vertraglich Angestellte zu
    den Bediensteten zählt.

staats berechtigt, an gemeinsamen Maßnahmen teilzunehmen, wenn der Verantwortliche oder der Auftragsverarbeiter im Gebiet ihrer örtlichen Zuständigkeit über eine oder mehrere Niederlassung(en) verfügt oder wenn die Verarbeitungsvorgänge voraussichtlich auf eine bedeutende Zahl betroffener Personen in dem Mitgliedstaat erhebliche Auswirkungen haben.

16 Die Voraussetzungen für eine Beteiligung der Aufsichtsbehörden an gemeinsamen Maßnahmen knüpfen weitgehend an die Definition der betroffenen Aufsichtsbehörde in Art. 4 Nr. 22 an. Nicht in der Teilnahmeberechtigung enthalten ist der Fall des Art. 4 Nr. 22 lit. c. Somit berechtigt der Eingang einer Beschwerde bei der Aufsichtsbehörde nicht zur Teilnahme an gemeinsamen Maßnahmen.[21] Erhöhte Anforderungen stellt Art. 62 Abs. 2 an die Anzahl der von den Auswirkungen der Datenverarbeitung betroffenen Personen. Wohingegen Art. 4 Nr. 22 lit. b keine Aussage zur Anzahl der betroffenen Personen trifft, fordert der Gesetzgeber in Art. 62 Abs. 2 S. 1, dass eine **bedeutende Zahl** von Personen im Mitgliedstaat von der Datenverarbeitung erheblich betroffen wird. Doch sind in der praktischen Anwendung keine überhöhten Anforderungen an die Bewertung einer bedeutenden Zahl betroffener Personen zu stellen. Die Norm ist unter Berücksichtigung des Primärrechts auszulegen, demzufolge gem. Art. 197 Abs. 1 AEUV die effektive Durchführung des Unionsrechts durch die Mitgliedstaaten als Frage von gemeinsamem Interesse zu berücksichtigen ist.[22]

17 Die Bestimmung der unterstützenden Behörde aufgrund einer Niederlassung im Zuständigkeitsgebiet bedarf im **föderalen System** der Bundesrepublik Deutschland besonderer Regelungen. Aus diesem Grund sieht § 40 Abs. 2 BDSG bei unterschiedlichen Auffassungen der Aufsichtsbehörden der Länder über die örtliche Zuständigkeit aufgrund mehrerer inländischer Niederlassungen ein Verfahren zur Bestimmung der Zuständigkeit vor.[23] Hinsichtlich des Verfahrens wird auf die Vorschriften für die Bestimmung des **gemeinsamen Standpunkts** für Verfahren gem. § 18 Abs. 2 BDSG verwiesen. Hiernach legen der gemeinsame Vertreter (§ 17 Abs. 1 S. 1 BDSG) und sein Stellvertreter (§ 17 Abs. 1 S. 2 BDSG) einen Vorschlag für einen gemeinsamen Standpunkt vor. Einigen sie sich nicht auf einen Vorschlag, legt der den Ländern zuzuordnende Stellvertreter anhand des Kriteriums des alleinigen Rechts der Länder zur Gesetzgebung[24] oder der Betroffenheit der Einrichtung oder des Verfahrens von Landesbehörden den Standpunkt zur Zuständigkeit fest, andernfalls legt der oder die Bundesbeauftragte als gemeinsamer Vertreter. Der auf diese Weise vorgeschlagene Standpunkt über die unterstützende Behörde ist den Verhandlungen zu Grunde zu legen, wenn nicht die Aufsichtsbehörden von Bund und Ländern einen anderen Standpunkt mit einfacher Mehrheit beschließen; der Bund und jedes Land haben hierbei jeweils eine Stimme, Enthaltungen werden nicht gezählt (§ 18 Abs. 2 S. 5–7 BDSG). Von der

---

21 Krit. hierzu: Auernhammer-*Lachmayer* Art. 62 Rn. 8.
22 Sydow-*Peuker* Art. 62 Rn. 14; nach Simitis-*Polenz* Art. 62 Rn. 5 genügt es, wenn ein Dienst per Internet in mehr als einem Mitgliedstaat erreichbar ist.
23 A.A. Däubler/Wedde u.a.-*Sommer* Art. 62 Rn. 6, nach deren Auffassung alle betroffenen Aufsichtsbehörden an gemeinsamen Maßnahmen teilnehmen können.
24 Zur Kritik am Kriterium der alleinigen Gesetzgebungszuständigkeit s. Empfehlungen der Ausschüsse zu Punkt 36 der 954. Sitzung des Bundesrates am 10.3.2017, BR-Drucks. 110/1/17, S. 11.

Regelung des § 40 Abs. 2 BDSG unberührt bleibt die örtliche Zuständigkeit des oder der Bundesbeauftragten für den Datenschutz kraft Spezialzuweisung für **Telekommunikationsdienste** und **Postdienste**.[25]

Hinsichtlich der **Einleitung des Verfahrens** ist in Art. 62 Abs. 2 S. 2 die Behörde **18** bestimmt, welche die unterstützenden Aufsichtsbehörden zur Teilnahme an den gemeinsamen Maßnahmen einlädt. Dies ist entweder gem. Art. 56 Abs. 1 die federführende Behörde am Ort der Haupt- oder einzigen Niederlassung des Verantwortlichen bzw. des Auftragsverarbeiters oder gem. Art. 56 Abs. 5 die Aufsichtsbehörde, welche die federführende Aufsichtsbehörde über den Vorgang informiert hat, wenn die federführende Behörde entscheidet, sich nicht mit dem Fall zu befassen. Letzteres betrifft die in Art. 56 Abs. 2 genannten Fälle lediglich lokaler Bedeutung. Der Verweis auf Art. 56 Abs. 4 anstelle von Abs. 5 in Art. 62 Abs. 2 S. 2 ist als Redaktionsversehen zu werten.[26] Darüber hinaus steht es der einladenden Behörde frei, weitere Aufsichtsbehörden zur Teilnahme an gemeinsamen Maßnahmen einzuladen. Dies betrifft z.B. Fälle, in denen Behörden i.S.d. Art. 4 Nr. 22 lit. c Beschwerden von Betroffenen erhalten haben oder in denen eine Behörde über besondere Ressourcen oder Expertise verfügt.[27] Schließlich trifft die einladende Behörde gem. Art. 62 Abs. 2 S. 2 a.E. zusätzlich die Pflicht, unverzüglich auf das Ersuchen einer Aufsichtsbehörde um Teilnahme zu antworten.

Zur Bestimmung der einzuladenden Aufsichtsbehörden muss die einladende Behörde **19** ermitteln, über **welche anderen Niederlassungen in anderen Mitgliedstaaten** der Verantwortliche bzw. der Auftragsverarbeiter verfügt oder welche Auswirkungen die Datenverarbeitungen auf Betroffene in anderen Mitgliedstaaten haben.[28] Die Einladung ist gem. Art. 62 Abs. 2 für die einladende Behörde verpflichtend. Die eingeladene Aufsichtsbehörde hingegen hat, anders als in den Vorschriften zur Amtshilfe hinsichtlich der ersuchten Aufsichtsbehörde (Art. 61 Abs. 4), im Rahmen von gemeinsamen Maßnahmen einen umfassenden Ermessensspielraum, die Einladung zur Teilnahme an gemeinsamen Maßnahmen anzunehmen oder abzulehnen.[29] Ebenfalls anders als in den Vorschriften zur Amtshilfe (Art. 61 Abs. 6) ist hinsichtlich der Einladung zu gemeinsamen Maßnahmen keine Form, auch nicht die elektronische Form[30], vorgesehen. Aus der Sicht der beteiligten Behörden ist es jedoch zweckmäßig, für den Austausch von Informationen im Rahmen der verschiedenen Beteiligungsverfahren einheitliche Formvorgaben und einheitliche Standards zu verwenden (vgl. Art. 60 Abs. 12, Art. 61 Abs. 6, Art. 67). Auch ohne gesetzliche Ermächtigungsvorschrift der Kommission zur Ausgestaltung des Verfahrens in Art. 62 hat der Ausschuss die Möglichkeit zur Regelung durch Leitlinien gem. Art. 70 Abs. 1 lit. e.[31]

---

25 S. § 9 Abs. 1 S. 1 BDSG und § 42 Abs. 3 PostG jeweils i.d.F. des 2. DSAnpUG-EU vom 20.11.2019, BGBl. 2019 I S. 1626.
26 Paal/Pauly-*Körffer* Art. 62 Rn. 3; Ehmann/Selmayr-*Klabunde* Art. 62 Fn. 1; Gola-*Eichler* Art. 62 Rn. 4; Kühling/Buchner-*Dix* Art. 62 Fn. 10; Simitis-*Polenz* Art. 62 Rn. 7.
27 BeckOK DatenSR-*Nguyen* Art. 62 Rn. 8.
28 Kühling/Buchner-*Dix* Art. 62 Rn. 7.
29 Kühling/Buchner-*Dix* Art. 62 Rn. 6.
30 A.A. Sydow-*Peuker* Art. 62 Rn. 17, wonach die Einladung in Anlehnung an Art. 60 Abs. 12 elektronisch zu übermitteln ist.
31 Gola-*Eichler* Art. 62 Rn. 5.

20 Unabhängig davon bedarf die Übermittlung personenbezogener Daten im Rahmen gemeinsamer Maßnahmen über die Befugnisnorm des Art. 62 hinaus einer **gesonderten materiellen Rechtsgrundlage**. In Betracht kommt gem. Art. 6 Abs. 1 lit. e, Abs. 3 i.V.m. §§ 3, 40 Abs. 3 BDSG insbesondere die Erforderlichkeit zur Wahrnehmung einer Aufgabe, die im öffentlichen Interesse liegt oder in Ausübung öffentlicher Gewalt erfolgt.[32]

III. Übertragung eigener/Gestattung fremder Hoheitsbefugnisse (Abs. 3)

21 Art. 62 Abs. 3 enthält in zweierlei Hinsicht Vorgaben zur **exterritorialen Wirkung von Aufsichtsbefugnissen**. Zum einen kann die einladende Aufsichtsbehörde nach Art. 62 Abs. 3 S. 1 1. Alt. gem. dem Recht des eigenen Mitgliedstaats und mit Genehmigung der unterstützenden Aufsichtsbehörde den Mitgliedern oder Bediensteten der unterstützenden Aufsichtsbehörde, die an den gemeinsamen Maßnahmen beteiligt sind, eigene Befugnisse einschließlich Untersuchungsbefugnisse (Art. 58 Abs. 1) übertragen. Zum anderen kann die einladende Aufsichtsbehörde nach Art. 62 Abs. 3 S. 1 2. Alt., soweit dies nach ihrem nationalen Recht zulässig ist, den Mitgliedern oder Bediensteten der unterstützenden Aufsichtsbehörde gestatten, ihre Untersuchungsbefugnisse nach dem Recht des Mitgliedstaats der unterstützenden Aufsichtsbehörde auszuüben.

22 Voraussetzung für die exterritoriale Wirkung der Aufsichtsmaßnahme ist jeweils, dass die **eigene Rechtsordnung die Übertragung von eigenen Hoheitsbefugnissen bzw. die Ausübung fremder Hoheitsbefugnisse ausdrücklich gestattet**.[33] Dies ist in der Bundesrepublik Deutschland aufgrund des Fehlens entsprechender Regeln im BDSG nicht der Fall.

23 Besonderen Bedenken begegnet die Vorschrift zur Ausübung fremder Hoheitsbefugnisse auf eigenem Staatsgebiet gem. Art. 62 Abs. 3 S. 1 2. Alt. insbesondere deswegen, da sie es ermöglicht, dass Aufsichtsbehörden des europäischen Auslands gem. Art. 58 Abs. 6 nach ihrer nationalen Rechtsordnung eingeräumte Befugnisse ausüben[34], die sowohl **über die in der Verordnung ausdrücklich enthaltenen Befugnisse** als auch über die **Befugnisse der Aufsichtsbehörden in der Bundesrepublik Deutschland** nach deutschem Recht hinausgehen.[35]

24 **Einschränkende verfahrensrechtliche Vorkehrungen** enthalten die Vorschriften, denen zufolge zum einen Untersuchungsbefugnisse (über den Wortlaut hinaus auch andere Befugnisse[36]) nur unter der Leitung (insbesondere unter der Weisungsbefugnis[37]) und in Gegenwart der Mitglieder oder Bediensteten der einladenden Aufsichtsbehörde ausgeübt werden können (Art. 62 Abs. 3 S. 2). Zum anderen unterliegen die Mitglieder oder Bediensteten der unterstützenden Aufsichtsbehörde bei der Ausübung der

---

32 BeckOK DatenSR-*Nguyen* Art. 62 Rn. 8.
33 Auernhammer-*Lachmayer* Art. 62 Rn. 18; a.A. Kühling/Buchner-*Dix* Art. 62 Rn. 8, 21, der genügen lässt, dass die Rechtsordnung der beteiligten Mitgliedstaaten die Übertragung von Hoheitsbefugnissen nicht verbietet.
34 A.A. Sydow-*Peuker* Art. 62 Rn. 23, nach dessen Auffassung die Vorschrift nur dann „sinnvollerweise zum Tragen" kommt.
35 Krit. von „Befugnis-Shopping" sprechend: Auernhammer-*Lachmayer* Art. 62 Rn. 13, 19.
36 BeckOK DatenSR-*Nguyen* Art. 62 Rn. 12.
37 Sydow-*Peuker* Art. 62 Rn. 25; Ehmann/Selmayr-*Klabunde* Art. 62 Rn. 23; Auernhammer-*Lachmayer* Art. 62 Rn. 22.

Befugnisse dem Recht des Mitgliedstaats der einladenden Aufsichtsbehörde (Art. 62 Abs. 3 S. 3). Letztere Einschränkung gilt auch, falls die unterstützende Aufsichtsbehörde nach Art. 62 Abs. 3 S. 1 2. Alt. Hoheitsbefugnisse der Rechtsordnung ihres eigenen Mitgliedstaats ausübt.[38]

IV. Haftung (Abs. 4–6)

Art. 62 Abs. 4–6 enthalten umfangreiche Regelungen zur **Haftung der an einer** 25 **gemeinsamen Maßnahme beteiligten Aufsichtsbehörden** im Innen- sowie im Außenverhältnis. Die Regelung ist auf Initiative der im Rat der Europäischen Union vertretenen Mitgliedstaaten in die DS-GVO aufgenommen worden und dient der teilweisen Beschränkung haftungsrechtlicher Risiken.

Die Grundregel zur Haftung enthält Art. 62 Abs. 4. Sind demnach Bedienstete einer 26 unterstützenden Aufsichtsbehörde in einem anderen Mitgliedstaat im Einsatz, so **übernimmt der Mitgliedstaat der einladenden Aufsichtsbehörde nach Maßgabe des Rechts des Mitgliedstaats, in dessen Hoheitsgebiet der Einsatz erfolgt, die Verantwortung für deren Handeln,** einschließlich der Haftung für alle von ihnen bei ihrem Einsatz verursachten Schäden. Da Art. 78 nur den Rechtsschutz gegen den Beschluss einer Aufsichtsbehörde vorsieht[39], gewährt die Norm keinen Anspruch auf Schadensersatz für Amtspflichtverletzungen. Amtshaftung wird daher nach den Vorschriften des nationalen Rechts vor nationalen Gerichten gewährt. Gemäß Art. 62 Abs. 5 S. 1 ersetzt der Mitgliedstaat, in dessen Hoheitsgebiet der Schaden verursacht wurde, im Außenverhältnis diesen Schaden so, wie er ihn ersetzen müsste, wenn seine eigenen Bediensteten ihn verursacht hätten.

Art. 62 Abs. 5 gewährt den Geschädigten **keine Wahl der anwendbaren Rechtsordnung** 27 und somit keine Möglichkeit zur Günstigkeitsprüfung der Rechtsansprüche nach unterschiedlichen Rechtsordnungen. Gewährt z.B. die Rechtsordnung des Mitgliedstaats der unterstützenden Behörde mehr Rechte als die Rechtsordnung des Staats der einladenden Behörde, ist dem Geschädigten die Berufung auf das Recht der unterstützenden Behörde verwehrt.

Art. 62 Abs. 5 S. 2 regelt den **Ausgleichsanspruch im Innenverhältnis** zwischen den an 28 der gemeinsamen Maßnahme beteiligten Aufsichtsbehörden. Demnach erstattet der Mitgliedstaat der unterstützenden Aufsichtsbehörde, deren Bedienstete[40] im Hoheitsgebiet eines anderen Mitgliedstaats einer Person Schaden[41] zugefügt haben, diesem anderen Mitgliedstaat den Gesamtbetrag des Schadenersatzes, den dieser an die Berechtigten geleistet hat.

Gemäß Art. 62 Abs. 6 schließlich **verzichten** die an der gemeinsamen Maßnahme 29 beteiligten Aufsichtsbehörden, mit Ausnahme des Anspruchs auf Ausgleich des Schadensersatzes nach Art. 62 Abs. 5 und möglicher Rechte gegenüber Dritten (z.B.

---

38 Kühling/Buchner-*Dix* Art. 62 Rn. 12.
39 Kühling/Buchner-*Dix* Art. 62 Rn. 15; a.A. Sydow-*Peuker* Art. 62 Rn. 28; Ehmann/Selmayr-*Klabunde* Art. 62 Rn. 26.
40 Für die Ausweitung des Ausgleichsanspruchs auf Schäden, die durch Mitglieder verursacht worden sind: Gierschmann-*Gramlich* Art. 62 Rn. 17; Sydow-*Peuker* Art. 62 Rn. 30.
41 Nach Auffassung von Kühling/Buchner-*Dix* Art. 62 Rn. 16 jedoch nicht auf Personenschäden beschränkt.

Art. 62 — Gemeinsame Maßnahmen

Bedienstete der unterstützenden Aufsichtsbehörde[42]) gegenüber anderen Mitgliedstaaten auf Ansprüche wegen Ersatzes des eingetretenen Schadens. Dies betrifft zum Beispiel eingetretene Schäden am Eigentum der einladenden Aufsichtsbehörde.[43]

V. Einstweilige Maßnahmen (Abs. 7)

30 Nach der Vorschrift des Art. 62 Abs. 7 sind Aufsichtsbehörden befugt, innerhalb ihres Hoheitsgebiets einstweilige Maßnahmen zu ergreifen, wenn eine Aufsichtsbehörde entgegen Art. 62 Abs. 2 S. 2 innerhalb eines Monats ihrer **Pflicht zur Einladung nicht nachkommt**. Da der Termin zur Einladung abhängig ist von der Sachverhaltsaufklärung durch die einladende Behörde und sie diesbezüglich einen Ermessensspielraum hat, ist im Einzelfall unklar, zu welchem Zeitpunkt sie zur Einladung verpflichtet ist. Die Frist beginnt jedenfalls dann, wenn sie nach außen die Absicht bekundet hat, gemeinsame Maßnahmen zu ergreifen.[44]

31 Die Vorschrift des Art. 62 Abs. 7 ist an die Befugnis zu einstweiligen Maßnahmen bei Nichtbefolgung der Amtshilfe gem. Art. 61 Abs. 8 angelehnt.[45] In beiden Fällen wird ein dringender Handlungsbedarf gem. den Vorschriften zum Kohärenzverfahren nach Art. 66 Abs. 1 fingiert. Im Fall der gemeinsamen Maßnahmen macht dies gem. Art. 66 Abs. 2 eine im Dringlichkeitsverfahren angenommene Stellungnahme oder einen im Dringlichkeitsverfahren angenommenen verbindlichen Beschluss des **Ausschusses** mit dem Inhalt, die Verpflichtung zur Einladung der teilnahmeberechtigten Behörden auszusprechen, erforderlich.

VI. Durchführungsrechtsakte

32 Anders als hinsichtlich der Amtshilfe gem. Art. 61 Abs. 9 und des Kohärenzverfahrens gem. Art. 67 enthält die Vorschrift zu gemeinsamen Maßnahmen keine Ermächtigung der Kommission, in Durchführungsrechtsakten Form und Verfahren gemeinsamer Maßnahmen sowie die Ausgestaltung des elektronischen Informationsaustauschs festzulegen. Angesichts des gleichen Bedarfs an Vorgaben zum **Informationsaustausch der Aufsichtsbehörden** und des Ausschusses spricht vieles dafür, bezüglich aller in Frage kommenden Verfahren (Zusammenarbeit, Amtshilfe, gemeinsame Maßnahmen, Kohärenz, einschließlich Dringlichkeitsverfahren) einheitliche Vorgaben festzulegen, die auch vom Ausschuss im Wege von Leitlinien gem. Art. 70 Abs. 1 lit. e verabschiedet werden können. Derzeit haben sich die Aufsichtsbehörden darauf verständigt, als Plattform zum Informationsaustausch das **Binnenmarktinformationssystem** der Europäischen Kommission IMI (Internal Market Information System) zu nutzen.[46]

C. Praxishinweise

I. Relevanz für öffentliche Stellen

33 Gemeinsame Maßnahmen nach Art. 62 Abs. 1 betreffen Datenverarbeitungen nichtöffentlicher wie öffentlicher Stellen. Erstmals enthalten europäische datenschutzrechtli-

---

42 Sydow-*Peuker* Art. 62 Rn. 33.
43 Auernhammer-*Lachmayer* Art. 62 Rn. 27.
44 Kühling/Buchner-*Dix* Art. 62 Rn. 18.
45 Kühling/Buchner-*Dix* Art. 62 Rn. 18.
46 Krit. Kühling/Buchner-*Dix* Art. 61 Rn. 15, der für Ausstattung des Sekretariats des Europäischen Datenschutzausschusses mit entsprechenden Ressourcen plädiert.

che Vorgaben die ausdrückliche Befugnis zu gemeinsamen Maßnahmen in Bezug auf Datenverarbeitungen durch öffentliche Stellen. Die Aufsichtsbehörden können hierbei auf Erfahrungen der Art.-29-Datenschutzgruppe zurückgreifen. Da aufgrund der **Öffnungsklauseln der DS-GVO** in Art. 6 Abs. 2 und Abs. 3 S. 1 lit. b Datenverarbeitungen für öffentliche Zwecke durch Behörden der Mitgliedstaaten voraussichtlich weiterhin vielfach auf der Grundlage nationalen Rechts erfolgen werden, bleibt jedoch abzuwarten, ob gemeinsame Maßnahmen, die der einheitlichen Anwendung und Durchsetzung der DS-GVO dienen sollen, gegenüber öffentlichen Stellen in der Praxis häufig vorkommen werden.

II. Relevanz für nichtöffentliche Stellen

Hauptanwendungsfall gemeinsamer Maßnahmen werden künftig voraussichtlich Datenverarbeitungen durch nichtöffentliche Stellen sein. Insbesondere **internationale Unternehmen mit Niederlassungen in mehreren Mitgliedstaaten** sind gem. Art. 62 Abs. 2 im Fokus der Vorschriften. Möglicherweise erhöht sich für die Unternehmen die Eintrittswahrscheinlichkeit der Aufdeckung eines Datenschutzverstoßes durch das Zusammenwirken der Aufsichtsbehörden. Dem steht gegenüber, dass nach der Konzeption der DS-GVO, mit der Ausnahme der Öffnungsklauseln für die nationalen Gesetzgeber, die verschiedenen Aufsichtsbehörden EU-weit einheitliches materielles Recht durchsetzen sollen. Die verpflichteten nichtöffentlichen Stellen haben folglich nicht mehr jeweils unterschiedliche nationale Rechtsordnungen in der EU zu beachten. Somit erfordert die europaweite Einhaltung des einheitlich geltenden Rechts bei den nichtöffentlichen Stellen weniger Umsetzungsaufwand und fördert auf diese Weise den Binnenmarkt. 34

III. Relevanz für betroffene Personen

Die Vorschriften zu gemeinsamen Maßnahmen sollen der einheitlichen Anwendung der Vorschriften zum Schutz personenbezogener Daten in der Europäischen Union dienen und eine **bessere Durchsetzung** der Rechte der Bürgerinnen und Bürger auf Schutz ihrer personenbezogenen Daten über das Hoheitsgebiet des einzelnen Mitgliedstaats hinaus ermöglichen. 35

IV. Relevanz für Aufsichtsbehörden

Für die Aufsichtsbehörden bedeuten die Vorschriften zu gemeinsamen Maßnahmen einen bislang noch nicht absehbaren **Mehraufwand**. Besondere Bedeutung wird der Umsetzung der Vorschriften z.B. durch Leitlinien des Ausschusses zukommen. Klärungsbedürftige Fragen sind neben der sicheren elektronischen Kommunikation und den verwendeten Formaten insbesondere die Frage der verwendeten Amtssprache. Die Gesetzgeber der Mitgliedstaaten sind aufgefordert, die Aufsichtsbehörden mit Finanzmitteln, Personal, Räumlichkeiten und einer Infrastruktur auszustatten, wie sie für die wirksame Wahrnehmung ihrer Aufgaben, einschließlich der Durchführung gemeinsamer Maßnahmen in der gesamten Union, notwendig sind (ErwG 120). 36

Gegenüber den Aufsichtsbehörden der Mitgliedstaaten können die von einer Maßnahme Betroffenen **Beschwerde** einlegen (Art. 77) und **Klage** vor den nationalen Gerichten erheben (Art. 78). Zur Klärung von Meinungsverschiedenheiten der Aufsichtsbehörden über eine Angelegenheit mit allgemeiner Geltung oder mit Auswir- 37 kungen in mehr als einem Mitgliedstaat kann jede Aufsichtsbehörde gem. Art. 64 Abs. 2 den Europäischen Datenschutzausschuss anrufen. Entscheidungen des Ausschusses wiederum können von jeder natürlichen oder juristischen Person, einschließlich einer betroffenen Aufsichtsbehörde, unter den Voraussetzungen des Art. 263 AEUV im Rahmen einer Nichtigkeitsklage vor dem Gerichtshof überprüft werden (ErwG 143).

V. Relevanz für das Datenschutzmanagement

38 Die Verantwortlichen sowie die Auftragsverarbeiter sind nach der allgemeinen Norm des Art. 31 zur **Zusammenarbeit mit den Aufsichtsbehörden** verpflichtet. Diese Aufgabe besteht sowohl gegenüber den am Ort der Niederlassung der Verantwortlichen/ Auftragsverarbeiter zuständigen Aufsichtsbehörden als auch im Rahmen von gemeinsamen Maßnahmen gegenüber unterstützenden Aufsichtsbehörden. Das Datenschutzmanagement hat dem Rechnung zu tragen und ist im Bedarfsfall entsprechend anzupassen.

Abschnitt 2
Kohärenz

Artikel 63   Kohärenzverfahren

Um zur einheitlichen Anwendung dieser Verordnung in der gesamten Union beizutragen, arbeiten die Aufsichtsbehörden im Rahmen des in diesem Abschnitt beschriebenen Kohärenzverfahrens untereinander und gegebenenfalls mit der Kommission zusammen.

- *ErwG:* 119, 135, 138 S. 1, 150 S. 5
- *BDSG n.F.[1]:* §§ 17, 18, 19

Übersicht

	Rn		Rn
A. Einordnung und Kontext	1	I. Relevanz für betroffene Personen	27
I. Genese	1		
II. Erwägungsgründe	2	II. Relevanz für nichtöffentliche Stellen	28
III. Aufsicht, Ausschuss, Leitlinien	7		
B. Kommentierung	8	III. Relevanz für öffentliche Stellen	29
I. DS-GVO	8		
II. BDSG	22	IV. Relevanz für die Aufsicht	30
C. Praxishinweise	27		

Literatur: *Caspar* Das aufsichtsbehördliche Verfahren nach der EU-Datenschutz-Grundverordnung Defizite und Alternativregelungen, ZD 2012, 555; *Eickelpasch* Die zweite Stufe der Anpassung des Datenschutzrechts des Bundes an die EU-Datenschutz-Grundverordnung, RDV 2017, 219; *Gola* Neues Recht – neue Fragen: Einige aktuelle Interpretationsfragen zur DSGVO, K&R 2017, 145; *Greve* Das neue Bundesdatenschutzgesetz, NVwZ 2017, 737; *Helfrich* DSAnpUG-EU: Ist der sperrige Name hier schon Programm?, ZD 2017, 97; *Hornung* Einen Datenschutz-Grundverordnung für Europa? Licht und Schatten im Kom-

---

1 BT-Drucks. 18/11325 S. 24–25, 89–93.

Kohärenzverfahren   Art. 63

missionsentwurf vom 25.1.2012, ZD 2012, 99; *Hustnix* Ein klares Signal für stärkeren EU-Datenschutz; ZD 2013, 301; *Kahler* Die Europarechtswidrigkeit der Kommissionsbefugnisse in der Grundverordnung, RDV 2013, 69; *Kremer* Wer braucht warum das neue BDSG? CR 2017, 367; *von Lewinski* Datenschutzaufsicht in Europa als Netzwerk, NVwZ 2017, 1483; *von Lewinski/Hermann* Cloud vs. Cloud – Datenschutz im Binnenmarkt, ZD 2016, 467; *Nguyen* Die zukünftige Datenschutzaufsicht in Europa, ZD 2015, 265; *Piltz* Die Datenschutz-Grundverordnung Teil 5: Internationale Zusammenarbeit, Rechtsbehelfe und Sanktionen, K & R 2017, 85; *Pohl* Durchsetzungsdefizit der DSGVO?, PinG 2017, 85; *Reding* Sieben Grundbausteine der europäischen Datenschutzreform, ZD 2012, 195; *Ronellenfitsch* Kohärenz und Vielfalt, DuD 2016, 357; *Schaar* Datenschutz-Grundverordnung: Arbeitsauftrag für den deutschen Gesetzgeber, PinG 2016, 62; *Schultze-Melling* Keine Aufsichtsbehörde ist eine Insel ..., ZD 2015, 397; *Tinnefeld* Neue Datenschutzstrukturen in Europa?, ZD 2012, 301; *Voßhoff/Hermerschmidt* Endlich! – Was bringt uns die Datenschutz-Grundverordnung?, PinG 2016, 56; *Ziebarth* Demokratische Legitimation und Unabhängigkeit der deutschen Datenschutzbehörden: warum das durch die Rechtsprechung des EuGH (Rs. C-518/07, CR 2010, 339 und Rs. C-614/10) Erreichte durch den Entwurf für eine Datenschutz-Grundverordnung gefährdet wird, CR 2013, 60.

A. Einordnung und Kontext[2]

I. Genese

Die Ausgestaltung des Kohärenzverfahrens hat in den Fassungen des EP und des ER wesentliche Änderungen erfahren. Im Trilog ist hauptsächlich die Fassung des ER übernommen worden. Stark umstritten war vor allem die Rolle der Kommission, die gegenüber dem Entwurf der Kommission nunmehr eng begrenzt ist.[3] **1**

II. Erwägungsgründe[4]

ErwG 135 beschreibt, wie man die einheitliche Anwendung der DS-GVO in der gesamten Union sicherstellen sollte[5]. Er fordert die Einführung eines Verfahrens zur Gewährleistung einer einheitlichen Rechtsanwendung für die Zusammenarbeit zwischen den Aufsichtsbehörden, das sogenannte **Kohärenzverfahren**[6]. Es soll insbesondere dann angewendet werden, wenn eine Aufsichtsbehörde beabsichtigt, eine Maßnahme zu erlassen, die rechtliche Wirkungen in Bezug auf Verarbeitungsvorgänge entfalten soll, die für eine bedeutende Zahl betroffener Personen in mehreren Mitgliedstaaten erhebliche Auswirkungen haben. Ferner sollte es zur Anwendung kommen, wenn eine betroffene Aufsichtsbehörde oder die Kommission beantragt, dass die Angelegenheit im Rahmen des Kohärenzverfahrens behandelt wird. Diese Forderung wurde in Art. 64 umgesetzt. **2**

ErwG 135 weist ausdrücklich darauf hin, dass das Kohärenzverfahren andere Maßnahmen, die die Kommission möglicherweise in Ausübung ihrer Befugnisse nach den Verträgen trifft, davon unberührt lässt. Damit wird eine Abgrenzung der Verfahren nach Art. 63 zu den Maßnahmen der Kommission vorgenommen. **3**

---

2 Die Verfasserin vertritt hier ihre persönliche Auffassung, die nicht notwendig der Auffassung des Hessischen Beauftragten für Datenschutz und Informationsfreiheit entspricht.
3 Vgl. Paal/Pauly-*Körffer* Art. 63 Rn. 2; *von Lewinski* NVwZ 2017, 1486 f.; *Tinnefeld* ZD 2012, 302.
4 *Gola* K&R 2017, 145.
5 Dazu ErwG 135 S. 1.
6 S. *Schaar* PinG 2016, 64; *Hustnix* ZD 2013, 301.

Rost   1473

4 ErwG 138 S. 1 geht davon aus, dass die Anwendung des Kohärenzverfahrens in den Fällen, in denen sie verbindlich vorgeschrieben ist, eine Bedingung für die Rechtmäßigkeit einer Maßnahme der Aufsichtsbehörde sein soll, die rechtliche Wirkung entfalten soll.[7]

5 Nach ErwG 150 S. 5 kann das Kohärenzverfahren außerdem auch genutzt werden, um eine kohärente Anwendung von Geldbußen zu fördern.

6 Die DS-GVO hat darüber hinaus in Art. 51 Abs. 3 berücksichtigt, dass es EU-Mitgliedstaaten mit mehreren Aufsichtsbehörden gibt, wie z.B. Deutschland. Die Mitgliedstaaten, die mehrere Aufsichtsbehörden errichten, sollen nach ErwG 119 mittels Rechtsvorschriften sicherstellen, dass diese Aufsichtsbehörden am Kohärenzverfahren wirksam beteiligt werden. Insbesondere sollte dieser Mitgliedstaat eine Aufsichtsbehörde bestimmen, die als zentrale Anlaufstelle für eine wirksame Beteiligung dieser Behörden an dem Verfahren fungiert und eine rasche und reibungslose Zusammenarbeit mit anderen Aufsichtsbehörden, dem Ausschuss und der Kommission gewährleistet. In Deutschland wurde in § 17 **BDSG** eine Regelung hierzu getroffen.[8]

III. Aufsicht, Ausschuss, Leitlinien

7 Zum Stand 1.11.2017 liegen noch keine endgültigen Papiere der Art.-29-Datenschutzgruppe vor.

B. Kommentierung

I. DS-GVO

8 Art. 63 eröffnet den „Abschnitt 2 Kohärenz" der mit Art. 67 schließt. Art. 63 beschreibt den Auftrag und das Ziel des Kohärenzverfahrens. Dem **Kohärenzverfahren** liegt das Ziel zugrunde, zu einer einheitlichen Anwendung der DS-GVO in der gesamten Union beizutragen[9]. Mit dem Kohärenzverfahren soll das mit der DS-GVO verfolgte Ziel der Vollharmonisierung des Datenschutzes und der Schaffung von Rechtssicherheit umgesetzt werden. Das sog. **Forum Shopping**[10] soll verhindert oder zumindest eingedämmt werden.

9 Um dieses Ziel zu erreichen, arbeiten die Aufsichtsbehörden im Rahmen des „Abschnitts 2 Kohärenz", also im Rahmen der Art. 63–67, untereinander und ggf. mit der Kommission zusammen.[11] Art. 63 gibt die Grundsätze zum Kohärenzverfahren vor. Art. 64 (**Stellungnahme Ausschusses**) und Art. 65 (**Streitbeilegung durch den Ausschuss**) regeln zwei mögliche Varianten des Kohärenzverfahrens. An die Art. 64 und 65 knüpft Art. 66 mit der Regelung des **Dringlichkeitsverfahrens** an. Zum einen wird der Aufsicht durch Art. 66 die Freiheit eingeräumt im Eilfall Interimsmaßnahmen zu treffen und zum anderen können die Verfahren nach Art. 64 und 65 im Eilverfahren, mit verkürzten Fristen und von Art. 64, 65 abweichenden Entscheidungsmodi durchgeführt werden.

---

7 So auch *Piltz* K&R 2017, 86.
8 Näheres hierzu siehe Kommentierung zu Art. 51; zum neuen BDSG: *Greve* NVwZ 2017, 737 ff.; *Kremer* CR 2017, 367 ff.; *Eickelpasch* RDV 2017, 219 ff.
9 Art. 63 Hs. 1; s.a. *von Lewinski* NVwZ 2017, 1486; *Piltz* K&R 2017, 86; *Reding* ZD 2012, 197; *Helfrich* ZD 2017, 97.
10 Engl., wörtl. = Auswahl des günstigsten Gerichtstandes.
11 Informativ dazu *Nguyen* 2015, 267 f.

Kohärenzverfahren Art. 63

Die im „Abschnitt 2. Kohärenz" geregelten Verfahren sind also: 10
- Art. 64: Stellungnahme des Ausschusses,
- Art. 65: Streitbeilegung durch den Ausschuss und
- Art. 66: Dringlichkeitsverfahren.

Art. 67 rundet diesen Abschnitt um die Befugnis der Kommission zum Erlass von 11
Durchführungsrechtsakten von allgemeiner Tragweite zur Festlegung der Ausgestaltung des elektronischen Austausches zwischen den Aufsichtsbehörden sowie zwischen den Aufsichtsbehörden und dem Ausschuss, insbesondere des standardisierten Formats nach Art. 64 ab.

Kohärenz[12] bedeutet begrifflich zum einen Zusammenhang und beschreibt zum anderen 12
im physikalischen Sinn die Eigenschaft von Lichtbündeln, die die gleiche Wellenlänge und Schwingungsart haben. Letzteres beschreibt am ehesten, welches Ziel das Kohärenzverfahren gem. Art. 64–66 verfolgt. Das Kohärenzverfahren ist das Bindemittel „Harmonisierung der Rechtsanwendung[13]", welches den europäischen Verbund zusammenhält und das Tor nach Brüssel ist. Der englische Schriftsteller John Done (1572–1631) wird mit dem berühmten Ausspruch überliefert, dass niemand eine Insel sei, sondern immer als Teil eines größeren Ganzen gesehen werden müsse „No man is an island, entire of itself; every man is a piece of the continent"[14].

Beteiligte an dem Kohärenzverfahren nach Art. 63 ff. sind die Aufsichtsbehörden, der 13
EDSA und die Kommission. Es entsteht der Eindruck, dass die Beteiligten in einer Hierarchie zueinanderstehen. Über den Aufsichtsbehörden steht der Ausschuss und als Nebenspieler ist die Kommission mit auf dem Spielfeld. Das ist insofern nicht ganz richtig, da sich ja der Ausschuss aus den Aufsichtsbehörden zusammensetzt und nur Verfahren ein faires Abstimmungsverfahren und eine Beteiligung Aufsichtsbehörden sicherstellen soll[15]. Auf der anderen Seite ist der EDSA nach Art. 68 Abs. 1 als eine Einrichtung der Union mit einer eigenen Rechtspersönlichkeit eingerichtet worden.

Die **betroffene und die federführende Aufsichtsbehörde**[16] sind diejenigen in dem 14
Kohärenzverfahren, die den Verfahrensinhalt bestimmen.

Der **EDSA** (Art. 68 ff.) soll generell für eine engere Abstimmung der Aufsichtsbehör- 15
den untereinander sorgen. Dafür gibt es in der EU bereits Abstimmungsmechanismen und eine Infrastruktur. Diese Grundlagen nutzt der Verordnungsgeber für das Kohärenzverfahren nach Art. 63 ff. Der EDSA nimmt im Kohärenzverfahren nach den Art. 64–66 eine zentrale sowie vermittelnde Rolle ein. Nach Art. 70 Abs. 1 lit. a hat der Ausschuss die Aufgabe, die Überwachung und Sicherstellung der ordnungsgemäßen Anwendung dieser Verordnung (DS-GVO) in den in Art. 64 und 65 genannten Fällen unbeschadet der Aufgaben der nationalen Aufsichtsbehörden zu übernehmen. Ausweislich Art. 70 Abs. 1 lit. t ist der EDSA zur Abgabe von Stellungnahmen im Kohä-

---

12 Kohärent (lat.) = zusammenhängend.
   Kohärenz: 1. Zusammenhang, 2. Eigenschaft von Lichtbündeln, die die gleiche Wellenlänge und Schwingungsart haben (Phys.).
13 S. *von Lewinski/Hermann* ZD 2016, 470 f.; *Voßhoff/Hermerschmidt* PinG 2016, 57; *Pohl* PinG 2017, 85; *Ronellenfitsch* Kohärenz und Vielfalt DuD 2016, 357.
14 Vgl. *Schultze-Melling* ZD 2015, 397.
15 Anders Paal/Pauly-*Körffer* DS-GVO Art. 63 Rn. 3.
16 Zum Verhältnis der nationalen Aufsichtsbehörden §§ 17, 18, 19, 40 Abs. 2 BDSG.

renzverfahren gem. Art. 64 Abs. 1 zu Beschlussentwürfen von Aufsichtsbehörden, zu Angelegenheiten, die nach Art. 64 Abs. 2 vorgelegt werden und zum Erlass verbindlicher Beschlüsse gem. Art. 65, einschließlich der in Art. 66 genannten Fälle beauftragt. Einzelheiten des Verfahrens sind in den Rules of procedure des EDSA festgelegt.[17]

16 Nach Art. 70 Abs. 3 leitet der EDSA seine Stellungnahmen, Leitlinien, Empfehlungen und bewährten Verfahren an die Kommission und an den in Art. 93 genannten Ausschuss weiter und veröffentlicht sie. Daraus ergibt sich eine Informationspflicht für den EDSA, die durch die Veröffentlichung europaweit Wirkung entfaltet und damit der Kohärenz dient. Dieser Beitrag zur europaweiten Harmonisierung entfaltet darüber hinaus auch Wirkung über die europäischen Grenzen hinaus.

17 Ein weiterer Hinweis auf das Kohärenzverfahren ergibt sich aus Art. 74 Abs. 1, der die Rolle des Vorsitzenden des EDSA im Kohärenzverfahren regelt. Der Vorsitz[18] ruft die Sitzungen des Ausschusses ein und kümmert sich um die Erstellung der Tagesordnung. Er übermittelt die Beschlüsse des Ausschusses nach Art. 65 an die federführende Aufsichtsbehörde und die betroffenen Aufsichtsbehörden[19] und stellt sicher, dass die Aufgaben des Ausschusses, insbesondere die Aufgaben im Zusammenhang mit dem Kohärenzverfahren nach Art. 64 rechtzeitig ausgeführt werden[20].

18 Die Beteiligung der Kommission im Kohärenzverfahren war eine der umstrittensten Fragen[21]. Im Gegensatz zum Entwurf der Kommission ist die Rolle der Kommission stark reduziert worden. Die **Kommission** ist ohne ein eigenes Stimmrecht im Kohärenzverfahren vor dem EDSA. Nach Art. 64 Abs. 2 hat sie lediglich ein Antragsrecht. Dazu kommt nach Art. 67 die Befugnis der Kommission zum Erlass von Durchführungsrechtsakten im Kontext mit das Kohärenzverfahren ermöglichenden Informationsaustausch zwischen den Aufsichtsbehörden, dem EDSA als Einrichtung der Union mit eigener Rechtspersönlichkeit und ggf. der Kommission.[22]

19 Das Kohärenzverfahren funktioniert nur, wenn der Austausch der Beteiligten untereinander gewährt ist. Die DS-GVO legt dazu fest, dass der Austausch auf **elektronischem Wege**, im Falle des Art. 64 unter **Verwendung standardisierten Formats**, erfolgen soll[23] und festigt dies durch die in Art. 67 getroffene Regelung. Unklar ist nach dem Verordnungswortlaut, ob der Austausch im elektronischen Wege auch die Verfahren nach Art. 65 und 66 erfasst. Für eine umfassende Nutzung eines elektronischen Weges spricht, dass in Art. 67 insbesondere des standardisierten Formats nach Art. 64 hervorgehoben wird. Im Rückschluss ist davon auszugehen, dass die Festlegung der Ausgestaltung des elektronischen Austauschformats auch das Verfahren für die Art. 65 und 66 umfasst. Alles andere wäre zudem nicht praktikabel. Der Austausch in den in Art. 64–66 geregelten Verfahren erfolgt also auf **elektronischem Wege**.

---

17 European Data Protection Board, Rules of procedure Version 5, adopted on 25 May 2018, as last modified and adopted on 02 December 2019; https://edpb.europa.eu/sites/edpb/files/files/file1/edpb_rop5_adopted_02122019_en.pdf.
18 Art. 73.
19 Art. 74 Abs. 1 lit. b.
20 Art. 74 Abs. 1 lit. c.
21 Dazu *Kahler* RDV 2013, 70; *Caspar* ZD 2012, 556; *Hornung* ZD 2012, 105; *Ziebarth* CR 2013, 68; *von Lewinski* NVwZ 2017, 1486 f.
22 S. dazu ErwG 168.
23 Art. 64 Abs. 4.

Kohärenzverfahren   Art. 63

Um das Kohärenzverfahren zwischen den Mitgliedstaaten technisch digital zu ermöglichen[24], greift der EDSA auf ein bereits in anderen Rechtsgebieten genutztes und erprobtes elektronisches Austauschsystem zurück. Das elektronische Verfahren wird über das **Binnenmarktinformationssystem**[25] (IMI) abgewickelt.[26] Geregelt ist das IMI in der Verordnung (EU) Nr. 1024/2012 v. 25.10.2012[27]. Das IMI wurde von der Europäischen Kommission in Zusammenarbeit mit den Mitgliedstaaten entwickelt, um die grenzüberschreitende europäische Verwaltungszusammenarbeit zu erleichtern und zu verbessern. 20

Das Binnenmarkt-Informationssystem („IMI") ist eine über das Internet zugängliche Software-Anwendung, die von der Kommission in Zusammenarbeit mit den Mitgliedstaaten entwickelt wurde, um mit diese dabei zu unterstützen, die in Rechtsakten der Union festgelegten Anforderungen an den Informationsaustausch praktisch zu erfüllen; dies erfolgt durch einen zentralisierten Kommunikationsmechanismus, der einen grenzüberschreitenden Informationsaustausch sowie die Amtshilfe erleichtert. Insbesondere ist das IMI den zuständigen Behörden dabei behilflich, die zuständige Behörde in einem anderen Mitgliedstaat ausfindig zu machen, auf der Grundlage einfacher und vereinheitlichter Verfahren den Austausch von Informationen, einschließlich personenbezogener Daten, abzuwickeln und dank vordefinierter und vorübersetzter Arbeitsabläufe Sprachbarrieren zu überwinden. Soweit verfügbar, sollte die Kommission den IMI-Nutzern etwaig vorhandene zusätzliche Übersetzungsfunktionen zur Verfügung stellen, die den Bedürfnissen der Nutzer entsprechen, mit den Sicherheits- und Vertraulichkeitsanforderungen für den Informationsaustausch im Rahmen des IMI vereinbar sind und zu angemessenen Kosten angeboten werden können[28]. Um Sprachbarrieren zu überwinden, sollte das IMI grundsätzlich in allen Amtssprachen der Union verfügbar sein[29]. Zweck des IMI ist es, durch Bereitstellung eines effektiven, benutzerfreundlichen Instruments zur Implementierung der Verwaltungszusammenarbeit zwischen den Mitgliedstaaten und zwischen den Mitgliedstaaten und der Kommission für ein besseres Funktionieren des Binnenmarkts zu sorgen und damit die Anwendung der im Anhang dieser Verordnung aufgeführten Rechtsakte der Union zu erleichtern[30]. Die Kommission liefert und wartet die Software und die IT-Infrastruktur für das IMI, gewährleistet die Sicherheit des IMI, verwaltet das Netz der nationalen Koordinatoren und ist in die Schulung und technische Unterstützung 21

---

24 Art. 67 und Article 17, Rules of procedure des EDSA (Stand: 2.12.2019); https://edpb.europa.eu/sites/edpb/files/files/file1/edpb_rop5_adopted_02122019_en.pdf.
25 Englisch: Internal Market Information System = IMI; http://www.bva.bund.de/DE/Organisation/Abteilungen/Abteilung_VMA/IMI_neu/binnenmarktinformationssystem_imi/binnenmarktinformationssystem_imi_node.html; http://ec.europa.eu/internal_market/imi-net/index_de.htm.
26 S. Kommentierung zu Art. 67 DS-GVO.
27 VERORDNUNG (EU) Nr. 1024/2012 DES EUROPÄISCHEN PARLAMENTS UND DES RATES vom 25. Oktober 2012 über die Verwaltungszusammenarbeit mit Hilfe des Binnenmarkt-Informationssystems und zur Aufhebung der Entscheidung 2008/49/EG der Kommission („IMI-Verordnung").
28 VO (EU) Nr. 1024/2012, ErwG 2.
29 VO (EU) Nr. 1024/2012, ErwG 3.
30 VO (EU) Nr. 1024/2012, ErwG 4.

der IMI-Nutzer eingebunden[31] Die IT-Sicherheit gilt als gewährleistet. Ein entsprechender Auftrag findet sich im Beschluss der Kommission vom 11.1.2017[32].

II. BDSG

22 Nach Art. 51 Abs. 3 und ErwG 119 soll der Mitgliedstaat, der mehrere Aufsichtsbehörden hat, mittels einer Rechtsvorschrift sicherstellen, dass diese Aufsichtsbehörden am Kohärenzverfahren wirksam beteiligt werden. Der Mitgliedstaat muss eine Aufsichtsbehörde bestimmen, die diese Behörden im EDSA vertritt und die als zentrale Anlaufstelle für eine wirksame Beteiligung dieser Behörden an dem Verfahren fungiert und eine rasche und reibungslose Zusammenarbeit mit anderen Aufsichtsbehörden, dem Ausschuss und der Kommission gewährleistet. Dazu soll ein Verfahren eingeführt werden, mit dem sichergestellt wird, dass die anderen Behörden die Regeln für das Kohärenzverfahren nach Art. 63 einhalten[33].

23 Der deutsche Gesetzgeber hat diesen Auftrag aus der DS-GVO Kapitel 5 „Vertretung im Europäischen Datenschutzausschuss, zentrale Anlaufstelle, Zusammenarbeit der Aufsichtsbehörden des Bundes und der Länder in Angelegenheiten der Europäischen Union" in den §§ 17–19 BDSG[34] umgesetzt. Mit § 17 Abs. 1 S. 1 BDSG wird der BfDI für den Datenschutz zum gemeinsamen Vertreter der Aufsichtsbehörden des Bundes und der Länder im EDSA bestimmt. Zugleich regelt § 17 Abs. 1 S. 2–5 BDSG die Stellvertretung des BfDI im EDSA. Als Stellvertreter des gemeinsamen Vertreters wählt der Bundesrat eine oder einen Leiter der Aufsichtsbehörde eines Landes. Die Wahl des gemeinsamen Vertreters und des Stellvertreters erfolgt für fünf Jahre[35]. Scheidet die Leiterin, der Leiter einer Aufsichtsbehörde eines Landes aus dem Amt, endet zugleich auch die Funktion als Stellvertreter[36]. Die Wiederwahl ist zulässig. Damit der Bund nicht in Angelegenheiten entscheidet, für die die Länder das Recht zur Gesetzgebung haben, welche die Einrichtung oder Verfahren von Landesbehörden betreffen, überträgt der der gemeinsame Vertreter dem Stellvertreter auf dessen Verlangen die Verhandlungsführung im EDSA und das Stimmrecht (§ 17 Abs. 2 BDSG). Bis zum Stichtag 10.1.2020 hat der Bundesrat noch keinen Vertreter bestimmt. Die Aufgabe wird vertretungsweise ohne die offizielle Legitimierung durch den Bundesrat durch den Leiter der Aufsichtsbehörde des Bundesland Hamburg wahrgenommen.

24 Bei dem BfDI ist die sog. **zentrale Anlaufstelle** (ZASt) eingerichtet worden. § 17 Abs. 1 S. 1 BDSG weist diese organisatorisch dem BfDI zu. Das Verfahren der Zusammenarbeit der Aufsichtsbehörden des Bundes und der Länder in Deutschland ist in § 18 BDSG geregelt. Die DS-GVO lässt es zu, dass ein Mitgliedstaat mehrere nationale Datenschutz-Aufsichtsbehörden haben kann. Das in dieser Form

---

31 VO (EU) Nr. 1023, 2012, ErwG 9.
32 Beschluss (EU, Euratom) 2017/46 der Kommission v. 10. Januar 2017 über die Sicherheit von Kommunikations- und Informationssystem in der Europäischen Kommission; Berichtigt durch C 2017/4924 Berichtigung des Beschlusses (EU, Euratom) 2017/46 der Kommission v. 10. Januar 2017 über die Sicherheit von Kommunikations- und Informationssystemen in der Europäischen Kommission.
33 Art. 51 Abs. 3.
34 Dazu näher BT-Drucks. 18/11325, S. 24–25, 89–93.
35 Vgl. § 17 Abs. 1 S. 3 BDSG.
36 Vgl. § 17 Abs. 1 S. 4 BDSG.

europaweit einmalige föderale deutsche System mit dem BfDI und den 16 Ländern kann daher auch unter der DS-GVO fortbestehen. Eine dieser Behörden muss als ZASt („Single Contact Point") in Deutschland bestimmt werden, um eine wirksame Beteiligung der deutschen Aufsichtsbehörden am Kohärenzverfahren sowie ihre rasche und reibungslose Zusammenarbeit im europäischen Kontext zu gewährleisten.[37] Die ZASt hat sich als ein wichtiges Bindeglied zwischen den deutschen Aufsichtsbehörden auf der einen und den Aufsichtsbehörden der anderen Mitgliedstaaten, dem EDSA und der Europäischen Kommission auf der anderen Seite etabliert. Die ZASt ist zwar bei dem BfDI eingerichtet. Aber um zu verdeutlichen, dass die ZASt für alle deutschen Datenschutzaufsichtsbehörden tätig wird, sind ihre Aufgaben von den übrigen Aufgaben des BfDI organisatorisch getrennt. Sie verfügt am Bonner Dienstsitz des BfDI über eigene Mitarbeiterinnen und Mitarbeiter und Räumlichkeiten.[38] Die ZASt soll es den Aufsichtsbehörden der anderen Mitgliedstaaten, dem EDSA und der Europäischen Kommission ermöglichen, ohne Kenntnis der innerstaatlichen Zuständigkeitsverteilung effektiv mit den deutschen Aufsichtsbehörden zu kommunizieren. Zu diesem Zweck leitet die ZASt alle ihr zugeleiteten Informationen und den bei ihr eingehenden Geschäftsverkehr an die hiervon betroffenen deutschen Aufsichtsbehörden weiter. Umgekehrt können sich die deutschen Aufsichtsbehörden bei der Interaktion mit den vorgenannten Stellen der ZASt bedienen. Eine der wichtigsten Aufgaben der ZASt ist die Koordinierung bei der Festlegung gemeinsamer Standpunkte der Aufsichtsbehörden des Bundes und der Länder in europäischen Angelegenheiten, insbesondere bei Kohärenzverfahren nach Art. 63–65 sowie schriftlichen Verfahren im EDSA. Auch bei der Einbindung der spezifischen Aufsichtsbehörden nach den Art. 85 (Journalisten und Medien) und 91 (Religionsgemeinschaften) ist der ZASt eine unterstützende Rolle zugewiesen. Zudem kommen der ZASt weitere unterstützende Aufgaben zu, bspw. die Kontrolle der für die Verfahren der Zusammenarbeit und Kohärenz nach DS-GVO vorgesehenen prozeduralen Vorschriften und Fristen Sie fungiert auch als „Entry Point" für Anfragen europäischer Aufsichtsbehörden bei der Bearbeitung von BCR-Anträgen. Ferner übernimmt die ZASt administrativ-unterstützende Aufgaben bei der Terminorganisation der EDSA- und Subgroupsitzungen, Verwaltung von Mailinglisten, beim Eingang von Anträgen auf Dokumentenzugang beim EDSA sowie bei der Überprüfung übersetzter Dokumente des EDSA. Die ZASt unterstützt zudem die IT-technische Umsetzung der Zusammenarbeit der deutschen und europäischen Aufsichtsbehörden und bringt sich dafür aktiv in die hierfür vom EDSA geschaffene IT-Users-Expert-Subgroup ein.[39] Die ZASt übt keine hoheitlichen Verwaltungsaufgaben aus. Sie handelt in gemeinsamem Interesse der Aufsichtsbehörden des Bundes und der Länder. Im Außenverhältnis gegenüber

---

37 Vgl. die Ausführungen auf der Homepage des BfDI: https://www.bfdi.bund.de/ZASt/DE/Die%20ZAST/aufgaben-node.html.
38 S. Homepage des BfDI: https://www.bfdi.bund.de/ZASt/DE/Die%20ZAST/ZAST_Artikel/Aufgaben_ZASt.html;jsessionid=291FDDA2FB06B80EC79638AEA0583801.2_cid354.
39 Vgl. Homepage des BfDI: https://www.bfdi.bund.de/ZASt/DE/Die%20ZAST/ZAST_Artikel/Aufgaben_ZASt.html;jsessionid=291FDDA2FB06B80EC79638AEA0583801.2_cid354.

Bürgerinnen und Bürgern, Behörden und Unternehmen wird die zentrale Anlaufstelle nicht tätig.[40]

25 Im Ergebnis ist es wichtig, dass die besondere Struktur der Aufsichtsbehörden in Deutschland sich nicht negativ auf den Abstimmungsprozess im EDSA Brüssel auswirkt. Daher regelt § 18 BDSG ausdrücklich den Appell zur Zusammenarbeit der Aufsichtsbehörden. Vor dem Geltungsdatum der DS-GVO bestand dieses Erfordernis der Zusammenarbeit nicht in diesem Maße. Es gab Austausch zwischen den Aufsichtsbehörden und auch Abstimmung aber man musste sich nicht europaweit auf eine einheitliche Auslegung über eine Verordnung einigen. § 18 BDSG regelt in Abs. 2 und 3 zudem den Fall, in dem die Aufsichtsbehörden sich auf keinen gemeinsamen Standpunkt einigen können. Dann legen die federführende Behörde oder in Ermangelung einer solchen der gemeinsame Vertreter und sein Stellvertreter einen Vorschlag für einen gemeinsamen Standpunkt vor (§ 18 Abs. 2 S. 1 BDSG). Einigen sich der gemeinsame Vertreter und sein Stellvertreter nicht auf einen Vorschlag für einen gemeinsamen Standpunkt, leg in Angelegenheiten, die die Wahrnehmung von Aufgaben betreffen, für welche die Länder das Recht zur Gesetzgebung haben, oder welche die Einrichtung oder das Verfahren von Landesbehörden betreffen, der Stellvertreter den Vorschlag für einen gemeinsamen Standpunkt fest (§ 18 Abs. 2 S. 2 BDSG). In den übrigen Fällen fehlenden Einvernehmens legt der gemeinsame Vertreter den Standunkt fest (§ 18 Abs. 2 S. 3 BDSG). Verhindern könne die Aufsichtsbehörden die Stimmvarianten nach § 18 Abs. 2 S. 1–3, indem die Aufsichtsbehörden von Bund und Ländern einen anderen Standpunkt mit einfacher Mehrheit beschließen (§ 18 Abs. 2 S. 4 BDSG). Der Bund und die Länder haben jeweils eine Stimme, Enthaltungen werden nicht gezählt (§ 18 Abs. 2 S. 5–6 BDSG). Die beiden Vertreter im EDSA sind an den gemeinsamen Standpunkt nach § 18 Abs. 1 und 2 BDSG gebunden und legen unter Beachtung dieses Standpunktes einvernehmlich die jeweilige Verhandlungsführung fest. Kommt kein Einvernehmen zustande, entscheidet in Ländersachen der Ländervertreter und im Übrigen der gemeinsame Vertreter (§ 18 Abs. 3 S. 2–3 BDSG).

26 Darüber hinaus regelt § 19 BDSG die Zuständigkeiten sowohl für das Verfahren der Zusammenarbeit aber auch für das Kohärenzverfahren nach Art. 63–65.

C. Praxishinweise

I. Relevanz für betroffene Personen

27 Für die betroffenen Personen ist das Kohärenzverfahren nach Art. 63 bis 66 nur von sekundärer Relevanz. Das Kohärenzverfahren ist primär ein Verfahren für die Aufsichtsbehörden und die harmonische Umsetzung der Datenschutzgrundverordnung in allen Mitgliedstaaten. Betroffene Personen haben keinen direkten Einfluss auf die Verfahrensabläufe. Dies gilt auch für das nationale Abstimmungsverfahren nach §§ 17–19 BDSG.

---

40 Vgl. Homepage des BfDI: https://www.bfdi.bund.de/ZASt/DE/Die%20ZAST/ZAST_Artikel/Aufgaben_ZASt.html;jsessionid=291FDDA2FB06B80EC79638AEA0583801.2_cid354.

II. Relevanz für nichtöffentliche Stellen

Für nichtöffentliche Stellen ist es von Vorteil, das Kohärenzverfahren in ihren Grund- 28
zügen zu kennen, um auch und gerade in den verpflichtenden Fällen nach Art 64
Abs. 1 die Fristen zu kennen. Hinzu kommt, dass in diesen Fällen die Rechtmäßigkeit
der Maßnahme von einer Durchführung des Kohärenzverfahrens nach DS-GVO
abhängig gemacht wird. Die nichtöffentliche Stelle kann sich über Ergebnisse im
Kohärenzverfahren auf der Homepage des EDSA informieren.

III. Relevanz für öffentliche Stellen

Für öffentliche Stellen können die Ergebnisse von Kohärenzverfahren von Interesse 29
sein, sofern sie die Auslegung von Normen der DS-GVO betreffen, die für sie Relevanz entfalten.

IV. Relevanz für die Aufsicht

Die Aufsichtsbehörden haben in dem Kohärenzverfahren eine ihrer größten Heraus- 30
forderungen die die Neuerungen der DS-GVO mit sich bringen. Das Verfahren im
EDSA bedeutet für die Aufsichtsbehörden einen erheblichen Aufgabenzuwachs. Es
gibt weder für das Kohärenzverfahren nach Art. 63 ff. noch für die Abstimmung nach
§§ 17–19 BDSG eine Blaupause. Das zeigt sich an den Rules of procedure des EDSA,
die seit Ende 2019 bereits in der fünften Version vorliegen. Das elektronische Verfahren zur Sicherung des Austausches der Aufsichtsbehörden im Kohärenzverfahren setzt
voraus, dass Strukturen in der Aufsichtsbehörde geschaffen werden, dass System zu
nutzen und auch auf mögliche grenzüberscheitende Fälle zu beobachten. Hierzu wurden bspw. Stabsstellen für Europa eingerichtet. Das Kohärenzverfahren bedeutet
zudem für die Aufsichtsbehörde, dass diejenigen, die mit den europäischen Verfahren
befasst sind, einen Teil ihrer dienstlichen Tätigkeit auf Englisch führen. Die Arbeitssprache im EDSA und den Subgroups findet in Englisch statt. Immer wieder zu überprüfen sind die Mechanismen zur Abstimmung auf nationaler Ebene. Die Datenschutzkonferenz wird sich mit Fragen der genauen Ausgestaltung der Aufgaben der
ZAST und der Abläufe der Abstimmungen innerhalb der Konferenz auseinandersetzen müssen. Auch die DSK hat eine Geschäftsordnung. Die Geschäftsordnung mit
Stand vom 5.9.2018[41] gibt Aufschluss über die Verfahrensabläufe in der DSK.

Artikel 64 Stellungnahme des Ausschusses

(1) ¹Der Ausschuss gibt eine Stellungnahme ab, wenn die zuständige Aufsichtsbehörde beabsichtigt, eine der nachstehenden Maßnahmen zu erlassen. ²Zu diesem
Zweck übermittelt die zuständige Aufsichtsbehörde dem Ausschuss den Entwurf des
Beschlusses, wenn dieser

a) der Annahme einer Liste der Verarbeitungsvorgänge dient, die der Anforderung
einer Datenschutz-Folgenabschätzung gemäß Artikel 35 Absatz 4 unterliegen,
b) eine Angelegenheit gemäß Artikel 40 Absatz 7 und damit die Frage betrifft, ob ein
Entwurf von Verhaltensregeln oder eine Änderung oder Ergänzung von Verhaltensregeln mit dieser Verordnung in Einklang steht,

---

41 S. https://www.datenschutzkonferenz-online.de/media/dskb/20180905_dskb_geschaeftsordnung.pdf.

c) der Billigung der Anforderungen an die Akkreditierung einer Stelle nach Artikel 41 Absatz 3, einer Zertifizierungsstelle nach Artikel 43 Absatz 3 oder der Kriterien für die Zertifizierung gemäß Artikel 42 Absatz 5 dient,
d) der Festlegung von Standard-Datenschutzklauseln gemäß Artikel 46 Absatz 2 Buchstabe d und Artikel 28 Absatz 8 dient,
e) der Genehmigung von Vertragsklauseln gemäß Artikels 46 Absatz 3 Buchstabe a dient, oder
f) der Annahme verbindlicher interner Vorschriften im Sinne von Artikel 47 dient.

(2) Jede Aufsichtsbehörde, der Vorsitz des Ausschuss oder die Kommission können beantragen, dass eine Angelegenheit mit allgemeiner Geltung oder mit Auswirkungen in mehr als einem Mitgliedstaat vom Ausschuss geprüft wird, um eine Stellungnahme zu erhalten, insbesondere wenn eine zuständige Aufsichtsbehörde den Verpflichtungen zur Amtshilfe gemäß Artikel 61 oder zu gemeinsamen Maßnahmen gemäß Artikel 62 nicht nachkommt.

(3) ¹In den in den Absätzen 1 und 2 genannten Fällen gibt der Ausschuss eine Stellungnahme zu der Angelegenheit ab, die ihm vorgelegt wurde, sofern er nicht bereits eine Stellungnahme zu derselben Angelegenheit abgegeben hat. ²Diese Stellungnahme wird binnen acht Wochen mit der einfachen Mehrheit der Mitglieder des Ausschusses angenommen. ³Diese Frist kann unter Berücksichtigung der Komplexität der Angelegenheit um weitere sechs Wochen verlängert werden. ⁴Was den in Absatz 1 genannten Beschlussentwurf angeht, der gemäß Absatz 5 den Mitgliedern des Ausschusses übermittelt wird, so wird angenommen, dass ein Mitglied, das innerhalb einer vom Vorsitz angegebenen angemessenen Frist keine Einwände erhoben hat, dem Beschlussentwurf zustimmt.

(4) Die Aufsichtsbehörden und die Kommission übermitteln unverzüglich dem Ausschuss auf elektronischem Wege unter Verwendung eines standardisierten Formats alle zweckdienlichen Informationen, einschließlich – je nach Fall – einer kurzen Darstellung des Sachverhalts, des Beschlussentwurfs, der Gründe, warum eine solche Maßnahme ergriffen werden muss, und der Standpunkte anderer betroffener Aufsichtsbehörden.

(5) Der Vorsitz des Ausschusses unterrichtet unverzüglich auf elektronischem Wege
a) unter Verwendung eines standardisierten Formats die Mitglieder des Ausschusses und die Kommission über alle zweckdienlichen Informationen, die ihm zugegangen sind. Soweit erforderlich stellt das Sekretariat des Ausschusses Übersetzungen der zweckdienlichen Informationen zur Verfügung und
b) je nach Fall die in den Absätzen 1 und 2 genannte Aufsichtsbehörde und die Kommission über die Stellungnahme und veröffentlicht sie.

(6) Die in Absatz 1 genannte zuständige Aufsichtsbehörde nimmt den in Absatz 1 genannten Beschlussentwurf nicht vor Ablauf der in Absatz 3 genannten Frist an.

(7) Die in Absatz 1 genannte zuständige Aufsichtsbehörde trägt der Stellungnahme des Ausschusses weitestgehend Rechnung und teilt dessen Vorsitz binnen zwei Wochen nach Eingang der Stellungnahme auf elektronischem Wege unter Verwendung eines standardisierten Formats mit, ob sie den Beschlussentwurf beibehalten oder ändern wird; gegebenenfalls übermittelt sie den geänderten Beschlussentwurf.

(8) Teilt die in Absatz 1 genannte zuständige Aufsichtsbehörde dem Vorsitz des Ausschusses innerhalb der Frist nach Absatz 7 des vorliegenden Artikels unter Angabe der maßgeblichen Gründe mit, dass sie beabsichtigt, der Stellungnahme des Ausschusses insgesamt oder teilweise nicht zu folgen, so gilt Artikel 65 Absatz 1.
- *ErwG: 135, 136, 138*
- *BDSG n.F.: §§ 18, 19*

Übersicht

	Rn		Rn
A. Einordnung und Kontext	1	f) Art. 64 Abs. 1 S. 2 lit. f	22
I. Erwägungsgründe	1	2. Art. 64 Abs. 2: fakultative Stellungnahme	23
II. BDSG	4		
III. Normengenese	5	3. Verfahren der Stellungnahme (Art. 64 Abs. 3–5)	24
IV. Aufsicht, Ausschuss, Leitlinien	6		
B. Erläuterungen	7	4. Verfahren nach Stellungnahme im Fall des Art. 64 Abs. 1	34
I. DS-GVO	7		
1. Art. 64 Abs. 1 DS-GVO: obligatorische Stellungnahme	10	II. BDSG	38
a) Art. 64 Abs. 1 S. 2 lit. a	11	C. Praxishinweise	39
b) Art. 64 Abs. 1 S. 2 lit. b	15	I. Betroffene Personen	40
c) Art. 64 Abs. 1 S. 2 lit. c	16	II. Unternehmen/Verantwortlicher	41
d) Art. 64 Abs. 1 S. 2 lit. d	17	III. Öffentliche Stellen	42
e) Art. 64 Abs. 1 S. 2 lit. e	20	IV. Aufsicht	43

Literatur: *Müller/Christensen* Juristische Methodik, Bd. 2, Europarecht, 3. Aufl. 2012; *Piltz* Die Datenschutz-Grundverordnung Teil 5: Internationale Zusammenarbeit, Rechtsbehelfe und Sanktionen, K&R 2017, 85; *Schulze/Zulegg/Kadelbach* Europarecht, 3. Aufl. 2015; *Sydow* Kohärenz des datenschutzrechtlichen Rechtsschutzes auf nationaler und europäischer Ebene, ZG 2016, 237.

A. Einordnung und Kontext[1]

I. Erwägungsgründe

Um die einheitliche Anwendung dieser Verordnung in der gesamten Union sicherzustellen, sollte ein Verfahren zur Gewährleistung einer einheitlichen Rechtsanwendung (Kohärenzverfahren) für die Zusammenarbeit zwischen den Aufsichtsbehörden eingeführt werden.[2] Eines der Verfahren ist das Stellungnahmeverfahren nach Art. 64. Dieses Verfahren sollte insbesondere dann angewendet werden, wenn eine Aufsichtsbehörde beabsichtigt, eine Maßnahme zu erlassen, die rechtliche Wirkungen in Bezug auf Verarbeitungsvorgänge entfalten soll, die für eine bedeutende Zahl betroffener Personen in mehreren Mitgliedstaaten erhebliche Auswirkungen haben[3]. Ferner sollte es zur Anwendung kommen, wenn eine betroffene Aufsichtsbehörde oder die Kommission beantragt, dass die Angelegenheit im Rahmen des Kohärenzverfahrens behandelt wird[4]. Das ist in Art. 64 Abs. 2 geregelt. Dieses Verfahren sollte andere 1

---

1 Die Verfasserin vertritt hier ihre persönliche Auffassung, die nicht notwendig der Auffassung des Hessischen Datenschutzbeauftragten entspricht.
2 ErwG 135 S. 1.
3 ErwG 135 S. 2.
4 ErwG 135 S. 3.

Maßnahmen, die die Kommission möglicherweise in Ausübung ihrer Befugnisse nach den Verträgen trifft, unberührt lassen[5].

2 Nach ErwG 136 soll bei der Anwendung des Kohärenzverfahrens der Ausschuss, falls von der Mehrheit seiner Mitglieder so entschieden wird oder falls eine andere betroffene Aufsichtsbehörde oder die Kommission darum ersuchen, binnen einer festgelegten Frist eine Stellungnahme abgeben. Dem Ausschuss sollte auch die Befugnis übertragen werden, bei Streitigkeiten zwischen Aufsichtsbehörden rechtsverbindliche Beschlüsse zu erlassen. Zu diesem Zweck sollte er in klar bestimmten Fällen, in denen die Aufsichtsbehörden insbesondere im Rahmen des Verfahrens der Zusammenarbeit zwischen der federführenden Aufsichtsbehörde und den betroffenen Aufsichtsbehörden widersprüchliche Standpunkte zu dem Sachverhalt, vor allem in der Frage, ob ein Verstoß gegen diese Verordnung vorliegt, vertreten, grundsätzlich mit einer Mehrheit von zwei Dritteln seiner Mitglieder rechtsverbindliche Beschlüsse erlassen.

3 Die Anwendung dieses Verfahrens sollte nach ErwG 138 in den Fällen, in denen sie verbindlich vorgeschrieben ist, eine Bedingung für die Rechtmäßigkeit einer Maßnahme einer Aufsichtsbehörde sein, die rechtliche Wirkungen entfalten soll.[6] Verbindlich vorgeschrieben ist das Verfahren in Art. 64 Abs. 1. In anderen Fällen von grenzüberschreitender Relevanz sollte das Verfahren der Zusammenarbeit zwischen der federführenden und den betroffenen Aufsichtsbehörden zur Anwendung gelangen, und die betroffenen Aufsichtsbehörden können auf bilateraler oder multilateraler Ebene Amtshilfe leisten und gemeinsame Maßnahmen durchführen, ohne auf das Kohärenzverfahren zurück zu greifen.[7] Hiermit wird deutlich, dass das Verfahren der Zusammenarbeit nach Art. 60 grundsätzlich vorgezogen werden sollte. Demnach ist das Kohärenzverfahren nach Art. 64 Abs. 2 erst dann in Betracht zu ziehen, wenn die Möglichkeiten der Zusammenarbeit nicht zum Erfolg geführt haben. Außer es findet sich eine abweichende Regelung.

II. BDSG

4 Explizite Regelungen zum Stellungnahmeverfahren vor dem EDSA im Rahmen des Kohärenzverfahren finden sich in den §§ 17–19 BDSG zwar nicht, aber relevante Anschlussvorschriften, wie die Begründung in der Bundestagsdrucksache zum DSApUG-EU zeigt. Dort heißt es: „Die in Kapitel VII der Verordnung (EU) Nr. 2016/679) geregelten Verfahren der Zusammenarbeit und Kohärenz enthalten Zuständigkeitsverteilungen und Verfahrensregelungen zwischen den Aufsichtsbehörden verschiedener Mitgliedstaaten. Sie regeln aber nicht die Einzelheiten der innerstaatlichen Koordination und Willensbildung in Mitgliedstaaten mit mehr als einer Aufsichtsbehörde. Mitgliedstaaten, die wie die Bundesrepublik Deutschland über mehrere für die Überwachung der Anwendung der Verordnung (EU) Nr. 2016/679 zuständigen Aufsichtsbehörden verfügen, haben gem. ErwG 119 und Art. 51 Abs. 3 der Verordnung (EU) Nr. 2016/679, die wirksame Beteiligung aller nationalen Aufsichtsbehörden und die Einhaltung der Regeln für das Kohärenzverfahren durch alle nationalen Aufsichtsbehörden innerstaatlich sicherzustellen."[8]

---

5 ErwG 135 S. 4.
6 ErwG 138 S. 1.
7 ErwG 138 S. 2.
8 BT-Drucks. 1 8/11325, S. 90.

III. Normengenese

Die Kommission hatte in ihrem eigenen Entwurf[9] zur DS-GVO eine stärkere eigene Einbindung der Kommission vorgesehen. Ursprünglich sollte die Aufsichtsbehörde den Entwurf einer Maßnahme nicht nur dem Ausschuss, sondern auch unmittelbar der Kommission zuleiten. Der Kommission war dann nach Art. 59 des Entwurfes der Kommission die Möglichkeit eröffnet, ebenfalls eine Stellungnahme abzugeben, der die Behörde, so weit wie möglich hätte Rechnung tragen sollen. Der Vorschlag der Kommission hat sich im Trilogverfahren zur DS-GVO nicht durchgesetzt.

IV. Aufsicht, Ausschuss, Leitlinien

Der EDSA hat die von der Art.-29-Datenschutzgruppe erarbeitetete Geschäftsordnung für den EDSA, die offene Verfahrensfragen schließen soll, am 25.5.2018 angenommen und inzwischen in der Version 5 (Stand: 2.12.2019) überarbeitet. Im Kapitel Annahme von Dokumenten und Verfahren sind in Art. 10 Details zu Art. 64 geregelt. Auf nationaler deutscher Ebene werden hierzu voraussichtlich zur Koordinierung der nationalen Aufsichtsbehörden Regelungen in der Geschäftsordnung der Konferenz der unabhängigen Datenschutzbehörden des Bundes und der Länder zu treffen sein.

B. Erläuterungen

I. DS-GVO

Eine Ausprägung des Kohärenzverfahrens aus Art. 63 ist die Stellungnahme des EDSA gem. Art. 64. Die obligatorischen oder fakultativen Stellungnahmen nach Art. 64 sind ein wesentlicher Bestandteil des Kohärenzmechanismus. Die Stellungnahme des EDSA ist regelmäßig als externes Verfahren in ein nationales Verfahren eingebettet und stellt damit aus Sicht der zuständigen Aufsichtsbehörde ein interadministratives Zwischenverfahren dar[10].

Art. 64 wirkt zunächst unübersichtlich, ist aber bei näherem Hinsehen klar strukturiert aufgebaut. In den ersten bei Absätzen des Art. 64 werden die Voraussetzungen geregelt, unter denen es zu den beiden Verfahren der Stellungnahme des EDSA kommt. Das Stellungnahmeverfahren nach Art. 64 ist **obligatorisch**, wenn einer der Gründe aus Art. 64 Abs. 1 S. 2 lit. a–f vorliegt. Es wird **fakultativ** durchgeführt, wenn eine Aufsichtsbehörde, der Vorsitz des EDSA oder die Kommission antragsberechtigt im Sinne des Art. 64 Abs. 2 ist.

In den Abs. 3–5 werden die wesentlichen Punkte des Verfahrens vor dem Ausschuss geregelt. Die Abs. 6–8 regeln das Verfahren nach Beschluss des EDSA.

1. Art. 64 Abs. 1 DS-GVO: obligatorische Stellungnahme. Der EDSA gibt eine Stellungnahme ab, wenn die zuständige Aufsichtsbehörde beabsichtigt, eine der Maßnahmen nach Art. 64 Abs. 1 S. 2 lit. a–f zu erlassen. Für diese 6 Fälle ist die Durchführung des Stellungnahmeverfahrens vor dem EDSA obligatorisch. Die Stellungnahmen nach

---

9 Vorschlag der Kommission für einen Verordnung des Europäischen Parlaments und des Rates zum Schutz natürlicher Personen bei der Verarbeitung personenbezogener Daten und zum freien Datenverkehr (Datenschutz-Grundverordnung) v. 25.1.2012, KOM(2012) 11 endg.
10 Vgl. Sydow/Schöndorf-*Haubold* Europäische Datenschutzgrundverordnung, Art. 64 Rn. 1.

Abs. 1 betreffen im Regelfall allgemeine Fragen, solche Fragen, die mehr als nur einen Anwendungsfall betreffen. Für die Maßnahmen der Aufsichtsbehörde nach Art. 58 dürfte die Durchführung des Stellungnahmeverfahrens vor dem EDSA in den Fällen des Art. 64 Abs. 1 S. 2 lit. a–f Rechtmäßigkeitsvoraussetzung sein. Hierfür spricht ErwG 138 S. 1.

11 a) **Art. 64 Abs. 1 S. 2 lit. a.** Vor der Annahme einer Liste der Verarbeitungsvorgänge, die den Anforderungen einer **DSFA** gem. Art. 35 Abs. 4 unterliegen, ist diese dem EDSA durch die Aufsichtsbehörde zur Stellungnahme nach Art. 64 vorzulegen. Art. 35 Abs. 4 regelt die **„Positivliste"** der Verfahren, für die eine DSFA durchzuführen ist. Art. 64 Abs. 1 lit. a unterwirft ausnahmslos alle Positivlisten nach Art. 35 Abs. 4 der obligatorischen Stellungnahme des Ausschusses[11]. In Art. 35 Abs. 6 wird auf den Abs. 4 aber auch auf den Art. 35 Abs. 5 verwiesen. Art. 35 Abs. 6 fordert für beide Absätze die Durchführung des Kohärenzverfahrens nach Art. 63. Art. 35 Abs. 6 ist dem Wortlaut[12] nach in dem Sinne zu verstehen sein, dass direkt das Kohärenzverfahren nach Art. 63 anzuwenden ist und damit das Erfordernis der Durchführung des Verfahrens der Zusammenarbeit nach Art. 60 entfällt. Art. 35 Abs. 6 führt zudem aus, dass die zuständige Aufsichtsbehörde vor Festlegung der in Abs. 4 und 5 (Art. 35) genannten Listen das Kohärenzverfahren gem. Art. 63 anwendet, wenn solche Listen Verarbeitungstätigkeiten umfassen, die mit dem Angebot von Waren oder Dienstleistungen für betroffene Personen oder der Beobachtung des Verhaltens dieser Personen in mehreren Mitgliedstaaten im Zusammenhang stehen oder die den freien Verkehr von personenbezogenen Daten innerhalb der Union erheblich beeinträchtigen könnten. Danach ist das Kohärenzverfahren im Falle des Art. 35 Abs. 4 und 5 durchzuführen und letzteres Kriterium muss zudem erfüllt sein.

12 Im Fall der „Positivliste" nach Art. 35 Abs. 4 ist zunächst die Einschränkung nach Art. 35 Abs. 6 zu prüfen. Liegt ein Fall nach Art. 35 Abs. 6 vor, so kommt Art. 64 Abs. 1 lit. a zum Tragen. Der EDSA hat vor Festlegung verbindlich eine Stellungnahme abzugeben.

13 Für die **„Negativlisten"** nach Art. 35 Abs. 5 gibt es keine korrespondierende Regelung in Art. 64. Das führt zu Unklarheiten in der Anwendung. Bei den „Negativlisten" nach Art. 35 Abs. 5 handelt es sich um fakultative Listen. Nach Art. 35 Abs. 4 erstellt die Aufsicht eine Liste, nach Art. 35 Abs. 5 **kann** sie eine Liste erstellen. Die Listen haben eine unterschiedliche „Qualität". Die eine Liste ist zu erstellen und die andere ist in ihrer Erstellung fakultativ. Die „Positivliste" ist zu erstellen und sie belastet die Dritten in einem erhöhten Maße, denn diese werden verpflichtet, eine Datenschutzfolgenabschätzung durchzuführen. Die fakultative „Negativliste" ist ein quasi eine Serviceleistung der Aufsichtsbehörde. Sie ist sicherlich im Kohärenzverfahren zum Zwecke der Harmonisierung mit den anderen Aufsichtsbehörden abzustimmen. Durch den Hinweis in Art. 35 Abs. 6 ist auch das Kohärenzverfahren nach Art. 63 direkt anzuwenden. Das Verfahren dürfte mangels verpflichtender Regelung in Art. 64 Abs. 1 nach Art. 64 Abs. 2 zu führen sein.

---

[11] In 2018 hat der Ausschuss 26 Stellungnahmen zur DSFA abgegeben, s. EDSA Jahresbericht 2018.

[12] Zur Auslegungstechnik im Europarecht: z.B. *Müller/Christensen* 49; Schulze/Zuleeg/Kadelbach-*Borchardt* § 15 Rn. 23 ff.

Die Auffassung, dass es sich bei der Nichtnennung in Art. 64 Abs. 1 S. 2 lit. a um ein Redaktionsversehen handelt, ist nicht tragfähig, da es sich um keinen Einzelfall handelt. Der gleichgelagerte Fall taucht auch im Kontext mit Art. 64 Abs. 1 S. 2 lit. e DS-GVO auf. 14

b) Art. 64 Abs. 1 S. 2 lit. b. Die Stellungnahme des EDSA hat die zuständige Aufsichtsbehörde auch vor Genehmigung von bei ihr eingereichten Verhaltensregeln einzuholen, wenn sich der Entwurf der Verhaltensregeln i.S.d. Art. 40 Abs. 7 auf Verarbeitungstätigkeiten in mehreren Mitgliedstaaten bezieht. Gleiches gilt für eine Änderung oder Ergänzung von Verhaltensregeln. Die Verhaltensregeln sind darauf zu prüfen, ob sie mit der DS-GVO in Einklang stehen. Das Verfahren der Zusammenarbeit entfällt durch den Hinweis in Art. 40 Abs. 7 auf Art. 63. 15

c) Art. 64 Abs. 1 S. 2 lit. c. Die Billigung der Kriterien zur Akkreditierung einer Stelle nach Art. 41 Abs. 3 macht die Einholung der Stellungnahme des EDSA erforderlich. Dabei handelt es sich um Kriterien für die Akkreditierung von Stellen i.S.d. Art. 40 Abs. 1, die die Überwachung von Verhaltensregeln gem. Art. 40 übernehmen sollen. Die zuständige Aufsichtsbehörde übermittelt hierzu den Entwurf der Kriterien für die Akkreditierung der Stelle nach Art. 41 Abs. 1 an den Ausschuss. Auch die Kriterien für die Akkreditierung einer Zertifizierungsstelle nach Art. 43 Abs. 3 sind im Entwurf an den EDSA zu übermitteln. An den Ausschuss übermittelt werden können gem. Art. 42 Abs. 5 auch Kriterien, die nicht die Akkreditierung aber eine Zertifizierung i.S.d. Art. 42 zum Ziel haben. Die Unterlagen sind auf Englisch einzureichen[13]. Werden die Kriterien vom Ausschuss genehmigt, kann es zu einer gemeinsamen Zertifizierung, dem Europäischen Datenschutzsiegel, führen[14]. Diese Kriterien sind jedoch nicht obligatorisch im Sinne von Art. 64 Abs. 1 S. 2 zu übermitteln, sondern ein Fall des Art. 64 Abs. 2. Das erklärt sich vor allem dadurch, dass die Akkreditierung von Stellen, die die Zertifizierungsstellen akkreditieren sollen in jedem Fall in allen Mitgliedstaaten auf gleichem Niveau akkreditieren sollen. Zur Sicherung einer gewissen Gleichförmigkeit der Prüfung hat der deutsche Gesetzgeber die Akkreditierung der Zertifizierungsstellen der nationalen Akkreditierungsstelle DAkkS überantwortet. Die nationalen Akkreditierungsstellen sind gem. der VO (EG) Nr. 765/2008[15] benannt. 16

d) Art. 64 Abs. 1 S. 2 lit. d. Nach Art. 64 Abs. 1 S. 2 lit. d muss die zuständige Aufsichtsbehörde im Kohärenzverfahren die verbindliche Stellungnahme des EDSA vor Festlegung von Standarddatenschutzklauseln gem. Art. 46 Abs. 2 lit. b und Standardvertragsklauseln gem. Art. 28 Abs. 8 einholen. 17

Die Aufsichtsbehörde muss eine verbindliche Stellungnahme des EDSA im Kohärenzverfahren nach Art. 64 Abs. 1 S. 2 lit. d einholen, wenn sie Standarddatenschutzklauseln gem. Art. 46 Abs. 2 lit. d als geeignete Garantie nach Art. 46 Abs. 1 annehmen möchte. Nach Art. 46 Abs. 2 lit. d sind dies Standarddatenschutzklauseln, die von der Kommission gem. dem Prüfverfahren nach Art. 93 Abs. 2 genehmigt wur- 18

---

13 Art. 23 der Geschäftsordnung des EDSA (Stand: 2.12.2019).
14 Art. 42 Abs 5 S. 2.
15 Verordnung (EG) Nr. 765/2008 des Europäischen Parlaments und des Rates vom 9.7.2008 über die Vorschriften für die Akkreditierung und Marktüberwachung im Zusammenhang mit der Vermarktung von Produkten und zur Aufhebung der Verordnung (EG) Nr. 33/93 des Rates, ABl. EU 2008 L 218, 30; **AkkreditierungsstellenG**.

Art. 64 — Stellungnahme des Ausschusses

den. Bevor die Aufsichtsbehörde diese Standarddatenschutzklauseln annimmt, hat sie das Kohärenzverfahren durchzuführen, um eine verpflichtende Stellungnahme des EDSA zu erhalten.

19 Art. 28 Abs. 8 legt fest, dass die zuständige Aufsichtsbehörde gem. Art. 28 Abs. 3 und Standardvertragsklauseln zur Regelung der in Art. 28 Abs. 3 und 4 genannten Fragen festlegen kann. Wenn die Behörde von diesem Recht gebraucht macht, dann hat sie ihre Entscheidung im Einklang mit dem Kohärenzverfahren nach Art. 63 festzulegen. In diesen Fällen ist die Einholung der Stellungnahme des Ausschusses vor Genehmigung obligatorisch.

20 **e) Art. 64 Abs. 1 S. 2 lit. e.** Die verbindliche Stellungnahme des EDSA ist nach Art. 64 Abs. 1 S. 2 lit. e i.V.m. Art. 46 Abs. 3 lit. a und Art. 46 Abs. 4 von der zuständigen Aufsichtsbehörde vor der Genehmigung von Vertragsklauseln gem. Art. 46 Abs. 3 lit. a einzuholen. Das sind Vertragsklauseln, die zwischen dem Verantwortlichen oder dem Auftragsverarbeiter und dem Verantwortlichen, dem Auftragsverarbeiter oder dem Empfänger der personenbezogenen Daten im Drittland oder der internationalen Organisation vereinbart wurden.

21 In Art. 46 Abs. 4 wird darüber hinaus für den Fall des Art. 46 Abs. 3 lit. b das Kohärenzverfahren nach Art. 63 für verbindlich erklärt. Unter Art. 46 Abs. 3 lit. b fallen Bestimmungen, die in Vereinbarungen zwischen Behörden oder öffentlichen Stellen aufzunehmen sind und durchsetzbare und wirksame Rechte für die betroffenen Personen einschließen. Wie auch schon in Art. 35 Abs. 6 findet sich in Art. 64 Abs. 1 keine verpflichtende Anordnung zur Einholung einer verbindlichen Stellungnahme durch den EDSA. Insofern wäre auch in diesem Fall eine Anwendung des Art. 64 Abs. 2 naheliegend. Durch die Verpflichtung zur Anwendung des Kohärenzverfahrens entfällt auch hier die Pflicht zur vorherigen Durchführung eines Verfahrens der Zusammenarbeit nach Art. 60.

22 **f) Art. 64 Abs. 1 S. 2 lit. f.** Maßnahmen, die der Annahme von verbindlichen internen Vorschriften i.S.d. Art. 47 dienen, sind ebenfalls obligatorisch dem EDSA gem. Art. 64 Abs. 1 S. 2 lit. f i.V.m. Art. 47 Abs. 1 Hs. 1 zur Stellungnahme vorzulegen.

23 **2. Art. 64 Abs. 2: fakultative Stellungnahme.** In Art. 64 Abs. 2 sind die Voraussetzungen für die Beantragung des fakultativen Stellungnahmeverfahren vor dem EDSA im Rahmen des Kohärenzmechanismus geregelt. Dieser Mechanismus dient nicht dazu, das Kooperationsverfahren zu umgehen. Aufsichtsbehörden, der Vorsitz des EDSA[16] und die Kommission sind gem. Art. 64 Abs. 2 berechtigt, eine Prüfung durch den EDSA zu beantragen, um eine Stellungnahme zu erhalten. Aufgabe dieser Regelung ist es, eine kohärente Interpretation und Auslegung der Verordnung zu fördern. Dadurch wird die einheitliche Anwendung der Verordnung in der gesamten Union sichergestellt[17]. Voraussetzung ist, dass es sich bei dem zu prüfenden Sachverhalt entweder um eine Angelegenheit mit allgemeiner Geltung **oder** um eine Angelegenheit mit Auswirkungen in mehr als einem Mitgliedstaat handelt. Beispielsweise kann es um einen Fall gehen, in dem die Verpflichtung zur Amtshilfe nach Art. 61 verletzt wird oder Probleme bei gemeinsamen Maßnahmen nach Art. 62 durch die zuständige Aufsichtsbehörde. Rein

---

16 S. Art. 73–74.
17 Dazu ErwG 135.

Stellungnahme des Ausschusses — **Art. 64**

innerstaatliche Einzelfälle fallen nicht in den Zuständigkeitsbereich des EDSA. Außer sie könnten so auch in einem anderen Mitgliedstaat vorkommen.

3. Verfahren der Stellungnahme (Art. 64 Abs. 3–5). Die **Zweitbefassung des EDSA** 24 mit einem Fall ist nach Art. 64 Abs. 3 S. 1 ausgeschlossen und ein formeller Ausschlussgrund. Wegen Art. 64 Abs. 3 S. 1 sollte bereits die Aufsicht, bzw. der Vorsitz des EDSA oder die Kommission vor Beantragung des Kohärenzverfahrens nach Art. 64 Abs. 1 oder 2 in einem ersten Schritt prüfen, ob der EDSA in derselben Angelegenheit bereits eine Stellungnahme abgegeben hat. Das wäre ein Verfahrenshindernis und könnte zur Nichtbefassung durch den EDSA führen.

Im nächsten Schritt sind die nach Art. 64 Abs. 1 S. 2, 64 Abs. 4 **erforderlichen Unterla-** 25 **gen** einzureichen. Einzureichen sind

– der Entwurf des Beschlusses (Art. 64 Abs. 1 S. 2)

sowie nach Art. 64 Abs. 4 alle **zweckdienlichen Informationen**, einschließlich (je nach Fall):

– einer kurzen Darstellung des Sachverhalts,
– des Beschlussentwurfs,
– der Gründe, warum eine solche Maßnahme ergriffen werden muss und
– des Standpunkts anderer betroffener Aufsichtsbehörden.

Diese Unterlagen sind auf dem „**elektronischen Wege**" unter Verwendung des **stan-** 26 **dardisierten Formats** einzureichen. Die zuständige Aufsichtsbehörde sendet alle relevanten Dokumente inklusive einem Beschlussentwurf für die Stellungnahme des EDSA zum Sekretariat über das Bord IT-System. Der elektronische Weg, das IMI als auch das standardisierte Format sind von der oder dem Einzureichenden zu nutzen.[18]

Nach Eingang der Unterlagen beim Ausschuss, unterrichtet der Vorsitzende des Aus- 27 schusses **unverzüglich**, ohne schuldhaftes Zögern, auf elektronischem Wege unter Verwendung eines standardisierten Formats die Mitglieder des Ausschusses und die Kommission über alle zweckdienlichen Informationen, die ihm zugegangen sind. Soweit erforderlich, stellt das Sekretariat des EDSA gem. Art. 64 Abs. 5 lit. a Übersetzungen der zweckdienlichen Informationen zur Verfügung. Dort werden die Unterlagen durch das Sekretariat des EDSA geprüft und ggf. werden weitere Unterlagen nachgefordert. In der Regel sind die Unterlagen gleich auf Englisch einzureichen. Darauf hat sich der EDSA geeinigt. Falls es erforderlich ist, werden die Unterlagen aber auch in Ausnahmefällen übersetzt und der Aufsichtsbehörde zur Gegenprüfung übersandt. Wenn die Aufsichtsbehörde der Übersetzung zustimmt und die Unterlagen komplett sind, wird ggf. nach Befassung mit den Experten in der Subgroup ein Stellungnahmen in Abstimmung mit dem Vorsitzenden und den Berichterstattern der Subgroup erarbeitet. Dann erhalten sie die Mitglieder des EDSA. Schweigen wird als Zustimmung gewertet.

Der Vorsitzende unterrichtet unverzüglich auf elektronischem Wege je nach Fall die in 28 den Abs. 1 und 2 genannte Aufsichtsbehörde sowie die Kommission über die Stellungnahme und veröffentlicht sie (Art. 64 Abs. 5 lit. b).

---

18 Art. 64 Abs. 4.

29 Das Verfahren ist an kurze **Fristen** gebunden. Die Stellungnahme des Ausschusses wird binnen **acht Wochen** mit der **einfachen Mehrheit** der Mitglieder des Ausschusses angenommen. Diese Frist kann unter Berücksichtigung der Komplexität der Angelegenheit um weitere sechs Wochen verlängert werden.[19] Schweigen gilt nach Art. 10 der Geschäftsordnung des EDSA als Zustimmung. Die Fristen dienen dazu, dass sich die Entscheidungen der nationalen Aufsichtsbehörden nicht über Gebühr verzögern.

30 Die Frist kann um 6 Wochen auf Antrag der oder des Vorsitzenden oder 1/3 der Mitglieder des EDSA verlängert werden, wenn der Fall sehr komplex ist[20].

31 Nach Art. 64 Abs. 3 S. 4 erfolgt das Verfahren der Stellungnahme nach Art. 64 Abs. 1 im Umlaufverfahren auf dem elektronischen Wege unter Verwendung eines standardisierten Formats. Es wird angenommen, dass ein Mitglied, das innerhalb einer vom Vorsitz angegebenen angemessenen Frist keine Einwände erhoben hat, dem Beschlussverfahren zustimmt. Die Pflicht zur unverzüglichen Mitteilung an die in den Abs. 1 und 2 genannten Aufsichtsbehörde und die Kommission über die Stellungnahme sowie zur Veröffentlichung der Stellungnahme ergibt sich aus Art. 64 Abs. 5 lit. b.

32 Die zuständige Aufsichtsbehörde nimmt den in Abs. 1 genannten Beschlussentwurf nicht vor Ablauf der in Abs. 3 genannten Frist an. Das bedeutet aber auch, wenn die Frist verstrichen ist und noch keine Stellungnahme vorliegt, dann kann die Aufsichtsbehörde wie im Beschlussentwurf vorgelegt entscheiden.

33 Es wird bisweilen angeregt, die Datenverarbeiter und Interessenvereinigungen im Rahmen des Konsultationsverfahren nach Art. 70 Abs. 4 zu beteiligen. Nur dadurch könne sichergestellt werden, dass alle wesentlichen Belange, insbesondere praktischer und technischer Natur im Rahmen der Stellungahme berücksichtigt würden.[21] Gegen eine solche Form der Beteiligung spricht, dass die Gremien ja bereits im Verfahren der Beantragung bei der zuständigen nationalen Aufsichtsbehörde mit Blick auf das europäischen Stellungnahmeverfahren, alle wesentlichen Aspekte vortragen. Die Aufsichtsbehörde hat die wesentlichen Informationen dem EDSA vorzulegen.

34 **4. Verfahren nach Stellungnahme im Fall des Art. 64 Abs. 1.** Für die verpflichtende Stellungnahme des Ausschusses wurde eine der Unabhängigkeit der Aufsichtsbehörde Rechnung tragende Regelung getroffen. Es heißt in Abs. 1 die Aufsichtsbehörde trägt der Stellungnahme des Ausschusses weitestgehend Rechnung (Art. 64 Abs. 7).

35 Die Aufsichtsbehörde teilt dem Vorsitz des EDSA binnen zwei Wochen nach Eingang der Stellungnahme auf elektronischem Weg unter Verwendung eines standardisierten Formats mit, ob sie den Beschlussentwurf beibehalten oder ändern wird. Gegebenenfalls übermittelt sie einen geänderten Beschlussentwurf.

36 Setzt die Aufsicht die Stellungnahme weitestgehend um, kommt Art. 70 Abs. 1 S. 2 lit. y zum Tragen. Dann wird der Beschluss der Aufsichtsbehörde in einem öffentlich

---

19 Art. 64 Abs. 3 S. 2, 3.
20 S. Art. 10 Ziff. 2 Geschäftsordnung des EDSA.
21 Plath-*Hullen* DS-GVO Art. 62 Rn 2.

zugänglichen elektronischen Register der Beschlüsse der Aufsichtsbehörden und der Gerichte in Bezug auf Fragen die im Rahmen des Kohärenzverfahrens behandelt wurden, veröffentlicht.

Teilt die betroffene Aufsichtsbehörde dem Vorsitz des Ausschusses innerhalb der Frist nach Abs. 7 unter Angabe der maßgeblichen Gründe mit, dass sie beabsichtigt, der Stellungnahme des Ausschusses insgesamt oder teilweise nicht zu folgen, dann findet das **Streitbeilegungsverfahren** gem. Art. 65 Abs. 1 statt. 37

II. BDSG

Korrespondierend zu diesem Verfahren sind auf nationaler Ebene die Vorschriften §§ 17 und 18 BDSG zu berücksichtigen. Auf nationaler deutscher Ebene ist sicherzustellen, dass die Verfahren vor dem EDSA keine Verzögerung aus möglichen Abstimmungsschwierigkeiten zwischen den Aufsichtsbehörden erfahren. Aus § 17 BDSG ergibt sich wer der deutsche Vertreter im EDSA ist und wie das Stimmrecht ausgestaltet ist. Aus § 18 BDSG ergibt sich das Verfahren der Zusammenarbeit. 38

C. Praxishinweise

Aufgrund des derzeitigen Umsetzungsstadiums können nur wenige Praxishinweise erteilt werden. 39

I. Betroffene Personen

Betroffene Personen können das Verfahren vor dem EDSA nicht führen. 40

II. Unternehmen/Verantwortlicher

Unternehmen und Verantwortliche können das Verfahren vor dem EDSA nicht führen. 41

III. Öffentliche Stellen

Öffentliche Stellen können das Verfahren vor dem EDSA nicht führen. 42

IV. Aufsicht

Die Aufsichtsbehörden sollten die Geschäftsordnung des EDSA im Blick haben. Insbesondere die Aufsichtsbehörden, die den Vorsitz eines Arbeitskreises innehaben. Des Weiteren sollten die Aufsichtsbehörden innerorganisatorisch vorsorgen und die behördeninternen Zuständigkeiten für IMI klären und die Formatvorlagen des EDSA sollten zentral zur Verfügung gestellt werden. Je besser vorbereitet die einzureichenden Unterlagen sind, desto zügiger wird das Verfahren beim EDSA angestoßen. Die bisherigen Verfahren vor dem EDSA haben gezeigt, dass eine gute Vorbereitung, die Nutzung der Formatvorlagen und die Übersetzung von Unterlagen wichtige Elemente für ein schnelles Verfahren sind. Auf der nationalen Ebene müssen die Aufsichtsbehörden sich der Umsetzung eines sogenannten nationalen kleinen Kohärenzverfahrens zur Absicherung der ordnungsgemäßen Durchführung des Kohärenzverfahrens nach Art. 63 widmen. 43

Artikel 65 Streitbeilegung durch den Ausschuss

(1) Um die ordnungsgemäße und einheitliche Anwendung dieser Verordnung in Einzelfällen sicherzustellen, erlässt der Ausschuss in den folgenden Fällen einen verbindlichen Beschluss:

a) wenn eine betroffene Aufsichtsbehörde in einem Fall nach Artikel 60 Absatz 4 einen maßgeblichen und begründeten Einspruch gegen einen Beschlussentwurf der federführenden Aufsichtsbehörde eingelegt hat und sich die federführende Aufsichtsbehörde dem Einspruch nicht angeschlossen hat oder den Einspruch als nicht maßgeblich oder nicht begründet abgelehnt hat. Der verbindliche Beschluss betrifft alle Angelegenheiten, die Gegenstand des maßgeblichen und begründeten Einspruchs sind, insbesondere die Frage, ob ein Verstoß gegen diese Verordnung vorliegt;

b) wenn es widersprüchliche Standpunkte dazu gibt, welche der betroffenen Aufsichtsbehörden für die Hauptniederlassung zuständig ist;

c) wenn eine zuständige Aufsichtsbehörde in den in Artikel 64 Absatz 1 genannten Fällen keine Stellungnahme des Ausschusses einholt oder der Stellungnahme des Ausschusses gemäß Artikel 64 nicht folgt. In diesem Fall kann jede betroffene Aufsichtsbehörde oder die Kommission die Angelegenheit dem Ausschuss vorlegen.

(2) [1]Der in Absatz 1 genannte Beschluss wird innerhalb eines Monats nach der Befassung mit der Angelegenheit mit einer Mehrheit von zwei Dritteln der Mitglieder des Ausschusses angenommen. [2]Diese Frist kann wegen der Komplexität der Angelegenheit um einen weiteren Monat verlängert werden. [3]Der in Absatz 1 genannte Beschluss wird begründet und an die federführende Aufsichtsbehörde und alle betroffenen Aufsichtsbehörden übermittelt und ist für diese verbindlich.

(3) [1]War der Ausschuss nicht in der Lage, innerhalb der in Absatz 2 genannten Fristen einen Beschluss anzunehmen, so nimmt er seinen Beschluss innerhalb von zwei Wochen nach Ablauf des in Absatz 2 genannten zweiten Monats mit einfacher Mehrheit der Mitglieder des Ausschusses an. [2]Bei Stimmengleichheit zwischen den Mitgliedern des Ausschusses gibt die Stimme des Vorsitzes den Ausschlag.

(4) Die betroffenen Aufsichtsbehörden nehmen vor Ablauf der in den Absätzen 2 und 3 genannten Fristen keinen Beschluss über die dem Ausschuss vorgelegte Angelegenheit an.

(5) [1]Der Vorsitz des Ausschusses unterrichtet die betroffenen Aufsichtsbehörden unverzüglich über den in Absatz 1 genannten Beschluss. [2]Er setzt die Kommission hiervon in Kenntnis. [3]Der Beschluss wird unverzüglich auf der Website des Ausschusses veröffentlicht, nachdem die Aufsichtsbehörde den in Absatz 6 genannten endgültigen Beschluss mitgeteilt hat.

(6) [1]Die federführende Aufsichtsbehörde oder gegebenenfalls die Aufsichtsbehörde, bei der die Beschwerde eingereicht wurde, trifft den endgültigen Beschluss auf der Grundlage des in Absatz 1 des vorliegenden Artikels genannten Beschlusses unverzüglich und spätestens einen Monat, nachdem der Europäische Datenschutzausschuss seinen Beschluss mitgeteilt hat. [2]Die federführende Aufsichtsbehörde oder gegebenenfalls die Aufsichtsbehörde, bei der die Beschwerde eingereicht wurde, setzt den Ausschuss von dem Zeitpunkt, zu dem ihr endgültiger Beschluss dem Verantwortlichen oder dem Auftragsverarbeiter bzw. der betroffenen Person mitgeteilt wird, in

Kenntnis. ³Der endgültige Beschluss der betroffenen Aufsichtsbehörden wird gemäß Artikel 60 Absätze 7, 8 und 9 angenommen. ⁴Im endgültigen Beschluss wird auf den in Absatz 1 genannten Beschluss verwiesen und festgelegt, dass der in Absatz 1 des vorliegenden Artikels genannte Beschluss gemäß Absatz 5 auf der Website des Ausschusses veröffentlicht wird. ⁵Dem endgültigen Beschluss wird der in Absatz 1 des vorliegenden Artikels genannte Beschluss beigefügt.
- *ErwG: 136, 138*
- *BDSG n.F.: §§ 17, 18, 19*

Übersicht

	Rn		Rn
A. Einordnung und Kontext	1	b) Nicht rechtzeitige Annahme des Beschlusses i.S.d. Art. 65 Abs. 3	14
I. Erwägungsgründe	1		
II. Genese	4		
III. Aufsicht, Ausschuss, Leitlinien	5	4. Entscheidung der Aufsichtsbehörde	16
B. Kommentierung	6	5. Der Europäische Datenschutzbeauftragte	17
I. DS-GVO	6		
1. Allgemeines	6		
2. Fallgruppen	7	6. Verfahren des Vorsitzes nach Beschlussfassung (Art. 65 Abs. 5)	18
a) Fallgruppe 1 (Art. 65 Abs. 1 lit. a)	8		
b) Fallgruppe 2 (Art. 65 Abs. 1 lit. b)	9	7. Annahme des endgültigen Beschlusses (Art. 65 Abs. 6)	19
c) Fallgruppe 3 (Art. 65 Abs. 1 lit. c)	10	8. Veröffentlichung durch den EDSA (Abs. 5 S. 2)	25
3. Verfahren vor dem Ausschuss (Art. 65 Abs. 2–4)	11	9. Rechtsschutz	26
		II. BDSG n.F.	29
a) Bei Annahme des Beschlusses (Fristen/Inhalt)	12	C. Praxishinweise	30
		I. Betroffene Personen	30
		II. Unternehmen/Verantwortlicher	31
		III. Öffentliche Stellen	32
		IV. Aufsicht	33

Literatur: *Dehmel/Hullen* Auf dem Weg zu einem zukunftsfähigen Datenschutz in Europa?, ZD 2013, 147; *Nguyen* Die zukünftige Datenschutzaufsicht in Europa, ZD 2015, 265; *Piltz* Die Datenschutz-Grundverordnung Teil 5: Internationale Zusammenarbeit, Rechtsbehelfe und Sanktionen, K&R 2017, 85.

A. Einordnung und Kontext[1]

I. Erwägungsgründe

ErwG 136 macht Vorgaben für ein zügiges und reibungsloses Verfahren vor dem EDSA. Gefordert werden Fristen, innerhalb derer Stellungnahmen abgegeben werden sollten. Nach ErwG 136 S. 1 sollte bei Anwendung des Kohärenzverfahrens der EDSA, falls von der Mehrheit seiner Mitglieder so entschieden wird oder falls eine andere betroffene Aufsichtsbehörde oder die Kommission darum ersuchen, binnen einer festgelegten Frist eine Stellungnahme abgeben. Das ist nachvollziehbar, denn das Verfahren vor dem EDSA verzögert das Verfahren vor der Aufsichtsbehörde bis

1

---

1 Die Verfasserin vertritt hier ihre persönliche Auffassung, die nicht notwendig der Auffassung des Hessischen Datenschutzbeauftragten entspricht.

eine Stellungnahme vorliegt. Im Interesse der auf nationaler Ebene am Verwaltungsverfahren Beteiligten, sollte es zu keinen unnötigen Verzögerungen kommen.

2 ErwG 136 S. 2 fordert für den Fall der Streitigkeiten den Erlass rechtsverbindlicher Beschlüsse durch den Ausschuss. Nach S. 3 sollte er zu diesem Zweck in klar bestimmten Fällen, in denen die Aufsichtsbehörden insbesondere im Rahmen des Verfahrens der Zusammenarbeit zwischen der federführenden Aufsichtsbehörde und den betroffenen Aufsichtsbehörden widersprüchliche Standpunkte zu dem Sachverhalt, vor allem in der Frage, ob ein Verstoß gegen diese Verordnung vorliegt, vertreten, grundsätzlich mit einer Mehrheit von zwei Dritteln seiner Mitglieder rechtsverbindliche Beschlüsse erlassen.

3 Die Anwendung des Kohärenzverfahrens sollte nach **ErwG 138 S. 1** in den Fällen, in denen es verbindlich vorgeschrieben ist, eine Bedingung für die Rechtmäßigkeit einer Maßnahme einer Aufsichtsbehörde sein, die rechtliche Wirkungen entfalten soll. Nach **ErwG 138 S. 2** sollte in Fällen von grenzüberschreitender Relevanz das Verfahren der Zusammenarbeit zwischen der federführenden Aufsichtsbehörde und den betroffenen Aufsichtsbehörden zur Anwendung gelangen, und die betroffenen Aufsichtsbehörden können auf bilateraler oder multilateraler Ebene Amtshilfe leisten und gemeinsame Maßnahmen durchführen, ohne auf das Kohärenzverfahren zurückzugreifen. Im Fall von Streitigkeiten kommen die Aufsichtsbehörden aber unter Umständen ohne die Streitbeilegung durch den Ausschuss nicht mehr aus.

II. Genese

4 Aufgrund der Vorschläge von Europäischem Rat und Europäischem Parlament ist Art. 65 in der heutigen Fassung in die DS-GVO aufgenommen worden. Die Art.-29-Datenschutzgruppe hatte sich hierfür in ihrer Erklärung v. 16.4.2014, Ziff. 5 ausgesprochen.[2]

III. Aufsicht, Ausschuss, Leitlinien

5 In Art. 11 EDSA-GO sind Regelungen zum Verfahren nach Art. 65 getroffen worden.

B. Kommentierung

I. DS-GVO

6 **1. Allgemeines.** Neben den Stellungnahmen nach Art. 64 kann der EDSA in Fallgestaltungen nach Art. 65 streitbeilegende Beschlüsse fassen. Art. 65 behandelt die Streitbeilegung in Einzelfällen.[3] Auch das dient der Sicherstellung der ordnungsgemäßen und einheitlichen Anwendung der DS-GVO durch die europäischen Mitgliedstaaten. Dem EDSA wurde durch die DS-GVO die Befugnis übertragen, bei Streitigkeiten zwischen den Aufsichtsbehörden rechtsverbindliche Beschlüsse zu erlassen[4].

7 **2. Fallgruppen.** Nach Art. 65 Abs. 1 gibt es **drei Fallgruppen,** in denen der EDSA verbindliche Beschlüsse erlassen kann.

---

2 Paal/Pauly-*Körffer* Art. 65 Rn. 1; s.a. *Dehmel/Hullen* ZD 2013, 151; *Nguyen* ZD 2015, 265 ff.
3 S. dazu *Piltz* K&R 2017, 87.
4 ErwG 136, S. 2.

a) Fallgruppe 1 (Art. 65 Abs. 1 lit. a)[5]. Die erste Fallgruppe bezieht sich auf Streit, der 8
im Rahmen des Verfahrens der Zusammenarbeit nach den Art. 60 ff. entstehen kann.
Nach Art. 60 Abs. 3 S. 1 hat die federführende Behörde im Rahmen der Zusammenarbeit zwischen federführender und betroffener Behörde bzw. betroffenen Behörden,
unverzüglich die zweckdienlichen Informationen zu der Angelegenheit zu übermitteln. Nach Art. 60 Abs. 3 S. 2 legt die federführende Aufsichtsbehörde den anderen
betroffenen Aufsichtsbehörden unverzüglich einen Beschlussentwurf zur Stellungnahme vor und trägt deren Standpunkten gebührend Rechnung. Wenn nun die betroffene Aufsichtsbehörde in einem Fall nach Art. 60 Abs. 4 einen maßgeblichen und
begründeten Einspruch gegen den Beschlussentwurf der federführenden Behörde eingelegt hat oder die federführende Behörde einen solchen Einspruch als nicht maßgeblich oder nicht begründet abgelehnt[6] hat, dann kann der EDSA um einen verbindlichen Beschluss zwecks Streitbeilegung im Sinne der **ersten Fallgruppe** gem. Art. 65
Abs. 1 lit. a angerufen werden. Art. 65 Abs. 1 lit. a gibt den Umfang des rechtsverbindlichen Beschlusses vor. Der verbindliche Beschluss umfasst alle Angelegenheiten, die
Gegenstand des maßgeblichen und begründeten Einspruchs sind, insbesondere die
Frage, ob ein Verstoß gegen diese Verordnung vorliegt[7]. Vorlageberechtigt vor dem
Ausschuss ist die betroffene oder die federführende Behörde.

b) Fallgruppe 2 (Art. 65 Abs. 1 lit. b)[8]. Der EDSA ist außerdem nach Art. 65 Abs. 1 9
lit. b mit Streitigkeiten über die **Zuständigkeit einer betroffenen Aufsichtsbehörde** zu
befassen **(zweite Fallgruppe)**. Das ist nach lit. b dann der Fall, wenn es zwischen
betroffenen Aufsichtsbehörden streitig ist, welche der betroffenen Aufsichtsbehörden
in der Union für die Hauptniederlassung[9] eines Verantwortlichen oder Auftragsverarbeiters i.S.d. Art. 4 Nr. 16 zuständig ist. Vorlageberechtigt sind die betroffenen Aufsichtsbehörden.

c) Fallgruppe 3 (Art. 65 Abs. 1 lit. c)[10]. Die **dritte Fallgruppe** bezieht sich auf die Fälle, 10
in denen eine zuständige Aufsichtsbehörde keine Stellungnahme i.S.d. Art. 64 Abs. 1
einholt oder der Stellungnahme des Ausschusses gem. Art. 64 nicht folgt. Vorlageberechtigt ist in dieser Fallgruppe jede betroffene Aufsichtsbehörde oder die Kommission.

3. Verfahren vor dem Ausschuss (Art. 65 Abs. 2–4). Das Verfahren vor dem EDSA ist 11
in seinen wesentlichen Bestandteilen in Art. 65 geregelt. Darüber hinaus werden Einzelheiten in der Geschäftsordnung des EDSA zu regeln sein. Geregelt ist in Art. 65
das Verfahren bei Annahme des Beschlusses und zudem der Fall, dass der Beschluss
nicht rechtzeitig angenommen wird.

a) Bei Annahme des Beschlusses (Fristen/Inhalt). Zu der Frage wie die Befassung 12
des Ausschusses in einer Angelegenheit nach Art. 65 Abs. 1 lit. a–c eingeleitet wird,
enthält die DS-GVO keine Hinweise. Es werden nur wesentliche Bestandteile des
Verfahrens ausdrücklich festgeschrieben. Aus der Geschäftsordnung des EDSA
(Art. 11 EDSA-GO) ergibt sich, dass die eingereichten Unterlagen einen Beschluss-

---
5 S. auch Art. 11 Ziff. 2 Geschäftsordnung des EDSA.
6 Art. 65 Abs. 1 lit. a S. 1.
7 Art. 65 Abs. 1 lit. a S. 2.
8 S. auch Art. 11 Ziff. 3 Geschäftsordnung des EDSA.
9 S. auch ErwG 36.
10 S. auch Art. 11 Ziff. 3 Geschäftsordnung des EDSA.

entwurf mitumfassen sollten. Soweit es erforderlich ist, werden die Unterlagen der zuständigen Aufsichtsbehörde durch das Sekretariat ins Englische übersetzt. Die Unterlagen werden dann an die Mitglieder des EDSA weitergereicht, wenn sie komplett sind. Gem. Art. 65 Abs. 2 S. 1 wird der Beschluss i.S.v. Art. 65 Abs. 1 **innerhalb eines Monats** nach Befassung des EDSA mit der Angelegenheit angenommen. Für die Annahme des verbindlichen Beschlusses ist eine **2/3 Mehrheit der Mitglieder** des EDSA erforderlich. Wegen der Komplexität der Angelegenheit kann die Frist von einem um **einen weiteren Monat** verlängert werden (Art. 65 Abs. 2 S. 2).

13 Gemäß Art. 65 Abs. 2 S. 3 ist der Beschluss zu begründen und nach Art. 74 i.V.m. Art. 65 Abs. 2 S. 3 von dem oder der Vorsitzenden des EDSA an die federführende und alle betroffenen Aufsichtsbehörden zu übermitteln. Der Beschluss ist für diese Beteiligten verbindlich.

14 **b) Nicht rechtzeitige Annahme des Beschlusses i.S.d. Art. 65 Abs. 3.** Vorkehrungen trifft die Regelung auch für ganz besonders streitige Fälle. Wenn der EDSA nicht in der Lage war, innerhalb der zwei Monate nach Abs. 2 den Beschluss anzunehmen, dann kommt eine **Nachfrist von 2 Wochen** zum Tragen. Diese beginnt mit Ablauf des in Abs. 2 genannten zweiten Monats. Für die Annahme des verbindlichen Beschlusses ist nun nur noch statt der zweidrittel Mehrheit aller Mitglieder die **einfache Mehrheit der Mitglieder** des EDSA erforderlich.

15 Sollte es bei der Abstimmung zu **Stimmgleichheit** kommen, dann gibt gem. Art. 65 Abs. 3 S. 2 die Stimme des oder der Vorsitzenden den Ausschlag.

16 **4. Entscheidung der Aufsichtsbehörde.** Nach Art. 65 Abs. 4 nehmen die vom Streit betroffenen Aufsichtsbehörden vor Ablauf der in den Abs. 2 und 3 genannten Fristen über die dem Ausschuss vorgelegte Angelegenheit keinen Beschluss an. Solang ruht das nationale Verfahren. Das ist für die am nationalen Verfahren Beteiligten unter Umständen unbefriedigend. Aber durch die klaren Fristenvorgaben halten sich die Phasen in Grenzen und sind vor allem bis zu einem gewissen Grad vorhersehbar.

17 **5. Der Europäische Datenschutzbeauftragte.** Nach Art. 68 Abs. 6 gilt für den EDSB in diesem Verfahren nach Art. 65 eine Einschränkung. Der EDSB ist in Fällen des Art. 65 nur bei verbindlichen Beschlüssen stimmberechtigt, die Grundsätze und Vorschriften betreffen, die für die Organe, Einrichtungen, Ämter und Agenturen der Union gelten und inhaltlich den Grundätzen und Vorschriften dieser Verordnung entsprechen[11].

18 **6. Verfahren des Vorsitzes nach Beschlussfassung (Art. 65 Abs. 5).** Nach Art. 65 Abs. 5 S. 1 hat der Vorsitz des EDSA die betroffenen Aufsichtsbehörden unverzüglich über den in Abs. 1 genannten Beschluss zu unterrichten. Der Vorsitz hat gem. Art. 65 Abs. 5 S. 2 die Kommission davon in Kenntnis zu setzen. Der begründete Beschluss ist für die federführende Aufsichtsbehörde und alle betroffenen Aufsichtsbehörden **verbindlich** (Art. 65 Abs. 2 S. 3).

19 **7. Annahme des endgültigen Beschlusses (Art. 65 Abs. 6).** Das Verfahren zur Annahme des endgültigen Beschlusses ist in Art. 65 Abs. 6 S. 1, 3, 4, 5 und Art. 60 Abs. 7–9 beschrieben.

---

11 Vgl. Art. 68 Abs. 6.

Die federführende Behörde oder ggf. die Aufsichtsbehörde, bei der die Beschwerde   20
eingelegt wurde (One-Stop-Shop), trifft den **endgültigen Beschluss** auf der Grundlage
des übermittelten verbindlichen Beschlusses des EDSA. Sie trifft den endgültigen
Beschluss unverzüglich. Nach Art. 65 Abs. 6 S. 1 trifft sie den endgültigen Beschluss
unverzüglich und spätestens in einer Frist von **einem Monat**, nachdem der EDSA seinen Beschluss mitgeteilt hat.

Die federführende Aufsichtsbehörde erlässt gem. Art. 60 Abs. 7 S. 1 den Beschluss und   21
teilt ihn der Hauptniederlassung oder der einzigen Niederlassung des Verantwortlichen oder ggf. des Auftragsverarbeiters mit und setzt die anderen betroffenen Aufsichtsbehörden und den Ausschuss von dem betreffenden Beschluss einschließlich
einer Zusammenfassung der maßgeblichen Fakten und Gründe in Kenntnis. Die Aufsichtsbehörde, bei der eine Beschwerde eingereicht worden ist, unterrichtet den
Beschwerdeführer über den Beschluss (One-Stop-Shop).

Wird eine Beschwerde abgelehnt oder abgewiesen, so erlässt nach Art. 60 Abs. 8 die   22
Aufsichtsbehörde, bei der die Beschwerde eingereicht wurde, abweichend von Art. 60
Abs. 7 den Beschluss, teilt ihn dem Beschwerdeführer mit und setzt den Verantwortlichen in Kenntnis.

Sind sich nach Art. 60 Abs. 9 die federführende Aufsichtsbehörde und die betreffen-   23
den Aufsichtsbehörden darüber einig, Teile der Beschwerde abzulehnen oder abzuweisen und bzgl. anderer Teile dieser Beschwerde tätig zu werden, so wird in dieser
Angelegenheit für jeden dieser Teile ein eigener Beschluss erlassen. Die federführende Aufsichtsbehörde erlässt den Beschluss für den Teil, der das Tätigwerden in
Bezug auf den Verantwortlichen betrifft, teilt ihn der Hauptniederlassung oder einzigen Niederlassung des Verantwortlichen oder des Auftragsverarbeiters im Hoheitsgebiet ihres Mitgliedstaats mit und setzt den Beschwerdeführer hiervon in Kenntnis,
während die für den Beschwerdeführer zuständige Aufsichtsbehörde den Beschluss
für den Teil erlässt, der die Ablehnung oder Abweisung dieser Beschwerde betrifft,
und ihn diesem Beschwerdeführer mitteilt und den Verantwortlichen oder den Auftragsverarbeiter hiervon in Kenntnis setzt.

Die Aufsichtsbehörde muss bei der Ausführung der Beschlüsse nach Art. 60 Abs. 7–9   24
darauf achten, dass im endgültigen Beschluss gem. Art. 65 Abs. 6 S. 4 auf den in Abs. 1
genannten Beschluss zu verweisen und festzulegen bzw. hinzuweisen[12] ist, dass der in
Abs. 1 des vorliegenden Artikels genannte Beschluss gem. Art. 65 Abs. 5 auf der Webseite des Ausschusses veröffentlicht wird. Dem endgültigen Beschluss ist gem. Art. 65
Abs. 6 S. 5 der in Abs. 1 des vorliegenden Artikels genannte Beschluss beizufügen.

8. Veröffentlichung durch den EDSA (Abs. 5 S. 2). Der endgültige Beschluss wird   25
unverzüglich auf der Webseite des Ausschusses veröffentlicht, nachdem die Aufsichtsbehörde den in Art. 65 Abs. 6 genannten endgültigen Beschluss nach Art. 65 Abs. 6 S. 2
mitgeteilt hat.

9. Rechtsschutz. Jede natürliche oder juristische Person hat das Recht, unter den in   26
Art. 263 AEUV genannten Voraussetzungen beim EuGH eine **Klage auf Nichtigerklä-**

---

[12] Im englischen Text der DS-GVO heißt es „shall specify that". Das „festlegen" ist unglücklich übersetzt worden. Es ist wohl eher in dem Sinne gemeint, dass der Beschluss diesen Hinweis enthalten sollte engl. shall = werden, soll, und engl. specify = aufführen, etwas angeben, beabsichtigen, genau angeben.

rung eines Beschlusses des EDSA zu erheben. Als Adressaten solcher Beschlüsse müssen die betroffenen Aufsichtsbehörden, die diese Beschlüsse anfechten möchten, binnen **zwei Monaten** nach deren Übermittlung gem. Art. 263 AEUV Klage erheben. Sofern Beschlüsse des Ausschusses einen Verantwortlichen, einen Auftragsverarbeiter oder den Beschwerdeführer unmittelbar und individuell betreffen, so können diese Personen binnen zwei Monaten nach Veröffentlichung der Betreffenden Beschlüsse auf der Webseite des Ausschusses im Einklang mit Art. 263 AEUV eine Klage auf Nichtigerklärung erheben.[13]

27 Wird ein Beschluss einer Aufsichtsbehörde zur Umsetzung eines Beschlusses des Ausschusses in Frage gestellt, so hat das einzelstaatliche Gericht nicht die Befugnis, den Beschluss des Ausschusses für nichtig zu erklären, sondern es muss im Einklang mit Art. 267 AEUV in der Auslegung des Gerichtshofs den Gerichtshof mit der Frage der Gültigkeit befassen, wenn es den Beschluss für nichtig hält.[14]

28 Ein einzelstaatliches Gericht darf den EuGH nicht auf Anfrage einer natürlichen oder juristischen Person mit Fragen der Gültigkeit des Beschlusses des EDSA befassen, wenn diese Person Gelegenheit hatte, eine Klage auf Nichtigerklärung dieses Beschlusses zu erheben – insbesondere, wenn sie unmittelbar und individuell von dem Beschluss betroffen war –, diese Gelegenheit jedoch nicht innerhalb der Frist gem. Art. 263 AEUV genutzt hat.[15]

II. BDSG n.F.

29 Einzelheiten zur Gestaltung der Verfahren und Struktur auf nationaler Ebene orientiert sich in Deutschland nach §§ 17–19 BDSG. Auf dieser Basis werden Überlegungen für das Verfahren vor der zentralen Anlaufstelle zu machen sein und für die Geschäftsordnung der Konferenz der unabhängigen Datenschutzaufsichtsbehörden des Bundes und der Länder.

C. Praxishinweise
I. Betroffene Personen

30 Betroffene Personen sind am Verfahren vor dem Ausschuss nicht beteiligt.

II. Unternehmen/Verantwortlicher

31 Unternehmen/Verantwortliche sind am Verfahren vor dem Ausschuss nicht beteiligt.

III. Öffentliche Stellen

32 Eine Betroffenheit der öffentlichen Stellen ist derzeit nicht ersichtlich.

IV. Aufsicht

33 In der Geschäftsordnung des EDSA wurden hierzu Regelungen getroffen. Die Geschäftsordnung sollte bei der Aufsichtsbehörde bekannt sein. Um zeitliche Verzögerungen zu vermeiden, ist es sachdienlich, dass standardisierten Formate genutzt werden.

---

13 S. ErwG 143; s. auch *Piltz* K&R 2017, 87, 89.
14 ErwG 143 S. 10; *Piltz* K&R 2017, 88.
15 ErwG 143 S. 11.

Artikel 66 Dringlichkeitsverfahren

(1) ¹Unter außergewöhnlichen Umständen kann eine betroffene Aufsichtsbehörde abweichend vom Kohärenzverfahren nach Artikel 63, 64 und 65 oder dem Verfahren nach Artikel 60 sofort einstweilige Maßnahmen mit festgelegter Geltungsdauer von höchstens drei Monaten treffen, die in ihrem Hoheitsgebiet rechtliche Wirkung entfalten sollen, wenn sie zu der Auffassung gelangt, dass dringender Handlungsbedarf besteht, um Rechte und Freiheiten von betroffenen Personen zu schützen. ²Die Aufsichtsbehörde setzt die anderen betroffenen Aufsichtsbehörden, den Ausschuss und die Kommission unverzüglich von diesen Maßnahmen und den Gründen für deren Erlass in Kenntnis.

(2) Hat eine Aufsichtsbehörde eine Maßnahme nach Absatz 1 ergriffen und ist sie der Auffassung, dass dringend endgültige Maßnahmen erlassen werden müssen, kann sie unter Angabe von Gründen im Dringlichkeitsverfahren um eine Stellungnahme oder einen verbindlichen Beschluss des Ausschusses ersuchen.

(3) Jede Aufsichtsbehörde kann unter Angabe von Gründen, auch für den dringenden Handlungsbedarf, im Dringlichkeitsverfahren um eine Stellungnahme oder gegebenenfalls einen verbindlichen Beschluss des Ausschusses ersuchen, wenn eine zuständige Aufsichtsbehörde trotz dringenden Handlungsbedarfs keine geeignete Maßnahme getroffen hat, um die Rechte und Freiheiten von betroffenen Personen zu schützen.

(4) Abweichend von Artikel 64 Absatz 3 und Artikel 65 Absatz 2 wird eine Stellungnahme oder ein verbindlicher Beschluss im Dringlichkeitsverfahren nach den Absätzen 2 und 3 binnen zwei Wochen mit einfacher Mehrheit der Mitglieder des Ausschusses angenommen.

- *ErwG: 137, 138*
- *BDSG n.F.: §§ 17, 18, 19*

Übersicht

	Rn		Rn
A. Einordnung und Kontext	1	b) Abwägung	12
I. Erwägungsgründe	1	c) Mitteilungspflicht	14
II. BDSG	3	d) Maßnahmen – Anwendungspraxis	16
III. Genese	4		
IV. Aufsicht, Ausschuss, Leitlinien	5	3. Dringlichkeitsverfahren nach Art. 66 Abs. 2	17
B. Kommentierung	6	4. Dringlichkeitsverfahren nach Art. 66 Abs. 3	20
I. DS-GVO	6		
1. Allgemeines	6	II. BDSG	22
2. Dringlichkeitsverfahren nach Art. 66 Abs. 1	10	C. Praxishinweise	23
a) Dringender Handlungsbedarf	11		

Literatur: *Vedder/Heintschel von Heinegg* Europäisches Unionsrecht, 2012.

Art. 66 Dringlichkeitsverfahren

A. Einordnung und Kontext[1]

I. Erwägungsgründe

1 Nach **ErwG 137** sind in der DS-GVO Vorkehrungen für Eilfälle zu treffen. Es kann dringender Handlungsbedarf zum Schutz der Rechte und Freiheiten von betroffenen Personen bestehen, insbesondere wenn eine erhebliche Behinderung der Durchsetzung des Rechts einer betroffenen Person droht. Eine Aufsichtsbehörde sollte daher hinreichend begründete einstweilige Maßnahmen in ihrem Hoheitsgebiet mit einer festgelegten Geltungsdauer von **höchstens drei Monaten** erlassen können.

2 Die Anwendung dieses Verfahrens sollte in den Fällen, in denen sie verbindlich vorgeschrieben ist, eine **Bedingung für die Rechtmäßigkeit** einer Maßnahme einer Aufsichtsbehörde sein, die rechtliche Wirkungen entfalten soll. In anderen Fällen von grenzüberschreitender Relevanz sollte das Verfahren der Zusammenarbeit zwischen der federführenden Aufsichtsbehörde und den betroffenen Aufsichtsbehörden zur Anwendung gelangen, und die betroffenen Aufsichtsbehörden können auf bilateraler oder multilateraler Ebene Amtshilfe leisten und gemeinsame Maßnahmen durchführen, ohne auf das Kohärenzverfahren zurückzugreifen.

II. BDSG

3 Die Anforderungen an eine nationale Koordinierung und adäquate Beteiligung am Verfahren vor dem EDSA ergibt sich aus den §§ 17, 18 und 19 BDSG.

III. Genese

4 Das Dringlichkeitsverfahren entspricht weitestgehend dem Vorschlag der Kommission. Im Trilogverfahren wurden kaum Änderungen vorgenommen.

IV. Aufsicht, Ausschuss, Leitlinien

5 Das Verfahren für ein Verfahren nach Art. 66 ist in Art. 13 der Geschäftsordnung des EDSA geregelt.

B. Kommentierung

I. DS-GVO

6 **1. Allgemeines.** Eine Folge des Kohärenzverfahrens nach Art. 64 und 65 ist, dass die federführende oder die betroffenen Aufsichtsbehörden solange keinen verbindlichen Beschluss fassen dürfen, solange der Ausschuss keine Stellungnahme und keinen verbindlichen Beschluss gefasst hat. Die Abstimmung im Kohärenzverfahren nach Art. 64 und 65 erfordert ausweislich der dort festgelegten Fristen Zeit. Die in Fällen grenzüberschreitender Datenverarbeitung nach Art. 63 ff. erforderliche Abstimmung soll nicht zu schweren und unzumutbaren Nachteilen bei den Betroffenen führen. Daher werden in Art. 66 Regelungen für sog. Eilfälle, Fälle von Dringlichkeit, getroffen. Art. 66 erlaubt einstweilige Maßnahmen und ein beschleunigtes Eilverfahren vor dem EDSA. Das interadministrative Kohärenzverfahren muss sicherstellen, dass auch wäh-

---

[1] Die Verfasserin vertritt hier ihre persönliche Auffassung, die nicht notwendig der Auffassung des Hessischen Datenschutzbeauftragten entspricht.

rend des Verfahrens bei der Ausübung von Abhilfebefugnissen oder in Bezug auf Beschwerden effektiver Individualrechtsschutz gewährleistet werden kann.

Der Schutz natürlicher Personen bei der Verarbeitung personenbezogener Daten ist ein Grundrecht. Gem. Art. 8 Abs. 1 GRCh sowie Art. 16 Abs. 1 AEUV hat jede Person das Recht auf Schutz der sie betreffenden personenbezogenen Daten.[2] Diese Verordnung soll zur Vollendung eines Raums der Freiheit, der Sicherheit und des Rechts und einer Wirtschaftsunion, zum wirtschaftlichen und sozialen Fortschritt, zur Stärkung und zum Zusammenwachsen der Volkswirtschaften innerhalb des Binnenmarktes sowie zum Wohlergehen natürlicher Personen beitragen.[3] Die Verarbeitung personenbezogener Daten sollte im Dienste der Menschheit stehen. Das Recht auf Schutz personenbezogener Daten ist kein uneingeschränktes Recht; es muss im Hinblick auf seine gesellschaftliche Funktion gesehen und unter Wahrung des Verhältnismäßigkeitsprinzips gegen andere Grundrechte abgewogen werden.[4]

7

Diese Verordnung steht im Einklang mit allen Grundrechten und achtet alle Freiheiten und Grundsätze, die mit der GRCh anerkannt wurden und in den Europäischen Verträgen verankert sind, insbesondere Achtung des Privat- und Familienlebens, der Wohnung und der Kommunikation, Schutz personenbezogener Daten, Gedanken-, Gewissen- und Religionsfreiheit, Recht auf einen wirksamen Rechtsbehelf und ein faires Verfahren und Vielfalt der Kulturen, Religionen und Sprachen.[5] Das Dringlichkeitsverfahren steht in diesem Kontext. Art. 66 setzt dringenden Handlungsbedarf zum Schutz der Rechte und Freiheiten von betroffenen Personen, insbesondere wenn eine erhebliche Behinderung der Durchsetzung des Rechts einer betroffenen Person droht[6].

8

Das Dringlichkeitsverfahren nach Art. 66 ist in **drei Fallgestaltungen** aufgeteilt. Fall 1 und 2 sind voneinander abhängig. Nach Art. 66 Abs. 1 kann die betroffene Aufsichtsbehörde auf ihrem Territorium eine zeitlich begrenzte, vorläufige Maßnahme erlassen. Nach Art. 66 Abs. 2 kann sie eine endgültige **Eil-Stellungnahme** oder einen verbindlichen **Eil-Beschluss** im verkürzten Verfahren nach Art. 64, bzw. Art. 65 beantragen, wenn sie bereits eine Maßnahme nach Art. 66 Abs. 1 erlassen hat. Im dritten Fall kann jede Aufsichtsbehörde unter den Voraussetzungen des Art. 66 Abs. 3 einen Dringlichkeitsantrag um eine Eil-Stellungnahme[7] i.S.d. Art. 64 oder einen Eil-Beschluss[8] i.S.d. Art. 65 beantragen. Die Bedeutung im Einzelnen werden in den Rn. 10 ff. aufgezeigt.

9

2. Dringlichkeitsverfahren nach Art. 66 Abs. 1. Das Dringlichkeitsverfahren nach Art. 66 Abs. 1 S. 1 ermächtigt unter bestimmten Voraussetzungen jede betroffene Aufsichtsbehörde in Ergänzung zu Art. 58, eine sofortige einstweilige Maßnahme mit festgelegter Geltungsdauer von höchstens drei Monaten zu treffen. Die rechtliche Wirkung der Maßnahme ist auf das Hoheitsgebiet der zuständigen Aufsichtsbehörde beschränkt.

10

---

2 ErwG 1; s. auch *Albrecht/Jotzo* Das neue Datenschutzrecht der EU, S. 36, 38; Vedder/Heintschel-*Folz* Europäisches Unionsrecht, 283 ff.
3 ErwG 2, S. 2.
4 ErwG 4 S. 1.
5 ErwG 4 S. 2.
6 ErwG 136, S. 1.
7 Urgent-opinion (engl.).
8 Urgent-binding (engl.).

11 **a) Dringender Handlungsbedarf.** Voraussetzung für ein Dringlichkeitsverfahren nach Art. 66 Abs. 1 sind außergewöhnliche, außerordentliche Umstände[9]. Die Aufsichtsbehörde muss zu der Auffassung gelangen, dass dringender Handlungsbedarf besteht. Dringender Handlungsbedarf ist gem. Art. 66 Abs. 1 S. 1 gegeben, wenn es um den Schutz von Rechten und Freiheiten von betroffenen Personen geht, insbesondere wenn eine erhebliche Behinderung der Durchsetzung des Rechts einer betroffenen Person droht.[10]

12 **b) Abwägung.** Die Aufsichtsbehörde muss in ihrer Entscheidung verschiedene Punkte gegeneinander abwägen. Unter anderem ist Folgendes zu berücksichtigen:
– Ist die Eilmaßnahme wirklich notwendig?
– Warum kann das Verfahren nach Art. 64 bzw. 65 nicht abgewartet werden?
  Es muss eine erhebliche Behinderung der Durchsetzung des Rechts der betroffenen Person drohen.
– Ist die Maßnahme geeignet, die Lage interimsweise zu sichern?
– Kann die Maßnahme im Zweifelsfall rückgängig gemacht werden?
  Wenn z.B. Daten gelöscht würden, wären sie im Regelfall unwiederbringlich, also wäre eine Sperre die mildere, aber noch geeignete Maßnahme.

13 Die Aufsichtsbehörde muss darauf achten, dass die Maßnahme aus ihrer Sicht unionsrechtskonform ist und die Verwirklichung von Unionsrecht nicht praktisch unmöglich gemacht wird.[11] Außerdem muss eine einheitliche Anwendung des Unionsrechts in allen Mitgliedstaaten gewährleistet sein.[12]

14 **c) Mitteilungspflicht.** Nach Art. 66 Abs. 1 S. 2 hat die Aufsichtsbehörde die anderen betroffenen Aufsichtsbehörden, den Ausschuss und die Kommission **unverzüglich** von diesen Maßnahmen und den Gründen für deren Erlass in Kenntnis zu setzen. Auch hier liegt unverzügliches Handeln vor, wenn „ohne schuldhaftes Zögern" gehandelt wird. Dennoch bleibt abzuwarten, wie die endgültigen elektronischen Wege für die Übermittlung im europäischen Verbund ausgestaltet sind. Art. 66 Abs. 1 S. 2 stellt für die Unverzüglichkeit der Mitteilung auf den Erlass der Maßnahme ab. Also hat die Mitteilung nach dem Erlass, mithin gleichzeitig mit oder nach Mitteilung an den Betroffenen zu erfolgen.

15 Die Darstellung der Maßnahme und die Gründe müssen den Ausnahmetatbestand nachvollziehbar darlegen. Es muss für den Empfänger der Mitteilung deutlich nachvollziehbar sein, dass in diesem konkreten Einzelfall im Zeitpunkt der Entscheidung Handlungsbedarf bestand und dass ein Abwarten auf den Ausgang der Verfahren nach Art. 60, 63–65 durch die zeitliche Verzögerung eine erhebliche Behinderung der Durchsetzung des Rechts einer betroffenen Person drohe. Diese Anforderung dürfte Rechtmäßigkeitsvoraussetzung für diese Eilmaßnahme nach Art. 66 Abs. 1 sein.

16 **d) Maßnahmen – Anwendungspraxis.** Mangels Anwendungspraxis fehlt es noch an Praxisbeispielen, aber denkbar wäre ein vorübergehender Entzug einer Zertifizierung, die Anordnung an eine akkreditierte Stelle, vorübergehend eine Zertifizierung zu entziehen, oder auch die vorübergehende Beschränkung, inklusive kurzzeitigem Verbot,

---

9 Exceptional circumstances (engl.).
10 S. ErwG 136, S. 1.
11 *EuGH* v. 20.3.1997 – Rs. C-24/95, Alcan II, Slg. 1997, I-1591.
12 *EuGH* v. 21.9.1983 – C-205/82, Deutsches Milchkontor, Slg. 1983, 2633, Rn. 17.

einer Datenverarbeitung sowie das vorübergehende Aussetzen von Datenströmen an einen Empfänger in einem Drittland oder an eine internationale Organisation

3. Dringlichkeitsverfahren nach Art. 66 Abs. 2. Mit Art. 66 Abs. 2 trifft die Verordnung eine weitere Vorkehrung zu Sicherung von Rechten zum Ausgleich des zeitlichen Abstimmungsbedarfs zwischen den Aufsichtsbehörden im Rahmen des Kohärenzverfahrens. Nach Art. 66 Abs. 2 kann die zuständige Aufsichtsbehörde auch um eine endgültige Entscheidung im Eilverfahren vor dem EDSA ersuchen und eine Stellungnahme oder einen verbindlichen Beschluss beantragen. Das Eilverfahren nach Art. 66 Abs. 4 verkürzt die Fristen nach Art. 64 Abs. 3 und Art. 65 Abs. 2. Im Dringlichkeitsverfahren nach Art. 66 Abs. 4 i.V.m. Art. 64 oder 65 beträgt die Frist zur Beschlussfassung **zwei Wochen** und der Beschluss kann mit **einfacher Mehrheit** der Mitglieder des Ausschusses angenommen werden. 17

Das Eilverfahren setzt voraus, dass die Aufsichtsbehörde bereits nach Art. 66 Abs. 1 eine vorläufige Maßnahme erlassen hat. 18

In dem Antrag muss der Hinweis auf das bereits erfolgte Vorgehen derselben Aufsichtsbehörde nach Art. 66 Abs. 1 enthalten sein und eine Begründung dafür beigefügt werden, dass das Zuwarten auf ein Verfahren nach Art. 64 oder Art. 65 mit dem normalen Lauf der vorgesehenen Fristen nicht zumutbar ist und eine erhebliche Behinderung der Durchsetzung des Rechts einer betroffenen Person droht. Die Eilbedürftigkeit muss nachvollziehbar sein. Ob darunter bspw. die Frage zu erörtern ist, dass in diesem Einzelfall diese konkrete Maßnahme im normalen Verfahren mit hoher Wahrscheinlichkeit getroffen werden wird, ist noch zu klären. In jedem Fall muss aus dem Antrag hervorgehen, dass in diesem Fall dringend eine endgültige Maßnahme erlassen werden muss. In dem gem. Art. 66 Abs. 4 gekürzten Verfahren kann die Eil-Stellungnahme oder der verbindliche Eil-Beschluss innerhalb von **2 Wochen** erwirkt werden. Dadurch, dass es nur eine **einfache Mehrheit** der Mitglieder des Ausschusses braucht, sind umso höhere inhaltliche Anforderungen an das Verfahren zu stellen. 19

4. Dringlichkeitsverfahren nach Art. 66 Abs. 3. Darüber hinaus kann jede betroffene Aufsichtsbehörde (in den EU-Mitgliedstaaten) im Dringlichkeitsverfahren nach Art. 66 Abs. 3 den EDSA um eine Stellungnahme oder einen verbindlichen Beschluss im Eilverfahren ersuchen. Betroffene Aufsichtsbehörde ist i.S.d. Art. 4 Nr. 22 die Aufsichtsbehörde, die von der Verarbeitung personenbezogener Daten betroffen ist, weil der Verantwortliche oder der Auftragsverarbeiter im Hoheitsgebiet des Mitgliedstaates dieser Aufsichtsbehörde niedergelassen ist, diese Verarbeitung erhebliche Auswirkungen auf betroffenen Personen mit Wohnsitz im Mitgliedstaat dieser Aufsichtsbehörde hat oder haben kann oder eine Beschwerde bei dieser Behörde eingereicht wurde. 20

Ein Verfahren nach Art. 66 Abs. 3 kann eine betroffene Aufsichtsbehörde beantragen, wenn eine zuständige Behörde trotz dringendem Handlungsbedarf **keine geeignete Maßnahme** getroffen hat, um die Rechte und Freiheiten von betroffenen Personen zu beschützen. Unter der Angabe von Gründen für diesen Antrag hat sie hierzu vorzutragen aber auch Gründe für den **dringenden Handlungsbedarf**. Auch für dieses Dringlichkeitsverfahren gilt die kurze Frist und die einfache Mehrheit nach Art. 66 Abs. 4. Nach Art. 66 Abs. 4 beträgt die Frist für die Beschlussfassung abweichend von Art. 64 Abs. 3 bzw. 65 Abs. 2 zwei Wochen. Erforderlich ist eine einfache Mehrheit der Mitglieder des Ausschusses. 21

II. BDSG

22 Siehe Kommentierung zu Art. 65 Rn. 29.

C. Praxishinweise

23 Hinweise zu diesem Verfahren finden sich in Art. 13 EDSA-GO. An einer Praxis, der Hinweise zu entnehmen wären, fehlt es noch. Für die Aufsicht ist von Bedeutung, dass Maßnahmen nach Art. 58 im Falle eines laufenden Kohärenzverfahrens dann nur auf den Zeitraum aus Art. 66 beschränkt sein dürfen. Sofern diese erlassene Maßnahme vor dem Verwaltungsgerichtsweg beklagt werden würde, käme es unter Umständen zu spannenden Konstellationen.

Artikel 67 Informationsaustausch

Die Kommission kann Durchführungsrechtsakte von allgemeiner Tragweite zur Festlegung der Ausgestaltung des elektronischen Informationsaustauschs zwischen den Aufsichtsbehörden sowie zwischen den Aufsichtsbehörden und dem Ausschuss, insbesondere des standardisierten Formats nach Artikel 64, erlassen.

Diese Durchführungsrechtsakte werden gemäß dem Prüfverfahren nach Artikel 93 Absatz 2 erlassen.

– *ErwG: 167, 168*

Übersicht

	Rn		Rn
A. Einordnung und Kontext	1	C. Praxishinweise	16
I. Erwägungsgründe	1	I. Relevanz für öffentliche Stellen	16
II. BDSG	3		
III. Normengenese und Materialien	4	II. Relevanz für nichtöffentliche Stellen	17
B. Kommentierung	5	III. Relevanz für betroffene Personen	18
I. DS-GVO	5		
II. BDSG	15	IV. Relevanz für die Aufsicht	19

Literatur: *Caspar* Das aufsichtsbehördliche Verfahren nach der EU-Datenschutz-Grundverordnung, ZD 2012, 555; *Dehmel/Hullen* Auf dem Weg zu einem zukunftsfähigen Datenschutz in Europa?, 147; *Hornung* Eine Datenschutz-Grundverordnung für Europa?, ZD 2012, 99; *Kahler* Die Europarechtswidrigkeit der Kommissionsbefugnisse in der Grundordnung, RDV 2013, 69; *Ronellenfitsch* Fortentwicklung des Datenschutzes – Die Pläne der Europäischen Kommission, DuD 2012, 561; *Vedder/Heintschel von Heinegg* Europäisches Unionsrecht, 2012.

A. Einordnung und Kontext

I. Erwägungsgründe

1 Die ErwG 167 und 168 erklären die Aufgabe des Art. 67. Zur Gewährleistung einheitlicher Bedingungen für die Durchführung dieser DS-GVO sollen der Kommission Durchsetzungsbefugnisse übertragen werden, wenn dies in dieser Verordnung vorgesehen ist. Diese Befugnisse sollen nach Maßgabe der Verordnung (EU) Nr. 182/2011 des Europäischen Parlaments und des Rates ausgeübt werden. In diesem Zusammen-

hang sollte die Kommission besondere Maßnahmen für Kleinunternehmen sowie kleine und mittlere Unternehmen erwägen.[1]

Für den Erlass von Durchführungsrechtsakten bzgl. Vorkehrungen für den elektronischen Informationsaustausch zwischen Aufsichtsbehörden und zwischen Aufsichtsbehörden und dem Ausschuss sollte das Prüfverfahren angewandt werden.[2]   2

II. BDSG

Im neuen BDSG gibt es keine offensichtlich mit Art. 67 zusammenhängende Regelungen. Indirekt spielt § 17 BDSG natürlich eine Rolle, weil dieser die ZAST erwähnt, die einen zentralen Knotenpunkt im IMI-Verfahren für Deutschland übernimmt.   3

III. Normengenese und Materialien

Der Entwurf der Kommission[3] hatte eine ganze Reihe von Ermächtigungen für den Erlass von Durchführungsrechtsakten der Kommission in Angelegenheiten vorgesehen, die im Kohärenzverfahren behandelt werden. Darunter waren auch Ermächtigungen für Durchführungsakte zur Anwendung der DS-GVO. Verblieben ist in Art. 67 allein die Befugnis zum Erlass eines Durchführungsrechtsaktes von allgemeiner Tragweite, in dem die Festlegung der Ausgestaltung des elektronischen Informationsaustausches zwischen den Aufsichtsbehörden sowie zwischen den Aufsichtsbehörden und dem EDSA geregelt ist.   4

B. Kommentierung

I. DS-GVO

Der Kommission wurde mit Art. 67 die Befugnis übertragen, Durchführungsrechtsakte von allgemeiner Tragweite zur Festlegung der Ausgestaltung des elektronischen Informationsaustausches zwischen den Aufsichtsbehörden sowie zwischen den Aufsichtsbehörden und dem EDSA, insbesondere des standardisierten Formats nach Art. 64, zu erlassen.   5

Diese Befugnisübertragung findet Anwendung, da zuweilen eine Überarbeitung bereits verabschiedeter Rechtsakte notwendig ist, um sie an aktuelle Entwicklungen in einem bestimmten Wirtschaftszweig anzupassen oder ihre wirksame Umsetzung sicherzustellen. Parlament und Rat können der Kommission zu diesem Zweck die Befugnis übertragen, einen delegierten oder einen Durchführungsrechtsakt zu erlassen.   6

Die Hauptzuständigkeit für die Umsetzung von EU-Rechtsvorschriften liegt bei den EU-Mitgliedstaaten. In den Bereichen, in denen **einheitliche Bedingungen** für die Umsetzung notwendig sind, wie z.B. Besteuerung, Landwirtschaft, Binnenmarkt, Gesundheit und Lebensmittelsicherheit und Datenschutz, verabschieden die Kommission – und in Ausnahmefällen auch der Rat – Durchführungsrechtsakte.   7

---

1 ErwG 167.
2 ErwG 168.
3 KOM (2012) 11 endg. v. 25.1.2012; s. auch *Hornung* ZD 2013, 105 f.; *Caspar* ZD 2012, 556; *Kahler* RDV 2013, 69 ff.; *Dehmel/Hullen* ZD 2013, 151; *Ronellenfitsch* DuD 2012, 561.

8   Bevor die Kommission einen Durchführungsrechtsakt annehmen kann, muss sie grundsätzlich einen Ausschuss konsultieren, in dem alle EU-Länder vertreten sind. Im vorliegenden Fall verweist Art. 93 Abs. 2 auf das **Prüfverfahren** in Art. 5 VO (EU) Nr. 182/2011 zur Festlegung der allgemeinen Regeln und Grundsätzen, nach denen die Mitgliedstaaten die Wahrnehmung der Durchführungsbefugnisse durch die Kommission kontrollieren. Das legt das Prüfverfahren fest, durch das die Mitgliedstaaten den Durchführungsrechtsakt zum Informationsaustausch der Kommission kontrollieren können. Die Verordnung (EU) Nr. 182/2011 setzt Art. 291 AEUV über Durchführungsrechtsakte um.

9   Der Ausschuss ermöglicht es den EU-Ländern, die Arbeit der Kommission bis zur Annahme eines Durchführungsrechtsakts zu beaufsichtigen. Dieses Vorgehen wird im EU-Jargon als „Komitologieverfahren"[4] (Ausschussverfahren) bezeichnet.

10 Art. 63 fordert eine effektive Zusammenarbeit der Aufsichtsbehörden im Kohärenzverfahren. Die effektive Zusammenarbeit bedarf eines funktionierenden Informationsaustausches zwischen den Aufsichtsbehörden und dem EDSA. Der in Art. 64 Abs. 4, 5 und 7, Art. 65 Abs. 5, 6 und Art. 66 Abs. 1 geforderte intensive Informationsaustausch kann bei den relativ kurzen Fristen in den Verfahren nach Art. 64, 65 und 66 vor allem mittels eines gut funktionierenden elektronischen Informationsaustausches gewährleistet werden.

11 Zwar wird nur in Art. 64 Abs. 4 der elektronische Übermittlungsweg unter Verwendung eines standardisierten Formates ausdrücklich genannt, aber mit dem Wortlaut in Art. 67 kann davon ausgegangen werden, dass die Digitalisierung der Kommunikations- und Verwaltungsvorgänge sich auch auf die Art. 65 und 66 des Kohärenzverfahrens bezieht. Denn Art. 67 regelt die Befugnis der Kommission zum Erlass von Durchführungsrechtsakten von allgemeiner Tragweite zur Festlegung der Ausgestaltung des elektronischen Informationsaustausches zwischen den Aufsichtsbehörden sowie zwischen den Aufsichtsbehörden und dem Ausschuss, **insbesondere** des standardisierten Formats nach Art. 64. Das „insbesondere" lässt darauf schließen, dass die anderen Verfahren nach Art. 65 und 66 auch auf dem elektronischen Wege abgewickelt werden können. Das hat sich in der Praxis auch so bestätigt.

12 Der Weg des elektronischen Informationsaustausches wird über **Binnenmarktinformationssystem**[5] **(IMI)** sichergestellt werden[6]. Das IMI wurde von der Kommission in Zusammenarbeit mit den Mitgliedstaaten entwickelt, um die grenzüberschreitende europäische Verwaltungszusammenarbeit zu erleichtern und zu verbessern. IMI ist ein sicheres mehrsprachiges Online-Tool, das den Informationsaustausch zwischen Behörden erleichtert, die an der praktischen Umsetzung des EU-Rechts beteiligt sind[7]. IMI unterstützt die Behörden bei der grenzüberschreitenden Zusammenarbeit in mehre-

---

4   Weitere Informationen zu diesem Verfahren findet man im Strategiepapier „Instrumentarium für eine bessere Rechtsetzung" (Better regulation „Toolbox"). Dieses Papier ergänzt die Better Regulation Guideline (SWD 2017, 350).
5   Englisch: Internal Market Information System = IMI; http://www.bva.bund.de/DE/Organisation/Abteilungen/Abteilung_VMA/IMI_neu/binnenmarktinformationssystem_imi/binnenmarktinformationssystem_imi_node.html; http://ec.europa.eu/internal_market/imi-net/index_de.htm.
6   S. Kommentierung zu Art. 63 Rn. 20.
7   S. http://ec.europa.eu/internal_market/imi-net/about/index_de.htm.

ren politischen Bereichen, die europaweit geregelt sind[8]. Es ist ein Tool für eine moderne Form der grenzüberschreitenden Verwaltungszusammenarbeit. Zwei oder mehr zuständige Behörden können sich auf diesem Weg austauschen. IMI kann in allen EU-Sprachen genutzt werden. Geregelt ist das IMI in der IMI-Verordnung Verordnung (EU) Nr. 1024/2012[9].

Die Kommission liefert und wartet die Software und die IT-Infrastruktur für das IMI, gewährleistet die Sicherheit des IMI, verwaltet das Netz der nationalen Koordinatoren und ist in die Schulung und technische Unterstützung der IMI-Nutzer eingebunden.[10] Die IT-Sicherheit gilt als gewährleistet. Ein entsprechender Auftrag findet sich im Beschluss der Kommission vom 11.1.2017[11]. Die IMI-Verordnung ist ggf. um aus der DS-GVO erwachsende Bedarfe mittels Durchführungsrechtsakt der Kommission zu ergänzen. DG GROW (Generaldirektion Binnenmarkt, Industrie, Unternehmertum und KMU) war ebenso wie die Art.-29-Datenschutzgruppe mit ihren Subgroups Cooperation und Enforcement sowie der IT Taskforce mit den Umsetzungsfragen befasst, um die Abläufe für das Kooperations- und Kohärenzverfahren aus Art. 56, 60, 61, 62, 64, 65 und 66 abzubilden. 13

Kritik

Auf den ersten Blick scheint sich die Befugnis der Kommission aus Art. 67 nicht mit der Unabhängigkeit der Aufsichtsbehörden i.S.d. Art. 52 zu vertragen. Art. 70 Abs. 1 S. 2 lit. u eröffnet dem EDSA die Möglichkeit, sich entweder von sich aus oder auf Ersuchen der Kommission um die Förderung der Zusammenarbeit und eines wirksamen bilateralen und multilateralen Austauschs von Informationen sowie bewährten Verfahrens zwischen den Aufsichtsbehörden zu kümmern. Inwieweit das mit dem Auftrag an die Kommission im Einklang steht, wird noch zu klären sein. 14

II. BDSG

Um den Informationsaustausch auf der nationalen Ebene in Deutschland sicher zu stellen, sind noch verschiedene Fragen offen. Die einzelnen Aufsichtsbehörden sind direkt an den europäischen elektronischen Informationsaustausch angebunden. Darüber hinaus nimmt die ZASt aus § 17 BDSG hier eine koordinierende Rolle ein. Grundsätzlich ist es wünschenswert, dass das nationale sog. „kleine Kohärenzverfahren" mit dem elektronischen Informationsaustausch auf EU-Ebene kompatibel ist. An dieser Stelle ist nicht zu vergessen, dass das Kohärenzverfahren auf EU-Ebene souveräne Mitgliedstaaten zur Harmonisierung der Rechtsanwendung führt. Auch die Bundesländer haben sich in der Auslegung der DS-GVO an dem EU-Ver- 15

---

8 Ende 2019 waren dies, den Datenschutz eingerechnet, 56 Verfahren in 14 Politikbereichen und es waren 8 200 Behörden mit über 18 000 Nutzerinnen und Nutzern registriert.
9 Verordnung (EU) Nr. 1024/2012 v. 25.10.2012 (des Europäischen Parlaments und des Rates v. 25.10.2012 über die Verwaltungszusammenarbeit mit Hilfe des Binnenmarkt-Informationssystems und zur Aufhebung der Entscheidung 2008/49/EG der Kommission – „IMI-Verordnung").
10 VO (EU) Nr. 1023, 2012, ErwG 9.
11 Beschluss (EU, Euratom) 2017/46 der Kommission v. 10.1.2017 über die Sicherheit von Kommunikations- und Informationssystem in der Europäischen Kommission; Berichtigt durch C-2017/4924 Berichtigung des Beschlusses (EU, Euratom) 2017/46 der Kommission v. 10.1.2017 über die Sicherheit von Kommunikations- und Informationssystemen in der Europäischen Kommission.

ständnis der DS-GVO zu orientieren. Dahingehend müssen sich auf nationaler Ebene in Deutschland föderal strukturierte Bundesländer mit dem Bund koordinieren um im EDSA mit einer Stimme zu sprechen Die Bundesländer sind keine souveränen Staaten. Sie kennen Abstimmungsmechanismen, seitdem es den Bundesstaat gibt. Es muss also ein geeignetes Verfahren gefunden werden, dass ein Abstimmungsverfahren im föderalen Sinne ist, welches aber auch der Entscheidungsfindung im Sinne der Harmonisierung dient. Aktuell läuft die Koordination der Landesbeauftragten mit dem Bund über die bewährten Mechanismen der DSK. Ob in Zukunft auf ein mit dem IMI vergleichbares System zurückgegriffen wird, bleibt abzuwarten.

C. Praxishinweise

I. Relevanz für öffentliche Stellen

16 Bislang sind keine Anknüpfungspunkte für öffentliche Stellen ersichtlich. Es handelt sich um ein innerorganisatorisches Verfahren der Datenschutzaufsichtsbehörden.

II. Relevanz für nichtöffentliche Stellen

17 Für nichtöffentliche Stellen ist ebenfalls im Moment kein Anknüpfungspunkt erkennbar. Es handelt sich um ein innerorganisatorisches Verfahren der Datenschutzaufsichtsbehörden.

III. Relevanz für betroffene Personen

18 Für die betroffenen Personen ergibt sich ebenfalls keine Relevanz. Es handelt sich um ein innerorganisatorisches Verfahren.

IV. Relevanz für die Aufsicht

19 Die Aufsichtsbehörden sollten ihr Augenmerk auf die Entwicklung der Verfahren richten und die Durchführungsrechtsakte der Kommission im Auge behalten. Die Entwicklungen auf der EU-Ebene haben auch Einfluss auf das Verfahren zum elektronischen Informationsaustausch auf der nationalen Ebene. Die Anpassung der lokalen Systeme ist sicherstellen. Für die Praxis mit dem Kohärenzverfahren ist für eine effektive Teilhabe von Bedeutung, dass die laufenden Verfahren beobachtet werden. Praxisprobleme bieten immer die Chance, die Erfahrungen in die Weiterentwicklung des IMIs einfließen zu lassen. Auch wenn das IMI mehrsprachig ausgerichtet ist, so hat der EDSA in seiner Geschäftsordnung in Art. 23 **Englisch als Amtssprache** festgesetzt. Das bedeutet für die Verfahren nach Art. 63–66 DS-GVO, dass hier vorab Übersetzungsleistungen durch den Einreichenden zu berücksichtigen sind. Gem. Art. 263 AEUV[12] können Durchführungsrechtsakte der Kommission im Wege der Nichtigkeitsklage vor dem EuGH angefochten werden. Klageberechtigt sind die Mitgliedstaaten, das Parlament und der Rat. Darüber hinaus sind auch die Aufsichtsbehörden oder der EDSA sind als direkt Betroffene ebenfalls klagebefugt.

---

12 Vedder/Heintschel von Heinegg-*Pache* Art. 263 AEUV Rn. 1 ff.

Abschnitt 3
Europäischer Datenschutzausschuss

Artikel 68 Europäischer Datenschutzausschuss

(1) Der Europäische Datenschutzausschuss (im Folgenden „Ausschuss") wird als Einrichtung der Union mit eigener Rechtspersönlichkeit eingerichtet.

(2) Der Ausschuss wird von seinem Vorsitz vertreten.

(3) Der Ausschuss besteht aus dem Leiter einer Aufsichtsbehörde jedes Mitgliedstaats und dem Europäischen Datenschutzbeauftragten oder ihren jeweiligen Vertretern.

(4) Ist in einem Mitgliedstaat mehr als eine Aufsichtsbehörde für die Überwachung der Anwendung der nach Maßgabe dieser Verordnung erlassenen Vorschriften zuständig, so wird im Einklang mit den Rechtsvorschriften dieses Mitgliedstaats ein gemeinsamer Vertreter benannt.

(5) [1]Die Kommission ist berechtigt, ohne Stimmrecht an den Tätigkeiten und Sitzungen des Ausschusses teilzunehmen. [2]Die Kommission benennt einen Vertreter. [3]Der Vorsitz des Ausschusses unterrichtet die Kommission über die Tätigkeiten des Ausschusses.

(6) In den in Artikel 65 genannten Fällen ist der Europäische Datenschutzbeauftragte nur bei Beschlüssen stimmberechtigt, die Grundsätze und Vorschriften betreffen, die für die Organe, Einrichtungen, Ämter und Agenturen der Union gelten und inhaltlich den Grundsätzen und Vorschriften dieser Verordnung entsprechen.

– *ErwG: 139, speziell zu Art. 68 Abs. 4: ErwG 119*
– *BDSG speziell zu Art. 68 Abs. 4: § 17 BDSG*

Übersicht

	Rn		Rn
A. Einordnung und Hintergrund der Vorschrift	2	B. Der Ausschuss als zentrale Koordinierungsinstanz der unionalen Datenschutzaufsicht	20
I. Erwägungsgründe	2	I. Rechtsnatur des Ausschusses (Abs. 1)	20
1. ErwG 139	3	1. Einrichtung der Union	21
2. ErwG 119	4	2. Eigene Rechtspersönlichkeit	22
II. Normgenese und -umfeld	5	3. Korrespondierende Norm im BDSG?	31
1. DSRL	5	II. (Außen-)Vertretung des Ausschusses (Abs. 2)	32
2. BDSG a.F	10	1. Inhalt und Aufgabenspektrum	32
3. Regelungsvorschläge der Art.-29-Datenschutzgruppe	11	2. Wahrnehmung der Vertretungsaufgabe: Aufgabenverteilung zwischen Vorsitzendem und Stellvertretern	36
4. Gesetzgebungsverfahren	13		
a) Verhältnis des Ausschusses zur Kommission	14		
b) Rolle des Europäischen Datenschutzbeauftragten	16		
III. Ausfüllung des unionsrechtlichen Regelungsrahmens durch das BDSG	17	III. Ausschussmitglieder (Abs. 3 und 4)	44

	Rn
1. Europäischer Datenschutzbeauftragter	49
2. „Leiter einer Aufsichtsbehörde jedes Mitgliedstaats"	51
3. Stellvertreter („oder ihren jeweiligen Vertretern")	54
a) Rechtsstatus	55
b) Bestimmung des Stellvertreters	56
aa) Stellvertreter des Leiters der nationalen Aufsichtsbehörde	56
(1) Grundsätzliche Offenheit der DS-GVO	57
(2) Sonderfall föderal strukturierter Mitgliedstaaten	60
bb) Stellvertreter des Europäischen Datenschutzbeauftragten	64
4. Rolle der Kommission	65
IV. Innerstaatliche Vertretung in föderalen Staaten (Abs. 4)	71
1. Begrenzte unionsrechtliche Vorgaben und deutsches Modell	72
2. Regelungskompetenz: Bestimmungsrecht in der Bundesrepublik Deutschland	76
a) Regelungskompetenz für das nationale Datenschutzrecht	78
b) Kompetenz zur Außenvertretung	80
aa) Art. 23 Abs. 1 S. 2 GG und Art. 16 Abs. 2 AEUV	83
bb) Art. 23 Abs. 7 GG	85

	Rn
cc) Art. 73 Abs. 1 Nr. 1 Alt. 1 GG	89
3. Inhaltliche Ausgestaltung (Wahrnehmungskompetenz)	91
a) Aufgabenübertragung an den Stellvertreter (§ 17 Abs. 2 BDSG)	92
b) Vorabkoordination im Verfahren der Zusammenarbeit (§ 18 BDSG)	94
aa) Recht zur Stellungnahme und Verständigung auf einen gemeinsamen Standpunkt (§ 18 Abs. 1 S. 1 und 2 BDSG)	95
bb) Beteiligung der medienrechtlichen Aufsichtsbehörden sowie der Aufsichtsbehörden der Kirchen (§ 18 Abs. 1 S. 4 BDSG)	96
cc) Verfahren in Konstellationen fehlenden Einvernehmens über einen gemeinsamen Standpunkt (§ 18 Abs. 2 BDSG)	97
dd) Verständigung auf eine Verhandlungsführung auf der Grundlage des gemeinsamen Standpunkts	103
V. Stimmrecht des Europäischen Datenschutzbeauftragten (Abs. 6)	104
C. Zusammenfassung und Ausblick	106
I. Relevanz für Aufsichtsbehörden	109
II. Sanktionen und Bußgeldkompetenz	112

Literatur: *Kienle/Wenzel* Das Klagerecht der Aufsichtsbehörden – Gerichtlicher Rechtsschutz gegen Beschlüsse des Europäischen Datenschutzausschusses, ZD 2019, 107–112; *Kugelmann* Kooperation und Betroffenheit im Netzwerk – Die deutschen Datenschutzaufsichtsbehörden in Europa, ZD 2020, 76–80; *Kühling/Martini* Die Datenschutz-Grundverordnung: Revolution oder Evolution im europäischen und deutschen Datenschutzrecht?, EuZW 2016, 448–454; *von Lewinski* Datenschutzaufsicht in Europa als Netzwerk, NVwZ 2017, 1483–1490; *Nguyen* Die zukünftige Datenschutzaufsicht in Europa – Anregungen für den Trilog zu Kap. VI bis VII der DS-GVO, ZD 2015, 265–270; *Schantz* Die Datenschutz-Grundverordnung – Beginn einer neuen Zeitrechnung im Datenschutzrecht, NJW 2016, 1841–1847.

Art. 68 nimmt zentrale Weichenstellungen für die Vorschriften des dritten Abschnitts 1
der DS-GVO vor: Er konstituiert den Europäischen Datenschutzausschuss (EDSA)
als **unionale Einrichtung der Datenschutzaufsicht mit eigener Rechtspersönlichkeit**
(Abs. 1). Der EDSA spannt ein gemeinsames Dach über die Aufsichtsbehörden der
Mitgliedstaaten, das ihre Tätigkeit überwölbt. Seine Mission ist es, eine **unionsweit
einheitliche Anwendung der DS-GVO** sicherzustellen (vgl. Art. 70 Abs. 1 S. 1). Wie der
EDSA seine Tätigkeit organisiert, zeichnen die Abs. 2 bis 7 in ihren wesentlichen
Grundzügen vor.

A. Einordnung und Hintergrund der Vorschrift

I. Erwägungsgründe

Die normativen Strukturüberlegungen, die den Unionsgesetzgeber bei Art. 68 geleitet 2
hatten, formulieren vor allem die ErwG 139 (Rn. 3) und 119 (Rn. 4).

1. ErwG 139. ErwG 139 erschöpft sich (anders als zahlreiche andere ErwG) weitge- 3
hend darin, den Normwortlaut des Art. 68 zu paraphrasieren. Immerhin präzisiert
er die Zielsetzungen des EDSA: Der Ausschuss soll dazu beitragen, den unionsweit einheitlichen Vollzug der DS-GVO in der gesamten Union zu fördern (S. 1 und 7), die Kommission zu beraten (insbesondere im Hinblick auf das Schutzniveau in Drittländern oder internationalen Organisationen) und die Zusammenarbeit der Aufsichtsbehörden in der Union zu optimieren. Eine eigenständige Aussage trifft lediglich **S. 4 des ErwG**, der an Art. 94 Abs. 2 S. 2 anknüpft: Er besiegelt das Schicksal der bisherigen sog. **Art.-29-Datenschutzgruppe**: Sie geht in ihrer Funktion und Institutionalisierung vollständig in dem neuen EDSA auf.

2. ErwG 119. In engem **Konnex zu Abs. 4** sowie **Art. 51 Abs. 3** steht **ErwG 119**. Er 4
illustriert die Zielsetzungen, welche die Union mit der Figur des gemeinsamen Vertreters für solche Mitgliedstaaten verfolgt, die – wie die Bundesrepublik Deutschland –
mehrere unabhängige Aufsichtsbehörden errichtet haben: Die zentrale Anlaufstelle
(ErwG 119 S. 2) soll eine wirksame Beteiligung der Aufsichtsbehörden am Kohärenzverfahren sicherstellen sowie „eine **rasche und reibungslose Zusammenarbeit** mit
anderen Aufsichtsbehörden, dem Ausschuss und der Kommission gewährleiste[n]".

II. Normgenese und -umfeld

1. DSRL. Der EDSA ist ein Novum der DS-GVO. Gänzlich ohne Vorläufer ist er 5
jedoch nicht: Die DSRL hatte bereits eine „Gruppe für den Schutz von Personen bei
der Verarbeitung personenbezogener Daten" etabliert (Art. 29 Abs. 1 DSRL; **Art.-29-
Datenschutzgruppe**). Nunmehr tritt der EDSA an ihre Stelle und übernimmt deren
Funktion (vgl. ErwG 139 S. 4, Art. 94 Abs. 2 S. 2).

Das regulatorische Ziel, das der EDSA und die Art.-29-Datenschutzgruppe verfolgen, 6
ist identisch: Beide sollen sicherstellen, dass die unionsrechtlichen Datenschutzregeln
eine „**einheitliche Anwendung**" erfahren (vgl. Art. 70 Abs. 1 S. 1 bzw. Art. 30 Abs. 1
lit. a DSRL). Auch in seiner inneren Verfassung bewegt sich der EDSA in der Kontinuität der Art.-29-Datenschutzgruppe: Sie rekrutierte sich – wie heute der EDSA –
aus den Vertretern der mitgliedstaatlichen Aufsichtsbehörden sowie dem Europäischen Datenschutzbeauftragten. Im Unterschied zum EDSA (Rn. 65) entsandte aber
auch die **Kommission** einen eigenen Vertreter in die Gruppe (Art. 29 Abs. 2 UAbs. 1

DSRL), der den anderen Mitgliedern gleichgestellt war. Ebenso wie die DS-GVO verfügte die DSRL, dass die Gruppe einen **Vorsitzenden** (Art. 29 Abs. 4 S. 1 DSRL) hatte, der sie nach außen vertritt.

7 Das neue unionale Koordinierungsgremium versieht die DS-GVO nicht nur mit einem anderen Namensetikett. Der EDSA hebt sich auch in seiner inhaltlichen und organisatorischen Schlagkraft von seiner historischen Vorgängerin ab: Anders als die Art.-29-Datenschutzgruppe verfügt der EDSA zum einen über **eigene Rechtspersönlichkeit** (vgl. Abs. 1).[1] Beide Gremien unterscheiden sich zum anderen in ihren rechtlichen Befugnissen: Die Gruppe hatte nur „beratende Funktion" (Art. 29 Abs. 1 UAbs. 2 DSRL). Der EDSA hingegen kann durch seine Beschlüsse **rechtsverbindliche Entscheidungen** treffen (**Art. 65 Abs. 1**; dazu Art. 65 Rn. 6 ff.).[2]

8 Dieser unterschiedlichen Ausgestaltung beider Gremien zum Trotz hatte die Gruppe für die Tätigkeit des EDSA bereits wichtige inhaltliche Vorarbeit geleistet. Insbesondere hatte sie einige Arbeitspapiere und Leitlinien für die Auslegung der DS-GVO veröffentlicht. 16 dieser Dokumente hat sich der EDSA in seiner ersten Sitzung am 25.5.2018 ausdrücklich zu eigen gemacht und sich insoweit der Auslegung und Rechtsauffassung der Gruppe angeschlossen.[3]

9 Soweit ein Mitgliedstaat (wie etwa die Bundesrepublik) nicht nur über **eine**, sondern **mehrere** Aufsichtsbehörden verfügt, oblag es unter dem Regime der DSRL allein **den Behörden selbst**, sich auf einen **gemeinsamen Vertreter** in der Gruppe zu einigen (Art. 29 Abs. 2 UAbs. 2 S. 2 DSRL). **Art. 68 Abs. 4** (sowie Art. 51 Abs. 3) legt das Recht, einen Vertreter zu bestimmen, nunmehr explizit in die Hände des nationalen Gesetzgebers.

10 **2. BDSG a.F.** Das BDSG a.F. kannte keine spezifischen Regelungen zur **Art.-29-Datenschutzgruppe**. Ihr weitgehend informeller Charakter und ihr niederschwelliger Organisationsgrad erforderten das auch nicht. Das nationale Pendant zur Gruppe, die Konferenz der unabhängigen Datenschutzbehörden des Bundes und der Länder (sog. **Datenschutzkonferenz**),[4] traf **Regelungen zur Entsendung eines deutschen Vertreters** lediglich in ihrer Geschäftsordnung.

11 **3. Regelungsvorschläge der Art.-29-Datenschutzgruppe.** Die Art.-29-Datenschutzgruppe hat in der Vergangenheit durch zahlreiche Arbeitspapiere und Stellungnahmen im Datenschutzrecht ein **unionales „Soft Law"** hervorgebracht, das die einheitliche Anwendung der DSRL unterstützen sollte.[5] Auch zur Frage, wie der EDSA verfasst sein

---

1 BeckOK DatenSR-*Brink/Wilhelm* Art. 68 Rn. 2 f.
2 Dazu bspw. *Kühling/Martini* EuZW 2016, 448, 452.
3 *European Data Protection Board* Endorsement 1/2018, online abrufbar unter: https://edpb.europa.eu/sites/edpb/files/files/news/endorsement_of_wp29_documents_en_0.pdf.
4 Innerhalb der Datenschutzkonferenz hatte sich als besondere Kommunikationsgruppe der Aufsichtsbehörden für den nichtöffentlichen Bereich der sog. Düsseldorfer Kreis herausgebildet (zu seiner Historie *von Lewinski* NVwZ 2017, 1483, 1485). Auf ihrer 95. Konferenz beschloss die DSK im April 2018, diesen in den „Arbeitskreis Wirtschaft (Düsseldorfer Kreis)" zu überführen.
5 Kühling/Buchner-*Dix* Art. 68 Rn. 2.

sollte, hat sie konkrete Vorschläge unterbreitet. Insbesondere seine Ausstattung mit eigener Rechtspersönlichkeit geht auf die Empfehlung der Gruppe zurück.[6]

Sie regte auch an, die materiellen Vorschriften der DS-GVO organisatorisch durch ein **dezentrales Netzwerk** der Aufsichtsbehörden zu flankieren;[7] deren unionsweite Koordination solle dann der EDSA übernehmen.[8] Diese Idee, eine **„Top Down"-Struktur** im künftigen Aufsichtsregime zu **vermeiden**, also den EDSA gerade nicht als „zentrale [...] Rechtsdurchsetzungsinstanz"[9] zu konzipieren, hat in der DS-GVO zumindest im Ansatz Niederschlag gefunden: Neben seiner Streitbeilegungsfunktion (Art. 65) fällt ihm vor allem die Aufgabe aufsichtsbehördlicher Koordinierung zu. 12

4. Gesetzgebungsverfahren. In dem Gesetzgebungsverfahren zu Art. 68 waren zwei Regelungsaspekte des EDSA Gegenstand kontroverser Debatte: das Verhältnis des EDSA zur Kommission (Rn. 14 f.) und die Rolle des EDSB (Rn. 16). 13

a) Verhältnis des Ausschusses zur Kommission. In ihrem Entwurf für die DS-GVO hatte sich die Kommission **weitreichende Konkretisierungsbefugnisse** vorbehalten. Dem EDSA sollte (wie schon der Art.-29-Datenschutzgruppe) nur eine **beratende Funktion** zukommen:[10] Die Kompetenz für bindende Entscheidungen im Kohärenzverfahren gestand die Kommission noch sich selbst zu (Art. 59 f. DS-GVO-E-KOM).[11] Ebenso sollte ihr das Recht zuwachsen, Durchführungsrechtsakte zu erlassen; hinzu kam ein suspensives Vetorecht gegenüber nationalen Aufsichtsbehörden[12]. 14

Der Regulierungsansatz der Kommission für die aufsichtsrechtliche Architektur stieß jedoch auf breite Kritik. Der Rat pochte (ebenso wie das Europäische Parlament und die Art.-29-Datenschutzgruppe) darauf, dem **EDSA** als unabhängige Instanz mit eigener Rechtspersönlichkeit eine **stärkere Stellung** einzuräumen.[13] Ihm gelang es schließlich, seine Vorstellung im Trilog durchzusetzen. Die Befugnis, die Tätigkeit der nationalen Aufsichtsbehörden zu koordinieren, liegt nun vollumfänglich beim EDSA.[14] Der Kommission verbleibt nur geringer Einwirkungsspielraum. Er beschränkt sich im Wesentlichen auf ein Informationsrecht sowie das Recht, an den Ausschusssitzungen teilzunehmen.[15] 15

b) Rolle des Europäischen Datenschutzbeauftragten. Neben den Leitern der Aufsichtsbehörden ist auch der **EDSB** Mitglied des EDSA (Abs. 3). Mit welchen Rechten 16

---

6 *Artikel-29-Datenschutzgruppe* Propositions regarding the European Data Protection Board Internal Structure, 25.9.2015, S. 1; BeckOK DatenSR-*Brink/Wilhelm* Art. 68 Rn. 10.
7 Zur Datenschutzaufsicht als (dezentrales) Netzwerk *von Lewinski* NVwZ 2017, 1483 ff.
8 *Artikel-29-Datenschutzgruppe* Propositions regarding the European Data Protection Board Internal Structure, 25.9.2015, S. 1.
9 Kühling/Buchner-*Dix* Art. 68 Rn. 1; so wohl auch BeckOK DatenSR-*Brink/Wilhelm* Art. 68 Rn. 5: Der EDSA soll insbesondere zur „Förderung der Zusammenarbeit der Aufsichtsbehörden in der Union" beitragen.
10 Kühling/Buchner-*Dix* Art. 68 Rn. 3.
11 *Albrecht/Jotzo* Das neue Datenschutzrecht der EU, Teil 7, Rn. 18; differenzierend *Härting* BB 2012, 459, 461.
12 Vgl. KOM(2012) 11, endgültig Art. 59 ff.; Kühling/Buchner-*Dix* Art. 68 Rn. 3.
13 Vgl. Simitis/Hornung/Spiecker gen. Döhmann-*Schiedermair* Art. 68 Rn. 3; Ehmann/Selmayr-*Albrecht* Art. 68 Rn. 3.
14 Kühling/Buchner-*Dix* Art. 68 Rn. 1, 3.
15 Kühling/Buchner-*Dix* Art. 68 Rn. 11.

er konkret ausgestattet sein sollte und welche Rolle er im EDSA spielen sollte, entfachte im Gesetzgebungsverfahren Diskussionen.[16] Das Europäische Parlament forderte für den EDSB ein volles Stimmrecht ein,[17] die Kommission sogar den Vorsitz oder zumindest die Stellvertretung.[18] Der Rat erklärte sich damit nicht einverstanden. Der EDSB sei lediglich als Datenschutzaufsicht über die Organe und Einrichtungen der Union konzipiert. Für die Fragen, die der EDSA zu entscheiden hat, komme ihm gerade keine Zuständigkeit zu.[19] Die Endfassung fand einen Kompromiss zwischen den konfligierenden Positionen: Sie weist dem Europäischen Datenschutzbeauftragten ein **eingeschränktes Stimmrecht** im EDSA zu (vgl. Art. 68 Abs. 6, dazu Rn. 104 f.).

III. Ausfüllung des unionsrechtlichen Regelungsrahmens durch das BDSG

17 Den Spielraum, den Abs. 4 (i.V.m. ErwG 119) den föderal verfassten Mitgliedstaaten der Union belässt, füllt das BDSG in seinen §§ 17 ff. (Kapitel 5) aus: Es zeichnet die **Koordinierung der deutschen Aufsichtsbehörden** in der neuen – unionsweit organisierten – Datenschutzaufsicht normativ vor.

18 Der deutsche Gesetzgeber löst sich damit von den Forderungen, welche die deutschen Datenschutzaufsichtsbehörden in ihrer „**Kühlungsborner Erklärung**" vom 10.11.2016 gebündelt hatten.[20] Sie wollten die Entscheidung, wen sie als Vertreter in den Ausschuss entsenden, (entsprechend der alten Rechtslage) der Datenschutzkonferenz übertragen. Der Gesetzgeber hat demgegenüber den **BfDI gesetzlich** zum gemeinsamen Vertreter bestimmt (**§ 17 Abs. 1 S. 1 BDSG**) und die Auswahl des Stellvertreters in die Hände des Bundesrates gelegt (§ 17 Abs. 1 S. 2 BDSG)[21].

19 Dem Wunsch der Aufsichtsbehörden, die **innerstaatliche Zuständigkeitsverteilung** bei der Vertretung im EDSA zu berücksichtigen, entsprach der Gesetzgeber mit **§ 17 Abs. 2 BDSG** hingegen weitgehend: Haben die Länder die alleinige Gesetzgebungskompetenz für eine Aufgabe, über die der EDSA berät, oder ist die Einrichtung oder das Verfahren der Landesbehörden betroffen, überträgt der BfDI die Verhandlungsführung und das Stimmrecht im EDSA dem Stellvertreter, sofern dieser es verlangt.[22] Wie sich die deutschen Aufsichtsbehörden vorab koordinieren, um eine gemeinsame Position zu finden, regelt der Gesetzgeber in § 18 BDSG in Anlehnung an das Gesetz über die Zusammenarbeit von Bund und Ländern in Angelegenheiten der Europäischen Union (EUZBLG; dazu Rn. 94 ff.).

---

16 S. dazu auch Simitis/Hornung/Spiecker gen. Döhmann-*Schiedermair* Art. 68 Rn. 1 ff.
17 Vgl. Auernhammer-*Hermerschmidt* Art. 68 Rn. 30.
18 Art. 69 Abs. 1 DS-GVO-E-KOM; s. KOM(2012) 11 endgültig, 100.
19 *Council of the European Union* Dok. 14318/15 v. 20.11.2015, Rn. 15; vgl. auch Paal/Pauly-*Körffer* Art. 68 Rn. 4.
20 Online abrufbar unter: https://www.ldi.nrw.de/mainmenu_Service/submenu_Newsarchiv/ Inhalt/Datenschutzreform__Datenschutzbeh__rden_der_L__nder_m__ssen_in_Europa_ eine_effektive_Rolle_spielen/Kuehlungsborner_Erklaerung.pdf.
21 Krit. dazu Kühling/Buchner-*Dix* § 17 BDSG Rn. 5; Sydow-*Schöndorf-Haubold* § 17 BDSG Rn. 13; wohl auch Gola/Heckmann-*Thiel* § 17 BDSG Rn. 3. Der Bundesrat ist der Pflicht, einen Stellvertreter zu wählen, bislang nicht nachgekommen (dazu ausf. Rn. 63). Siehe auch BeckOK DatenSR-*Kisker* § 17 BDSG Rn. 10a.
22 Vgl. dazu ausf. Sydow-*Schöndorf-Haubold* BDSG § 17 Rn. 28 ff. sowie zur Lösung möglicher Zuständigkeitskonflikte Rn. 33 ff.

B. Der Ausschuss als zentrale Koordinierungsinstanz der unionalen Datenschutzaufsicht

I. Rechtsnatur des Ausschusses (Abs. 1)

In Art. 68 Abs. 1 fällt die DS-GVO für den EDSA zwei zentrale Grundentscheidungen: Sie konstituiert ihn als eine Einrichtung der Union (Rn. 21), die über eigene Rechtspersönlichkeit verfügt (Rn. 22 ff.). 20

1. Einrichtung der Union. Als Einrichtung der Union übt der EDSA keine mitgliedstaatliche, sondern **unionale Gewalt** aus.[23] Er ist nicht etwa an nationale Grundrechte, sondern unmittelbar an die Europäische Grundrechtecharta gebunden (Art. 51 Abs. 1 S. 1 GRCh). Von seiner Vorgängerin, der Art.-29-Datenschutzgruppe, die sich ebenfalls aus den Vertretern der Datenschutzbehörden aller Mitgliedstaaten rekrutierte, hebt sich der EDSA nicht zuletzt durch seinen erweiterten Kompetenzradius ab: Das bedeutendste Novum ist seine Kompetenz, **rechtsverbindliche Entscheidungen** zu treffen.[24] 21

2. Eigene Rechtspersönlichkeit. Anders als noch die Art.-29-Datenschutzgruppe tritt der EDSA nicht nur als Beratungsgremium in Erscheinung. Er reiht sich vielmehr künftig als selbstständiger Baustein in die unionale Datenschutzarchitektur ein:[25] Art. 68 Abs. 1 trägt dem quantitativ und vor allem qualitativ **ausgeweiteten Befugniskanon** des EDSA dadurch Rechnung, dass er dem Ausschuss eigene **Rechtspersönlichkeit** verleiht.[26] Diese stärkt seine **Unabhängigkeit** und unterfüttert insoweit die allgemeine Regelung des Art. 69 mit einer organisationsrechtlichen Grundierung. 22

Konzeptionell ist der EDSA sowohl **Gegenspieler als auch Kooperationspartner** anderer Akteure, namentlich der Aufsichtsbehörden der Mitgliedstaaten und der Kommission. Er wirkt mit ihnen im Interesse unionsweit einheitlichen Vollzugs der DS-GVO zusammen, hat aber auch die Aufgabe, sie auf eine einheitliche Marschrichtung einzuschwören. Nach außen tritt er insbesondere durch den Erlass **verbindlicher Beschlüsse** in Erscheinung (Art. 65 Abs. 1). 23

Ob der Unionsgesetzgeber dem EDSA mit der Verleihung der Rechtspersönlichkeit auch eine bestimmte unionsrechtliche **Organisationsform** zuordnen wollte, ist unklar: Die DS-GVO beschränkt sich darauf, dem EDSA eine rechtliche Verselbstständigung zuzusprechen – in welcher konkreten (Rechts-)Form sich diese äußert, sagt sie indes nicht. Auch Regelungen zum Haushalt oder zur Rechts- und Geschäftsfähigkeit des EDSA trifft sie nicht.[27] 24

Seiner rechtlich selbstständigen Stellung zum Trotz ist der EDSA keine **europäische Agentur oder Behörde im klassischen Sinne**.[28] Agenturen, wie bspw. die Agentur der EU für Cybersicherheit (ENISA)[29] oder die Europäische Umweltagentur (EEA),[30] 25

---

23 So auch BT-Drucks. 18/11325, S. 72.
24 Vgl. Auernhammer-*Hermerschmidt* Art. 68 Rn. 7 f.; Gola-*Nguyen* Art. 68 Rn. 3 m.w.N.; Sydow-*Schöndorf-Haubold* Art. 68 Rn. 15. Siehe auch bereits Rn. 7.
25 *Albrecht/Jotzo* Das neue Datenschutzrecht der EU, Teil 7 Rn. 16.
26 Siehe auch Auernhammer-*Hermerschmidt* Art. 68 Rn. 8.
27 Sydow-*Schöndorf-Haubold* Art. 68 Rn. 6.
28 So auch Ehmann/Selmayr-*Albrecht* Art. 68 Rn. 4; Gola-*Nguyen* Art. 68 Rn. 3; Sydow-*Schöndorf-Haubold* Art. 68 Rn. 5 ff.; Taeger/Gabel-*Hellmich* Art. 68 Rn. 1.
29 Siehe VO (EU) 2019/881, insbesondere Art. 1 Abs. 1 lit. a, Art. 3 ff. (Titel II).
30 Siehe Art. 1 Abs. 1 VO (EG) Nr. 401/2009.

verfügen typischerweise über eine eigene Verwaltungsstruktur, insbesondere einen (als kollegiales Leitungsorgan operierenden) Verwaltungsrat, der sich aus mitgliedstaatlichen Vertretern zusammensetzt.[31] Sie nehmen regelmäßig in verselbstständigter Form – sei es als Regulierungsagenturen, sei es als Exekutivagenturen – Verwaltungsaufgaben wahr, die an sich originär der Kommission zugewiesen sind (vgl. Art. 6 Abs. 1 VO (EG) Nr. 58/2003). Auf den Ausschuss als **Verbundaufsichtsorgan** trifft diese Voraussetzung gerade nicht zu.[32] Ebenso wie die nationalen Aufsichtsbehörden ist er nicht in die **unionale Verwaltungsstruktur** und ihre Hierarchieebenen eingegliedert – aus gutem Grund; denn diese könnten seine Unabhängigkeit (insbesondere im Verhältnis zur Kommission) antasten.[33] Der Ausschuss ist auch in seiner inneren Verfassung anders strukturiert als eine typische Agentur:[34] Er verfügt bspw. weder über einen Verwaltungsrat noch über eigene Personalhoheit (Art. 69 Rn. 48). Das Sekretariat, das ihn analytisch, administrativ und logistisch unterstützt (Art. 75 Abs. 1 und 5), ist dem Europäischen Datenschutzbeauftragten angegliedert, nicht jedoch dem Ausschuss selbst.[35] Die Kommission hatte zwar in einer frühen Konzeptionsphase erwogen, den EDSA als europäische Agentur zu verfassen.[36] Von dieser Option hat sie jedoch bereits in ihrem Entwurf bewusst Abstand genommen. Dieser spricht nur noch von einem Ausschuss (vgl. Art. 64 ff. DS-GVO-E[KOM]), der sich nicht in einer unionalen Vollzugseinrichtung erschöpft, sondern als unabhängige, sich ganz überwiegend aus den Aufsichtsbehörden der Mitgliedstaaten zusammensetzende Einrichtung Unikatscharakter trägt). Der apokryphen Natur des EDSA wird daher am ehesten eine Einordnung als **Agentur „im weiteren Sinne"**[37] bzw. eine **„Rechtspersönlichkeit sui generis"**[38] gerecht.[39] Die exakte Verortung zwischen diesen beiden Kategorien ist

---

31 Vgl. etwa Streinz-*Streinz* Art. 13 EUV Rn. 39.
32 Sydow-*Schöndorf-Haubold* Art. 68 Rn. 7.
33 So auch Ehmann/Selmayr-*Albrecht* Art. 68 Rn. 4; Kühling/Buchner-*Dix* Art. 68 Rn. 5; Paal/Pauly-*Körffer* Art. 68 Rn. 2; BeckOK DatenSR-*Brink/Wilhelm* Art. 68 Rn. 10. Vgl. auch für die nationalen Aufsichtsbehörden *EuGH* v. 9.3.2010, C-518/07, NJW 2010, 1265, 1266 Rn. 31 ff.
34 Vgl. bspw. die Organisation der ENISA, dessen Verwaltungs- und Leitungsstruktur aus einem Verwaltungsrat, einem Exekutivrat, einem Exekutivdirektor, einer Beratungsgruppe und einem Netz der nationalen Verbindungsbeamten besteht, siehe Art. 13 VO (EU) 2019/881.
35 Unter der DSRL nahm hingegen die Kommission die „Sekretariatsgeschäfte" der Art.-29-Datenschutzgruppe wahr (Art. 29 Abs. 5).
36 Vgl. KOM(2012), 11 endgültig, S. 5 („Gründung einer EU-Agentur für die Überwachung und Durchsetzung der [datenschutzrechtlichen] Vorschriften").
37 Vgl. Sydow-*Schöndorf-Haubold* Art. 68 Rn. 14. Eine Agentur zeichnet sich typischerweise dadurch aus, zwar ähnlich wie eine klassische Behörde spezifische, gesetzlich definierte Aufgaben zu übernehmen. Sie operiert aber nicht wie eine ministerielle Einheit. Vielmehr agiert sie sachlich unabhängiger. Insbesondere ist sie frei (mit Ausnahme von Exekutivagenturen) von einer Dienst- oder Fachaufsicht (vgl. etwa *Priebe* EuZW 2015, 268, 272). Das soll Agenturen ermöglichen, politisch unabhängige, durch technischen Sachverstand geprägte Verwaltungsentscheidungen herbeiführen zu können. Agenturen unterliegen aber der Rechtsaufsicht der Kommission, die die Werkkontrolle der Kommission aus Art. 17 Abs. 1 S. 3 EUV sicherstellt. Zur Rechtsnatur von Agenturen vgl. i. Ü. Calliess/Ruffert-*Ruffert* AEUV Art. 298 Rn. 3 f.
38 Ehmann/Selmayr-*Albrecht* Art. 68 Rn. 4; so auch Auernhammer-*Hermerschmidt* Art. 68 Rn. 10.
39 S. aber auch Simitis/Hornung/Spiecker gen. Döhmann-*Schiedermair* Art. 68 Rn. 1: „zentrale Datenschutzbehörde für die EU".

aber letztlich ein rein terminologisches Glasperlenspiel. Denn die Zuordnung zeitigt für sich genommen keine praktischen Konsequenzen; sie ist allenfalls von akademischem Interesse. Aus unionsrechtlicher Sicht ist maßgeblich, dass die organisationsrechtliche Einstufung und Ausgestaltung die Eigenschaften der **Unabhängigkeit** und der durchschlagskräftigen **Entscheidungskompetenz**, die der Unionsgesetzgeber dem EDSA zugesprochen hat, nicht beeinträchtigen.

Kraft seiner eigenen Rechtspersönlichkeit kann der EDSA nicht nur im eigenen Namen handeln und im Grundsatz über seine eigenen Organe bestimmen. Er kann auch die Stellung eines Beteiligten in Rechtsstreitigkeiten einnehmen.[40] Insbesondere ist er vor dem EuGH **aktiv und passiv parteifähig**: Er kann selbst Verfahren anstrengen (einem Verfahren beitreten, das beim EuGH anhängig ist, kann er jedoch – anders als der EDSB – nicht[41]). Anders als die ebenfalls mit Unabhängigkeit ausgestatteten Einrichtungen des Rechnungshofs, der Europäischen Zentralbank und des Ausschusses der Regionen (s. Art. 69 Rn. 55 ff.) gehört der EDSA zwar nicht zu den teilprivilegierten Klageberechtigten i.S.d. Art. 263 Abs. 3 AEUV (siehe dazu sowie zu einer möglichen analogen Anwendung Art. 69 Rn. 75). Als mit eigener Rechtspersönlichkeit ausgestattete Instanz ist der EDSA aber als juristische Person i.S.d. Art. 263 Abs. 4 AEUV klageberechtigt. 26

Nationale Datenschutzaufsichtsbehörden, die von Entscheidungen des EDSA kraft Art. 65 Abs. 1 betroffen sind, können diesen umgekehrt im Wege einer Nichtigkeitsklage verklagen (Art. 263 Abs. 4 AEUV).[42] Sie sind zwar nicht juristische Personen im Sinne des nationalen Rechts. Der Begriff der juristischen Person ist jedoch nicht nach Maßgabe des nationalen Organisationsrechts, sondern unionsrechtsautonom auszulegen. Der Ratio der Norm entspricht es, all denjenigen rechtlich verselbstständigten 27

---

40 BeckOK DatenSR-*Brink/Wilhelm* Art. 68 Rn. 11.
41 Denn die DS-GVO hat keine dem Art. 58 Abs. 4 VO (EU) 2018/1725 vergleichbare Regelung getroffen. Dazu auch Kühling/Buchner-*Dix* Art. 68 Rn. 6, der sich für ein entsprechendes Recht des EDSA ausspricht.
42 Kühling/Buchner-*Dix* Art. 68 Rn. 6; Ehmann/Selmayr-*Albrecht* Art. 68 Rn. 5. Ein besonderes Klagerecht gesteht § 21 BDSG den Aufsichtsbehörden zu: Sie dürfen gegen einen Angemessenheitsbeschluss der Kommission (Art. 45 Abs. 3 S. 1), einen Beschluss über die Anerkennung von Standardschutzklauseln (Art. 46 Abs. 2 lit. c) und über die Allgemeingültigkeit genehmigter Verhaltensregeln (Art. 40 Abs. 1 und 9 S. 1) vor dem BVerwG Klage erheben, soweit die Gültigkeit des Beschlusses für ihre Entscheidung erheblich ist. Die Regelung versucht den Konflikt zwischen der primärrechtlich verbürgten Unabhängigkeit der Aufsichtsbehörden (Art. 16 Abs. 2 UAbs. 1 S. 2 AEUV) auf der einen Seite und den Kompetenzen der Kommission sowie der Postulate der Rechtssicherheit und der Einheitlichkeit des Unionsrechts auf der anderen Seite aufzulösen. Für solche Konstellationen hat der EuGH in seinem Safe-Harbor-Beschluss als Konsequenz der Bindungswirkung, die von Kommissionsbeschlüssen ausgeht, eine Handlungsmacht der Aufsichtsbehörden angemahnt, gegen solche Beschlüsse vorzugehen (vgl. *EuGH* v. 6.10.2015 – C-362/14, NJW 2015, 3151, 3154 Rn. 65; siehe dazu bspw. *Kröger* NVwZ 2017, 1730, 1731 f.). Art. 58 Abs. 5 erteilt den Mitgliedstaaten dessen eingedenk den Regelungsauftrag, Aufsichtsbehörden einen Weg zu ebnen, „gegebenenfalls die Einleitung eines gerichtlichen Verfahrens zu betreiben". Um dies zu operationalisieren, nimmt der deutsche Gesetzgeber eine gedankliche Anleihe bei dem Verfahren konkreter Normenkontrolle i.S.d. Art. 100 Abs. 1 GG (das aufgrund der Zuordnung der Aufsichtsbehörde zur Exekutive allerdings strukturell nur schwer vergleichbar ist); einzelne Verfahrenselemente entlehnt er zudem § 47 VwGO (BT-Drucks. 18/11325, 94).

Einheiten eine Klagemöglichkeit zuzugestehen, die Zurechnungsobjekt von Maßnahmen der Unionsorgane sein können, welche ihnen gegenüber unmittelbar Verbindlichkeit entfalten.[43] Die deutschen Aufsichtsbehörden sind daher – jedenfalls in analoger Anwendung – **aktiv parteifähig** i.S.d. Art. 263 Abs. 4 AEUV (in diesem Sinne auch – obgleich nicht bindend – ErwG 143 S. 2).[44]

28 Nicht jede Aufsichtsbehörde ist aber **klagebefugt**. Adressat des Beschlusses sind nämlich nur „alle betroffenen Aufsichtsbehörden", nicht aber jedes Mitglied des EDSA (Art. 65 Abs. 2 S. 3). Die DS-GVO beschränkt die Betroffenheit und Bindungswirkung ausdrücklich auf diejenigen Aufsichtsbehörden, die das Streitbeilegungsverfahren unmittelbar berührt (Art. 65 Abs. 2 S. 3 i.V.m. Abs. 1: „betroffenen Aufsichtsbehörden [...] und ist für diese verbindlich"); er erfasst damit **nicht jede Aufsichtsbehörde**, die an der Abstimmung teilnimmt, jedoch überstimmt wird.[45] Der Beschluss betrifft diese nicht ohne Weiteres „unmittelbar und individuell" i.S.d. Art. 263 Abs. 4 Var. 2 AEUV.[46] Den Kreis der „betroffenen Aufsichtsbehörden" i.S.d. Art. 65 Abs. 2 S. 3 i.V.m. Abs. 1 i.V.m. Art. 263 Abs. 4 Var. 2 AEUV zieht die DS-GVO zugleich jedoch weit: Zu ihm gehören nicht nur diejenigen Aufsichtsbehörden, in deren Hoheitsgebiet der Verantwortliche oder Auftragsverarbeiter der streitigen Verarbeitung niedergelassen ist oder bei der eine Beschwerde eingereicht wurde. „Betroffen" sind Aufsichtsbehörden vielmehr schon dann, wenn die streitige Verarbeitung „erhebliche Auswirkungen auf betroffene Personen" in dem Zuständigkeitsgebiet der Aufsichtsbehörde „hat oder haben kann" (Art. 4 Nr. 22 lit. b; dazu Art. 4 Rn. 325 ff.).

29 Auch (sonstige) **natürliche** und **juristische Personen, die nicht Mitglieder des EDSA** sind, z.B. Unternehmen, können gegen diesen auf der Grundlage des **Art. 263 Abs. 4 AEUV** ausnahmsweise dann vorgehen, wenn die **verbindliche** Entscheidung des Ausschusses sie **unmittelbar und individuell** betrifft.[47] Ein Beschluss des EDSA betrifft Dritte schon dann unmittelbar i.S.d. Art. 263 Abs. 4 AEUV, wenn er selbst die belastende, d.h. ihren Kreis subjektiver Rechte einschränkende, Wirkung des Rechtsaktes in sich birgt und den nationalen Aufsichtsbehörden keinen Umsetzungsspielraum belässt.[48] Denn die betroffenen Aufsichtsbehörden (Art. 4 Nr. 22) sind an die Vorga-

---

43 Vgl. etwa Pechstein/Nowak/Häde-*Pechstein/Görlitz* Art. 263 AEUV Rn. 96: „Ausschluss der Popularklage".
44 Ob die Unionsgerichte dies ebenso sehen, lässt sich jedoch mit Blick auf ihre bisherige Rechtsprechung bezweifeln; dazu *Kienle/Wenzel* ZD 2019, 107, 108 f.; zust. Schaffland/Wiltfang-*Schaffland/Holthaus* § 21 BDSG Rn. 10. Wie hier aber z.B. Kühling/Buchner-*Dix* Art. 68 Rn. 6; Gola-*Nguyen* Art. 68 Rn. 3; Auernhammer-*Hermerschmidt* Art. 68 Rn. 12; Ehmann/Selmayr-*Albrecht* Art. 68 Rn. 5; *Kugelmann* (Art. 52 Rn. 29) spricht sich für eine Analogie zu Art. 263 AEUV aus.
45 Wohl a.A. Kühling/Buchner-*Dix* Art. 68 Rn. 6 im Anschluss an *Nguyen* ZD 2015, 265, 268.
46 Art. 263 Abs. 4 Var. 2 AEUV bündelt Fälle, in denen der Kläger nicht selbst Adressat der Handlung ist, siehe dazu auch Calliess/Ruffert-*Cremer* Art. 263 AEUV Rn. 33; zur Adressatenstellung der Aufsichtsbehörden siehe Sydow-*Schöndorf-Haubold* Art. 65 Rn. 48.
47 Auch ErwG 143 bekräftigt diese Möglichkeit ausdrücklich unter Verweis auf die Anforderungen des Art. 263 Abs. 4 AEUV; vgl. auch Kühling/Buchner-*Dix* Art. 68 Rn. 6; *Schantz* NJW 2016, 1841, 1847; Sydow-*Schöndorf-Haubold* Art. 65 Rn. 52; Ehmann/Selmayr-*Albrecht* Art. 68 Rn. 1.
48 Vgl. dem Grunde nach Calliess/Ruffert-*Cremer* Art. 263 AEUV Rn. 36; Grabitz/Hilf/Nettesheim-*Dörr* Art. 263 AEUV Rn. 62.

ben des Beschlusses gebunden (Art. 65 Abs. 1, Abs. 2 S. 3).[49] Die belastende Wirkung des Rechtsakts löst in solchen Fällen somit bereits der Beschluss des EDSA aus, nicht erst die darauf basierende Entscheidung der nationalen Aufsichtsbehörde.[50]

Die DS-GVO verbürgt natürlichen und juristischen Personen gegen die nationalen Umsetzungsakte zusätzlich Rechtsschutz vor den **nationalen Gerichten** (Art. 78 Abs. 1 und 2).[51] Halten nationale Gerichte einen nationalen Verwaltungsakt für rechtswidrig, der auf einem Beschluss des EDSA im Kohärenzverfahren beruht, müssen sie ein Vorabentscheidungsverfahren vor dem EuGH anstrengen. Das gilt (entgegen dem missverständlichen Wortlaut des Art. 267 Abs. 2 AEUV) auch für nicht-letztinstanzliche nationale Gerichte. Diese sind nicht befugt, die Ungültigkeit von Handlungen der Gemeinschaftsorgane aus eigener Machtvollkommenheit festzustellen[52] – selbst dann, wenn die Gültigkeit nationaler Maßnahmen in Frage steht, die im Rahmen eines unionsrechtlich koordinierten Systems ergehen.[53] Der Unionsgesetzgeber hat die gerichtliche Kontrolle von Beschlüssen des EDSA vielmehr bewusst beim EuGH konzentriert.[54] 30

3. Korrespondierende Norm im BDSG? Art. 68 Abs. 1 setzt weder Mitwirkungs- oder Umsetzungsmaßnahmen der Mitgliedstaaten voraus noch lässt er solche im Wege einer Öffnungsklausel zu. Das BDSG trifft daher folgerichtig insoweit auch keine ergänzenden Regelungen. 31

II. (Außen-)Vertretung des Ausschusses (Abs. 2)

1. Inhalt und Aufgabenspektrum. Als Institution mit eigener Rechtspersönlichkeit ist der EDSA auf einen organschaftlichen Vertreter angewiesen, um im Rechtsverkehr handlungsfähig zu sein. Das normative Fundament für diese **organschaftliche Vertretung** legt Abs. 2 i.V.m. Art. 73 Abs. 1: Er vertraut die Aufgabe, die Rechtsperson „EDSA" im Rechtsverkehr nach außen zu vertreten, dem Vorsitz an. Das gilt unabhängig davon, ob ein zivilrechtliches Handeln für den EDSA, dessen Vertretung in gerichtlichen Verfahren[55] oder die Vornahme konkreter Prozesshandlungen in Rede steht. 32

Der Vorsitz ist nicht nur für rechtlich folgewirksame Handlungen zuständig. Die Vertretungsbefugnis erfasst auch die **Außenzuständigkeit** gegenüber anderen Akteuren im datenschutzrechtlichen Handlungskonzert (Abs. 2).[56] Das deuten insbesondere die zahlreichen an den EDSA gerichteten Aufgabenzuweisungen an, welche die DS-GVO an unterschiedlichen Stellen etabliert (siehe etwa Art. 65 Abs. 5 S. 1, Art. 68 Abs. 5). Dem Vorsitz obliegt es daher ebenfalls, inhaltliche Positionen des EDSA nach außen 33

---

49 Vgl. auch Kühling/Buchner-*Dix* Art. 68 Rn. 2.
50 Grabitz/Hilf/Nettesheim-*Dörr* Art. 263 AEUV Rn. 62. Im Ergebnis anders Gierschmann-*Gramlich* Art. 68 Rn. 18, der davon ausgeht, dass der Bürger gegen die Beschlüsse des Ausschusses grundsätzlich nicht selbst mit einem Rechtsbehelf vorgehen kann.
51 So im Ergebnis auch Ehmann/Selmayr-*Albrecht* Art. 68 Rn. 5, der den Anspruch auf einen wirksamen gerichtlichen Rechtsbehelf allerdings auf Art. 79 stützt.
52 *EuGH* v. 22.10.1987 – 314/85, NJW 1988, 1451, 1451 f. Rn. 15, 20.
53 *EuGH* v. 21.3.2000, C-6/99, EuZW 2000, 437, 441 f. Rn. 55.
54 Ebenso Kühling/Buchner-*Dix* Art. 68 Rn. 6.
55 Kühling/Buchner-*Dix* Art. 68 Rn. 7.
56 So auch Gola-*Nguyen* Art. 68 Rn. 4.

zu kommunizieren[57] und die unionsweit koordinierte Datenschutzaufsicht auf dem internationalen Tableau zu vertreten. Er tritt insofern neben den Europäischen Datenschutzbeauftragten und verleiht dem institutionellen Datenschutz auf EU-Ebene ein zweites Gesicht.

34 Die **weiteren Aufgaben des Vorsitzes** formulieren Art. 74 sowie zahlreiche parzellierte Einzelregelungen (z.B. Art. 65 Abs. 3 S. 2, Art. 68 Abs. 5 S. 3, Art. 75 Abs. 2): Der Vorsitz lädt zu den Sitzungen ein, übermittelt die Beschlüsse, stellt sicher, dass sie umgesetzt werden, unterrichtet die Kommission über die Tätigkeit des Ausschusses und gibt bei Stimmengleichheit mit seiner Stimme den Ausschlag.

35 Über eigene **Personalhoheit** verfügt der Vorsitz nicht: Er kann das Sekretariat nicht selbst anstellen. Dies ist dem Europäischen Datenschutzbeauftragten vorbehalten.[58] So verfügt es Art. 75 Abs. 1. Der Vorsitz ist aber die einzige Instanz, die das Sekretariat des Ausschusses **anweisen** darf (Art. 75 Abs. 2).

36 **2. Wahrnehmung der Vertretungsaufgabe: Aufgabenverteilung zwischen Vorsitzendem und Stellvertretern.** Wie der Vorsitz zu bestimmen ist und aus welchen Personen er sich zusammensetzt, regelt Art. 68 nicht selbst, sondern Art. 73 Abs. 1: Der EDSA wählt sowohl einen Vorsitzenden als auch **zwei stellvertretende Vorsitzende** mit einfacher Mehrheit aus dem Kreis seiner Mitglieder (Art. 73 Abs. 1).

37 Die Aufgabe der Außenvertretung weist **Art. 68 Abs. 2** nicht „dem Vorsitzenden" in persona zu. Er vertraut sie vielmehr ausdrücklich „seinem Vorsitz" an. Die Formulierung insinuiert, dass der Vorsitzende und seine Stellvertreter zur **gemeinsamen Außenvertretung** befugt sind.

38 Die **anderen Sprachfassungen** deuten jedoch in eine andere Richtung: Sie sprechen nicht von dem „Vorsitz", sondern erwähnen nur den „chair" (engl.), „président" (franz.), „presidente" (ital.) bzw. „presidente" (span.) als Vertreter des EDSA.[59] Versteht man diese Wendungen als Chiffre für den zuständigen Amtsinhaber, haben die stellvertretenden Vorsitzenden keinen Anteil am „Vorsitz" i.S.d. Art. 68 Abs. 2. Dann ist „der Vorsitz" **kein Kollegial-, sondern ein monokratisches Organ**.

39 Eine solche Lesart wird dem **systematischen** Begriffsverständnis dieser Sprachfassungen aber nicht ohne Weiteres gerecht. Denn sie verwenden die Terminologie „chair", „président", „presidente" bzw. „presidente" des Art. 68 Abs. 2 – ebenso wie die deutsche Sprachfassung – auch als **Überschrift des Art. 73**. Dieser versteht „Vorsitz" als verbindende Klammer für den „Vorsitzenden und zwei stellvertretende Vorsitzende".

40 Zumindest die englische Sprachfassung verwendet den Begriff „chair" aber auch an anderen Stellen synonym mit demjenigen des Vorsitzenden und trennt ihn feinsäuberlich von dem Gesamtgremium, insbesondere den Stellvertretern, so etwa in Art. 73 Abs. 1 („a chair and two deputy chairs") und Art. 73 Abs. 2 („of the Chair and of the deputy chairs") und Art. 74 Abs. 2 („the Chair and the deputy chairs").

---

57 Vgl. Gola-*Nguyen* Art. 68 Rn. 4.
58 Vgl. dazu auch das „Memorandum of Understanding" v. 25.5.2018, das die Zusammenarbeit zwischen dem EDSA und dem Europäischen Datenschutzbeauftragten zu regeln sucht.
59 Einzig die spanische Fassung spricht an wenigen Stellen noch von „La Presidencia".

Die Begriffsverwendung „Chair" in Art. 68 Abs. 2 lässt sich in diesem Lichte einerseits 41
e contrario als bewusste Entscheidung des Unionsgesetzgebers deuten, in diesem Fall
das Kollegialorgan als solches zu adressieren. Mehr spricht aber andererseits wohl
dafür, dass die DS-GVO die Außenvertretung gezielt ausschließlich in die Hände des
Vorsitzenden legen wollte und die deutsche Sprachfassung („seinen Vorsitz") insoweit
schlicht die gebotene Präzision vermissen lässt.[60]

Eine solche strikte, auf Subsidiarität angelegte Aufgabenteilung zwischen dem Vorsit- 42
zenden und den Stellvertretern, welche die Außenvertretung einer Einzelperson
zuweist, entspricht auch der **Rationalität wirksamer Außenvertretung**: Diese ist auf
eine klare Funktionszuweisung und durchgehende Handlungsfähigkeit angewiesen.
Fällt die Vertretung einem Kollegialgremium zu, schränkt das die – mitunter auf
Schnelligkeit angelegten – Reaktionsmöglichkeiten nachhaltig ein, wären doch dann
alle Mitglieder des Gremiums „Vorsitz" **nur gemeinsam** zur Außenvertretung berufen
und handlungsbefugt.[61] Die Einzelvertretung entspricht auch der **bisherigen Rechtslage** im Falle der Art.-29-Datenschutzgruppe: Sie wählte nur einen Vorsitzenden,
keine weiteren Repräsentationspersonen (Art. 29 Abs. 4 S. 1 DSRL). Obgleich Art. 29
DSRL dessen Aufgaben nicht im Einzelnen dekretierte, fielen hierunter auch jedenfalls die allgemeine Vertretung der Gruppe und ihre Repräsentation nach außen.

Der Ausschuss kann zwar in seiner Geschäftsordnung mit Zweidrittelmehrheit 43
(Art. 72 Abs. 2) bestimmen, wie die Mitglieder des Vorsitz-Gremiums die **Aufgaben**
zwischen dem Vorsitzenden und den Stellvertretern **verteilen** (**Art. 74 Abs. 2**). Das
impliziert aber nicht zwingend, dass es ihm freisteht, die Außenvertretung entweder in
die Hände des gesamten Gremiums, des Vorsitzenden allein oder gar ausschließlich
eines bzw. beider stellvertretenden Vorsitzenden zu legen. Vielmehr trifft Art. 68
Abs. 2 – jenseits der Geschäftsordnungsbefugnis des Ausschusses – bereits eine
abschließende normative Entscheidung über die Außenvertretung: Um die Handlungsfähigkeit des Ausschusses in jedem Fall wirksam zu sichern, legt der Gesetzgeber
sie in die Hände des Vorsitzenden. Die beiden Stellvertreter können nur dann mit
Außenwirkung für den EDSA handeln, wenn der Vorsitzende verhindert ist, seine
Aufgaben wahrzunehmen.

III. Ausschussmitglieder (Abs. 3 und 4)

Der EDSA setzt sich aus zwei Gruppen zusammen: dem **EDSB** (Rn. 49 f.) sowie 44
jeweils dem **Leiter einer Aufsichtsbehörde** eines jeden Mitgliedstaates (Rn. 51 ff.). Da
jeder Mitgliedstaat stets einen einzigen Vertreter in den EDSA entsendet,[62] besteht
der EDSA (bis zum EU-Austritt Großbritanniens) mithin aus 29 Mitgliedern: 28 mitgliedstaatliche Vertreter und der EDSB.

An die Mitgliedschaft im EDSA knüpft sich nicht nur ein Teilnahme-, sondern auch 45
ein **Stimmrecht**. Dies folgt im Umkehrschluss aus Art. 68 Abs. 5 S. 1: Die Vorschrift bil-

---

60 So auch Gierschmann-*Gramlich* Art. 68 Rn. 8; Simitis/Hornung/Spiecker gen. Döhmann-*Schiedermair* Art. 68 Rn. 6; Paal/Pauly-*Körffer* Art. 68 Rn. 3; Kühling/Buchner-*Dix* Art. 68 Rn. 7; BeckOK DatenSR-*Brink/Wilhelm* Art. 68 Rn. 13.
61 Vgl. auch Auernhammer-*Hermerschmidt* Art. 68 Rn. 16, der darauf hinweist, dass eine solche Regelung tatsächlich diskutiert worden sei.
62 So auch Paal/Pauly-*Körffer* Art. 68 Rn. 5; Sydow-*Schöndorf-Haubold* Art. 68 Rn. 30.

ligt der **Kommission** ausdrücklich nur ein Teilnahme-, aber kein Stimmrecht zu. Diese Einschränkung impliziert, dass die **Mitglieder** beide Rechte genießen. In die gleiche Kerbe schlägt Art. 68 Abs. 6: Er beschneidet das Stimmrecht des Europäischen Datenschutzbeauftragten gegenständlich. Er setzt damit voraus, dass ihm ebenso wie den Mitgliedern grundsätzlich ein Stimmrecht zukommt.

46 Jedes Ausschussmitglied verfügt bei der Beschlussfassung über eine **einzige Stimme**; eine Gewichtung nach Stimmanteilen proportional zur Einwohnerzahl findet – anders als nach Art. 16 Abs. 4 EUV – nicht statt. Für Mitgliedstaaten, die **mehrere Aufsichtsbehörden** errichtet haben, verbindet sich damit zugleich die Notwendigkeit, eine inhaltliche **Vorkoordination** ihrer Positionen und der Wahrnehmung des Stimmrechts vorzunehmen.[63]

47 Bei der Beschlussfassung entscheidet der EDSA (ebenso wie bereits die Art.-29-Datenschutzgruppe – Art. 29 Abs. 3 DSRL) grundsätzlich mit **einfacher Mehrheit** (**Art. 72 Abs. 1**).

48 An die Praxis der Art.-29-Datenschutzgruppe anknüpfend kann der EDSA weiteren Staaten einen **Beobachterstatus ohne Stimmrecht** verleihen. Dies gilt insbesondere für die EWR-Staaten Island, Liechtenstein, Norwegen sowie die Beitrittskandidaten der Union. Eine entsprechende Kompetenz lässt sich der Geschäftsordnungsautonomie aus Art. 72 Abs. 2 i.V.m. dem EWR-Abkommen entnehmen.[64] Der EDSA hat sie mit seiner Geschäftsordnung („EDPB Rules of Procedure") v. 25.5.2018 umgesetzt (dazu Art. 72 Rn. 11 ff.).[65]

49 **1. Europäischer Datenschutzbeauftragter.** Das EDSA-Mitglied „Europäischer Datenschutzbeauftragter" verdankt seine rechtliche Konstituierung und Ausgestaltung der primärrechtlichen Verbürgung des **Art. 16 Abs. 2 UAbs. 1 S. 2 AEUV** sowie den **Art. 52 ff. VO (EU) 2018/1725**. Seine Einbindung in den Ausschuss soll insbesondere sicherstellen, dass die Vorgaben des Datenschutzrechts auch gegenüber den Stellen der EU, für welche der Europäische Datenschutzbeauftragte zuständige Kontrollbehörde ist, einheitlich zur Anwendung gelangen.[66] Seine Aufgabe besteht vor allem darin, die Grundrechte und Grundfreiheiten natürlicher Personen in solchen Konstellationen zu schützen, in denen unionale Stellen ihre personenbezogenen Daten verarbeiten (vgl. Art. 52 Abs. 2 und 3 VO (EU) 2018/1725). Das Europäische Parlament und der Rat ernennen ihn „im gegenseitigen Einvernehmen" (Art. 53 Abs. 1 S. 1 VO (EU) 2018/1725).

50 Während die mitgliedstaatlichen Vertreter bei **jedem** Beschluss des EDSA stimmberechtigt mitwirken, verfügt der **EDSB** nur über „**spezifische Stimmrechte**" (ErwG 139 S. 6). Inwieweit er an der Abstimmung zu beteiligen ist, konkretisiert Abs. 6: Sein Stimmrecht ist inhaltlich auf seinen Wirkungskreis beschränkt (dazu Rn. 104 f.).[67] Die-

---

63 Zur entsprechenden Regelung des BDSG für die deutschen Aufsichtsbehörden siehe Rn. 83 ff.
64 *Auernhammer-Hermerschmidt* Art. 68 Rn. 20; *Kühling/Buchner-Dix* Art. 68 Rn. 8.
65 Geschäftsordnung des EDSA, ErwG 7.
66 *Gierschmann-Gramlich* Art. 68 Rn. 2.
67 BeckOK DatenSR-*Brink/Wilhelm* Art. 68 Rn. 16.

ser normative Zuschnitt ist das Ergebnis eines Kompromisses zwischen den divergierenden Vorstellungen der Akteure, die am Gesetzgebungsprozess beteiligt waren.[68]

2. „Leiter einer Aufsichtsbehörde jedes Mitgliedstaats". Ebenso wie der EDSB die 51 Datenschutzaufsicht der Union im EDSA repräsentiert, vertritt jeweils ein mitgliedstaatlicher Vertreter der Aufsichtsbehörde die Perspektive der nationalen Datenschutzaufsicht. Art. 68 Abs. 3 spricht von dem „Leiter **einer** Aufsichtsbehörde"[69]. Diese (kontraintuitive) Wendung hat der Unionsgesetzgeber nicht zufällig gewählt. Sie nimmt Rücksicht auf die Tatsache, dass die Mitgliedstaaten auch **mehrere Aufsichtsbehörden** installieren können (**Art. 51 Abs. 1**). Macht ein Mitgliedstaat von dieser Möglichkeit Gebrauch, so muss er einen **gemeinsamen Vertreter** bestimmen (Abs. 4; Rn. 71 ff.). Nach welchen Regeln dies zu geschehen hat und welche Qualifikationen der Vertreter erfüllen muss, lässt die DS-GVO weitgehend offen.

Bei dem mitgliedstaatlichen Vertreter muss es sich jedenfalls um den Leiter einer mit- 52 gliedstaatlichen (Datenschutz-)Aufsichtsbehörde handeln.[70] Die Vertreterstellung im EDSA knüpft der Unionsgesetzgeber damit an ein **nationales Amt**: Nur wenn und solange die betreffende Person Leiter einer mitgliedstaatlichen Aufsichtsbehörde ist, kann sie als aufsichtsrechtliches Sprachrohr des Mitgliedstaates im EDSA fungieren.

Das Regelungssystem des Art. 68 Abs. 3 und 4 engt den mitgliedstaatlichen Vertreter 53 in der Sache noch weiter ein: Abs. 3 ist zwar so offen formuliert, dass als „Leiter einer Aufsichtsbehörde" auch eine andere Person als der gemeinsame Vertreter i.S.d. Art. 68 Abs. 4 in Frage kommt. Der Ratio der Norm widerspräche das jedoch: Aufgabe des gemeinsamen Vertreters ist es gerade, die Positionen der nationalen Aufsichtsbehörden für den EDSA zu koordinieren und diese dort zu vertreten. Deshalb **nimmt Art. 68 Abs. 3** letztlich nicht auf einen beliebigen Leiter einer Aufsichtsbehörde, sondern auf den **(gemeinsamen) nationalen Vertreter** Bezug: In Deutschland ist das kraft gesetzlicher Anordnung grundsätzlich der BfDI (§ 17 Abs. 1 S. 1 BDSG).

3. Stellvertreter („oder ihren jeweiligen Vertretern"). Anstelle des gemeinsamen 54 Vertreters kann eine nationale Aufsichtsbehörde bzw. der EDSB auch einen Stellvertreter in den Ausschuss entsenden. Das bringt **Art. 68 Abs. 3** mit der Wendung „**oder durch ihren jeweiligen Vertreter**" zum Ausdruck. Der Stellvertreter ist aber nicht automatisch vollwertiger Teil des EDSA. Er wird vielmehr nur so weit Ausschussmitglied, wie der Vertretene ihn mit der Aufgabenwahrnehmung im EDSA dauerhaft oder im Einzelfall beauftragt.[71] An eine bestimmte Form ist der Übertragungsakt nicht gebunden.

a) Rechtsstatus. Dass der Stellvertreter des nationalen Vertreters im EDSA nicht 55 selbst Mitglied des EDSA ist, heißt nicht, dass es ihm verwehrt wäre, auch sonst den

---

68 BeckOK DatenSR-*Brink/Wilhelm* Art. 68 Rn. 16; Kühling/Buchner-*Dix* Art. 68 Rn. 12; Paal/Pauly-*Körffer* Art. 68 Rn. 4 sowie bereits oben Rn. 16.
69 Hervorhebung d. Verf.
70 Die DS-GVO bezeichnet diesen teilweise auch als „Mitglied(er)", vgl. dazu *Kühling/Martini u.a.* Die Datenschutz-Grundverordnung und das nationale Recht, S. 123 f.
71 Vgl. insoweit auch schon *Kühling/Martini u.a.* Die Datenschutz-Grundverordnung und das nationale Recht, S. 145. Zustimmend Kühling/Buchner-*Dix* Art. 68 Rn. 8.

Sitzungen des EDSA in persona beizuwohnen.[72] In den Normtext hat ein solches Recht zwar keinen Eingang gefunden. Der EDSA kann (und sollte) jedoch den nationalen Stellvertretern – wie auch anderen Institutionen – sinnvollerweise einen **Beobachterstatus** einräumen.[73] Seine Geschäftsordnungsautonomie (Art. 72 Abs. 2 Rn. 12) lässt ihm dafür ausreichend Spielraum. Die Teilnahme mehrerer Mitglieder einer Aufsichtsbehörde entspricht auch der bisherigen Praxis der Art.-29-Datenschutzgruppe[74] sowie der (durch die Geschäftsordnung des EDSA legitimierten) aktuellen Praxis.[75]

56 **b) Bestimmung des Stellvertreters. – aa) Stellvertreter des Leiters der nationalen Aufsichtsbehörde.** Über die **persönlichen Anforderungen**, denen ein Stellvertreter genügen muss, trifft die DS-GVO keine eindeutige Aussage. Art. 68 Abs. 3 kann einerseits allein den nach nationalem Recht bestimmten **Stellvertreter des gemeinsamen Vertreters** meinen (in Deutschland: § 17 Abs. 1 S. 2 BDSG). Er kann aber andererseits auch diejenige Person bezeichnen, die in der organisatorischen Struktur der nationalen Aufsichtsbehörde kraft Amtes zur **Vertretung des Behördenleiters** berufen ist – oder gar eine dritte Person, die der Behördenleiter kraft eigener Handlungsmacht oder der Mitgliedstaat durch Gesetz zum Stellvertreter erklärt (gewillkürte Stellvertretung).

57 **(1) Grundsätzliche Offenheit der DS-GVO.** Dem Unionsgesetzgeber schwebte zwar im Zweifel als Vertreter diejenige Person vor Augen, die den Leiter der Aufsichtsbehörden nach den allgemeinen Regeln vertritt. Er wollte diese implizite Erwartung aber nicht normativ in Stein meißeln. In ihrer unspezifischen Formulierung und Offenheit **verzichtet** die DS-GVO vielmehr bewusst auf eine **Engführung** auf die **behördeninterne Zuständigkeitsverteilung** im Mitgliedstaat. Dafür streitet auch die historische Auslegung: Der Kommissionsentwurf hatte eine unionsrechtliche Vorgabe für die Vertretungsregelung noch insgesamt für entbehrlich gehalten (vgl. Art. 64 DS-GVO-E-KOM).[76] Erst unter lettischem Ratsvorsitz kam es zu einer Klärung: Nach der Vorstellung des Rates kann sich der Leiter einer Aufsichtsbehörde nach den für ihn geltenden innerstaatlichen Regeln vertreten lassen.[77] Die DS-GVO überlässt es folglich grundsätzlich den **Mitgliedstaaten**, über die Stellvertretung im EDSA selbst zu entscheiden. Ein anderes Verständnis ginge überdies mit einem wesentlichen Eingriff in die mitgliedstaatliche Organisationsgewalt einher, für den kein hinreichend einleuchtender Sachgrund besteht.[78]

58 Der Stellvertreter muss auch **nicht notwendig selbst Leiter einer Aufsichtsbehörde** sein. Das ergibt sich bereits aus dem allgemeinen organisatorischen Rahmen, den der Unionsgesetzgeber normativ zieht: Er lässt es (als Regelfall) zu, dass ein Mitgliedstaat nur eine einzige Aufsichtsbehörde errichtet, die ihrerseits lediglich aus einem Mitglied besteht (vgl. Art. 52 Abs. 2 und 3). Sofern sich ein Mitgliedstaat dieser Möglichkeit

---

72 Hiervon geht im Übrigen auch der deutsche Gesetzgeber aus (BT-Drucks. 18/11325, S. 90): Der Stellvertreter besitze „ein permanentes Anwesenheitsrecht".
73 Kühling/Buchner-*Dix* Art. 68 Rn. 8; für ein Teilnahmerecht auch Sydow-*Schöndorf-Haubold* BDSG § 17 Rn. 19.
74 Auernhammer-*Hermerschmidt* Art. 68 Rn. 21.
75 S. Art. 4 Nr. 4 i.V.m. Art. 31 der Geschäftsordnung des EDSA v. 25.5.2018, Version 5, zuletzt geändert und angenommen am 2.12.2019.
76 KOM(2012) 11 endgültig, 98.
77 *Rat der Europäischen Union* Dok. 6833/15 v. 9.3.2015; Auernhammer-*Hermerschmidt* Art. 68 Rn. 21.
78 In der Argumentation ähnlich i.Erg. ebenso Gola-*Nguyen* Art. 68 Rn. 5.

bedient, existiert nur ein einziger nationaler Leiter einer Aufsichtsbehörde; seine Stellvertretung im EDSA muss dann notwendig ein Nicht-Behördenleiter übernehmen.

Allerdings darf der Mitgliedstaat **nicht eine beliebige Person** zum Vertreter berufen: 59
Die Repräsentation der mitgliedstaatlichen Aufsichtsbehörde(n) und ihrer inhaltlichen Positionen im EDSA muss in hinreichendem Maße gewährleistet sein.[79] Deshalb muss der Stellvertreter zumindest **bei einer Aufsichtsbehörde des Mitgliedstaats beschäftigt** sein.

(2) Sonderfall föderal strukturierter Mitgliedstaaten. Die Bestimmung eines Stellvertreters, die Art. 68 Abs. 3 den Mitgliedstaaten eröffnet, steht nicht zuletzt in engem 60
Zusammenhang mit dem **Gebot wirksamer Außenvertretung des Art. 68 Abs. 4** (Rn. 71 ff.). Das zeitigt auch interpretatorische Implikationen: Art. 68 Abs. 3 meint mit dem „Leiter einer Aufsichtsbehörde" in föderal strukturierten Staaten denjenigen Leiter der Aufsichtsbehörde, der als gemeinsamer Vertreter die nationalen Aufsichtsbehörden repräsentiert (Rn. 53). Abs. 3 adressiert dann konsequenterweise als Stellvertreter (nur) diejenige Person, den gemeinsamen Vertreter in seiner Funktion als Repräsentant der nationalen Aufsichtsbehörden im EDSA vertritt.[80] Aufgrund dieses systematischen Zusammenhangs knüpft die Wendung „ihren jeweiligen Vertreter" mithin an die **Funktion des gemeinsamen Vertreters**, nicht an eine Funktion als stellvertretender Leiter einer nationalen Aufsichtsbehörde an.

Die Mitgliedstaaten sind zwar grundsätzlich frei darin, wen sie als Stellvertreter 61
bestimmen. Wenn sie aber (wie Deutschland in **§ 17 Abs. 1 S. 2 BDSG**) allgemein einen Stellvertreter zu bestimmen haben, ist diese Person auch Vertreter des Leiters der Aufsichtsbehörde i.S.d. Art. 68 Abs. 3. „**Vertreter**" ist in der Bundesrepublik Deutschland daher nicht derjenige, der den BfDI in seinem Amt als Leiter der bundesrechtlichen Behörde vertritt, sondern diejenige Person, die das **nationale Recht zum Stellvertreter des gemeinsamen Vertreters erklärt**.

Diesen Stellvertreter wählt der Bundesrat unter den **Landesdatenschutzbeauftragten** 62
aus (**§ 17 Abs. 1 S. 2 BDSG**). Seine Amtszeit beträgt grundsätzlich fünf Jahre; er kann unbegrenzt **wiedergewählt** werden (§ 17 Abs. 1 S. 3–5 BDSG).[81] Scheidet er nach seiner Wahl aus dem Amt aus oder endet seine Funktion als Leiter der Aufsichtsbehörde, endet zugleich seine Funktion als Stellvertreter (§ 17 Abs. 1 S. 3 und 4 BDSG).

Bislang ist der Bundesrat seiner gesetzlichen **Pflicht nicht nachgekommen**, einen Stell- 63
vertreter zu wählen. Der EDSA weist als Vertreter der Bundesrepublik Deutschland daher bislang lediglich den Bundesbeauftragten für den Datenschutz und die Informationsfreiheit namentlich aus sowie als dessen Vertreter allgemein die Leiterin oder den Leiter einer Aufsichtsbehörde der Länder.[82] Einstweilen nimmt (neben dem Bundesbeauftragten) der Hamburgische Beauftragte für Datenschutz und Informationsfreiheit **kommissarisch** an den Sitzungen des EDSA teil. Hierzu haben ihn alle deut-

---

79 Vgl. in diesem Kontext auch Gola-*Nguyen* Art. 68 Rn. 5.
80 A.A. wohl Auernhammer-*Hermerschmidt* Art. 68 Rn. 19.
81 Zur Zulässigkeit unbegrenzter Wiederwahl vgl. BT-Drucks. 18/11325, S. 90; BeckOK DatenSR-*Kisker* BDSG § 17 Rn. 9.
82 Die Mitgliederliste des EDSA ist abrufbar unter https://edpb.europa.eu/about-edpb/board/members_de.

schen Aufsichtsbehörden wiederholt und nunmehr auf unbestimmte Zeit mandatiert.[83] Mit Blick auf seine bisherige innerdeutsche Zuständigkeit für die großen Digitalkonzerne, etwa Google, Facebook, WhatsApp, Snapchat etc., ist dies zweckmäßig. Da die Aufgabe, einen Vertreter für die Länder zu bestellen, gesetzlich dem Bundesrat zugewiesen ist, ist diese zeitlich unbegrenzte Mandatierung allerdings rechtsdogmatisch fragwürdig.

64 bb) **Stellvertreter des Europäischen Datenschutzbeauftragten.** Als Stellvertreter des EDSB hatte **Art. 42 Abs. 1 UAbs. 2 S. 1 VO (EG) Nr. 45/2001 a.F.** die Person vorgesehen, die das Europäische Parlament und der Rat im gegenseitigen Einvernehmen ernannt haben. Die **neue VO (EU) 2018/1725** kennt demgegenüber keinen stellvertretenden Datenschutzbeauftragten mehr. Sie lässt aber die laufende Amtszeit des gegenwärtigen Stellvertreters aufgrund seiner „uneingeschränkte[n] Unabhängigkeit" (ErwG 87) unberührt (Art. 100 Abs. 1 und 3). Er unterstützt (einstweilen) den Europäischen Datenschutzbeauftragten bei der „Wahrnehmung seiner Aufgaben" und vertritt ihn „im Falle seiner Abwesenheit oder Verhinderung" (Art. 100 Abs. 4 VO (EU) 2018/1725). Seine Tätigkeit endet mit dem Ende seiner Amtszeit ipso iure. Im Anschluss wird die Aufgabe, einen Stellvertreter zu benennen, dem Europäischen Datenschutzbeauftragten selbst zufallen. Damit stärkt die VO (EU) 2018/1725 die monokratische Struktur des Europäischen Datenschutzbeauftragten und vermeidet eine legitimatorische Janusköpfigkeit. Dieses Verfahren kennt so bspw. auch die Stellvertreterregelung für Präsidenten nationaler Zentralbanken im EZB-Rat (Art. 10.3 S. 4 Prot. Nr. 4 zum Vertrag zur Gründung der Europäischen Gemeinschaft; ABl. C 191 vom 29.7.1992, S. 68).

65 **4. Rolle der Kommission.** Anders als in der Art.-29-Datenschutzgruppe (Art. 29 Abs. 2 UAbs. 1 DSRL) ist die Kommission im EDSA **nicht Mitglied**; die Aufzählung des Abs. 3 ist insoweit abschließend. Eine vollwertige EDSA-Mitgliedschaft der Kommission wäre auch nicht sachgerecht: Sie liefe Gefahr, das Unabhängigkeitsversprechen des Art. 69 zu unterminieren.[84]

66 Gänzlich außen vor bleibt die Kommission im EDSA aber nicht: Genießt sie auch kein Stimmrecht, so hat sie doch – vermittelt durch einen eigenen Vertreter – einen **Teilnehmerstatus** inne. Ihr eröffnet sich dadurch ein Weg, an der inhaltlichen Diskussion teilzuhaben und auf sie einzuwirken. Das befähigt sie, **gesamteuropäische Interessen** wirksam in das neue europäische Vollzugsorgan hineinzutragen. Dieses **hybride Beteiligungsmodell** sucht bewusst einen tragfähigen Kompromiss zwischen den konkurrierenden institutionellen Interessen, indem es der Stimme der Kommission als solcher bei der Arbeit des EDSA einerseits besonderes Gewicht sowie Gehör verleiht, ohne andererseits die Unabhängigkeit des EDSA übermäßig zu beschneiden.[85]

---

83 Zuletzt im Protokoll der 2. Zwischenkonferenz 2019 der unabhängigen Datenschutzaufsichtsbehörden des Bundes und der Länder am 25.6.2019 in Mainz, S. 2. Vorher bereits u.a. im Protokoll der 96. Konferenz der unabhängigen Datenschutzaufsichtsbehörden des Bundes und der Länder am 7. und 8.11.2018 in Münster, S. 2 sowie im Protokoll der 4. Sonderkonferenz der unabhängigen Datenschutzaufsichtsbehörden des Bundes und der Länder am 5.9.2018 in Düsseldorf, S. 2.
84 So auch Gierschmann-*Gramlich* Art. 68 Rn. 14.
85 Sydow-*Schöndorf-Haubold* Art. 68 Rn. 32.

An den Vertreter der Kommission (Abs. 5 S. 2) stellt der Unionsgesetzgeber keine spezifischen Anforderungen. Sie ist grundsätzlich frei in ihrer Entscheidung, wen sie in den EDSA entsendet. 67

Um die Kommunikation zwischen EDSA und Kommission – auch unabhängig von den Berichten des Kommissionsvertreters – zu verstetigen, muss der Ausschussvorsitz die Kommission „über die Tätigkeiten des Ausschusses" **unterrichten** (Abs. 5 S. 3). Diese Pflicht erschöpft sich aber nicht darin, die Kommission nur über getroffene Beschlüsse zu informieren. Sie umschließt auch den Inhalt der **informellen Kommunikation** im EDSA und Diskussionen des Ausschusses zu aktuellen Themen. Abs. 5 S. 3 ergänzt dadurch als **themenbezogene Informationspflicht** die allg. Berichtspflicht des Art. 71 (Art. 71 Rn. 9 ff.).[86] 68

Der Wortlaut der Norm („unterrichtet"; "shall communicate"; „informe") deutet an, dass es sich um eine **proaktive Informationspflicht** des Vorsitzes handelt. Die Kommission muss also nicht etwa zuerst ein spezielles Auskunftsbegehren an den EDSA richten. Vielmehr verpflichtet Art. 68 Abs. 5 S. 3 den Vorsitz, über Themen von Belang unaufgefordert und regelmäßig zu unterrichten. 69

Einen Verstoß des Vorsitzes gegen die Unterrichtungspflicht **sanktioniert** die DS-GVO jedoch nicht. 70

IV. Innerstaatliche Vertretung in föderalen Staaten (Abs. 4)

Für den Fall, dass ein Mitgliedstaat **mehrere nationale Aufsichtsbehörden** errichtet hat, sehen sich die Union und der Mitgliedstaat der Herausforderung ausgesetzt, die Einheitlichkeit der nationalstaatlichen Interessenrepräsentation sicherzustellen. Zu diesem Zweck verpflichtet **Abs. 4** die Mitgliedstaaten, dafür zu sorgen, dass die unterschiedlichen Behörden auf Unionsebene mit **einer Stimme** sprechen (s. Art. 51 Rn. 49). Da die Bundesrepublik aus föderalen Gründen durch ein System unabhängiger Aufsichtsbehörden des Bundes und der Länder geprägt ist, entfaltet die Vorschrift hierzulande besondere Relevanz: Deutschland muss einen gemeinsamen Vertreter der Aufsichtsbehörden in den EDSA entsenden. 71

1. Begrenzte unionsrechtliche Vorgaben und deutsches Modell. Wen der Mitgliedstaat entsendet, überlässt die Verordnung grundsätzlich ihm. Er dekretiert dies autonom **„im Einklang mit"** seinen „Rechtsvorschriften" (Abs. 4). Das bekräftigt auch die Parallelregelung des **Art. 51 Abs. 3** („bestimmt dieser Mitgliedstaat die Aufsichtsbehörde"). Die Union übt sich insofern in Zurückhaltung; sie maßt sich nicht die Kompetenz an, in das mitgliedstaatliche Kompetenzgeflecht hineinzuwirken. Der Mitgliedstaat kann im Grundsatz sowohl einen festen als auch einen rotierenden Vertreter benennen. Klar ist nur, dass der gemeinsame Vertreter aus dem Kreis der (staatlichen[87]) Aufsichtsbehörden kommen muss (entweder also die monokratische Behörde selbst oder ein Mitglied des kollegialen Organs[88]), und dass die anderen Behörden des Mitgliedstaats die Regeln für das Kohärenzverfahren aus Art. 63 einhalten müssen (Art. 51 Abs. 3 Hs. 2). 72

---

86 Auernhammer-*Hermerschmidt* Art. 68 Rn. 25.
87 Kühling/Buchner-*Dix* Art. 68 Rn. 9.
88 Ehmann/Selmayr-*Selmayr* Art. 51 Rn. 12.

73 Auch auf eine weitere wichtige unionsrechtliche Vorgabe muss der Mitgliedstaat Rücksicht nehmen: Nationale **Aufsichtsbehörden** müssen auch bei ihrer Vertretung im EDSA „**völlig unabhängig**" sein (**Art. 52 Abs. 1**). Nähme der Mitgliedstaat auf die Datenschutzpolitik seiner Aufsichtsbehörden inhaltlichen Einfluss, verstieße er gegen diese **Unabhängigkeitsverbürgung**.[89]

74 Die Gefahr, die Unabhängigkeit des Aufsichtsrats zu beeinträchtigen, kann der Mitgliedstaat auf einfache Weise insbesondere dadurch bannen, dass er die **Befugnis**, den Vertreter zu bestimmen, durch Gesetz an die **Aufsichtsbehörden** weiterreicht.[90] Von dieser Option hat Deutschland indes keinen Gebrauch gemacht. Vielmehr bestimmt der Gesetzgeber selbst den **BfDI** in **§ 17 Abs. 1 S. 1 BDSG** zum gemeinsamen Vertreter. Möglich ist dies nur, weil die DS-GVO insoweit ausdrücklich vom normativen Kurs der DSRL abweicht: Art. 29 Abs. 2 UAbs. 2 S. 2 DSRL hatte das Bestimmungsrecht noch unmittelbar den Aufsichtsbehörden zugestanden („hat ein Mitgliedstaat mehrere Kontrollstellen bestimmt, so ernennen **diese**...")[91]. Nunmehr kann der Mitgliedstaat „im Einklang mit den Rechtsvorschriften des Mitgliedstaates" selbst entscheiden, wer innerstaatlich die Vertretung regelt.

75 Das Modell, den BfDI als gemeinsamen Vertreter zu installieren (§ 17 Abs. 1 S. 1 BDSG), eignet sich aus Sicht des Bundesgesetzgebers am besten, um eine **kontinuierliche Aufgabenwahrnehmung** im EDSA zu garantieren und um sicherzustellen, dass die Stimme der deutschen Aufsichtsbehörden dort hinreichende Durchschlagskraft erhält.[92] Den BfDI hat er insbesondere deshalb auserkoren, weil er aufgrund seiner Zugehörigkeit zur Art.-29-Datenschutzgruppe bereits „jahrelange Erfahrungen und organisatorisch verfestigte Strukturen zur Wahrnehmung der Aufgabe"[93] besitze.

2. Regelungskompetenz: Bestimmungsrecht in der Bundesrepublik Deutschland.

76 Dass die **Kompetenz**, den nationalen Vertreter im föderalen datenschutzrechtlichen Orchester zu bestimmen bzw. Regelungen für eine Bestimmung zu treffen, beim **Bund** liegt, ist keineswegs gesichert. Denn die Rechtsmacht, das Datenschutzrecht und seinen Vollzug zu regeln, ist zwischen Bund **und** Ländern geteilt.[94]

---

89 So auch Kühling/Buchner-*Dix* Art. 68 Rn. 10, der aus diesem Grund das gesamte Verfahren der Bestimmung des Vertreters allein den Aufsichtsbehörden überlassen will. Anders jedoch Auernhammer-*Hermerschmidt* Art. 68 Rn. 26: Er bezieht den unionsrechtlichen Schutz der aufsichtsbehördlichen Unabhängigkeit nur auf die Erfüllung aufsichtsbehördlicher Aufgaben, nicht jedoch auf die bloße Zuweisung von Zuständigkeiten. Aus seiner Sicht wäre daher eine gesetzliche Zuständigkeitsregelung unproblematisch.

90 Das Gesetz könnte sich namentlich darauf beschränken, nur die Modalitäten der Bestimmung zu regeln, den eigentlichen Entscheidungsakt aber den Datenschutzbehörden überlassen, vgl. *Kühling/Martini u.a.* Die Datenschutz-Grundverordnung und das nationale Recht, S. 142 f.; Kühling/Buchner-*Dix* Art. 68 Rn. 10.

91 Hervorhebung d. Verf.

92 BT-Drucks. 18/11325, S. 89; in diesem Sinne wohl auch Sydow-*Schöndorf-Haubold* § 17 BDSG Rn. 55.

93 BT-Drucks. 18/11325, S. 89.

94 Siehe bspw. Sydow-*Sydow* § 1 BDSG Rn. 31 ff.; Simitis-*Simitis* 8. Aufl. 2014, § 1 BDSG Rn. 1 ff.

Eine Regelungsmacht des Bundes kann sich aus zwei Anknüpfungspunkten ergeben: 77
der Gesetzgebungskompetenz für die inhaltliche Ausgestaltung und dem Vollzug des
Datenschutzrechts (Rn. 78 f.) oder der Kompetenz zur Außenvertretung (Rn. 80 ff.).[95]

a) Regelungskompetenz für das nationale Datenschutzrecht. Im Bereich des Daten- 78
schutzrechts sind Bund und Länder für jeweils unterschiedliche Teilmaterien gesetzgebungsbefugt: Der **Bund** darf kraft seiner Kompetenz für das „Recht der Wirtschaft"
(**Art. 74 Abs. 1 Nr. 11 GG**) Regelungen zu **datenschutzrechtlichen Anforderungen** für
nichtöffentliche Stellen treffen. Auf der Grundlage des **Art. 86 GG** bzw. **kraft Annex
zur jeweiligen Sachmaterie** darf er auch die **Datenschutzaufsicht** über seine eigenen
Behörden regeln. Gleiches gilt nach Maßgabe des **Art. 84 Abs. 1 S. 2 Hs. 1** bzw. **Art. 85
Abs. 1 S. 1 Hs. 2 GG** auch für die Aufsichtsbehörden der Länder, soweit diese Bundesgesetze vollziehen. Vollziehen die **Länder** hingegen Landesrecht, sind sie allein gesetzgebungsbefugt, das Datenschutzrecht für ihre Behörden und ihre sonstigen öffentlichen Stellen (**Art. 30, 70 Abs. 1 GG**) sowie die Aufsicht über diese (Art. 30, 83 GG) zu
regeln. Auch den Vollzug des bundesrechtlichen Datenschutzrechts für den nichtöffentlichen Bereich dürfen die Länder regeln (Art. 30, Art. 84 Abs. 1 S. 1 und 5 GG) –
jedenfalls soweit der Bund. von seiner Gesetzgebungskompetenz aus Art. 84 Abs. 1
S. 2 GG, die Aufsicht über die private Wirtschaft, zu regeln, – wie bisher – keinen
Gebrauch macht.

In diese bundesrepublikanische Struktur mitgliedstaatlicher Vollzugskompetenzvertei- 79
lung fügt sich der EDSA nicht bruchlos ein. Denn er übt gerade **keine mitgliedstaatliche Verwaltungstätigkeit** aus.[96] Die DS-GVO konstituiert den EDSA in Art. 68 Abs. 1
vielmehr als Einrichtung der Union. Der gemeinsame Vertreter und sein Stellvertreter
sind mithin in eine unionsrechtliche Einrichtung eingegliedert: Sie wirken an einer **originär unionalen Maßnahme**, nicht lediglich am mitgliedstaatlichen Vollzug von Gesetzen mit. Auf die Verteilung der Vollzugskompetenzen zwischen Bund und Ländern im
(nationalen) Datenschutzrecht, einschließlich der Aufsicht, kommt es also bei der
Regelung der Vertretung eines Mitgliedstaates im EDSA nicht entscheidend an.

b) Kompetenz zur Außenvertretung. Zeichnet sich die Aufgabe des Vertreters der 80
Bundesrepublik dadurch aus, die Interessen des Bundes und der Länder im unionalen
Konzert der Datenschutzaufsicht mit einer einheitlichen Stimme auf der europäischen
Bühne vernehmbar zu machen, steht die Entsendekompetenz in enger Verbindung
mit der Wahrnehmung der Außenvertretungsbefugnis der Bundesrepublik.

Für die **Repräsentation Deutschlands nach** außen ist grundsätzlich allein der Bund 81
zuständig. Das bekräftigen mehrere Kompetenznormen des Grundgesetzes, insbesondere Art. 24, 32 Abs. 1 und Art. 73 Abs. 1 Nr. 1 Alt. 1 GG sowie – als Lex specialis für
die Beziehungen zur EU – Art. 23.[97]

---

95 Ausführlich zum Folgenden *Kühling/Martini u.a.* Die Datenschutz-Grundverordnung und
   das nationale Recht, S. 136 ff.
96 BT-Drucks. 18/11325, S. 72.
97 Art. 32 Abs. 1 tritt hinter Art. 23 (und Art. 24 Abs. 1 GG) als Leges speciales zurück. Dazu
   v. Mangoldt/Klein/Starck-*Kempen* Art. 32 GG Rn. 14.

82 Der gemeinsame Vertreter im EDSA repräsentiert zwar nicht die Bundesrepublik als solche, sondern primär den Verbund der unabhängigen deutschen Aufsichtsbehörden (vgl. Art. 51 Abs. 3: „bestimmt [...] die Aufsichtsbehörde, die diese Behörden im Ausschuss vertritt). Jedoch vertritt er zugleich auch die aufsichtsbehördlichen Belange Deutschlands gegenüber den Aufsichtsbehörden anderer Staaten – und damit mittelbar auch die Bundesrepublik als solche. Der deutsche Vertreter wirkt insofern für den gesamten Mitgliedstaat beim Vollzug unionsrechtlicher Kompetenzen mit, die der EDSA ausübt.

83 **aa) Art. 23 Abs. 1 S. 2 GG und Art. 16 Abs. 2 AEUV.** Die Rolle des deutschen Vertreters als Teil eines unionalen Vollzugsorgans präsentiert sich prima facie als eine **Konkretisierung der Übertragung von Hoheitsrechten** an eine EU-Einrichtung, die auf der Grundlage des **Art. 23 Abs. 1 S. 2 GG** beruht und in **Art. 16 Abs. 2 AEUV** konkrete Gestalt annimmt.[98]

84 Allerdings überträgt Art. 16 Abs. 2 AEUV der Union neben der **materiellen** Regelungskompetenz für den Datenschutz und den freien Datenverkehr nicht ohne Weiteres auch eine Kompetenz, im Namen der unionsrechtlichen Datenschutzaufsicht in das **organisationsrechtliche Gefüge der** (föderal strukturierten) **Mitgliedstaaten** hineinzuwirken. Insoweit nimmt sich die Union selbst bereits in Art. 51 Abs. 3 und Art. 68 Abs. 4 zurück: Sie überlässt es den Mitgliedstaaten, wem sie die Rolle des gemeinsamen Vertreters anvertrauen. Für die Belange der Union ist letztlich nur von Relevanz (und darf es letztlich nur sein), dass sich föderal strukturierte Mitgliedstaaten auf eine Koordinierung verständigen – nicht aber, wer sie herstellt und wie der Mitgliedstaat sie kompetenziell abbildet. Reklamiert die Union für sich also keine Kompetenz, die Entsendung des mitgliedstaatlichen Vertreters näher zu konturieren, kann der Bund sich dann auch nicht auf seine Kompetenz aus Art. 23 Abs. 1 S. 2 GG berufen, Hoheitsrechte an die Union zu übertragen, wenn er einen Vertreter benennt. Die Bundeskompetenz aus Art. 23 Abs. 1 S. 2 GG setzt vielmehr eine Verpflichtung aus einer bereits erfolgten Hoheitsrechtsübertragung auf die Europäische Union um, die Deutschland als Gesamtstaat verpflichtet.

85 **bb) Art. 23 Abs. 7 GG.** Für die Mitwirkung der Gesetzgebungsorgane der Bundesrepublik Deutschland auf der unionspolitischen Bühne gesteht Art. 23 Abs. 7 GG dem Bund eine Gesetzgebungskompetenz zu, um die speziellen Zuständigkeitsregelungen des Art. 23 Abs. 2–6 GG zu konkretisieren: Diese formulieren Grundsätze, welche die Zusammenarbeit des Bundestages und des Bundesrates für solche Materien regeln, für welche die Bundesrepublik ihre Hoheitsrechte bereits auf die Union übertragen hat. Die Regelungen sollen damit ein **Gegengewicht gegen die Kompetenzverluste** schaffen, die den Gesetzgebungsorganen – insbesondere im Verhältnis zur außenvertretungsbefugten Exekutive – mit der fortschreitenden unionalen Integration erwachsen. Sie verstehen sich – ähnlich wie die Regelungen zum gemeinsamen Vertreter im EDSA – als Schutzmechanismen, welche die Mitwirkung des Bundestages und des Bundesrates als Gravitationszentren des politischen Willensbildungssystems bei Angelegenheiten der

---

[98] Der Bund berief sich bei Erlass des § 17 BDSG auf eine „Annexkompetenz aus Art. 23 Abs. 1 S. 2 GG" und die „Kompetenz des Bundes für auswärtige Angelegenheiten", BT-Drucks. 18/11325, S. 71 f.

Europäischen Union, wie Initiativen für die Aufnahme von Beitrittsverhandlungen in die Europäische Union etc. (§ 3 Abs. 1 S. 1 EUZBBG; § 2 EUZBLG), absichern.[99]

Die Aufgabe, einen gemeinsamen Vertreter zu benennen (Art. 68 Abs. 4), lässt sich im Grundsatz als „**Angelegenheit der Europäischen Union**" (Art. 23 Abs. 2 S. 1 GG) im Sinne dieser Vorschriften begreifen. Der (weit zu verstehende) Topos erfasst nicht nur die Mitwirkung an der Gesetzgebung der Union, sondern alle Rechte, die das Unionsrecht der Bundesrepublik in ihrer Rolle als Mitgliedstaat zuweist, insbesondere die Mitwirkung in den Organen und sonstigen Gremien der Europäischen Union.[100]

86

Für einen – dem Art. 68 Abs. 4 vergleichbaren – Fall, die Benennung von Vertretern für den Ausschuss der Regionen (Art. 305 Abs. 2 AEUV), hat der Bund (unter Berufung auf seine Gesetzgebungsbefugnis aus Art. 23 Abs. 7 GG) bspw. in § 14 Abs. 2 S. 1 EUZBLG konkretisierende Regelungen getroffen: Der Bund darf regeln, in welchem Modus die Mitglieder des Ausschusses der Regionen dem Rat vorzuschlagen sind (§ 14 Abs. 2 S. 1 EUZBLG). Gleichzeitig sichert er normativ ab, dass die Bundesregierung vor der Zustimmung zu einem Beschluss über die Zusammensetzung des Ausschusses das Einvernehmen mit dem Bundesrat herstellen (§ 14 Abs. 1 S. 1 EUZBLG) muss.

87

So vergleichbar die Konstellationen auch scheinen: § 17 BDSG konkretisiert – anders als § 14 Abs. 1 S. 1 EUZBLG[101] – nicht Beteiligungsrechte aus Art. 23 Abs. 4–6 GG in einem **Mitwirkungsakt**, wie es Art. 23 Abs. 7 GG voraussetzt. Er benennt den Vertreter vielmehr unmittelbar durch gesetzliche Regelung. Diesen Fall erfassen Art. 23 Abs. 2 ff. GG nicht. Die Vorschriften gehen vielmehr implizit davon aus, dass die Maßnahme (z.B. die Ernennung eines Vertreters oder die Mitarbeit im EDSA), der Mitwirkung an der Europäischen Union dient, in einem Akt erfolgt, der **nicht in einem nationalen Gesetz** besteht. Die Gesetzgebungskompetenz des Bundes aus Art. 23 Abs. 7 GG beschränkt sich entsprechend ausschließlich darauf, konkretisierende Regelungen („Das Nähere") für die **Mitwirkung** des Bundesrates bzw. der Länder in Angelegenheiten der Europäischen Union (jenseits nationaler Gesetzgebungsakte) zu treffen. Sie regelt hingegen nicht, ob der Bund oder die Länder innerstaatlich gesetzgebungsbefugt sind, um die Außenvertretung der Bundesrepublik Deutschland gegenüber der Union selbst durch Gesetz wahrzunehmen. Das macht insbesondere Art. 23 Abs. 5 deutlich: Er verteilt die Mitwirkungsrechte für Angelegenheiten der Europäischen Union nach Maßgabe der innerstaatlichen Gesetzgebungskompetenz. Damit setzt er in der Sache voraus, dass der Mitwirkungsakt der Art. 23 Abs. 2 ff. GG

88

---

99 Soweit der Bund das Recht zur Gesetzgebung hat, berücksichtigt die Bundesregierung die Stellungnahme des Bundesrates bei ihren unionspolitischen Maßnahmen (Art. 23 Abs. 5 S. 1 GG). Soweit demgegenüber die Mitwirkung Deutschlands bei einer Maßnahme der EU betroffen ist, für welche „die Länder innerstaatlich zuständig wären", sind sie via Bundesrat zu beteiligen (Art. 23 Abs. 4 Alt. 2 GG). Ist die Einrichtung oder das Verwaltungsverfahren der Landesbehörden betroffen, hat der Bund „die Auffassung des Bundesrates maßgeblich zu berücksichtigen" (Art. 23 Abs. 5 S. 2 Hs. 1 GG). Im Einzelfall sogar die Organkompetenz auf einen Ländervertreter zu übertragen (Art. 23 Abs. 6 GG). Die Gesetzgebungskompetenz für die nähere Ausgestaltung weist das GG stets dem Bund zu (Art. 23 Abs. 7 GG).
100 von Mangoldt/Klein/Starck-*Classen* Art. 23 GG Rn. 69.
101 § 14 Abs. 1 S. 1 EUZBLG trifft demgegenüber eine Verfahrensregelung für die Mitwirkung des Bundesrates für den Fall, dass die Ernennung des Vertreters gerade nicht durch Gesetz, sondern im Einzelfall durch die Bundesregierung erfolgt.

selbst gerade nicht durch innerstaatliches Gesetz erfolgt. Sonst unterfiele zum einen auch die nationale Umsetzung unionaler Richtlinien den Vorgaben des Art. 23 Abs. 5 GG und hätte es zum anderen dieser Vorschrift im Ergebnis nicht bedurft. Wenn Bund und Länder den Akt jeweils auch durch innerstaatliches Gesetz vornehmen könnten, bestünde nämlich der Bedarf, die Mitwirkungsrechte des Bundestags und der Länder via Bundesrat zu sichern, den Art. 23 Abs. 5 GG vorrangig befriedigen soll, nicht. In diesem Fall greifen die Art. 70 ff. GG und sichern die verfassungsrechtlichen Regeln zum Gesetzgebungsverfahren bereits ihre demokratische Mitwirkung als Legislativorgane ab. Die Vorschriften der Art. 23 Abs. 4–6 GG, auf die die Gesetzgebungskompetenz des Art. 23 Abs. 7 GG Bezug nimmt, regeln daher (ihrer demokratiesichernden Funktion entsprechend, die Mitwirkungsrechte des Bundesrates bzw. der Länder zu sichern) die **Organ- und Verbands**kompetenz für Mitwirkungsakte in Angelegenheiten der Europäischen Union, nicht aber die **Verbandskompetenz für nationale Gesetzgebungsmaßnahmen.**

89 cc) **Art. 73 Abs. 1 Nr. 1 Alt. 1 GG.** Allenfalls lässt sich die gesetzliche Regelung des Bundes in § 17 Abs. 1 BDSG als Regelung **der äußeren Angelegenheiten der Bundesrepublik**, namentlich als **Vertretung Deutschlands bei der EU**, verstehen (**Art. 73 Abs. 1 Nr. 1 Alt. 1 GG**).[102] Unter diesen Kompetenztitel fallen nicht nur die Beziehungen zu anderen Staaten, sondern auch zu anderen Völkerrechtssubjekten – also ebenfalls zur Europäischen Union.[103] Das deutsche Mitglied im EDSA vertritt ausweislich des Wortlauts der DS-GVO zwar nicht primär die Bundesrepublik Deutschland als Völkerrechtssubjekt, sondern die Aufsichtsbehörden des Mitgliedstaats selbst („diese Behörden" – Art. 51 Abs. 3). Art. 73 Abs. 1 Nr. 1 Alt. 1 GG setzt jedoch nicht zwingend voraus, dass die Bundesrepublik als Völkerrechtssubjekt vertreten wird. Vielmehr greift die Gesetzgebungskompetenz des Bundes schon dann, wenn eine Repräsentation der gesamten Bundesrepublik in irgendeiner Art und Weise stattfindet[104] – etwa im Falle von Auslandsschulen[105], Auslandsrundfunk[106] und Auslandsgefahrenabwehr (sämtlich Materien, die

---

102 Das Verhältnis zu Art. 32 Abs. 1 GG wirft viele Fragen auf. Vgl. dazu etwa Maunz/Dürig-*Nettesheim* Art. 32 GG Rn. 54.
103 Maunz/Dürig-*Uhle* Art. 73 GG Rn. 41. Die äußeren Angelegenheiten wahrzunehmen, setzte nach der früheren Rechtsprechung des Bundesverfassungsgerichts voraus, dass die Bundesrepublik als solche, also als Völkerrechtssubjekt, vertreten wird (BVerfGE 33, 52, 60; vgl. auch von Mangoldt/Klein/Starck-*Heintzen* Art. 73 GG Rn. 8; Maunz/Dürig-*Uhle* Art. 73 GG Rn. 40 m.w.N). Diese Rechtsauffassung hat das BVerfG unterdessen aufgegeben (BVerfGE 100, 313, 368 ff.; 133, 277, 319 f.). Unter auswärtigen Angelegenheiten i.S.d. Art. 73 Abs. 1 Nr. 1 Alt. 1 GG versteht es nunmehr diejenigen Fragen, die für das Verhältnis der Bundesrepublik Deutschland zu anderen Staaten oder zwischenstaatlichen Einrichtungen, insbesondere für die Gestaltung der Außenpolitik, Bedeutung haben (BVerfGE 100, 313, 368 f.). Art. 73 Abs. 1 Nr. 1 Alt. 1 GG etabliert jedoch keine Generalklausel für alle Sachverhalte mit Auslandsbezug. Es genügt daher nicht bereits jeglicher Bezug zum Ausland. Vielmehr setzt eine Bundeskompetenz voraus, dass die „gesamtstaatliche Repräsentation im Ausland" betroffen ist. Siehe hierzu Friauf/Höfling-*Thiel* Art. 73 GG Rn. 7 f.
104 Kahl/Waldhoff/Walter-*Funke* Art. 73 GG Rn. 18.
105 Bundesgesetzlich geregelt durch das Gesetz über die Förderung Deutscher Auslandsschulen vom 26.8.2013, BGBl. I S. 3306. Der Gesetzesentwurf (BT-Drucks. 17/13058, S. 8) nennt explizit Art. 73 Abs. 1 Nr. 1 GG als Kompetenznorm. Im Einzelnen hierzu vgl. Kahl/Waldhoff/Walter-*Funke* Art. 73 GG Rn. 24.
106 Vgl. das Gesetz über die Rundfunkanstalt des Bundesrechts „Deutsche Welle" vom 16.12.1997, BGBl. I S. 3094; zur Vereinbarkeit mit dem Grundgesetz BVerwGE 75, 79, 81.

das Grundgesetz im Übrigen bei der innerstaatlichen Kompetenzverteilung den Ländern zuweist). Versteht man den Vertreter im Ausschuss vor diesem Hintergrund als **gesamtstaatlichen Vertreter der Bundesrepublik** in Fragen der Datenschutzaufsicht, nimmt der Bund bei seiner Bestimmung seine Außenvertretungskompetenz aus Art. 73 Abs. 1 Nr. 1 Alt. 1 GG wahr.

Die föderale Sensibilität, die der Bund auslöst, wenn er den Vertreter der Bundesrepublik im EDSA kraft seiner Kompetenz zur Außenvertretung via Bundesgesetz bestimmt, war dem Bund durchaus bewusst. Als er die Koordination der Aufsichtsbehörden und der Vertretung im EDSA durch das BDSG inhaltlich ausgestaltet hat, war es ihm auch aus diesem Grund besonders daran gelegen, die **föderale Kompetenzverteilung** durch Sicherungsmechanismen gegen eine zu dominante Stellung des Bundes abzuschirmen. Deutlich macht das insbesondere die Regelung des § 17 Abs. 1 S. 2 **BDSG**: Sie legt die Befugnis, den Stellvertreter des gemeinsamen Vertreters zu bestimmen, ausschließlich in die Hände des Bundesrats und begrenzt die Auswahl auf die Leiter der Landesdatenschutzbehörden (§ 17 Abs. 1 S. 2 BDSG). Der Bund erkennt damit das legitime Bedürfnis der Länder an, im EDSA ihre Interessen unmittelbar einzubringen.[107]

90

3. Inhaltliche Ausgestaltung (Wahrnehmungskompetenz). Die DS-GVO gibt den Mitgliedstaaten vor, die Vertretung so auszugestalten, dass eine **effektive Aufgabenwahrnehmung** im EDSA gewährleistet ist. Wie sie die Vertretung und den inhaltlichen Verständigungsprozess unter den nationalen Aufsichtsbehörden organisieren, stellt sie ihnen jedoch frei.[108] Das BDSG hebt in § 17 f. ein differenziertes Modell aus der Taufe, das der komplexen kompetenziellen Gemengelage zwischen Bund und Ländern gerecht zu werden sucht.

91

a) Aufgabenübertragung an den Stellvertreter (§ 17 Abs. 2 BDSG). Um den legitimen Interessen der Länder Rechnung zu tragen, übernimmt der BfDI nicht pauschal und vorbehaltlos die Aufgabe, die Vertretung der nationalen Aufsichtsbehörden im EDSA (§ 17 Abs. 1 S. 1 BDSG) wahrzunehmen. Vielmehr muss er seinem **Stellvertreter** auf Verlangen die Verhandlungsführung und das Stimmrecht in solchen Konstellationen übertragen, in denen originäre Länderinteressen zentral berührt sind (vgl. § 17 Abs. 2 BDSG).

92

Der Gesetzgeber orientiert sich dabei inhaltlich an dem Modell des Gesetzes über die Zusammenarbeit von Bund und Ländern in Angelegenheiten der Europäischen Union (**EUZBLG**): Der Aufgabenübertragungsvorbehalt greift zum einen, wenn die Wahrnehmung der Aufgabe solche Angelegenheiten betrifft, für welche **ausschließlich die Länder** gesetzgebungsbefugt sind. Der Gesetzgeber aktiviert ihn zum anderen für die **Einrichtung bzw. das Verfahren von Landesbehörden** (§ 17 Abs. 2 BDSG; vgl. § 5 Abs. 2 S. 1, § 6 Abs. 2 EUZBLG).

93

---

107 Anders als § 17 Abs. 1 S. 1 BDSG lässt sich die gesetzliche Regelung zur Bestimmung des Landesvertreters als Norm i.S.d. Art. 23 Abs. 7 i.V.m. Art. 23 Abs. 5 S. 2 GG verstehen. Denn sie dekretieren den Vertreter nicht unmittelbar durch Gesetz (vgl. Rn. 88), sondern schafft die gesetzlichen Voraussetzungen für ein Verfahren, um einen Vertreter außerhalb eines Gesetzgebungsverfahrens zu bestimmen.

108 Ausführlich hierzu *Kühling/Martini u.a.* Die Datenschutz-Grundverordnung und das nationale Recht, S. 141 ff.; Auernhammer-*Hermerschmidt* Art. 68 Rn. 39; vgl. auch Gola-*Nguyen* Art. 51 Rn. 8.

94 **b) Vorabkoordination im Verfahren der Zusammenarbeit (§ 18 BDSG).** Um die sich überlappenden Gesetzgebungskompetenzen des Bundes und der Länder im Datenschutz zu wahren, installiert der Gesetzgeber in § 18 BDSG ein **Verfahren der Vorabkoordination.** Es soll sicherstellen, dass sowohl der BfDI als auch die Landesdatenschutzbeauftragten an der Entscheidungsfindung inhaltlich mitwirken und ihre Interessen adäquat einbringen können.

95 **aa) Recht zur Stellungnahme und Verständigung auf einen gemeinsamen Standpunkt (§ 18 Abs. 1 S. 1 und 2 BDSG).** Bevor der deutsche Vertreter eine Position in den Ausschuss trägt, hat er allen Aufsichtsbehörden frühzeitig **Gelegenheit zur Stellungnahme** zu geben (§ 18 Abs. 1 S. 2 BDSG). Sie sollen sich auf einen **gemeinsamen Standpunkt** einigen, den der gemeinsame Vertreter oder sein Stellvertreter als **einheitliche deutsche Stimme** auf der europäischen Bühne des EDSA artikuliert. Auf dieses Ziel schwört der Bundesgesetzgeber alle Aufsichtsbehörden ein: Sie unterliegen einer Mitwirkungspflicht, tauschen nach dem Willen des Gesetzgebers insbesondere untereinander „alle zweckdienlichen Informationen aus" (§ 18 Abs. 1 S. 3 BDSG).

96 **bb) Beteiligung der medienrechtlichen Aufsichtsbehörden sowie der Aufsichtsbehörden der Kirchen (§ 18 Abs. 1 S. 4 BDSG).** Neben den Aufsichtsbehörden des Bundes und der Länder nehmen **medienrechtliche Aufsichtsbehörden** (Art. 85 Abs. 2 i.V.m. Kap. VI; dazu Art. 85 Rn. 54 ff.), insbesondere die Landesmedienanstalten (vgl. bspw. §§ 9c, 59 RStV bzw. pro futuro § 12 Abs. 4 S. 1, § 115 S. 2 MStV i.V.m. Landesrecht), sowie Aufsichtsbehörden der **Kirchen** (Art. 91 Abs. 2; Art. 91 Rn. 14 f.) Aufsichtsbefugnisse wahr. Der Bundesgesetzgeber erlegt den datenschutzrechtlichen Aufsichtsbehörden des Bundes und der Länder daher die Verpflichtung auf, auch diese Einrichtungen am Abstimmungsprozess zu **beteiligen,** sofern eine Angelegenheit deren Aufgabenwahrnehmung betrifft (§ 18 Abs. 1 S. 4 BDSG).

97 **cc) Verfahren in Konstellationen fehlenden Einvernehmens über einen gemeinsamen Standpunkt (§ 18 Abs. 2 BDSG).** Nicht immer wird es den Aufsichtsbehörden des Bundes und der Länder gelingen, Einvernehmen über den gemeinsamen Standpunkt zu erzielen. Für diesen Fall etabliert § **18 Abs. 2 BDSG** einen Konfliktregelungsmechanismus. Die Vorschrift weist in diesem Prozess der **federführenden Behörde** – also der Aufsichtsbehörde des Landes, in der sich die aufsichtspflichtige Person mit ihrer Hauptniederlassung angesiedelt hat (§ 19 Abs. 1 S. 1 BDSG),[109] – eine **zentrale Steuerungsfunktion** zu: Ihr kommt das Privileg zu, einen Vorschlag für einen gemeinsamen Standpunkt zu entwerfen (§ 18 Abs. 2 S. 1 BDSG). In Fällen, in denen **keine federführende Behörde** besteht, die aufsichtspflichtige Person also keine (Haupt-)Niederlassung in der Bundesrepublik hat, sind der gemeinsame Vertreter und sein Stellvertreter gesamthänderisch berufen, einen Vorschlag für einen gemeinsamen Standpunkt zu erarbeiten.

98 Können sich diese beiden Akteure nicht inhaltlich einigen, bestimmt sich das Vorschlagsrecht danach, ob im Einzelfall überwiegend die Interessen des Bundes oder der Länder berührt sind (**§ 18 Abs. 2 S. 2** und **3 BDSG**). Betrifft die Angelegenheit einen Gegenstand **ausschließlicher Landesgesetzgebungskompetenz** oder „die Ein-

---

109 Für den Zuständigkeitsbereich des BfDI (vgl. § 9 BDSG) verweist § 19 Abs. 1 S. 2 BDSG ebenso wie § 19 Abs. 1 S. 1 BDSG auf Art. 56 Abs. 1 i.V.m. Art. 4 Nr. 16.

richtung oder das Verfahren von Landesbehörden", gesteht das Gesetz konsequenterweise dem **Stellvertreter** i.S.d. § 17 Abs. 1 S. 2 BDSG, den der Bundesrat gewählt hat, eine **Letztentscheidungsbefugnis** zu: Er legt in diesen Konstellationen „den Vorschlag für einen gemeinsamen Standpunkt fest" (**§ 18 Abs. 2 S. 2 BDSG**). In allen anderen Fällen ist der **BfDI** als gemeinsamer Vertreter mit einer Festlegungsbefugnis betraut (§ 18 Abs. 2 S. 3 BDSG).

Der so ermittelte Vorschlag für einen gemeinsamen Standpunkt bildet dann die **Grundlage** für die **Verhandlungen** im EDSA (**§ 18 Abs. 2 S. 4 BDSG**). Den Aufsichtsbehörden des Bundes und der Länder steht jedoch die Möglichkeit offen, (mit einfacher Mehrheit) einen abweichenden Standpunkt als Verhandlungsgrundlage festzulegen, also den Vorschlag zu modifizieren, den die federführende Behörde oder der gemeinsame Vertreter bzw. sein Stellvertreter zuvor festgelegt haben (§ 18 Abs. 2 S. 4 Hs. 2 BDSG).

Für das Abstimmungsprozedere verankert der Gesetzgeber eine strikte Gleichbehandlung: Bund und Länder haben jeweils eine Stimme (§ 18 Abs. 2 S. 5 BDSG). Enthalten sich der BfDI und/oder die Aufsichtsbehörden der Länder bei der Abstimmung, werden ihre Stimmen „nicht mitgezählt" (§ 18 Abs. 2 S. 6 BDSG). Entscheidend ist also, ob das Ja- oder das Nein-Lager in der Mehrheit ist.

Selbst wenn sich der gemeinsame Vertreter und/oder sein Stellvertreter mit ihrer eigenen Vorstellung nicht durchsetzen konnten, ist das Ergebnis für sie bindend (§ 18 Abs. 3 S. 1 BDSG): Sie unterliegen im EDSA einem **imperativen Mandat**.

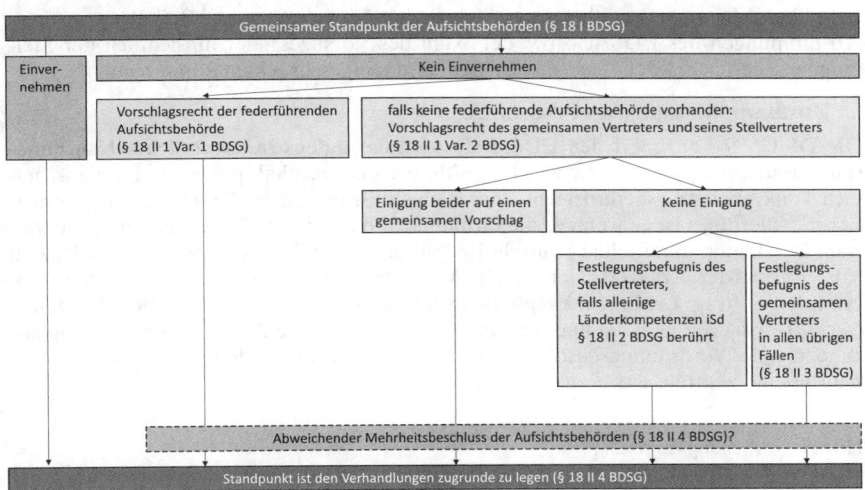

dd) Verständigung auf eine Verhandlungsführung auf der Grundlage des gemeinsamen Standpunkts. Da sich der Verhandlungsprozess im EDSA nicht in jeder Hinsicht ex ante vorhersehen lässt, sondern sich dynamisch entwickeln kann, müssen sich der gemeinsame Vertreter und sein Stellvertreter zusätzlich zum gemeinsamen Standpunkt auf eine **Strategie der Verhandlungsführung** verständigen (§ 18 Abs. 3

S. 1 BDSG). Gelingt es ihnen nicht, dafür Einvernehmen herzustellen, liegt das letzte Wort beim Stellvertreter, sofern Belange im Raum stehen, welche exklusiv die Länder, namentlich ihre **ausschließliche Gesetzgebungskompetenz oder die Einrichtung oder das Verfahren von Landesbehörden**, berühren (§ 18 Abs. 3 S. 2 i.V.m. Abs. 2 S. 2 BDSG). In **allen anderen Fällen** gesteht der Gesetzgeber dem BfDI die Präponderanz zu: Seine Stimme gibt im Falle eines Dissenses mit seinem Stellvertreter den Ausschlag (§ 18 Abs. 3 S. 3 BDSG).

V. Stimmrecht des Europäischen Datenschutzbeauftragten (Abs. 6)

104 Der EDSB genießt im EDSA kein uneingeschränktes Stimmrecht. Er darf über verbindliche Beschlüsse, die der EDSA auf der Grundlage des Art. 65 im Streitbeilegungsverfahren mit Bindungswirkung erlässt, nur abstimmen, wenn sie „die Grundsätze und Vorschriften betreffen, die für die **Organe, Einrichtungen, Ämter und Agenturen der Union**[110] gelten und inhaltlich den Grundsätzen und Vorschriften dieser VO entsprechen" (Abs. 6).

105 Mit diesen Vorgaben adressiert Abs. 6 zuvörderst die VO (EU) 2018/1725.[111] Ihre Aufgabe ist es, ihre Vorschriften mit denen der DS-GVO möglichst zu synchronisieren.[112] Der EDSB ist folglich im Rahmen des Art. 65 immer dann stimmberechtigt, wenn der Beschluss, der zur Abstimmung steht, sich auch auf Fragen der Auslegung der VO (EU) 2018/1725 auswirkt.[113] Sind hingegen ausschließlich die Belange der mitgliedstaatlichen Aufsichtsbehörden betroffen, hat der EDSB kein Stimmrecht. Denn er ist allein als **Datenschutzaufsicht über die Organe und Einrichtungen der Union** konzipiert (vgl. **Art. 52 ff. VO (EU) 2018/1725**). Ihm soll keine Zuständigkeit für die Aufsicht über die mitgliedstaatlichen Aufsichtsbehörden zuwachsen.[114] Bei allen sonstigen Abstimmungen des EDSA, bspw. der Wahl des Vorsitzes oder hinsichtlich der Stellungnahmen nach Art. 64, hat der EDSB ein uneingeschränktes Stimmrecht.[115]

C. Zusammenfassung und Ausblick

106 Die DS-GVO konzipiert den EDSA als **zentrales datenschutzrechtliches Koordinierungsgremium** der Union. Er wirkt unmittelbar und nachhaltig darauf ein, die – vielfach konkretisierungsbedürftigen – normativen Grundregeln der DS-GVO zu präzisieren. Allerdings ist es weniger die Grundnorm des Art. 68, die für die unterschiedlichen Beteiligten unmittelbar zentrale Bedeutung erlangt als vielmehr die spezifischen Vorschriften der Art. 69 ff. Gerade die Aufgaben, die Art. 70 dem EDSA überträgt, etwa der Auftrag, **Leitlinien, Empfehlungen und bewährten Verfahren bereitzustellen** (Art. 70 Abs. 1 S. 2 lit. d, f–j und m), entfalten eine intensive Ausstrahlungswirkung auf nahezu jede Verordnungsbestimmung. In der Rechtsanwendung wird ihnen daher künftig eine zentrale Rolle zukommen.

---

110 Hervorhebung d. Verf.
111 Die VO (EU) 2018/1725 hat die VO (EG) Nr. 45/2001 (vgl. dazu die Vorauflage unter Rn. 93 f.) mit Wirkung vom 11.12.2018 abgelöst, Art. 99.
112 ErwG 4 VO (EU) 2018/1725; vgl. auch Auernhammer-*Hermerschmidt* Art. 68 Rn. 31.
113 Vgl. Ehmann/Selmayr-*Albrecht* Art. 68 Rn. 7; Kühling/Buchner-*Dix* Art. 68 Rn. 12; Gierschmann-*Gramlich* Art. 68 Rn. 13; Auernhammer-*Hermerschmidt* Art. 68 Rn. 31.
114 Vgl. auch Sydow-*Schöndorf-Haubold* Art. 68 Rn. 36.
115 Ebenso Ehmann/Selmayr-*Albrecht* Art. 68 Rn. 7; Simitis/Hornung/Spiecker gen. Döhmann-*Schiedermair* Art. 68 Rn. 7; Auernhammer-*Hermerschmidt* Art. 68 Rn. 33.

Berührt eine Maßnahme des EDSA eine natürliche oder juristische Person in ihrer Rechtssphäre, so hängen die einschlägigen **Rechtsschutzmöglichkeiten** entscheidend davon ab, ob die Maßnahme eine **unmittelbare** oder (kraft mitgliedstaatlichem Umsetzungsspielraum) bloß **mittelbare** Wirkung entfaltet (siehe dazu Rn. 29). 107

Eine unabhängige Verbundaufsicht zu etablieren, die sich aus den Aufsichtsbehörden der Mitgliedstaaten rekrutiert und bindende Beschlüsse erlassen kann, war ein essenzieller Schritt auf dem Weg zu einer einheitlichen Datenschutzaufsicht in der Union. Dieser normative Bauplan des EDSA könnte zum Exportartikel werden: Die USA planen in einer Gesetzesinitiative, „eine Federal Data Protection Agency" nach dem Vorbild des EDSA zu etablieren.[116] 108

I. Relevanz für Aufsichtsbehörden

Der EDSA und die Verfahren, welche die DS-GVO für das Zusammenwirken seiner Mitglieder etabliert, binden die nationalen Aufsichtsbehörden in ein übergeordnetes Bezugssystem ein. Durch gemeinsame Anstrengung sollen sie nach dem Willen des Unionsgesetzgebers einen entscheidenden Beitrag dazu leisten, dass die DS-GVO unionsweit eine **einheitliche Anwendung** erfährt. 109

Durch den EDSA bisher angenommene Dokumente[117]: 110

Artikel	Kurzpapier	Gegenstand
Art. 3	EDPB Guidelines 3/2018	Räumlicher Anwendungsbereich der DSGVO
Art. 6	EDPB Guidelines 2/2019	Verarbeitung pbD gem. Art. 6 Abs. 1 lit. b bei Bereitstellung von Online-Diensten
Art. 6	EDPB Guidelines 3/2019	Videoüberwachung
Art. 7	WP 259 rev. 01	Einwilligung
Art. 13, 14	WP 260 rev. 01	Transparenz
Art. 15	EDPB Guidelines 5/2019	Kriterien des Rechts auf Vergessenwerden in den Suchmaschinenfällen (Teil 1)
Art. 20	WP 242 rev. 01	Datenübertragbarkeit
Art. 22	WP 251rev. 01	Autom. Einzelentscheidung und Profiling
Art. 25	EDPB Guidelines 4/2019	Data Protection by Design and by Default
Art. 30	EDPB-Positionspapier	Ausnahmen von der Verpflichtung zur Führung eines VVT

Bedeutsame Vorgaben für die nationalen Aufsichtsbehörden trifft Art. 68 auch im Hinblick auf ihre Vertretung im EDSA und ihre **interne (Vorab-)Koordinierung**. Da Deutschland seiner föderalen Struktur entsprechend mehrere Aufsichtsbehörden 111

---

116 Dazu *Geminn* ZD-Aktuell 2020, 07025.
117 Vgl. *Datakontext* PPP, Dialog mit der Datenschutzaufsicht, F. 5.

errichtet hat, entfaltet hierzulande neben Abs. 3 auch **Abs. 4** besondere Ausstrahlungswirkung: Zusammen mit Art. 51 Abs. 3 verpflichtet er den Mitgliedstaat, einen Vertreter im EDSA zu bestimmen. Der deutsche Gesetzgeber ist dieser Vorgabe in § 17 **BDSG** (auf kompetenziell unsicherem Grund) nachgekommen.

II. Sanktionen und Bußgeldkompetenz

112 Der EDSA ist nicht befugt, Geldbußen zu verhängen. Dazu ermächtigt die DS-GVO allein die jeweils zuständige nationale Aufsichtsbehörde (Art. 83 Abs. 1 i.V.m. Art. 4 Nr. 21 und Art. 51 Abs. 1).

Artikel 69 Unabhängigkeit

(1) Der Ausschuss handelt bei der Erfüllung seiner Aufgaben oder in Ausübung seiner Befugnisse gemäß den Artikeln 70 und 71 unabhängig.

(2) Unbeschadet der Ersuchen der Kommission gemäß Artikel 70 Absätze 1 und 2 ersucht der Ausschuss bei der Erfüllung seiner Aufgaben oder in Ausübung seiner Befugnisse weder um Weisung noch nimmt er Weisungen entgegen.

– *ErwG: 139*

Übersicht

	Rn		Rn
A. Einordnung und Hintergrund	1	2. Systematischer Vergleich zu Art. 52	38
I. Erwägungsgründe	4	a) Unabhängigkeit (Art. 69 Abs. 1) versus „völlig[e] Unabhängigkeit (Art. 52 Abs. 1)	39
II. Systematische Stellung	8		
III. Normgenese	14		
1. DSRL	14		
2. Normgenese	17		
IV. Ausfüllung des unionsrechtlichen Handlungsrahmens	20	b) Persönliche Unabhängigkeit?	42
1. BDSG a.F.	20	c) Sachliche Unabhängigkeit, Ausstattung	47
2. BDSG n.F.	24	aa) Personalhoheit	48
B. Inhalt der Norm	27	bb) Ausstattung mit sächlichen und organisatorischen Mitteln	50
I. Unabhängigkeitsgarantie (Abs. 1)	28		
1. Vergleich zum Primärrecht und primärrechtliche Vorprägungen	32	3. Vergleich zu anderen unabhängigen EU-Institutionen	55
a) Organisatorische Dimension des Datenschutzgrundrechts (Art. 8 Abs. 3 GRCh und Art. 16 Abs. 2 UAbs. 1 S. 2 AEUV)	33	4. Schlussfolgerungen	61
		II. Weisungsfreiheit (Abs. 2)	62
		1. „Weisung"	63
		2. „ersucht […] weder"	65
b) Unabhängige europäische Verwaltung i.S.d. Art. 298 Abs. 1 AEUV	35	3. „noch nimmt er […] entgegen"	66
		4. „unbeschadet der Ersuchen der Kommission gem. Art. 70 Abs. 1 und 2"	69

Literatur: *Bull* Die „völlig unabhängige" Aufsichtsbehörde – Zum Urteil des EuGH vom 9.3.2010 in Sachen Datenschutzaufsicht, EuZW 2010, 488–494; *Calliess/Ruffert (Hrsg.)* EUV/AEUV: Das Verfassungsrecht der Europäischen Union mit Europäischer Grundrechtecharta , Kommentar, 5. Aufl. 2016; *Dix* Unabhängige Datenschutzkontrolle als vorgezogener Grundrechtsschutz, Kröger/Pilniok (Hrsg.), Unabhängiges Verwalten in der Europäischen Union, 2016, 121–129; *Geminn/Laubach* Gewährleistung einer unabhängigen Datenschutzaufsicht in Japan, ZD 2019, 403–407; *Kröger* Verwaltungsprozessualer Rechtsbehelf der Aufsichtsbehörden zur Kontrolle des internationalen Datentransfers, NVwZ 2017, 1730–1735; *von Lewinski* Unabhängigkeit des Bundesbeauftragten für den Datenschutz und die Informationsfreiheit, ZG 2015, 228–244; *Pechstein/Nowak/Häde (Hrsg.)* Frankfurter Kommentar zu EUV, GRC und AEUV, 2017; *Vedder/Heintschel von Heinegg (Hrsg.)* Europäisches Unionsrecht: EUV, AEUV, GRCh, EAGV, Kommentar, 2. Aufl. 2018; *Petri* Das Verhältnis von Datenschutzaufsicht und Rechtsprechung, ZD 2020, 81–84; *Roßnagel* Unabhängigkeit der Datenschutzaufsicht – Zweites Gesetz zur Änderung des BDSG, ZD 2015, 106–111; *Spiecker gen. Döhmann* Unabhängigkeit von Datenschutzbehörden als Voraussetzung von Effektivität, Kröger/Pilniok (Hrsg.), Unabhängiges Verwalten in der Europäischen Union, 2016, 97–119; *Thomé* Die Unabhängigkeit der Bundesdatenschutzaufsicht, VuR 2015, 130–133; *Will* Vermittelt die DS-GVO einen Anspruch auf aufsichtsbehördliches Einschreiten?, ZD 2020, 97–99; siehe ergänzend die Literaturangaben zu Art. 52 und 68.

A. Einordnung und Hintergrund

Art. 69 verbürgt dem EDSA als unionaler Einrichtung mit eigener Rechtspersönlichkeit (Art. 68 Abs. 1) Unabhängigkeit. Die DS-GVO meint damit vor allem **Weisungsfreiheit**: Der Ausschuss ersucht weder um Weisungen noch nimmt er solche entgegen (Abs. 2). Seine Aufgaben und Befugnisse (Art. 70 und 71) nimmt er inhaltlich unbeeinflusst und insbesondere **ohne Vorgaben der Kommission** wahr. 1

Seine Unabhängigkeit versetzt den Ausschuss in die Lage, seine Kernaufgabe möglichst objektiv und ohne die Einflussnahme Dritter wahrzunehmen. Seine Berufung, die **einheitliche Anwendung der DS-GVO** zu sichern (Art. 70 Abs. 1 S. 1), kann er namentlich nur dann vollständig erfüllen, wenn er sein Wirken beeinträchtigungsfrei ganz in den Dienst des einheitlichen Schutzes personenbezogener Daten der Unionsbürger (Art. 1 Abs. 1 und 2) stellen kann. Die DS-GVO bewegt sich damit in gesetzgeberischer **Kontinuität mit der DSRL**: Schon die heutige Art.-29-Datenschutzgruppe („Gruppe") war unabhängig (Art. 29 Abs. 1 UAbs. 2 DSRL). 2

Die Weisungsfreiheit als Teil der Unabhängigkeitsverbürgung löst eine Spannungslage zum Anspruch der Union aus, ihre Herrschaftsgewalt an eine demokratische Legitimationskette rückzubinden (vgl. Art. 2 S. 1 EUV).[1] Sie ist aber zugleich Teil einer bewussten normativen Entscheidung des Unionsrechts, welche die demokratische Rückkopplung insoweit bewusst zugunsten wirksamen Privatsphärenschutzes einschränkt: Die Unabhängigkeit des EDSA entspringt unmittelbar dem europäischen **Primärrecht** (Art. 16 Abs. 2 UAbs. 1 S. 2 AEUV, Art. 8 Abs. 3 GRCh). Diese Gewährleistung erstreckt sich nicht nur auf die nationalen Aufsichtsbehörden und den Europäischen Datenschutzbeauftragten (denen Art. 52 Abs. 1 bzw. Art. 55 Abs. 1 VO (EU) 2018/1725 sekundärrechtlich die „völlige" Unabhängigkeit verbürgen). Sie erfasst vielmehr auch das **Zusammenwirken der Aufsichtsbehörden im EDSA** als Einrichtung der Union, die der wirksamen Durchsetzung dieser Regeln verschrieben ist. 3

---

1 Dazu ausf. Sydow-*Schöndorf-Haubold* Art. 69 Rn. 13 ff.

Art. 69 Unabhängigkeit

I. Erwägungsgründe

4 Aufschluss für das gesetzgeberische Verständnis des Art. 69 vermittelt der ErwG, der sich unmittelbar auf die Norm bezieht, nur bedingt: **ErwG 139 S. 8** wiederholt in der Sache lediglich den Wortlaut des Verordnungstextes.

5 Eine ergänzende erläuternde Aussage mit Ausstrahlungswirkung auf die Unabhängigkeit des Ausschusses treffen jedoch **ErwG 140 S. 1** und **Art. 75 Abs. 1**: Der **Europäische Datenschutzbeauftragte** stellt das **Sekretariat** des Ausschusses, das ihm „analytische, administrative und logistische Unterstützung" (Art. 75 Abs. 5) leisten soll. Die DS-GVO versagt dem Ausschuss damit, seine eigene Personalauswahl zu treffen. Diese Zuordnung verschafft dem Europäischen Datenschutzbeauftragten bei der Durchsetzung seiner eigenen Gestaltungsvorstellungen im Ausschuss eine **faktische Präponderanz** (näher hierzu Rn. 47 ff.).

6 Die Rückbindung des Sekretariats an die Weisungsbefugnis **des Vorsitzes** und dessen starke Stellung sowie Legitimation dämpfen die faktische Einflussmacht des Europäischen Datenschutzbeauftragten im Interesse des institutionellen Gleichgewichts im Ausschuss jedoch wieder ab: Das Sekretariat erfüllt seine Aufgaben ausschließlich auf **Anweisung des Vorsitzes des Ausschusses (Art. 75 Abs. 2** und **ErwG 140 S. 2**). Um den Integritätsschutz zu sichern und Interessenkollisionen zu vermeiden, unterliegt das Sekretariat zudem anderen Berichtspflichten als das sonstige Personal des Europäischen Datenschutzbeauftragten (Art. 75 Abs. 3).

7 Ebenfalls rein deklaratorisch stellt **ErwG 118** klar, dass „Unabhängigkeit" der Aufsichtsbehörden (Entsprechendes dürfte für den Ausschuss gelten) **nicht völlige Ungebundenheit** meint. Insbesondere sind die Maßnahmen des Ausschusses grundsätzlich justiziabel (näher hierzu Rn. 67).

II. Systematische Stellung

8 Art. 69 schließt als Teil des siebten Kapitels („Zusammenarbeit und Kohärenz") an die Bestimmungen über die mitgliedstaatlichen Aufsichtsbehörden an. Er stellt die Weichen dafür, dass der EDSA im Interesse eines unionsweit einheitlichen Datenschutzvollzugs **reibungslos funktioniert**.

9 **Art. 70 und 71** kreisen den Bereich der Aufgaben und Befugnisse ein, in welchen die DS-GVO dem Ausschuss Unabhängigkeit verleiht – nur auf diese erstreckt sich die Unabhängigkeitsgarantie.

10 Für die **mitgliedstaatliche Ebene** der Datenschutzaufsicht hält **Art. 52** eine **Parallelnorm** vor. Sie gewährt den nationalen Aufsichtsbehörden „völlig[e]" Unabhängigkeit. Auf den ersten Blick geht die Unabhängigkeitsgarantie des Art. 52 für die Mitgliedstaaten also weiter als diejenige für den Ausschuss (näher hierzu Rn. 38 ff.).

11 Die **Kommission** hat an der Unabhängigkeitsverbürgung keinen Anteil. Sie nimmt zwar an den **Sitzungen** des Ausschusses **teil**, genießt aber kein eigenes Stimmrecht; sie ist **kein Mitglied des Ausschusses** (Art. 68 Rn. 65). Vielmehr stehen Ausschuss und Kommission lediglich in einem fachlichen Dialog (vgl. etwa die **Informationspflichten** aus Art. 68 Abs. 5 S. 3 und Art. 71). Dem Ausschuss fällt zudem die Aufgabe zu, die Kommission zu **beraten** (vgl. Art. 70 Abs. 1 S. 2 lit. b und c).

Die innere Verflechtung auf der einen Seite und der natürliche Interessenantagonismus zwischen Ausschuss und Kommission auf der anderen Seite lösen eine **Spannungslage** aus, die auf die Unabhängigkeit des Ausschusses ausstrahlt. Dem europäischen Gesetzgeber war es daher ein besonderes Anliegen, zu betonen, dass der Ausschuss auch bei seiner Zusammenarbeit mit der Kommission nicht um Weisung ersucht oder Weisungen entgegennimmt (**Abs. 2**); die Unabhängigkeitsverbürgung richtet sich insofern insbesondere an die Adresse der Kommission. 12

Die **Bußgeldvorschriften** der Art. 83 ff. nehmen auf Art. 69 keinen Bezug: Eingriffe in die Unabhängigkeit des EDSA (etwa durch rechtswidrige Weisung der Kommission) sind daher nicht bußgeldbewehrt. 13

III. Normgenese

1. DSRL. Historische Vorläuferin des Ausschusses ist die sog. Art.-29-Datenschutzgruppe. Ihren Namen verdankt sie ihrem normativen Ursprung: dem **Art. 29 DSRL**. Auch sie genoss für ihre Aufgabenwahrnehmung Unabhängigkeit (Art. 29 Abs. 1 UAbs. 2 DSRL). 14

Der Wandel von der Formulierung „ist unabhängig" zu „handelt unabhängig" ist Ausdruck des **quantitativen und qualitativen Aufgabenzuwachses**, den der Ausschuss im Vergleich zur Gruppe erfahren hat.[2] Während die Gruppe vorwiegend deshalb unabhängig war, weil es auch ihre Mitglieder waren (vgl. Art. 28 Abs. 1 UAbs. 2 DSRL),[3] vermittelt Art. 69 dem Ausschuss einen **funktionellen Selbststand**. Seine Unabhängigkeitsverbürgung korrespondiert mit der gewandelten Rolle und der rechtlichen Verselbstständigung des Ausschusses als unionale Einrichtung mit eigener Rechtspersönlichkeit (Art. 68 Abs. 1; siehe hierzu Art. 68 Rn. 21 ff.): Nur eine Einrichtung, die über einen eigenen Kernbereich an Kompetenzen verfügt sowie kraft ihrer Eigenständigkeit einen wirksamen Schutz gegen kompetenzielle Übergriffe aus dem Reigen der sonstigen Unionseinrichtungen genießt, vermag nach der Vorstellung des Unionsgesetzgebers das erwünschte hohe, unionsweit einheitliche Datenschutzniveau herzustellen. 15

Unter der DSRL waren die Gruppe und die Kommission noch sehr eng miteinander verflochten. So verfügte die Kommission bspw. in der Gruppe über ein **eigenes Stimmrecht** (vgl. Art. 29 Abs. 2 UAbs. 1 DSRL). Der starke Einfluss der Kommission auf die inhaltliche Arbeit der Gruppe schränkte deren Unabhängigkeit (Art. 29 Abs. 1 UAbs. 2 DSRL) im Ergebnis aber substanziell ein. Der **Ausschuss** ist nunmehr weitaus **weniger** anfällig für inhaltliche **Einwirkungen Dritter**, als es noch die Gruppe war.[4] 16

2. Normgenese. Dass die DS-GVO die Unabhängigkeit des Ausschusses explizit verbürgen sollte, hat keiner der am Gesetzgebungsverfahren beteiligten Akteure angezweifelt. Soweit der Wortlaut im Normsetzungsprozess Veränderungen erfahren hat, 17

---

2 Ähnl. wohl auch Kühling/Buchner-*Dix* Art. 69 Rn. 4.
3 Grabitz/Hilf-*Brühann* Das Recht der Europäischen Union, 40. EL 2009, Art. 29 DSRL Rn. 5.
4 Vgl. auch Kühling/Buchner-*Dix* Art. 69 Rn. 2.

Art. 69 — Unabhängigkeit

sind sie rein sprachlicher Natur.[5] Auf Vorschlag des Rates fand insbesondere der Zusatz **„oder in Ausübung seiner Befugnisse"** Eingang in den Text. Ihm ist es darum bestellt, die Handlungsbefugnisse des Ausschusses mit der Unabhängigkeitsverbürgung zu synchronisieren.

18 In ihren Vorschlägen für die Ausgestaltung des Ausschusses unterstrich die Art.-29-Datenschutzgruppe die Bedeutung, die seiner möglichst weitgehenden Unabhängigkeit zukommt.[6] Sie hielt es insbesondere für erforderlich, dass der Ausschuss über einen **eigenen Finanzhaushalt** verfügt, für den er auch **rechenschaftspflichtig** ist („should be accountable [...] for its own budget").[7] Um dem Vorsitz des Ausschusses eine hohe Schlagkraft zu verleihen, plädierte die Gruppe dafür, ihm eine **Vollzeitstelle** auf unionaler Ebene zuzuweisen.[8] Sie schlug auch eine Inkompatibilitätsregelung vor: Der Vorsitzende solle **keine weitere** datenschutzrechtliche **Funktion** auf nationaler oder unionaler Ebene wahrnehmen dürfen. Dies sollte seine größtmögliche Unabhängigkeit gewährleisten, vor allem mögliche Interessenkollisionen vermeiden.[9] Beiden Forderungen der Gruppe ist der Unionsgesetzgeber aber letztlich **nicht nachgekommen**.[10]

19 Die Art.-29-Datenschutzgruppe wies zu Recht darauf hin, dass mit der Mitarbeit im Ausschuss zum einen auch eine höhere **Arbeitsbelastung** einhergeht und zum anderen mehr **Kompetenzen** und **Ressourcen** erforderlich sind als noch zuvor. Diesen gestiegenen Anforderungen müsse auch das Sekretariat des Ausschusses gewachsen sein.[11] Dass es allein in der Hand des Europäischen Datenschutzbeauftragten liegt, das Sekretariat zu stellen (Art. 75 Abs. 1), kritisierte die Gruppe nicht (zumindest nicht ausdrücklich). Sie forderte indes eine sorgfältige Abgrenzung nach Verantwortungsbereichen durch ein **„Memorandum of Understanding"** ein.[12] In Art. 75 Abs. 4 hat der Unionsgesetzgeber diesem Verlangen der Gruppe Rechnung getragen.

---

5 Siehe Vorschlag für Verordnung des Europäischen Parlaments und des Rates zum Schutz natürlicher Personen bei der Verarbeitung personenbezogener Daten und zum freien Datenverkehr (Datenschutz-Grundverordnung), KOM(2012) 11 endg. (25.1.2012), S. 98; *Rat der Europäischen Union* Vorschlag für eine Verordnung des Europäischen Parlaments und des Rates zum Schutz natürlicher Personen bei der Verarbeitung personenbezogener Daten und zum freien Datenverkehr (Datenschutz-Grundverordnung), 11.6.2015, S. 175, vgl. auch Kühling/Buchner-*Dix* Art. 69 Rn. 3.
6 *Artikel-29-Datenschutzgruppe* Propositions regarding the European Data Protection Board Internal Structure, 25.9.2015, S. 1.
7 *Artikel-29-Datenschutzgruppe* Propositions regarding the European Data Protection Board Internal Structure, 25.9.2015, S. 2.
8 Die Forderung findet sich auch im Entwurf des Europäischen Parlaments (Art. 69 Abs. 2a), vgl. *Albrecht* Bericht über den Vorschlag für eine Verordnung des Europäischen Parlaments und des Rates zum Schutz natürlicher Personen bei der Verarbeitung personenbezogener Daten und zum freien Datenverkehr (allgemeine Datenschutzverordnung), Plenarsitzungsdokument v. 21.11.2013, A7-0402/2013, S. 198 f.
9 *Artikel-29-Datenschutzgruppe* Propositions regarding the European Data Protection Board Internal Structure, 25.9.2015, S. 2.
10 BeckOK DatenSR-*Brink/Wilhelm* Art. 73 Rn. 6, 10.
11 *Artikel-29-Datenschutzgruppe* Propositions regarding the European Data Protection Board Internal Structure, 25.9.2015, S. 2.
12 *Artikel-29-Datenschutzgruppe* Propositions regarding the European Data Protection Board Internal Structure, 25.9.2015, S. 2; Memorandum of Understanding between the European Data Protection Board and the European Data Protection Supervisor, 25.5.2018.

IV. Ausfüllung des unionsrechtlichen Handlungsrahmens

1. BDSG a.F. Die Unabhängigkeit des **Bundesbeauftragten** für den Datenschutz und die Informationsfreiheit („BfDI") als Aufsichtsbehörde über die öffentlichen Stellen des Bundes hatte bereits das BDSG in seiner überkommenen Fassung verankert (vgl. § 22 Abs. 4 S. 2 BDSG a.F.); die Landesdatenschutzgesetze hielten äquivalente Normen für die **Landesdatenschutzaufsicht** bereit (vgl. etwa § 22 HessDSG; § 23 Abs. 1 DSG RLP). Bis zum Jahr 2016 waren diese Behörden noch in den allgemeinen Behördenaufbau integriert, namentlich den (Innen-)Ministerien angegliedert und damit „staatlicher Aufsicht unterstellt"[13]. 20

Daran nahm der **EuGH** in seinen Entscheidungen vom März 2010[14] und Oktober 2012[15] Anstoß. Die Eingliederung der Datenschutzaufsichtsbehörden in die exekutivische Hierarchieordnung verstieß in seinen Augen gegen das Erfordernis völliger Unabhängigkeit (vgl. Art. 28 Abs. 1 UAbs. 2 DSRL). Unter **völliger Unabhängigkeit** versteht der EuGH „in der Regel eine Stellung, in der gewährleistet ist, dass die betreffende Stelle völlig frei von Weisungen und Druck handeln kann".[16] Daraus las der EuGH auch das Verbot ab, die Aufsichtsbehörden **staatlicher Aufsicht** zu unterwerfen:[17] Der Gesetzgeber müsse sie aus den Fängen nationaler Weisungsstrukturen befreien. 21

Auf diese Entscheidungen hat der Bundesgesetzgeber mit einer Novellierung des BDSG reagiert.[18] Kern der Neuerungen war es, den Bundesbeauftragten für den Datenschutz und die Informationsfreiheit organisatorisch als **eigenständige, oberste Bundesbehörde** einzurichten (vgl. § 22 Abs. 5 BDSG a.F.).[19] In äquivalenter Weise haben auch die Landesgesetzgeber die Regelungen zur Unabhängigkeit ihrer Landesdatenschutzbehörden an das nationale Recht angepasst.[20] 22

Auf die **Unabhängigkeit der Gruppe** nahmen weder das BDSG noch die Landesdatenschutzgesetze explizit Bezug – ebenso wenig zu dem Modus ihrer Rekrutierung.[21] Welche Person als nationaler Vertreter an den Sitzungen der Gruppe teilnehmen soll, hat der nationale Gesetzgeber – in Übereinstimmung mit Art. 29 Abs. 2 UAbs. 2 S. 2 DSRL – bislang vielmehr der autonomen Regelung der nationalen Aufsichtsbehörden überlassen. Den deutschen Vertreter in der Gruppe hat die Konferenz der unabhängigen Datenschutzbehörden des Bundes und der Länder (Datenschutzkonferenz) ent- 23

---

13 *EuGH* v. 9.3.2010 – C-518/07, NJW 2010, 1265, 1268 Rn. 56.
14 *EuGH* v. 9.3.2010 – C-518/07, NJW 2010, 1265 ff.
15 *EuGH* v. 16.10.2012 – C-614/10, ZD 2012, 563 ff.
16 *EuGH* v. 9.3.2010 – C-518/07, NJW 2010, 1265, 1265 Rn. 18.
17 *EuGH* v. 9.3.2010 – C-518/07, NJW 2010, 1265, 1266; *EuGH* v. 16.10.2012 – C-614/10, ZD 2012, 563, 565.
18 *Thomé* VuR 2015, 130, 130 f.
19 BT-Drucks. 18/2848, S. 11; *Roßnagel* ZD 2015, 106, 108.
20 Vgl. dazu *Roßnagel* ZD 2015, 106, 107.
21 Das entsprach auch der limitierten Regelungskompetenz der Mitgliedstaaten: Regelungen zur Unabhängigkeit der Gruppe übersteigen deren nationale Handlungsmacht. Vgl. auch BeckOK DatenSR-*Brink/Wilhelm* Art. 69 Rn. 8 f.

sandt, bislang den BfDI und den Hamburgischen Beauftragten für Datenschutz und Informationsfreiheit (mit einer gemeinsamen Stimme). Für die Besetzung galt das Einstimmigkeitsprinzip.[22]

24 **2. BDSG n.F.** Zur Unabhängigkeit des Ausschusses äußert sich das neue BDSG ebenso wenig wie das alte. Es regelt lediglich die (völlige) Unabhängigkeit und Weisungsfreiheit des BfDI: Dieser unterliegt weder direkter noch indirekter Beeinflussung von außen noch ersucht er um Weisung oder nimmt solche entgegen (§ 10 Abs. 1 S. 2 BDSG).[23] Manche Länder haben diesen Schutz ebenso wie bei Richtern (Art. 97 Abs. 1 GG) sogar in ihrer Verfassung verankert (vgl. bspw. Art. 60a Abs. 2 S. 1 HmbVerf).

25 Zur Unabhängigkeit der **Mitglieder des EDSA** (bzw. des deutschen Mitglieds) schweigen die nationalen Datenschutzgesetze aus gutem Grund. Mit einer eigenen Regelung schössen sie nämlich über den Kompetenzrahmen des nationalen Gesetzgebers hinaus: Da es sich bei dem Ausschuss um eine **Einrichtung der Union** handelt, ist insoweit allein der Unionsgesetzgeber befugt, seine Stellung im Gesamtgefüge der neuen unionalen Datenschutzarchitektur, insbesondere sein Verhältnis zur Kommission (siehe Abs. 2), zu konturieren.

26 Kraft Art. 288 Abs. 2 AEUV entfaltet Art. 69 in den Mitgliedstaaten unmittelbare Wirkung. Eine **Öffnungsklausel** zugunsten der Mitgliedstaaten enthält die DS-GVO in Art. 69 – anders als Art. 52 Abs. 4, 5 und 6[24] – (konsequenterweise) nicht.

B. Inhalt der Norm

27 Art. 69 verleiht einem primärrechtlich verankerten Kernelement unionaler Datenschutzaufsicht Ausdruck: Der EDSA als über die datenschutzrechtlichen Vorgaben wachender Verbund der Aufsichtsbehörden ist nicht in den allgemeinen Verwaltungsaufbau integriert; er zeichnet sich vielmehr durch ein besonderes Maß an **Unabhängigkeit** (I., Abs. 1), insbesondere **Weisungsfreiheit** (II., Abs. 2), aus. Sie ermöglichen es ihm, eine Datenschutzaufsicht zu betreiben, die (vor allem von politischen Einwirkungen) unbeeinflusst bleibt und den Bedürfnissen sachgerechten Privatheitsschutzes gerecht werden kann, um so eine kritische Distanz zwischen Entscheidern und Entscheidungsgegenstand zu sichern. Diese Unabhängigkeit befreit ihn jedoch selbstredend nicht von seiner Pflicht, sich an die Normen der DS-GVO und solche des unionalen Verfassungsrechts zu halten.

I. Unabhängigkeitsgarantie (Abs. 1)

28 Die Mitglieder des Ausschusses handeln zwar bereits kraft **Art. 52** bzw. (im Falle des EDSB) kraft Art. 55 Abs. 1 VO (EU) 2018/1725 völlig unabhängig: Sie genießen diese völlige Unabhängigkeit „bei der Erfüllung ihrer Aufgaben und bei der Ausübung ihrer Befugnisse gem. dieser Verordnung". Das schließt grundsätzlich auch die Mitwirkung im Ausschuss ein.

---

22 Vgl. *Datenschutzkonferenz* Protokoll der 90. Konferenz am 30.9 und 1.10.2015 in Darmstadt, 2015, online abrufbar unter https://www.lda.brandenburg.de/sixcms/detail.php/bb1.c.425711.de?_aria=ds.
23 Vergleichbare Regelungen treffen die Landesdatenschutzgesetze.
24 Zu den Öffnungsklauseln des Art. 52 siehe *Kühling/Martini u.a.* Die Datenschutz-Grundverordnung und das nationale Recht, S. 159.

Diese normativen Fundamente der Unabhängigkeit machen Art. 69 aber keineswegs zu einem überflüssigen Baustein im Normengefüge der DS-GVO. Die Bestimmung entfaltet ihren **eigenständigen Aussagegehalt** dadurch, dass sie nicht nur den **nationalen Aufsichtsbehörden** Unabhängigkeit zusichert, sondern auch das Handeln des **Ausschusses** selbst mit einem eigenständigen Schutz umhegt: Art. 69 verbürgt den Ausschussmitgliedern und dem Vorsitz sowie der Einrichtung in ihrem kollektiven Handeln auf der unionalen Kooperationsebene Unabhängigkeit. 29

Bereits der **personelle Anwendungsbereich** des Art. 69 Abs. 1 unterstreicht diese Mission: Adressat der Unabhängigkeitsgarantie des Art. 69 ist „**der Ausschuss**". Bezugssubjekt ist somit nicht jede einzelne nationale Aufsichtsbehörde, sondern der Ausschuss in seiner Gesamtheit.[25] Folgerichtig bestimmt sich die Frage, inwieweit es möglich ist, Vertreter der nationalen Aufsichtsbehörden im EDSA nach mitgliedstaatlichem Recht an Weisungen zu binden, nicht nach Art. 69, sondern nach **Art. 52 Abs. 2**.[26] Das eigenständige Regelungsanliegen des Art. 69 besteht insoweit vorrangig darin, den Ausschuss auf institutioneller Ebene gegen einen bestimmenden **Einfluss** – insbesondere der **Kommission – abzuschirmen**. 30

Während der Unionsgesetzgeber die Unabhängigkeit der mitgliedstaatlichen Aufsichtsbehörden mit großer Liebe zum Detail ausformt, fallen seine Aussagen zur Unabhängigkeit des EDSA deutlich wortkarger aus. Art. 69 lässt weitgehend **offen**, welchen **konkreten Inhalt** die **Unabhängigkeitsverbürgung** aufweist. Insbesondere im terminologischen und systematischen Quervergleich mit Art. 52 wirft die Reichweite des Art. 69 Fragen auf (Rn. 38 ff.). 31

---

25 Anders aber Gierschmann-*Gramlich* Art. 69 Rn. 2, der auch die einzelnen Mitglieder adressiert sieht.

26 Exekutive Vertreter der Kommunen sind in Gremien grundsätzlich an Weisungen gebunden (vgl. bspw. entsprechende Regelung in § 113 Abs. 1 S. 2 GO NRW). Gleiches gilt für Vertreter der Länder im Bundesrat: Das ergibt sich daraus, dass das Land sie jederzeit abrufen kann (Art. 51 Abs. 1 S. 1 GG) und sie ihre Stimmen zwingend einheitlich abgeben müssen, was eine Koordination im Vorfeld erfordert (Art. 51 Abs. 3 S. 2 GG); vgl. im Einzelnen hierzu Maunz/Dürig-*Müller-Terpitz* Art. 51 Rn. 40. Eine tatsächliche Unabhängigkeit im Sinne einer Weisungsfreiheit ist die Ausnahme (bspw. Art. 28 Abs. 2, Art. 38 Abs. 1 S. 2 GG). Gerade weil die Aufgabe eines Vertreters typischerweise darin besteht, die Interessen einer Gruppe zu vertreten, ist es aus dem teleologischen Gesichtspunkten sachgerecht, der repräsentierten Gruppe die Möglichkeit zu eröffnen, auf die Vertretung ihrer Interessen durch Weisungen Einfluss zu nehmen. Art. 52 Abs. 2 stellt die Mitglieder der Aufsichtsbehörden zwar von jeder direkten oder indirekten Beeinflussung von außen frei. Allerdings handelt es sich bei der aufsichtsbehördlichen Willensbildung nicht um eine Beeinflussung „von außen". Vielmehr resultiert aus der föderalen Struktur der deutschen Aufsichtsbehörden die Notwendigkeit, eine gemeinsame Position zu koordinieren (vgl. Art. 51 Abs. 3 DS-GVO, § 18 BDSG) und einen Vertreter zu entsenden, der hieran gebunden ist. Aus Sicht des EU-Rechts macht es keinen Unterschied, ob ein Land, das nur *eine* Aufsichtsbehörde kennt, sich behördenintern koordiniert und einen hieran gebundenen Vertreter entsendet, oder ein Land *mehrere* Aufsichtsbehörden hat, sich *behördenübergreifend* koordiniert, und ebenfalls einen an die gemeinsame Position gebundenen Vertreter entsendet. Folgerichtig sehen die deutschen Aufsichtsbehörden ihre Vertreter in Übereinstimmung mit § 18 Abs. 3 S. 1 BDSG an gemeinsame Standpunkte und Positionen gebunden (Geschäftsordnung der Konferenz der unabhängigen Datenschutzbehörden des Bundes und der Länder vom 5.9.2018, S. 8). Vgl. auch BeckOK DatenSR-*Brink/Wilhelm* Art. 69 Rn. 11.

32 **1. Vergleich zum Primärrecht und primärrechtliche Vorprägungen.** Das normative Versprechen der Unabhängigkeit kann prinzipiell mehrere **Schutzdimensionen** umschließen: **sachliche, persönliche** und **institutionelle** Unabhängigkeit. Richtern verheißt die Rechtsordnung bspw. alle drei Schutzdimensionen (vgl. Art. 254 UAbs. 2 S. 1 AEUV, Art. 97 GG, Art. 19 Abs. 2 UAbs. 3 S. 1 i.V.m. Art. 253 UAbs. 1 AEUV), der Verwaltung demgegenüber typischerweise allenfalls sachliche Unabhängigkeit.[27]

33 **a) Organisatorische Dimension des Datenschutzgrundrechts (Art. 8 Abs. 3 GRCh und Art. 16 Abs. 2 UAbs. 1 S. 2 AEUV).** Wie weit der normative Gehalt der Unabhängigkeitsgarantie in Art. 69 reicht, erhellt ein Stück weit der primärrechtliche Hintergrund der Norm: Die Unabhängigkeit des Ausschusses ist institutioneller Ausfluss der grundrechtlich verbrieften Privatsphäre des Einzelnen:[28] Art. 8 Abs. 3 GRCh und Art. 16 Abs. 2 UAbs. 1 S. 2 AEUV verankern auf höchster unionsrechtlicher Ebene, dass unabhängige Stellen überwachen müssen, ob alle Normadressaten die Datenschutzvorschriften einhalten. Der EDSA ist in diesem System gleichsam Schutzpatron eines effektiven Schutzes personenbezogener Daten.[29] Angesprochen ist damit zugleich die organisatorische Dimension des (unionalen) Datenschutzgrundrechts:[30] Die Aufsichtsbehörden sichern den Grundrechtsschutz institutionell ab.[31]

34 Die Reichweite der Unabhängigkeit ist auch ein Abbild der besonderen Rolle und intensiven Befugnisse des EDSA (insbesondere seines Rechts, bindende Beschlüsse zu erlassen) sowie der Bandbreite seiner Ausschussaufgaben. Wie mannigfaltig diese sind, illustrieren die ausdifferenzierten Tatbestände der Art. 64, 65 und 70 paradigmatisch. Die Fülle der Aufgaben des EDSA, insbesondere die Aufgabe, für bestimmte Sachverhalte „Leitlinien, Empfehlungen und bewährte[…]Verfahren" bereitzustellen (vgl. Art. 70 Abs. 1 S. 2 lit. d, f–j[32]) zeigt auch, dass der Gesetzgeber ein Gremium schaffen wollte, das bei der Entwicklung des unionalen Datenschutzes als Herzkammer unionsweiter Koordinierung eine impulsgebende Rolle spielt.[33] Das impliziert Weisungsfreiheit in allen Aufgaben sowie ein Mindestmaß organisatorischer Freiheit und Ausstattung.[34]

---

27 Typischerweise ist die Verwaltung hierarchisch gegliedert und damit weisungsgebunden. Selbst eine nur sachliche Unabhängigkeit ist daher eine Ausnahmeerscheinung. Entsprechende Vorschriften finden sich nur in Sonderfällen bei Exekutivorganen (z.B. Art. 130 AEUV für die EZB sowie für den Rechnungshof (Art. 285 Abs. 2 S. 2 AEUV). Zur Unabhängigkeit der (europäischen) Verwaltung vgl. auch unten Rn. 35 ff.
28 Zumindest mit Hinweis auf Art. 8 GRCh und Art. 16 AEUV auch Ehmann/Selmayr-*Albrecht* Art. 69 Rn. 1; vgl. ferner Sydow-*Schöndorf-Haubold* Art. 69 Rn. 4; Kienle/Wenzel ZD 2019, 107, 110 f.
29 Vgl. auch Kröger/Pilniok-*Spiecker gen. Döhmann* Unabhängiges Verwalten in der EU, S. 97 ff.
30 *Marsch* Das europäische Datenschutzgrundrecht, 2018, S. 237 ff.
31 Zu dieser Schutzfunktion *Kugelmann* ZD 2020, 76, 77.
32 Dazu Art. 70 Rn. 14 ff.
33 Vgl. auch *Kugelmann* ZD 2020, 76, 80, der jedoch zugleich betont, dass es nicht Aufgabe des EDSA sei, den Vollzug der DS-GVO durch die mitgliedstaatlichen Aufsichtsbehörden zu überwachen.
34 Auf die Doppelbelastung angesichts der Leitung einer nationalen Aufsichtsbehörde, die selbst eine Vollzeitstelle einfordert, weisen in Bezug auf den Vorsitz auch BeckOK DatenSR-*Brink/Wilhelm* Art. 73 Rn. 10 hin.

b) Unabhängige europäische Verwaltung i.S.d. Art. 298 Abs. 1 AEUV. Ergänzenden 35
Aufschluss über die Reichweite, welche Art. 69 seinem Verständnis der Unabhängigkeit des Ausschusses unterlegt, vermittelt Art. 298 Abs. 1 AEUV. Die Vorschrift stipuliert eine „offene, effiziente und unabhängige europäische Verwaltung". Der Ausschuss fällt als „Einrichtung" (Art. 68 Abs. 1) exekutiven Handelns auch in den Anwendungsbereich der Norm.[35]

Unabhängigkeit i.S.d. Art. 298 Abs. 1 AEUV meint nicht persönliche Unabhängigkeit, 36
sondern ausschließlich **sachliche Unabhängigkeit**: Sie schwört die Verwaltung auf ausschließlich sachliche, dem Unionsrecht verpflichtete Entscheidungskriterien ein. Die Entscheidungsfindung hat in einer von sachfremden Erwägungen unbeeinflussten, ausschließlich an Sachkriterien orientierten Weise unparteiisch zu erfolgen. Sie darf dabei zwar politischen Vorgaben der Gubernative Rechnung tragen, bleibt aber dem Gebot der Gesetzmäßigkeit der Verwaltung uneingeschränkt verpflichtet.[36]

Anders als Art. 69 Abs. 1 zielt Art. 298 Abs. 1 AEUV vorrangig[37] auf eine Unabhängigkeit gegenüber den Interessen der Mitgliedstaaten und deren Exekutive, weniger 37
gegenüber anderen Verwaltungsorganen der EU.[38] In seiner Unbestimmtheit liefert Art. 298 Abs. 1 AEUV für den Inhalt und die Reichweite der Unabhängigkeitsgarantie im Ergebnis daher nur wenig Orientierungspunkte.[39]

2. Systematischer Vergleich zu Art. 52. Art. 52 spricht den nationalen Aufsichtsbehörden als Mitgliedern des EDSA explizit **sachliche Unabhängigkeit** in Gestalt einer Weisungsfreiheit zu (Abs. 2) – ebenso **personelle** und **organisatorische Unabhängigkeit**: 38
Die DS-GVO gewährleistet ihnen alle notwendigen „personellen, technischen und finanziellen Ressourcen, Räumlichkeiten und Infrastrukturen" (Art. 52 Abs. 4), um ihre Aufgaben angemessen erfüllen zu können – ebenso Personalhoheit (Art. 52 Abs. 5). Daraus lassen sich Rückschlüsse auf die Unabhängigkeitsverbürgung für den Ausschuss ziehen.

a) Unabhängigkeit (Art. 69 Abs. 1) versus „völlig[e] Unabhängigkeit (Art. 52 Abs. 1).
Art. 52 Abs. 1 und Art. 69 unterscheiden sich nicht nur in ihrem Konkretisierungsgrad, 39
sondern auch in der Vollmundigkeit des Unabhängigkeitsversprechens: Während

---

35 Vgl. auch Gola-*Nguyen* Art. 69 Rn. 1; Calliess/Ruffert-*Ruffert* Art. 298 AEUV Rn. 5, der auch der Kommission unterworfene Agenturen von Art. 298 AEUV erfasst sieht.
36 Streinz-*Streinz* EUV/AEUV Art. 298 AEUV Rn. 8.
37 Die Norm verbietet jedermann eine unzulässige Einwirkung auf den Ausschuss, auch den Mitgliedstaaten und ihren Einrichtungen. Siehe auch Gierschmann-*Gramlich* Art. 69 Rn. 3 ff.
38 Grabitz/Hilf/Nettesheim-*Krajewski/Rösslein* EU-Recht Art. 298 AEUV Rn. 24; Gola-*Nguyen* Art. 69 Rn. 1; von der Groeben/Schwarze/Hatje-*Reithmann* Art. 298 AEUV Rn. 16. Indem sie allgemeine Grundsätze einer guten Verwaltung aufzählt, ist der Norm andererseits auch eine subjektive Schutzdimension eigen, die zugleich mittelbar eine Unabhängigkeit gegenüber der Exekutive der Mitgliedstaaten, aber auch den EU-Organen selbst verbrieft; vgl. von der Groeben/Schwarze/Hatje-*Reithmann* Art. 298 AEUV Rn. 2, 15, der auf die Nähe zu Art. 41 GRCh hinweist, sich hinsichtlich der Reichweite der Unabhängigkeit im „Verhältnis von Administrative und Exekutive" jedoch nicht festlegen will; eine solche Erstreckung befürwortend indes wohl Geiger/Khan/Kotzur-*Kotzur* EUV/AEUV Art. 298 AEUV Rn. 3.
39 Vgl. auch Streinz-*Streinz* EUV/AEUV Art. 298 AEUV Rn. 1.

Art. 52 Abs. 1 die Aufsichtsbehörden für „**völlig** unabhängig"[40] erklärt, garantiert Art. 69 Abs. 1 ihnen als Mitgliedern des Ausschusses und diesem selbst ausdrücklich „nur" Unabhängigkeit. Ob es sich bei der begrifflichen Divergenz zwischen Abs. 1 und Art. 52 Abs. 1 um eine sprachliche **Ungenauigkeit** des Unionsgesetzgebers oder um eine **bewusste Differenzierung** im Gewährleistungsgehalt des Unabhängigkeitsversprechens handelt, ist unklar. Aufgrund des unterschiedlichen Normwortlauts darf ein inhaltlicher Gleichklang des Abs. 1 und des Art. 52 Abs. 1 jedenfalls nicht ohne Weiteres unterstellt werden.[41]

40 Die uneinheitliche Wortwahl in Art. 52 und 69 kann ihre Ursache einerseits darin haben, dass sich der Unionsgesetzgeber bei Art. 69 – wie auch sonst insgesamt bei der Konzeption der Vorschrift – vorwiegend am **Wortlaut der Vorgängerregelung in Art. 29 Abs. 1 UAbs. 2 DSRL** orientiert hat und weniger an der Parallelnorm des Art. 52. Denn auch die DSRL sprach der Gruppe „nur" die Unabhängigkeit zu, während sie die Aufsichtsbehörden in Art. 28 Abs. 1 UAbs. 2 DSRL als **völlig** unabhängig bezeichnete.

41 Der Verzicht auf das adverbiale Adjektiv „völlig" ist andererseits womöglich auch bewusster Ausdruck der institutionellen Stellung des Ausschusses im Gefüge der EU-Einrichtungen, insbesondere seines Verhältnisses zur **Kommission**: Sie genießt im Ausschuss immerhin einen **Teilnehmerstatus**.[42] Zudem verfügt sie über die Möglichkeit, den Ausschuss **in Dienst** zu nehmen (s. Rn. 69 ff.). Anders als die Aufsichtsbehörden genießt der Ausschuss auch keine Personalhoheit (s. Rn. 48 f.). Damit geht jedenfalls ein Mindestmaß inhaltlichen Einflusses auf seine Arbeit und mithin eine normativ gewollte Einschränkung seiner Unabhängigkeit einher.[43]

42 b) Persönliche Unabhängigkeit? Das Fundament sachlicher Unabhängigkeit ist die persönliche Unabhängigkeit: Nur wenn unabhängige Entscheidungsträger nicht fürchten müssen, für missliebige Entscheidungen gemaßregelt, suspendiert oder versetzt zu werden, können sie in der Sache unabhängig entscheiden.[44] Deswegen sind bspw. Richter kraft Art. 97 Abs. 1 GG im Rahmen ihrer persönlichen Unabhängigkeit gegen Amtsenthebung und Versetzung geschützt (Grundsatz der Inamovibilität);[45] einen Richter dürfen weder im Beruf noch außerberuflich wegen seiner rechtsprechenden Tätigkeit Nachteile ereilen, die geeignet sind, seine sachliche Unabhängigkeit in Frage zu stellen oder ihn von seiner Aufgabenwahrnehmung abzuhalten.[46]

43 Soweit Art. 69 persönliche Unabhängigkeit verbürgt, bleibt sein Versprechen in seinem Umfang prima facie erheblich hinter demjenigen des Art. 52 zurück, fehlt doch insbesondere die normative Versicherung, „weder direkter noch indirekter Beeinflus-

---

40 Hervorhebung d. Verf. Krit. etwa *von Lewinski* ZG 2015, 228, 229, der zu Recht infrage stellt, inwieweit Unabhängigkeit noch steigerungsfähig („völlig") ist.
41 So aber die überwiegende Ansicht: Ehmann/Selmayr-*Albrecht* Art. 69 Rn. 3; BeckOK DatenSR-*Brink/Wilhelm* Art. 69 Rn. 5; Paal/Pauly-*Körffer* Art. 69 Rn. 1. Mit Begründung hingegen Kühling/Buchner-*Dix* Art. 69 Rn. 4.
42 Vgl. Auernhammer-*Hermerschmidt* Art. 68 Rn. 26.
43 Auernhammer-*Hermerschmidt* Art. 69 Rn. 5.
44 Vgl. Maunz/Dürig-*Hillgruber* Art. 97 GG Rn. 98; zur Bedeutung der sachlichen Unabhängigkeit vgl. unten Rn. 62.
45 Dazu Dreier-*Schulze-Fielitz* Art. 97 GG Rn. 54 ff.
46 BVerfGE 17, 252, 259; BeckOK GG-*Morgenthaler* Art. 97 Rn. 14.

sung" ausgesetzt zu sein. Dieser Schluss lässt jedoch unberücksichtigt, dass der Ausschuss und die Aufsichtsbehörden sich **in ihrer Struktur und Aufgabenstellung deutlich unterscheiden** und daher nicht sämtliche Teilgewährleistungen ihrer Unabhängigkeit in jeder Hinsicht übertragbar sind.

Da sich der Ausschuss ohnehin aus unabhängigen aufsichtsbehördlichen Vertretern rekrutiert, sah der Unionsgesetzgeber es nicht als notwendig an, vergleichbare Gewährleistungen spiegelbildlich aufzugreifen. Persönliche Unabhängigkeit kommt den einzelnen Mitgliedern des EDSA nämlich bereits kraft Art. 52 Abs. 2 zu. Die Schöpfer der DS-GVO hielten es für entbehrlich, separat festzuschreiben, dass nicht nur seine Mitglieder, sondern auch der Ausschuss als solcher **persönliche Unabhängigkeit** genießt. Die **vertreterbezogenen Gewährleistungen** spricht Art. 69 Abs. 1 also nicht explizit aus. Er setzt sie vielmehr sachlogisch **voraus**. 44

Der EDSA ist zwar eine Einrichtung der Union mit eigener Rechtspersönlichkeit (Art. 68 Abs. 1), aber **kein Organ** der EU.[47] Seine Mitglieder genießen daher auch **nicht** den Schutz des Art. 10 des **Protokolls über die Vorrechte und Befreiungen der Europäischen Union**. Die Vorschrift schützt die „Vertreter der Mitgliedstaaten, die an den Arbeiten der Organe der Union teilnehmen" während ihrer Tätigkeit im Ausland vor Freiheitsentziehung und Beschlagnahme des persönlichen Gepäcks, verleiht ihnen gerichtliche Immunität für Äußerungen und Handlungen in amtlicher Eigenschaft und garantiert ihnen die Unverletzlichkeit aller Dokumente und das Recht zur verschlüsselten Kommunikation.[48] 45

Die Mitglieder des EDSA sind auch keine Beamten oder sonstige Bedienstete[49] der Europäischen Union (sondern Beamte der Mitgliedstaaten), sodass ihnen auch nicht die Privilegien der **Art. 11–13 des Protokolls** zukommen – sie unterfallen insbesondere persönlich der nationalen Gerichtsbarkeit hinsichtlich ihrer amtlichen Handlungen im EDSA.[50] Die Tatsache, dass der Unionsgesetzgeber einen solchen Schutz für Mitglieder des EDSA nicht explizit normiert hat, obgleich er dies beim Europäischen Bürgerbeauftragten[51] und beim Rechnungshof[52] getan hat, insinuiert eine bewusste legislative Entscheidung, ihn nicht auf EDSA-Mitglieder anwenden zu wollen.[53] 46

c) Sachliche Unabhängigkeit, Ausstattung. Anders als Art. 52 Abs. 4 und 5 trifft Art. 69 keine klare Aussage zu der Frage, ob und inwieweit die DS-GVO dem Ausschuss eine **angemessene Ausstattung** zusichert – weder in personeller (Rn. 48 f.) noch in organisatorischer Hinsicht (Rn. 50 ff.). 47

---

47 Vgl. Art. 13 Abs. 1 EUV, der die Organe der EU abschließend aufzählt.
48 Grabitz/Hilf/Nettesheim-*Athen/Dörr* Art. 343 AEUV Rn. 96 f.
49 Der Begriff erfasst grundsätzlich alle Formen abhängiger Beschäftigungsverhältnisse. Bei weiter Auslegung lässt er sich aber auch so verstehen, dass er ebenso sonstige atypische Formen erfasst, unionale Aufgaben wahrzunehmen.
50 Vgl. Art. 11 lit. a des Protokolls.
51 *Europäisches Parlament* Beschl. v. 9.3.1994 über die Regelungen und allgemeinen Bedingungen für die Ausübung der Aufgaben des Bürgerbeauftragten, ABl. 1994 L 113, 15, Art. 10 Abs. 3. Dazu Rn. 56.
52 Art. 286 Abs. 8 AEUV; dazu Rn. 57.
53 Denkbar ist jedoch auch, dass die Union die Regelungslücke noch nicht erkannt oder zwar erkannt, aber noch nicht geschlossen hat. Dann ist eine analoge Anwendung der Normen denkbar.

48 **aa) Personalhoheit.** Die DS-GVO verbürgt dem Ausschuss **keine Personalhoheit**. Im Gegenteil: Sie trifft zur Personalauswahl des Ausschusses sogar eine von Art. 52 Abs. 5 abweichende Regelung: Er stellt sein Sekretariat nicht selbst bereit; dies fällt vielmehr in den Aufgabenradius des EDSB (**Art. 75 Abs. 1**). Der Ausschuss hat also keinen Einfluss auf die **Auswahl seines Büropersonals**.[54] Das schwächt seine **institutionelle Unabhängigkeit**.[55]

49 Die terminologische Differenzierung zwischen Art. 69 Abs. 1 und Art. 52 Abs. 1 (Rn. 39) ist insofern auch Ausdruck einer **bewussten Entscheidung** des Unionsgesetzgebers. Er wollte deutlich machen, dass den Aufsichtsbehörden im Vergleich zum Ausschuss ein „Mehr" an Unabhängigkeit in Gestalt einer zusätzlichen Komponente zukommt: Da der Ausschuss über die Auswahl seines Personals nicht selbst entscheiden darf, verfügt er – gerade im Vergleich zu den Aufsichtsbehörden – über keine **völlige** Unabhängigkeit.[56]

50 **bb) Ausstattung mit sächlichen und organisatorischen Mitteln.** Die **Art.-29-Datenschutzgruppe** als Vorgängerin des EDSA war nicht darauf angewiesen, dass die Union ihr eine ausreichende sachliche und finanzielle Ausstattung verbrieft: Weil sie lediglich beratend aktiv wurde, nahm sie keine substanziell ressourcenbindenden Tätigkeiten wahr. Erst mit dem gewachsenen Aufgabenportfolio des **EDSA** und seiner rechtlichen Verfasstheit tritt die Frage nach einer hinreichenden Mittelzuweisung mit neuer Brisanz auf den Plan.

51 Art. 69 Abs. 1 verbürgt eine angemessene Ausstattung nicht ausdrücklich. Der Quervergleich zu **Art. 52 Abs. 4** („technischen und finanziellen Ressourcen, Räumlichkeiten und Infrastrukturen ausgestattet wird, die sie benötigt") insinuiert mit Blick auf den unterschiedlichen Wortlaut und die Systematik im Gegenschluss sogar, dass der Ausschuss keine **Ausstattung** verlangen kann, die der Gewährleistung der Unabhängigkeit der Aufsichtsbehörden in Art. 52 entspricht (s. hierzu Art. 52 Rn. 41 ff.).

52 Dem Ausschuss eine angemessene Ressourcenausstattung zu verwehren, hat der Unionsgesetzgeber umgekehrt jedoch nicht beabsichtigt.[57] Denn ohne angemessene Personal- und Sachmittel, die zumindest die Wahrnehmung der Kernaufgaben des Ausschusses sichern, kann er die ihm zugedachte Rolle als unabhängiges unionales Koordinierungs- und Beschlussgremium nicht sachgerecht erfüllen:[58] Die Ausstattung des Ausschusses muss vielmehr seiner Funktion Rechnung tragen.

---

54 So auch etwa BeckOK DatenSR-*Brink/Wilhelm* Art. 69 Rn. 16; Paal/Pauly-*Körffer* Art. 69 Rn. 2.
55 Krit. dazu BeckOK DatenSR-*Brink/Wilhelm* Art. 69 Rn. 16; Simitis/Hornung/Spiecker gen. Döhmann-*Schiedermair* Art. 69 Rn. 4.
56 Vgl. auch Gola-*Nguyen* Art. 69 Rn. 2.
57 Vgl. aber hierzu Sydow-*Schöndorf-Haubold* Art. 69 Rn. 5 und 7. Sie stellt die Hypothese auf, der Gesetzgeber gehe gerade davon aus, dass dem Ausschuss jenseits des Sekretariats keinerlei Kosten anfallen werden.
58 Vgl. auch *Europarat* Explanatory Report to the Additional Protocol to the Convention for the Protection of Individuals with regard to Automatic Processing of Personal Data, regarding supervisory authorities and transborder data flows, 2001, Rn. 17, online abrufbar unter https://rm.coe.int/16800cce56; vgl. auch von der Groeben/Schwarze/Hatje-*Brühann* Art. 16 AEUV Rn. 77.

Schon die ausladende gesetzliche Aufgabenzuweisung (vgl. Art. 65; Art. 70, 71) impliziert, dass der Ausschuss **handlungsfähig** sein muss. Dem EDSB ist es daher versagt, den Ausschuss durch eine unzureichende Mittelzuweisung für das Sekretariat in die **faktische Ineffizienz** oder gar **Arbeitsunfähigkeit** zu treiben. So wenig Art. 69 Abs. 1 dem Ausschuss eine dem Art. 52 Abs. 4 äquivalente Regelung verwirkt, so sehr setzt die Vorschrift einer zu geringen Ressourcenausstattung im Ergebnis sachimmanente normative Grenzen. 53

Sobald sich die Mittelzuweisung in erheblicher Weise nachteilig auf die Art und Weise der Arbeit des Ausschusses auswirkt, nimmt sie mittelbar auf seine inhaltliche Arbeit Einfluss – und verstößt damit gegen **Art. 69**. Ein solcher Fall tritt etwa ein, wenn der Ausschuss aufgrund struktureller Ressourcenengpässe nicht mehr selbstbestimmt wählen könnte, welchen seiner Aufgaben er sich in welchem Ausmaß zuwendet.[59] Einen Zugangsanspruch zu einem budgetären Eldorado eröffnet die DS-GVO dem Ausschuss aber nicht. Die Angemessenheit der Ausstattung ist sowohl Unter- als auch Obergrenze des normativen Versprechens. 54

3. Vergleich zu anderen unabhängigen EU-Institutionen. Die Union hat eine Vielzahl von Behörden und Einrichtungen hervorgebracht, denen das Primärrecht ebenso wie dem EDSA ein besonderes Maß an Unabhängigkeit zugesteht, so bspw. den Europäischen Bürgerbeauftragten (Art. 228 Abs. 3 AEUV), den Rechnungshof (Art. 285 Abs. 2 S. 2 AEUV), die Europäische Zentralbank (Art. 130 AEUV), die Kommission (Art. 17 Abs. 3 UAbs. 3 S. 1 EUV) sowie den Wirtschafts- und Sozialausschuss und den Ausschuss der Regionen (Art. 300 Abs. 4 AEUV). Sie standen dem Unionsgesetzgeber Pate, als er die Unabhängigkeit des EDSA normativ verankerte. Unterschiede und Gemeinsamkeiten dieser Gewährleistungen lassen Rückschlüsse auf den normativen Gehalt der Unabhängigkeit zu, welche die DS-GVO dem EDSA angedeihen lassen will. 55

Ebenso wie die Aufsichtsbehörden (Art. 52 Abs. 1) übt der **Europäische Bürgerbeauftragte** sein Amt „in völliger Unabhängigkeit aus" (Art. 228 Abs. 3 S. 1 AEUV). Er darf keine Weisungen einholen oder entgegennehmen (Art. 228 Abs. 3 S. 2 AEUV). Auch hier deutet die differenzierte Wortwahl an, dass der Unionsgesetzgeber bei der Formulierung nicht einfach nur sprachlich unsauber gearbeitet hat, sondern einen **qualitativen Unterschied** betonen wollte. Die Unabhängigkeit des Europäischen Bürgerbeauftragten geht über jene des EDSA in der Sache hinaus: Der Bürgerbeauftragte verfügt über Personalhoheit im Rahmen eines Einzelplans im Haushalt[60] und über eine eigene finanzielle Absicherung; er ist insoweit einem Richter am EuGH gleichgestellt.[61] Auf ihn kommt auch das Protokoll über die Vorrechte und Befreiungen der Europäischen Union[62] teilweise[63] zur 56

---

59 Ebenso wohl BeckOK DatenSR-*Brink/Wilhelm* Art. 69 Rn. 15, die Art. 52 Abs. 4 („mit den personellen, technischen und finanziellen Ressourcen, Räumlichkeiten und Infrastrukturen ausgestattet") mehr oder weniger vollständig in Art. 69 Abs. 1 hineinlesen möchten.
60 ABl. 2000 L 40, 1769, eingeführt durch VO (EG) 2673/1999, ABl. 1999 L 326, 1; Schwarze/Becker/Hatje/Schoo-*Schoo* Art. 228 AEUV Rn. 5.
61 Calliess/Ruffert-*Kluth* Art. 228 AEUV Rn. 5
62 Protokoll Nr. 7 über die Vorrechte und Befreiungen der Europäischen Union, ABl. C 310, 261.
63 Siehe Art. 10 Abs. 3 des Beschlusses des Europäischen Parlaments über die Regelungen und allgemeinen Bedingungen für die Ausübung der Aufgaben des Bürgerbeauftragten, ABl. 1994 L 113, 15; dazu von der Groeben/Schwarze/Hatje-*Haag* Art. 228 AEUV Rn. 22.

Anwendung. Es trifft Sonderregelungen hinsichtlich seiner Handlungen und der nationalen steuerlichen Behandlung seiner finanziellen Mittel.

57 Die **Unabhängigkeit der Mitglieder des Europäischen Rechnungshofes** ähnelt in ihrer Normierung strukturell jener des EDSA: Art. 285 Abs. 2 AEUV gesteht den Mitgliedern des Rechnungshofes die Freiheit zu, „ihre Aufgaben in voller Unabhängigkeit zum allgemeinen Wohl der Union" ausüben. Diese Verbürgung ergänzt Art. 286 Abs. 3 S. 1 AEUV um die Weisungsfreiheit. Überdies erklärt Art. 286 Abs. 8 AEUV Vorrechte und Befreiungen, welche die Union den Richtern des EuGH zugesteht, auf die Mitglieder des Rechnungshofs für anwendbar. Die Unabhängigkeit der Mitglieder des Rechnungshofes ist allerdings – ebenso wie diejenige des EDSA (vgl. etwa ErwG 118) keine absolute. Sie besteht nur in den Grenzen der gesetzlichen Aufgaben sowie Handlungsermächtigungen des Rechnungshofs. In einem Aspekt unterscheidet sich die Unabhängigkeitsverbürgung für den Rechnungshof von derjenigen des EDSA jedoch: Der Europäische Rechnungshof ist **nicht selbst unabhängig** – jedenfalls nicht unmittelbar; vielmehr erwächst seine Unabhängigkeit ausschließlich mittelbar aus der Unabhängigkeit seiner Mitglieder.[64] Die (mittelbare) Unabhängigkeit des Rechnungshofes erfährt eine Stütze aber dadurch, dass seine Mitglieder zum einen (von einer Amtsenthebung durch den EuGH auf Antrag des Rechnungshofes abgesehen) grundsätzlich unabsetzbar sind[65] und ihm zum anderen eine herausgehobene Stellung im Rechtsschutzverfahren der Nichtigkeitsklage zukommt: Er hat dort – anders als der EDSA – ausdrücklich eine (teil-)privilegierte Klagebefugnis inne (Art. 263 Abs. 3 S. 2 AEUV).[66]

58 Auch die **Unabhängigkeit der EZB**[67] (Art. 130, 282 Abs. 3 S. 3 und 4 AEUV) weist starke Parallelen zum EDSA auf. Beide Einrichtungen genießen eine speziell normierte Weisungsfreiheit, welche die allgemeine Unabhängigkeit näher ausformt. In beiden Fällen schränkt eine Pflicht zur Rechenschaftslegung die Unabhängigkeit ein:[68] Die EZB hat in einem Jahresbericht gegenüber dem Europäischem Parlament, dem Rat und der Kommission Rechenschaft abzulegen. Unabhängigkeit meint auch im Falle der EZB keine völlige Ungebundenheit; insbesondere sind ihre Handlungen vor dem EuGH justiziabel (vgl. die explizite Erwähnung der EZB in Art. 265, 267 Abs. 1 lit. b, 271 lit. d sowie in Art. 268 i.V.m. Art. 340 Abs. 2 und 3 AEUV).[69] Die Unabhängigkeit reicht (ebenso wie diejenige des EDSA) auch nur so weit, wie sich die Einrichtung in den Grenzen der Aufgaben bewegt, welche die Union ihr übertragen hat. Art. 130 AEUV verleiht der EZB mit anderen Worten eine **zielbezogene funktionelle Unabhängigkeit**. Die Unabhängigkeit der EZB ficht es daher nicht an, wenn andere Unionsorgane sie zu Maßnahmen zwingen, die ihre Aufgabenerfüllung, insbesondere den Stabilitätsauftrag, nicht beeinträchtigen, etwa Untersuchungen des Europäischen Amtes für Betrugsbekämpfung (OLAF).[70]

---

64 Vgl. *Bergel* Rechnungshöfe als vierte Staatsgewalt?, S. 154; Pechstein/Nowak/Häde-*Häde* Art. 285 AEUV Rn. 15.
65 Schwarze/Becker/Hatje/Schoo-*Lienbacher* Art. 285 AEUV Rn. 15 und Art. 286 AEUV Rn. 19.
66 Vgl. Vedder/Heintzen von Heinegg-*Rossi* Art. 285 AEUV Rn. 3.
67 Eingehend dazu etwa Kröger/Pilniok-*Thiele* Unabhängiges Verwalten in der EU, S. 195 ff.
68 Für den EDSA folgt diese Pflicht aus Art. 71; dazu Art. 71 Rn. 9 ff.
69 Siehe etwa *EuGH* v. 10.7.2003 – C-11/00, ECLI:EU:C:2003:395 Rn. 135.
70 *EuGH* v. 10.7.2003 – C-11/00, ECLI:EU:C:2003:395 Rn. 130 ff.

Im Gegensatz zum EDSA (vgl. Rn. 74) kommt der EZB eine **ausdrücklich normierte** **59** **umfassende Klagebefugnis** zu, wenn sie die Verletzung ihrer eigenen Rechte – etwa ihrer Unabhängigkeit aus Art. 130 AEUV[71] – vor dem EuGH rügen möchte (Art. 263 Abs. 3 AEUV). Auch in einem weiteren Aspekt sichert die Union die Unabhängigkeit der EZB stärker als diejenige des EDSA ab: Um die persönliche Unabhängigkeit des Direktoriums der EZB zu sichern, schließt der AEUV – anders als für die Mitglieder des EDSA – eine **Wiederernennung** nach der achtjährigen Amtszeit aus (Art. 283 Abs. 2 UAbs. 3 AEUV). Zudem flankiert Art. 88 S. 2 GG die Unabhängigkeit der EZB nationalstaatlich. Er hindert die Bundesrepublik daran, einer Abschaffung oder wesentlichen Einschränkung dieser Unabhängigkeit zuzustimmen.[72] Zugleich modifiziert die Verfassungsnorm das Demokratieprinzip: Sie erteilt der Absenkung des demokratischen Legitimationsniveaus, die sich mit der Entkopplung von parlamentarischer Aufsicht verbindet, ihren Segen.[73]

Die **Unabhängigkeit der EU-Kommission** sowie ihrer **Mitglieder** sichert Art. 17 Abs. 3 **60** UAbs. 2 und 3 EUV (i.V.m. Art. 245 Abs. 1 S. 2 AEUV) ab. Ähnlich wie der EDSA (s. Rn. 28 ff.) verfügt die KOM damit über eine zweidimensionale Unabhängigkeitsverbürgung: Die Unabhängigkeit der **Kommissionsmitglieder** flankiert und verstärkt die organschaftliche „volle […] Unabhängigkeit" (Art. 17 Abs. 3 UAbs. 3 S. 1 EUV) der **Kommission**. Die Mitglieder dürfen insbesondere Weisungen, etwa einer nationalen Regierung, weder einholen noch entgegennehmen (Art. 17 Abs. 3 UAbs. 3 S. 2 EUV). Sie sind auch keine Vertreter des Mitgliedstaats, der sie vorschlägt.[74] Darin unterscheiden sie sich von den Mitgliedern des EDSA. Diese repräsentieren die jeweilige(n) Aufsichtsbehörde(n) des Mitgliedstaats (s. Art. 51 Abs. 3: „die diese Behörden im Ausschuss vertritt"; Art. 68 Abs. 3 und 4 („gemeinsamer Vertreter"), dazu auch Art. 68 Rn. 89).[75] Die Unabhängigkeit der Mitglieder der Kommission sichert – ähnlich wie für die Mitglieder der nationalen Aufsichtsbehörden (Art. 52 Abs. 2 DS-GVO) sowie bspw. für die Mitglieder des Rechnungshofs (Art. 286 Abs. 4 AEUV) – ergänzend das Verbot ab, während der Amtszeit andere entgeltliche oder unentgeltliche Berufstätigkeit auszuüben (Art. 245 Abs. 2 S. 1 AEUV), sowie das Gebot, nach Beendigung der Aufgabe, „ehrenhaft und zurückhaltend" zu sein, wenn sie Tätigkeiten aufnehmen oder Vorteile annehmen (Art. 245 Abs. 2 S. 2 AEUV, Art. 17 Abs. 3 UAbs. 3 S. 3 EUV).

4. Schlussfolgerungen. Art. 69 verbürgt dem Ausschuss eine **hybride Unabhängig- 61 keitsverfassung**, die mit seiner besonderen Rolle als institutionellem Dach unionaler Koordinierung der Datenschutzaufsicht korreliert: Der Ausschuss ist – ebenso wie die anderen Einrichtungen der Union, denen Unabhängigkeit zukommt – in seiner inneren Architektur von derjenigen seiner Mitglieder nicht vollständig entkoppelt; Art. 69 gesteht ihm selbst daher – anders als Art. 52 den nationalen Aufsichtsbehörden – nicht

---

71 Pechstein/Nowak/Häde-*Pechstein/Görlitz* Art. 263 AEUV Rn. 94.
72 Calliess/Ruffert-*Häde* Art. 130 AEUV Rn. 3.
73 Solange unionale Organe und Einrichtungen jedenfalls nicht gänzlich von demokratischer Kontrolle entkoppelt sind, ist eine (begrenzte) Verselbstständigung dieser Stellen (auch im Lichte des Art. 20 Abs. 2 S. 1 i.V.m. Art. 79 Abs. 3 GG) verfassungsrechtlich zulässig. *BVerfG* NJW 2019, 3204, 3209 Rn. 139. Siehe bereits BVerfGE 89, 155, 207 ff.; 134, 366, 399 f.; 146, 216, 256 f.
74 Siehe dazu etwa Grabitz/Hilf/Nettesheim-*Martenczuk* Art. 17 EUV Rn. 74; zu ihrem Verhältnis zu den Mitgliedstaaten auch Streinz-*Kugelmann* Art. 17 EUV Rn. 79.
75 Vgl. auch Sydow-*Schöndorf-Haubold* § 17 BDSG Rn. 49.

ausdrücklich **persönliche Unabhängigkeit** zu, sondern setzt diese voraus. Die **sachliche Unabhängigkeit** des Ausschusses (vgl. insbesondere Abs. 2) schränkt die DS-GVO im Verhältnis zu Art. 52 insofern ein, als sie dem Ausschuss **keine eigene Personalhoheit** zugesteht, sondern ihn grundsätzlich auf Mittel seiner Mitglieder, insbesondere des Europäischen Datenschutzbeauftragten, verweist; er hat aber Anspruch auf eine **hinreichende Ausstattung mit sächlichen und organisatorischen Mitteln**. Adressat eines solchen Anspruchs kann allerdings nicht der EDSB, sondern nur der insoweit entscheidungsbefugte Unionsgesetzgeber sein.[76] Die Unabhängigkeit des EDSA ist – ebenso wie diejenige etwa der EZB und des Europäischen Bürgerbeauftragten – **funktionsbezogen**: Sie erfährt in den Aufgaben des EDSA ihren Grund, aber auch ihre Grenze. Maßnahmen sonstiger Organe, welche die Aufgabenerfüllung des EDSA nicht beeinträchtigen, verletzen die Unabhängigkeitsverbürgung daher nicht.

II. Weisungsfreiheit (Abs. 2)

62 Ebenso wie im Falle der anderen unabhängigen unionalen Einrichtungen (vgl. Rn. 55 ff.) manifestiert sich die Unabhängigkeit des EDSA vor allem in seiner Weisungsfreiheit. Als Ausdruck dessen fällt Abs. 2 in der Binnensystematik des Art. 69 die Aufgabe zu, die allgemeine Unabhängigkeitsgarantie des **Abs. 1**, insbesondere die sachliche Unabhängigkeit, **zu konkretisieren**:[77] Weisungen anderer staatlicher wie auch privater Stellen darf der Ausschuss nicht entgegennehmen; sie können ihn weder binden noch dazu zwingen, bestimmte Vorgaben zu befolgen.

63 1. „**Weisung**". „Weisung" i.S.d. Art. 69 Abs. 2 ist nicht nur die dienstrechtliche Weisung. Der Begriff ist vielmehr weit zu verstehen. Das ergibt sich aus dem engen Konnex mit der allgemeinen Vorgabe des Abs. 1. Weisung ist daher **jedwede Einflussnahme** eines **Dritten** auf den Inhalt einer Entscheidung. In dieser Botschaft liegt der eigentliche Kern des Art. 69. Relevant ist also nicht, wer auf welche Weise auf den Ausschuss konkret einwirkt oder einwirken darf. Vielmehr darf dies niemand (mit Ausnahme des Ersuchens der Kommission gem. Art. 70 Abs. 1 und 2; s. Rn. 69 ff.) – ganz gleich, auf welche Weise. Die **Kommission**, die Mitgliedstaaten oder sonstige Dritte dürfen insbesondere auch nicht **mittelbar** Einfluss auf die **Entscheidungsfindung** des Ausschusses nehmen (zur Mittelzuweisung siehe bereits Rn. 54).[78]

64 Anders als im Falle der EZB (Art. 130 S. 2 AEUV) und der Kommission (Art. 245 Abs. 1 S. 2 AEUV) trägt die DS-GVO anderen Organen, Einrichtungen oder sonstigen Stellen der Union sowie den Regierungen der Mitgliedstaaten zwar **nicht ausdrücklich** auf, die Unabhängigkeit des Ausschusses zu **achten** und nicht zu versuchen, seine Mitglieder bei der Wahrnehmung ihrer Aufgaben zu beeinflussen. In der Sache ist die Verpflichtung aber der Unabhängigkeitsverbürgung eingeschrieben. Sie versteht sich auch als Teil des Interorganrespekts sowie der Unterstützungs- und Loyalitätspflicht der Mitgliedstaaten (Art. 4 Abs. 3 EUV). Diese Absicherung der Weisungsfreiheit ver-

---

76 Vgl. auch Simitis/Hornung/Spiecker gen. Döhmann-*Schiedermair* Art. 69 Rn. 4.
77 So auch Kühling/Buchner-*Dix* Art. 69 Rn. 4; Gola-*Nguyen* Art. 69 Rn. 2.
78 Vgl. insofern die Rechtsprechung des EuGH zur Unabhängigkeit der mitgliedstaatlichen Aufsichtsbehörden gem. Art. 28 DSRL, *EuGH* v. 9.3.2010 – C-518/07, NJW 2010, 1265 Rn. 18: „Unabhängigkeit ist in der Regel eine Stellung, in der gewährleistet ist, dass die betreffende Stelle völlig frei von Weisungen und Druck handeln kann". In diesem Sinne wohl auch BeckOK DatenSR-*Brink/Wilhelm* Art. 69 Rn. 13.

bietet zugleich mittelbar Dritten (ebenso wie Art. 97 Abs. 1 GG im Falle des Richters im nationalen [Verfassungs-]Recht)[79], in abstrakt-genereller Weise oder im konkreten Einzelfall inhaltlichen Einfluss auf die Entscheidungen des EDSA zu nehmen.

2. „ersucht [...] weder". Die gesetzliche Anordnung, dass der Ausschuss nicht um 65 Weisungen „ersucht", schließt aus, dass er seine eigene Entscheidungsverantwortung auf eine andere Stelle auslagert: Niemand darf die zu treffende **Entscheidung** (auch nicht mit Zustimmung des EDSA) inhaltlich **vorzeichnen**.[80] Der Ausschuss ist also nicht nur berechtigt, sondern auch **verpflichtet**, eine eigene Entscheidung zu treffen. Die Unabhängigkeit unterliegt nicht seiner Dispositionsbefugnis. Sie impliziert ein **Delegationsverbot**.

3. „noch nimmt er [...] entgegen". Als Ausdruck seiner Unabhängigkeit ist es dem 66 Ausschuss nicht nur versagt, um Weisungen zu **ersuchen**, sondern auch, sich **Handlungsbefehlen** zu **unterwerfen**, die Dritte von außen an ihn herantragen.

Dass der EDSA keinen externen Weisungen Folge leisten muss, heißt aber noch nicht, 67 dass er seine Entscheidungen gänzlich ungebunden treffen darf. Er agiert nicht im rechtsfreien Raum: An unionsrechtliche Vorgaben, insbesondere des Primärrechts und der DS-GVO, ist der Ausschuss gebunden. Die **Gesetzesbindung** des EDSA ist „das notwendige Korrelat" seiner sachlichen Unabhängigkeit.[81] Denn die sachliche Unabhängigkeit steht im Dienste des Gebots der Gesetzmäßigkeit. Nur dann kann sie das normativ intendierte Niveau des Privatheitsschutzes i.S.d. DS-GVO im Ergebnis auch sicherstellen. Folglich sind die Maßnahmen des EDSA grundsätzlich einer vollen gerichtlichen Kontrolle zugänglich.[82] Dies widerspricht nicht der Unabhängigkeit und Weisungsfreiheit des EDSA. Das lässt sich ErwG 118 als Rechtsgedanke entnehmen (Rn. 7).

Ein wichtiges Instrument, um eine unsachgerechte Beeinflussung des Ausschusses zu 68 verhindern, ist **Transparenz** in den Beziehungen zu den anderen Institutionen sowie Interessenvertretern. Andere unabhängige Institutionen, wie die Kommission, haben aus diesem Grund ein Transparenzregister etabliert, welches Treffen der Kommissionsmitglieder mit Dritten auflistet. Dies empfiehlt sich auch für den EDSA.

4. „unbeschadet der Ersuchen der Kommission gem. Art. 70 Abs. 1 und 2". Die Wei- 69 sungsfreiheit des Ausschusses besteht nicht vorbehaltlos, sondern „unbeschadet der **Ersuchen der Kommission** gem. Art. 70 Abs. 1 und 2"[83]. Dieser Zusatz stellt klar, dass die sachliche Unabhängigkeit des Ausschusses mit den Aufgaben zu vereinbaren ist, die ihm kraft ausdrücklicher Anordnung übertragen sind: Die Kommission darf den Ausschuss in

---

79 Siehe zur richterlichen Unabhängigkeit etwa Maunz/Dürig-*Hillgruber* Art. 97 GG Rn. 75 ff.; zu Art. 47 Abs. 2 GRCh jüngst *EuGH* v. 19.11.2019 – C-585/18 u.a., ECLI:EU:C:2019:982, Rn. 120 ff.
80 Sydow-*Schöndorf-Haubold* Art. 69 Rn. 9.
81 So zu Art. 97 Abs. 1 GG BeckOK GG-*Morgenthaler* Art. 97 GG Rn. 7.
82 Simitis/Hornung/Spiecker gen. Döhmann-*Schiedermair* Art. 69 Rn. 6; Sydow-*Schöndorf-Haubold* Art. 69 Rn. 14; BeckOK DatenSR-*Brink/Wilhelm* Art. 69 Rn. 14. Allg. zum Verhältnis von Datenschutzaufsicht und Rechtsprechung *Petri* ZD 2020, 81 ff.
83 Hervorhebung d. Verf. Art. 69 Abs. 2 erfuhr durch ABl. 2018 L 127, 7 eine Berichtigung. Die ursprüngliche Fassung lautete: „unbeschadet der Ersuchen der Kommission gem. Artikel 70 Absatz 1 Buchstabe b und Absatz 2"; dazu Rn. 72.

seiner Arbeitsweise binden, indem sie ihn bspw. um Beratung bittet und um Rat ersucht, ohne dadurch in Konflikt mit der Unabhängigkeitsverbürgung zu geraten.[84] Denn insoweit schränkt die DS-GVO die Unabhängigkeit des EDSA selbst ein.

70 Die Kommission verfügt aber nur über die Befugnis, den Ausschuss zum **Tätigwerden** zu zwingen („**Ob**").[85] Sie darf dem EDSA aber weder vorschreiben, **wie** er seinen Pflichten konkret nachzukommen hat, noch darf sie ihm ein bestimmtes Ergebnis vorgeben.[86] Das Ersuchen erschöpft sich in ihrer Wirkung somit in einer „interinstitutionelle[n] Verpflichtung"[87] ohne jedwede **inhaltliche** Durchgriffsmacht.

71 Zugleich bleibt die Befugnis der Kommission unberührt, dem Ausschuss eine **Frist** „an[zu]geben", innerhalb derer er auf das Ersuchen antworten soll (Art. 69 Abs. 2 i.V.m. **Art. 70 Abs. 2**). Das eröffnet der Kommission jedenfalls ein Stück weit die Möglichkeit, auf die Arbeitsweise des Ausschusses Einfluss zu nehmen: Sie kann ihn dazu veranlassen, bestimmte Aufgaben **zeitlich zu priorisieren**. Die Fristbestimmung wirkt insoweit wie eine **Zielvorgabe**, die – wenn auch mittelbar – auf die Arbeitsweise des Ausschusses ausstrahlt. Die Einschränkung der Unabhängigkeit des Ausschusses, die damit einhergeht, hat der Unionsgesetzgeber – wie der Wortlaut deutlich macht – mit Bedacht vorgenommen.[88] Fristbestimmungen stellt der Normgeber jedoch ausdrücklich unter den Vorbehalt, die „Dringlichkeit des Sachverhalts" angemessen zu berücksichtigen (Art. 70 Abs. 2). Verstreicht die Frist, zeitigt das keine Rechtsfolgen.[89]

72 In seiner Ursprungsfassung vom April 2016 verwies Abs. 2 lediglich auf Art. 70 **Abs. 1 lit. b** und Abs. 2. Dieser limitierte Verweis auf lediglich einen einzelnen Tatbestand des Aufgabenkanons in Abs. 1 erschloss sich nicht auf den ersten Blick. Unterdessen „berichtigte" der Unionsgesetzgeber Abs. 2 mit der Begründung, es müsse „Artikel 70 Absätze 1 und 2" heißen.[90] Dabei handelt es sich im Ergebnis nicht bloß um eine redaktionelle Bereinigung, sondern um eine inhaltliche Änderung mit normativer Wirkung, die geeignet ist, die Unabhängigkeit weitergehend einzuschränken. Ob hier-

---

84 Vgl. Kühling/Buchner-*Dix* Art. 69 Rn. 6; Paal/Pauly-*Körffer* Art. 69 Rn. 3.
85 Kühling/Buchner-*Dix* Art. 69 Rn. 6; Paal/Pauly-*Körffer* Art. 69 Rn. 3; Sydow-*Schöndorf-Haubold* Art. 69 Rn. 10; Taeger/Gabel-*Hellmich* Art. 69 Rn. 5; BeckOK DatenSR-*Brink/Wilhelm* Art. 69 Rn. 19. Das Ersuchen repräsentiert einen verbindlichen Rechtsakt eines Unionsorgans; der Ausschuss darf es grundsätzlich nicht ablehnen. Auch die Ablehnungsgründe des Art. 61 Abs. 4 (dazu Art. 61 Rn. 24 ff.) lassen sich nicht analog heranziehen; insoweit fehlt es an einer planwidrigen Regelungslücke.
86 Kühling/Buchner-*Dix* Art. 69 Rn. 6; Gola-*Nguyen* Art. 69 Rn. 2; vgl. auch Simitis/Hornung/Spiecker gen. Döhmann-*Schiedermair* Art. 69 Rn. 5: „agenda setting".
87 Ehmann/Selmayr-*Albrecht* Art. 69 Rn. 3.
88 Nach a.A. soll die Frist aufgrund des Prinzips der Unabhängigkeit des Ausschusses gerade nicht als verbindlich gelten; so etwa BeckOK DatenSR-*Brink/Wilhelm* Art. 69 Rn. 19, in deren Augen die Fristsetzungen „nicht mehr [sind] als unverbindliche Einschätzungen der KOM"; Kühling/Buchner-*Dix* Art. 70 Rn. 16; wohl auch Plath-*Roggenkamp* Art. 68–76 Rn. 20, der unterstreicht, dass „Sanktionen an ein Verstreichenlassen der Frist nicht geknüpft" seien. An dem normativ verbürgten Recht der Kommission, eine Frist „an[zu]geben", ändert das jedoch nichts.
89 Ebenso z.B. Auernhammer-*Hermerschmidt* Art. 70 Rn. 62; Taeger/Gabel-*Hellmich* Art. 70 Rn. 15.
90 ABl. 2018 L 127, 7.

für das legislative Verfahren der Berichtigung dienlich und zulässig ist, begegnet zumindest Zweifeln.

Der Zugriff der Kommission auf den Ausschuss überschreitet jedenfalls dort eine normative rote Linie, wo sie ihn in **rechtsmissbräuchlicher Weise** in Anspruch nimmt. Das ist etwa der Fall, wenn sie ihn nur deshalb in einer bestimmten Angelegenheit konsultiert, um ihn bewusst **von der Befassung mit anderen Gegenständen abzuhalten** oder seine **Ressourcen** für spezielle Sachverhalte **übermäßig bindet**. Vor diesem Hintergrund ist es sachgerecht, dem Ausschuss die Möglichkeit zu eröffnen, eine ggf. unangemessene Frist bzw. ein missbräuchliches Ersuchen der Kommission **durch den EuGH überprüfen** zu lassen. 73

Art. 263 Abs. 3 AEUV nennt den EDSA – anders als etwa den Rechnungshof und die EZB – jedoch nicht ausdrücklich als klagebefugte Instanz. Inwieweit ein solches Recht kraft einer **analogen Anwendung** des Art. 263 Abs. 3 AEUV auch dem EDSA zustehen sollte, erhellt eine historische Auslegung der Norm ein Stück weit: Der EWG-Vertrag sah das heutige Klagerecht ursprünglich nicht vor. Der EuGH erkannte es als unabdingbar an, um das institutionelle Gleichgewicht zu sichern, und sprach es dem Europäischen Parlament zu (sog. Tschernobyl-Diktum).[91] Hierauf aufbauend kodifizierte der EU-Gesetzgeber es erstmals im Vertrag von Maastricht für das EP und die EZB, indem er die Kategorie des **teilprivilegierten** Klägers kreierte. Der Vertrag von Amsterdam erweiterte die Parteifähigkeit für den Rechnungshof – ebenso der Lissabon-Vertrag für den Ausschuss der Regionen.[92] Das streitet prima facie im Umkehrschluss dafür, dass Art. 263 Abs. 3 AEUV andere Einrichtungen der Union – etwa den Wirtschafts- und Sozialausschuss und den EDSA – nicht erfasst.[93] Eine planwidrige Regelungslücke schließt das aber nicht zwingend aus. Ebenso gut ist möglich, dass die Vertragsstaaten den AEUV lediglich noch nicht an die neue sekundärrechtliche Ausgangslage einer mit eigener Rechtspersönlichkeit und Unabhängigkeit ausgestatteten neuen EU-Instanz angepasst haben. Dem AEUV lässt sich in dieser Lesart nicht mit hinreichender Klarheit eine negative Entscheidung dahin entnehmen, dass er den EDSA nicht als teilprivilegierten Kläger erfasst wissen wollte. 74

Kraft der organisationsrechtlich abgesicherten Sonderrechtsstellung des EDSA besteht für eine Analogie zu Art. 263 Abs. 3 AEUV gegenwärtig aber auch kein zwingendes Bedürfnis.[94] Der EDSA ist nämlich „mit eigener Rechtspersönlichkeit" (Art. 68 Abs. 1) ausgestattet und nicht wie klassische Behörden in die europäische Verwaltungsarchitektur eingebunden, sondern **Träger eigener Rechte**. Indem ihm das Unionsrecht selbst Rechtsfähigkeit zuerkennt, ist er als juristische Person i.S.d. **Art. 263 Abs. 4 AEUV** parteifähig.[95] Diese Parteifähigkeit ist nicht nur Ausdruck der 75

---

91 *EuGH* v. 22.5.1990 – C-70/88, ECLI:EU:C:1990:217, Rn. 21 ff.
92 Zur Historie Grabitz/Hilf/Nettesheim-*Dörr* Art. 263 AEUV Rn. 17 f.
93 Vgl. dazu Calliess/Ruffert-*Cremer* Art. 263 AEUV Rn. 5; Grabitz/Hilf/Nettesheim-*Dörr* Art. 263 AEUV Rn. 19; Pechstein/Nowak/Häde-*Pechstein/Görlitz* Art. 263 AEUV Rn. 24; Streinz-*Ehricke* Art. 263 AEUV Rn. 9.
94 Das Klagerecht des EDSA ist für das institutionelle Gleichgewicht der Organe der Verträge, das die gedankliche Grundlage des Art. 263 Abs. 3 AEUV bildet, auch nicht elementar. Insofern lässt sich auch die wertungsmäßige Gleichheit des geregelten und des ungeregelten Sachverhalts durchaus hinterfragen.
95 Vgl. etwa Pechstein/Nowak/Häde-*Pechstein/Görlitz* Art. 263 AEUV Rn. 28.

eigenen Rechtspersönlichkeit, sondern auch der Unabhängigkeit, über die der Ausschuss verfügt: Die Wehrhaftigkeit des Ausschusses gegen äußere Einflüsse erwächst erst durch die Garantie effektiven Rechtsschutzes zu voller Stärke.[96]

Artikel 70 Aufgaben des Ausschusses

(1) [1]Der Ausschuss stellt die einheitliche Anwendung dieser Verordnung sicher. [2]Hierzu nimmt der Ausschuss von sich aus oder gegebenenfalls auf Ersuchen der Kommission insbesondere folgende Tätigkeiten wahr:

a) Überwachung und Sicherstellung der ordnungsgemäßen Anwendung dieser Verordnung in den in den Artikeln 64 und 65 genannten Fällen unbeschadet der Aufgaben der nationalen Aufsichtsbehörden;

b) Beratung der Kommission in allen Fragen, die im Zusammenhang mit dem Schutz personenbezogener Daten in der Union stehen, einschließlich etwaiger Vorschläge zur Änderung dieser Verordnung;

c) Beratung der Kommission über das Format und die Verfahren für den Austausch von Informationen zwischen den Verantwortlichen, den Auftragsverarbeitern und den Aufsichtsbehörden in Bezug auf verbindliche interne Datenschutzvorschriften;

d) Bereitstellung von Leitlinien, Empfehlungen und bewährten Verfahren zu Verfahren für die Löschung gemäß Artikel 17 Absatz 2 von Links zu personenbezogenen Daten oder Kopien oder Replikationen dieser Daten aus öffentlich zugänglichen Kommunikationsdiensten;

e) Prüfung – von sich aus, auf Antrag eines seiner Mitglieder oder auf Ersuchen der Kommission – von die Anwendung dieser Verordnung betreffenden Fragen und Bereitstellung von Leitlinien, Empfehlungen und bewährten Verfahren zwecks Sicherstellung einer einheitlichen Anwendung dieser Verordnung;

f) Bereitstellung von Leitlinien, Empfehlungen und bewährten Verfahren gemäß Buchstabe e des vorliegenden Absatzes zur näheren Bestimmung der Kriterien und Bedingungen für die auf Profiling beruhenden Entscheidungen gemäß Artikel 22 Absatz 2;

g) Bereitstellung von Leitlinien, Empfehlungen und bewährten Verfahren gemäß Buchstabe e des vorliegenden Absatzes für die Feststellung von Verletzungen des Schutzes personenbezogener Daten und die Festlegung der Unverzüglichkeit im Sinne des Artikels 33 Absätze 1 und 2, und zu den spezifischen Umständen, unter denen der Verantwortliche oder der Auftragsverarbeiter die Verletzung des Schutzes personenbezogener Daten zu melden hat;

h) Bereitstellung von Leitlinien, Empfehlungen und bewährten Verfahren gemäß Buchstabe e des vorliegenden Absatzes zu den Umständen, unter denen eine Verletzung des Schutzes personenbezogener Daten voraussichtlich ein hohes Risiko für die Rechte und Freiheiten natürlicher Personen im Sinne des Artikels 34 Absatz 1 zur Folge hat;

i) Bereitstellung von Leitlinien, Empfehlungen und bewährten Verfahren gemäß Buchstabe e des vorliegenden Absatzes zur näheren Bestimmung der in Artikel 47 aufgeführten Kriterien und Anforderungen für die Übermittlungen personenbezogener Daten, die auf verbindlichen internen Datenschutzvorschriften von Verant-

---

[96] Vgl. dazu auch bspw. Art. 58 Abs. 5 und § 21 BDSG für das Verhältnis zwischen der Kommission und den nationalen Aufsichtsbehörden. Dazu auch Art. 68 Rn. 26 ff.

wortlichen oder Auftragsverarbeitern beruhen, und der dort aufgeführten weiteren erforderlichen Anforderungen zum Schutz personenbezogener Daten der betroffenen Personen;

j) Bereitstellung von Leitlinien, Empfehlungen und bewährten Verfahren gemäß Buchstabe e des vorliegenden Absatzes zur näheren Bestimmung der Kriterien und Bedingungen für die Übermittlungen personenbezogener Daten gemäß Artikel 49 Absatz 1;

k) Ausarbeitung von Leitlinien für die Aufsichtsbehörden in Bezug auf die Anwendung von Maßnahmen nach Artikel 58 Absätze 1, 2 und 3 und die Festsetzung von Geldbußen gemäß Artikel 83;

l) Überprüfung der praktischen Anwendung der Leitlinien, Empfehlungen und bewährten Verfahren;

m) Bereitstellung von Leitlinien, Empfehlungen und bewährten Verfahren gemäß Buchstabe e des vorliegenden Absatzes zur Festlegung gemeinsamer Verfahren für die von natürlichen Personen vorgenommene Meldung von Verstößen gegen diese Verordnung gemäß Artikel 54 Absatz 2;

n) Förderung der Ausarbeitung von Verhaltensregeln und der Einrichtung von datenschutzspezifischen Zertifizierungsverfahren sowie Datenschutzsiegeln und -prüfzeichen gemäß den Artikeln 40 und 42;

o) Genehmigung der Zertifizierungskriterien gemäß Artikel 42 Absatz 5 und Führung eines öffentlichen Registers der Zertifizierungsverfahren sowie von Datenschutzsiegeln und -prüfzeichen gemäß Artikel 42 Absatz 8 und der in Drittländern niedergelassenen zertifizierten Verantwortlichen oder Auftragsverarbeiter gemäß Artikel 42 Absatz 7;

p) Genehmigung der in Artikel 43 Absatz 3 genannten Anforderungen im Hinblick auf die Akkreditierung von Zertifizierungsstellen gemäß Artikel 43;

q) Abgabe einer Stellungnahme für die Kommission zu den Zertifizierungsanforderungen gemäß Artikel 43 Absatz 8;

r) Abgabe einer Stellungnahme für die Kommission zu den Bildsymbolen gemäß Artikel 12 Absatz 7;

s) Abgabe einer Stellungnahme für die Kommission zur Beurteilung der Angemessenheit des in einem Drittland oder einer internationalen Organisation gebotenen Schutzniveaus einschließlich zur Beurteilung der Frage, ob das Drittland, das Gebiet, ein oder mehrere spezifische Sektoren in diesem Drittland oder eine internationale Organisation kein angemessenes Schutzniveau mehr gewährleistet. Zu diesem Zweck gibt die Kommission dem Ausschuss alle erforderlichen Unterlagen, darunter den Schriftwechsel mit der Regierung des Drittlands, dem Gebiet oder spezifischen Sektor oder der internationalen Organisation;

t) Abgabe von Stellungnahmen im Kohärenzverfahren gemäß Artikel 64 Absatz 1 zu Beschlussentwürfen von Aufsichtsbehörden, zu Angelegenheiten, die nach Artikel 64 Absatz 2 vorgelegt wurden und um Erlass verbindlicher Beschlüsse gemäß Artikel 65, einschließlich der in Artikel 66 genannten Fälle;

u) Förderung der Zusammenarbeit und eines wirksamen bilateralen und multilateralen Austauschs von Informationen und bewährten Verfahren zwischen den Aufsichtsbehörden;

v) Förderung von Schulungsprogrammen und Erleichterung des Personalaustausches zwischen Aufsichtsbehörden sowie gegebenenfalls mit Aufsichtsbehörden von Drittländern oder mit internationalen Organisationen;

w) Förderung des Austausches von Fachwissen und von Dokumentationen über Datenschutzvorschriften und -praxis mit Datenschutzaufsichtsbehörden in aller Welt;
x) Abgabe von Stellungnahmen zu den auf Unionsebene erarbeiteten Verhaltensregeln gemäß Artikel 40 Absatz 9 und
y) Führung eines öffentlich zugänglichen elektronischen Registers der Beschlüsse der Aufsichtsbehörden und Gerichte in Bezug auf Fragen, die im Rahmen des Kohärenzverfahrens behandelt wurden.

(2) Die Kommission kann, wenn sie den Ausschuss um Rat ersucht, unter Berücksichtigung der Dringlichkeit des Sachverhalts eine Frist angeben.

(3) Der Ausschuss leitet seine Stellungnahmen, Leitlinien, Empfehlungen und bewährten Verfahren an die Kommission und an den in Artikel 93 genannten Ausschuss weiter und veröffentlicht sie.

(4) ¹Der Ausschuss konsultiert gegebenenfalls interessierte Kreise und gibt ihnen Gelegenheit, innerhalb einer angemessenen Frist Stellung zu nehmen. ²Unbeschadet des Artikels 76 macht der Ausschuss die Ergebnisse der Konsultation der Öffentlichkeit zugänglich.

Übersicht

	Rn		Rn
A. Einordnung und Kontext	1	cc) Überprüfung der praktischen Anwendung (lit. l)	20
B. Kommentierung	7		
I. Die Aufgaben und Zuständigkeiten des Ausschusses (Abs. 1)	7	d) Förderung von Verhaltensregeln, Bereitstellung von Zertifizierungsverfahren (lit. n–q)	21
1. Grundsätzliches (S. 1)	7		
2. Die Konkretisierung von Abs. 1: einzelne Aufgaben (S. 2)	10	e) Stellungnahmen gegenüber der Kommission (lit. q, r, s und x)	24
a) Beteiligung im Kohärenzverfahren (lit. a, t, y)	11	f) Unterstützung der Zusammenarbeit der Aufsichtsbehörden (lit. u–w)	27
b) Beratung der Kommission bezüglich des Schutzes personenbezogener Daten (lit. b und c)	12	g) Registerführung (Art. 70 Abs. 1 S. 2 lit. o und y)	28
c) Bereitstellung von Leitlinien, Empfehlungen und bewährten Verfahren (lit. d–j, k und m) sowie Implementationskontrolle (lit. l)	14	II. Dringlichkeitsbefugnisse der Kommission bezogen auf Fristen (Abs. 2)	29
aa) Riskante Vorgänge (lit. d–h)	16	III. Transparenz und Publizität (Abs. 3)	30
bb) Verfahrensmäßige Anforderungen (lit. j, k, m)	18	IV. Konsultation interessierter Kreise (Abs. 4)	33
		C. Praxishinweise	38

Literatur: *Caspar* Das aufsichtsbehördliche Verfahren nach der EU-Datenschutzgrundverordnung – Defizite und Alternativregelungen, ZD 2012, 555; *Dammann* Erfolge und Defizite der EU-Datenschutzgrundverordnung – Erwarteter Fortschritt, Schwächen und überraschende Innovationen, ZD 2016, 307; *Hofmann* Zertifizierungen nach der DS-GVO, ZD-Aktuell 2016, 05324; *Hornung/Hartl* Datenschutz durch Marktanreize – auch in Europa? –

Stand der Diskussion zu Datenschutzzertifizierung und Datenschutzaudit, ZD 2014, 219; *Kraska* Datenschutz-Zertifizierungen in der EU-Datenschutzgrundverordnung, ZD 2016, 153; *Kühling/Martini* Die Datenschutz-Grundverordnung: Revolution oder Evolution im europäischen und deutschen Datenschutzrecht?, EuZW 2016, 448; *Masing* Herausforderungen des Datenschutzes, NJW 2012, 2305; *Nguyen* Die zukünftige Datenschutzaufsicht in Europa, ZD 2015, 265; *Spindler* Selbstregulierung und Zertifizierungsverfahren nach der DS-GVO – Reichweite und Rechtsfolgen der genehmigten Verhaltensregeln, ZD 2016, 407; *Wybitul* DS-GVO veröffentlicht – Was sind die neuen Anforderungen an die Unternehmen?, ZD 2015, 253.

A. Einordnung und Kontext

Im Laufe des Normsetzungsverfahrens hat die Norm zahlreiche Erweiterungen erfahren, die auf Kosten ihrer Systematik und Verständlichkeit gingen. Sie knüpft an die Kompetenzen der Art.-29-Datenschutzgruppe an (Art. 30 DSRL), über die sie aber weit hinausgeht.[1]

Die Fälle der genannten Aufgaben geht vor allem darauf zurück, dass man im Laufe des Trilog-Verfahrens die innere Systematik des relativ schlanken Kommissions-Vorschlags verlassen hat,[2] und sich für eine materielle Erweiterung entschied, die dann wieder zahlreiche Rückausnahmen erforderten, so dass sich kaum noch ein „roter Faden" erkennen lässt.[3]

Der **Europäische Datenschutzausschuss** (EDSA, englisch: **European Data Protection Board**, EDPB[4]) hat sich am 25.5.2018 eine **Geschäftsordnung** gegeben, die inzwischen in überarbeiteter Version v. 23.11.2018 vorliegt.[5] Diese enthält in ihrem Art. 3 die **Leitgrundsätze** (1.) der Unabhängigkeit und Unparteilichkeit, (2.) der verantwortungsbewussten Amtsführung, der Integrität und der guten Verwaltungspraxis, (3.) den Grundsatz der Kollegialität und Integration, (4.) den Grundsatz der Transparenz, (5.) den Grundsatz der Effizienz und Modernisierung und (6.) den Grundsatz der Proaktivität.

Der EDSA nimmt **sowohl die Aufgaben aus der DS-GVO als auch diejenigen aus der Richtlinie (EU) 2016/680 des Europäischen Parlaments und des Rates (JI-Richtlinie)** wahr.

Der EDSA hat **einige der Papiere der Art.-29-Datenschutzgruppe für sich verbindlich erklärt**[6] und daneben eigene Guidelines erlassen (vgl. Art. 69 Rn. 8).

Zusätzlich zur Wahl des (aktuell: der) **Vorsitzenden** (Art. 71) und dessen (aktuell: deren) beiden **Stellvertretern** (Art. 5 und 6 EDSA-GO) ernennt der Ausschuss nach Art. 25 EDSA-GO Berichterstatter für seine Fachuntergruppen (Subgroups). Er verabschiedet gem. Art. 29 EDSA-GO ein jeweils **zweijähriges Arbeitsprogramm**.

---

1 Vgl. Sydow-*Schöndorf-Haubold* Art. 70 Rn. 2 sowie die hiesige Kommentierung von Art. 69 durch *Martini* Rn. 5 ff.
2 Näheres dazu bei Sydow-*Schöndorf-Haubold* Art. 70 Rn. 4 ff.
3 Auernhammer-*Hermerschmidt* Art. 70 Rn. 2.
4 Homepage: https://edpb.europa.eu, zuletzt abgerufen am 2.1.2020.
5 https://edpb.europa.eu/sites/edpb/files/files/file1/edpb_rop2_adopted_23112018_de.pdf, zuletzt abgerufen am 2.1.2020.
6 https://www.bvdnet.de/europaeischer-datenschutzausschuss-arbeit-aufgenommen-und-erste-guidelines-veroeffentlicht/, zuletzt abgerufen am 2.1.2020.

B. Kommentierung

I. Die Aufgaben und Zuständigkeiten des Ausschusses (Abs. 1)

7 **1. Grundsätzliches (S. 1).** Art. 70 Abs. 1 S. 1 weist dem EDSA die Funktion als „Hüter der DS-GVO" zu: „Der Ausschuss stellt die einheitliche Anwendung dieser Verordnung sicher".[7] Zu dieser generalklauselartigen[8] Formulierung in S. 1 gibt S. 2 zahlreiche Beispiele, die aber nicht abschließend sind („insbesondere"), wenngleich sie in der Praxis die meisten Fälle abdecken dürften.[9] Der Verordnungsgeber verfolgte ersichtlich das Ziel, alle denkbaren Fälle zu regeln[10] und zugleich die Norm offen für weitere Entwicklungen zu lassen. Da er (wohl aus Klarstellungsgründen) auch sämtliche an anderen Stellen der DS-GVO geregelten Kompetenzen des EDSA in Art. 70 Abs. 1 S. 2 aufgenommen hat, kommt es zu **zahlreichen Redundanzen** und teilweise auch Inkohärenzen.[11] Insgesamt macht der Katalog des Art. 70 Abs. 1 S. 2 einen wenig systematischen Eindruck, da ein Ordnungsprinzip kaum erkennbar ist (weder wird konsequent von „allgemein" zu „besonders" geordnet noch nach Sachzusammenhängen).[12] Das ist Folge des Normsetzungsverfahrens, in dessen Verlauf dem vorgeschlagenen Katalog weitere Kompetenzen hinzugefügt wurden, um zu einem möglichst vollständigen Bild der Aufgaben des Ausschusses zu kommen.[13]

8 Inwieweit es dem EDSA, der ‚nur' von einem **Sekretariat** (Art. 75) unterstützt wird und **dessen Vorsitzender und Stellvertretende Vorsitzende** (Art. 73 und 74) **ehrenamtlich tätig** sind, gelingen wird, diese **Fülle an Aufgaben zu bewältigen**, bleibt abzuwarten.[14] Bettina Schöndorf-Haubold hat zu Recht darauf hingewiesen, dass eine gewisse **Diskrepanz** zwischen Art. 52 Abs. 4, der **hohe Anforderungen an die nationalen Aufsichtsbehörden** stellt, und den recht **weiten Formulierungen der Art. 70–76** besteht.[15]

9 Allerdings hat der EDSA mit dem **Europäischen Datenschutzbeauftragten (EDSB,** englisch: **European Data Protection Supervisor, EDPS)** ein **Memorandum of Understanding** (MoU) hinsichtlich der gegenseitigen Zusammenarbeit abgeschlossen,[16] das dem Grundsatz der Kollegialität Rechnung trägt (vgl. Art. 75 Rn. 1). Hierbei geht es um die Aufgabenverteilung zwischen denjenigen Aufgaben, die das Sekretariat für den EDSA und denjenigen, die es als Sekretariat für den EDSB leistet. Im MoU ist geregelt, dass es **zwischen beiden Bereichen** sowohl hinsichtlich der Mitarbeiter als auch hinsichtlich der Räumlichkeiten und des Internet- sowie des E-Mail-Auftritts

---

7 Vgl. Plath-*Roggenkamp* Art. 68–70 Rn 16.
8 Paal/Pauly-*Körffe* Art. 70 Rn. 1; Simitis/Hornung/Spiecker gen. Döhmann-*Schiedermair* Art. 70 Rn 1; Sydow-*Schöndorf-Haubold* Art. 70 Rn. 9.
9 Paal/Pauly-*Körffe* Art. 70 Rn. 1; Sydow-*Schöndorf-Haubold* Art. 70 Rn. 9.
10 Auernhammer-*Hermerschmidt* Art. 70 Rn. 2; Gola-*Nguyen* Art. 70, Rn. 4; siehe zur Kategorisierung auch: Kühling/Buchner-*Dix* Art. 70 Rn. 9.
11 Auernhammer-*Hermerschmidt* Art. 70 Rn. 7; zu Redundanzen innerhalb der DS-GVO allgemein vgl. Caspar ZD 2012, 555, 556; anderer Ansicht wohl Sydow-*Schöndorf-Haubold* Art. 70 Rn. 9.
12 So auch Auernhammer-*Hermerschmidt* Art. 70 Rn. 7; vgl. auch Sydow-*Schöndorf-Haubold* Art. 70 Rn. 1.
13 So auch Auernhammer-*Hermerschmidt* Art. 70 Rn. 8; zu den Hintergründen vgl. auch *Kühling/Martini* EuZW 2016, 448.
14 Zu den Hintergründen *Nguyen* ZD 2015, 265; Plath-*Roggenkamp* Art. 68–70 Rn 7 ff.
15 Sydow-*Schöndorf-Haubold* Art. 70 Rn. 26.
16 https://edpb.europa.eu/node/58, zuletzt abgerufen am 2.1.2020.

eine **strikte Trennung** gibt und dass das **Prinzip der Geheimhaltung** zwischen beiden gewahrt wird, wenngleich man sich ebenfalls auf den **Grundsatz der Kollegialität** verpflichtet hat (Art. III des MoU).

2. Die Konkretisierung von Abs. 1: einzelne Aufgaben (S. 2). Der Kompetenzkatalog in Abs. 1 S. 2 ist sehr umfangreich, daher wird nachfolgend versucht, einige der über den ganzen Absatz verstreuten Kompetenzen zu bündeln.[17]   10

a) Beteiligung im Kohärenzverfahren (lit. a, t, y). Lit. **a, t** und **y** betreffen die Kompetenzen des EDSB im Kohärenzverfahren. Auch hier ist **lit. a** eher **generalklauselartig** zu verstehen, während die **deklaratorische**[18] **lit. t** die Beteiligungsregeln in den Art. 64–66 wiederholt und zusammenfasst. Lit. **y** enthält sowohl Deklaratorisches wie Konstitutives: Bezüglich der **Mitteilungspflichten von Aufsichtsbehörden** wiederholt der Normtext die Bestimmungen der Art. 64 Abs. 7 und Art. 65 Abs. 6 i.V.m. Art. 60 Abs. 7. Demgegenüber ist die Mitteilungspflicht der Gerichte an keiner anderen Stelle der DS-GVO geregelt.[19]   11

b) Beratung der Kommission bezüglich des Schutzes personenbezogener Daten (lit. b und c). Lit. **b** knüpft an die Vorläuferregelung der Art.-29-Datenschutzgruppe an (Art. 30 DS-RL): Der EDSA berät in **allen Fragen, die im Zusammenhang mit dem Schutz personenbezogener Daten** in der Union stehen und macht Vorschläge zur Änderung dieser Verordnung. Letztere **darf** der EDSA von sich aus einbringen und **muss** es tun, wenn ihn die Kommission darum ersucht.[20] Letzteres ist **als in der DS-GVO selbst geregelte Ausnahme mit der Unabhängigkeitsverbürgung aus Art. 69 Abs. 1 und 2 vereinbar** (vgl. Art. 69 Rn. 69 m.w.N.). Bezüglich der Möglichkeit der Fristsetzung für den letztgenannten Fall vgl. nachfolgend Abs. 2.   12

Einen **speziellen Fall**[21] der Beratung von lit. b stellt der in **lit. c** geregelte **Informationsaustausch** zwischen den Datenverarbeitern und den Aufsichtsbehörden bezüglich **verbindlicher interner Datenschutzvorschriften** (Art. 47 Abs. 3) dar.   13

c) Bereitstellung von Leitlinien, Empfehlungen und bewährten Verfahren (lit. d–j, k und m) sowie Implementationskontrolle (lit. l). Bei den in **lit. d–j, k** und **m** geregelten Kompetenzen handelt es sich um solche zur Setzung von „soft law", also **Leitlinien, Empfehlungen** und **bewährten Verfahren.**[22] Dabei geht es zum einen um die Festlegung von Anforderungen an „riskante" Tätigkeiten wie **Profiling**[23] (lit. f), die **Festlegung verbindlicher interner Datenschutzvorschriften (lit. i)**, die **ausnahmsweise Übermittlung in Drittstaaten (lit. j)** oder andere „hochriskante" Vorgänge (lit. h). Letztere generalklauselartige Bestimmung soll dabei die Verantwortlichen bei der Beantwor-   14

---

17 So schon Sydow-*Schöndorf-Haubold* Art. 70 Rn. 10 ff.
18 Paal/Pauly-*Körffe* Art. 70 Rn. 3; Sydow-*Schöndorf-Haubold* Art. 70 Rn. 10.
19 So auch Sydow-*Schöndorf-Haubold* Art. 70 Rn. 10 mit dem zutreffenden Hinweis darauf, dass in Art. 78 Abs. 4 die Vorlagepflicht des Europäischen Datenschutzausschusses gegenüber den Gerichten geregelt ist; siehe dazu auch Gola-*Nguyen* Art. 70, Rn. 2; Simitis/Hornung/Spiecker gen. Döhmann-*Schiedermair* Art. 70 Rn 4.
20 Auernhammer-*Hermerschmidt* Art. 70 Rn. 12; Gola-*Nguyen* Art. 70, Rn. 4; Kühling/Buchner-*Dix* Art. 70 Rn. 6.
21 Sydow-*Schöndorf-Haubold* Art. 70 Rn. 26.
22 Siehe dazu auch die Auflistung bei Simitis/Hornung/Spiecker gen. Döhmann-*Schiedermair* Art. 70 Rn 6; Plath-*Roggenkamp* Art. 68-70 Rn 14.
23 Dazu Näheres bei *Dammann* ZD 2016, 307, 312 f.; Paal/Pauly-*Körffe* Art. 70 Rn. 6.

tung der Frage unterstützen, wann eine **Benachrichtigung der Betroffenen nach Art. 34** zu erfolgen hat.

15 Eine nähere (wenn auch nicht sehr spezifische) Konkretisierung erhalten die vorgenannten Bestimmungen aus Art. 70 durch Art. 12 EDSA-GO. In Art. 12 Abs. 2 EDSA-GO findet sich die Regelung, dass die Beschlüsse, bevor sie dem Ausschuss zur Abstimmung vorgelegt werden, **von einem Berichterstatter und Mitgliedern der Fachuntergruppen vom Sekretariat vorbereitet** werden.

16 **aa) Riskante Vorgänge (lit. d–h).** Dabei sollte der Begriff des „soft law" nicht darüber hinwegtäuschen, dass es sich um sehr weitreichende Regelungen gehen kann, wie **lit. d** veranschaulicht, wo es um die Konkretisierung der technischen und praktischen Anforderungen zur **Sicherstellung des „Rechts auf Vergessenwerden"** nach Art. 17 geht (vgl. dazu unten auch das in Teil C erwähnte Konsultationsverfahren).

17 **Lit. f** regelt Entsprechendes für die Anwendung der auf **Profiling** beruhenden Entscheidungen gem. Art. 22 Abs. 2. Einschlägig sein dürften vor allem die Fälle des Art. 22 Abs. 2 lit. a und c (**Einwilligung** oder andere Form der Wahrung der Betroffenenrechte) sein.[24]

18 **bb) Verfahrensmäßige Anforderungen (lit. j, k, m).** Anders als die vorgenannten Bestimmungen, die eher auf den Inhalt der möglichen Rechtsgutsverletzung abstellen, regeln die **lit. g, k und m kompetenzielle bzw. verfahrensbezogene Aspekte.** Nach **lit. g** kann der EDSA die konkreten Anforderungen an die Art und Weise der **Meldungen von Datenschutzverletzungen** i.S.d. Art. 33 näher konkretisieren. Dabei geht es natürlich nicht nur um das Verfahren, sondern auch um die Inhalte, nämlich um die Frage, „wann ein Risiko für die Rechte und Freiheiten der Betroffenen nicht gegeben ist", was der EDSA ggf. anhand von Fallbeispielen verdeutlichen kann.[25] **Lit. k** betrifft demgegenüber die Kompetenz des EDSA, **Leitlinien für die Ausübung der Untersuchungs-, Abhilfe- und Genehmigungsbefugnisse** des Art. 58 und für die **Festsetzung der Geldbuße nach Art. 83** auszuarbeiten. Auch hier kann der EDSA mit Fallbeispielen (und den dafür vorgesehenen Bußgeldrahmen) arbeiten.[26]

19 Nach **lit. m** kann der EDSA einheitliche Verfahren festlegen, die der Sicherstellung der **Verschwiegenheitspflicht der Aufsichtsbehörden** bezüglich der diesen gem. Art. 54 Abs. 2 gemeldeten Verstöße dienen sollen. Vorstellbar sind hier Empfehlungen bzw. Standardisierungen bezogen auf **Verschlüsselungsverfahren** (vgl. hierzu das unten in Rn. 44 erwähnte Konsultationsverfahren zu „data protection by design").[27]

20 **cc) Überprüfung der praktischen Anwendung (lit. l). Lit. l** betrifft demgegenüber einen **generellen Aspekt**, nämlich die „Überprüfung der praktischen Anwendung der unter den lit. e und f genannten Leitlinien, Empfehlungen und bewährten Verfahren". Er ist auf einer „Metaebene"[28] angesiedelt und bezieht sich – seinem Wortlaut zum Trotz – nicht nur auf die lit. e und f im engeren Sinne, sondern auf die generalklausel-

---

24 Auernhammer-*Hermerschmidt* Art. 70 Rn. 22; Kühling/Buchner-*Dix* Art. 70 Rn. 9.
25 Auernhammer-*Hermerschmidt* Art. 70 Rn. 24; Kühling/Buchner-*Dix* Art. 70 Rn. 9.
26 Auernhammer-*Hermerschmidt* Art. 70 Rn. 29; Kühling/Buchner-*Dix* Art. 70 Rn. 11.
27 Auernhammer-*Hermerschmidt* Art. 70 Rn. 32.
28 Auernhammer-*Hermerschmidt* Art. 70 Rn. 30.

artige Formulierung in lit. e und deren Konkretisierungen in den lit. f–j; es handelt sich hierbei wohl um ein Redaktionsversehen.[29]

d) Förderung von Verhaltensregeln, Bereitstellung von Zertifizierungsverfahren (lit. n–q). In **lit. n–q** greift Art. 70 die Bestimmungen der Art. 40 Abs. 1 und 42 Abs. 1 über die **Kompetenzen des EDSA** auf, **die Verhaltensregeln** sowie das **Verfahren der Akkreditierung von Zertifizierungsstellen** zu regeln (lit. n).[30] Möglich ist die Standardfestsetzung zum einen im Rahmen des **Kohärenzverfahrens** (vgl. Art. 42 Abs. 5) und zum anderen im Wege **delegierter Rechtsakte** (vgl. die Art. 42 Abs. 1 und 92) **durch die Kommission**,[31] bzgl. derer der **EDSA** nach **Art. 70 Abs. 1 S. 2 lit. q** eine **Stellungnahme** abgibt. 21

Die Bezugnahme in **lit. o** betrifft die Regelung der Kriterien, nicht hingegen die Akkreditierung selbst, die Formulierung „Akkreditierung von Zertifizierungsstellen" ist insoweit missverständlich.[32] Der Verweis von **lit. p** auf Art. 43 bringt zum Ausdruck, dass die Akkreditierung selbst in der Kompetenz der Aufsichtsbehörden und nationalen Akkreditierungsstellen liegt.[33] Dieses ist jedoch umstritten.[34] Angesichts der Bedeutung der Akkreditierung und Zertifizierung sollte dieser Ungewissheit dringend redaktionell entgegengewirkt werden. 22

Die **Akkreditierung von Zertifizierungsstellen** selbst ist in Art. 43 geregelt. Der EDSA hat in seiner Sitzung am 4.12.2018 Leitlinien hierzu angenommen (**Leitlinien 4/2018**)[35] (zur Konkretisierung von **Art. 70 Abs. 1 S. 2 lit. n–q** vgl. auch Art. 40 Abs. 1 und 42 Abs. 1). Die Akkreditierung nach Art. 43 Abs. 1 liegt nach den Ziffern 4.1 und 4.3 der Leitlinien 4/2018 in der Hand der Mitgliedstaaten, bei denen eine **nationale Akkreditierungsstelle gem. Art. 43 Abs. 1 S. 1** eingerichtet wird (vgl. Art. 43 Rn. 10 ff.). Das kann nach Ziffer 4.4 der Leitlinien 4/2018 auch die nationale Datenschutzaufsichtsbehörde sein, wenn der jeweilige Mitgliedstaat dieses vorsieht und sich die Aufsichtsbehörde dabei u.a. an den **Akkreditierungsrichtlinien nach ISO/IEC 17065** orientiert. Für die Bundesrepublik Deutschland ist jetzt § 39 BDSG zu beachten. 23

e) Stellungnahmen gegenüber der Kommission (lit. q, r, s und x). Über **Festlegungskompetenzen im Wege delegierter Rechtsakte** verfügt die Kommission für die **Festlegung der datenschutzspezifischen Zertifizierungsverfahren nach lit. q** sowie gem. **lit. r** der Geeignetheit von **Bildsymbolen (Icons)** und schließlich **bezüglich der Angemessenheit des Schutzniveaus in einem Drittland** (vgl. Art. 45 Abs. 3). In beiden Fällen kann der **EDSA** dazu eine Stellungnahme abgeben. 24

---

29 Paal/Pauly-*Körffe* Art. 70 Rn. 7; Sydow-*Schöndorf-Haubold* Art. 70 Rn. 13.
30 Dazu auch *Hornung/Hartl* ZD 2014, 219; Kühling/Buchner-*Dix* Art. 70 Rn. 14; Paal/Pauly-*Körffe* Art. 70 Rn. 8; Simitis/Hornung/Spiecker gen. Döhmann-*Schiedermair* Art. 70 Rn 9.
31 Kritisch zur Ansammlung immer weiterer Befugnisse bei der Union *Masing* NJW 2012, 2305, 2314.
32 Auernhammer-*Hermerschmidt* Art. 70 Rn. 35 f.
33 Auernhammer-*Hermerschmidt* Art. 70 Rn. 35; so auch *Hofmann* ZD-Aktuell 2016, 05324; *Spindler* ZD 2016, 407, 409.
34 Vgl. Sydow-*Schöndorf-Haubold* Art. 70 Rn. 15 („überträgt … dem Datenschutzausschuss … die Akkreditierung von Zertifizierungsstellen").
35 https://edpb.europa.eu/our-work-tools/our-documents/guidelines/guidelines-42018-accreditation-certification-bodies-under_de, zuletzt abgerufen am 2.1.2020.

25 Eine zentrale Kompetenz des EDSA besteht in der Stellungnahme **bzgl. der Angemessenheit des Schutzniveaus in einem Drittland** (vgl. Art. 45 Abs. 3). Für diesen speziellen Fall ist (anders als für die anderen Fälle von Art. 70 Abs. 1 S. 2[36]) ausdrücklich geregelt, dass die Kommission dem EDSA alle zur Beurteilung der Situation notwendigen Unterlagen überlassen muss.

26 Lit. x betrifft die **Allgemeinverbindlichkeitserklärung** durch die Kommission **von genehmigten Stellungnahmen** zu den auf Unionsebene erarbeiteten Verhaltensregeln (Codes of Conduct, vgl. Art. 40 Abs. 9).[37] Auch hierzu kann der EDSA eine Stellungnahme abgeben.

27 **f) Unterstützung der Zusammenarbeit der Aufsichtsbehörden (lit. u–w).** Zur Kohärenzsteigerung trägt auch der **Austausch von Informationen, Erfahrungen, Fachwissen** und sogar **Personen** bei, der in den **lit. u** und **v** näher geregelt ist. Der EDSA setzt insoweit die Praxis der Art.-29-Datenschutzgruppe fort, sich in Arbeitsgremien zu treffen (in Art. 25 der GO des EDSA als **Fachuntergruppen**, engl. „subgroups", bezeichnet).[38] Auch **Schulungsprogramme** sind möglich, die der EDSA materiell unterstützen darf (lit. v). Die Förderung des Personalaustauschs ist keineswegs auf die nationalen Aufsichtsbehörden beschränkt: Einzelmaßnahmen können bspw. auch den mit Internationalen Organisationen betreffen.[39] Dafür spricht auch die in lit. w geregelte **Förderung des Austausches von Fachwissen und von Dokumentationen** über Datenschutzvorschriften und -praxis mit **„Datenschutzaufsichtsbehörden in aller Welt"**. Hinsichtlich der Zusammenarbeit mit dem internen Datenschutzbeauftragten des (Sekretariat des) EDSB vgl. das in Rn. 9 erwähnte **Memorandum of Understanding** v. 25.5.2018.

28 **g) Registerführung (Art. 70 Abs. 1 S. 2 lit. o und y).** Verstreut über **Art. 70 Abs. 1 S. 2** finden sich schließlich Kompetenzregelungen bezüglich der **Führung von Registern**, nämlich einmal des **öffentlichen Registers über alle Zertifizierungsverfahren, Gütesiegel und Prüfzeichen (lit. o)**, wobei auf die Art. 42 Abs. 8 und 43 Abs. 6 verwiesen wird, und zum anderen des **Registers der Beschlüsse sämtlicher Aufsichtsbehörden (lit. y)**. Entgegen den Bestrebungen des Verordnungsgebers, alle Kompetenzen des Ausschusses aus der DS-GVO in Art. 70 Abs. 1 S. 2 zu spiegeln, findet sich in der VO ergänzend eine weitere Bestimmungen zur Registerführung durch den EDSA, nämlich in Art. 40 Abs. 11.

II. Dringlichkeitsbefugnisse der Kommission bezogen auf Fristen (Abs. 2)

29 Die Kommission kann gem. Art. 70 Abs. 2 dann, wenn sie den EDSA um Rat ersucht, unter Berücksichtigung der Dringlichkeit des Sachverhalts eine **Frist** angeben. Diese „Angabe" ist rechtlich unverbindlich.[40] Gleichwohl wird der EDSA nach Fristablauf „damit leben müssen", dass seine Stellungnahme keine Berücksichtigung in der Sache

---

36 Vgl. Sydow-*Schöndorf-Haubold* Art. 70 Rn. 16.
37 Zum Verfahren im Einzelnen vgl. Auernhammer-*Hermerschmidt* Art. 70 Rn. 56; zu den *Codes of Conduct* vgl. auch *Kraska* ZD 2016, 153, 154; Paal/Pauly-*Körffe* Art. 70 Rn. 12.
38 Auernhammer-*Hermerschmidt* Art. 70 Rn. 51.
39 So auch Auernhammer-*Hermerschmidt* Art. 70 Rn. 53; Paal/Pauly-*Körffe* Art. 70 Rn. 10; Simitis/Hornung/Spiecker gen. Döhmann-*Schiedermair* Art. 70 Rn 1.
40 Auernhammer-*Hermerschmidt* Art. 70 Rn. 62; Sydow-*Schöndorf-Haubold* Art. 70 Rn. 19.

findet.⁴¹ Wenngleich eine Fristangabe in gewisser Weise auch inhaltliche Implikationen hat: Als **von der DS-GVO selbst vorgesehene Ausnahme** ist ihr Art. 70 Abs. 2 mit der **Unabhängigkeitsgarantie für den EDSA aus Art. 69 Abs. 1 und 2 vereinbar** (vgl. Art. 69 Rn. 69–71). Allerdings dürfen mit der Fristsetzung **keine weiteren Bestimmungen** über das „Wie" verbunden werden (vgl. ebd.).

III. Transparenz und Publizität (Abs. 3)

Abs. 3 von Art. 70 trifft **zwei Aussagen**:⁴² Die erste betrifft die Pflicht des EDSA, sämtliche seiner Stellungnahmen, Leitlinien, Empfehlungen und bewährten Verfahren nach deren Beschluss an die Kommission und den (Komitologie-)Ausschuss (Art. 93) weiterzuleiten. Die zweite betrifft die Publizitätspflicht, also die Pflicht des EDSA, die entsprechenden Dokumente auch zu veröffentlichen.⁴³ Nach Art. 38 Abs. 1 geschieht dieses auf der Website des Ausschusses, sofern der Ausschuss nichts anderes beschließt (etwa weil ein Fall der Vertraulichkeit nach Art. 33 EDSA-GO vorliegt). 30

Erneut handelt es sich bei den Stellungnahmen, Leitlinien, Empfehlungen und bewährten Verfahren um „soft law", das aber eine nicht zu unterschätzende „Steuerungsfunktion und -wirkung"⁴⁴ entfalten kann. Anders als zuvor in der Datenschutz-Richtlinie 95/46 (Art. 30 Abs. 5 DSRL) und anders als in Art. 51 der Datenschutz-Richtlinie für Polizei und Justiz (RL 2016/680) fehlt eine Norm, die ausdrücklich die Kommission verpflichtet, über das Ergebnis bzw. die aus den Stellungnahmen etc. gezogenen Konsequenzen zu berichten.⁴⁵ 31

Die **Veröffentlichung** der vom EDSA angenommenen Dokumente erfolgt gem. Art. 38 Abs. 1 EDSA-GO auf seiner Website, falls kein Ausschlussgrund vorliegt, etwa ein Fall der Vertraulichkeit gem. Art. 33 EDSA-GO). Damit schließt der EDSA an die Praxis der Art.-29-Datenschutzgruppe an. 32

IV. Konsultation interessierter Kreise (Abs. 4)

Auch Abs. 4 von Art. 70 trifft **zwei Aussagen**: die **Konsultation interessierter Kreise** (S. 1) und die **Veröffentlichung der Ergebnisse** (S. 2). 33

Gemäß Art. 70 Abs. 4 S. 1 kann der EDSA interessierte Kreise konsultieren, wenn er es für zielführend erachtet, ihnen die Gelegenheit geben, innerhalb einer angemessenen Frist Stellung zu nehmen. Der EDSA hat insoweit **Ermessen** („kann") in den Grenzen des Willkürverbots.⁴⁶ In konkreten Einzelfällen (im Kohärenzverfahren) sollte er aber von einer Konsultation absehen, um den bösen Schein der Einflussnahme potentiell rechtlich Begünstigter zu vermeiden.⁴⁷ Art. 30 Abs. 1 EDSA-GO bezieht sich auf diese Bestimmung, sagt aber auch nicht mehr aus, als dass diese Konsultationen durchgeführt werden. Art. 30 S. 2 EDSA-GO ergänzt, dass über „die Mittel und den Konsultationszeitraum von Fall zu Fall entschieden" werde (wobei offen- 34

---

41 Auernhammer-*Hermerschmidt* Art. 70 Art. 70 Rn. 62.
42 Auernhammer-*Hermerschmidt* Art. 70 Art. 70 Rn. 63.
43 Vgl. Plath-*Roggenkamp* Art. 68–70 Rn 23 ff.
44 Gola-*Nguyen* Art. 70, Rn. 7; Sydow-*Schöndorf-Haubold* Art. 70 Rn. 20.
45 Sydow-*Schöndorf-Haubold* Art. 70 Rn. 21.
46 Auernhammer-*Hermerschmidt* Art. 70 Art. 70 Rn. 66; Paal/Pauly-*Körffe* Art. 70 Rn. 15; vgl. auch Simitis/Hornung/Spiecker gen. Döhmann-*Schiedermair* Art. 70 Rn 13.
47 Sydow-*Schöndorf-Haubold* Art. 70 Rn. 22.

gelassen wurde, ob dieses der Vorsitzende alleine oder mit den beiden Stellvertretern oder das Plenum – oder gar der Leiter des Sekretariats – entscheidet). In der Praxis immerhin hat der EDSA dem in Art. 70 Abs. 3 niedergelegten Transparenzgrundsatz insoweit Genüge getan, als dass er hinsichtlich der von ihm geplanten Guidelines deren Entwurf zur Konsultation auf seiner Homepage veröffentlicht hat[48] (vgl. auch unten Rn. 39).

35 Als **interessierte Kreise** im Sinne der Vorschrift kommen vor allem europäische Verbände und Vereinigungen in Betracht, die Verantwortliche oder aber potentiell Betroffene repräsentieren oder sich gleichsam abstrakt dem Datenschutz widmen.[49]

36 Der EDSA macht die **Ergebnisse der Konsultation der Öffentlichkeit zugänglich**, wobei die Vertraulichkeitsbestimmungen nach Art. 76 zu berücksichtigen sind. Es kann im Sinne der Effektivierung der Transparenz geboten sein, über die geschuldete Mitteilung der „Ergebnisse" hinaus (und unter Wahrung der Anforderungen des Art. 76) auch mitzuteilen, welche Verbände und Vereinigungen im konkreten Fall angehört wurden und inwieweit ihre Stellungnahmen Eingang in das Ergebnis gefunden haben.[50]

37 Für die öffentlichen Stellen dürfte unter anderem der **Haushalt des EDSA** interessant sein. Dieser ist nach Art. 15 Abs. 1 EDSA-GO in einem eigenen Haushaltstitel des EDSB geregelt (worin erneut die komplexe, verwobene Governancestruktur zum Ausdruck kommt). Nach Art. 15 Abs. 2 EDSA-GO hat der (die) Vorsitzende des EDSA in Abstimmung mit dem EDSB regelmäßig dem Plenum des EDSA Finanzberichte vorzulegen. Hinsichtlich deren Veröffentlichung findet sich keine ausdrückliche Bestimmung in der EDSA-GO, da nur die „vom Ausschuss angenommenen, endgültigen Dokumente" des EDSA gem. Art. 38 Abs. 1 EDSA-GO auf dessen Website zu veröffentlichen sind, und auch nur dann, wenn der Ausschuss nichts anders beschließt oder ein Fall der Vertraulichkeit vorliegt (Art. 33 EDSA-GO).

C. Praxishinweise

38 Für öffentliche wie **nichtöffentliche Stellen** bedeutsam dürften die vom EDSA in seiner Sitzung am 4.12.2018 angenommenen Leitlinien 4/2018 zur Akkreditierung von Zertifizierungsstellen gem. Art. 43 [51] sein (vgl. oben Rn. 23).

39 Interessant dürfte es insbesondere für **nichtöffentliche Stellen** sein, sich als **Teil der ‚interessierten Kreise' i.S.v. Art. 70 Abs. 4** zu etablieren (vgl. oben Rn. 34 und 35). Die inzwischen gem. Art. 74 Abs. 2 erlassene **Geschäftsordnung** des EDSA ist diesbezüglich auch eher knapp: Gemäß ihrem Art. 30 S. 1 EDSA-GO führt der EDSA „gegebenenfalls Konsultationen interessierter Kreise gem. Art. 70 Abs. 4 der Datenschutz-Grundverordnung durch". Und Art. 30 S. 2 EDSA-GO ergänzt: „Über die Mittel und den Konsultationszeitraum" werde „von Fall zu Fall entschieden". Hier bleibt im Auge zu behalten, ob der EDSA ggf. später **entsprechende Guidelines** erlassen wird.

---

48 Vgl. unten die in Teil C dargestellten Beispiele, etwa die Konsultation https://edpb.europa.eu › public-consultations-art-704, zuletzt abgerufen am 2.1.2020.
49 Auernhammer-*Hermerschmidt* Art. 70 Rn. 66.
50 Auernhammer-*Hermerschmidt* Art. 70 Rn. 68.
51 https://edpb.europa.eu/our-work-tools/our-documents/guidelines/guidelines-42018-accreditation-certification-bodies-under_de, zuletzt abgerufen am 2.1.2020.

Festzuhalten bleibt, dass er derzeit die Konsultationsverfahren seiner eigenen Guidelines (zumindest auch) über seine **Website** durchführt, woraus sich schließen lässt, dass er es bei anderen Konsultationsverfahren (zumindest dort, wo es sich anbietet), ebenso handhaben wird (der Ausschuss hat aber insoweit fallweise Ermessen, vgl. Art 30 S. 2 EDSA-GO). Wichtig ist auch, dass die Dokumente aus Zeitgründen möglichst in englischer Sprache eingereicht werden sollten, was auch die Amtssprache des Ausschusses ist (der sich nur relevante Dokumente vom Sekretariat oder von diesem Beauftragten übersetzen lassen kann, Art. 23 Abs. 1 EDSA-GO).

Weiterhin dürfte es ratsam sein, zu wissen, wer **Koordinator der jeweiligen Fachuntergruppe** nach Art. 25, 26 EDSA-GO ist und ob **Berichterstatter** für bestimmte Themen nach Art. 27 EDSA-GO eingesetzt wurden. 40

Um die **jeweiligen Fachuntergruppen zu ermitteln**, sind die **Jahresberichte** des EDSA eine wichtige Informationsquelle.[52] 41

Gemäß Art. 32 Abs. 1 EDSA-GO hat die Öffentlichkeit **Zugang zu den Dokumenten des Ausschusses** im Einklang mit den Grundsätzen der Verordnung (EG) Nr. 1049/2001 über den **Zugang** der Öffentlichkeit zu Dokumenten zu Dokumenten des Europäischen Parlaments des Rates und der Kommission (sog. Aarhus-Verordnung). 42

Der EDSA hat am 11.12.2019 bezogen auf die nach **Art. 70 Abs. 1 S. 2 lit. d** durch den Ausschuss festzulegenden näheren Bestimmungen für die Sicherstellung des in Art. 17 gewährleisteten **„Rechts auf Vergessenwerden"** einen Entwurf vorgelegt („**draft guidelines**" 5/2019) und diesen bis zum 5.2.2020 zur Abstimmung gestellt.[53] 43

Ebenso hat der Ausschuss am 13.11.2019 bezogen auf das Thema **„data protection by design"** (und bezogen auf Art. 5 Abs. 1) die **„draft guidelines"** (4/2019) veröffentlicht und diese bis zum 20.1.2020 zur Abstimmung gestellt.[54] 44

Der EDSA ernennt gem. Art. 34 einen **eigenen Datenschutzbeauftragten**, der dem Vorsitzenden Bericht erstattet und gem. Abschnitt IV Ziffer 4 des **Memorandum of Understanding** v. 25.5.2018 mit dem internen Datenschutzbeauftragten des (Sekretariats des) EDSB zusammenwirkt (dazu Rn. 9 und vor allem Art. 75 Rn. 1). 45

Mit Interesse zu erwarten dürften die **Leitlinien nach Art. 70 Abs. 1 S. 2 lit. k für die Festsetzung der Geldbuße nach Art. 83**[55] sein. 46

Artikel 71   Berichterstattung

(1) ¹**Der Ausschuss erstellt einen Jahresbericht über den Schutz natürlicher Personen bei der Verarbeitung in der Union und gegebenenfalls in Drittländern und internationalen Organisationen.** ²**Der Bericht wird veröffentlicht und dem Europäischen Parlament, dem Rat und der Kommission übermittelt.**

---

52 Zu finden u.a. unter https://www.zaftda.de/tb-europaeischer-datenschutzausschuss/716-1-jahresbericht-edsa-2018-16-07-2019-engl-fassung/file, zuletzt abgerufen am 2.1.2020.
53 Zu finden unter: https://edpb.europa.eu › public-consultations-art-704, zuletzt abgerufen am 2.1.2020.
54 https://edpb.europa.eu/sites/edpb/files/consultation/edpb_guidelines_201904_dataprotection_by_design_and_by_default.pdf, zuletzt abgerufen am 2.1.2020.
55 Zu dieser auch *Wybitul* ZD 2015, 253, 254.

(2) Der Jahresbericht enthält eine Überprüfung der praktischen Anwendung der in Artikel 70 Absatz 1 Buchstabe l genannten Leitlinien, Empfehlungen und bewährten Verfahren sowie der in Artikel 65 genannten verbindlichen Beschlüsse.
- *ErwG: 106*

Übersicht

	Rn		Rn
A. Einordnung und Kontext	1	I. Erstellung und Veröffentlichung	
I. ErwG	1	des Berichts (Abs. 1)	9
II. Normgenese und Materialien	5	1. Erstellung	9
1. Datenschutz-Richtlinie 95/46/		2. Veröffentlichung	15
EG (DSRL)	5	II. Zu den Inhalten (Abs. 1 und	
2. Normgenese	8	Abs. 2)	16
B. Kommentierung	9	C. Praxishinweise	20

Literatur: Siehe auch die Hinweise zu Art. 70 sowie *Goldmann* Internationale öffentliche Gewalt 2015; *Goldmann/von Bogdandy* The Exercise of International Public Authority through National Policy Assessment. The OECD,s PISA Policy as a Paradigm for a New International Standard Instrument, in: International Organizations Law Review 5 (2008), S. 241 ff.; *Seckelmann* Evaluation und Recht. Strukturen, Prozesse und Legitimationsfragen staatlicher Wissensgewinnung durch (Wissenschafts-)Evaluationen, 2018; *dies.* Informationen durch performance measurement – die Leistungsvergleiche nach Art. 91d GG, 2012.

A. Einordnung und Kontext

I. ErwG

1 Art. 71 korrespondiert mit der in ErwG 106 enthaltenen **Pflicht der Kommission, die Wirkungsweise von Feststellungen zum Schutzniveau in einem Drittland, einem Gebiet oder einem bestimmten Sektor eines Drittlands oder einer internationalen Organisation zu überwachen.** Zur Wahrnehmung dieser Pflicht ist die Kommission auf eine entsprechende **Berichterstattung des EDSA** angewiesen (dazu die Rn. 8–10). Zugleich ergänzt Art. 71 die Regelung in Art. 61 zum Informationsaustausch der Datenschutzbehörden untereinander, ist jedoch nicht mit dieser Bestimmung zu verwechseln.

2 Die Berichterstattung nach Art. 71 kann über eine ‚bloße' Darlegung der Fakten hinausgehen und einerseits Auslegungs- und praktische Anwendungshilfen für Verantwortliche und Betroffene geben und andererseits Anregungen an die Legislative formulieren.[1] Derartiges „*soft law*" ist keinesfalls so weich, wie es klingt, sondern kann enormen Konformitätsdruck entfalten; genau das ist mit einem solchen Instrument zur Harmonisierung der Rechtsetzung in den Mitgliedstaaten auch beabsichtigt.[2] Denn derartige Steuerungsinstrumente – wie namentlich die Offene Methode der Koordinierung der EU sowie die PISA-Politik der OECD – vermögen es kraft des von ihnen ausgehenden Konvergenz- oder zumindest Rechtfertigungsdrucks – durchaus starke

---

[1] Auernhammer-*Hermerschmidt* Art. 71 Rn. 2.
[2] Zu Berichten, Benchmarkings, Evaluationen und den damit verbundenen Steuerungswirkungen vgl. *Seckelmann* Evaluation und Recht. Strukturen, Prozesse und Legitimationsfragen staatlicher Wissensgewinnung durch (Wissenschafts-)Evaluationen, 2018.

faktische Wirkungen zu entfalten.[3] So hat es auch das BVerfG in seiner Entscheidung vom 19.6.2012 zum Europäischen Stabilitätsmechanismus ausgedrückt, in der es prognostiziert hat, dass auch der mit Selbstverpflichtungen der teilnehmenden Mitgliedstaaten operierende und nicht unmittelbar sanktionsbewerte Mechanismus von Vergleichen „durchaus eine gewisse Bindungswirkung" mit sich bringe und dass das in diesem Zusammenhang jährlich durchzuführende Benchmarking unter Einbindung der Europäischen Kommission ein „Durchsetzungsinstrument" enthalte.[4]

Ob sich daher die Prognose von Hermerschmidt verwirklichen wird, dass sich der jährliche Bericht des EDSA künftig weniger auf das Recht der Mitgliedstaaten beziehen werde als derjenige der Art.-29-Datenschutzgruppe, ist noch offen, gibt doch Art. 72 dem EDSA ein Instrument zu einer Steuerung per *„naming and shaming"* an die Hand. Allerdings fällt der erste Jahresbericht des EDSA (für 2018, veröffentlicht im Juli 2019)[5] mit 32 Seiten eher knapp aus. Der Ausschuss will sich in seinen Jahresberichten wohl auf die wesentlichen Fragen konzentrieren und Anderes den auf seiner Homepage zunächst zur Konsultation gestellten und dann in der Endfassung veröffentlichten *guidelines*[6] überlassen, die man ihrerseits als ein Instrument der Steuerung durch Empfehlungen ansehen kann. **3**

Die **Geschäftsordnung des EDSA (EDSA-GO)**, die sich dieser am 25.5.2018 gegeben und am 23.11.2018 in überarbeiteter Form angenommen hat, regelt bezüglich des Jahresberichts (nur) die Frage der Sprache: Laut ihrem Art. 35 veröffentlicht der EDSA auf seiner Website einen Jahresbericht in **englischer Sprache** und **Zusammenfassungen desselben in allen Amtssprachen der Union**.[7] **4**

II. Normgenese und Materialien

1. Datenschutz-Richtlinie 95/46/EG (DSRL). Aufgrund von Art. 28 Abs. 5 DSRL waren auch bisher schon Berichte der Aufsichtsbehörden zu erstellen; konkreter ist Art. 30 Abs. 6 DSRL, der eine **jährliche Berichterstattung** durch die Art.-29-Datenschutzgruppe vorsieht. Dieser Bericht wurde seit 1971 jährlich im Internet veröffentlicht (Art.-29-Datenschutzgruppe).[8] **5**

Anders als Art. 30 Abs. 6 DSRL ist jedoch in Art. 71, der an diesen anknüpft,[9] **nicht ausdrücklich von personenbezogenen Daten** die Rede, sie sind eher im Begriff „Schutz natürlicher Personen" versteckt, was Art. 71 zu Recht Kritik eingetragen hat.[10] **6**

---

3 *Goldmann* Internationale öffentliche Gewalt, 2015; *Goldmann/von Bogdandy* International Organizations Law Review 5/2008, 241 ff.; *Seckelmann* Informationen durch performance measurement – die Leistungsvergleiche nach Art. 91d GG, 2012, S. 16.
4 BVerfGE 131, 152, 224 f.
5 Zu finden u.a. unter https://www.zaftda.de/tb-europaeischer-datenschutzausschuss/716-1-jahresbericht-edsa-2018-16-07-2019-engl-fassung/file, zuletzt abgerufen am 2.1.2020.
6 Vgl. etwa https://edpb.europa.eu/sites/edpb/files/consultation/edpb_guidelines_201904_data-protection_by_design_and_by_default.pdf, zuletzt abgerufen am 2.1.2020.
7 Zu finden u.a. unter https://www.zaftda.de/tb-europaeischer-datenschutzausschuss/716-1-jahresbericht-edsa-2018-16-07-2019-engl-fassung/file, zuletzt abgerufen am 2.1.2020.
8 Auernhammer-*Hermerschmidt* Art. 71 Rn. 3.
9 Auernhammer-*Hermerschmidt* Art. 71 Rn. 3.
10 Sydow-*Schöndorf-Haubold* Art. 71 Rn. 1.

7 Mit dem Inkrafttreten der DS-GVO am 25.5.2018 ging die Art.-29-Datenschutzgruppe in den EDSA über.

8 **2. Normgenese.** Ursprünglich sahen sowohl der Kommissionsentwurf (KOM (2012 endg.) als auch der Vorschlag des Europäischen Parlaments in Art. 67 Abs. 1 (jetzt Art. 71) weitere Informationspflichten neben der jährlichen Berichterstattung vor. Diese Vorschläge konnten sich jedoch nicht durchsetzen.[11]

B. Kommentierung

I. Erstellung und Veröffentlichung des Berichts (Abs. 1)

9 **1. Erstellung.** Nach Art. 71 Abs. 1 S. 1 hat der EDSA jährlich einen Bericht zu erstellen, der sich auf den **Schutz natürlicher Personen** (dazu Rn. 12) bei der **Verarbeitung in der Union und gegebenenfalls in Drittländern und internationalen Organisationen** bezieht. Die Bezugnahme auf Drittländer und internationale Organisationen rührt daher, dass die Verordnung selbst in ihren Art. 44 ff. Regelungen zur extra-unionalen Verarbeitung trifft.[12]

10 Laut ErwG 106 „sollte" die Kommission diesbezüglich die Wirkungsweise von Feststellungen zum Schutzniveau in einem Drittland, einem Gebiet oder einem bestimmten Sektor eines Drittlands oder einer internationalen Organisation überwachen; sie „sollte" auch die Wirkungsweise der Feststellungen, die auf der Grundlage des Art. 25 Abs. 6 oder des Art. 26 Abs. 4 DSRL erlassen werden, überwachen. Inwieweit dieses „sollte" hier und in den beiden nachfolgenden Abschnitten als ein „muss" zu verstehen ist, wird die weitere Praxis zeigen.

11 In ihren **Angemessenheitsbeschlüssen** gem. Art. 45 (Art. 45 Rn. 6 ff.) „sollte", so heißt es in ErwG 106 weiter, die Kommission einen Mechanismus für die regelmäßige Überprüfung von deren Wirkungsweise vorsehen. Diese regelmäßige Überprüfung „sollte" in Konsultation mit dem betreffenden Drittland oder der betreffenden internationalen Organisation erfolgen und allen maßgeblichen Entwicklungen in dem Drittland oder der internationalen Organisation Rechnung tragen.

12 Für die Zwecke der Überwachung und der Durchführung der regelmäßigen Überprüfungen „sollte", so ErwG 106, die Kommission die Standpunkte und Feststellungen des Europäischen Parlaments und des Rates sowie der anderen einschlägigen Stellen und Quellen berücksichtigen. Die Kommission „sollte" innerhalb einer angemessenen Frist die Wirkungsweise der letztgenannten Beschlüsse bewerten und dem durch diese Verordnung eingesetzten Ausschuss im Sinne der Verordnung (EU) Nr. 182/2011 des Europäischen Parlaments und des Rates (1) sowie dem Europäischen Parlament und dem Rat über alle maßgeblichen Feststellungen Bericht erstatten.

13 Art. 71 Abs. 1 S. 1 sieht einen **einjährigen Berichtszyklus** vor. Zu genauen Veröffentlichungszeitpunkten schweigt er hingegen. Die nach Art. 72 Abs. 2 erlassene Geschäftsordnung schweigt hierzu. In seinem ersten Jahresbericht hat sich der EDSA an der

---

11 Näheres dazu bei Sydow-*Schöndorf-Haubold* Art. 71 Rn. 2.
12 Kühling/Buchner-*Dix* Art. 71 Rn. 6; Plath-*Roggenkamp* Art. 68–76 Rn. 27; Sydow-*Schöndorf-Haubold* Art. 71 Rn. 3.

Praxis der **Art.-29-Datenschutzgruppe**[13] orientiert, als Berichtszeitraum das Kalenderjahr vorzusehen, so dass der Bericht immer im Folgejahr erscheint (erstmalig im Juli 2019).[14]

Vorgaben hinsichtlich der **Sprache** enthält Art. 71 Abs. 1 nicht. Wie erwähnt, regelt die nach Art. 72 Abs. 2 erlassene Geschäftsordnung des EDSA in ihrem Art. 35, dass der EDSA auf seiner Website einen Jahresbericht in **englischer Sprache** publiziert (Abs. 1) und **Zusammenfassungen desselben in allen Amtssprachen der Union** (Abs. 2). 14

2. Veröffentlichung. Der Bericht ist gem. Art. 71 Abs. 1 S. 2 dem Europäischen Parlament, dem Rat und der Kommission zuzuleiten sowie zu **veröffentlichen** (dazu oben Rn. 3 und Art. 35 EDSA-GO). Letzteres dient der **Transparenzschaffung** und entspricht zudem der schon unter der DSRL eingeübten Praxis (dort Art. 30).[15] Aus der Reihenfolge „wird veröffentlicht und [...] übermittelt" ist abzuleiten, dass der Bericht in der Version zu veröffentlichen ist, in der er den drei Organen zugegangen ist. Er wird gem. Art. 35 i.V.m. 38 EDSA-GO auf der Website des EDSA veröffentlicht. 15

II. Zu den Inhalten (Abs. 1 und Abs. 2)

Nach **Art. 71 Abs. 2** hat der Jahresbericht eine Überprüfung **der praktischen Anwendung der in Art. 70 Abs. 1 genannten Leitlinien, Empfehlungen und bewährten Verfahren** sowie der **in Art. 65 genannten verbindlichen Beschlüsse** zu enthalten (dass dort zugleich noch „Buchstabe l" genannt ist, ist wohl ein Redaktionsversehen, da hier auf eine frühere Fassung von Art. 70 Bezug genommen wird).[16] 16

In **Art. 71 Abs. 1** ist etwas lakonisch davon die Rede, dass sich der Bericht auf den „Schutz natürlicher Personen bei der Verarbeitung in der Union und ggf. in Drittländern und internationalen Organisationen" zu beziehen hat. In diese Formulierung wird zu Recht hineingelesen, dass es dabei um den Schutz **personenbezogener Daten** geht[17] (vgl. auch Rn. 3). 17

So knapp die Formulierung in Art. 71 Abs. 1 auch anmutet, so wenig darf man unterschätzen, wie viel sie umfasst, nämlich zum einen eine weitgehende **Harmonisierungskompetenz des EDSA** (vgl. Rn. 2) und zum anderen eine **Bezugnahme auf Nicht-EU-Staaten und Internationale Organisationen** (zu Letzteren die Art. 44–50). 18

Sie gibt dem EDSA durch ihre recht knappen Vorgaben **weitgehende Gestaltungsmöglichkeiten** bezüglich des Berichtsinhalts an die Hand, die er ggf. in der Geschäftsordnung nach Art. 72 Abs. 2 selbst weiter einengen kann.[18] 19

---

13 Auernhammer-*Hermerschmidt* Art. 71 Rn. 5 und 6; Kühling/Buchner-*Dix* Art. 71 Rn. 4 und 6.
14 Zu finden u.a. unter https://www.zaftda.de/tb-europaeischer-datenschutzausschuss/716-1-jahresbericht-edsa-2018-16-07-2019-engl-fassung/file, zuletzt abgerufen am 2.1.2020.
15 Auernhammer-*Hermerschmidt* Art. 71 Rn. 4.
16 Kühling/Buchner-*Dix* Art. 71 Rn. 7; Plath-*Roggenkamp* Art. 68–76 Rn. 28; Sydow-*Schöndorf-Haubold* Art. 71 Rn. 5.
17 Simitis/Hornung/Spiecker gen. Döhmann-*Schiedermair* Art. 71 Rn. 2; Sydow-*Schöndorf-Haubold* Art. 71 Rn. 3.
18 Gola-*Nguyen* Art. 71 Rn. 3; Simitis/Hornung/Spiecker gen. Döhmann-*Schiedermair* Art. 71 Rn. 3.

C. Praxishinweise

20 Wie in Rn. 2 erwähnt, kann die Berichterstattung des EDSA durchaus auch **Auslegungs- und praktische Anwendungshilfen** für öffentliche Stellen, nichtöffentliche Stellen und Betroffene enthalten. Wie oben erwähnt, scheint der EDSA aber eine Trennung zwischen einem eher knapp gehaltenen Jahresbericht und den umfangreicheren *Guidelines* anzustreben. In jedem Fall sind die Jahresberichte insoweit eine wichtige Informationsquelle (wenn sie sich an dem einen bereits veröffentlichten Jahresbericht orientieren), als dass sie **Informationen zu den vom EDSA eingesetzten Fachuntergruppen** und allgemein zu den von ihm zugrunde gelegten **Prinzipien** und den von ihm in den nächsten zwei Jahren verfolgten **Zielen** enthalten).[19]

21 Die **Dokumente**, die die in Rn. 3 erwähnte **Art.-29-Datenschutzgruppe** begleitend zum Normsetzungsprozess der DS-GVO und zu deren Auslegung erstellt hat, sind äußerst aufschluss- und hilfreich für das Verständnis der Normgenese der DS-GVO und für deren Auslegung.[20]

Artikel 72 Verfahrensweise

(1) Sofern in dieser Verordnung nichts anderes bestimmt ist, fasst der Ausschuss seine Beschlüsse mit einfacher Mehrheit seiner Mitglieder.

(2) Der Ausschuss gibt sich mit einer Mehrheit von zwei Dritteln seiner Mitglieder eine Geschäftsordnung und legt seine Arbeitsweise fest.

Übersicht

	Rn		Rn
A. Einordnung und Kontext	1	1. Einfache Mitgliedermehrheit	6
I. Datenschutz-Richtlinie 95/46/EG (DSRL)	2	2. Ausnahmsweise erforderliche Zwei-Drittel-Mehrheit, wenn „etwas anderes" bestimmt ist	10
II. Normgenese	3	II. Geschäftsordnungsfragen (Abs. 2)	11
B. Kommentierung	6		
I. Abstimmungsverfahren und -quoren (Abs. 1)	6	C. Praxishinweise	16

Literatur: *Caspar* Das aufsichtsbehördliche Verfahren nach der EU-Datenschutzgrundverordnung – Defizite und Alternativregelungen, ZD 2012, 555; *Dammann* Erfolge und Defizite der EU-Datenschutzgrundverordnung – Erwarteter Fortschritt, Schwächen und überraschende Innovationen, ZD 2016, 307; *Hofmann* Zertifizierungen nach der DS-GVO, ZD-Aktuell 2016, 05324; *Hornung/Hartl* Datenschutz durch Marktanreize – auch in Europa? – Stand der Diskussion zu Datenschutzzertifizierung und Datenschutzaudit, ZD 2014, 219; *Kraska* Datenschutz-Zertifizierungen in der EU-Datenschutzgrundverordnung, ZD 2016, 153; *Kühling/Martini* Die Datenschutz-Grundverordnung: Revolution oder Evolution im europäischen und deutschen Datenschutzrecht?, EuZW 2016, 448; *Masing* Herausforderungen des Datenschutzes, NJW 2012, 2305; *Nguyen* Die zukünftige Datenschutzaufsicht in Europa, ZD 2015, 265; *Spindler* Selbstregulierung und Zertifizierungsverfahren

---

19 Zu finden u.a. unter https://www.zaftda.de/tb-europaeischer-datenschutzausschuss/716-1-jahresbericht-edsa-2018-16-07-2019-engl-fassung/file, zuletzt abgerufen am 2.1.2020.

20 Vgl. insbesondere: https://dsgvo.expert/materialien/dokumente-der-artikel-29-gruppe-kuenftig-eu-ds-ausschuss-zur-dsgvo/, zuletzt abgerufen am 30.10.2017.

nach der DS-GVO – Reichweite und Rechtsfolgen der genehmigten Verhaltensregeln, ZD 2016, 407; *Wybitul* DS-GVO veröffentlicht – Was sind die neuen Anforderungen an die Unternehmen?, ZD 2015, 253.

A. Einordnung und Kontext

In den beiden Absätzen von Art. 72 wurden zwei unterschiedliche Aspekte zusammengefasst:[1] einerseits Quoren und Abstimmungsregeln in Abs. 1, andererseits die **Geschäftsordnungsautonomie des EDSA**[2] und die darauf bezogenen Quoren in Abs. 2. Die Bestimmungen des Abs. 1 treten zu den spezifischeren Verfahrensregeln für das Kohärenzverfahren (Art. 64 und 65) hinzu.[3] Die **Geschäftsordnung des EDSA (EDSA-GO)** vom 25.5.2018, die inzwischen in überarbeiteter Version vom 23.11.2018 vorliegt,[4] bestätigt insoweit auch zumeist nur die bereits in der DS-GVO getroffenen Regelungen. Die signifikanteste Ausnahme bezieht sich auf die klarstellende Regelung, dass bei der Wahl des (oder der) Vorsitzenden die Mehrheit der **in der Wahlsitzung anwesenden oder durch Stimmrechtsübertragung gem. Art. 22 Abs. 5 EDSA-GO vertretenen** Ausschussmitglieder entscheidet (und nicht aller Ausschussmitglieder).[5]

I. Datenschutz-Richtlinie 95/46/EG (DSRL)

Die Mehrheitsanforderungen entsprechen weitgehend denjenigen, die Art. 29 Abs. 2 und 3 DSRL für die Art.-29-Datenschutzgruppe vorsah.[6]

II. Normgenese

Die Norm entspricht im Wesentlichen dem Ratsentwurf (zu seinerzeit Art. 68). Quoren sind von zentraler Bedeutung für die Beschlussfassung. Daher entschied man sich gegen einen von Parlament und Rat geäußerten Vorschlag, der vorsah, grundsätzlich nur die einfache Mehrheit vorzusehen und Abweichungen aufgrund einer Geschäftsordnung zuzulassen.[7] Der Verordnungsgeber regelte vielmehr die möglichen Abweichungen richtigerweise **direkt in der DS-GVO**.

Angesichts der enormen Bedeutung, die dem EDSA in seinem Charakter „zwischen transnationalem Netzwerk und supranationaler Verwaltungsbehörde"[8] zukommt, ist die Knappheit der Regelungen in Art. 72 erstaunlich. Denn seine Legitimation bezieht der EDSA weder daraus, dass es sich um eine von der Kommission eingesetzte Agentur handelt, noch aus einen ihn spezifisch betreffenden Rechtsakt jenseits der DS-GVO. Er wird gleichsam ‚mitgeregelt', und beruht so auf der DS-GVO als Sekundärrechtsakt plus „datenschutzrechtliche[r] Tradition" durch die Art.-29-Datenschutzgruppe nach der

---

1 Auernhammer-*Hermerschmidt* Art. 72 Rn. 1.
2 Sydow-*Schöndorf-Haubold* Art. 72 Rn. 9.
3 Kühling/Buchner-*Dix* Art. 72 Rn. 1; Sydow-*Schöndorf-Haubold* Art. 72 Rn. 1.
4 https://edpb.europa.eu/sites/edpb/files/files/file1/edpb_rop2_adopted_23112018_de.pdf, zuletzt abgerufen am 2.1.2020.
5 Das soll wohl einen Anreiz schaffen, persönlich an den Sitzungen teilzunehmen (vgl. Art. 73 Rn. 6).
6 Auernhammer-*Hermerschmidt* Art. 72 Rn. 1.
7 Auernhammer-*Hermerschmidt* Art. 72 Rn. 1.
8 Sydow-*Schöndorf-Haubold* Art. 72 Rn. 13.

DSRL.⁹ Insofern ist die demokratische Legitimation des EDSA eher dünn, es handelt sich eher um eine **Legitimitätsbegründung durch technische Expertise**.¹⁰

5 Es handelt sich allerdings bei den Mitgliedern des EDSA mit Ausnahme des EDSB (oder seines Stellvertreters) um „nationale Verwaltungsbeamte", die insoweit ein neues Gremium bilden, dessen **Verhältnis zu dem (Komitologie-)Ausschuss nach Art. 93**, der ebenfalls „Ausschuss" genannt wird, wohl bislang eher opak ist (Art. 93 Rn. 1).

B. Kommentierung

I. Abstimmungsverfahren und -quoren (Abs. 1)

6 **1. Einfache Mitgliedermehrheit.** Im **Regelfall** bedarf es nach Abs. 1 zur Beschlussfassung weiterhin (nur) der **einfachen Mehrheit der Ausschussmitglieder**, sofern **die DS-GVO selbst nicht etwas anderes vorschreibt**. Dieser Regelfall betrifft die Stellungnahmen des EDSA im Rahmen des **Kohärenzverfahrens** nach Art. 64 Abs. 1 und 2 (vgl. Art. 64 Abs. 3). Nur einer einfachen Mehrheit bedarf es auch bei Dringlichkeitsbeschlüssen nach Art. 66 Abs. 4 (als **Rückausnahme** zu Art. 65).¹¹

7 Nach **Art. 68 Abs. 3** (Art. 68 Rn. 44 ff.) besteht der EDSA aus dem Leiter einer Aufsichtsbehörde jedes Mitgliedstaats und dem EDSB bzw. ihren jeweiligen Vertretern. Ist in einem Mitgliedstaat mehr als eine Aufsichtsbehörde für die Überwachung der Anwendung der nach Maßgabe dieser Verordnung erlassenen Vorschriften zuständig, so wird, so **Art. 68 Abs. 3**, im Einklang mit den Rechtsvorschriften dieses Mitgliedstaats ein gemeinsamer Vertreter benannt. Da der EDSA nach der aktuellen Gestaltung mit 29 Mitgliedern beginnen wird, sind also **15 Stimmen** für eine Beschlussmehrheit notwendig.¹²

8 Grundsätzlich verfügt **jedes Mitglied über eine Stimme**. Eine Ausnahme von diesem Grundsatz bildet die Anforderung des **Art. 68 Abs. 6**, nach der der **EDSB in den in Art. 65 genannten Fällen** (Art. 65 Rn. 17) nur bei Beschlüssen stimmberechtigt ist, die Grundsätze und Vorschriften betreffen, die für die Organe, Einrichtungen, Ämter und Agenturen der Union gelten und inhaltlich den Grundsätzen und Vorschriften dieser Verordnung entsprechen.¹³ Unklar bleibt, ob der EDSB, der ja Vollmitglied des Ausschusses ist, insofern ein Mitglied mit abgestuften Rechten ist, oder nicht.¹⁴

9 Bei der **Kommission** hingegen ist es eindeutig: Sie darf nach Art. 68 Abs. 5 S. 1 an den Tätigkeiten und Sitzungen des EDSA teilnehmen, ist jedoch **kein Ausschussmitglied** und hat auch **kein Stimmrecht**.¹⁵

---

9 Kühling/Buchner-*Dix* Art. 71 Rn. 2; So zu Recht kritisch Sydow-*Schöndorf-Haubold* Art. 72 Rn. 13.
10 In diesem Sinne auch Kühling/Buchner-*Dix* Art. 71 Rn. 5; Sydow-*Schöndorf-Haubold* Art. 72 Rn. 13.
11 Kühling/Buchner-*Dix* Art. 72 Rn. 5; Plath-*Roggenkamp* Art. 68–76 Rn 22; Simitis/Hornung/Spiecker gen. Döhmann-*Schiedermair* Art. 71 Rn. 2; Sydow-*Schöndorf-Haubold* Art. 72 Rn. 4.
12 Auernhammer-*Hermerschmidt* Art. 72 Rn. 6.
13 Vgl. auch Sydow-*Schöndorf-Haubold* Art. 72 Rn. 3.
14 Dazu Näheres bei Auernhammer-*Hermerschmidt* Art. 72 Rn. 6.
15 So auch Auernhammer-*Hermerschmidt* Art. 72 Rn. 7.

2. **Ausnahmsweise erforderliche Zwei-Drittel-Mehrheit, wenn „etwas anderes" be-** 10
stimmt ist. Eine Ausnahme von der Regelvermutung besteht aber für die Fälle, in
denen die DS-GVO selbst etwas anderes bestimmt. Das gilt für die **Streitentscheidung
im Kohärenzverfahren** (Art. 65 Abs. 2 S. 1). Hier ist ebenso eine **Zwei-Drittel-Mehrheit**
erforderlich wie grundsätzlich **im Dringlichkeitsverfahren** (Art. 66), sofern nicht die in
Rn. 6 erwähnte **Rückausnahme** nach Art. 66 Abs. 4 greift.[16]

II. Geschäftsordnungsfragen (Abs. 2)

Darüber hinaus sieht **Art. 72 Abs. 2** selbst eine **Zwei-Drittel**-Mehrheit der Ausschuss- 11
mitglieder **bei der Beschlussfassung über die Geschäftsordnung** vor.[17]

Von besonderer Wichtigkeit ist die Geschäftsordnung selbst. Hierzu gewährt Art. 72 12
Abs. 2 dem EDSA **Geschäftsautonomie**.

Der **EDSA** hat sich am 25.5.2018 die in Rn. 1 erwähnte **Geschäftsordnung** gegeben 13
(vgl. auch Art. 70 Rn. 2). Während diese selbst (noch) von der Art.-29-Datenschutz-
gruppe vorbereitet wurde, hat der EDSA am 23.11.2018 einige Änderungen angenommen.[18] Zudem hat er sich auch Prinzipien gegeben, die sich als **Leitgrundsätze** in Art. 3
EDSA-GO finden: die Prinzipien (1.) der Unabhängigkeit und Unparteilichkeit, (2.)
der verantwortungsbewussten Amtsführung, der Integrität und der guten Verwaltungspraxis, (3.) den Grundsatz der Kollegialität und Integration, (4.) den Grundsatz
der Transparenz, (5.) den Grundsatz der Effizienz und Modernisierung und (6.) den
Grundsatz der Proaktivität (vgl. auch Art. 70 Rn. 3).

Darüber hinaus finden sich in der **Geschäftsordnung des EDSA** u.a. Regelungen zu: 14
– seinem **Sitz** (Brüssel), Art. 1 EDSA-GO bzw. den dortigen Sitz des Sekretariats
 nach Art. 75 Abs. 1 DS-GVO (Art. 14 Abs. 1 EDSA-GO),
– der **Zusammensetzung** des EDSA, diese ergibt sich Art. 4 Abs. 1 EDSA-GO (mit
 spezifischen Regelungen bezüglich der Mitgliedschaft von Aufsichtsbehörden aus
 den EWR/EFTA-Staaten, vgl. Art. 4 Abs. 1 S. 2 und 3 EDSA-GO),
– seinen **Haushalt** (Art. 15 EDSA-GO),
– der **Ernennung und der Amtszeit** des (aktuell: der) **Vorsitzenden** und seiner (aktuell: ihrer) beiden **Stellvertreter** (grundsätzlich fünf Jahre mit der Möglichkeit einer
 einmaligen Wiederwahl, vgl. Art. 5 und 6 EDSA-GO) und das Quorum bei der
 Wahl (Art. 5 Abs. 3 EDSA-GO),
– die **Pflichten des (oder der) Vorsitzenden und seiner (ihrer) Stellvertretern** (Art. 7
 Abs. 1 EDSA-GO) sowie die Verteilung der Aufgaben zwischen ihnen (Art. 7
 Abs. 2 EDSA-GO),
– die **Möglichkeit der Teilnahme** an Sitzungen des EDSA durch die Kommission
 (Art. 4 Abs. 2 S. 1 EDSA-GO) und die EFTA-Überwachungsbehörde (Art. 4 Abs. 2
 S. 2 EDSA-GO) sowie von Beobachtern aus (weiteren) Nicht-EU-Ländern (Art. 8
 EDSA-GO) und – fallweise – von Sachverständigen, Gästen oder sonstigen exter-
 nen Parteien (Art. 9 EDSA-GO) an den Sitzungen des EDSA,

---

16 Siehe auch Paal/Pauly-*Körffe* Art. 72 Rn. 2; Plath-*Roggenkamp* Art. 68–76 Rn. 21; Simitis/
 Hornung/Spiecker gen. Döhmann-*Schiedermair* Art. 72 Rn. 2.
17 Kühling/Buchner-*Dix* Art. 72 Rn. 6.
18 https://edpb.europa.eu/sites/edpb/files/files/file1/edpb_rop2_adopted_23112018_de.pdf,
 zuletzt abgerufen am 2.1.2020.

Art. 72   Verfahrensweise

- die Art und Weise der **Einberufung von Plenarsitzungen** (Art. 18 Abs. 1–3 EDSA-GO),
- die Herstellung der **Beschlussfähigkeit** (Art. 18 Abs. 4 EDSA-GO) und die Regelung **Quorums** (Art. 22 Abs. 1 und 2 EDSA-GO): mindestens die Hälfte der stimmberechtigten Mitglieder oder ihrer Vertreter muss anwesend sein, Beschlüsse werden grundsätzlich mit der einfachen Mitglieder gefasst, wobei vor der ein Konsens angestrebt werden sollte (Art. 22 Abs. 1 EDSA-GO), und bei Stimmengleichheit gilt – außer in den in Art. 65 Abs. 3 DS-GVO vorgesehenen Fällen (Streitbeilegung, vgl. Art. 65 Rn. 14 ff.) – die Abstimmung als negativ ausgegangen (Art. 22 Abs. 2 EDSA-GO);
- das **Abstimmungsverfahren** (dieses ist nach Art. 22 Abs. 4 EDSA-GO – und in Einklang mit dem Transparenzgrundsatz – nicht geheim, es sei denn, eine geheime Abstimmung ist in der EDSA-GO für diesen Fall ausdrücklich vorgesehen oder wird von der Mehrheit der stimmberechtigten Mitglieder des EDSA gefordert) und
- die **Arbeits- und Amtssprache(n)**: Nach Art. 23 Abs. 1 S. 1 EDSA-GO ist die Arbeitssprache des EDSA Englisch. Gemäß Art. 23 Abs. 1 S. 2 EDSA-GO soll bei allen ordentlichen Plenarsitzungen des EDSA eine „Verdolmetschung in sämtliche Amtssprachen der EU angeboten werden". Dokumente, die in den von den Aufsichtsbehörden für die in Art. 64–66 und Art. 70 vorgesehenen Verfahren erstellt werden, werden in **englischer Sprache** erstellt (Art. 23 Abs. 2 EDSA-GO). In Ausnahmefällen kann (nur) von Aufsichtsbehörden aus Mitgliedstaaten der EU (nicht von denjenigen der EWR/EFTA-Mitglieder) ein Dokument in einer anderen Amtssprache der EU eingereicht werden, wenn es „für andere Mitglieder für Interesse ist (Art. 23 Abs. 3 EDSA-GO); der Vorsitzende kümmert sich dann um die Übersetzung ins Englische, bevor er es den anderen Mitgliedern des EDSA zukommen lässt (ebd.).

15 **Weitere Regelungen** betreffen u.a. die
- Möglichkeit der Einrichtung von **Fachuntergruppen** (*Subgroups* – Art. 25 EDSA-GO), der Ernennung von **Koordinatoren** derselben (Art. 26 EDSA-GO) und von **Berichterstattern** zu speziellen Themen (Art. 27 EDSA-GO),
- Erstellung und Pflege eines **internen Informations- und Kommunikationssystems** durch das Sekretariat (Art. 17 EDSA-GO),
- Pflicht zur **Einstellung einer öffentlichen Fassung des Entwurfs der Tagesordnung der Plenarsitzungen auf die Website** des EDSA (Art. 19 Abs. 3 EDSA-GO),
- prinzipielle Möglichkeit der Entscheidung im **Umlaufverfahren** (Art. 24 Abs. 1–4 EDSA-GO): schriftliches Abstimmungsverfahren), welche **im Plenum** auch im Wege des „**elektronischen**" **Abstimmungsverfahrens** erfolgen kann (**elektronisches Umlaufverfahren**, Art. 24 Abs. 5 EDSA-GO); für die Fachausschüsse, die im „Regelfall in Form persönlicher Treffen in Brüssel" durchgeführt werden, gibt es eine entsprechende Dringlichkeitsvorschrift (Art. 25 Abs. 10 EDSA-GO),
- Zulassung von **Beobachtern** (Art. 8 EDSA-GO) und die Art und Weise der Einladung von **Sachverständigen, Gästen oder sonstigen externen Parteien** (Art. 9 EDSA-GO),
- Vertraulichkeitsregelungen (Art. 33 EDSA-GO),
- Vertretung des EDSA vor dem EuGH (Art. 36 EDSA-GO), und die
- Regelung des **Verfahrens ihrer eigenen Änderung** (Art. 37 EDSA-GO).

C. Praxishinweise

Zugang zu den Sitzungen haben (nur) die in Art. 4 EDSA-GO genannten Mitglieder, die in Art. 8 EDSA-GO genannten Beobachter und die in Art. 9 EDSA-GO genannten Sachverständigen, Gäste und sonstige externe Parteien. Hiervon werden für **nichtöffentliche Stellen** in der Praxis einzig die in Art. 9 EDSA-GO genannten Kreise (etwa über einen Verband) als zugangs- (aber nicht stimm-)berechtigte Mitglieder in Betracht kommen. 16

Nach Art. 11 Abs. 1 seiner GO hat sich der EDSA auf die Wahrung des **Rechts auf eine gute Verwaltung** im Sinne von Art. 41 der GR-Charta verpflichtet. Dieses umfasst die Sicherstellung dessen, „dass alle Personen gehört wurden, die nachteilig betroffen sein könnten". Der **einschlägige Personenkreis** wird gem. Art. 11 Abs. 2 S. 1 EDSA-GO in den Fällen des Art. 65 Abs. 1 lit. a (Streitbeilegung) von den (nationalen) Aufsichtsbehörden zusammengestellt. 17

Dem **Transparenzgrundsatz**, auf den sich der Ausschuss (mit Ausnahme bestimmter Vertraulichkeitsfälle nach Art. 33 EDSA-GO) verpflichtet hat, wird dadurch Rechnung getragen, **dass zentrale Dokumente auf der Website des EDSA proaktiv zur Verfügung gestellt** werden. Die öffentlichen Fassungen der **Tagesordnung der Plenarsitzungen** des EDSA werden auf dessen **Website veröffentlicht** (Art. 19 Abs. 4 EDSA-GO). **Dokumente, die nach Art. 64–66 und Art. 70 angenommen wurden,** werden in **alle Amtssprachen** der EU übersetzt (Art. 25 Abs. 4 S. 1 EDSA-GO). Sofern der Ausschuss dieses beschließt, **werden andere angenommene Dokumente oder Zusammenfassungen davon** in **alle Amtssprachen der EU** übersetzt (Art. 25 Abs. 4 S. 2 EDSA-GO). 18

Zudem hat die Öffentlichkeit nach Art. 32 Abs. 1 EDSA-GO **Zugang zu Dokumenten** des EDSA in Einklang mit der Verordnung EG Nr. 1049/2001. 19

Artikel 73 Vorsitz

(1) Der Ausschuss wählt aus dem Kreis seiner Mitglieder mit einfacher Mehrheit einen Vorsitzenden und zwei stellvertretende Vorsitzende.

(2) Die Amtszeit des Vorsitzenden und seiner beiden Stellvertreter beträgt fünf Jahre; ihre einmalige Wiederwahl ist zulässig.

– *ErwG: 139*

Übersicht

	Rn		Rn
A. Einordnung und Kontext	1	I. Wahl von Vorsitz und dessen	
I. Erwägungsgründe	1	Stellvertretung (Abs. 1)	5
II. Normgenese und Materialien	3	II. Periodizität (Abs. 2)	9
B. Kommentierung	5	C. Praxishinweise	13

Literatur: *Caspar* Das aufsichtsbehördliche Verfahren nach der EU-Datenschutzgrundverordnung – Defizite und Alternativregelungen, ZD 2012, 555; *Dammann* Erfolge und Defizite der EU-Datenschutzgrundverordnung – Erwarteter Fortschritt, Schwächen und überraschende Innovationen, ZD 2016, 307; *Hofmann* Zertifizierungen nach der DS-GVO, ZD-Aktuell 2016, 05324; *Hornung/Hartl* Datenschutz durch Marktanreize – auch in Europa? – Stand der Diskussion zu Datenschutzzertifizierung und Datenschutzaudit, ZD 2014, 219; *Kraska* Datenschutz-Zertifizierungen in der EU-Datenschutzgrundverordnung, ZD 2016,

153; *Kühling/Martini* Die Datenschutz-Grundverordnung: Revolution oder Evolution im europäischen und deutschen Datenschutzrecht?, EuZW 2016, 448; *Masing* Herausforderungen des Datenschutzes, NJW 2012, 2305; *Nguyen* Die zukünftige Datenschutzaufsicht in Europa, ZD 2015, 265; *Spindler* Selbstregulierung und Zertifizierungsverfahren nach der DS-GVO – Reichweite und Rechtsfolgen der genehmigten Verhaltensregeln, ZD 2016, 407; *Wybitul* DS-GVO veröffentlicht – Was sind die neuen Anforderungen an die Unternehmen?, ZD 2015, 253.

A. Einordnung und Kontext

I. Erwägungsgründe

1 ErwG 139 zufolge soll zur Förderung der einheitlichen Anwendung der DS-GVO ein (Datenschutz-)Ausschuss als unabhängige Einrichtung der Union eingesetzt und von seinem Vorsitz vertreten werden.

2 Das ruft in erster Linie die Frage hervor, ob der Vorsitzende des EDSA und der EDSB personenidentisch sind, ob also der Letztere **kraft Amtes den Ausschussvorsitz** innehat. Diese Frage ist vom Verordnungsgeber mit „nein" beantwortet worden.

II. Normgenese und Materialien

3 Die Trennung vom Amt des EDSB vom Vorsitz des EDSA (bzw. stellvertretendem Vorsitz) erfolgte im Trilogverfahren.[1] Den Vorschlag zu einer **organisatorischen Kopplung beider Ämter** hatte die Kommission (in seinerzeit Art. 69 Abs. 1 S. 2 des Kommissionsentwurfs) gemacht.[2] Die damit einhergehende Aufwertung des EDSB wurde jedoch u.a. von der Art.-29-Datenschutzgruppe heftig kritisiert.[3] Parlament und Rat schlossen sich den geäußerten Bedenken an, so dass man insgesamt sagen kann, dass **der EDSB schon vor seiner Einsetzung kompetenziell geschwächt** wurde.[4] Hierzu trägt auch bei, dass sich das Parlament nicht dazu durchringen konnte, den Vorsitz als Vollzeitfunktion auszugestalten (wie es das Parlament ja vorgeschlagen hatte), denn dann hätte der Vorsitzende ja gerade nicht mehr bei einer nationalen Aufsichtsbehörde beschäftigt sein können (was dann wiederum für den EDSB als Vorsitzenden gesprochen hätte).[5]

4 Vorbild für die Regelung waren insoweit die Bestimmungen in Art. 29 Abs. 4 DSRL sowie die Bestimmungen der auf dieser Grundlage ergangenen Geschäftsordnung der Art.-29-Datenschutzgruppe,[6] die ebenfalls ein **primus inter pares-System** vorsahen.

---

1 Sydow-*Regenhardt* Art. 73 Rn. 2 f.
2 Kühling/Buchner-*Dix* Art. 73 Rn. 3; Sydow-*Regenhardt* Art. 73 Rn. 2.
3 Vgl. die Nachweise bei Auernhammer-*Hermerschmidt* Art. 73 Rn. 2; a.A. Paal/Pauly/*Körffer* DS-GVO Art. 73 Rn. 1 mit dem Hinweis darauf, dass die Position des Vorsitzes aufgrund der zahlr. Aufgaben des EDSA selbst und seines Vorsitzes wenig Raum für die Ausübung anderer Tätigkeiten, insbes. der Leitung einer ASB eines Mitgliedstaats lassen dürfte.
4 Sydow-*Regenhardt* Art. 73 Rn. 2; a.A. Paal/Pauly/*Körffer* DS-GVO Art. 73 Rn. 1 mit dem Hinweis darauf, dass die Position des Vorsitzes aufgrund der zahlr. Aufgaben des EDSA selbst und seines Vorsitzes wenig Raum für die Ausübung anderer Tätigkeiten, insbes. der Leitung einer ASB eines Mitgliedstaats lassen dürfte.
5 Auernhammer-*Hermerschmidt* Art. 73 Rn. 3 ff.
6 Auernhammer-*Hermerschmidt* Art. 73 Rn. 1.

B. Kommentierung
I. Wahl von Vorsitz und dessen Stellvertretung (Abs. 1)

Die Bestimmungen über die **Wahl** des Vorsitzenden und seiner beiden Stellvertreter 5
in Art. 73 Abs. 1 sind denkbar knapp. Diese sind in der auf Art. 72 Abs. 2 gestützten
Geschäftsordnung (EDSA-GO) näher geregelt, die sich der EDSA am 25.5.2018
gegeben hat und die inzwischen in überarbeiteter Version vom 23.11.2018 vorliegt
(dort Art. 5).[7] In der Amtsperiode 2018–2023 ist **Vorsitzende** die österreichische Juristin **Andrea Jelinek**, gleichwohl wird nachfolgend – dem Gesetzeswortlaut entsprechend – von „dem" Vorsitzenden gesprochen.[8]

Art. 73 Abs. 1 besagt erstens, **dass ein Vorsitzender** und **zwei Stellvertreter** gewählt 6
werden, zweitens, dass sie **aus der Mitte des Ausschusses** gewählt werden[9] und drittens, dass hierfür eine „**einfache Mehrheit**" genügt. Es fehlt allerdings für Letztere in
der DS-GVO die Bezugsgröße. Art. 5 Abs. 1 EDSA-GO regelt nunmehr, dass die
**Mehrheit der in der Wahlsitzung anwesenden oder durch Stimmrechtsübertragung
gem. Art. 22 Abs. 5 EDSA-GO vertretenen Ausschussmitglieder** entscheidet.[10] Das
Erfordernis einer einfachen Mehrheit hat allerdings Kritik in der Literatur nach sich
gezogen, da die Wahl des (der) Vorsitzenden der Art.-29-Datenschutzgruppe laut
Geschäftsordnung der absoluten Mehrheit bedurfte.[11] Die Kombination aus der von
diesem Gremium übernommenen **Ehrenamtlichkeit** des Ausschussvorsitzes[12] und dem
Kompetenzzuwachs, den der Vorsitzende des EDSA gegenüber demjenigen der Art.-
29-Datenschutzgruppe erfahren hat, wird von *Bartholomäus* und *Regenhardt* mit
Recht als unglücklich angesehen: Zwar sorge diese möglicherweise für eine gewisse
Verstärkung der operativen Handlungsfähigkeit, mache die Entscheidungen des Vorsitzenden mangels Rückhalt in den EU-Mitgliedstaaten möglicherweise weniger nachhaltig.[13]

Das **aktive und passive Wahlrecht** haben nur die Mitglieder des EDSA, also die **Leiter** 7
einer nationalen Datenschutzbehörde oder deren **Stellvertreter**.[14] Auch der **EDSB**
oder seine **Stellvertreter** ist bzw. sind wählbar, denn sie sind Ausschussmitglied(er),
aber nicht kraft Amtes Vorsitzende(r).[15]

---

7 https://edpb.europa.eu/sites/edpb/files/files/file1/edpb_rop2_adopted_23112018_de.pdf, zuletzt abgerufen am 2.1.2020.
8 Der Wortlaut der Geschäftsordnung ist uneinheitlich. Während die Version vom 25.5.2018 einheitlich von „dem" Vorsitzenden spricht, nennen die später (am 23.11.2018) eingefügten Änderungen (z.B. in Art. 6 Abs. 2 der GO) ausdrücklich das männliche und das weibliche Geschlecht.
9 Also *nur aus dem Kreis der Mitglieder* des EDSA i.S.d. Art. 68 Abs. 3 DS-GVO, vgl. Paal/Pauly/*Körffer* Art. 73 Rn. 2; BeckOK DatenSR-*Brink* Art. 73 Rn. 8; Sydow-*Bartholomäus/Regenhardt* Art. 73 Rn. 5.
10 Das soll wohl einen Anreiz schaffen, persönlich an den Sitzungen teilzunehmen (anders die Prognose in der Vorauflage).
11 Sydow-*Bartholomäus/Regenhardt* Art. 73 Rn. 6.
12 Auernhammer-*Hermerschmidt* Art. 73 Rn. 5.
13 Sydow-*Bartholomäus/Regenhardt* Art. 73 Rn. 11.
14 Sydow-*Bartholomäus/Regenhardt* Art. 73 Rn. 5.
15 Wie hier auch *Feiler/Forgó* EU-DSGVO Art. 73 Rn. 1 sowie Sydow-*Bartholomäus/Regenhardt* Art. 73 Rn. 5 m.w.N.

8 Angesichts des **Kompetenzzuwachses**, den der Vorsitzende des EDSA gegenüber demjenigen der Art.-29-Datenschutzgruppe erfahren hat, ist es unglücklich, dass sich keine Ausführungen zum Budget desselben in der DS-GVO selbst finden[16] und dass vieles der Geschäftsordnung[17] (Art. 72 Abs. 2) vorbehalten bleibt (zu dieser vgl. Art. 72 Rn. 13–15).

II. Periodizität (Abs. 2)

9 Laut Art. 73 Abs. 2 beträgt die **Amtszeit** des (derzeit: der) Vorsitzenden und seiner (derzeit: ihrer) Stellvertreter **fünf Jahre**, eine **einmalige Wiederwahl** ist zulässig (so auch Art. 5 Abs. 2 EDSA-GO). Auch dieses verschafft dem Vorsitz deutlich mehr operative Handlungsfähigkeit gegenüber demjenigen der Art.-29-Datenschutzgruppe, der gem. Art. 29 Abs. 4 DSRL auf zwei Jahre begrenzt war. Die jetzige Gestaltung geht über den Vorschlag der Art.-29-Datenschutzgruppe hinaus, die eine Amtszeit von drei bis vier Jahren für sachgemäß erklärt hatte.[18] Sie soll für eine größere **Kontinuität im Vorsitz** sorgen.[19]

10 Die zeitliche Begrenzung der Amtszeit von Vorsitz und Stellvertretung auf maximal zehn Jahre soll eine **Rotation dieser Ämter unter den Mitgliedstaaten** sicherstellen.[20] Mindestens zwei Monate vor Ablauf des Mandats des (der) Vorsitzenden oder seiner (ihrer) Stellvertreter beruft nach Art. 5 Abs. 3 S. 1 EDSA-GO **Wahlen** ein, um das ausscheidende Vorstandsmitglied zu ersetzen. Endet die **Wahlperiode vorzeitig** (vgl. die folgende Rn. 11), so beruft das Sekretariat nach Art. 5 Abs. 3 S. 2 der EDSA-GO spätestens eine Woche nach der entsprechenden Mitteilung oder nach der Entlassung des Vorstandsmitglieds Wahlen ein.

11 Mit dem **Ende der Amtszeit** als Vorsitzender bzw. Stellvertreter einer nationalen Aufsichtsbehörde endet laut Art. 68 Abs. 3 auch die **Mitgliedschaft im Ausschuss** (vgl. Art. 68 Rn. 52). Damit findet zugleich auch die Amtszeit als Vorsitzender oder Stellvertreter des Ausschusses ihr Ende, da aufgrund von Art. 73 Abs. 1 nur Mitglieder dieses Amt ausüben können (Art. 6 Abs. 1 S. 1 Var. 1 EDSA-GO). Anders als **im Fall der einfachen Mitgliedschaft nach Art. 68 Abs. 3** rückt insofern **nicht automatisch** der neue Leiter einer nationalen Aufsichtsbehörde dem (Stellvertretenden) Vorsitzenden des EDSA **im Amt nach**.[21] Diese Konstruktion wird dazu führen, dass der Vorsitz faktisch oftmals kürzer als fünf Jahre ausgeübt wird[22] (deswegen hatte die Art.-29-Daten-

---

16 Ebenso kritisch wie hier Sydow-*Bartholomäus/Regenhardt* Art. 73 Rn. 10; vgl. auch die entsprechenden Vorschläge der Art.-29-Datenschutzgruppe: *Art.-29-Datenschutzgruppe* Vorschlag zur internen Struktur des Europäischen Datenschutzausschusses (http://ec.europa.eu/justice/data-protection/article-29/documentation/other-document/files/2015/20150925_edpb_internal_structure.pdf).
17 Auernhammer-*Hermerschmidt* Art. 73 Rn. 15.
18 http://ec.europa.eu/justice/data-protection/article-29/documentation/other-document/files/2015/20150925_edpb_internal_structure.pdf, zuletzt abgerufen am 30.10.2017; vgl. auch Kühling/Buchner-*Dix* Art. 73 Rn. 6.
19 Kühling/Buchner/*Dix* Art. 73 Rn. 6.
20 Sydow-*Bartholomäus/Regenhardt* Art. 73 Rn. 8.
21 Kühling/Buchner/*Dix* Art. 73 Rn. 6.
22 Kühling/Buchner/*Dix* DS-GVO Art. 73 Rn. 6.

schutzgruppe auch eine kürzere Amtszeit gefordert[23]). Für den Fall, dass eine Amtszeit in einer nationalen Datenschutzbehörde verlängerbar ist, gilt eine Ausnahme: Wenn jemand, dessen Amtsperiode im Ausschuss noch nicht zu Ende ist, in seinem mitgliedstaatlichen Amt wiedergewählt wird, bleibt er auch im Ausschuss im Amt, ohne dass es einer erneuten Wahl oder Bestätigung bedürfte. Nach Art. 6 Abs. 1 S. 2 EDSA-GO haben die Vorstandsmitglieder das Sekretariat **zwei Monate im Voraus** über das Ende ihrer Amtszeit bzw. die Absicht, ihr Mandat niederzulegen, zu unterrichten, damit die in Rn. 10 beschriebenen **Wahlen** rechtzeitig durchgeführt werden können.

Regelungen zur **Abwahl** des (der) Vorsitzenden bzw. seiner (ihrer) Stellvertreter enthält Art. 73 Abs. 2 – anders, als von der Art.-29-Datenschutzgruppe gefordert, nicht.[24] Art. 6 Abs. 2 EDSA-GO regelt hierzu die Möglichkeit eines **Misstrauensvotums**: Dieses **bedarf „eines begründeten Vorschlags"** zu Entlassung des (der) Vorsitzenden und/oder eines oder beider der Stellvertretenden Vorsitzenden. 12

C. Praxishinweise

Was genau ein **„begründeter Vorschlag"** i.S.v. Art. 6 Abs. 2 EDSA-GO bezogen auf die Abwahl des (der) Vorsitzenden und/oder eines oder beider der Stellvertretenden Vorsitzenden ist, regelt die Geschäftsordnung des EDSA nicht. Hier ist die tatsächliche Entwicklung im Auge zu behalten. 13

Artikel 74   Aufgaben des Vorsitzes

(1) Der Vorsitz hat folgende Aufgaben:
a) Einberufung der Sitzungen des Ausschusses und Erstellung der Tagesordnungen,
b) Übermittlung der Beschlüsse des Ausschusses nach Artikel 65 an die federführende Aufsichtsbehörde und die betroffenen Aufsichtsbehörden,
c) Sicherstellung einer rechtzeitigen Ausführung der Aufgaben des Ausschusses, insbesondere der Aufgaben im Zusammenhang mit dem Kohärenzverfahren nach Artikel 63.

(2) Der Ausschuss legt die Aufteilung der Aufgaben zwischen dem Vorsitzenden und dessen Stellvertretern in seiner Geschäftsordnung fest.

Übersicht

	Rn		Rn
A. Einordnung und Kontext	1	1. Einberufung von Sitzungen und Erstellung der Tagesordnung (lit. a)	5
I. Mögliche Vorbilder	1		
II. Normgenese	2		
B. Kommentierung	3	2. Übermittlung von Beschlüssen (lit. b)	12
I. Aufgaben des Vorsitzes (Abs. 1)	3		

---

23 http://ec.europa.eu/justice/data-protection/article-29/documentation/other-document/files/2015/20150925_edpb_internal_structure.pdf, zuletzt abgerufen am 30.10.2017.
24 *Art.-29-Datenschutzgruppe* Vorschlag zur internen Struktur des Europäischen Datenschutzausschusses (http://ec.europa.eu/justice/data-protection/article-29/documentation/other-document/files/2015/20150925_edpb_internal_structure.pdf), zuletzt abgerufen am 2.1.2020; dazu auch Sydow-*Bartholomäus/Regenhardt* Art. 73 Rn. 8.

	Rn		Rn
3. Garantie der Rechtzeitigkeit (lit. c)	13	II. Interne Aufgabenverteilung (Abs. 2)	18
4. Weitere Aufgaben	16	C. Praxishinweise	20

Literatur: *Caspar* Das aufsichtsbehördliche Verfahren nach der EU-Datenschutzgrundverordnung – Defizite und Alternativregelungen, ZD 2012, 555; *Dammann* Erfolge und Defizite der EU-Datenschutzgrundverordnung – Erwarteter Fortschritt, Schwächen und überraschende Innovationen, ZD 2016, 307; *Hofmann* Zertifizierungen nach der DS-GVO, ZD-Aktuell 2016, 05324; *Hornung/Hartl* Datenschutz durch Marktanreize – auch in Europa? – Stand der Diskussion zu Datenschutzzertifizierung und Datenschutzaudit, ZD 2014, 219; *Kraska* Datenschutz-Zertifizierungen in der EU-Datenschutzgrundverordnung, ZD 2016, 153; *Kühling/Martini* Die Datenschutz-Grundverordnung: Revolution oder Evolution im europäischen und deutschen Datenschutzrecht?, EuZW 2016, 448; *Masing* Herausforderungen des Datenschutzes, NJW 2012, 2305; *Nguyen* Die zukünftige Datenschutzaufsicht in Europa, ZD 2015, 265; *Spindler* Selbstregulierung und Zertifizierungsverfahren nach der DS-GVO – Reichweite und Rechtsfolgen der genehmigten Verhaltensregeln, ZD 2016, 407; *Wybitul* DS-GVO veröffentlicht – Was sind die neuen Anforderungen an die Unternehmen?, ZD 2015, 253.

A. Einordnung und Kontext

I. Mögliche Vorbilder

1 Die Norm ist als solche ohne Vorbild: Die DSRL 95/46 sowie die Geschäftsordnung der Art.-29-Datenschutzgruppe enthielten keine solchen Bestimmungen. Es ist aber durchaus sinnvoll und sogar geboten, die wesentlichen Bestimmungen über den Vorsitz in der DS-GVO selbst zu regeln, da sie auch die Abstimmung mit anderen Organen betreffen.[1] Bezüglich der genauen Aufgabenverteilung zwischen dem Vorsitzenden und seinen beiden Stellvertretern wird indes in europarechtskonformer Weise auf die **Geschäftsordnung** verwiesen (Abs. 2). Der EDSA hat sich am 25.5.2018 eine **Geschäftsordnung** (EDSA-GO) gegeben, die inzwischen in **überarbeiteter Version** vom 23.11.2018 vorliegt.[2] In dieser sind die Aufgaben des (derzeit: der) Vorsitzenden und seiner (derzeit: ihrer) Mitglieder geregelt (vgl. zur Genusbezeichnung Art. 73 Rn. 3). Art. 7 Abs. 2 EDSA-GO sieht vor, dass der (die) Vorsitzende nach Rücksprache mit seinen (ihren) Stellvertretern dem EDSA einen **Vorschlag zur Geschäftsverteilung (Geschäftsverteilungsplan)** vorlegt (Art. 7 Abs. 2 S. 1 EDSA-GO), der als beschlossen gilt, sofern nicht ein Drittel der Mitglieder des EDSA Einwände erhebt (vgl. Art. 7 Abs. 2 S. 3 EDSA-GO, was diesmal übrigens nicht geschehen ist). Der (die) Vorsitzende kann Art. 7 Abs. 2 S. 2 EDSA-GO seinen (ihren) **Stellvertretern die Befugnis übertragen, Dokumente zu unterzeichnen** (zu weiteren Inhalten der EDSA-GO vgl. Art. 72 Rn. 13–15).

---

1 Sydow-*Bartholomäus/Regenhardt* Art. 74 Rn. 1.
2 https://edpb.europa.eu/sites/edpb/files/files/file1/edpb_rop2_adopted_23112018_de.pdf, zuletzt abgerufen am 2.1.2020.

II. Normgenese

Seine jetzige Fassung erhielt Art. 74 im **Trilogverfahren**. Dort wurde Abs. 1 lit. b aufgrund eines Vorschlags des Rats in den Kommissionsentwurf (seinerzeit Art. 70 Abs. 1 KOM [2012 endgültig]) eingefügt, da auch Art. 65 als solcher neu war.[3]   2

B. Kommentierung

I. Aufgaben des Vorsitzes (Abs. 1)

Mit den Begriff des „Vorsitzes" in Art. 74 Abs. 1 ist das **Dreiergremium** aus dem (der) Vorsitzenden und seinen (ihren) beiden Stellvertretern gemeint. Die **interne Geschäftsverteilung** ist Gegenstand von Art. 74 Abs. 2 bzw. von Art. 7 Abs. 2 EDSA-GO und des auf dieser Basis von dem (oder der) **Vorsitzenden** erlassenen **Geschäftsverteilungsplans**.[4]   3

Die zentralen Kompetenzen des Vorsitzes, **den EDSA nach außen zu vertreten** (Art. 68 Abs. 2), im **Kohärenzverfahren** nach Art. 65 Abs. 3 S. 2 den **Stichentscheid** vorzunehmen (vgl. Art. 65 Rn. 15), wird in Art. 74 Abs. 1 nicht erwähnt; hier geht es nur um eher **technische Fragen** (vgl. aber auch Rn. 16). Art. 10 EDSA-GO regelt hingegen ausführlich das Verfahren der Stellungnahmen des EDSA nach Art. 64 DS-GVO.   4

1. Einberufung von Sitzungen und Erstellung der Tagesordnung (lit. a). Der Vorsitz beruft die Plenarsitzungen ein und erstellt deren **Tagesordnung** (Näheres hierzu, insbesondere zu den **ordentlichen und außerordentlichen Plenarsitzungen**) ist in Art. 18 EDSA-GO geregelt). Gemeint sind die **Sitzungen des EDSA selbst**, nicht diejenigen der **Fachuntergruppen**, die gem. Art. 25 Abs. 9 EDSA-GO von deren **Koordinator** in Zusammenarbeit mit dem **Ausschusssekretariat** und dem für das Gebiet zuständigen **Berichterstatter** (falls ernannt) „mit ausreichendem Vorlauf" vorbereitet werden. Der **Koordinator** entwirft dort auch die **Tagesordnung** der Fachuntergruppensitzungen sowie das Protokoll (Art. 26 Abs. 2 und 4 EDSA-GO) und leitet beides über das Sekretariat den Mitgliedern der Fachuntergruppen zu. Er arbeitet dabei intensiv mit dem (der) **Vorsitzenden** zusammen (Art. 26 Abs. 5 EDSA-GO).   5

Hinsichtlich der **ordentlichen** (Art. 18 Abs. 1 EDSA-GO) wie **außerordentlichen** (Art. 18 Abs. 2 EDSA-GO) **Plenarsitzungen** ist Folgendes geregelt: Tagesordnungspunkte können nach Art. 19 Abs. 2 EDSA-GO) **von allen Mitgliedern des EDSA angemeldet** werden, so sah es auch die Geschäftsordnung der Art.-29-Datenschutzgruppe in ihrem Art. 5 Abs. 1 GO vor.[5] Nach Art. 19 Abs. 1 EDSA-GO entwirft der (die) **Vorsitzende** die Tagesordnung im Zusammenwirken mit seinen (ihren) Stellvertretern und dem Sekretariat. Dieses leitet die Tagesordnung im Hinblick auf die in Abs. 1 lit. c genannte „Rechtzeitigkeit": So werden **ordentliche Plenarsitzungen spätestens drei Wochen vor der Sitzung** einberufen und mindestens zwei Wochen vorher die Einladungen dazu verschickt (Art. 18 Abs. 1 und Art. 19 Abs. 1 EDSA-GO); **bei außerordentlichen Plenarsitzungen verkürzt sich die Ladungsfrist auf mindestens eine Woche vor der Sitzung.**   6

---

3 Auernhammer-*Hermerschmidt* Art. 74 Rn. 1.
4 Auernhammer-*Hermerschmidt* Art. 74 Rn. 1; vgl. Kühling/Buchner-*Dix* Art. 74 Rn. 1; Simitis/Hornung/Spiecker-*Schiedermair* Art. 71 Rn. 4.
5 Gola-*Nguyen* Art. 74 Rn. 2; Sydow-*Bartholomäus/Regenhardt* Art. 74 Rn. 5.

7 Der (die) Vorsitzende sammelt die **angemeldeten Tagesordnungspunkte** und bestimmt deren **Reihenfolge** in der Tagesordnung; er (sie) kann selbstverständlich auch eigene Tagesordnungspunkte (als Vorsitz oder als Ausschussmitglied, vgl. Rn. 6) aufnehmen. Sofern er (sie) am Tage der Sitzung verhindert sein sollte, beauftragt er (sie) einen der beiden **Stellvertreter** mit der Leitung der Sitzung (Art. 18 Abs. 3 EDSA-GO).

8 Die Sitzungen finden nur statt, wenn **mindestens die Hälfte der stimmberechtigten Mitglieder oder ihrer Vertreter anwesend** ist (Art. 18 Abs. 4 EDSA-GO). Art. 18 Abs. 1 und 2 EDSA-GO regeln jeweils in ihrem letzten Satz, dass dann, wenn „dies technisch möglich und sicher ist", die Teilnahme an den ordentlichen bzw. außerordentlichen Plenarsitzungen „**mittels Videokonferenz oder anderer vom Ausschuss genehmigter technischer Mittel**" möglich ist. Die auf diese Weise zugeschalteten Mitglieder werden dann wohl als „**anwesend**" i.S.v. Art. 18 Abs. 4 EDSA-GO gewertet (der insoweit offene Wortlaut lässt aber auch die gegenteilige Wertung, also die Notwendigkeit einer physischen Anwesenheit zu). Die **Stellvertretung** eines Mitglieds ist in Art. 4 Abs. 4 EDSA-GO geregelt (anders als dort festgelegt, können sich bei den **Fachuntergruppen** die Mitglieder auch gegenseitig vertreten, vgl. Art. 25 Abs. 5 EDSA-GO). Nach Art. 24 EDSA-GO können Beschlüsse des EDSA auch im **schriftlichen Abstimmungsverfahren (Umlaufverfahren)** getroffen werden, soweit nicht ein Mitglied (bei besonders dringlichen Verfahren: drei Mitglieder) die Aussetzung des Umlaufverfahrens beantragen (Art. 24 Abs. 4 EDSA-GO). **Das Umlaufverfahren kann grundsätzlich auch auf elektronischem Wege** erfolgen (Art. 24 Abs. 5 EDSA-GO). Anders ist es übrigens bei den **Fachuntergruppen**, die nach Art. 25 Abs. 10 EDSA-GO „in der Regel in Form persönlicher Treffen in Brüssel" stattfinden sollen und nur dann, wenn „**möglich oder in dringenden Fällen erforderlich**"[6] „mittels Telekommunikation und/oder Videokonferenz, Informationsaustausch oder im Wege des [schriftlichen] Abstimmungsverfahrens" abgehalten werden können.

9 Gemäß Art. 75 wird der Vorsitz bei den entsprechenden Tätigkeiten durch ein **Sekretariat** unterstützt. Dieses wird vom EDSB bereitgestellt und bildet dadurch ein wichtiges Scharnier im Rahmen der **Europäischen Datenschutzgovernance** (vgl. Art. 75 Rn. 1 ff.). Seine Aufgaben sind in Art. 14 Abs. 1 EDSA-GO näher geregelt. Nach Art. 14 Abs. 2 EDSA-GO wird ein **Leiter des Sekretariats** bestellt, der für die ordnungsgemäße und fristgerechte Erfüllung der Aufgaben des Sekretariats verantwortlich ist. Er unterstützt den (die Vorsitzende) insoweit; das Sekretariat ist jedoch gem. Art. 75 Abs. 2 DS-GVO und Art. 14 Abs. 1 S. 2 EDSA-GO **ausschließlich an die Anweisungen des (der) Vorsitzenden gebunden**.

10 Hinsichtlich der **komplizierten Governancestruktur** zwischen dem EDSB, dessen Sekretariat den EDSA-Vorsitzenden unterstützt, und diesem selbst wurde ein **Memorandum of Understanding** (MoU) hinsichtlich der gegenseitigen Zusammenarbeit abgeschlossen,[7] das dem Grundsatz der Kollegialität Rechnung trägt (vgl. Art. 70 Rn. 9). Im MoU ist geregelt, dass es **zwischen beiden Bereichen** sowohl hinsichtlich der Mitarbeiter als auch hinsichtlich der Räumlichkeiten und des Internet- sowie E-Mail-Auftritts eine **strikte Trennung** gibt und dass das **Prinzip der Geheimhaltung** zwi-

---

6 Sic! Hier hätte m.E. ein „und/oder" oder ein „bzw." stehen müssen; es liegt wohl ein Redaktionsversehen vor.
7 https://edpb.europa.eu/node/58, zuletzt abgerufen am 2.1.2020.

schen beiden gewahrt wird, wenngleich man sich auch auf den **Grundsatz der Kollegialität** verpflichtet hat (Art. 6 des MoU).

Zur Stimmgewichtung im EDSA selbst: Der (die) Vorsitzende und seine (ihre) Stellvertreter haben, sofern nichts anderes bestimmt ist, keine stärker gewichtete Stimme im Ausschuss; eine andere Bestimmung trifft jedoch Art. 65 Abs. 3 S. 2 zum **Stichentscheid** (vgl. Rn. 14). **11**

2. Übermittlung von Beschlüssen (lit. b). Art. 74 Abs. 1 lit. b bezieht sich auf Art. 65 **12** Abs. 5, also das **Verfahren der verbindlichen Streitbelegung**. Über die letztgenannte Bestimmung hinausgehend bezieht er in die Pflicht zu einer unverzüglichen Übermittlung auch die Unterrichtung der zuständigen nationalen Aufsichtsbehörden und der Kommission mit ein.[8] Die „Unverzüglichkeit" ist wohl wie im BGB zu verstehen, also die Abwesenheit schuldhaften Zögerns.[9] Es müsste also ein entschuldigender Grund dafür vorliegen, warum der (die) Vorsitzende bzw. das ihn (sie) gem. Art. 75 unterstützende Sekretariat den entsprechenden Adressaten nicht unmittelbar nach der Sitzung informiert. Bezüglich des **Dringlichkeitsverfahrens nach Art. 66 DS-GVO** wird laut **Art. 13 Abs. 1 EDSA-GO** die Frist zur „unverzüglichen" Übersendung der Dokumente im **Streitbeilegungsverfahren nach Art. 65 Abs. 1 lit. a DS-GVO i.V.m. Art. 11 Abs. 2 EDSA-GO** und **Art. 65 Abs. 1 lit. b und c DS-GVO i.V.m. Art. 11 Abs. 2 EDSA-GO** (dazu nachfolgend Rn. 14) **auf zwei Wochen „verkürzt".** Im Umkehrschluss ist daraus zu folgern, dass – je nach Sachverhalt und ggf. Übersetzungsbedürfnis der eingereichten Dokumente – ein „Unverzüglich" i.S.d. DS-GVO und der EDSA-GO im Einzelfall auch mehr als zwei Wochen betragen kann.

3. Garantie der Rechtzeitigkeit (lit. c). Nach Art. 74 Abs. 1 lit. c ist es ebenso Funktion wie Pflicht des Vorsitzes, für eine schnellstmögliche Kommunikation zu sorgen (dazu auch lit. b) und für eine rechtzeitige Ausführung der Aufgaben des EDSA zu sorgen.[10] Ihm kommt die Verantwortung für die Wahrung der in der DS-GVO (und der Geschäftsordnung) festgelegten Fristen zu. **13**

Aus der **DS-GVO** ergeben sich folgende **Fristen**: **14**
- **Art. 64 Abs. 3 S. 2**: Abgabe der Stellungnahme; Frist: acht Wochen mit einer in S. 3 geregelten Verlängerungsmöglichkeit um weitere sechs Wochen;
- **Art. 64 Abs. 5 i.V.m. Art. 64 Abs. 3 S. 4**: Übermittlung des Beschlussentwurfs für Stellungnahmen; Übermittlung weiterer Informationen; Zeitpunkt: unverzüglich und auf elektronischem Wege (vgl. dazu Art. 64 Rn. 24 ff.);
- **Art. 64 Abs. 6 i.V.m. Art. 64 Abs. 1**: unverzügliche Übermittlung von Beschlüssen (vgl. auch Art. 74 Abs. 1 lit. b);
- **Art. 64 Abs. 7**: (Rück-)Äußerungsfrist für nationale Aufsichtsbehörden zu einer Stellungnahme als Element des Kohärenzverfahrens (hier kommt dem Ausschussvorsitzenden eine Art Garantenstellung für die Fristwahrung zu). Kommt es nicht zu einer Einigung, kommt sodann das Streitbeilegungsverfahren nach Art. 65 Abs. 1 zum Tragen (vgl. Art. 64 Rn. 37);

---

8 Auernhammer-*Hermerschmidt* Art. 74 Rn. 8 f.; Kühling/Buchner-*Dix* Art. 74 Rn. 6.
9 Auernhammer-*Hermerschmidt* Art. 74 Rn. 10.
10 Simitis/Hornung/Spiecker gen. Döhmann-*Schiedermair* Art. 74 Rn. 2.

- im **Streitbeilegungsverfahren nach Art. 65 Abs. 1 lit. a DS-GVO i.V.m. Art. 11 Abs. 2 EDSA-GO** und **Art. 65 Abs. 1 lit. b und c DS-GVO i.V.m. Art. 11 Abs. 2 EDSA-GO** ist eine „unverzügliche" Weiterleitung der entsprechenden (konsentierten und ggf. übersetzten) Dokumente durch das Sekretariat an die Ausschussmitglieder vorgesehen. Im **Dringlichkeitsverfahren nach Art. 66 DS-GVO** ist laut **Art. 13 Abs. 1 EDSA-GO** für diese Tätigkeiten verbindlich eine Frist von zwei Wochen vorgesehen;
- **Art. 65 Abs. 2 S. 1 und 2**: für das vorgenannte Verfahren der verbindlichen Streitbeilegung durch den Ausschuss; Frist: ein Monat (Abs. 2 S. 1) mit der Möglichkeit der Verlängerung um einen weiteren Monat (Abs. 2 S. 2);
- **Art. 65 Abs. 3**: weitere Verlängerung um zwei Wochen, danach gilt für die Annahme des Beschlusses die einfache Mehrheit (S. 1); zudem kommt dem Vorsitz dann der **Stichentscheid** zu (S. 2, vgl. dazu Art. 64 Rn. 15);
- **Art. 65 Abs. 4**: Sperrfrist für Entscheidungen in der vorgenannten Zeit; dem Ausschussvorsitzenden kommt insoweit eine Art Garantenstellung dafür zu, dass **keine** Beschlüsse innerhalb dieser Sperrfrist getroffen werden;
- **Art. 65 Abs. 5**: Unverzügliche Kenntnisgabe und ebensolche Veröffentlichung von Beschlüssen des Ausschusses.[11]

15 Aus der **Geschäftsordnung des EDSA** ergeben sich u.a. folgende Fristen:
- **Art. 39 EDSA-GO** legt übergreifend fest, dass zur **Berechnung** der in der DS-GVO und der EDSA-GO genannten Fristen und Termine die Verordnung EWG/Euratom Nr. 1182/71 des Rates vom 3. Juni 1971 anwendbar ist;
- zeichnet sich ab, dass die **Ausschussmitgliedschaft eines Vorstandsmitglieds vorzeitig endet**, so kann es nicht im Amt bleiben. Es hat dann gem. **6 Abs. 1 S. 2 EDSA-GO** zwei Monate im Voraus das Ende ihrer Amtsperiode als Leitung einer nationalen Aufsichtsbehörde anzuzeigen. Ist dieses nach den Rechtsvorschriften des jeweiligen Mitgliedstaats nicht möglich, so unterrichtet das jeweilige Vorstandsmitglied das Sekretariat „unverzüglich, nachdem die Ablösung als Leiter ihrer Aufsichtsbehörde bestätigt wurde" (**Art. 6 Abs. 1 S. 3 EDSA-GO**). Nach **Art. 6 Abs. 1 S. 4 EDSA-GO i.V.m. Art. 73 Abs. 2 DS-GVO** finden dann „sobald wie möglich Nachwahlen für ein neues Mandat statt";
- nach **Art. 29 EDSA-GO** verabschiedet der Ausschuss jeweils ein zweijähriges Arbeitsprogramm (Näheres ist dort nicht geregelt);
- nach **Art. 18 Abs. 1 EDSA-GO** sind die **ordentlichen Plenarsitzungen** spätestens drei Wochen vor der Sitzung von dem (der) Vorsitzenden einzuberufen;
- nach **Art. 18 Abs. 2 EDSA-GO** verkürzt sich die entsprechende Ladungsfrist **bei außerordentlichen Plenarsitzungen** auf mindestens eine Woche vor der Sitzung;
- nach **Art. 19 Abs. 1 EDSA-GO** ist bei **ordentlichen Plenarsitzungen** den Ausschussmitgliedern die Tagesordnung der Sitzung spätestens zwei Wochen vorher vom Sekretariat zu übermitteln;
- nach **Art. 25 Abs. 6 S. 1 EDSA-GO** soll der Koordinator der jeweiligen Fachgruppe zu Beginn eines jeden Jahres einen **Entwurf des Jahresplans** erstellen, in dem die Anzahl der Sitzungen und möglichst ausführliche Informationen zum Zeitplan und zu den zu behandelnden Punkten angegeben werden;

---

11 Vgl. zu allem auch Auernhammer-*Hermerschmidt* Art. 74 Rn. 16 ff.; vgl. auch Kühling/Buchner-*Dix* Art. 74 Rn. 7.

– nach **Art. 25 Abs. 9 EDSA-GO** sollen die **Fachgruppensitzungen** vom Koordinator zusammen mit dem Sekretariat und dem/den betreffenden Berichterstattern (und in Abstimmung mit den anderen Fachgruppen und dem bzw. der Vorsitzenden) „**mit ausreichendem Vorlauf geplant**" werden;
– nach **Art. 21 Abs. 1 EDSA-GO** übermittelt das Sekretariat spätestens drei Wochen nach jeder Plenarsitzung einen mit dem (der) Vorsitzenden abgestimmten Protokollentwurf an die Ausschussmitglieder. Das Protokoll wird in der nächsten Plenarsitzung genehmigt. Danach erstellt gem. **Art. 21 Abs. 4 S. 2 EDSA-GO** das Sekretariat direkt nach jeder Plenarsitzung eine (von dem oder der Vorsitzenden zu genehmigende) Aufgabenliste, die spätestens eine Woche den Ausschussmitgliedern sowie den Mitgliedern der Fachgruppen und den Berichterstattern zugeleitet wird.

4. Weitere Aufgaben. Über die hier genannten Kompetenzen hinaus hat der Vorsitz 16 des EDSA weitere Kompetenzen, Art. 74 Abs. 1 ist insoweit **nicht abschließend**.[12] Neben dem in Rn. 4 erwähnten **Stichentscheid im Kohärenzverfahren** (Art. 65 Abs. 3 S. 2) und der dort ebenfalls erwähnten **Vertretung des Ausschusses nach außen** (Art. 68 Abs. 2) betrifft dieses die mit Letzterer zusammenhängende **Unterrichtung der Kommission über die Tätigkeiten des Ausschusses** (Art. 68 Abs. 5 S. 3) und die **Weisungsbefugnis** gegenüber dem ihm unterstellten Personal des Sekretariats (Art. 75 Abs. 2).

In Art. 7 Abs. 1 EDSA-GO sind die Rechte und Pflichten des (der) Vorsitzenden und 17 seiner (ihrer) Stellvertreter nach Art. 74 und Art. 68 Abs. 2 DS-GVO näher spezifiziert. Er ist aufgrund von Art. 7 Abs. 1 S. 2 EDSA-GO an das Mandat des Ausschusses gebunden, kann aber einen stellvertretenden Vorsitzenden, ein Mitglied einer nationalen Aufsichtsbehörde oder ein Mitglied (besser: einen Mitarbeiter) des Sekretariats (etwa dessen **Leiter** nach Art. 14 Abs. 2 EDSA-GO) damit beauftragen, den **Ausschuss** in seinem bzw. ihrem (Vorsitzenden-)Namen **nach außen zu vertreten**. Hierüber hat der der oder die Vorsitzende die **Ausschussmitglieder** ebenso **zu unterrichten** wie über „geplante externe Aktivitäten und Kontakte" (Art. 7 Abs. 1 S. 3 EDSA-GO).

II. Interne Aufgabenverteilung (Abs. 2)

Die konkrete Aufgabenverteilung zwischen dem **Vorsitzenden und seinen beiden** 18 **Stellvertretern** ist laut Art. 74 Abs. 2 in der Geschäftsordnung (Art. 72 Abs. 2) vorzunehmen, was dort auch in Art. 7 Abs. 1 und 2 (aber eher rudimentär) geschehen ist. Laut Art. 7 Abs. 1 S. 2 EDSA-GO kann, wie erwähnt, der (die) Vorsitzende einen seiner (ihrer) Stellvertreter mit der **verbindlichen Wahrnehmung der Vorsitzendenaufgaben** in dessen (deren) Namen nach außen beauftragen, wenn er dieses den **Mitgliedern des EDSA mitteilt** (Art. 7 Abs. 1 S. 3 EDSA-GO). Nach Art. 7 Abs. 2 EDSA-GO legt der (die) Vorsitzende den **Geschäftsverteilungsplan** zwischen ihm (ihr) und den beiden Stellvertretern (nach Rücksprache mit diesen) fest, der als beschlossen gilt, wenn nicht ein Drittel der Mitglieder das Ausschusses diesem widerspricht.[13] Der (die) Vorsitzende kann zudem den Stellvertretenden Vorsitzenden gem. Art. 7 Abs. 2 S. 2 EDSA-GO die **Befugnis übertragen, Dokumente zu unterzeichnen**.

---

12 Auernhammer-*Hermerschmidt* Art. 74 Rn. 20.
13 Gola-*Nguyen* Art. 74 Rn. 5.

19 Art. 74 Abs. 2 betrifft seinem Wortlaut nach **nicht das Verhältnis zum EDSB und seinen Stellvertretern** (vgl. Rn. 1). Da sich die Funktionsfähigkeit des Europäischen Datenschutzregimes aber genau in der Abstimmung der Aufgaben und der Zusammenarbeit dieser Organe erweisen wird, ist es zweckmäßig, die zur **Förderung dieser Governancestruktur notwendigen ‚unterverordnungsrechtlichen, Bestimmungen** finden sich in dem oben in Rn. 10 genannten *Memorandum of Understanding* zwischen dem EDSA und dem EDSB (vgl. auch Art. 70 Rn. 9).[14]

C. Praxishinweise

20 Für **öffentliche Stellen** besteht mithin die Möglichkeit, über den deutschen Vertreter im Ausschuss Tagesordnungspunkte anzumelden.

21 Hinsichtlich der Möglichkeit für **nichtöffentliche Stellen**, zumindest über ihre Verbandsvertreter bei der Konsultation interessierter Kreise nach Art. 30 EDSA-GO gehört zu werden, vgl. Art. 72 Rn. 16. **Konsultationen werden in der Praxis auch über die Einstellung von Vorschlägen** (z.B. zu *Guidelines*) auf der **Website des EDSA** vorgenommen. Dort werden gem. Art. 38 EDSA-GO auch die **fertigen Dokumente** eingestellt.

22 Aufschluss über die Vorhaben des Ausschusses bringt auch das (wohl dort ebenfalls einzustellende) **Arbeitsprogramm des EDSA** nach Art. 29 EDSA-GO, das sich zumindest in den **auf die Website eingestellten Jahresberichten** (Art. 35 EDSA-GO) findet.

Artikel 75 Sekretariat

(1) Der Ausschuss wird von einem Sekretariat unterstützt, das von dem Europäischen Datenschutzbeauftragten bereitgestellt wird.

(2) Das Sekretariat führt seine Aufgaben ausschließlich auf Anweisung des Vorsitzes des Ausschusses aus.

(3) Das Personal des Europäischen Datenschutzbeauftragten, das an der Wahrnehmung der dem Ausschuss gemäß dieser Verordnung übertragenen Aufgaben beteiligt ist, unterliegt anderen Berichtspflichten als das Personal, das an der Wahrnehmung der dem Europäischen Datenschutzbeauftragten übertragenen Aufgaben beteiligt ist.

(4) Soweit angebracht, erstellen und veröffentlichen der Ausschuss und der Europäische Datenschutzbeauftragte eine Vereinbarung zur Anwendung des vorliegenden Artikels, in der die Bedingungen ihrer Zusammenarbeit festgelegt sind und die für das Personal des Europäischen Datenschutzbeauftragten gilt, das an der Wahrnehmung der dem Ausschuss gemäß dieser Verordnung übertragenen Aufgaben beteiligt ist.

(5) Das Sekretariat leistet dem Ausschuss analytische, administrative und logistische Unterstützung.

(6) Das Sekretariat ist insbesondere verantwortlich für
a) das Tagesgeschäft des Ausschusses,
b) die Kommunikation zwischen den Mitgliedern des Ausschusses, seinem Vorsitz und der Kommission,

---

14 https://edpb.europa.eu/node/58, zuletzt abgerufen am 2.1.2020.

c) die Kommunikation mit anderen Organen und mit der Öffentlichkeit,
d) den Rückgriff auf elektronische Mittel für die interne und die externe Kommunikation,
e) die Übersetzung sachdienlicher Informationen,
f) die Vor- und Nachbereitung der Sitzungen des Ausschusses,
g) die Vorbereitung, Abfassung und Veröffentlichung von Stellungnahmen, von Beschlüssen über die Beilegung von Streitigkeiten zwischen Aufsichtsbehörden und von sonstigen vom Ausschuss angenommenen Dokumenten.

– *ErwG: 140*

Übersicht

	Rn		Rn
A. Einordnung und Kontext	1	III. Abschluss einer Anwendungs-	
B. Kommentierung	3	vereinbarung (Abs. 4)	8
I. Einrichtung und Governance		IV. Aufgaben (Abs. 5 und 6)	11
des Sekretariats (Abs. 1 und 2)	3	C. Praxishinweise	13
II. Berichterstattung (Abs. 3)	7		

Literatur: *Nguyen* Die zukünftige Datenschutzaufsicht in Europa, ZD 2015, 265–270.

A. Einordnung und Kontext

Die rechtliche Konstruktion der Governancestruktur zwischen dem EDSA und dem EDSB war in den Ratsverhandlungen eines der umstrittensten Themen.[1] Es war abzusehen und auch durchaus gewünscht, dass der EDSA zur „**zentralen Europäischen Datenschutzbehörde**"[2] werden oder zumindest eine „nicht zu unterschätzende **strategische Rolle** im Gefüge der Zusammenarbeit zwischen den Aufsichtsbehörden"[3] etc. spielen wird. Gleichzeitig wollte man aber weder eine neue EU-Agentur schaffen[4] (obwohl dieses dogmatisch wie legitimatorisch die sauberste Lösung gewesen wäre[5]) noch dieses länger bei der Kommission ansiedeln (wo sich das Sekretariat der Art.-29-Datenschutzgruppe befand[6]). Da die Art.-29-Datenschutzgruppe aber ihrerseits Bedenken dagegen geltend machte,[7] wurde das Sekretariat nicht dem EDSB **unter**stellt, sondern wird von ihm „*bereit*gestellt" (dazu Rn. 3).[8] Der in Art. 15 EDSA-GO geregelte **Haushalt** des Ausschusses dient wohl (auch wenn nicht ausdrücklich so spezifiziert) der Finanzierung der Sekretariatsaufgaben und -mitarbeiter (vgl. auch Art. 68 Rn. 16). 1

Die gegenseitigen Rechte und Pflichten sowie das Verfahren der Zusammenarbeit zwischen dem EDSA und dem EDSB werden in einem **Memorandum of Understanding** (MoU) beider Organe vom 25.2.2018 (auf der Homepage des EDSA deutsch mit „Absichtserklärung" bezeichnet) geregelt (vgl. dazu nachfolgend die Rn. 8 ff. sowie 2

---

1 *Nguyen* ZD 2015, 265–270, 265; vgl. auch Kühling/Buchner-*Dix* Art. 75 Rn. 3.
2 Sydow-*Regenhardt* Art. 75 Rn. 1.
3 Auernhammer-*Hermerschmidt* Art. 75 Rn. 26.
4 Auernhammer-*Hermerschmidt* Art. 75 Rn. 2; Sydow-*Bartholomäus/Regenhardt* Art. 75 Rn. 5 m.w.N.
5 *Nguyen* ZD 2015, 265 f.; Sydow-*Bartholomäus/Regenhardt* Art. 75 Rn. 4.
6 Auernhammer-*Hermerschmidt* Art. 75 Rn. 2.
7 http://ec.europa.eu/justice/data-protection/article-29/documentation/other-document/files/2015/20150925_edpb_internal_structure.pdf, zuletzt abgerufen am 30.10.2017.
8 Vgl. Gola-*Nguyen* Art. 75 Rn. 1; Simitis/Hornung/Spiecker gen. Döhmann-*Schiedermair* Art. 75 Rn. 1 f.

Art. 70 Rn. 9 und Art. 74 Rn. 8).[9] Dieses trägt einen **interorganisatorischen Geschäftsordnungscharakter**. Hierbei geht es um die **Abgrenzung** zwischen denjenigen Aufgaben, die das Sekretariat für den EDSA erbringt, und denjenigen, die es als Sekretariat für den EDSB leistet (vgl. Art. 70 Rn. 8). Im MoU ist geregelt, dass es **zwischen beiden Bereichen** sowohl hinsichtlich der Mitarbeiter als auch hinsichtlich der Räumlichkeiten und des Internet- sowie E-Mail-Auftritts eine **strikte Trennung** gibt und dass das **Prinzip der Geheimhaltung** zwischen beiden gewahrt wird, wenngleich man sich in den in Teil III des MoU niedergelegten Prinzipien zugleich auf den Grundsatz der Kollegialität verpflichtet hat. Hierzu, und zur Wahrung des dort ebenfalls niedergelegten **Effizienzprinzips**, dienen auch die in Teil IV, Ziffer 4 niedergelegten **regelmäßigen Treffen der internen Datenschutzbeauftragten** des (Sekretariats des) EDSB und des (Sekretariats des) EDSA. Damit will man den in Teil V näher geregelten **Prinzipien der gleichzeitigen Kooperation** wie **Vertraulichkeit** (*„Cooperation and Confidentiality"*) Rechnung tragen.

B. Kommentierung

I. Einrichtung und Governance des Sekretariats (Abs. 1 und 2)

3   Unter „Bereitstellung" des Sekretariats durch den EDSB (Abs. 1) ist zum einen die **Einrichtung einer solchen Stelle** zu verstehen.[10] Zum anderen soll das Wort „bereitgestellt" die in Rn. 1 f. angesprochene, gewisse **Unabhängigkeit gegenüber dem EDSB**[11] und die in Abs. 2 näher beschriebenen Weisungsstränge zum Ausdruck bringen: Es ist von den Weisungen des EDSB unabhängig und nur dem EDSA unterstellt.[12] Zugleich ist aber jetzt schon abzusehen, dass es Überschneidungen zwischen dem Personal, das dem EDSB zuarbeitet, und demjenigen, das den EDSA unterstützt, geben wird,[13] auch wenn das oben in Rn. 2 erwähnte **MoU** vom 25.2.2018 eine bestmögliche Trennung und Geheimhaltung zwischen beiden Bereichen zum Inhalt hat.

4   Diese komplexe Governancestruktur hat ihre Vor- wie Nachteile: Zum einen beugt sie Informationsverlusten vor, zum anderen aber ist intensiv darauf zu achten, dass in der in Abs. 4 genannten Vereinbarung die Weisungsstränge (und damit verbunden auch die Fragen der Haftung) klar herausgearbeitet werden. Man hat dieses im **MoU** vom 25.2.2018 bestmöglich versucht, jedoch ist nach hiesiger Ansicht eine bloße „Absichtserklärung" zu schwach dazu. Man hätte dieses besser in der DS-GVO selbst geregelt.

5   Nach Abs. 2 gehen die Weisungen für die **Aufgabenerfüllung des EDSA** ausschließlich vom Vorsitz aus (also von dem bzw. der[14] Vorsitzenden oder dessen bzw. deren Stellvertretern, Art. 74 Abs. 1); dieses wird in Art. 14 Abs. 1 S. 2 EDSA-GO sogar noch

---

9   https://edpb.europa.eu/node/58, zuletzt abgerufen am 2.1.2020.
10 Auernhammer-*Hermerschmidt* Art. 75 Rn. 3.
11 Gola-*Nguyen* Art. 75 Rn. 3; Kühling/Buchner-*Dix* Art. 75 Rn. 1; Paal/Pauly-*Körffe* Art. 75 Rn. 2.
12 Auernhammer-*Hermerschmidt* Art. 75 Rn. 9; Kühling/Buchner-*Dix* Art. 75 Rn. 6.
13 Auernhammer-*Hermerschmidt* Art. 75 Rn. 6; Plath-*Roggenkamp* Art. 68–76 Rn. 10 f.
14 Hinsichtlich der Genusbildung wird – weil derzeit die Österreicherin *Andrea Jelinek* Vorsitzende des Datenschutzausschusses ist – in Klammern das weibliche Geschlecht hinzugefügt. Während die DS-GVO nur das männliche Geschlecht ausweist, wird es in der EDSA-GO unterschiedlich gehandhabt, vgl. Art. 73 Rn. 5. Da es sich derzeit (bei der Abfassung dieser Kommentierung) bei den beiden Stellvertretern um Männer handelt, wird hier das männliche Geschlecht beibehalten; dasselbe gilt für den EDSB.

enger nur auf den (bzw. die) **Vorsitzende(n)** zugespitzt. Diese(r) kann jedoch nach Art. 7 Abs. 2 S. 2 EDSA-GO ggf. einen seiner (ihre) Stellvertreter (oder beide) damit beauftragen, die Dokumente für ihn (sie) zu unterzeichnen (oder auch den ihm zuarbeitenden Leiter des Sekretariats nach Art. 14 Abs. 2 EDSA-GO i.V.m. Art. 7 Abs. 1 S. 2 EDSA-GO).

Durch das **MoU** vom 25.5.2018 werden die Aufgaben des EDSA und des EDSB schärfer voneinander abgegrenzt, so dass der eigentlich missverständlich formulierte[15] Art. 75 Abs. 2 deutlicher konturiert und damit verständlicher wird. **6**

II. Berichterstattung (Abs. 3)

Ähnliches wie soeben geschrieben gilt auch für Art. 75 Abs. 3: Das Personal des Sekretariats unterliegt dann, wenn es dem **EDSA** zuarbeitet, anderen Berichtspflichten, als wenn es Selbiges für den **EDSB** tut[16] (siehe auch erneut das vorerwähnte MoU v. 25.5.2018). **7**

III. Abschluss einer Anwendungsvereinbarung (Abs. 4)

Die **organisatorische Trennung** der in den Rn. 5 und 7 beschriebenen Aufgaben, die für die **Unabhängigkeit des Sekretariats** wichtig ist, wird durch eine **Vereinbarung** nach Art. 75 Abs. 4 sichergestellt, die es in der Form des in Rn. 1 ff. erwähnten MoU zwischen dem EDSA und dem EDSB vom 25.5.2018 auch seit dem Wirksamwerden der DS-GVO gibt. Wie ebenfalls erwähnt, ist diese als bloße „**Absichtserklärung**" (so die deutsche Übersetzung auf der Website des EDSA) **zu schwach**, um die notwendige Legitimation herzustellen. Hierbei handelt es sich um einen Konstruktionsfehler der DS-GVO, der nur durch eine Änderung bzw. Ergänzung wieder behoben werden kann. **8**

Die Entscheidung darüber, ob eine solche Vereinbarung abgeschlossen wird, treffen beide Organe, „soweit angebracht" (Abs. 4). Inwiefern ein MoU (als „Absichtserklärung") reicht, ist **legitimatorisch bedenklich** (auch wenn es in der unionsrechtlichen Praxis oftmals bei diesen MoUs bleibt[17]). Dass dem EDSA kein eigenes Sekretariat zugewiesen wurde, lässt sich nur damit erklären, dass es in den Trilog-Verhandlungen wohl nicht durchsetzbar war.[18] Diese Lösung ist nach hiesiger Ansicht ein **Konstruktionsfehler** der DS-GVO.[19] **9**

Dem zuvor erwähnten **MoU** vom 25.5.2018 kommt insoweit eine Art Geschäftsordnungscharakter (unter den in Rn. 8 und 9 beschriebenen Kautelen) zu (vgl. auch oben Rn. 1), da es die „Weisungsstränge und Berichtslinien"[20] aufgabenspezifisch näher **10**

---

15 So auch Kühling/Buchner-*Dix* Art. 75 Rn. 6; Simitis/Hornung/Spiecker gen. Döhmann-*Schiedermair* Art. 75 Rn. 4; Sydow-*Bartholomäus/Regenhardt* Art. 75 Rn. 6.
16 Dazu ausführlicher auch Kühling/Buchner-*Dix* Art. 75 Rn. 7.
17 Auernhammer-*Hermerschmidt* Art. 75 Rn. 17, vgl. Gola-*Nguyen* Art. 75 Rn. 3.
18 Sydow-*Bartholomäus/Regenhardt* Art. 75 Rn. 11; *Nguyen* ZD 2015, 265 f.
19 Unbehagen äußert auch Sydow-*Bartholomäus/Regenhardt* Art. 75 Rn. 11 f.; zu den möglichen Interessenkonflikten auch Auernhammer-*Hermerschmid* Art. 75 Rn. 14. Weniger Probleme damit hat wohl Ehmann/Selmayr-*Albrecht* DS-GVO Art. 75 Rn. 3.
20 Auernhammer-*Hermerschmidt* Art. 75 Rn. 17.

beschreibt. Die wesentlichen Fragen gehören indes in die VO selbst und sind demzufolge in den Abs. 5 und vor allem 6 näher (aber nach hiesiger Ansicht nicht hinreichend, s. Rn. 4) spezifiziert.

IV. Aufgaben (Abs. 5 und 6)

11 In Art. 75 Abs. 5 findet sich eine Art Generalklausel („Das Sekretariat leistet dem Ausschuss analytische, administrative und logistische Unterstützung"), die in Abs. 6 in Form von Regelbeispielen[21] („insbesondere") näher spezifiziert wird. Dabei kommt dem Sekretariat über das „Tagesgeschäft" (lit. a) hinaus eine **zentrale Scharnierfunktion**[22] zu: Es wickelt die Kommunikation zwischen den Mitgliedern des Ausschusses, seinem Vorsitz und der Kommission (lit. b) sowie die Kommunikation mit anderen Organen und mit der Öffentlichkeit (lit. c) ab. Darüber hinaus sorgt es für die Übersetzung sachdienlicher Informationen oder nimmt diese selbst vor (lit. e)[23] und bereitet sowohl die Sitzungen des Ausschusses vor und nach (lit. f) als auch die Stellungnahmen und Beschlüsse über die Beilegung von Streitigkeiten zwischen Aufsichtsbehörden und von sonstigen vom Ausschuss angenommenen Dokumenten (lit. g). Zu Näherem auch das vorerwähnte **MoU** vom 25.5.2018 sowie Art. 14 Abs. 1 EDSA-GO, der von **weiteren Bestimmungen der EDSA-GO** (z.B. deren Art. 17, Art. 18 Abs. 1. Art. 9 Abs. 1, Art. 21 Abs. 1, Art. 21 Abs. 4 S. 2) flankiert wird.

12 Es bedient sich dabei „elektronische[r] Mittel für die interne und die externe Kommunikation" (lit. d). Darunter ist nicht nur zu verstehen, dass es selbst nach Art eines „One-Stop-Shop[s]"[24] Informationen entgegennimmt und verteilt (vgl. auch § 71c VwVfG des Bundes), sondern auch, dass es die notwendigen Formate für eine standardisierte Kommunikation im Kohärenzverfahren nach Art. 64 Abs. 7 festlegt.[25] Nach Art. 17 EDSA-GO legt es dazu ein **internes Informations- und Kommunikationssystem** (gemeint ist wohl eine Art digitaler, cloudbasierter *Paper Room*) auf. Nach Art. 38 EDSA-GO hat der EDSA eine eigene Website, die in der Praxis vom Sekretariat gehostet wird.

C. Praxishinweise

13 Das Sekretariat hat – wie beschrieben – eine zentrale Scharnierfunktion. Es stellt auf der Website des Ausschusses gem. Art. 38 EDSA-GO die zentralen Dokumente wie den Jahresbericht, aber auch Online-Konsultationen zu geplanten *guidelines* zur Verfügung.[26]

---

21 Auernhammer-*Hermerschmidt* Art. 75 Rn. 19; Kühling/Buchner-*Dix* Art. 75 Rn. 10; Simitis/Hornung/Spiecker gen. Döhmann-*Schiedermair* Art. 75 Rn. 6.
22 Zu den Neuerungen vgl. auch Gola-*Nguyen* Art. 75 Rn. 5.
23 In welchem Umfang, wird noch festzulegen sein, vgl. Auernhammer-*Hermerschmidt* Art. 75 Rn. 23.
24 *Nguyen* ZD 2015, 265 f.
25 Auernhammer-*Hermerschmidt* Art. 75 Rn. 22, vgl. Gola-*Nguyen* Art. 75 Rn. 4.
26 https://edpb.europa.eu, zuletzt abgerufen am 2.1.2020.

Artikel 76 Vertraulichkeit

(1) Die Beratungen des Ausschusses sind gemäß seiner Geschäftsordnung vertraulich, wenn der Ausschuss dies für erforderlich hält.

(2) Der Zugang zu Dokumenten, die Mitgliedern des Ausschusses, Sachverständigen und Vertretern von Dritten vorgelegt werden, wird durch die Verordnung (EG) Nr. 1049/2001 des Europäischen Parlaments und des Rates[1] geregelt.

Übersicht

	Rn		Rn
A. Einordnung und Kontext	1	I. Vertraulichkeitsanforderungen	
I. Einordnung	1	(Abs. 1)	5
II. Normgenese und Materialien	2	II. Informationszugang (Abs. 2)	7
B. Kommentierung	5	C. Praxishinweise	10

Literatur: *Albrecht/Janson* Datenschutz und Meinungsfreiheit nach der Datenschutzgrundverordnung, CR 2016, 500; *Brauneck* Kein Zugang zu Dokumenten: Politische Handlungsspielräume der EU-Kommission in Gefahr?, NVwZ 2016, 489; *Härting* Starke Behörden, schwaches Recht – der neue EU-Datenschutzentwurf, BB 2012, 459; *Seckelmann* Transparenz als Legitimationsinstrument: das Beispiel der Liquid Democracy, Mehde/Seckelmann (Hrsg.), Zukunft der repräsentativen Demokratie, 2017, 163–175.

A. Einordnung und Kontext

I. Einordnung

In den beiden Absätzen der Norm spiegeln sich das Spannungsverhältnis, dem das Europäische Datenschutzrecht ausgesetzt ist: größtmögliche **Transparenz** auf der einen Seite (Abs. 2), größtmögliche **Vertraulichkeit** auf der anderen (Abs. 1).   **1**

II. Normgenese und Materialien

Von diesem **Spannungsverhältnis** war auch das Normsetzungsverfahren geprägt: Zum einen ist es funktionsnotwendig, dass nicht alles, was die Mitglieder des EDSA äußern, vollständig den Mitgliedstaaten bekannt wird, deren Datenschutzbehörden sie zugleich vorgehen[2] – denn sonst sind Kompromisse kaum noch möglich und es wird sozusagen nur noch „für das Protokoll" gesprochen.[3] Daher waren die Debatten Art.-29-Datenschutzgruppe vertraulich[4].[5]   **2**

Zum anderen aber stünde eine vollständige Abschirmung der Dokumente im Widerspruch zu der in Art. 76 Abs. 2 zitierten **Verordnung (EG) Nr. 1049/2001** des Europäischen Parlaments und des Rates vom 30. Mai 2001 über den Zugang der Öffentlichkeit   **3**

---

1 Verordnung (EG) Nr. 1049/2001 des Europäischen Parlaments und des Rates vom 30. Mai 2001 über den Zugang der Öffentlichkeit zu Dokumenten des Europäischen Parlaments, des Rates und der Kommission (ABl. L 145 vom 31.5.2001, S. 43).
2 Auernhammer-*Hermerschmidt* Art. 76 Rn. 7.
3 *Seckelmann* Transparenz als Legitimationsinstrument: das Beispiel der Liquid Democracy, Mehde/Seckelmann (Hrsg.), Zukunft der repräsentativen Demokratie, S. 163.
4 Art. 11 der Geschäftsordnung der Gruppe für den Schutz von Personen bei der Verarbeitung personenbezogener Daten v. 15.2.2010.
5 Simitis/Hornung/Spiecker gen. Döhmann-*Schiedermair* Art. 76 Rn. 1 f.; Sydow-*Regenhardt* Art. 75 Rn. 3; vgl. Kühling/Buchner-*Dix* Art. 76 Rn. 2.

zu Dokumenten des Europäischen Parlaments, des Rates und der Kommission (**Transparenzverordnung**).[6] Denn diese sieht – ebenso wie Art. 15 AEUV – grundsätzlich ein Recht auf Zugang zu den Dokumenten der EU vor (Näheres dazu in Rn. 7). So regelt es jetzt auch **Art. 32 Abs. 1 der EDSA-GO** vom 25.5.2018, die inzwischen in überarbeiteter Version vom 23.11.2018 vorliegt.[7] Danach sind die Dokumente des EDSA grundsätzlich öffentlich zugänglich, sofern der Ausschuss nichts anderes beschließt (dieses kann etwa der Fall sein, wenn Vertraulichkeit nach Art. 33 EDSA-GO geboten ist (dazu Rn. 5).

4 Beide Positionen hatten ihre Befürworter: Die Kommission setzte auf ein größeres Maß an **Vertraulichkeit**, das Parlament eher auf **Transparenz**.[8] Man einigte sich letztlich auf den in den beiden Absätzen des Art. 76 gefundenen Kompromiss, der ebenso pragmatisch ist wie niemanden so recht befriedigt.[9] Letztlich wird erneut – wie auch in anderen Bestimmungen der Art. 70 ff. – die endgültige Regelung der Geschäftsordnung nach Art. 72 Abs. 2 überlassen (vgl. jetzt ihre Art. 32 und 33; zu dieser auch Art. 72 Rn. 13–15).

B. Kommentierung

I. Vertraulichkeitsanforderungen (Abs. 1)

5 Daher enthält Abs. 1 auch keine unmittelbare Aussage über die Vertraulichkeit der Beratungen, sondern eine **Delegationsermächtigung**[10] an den **EDSA**, der dieses in seiner **Geschäftsordnung** (Art. 72 Abs. 2) zu regeln hat. Er ist dabei nicht ganz so frei, wie es der Wortlaut nahelegt: zumindest die **Beschäftigten des Sekretariats** unterliegen gem. Art. 339 AEUV i.V.m. Art. 43 Abs. 5 der VO (EG) 45/2001 der Verschwiegenheitspflicht als Amtspflicht, da das Sekretariat gem. Art. 75 Abs. 3 durch den Europäischen Datenschutzbeauftragten gestellt wird.[11] Nach Art. 32 Abs. 1 EDSA-GO sind die Dokumente des EDSA **grundsätzlich öffentlich zugänglich**, sofern der Ausschuss nichts anderes beschließt. Grund für letzteres kann sein, dass ein **Fall gebotener Vertraulichkeit** nach **Art. 33 EDSA-GO vorliegt** (vgl. auch Rn. 3). Vertraulich sind gem. Art. 76 Abs. 1, auf den Art. 33 Abs. 1 EDSA-GO ausdrücklich Bezug nimmt, die Beratungen des Plenums oder der Fachuntergruppen des EDSA immer dann, wenn sie eine (a) **bestimmte Person** oder (b) das **Kohärenzverfahren** betreffen oder wenn (c) der Ausschluss aus anderen Gründen Vertraulichkeit beschließt, etwa wenn die „Gespräche **internationale Beziehungen** betreffen und/oder die Nichtvertraulichkeit den Entscheidungsprozess der Einrichtung ernstlich beeinträchtigen würde", sofern nicht ein „**besonderes öffentliches Interesse** an einer Veröffentlichung" besteht (vgl. Art. 33 Abs. 1 lit. c EDSA-GO).

---

6 ABl. EG 2001 L 145, 43.
7 https://edpb.europa.eu/sites/edpb/files/files/file1/edpb_rop2_adopted_23112018_de.pdf, zuletzt abgerufen am 2.1.2020.
8 Auernhammer-*Hermerschmidt* Art. 76 Rn. 3; der Kommissionsentwurf findet sich eingehend gewürdigt bei Sydow-*Regenhardt* Art. 75 Rn. 4.
9 „[Z]wiespältig", vgl. *Härting* BB 2012, 459, 460.
10 Auernhammer-*Hermerschmidt* Art. 76 Rn. 4.
11 Auernhammer-*Hermerschmidt* Art. 76 Rn. 4; Gola-*Nguyen* Art. 76 Rn. 10; Kühling/Buchner-*Dix* Art. 76 Rn. 5.

Was die vom EDSA anzuhörenden Sachverständigen angeht sowie weitere Personen, die (wie Verbandsvertreter) an Ausschusssitzungen teilnehmen können, so werden die näheren Bestimmungen in der **Geschäftsordnung** getroffen; weitergehende Vorschläge der Kommission hatten sich (wie in Rn. 4 angesprochen) nicht durchsetzen können.[12] Die Geschäftsordnung regelt die Zulassung von **Beobachtern** (von EFTA- oder EWG-Mitgliedstaaten, vgl. Art. 8 EDSA-GO) und die Art und Weise der Einladung von **Sachverständigen, Gästen oder sonstigen externen Parteien** (Art. 9 EDSA-GO). Letztere können nach Art. 9 Abs. 1 und 2 EDSA-GO auf **Vorschlag eines Mitglieds des Ausschusses oder einer Fachuntergruppe** dann zugelassen werden, wenn die Mehrheit der Mitglieder des Ausschusses oder dessen Vorsitzende(r) keine Einwände erhebt. Sie sind gem. Art. 9 Abs. 1 und 2 EDSA-GO **im Protokoll** aufzuführen und unterliegen nach Art. 9 Abs. 4 EDSA-GO **denselben Vertraulichkeitsanforderungen wie die Mitglieder des Ausschusses selbst.** 6

II. Informationszugang (Abs. 2)

Die in Rn. 3 angesprochene, ausdrückliche Verweisung von Art. 75 Abs. 2 auf die **Verordnung (EG) Nr. 1049/2001** des Europäischen Parlaments und des Rates vom 30. Mai 2001 über den Zugang der Öffentlichkeit zu Dokumenten des Europäischen Parlaments, des Rates und der Kommission ist insoweit wichtig, als dass die **Transparenzverordnung** ihrem **Wortlaut nach auf Zugang zu den Dokumenten der EU-Organe beschränkt** ist.[13] Die Geltung für nachgeordnete oder besondere Einrichtungen der Union (wie das Sekretariat des EDSA) muss hingegen ausdrücklich angeordnet werden.[14] 7

Ausnahmen von der Transparenzpflicht sind nach Art. 4 der VO (EG) Nr. 1049/2001 dann anzunehmen, wenn dieses die Privatsphäre des Einzelnen oder der Schutz von Geschäftsgeheimnissen bzw. des Geistigen Eigentums gebieten.[15] 8

Die DS-GVO sieht auch an anderen Stellen **ausdrückliche Informationspflichten vor** (**Transparenzgebote**), etwa in ihrem Art. 64 Abs. 5 lit. b und Art. 65 Abs. 5, Art. 70 Abs. 3 und 4 und schließlich in ihrem Art. 71. Die Transparenzgebote erfordern dabei nicht nur den in Art. 76 Abs. 2 vorgesehenen Informationszugang, sondern auch **eine aktive Information der Öffentlichkeit** durch Einstellen von Dokumenten in das Internet.[16] Daher sieht die Geschäftsordnung des EDSA auch nicht nur ein Informationszugangsrecht nach Art. 32 (in den Grenzen des Art. 33) EDSA-GO vor (vgl. Rn. 5), sondern es sind auch alle vom EDSA angenommenen Dokumente gem. Art. 38 Abs. 1 EDSA-GO auf seiner **Website** eingestellt, sofern dieser nichts anderes beschließt. Einen Grund für einen anderweitigen Beschluss des EDSA können die in Rn. 5 genannten **Vertraulichkeitsaspekte nach Art. 33 EDSA-GO** darstellen. 9

---

12 Weiteres dazu bei Sydow-*Regenhardt* Art. 75 Rn. 5.
13 Auernhammer-*Hermerschmidt* Art. 76 Rn. 9; Kühling/Buchner-*Dix* Art. 76 Rn. 9; Gola-*Nguyen* Art. 70 Rn. 3.
14 So auch Auernhammer-*Hermerschmidt* Art. 76 Rn. 9.
15 Vgl. auch Gola-*Nguyen* Art. 76 Rn. 3; Sydow-*Regenhardt* Art. 75 Rn. 510.
16 Auernhammer-*Hermerschmidt* Art. 76 Rn. 10; Sydow-*Regenhardt* Art. 75 Rn. 8 ff.; Kühling/Buchner-*Dix* Art. 76 Rn. 6; vgl. Paal/Pauly-*Körffe* Art. 76 Rn. 2 f.

C. Praxishinweise

10 Erneut ist auf die **Website des EDSA** hinzuweisen. **Dort stellt der EDSA nach Art. 38 EDSA-GO** (Rn. 9) alle vom ihm angenommenen Dokumente ein, sofern er nichts anderes beschließt. Die Geschäftsordnung lässt letztlich offen, wer diese hostet, es wird aber das **in Art. 75 DS-GVO geregelte Sekretariat** sein, wobei das **MoU**, das der EDSA mit dem **EDSB** hinsichtlich der gegenseitigen Zusammenarbeit abgeschlossen hat,[17] regelt, dass zwischen beiden Organen Geheimhaltung herrscht, auch wenn das Sekretariat des EDSB dem Vorsitzenden des EDSA zuarbeitet (dazu im Einzelnen Art. 75 Rn. 1). In diesem das **MoU**, das der EDSA auf seine Homepage eingestellt hat,[18] finden sich zudem zahlreiche wertvolle Hinweise zur genauen Aufgabenverteilung und zum Selbstverständnis beider Organe. Das Verständnis des EDSA ist auch in Art. 3 EDSA-GO und zudem in seinen Jahresberichten niedergelegt, die ebenfalls auf seine Website eingestellt werden.[19]

---

[17] https://edpb.europa.eu/node/58, zuletzt abgerufen am 2.1.2020.
[18] https://edpb.europa.eu/node/58, zuletzt abgerufen am 2.1.2020.
[19] Zu finden u.a. unter https://www.zaftda.de/tb-europaeischer-datenschutzausschuss/716-1-jahresbericht-edsa-2018-16-07-2019-engl-fassung/file, zuletzt abgerufen am 2.1.2020.

Kapitel VIII
Rechtsbehelfe, Haftung und Sanktionen

Artikel 77 Recht auf Beschwerde bei einer Aufsichtsbehörde

(1) Jede betroffene Person hat unbeschadet eines anderweitigen verwaltungsrechtlichen oder gerichtlichen Rechtsbehelfs das Recht auf Beschwerde bei einer Aufsichtsbehörde, insbesondere in dem Mitgliedstaat ihres gewöhnlichen Aufenthaltsorts, ihres Arbeitsplatzes oder des Orts des mutmaßlichen Verstoßes, wenn die betroffene Person der Ansicht ist, dass die Verarbeitung der sie betreffenden personenbezogenen Daten gegen diese Verordnung verstößt.

(2) Die Aufsichtsbehörde, bei der die Beschwerde eingereicht wurde, unterrichtet den Beschwerdeführer über den Stand und die Ergebnisse der Beschwerde einschließlich der Möglichkeit eines gerichtlichen Rechtsbehelfs nach Artikel 78.

Übersicht

	Rn		Rn
A. Einordnung und Hintergrund	1	8. Unbeschadet weiterer Rechtbehelfe	17
I. DSRL und BDSG a.F.	2	9. Unentgeltliche, formlose und fristlose Beschwerde	18
II. Artikel-29-Datenschutzgruppe/ Beschlüsse des Düsseldorfer- Kreises und der DSK	3	II. Art. 77 Abs. 2	20
B. Kommentierung	4	1. Benachrichtigungspflicht der Behörde	20
I. Art. 77 Abs. 1	4	2. Zeitpunkt der Rechtsbehelfsbelehrung	21
1. Beschwerde bei einer „beliebigen" Aufsichtsbehörde	4	3. Rechtsbehelfsbelehrung bezüglich der zuständigen Behörde(n)	22
2. Zuständigkeitsdiffusion im föderalen Aufsichtssystem aus Sicht des Betroffenen	6	III. Pflicht zur Information über das Beschwerderecht	23
		IV. Regelungen im BDSG n.F.	24
3. Auseinanderfallen von Zuständigkeit für eine Beschwerde und Zuständigkeit für eine Maßnahme	7	C. Praxishinweise	25
		I. Relevanz für öffentliche Stellen	25
4. Originäre Befugnisse und Aufgaben der Behörde, bei der eine Beschwerde eingelegt wurde	8	II. Relevanz für nichtöffentliche Stellen	26
		III. Relevanz für betroffene Personen	27
5. Rechtsbehelf nur gegen die nach Art. 55 und 56 zuständige Behörde	10	IV. Relevanz für Aufsichtsbehörden	28
6. Kein Recht auf ein bestimmtes Tätigwerden der Aufsichtsbehörde	13	V. Relevanz für das Datenschutzmanagement	31
7. Beschwerdeberechtigung und -befugnis	14		

Literatur: *Härting/Flisek/Thiess* DSGVO: Der Verwaltungsakt wird zum Normalfall, CR 2018, 296.

Art. 77 Recht auf Beschwerde bei einer Aufsichtsbehörde

A. Einordnung und Hintergrund

1 Art. 77 eröffnet jedem Betroffenen das Recht, sich bei einer Aufsichtsbehörde über eine (mutmaßliche) Verletzung der DS-GVO zu beschweren. Der Kategorie nach liegt damit ein Petitionsrecht des Betroffenen vor.[1] Der Regelungsgehalt von Art. 77 i.V.m. Art. 78 Abs. 2 geht aber deutlich über das allgemeine Petitionsrecht aus Art. 17 GG bzw. aus Art. 8 Abs. 1 i.V.m. Abs. 3 GRCh hinaus.[2] Insbesondere erklärt Art. 77 Abs. 1 nahezu jede Behörde für die Bearbeitung einer Beschwerde zuständig (siehe Rn. 4), wenngleich daraus keine originäre Zuständigkeit zum Erlass von Maßnahmen folgt (siehe Rn. 8). Zudem wird die Behörde in Art. 77 Abs. 2 zu Mitteilungen gegenüber dem Betroffenen verpflichtet. Ferner sperrt das Beschwerderecht keine anderen Rechtsmittel (siehe Rn. 17). Art. 78 Abs. 2 stellt dem Betroffenen darüber hinaus einen Rechtsbehelf gegen die Untätigkeit von Behörden zur Verfügung (vgl. dazu die Kommentierung zu Art. 78).

I. DSRL und BDSG a.F.

2 Sowohl die DSRL (hier Art. 28 Abs. 4) als auch das BDSG a.F. (hier § 21) enthielten bereits spezialgesetzlich normierte Beschwerderechte, wobei sich § 21 BDSG a.F. nur auf Beschwerden über die Verarbeitung von personenbezogenen Daten durch öffentliche Stellen des Bundes bezog. Dennoch war in der Praxis schon bislang eine Vielzahl der Beschwerden auf die Datenverarbeitung bei nichtöffentlichen Stellen bezogen.[3] Inhaltlich gingen diese Normen kaum über das allgemeine Petitionsrecht nach Art. 17 GG hinaus.[4] Sämtliche Landesdatenschutzgesetze enthalten zudem ein Recht zur Beschwerde, das teilweise weiter als § 21 BDSG a.F. formuliert war.[5] Mit einem teilweise höheren Schutzumfang gilt Gleiches für die Landesdatenschutzgesetze.[6] Gerade in der jüngsten Praxis der Aufsichtsbehörden ist zu beobachten, dass die Anzahl an Beschwerden deutlich zugenommen hat (siehe Rn. 29), wobei sowohl Beschwerden gegenüber öffentlichen Stellen als auch Beschwerden gegenüber nichtöffentlichen Stellen gleichermaßen bearbeitet werden.

II. Artikel-29-Datenschutzgruppe/Beschlüsse des Düsseldorfer-Kreises und der DSK

3 Weder die Art.-29-Datenschutzgruppe noch der Düsseldorfer Kreis oder die DSK haben relevante Papiere über das Beschwerderecht veröffentlicht.

---

1 Siehe zum System der Betroffenenrechte *Franck* RDV 2016, 111 ff.
2 *EuGH* v. 6.10.2015 – C-362/14, MMR 2015, 753, 755, Rn. 58 – Safe Harbor; Kühling/Buchner-*Bergt* Art. 77 Rn. 4. Die GRCh ist gem. Art. 6 Abs. 1 EUV mit den Verträgen rechtlich gleichrangig und damit Bestandteil des Primärrechts der EU; vgl. Callies/Ruffert-*Kingreen* EUV Rn. 12.
3 Siehe zur bisherigen Praxis Rn. 29.
4 Es war zudem umstritten, inwieweit Art. 21 als Ausfluss von Art. 17 GG gedeutet werden konnte. Siehe hierzu BeckOK DatenSR-*Worms* § 21 BDSG Rn. 1 m.w.N.
5 Siehe zu Details BeckOK DatenSR-*Worms* § 21 BDSG Rn. 33.
6 Vgl. dazu Kommentierung zu § 21 BDSG.

B. Kommentierung

I. Art. 77 Abs. 1

1. Beschwerde bei einer „beliebigen" Aufsichtsbehörde. Der Betroffene kann sich an 4
eine beliebige Aufsichtsbehörde wenden, wobei nach ganz h.M. nicht erforderlich ist,
dass die Behörde gem. den allgemeinen Regeln für die Aufsicht des Betroffenen, Verantwortlichen oder des Auftragsverarbeiters zuständig ist.[7] Dies ergibt sich schon aus
dem klaren Wortlaut von Art. 77 (Beschwerde bei „einer" Aufsichtsbehörde). Im Vergleich dazu wird im allgemeinen Petitionsrecht typischerweise formuliert, dass eine
Beschwerde gegenüber der „zuständigen Stelle" möglich ist (vgl. Art. 17 GG). Dafür
spricht zudem Art. 4 Nr. 22 lit. c nach dem eine Aufsichtsbehörde, bei der eine
Beschwerde eingereicht wurde, zu einer betroffenen Aufsichtsbehörde wird (vgl.
Kommentierung dazu Art. 4). Dem entspricht auch die beispielhafte Aufzählung möglicher Adressaten einer Beschwerde in Art. 77 Abs. 1, nämlich die Aufsichtsbehörde
des Aufenthaltsortes oder des Arbeitsplatzes des Betroffenen sowie den Ort des
Datenschutzverstoßes. Dies zeigt deutlich, dass jegliche Behörde, deren örtliche
Zuständigkeit zumindest eine sachliche Beziehung zu einer Beschwerde aufweist –
und sei es lediglich der Wohnort des Beschwerdeführers –, die Beschwerde entgegenzunehmen und zu bearbeiten hat. Dies gilt selbst dann, wenn es sich um eine Aufsichtsbehörde in einem anderen EU-Land handelt, in dem ein Verantwortlicher nicht
tätig ist.[8]

Daraus lässt sich im Einklang mit ErwG 141 folgende Regel ableiten: Die Behörde, 5
die eine Beschwerde erhält (welche allenfalls irgendeinen sachlichen Bezug zum
Zuständigkeitsbereich der Behörde aufweist), muss die Bearbeitung der Beschwerde
beginnen. Sollte die Behörde, obgleich sie für die Beschwerde gem. Art. 77 Abs. 1
zuständig ist, nach Art. 55, 56 für den Erlass einer Maßnahme gem. Art. 58 gegenüber
einem bestimmten Verantwortlichen unzuständig sein (siehe hierzu Rn. 8), so muss die
Behörde den Vorgang an die zuständige(n) Behörde(n) für den (oder die gemeinsamen) Verantwortlichen weiterleiten (siehe § 21 Abs. 2 BDSG n.F.) und dies dem
Petenten mitteilen (Art. 77 Abs. 2).

2. Zuständigkeitsdiffusion im föderalen Aufsichtssystem aus Sicht des Betroffenen.
Während auf der einen Seite für Verantwortliche oder Auftragsverarbeiter, die 6
grenzüberschreitend personenbezogene Daten verarbeiten, unter dem Stichwort
„One-Stop-Shop" eine zentral zuständige Aufsichtsbehörde innerhalb von Europa
geschaffen wurde (vgl. dazu Kommentierung von Art. 56 Abs. 1), steht dem Betroffenen – jedenfalls im föderalen Deutschland[9] – auf der anderen Seite eine Vielzahl an
„möglicherweise" zuständigen Aufsichtsbehörden gegenüber. Dem betroffenen Bürger, der im Datenschutzrecht unkundig ist, kann nicht zugemutet werden, herauszufin-

---

7 Kühling/Buchner-*Bergt* Art. 77 Rn. 9; Paal/Pauly-*Körffer* Art. 77 Rn. 4; Gola-*Pötters/Werkmeister* Art. 77 Rn. 12; A.A. Plath-*Becker* Art. 77 Rn. 2, der meint, dass eine innerstaatlich unzuständige Behörde eine Beschwerde mit Verweis auf ihre Unzuständigkeit abweisen kann.
8 So überzeugend Gola-*Pötters/Werkmeister* Art. 77 Rn. 12, die ebenfalls auf einen „irgendwie gearteten" Bezug zu einem Mitgliedstaat abstellen.
9 Die meisten anderen EU Länder verfügen über eine zentrale Datenschutzaufsichtsbehörde. Derzeit existieren nur in Spanien neben der zentralen Aufsichtsbehörde noch regional zuständige Datenschutzbehörden für Katalonien und für das Baskenland.

Art. 77 Recht auf Beschwerde bei einer Aufsichtsbehörde

den, ob die Behörde an seinem Wohnsitz, an dem Sitz seines Arbeitgebers (oder der deutschen oder internationalen Muttergesellschaft des Arbeitgebers) oder dem Sitz eines Serverdienstleisters oder sonstigen Auftragsverarbeiters für seine Beschwerde zuständig ist. Neben den Kenntnissen über die Zuständigkeitsregeln wäre hierfür die Analyse der möglichen gemeinsamen Verantwortlichkeit gem. Art. 26 und der Auftragsverhältnisse gem. Art. 28 erforderlich (vgl. dazu die Kommentierung von Art. 55 zu Zuständigkeit bei Auftragsverarbeitung). Damit muss – vor diesem Hintergrund – aus Betroffensicht eher von einer Zuständigkeitsdiffusion gesprochen werden. Aus dieser Perspektive ist es zu begrüßen und zu verstehen, dass eine Beschwerde bei jeder Aufsichtsbehörde eingelegt werden kann.

7 **3. Auseinanderfallen von Zuständigkeit für eine Beschwerde und Zuständigkeit für eine Maßnahme.** Art. 77 begründet keine originäre Zuständigkeit zum Erlass von Maßnahmen. Vielmehr kann nur diejenige Behörde, die nach Art. 55 und 56 für die Befugnisse gem. Art. 58 im Hinblick auf einen Verantwortlichen/Auftragsverarbeiter zuständig ist, diesem gegenüber Maßnahmen erlassen. Nur die sachlich nach den allgemeinen Regeln zuständige Aufsichtsbehörde kann einer Beschwerde nachgehen, indem sie etwa Untersuchungen in Form von Datenschutzüberprüfungen durchführt (Art. 58 Abs. 1 lit. c). Daher ist es im Sinne einer praktischen Bearbeitung einer Beschwerde auch zwingend notwendig, dass Beschwerden an die nach Art. 55, 56 zuständigen Behörden weitergeleitet werden. Der nationale Gesetzgeber hat dies berücksichtigt und eine Verpflichtung zur Weiterleitung in § 21 Abs. 2 BDSG eingefügt.

8 **4. Originäre Befugnisse und Aufgaben der Behörde, bei der eine Beschwerde eingelegt wurde.** Auch nach der Abgabe der Beschwerde verbleiben bei der Behörde, bei der die Beschwerde ursprünglich eingelegt wurde, gewisse Befugnisse. Denn es handelt sich bei Art. 4 Nr. 22 lit. c um eine „betroffene" Aufsichtsbehörde, der im Rahmen des Kohärenzverfahrens (also der Zusammenarbeit zwischen der federführenden Aufsichtsbehörde und den anderen betroffenen Aufsichtsbehörden nach Art. 60) gewisse Aufgaben übertragen werden. Ihr werden etwa Beschlussentwürfe zur Stellungnahme vorgelegt (Art. 60 Abs. 3 S. 2). Es obliegt zudem der Aufsichtsbehörde, bei der eine Beschwerde eingereicht worden ist, dem Beschwerdeführer über den Beschluss einer federführenden Aufsichtsbehörde zu informieren (Art. 60 Abs. 7 S. 2). Abweichend von den üblichen Regelungen im Kohärenzverfahren erlässt die Aufsichtsbehörde, bei der eine Beschwerde eingereicht wurde, den Beschluss über die Ablehnung oder Abweisung der Beschwerde (Art. 60 Abs. 8). Auch für den Fall einer teilweisen Ablehnung sind Spezialvorschriften in Art. 60 Abs. 9 vorgesehen (vgl. dazu die Kommentierung von Art. 60). In Abweichung von den Grundregeln des One-Stop-Shop-Prinzips aus Art. 56 ist eine Aufsichtsbehörde, bei der eine Beschwerde eingereicht wurde (trotz einer Hauptniederlassung des Verantwortlichen in einem anderen EU-Staat), zuständig, wenn der Gegenstand nur mit einer Niederlassung in dem jeweiligen Mitgliedstaat zusammenhängt oder wenn ausschließlich betroffene Personen des jeweiligen Mitgliedstaats erheblich beeinträchtigt werden (Art. 56 Abs. 2).

9 Das oben Gesagte gilt jedenfalls ausdrücklich in einem internationalen Kontext. Teilweise wird vertreten, dass in einem rein nationalen Kontext im Rahmen der Abgabe des Verfahrens an eine andere nationale Behörde das Verfahren vollständig auf die zuständige Behörde übergeht und dass die abgebende Behörde das geführte Verfahren mit der Abgabenachricht an den Betroffenen endgültig schließen könne.[10] Hierfür gibt es jedoch keine gesetzliche Grundlage. Auch das BDSG n.F. enthält keine explizite Ausnahme für die Eigenschaft als betroffene Aufsichtsbehörde. Bei Uneinigkeiten der Aufsichtsbehörden innerhalb Deutschlands über die Zuständigkeit verfahren die Aufsichtsbehörden nach § 18 Abs. 2 und § 3 Abs. 3 und 4 des VwVfG.[11] Auch Regelungen zur Feststellung der federführenden Aufsichtsbehörde wurden getroffen.[12] Es verbleibt aber bei der Kompetenz der Aufsichtsbehörde, bei der Beschwerde eingelegt wurde, eine endgültige Entscheidung im Rahmen des Kohärenzverfahrens zu treffen (Art. 65 Abs. 6). Es liegt zudem nahe, dass die Beschwerde-Behörde auch durchgehend den Betroffenen nach Art. 60 Abs. 6–9 unterrichtet. Schließlich soll es gerade eine Erleichterung für den Bürger darstellen, sich eine Behörde für seine Beschwerde auszusuchen (z.B. die Wohnortnächste), um darauf zu vertrauen, dass diese Behörde bis zum Ende der Bearbeitung der Hauptansprechpartner des Bürgers bleibt.

5. Rechtsbehelf nur gegen die nach Art. 55 und 56 zuständige Behörde. Bislang waren im nationalen Datenschutzrecht keine Rechtsschutzmöglichkeiten gegen die Untätigkeit einer Datenschutzaufsichtsbehörde im Rahmen einer Beschwerde gegeben. Zwar gab es bislang auch spezialgesetzlich ausformulierte Beschwerderechte,[13] aber insbesondere im Fall der Untätigkeit der Datenschutzaufsichtsbehörde standen dem Petenten, auf Basis der Grundsatzrechtsprechung, dass ein Petitionsbescheid mangels Regelungswirkung keinen Verwaltungsakt darstelle, keine Rechtsbehelfe zu.[14] Eine Untätigkeitsklage nach § 75 VwGO gegen das Unterlassen der Bearbeitung einer Petition an eine Datenschutzaufsichtsbehörde wurde daher – mangels Vorliegen eines Verwaltungsaktes – als unzulässig abgewiesen.[15] Grundsätzlich war es immerhin mit einer Leistungsklage möglich, einen informatorischen Bescheid über die Art und Weise der Erledigung einer Petition zu erhalten.[16] 10

Art. 78 Abs. 2 legt nun fest, dass es in drei Fällen einen Rechtsbehelf geben muss: Falls die zuständige Behörde sich nicht mit der Beschwerde befasst (Alt. 1), den Petenten nicht innerhalb von drei Monaten über den Stand (Alt. 2) oder das Ergebnis (Alt. 3) unterrichtet (siehe zu den wirksamen Rechtsbehelfen Art. 78 Abs. 2 Rn. 45 ff.). 11

Ein Rechtsbehelf kann nach dem klaren Wortlaut von Art. 78 Abs. 2 aber nur bei der nach den Art. 55 und 56 zuständigen Behörde eingelegt werden. Strenggenommen besteht damit gegenüber einer Aufsichtsbehörde, bei der eine Beschwerde eingereicht wurde, die aber nicht nach Art. 55 und 56 für zumindest einen in der Beschwerde genannten Verantwortlichen zuständig ist, keine Rechtsschutzmöglichkeit bei verzögerter Bearbeitung der Beschwerde. Freilich wirkt dies wie ein Versehen, da doch selbst unzuständigen Behörden bei Einreichen einer Beschwerde als betroffene 12

---

10 Sydow-*Sydow* Art. 77 Rn. 23.
11 So ausdrücklich § 40 Abs. 2 BDSG n.F.
12 §§ 18 Abs. 2, 19 Abs. 1 S. 3, 40 Abs. 2 BDSG n.F.
13 Siehe etwa § 21 BDSG, § 29 Abs. 1 DSG Rlp.
14 *BVerwG* NJW 1977, 118.
15 *VG Neustadt (Weinstraße)* ZD 2016, 150, Rn. 13 und 14.
16 So *VG Neustadt (Weinstraße)* ZD 2016, 150, Rn. 16 unter Berufung auf *OVG NRW* NVwZ-RR 2015, 544 und *Hess. VGH* LKRZ 2013, 284.

Behörden besondere Aufgaben im Rahmen des Kohärenzverfahrens zukommen. Gegen eine analoge Anwendung von Art. 78 Abs. 2 spricht jedoch der klare Wortlaut, der mit seinem Verweis auf Art. 55 und 56 keinen Zweifel daran lässt, dass keine unbewusste Regelungslücke besteht.

13 **6. Kein Recht auf ein bestimmtes Tätigwerden der Aufsichtsbehörde.** Der Betroffene hat zwar ein Recht zur Beschwerde, jedoch nach dem Wortlaut von Art. 77 keinen ausdrücklichen Anspruch darauf, dass die Behörde bei der Bearbeitung des Anspruchs zu einem bestimmten Ergebnis gelangt.[17] Teilweise wird die Ansicht vertreten, dass Ermessen der Behörde sei eingeschränkt.[18] Jedenfalls spricht Art. 57 Abs. 1 lit. f, nach dem sich Aufsichtsbehörden mit Beschwerden befassen und den Gegenstand der Beschwerde „in angemessenem Umfang" untersuchen müssen, dafür, dass insgesamt kein Ermessen der Behörde dahingehend besteht, Beschwerden von vornherein aufgrund einer auf den ersten Blick angenommenen Bedeutungslosigkeit nicht zu bearbeiten.[19] Der Behörde steht jedoch – nach angemessener Untersuchung – ein Entschließungs- und Auswahlermessen zu. Dies gilt insbesondere auch für den Erlass von Bußgeldern (vgl. dazu die Kommentierung von Art. 83 Rn. 137 zum Ermessen).

14 **7. Beschwerdeberechtigung und -befugnis.** Jeder Betroffene ist beschwerdebefugt, soweit er „der Ansicht ist", dass in Bezug auf seine personenbezogenen Daten ein Verstoß gegen die DS-GVO vorliegt. Das notwendige Maß an Substantiierung des Rechtsverstoßes dürfte nach dieser Formulierung sehr niedrig anzusetzen sein.[20] Dies ist wiederum im Rahmen von Art. 57 Abs. 4 zu beachten, nach dem für die Bearbeitung von „offenkundig unbegründeten" Beschwerden eine Gebühr verlangt werden kann. Die Bearbeitung einer Beschwerde dürfte damit nur in äußerst seltenen Fällen von vornherein durch den Verweis auf eine Unzulässigkeit möglich sein. Als Beispiele werden Beschwerden genannt, die ersichtlich wider besseren Wissens oder beleidigender Absicht abgegeben werden oder wenn eine Verarbeitung personenbezogener Daten durch den Beschwerdegegner völlig ausgeschlossen ist.[21] Rechtsverletzungen müssen auch nicht etwa erst beendet sein, bevor eine Beschwerde möglich ist.[22] Dies ist vor allem im Hinblick auf den Charakter als Dauerdelikt einiger Verstöße gegen die DS-GVO wichtig.[23]

---

17 Gola-*Pötters/Werkmeister* Art. 77 Rn. 7; Ehmann/Selmayr-*Nemitz* Art. 77 Rn. 17.
18 So etwa in Kühling/Buchner-*Bergt* 1. Aufl. 2017, Art. 77 Rn. 17 f. Detailliert zu der gesamten Diskussion, *Härting/Flisek/Thiess* CR 2018, 296, 297.
19 So auch *Härting/Flisek/Thiess* CR 2018, 296, 297 und Sydow-*Sydow* 1. Aufl. 2017, Art. 77 Rn. 24 f.
20 So im Ergebnis auch Kühling/Buchner-*Bergt* Art. 77 Rn. 5, der aber allein entlang einer strengen Wortlautauslegung folgert, dass der Beschwerdeführer die tatsächliche Verarbeitung seiner personenbezogenen Daten durch den Beschwerdegegner darlegen muss. Ehmann/Selmayr-*Nemitz* Art. 77 Rn. 7 f.
21 Gola-*Pötters/Werkmeister* Art. 77 Rn. 14; Paal/Pauly-*Körffer* Rn. 77; leicht abweichend Kühling/Buchner-*Bergt* Art. 77 Rn. 17 f.
22 Kühling/Buchner-*Bergt* Art. 77 Rn. 12.
23 So etwa bezüglich des Dauerdeliktes „Nicht-Löschen" nach Art. 17, siehe *Keppeler/Berning* ZD 2017, 314, 319.

Der Beschwerdeführer muss seine Identität in dem Umfang nachweisen, der den Behörden eine Kontrolle seiner Berechtigung erlaubt.[24] Eine anonyme Beschwerde richtet sich demnach nicht nach Art. 77. Gleichwohl ist die Möglichkeit einer anonymen Beschwerde an keiner Stelle ausgeschlossen. Es obliegt dann jeweils der Behörde, ob und inwieweit (und in welchem Zeitraum) einer anonymen Beschwerde nachgegangen wird. 15

Art. 80 Abs. 1 erweitert das Beschwerderecht auf Verbände und Organisationen, die im Namen von Betroffenen aus eigenem Recht (Abs. 2) Beschwerde einreichen können. 16

8. Unbeschadet weiterer Rechtbehelfe. Das Recht zur Beschwerde aus Art. 77 Abs. 1 gilt „unbeschadet eines anderweitigen verwaltungsrechtlichen oder gerichtlichen Rechtsbehelfs". Das Beschwerderecht des Betroffenen wird dadurch systematisch von sämtlichen anderen Rechtsbehelfen entkoppelt. Ein Betroffener kann demnach parallel zu einer Beschwerde auf verwaltungsrechtlichem Weg vorgehen (etwa einen Drittwiderspruch einlegen) oder durch Klagen im gerichtlichen Weg seine Rechte verfolgen, ohne dass die Rechtsbehelfe durch eine parallel eingereichte Beschwerde bei einer Aufsichtsbehörde unzulässig werden könnten. Umgekehrt kann eine Behörde eine Beschwerde nicht mit dem Hinweis darauf abweisen, dass der Betroffene bereits einen anderen Rechtsbehelf in dieser Sache eingelegt hat oder einlegen könnte. Ob eine Behörde die weitere Bearbeitung einer Beschwerde ruhen lassen kann, bis durch ein gerichtliches Urteil in der gleichen Sache eine eindeutige Rechtslage geschaffen wurde, kann nur im Einzelfall beurteilt werden. Wenn eine klärende Entscheidung in zeitlicher Nähe konkret in Aussicht steht, dürfte es für die Behörde legitim sein, diese abzuwarten. 17

9. Unentgeltliche, formlose und fristlose Beschwerde. Aus Art. 57 Abs. 3 ergibt sich, dass die Datenschutzaufsichtsbehörden für die Bearbeitung von Beschwerden grundsätzlich keine Verwaltungsgebühr erheben dürfen. Das Erheben einer Gebühr ist allenfalls bei „offenkundig unbegründeten" oder „exzessiven Anfragen" gem. Art. 57 Abs. 4 möglich (siehe Kommentierung zu Art. 57 Rn. 126 ff.). 18

Eine Form ist für die Beschwerde nicht vorgesehen. Auch mündliche Beschwerden sind demnach möglich, wenn diese bei einer Behörde zu Protokoll genommen werden.[25] Im Übrigen wird nur gefordert, dass die Beschwerde als solche erkennbar ist; fehlende Sachverhaltsangaben muss die Behörde erfragen. Zur Erleichterung der Einreichung von Beschwerden sind die Datenschutzaufsichtsbehörden angehalten, ein Beschwerdeformular bereitzustellen, das auch auf elektronischem Weg ausgefüllt werden kann.[26] Mittlerweile haben alle Landesdatenschutzbehörden online ein Formular zur Verfügung gestellt, durch das direkt bei der Behörde eine Beschwerde eingereicht werden kann. Auf der Internetseite des Datenschutzbeauftragten der EU gibt es 19

---

24 Kühling/Buchner-*Bergt* Art. 77 Rn. 13; Plath-*Becker* Art. 77 Rn. 3 weitet die Nachweispflicht des Beschwerdeführers bzgl. seiner Identität auch darauf aus, dass die Behörde die Möglichkeit haben muss, zu prüfen, ob die Beschwerde durch den Beschwerdeführer willentlich auf den Weg gebracht wurde.
25 Gola-*Pötters/Werkmeister* Art. 77 Rn. 17.
26 ErwG 141; Kühling/Buchner-*Bergt* Art. 77 Rn. 11.

zudem ein in drei Sprachen vorliegendes Online-Beschwerdeformular.[27] An eine Frist ist die Beschwerde nicht gebunden.

II. Art. 77 Abs. 2

20 **1. Benachrichtigungspflicht der Behörde.** Abs. 2 verpflichtet die Behörde, den Beschwerdeführer über den Stand und die Ergebnisse der Beschwerde sowie über die Möglichkeit eines gerichtlichen Rechtsbehelfs nach Art. 78 zu unterrichten. Diese Unterrichtung muss nach Art. 57 Abs. 1 lit. f und ErwG 141 S. 2 in einem angemessenen Zeitraum geschehen.[28] Zur Bestimmung dieses Zeitraums kann Art. 78 Abs. 2 herangezogen werden, nachdem der Betroffene nach drei Monaten Klage erheben kann, wenn keine Unterrichtung über den Stand oder das Ergebnis der Beschwerde durch die Behörde erfolgt ist. Unabhängig davon, ob der zugrundeliegende Sachverhalt durchschnittlich komplex ist oder eine insgesamt längere Bearbeitungszeit benötigt, kann jedenfalls verlangt werden, dass innerhalb von drei Monaten eine Benachrichtigung erfolgt.[29] Der Gesetzgeber ging offenbar davon aus, dass eine Beschwerde grundsätzlich innerhalb von drei Monaten zu bearbeiten ist. Im Fall einer längeren Bearbeitung muss die Behörde in der oder den Zwischennachrichten auch den Grund für die verlängerte Bearbeitungsdauer angegeben.[30]

21 **2. Zeitpunkt der Rechtsbehelfsbelehrung.** Zu welchem Zeitpunkt die Behörde den Beschwerdeführer über die Möglichkeit eines gerichtlichen Rechtsbehelfs nach Art. 78 unterrichten muss, geht aus der Vorschrift nicht eindeutig hervor. Zu denken wäre einerseits an eine Unterrichtung erst bei Abschluss des Beschwerdeverfahrens, also bei Mitteilung des Ergebnisses. Andererseits könnte dies auch schon bei jeder Information über den aktuellen Stand möglich sein. Unter dem Gesichtspunkt einer effektiven und wirksamen Rechtsdurchsetzung ist diese Variante vorzugswürdig.[31] Eine Unterrichtung über die Möglichkeit einer Untätigkeitsklage muss innerhalb von drei Monaten erfolgen.

22 **3. Rechtsbehelfsbelehrung bezüglich der zuständigen Behörde(n).** Rechtsschutz ist möglich gegenüber der zuständigen Aufsichtsbehörde. Eine Behörde, bei der Beschwerde eingelegt wird, die aber nicht zum Erlass von Maßnahmen zuständig ist, muss demnach auf den Rechtsschutz gegen die zuständige(n) Aufsichtsbehörde(n) hinweisen.

III. Pflicht zur Information über das Beschwerderecht

23 Aufgrund der Zuständigkeit nahezu jeder Aufsichtsbehörde ist die Informationspflicht nach Art. 13 Abs. 2 lit. d wörtlich zu nehmen: Es muss über das Bestehen eines Beschwerderechts bei „einer Aufsichtsbehörde" informiert werden. Nach der Konzep-

---

27 Siehe https://edps.europa.eu/data-protection/our-role-supervisor/complaints/complaint-form_de, zuletzt abgerufen am 19.3.2018.
28 Vgl. dazu auch den entsprechenden Wortlaut des Art. 41 Abs. 1 der GRCh, der ebenfalls von einem „Recht darauf, dass [die] Angelegenheiten […] innerhalb einer angemessenen Frist behandelt werden […]" spricht.
29 Siehe zur Einteilung nach Komplexität Sydow-*Sydow* Art. 77 Rn. 33.
30 Sydow-*Sydow* Art. 77 Rn. 35.
31 A.A. Gola-*Pötters/Werkmeister* Art. 77 Rn. 19 mit dem Hinweis auf Art. 47 GRCh, der das Recht auf einen wirksamen Rechtsbehelf statuiert.

tion von Art. 77 wäre es bereits falsch, darauf hinzuweisen, dass sich der Betroffene bei der „zuständigen" Behörde beschweren kann. Die Nennung einer spezifischen Behörde verlangt der Wortlaut von Art. 13 ebenso wenig wie den Hinweis auf die elektronischen Beschwerdeformulare. Zusätzliche Erläuterungen sind gleichwohl gestattet, solange sie keine Irreführung in Bezug auf die Kernaussage (der Beschwerdemöglichkeit bei (irgend)einer Aufsichtsbehörde) bewirken. Gestattet ist es etwa auch, den Hinweis auf das Beschwerderecht dahingehend zu ergänzen, dass eine Beschwerde jederzeit auch gerne von dem entsprechenden Verantwortlichen entgegengenommen und zügig bearbeitet wird. Ein solcher Hinweis kann aus Sicht einer verantwortlichen Stelle hilfreich sein, um ggf. selbst auf Beschwerden zu reagieren, bevor diese zu einer Aufsichtsbehörde gelangen. (Zur Frage, in welchen Fällen die Hinweise nach Art. 13 Abs. 2 notwendig sind, siehe Kommentierung zu Art. 13 Rn. 45 ff.).

IV. Regelungen im BDSG n.F.

§ 60 BDSG regelt ein Beschwerderecht bezüglich der Datenverarbeitung von öffentlichen Stellen im Bereich der Richtlinie 2016/680 bzw. deren nationalen Umsetzung in §§ 45 ff. BDSG[32]. Das Beschwerderecht, welches die Vorgaben aus Art. 52 RL 2016/680 umsetzt, ist sehr ähnlich wie Art. 77 ausgestaltet, inklusive der Verpflichtung zur Unterrichtung über den Bearbeitungsstand (§ 60 Abs. 1 S. 2 BDSG), die Regelung zur Abgabe an die zuständige Aufsichtsbehörde (§ 60 Abs. 2) und die Rechtsschutzmöglichkeit (§ 61 BDSG). Über Art. 77 geht das Beschwerderecht aus § 60 BDSG nur in einer Aufforderung an die Behörden hinaus: Gem. Art. 52 Abs. 3 RL 2016/680 bzw. § 60 Abs. 2 S. 2 BDSG hat die Behörde, bei der Beschwerde eingelegt wird, selbst wenn sie das Verfahren an eine zuständige Behörde abgibt, den Beschwerdeführer weiter zu unterstützen. 24

C. Praxishinweise

I. Relevanz für öffentliche Stellen

Hierzu bestehen keine Angaben. 25

II. Relevanz für nichtöffentliche Stellen

Hierzu bestehen keine Angaben. 26

III. Relevanz für betroffene Personen

Die Möglichkeit für eine Beschwerde wird für den Betroffenen durch Onlineformulare, die Hinweispflicht aus Art. 13 Abs. 2 lit. d sowie die Möglichkeit einer Untätigkeitsklage gegen die zuständige Behörde erheblich erleichtert. Zudem kann keine Behörde die Bearbeitung einer Beschwerde ablehnen. Die Anzahl und die Bedeutung der Beschwerden bei Datenschutzaufsichtsbehörden werden auch in der Zukunft weiter steigen. Allein im Bezugszeitraum vom 25.5. bis 31.12.2018 haben den BfDI 3 064 Beschwerden nach Art. 77 DS-GVO erreicht.[33] In der anwaltlichen Praxis mehren sich zudem die „Drohungen" mit Beschwerden bei einer Aufsichtsbehörde. Nicht selten 27

---

32 BT-Drucks. 8/11325, S. 115.
33 27. Tätigkeitsbericht des BfDI von 2017–2018.

kommt es vor, dass ein enttäuschter Arbeitnehmer, ein gekündigter Lieferant oder ein unzufriedener Kunde im Rahmen eines Rechtstreits und insbesondere im Rahmen von Vergleichsverhandlungen zur Generierung einer stärkeren Verhandlungsposition mit der Einreichung einer Beschwerde bei einer Datenschutzaufsichtsbehörde droht.

IV. Relevanz für Aufsichtsbehörden

28 Zu Beginn der Geltung der DS-GVO seit dem 25.5.2018 stellte sich die Frage, ob die Ressourcen der Datenschutzaufsichtsbehörden ausreichen, um sämtliche künftige Beschwerden bearbeiten zu können. Erinnert sei an den Bericht des Hamburger Datenschutzbeauftragten Johannes Caspar v. 25.2.2016, der in der Presse aufgrund des Hinweises auf mangelnde Kapazitäten unterlassener Tätigkeiten auch als „Nicht-Tätigkeitsbericht" bezeichnet wurde.[34] Angesichts der Vielzahl neuer Aufgaben, nicht zuletzt in der Abstimmung mit anderen Datenschutzaufsichtsbehörden, erscheinen auch die von Roßnagel errechneten notwendigen Neueinstellungen wie ein Tropfen auf dem heißen Stein.[35]

29 Dies gilt vor allem vor dem Hintergrund, dass alle Datenschutzbehörden in ihren Tätigkeitsberichten auf den erhöhten Arbeitsaufwand aufgrund von allgemeinen Aufgaben und insbesondere aufgrund von Beschwerden hinweisen. Über die letzten Jahre und insbesondere im Jahr 2018 wurde insgesamt ein konstantes Wachstum an zu bearbeitenden Beschwerden und Beratungen festgestellt.[36] Die Anzahl der bei den Aufsichtsbehörden eingegangenen Beschwerden steigt kontinuierlich und hat sich bspw. in Hamburg 2018 im Vergleich zum Vorjahr verdoppelt.[37]

30 Dies hat seinen Grund unter anderem darin, dass erst seit Inkrafttreten der DS-GVO ein spezialgesetzliches Recht zur Beschwerde über die Datenverarbeitung einer nichtöffentlichen Stelle besteht (§ 21 BDSG a.F. regelte nur Beschwerden gegen öffentliche Stellen des Bundes).[38] Zudem hat die angebotene Möglichkeit der Online-Beschwerde das Datenschutzbewusstsein der Bürger geschärft und sich als probates Mittel erwie-

---

34 25. Tätigkeitsbericht Hamburg von 2014–2015; https://www.heise.de/newsticker/meldung/Hamburger-Datenschutzbeauftragter-listet-eigene-Defizite-auf-3028853.html, zuletzt abgerufen am 9.3.2018.

35 Gutachten *Roßnagel* online abrufbar unter: http://suche.transparenz.hamburg.de/dataset/gutachten-zum-zusaetzlichen-arbeitsaufwand-fuer-die-aufsichtsbehoerden-der-laender-durch-d-2017, zuletzt abgerufen am 9.3.2018.

36 27. Tätigkeitsbericht des BfDI von 2017–2018, S. 20; 34; Tätigkeitsbericht Baden-Württemberg von 2018, S. 128; 8; Tätigkeitsbericht des Bayerischen Landesamts für Datenschutz von 2017–2018, S. 15; Jahresbericht aus Berlin von 2018, S. 163; Tätigkeitsbericht Brandenburg von 2018, S. 112; 40; Jahresbericht Bremen von 2018, S. 10; 27; Tätigkeitsbericht Hamburg von 2018, S. 131; 6; Tätigkeitsbericht Mecklenburg-Vorpommern von 2018, S. 9; 24. Tätigkeitsbericht Niedersachsen von 2017–2018, S. 15; 24. Tätigkeitsbericht Nordrhein-Westfalen von 2018, S. 12; 25. Tätigkeitsbericht Rheinland-Pfalz von 2014–2015, S. 43; 15. Tätigkeitsbericht Sachsen-Anhalt von 6.5.–31.12.2018, S. 8; 37; Tätigkeitsbericht Schleswig-Holstein von 2019, S. 13; 1. Tätigkeitsbericht Thüringens zum Datenschutz nach der DS-GVO 2018, S. 22; Keine konkrete Angaben hingegen in: 47. Tätigkeitsbericht Hessen von 2018; 27. Tätigkeitsbericht Saarland von 2017–2018; 18. Tätigkeitsbericht Sachsen von 2015–2017.

37 27. Tätigkeitsbericht Hamburg von 2018, S. 131.

38 Wenngleich bereits vor Inkrafttreten der DS-GVO eine Vielzahl an Beschwerden faktisch bearbeitet wurden, siehe exemplarisch 26. Tätigkeitsbericht Saarland von 2015–2016, S. 129.

sen, Beschwerden einzureichen.[39] Ein Rückgang der Beschwerden lässt sich bisher nicht verzeichnen und ist auch nicht zu erwarten,[40]

V. Relevanz für das Datenschutzmanagement

Grundsätzlich gilt es in der Zukunft noch stärker als bisher, dass Beschwerden vermieden werden sollten. Hierbei ist an Beschwerden eines Betroffenen außerhalb und innerhalb einer Organisation zu denken. Gerade ein interner Beschwerdeführer, der seiner Beschwerde Insiderwissen zugrunde legt, kann für ein Unternehmen gefährlich werden. Vor diesem Hintergrund sollte genau erwogen werden, in welchen Fällen eine Information nach Art. 13 Abs. 2 lit. d gerügt wird. In der Praxis könnte es hilfreich sein, die Informationen über das Bestehen eines Beschwerderechts dahingehend zu ergänzen, dass auch der jeweils Verantwortliche jederzeit bereit ist, umgehend auf sämtliche Beschwerden einzugehen und zeitnah darauf zu reagieren. 31

Artikel 78   Recht auf wirksamen gerichtlichen Rechtsbehelf gegen eine Aufsichtsbehörde

(1) Jede natürliche oder juristische Person hat unbeschadet eines anderweitigen verwaltungsrechtlichen oder außergerichtlichen Rechtsbehelfs das Recht auf einen wirksamen gerichtlichen Rechtsbehelf gegen einen sie betreffenden rechtsverbindlichen Beschluss einer Aufsichtsbehörde.

(2) Jede betroffene Person hat unbeschadet eines anderweitigen verwaltungsrechtlichen oder außergerichtlichen Rechtbehelfs das Recht auf einen wirksamen gerichtlichen Rechtsbehelf, wenn die nach den Artikeln 55 und 56 zuständige Aufsichtsbehörde sich nicht mit einer Beschwerde befasst oder die betroffene Person nicht innerhalb von drei Monaten über den Stand oder das Ergebnis der gemäß Artikel 77 erhobenen Beschwerde in Kenntnis gesetzt hat.

(3) Für Verfahren gegen eine Aufsichtsbehörde sind die Gerichte des Mitgliedstaats zuständig, in dem die Aufsichtsbehörde ihren Sitz hat.

(4) Kommt es zu einem Verfahren gegen den Beschluss einer Aufsichtsbehörde, dem eine Stellungnahme oder ein Beschluss des Ausschusses im Rahmen des Kohärenzverfahrens vorangegangen ist, so leitet die Aufsichtsbehörde diese Stellungnahme oder diesen Beschluss dem Gericht zu.

– *ErwG: 141, 142, 143, 147*
– *BDSG n.F.: § 20*

Übersicht

	Rn		Rn
A. Einordnung und Hintergrund	1	4. Erwägungsgrund 147	10
I. Erwägungsgründe	1	II. BDSG n.F.	11
1. Erwägungsgrund 141 (S. 1, 3 und 4)		III. Normgenese und Umfeld	12
2. Erwägungsgrund 142	1	B. Kommentierung	17
3. Erwägungsgrund 143	2	I. Allgemeines	17
	3	II. Anwendungsbereich	19

---

[39] 34. Tätigkeitsbericht Baden-Württemberg von 2018, S. 130.
[40] Jahresbericht aus Berlin von 2018, S. 20.

	Rn			Rn
III. Abs. 1 Rechtsbehelfe gegen aufsichtsbehördliche Beschlüsse	20		aa) Alt. 1: Nichtbefassen	49
			bb) Alt. 2: Fehlende Unterrichtung	51
1. DS-GVO	20		c) Klagegegner	55
a) Aktivlegitimation	21		d) Klageziel	56
b) Rechtsverbindlicher Beschluss einer Aufsichtsbehörde	25		e) Verhältnis zu anderen Rechtsbehelfen	57
aa) Beschluss	26		2. BDSG n.F.	61
bb) Rechtsverbindlichkeit	30	V.	Abs. 3 Zuständigkeit	63
			1. DS-GVO	63
c) Klagegegner	33		a) Grundsatz	64
d) Verhältnis zu anderen Rechtsbehelfen	35		b) Vorlagepflicht	66
2. BDSG n.F.	40		2. BDSG n.F.	67
a) Klagegegner und Verfahrensbeteiligte	41	VI.	Abs. 4 Kohärenzverfahren	68
			1. DS-GVO	69
b) Entbehrlichkeit des Vorverfahrens	43		2. BDSG n.F.	72
		VII.	Verhältnis zum nationalen Prozessrecht	73
c) Unanwendbarkeit von § 80 Abs. 2 S. 1 Nr. 4 VwGO	44	C.	Praxishinweise	78
		I.	Relevanz für öffentliche Stellen	78
IV. Abs. 2 Rechtsbehelfe bei Untätigkeit der Aufsichtsbehörde	45	II.	Relevanz für nichtöffentliche Stellen	79
		III.	Relevanz für betroffene Personen	83
1. DS-GVO	45			
a) Aktivlegitimation	46	IV.	Relevanz für Aufsichtsbehörden	84
b) Untätigkeit der Aufsichtsbehörde	48	V.	Relevanz für das Datenschutzmanagement	87

Literatur: *Streinz (Hrsg.)* EUV/AEUV, 3. Aufl. 2018; *Wybitul* EU-Datenschutz-Grundverordnung in der Praxis – Was ändert sich durch das neue Datenschutzrecht, BB 2016, 1077.

A. Einordnung und Hintergrund

I. Erwägungsgründe

1 **1. Erwägungsgrund 141 (S. 1, 3 und 4).** Der ErwG 141 legt fest, dass und in welchen Fällen den Betroffenen ein gerichtlicher Rechtsbehelf zustehen sollte. Ein Rechtsbehelf soll danach jeder betroffenen Person zustehen, die ihre Rechte verletzt sieht oder deren Beschwerde unbearbeitet bleibt. Der ErwG spiegelt sich in Art. 78 Abs. 1 und 2 wieder, wobei dessen Abs. 1 noch darüber hinausgeht, indem nicht nur betroffene Personen i.S.v. Art. 4 Nr. 1 einen Rechtsbehelf einlegen können, sondern unter bestimmten Voraussetzungen auch juristische Personen. Die S. 3 und 4 sehen eine Unterrichtung des Betroffenen über Stand und (Zwischen-)Ergebnis seiner Beschwerde vor und bilden somit eine Vorstufe zu dem in Art. 78 Abs. 2 vorgesehenen Rechtsbehelf bei Untätigkeit der Aufsichtsbehörde, der (mit seiner 2. Alt.) in Ermangelung ebendieser Unterrichtung eingreift. Zudem enthält der ErwG in S. 1 auch Aussagen zur

Zuständigkeit der Aufsichtsbehörde im Fall einer Beschwerde, was wiederum beeinflusst, welches Gericht für einen (nachfolgenden) gerichtlichen Rechtsbehelf zuständig ist[1].

2. Erwägungsgrund 142. Der ErwG 142 korrespondiert mit der Frage nach der Aktivlegitimation zur Einlegung gerichtlicher Rechtsbehelfe. Diese ist nach Art. 78 grundsätzlich den Betroffenen vorbehalten. Darüber hinaus wird hier eine Verbandsklagemöglichkeit vorgesehen, die in Art. 80 aufgegriffen wird und somit die Rechtsbehelfe des Art. 78 erweitert.

3. Erwägungsgrund 143. Der ErwG 143 geht näher auf die verschiedenen gerichtlichen Rechtsbehelfe im Zusammenhang mit aufsichtsbehördlichen Beschlüssen ein und betrifft daher nur Art. 78 Abs. 1.

Der ErwG ist in zwei Absätze aufgeteilt, wobei der erste sich mit den Rechtsschutzmöglichkeiten der Betroffenen und der zweite mit den Möglichkeiten des Gerichts befasst.

S. 1–3 betreffen den Fall, dass ein Kohärenzverfahren vor dem Europäischen Datenschutzausschuss (EDSA – Gemeinsames Gremium der mitgliedstaatlichen Aufsichtsbehörden und des Europäischen Datenschutzbeauftragten und Nachfolgegremium der Art.-29-Datenschutzgruppe) angestrengt wurde und dieser einen Beschluss gefasst hat, an den die Aufsichtsbehörde im Rahmen ihrer eigenen Beschlussfassung gebunden ist. Als Akt eines Unionsorgans kann dieser Ausschussbeschluss durch den Betroffenen unmittelbar vor dem EuGH mit der Nichtigkeitsklage gem. Art. 263 AEUV angefochten werden.

S. 4–9 betreffen dagegen die Rechtsschutzmöglichkeiten vor nationalen Gerichten. Diese bestehen gegen jegliche rechtlich bindenden aufsichtsbehördlichen Beschlüsse, unabhängig davon, ob ihnen ein Kohärenzverfahren vorausgegangen ist oder nicht.

S. 5 des ErwG kann als Auslegungshilfe herangezogen werden, um im Einzelfall festzustellen, ob eine aufsichtsbehördliche Maßnahme einen rechtsverbindlichen Beschluss darstellt und folglich mit dem Rechtsbehelf nach Art. 78 Abs. 1 angefochten werden kann.

S. 7–9 beschäftigen sich mit der Zuständigkeit der Gerichte im Falle des Rechtsschutzes gegen Beschlüsse der Aufsichtsbehörden. Die Zuständigkeitsregelung findet sich in Art. 78 Abs. 3 wieder, der auf eine Aufspaltung nach Beschlüssen über die Ablehnung einer Beschwerde (S. 9) und sonstigen Beschlüssen (S. 7) verzichtet und die Zuständigkeit einheitlich regelt. Der ErwG enthält darüber hinaus Aussagen zur Reichweite der Zuständigkeit, insbesondere den Grundsatz der umfassenden Prüfung aller Sach- und Rechtsfragen, sowie zur grundsätzlichen Anwendbarkeit des nationalen Prozessrechts.[2]

Das erkennende nationale Gericht hat die Möglichkeit, eine Frage über die Auslegung der DS-GVO sowie die Frage der Gültigkeit oder Nichtigkeit eines Beschlusses des Ausschusses dem EuGH zur Vorabentscheidung gem. Art. 267 AEUV vorzulegen, umgesetzt in Art. 80.

---

1 Denn die gerichtliche Zuständigkeit richtet sich nach dem Sitz der Aufsichtsbehörde, vgl. Art. 78 Abs. 3.
2 Ausführlich unten Rn. 83 ff.

Schneider

10 **4. Erwägungsgrund 147.** Der ErwG 147 behandelt das Verhältnis der Rechtsbehelfe der DS-GVO bzw. der darin enthaltenen Vorschriften zur Gerichtsbarkeit zu den allgemeinen Vorschriften des EU-Rechts zur Gerichtsbarkeit, insbesondere zur EuGVVO (VO [EU] Nr. 1215/2012). Danach sollen die allgemeinen Vorschriften der Anwendung der in der DS-GVO enthaltenen Spezialvorschriften nicht entgegenstehen. Daraus folgt, dass der Unionsgesetzgeber davon ausging, dass die Vorschriften der DS-GVO insoweit vorrangig sind und die allgemeinen Vorschriften verdrängen.

II. BDSG n.F.

11 § 20 BDSG konkretisiert die durch Art. 79 bereits unmittelbar geltenden Vorgaben hinsichtlich der Gewährleistung gerichtlichen Rechtsschutzes und füllt die den Mitgliedstaaten überlassenen Regelungsbereiche aus.

III. Normgenese und Umfeld

12 In der DSRL sind vergleichbar detaillierte Regelungen nicht vorgesehen. Art. 28 Abs. 3 DSRL beschränkt sich insoweit auf einen allgemeinen Verweis, dass gegen „beschwerende Entscheidungen der Kontrollstelle" der Rechtsweg offenstehe. Insoweit macht Art. 78 weit umfänglichere Ausführungen zu den Voraussetzungen für und die Anforderungen an einen solchen Rechtsweg.

13 Art. 78 stellt dabei ein Bindeglied zwischen dem Beschwerderecht bei der Aufsichtsbehörde nach Art. 77 und den Rechtsbehelfen gegen die für die Verarbeitung Verantwortlichen nach Art. 79 dar.[3]

14 Dabei bedient sich Art. 78 der etwas ungewöhnlichen Methodik, einer **umsetzungsbedürftigen Verordnungsbestimmung**[4], die zwar unmittelbar in den Mitgliedstaaten gilt, aber einen eher allgemeinen prozessualen Rahmen schafft, der in das nationale Recht der Mitgliedstaaten einzugliedern ist. Diese Funktion erfüllt im deutschen Recht § 20 BDSG, der insgesamt auf die Regelungen der VwGO verweist, jedoch hiervon einzelne Abweichungen vorsieht.

15 Art. 78 Abs. 1 lässt anderweitige Rechtsbehelfe unbeschadet und begründet damit **keinen Exklusivitätsanspruch**. In Art. 74 Abs. 1 des Kommissionsentwurfes war diese Öffnung für Sonderwege der Mitgliedstaaten noch nicht vorgesehen.

16 Art. 74 Abs. 4 und 5 des Kommissionsentwurfes sah Regelungen zur Zuständigkeit der Aufsichtsbehörde sowie zur Vollstreckung aufsichtsbehördlicher Entscheidungen bei grenzüberschreitenden Sachverhalten vor. Auch diese Regelungen wurden in die DS-GVO nicht übernommen.

B. Kommentierung

I. Allgemeines

17 Die Vorschrift verpflichtet die Mitgliedstaaten zur **Schaffung von Rechtsschutzmöglichkeiten gegen aufsichtsbehördliche Entscheidungen** und stellt im Verhältnis zu den Aufsichtsbehörden eine Ausprägung des Rechts auf einen wirksamen Rechtsbehelf

---

3 Ehmann/Selmayr-*Nemitz* Art. 78 Rn. 4.
4 Sydow-*Sydow* Art. 78 Rn. 8.

dar[5]. Dieses ist primärrechtlich für den grundrechtsrelevanten Bereich in Art. 47 GRCh verankert. Art. 78 konkretisiert hierzu die Mindeststandards, die durch die Mitgliedstaaten zu erfüllen sind.

Die Norm enthält **zwei separate Rechtsbehelfe.** Eine allgemeine Rechtsschutzmöglichkeit bei Selbstbetroffenheit in Abs. 1 sowie, in Abs. 2, Rechtsschutz bei Untätigkeit der Aufsichtsbehörde nach einer Beschwerde gem. Art. 77. 18

II. Anwendungsbereich

Die Vorschrift verleiht dem Betroffenen gegen Entscheidungen (Abs. 1) oder Untätigkeit (Abs. 2) der Aufsichtsbehörde einen Anspruch auf Zugang zu Gericht. 19

III. Abs. 1 Rechtsbehelfe gegen aufsichtsbehördliche Beschlüsse

1. DS-GVO. Abs. 1 enthält das Recht auf einen gerichtlichen Rechtsbehelf gegen rechtsverbindliche Beschlüsse der Aufsichtsbehörden, der durch die Mitgliedstaaten nach Maßgabe von Art. 78 näher auszugestalten ist. 20

a) **Aktivlegitimation.** Der Rechtsbehelf nach Abs. 1 steht jeder natürlichen oder juristischen Person zu, die von einem rechtsverbindlichen Beschluss der Aufsichtsbehörde betroffen ist. Damit ist der Rechtsbehelf in persönlicher Hinsicht **weiter** als die Rechte des Abs. 2 sowie der Art. 77 und 79, die jeweils nur der „betroffenen Person" i.S.v. Art. 4 Nr. 1 ein Beschwerde- bzw. Klagerecht einräumen. 21

Der Rechtsbehelf nach Abs. 1 kann sowohl dem von der Datenverarbeitung Betroffenen als auch dem Verantwortlichen oder Auftragsverarbeiter zustehen. Beide Begriffe sind in Art. 4 Nr. 7 und Nr. 8 legaldefiniert und erfassen private wie auch öffentliche Stellen. 22

Von einem Beschluss **betroffen** ist jede Person, der gegenüber der Beschluss Rechtswirkungen entfaltet (vgl. ErwG 143). Betroffenheit setzt voraus, dass der Beschluss eine belastende Wirkung hat, mithin Rechte des Klägers einschränkt oder sich in sonstiger Weise negativ auf diese sowie ihre Durchsetzbarkeit auswirkt. Der Begriff entspricht weitgehend dem Begriff der Klagebefugnis aus § 42 Abs. 2 VwGO[6], der nach § 20 Abs. 2 BDSG insoweit auch unmittelbare Anwendung im Verfahren findet. 23

Betroffen ist einerseits der Adressat eines Beschlusses, kann aber – da das Europarecht eine belastende **Drittwirkung** grundsätzlich kennt[7] – auch ein Dritter sein, auf den der Beschluss (mittelbar) rechtliche Auswirkungen hat[8]. 24

b) **Rechtsverbindlicher Beschluss einer Aufsichtsbehörde.** Art. 78 Abs. 1 ermöglicht ein gerichtliches Vorgehen des in seinen Rechten Betroffenen gegen belastende, rechtsverbindliche Beschlüsse der Aufsichtsbehörden. Klagegegner ist auch bei Beteiligung mehrerer Aufsichtsbehörden daher stets diejenige, die den streitgegenständlichen Beschluss erlassen hat[9]. 25

---

5 Gola-*Pötters/Werkmeister* Art. 78 Rn. 2.
6 Plath-*Becker* Art. 78 Rn. 2; Gola-*Pötters/Werkmeister* Art. 78 Rn. 6.
7 *EuGH* v. 7.1.2004 – C-201/02, NVwZ 2004, 593, 596.
8 BeckOK DatenSR-*Mundil* Art. 78 Rn. 10.
9 Siehe unten Rn. 37 f.

26 **aa) Beschluss.** Der Begriff des **Beschlusses** wird in der DS-GVO nicht definiert und ist daher **autonom auszulegen.** Das Europarecht verwendet ihn insbesondere in Art. 288 AEUV. Der „Beschluss" im Sinne der DS-GVO ist indes mit dem primärrechtlichen Begriff nicht identisch, da dieser eine Entscheidung eines EU-Organs voraussetzt, während es im Rahmen von Art. 78 um Entscheidungen (in der englischen Fassung „decisions") der mitgliedstaatlichen Aufsichtsbehörden geht.

27 Diese Entscheidungen werden in Deutschland zwar häufig in Form eines Verwaltungsaktes ergehen, jedoch setzt dies die DS-GVO nicht zwingend voraus. Die Auslegung des europarechtlichen Begriffs darf daher nicht zu eng an der Auslegung nationaler Rechtsbegriffe ausgerichtet werden, da sonst das Ziel der DS-GVO untergraben würde, das Datenschutzrecht zu vereinheitlichen und einen einheitlichen Rechtsschutz zu etablieren.

28 Eine Auslegung nach Art. 288 AEUV in der Form eines individualgerichteten Beschlusses liegt daher näher. Ein Beschluss i.S.d. DS-GVO ist somit jede verbindliche Maßnahme einer Aufsichtsbehörde gegenüber einem bestimmten oder bestimmbaren Adressaten bzw. Adressatenkreis[10].

29 Aufgrund der Nähe dieser Definition zu der des Verwaltungsakts[11] wird eine Maßnahme, die nach deutschem Recht einen Verwaltungsakt darstellt in aller Regel auch als Beschluss i.S.v. Art. 78 Abs. 1 zu qualifizieren sein. Daher kann sich bei der Rechtsanwendung zunächst an diesem bekannten Begriff orientiert werden. Umgekehrt ergeht jedoch nicht jeder Beschluss in Deutschland zwingend auch als Verwaltungsakt.

30 **bb) Rechtsverbindlichkeit.** Das Klageverfahren nach Abs. 1 setzt das Vorliegen einer **rechtsverbindlichen Maßnahme einer Aufsichtsbehörde** voraus. Das Erfordernis der Rechtsverbindlichkeit lässt sich zudem klarstellend bereits dem Wortlaut der Norm entnehmen. Damit knüpft der europäische Gesetzgeber den Rechtsschutz gegen eine Maßnahme ausdrücklich an deren Rechtsverbindlichkeit[12]. Gegen rechtsunverbindliche Maßnahmen muss es nicht zwingend Rechtsschutz geben.

31 Den Ausgangspunkt für die Auslegung des Begriffes der Rechtsverbindlichkeit bildet ErwG 143, der einen Rechtsbehelf gegen solche Beschlüsse der Aufsichtsbehörde fordert, die gegenüber einer Person Rechtswirkungen entfalten. Beispielhaft werden die Ausübung von Untersuchungs-, Abhilfe- und Genehmigungsbefugnissen sowie die Ablehnung oder Abweisung von Beschwerden aufgezählt. Auch wenn die DS-GVO insoweit nur von einer Klage auf Nichtigkeit – also einer Anfechtungssituation – ausgeht, ist auch eine Verpflichtungsklage auf Grundlage von Art. 78 Abs. 1 möglich, wenn ein aufsichtsbehördlicher Genehmigungsvorbehalt besteht[13].

32 Für die Frage der Rechtsverbindlichkeit ist grundsätzlich ohne Belang, ob es sich um eine abschließende Entscheidung handelt[14]. Es kommt nach den in ErwG 143 durch den europäischen Gesetzgeber gemachten Aussagen vielmehr allein darauf an, ob die Maßnahme geeignet ist, (nachteilige) Auswirkungen auf die Rechte des Betroffenen zu haben[15].

---

10 Streinz-*Schröder* Art. 288 Rn. 121, 123, 125.
11 Plath-*Becker* Art. 78 Rn. 2.
12 BeckOK DatenSR-*Mundil* Art. 78 Rn. 5.
13 Sydow-*Sydow* Art. 78 Rn. 24.
14 Paal/Pauly-*Körffer* Art. 78 Rn. 3; vgl. bereits oben die Ausführungen zu ErwG 143.
15 BeckOK DatenSR-*Mundil* Art. 78 Rn. 5; Paal/Pauly-*Körffer* Art. 78 Rn. 3.

c) Klagegegner. Aus dem BDSG n.F. ergibt sich, dass der Rechtsbehelf **unmittelbar** 33
gegen die Behörde und nicht ihren Rechtsträger zu richten ist[16]. Gegen welche Aufsichtsbehörde der Betroffene vorgehen kann oder muss, ergibt sich daraus indes nicht.

Der Rechtsbehelf nach Abs. 1 ist stets gegen die Aufsichtsbehörde zu richten, die den 34 angegriffenen Beschluss erlassen hat, da dies die Aufsichtsbehörde ist, die (möglicherweise) die Rechte des Klägers beeinträchtigt bzw. verletzt hat. Dies gilt auch, wenn an dem Verfahren mehrere Aufsichtsbehörden beteiligt sind[17]. Welche unter mehreren beteiligten Aufsichtsbehörden einen Beschluss erlässt, ergibt sich in diesen Fällen aus Art. 60 Abs. 7 und 8.

d) Verhältnis zu anderen Rechtsbehelfen. Das Recht nach Abs. 1 auf einen wirksamen 35 Rechtsbehelf gegen Beschlüsse besteht nach dem Wortlaut der Vorschrift „unbeschadet eines anderweitigen verwaltungsrechtlichen oder außergerichtlichen Rechtsbehelfs". Folglich steht der gerichtliche **neben eventuellen anderweitigen Rechtsbehelfen** und nicht etwa zu diesen in einem Stufenverhältnis. Betroffenen dürfen folglich keine negativen Rechtsfolgen daraus erwachsen, dass sie direkt den Rechtsbehelf des Art. 78 Abs. 1 gewählt haben. Allerdings wird eine Beschwerde bei der Aufsichtsbehörde nach Art. 77 denklogisch nicht zeitgleich mit einem Rechtsbehelf nach Art. 78 stattfinden können.

Angesichts des Wortlauts „verwaltungsrechtlich oder außergerichtlich" liegt es nahe, 36 dass verwaltungsrechtliche Rechtsbehelfe sowohl gerichtliche als auch außergerichtliche Rechtsbehelfe umfassen. Darunter fallen sowohl Rechtsbehelfe nach dem nationalen Recht der Mitgliedstaaten, wie bspw. im deutschen Recht – soweit statthaft – der Widerspruch oder eine Dienstaufsichtsbeschwerde, als auch andere Rechtsbehelfe der DS-GVO, insbesondere das Beschwerderecht des Art. 77.

Diese Parallelität der Rechtsbehelfe ermöglicht es, eventuelle **Lücken des Art. 78** 37 **durch das nationale Recht zu schließen**[18], indem das Rechtsschutzniveau in den Mitgliedstaaten das von Art. 78 vorgesehene überschreiten kann.

In Abgrenzung zu den Rechtsbehelfen des Abs. 2 setzt Abs. 1 das **Vorliegen eines auf-** 38 **sichtsbehördlichen Beschlusses** voraus. Liegt ein solcher vor, so ist Abs. 1 **vorrangig**. Daher ist Abs. 1 insbesondere dann einschlägig, wenn eine Beschwerde nach Art. 77 per Beschluss abgelehnt wurde[19]. Ob eine Verständigung zwischen der Aufsichtsbehörde und dem Betroffenen über die Ablehnung der Beschwerde einen rechtsverbindlichen Beschluss darstellt, ist im Einzelfall durch Auslegung zu ermitteln. Ein Beschluss wird in der Regel vorliegen, wenn die Behörde in ihrer – ggf. auch nichtförmlichen – Mitteilung die Beschwerde aus inhaltlichen Gründen zurückweist, da sie sich dann mit dieser befasst hat und somit gerade keine Untätigkeit i.S.v. Abs. 2 vorliegt.

Liegt **kein rechtsverbindlicher Beschluss einer Aufsichtsbehörde** vor, ist Abs. 1 **nicht** 39 **anwendbar.** Da die DS-GVO insoweit keine Regelung trifft, bleiben die nationalstaatlichen Rechtsschutzmöglichkeiten bestehen, wie bspw. die Feststellungsklage.

---

16 Siehe dazu unten Rn. 46 ff.
17 Vgl. BeckOK DatenSR-*Mundil* Art. 78 Rn. 25; Paal/Pauly-*Körffer* Art. 78 Rn. 14.
18 BeckOK DatenSR-*Mundil* Art. 78 Rn. 2.
19 Vgl. auch ErwG 281 S. 5 sowie S. 9, der dies voraussetzt.

Schneider

Art. 78 / § 20 BDSG   Recht auf wirksamen gerichtlichen Rechtsbehelf

40   **2. BDSG n.F.** Der gerichtliche Rechtsschutz gegenüber einer Aufsichtsbehörde ist im BDSG n.F. in § 20 geregelt. Gemäß § 20 Abs. 1 S. 1 ist für Streitigkeiten, die unter Art. 78 Abs. 1 und 2 fallen, der Verwaltungsrechtsweg eröffnet. Die Norm beinhaltet somit eine **aufdrängende Sonderzuweisung** bezüglich solcher Streitigkeiten mit den Aufsichtsbehörden zu den Verwaltungsgerichten. Entsprechend erklärt § 20 Abs. 2 sodann die VwGO für grundsätzlich anwendbar, wobei die Abs. 3 bis 7 Spezialvorschriften enthalten, die die Vorgaben der VwGO modifizieren. § 20 Abs. 2 stellt hierbei klar, dass der von der DS-GVO geforderte Rechtsbehelf in den Katalog der Klagearten der VwGO einzuordnen ist. Es besteht demnach kein Rechtsbehelf sui generis, sondern es verbleibt bei dem bekannten Klagesystem im deutschen Verwaltungsrecht.

41   **a) Klagegegner und Verfahrensbeteiligte.** Abweichend von § 78 Abs. 1 Nr. 1 VwGO ist bei Verfahren nach Art. 78 Abs. 1 und 2 gem. § 20 Abs. 4 und 5 BDSG nicht der Rechtsträger der **Aufsichtsbehörde**, sondern diese **selbst** der richtige **Klagegegner**. Zudem ist die Aufsichtsbehörde selbst **beteiligungsfähig** und als Beklagte oder Antragsgegnerin auch **Verfahrensbeteiligte**. Beides ergibt sich bereits unmittelbar aus § 20 Abs. 4 und 5 BDSG, sodass die §§ 61 und 63 Nr. 1 und 2 VwGO verdrängt werden.

42   Die Norm regelt indes nicht, gegen welche Aufsichtsbehörde der Betroffene vorgehen kann, sondern nur, dass er sich gegen die Behörde selbst und nicht ihren Rechtsträger wenden muss.

43   **b) Entbehrlichkeit des Vorverfahrens.** § 20 Abs. 6 BDSG stellt eine bundesgesetzliche Anordnung der **Entbehrlichkeit des Vorverfahrens** i.S.v. § 68 Abs. 1 S. 2 VwGO dar. Dies liegt nahe, um den von Art. 78 Abs. 1 geforderten effektiven Rechtsschutz zu gewährleisten und keine Verzögerung durch ein vorgelagertes Widerspruchsverfahren zu bewirken[20].

44   **c) Unanwendbarkeit von § 80 Abs. 2 S. 1 Nr. 4 VwGO.** Gemäß § 20 Abs. 7 BDSG darf die Aufsichtsbehörde gegenüber einer anderen Behörde oder deren Rechtsträger **nicht** gem. § 80 Abs. 2 S. 1 Nr. 4 VwGO die **sofortige Vollziehung anordnen**. Dies trägt der Besonderheit Rechnung, dass in diesen Fällen das Verhältnis staatlicher Stellen zueinander betroffen ist, während die VwGO grundsätzlich auf das Staat-Bürger-Verhältnis zugeschnitten ist.

IV. Abs. 2 Rechtsbehelfe bei Untätigkeit der Aufsichtsbehörde

45   **1. DS-GVO.** Abs. 2 sieht eine **besondere Variante der Untätigkeitsklage** für die Fälle vor, in denen eine Beschwerde gem. Art. 77 erhoben wurde. Diese ähnelt der im deutschen Recht bekannten Untätigkeitsklage (§ 42 VwGO).

46   **a) Aktivlegitimation.** Das Klagerecht nach Art. 78 Abs. 2 steht nur betroffenen Personen i.S.v. Art. 4 Nr. 1 zu, die eine Beschwerde gem. Art. 77 bei einer Aufsichtsbehörde erhoben haben. Nur der **Beschwerdeführer nach Art. 77** selbst kann daher die Untätigkeitsklage erheben. Anders als im Rahmen von Abs. 1 muss daher stets nur natürlichen Personen der in Abs. 2 vorgesehene Rechtsbehelf garantiert und somit der Rechtsweg eröffnet werden.

---

20   Sydow-*Sydow* Art. 78 Rn. 44, der die Möglichkeit eines Vorverfahrens jedoch nicht ausschließt.

Die DS-GVO fordert keine Rechtsschutzmöglichkeit zu Gunsten von Verantwortlichen oder Auftragsverarbeitern bei Untätigkeit der Aufsichtsbehörde[21]. Daher haben sie auch kein Recht zur Beschwerde. Insoweit ist der Rechtsschutz in der DS-GVO für diese nur lückenhaft geregelt[22] und besteht nur, soweit er im jeweiligen nationalen Recht (über die Vorgaben DS-GVO hinaus) vorgesehen ist[23]. Durch die Anwendbarkeit der VwGO nach § 20 Abs. 2 BDSG und den ausdrücklichen Bezug auf juristische Personen in § 20 Abs. 1 BDSG hat der deutsche Gesetzgeber den Rechtsbehelf jedoch **auch juristischen Personen** und damit Verantwortlichen und Auftragsdatenverarbeitern gegenüber zuerkannt. Da Art. 78 insoweit nur Mindeststandards fordert, ist dies auch mit der DS-GVO vereinbar. 47

b) Untätigkeit der Aufsichtsbehörde. Erforderlich ist die **Untätigkeit** der Aufsichtsbehörde auf eine Beschwerde der betroffenen Person. Voraussetzung ist daher stets, dass die betroffene Person zuvor eine Beschwerde gem. Art. 77 bei der Aufsichtsbehörde eingereicht hat. Die Vorschrift enthält ein Klagerecht in den folgenden zwei Fällen: 48

aa) Alt. 1: Nichtbefassen. Die betroffene Person kann gerichtlich gegen die zuständige Aufsichtsbehörde vorgehen, wenn diese sich nicht mit der Beschwerde der betroffenen Person befasst und ihr dies auch mitgeteilt hat. Ein solches **Nichtbefassen** liegt vor, wenn die Bearbeitung grundsätzlich (und) in unzulässiger Weise ausgeschlossen wird[24]. 49

Ein Nichtbefassen liegt nur vor, wenn die Verweigerung ohne vorangehende inhaltliche Prüfung erfolgt (bspw. bei Zurückweisung aufgrund missbräuchlicher Inanspruchnahme des Beschwerderechts). Andernfalls liegt keine „Untätigkeit" vor, sondern ein inhaltlich ablehnender Beschluss, dessen Anfechtbarkeit sich nach Abs. 1 richtet[25]. Fehlt eine Mitteilung über die Verweigerung der inhaltlichen Prüfung oder enthält diese Mitteilung keinerlei Begründung[26], so liegt ein Fall der 2. Alt. vor[27]. 50

bb) Alt. 2: Fehlende Unterrichtung. Die 2. Alt. umfasst Fälle der **Untätigkeit im engeren Sinne**. Sie ist einschlägig, wenn die Aufsichtsbehörde ihrer Pflicht zur Mitteilung aus Art. 77 Abs. 2 bzgl. Stand und (Zwischen-)Ergebnis des Beschwerdeverfahrens nicht nachkommt. 51

Hierunter fällt auch die fehlende Mitteilung darüber, dass eine inhaltliche Befassung mit der Beschwerde verweigert wird. Der Betroffene kann ohne eine solche Mitteilung nicht erkennen, ob seine Beschwerde bearbeitet wird oder, falls nicht, warum dies nicht geschieht. Mangels Beschluss oder Mitteilung stehen ihm die Rechtsschutzmöglichkeiten nach Abs. 1 sowie Abs. 2 Alt. 1 nicht offen, sodass zur Gewährleistung effektiven Rechtsschutzes allein die Alt. 2 bleibt. 52

---

21 Vgl. dazu auch Paal/Pauly-*Körffer* Art. 78 Rn. 4.
22 Paal/Pauly-*Körffer* Art. 78 Rn. 4.
23 Diese Möglichkeit bestünde, da die DS-GVO nur prozessuale Mindestvorgaben enthält.
24 Gola-*Pötters/Werkmeister* Art. 78 Rn. 12.
25 Vgl. ErwG 143, der das Spezialitätsverhältnis und die Vorrangigkeit von Abs. 1 bei Vorliegen eines Beschlusses zum Ausdruck bringt; so auch BeckOK DatenSR-*Mundil* Art. 78 Rn. 11, 15.
26 Vgl. Art. 57 Abs. 4 S. 2.
27 Paal/Pauly-*Körffer* Art. 78 Rn. 8.

53 Die Alt. 2 ist **fristgebunden**, d.h. es besteht eine **Pflicht zur Unterrichtung über den Verfahrensstand in dreimonatigen Abständen**. Abs. 2 enthält damit in Verbindung mit Art. 57 Abs. 4 die Wertung, dass es der Aufsichtsbehörde stets zumutbar ist, binnen drei Monaten auf eine Beschwerde zu reagieren und sei es durch Zurückweisung bei missbräuchlicher Inanspruchnahme[28]. Ferner wird dadurch das Klagerecht wegen Untätigkeit vor Ablauf von drei Monaten ausgeschlossen, da der Aufsichtsbehörde eine angemessene Bearbeitungsdauer eingeräumt werden soll. Dabei handelt es sich um eine **starre Frist**, deren Dauer auch nicht verlängert oder verkürzt sein kann, bspw. bei außergewöhnlich komplexen Sachverhalten. Weder kann daher der Betroffene vor Ablauf der drei Monate Klage erheben, noch kann die Behörde die Unterrichtung unter Berufung auf sachliche Erwägungen über die drei Monate hinaus verzögern. Dies dürfte auch als Mittel vorgesehen sein, die Mitgliedstaaten zur Disziplin hinsichtlich der angemessenen Ausstattung der Aufsichtsbehörden anzuhalten.

54 Eine **Frist**, binnen derer eine **endgültige Entscheidung** zu treffen ist, ist indes **nicht vorgesehen**. Die endgültige Entscheidung kann daher wesentlich längere Zeit in Anspruch nehmen, ohne dass der Betroffene eine Möglichkeit hat oder haben muss, hiergegen vorzugehen. Anders ist dies dagegen in **§ 75 VwGO** vorgesehen. Danach hat der Betroffene das Recht, einen Rechtsbehelf einzulegen, wenn nicht innerhalb einer angemessenen Zeit von mindestens drei Monaten eine Entscheidung gefallen ist. Im Einzelfall kann daher durchaus auch bereits nach drei Monaten eine Entscheidung zu fordern sein. Durch den pauschalen Verweis auf die VwGO in § 20 Abs. 2 BDSG geht der deutsche Gesetzgeber also auch hier **über die Mindestanforderungen** der DS-GVO hinaus. Da Abs. 2 insbesondere den Betroffenen vor einer Untätigkeit der Aufsichtsbehörde schützen soll, wird dies mit dem Schutzgedanken des Abs. 2 auch vereinbar sein.

55 c) Klagegegner. Der Rechtsbehelf ist grundsätzlich gegen diejenige Aufsichtsbehörde zu richten, die die verlangte Handlung vorzunehmen hat[29]. Denn eine inhaltliche Befassung mit der Beschwerde kann nur von der zuständigen Behörde verlangt werden. Hierfür spricht auch der Wortlaut von Art. 78 Abs. 2, der auf die **zuständige** Aufsichtsbehörde abstellt. Bei fehlender Unterrichtung ist Klagegegner die Aufsichtsbehörde, bei der die Beschwerde eingereicht wurde, denn diese trifft gem. Art. 77 Abs. 2 und Art. 60 Abs. 8 die Unterrichtungspflicht und diese ist folglich untätig.

56 d) Klageziel. Der Rechtsschutz nach Abs. 2 zielt darauf ab, dass die zuständige Aufsichtsbehörde sich mit der **Beschwerde inhaltlich befasst** bzw. über den **Stand und Ausgang des Verfahrens** innerhalb der gesetzlichen Frist **unterrichtet**. Dies ergibt sich bereits daraus, dass der Betroffene von der Aufsichtsbehörde nicht mehr verlangen kann als die Erfüllung der ihr obliegenden Pflichten, mithin die Unterrichtung bzw. Befassung mit der Beschwerde, nicht jedoch ein bestimmtes Ergebnis[30]. Daher ist der Anspruch auf eine fehlerfreie Ermessensausübung beschränkt.

57 e) Verhältnis zu anderen Rechtsbehelfen. Das Recht nach Abs. 2 auf einen wirksamen Rechtsbehelf gegen die Untätigkeit der Aufsichtsbehörde stellt ein **besonderes Klageverfahren** dar, das das **Beschwerderecht des Art. 77 ergänzt**. Es besteht nach

---

[28] BeckOK DatenSR-*Mundil* Art. 78 Rn. 16.
[29] So auch Paal/Pauly-*Körffer* Art. 78 Rn. 16; a.A. BeckOK DatenSR-*Mundil* Art. 78 Rn. 26.
[30] BeckOK DatenSR-*Mundil* Art. 78 Rn. 20.

dem Wortlaut der Vorschrift „unbeschadet eines anderweitigen verwaltungsrechtlichen oder außergerichtlichen Rechtsbehelfs". Somit steht der gerichtliche neben eventuellen anderweitigen Rechtsbehelfen und nicht etwa zu diesen in einem Stufenverhältnis. Dem Betroffenen dürfen folglich keine negativen Rechtsfolgen daraus erwachsen, dass er direkt den Rechtsbehelf nach Art. 78 Abs. 2 gewählt hat.

Unter die anderweitigen Rechtsbehelfe fallen sowohl Rechtsbehelfe nach dem nationalen Recht der Mitgliedstaaten, wie bspw. im deutschen Recht der Widerspruch, als auch andere Rechtsbehelfe der DS-GVO und des Unionsrechts. 58

Dies ermöglicht es, eventuelle **Lücken des Art. 78 durch das nationale Recht zu schließen**[31], indem das Rechtsschutzniveau in den Mitgliedstaaten das von Art. 78 vorgesehene überschreiten kann. 59

Ein Beschluss der Aufsichtsbehörde i.S.v. Abs. 1 (und damit denklogisch keine Untätigkeit im Sinne von Abs. 2) liegt auch vor, wenn die Aufsichtsbehörde eine Beschwerde nach inhaltlicher Prüfung zurückweist. Abs. 2 Alt. 1 ist dagegen einschlägig, wenn die Beschwerde ohne inhaltliche Prüfung zurückgewiesen wird[32]. Also stehen Abs. 1 und Abs. 2 faktisch in einem Alternativverhältnis. 60

2. BDSG n.F. Die Ausführungen zu Abs. 1 gelten entsprechend, denn § 20 gilt für die Rechtsbehelfe des Art. 78 insgesamt. 61

Eine Besonderheit besteht jedoch hinsichtlich des Rechtsschutzziels: Abs. 2 Alt. 2 sieht einen Rechtsbehelf wegen Untätigkeit vor, wenn die Behörde nicht innerhalb von drei Monaten über den Stand der Bearbeitung unterrichtet. § 75 VwGO, auf den § 20 Abs. 2 BDSG insoweit verweist, fordert hingegen eine **Entscheidung innerhalb angemessener Frist** von mindestens drei Monaten. Insoweit steht der Rechtsbehelf nach deutschem Recht nicht nur hinsichtlich einer Versäumung der starren dreimonatigen Mitteilungsfrist zu, sondern auch hinsichtlich eines finalen Endergebnisses, wobei die Frist diesbezüglich variabel gestaltet ist. 62

V. Abs. 3 Zuständigkeit

1. DS-GVO. Die Vorschrift regelt die **gerichtliche Zuständigkeit** für Verfahren nach den Abs. 1 und 2 einheitlich. 63

a) Grundsatz. Abs. 3 regelt die **internationale Zuständigkeit** für Verfahren gegen eine Aufsichtsbehörde nach den Abs. 1 und 2. Danach sind die Gerichte des Mitgliedstaates zuständig, in dem die Aufsichtsbehörde ihren Sitz hat. So wird gewährleistet, dass nur nationale Gerichte über die ordnungsgemäße Aufgabenerfüllung durch die nationalen Aufsichtsbehörden entscheiden, der Staat sich mithin nicht vor den Gerichten eines anderen Mitgliedstaates für die Art und Weise seiner Aufgabenerfüllung verantworten muss. 64

Die örtliche und sachliche Zuständigkeit richten sich dagegen nach nationalem Recht[33]. § 52 VwGO wird insoweit verdrängt. 65

---

31 BeckOK DatenSR-*Mundil* Art. 78 Rn. 2.
32 In diesem Sinne auch: Paal/Pauly-*Körffer* Art. 78 Rn. 5; BeckOK DatenSR-*Mundil* Art. 78 Rn. 7, 15.
33 So auch BeckOK DatenSR-*Mundil* Art. 78 Rn. 23.

Art. 78 / § 20 BDSG Recht auf wirksamen gerichtlichen Rechtsbehelf

66 **b) Vorlagepflicht.** Ist dem gerichtlichen Verfahren ein Kohärenzverfahren vorangegangen, so kann das Gericht den daraus resultierenden Beschluss des EDSA nicht verwerfen, sondern muss bei Bedenken gegen diesen ein **Vorabentscheidungsverfahren gem. Art. 267 AEUV** vor dem EuGH anstrengen. Ist dem Verfahren kein Beschluss des EDSA vorangegangen, so besteht keine Vorlagepflicht, dem zuständigen Gericht bleibt es indes unbenommen, andere Fragen zur Auslegung der DS-GVO dem EuGH zur Entscheidung vorzulegen.

67 **2. BDSG n.F.** § 20 Abs. 3 sieht eine von der VwGO **abweichende Zuständigkeitsregelung** vor. Danach sind die Gerichte des Ortes zuständig, an dem die Aufsichtsbehörde ihren Sitz hat. Die Regelung stimmt zwar nicht im Wortlaut, aber grundsätzlich ihrem Inhalt nach mit Art. 78 Abs. 3 überein. Indes stellt die Norm keine überflüssige Wiederholung des Verordnungswortlauts dar. Art. 78 Abs. 3 erklärt vielmehr die Gerichte des Staates, in dem die Aufsichtsbehörde ihren Sitz hat für zuständig und regelt somit die internationale Zuständigkeit. § 20 Abs. 3 knüpft daran an und regelt in Parallele zu der europarechtlichen Regelung die örtliche Zuständigkeit, sodass der Regelungsbereich beider Normen verschieden ist. Für beides ist aber der Sitz der Aufsichtsbehörde maßgeblich.

VI. Abs. 4 Kohärenzverfahren

68 Das **Kohärenzverfahren** ist in **Art. 63 ff.** geregelt. Liegt einem angegriffenen aufsichtsbehördlichen Beschluss ein Beschluss oder eine Stellungnahme des EDSA zu Grunde, ist die Aufsichtsbehörde als mitgliedstaatliche Stelle daran gebunden.

69 **1. DS-GVO.** Art. 78 Abs. 4 führt den **zweistufigen Rechtsschutz** gegen den Ausschussbeschluss, der aus dem Kohärenzverfahren hervorgeht, **zusammen**[34]. Dieser kann zunächst unmittelbar durch den Betroffenen vor dem EuGH, aber auch mittelbar im Rahmen eines Verfahrens gegen den nachfolgenden aufsichtsbehördlichen Beschluss angefochten werden.

70 Durch die Weiterleitungspflicht der zugrundeliegenden Beschlüsse oder Stellungnahmen des EDSA an das Gericht wird zunächst sichergestellt, dass das zuständige Gericht Kenntnis von dem Kohärenzverfahren und seinem Ergebnis und damit den Stellungnahmen und Einschätzungen anderer involvierter Stellen erhält[35].

71 Der Beschluss des EDSA kann von dem zuständigen Gericht zwar geprüft aber nicht verworfen werden[36]. Das Gericht kann jedoch die Frage dem EuGH zur Entscheidung nach Art. 267 AEUV vorlegen[37], wenn es einen solchen Ausschussbeschluss für nichtig hält, denn diesem steht insoweit die Verwerfungskompetenz zu.

72 **2. BDSG n.F.** Das BDSG n.F. greift die Weiterleitungspflicht aus Art. 78 Abs. 4 nicht ausdrücklich auf. Die DS-GVO gilt insoweit **unmittelbar**.

---

34 BeckOK DatenSR-*Mundil* Art. 78 Rn. 28.
35 Gola-*Pötters/Werkmeister* Art. 78 Rn. 22.
36 Vgl. ErwG 143, sowie BeckOK DatenSR-*Mundil* Art. 78 Rn. 27.
37 Vgl. auch ErwG 143 Abs. 2.

VII. Verhältnis zum nationalen Prozessrecht

Einen unionsrechtlichen gerichtlichen Rechtsbehelf – insbesondere in Gestalt einer direkten Klagemöglichkeit vor dem EuGH – gibt es (soweit kein Beschluss des EDSA ergangen ist) gegen Beschlüsse und Untätigkeit der Aufsichtsbehörden nicht. Die von Art. 78 geforderten Rechtsbehelfe müssen daher – wie auch der ErwG 143 klarstellt – über das **nationale Prozessrecht umgesetzt** werden[38]. 73

Dieser sieht vor, dass die Rechtsbehelfe im Einklang mit dem nationalen Prozessrecht gewährt und durchgeführt werden. Art. 78 beinhaltet somit einen Handlungsauftrag an den nationalen Gesetzgeber, die entsprechenden Rechtsbehelfe vorzusehen und normiert insoweit einen verfahrensrechtlichen Mindeststandard. 74

Dadurch werden die Anforderungen des Art. 78 einerseits in das nationale Prozessrecht integriert und modifizieren dieses teilweise, andererseits besteht aber im Bereich der verwaltungsrechtlichen und außergerichtlichen Rechtsbehelfe eine Parallelität zum nationalen Prozessrecht, da diese unberührt bleiben. 75

Häufig sind die in der DS-GVO vorgesehenen Mindestgarantien ohnehin schon vom Rechtsschutzsystem der VwGO umfasst, denn die VwGO gewährt zur Wahrung der Rechtsschutzgarantie des Art. 19 Abs. 4 GG Rechtsschutz gegen jegliche Akte öffentlicher Gewalt. Daher bleibt es **grundsätzlich** bei den **Vorgaben des nationalen Prozessrechts**. Wo die DS-GVO von diesen dergestalt abweicht, dass sie ein Mehr an Rechtsschutz vorsieht, ist das nationale Prozessrecht **europarechtskonform auszulegen** bzw. wird insoweit von der DS-GVO verdrängt. Daher kann es im nationalen Recht zu einer Absenkung der prozessualen Anforderungen kommen, wenn dies zur Wahrung der europarechtlichen Vorgaben erforderlich ist. 76

Die Auslegung des nationalen Rechts ist im Anwendungsbereich der DS-GVO an den Grundsätzen der **Effektivität** (effet utile) und **Äquivalenz** (Gleichbehandlung mit vergleichbaren nationalen Sachverhalten) auszurichten[39]. 77

C. Praxishinweise

I. Relevanz für öffentliche Stellen

Da die Aufsichtsbehörden die Befugnis haben, rechtsverbindliche Beschlüsse auch gegenüber öffentlichen Stellen zu erlassen, können insbesondere auch juristische Personen des öffentlichen Rechts für **Rechtsbehelfe nach Art. 78 Abs. 1 aktivlegitimiert** sein. Dies stellt auch § 20 Abs. 7 BDSG indirekt klar. Voraussetzung ist allein die Betroffenheit durch einen Beschluss einer Aufsichtsbehörde. Art. 78 Abs. 2 ist für öffentliche Stellen hingegen nicht anwendbar. 78

II. Relevanz für nichtöffentliche Stellen

Mit Art. 78 Abs. 1 wird für nichtöffentliche Stellen ein dezidiertes Verfahren normiert, um sich gegen Beschlüsse von Aufsichtsbehörden zur Wehr zu setzen. Dabei erkennt die DS-GVO an, dass nicht nur betroffene Personen, sondern **auch verarbeitende Stellen** eines Rechtsschutzes gegen behördliche Maßnahmen bedürfen. 79

---

38 Gola-*Pötters/Werkmeister* Art. 78 Rn. 3.
39 Vgl. BeckOK DatenSR-*Mundil* Art. 78 Rn. 13.

80 Allerdings beziehen sich Art. 78 Abs. 1 und § 20 Abs. 1 BDSG nur auf rechtsverbindliche Maßnahmen von Aufsichtsbehörden. Öffentliche Stellungnahmen von Aufsichtsbehörden zu Datenverarbeitungsvorgängen, die zwar keinen Regelungscharakter aufweisen, aber praktisch ganz erhebliche Auswirkungen für nichtöffentliche Stellen haben können, unterfallen diesen bspw. nicht. Da insoweit jedoch bereits der Anwendungsbereich von Art. 78 Abs. 1 nicht eröffnet ist, bleiben die nationalstaatlichen Rechtsschutzwege unberührt.

81 In der praktischen Rechtsanwendung sind insbesondere die **Abweichungen im deutschen Prozessrecht** zu berücksichtigen. Hier ergeben sich jedoch für nichtöffentliche Stellen wohl eher graduelle Unterschiede.

82 Der **Rechtsbehelf bei Untätigkeit** der Aufsichtsbehörde steht nach Art. 78 Abs. 2 nur betroffenen Personen zu. Allerdings geht § 20 Abs. 2 BDSG i.V.m. § 75 VwGO über diesen Mindeststandard hinaus, sodass jedenfalls nach nationalem Recht auch nichtöffentlichen Stellen die Untätigkeitsklage gegen Aufsichtsbehörden offensteht. Allerdings werden sich hier die Anforderungen in den einzelnen Mitgliedstaaten im Detail unterscheiden.

III. Relevanz für betroffene Personen

83 Für betroffene Personen sehen sowohl Art. 78 Abs. 1 als auch Abs. 2 **Mindestgarantien** für einen unionsweit einheitlichen effektiven Rechtsschutz vor. Insbesondere für grenzüberschreitende Sachverhalte können sich dadurch Erleichterungen ergeben, wobei eine konkretere Regelung in Anbetracht der erheblichen praktischen Relevanz wünschenswert gewesen wäre. Die Rechtslage in Deutschland wird jedoch nicht grundlegend zu Gunsten betroffener Personen verändert.

IV. Relevanz für Aufsichtsbehörden

84 Art. 78 Abs. 1 sieht für Aufsichtsbehörden lediglich **Klarstellungen** vor. Der Umstand, dass die DS-GVO keine Rechtsschutzgarantie gegen nicht-rechtsverbindliche Maßnahmen der Behörden vorsieht, kann zugleich als Auftrag verstanden werden, das behördliche Handeln vermehrt auf rechtsverbindliche Maßnahmen zu beschränken. Nicht-rechtsverbindliche Maßnahmen, die dennoch negative Auswirkungen auf natürliche oder juristische Personen haben können, sieht Art. 78 Abs. 1 nicht vor. Auch wenn nationale Rechtsschutzwege hierdurch unberührt bleiben, wird mangels unionsweiter Rechtsschutzmöglichkeiten bei informellen Äußerungen durch Aufsichtsbehörden mit potenziell negativen Auswirkungen für die hiervon Betroffenen besondere Zurückhaltung geboten sein.

85 Art. 78 Abs. 2 unterstreicht zudem die Bedeutung der **Unterrichtungspflicht** an betroffene Personen. Aufsichtsbehörden werden daher Maßnahmen und Prozesse etablieren müssen, um eine regelmäßige Kommunikation des Verfahrensstandes sicherzustellen.

86 Prozessual ist für die Aufsichtsbehörden zudem die **Weiterleitungspflicht** nach Art. 78 Abs. 4 relevant. Hier wird sicherzustellen sein, dass im Falle gerichtlicher Auseinandersetzungen dem Gericht die entsprechenden zugrundeliegenden Beschlüsse und Stellungnahmen des EDSA zugeleitet werden.

V. Relevanz für das Datenschutzmanagement

Für das Datenschutzmanagement ergeben sich keine relevanten Änderungen. 87

Artikel 79 Recht auf wirksamen gerichtlichen Rechtsbehelf gegen Verantwortliche oder Auftragsverarbeiter

(1) Jede betroffene Person hat unbeschadet eines verfügbaren verwaltungsrechtlichen oder außergerichtlichen Rechtsbehelfs einschließlich des Rechts auf Beschwerde bei einer Aufsichtsbehörde gemäß Artikel 77 das Recht auf einen wirksamen gerichtlichen Rechtsbehelf, wenn sie der Ansicht ist, dass die ihr aufgrund dieser Verordnung zustehenden Rechte infolge einer nicht im Einklang mit dieser Verordnung stehenden Verarbeitung ihrer personenbezogenen Daten verletzt wurden.

(2) ¹Für Klagen gegen einen Verantwortlichen oder gegen einen Auftragsverarbeiter sind die Gerichte des Mitgliedstaats zuständig, in dem der Verantwortliche oder der Auftragsverarbeiter eine Niederlassung hat. ²Wahlweise können solche Klagen auch bei den Gerichten des Mitgliedstaats erhoben werden, in dem die betroffene Person ihren gewöhnlichen Aufenthaltsort hat, es sei denn, es handelt sich bei dem Verantwortlichen oder dem Auftragsverarbeiter um eine Behörde eines Mitgliedstaats, die in Ausübung ihrer hoheitlichen Befugnisse tätig geworden ist.

– *ErwG: 141, 142, 145, 147*
– *BDSG n.F.: § 44*

Übersicht

	Rn		Rn
A. Einordnung und Hintergrund	1	d) Wirksamer gerichtlicher Rechtsbehelf	17
I. Erwägungsgründe	1	e) Verhältnis zu anderen Rechtsbehelfen	19
1. Erwägungsgrund 141 (S. 1 2. Fall)	1	f) Verhältnis zum nationalen Prozessrecht	21
2. Erwägungsgrund 142	2	2. BDSG n.F	22
3. Erwägungsgrund 145	3	IV. Zuständigkeit (Abs. 2)	24
II. BDSG n.F	4	1. DS-GVO	24
III. Normgenese und Umfeld	6	2. BDSG n.F	30
B. Kommentierung	7	V. Zulässigkeit von Gerichtsstandsklauseln	35
I. Allgemeines	7	C. Praxishinweise	36
II. Anwendungsbereich: Verhältnis zum Verantwortlichen/Auftragsverarbeiter	9	I. Relevanz für öffentliche Stellen	36
III. Das Recht auf einen wirksamen gerichtlichen Rechtsbehelf (Abs. 1)	10	II. Relevanz für nichtöffentliche Stellen	39
1. DS-GVO	10	III. Relevanz für betroffene Personen	43
a) Aktivlegitimation	11	IV. Relevanz für Aufsichtsbehörden	44
b) Klagebefugnis	12	V. Relevanz für das Datenschutzmanagement	46
aa) Rechtsverletzung des Klägers	13		
bb) DS-GVO-widrige Datenverarbeitung	15		
c) Klagegegner	16		

Art. 79 / § 44 BDSG   Recht auf wirksamen gerichtl. Rechtsbehelf

Literatur: *Calliess/Ruffert* EUV/AEUV, 5. Aufl. 2016; *Faust/Spittka/Wybitul* Milliardenbußgelder nach der DS-GVO? – Ein Überblick über die neuen Sanktionen bei Verstößen gegen den Datenschutz, ZD 2016, 120; *Sydow* Kohärenz des datenschutzrechtlichen Rechtsschutzes auf nationaler und europäischer Ebene, ZG 2016, 237–252.

A. Einordnung und Hintergrund

I. Erwägungsgründe

1   **1. Erwägungsgrund 141 (S. 1 2. Fall).** Der ErwG 141 legt fest, dass und in welchen Fällen den Betroffenen ein gerichtlicher Rechtsbehelf zustehen sollte. Ein Rechtsbehelf soll jeder betroffenen Person zustehen, die ihre Rechte verletzt sieht oder deren Beschwerde unbearbeitet bleibt. Der ErwG findet seine Umsetzung in Art. 79 Abs. 1.

2   **2. Erwägungsgrund 142.** Der ErwG 142 korrespondiert mit der Frage nach der Aktivlegitimation zur Einlegung gerichtlicher Rechtsbehelfe. Diese ist nach Art. 79 grundsätzlich den Betroffenen vorbehalten. Darüber hinaus wird hier eine Verbandsklagemöglichkeit vorgesehen, die die DS-GVO in Art. 80 aufgreift.

3   **3. Erwägungsgrund 145.** ErwG 145 enthält Regelungen zum Gerichtsstand bei Klagen gegen Verantwortliche und Auftragsverarbeiter. Wie in Art. 79 Abs. 2 geht der Unionsgesetzgeber auch hier von einem Wahlrecht des Betroffenen aus, ob er an seinem Aufenthaltsort oder an der Niederlassung des Verantwortlichen gerichtlich vorgehen möchte. Dieses Wahlrecht soll indes nicht gegenüber Behörden bestehen. Diese sind grundsätzlich an ihrem Sitz zu verklagen. Der Erwägungsgrund steht daher vollständig mit der Regelung in Art. 79 Abs. 2 in Einklang.

II. BDSG n.F

4   § 44 Abs. 1 BDSG setzt Art. 79 Abs. 2 als örtliche Zuständigkeitsverweisung um. Dabei gilt die Verweisung nach § 44 Abs. 2 gegenüber Behörden jedoch nicht, wenn diese in Ausübung ihrer hoheitlichen Befugnisse tätig werden. Diese Einschränkung entspricht Art. 79 Abs. 2 Hs. 2 sowie ErwG 145. Die Zuständigkeit ergibt sich in diesem Fall aus den nationalstaatlichen Verfahrensordnungen der zuständigen Fachgerichte[1].

5   § 44 Abs. 3 ordnet den nach Art. 27 Abs. 1 zu benennenden inländischen Vertreter für Verantwortliche außerhalb der EU prozessual insoweit ein, dass klargestellt wird, dass diesem gegenüber Zustellungen erfolgen können.

III. Normgenese und Umfeld

6   Art. 22 DSRL sah vor, dass der Betroffene „bei Gericht einen Rechtsbehelf einlegen kann". Zwar war auch hier schon eine effektive Rechtsschutzmöglichkeit gemeint, die DS-GVO präzisiert jedoch diesen allgemeinen Grundsatz und stellt spezifische Anforderungen hierfür auf. Eine **spezifische Umsetzung** von Art. 22 DSRL war im **BDSG nicht vorgesehen**. Es galt das allgemeine Prozessrecht.

---

1 BT-Drucks. 18/11325, S. 110.

B. Kommentierung

I. Allgemeines

Die Vorschrift **verpflichtet** die Mitgliedstaaten zur **Schaffung von Rechtsschutzmöglichkeiten** im Verhältnis zwischen den betroffenen Personen und den Verantwortlichen sowie Auftragsverarbeitern und gewährleistet somit die prozessuale Durchsetzung der materiellen Vorgaben der DS-GVO[2]. Das Recht auf einen wirksamen gerichtlichen Rechtsbehelf ist primärrechtlich für den grundrechtsrelevanten Bereich – d.h. gegenüber staatlichen Akteuren – in Art. 47 GRCh verankert und im Rahmen von Art. 79 daher relevant, wenn der Verantwortliche bzw. Auftragsverarbeiter eine Behörde oder sonstige staatliche Stelle ist. Daher knüpft die Norm zwar inhaltlich an Art. 47 GRCh an, geht aber noch darüber hinaus, da auch private Akteure den hier vorgesehenen Rechtsbehelfen ausgesetzt sein können. 7

Nicht selten befähigt das Unionsrecht die Bürger, gegen unionsrechtswidrige Maßnahmen auch ohne Verletzung eigener Rechte zu klagen, um so eine möglichst effektive Durchsetzung des Unionsrechts zu gewährleisten. Demgegenüber gewährt Art. 79 indes keinen objektiven, sondern einen **rein individuellen Rechtsschutz**, der an die Betroffenheit des Klägers anknüpft und damit einen Bezug zu seinen subjektiven Rechten fordert. 8

II. Anwendungsbereich: Verhältnis zum Verantwortlichen/Auftragsverarbeiter

Die Rechtsschutzmöglichkeit besteht im Verhältnis der von einer Datenverarbeitung betroffenen Person zu dem Verantwortlichen sowie dem Auftragsverarbeiter. 9

III. Das Recht auf einen wirksamen gerichtlichen Rechtsbehelf (Abs. 1)

1. DS-GVO. Abs. 1 enthält eine **zusätzliche Rechtsschutzgarantie** der von einer Datenverarbeitung betroffenen Person gegenüber Verantwortlichen sowie Auftragsverarbeitern mit Sitz in der Europäischen Union[3]. 10

a) Aktivlegitimation. Aktivlegitimiert sind **betroffene Personen** wie in Art. 4 Nr. 1 legaldefiniert. Das Klagerecht ist daher in seinem persönlichen Anwendungsbereich im Vergleich zu Art. 78 Abs. 1 wesentlich eingeschränkt und erfasst nur natürliche Personen. Dies deckt sich mit dem in Art. 1 festgelegten Zweck der DS-GVO, nämlich des Schutzes natürlicher Personen gegen Beeinträchtigungen ihrer Rechte und Freiheiten. Juristische Personen sind per se von dem Anwendungsbereich der Vorschrift ausgenommen, sowie im Einzelfall solche natürlichen Personen, die nicht mit der Datenverarbeitung in unmittelbarem Zusammenhang stehen oder nicht gerade durch sie identifizierbar werden[4]. 11

b) Klagebefugnis. Die Vorschrift gewährt ein Klagerecht nur derjenigen betroffenen Person, die der Ansicht ist, dass ihre Rechte aus dieser Verordnung durch eine verordnungswidrige Verarbeitung ihrer personenbezogenen Daten verletzt wurden. Daher muss **zusätzlich** zu der Betroffenheit **eine Art Klagebefugnis** bestehen, wobei die 12

---

2 Paal/Pauly-*Martini* Art. 79 Rn. 4.
3 Gegenüber Verantwortlichen und Auftragsverarbeitern ohne Sitz in der EU gelten die allgemeinen Regeln mit der Besonderheit der Bestellung eines Bevollmächtigten innerhalb der EU nach Art. 27 Abs. 1.
4 BeckOK DatenSR-*Mundil* Art. 79 Rn. 2.

Grundsätze des deutschen Verständnisses des Begriffs nicht unmittelbar auf die DS-GVO übertragbar sind, inhaltlich aber weitgehend deckungsgleich sein dürften[5].

13 **aa) Rechtsverletzung des Klägers.** Der Kläger muss nach dem Wortlaut der Norm der Ansicht sein, dass seine Rechte verletzt wurden. Damit stellt die DS-GVO auf die **subjektive Sicht des Klägers** ab, wobei die bloße unsubstantiierte Behauptung des Klägers nicht ausreichen kann[6], da das Tatbestandsmerkmal andernfalls praktisch ins Leere liefe. Jedenfalls ein **schlüssiger Vortrag**, aus dem sich die Möglichkeit einer Rechtsverletzung ergibt, wird von dem Kläger verlangt werden müssen. Rechtsausführungen werden hingegen nicht zu fordern sein.

14 Es liegt nahe, sich an den jeweiligen allgemeinen Beweis- und Substantiierungsregeln der einschlägigen nationalen Rechtsordnung zu orientieren[7]. Eine unmittelbare Anwendung der nationalen prozessualen Anforderungen an eine Klagebefugnis erscheint jedoch problematisch, da dies zu erheblichen Unterschieden in der nationalen Rechtsanwendung führen würde, die die DS-GVO gerade zu vermeiden versucht.

15 **bb) DS-GVO-widrige Datenverarbeitung.** Neben der Rechtsverletzung muss der Kläger zudem vortragen, dass diese auf einer **DS-GVO-widrigen Datenverarbeitung** beruhe. Insoweit genügt grundsätzlich jeder Verstoß gegen materielle Vorgaben der DS-GVO im Rahmen einer Datenverarbeitung i.S.v. Art. 4 Nr. 2. Ein Verstoß gegen die DS-GVO liegt dabei gem. ErwG 146 S. 5 auch dann vor, wenn gegen delegierte sowie Durchführungsrechtsakte oder präzisierende Vorschriften der Mitgliedstaaten verstoßen wird.

16 **c) Klagegegner.** Die Klage richtet sich gegen den **Verantwortlichen bzw. den Auftragsverarbeiter**, durch den bzw. bei dessen Tätigkeit die Rechte des Klägers verletzt wurden. Beide Begriffe sind in Art. 4 Nr. 7 und 8 legaldefiniert. Erfasst sind sämtliche für die relevante Datenverarbeitung verantwortliche Personen, um einen umfassenden, möglichst lückenlosen Rechtsschutz zu gewährleisten[8]. Die Klage gegen einen inländischen Vertreter gem. Art. 27 Abs. 1 ist hingegen nicht vorgesehen. Dies stellt § 44 Abs. 3 BDSG ausdrücklich klar.

17 **d) Wirksamer gerichtlicher Rechtsbehelf.** Das Erfordernis des gerichtlichen Rechtsbehelfs setzt voraus, dass dem Betroffenen ein **Recht** eingeräumt wird, dass ein **staatliches Gericht in der Sache entscheidet**.

18 Mangels genauerer Darlegungen zum Begriff der **Wirksamkeit** in der DS-GVO kann auf die ähnliche Regelung in Art. 47 GRCh und die dazu entwickelten Interpretationsansätze zurückgegriffen werden. Wirksame Rechtsbehelfe zeichnen sich dadurch aus, dass sie den Zugang zu Gericht eröffnen und dieses unter Beachtung zentraler Verfahrensregeln nach geltendem Recht entscheidet[9]. Dies kann auch das Recht auf einstweiligen Rechtsschutz umfassen[10]. Wirksamkeit bedeutet indes nicht, dass der Rechtsbehelf erfolgreich sein muss, solange die Frage des Erfolgs allein vom Gesetz abhängt. Jedoch muss dem Verfahren im Erfolgsfall ein durchsetzbares Urteil folgen.

---

5 Ehmann/Selmayr-*Nemitz* Art. 79 Rn. 5.
6 So auch Sydow-*Kreße* Art. 79 Rn. 20.
7 Gola-*Werkmeister* Art. 79 Rn. 4.
8 BeckOK DatenSR-*Mundil* Art. 79 Rn. 8.
9 Calliess/Ruffert-*Blanke* Art. 47 Rn. 1.
10 *EuGH* v. 19.6.1990 – C 213/89, NJW 1991, 2271 ff.

e) **Verhältnis zu anderen Rechtsbehelfen.** Das Recht nach Art. 79 Abs. 1 auf einen 19
wirksamen Rechtsbehelf gegen Rechtsverletzungen durch eine verordnungswidrige
Datenverarbeitung besteht nach dem Wortlaut der Vorschrift „unbeschadet eines
anderweitigen verwaltungsrechtlichen oder außergerichtlichen Rechtsbehelfs". Dies
deutet darauf hin, dass der gerichtliche **neben eventuellen anderweitigen Rechtsbehelfen** steht und nicht etwa zu diesen in einem Stufenverhältnis. Dem Betroffenen dürfen
folglich keine negativen Rechtsfolgen daraus erwachsen, dass er direkt den Rechtsbehelf nach Art. 79 gewählt hat.

Eine parallele Anwendung von Art. 77 und Art. 79 führt freilich zu dem **Risiko divergierender Entscheidungen**, wenn ein Betroffener eine Beschwerde bei der Aufsichtsbehörde nach Art. 77 einlegt und zugleich den Rechtsweg nach Art. 79 beschreitet. 20
Theoretisch sind sogar sich widersprechende rechtskräftige Entscheidungen von
Behörde und Gericht denkbar. Zwar sieht die DS-GVO in Art. 81 die Möglichkeit zur
Aussetzung bei mehreren Gerichtsverfahren zum gleichen Klagegegenstand vor, für
außergerichtliche Rechtsbehelfe zum gleichen Klagegegenstand fehlt hingegen eine
solche Möglichkeit. Denkbar wäre daher eine **analoge Anwendung von Art. 81**, da
sich widersprechende Entscheidungen ersichtlich von der DS-GVO nicht gewollt sind
und für die vergleichbare Konstellation der parallelen Gerichtsentscheidungen eine
übertragbare Regelung getroffen wurde. Andernfalls bliebe lediglich eine Auflösung
des Konflikts durch das nationale Prozessrecht[11], die im BDSG n.F. allerdings nicht
vorgesehen ist.

f) **Verhältnis zum nationalen Prozessrecht.** Die DS-GVO enthält einen Handlungsauftrag an den nationalen Gesetzgeber, die entsprechenden Rechtsbehelfe vorzusehen. Sie normiert einen **Mindeststandard**, dessen Wahrung durch das nationale Prozessrecht sicherzustellen ist[12]. Daher bleibt das **nationale Prozessrecht grundsätzlich anwendbar**, solange und soweit es den Aussagen und Wertungen der DS-GVO nicht widerspricht[13]. Dies gilt insbesondere für die Möglichkeiten einstweiligen Rechtsschutzes. 21

2. BDSG n.F. Anders als § 20 Abs. 2 BDSG verhält sich § 44 BDSG nicht dazu, welches nationale Prozessrecht Anwendung finden soll. So wird sich das anwendbare 22
Prozessrecht nach den allgemeinen Regeln zur **Eröffnung des jeweiligen Rechtswegs** ergeben, sodass für öffentliche Stellen regelmäßig der Verwaltungsrechtsweg
eröffnet sein wird, während Klagen gegen private Stellen dem Zivilrechtsweg unterliegen.

§ 44 Abs. 3 BDSG bestimmt, dass nicht nur der Kläger, sondern auch ein nach 23
Art. 27 Abs. 1 benannter Vertreter in der Union Zustellungen in zivilgerichtlichen
Verfahren entgegen nehmen darf. § 184 ZPO bleibt hiervon unberührt, d.h. das
Gericht kann bei der Zustellung anordnen, dass die beklagte Partei einen Vertreter
im **Inland** benennt. § 44 Abs. 3 BDSG erfordert hingegen keine gerichtliche Anordnung und kann daher bereits auf die Zustellung der Klageschrift selbst angewendet
werden.

---

11 Ehmann/Selmayr-*Nemitz* Art. 79 Rn. 8.
12 Vgl. oben zu Art. 78 Rn. 74.
13 BeckOK DatenSR-*Mundil* Art. 79 Rn. 20.

IV. Zuständigkeit (Abs. 2)

24 1. **DS-GVO.** Abs. 2 enthält eine **Regelung zur internationalen Zuständigkeit** in Verfahren gegen Verantwortliche und Auftragsverarbeiter, während sich die örtliche und sachliche Zuständigkeit allein nach nationalem Recht richten. Danach sind grundsätzlich die Gerichte des Mitgliedstaates zuständig, in dem der Klagegegner, also der Verantwortliche oder Auftragsverarbeiter, seine Niederlassung hat. Bei mehreren Niederlassungen besteht ein Wahlrecht.

25 Der Begriff der **Niederlassung** ist in ErwG 22 definiert als „effektive und tatsächliche Ausübung einer Tätigkeit durch ortsfeste Einrichtungen" ohne Rücksicht auf die Rechtsform. Die DS-GVO geht somit – wie auch die Rspr. des EuGH zur Niederlassungsfreiheit[14] – von einem weiten Niederlassungsbegriff aus. Der Wortlaut legt den Gerichtsstand am Ort „einer Niederlassung" fest und stellt damit weder auf die Hauptniederlassung, noch überhaupt auf eine bestimmte Niederlassung (z.B. diejenige, die die konkrete Verarbeitung vorgenommen hat) ab. Da ErwG 22 an eine effektive und tatsächliche Ausübung einer Tätigkeit anknüpft, wird eine Niederlassung ohne jeden Bezug zu der Datenverarbeitung allerdings nicht ausreichen[15].

26 Der Betroffene kann grundsätzlich am Ort jeder dieser Niederlassungen des Verantwortlichen bzw. Auftragsverarbeiters gegen diesen vorgehen. Gemäß S. 2 besteht als Ausnahme zu dieser Grundregel jedoch ein **Wahlrecht** der betroffenen Person. Diese soll alternativ auch vor den Gerichten ihres Aufenthaltsstaates klagen können[16].

27 Indes besteht eine **Rückausnahme** für den Fall, dass der Verantwortliche oder Auftragsverarbeiter eine **Behörde** ist und in Ausübung ihrer hoheitlichen Befugnisse tätig geworden ist. In diesem Fall kann die betroffene Person ausschließlich in dem Staat klagen, in dem der Verantwortliche bzw. Auftragsverarbeiter seinen Sitz hat. Dahinter steht wiederum die Überlegung, dass der Staat bzw. staatliche Einrichtungen hinsichtlich der Ausübung ihrer Befugnisse nicht der Gerichtsbarkeit anderer Staaten unterworfen werden sollen.

28 In **Ausübung ihrer hoheitlichen Befugnisse** handelt die Behörde, wenn sie von Befugnissen Gebrauch macht, die ihr in und aufgrund ihrer Eigenschaft als Hoheitsträger zur Wahrnehmung staatlicher Interessen übertragen worden sind. Die Datenverarbeitung muss der Ausübung dieser hoheitlichen Befugnisse dienen. Sie muss jedoch selbst keine Ausübung von Hoheitsgewalt darstellen[17]. Rein wirtschaftliches Handeln von Behörden unterfällt hingegen dem Wahlrecht des Art. 79 Abs. 2.

29 Die Zulässigkeitsregelungen aus Art. 79 Abs. 2 gelten trotz des missverständlichen Begriffs der „Klage" **auch im einstweiligen Rechtsschutz**[18].

---

14 *EuGH* v. 30.11.1995 – C-55/94, NJW 1996, 579 ff.; von der Groeben/Schwarze/Hatje-*Tiedje* Art. 49 Rn. 1.
15 BeckOK DatenSR-*Mundil* Art. 79 Rn. 16.
16 Vgl. hierzu bereits ErwG 145.
17 Paal/Pauly-*Martini* Art. 79 Rn. 30.
18 Sydow-*Kreße* Art. 79 Rn. 35.

2. BDSG n.F. Das BDSG n.F. sieht in § 44 Abs. 1 und 2 eine spezielle Zuständig- 30
keitsregelung für Rechtsbehelfe nach Art. 79 vor, die nach allgemeinen Grundsätzen (im Kollisionsfall) den allgemeinen Zuständigkeitsregelungen des deutschen Prozessrechts vorgeht.

Während die internationale Zuständigkeit bereits in der DS-GVO selbst geregelt 31
ist, betrifft § 44 BDSG die **örtliche Zuständigkeit** der Gerichte. Zuständig sind danach die Gerichte des Ortes, an dem der Verantwortliche oder Auftragsverarbeiter eine Niederlassung hat. Wahlweise kann der Betroffene jedoch auch bei den Gerichten seines gewöhnlichen Aufenthaltsortes den Rechtsbehelf einlegen. Damit entspricht die Regelung inhaltlich derjenigen zur internationalen Zuständigkeit in der DS-GVO.

Die Zuständigkeitsregelung in § 44 Abs. 1 BDSG greift gem. Abs. 2 indes nur ein, 32
wenn der Verantwortliche oder Auftragsverarbeiter keine Behörde ist, die in Ausübung ihrer hoheitlichen Befugnisse tätig geworden ist. Die Anforderungen sind deckungsgleich mit denen der DS-GVO[19].

Die Rechtsfolge dieser Rückausnahme ist jedoch eine andere als im Rahmen der 33
internationalen Zuständigkeit. Dort führt das Eingreifen der Ausnahme bei hoheitlichem Handeln dazu, dass stets die Gerichte am Sitz der Behörde (als Verantwortlicher) zuständig sind und somit die Grundregel eingreift. § 44 Abs. 2 BDSG erklärt dagegen Abs. 1 ausdrücklich für insgesamt unanwendbar. Für diese Fälle enthält das BDSG n.F. daher **keine Regelung der örtlichen Zuständigkeit**, sodass insoweit das allgemeine Prozessrecht gilt.

Wie auch Art. 79 Abs. 2 wird § 44 BDSG jedenfalls analog für den **einstweiligen** 34
Rechtsschutz anwendbar sein.

V. Zulässigkeit von Gerichtsstandsklauseln

Umstritten ist, ob neben Art. 79 Abs. 2 die **Vereinbarung eines Gerichtsstandes** zuläs- 35
sig ist. Dafür spricht, dass nach ErwG 147 die „allgemeinen Vorschriften über die Gerichtsbarkeit" der EuGVVO der Anwendung der spezifischen Vorschriften der DS-GVO nicht entgegenstehen sollen. Dies lässt darauf schließen, dass die EuGVVO – soweit nicht von der DS-GVO verdrängt – parallel anwendbar bleiben soll. Daraus lässt sich schließen, dass damit auch die Regelungen zu Gerichtsstandsvereinbarungen neben der DS-GVO anwendbar bleiben sollen. Dafür spricht auch, dass jedenfalls betroffene Personen, die zugleich Verbraucher sind, durch die strengen Formvorschriften aus Art. 25 EuGVVO und den Verweis auf die Schutzvorschriften der Mitgliedstaaten ohnehin bereits vor einer Übervorteilung geschützt sind und andernfalls die Privatautonomie – auch zu Lasten der betroffenen Person – pauschal eingeschränkt würde[20]:

---

19 Vgl. oben Rn. 27 f.
20 So auch Gola-*Werkmeister* Art. 79 Rn. 16.

C. Praxishinweise

I. Relevanz für öffentliche Stellen

36 **Art. 79 Abs. 1** gilt **uneingeschränkt** auch gegenüber öffentlichen Stellen. Die DS-GVO nimmt bei der Gewährleistung effektiven Rechtsschutzes insoweit keine Differenzierung zwischen öffentlichen und privaten Stellen vor.

37 Demgegenüber gilt **Art. 79 Abs. 2** sowie **§ 44 Abs. 1 BDSG** nur dann gegenüber öffentlichen Stellen, wenn die angegriffene Datenverarbeitung nicht in Ausübung ihrer hoheitlichen Tätigkeit erfolgt. Insoweit bestehen bei Rechtsbehelfen gegenüber öffentlichen Stellen zwei verschiedene Zuständigkeitsregelungen: Handelt die Behörde in Ausübung ihrer hoheitlichen Tätigkeit, gelten die allgemeinen Verfahrensvorschriften nach nationalem Recht. In allen übrigen Fällen, insbesondere bei privatwirtschaftlichem Handeln öffentlicher Stellen, gilt § 44 Abs. 1 BDSG. Dies beinhaltet insbesondere die gerichtliche Zuständigkeit am Aufenthaltsort der betroffenen Person sowie deren Wahlrecht zwischen den verschiedenen Gerichtsständen.

38 Bei öffentlichen Stellen wird zudem noch genauer zu bestimmen sein, wie weit der Begriff der „Niederlassung" auf diese anwendbar ist.

II. Relevanz für nichtöffentliche Stellen

39 Durch **Art. 79 Abs. 1** ergeben sich für nichtöffentliche Stellen soweit bisher ersichtlich **keine wesentlichen praktischen Neuerungen**.

40 Nach **Art. 79 Abs. 2** sowie **§ 44 Abs. 1 BDSG** besteht eine gerichtliche Zuständigkeit an jedem Ort einer Niederlassung sowie am Aufenthaltsort der betroffenen Person. Für den direkten Rechtsschutz der betroffenen Person gegenüber dem Verantwortlichen ergibt sich insoweit unionsweit einheitlich eine ausgesprochen weite gerichtliche Zuständigkeit, wie sie für behördliche Zuständigkeiten bereits unter der alten Rechtslage seit dem Urteil des Gerichtshofs i.S. Google Spain/AEPD bestand.[21]

41 Durch § 44 Abs. 3 BDSG erhält auch die Pflicht zur Benennung eines Vertreters innerhalb der EU nach Art. 27 Abs. 1 eine weitere Dimension. Danach ist dieser vor deutschen Gerichten auch als zustellungsbevollmächtigt anzusehen.

42 Für nichtöffentliche Stellen vergrößert sich damit nicht nur geographisch die Angriffsfläche gegenüber Ansprüchen betroffener Personen. Jedenfalls für außereuropäische nichtöffentliche Stellen dürfte sich auch das praktische Risiko einer Inanspruchnahme erheblich vergrößern, da durch die Zustellungsbevollmächtigung des Vertreters auch praktisch die Rechtsdurchsetzung erheblich erleichtert wird. Dies dürfte allerdings kleinere Unternehmen schwerer treffen als große, die ohnehin bereits unter dem BDSG regelmäßig gerichtliche Auseinandersetzungen nach europäischem und deutschem Recht geführt haben. Für kleinere Unternehmen dürfte die leichtere gerichtliche Inanspruchnahme innerhalb der EU insoweit eine größere Risikoverschiebung bedeuten.

---

21 *EuGH* v. 13.5.2014 – C-131/12, GRUR 2014, 895 ff.

III. Relevanz für betroffene Personen

Für betroffene Personen ergeben sich insbesondere durch die gerichtliche Zuständigkeit an ihrem Aufenthaltsort und das Wahlrecht hinsichtlich des Gerichtsstandes **Erleichterungen bei der Rechtsdurchsetzung.** Jedenfalls für betroffene Personen, die vor deutschen Gerichten klagen, ergibt sich eine weitere Erleichterung aus § 44 Abs. 3 BDSG, wonach der von dem Verantwortlichen nach Art. 27 Abs. 1 zu benennende Vertreter auch zustellungsbevollmächtigt ist. Insbesondere für das Vorgehen gegen außereuropäische Verantwortliche wird dies voraussichtlich zu einer deutlichen praktischen Erleichterung und erheblichen Beschleunigung des Verfahrens führen. **43**

IV. Relevanz für Aufsichtsbehörden

Die Erleichterungen für betroffene Personen bei der Rechtsdurchsetzung spielt für Aufsichtsbehörden bei der **Ermessensausübung** eine Rolle. Dabei wird bei Ermessensentscheidungen durchaus zu berücksichtigen sein, dass betroffenen Personen neben dem verwaltungsrechtlichen Vorgehen der Behörde auch ein erleichterter privater Rechtsweg offensteht. Auch die Frage, ob eine betroffene Person ihre Rechte gegenüber dem Verantwortlichen bereits geltend macht oder gemacht hat, wird bei der Ermessensausübung zu berücksichtigen sein. Ein pauschaler Verweis auf den Privatrechtsweg wird freilich nicht zulässig sein. **44**

Da das Beschwerderecht gegenüber der Behörde neben dem gerichtlichen Rechtsschutz gegenüber dem Verantwortlichen oder dem Auftragsdatenverarbeiter steht, ergibt sich für Aufsichtsbehörden zudem das Risiko divergierender Entscheidungen. So sieht die DS-GVO kein Abstimmungserfordernis zwischen Behörde und Gericht vor, sodass sich widersprechende Entscheidungen von Aufsichtsbehörde und Gericht in derselben Sache durchaus denkbar sind. **45**

V. Relevanz für das Datenschutzmanagement

Für das Datenschutzmanagement ist zu berücksichtigen, dass sich durch eine erleichterte prozessuale Durchsetzbarkeit von Ansprüchen durch betroffene Personen das **praktische Risiko** im Vergleich zur alten Rechtslage **verschieben** kann. Dies dürfte insbesondere für außereuropäische Verantwortliche gelten, für die sich durch Art. 27 Abs. 1 und § 44 Abs. 3 BDSG ein deutlich höheres praktisches Risiko der Inanspruchnahme durch betroffene Personen ergibt. **46**

Artikel 80 Vertretung von betroffenen Personen

(1) Die betroffene Person hat das Recht, eine Einrichtung, Organisationen oder Vereinigung ohne Gewinnerzielungsabsicht, die ordnungsgemäß nach dem Recht eines Mitgliedstaats gegründet ist, deren satzungsmäßige Ziele im öffentlichem Interesse liegen und die im Bereich des Schutzes der Rechte und Freiheiten von betroffenen Personen in Bezug auf den Schutz ihrer personenbezogenen Daten tätig ist, zu beauftragen, in ihrem Namen eine Beschwerde einzureichen, in ihrem Namen die in den Artikeln 77, 78 und 79 genannten Rechte wahrzunehmen und das Recht auf Schadensersatz gemäß Artikel 82 in Anspruch zu nehmen, sofern dieses im Recht der Mitgliedstaaten vorgesehen ist.

Art. 80 Vertretung von betroffenen Personen

(2) Die Mitgliedstaaten können vorsehen, dass jede der in Absatz 1 des vorliegenden Artikels genannten Einrichtungen, Organisationen oder Vereinigungen unabhängig von einem Auftrag der betroffenen Person in diesem Mitgliedstaat das Recht hat, bei der gemäß Artikel 77 zuständigen Aufsichtsbehörde eine Beschwerde einzulegen und die in den Artikeln 78 und 79 aufgeführten Rechte in Anspruch zu nehmen, wenn ihres Erachtens die Rechte einer betroffenen Person gemäß dieser Verordnung infolge einer Verarbeitung verletzt worden sind.

– *ErwG: 142*

Übersicht

	Rn		Rn
A. Einordnung und Hintergrund	1	5. Gerichtliche Vertretung	13
I. DSRL	1	6. Vertretung in einem anderen Land	16
II. Popularklagen nach BDSG a.F., UKlaG, UWG	2	7. Einrichtungen, Organisationen oder Vereinigungen ohne Gewinnerzielungsabsicht	17
B. Kommentierung	6		
I. Abs. 1	6	II. Abs. 2	19
1. Vertretungsbefugnis in individuellen Fällen	6	1. Öffnungsklausel für die Mitgliedstaaten für Popularklagen	19
2. Vertretung bei Beschwerden	8	2. Nationale Verbandsklagemöglichkeiten	20
3. Vertretungsbefugnis für die in Art. 78 und 79 genannten Rechte	9	a) Abschließende Regelung zur Verbandsklage	20
4. Vertretungsbefugnis für das Recht auf Schadensersatz	10	b) Umsetzung im nationalen Recht	21
a) Vorgesehene Regelung im Recht der Mitgliedstaaten	10		
b) Keine Umsetzung einer Schadensersatz-Verbandsklage	11		

Literatur: *Barth* Wettbewerbsrechtliche Abmahnungen von Verstößen gegen das neue Datenschutzrecht, WRP 2018, 790; *Dieterich* Rechtsdurchsetzungsmöglichkeiten der DS-GVO – Einheitlicher Rechtsrahmen führt nicht zwangsläufig zu einheitlicher Rechtsanwendung, ZD 2016, 260; *Dönch* Verbandsklagen bei Verstößen gegen das Datenschutzrecht – neue Herausforderungen für die Datenschutz-Compliance, BB 2016, 962; *Geissler/Ströbel* Datenschutzrechtliche Schadensersatzansprüche im Musterfeststellungsverfahren, NJW 2019, 3414; *Gerhard* Vereinbarkeit einer Verbandsklage im Datenschutzrecht mit Unionsrecht, CR 2015, 338; *Gierschmann* Was „bringt" deutschen Unternehmen die DS-GVO? – Mehr Pflichten, aber die Rechtsunsicherheit bleibt, ZD 2016, 51; *Halfmeier* Die neue Datenschutzverbandsklage, NJW 2016, 1126; *Köhler/Bornkamm/Feddersen* Gesetz gegen den unlauteren Wettbewerb: UWG, Kommentar, 38. Aufl. 2020; *Köpernik* Zur Notwendigkeit einer Verbandsklage bei Datenschutzverstößen, VuR 2014, 240; *Kort* Was ändert sich für Datenschutzbeauftragte, Aufsichtsbehörden und Betriebsrat mit der DS-GVO? ZD 2017, 3; *Ohly* UWG-Rechtsschutz bei Verstößen gegen die Datenschutz-Grundverordnung, GRUR 2019, 686; *Podszun/de Toma* Die Durchsetzung des Datenschutzes durch Verbraucherrecht, Lauterkeitsrecht und Kartellrecht, NJW 2016, 2987; *Reif* Bundesrat für Stärkung der Verbraucherrechte im Datenschutz – weitgehende Ablehnung der Vorschläge durch Bundesregierung, RDV 2015, 135; *Spittka* Können Verbraucherschützer wegen DS-GVO-Verstößen klagen? GRUR-Prax 2019, 272; *ders.* Die Kommerzialisierung von Schadensersatz unter der DS-GVO, GRUR-Prax 2019, 475; *Waclawik* Die Musterfeststellungsklage,

NJW 2018, 2921; *Weidlich-Flatten* Verbraucherschutzverbände als Heilsbringer für den Datenschutz? ZRP 2014, 196.

A. Einordnung und Hintergrund
I. DSRL

Bereits Art. 28 Abs. 4 DSRL sah vor, dass sich ein Betroffener durch einen Verband vertreten lassen kann, wenn er eine Beschwerde gegenüber einer Aufsichtsbehörde einlegen möchte. Weitere Voraussetzungen an die Eigenschaft des „Verbandes" wurden indes nicht genannt. Die DSRL enthielt jedoch weder ein darüber hinausgehendes Recht der Verbände, Betroffene zu vertreten, noch Regelungen zu einer Popularklage. 1

II. Popularklagen nach BDSG a.F., UKlaG, UWG

Die Möglichkeit für Popularklagen durch Verbände wurde in den letzten Jahren im nationalen Recht ausgeweitet. Schon vor der Reform des UKlaG (2016) war es möglich, nach § 1 UKlaG einen Unterlassungsanspruch gegen den Verwender unwirksamer allgemeiner Geschäftsbedingungen, die mit den Vorschriften des BDSG a.F. über die Erhebung, Verarbeitung oder Nutzung von Daten in Widerspruch standen, geltend zu machen.[1] Umstritten war, ob Datenschutzvorschriften als Verbraucherschutzvorschriften gelten und damit die Möglichkeit eines Unterlassungsanspruchs nach § 2 Abs. 1 S. 1 UKlaG oder nach § 8 Abs. 3 Nr. 3 UWG besteht.[2] 2

Ebenfalls umstritten war (und ist), ob Datenschutzverstöße sogenannte Marktverhaltensregeln sind und deshalb ein wettbewerbsrechtlicher Unterlassungsanspruch bei einem Datenschutzverstoß vorliegen kann. Aus § 4 Nr. 11 UWG a.F. bzw. § 3a UWG i.V.m. § 8 Abs. 3 Nr. 2 und Nr. 3 UWG ergibt sich eine Verbandsklagebefugnis gegen wettbewerbliche Handlungen, die gegen eine gesetzliche Vorschrift verstoßen, die auch dazu bestimmt ist, im Interesse der Marktteilnehmer das Marktverhalten zu regeln. Charakteristisch für eine solche Vorschrift ist, dass diese zumindest auch die Regelung des Marktverhaltens bezweckt und damit gleiche Bedingungen für die Wettbewerbsteilnehmer schafft.[3] Ob datenschutzrechtliche Normen eine marktregelnde Funktion haben, wurde in der Rechtsprechung uneinheitlich beantwortet.[4] Dabei stand die Frage nach dem Schutzbereich datenschutzrechtlicher Vorschriften im Mittelpunkt, also ob dem Datenschutzrecht – neben seiner Hauptfunktion als Persönlich- 3

---

1 Es musste also ein Zusammenhang mit einer „Einwilligung" bestehen; *Spindler* ZD 2016, 114, 115; *Köpernik* VuR 2014, 240.
2 Dagegen etwa *OLG Frankfurt am Main* v. 30.6.2005 – 6 U 168/04 zu §§ 3, 4a BDSG a.F.; *OLG Düsseldorf* v. 20.2.2004 – I-7 U 149/03 zu § 28 BDSG a.F.; *OLG Hamburg* v. 9.6.2004 – 5 U 186/03; befürwortend aber bspw. *OLG Köln* MMR 2009, 845; *OLG Köln* CR 2011, 680, 682; *OLG Stuttgart* MMR 2007, 437; dazu ferner *Köpernik* VuR 2014, 240.
3 *BGH* NVwZ 2006, 1206, 1207.
4 Für eine Einordnung des BDSG a.F. als marktregelnde Vorschrift spricht sich das *OLG Köln* NJW 2010, 90; *OLG Köln* v. 19.11.2010 – 6 U 73/10 aus; dagegen aber das *OLG München* GRUR-RR 2012, 395. Zu § 13 TMG: bejahend *OLG Hamburg* v. 27.6.2013 – 3 U 26/12, Rn. 57 f. – juris; *OLG Köln* v. 11.3.2016 – 6 U 121/15, MMR 2016, 530, 531 f.; verneinend *KG Berlin* v. 29.04.2011 – 5 W 88/11, Rn. 32 ff. – juris; *LG Berlin* v. 14.3.2011 – 91 O 25/11, BeckRS 2011, 06242.

keitsschutz – eine Aufgabe als marktbezogener Verbraucherschutz zukommt.[5] Tendenziell hat die Rechtsprechung indes immer öfter die Einstufung von datenschützenden Normen als vom Schutzbereich des UWG erfasst angesehen, worauf insbesondere die datenschutzrechtlichen Richtlinien sowie die DS-GVO ihren Einfluss ausübten.[6]

4 Unter der Geltung der DS-GVO hat sich die Diskussion deutlich Verschoben. Nunmehr wird maßgeblich diskutiert, ob die DS-GVO ein in sich abgeschlossenes Sanktionssystem aufweise und deren Normen daher keine Marktverhaltensregel i.S.v. § 3a UWG seien.[7] Zumindest zwei OLGs vertreten allerdings die Ansicht, dass die Normen der DS-GVO Marktverhaltensregeln darstellen.[8] Dieser – von Art. 80 grundsätzlich unabhängige Streit – wird wohl von BGH und EuGH entschieden werden müssen.

5 Durch den – im Wege der Reform des UKlaG 2016 – eingeführten § 2 Abs. 2 Nr. 11 UKlaG[9] ist es für die Klageberechtigten des UKlaG nicht mehr erforderlich, dass datenschutzrechtliche Vorschriften eine marktregelnde Funktion haben. Verbraucherschutzverbände können daher Unterlassungsansprüche im Wege der Popularklage geltend machen.

B. Kommentierung
I. Abs. 1

6 **1. Vertretungsbefugnis in individuellen Fällen.** Abs. 1 regelt die Möglichkeit der individuellen Vertretung des Betroffenen durch Verbände. Die Idee hierbei ist, dem Einzelnen die Durchsetzung der durch die DS-GVO zugebilligten Rechte zu erleichtern. Denn für Verbände ist es aufgrund ihrer gebündelten Kompetenz und Stärke einfacher, Datenverstöße gegenüber größeren Unternehmen – mitunter auch gerichtlich – wirksam durchzusetzen.[10] Neben der Verbesserung der Durchsetzungsmöglichkeiten hinsichtlich der Betroffenenrechte wird auch dem behördlichen Vollzugsdefizit entgegengewirkt, um Datenschutzverstöße wirksam zu sanktionieren.[11]

7 Hierbei spielt das Thema der Vertretungsbefugnis eine wichtige Rolle, da das Recht zur Vertretung rechtlicher Interessen traditionell dem Rechtsanwalt vorbehalten ist (§ 3 Abs. 1 BRAO), der Verbraucher aber wohlmöglich den Gang zu einem spezialisierten und somit möglicherweise teuren Rechtsanwalt scheut. Daher hat der nationale Gesetzgeber Verbraucherschutzverbänden und ähnlichen Vereinigungen gem. § 7 RDG das Recht gewährt, außergerichtliche Rechtsdienstleistungen zu erbringen und in diesem Rahmen auch datenschutzrechtlich zu beraten.

---

5 *Köpernik* VuR 2014, 240, 241.
6 Siehe hierzu *OLG Köln* v. 11.3.2016 – 6 U 121/15 und *KG* v. 29.4.2011 – 5 W 88/11 – Gefällt-mir-Button – sowie *Köpernik* VuR 2014, 240, 241 und *Dönch* BB 2016, 962.
7 So etwa *Köhler/Bornkamm/Feddersen* UWG, § 3a Rn. 1.40a und 1.74b; *Köhler* ZD 2018, 337; *Barth* WRP 2018, 790; *Ohly* GRUR 2019, 686; *LG Stuttgart* v. 20.5.2019 – 35 O 68/18, KfH, WRP 2019, 1089; *LG Wiesbaden* v. 5.11.2018 – 5 O 214/18, K & R 2019, 281; *LG Bochum* v. 7.8.2018 – I 12 O 85/18, CR 2019, 36.
8 *OLG Hamburg* CR 2019, 398–404; *OLG Sachsen-Anhalt* v. 7.11.2019 – 9 U 6/19, Rn. 61 ff.
9 Gesetz zur Verbesserung der zivilrechtlichen Durchsetzung von verbraucherschützenden Vorschriften des Datenschutzrechts v. 17.2.2016.
10 Ehmann/Selmayr-*Nemitz* Art. 80 Rn. 1; Paal/Pauly-*Frenzel* Art. 80 Rn. 6.
11 *Gierschmann* ZD 2016, 51, 53.

2. Vertretung bei Beschwerden. Art. 80 Abs. 1 ermöglicht, dass der Betroffene das ihm aus Art. 77 Abs. 1 zustehende Recht auf Beschwerde bei einer Aufsichtsbehörde im Wege der Vertretung durch Verbände beanspruchen kann. 8

3. Vertretungsbefugnis für die in Art. 78 und 79 genannten Rechte. Art. 80 Abs. 1 verweist auf die in den Art. 78, 79 genannten Rechte. Art. 78, 79 wiederum enthalten keine konkreten Rechte, sondern vielmehr eine Rechtsschutzgarantie – namentlich das Recht auf wirksamen gerichtlichen Rechtsbehelf gegen eine Aufsichtsbehörde oder gegen Verantwortliche oder Auftragsverarbeiter (siehe Art. 78 Rn. 20 ff. und 79 Rn. 10 ff.). Diese Verweisung kann also nur so verstanden werden, dass die in der DS-GVO normierten und mittels gerichtlichem Rechtsbehelf durchzusetzenden Rechte des Betroffenen auch – über die Möglichkeit des Art. 80 – im Wege der Vertretung geltend gemacht werden können. Die Geltendmachung der Rechte bezieht sich nur auf solche, die direkt der DS-GVO entspringen, wie etwa die Ansprüche aus Art. 17 Abs. 1 oder Art. 20 Abs. 1. 9

4. Vertretungsbefugnis für das Recht auf Schadensersatz. – a) Vorgesehene Regelung im Recht der Mitgliedstaaten. Die betroffene Person kann das in Art. 80 Abs. 1 normierte Recht zur Beauftragung einer qualifizierten Einrichtung zur Einreichung einer Beschwerde, zur Wahrnehmung der Rechte aus Art. 77, 78 und 79 und zur Inanspruchnahme des Rechts auf Schadensersatz nur dann ausüben, „sofern dieses im Recht der Mitgliedstaaten vorgesehen ist." Dieser letzte Halbsatz des Abs. 1 („sofern dieses im Recht der Mitgliedstaaten vorgesehen ist") bezieht sich ausschließlich auf die Vertretungsbefugnis bei Schadensersatzansprüchen gem. Art. 82.[12] Schon die Tatsache, dass ansonsten eine übersichtlichere und verständlichere Satzstellung (nämlich eine schlichte Aufzählung) hätte verwendet werden können, macht dies deutlich. Auch unter Berücksichtigung der englischen Sprachfassung des Art. 80 sowie dem ErwG 142 kann ein sinnvoller Bezug nur mit dem Recht auf Schadensersatz hergestellt werden.[13] 10

b) Keine Umsetzung einer Schadensersatz-Verbandsklage. Es ist fraglich, ob § 7 Abs. 1 Nr. 1 RDG als eine Umsetzung von Art. 80 Abs. 1 letzter Hs. gelten kann. Das Sachgebiet der Interessenvertretung wird hier jedenfalls nur durch den „satzungsmäßigen Aufgabenbereich" eingegrenzt. Soweit die Geltendmachung von Schadensersatzansprüchen zum Aufgabenbereich eines entsprechenden Verbandes gehört, können die entsprechenden Rechte von Verbänden geltend gemacht werden. Der letzte Halbsatz des Art. 80 Abs. 1 erfordert nicht, dass es eine mitgliedstaatliche Schadensersatzregelung für Datenschutzverstöße geben muss. Eine solche Auslegung widerspräche dem Art. 82 und damit ferner dem Charakter der DS-GVO als Verordnung nach Art. 288 Abs. 2 AEUV.[14] 11

---

12 A.A. Ehmann/Selmayr-*Nemitz* Art. 80 Rn. 11.
13 Der englische Text des ErwG 142 S. 1 lautet: „[…] exercise the right to a judicial remedy on behalf of data subjects or, if provided for in Member State law, exercise the right to receive compensation on behalf of data subjects,", vgl. Plath-*Becker* Art. 80 Rn. 3 und im Ergebnis auch Gola-*Werkmeister* Art. 80 Rn. 9 und Paal/Pauly-*Frenzel* Art. 80 Rn. 9.
14 Nach Art. 288 Abs. 2 AEUV gilt eine Verordnung unmittelbar in jedem Mitgliedstaat. Siehe auch Gola-*Werkmeister* Art. 80 Rn. 9.

12 Zudem kann die neue **Musterfeststellungsklage** (§§ 606–614 ZPO)[15] als eine Umsetzung von Art. 80 Abs. 1 gesehen werden. Teilweise wird in der Literatur ganz unabhängig von Art. 80 erwogen, die Musterfeststellungsklage für Schadensersatzansprüche auf Basis von Art. 82 zu nutzen.[16] Teilweise wird diese Möglichkeit auch gerade als Umsetzung von Art. 8 besprochen.[17] Dem wird entgegenhalten, dass § 606 Abs. 1 S. 2 ZPO auf § 3 Abs. 1 Nr. 1 UKlaG verweise, der jedoch zu weit gefasst sei, um unter Art. 80 Abs. 1 subsumiert zu werden.[18] Diesem Argument ist jedoch kein großes Gewicht beizumessen. Allenfalls würde dies zu einer einschränkenden Auslegung zwingen, nach der im Lichte des Art. 80 nicht jede Einrichtung im Sinne von § 3 Abs. 1 Nr. 1 UKlaG sondern nur solche, die im Bereich des Schutzes personenbezogener Daten tätig sind, klagen dürfen.

13 **5. Gerichtliche Vertretung.** Das nationale Recht gestattet es Verbänden bislang jedoch nicht, einen Betroffenen vor Gericht zu vertreten. Zwar kann ein Verband jederzeit einen externen Anwalt damit beauftragen, einen Fall vor Gericht zu bringen und es gibt einzelne Ausnahmevorschriften, die eine gerichtliche Aktivität von Verbänden gestatten. So vor allem § 79 Abs. 2 Nr. 3 ZPO, der es Verbraucherzentralen und anderen mit öffentlichen Mitteln geförderten Verbraucherverbänden ermöglicht, Verbraucher im Rahmen der Einziehung von Forderungen zu vertreten.

14 Art. 80 Abs. 1 geht in seinem Anwendungsbereich jedoch weit über das bisherige nationale Recht hinaus,[19] wie sich insbesondere aus dem Verweis auf Art. 78 und 79 ergibt. Denn diese Artikel enthalten keine einzelnen Ansprüche der Betroffenen, sondern das Prinzip der Rechtschutzgarantie, also das Recht auf effektiven gerichtlichen Rechtsschutz gegen staatliches und privates Handeln, welches gegen die DS-GVO verstößt. Eine gerichtliche Geltendmachung der in Art. 77, 78 und 79 statuierten Rechte ist demnach durch Verbände möglich, wozu eine formlose Beauftragung genügt.[20] Nur bezüglich Schadensersatzansprüchen können Verbände Betroffene nicht per se vor Gericht vertreten, da der nationale Gesetzgeber diesbezüglich keine Regelung geschaffen hat.

15 Da die Beauftragung der Wahrnehmung der Rechte aus Art. 77, 78 und 79 es ferner erfordert, dass eine solche „in ihrem Namen", also im Namen des Betroffenen, stattfindet, liegt die Annahme einer Bevollmächtigung näher als die einer Prozessstandschaft.[21] Bei letzterer wird ein fremdes Recht im eigenen Namen geltend gemacht, was nach Abs. 1 ausdrücklich ausgeschlossen ist.

---

15 Siehe allgemein hierzu *Waclawik* NJW 2018, 2921
16 *Geissler/Ströbel* NJW 2019, 3414.
17 Taeger/Gabel-*Moos/Schefzig* Art. 80 Rn. 31ff.
18 So *Spittka* GRUR-Prax 2019, 475, 477.
19 So auch Sydow-*Kreße* Art. 80 Rn. 10 und *Kühling/Buchner-Bergt* Art. 80 Rn. 10; a.A. Ehmann/Selmayr-*Nemitz* Art. 80 Rn. 10, der auf die Vertretung durch einen bei der Organisation beschäftigten Rechtsanwalt verweist.
20 *Kühling/Buchner-Bergt* Art. 80 Rn. 10; a.A. Paal/Pauly-*Frenzel* Art. 80 Rn. 9, der allein schon aus Gründen der Rechtssicherheit eine schriftliche Erklärung der Beauftragung fordert.
21 Für eine „(modifizierte) Prozessstandschaft" aber Kühling/Buchner-*Bergt* Art. 80 Rn. 10; Taeger/Gabel-*Moos/Schefzig* Art. 80 Rn. 15.) ebenso die „eigenständige Art" der Prozessstandschaft hervorhebend Schantz/Wolff-*Schantz* Das neue Datenschutzrecht, F. IV. 2. Rn. 1271. Eine Vertretung befürwortend aber Sydow-*Kreße* Art. 80 Rn. 10; Gola-*Werkmeister* Art. 80 Rn. 7

6. Vertretung in einem anderen Land. Eine Beschränkung außergerichtlicher Vertretung 16
innerhalb des Mitgliedstaates, in dem der Verband gegründet wurde, lässt sich nicht aus
der Vorschrift entnehmen. Vielmehr ergibt sich aus systematischer Sicht aufgrund der
Verweisung auf Rechte aus Art. 77 ff., dass die Vertretung betroffener Personen durch
qualifizierte Verbände auch in einem anderen Mitgliedstaat möglich sein muss.[22]

7. Einrichtungen, Organisationen oder Vereinigungen ohne Gewinnerzielungsabsicht.
Eine betroffene Person kann einen nach mitgliedstaatlichem Recht gegründeten Ver- 17
band, dessen Ziele im Bereich des Datenschutzes liegen und der ohne Gewinnerzielungsabsicht handelt, beauftragen, sein Beschwerderecht und ferner die Rechte aus
Art. 77, 78 und 79 in seinem Namen geltend zu machen. Die in Art. 80 Abs. 1 genannten Institutionen müssen – ausweislich des Wortlautes „satzungsmäßige Ziele" – Träger von Rechten sein; indes ist die Rechtsform nicht vorgeschrieben.[23] Anknüpfend an
die satzungsmäßigen Ziele müssen diese öffentlichen Interessen entsprechen und
damit dem Allgemeinwohl und nicht nur Individualinteressen dienen.[24] Als Orientierungshilfe könnte die Liste qualifizierter Einrichtungen gem. § 4 des UKlaG dienen,
die das Bundesamt für Justiz und Verbraucherschutz herausgibt. Jedoch ist nicht jede
dieser Einrichtungen hinreichend qualifiziert im Sinne von Art. 80 Abs. 1, sondern nur
diejenigen, deren Tätigkeit sich auf den Schutz personenbezogener Daten richtet.[25]
Man wird diesbezüglich eine gewisse „Regelmäßigkeit" der Tätigkeit im Bereich des
Datenschutzes verlangen müssen, um den Tatbestand insoweit zu erfüllen.

Ob auch Gewerkschaften qualifizierte Verbände i.S.d. Art. 80 Abs. 1 sein sollten, wird 18
aufgrund des Schutzes der Interessen der Arbeitnehmer hinsichtlich datenschutzrechtlicher Belange im arbeitsrechtlichen Umfeld bisweilen diskutiert.[26] Angesichts der
mangelnden Rechtsfähigkeit sowie fehlender auf datenschutzrechtliche Belange
gerichtete satzungsmäßige Verpflichtungen ist jedenfalls eine Einordnung des
Betriebsrats als Verband i.S.d. Art. 80 Abs. 1 abzulehnen.[27]

II. Abs. 2

1. Öffnungsklausel für die Mitgliedstaaten für Popularklagen. Art. 80 Abs. 2 eröffnet 19
den Mitgliedstaaten die Möglichkeit, dass die genannten Institutionen auch unabhängig von einer Beauftragung durch den Betroffenen tätig werden und dessen Rechte
aus Art. 78 und 79 geltend machen können. Das Recht auf Schadensersatz nach
Art. 82 Abs. 1 bleibt davon ausgenommen. Art. 80 Abs. 2 ist somit – im Unterschied zu
Abs. 1 – als echte Popularklage einzustufen.[28] Indes besteht immer noch das Erfordernis der Betroffenheit einer Person, womit eine Verletzung von rein objektivem Recht
ein Verbandsklagerecht nach Abs. 2 ausschließt.[29] Entsprechende nationale Vorschriften finden sich in § 3 UKlaG und § 8 UWG.

---

22 Gola-*Werkmeister* Art. 80 Rn. 6.
23 Kühling/Buchner-*Bergt* Art. 80 Rn. 5.
24 Gola-*Werkmeister* Art. 80 Rn. 5.
25 Dies betont *Spittka* GRUR-Prax 2019, 272, 274.
26 BeckOK DatenSR-*Karg* Art. 80 Rn. 12; *Schuler/Weichert* Die EU-DS-GVO und die Zukunft des Beschäftigtendatenschutzes – Gutachten, http://www.netzwerk-datenschutzexpertise.de/sites/default/files/gut_2016_dsgvo_beschds.pdf, S. 21, abgerufen am 19.10.2017.
27 So auch *Kort* ZD 2017, 3, 7.
28 Ehmann/Selmayr-*Nemitz* Art. 80 Rn. 12.
29 Kühling/Buchner-*Bergt* Art. 80 Rn. 14.

Art. 80 — Vertretung von betroffenen Personen

20 **2. Nationale Verbandsklagemöglichkeiten. – a) Abschließende Regelung zur Verbandsklage.** Art. 80 könnte unter dem Gesichtspunkt der „Vollharmonisierung" der DS-GVO einen abschließenden Charakter für Verbandsklagen haben und damit andere nationale Möglichkeiten, Datenschutzverstöße durch Verbandsklagen zu verfolgen, ausschließen.[30] Da die DS-GVO den Datenschutz EU-weit effektiv durchsetzen möchte, erscheint die Annahme einer abschließenden Regelung der Durchsetzungsmöglichkeiten von Datenschutzrechten in der DS-GVO begründet.[31]

21 **b) Umsetzung im nationalen Recht.** Durch § 2 Abs. 2 Nr. 11 UKlaG wird dem Verbraucher auch außerhalb von datenschutzrechtlichen Verstößen in Allgemeinen Geschäftsbedingungen die Möglichkeit gegeben, sein Recht im Wege der Verbandsklage zu verfolgen.[32] § 2 Abs. 2 Nr. 11 UKlaG erlaubt Verbänden, Unterlassungs- und Beseitigungsansprüche geltend zu machen, wenn ein Verstoß gegen datenschutzrechtliche Vorschriften, die die Zulässigkeit der Erhebung von personenbezogenen Daten eines Verbrauchers durch einen Unternehmer oder die Verarbeitung oder die Nutzung personenbezogener Daten, die über einen Verbraucher erhoben wurden, durch einen Unternehmer regeln, vorliegt. Eine Einschränkung der Rechtsschutzmöglichkeit über die Verbandsklage ergibt sich indes aus dem Erfordernis der Zweckbindung der Daten gem. § 2 Abs. 2 Nr. 11 UKlaG, nämlich dass die Datenerhebung, -verarbeitung oder -nutzung im Zusammenhang mit kommerziellen Zwecken steht.[33] Führt man sich die Formulierung vor Augen, so wird jedoch klar, dass viele gängige Datenverarbeitungstätigkeiten hierdurch erfasst sind, denn die Zweckbindung bezieht sich auf Datenverarbeitung „zu Zwecken der Werbung, der Markt- und Meinungsforschung, des Betreibens einer Auskunftei, des Erstellens von Persönlichkeits- und Nutzungsprofilen, des Adresshandels, des sonstigen Datenhandels oder zu vergleichbaren kommerziellen Zwecken". Die Auflistung ist nicht abschließend und könnte in der Praxis ohne weitere weit ausgelegt werden.

22 Vor diesem Hintergrund kann § 2 Abs. 2 Nr. 11 UKlaG auch als eine unionsrechtskonforme Ausformung des Art. 80 Abs. 2 angesehen werden.. Hiergegen wird vorgebracht, es handele sich bei § 2 Abs. 2 Nr. 11 UKlaG allenfalls um eine unzulässige „Teilumsetzung", die im Sinne des Ziels eine Vollharmonisierung nicht gewollt sein könne.[34] Kritisiert wird auch, dass § 2 Abs. 2 Nr. 11 UKlaG nicht jeden datenschutzrechtlichen Verstoß erfasst und Anwendungsbereich ferner auch in Bezug auf den Kreis der anspruchsberechtigten Verbände einschränkt. Jedoch handelt es sich bei Art 80 Abs. 2 gerade um eine Öffnungsklausel, die jedem Individualstaat eine Abweichung ermöglicht. Vor diesem Hintergrund hat das Argument der angestrebten Vollharmonisierung hier kein Gewicht. Art § 2 Abs. 2 Nr. 11 UKlaG kann daher als eine Umsetzung von Art. 80 Abs. 2 angesehen werden.

---

30 Zu den anderen Möglichkeiten zählen die AGB-Kontrolle und das Wettbewerbsrecht; siehe dazu oben Rn. 2 ff.
31 So auch Gola-*Werkmeister* Art. 80 Rn. 17.
32 Dazu auch ausführlich der Gesetzentwurf der Bundesregierung BT-Drucks. 18/4631, S. 12 f.
33 Exemplarisch genannt werden etwa die Zwecke der Werbung, Markt- und Meinungsforschung, des Betreibens einer Auskunftei, des Erstellens von Persönlichkeits- und Nutzungsprofilen oder des Adresshandels.
34 Gola-*Werkmeister* Art. 80 Abs. 18; *Dönch* BB 2016, 962, 964; den eingeschränkten Anwendungsbereich kritisiert auch *Spindler* ZD 2016, 114, 116 f.

Artikel 81 Aussetzung des Verfahrens

(1) Erhält ein zuständiges Gericht in einem Mitgliedstaat Kenntnis von einem Verfahren zu demselben Gegenstand in Bezug auf die Verarbeitung durch denselben Verantwortlichen oder Auftragsverarbeiter, das vor einem Gericht in einem anderen Mitgliedstaat anhängig ist, so nimmt es mit diesem Gericht Kontakt auf, um sich zu vergewissern, dass ein solches Verfahren existiert.

(2) Ist ein Verfahren zu demselben Gegenstand in Bezug auf die Verarbeitung durch denselben Verantwortlichen oder Auftragsverarbeiter vor einem Gericht in einem anderen Mitgliedstaat anhängig, so kann jedes später angerufene zuständige Gericht das bei ihm anhängige Verfahren aussetzen.

(3) Sind diese Verfahren in erster Instanz anhängig, so kann sich jedes später angerufene Gericht auf Antrag einer Partei auch für unzuständig erklären, wenn das zuerst angerufene Gericht für die betreffenden Klagen zuständig ist und die Verbindung der Klagen nach seinem Recht zulässig ist.

– *ErwG: 144*

Übersicht

	Rn		Rn
A. Einordnung und Hintergrund	1	IV. Möglichkeit zur Aussetzung (Abs. 2)	15
I. DSRL	1	V. Unzuständigkeit (Abs. 3)	21
II. BDSG a.F.	2	C. Praxishinweise	24
B. Kommentierung	3	I. Relevanz für öffentliche Stellen	25
I. Allgemeines	3	II. Relevanz für nichtöffentliche Stellen	26
II. Anwendungsbereich	4	III. Relevanz für betroffene Personen	27
1. Derselbe Verantwortliche oder Auftragsverarbeiter	4	IV. Relevanz für Aufsichtsbehörden	28
2. Verfahrensgegenstand	5	V. Relevanz für das Datenschutzmanagement	29
3. Betroffene Gerichte	8		
4. Grenzüberschreitende Dimension	10		
III. Kontaktaufnahme zwischen den Gerichten (Abs. 1)	11		

Literatur: *Dieterich* Rechtsdurchsetzungsmöglichkeiten nach der DS-GVO – Einheitlicher Rechtsrahmen führt nicht zwangsläufig zu einheitlicher Rechtsanwendung, ZD 2016, 260; *Gärditz* Funktionswandel der Verwaltungsgerichtsbarkeit unter dem Einfluss des Unionsrechts – Umfang des Verwaltungsrechtsschutzes auf dem Prüfstand. Gutachten D zum 71. Deutschen Juristentag, 2016; *Krüger/Rauscher (Hrsg.)* Münchener Kommentar zur Zivilprozessordnung: ZPO, Band 3: §§ 946–1117, EGZPO, GVG, EGGVG, UKlaG, Internationales und Europäisches Zivilprozessrecht, 5. Aufl. 2017; *Leopold* Datenschutzbehelfe nach der DS-GVO und §§ 81a, 81b SGB X, ZESAR 2018, 326; *Menne* Dialogue of Judges – Verbindungsrichter und internationale Richternetzwerke, JZ 2017, 332; *Musielak/Voit* Zivilprozessordnung: ZPO mit Gerichtsverfassungsgesetz, 16. Aufl. 2018; *Piltz* Die Datenschutz-Grundverordnung – Teil 5: Internationale Zusammenarbeit, Rechtsbehelfe und Sanktionen, K&R 2017, 85; *Voßkuhle* Die Verwaltungsgerichte im Europäischen Gerichtsverbund, SachsVBl. 2013, 77.

A. Einordnung und Hintergrund

I. DSRL

1 Die DSRL hat keine Vorläuferbestimmung.

II. BDSG a.F.

2 Das BDSG a.F. enthielt keine Vorläuferbestimmung.

B. Kommentierung

I. Allgemeines

3 Die DS-GVO als Sekundärrechtsakt enthält mit Art. 81 eine Verfahrensvorschrift, die Vorrang vor dem nationalen Prozessrecht hat. Ziel dieser Regelung ist es, Homogenität in der Rechtsprechung herzustellen. Ein unionsweiter wirksamer Schutz personenbezogener Daten erfordert gleiche Rechtsfolgen im Falle ihrer Verletzung.[1] Die Problematik, dass ein einheitlicher Rechtsrahmen nicht zwangsläufig zu einer einheitlichen Rechtsanwendung führt, versucht die Regelung aufzulösen. Grundsätzlich hält das Unionsrecht mit Vorabentscheidungsverfahren gem. Art. 267 AEUV bereits ein Instrument zur Wahrung der Rechtseinheit bereit. Art. 81 geht darüber aber weit hinaus und erweitert den bereits in Art. 30 EuGVVO angelegten dezentralen Mechanismus der Rechtsangleichung für Fälle, in denen gerichtliche Verfahren gegen ein internationales Unternehmen als Verantwortliche in mehreren EU-Ländern anhängig sind: So sollen Gerichte aller Instanzen direkt mit anderen Gerichten in der EU Kontakt aufnehmen (Abs. 1) und ggf. Verfahren aussetzen (Abs. 2) oder Verfahren verbinden (Abs. 3). Diese Form der dezentralen Rechtsvereinheitlichung kann deutlich vor einer möglichen Entscheidung des EuGH greifen, verdrängt die Möglichkeit eines Vorabentscheidungsverfahrens jedoch nicht. Freilich besteht die Gefahr, dass der (auch sprachlich nicht immer einfache) Kommunikationszwang zwischen den Gerichten der unteren Instanzen auch faktisch zu einer deutlichen Verzögerung von Verfahren führen könnte.[2]

II. Anwendungsbereich

4 **1. Derselbe Verantwortliche oder Auftragsverarbeiter.** Die Anwendbarkeit von Art. 81 setzt voraus, dass das Verfahren denselben Verantwortlichen bzw. Auftragsverarbeiter betreffen muss. Genauer gesagt, muss es sich aber weder beim Kläger noch beim Beklagten um dieselbe Person handeln, sondern die für das Verfahren entscheidende Verarbeitung muss durch dieselbe verantwortliche Stelle bzw. denselben Auftragsverarbeiter erfolgen.[3] Die Übereinstimmung bezieht sich dem Wortlaut nach auch nur auf die Person des Verantwortlichen oder Auftragsverarbeiters und nicht auf die von der Verarbeitung betroffene Person. Somit bedarf es zwischen den Datensubjekten keiner Übereinstimmung für ein Parallelverfahren i.S.d. Art. 81.[4]

5 **2. Verfahrensgegenstand.** Eine Pflicht zur Zusammenarbeit der Gerichte begründet die Regelung nur für Parallelverfahren mit demselben Verfahrensgegenstand in Bezug

---

1 Vgl. ErwG 13.
2 Ähnlich BeckOK DatenSR-*Mundil* Art. 81 Rn. 1; Kühling/Buchner-*Bergt* Art. 81 Rn. 17.
3 Vgl. Sydow-*Kreße* Art. 81 Rn. 11; vgl. auch Kühling/Buchner-*Bergt* Art. 81 Rn. 8.
4 Vgl. Kühling/Buchner-*Bergt* Art. 81 Rn. 9.

auf die Verarbeitung personenbezogener Daten i.S.d. Art. 4 Nr. 2. In ErwG 144 S. 3 ist die inhaltliche Parallelität wie folgt definiert: „Verfahren gelten als miteinander verwandt, wenn zwischen ihnen eine so enge Beziehung gegeben ist, dass eine gemeinsame Verhandlung und Entscheidung geboten erscheint, um zu vermeiden, dass in getrennten Verfahren einander widersprechende Entscheidungen ergehen."

Damit schafft der ErwG eine verständliche Erklärung für parallele Verfahrensgegenstände. Eine Legaldefinition, wie sie etwa Art. 30 Abs. 3 EuGVVO[5] vorhält, sieht die DS-GVO indes weder in Art. 81 noch an anderer Stelle vor. Gleichwohl ist die Begrifflichkeit autonom nach Unionsrecht und nicht nach nationalem Prozessrecht auszulegen.[6] Als unionsrechtliche Konkretisierungskriterien können die im Abschnitt „Anhängigkeit und im Zusammenhang stehende Verfahren" befindlichen Art. 29 f. EuGVVO dienen, wobei der Art. 30 hier einschlägig ist.[7] In Art. 30 Abs. 3 EuGVVO findet sich ErwG 144 S. 3 wieder, was allerdings aufgrund der Zugehörigkeit zum Normtext von Bedeutung ist. Im Interesse einer geordneten Rechtspflege ist diese Begrifflichkeit des Zusammenhangs weit auszulegen und sollte alle Fälle erfassen, in denen die Gefahr einander widersprechender Entscheidungen besteht, selbst wenn die Entscheidungen getrennt vollstreckt werden können und sich ihre Rechtsfolgen nicht gegenseitig ausschließen.[8] Es ist daher nicht notwendig, dass in den Verfahren gleiche Ansprüche gestellt werden.[9] **6**

Der ErwG 144 S. 1 stellt allein auf Verfahren gegen die Entscheidung einer Aufsichtsbehörde ab. Demnach wären parallele Verfahren von Betroffenen gegen den Verantwortlichen nach Art. 78 und 79 vom Anwendungsbereich des Art. 81 ausgeschlossen, was einen sehr begrenzten Anwendungsbereich zu Folge hätte. Die Vorschrift zur Aussetzung des Verfahrens verlangt diese Schlussfolgerung hingegen nicht. Der Anwendungsbereich ist weiter zu fassen, weil enge Beziehungen i.S.d. Vorschrift nicht nur bei parallelen Verfahren gegen Aufsichtsbehörden bestehen. Der ErwG kann keinen sachlichen Grund für die Beschränkung des Anwendungsbereichs darstellen.[10] Dafür spricht auch Art. 81 Abs. 3, wonach die Abweisung einer später erhobenen Klage zulässig ist, wenn das zuerst angerufene Gericht auch für die spätere Klage zuständig ist. Wenn nur Klagen gegen Aufsichtsbehörden in den Anwendungsbereich von Art. 81 fielen, dann wäre Abs. 3 ohne Anwendungsbereich, denn das zuerst angerufene Gericht kann nicht zuständig sein, wenn eine Aufsichtsbehörde eines anderen Mitgliedstaates verklagt wird (Art. 78 Abs. 3).[11] Zusammengefasst sind nicht ausschließlich parallele Verfahren gegen Aufsichtsbehörden in unterschiedlichen Mitgliedstaaten von Art. 81 umfasst, sondern auch gleichlaufende Verfahren von betroffenen Personen gegen den Verantwortlichen bzw. den Auftragsverarbeiter.[12] **7**

3. Betroffene Gerichte. Art. 81 verpflichtet sämtliche Instanzgerichte der Mitgliedstaaten unter den dort genannten Voraussetzungen zur Zusammenarbeit. Eine solche **8**

---

5 VO (EU) 2012/1215.
6 So auch Kühling/Buchner-*Bergt* Art. 81 Rn. 7.
7 Vgl. Sydow-*Kreße* Art. 81 Rn. 9; vgl. auch Kühling/Buchner-*Bergt* Art. 81 Rn. 7.
8 *EuGH* v. 6.12.1994 – C-406/92, Tatry/Maciej Rataj, Rn. 53.
9 Gola-*Nolte/Werkmeister* Art. 81 Rn. 7.
10 Sydow-*Kreße* Art. 81 Rn. 1.
11 Siehe Kühling/Buchner-*Bergt* Art. 81 Rn. 10.
12 Vgl. BeckOK DatenSR-*Mundil* Art. 81 Rn. 7 f.; a.A. Paal/Pauly-*Frenzel* Art. 81 Rn. 7 f.

Verpflichtung primärrechtlich garantierter unabhängiger Gerichte[13] ist nicht unbedenklich, da die Judikative nicht ohne Weiteres zur Zusammenarbeit mit anderen Gerichten gezwungen werden kann.[14] Der innerstaatliche Richter als ordentlicher Richter soll nach Auffassung der DS-GVO dazu beitragen, die Gefahr divergierender Entscheidungen zu mindern und eine einheitliche Interpretation des Unionsrechts zu gewährleisten.

9 ErwG 144 S. 1 spricht von „mit einem Verfahren gegen die Entscheidung einer Aufsichtsbehörde befasstes Gericht". Das legt nahe, dass sich die Vorschrift nur auf die Verwaltungsgerichtsbarkeit bezieht. Ein verwaltungsgerichtliches Verfahren des Verantwortlichen gegen eine ihm gegenüber erlassene aufsichtsbehördliche Maßnahme kann sich auf dieselbe Datenverarbeitung wie ein zivilgerichtliches Verfahren beziehen.[15] Art. 81 knüpft den etwaigen Gleichlauf nicht an denselben „Anspruch", sondern an denselben Verfahrensgegenstand und gilt mithin sowohl für Zivil- als auch für Verwaltungsprozesse.[16]

10 **4. Grenzüberschreitende Dimension.** Wie so oft im Unionsrecht ist die grenzüberschreitende Dimension, in diesem Fall hinsichtlich der anhängigen Rechtssache, ausschlaggebend für die Anwendbarkeit der Vorschrift. Für parallel verlaufende Verfahren innerhalb desselben Mitgliedstaats ist Art. 81 nicht einschlägig.[17]

III. Kontaktaufnahme zwischen den Gerichten (Abs. 1)

11 In einem ersten Schritt obliegt dem mit einem entsprechenden Streitfall befassten Gericht zunächst die Pflicht zur Kontaktaufnahme mit dem potenziell ebenfalls befassten Gericht in einem anderen Mitgliedstaat. Die DS-GVO schafft hier eine neue und zusätzliche Pflicht für die Instanzgerichte der Mitgliedstaaten.

12 Damit besteht aber keine Amtsermittlungspflicht, sondern das Gericht muss das Vorliegen eines verwandten Verfahrens erst nach Kenntnis solcher gleichlaufenden Verfahren prüfen.[18] Der Formulierung nach stellt die Vorschrift daher auf reine Zufallserkenntnisse ab, weswegen sie in der Praxis weitgehend wirkungslos bleiben dürfte.[19] Für die tatsächliche Anwendung dieser Bestimmung muss die Kenntniserlangung wohl durch die Streitparteien erfolgen.[20]

13 Die Voraussetzung der Anhängigkeit bestimmt sich aufgrund mangelnder Anhaltspunkte innerhalb der DS-GVO durch weiteres Unionsrecht. Hierfür kann erneut die EuGVVO Konkretisierung leisten. Art. 32 EuGVVO legt den Zeitpunkt der Rechtshängigkeit autonom fest. Die Rechtshängigkeit tritt je nach den geltenden Verfahrensordnung zu einem unterschiedlichen, aber möglichst frühen Zeitpunkt ein: Wenn das verfahrenseinleitende Schriftstück vor dessen Zustellung an den Beklagten bei Gericht einzureichen ist, ist das Verfahren ab dem Zeitpunkt der Einreichung dieses

---

13 Art. 47 Abs. 2 GRCh.
14 Vgl. BeckOK DatenSR-*Mundil* Art. 81 Rn. 1.
15 Vgl. Paal/Pauly-*Frenzel* Art. 81 Rn. 5.
16 Vgl. *Albrecht/Jotzo* Das neue Datenschutzrecht der EU, S. 124; vgl. ferner Kühling/Buchner-*Bergt* Art. 81 Rn. 12.
17 So auch Sydow-*Kreße* Art. 81 Rn. 16.
18 Vgl. Auernhammer-*von Lewinski* Art. 81 Rn. 3.
19 Vgl. BeckOK DatenSR-*Mundil* Art. 81 Rn. 5.
20 Vgl. *Piltz* K&R 2017, 85, 90.

Schriftstücks bei Gericht anhängig; wenn die Zustellung vor Einreichung des verfahrenseinleitenden Schriftstücks erfolgt, wird das Verfahren mit Übergabe des Schriftstücks an die für die Zustellung zuständige Behörde anhängig.[21]

Letztlich handelt es sich bei der Pflicht zur Kontaktaufnahme um einen gerichtsinternen Vorgang, der nicht mit Rechtsmitteln erzwungen bzw. angegriffen werden kann. Eine unterbliebene Kontaktaufnahme hat daher keine Konsequenzen für den weiteren Verfahrensgang.[22] **14**

IV. Möglichkeit zur Aussetzung (Abs. 2)

Die Möglichkeit zur Aussetzung knüpft unmittelbar an die Voraussetzungen des Abs. 1 an. Das später angerufene zuständige Gericht kann das bei ihm anhängige Verfahren aussetzen. An dieser Stelle wird deutlich, dass der Zeitpunkt der Anhängigkeit von Relevanz ist, da nur das zeitlich nachgelagert mit demselben Gegenstand befasste Gericht ebendieses Recht zur Aussetzung erhält. Eine Pflicht zur Aussetzung besteht jedenfalls nicht. **15**

Über die Wahrnehmung der in Abs. 2 normierten Möglichkeit besteht richterliches Ermessen, wobei gleichwohl rechtliches Gehör vor einer entsprechenden gerichtlichen Entscheidung gewährt werden muss.[23] Zum Zwecke der einheitlichen Rechtsanwendung des kohärenten Datenschutzrechts kann das Gericht die Entscheidung in dem anderen Mitgliedstaat zunächst abwarten. Vielmehr als Orientierung bieten kann der Urteilsspruch aber praktisch wohl nicht, da die Streitgegenstände in der Regel nicht identisch sind.[24] Gleichwohl schützt die Aussetzung des Verfahrens vor sich diametral widersprechenden Urteilen. **16**

Die Ermessensbetätigung erfolgt unter Würdigung der Prozessökonomie sowie der Interessen der Prozessparteien. Einer von Gericht und allen Parteien gewünschten Aussetzung steht in der Konsequenz wohl nichts entgegen. Anders liegt der Fall jedoch, wenn eine oder mehrere Parteien einer Aussetzung ausdrücklich widersprechen und das Gericht die betroffenen Rechte gegen die Prozessökonomie abwägen muss.[25] Besonderheiten des Falles, in dem z.B. die betroffene Person Kläger ist, können durch das Recht auf einen wirksamen Rechtsbehelf (Art. 47 Abs. 1 GRCh) Grundrechtsrelevanz erhalten und sind in Bezug auf eine mögliche Aussetzung umfangreich zu würdigen, sodass in diesen Fällen von Abs. 2 nur in Ausnahmen Gebrauch gemacht werden kann.[26] **17**

Entscheidet sich das später befasste Gericht für die Aussetzung, so ist es später nicht an die Entscheidung des anderen Gerichts gebunden. Die Rechtsprechung kann in den nicht identischen Streitfällen allenfalls einfließen. Anders als dies bei den Aufsichtsbehörden der Fall ist, sieht die DS-GVO für die Gerichte kein Kohärenzverfahren vor.[27] **18**

---

21 Musielak/Voit-*Stadler* ZPO Art. 32 EuGVVO Rn. 1.
22 Gola-*Nolte/Werkmeister* Art. 81 Rn. 17.
23 Gola-*Nolte/Werkmeister* Art. 81 Rn. 12; Ehmann/Selmayr-*Nemitz* Art. 81 Rn. 7.
24 Vgl. Paal/Pauly-*Frenzel* Art. 81 Rn. 10.
25 Vgl. Paal/Pauly-*Frenzel* Art. 81 Rn. 11.
26 Vgl. Kühling/Buchner-*Bergt* Art. 81 Rn. 17.
27 BeckOK DatenSR-*Mundil* Art. 81 Rn. 9.

19 Nur die Unionsgerichtsbarkeit kann mittels Vorabentscheidungsverfahren die letztverbindliche Klärung in Form autonomer Rechtsauslegung von supranationalem Recht leisten.

20 Rechtsschutz gegen einen Aussetzungsbeschluss eines deutschen Gerichts ist im Wege der sofortigen Beschwerde möglich (§§ 567 ff. ZPO ggf. i.V.m. § 173 VwGO).[28]

V. Unzuständigkeit (Abs. 3)

21 Damit das später angerufene Gericht sich beim Verfahren gem. Abs. 3 für unzuständig erklären kann, müssen eine Reihe von Voraussetzungen erfüllt sein. So müssen beide gleichlaufende Verfahren noch in erster Instanz anhängig sein. Damit entspricht die Voraussetzung der Bestimmung in Art. 30 Abs. 2 EuGVVO.[29] Überdies muss das zuerst angerufene Gericht auch für das Parallelverfahren zuständig sein. Die nächste Hürde liegt in der Zulässigkeit nach nationalem Recht die Verfahren miteinander zu verbinden. Im Hinblick auf deutsches Recht scheitert die Anwendbarkeit nach Abs. 3 daran, dass §§ 147 ZPO, 93 VwGO nur die Verbindung verschiedener, aber beim selben Gericht anhängiger Verfahren erlauben. Die nationalen Einzelregelungen des Prozessrechts vermögen den Anwendungsbereich von Abs. 3 erheblich zu beeinträchtigen. Diese prozessualen Regelungen können aber von den Mitgliedstaaten angepasst werden, damit Abs. 3 Wirksamkeit entfalten kann.

22 Schließlich ist noch ein „Antrag einer Partei" des vor dem später angerufenen Gerichts notwendig, um die Entscheidung über die Unzuständigkeit treffen zu dürfen. Im Rahmen eines solchen Antrages gilt es auch die Kostenfolgen zu bedenken: Eine Unzuständigkeitserklärung des Gerichts führt zu einem klageabweisenden Prozessurteil, das für den Kläger grundsätzlich kostenpflichtig ist. Ggfs. ist es möglich, dass ein Betroffener als unterlegener Kläger diese Kosten im Wege des Schadensersatzes geltend machen kann.[30] Die Entscheidung durch jedes später angerufene Gericht unterliegt demselben Ermessen wie bei der Entscheidung über die Aussetzung des Verfahrens gem. Abs. 2.

23 Die Entscheidung, dass sich ein Gericht für unzuständig erklärt, kann mit der Berufung oder Revision angegriffen werden.[31]

C. Praxishinweise

24 Anders als die EuGVVO ist die Bestimmung wenig geeignet, in der Praxis wirksam zu werden.[32] Soweit ersichtlich wurde die Norm von den deutschen Gerichten bisher nicht in Anspruch genommen.

I. Relevanz für öffentliche Stellen

25 Die Norm hat hier keine Relevanz.

---

28 Gola-*Nolte/Werkmeister* Art. 81 Rn. 18.
29 MüKoZPO-*Gottwald* VO (EU) 1215/2012 Art. 30 Rn. 4; Sydow-*Kreße* Art. 81 Rn. 21.
30 Kühling/Buchner-*Bergt* Art. 81 Rn. 12.
31 Gola-*Nolte/Werkmeister* Art. 81 Rn. 19.
32 Paal/Pauly-*Frenzel* Art. 81 Rn. 14.

II. Relevanz für nichtöffentliche Stellen

Mit Art. 81 schafft die DS-GVO ein neuartiges prozessuales Gestaltungsmittel. Dieses vermag Verfahrensdauern von zwei gleichlaufenden Verfahrensgegenständen in zwei Mitgliedstaaten zu strecken und Entscheidungen hinaus zu zögern. 26

III. Relevanz für betroffene Personen

Die Norm hat hier keine Relevanz. 27

IV. Relevanz für Aufsichtsbehörden

Der Rechtsweg gegen einzelne Entscheidungen von Aufsichtsbehörden kann mitunter länger dauern, die Entscheidung fällt aber weiterhin einzelfallbezogen aus. 28

V. Relevanz für das Datenschutzmanagement

Die Norm hat hier keine Relevanz. 29

Artikel 82 Haftung und Recht auf Schadenersatz

(1) Jede Person, der wegen eines Verstoßes gegen diese Verordnung ein materieller oder immaterieller Schaden entstanden ist, hat Anspruch auf Schadenersatz gegen den Verantwortlichen oder gegen den Auftragsverarbeiter.

(2) ¹Jeder an einer Verarbeitung beteiligte Verantwortliche haftet für den Schaden, der durch eine nicht dieser Verordnung entsprechende Verarbeitung verursacht wurde. ²Ein Auftragsverarbeiter haftet für den durch eine Verarbeitung verursachten Schaden nur dann, wenn er seinen speziell den Auftragsverarbeitern auferlegten Pflichten aus dieser Verordnung nicht nachgekommen ist oder unter Nichtbeachtung der rechtmäßig erteilten Anweisungen des für die Datenverarbeitung Verantwortlichen oder gegen diese Anweisungen gehandelt hat.

(3) Der Verantwortliche oder der Auftragsverarbeiter wird von der Haftung gemäß Absatz 2 befreit, wenn er nachweist, dass er in keinerlei Hinsicht für den Umstand, durch den der Schaden eingetreten ist, verantwortlich ist.

(4) Ist mehr als ein Verantwortlicher oder mehr als ein Auftragsverarbeiter bzw. sowohl ein Verantwortlicher als auch ein Auftragsverarbeiter an derselben Verarbeitung beteiligt und sind sie gemäß den Absätzen 2 und 3 für einen durch die Verarbeitung verursachten Schaden verantwortlich, so haftet jeder Verantwortliche oder jeder Auftragsverarbeiter für den gesamten Schaden, damit ein wirksamer Schadensersatz für die betroffene Person sichergestellt ist.

(5) Hat ein Verantwortlicher oder Auftragsverarbeiter gemäß Absatz 4 vollständigen Schadenersatz für den erlittenen Schaden gezahlt, so ist dieser Verantwortliche oder Auftragsverarbeiter berechtigt, von den übrigen an derselben Verarbeitung beteiligten für die Datenverarbeitung Verantwortlichen oder Auftragsverarbeitern den Teil des Schadenersatzes zurückzufordern, der unter den in Absatz 2 festgelegten Bedingungen ihrem Anteil an der Verantwortung für den Schaden entspricht.

(6) Mit Gerichtsverfahren zur Inanspruchnahme des Rechts auf Schadenersatz sind die Gerichte zu befassen, die nach den in Artikel 79 Absatz 2 genannten Rechtsvorschriften des Mitgliedstaats zuständig sind.
- *ErwG:* 146, 147
- *BDSG n.F.* : § 83

Übersicht

	Rn			Rn
A. Einordnung und Hintergrund	1		5. Beweislast	28
I. DSRL	2	II.	Verschuldensprinzip (Abs. 2)	29
II. BDSG a.F.	3	III.	Beweislastumkehr (Abs. 3)	30
B. Kommentierung	4	IV.	Gesamtschuldnerschaft (Abs. 4)	35
I. Verstoß gegen die Verordnung (Abs. 1)	4	V.	Schuldnerinnenausgleich (Abs. 5)	37
1. Schaden	7	VI.	Gerichtsstand (Abs. 6)	38
a) Materielle und immaterielle Schäden nach deutschem oder abweichendem nationalen Recht	8	VII.	Verjährung, Übertragbarkeit, Vererblichkeit	42
		VIII.	Konkurrenzen und parallele Ansprüche	43
b) Immaterielle Schäden nach der bisherigen deutschen Rechtsprechung	10	IX.	Anspruch aus § 83 BDSG n.F.	45
c) Übertragbarkeit der bisherigen Rechtsprechung	12	X.	Abweichende vertragliche Regelung zwischen Verantwortlichem und Auftragsverarbeiter	47
d) Rechtsprechung zu Art. 82	15	C. Praxishinweise		49
e) Rückgriff auf Bußgeldvorschriften der DS-GVO?	19	I.	Relevanz für öffentliche Stellen	49
		II.	Relevanz für nichtöffentliche Stellen	50
f) Unterlassungs- und Beseitigungsansprüche	21	III.	Relevanz für betroffene Personen	51
2. Anspruchsverpflichteter	22	IV.	Relevanz für Aufsichtsbehörden	53
3. Anspruchsberechtigter	23			
4. Kausalität	24	V.	Relevanz für das Datenschutzmanagement	54

Literatur: *Brüggemeier* Haftungsrecht, 2006; *Dickmann* Nach dem Datenabfluss: Schadenersatz nach Art. 82 der Datenschutz-Grundverordnung und die Rechte des Betroffenen an seinen personenbezogenen Daten, r+s 2018, 345; *Giesen* Das Grundrecht auf Datenverarbeitung, JZ 2007, 918; *Gola/Piltz* Die Datenschutz-Haftung nach geltendem und zukünftigem Recht – ein vergleichender Ausblick auf Art. 77 DS-GVO, RDV 2015, 279; *Jacquemain* Der deliktische Schadensersatz im europäischen Datenschutzprivatrecht, 2017; *ders.* Haftung privater Stellen bei Datenschutzverstößen, RDV 2017, 227; *Kautz* Schadensersatz im europäischen Datenschutzrecht: Die Umsetzung von Art. 23 der EG-Datenschutzrichtlinie in Großbritannien und Deutschland, 2006; *Kosmides* Haftung für Datenschutzverstöße nach BDSG – Probleme des § 7 und europarechtliche Vorgaben, Grützmacher (Hrsg.), Recht der Daten und Datenbanken im Unternehmen, 2014, S. 534; *ders.* Zivilrechtliche Haftung für Datenschutzverstöße: Eine Studie zu Art. 23 EG-Datenschutzrichtlinie und Art. 23 griechisches Datenschutzgesetz unter Berücksichtigung des deutschen Rechts, 2010; *Meister* Datenschutz im Zivilrecht, 1977; *Neun/Lubitzsch* Die neue EU-Datenschutz-Grundverordnung – Rechtsschutz und Schadensersatz, BB 2017, 2563; *Oberwetter* Überwachung und Ausspähung von Arbeitnehmern am Arbeitsplatz – alles ohne Entschädigung, NZA 2009, 1120; *Säcker/Rixecker/Oetker/Limperg (Hrsg.)* Münchener Kommentar zum Bürgerlichen Gesetzbuch: BGB, Band 2: Schuldrecht Allgemeiner Teil I (§§ 241–310), 8. Aufl. 2019; *Sackmann* Die Beschränkung datenschutzrechtlicher Schadensersatzhaftung in Allgemeinen Geschäftsbedingungen, ZIP 2017, 2450; *Schwartmann/Hentsch* Eigentum an Daten – Das Urheberrecht als Pate für ein Datenverwertungsrecht, RDV 2015, 221; *Wybitul* DS-GVO veröffentlicht – Was sind die neuen Anforderungen an die Unternehmen?, ZD 2016, 253; *Wybitul/Haß/Albrecht* Abwehr von Schadensersatzansprüchen nach der Datenschutz-Grundverordnung, NJW 2018, 113; *Wybitul/Neu/Strauch* Schadensersatzrisiken für Unternehmen bei Datenschutzverstößen, ZD 2018, 202.

A. Einordnung und Hintergrund

Mit der DS-GVO hat sich der europäische Gesetzgeber nicht nur der Gestaltung des öffentlichen Verwaltungs- sowie des Ordnungswidrigkeiten- und Strafrechts im Rahmen des Datenschutzes angenommen, sondern darüber hinaus auch unmittelbar geltende zivilrechtliche Anspruchsgrundlagen geformt.[1] Art. 82 gewährt dem Betroffenen einen eigenen zivilrechtlichen deliktischen Schadensersatzanspruch gegen Verantwortliche und Auftragsverarbeiter.[2] Dieser geht über die gesetzliche Delikts- und Vertragshaftung sowie ferner die Vorläuferregelungen, nämlich die auf Art. 23 DSRL[3] basierenden §§ 7, 8 BDSG a.F. hinaus. § 7 BDSG a.F. bleibt insoweit hinter Art. 82 zurück, als er wohl nur Vermögensschäden ausgleicht und einen engeren Kreis hinsichtlich des Anspruchsverpflichteten statuiert.[4] Schadensersatz über Art. 82 kann nicht nur für materielle, sondern auch für immaterielle Schäden verlangt werden.[5] Die Norm ist Ausdruck des primärrechtlichen Effektivitätsgebots aus Art. 4 Abs. 3 EUV, indem die Geltendmachung des Schadensersatzanspruches wirksam ausgestaltet wird und so dem Datenschutz zur Entfaltung verhilft.[6]

1

I. DSRL

Aus Art. 23 Abs. 1 DSRL ergab sich für die Mitgliedstaaten der EU eine Verpflichtung zur Statuierung einer nationalen Rechtsgrundlage für einen Schadensersatzanspruch für Schäden, die dem Betroffenen durch eine rechtswidrige Datenverarbeitung entstanden. Schon Art. 23 Abs. 1 DSRL verlangte nach dem Wortlaut nicht das Verschul-

2

---

1 Siehe zu weiteren zivilrechtlichen Ansprüchen Rn. 44.
2 Siehe zur Abgrenzung von Verantwortlichem und Auftragsverarbeiter die Kommentierung von Art. 4 Rn. 120 ff., 169 ff. und 28 Rn. 27 ff.
3 RL 95/46/EG des Europäischen Parlaments und des Rates v. 24.10.1995 zum Schutz natürlicher Personen bei der Verarbeitung personenbezogener Daten und zum freien Datenverkehr.
4 BeckOK DatenSR-*Quaas* § 7 BDSG Rn. 8. Gola/Schomerus-*Gola/Klug/Körfer* § 7 BDSG Rn. 12, *Dickmann* r+s 2018, 345, 346.
5 Dies hatte die Rechtsprechung bislang abgelehnt: *BGH* ZD 2017, 187–190; *LG Oldenburg (Oldenburg)* v. 7.3.2017 – 5 O 1595/15; in der Literatur gab es hingegen vor allem in den 1990iger Jahren Stimmen, die auf Basis einer richtlinienkonformen Auslegung einen immateriellen Schadensersatz auf Basis von § 7 BDSG a.F. angenommen hatten. *Kopp* RDV 1993, 1, 8; *Wuermeling* DB 1996, 663, 670; *Brühmann/Zerdick* CR 1996, 429, 434 f.; *Niedermeier/Schröcker* RDV 2002, 217, 222.
6 Paal/Pauly-*Frenzel* Art. 82 Rn. 1; vgl. auch den ErwG 146 der DS-GVO, der die Effektivität des Schadensersatzanspruchs auf jeder Ebene der Norm hervorhebt.

den des Anspruchsverpflichteten, gewährte aber gleichwohl in Art. 23 Abs. 2 DSRL eine Exkulpationsmöglichkeit des Schädigers, sofern dieser sein fehlendes Verschulden nachwies.

II. BDSG a.F.

3 Die Anforderungen der DSRL zum Schadenersatz wurden 2001 in den §§ 7, 8 BDSG a.F. umgesetzt.[7] Nach § 7 S. 1 BDSG a.F. stand dem Betroffenen ein Anspruch auf Ausgleich des Vermögensschadens gegen die verantwortliche Stelle zu, wenn eine nach dem BDSG oder nach anderen Vorschriften über den Datenschutz unzulässige oder unrichtige Erhebung, Verarbeitung oder Nutzung der personenbezogenen Daten zu einem entsprechenden Schaden geführt hat. § 7 S. 2 BDSG a.F. eröffnete dem Anspruchsverpflichteten die Möglichkeit, sich von der Ersatzpflicht zu befreien, soweit die nach den Umständen des Falles gebotene Sorgfalt bei der Erhebung, Verarbeitung oder Nutzung der Daten beachtet wurde. Aufgrund der Anspruchskonkurrenz mit Ansprüchen aus allgemeinem Schuld- sowie aus Deliktsrecht wies § 7 BDSG a.F. einen geringen praktischen Anwendungsbereich auf.[8] Dies auch deshalb, da nach § 7 BDSG a.F. nur materielle Schäden ersetzt wurden, aber es vor allem immaterielle Schäden sind, die infolge von Datenschutzverstößen entstehen.[9] § 8 Abs. 1 BDSG a.F. regelte einen verschuldensunabhängigen Schadenersatzanspruch bei automatisierter Datenverarbeitung durch öffentliche Stellen des Bundes. Die meisten Landesdatenschutzgesetze haben ähnliche Schadensersatzansprüche vorgesehen.[10]

B. Kommentierung

I. Verstoß gegen die Verordnung (Abs. 1)

4 Der Schadenersatzanspruch fordert auf Tatbestandsseite einen Verstoß gegen die DSGVO. Gemäß dem Wortlaut kann also jeder Verstoß gegen eine Vorschrift der DSGVO zu einer Schadenersatzpflicht führen, inklusive der Grundsätze aus Art. 5, der Betroffenenrechte aus Art. 12 ff. und insbesondere der Verpflichtung zur Schaffung einer angemessenen IT-Sicherheit gem. Art. 32. Aus systematischer Sicht wird das Tatbestandsmerkmal durch Abs. 2 konkretisiert, indem auf „eine nicht dieser Verordnung entsprechende Verarbeitung" hingewiesen wird.[11] Demnach genügt ein Verstoß im Rahmen eines Verarbeitungsvorgangs i.S.v. Art. 4 Nr. 2. Ein solches Verständnis ergibt sich ferner aus der Zusammenschau mit Art. 79 Abs. 1, der ebenfalls auf die „Verarbeitung personenbezogener Daten" im Zusammenhang mit einem Verordnungsverstoß abstellt.[12]

---

7 Gesetz zur Änderung des Bundesdatenschutzgesetzes und anderer Gesetze v. 18.5.2001.
8 Zur Anspruchskonkurrenz: Simitis-*Simitis* § 7 BDSG Rn. 52 ff. und aus der Rechtsprechung *BAG* ZD 2015, 484, 485. Zum geringen Anwendungsbereich: BeckOK DatenSR-*Quaas* § 7 BDSG Rn. 3 ff., aber aus der Rechtsprechung *OLG Zweibrücken* v. 21.2.2013 – 6 U 21/12 zu Rechtsanwaltskosten, die auf der Grundlage von § 7 BDSG grundsätzlich erstattungsfähig sind.
9 So die h.M. im Hinblick auf die Regelung des § 253 Abs. 1 BGB; BeckOK DatenSR-*Quaas* § 7 BDSG Rn. 55; *Giesen* JZ 2007, 918, 924; *Oberwetter* NZA 2009, 1120, 1121; *Schaffland/Wiltfang* § 7 BDSG a.F., Rn. 7; *Brüggemeier* Haftungsrecht, 2006, 327.
10 Siehe eine Zusammenstellung bei BeckOK DatenSR-*Quaas* § 8 BDSG Rn. 10 f.
11 Sydow-*Kreße* Art. 82 Rn. 7.
12 Sydow-*Kreße* Art. 82 Rn. 7; so auch Gola-*Gola/Piltz* Art. 82 Rn. 4.

Gemäß ErwG 146 werden auch Verstöße gegen Verarbeitungen umfasst, die nicht mit 5
denen aufgrund der DS-GVO erlassenen delegierten Rechtsakten und Durchführungsrechtsakten sowie mitgliedstaatlicher Rechtsvorschriften, die der Präzisierung der DS-GVO dienen, konform sind. ErwG 146 ordnet damit eine Auslegung der Norm weit über den Wortlaut hinaus an.[13] Folglich können auch Verstöße gegen das BDSG n.F. zu einer Schadensersatzpflicht nach Art. 82 führen, soweit es sich bei den entsprechenden Regelungen aus dem BDSG n.F. um Normen handelt, welche der „Präzisierung der DSGVO" dienen (so ErwG 146). Die Formulierung „Präzisierung" deutet auf das Verständnis der Umsetzung einer Richtlinie hin. Präziser muss wohl darauf hingewiesen werden, dass nur diejenigen Normen aus dem BDSG n.F. im Rahmen des Tatbestandes von Art. 82 relevant sind, die eine Öffnungsklausel umsetzen.

Haftungsauslösend können nicht nur Verstöße gegen Verarbeitungen sein. Außen vor 6
blieben in diesem Fall nämlich etwa Vergehen bei der etwaigen Benennung eines Datenschutzbeauftragten (Art. 37) oder bei der Notifikation bei Datenschutzverstößen (Art. 33 f.), die nicht als Datenverarbeitung im Sinne der Verordnung zu qualifizieren sind. Die deliktische Haftung wäre in diesem Szenario als lückenhaft zu charakterisieren, wenn die unerlaubte Handlung ausschließlich in Verbindung mit einer Datenverarbeitung eine Ersatzpflicht auslöst. Doch im ersten Absatz der zukünftigen Haftungsregel wird deutlich, dass die Haftungsbegründung nicht derart begrenzt normiert ist. Der Ersatzanspruch nach Art. 82 besteht danach für jeden Schaden infolge eines „Verstoßes gegen diese Verordnung".[14]

1. Schaden. Für einen Anspruch auf Schadensersatz ist das Vorliegen eines Schadens 7
zwingend vorausgesetzt.[15] Gemäß dem Wortlaut werden materielle sowie immaterielle Schäden, die dem Anspruchsberechtigten erwachsen, ersetzt. ErwG 146 verlangt, dass der Begriff des Schadens vor dem Hintergrund der Rechtsprechung des EuGH weit auszulegen ist.[16] Hintergrund dieses Verständnisses sind nicht etwa konkrete Urteile des EuGH zum Schadensersatz aufgrund von Datenschutzverstößen, sondern der Umstand, dass der Schadensbegriff auslegungsfähig und -bedürftig ist. Um die einheitliche Anwendung und Wirksamkeit des Unionsrechts zu gewährleisten, soll der dem Unionsrecht zugrundeliegende Gedanke des „effet utile", der eine effektive Rechtsdurchsetzung erfordert, dem sekundärrechtlichen Datenschutz zur Geltung verhelfen.[17] In diesem Sinne werden ErwG 75 und 85 deutlicher, die erwähnen, dass materielle wie immaterielle Schäden infolge einer Verletzung der DS-GVO entstehen können.[18] Dementsprechend sind über Art. 82 sowohl materielle als auch immaterielle Schäden ersatzfähig.

---

13 Hierzu kritisch Paal/Pauly-*Frenzel* Art. 82 Rn. 9.
14 *Jacquemain* Der deliktische Schadensersatz im europäischen Datenschutzprivatrecht, S. 154.
15 *Rat* Ratsdokument Nr. 9083/15 v. 27.5.2015, 18, Fn. 44.
16 ErwG 146 S. 3 spricht davon, dass der Schaden „[…] im Lichte der Rechtsprechung des Gerichtshofs weit auf eine Art und Weise ausgelegt werden [muss], die den Zielen dieser Verordnung in vollem Umfang entspricht."
17 Paal/Pauly-*Frenzel* Art. 82 Rn. 10; anlehnend an den Effektivitätsgedanken auch *Wybitul* ZD 2016, 253. Ferner Gedanke ist auch eine effektive Sanktionierung des Verstoßes, was in präventiver und repressiver Weise abschreckend wirkt, siehe Kühling/Buchner-*Bergt* Art. 82 Rn. 17.
18 Beispielhaft genannt werden für immaterielle Schäden u.a.: Rufschädigung, Diskriminierung, Identitätsdiebstahl.

8 **a) Materielle und immaterielle Schäden nach deutschem oder abweichendem nationalen Recht.** Die Schadensberechnung erfolgt bei unterstellter Anwendung des deutschen Rechts gem. §§ 249 ff. BGB. Ein Mitverschulden des Betroffenen muss gem. § 254 BGB analog berücksichtigt werden.[19] Freilich ist die Anwendung deutschen Rechts in internationalen Kontexten nicht zwingend: Hier sind die allgemeinen Regeln des IPR, insbesondere Art. 4 ROM II-VO anzuwenden. Für die internationale Anknüpfung für Schadensersatzfälle bestehen keine spezialgesetzlichen Ausformungen, die allgemeine deliktsrechtliche Kollisionsnorm ist demnach heranzuziehen.[20]

9 Die Höhe eines Schadens bei Verletzung immaterieller Rechte ist naturgemäß durch das allgemeine nationale Schadenersatzrecht geprägt.

10 **b) Immaterielle Schäden nach der bisherigen deutschen Rechtsprechung.** Traditionell ist die deutsche Rechtsprechung im Bereich des immateriellen Schadenersatzes eher restriktiv, wenngleich auch bislang in Einzelfällen auf Basis der Verletzung des Rechts auf informationelle Selbstbestimmung ein Schadensersatzanspruch zugesprochen wurde.[21] So wird ein immaterieller Schadensersatzanspruch nur – ausnahmsweise und als ultima ratio – gewährt, wenn „es sich um einen schwerwiegenden Eingriff handelt und die Beeinträchtigung nicht in anderer Weise befriedigend ausgeglichen werden kann".[22] In der Praxis werden nur in seltenen Fällen Ansprüche jenseits der 100 000 EUR gewährt.[23] Nur in solchen Ausnahmefällen verlangt der notwendige Schutz des allgemeinen Persönlichkeitsrechts nach ständiger Rechtsprechung einen immateriellen Schadensersatzanspruch.[24] Mit dieser Argumentation wurden im Übrigen bislang immaterielle Schäden aufgrund einer Verletzung von § 7 BDSG a.F. überwiegend abgelehnt.[25] Im Bereich des Datenschutzes muss es sich um mehr als einen „kleineren, sozialadäquaten Eingriff"[26] handeln, um die Haftungsvoraussetzung zu erfüllen. So wurde etwa im Fall der permanenten unzulässigen Videoüberwachung am Arbeitsplatz ein Schadensersatzanspruch in Höhe von 7 000 EUR zugesprochen.[27] Die nicht auf Tatsachenverdacht gestützte Überwachung eines Arbeitnehmers durch einen Privatdetektiv führe zu einem Anspruch aus § 7 BDSG a.F. in Höhe von 1 000 EUR.

11 Hinzu tritt die Problematik der Ermittlung der Schadenshöhe von immateriellen Schäden, die – mangels einheitlich geltender unionsrechtlicher Regelung – Sache eines jeden Mitgliedstaates und dessen Gerichtsbarkeit bleibt. Um immateriellen Schäden indes zur effektiven Rechtsdurchsetzung zu verhelfen, wäre eine unionsweite Präzisie-

---

19 BeckOK DatenSR-*Quaas* Art. 82 Rn. 28 ff.; Ehmann/Selmayr-*Nemitz* Art. 82 Rn. 15 spricht ebenso wie *Wybitul/Neu/Strauch* ZD 2018, 202, 207 von einer Anrechnung des Mitverschuldens nach den allgemeinen Grundsätzen des Schadensrechts. Dagegen Kühling/Buchner-*Bergt* Art. 82 Rn. 59.
20 Dazu ausführlich *Jacquemain* Der deliktische Schadensersatz im europäischen Datenschutzprivatrecht, S. 230 ff.
21 *OLG Frankfurt* NJW 1987, 1087 zu § 823 Abs. 1 BGB. Grundlegend *Meister* Datenschutz im Zivilrecht, S. 124, 190.
22 *BGH* NJW 2005, 215, 217; Palandt-*Sprau* 76. Aufl., § 823 BGB Rn. 130; Götting/Schertz/Seitz-*Müller* Handbuch des Persönlichkeitsrechts, § 51 Rn. 11.
23 Siehe den Überblick bei *Hofmann/Fries* NJW 2017, 2369, 2370 f.
24 Siehe grundlegend *BGH* NJW 1995, 861.
25 Siehe oben Rn. 3.
26 *Fechner* Medienrecht, S. 123.
27 *LAG Hessen* MMR 2011, 346.

rung zu immateriellen Schäden und der Schadenshöhe notwendig.[28] Ein weiterer denkbarer Ansatz wäre die Umwandlung von immateriellen Schäden in Vermögensschäden, indem der Datenschutzverstoß als eine unerlaubte Kommerzialisierung personenbezogener Daten angesehen wird und so eine genaue Präzisierung der Schadenshöhe vorgenommen werden kann.[29]

c) Übertragbarkeit der bisherigen Rechtsprechung. Die bisherige Rechtsprechung kann jedoch nicht auf Art. 82 übertragen werden. Weder der Wortlaut von Art. 82 noch die relevanten ErwG verlangen, dass es sich um einen schwerwiegenden Verstoß handelt und dass eine anderweitige Kompensation des Betroffenen ausgeschlossen sein muss. Zudem dürfte nach der Wertung des Gesetzgebers jeder Verstoß gegen die DS-GVO als „schwerwiegend" angesehen werden können – anders wäre der Bußgeldrahmen nicht zu erklären. In dieser Hinsicht sei auf den Schutzzweck der DS-GVO entsprechend Art. 1 Abs. 2 verwiesen, nach dem nämlich „die Grundrechte und Grundfreiheiten natürlicher Personen und insbesondere deren Recht auf Schutz personenbezogener Daten" gewährleistet werden sollen. Dennoch wäre es – und insoweit ist der Grundgedanke der bisherigen Rechtsprechung übertragbar – verfehlt, bei jedem noch so geringen Verstoß gegen die DS-GVO einen immateriellen Schaden als tatsächliche Rechtsfolge anzunehmen.[30] Vielmehr liegt es nahe, nach den Kriterien der Bußgeldzumessung aus Art. 83 Abs. 2 zu prüfen, ob insgesamt der Schutz des Individuums durch einen immateriellen Schadensersatz gewährleistet werden kann. Bei einem Bagatellverstoß gegen die DS-GVO, welcher das Recht auf informationelle Selbstbestimmung nur geringfügig beeinträchtigt, ist eine immaterielle Kompensation schlichtweg unangemessen. Dem Betroffenen muss vielmehr ein spürbarer Nachteil entstanden sein und es muss sich um eine objektiv nachvollziehbare, mit gewissem Gewicht erfolgte Beeinträchtigung von persönlichkeitsbezogenen Belangen handeln.[31] Die bloße Verletzung einer Norm der DS-GVO genügt also nicht für einen Schadensersatzanspruch.[32] Eine Ausdehnung des immateriellen Schadensersatzes auf Bagatellschäden würde zu einem nahezu voraussetzungslosen Schmerzensgeldanspruch und damit zu einem erheblichen Missbrauchsrisiko führen.[33]

Andererseits wird auch zurecht darauf hingewiesen, dass die „abschreckende Wirkung" des immateriellen Schadensersatzes eine Rolle spielen soll.[34] Insbesondere bei Fällen, in denen es einem Verantwortlichen gerade auf die Entstehung eines immateriellen Schadens ankommt (z.B. in Fällen von Cyber-Mobbing, „Hate-speech" oder andere Angriffe auf die Reputation einer Person) liegt es auf der Hand, dass auf Basis von Art. 82 ein erheblicher Schadensersatzanspruch gewährt werden müsste.

---

28 *Jacquemain* RDV 2017, 227, 233.
29 Diesen Ansatz verfolgt *Jacquemain* RDV 2017, 227, 233, der erklärt, dass der Kommerzialisierungsgedanke aus dem Schutzbereich der informationellen Selbstbestimmung entspringt, die – neben dem Schutz vor Preisgabe und Verwendung von personenbezogenen Daten – auch vor Kommerzialisierung der Daten durch Dritte schützt.
30 So auch *OLG Dresden* Hinweisbeschl. v. 11.12.2019 – 4 U 1680/19.
31 *AG Diez* ZD 2019, 85.
32 So auch Ratsdokument 9083/15, S. 18, Fn. 44. Entsprechende Bedenken äußern *Jacquemain* RDV 2017, 227, 231 und *Gola/Piltz* RDV 2015, 279, 284.
33 *OLG Dresden* ZD 2019, 567.
34 *Wybitul/Haß/Albrecht* NJW 2018, 113, 115.

14 Liegen ernsthafte immaterielle Einbußen vor – was insbesondere der Fall ist, wenn sich die immateriellen in ErwG 75 genannten Risiken realisieren – wird auch eine immaterielle Entschädigung auf Basis von Art. 82 gewährt werden müssen. Insgesamt spricht auch die fortschreitende Diskussion zur Kommerzialisierung von Daten, insbesondere von personenbezogenen Daten, dafür,[35] dass in Zukunft häufiger ein immaterieller Schadensersatz als Kompensation für die Verletzung einer Norm der DS-GVO verhängt wird. Indes könnte der praktischen Durchsetzbarkeit der immateriellen Schadensersatzansprüche ein Hinweis der Kommission in den Ratsverhandlungen entgegenstehen.

15 d) **Rechtsprechung zu Art. 82.** Der Rechtsprechung nach zu urteilen, spielt Art. 82 bislang in der Praxis eine sehr untergeordnete Rolle. Während sich mittlerweile in engen Abständen Nachrichten über Bußgelder in Europa mehren und man auf Webseiten wie www.enforcementtracker.de über neueste Bußgelder informiert wird, nehmen Schadensersatzansprüche auf Basis von Art. 82 einen vergleichsweise geringen Raum in der Berichterstattung ein. Soweit ersichtlich wurde bislang im deutschsprachigen Raum in nur zwei Urteilen ein Schadensersatz zugesprochen: Das LG Feldkirchen in Österreich hat einer Klage auf 800 EUR Schmerzensgeld stattgegeben. Dem lag ein Sachverhalt zugrunde, in dem Adressdaten zu Marketingzwecken mit Informationen zur „Parteiaffinität" angereichert wurden.[36] Das OLG Innsbruck hat das Urteil des LG Feldkrichen allerdings mittlerweile aufgehoben und den Anspruch auf Schadensersatz zurückgewiesen.[37]

16 In Deutschland wurden vergleichbare Klagen lange Zeit stets abgelehnt: Das AG Diez befand, dass das unverlangte Zusenden einer Werbeemail keine Beeinträchtigung mit ausreichendem Gewicht darstelle, weshalb ein Schadensersatzanspruch von über 50 EUR – der Betrag wurde durch den Beklagten zuvor bereits zur gütlichen Streitbeilegung gezahlt – nicht zugesprochen werden konnte.[38] Ähnlich argumentierte das OLG Dresden im Hinblick auf einen Schadensersatzanspruch wegen eines eventuell zu Unrecht gelöschten Postings in sozialen Medien.[39] Das AG Bochum hat einen Schadensersatzanspruch abgelehnt, da der Antragsteller nicht hinreichend substantiiert dargelegt hat, dass ihm wegen eines eventuell gegebenen Verstoßes gegen Vorschriften der DS-GVO ein irgendwie gearteter materieller oder immaterieller Schaden entstanden ist.[40]

17 Positiv über einen Anspruch aus Art. 82 beschied das ArbG Düsseldorf und sprach dem Kläger einen immateriellen Schadensersatz aufgrund einer Verletzung seines Auskunftsrechts aus Art. 15 zu.[41] Der Beklagte war dem Auskunftsersuchen des Klägers im entsprechenden Fall sowohl um Monate verspätet als auch unzureichend nach-

---

[35] Siehe für die Diskussion etwa *Schwartmann/Hentsch* RDV 2015, 221 ff.; *Berberich/Golla* PinG 2016, 165 ff.
[36] *LG Feldkirch/Österreich* ZD 2019, 562.
[37] *Oberlandesgericht Innsbruck* Urt. v. 13.2.2020 – 1 R 182/19 b.
[38] *AG Diez* ZD 2019, 85.
[39] *OLG Dresden* ZD 2019, 567.
[40] *AG Bochum* Beschl. v. 11.3.2019 – 65 C 485/18.
[41] Hierzu auch *Piltz/Zwerschke* ArbG Düsseldorf: 5.000 EUR Schadensersatz wegen mangelhafter DSGVO-Auskunft, 2020, abrufbar unter: https://www.reuschlaw.de/news/arbg-duesseldorf-5000-eur-schadensersatz-wegen-mangelhafter-dsgvo-auskunft/, zuletzt abgerufen am 19.6.2020.

gekommen. Da dem Kläger hierdurch die Prüfung, ob und wie seine personenbezogenen Daten verarbeitet werden, lange Zeit verwehrt und dann nur eingeschränkt möglich war, hätte der Kläger, so das ArbG Düsseldorf, einen immateriellen Schaden erlitten. Dieser entstehe nicht nur in den „auf der Hand liegenden Fällen", wenn die datenschutzwidrige Verarbeitung zu einer Diskriminierung, einem Verlust der Vertraulichkeit, einer Rufschädigung oder anderen gesellschaftlichen Nachteilen führt, sondern auch dann, wenn die betroffene Person um ihre Rechte und Freiheiten gebracht oder daran gehindert wird, die sie betreffenden personenbezogenen Daten zu kontrollieren.[42] Zum Ersatz dieses immateriellen Schadens hielt das ArbG Düsseldorf einen Betrag i.H.v. 5 000 €[43] für geboten, aber auch ausreichend.[44] Für den Beklagten sprach hierbei, dass dieser ohne Vorsatz handelte.[45] Ebenfalls berücksichtigt hat das Gericht dessen Finanzkraft.[46]

Insgesamt lassen sich den Urteilen noch kaum einheitliche Leitlinien entnehmen. Einigkeit besteht jedenfalls insoweit, als dass Bagatellverstöße ohne „spürbaren Nachteil" für persönlichkeitsbezogene Belange des Betroffenen keinen Schadensersatzanspruch begründen.[47] **18**

e) Rückgriff auf Bußgeldvorschriften der DS-GVO? Es wird in der Literatur darauf hingewiesen, dass sich das Gericht bei der Bemessung der Höhe des immateriellen Schadensersatzes am Bußgeldregime der DS-GVO orientieren könnten. Art. 83 macht insofern konkrete Vorgaben für die Zumessung der Bußgelder. Maßgebliche Kriterien sind hierbei insbesondere die Art, Schwere, Dauer des Verstoßes, der Grad des Verschuldens, sowie getroffene Maßnahmen zur Minderung des Schadens. Die Wertungen dieser Kriterien lassen sich auf die Zumessung eines immateriellen Schadensersatzes übertragen.[48] Sie müssen aber stärker im Lichte des Kompensations- und nicht des Strafcharakters ausgelegt werden, um eine „Quasi-Doppelbestrafung" zu vermeiden.[49] **19**

Bislang wurde diese Argumentation durch Gerichte jedoch noch nicht aufgegriffen. **20**

f) Unterlassungs- und Beseitigungsansprüche. Anknüpfend an dieses Verständnis des Schadensbegriffs besteht auch die Möglichkeit, dem Verordnungsverstoß im Wege eines Unterlassungs- und Beseitigungsanspruchs zu begegnen, um die rechtlich geschützten Interessen gem. dem Effektivitätsgedanken auch präventiv zu schützen.[50] Spezialgesetzliche Beseitigungsansprüche gibt es in Einzelfällen bspw. in Art. 17 Abs. 1. Darüber hinaus gilt § 1004 Abs. 1 BGB in Verbindung mit dem allgemeinen Persönlichkeitsrecht.[51] **21**

---

42 *ArbG Düsseldorf* v. 5.3.2020 – 9 Ca 6557/18, Rn. 107.
43 Je 500 EUR für die Verspätung in den ersten beiden Monaten, je 1 000 EUR für die weiteren drei Monate und für die beiden inhaltlichen Mängel je 500 EUR.
44 *ArbG Düsseldorf* v. 5.3.2020 – 9 Ca 6557/18, Rn. 107.
45 *ArbG Düsseldorf* v. 5.3.2020 – 9 Ca 6557/18, Rn. 107.
46 *ArbG Düsseldorf* v. 5.3.2020 – 9 Ca 6557/18, Rn. 107.
47 *LG Feldkirch/Österreich* ZD 2019, 562; *OLG Dresden* ZD 2019, 567; *AG Diez* ZD 2019, 85.
48 *Wybitul/Haß/Albrecht* NJW 2018, 113, 115.
49 *Dickmann* r+s 2018, 345, 353.
50 Paal/Pauly-*Frenzel* Art. 82 Rn. 10.
51 BeckOK DatenSR-*Quaas* Art. 82 Rn. 12.

Art. 82 Haftung und Recht auf Schadenersatz

22 **2. Anspruchsverpflichteter.** Der Schadensersatzanspruch besteht gegenüber dem Verantwortlichen (Art. 4 Nr. 7) oder dem Auftragsverarbeiter (Art. 4 Nr. 8). Verantwortlicher ist nicht gleichzusetzen mit dem technischen Verschuldensbegriff, sondern es kommt vielmehr darauf an, wer gem. der DS-GVO verpflichtet war und wer durch ein Unterlassen der Erfüllung der Verpflichtung einen Schaden verursacht hat.[52] Also muss dem Anspruchsverpflichteten zwar die jeweilige Verarbeitung, nicht notwendigerweise aber die schädigende Handlung zugerechnet werden.[53]

23 **3. Anspruchsberechtigter.** Ausweislich des Wortlautes ist jede Person, der durch einen Verstoß gegen die DS-GVO ein Schaden entstanden ist, berechtigt, Schadensersatz zu verlangen. Als Personen kommen nur natürliche Personen in Betracht, deren Daten rechtswidrig verarbeitet wurden und die somit „Betroffene" i.S.d. Art. 4 Nr. 1 sind.[54]

24 **4. Kausalität.** Art. 82 Abs. 1 fordert, dass der Schaden „wegen" eines Verstoßes gegen die Verordnung entstanden ist. Damit muss eine kausale Verbindung zwischen der Verletzungshandlung und dem Schaden bestehen.[55] Grundsätzlich sind wiederum die allgemeinen, zumeist im Rahmen von § 823 BGB entwickelten Grundsätze heranzuziehen, wonach eine adäquat kausale Verursachung zu fordern ist.

25 Zu Recht wird die kausale Verknüpfung angezweifelt, wenn ein Schaden lediglich durch eine Verarbeitung entstanden ist, in deren Rahmen es zu einem datenschutzrechtlichen Verstoß kam, der aber auf den eigentlichen Schaden als solchen keinen Einfluss hat.[56] Beachtenswert ist der unterschiedliche Kausalitätsbegriff beim Auftragsverarbeiter, dessen Datenschutzverstoß – im Gegensatz zu einem solchen des Verantwortlichen – nicht kausal zu einem Schaden führen muss. Ausreichend ist eine Haftung, die sich dem Grunde nach ergibt; demnach kommt es lediglich auf die Beteiligung an dem Datenverarbeitungsvorgang an.[57]

26 Zudem wird vereinzelt gefordert, die Rechtsprechung des EuGH zum sogenannten „umbrella pricing"[58] aus dem Kartellschadensersatzrecht zukünftig auf das Datenschutzrecht zu übertragen.[59] In der Konstellation des „umbrella pricings" hat ein an einem Kartell unbeteiligtes Unternehmen in Anlehnung an **das** Kartell seine Preise höher festgesetzt, als es dies ohne das Kartell **möglich gewesen wäre**. Der Kartellaußenseiter hat also „unter dem Schirm" des Kartells seine eigenen Preise an das Kartellniveau angepasst. Der Vertragspartner des Kartellaußenseiters zahlt somit einen erhöhten Preis, den er als Schaden von den Mitgliedern des Kartells ersetzt verlangen will. Hierzu urteilte der EuGH, dass ein auf der eigenständigen Preiserhöhungsentscheidung des Kartellaußenseiters beruhender mittelbarer Zusammenhang zwischen

---

52 Anders qualifiziert BeckOK DatenSR-*Quaas* Art. 82 Rn. 17 den Begriff der Verantwortlichkeit.
53 Paal/Pauly-*Frenzel* Art. 82 Rn. 12; differenzierend nach Verantwortlichkeit für den entstandenen Schaden Gola-*Gola/Piltz* Art. 82 Rn. 7, 18.
54 BeckOK DatenSR-*Quaas* Art. 82 Rn. 37; Paal/Pauly-*Frenzel* Art. 82 Rn. 7, Gola-*Gola/Piltz* Art. 82 Rn. 10.
55 BeckOK DatenSR-*Quaas* Art. 82 Rn. 26.
56 Kühling/Buchner-*Bergt* Art. 82 Rn. 42.
57 Kühling/Buchner-*Bergt* Art. 82 Rn. 43.
58 *EuGH* EuZW 2014, 586.
59 Kühling/Buchner-*Bergt* Art. 82 Rn. 44.

dem Kartellrechtsverstoß und dem eingetretenen Schaden ausreiche. Ein Anwendungsfall der Rechtsprechung im Datenschutzschadensersatzrecht wird in der Literatur leider nicht genannt. Der EuGH hat in seiner Entscheidung **betont**, dass es sich hierbei um eine Einzelfallentscheidung handelt. Sie trägt den Besonderheiten des Kartell- und Wettbewerbsrechts Rechnung und betrifft eine besondere Drei-Personen-Konstellation (Kartellmitglieder, Kartellaußenseiter, Kunde), die sich so im Datenschutzschadensersatzrecht nicht findet. **Eine Übertragung der Grundsätze des „umbrella pricings" auf Art. 82 DS-GVO sind daher abzulehnen.** Zudem bedarf es der Übertragung der Rechtsprechung aus Sicht der Darlegungs- und Beweislast nicht, da dem Anspruchsteller durch die DS-GVO genügend Instrumente an die Hand gegeben wurden, seinen Anspruch hinreichend substantiiert darzulegen.[60]

Der Betroffene muss die Kausalität zwischen dem Datenschutzrechtsverstoß und dem Schaden beweisen; die Beweislastumkehr gilt hierfür nicht.[61] 27

5. Beweislast. Art. 82 gibt keine Auskunft darüber, wie die Darlegungs- und Beweislast hinsichtlich des Verordnungsverstoßes verteilt ist. Grundsätzlich ist es Sache des Betroffenen – mit Ausnahme des vermuteten Verschuldens –, dies vorzutragen und zu beweisen.[62] Ausnahmsweise kann dies, dem Effektivitätsgebot folgend, nicht gelten, wenn es für den Betroffenen schwer oder gar unmöglich ist, die verordnungswidrige Verarbeitung nachzuweisen, etwa weil Beweismöglichkeiten aufgrund interner Datenverarbeitungen quasi nicht existieren.[63] 28

II. Verschuldensprinzip (Abs. 2)

Art. 82 Abs. 2 S. 1 stellt klar, dass jeder, der an einem Verarbeitungsvorgang i.S.v. Art. 4 Nr. 2 beteiligt ist, der Haftung aus Art. 82 Abs. 1 unterfallen kann. Art. 82 Abs. 2 S. 2 statuiert für den Auftragsverarbeiter eine Haftung für den Fall, dass dieser speziell ihm zugewiesene Pflichten,[64] die aus der DS-GVO entspringen, vernachlässigt oder die Weisungen des Verantwortlichen missachtet bzw. gegen diese gehandelt hat. Der Auftragsverarbeiter agiert als „verlängerter Arm" des für die Datenverarbeitung Verantwortlichen und hat keine Kompetenz, selbstständig Entscheidungen zu treffen.[65] Diese Stellung im Rahmen der Datenverarbeitung rechtfertigt die gegenüber dem Verantwortlichen bestehende Privilegierung in Bezug auf die Haftungsfrage.[66] 29

III. Beweislastumkehr (Abs. 3)

Art. 82 Abs. 3 erlaubt es dem Verantwortlichen oder dem Auftragsverarbeiter, sich von der Haftung zu befreien. Voraussetzung dafür ist, dass er nachweist, dass er für 30

---

60 *Wybitul/Neu/Strauch* ZD 2018, 202, 206.
61 So auch *Jacquemain* RDV 2017, 227, 230. Mit Argumenten dafür aber Kühling/Buchner-*Bergt* Art. 82 Rn. 47.
62 Gola-*Gola/Piltz* Art. 82 Rn. 15.
63 Das vermutete Verschulden kompensiert damit die mangels transparenter Datenverarbeitung gegebene schwere Beweismöglichkeit: *Jacquemain* RDV 2017, 227, 230. Ferner Gola-*Gola/Piltz* Art. 82 Rn. 15; Ehmann/Selmayr-*Nemitz* Art. 82 Rn. 21.
64 Einen umfangreichen Überblick über die Pflichten des Auftragsverarbeiters bietet Kühling/Buchner-*Bergt* Art. 82 Rn. 27 ff.
65 Siehe hierzu die Kommentierung zu Art. 28 Rn. 34.
66 Paal/Pauly-*Frenzel* Art. 82 Rn. 14. A.A. Ehmann/Selmayr-*Nemitz* Art. 82 Rn. 26.

den Verstoß gegen die Verordnung nicht verantwortlich ist. Da die DS-GVO den Verantwortlichen und den Auftragsverarbeiter zu umfangreicher Dokumentation verpflichten (siehe insbesondere die Rechenschaftspflicht aus Art. 5 Abs. 2, und die allgemeine TOM aus Art. 24, 25 und 32) müssen diese demnach die Rechtmäßigkeit der von ihnen durchgeführten Datenverarbeitung nachweisen.[67] Der von der Verordnungswidrigkeit Betroffene bleibt aufgrund dieser Beweislastumkehr geschützt und muss nicht schwer aufdeckbare und ggfs. interne Vorgänge nachweisen, die die Verantwortlichkeit belegen.[68]

31 Der Nachweis der Nichtverantwortlichkeit bezieht sich auf die vollkommene Pflichtenerfüllung im Rahmen eines Datenverarbeitungsvorgangs durch den Verantwortlichen oder den Auftragsverarbeiter. Die Verantwortlichkeit bezieht sich nicht auf die Beteiligung an der Datenverarbeitung, da ansonsten auch eine ausufernde Nachweispflicht für die negative Tatsache einer „Nicht-Beteiligung" am Datenverarbeitungsvorgang bestünde.[69]

32 Was zu einer Nichtverantwortlichkeit führen kann, ist davon abhängig, wie der Begriff der Verantwortlichkeit i.S.d. Schadensersatzanspruchs verstanden wird. Mit Verantwortlichkeit ist ein Verschulden im Sinne einer subjektiven Vorwerfbarkeit gemeint.[70]

33 Letztlich werden damit nach deutschem Recht die Kategorien Vorsatz und Fahrlässigkeit angesprochen. Eine Haftungsbefreiung kommt nur dann in Betracht, wenn der Verantwortliche „in keiner Weise" Verantwortlichkeit für den Schaden hat und damit auch keine Fahrlässigkeit gegeben ist.[71]

34 Der Nachweis der Nichtverantwortlichkeit kann z.B. gelingen, wenn die betroffene Person vollumfänglich für die Schadensentstehung verantwortlich ist oder wenn trotz aller erforderlichen Sicherungsmaßnahmen Dritte unbefugt auf die Daten zugreifen.[72] Ferner soll es für eine Exkulpation genügen, dass die TOM für das entsprechende Verfahren der DS-GVO angemessen sind, was insbesondere dann der Fall ist, wenn ein wirksames Datenschutz-Compliance-Management-System umgesetzt wurde. Damit scheidet etwa eine Haftung für „Ausreißermängel" innerhalb eines angemessenen Compliance-Systems aus (etwa ein Vertriebsmitarbeiter der trotz eindeutiger Weisung und engmaschiger Überwachung im Rahmen der Ansprache neuer Kunden Verstöße gegen die DS-GVO begeht, um seinen eigenen Bonus zu steigern). Eine Exkulpation kann hingegen nicht glücken, wenn den Betroffenen nur ein anteiliges

---

67 Andere Ansicht: *Wybitul/Neu/Strauch* ZD 2018, 202, 203, die Argumente gegen eine solche umfassende Beweislastumkehr im Zivilprozess anführen.
68 BeckOK DatenSR-*Quaas* Art. 82 Rn. 18.
69 Paal/Pauly-*Frenzel* Art. 82 Rn. 15.
70 BeckOK DatenSR-*Quaas* Art. 82 Rn. 17; *Wybitul* ZD 2016, 253 f.; Gola-*Gola/Piltz* Art. 82 Rn. 18 fordern eine subjektive Vorwerfbarkeit, also ein vorsätzliches oder fahrlässiges Verhalten i.S.d. § 276 BGB für den entstandenen Schaden; anders Sydow-*Kreße* Art. 82 Rn. 18 und wohl auch Paal/Pauly-*Frenzel* Art. 82 Rn. 6.
71 Vgl. Sydow-*Kreße* Art. 82 Rn. 19; Ehmann/Selmayr-*Nemitz* Art. 82 Rn. 19; *Jacquemain* RDV 2017, 227, 229 f.
72 Simitis-*Simitis* § 7 BDSG Rn. 24 f.

Mitverschulden trifft oder wenn eine unbefugte Datennutzung durch unzulängliches Verhalten des Personals oder durch bereits bekannte oder jedenfalls erkennbare Defekte entstanden ist.[73]

IV. Gesamtschuldnerschaft (Abs. 4)

Wenn mehr als ein Verantwortlicher oder Auftragsverarbeiter an dem Datenverarbeitungsvorgang beteiligt und ferner auch für den Verordnungsverstoß verantwortlich sind, haften sie im Außenverhältnis gegenüber dem Betroffenen gemeinsam als Gesamtschuldner.[74] Dafür spricht vor allem ErwG 146 S. 6, nach dem jeder an einem Verfahren Beteiligte für den gesamten Schaden haftbar gemacht werden können soll. § 840 BGB ist insoweit nicht mehr relevant.[75] Rechtsfolge ist, dass jeder für den Ersatz des gesamten Schadens nach Wahl des Anspruchsberechtigten beansprucht werden kann. Dies entspricht dem Effektivitätsgrundsatz des Europarechts.[76] Auf eine Ausnahme von dem Konzept der Gesamtschuld weist ErwG 146 S. 8 jedoch hin: Demnach kann ein Anspruch gegen mehrere Verantwortliche – die sämtliche nach den prozessualen Regeln des Mitgliedslandes an einem einzigen Prozess beteiligt sind – direkt anteilig zugesprochen werden.[77] 35

Beteiligung an der Verarbeitung und Verantwortlichkeit für den daraus verursachten Schaden sind kumulative Voraussetzungen für die Haftung.[78] 36

V. Schuldnerinnenausgleich (Abs. 5)

Art. 82 Abs. 5 ermöglicht einen Innenausgleich zwischen den Gesamtschuldnern. Im Innenverhältnis werden die einzelnen Verursachungsbeiträge berücksichtigt. Als Maßstab für die Berechnung des Verantwortungsanteils gilt Art. 82 Abs. 2.[79] In prozessrechtlicher Hinsicht ist eine Streitverkündung sinnvoll.[80] In der Praxis werden insbesondere in den Fällen einer gemeinschaftlichen Verantwortung die nach Art. 26 abzuschließenden Verträge und die darin vorgenommene Aufteilung der Verantwortung eine Rolle spielen.[81] 37

---

73 Paal/Pauly-*Frenzel* Art. 82 Rn. 15; Simitis-*Simitis* § 7 BDSG Rn. 25; Sydow-*Kreße* Art. 82 Rn. 20; zum Fehler von Personal auch Gola-*Gola/Piltz* Art. 82 Rn. 19 und *Spindler* DB 2016, 937, 947, die § 831 BGB im Rahmen von Art. 82 nicht gelten lassen wollen.
74 Siehe zur berechtigten Kritik an den Regelungen zur Schuldnermehrheit Ehmann/Selmayr-*Nemitz* Art. 82 Rn. 22.
75 Paal/Pauly-*Frenzel* Art. 82 Rn. 16; BeckOK DatenSR-*Quaas* Art. 82 Rn. 44 spricht von „Gesamtschuldnern" i.S.d. § 840 BGB.
76 Sydow-*Kreße* Art. 82 Rn. 21.
77 Ehmann/Selmayr-*Nemitz* Art. 28 Rn. 29 f.; Kühling/Buchner-*Bergt* Art. 82 Rn. 58 erwägt, daher nachvollziehbar, ob der ErwG 146 S. 8 nur als eine Option für die Mitgliedstaaten zu lesen sei, ihr Prozessrecht so zu gestalten, dass die interne Haftung mehrerer im selben Verfahren verklagter Gesamtschuldner bereits im Erstprozess verbindlich festgestellt wird.
78 Gola-*Gola/Piltz* Art. 82 Rn. 7. A.A. Paal/Pauly-*Frenzel* Art. 82 Rn. 13, der die Beteiligung an einem Verarbeitungsvorgang als ausreichend für die Haftung ansieht, womit es auf eine schädigende Handlung ankäme.
79 Sydow-*Kreße* Art. 82 Rn. 23.
80 BeckOK DatenSR-*Quaas* Art. 82 Rn. 45; Kühling/Buchner-*Bergt* Art. 82 Rn. 62.
81 Siehe hierzu auch die Kommentierung zu Art. 26 Rn. 87 ff.

VI. Gerichtsstand (Abs. 6)

38 Um die Einheitlichkeit der Gerichte, die über den Verordnungsverstoß und den Schadensersatz entscheiden, zu wahren, wird der Gerichtsstand für Schadensersatzklagen nicht nach der EuGVVO oder dem mitgliedstaatlichen Recht, sondern nach Art. 79 Abs. 2 bestimmt.[82]

39 Art. 79 Abs. 2 sieht vor, dass diejenigen Gerichte eines Mitgliedstaates zuständig sind, in dem der Verantwortliche oder der Auftragsverarbeiter niedergelassen ist. Auf den Hauptsitz kommt es nicht an.[83] Nach Art. 79 Abs. 2 S. 2 kann der Betroffene wahlweise auch Klage in dem Mitgliedstaat erheben, in dem er seinen Aufenthaltsort hat. Dennoch verbleibt in Einzelfällen die Möglichkeit der Wahl eines Gerichtsstandes, wenn mehrere Verantwortliche und/oder Auftragsverarbeiter in Betracht kommen. Ferner besteht auch die Möglichkeit einer Verbandsklage nach Art. 80 Abs. 1, wonach die betroffene Person eine Organisation, die sich dem Schutz personenbezogener Daten gewidmet hat, beauftragen kann, in ihrem Namen den Anspruch aus Art. 82 Abs. 1 gerichtlich geltend zu machen.[84] Neben der Wahl des Gerichts spielt die Bestimmung des für den Anspruch anzunehmenden Zivilrechts eine wichtige Rolle.

40 Denn Art. 82 regelt zahlreiche Fragen nicht, die – mangels europäischer Vorgaben – nur auf Basis des nationalen Deliktsrechts entschieden werden können. Hierzu zählen etwa Fragen der Verjährung, der Kausalität und der Bestimmung der Schadenshöhe bei immateriellen Schäden.

41 Nach der allgemeinen Regel aus Art. 4 Rom-II-VO dürfte grundsätzlich das Recht des Staates Anwendung finden, in welchem der Schaden eintritt, mit all den bekannten Schwierigkeiten, die dies bei immateriellen Schäden nach sich zieht. Zu beachten ist aber auch, dass die Anrufung eines Gerichtes in einem bestimmten Mitgliedstaat durch den EuGH als „indirekte Schadensfolge" angesehen und dadurch das Recht des Landes, in dem die Klage erhoben wurde, gewissermaßen akzessorisch als anwendbar erklärt wurde.[85]

VII. Verjährung, Übertragbarkeit, Vererblichkeit

42 Die Verjährung richtet sich nach nationalem Recht und muss – um europarechtlichen Anforderungen zu genügen – effektiv ausgestaltet sein. Eine zu lange Frist steht danach dem freien Datenverkehr entgegen, eine zu kurze Frist würde die Rechtsstellung des Geschädigten beeinträchtigen.[86] Das beinhaltet vor allem, dass eine kenntnisunabhängige Verjährung aufgrund der häufigen Situation, dass ein Datenschutzverstoß länger unerkannt bleibt, nicht effektiv wäre.[87] Eine Parallele zu § 83 Abs. 4

---

82 Paal/Pauly-*Frenzel* Art. 82 Rn. 18; *Gola/Piltz* RDV 2015, 279, 285; ferner auch ErwG 147 der DS-GVO, der die effektive Durchsetzung des Schadenersatzanspruches aus prozessualer Sicht bezweckt.
83 Gola-*Gola/Piltz* Art. 82 Rn. 29.
84 Dazu auch *Wybitul* ZD 2016, 253, 254; siehe auch die Kommentierung zu Art. 80 Rn. 10.
85 *EuGH* NJW 2016, 466, 467.
86 *Kosmides* Zivilrechtliche Haftung für Datenschutzverstöße, 2010, 123.
87 Kühling/Buchner-*Bergt* Art. 82 Rn. 66.

BDSG n.F. müsste zur Anwendung der deliktischen Verjährungsvorschriften führen. Der Schadenersatzanspruch ist vererbbar und übertragbar.[88]

VIII. Konkurrenzen und parallele Ansprüche

Zwar verfügt die DS-GVO – soweit keine Öffnungsklausel vorliegt – über einen abschließenden Charakter und verdrängt daher die Anwendbarkeit von nationalem Recht.[89] Da der Anspruch aus Art. 82 jedoch gem. ErwG 146 S. 4 unbeschadet anderer Ansprüche auf Schadensersatz besteht, können parallele Ansprüche auf sämtliche nationale Anspruchsgrundlagen gestützt werden.[90] 43

In Betracht kommen vertragliche oder vertragsähnliche Ansprüche, sofern eine Sonderverbindung zwischen dem Anspruchsberechtigten und dem -verpflichteten bereits vor dem Verordnungsverstoß bestanden hat sowie deliktische Normen.[91] Jedenfalls im Falle einer Verletzung von Betroffenenrechten der DS-GVO kommt auch ein Anspruch aus § 823 Abs. 2 BGB in Betracht.[92] Der Anspruch auf Geldentschädigung bei Persönlichkeitsverletzungen nach § 823 Abs. 1 BGB i.V.m. Art. 2 Abs. 1 und 1 Abs. 1 GG wird auch weiterhin anwendbar sein.[93] § 1004 BGB kann neben Art. 82 entsprechend angewendet werden, wenn Beseitigung oder Unterlassung begehrt wird.[94] 44

IX. Anspruch aus § 83 BDSG n.F.

§ 83 BDSG gewährt einen dem Wortlaut nach parallelen Anspruch zu Art. 82. Aus den ErwG und aus der vorrangigen Anwendbarkeit der DS-GVO vor entgegenstehendem oder gleichlautendem nationalen Recht ergibt sich, dass dieser Anspruch nur auf Fälle des Verstoßes gegen die Richtlinie (EU) 2016/680 Anwendung findet.[95] Vor diesem Hintergrund ist es auch plausibel, dass § 83 BDSG keine Haftung des Auftragsverarbeiters regelt. Im Übrigen haften aber gem. § 83 Abs. 3 BDSG mehrere Verantwortliche als Gesamtschuldner. 45

---

88 Kühling/Buchner-*Bergt* Art. 82 Rn. 65 spricht in diesem Zusammenhang die Rechtsprechung des BGH zu presserechtlichen Geldentschädigungsansprüchen an, die nicht vererbbar sind. Er kommt aber zu dem Ergebnis, dass der dahinter stehende Genugtuungsgedanke auf den datenschutzrechtlichen Schadensersatzanspruch mit seiner Abschreckungsfunktion nicht übertragbar ist.
89 Sydow-*Kreße* Art. 82 Rn. 27; den Vorrang der DS-GVO vor mitgliedstaatlichem Recht betont auch *Wybitul* ZD 2016, 253.
90 Gola-*Gola/Piltz* Art. 82 Rn. 20; *Jacquemain* RDV 2017, 227, 232.
91 Sydow-*Kreße* Art. 82 Rn. 27; Gola-*Gola/Piltz* Art. 82 Rn. 20 ff.
92 Weiter gehen Gola-*Gola/Piltz* Art. 82 Rn. 26 die unter dem Hinweis auf den Schutzzweck aus Art. 1 Abs. 1 und Abs. 2 jegliche Normen der DS-GVO als Schutzgesetze einordnen. Dies ist jedoch zu weitgehend. Die meisten Vorschriften der DS-GVO haben abstrakten Ordnungscharakter und schützen den Einzelnen nur mittelbar. Gerade die dogmatische Differenzierung zwischen Betroffenenrechten und anderen Vorschriften zeigt diese Grenze deutlich auf. Vollständig gegen die Anwendbarkeit von § 823 Abs. 2 BGB Sydow-*Kreße* Art. 82 Rn. 27.
93 *Jacquemain* Der deliktische Schadensersatz im europäischen Datenschutzprivatrecht, S. 212 f.
94 Paal/Pauly-*Frenzel* Art. 82 Rn. 20.
95 Siehe BT-Drucks. 18/11325, S. 121, wonach die Vorschrift der Umsetzung des Art. 56 RL (EU) 2016/680 dient.

46 Gemäß § 83 Abs. 4 BDSG ist ein etwaiges Verschulden des Betroffenen nach § 254 BGB zu berücksichtigen. Hinsichtlich der Verjährung gelten die Vorschriften des BGB für deliktische Handlungen (§ 83 Abs. 5 BDSG). Beide Wertungen wird man – ohne jede analoge Anwendung – auch parallel für den Schadensersatzanspruch nach Art. 82 treffen müssen.

X. Abweichende vertragliche Regelung zwischen Verantwortlichem und Auftragsverarbeiter

47 Hinsichtlich der Frage, ob Verantwortlicher und Auftragsverarbeiter die Haftungsverteilung nach Art. 82 vertraglich abweichend regeln können, ist zwischen dem Innen- und Außenverhältnis zu differenzieren. Im Außenverhältnis ist etwa eine vollständige oder teilweise Haftungsübertragung auf den Auftragsverarbeiter unwirksam. Art. 82 ist im Außenverhältnis nicht dispositiv und kann daher auch nicht individualvertraglich zu Lasten des Betroffenen abgegolten werden.[96]

48 Die DS-GVO enthält kein ausdrückliches Verbot, das eine vertragliche Übernahme des Gesamtschadens durch den Auftragsverarbeiter im Innenverhältnis ausschließt. Gleichwohl hat der Gesetzgeber die Haftungsverteilung in Art. 82 umfassend und wohl auch zwingend geregelt. Art. 82 Abs. 2 S. 2 spiegelt die unterschiedliche Stellung von Verantwortung wieder, die das Wesen der Auftragsverarbeitung ausmacht.[97] Würde man den Auftragsverarbeiter im Innenverhältnis für weitergehende Ansprüche zur Verantwortung ziehen können, als er im Außenverhältnis nach Art. 82 Abs. 2 S. 2 tatsächlich haften müsste, widerspräche es dem gesetzlichen Leitbild der Auftragsverarbeitung. Eine dementsprechend über die Pflichten nach Art. 28 hinaus gehende Verantwortung würde faktisch bedeuten, dass gar kein Auftragsverhältnis vorliegt, sondern vielmehr eine eigene oder gemeinsame Verantwortung gem. Art. 26 besteht. Selbst wenn man zumindest eine teilweise Haftungsübertragung im Innenverhältnis als grundsätzlich zulässig einstuft, wären die Grenzen der Gestaltungsfreiheit äußerst eng zu ziehen. Es wären insbesondere die Vorgaben zum AGB-Recht zu berücksichtigen. Hiernach kann die Haftung für grobes Verschulden, Vorsatz und die Verletzung von Kardinalpflichten nicht übertragen werden.[98] Da faktisch jede Pflicht des Auftraggebers nach den Vorgaben des Art. 28 eine wesentliche Pflicht (Kardinalpflicht) ist, bleibt im Ergebnis allerdings kaum Raum für eine Haftungsübertragung.

C. Praxishinweise

I. Relevanz für öffentliche Stellen

49 Der Schadensersatzanspruch kann auch gegen öffentliche Stellen geltend gemacht werden. Dies kann einer der wichtigsten Gründe in der Zukunft dafür sein, dass öffentliche Stellen auf die Einhaltung des Datenschutzrechts achten müssen, gerade wenn in Zukunft häufiger auch niedrigschwellige Schadensersatzansprüche ersatzfähig sind. In der Regel wird der Haftungsanspruch der einzige wirksame finanzielle Regulierungsmechanismus bleiben, da die Bußgelder gegen öffentliche Stellen vom deutschen Gesetzgeber ausgeschlossen wurden.

---

[96] *Wybitul/Neu/Strauch* ZD 2018, 202, 204.
[97] Plath-*Becker* Art. 82 Rn. 6.
[98] MüKo BGB-*Wurmnest* § 309 Rn. 37.

II. Relevanz für nichtöffentliche Stellen

Sollte sich die stärkere Praxisrelevanz von Art. 82 durchsetzen, entsteht für Unternehmen ein weiteres erhebliches Risiko, da die Schäden häufig Folge struktureller Fehler sind und damit regelmäßig eine Vielzahl von Betroffenen tangiert ist. Dies gilt insbesondere, wenn in Zukunft in weitem Umfang immaterielle Entschädigungen zugesprochen werden. Unternehmen werden es wegen der faktischen Beweislastumkehr schwer haben, sich gegen Schadensersatzansprüche verteidigen zu können. Umso wichtiger wird es sein, einen Fokus der Compliance-Strategie darauf zu legen, die zivilrechtlichen Haftungsrisiken zu managen und minimieren.[99]

50

III. Relevanz für betroffene Personen

Aus der Sicht betroffener Personen ist der erweiterte Anspruch aus Art. 82 zu begrüßen. Insbesondere die Möglichkeit, immateriellen Schadensersatz zu verlangen, stellt in Zeiten der Kommerzialisierung personenbezogener Daten einen zeitgemäßen Vorteil dar. Ob Art. 82 in Zukunft eher ein Nischendasein fristen wird (wie § 7 BDSG a.F.) oder ob Art. 82 zu einer maßgeblichen Veränderung führt, bleibt abzuwarten.

51

Art. 80, nach dem der Betroffene seinen Schadensersatzanspruch durch einen Verband geltend machen kann, erleichtert die Rechtsverfolgung aus Sicht des Betroffenen, weil die kollektive Rechtsdurchsetzung keinen Aufwand und vor allem kein relevantes Prozesskostenrisiko für den Einzelnen zur Folge hat.

52

IV. Relevanz für Aufsichtsbehörden

Da es sich bei dem Anspruch nach Art. 82 um ein rein privatrechtliches Instrument handelt, bleibt die Aufsichtsbehörde bei dieser Form der Rechtsdurchsetzung außen vor.

53

V. Relevanz für das Datenschutzmanagement

Eine Exkulpation nach Art. 82 Abs. 3 ist nur möglich, wenn ein gutes Datenschutzmanagement vorhanden ist. Aufgrund der gesamtschuldnerischen Haftung muss auch die Überprüfung der Datenschutz-Compliance sämtlicher Auftragsverarbeiter und der übrigen gemeinsamen Verantwortlichen ernst genommen werden. Zudem könnten Gerichte zukünftig in die Bemessung eines Schadensersatzes einfließen lassen, ob der Verantwortliche über ein ausreichendes Datenschutzmanagement verfügt, welches potenzielle Schäden im Voraus so weit wie möglich mindern soll.

54

Artikel 83   Allgemeine Bedingungen für die Verhängung von Geldbußen

(1) Jede Aufsichtsbehörde stellt sicher, dass die Verhängung von Geldbußen gemäß diesem Artikel für Verstöße gegen diese Verordnung gemäß den Absätzen 4, 5 und 6 in jedem Einzelfall wirksam, verhältnismäßig und abschreckend ist.

(2) ¹Geldbußen werden je nach den Umständen des Einzelfalls zusätzlich zu oder anstelle von Maßnahmen nach Artikel 58 Absatz 2 Buchstaben a bis h und j verhängt. ²Bei der Entscheidung über die Verhängung einer Geldbuße und über deren Betrag wird in jedem Einzelfall Folgendes gebührend berücksichtigt:

---

99   *Sackmann* ZIP 2017, 2450, 2451.

a) Art, Schwere und Dauer des Verstoßes unter Berücksichtigung der Art, des Umfangs oder des Zwecks der betreffenden Verarbeitung sowie der Zahl der von der Verarbeitung betroffenen Personen und des Ausmaßes des von ihnen erlittenen Schadens;
b) Vorsätzlichkeit oder Fahrlässigkeit des Verstoßes;
c) jegliche von dem Verantwortlichen oder dem Auftragsverarbeiter getroffenen Maßnahmen zur Minderung des den betroffenen Personen entstandenen Schadens;
d) Grad der Verantwortung des Verantwortlichen oder des Auftragsverarbeiters unter Berücksichtigung der von ihnen gemäß den Artikeln 25 und 32 getroffenen technischen und organisatorischen Maßnahmen;
e) etwaige einschlägige frühere Verstöße des Verantwortlichen oder des Auftragsverarbeiters;
f) Umfang der Zusammenarbeit mit der Aufsichtsbehörde, um dem Verstoß abzuhelfen und seine möglichen nachteiligen Auswirkungen zu mindern;
g) Kategorien personenbezogener Daten, die von dem Verstoß betroffen sind;
h) Art und Weise, wie der Verstoß der Aufsichtsbehörde bekannt wurde, insbesondere ob und gegebenenfalls in welchem Umfang der Verantwortliche oder der Auftragsverarbeiter den Verstoß mitgeteilt hat;
i) Einhaltung der nach Artikel 58 Absatz 2 früher gegen den für den betreffenden Verantwortlichen oder Auftragsverarbeiter in Bezug auf denselben Gegenstand angeordneten Maßnahmen, wenn solche Maßnahmen angeordnet wurden;
j) Einhaltung von genehmigten Verhaltensregeln nach Artikel 40 oder genehmigten Zertifizierungsverfahren nach Artikel 42 und
k) jegliche anderen erschwerenden oder mildernden Umstände im jeweiligen Fall, wie unmittelbar oder mittelbar durch den Verstoß erlangte finanzielle Vorteile oder vermiedene Verluste.

(3) Verstößt ein Verantwortlicher oder ein Auftragsverarbeiter bei gleichen oder miteinander verbundenen Verarbeitungsvorgängen vorsätzlich oder fahrlässig gegen mehrere Bestimmungen dieser Verordnung, so übersteigt der Gesamtbetrag der Geldbuße nicht den Betrag für den schwerwiegendsten Verstoß.

(4) Bei Verstößen gegen die folgenden Bestimmungen werden im Einklang mit Absatz 2 Geldbußen von bis zu 10 000 000 EUR oder im Fall eines Unternehmens von bis zu 2 % seines gesamten weltweit erzielten Jahresumsatzes des vorangegangenen Geschäftsjahrs verhängt, je nachdem, welcher der Beträge höher ist:
a) die Pflichten der Verantwortlichen und der Auftragsverarbeiter gemäß den Artikeln 8, 11, 25 bis 39, 42 und 43;
b) die Pflichten der Zertifizierungsstelle gemäß den Artikeln 42 und 43;
c) die Pflichten der Überwachungsstelle gemäß Artikel 41 Absatz 4.

(5) Bei Verstößen gegen die folgenden Bestimmungen werden im Einklang mit Absatz 2 Geldbußen von bis zu 20 000 000 EUR oder im Fall eines Unternehmens von bis zu 4 % seines gesamten weltweit erzielten Jahresumsatzes des vorangegangenen Geschäftsjahrs verhängt, je nachdem, welcher der Beträge höher ist:
a) die Grundsätze für die Verarbeitung, einschließlich der Bedingungen für die Einwilligung, gemäß den Artikeln 5, 6, 7 und 9;
b) die Rechte der betroffenen Person gemäß den Artikeln 12 bis 22;

c) die Übermittlung personenbezogener Daten an einen Empfänger in einem Drittland oder an eine internationale Organisation gemäß den Artikeln 44 bis 49;
d) alle Pflichten gemäß den Rechtsvorschriften der Mitgliedstaaten, die im Rahmen des Kapitels IX erlassen wurden;
e) Nichtbefolgung einer Anweisung oder einer vorübergehenden oder endgültigen Beschränkung oder Aussetzung der Datenübermittlung durch die Aufsichtsbehörde gemäß Artikel 58 Absatz 2 oder Nichtgewährung des Zugangs unter Verstoß gegen Artikel 58 Absatz 1.

(6) Bei Nichtbefolgung einer Anweisung der Aufsichtsbehörde gemäß Artikel 58 Absatz 2 werden im Einklang mit Absatz 2 des vorliegenden Artikels Geldbußen von bis zu 20 000 000 EUR oder im Fall eines Unternehmens von bis zu 4 % seines gesamten weltweit erzielten Jahresumsatzes des vorangegangenen Geschäftsjahrs verhängt, je nachdem, welcher der Beträge höher ist.

(7) Unbeschadet der Abhilfebefugnisse der Aufsichtsbehörden gemäß Artikel 58 Absatz 2 kann jeder Mitgliedstaat Vorschriften dafür festlegen, ob und in welchem Umfang gegen Behörden und öffentliche Stellen, die in dem betreffenden Mitgliedstaat niedergelassen sind, Geldbußen verhängt werden können.

(8) Die Ausübung der eigenen Befugnisse durch eine Aufsichtsbehörde gemäß diesem Artikel muss angemessenen Verfahrensgarantien gemäß dem Unionsrecht und dem Recht der Mitgliedstaaten, einschließlich wirksamer gerichtlicher Rechtsbehelfe und ordnungsgemäßer Verfahren, unterliegen.

(9) [1]Sieht die Rechtsordnung eines Mitgliedstaats keine Geldbußen vor, kann dieser Artikel so angewandt werden, dass die Geldbuße von der zuständigen Aufsichtsbehörde in die Wege geleitet und von den zuständigen nationalen Gerichten verhängt wird, wobei sicherzustellen ist, dass diese Rechtsbehelfe wirksam sind und die gleiche Wirkung wie die von Aufsichtsbehörden verhängten Geldbußen haben. [2]In jeden Fall müssen die verhängten Geldbußen wirksam, verhältnismäßig und abschreckend sein. [3]Die betreffenden Mitgliedstaaten teilen der Kommission bis zum 25. Mai 2018 die Rechtsvorschriften mit, die sie aufgrund dieses Absatzes erlassen, sowie unverzüglich alle späteren Änderungsgesetze oder Änderungen dieser Vorschriften.

– *ErwG: 148, 150, 151*
– *BDSG n.F.: §§ 41, 43*

Übersicht

	Rn		Rn
A. Einordnung und Hintergrund	1	a) Unionsrechtliche Vorgaben	14
I. DSRL	1	b) Kollision mit deutschem Recht	15
II. BDSG a.F.	2		
III. WP der Art.-29-Datenschutzgruppe	4	3. Einzelfallprüfung	16
B. Kommentierung	5	4. Adressaten der Bußgelder	18
I. Allgemein (Art. 83)	5	a) Allgemein	18
II. Kompetenzgrundlage	12	b) Ausnahmen	20
III. Allgemeine Bedingungen	13	c) Bußgelder gegen Behörden und öffentliche Stellen (Abs. 7)	21
1. Abhilfebefugnis	13		
2. Zuständige Aufsichtsbehörde	14	aa) Öffnungsklausel	22

		Rn			Rn
	bb) Bußgelder gegen Mitarbeiter	25	3.	Nachtatverhalten a) Schadensminderung	61
	cc) Anwendung der Öffnungsklausel in Deutschland	27		(lit. c) b) Umfang der Zusammenarbeit mit den Aufsichtsbehörden	61
	dd) Verweis auf Abhilfebefugnis gem. Art. 58 Abs. 2	29		(lit. f) c) Art und Weise der Kenntniserlangung des	62
5.	Verhältnis zum nationalen Recht	30		Verstoßes (lit. h) 4. Auffangregelung (lit. k)	65 66
	a) Anwendbarkeit des Ordnungswidrigkeitenrechts	30	VI. VII.	Zwischenergebnis Höhe der Bußgelder	67 69
	b) Verfahrensrecht	31	1.	Numerische und relative Höchstbeträge	70
IV.	Allgemeine Anforderungen an die Verhängung von Bußgeldern	32		a) Numerische Höchstbeträge	70
1.	Wirksamkeit, Verhältnismäßigkeit und Abschreckung	32		b) Relative Höchstbeträge c) Anzuwendender Unternehmensbegriff	71 72
2.	Vereinbarkeit mit deutschem Verfassungsrecht	36	2.	Bestimmungen des Bußgelds im jeweiligen Einzelfall	78
	a) Bußgeldhöhe b) Bußgeldadressat	36 40		a) Allgemeine Bedingungen (Abs. 1)	78
3.	Vereinbarkeit mit dem Unionsrecht	41		b) Kriterien (Abs. 2) c) Harmonisierung der	82
4.	Grundrechtliche Verfahrensgarantien (Abs. 8)	45		Bußgeldhöhe aa) Deutschland	89 91
	a) Vorgaben zu Verfahrensgarantien	45		bb) Übrige EU-Mitgliedstaaten	100
	b) Umsetzung im nationalen Recht	47		cc) Vorgehen auf EU-Ebene	101
V.	Kriterienkatalog des Abs. 2	48		d) Beschränkung bei Mehrfachverstößen	
1.	Verstoß	48		(Abs. 3)	102
	a) Art, Schwere und Dauer des Verstoßes (lit. a)	48		aa) Umgang bei Tateinheit und Tatmehrheit	102
	b) Verschulden (lit. b)	49		bb) Spezialfall: Fortwährende Tatmehrheit oder Tateinheit („Dauerverstoß")	
	c) Kategorien personenbezogener Daten (lit. g)	52			
2.	Vortatverhalten	54			
	a) Berücksichtigung der getroffenen technischen und organisatorischen Maßnahmen (lit. d)	54			104
			3.	Konkretisierung durch nationales Recht?	106
	b) Vorheriger Vergehen und aufsichtsbehördliche Maßnahmen (lit. e und i)	56	VIII. 1. 2.	Tatbestände Tatbestände des Abs. 4 Tatbestände des Abs. 5 und Abs. 6	107 109 112
	c) Einhaltung genehmigter Verhaltensregeln und Zertifizierungsverfahren (lit. j)	59	3.	Tatbestände des § 43 BDSG n.F.	118

		Rn			Rn
IX.	Bußgeldpraxis	120	C.	Praxishinweise	133
1.	Allgemeines	120	I.	Relevanz für öffentliche Stellen	133
2.	Bislang höchstes Bußgeld nach DS-GVO innerhalb der EU: Google (50 Mio. EUR)	121	II.	Relevanz für nichtöffentliche Stellen	135
	a) Ausgangspunkt des Verfahrens: Beschwerden von Verbänden	121	III.	Relevanz für betroffene Personen	139
			IV.	Relevanz für Aufsichtsbehörden	140
	b) Verstoß 1: Mangelnde Transparenz i.S.d. Art. 12–14	122	V.	Relevanz für das Datenschutzmanagement	142
	c) Verstoß 2: Keine rechtskonforme Einwilligung für Anzeigenpersonalisierung	124		Anhang § 41 BDSG Anwendung der Vorschriften über das Bußgeld- und Strafverfahren	
	d) Gründe für die Bußgeldhöhe	126		§ 43 BDSG Bußgeldvorschriften	
X.	Sonderregelung (Abs. 9)	130			

Literatur: Albrecht Das neue EU-Datenschutzrecht – von der Richtlinie zur Verordnung, CR 2016, 88; *Ashkar* Durchsetzung und Sanktionierung des Datenschutzrechts nach den Entwürfen der Datenschutz-Grundverordnung, DuD 2015, 796; *Bergt* Sanktionierung von Verstößen gegen die Datenschutz-Grundverordnung, DuD 2017, 555; *Bülte* Das Datenschutzbußgeldrecht als originäres Strafrecht der Europäischen Union?, StV 2017, 460; *Calliess/Ruffert (Hrsg.)* EUV/AEUV mit Europäischer Grundrechtecharta, Kommentar, 5. Aufl. 2016; *Cornelius* Die „datenschutzrechtliche Einheit" als Grundlage des bußgeldrechtlichen Unternehmensbegriffs nach der EU-DS-GVO, NZWiSt 2016, 421; *Dekhuijzen* Policy Rules for Establishing the Amount of Administrative Fines under GDPR, CRi 2019, 70; *Dieterich* Rechtsdurchsetzungsmöglichkeiten nach der DS-GVO – Einheitlicher Rechtsrahmen führt nicht zwangsläufig zu einheitlicher Rechtsanwendung, ZD 2016, 260; *Eckhardt/Menz* Bußgeldsanktionen der DS-GVO, DuD 2018, 139; *Eßer/Steffen* Zivilrechtliche Haftung des betrieblichen Datenschutzbeauftragten, CR 2018, 289; *Faust/Spittka/Wybitul* Milliardenbußgelder nach der DS-GVO? Ein Überblick über die neuen Sanktionen bei Verstößen gegen den Datenschutz, ZD 2016, 120; *FRA* Datenschutz in der Europäischen Union: Die Rolle der nationalen Datenschutzbehörden, 2010; *Golla* Das Opportunitätsprinzip für die Verhängung von Bußgeldern nach der DSGVO, CR 2018, 353; *ders.* Die Straf- und Bußgeldtatbestände der Datenschutzgesetze, 2015; *ders.* Säbelrasseln in der DS-GVO: Drohende Sanktionen bei Verstößen gegen die Vorgaben zum Werbedatenschutz, RDV 2017, 123; *Härting* Datenschutzreform in Europa: Einigung im EU-Parlament, CR 2013, 715; *ders.* DSGVO-Bußgelder gegen Unternehmen – in Deutschland oft unmöglich, CRonline.de Blog, 11.9.2019. *Hartung/Reintzsch* Die datenschutzrechtliche Haftung nach der EU-Datenschutzreform, ZWH 2013, 129; *Hochmayr* Eine echte Kriminalstrafe gegen Unternehmen und das Schuldprinzip, ZIS 2016, 226; *Jacquemain* Der deliktische Schadensersatz im europäischen Datenschutzprivatrecht, 2017; *Kehr* EU-Datenschutz-Grundverordnung-Überblick über die wesentlichen Modifizierungen für Unternehmen, CB 2016, 421; *Keppeler/Berning* Die Bußgeldrisiken nach Art. 83 der Datenschutz-Grundverordnung – auch ein Risiko für den Jahresabschluss?!, DStR 2018, 91; *Keppeler/Schenk-Busch* Das Rechtsstaatsproblem der DSGVO, BRJ 2018, 23; *Keßler* Der Unternehmensbegriff im deutschen und europäischen Wettbewerbs- und Lauterkeitsrecht – Irrungen und Wirrungen, WRP 2014, 765; *Krohm* Die wirtschaftliche Einheit als Bußgeldadressat unter der Datenschutz-Grundverordnung?, RDV 2017, 221; *Lang* Reform des EU-Datenschutzrechts: Einheitliche Regelungen mit hohem Datenschutzniveau geplant, K&R 2012, 145; *Lemke* Verbot unverschlüsselter E-Mailkorrespondenz und Bußgeldbewährung nach DSGVO selbst bei Einwilligung des Mandanten?, KammerForum 2019, 35; *Lincke* Aufsichtspraxis der spanischen Datenschutzbehörde „Agencia Espanola de Proteccion de Datos", PinG 2019, 280; *Lüdemann/Wenzel* Zur Funktionsfähigkeit der Datenschutzaufsicht in Deutschland, RDV 2015, 285; *Mansdörfer/Timmerbeil* Das Modell der Verbandshaftung im europäischen Kartellbußgeldrecht, EuZW 2011, 214; *Martin et al.* Das Sanktionsregime der Datenschutz-Grundverordnung, 2019; *Mino-Vasquez/Suhren* Liability for injuries according to GDPR, DuD 2018, 151; *Neun/Lubitzsch* EU-Datenschutz-Grundverordnung – Behördenvollzug und Sanktionen, BB 2016, 1538; *Nguyen* Die zukünftige Datenschutzaufsicht in Europa – Anregungen für den Trilog zu Kap. VI bis VII der DS-GVO, ZD 2015, 265; *Nolde* Sanktionen nach der EU-Datenschutz-Grundverordnung, ZWH 2017, 76; *dies.* Sanktionen nach DSGVO und BDSG-neu: Wem droht was warum?, PinG 2017, 114; *Paal* Kritische Würdigung des Konzepts der Datenschutzaufsichtsbehörden zur Bußgeldzumessung, RDV 2020, 57; *Pauly/Fischer* Datenschutzkonferenz veröffentlicht neues Bußgeldkonzept, DSB 2020, 9; *Piltz* Die Datenschutz-Grundverordnung – Teil 5: Internationale Zusammenarbeit, Rechtsbehelfe und Sanktionen, K&R 2017, 85; *Piltz/Häntschel* Rückschau 2019 – vier Gründe, die die Bußgeldhöhe beeinflussten, DSB 2020, 22; *Piltz/zur Weihen* Verwendung von Meldungen zur Datenschutzverletzung für Bußgeldverfahren, DSB 2019, 226; *Rost* Bußgeld im digitalen Zeitalter – was bringt die DS-GVO?, RDV 2017, 13; *Schönefeld/Thomé* Auswirkungen der Datenschutz-Grundverordnung auf die Sanktionierungspraxis der Aufsichtsbehörden, PinG 2017, 126; *Schwartmann* Datenschutz braucht Augenmaß, RDV-online, Editorial 1/2020; *Schwartmann/Jacquemain* DataAgenda Arbeitspapier 06 : DS-GVO Bußgelder, 1.5.2019, *Schwartmann/Weiß* Ko-Regulierung vor einer neuen Blüte – Verhaltensregelungen und Zertifizierungsverfahren nach der Datenschutzgrundverordnung (Teil 1), RDV 2016, 68; *Spindler* Die neue EU-Datenschutz-Grundverordnung, DB 2016, 937; *Steffen* Zivilrechtliche Haftung von Datenschutzbeauftragten für Bußgelder, DuD 2018, 145; *Thiel/Wybitul* Bußgelder wegen Datenschutzverstößen – aus Sicht von Aufsichtsbehörden und Unternehmen, ZD 2020, 3; *Thode* Die neuen Compliance-Pflichten nach der Datenschutz-Grundverordnung, CR 2016, 714; *Thüsing/Traut* The Reform of the European Data Protection Law: Harmonisation at Last?, Intereconomics 2013, 271; *Timner/Radlanski/Eisenfeld* Die Bußgeldbemessung bei DSGVO-Verstößen, CR 2019, 782; *Weber* Bußgelder – Boost für den Datenschutz?, PinG 2016, 228; *Wybitul* Welche Folgen hat die EU-Datenschutz-Grundverordnung für Compliance? CCZ 2016, 194; *ders.* DS-GVO veröffentlicht – Was sind die neuen Anforderungen an die Unternehmen?, ZD 2016, 253; *ders.* Die DS-GVO – ein Compliance-Thema?, ZD 2016, 105; *ders.* CNIL verhängt hohes Bußgeld – Welche Folgen hat der Fall für Unternehmen?, ZD 2019, 97.

A. Einordnung und Hintergrund

I. DSRL

1 Bereits durch Art. 24 DSRL waren die Mitgliedstaaten verpflichtet, Sanktionen bei Verstößen gegen die Bestimmungen dieser Richtlinie einzuführen, um die Einhaltung von Datenschutzbestimmungen zu gewährleisten. Dabei hat die Richtlinie jedoch keine zwingenden Vorgaben dahingehend gemacht, dass die Sanktionen in Form von Ordnungswidrigkeiten erfolgen müssen. Damit besaßen die Mitgliedstaaten einen

Umsetzungsspielraum, der zu signifikanten Unterschieden in der Umsetzung in den verschiedenen Mitgliedstaaten führte.[1]

II. BDSG a.F.

Der deutsche Gesetzgeber hat in Umsetzung des Art. 24 DSRL mit § 43 BDSG a.F. eine Bußgeldvorschrift geschaffen. Diese Regelung war sehr detailliert und umfasste zahlreiche Tatbestände.

Die Änderung der bußgeldsanktionierten Pflichten gegenüber BDSG a.F. erfolgte zweigleisig: So wurden mit der DS-GVO neue bußgeldbewehrte Tatbestände geschaffen aber zudem sind auch die bereits unter dem bisherigen Bundesdatenschutzgesetz im Wesentlichen bestehenden Pflichten mit Bußgeldern belegt worden.[2]

III. WP der Art.-29-Datenschutzgruppe

In dem WP 253 werden von der Art.-29-Datenschutzgruppe Kriterien geprüft, wie die Höhe einer Geldbuße nach Art. 83, ermittelt werden soll. Für die Bußgeldhöhe trifft sie insbesondere eine Aussage, von welchem Unternehmensbegriff die DS-GVO ausgeht. Das WP 253 wurde in der ersten Sitzung des EDSA am 25.5.2018 angenommen.[3]

B. Kommentierung

I. Allgemein (Art. 83)

Art. 81 regelt nicht nur die allgemeinen Bedingungen für die Verhängung von Geldbußen, wie es in der Überschrift der amtlichen Fassung heißt, sondern normiert darin die Möglichkeit für Aufsichtsbehörden eine öffentlich-rechtliche Sanktion für Datenschutzverstöße zu verhängen. Die Regelung ist innerhalb des Regelungssystems der DS-GVO, also mit den geringen Abweichungsmöglichkeiten der Öffnungsklauseln, abschließend. Im Interesse einer Effektivierung des Datenschutzrechts bedarf es mit Blick auf das unter Geltung der Datenschutzrichtlinie bestehende Sanktionsdefizit, einer konsequenteren Rechtsdurchsetzung im Falle von Verstößen gegen die DS-GVO.[4] Dazu sieht das Sekundärrecht insbesondere Geldbußen, die spürbare wirtschaftliche Höhen annehmen können, vor. Wegen des spürbar erhöhten Bußgeldrahmens ist die Vorschrift wohl auch die prominenteste innerhalb der DS-GVO und blieb in keiner Berichterstattung über das neu geregelte EU-Datenschutzrecht unerwähnt.[5] Die Regelung innerhalb der Verordnung stellt die Grundlage für gleiche Sanktionen als Rechtsfolge für Missachtungen des Datenschutzrechts dar.[6] Damit folgt die DS-GVO dem Bestreben das kohärente Recht auch einheitlich anzuwenden.[7] Mithilfe des umfassenden Katalogs an Verstößen in den Abs. 4–6 sind Ordnungswidrigkeiten zu erkennen. Die DS-GVO ermächtigt die nationalen Ordnungsbehörden, Bußgelder in Höhe von bis zu 20 Millionen EUR zu verhängen, was gegenüber der bisherigen

---

1 Vgl. *FRA* Datenschutz in der Europäischen Union: Die Rolle der nationalen Datenschutzbehörden, S. 33.
2 *Eckhardt/Menz* DuD 2018, 139.
3 Vgl. *EDPB* Endorsement of GDPR WP 29 guidelines, 25.5.2018, Ziff. 16.
4 Vgl. ErwG 148.
5 Vgl. *Dieterich* ZD 2016, 260, 264.
6 Vgl. ErwG 11 und 13 S. 1.
7 Vgl. ErwG 10 S. 2.

Art. 83 Allgemeine Bedingungen für Geldbußen

Obergrenze im deutschen Datenschutzrecht von 300 000 EUR eine drastische Erhöhung darstellt.[8]

6 Harte Sanktionen in Form drakonischer Bußgelder sollen Unternehmen von Verstößen abhalten und ein Bewusstsein für Datenschutz schaffen. Die Millionengrenze kann sogar überschritten werden, weil Unternehmen auch mit „abschreckenden" (Abs. 1) Bußgeldern bis zu einer Höhe von 4 Prozent des globalen Umsatzes **per annum** bestraft werden können.

7 Die Aufsichtspraxis in Deutschland hat in den Jahren 2018 und 2019 Bußgelder verhangen. Für Aufsehen sorgte insbesondere das Bußgeld gegenüber einem Mobilfunkanbieter. Bei der telefonischen Kundenbetreuung eines Telefonanbieters wurde nach Abfrage von Name und Geburtsdatum die Telefonnummer eines Kunden versehentlich an dessen ehemaligen Lebenspartner erteilt. Das Datenschutzrecht macht für die Authentifizierung eines Anrufers bei einer Hotline keine genauen Vorgaben. Sie schreibt in Art. 32 abstrakt vor, dass ein Verantwortlicher unter Abwägung der Risiken für den Datenschutz geeignete technische und organisatorische Maßnahmen treffen muss. Offen ist, wie diese ausgestaltet sein müssen. Die DS-GVO gestattet Bußgelder in einer Höhe von bis zu 4 % des Jahresumsatzes zu verhängen. Nach allem, was man weiß, gab es nach Bekanntwerden des Vorfalls gegenüber dem Telekommunikationsanbieter keinen konkreten Hinweis der Behörde, wie man telefonische Auskünfte datenschutzkonform erteilt. Die Authentifizierung erfolgte angesichts der Risikoeinstufung den in der Praxis üblichen Weg der telefonischen Authentifizierung, wobei es bei Telefonauskünften in der Regel neben Telefonnummern um Vertragsdaten, typischerweise also nicht um telekommunikations- und datenschutzrechtlich sensible Daten geht. Ob das der Stand der Technik für datenschutzkonforme Telefonauskünfte beim Umgang mit nicht sensiblen Daten ist, ist offen.

8 Der BfDI hat – was in rechtlich eindeutigen und gewichtigen Fällen zulässig sein kann – sofort eine Geldbuße verhängt, anstatt zunächst eine Abhilfemaßnahme anzuordnen. Anders als eine Anweisung hat die Geldbuße rein sanktionierenden Charakter. Stellt die Behörde einen Datenschutzverstoß fest, so liegt es aber angesichts der **ausdifferenzierten und an den Maßgaben der Verhältnismäßigkeit orientierten Skala** des Art. 58 vor der reinen Sanktion auch eine **abhelfende Maßnahme**, etwa in Form einer **Anweisung** zur datenschutzkonformen Ausgestaltung und Anpassung des Verfahrens anzuordnen. Mit dieser Maßnahme ist es der Aufsicht möglich, im ersten Schrift für Abhilfe zu sorgen, ohne sofort auf die Ultima Ratio des Bußgelds zuzugreifen. Die Anweisung muss hierbei so hinreichend bestimmt sein, dass sie umgesetzt werden kann.[9] Dazu sind sowohl Verstöße als auch Maßnahmen zu benennen. Sie hat vor dem Hintergrund der Verhältnismäßigkeit den Vorteil, dass der Verantwortliche von der Aufsichtsbehörde in einer unsicheren Situation und eine Chance bekommt, das Recht so zu befolgen, wie es der Aufsichtsbehörde vorschwebt.[10] Auf diese Weise kann die Behörde die Praxis positiv prägen, um Sicherheit zu erzeugen. Kann sich die Aufsichtsbehörde etwa mangels konkreter Vorstellungen zur Umsetzung des Rechts

---

8 Art. 83 Abs. 5 und 6. *Lang* K & R 2012, 145, 150.
9 HK DS-GVO/BDSG-*Kugelmann/Buchmann* Art. 58 Rn. 93.
10 HK DS-GVO/BDSG-*Kugelmann/Buchmann* Art. 58 Rn. 111 ff.

nicht für eine Maßnahme entscheiden, so kann sie auch mittels einer **Verwarnung** zur Feststellung eines Datenschutzverstoßes Abhilfe schaffen.[11]

Das bloße Verhängen eines wegen des Bemessungsrahmens zwangsläufig hohen Buß- 9
geldes bewirkt gerade bei unklarer Rechtslage das Gegenteil, da offen ist, wie die Aufsicht den Stand der Technik nach Art. 32, der mit unbestimmten Rechtsbegriffen gespickt ist, auslegt. Ein Telefonpin etwa könnte für mehr Sicherheit sorgen. Auch dieser ist aber häufig in den Vertragsunterlagen vermerkt, die in Wohnungen von Betroffenen Mitbewohnern zugänglich sind. Wer ihn nennt, kann ihn ebenso unrechtmäßig erworben haben, wie das Wissen über das Alter. Ob diese zusätzliche Maßnahmen aber die Anforderungen von Art. 32 erfüllt ist offen.

Weil diese Fragen auch nach Verhängung des Bußgeldes offen sind, kann man schon 10
an dessen **Eignung** des Bußgeldes als geeignete Sanktion Zweifel haben. Angesichts des ausdifferenzierten Sanktionsmodell in Art. 58 ist in Fällen unklarer Rechtslage und geringem Risiko eine Anordnung ein milderes Mittel, was für die Herstellung datenschutzkonformer Zustände deshalb effektiver gewesen wäre, weil es Rechtslage jedenfalls aus Sicht der Aufsicht geklärt hätte.

Misslich ist es auch, wenn über das Bußgeldverfahren datenschutzrechtliche Alltags- 11
fälle der Datenschutzorganisation[12] nicht beim sachnahen Verwaltungsgericht geklärt werden können, sondern die Amts- bzw. Landgerichte (§ 41 Abs. 1 S. 3 BDSG) angerufen werden müssen. Da die in der Praxis aktuell eine Vielzahl ungeklärter Rechtsfragen bestehen, die potenziell drastische Bußgelder nach sich ziehen können, stellt sich die Frage, ob Verantwortlichen zugemutet werden kann, einen Bußgeldbescheid auch dann abzuwarten, wenn er konkret droht, weil der Verantwortliche eine andere Rechtsposition vertritt als die zuständige Aufsichtsbehörde. Da Bußgelder in Datenschutzangelegenheiten neben ihrer bisweilen existentiellen wirtschaftlichen Bedeutung in der Regel mit irreparablen Imageschäden verbunden sind und das Abwarten einer letztinstanzlichen Entscheidung nicht selten Jahre in Anspruch nehmen dürfte, stellt sich die Frage, ob bei konkret drohenden Bußgeldern und deutlichen Anzeichen für eine mögliche Inanspruchnahme – etwa durch eine feststehende Praxis der Aufsicht etwa in Form einer DSK-Position ausnahmsweise ein Rechtsschutzbedürfnis für eine **vorbeugende Feststellungsklage** vor dem Verwaltungsgericht nach § 43 VwGO gegen eine Aufsichtsbehörde gegeben sein kann.[13] Ihr Ziel wäre die Feststellung des Nichtbestehens eines öffentlich-rechtlichen Rechtsverhältnisses (vgl. hierzu die Kommentierung des § 41 BDSG im Anh. zu Art. 83 Rn. 52 ff.).

II. Kompetenzgrundlage

Zur Effektivierung des Schutzes personenbezogener Daten bedarf es wirksamer 12
Rechtsfolgen, damit der Grundrechtsschutz nicht leerläuft. Die Kompetenznorm der

---

11 HK DS-GVO/BDSG-*Kugelmann/Buchmann* Art. 58 Rn. 82 f.
12 Vgl. die Frage des telefonischen Authentifizierungsverfahrens im Bußgeld des BfDI gegen 1&1 im Dezember 2019, abrufbar unter https://www.bfdi.bund.de/DE/Infothek/Pressemitteilungen/2019/30_BfDIverh%C3%A4ngtGeldbu%C3%9Fe1u1.html, zuletzt abgerufen am 15.6.2020.
13 Vgl. zur Idee der sog. „Damokles-Rechtsprechung" des Bundesverwaltungsgerichts *Kopp/Schenke* VwGO, 22. Aufl. 2016, § 43 Rn. 24 und *Engels* NVwZ 2018, 1001, 1006; *Lässig* NVwZ 1988, 410.

DS-GVO ist Art. 16 Abs. 2 AEUV.[14] Als Ausfluss dieser Regelungskompetenz können Vorgaben zum Erlass von Ordnungswidrigkeitssanktionen wie Geldbußen normiert werden, die Aufsichtsbehörden ermächtigen, Bußgelder auszusprechen.[15]

III. Allgemeine Bedingungen

13 **1. Abhilfebefugnis.** Neben Untersuchungs- und Genehmigungsbefugnissen verfügen die Aufsichtsbehörden über eine Reihe von Abhilfebefugnissen. Bei der Geldbuße handelt es sich um eine Abhilfebefugnis (Art. 58 Abs. 2 lit. i.). Diese öffentlich-rechtliche Sanktion stellt eine gleichrangige Möglichkeit zur Rechtsdurchsetzung dar, die – vorbehaltlich ihrer Verhältnismäßigkeit – sowohl zusätzlich, als auch anstelle der sonstigen Befugnisse des Art. 58 Abs. 2 verwendet werden kann.[16]

14 **2. Zuständige Aufsichtsbehörde. – a) Unionsrechtliche Vorgaben.** Die Bußgelder sind von jeder Aufsichtsbehörde i.S.d. Art. 4 Nr. 21 i.V.m. Art. 51 zu verhängen. Damit verfügen die nationalen Behörden über eine Abhilfebefugnis nach Art. 58 Abs. 2 lit. i. Welche Aufsichtsbehörde jeweils zuständig ist, richtet sich nach den allgemeinen Zuständigkeitsregeln der Aufsichtsbehörden.[17] Die Rechtsdurchsetzung mittels behördlicher Aufsicht ist über das „One-Stop-Shop"-System und die verpflichtende Zusammenarbeit zwischen den Aufsichtsbehörden harmonisiert worden. Was für einen lediglich national agierenden Unternehmer leicht nachvollziehbar ist, führt für international bzw. multinational tätige Unternehmen zu dem Ergebnis, dass die Aufsichtsbehörde aus dem Mitgliedstaat der Hauptniederlassung auch für sämtliche Niederlassungen im EU-Ausland zuständig sein wird, um dem Unternehmer eine einheitliche Rechtsvollziehung zu gewährleisten. Wenn der Gegenstand nur mit einer Niederlassung in ihrem Mitgliedstaat zusammenhängt oder nur Personen ihres Mitgliedstaats erheblich beeinträchtigt sind, ist gem. der Ausnahmeregelung in Art. 56 Abs. 2 jede damit konsultierte Aufsichtsbehörde zuständig. Daraus folgt, dass bei Verstößen in mehreren Mitgliedstaaten allein die federführende Behörde zuständig ist.[18]

15 **b) Kollision mit deutschem Recht.** Zur Vereinheitlichung der Rechtsanwendung hat der Verordnungsgeber umfassend und hinreichend konkrete Regelungen zur Zuständigkeit der Aufsichtsbehörden innerhalb der DS-GVO getroffen. Um eine Kollision mit deutschem Recht auszuschließen regelt § 41 Abs. 1 S. 2 BDSG n.F., dass §§ 35 und 36 OWiG keine Anwendung finden.

16 **3. Einzelfallprüfung.** Die Entscheidung der Aufsichtsbehörde, ein Bußgeld zu verhängen, erfolgt einzelfallbezogen. Darauf verweist sowohl der Abs. 1, dass die Verhängung von Geldbußen auf den jeweiligen Einzelfall hin bezogen sein muss, als auch Abs. 2, wonach die individuellen Umstände jedes Einzelfalls zu berücksichtigen sind. Daraus ergibt sich praktisch, dass jeweils die konkreten Umstände und die Verarbeitungssituation gebührend zu berücksichtigen sind.[19] Aus Abs. 1 folgt hingegen nicht, dass in jedem Einzelfall, in dem ein Tatbestand erfüllt ist, eine Geldbuße die zwin-

---

14 Vgl. ErwG 1.
15 Vgl. BeckOK DatenSR-*Holländer* Art. 83 Rn. 4; vgl. auch Grabitz/Hilf/Nettesheim-*Sobotta* Art. 16 AEUV Rn. 55.
16 Vgl. *Dieterich* ZD 2016, 260, 265.
17 Vgl. Kühling/Buchner-*Bergt* Art. 83 Rn. 29.
18 Vgl. *Dieterich* ZD 2016, 260, 264.
19 Vgl. Plath-*Becker* Art. 83 Rn. 8.

gende Konsequenz ist. Vielmehr kann auch eine Verwarnung die Rechtsfolge eines Verstoßes anstelle einer Geldbuße darstellen.[20] Entsprechend dem Opportunitätsprinzip verfügen die Aufsichtsbehörden über einen Entscheidungsspielraum, in dem sie nach pflichtgemäßem Ermessen Verstöße öffentlich-rechtlich sanktionieren.[21] So ergibt sich aus Art. 83 ein eigenständiges Opportunitätsprinzip, auch wenn sich der Ermessensspielraum der für die Verhängung von Bußgeldern zuständigen Stellen gegenüber dem BDSG a.F. und § 47 Abs. 1 OWiG verengt.[22]

Ferner stellt die Bestimmung der Höhe von Bußgeldern durch die zuständige Aufsichtsbehörde eine Einzelfallentscheidung dar. Art. 83 enthält Maßgaben, welche Umstände in der Abwägung Gewicht finden. Die Verordnung enthält jedoch keinen universell anwendbaren und verbindlichen Katalog von Bußgeldern für einzelne Gruppen oder Arten von Verstößen. Das Verhängen von Bußgeldern durch die Aufsichtsbehörden innerhalb der EU ist ein sich entwickelndes Verfahren. 17

4. Adressaten der Bußgelder. – a) Allgemein. Potenziell nach Art. 83 zu verhängende Bußgelder richten sich grundsätzlich an den Verantwortlichen oder den Auftragsdatenverarbeiter.[23] D.h. Bußgeldempfänger kann ein Unternehmen oder eine natürliche Person sein.[24] Im Umkehrschluss kann sich die öffentlich-rechtliche Sanktion entgegen § 43 BDSG a.F. nicht gegen den tatsächlich den Verstoß verantwortenden, einzelnen Mitarbeiter, der dem Verantwortlichen oder dem Auftragsdatenverarbeiter unterstellt ist, richten.[25] 18

Die Anforderungen an einen Bußgeldbescheid auf Grundlage des Art. 83 werden von deutschem Recht flankiert. Nach § 41 Abs. 1 BDSG findet das Gesetz über Ordnungswidrigkeiten (OWiG) auf Bußgelder Anwendung nach der DS-GVO. Anwendbar sind daher auch die Bestimmungen der §§ 30 und 130 OWiG. Für Sanktionen gegen Unternehmen verlangt das geltende deutsche Recht, dass die Voraussetzungen des §§ 30 oder 130 OWiG erfüllt sind. Danach muss festgestellt werden, dass einem Mitarbeiter in leitender Funktion ein Verschulden (§ 30 OWiG) oder die Verletzung einer Aufsichtspflicht (§ 130 OWiG) nachgewiesen werden kann.[26] Gegenüber juristischen Personen können Geldbußen aber nach übereinstimmender Auffassung der Aufsichtsbehörden auch dann festgesetzt werden, wenn die Ordnungswidrigkeit nicht von einem vertretungsberechtigten Organ oder einer sonstigen für die Leitung verantwortlichen Person begangen wurde. Demnach wird die Regelung des § 30 OWiG durch den Anwendungsvorrang der DS-GVO verdrängt. Die Haftung für Mitarbeiterverschulden ergibt sich aus der Anwendung des sog. funktionalen Unternehmensbegriffs des europäischen Primärrechts. Nach der Rechtsprechung zum funktionalen Unternehmensbegriff haften Unternehmen für das Fehlverhalten ihrer Beschäftigten, ohne dass eine Kenntnis oder gar Anweisung der Geschäftsführung oder auch nur eine Verlet- 19

---

20 Vgl. ErwG 148 S. 2.
21 Vgl. Paal/Pauly-*Frenzel* Art. 83 Rn. 11 f.; vgl. ferner Sydow-*Popp* Art. 83 Rn. 11.
22 *Golla* CR 2018, 353, 355.
23 Vgl. *Golla* RDV 2017, 123, 125; Kühling/Buchner-*Bergt* Art. 83 Rn. 21.
24 Vgl. ErwG 150; vgl. *Albrecht/Jotzo* Das neue Datenschutzrecht der EU, S. 130.
25 Vgl. *Kühling/Martini* u.a. Die Datenschutz-Grundverordnung und das nationale Recht, S. 275; Auernhammer-*Golla* Art. 83 Rn. 5.
26 Vgl. *Härting* CR-online.de Blog, 11.9.2019.

zung der Aufsichtspflicht für die Zurechnung erforderlich ist. Auch die Regelung des § 130 OWiG wird durch das europäische Sekundärrecht verdrängt.[27]

20 **b) Ausnahmen.** Ausnahmen von dem Grundsatz können lediglich darin bestehen, dass andere Adressaten ausdrücklich benannt sind.[28] Dabei kann es sich zusätzlich um die Zertifizierungsstelle (Abs. 4 lit. b) und die Überwachungsstelle (Abs. 4 lit. c) handeln.

21 **c) Bußgelder gegen Behörden und öffentliche Stellen (Abs. 7).** Die Abs. 4–6 gelten nur für Unternehmen, Auftragsverarbeiter und sonstige nichtöffentliche Stellen.[29] Abs. 7 bezieht sich hingegen ausschließlich auf Bußgelder gegen Behörden und öffentliche Stellen.

22 **aa) Öffnungsklausel.** Jeder Mitgliedstaat ist frei, Vorschriften dafür festzulegen, ob und in welchem Umfang gegen Behörden und öffentliche Stellen im selben Staat Geldbußen verhängt werden können. Damit trägt die DS-GVO dem Umstand Rechnung, dass sie das Datenschutzrecht sowohl für nichtöffentliche, als auch für öffentliche Stellen regelt. Bedenken einzelner Mitgliedstaaten hinsichtlich der Möglichkeit Bußgelder gegen öffentliche Stellen[30] zu verhängen, wurde mit der Normierung einer Öffnungsklausel begegnet. Außerhalb der mit Art. 83 Abs. 7 bestehenden Öffnungsklauseln dürfen die Unionsmitglieder grundsätzlich keine weiteren Bußgeldtatbestände schaffen.[31]

23 Im Interesse einer konsequenten Durchsetzung der DS-GVO können bei Verstößen gegen diese Verordnung verglichen mit dem bisherigen Rechtsrahmen deutlich höhere Geldbußen verhängt werden. Im Sinne eines effektiven Rechtsschutzes erscheint es nur konsequent, dass auch die Missachtung des Datenschutzrechts durch öffentliche Stellen spürbare Folgen nach sich zieht.[32] Wenn die DS-GVO, welche die Verarbeitung personenbezogener Daten durch öffentliche und nichtöffentliche Stellen regelt, die verwaltungsrechtliche Sanktion als zentrale Rechtsfolge vorsieht, kann sie auch in beiden Bereichen Anwendung finden. Gleichwohl lässt sich dagegenhalten, dass es in der Logik der Gesetzmäßigkeit der Verwaltung, von Aufsicht und Weisung und des effektiven Rechtsschutzes mit der Möglichkeit der Amtshaftung (Art. 34 GG) keiner Ahndung von Verstößen durch öffentliche Stellen desselben Rechtsträgers bedarf.[33] Überdies unterliegen Behörden und andere öffentliche Stellen bei der Ausübung ihrer Tätigkeiten der Grundrechtsbindung.

24 Der nationale Regelungsspielraum der Mitgliedstaaten erstreckt sich auf die Aspekte, ob und inwieweit gegen Behörden Geldbußen verhängt werden können.[34] Demnach kann ein Mitgliedstaat gänzlich von der Möglichkeit Bußgelder gegen Behörden und öffentliche Stellen zu verhängen absehen oder sie grundsätzlich erlauben. Im Falle einer entsprechenden Zulässigkeit kann das Unionsmitglied den Umfang der Imple-

---

27 Thiel/Wybitul ZD 2020, 3, 3 f. Hierzu grundlegend die Entschließung des DSK v. 3.4.2019: Unternehmen haften für Datenschutzverstöße ihrer Beschäftigten!
28 Vgl. Auernhammer-*Golla* Art. 83 Rn. 5.
29 Auernhammer-*Golla* Art. 83 Rn. 36.
30 *Nguyen* RDV 2014, 26, 29.
31 *Kühling/Martini u.a.* Die Datenschutz-Grundverordnung und das nationale Recht, S. 480.
32 So auch Kühling/Buchner-*Bergt* Art. 83 Rn. 26.
33 Vgl. Paal/Pauly-*Frenzel* Art. 83 Rn. 27 f; vgl. auch BeckOK DatenSR-*Holländer* Art. 83 Rn. 79.1.
34 Vgl. auch ErwG 150 S. 6.

mentierung von Geldbußen bestimmen.³⁵ Als Bsp. ist die gesetzliche Limitierung der Bußgeldhöhe gegen Behörden und andere öffentliche Stellen vorstellbar.

bb) Bußgelder gegen Mitarbeiter. Die Öffnungsklausel umfasst nicht die Normierung 25 von Bußgeldtatbeständen gegenüber Mitarbeitern von Behörden oder sonstigen öffentlichen Stellen.³⁶ Auch die Nutzung der Öffnungsklausel in Abs. 7 erlaubt dem Mitgliedstaat nicht die Schaffung eines Bußgeldtatbestands gegen den Verursacher des Datenschutzverstoßes. Für die Sanktionierung der handelnden Person in anderer Form als Bußgeldern kann hingegen Art. 84 hinzugezogen werden.³⁷

In Deutschland besteht etwa mit der Möglichkeit der Amtshaftung (Art. 34 GG) 26 bereits eine Rechtsfolge für etwaige Verstöße.

cc) Anwendung der Öffnungsklausel in Deutschland. Die nationalen Aufsichtsbehör- 27 den haben sich im Jahr 2016 explizit für die Anwendung der Öffnungsklausel ausgesprochen.³⁸ Der Gesetzgeber wird von der Möglichkeit einer für die öffentlichen Stellen abweichenden Regelung im BDSG n.F. jedoch keinen Gebrauch machen.³⁹ In § 43 Abs. 3 BDSG n.F. ist geregelt: „Gegen Behörden und sonstige öffentliche Stellen im Sinne des § 2 Absatz 1 werden keine Geldbußen verhängt." Damit ist die Öffnungsklausel insoweit angewendet worden, dass für die in der Vorschrift genannten Behörden keine Bußgelder verhängt werden dürfen.⁴⁰ Nicht ausgeschlossen ist die Möglichkeit gegenüber sonstigen öffentlichen Stellen, die als öffentlich-rechtliche Unternehmen im Wettbewerb mit anderen Verarbeitern stehen, weil sie bei der Verhängung von Geldbußen gegenüber ihren Wettbewerbern nicht bessergestellt werden sollen (vgl. hierzu § 34 Rn. 9 ff.).⁴¹

Im Fachrecht – möglicherweise bei Anpassungen im SGB – wird diese Regelungsbe- 28 fugnis im Einzelfall voraussichtlich in Anspruch genommen.⁴²

dd) Verweis auf Abhilfebefugnis gem. Art. 58 Abs. 2. Art. 83 Abs. 7 bestätigt, dass den 29 Aufsichtsbehörden die Abhilfebefugnisse des Art. 58 Abs. 2 auch gegenüber öffentlichen Stellen zustehen.⁴³ Den Mitgliedstaaten steht es nicht zu, Befugnisse nach Art. 58 Abs. 2 zu beschränken.⁴⁴

5. Verhältnis zum nationalen Recht. – a) Anwendbarkeit des Ordnungswidrigkeiten- 30
rechts. Da es auf Unionsebene kein allgemeines Ordnungswidrigkeitenrecht gibt, was konkretisierend zur Verhängung von Bußgeldern bei Datenschutzverstößen nach Art. 83 hinzugezogen werden könnte, ist es konsequent, das deutsche Gesetz über Ordnungswidrigkeiten für anwendbar zu erklären (§ 41 Abs. 1 S. 1 BDSG n.F.).

---

35 Vgl. *Kühling/Martini u.a.* Die Datenschutz-Grundverordnung und das nationale Recht, S. 274.
36 *Kühling/Martini u.a.* Die Datenschutz-Grundverordnung und das nationale Recht, S. 275.
37 Vgl. Kühling/Buchner-*Bergt* Art. 83 Rn. 21.
38 Entschließung der 91. Konferenz der DSK v. 7.4.2016: Stärkung des Datenschutzes in Europa – nationale Spielräume nutzen.
39 Vgl. § 43 Abs. 3 BDSG n.F.
40 Vgl. BT-Drucks. 18/11325, S. 109.
41 BT-Drucks. 18/11325, S. 109.
42 Vgl. BeckOK DatenSR-*Holländer* Art. 83 Rn. 81.
43 Paal/Pauly-*Frenzel* Art. 83 Rn. 27.
44 Kühling/Buchner-*Bergt* Art. 83 Rn. 26.

§ 41 BDSG n.F. geht davon aus, dass von den in den Abs. 4 und 5 genannten „Verstößen gegen die folgenden Bestimmungen" auch dann gesprochen werden kann, wenn die Mitgliedstaaten bezüglich der in den Abs. 4 und 5 genannten Bestimmungen nationale Regelungen aufgrund von Öffnungsklauseln erlassen haben.[45]

31 **b) Verfahrensrecht.** Die Anwendbarkeit des nationalen Ordnungswidrigkeitenrechts ist auch für die Regelung des Sanktionsverfahrens von Bedeutung. Die DS-GVO selbst regelt das Bußgeld- und Strafverfahren nicht, weswegen aufgrund der Abwesenheit von allgemeinen unionsrechtlichen Grundsätzen nationales Recht hinzu zu ziehen ist. § 41 Abs. 2 S. 1 BDSG n.F. erlaubt aufgrund der Öffnungsklausel in Abs. 8, an den bisherigen Grundzügen des datenschutzrechtlichen Bußgeld- und Strafverfahrens festzuhalten.[46] Gleichwohl strahlt auch das Primärrecht weiter in die nationale Ausgestaltung hinein. Um der dort verankerten Unabhängigkeit der Aufsicht Rechnung zu tragen bestimmt § 41 Abs. 2 S. 3 BDSG n.F., dass die Staatsanwaltschaft im Zwischenverfahren das Verfahren nur mit Zustimmung der zuständigen Aufsichtsbehörde einstellen darf.

IV. Allgemeine Anforderungen an die Verhängung von Bußgeldern

32 **1. Wirksamkeit, Verhältnismäßigkeit und Abschreckung.** Die Vorgaben des Abs. 1 verlangen, dass die Verhängung von Geldbußen „wirksam, verhältnismäßig und abschreckend" ist. Damit folgt der Verordnungsgeber allgemeinen unionsrechtlichen Grundsätzen.[47] Zumindest der Grundsatz der Verhältnismäßigkeit hat zudem auch im spezifischen Unionsrecht zum Datenschutz Niederschlag gefunden.[48] Die Anforderungen projizieren sich auf Verhängung von Geldbußen gem. den einzelnen Tatbeständen in den Abs. 4–6.[49]

33 Die **Verhältnismäßigkeit** stellt insbesondere eine Anforderung an die Handhabung der öffentlich-rechtlichen Sanktion dar, die aber auch bei der Bemessung etwaiger Bußgelder Berücksichtigung finden muss. Dieses Erfordernis hat zur Folge, dass im Falle eines geringfügigeren Verstoßes oder falls die vorausichtlich zu verhängende Geldbuße eine unverhältnismäßige Belastung für eine natürliche Person bewirken würde, anstelle einer Geldbuße eine Verwarnung erteilt werden kann.[50]

34 Das Merkmal „**abschreckend**" umfasst zwei Dimensionen. Zum einen sollen Sanktionen unmittelbar gegenüber dem Verantwortlichen abschreckend wirken, andererseits eine abschreckende Wirkung gegenüber allen anderen Verantwortlichen entfalten. Die abschreckende Wirkung muss sich nicht allein aus der Höhe der angeordneten Bußgelder widerspiegeln, sondern kann sich auch aus der Veröffentlichung des Bußgelds und seiner Höhe ergeben. Eine solche Doppelwirkung aus verhängtem Bußgeld

---

45 BT-Drucks. 18/11325, S. 108.
46 Vgl. BT-Drucks. 18/11325, S. 108.
47 Art. 5 Abs. 4 EUV. Ständige Rspr. seit: *EuGH* v. 21.9.1989 – C-68/88, Slg. 1989, 2965, Kommission/Griechenland, Rn. 24. Die Verhältnismäßigkeit findet sich mit Art. 49 Abs. 3 und 52 Abs. 1 S. 2 GRCh auch im Primärrecht wieder.
48 *EuGH* v. 6.11.2003 – C-101/01, Slg. 2003, I-12971, Lindqvist, Rn. 88.
49 Der fehlende Verweis auf Abs. 4 in der Aufzählung des Abs. 1 ist nur der deutschen Übersetzung geschuldet, die nicht mit der englischen Fassung übereinstimmt („... referred to in paragraphs 4, 5 and 6 ..."); a.A. Sydow-*Popp* Art. 83 Rn. 10.
50 Vgl. ErwG 148 S. 2.

und erreichten Reputationsschäden lag bspw. bei dem gegen Google verhängten und veröffentlichten Bußgeld i.H.v. 50 Mio. EUR durch die französische CNIL.

Die einzelnen Anforderungen der Trias erscheinen nicht ganz leicht miteinander vereinbar. Sie sind weder gleichartig noch gleichgewichtig und sind in der Auslegung entsprechend ihres innerlichen sachlichen Gehalts miteinander ins Verhältnis zu bringen.[51] Das Erfordernis, dass die Ahndung zusätzlich abschreckend wirkt, ist aus deutscher Sicht auf die Rechtsanwendung keine Selbstverständlichkeit. Die Zielsetzung des Verordnungsgebers ist dabei nachvollziehbar. Die Durchsetzung des europäischen Datenschutzrechts muss effektiv sein. Das europarechtliche Effektivitätsgebot („effet utile") sieht deswegen wirksame und hinreichend abschreckende Sanktionen vor. Denn Abschreckung ist nicht nur spezialpräventiv auf den betroffenen Verantwortlichen bezogen, sondern wirkt überdies generalpräventiv.[52] Das formulierte Ziel der Abschreckung wird nämlich potentiell sehr hohe Geldbußen zur Folge haben. Damit soll der verwaltungsrechtlichen Sanktion mehr Wirkung verliehen werden.[53] Gleichwohl wird der abschreckende Effekt durch die gleichwertig zu wahrende Verhältnismäßigkeit bei der Verhängung von Geldbußen begrenzt. 35

2. Vereinbarkeit mit deutschem Verfassungsrecht. – a) Bußgeldhöhe. Die Anforderung, dass die Verhängung der öffentlich-rechtlichen Sanktion, abschreckend sein muss, erscheint aus verfassungsrechtlicher Sicht nicht naheliegend. Ausgehend von der Normierung im Unionsrecht sind nationale Behörden mit der Verhängung von Bußgeldern betraut. Die nationalen Aufsichtsbehörden sind beim Vollzug des Unionsrechts auch an deutsches Grundrecht gebunden. 36

Insbesondere die generalklauselartige Formulierung der Sanktionstatbestände in Relation zur Schwere der möglichen Bußgelder stößt mit Blick auf das Rechtsstaatsprinzip aus Art. 20 Abs. 3, 103 Abs. 2 GG, Art. 49 Abs. 1 GRCh auf Kritik. Sanktionen sollen im Rechtsstaat nur im Fall von Verstößen gegen festumrissene Tatbestände verhängt werden dürfen. Damit soll vor allem dem Bürger im Vorhinein Rechtssicherheit geboten werden, welches Verhalten sanktionsrelevante Schwellen überschreitet und welches eben nicht. In Ermangelung konkretisierender Rechtsprechung oder nur punktuell konkretisierender Rechtsprechung erscheint es als zweifelhaft, inwieweit diese Anforderung erfüllt ist.[54] 37

Nach der Rechtsprechung der Verfassungsgerichtsbarkeit ist dem Strafrahmen das Mindestmaß einer Strafe ebenso wie eine Sanktionsobergrenze zu entnehmen.[55] Eine entsprechende Bußgeld-Obergrenze ist im Art. 83 jedoch berücksichtigt, womit den verfassungsrechtlichen Anforderungen grundsätzlich Rechnung getragen wird. Für die weitergehende verfassungsrechtliche Überprüfung des punitiven Aspekts bei der öffentlich-rechtlichen Sanktion besitzt das BVerfG keine Befugnis mehr. Da der EuGH einen dem GG im Wesentlichen vergleichbaren Grundrechtsstandard sichert, kann das BVerfG keine eigene Kontrolle von Sekundärrecht am Maßstab des Grund- 38

---

51 Vgl. Plath-*Becker* Art. 83 Rn. 8.
52 Vgl. Paal/Pauly-*Frenzel* Art. 83 Rn. 7.
53 Vgl. ErwG 150 S. 1.
54 Vgl. *Keppeler/Schenk-Busch* BRJ 2018, 23, 23 f., 30.
55 *BVerfG* BVerfGE 105, 135.

gesetzes mehr ausüben.[56] Lediglich bei Kompetenzüberschreitungen der Union erfolgt die Überprüfung wieder durch das nationale Verfassungsgericht.[57]

39 Bereits vor Gültigwerden der DS-GVO konnten in Deutschland auch nach alter Rechtslage Bußgelder in abschreckender Höhe die Folge eines Datenschutzverstoßes sein.[58] Abschreckende Bußgelder sind soweit also nicht neu.

40 **b) Bußgeldadressat.** Es ist nach wie vor umstritten, ob das Schuldprinzip auch für juristische Personen gilt. Als grundsätzlicher Bußgeldadressat richtet sich das Bußgeld an Unternehmen als Verantwortliche. Den §§ 30 und 130 OWiG[59] liegt das Schuldprinzip zugrunde. Hierzu hat das BVerfG in seinem Urteil zu dem Vertrag von Lissabon ausdrücklich festgestellt: Das Schuldprinzip gehört zu der wegen Art. 79 Abs. 3 GG unverfügbaren Verfassungsidentität, die auch vor Eingriffen durch die supranational ausgeübte öffentliche Gewalt geschützt ist.[60] Daneben basiert das das Schuldprinzip auf dem Rechtsstaatsprinzip.[61] Eine „Vergeltung für einen Vorgang, den der Betroffene nicht zu verantworten hat", darf es nach Rechtsprechung des BVerfG in einem Rechtsstaat nicht geben. So lässt sich zumindest diskutieren, inwieweit dieser Anspruch auch für Unternehmen und juristische Personen gelten muss.[62]

41 **3. Vereinbarkeit mit dem Unionsrecht.** Im Unionsrecht ist eine Tendenz zu erkennen, dass Bußgelder grundsätzlich wirksam, verhältnismäßig und abschreckend sein sollen. So findet sich dieses Erfordernis an die verwaltungsrechtliche Sanktion etwa auch in der Transparenzrichtlinie-Änderungsrichtlinie[63] oder in der Marktmissbrauchsrichtlinie.[64] In allererster Linie orientiert sich die Möglichkeit in ihrer Höhe drastische Geldbußen verhängen zu können am Kartellrecht.[65]

42 Die unionale Rechtssetzung von abschreckenden Bußgeldern im Kartellrecht stellt zwar keinen Beleg für eine entsprechende Befugnis dar, impliziert jedoch die Annahme ihrer Existenz. Als administrative Durchsetzung von Primärrecht handelt es sich bei der verwaltungsrechtlichen Ahndung mit Bußgeldern um ein unverzichtbares Instrument zur Lenkung und Durchsetzung der EU-Wettbewerbspolitik.[66] Gem. Art. 23 Abs. 2 lit. a VO (EG) Nr. 1/2003 kann die Kommission gegen Unternehmen und Unternehmensvereinigungen Geldbußen verhängen, wenn sie vorsätzlich oder fahrlässig gegen Art. 101 oder 102 AEUV verstoßen. Dazu muss die Kommission ent-

---

56 *BVerfG* BVerfGE 73, 339.
57 *BVerfG* BVerfGE 89, 155.
58 Gola/Schomerus-*Gola/Klug/Körffer* § 43 BDSG a.F., Rn. 29: „Die Höhe ist so zu bemessen, dass sie hinlänglich abschreckend ist."
59 Zur Anwendbarkeit von §§ 30 und 130 OWiG s. Rn. 19.
60 *BVerfG* v. 30.6.2009 – 2 BvF 2/08 u.a., Rn. 364.
61 Vgl. *BVerfG* v. 25.10.1966 – 2 BvR 506/63.
62 Vgl. *Härting* CR-online.de Blog, 11.9.2019.
63 Art. 28 Abs. 1 RL EU 2013/50.
64 Art. 9 RL EU 2014/57.
65 Vgl. Plath-*Becker* Art. 83 Rn. 1; Auernhammer-*Golla* Art. 83 Rn. 13.
66 Vgl. von der Groeben/Schwarze/Hatje-*Kienapfel* VO (EG) 1/2003 Art. 23 Rn. 3; Loewenheim/Meessen/Riesenkampff-*Nowak* VerfVO Art. 23 Rn. 1 ff.

sprechend ihrer Leitlinien[67] und unter Bezugnahme auf EuGH-Rechtsprechung[68] sicherstellen, dass ihre Maßnahmen die notwendige Abschreckungswirkung entfalten.
Nach dem EuGH wird das Bestimmtheitsgebot aus dem Prinzip der Rechtssicherheit abgeleitet.[69] Aus unionsrechtlicher Sicht verlangt eben dieses daraus abgeleitete Gebot der Bestimmtheit von Normen des Sekundärrechts, dass jede Norm eindeutig und bestimmt sein muss, sodass es dem Bürger möglich ist, sein Verhalten der Norm entsprechend auszurichten.[70] Bei der Frage der Vereinbarkeit speziell an dieser zentralen Rechtsfolge der DS-GVO mit den rechtsstaatlichen Prinzipien sind die fehlende Rechtsprechung sowie die unzureichenden Auslegungshilfen kritisch zu würdigen.[71] So wäre es nicht nur aus Gründen der Praktikabilität, sondern auch zur Vereinbarkeit mit dem Rechtsstaatsprinzip und dem Bestimmtheitsgebot zu begrüßen, wenn nicht sogar geboten oder gar notwendig Konkretisierungen der DS-GVO an dieser bedeutsamen Stelle zu schaffen. 43

Das primärrechtlich verankerte Datenschutzrecht bedarf ebenfalls effektiver Rechtsfolgen und erlaubt entsprechend die Sanktionierung von Verstößen. Die abschreckende Geldbuße ist im Ergebnis mit dem Unionsrecht vereinbar. 44

4. Grundrechtliche Verfahrensgarantien (Abs. 8). – a) Vorgaben zu Verfahrensgarantien. Sowohl das Unionsrecht, als auch das Recht der Mitgliedstaaten müssen angemessene Verfahrensgarantien zugunsten des Betroffenen, wirksame gerichtliche Rechtsbehelfe und ordnungsgemäße Verfahren bei der Verhängung von Geldbußen vorsehen. Es sind ausschließlich die Verfahrensgarantien, die im Rahmen der allgemeinen Bedingungen für die Verhängung von Geldbußen Niederschlag gefunden haben, nicht aber das Verfahren der öffentlich-rechtlichen Sanktion selbst.[72] Dieses ist weder im Primär- noch im Sekundärrechtsakt selbst geregelt und muss daher nach nationalem Recht erfolgen. 45

Primärrechtlich verbürgt sind hingegen die justiziellen Rechte[73] wie der wirksame Rechtsbehelf und der effektive Rechtsschutz[74] in der GRCh. Da die Rechtsfolge gem. Art. 83 materiell-strafrechtlichen Charakter haben kann, sind zudem die Unschuldsvermutung und Verteidigungsrechte (Art. 48 GRCh), das Gesetzlichkeits- und Verhältnismäßigkeitsprinzip (Art. 49 GRCh) sowie das Doppelbestrafungsverbot (Art. 50 GRCh) von Bedeutung.[75] In der Konsequenz kann bei Art. 83 Abs. 8 tatsächlich von einer Konstitutionalisierung des Sekundärrechts gesprochen werden.[76] 46

---

67 *Kommission* Leitlinien für das Verfahren zur Festsetzung von Geldbußen gem. Art. 23 Abs. 2 lit. a der VO 1/2003, Nr. 4.
68 *EuGH* v. 7.8.1983 – 100/80 bis 103/80, Musique Diffusion francaise u.a./Kommission, Slg. 1983, 1825, Rn. 106.
69 *EuGH* v. 12.12.1996 – C-74/95 und C-129/95 – Strafverfahren gegen X, Rn. 25.
70 Zur Problematik des Rechtsstaatsproblems der DS-GVO Rn. 27a.
71 Vgl. *Keppeler/Schenk-Busch* BRJ 2018, 23, 28 ff.
72 BT-Drucks. 18/11325, S. 108.
73 Art. 47–50 GRCh.
74 Vgl. Art. 47 GRCh.
75 Vgl. Kühling/Buchner-*Bergt* Art. 83 Rn. 19; vgl. ebenfalls BeckOK DatenSR-*Holländer* Art. 83 Rn. 82.
76 So Paal/Pauly-*Frenzel* Art. 83 Rn. 29.

47 **b) Umsetzung im nationalen Recht.** Die Verfahrensgarantien für die Verhängung von Bußgeldern sind aufgrund fehlender unionsrechtlicher Konkretisierungen im nationalen Recht zu finden. In Deutschland kann an den bisherigen Grundzügen des datenschutzrechtlichen Bußgeld- und Strafverfahrens festgehalten werden. § 41 Abs. 2 S. 1 BDSG n.F. regelt, dass die Vorschriften des Gesetzes über Ordnungswidrigkeiten und der allgemeinen Gesetze über das Strafverfahren in Einklang mit Art. 83 Abs. 8 grundsätzlich Anwendung finden.[77] Art. 83 Abs. 8 erlaubt den Mitgliedstaaten nicht, auf dieser Grundlage weitere Bußgeldtatbestände zu erlassen.[78] Zur Wahrung des verfassungsrechtlichen Verbots einer Selbstbezichtigung, wonach angemessene Verfahrensgarantien geschaffen werden müssen, dient ferner § 43 Abs. 4 BDSG n.F. (vgl. hierzu die Kommentierung zu § 43 im Anhang zu Art. 83, Rn. 9 ff.).[79]

V. Kriterienkatalog des Abs. 2

48 **1. Verstoß. – a) Art, Schwere und Dauer des Verstoßes (lit. a).** Äußerst entscheidungserheblich sind die Art, die Schwere und die Dauer des Verstoßes. Für die Verhängung sind die Umstände der Datenverarbeitung gebührend zu berücksichtigen. Dazu zählt insbesondere der Zweck der betreffenden Verarbeitung, der kommerzieller Natur sein oder zur Aufgabenerfüllung öffentlicher Interessen beitragen kann, aber ebenso auch die Kategorien hierbei verarbeiteter personenbezogener Daten. Die Sensibilität der Daten korrespondiert gleichzeitig mit dem Aspekt der Schwere eines Verstoßes, weil das Ausmaß des erlittenen Schadens bei Vergehen mit besonderen Kategorien personenbezogener Daten offenkundig größer ist, sodass die allgemeinen Kriterien in ein Verhältnis zueinander gebracht werden müssen. Die Parameter Dauer des Verstoßes und Umfang davon betroffener Daten sind überdies Bemessungskriterien für die Schwere des Verstoßes. Verstöße gegen die DS-GVO sind nicht zwingend als schwer zu qualifizieren, sondern können auch geringfügiger Art sein.[80]

49 **b) Verschulden (lit. b).** Für die Entscheidung über die Verhängung eines Bußgelds sowie bei der darin etwaigen anschließenden Bestimmung ist das Verschuldensmoment zu würdigen (Abs. 2 lit. b). Dieser Umstand ist für beide Dimensionen von Bedeutung.

50 Schuld ist in jedem Fall eins von mehreren bußgeldbegründenden Merkmalen. Soweit einer der Tatbestände von Abs. 4–6 erfüllt ist, wird die Rechtswidrigkeit grds. indiziert.[81] Ausnahmen können in von der Rechtsordnung anerkannten Rechtfertigungsgründen vorliegen wie zum Bsp. bei Notwehr oder Notstand, wobei praktisch kaum Fälle denkbar sein dürften.[82] Damit kann die Frage dahinstehen, ob eine Suspendierung auch ohne vorsätzliches oder fahrlässiges Handeln zulässig ist.[83]

---

77 Vgl. BT-Drucks. 18/11325, S. 108. Vgl. BeckOK DatenSR-*Holländer* Art. 83 Rn. 82.
78 *Kühling/Martini u.a.* Die Datenschutz-Grundverordnung und das nationale Recht, S. 480.
79 Vgl. BT-Drucks. 18/11325, 109. Die Bestimmung ist angelehnt an § 42a S. 6 BDSG a.F. und gründet auf die Kommentierung zu § 43 im Anh. zu Art. 83 Rn. 9 ff.
80 Vgl. ErwG 148 S. 2.
81 Vgl. BeckOK DatenSR-*Holländer* Art. 83 Rn. 18.
82 Vgl. BeckOK DatenSR-*Holländer* Art. 83 Rn. 18.
83 Dafür *Härting* Rn. 253 sowie Kühling/Buchner-*Bergt* Art. 83 Rn. 35; a.A. *Schantz/Wolff* Das neue Datenschutzrecht, Rn. 1130; Paal/Pauly-*Frenzel* Art. 83 Rn. 14; Plath-*Becker* Art. 83 Rn. 11; Auernhammer-*Golla* Art. 83 Rn. 15; BeckOK DatenSR-*Holländer* Art. 83 Rn. 28.

Mit der Konzeption des Datenschutzes als Vorfeldschutz trifft die verantwortliche Stelle vor dem Vergehen zumindest indirekt die Entscheidung, ob sie Beeinträchtigungen des Betroffenen billigend in Kauf nimmt oder geltendes Recht ernst nimmt und den Umgang mit personenbezogenen Daten mit der gebotenen Sorgfalt betreibt. Sobald ein Organisationsverschulden konstatiert werden kann, ist das Verschuldensmoment in Form Fahrlässigkeit erfüllt.[84] Letzteres ließe sich in Form von Zertifikaten oder Auditierungen sogar belegbar betreiben, was im Prozessfall eine begünstigende Wirkung für die nichtöffentliche Stelle haben könnte.[85] 51

c) Kategorien personenbezogener Daten (lit. g). Zu den konkreten Umständen der einzelnen, mit dem Verstoß einhergehenden Verarbeitungssituation gehören die Kategorien personenbezogener Daten, die von dem Verstoß betroffen sind. Dieser Aspekt ließe sich auch unter den in lit. a genannten Kriterien subsummieren, da die Kategorien personenbezogener Daten maßgeblich die Schwere sowie die Art des Verstoßes bedingen. Zu würdigen ist demnach jedenfalls, ob von dem Verstoß besondere Kategorien personenbezogener Daten i.S.d. Art. 9 Abs. 1 berührt sind. Die höhere Schutzbedürftigkeit ebendieser Daten hat eine schwerwiegendere Beeinträchtigung des Betroffenen bei entsprechenden Verstößen gegen das Recht auf informationelle Selbstbestimmung. 52

Die junge Bußgeldpraxis belegt, dass dieses Kriterium tatsächlich gewürdigt wird. Bei der verhängten Geldbuße gegen ein Krankenhaus äußerte der LfDI Rheinland-Pfalz, dass die Bußgeldverhängung aufgrund der Verarbeitung von Gesundheitsdaten als besondere Kategorien personenbezogener Daten erfolgte. Bei einem Umgang mit diesen Daten sei besondere Wachsamkeit geboten und ein nachweisbares Fehlverhalten müsse auch in Zukunft streng geahndet werden, so der Vertreter der damit befassten Aufsichtsbehörde.[86] 53

2. Vortatverhalten. – a) Berücksichtigung der getroffenen technischen und organisatorischen Maßnahmen (lit. d). Gebührend zu berücksichtigen ist, ob der potenzielle Bußgeldadressat vor dem Datenschutzverstoß nach Art. 25 oder Art. 32 geeignete TOM nach dem Stand der Technik vorgenommen hat. Im positiven Fall kann dies eine entlastende Wirkung zugunsten des Verantwortlichen oder des Auftragsverarbeiters entfalten und vor der Verhängung eines Bußgelds ggf. schützen. Compliance-Programme sollten bei der Suspendierung gewürdigt werden, wenn sie bei einer **ex ante** Betrachtung als ausreichend angesehen werden konnten.[87] 54

Die getroffenen TOM sind nicht nur ein zu würdigender Umstand bei der Feststellung der Bußgeldhöhe, sondern können auch allein als Tatbestand das Bußgeld auslösen. So hat der BfDI den Telekommunikationsdienstleister 1&1 Telecom GmbH mit einer Geldbuße i.H.v. 9 550 000 EUR belegt. Das Unternehmen hatte nach Auffassung des BfDI keine hinreichenden TOM ergriffen, um zu verhindern, dass Unberechtigte bei der telefonischen Kundenbetreuung Auskünfte zu Kundendaten erhalten können. So haben Anrufer bei der Kundenbetreuung des Unternehmens allein schon durch 55

---

84 Vgl. Paal/Pauly-*Frenzel* Art. 83 Rn. 14.
85 *Jacquemain* Der deliktische Schadensersatz im europäischen Datenschutzprivatrecht, S. 339.
86 Vgl. *Piltz/Häntschel* DSB 2020, 22, 22.
87 *Schwartmann/Weiß* RDV 2016, 72.

Angabe des Namens und Geburtsdatums eines Kunden weitreichende Informationen zu weiteren personenbezogenen Kundendaten erhalten können. In diesem Authentifizierungsverfahren sah der BfDI einen Verstoß gegen Art. 32, nach dem ein Unternehmen verpflichtet ist, geeignete technische und organisatorische Maßnahmen zu ergreifen, um die Verarbeitung von personenbezogenen Daten systematisch zu schützen.[88]

56 **b) Vorheriger Vergehen und aufsichtsbehördliche Maßnahmen (lit. e und i).** Um Wiederholungstäter schärfer zu sanktionieren, ist zu würdigen, ob der Täter bereits zuvor gegen Datenschutzrecht verstoßen hat (lit. e) oder Maßnahmen nach Art. 58 Abs. 2 in Bezug auf denselben Gegenstand nicht befolgt hat. Beide Kriterien unterliegen Einschränkungen. Die etwaigen früheren Verstöße müssen „einschlägig" sein, um zur Verhängung einer Geldbuße beizutragen. D.h. es müssen kleine gleichartigen Vergehen in der Vergangenheit begangen worden sein, sondern eine Ähnlichkeit bei den Rechtsverstößen reicht dafür aus.[89]

57 Enger gefasst ist das Kriterium, wonach die Einhaltung von Maßnahmen nach Art. 58 Abs. 2 gebührend zu berücksichtigen ist. Dies ist logisch konsequent im Bewusstsein darüber, dass die Sanktionierung mit einer Geldbuße zusätzlich der sonstigen Befugnisse des Art. 58 Abs. 2 erfolgen kann. Bezogen auf denselben Gegenstand kann die Aufsichtsbehörde zeitlich vorgelagert alternative Maßnahmen im Rahmen der aufsichtsbehördlichen Befugnisse angeordnet haben. Das Befolgen ebendieser Maßnahmen kann positiv zugunsten des potenziellen Bußgeldempfängers berücksichtigt werden, wohingegen die Missachtung zur Verhängung eines Bußgelds beitragen kann.

58 In der deutschen Bußgeldpraxis gibt es Fälle, in denen die Umsetzung aufsichtsbehördlicher Maßnahmen nicht derart zufriedenstellend verliefen, sodass ein Bußgeld als ultima ratio die Konsequenz war. Sowohl im Bußgeldverfahren gegen die Deutsche Wohnen SE als auch gegen die Delivery Hero Germany GmbH und die Rapidata GmbH forderte die jeweils zuständige Aufsichtsbehörde die Unternehmen wiederholt auf, Maßnahmen zu ergreifen, um den datenschutzrechtlichen Anforderungen Genüge zu leisten. In all diesen genannten Fällen wurden die Anforderungen aus Sicht der Behörde jedoch nicht zufriedenstellenden umgesetzt, was laut der Behörde zu einem Bußgeld führte und sich auch in der Höhe dieser monetär belastenden niedergeschlagen hat.[90]

59 **c) Einhaltung genehmigter Verhaltensregeln und Zertifizierungsverfahren (lit. j).** So wie in lit. i ist gleichermaßen die Einhaltung der von Aufsichtsbehörden genehmigten Verhaltensregeln nach Art. 40 zu berücksichtigen bei der Verhängung von Bußgeldern. Analog ist die Einhaltung von Zertifizierungsverfahren nach Art. 42 zu würdigen, die auch durch die zuständige Aufsichtsbehörde genehmigt wurde oder alternativ von Seiten einer Zertifizierungsstelle nach Art. 43. Bei letztgenannter Stelle handelt es sich anders als bei einer Aufsichtsbehörde nicht um eine exekutive Einrichtung, gleichwohl siedelt sie auf unmittelbar anwendbarem Sekundärrecht. Diesem Umstand muss die Behörde bei Aussprache einer Geldbuße Rechnung tragen.

---

88 PM des BfDI v. 9.12.2019: BfDI verhängt Geldbußen gegen Telekommunikationsdienstleister. Kritisch zu der Verhängung eines Bußgelds für diesen Tatbestand *Schwartmann* RDV-online, Editorial 1/2020.
89 Vgl. Kühling/Buchner-*Bergt* Art. 83 Rn. 56.
90 Vgl. *Piltz/Häntschel* DSB 2020, 22, 22.

An den Kriterien lit. i und j zeigt sich, dass das Verhältnis von Aufsichtsbehörde und Ver- 60
antwortlichem nicht zwingend aus einem Konflikt bestehen muss, sondern auch im Sinne
eines – auch freiwilligen – Miteinanders stattfinden kann.[91] Der Verordnungsgeber setzt
hier einen finanziellen Anreiz, indem die Beachtung von Vorgaben und die Zusammenarbeit vor finanziellen verwaltungsrechtlichen Sanktionen schützen können.[92]

3. Nachtatverhalten. – a) Schadensminderung (lit. c). Ein positives Nachtatverhalten 61
wie die akute Minderung eines bereits eingetretenen Schadens sowie der Schadensausgleich sollen bei der Verhängung eines Bußgelds Berücksichtigung finden. Damit
nicht gemeint ist die zivilrechtliche Erfüllung von Ersatzansprüchen nach Art. 82.[93]

b) Umfang der Zusammenarbeit mit den Aufsichtsbehörden (lit. f). Die aktive 62
Zusammenarbeit mit der Aufsichtsbehörde soll bußgeldmindernd berücksichtigt werden, weil hierdurch die Arbeit der Aufsichtsbehörde erleichtert wird. Hierzu gehören
z.B. der Hinweis, dass die rechtswidrige Datenverarbeitung länger als von der Aufsichtsbehörde angenommen angedauert hat oder die Lieferung von Beweismaterial.[94]

In der noch jungen Bußgeldpraxis wird dieser Umstand in den Pressemitteilungen 63
über die verhängten Bußgelder besonders hervorgehoben und ist dementsprechend
offenkundig von besonderer Bedeutung. So hat sich etwa 1&1 Telecom GmbH dem
BfDI gegenüber „einsichtig und äußerst kooperativ"[95] gezeigt. Im Zuge des Bußgelds
gegen knudels.de lobte der LfDI Baden-Württemberg „die sehr gute Kooperation mit
dem LfDI in besonderem Maße zu Gunsten des Unternehmens. Die Transparenz des
Unternehmens war ebenso beispielhaft wie die Bereitschaft, die Vorgaben und Empfehlungen"[96] des LfDI umzusetzen.

Für den Verzicht auf ein Bußgeld reichte das in den zwei Fällen gelobte Nachtatver- 64
halten jedoch nicht aus. In den tatsächlich getroffenen Entscheidungen über die Verhängung eines Bußgelds wurde dieser Aspekt sodann hinsichtlich der Bußgeldhöhe
besonders gewürdigt.[97] Gleichwohl belegt dies nicht, dass ein besonders positives
Nachtatverhalten ein Bußgeld nicht schafft in Gänze abzuwenden. Darüber gäbe es
nämlich wohl keine Pressemitteilung einer Aufsichtsbehörde, die dann über ein nicht
verhängtes Bußgeld informiert.

c) Art und Weise der Kenntniserlangung des Verstoßes (lit. h). Das Kriterium in lit. 65
h ließe sich durchaus unter die Zusammenarbeit mit den Aufsichtsbehörden (lit. f)
subsumieren. Kooperation zwischen dem Verantwortlichen und der Aufsichtsbehörde kann auch derart Ausdruck finden, indem die gegen Datenschutzrecht verstoßende Person oder Stelle ihr Vergehen selbst bei der Aufsichtsbehörde notifiziert. Das

---

91 Vgl. Paal/Pauly-*Frenzel* Art. 83 Rn. 14.
92 Vgl. *Schwartmann/Weiß* RDV 2016, 68, 72.
93 Vgl. Kühling/Buchner-*Bergt* Art. 83 Rn. 55.
94 Vgl. BeckOK DatenSR-*Holländer* Art. 83 Rn. 38.
95 PM des *BfDI* v. 9.12.2019: BfDI verhängt Geldbußen gegen Telekommunikationsdienstleister.
96 PM des *LfDI Baden-Württemberg* v. 22.11.2018: Kooperation mit Aufsicht macht es glimpflich.
97 So ausdrücklich *LfDI Baden-Württemberg* in der PM v. 22.11.2018: Kooperation mit Aufsicht macht es glimpflich: „Innerhalb des Bußgeldrahmens gem. Art. 83 Abs. 4 DS-GVO
sprach die sehr gute Kooperation mit dem LfDI in besonderem Maße zu Gunsten des
Unternehmens."

kann eine entlastende Wirkung zugunsten des Verantwortlichen oder des Auftragsverarbeiters entfalten.

66 **4. Auffangregelung (lit. k).** In lit. k des Abs. 2 hat der Verordnungsgeber eine Auffangregelung installiert. Diese erlaubt den bußgeldverhängenden Aufsichtsbehörden „jegliche anderen erschwerenden oder mildernden Umstände im jeweiligen Fall" berücksichtigen zu dürfen. Als Beispiel fügt er den durch den Verstoß erlangten wirtschaftlichen Vorteil.

VI. Zwischenergebnis

67 Über das Vorliegen eines Verstoßes gegen Datenschutzrecht lässt sich faktisch befinden. Danach stehen der Aufsichtsbehörde Maßnahmen einschließlich Geldbußen offen. Diese unterliegen grundlegend der allgemeinen Anforderungstrias des Abs. 1. Der Verordnungsgeber normiert innerhalb der Bedingungen für die Verhängung eines Bußgelds Umstände vor, beim und nach dem Verstoß, die jeweils einzeln und schließlich in der Gesamtschau für den Vollzug dieser behördlichen Abhilfebefugnis zu würdigen sind. Demnach muss ein konstatiertes Vergehen nicht zwangsläufig zu einer Geldbuße führen. Im jeweiligen Einzelfall eines Verstoßes gegen das Recht auf informationelle Selbstbestimmung, in dem die Ordnungswidrigkeitensanktion mit den Anforderungen des Abs. 1 konformgehen würde, kann die Aufsichtsbehörde dennoch davon absehen. Art. 83 Abs. 2 verdeutlicht, dass keine Pflicht zur Verhängung eines Bußgelds besteht.[98]

68 Für den **Verzicht auf ein Bußgeld** müssen das Vortatverhalten ebenso wie das Nachtatverhalten von einem Bestreben zur Gewährleistung eines maximalen hohen Datenschutzniveaus gekennzeichnet sein. Dies lässt sich etwa durch die Bestellung eines Datenschutzbeauftragten, einer Zertifizierung, einer hohen IT-Sicherheit und vielem mehr nachweislich belegen. Gleichwohl ist dieses Gebaren im Lichte des eigentlichen Verstoßes zu sehen, der bei mindestens schwerwiegenden Rechtsverletzungen keine vollständige Exkulpation denkbar erscheinen lässt. Sind die einzelnen Kriterien (Abs. 2) dagegen negativ zugunsten des für den Verstoß Verantwortlichen zu werten, wird eine Geldbuße die Rechtsfolge sein und die Kriterien des Abs. 1 und 2 spiegeln sich nach der getroffenen Entscheidung über die Verhängung eines Bußgelds insb. hinsichtlich der Bußgeldhöhe wider.

VII. Höhe der Bußgelder

69 Die DS-GVO gibt einen konkreten Bußgeldrahmen verbindlich vor. In Abs. 4–6 sind die maximalen Höhe der zu verhängenden Bußgelder normiert.

70 **1. Numerische und relative Höchstbeträge. – a) Numerische Höchstbeträge.** Bei Verstößen gegen die in Abs. 4 normierten Tatbestände können Geldbußen von bis zu 10 Millionen EUR verhängt werden. Verstöße gegen die in Abs. 5 und 6 genannten Regelungen legitimieren Geldbußen von bis zu 20 Millionen EUR.[99]

71 **b) Relative Höchstbeträge.** Nur für den Fall, in dem sich ein Bußgeld gegen ein Unternehmen richtet, kann die numerische Höchstgrenze überschritten werden. So können Ordnungswidrigkeiten i.S.d. Abs. 4 mit einer Buße in Höhe von bis zu 2 % des

---

98 *Schantz/Wolff* Das neue Datenschutzrecht, Rn. 1126.
99 Vgl. *Faust/Spittka/Wybitul* ZD 2016, 120, 123.

gesamten weltweit erzielten Jahresumsatzes des vorangegangenen Geschäftsjahrs verhängt werden. Sind Übertretungen gegen die in Abs. 5 und 6 genannten Regelungen zu konstatieren, ist eine maximale Geldbuße in Höhe von bis zu 4 % des Vorjahresumsatzes zulässig. Die Obergrenze für solche Sanktionen gegen Unternehmen bestimmt sich je nachdem, ob der numerische oder der relativ zu bestimmende Maximalbetrag höher ist.

c) Anzuwendender Unternehmensbegriff. Für die Determinierung eines relativen Höchstbetrags ist die Bezugsgröße von Bedeutung. Konkret stellt sich die Frage, ob der Umsatz des einzelnen ordnungswidrig handelnden Unternehmens maßgebend ist oder vielmehr der in jedem Fall höhere Konzernumsatz, zu dem das entsprechende Unternehmen gehört.[100]

72

Der kartellrechtliche Unternehmensbegriff ist zwar in den Erwägungsgründen[101] genannt, hat aber keinen Einzug in die Verordnung selbst gefunden. Legaldefiniert sind die Begriffe Unternehmen[102] und Unternehmensgruppe[103] in den allgemeinen Begriffsbestimmungen in Art. 4. Der Verweis in den Erwägungsgründen auf Art. 101 und 102 AEUV legt nahe, den für die Berechnung der maximalen Bußgeldhöhe anzuwendenden Unternehmensbegriff i.S.d. EU-Kartellrechts zu verstehen.[104] Nach ständiger Rechtsprechung ist ein entsprechendes Unternehmen „jede eine wirtschaftliche Tätigkeit ausübende Einheit, unabhängig von ihrer Rechtsform und der Art ihrer Finanzierung"[105]. In diesem Falle bildet der gesamte Konzernumsatz den für die Berechnung eines Bußgelds maßgeblichen Unternehmensumsatz, weil beim Vorliegen einer wirtschaftlichen Einheit ein Konzern als Unternehmen qualifiziert werden kann.[106] Dieses kartellrechtliche Verständnis teilt die Art.-29-Datenschutzgruppe ausdrücklich.[107]

73

Auch die nationalen Aufsichtsbehörden haben sich im Rahmen der DSK dieser Auffassung angeschlossen. Lediglich die Datenschutzaufsichtsbehörden aus Bayern und Baden-Württemberg haben gegen diese Entschließung votiert, wobei naturgemäß nicht bekannt ist, ob der gesamte Inhalt oder nur spezifische Teile der Entschließung Ablehnung fanden.[108] Gegenüber allen anderen Aufsichtsbehörden der Länder sowie gegenüber dem BfDI besteht allerdings nun für die Praxis Klarheit, dass bei der Verhängung von Bußgeldern durch diese genannten Stellen auf den Konzernumsatz als relative Bezugsgröße abgestellt wird.

74

Für die praktische Anwendung der Ordnungswidrigkeitensanktion stellt sich die Frage, welche Folgen der Verweis des Verordnungsgebers auf den kartellrechtlichen Unternehmensbegriff sich für Bußgelder nach der Grundverordnung ergeben. Spricht eine Aufsichtsbehörde ein Bußgeld aus, was sich in der Höhe auf den Konzernumsatz

75

---

100 Dazu ausführlich *Faust/Spittka/Wybitul* ZD 2016, 120; *Wybitul* ZD 2016, 253.
101 ErwG 150 S. 3.
102 Art. 4 Nr. 18.
103 Art. 4 Nr. 19.
104 A.A. *Timner/Radlanski/Eisenfeld* CR 2019, 782, 783 f.
105 St. Rspr., vgl. *EuGH* v. 23.4.1991 – C-41/90, Höfner und Elser, Slg. 1991, I-1979, Rn. 21; *EuGH* v. 22.1.2002 – C-218/00, Cisal, Slg. 2002, I-691, Rn. 22.
106 Vgl. Langen/Bunte-*Sura* Art. 23 VO 1/2003, Rn. 10, 36, 41 ff.
107 WP 253, 3.10.2017, 6.
108 *DSK* Entschließung v. 3.4.2019: Unternehmen haften für Datenschutzverstöße ihrer Beschäftigten!

bezieht, kann der Bußgeldadressat Argumente gegen diese Vorgehensweise vortragen. Dieses bußgelderhöhende Verständnis passt tatsächlich nicht in die materiell-rechtliche Systematik der DS-GVO, weil sie kein Konzernprivileg vorsieht, aber vor allem weil die Auslegung des Unternehmensbegriff i.S.d. Kartellrechts nicht mit der Definition der Unternehmensgruppe in Art. 4 Nr. 19 konform geht.[109] Es wird überdies vertreten, dies könne mit dem Bestimmtheitsgebot des Art. 103 Abs. 2 GG nicht vereinbar sein.[110]

76 Es ist zutreffend, dass Erwägungsgründe keinen verbindlichen Charakter aufweisen. Sie sind aber mindestens primäre Auslegungshilfen für die Regelungen im Sekundärrechtsakt. Die systematische und teleologische Auslegung des Unternehmensbegriffs in Art. 83 lässt nur ein weites Verständnis zu. Bußgelder sollen effektiv und abschreckend sein. Hierzu müssen sie die Unternehmen wirtschaftlich treffen. Dies gelingt nicht, wenn Konzerne die mit der risikobehafteten Verarbeitung personenbezogener Daten in eine Gesellschaft auslagern, die als konzerninterner Dienstleister agiert und einen geringen Umsatz generiert. Ebenjene Auslagerung kann nicht bußgeldmindernd privilegiert werden, in dem nur der Umsatz der Gesellschaft für die Bußgeldbemessung zu Grunde gelegt wird. Vielmehr verlangt der dem Unionsrecht immanente „effet utile"-Grundsatz, dass ein Bußgeld zur Rechtsdurchsetzung des grundrechtlich geschützten Rechts auf informationelle Selbstbestimmung wirksam und effektiv sein muss. Dafür muss der kartellrechtliche Unternehmensbegriff in jedem Fall Anwendung finden.

77 Bei der Verwendung des Unternehmensbegriffes stellt sich die Frage, inwiefern die jeweilige verordnungsverletzende Rechtseinheit unabhängig oder durch Maßgabe der „verantwortlichen" und bestimmenden Konzerneinheit gehandelt hat. Hiernach könnte eine Differenzierung sinnvoll zur Anwendung kommen. In der ersten Konstellation könnte so der Jahresumsatz der individuellen Einheit zum Tragen kommen und in der zweiten Alternative der Jahresumsatz der Konzerngesamtheit herangezogen werden.[111]

78 **2. Bestimmungen des Bußgelds im jeweiligen Einzelfall. – a) Allgemeine Bedingungen (Abs. 1).** Die Vorgaben des Abs. 1 beziehen sich auf die Verhängung von Geldbußen und dienen gleichermaßen als Maßstab für die Bußgeldhöhe.[112] Die von der Aufsichtsbehörde ausgesprochene Sanktion muss demnach wirksam, verhältnismäßig und abschreckend sein.

79 Der Zielsetzung des Verordnungsgebers folgend, nämlich die Rechtsdurchsetzung zu verbessern, darf die Geldbuße keine zu geringe Höhe aufweisen, damit es tatsächlich Wirksamkeit entfaltet.

80 Das unionsrechtliche Effektivitätsgebot („effet utile") sieht deswegen wirksame und hinreichend abschreckende Sanktionen vor. Das formulierte Ziel der Abschreckung könnte ggf. sehr hohe Geldbußen zur Folge haben. Deswegen stellt die Verhältnismäßigkeit eine besondere Anforderung an die Bemessung dar. Die Verschärfung der öffentlich-rechtlichen Sanktion in der DS-GVO gegenüber dem vorherigen Rege-

---

109 Vgl. Faust/Spittka/Wybitul ZD 2016, 120, 124.
110 Gola-*Gola* Art. 83 Rn. 20.
111 Vgl. Mino-Vasquez/Suhren, DuD 2018, 151, 155.
112 Vgl. Kühling/Buchner-*Bergt* Art. 83 Rn. 50.

lungsregime der DSRL verschiebt den Maßstab, nach dem sich die Verhältnismäßigkeit zu richten hat. Die Erfüllung der Kriterien in Abs. 1 unterliegt der gerichtlichen Prüfung.[113]

Eine mittelfristige Erhöhung der Sanktionen ist aufgrund des neuen Bußgeldrahmens zu erwarten. Die DS-GVO hat die effektive Sanktionierung – wie sie die EG-Datenschutzrichtlinie vermissen ließ – ermöglicht und zur Behebung des Vollzugsdefizits im Datenschutzrecht erscheint der Gebrauch dieser Rechtsfolge praktisch nun auch geboten. 81

b) Kriterien (Abs. 2). Die im Vergleich zur restlichen DS-GVO äußerst detailreiche Regelung der bei der Bemessung der Bußgeldhöhe gebührend zu berücksichtigenden Kriterien orientiert sich an der kartellrechtlichen Sanktion durch die Kommission und ist insofern aufschlussreich.[114] 82

Die mannigfaltigen Aspekte innerhalb des unmittelbar anwendbaren Sekundärrechts sind von der Aufsichtsbehörde bei der Determinierung der zu verhängenden Geldbuße verpflichtend zu würdigen. Der Kriterienkatalog des Abs. 2 dienen dabei als eine Art Parameter und verschaffen eine differenzierte Sanktionierung jedes Einzelfalls. 83

Umso höher die Zahl der von der Verarbeitung betroffenen Personen und des Ausmaßes des von ihnen erlittenen Schadens (lit. a), desto höher ist die Ordnungswidrigkeitensanktion festzulegen. Im Umkehrschluss wird ein lokales Ausmaß mit nur wenigen von dem Vergehen Betroffenen nicht das Ausschöpfen der Höchstbeträge erlauben.[115] Insbesondere die Schwere des Verstoßes (lit. a) wird zentraler Ankerpunkt für die Bußgeldhöhe sein. 84

Der Grad des Verschuldens (lit. b) muss sich auch in dem Betrag der Geldbuße wiederspiegeln. Vorsatz und Fahrlässigkeit sind vom Verordnungsgeber ausdrücklich als Zumessungskriterien benannt.[116] Vorsätzliche Verstöße müssen zu einem höheren Bußgeld führen als fahrlässige. Anders als im deutschen Ordnungswidrigkeitengesetz[117] besteht bei Geldbußen auf Grundlage von Unionsrecht bei fahrlässigen Vergehen nicht der Automatismus festgelegte Höchstgrenze automatisch zu halbieren.[118] 85

Bußgelderhöhend wirkt der Umstand, wenn besondere Kategorien personenbezogener Daten (lit. g) von dem Verstoß betroffen sind. So muss etwa der vorsätzliche, rechtswidrige Verkauf von Patientendaten zu schärferen Strafen in Form einer höheren Geldbuße als beim vorsätzlichen Verkauf von Adressdaten führen. 86

Die Zumessungsmerkmale im Vor- und Nachtatverhalten können bußgeldmindernde Wirkung entfalten, wenn der Adressat nachweist, dass er grundsätzlich fortwährend aktiv an einem hohen Schutzniveau arbeitet und nach dem eigentlichen Verstoß bewusst zur Wiederherstellung des Schutzes personenbezogener Daten beiträgt. Ersteres drückt sich in Form von getroffenen technischen und organisatorischen Maßnahmen (lit. d) oder der Einhaltung genehmigter Verhaltensregeln und Zertifizierungs- 87

---

113 Vgl. Plath-*Becker* Art. 83 6.
114 Vgl. *Golla* RDV 2017, 123, 125.
115 Vgl. Plath-*Becker* Art. 83 Rn. 10.
116 *Härting* Datenschutz-Grundverordnung Rn. 253.
117 § 17 Abs. 2 OWiG.
118 Vgl. Plath-*Becker* Art. 83 Rn. 11.

verfahren (lit. j) aus. Zertifizierte Unternehmen sind bei Bußgeldern privilegiert.[119] Letzteres bemisst sich bußgeldmindernd, sofern der eingetretene Schaden unmittelbar gemindert wird (lit. c) oder Zusammenarbeit mit den Aufsichtsbehörden (lit. f) kooperativ erfolgt, etwa indem der Verstoß der Aufsichtsbehörde freiwillig mitgeteilt wird (lit. h).

88 Besondere Berücksichtigung wird der bußgelderhöhende Aspekt sein, ob der zu ahndende Verstoß von einem Wiederholungstäter begangen wird.[120]

89 **c) Harmonisierung der Bußgeldhöhe.** Sowohl die Frage, ob ein Bußgeld verhängt wird, als auch die Festlegung der entsprechenden Höhe erfolgt unter Würdigung des Einzelfalls. Ein unionsweiter wirksamer Schutz personenbezogener Daten verlangt jedoch gleichzeitig gleiche Sanktionen im Falle ihrer Verletzung.[121] Die Vereinheitlichung der Sanktionen bei Verstößen gegen die DS-GVO gebietet für ähnliche Verstöße ähnlich hohe Bußgelder zu verhängen. Hierzu beauftragt Art. 70 Abs. 1 lit. k den EDSA, Leitlinien zur Festsetzung von Geldbußen auszuarbeiten.[122] Begrenzt von den in Art. 83 normierten Höchstbeträgen kann der Ausschuss unverbindliche Empfehlungen wie zum Bsp. in Form von Berechnungsmethoden oder der Aufforderung das Bußgeldniveau zu erhöhen aussprechen.[123]

90 Die angestrebte Vereinheitlichung lässt sich auch über Zusammenarbeits- und Kohärenzverfahren herstellen.[124]

91 **aa) Deutschland.** Die Konferenz der unabhängigen Datenschutzaufsichtsbehörden des Bundes und der Länder (DSK) hat im Oktober 2019 ein **Bußgeldkonzept**[125] veröffentlicht. Damit soll eine standardisierte und einheitliche Methode für eine systematische, transparente und nachvollziehbare Bemessung von Geldbußen unter der DS-GVO erfolgen. Mit der Veröffentlichung des Konzeptes zur Bemessung von Geldbußen will die DSK einen Beitrag zur Transparenz im Hinblick auf die Durchsetzung des Datenschutzrechts leisten. Es soll Verantwortliche und Auftragsverarbeiter in die Lage versetzen, die Entscheidungen der Aufsichtsbehörden nachzuvollziehen.[126] Das Konzept steht jedoch massiven europa- und verfassungsrechtlichen Bedenken gegenüber und setzen die unter dem Bußgeldkonzept erlassenen Bußgeldbescheide dem Vorwurf der Rechtswidrigkeit aus.[127] Das Bußgeldkonzept entstammt dem Arbeitskreis Sanktionen der DSK und wurde bereits im Juni 2019 vorgestellt und erläutert.

92 Das deutsche Konzept soll nach den Angaben der Behörden ab sofort angewandt werden, und zwar bis der EDSA gem. seiner in Art. 70 Abs. 1 lit. k festgelegten Kompetenz abschließende Leitlinien zur Festsetzungsmethodik von Geldbußen erlassen hat.

---

119 Vgl. *Schwartmann/Weiß* RDV 2016, 68, 72; Kühling/Buchner-*Bergt* Art. 83 Rn. 57.
120 Vgl. Kühling/Buchner-*Bergt* Art. 83 Rn. 56.
121 Vgl. ErwG 11.
122 Vgl. *Rost* RDV 2017, 13, 19.
123 Vgl. Kühling/Buchner-*Bergt* Art. 83 Rn. 59.
124 ErwG 130 S. 2; Art. 60 Abs. 4; Art. 64 Abs. 2; Art. 65 Abs. 1 lit. a. Vgl. Kühling/Buchner-*Bergt* Art. 83 Rn. 58.
125 *DSK* Konzept zur Bußgeldbemessung in Verfahren gegen Unternehmen v. 14.10.2019. Dazu *Paal* RDV 2020, 57.
126 PM der DSK v. 16.10.2019: Konzept der Datenschutzkonferenz zur Zumessung von Geldbußen.
127 Vgl. hierzu vertiefend *Timner/Radlanski/Eisenfeld* CR 2019, 782, 783 ff.

In sachlicher Hinsicht findet das Konzept in Verfahren gegen deutsche Unternehmen Anwendung, Für grenzüberschreitende Fälle oder Datenschutzaufsichtsbehörden anderer Länder ist das Konzept nicht bindend. Ebenso wenig Anwendung findet es in Verfahren gegen Vereine oder natürliche Personen außerhalb ihrer wirtschaftlichen Tätigkeit.[128]

Das Konzept unterstützt mit der Anknüpfung an den Umsatz eines Unternehmens bei der Bußgeldzumessung den erklärten Willen des europäischen Gesetzgebers, die Wirksamkeit, Verhältnismäßigkeit und abschreckende Wirkung der Verhängung von Geldbußen sicherzustellen.[129] Die Tatsache, dass das Konzept einheitlich an den Vorjahresumsatz anknüpft, überrascht nicht, da der gesetzliche Höchstbetrag ebenfalls umsatzbezogen ist, sofern dieser höher ist als die absoluten Grenzen.[130]   93

Das Bußgeld bemisst sich dem Konzept der DSK nach folgenden Kriterien: 94

Das betroffene **Unternehmen** wird anhand seines weltweiten Vorjahresumsatzes einer **Größenklasse** zugeordnet. Betroffen Unternehmen werden im Rahmen der behördlichen Anhörung grundsätzlich aufgefordert, ihren weltweiten Umsatz des Vorjahres mitzuteilen. Unterbleibt eine entsprechende Angabe, so kann die Behörde den Umsatz auch schätzen.   95

In einem nächsten Schritt wird der jeweilige **Mittelwert des Jahresumsatzes bzw. der Mittelwert der Untergruppe** gebildet. Bei Unternehmen mit einem Umsatz unterhalb von 500 Mio. EUR findet eine Zuordnung zu den jeweiligen Untergruppen statt. Für die Festsetzung des wirtschaftlichen Grundwertes solcher Unternehmen wird der mittlere Jahresumsatz der Untergruppe, in die das Unternehmen eingeordnet wurde, durch 360 (Tage) geteilt und so ein durchschnittlicher, auf die Vorkommastelle aufgerundeter Tagessatz errechnet. Für die umsatzstärkeren Unternehmen wird der konkrete Vorjahresumsatz des betreffenden Unternehmens durch 360 geteilt.[131]   96

Anschließend wird ein **Schweregrad der Tat** ermittelt: leicht, mittel, schwer oder sehr schwer. Für die einzelnen Schweregrade sehen die Behörden die Faktoren 1–12 vor, um diesen als gewichtenden Faktor zu berücksichtigen. Bei der der Zuweisung der zugehörigen Faktoren wird zwischen formellen (vgl. Art. 83 Abs. 4) und materiellen (Art. 83 Abs. 5 und 6) Verstößen unterschieden und dementsprechend auch unterschiedlich hohe Faktoren vergeben. So ist es in besonders schweren Fällen auch möglich, dass der Faktor bis zu 14.4 beträgt. Bei Unternehmen mit mehr als 500 Mio. EUR Vorjahresumsatz entsprechen die Faktoren 7,2 und 14,4 nämlich zugleich den in Art. 83 Abs. 4 und Abs. 5 festgelegten Höchstgrenzen von 2 % und 4 % des Vorjahresumsatzes. Aus dem in diesem Rechenschritt zunächst gebildeten Regelbußgeldkorridor ermitteln die Behörden dann einen Mittelwert, der die Grundlage der weiteren Bußgeldbemessung wird.   97

Im letzten Schritt wird der bis hier errechnete Betrag anhand aller für und gegen den Betroffenen sprechenden Umstände angepasst, soweit diese bei der Bestimmung des   98

---

128 Vgl. *Pauly/Fischer* DSB 2020, 9, 9.
129 PM der DSK v. 16.10.2019: Konzept der Datenschutzkonferenz zur Zumessung von Geldbußen. Kritisch zum Unternehmensumsatz als Kriterium für Bußgeldberechnung *Timner/Radlanski/Eisenfeld* CR 2019, 782, 783.
130 *Pauly/Fischer* DSB 2020, 9.
131 Zum Kriterium des Umsatzes *Paal* RDV 2020, 57.

Ausgangsschwergrads noch nicht berücksichtigt wurden. Die **Modifizierung** erfolgt vorrangig anhand sämtlicher täterbezogener Umstände und andere Umstände gem. Art. 83 Abs. 2, wie z.B. die Dauer des Verfahrens oder eine drohende Zahlungsunfähigkeit des Unternehmens. Die Behörden weisen jedem dieser Kriterien nun einen **Punktwert** von 0 bis 4 zu und bilden hieraus eine Gesamtsumme: „Senkende Umstände" werden mit 0 Punkten bewertet, „eher senkende" mit 1 Punkt, „gleichbleibende" mit 2 Punkten, „eher erhöhende" mit 3 Punkten und „erhöhende Umstände" mit 4 Punkten. Aufgrund dieses Wertes wird entschieden, ob es zu einer weiteren Erhöhung oder Senkung des bisher errechneten Mittelwerts kommt. Bei einer Vergabe einer Punktzahl von je 0 Punkten kommt sogar eine **Verwarnung** anstatt einem Bußgeld in Betracht. Schwere Verstöße dagegen können hier nochmal zu einer drastischen Erhöhung des Mittelwerts führen. In einem weiteren Arbeitsschritt werden die bereits genannten täterbezogenen Bußgeldzumessungskriterien des Art. 83 Abs. 2 berücksichtigt. Dies betrifft das Verschulden, also Vorsatz oder Fahrlässigkeit, die Einleitung von Maßnahmen zur Schadensminderung, den Grad der Verantwortung, das Vorliegen etwaiger einschlägiger früherer Verstöße, die Zusammenarbeit mit der Aufsichtsbehörde, die Kategorien der im Rahmen des Verstoßes verarbeiteten personenbezogenen Daten, die Art des Bekanntwerdens des Verstoßes, die Einhaltung etwaiger zuvor von der Behörde angeordneter Maßnahmen und gegebenenfalls die Einhaltung von genehmigten Verfahrensregeln oder Zertifizierungen. Hier können bei jedem der genannten Kriterien zur Bußgeldbemessung noch einmal Erhöhungen von bis zu 300 % oder Senkungen von bis zu 25 % hinzukommen. Die genauen Kriterien über die prozentualen Erhöhungen oder Senkungen sowie die Faktorenvergabe zuvor, sind nicht bekannt und öffentlich. Sollten noch weitere mildernde oder erschwerende Umstände in Betracht kommen, die bis hierhin noch keine Relevanz gefunden haben, werden diese zusätzlich berücksichtigt und verursachen eine weitere Anpassung des Bußgeldes. Abschließend stellt die Behörde sicher, dass das verhängte Bußgeld die in Art. 83 Abs. 4–6 genannten Höchstbeträge nicht überschreitet und ob die errechnete Geldbuße wirksam und abschreckend ist. Dies kann insbesondere dann zu verneinen sein, wenn der Betrag der Geldbuße in der öffentlichen Wahrnehmung als zu niedrig für die Unternehmensgröße angesehen wird. Zudem muss die berechnete Geldbuße verhältnismäßig und insgesamt tat- und schuldangemessen sein, so wie Art. 83 Abs. 1 verlangt.

99 Die praktischen Auswirkungen des Bußgeldkonzepts sind zum jetzigen Stand kaum absehbar. Es scheint nun erwartbarer, dass die Bußgelder sich unter dem behördlichen Konzept erhöhen werden. Die Festlegung des Multiplikationsfaktors ist darauf ausgerichtet, das ganze Spektrum des gesetzlich Zulässigen auszuschöpfen. Verfahrensrechtlich kommt der Umstand hinzu, dass die Aufsichtsbehörde bei einer Abweichung von dem Konzept, insbesondere in Form eines geringeren Bußgelds, einem erhöhten Begründungsaufwand ausgesetzt sein wird.[132]

100 **bb) Übrige EU-Mitgliedstaaten.** Nicht nur Deutschland und seine Aufsichtsbehörden haben sich mit der Höhe der Bußgelder befasst. Auch die **Niederlande** sind hier zu erwähnen. Die dortige Datenschutzbehörde hat eine interne Richtlinie[133] beschlossen,

---

132 Vgl. *Pauly/Fischer* DSB 2020, 9, 11.
133 Beleidsregels van de Autoriteit Persoonsgegevens met betrekking tot het bepalen van de hoogte van bestuurlijke boetes, 19.2.2019.

die eine Festsetzung der Höhe der Geldbußen ermöglichen soll. So hat sie dafür sowohl verschiedene Bußgeldtabellen als auch Kriterien zur Bemessung erarbeitet. Dazu gehören u.a. die vorsätzliche oder fahrlässige Natur der Verletzung, der Grad der Zusammenarbeit mit der Aufsichtsbehörde oder die Kategorien der personenbezogenen Daten, auf die sich der Verstoß bezieht.[134]

cc) Vorgehen auf EU-Ebene. Der Entwurf des DSK-Konzepts wurde von der zuständigen Arbeitsgruppe danach auch in der entsprechenden Arbeitsgruppe Taskforce Finings des EDSA vorgestellt, die sich mit einer EU-weit einheitlichen Bußgeldpraxis beschäftigen. Das deutsche Modell ist hier auf großes Interesse gestoßen. Es erscheint denkbar, dass sich eine künftige europäische Bußgeldpraxis an dem von den deutschen Behörden entwickelten Rechenmodell orientiert. Das erlaubte der DSK ihr Konzept dann auch „selbstbewusst, mit Rückendeckung des Europäischen Datenschutzausschusses"[135] final zu beschließen. 101

d) Beschränkung bei Mehrfachverstößen (Abs. 3). – aa) Umgang bei Tateinheit und Tatmehrheit. Verstößt ein Verantwortlicher oder ein Auftragsverarbeiter bei gleichen oder miteinander verbundenen Verarbeitungsvorgängen vorsätzlich oder fahrlässig gegen mehrere Bestimmungen der Verordnung, ist bei der Gesamtbemessung der Geldbuße Abs. 3 zu beachten. Die Formulierung des Abs. 3 lässt es in Anlehnung an nationale Regelungen naheliegen, den Fall, in dem eine Handlung mehrere Tatbestände verletzt, als Tateinheit zu bezeichnen.[136] Zudem ist Abs. 3 bei Verstößen bei mehreren Verarbeitungsvorgängen, also der Fall von Tatmehrheit, einschlägig.[137] Liegen die Voraussetzungen des Abs. 3 vor, ist nur eine Gesamtgeldbuße für sämtliche Tatbestände zu bilden. Nicht unerwähnt bleiben sollte, dass zu den Voraussetzungen des Abs. 3 ausdrücklich ein Verschuldensmoment gehört.[138] Der Betrag der Gesamtgeldbuße als Rechtsfolge darf gem. Abs. 3 nicht den Betrag für den schwerwiegendsten Verstoß überschreiten. 102

Der Aspekt der Mehrfachverstöße ist in der bisher noch jungen Bußgeldpraxis tatsächlich von Bedeutung. Sowohl im Verfahren gegen ein Krankenhaus in Rheinland-Pfalz, wie auch bei der Geldbuße gegen Delivery Hero und die 1 & 1 Telecom GmbH, wurde die Anzahl der Verstöße bei der Bußgeldhöhe entsprechend berücksichtigt. Danach führt eine einmalige oder eventuell niedrige Anzahl an Verletzungen wohl zu einem geringeren Bußgeld.[139] 103

bb) Spezialfall: Fortwährende Tatmehrheit oder Tateinheit („Dauerverstoß"). Wortlaut und Systematik der Vorschrift sehen vor, dass bereits ein Erstverstoß gegen die DS-GVO mit Geldbuße geahndet werden kann. Darin kann keine Unverhältnismäßigkeit festgestellt werden. 104

---

134 Hierzu nur *Dekhuijzen* CRi 2019, 70.
135 *Pauly/Fischer* DSB 2020, 9.
136 So auch Gola-*Gola* § 83 Rn. 20.
137 Vgl. Kühling/Buchner-*Bergt* Art. 83 Rn. 60.
138 Vgl. zum Verschuldenserfordernis ausführlich Rn. 49 ff.
139 Vgl. *Piltz/Häntschel* DSB 2020, 22.

105 In Anlehnung an das Strafrecht[140] handelt es sich bei Dauerverstößen um Handlungen, bei denen der Täter den tatbestandsmäßigen Erfolg herbeiführt und sodann über einen längeren Zeitraum aufrechterhält, sodass sich der Rechtswidrigkeit sowohl auf die Herbeiführung als auch auf die Aufrechterhaltung des bußgeldbegründenden Zustands bezieht.[141] Bei fortwährender Tatmehrheit[142] oder Tateinheit[143] erscheint es nicht praktikabel, diese in mehrere selbstständige bußgeldauslösende Verstöße aufzuspalten. Die fortgesetzte Zuwiderhandlung, die aus mehreren selbstständigen Zuwiderhandlungen besteht, lässt sich im EU-Kartellrecht als rechtliche Handlungseinheit zu einer Tat zusammenfassen.[144] Aufgrund der Anlehnung der datenschutzrechtlichen Sanktionierung an das Kartellrecht kann der fortgesetzte Datenschutzverstoß mit einem Bußgeld unter der Beschränkung des Abs. 3 geahndet werden. Das bedeutet, dass die Sanktion für einen „Dauerverstoß" in der Höhe durch die maximale Bußgeldhöhe für den Einzelverstoß gedeckelt ist. Das schafft insofern keine unbillige Bevorzugung, als die Bemessungskriterien nach Abs. 2 sowohl die Schwere als auch die Wiederholung in Bezug nehmen.

106 **3. Konkretisierung durch nationales Recht?** Das deutsche Ordnungswidrigkeitengesetz (OWiG) hält mit § 17 eine Bestimmung zur „Höhe der Geldbuße" vor, welche konkretisierend zur Bußgeldbemessung herangezogen werden könnte. § 41 Abs. 1 S. 2 BDSG n. F. untersagt jedoch ausdrücklich, dass § 17 OWiG als nationales öffentliches Recht hinreichend zur Konkretisierung herangezogen werden könnte, wo die unionsrechtliche Sanktion Lücken bei der Zumessung offenlässt. Vielmehr geht der nationale Gesetzgeber damit davon aus, dass der Verordnungsgeber die Bußgeldhöhe abschließend geregelt hat.[145]

VIII. Tatbestände

107 Die DS-GVO gibt konkrete Tatbestände für Geldbußen vor. In den Verstoßtatbeständen wird dabei an die verschiedenen Regelungsbereiche der Verordnung angeknüpft. Die Bußgeldtatbestände umfassen eine Vielzahl von Pflichten, welche Verantwortliche ebenso wie Auftragsdatenverarbeiter nach der DS-GVO zu treffen haben.

108 Differenziert werden die Tatbestände entlang der zwei verschiedenen Höchstbeträge in Abs. 4 bzw. Abs. 5 und 6. Danach sieht Art. 83 zwei Ordnungswidrigkeitengruppen vor, wovon sich eine mehr an den Pflichten des Verantwortlichen orientiert und die bußgeldhöhere an Schutzbestimmungen für den Betroffenen.[146] Der Verstoß ist jeweils anhand der Kriterien der einzelnen Regelung zu prüfen.

109 **1. Tatbestände des Abs. 4.** Nach Abs. 4 lit. a sind Verstöße gegen die Pflichten der Verantwortlichen und der Auftragsverarbeiter gem. den Art. 8, 11, 25–39, 42 und 43

---

140 Zum strafrechtlichen Charakter im weiteren Sinne der Geldbuße nach Art. 83 Sydow-Popp Art. 83 Rn. 3.
141 Vgl. BeckOK StGB-*Heintschel-Heinegg* StGB, Deliktstypen und ihre spezifischen Eigenheiten, Rn. 9.
142 Vgl. BeckOK StGB-*Heintschel-Heinegg* StGB, § 53 Rn. 2a.
143 Vgl. BeckOK StGB-*Heintschel-Heinegg* StGB, § 52 Rn. 21.
144 Vgl. Immenga/Mestmäcker-*Biermann/Dannecker* VO 1/2003 Art. 23 Rn. 80.
145 Vgl. BT-Drucks. 18/11325, S. 108.
146 *Schantz/Wolff* Das neue Datenschutzrecht, Rn. 1113 ff., 1117.

bußgeldbewährt. So führt eine fehlerhafte Einwilligung von Minderjährigen i.S.d. Art. 8 oder eine Verletzung der Meldepflicht des Verantwortlichen nach Art. 33 zu einem Bußgeld in der Größenordnung von maximal 10 Millionen EUR bzw. 2 % des weltweiten Vorjahreskonzernumsatzes.

Auch der Verstoß einer Zertifizierungsstelle gegen ihre Pflichten gem. den Art. 42 und 43 eröffnet den Bußgeldrahmen des Abs. 4. Danach sind die Zertifizierungsstellen verpflichtet, die entsprechend Art. 42 Abs. 5 für die Zertifizierung genehmigten Kriterien einzuhalten.[147] Ein Verstoß gegen diese Pflicht dient als Anknüpfungstatbestand. **110**

Lit. c des Absatzes eröffnet den geringeren Bußgeldrahmen des Abs. 4 dann, wenn eine Überwachungsstelle gegen Pflichten gem. Art. 41 Abs. 4 verstößt. Nach dieser Vorschrift ist die Überwachungsstelle bspw. verpflichtet, im Falle einer Verletzung der Verhaltensregeln durch einen Verantwortlichen oder einen Auftragsverarbeiter geeignete Sanktionsmaßnahmen zu ergreifen und die zuständige Aufsichtsbehörde über solche Maßnahmen und deren Begründung zu informieren.[148] Eine Verletzung solcher Pflichten der Überwachungsstelle kann in der Konsequenz den Bußgeldrahmen des Abs. 4 eröffnen. **111**

2. Tatbestände des Abs. 5 und Abs. 6. Verstöße gegen die in Abs. 5 lit. a–e normierten Tatbestände legitimieren im Einklang mit Abs. 2 Geldbußen von bis zu 20 Millionen EUR oder im Fall eines Unternehmens von bis zu 4% seines gesamten weltweit erzielten Jahresumsatzes des vorangegangenen Geschäftsjahres, je nachdem, welcher der Beträge höher ist. Diese unterteilen sich in 2 Gruppen von Tatbeständen, in denen erstens der Verstoß eine Gefährdung des Persönlichkeitsrechts des Betroffenen auslösen kann (lit. a–d) und in denen zweitens die Zusammenarbeit mit der Aufsichtsbehörde unzureichend erscheint (lit. e und Art. 6). Im Sinne der Effektivierung einer behördlichen dominierten Rechtsdurchsetzung eines primärrechtlich geschützten Rechts ist die Einordnung solcher Tatbestände in den höheren Bußgeldrahmen nur konsequent. **112**

Nach Abs. 5 lit. a löst ein Verstoß gegen die Grundsätze für die Verarbeitung, einschließlich der Bedingungen für die Einwilligung, gem. den Art. 5, 6, 7 und 9 den erhöhten Bußgeldrahmen aus. So wird der Verstoßtatbestand bspw. durch die Verletzung der Rechenschaftspflicht des Verantwortlichen nach Art. 5 Abs. 2 verwirklicht. Ein nach Abs. 5 bußgeldbewährter Verstoß gegen Art. 5 schafft aufgrund der darin normierten allgemeinen Grundsätze für die Verarbeitung personenbezogener Daten einen weiten Tatbestand. Dieser Tatbestand wird wohl die praktisch höchste Relevanz aufweisen.[149] Es lässt sich kritisieren, dass der Bestimmtheitsgrundsatz verletzt ist, wenn jedes Vergehen gleichzeitig zu einer Kollision mit Art. 5 als eine Art Generalklausel verstanden wird.[150] Deswegen ist der Tatbestand insofern eng auszulegen, als dass nur klare Verstöße gegen die Grundsätze eine Ordnungswidrigkeit auslösen.[151] Selbige Problematik besteht insb. auch hinsichtlich Übertretungen gegen Art. 6 Abs. 1 lit. f.[152] **113**

---

147 Gola-*Lepperhoff* Art. 43, Rn. 21.
148 Gola-*Lepperhoff* Art. 41, Rn. 26.
149 Vgl. Auernhammer-*Golla* Art. 83 Rn. 27.
150 Vgl. Paal/Pauly-*Frenzel* Art. 83, Rn. 24.
151 Vgl. *Schantz/Wolff* Das neue Datenschutzrecht, Rn. 1118.
152 Vgl. Auernhammer-*Golla* Art. 83 Rn. 23, 27.

114 Lit. b benennt die Rechte der betroffenen Personen gem. den Art. 12–22 aus Kapitel 3 als Anknüpfungsnormen. So ist die Erfüllung des Verbotstatbestands nach lit. b bspw. dann anzunehmen, wenn der Verantwortliche gegen die Transparenzpflichten des Art. 12 verstößt.

115 Verstöße im Rahmen der Übermittlung personenbezogener Daten an einen Empfänger in einem Drittland oder an eine internationale Organisation gem. den Art. 44–49 sind Anknüpfungstatbestände nach lit. c. Verletzt der Verantwortliche oder der Auftragsverarbeiter also Pflichten, die sich aus Kapitel V ergeben, ist der erhöhte Bußgeldrahmen eröffnet.

116 Auch Rechtsvorschriften der Mitgliedstaaten, die im Rahmen des Kapitels IX erlassen wurden, sind nach lit. d Anknüpfungsregelungen für Bußgeldtatbestände. Ein Verstoß gegen die Pflichten dieser Regelungen eröffnet den größeren Rahmen für Geldbußen nach Abs. 5. Beispielsweise ist in diesem Regelungsbereich an die im mitgliedstaatlichen Recht geschaffenen Regelungen für die Datenverarbeitung für Zwecke des Beschäftigungsverhältnisses (Art. 88). Dem Verantwortlichen werden wie auch bei der Verarbeitung zu journalistischen, wissenschaftlichen, künstlerischen oder literarischen Zwecken (Art. 85) spezifische Pflichten auferlegt, aus denen beim Verstoß gegen das entsprechende nationale Recht ein Bußgeld auf Grundlage einer EU-Verordnung resultiert.

117 Die Nichtbefolgung einer Anweisung oder einer vorübergehenden oder endgültigen Beschränkung oder Aussetzung der Datenübermittlung durch die Aufsichtsbehörde gem. Art. 58 Abs. 2 sowie die Nichtgewährung des Zugangs unter Verstoß gegen Art. 58 Abs. 1 stellen nach lit. e einen Tatbestand dar. Insoweit Abs. 6 auf Art. 58 Abs. 2 Bezug nimmt, überschneidet er sich mit Abs. 5 lit. e.[153] Der Tatbestand des Abs. 6 verlangt, dass eine wegen eines Verstoßes ergangene Abhilfeanordnung nicht befolgt wurde.[154] Im Gegensatz zu den Voraussetzungen der Abs. 4 und 5 ist der Verstoß gegen eine Regelung der Verordnung, und damit ihre tatbestandliche Verwirklichung, im Rahmen des Abs. 6 nicht notwendig. Abs. 6 setzt alleine die Nichtbefolgung einer Anweisung der Aufsichtsbehörde gem. Art. 58 Abs. 2 voraus. Diese Voraussetzung ist dann erfüllt, wenn der Verantwortliche einer vollstreckbaren Abhilfeanordnung nach Art. 58 Abs. 2 nicht Folge leistet.

118 **3. Tatbestände des § 43 BDSG n.F.** Der Bundesgesetzgeber hat mit der Schaffung des BDSG n.F. zwei weitere spezifische Tatbestände in § 43 BDSG n.F. normiert (vgl. hierzu ausführlich Anh. Art. 83). Danach handelt ordnungswidrig, wer vorsätzlich oder fahrlässig ein Auskunftsverlangen von Darlehensgebern aus anderen Mitgliedstaaten nicht genauso wie von inländischen Darlehensgebern behandelt. Damit ist ein grenzüberschreitendes Auskunftsbegehren innerhalb der EU geregelt und zur Effektivierung der Rechtsdurchsetzung mit Geldbuße als Rechtsfolge ausgestattet. Gleiches gilt für die fehlende, verspätete oder unvollständige Unterrichtung über die Ablehnung eines Verbraucherkredits infolge einer entsprechend dafür eingeholten Auskunft über die Bonität.[155]

---

153 Vgl. Auernhammer-*Golla* Art. 83 Rn. 32, wonach der gesamte Abs. 6 ggü. Abs. 5 lit. e als redundant erscheint.
154 Paal/Pauly-*Frenzel* Art. 83, Rn. 25.
155 §§ 30 Abs. 2 S. 1 i.V.m. 43 Abs. 1 Nr. 2 BDSG n.F.

Gemäß Abs. 2 kann die Ordnungswidrigkeit mit einer Geldbuße bis zu 50 000 EUR geahndet werden. Damit bleibt der Bußgeldrahmen auf dem Niveau des BDSG a.F.[156] Dieser bewegt sich unterhalb und damit in den Grenzen der Höchstbeträge der DS-GVO. 119

IX. Bußgeldpraxis

1. Allgemeines. Die mit der DS-GVO verbundene Sorge vor Bußgeldern in Millionenhöhe wird nun tatsächlich bewahrheitet. Wenn auch noch singulär, findet das Höchstsanktionsinstrument in der Praxis effektiv Anwendung. So hat die französische CNIL gegen Google Inc. Geldbuße in Höhe von 50 Mio. EUR verhangen. Auch im größten EU-Mitgliedstaat Deutschland wurden zwei Bußgelder in Millionenhöhe ausgesprochen. Wesentlich verbreiteter kommen aber vor allem Bußgelder im 4- bis unteren 6-stelligen Bereich zur Anwendung.[157] Beispielsweise verhängte etwa die polnische Datenschutzaufsichtsbehörde (UODO) wegen Verletzung von Informationspflichten nach Art. 14 ein erstes Bußgeld von ca. 219 500 EUR. Der Grund für die Sanktionssumme lag nach Ansicht von UODO in der mangelnden Kooperationsbereitschaft des Unternehmens, der nicht vorhandenen Bereitschaft zur Veränderung der beschriebenen Praxis, der fehlenden Möglichkeit für große Mehrzahl der betroffenen Personen der Weiterverarbeitung ihrer Daten zu widersprechen sowie deren Berichtigung oder Löschung zu verlangen.[158] 120

2. Bislang höchstes Bußgeld nach DS-GVO innerhalb der EU: Google (50 Mio. EUR)[159]. – **a) Ausgangspunkt des Verfahrens: Beschwerden von Verbänden.** Am 25. und 28.5.2018 erhielt die CNIL zwei Kollektivbeschwerden des Verbandes None Of Your Business (NOYB) und des Vereins La Quadrature du Net (LQDN) gem. Art. 80. In kumulativer Weise stehen diese Beschwerden für 9.974 Personen. In seiner Beschwerde erklärt der Verband NOYB insbesondere, dass Nutzer von Android-Mobilgeräten die Datenschutzbestimmungen von Google und die Allgemeinen Geschäftsbedingungen (AGB) akzeptieren müssten oder alternativ den Service nicht nutzen könnten. Der Verband LQDN ist der Ansicht, dass Google unabhängig vom verwendeten Endgerät keine gültigen Rechtsgrundlagen für die Durchführung der Verarbeitung personenbezogener Daten zum Zwecke der Verhaltensanalyse und für das Targeting von Werbung hat. 121

b) Verstoß 1: Mangelnde Transparenz i.S.d. Art. 12–14. Angriffspunkt in der Beschwerde ist, dass die Informationen, die das Unternehmen den Nutzern zur Verfügung stellt, die in Art. 12 festgelegten Ziele der Zugänglichkeit, Klarheit und des Ver- 122

---

156 Vgl. BT-Drucks. 18/11325, S. 109.
157 Eine Auflistung sämtlicher, bis zum 1.5.2019 bekannt gewordener Bußgelder, die auf Grundlage der DS-GVO in der EU verhangen wurden in: *Schwartmann/Jacquemain* DataAgenda Arbeitspapier 06: DS-GVO Bußgelder, 1.5.2019. Eine fortlaufend aktualisierte Liste stellt die Kanzlei *CMS Hasche Sigle* bereit unter: https://www.enforcementtracker.com/, zuletzt abgerufen am 27.1.2020.
158 ZD-Aktuell 2019, 06558.
159 *Jacquemain* 50 Millionen Bußgeld für Google, DataAgenda, 24.1.2019, online abrufbar unter: https://dataagenda.de/50-millionen-bussgeld-fuer-google/, zuletzt abgerufen am 27.1.2020.

Art. 83 Allgemeine Bedingungen für Geldbußen

ständnisses nicht erfüllen. Außerdem würden bestimmte Informationen, die in Art. 13 verpflichtend vorgeschrieben sind, den Nutzern nicht zur Verfügung gestellt werden.

123 Tatsächlich sind die Informationen, die Einzelpersonen gem. Art. 13 offengelegt werden müssen, übermäßig in mehreren Dokumenten verstreut: sowohl in den Datenschutzrichtlinien als auch in den Nutzungsbedingungen, die während der Kontoerstellung angezeigt werden, sowie Privacy Rules, die in einem zweiten Zeitpunkt durch anklickbare Links im ersten Dokument zugänglich sind. Diese verschiedenen Dokumente enthalten Schaltflächen und Links, die aktiviert werden müssen, um zusätzliche Informationen zu erhalten. Eine solche aktive Wahl führt zu einer Fragmentierung von Informationen. So muss der Benutzer die zum Zugriff auf die verschiedenen Dokumente erforderlichen Klicks vervielfachen. Die betroffene Person muss dadurch mit hohem Aufwand eine Vielzahl von Informationen einholen, bevor sie die relevanten Absätze identifizieren kann. Die vom Benutzer zu leistende Arbeit geht noch weiter: er muss die gesammelten Informationen immer noch abgleichen und vergleichen, um zu verstehen, welche Daten gem. den verschiedenen Einstellungen erfasst werden, die er möglicherweise ausgewählt hat.

c) Verstoß 2: Keine rechtskonforme Einwilligung für Anzeigenpersonalisierung.

124 Auch im Hinblick auf die Erwähnung der Rechtsgrundlage der personalisierten Werbung herrscht Unklarheit und wenig Nachvollziehbarkeit. In der Datenschutzerklärung des Unternehmens heißt es zunächst: „Wir bitten Sie um Ihre Einwilligung, Ihre Daten für bestimmte Zwecke zu verarbeiten, und Sie können Ihre Einwilligung jederzeit widerrufen. Zum Beispiel bitten wir Sie um Ihre Einwilligung personalisierte Services wie Anzeigen bereitzustellen." (Übersetzung der Datenschutzerklärung).

125 Die hier gewählte Rechtsgrundlage scheint also die Einwilligung zu sein. Google baut jedoch nicht ausschließlich auf die Einwilligung als Rechtsgrundlage, sondern stellt parallel weiter auf das berechtigte Interesse ab. Auf dieser Grundlage werden insbesondere Marketingmaßnahmen und Werbung durchgeführt. Dies dient dazu, die Dienste von Google bei den Nutzern bekannt zu machen und um eine große Anzahl der Dienstleistungen für Nutzer frei verfügbar zu machen. Im Ergebnis kommt die CNIL dazu, dass die Einwilligung, auf die sich das Unternehmen zur Personalisierung von Werbung stützt, nicht wirksam eingeholt wird. Die Einwilligung wird vom Betroffenen weder in informierter Weise noch als ausdrückliche Willensbekundung erteilt. Eine pauschale Einwilligung in alle in der Datenschutzerklärung genannten Fälle kann die Anforderungen an eine für einen konkreten Fall erteilte Einwilligung nämlich nicht erfüllen.

126 **d) Gründe für die Bußgeldhöhe.** Google hält ein Bußgeld von 50 Millionen Euro für unverhältnismäßig. Das Unternehmen ist seit 2015 eine hundertprozentige Tochtergesellschaft von ALPHABET und erzielte im Jahr 2017 einen Umsatz von 109,7 Milliarden US-Dollar (rund 96 Milliarden EUR). Dementsprechend wäre ein Bußgeld gem. Art. 83 DS-GVO in Höhe von bis zu 3,84 Milliarden EUR zulässig gewesen.

127 Für die Festsetzung der Bußgeldhöhe war laut der CNIL primär die besondere Natur der Verstöße, die in der Rechtmäßigkeit der Verarbeitung sowie in den Transparenz- und Informationspflichten festgestellt wurden, maßgebend. Unstrittig ist Art. 6 eine zentrale Bestimmung des Schutzes personenbezogener Daten. Transparenz- und Informationspflichten sind auch insofern unabdingbar, als sie die Ausübung der Rechte der Menschen beeinflussen und ihnen so die Kontrolle über ihre Daten

ermöglichen. In dieser Hinsicht gehören sowohl Art. 6 als auch Art. 12 und 13 zu den Bestimmungen, deren Unkenntnis nach Art. 83 Abs. 5 am stärksten geahndet werden kann. Hinzu kam der Umstand, dass die festgestellten Mängel bis heute andauern. Es handelt sich weder um ein kurzfristiges Missverständnis der Rechtspflichten des Unternehmens noch um einen gewöhnlichen Verstoß, den der Verantwortliche seit der behördlichen Prüfung spontan beendet hätte. Schließlich ist die Schwere der Verstöße zu bewerten. Insbesondere im Hinblick auf den Zweck der Behandlungen, ihren Umfang und die Anzahl der betroffenen Personen. Nach Ansicht des Unternehmens sind nur 7% ihrer Nutzer direkt betroffen. Dennoch ist die Anzahl der betroffenen Personen in absoluten Zahlen besonders wichtig.

In Anbetracht des Umfangs der Datenverarbeitung – insbesondere der Personalisierung von Werbung – und der Anzahl der betroffenen Personen zeigt die Aufsichtsbehörde, dass die zuvor festgestellten Mängel von besonderer Bedeutung sind. Mangelnde Transparenz in Bezug auf diese weitreichenden Behandlungen sowie das Fehlen einer gültigen Einwilligung des Nutzers zur Personalisierung von Werbung stellen erhebliche Verstöße gegen den Schutz ihrer Privatsphäre dar. **128**

Im Ergebnis hält die französische Aufsichtsbehörde ein Bußgeld bis zu 50 Millionen EUR für gerechtfertigt, ebenso eine ergänzende Werbesanktion aus den gleichen Gründen. Berücksichtigt werden dabei auch die herausragende Stellung des Unternehmens auf dem Markt für Betriebssysteme, die Schwere der Mängel und das Interesse, welches diese Entscheidung bei der Information der Öffentlichkeit darstellt. Es wäre nicht überraschend, dass Google den Bußgeldbescheid der CNIL gerichtlich überprüfen lassen wird. Bei dieser Bußgeldhöhe wird dies wohl die logische Reaktion sein, die keine Scheu vor weiteren Kosten für Gericht und Anwälte kennt. **129**

X. Sonderregelung (Abs. 9)

Die Sonderregelung in Abs. 9 gewährt Unionsmitgliedern, die administrativ verhängte Geldbußen nicht kennen, die Möglichkeit, die Geldbuße gerichtlich auszusprechen. Hintergrund der Regelung ist, dass die in der DS-GVO vorgesehenen Geldbußen nach den Rechtsordnungen Dänemarks und Estlands nicht zulässig sind.[160] **130**

Im Sinne der kohärenten Rechtsanwendung ermöglicht die Sonderregelung, dass die Geldbuße auch in Dänemark (durch die zuständigen nationalen Gerichte als Strafe) und in Estland (durch die Aufsichtsbehörde im Rahmen eines Verfahrens bei Vergehen) Anwendung finden kann. Der Sonderweg steht unter der Voraussetzung, dass die verhängten Geldbußen die gleiche Wirkung wie eine nach Art. 83 von einer Aufsichtsbehörde verhängte Geldbuße hat. Die Anforderungen der Abs. 1–6 gelten entsprechend. **131**

Der Kommission sind die abweichenden nationalen Rechtsvorschriften gem. Abs. 9 S. 3 bis zum 25.5.2018 mitzuteilen.[161] **132**

Für den deutschen Gesetzgeber hat die Sonderregelung keine Bedeutung.[162]

---

160 ErwG 151 S. 1.
161 Vgl. BeckOK DatenSR-*Holländer* Art. 83 Rn. 88.
162 *Kühling/Martini u.a.* Die Datenschutz-Grundverordnung und das nationale Recht, S. 275.

C. Praxishinweise

I. Relevanz für öffentliche Stellen

133 Behörden, die nicht im Wettbewerb[163] stehen (§ 43 Abs. 3 BDSG n.F.), sind von der Bußgeldandrohung ausgenommen. Da öffentliche Wettbewerbsunternehmen mit privaten Stellen konkurrieren[164], sind diese von der Privilegierung im BDSG n.F. ausgenommen.[165] So sollen Wettbewerbsverzerrungen ausgeschlossen werden. Die Abgrenzung vor dem Hintergrund der Zulässigkeit einer Direktvergabe (Verkehrsbetriebe) wird demnach von besonderer wirtschaftlicher Relevanz sein. Hiervon sind in der Kommunalwirtschaft eine Reihe von Bereichen (z.B. Energieversorgung, Entsorgung) betroffen.

134 Die Haftung nach Art. 82 ist unabhängig davon auch für öffentliche Stellen jeder Art eröffnet.[166]

II. Relevanz für nichtöffentliche Stellen

135 Die Relevanz für nichtöffentliche Stellen liegt auf der Hand. Angesichts der drakonischen Bußgeldhöhe, die in den meisten Fällen den Jahresgewinn eines Unternehmens abschöpfen kann, droht Unternehmen bei der rechtswidrigen Verarbeitung personenbezogener Daten existenzielle Risiken. Die Einhaltung des Datenschutzrechts wird unabhängig von der Rechtspflicht durch die Sanktionen zum Gebot der Wirtschaftlichkeit.

136 Bereits nach bisheriger Rechtslage konnten Unternehmen Bußgeldbescheide in empfindlicher Höhe erhalten. Nur in seltenen Fällen, die zuvor auch mediale Aufmerksamkeit verursacht haben, führten Datenschutzverstöße aber zu solch spürbaren Bußgeldern. Über eine Millionen Euro betrugen in Deutschland nur die Bußgelder gegen die Lidl-Gruppe (1,46 Millionen EUR), die Debeka (1,3 Millionen EUR) und die Deutsche Bahn (1,12 Millionen EUR).[167] Die Bestimmung der Bußgeldhöhe zeigt, dass die gesetzlichen Höchstbeträge für Bußgelder in seltenen Fällen tatsächlich ausgeschöpft werden. Es besteht aber keine Regel, dass die Höchstbeträge für jedes mit Geldbuße geahndete Vergehen Anwendung finden.

137 Bei der Wahl der Sanktionen besteht für die Aufsichtsbehörde ein Auswahlermessen. Im Rahmen des Verhältnismäßigkeitsprinzips ist die Datenschutzaufsichtsbehörde dazu verpflichtet, bei der Wahl ihrer Mittel das bei gleicher Effektivität am geringsten eingreifende Mittel auszuwählen.[168] Aus dem Zusammenwirken von Art. 83 Abs. 1 mit dem abgestuften Sanktionskatalog des Art. 58 Abs. 2 folgt, dass eine Geldbuße nur in Extremfällen als erstes Sanktionsmittel zu verhängen ist. Im Rahmen des Verhältnismäßigkeitsprinzips wird die Verhängung einer Geldbuße naturgemäß nur bei schwerwiegenden Rechtsverletzungen durch den Verantwortlichen legitim sein. Häufig wird

---

163 Vgl. dazu Calliess/Ruffert-*Weiß* EUV/AEUV, Art. 101 Rn. 77 ff.
164 Vgl. dazu *OVG Lüneburg* v. 7.9.2017 – 11 LC 59/16.
165 Vgl. BT-Drucks. 18/11325, S. 109.
166 Vgl. dazu Art. 82 Rn. 49.
167 *Jacquemain* Der deliktische Schadensersatz im europäischen Datenschutzprivatrecht, S. 353.
168 *Gola* RDV 2017, 123, 124; vgl. Kommentierung zu Art. 58 Rn. 39.

eine Verwarnung die Rechtsfolge eines Verstoßes darstellen.[169] Sie wird als missbilligende Feststellung der Aufsichtsbehörde, dass ein datenschutzrechtlicher Verstoß vorliegt, als feststellender Verwaltungsakt erlassen.[170] Ebenfalls kommt eine Anweisung in Betracht. Auch sie ergeht als Verwaltungsakt.[171] Gegen derartige Verwaltungsakte kann der Betroffene vorgehen. Da gem. § 20 Abs. 6 BDSG kein Vorverfahren stattfindet, ist die Anfechtungsklage unmittelbar statthaft. Da diese Klage nach § 80 Abs. 1 S. 1 i.V.m. S. 2 VwGO aufschiebende Wirkung entfaltet, muss die Aufsichtsbehörde die sofortige Vollziehung anordnen. Allerdings dürfte es in der Mehrzahl der Fälle unabhängig von den Erfolgsaussichten in der Hauptsache bereits am Eilbedürfnis fehlen. Die Frage etwa, auf welche Weise einer Informationspflicht nach Art. 13, 14 genügt wird, dürfte mit Blick auf die Interessenlage in seltenen Fällen unaufschiebbares Handeln der Aufsicht verlangen. Sofern es um die Modalitäten der Informationsgewährung geht, dürfte ein Eilbedürfnis kaum konstruierbar sein. Allenfalls in Fällen, in denen der Betroffene gar nicht über die Datenverarbeitung informiert wird, erscheinen Eilfälle begründbar. Im gerichtlichen Verfahren dürften Detailfragen der DS-GVO dem EuGH vorgelegt werden. Bis zu dessen Entscheidung kann der Schutz des Rechtsmittels in Anspruch genommen und die streitgegenständliche Praxis fortgeführt werden.

In prozessualer Hinsicht ist im Falle eines verhängten Bußgeldes wegen eines Datenschutzverstoßes fraglich, ob ein Antrag im Verfahren des einstweiligen Rechtsschutzes auf die Anordnung (entsprechend § 80 Abs. 5 S. 1 Alt. 1 VwGO) oder die Wiederherstellung (entsprechend § 80 Abs. 5 S. 1 Alt. 2 VwGO) der aufschiebenden Wirkung gerichtet sein muss. Dies hängt maßgeblich davon ab, ob Bußgelder unter den Tatbestand des § 80 Abs. 2 Nr. 1 VwGO (öffentliche Abgabe) fallen oder ob vielmehr die sofortige Vollziehbarkeit des Bußgeldes nach § 80 Abs. 2 S. 1 Nr. 4 VwGO angeordnet werden muss. Nach der Rechtsprechung und Stimmen in der Literatur[172] muss die Abgabe nicht ausschließlich oder primär der Deckung des Finanzbedarfs eines Hoheitsträgers dienen, sondern es ist auf die Finanzierungsfunktion der Abgabe abzustellen, so dass es auch ausreichend ist, wenn die öffentliche Geldlast neben anderen Funktionen (etwa Straf- oder Zwangsfunktion) zumindest auch der Deckung des öffentlichen Finanzbedarfs dient. Ob auch von der Aufsichtsbehörde verhängte Bußgelder unter § 80 Abs. 2 S. 1 Nr. 1 VwGO fallen, ist unklar. Denn grundsätzlich dienen verhängte Bußgelder einer Behörde nicht der Finanzierung dieser, sondern verfolgen Strafzwecke. Daraus folgt, dass Bußgelder unter § 80 Abs. 2 S. 1 Nr. 4 VwGO fallen, so dass ihr sofortiger Vollzug anzuordnen ist. Im Falle eines Bußgeldes wegen eines Datenschutzverstoßes liegt der Fall aber so, dass sich die Aufsichtsbehörde durch die Bußgelder (zumindest auch) finanziert. Insofern ist fraglich, ob im Falle der Verhängung von Bußgeldern durch eine Aufsichtsbehörde abweichend vom o.g. Grundsatz § 80 Abs. 2 S. 1 Nr. 1 VwGO einschlägig ist. Gegen eine derartige Sichtweise spricht, dass die Aufsichtsbehörde den Verantwortlichen mittels eines Bußgeldes in erster

---

169 Siehe Rn. 16.
170 Vgl. Kommentierung zu Art. 58 Rn. 83.
171 Siehe dazu Art. 58 Rn. 88 ff.
172 Vgl. dazu NK-VwGO-*Puttler* zu § 80 VwGO Rn. 61; *BVerwG* DVBl. 1993, 441, 442 ff.; *OVG Berlin* NVwZ 1987, 61; *VGH Kassel* NVwZ-RR 1992, 378; *Finkelnburg/Jank* Rn. 535, 540; *Pietzner/Ronellenfitsch* § 54 Rn. 4 und 7; BeckOK VwGO-*Posser/Wolff* zu § 80 VwGO Rn. 47 ff.

Linie zur Einhaltung der Vorschriften der DS-GVO anhalten will, so dass fraglich erscheint, ob die Finanzierungsfunktion hinreichend in den Vordergrund tritt. Zudem lässt sich oftmals nicht verlässlich ermitteln, ob die Bußgelder nun der Finanzierung der Aufsicht dienen oder nicht. Aus Gründen der Rechtssicherheit sollten daher auch Bußgelder der Aufsicht entsprechend dem o.g. Grundsatz unter § 80 Abs. 2 S. 1 Nr. 4 VwGO fallen.

III. Relevanz für betroffene Personen

139 Die Norm schafft keinen Ausgleich für von Datenschutzverletzungen betroffene Personen. Allerdings kann durch die Anzeige von Datenschutzverstößen, durch Kunden oder Beschäftigte eine Rechtsdurchsetzung initiiert werden.

IV. Relevanz für Aufsichtsbehörden

140 Aufsichtsbehörden fällt nach der Logik der DS-GVO die besondere Verantwortung zu, das scharfe Schwert der Bußgelder mit Augenmaß zu nutzen. Die Anforderungen des Abs. 1 werden zunächst durch ihre Praxis mit Leben gefüllt werden. Zugleich können die Bußgelder im Falle rechtlicher Auseinandersetzungen mit verantwortlichen Stellen für Aufsichtsbehörden einen Bumerang-Effekt auslösen, der große Risiken bergen kann. Bei verlorenen Prozessen dürfte die Staatskasse angesichts der besonders hohen Streitwerte nennenswert belastet werden. Hinzu kommt der Glaubwürdigkeits- und Integritätsverlust bei gerichtlich verworfenen Bußgeldbescheiden.

141 Zudem bedeutet ein erhöhtes Aufkommen von Beschwerden neben der Mehrarbeit eine ressourcenbedingte Beschränkung ihrer Möglichkeiten, eigene Prioritäten in der Aufsicht zu setzen. Andererseits besteht durch diesen Effekt im Rahmen der Beschwerdeverfahren für die Aufsichtsbehörden darin ein Nutzen, Informationen zu erlangen, die ihnen sonst vorenthalten blieben.[173]

V. Relevanz für das Datenschutzmanagement

142 Der Bußgeldrahmen ist der entscheidende Treiber für ein funktionierendes Datenschutzmanagement bei nichtöffentlichen Stellen. Bei öffentlichen Stellen entfällt dieser Antrieb. Die Rechtstreue kann neben der Grundrechtsbindung der Verwaltung und der öffentlichen Kontrolle durch Medien und Gesellschaft insbesondere die Überwachung der Aufsicht erzeugen.

Anhang

§ 41 BDSG Anwendung der Vorschriften über das Bußgeld- und Strafverfahren

(1) Für Verstöße nach Artikel 83 Absatz 4 bis 6 der Verordnung (EU) 2016/679 gelten, soweit dieses Gesetz nichts anderes bestimmt, die Vorschriften des Gesetzes über Ordnungswidrigkeiten sinngemäß. Die §§ 17, 35 und 36 des Gesetzes über Ordnungswidrigkeiten finden keine Anwendung. § 68 des Gesetzes über Ordnungswidrigkeiten findet mit der Maßgabe Anwendung, dass das Landgericht entscheidet, wenn die festgesetzte Geldbuße den Betrag von einhunderttausend Euro übersteigt.

---

[173] Vgl. *Martin et al.* Das Sanktionsregime der Datenschutz-Grundverordnung, 2019, S. 33.

(2) Für Verfahren wegen eines Verstoßes nach Artikel 83 Absatz 4 bis 6 der Verordnung (EU) 2016/679 gelten, soweit dieses Gesetz nichts anderes bestimmt, die Vorschriften des Gesetzes über Ordnungswidrigkeiten und der allgemeinen Gesetze über das Strafverfahren, namentlich der Strafprozessordnung und des Gerichtsverfassungsgesetzes, entsprechend. Die §§ 56 bis 58, 87, 88, 99 und 100 des Gesetzes über Ordnungswidrigkeiten finden keine Anwendung. § 69 Absatz 4 Satz 2 des Gesetzes über Ordnungswidrigkeiten findet mit der Maßgabe Anwendung, dass die Staatsanwaltschaft das Verfahren nur mit Zustimmung der Aufsichtsbehörde, die den Bußgeldbescheid erlassen hat, einstellen kann.

Übersicht

	Rn		Rn
A. Einordnung und Hintergrund	1	4. Höhe der Bußgelder	33
B. Kommentierung	4	a) Nichtanwendbarkeit des § 17 OWiG	35
I. Materielles Bußgeldrecht	5	b) Divergenz zwischen dem Bußgeldkonzept der DSK und § 17 OWiG	36
1. Die juristische Person als Bußgeldadressat	8		
a) Handlungs- und Schuldzurechnung zur juristischen Person (§ 30 OWiG)	9	c) Verfassungsrechtliche Bewertung	38
b) Haftung handelnder Akteure (§§ 9, 130 OWiG)	13	(1) Gerechter Schuldausgleich durch Sanktion	39
2. Schuld	14	(2) Verhältnismäßigkeitsprinzip	43
a) § 10 OWiG	15	d) Unionsrechtswidrigkeit	46
b) Das Schuldprinzip	16	II. Bußgeldverfahrensrecht	48
c) Erkennbarkeit des Pflichtverstoßes	21	III. Vorbeugender Rechtsschutz gegen ein Bußgeld	53
3. Verhältnismäßigkeitsprinzip	27		

Literatur: *Adam/Schmidt/Schumacher* Nulla poena sine culpa – Was besagt das verfassungsrechtliche Schuldprinzip?, NStZ 2017, 7–13; *DSK* Entschließung vom 3.4.2019: Unternehmen haften für Datenschutzverstöße ihrer Beschäftigten; *DSK* Konzept zur Bußgeldzumessung in Verfahren gegen Unternehmen, 2019; *Faust/Spittka/Wybitul* Milliardenbußgelder nach der DSGVO?. Ein Überblick über die neuen Sanktionen bei Verstößen gegen den Datenschutz, ZD 2016, 120–125; *Noak* Einführung ins Ordnungswidrigkeitenrecht – Teil 1, ZJS 2012, 175–183; *Osterloh* Strafrechtsdogmatische und strafprozessuale Probleme bei der Einführung und Umsetzung einer Verbandsstrafbarkeit, 2016; *Paal* Kritische Würdigung des Konzepts der Datenschutzaufsichtsbehörden zur Bußgeldzumessung, 2020; *Schwarze/Bechtold/Bosch* Rechtsstaatliche Defizite im Kartellrecht der Europäischen Gemeinschaft, 2008; *Thiel/Wybitul* Bußgelder wegen Datenschutzverstößen – aus Sicht von Aufsichtsbehörden und Unternehmen. ZD-Interview mit Barbara Thiel und Tim Wybitul, ZD 2020, 3–7; *Thüsing/Kudlich* Zielgenaue Berechnung von Bußgeldern für Datenverstöße, RDV Februar 2020, Editorial; *Timner/Radlanski/Eisenfeld* Warum das Bußgeldkonzept der Datenschutzkonferenz europa- und verfassungsrechtlich bedenklich ist, CR 2019, 782–788; *Uebele* Das „Unternehmen" im europäischen Datenschutzrecht, EuZW 2019, 440–446.

A. Einordnung und Hintergrund

1 § 41 BDSG konkretisiert Art. 83 und ist daher stets im Zusammenhang mit diesem zu lesen. Er schließt unter Verweis auf die Vorschriften des Ordnungswidrigkeitenrechts die Lücken, die durch den fragmentarischen Charakter der Sanktionsbestimmungen der DS-GVO entstehen, und stellt somit die **zentrale Bußgeldnorm des nationalen Rechts** dar. Insofern setzt § 41 BDSG sowohl den Regelungsauftrag des **Art. 83 Abs. 8** um als auch die allgemeine Verpflichtung, die **Durchführung des Unionsrechts zu gewährleisten** (Art. 197 Abs. 3 S. 1, Art. 291 Abs. 1 AEUV).

2 Eine Konkretisierung der Bußgeldvorschriften war erforderlich, da das europäische Recht bisher weder über einen allgemeinen Teil eines Sanktionsrechts noch über ein hierzu passendes Prozessrecht verfügt bzw. einen einheitlichen Verwaltungsvollzug.[1] Insofern kommt dem Gesetzgeber – wo die DS-GVO nicht ausnahmsweise eigene Regelungen enthält – ein relativ weiter **Gestaltungsspielraum** zu. Freilich ist auch dieser nicht grenzenlos. Die Regelungen dürfen zum einen nicht dazu führen, dass die materiellen Vorgaben der DS-GVO an praktischer Wirksamkeit verlieren. Anderenfalls läge einen Verstoß gegen den, bei der Umsetzung von europäischem Recht stets zu berücksichtigenden, **Effektivitätsgrundsatz** vor. Zum anderen sind die Mitgliedstaaten dazu verpflichtet, neben den nationalen die im europäischen Recht gewährten **Verfahrensgarantien** umzusetzen.

3 Bestehende Zweifel an der **Unionsrechtskonformität** der Norm begründen sich vor allem in dem pauschalen Verweis auf eine Vielzahl von Vorschriften, die teilweise bereits in der DS-GVO eine Entsprechung gefunden haben. Potentielle Konflikte führen hier jedoch nicht zu einer Unanwendbarkeit der Norm im Gesamten, sondern vielmehr lediglich im Einzelfall, insofern das OWiG mit dem Unionsrecht im Widerspruch steht.[2] Demzufolge unanwendbar bleibt etwa § 5 OWiG, da sich der räumliche Anwendungsbereich der Sanktionsvorschrift des Art. 83 nach Art. 3 richtet.

B. Kommentierung

4 Der Wortlaut der Norm deutet eine Differenzierung zwischen **materiellem Bußgeldrecht** und **Verfahrensfragen** an, die auch dieser Kommentierung zugrunde liegt. § 41 Abs. 1 BDSG spricht von „Verstößen nach Art. 83", wohingegen Abs. 2 auf „Verfahren wegen Verstößen nach Art. 83" verweist.[3]

I. Materielles Bußgeldrecht

5 § 41 Abs. 1 S. 1 BDSG verweist für das materielle Bußgeldrecht – vorbehaltlich einiger ausdrücklich genannter Ausnahmen – auf das OWiG, auf dessen Kommentierung insofern im Wesentlichen verwiesen werden kann. Relevant sind hier vor allem die §§ 1–34 OWiG, die etwa Regelungen zu Versuch und Unterlassen enthalten.

6 Eines **Rechtsanwendungsbefehls** bedurfte es, da das OWiG nach § 2 OWiG direkt lediglich für Ordnungswidrigkeiten nach Bundes- und nach Landesrecht gilt. Zwar ist auch die nach Art. 288 AEUV unmittelbar geltende DS-GVO Teil der deutschen

---

1 BeckOK DatenSR-*Brodowski/Nowak* § 41 BDSG Rn. 1, 3.1.
2 BeckOK DatenSR-*Brodowski/Nowak* § 41 BDSG Rn. 5.
3 Inhaltlich wird diese Differenzierung allerdings nicht stringent durchgehalten, so betreffen § 41 Abs. 1 S. 2 Var 2 und 3 sowie S. 3 (systemwidrig) Verfahrensvorschriften.

Rechtsordnung, sie ist aber als Unionsrecht und damit weder als Bundes- noch als Landesrecht zu qualifizieren.[4]

Die folgenden Ausführungen beschränken sich auf die besonderen Problemfelder der **Sanktionierung** von Bußgeldtatbeständen aus dem Datenschutzrecht **nach nationalem Recht**, die sich aus der „sinngemäßen" Anwendung des OWiG sowie aus dem Einfluss der **nationalen Verfassung** ergeben. Hierbei entfalten insbesondere die Fragen nach der Anwendbarkeit der §§ 9, 30, 130 OWiG (s.u. Rn. 8 ff.), dem für eine Sanktionierung erforderlichen Verschulden (s.u. Rn. 14 ff.) sowie der Bußgeldzumessung (s.u. Rn. 33 ff.) besondere Relevanz. 7

1. Die juristische Person als Bußgeldadressat. Äußerst praxisrelevant ist die Frage, welche gesetzlichen Grundlagen die Sanktionierung bestimmen, insofern **datenschutzrechtlich Verantwortlicher** bzw. Auftragsverarbeiter (sprich: Bußgeldadressat) eine juristische Person ist. Das OWiG enthält Regelungen sowohl hinsichtlich der Zurechnung eines Verstoßes zu einer juristischen Person (§ 30 OWiG) als auch zur Frage nach der Bebußbarkeit von handelnden Akteuren, wie etwa Stellvertretern oder Betriebsinhabern (§§ 9, 130 OWiG). Ausgeschlossen ist die Anwendung der Normen nicht explizit. Insofern erstreckt sich der Rechtsanwendungsbefehl des § 40 de lege lata auch auf die §§ 9, 30, 130 OWiG. Für deren Anwendbarkeit ist – da der Ausgestaltungsspielraum des Gesetzgebers zur Regelung des materiellen Bußgeldrechts dort endet, wo die DS-GVO abschließende Bestimmungen enthält – entscheidend, ob die DS-GVO die genannten Bereiche selbst regelt oder Raum für eine Konkretisierung durch den nationalen Gesetzgeber besteht. 8

a) Handlungs- und Schuldzurechnung zur juristischen Person (§ 30 OWiG). Richtigerweise ist mit der vorherrschenden Meinung in der Literatur[5] sowie der Aufsichtsbehörden[6] davon auszugehen, dass die DS-GVO eigene, wenn auch weitestgehend ungeschriebene, Zurechnungsregeln enthält. Schließlich weist Art. 83 die Haftung dem Verantwortlichen und damit im Falle einer juristischen Person dem pflichtwidrig handelnden Unternehmen im Gesamten zu. Die Sanktion ergeht im Datenschutzrecht insofern, wie im europäischen Kartellrecht, als sog. **Unternehmensgeldbuße**.[7] Der Begriff Unternehmen soll hierbei nach ErwG 140 ausdrücklich im Sinne der Art. 101 und 102 AEUV verstanden werden. Den Normen liegt damit der sog. **funktionale Unternehmensbegriff** zugrunde. Hiernach ist ein Unternehmen „jede, eine wirtschaftliche Tätigkeit ausübende Einheit, unabhängig von ihrer Rechtsform und der Art der Finanzierung"[8]. Die Frage nach Handlungs- und Schuldzurechnung zum „funktionalen Unternehmen" lässt sich anhand eines Blickes auf die Rechtsprechung des EuGH zu Unternehmensstrafen beantworten. 9

Nach ständiger Rechtsprechung des EuGH haftet ein Unternehmen in diesem Sinne als Konsequenz des sog. Funktionsträgerprinzips für Zuwiderhandlungen 10

---
4 Paal/Pauly-*Frenzel* § 41 BDSG Rn. 1.
5 Vgl. hierzu Gola/Heckmann-*Ehmann* § 41 BDSG Rn. 19 ff.; Kühling/Buchner-*Bergt* § 41 BDSG Rn. 7, 20; BeckOK DatenSR-*Brodowski/Nowak* § 41 BDSG Rn. 11.
6 Vgl. etwa *Thiel/Wybitul* ZD 2020, 3, 3; *DSK* Entschließung v. 3.4.2019: Unternehmen haften für Datenschutzverstöße ihrer Beschäftigten.
7 So BeckOK DatenSR-*Holländer* Art. 83 Rn. 11; ebenso *DSK* Entschließung vom 3.4.2019: Unternehmen haften für Datenschutzverstöße ihrer Beschäftigten.
8 Statt aller *EuGH* v. 23.4.1991 – C-41/90, Rn. 21 m.w.N.

Schwartmann/Burkhardt

aller Personen, die berechtigt sind, für das Unternehmen tätig zu werden (insofern die Grenze zum Mitarbeiter-Exzess nicht überschritten ist[9]). Auf eine Kenntnis oder gar Anweisung der Geschäftsführung oder eine Verletzung der Aufsichtspflicht kommt es nicht an. Insofern **haften** Unternehmen **für** jedes **Fehlverhalten ihrer Mitarbeiter (Handlungszurechnung)**.[10] Nach dem Volkswagen-Urteil des EuGH muss die natürliche Person, deren Handlungen die Normübertretung begründet, für eine Sanktionierung noch nicht einmal zwingend benannt werden.[11]

11 Bei der **Schuldzurechnung** geht es sodann um den Grad der **Verknüpfung der Schuldfähigkeit des Verbandes** mit der **Schuld der handelnden Individualpersonen**. Nach der hierzu ergangenen Rechtsprechung handelt ein Unternehmen vorsätzlich oder fahrlässig, wenn **dem Unternehmen** der Normverstoß bewusst gewesen ist oder es sich hierüber nicht in Unkenntnis befinden konnte.[12] Der EuGH bezieht die Prüfung, ob die Zuwiderhandlung vorsätzlich oder fahrlässig begangen wurde, direkt auf das Unternehmen und nicht auf die handelnde natürliche Person.[13] Er vertritt insofern ein Zurechnungsmodell, das die Schuld des Verbands nicht durch die bloße Zurechnung der Schuld einer natürlichen Person begründet. Er nimmt vielmehr eine **eigene Verbandsschuld** an, weil und soweit der Verband für das Fehlverhalten verantwortlich ist.[14]

12 Die Regelung des § 30 OWiG, der dem Unternehmen lediglich konkret bestimmbare Handlungen von gesetzlichen Vertretern oder Leitungspersonen zurechnet,[15] erscheint insoweit aus europäischer Perspektive zu eng. Die Handlungs- und

---

9 Ausnahme ist der sog. Mitarbeiter-Exzess, also eine Handlung, die nicht dem Kreis der jeweiligen unternehmerischen Tätigkeit zuzurechnen ist. In diesem Fall kann (nur) gegen den entsprechenden Mitarbeiter ein Bußgeld festgesetzt werden. Der *LfDI BW* hat auf dieser Grundlage etwa ein Bußgeld gegen einen Polizeibeamten verhängt, der polizeiliche Datenbanken für private Zwecke genutzt hat. Vgl. *Thiel/Wybitul* ZD 2020, 3, 4.
10 Vgl. *EuGH* v. 7.6.1983, Verb. Rs. 100 to 103/80, Rn. 96; *Schwarze/Bechtold/Bosch*, Rechtsstaatliche Defizite im Kartellrecht der Europäischen Gemeinschaft 2008, S. 46; *Thiel/Wybitul* ZD 2020, 3, 3 f.
11 *EuGH* v. 18.9.2003 – C-338/00 P, Rn. 94 ff. Der *EuGH* argumentierte, dass eine Identifizierung nicht erforderlich sei, da die Geldbußen nach Art. 15 Abs. 4 der Verordnung Nr. 17 keinen strafrechtlichen Charakter hätten, und dass ein solches Erfordernis die Effektivität des Wettbewerbsrechts der Europäischen Gemeinschaft ernsthaft gefährden würde. Diese Argumentation steht zum einen auf wackeligen Beinen, da es nicht möglich ist den strafrechtlichen Charakter einer Norm gesetzlich abzubedingen. Zum anderen lässt sich die Argumentation auf den datenschutzrechtlichen Bereich nicht ohne weiteres übertragen, schließlich sind Datenpannen anders als Wettbewerbsverstöße nicht ihrer Natur nach konspirativ.
12 *EuGH* v. 18.9.2003 – C-338/00 P, Rn. 29 ff. m.w.N. So auch *EuG* v. 6.10.1994 – T-83/91, Rn. 238 ff.; ebenso *EuGH* v. 8.11.1983 – C-96/82, Rn. 45.
13 So auch *Schwarze/Bechtold/Bosch* Rechtsstaatliche Defizite im Kartellrecht der Europäischen Gemeinschaft, 2008, S. 46.
14 Zur den verschiedenen nationalen Modellen die im Zusammenhang eines potenziellen Unternehmensstrafrecht diskutiert werden vgl. *Osterloh* Strafrechtsdogmatische und strafprozessuale Probleme bei der Einführung und Umsetzung einer Verbandsstrafbarkeit, 2016, S. 71 ff.
15 Zur Rechtsnatur des § 30 OWiG vgl. Graf-*Meyberg* § 40 OWiG Rn. 14 ff.

Schuldzurechnung richtet sich daher ausschließlich nach unionsrechtlichen Maßstäben; § 30 OWiG bleibt unanwendbar.[16]

b) Haftung handelnder Akteure (§§ 9, 130 OWiG). Es ist durchaus denkbar, dass die Bestimmung des Verantwortlichen bzw. Auftragsverarbeiters als Haftungsadressat in Art. 83 diesem die Haftung nicht lediglich zuweist, sondern den Adressatenkreis zugleich auf diesen beschränkt. Eine dem § 130 OWiG entsprechende Haftung des Betriebsinhabers für Aufsichtspflichtverletzungen oder eine Erweiterung des Adressatenkreises entsprechend § 9 OWiG kennt die DS-GVO jedenfalls nicht. Insofern erscheint ein Vorgehen gegen einzelne Beteiligte – insb. gegen den DSB, dem die DS-GVO ausdrücklich keine Verantwortlichkeit zuweist – nicht unproblematisch; Einigkeit herrscht hinsichtlich der Anwendbarkeit der §§ 9, 130 OWiG gegenwärtig jedoch keine.[17] Die DSK hält jedenfalls § 130 ausdrücklich für nicht anwendbar.[18]

2. Schuld. Die im europarechtlichen Kontext geführte Diskussion um die Frage, ob Art. 83 ein Verschulden voraussetzt oder ein objektiver Pflichtverstoß für eine Sanktionierung genügt,[19] spielt aus nationaler Perspektive keine Rolle. Neben Art. 83 enthalten sowohl das nationale Verfassungsrecht als auch das OWiG Regelungen hinsichtlich der Schuld als Bestrafungsvoraussetzung. Die Frage nach dem abstrakten **Schulderfordernis** ist im nationalen Kontext insofern im Lichte des verfassungsrechtlich verbürgten Schuldprinzips sowie dessen Umsetzung im § 10 OWiG unabhängig von den Vorgaben im Art. 83 zu beantworten. Praxisrelevanz entfaltet in diesem Kontext die Frage nach der Übertragbarkeit des Grundsatzes auf juristische Personen (s.u. Rn. 18 ff.) sowie die Bestimmung der konkreten Anforderungen an das erforderliche Verschulden im Pflichtenbereich der DS-GVO. Angesichts der generalklauselartigen Bestimmungen und der gestuften Abhilfebefugnisse kommt hierbei vor allem der Erkennbarkeit des Pflichtverstoßes eine bedeutende Rolle zu (s.u. Rn. 21 ff.).

a) § 10 OWiG. Die für das Verschulden maßgebliche Vorschrift im nationalen Kontext findet sich im **§ 10 OWiG.** Dieser ordnet an, dass als Ordnungswidrigkeit nur vorsätzliches Handeln geahndet werden kann, solange nicht das Gesetz fahrlässiges Handeln „ausdrücklich mit Geldbuße bedroht". Zwar fehlt es sowohl in der DS-GVO als auch im BDSG an einer expliziten Anordnung, aus Art. 83 ergibt sich aber eindeutig (vgl. Art. 83 Abs. 2 lit. b, Abs. 3), dass der Unionsgesetzgeber die Möglich-

---

16 Dies erscheint auch angesichts der im § 41 Abs. 2 S. 2 ausdrücklich angeordneten Nichtanwendbarkeit des § 88 OWiG konsequent, der, den § 30 OWiG ergänzend, Regelungen hinsichtlich der Festsetzung von Geldbußen gegen juristische Personen enthält.
17 Einer Anwendung der Normen ablehnend gegenüber stehen aus der Praxis *Thiel/Wybitul* ZD 2020, 3, 4; aus der Literatur *Kühling/Buchner-Bergt* § 41 BDSG Rn. 10; *Gola-Gola* Art. 83 Rn. 8; a.A. BeckOK DatenSR-*Brodowski/Nowak* § 41 BDSG Rn. 13 f; kritisch *Taeger/Gabel-Nolde* § 41 BDSG Rn. 4 ff.
18 *DSK* Entschließung vom 3.4.2019: Unternehmen haften für Datenschutzverstöße ihrer Beschäftigten.
19 Vgl. etwa *Kühling/Buchner-Schwichtenberg* Art. 83 Rn. 35, der eine verschuldensunabhängige Haftung annimmt. Der Konflikt in der Auslegung der DS-GVO entsteht dadurch, dass Art. 83 Abs. 2 lit. b zwar die „Vorsätzlichkeit oder Fahrlässigkeit" des Verstoßes als relevantes Kriterium für die Bußgeldbemessung erfasst, nicht jedoch ausdrücklich als tatbestandliche Voraussetzung nennt.

keit der Sanktionierung auch fahrlässiger Verstöße voraussetzt. Insofern ist § 10 OWiG unionsrechtskonform dahingehend auszulegen, dass sowohl **Vorsatz** als auch **Fahrlässigkeit** genügt, um eine Bebußbarkeit von Datenschutzverstößen zu begründen.[20] Eine Normübertretung ohne jegliche persönliche Vorwerfbarkeit ist hiernach jedoch nicht ausreichend.

16 **b) Das Schuldprinzip.** Diese Auslegung steht auch im Einklang mit dem verfassungsrechtlich verbürgten **Schuldprinzip**. Hiernach darf der Staat eine Normübertretung nur dann sanktionieren, wenn dem Täter seine Tat persönlich zum Vorwurf gemacht werden kann.[21] Diese sog. Strafbegründungsschuld gehört, als Teil des Schuldprinzips, zu den elementaren Grundsätzen der deutschen Verfassungsidentität. In einem Rechtsstaat darf es eine „Vergeltung für einen Vorgang, den der Betroffene nicht zu verantworten hat," nicht geben.[22] Auch das Bundesverfassungsgericht betont in ständiger Rechtsprechung die besondere Bedeutung des Schuldprinzips für die deutsche Rechtsordnung.[23] In seiner „Lissabon"-Entscheidung hat das Gericht zudem ausdrücklich klargestellt, dass das Schuldprinzip Teil des unabänderbaren Verfassungskerns des Art. 79 Abs. 3 GG ist und damit **integrationsfest**.[24]

17 Das Schuldprinzip gilt hierbei nicht lediglich für das Strafrecht im klassischen Sinne, sondern stellt auch für das **Ordnungswidrigkeitenrecht** eine verbindliche Leitlinie dar. Zwar umfasst das Ordnungswidrigkeitenrecht Gesetzesübertretungen mit im Vergleich zum Strafrecht geringerem Unrechtsgehalt und formuliert daher keinen sozialethischen Vorwurf,[25] dass aber auch die Ahndung einer Tat mittels des Ordnungswidrigkeitenrechts materiell strafenden Charakter hat, verdeutlich etwa die Gesetzgebungskompetenz „Strafrecht" (Art. 74 Nr. 1 GG), welche nicht nur das Strafrecht im herkömmlichen Sinn, sondern auch das Ordnungswidrigkeitenrecht erfasst.[26] Sowohl dem klassischen Strafrecht als auch dem Ordnungswidrigkeitenrecht geht es anders als dem Verwaltungs- oder Zivilrecht darum, eine Normübertretung zu sühnen.[27]

18 Ob und wie sich der **Schuldgrundsatz** auf die **Sanktionierung von Unternehmen** übertragen lässt, wird in der Literatur bisher nicht einheitlich beurteilt. Das BVerfG beschäftigte sich bisher lediglich 1966 in seiner Bertelsmann-Lesering-Entscheidung mit der Möglichkeit der Bestrafung von Verbänden und der Handlungs- und Schuldzurechnung zu einem Verband als Haftungsadressat. Die Entscheidung erging im Hinblick auf § 890 ZPO, dem vom BVerfG ausdrücklich ein strafähnlicher

---

20 So auch BeckOK DatenSR-*Brodowski/Nowak* § 41 BDSG Rn. 17.1.
21 BVerfGE 20, 323 Rn. 31.
22 Vgl. *BVerfG* v. 25.19.1966 – 2 BvR 506/63.
23 *BVerfG* v. 23.9.2020 – 2 BvR 2545/12, Rn. 9 m.w.N.
24 *BVerfG* v. 30.6.2009 – 2 BvF 2/08 2, 2 BvE 5/08, 2 BvR 1010/08, 2 BvR 1022/08, 2 BvR 1259/08, 2 BvR 182/09, Rn. 350.
25 BVerfGE 22, 49, 81.
26 Vgl. hierzu *Noak* ZJS 2012, 175, 176.
27 *Adam/Schmidt/Schumacher* NStZ 2017, 7, 13. Das BVerfG nimmt einen solchen Charakter sogar für einzelne Bestimmungen aus anderen Rechtsgebieten, etwa § 890 ZPO an, vgl. BVerfGE 20, 323, 333.

Charakter zugeschrieben wurde.[28] Das BVerfG hat hier u.a. Folgendes festgestellt: „Daß bei einer Bestrafung [...] die Schuld des zu der Unterlassung oder Duldung Verpflichteten maßgebend ist, wird allgemein anerkannt." Der Grundsatz „nulla poena sine culpa" gilt „auch für juristische Personen."[29] „Die juristische Person ist rechtsfähig. Sie nimmt gleichwertig mit den natürlichen Personen am Rechtsleben teil. Auch eine juristische Person ist [...]wegen einer jeden Zuwiderhandlung zu einer Geld- oder Haftstrafe zu verurteilen. [...] Die Anwendung strafrechtlicher Grundsätze ist also nicht grundsätzlich ausgeschlossen, wenn das Rechtssubjekt eine juristische Person ist."[30] Jedoch ist die „juristische Person [...] als solche nicht handlungsfähig. Wird sie für schuldhaftes Handeln im strafrechtlichen Sinne in Anspruch genommen, so kann nur die Schuld der für sie verantwortlich handelnden Personen maßgebend sein."[31]

Die Entscheidung stellt ausdrücklich klar, dass eine Strafbarkeit von Verbänden auch im Lichte der deutschen Verfassung nicht ausgeschlossen ist und dass der Satz „nulla poena sine culpa" in diesem Fall **auch für** den **Verband** Anwendung findet.[32] Im Übrigen liegt auch den (im Kontext der DS-GVO unanwendbaren) §§ 30 und 130 OWiG das Schuldprinzip zugrunde.[33]

19

Keine Aussage enthält die Entscheidung darüber, ob den Verband eine Verbandsschuld treffen kann, oder ob die erforderliche Vorwerfbarkeit stets nur durch Zurechnung der Schuld natürlicher Personen begründet werden kann. Das Urteil macht lediglich deutlich, dass die Unternehmensschuld an die Schuld handelnder Personen **anknüpfen** muss, da es einem Unternehmen an einer Handlungsfähigkeit im natürlichen Sinne fehlt.[34] Der Grad der erforderlichen Verknüpfung bleibt offen. Im Kontext der DS-GVO ist insofern (zweifelsfrei) auf die hierzu vom EuGH entwickelten Grundsätze zurück zu greifen (vgl. hierzu Rn. 11).

20

---

28 BVerfGE 20, 323, 333; vgl. hierzu auch *Osterloh* Strafrechtsdogmatische und strafprozessuale Probleme bei der Einführung und Umsetzung einer Verbandsstrafbarkeit, 2016, S. 67 ff.
29 *BVerfG* v. 25.10.1966 – 2 BvR 506/63, Rn. 39, 42.
30 *BVerfG* v. 25.10.1966 – 2 BvR 506/63, Rn. 43 f.
31 *BVerfG* v. 25.10.1966 – 2 BvR 506/63, Rn. 46.
32 Unklar ist bisher, ob sich das Schuldprinzip auch hinsichtlich einer potenziellen Unternehmensstrafbarkeit als integrationsfest darstellt, da das *Bundesverfassungsgericht* dieses, wenn es um die Sanktionierung von Verbänden geht, auf das Rechtsstaatsprinzip stützt (vgl. hierzu Rn. 18), die Integrationsfestigkeit des Schuldprinzips hingegen mit der Menschenwürde begründete. Da sich aber weder der Rechtsprechung des *EuGH* noch der DS-GVO ein verbindlicher Verzicht auf das Schulderfordernis im Bereich der Unternehmenssanktion entnehmen lässt, ist der Gesetzgeber im verfahrensrechtlichen Umsetzungsspielraum zweifelsfrei an die nationale Schuldvorgabe gebunden. Zwar hält der EuGH auch unter Geltung der GRCh weiter an seiner Rechtsprechung fest, wonach nationale Systeme rein objektiver – selbst klassisch strafrechtlicher – Verantwortung grundsätzlich zulässig sind (wenn nur die Verhältnismäßigkeit gewahrt ist), dies bedeutet aber nicht zwingend, dass ein an der Schuld orientiertes Sanktionsverfahren nicht ebenso geeignet ist, auch europäische Sanktionsbedürfnisse, zu befriedigen.
33 *Graf-Meyberg* § 30 OWiG Rn. 19.
34 *Osterloh* Strafrechtsdogmatische und strafprozessuale Probleme bei der Einführung und Umsetzung einer Verbandsstrafbarkeit, 2016, S. 67 f.

21 **c) Erkennbarkeit des Pflichtverstoßes.** Zwingende Voraussetzung für ein am Schuldprinzip orientiertes Verfahren ist das Vorliegen eines vorwerfbaren Handlungsunwerts, konkret eine vorsätzliche oder fahrlässige Tathandlung. Sanktionsbewährte Handlung im Bereich datenschutzrechtlicher Bußgelder ist typischerweise das Unterlassen erforderlicher (Schutz)Maßnahmen, welche sich aus den entsprechenden Bestimmungen der DS-GVO, wie bspw. Art. 32, ergeben. Wusste der Verantwortliche um seine Verpflichtung, etwa effizientere technische Schutzmaßnahmen zu implementieren, handelte er vorsätzlich. Hätte er dies unter Anwendung der im Verkehr erforderlichen Sorgfalt erkennen müssen, liegt nach der gemeinhin anerkannten, auch vom EuGH zugrunde gelegten,[35] Definition **Fahrlässigkeit** vor.[36]

22 Bedeutsam in diesem Kontext ist vor allem die **Perspektive**, aus der heraus die **Erkennbarkeit** der konkreten **Sorgfaltspflicht** zu ermitteln ist. Der Verantwortliche muss nach den hierzu entwickelten Grundsätzen um eine Handlungspflicht nur dann Wissen, wenn ein besonnener und gewissenhafter Mensch **aus dem Verkehrskreis des Täters** diese **im Zeitpunkt der Tathandlung** gesehen und einen Verstoß verhindert hätte.[37] Dieses Erfordernis entfaltet gerade für die allgemein gefassten Normen der DS-GVO Relevanz, da sich die Pflichten hier typischerweise, anders als im klassischen Ordnungswidrigkeitenrecht etwa bei DIN-Vorschriften, nicht zweifelsfrei und ausdrücklich aus den entsprechenden Artikeln ergeben. So ist etwa auch die sehr vage gehaltene Kooperationspflicht aus Art. 33 nach Art. 83 Abs. 4 lit. a bußgeldbewährt.

23 Der **Maßstab** für die hierbei von Unternehmen anzulegende Sorgfalt bestimmt sich nach **individuellen Kriterien** wie der Größe, der Art der wirtschaftlichen Tätigkeit sowie Art und Umfang der Datenverarbeitungsprozesse. Aber auch die **Systematik der DS-GVO** hat Einfluss auf die Ermittlung der gesetzlich erforderlichen Sorgfalt. Die Schwelle der fehlenden subjektiven Vorwerfbarkeit erhöht sich etwa dann, wenn nach Art. 37 eine Pflicht zur Benennung eines **DSB** besteht, zu dessen Aufgabenkreis nach Art. 39 Abs. 1 lit. b insbesondere die Überwachung der Einhaltung der Pflichten aus der DS-GVO gehört. Anderseits sind auch die **Aufgaben und Befugnisse der Aufsicht** bei der Ermittlung des **Maßes des erlaubten Risikos** zu berücksichtigen. Diese hat den Verantwortlichen nach Art. 57 Abs. 1 lit. d etwa für seine Pflichten zu „sensibilisieren". Außerdem verfügt sie neben dem Recht zur Sanktion über mannigfaltige Beratungsbefugnisse, zu denen nach Art. 58 Abs. 1 lit. d auch die Ermächtigung gehört, den Verantwortlichen auf einen Verstoß gegen die Verordnung hinzuweisen.

24 Insofern besteht bei der Durchsetzung der in den **generalklauselartigen Normen der DS-GVO** enthaltenden Sorgfaltspflichten **in Zweifelsfällen** (etwa wenn das Handeln des Verantwortlichen der gegenwärtigen Praxis entspricht und kein offensichtlicher Rechtsverstoß vorliegt) die Notwendigkeit einer **Konkretisierung durch die Auf-**

---

35 *EuGH* v. 18.9.2003 – C-338/00 P, Rn. 29 ff. m.w.N. So auch *EuG* v. 6.10.1994 – T-83/91, Rn. 238 ff.; ebenso *EuGH* v. 8.11.1983 – C-96/82, Rn. 45.
36 Ausführlich zur Fahrlässigkeit etwa Schönke/Schröder-*Sternberg-Lieben/Schuster* § 15 StGB Rn. 109 ff.
37 Statt aller Heintschel-Heinegg-*Kudlich* § 15 StGB Rn. 56 f.; Schönke/Schröder-*Sternberg-Lieben/Schuster* § 15 StGB Rn. 133.

sichtsbehörden. Dies kann sowohl durch allgemeine **Orientierungshilfen** der DSK[38] als auch durch **Anweisungen und Anordnungen im Einzelfall** erfolgen. Anderenfalls besteht, mangels Erkennbarkeit der Pflichtwidrigkeit im Zeitpunkt der Tat, die Gefahr eines Verstoßes gegen das Schuldprinzip. Im Übrigen ist, insofern der Verantwortliche eine von der Aufsicht verschiedene Rechtsposition vertritt, an eine vorbeugende Feststellungsklage zu denken (hierzu vertiefend Rn. 53 ff.).

Die Frage nach der Vorhersehbarkeit des Pflichtverstoßes hat indes nicht nur Auswirkungen auf das „Ob" einer vorwerfbaren Zuwiderhandlung, sondern auch auf den **Verschuldensgrad**, d.h. auf die v.a. für die Strafzumessung relevante Frage, ob der Verantwortliche schlicht fahrlässig, leicht oder grob fahrlässig oder gar leichtsinnig gehandelt hat. So reduziert etwa die Tatsache, dass die gewählte Art und Weise der Gestaltung von Verarbeitungsprozessen der gegenwärtigen Praxis entspricht, den Grad des Verschuldens auch dann, wenn die Offensichtlichkeit des Verstoßes die Erkennbarkeit nicht gänzlich ausschließt.

Fehlt es hingegen gänzlich an der subjektiven **Vorhersehbarkeit** der konkreten Sorgfaltspflicht, ist auch ein präventives **Strafbedürfnis**, welches etwa durch Abschreckungsinteressen begründet würde, kaum ersichtlich. Insofern droht bei der Verhängung eines Bußgeldes nicht nur ein Verstoß gegen das integrationsfeste Schuldprinzip, sondern auch gegen das sowohl im nationalen als auch im Unionsrecht anerkannten Verhältnismäßigkeitsprinzip.

3. Verhältnismäßigkeitsprinzip. Die Verhängung eines Bußgeldes muss gem. Art. 83 Abs. 1 ausdrücklich aber auch im Lichte der nationalen Verfassungsdogmatik stets verhältnismäßig sein. Hiernach muss der durch das Bußgeld erfolgte **Eingriff** in die Freiheiten des Belasteten das bei gleich geeigneten, mildeste Mittel zum Rechtsgüterschutz darstellen und in einem **angemessenen Verhältnis** zum **Zweck der Strafe** und damit **präventiven Gesichtspunkten** stehen. Diese wiederum bestimmen sich maßgeblich anhand der Kriterien des Art. 83 Abs. 2 und damit sowohl an tat- als auch täterbezogenen Aspekten wie der Schuld.

Da die repressive Sanktionierung im besonderen Maße in die Rechtsgüter der Betroffenen eingreift, darf Strafe im Lichte des Verhältnismäßigkeitsprinzips stets nur als letztes Mittel zum Rechtsgüterschutz eingesetzt werden (**ultima-ratio**). Insofern ist, sollten ausreichend andere Mittel zur Gewährung eines hohen Datenschutzniveaus zur Verfügung stehen, von einer Sanktionierung abzusehen. Insbesondere kann die Aufsichtsbehörde, ebenso wie die Ordnungsbehörde, bei geringfügigen Verstößen, anstatt ein Bußgeld zu verhängen, auch eine Verwarnung aussprechen (Art. 58 Abs. 2 lit. b).[39] Zudem verfügt die Datenschutzaufsicht, anders als klassische Ordnungsbehörden, beim Vorliegen eines Datenschutzverstoßes nicht lediglich über Sanktionsbefugnisse, sondern hat nach Art. 58 Abs. 2 auch die Möglichkeit, von weniger eingriffsintensiven Abhilfemaßnahmen wie Anordnung und Anweisung Gebrauch zu machen. Die DS-GVO normiert ein **gestuftes System** der Abhilfebefugnisse, in welchem neben präventiven, verwaltungsrechtlichen Eingriffsbefugnissen sanktionsrechtliche Maßnahmen stehen. Anordnung und Anweisung sind primär darauf

---

38 Online abrufbar unter: https://www.datenschutzkonferenz-online.de/orientierungshilfen.html.
39 Die Regelungen über das Verwarnungsverfahren im nationalen Recht sind jedoch nach § 41 Abs. 2 S. 2 BDSG unanwendbar.

gerichtet, kooperativ mit dem Verantwortlichen einen datenschutzkonformen Zustand (wieder) herzustellen; das Bußgeld hingegen sühnt einen begangenen Datenschutzverstoß. Der übergeordnete Zweck, ein möglichst hohes Datenschutzniveau zu gewährleisten, wird effektiv nur durch ein Ineinandergreifen aller zur Verfügung stehender Mittel erreicht. Es besteht eine Wechselwirkung zwischen Anweisung und Anordnung auf der ersten und der Verhängung von Geldbußen auf einer zweiten Stufe.[40] Ein Datenschutzverstoß führt insofern, anders als etwa ein Verstoß gegen § 24 StVG im klassischen Ordnungswidrigkeitenrecht, schon der Systematik des DS-GVO zufolge nicht typischerweise zu einem Bußgeld, sondern lediglich falls ein solches „nach den Umständen im Einzelfall" (vgl. Art. 58 Abs. 2 lit. i) erforderlich erscheint.

29 Auch bei der Prüfung der Verhältnismäßigkeit spielt der **generalklauselartige Charakter** der Normen aus der DS-GVO eine Rolle. Der primäre Rückgriff auf Anweisung und Anordnung zur datenschutzkonformen Ausgestaltung eines Verfahrens erscheint gerade bei bestehenden **Rechtsunsicherheiten** hinsichtlich der Auslegung der Handlungsgebote aus der DS-GVO im Lichte des Verhältnismäßigkeitsprinzips zwingend geboten. Diese wirken sich nämlich nicht nur mildernd auf das Verschulden des Verantwortlichen aus (vgl. Rn. 25); auch eignen sich Anordnung und Anweisung, anders als die Verhängung eines Bußgeldes, dazu, **Rechtssicherheit** hinsichtlich der erforderlichen Schutzmaßnahmen zu schaffen. Ein Bußgeld bestimmt hingegen lediglich eine konkrete Praxis für unzulässig, ohne einen Anhaltspunkt für rechtmäßiges Verhalten zu geben. Anweisung und Anordnung sind daher nicht nur **weniger eingriffsintensiv**, sondern im Lichte eines möglichst weitreichenden Datenschutzes auch **effektiver** als ein Bußgeld. Anweisung und Anordnung sollten insofern vor allem in Situationen der Unklarheit Mittel der Wahl sein.

30 Unter diesen Gesichtspunkten erscheint etwa das **gegen die 1&1 Telecom GmbH** verhängte Bußgeld aufgrund nicht hinreichender technischer und organisatorischer Maßnahmen nach Art. 32 beim telefonischen Kundendienst durchaus problematisch.[41] Hinsichtlich konkreter Anforderungen lässt sich dem Wortlaut der Norm, der „geeignete technische und organisatorische Maßnahmen" nach dem „Stand [...] der Technik" fordert, nichts Wesentliches entnehmen. Zur Authentifizierung des Kunden wurde im Fall der 1&1 Telecom GmbH Name und Geburtsdatum abgefragt, was ein bis dahin in der Praxis verbreitetes Vorgehen auf Grundlage einer Risikoeinschätzung für Vertragsauskünfte darstellte. Die Aufsichtsbehörde hatte zudem nicht etwa vor der Verhängung des Bußgeldes, im Übrigen auch nicht in dessen Folge,[42] klare Leitlinien bekannt gegeben, welche Art der Authentifizierung am Telefon Art. 32 nun tatsächlich erfordert, um Auskünfte datenschutzkonform zu erteilen.

---

40 Vgl. hierzu die Kommentierung zu Art. 58 Rn. 112 ff.
41 Vgl. hierzu die PM des *BfDI* online abrufbar unter: https://www.bfdi.bund.de/DE/Infothek/Pressemitteilungen/2019/30_BfDIverh%C3%A4ngtGeldbu%C3%9Fe1u1.html, zuletzt abgerufen am: 7.3.2019.
42 Das Bußgeld erklärt lediglich die Authentifizierung zur Preisgabe von Vertragsdaten, hier einer Telefonnummer, durch Namen und Geburtsdatum für unzulässig.

Auch ist nicht ersichtlich warum eine mangelhafte Organisation selbst in Fällen geringer Risiken für Betroffene den Zugriff auf ein Bußgeld erforderlich macht.[43]   31

Positiver Reflex eines **gestuften Vorgehens** ist die Tatsache, dass insofern die Behörden zunächst auf verwaltungsrechtliche Anweisungen zurückgreifen, nicht das für Ordnungswidrigkeiten zuständige, aber in datenschutzrechtlichen Spezialfragen sachfremde Amts- bzw. Landgericht über einen potentiellen Rechtsstreit entscheidet und somit die Anforderungen, die die DS-GVO an den Verantwortlichen stellt, konkretisiert. Bei einer Klage gegen eine Anweisung wäre das typischerweise **im datenschutzrechtlichen Bereich bewanderte Verwaltungsgericht** zuständig.   32

4. Höhe der Bußgelder. Die Höhe der Geldbuße wird im nationalen Recht anhand des § 17 Abs. 3 OWiG (bei der Sanktionierung von Unternehmen i.V.m. § 30 Abs. 2 OWiG) bestimmt. Da nach § 41 Abs. 1 S. 1 BDSG der § 17 OWiG **nicht anzuwenden** ist und auch § 30 OWiG aufgrund von Wertungswidersprüchen unanwendbar bleibt (vgl. Rn. 9 ff.), richtet sich die Bußgeldbemessung im Anwendungsbereich der DS-GVO einfach-rechtlich allein nach Art. 83.[44]   33

Ergänzend hat die DSK zugunsten einer weitergehenden Vereinheitlichung auf nationaler Ebene ein Konzept für die Bemessung von Unternehmensbußgeldern in der Praxis erarbeitet.[45] Hier wird ausgehend vom Jahresumsatz eines Unternehmens ein wirtschaftlicher Grundwert ermittelt, der durch Multiplikation unter Berücksichtigung der in Art. 83 Abs. 2 genannten Faktoren die Höhe des Bußgeldes bestimmt. Weitere täterbezogene Merkmale, wie etwa eine potenzielle Insolvenz oder eine in der Branche besonders geringe Rendite,[46] können in einem letzten Schritt der Anpassung berücksichtigt werden (vgl. hierzu ausführlich Art. 83 Rn. 91 ff.).   34

a) Nichtanwendbarkeit des § 17 OWiG. Die Nichtanwendbarkeit des § 17 OWiG wurzelt ausweislich der Gesetzesbegründung in der Tatsache, dass der Gesetzgeber davon ausging, ihm stünde kein diesbezüglicher Gestaltungsspielraum zu, da die DS-GVO die Bußgeldhöhe abschließend regele.[47] Zuzustimmen ist dieser Auslegung zwar dahingehend, dass der Ausgestaltungsspielraum des Gesetzgebers zur Regelung des materiellen Bußgeldrechts dort endet, wo die DS-GVO abschließende Bestimmungen enthält, angesichts des fragmentarischen Charakters der Regelungen zur Bußgeldhöhe[48] erscheint ein abschließender Charakter der Bestimmungen des Art. 83 im Bereich der Bußgeldbemessung aber keinesfalls eindeutig. Art. 83 enthält in seinen Abs. 4–6 Regelungen bezüglich Höchstsanktionen, sowie im Abs. 2   35

---

43 Dazu *Schwartmann* Datenschutz braucht Augenmaß, abrufbar unter: https://www.rdv-online.com/blog/detail/sCategory/119/blogArticle/3865, zuletzt abgerufen am 14.4.2020.
44 Zudem ermächtigt Art. 70 Abs. 1 S. 2 lit. k den EDSA zur Ausarbeitung von Leitlinien für die Aufsichtsbehörden in Bezug auf die Anwendung von Sanktionsmaßnahmen und die Festsetzung von Geldbußen. Bisher hat die EDSA sich (nur) den in einem Arbeitspapier niedergelegten Ausführungen der *Art.-29-Datenschutzgruppe* angeschlossen, in dem Kriterien der Bußgeldzumessung ausgearbeitet werden.
45 Online abrufbar unter https://www.datenschutzkonferenz-online.de/media/ah/20191016_bu%C3%9Fgeldkonzept.pdf, zuletzt abgerufen am 7.3.2020.
46 Vgl. *Thiel/Wybitul* ZD 2020, 3, 4.
47 BT-Drucks. 18/11325, S. 108.
48 Dieser wird schon an der Überschrift der Norm „Allgemeine Bedingungen für die Verhängung von Geldbußen" deutlich.

Regelungen bezüglich der bei der Zumessung der Geldbuße zu berücksichtigenden Faktoren.[49] Art. 83 Abs. 1 bestimmt zudem, dass die Bußgelder „in jedem Einzelfall wirksam, verhältnismäßig und abschreckend" sein müssen, d.h. im Ergebnis, dass die Bußgelder geeignet sein müssen, general- und spezialpräventive Wirkung zu entfalten.[50] Erfasst ist insofern auch eine Regelung zur beabsichtigten Wirkungskraft der Bußgelder, die es bei der Bemessung zu bedenkenden gilt. Nicht normiert ist aber insbesondere eine dem § 17 Abs. 3 OWiG entsprechende Regelung zur Frage des **Ansatzpunktes** für die Strafzumessung oder anwendbare **Leitlinien**; auch eine Regelung etwa zu Mindeststrafen ist nicht enthalten.

36 **b) Divergenz zwischen dem Bußgeldkonzept der DSK und § 17 OWiG.** Aus der Nichtanwendbarkeit des § 17 Abs. 3 S. 1 OWiG resultiert eine problematischen **Divergenz** zwischen der Strafzumessung bei der Sanktionierung von Unternehmen im klassischen Ordnungswidrigkeitenrecht auf der einen Seite und der Bestimmung von Bußgeldhöhen im Datenschutzrecht auf der anderen. So bestimmt etwa § 17 Abs. 3 S. 1 OWiG die **Bedeutung der Ordnungswidrigkeit** sowie (dem Strafrecht entsprechend) die **Schuld als primären Ansatzpunkt** für die Bußgeldzumessung.[51] Kein Ansatzpunkt sind hingegen ausdrücklich die „wirtschaftlichen Verhältnisse" des Täters. Sie kommen lediglich „in Betracht", und auch dies nur bei nicht „geringfügigen" Ordnungswidrigkeiten. Die wirtschaftlichen Verhältnisse bemessen sich hier an der **finanziellen Leistungsfähigkeit** des Verbands, nicht an dessen Umsatz.[52]

37 Die DSK hat hingegen in ihrem Konzept zur Bußgeldzumessung den **Unternehmensumsatz als primäre Grundlage** der Bußgeldzumessung bestimmt und ausdrücklich klargestellt, der Umsatz eines Unternehmens stelle „eine geeignete, sachgerechte und faire Anknüpfung" für die Bußgeldzumessung dar.[53] Tatbezogene Umstände und damit die „Bedeutung der Ordnungswidrigkeit" können, da der geringste Multiplikationsfaktor der vierten Stufe „1" ist, ausgehend vom Basiswert nur strafschärfend, nicht jedoch strafmildernd wirken. Die Vorwerfbarkeit wird erst in der letzten Stufe, bei der Anpassung eines zuvor ermittelten Grundwertes anhand täterbezogener Umstände, berücksichtigt. Die Schuld ist insoweit nicht nur nicht Ausgangspunkt der Berechnung, sie entfaltet zudem, als ein Kriterium unter Mehreren, nur begrenzte Wirkungskraft. Auch ist wohl davon auszugehen, dass die zuvor angedeutete Größenordnung auch nach der Anpassung erhalten bleibt.[54] Der Unternehmensumsatz stellt demnach im Wesentlichen eine **de facto Mindeststrafe** dar.[55]

---

49 Genannt werden hier etwa die Art, Schwere und Dauer des Verstoßes, die Zahl der betroffenen Personen sowie der Verschuldensgrad des Verantwortlichen.
50 *Paal* Kritische Würdigung des Konzepts der Datenschutzaufsichtsbehörden zur Bußgeldzumessung, S. 2.
51 Schuld wird in der Terminologie des OWiG als Vorwerfbarkeit bezeichnet. Es handelt sich bei den beiden Begriffen jedoch um Synonyme.
52 Vgl. Graf-*Meyberg* § 30 OWiG Rn. 103.
53 *DSK* Konzept zur Bußgeldzumessung in Verfahren gegen Unternehmen, S. 2.
54 *Timner/Radlamski/Eisenfeld* CR 2019, 782, 787.
55 Vgl. hierzu auch *Timner/Radlamski/Eisenfeld* CR 2019, 782, 786 ff.; *Paal* Kritische Würdigung des Konzepts der Datenschutzaufsichtsbehörden zur Bußgeldzumessung, 2020, S. 5.

c) Verfassungsrechtliche Bewertung. Die Nichtanwendbarkeit des § 17 OWiG ist aus verfassungsrechtlicher Perspektive vor allem deswegen problematisch, da § 17 OWiG nicht lediglich unverbindliche Bestimmungen etwa hinsichtlich Mindest- und Höchststrafe enthält. Vielmehr ist § 17 Abs. 3 S. 1 OWiG Ausprägung des für staatliches Handeln stets erforderlichen Übermaßverbotes sowie des integrationsfesten Schuldprinzips. Insofern besteht, unabhängig von der Frage nach einer Befugnis zum Erlass einer dem § 17 OWiG entsprechenden Norm im Bereich des Datenschutzrechts, aus nationaler Perspektive vor allem eine **verfassungsrechtliche Verpflichtung** der staatlichen Akteure, dafür Rechnung zu tragen, dass diesen Grundsätzen bei der Sanktionierung mittels Geldbußen hinreichend Rechnung getragen wird. 38

(1) Gerechter Schuldausgleich durch Sanktion. Ausprägung des Schuldprinzips ist nicht nur der Grundsatz: „Ohne Schuld keine Sanktion", vielmehr erwächst aus dem Schuldprinzip auch das verfassungsrechtliche Gebot, dass die Sanktion das Maß der Schuld nicht übersteigen darf, und zwar auch dann nicht, wenn präventive Gesichtspunkte, wie etwa Abschreckungsinteressen, eine schärfere Sanktion erfordern würden. In diesem Sinne muss die Buße einen **gerechten Schuldausgleich** schaffen.[56] 39

Um diesem Grundsatz gerecht zu werden, müsste im Bereich der datenschutzrechtlichen Bußgelder – wie auch im klassischen Ordnungswidrigkeitenrecht – das Maß der konkreten **Schuld**, nicht der Unternehmensumsatz, die **relevante (Ausgangs-)Größe** für die Bemessung darstellen und nicht lediglich ein in seiner Bedeutung und Wirkungskraft beschränktes Kriterium zur Anpassung eines Grundwertes (vgl. Rn. 37). 40

Wäre die Schuld die primäre Ausgangsgröße, würden die Behörden dazu gezwungen, zunächst präzise die **Vorwerfbarkeit** der Tat im konkreten Fall **zu bestimmen**. Nach dem aktuellen Konzept besteht die erhebliche Gefahr, dass der Grad der Vorwerfbarkeit, der insbesondere angesichts der vagen gesetzlichen Vorgaben der DS-GVO und den mannigfaltigen Abhilfebefugnissen (vgl. hierzu Rn. 23 f.) einer intensiven Betrachtung bedarf, nicht hinreichend berücksichtigt wird. 41

Zudem führt nach dem Ansatz der DSK ein **hoher Umsatz** unabhängig von der finanziellen Leistungskraft des Unternehmens und auch bei sehr geringer Schuld zwangsläufig zu einem **hohen Bußgeld**.[57] Eine Sanktion, die die das Maß der Schuld übersteigt, steht aber im deutlichen Spannungsverhältnis zum Grundsatz schuldangemessenen Sanktionierens. 42

(2) Verhältnismäßigkeitsprinzip. Ebenfalls zweifelhaft erscheint, ob die sich nach dem Positionspapier des DSK zu berechnenden Geldbußen – die sich gerade nicht an den Bestimmungen des § 17 OWiG orientieren – tatsächlich dem **Verhältnismäßigkeitsprinzip** gerecht werden, d.h. die durch die Bußgelder erfolgten Eingriffe in einem angemessenen Verhältnis zum präventiven Zweck des Rechtsgüterschutzes der Strafe stehen. Hier stellen sich zwei Probleme. 43

Zunächst ergeben sich Zweifel hinsichtlich der generellen **Umsatzanknüpfung**. Zwar stellt die **finanzielle Leistungsfähigkeit** eines Unternehmens eine für die Verhältnismäßigkeit relevante Größe dar. Sie beeinflusst schließlich den Grad der 44

---

56 *Adam/Schmidt/Schumacher* NStZ 2017, 7 f.
57 So auch *Thiel/Wybitul* ZD 2020, 3, 4.

Belastung, die die Geldbuße für das entsprechende Unternehmen darstellt. Insoweit kann und muss sie durchaus auch im Rahmen der Verhältnismäßigkeit eine Rolle spielen. Hierfür entscheidend ist aber nicht der Umsatz, sondern vielmehr der **Unternehmensgewinn** und das aus dem Verhältnis zwischen Buße und Gewinn resultierende **Schadenspotential**.[58]

45 Durch die wesentliche **Fokussierung auf den Unternehmensumsatz** entsteht nicht nur die **Gefahr**, dass die Schuld bei der Sanktionszumessung nicht hinreichend berücksichtigt wird; auch **einzelfallbezogenen Erwägungen**, die das tatsächliche Sanktionsbedürfnis bestimmen, wird die Strafe ggf. **nicht hinreichend gerecht**. Gerade in der Befriedigung des präventiven Strafbedürfnisses, welches sich aus den Kriterien des Art. 83 Abs. 2 S. 2 ergibt, liegt aber der Zweck sanktionierender Maßnahmen. Dieses sollte daher kumulativ mit der Schuld maßgebliches Bemessungskriterium sein.[59]

46 **d) Unionsrechtswidrigkeit.** Das vom § 17 OWiG abweichende Konzept der Bußgeldzumessung erscheint schließlich auch aus europäischer Perspektive nicht völlig unproblematisch.[60] Zweifel bestehen auch hier im Lichte des **Verhältnismäßigkeitsprinzips** angesichts der Bestimmung des **Unternehmensumsatzes als primären Anknüpfungspunkt** für die die Bußgeldzumessung.

47 Etwas anderes ergibt sich auch nicht unter Berücksichtigung der Regelung des Art. 83. Schließlich nennt der Katalog des Art. 83 Abs. 2 den Unternehmensumsatz gerade nicht.[61] Ausdrücklich berücksichtigt wird er zwar im Art. 83 Abs. 4–6, die flexible am Umsatz orientierte Regelung hinsichtlich potenzieller Höchststrafen soll aber vor allem verhindern, dass große Unternehmen Bußgeld einfach „einpreisen". Hierdurch entstünde für umsatzstarke Marktteilnehmer die Möglichkeit, datenschutzrechtlichen Vorgaben ohne nennenswertes finanzielles Risiko zu umgehen.[62] Ein solcher Handlungsspielraum ist in Bezug auf den abstrakten Bußgeldrahmen insofern nachvollziehbar,[63] bedeutet aber nicht, dass der Umsatz als maßgebliches Zurechnungskriterium oder, wie es nach dem Positionspapier der DSK faktisch der Fall ist, gar als Mindestgrenze für das Bußgeld[64] heranzuziehen ist.[65]

---

58 So *Thüsing/Kudlich* RDV Februar 2020, Editorial.
59 Vgl. hierzu auch *Paal* Kritische Würdigung des Konzepts der Datenschutzaufsichtsbehörden zur Bußgeldzumessung, S. 8.
60 Ausführlich hierzu *Paal* Kritische Würdigung des Konzepts der Datenschutzaufsichtsbehörden zur Bußgeldzumessung, S. 4 f.
61 Er nennt jedoch auch keinen anderen Faktor, der die wirtschaftliche Leistungsfähigkeit des Unternehmens in ein Verhältnis zur Tat bzw. zur Schuld setzen würde. Ein solcher ist aber zur Ermittlung von verhältnismäßigen Strafen unbedingt erforderlich.
62 So *Thiel/Wybitul* ZD 2020, 3, 4.
63 So auch *Thiel/Wybitul* ZD 2020, 3, 4.
64 Ein Unterschreiten des Basiswertes ist nur mittels einer Anpassung im letzten Schritt möglich, wo etwa eine drohende Insolvenz, nicht jedoch die Faktoren des Art. 83 Abs. 2 berücksichtigt werden.
65 A.A. *Uebele* EuZW 2019, 440, 442, der in der Bestimmung keine mit dem Kartellrecht vergleichbare Kappungsgrenze sieht, sondern einen Bußgeldrahmen, der (nur) im Falle besonders schwerer Verstöße auszureizen ist. Als Bußgeldrahmen wäre der Umsatz maßgeblicher Bemessungsfaktor, allerdings stets im Verhältnis zur Tatschwere und Schuld.

II. Bußgeldverfahrensrecht

§ 41 Abs. 2 BDSG ordnet die entsprechende Anwendung des OWiG, der StPO und des GVG für ein „Verfahren wegen eines Verstoßes nach Artikel 83" an. Insofern kann im Wesentlichen auf die entsprechenden Kommentierungen verwiesen werden. Weitere verfahrensrechtliche Bestimmungen finden sich in § 40 Abs. 4, § 42 Abs. 3 und 4 sowie in § 43 Abs. 4 BDSG. **48**

Das nationale Bußgeldverfahren teilt sich in verschiedene Phasen auf. Zunächst findet das sog. **Vorverfahren** statt, in welchem die zuständige Behörde den Sachverhalt ermittelt und bei Vorliegen der erforderlichen Voraussetzungen einen Bußgeldbescheid erlässt. Die Regelungen über das Verwarnungsverfahren finden hierbei, obwohl die DSGVO die Verwarnung als Rechtsinstitut durchaus kennt (Art. 58 Abs. 2 lit. b), nach § 41 Abs. 2 S. 2 BDSG keine Anwendung; ebenso wenig die Bestimmungen über die Einziehung, die Festsetzung gegen jur. Personen und die Vollstreckung von Nebenfolgen.[66] § 41 Abs. 1 S. 2 BDSG schließt zudem die Anwendung der §§ 35, 36 OWiG aus, da die Zuständigkeit der Aufsichtsbehörden bereits im Art. 83 geregelt ist. **49**

Nach Erlass des Bußgeldbescheides hat der Adressat die Möglichkeit hiergegen Einspruch einzulegen (§ 67 OWiG) und so das sog. **Zwischenverfahren** (§ 69 OWiG) einzuleiten. Die Behörde prüft sodann, ob sie den Bußgeldbescheid angesichts des erhobenen Einspruchs zurücknimmt. Hält die Behörde an ihrer Entscheidung fest, werden die Akten typischerweise dem zuständigen Gericht vorgelegt. Zwar übermittelt die Aufsichtsbehörde die Akten zunächst an die Staatsanwaltschaft, diese kann das Verfahren aber nur mit Zustimmung der Aufsichtsbehörde einstellen (§ 41 Abs. 2 S. 2 BDSG). **50**

Zuständiges Gericht ist prinzipiell das Amtsgericht, in dessen Bezirk die Aufsichtsbehörde ihren Sitz hat (§ 68 Abs. 1 OWiG). § 41 Abs. 1 S. 3 BDSG ordnet zudem an, dass das **Landgericht** über die Geldbuße entscheidet, wenn der Betrag 100 000 EUR überschreitet. Die Regelung wirkt in Anbetracht des Umstandes, dass die Amtsgerichte in anderen Rechtsgebieten befugt sind, Geldbußen in Millionenhöhe festzusetzen (§§ 30, 130 Abs. 3 OWiG),[67] nicht nur systemfremd und recht willkürlich.[68] Da bisher keine verfahrensrechtlichen Vorschriften zur **Besetzung der Kammern** für Bußgeldsachen am Landgericht ergangen sind, ergeben sich auch **Unsicherheiten** hinsichtlich der ordnungsgemäßen Durchführung eines entsprechenden Verfahrens.[69] Zwar verweist § 41 Abs. 1 BDSG i.V.m. § 71 Abs. 1 OWiG für das Bußgeldverfahren auf die StPO und das GVG. Dieser Verweis bedeutet aber, würde man ihn auch auf die Fälle des § 41 Abs. 1 S. 3 anwenden, dass die Kammern der Landgerichte auch in Bußgeldsachen mit zwei Richtern und zwei Schöffen zu besetzen wären (§§ 41 Abs. 1 BDSG, 46 Abs. 1, 71 Abs. 1 OWiG, 76 Abs. 1 S. 1, Abs. 2 S. 4 GVG). Diese Entscheidung war vom Gesetzgeber wohl weder intendiert, noch **51**

---

66 Vgl. Paal/Pauly-*Frenzel* § 41 BDSG Rn. 10.
67 So BR-Drucks. 107/20, S. 33.
68 So Gola/Heckmann-*Ehmann* § 41 Rn. 23 f.
69 *Piltz* Gesetzesentwurf zu DSGVO-Bußgeldverfahren – aktuelle Regelungen verfassungswidrig?, abrufbar unter: https://www.delegedata.de/2020/04/gesetzentwurf-zu-dsgvo-bussgeldverfahren-aktuelle-regelungen-verfassungswidrig/, zuletzt abgerufen am 19.6.2020; BR-Drucks. 107/20, S. 33 f.

ist sie angezeigt. In Ermangelung einer sachgerechten Verfahrensvorschrift erscheint es somit unklar, in welcher Besetzung das Landgericht in Bußgeldverfahren bei Datenschutzverstößen entscheidet. Das Land Hessen geht in Anbetracht der vorgenannten Regelungslücke gar davon aus, dass es „nahezu ausgeschlossen" ist, das gerichtliche Verfahren vor dem Landgericht ordnungsgemäß durchzuführen und fordert in einem aktuellen Gesetzesentwurf die Streichung des § 41 Abs. 1 S. 3 BDSG.[70]

52 Die Unstimmigkeit könnte auch einen **Angriffspunkt** gegen Entscheidungen in Verfahren vor Landgerichten gegen Bußgelder darstellen, die die 100 000 EUR Grenze überschreiten. Da die Garantie des gesetzlichen Richters (Art. 101 Abs. 1 S. 2 GG) nicht nur den Bestand von Rechtssätzen voraussetzt, die für jeden Streitfall das erkennende Gericht bezeichnen, sondern auch Normen, die den Richter, der für die Entscheidung zuständig ist, bestimmen,[71] wird über eine **Verfassungswidrigkeit** der Entscheidungen des Landgerichts nachgedacht.[72]

III. Vorbeugender Rechtsschutz gegen ein Bußgeld

53 Da in der Praxis aktuell eine Vielzahl ungeklärter Rechtsfragen bestehen, die quasi „aus dem Nichts" drastische Bußgelder nach sich ziehen können, stellt sich die Frage, ob Verantwortlichen zugemutet werden kann, einen Bußgeldbescheid auch dann abzuwarten, wenn er konkret droht, weil der Verantwortliche eine andere Rechtsposition vertritt als die zuständige Aufsichtsbehörde oder, ob zur Klärung von **Rechtsunsicherheiten** nicht ausnahmsweise eine **vorbeugende Feststellungsklage** vor dem Verwaltungsgericht gegen die zuständige Aufsichtsbehörde **statthaft** sein kann.[73] Ziel der Klage wäre die Klärung der Frage, ob ein bestimmtes Verhalten den – sich auf ein datenschutzrechtliches Ver- bzw. Gebotstatbestand beziehenden – **Tatbestand einer Sanktionsnorm** erfüllt.

54 Dem Ordnungswidrigkeitenrecht ist vorbeugender Rechtsschutz prinzipiell fremd. Vertreten Aufsichtsbehörde und Verantwortlicher jedoch unterschiedliche Rechtspositionen hinsichtlich der **Anforderungen**, die **datenschutzrechtliche Handlungsgebote** wie etwa Art. 32 an das Niveau der Datensicherheit stellen, betrifft die Unstimmigkeit der Sache nach **keine „sanktionsrechtliche Hauptfrage"**. Betrachtet man eine solche Fallgestaltung aus strafverfahrensrechtlicher Sicht, geht es vielmehr um die Klärung einer präjudiziellen **verwaltungsrechtlichen „Vorfrage"**, die nach § 154d oder § 262 StPO eine Aussetzung des Verfahrens zur Folge haben kann.[74] Eine Klärung derartiger Rechtsunsicherheiten vor dem Verwaltungsgericht erscheint vor diesem Hintergrund sachgerecht. Konsequenterweise kann sich das für die Zulässigkeit einer Feststellungsklage erforderliche Rechtsverhältnis zwi-

---

70 BR-Drucks. 107/20, S. 33 f.
71 *BVerfG* v. 8.4.1997 – 1 PBvU 1/95 Rn. 40 m.w.N.; Beschl. v. 30.3.1965 – 2 BvR 341/60.
72 Zu einer potenziellen Verfassungsbeschwerde gegen eine Entscheidung des erkennenden Gerichts oder einer Besetzungsrüge *Piltz* Gesetzentwurf zu DSGVO-Bußgeldverfahren – aktuelle Regelungen verfassungswidrig?, abrufbar unter: https://www.delegedata.de/2020/04/gesetzentwurf-zu-dsgvo-bussgeldverfahren-aktuelle-regelungen-verfassungswidrig/, zuletzt abgerufen am 19.6.2020.
73 So Kommentierung zu Art. 83 Rn. 11.
74 *OVG Lüneburg* v. 17.6.2010 – 13 LA 78/09.

schen Aufsicht und Verantwortlichem jedoch nicht durch die sanktionsrechtliche Befugnis der Datenschutzaufsicht, ein Verfahren gegen den Kläger einzuleiten, begründen. Inhalt des Rechtsverhältnisses kann allein der **verwaltungsrechtliche Streitgegenstand** sein (die in der DS-GVO normierten Handlungsgebote).[75]

In einer abstrakten Rechtsfrage darf sich das Klagebegehren einer Feststellungsklage allerdings nicht erschöpfen. Vielmehr muss sich das streitgegenständliche Rechtsverhältnis durch Handlungen staatlicher Akteure zu einem **hinreichend konkreten Rechtsverhältnis** verdichten. Nach der hierzu ergangenen Rechtsprechung des BVerwG kann sich die notwendige Konkretisierung – anders als die Begründung des Rechtsverhältnisses – im vorbeugenden Rechtsschutz auch mit Blick auf ein drohendes Bußgeld ergeben. Die abstrakte Rechtsbeziehung zwischen Staat und Bürger verdichtet sich nach ständiger Rechtsprechung des BVerwG in dem Moment zu einem konkreten Rechtsverhältnis, in dem eine Verwaltungsbehörde mittels der **Androhung eines Bußgeldes** Einfluss auf das Verhalten eines Bürgers nimmt. In diesem Fall sind „die rechtlichen Einstellungen der Parteien zu einem bestimmten tatsächlich bestehenden Sachverhalt beiderseitig so eindeutig klargestellt und kundgetan worden, dass das Vorliegen eines konkreten Rechtsverhältnisses, das allein Gegenstand einer Feststellungsklage sein kann, nicht geleugnet werden kann".[76] Im Lichte der stets präsenten Zwangswirkung drohender Bußgelder begründet schon die **Beanstandung eines ordnungswidrigkeitenrechtlich relevanten Verhaltens**, insb. bei Identität von Verwaltungs- und Sanktionsbehörde, eine Verdichtung der Rechtsbeziehung; einer ausdrücklichen Drohung bedarf es nicht.[77] Der nach der DS-GVO Verantwortliche muss seine Umsetzung der geforderten Schutzmaßnahmen hierbei schon dann in Frage gestellt sehen, wenn die Behörde eine **von seiner Praxis abweichende Einschätzung** publiziert.[78] 55

Das **Feststellungsinteresse** leiten BVerwG[79] und BVerfG[80] bei drohenden Bußgeldverfahren aus dem Gebot der Gewährung effektiven Rechtsschutzes ab. Hiernach ist es einem Betroffenen nicht zuzumuten, „die Klärung verwaltungsrechtlicher Zweifelsfragen auf der Anklagebank erleben zu müssen". Er hat vielmehr ein anzuerkennendes Interesse daran, den Verwaltungsrechtsweg als „fachspezifischere" Rechtsschutzform einzuschlagen, „insbesondere wenn dem Betroffenen ein Ordnungswidrigkeitenverfahren droht" (sog. **Damokles-Rechtsprechung**).[81] Angesichts drohender finanzieller Einbußen ist es dem Betroffenen nämlich weder zuzumuten, eine möglicherweise bußgeldbewährte Praxis fortzusetzen noch entgegen seiner Rechtsansicht „blind" der Auslegung der Behörde Folge zu leisten, um eine Sanktionierung zu vermeiden; insbesondere da dies typischerweise mit nicht unerheblichen finanziellen Dispositionen verbunden ist. Überdies begründet die bloße Verwicklung in ein Bußgeldverfahren regelmäßig bereits eine nachhaltige und teilweise irreparable Rufschädigung, die selbst ein Freispruch nicht wiedergutzumachen vermag. Die drohende Sanktionierung eines Verhaltens begründet insofern ein einklagbares 56

---

75 Vgl. Sodan/Ziekow-*Sodan* § 43 VwGO Rn. 85.
76 So *BVerwG* v. 13.1.1969 – I C 86.64; v. 9.5.1957 – I C 31.54.
77 Vgl. Sodan/Ziekow-*Sodan* § 43 VwGO Rn. 48.
78 So in einem ähnlich gelagerten Fall auch *VG Köln* v. 8.4.2014 – 7 K 3150/12.
79 Vgl. etwa *BVerwG* v. 17.1.1972 – I C 33.688.
80 *BVerfG* v. 7.4.2003 – 1 BvR 2129/02.
81 *BVerfG* v. 7.4.2003 – 1 BvR 2129/02.

Interesse daran, den Umfang unklarer, verwaltungsrechtlicher Pflichten möglichst schnell rechtverbindlich geklärt zu wissen.[82] Dabei spielt es keine Rolle, dass die Entscheidung des Verwaltungsgerichts für den Strafrichter nicht bindend ist. Schon der **Einfluss,** den eine für den Betroffenen günstige Entscheidung **auf die Beurteilung der strafrechtlichen Schuldfrage** ausüben kann, rechtfertigt das Feststellungsbegehren.[83]

§ 43 BDSG Bußgeldvorschriften

(1) Ordnungswidrig handelt, wer vorsätzlich oder fahrlässig
1. entgegen § 30 Absatz 1 ein Auskunftsverlangen nicht richtig behandelt oder
2. entgegen § 30 Absatz 2 Satz 1 einen Verbraucher nicht, nicht richtig, nicht vollständig oder nicht rechtzeitig unterrichtet.

(2) Die Ordnungswidrigkeit kann mit einer Geldbuße bis zu fünfzigtausend Euro geahndet werden.

(3) Gegen Behörden und sonstige öffentliche Stellen im Sinne des § 2 Absatz 1 werden keine Geldbußen verhängt.

(4) Eine Meldung nach Artikel 33 der Verordnung (EU) 2016/679 oder eine Benachrichtigung nach Artikel 34 Absatz 1 der Verordnung (EU) 2016/679 darf in einem Verfahren nach dem Gesetz über Ordnungswidrigkeiten gegen den Meldepflichtigen oder Benachrichtigenden oder seine in § 52 Absatz 1 der Strafprozessordnung bezeichneten Angehörigen nur mit Zustimmung des Meldepflichtigen oder Benachrichtigenden verwendet werden.

Übersicht

	Rn		Rn
A. Einordnung und Hintergrund	1	2. Inhalt des Verwendungsverbots	13
B. Kommentierung		a) Reichweite	13
I. Bußgeldtatbestände (§ 43 Abs. 1 und 2 BDSG)	2	b) Persönlicher Anwendungsbereich	15
II. Ausschluss von Geldbußen gegen Behörden und öffentliche Stellen (§ 43 Abs. 3 BDSG)	6	c) Sachlicher Anwendungsbereich	16
		3. Unionsrechtskonformität	22
III. Verwendungsverbot der Meldungen von Datenpannen (§ 43 Abs. 4 BDSG)	9	a) Das Selbstbelastungsprivileg in der europäischen Judikatur	23
1. Grundrechtlicher Hintergrund	11	b) Effektivitätsgrundsatz	31

Literatur: *Boms* Ahndung von Ordnungswidrigkeiten nach der DS-GVO in Deutschland, ZD 2019, 536–540; *Dannecker* Der nemo tenetur-Grundsatz – prozessuale Fundierung und Geltung für juristische Personen ZStW 2015, 991–1017; *LfDI Baden-Württemberg* 35. Tätigkeitsbericht 2019; *LfDI Hamburg* 27. Tätigkeitsbericht 2018; *LfDI Hessen*

---

82 Sodan/Ziekow-*Sodan* § 43 VwGO Rn. 86.
83 *BVerwG* v. 13.1.1969 – I C 86.64.

47. Tätigkeitsbericht 2018; *Roxin* Nemo tenetur: die Rechtsprechung am Scheideweg, NStZ 1995, 465–469; *Rüb* Der Nemo-tenetur-Grundsatz im BDSG im Lichte der Kartellrechts-Judikatur des EuGH, RDV 2019, 246 f.; *Schumacher* Nemo tenetur im Spannungsfeld zu außerstrafrechtlichen Offenbarungspflichten, 2017; *Schwarze/Bechtold/Bosch* Rechtsstaatliche Defizite im Kartellrecht der Europäischen Gemeinschaft, 2008; *Spittka* Nur noch 72 Stunden – Data Breach Notification nach der EU Datenschutz-Grundverordnung; *Taeger* Smart World – Smart Law?, 2016, S. 387–401; *ders.* Si tacuisses ... – Nemo tenetur und die DSGVO, DSRITB 2019, 141–155.

A. Einordnung und Hintergrund

§ 43 BDSG enthält drei eigenständige Regelungskomplexe, die mit jeweils unterschiedlichen Zielsetzungen die **Bußgeldregelungen** des Art. 83 ergänzen. Abs. 1 und 2 bestimmen in Umsetzung der RL 2008/46/EG (Verbraucherkreditrichtlinie) Bußgeldtatbestände, die dem Datenschutz nur indirekt dienen. Abs. 3 regelt, zum Schutze der Funktionsfähigkeit staatlicher Organe, einen Ausschluss von Geldbußen gegen Behörden und öffentliche Stellen. Abs. 4 normiert ein Verwendungsverbot für Meldungen nach Art. 33, 34 innerhalb des Bußgeldverfahrens, um das aus der Meldepflicht entstehende Spannungsverhältnis zum Selbstbelastungsprivileg aufzulösen. 1

B. Kommentierung

I. Bußgeldtatbestände (§ 43 Abs. 1 und 2 BDSG)

Abs. 1 und 2 regeln in Umsetzung der Verbraucherkreditrichtlinie neben Art. 83 eigenständige Bußgeldregeln, die Verstöße gegen § 30 BDSG sanktionieren.[1] Insoweit sind die nicht unerheblichen Modifikationen des Ordnungswidrigkeitenrechts nach § 41 BDSG für Verstöße gegen Art. 83 auf die Bußgeldregelungen der Abs. 1 und 2 nicht anzuwenden.[2] Da die Norm dem Anwendungsbereich der DS-GVO nicht unterfällt, bedurfte es für die Abs. 1 und 2 keiner Öffnungsklausel.[3] 2

Nach § 43 Abs. 1 Nr. 1 BDSG handelt ordnungswidrig, wer ein Auskunftsverlangen entgegen § 30 Abs. 1 BDSG „nicht richtig behandelt". Gemeint ist hiermit eine Ungleichbehandlung von Darlehensgebern aus dem europäischen Ausland im Vergleich zu inländischen Kreditgebern jeglicher Art. Es kann hierbei etwa um zeitliche oder inhaltliche Benachteiligungen gehen.[4] 3

§ 43 Abs. 1 Nr. 2 BDSG sanktioniert die nicht ordnungsgemäße Unterrichtung eines Verbrauchers. Dies ist der Fall, wenn der Verbraucher entgegen § 30 Abs. 2 S. 1 BDSG „nicht richtig, nicht vollständig oder nicht rechtzeitig" unterrichtet wird.[5] 4

Nach § 43 Abs. 2 BDSG kann die Geldbuße unter Beibehaltung des bisherigen Bußgeldrahmens nach § 43 Abs. 3 S. 1 BDSG a.F.,[6] bis zu 50 000 EUR betragen.[7] 5

---

1 Zu § 30 die Kommentierung zu Art. 15 Rn. 50 ff.
2 So auch BeckOK DatenSR-*Brodowski/Nowak* § 43 BDSG Rn. 2.
3 Vergleicher hierzu die Kommentierung zu Art. 15 Rn. 42 a.
4 Gola/Heckmann-*Ehmann* § 43 BDSG Rn. 4.
5 Gola/Heckmann-*Ehmann* § 43 BDSG Rn. 5.
6 BT-Drucks. 18/11325, S. 109.
7 Gola/Heckmann-*Ehmann* § 43 BDSG Rn. 6.

II. Ausschluss von Geldbußen gegen Behörden und öffentliche Stellen (§ 43 Abs. 3 BDSG)

6 § 43 Abs. 3 BDSG bestimmt, dass gegen Behörden und öffentliche Stellen i.S.d. § 2 Abs. 1 BDSG keine Geldbußen verhängt werden können. Da sich die Regelung in zulässiger Weise auf die Öffnungsklausel des Art. 83 Abs. 7 stützt, ist sie trotz rechtpolitischer Bedenken[8] zweifelsfrei anzuwenden.

7 Durch die Bezugnahme auf die Definition des § 2 Abs. 1 BDSG, nicht jedoch auf die Ausnahme des § 2 Abs. 5 BDSG, scheint es zunächst, als seien alle Behörden und öffentlichen Stellen des Bundes von der Ausschlussregelung erfasst. Dem europarechtlichen Behördenbegriff, der die Reichweite der Öffnungsklausel des Art. 83 Abs. 7 bestimmt, unterfallen jedoch keine Unternehmen, die im Wettbewerb stehen.[9] Es stand dem Gesetzgeber insofern kompetenziell nicht zu, die Ausschlussregelung auch auf Behörden i.S.d. § 2 Abs. 5 BDSG zu erstrecken. Insofern bestimmt auch die Gesetzesbegründung ausdrücklich, dass öffentliche Stellen i.S.d. § 2 Abs. 5 BDSG, die im Rahmen ihrer Tätigkeit im Wettbewerb mit anderen Verarbeitern stehen, bei der Verhängung von Geldbußen gegenüber ihren Wettbewerbern nicht bessergestellt werden sollen.[10] Daher ist die Norm dahingehend teleologisch zu reduzieren, sodass öffentliche Stellen, die im Wettbewerb stehen, nicht von der Regelung erfasst sind.[11]

8 Eine dem § 43 Abs. 3 BDSG entsprechende Regelung findet sich nicht nur im BDSG, sondern hierüber hinaus auch in allen Landesdatenschutzgesetzen.[12]

III. Verwendungsverbot der Meldungen von Datenpannen (§ 43 Abs. 4 BDSG)

9 § 43 Abs. 4 BDSG bestimmt, dass die pflichtige Meldung einer Datenpanne nach Art. 33 gegenüber der Datenschutzbehörde[13] sowie die zwingend vorzunehmende Benachrichtigung gegenüber der betroffenen Person nach Art. 34[14] nur mit Zustimmung des Meldepflichtigen oder Benachrichtigen gegen diesen oder seine Angehörigen (§ 52 Abs. 1 StPO) verwendet werden darf.[15] Abs. 4 bildet das bußgeldrechtliche

---

8 Vgl. hierzu Kühling/Buchner-*Schwichtenberg* Art. 83 Rn. 26.
9 So Kühling/Buchner-*Bergt* § 43 Rn. 4.
10 BT-Drucks. 18/11325, S. 109.
11 So auch Kühling/Buchner-*Bergt* § 43 BDSG Rn. 4 f.; i.Erg. auch Gola/Heckmann-*Ehmann* § 43 BDSG Rn. 8; BeckOK DatenSR-*Brodowski/Nowak* § 43 BDSG Rn. 20.
12 So etwa in § 28 LDSG BW; Art. 22 BayDSG; § 24 Abs. 3 HmbDSG; § 33 Abs. 4 DSG NRW, s.a. § 32 DSG NRW.
13 Vgl. zu den Voraussetzungen und dem Inhalt der Meldepflicht Kommentierung zu Art. 33 Rn. 27 ff., 70 ff.; Taeger-*Spittka* Smart World – Smart Law?, 2016, S. 387 ff.
14 Vgl. zu den Voraussetzungen und dem Inhalt der Benachrichtigungspflicht die Kommentierung zu Art. 34 Rn. 2 ff., 20 ff.; Taeger-*Spittka* Smart World – Smart Law?, 2016, S. 387, 393 f.
15 Die von Abs. 4 erfasste Pflicht zur Meldung an die Datenschutzbehörde entsteht mit der Kenntniserlangung von einer Verletzung des Schutzes personenbezogener Daten, die zur Vernichtung, zum Verlust oder zur Veränderung, zur unbefugten Offenlegung bzw. zu unbefugtem Zugang zu persönlichen Daten geführt hat, falls ein Risiko für die Rechte und Freiheiten natürlicher Personen nicht ausgeschlossen werden kann. Ist dieses Risiko voraussichtlich hoch und liegt keine Ausnahme nach Art. 34 Abs. 3 lit. a oder lit. b vor, muss auch eine Benachrichtigung an die betroffenen Personen erfolgen.

Pendant zu § 42 Abs. 4 BDSG.[16] Er wird von einigen Datenschutzbehörden nicht bzw. nur eingeschränkt angewendet, daher kann man sich auf das normierte Verwendungsverbot in der Praxis nicht überall ohne Weiteres verlassen (vgl. Rn. 13, 22).[17]

Nach der hier vertretenen Auffassung (vgl. hierzu Rn. 22 ff.) ergibt sich ein dem § 43 Abs. 4 BDSG entsprechendes Verwendungsverbot hinsichtlich dem nach Art. 33, 34 Verpflichteten schon aus der Gesamtschau der europäischen Regelungen kraft höherrangigem Recht;[18] einer Öffnungsklausel hätte es demnach nicht bedurft. Da die Regelung Ausdruck einer Verfahrensgarantie ist, kann sich der Gesetzgeber dennoch auf Art. 58 Abs. 4 sowie Art. 83 Abs. 8 berufen.[19]   10

1. Grundrechtlicher Hintergrund. Die Norm ist Ausdruck des **Spannungsverhältnisses** zwischen der sog. **Selbstbelastungsfreiheit** und der nach Art. 83 Abs. 4 lit. a **sanktionsbewährten Meldepflichten** der Art. 33, 34. Die Selbstbelastungsfreiheit besitzt Grundrechtsrang[20] und ist sowohl in Art. 14 Abs. 3 lit. g IPBPR als auch im europäischen Recht auf ein faires Verfahren aus Art. 6 Abs. 1 EMRK sowie in Art. 47 Abs. 2 GRCh enthalten.[21] Seit dem Orkem-Urteil des EuGH kommt die Selbstbelastungsfreiheit nicht nur natürlichen, sondern auch juristischen Personen zugute und gilt nicht nur für das Strafverfahren selbst, sondern darüber hinaus auch innerhalb vorbereitender Verfahren.[22]   11

Ein Konflikt zwischen dem Selbstbelastungsprivileg und den Pflichten aus Art. 33, 34 entsteht, da die Meldung nach Art. 33 Abs. 3 lit. a und c, 34 Abs. 2 eine (gem. Art. 33 Abs. 5 schriftliche) Beschreibung der Art der Verletzung inkl. der Anzahl der betroffenen Personen und Datensätze sowie der zu erwartenden Folgen enthalten muss und damit für ein potenzielles Bußgeldverfahren relevante Informationen.[23] Sofern die Datenpanne durch einen Verstoß gegen Schutzpflichten aus der DS-GVO ausgelöst oder intensiviert wurde, hat der Verantwortliche der auch für Bußgelder zuständigen Datenschutzbehörde so proaktiv die für ein gegen ihn gerichtetes Bußgeld erforderlichen Beweise zu übermitteln. Anderenfalls droht ihm eine Geldbuße aufgrund der unterlassenen Selbstanzeige nach Art. 83 Abs. 4 lit. a.   12

---

16 So Taeger/Gabel-*Nolde* § 43 BDSG Rn. 10
17 Nicht so etwa die Aufsichtsbehörde in Hamburg. Vgl. zur Sanktionsfreiheit der *FIFA* aufgrund ordnungsgemäßer Meldung bei der Behörde *LfDI Hamburg* 27. TB 2018, S. 52.
18 So auch Simitis/Hornung/Spiecker gen. Döhmann-*Dix* Art. 33 Rn. 25; Sydow-*Wilhelm* Art. 33 Rn. 29; Gola/Heckmann-*Ehmann* § 42 BDSG Rn. 33. Anderenfalls würde die Pflicht, insofern sich der Verantwortliche selbst bezichtigen müsste, sowohl gegen die GRCh als auch gegen die EGMR verstoßen. Vgl. hierzu ausführlich die Kommentierung zu Art. 33 Rn. 89 ff.
19 BT-Drucks. 18/11325, S. 109 – zur Gegenposition Rn. 20 ff., 25.
20 Zur Frage nach der verfassungsrechtlichen Verankerung *Schumacher* Nemo tenetur im Spannungsfeld zu außerstrafrechtlichen Offenbarungspflichten, 2017, S. 53 ff.
21 Vgl. hierzu überblicksartig *Schumacher* Nemo tenetur im Spannungsfeld zu außerstrafrechtlichen Offenbarungspflichten, 2017, S. 49 ff.
22 *EuGH* v. 18.10.1989 – C-374/87 Rn. 31, 33.
23 Diese Information erhält die Datenschutzbehörde auch dann, wenn die betroffene Person der Aufsicht die an sie gerichtete Benachrichtigung nach Art. 34 zukommen lässt. Diese muss zwar nicht zwingend die in Art. 33 Abs. 3 lit. a genannten Informationen enthalten, wohl aber Informationen hinsichtlich des zu erwartenden Schadens, die typischerweise Rückschlüsse hinsichtlich potentieller Pflichtverletzungen zulassen.

Gerade hiervor schützt aber das **Selbstbelastungsprivileg**, welches die prinzipielle Freiheit eines jeden erfasst, „selbst darüber zu befinden, ob er an der Aufklärung eines [ihn belastenden] Sachverhalts aktiv mitwirken will oder nicht"[24]. Die exakten Grenzen sind hierbei zwar bisher nicht eindeutig bestimmt, Kernstück der Selbstbelastungsfreiheit stellt jedoch das Recht dar, sich nicht zu äußern, weder schriftlich noch mündlich.[25] Dieses Spannungsverhältnis löst § 43 Abs. 4 BDSG nun auf, indem er den Zwang zur Anzeige zwar aufrechterhält, die aus der Aussage erlangten belastenden Informationen aber für im Bußgeldverfahren unverwertbar bestimmt.

13 **2. Inhalt des Verwendungsverbots. – a) Reichweite.** Die Norm spricht ausdrücklich von einem Verbot, Meldung und Benachrichtigung zu „verwenden" und normiert somit ein sog. **Verwendungsverbot**. Damit ist es der Behörde nicht nur untersagt, Meldung und Benachrichtigung als Beweis in ein Ordnungswidrigkeitsverfahren einfließen zu lassen (sog. Verwertungsverbot), die hierdurch erlangten Informationen dürfen zudem weder als Spurenansatz für weitere Ermittlungen dienen (sog. Fernwirkung) noch einen Anfangsverdacht begründen (sog. Frühwirkung).[26] Dieses Verständnis entspricht auch der h.M. zum gleichgelagerten § 97 Abs. 1 S. 2 InsO.[27] Insoweit abzulehnen ist die – am fälschlich ausgelegten § 97 Abs. 1 S. 2 InsO orientierte[28] – Interpretation des LfDI Hessen, der eine Ahndung der Datenschutzverstöße insoweit zulässt, als die Inhalte der Meldung von der Behörde hypothetisch hätten ermittelt werden können.[29] So würde das Verwendungsverbot, insb. angesichts der weitreichenden Befugnisse der Datenschutzaufsichtsbehörde aus Art. 59, faktisch ausgehöhlt.[30]

14 Das Verwendungsverbot gilt ausweislich des Wortlautes der Norm für „Verfahren nach dem Gesetz über Ordnungswidrigkeiten" und damit nicht nur für die Tatbestände des ersten Absatzes, sondern insbesondere auch für **Bußgeldverfahren nach Art. 83**, auf die die Vorschriften über Ordnungswidrigkeiten nach § 41 BDSG entsprechend anzuwenden sind.[31] **Nicht** anzuwenden ist das Verbot hingegen im **Zivilverfahren** sowie im **Verwaltungsverfahren**.[32]

---

24 BGHSt 40, 66, 71; vgl. auch *Roxin* NStZ 1995, 465, 466.
25 *Schumacher* Nemo tenetur im Spannungsfeld zu außerstrafrechtlichen Offenbarungspflichten, 2017, S. 27.
26 So auch Kühling/Buchner-*Bergt* § 43 BDSG Rn. 6; *Spittka* DSRITB 2019, 141, 150; Taeger/Gabel-*Nolde* § 42 BDSG Rn. 3, § 43 BDSG Rn. 10; BeckOK DatenSR-*Brodowski/Nowak* § 43 Rn. 22 – ausführlich zu Argumenten für und gegen ein solches Verwendungsverbot am Beispiel des § 630c Abs. 2 S. 3 BGB *Schumacher* Nemo tenetur im Spannungsfeld zu außerstrafrechtlichen Offenbarungspflichten, 2017, S. 217 ff.
27 Vgl. *LG Stuttgart* NStZ-RR 2001, 282; *BGH* v. 27.7.2017 – 3 StR 52/17 Rn. 3 m.w.N. sowie bezugnehmend auf § 97 Abs. 1 S. 2 InsO bzgl. § 393 Abs. 2 S. 1 AO *LG Göttingen* Vorlagebeschluss v. 11.12.2007 – 8 KLs 1/07 Rn. 146
28 Die überwiegende Auffassung vertritt ausdrücklich, dass im Rahmen des § 97 Abs. 1 S. 2 InsO für die Berücksichtigung von hypothetischen Kausalverläufen kein Raum besteht. *Schumacher* Nemo tenetur im Spannungsfeld zu außerstrafrechtlichen Offenbarungspflichten, 2017, S. 228 f. m.w.N.
29 *LfDI Hessen* 47. TB 2018, S. 172.
30 So auch *Spittka* DSRITB 2019, 141, 153.
31 BT-Drucks. 18/11325, S. 109; *Boms* ZD 2019, 536, 539 f.; Kühling/Buchner-*Bergt* § 43 BDSG Rn. 8.
32 So auch Taeger-*Spittka* Smart World – Smart Law?, 2016, S. 387, 397 f. m.w.N.

b) Persönlicher Anwendungsbereich. Da sich Abs. 4 tatbestandlich auf den nach Art. 33 bzw. 34 Meldepflichtigen und damit auf den nach der DS-GVO Verantwortlichen (Art. 4 Nr. 7) bezieht, erfasst der **persönliche Schutzbereich** der Norm sowohl juristische als auch natürliche Personen. Sollten Bußgeldverfahren nicht nur gegen die verantwortliche juristische Person, sondern hierüber hinaus auch gegen handelnde Akteure geführt werden, etwa gegen gesetzliche Vertreter des verantwortlichen Unternehmens (§ 41 i.V.m. §§ 9, 130 OWiG),[33] ist die Vorschrift auf diese Personen analog anzuwenden.[34]

c) Sachlicher Anwendungsbereich. Seit Einführung der Pflicht aus Art. 33 sind die angezeigten Datenschutzverstöße zwar spürbar angestiegen,[35] Mitte 2019 waren es bereits über 22 000. Diese betrafen aber oftmals Fälle, in denen tatsächlich keine Pflicht bestand, den fraglichen Sachverhalt der Behörde zu melden.[36] Insoweit stellt sich die Frage, ob auch diese (aus rechtlicher Perspektive freiwilligen) Benachrichtigungen vom Verwendungsverbot aus § 43 Abs. 4 BDSG erfasst sind. Schließlich normiert § 43 Abs. 4 BDSG keine dem Steuerrecht (§ 371 AO) entsprechende Straffreiheit bei freiwilliger Selbstanzeige.

§ 43 Abs. 4 BDSG verweist tatbestandlich auf Art. 33 bzw. 34 und setzt damit seinem Wortlaut zufolge das Bestehen einer **Meldepflicht** voraus. Dass das Abstellen auf die rechtliche Pflichtigkeit allein aber dem Zweck der Norm nicht hinreichend gerecht wird, ergibt sich aus einem Blick auf das der Norm zugrunde liegende Spannungsverhältnis zwischen Selbstbelastungsfreiheit und Anzeigezwang. Hierbei ist nach der hier vertretenen Auffassung anhand der hinter der Meldung stehenden **Motivationslage** zu differenzieren.[37] Derjenige etwa, der sich irrtümlicherweise für pflichtig hält, befindet sich ebenso wie der tatsächlich Pflichtige in dem durch das Selbstbelastungsprivileg geschützten Konflikt zwischen dem ureigensten, natürlichen Bedürfnis, sich nicht selbst zu belasten,[38] und der Verpflichtung seiner gesetzmäßigen Verantwortung nachzukommen, den Abs. 4 aufzulösen versucht.[39] Das Verwendungsverbot muss insoweit auch für denjenigen gelten, der sich irrtümlich für pflichtig gehalten hat, da er etwa das von der Datenpanne ausgehende Risiko falsch eingeschätzt hat (**irrtümliche Meldungen**). Diese Auslegung steht auch im Einklang mit der Rechtsprechung zur Unverwertbarkeit von aufgrund einer irrtümlich angenommenen Aussagepflicht abgegebenen Äußerungen im Strafverfahren.[40] Nicht gelten darf Abs. 4 hingegen für denjenigen, der missbräuchlich von der Meldung Gebrauch macht, um die Privilegien des Verwendungsverbots für sich zu nutzen (**missbräuchliche Meldungen**).

Insoweit erstreckt sich das Verwendungsverbot nach der hier vertretenen Auffassung auch auf nach Art. 33 Abs. 3 bzw. 34 Abs. 2 **nicht erforderliche Angaben**, die

---

33 Vgl. hierzu die Kommentierung zu § 41 BDSG im Anhang zu Art. 83, Rn. 13.
34 So auch BeckOK DatenSR-*Brodowski/Nowak* § 43 BDSG Rn. 25 ff.
35 So etwa *LfDI BW* 35. TB 2019, S. 21.
36 So etwa *LfDI BW* 35. TB 2019, S. 21.
37 Vgl. hierzu auch die Kommentierung Art. 33 Rn. 102 f.
38 Vgl. hierzu *Schumacher* Nemo tenetur im Spannungsfeld zu außerstrafrechtlichen Offenbarungspflichten, 2017, S. 54 ff.
39 A.A. Kühling/Buchner-*Bergt* § 43 BDSG Rn. 7.
40 *BGH* v. 27.2.1992 – 5 StR 190/91.

Anhang Art. 83 / § 43 BDSG — Bußgeldvorschriften

19   irrtümlich mit übermittelt wurden, solange zwecks Erfüllung der Verpflichtung gehandelt und die Grenze zum Missbrauch so nicht überschritten wird.[41]

19   Wird hingegen – wie es in der Praxis die Regel zu sein scheint – vorsorglich jede Datenpanne gemeldet, gleich welcher Intensität, ohne im konkreten Fall aktiv von einer Verpflichtung auszugehen (**vorsorgliche Meldung**), unterliegt der Handelnde nicht der vom § 43 Abs. 4 BDSG privilegierten Konfliktsituation. Der vorsorglich Meldende handelt im Ergebnis zwar, um seiner gesetzlichen Verpflichtung nachzukommen, entscheidet sich aber freiwillig dazu, die Pflicht aus Art. 33 eher über das erforderliche Maß hinaus zu erfüllen, als sich mit deren Voraussetzungen zu befassen. Der Konflikt entsteht somit nicht durch die Meldepflicht, sondern dadurch, dass sich der Verantwortliche nicht hinreichend mit seinen Verpflichtungen auseinandersetzt. Insofern erfasst das Verwendungsverbot des § 43 Abs. 4 BDSG die vorsorgliche Meldung nicht. Selbstredend werden sich in diesem Zusammenhang Beweisprobleme ergeben. Eine vorsorgliche (wenn nicht gar missbräuchliche) Meldung liegt aber jedenfalls dann nahe, wenn Verstöße gemeldet werden, die die Voraussetzungen des Art. 33 Abs. 1 eindeutig nicht erfüllen. Dies ist etwa der Fall, wenn gemeldet wird, dass ein Patient einen Teil der ihm gehörenden Dokumente im Wartezimmer einer Praxis hat liegen gelassen.[42]

20   Außerdem erstreckt sich das Verwertungsverbot auch auf die durch eine Meldung des Verantwortlichen erlangte Information der Unvollständigkeit der Meldung bzw. der verspäteten Abgabe. Schließlich entsteht die im § 43 Abs. 4 BDSG privilegierte Konfliktsituation nicht nur in dem Moment, in dem der Verpflichtete gezwungen ist mittels Meldung einen Verstoß gegen die DS-GVO bei der Datenverarbeitung zu offenbaren. Ein vergleichbarer Gewissenskonflikt entsteht auch dann, wenn der Verpflichtete gezwungen ist, die Behörde durch eine nachgeholte Meldung bzw. eine nachträgliche Ergänzung auf das (ebenfalls bußgeldbewährte) **Fristversäumnis** bzw. die **Unvollständigkeit** hinzuweisen. Eine Grenze ist aber auch hier im Missbrauchsfalle zu ziehen. Diese Auslegung steht auch mit dem Wortlaut der Norm im Einklang, wonach die Meldung in „einem Verfahren nach dem Gesetz über Ordnungswidrigkeiten" nicht verwendet werden darf, unabhängig davon, auf welche Verstöße sich dieses Verfahren bezieht.

21   Auf die von der Datenschutzbehörde selbstständig ermittelte Unvollständigkeit einer Meldung, lässt sich dieser Gedanke hingegen nicht ohne Weiteres übertragen. Jedenfalls rechtspolitisch erscheint es aber sinnvoll, die Anforderung an eine Meldung – vorbehaltlich grob fahrlässiger oder vorsätzlicher Verfehlungen – nicht zu einem bußgeldrelevanten Risiko zu machen. In einem Bußgeldverfahren nach Art. 83 Abs. 4 lit. a wegen eines Verstoßes gegen Art. 33 bzw. 34 sollte nach der hier vertretenen Auffassung daher vor allem das gänzliche Unterlassen der Abgabe einer Erklärung geahndet werden.[43]

---

41   A.A. Kühling/Buchner-*Bergt* § 43 BDSG Rn. 7.
42   *LfDI BW* 35. TB 2019, S. 21.
43   Vgl. hierzu auch Paal/Pauly-*Frenzel* § 42 BDSG Rn. 10. Zu den Anforderungen an eine ordnungsgemäße Meldung die Kommentierung Art. 33 Rn. 70 ff.

3. Unionsrechtskonformität. Von Seiten einiger Datenschutzbehörden wird, gestützt auf Teile der Literatur,[44] eine **Europarechtswidrigkeit** des § 43 Abs. 4 BDSG angenommen und auf eine Anwendung der Norm verzichtet.[45] Die Norm würde über die europarechtlich gebotenen Verfahrensgarantien hinausgehen und so den (engen) Umsetzungsspielraum des Bundesgesetzgebers aus Art. 58 Abs. 4 bzw. Art. 83 Abs. 8 überschreiten. Ob sich diese Annahme im Zuge eines gerichtlichen Verfahrens als tragfähig herausstellen würde, erscheint höchst fraglich. Jedenfalls geht die Aufsicht ein erhebliches Prozesskostenrisiko ein. Mangels Beanstandung der EU-Kommission der Norm ist im Falle einer Unionsrechtskonformität zudem an Amtshaftungsansprüche gegenüber dieser zu denken.[46]

22

a) Das Selbstbelastungsprivileg in der europäischen Judikatur. Die Annahme der Europarechtswidrigkeit stützt sich im Wesentlich auf die bisherige Auslegung der aus den Verteidigungsrechten erwachsenden Selbstbelastungsfreiheit durch den **EuGH** im Zuge seiner **Kartellrechtsprechung**. Der EuGH sieht hier als von der Selbstbelastungsfreiheit geschützt lediglich Aussagen an, die tatsächlich dem **Eingeständnis einer Zuwiderhandlung** entsprechen, deren Nachweis der Kommission obliegt. Nur in diesem Fall würden die Verteidigungsrechte untergraben. Nicht geschützt sind demnach rein **tatsächliche Informationen**.[47] Übertrüge man diese Auslegung auf die von Art. 33 Abs. 3 erfassten Informationen, etwa die Art der Verletzung, die Zahl der betroffenen Personen sowie die bisher ergriffenen Maßnahmen, erschiene es, insb. angesichts der Beweislastregelung des Art. 5 Abs. 2, die auch für das Ordnungswidrigkeitsverfahren gilt, zunächst nicht ausgeschlossen, dass sie nicht von der Selbstbelastungsfreiheit gedeckt wären.[48] Zweifel ergeben sich aber aus zweierlei Gründen. Zum einen steht die Auslegung der Selbstbelastungsfreiheit des EuGH in deutlichem Widerspruch zur Rechtsprechung des EGMR. Zum anderen ist, insb. angesichts der am Case Law orientierten Entscheidungspraxis des EuGH, zu berücksichtigen, dass sich alle bisher ergangen Entscheidungen auf das europäische Kartellrecht und eben nicht auf das Datenschutzrecht bezogen.

23

Ihren Ausgangspunkt nahm die Rechtsprechung des EuGH in der Orkem-Entscheidung aus dem Jahr 1989.[49] Hier stellte der europäische Gerichtshof noch ausdrücklich fest, dass sich „weder aus dem Wortlaut noch aus der Rechtsprechung des Europäischen Gerichtshofes für Menschenrechte" ergebe, dass mit Art. 6 EGMR ein Recht auf Selbstbelastungsfreiheit anerkannt werde.[50] Insofern bestand 1989 kein Anlass, die eigene Rechtsprechung zur Frage nach der Reichweite dieser Frei-

24

---

44 *Boms* ZD 2019, 536, 540; Kühling/Buchner-*Bergt* § 43 BDSG Rn. 11 ff.; wenn auch kritisch BeckOK DatenSR-*Brink* Art. 33 Rn. 15, 39 ff.
45 So verhängte der *LfDI BW* ein Bußgeld gegen das soziale Netzwerk *Knuddels*, ausgelöst durch eine vorangegangene Meldung vgl. *LfDI BW* Pressemeldung v. 22.11.2019, online abrufbar unter: https://www.baden-wuerttemberg.datenschutz.de/wp-content/uploads/2018/11/LfDI-Baden-W%C3%BCrttemberg-verh%C3%A4ngt-sein-erstes-Bu%C3%9Fgeld-in-Deutschland-nach-der-DS-GVO.pdf, zuletzt abgerufen am 7.2.2020; a.A. *LfDI Hamburg* 27. TB 2018, S. 52.
46 Vgl. hierzu auch die Praxishinweise in der Kommentierung zu Art. 6 in Rn. 210, 219, 221.
47 *EuGH* v. 18.10.1989 – C-374/87 Rn. 34, 35; Beck RS 2019, 5395 Rn. 181, 184
48 So *Boms* ZD 2019, 536, 538; Kühling/Buchner-*Bergt* § 43 BDSG Rn. 11 ff.
49 *EuGH* v. 18.10.1989 – C-374/87.
50 *EuGH* v. 18.10.1989 – C-374/87 Rn. 30.

heit mit dem europäischen Grundrechtekanon zu harmonisieren. Seither hat der **EGMR** jedoch wiederholt entschieden, dass aus dem **Recht auf ein faires Verfahren** aus Art. 6 Abs. 1 EMRK, anders als vom EuGH angenommen, ein **umfassendes Recht auf Selbstbelastungsfreiheit** erwächst. [51] Deren Kernstück stellt das Recht zum Schweigen dar, unabhängig davon, ob mit der Aussage eine Zuwiderhandlung eingestanden wird oder lediglich Tatsachen offenbart werden.[52] Ebenfalls erfasst ist die Freiheit, nicht selbstständig belastende Dokumente zusammenzustellen und übergeben zu müssen.[53] Das Schutzniveau der Selbstbelastungsfreiheit in der Auslegung des EuGH bleibt somit deutlich hinter dem vom EGMR geforderten Schutz zurück.[54] Da die Grundrechte der EMRK, wie auch vom EuGH anerkannt,[55] nach Art. 6 Abs. 3 EUV als **allgemeine Grundsätze** Teil **des Unionsrechts** sind, wäre der EuGH verpflichtet gewesen bei seiner Auslegung der auf die Verteidigungsrechte gestützten Selbstbelastungsfreiheit den sich aus der Judikatur zur europäische Menschenrechtskonvention ergebenen Regelungsgehalts dieser Freiheit im Blick zu halten. Dasselbe Ergebnis ergibt sich mit Blick auf das Recht auf ein faires Verfahren aus Art. 47 Abs. 2 GRCh, da Art. 52 Abs. 3 GRCh bestimmt, dass die Charta Rechte, soweit diese den durch die EMRK garantierten Rechten entsprechen, die gleiche Bedeutung und Tragweite haben, wie sie ihnen in der EMRK verliehen wird.

25 Zudem lassen sich die bisher ergangenen Entscheidungen des EuGH zum europäischen Kartellrecht, die gerade nicht auf die Schaffung abstrakter Rechtsgrundsätze abzielen, aufgrund bedeutsamer **Unterschiede der betroffenen Sachverhalte**, **nicht** ohne Weiteres auf den Bereich des Datenschutzes **übertragen**.

26 Der EuGH hat in seinen Entscheidungen stets den Schutz der **Effektivität der kartellrechtlichen Ermittlungen** mit den Verteidigungsrechten des Beschuldigten abgewogen.[56] Wettbewerbswidrige Absprachen sind aber, anders als Datenpannen,

---

51 *EGMR* v. 25.2.1993 – 10828/84; v. 8.2.1996 – 18731/91; v. 21.9.1999 – 34720/97; v. 11.7.2006 – 54810/00.
52 Zwar ist die Selbstbelastungsfreiheit durch Art. 6 EMRK nach dem EGMR nicht mehr absolut gewährleistet, es ist vielmehr stets eine Einzelfallbetrachtung vorzunehmen (*EGMR* v. 29.6.2007 – 15809/02 und 25624/02, Rn. 53, 54). Die Ablehnung eines Schweigerecht im vorliegenden Fall stünde im Lichte der sehr strengen Auslegung des Gerichtshofs, wenn es um das Recht zum Schweigen im Vergleich zur gezwungenen Herausgabe „körperlicher Beweise" geht, dennoch eindeutig nicht im Einklang mit der Judikatur des EGMR. Zwar hat der EGMR ein solches Im Fall O'Halloran u. Francis/Vereinigtes Königreich (*EGMR* v. 29.6.2007 – 15809/02 u. 25624/02) nicht anerkannt. Begründet wurde dies aber u.a. damit, dass der betroffene Kraftfahrer nur auszusagen hatte, da die Polizei ihn bereits (der betroffenen Straftat) verdächtigte. Der EGMR führte somit gerade das Fehlen einer proaktiven Mitteilungspflicht, wie sie die DSGVO normiert, als Argument gegen die Selbstbelastungsfreiheit an. Außerdem begründete er sein Urteil damit, dass es um es um Informationen ging, die „eindeutig enger begrenzt waren als in früher entschiedenen Fällen". Diese sind somit mit den sehr weitreichenden Informationspflichten des Art. 33 nicht zu vergleichen (Rn. 61).
53 *EGMR* v. 3.5.2001 – 31827/96, Rn. 64 ff.
54 So auch *Dannecker* ZStW 2015, 991, 1016; *Spittka* DSRITB 2019, 141, 146 ff., 152; *Schwarze/Bechtold/Bosch* Rechtsstaatliche Defizite im Kartellrecht der Europäischen Gemeinschaft, 2008, S. 32 ff.; *Rüb* RDV 2019, 246, 246 f; a.A. *Boms* ZD 2019, 536, 538.
55 *EuGH* v. 18.10.1989 – C-374/87, Rn. 28.
56 *EuGH* v. 18.10.1989 – C-374/87; *EuG* v. 9.4.2019 – T-371/17.

"ihrer Natur nach konspirativ" und damit schwer nachweisbar.⁵⁷ Der Nachweis von Verstößen gegen die DS-GVO ist ungleich leichter. Schon insoweit ist die Effektivität der Datenschutzaufsicht als Bußgeldbehörde durch den Schutz der Selbstbelastungsfreiheit weit weniger beeinträchtigt.⁵⁸

Die kartellrechtlichen Auskunftspflichten bezwecken zudem ausschließlich die Aufdeckung und Sanktionierung konspirativer Pflichtverstöße. Die datenschutzrechtliche Meldepflicht hingegen bezweckt den Schutz vor physischem, materiellem oder immateriellem Schaden, ausgelöst durch eine typischerweise unbeabsichtigte Datenpanne. ErwG 85 der DS-GVO stellt ausdrücklich klar, dass „eine Verletzung des Schutzes personenbezogener Daten [...] – wenn nicht rechtzeitig und angemessen reagiert wird – einen physischen, materiellen oder immateriellen Schaden für natürliche Personen nach sich ziehen" kann und der Verantwortliche „deshalb [...] die Aufsichtsbehörde von der Verletzung des Schutzes personenbezogener Daten unverzüglich [...] unterrichten" sollte. Insoweit kann im Datenschutzrecht durch das Schaffen eines Verwertungsverbots ein Anreiz, seinen rechtlichen Verpflichtungen auch tatsächlich nachzukommen, geschaffen werden, welcher im kartellrechtlichen Bereich der Natur der Sache nach nicht in Betracht kommt.⁵⁹ Diese Anreizwirkung steigert die Effektivität der Aufsichtsbehörden im Ergebnis. Schließlich kann die Aufsichtsbehörde ihre Verpflichtung negative Auswirkungen von Datenschutzverletzungen so gering wie möglich zu halten nur dann vollumfänglich erfüllen, wenn auch Datenpannen angezeigt werden, die durch Verstöße gegen die DS-GVO begründet oder intensiviert wurden.⁶⁰

27

Auch betraf die kartellrechtliche Rechtsprechung keine proaktive Meldepflicht sondern reaktive Auskunftspflichten (und damit eine mit § 40 Abs. 4 S. 2 BDSG vergleichbare Regelung).⁶¹ Bei einer **Pflicht zur proaktiven Meldung** liegt aber eine im Vergleich zur Auskunftspflicht **gesteigerte Eingriffsintensität** vor. Außerdem wird der Verantwortliche im Art. 33 dazu verpflichtet, alle für die Verhängung eines Bußgeldes erforderlichen Informationen schriftlich vorzulegen (Art. 33 Abs. 5 S. 2), nicht „lediglich" angefragte Auskünfte zu erteilen. Raum für **effektive Verteidigung** bleibt infolgedessen anders als im Kartellrecht nicht.

28

Eine Abwägung zwischen den Verteidigerrechten und der Effektivität der Aufsichtsbehörden sollte im Lichte der dargelegten Besonderheiten im datenschutzrechtlichen Bereich, anders als im Kartellrecht, zugunsten des Verpflichteten ausgehen. Jedenfalls bestehen bedeutsame Unterschiede zwischen den Sachverhalten, die den Entscheidungen des EuGH zugrunde gelegen haben, und denen, die dem Regelungskomplex des § 43 Abs. 4 BDSG unterfallen, die eine Übertragung der

29

---

57 *Rüb* RDV 2019, 246, 247.
58 So auch *Rüb* RDV 2019, 246, 247.
59 So auch *Rüb* RDV 2019, 246, 247; kritisch Paal/Pauly-*Frenzel* § 42 BDSG Rn. 10 – Zu den Aufgaben und Funktionen der Datenschutzaufsichtsbehörden vgl. die Kommentierung zu Art. 57 Rn. 23 ff.
60 Der Einsatz von Zwangsmitteln durch die Behörden kommt typischerweise, mangels Kenntnis des Vorfalls, nicht in Betracht.
61 Vgl. zu dieser Regelung *Spittka* DSRITB 2019, 141.

Rechtsprechung gerade mit Blick auf die am **Case Law** orientierte Entscheidungspraxis nicht ohne Weiteres begründen.[62]

30 Demzufolge geht die Regelung nicht über die europarechtlich gebotenen Verfahrensgarantien hinaus. Eine dem § 43 Abs. 4 BDSG entsprechende Schutzwirkung ergibt sich schon kraft höherrangigen Rechts.[63] Der Gesetzgeber konnte seinen prozessualen Umsetzungsspielraum insofern mit der Regelung des Verwertungsverbots nicht überschreiten. Auf das Verhältnis der nationalen Grundrechte zum europäischen Grundrechtekanon im Bereich der Öffnungsklauseln der Art. 58 Abs. 4 sowie Art. 83 Abs. 8 kommt es daher nicht mehr an.[64]

31 **b) Effektivitätsgrundsatz.** Da es sich bei § 43 Abs. 4 BDSG um eine Verfahrensnorm handelt, liegt dem Vorwurf, das Verwendungsverbot überschreite den Handlungsspielraum der Art. 58 Abs. 4 sowie Art. 83 Abs. 8, die Unterstellung eines Verstoßes gegen den Effektivitätsgrundsatz zugrunde. Schließlich ist ein prozessualer Handlungsspielraum nicht allein deshalb überschritten, weil eine Regelung ein höheres Schutzniveau normiert, als es die europäischen Verfahrensgarantien erfordern. Erforderlich ist hierüber hinaus ein Verstoß gegen den Effektivitätsgrundsatz,[65] der den Vorrang und die Wirksamkeit des Gemeinschaftsrechts sichert. Insoweit wäre eine Unionsrechtswidrigkeit des § 43 Abs. 4 BDSG – vorausgesetzt die Norm ginge über die grundrechtsunmittelbare Geltung des Selbstbelastungsprivilegs aus der GRCh hinaus – nur dann begründet, wenn durch das Verwertungsverbot dem Regelungskomplex der Art. 33, 34 i.V.m. Art. 58 Abs. 2 lit. i bzw. Art. 83 Abs. 4 lit. a zumindest ein nicht erheblicher Teil ihrer „praktischen Wirksamkeit" genommen würde.[66] Eine solche Beschränkung der Wirksamkeit erscheint jedoch keinesfalls eindeutig. Die Pflichten aus Art. 33 bzw. 34 haben schließlich nicht den ausdrücklichen **Zweck**, ein Bußgeldverfahren einzuleiten, sondern den Schutz vor physischen, materiellen oder immateriellen Schäden (ErwG 85). Dieser wird durch die mittels des Verwertungsverbots geschaffene **Anreizwirkung** in Teilen sogar gefördert. Zudem sind die Behörden, da das Verwendungsverbot im Verwaltungsverfahren nicht gilt, nicht etwa daran gehindert, die übrigen Abhilfebefugnisse des Art. 58 Abs. 2 zu nutzen (vgl. hierzu Art. 58 Rn. 76 ff.). Ein Bußgeld sollte, der aktuellen Praxis einiger Bußgeldbehörden

---

62 So auch *Dannecker* ZStW 2015, S. 991, 998; *Rüb* RDV 2019, 246, 247; *Spittka* DSRITB 2019, 141, 151 f.; a.A. *Boms* ZD 2019, 536, 538; wenn auch kritisch Paal/Pauly-*Martini* Art. 33 Rn. 27, 64; BeckOK DatenSR-*Brink* Art. 83 Rn. 15, 39 ff.
63 Jedenfalls hinsichtlich dem nach Art. 33, 34. Ist der Handelnde nicht nach Art. 33, 34 verpflichtet, ergibt sich eine dem Abs. 4 entsprechende Regelung zwar nicht kraft höherrangigen Rechts, es ergeben sich aber auch keine Anhaltspunkte für einen Verstoß gegen die Wertungen der DS-GVO.
64 Vgl. hierzu *Boms* ZD 2019, 536, 539; BeckOK DatenSR-*Holländer* Art. 83 Rn. 82.1. Es erscheint jedenfalls nicht ausgeschlossen, dass der betroffene *proaktive* und umfassende Meldepflicht sogar den unmittelbar zur Menschenwürde gehörende Kerngehalt der Selbstbelastungsfreiheit und damit die integrationsfesten Verfassungsgrundsätze berührt. Vgl. hierzu *BVerfG* v. 6.9.2016 – 2 BvR 890/16 Rn. 36.
65 Zum Effektivitätsgrundsatz *EuGH* v. 16.12.1976 – 33/76, Slg. 1976, 1989, Rn. 5; *EuGH* v. 13.7.2006 – C-295 bis C-298/04 Rn. 62.
66 *EuGH* v. 16.12.1976 – 33/76, Slg. 1989, Rn. 5.

widersprechend,[67] ohnehin im Lichte des Verhältnismäßigkeitsprinzips,[68] welches im sanktionierenden Bereich durch das Subsidiaritätsprinzip flankiert wird, lediglich als **ultima-ratio** in Betracht kommen. Etwas anderes ergibt sich auch nicht aus ErwG 87 S. 3, da dieser zwar vom Tätigkeitwerden der Behörden aufgrund der Meldung spricht, nicht jedoch das Verhängen eines Bußgeldes nennt.[69]

Artikel 84 Sanktionen

(1) ¹**Die Mitgliedstaaten legen die Vorschriften über andere Sanktionen für Verstöße gegen diese Verordnung – insbesondere für Verstöße, die keiner Geldbuße gemäß Artikel 83 unterliegen – fest und treffen alle zu deren Anwendung erforderlichen Maßnahmen.** ²**Diese Sanktionen müssen wirksam, verhältnismäßig und abschreckend sein.**

(2) **Jeder Mitgliedstaat teilt der Kommission bis zum 25. Mai 2018 die Rechtsvorschriften, die er aufgrund von Absatz 1 erlässt, sowie unverzüglich alle späteren Änderungen dieser Vorschriften mit.**

- ErwG: 149, 152
- BDSG n.F.: § 42

Übersicht

	Rn			Rn
A. Einordnung und Hintergrund	1		2. Tatbestand	10
I. DSRL	1		3. Effektivität der Rechts-	
II. BDSG a.F.	2		durchsetzung	12
B. Kommentierung	3		4. Verfahrensgarantien	13
I. Allgemein (Art. 84)	3		5. Maßnahmen zur	
II. Systematische Einordnung als Öffnungsklausel	4	IV.	Rechtsdurchsetzung Umsetzung im nationalen Strafrecht	15 17
1. Art der Öffnungsklausel	4		1. § 42 BDSG n.F.	21
2. Gestaltungsspielraum der Mitgliedstaaten	5		2. Verfahrensgarantien (§ 41 BDSG n.F.)	22
III. Vorgaben des Abs. 1	6		3. Ausblick	23
1. Zu regelnde Sanktionen	6	V.	Vergleich mit anderen Mitgliedstaaten	24
a) Strafrechtliche Sanktionen	8	VI. Anhang	Notifizierung (Abs. 2)	29
b) Verwaltungsrechtliche Sanktionen	9		§ 42 BDSG Strafvorschriften	

---

67 So wurde etwa der Telekommunikationsdienstleister 1&1, obwohl sich das Unternehmen äußerst kooperativ zeigte, mit einem Bußgeld in Höhe von knapp 10 Mio. EUR belegt. Rechtssicherheit hinsichtlich der Frage nach den erforderlichen technisch-organisatorischen Maßnahmen zum Datenschutz bei Telefonauskünften bestand zuvor nicht und konnte auch durch das Bußgeld nicht erzeugt werden. Vgl. PM des *BfDI* v. 9.12.2019, online abrufbar unter: https://www.bfdi.bund.de/DE/Infothek/Pressemitteilungen/2019/30_BfDI-verh%C3%A4ngtGeldbu%C3%9Fe1u1.html, zuletzt abgerufen am 13.2.2020.
68 Vgl. hierzu die Kommentierung zu § 41 BDSG Rn. 27 ff.
69 So auch *Spittka* DSRITB 2019, 141, 152; a.A. *Boms* ZD 2019, 536, 539; *Kühling/Buchner-Bergt* § 43 Rn. 13.

Art. 84 Sanktionen

Literatur: *Ashkar* Durchsetzung und Sanktionierung des Datenschutzrechts nach den Entwürfen der Datenschutz-Grundverordnung, DuD 2015, 796; *Bergt* Sanktionierung von Verstößen gegen die Datenschutz-Grundverordnung, DuD 2017, 555; *Calliess/Ruffert (Hrsg.)* EUV/AEUV mit Europäischer Grundrechtecharta, Kommentar, 5. Aufl. 2016; *Dieterich* Rechtsdurchsetzungsmöglichkeiten der Datenschutz-Grundverordnung, ZD 2016, 260; *Dönch* Verbandsklagen bei Verstößen gegen das Datenschutzrecht – neue Herausforderungen für die Datenschutz-Compliance, BB 2016, 962; *Epiney* Außenbeziehungen von EU und Mitgliedstaaten: Kompetenzverteilung, Zusammenwirken und wechselseitige Pflichten am Beispiel des Datenschutzes, ZaöRV 2014, 465; *Gnegel* Der kleine Lauschangriff. Überwachungstechnik im privaten Bereich, Das Archiv 2011, 82; *von der Groeben/Schwarze/Hatje* Europäisches Unionsrecht, 7. Aufl. 2015; *Härting* Datenschutz-Grundverordnung – Das neue Datenschutzrecht in der betrieblichen Praxis, 2016; *de Hert* The EU data protection reform and the (forgotten) use of criminal sanctions, IDPL 2014, 262; *Laue/Kremer* Das neue Datenschutzrecht in der betrieblichen Praxis, 2. Aufl. 2019; *Ludemann/Wenzel* Zur Funktionsfähigkeit der Datenschutzaufsicht in Deutschland, RDV 2015, 285; *Neun/Lubitzsch* EU-Datenschutz-Grundverordnung – Behördenvollzug und Sanktionen, BB 2017, 1538; *Nolde* Sanktionen nach der EU-Datenschutz-Grundverordnung, ZWH 2017, 76; *dies.* Sanktionen nach DSGVO und BDSG-neu: Wem droht was warum?, PinG 2017, 114; *Schulzki-Haddouti* Papiertiger – Kaum Strafen für Verstöße gegen Datenschutzvorschriften, c't 10/2016, 162; *Schwartmann/Jacquemain* Übersicht über die Umsetzung des Art. 84 DS-GVO in den EU-Mitgliedstaaten, DataAgenda Arbeitspapier 01, 2018; *Schwarze* Rechtsstaatliche Grenzen der gesetzlichen und richterlichen Qualifikation von Verwaltungssanktionen im europäischen Gemeinschaftsrecht, EuZW 2003, 261; *Thüsing/Pötters* Beschäftigtendatenschutz und Compliance, 2. Aufl. 2014; *Weichert* Datenschutzstrafrecht – ein zahnloser Tiger?, NStZ 1999, 490.

A. Einordnung und Hintergrund

I. DSRL

1 Die DSRL enthielt mit Art. 24 eine ähnliche Vorläuferbestimmung.[1]

II. BDSG a.F.

2 Im deutschen Recht sind die Vorgaben von Art. 24 DSRL in §§ 43, 44 BDSG a.F. umgesetzt.

B. Kommentierung

I. Allgemein (Art. 84)

3 Straftatbestände, wie sie das BDSG kennt, können laut DS-GVO nicht mehr erfüllt sein, obwohl die Union mit Art. 83 Abs. 2 AEUV auch dafür eine Kompetenz besitzt.[2] Strafrechtliche Sanktionen als Rechtsfolge für Verstöße können laut ErwG 149 von den Mitgliedstaaten erlassen werden. Der kohärente Schutz durch die DS-GVO

---

[1] Vgl. Auernhammer-*Golla* Art. 84 Rn. 1.
[2] Von der Groeben/Schwarze/Hatje-*Meyer* Art. 83 AEUV Rn. 71. Die Union hat dazu auch bereits konkrete Überlegungen angestrengt: Kommission, Mitteilung der Kommission an das Europäische Parlament, den Rat, den Europäischen Wirtschafts- und Sozialausschuss und den Ausschuss der Regionen: Gesamtkonzept für den Datenschutz in der Europäischen Union, KOM(2010) 609 endg., 10; Kommission, Mitteilung „Auf dem Weg zu einer europäischen Strafrechtspolitik: Gewährleistung der wirksamen Durchführung der EU-Politik durch das Strafrecht" v. 20.9.2011, KOM(2011) 573 endg., 3, 12, 14.

macht es sich zum Ziel den Rechtsvollzug zu effektivieren.³ Durch die entsprechende Ausgestaltung der Rechtsfolgen können diese Wirksamkeit entfalten und mithin zur Effektivierung des Rechtsvollzugs beitragen.

II. Systematische Einordnung als Öffnungsklausel

1. Art der Öffnungsklausel. Art. 84 verpflichtet die Mitgliedstaaten dazu, im nationalen Recht andere „wirksame, verhältnismäßige und abschreckende" Sanktionen zu erlassen.⁴ Die Wortwahl macht bereits deutlich, dass es sich bei Art. 84 Abs. 1 nicht um eine fakultative, sondern eine obligatorische Öffnungsklausel handelt.⁵ 4

2. Gestaltungsspielraum der Mitgliedstaaten. Aufgrund der zwingenden Implementierung von Sanktionen in die nationalen Rechtsordnungen erhalten die Mitgliedstaaten keinen Spielraum hinsichtlich der Frage, ob sie die Öffnungsklausel ausgestalten oder nicht. Die Gestaltungsfreiheit besteht in der Konsequenz nur für die Modalitäten, wie die Umsetzung erfolgen kann.⁶ Damit besteht aber die weitreichende Möglichkeit zur Wahl der Mittel, welche Art von Sanktionen von den Mitgliedstaaten in ihren Rechtsordnungen vorgesehen werden. Allein Sanktionstatbestände durch die Mitgliedstaaten zu schaffen, genügt den Anforderungen des Art. 84 nicht. Zur tatsächlichen Effektivierung der Rechtsverstöße muss dem Erfordernis in Art. 84 Abs. 1 S. 2 sowie in ErwG 152 S. 1, wonach Verstöße „wirksam, verhältnismäßig und abschreckend" zu ahnden sind, Rechnung getragen werden.⁷ 5

III. Vorgaben des Abs. 1

1. Zu regelnde Sanktionen. Der Begriff der Sanktionen (in der englischen Fassung: „penalties") ist in der DS-GVO nicht legaldefiniert. Nach ErwG 148 S. 1 schließen diese auch Geldbußen ein. Ferner lässt sich aus ErwG 150 S. 1 schließen, dass eine Geldbuße zu der Gruppe der „verwaltungsrechtlichen Sanktionen" gehört. Zudem umfasst der Sanktionsbegriff nach ErwG 149 S. 3 neben verwaltungsrechtlichen auch strafrechtliche Sanktionen für Verstöße. Mit Blick auf die Erwägungsgründe umfasst der grundsätzlich innerhalb der DS-GVO verwendete Sanktionsbegriff sowohl verwaltungsrechtliche Sanktionen wie Geldbußen als auch strafrechtliche Sanktionen.⁸ 6

Gleichwohl schließt der Regelungsauftrag des Art. 84 Geldbußen nicht ein, da diese abschließend in Art. 83 geregelt sind und der Art. 84 als Auffangtatbestand alle wei- 7

---

3 Vgl. ErwG 11 und 13.
4 Vgl. *Albrecht/Jotzo* Das neue Datenschutzrecht der EU, S. 131.
5 Vgl. *Kühling/Martini u.a.* Die Datenschutz-Grundverordnung und das nationale Recht, S. 278 sowie *Laue/Kremer* Das neue Datenschutzrecht in der betrieblichen Praxis, § 11 Rn. 32.
6 Vgl. Ehmann/Selmayr-*Nemitz* Art. 84 Rn. 1 ff.; *Kühling/Martini u.a.* Die Datenschutz-Grundverordnung und das nationale Recht, S. 283 sowie Gola-*Gola* Art. 84 Rn. 4 f.
7 Vgl. zur Begrifflichkeit Schantz/Wolff-*Wolff* Das neue Datenschutzrecht, S. 342 Rn. 1136; *Härting* DS-GVO, S. 67 Rn. 254; Gola-*Gola* Art. 84 Rn. 4; *Albrecht/Jotzo* Das neue Datenschutzrecht der EU, S. 131; *Kühling/Martini u.a.* Die Datenschutz-Grundverordnung und das nationale Recht, S. 283.
8 Vgl. dazu Roßnagel-*Hohmann* Europäische Datenschutz-Grundverordnung, S. 205, Rn. 334; Sydow-*Popp* Art. 84 Rn. 3 sowie zum Handlungsrahmen der Mitgliedstaaten vgl. Schantz/Wolff-*Wolff* Das neue Datenschutzrecht, S. 344, Rn. 1141.

teren Fälle einer Ahnung zugänglich machen will, in denen kein Bußgeld die Rechtsfolge ist.[9]

8 a) Strafrechtliche Sanktionen. Im strafrechtlichen Bereich verfügen die Mitgliedstaaten über einen deutlich weiteren Gestaltungsspielraum als bei der öffentlich-rechtlichen Sanktion (Art. 82).[10] Daher sind die Unionsmitglieder entsprechend der allgemeinen Kompetenzverteilung von Seiten der DS-GVO damit betraut etwaige Straftatbestände selbst zu normieren. Das nationale Strafrecht kann die Rechtsfolge von Verstößen gegen die DS-GVO wie auch für Verstöße gegen auf der Grundlage und in den Grenzen dieser Verordnung erlassenen nationalen Vorschriften vorsehen.[11]

9 b) Verwaltungsrechtliche Sanktionen. Verstöße müssen jedoch nicht zwangsläufig strafrechtlich verfolgt werden.[12] ErwG 152 stellt ausdrücklich heraus, dass die Sanktionen gem. Art. 84 auch verwaltungsrechtlicher Art sein können, soweit diese noch nicht durch die DS-GVO harmonisiert wurden. Es bestehen damit Alternativen zur Normierung von Sanktionen, weswegen eine Verpflichtung zur strafrechtlichen Ahndung von Verstößen gegen Datenschutzrecht von Seiten der DS-GVO verneint werden kann.[13] Tatsächlich ist Ansiedlung der Sanktionen im Strafrecht ein sehr spezifischer und weitreichender Vorgang menschliches Handeln zu regulieren, da damit harte Strafen, öffentliche Stigmatisierung und Ähnliches einhergehen kann; das Strafrecht deswegen nur als **ultima ratio** anzusehen, erscheint deswegen nicht unbegründet.[14]

10 2. Tatbestand. Sanktionen sollen als Rechtsfolge für Verstöße gegen die DS-GVO, die jedoch mit einer Geldbuße gem. Art. 83 geahndet werden, Anwendung finden. Aufgrund der umfangreich in Art. 83 normierten Bußgeldtatbestände wird dies in der Konsequenz vor allem Fälle betreffen, in denen die in Art. 83 Abs. 4 aufgezählten Sachnormen Personen verpflichten, die nicht Adressaten der Bußgeldnorm sind.[15] Überdies sind aber eine Reihe von Regelungen im Art. 83 nicht detailliert genug geregelt, sodass auf Grundlage des Art. 84 die Sanktionsregime hinreichend konkretisiert werden könnten.[16]

11 Zusätzlich sind die entsprechenden Sanktionen nach ErwG 149 S. 1 auch für Verstöße gegen auf der Grundlage und in den Grenzen dieser Verordnung erlassene nationale Vorschriften einschlägig.

---

9 Vgl. *Kühling/Martini u.a.* Die Datenschutz-Grundverordnung und das nationale Recht, S. 279.
10 Vgl. *Albrecht/Jotzo* Das neue Datenschutzrecht der EU, S. 131 f. sowie zum Gestaltungsspielraum der Mitgliedstaaten Schantz/Wolff-*Wolff* Das neue Datenschutzrecht, S. 343 f., Rn. 1137 ff.
11 Vgl. ErwG 144 S. 1 sowie Ehmann/Selmayr-*Nemitz* Art. 84 Rn. 5 sowie Roßnagel-*Hohmann* Europäische Datenschutz-Grundverordnung, S. 205, Rn. 334.
12 Vgl. dazu insb. Ratsdokument 16542/09, Anhang II; vgl. ferner *Kühling/Martini u.a.* Die Datenschutz-Grundverordnung und das nationale Recht, S. 282.
13 Vgl. Schantz/Wolff-*Wolff* Das neue Datenschutzrecht, S. 344, Rn. 1141; Sydow-*Popp* Art. 84 Rn. 4 sowie Ehmann/Selmayr-*Nemitz* Art. 84 Rn. 6.
14 Vgl. *de Hert* IDPL 2014, 262, 266.
15 Kühling/Buchner-*Bergt* Art. 84 Rn. 11; a.A. *Kühling/Martini u.a.* Die Datenschutz-Grundverordnung und das nationale Recht, S. 284.
16 Vgl. *Kühling/Martini u.a.* Die Datenschutz-Grundverordnung und das nationale Recht, S. 283.

Sanktionen **Art. 84**

3. Effektivität der Rechtsdurchsetzung. Der Abs. 1 S. 2 stellt die Anforderung an die 12
Sanktionen auf, dass diese wirksam, verhältnismäßig und abschreckend sein müssen.
Damit folgt der Verordnungsgeber allgemeinen unionsrechtlichen Grundsätzen.[17]
Zumindest der Grundsatz der Verhältnismäßigkeit hat auch im spezifischen unionalen
Datenschutzrecht Niederschlag gefunden.[18]

4. Verfahrensgarantien. Nach Art. 51 Abs. 1 S. 1 GRCh sind die Mitgliedstaaten bei 13
der Durchführung des Unionsrechts an die GRCh gebunden. Danach müssen die Mitgliedstaaten angemessene Verfahrensgarantien, wirksame gerichtliche Rechtsbehelfe und ordnungsgemäße Verfahren bei der Sanktionierung vorsehen.

Primärrechtlich verbürgt sind hingegen die justiziellen Rechte[19] wie der wirksame 14
Rechtsbehelf und der effektive Rechtsschutz[20] in der GRCh. Da die Rechtsfolge gem.
Art. 84 materiell strafrechtlichen Charakter haben kann, sind zudem die Unschuldsvermutung und Verteidigungsrechte (Art. 48 GRCh) sowie das Gesetzlichkeits- und
Verhältnismäßigkeitsprinzip (Art. 49 GRCh) zu berücksichtigen.[21] Mit Blick auf Straftaten, die vor Geltung der DS-GVO begangen wurden, ist klarstellend insb. auf
Art. 49 Abs. 1 S. 3 GRCh hinzuweisen, wonach dann, wenn nach Begehung einer Straftat durch Gesetz eine mildere Strafe eingeführt wird, diese zu verhängen ist.[22] Auf das
Doppelbestrafungsverbot (Art. 50 GRCh) wird im Zusammenhang mit der Sanktion
gem. Art. 84 in ErwG 149 S. 3 explizit verwiesen. Bei mehreren rechtswidrigen Handlungen kann selbstverständlich Tatmehrheit vorliegen, wobei sodann die verwaltungsrechtliche Sanktion von der strafrechtlichen konsumiert werden kann.[23]

5. Maßnahmen zur Rechtsdurchsetzung. Neben der aus Art. 84 erwachsenden Pflicht, 15
Vorschriften für Verstöße gegen die DS-GVO festzulegen, müssen die Unionsmitglieder überdies „alle zu deren Anwendung erforderlichen Maßnahmen" treffen. Damit
konkretisiert die DS-GVO an dieser Stelle lediglich allgemeines Unionsrecht. Überlässt eine Verordnung die Regelung der Sanktionierung von Verstößen den Mitgliedstaaten, legt das Primärrecht den Unionsmitgliedern eine legislative Loyalitätspflicht
auf.[24] Damit soll sichergestellt werden, dass das Sekundärrecht seine volle praktische
Wirksamkeit (effet utile) entfalten kann. Der Unionsgerichtsbarkeit zufolge muss ein
Verstoß gegen Unionsrecht standardmäßig entweder ein Verwaltungs- oder ein Strafverfahren zur Folge haben, die eine effektive Sanktion nach sich ziehen.[25]

---

17 Art. 4 Abs. 3 EUV. Ständige Rspr. seit: *EuGH* v. 21.9.1989 – C-68/88, Slg. 1989, 2965, Kommission/Griechenland, Rn. 24.
18 *EuGH* v. 6.11.2003 – C-101/01, Slg. 2003, I-12971, Lindqvist, Rn. 88.
19 Art. 47–50 GRCh.
20 Vgl. Art. 47 GRCh.
21 Vgl. Kühling/Buchner-*Bergt* Art. 83 Rn. 19; vgl. ebenfalls BeckOK DatenSR-*Holländer* Art. 83 Rn. 82.
22 BT-Drucks. 18/11325, S. 109.
23 Vgl. Paal/Pauly-*Frenzel* Art. 84 Rn. 6 sowie zum Doppelbestrafungsverbot Schantz/Wolff-*Wolff* Das neue Datenschutzrecht, S. 343 Rn. 1140; Ehmann/Selmayr-*Nemitz* Art. 84 Rn. 4 und Gola-*Gola* Art. 84 Rn. 7.
24 Vgl. Calliess/Ruffert-*Calliess/Kahl/Puttler* Art. 4 EUV Rn. 59.
25 Vgl. Kühling/Buchner-*Bergt* Art. 84 Rn. 21; Ehmann/Selmayr-*Nemitz* Art. 84 Rn. 1 sowie in Gola-*Gola* Art. 84 Rn. 4 f.

Schwartmann/Jacquemain

Art. 84 / §§ 41, 42 BDSG   Sanktionen

16 An die legislative Effektivierung des Sekundärrechtsakts schließt eine wirksame Durchsetzung des Rechts an. D.h. die mit der Sanktionierung befassten Behörden bedürfen ausreichender Mittel wie Personal, Infrastruktur und Finanzmittel.[26] Andernfalls ist nicht sichergestellt, dass das Unionsrecht effektiv durchgesetzt wird und seine „praktische Wirksamkeit" erzielt.

IV. Umsetzung im nationalen Strafrecht

17 Abs. 1 S. 1 sieht vor, dass die Mitgliedstaaten andere Sanktionen für Verstöße gegen die Verordnung erlassen sollen und bisher nicht unter der Sanktionsandrohung gem. Art. 83 stehen. Art. 84 ist damit insbesondere eine Öffnungsklausel, um neben Geldbußen im Sinne des Art. 83 mitgliedstaatlich strafrechtliche Sanktionen vorzusehen.[27]

18 Aufgrund der Öffnungsklausel von Art. 84 Abs. 1 besteht bei Verstößen von beschäftigten Personen im Unternehmen keine Regelungskompetenz des nationalen Gesetzgebers.[28]

19 Der deutsche Gesetzgeber wendet die Öffnungsklausel ausschließlich für Sanktionen des Strafrechts an. Laut Gesetzesbegründung versteht er die Öffnungsklausel als Möglichkeit und Pflicht, „um neben Geldbußen i.S.d. Art. 83 mitgliedstaatlich strafrechtliche Sanktionen vorzusehen"[29]. Straftatbestände als Rechtsfolge für Datenschutzverstöße i.S.d. Art. 84 sind bereits vielfältig im StGB, aber auch im TKG (§ 148 TKG) oder im SGB X (§ 85a SGB X) vorhanden.[30] Das BDSG beinhaltet in Umsetzung der DS-GVO ebenfalls eine Strafrechtsbestimmung.

20 In einem föderalen Staat wie der BRD ist nicht nur der Bundesgesetzgeber Rechtsverpflichteter von Art. 84, sondern die Umsetzungspflicht erstreckt sich überdies auch auf die Länder. § 34 DSG NRW stellt z.B. eine entsprechende Umsetzung im nordrhein-westfälischen Landesrecht dar. Strafvorschriften auf der Basis des Art. 84 Abs. 1 wie die des § 34 DSG NRW finden sich in allen Landesdatenschutzgesetzen; dabei wird das Stufenverhältnis zwischen § 43 BDSG a.F. und § 44 BDSG a.F. mit Ausnahme von Baden-Württemberg, Schleswig-Holstein, Hamburg, Hessen und Sachsen-Anhalt genutzt.[31]

21 **1. § 42 BDSG n.F.** § 42 Abs. 1 und 2 BDSG schaffen wie auch schon das BDSG a.F. Straftatbestände zum Schutz von nicht allgemein zugänglichen, personenbezogenen Daten. § 42 Abs. 1 Nr. 1 stellt die gewerbsmäßige und wissentliche Weitergabe einer großen Zahl personenbezogener Daten an Dritte unter Strafe. § 42 Abs. 2 erfasst das unberechtigte Verarbeiten von Daten in kommerzieller Absicht. Abs. 3

---

26 Vgl. *EuGH* Schlussantrag des Generalanwalts *Geelhoed* v. 29.4.2004 – C-304/02, Slg. 2005, I-06263, Kommission/Frankreich, Rn. 29.
27 BT-Drucks. 18/11325, S. 109; Vgl. Dazu auch Sydow-*Popp* Art. 84 Rn. 4 sowie in Ehmann/Selmayr-*Nemitz* Art. 84 Rn. 1 und 3 f. sowie Schantz/Wolff-*Wolff* Das neue Datenschutzrecht, S. 342, Rn. 1136.
28 Vgl. dazu BeckOK DatenSR-*Holländer* Art. 84 Rn. 12. Zum Unternehmensbegriff des Art. 83 vgl. auch *Albrecht/Jotzo* Das neue Datenschutzrecht der EU, 2017, 130 sowie Roßnagel-*Hohmann* Europäische Datenschutz-Grundverordnung, S. 204, Rn. 330.
29 BT-Drucks. 18/11325, S. 109.
30 Zu den entsprechenden Tatbeständen im StGB ausführlich Paal/Pauly-*Frenzel* Art. 84 Rn. 5; Kühling/Buchner-*Bergt* Art. 84 Rn. 26; BeckOK DatenSR-*Holländer* Art. 84 Rn. 11.
31 Schwartmann/Pabst-*Jacquemain* § 34 DSG NRW Rn. 14.

bestimmt, dass es sich hierbei um Antragsdelikte handelt, und trifft somit, ebenso wie Abs. 4, eine strafprozessuale Regelung. Dieser normiert ein, dem § 43 Abs. 4 entsprechendes, Beweisverwertungsverbot für Meldungen von Datenpannen nach Art. 33 und 34 im Strafverfahren.

2. Verfahrensgarantien (§ 41 BDSG n.F.). Verfahrensrechtliche Garantien ergeben sich grundsätzlich aus dem nationalen Recht, etwa §§ 1, 46 StGB.[32] In § 41 Abs. 2 S. 1 BDSG ist ausdrücklich geregelt, dass die Gesetze über das Strafverfahren, wie etwa die StPO, auch für die Sanktion mit einer Geldbuße nach Art. 83 Abs. 4–6 Anwendung finden. 22

3. Ausblick. Für die Praxis weist die Rechtsnorm des BDSG a.F. nur wenig Relevanz auf.[33] Es besteht aufgrund der großen Kongruenz zwischen § 44 BDSG a.F. und § 42 BDSG kein Grund zur Annahme, dass sich dies künftig ändern sollte. 23

V. Vergleich mit anderen Mitgliedstaaten

Die obligatorische Öffnungsklausel verlangte von jedem Unionsmitglied legislative Umsetzung. Die Pflicht zur Umsetzung in jedem EU-Mitgliedstaat ging aber gleichzeitig mit einer Gestaltungsfreiheit bei der Ausfüllung der Öffnungsklausel einher, was den Blick in die anderen EU-Staaten lohnend erscheinen lässt.[34] 24

Eine eindeutige Tendenz zu strafrechtlichen oder verwaltungsrechtlichen Sanktionen gibt es in den einzelnen Mitgliedstaaten nicht. Neben Deutschland haben u.a. auch Großbritannien, Italien, Polen und Dänemark strafrechtliche Sanktionen eingeführt oder verschärft. Darunter fallen bspw. Delikte wie die Offenbarung von Daten ohne das Einvernehmen des Datenverantwortlichen[35] (Großbritannien), die Offenlegung oder Verbreitung von persönlichen Daten großer Personengruppen[36] (Italien) oder das Gefährden oder Behindern der Prüfung durch die polnische Datenschutzbehörde[37] (Polen). 25

Verwaltungsrechtliche Sanktionen wurden u.a. von Kroatien, Irland, Litauen, Spanien und Schweden eingeführt. Darunter fallen Regelungen wie die Ermächtigung zu angemeldeten und unangemeldeten Inspektionen von Datenverantwortlichen und Datenauftragsverarbeitern[38] (Kroatien), eine Bestimmung, dass Bußgelder für einen Verstoß gegen DS-GVO-Regeln durch Hoheitsträger und öffentliche Behörden nicht mehr als 1 Mio. EUR betragen dürfen[39] (Irland) oder Regelungen zur Durchsetzung von Bußgeldern[40] (Schweden). Vereinzelt erscheint es zweifelhaft, ob die einzelstaatlichen 26

---

32 Paal/Pauly-*Frenzel* Art. 84 Rn. 6.
33 Thüsing/Pötters-*Thüsing* § 21 Rn. 27.
34 Eine Übersicht zur Umsetzung des Art. 84 in den anderen EU-Mitgliedstaaten, *Schwartmann/Jacquemain* Übersicht über die Umsetzung des Art. 84 DS-GVO in den EU-Mitgliedstaaten, DataAgenda Arbeitspapier 01, 2018.
35 Data Protection Act 2018, Royal Assent, 23.5.2018.
36 Law No. 163/2017.
37 Personal Data Protection Act, 25.5.2018.
38 The Act on Implementation of General Data Protection Regulation, Official Gazette, No. 44/2018.
39 Data Protection Act 2018, Act No. 24 of 2018 and S. I. No. 444 of 2018.
40 Swedish Personal Data Act, 1998, 204.

Maßnahmen als Umsetzung des Art. 84 qualifiziert werden können, da insbesondere die Verhängung von Geldbußen als harmonisierte Sanktion nach Art. 83 gilt.

27 Eine Kombination aus straf- und verwaltungsrechtlichen Sanktionen wurde in den EU-Mitgliedstaaten Österreich, Tschechien sowie Frankreich gewählt. So sieht die österreichische Neuerung vor, dass gem. § 62 Ö-DSG das Bußgeld bis zu 50 000 EUR für Verletzungen des Ö-DSG beträgt, die nicht von der DS-GVO erfasst sind. § 63 Ö-DSG normiert einen originären Straftatbestand für Datenschutzverstöße mit Gewinn- oder Schädigungsabsicht und erlaubt, diesen mit Freiheitsstrafe bis zu einem Jahr oder Geldstrafe bis zu 720 Tagessätzen zu sanktionieren.[41] In Tschechien wurden u.a. Bußgelder für die unrechtmäßige Veröffentlichung von persönlichen Daten angedroht in den Fällen, in denen ein Verbot der Veröffentlichung gesetzlich geregelt ist (z.B. im Strafverfahrensrecht). Das Bußgeld kann bis zu 1 Mio. CZK betragen. Bei Ordnungswidrigkeiten bzgl. Datenverarbeitung kann ein Bußgeld bis zu 10 Mio. CZK verhängt werden. Die unbefugte Nutzung persönlicher Daten ist bereits Straftatbestand des tschechischen Strafgesetzbuches.[42]

28 Ungarn und Lettland entschieden sich für lediglich verfahrensrechtliche Regelungen. Im Falle Ungarns wurden u.a. Regelungen für die gerichtliche Durchsetzung im Falle einer möglichen Datenschutzverletzung festgelegt oder die Möglichkeit des Gerichts die Veröffentlichung seiner Entscheidung (mit Details der Datenverantwortlichen und/oder der Datenauftragsverarbeiter) anzuordnen.[43]

VI. Notifizierung (Abs. 2)

29 Der Kommission sind die auf Grundlage des Abs. 1 erlassenen nationalen Rechtsvorschriften gem. Abs. 2 bis zum 25.5.2018 mitzuteilen. Dem Wortlaut nach geht es hier nur um die ausgehend von der DS-GVO geschaffenen Sanktionen. Teleologisch erscheint es aber zum Zwecke der Herstellung von Rechtssicherheit und Transparenz geboten überdies die bereits bestehenden Regelungen zu notifizieren, die unverändert bleiben.[44]

30 Deutschland ist seiner Verpflichtung nachgekommen und hat der Kommission sowohl die notifizierungspflichtigen Vorschriften des Bundes als auch der Länder übermittelt. Für die Umsetzung des Art. 84 hat die BRD insgesamt 27 Gesetzesnormen (mit Stand zum 27.9.2018) aufgeführt.[45] Dies umfasst neben den Strafvorschriften in den allgemeinen Datenschutzgesetzen des Bundes (BDSG) und der Länder spezialgesetzliche Vorschriften auf Bundes- und Landesebene. Die Notifizierung erfolgte jedoch nicht fristgerecht bis zum 25.5.2018, sondern erst mit Nachricht vom 28.9.2018 hat das zuständige Bundesministerium des Innern, für Bau und Heimat (BMI) das Auswärtige

---

41 Federal Act concerning the Protection of Personal Data (DSG 2000), Gazette I No. 120/2017, 25.5.2018.
42 Act. No. 101/2000.
43 Act CXII of 2011 on Informational Self-Determination and Freedom of Information.
44 Vgl. Paal/Pauly-*Frenzel* Art. 84 Rn. 7 sowie *Laue/Kremer* Das neue Datenschutzrecht in der betrieblichen Praxis, § 11 Rn. 33.
45 Eine Übersicht der notifizierungspflichtigen Vorschriften, Drucks. 19/5155, Anlage, 88 ff.

Amt (AA) um Abgabe der Notifizierungsmeldung gebeten, die sodann an die Ständige Vertretung der BRD bei der EU weitergegeben und von dort an die Europäische Kommission übermittelt wurde.[46]

In der Zukunft beabsichtigt die Bundesregierung im Rahmen einer jährlichen Abfrage (Stichtag: 1.7.) eine Notifizierungsmeldung jährlich abzugeben.[47] **31**

Anhang

§ 42 BDSG Strafvorschriften

(1) Mit Freiheitsstrafe bis zu drei Jahren oder mit Geldstrafe wird bestraft, wer wissentlich nicht allgemein zugängliche personenbezogene Daten einer großen Zahl von Personen, ohne hierzu berechtigt zu sein,
1. einem Dritten übermittelt oder
2. auf andere Art und Weise zugänglich macht

und hierbei gewerbsmäßig handelt.

(2) Mit Freiheitsstrafe bis zu zwei Jahren oder mit Geldstrafe wird bestraft, wer personenbezogene Daten, die nicht allgemein zugänglich sind,
1. ohne hierzu berechtigt zu sein, verarbeitet oder
2. durch unrichtige Angaben erschleicht

und hierbei gegen Entgelt oder in der Absicht handelt, sich oder einen anderen zu bereichern oder einen anderen zu schädigen.

(3) Die Tat wird nur auf Antrag verfolgt. Antragsberechtigt sind die betroffene Person, der Verantwortliche, die oder der Bundesbeauftragte und die Aufsichtsbehörde.

(4) Eine Meldung nach Artikel 33 der Verordnung (EU) 2016/679 oder eine Benachrichtigung nach Artikel 34 Absatz 1 der Verordnung (EU) 2016/679 darf in einem Strafverfahren gegen den Meldepflichtigen oder Benachrichtigenden oder seine in § 52 Absatz 1 der Strafprozessordnung bezeichneten Angehörigen nur mit Zustimmung des Meldepflichtigen oder Benachrichtigenden verwendet werden.

Übersicht

	Rn		Rn
A. Einordnung und Hintergrund	1	II. Antragserfordernis (§ 42 Abs. 3 BDSG)	14
B. Kommentierung	3		
I. Straftatbestände	3	III. Verwendungsverbot für die Meldung von Datenpannen (§ 42 Abs. 4 BDSG)	16
1. Unbefugte Weitergabe von Daten (§ 42 Abs. 1 BDSG)	5		
2. Unbefugte Verarbeitung/Erschleichung von Daten (§ 42 Abs. 2 BDSG)	12		

---

46 Vgl. *PSt Krings* Drucks. 19/5155, 16.
47 Vgl. *PSt Krings* Drucks. 19/5155, 16.

A. Einordnung und Hintergrund

1 § 42 Abs. 1 und 2 BDSG schaffen, wie auch schon das BDSG a.F., Straftatbestände zum Schutz von nicht allgemein zugänglichen, personenbezogenen Daten.[1] § 42 Abs. 3 BDSG bestimmt, dass es sich hierbei um Antragsdelikte handelt, und trifft somit, ebenso wie Abs. 4, eine strafprozessuale Regelung. Dieser normiert ein dem § 43 Abs. 4 BDSG entsprechendes Beweisverwertungsverbot für Meldungen von Datenpannen nach Art. 33 und 34 im Strafverfahren.

2 § 42 BDSG ersetzt § 44 BDSG a.F. und macht von der Öffnungsklausel des Art. 84 Abs. 1 S. 1 Gebrauch.

B. Kommentierung

I. Straftatbestände

3 § 42 Abs. 1 Nr. 1 BDSG stellt die gewerbsmäßige und wissentliche Weitergabe personenbezogener Daten an Dritte unter Strafe. Gleichermaßen bestraft werden kann laut § 42 Abs. 1 Nr. 2 BDSG das Zugänglichmachen auf andere Art und Weise. Im Sinne der Effektivierung des supranationalen Datenschutzrechts steigt die Höchststrafe hierfür gegenüber § 44 BDSG a.F. von zwei auf drei Jahre; alternativ ist weiterhin die Geldstrafe als Strafmaß vorgesehen. Geringer ist das Höchststrafmaß nach § 42 Abs. 2 BDSG für denjenigen, der in kommerzieller Absicht nicht öffentlich zugängliche Daten ohne Berechtigung verarbeitet (Nr. 1) bzw. sich zu diesen Zugang verschafft (Nr. 2). Dies erklärt sich daraus, dass es für die Erfüllung des Tatbestandes keiner großen Menge personenbezogener Daten bedarf und eine Außenwirkung bzw. ein Kontakt mit einem Dritten nicht erforderlich ist.

4 Nach Art. 1 EGStGB gelten die Vorschriften des Allgemeinen Teils des Strafgesetzbuchs auch für Straftatbestände außerhalb des StGB. Insofern ist die allgemeine Dogmatik des Strafrechts, etwa das Erfordernis von Rechtswidrigkeit und Schuld, auch auf die Straftatbestände des BDSG anzuwenden.

5 **1. Unbefugte Weitergabe von Daten (§ 42 Abs. 1 BDSG).** Die Strafbarkeit nach § 42 Abs. 1 BDSG ist an unterschiedliche objektive **Tatbestandsmerkmale** geknüpft. Hiernach ist das (1.) unberechtigte und (2.) gewerbsmäßige (3.) Übermitteln nach § 42 Abs. 1 Nr. 1 BDSG oder Zugänglichmachen nach § 42 Abs. 1 Nr. 2 BDSG von (4.) nicht allgemein zugänglichen (5.) personenbezogenen Daten (6.) an eine große Zahl von Personen strafbar. **Subjektiv** ist (7.) Wissentlichkeit und damit Kenntnis der Tatumstände erforderlich, auf ein voluntatives Element kommt es insoweit nicht an (sog. Dolus Directus 2. Grades).[2] Nach der allgemeinen strafrechtlichen Dogmatik muss der Täter zudem schuldhaft gehandelt haben. Die stets erforderliche Rechtswidrigkeit ist aufgrund des Merkmals des unberechtigten Handelns

---

[1] Zum Schutzgut der Norm vgl. BeckOK DatenSR-*Brodowski/Nowak* § 42 Rn. 6. Auch die Erhebung und Verarbeitung von allgemein zugänglichen personenbezogenen Daten ist nicht schlechthin zulässig, der Unrechtsgehalt für diese als Tatobjekte ist aber zu gering, um einen Verstoß strafrechtlich zu sanktionieren, vgl. Taeger/Gabel-*Nolde* § 42 BDSG Rn. 3.

[2] Vgl. auch Kühling/Buchner-*Bergt* § 42 BDSG Rn. 25 f.; Taeger/Gabel-*Nolde* § 42 BDSG Rn. 4; ausführlich zum Dolus Directus 2. Grades Schönke/Schröder-*Sternberg-Lieben/Schuster* StGB § 15 Rn. 15 ff., 38 ff., 68.

schon Teil des Tatbestandes.³ Der Versuch ist, da es sich nicht um ein Verbrechen handelt, nicht strafbar (§§ 23 Abs. 1, 12 StGB).

Eine Definition von **personenbezogenen Daten** findet sich in Art. 4 Nr. 1. Wann eine **große Zahl** personenbezogener Daten vorliegt, ist bisher nicht eindeutig entschieden. Es bietet sich hierbei an, an die Umstände moderner Datenverarbeitung, insbesondere elektronischer Verarbeitungsprozesse, anzuknüpfen. Zu Bedenken ist jedoch, dass ein Zugänglichmachen per Definition gerade keine elektronische Übermittlung voraussetzt. Auch stehen der Aufsichtsbehörde nach der DS-GVO neben der strafrechtlichen vielschichtige, weniger eingriffsintensive Sanktionsmöglichkeiten zur Verfügung. Insofern dürfte bei einem Zurverfügungstellen der Daten auf elektronischem Wege erst ab ca. 100 Personen eine „große Zahl" i.S.d. § 42 Abs. 1 BDSG erreicht sein; anderenfalls ab ca. 20–30 Personen. Sind weniger Daten erfasst, insbesondere ein niedriger zweistelliger Bereich, erscheint nur eine Sanktion im Wege des Bußgeldverfahrens verhältnismäßig.⁴

Daten sind dann **allgemein zugänglich**, wenn sie einer nicht beschränkten Zahl von Personen bekannt sind bzw. faktisch zur Kenntnis genommen werden können, ohne dass der Zugang aus rechtlichen Gründen beschränkt ist.⁵ Dies ist zwar insbesondere der Fall, wenn die Daten im Internet frei einsehbar sind. Es ist aber nicht unbedingt erforderlich, dass auf die Daten wie im Internet faktisch jedermann zugreifen kann. Wenn, wie etwa bei innerbehördlichen oder innerbetrieblichen Mitteilungen, einer Vielzahl von Personen Zugriffsmöglichkeiten gewährt werden, ohne dass hierbei zu erkennen ist, dass die Daten ausschließlich für interne Zwecke verwendet werden dürfen, reicht dies für eine allgemeine Zugänglichkeit aus.⁶ Selbst eine Entgeltlichkeit schadet dieser nicht. Anders jedoch rechtliche Beschränkungen, unabhängig davon, ob diese etwa durch Falschangaben unschwer umgangen werden können. Geschützt sind somit sämtliche Register, die nur unter Geltendmachung eines berechtigten Interesses eingesehen werden dürfen, etwa die Halterauskunft nach § 39 Abs. 1 StVG oder das Grundbuch,⁷ gleich inwieweit dieses Erfordernis tatsächlich überprüft wird. Es handelt sich somit beim Erfordernis der fehlenden allgemeinen Zugänglichkeit im Ergebnis um eine recht niedrigschwellige Grenze.⁸

Die **Übermittlung an einen Dritten** (Art. 4 Nr. 10) erfasst jede Art der Offenlegung (vgl. Art. 4 Nr. 2) und ist insofern immer dann erfüllt, wenn die Daten in den Macht- und Wahrnehmungsbereich eines Dritten gelangt sind und er ohne Zwischenschritte darauf zugreifen kann.⁹ So etwa, wenn Daten per Mail an einen Dritten versendet werden, unabhängig davon, ob der Empfänger die Mail tatsächlich öffnet oder nicht.¹⁰

---

3 Vgl. hierzu Kühling/Buchner-*Bergt* § 42 BDSG Rn. 23.
4 Vgl. hierzu Gola/Heckmann-*Ehmann* § 42 BDSG Rn. 8; Kühling/Buchner-*Bergt* § 42 BDSG Rn. 5 f.; Paal/Pauly-*Frenzel* § 42 BDSG Rn. 6; Taeger/Gabel-*Nolde* § 42 BDSG Rn. 5.
5 Vgl. hierzu ausführlich Gola/Heckmann-*Ehmann* § 42 BDSG Rn. 9; Taeger/Gabel-*Nolde* § 42 BDSG Rn. 3.
6 Vgl. hierzu Gola/Heckmann-*Ehmann* § 42 BDSG Rn. 9; Paal/Pauly-*Frenzel* § 42 BDSG Rn. 5.
7 Beispiele aus Kühling/Buchner-*Bergt* § 42 BDSG Rn. 10.
8 Kühling/Buchner-*Bergt* § 42 BDSG Rn. 8 f.
9 Vgl. Taeger/Gabel-*Nolde* § 42 BDSG Rn. 6.
10 Beispiel aus Kühling/Buchner-*Bergt* § 42 BDSG Rn. 17.

Anhang Art. 84 / § 42 BDSG Strafvorschriften

9   Für das **Zugänglichmachen** ist, anders als für § 42 Abs. 1 Nr. 1 BDSG, sogar ausreichend, dass die Daten in den Machtbereich des Empfängers gelangen könnten.[11] Ein Zugänglichmachen liegt etwa schon dann vor, wenn für den Zugriff auf ein Mailpostfach erforderliche Passwörter auf eine nicht geschützte Datenbank übermittelt werden.[12] Da § 42 Abs. 1 Nr. 2 BDSG das Zugänglichmachen an einen Dritten nicht fordert, sind hiervon auch sonstige Empfänger i.S.d. Art. 4 Nr. 9 erfasst, somit auch Mitarbeiter des Verantwortlichen.[13]

10 Eine **Berechtigung** liegt nicht nur dann vor, wenn sich der Handelnde auf einen Erlaubnistatbestand aus der DS-GVO oder dem BDSG berufen kann; sie kann sich auch aus jeder anderen europarechtlichen oder nationalen Norm ergeben. Aufgrund der durch die Unbestimmtheit der datenschutzrechtlichen Erlaubnistatbestände – insb. Art. 6 Abs. 1 lit. f – bedingten Unbestimmtheit des Tatbestandsmerkmals, erscheint die nach Art. 103 Abs. 2 GG erforderliche Bestimmtheit von Strafnormen höchst fraglich.[14]

11 **Gewerbsmäßig** handelt, wer die Absicht verfolgt sich durch wiederholte Tatbegehung eine Einnahmequelle von einiger Dauer und Gewicht zu verschaffen.[15]

12 **2. Unbefugte Verarbeitung/Erschleichung von Daten (§ 42 Abs. 2 BDSG).** Die Strafbarkeit nach § 42 Abs. 2 BDSG ist an unterschiedliche objektive **Tatbestandsmerkmale** geknüpft. Hiernach ist (1.) die unberechtigte Verbreitung nach § 42 Abs. 2 Nr. 1 BDSG oder nach § 42 Abs. 2 Nr. 2 BDSG das Erschleichen durch unrichtige Angaben von (4.) nicht allgemein zugänglichen (5.) personenbezogenen Daten (6.) gegen Entgelt oder mit Bereicherungsabsicht bzw. Schädigungsabsicht strafbar. Da § 42 Abs. 2 BDSG Fahrlässigkeit nicht ausdrücklich mit Strafe bedroht, ist **subjektiv** nach § 15 StGB zudem das für Möglichhalten und billigend Inkaufnehmen der objektiven Tatumstände erforderlich (sog. Dolus Eventualis).[16] Nach der allgemeinen strafrechtlichen Dogmatik muss der Täter zudem schuldhaft gehandelt haben. Die stets erforderliche Rechtswidrigkeit ist aufgrund des Merkmals des unberechtigten Handelns schon Teil des Tatbestandes. Der Versuch ist, da es sich nicht um ein Verbrechen handelt, nicht strafbar (§§ 23 Abs. 1, 12 StGB). Hinsichtlich der zum § 42 Abs. 1 BDSG gleichlautenden Merkmale kann auf die Ausführung zu diesem verwiesen werden.

13 Die **Verarbeitung** ist in Art. 4 Nr. 1 definiert. Ein **Erschleichen** liegt schon dann vor, wenn der Täter faktisch Zugriff auf die Daten hat, eine Verfügungsbefugnis ist demnach nicht erforderlich. Dieser Zugriff muss kausal auf Angaben beruhen, die nicht mit den tatsächlichen Verhältnissen übereinstimmen (**durch unrichtige Angaben**). Hierbei kann sowohl auf den Entscheidungsprozess eines Menschen eingewirkt werden als auch auf eine automatisierte Datenverarbeitung.[17] Erfasst sind etwa die Verwendung eines falschen Namens oder Berufs; außerdem die missbräuchliche

---

11 Vgl. hierzu ausführlich Gola/Heckmann-*Ehmann* § 42 BDSG Rn. 10 f., 19.
12 Beispiel aus Paal/Pauly-*Frenzel* § 42 BDSG Rn. 4.
13 So auch Kühling/Buchner-*Bergt* § 42 Rn. BDSG 21.
14 So auch Gola/Heckmann-*Ehmann* § 42 BDSG Rn. 12; Taeger/Gabel-*Nolde* § 42 BDSG Rn. 3.
15 Schönke/Schröder-*Hecker* StGB § 260 Rn. 6.
16 Schönke/Schröder-*Sternberg-Lieben/Schuster* StGB § 15 Rn. 6 ff.
17 Taeger/Gabel-*Nolde* § 42 BDSG Rn. 8.

Verwendung eines Passworts, da hierdurch eine falsche Angabe hinsichtlich der Berechtigung gemacht wird.[18]

II. Antragserfordernis (§ 42 Abs. 3 BDSG)

§ 42 Abs. 3 BDSG bestimmt, § 44 Abs. 2 BDSG a.F. entsprechend,[19] dass die Tat nur auf Antrag verfolgt wird. Da hiervon auch im Falle eines besonderen öffentlichen Interesses an der Strafverfolgung keine Ausnahme gemacht wird, handelt es sich um ein **absolutes Antragserfordernis**. Somit liegt es auf staatlicher Seite in der Hand der nach § 42 Abs. 4 Var. 3 BDSG antragsberechtigten Aufsichtsbehörden bzw. des oder der BfDI und nicht in der Hand der Staatsanwaltschaft über die Verfolgung der Straftaten zu entscheiden. Im Übrigen können betroffene Person (§ 42 Abs. 4 Var. 1 BDSG) und – anders als im Strafrecht üblich – der Verantwortliche (§ 42 Abs. 4 Var. 2 BDSG) einen Antrag stellen. Der Strafantrag stellt für diesen ein Mittel dar, um seiner datenschutzrechtlichen Verantwortung nachzukommen. Der Datenschutzbeauftragte hat, da er zwar die Einhaltung der Vorschriften überwacht, hierfür aber gerade nicht verantwortlich ist, kein Antragsrecht.[20]

14

Gemäß § 77b Abs. 1 StGB muss der Antrag binnen drei Monaten ab Kenntniserlangung von der Tat gestellt werden. Insofern kann die Frist für unterschiedliche Beteiligte zu unterschiedlichen Zeitpunkten enden.

15

III. Verwendungsverbot für die Meldung von Datenpannen (§ 42 Abs. 4 BDSG)

§ 42 Abs. 4 BDSG bestimmt, dass der Inhalt von Meldung nach Art. 33 bzw. 34 Abs. 1 im Strafverfahren nicht gegen den Meldepflichtigen, den Benachrichtigenden und deren Angehörige (§ 52 Abs. 1 StPO) verwendet werden darf. § 42 Abs. 4 BDSG ist § 42a S. 6 BDSG a.F. entlehnt und dient dem verfassungsrechtlichen Gebot der Selbstbezichtigung. Hinsichtlich dieses **grundrechtlichen Hintergrunds**, des **Schutzbereichs** und der **Reichweite** des Verwendungsverbots kann auf die Ausführungen zu § 43 Abs. 4 verwiesen werden.

16

Anders als im Rahmen des § 43 Abs. 4 BDSG[21] bestehen an der **Unionsrechtskonformität** des § 42 Abs. 4 BDSG keine Zweifel. Da dieser anders als § 43 Abs. 4 BDSG nicht die in der europäischen DS-GVO normierten Sanktionsmöglichkeiten, sondern hierüber hinausgehende, durch den nationalen Gesetzgeber bestimmte Sanktionen betrifft, kann sich der Gesetzgeber auf den weiten Umsetzungsspielraums hinsichtlich der Modalitäten dieser Sanktionsmöglichkeiten aus Art. 84 Abs. 1 stützen.[22]

17

---

18 Gola/Heckmann-*Ehmann* § 42 BDSG Rn. 1, 19 ff.
19 So auch BT-Drucks. 18/11325, S. 109.
20 Gola/Heckmann-*Ehmann* § 42 BDSG Rn. 1, 27 ff.
21 Vgl. hierzu die Kommentierung zu Art. 84 Anhang § 43 Rn. 22 ff.
22 BT-Drucks. 18/11325, S. 109 – zum Gestaltungsspielraum des Art. 84 s. die Kommentierung zu Art. 84 Rn. 5.

Kapitel IX
Vorschriften für besondere Verarbeitungssituationen

Artikel 85 Verarbeitung und Freiheit der Meinungsäußerung und Informationsfreiheit

(1) Die Mitgliedstaaten bringen durch Rechtsvorschriften das Recht auf den Schutz personenbezogener Daten gemäß dieser Verordnung mit dem Recht auf freie Meinungsäußerung und Informationsfreiheit, einschließlich der Verarbeitung zu journalistischen Zwecken und zu wissenschaftlichen, künstlerischen oder literarischen Zwecken, in Einklang.

(2) Für die Verarbeitung, die zu journalistischen Zwecken oder zu wissenschaftlichen, künstlerischen oder literarischen Zwecken erfolgt, sehen die Mitgliedstaaten Abweichungen oder Ausnahmen von Kapitel II (Grundsätze), Kapitel III (Rechte der betroffenen Person), Kapitel IV (Verantwortlicher und Auftragsverarbeiter), Kapitel V (Übermittlung personenbezogener Daten an Drittländer oder an internationale Organisationen), Kapitel VI (Unabhängige Aufsichtsbehörden), Kapitel VII (Zusammenarbeit und Kohärenz) und Kapitel IX (Vorschriften für besondere Verarbeitungssituationen) vor, wenn dies erforderlich ist, um das Recht auf Schutz der personenbezogenen Daten mit der Freiheit der Meinungsäußerung und der Informationsfreiheit in Einklang zu bringen.

(3) Jeder Mitgliedstaat teilt der Kommission die Rechtsvorschriften, die er aufgrund von Absatz 2 erlassen hat, sowie unverzüglich alle späteren Änderungsgesetze oder Änderungen dieser Vorschriften mit.

– *ErwG:* 153

Übersicht

	Rn		Rn
A. Einordnung und Hintergrund	1	aa) Journalistische Zwecke	19
I. Erwägungsgrund 153	3	bb) Wissenschaftliche, künstlerische oder literarische Zwecke	24
II. Normgenese und -umfeld	4		
1. Art. 9 DSRL	4	b) Datenverarbeitung ausschließlich zu privilegierten Zwecken?	28
2. BDSG, KUG und landesrechtliche Vorschriften	5		
B. Einzelkommentierung	9	4. Gesetzliche Regelung erforderlicher Abweichungen und Ausnahmen	32
I. Art. 85 Abs. 1 und Abs. 2	9		
1. Verhältnis von Art. 85 Abs. 1 und Abs. 2	9	II. Art. 85 Abs. 3	42
2. Freiheit der Meinungsäußerung und Informationsfreiheit	14	III. Medienprivileg vs. Recht auf Vergessenwerden	44
		1. Einleitung	44
3. Verarbeitung zu journalistischen, wissenschaftlichen, künstlerischen oder literarischen Zwecken	18	2. Entwicklung des Rechts auf Vergessenwerden im Lichte des Medienprivilegs	45
a) Von Art. 85 Abs. 2 privilegierte Zwecke	18	3. BVerfG zum „Recht auf Vergessen"	47

Art. 85 Freiheit der Meinungsäußerung

	Rn		Rn
C. Praktische Hinweise	49	IV. Relevanz für Aufsichtsbehörden	54
I. Relevanz für öffentliche Stellen	49	V. Relevanz für das Datenschutz-	
II. Relevanz für nichtöffentliche		management	59
Stellen	50	VI. Sanktionen	61
III. Relevanz für betroffene			
Personen	52		

Literatur: *Albrecht/Janson* Datenschutz und Meinungsfreiheit nach der Datenschutzgrundverordnung, CR 2016, 500; *Assmus/Winzer* Mitarbeiterfotos im Intranet, auf Webseiten und in sozialen Netzwerken – Anforderungen an Einwilligung und Widerruf nach dem KUG und der DS-GVO, ZD 2018, 508; *Benedikt/Kranig* DS-GVO und KUG – ein gespanntes Verhältnis – Ende des KUG nach 111 Jahren?, ZD 2019, 4; *Caspar* Datenschutz im Verlagswesen: Zwischen Kommunikationsfreiheit und informationeller Selbstbestimmung, NVwZ 2010, 1451; *Cornils* Das datenschutzrechtliche Medienprivileg unter Behördenaufsicht? – Der unionsrechtliche Rahmen für die Anpassung der medienrechtlichen Bereichsausnahmen (in § 9c, § 57 RStV-E und den Landespressegesetzen) an die EU-Datenschutz-Grundverordnung, 2018; *ders.* Der Streit um das Medienprivileg, ZUM 2018, 561; *Hansen/Brechtel* KUG vs. DS-GVO: Kann das KUG anwendbar bleiben?, GRUR-Prax 2018, 369; *Hildebrand* Künstlerische Straßenfotografie ohne Einwilligung der abgebildeten Person, ZUM 2018, 585; *Hornung/Hofmann* Die Auswirkungen der europäischen Datenschutzreform auf die Markt- und Meinungsforschung, ZD-Beilage 4/2017, 1; *Kahl/Piltz* Wer hat Vorfahrt: Datenschutz oder Meinungs- und Pressefreiheit?, K&R 2018, 289; *Klickermann* Die Privilegierung des Löschungsrechts – Das Recht auf Vergessenwerden im Fokus der beruflichen Tätigkeit, MMR 2018, 209; *Krüger/Wiencke* Bitte recht freundlich – Verhältnis zwischen KUG und DS-GVO – Herstellung und Veröffentlichung von Personenbildnissen nach Inkrafttreten der DS-GVO, MMR 2019, 76; *Lauber-Rönsberg* Anwendbarkeit des KUG bei journalistischen Bildnisveröffentlichungen auch nach Inkrafttreten der DSGVO – Anmerkung zu OLG Köln, Beschluss vom 18.6.2018 – 15 W 27/18, ZUM-RD 2018, 549; *Lauber-Rönsberg/Hartlaub* Personenbildnisse im Spannungsfeld zwischen Äußerungs- und Datenschutzrecht, NJW 2017, 1057; *Martini* Wie neugierig darf der Staat im Cyberspace sein? Social Media Monitoring öffentlicher Stellen – Chancen und Grenzen, VerwArch 2016, 307; *Michel* Bewertungsportale und das Medienprivileg – Neue Impulse durch Art. 85 DSGVO?, ZUM 2018, 836; *Raji* Auswirkungen der DS-GVO auf nationales Fotorecht, ZD 2019, 61; *Rombey* Die Geltung des Medienprivilegs für Youtuber, ZD 2019, 301; *Schwartmann/Hermann* Privilegierung zu wissenschaftlichen Zwecken, F&L 578; *Soppe* Datenverarbeitung zu journalistischen Zwecken – das datenschutzrechtliche Medienprivileg in der Verlagspraxis, ZUM 2019, 467; *Wichtermann* Einführung eines Datenschutz-Management-Systems im Unternehmen – Pflicht oder Kür? Kurzüberblick über die Erweiterungen durch die DS-GVO, ZD 2016, 421; *Ziebarth/Elsaß* Neue Maßstäbe für die Rechtmäßigkeit der Nutzung von Personenbildnissen in der Unternehmenskommunikation?, ZUM 2018, 578.

A. Einordnung und Hintergrund

1 In Art. 85 wird den besonderen Verarbeitungssituationen im Zusammenhang mit der Freiheit der Meinungsäußerung und Informationsfreiheit Rechnung getragen. Die Vorschrift spezifiziert den im **ErwG 4** der DS-GVO enthaltenen Grundsatz, wonach das Recht auf Schutz der personenbezogenen Daten kein uneingeschränktes Recht ist, sondern im Hinblick auf seine gesellschaftliche Funktion gesehen und unter Wahrung des Verhältnismäßigkeitsprinzips gegen andere Grundrechte abgewogen werden muss. Sie dient einem unionsrechtlichen **Ausgleich** zwischen dem Schutz personenbezogener Daten, der neben der DS-GVO in **Art. 8 GRCh** vorgesehen ist, und der Freiheit der

Meinungsäußerung und Informationsfreiheit, **Art. 11 GRCh**.[1] Auf einer nachgelagerten Ebene werden die Wertungen von **Art. 13 GRCh** relevant, wenn es um den persönlichen und sachlichen Anwendungsbereich für den Wissenschafts- sowie Kunstbereich geht.

Obwohl es sich bei der DS-GVO um eine Verordnung handelt, die nach Art. 288 AEUV in den Mitgliedstaaten grundsätzlich allgemeine und unmittelbare Geltung hat, enthält sie als sogenannte **Grundverordnung** auch **Öffnungsklauseln**, die Regelungsaufträge an die Mitgliedstaaten erteilen oder Regelungsmöglichkeiten eröffnen.[2] Auch Art. 85 richtet sich an die Mitgliedstaaten und stellt seiner Art nach eine Öffnungsklausel dar, wobei das Verhältnis von Art. 85 Abs. 1 und Abs. 2 zueinander nicht ganz eindeutig ist.[3] In der nationalen Rechtsprechung war diese Problematik bisher nicht entscheidungserheblich.[4] In der Literatur haben sich zum Verhältnis von Art. 85 Abs. 1 und 2 im Wesentlichen zwei Lager herausgebildet. Einerseits wird vertreten, **Art. 85 Abs. 1** statuiere lediglich einen „**Anpassungsauftrag**" an die Mitgliedstaaten bzw. ein „**allgemeines Abwägungsgebot**".[5] **Art. 85 Abs. 2** stelle sodann die „**eigentliche Öffnungsklausel**" dar, die die Mitgliedstaaten dazu verpflichtet, – wenn erforderlich – **Abweichungen oder Ausnahmen** für die Verarbeitung von personenbezogenen Daten zu **journalistischen, wissenschaftlichen, künstlerischen oder literarischen Zwecken** (im Folgenden auch: privilegierte Zwecke) von bestimmten Kapiteln der DS-GVO vorzusehen.[6] Diese Auffassung wird im Ergebnis wohl jedenfalls auch von der Landesbeauftragten für den Datenschutz Niedersachsen vertreten.[7] Entgegen dieser engen Betrachtung häufen sich die Stimmen in der Literatur, die der hier vertretenen Auffassung folgen und Art. 85 Abs. 1 neben Art. 85 Abs. 2 zutreffend als eigenständige Öffnungsklausel einordnen.[8] Diese Auffassung vertritt wohl ebenfalls das Bundesmi-

---

1 Vgl. Auernhammer-*von Lewinski* Art. 85 Rn. 3; vgl. Sydow-*Specht/Bienemann* Art. 85 Rn. 1; Paal/Pauly-*Pauly* Art. 85 Rn. 1; s. zur Anwendung der Grundrechtecharta Rn. 12.
2 Kühling/Buchner-*Buchner/Tinnefeld* Art. 85 Rn. 1.
3 S. unter Rn. 9 ff.
4 Ausdrücklich offen gelassen hat diese Frage das *LG Frankfurt a.M.* v. 13.9.2018 – 2-03 O 283/18, ZD 2018, 587; so auch *OLG Köln* v. 18.6.2018 – 15 W 27/18, ZD 2018, 434; *OLG Köln* v. 8.10.2018 – 15 U 110/18, NJW-RR 2019, 240.
5 Vgl. *Kühling/Martini u.a.* Die Datenschutz-Grundverordnung und das nationale Recht, S. 286 f.; vgl. Gola-*Pötters* Art. 85 Rn. 5, 14; so wohl i.Erg. auch Kühling/Buchner-*Buchner/Tinnefeld* Art. 85 Rn. 11 ff.; vgl. Schantz/Wolff-*Schantz* Das neue Datenschutzrecht, Rn. 1316; vgl. auch Simitis/Hornung/Spiecker gen. Döhmann-*Dix* Art. 85 Rn. 6; *Raji* ZD 2019, 61, 64 f.
6 Vgl. Gola-*Pötters* Art. 85 Rn. 5, 14; vgl. *Kühling/Martini u.a.* Die Datenschutz-Grundverordnung und das nationale Recht, S. 292 f.
7 Vgl. *Die Landesbeauftragte für den Datenschutz Niedersachsen* Anfertigung und Veröffentlichung von Personenfotografien nach dem 25. Mai 2018 im nichtöffentlichen Bereich (Stand: Juni 2018); offen lassend *Die Landesbeauftragte für Datenschutz und Akteneinsicht Brandenburg* Verarbeitung personenbezogener Daten bei Fotografien, S. 6 (Stand: Juni 2018).
8 *Lauber-Rönsberg/Hartlaub* NJW 2017, 1057, 1061 f.; *Lauber-Rönsberg* ZUM-RD 2018, 550, 552; BDZV/dju/DJV/Deutscher Presserat/VDZ Stellungnahme zum Entwurf der Bayerischen Staatskanzlei vom 2.6.2017 zu §§ 57, 59 RfTmStV, S. 6 ff. (Stand: 7.7.2017); *Cornils* S. 60 ff. und ZUM 2018, 561, 570 f.; Gierschmann-*Schulz/Heilmann* Art. 85 Rn. 5 ff.; *Ziebarth/Elsaß* ZUM 2018, 578, 582; vgl. auch *Michel* ZUM 2018, 836, 842; so i.E. auch *Krüger/Wiencke* MMR 2019, 76, 78; s. auch *Landesbeauftragte für Datenschutz und Informationsfreiheit Nordrhein-Westfalen* Rechtliche Bewertung von Fotografien einer großen Anzahl von Personen nach DS-GVO außerhalb des Journalismus, S. 5 (Stand: 24.5.2018).

nisterium des Innern, für Bau und Heimat.[9] Nach der hier vertretenen Auffassung ist **Art. 85 Abs. 2 als Öffnungsklausel in Gestalt einer Vorgabe für einen Mindestschutzstandard** für die privilegierten Zwecke zu verstehen, während **Art. 85 Abs. 1** ebenfalls als Öffnungsklausel den Spielraum für mitgliedstaatliche Abwägungsentscheidungen in **eng auszulegenden Ausnahmefällen** erweitert.[10] **Art. 85 Abs. 3 beinhaltet eine Mitteilungspflicht** der Mitgliedstaaten an die Europäische Kommission.

I. Erwägungsgrund 153

3 Im Zusammenhang mit Art. 85 ist **ErwG 153** der DS-GVO zu beachten. Ihm lässt sich zum einen entnehmen, dass die Datenverarbeitung nach Art. 85 Abs. 2 „**ausschließlich**" zu den jeweiligen privilegierten Zwecken zu erfolgen hat, wobei nicht ganz eindeutig ist, ob es sich hierbei um ein Redaktionsversehen handelt.[11] Ferner nimmt Erwägungsgrund 153 direkt Bezug auf **Art. 11 GRCh**, der bei der Abwägung durch die Mitgliedstaaten maßgeblich ist.[12] Hervorgehoben wird auch, dass die Mitgliedstaaten Abweichungen und Ausnahmen insbesondere für die Verarbeitung personenbezogener Daten im **audiovisuellen Bereich** sowie in **Nachrichten- und Pressearchiven** vornehmen sollten, wobei diese Aufzählung nicht abschließend ist.[13] Dem Erwägungsgrund lässt sich zum einen entnehmen, dass etwaige Abweichungen und Ausnahmen **durch Gesetzgebungsmaßnahmen** erfolgen sollten. Des Weiteren gilt nach Erwägungsgrund 153 bei unterschiedlichen mitgliedstaatlichen Abweichungen und Ausnahmen das **Ursprungslandprinzip**.[14] Abschließend wird betont, dass **Begriffe wie Journalismus**, die sich auf die Freiheit der Meinungsäußerung beziehen, **weit ausgelegt werden müssen**, um der Bedeutung des Rechts auf freie Meinungsäußerung in einer demokratischen Gesellschaft Rechnung zu tragen.[15]

II. Normgenese und -umfeld

4 **1. Art. 9 DSRL.** Die unionsrechtliche **Vorgängerregelung** zu Art. 85 ist **Art. 9 DSRL**. Nach dieser Regelung waren die Mitgliedstaaten bis zum 24.5.2018 angehalten, Abweichungen und Ausnahmen für die Verarbeitung personenbezogener Daten vorzusehen, die zu journalistischen, künstlerischen oder literarischen Zwecken erfolgt. Art. 85 benennt nun zusätzlich die Datenverarbeitung zu **wissenschaftlichen Zwecken**.[16] Des

---

9 „Das Kunsturhebergesetz stützt sich auf Artikel 85 Absatz 1 der Datenschutz-Grundverordnung, der den Mitgliedstaaten nationale Gestaltungsspielräume bei dem Ausgleich zwischen Datenschutz und der Meinungs- und Informationsfreiheit eröffnet.", s. *Bundesministerium des Innern, für Bau und Heimat* FAQs zur Datenschutz-Grundverordnung, https://www.bmi.bund.de/SharedDocs/kurzmeldungen/DE/2018/04/faqs-datenschutz-grundverordnung.html, abgerufen am 31.10.2019.
10 S. unter Rn. 11; zur Interpretation der Regelungssystematik des Art. 85 als „generelle Öffnungsklausel mit Mindestgarantie in Abs. 2" s. *Cornils* S. 60 ff.; vgl. auch *BDZV/dju/DJV/Deutscher Presserat/VDZ* Stellungnahme zum Entwurf der Bayerischen Staatskanzlei vom 2.6.2017 zu §§ 57, 59 RfTmStV, S. 6 ff. (Stand: 7.7.2017).
11 S. unter Rn. 28 ff.
12 S. unter Rn. 15 ff.
13 Vgl. Sydow-*Specht/Bienemann* Art. 85 Rn. 8.
14 S. unter Rn. 41.
15 So auch schon *EuGH* v. 16.12.2008 – C-73/07, ECLI:EU:C:2008:727, Satamedia, Rn. 56 und *EuGH* v. 14.2.2019 – C-345/17, ECLI:EU:C:2019:122, Buivids, Rn. 51.
16 Vgl. Paal/Pauly-*Pauly* Art. 85 Rn. 9; vgl. auch Auernhammer-*von Lewinski* Art. 85 Rn. 7, der auf eine „wissenschaftlich-publizistische Tätigkeit" abstellt.

Weiteren bezieht sich der Wortlaut ausdrücklich auf die **Informationsfreiheit**.[17] Art. 85 geht ferner dergestalt über Art. 9 DSRL hinaus, dass er – nach hier vertretener Auffassung[18] – in eine **Öffnungsklausel** für mitgliedstaatliche Abwägungsentscheidungen in **eng auszulegenden Ausnahmefällen** (Abs. 1) und eine **Öffnungsklausel** in Gestalt einer **Vorgabe für einen Mindestschutzstandard** (Abs. 2) unterteilt ist. **Nicht mehr vorgegeben in Art. 85 Abs. 2 ist, dass die Verarbeitung „allein" zu den maßgeblichen Zwecken erfolgt.** Zu beachten ist aber, dass **ErwG 153** S. 2 von einer Datenverarbeitung „ausschließlich" zu den privilegierten Zwecken spricht.[19]

2. BDSG, KUG und landesrechtliche Vorschriften. Ausprägung fand der Gedanke des Art. 85 **im deutschen Recht bisher** in Gestalt des **„Medienprivilegs"**. Zum einen machte der bis 24.5.2018 geltende § 41 Abs. 1 BDSG a.F. den Ländern Vorgaben zur Regelung von datenschutzrechtlichen Mindeststandards für Presseunternehmen und deren Hilfsunternehmen (Rahmenvorschrift, vgl. Art. 75 Abs. 1 S. 1 Nr. 2 GG a.F.).[20] In § 41 Abs. 4 BDSG a.F. wurde die Deutsche Welle als Rundfunkanstalt des Bundesrechts von einigen datenschutzrechtlichen Pflichten befreit (s. auch die spezifischen Vorgaben in § 41 Abs. 2 und 3 BDSG a.F.).[21] Die nach Landesrecht konstituierten öffentlich-rechtlichen Rundfunkanstalten und private Rundfunkveranstalter waren aus kompetenzrechtlichen Gründen nicht von § 41 BDSG a.F. erfasst.[22] Im neuen BDSG fällt die Regelung des § 41 Abs. 1 BDSG a.F. weg, da für das Pressewesen nunmehr die Länder ausschließlich zuständig sind.[23] § 57 RStV a.F. privilegierte Presseunternehmen und deren Hilfsunternehmen als Anbieter von Telemedien. Für den Rundfunk galten z.B. § 17 ZDF-Staatsvertrag a.F. (ZDF-StV), § 47 Abs. 2 RStV a.F. oder § 49 Abs. 2 LMedienG Baden-Württemberg a.F.[24]

Mit dem im Juni 2019 verabschiedeten Zweiten Gesetz zur Anpassung des Datenschutzrechts an die DS-GVO (2. DSAnpUG-EU) sieht der Gesetzgeber eine Änderung des Deutsche-Welle-Gesetzes vor, mit der eine Regelung zum Medienprivileg eingefügt wurde.[25] Weitere Umsetzungen des Medienprivilegs in das deutsche Bundesrecht sind im Rahmen dieser Gesetzgebung nicht erfolgt. Zwar hatte die SPD-Bundestagsfraktion zur konkreten Ausgestaltung des Art. 85 auf Bundesebene einen neuen § 27a BDSG vorgeschlagen und der Innenausschuss des Bundestages die Bundesregierung aufgefordert, einen Regelungsvorschlag zur Umsetzung von Art. 85 Abs. 1 in Abstimmung mit den Ländern vorzulegen.[26] Entgegen solcher Bestrebungen verzichtete der Bundesgesetzgeber im Rahmen des 2. DSAnpUG-EU auf eine Umset-

---

17 Vgl. Ehmann/Selmayr-*Schiedermair* Art. 85 Rn. 2.
18 S. unter Rn. 11.
19 S. unter Rn. 28 ff.
20 S. z.B. § 12 LandespresseG NRW a.F.; vgl. zur Vereinbarkeit von § 41 Abs. 1 BDSG a.F. mit Art. 9 DSRL Simitis-*Dix* § 41 BDSG a.F. Rn. 6, 29 m.w.N; vgl. Gola/Schomerus-*Gola/Klug/Körffer* § 41 BDSG a.F., 12. Aufl. 2015, Rn. 2.
21 Vgl. Spindler/Schuster-*Spindler/Nink* § 41 BDSG a.F., 3. Aufl. 2015, Rn. 1, 5; vgl. Gola/Schomerus-*Gola/Klug/Körffer* § 41 BDSG a.F., 12. Aufl. 2015, Rn. 13.
22 Vgl. Spindler/Schuster-*Spindler/Nink* § 41 BDSG a.F., 3. Aufl. 2015, Rn. 1.
23 BT-Drucks. 18/11325, S. 79.
24 S. hierzu Übersicht bei Ehmann/Selmayr-*Schiedermair* Art. 85 Rn. 5 ff.
25 BT-Drucks. 19/4647, S. 257.
26 BT-Drucks. 19/11181, S. 17.

zung des Art. 85 in das BDSG komplett. Änderungen und Neuerungen des **RStV** sind vor dem Hintergrund der DS-GVO im 21. Rundfunkänderungsstaatsvertrag (21. RÄStV) normiert.[27] Die Privilegierung des Rundfunks – ebenso wie die der Presse als Anbieter von Telemedien – ist ausweislich der Begründung des 21. RÄStV „einheitlich" bzw. „umfassend" im RStV geregelt.[28] Dies gilt sowohl für Rundfunkprogramme als auch für On-Demand-Angebote (Telemedien der Rundfunkanbieter). Der 22. RÄStV hat hier keine Neuerungen gebracht.

7 Weitere Vorschriften zur privilegierten Datenverarbeitung i.S.d. Art. 85 finden sich im **Landesrecht**. Zur Veranschaulichung dient die folgende Tabelle.

Bundesland	LPressegeG	LMedienG	LDatenschutzG
Baden-Württemberg	§ 12 PresseG BW	§ 49 LMedienG BW	§ 19 LDSG BW
Bayern	Art. 11 BayPrG		(Art. 1 Abs. 1 i.V.m.) Art. 38 BayDSG
Berlin	§ 22a BlnPrG		(§ 2 Abs. 7) i.V.m. § 19 BlnDSG
Brandenburg	§ 16a BbgPG i.V.m. § 29 BbgDSG		§ 29 BbgDSG
Bremen	§ 5 PresseG Bremen	§ 58 BremLMG	
Hamburg	§ 11a HmbPresseG i.V.m. § 37 MStV HSH	§ 37 MStV HSH	§ 12 HmbDSG
Hessen	§ 10 HPresseG	§ 61 HPRG	§ 28 HDSIG
Mecklenburg-Vorpommern	§ 18a LPrG M-V	§ 61 RundfG M-V	§ 12 DSG M-V
Niedersachsen	§ 19 NPresseG	§ 54 NMedienG	
Nordrhein-Westfalen	§ 12 LPresseG NRW	§§ 46, 51a LMG NRW	§ 19 DSG NRW, § 5 Abs. 7 DSG NRW
Rheinland-Pfalz		§ 13 LMG	
Saarland		§§ 11, 42a, 51a, 51g SMG	
Sachsen	§ 11a SächsPresseG	§ 44 SächsPRG	
Sachsen-Anhalt	§ 10a LPresseG	§ 11 MedienG LSA	
Schleswig-Holstein	§ 10 LPresseG SH	§ 37 MStV HSH	
Thüringen	§ 11a TPG	§ 6 ThürLMG	(§ 2 Abs. 1 i.V.m.) § 25 ThürDSG

---

27 S. unter Rn. 36.
28 Begründung zum Einundzwanzigsten Staatsvertrag zur Änderung rundfunkrechtlicher Staatsverträge, S. 5, 14.

Soweit nationale Privilegierungen im Sinne von Art. 85 Abs. 2 umgesetzt sind, dienen 8
die Vorgaben des **Kunsturhebergesetzes** (KUG) bzw. das allgemeine Äußerungsrecht
auf „nachgelagerter Ebene" als Korrektiv, um praktische Konkordanz herbeizuführen.[29] Inwieweit das KUG darüber hinaus als datenschutzrechtliche Ausnahmevorschrift i.S.d. Art. 85 direkt Anwendung finden kann, ist streitig[30] und wurde von der
nationalen Rechtsprechung bisher offen gelassen.[31] Selbst wenn man annehmen wolle,
dass auch im Bereich einer journalistischen Tätigkeit die Vorschriften des KUG seit
Inkrafttreten der DS-GVO vom Anwendungsvorrang der DS-GVO verdrängt würden, ergebe sich im Rahmen der Anwendung der DS-GVO nichts anderes, da eine
Einzelfallabwägung bei Art. 6 Abs. 1 lit. f DS-GVO i.V.m. ErwG 153 der DS-GVO die
gleichen Abwägungsfragen aufwerfen wie im Rahmen des § 23 Abs. 1 Nr. 1 KUG.[32]
Dieser sinnvolle praktische Ansatz beantwortet allerdings nicht die aufgeworfene dogmatische Frage (siehe dazu sogleich).

B. Einzelkommentierung

I. Art. 85 Abs. 1 und Abs. 2

1. Verhältnis von Art. 85 Abs. 1 und Abs. 2. Art. 85 Abs. 1 gibt den Mitgliedstaaten 9
auf, **durch Rechtsvorschriften** das Recht auf den Schutz personenbezogener Daten
gem. der DS-GVO mit dem Recht auf freie Meinungsäußerung und Informationsfreiheit, **einschließlich** der Verarbeitung zu journalistischen Zwecken und zu wissenschaftlichen, künstlerischen oder literarischen Zwecken, **in Einklang zu bringen**. Insbesondere losgelöst von Art. 85 Abs. 2 kann Abs. 1 durchaus als eigene **„allgemeine Öffnungs- und Abwägungsklausel"** verstanden werden, nach der seitens der Mitgliedstaaten zwischen den beiden genannten kollidierenden Rechtspositionen durch Rechtsvorschriften Einklang hergestellt werden soll.[33] Vor allem die Aufzählung der
bestimmten Zwecke erfolgt aufgrund des Wortes „einschließlich" hier im Gegensatz
zu Abs. 2 nicht abschließend.[34] Dies lässt zunächst darauf schließen, dass Art. 85 Abs. 1
jedenfalls eine Öffnungs- und Abwägungsklausel **für andere Zwecke** beinhaltet.
Zusammen mit Art. 85 Abs. 2 und 3, ErwG 153 und vor dem Hintergrund des Regelungszwecks der DS-GVO wird jedoch eingewendet, dass Art. 85 Abs. 1 nicht als
eigene Öffnungsklausel anzusehen sei.[35] Denn zum einen fordere nur Art. 85 Abs. 2
ausdrücklich das Vorsehen von Abweichungen und Ausnahmen und dies auch nur für
privilegierte Zwecke (vgl. ErwG 153 S. 2).[36] Ferner könne aus Art. 85 Abs. 3, der nur
hinsichtlich Abs. 2 eine Mitteilungspflicht vorsieht, geschlossen werden, dass auch nur

---

29 Vgl. *OLG Köln* v. 18.6.2018 – 15 W 27/18, ZD 2018, 434, 435 m.w.N; s. vertiefend hierzu auch *Lauber-Rönsberg* ZUM-RD 2018, 550.
30 S. unter Rn. 39 m.w.N.
31 S. *OLG Köln* v. 18.6.2018 – 15 W 27/18, ZD 2018, 434, 435; so auch *LG Frankfurt a.M.* v. 13.9.2018 – 2-03 O 283/18, ZD 2018, 587; *OLG Köln* v. 8.10.2018 – 15 U 110/18, NJW-RR 2019, 240, *OLG Köln* v. 10.10.2019 – 15 U 39/19, BeckRS 2019, 25735, 31, beck-online.
32 *OLG Köln* v. 10.10.2019 – 15 U 39/19, BeckRS 2019, 25735, 31 beck-online.
33 Vgl. *Lauber-Rönsberg/Hartlaub* NJW 2017, 1057, 1061.
34 Vgl. auch *Lauber-Rönsberg/Hartlaub* NJW 2017, 1057, 1061.
35 S. *Kühling/Martini u.a.* Die Datenschutz-Grundverordnung und das nationale Recht, S. 287 f.
36 S. *Kühling/Martini u.a.* Die Datenschutz-Grundverordnung und das nationale Recht, S. 287 f.

Abs. 2 eine Öffnungsklausel darstellt.[37] Des Weiteren wird angeführt, das Regelungssystem von Art. 6 Abs. 1–3 ließe sich unterwandern, wenn Art. 85 Abs. 1 eine allgemeine Öffnungsklausel ist.[38] Art. 85 Abs. 1 wird daher auch als **„Anpassungsauftrag"** an die Mitgliedstaaten bzw. als **„allgemeines Abwägungsgebot"** verstanden.[39] Art. 85 Abs. 2 enthielte sodann die **„eigentliche Öffnungsklausel"**, nach der die Mitgliedstaaten verpflichtet sind – wenn erforderlich – Abweichungen und Ausnahmen für privilegierte Zwecke vorzusehen.[40] Gegen diese Argumentation lässt sich zum einen anführen, dass sich Art. 85 selbst und ErwG 153 keine eindeutigen Argumente entnehmen lassen, wonach Art. 85 Abs. 1 keine eigenständige Öffnungsklausel ist.[41] Ferner fehlt das regulatorische Bedürfnis für einen „Anpassungsauftrag" innerhalb der DS-GVO, da sie ohnehin Anwendungsvorrang genießt, was zur Unanwendbarkeit ihr widersprechender Regelungen führt.[42] Zudem ist es gerade Charakter des Medienprivilegs, dass der datenschutzrechtliche Regelungskomplex – bestehend aus präventivem Verbot und Erlaubnistatbeständen – ausgeschlossen oder eingeschränkt wird, damit der Freiheit der Meinungsäußerung und Informationsfreiheit ausreichend Rechnung getragen wird.[43] Diese Notwendigkeit kann unter Umständen auch auf Grundlage des Art. 85 Abs. 1 für andere als die in Abs. 2 genannten Zwecke bestehen. Zudem ist denkbar, dass auch andere Kapitel (z.B. Kap. VIII[44]) betroffen sein können, als die in Art. 85 Abs. 2 genannten.

10 In der nationalen Rechtsprechung wurde die Frage, ob Art. 85 Abs. 1 eine eigene, über Art. 85 Abs. 2 hinausgehende Öffnungsklausel darstellt, bisher offengelassen. Das LG Frankfurt a.M. wies zwar auf die für den konkreten Fall einer nicht i.S.v. Art. 85 Abs. 2 privilegierten Veröffentlichung von Bildmaterial relevante Problematik hin, nahm dann aber eine auf Art. 6 Abs. 1 lit. f gestützte Alternativprüfung vor, sodass die Frage letztlich dahinstehen konnte.[45] Das OLG Köln wies ebenfalls auf diese Problematik hin und lies offen, ob die in den deutschen Mediengesetzen verbreiteten generellen Ausschlusstatbestände wie §§ 22, 23 KUG den Anforderungen der Öffnungsklauseln in Art. 85 Abs. 1 und 2 DS-GVO i.V.m. Erwägungsgrund Nr. 153 der DS-GVO gerecht

---

37 S. *Kühling/Martini u.a.* Die Datenschutz-Grundverordnung und das nationale Recht, S. 288.
38 S. *Kühling/Martini u.a.* Die Datenschutz-Grundverordnung und das nationale Recht, S. 287.
39 Vgl. *Kühling/Martini u.a.* Die Datenschutz-Grundverordnung und das nationale Recht, S. 286 ff.; vgl. Gola-*Pötters* Art. 85 Rn. 5, 14; so wohl i.E. auch Kühling/Buchner-*Buchner/Tinnefeld* Art. 85 Rn. 11 ff.; vgl. Schantz/Wolff-*Schantz* Das neue Datenschutzrecht, Rn. 1316; vgl. auch Simitis/Hornung/Spiecker gen. Döhmann-*Dix* Art. 85 Rn. 6; *Raji* ZD 2019, 61, 64 f.; a.A. *Lauber-Rönsberg/Hartlaub* NJW 2017, 1057, 1061 f.; *Lauber-Rönsberg* ZUM-RD 2018, 550, 552; a.A. *BDZV/dju/DJV/Deutscher Presserat/VDZ* Stellungnahme zum Entwurf der Bayerischen Staatskanzlei vom 2.6.2017 zu §§ 57, 59 RfTmStV, S. 6 ff. (Stand:7.7.2017); a.A. *Cornils* S. 60 ff. und ZUM 2018, 561, 570 f.; a.A. Gierschmann-*Schulz/Heilmann* Art. 85 Rn. 5 ff.; a.A. *Ziebarth/Elsaß* ZUM 2018, 578, 582; vgl. zu dieser Ansicht auch *Michel* ZUM 2018, 836, 842; a.A. i.E. auch *Krüger/Wiencke* MMR 2019, 76, 78.
40 Vgl. Gola-*Pötters* Art. 85 Rn. 5, 14; vgl. *Kühling/Martini u.a.* Die Datenschutz-Grundverordnung und das nationale Recht, S. 292 f.
41 S. *Cornils* S. 52 ff.
42 *Ziebarth/Elsaß* ZUM 2018, 578, 582; *Lauber-Rönsberg* ZUM-RD 2018, 550, 552.
43 Vgl. *Cornils* S. 54 f.
44 Eine „faktische Freistellung" von Kapitel VIII über Art. 85 Abs. 2 wird angenommen von Sydow-*Specht/Bienemann* Art. 85 Rn. 16 sowie i.E. auch von *Cornils* S. 77.
45 S. *LG Frankfurt a.M.* v. 13.9.2018 – 2-03 O 283/18, ZD 2018, 587.

werden. Dies könne offenbleiben, da eine Abwägung nach §§ 22, 23 KUG ohnehin auf eine entsprechende Abwägung nach Art. 6 Abs. 1 lit. f DS-GVO hinaus laufe und eine Anwendung des KUG im nicht privilegierten Bereich insoweit unproblematisch sei.[46]

Wenn man Art. 85 Abs. 1 nicht als eigene Öffnungsklausel betrachtet, geht er nur insofern über Art. 85 Abs. 2 hinaus, als er eine Regelung „durch Rechtsvorschriften" vorschreibt. Ein solches Erfordernis wird jedoch auch in ErwG 153 hervorgehoben. Es bleibt daher insgesamt fraglich, weshalb Art. 85 mit Abs. 1 und 2 im Gegensatz zu Art. 9 DSRL derart entzerrt wurde, obwohl Art. 85 Abs. 1 im Grundsatz nur den ErwG 4 der DS-GVO „wiederholt".[47] Eine konkrete Anwendungsmöglichkeit verbleibt Art. 85 Abs. 1 hingegen, wenn man ihn als Öffnungsklausel für mitgliedstaatliche Abwägungsentscheidungen in eng auszulegenden Ausnahmefällen betrachtet, um Randkonstellationen – unabhängig von Art. 6 Abs. 1 – interessengerecht zu regeln. Eine solche Konstellation kommt bspw. bei Veröffentlichungen durch Unternehmen in Betracht, die keine der Zweckrichtungen des Art. 85 Abs. 2 betreffen, bei denen aber dennoch der Freiheit der Meinungsäußerung gegenüber dem Schutz personenbezogener Daten der Vorzug zu gewähren ist. **Art. 85 Abs. 2** liefe bei dieser Lesart des Abs. 1 nicht leer[48], sondern verkörpert vielmehr einen gewissen **Mindestschutzstandard**[49], der für die genannten privilegierten Zweckrichtungen durch die Mitgliedstaaten zwingend einzuhalten ist. Nur für diesen Mindestschutzstandard bestünde eine Mitteilungspflicht i.S.v. Art. 85 Abs. 3. In Ausnahmefällen, die keiner interessengerechten Lösung zuzuführen sind, wäre Art. 85 Abs. 1 einschlägig. Art. 85 Abs. 1 darf zwar auf der einen Seite nicht zu einem sogenannten „allgemeinen Meinungsprivileg"[50] führen, auf der anderen Seite muss er aber auch gewährleisten, dass in Ausnahmefällen nicht dem Recht auf personenbezogene Daten gegenüber der Freiheit der Meinungsäußerung und Informationsfreiheit interessenwidrig der Vorzug gewährt wird, da keines beiden Rechte gegenüber dem anderen prinzipiellen Vorrang beanspruchen[51] kann. Der hier vertretenen Auffassung, dass Art. 85 Abs. 1 in Ausnahmefällen als eine über Abs. 2 hinausgehende Öffnungsklausel anzusehen ist, liegt offensichtlich auch die Konzeption für die Neufassung des Medienprivilegs gem. § 57 RStV im 21. RÄStV zugrunde. Nach § 57 Abs. 1 S. 6 RStV findet **Kap. VIII der DS-GVO keine Anwendung,** soweit Presseunternehmen bzw. deren Hilfs- und Beteiligungsunternehmen der Selbstregulierung durch den Pressekodex sowie der Beschwerdeordnung des Deutschen Presserates unterliegen. Art. 85 Abs. 2 erwähnt Kap. VIII hinsichtlich der

---

46 *OLG Köln* v. 10.10.2019 – 15 U 39/19, BeckRS 2019, 25735, 33 beck-online.
47 S. zum Hintergrund Sydow-*Specht/Bienemann* Art. 85 Rn. 6 f.
48 Vgl. *Raji* ZD 2019, 61, 64 f.
49 Zur Interpretation der Regelungssystematik des Art. 85 als „generelle Öffnungsklausel mit Mindestschutz in Abs. 2" s. *Cornils* S. 60 ff.; vgl. auch *BDZV/dju/DJV/Deutscher Presserat/ VDZ* Stellungnahme zum Entwurf der Bayerischen Staatskanzlei vom 2.6.2017 zu §§ 57, 59 RfTmStV (Stand: 7.7.2017), S. 6 ff; so wohl i.E. auch Gierschmann-*Schulz/Heilmann* Art. 85 Rn. 7, 37; diese Auffassung wird nun auch unter Beachtung einer restriktiven Auslegung von Art. 85 Abs. 1 in Erwägung gezogen von Sydow-*Specht/Bienemann* Art. 85 Rn 9; vgl. auch *Michel* ZUM 2018, 836, 842.
50 S. zu § 41 BDSG a.F. und § 57 RStV a.F. *BVerwG* v. 29.10.2015 – 1 B 32.15, ZD 2016, 193 f.; bei einer bloßen Vervollständigung des Schutzes der Kommunikationsfreiheit durch Art. 85 Abs. 1 bestehe nicht „die Gefahr einer uferlosen Ausweitung der Bereichsausnahme", vgl. *Cornils* S. 62.
51 Vgl. Sydow-*Specht/Bienemann* Art. 85 Rn. 1.

zu erlassenen Abweichungen und Ausnahmen jedoch nicht, sodass die Regelung in § 57 Abs. 1 S. 6 RStV auf Art. 85 Abs. 1 zurückgeführt werden müsste.[52] Auch in der amtlichen Begründung wird insoweit auf Art. 85 Abs. 1 verwiesen.[53] Selbst Art. 85 Abs. 1 lässt aber nach der hier vertretenen Auffassung keine uneingeschränkte Ausnahme hinsichtlich der Rechte nach dem VIII. Kapitel der DS-GVO zum Schutz des Medienprivilegs zu.[54] Insbesondere eine gerichtliche Rechtsschutzmöglichkeit sollte eröffnet sein, um den gebotenen Ausgleich zwischen dem Schutz personenbezogener Daten und dem Recht auf freie Meinungsäußerung und Informationsfreiheit zu gewährleisten.

12 Bei der Anwendung des Art. 85 Abs. 1 sollte zudem auch die Rechtsprechung des EuGH zur DSRL berücksichtigt werden, nach der in konkreten Abwägungssituationen das Datenschutzinteresse einer unmittelbar betroffenen Person höher zu gewichten ist als die Informationsfreiheit der Internetnutzer im Allgemeinen.[55] Ob und in welchen Fallkonstellationen dieser „Abwägungsmechanismus" des EuGH vor dem Hintergrund der DS-GVO anzuwenden ist, ist jedoch nicht unumstritten. Das OLG Frankfurt a.M. lehnt jedenfalls eine schematische Anwendung ab.[56]

13 Sollte Art. 85 Abs. 1 entgegen der hier vertretenen Auffassung im Hinblick auf Ausnahmefälle keine Öffnungsklausel für andere als die privilegierten Zwecke enthalten, hätte dies Auswirkungen auf die Anwendbarkeit der Vorschriften des KUG.[57]

14 **2. Freiheit der Meinungsäußerung und Informationsfreiheit.** Mit Art. 85 soll **besonderen Verarbeitungssituationen** im Zusammenhang mit dem Recht auf Freiheit der Meinungsäußerung und Informationsfreiheit Rechnung getragen werden.

15 Im Rahmen des Art. 85 findet die Grundrechtsebene der GRCh Anwendung, sodass mitgliedstaatliches Recht an den EU-Grundrechtestandard gebunden ist.[58] Die Geltung des EU-Grundrechtestandards ergibt sich aus **Art. 51 Abs. 1 S. 1 Hs. 2 GRCh**, wonach die GRCh für die Mitgliedstaaten ausschließlich **bei der Durchführung des Rechts der Union** gilt. Hierfür reicht wohl bereits der **enge Regelungszusammenhang** zum Unionsrecht aus, den Art. 85 aufweist.[59] Art. 11 GRCh bildet demnach neben

---

52 S. kritisch zu § 57 Abs. 1 S. 6 RStV HK RStV/JMStV-*Oster* § 57 RStV Rn. 12 ff.; eine „faktische Freistellung" von Kapitel VIII über Art. 85 Abs. 2 wird angenommen von Sydow-*Specht/Bienemann* Art. 85 Rn. 16 sowie i.E. auch von *Cornils* S. 77.
53 Begründung zum Einundzwanzigsten Staatsvertrag zur Änderung rundfunkrechtlicher Staatsverträge, S. 14.
54 Ausnahmen von Kapitel VIII auch über Art. 85 Abs. 1 werden indes als unzulässig angesehen von *Engeler* Stellungnahme zum 2. DSAnpUG-EU, Ausschussdrucks. 19(4)187 A, S. 19.
55 *EuGH* v. 13.5.2014 – C-131/12, ECLI:EU:C:2014:317, Google Spain and Google, Rn. 81.
56 S. zu Art. 17 *OLG Frankfurt a.M.* v. 6.9.2018 – 16 U 193/17, GRUR 2018, 1283, 1287 m.w.N.
57 S. hierzu eingehend *Lauber-Rönsberg/Hartlaub* NJW 2017, 1057, 1061 f.; s. unter Rn. 39 m.w.N.
58 S. Kühling/Buchner-*Buchner/Tinnefeld* Art. 85 Rn. 5 ff.; vgl. auch *Kühling/Martini u.a.* Die Datenschutz-Grundverordnung und das nationale Recht, S. 288 f.; vgl. auch *Albrecht/Janson* CR 2016, 500, 503 ff.
59 S. nähere Begründung zu Art. 85 Abs. 2 bei Kühling/Buchner-*Buchner/Tinnefeld* Art. 85 Rn. 7 mit Verweis auf *EuGH* v. 21.12.2011 – C-411/10, C-493/10, ECLI:EU:C:2011:865, Rn. 68; s. zur Frage der Grundrechtsebene bei Öffnungsklauseln auch *Kühling/Martini u.a.* Die Datenschutz-Grundverordnung und das nationale Recht, S. 289 m.w.N.; s. aber auch BVerfGE 125, 260, 306 f.

Art. 8 GRCh das maßgebliche Abwägungskriterium innerhalb des Art. 85. Das BVerfG prüft Unionsrecht am Maßstab der Grundrechte des Grundgesetzes, wenn innerstaatliches Recht und dessen Anwendung im Anwendungsbereich des Unionsrechts liegt, dabei aber durch dieses nicht vollständig determiniert ist.[60] Dennoch bleibt die GRCh von Bedeutung, da die Grundrechte des Grundgesetzes dann im Lichte der GRCh auszulegen sind.[61] Eine Prüfung innerstaatlichen Rechts, das der Durchführung des Unionsrechts dient, ist demnach bereits unmittelbar an den Grundrechten der Charta geboten, wenn bei einer Prüfung am Maßstab der deutschen Grundrechte konkrete und hinreichende Anhaltspunkte vorliegen, dass hierdurch das grundrechtliche Schutzniveau des Unionsrechts nicht gewährleistet ist.[62]

Art. 11 GRCh ist unter der Überschrift **Freiheit der Meinungsäußerung und Informationsfreiheit** in **Meinungs- und Informationsfreiheit** (Abs. 1) sowie **Medienfreiheit** (Abs. 2) unterteilt, wobei streitig ist, ob die Medienfreiheit ein eigenständiges Grundrecht gegenüber Art. 11 Abs. 1 GRCh darstellt.[63] Art. 85 bezieht sich indes auf Art. 11 GRCh im Ganzen, was sich schon aus ErwG 153 S. 2 ergibt.[64] Zentral innerhalb des Art. 85 ist die Datenverarbeitung im Rahmen der Massenkommunikation. Dies unterstreicht ErwG 153 S. 3, der die Verarbeitung personenbezogener Daten im **audiovisuellen Bereich** sowie in **Nachrichten- und Pressearchiven** hervorhebt. Für die „Meinungs- und Informationsfreiheit" nach Art. 11 Abs. 1 GRCh ist unerheblich, welches Medium genutzt wird, wobei für Massenkommunikation Abs. 2 vorgehen kann.[65] Art. 11 Abs. 1 GRCh schützt neben **Meinungsäußerungen** auch die Abgabe bzw. Weitergabe von **Informationen** v.a. in Form von Tatsachenbehauptungen sowie die Abgabe bzw. Weitergabe von **Ideen**.[66] Geschützt ist zudem der **Empfang von Informationen** und Meinungen, wobei grundsätzlich vorausgesetzt wird, dass die Informationen **allgemein zugänglich** sind.[67]

16

Bei der Abwägungsentscheidung im Rahmen des Art. 85 ist seitens der Mitgliedstaaten zunächst die einschlägige Rechtsprechung des **EuGH** zu den jeweiligen Rechtspositionen der GRCh zu beachten.[68] Soweit die GRCh Rechte enthält, die den durch die EMRK garantierten Rechten entsprechen, haben sie die gleiche Bedeutung und Tragweite, wie sie ihnen in der EMRK verliehen wird, vgl. **Art. 52 Abs. 3 S. 1 GRCh**. Inso-

17

---

60 *BVerfG* v. 6.11.2019 – 1 BvR 16/13, BeckRS 2019, 29201, 42, beck-online.
61 *BVerfG* v. 6.11.2019 – 1 BvR 16/13, BeckRS 2019, 29201, 60, beck-online.
62 *BVerfG* v. 6.11.2019 – 1 BvR 16/13, BeckRS 2019, 29201, 63, beck-online.
63 S. *Jarass* Art. 11 GRCh Rn. 3.
64 S. zur Berücksichtigung der Medienfreiheit im Rahmen des Art. 85 auch Roßnagel-*Hoidn* § 4 Rn. 164.
65 *Jarass* Art. 11 GRCh Rn. 13 m.w.N.
66 *Jarass* Art. 11 GRCh Rn. 10, 13.
67 Vgl. *Jarass* Art. 11 GRCh Rn. 15 m.w.N.
68 Insb. *EuGH* v. 6.11.2003 – C-101/01, ECLI:EU:C:2003:59, Lindqvist; *EuGH* v. 16.12.2008 – C-73/07, ECLI:EU:C:2008:727, Satamedia; s. auch *EuGH* v. 13.5.2014 – C-131/12, ECLI:EU:C:2014:317, Google Spain and Google; s. zur Rspr. des EuGH auch Ehmann/Selmayr-*Schiedermair* Art. 85 Rn. 9 ff; s. zu Art. 17 und zur Google Spain and Google Entscheidung *OLG Frankfurt a.M.* v. 6.9.2018 – 16 U 193/17, GRUR 2018, 1283, 1287 m.w.N; s. *EuGH* v. 14.2.2019 – C-345/17, ECLI:EU:C:2019:122, Buivids.

weit sind daher auch **Art. 10 EMRK** und die einschlägige Rechtsprechung des **EGMR** von Bedeutung.[69] Angesichts der in Art. 11 Abs. 2 GrCh geregelten Medienfreiheit ist umstritten, ob Art. 11 GRCh über Art. 10 EMRK hinausgeht.[70] Geht man davon aus, dass Art. 11 GRCh und Art. 10 EMRK einander entsprechen, ist auch der Grundrechtsschutz der Medien, so wie er durch die Rechtsprechung des EGMR geprägt wurde[71], seitens der Mitgliedstaaten zu berücksichtigen. Die Mitgliedstaaten haben sich sodann an der Rechtsprechung des EGMR zur Abwägung der Rechte aus Art. 8 und Art. 10 EMRK zu orientieren.[72] Insbesondere soweit die relevante nationale Rechtsprechung sich bereits an der EMRK orientiert, dürfte auch diese im Rahmen von Art. 85 zu berücksichtigen sein.[73]

18 **3. Verarbeitung zu journalistischen, wissenschaftlichen, künstlerischen oder literarischen Zwecken. – a) Von Art. 85 Abs. 2 privilegierte Zwecke.** Von Art. 85 Abs. 2 in Gestalt eines Mindestschutzstandards privilegiert wird die Verarbeitung von Daten zu **journalistischen, wissenschaftlichen, künstlerischen oder literarischen Zwecken.** ErwG 153 S. 3 nennt im Zusammenhang mit den privilegierten Zwecken beispielhaft die Verarbeitung personenbezogener Daten im **audiovisuellen Bereich** sowie in **Nachrichten- und Pressearchiven.**

19 **aa) Journalistische Zwecke.** ErwG 153 S. 7 besagt, dass Begriffe wie Journalismus, die sich auf das Recht auf freie Meinungsäußerung beziehen, weit ausgelegt werden müssen, um der Bedeutung dieses Rechts in einer demokratischen Gesellschaft Rechnung zu tragen.[74] Es gilt daher eine **weite Auslegung** der journalistischen Zweckrichtung bei der Datenverarbeitung. Zentraler Anknüpfungspunkt für die Einordnung, ob journalistische Zwecke mit der Datenverarbeitung verfolgt werden, ist das **Vorliegen einer journalistischen Tätigkeit.** Nach dem **EuGH** ist für eine journalistische Tätigkeit maßgeblich, dass sie zum Zweck hat, **„Informationen, Meinungen oder Ideen in der Öffentlichkeit zu verbreiten".**[75] Sobald eine journalistische Tätigkeit zu bejahen ist, gelten insbesondere die damit verbundenen Maßnahmen der Datenverarbeitung im Rahmen der Recherche, Veröffentlichung sowie Archivierung als privilegiert.[76] Eine

---

69 Vgl. Kühling/Buchner-*Buchner/Tinnefeld* Art. 85 Rn. 9 m.w.N.; vgl. Ehmann/Selmayr-*Schiedermair* Art. 85 Rn. 15.
70 S. BeckOK InfoMedienR-*Cornils* Art. 11 GRCh Rn. 11 ff.
71 Vgl. BeckOK InfoMedienR-*Cornils* Art. 11 GRCh Rn. 13 ff.; s. auch *EuGH* v. 14.2.2019 – C-345/17, ECLI:EU:C:2019:122, Buivids, Rn. 65 m.w.N.
72 S. hierzu ausführl. Ehmann/Selmayr-*Schiedermair* Art. 85 Rn. 15 ff; s. auch *EuGH* v. 14.2.2019 – C-345/17, ECLI:EU:C:2019:122, Buivids, Rn. 65 ff.
73 Vgl. *Lauber-Rönsberg/Hartlaub* NJW 2017, 1057, 1060; vgl. zur Fortgeltung der Rechtsprechung zum KUG im journalistischen Bereich *OLG Köln* v. 8.10.2018 – 15 U 110/18, NJW-RR 2019, 240, 242 und *LG Frankfurt a.M.* v. 27.9.2018 – 2-03 O 320/17.
74 So auch schon zu Art. 9 DSRL *EuGH* v. 16.12.2008 – C-73/07, ECLI:EU:C:2008:727, Satamedia, Rn. 56 und *EuGH* v. 14.2.2019 – C-345/17, ECLI:EU:C:2019:122, Buivids, Rn. 51.
75 *EuGH* v. 16.12.2008 – C-73/07, ECLI:EU:C:2008:727, Satamedia, Rn. 61 f; vgl. *EuGH* v. 14.2.2019 – C-345/17, ECLI:EU:C:2019:122, Buivids, Rn. 53.
76 Vgl. Schantz/Wolff-*Schantz* Das neue Datenschutzrecht, Rn. 1324 und ErwG 153 DS-GVO S. 3; vgl. auch *BGH* v. 9.2.2010 – VI ZR 243/08, GRUR 2010, 549, 553 und v. 15.12.2009 – VI ZR 227/08, NJW 2010, 757, 760; zum Erfordernis der Ausschließlichkeit s. Rn. 28 ff.

journalistische Tätigkeit ist jedenfalls bei Zuordnung zum **funktionalen Aufgabenbereich der Presse bzw. des Rundfunks** zu bejahen.[77]

Nach der Rechtsprechung des EuGH zu Art. 9 DSRL ist vor dem Hintergrund der weiten Auslegung des Journalismusbegriffs sogar unerheblich, ob es sich bei den privilegierten Unternehmen um Medienunternehmen handelt, da **journalistische Tätigkeiten nicht nur Medienunternehmen vorbehalten** sind.[78] Ferner sind nicht nur Berufsjournalisten von der Privilegierung erfasst.[79] Des Weiteren ist es unschädlich, wenn journalistische Tätigkeiten mit der Absicht verbunden sind, Gewinn zu erzielen.[80] Nach der Rechtsprechung des OLG Köln ist eine journalistische Tätigkeit i.d.S. Art. 85 auch nicht bereits deswegen von vornherein ausgeschlossen, wenn die in Art. 9 Abs. 1 genannten **besonders schutzwürdigen Daten, wie Gesundheitsdaten** betroffen sind. Die Regelung des Art. 9 finde bei einer Verarbeitung zu journalistischen Zwecken keine Anwendung.[81] Ebenfalls **unerheblich ist die Art des Übertragungsmittels.**[82] Zu berücksichtigen sei die Entwicklung und die Vervielfältigung der Mittel zur Kommunikation und zur Verbreitung von Informationen.[83] Von Art. 85 privilegiert ist demnach eine selbstständige journalistische Tätigkeit im Rahmen eines **Internet-Blogs.**[84] Keinesfalls fällt aber jegliche im Internet veröffentlichte Information, die personenbezogene Daten zum Gegenstand hat, unter den Begriff der journalistischen Tätigkeit.[85] Die Privilegien der Presse können nach der Rechtsprechung des EuGH nur dort gelten, wo die Veröffentlichung selbst zu erkennen gebe, dass sie ausschließlich auf die Verbreitung von Informationen, Meinungen oder Ideen gerichtet ist.[86]

20

Problematisch ist die Beurteilung einer Tätigkeit, die sich überwiegend in einer **Zusammenstellung von Informationen aus verschiedenen (externen) Quellen** erschöpft, bspw. bei **Intermediären** wie sozialen Netzwerken oder Bewertungsportalen.[87] Taugliches Abgrenzungskriterium stellt hier auch im Rahmen von Art. 85 Abs. 2 die vom BGH angeführte Voraussetzung dar, wonach die meinungsbildende Wirkung

21

---

77 Vgl. hierzu *BGH* v. 9.2.2010 – VI ZR 243/08, GRUR 2010, 549, 553 und v. 15.12.2009 – VI ZR 227/08, NJW 2010, 757, 760; s. auch *Caspar* NVwZ 2010 1451, 1454 f.; vgl. auch Schantz/Wolff-*Schantz* Das neue Datenschutzrecht, Rn. 1324.
78 *EuGH* v. 16.12.2008 – C-73/07, ECLI:EU:C:2008:727, Satamedia, Rn. 58, 61; *EuGH* v. 14.2.2019 – C-345/17, ECLI:EU:C:2019:122, Buivids, Rn. 52; s. aber zu § 41 BDSG a.F. und § 57 RStV a.F. *BVerwG* v. 29.10.2015 – 1 B 32.15, ZD 2016, 193 f., das als tauglichen Adressaten des Medienprivilegs nach nationalem Recht nur bestimmte redaktionelle Organisationseinheiten ansieht; s. Schantz/Wolff-*Schantz* Das neue Datenschutzrecht, Rn. 1322.
79 *EuGH* v. 14.2.2019 – C-345/17, ECLI:EU:C:2019:122, Buivids, Rn. 55.
80 *EuGH* v. 16.12.2008 – C-73/07, ECLI:EU:C:2008:727, Satamedia, Rn. 59, 61.
81 *OLG Köln* v. 18.7.2019 – 15 W 21/19 BeckRS 2019, 15695, 27.
82 *EuGH* v. 16.12.2008 – C-73/07, ECLI:EU:C:2008:727, Satamedia, Rn. 60 f.; s. Schantz/Wolff-*Schantz* Das neue Datenschutzrecht, Rn. 1322.
83 *EuGH* v. 16.12.2008 – C-73/07, ECLI:EU:C:2008:727, Satamedia, Rn. 60; *EuGH* v. 14.2.2019 – C-345/17, ECLI:EU:C:2019:122, Buivids, Rn. 57.
84 Vgl. Schantz/Wolff-*Schantz* Das neue Datenschutzrecht, Rn. 1322.
85 *EuGH* v. 14.2.2019 – C-345/17, ECLI:EU:C:2019:122, Buivids, Rn. 58; s. auch *Soppe* ZUM 2019, 467, 476.
86 *EuGH* v. 14.2.2019 – C-345/17, ECLI:EU:C:2019:122, Buivids, Rn. 59; s. auch *Rombey* ZD 2019, 301, 303.
87 Vgl. auch Problemaufriss bei Schantz/Wolff-*Schantz* Das neue Datenschutzrecht, Rn. 1323 m.w.N.

für die Allgemeinheit prägender Bestandteil des Angebots sein muss und nicht bloß schmückendes Beiwerk sein darf.[88] Die Anwendung der Formel des BGH erfordert eine eingehende Betrachtung des jeweiligen Intermediärs im Einzelfall und eine Untersuchung dahingehend, inwieweit der Intermediär eine Schlüsselfunktion im Rahmen der Meinungsbildung im Internet inne hat bzw. inwieweit lediglich kommerzielle Absichten im Vordergrund stehen.[89] Für den prägenden Bestandteil der meinungsbildenden Wirkung können – je nach Gestaltung – bereits über das Medium zur Verfügung gestellte **Hintergrundinformationen**, wie z.B. historische oder architektonische Informationen, ausreichen.[90] Diskutiert wird ebenfalls eine vorherige bzw. nachträgliche Kontrolle oder Steuerung von Nutzerbeiträgen seitens des Intermediärs.[91] Die Tätigkeit eines **Suchmaschinenbetreibers** wird nach der Rechtsprechung des EuGH zu Art. 9 DSRL nicht privilegiert.[92] Dies dürfte auch im Lichte des journalistisch geprägten Mindestschutzstandards von Art. 85 Abs. 2 nicht anders zu beurteilen sein.[93]

22 In ErwG 153 S. 3 ist neben Nachrichten- und Pressearchiven der audiovisuelle Bereich hervorgehoben. Insbesondere für den **audiovisuellen Bereich** kommen daher datenschutzrechtliche Privilegierungen seitens der Mitgliedstaaten in Betracht. Auch hierfür ist das Verfolgen einer journalistischen Zweckrichtung (oder der anderen privilegierten Zwecke) maßgeblich. Im audiovisuellen Bereich gibt es im nationalen Recht die Besonderheit, dass bei einer „journalistisch-redaktionellen Gestaltung" eines Angebotes Rundfunk vorliegt, soweit die anderen Anforderungen des § 2 RStV (§ 2 MStV-E) erfüllt sind. Da (privater) Rundfunk bisher ausnahmslos zulassungspflichtig ist (vgl. § 52 Abs. 1 MStV-E), begründet bereits das Innehaben einer **Rundfunkzulassung** die **Vermutung**, dass die **Datenverarbeitung eines Rundfunkveranstalters im audiovisuellen Bereich journalistischen Zwecken dient, soweit der funktionale Aufgabenbereich betroffen ist**. Soweit neben dem zulassungspflichtigen auch zulassungsfreier Rundfunk im Medienstaatsvertrag (MStV; vgl. § 20b MStV) geregelt ist, gilt die Vermutung – unabhängig von einer bestehenden rechtlichen Zulassungspflicht.

23 Im nationalen Recht wurde die bisherige Kumulation von „journalistisch-redaktionellen Zwecken" **im Medienprivileg des RStV** vor dem Hintergrund des Wortlauts des Art. 85 Abs. 2 und des ErwG 153 S. 7 nicht aufrecht erhalten und mit dem Begriff „journalistische Zwecke" ersetzt.[94] Die Voraussetzung redaktionell wurde gestrichen. Hiermit soll der weiten Auslegung des Begriffs Journalismus Rechnung getragen wer-

---

88 *BGH* v. 23.6.2009 – VI ZR 196/08, NJW 2009, 2888, 2890 – Spickmich; vgl. Kühling/Buchner-*Buchner/Tinnefeld* Art. 85 Rn. 25.
89 Vgl. *Michel* ZUM 2018, 836, 838 ff.
90 Vgl. *LG Köln* v. 13.1.2010 – 28 O 578/09, NJOZ 2010, 1933, 1935 – Stadt-Bilderbuch.
91 Vgl. Sydow-*Specht/Bienemann* Art. 85 Rn. 13; vgl. *AG München* v. 6.11.2015 – 142 C 30130/14, ZD 2016, 588, 589; differenzierend *Michel* ZUM 2018, 836, 840 f.
92 S. zu Art. 9 DSRL *EuGH* v. 13.5.2014 – C-131/12, ECLI:EU:C:2014:317, Google Spain and Google, Rn. 85.
93 Vgl. zur Thematik auch: Auernhammer-*von Lewinski* Art. 85 Rn. 9; *Michel* ZUM 2018, 836, 837; *Klickermann* MMR 2018, 209, 211; Sydow-*Specht/Bienemann* Art. 85 Rn. 13 m.w.N.
94 Mit Ausnahme des § 59 Abs. 1 S. 2 RStV, vgl. *Bayerische Staatskanzlei* Erläuterungen zu den einzelnen Regelungen und Änderungen in den Staatsverträgen, Stand: 2.6.2017, S. 7; vgl. Begründung zum Einundzwanzigsten Staatsvertrag zur Änderung rundfunkrechtlicher Staatsverträge, S. 6 f.

den und verdeutlicht werden, dass von der nationalen Privilegierung auch Vorarbeiten wie die Informationsbeschaffung sowie -verarbeitung erfasst sind und nicht erst die Gestaltung der Angebote.[95] Aufgrund des Wortlauts des Art. 85 Abs. 2 ist diese Änderung zu begrüßen.

bb) Wissenschaftliche, künstlerische oder literarische Zwecke. Art. 85 Abs. 2 ist zudem Öffnungsklausel für datenschutzrechtliche Privilegierungen für die Datenverarbeitung zu **wissenschaftlichen, künstlerischen oder literarischen Zwecken.** Auch in Bezug auf diese Zwecke müssen in Gestalt eines Mindestschutzstandards Abweichungen oder Ausnahmen seitens der Mitgliedstaaten vorgesehen werden, wenn dies erforderlich ist, um das Recht auf Schutz der personenbezogenen Daten mit der **Freiheit der Meinungsäußerung und der Informationsfreiheit** in Einklang zu bringen. Insbesondere ErwG 153 S. 2 ist zu entnehmen, dass auch in Bezug auf diese privilegierten Zweckrichtungen **Art. 11 GRCh** das maßgebliche Grundrecht ist. Es geht um einen Ausgleich des Rechts auf Schutz der personenbezogenen Daten mit der **Freiheit der Meinungsäußerung und der Informationsfreiheit.** Auch der EuGH verdeutlichte dies bereits zu Art. 9 DSRL, indem er ausführte, dass bei der Vornahme von Ausnahmen zu künstlerischen oder literarischen Zwecken, auch diese Zwecke unter das Grundrecht der Freiheit der Meinungsäußerung fallen müssen.[96]

Auch wenn Art. 11 GRCh neben Art. 8 GRCh das primäre Schutzgut des Art. 85 bildet, sind **wissenschaftliche und künstlerische Zwecke** im Lichte der Freiheit der Wissenschaft und der Kunst, **Art. 13 GRCh,** auszulegen.[97] Diese Auslegung lässt sich auch ErwG 153 S. 7 entnehmen, der festlegt, dass Begriffe wie Journalismus, die sich auf das Recht auf freie Meinungsäußerung beziehen, weit ausgelegt werden müssen. Denn auch die Begriffe Kunst und Wissenschaft beziehen sich auf die Meinungsäußerungsfreiheit und müssen ebenfalls weit ausgelegt werden.[98] In sachlicher Hinsicht umfasst der Schutzbereich der Kunstfreiheit, Art. 13 S. 1 GRCh, den Werk- und Wirkbereich und in persönlicher Hinsicht die Kunstschaffenden sowie die Mittler eines Kunstwerks.[99] Die „Wissenschaftsfreiheit", Art. 13 S. 1 GRCh, ist Oberbegriff für die Freiheit der Forschung sowie die akademische Freiheit.[100] Da Art. 85 Abs. 2 die Vornahme von Abweichungen und Ausnahmen durch die Mitgliedstaaten für Datenverarbeitungssituationen im Zusammenhang mit der Freiheit der Meinungsäußerung und Informationsfreiheit bezweckt, kommt es auch bei der Verfolgung **wissenschaftlicher bzw. künstlerischer Zwecke** primär auf eine Datenverarbeitungssituation an, die Art. 11 GRCh tangiert. Der Umgang mit den Daten muss zwar einer künstlerischen bzw. wissenschaftlichen Tätigkeit unterfallen, um die Zweckrichtung zu erfüllen[101],

---

95 *Bayerische Staatskanzlei* Erläuterungen zu den einzelnen Regelungen und Änderungen in den Staatsverträgen, Stand: 2.6.2017, S. 2; vgl. Begründung zum Einundzwanzigsten Staatsvertrag zur Änderung rundfunkrechtlicher Staatsverträge, S. 7.
96 *EuGH* v. 16.12.2008 – C-73/07, ECLI:EU:C:2008:727, Satamedia, Rn. 55.
97 Vgl. ähnlicher Ansatz Gola-*Pötters* Art. 85 Rn. 11.
98 Der EGMR leitet mangels Regelung der Kunst- und Wissenschaftsfreiheit in der EMRK diese sogar teils aus der Freiheit der Meinungsäußerung, Art. 10 EMRK her, s. Meyer-*Bernsdorff* Art. 13 GRCh Rn. 1.
99 Meyer-*Bernsdorff* Art. 13 GRCh Rn. 14; vgl. auch Gola-*Pötters* Art. 85 Rn. 11.
100 Meyer-*Bernsdorff* Art. 13 GRCh Rn. 15; Jarass Art. 13 GRCh Rn. 6; vgl. auch Gola-*Pötters* Art. 85 Rn. 11.
101 Vgl. Gola-*Pötters* Art. 85 Rn. 11.

rein künstlerische bzw. wissenschaftliche Tätigkeiten ohne Bezug zu Art. 11 GRCh sind jedoch nicht i.S.v. Art. 85 privilegiert.[102] Zu berücksichtigen bleibt auch, dass Art. 89 Abs. 2 eine eigene Öffnungsklausel für Datenverarbeitungen zu wissenschaftlichen oder historischen Forschungszwecken enthält, die – losgelöst von Art. 11 GRCh, und vorbehaltlich der Einhaltung der Garantien und Gewährleistungen gem. Art. 89 Abs. 1 – nur Ausnahmen von Art. 15, 16, 18 und 21 ermöglicht.[103]

26 Unter Datenverarbeitungen zu **literarischen Zwecken** fallen solche, die bei der Anfertigung von belletristischer Literatur oder Sachliteratur vorgenommen werden.[104]

27 Bei vielen der journalistischen, wissenschaftlichen, künstlerischen oder literarischen Tätigkeiten kommt es untereinander zu Überschneidungen, sodass die Begriffe **nicht trennscharf** sind.[105] Es ist daher nicht auszuschließen, dass – je nach Ausgestaltung der Abweichungen und Ausnahmen i.S.v. Art. 85 Abs. 2 – dieselbe Tätigkeit unter unterschiedliche nationale Privilegierungstatbestände subsumiert werden kann.

28 **b) Datenverarbeitung ausschließlich zu privilegierten Zwecken?** Im Gegensatz zu Art. 85 Abs. 2 wurde noch von Art. 9 DSRL für eine Festlegung von Abweichungen und Ausnahmen eine Verarbeitung „**allein**" zu den **privilegierten Zwecken** vorausgesetzt. In Art. 85 fehlt diese Voraussetzung. Hieraus lässt sich zunächst schließen, dass Art. 85 Abs. 2 insoweit vom Wortlaut her weiter ist als seine Vorgängerregelung und die **gleichzeitige Verfolgung sonstiger Zwecke** neben den privilegierten Zwecken danach unerheblich scheint.[106] Der ErwG 153 der DS-GVO sieht in S. 2 jedoch das Erfordernis der **Ausschließlichkeit** ausdrücklich vor: „Für die Verarbeitung personenbezogener Daten ausschließlich zu journalistischen Zwecken oder[107] zu wissenschaftlichen, künstlerischen oder literarischen Zwecken (...)". Dies spricht wiederum dafür, dass Art. 85 Abs. 2 bei der gleichzeitigen Verfolgung sonstiger Zwecke nicht einschlägig ist.[108] Diese Abweichung des ErwG 153 zu Art. 85 führt derzeit zu Rechtsunsicherheit, da nicht eindeutig ist, ob die Beibehaltung der Vorgabe der Ausschließlichkeit im ErwG 153 vom Verordnungsgeber gewollt ist oder ob es sich um ein Redaktionsverse-

---

102 S. auch Auernhammer-*von Lewinski* Art. 85 Rn. 7, der von einer „wissenschaftlich-publizistischen" Tätigkeit spricht; vgl. Simitis/Hornung/Spiecker gen. Döhmann-*Dix* Art. 85 Rn. 19; vgl. *Hornung/Hofmann* ZD-Beilage 4/2017, 1, 12 f.; vgl. auch *Hildebrand* ZUM 2018, 585, 588.
103 Vgl. zum Verhältnis der beiden Artikel auch *Engeler* Stellungnahme zum 2. DSAnpUG-EU, Ausschussdrucks. 19(4)187 A, S. 15 ff.; s. aber Gola-*Pötters* Art. 85 Rn. 13; Art. 89 Rn. 17, der die Funktion und Reichweite des Art. 89 Abs. 2 vor dem Hintergrund des Art. 85 in Frage stellt; kritisch zum Verhältnis der beiden Normen auch: BeckOK DatenSR-*Stender-Vorwachs* Art. 85 Rn. 27 ff.; Sydow-*Specht/Bienemann* Art. 85 Rn. 14; s. auch *Schwartmann/Hermann* Forschung & Lehre 2018 578, 580.
104 Vgl. Gola-*Pötters* Art. 85 Rn. 10; vgl. BeckOK DatenSR-*Buchner* § 41 BDSG a.F. 23. Edition Rn. 32; vgl. Simitis-*Dix* § 41 BDSG a.F. Rn. 14 m.w.N.
105 Vgl. Gola-*Pötters* Art. 85 Rn. 12; vgl. auch Simitis-*Dix* § 41 BDSG a.F. Rn. 14.
106 Vgl. Gola-*Pötters* Art. 85 Rn. 2.
107 Fraglich ist jedoch, weshalb die journalistischen und wissenschaftlichen Zwecke durch ein „oder" getrennt werden. Hieraus könnte der Schluss gezogen werden, das Erfordernis der Ausschließlichkeit beziehe sich nur auf journalistische Zwecke.
108 Kühling/Buchner-*Buchner/Tinnefeld* Art. 85 Rn. 14; in den englischen Fassungen wird für die Begriffe „allein" (Art. 9 DSRL) und „ausschließlich" (ErwG 153 S. 2) jeweils der Begriff „solely" verwendet.

hen[109] handelt, denn aus dem Wortlaut des Art. 85 wurde die Vorgabe „allein" im Laufe des Gesetzgebungsverfahrens der DS-GVO gestrichen.

Sieht man die Formulierung nicht als Redaktionsversehen an, dürfte bei gleichzeitiger anderweitiger Zweckverfolgung durch einen grundsätzlich privilegierten Normadressaten eine nationale Privilegierung in der Regel nicht greifen, unabhängig davon, ob die Vorgabe der Ausschließlichkeit ausdrücklich in deren Wortlaut enthalten ist oder nicht. Insoweit wäre eine unionsrechtskonforme Auslegung geboten, die sich auch an ErwG 153 orientiert. Etwas Anderes kann nur dann gelten, wenn es sich um eine Privilegierung handelt, die ausnahmsweise (auch) auf Art. 85 Abs. 1 zu stützen ist. Art. 85 Abs. 1 DS-GVO kann in Ausnahmefällen die Vorgabe der Ausschließlichkeit überwinden. Auch ein Vergleich zu Art. 89 Abs. 4 zeigt bei einem engen Verständnis des Art. 85 Abs. 2, dass bei gleichzeitiger Verfolgung anderer als der privilegierten Zwecke Ausnahmen und Abweichungen i.S.v. Art. 85 Abs. 2 gänzlich nicht in Betracht kommen, da eine Art. 89 Abs. 4 entsprechende Regelung in ErwG 153 fehlt. Nach dem BVerwG kam es für das Erfordernis der Ausschließlichkeit zur alten deutschen Rechtslage außerdem noch darauf an, dass „organisatorisch in sich geschlossene, gegenüber den sonstigen (betrieblichen) Stellen abgeschottete, in der redaktionellen Tätigkeit autonome Organisationseinheiten"[110] handeln. Zu berücksichtigen bleibt jedoch stets, dass Begriffe wie Journalismus, die sich auf das Recht auf freie Meinungsäußerung beziehen, weit ausgelegt werden müssen, um der Bedeutung dieses Rechts in einer demokratischen Gesellschaft Rechnung zu tragen (ErwG 153 S. 7).   29

Nicht privilegierte **sonstige Zwecke** können z.B. reine **Werbezwecke** sein.[111] Das Vorliegen einer privilegierten Zweckrichtung ist außerdem abzulehnen bei Datenverarbeitungen zu primär administrativen Zwecken oder zum Zweck der Kundengewinnung oder (kommerziellen) Weitergabe von Adressdaten an Dritte.[112]   30

Hinsichtlich einer **kommerziellen Zweckausrichtung** hat der EuGH zu Art. 9 DSRL entschieden, dass eine Datenveröffentlichung verbunden mit einer Gewinnerzielungsabsicht nicht von vornherein eine Verarbeitung „allein zu journalistischen Zwecken" ausschließt.[113] Ein gewisser kommerzieller Erfolg könne sogar **unverzichtbare Voraussetzung für den Fortbestand von professionellem Journalismus** sein.   31

4. Gesetzliche Regelung erforderlicher Abweichungen und Ausnahmen. Art. 85 Abs. 2 schreibt für die privilegierten zweckgebundenen Verarbeitungssituationen unter der Voraussetzung der Erforderlichkeit **Abweichungen und Ausnahmen** von einigen Kapiteln der DS-GVO in Form eines **Mindestschutzstandards** seitens der Mitgliedstaaten vor. Konkret sind dies Kapitel II (Grundsätze), Kapitel III (Rechte der betroffenen Person), Kapitel IV (Verantwortlicher und Auftragsverarbeiter), Kapi-   32

---

109 Dieser Ansicht sind: Gierschmann-*Schulz/Heilmann* Art. 85 Rn. 55; *Michel* ZUM 2018, 836, 837 m.w.N.
110 Zu § 41 BDSG a.F. und § 57 RStV a.F. *BVerwG* v. 29.10.2015 – 1 B 32.15, ZD 2016, 193; Gola/Schomerus-*Gola/Klug/Körffer* § 41 BDSG a.F., 12. Aufl. 2015, Rn. 8.
111 Vgl. *Lauber-Rönsberg/Hartlaub* NJW 2017, 1057, 1061.
112 Vgl. hierzu Kühling/Buchner-*Buchner/Tinnefeld* Art. 85 Rn. 15 f.; vgl. auch *BGH* v. 9.2.2010 – VI ZR 243/08, GRUR 2010, 549, 553 und *BGH* v. 15.12.2009 – VI ZR 227/08, NJW 2010, 757, 760; vgl. *Caspar* NVwZ 2010 1451, 1455.
113 *EuGH* v. 16.12.2008 – C-73/07, ECLI:EU:C:2008:727, Satamedia, Rn. 59, 61.

tel V (Übermittlung personenbezogener Daten an Drittländer oder an internationale Organisationen), Kapitel VI (Unabhängige Aufsichtsbehörden), Kapitel VII (Zusammenarbeit und Kohärenz) und Kapitel IX (Vorschriften für besondere Verarbeitungssituationen). Das Vorsehen einer **Ausnahme** führt zur **gänzlichen Unanwendbarkeit** einer Vorschrift eines genannten Kapitels, eine **Abweichung** von der DS-GVO bedeutet die **partielle Unanwendbarkeit** einer Vorschrift eines genannten Kapitels.[114] Art. 85 erlaubt als Öffnungsklausel nicht nur neue Gesetze, sondern kann – soweit sie sich einfügen – auch bestehende Regelungen erfassen.[115] Sofern, wie hier vertreten, auch **Art. 85 Abs. 1 als Öffnungsklausel** für mitgliedstaatliche Abwägungsentscheidungen in eng auszulegenden Ausnahmefällen dienen kann, sind weitergehende mitgliedstaatliche Freistellungen denkbar.[116] Über Art. 85 Abs. 2 hinausgehende konkrete Maßnahmen sind zur Privilegierung insbesondere der Medien indes unionsrechtlich für die Mitgliedstaaten nicht verpflichtend.

33 Die Öffnungsklausel des **Art. 85 Abs. 2 verpflichtet** die Mitgliedstaaten, in Gestalt des Vorsehens von **erforderlichen Abweichungen und Ausnahmen** tätig zu werden („Ob"), um der Freiheit der Meinungsäußerung und Informationsfreiheit Rechnung zu tragen.[117] Durch diese Verpflichtung wird für journalistische, wissenschaftliche, künstlerische oder literarische Tätigkeiten der **Mindestschutzstandard gewährleistet**. Aus ErwG 153 S. 4 ergibt sich, dass die Mitgliedstaaten die Abweichungen und Ausnahmen jedenfalls im Grundsatz **gesetzlich zu regeln** haben.[118] Die Voraussetzung der **Erforderlichkeit** bzw. der Notwendigkeit (ErwG 153 S. 4) der Abweichungen bzw. Ausnahmen ist erfüllt, wenn das kollidierende Grundrecht der Meinungs- und Informationsfreiheit überwiegt.[119] Dies ergibt sich bereits aus dem Untermaßverbot.[120] In diesem Sinne ist auch die EuGH Rechtsprechung zu Art. 9 DSRL zu interpretieren, nach der sich datenschutzrechtliche Ausnahmen und Einschränkungen auf das **absolut Notwendige** zu beschränken haben, da nur so ein Gleichgewicht zwischen den betroffenen Grundrechten hergestellt werden kann.[121] Hinsichtlich der konkreten Ausgestaltung der zu erlassenen Regelungen kommt den Mitgliedstaaten ein **eigener Einschätzungsspielraum** („Wie") zu.[122] Art. 85 Abs. 2 macht keine materiell-rechtlichen Vorgaben.[123]

---

114 Sydow-*Specht/Bienemann* Art. 85 Rn. 11.
115 So wohl jedenfalls zu Art. 85 Abs. 2 auch *OLG Köln* v. 18.6.2018 – 15 W 27/18, ZD 2018, 434, 435.
116 Vgl. *Cornils* S. 60 ff.
117 Vgl. Gola-*Pötters* Art. 85 Rn. 14; vgl. *Kühling/Martini u.a.* Die Datenschutz-Grundverordnung und das nationale Recht, S. 292 f.
118 Vgl. auch Schantz/Wolff-*Schantz* Das neue Datenschutzrecht, Rn. 1318.
119 Vgl. Sydow-*Specht/Bienemann* Art. 85 Rn. 17.
120 Vgl. Sydow-*Specht/Bienemann* Art. 85 Rn. 17; vgl. auch *Kühling/Martini u.a.* Die Datenschutz-Grundverordnung und das nationale Recht, S. 293.
121 Vgl. *EuGH* v. 16.12.2008 – C-73/07, ECLI:EU:C:2008:727, Satamedia, Rn. 56 und *EuGH* v. 14.2.2019 – C-345/17, ECLI:EU:C:2019:122, Buivids, Rn. 65 f.
122 Vgl. *Kühling/Martini u.a.* Die Datenschutz-Grundverordnung und das nationale Recht, S. 292 f.; vgl. Gola-*Pötters* Art. 85 Rn. 14.
123 *OLG Köln* v. 18.6.2018 – 15 W 27/18, ZD 2018, 434, 435 m.w.N.

Es ist nicht von einem eng begrenzten **Umfang** der möglichen Abweichungen und 34
Ausnahmen von den maßgeblichen Kapiteln der DS-GVO auszugehen.[124] Es sollten vielmehr keine allzu strengen Maßstäbe angelegt werden, da „Datenschutzregelungen als Vorfeldschutz letztlich immer die journalistische Arbeit beeinträchtigen".[125] Ferner muss berücksichtigt werden, dass eine Abwägung der betroffenen Grundrechtspositionen auf gesetzgeberischer Ebene nur in generalisierender Weise erfolgen kann.[126] Datenschutzrechtliche Ausnahmeregelungen sollten zunächst so weit wie nötig gefasst sein, um jedem möglichen Sachverhalt gerecht werden zu können. Die einzelfallbezogene Herstellung praktischer Konkordanz erfolgt im nationalen Recht sodann auf Ebene des Äußerungsrechts, das die Möglichkeit einer Abwägung im Einzelfall bietet.[127] Zur Interessenabwägung weist auch der EuGH ausdrücklich auf die seitens des EGMR entwickelten äußerungsrechtlichen Kriterien zur Abwägung des Rechts auf Achtung des Privatlebens, Art. 8 Abs. 1 EMRK, und des Rechts auf freie Meinungsäußerung, Art. 10 EMRK, hin.[128] Solche Kriterien seien u.a. der „Beitrag zu einer Debatte von allgemeinem Interesse, der Bekanntheitsgrad der betroffenen Person, der Gegenstand der Berichterstattung, das vorangegangene Verhalten der betroffenen Person, Inhalt, Form und Auswirkungen der Veröffentlichung, die Art und Weise sowie die Umstände, unter denen die Informationen erlangt worden sind, und deren Richtigkeit". Ebenso müsse „die Möglichkeit berücksichtigt werden, dass der für die Verarbeitung Verantwortliche Maßnahmen ergreift, die es ermöglichen, das Ausmaß des Eingriffs in das Recht auf Privatsphäre zu verringern." Der Ansicht, dass Abweichungen und Ausnahmen zugunsten der Meinungsfreiheit i.S.d. Art. 85 Abs. 2 nicht von vornherein auf einen engen Umfang begrenzt sind, war auch der Verordnungsgeber. Dies verdeutlicht ein Vergleich des Art. 85 Abs. 2 mit anderen Öffnungsklauseln, die bloß „spezifischere Vorschriften" zulassen (z.B. Art. 6 Abs. 2; Art. 88 Abs. 1).[129] Eine solche Begrenzung findet sich in Art. 85 nicht. Nach alledem sind auf Grundlage des Art. 85 Abs. 2 z.B. Befreiungen vom datenschutzrechtlichen Grundsatz des **Verbots mit Erlaubnisvorbehalt** naheliegend.[130] Von erheblicher Bedeutung ist für die **Medien**, dass sie bei zweckgebundener Datenverarbeitung keine **Einwilligung der Betroffenen** einholen müssen, wenn dies ihre von Art. 10 Abs. 1 EMRK, bzw. Art. 11 Abs. 2 GRCh zuerkannten und garantierten Aufgaben erheblich erschweren würde.[131]

---

124 Vgl. Gola-*Pötters* Art. 85 Rn. 16; vgl. Schantz/Wolff-*Schantz* Das neue Datenschutzrecht, Rn. 1318; a.A. Paal/Pauly-*Pauly* Art. 85 Rn. 12; zu den bisherigen nationalen privilegierenden Vorschriften i.S.v. Art. 9 DS-RL wird vertreten, dass diese wegen ihrer Pauschalität nicht so beibehalten werden können, vgl. hierzu Kühling/Buchner-*Buchner/Tinnefeld* Art. 85 Rn. 31, a.A. wohl *Albrecht/Janson* CR 2016, 500, 508.
125 *OLG Köln* v. 18.6.2018 – 15 W 27/18, ZD 2018, 434, 435; Auernhammer-*von Lewinski* Art. 85 Rn. 13; vgl. auch Gierschmann-*Schulz/Heilmann* Art. 85 Rn. 61.
126 Vgl. Sydow-*Specht/Bienemann* Art. 85 Rn. 7, die aber dennoch dazu geneigt sind, eine pauschale Freistellung als mit Art. 85 unvereinbar anzusehen, s. Rn. 23.
127 Vgl. insb. zur Bildberichterstattung: *OLG Köln* v. 18.6.2018 – 15 W 27/18, ZD 2018, 434, 435 m.w.N; *Lauber-Rönsberg* ZUM-RD 2018, 550, 551.
128 *EuGH* v. 14.2.2019 – C-345/17, ECLI:EU:C:2019:122, Buivids, Rn. 65 f.; vgl. auch *EGMR* v. 27.6.2017 – 931/13, CE:ECHR:2017:0627JUD000093113, Satamedia, Rn. 165.
129 Vgl. Gola-*Pötters* Art. 85 Rn. 16.
130 Vgl. Gola-*Pötters* Art. 85 Rn. 16; vgl. Kühling/Buchner-*Buchner/Tinnefeld* Art. 85 Rn. 28.
131 Vgl. Kühling/Buchner-*Buchner/Tinnefeld* Art. 85 Rn. 28; vgl. hierzu auch *BGH* v. 23.6.2009 – VI ZR 196/08, NJW 2009, 2888, 2890 – Spickmich.

Art. 85 — Freiheit der Meinungsäußerung

Zur Gewährleistung z.B. des Informantenschutzes bietet sich für die Medien außerdem eine Einschränkung der **Betroffenenrechte** an.[132] Dabei sind bspw. der Ausschluss von Informationspflichten nach Art. 13 praktisch von zentraler Bedeutung.

35 Gemäß Art. 85 Abs. 2 sind auch Abweichungen oder Ausnahmen von Kapitel VI (Unabhängige Aufsichtsbehörden) möglich, um der Meinungs- und Informationsfreiheit gerecht zu werden.[133] Wird die Zuständigkeit der **Datenschutzaufsichtsbehörden** vor dem Hintergrund des Art. 85 Abs. 2 ausgeschlossen, so wird – jedenfalls zugunsten der Presse – vertreten, dass sich der Ausschluss ebenso auf die „akzessorischen" Regelungen aus dem VIII. Kap. der DS-GVO erstrecke,[134] obwohl es in Art. 85 Abs. 2 nicht genannt ist. Die Befugnis zum Ausschluss des VI. Kapitels der DS-GVO in Art. 85 Abs. 2 ermächtige daher zugleich zu einem Ausschluss der Art. 77, 78, 81 und 83.[135] Eine uneingeschränkte Ausnahme der Rechte nach dem VIII. Kapitel der DS-GVO erscheint indes auch zum Schutz des Medienprivilegs nicht erforderlich. Dies ist entgegen der vorstehend dargestellten Auffassung nach Art. 85 Abs. 2 nicht möglich. Auch die Anwendung des Abs. 1 und die dabei notwendige Abwägungsentscheidung des Mitgliedstaats rechtfertigt insbesondere nicht den Ausschluss einer gerichtlichen Rechtsschutzmöglichkeit.

36 In Deutschland wurde mit dem 21. RÄStV die Regelung des Medienprivilegs vor dem Hintergrund des Art. 85 neu gefasst. Zentral im RStV werden nunmehr **öffentlich-rechtliche Rundfunkanstalten der Länder**, namentlich die in der ARD zusammengeschlossenen Landesrundfunkanstalten, das ZDF, das Deutschlandradio sowie **private Rundfunkveranstalter** privilegiert, soweit sie personenbezogene Daten zu **journalistischen Zwecken** verarbeiten, vgl. § 9c RStV. § 9c RStV greift damit für die Datenverarbeitung zu journalistischen Zwecken im Rahmen der Veranstaltung und Verbreitung von Rundfunk i.S.d. § 2 RStV.[136] Erfasst sind alle Vorgänge von der Beschaffung der Information über die Verarbeitung bis zur Veröffentlichung, auch in digitalen Archiven.[137] Unerheblich ist, ob die Veranstalter ihre Inhalte **bundesweit, landesweit, regional oder lokal** verbreiten.[138] Ebenfalls privilegiert sind die zu diesen Stellen gehörenden Hilfs- und Beteiligungsunternehmen. Unter Beteiligungsunternehmen fallen Unternehmen, an denen Rundfunkveranstalter – auch im Rahmen einer mehrstufigen Konzernstruktur – gesellschaftlich beteiligt sind. Hilfsunternehmen sind und unabhängige Unternehmen oder andere Konzernunternehmen, wenn sie für die Rundfunkveranstalter journalistische Aufgaben wahrnehmen.[139] § 9c Abs. 1–4 RStV (§ 12 Abs. 1–4 MStV-E) gelten ausweislich seines Abs. 5 (Abs. 5 MStV-E) auch für Teleshoppingkanäle i.S.d. § 2 Abs. 2 Nr. 10 RStV (§ 2 Abs. 2 Nr. 11 MStV-E). Für **Rundfunkveranstalter**

---

132 Kühling/Buchner-*Buchner/Tinnefeld* Art. 85 Rn. 28.
133 Vgl. zur Aufsicht Rn. 54 ff.
134 S. *Cornils* S. 77; eine „faktische Freistellung" von Kapitel VIII über Art. 85 Abs. 2 wird angenommen von Sydow-*Specht/Bienemann* Art. 85 Rn. 16.
135 S. *Cornils* S. 77.
136 Vgl. HK RStV/JMStV-*Oster* § 57 RStV Rn. 6.
137 Begründung zum Einundzwanzigsten Staatsvertrag zur Änderung rundfunkrechtlicher Staatsverträge, S. 7.
138 Begründung zum Einundzwanzigsten Staatsvertrag zur Änderung rundfunkrechtlicher Staatsverträge, S. 6.
139 Begründung zum Einundzwanzigsten Staatsvertrag zur Änderung rundfunkrechtlicher Staatsverträge, S. 8.

als **Anbieter von Telemedien** gilt § 57 RStV (§ 23 MStV-E). Neben den Unternehmen und Hilfsunternehmen der **Presse als Anbieter von Telemedien** privilegiert nun auch der RStV die in der ARD zusammengeschlossenen Landesrundfunkanstalten, das ZDF, das Deutschlandradio sowie private Rundfunkveranstalter als **Anbieter von Telemedien**, sowie die zu diesen Stellen gehörenden Hilfs- und Beteiligungsunternehmen (auch der Presse). Die Privilegierung des Rundfunks – ebenso wie die der Presse als Anbieter von Telemedien – ist ausweislich der Begründung des 21. RÄStV „einheitlich" bzw. „umfassend" im RStV geregelt.[140] Manche Bundesländer haben zudem eigene Regelungen getroffen (vgl. z.B. § 44 SächsPRG). Im Vergleich zur Vorgängerregelung des § 57 RStV a.F. lässt sich zu den §§ 9c (§ 12 MStV-E) und 57 RStV (§ 23 MStV-E) zunächst anmerken, dass seine Struktur im Wesentlichen beibehalten wurde.[141] Wie § 57 RStV a.F. sehen auch die §§ 9c (§ 12 MStV-E) und 57 RStV (§ 23 MStV-E) eine Verpflichtung der mit der Datenverarbeitung zu journalistischen Zwecken befassten Personen auf das **Datengeheimnis** vor. Die Formulierung ist angelehnt an § 5 BDSG a.F. und besagt, dass bei einer Datenverarbeitung zu journalistischen Zwecken unbeschadet der Art. 6, 7 und 8 ausschließlich eine Datenverarbeitung zu diesen Zwecken zulässig ist.[142] Dies entspricht im Wesentlichen dem Gedanken des ErwG 153 S. 2. Für anwendbar erklärt werden in den §§ 9c (§ 12 MStV-E), 57 RStV (§ 23 MStV-E) sodann grundsätzlich die Kap. I, VIII, X und XI[143] der DS-GVO, die von der Öffnungsklausel des Art. 85 Abs. 2 nicht erwähnt werden. Auch wie bisher werden Regelungen zur **Datensicherheit** im 21. RÄStV für anwendbar erklärt, dies sind Art. 5 Abs. 1 lit. f i.V.m. Abs. 2 sowie Art. 32. In diesem Zusammenhang wird ferner Art. 24 für anwendbar erklärt, der die „Verantwortung des für die Verarbeitung Verantwortlichen" regelt. Klarstellend wird zudem erwähnt, dass die Art. 82 und 83 nur bei einem Verstoß gegen die anwendbaren Vorschriften bzw. gegen das Datengeheimnis greifen. Anzumerken bleibt diesbezüglich, dass das Datengeheimnis nicht in der DS-GVO geregelt ist und ein Verstoß hiergegen wohl keinen Anspruch nach Art. 82 bzw. eine Geldbuße i.S.d. Art. 83 auslösen dürfte.[144] Um diese Problematik für den Schadensersatzanspruch zu lösen, erfolgt in anderen Medienprivilegien im Landesrecht teilweise ein Verweis auf § 83 BDSG (vgl. z.B. § 10 HPresseG). Ebenfalls geregelt im 21. RÄStV sind **speziell gefasste Betroffenenrechte**. Andere Rechte stehen den Betroffenen nicht zu. In § 9c Abs. 2 und § 57 Abs. 3 RStV ist als Betroffenenrecht zunächst eine spezielle **Archivierungspflicht** von Gegendarstellungen, Verpflichtungserklärungen und Widerrufen geregelt. Ferner werden ein **Auskunftsanspruch** sowie ein **Berichtigungsanspruch** der betroffenen Person geregelt, § 9c Abs. 3 RStV; § 57 Abs. 2 RStV. Der Auskunftsanspruch verdrängt Art. 15 und ist enger geregelt, er als materielle Voraussetzung an die Beeinträchtigung des Persönlichkeitsrechts anknüpft und darüber hinaus eine Interessenabwägung im Einzelfall vorsieht.[145] Hiermit wird der herausragenden Bedeutung der Freiheit der Wahl der Mittel journalisti-

---

140 Begründung zum Einundzwanzigsten Staatsvertrag zur Änderung rundfunkrechtlicher Staatsverträge, S. 5, 14.
141 Das OLG Köln geht von der Unionsrechtskonformität dieser weiten Privilegierung aus, *OLG Köln* v. 18.6.2018 – 15 W 27/18, ZD 2018, 434, 435.
142 Begründung zum Einundzwanzigsten Staatsvertrag zur Änderung rundfunkrechtlicher Staatsverträge, S. 6.
143 Problematisch sieht diese Aufzählung *Cornils* S. 109 ff.
144 Vgl. HK RStV/JMStV-*Oster* § 9c RStV Rn. 32.
145 Vgl. HK RStV/JMStV-*Oster* § 9c RStV Rn. 42 f.

schen Arbeitens Rechnung getragen.[146] Nach § 9c Abs. 3 RStV wird ein Auskunftsanspruch nur gewährt, wenn bereits eine Berichterstattung erfolgt ist, wohingegen § 57 Abs. 2 RStV weiter gefasst ist, da er an die Speicherung, Veränderung, Übermittlung, Sperrung oder Löschung von Daten anknüpft. Hiermit sollen die bei Telemedien weitergehenden Kommunikationsformen berücksichtigt werden, die auch weitere Möglichkeiten der Rechtsgutsbeeinträchtigung bieten.[147] Eine weitere Besonderheit gegenüber § 9c RStV enthält § 57 Abs. 1 S. 6 RStV. Hiernach findet **Kapitel VIII der DS-GVO** (Rechtsbehelfe, Haftung und Sanktionen) **keine Anwendung**, soweit Presseunternehmen bzw. deren Hilfs- und Beteiligungsunternehmen der Selbstregulierung durch den Pressekodex sowie der Beschwerdeordnung des Deutschen Presserates unterliegen. Auch der Auskunfts- bzw. Berichtigungsanspruch ist unter dieser Voraussetzung nach § 57 Abs. 2 S. 4 RStV ausgeschlossen. Die besondere Freistellung der Presse sei vor dem Hintergrund der Pressefreiheit und ihrer Bedeutung als „Wachhund" in einer demokratischen Gesellschaft erforderlich.[148] Da Art. 85 Abs. 2 das VIII. Kapitel der DS-GVO nicht nennt, ist fraglich, ob die Ausnahmevorschrift unionsrechtskonform erfolgen konnte. Dies setzt voraus, dass Art. 85 Abs. 1 eine Öffnungsklausel für Ausnahmefälle darstellt.[149] Sieht man entgegen der hier vertretenen Auffassung in Art. 85 Abs. 1 lediglich einen Anpassungsauftrag bzw. ein allgemeines Abwägungsgebot ohne eigene Rechtsetzungsbefugnis unabhängig von Art. 85 Abs. 2, entspräche § 57 RStV nicht den Anforderungen der DS-GVO. Art. 85 Abs. 1 lässt aber auch nach der hier vertretenen Auffassung keine uneingeschränkte Ausnahme hinsichtlich der Rechte nach dem VIII. Kap. der DS-GVO zum Schutz des Medienprivilegs zu. Insbesondere eine gerichtliche Rechtschutzmöglichkeit sollte eröffnet sein, um den nach Art. 85 Abs. 1 gebotenen Ausgleich zwischen dem Schutz personenbezogener Daten und dem Recht auf freie Meinungsäußerung und Informationsfreiheit zu gewährleisten. Im Gegensatz zum u.a. ähnlich gelagerten § 12 PresseG NRW schließt § 57 Abs. 1 S. 6 RStV dem Wortlaut nach (neben Art. 83) den Schadensersatzanspruch des Art. 82 aus. Aus datenschutzrechtlicher Perspektive erscheint dies nicht unbedenklich, da dem Betroffenen so der günstigere datenschutzrechtliche Schadensersatzanspruch genommen wird.

37 Weitere (medienbezogene) gesetzliche Freistellungen i.S.d. Art. 85 finden sich vor allem in den Pressegesetzen, Mediengesetzen sowie Datenschutzgesetzen der Länder.[150] Da eine umfassende Darstellung aller im Landesrecht geregelten Privilegien den Rahmen dieser Kommentierung sprengen würde, kann hier nicht auf alle Vorschriften und ihre Besonderheiten eingegangen werden. Hervorzuheben ist im Landesrecht das fast flächendeckend vorgesehene **Presseprivileg**: In nahezu allen Landes-

---

146 Vgl. HK RStV/JMStV-*Oster* § 9c RStV Rn. 42 m.w.N.; einige Presseprivilegien sehen im Gegensatz hierzu keine speziellen Betroffenenrechte vor (s. Rn. 37).
147 Begründung zum Einundzwanzigsten Staatsvertrag zur Änderung rundfunkrechtlicher Staatsverträge, S. 16.
148 Begründung zum Einundzwanzigsten Staatsvertrag zur Änderung rundfunkrechtlicher Staatsverträge, S. 14.
149 S. Rn. 11.
150 S. auch Tabelle unter Rn. 7; s. weiterführend *Institut für Europäisches Medienrecht* https://emr-sb.de/wp-content/uploads/2018/07/Synopse-zu-den-geplanten-Änderungen-landesrechtlicher-Regelungen-zur-Umsetzung-des-21.-Rundfunkänderungsstaatsvertrages-und-der-Datenschutz-Grundverordnung-der-EU_Stand-Juli-2018.pdf, zuletzt abgerufen am 31.10.2019.

pressegesetzen bzw. in einigen Landesmediengesetzen finden sich Freistellungen von Datenverarbeitungen seitens Presseunternehmen und ggf. deren Hilfs- und Beteiligungsunternehmen zu journalistischen und/oder literarischen Zwecken. Zum Teil erfolgt die Freistellung ausdrücklich im Presse- oder Mediengesetz selbst, zum Teil über (einen Verweis in) das jeweilige Landesdatenschutzgesetz (s. Art. 11 BayPrG i.V.m Art. 1 Abs. 1 S. 4, 38 BayDSG; § 16a Abs. 2 BbgPG i.V.m. § 29 BbgDSG) bzw. -mediengesetz (s. § 11a HmbPresseG iVm § 37 Abs. 1–3 MStV HSH). Auch wenn die Formulierungen der Privilegien sich der Struktur nach ähneln und an das Rundfunkprivileg angelehnt sind, gibt es dennoch nicht unerhebliche Unterschiede zwischen den Vorschriften. Zunächst erfolgt in der Regel in den Vorschriften – wie auch im RStV – eine Vorgabe zur Verpflichtung der mit der in Rede stehenden Datenverarbeitung befassten Personen auf das Datengeheimnis. Es erfolgen – wie ebenfalls im RStV – größtenteils Freistellungen von den Kapiteln II–VII sowie IX der DS-GVO. Für anwendbar erklärt werden von diesen Kapiteln meistens lediglich Art. 5 Abs. 1 lit. f i.V.m. Abs. 2, Art. 24 und Art. 32 (hiervon abweichend u.a.: § 16a Abs. 2 BbgPG i.V.m. § 29 Abs. 1 BbgDSG; § 10 HPresseG; § 11a SächsPresseG). Teilweise wird in den Vorschriften – bis ggf. auf Art. 82 oder 83 – auch ausdrücklich Kapitel VIII der DS-GVO für unanwendbar erklärt (s. § 10 HPresseG; § 19 NPresseG; § 12 PresseG NRW) bzw. lediglich für den Fall der Selbstregulierung für unanwendbar erklärt (§ 11a HmbPresseG iVm § 37 MStV HSH; § 13 LMG Rheinland-Pfalz; § 11 SMG; § 10a LPresseG Sachsen-Anhalt). Art. 11 Abs. 2 BayPresseG enthält eine nur partielle Abweichung von Kapitel VIII, indem es die Überprüfung von Beschwerden i.S.d. Art. 77 den Einrichtungen der freien Selbstkontrolle überlässt. Nach § 11a TPG sollen die Vorschriften über die Aufgaben und Befugnisse einer Aufsichtsbehörde i.S.d. Kapitel VIII bereits wegen des Ausschlusses von Kapitel VI unanwendbar sein. Ob diese partielle „faktische Ausnahme" von Kapitel VIII auch im Rahmen der restlichen Vorschriften gilt, die nicht ausdrücklich Kapitel VIII für unanwendbar erklären, ist fragwürdig.[151] Rechte von Betroffenen gegenüber der Presse werden nur teilweise geregelt. Auskunfts- und Berichtigungsansprüche der Betroffenen finden sich z.B. in § 11a HmbPresseG i.V.m. § 37 Abs. 1–3 MStV HSH, § 13 LMG Rheinland-Pfalz sowie § 11 SMG. Insofern besteht eine gravierende Abweichung zum RStV, der zentral Betroffenenrechte regelt.[152] Soweit im Landesrecht keine speziellen Betroffenenrechte gegenüber der Presse geregelt sind, dürften die Betroffenen sich jedenfalls ab Veröffentlichung personenbezogener Daten auf etwaige ohnehin bestehende Gegendarstellungs-, Unterlassungs-, Berichtigungs- oder Schadensersatzansprüche berufen können, die auch gerichtlich durchsetzbar sind.[153]

Zusätzlich ist darauf hinzuweisen, dass einige Bundesländer Privilegien für die Datenverarbeitung zu (u.a.) künstlerischen Zwecken geschaffen haben (s. z.B. § 19 LDSG   38

---

151 So aber z.B. *Schleswig-Holsteinischer Landtag* Drucksache 19/429, S. 206: soweit Artikel der DS-GVO die Existenz einer Aufsichtsbehörde voraussetzen, seien diese, „da für den Bereich des Presseprivilegs eine datenschutzrechtliche Aufsichtsbehörde ausgeschlossen wird, tatbestandlich nicht anwendbar"; kritisch zu diesem Konzept auch *Cornils* ZUM 2018, 561, 564.
152 S. auch Ausnahme in § 57 Abs. 2 S. 4 RStV für Angebote von Unternehmen, Hilfs- und Beteiligungsunternehmen der Presse, soweit diese der Selbstregulierung durch den Pressekodex und der Beschwerdeordnung des Deutschen Presserates unterliegen.
153 Vgl. *Schleswig-Holsteinischer Landtag* Drucks. 19/429, S. 205.

BW; Art. 1 Abs. 1 S. 4, 38 BayDSG; § 12 HmbDSG; § 19 DSG NRW; §§ 2 Abs. 1 S. 3, 25 ThürDSG), wobei die Privilegierung je nach Anwendungsbereich des Gesetzes ggf. nur für öffentliche Stellen gilt. Ferner gibt es in einigen Bundesländern ebenfalls „Auffangprivilegien" für journalistische Datenverarbeitungen, die unter Art. 85 DS-GVO fallen, jedoch nicht von Spezialgesetzen erfasst werden (s. z.B. §§ 2 Abs. 1 S. 3, 25 ThürDSG).[154]

39 Ebenfalls als Abweichung zur DS-GVO kommt neben den „klassischen", ähnlich wie bisher im RStV geregelten Medienprivilegien auch die äußerungsrechtliche Regelungssystematik des **KUG** in Betracht.[155] Diese neue dogmatische Einordnung der §§ 22, 23 KUG als sektorspezifische Datenschutzvorschriften beruht darauf, dass die DS-GVO im Gegensatz zu § 1 Abs. 3 BDSG a.F. keine Subsidiaritätsklausel enthält, nach der das KUG zumindest bei Bildnisveröffentlichungen in seinem Anwendungsbereich als lex specialis Vorrang genießen würde.[156] Die Fortgeltung des KUG seit Geltung der DS-GVO hängt nunmehr davon ab, inwiefern das KUG als Ausnahmevorschrift i.S.d. Art. 85 anwendbar bleiben kann. Für Bildnisveröffentlichungen im journalistischen Bereich ist bereits seitens der Rechtsprechung bestätigt worden, dass die §§ 22, 23 KUG fortgelten.[157] Die Vorschriften dienen der Herstellung praktischer Konkordanz. Für den künstlerischen, literarischen bzw. wissenschaftlichen Bereich i.S.d. Art. 85 dürfte nichts Anderes gelten. Ungeklärt ist indes, wie es sich mit der Anwendbarkeit des KUG bei Bildnisveröffentlichungen verhält, die keine i.S.d. Art. 85 Abs. 2 privilegierten Zwecke verfolgen[158] bzw. ob das KUG insofern einer inhaltlichen Überarbeitung bedarf. Dieses Problemfeld gehört derzeit zu einem der umstrittensten im Äußerungsrecht. Ob man das KUG auch im nicht privilegierten Bereich für weiterhin anwendbar hält, hängt im Wesentlichen davon ab, wie man das Verhältnis von Art. 85 Abs. 1 und 2 beurteilt. Das LG Frankfurt a.M. und das OLG Köln wiesen zwar auf die für den konkreten Fall nicht i.S.v. Art. 85 Abs. 2 privilegierten Veröffentlichung von Bildmaterial relevante Problematik hin, nahm dann aber eine auf Art. 6 Abs. 1 lit. f gestützte Alternativprüfung vor, sodass die Frage letztlich

---

154 S. *Bayerischer Landtag* Drucks. 17/19628, S. 30, 52; die Gesetzgebungskompetenz der Länder für lediglich „pressenahe" datenverarbeitende Tätigkeiten nichtöffentlicher Stellen wird in Frage gestellt von *Kahl/Piltz* K&R 2018, 289, 294.
155 Vgl. *Lauber-Rönsberg/Hartlaub* NJW 2017, 1057, 1059 ff.; vgl. auch Sydow-*Specht/Bienemann* Art. 85 Rn. 12; s. Rn. 7 ff.
156 S. Erläuterung bei *Lauber-Rönsberg/Hartlaub* NJW 2017, 1057, 1060; vgl. auch *BAG* v. 19.2.2015 – 8 AZR 1011/13, MMR 2015, 544, 545; s. aber § 5 Abs. 7 DSG NRW.
157 *OLG Köln* v. 18.6.2018 – 15 W 27/18, ZD 2018, 434, 435; *OLG Köln* v. 8.10.2018 – 15 U 110/18, NJW-RR 2019, 240, 242; vgl. auch *LG Frankfurt a.M.* v. 13.9.2018 – 2-03 O 283/18, ZD 2018, 587; *LG Frankfurt a.M.* v. 27.9.2018 – 2-03 O 320/17; *LG Frankfurt a. M.* v. 26.9.2019 – 2-03 O 402/18, BeckRS 2019, 24883, 61.
158 S. vertiefend zur Diskussion u.a.: *Lauber-Rönsberg/Hartlaub* NJW 2017, 1057, 1061 f.; *Lauber-Rönsberg* ZUM-RD 2018, 550, 552; *Hansen/Brechtel* GRUR-Prax 2018, 369, 370; *Assmus/Winzer* ZD 2018, 508, 512; *Ziebarth/Elsaß* ZUM 2018, 578, 581 ff.; vgl. auch *Benedikt/Kranig* ZD 2019, 4; *Raji* ZD 2019, 61, 64 f.; *Krüger/Wiencke* MMR 2019, 76, 77 f; s. auch *Landesbeauftragte für Datenschutz und Informationsfreiheit Nordrhein-Westfalen* Rechtliche Bewertung von Fotografien einer großen Anzahl von Personen nach DS-GVO außerhalb des Journalismus, S. 5 (Stand: 24.5.2018).

dahinstehen konnte.[159] Sofern, wie hier vertreten, auch **Art. 85 Abs.** 1 als Öffnungsklausel für mitgliedstaatliche Abwägungsentscheidungen in eng auszulegenden Ausnahmefällen dient, kann das KUG in seiner jetzigen Form dem Grunde nach gerechtfertigt werden. Dem KUG fehlt jedoch ein spezieller Datenschutzbezug, hierum müsste es dann in Zukunft jedenfalls angereichert werden. Da das KUG bisher keine den normierten Medienprivilegien vergleichbar weite Freistellung z.b. in Bezug auf Betroffenenrechte enthält, vielmehr gar keine Vorgaben zu Betroffenenrechten macht[160], muss derzeit im Rahmen der Anwendung des KUG im nicht national durch Freistellungsvorschriften privilegierten Bereich auch die DS-GVO beachtet werden, da diese Anwendungsvorrang genießt. Informationspflichten können aber, insbesondere bei Bildnissen von unüberschaubaren Menschenansammlungen, gem. Art. 11 Abs. 1 oder hilfsweise gem. Art. 14 Abs. 5 entfallen.[161] Des Weiteren muss beachtet werden, dass das KUG im privilegierten sowie im nicht privilegierten Bereich jedenfalls nicht bereits bei der Anfertigung einer Bildaufnahme greift[162], denn der Wortlaut der §§ 22, 23 KUG erfasst nur Datenverarbeitungen in Form von Bildnisverbreitungen und der öffentlichen Zurschaustellung von Bildnissen. Im nicht durch nationale Vorschriften privilegierten Bereich ist die DS-GVO aufgrund ihres Anwendungsvorrangs dann ausschließlich anzuwenden, sodass eine Interessenabwägung anhand des Art. 6 zu erfolgen hat.[163] Im Rahmen dieser Interessenabwägung dürfte aber ein Rückgriff auf die Rechtsprechung zum KUG möglich sein.[164] Bei ohnehin i.S.d. Art. 85 durch nationale Regelungen privilegierten Datenverarbeitungen ist die DS-GVO bei einer Bildnisanfertigung nur insoweit anwendbar, als sie nicht ausgeschlossen ist. Zur Vereinheitlichung der Rechtsanwendung im Bereich der Verarbeitung von personenbezogenen Daten im Rahmen von Bildnissen wäre es insgesamt wünschenswert, wenn das KUG sich nicht nur auf bestimmte Formen der Datenverarbeitung bezieht, sondern auf alle Datenverarbeitungen Anwendung findet.[165]

Auf **Bundesebene** wurde mit dem **Entwurf des § 27a BDSG** der SPD-Fraktion die Einführung eines „Auffangmedienprivilegs" außerhalb des speziellen Landesrechts diskutiert. Eine entsprechende Regelung ist jedoch im Rahmen des 2. DSAnpUG-EU mit Gesetzesbeschluss vom 20.11.2019 nicht zustande gekommen. Diese Vorschrift hätte der Entlastung von kleineren bzw. mittleren Unternehmen, Vereinen und ehrenamtlich Tätigen dienen können. Sie hätte z.B. bei einer Bildnisveröffentlichung neben dem KUG Anwendung finden und datenschutzrechtliche Vorgaben bereits im Vorhinein i.S.d. Meinungsfreiheit beschränken können. Der bisherige Entwurf sah in § 27a Abs. 1 BDSG die Privilegierung einer zweckungebundenen Datenverarbeitung vor, sodass auch Grenzfälle i.S.d. Art. 85 Abs. 1 Berücksichtigung gefunden hätten. Dies

---

159 S. *LG Frankfurt a.M.* v. 13.9.2018 – 2-03 O 283/18, ZD 2018, 587; *OLG Köln* v. 10.10.2019 – 15 U 39/19, BeckRS 2019, 25735, 31.
160 Vgl. *Raji* ZD 2019, 61, 64.
161 S. *HmbBfDI* Rechtliche Bewertung von Fotografien einer unüberschaubaren Anzahl von Menschen nach der DSGVO außerhalb des Journalismus, S. 6 ff.
162 Vgl. *Raji* ZD 2019, 61, 62.
163 Vgl. *Raji* ZD 2019, 61, 62; vgl. *HmbBfDI* Rechtliche Bewertung von Fotografien einer unüberschaubaren Anzahl von Menschen nach der DSGVO außerhalb des Journalismus, S. 4.
164 Vgl. auch *LG Frankfurt a.M.* v. 13.9.2018 – 2-03 O 283/18, ZD 2018, 588 m.w.N.
165 Vgl. *Kahl/Piltz* K&R 2018, 289, 292.

wäre im Ergebnis wünschenswert gewesen, da bspw. auch die Öffentlichkeitsarbeit von Unternehmen, bei der keine privilegierte Zweckrichtung verfolgt wird, schützenswert sein kann.[166] Die Geltung der Betroffenenrechte der Kap. II–IX der DS-GVO wäre in § 27a Abs. 3 BDSG von einer Interessenabwägung abhängig gemacht worden. Diese Abwägungsentscheidung dürfte allerdings im Einzelfall schwierig sein und hätte zu Rechtsunsicherheit bei den Verantwortlichen führen können. Da dies einen abschreckenden Effekt auf die Freiheit der Meinungsäußerung haben kann, hätte Abs. 3 konkreter gefasst werden und bestimmte Betroffenenrechte – wie bspw. Informationspflichten – allgemein ausschließen sollen.

41 Nach ErwG 153 S. 6 sollte bei unterschiedlichen Abweichungen oder Ausnahmen von Mitgliedstaat zu Mitgliedstaat das **Recht des Mitgliedstaats** angewendet werden, dem der **Verantwortliche unterliegt**. Zur Konkretisierung können Anleihen in der RL über audiovisuelle Mediendienste (AVMD-RL) genommen werden. Dort wird das der Rechtshoheit eines Mitgliedstaats unterliegende Unternehmen anhand seiner Niederlassung bestimmt. Gemäß Art. 2 Abs. 3 AVMD-RL wird die Niederlassung etwa an der Hauptverwaltung des Mediendiensteanbieters und dort, wo die redaktionellen Entscheidungen über den audiovisuellen Mediendienst getroffen werden, festgemacht.

II. Art. 85 Abs. 3

42 Gemäß Art. 85 Abs. 3 hat jeder Mitgliedstaat die Rechtsvorschriften, die er aufgrund von Abs. 2 erlassen hat, der Kommission mitzuteilen. Dies gilt auch unverzüglich für alle späteren Änderungsgesetze oder Änderungen dieser Vorschriften.

43 Sinn und Zweck der Mitteilungspflicht an die Kommission ist, dieser eine Übersicht über die Art. 85 Abs. 2 unterfallenden mitgliedstaatlichen Vorschriften zu geben.[167] Daraus ergibt sich, dass die Mitteilungspflicht auch auf Altvorschriften erstreckt werden kann.[168] Es soll z.B. verhindert werden, dass die Mitgliedstaaten die Pressefreiheit mithilfe des Datenschutzrechts gezielt einschränken.[169]

III. Medienprivileg vs. Recht auf Vergessenwerden

44 **1. Einleitung.** Das Medienprivileg muss mit dem **Recht auf Vergessenwerden** in Einklang gebracht werden. Die Rechtsordnung muss davor schützen, dass sich eine Person früherer Positionen, Äußerungen und Handlungen zeitlich unbegrenzt in der Öffentlichkeit vorhalten lassen muss.[170] Dieser Schutz des Rechts auf Vergessenwerden findet auch in der Rechtsprechung des EuGH Anerkennung. Danach können Personen mit Blick auf **Art. 7 und Art. 8 GRCh** verlangen, dass z.B. ihre Namen wegen der Sensibilität der Informationen für ihr Privatleben oder ihres Ansehens im Geschäftsverkehr unter Umständen nicht mehr mit bestimmten Ereignissen verbunden werden dürfen.[171] Seit Inkrafttreten der DS-GVO ist das Recht auf Vergessenwerden zudem in Art. 17 verankert.

---

166 S. Rn. 11.
167 Paal/Pauly-*Pauly* Art. 85 Rn. 14.
168 Vgl. Paal/Pauly-*Pauly* Art. 85 Rn. 14.
169 Schantz/Wolff-*Schantz* Das neue Datenschutzrecht, Rn. 1318.
170 So *BVerfG* v. 6.11.2019 – 1 BvR 16/13, BeckRS 2019, 29201, 105, beck-online.
171 *EuGH* v. 13.5.2014 – C-131/12, ECLI:EU:C:2014:317, Google Spain and Google, Rn. 98.

2. Entwicklung des Rechts auf Vergessenwerden im Lichte des Medienprivilegs.
Das 45
Recht auf Vergessenwerden hat insbesondere mit Blick auf das Medienprivileg eine Entwicklung in der deutschen und europäischen Rechtsprechung durchlaufen. Mit Urteil vom 20.4.2010 entschied der BGH, dass einer strafrechtlich verurteilten Person gegenüber dem Betreiber einer Internet-Nachrichtenseite **kein Anspruch auf Unterlassung der Verbreitung und Veröffentlichung** der die Straftat betreffenden Inhalte zustehe, da die Verbreitung eines Teasers zur Nachricht über die Straftat unter der Seitenrubrik „Archiv" nicht bereits ihr allgemeines Persönlichkeitsrecht verletze.[172] Eine andere rechtliche Beurteilung war nach Auffassung des BGH auch nicht nach den Grundsätzen des Datenschutzrechts geboten, da das Bereithalten dieser Nachricht jedenfalls dem **Medienprivileg** des § 57 Abs. 1 S. 1 RStV unterfalle und dessen Zulässigkeit nicht von einer Einwilligung des Betroffenen i.S.d. § 4 BDSG a.F. abhängig sei.[173]

Eine weitere Konturierung des Medienprivilegs im Verhältnis zu dem entgegenstehenden Interesse, das durch das Recht auf Vergessenwerden geschützt wird, nahm der EuGH vor, indem er **Suchmaschinenbetreiber** in Anbetracht der Grundrechte aus Art. 7 und 8 GRCh dazu verpflichtete, alle erforderlichen Maßnahmen zu ergreifen, um bei einer Suche mit dem Namen einer bestimmten Person alle Links aus der Ergebnisliste auf bestimmte Internetseiten, auf denen personenbezogene Informationen über diese Person durch einen Internetseitenbetreiber veröffentlicht worden sind, zu entfernen.[174] Der BGH pflichtet in einem ähnlich gelagerten Fall bei, dass einem entsprechenden Anspruch des Klägers das **Medienprivileg** nach § 57 RStV nicht entgegenstünde, da die Tätigkeit von Suchmaschinenbetreibern nicht unter das Medienprivileg falle. Die Sonderstellung der Medien sei daran gebunden, dass die Erhebung, Verarbeitung und Nutzung personenbezogener Daten einer pressemäßigen Veröffentlichung diene, die Daten also ausschließlich für eigene journalistische-redaktionelle oder literarische Zwecke bestimmt seien. Übertragen auf den Bereich der Telemedien können die reine Übermittlung von Daten an Nutzer nicht unter den besonderen Schutz der Presse fallen, weil die bloße automatische Auflistung von redaktionellen Beiträgen noch nicht eine eigene journalistisch-redaktionelle Gestaltung darstelle.[175] 46

3. BVerfG zum „Recht auf Vergessen".
Das BVerfG schließt in seinem Beschluss 47
Recht auf Vergessen II[176] vom 6.11.2019 indes nicht grundsätzlich aus, dass auch Suchmaschinenbetreiber indirekt von dem Medienprivileg profitieren. Nach Auffassung des BVerfG sind, soweit Betroffene von einem Suchmaschinenbetreiber verlangen, den Nachweis und die Verlinkung bestimmter Inhalte im Netz zu unterlassen, die danach gebotene Abwägung neben den Persönlichkeitsrechten der Betroffenen (Art. 7 und Art. 8 GRCh) im Rahmen der unternehmerischen Freiheit der Suchmaschinenbetreiber (Art. 16 GRCh) **auch die Grundrechte der jeweiligen Inhalteanbieter** sowie die Informationsinteressen der Internetnutzer einzustellen.[177] Bei der Abwägung sind demnach auch die Grundrechte der Inhalteanbieter zu berücksichtigen, um

---

172 *BGH* v. 20.4.2010 – VI ZR 245/08, MMR 2010, 571, 571.
173 *BGH* v. 20.4.2010 – VI ZR 245/08, MMR 2010, 571, 573.
174 Vgl. *EuGH* v. 13.5.2014 – C-131/12, ECLI:EU:C:2014:317, Google Spain and Google.
175 *BGH* v. 27.2.2018 – VI ZR 489/16.
176 *BVerfG* v. 6.11.2019 – 1 BvR 16/13, BeckRS 2016, 137494 beck-online.
177 *BVerfG* v. 6.11.2019 – 1 BvR 16/13, BeckRS 2016, 137494, 102 beck-online.

deren Veröffentlichung es geht.[178] Hinsichtlich der Suchmaschinenbetreiber bleibt das BVerfG dabei, den Suchmaschinenbetreibern die unmittelbare Berufung auf das Medienprivileg zu versagen.[179] Aufgrund der Berücksichtigung der Grundrechte der jeweiligen Inhalteanbieter können Suchmaschinenbetreiber aber möglicherweise mittelbar vom Medienprivileg profitieren.

48 In dem Beschluss **Recht auf Vergessen I**[180] nimmt das BVerfG hingegen implizit eine Einschränkung der Archiv-Rechtsprechung des BGH vor. Es geht davon aus, dass für den Grundrechtsausgleich zwischen Medienprivileg und Persönlichkeitsrecht zu berücksichtigen ist, wieweit der Inhalteanbieter zum Schutz der Betroffenen die Erschließung und Verbreitung der alten Berichte im Internet – insbesondere deren Auffindbarkeit durch Suchmaschinen bei namensbezogenen Suchabfragen – verhindern kann. Das Medienprivileg der Inhalteanbieter kommt danach in Archiv-Konstellationen nicht unbeschränkt zur Geltung, wie man dies aus der Rechtsprechung des BGH und des EuGH ableiten konnte, sondern muss sich im Rahmen einer Abwägung gegenüber dem Persönlichkeitsrecht durchsetzen.[181]

C. Praktische Hinweise

I. Relevanz für öffentliche Stellen

49 Hinsichtlich der Relevanz des Art. 85 für öffentliche Stellen ist maßgeblich, ob diese als Grundrechtsträger des Art. 11 GRCh oder Art. 13 GRCh in Betracht kommen.[182] Öffentlich-rechtlich organisierte Rundfunkanstalten können sich bei staatlicher Unabhängigkeit auf die Medienfreiheit berufen.[183] Universitäten genießen auch bei öffentlich-rechtlicher Organisation den Schutz des Art. 13 GRCh.[184] Behördliche Pressesprecher können sich bei öffentlichen Äußerungen indes nicht auf die Meinungsfreiheit berufen.[185] Für den auch für öffentliche Stellen geltenden Art. 38 BayDSG wurde bereits diskutiert, ob dieser bei journalistischer Zweckbindung die behördliche Übermittlung von Daten zur Erfüllung des presserechtlichen Auskunftsanspruchs erfasst.[186]

II. Relevanz für nichtöffentliche Stellen

50 Gemäß § 2 Abs. 4 S. 1 BDSG sind nichtöffentliche Stellen natürliche und juristische Personen, Gesellschaften und andere Personenvereinigungen des privaten Rechts. Art. 85 entfaltet danach erhebliche Relevanz für Medienunternehmen wie Presseun-

---

178 *BVerfG* v. 6.11.2019 – 1 BvR 16/13, BeckRS 2016, 137494, 106, Rn. 121 beck-online.
179 *BVerfG* v. 6.11.2019 – 1 BvR 16/13, BeckRS 2016, 137494, Rn. 105 beck-online; so bereits *EuGH* v. 13.5.2014 – C-131/12, ECLI:EU:C:2014:317, Google Spain and Google, Rn. 85.
180 *BVerfG* v. 6.11.2019 – 1 BvR 16/13, BeckRS 2019, 29201 beck-online.
181 *BVerfG* v. 6.11.2019 – 1 BvR 16/13, BeckRS 2019, 29201, Rn. 132 ff. beck-online; s. *BVerfG* v. 25.2.2020 – 1 BvR 1282/17, wonach sich das Medienprivileg in einer Archivkonstellation durchsetzte.
182 So auch *Bayerischer Landtag* Drucks. 17/19628, S. 52.
183 Vgl. *Jarass* Art. 11 GRCh Rn. 19 m.w.N.; s. auch zu Art. 10 EMRK: *EGMR* v. 29.3.2011 – Nr. 50084/06 Rn. 5, 94 und zu Art. 16 GRCh: *EuGH* v. 26.4.2012 – C-510/10, ECLI:EU:C:2012:244, DR und TV2, Rn. 57.
184 *Jarass* Art. 13 GRCh Rn. 10 m.w.N.
185 Nationale Rechtsprechung zu Art. 5 GG, vgl z.B. *OVG Bremen* v. 24.8.2010 – 1 B 112/10, NJW 2010, 3738.
186 Dies ablehnend *Will* (Anm.) zu *BVerwG* v. 27.9.2018 – 7 C 5.17, ZD 2019, 233 f.

ternehmen oder Rundfunkveranstalter. Privilegiert sind aber nicht nur Medienunternehmen und das Übertragungsmedium ist nicht ausschlaggebend.[187] Auch für Bewertungsportale und soziale Netzwerke oder andere Anbieter von Online-Inhalten kann Art. 85 von Bedeutung sein, wobei hier darauf abzustellen ist, ob die meinungsbildende Wirkung für die Allgemeinheit nicht nur schmückendes Beiwerk ist.[188] Dies wiederum ist bei Anbietern von Bewertungsportalen und sozialen Netzwerken nicht ohne Weiteres anzunehmen. Eine entsprechende Anwendung des Art. 85 kann auch für die Betreiber von Suchmaschinen in Betracht kommen, sofern sie sich mittelbar auf das Medienprivileg der Inhalteanbieter berufen, um deren Veröffentlichung es geht.[189]

Hinsichtlich natürlicher Personen entfaltet Art. 85 ebenfalls Relevanz, wenn diese – wie es bei Bloggern der Fall sein kann – bspw. journalistisch tätig sind.[190] Für privilegiertes Handeln natürlicher Personen bzw. nichtöffentlicher Stellen im Allgemeinen sind „Auffangnormen" der deutschen Länder erforderlich, soweit die speziellen (landesmedienrechtlichen) Vorschriften nicht greifen bzw. der Bundesgesetzgeber im Rahmen seiner Gesetzgebungskompetenz nicht tätig wird.[191] Beispielhaft wird insofern auf Art. 1 Abs. 1 S. 4, 38 BayDSG und die §§ 2 Abs. 1 S. 3, 25 ThürDSG verwiesen. Im Übrigen kann das Medienprivileg im Rahmen einer Einzelfallabwägung bei Art. 6 Abs. 1 lit. f DS-GVO Berücksichtigung finden. 51

III. Relevanz für betroffene Personen

Für betroffene Personen bedeutet die Regelung des Art. 85 eine Beschränkung ihres Rechts auf Schutz personenbezogener Daten, soweit die Freiheit der Meinungsäußerung und Informationsfreiheit vorgeht. Nach Art. 85 Abs. 2 sehen die Mitgliedstaaten – wenn erforderlich – Abweichungen und Ausnahmen von den Rechten der betroffenen Person (Kap. III) vor. **Auskunfts- und Berichtigungsansprüche** werden derzeit teilweise zugunsten der privilegierten Stelle abweichend von Art. 15 und 16 speziell gefasst. Dies ist bspw. in §§ 9c, 57 RStV angelegt. Zudem gibt es Privilegierungen, die außer eines Schadenersatzanspruchs keine Betroffenenrechte vorsehen (vgl. § 10 LPresseG SH). In diesen Fällen dürften die Betroffenen sich jedenfalls ab der Veröffentlichung personenbezogener Daten auf etwaige ohnehin bestehende fachrechtliche Gegendarstellungs-, Unterlassungs-, Berichtigungs- oder Schadensersatzansprüche berufen können, die auch gerichtlich durchsetzbar sind.[192] Auf die Einwilli- 52

---

187 Vgl. *EuGH* v. 16.12.2008 – C-73/07, ECLI:EU:C:2008:727, Satamedia; Rn. 58 ff.; s. auch *EuGH* v. 14.2.2019 – C-345/17, ECLI:EU:C:2019:122, Buivids, Rn. 55 ff; s. aber zu § 41 BDSG a.F. und § 57 RStV a.F. *BVerwG* v. 29.10.2015 – 1 B 32.15, ZD 2016, 193 f., das als tauglichen Adressaten des Medienprivilegs nach nationalem Recht nur bestimmte redaktionelle Organisationseinheiten ansieht.
188 Vgl. Kühling/Buchner-*Buchner/Tinnefeld* Art. 85 Rn. 25; vgl. *BGH* v. 23.6.2009 – VI ZR 196/08, NJW 2009, 2888, 2890 – Spickmich; s. Rn. 18.
189 *BVerfG* v. 6.11.2019 – 1 BvR 16/13, BeckRS 2016, 137494, 106 beck-online.
190 S. vertiefend Sydow-*Specht/Bienemann* Art. 85 Rn. 15; Vgl. *EuGH* v. 16.12.2008 – C-73/07, ECLI:EU:C:2008:727, Satamedia, Rn. 58; vgl. Schantz/Wolff-*Schantz* Das neue Datenschutzrecht, Rn. 1322.
191 S. *Bayerischer Landtag* Drucks. 17/19628, S. 30, 52; die Gesetzgebungskompetenz der Länder für lediglich „pressenahe" datenverarbeitende Tätigkeiten nichtöffentlicher Stellen wird in Frage gestellt von *Kahl/Piltz* K&R 2018, 289, 294.
192 Vgl. *Schleswig-Holsteinischer Landtag* Drucks. 19/429, S. 205.

gung der betroffenen Person kommt es – wie schon in früheren nationalen Privilegierungen – auch nach derzeitigen nationalen Regelungen nicht an. Die von Art. 10 Abs. 1 EMRK, bzw. Art. 11 Abs. 2 GRCh zuerkannten und garantierten Aufgaben der Medien dürfen nicht erheblich erschwert werden.[193]

53 Bei Zuwiderhandlungen steht den Betroffenen ggf. ein **Schadensersatzanspruch** zu, wobei Art. 82 – soweit dieser nicht ausgeschlossen ist – eine spezielle datenschutzrechtliche Anspruchsgrundlage darstellt. Diese ist aber nur anwendbar, wenn auch im Lichte des (Medien-)Privilegs ein Verstoß gegen das Datenschutzrecht anzunehmen ist. Neben dieser speziellen datenschutzrechtlichen Anspruchsgrundlage sind weiterhin allgemeine zivilrechtliche Schadensersatzansprüche anwendbar, was sich bereits aus ErwG 146 S. 4 ergibt.[194] Ob die nationale Rechtsprechung zum Schadensersatz bei Persönlichkeitsrechtsverletzungen auch im Rahmen des Art. 82, die wegen der Verschuldensvermutung für den Betroffenen günstiger[195] ist, Bestand weiterentwickelt wird, muss abgewartet werden.[196] Teilweise verweisen die landesrechtlichen Vorschriften auch auf den Schadensersatzanspruch nach § 83 BDSG. Dieser Verweis erfolgt insbesondere, soweit es um eine Verletzung des Datengeheimnisses geht, da dieses nicht in der DS-GVO geregelt ist und Art. 82 insoweit wohl nicht greift.

IV. Relevanz für Aufsichtsbehörden

54 Differenziert wird hinsichtlich der Datenschutzkontrolle im **Medienbereich** zwischen Presse, öffentlich-rechtlichem und privatem Rundfunk sowie Presse und öffentlich-rechtlichem oder privatem Rundfunk in ihrer Rolle als Anbieter von Telemedien. Zu beachten sind ferner sonstige Telemedien, bei denen eine Privilegierung in Frage kommt.

55 Die Datenschutzkontrolle für die journalistische Tätigkeit der **Presse** im Printbereich ist in den Bundesländern nicht einheitlich geregelt. Es gibt Vorschriften, die eine staatliche Aufsicht der Presse lediglich für den Fall ausschließen, dass datenverarbeitende Stellen der Selbstregulierung durch den Pressekodex und der Beschwerdeordnung des Deutschen Presserates unterliegen (vgl. § 13 Abs. 4 LMG RP; § 11 Abs. 4 SMG), wohingegen aber die Aufsicht in den übrigen Fällen nach den allgemeinen Regeln erfolgt. Hierdurch sollen Rechtsschutzlücken für den Fall geschlossen werden, dass Presseunternehmen dem Pressekodex nicht unterworfen sind.[197] Diese Entwicklung wird vor dem Hintergrund der Bedeutung der Pressefreiheit kritisch betrachtet. Eine ausschließliche gerichtliche Kontrolle der redaktionellen Datenverarbeitung in Gestalt von Unterlassungs- oder Schadensersatzklagen sei allein angemessen, um die Pressefreiheit zu wahren.[198] In einigen Ländern gibt es aber auch Vorschriften, die unabhängig von der Selbstverpflichtung eine staatliche Datenschutzaufsicht gänzlich

---

193 Vgl. Kühling/Buchner-*Buchner/Tinnefeld* Art. 85 Rn. 28; vgl. hierzu auch *BGH* v. 23.6.2009 – VI ZR 196/08, NJW 2009, 2888, 2890 – Spickmich.
194 Simitis/Hornung/Spiecker gen. Döhmann-*Boehm* Art. 82 Rn. 32; vgl. BeckOK DatenSR-*Quaas* Art. 82 Rn. 11 f.
195 BeckOK DatenSR-*Quaas* Art. 82 Rn. 11.
196 *Lauber-Rönsberg* ZUM-RD 2018, 550, 551; *Hildebrand* ZUM 2018, 585, 590 m.w.N.
197 Landtag des Saarlandes Drucks. 16/277, S. 51.
198 *BDZV, dju, DJV, Deutscher Presserat, VDZ u.a.* Stellungnahme zum Entwurf einer Neufassung des § 12 PresseG NRW (...), LT-Drucks. 17/1565 v. 20.12.2017 (Stand: 28.2.2018), S. 7.

Freiheit der Meinungsäußerung   **Art. 85**

ausschließen (vgl. z.B. § 12 PresseG NRW; § 10 PresseG SH[199]; § 11a TPG). § 59 Abs. 1 S. 3 RStV schreibt für die journalistische Tätigkeit der Presse als Anbieterin von Telemedien eine Aufsicht nach Bundes- bzw. Landesrecht i.S.d. § 59 Abs. 1 S. 1 RStV vor, soweit Unternehmen, Hilfs- und Beteiligungsunternehmen der Presse nicht der Selbstregulierung durch den Pressekodex und der Beschwerdeordnung des Deutschen Presserates unterliegen.

Allgemeine Vorgaben zur Datenschutzaufsicht des **öffentlich-rechtlichen Rundfunks** macht zunächst der RStV. Gem. § 9c Abs. 4 S. 1 RStV wird die Aufsicht über die Einhaltung der geltenden datenschutzrechtlichen Bestimmungen für die in der ARD zusammengeschlossenen Landesrundfunkanstalten, das ZDF, das Deutschlandradio sowie zu diesen gehörende Beteiligungs- und Hilfsunternehmen durch Landesrecht bestimmt. Konkrete Regelungen[200] zur Aufsicht enthalten sodann der ZDF-Staatsvertrag, der Deutschlandradio-Staatsvertrag und weitere landesrechtliche Regelungen für die Anstalten der ARD (vgl. z.B. §§ 48 ff. WDR-Gesetz; §§ 42b ff. SMG; Art. 21 BayRG; §§ 42 ff. MDR-StV). Nach den Regelungen, die bereits an die DS-GVO angepasst wurden, verfügen die Anstalten in der Regel über einen eigenen „Rundfunkdatenschutzbeauftragten", der Aufsichtsbehörde i.S.d. Art. 51 ist. Die Rundfunkdatenschutzbeauftragten der öffentlich-rechtlichen Rundfunkanstalten sind überwiegend für sämtliche Bereiche der Datenverarbeitung zuständig. Teilweise erfolgt jedoch auch eine partielle Aufsicht der Landesbeauftragten für den Datenschutz im nicht-journalistischen Bereich (vgl. z.B. § 28 Abs. 2 HDSIG für den „Beauftragten für den Datenschutz"; § 14 BremDSGVOAG für den „Beauftragten der Anstalt für den Datenschutz"). § 59 Abs. 1 S. 2 RStV erweitert die Zuständigkeit des Rundfunkdatenschutzbeauftragten auf den Bereich der **journalistisch-redaktionellen Angebote bei Telemedien**. 56

Für die datenschutzrechtliche Aufsicht des **privaten Rundfunks** gilt ebenfalls zunächst § 9c Abs. 4 RStV. Die konkrete Ausgestaltung[201] der Aufsicht ist in den einzelnen Bundesländern unterschiedlich geregelt, was mit der Neuregelung des § 9c Abs. 4 RStV auch ausdrücklich bezweckt wurde.[202] In einigen Bundesländern überwacht der Landesbeauftragte für den Datenschutz die Einhaltung der datenschutzrechtlichen Vorschriften durch private Rundfunkveranstalter (vgl. z.B. § 55 NMedienG; § 6 Abs. 5 ThürLMG). In anderen Ländern wird hingegen lediglich eine partielle Zuständigkeit des Landesdatenschutzbeauftragten für den nicht-journalistischen Bereich geregelt (vgl. z.B. § 44 SächsPRG). U.a. in Nordrhein-Westfalen ist die Aufsicht für den privaten Rundfunk ausschließlich, also auch für den nicht-journalistischen Bereich, bei der Landesmedienanstalt angesiedelt (§ 49 Abs. 2 S. 1 LMG NRW). § 59 Abs. 1 S. 2 RStV regelt ebenfalls die Überwachung der Einhaltung der Datenschutzbestimmungen für journalistisch-redaktionell gestaltete Angebote bei Telemedien des privaten Rundfunks. Die für den Datenschutz im journalistischen Bereich bei den privaten Rundfunkveranstaltern zuständigen Stellen überwachen hiernach die journalistisch-redakti- 57

---

199 *Schleswig-Holsteinischer Landtag* Drucks. 19/429, S. 206: soweit Artikel der DS-GVO die Existenz einer Aufsichtsbehörde voraussetzen, seien diese, „da für den Bereich des Presseprivilegs eine datenschutzrechtliche Aufsichtsbehörde ausgeschlossen wird, tatbestandlich nicht anwendbar".
200 S. ausführlich mit Nachweisen HK RStV/JMStV-*Oster* § 59 RStV Rn. 17.
201 S. ausführlich mit Nachweisen HK RStV/JMStV-*Oster* § 59 RStV Rn. 18 f.
202 Begründung zum Einundzwanzigsten Staatsvertrag zur Änderung rundfunkrechtlicher Staatsverträge, S. 10.

Frey   1771

onell gestalteten Angebote ihrer Telemedien. Hier kommt es wiederum auf die Zuständigkeit nach Landesrecht an.

58 Für andere **Telemedien** greift § 59 Abs. 1 S. 1 RStV, sodass grundsätzlich die allgemeinen aufsichtsrechtlichen Bestimmungen gelten[203], wobei auch hier Einschränkungen vor dem Hintergrund des Medienprivilegs i.S.d. Art. 85 in landesrechtlichen Bestimmungen vorgesehen werden können. Eine solche Regelung findet sich bspw. in § 51a Abs. 2 LMG NRW. Im Anwendungsbereich dieser Vorschrift wird die Aufsicht hinsichtlich der Verarbeitung personenbezogener Daten für journalistische Zwecke bei dem Datenschutzbeauftragten der Landesmedienanstalt NRW angesiedelt, im Übrigen obliegt sie dem Landesbeauftragten für den Datenschutz.[204]

V. Relevanz für das Datenschutzmanagement

59 Im Rahmen des Datenschutzmanagements[205] ist hinsichtlich Art. 85 Abs. 2 und etwaiger hierauf beruhender zweckgebundener nationaler Privilegierungen von herausragender Bedeutung, dass sich die Verantwortlichen in einem Unternehmen der Zweckrichtung der Datenverarbeitung bewusst sind. Da in vielen fachrechtlichen Privilegierungen eine Verpflichtung datenverarbeitender Personen auf das Datengeheimnis vorgeschrieben ist, muss insbesondere diese Vorgabe bei der Tätigkeitsaufnahme dieser Personen beachtet werden. Es sollten ferner Verfahren geschaffen werden, die die mit einer Datenverarbeitung verfolgten Zwecke festhalten, sodass im Zweifel nachgewiesen werden kann, ob eine privilegierte Datenverarbeitung vorlag. Soweit Art. 85 Abs. 1 eine eigene Öffnungsklausel für Ausnahmefälle zu entnehmen ist, können ausnahmsweise auch andere Zwecke schützenswert sein. Ein solcher Ausnahmefall müsste aber auf einer nationalen Rechtsvorschrift beruhen. Aufgrund der Rechtsunsicherheit, die Art. 85 hinsichtlich des Verhältnisses von Abs. 1 und 2 mitbringt, ist es im Rahmen des Datenschutzmanagements bedeutsam, die rechtliche Entwicklung zu verfolgen.[206]

60 Außerdem ist es erforderlich, die Abwicklung etwaiger Auskunfts- oder Berichtigungsansprüche seitens Betroffener zu regeln[207] und eine ggf. bestehende Vorgabe i.S.d. § 9c Abs. 2 RStV o.Ä. zu beachten, nach der gewisse Inhalte zu den gespeicherten Daten zu nehmen sind.

VI. Sanktionen

61 Kapitel VIII (Rechtsbehelfe, Haftung und Sanktionen) wird im Kontext des vorzusehenden Mindestschutzstandards gem. Art. 85 Abs. 2 nicht genannt. Somit verbleiben für Medienunternehmen und andere Verantwortliche theoretisch erhebliche **Sanktionsrisiken**.[208] Es wird aber zu berücksichtigen sein, dass die Verarbeitung der Daten zu grundrechtlich geschützten Zwecken erfolgt[209] und Datenschutzverstöße aufgrund der gesetzlich vorzusehenden Medienprivilegien in weiten Bereichen faktisch ausgeschlossen sind.

---

203 S. Übersicht bei BeckOK InfoMedienR-*Fiedler* § 59 RStV Rn. 2.
204 *Landtag Nordrhein-Westfalen* Drucks. 17/1565, S. 98.
205 Vgl. im Allgemeinen zum Datenschutzmanagement *Wichtermann* ZD 2016, 421.
206 Vgl. *Wichtermann* ZD 2016, 421, 422.
207 S. Rn. 52; Vgl. *Wichtermann* ZD 2016, 421, 422.
208 Vgl. *Gola-Pötters* Art. 85 Rn. 15.
209 *Gola-Pötters* Art. 85 Rn. 15.

Artikel 86 Verarbeitung und Zugang der Öffentlichkeit zu amtlichen Dokumenten

Personenbezogene Daten in amtlichen Dokumenten, die sich im Besitz einer Behörde oder einer öffentlichen Einrichtung oder einer privaten Einrichtung zur Erfüllung einer im öffentlichen Interesse liegenden Aufgabe befinden, können von der Behörde oder der Einrichtung gemäß dem Unionsrecht oder dem Recht des Mitgliedstaats, dem die Behörde oder Einrichtung unterliegt, offengelegt werden, um den Zugang der Öffentlichkeit zu amtlichen Dokumenten mit dem Recht auf Schutz personenbezogener Daten gemäß dieser Verordnung in Einklang zu bringen.

– *ErwG: 154*

Übersicht

	Rn		Rn
A. Einordnung und Hintergrund	1	III. Im Besitz	10
I. Zweck der Vorschrift	1	IV. Öffnungsklausel	11
II. Genese	3	V. Aktuelle Rechtslage in Deutschland	13
B. Kommentierung	5		
I. Begriff des amtlichen Dokuments	6	C. Praxishinweise	14
II. Behörde, öffentliche Einrichtung oder private Einrichtung zur Erfüllung von im öffentlichen Interesse liegenden Aufgaben	7		

A. Einordnung und Hintergrund

I. Zweck der Vorschrift

Art. 86 gestattet den Mitgliedstaaten, Regelungen zum Zugang der Öffentlichkeit zu öffentlichen Dokumenten zu treffen. Das zugrunde liegende Spannungsverhältnis benennt Art. 86 bereits selbst: Der Zugang zu amtlichen Dokumenten mit personenbezogenen Daten als Informationsanspruch kollidiert mit dem Recht auf informationelle Selbstbestimmung der betroffenen Personen. Die Lösung der Konfliktsituation überantwortet die Verordnung den Mitgliedstaaten, ohne hierbei bestimmte Voraussetzungen vorzugeben. Art. 86 soll hierbei ausweislich des ErwG 154 dafür Sorge tragen, dass der Zugang der Öffentlichkeit zu amtlichen Dokumenten möglich bleibt und nicht bei Anwendung der im Übrigen geltenden Grundsätze der DS-GVO vollständig unmöglich wird. Darüber hinaus benennt ErwG 154 den Zugang der Öffentlichkeit zu amtlichen Dokumenten als anerkennenswertes öffentliches Interesse.[1] **1**

Das Recht auf Dokumentenzugang wurzelt im Demokratieprinzip[2] sowie dem hiermit eng verknüpften Transparenzgrundsatz.[3] Entscheidungen in der Union sollen „möglichst offen und möglichst bürgernah getroffen werden"[4]. Diese Einordnung findet ihre primärrechtliche Verankerung in den Grundrechten aus Art. 11 Abs. 1 S. 2 GRCh und Art. 42 GRCh. Der Zugang zu öffentlichen Dokumenten ist als Grundrecht in Art. 11 Abs. 1 S. 2 GRCh benannt, wonach die Freiheit besteht, Informationen und Ideen ohne behördliche Eingriffe und ohne Rücksicht auf Staatsgrenzen zu empfan- **2**

---

1 Paal/Pauly-*Pauly* Art. 86 Rn. 1; BeckOK DatenSR-*Schiedermair* Art. 86 Rn. 3.
2 *EuGH* v. 21.7.2011 – C-506/08, ECLI:EU:C:2011:496, Suède, Rn. 72.
3 BeckOK DatenSR-*Schiedermair* Art. 86 Rn. 1.
4 *EuGH* v. 21.7.2011 – C-506/08, ECLI:EU:C:2011:496, Suède, Rn. 72.

gen und weiterzugeben. Art. 42 GRCh gewährt Unionsbürgerinnen und Unionsbürger sowie jeder natürlichen oder juristischen Person mit Wohnsitz oder satzungsmäßigem Sitz in einem Mitgliedstaat daneben konkret das Recht auf Zugang zu den Dokumenten der Organe, Einrichtungen und sonstigen Stellen der Union. Art. 42 GRCh korrespondiert wiederum mit dem in Art. 15 Abs. 3 AEUV garantierten Informationsfreiheitsrecht und unterstreicht den Charakter dieser Freiheit als Grundrecht. Allerdings gelten diese Grundrechte nicht schrankenlos, sondern können insbesondere durch gegenläufige Grundrechte auf Achtung der Privatsphäre aus Art. 7 und Art. 8 GRCh eingeschränkt werden.[5]

II. Genese

3   Der Kommissionsentwurf enthielt noch keine Öffnungsklausel zum Zugang der Öffentlichkeit zu amtlichen Dokumenten. Erst im Parlamentsentwurf wurde ein solcher aufgenommen, samt einer Melde- und Mitteilungsfrist für nationale Regelungen.[6] Diese Mitwirkungspflichten sind in den folgenden Trilogverhandlungen entfallen, im Übrigen wurde der Entwurf mit bloß sprachlichen Veränderungen übernommen.[7]

4   Eine unmittelbare Vorgängervorschrift in der Datenschutz-Richtlinie 95/46/EG gibt es ebenfalls nicht. Die Richtlinie 95/46/EG verzichtete auf eine spezielle Regelung und sprach allein in ErwG 72 den Zugang zu öffentlichen Dokumenten an, wonach die Richtlinie bei der Umsetzung der mit ihr festgelegten Grundsätze die Berücksichtigung des Grundsatzes des öffentlichen Zugangs zu amtlichen Dokumenten erlaube. Folglich konnte der Zugang zu öffentlichen Dokumenten bereits bisher als öffentliches Interesse bei einer Interessenabwägung mit den Persönlichkeitsrechten der Betroffenen berücksichtigt werden. In der RL 2003/98/EG wird festgelegt, unter welchen Voraussetzungen die Weiterverwendung von Informationen des öffentlichen Sektors erfolgen kann. Auf diese Richtlinie kann bei Auslegung des Art. 86 zurückgegriffen werden.[8] Kollidieren die Vorgaben, setzt sich allerdings die DS-GVO durch.[9] Sekundärrechtlich enthält die VO Nr. 1049/2001[10] zudem Regelungen speziell über den Zugang der Öffentlichkeit zu Dokumenten des Europäischen Parlaments, des Rates und der Kommission.[11]

B. Kommentierung

5   Art. 86 geht vom Kreis der Verpflichteten über Art. 42 GRCh sowie die VO Nr. 1048/2001 hinaus. Zwar sind unmittelbar weiterhin nur die Union und deren Organe und Stellen zur Ermöglichung des Dokumentenzugangs auf Grundlage der VO Nr. 1049/2001 verpflichtet. Allerdings gibt Art. 86 sowohl der Union als auch den Mitgliedstaa-

---

5   *EuGH* v. 6.11.2003 – C 101/01, ECLI:EU:C:2003:596, Lindquist, Rn. 90; s. auch Jarass/Pieroth-*Jarass* Art. 11 Rn. 39, Art. 42 Rn. 13, 15.
6   Art. 80a des Parlamentsentwurfs.
7   Synopse DS-GVO, abrufbar unter https://www.gdd.de/downloads/praxishilfen/GDD-Praxishilfe_DS-GVO_6.pdf.
8   Ebenso Paal/Pauly-*Pauly* Art. 87 Rn. 3.
9   *Kühling/Martini u.a.* Die Datenschutz-Grundverordnung und das nationale Recht, S. 297.
10 VO (EG) Nr. 1049/2001 des Europäischen Parlaments und des Rates, ABl. 2001 L 145, 43.
11 Wie problematisch der Ausgleich zwischen Informationszugang und dem Schutz personenbezogener Daten in der Praxis ist, zeigt exemplarisch die Entscheidung des EuGH in der Rs. The Bavarian Lager Co. Ltd., *EuGH* v. 29.6.2010 – C-28/08, ECLI:EU:C:2010:378.

ten die Möglichkeit, der Öffentlichkeit amtliche Dokumente zugänglich zu machen. Damit weitet die Vorschrift den zugrunde liegenden Transparenzgrundsatz auch auf die Mitgliedstaaten aus, auch wenn kein unmittelbarer Regelungsauftrag formuliert wird.

I. Begriff des amtlichen Dokuments

Die DS-GVO selbst enthält keine Legaldefinition des Dokumentenbegriffs. Anhaltspunkte zur Auslegung können der in ErwG 154 zu Art. 86 genannten RL 2003/98/EG sowie der VO Nr. 1049/2001 entnommen werden.[12] Art. 2 Nr. 3 RL 2003/98/EG zufolge ist „Dokument" jeder Inhalt unabhängig von der Form des Datenträgers sowie ein beliebiger Teil eines solchen Inhalt. Art. 3 lit. a VO (EG) Nr. 1049/2001 bestimmt sogar die Form des Datenträgers, wonach sowohl Papierform als auch die elektronische Form, Ton-, Bild- oder audiovisuelles Material erfasst ist. Maßgeblich ist also der Inhalt des Dokuments, nicht dessen Form. Im Rahmen von Art. 42 GRCh ist eine entsprechend weite Auslegung ebenfalls anerkannt.[13] Erfasst werden etwa auch Dokumente, die allein für den internen Gebrauch bestimmt sind.[14] 6

II. Behörde, öffentliche Einrichtung oder private Einrichtung zur Erfüllung von im öffentlichen Interesse liegenden Aufgaben

Art. 86 gilt für alle Behörden und sonstige Stellen, die vom Recht des jeweiligen Mitgliedstaats über den Zugang der Öffentlichkeit zu Dokumenten erfasst werden. Welche Behörden im jeweiligen Mitgliedstaat damit verpflichtet werden, überlässt Art. 86 nationaler Regelung. Dies lässt sich auch auf ErwG 154 stützen, wonach die Bezugnahme auf Behörden und öffentliche Stellen sämtliche Behörden oder sonstige Stellen beinhalten soll, die vom Recht des jeweiligen Mitgliedstaats über den Zugang der Öffentlichkeit zu Dokumenten erfasst werden. Damit besteht insoweit ein großer Gestaltungsspielraum. 7

Weitere Anhaltspunkte zur Auslegung können wiederum RL 2003/98/EG sowie VO Nr. 1049/2001 entnommen werden. Art. 2 Nr. 2 RL 2003/98/EG definiert als „Einrichtung des öffentlichen Rechts" Einrichtungen, die a) zu dem besonderen Zweck gegründet wurden, im Allgemeininteresse liegende Aufgaben zu erfüllen, die nicht gewerblicher Art sind, und b) Rechtspersönlichkeit besitzen sowie c) überwiegend vom Staat, von Gebietskörperschaften oder von anderen Einrichtungen des öffentlichen Rechts finanziert werden oder hinsichtlich ihrer Leitung der Aufsicht durch letztere unterliegt oder deren Verwaltungs-, Leitungs- oder Aufsichtsorgan mehrheitlich aus Mitgliedern besteht, die vom Staat, von Gebietskörperschaften oder von anderen Einrichtungen des öffentlichen Rechts ernannt worden sind. 8

Abzugrenzen sind hiervon **private Einrichtungen**, die grundsätzlich nicht Art. 86 unterfallen. In Abgrenzung zur öffentlichen Einrichtung arbeiten diese in der Regel gewerblich, bieten ihre Waren und Dienstleistungen auf dem Markt an und tragen Gewinne und Verluste ihrer Tätigkeit.[15] Private Einrichtungen erfasst Art. 86 daher 9

---

12 Kühling/Buchner-*Herbst* Art. 86 Rn. 11.
13 Vgl. etwa Jarass/Pieroth-*Jarass* Art. 42 Rn. 6; Stern/Sachs-*Schöbener* Art. 42 Rn. 10.
14 *EuGH* v. 21.7.2011 – C-506/08, ECLI:EU:C:2011:496, Schweden/MyTravel und Kommission, Rn. 79 ff.; Jarass/Pieroth-*Jarass* Art. 42 Rn. 6.
15 Vgl. auch Paal/Pauly-*Pauly* Art. 86 Rn. 6.

nur, wenn diese in Erfüllung einer im öffentlichen Interesse liegenden Aufgabe tätig werden. Maßgeblich ist insoweit, ob der Besitz der amtlichen Dokumente der Erfüllung öffentlicher Aufgaben dient. Der Zugangsanspruch hängt damit nicht von der Organisationsform des Dokumentenbesitzers ab, sondern vom Aufgabenbezug.[16] Dies ist mit Blick auf den Zweck der Vorschrift – Transparenz zur Durchsetzung des Demokratieprinzips – konsequent. Naheliegender Anwendungsfall dürften nach deutschem Recht etwa Beliehene sein, die zwar privatrechtlich organisiert sind, aber öffentlich-rechtliche Aufgaben erfüllen.[17] Die Zugangsmöglichkeit reicht bei diesen privaten Einrichtungen jedoch nur, soweit öffentliche Aufgaben erfüllt werden. Daher werden Dokumente bei privaten Einrichtungen häufig nur teilweise dem Zugangsanspruch unterfallen.

III. Im Besitz

10　Ferner muss sich das Dokument im Besitz einer verpflichteten Stelle befinden. Es kommt somit hinsichtlich des Anwendungsbereichs eines Zugangsanspruchs nicht auf die Urheberschaft des amtlichen Dokuments an, sondern auf dessen Inhalt und seinen Besitz.[18] Dies entspricht der Regelung in Art. 2 Abs. 2 VO (EG) Nr. 1049/2001, wonach die Verordnung für alle Dokumente eines Organs gilt, also für Dokumente aus allen Tätigkeitsbereichen der Union, die von dem Organ erstellt wurden oder bei ihm eingegangen sind und sich in seinem Besitz befinden. Da der Zugang in einem weiteren Schritt ohnehin von einer Interessenabwägung abhängt, ist es zweckmäßig, zunächst einen weiten Anwendungsbereich zu schaffen, der je nach Sachverhalt in der Folge eingeengt werden kann.

IV. Öffnungsklausel

11　Art. 86 stellt eine fakultative Öffnungsklausel dar.[19] Die Mitgliedstaaten können den Zugang zu öffentlichen Dokumenten spezifisch ausgestalten, müssen dies aber nicht. Wenn sie von der Regelungsmöglichkeit Gebrauch machen, gibt Art. 86 keine konkreten Vorgaben hinsichtlich Inhalt und Umfang der nationalen Vorschriften.[20] Beliebige Abweichungen vom Standard der DS-GVO sind hingegen nicht möglich.[21] Sofern Art. 86 dahingehend ausgelegt wird, dass diese Vorschrift vom Schutzniveau der Verordnung und ihren datenschutzrechtlichen Vorgaben dispensiere, widerspricht dies zunächst ihrem Wortlaut: Nationale Regelungen sind **expressis verbis** nur „gem. dieser Verordnung" möglich; damit stellt der Verordnungsgeber einen klaren Zusammenhang zu den Grundprinzipien der Verordnung her.[22] Auch setzt der korrespondierende ErwG 154 eine Abwägungsentscheidung voraus, wonach die widerstreitenden

---

16　Paal/Pauly-*Pauly* Art. 86 Rn. 6; Sydow-*Specht* Art. 86 Rn. 11.
17　Zur Beleihung bereits *BVerwG* v. 27.10.1978 – 1 C 15/75, BVerwGE 57, 55 ff.; ausführlich Maunz/Dürig-*Ibler* Art. 86 Rn. 75.
18　Ausführlich zur Geschichte der sog. Urheberregel Sydow-*Specht* Art. 86 Rn. 9 ff.
19　*Kühling/Martini u.a.* Die Datenschutz-Grundverordnung und das nationale Recht, S. 297; Sydow-*Specht* Art. 86 Rn. 1.
20　Sydow-*Specht* Art. 86 Rn. 11; Paal/Pauly-*Pauly* Art. 86 Rn. 8.
21　Ebenso Paal/Pauly-*Pauly* Art. 86 Rn. 8; BeckOK DatenSR-*Schiedermair* Art. 86 Rn. 5; a.A. *Kühling/Martini u.a.* Die Datenschutz-Grundverordnung und das nationale Recht, S. 297; widersprüchlich Sydow-*Specht* Art. 86 Rn. 2, 11.
22　Paal/Pauly-*Pauly* Art. 86 Rn. 8.

Interessen miteinander „in Einklang zu bringen" sind. Wäre ein vollständiger Dispens von den Vorgaben der DS-GVO gewollt gewesen und damit ein Bruch im Regelungskonstrukt, hätte der Verordnungsgeber dies deutlich gemacht, etwa im Wege einer Bereichsausnahme.

Damit besteht zwar ein weiter Ermessensspielraum für mitgliedstaatliche Regelungen **12** in Ausfüllung des Art. 86, eine Abwägungsklausel wird jedoch zwingend enthalten sein müssen.[23] Unter Geltung der DS-GVO gibt es keine Zwecke, die gegenläufigen Interessen stets und in jedem Fall vorgehen.[24] Auch dürfen weitere Grundprinzipien der Verordnung nicht angetastet werden, wozu insbesondere das Transparenzgebot zählen wird. Als milderes Mittel sollte in der Regel eine (teilweise) Anonymisierung der amtlichen Dokumente in Betracht gezogen werden.[25]

V. Aktuelle Rechtslage in Deutschland

In Deutschland gibt es keinen grundrechtlich abgesicherten Anspruch auf Zugang zu **13** amtlichen Dokumenten, insbesondere folgt ein solcher nicht aus Art. 5 Abs. 1 S. 1 GG.[26] Allerdings haben der Bund mit dem Informationsfreiheitsgesetz[27] sowie zwölf Landesgesetzgeber Regelungen getroffen, die in bestimmten Umfang Zugang zu amtlichen Dokumenten ermöglichen. Daneben regeln bestimmte Gesetze für Spezialbereiche einen Zugang Privater zu öffentlichen Informationen und Dokumenten wie etwa das Umweltinformationsgesetz (UIG) oder das Verbraucherinformationsgesetz.[28] Diese bereits bestehenden Regelungen dienen als Vorgriff auf Art. 86.[29] Eine weitere Regelungsnotwendigkeit besteht nicht.[30] Sie genügen auch den Anforderungen, die die DS-GVO an nationale Vorschriften in Ausfüllung der Öffnungsklausel des Art. 86 stellt. Hervorzuheben ist insoweit, dass die genannten Gesetze eine Abwägung der widerstreitenden Interessen – Informationszugang auf der einen Seite, informationelle Selbstbestimmung auf der anderen Seite – erfordern. Beispielhaft darf nach § 5 IFG Zugang zu personenbezogenen Daten nur gewährt werden, soweit das Informationsinteresse des Antragstellers das schutzwürdige Interesse des Dritten am Ausschluss des Informationszugangs überwiegt oder der Dritte eingewilligt hat.

C. Praxishinweise

Als die Mitgliedstaaten adressierende Öffnungsklausel, von der durch nationale Vor- **14** schriften Gebrauch gemacht wird, zeitigt Art. 86 keine unmittelbaren Auswirkungen auf den Rechtsanwender, seien es öffentliche oder nichtöffentliche Stellen, betroffene Personen oder Aufsichtsbehörden. Es handelt sich um eine Regelungsmöglichkeit für den nationalen Gesetzgeber mit großzügigen Vorgaben zum Regelungsinhalt.

---

23 BeckOK DatenSR-*Schiedermair* Art. 86 Rn. 5.
24 Vgl. ErwG 4 und den hier zum Ausdruck gebrachten Verhältnismäßigkeitsgrundsatz.
25 BeckOK DatenSR-*Schiedermair* Art. 86 Rn. 6.
26 Grundlegend *BVerfG* v. 30.1.1986 – 1 BvR 1352/85, NJW 1986, 1243; Jarass/Pieroth-*Jarass* Art. 5 Rn. 24; von Münch/Kunig-*Wendt* Art. 5 Rn. 25; BeckOK DatenSR-*Kühling* Art. 5 Rn. 41.
27 Hierzu *Kugelmann* NJW 2005, 3609; *Schmitz/Jastrow* NVwZ 2005, 984.
28 Umfassende Darstellung bei *Kühling/Martini u.a.* Die Datenschutz-Grundverordnung und das nationale Recht, S. 297.
29 Sydow-*Specht* Art. 86 Rn. 15.
30 *Kühling/Martini u.a.* Die Datenschutz-Grundverordnung und das nationale Recht, S. 297.

15 Art. 86 hat keine Relevanz für
- öffentliche Stellen,
- nichtöffentliche Stellen,
- betroffene Personen,
- Aufsichtsbehörden,
- Datenschutzmanagement.

Artikel 87 Verarbeitung der nationalen Kennziffer

¹Die Mitgliedstaaten können näher bestimmen, unter welchen spezifischen Bedingungen eine nationale Kennziffer oder andere Kennzeichen von allgemeiner Bedeutung Gegenstand einer Verarbeitung sein dürfen. ²In diesem Fall darf die nationale Kennziffer oder das andere Kennzeichen von allgemeiner Bedeutung nur unter Wahrung geeigneter Garantien für die Rechte und Freiheiten der betroffenen Person gemäß dieser Verordnung verwendet werden.

Übersicht

	Rn		Rn
A. Einordnung und Hintergrund	1	2. Anwendungsbereich der Vorschrift	7
I. Zweck der Vorschrift	1	II. Art. 87 S. 2	8
II. Genese	3	III. Rechtliche Situation in Deutschland	9
B. Kommentierung	4	C. Praxishinweise	11
I. Art. 87 S. 1	4		
1. Begriff der nationalen Kennziffer/Kennzeichen von allgemeiner Bedeutung	4		

Literatur: *Roßnagel/Schnabel* Die Authentisierungsfunktion des elektronischen Personalausweises aus datenschutzrechtlicher Sicht, DuD 2008, 168–172; *Weichert* Die Wiederbelebung des Personenkennzeichens – insbesondere am Beispiel der Einführung einer einheitlichen Wirtschaftsnummer, RDV 2002, 170–177.

A. Einordnung und Hintergrund

I. Zweck der Vorschrift

1 Art. 87 erlaubt die Einführung nationaler Kennziffern.[1] In Fortführung des Art. 8 Abs. 7 RL 95/46/EG sollen die Mitgliedstaaten entscheiden, ob und wie nationale Kennziffern eingeführt werden. Eine Pflicht zur Schaffung nationaler Kennziffern besteht nicht.[2] Allerdings wurden die datenschutzrechtlichen Standards durch Art. 87 S. 2 deutlich enger gezogen als bisher, wonach nationale Kennziffern nur unter Wahrung geeigneter Garantien für die Rechte und Freiheiten der betroffenen Person gem. der Verordnung verwendet werden dürfen.

2 Nationale Kennziffern dienen dem Zweck, automatisierte Datenverarbeitungen durch den Staat zu erleichtern, die Verwaltung somit effizienter zu gestalten und überdies Verwechslungen durch die eindeutige Identifizierbarkeit einer Person zu verhindern.[3]

---

1 Gola-*Gola* Art. 87 Rn. 1.
2 BeckOK DatenSR-*von Lewinski* Art. 87 Rn. 39.
3 Gola-*Gola* Art. 87 Rn. 1.

Diesen Vorteilen stehen jedoch nicht unerhebliche datenschutzrechtliche Bedenken gegenüber.[4] Der Zweckbindungsgrundsatz droht aufgeweicht zu werden, wenn unter einer zentralen Ordnungsnummer verschiedene Daten unterschiedlicher Behörden zusammengefasst und jederzeit ausgewertet werden können – die Erstellung umfassender Persönlichkeitsprofile durch den Staat könnte hierdurch ermöglicht werden.[5] Die in Deutschland besonders vorsichtige Haltung gegenüber nationalen Kennzeichen beruht im Wesentlichen auf zwei Umständen: Zum einen auf dem Volkszählungsurteil des BVerfG, in dem das Gericht klarstellte, dass die Zuordnung erhobener Daten durch eine Ordnungsnummer verboten sein soll;[6] zum anderen auf der Tatsache, dass durch die in der DDR bereits 1970 eingeführte Personenkennzahl nationale Ordnungsnummern historisch belastet sind.

II. Genese

Unmittelbarer Vorgänger des Art. 87 ist Art. 8 Abs. 7 RL 95/46/EG. Danach bestimmten die Mitgliedstaaten, unter welchen Bedingungen eine nationale Kennziffer oder andere Kennzeichen allgemeiner Bedeutung Gegenstand einer Verarbeitung sein durften. Nationale Kennziffern waren als besondere Kategorie personenbezogener Daten einzuordnen, also als besonders sensible Information.[7] Eine Begrenzung der Verarbeitungsmöglichkeiten wurde in Art. 8 Abs. 7 RL 95/46/EG aufgenommen, weswegen insoweit ein beträchtlicher Umsetzungsspielraum bestand.

3

B. Kommentierung

I. Art. 87 S. 1

1. Begriff der nationalen Kennziffer/Kennzeichen von allgemeiner Bedeutung. Art. 87 verwendet nebeneinander die beiden Begriffe „nationale Kennziffer" und „Kennzeichen von allgemeiner Bedeutung", wobei unklar bleibt, in welchem Verhältnis diese zueinander stehen. Im Ergebnis wird man davon ausgehen können, dass „nationale Kennziffer" ein Sonderfall des „Kennzeichens von allgemeiner Bedeutung" ist, letzterer also den Oberbegriff bildet. In jedem Fall ist zunächst ein Personenbezug der Kennziffer erforderlich.[8] Eine anonymisierte Erfassung unter bestimmten Ordnungsnummern unterfällt somit nicht dem Anwendungsbereich des Art. 87.

4

Der Begriff der nationalen Kennziffer ist in der DS-GVO nicht definiert. Abzugrenzen die nationale Kennziffer von bloß einfachen Personenkennzeichen, die lediglich eine bestimmte Nummer einer bestimmten Person zuordnen, ohne weitergehende Verwendungszusammenhänge. Was genau mit nationaler Kennziffer gemeint ist, lässt sich anhand ihrer drei wesentlichen Zwecke bestimmen: Identifizierungsfunktion, Repräsentationsfunktion und Ordnungsfunktion.[9] Daher kann nicht jedes Personen-Nummerierungssystem als Kennziffer qualifiziert werden.[10] Auch durch die Formulie-

5

---

4 Ausführlich Kühling/Buchner-*Weichert* Art. 87 Rn. 21 ff; *Weichert* RDV 2002, 170 ff.
5 BeckOK DatenSR-*von Lewinski* Art. 87 Rn. 3 ff.
6 *BVerfG* v. 15.12.1983 – 1 BvR 209/83, BVerfGE 65, 1.
7 Paal/Pauly-*Pauly* Art. 87 Rn. 1; vgl. Simitis-*Damann* Art. 8 DSRL Rn. 32.
8 Paal/Pauly-*Pauly* Art. 87 Rn. 2.
9 BeckOK DatenSR-*von Lewinski* Art. 87 Rn. 3 ff.
10 Sydow-*Hense* Art. 87 Rn. 2; Paal/Pauly-*Pauly* Art. 87 Rn. 2; zur RL 95/46/EG bereits Simitis-*Dammann* Art. 8 DSRL Rn. 32.

Art. 87 — Verarbeitung der nationalen Kennziffer

rung der Überschrift im Singular („Verarbeitung der nationale Kennziffer") wird deutlich, dass mehrere Verwendungszusammenhänge vorliegen müssen und es sich letztlich um eine umfassende „Bürgernummer", die zur Identifikation, Repräsentation und Ordnung durch den Staat verwendet wird, handeln muss.[11] Gleiches gilt für das „Kennzeichen von allgemeiner Bedeutung", das ebenfalls mehr ist, als die Nutzung einer Ordnungsnummer in nur einem Verwendungszusammenhang.[12] Insoweit bestehen keine besonderen Verarbeitungschancen- und Risiken, die nicht über die allgemeinen Tatbestände der DS-GVO aufgefangen werden könnten.

6   Anders als in Art. 8 Abs. 7 RL 95/46/EG sind Personenkennzeichen nicht mehr ausdrücklich als besonders sensibles Datum eingeordnet. Eine Aufzählung in Art. 9 ist nicht erfolgt. Hieraus wird man aber keine Veränderung der Bewertung dergestalt schließen können, dass nationale Kennziffern künftig als datenschutzrechtlich weniger problematisch einzuordnen sind.[13] Vielmehr ist dies der Regelungstechnik im Rahmen einer Öffnungsklausel geschuldet. Dass der Verordnungsgeber die besonderen Gefahren nationaler Personenkennziffern anerkennt, zeigt nicht zuletzt Art. 87 S. 2, der die Mitgliedstaaten tendenziell weiter einschränkt als bisher Art. 8 Abs. 7 RL 95/46/EG.

7   **2. Anwendungsbereich der Vorschrift.** Die Einschränkungen des Art. 87 S. 2 gelten aber nur innerhalb des sachlichen Anwendungsbereichs der DS-GVO, der durch Art. 2 bestimmt wird. Die wichtigste Ausnahme für den Bereich nationaler Kennziffern bildet insoweit Art. 2 Abs. 2 lit. d, wonach die Verarbeitung personenbezogener Daten durch zuständige Behörden zum Zwecke der Verhütung, Ermittlung, Aufdeckung oder Verfolgung von Straftaten oder der Strafvollstreckung, einschließlich des Schutzes vor und der Abwehr von Gefahren für die öffentliche Sicherheit, nicht den Vorschriften der DS-GVO unterfallen. Demnach fallen etwa Fahndungskennzeichen nicht unter die DS-GVO und unterliegen somit auch nicht den Einschränkungen des Art. 87 S. 2.[14]

II. Art. 87 S. 2

8   Art. 87 S. 2 verlangt, dass nationale Kennziffern nur unter Wahrung geeigneter Garantien für die Rechte und Freiheiten der betroffenen Person gem. der Verordnung verwendet werden. Hierdurch werden die Anforderungen an nationale Regelungen enger gezogen als bisher nach Art. 8 Abs. 7 RL 95/46/EG. Erstmals werden mit Art. 87 S. 2 inhaltliche Anforderungen an nationale Regelungen von Personenkennziffern gestellt.[15] Mit Blick auf die tragenden Prinzipien der DS-GVO und den typischen Gefahren Kennziffern allgemeiner Bedeutung dürften der Zweckbindungsgrundsatz, der Grundsatz der Datensparsamkeit sowie das Transparenzprinzip die wichtigsten Maßstäbe sein.[16] Soweit nationale Kennziffern verwendet werden, muss diese Verarbeitung auf das datenschutzrechtlich Erforderliche begrenzt werden und der Betroffene über Art und Umfang der Verarbeitung informiert werden.

---

11   BeckOK DatenSR-*von Lewinski* Art. 87 Rn. 26.
12   A.A. Gola-*Gola* Art. 87 Rn. 2.
13   BeckOK DatenSR-*von Lewinski* Art. 87 Rn. 20.
14   BeckOK DatenSR-*von Lewinski* Art. 87 Rn. 35.
15   Kühling/Buchner-*Weichert* Art. 87 Rn. 15 ff.
16   Vgl. Kühling/Buchner-*Weichert* Art. 87 Rn. 15 ff.

III. Rechtliche Situation in Deutschland

In Deutschland gibt es bisher keine allgemeine nationale Kennziffer i.S.d. Art. 87. 9
Weder gibt es eine von der Verwaltung umfassend verwendbare Bürgernummer noch eine für alle Sozialversicherungssysteme gültige Sozialversicherungsnummer.[17] Vielmehr gibt es eine Vielzahl verschiedener Personenkennziffern wie die Personalausweisnummer (§ 4 Abs. 1 PassG) oder die Steuer-Identifikationsnummer (§ 139a AO). Dieser Zustand lässt sich wesentlich auf das Volkszählungsurteil des BVerfG zurückführen, wonach die Zuordnung erhobener Daten durch eine Ordnungsnummer verboten sein soll.[18] Diese unterfallen jedoch mangels allgemeiner Gültigkeit nicht dem Begriff der nationalen Kennziffer.[19]

Teilweise wird jedoch für die Krankenversicherungsnummer zumindest angedacht, 10 dass diese ein „Kennzeichen von allgemeiner Bedeutung" sein könnte.[20] Ebenso wird dies für die Steueridentifikationsnummer angedacht.[21] Dagegen spricht jedoch, dass diese Nummern nicht – zumindest nicht bestimmungsgemäß – für mehrere Verwendungszwecke eingesetzt werden, sondern nur für einen bestimmten Bereich. Soweit ErwG 35 für die eine Einordnung der Krankenversicherungsnummer als Kennziffer i.S.d. Art. 87 angeführt wird[22], verfehlt dies den Erläuterungszusammenhang: ErwG 35 beschreibt allein den Begriff des personenbezogenen Gesundheitsdatums, nicht den der Kennziffer. Zu den Gesundheitsdaten zählen demnach „Nummern, Symbole oder Kennzeichen, die einer natürlichen Person zugeteilt wurden, um diese natürliche Person für gesundheitliche Zwecke eindeutig zu identifizieren" – ob diese Nummern und Kennzeichen zwangsläufig Kennziffern i.S.d. Art. 87 sind, ist hiermit nicht gesagt.

C. Praxishinweise

Als die Mitgliedstaaten adressierende Öffnungsklausel, von der durch nationale Vor- 11 schriften Gebrauch gemacht wird, zeitigt Art. 86 keine unmittelbaren Auswirkungen auf den Rechtsanwender, seien es öffentliche oder nichtöffentliche Stellen, betroffene Personen oder Aufsichtsbehörden. Es handelt sich um eine Regelungsmöglichkeit für den nationalen Gesetzgeber mit großzügigen Vorgaben zum Regelungsinhalt.

Art. 87 hat keine Relevanz für 12
– öffentliche Stellen,
– nichtöffentliche Stellen,
– betroffene Personen,
– Aufsichtsbehörden,
– Datenschutzmanagement.

---

17 Gola-*Gola* Art. 87 Rn. 2.
18 *BVerfG* v. 15.12.1983 – 1 BvR 209/83, BVerfGE 65, 1.
19 Ebenso BeckOK DatenSR-*von Lewinski* Art. 87 Rn. 54, Art. 87 Rn. 53.
20 Plath-*Grages* Art. 87 Rn. 2.
21 Sydow-*Hense* Art. 87 Rn. 2.
22 Sydow-*Hense* Art. 87 Rn. 2.

Artikel 88 Datenverarbeitung im Beschäftigungskontext

(1) Die Mitgliedstaaten können durch Rechtsvorschriften oder durch Kollektivvereinbarungen spezifischere Vorschriften zur Gewährleistung des Schutzes der Rechte und Freiheiten hinsichtlich der Verarbeitung personenbezogener Beschäftigtendaten im Beschäftigungskontext, insbesondere für Zwecke der Einstellung, der Erfüllung des Arbeitsvertrags einschließlich der Erfüllung von durch Rechtsvorschriften oder durch Kollektivvereinbarungen festgelegten Pflichten, des Managements, der Planung und der Organisation der Arbeit, der Gleichheit und Diversität am Arbeitsplatz, der Gesundheit und Sicherheit am Arbeitsplatz, des Schutzes des Eigentums der Arbeitgeber oder der Kunden sowie für Zwecke der Inanspruchnahme der mit der Beschäftigung zusammenhängenden individuellen oder kollektiven Rechte und Leistungen und für Zwecke der Beendigung des Beschäftigungsverhältnisses vorsehen.

(2) Diese Vorschriften umfassen geeignete und besondere Maßnahmen zur Wahrung der menschlichen Würde, der berechtigten Interessen und der Grundrechte der betroffenen Person, insbesondere im Hinblick auf die Transparenz der Verarbeitung, die Übermittlung personenbezogener Daten innerhalb einer Unternehmensgruppe oder einer Gruppe von Unternehmen, die eine gemeinsame Wirtschaftstätigkeit ausüben, und die Überwachungssysteme am Arbeitsplatz.

(3) Jeder Mitgliedstaat teilt der Kommission bis zum 25. Mai 2018 die Rechtsvorschriften, die er aufgrund von Absatz 1 erlässt, sowie unverzüglich alle späteren Änderungen dieser Vorschriften mit.

Übersicht

	Rn		Rn
A. Einordnung und Hintergrund	1	III. Gestaltungsvorgaben für mitgliedstaatliche Spezifizierungsrechtsakte (Art. 88 Abs. 2)	22
I. Genese	1	1. Gestaltungsvorgaben nach Art. 88 Abs. 2	24
II. Bezüge	5		
B. Kommentierung	6	2. Herstellung praktischer Konkordanz europäischer Grundrechte und Grundfreiheiten	29
I. Funktionen des Art. 88	6		
1. Öffnung für spezifischere Vorschriften (Art. 88 Abs. 1)	6		
2. Drei Funktionen: Abgrenzung, Gestaltungsvorgabe, Einschränkung des Geltungsbereichs der DS-GVO	13	a) Insbesondere: Rechtmäßigkeit der Verarbeitung	30
II. Reichweite der sektorspezifischen Öffnungsklausel	14	b) Insbesondere: Betroffenenrechte	34
1. Verarbeitung von Beschäftigtendaten im Beschäftigungskontext (Art. 88 Abs. 1)	14	3. Keine Bindung an Schutzniveau der DS-GVO	38
		IV. Mitgliedstaatliche Spezifizierungsrechtsakte	39
2. Mögliche Regelungsgegenstände von mitgliedstaatlichen Spezifizierungsrechtsakten	19	V. System des deutschen Beschäftigtendatenschutzes: Zusammenspiel von insb. BDSG, TVG, BetrVG und Personalvertretungsrecht	47
		C. Praxishinweise	54
3. Partielle Regelung durch Spezifizierungsrechtsakte, subsidiäre Geltung der DS-GVO	20	I. Relevanz für (nicht)öffentliche Stellen	54

Datenverarbeitung im Beschäftigungskontext   Art. 88

		Rn			Rn
II.	Relevanz für betroffene Personen	56	V.	Sanktionen	59
III.	Relevanz für Aufsichtsbehörden	57		Anhang	
IV.	Relevanz für das Datenschutzmanagement	58		§ 26 BDSG Datenschutzverarbeitung für Zwecke des Beschäftigungsverhältnisses	

Literatur: *Bauer* Beschäftigtendaten bleiben ein heißes Eisen, PersF 6/2017, 70; *Benkert* Neuer Anlauf des Gesetzgebers beim Beschäftigtendatenschutz, NJW 2017, 242; *Buntenbach* Eine kritische Bilanz mit Ausblick, AiB 9/2017, 40–42; *Düwell/Brink* Beschäftigtendatenschutz nach der Umsetzung der Datenschutz-Grundverordnung: Viele Änderungen und wenig Neues, NZA 2017, 1081; *dies.* Die EU-Datenschutz-Grundverordnung und der Beschäftigtendatenschutz, NZA 2016, 665; *Fladung* Datenschutz-Grundverordnung – neue Compliance-Risiken im Beschäftigtendatenschutz, CB 2015, 364; *Forgó/Helfrich/Schneider* Betrieblicher Datenschutz, 2014; *Franzen* Datenschutz-Grundverordnung und Arbeitsrecht, EuZA 2017, 313; *Frinken* Die Verwendung von Daten aus vernetzten Fahrzeugen unter besonderer Berücksichtigung des Umgangs mit solchen Daten durch den Arbeitgeber, 2017; *Gola/Pötters/Thüsing* Art. 82 DS-GVO: Öffnungsklausel für nationale Regelungen zum Beschäftigtendatenschutz – Warum der deutsche Gesetzgeber jetzt handeln muss, RDV 2016, 57; *Heuschmid* Datenschutzgrundverordnung und Betriebsverfassung – Eine Positionsbestimmung unter besonderer Berücksichtigung des primären Unionsrechts, SR 2019, 1; *Hodis-Mayer* Datenverarbeitung im Beschäftigungsverhältnis zur Aufdeckung von Straftaten, RDV 2019, 164; *Höhne* Auswirkungen der unionsrechtlichen Öffnungsklausel nach Art. 88 DSGVO auf den deutschen Recht, 2019; *Jerchel/Schubert* Neustart im Datenschutz für Beschäftigte, DuD 2016, 782; *Kloos/Schramm* Der neue Beschäftigtendatenschutz, AuA 2017, 212; *Körner* Die Datenschutz-Grundverordnung und nationale Regelungsmöglichkeiten für Beschäftigtendatenschutz, NZA 2016, 1385; *dies.* Beschäftigtendatenschutz in Betriebsvereinbarungen unter der Geltung der DS-GVO, NZA 2019, 1389; *Kort* Arbeitnehmerdatenschutz gem. der EU-Datenschutz-Grundverordnung, DB 2016, 711; *ders.* Der Beschäftigungsdatenschutz gem. § 26 BDSG-neu, ZD 2017, 319; *ders.* Die Zukunft des deutschen Beschäftigtendatenschutzes, ZD 2016, 555; *ders.* Eignungsdiagnose von Bewerbern unter der Datenschutz-Grundverordnung (DS-GVO), NZA Beilage 2016, Nr. 2, 62; *Kühling/Martini* Die Datenschutz-Grundverordnung: Revolution oder Evolution im europäischen und deutschen Datenschutzrecht?, EuZW 2016, 448; *Kutzki* Die EU-Datenschutzgrundverordnung (DS-GVO) und Auswirkungen auf den öffentlichen Dienst, öAT 2016, 115; *Lücke* Die Betriebsverfassung in Zeiten der DS-GVO – „Bermuda-Dreieck" zwischen Arbeitgeber, Betriebsräten und Datenschutzbeauftragten!?, NZA 2019, 658; *Maier* Der Beschäftigtendatenschutz nach der Datenschutz-Grundverordnung, DuD 2017, 169; *Marquardt/Sörup* Auswirkungen der EU-Datenschutzgrundverordnung auf die Datenverarbeitung im Beschäftigungskontext, ArbRAktuell 2016, 103; *Maschmann* Datenschutzgrundverordnung: Quo vadis Beschäftigtendatenschutz?, DB 2016, 2480; *ders.* Verarbeitung personenbezogener Entgeltdaten und neuer Datenschutz, BB 2019, 628; *Morasch* Datenverarbeitung im Beschäftigungskontext – Zur Reichweite der Öffnungsklausel nach Art. 88 DSGVO, 2019; *Rolf/Siewert* Überlegungen zu den Rechtsgrundlagen des künftigen Beschäftigtendatenschutzes, RDV 2017, 236; *Rose/Taeger* Zum Stand des deutschen und europäischen Beschäftigtendatenschutzes, BB 2016, 819; *Schmidt, M.* Datenschutz für Beschäftigte – Grund und Grenzen bereichsspezifischer Regelung, 2017; *Schulz* Die Europäische Datenschutz-Grundverordnung, ZESAR 2017, 270; *Spelge* Der Beschäftigtendatenschutz nach Wirksamwerden der Datenschutz-Grundverordnung (DS-GVO), DuD 2016, 775; *Stelljes* Stärkung des Beschäftigtendatenschutzes durch die Datenschutz-Grundverordnung?, DuD 2016, 787; *Thomas/Thurn* Arbeitswelt 4.0 – Big Data im Betrieb, BB 2017, 1589; *Thüsing* Beschäftigtendatenschutz und Compliance, 2. Aufl. 2014; *Tiedemann* Auswirkungen von Art. 88 DSGVO auf den Beschäftigtendatenschutz, ArbRB 2016, 334; *Wedde* Zeit zu handeln, AiB 7-8/2017, 24; *Weichert* Die Verarbeitung von Wearable-Sensordaten bei Beschäftigten, NZA 2017, 565; *Wüschelbaum* Zur Einschränkung des DSGVO-Auskunftsanspruchs durch Betriebsvereinbarungen, BB 2019, 2102; *Wybitul* Der neue Beschäftigtendatenschutz nach § 26 BDSG und Art. 88 DS-GVO, NZA 2017, 413; *ders.* Was ändert sich mit dem neuen EU-Datenschutzrecht für Arbeitgeber und Betriebsräte? – Anpassungsbedarf bei Beschäftigtendatenschutz und Betriebsvereinbarungen, ZD 2016, 203; *Wybitul/ Sörup/Pötters* Betriebsvereinbarungen und § 32 BDSG: Wie geht es nach der DS-GVO weiter?, ZD 2015, 559.

A. Einordnung und Hintergrund

I. Genese

1 Mit der DS-GVO enthält das unionsrechtliche Datenschutzrecht erstmals eine Regelung mit ausdrücklichem Bezug zum Beschäftigtendatenschutz. Die **Datenschutzrichtlinie 94/46/EG (DSRL)** unterschied nicht grundsätzlich zwischen der Verarbeitung im Beschäftigungskontext und anderen Verarbeitungsvorgängen. Auch sie erlaubte jedoch wegen des bestehenden Umsetzungsspielraums der Mitgliedstaaten bereits sektorspezifische Regelungen zumindest für die Rechtmäßigkeit der Verarbeitung.[1] Die Mitgliedstaaten durften namentlich auch Leitlinien für die Abwägung aufstellen.[2] Die von der Richtlinie vorgegebenen abwägungsoffenen Rechtfertigungstatbestände durften allerdings nicht pauschalierend ausgeschlossen werden.[3] Ebenfalls vollharmonisiert und deshalb einer eigenständigen Regelung durch die Mitgliedstaaten (jenseits der von der Richtlinie selbst vorgegebenen Abweichungsmöglichkeiten) entzogen waren Rechte der Betroffenen und das Verfahren.[4] Art. 88 geht insofern wesentlich weiter, da er für den beschränkten Bereich des Datenschutzrechtes eigenständige mitgliedstaatliche Regelungen erlaubt (näher unter Rn. 14).

2 Art. 88 hat vom Kommissionsentwurf bis zur letztlich Gesetz gewordenen Fassung im **Gesetzgebungsverfahren** verschiedene Änderungen erfahren.[5] Die wichtigsten Schritte waren:

– Der Kommissionentwurf[6] sah in Art. 82 vor, dass die Mitgliedstaaten die Verarbeitung personenbezogener Arbeitnehmerdaten im Beschäftigungskontext in den Grenzen dieser Verordnung per Gesetz (ohne Erwähnung von Kollektivvereinbarung) regeln können sollten.

---

1 Vgl. nur ErwG 22 der Richtlinie und *EuGH* v. 6.11.2003 – C-101/01, ECLI:EU:C:2003:596, Lindqvist, Rn. 83, Slg. 2003, I-12971; *EuGH* v. 24.11.2011 – C-468/10 u.a., ECLI:EU:C:2011:777, ASNEF, Rn. 35, Slg. 2011, I-12181.
2 *EuGH* v. 24.11.2011 – C-468/10 u.a., ECLI:EU:C:2011:777, ASNEF, Rn. 35, 46, Slg. 2011, I-12181.
3 *EuGH* v. 24.11.2011 – C-468/10 u.a., ECLI:EU:C:2011:777, ASNEF, Rn. 35 ff., insb. 47 m.w.N., Slg. 2011, I-12181.
4 Näher *Krömer/Mitschka/Niksova/Pfalz-Traut* Arbeitsrecht und Arbeitswelt im europäischen Wandel, S. 217 ff.; *Pötters/Traut* RDV 2013, 132, 135.
5 Umfassender Überblick über das Gesetzgebungsverfahren unter der Ziffer 2012/0011/COD bei http://eur-lex.europa.eu/procedure/EN/2012_11, zuletzt eingesehen am 12.2.2020.
6 KOM (2012) 11 endg.

Datenverarbeitung im Beschäftigungskontext   Art. 88

– Das Parlament hat den Entwurf grundlegend überarbeitet, in eine Mindestvorgabe umgewandelt, wesentlich erweitert und erstmalig die Regelung durch Kollektivvereinbarung ausdrücklich aufgenommen.[7]
– Im Rat wurden die Änderungen des Parlaments größtenteils verworfen und der Text im Wesentlichen auf den Kommissionsvorschlag zurückgeführt. Die Wendung „in den Grenzen dieser Verordnung" wurde jedoch durch die letztlich Gesetz gewordene Formulierung der spezifischeren Vorschriften zur Gewährleistung des Schutzes der Rechte und Freiheiten ersetzt.[8] Im Trilog wurden dann die Gestaltungsvorgaben in Art. 88 Abs. 2 erweitert.[9]

Zentral für den Beschäftigtendatenschutz ist auch der **ErwG 155**. Weitere relevante ErwG sind ErwG 48 (betr. Übermittlung von Beschäftigtendaten im Konzern), 127 (betr. Zuständigkeit von Aufsichtsbehörden bei Verarbeitung im Beschäftigungskontext) sowie 44 (betr. Voraussetzungen einer Einwilligung im Beschäftigungskontext). 3

Von wesentlicher Bedeutung für die Praxis ist das am 8.6.2017 verabschiedete **WP 249** der Art.-29-Datenschutzgruppe über Datenverarbeitung bei der Arbeit.[10] 4

II. Bezüge

Von wesentlicher Bedeutung für Deutschland ist der durch das DSAnpUG-EU im neu gefassten BDSG eingeführte **§ 26 BDSG** (dazu näher Rn. 47 ff.). Hinzu treten – soweit Kollektivvereinbarungen betroffen sind – Bezüge zum BetrVG, Personalvertretungsrecht und TVG (näher Rn. 47 ff.). 5

B. Kommentierung

I. Funktionen des Art. 88

1. Öffnung für spezifischere Vorschriften (Art. 88 Abs. 1). Zentrale Frage für das Verständnis von Art. 88 ist der Begriff der **spezifischeren Vorschriften**. Dessen Interpretation entscheidet insbesondere darüber, ob man – wie hier vertreten – von einer umfassenden Öffnungsklausel ausgeht oder nur die Möglichkeit der weiteren Detaillierung der Regelungen der DS-GVO annimmt. Nähert man sich der Auslegungsfrage unbefangen vom Wortlaut des Art. 88 Abs. 1, erlaubt der Begriff der spezifischeren Vorschriften[11] zwei Auslegungsvarianten[12]: 6

---

7   European Parliament legislative resolution of 12 March 2014 on the proposal for a regulation of the European Parliament and of the Council on the protection of individuals with regard to the processing of personal data and on the free movement of such data (General Data Protection Regulation) (COM(2012)0011 – C7 – 0025/2012 – 2012/0011(COD)).
8   2012/0011 (COD) 9565/15.
9   Dokument des Rates 15039/15.
10 Englische Version des WP249 – Opinion 2/2017 on data processing at work abrufbar unter ec.europa.eu/newsroom/document.cfm?doc_id=45631, zuletzt aufgerufen am 12.2.2020.
11 Jedenfalls die französische und englische Sprachfassung ergeben keine weiteren Erkenntnisse: des règles plus spécifiques/more specific rules.
12 Vgl. bereits *Traut* RDV 2016, 312, 314.

– Spezifischer können Vorschriften sein, weil ihr Anwendungsbereich enger definiert ist als der der DS-GVO[13] und sie damit den besonderen Sachgesetzlichkeiten und Anforderungen des zu regelnden Lebenssachverhalts Rechnung tragen[14]. Spezifischere Vorschriften wären dann **eigenständige, sektorspezifische Regelungen** des Datenschutzes, die in ihrem Anwendungsbereich den Regelungen der DS-GVO vorgehen.[15]

– Spezifischer können die Vorschriften auch vom Konkretisierungsgrad her sein. Legt man dieses Verständnis zu Grunde, wäre Gegenstand der spezifischeren Vorschriften die **Konkretisierung der DS-GVO** im Sinne der Ausfüllung des von der Verordnung gespannten Rahmens. Dabei dürften die von den einzelnen Vorschriften gespannten Grenzen jedoch nicht überschritten werden. Sie würden die DS-GVO auch nicht verdrängen, da sie auf die Konkretisierung unbestimmter Rechtsbegriffe der DS-GVO (z.B. Erforderlichkeit in Art. 6 Abs. 1 lit. b) und ggf. die Nutzung von ausdrücklich vorgesehenen Abweichungsmöglichkeiten beschränkt wären.[16]

7 Die Verwendung der **Steigerungsform** von „spezifisch" spricht nur auf den ersten Blick für die zweitgenannte Auslegungsvariante. Die Steigerungsform legt zwar nahe, dass es, neben den mitgliedstaatlichen, bereits auch im Beschäftigungsdatenschutz anwendbare, europäische Regelungen der DS-GVO gibt. Dies ist jedoch auch nach der ersten Variante der Fall, da bis zur Schaffung von spezifischeren Vorschriften der Mitgliedstaaten die DS-GVO auch für den Bereich des Beschäftigtendatenschutzes gilt.

8 **Systematisch** spricht gerade die Verwendung des Begriffs spezifischere Vorschriften für die erste Auslegungsvariante. In **ErwG 10** bezeichnet die DS-GVO allgemein sektorspezifische Regelungen, die für ihren beschränkten Anwendungsbereich Regelungsbereiche der DS-GVO eigenständig regeln, ebenfalls als „spezifischere Bestimmungen"[17]. Auch die Überschrift des Kapitels IX „**Vorschriften für besondere Verarbeitungssituationen**" spricht für ein Verständnis als Öffnungsklausel für sektorspezifische Regelungen. Bestätigt – und nicht etwa in Frage gestellt[18] – wird dies durch den **systematischen Vergleich mit Art. 85**. Nach diesem bringen die Mitgliedstaaten durch Rechtsvorschriften das Recht auf den Schutz personenbezogener Daten gem. dieser Verordnung mit dem Recht auf freie Meinungsäußerung und Informationsfreiheit in Einklang. Hierfür können sie bestimmte Ausnahmen und Abweichungen von der DS-GVO vorsehen. Den Mitgliedstaaten wird damit die Herstellung praktischer Konkordanz zwischen **zwei** kon-

---

13 *Traut* RDV 2016, 312, 314.
14 In diesem Sinne BeckOK DatenSR-*Riesenhuber* Art. 88 Rn. 66; ähnlich *Düwell/Brink* NZA 2016, 665, 666.
15 BeckOK DatenSR-*Riesenhuber* Art. 88 Rn. 66 ff.; bereits auch *Traut* RDV 2016, 312, 314; ähnlich *Taeger/Rose* BB 2016, 819, 830.
16 Ehmann/Selmayr-*Selk* Art. 88 Rn. 71 ff.; Gola-*Pötters* Art. 88 Rn. 25; *Wybitul/Pötters* RDV 2016, 10, 14; *Spelge* DuD 2016, 775, 776; wohl auch Sydow-*Tiedemann* Art. 88 Rn. 7: Datenschutz im Beschäftigungskontext kann hiernach durch die Mitgliedstaaten soweit selbst geregelt werden, wie er nicht bereits durch allgemeingültige der DS-GVO [...] determiniert ist; wohl auch Kühling/Buchner-*Maschmann* Art. 88 Rn. 30 ff., insb. 40 (Abweichungen nur dort, wo von der DS-GVO ausdrücklich erlaubt).
17 ErwG 10.
18 So aber Gola-*Pötters* Art. 88 Rn. 25; Paal/Pauly-*Pauly* Art. 88 Rn. 4.

kreten Grundrechtspositionen überantwortet. Nach Art. 88 Abs. 1 können die Mitgliedstaaten Vorschriften zur Gewährleistung des Schutzes der Rechte und Freiheiten hinsichtlich der Verarbeitung personenbezogener Daten im Beschäftigungskontext schaffen. Ihnen wird damit mindestens die Herstellung praktischer Konkordanz in Bezug auf **alle** Grundfreiheiten und Grundrechte von Betroffenen und Verantwortlichen[19] im Bereich des Beschäftigtendatenschutzes überantwortet.[20]

Die damit in Art. 88 Abs. 1 verwandte Formulierung des Regelungsgegenstands möglicher mitgliedstaatlicher Spezifizierungsrechtsakte (Vorschriften zur Gewährleistung des Schutzes der Rechte und Freiheiten hinsichtlich der Verarbeitung) ist zudem praktisch identisch mit der Formel, die an verschiedenen Stellen zur **Bezeichnung der Gesamtheit des unionsrechtlichen Datenschutzrechts**[21] verwandt wird. Auch dies bestätigt, dass entsprechend die Gesamtheit dieser Regelungen innerhalb des Beschäftigungskontexts durch den mitgliedstaatlichen Spezifizierungsrechtsakt ersetzt werden kann. 9

Weitere Argumente für die Auslegung im Sinne eigenständiger, die DS-GVO in ihrem Anwendungsbereich verdrängender Regelungen liefern **teleologische Erwägungen**. Nach dem **ErwG 155** können die Mitgliedstaaten spezifische Vorschriften für die Verarbeitung personenbezogener Beschäftigtendaten im Beschäftigungskontext schaffen. Dies spricht eher für ein Verständnis von spezifischer i.S.v. sektorspezifisch, also im Sinne der ersten Auslegungsvariante. Zudem führt auch nur dieses Ergebnis zu praktisch brauchbaren Ergebnissen. Die zweite Auslegungsvariante würde eine Abgrenzung zwischen Konkretisierung und weitergehender Abweichung von den Vorschriften der DS-GVO erfordern. Diese ist kaum möglich und würde zu erheblicher Rechtsunsicherheit führen. Gleichzeitig würde das Ziel verfehlt, passgenaue Lösungen für die Besonderheiten des Beschäftigtendatenschutzes mit spezifisch arbeitsrechtlichen Mitteln und Ansätzen zu erzielen.[22] Diese können sich gerade auch auf formale Fragen wie z.B. Herstellung von Transparenz durch Regelung in Kollektivvereinbarungen beziehen. 10

Bestätigt wird die Auslegung im Sinne der ersten Variante zudem durch **Art. 88 Abs. 2**. Die Vorgabe, dass Spezifizierungsrechtsakte die berechtigten Interessen und Grundrechte der betroffenen Person wahren müssen, wäre nicht erforderlich, wenn sie die Regelungen der DS-GVO nur näher ausfüllen würden (oder gar den Datenschutz nur verstärken könnten).[23] Eher ein unterstützendes Argument ist die Verwendung des 11

---

19 *Traut* RDV 2016, 312, 314 ff.
20 *Traut* RDV 2016, 312, 315 f.; vgl. auch BeckOK DatenSR-*Riesenhuber* Art. 88 Rn. 74; *Körner* NZA 2019, 1389.
21 Insb. ErwG 3: Zweck der Richtlinie 95/46/EG des Europäischen Parlaments und des Rates ist die Harmonisierung der Vorschriften zum Schutz der Grundrechte und Grundfreiheiten natürlicher Personen bei der Datenverarbeitung sowie die Gewährleistung des freien Verkehrs personenbezogener Daten zwischen den Mitgliedstaaten. ErwG 10: Die Vorschriften zum Schutz der Grundrechte und Grundfreiheiten von natürlichen Personen bei der Verarbeitung personenbezogener Daten sollten unionsweit gleichmäßig und einheitlich angewandt werden.
22 Vgl. auch BeckOK DatenSR-*Riesenhuber* Art. 88 Rn. 68 ff.
23 So nun auch BeckOK DatenSR-*Riesenhuber* Art. 88 Rn. 71.

Begriffs der Vorschrift[24] durch Art. 88 Abs. 1. Dieser Begriff wird von der DS-GVO für die DS-GVO selbst und sektorspezifische unionale Regelungen des Datenschutzes verwandt. Das spricht für die Einordnung der Spezifizierungsrechtsakte als Rechtsakte mit eigenständigem Anwendungsbereich.[25]

12 Ebenfalls für eine weite Auslegung spricht die **Genese**. Denn im Laufe dieser ist die im Kommissionsentwurf[26] noch vorgesehene Beschränkung, dass Regelungen im Beschäftigtendatenschutz nur in den Grenzen der DS-GVO möglich sind, entfallen.[27] Dies gewinnt insofern zusätzliches Gewicht, weil es in der Erläuterung des Kommissionsentwurfs bereits hieß, die damals noch enger formulierte Norm biete den Mitgliedstaaten die Möglichkeit, die Verarbeitung personenbezogener Daten im Beschäftigungskontext gesetzlich zu regeln[28] – was schon für die damalige Fassung eher in die Richtung eigenständiger sektorspezifischer Regelungen deutete.

13 **2. Drei Funktionen: Abgrenzung, Gestaltungsvorgabe, Einschränkung des Geltungsbereichs der DS-GVO.** Art. 88 hat damit nach hiesigem Verständnis als Öffnungsklausel insgesamt **drei Funktionen**:
- Er grenzt den sektorspezifischen Bereich ab, in dem die Mitgliedstaaten eigene Regelungen des Beschäftigtendatenschutzes schaffen können (näher Rn. 14 ff.).
- Er enthält Gestaltungsvorgaben und ist Prüfungsmaßstab für die in diesem Bereich von den Mitgliedstaaten geschaffenen Regelungen (näher Rn. 39 ff.).
- Er schränkt den Geltungsbereich der DS-GVO für den Geltungsbereich der mitgliedstaatlichen Regelungen ein, die sich sowohl innerhalb des von Art. 88 Abs. 1 abgegrenzten sektorspezifischen Bereichs halten und den inhaltlichen Maßstäben des Art. 88 Abs. 2 genügen. Da damit der unionsrechtliche Anwendungsvorrang der DS-GVO[29] entfällt, finden die mitgliedstaatlichen Regelungen Anwendung.[30]

II. Reichweite der sektorspezifischen Öffnungsklausel

1. Verarbeitung von Beschäftigtendaten im Beschäftigungskontext (Art. 88 Abs. 1).

14 Nach Art. 88 Abs. 1 können Vorschriften hinsichtlich der Verarbeitung personenbezogener Beschäftigtendaten im Beschäftigungskontext geschaffen werden. Zentral ist damit der Begriff der **Beschäftigung**. Dieser markiert über den Beschäftigungskontext und die Beschäftigtendaten die äußere Grenze möglicher Regelungsgegenstände. Der Begriff der Beschäftigung ist **autonom auf Grundlage der Verordnung** zu bestimmen.[31] Hierbei ist von einem sehr weiten Verständnis auszugehen, da nur so sichergestellt werden kann, den Zweck des Art. 88, den Besonderheiten des mitgliedstaatlichen

---

24 Jedenfalls in der französischen und englischen Sprachfassung ist ebenso konsequent die Rede von règles/rules.
25 Vgl. ErwG 10 und ErwG 19; Umsetzungsakte der DSRL werden demgegenüber als Bestimmungen (provisions bzw. dispositions) bezeichnet.
26 KOM(2012) 11 endg.
27 *Wybitul/Sörup/Pötters* ZD 2015, 559, 561; *Körner* NZA 2019, 1389.
28 KOM(2012) 11 endg., S. 17.
29 Grundlegend seit *EuGH* v. 15.7.1964 – C-6/64, ECLI:EU:C:1964:66, Costa/E.N.E.L., Slg. 1964, 1251, 1269 f.
30 Ähnlich BeckOK DatenSR-*Riesenhuber* Art. 88 Rn. 16.
31 BeckOK DatenSR-*Riesenhuber* Art. 88 Rn. 29; Ehmann/Selmayr-*Selk* Art. 88 Rn. 36; Gola-*Pötters* Art. 88 Rn. 12; Kühling/Buchner-*Maschmann* Art. 88 Rn. 8.

Arbeits- und ggf. auch Sozialrechts[32] weitgehend Rechnung zu tragen, zu erfüllen. Jedenfalls erfasst sind damit alle Fälle der **weisungsgebundenen Leistung von Diensten**,[33] die – im Falle von Bewerbern – zumindest angestrebt werden muss. Teleologische Überlegungen sprechen dafür, den Kreis noch weiter zu ziehen und insbesondere auch arbeitnehmerähnliche Personen zu erfassen.[34] Andererseits sind **mitgliedstaatliche Regelungen des Beschäftigtenbegriffs**[35] durchaus zulässig und sinnvoll,[36] denn selbstverständlich bleibt es den Mitgliedstaaten unbenommen, nur für Teile der vom unionsrechtlichen Beschäftigtenbegriff erfassten Personengruppen überhaupt sektorspezifische Regelungen vorzusehen.

Insofern sind nicht nur Arbeitnehmer, sondern auch Leiharbeitnehmer[37], Beamte[38], Richter[39], Soldaten[40], Praktikanten[41], GmbH-Geschäftsführer oder sogar ehrenamtlich Tätige im betrieblichen Kontext[42] **Beschäftigte** i.S.d. Art. 88. Gleiches gilt richtigerweise auch für arbeitnehmerähnliche Personen.[43] Nicht vom unionsrechtlichen Beschäftigtenbegriff erfasst sind freie Mitarbeiter, soweit nicht arbeitnehmerähnlich[44]. 15

Ebenfalls weit auszulegen ist der Begriff des **Beschäftigungskontextes**. Vorzunehmen ist insofern eine **funktionale Betrachtung**: Von den Mitgliedstaaten näher geregelt werden können die Fragen, die sich bei der Anbahnung, Abwicklung und Beendigung des Beschäftigungsverhältnisses stellen. Dies ist nicht nur eine etwaige Verarbeitung im Beschäftigungsverhältnis als solchem[45]. Ebenfalls im Beschäftigungskontext erfolgt die Verarbeitung von Daten durch andere **Konzerngesellschaften**, die mit der Beschäftigung in Zusammenhang steht (z.B. im Wege des konzernweiten eMail-Systems). Für die Durchführung des Beschäftigungsverhältnisses kann zudem auch die Weitergabe an **konzernexterne Dritte** erforderlich sein – z.B. an Träger der betrieblichen Altersversorgung. Auch dies dürfte noch im Beschäftigungskontext erfolgen. Von Art. 88 Abs. 1 werden folgende weitere Bereiche als im Beschäftigungskontext liegend identifiziert: 16

---

32 Schief insofern BeckOK DatenSR-*Riesenhuber* Art. 88 Rn. 31, der vom Vereinheitlichungszweck spricht.
33 BeckOK DatenSR-*Riesenhuber* Art. 88 Rn. 32.
34 Kühling/Buchner-*Maschmann* Art. 88 Rn. 14; offen zumindest Ehmann/Selmayr-*Selk* Art. 88 Rn. 42; *Syndow/Tiedemann* Art. 88 Rn. 4; *Däubler* AiB 2016, 26, 31.
35 Vgl. nur § 26 Abs. 8 BDSG; Gola-*Pötters* Art. 88 Rn. 12; Sydow-*Tiedemann* Art. 88 Rn. 4.
36 A.A. Ehmann/Selmayr-*Selk* Art. 88 Rn. 49.
37 Kühling/Buchner-*Maschmann* Art. 88 Rn. 64.
38 BeckOK DatenSR-*Riesenhuber* Art. 88 Rn. 31; Ehmann/Selmayr-*Selk* Art. 88 Rn. 48; Sydow-*Tiedemann* Art. 88 Rn. 4; Gola-*Pötters* Art. 88 Rn. 12; *Gola/Pötters/Thüsing* RDV 2016, 57, 58; a.A. Kühling/Buchner-*Maschmann* Art. 88 Rn. 13.
39 BeckOK DatenSR-*Riesenhuber* Art. 88 Rn. 31; Sydow-*Tiedemann* Art. 88 Rn. 4; a.A. Kühling/Buchner-*Maschmann* Art. 88 Rn. 13.
40 BeckOK DatenSR-*Riesenhuber* Art. 88 Rn. 31; Sydow-*Tiedemann* Art. 88 Rn. 4.
41 BeckOK DatenSR-*Riesenhuber* Art. 88 Rn. 31; Sydow-*Tiedemann* Art. 88 Rn. 4.
42 BeckOK DatenSR-*Riesenhuber* Art. 88 Rn. 31; a.A. Kühling/Buchner-*Maschmann* Art. 88 Rn. 13.
43 Kühling/Buchner-*Maschmann* Art. 88 Rn. 14; a.A. Ehmann/Selmayr-*Selk* Art. 88 Rn. 45 f.
44 A.A. Ehmann/Selmayr-*Selk* Art. 88 Rn. 45 f.
45 Wie schon die nach Art. 88 Abs. 2 mögliche Übermittlung von Beschäftigtendaten innerhalb der Unternehmensgruppe oder einer Gruppe von Unternehmen, die eine gemeinsame Wirtschaftstätigkeit ausüben, zeigt.

- Einstellung,
- Erfüllung des Arbeitsvertrags einschließlich der Erfüllung der durch Rechtsvorschriften oder durch Kollektivvereinbarungen festgelegten Pflichten,
- Management,
- Planung und Organisation der Arbeit,
- Gleichheit und Diversität am Arbeitsplatz,
- Gesundheit und Sicherheit am Arbeitsplatz,
- Schutz des Eigentums der Arbeitgeber oder der Kunden sowie für
- Zwecke der Inanspruchnahme der mit der Beschäftigung zusammenhängenden individuellen oder kollektiven Rechte und Leistungen und
- Zwecke der Beendigung des Beschäftigungsverhältnisses.

17 Nicht von der Öffnungsklausel abgedeckt wäre dagegen die Regelung der Nutzung von als Beschäftigtendaten erlangten Daten zu grundsätzlich anderen Zwecken als der Durchführung des Beschäftigungsverhältnisses. Die nach bisherigem Stand umstrittene Frage, ob und auf welcher Grundlage im **Verlauf eines Unternehmenskaufs** Beschäftigtendaten offengelegt werden können (und wenn ja, wann und in welchem Umfang), wird damit immer noch nicht eindeutig zu lösen sein. Es spricht einiges dafür, dass die Weitergabe dieser Daten nicht im Beschäftigungskontext erfolgt[46] und daher den allgemeinen Regeln der DS-VGO unterliegt.[47]

18 Bislang nicht geklärt ist, inwieweit im Rahmen einer sektorspezifischen Regelung nach Art. 88 Abs. 1 auch die **Verarbeitung personenbezogener Daten anderer Personen** mitgeregelt werden kann. Dies kann relevant werden, wenn z.B. freie Mitarbeiter oder etwa die selbstständige Fachkraft für Arbeitssicherheit Systeme, die hauptsächlich von Beschäftigten genutzt werden, mitnutzen. Teleologische Überlegungen sprechen für die Möglichkeit, auch derartige Randbereiche mitregeln zu können. Der Wortlaut, der die Öffnungsklausel auf die Verarbeitung personenbezogener Beschäftigtendaten im Beschäftigungskontext beschränkt, spricht deutlich dagegen. Praktisch bedeutsam dürfte die Frage allerdings meist deshalb nicht werden, weil auch Regelungen für Beschäftigte sich inhaltlich weitgehend an den Vorgaben der DS-GVO orientieren werden. Es wird deshalb gewöhnlich kein entscheidender Unterschied sein, ob die Datenverarbeitung auf Grund eines mitgliedstaatlichen Spezifizierungsrechtsaktes oder auf Grundlage der DS-GVO selbst erfolgt.

19 **2. Mögliche Regelungsgegenstände von mitgliedstaatlichen Spezifizierungsrechtsakten.** Nach hiesigem Verständnis des Art. 88 können die Mitgliedstaaten den Beschäftigtendatenschutz **umfassend regeln**.[48] Dies beinhaltet nicht nur die Regelung der Rechtmäßigkeit einzelner Verarbeitungsvorgänge, sondern auch sämtliche weitere Bereiche der DS-GVO, inklusive der Kernbereiche wie z.B. der Betroffenenrechte. Der Blick auf Art. 88 Abs. 2 bestätigt das Ergebnis. Die dortige Gestaltungsdirektive,

---

46 Vgl. auch für das deutsche Recht schon bislang *Göpfert/Meyer* NZA 2011, 486, 488, m.w.N.; vgl. auch BeckOK DatenSR-*Schmidt/Wudy* § 32 BDSG Rn. 22 ff.
47 Insbesondere die offene Interessenabwägung gem. Art. 6 Abs. 1 UAbs. 1 lit. f dürfte eine taugliche Grundlage für die – maßvolle – Weitergabe an Erwerbsinteressenten bieten. Auch eine etwaige Zweckänderung ist nicht ausgeschlossen, lediglich in der Abwägung ist Art. 6 Abs. 4 zu berücksichtigen. Allerdings wären die Beschäftigten gem. Art. 13 Abs. 3 zu informieren.
48 So wohl nun auch *Körner* NZA 2019, 1389.

Transparenz der Verarbeitung (Art. 88 Abs. 2) zu sichern, wäre nicht erforderlich, wenn die Art. 12 ff. ohnehin gälten (näher Rn. 6 ff.). Wegen der Notwendigkeit der Einhaltung der Grundrechte und -freiheiten sowie der Gestaltungsvorgaben nach Art. 88 Abs. 2 werden sich jedoch die wesentlichen Grundgedanken der DS-GVO, die ohnehin letztlich Ergebnis der Herstellung praktischer Konkordanz sind, auch in mitgliedstaatlichen Spezifizierungsrechtsakten wiederfinden müssen (näher Rn. 21).

3. Partielle Regelung durch Spezifizierungsrechtsakte, subsidiäre Geltung der DS-GVO. Soweit der nationale Gesetzgeber bzw. die Tarifvertrags- oder Betriebsparteien im vom nationalen Gesetzgeber dafür eröffneten Rahmen nur **Teilbereiche des Datenschutzes im Beschäftigungskontext** regeln, bleibt es bei der Anwendung entweder nationaler Spezifizierungsakte oder – soweit diese nicht bestehen – der DS-GVO.[49] Wird in einer Betriebsvereinbarung z.B. nur die Anwendung einer bestimmten Softwareanwendung geregelt, gilt für alle anderen Punkte (z.B. Rechte der Betroffenen) ohnehin die DS-GVO (bzw. der gesetzliche Spezifizierungsakt des Mitgliedstaates). Da dies der Regelfall sein wird, hat die DS-GVO auch für diesen Fall Vorsorge getroffen und z.B. die Sanktionierung von Verstößen gegen Spezifizierungsrechtsakte in Art. 83 Abs. 5 lit. d vorgesehen. Wenn ein Spezifizierungsrechtsakt pauschal die Geltung der DS-GVO ausschließen sollte, wäre dies im Regelfall deshalb unbeachtlich, weil diese Regelung dann nicht den Gestaltungsanforderungen nach Art. 88 Abs. 2 genügt (Rn. 22 ff.). 20

Aus Gründen der Rechtssicherheit und -klarheit sollte daher in allen nationalen Spezifizierungsrechtsakten **klar benannt** werden, welche Punkte – z.B. die Rechtmäßigkeit der Verarbeitung als Spezifizierung von Art. 6 – geregelt werden und inwiefern es im Übrigen bei der Geltung der DS-GVO oder allgemeinerer mitgliedstaatlicher Spezifizierungsrechtsakte bleiben soll. Es ist bedauerlich, dass der deutsche Gesetzgeber diese Frage bei § 26 BDSG nur unzureichend beachtet hat (näher Rn. 47 ff.). 21

III. Gestaltungsvorgaben für mitgliedstaatliche Spezifizierungsrechtsakte (Art. 88 Abs. 2)

Spezifizierungsrechtsakte sind an folgenden Maßstäben zu messen: 22
– Art. 88 Abs. 2,
– im Übrigen die europäischen Grundrechte der Grundrechtscharta und die Grundfreiheiten.

Soweit Spezifizierungsrechtsakte den vorstehenden Maßstäben genügen, verdrängen sie die DS-GVO in ihrem Anwendungsbereich vollständig. 23

1. Gestaltungsvorgaben nach Art. 88 Abs. 2. Nach Art. 88 Abs. 2 umfassen die mitgliedstaatlichen Spezifizierungsrechtsakte **angemessene und besondere Maßnahmen** zur Wahrung der menschlichen Würde und der berechtigten Interessen. Unter diesen sind besonders die Grundrechte der betroffenen Person im Hinblick auf die Transparenz der Verarbeitung, die Übermittlung personenbezogener Daten innerhalb einer Unternehmensgruppe oder einer Gruppe von Unternehmen, die eine gemeinsame Wirtschaftstätigkeit ausüben, und Überwachungssysteme am Arbeitsplatz relevant. 24

---

49 Näher *Traut* RDV 2016, 312, 317.

25 Derzeit ist weitgehend ungeklärt, was der Gesetzgeber unter angemessenen und besonderen Maßnahmen versteht und insbesondere, ob solche stets oder nur soweit im Einzelfall erforderlich ergriffen werden müssen.[50] Maßnahmen sind nach hiesigem Verständnis sowohl rechtliche als auch tatsächliche Schutzmaßnahmen, die besonderen Gefährdungen des Betroffenen Rechnung tragen sollen.[51] Rechtliche Maßnahmen können etwa besondere Transparenzanforderungen oder prozedurale Absicherungen wie z.b. die Einbindung des Betriebsrates bei Ermittlungsmaßnahmen sein. Tatsächliche Maßnahme ist etwa eine technische Beschränkung von Zugriffsmöglichkeiten oder anderen Maßnahmen des **Privacy by Design/by Default**.[52]

26 Besonders sind die Maßnahmen, wenn sie – gem. dem Abstraktionsgrad des jeweiligen Spezifizierungsrechtsaktes – auf die konkreten Gefährdungen aus der jeweiligen Verarbeitungssituation eingehen.[53] Angemessen sind sie, wenn die Verarbeitungssituation eine entsprechende Gefährdung darstellt. Insofern findet ein risikobasierter Ansatz Anwendung. Maßnahmen sind demnach nur zu ergreifen, wenn die Verarbeitungssituation erhöhte Gefährdungen beinhaltet. Das wird der Fall sein, wenn eines der aufgezählten Beispiele vorliegt, also wenn etwa die Verarbeitung intransparent ist (z.B. Big-Data-Analysen), Daten konzernintern übermittelt werden oder Überwachungssysteme am Arbeitsplatz betrieben werden. Gleiches gilt in anderen Fällen mit entsprechender Gefährdung.

27 Bei der wichtigen Fallgruppe der konzerninternen Datentransfers[54] ist die Wertentscheidung aus ErwG 48 zu beachten. Dieser stellt klar, dass konzernangehörige Verantwortliche ein berechtigtes Interesse haben können, personenbezogene Daten innerhalb der Unternehmensgruppe für interne Verwaltungszwecke, einschließlich der Verarbeitung personenbezogener Daten von Kunden und Beschäftigten, zu übermitteln. Dies lässt sich als Wertentscheidung der DS-GVO für ein **kleines Konzernprivileg** im Sinne einer Anerkennung des Interesses an der Weitergabe z.B. im Rahmen der Gehaltsabrechnung oder von IT-Systemen lesen.[55]

28 Aus ErwG 155 ergibt sich wiederum, dass die Mitgliedstaaten die **Einwilligung** als Rechtsgrundlage der Datenverarbeitung im Beschäftigungsverhältnis nicht pauschal ausschließen können.[56]

29 **2. Herstellung praktischer Konkordanz europäischer Grundrechte und Grundfreiheiten.** Im Übrigen sind die Mitgliedstaaten frei unter Berücksichtigung der Grundrechte und Grundfreiheiten, eigenständige Regelungen des Beschäftigtendatenschutzes zu schaffen. Hierbei haben sie innerhalb des Geltungsbereiches nationalen Rechts einen **erheblichen Gestaltungsspielraum**. Dieser wird allerdings insofern eingeschränkt, als im Beschäftigungskontext regelmäßig gegenläufige Interessen in Einklang zu bringen sind. Wesentliche Aufgabe der Mitgliedstaaten ist, diese durch

---

50 Vgl. BeckOK DatenSR-*Riesenhuber* Art. 88 Rn. 78 ff.; Ehmann/Selmayr-*Selk* Art. 88 Rn. 117 ff.; Gola-*Pötters* Art. 88 Rn. 14 ff.
51 Ehmann/Selmayr-*Selk* Art. 88 Rn. 117 ff.: Nur tatsächliche Maßnahmen; tendenziell weiter BeckOK DatenSR-*Riesenhuber* Art. 88 Rn. 78 ff.
52 Vgl. insofern Ehmann/Selmayr-*Selk* Art. 88 Rn. 125.
53 BeckOK DatenSR-*Riesenhuber* Art. 88 Rn. 78 ff.
54 Umfassend dazu auch Ehmann/Selmayr-*Selk* Art. 88 Rn. 172 ff.
55 Ähnlich Paal/Pauly-*Pauly* Art. 88 Rn. 12.
56 BeckOK DatenSR-*Riesenhuber* Art. 88 Rn. 77; a.A. *Kort* ZD 2016, 555, 557.

Gewichtung und Abwägung von Grundrechten und -freiheiten im Wege der praktischen Konkordanz auszugleichen. Da auch die DS-GVO dieses Ziel verfolgt und der Gestaltungsspielraum durch das **Erfordernis praktischer Konkordanz** beschränkt ist, werden sich die Inhalte mitgliedstaatlicher Konkretisierungsrechte kaum weit von sich nach der DS-GVO ergebenden Ergebnissen und Leitlinien entfernen können. Gewisse Unterschiede können sich jedoch ergeben, weil die Mitgliedstaaten den bestehenden Einschätzungs- und Gestaltungsspielraum anders als der Unionsgesetzgeber ausüben können (Rn. 29 ff. sowie Rn. 41).

a) Insbesondere: Rechtmäßigkeit der Verarbeitung. Dies betrifft insbesondere Regelungen, die hinsichtlich der **Rechtmäßigkeit der Verarbeitung** (vgl. Art. 6) getroffen werden. Denn deren Rechtmäßigkeit bestimmt sich unmittelbar durch die Abwägung der gegenläufigen Interessen.[57] Hierbei kommt den Mitgliedstaaten, wie der EuGH schon für die DSRL betonte, ein weiter Einschätzungsspielraum zu. Mitgliedstaaten müssen lediglich ein Ergebnis (von mehreren möglichen) wählen, das mit der Grundrechtscharta in Einklang steht.[58] 30

Die Freiheit der Mitgliedstaaten nach Art. 88 Abs. 1 geht insofern **über die Umsetzungsspielräume nach Art. 5 DSRL** hinaus: Art. 5 DSRL erlaubte lediglich die Bestimmung der Voraussetzung der Rechtmäßigkeit der Verarbeitung und dies nur **innerhalb der Grenzen** der Art. 6 ff. DSRL. Der Wortlaut von Art. 88 Abs. 1 enthält diese Einschränkung nicht. Deshalb dürfte auch die Rechtsprechung des EuGH, wonach Umsetzungsrechtsakte der Datenschutzrichtlinie im Rahmen der Regelung der materiellen Rechtmäßigkeit der Verarbeitung lediglich Leitlinien für die Abwägung vorgeben, aber die von der Datenschutzrichtlinie vorgegebenen abwägungsoffener Tatbestände nicht pauschalierend ausschließen durften,[59] keine Anwendung mehr finden. Im Extremfall kann es daher – anders als noch gem. Art. 5 DSRL – zulässig sein, durch Spezifizierungsrechtsakt pauschal bestimmte Einsatzzwecke zuzulassen oder auszuschließen. Dies darf indes nicht darüber hinwegtäuschen, dass der pauschale Ausschluss (oder auch die pauschale Erlaubnis) bestimmter Verarbeitungsvorgänge nicht dazu führen darf, dass Grundrechte nicht verwirklicht werden. Er wird also bei abstrakt-generellen Regelungen nur in Betracht kommen, wenn das weichende Grundrecht in allen denkbaren Fällen dem Gegeninteresse weichen muss, etwa weil es nur am Rande tangiert ist oder aber stets zumutbare Ausweichmöglichkeiten bestehen. Dies dürfte in der Praxis ein absoluter Ausnahmefall sein. 31

Eine **Pauschalierung** ist daher eher zulässig, je konkreter der Regelungsgegenstand ist, weil die Auswirkungen einfacher überblickt werden können. Schließlich spielt es eine wesentliche Rolle, ob der konkret beeinträchtigte Grundrechtsträger der Regelung zugestimmt hat (wie etwa der Arbeitgeber einer nicht durch die Einigungsstelle beschlossenen Betriebsvereinbarung zur Videoüberwachung). Anlässlich z.B. der Einführung einer Videoüberwachungsanlage zur Überwachung bestimmter Maschinen 32

---

57 Vgl. nur *Thüsing* § 3 Rn. 36 ff.
58 *EuGH* v. 6.11.2003 – C-101/01, ECLI:EU:C:2003:596, Lindqvist, Rn. 90, Slg. 2003, I-12971; *EuGH* v. 24.11.2011 – C-468/10 u.a., ECLI:EU:C:2011:777, ASNEF, Rn. 35, 43, Slg. 2011, I-12181; vgl. auch *EuGH* v. 29.1.2008 – C-275/06, ECLI:EU:C:2008:54, Promusicae, Rn. 67f., Slg. 2008, I-271.
59 *EuGH* v. 24.11.2011 – C-468/10 u.a., ECLI:EU:C:2011:777, ASNEF, Rn. 35 ff., insb. 47 m.w.N., Slg. 2011, I-12181.

dürfte es mit Zustimmung des Arbeitgebers möglich sein, diese pauschal auf diesen Zweck zu beschränken.

Gestaltungshinweis:

33 In der Praxis sollten klare Regelungen geschaffen werden. Diese sollten mit einer Öffnungsklausel für eine offene Abwägung in besonderen Situationen versehen werden. Damit wird auch für den Fall vorgesorgt, dass der EuGH im Gegensatz zur hier vertretenen Rechtsansicht Pauschalierungen nicht für zulässig hält.

34 **b) Insbesondere: Betroffenenrechte.** Die Art. 12 ff. sind die **Magna Charta des Datenschutzes** und als solche letztlich Ausprägungen grundrechtlicher Wertungen. Daher sind die Anliegen dieser Regelungen und ihre weitgehende Verwirklichung auch von den Mitgliedstaaten bei der Schaffung von Spezifizierungsrechtsakten zu berücksichtigen.[60] Auch diese Berücksichtigung muss aber nicht 1:1 erfolgen.[61] Für die Praxis dürften die einschlägigen Regelungen der DS-GVO – obwohl sie gerade keine unmittelbare Anwendung finden – dennoch als **Maßstab und Orientierungspunkt** dienen.

35 Insbesondere die Verwirklichung namentlich der in Art. 13 f. (Recht auf Information), Art. 15 (Recht auf Auskunft), Art. 16 (Recht auf Berichtigung) und Art. 17 (Recht auf Löschung) genannten Rechte – aber eben nicht in allen Details in ihrer Ausprägung gem. der DS-GVO[62] – muss auch in Spezifizierungsrechtsakten effektiv sichergestellt sein. Dies dürfte aus Art. 88 Abs. 2 ebenso folgen wie unmittelbar aus Art. 8 GRCh.

36 Die **Beschränkung** dieser grundlegenden Rechte kann daher lediglich **in Randbereichen** zulässig sein. So dürften z.B. die Aufbewahrung von Unterlagen in der Personalakte oder Löschfristen[63] pauschal geregelt werden können. Ebenfalls zulässig sein dürfte z.B. der Ausschluss des Berichtigungsrechts, wenn es um für das Persönlichkeitsrecht des Betroffenen völlig irrelevante Fehler (etwa ein falsch geschriebener Name in einer internen Mitteilung) geht. Beschränkungen sind ferner denkbar, wenn z.B. der Aufwand des Auffindens von Daten in keinem Verhältnis zum bewirkten Grundrechtsschutz steht – etwa, wenn ein umfangreiches Archiv zum Auffinden des zuvor genannten Schreibfehlers oder etwaig zu löschender Restdaten durchgesehen werden müsste.[64]

Gestaltungshinweis:

37 Angesichts der bestehenden Rechtsunsicherheit wird es in vielen Fällen sinnvoll sein, es bei der Anwendbarkeit der Art. 12 ff. zu belassen, aber konkrete, auf den Fall bezogene **Auslegungshinweise für die unbestimmten Rechtsbegriffe** zu regeln. Im Arbeitsverhältnis wird bspw. geregelt werden können, wann nach Art. 17 Abs. 1 lit. c vorrangige berechtigte Interessen vorliegen – z.B. weil der Arbeitgeber Daten über viele Jahre noch für

---

60 Vgl. auch *Wybitul* ZD 2016, 203, 207 und Paal/Pauly-*Pauly* Art. 88 Rn. 14: Inbezugnahme oder Wiedergabe dieser Regelungen eine Minimalanforderung.
61 Denn wiederum wäre som Art. 88 Abs. 2 z.B. in Hinblick auf die Transparenz unnötig.
62 So wohl auch *Wybitul* ZD 2016, 203, 207.
63 *Wybitul* ZD 2016, 203, 207.
64 Zur Beschränkung des Auskunftsrechts nach Art. 15 DSGVO *Wüschelbaum* BB 2019, 2102, 2105.

einen etwaigen späteren Kündigungsrechtsstreit benötigt (vgl. auch Art. 17 Abs. 3 lit. e).[65] Ebenso wird z.B. geregelt werden können, dass **Informationspflichten durch betriebsübliche Mittel** (z.B. Aushang am schwarzen Brett oder im Intranet) erfüllt werden können. Auch ein **gestuftes Informationsverfahren** (z.B. grundlegende Information jedes Mitarbeiters, detaillierte Information des Betriebsrates, bei dem die Betroffenen ggf. weiteren Informationen einholen können) ist denkbar.

3. Keine Bindung an Schutzniveau der DS-GVO. Vor dem Hintergrund der obigen Ausführungen beantwortet sich aus hiesiger Sicht auch die Frage, ob Spezifizierungsrechtsakte vom Schutzniveau der DS-GVO nach oben oder unten abweichen dürfen.[66] Nach hiesigem Verständnis[67] erlaubt Art. 88 Abs. 1 den Mitgliedstaaten, für den Bereich des Beschäftigtendatenschutzes **eigenständige, sektorspezifische Datenschutzregelungen** zu schaffen, welche die (europäischen) Grundrechte und -freiheiten von Betroffenen und Verantwortlichen für alle Regelungsbereiche der DS-GVO eigenständig zum Ausgleich bringen (Rn. 8 ff.). Diese Spezifizierungsrechtsakte können daher, unter Ausnutzung des bestehenden Einschätzungs- bzw. Abwägungsspielraums, insbesondere **sowohl restriktiver als auch großzügiger Verarbeitungsoperationen zulassen** als die DS-GVO. Dies bedeutet jedoch gerade kein Mehr oder Weniger an Grundrechtsschutz. Im nichtöffentlichen Bereich ergibt sich Datenschutz in praktischer Konkordanz der Grundrechte von dem Betroffenen und Verantwortlichen.[68] Was dem einen genommen wird, erhält der andere als zusätzliche Freiheitsgrade. Gerade deshalb ist aber auch die Sorge vor einem Ausverkauf des Datenschutzes im Beschäftigungskontext unbegründet. Dem steht die Anforderung der Wahrung auch der Rechte der Betroffenen in praktischer Konkordanz entgegen. Schon deshalb werden sich die Inhalte mitgliedstaatlicher Spezifizierungsrechtsakte nicht wesentlich von der DS-GVO entfernen können (Rn. 28 ff.). Das BAG hat schlicht festgestellt: „Auch die bisherigen fachgerichtlichen Instanzentscheidungen ... sowie das datenschutz- und arbeitsrechtliche Schrifttum stellen – soweit problematisiert und ungeachtet streitiger Einzelheiten des inhaltlichen Verständnisses der einzelnen Erlaubnistatbestände des § 26 BDSG sowie seiner weiteren Regelungen – so gut wie einhellig nicht infrage, dass der nationale Gesetzgeber von der Öffnungsklausel des Art. 88 DS-GVO in zulässiger Weise Gebrauch gemacht hat"[69]

---

65 Vgl. nur *BAG* AP BGB § 626 Nr. 229 Rn. 47, wonach für eine Kündigung eine Rolle spielt, ob ein Arbeitsverhältnis über viele Jahre ungestört war; vgl. auch differenzierend *BAG* BAGE 142, 331: Der Arbeitnehmer kann die Entfernung einer zu Recht erteilten Abmahnung aus seiner Personalakte nur dann verlangen, wenn das gerügte Verhalten für das Arbeitsverhältnis in jeder Hinsicht bedeutungslos geworden ist.
66 Keine Abweichung nach unten: Paal/Pauly-*Pauly* Art. 88 Rn. 4; Ehmann/Selmayr-*Selk* Art. 88 Rn. 75; Syndow/*Tiedemann* Art. 88 Rn. 7; *Düwell/Brink* NZA 2016, 665, 666 f.; *Gola/ Pötters/Thüsing* RDV 2016, 57, 59 f.; *Körner* NZA 2016, 1383 f.; *Wybitul/Sörup/Pötters* ZD 2015, 559, 561; *Kort* DB 2016, 711, 714 f.; wohl auch *Wybitul* ZD 2016, 203, 206. Keine Abweichung nach unten oder oben: Kühling/Buchner-*Maschmann* Art. 88 Rn. 40; *Franzen* EuZA 2017, 313, 345. Wie hier: BeckOK DatenSR-*Riesenhuber* Art. 88 Rn. 67; *Jerchel/ Schubert* DuD 2016, 782, 783; *Traut* RDV 2016, 312, 314; offener nunmehr auch Gola/*Pötters* Art. 88 Rn. 23 ff.
67 Wie hier wohl nun auch *Körner* NZA 2019, 1389.
68 Vgl. nur *Pötters/Traut* RDV 2013, 132 ff.
69 *BAG* v. 7.5.2019 – 1 ABR 53/17, ZD 2019, 571.

IV. Mitgliedstaatliche Spezifizierungsrechtsakte

39 Spezifischere Vorschriften können Mitgliedstaaten durch Rechtsvorschriften oder durch Kollektivvereinbarungen vorsehen. Der Begriff der **Rechtsvorschriften** umfasst hierbei die Gesamtheit der Regelungen der mitgliedstaatlichen Rechtsordnung, insbesondere gesetzliche und untergesetzliche Regelungen.[70] Allerdings muss die nationale Rechtsgrundlage klar und präzise sein, d.h. in ihrer Anwendung für den Rechtsunterworfenen vorhersehbar sein (vgl. ErwG 41). Dem wird eine bloße höchstrichterliche Rechtsprechung oder richterliche Rechtsfortbildung jedenfalls im Regelfall nicht genügen.[71]

40 **Kollektivvereinbarungen** sind nur dann Spezifizierungsrechtsakte, wenn sie den Anforderungen des Unions- und des mitgliedstaatlichen Rechts genügen:[72]
- Erstens muss es sich um eine Kollektivvereinbarung i.S.d. Art. 88 Abs. 1 handeln. Dieser Begriff ist **autonom unionsrechtlich** und – ebenso wie der Begriff der Beschäftigung (Rn. 13) – weit auszulegen. Er umfasst nicht nur Tarifverträge, sondern auch Betriebsvereinbarungen, wie in ErwG 155 ausdrücklich klargestellt wird. Ebenso erfasst sind z.B. auch Dienstvereinbarungen des Personalvertretungsrechts.[73] Auch Einigungsstellensprüche unterfallen dem unionsrechtlichen Begriff der Kollektivvereinbarung, soweit sie nach nationalem Recht eine solche ersetzen.[74]
- Zweitens muss das **mitgliedstaatliche Recht** eine Rechtsgrundlage für die Spezifizierung des Beschäftigtendatenschutzes durch eine solche Kollektivvereinbarung schaffen. Die DS-GVO schafft keine eigenständige Grundlage für Kollektivvereinbarungen,[75] sondern erlaubt den Mitgliedstaaten lediglich, Kollektivvereinbarungen als Rechtsakte anzuerkennen und ihnen die Wirkung eines Spezifizierungsrechtsaktes nach Art. 88 Abs. 1 zuzuweisen. Das mitgliedstaatliche Recht muss also im Ergebnis die in Art. 88 Abs. 1 dem Mitgliedstaat insgesamt eröffnete Regelung des Beschäftigtendatenschutzes für Kollektivvereinbarung öffnen. Diese Öffnung kann dabei aus der Warte des Unionsrechts vollständig oder teilweise erfolgen.

41 **Kollektivvereinbarungen** müssen damit als Spezifizierungsrechtsakte gem. Art. 88 Abs. 1 im Ergebnis zwei Schranken einhalten[76]: Die des Art. 88 und die Regelungen des nationalen Rechts, welche den Kollektivvereinbarungen Rechtskraft verleihen und eine Konkretisierung von Datenschutzregelungen erlauben. Der mögliche Rege-

---

70 BeckOK DatenSR-*Riesenhuber* Art. 88 Rn. 50; Kühling/Buchner-*Maschmann* Art. 88 Rn. 23; ggf. enger Gola/*Pötters* Art. 88 Rn. 13 (Gesetzgebung).
71 Kühling/Buchner-*Maschmann* Art. 88 Rn. 23; a.A. BeckOK DatenSR-*Riesenhuber* Art. 88 Rn. 50; *Franzen* EuZA 2017, 313, 347.
72 Näher *Traut* RDV 2016, 312, 312 f.; so jetzt auch *Wüschelbaum* BB 2019, 2102, 2104.
73 So auch das Verständnis des deutschen Gesetzgebers: BT-Drucks. 18/11325, S. 97.
74 Ehmann/Selmayr-*Selk* Art. 88 Rn. 104 ff.
75 Wegen der begrenzten Kompetenzen im Koalitionsrecht (Art. 153 Abs. 4 AEUV) könnte die DS-GVO auch keine eigenständige Rechtsgrundlage für Kollektivvereinbarungen darstellen, auch nicht, soweit es sich um Durchführungsakte für Unionsrecht handelt, *Thüsing/Traut* RdA 2012, 65, insb. 66 f. Dies dürfte im Ergebnis auch für Betriebsvereinbarungen gelten.
76 Womit das Arbeitsrecht um eine weitere 2-Schranken-Theorie reicher ist, vgl. zur betriebsverfassungsrechtlichen nur GK BetrVG-*Kreutz* 10. Aufl. 2014, § 77 Rn. 118 ff.; *Waltermann* Rechtsetzung durch Betriebsvereinbarung zwischen Privatautonomie und Tarifautonomie, 1996, S. 285 ff.; beide m.w.N.

lungsinhalt von Kollektivvereinbarungen als Spezifizierungsrechtsakte nach Art. 88 Abs. 1 kann damit durch das mitgliedstaatliche Recht weiter begrenzt werden (näher zum deutschen Recht Rn. 53).

Bei der Schaffung von Spezifizierungsrechtsakten kommt den Mitgliedstaaten ein **Gestaltungs- und Einschätzungsspielraum** zu. Sie sind insbesondere befugt, den Einschätzungsspielraum des Gesetzgebers bei der Gewichtung und Abwägung der widerstreitenden Grundrechts- und Grundfreiheitspositionen eigenständig auszuüben.[77] 42

Nach der Rechtsprechung des EuGH haben auch die Tarifvertragsparteien als Sozialpartner einen **weiten Gestaltungsspielraum**.[78] Entsprechend nimmt der EuGH seine Kontrolldichte auch für Vereinbarungen der Sozialpartner (namentlich Tarifverträge) zurück. Beides wird für Tarifverträge nach deutschem nationalem Recht ähnlich gesehen. Hinsichtlich Vereinbarungen der Betriebsparteien sind jedoch jedenfalls die nationale deutsche Rechtsprechung und die deutsche Literatur wesentlich zurückhaltender. Betriebsvereinbarungen haben nach nationalem Verständnis nicht dieselbe Richtigkeitsgewähr wie Tarifverträge.[79] Entsprechend ist auch die gerichtliche Kontrolldichte nicht in demselben Umfang zurückgenommen. 43

Der EuGH hat, soweit ersichtlich, etwaige Unterschiede zwischen Tarifverträgen und Betriebsvereinbarungen in seiner Rechtsprechung noch nicht umfangreich geprüft oder untersucht. Jedenfalls in der Rechtssache Odar hat er jedoch einen zwischen Arbeitgeber und Betriebsrat vereinbarten Sozialplan, also eine Betriebsvereinbarung, als Sozialpartnervereinbarung angesehen. Entsprechend hat er auch den Betriebsparteien einen weiten Ermessensspielraum vergleichbar den Tarifvertragsparteien zugebilligt.[80] Dies spricht dafür, dass europarechtlich Tarifverträge und Betriebsvereinbarungen als Spezifizierungsrechtsakte nach Art. 88 Abs. 1 gleich zu behandeln sind.[81] 44

Praxishinweis:
Gerade angesichts der Scharnierfunktion von Art. 88 Abs. 2 und in Anbetracht fehlender anderweitiger Anhaltspunkte ist zu erwarten, dass die Regelungen der DS-GVO dennoch in der Praxis als **Maßstab für Spezifizierungsrechtsakte** dienen werden. Die Testfrage wird sein: Ist diese vorgenommene Abweichung von der DS-GVO noch mit den Grundrechten und -freiheiten und Art. 88 Abs. 2 vereinbar? Bei eigenen Gestaltungen sollte man von der DS-GVO als sicherer Basis ausgehen. Im Zweifel sollten nur die notwendigen und überschaubaren Abweichungen geregelt werden. 45

---

77 Vgl. zum bereits weiten Gestaltungsspielraum bei dem Ausgleich der Grundrechte im Rahmen von Art. 5 der Datenschutzrichtlinie 95/46/EG: *EuGH* v. 6.11.2003 – C-101/01, ECLI:EU:C:2003:596, Lindqvist, Rn. 83, Slg. 2003, I-12971; *EuGH* v. 24.11.2011 – C-468/10 u.a., ECLI:EU:C:2011:777, ASNEF, Rn. 35, Slg. 2011, I-12181; allgemein zum Einschätzungsspielraum bei der Gesetzgebung der Mitgliedstaaten insb. *EuGH* v. 23.10.2003 – C-40/02, ECLI:EU:C:2003:584, Scherndl, Rn. 48, Slg. 2003, I-12647; *Jarass* Charta der Grundrechte der EU, Art. 52 Rn. 46 f.; vgl. auch oben Rn. 28 ff.
78 Anerkannt insbesondere im Bereich der Diskriminierungsrichtlinie 2000/78/EG bei der Rechtfertigung altersdiskriminierender tariflicher Regelungen vgl. nur *EuGH* v. 12.10.2010 – C-45/09, ECLI:EU:C:2010:601, Rosenbladt, Rn. 41, Slg. 2010, I-9391; *EuGH* v. 5.10.2012 – C-141/11, ECLI:EU:C:2012:421, Hörnfeldt, Rn. 32; *EuGH* v. 8.9.2011 – C-297/10 u.a., ECLI:EU:C:2011:560, Hennigs und Mai, Rn. 98.
79 Umfassende Darstellung bei *Preis/Ulber* RdA 2013, 211, 212.
80 *EuGH* v. 6.12.2012 – C-152/11, ECLI:EU:C:2012:772, Odar, Rn. 96.
81 *Traut* RDV 2016, 312, 317 f.

Thüsing/Traut

46 Nach Art. 88 Abs. 3 besteht eine **Mitteilungspflicht der Mitgliedstaaten** hinsichtlich erlassener Spezifizierungsrechtsakte. Die bis zum Inkrafttreten der DS-GVO erlassenen Spezifizierungsrechtsakte sind der Kommission spätestens mit dem Inkrafttreten mitzuteilen. Spätere Änderungen bzw. der Erlass neuer Spezifizierungsrechtsakte sind unverzüglich mitzuteilen. Diese Verpflichtung bezieht sich nicht auf Kollektivvereinbarungen.[82]

V. System des deutschen Beschäftigtendatenschutzes: Zusammenspiel von insb. BDSG, TVG, BetrVG und Personalvertretungsrecht

47 Das System des deutschen Beschäftigtendatenschutzes ergibt sich aus einem Zusammenspiel von BDSG und – soweit Kollektivvereinbarungen in Rede stehen – TVG, BetrVG und Personalvertretungsrecht (Rn. 41). Zentrale Regelung ist der durch das DSAnpUG-EU im neu gefassten BDSG eingeführte **§ 26 BDSG**. Dieser schreibt im Grunde die Vorgängerregelung des § 32 BDSG a.F. fort.[83]

48 Entsprechend beschränkt sich der Regelungsgehalt im Wesentlichen – wie schon die Einordnung in das Kapitel Rechtsgrundlagen der Verarbeitung nahelegt – auf eine Spezifizierung der **Rechtmäßigkeit der Verarbeitung** und damit des Art. 6 (§ 26 BDSG Rn. 5 ff.). Inhaltlich sollten damit die bereits geltenden Rechtfertigungstatbestände und die dazu ergangene Rechtsprechung bestätigt werden.[84] Wegen des weiten Gestaltungsspielraums der Mitgliedstaaten wird man sich damit für den Bereich der Rechtmäßigkeit der Verarbeitung weitestgehend an der bisherigen Praxis orientieren können.[85] Für die **Rechtmäßigkeit einzelner Verarbeitungsoperationen** (siehe die Kommentierung Thüsing/Schmidt, Art. 88, Anhang § 26 BDSG Rn. 5 ff.).

49 Hinzu treten, soweit Kollektivvereinbarungen nicht in Rede stehen, lediglich eine Regelung zum Umgang mit besonderen Kategorien personenbezogener Daten (§ 26 Abs. 3 BDSG), deklaratorische Feststellungen in § 26 Abs. 5–7 BDSG, die aus § 32 Abs. 3 BDSG a.F. bereits bekannte Ausweitung auf nicht-automatisierte Verarbeitung (§ 26 Abs. 6 BDSG), sowie eine Regelung des persönlichen Anwendungsbereichs (§ 26 Abs. 8 BDSG). Im Ergebnis hat sich damit der deutsche Gesetzgeber auf den Erlass von Spezifizierungsrechtsakten für den Bereich der Rechtmäßigkeit der Verarbeitung beschränkt. **Außerhalb des Bereichs der Rechtmäßigkeit der Verarbeitung gilt** damit auch im deutschen Beschäftigtendatenschutz, jedenfalls nach der gesetzlichen Lage, grundsätzlich die **DS-GVO pur**. Dies betrifft insbesondere die wichtigen Bereiche der Betroffenenrechte, des Datentransfers in Drittstaaten und der formalen Vorgaben. Insofern sind nur noch die im allgemeinen Teil des BDSG enthaltenen Abweichungen zu berücksichtigen.

50 Derzeit nicht geklärt ist, ob sich auch **Kollektivvereinbarungen** ausschließlich auf eine Regelung der Rechtmäßigkeit der Verarbeitung beschränken müssen. Nach dem Wortlaut von § 26 Abs. 4 S. 1 BDSG ist die Verarbeitung personenbezogener Daten, einschließlich besonderer Kategorien personenbezogener Daten, von Beschäftigten für Zwecke des Beschäftigungsverhältnisses auf der Grundlage von Kollektivvereinbarun-

---

82 Gola/*Pötters* Art. 88 Rn. 18.
83 BeckOK DatenSR-*Riesenhuber* Art. 88 Rn. 100; *Thüsing* BB 2016, 2165.
84 BT-Drucks. 18/11325, S. 96 f.; vgl. auch *Thüsing/Schmidt* § 26 BDSG Rn. 1 ff.
85 Vgl. auch die Kommentierung von *Thüsing/Schmidt* § 26 BDSG Rn. 4; vgl. auch *Gola/Thüsing/Schmidt* DuD 2017, 244.

gen zulässig. Diese Formulierung spricht zunächst dafür, dass sich das Gesetz auch hier auf eine Regelung der Rechtmäßigkeit der Verarbeitung beschränkt. Dies entspräche auch der bisherigen Funktion von Kollektivvereinbarungen als andere Vorschrift i.S.d. § 4 Abs. 1 BDSG a.F.[86] In der amtlichen Begründung des Gesetzes geht der Gesetzgeber jedoch von einem wesentlich weiteren Regelungsbereich aus: Danach solle die Regelung in § 26 Abs. 4 BDSG klarstellen, dass „Tarifverträge, Betriebsvereinbarungen oder Dienstvereinbarungen weiterhin die Rechtsgrundlage für Regelungen zum Beschäftigtendatenschutz bilden können. Sie sollen den Verhandlungsparteien der Kollektivvereinbarungen die Ausgestaltung eines auf die betrieblichen Bedürfnisse zugeschnittenen Beschäftigtendatenschutzes ermöglichen".[87]

Ein solch weitgehendes Verständnis des Gesetzgebers spricht dafür, dass durch **Kollektivvereinbarung umfassende Regelungen des Datenschutzes,** ohne Beschränkung nur auf den Gegenstand Rechtmäßigkeit der Verarbeitung, möglich sind. Einen Ansatz auch für dieses weitergehende Verständnis bietet bereits § 26 Abs. 4 BDSG selbst. Dessen S. 2 verweist auf Art. 88 Abs. 2. Gegenstand dieser Verweisung ist damit auch der Auftrag, insb. Grundrechte und Transparenz der Verarbeitung sicherzustellen. Dies gibt auch im Wortlaut von § 26 Abs. 4 BDSG einen Anhalt dafür, dass er – entsprechend der Begründung – die Regelung des Beschäftigtendatenschutzes für Kollektivvereinbarung umfassend öffnet. 51

Zusätzlich oder auch alternativ könnte man derartige Regelungen weiterer Gegenstände des Beschäftigtendatenschutzes möglicherweise auch auf das **allgemeine Betriebsverfassungs- bzw. Tarifrecht** stützen.[88] Es ist jedenfalls anerkannt, dass grundsätzlich alle materiellen oder formellen Arbeitsbedingungen, soweit sie nicht dem Tarifvorbehalt bzw. -vorrang unterliegen, Gegenstand einer Betriebsvereinbarung sein können.[89] Ebenfalls lassen sich Fragen des Beschäftigtendatenschutzes auch jenseits der Rechtmäßigkeit der Verarbeitung als der Tarifmacht unterfallende betriebliche Fragen i.S.d. § 1 Abs. 1 TVG begreifen. Auch dieses Verständnis würde – soweit man nicht in § 26 Abs. 4 BDSG die entsprechende Rechtsgrundlage sehen möchte – jedenfalls durch dessen gesetzgeberische Begründung gestützt. 52

Regelungen in Kollektivvereinbarungen müssen neben den **Vorgaben der DS-GVO** (oben Rn. 14 ff. und 22 ff.) auch die **Schranken des nationalen Rechts** einhalten (Rn. 41).[90] Dies sind für Tarifverträge insbesondere die Grenzen der Tarifmacht und der Grundrechte. Für Betriebsvereinbarung sind insb. die inhaltlichen Schranken des BetrVG, vor allem § 75 Abs. 2 BetrVG, einzuhalten.[91] Es wird überwiegend erwartet, dass die Rechtsprechung die dort bisher entwickelten Anforderungen weiterhin beibe- 53

---

86 Dazu näher nur Thüsing-*Thüsing/Granetzny* Beschäftigtendatenschutz, 2. Aufl. 2014, § 4 Rn. 4 ff.
87 BT-Drucks. 18/11325, S. 98, vgl. auch *Körner* NZA 2019, 1389.
88 Zum Personalvertretungsrecht vgl. Thüsing-*Thüsing/Granetzny* Beschäftigtendatenschutz, § 4 Rn. 18.
89 *BAG* NZA 2006, 393, Rn. 16 unter Verweis auf *BAG* BAGE 63, 211; zustimmend ErfK-*Kania* § 77 Rn. 36.
90 2-Schranken, vgl. *Traut* RDV 2016, 312, 312 f.
91 Damit scheidet etwa die Regelung der Verarbeitung von Daten arbeitnehmerähnlicher Personen aus.

Thüsing/Traut

hält.[92] Würde man entgegen der hier vertretenen Ansicht davon ausgehen, dass § 26 Abs. 4 BDSG datenschutzrechtliche Regelungen in Kollektivvereinbarungen auf Regelungen der Rechtmäßigkeit der Verarbeitung beschränkt, wäre auch diese Schranke zu berücksichtigen.

C. Praxishinweise

I. Relevanz für (nicht)öffentliche Stellen

54 Relevanz für öffentliche und nichtöffentliche Stellen ergibt sich in ihrer Funktion als Arbeitgeber. Verarbeitungstätigkeiten, die bisher (zu Recht) auf Grundlage von § 32 Abs. 1 BDSG a.F. erfolgten, dürften im Regelfall auch nach § 26 Abs. 1 BDSG zulässig bleiben. **Spezifischer Anpassungsbedarf** wird jedoch insbesondere hinsichtlich folgender Punkte bestehen:
- Überprüfung und ggf. Anpassung von Verarbeitungsprozessen, bei denen **besondere Kategorien personenbezogener Daten** nach Art. 9 verarbeitet wurde, auch im Hinblick auf Anforderungen nach § 26 Abs. 3 BDSG,
- Überprüfung von bisher auf die **Einwilligung** der Beschäftigten gestützte Verarbeitungstätigkeiten und ggf. Ersetzung der Rechtsgrundlage oder Einführung eines Einwilligungsmanagements (z.B. im Hinblick auf Widerruflichkeit der Einwilligung),
- Überprüfung und Anpassung von Prozessen an **Betroffenenrechte** der Beschäftigten nach DS-GVO,
- Überprüfung von **Kollektivvereinbarungen** auf Vereinbarkeit mit den Vorgaben der DS-GVO; ggf. vorsorgliche Beschränkung vorhandener Regelungen auf Rechtmäßigkeit der Verarbeitung (Rn. 50 ff.).

55 Bei dem **Neuabschluss von Kollektivvereinbarungen** bietet sich unter dem Gesichtspunkt von Art. 88 insb. die Beachtung folgender Punkte an:
1. Klare Definition des Regelungsumfangs
   - Entscheidung: Beschränkung auf materielle Rechtmäßigkeit der Verarbeitung oder umfassende Regelung (Rn. 50 ff.),
   - Inhalt: Herausarbeitung des genauen Regelungsumfangs und wo eine Ersetzung von Regelungen der DS-GVO erfolgen soll.
2. Einhaltung Vorgaben DS-GVO
   - Art. 88 Abs. 2 – angemessene und besondere Maßnahmen erforderlich (Rn. 24 ff.)?
   - Herstellung praktischer Konkordanz der gegenläufigen Interessen – ggf. Aufnahme vorsorglicher Öffnungsklausel für offene Abwägung (Rn. 33),
   - bei der Gestaltung sollte man von der DS-GVO als sicherer Basis ausgehen. Etwaige Abweichungen sollten bewusst nach entsprechender Prüfung erfolgen (Rn. 45).
3. Einhaltung Vorgaben nationales Recht (insb. BetrVG, TVG)
   - Orientierung an der bisherigen Rechtsprechung und Literatur nach h.M. weiterhin möglich (Rn. 53).

---

92 *Taeger/Rose* BB 2016, 819, 828; *Wybitul* ZD 2016, 203, 207; differenzierend *Thüsing/Schmidt* § 26 BDSG Rn. 18 ff.

II. Relevanz für betroffene Personen

Soweit nicht in Spezifizierungsrechtsakten konkret abweichende Regelungen getroffen werden, haben betroffene Personen **alle Rechte nach der weiter anwendbaren DS-GVO** (Rn. 20). Dies wird der Regelfall sein, da derzeit nach deutschem Recht nur in sehr eingeschränktem Umfang gesetzliche Spezifizierungsrechtsakte für den Beschäftigtendatenschutz bestehen und diese zudem die Betroffenenrechte unangetastet lassen. Auch bei Kollektivvereinbarungen wird eine Abweichung von Vorgaben der DS-GVO, auch wenn nach hiesiger Ansicht möglich, die Ausnahme sein.

56

III. Relevanz für Aufsichtsbehörden

Hinsichtlich Zuständigkeit, Aufgaben und Befugnissen der Aufsichtsbehörden gelten jedenfalls nach heutigem Stand die allgemeinen Vorschriften der DS-GVO und des BDSG. Im Beschäftigungskontext ist zu berücksichtigen, dass häufig statt einer federführenden Aufsichtsbehörde nach Art. 56 Abs. 2 die Zuständigkeit einer **lokalen Aufsichtsbehörde** gegeben sein wird. Nach ErwG 127 ist eine lokale Zuständigkeit im Regelfall gegeben, wenn es um die Verarbeitung von personenbezogenen Daten von Arbeitnehmern im spezifischen Beschäftigungskontext eines Mitgliedstaats geht.

57

IV. Relevanz für das Datenschutzmanagement

Siehe die Kommentierung zu Rn. 54.

58

V. Sanktionen

Verstöße gegen Art. 88 als solche sind nicht unmittelbar sanktioniert. Soweit mitgliedstaatliche Spezifizierungsrechtsakte (einschließlich Kollektivvereinbarungen) nicht den Anforderungen von Art. 88 genügen, greift vielmehr schlicht der Anwendungsvorrang gegenüber den allgemeinen Vorschriften der DS-GVO nicht ein. Damit bleiben die allgemeinen Vorschriften der DS-GVO anwendbar. Verstöße gegen diese werden dann nach den allgemeinen Regeln sanktioniert (vgl. Kommentierung zu Kapitel VIII). Zu berücksichtigen ist jedoch, dass Verantwortliche und Auftragsverarbeiter kein Verschulden für Verstöße gegen die DS-GVO trifft, soweit sie sich berechtigterweise auf die vorrangige Anwendung des Spezifizierungsrechtsaktes verlassen durften und diesen eingehalten haben.

59

Auch soweit Spezifizierungsrechtsakte den Anforderungen der DS-GVO genügen, gelten solange die allgemeinen Sanktionsmechanismen, wie die Spezifizierungsrechtsakte selbst keine eigenständigen, angemessenen Sanktionsregelungen vorsehen. Dies ist nach derzeitigem Stand nicht der Fall, so dass es jedenfalls einstweilen bei der Geltung der allgemeinen Sanktionsregelungen bleibt. Von besonderer Bedeutung ist insofern **Art. 83 Abs. 5 lit. d**, der für einen Verstoß gegen Rechtsvorschriften, die von den Mitgliedstaaten nach Art. 88 Abs. 1 erlassen wurden, Geldbußen von bis zu 20 000 000 EUR bzw. von bis zu 4 % des weltweit erzielten Jahresumsatzes vorsieht. Dieser Tatbestand **gilt jedoch nicht für Verstöße gegen Pflichten aus Kollektivvereinbarungen.** Nach dem Wortlaut muss es sich nämlich um erlassene Rechtsvorschriften handeln. Insofern kann auf die Argumentation zur Meldepflicht nach Art. 88 Abs. 3 verwiesen werden (Rn. 46).

60

Anhang

§ 26 BDSG Datenverarbeitung für Zwecke des Beschäftigungsverhältnisses

(1) Personenbezogene Daten von Beschäftigten dürfen für Zwecke des Beschäftigungsverhältnisses verarbeitet werden, wenn dies für die Entscheidung über die Begründung eines Beschäftigungsverhältnisses oder nach Begründung des Beschäftigungsverhältnisses für dessen Durchführung oder Beendigung oder zur Ausübung oder Erfüllung der sich aus einem Gesetz oder einem Tarifvertrag, einer Betriebs- oder Dienstvereinbarung (Kollektivvereinbarung) ergebenden Rechte und Pflichten der Interessenvertretung der Beschäftigten erforderlich ist. Zur Aufdeckung von Straftaten dürfen personenbezogene Daten von Beschäftigten nur dann verarbeitet werden, wenn zu dokumentierende tatsächliche Anhaltspunkte den Verdacht begründen, dass die betroffene Person im Beschäftigungsverhältnis eine Straftat begangen hat, die Verarbeitung zur Aufdeckung erforderlich ist und das schutzwürdige Interesse der oder des Beschäftigten an dem Ausschluss der Verarbeitung nicht überwiegt, insbesondere Art und Ausmaß im Hinblick auf den Anlass nicht unverhältnismäßig sind.

(2) Erfolgt die Verarbeitung personenbezogener Daten von Beschäftigten auf der Grundlage einer Einwilligung, so sind für die Beurteilung der Freiwilligkeit der Einwilligung insbesondere die im Beschäftigungsverhältnis bestehende Abhängigkeit der beschäftigten Person sowie die Umstände, unter denen die Einwilligung erteilt worden ist, zu berücksichtigen. Freiwilligkeit kann insbesondere vorliegen, wenn für die beschäftigte Person ein rechtlicher oder wirtschaftlicher Vorteil erreicht wird oder Arbeitgeber und beschäftigte Person gleichgelagerte Interessen verfolgen. Die Einwilligung hat schriftlich oder elektronisch zu erfolgen, soweit nicht wegen besonderer Umstände eine andere Form angemessen ist. Der Arbeitgeber hat die beschäftigte Person über den Zweck der Datenverarbeitung und über ihr Widerrufsrecht nach Artikel 7 Absatz 3 der Verordnung (EU) 2016/679 in Textform aufzuklären.

(3) Abweichend von Artikel 9 Absatz 1 der Verordnung (EU) 2016/679 ist die Verarbeitung besonderer Kategorien personenbezogener Daten im Sinne des Artikels 9 Absatz 1 der Verordnung (EU) 2016/679 für Zwecke des Beschäftigungsverhältnisses zulässig, wenn sie zur Ausübung von Rechten oder zur Erfüllung rechtlicher Pflichten aus dem Arbeitsrecht, dem Recht der sozialen Sicherheit und des Sozialschutzes erforderlich ist und kein Grund zu der Annahme besteht, dass das schutzwürdige Interesse der betroffenen Person an dem Ausschluss der Verarbeitung überwiegt. Absatz 2 gilt auch für die Einwilligung in die Verarbeitung besonderer Kategorien personenbezogener Daten; die Einwilligung muss sich dabei ausdrücklich auf diese Daten beziehen. § 22 Absatz 2 gilt entsprechend.

(4) Die Verarbeitung personenbezogener Daten, einschließlich besonderer Kategorien personenbezogener Daten von Beschäftigten für Zwecke des Beschäftigungsverhältnisses, ist auf der Grundlage von Kollektivvereinbarungen zulässig. Dabei haben die Verhandlungspartner Artikel 88 Absatz 2 der Verordnung (EU) 2016/679 zu beachten.

(5) Der Verantwortliche muss geeignete Maßnahmen ergreifen, um sicherzustellen, dass insbesondere die in Artikel 5 der Verordnung (EU) 2016/679 dargelegten Grundsätze für die Verarbeitung personenbezogener Daten eingehalten werden.

(6) Die Beteiligungsrechte der Interessenvertretungen der Beschäftigten bleiben unberührt.

(7) Die Absätze 1 bis 6 sind auch anzuwenden, wenn personenbezogene Daten, einschließlich besonderer Kategorien personenbezogener Daten, von Beschäftigten verarbeitet werden, ohne dass sie in einem Dateisystem gespeichert sind oder gespeichert werden sollen.

(8) Beschäftigte im Sinne dieses Gesetzes sind:
1. Arbeitnehmerinnen und Arbeitnehmer, einschließlich der Leiharbeitnehmerinnen und Leiharbeitnehmer im Verhältnis zum Entleiher,
2. zu ihrer Berufsbildung Beschäftigte,
3. Teilnehmerinnen und Teilnehmer an Leistungen zur Teilhabe am Arbeitsleben sowie an Abklärungen der beruflichen Eignung oder Arbeitserprobung (Rehabilitandinnen und Rehabilitanden),
4. in anerkannten Werkstätten für behinderte Menschen Beschäftigte,
5. Freiwillige, die einen Dienst nach dem Jugendfreiwilligendienstegesetz oder dem Bundesfreiwilligendienstgesetz leisten,
6. Personen, die wegen ihrer wirtschaftlichen Unselbstständigkeit als arbeitnehmerähnliche Personen anzusehen sind; zu diesen gehören auch die in Heimarbeit Beschäftigten und die ihnen Gleichgestellten,
7. Beamtinnen und Beamte des Bundes, Richterinnen und Richter des Bundes, Soldatinnen und Soldaten sowie Zivildienstleistende.

Bewerberinnen und Bewerber für ein Beschäftigungsverhältnis sowie Personen, deren Beschäftigungsverhältnis beendet ist, gelten als Beschäftigte.

Übersicht

	Rn		Rn
I. § 26 BDSG n.F. als Fortführung des § 32 BDSG a.F.	1	3. § 26 Abs. 1 S. 2 BDSG n.F. – repressive Zwecke	24
II. Gesetzliche Erlaubnistatbestände	5	4. Praxishinweise für repressives Vorgehen	27
1. § 26 Abs. 1 S. 1 BDSG n.F. – Erforderlichkeit für Zwecke des Beschäftigungsverhältnisses	5	5. Rückgriffsmöglichkeit auf allgemeine Erlaubnistatbestände der DS-GVO	32
2. § 26 Abs. 1 S. 1 Alt. 2 BDSG n.F. – betriebsverfassungsrechtliche Zwecke	10	III. Einwilligung (§ 26 Abs. 2)	33
a) Verhältnis des § 26 Abs. 1 S. 1 BDSG n.F. zu allgemeinen Informationspflichten des BetrVG	11	IV. § 26 Abs. 3 BDSG n.F.: Personenbezogene Daten und besondere Kategorien personenbezogener Daten	41
b) Maßstab: Erforderlichkeit zur Pflichterfüllung, § 26 Abs. 1 S. 1 Alt. 2 BDSG n.F	14	V. § 26 Abs. 4 BDSG n.F.: Betriebsvereinbarungen als eigenständiger Rechtfertigungsmaßstab	44
		1. Die Klarstellung durch Art. 88 Abs. 1 und § 26 Abs. 4 BDSG	44

	Rn		Rn
2. Grenzen der Regelungsautonomie	45	(1) Benennung der Betriebsvereinbarung als Erlaubnisnorm	56
a) Bisher § 75 Abs. 2 S. 1 BetrVG	46	(2) Keine Notwendigkeit umfassender Regelung datenschutzrechtlicher Fragen	57
b) Ergänzend: Art. 88 Abs. 2	47		
aa) Abweichungsmöglichkeit vom Standard der DS-GVO?	48		
bb) Orientierungshilfen in Art. 88 Abs. 2 – Transparenz, Konzerndatenverarbeitung, Überwachungssysteme	52	VI. § 26 Abs. 5 BDSG n.F.	58
		VII. § 26 Abs. 6 BDSG n.F.: Beteiligungsrechte der Interessenvertretung	59
cc) Praxishinweise	56	VIII. § 26 Abs. 7 und 8 BDSG n.F. – sachlicher und persönlicher Anwendungsbereich	60

Literatur: *Benkert* Neuer Anlauf des Gesetzgebers beim Beschäftigtendatenschutz, NJW 2017, 242; *Byers* Die Zulässigkeit heimlicher Mitarbeiterkontrollen nach dem neuen Datenschutzrecht, NZA 2017, 1086; *Düwell/Brink* Die EU-Datenschutz-Grundverordnung und der Beschäftigtendatenschutz, NZA 2016, 665; *Forst* Wer ist „Beschäftigter" i.S.d. § 3 Abs. 11 BDSG?, RDV 2014, 128; *Franzen* Datenschutz-Grundverordnung und Arbeitsrecht, EuZA 2017, 313; *ders.* Arbeitnehmerdatenschutz – rechtspolitische Perspektiven, RdA 2010, 257; *Gola* Der „neue" Beschäftigtendatenschutz nach § 26 BDSG n.F., BB 2017, 1462; *Gola/Jaspers* § 32 Abs. 1 BDSG – eine abschließende Regelung?, RDV 2009, 212; *Gola/Klug* Die Entwicklung des Datenschutzrechts im ersten Halbjahr 2017, NJW 2017, 2593; *Gola/Pötters* Die Verarbeitung von Beschäftigtendaten im Rahmen betriebsverfassungsrechtlicher Aufgaben nach § 26 Abs. 1 S. 1 BDSG n.F., RDV 2017, 111; *Gola/Pötters/Thüsing* Art. 82 DSGVO: Öffnungsklausel für nationale Regelungen zum Beschäftigtendatenschutz – Warum der deutsche Gesetzgeber jetzt handeln muss, RDV 2016, 55; *Gola/Thüsing/Schmidt* Was wird aus dem Beschäftigtendatenschutz?, DuD 2017, 244; *Grimm* Überwachung im Arbeitsverhältnis: Von Befragung bis zur GPS-Ortung – wie viel Kontrolle ist erlaubt?, JM 2016, 17; *Heinson* Compliance durch Datenabgleiche, BB 2010, 3084; *Hodis-Mayer* Datenverarbeitung im Beschäftigungsverhältnis zur Aufdeckung von Straftaten, RDV 2019, 164; *Jerchel/Schubert* Neustart im Datenschutz für Beschäftigte, DuD 2016, 782; *Kempter/Steinat* Arbeitnehmerüberwachung: Grundlagen und Folgen, DB 2016, 2415; *Kock/Franke* Mitarbeiterkontrolle durch systematischen Datenabgleich zur Korruptionsbekämpfung, NZA 2009, 646; *Körner* Die Datenschutz-Grundverordnung und nationale Regelungsmöglichkeiten für Beschäftigtendatenschutz, NZA 2016, 1383; *ders.* Wirksamer Beschäftigtendatenschutz im Lichte der Europäischen Datenschutz-Grundverordnung, 2017; *Kort* Was ändert sich für Datenschutzbeauftragte, Aufsichtsbehörden und Betriebsrat mit der DS-GVO? – Die zukünftige Rolle der Institutionen rund um den Beschäftigtendatenschutz, ZD 2017, 3; *ders.* Eignungsdiagnose von Bewerbern unter der Datenschutz-Grundverordnung (DS-GVO), NZA 2016 Beil. 2, 62, 66; *ders.* Die Stellung des Betriebsrats im System des Beschäftigtendatenschutzes, RDV 2012, 8; *ders.* Schranken des Anspruchs des Betriebsrats auf Information gem. § 80 BetrVG über Personaldaten der Arbeitnehmer, NZA 2010, 1267; *Kraft* Der Informationsanspruch des Betriebsrats – Grundlagen, Grenzen und Übertragbarkeit, ZfA 1983, 171; *Kühling* Neues Bundesdatenschutzgesetz – Anpassungsbedarf bei Unternehmen, NJW 2017, 1985; *Lücke* Die Betriebsverfassung in Zeiten der DS-GVO, NZA 2019, 658; *Müller/Christensen* Juristische Methodik, Band II – Europarecht, 3. Aufl. 2012; *Pötters* Grundrechte und Beschäftigtendatenschutz, 2013; *Rudkowski* „Predictive policing" am Arbeitsplatz, NZA 2019, 72; *Schmidt* Datenschutz für „Beschäftigte", 2017; *Sörup/Marquardt* Auswirkungen der EU-Datenschutzgrundverordnung auf die Datenverarbeitung im Beschäftigungskontext, ArbRAktuell 2016, 103; *Spelge* Der Beschäftigtendatenschutz nach Wirksamwerden der Datenschutz-Grundverordnung (DS-GVO) – Viel Lärm um Nichts?, DuD 2016, 775; *Taeger/Rose* Zum Stand des deutschen und europäischen Beschäftigtendatenschutzes, BB 2016, 819; *Thüsing* Beschäftigtendatenschutz und Compliance, 2. Aufl. 2014; *ders.* Umsetzung der Datenschutz-Grundverordnung im Beschäftigtendatenschutz: Mehr Mut zur Rechtssicherheit!, BB 2016, 2165; *ders.* Datenschutz im Arbeitsverhältnis – Kritische Gedanken zum neuen § 32 BDSG, NZA 2009, 865; *Thüsing/Forst/Schmidt* Das Schriftformerfordernis der Einwilligung nach § 4a BDSG im Pendelblick zu Art. 7 DS-GVO, RDV 2017, 116; *Thüsing/Rombey* Die „schriftlich" oder „elektronisch" erteilte Einwilligung des Beschäftigten nach dem neuen Formerfordernis in § 26 Abs. 2 S. 3 BDSG, NZA 2019, 1399; *dies.* Der verdeckte Einsatz von Privatdetektiven zur Kontrolle von Beschäftigten nach dem neuen Datenschutzrecht, NZA 2018, 1105; *Thüsing/Schmidt* Zulässige Pauschalierung bei der Rechtfertigung präventiver Überwachungsmaßnahmen des Arbeitgebers, NZA 2017, 1027; *Traut* Maßgeschneiderte Lösungen durch Kollektivvereinbarungen? Möglichkeiten und Risiken des Art. 88 Abs. 1, RDV 2016, 312; *Wurzberger* Anforderungen an Betriebsvereinbarungen nach der DS-GVO, ZD 2017, 258; *Wybitul* Der neue Beschäftigtendatenschutz nach § 26 BDSG und Art. 88 DSGVO, NZA 2017, 413; *ders.* EU-Datenschutz-Grundverordnung in der Praxis – Was ändert sich durch das neue Datenschutzrecht?, BB 2016, 1077; *ders.* Was ändert sich mit dem neuen EU-Datenschutzrecht für Arbeitgeber und Betriebsräte?, ZD 2016, 203; *Wybitul/Sörup/Pötters* Betriebsvereinbarungen und § 32 BDSG: Wie geht es nach der DS-GVO weiter?, ZD 2015, 559.

I. § 26 BDSG n.F. als Fortführung des § 32 BDSG a.F.

In Ausformung des neuen „Grundgesetzes des Datenschutzrechts"[1] enthält das BDSG n.F. auch Vorschriften zum Beschäftigtendatenschutz. Die bisherige Zentralvorschrift des Beschäftigtendatenschutzes – § 32 BDSG – wurde nahezu vollständig in § 26 BDSG übernommen, an die Terminologie der DS-GVO angepasst und zudem inhaltlich ergänzt.[2]

Im Ausgangspunkt hat sich der Gesetzgeber darauf konzentriert, die bisher durch § 32 BDSG a.F. hergestellte Rechtslage aufrecht zu erhalten[3] – Evolution statt Revolution.[4] Hierzu wurden § 32 Abs. 1 und Abs. 2 BDSG wortgleich in die neue Vorschrift überführt: Zunächst regelt § 26 Abs. 1 S. 1 BDSG die Verarbeitung personenbezogener Daten von Beschäftigten für Beschäftigungszwecke. Maßgeblich ist damit wie insgesamt im Rahmen der DS-GVO der Zweck einer Verarbeitung; dieser entscheidet über die Anwendbarkeit dieses oder jenes Erlaubnistatbestandes.

§ 26 Abs. 1 S. 1 BDSG benennt als Beschäftigungszwecke weiterhin die Entscheidung über die Begründung eines Beschäftigungsverhältnisses, dessen Durchführung und deren Beendigung. Hinzu gekommen ist die Klarstellung, dass eine Verarbeitung auch zulässig ist, wenn sie zur Ausübung oder Erfüllung der sich aus einem

---

1 *Gola* BB 2017, 1462.
2 *Kühling* NJW 2017, 1985, 1988 spricht von Anpassungen „homöopathischer Natur".
3 BT-Drucks. 16/13657, S. 35.
4 *Thüsing* BB 2016, 2165 zum Referentenentwurf.

Gesetz oder einem Tarifvertrag, einer Betriebs- oder Dienstvereinbarung (Kollektivvereinbarung) ergebenden Rechte und Pflichten der Interessenvertretung der Beschäftigten erforderlich ist. Für die besondere Verarbeitungssituation zur Aufdeckung von Straftaten gilt mit § 26 Abs. 1 S. 2 BDSG weiterhin ein besonders strenger Maßstab. Die Verarbeitung besonderer Kategorien personenbezogener Daten im Beschäftigungskontext wurde in § 26 Abs. 3 BDSG einer gesetzlichen Regelung zugeführt. Diese ist zulässig zur Ausübung von Rechten oder zur Erfüllung rechtlicher Pflichten aus dem Arbeitsrecht, dem Recht der sozialen Sicherheit und des Sozialschutzes, wenn kein Grund zu der Annahme besteht, dass das schutzwürdige Interesse der betroffenen Person an dem Ausschluss der Verarbeitung überwiegt.

4 Materiell sollen durch die Erlaubnistatbestände die bisherige Regelung und die dazu ergangene Rechtsprechung nicht verändert, sondern noch einmal bestätigt werden.[5] Der Gesetzgeber möchte also im Beschäftigungsverhältnis das Datenschutzniveau beibehalten, nicht verbessern oder verschlechtern.

II. Gesetzliche Erlaubnistatbestände

5 **1. § 26 Abs. 1 S. 1 BDSG n.F. – Erforderlichkeit für Zwecke des Beschäftigungsverhältnisses.** Im Zentrum der gesetzlichen Erlaubnistatbestände steht weiterhin der schillernde Begriff der datenschutzrechtlichen Erforderlichkeit. Die Gesetzesbegründung führt hierzu aus, dass praktische Konkordanz zwischen den Interessen des Arbeitgebers und denen des Beschäftigten hergestellt werden müsse.[6] Hiermit wird auf die bisherige Rechtsprechung in Ausformung des Begriffs der Erforderlichkeit in § 32 BDSG a.F. Bezug genommen, weswegen diese bei Auslegung des neuen Rechts weiterhin zu berücksichtigen sein wird.[7] Insoweit kann auf die umfangreiche Literatur zu Einzelfragen des Beschäftigtendatenschutzes verwiesen werden.[8] Daneben wird, wie ErwG 47 und 48 zeigen, die berechtigte Erwartung des Betroffenen einen wesentlichen Abwägungsposten bilden.[9]

6 Nicht möglich ist also eine abstrakte Abwägung einzelner Grundrechte. Dies scheitert an der Heterogenität der kollidierenden Interessen und ihrer jeweiligen Kontexte. Die Abwägung ist letztlich nur als ein Begründungsvorgang gemeint, bei dem erörtert wird, warum in einer spezifischen Situation dem Recht eines spezifischen Grundrechtsträgers Vorrang gegenüber der Ausübung eines anderen Rechts gegeben werden soll oder nicht. Es geht also um das Verarbeiten von Argumenten, nicht das Gewichten von Rechtspositionen.[10] Es gibt kein Rangverhältnis zwischen den Grundrechten, entscheidend für das Ergebnis der Abwägung

---

5 BT-Drucks. 16/13657, S. 35.
6 BT-Drucks. 16/13657, S. 35.
7 Vgl. bei *Gola/Thüsing/Schmidt* DuD 2017, 244.
8 S. die beiden Standardwerke Gola/Schomerus-*Gola/Klug/Körffer* § 32 Rn. 12 ff.; Simitis-*Seifert* § 32 Rn. 20 ff.; nach typischen Themengebieten sortiert *Thüsing* Beschäftigtendatenschutz und Compliance.
9 *Wybitul* NZA 2017, 413, 415; bereits nach jetzigem Recht stellte das BAG hohe Anforderungen an die Transparenz der Verarbeitung, s. *BAG* v. 20.6.2013 – 2 AZR 546/12, BAGE 145, 278.
10 *Pötters* Grundrechte und Beschäftigtendatenschutz, S. 75 ff.

ist vielmehr ein Vergleich der Eingriffsintensität[11]; hierbei sind alle Umstände des Einzelfalls zu berücksichtigen.[12]

Beispielhaft für eine präventive Datenverarbeitung im Rahmen des § 26 Abs. 1 S. 1 BDSG ist das Screening von Beschäftigtendaten. Diese Art des Datenabgleichs stellt eine wichtige Compliance-Maßnahme zur Bekämpfung von Wirtschaftskriminalität dar.[13] Die weiterhin vom Gesetzgeber nicht entschiedene Frage, ob der Arbeitgeber Diensteanbieter i.S.d. TKG bzw. TMG ist[14], beiseite lassend, gilt für Screening-Maßnahmen insgesamt: Da § 26 Abs. 1 BDSG die Vorschrift des § 32 Abs. 1 BDSG a.F. fortschreibt und den allgemeinen Erlaubnistatbestand des S. 1 übernommen hat, ist auch künftig präventives Vorgehen des Arbeitgebers möglich. Der Zweck der Maßnahme bestimmt den Erlaubnistatbestand: Handelt der Arbeitgeber präventiv, ist künftig § 26 Abs. 1 S. 1 BDSG einschlägig, wechselt er zu repressiven Maßnahmen bei Straftatverdacht, ist § 26 Abs. 1 S. 2 BDSG die richtige Rechtfertigungsvorschrift.

Allerdings dürfen derartige präventive Screenings **nicht heimlich durchgeführt** werden. Was bisher schon galt[15], dürfte aufgrund neuer umfangreicher Informationspflichten des Arbeitgebers sowie des der DS-GVO zugrunde liegenden Transparenzgrundsatzes auch künftig richtig sein: Grundsätzlich sieht die DS-GVO in Art. 13 und Art. 14 nunmehr eine umfangreiche Informationspflicht bei Datenerhebungen vor. Ausnahmen können jedoch in Ausfüllung der Öffnungsklausel in Art. 14 Abs. 5 lit. c durch nationale Rechtsvorschriften zugelassen werden. Der Gesetzgeber hat mit § 33 Abs. 1 Nr. 2 lit. a BDSG n.F. für Datenverarbeitungen, die nicht beim Betroffenen erfolgen, entsprechende Regelungen getroffen. Demnach entfällt die Informationspflicht aus Art. 14, wenn

- die Mitteilung die Geltendmachung, Ausübung oder Verteidigung zivilrechtlicher Ansprüche beeinträchtigen würde **oder**
- die Verarbeitung Daten aus zivilrechtlichen Verträgen beinhaltet und der Verhütung von Schäden durch Straftaten dient

und das berechtigte Interesse der betroffenen Person an der Informationserteilung nicht überwiegt.

Dahinter steht der Gedanke, dass eine umfangreiche Informationspflicht etwa bei Durchführung eines zivilgerichtlichen Verfahrens zu einer Umkehrung der Beibringungslast führte. Schließlich ist im Zivilprozess grundsätzlich jede Partei zur Beibringung der ihr günstigen Beweismittel verantwortlich. Wer jedoch präventiv handelt, möchte Schäden vermeiden, nicht Schäden liquidieren. Anders als Nachforschungen bei konkretem Straftat- oder Pflichtverletzungsverdacht ist die Heimlichkeit Fällen präventiven Vorgehens daher nicht immanent.[16] Es sollen gerade keine zivilrechtlichen Ansprüche geltend gemacht werden, sondern deren Entste-

---

11 Vgl. *Müller/Christensen* Juristische Methodik, Band II – Europarecht, Rn. 591u.
12 *BVerfG* v. 24.2.1971 – 1 BvR 435/68, BVerfGE 30, 173, 195.
13 S. bereits *Heinson* BB 2010, 3084.
14 Hierzu ausführlich Thüsing-*Thüsing* Beschäftigtendatenschutz und Compliance, § 3 Rn. 55 ff.
15 *Gola/Pötters/Wronka* Handbuch Arbeitnehmerdatenschutz, S. 383.
16 *Gola* BB 2017, 1462, 1467.

hen bereits verhindert werden. Nur für letzteren Fall hat der Gesetzgeber von der Öffnungsklausel des Art. 14 Abs. 5 lit. c Gebrauch gemacht. Dies dürfte jedoch in der Praxis unproblematisch sein, da präventive Maßnahmen gerade auf die Verhinderung von Straftaten und allgemeinem Fehlverhalten gerichtet sind – damit können sie nur erfolgreich sein, wenn die Überwachten auch von der Überwachung wissen. Ansonsten werden sie ihr Verhalten nicht anpassen.[17] Überdies liegt in aller Regel ein Fall des § 87 Abs. 1 Nr. 6 BetrVG vor, so dass ohnehin eine betriebliche Bekanntmachung des Verfahrens notwendig ist. Demgegenüber muss eine Information konkret Verdächtiger, gegen die nach § 26 Abs. 1 S. 2 BDSG ermittelt wird, erst erfolgen, wenn hierdurch der Zweck der Maßnahme nicht gefährdet wird. Bei repressiven Maßnahmen ist daher heimliches Vorgehen weiterhin möglich.[18]

10 **2. § 26 Abs. 1 S. 1 Alt. 2 BDSG n.F. – betriebsverfassungsrechtliche Zwecke.** Neu aufgenommen wurde in § 26 Abs. 1 S. 1 Alt. 2 BDSG ein eigener Erlaubnistatbestand für Verarbeitungen, die „zur Ausübung oder Erfüllung der sich aus einem Gesetz oder einem Tarifvertrag, einer Betriebs- oder Dienstvereinbarung (Kollektivvereinbarung) ergebenden Rechte und Pflichten der Interessenvertretung der Beschäftigten" erforderlich sind. Der Gesetzgeber selbst geht wiederum davon aus, dass die Ergänzung am Ende des S. 1 gegenüber der bisherigen Fassung des § 32 Abs. 1 BDSG a.F. lediglich eine Klarstellung ist.[19] ErwG 155 stellt ausdrücklich fest, dass Vorschriften im nationalen Recht vorgesehen werden können, die die Erfüllung von durch Kollektivvereinbarungen festgelegten Pflichten ermöglichen. § 26 Abs. 1 S. 1 Alt. 2 BDSG ist eine solche nationale Vorschrift.

11 **a) Verhältnis des § 26 Abs. 1 S. 1 BDSG n.F. zu allgemeinen Informationspflichten des BetrVG.** Allerdings ist das BDSG n.F., wie auch das BDSG in seiner alten Fassung, ein Auffanggesetz, was sich unmittelbar aus § 1 Abs. 2 S. 1 BDSG ergibt. Danach gehen andere Rechtsvorschriften des Bundes über den Datenschutz dem BDSG vor. Daher muss auf die Erlaubnistatbestände des BDSG nur zurückgegriffen werden, wenn sich die Zulässigkeit einer Verarbeitung nicht bereits aus einem spezialgesetzlich geregelten Tatbestand ergibt, § 1 Abs. 2 S. 2 BDSG. Insoweit kommen insbesondere die Informationsrechte des Betriebsrates aus dem BetrVG als vorrangige Rechtsvorschriften in Betracht. Ein solcher Vorrang kommt jedoch nur bei den Vorschriften des BetrVG in Frage, die unmittelbar einen Informationsfluss regeln und nicht nur eine allgemeine Aufgabenbeschreibung (sog. Tatbestandskongruenz).[20] Mit anderen Worten muss der Gesetzgeber auch außerhalb des BDSG eine Datenverarbeitung unmittelbar vorsehen, damit diese nicht mehr am BDSG zu messen ist, sondern gleichsam aus sich heraus erforderlich und damit zulässig ist. Dies hat das BAG etwa für die Pflicht des Betriebsrates nach § 89 Abs. 1 S. 2 BetrVG, die für den Arbeitsschutz zuständigen Behörden zu unterstützen, abgelehnt.[21] Diese Vorschrift regelt lediglich generalklauselartig die Unterstützung der

---

17 S. ausführlich zum Maßstab präventiver Kontrollen *Thüsing/Schmidt* NZA 2017, 1027.
18 Ausführlich unter III. 2.
19 BT-Drucks. 18/11325, S. 97.
20 Vgl. Simitis-*Dix* § 1 Rn. 170; Gola/Schomerus-*Gola/Klug/Körffer* § 1 Rn. 24; BeckOK DatenSR-*Gusy* § 1 BDSG Rn. 80.
21 *BAG* v. 3.6.2003 – 1 ABR 19/02, BAGE 106, 188, Rn. 37: „Auch § 89 Abs. 1 Satz 2 BetrVG stellt für seinen Anwendungsbereich keine das Bundesdatenschutzgesetz verdrängende Regelung dar."

zuständigen Behörden durch den Betriebsrat, nicht aber, unter welchen Voraussetzungen eine Übermittlung in Anbetracht der Persönlichkeitsrechte der Beschäftigten zulässig ist. Demgegenüber ist § 102 Abs. 1 BetrVG, wonach der Arbeitgeber den Betriebsrat vor einer Kündigung anhören muss und ihm die Gründe der Kündigung mitteilen muss, eine dem BDSG vorgehende Sondervorschrift.

Hinsichtlich der Verdrängungswirkung des § 80 Abs. 2 BetrVG muss zwischen den verschiedenen Varianten dieser Vorschrift unterschieden werden: **12**
- Eindeutig zu den dem BDSG vorgehenden Bestimmungen gehört die Unterrichtungspflichten aus § 80 Abs. 2 S. 2 Hs. 2 BetrVG, da diese Vorschrift dem Betriebsrat konkret ein Recht auf Einsicht in Bruttolohn- und Gehaltslisten gewährt.[22] Damit liegt eine Tatbestandskongruenz i.S.d. § 1 Abs. 2 S. 2 BDSG vor.
- § 80 Abs. 2 S. 1, 2 Hs. 1 BetrVG hat insgesamt keine verdrängende Wirkung gegenüber dem BDSG, da nicht die Weitergabe bzw. Offenlegung konkreter Daten vorgegeben wird.[23] Es handelt sich bloß um eine allgemeine Aufgabenbeschreibung bzw. Informationspflicht.[24] Welche personenbezogenen Daten in welchem Umfang an den Betriebsrat weiterzuleiten sind, wird nicht unmittelbar geregelt.

Soweit nicht bereits ein Tatbestand im BetrVG zu finden ist, muss eine Datenweitergabe an den Betriebsrat an § 26 Abs. 1 S. 1 Alt. 2 BDSG gemessen werden. **13**

b) Maßstab: Erforderlichkeit zur Pflichterfüllung, § 26 Abs. 1 S. 1 Alt. 2 BDSG n.F.
Wann eine Verarbeitung unter Maßgabe dieser Vorschrift zulässig ist, hängt zunächst vom Aufgabenbezug ab. § 26 Abs. 1 S. 1 Alt. 2 BDSG formuliert selbst, dass die Erfüllung von Rechten und Pflichten der Interessenvertretung der Beschäftigten inmitten stehen muss. Dementsprechend muss sich aus dem BetrVG selbst eine Aufgabenzuweisung an den Betriebsrat ergeben. Der Aufgabenbezug, der den Informationsanspruch begründet, bildet somit die immanente Schranke für den Inhalt und Umfang der Unterrichtungspflicht.[25] Verlangt der Betriebsrat also eine Weitergabe personenbezogener Daten, die aber außerhalb seines örtlichen oder sachlichen Zuständigkeitsbereichs oder grundsätzlich seiner Aufgabenzuständigkeit liegt, scheidet diese mangels Erforderlichkeit zur Erfüllung von Rechten und Pflichten der Interessenvertretung aus.[26] **14**

Liegt ein Aufgabenbezug hingegen vor, ist in einem zweiten Schritt zu fragen, ob die datenschutzrechtliche Erforderlichkeit gewahrt ist. § 80 Abs. 2 BetrVG ist ebenso unionsrechtskonform und verfassungskonform auszulegen wie die Tatbestände des BDSG. Daher sind zum einen das Grundrecht aus Art. 8 GRCh und seine Konkretisierung durch die DS-GVO, zum anderen das allgemeine Persönlichkeitsrecht aus Art. 2 Abs. 1 i.V.m. Art. 1 Abs. 1 GG zu berücksichtigen. Wie in § 26 **15**

---

22 So auch *Gola* BB 2017, 1462, 1465.
23 *Gola* BB 2017, 1462, 1465; *Gola/Pötters* RDV 2017, 111, 114; Gola/Schomerus-*Gola/Klug/Körffer* § 4 Rn. 8; unklar insoweit ErfK-*Kania* § 80 BetrVG Rn. 22, wonach die Unterrichtungspflicht des AG durch das BDSG nicht eingeschränkt wird.
24 So auch nunmehr das *BAG* v. 7.2.2012 – 1 ABR 46/10, BB 2012, 2310, in der das Gericht § 28 Abs. 6 Nr. 1 BDSG prüft, obwohl es sich um eine Aufgabe nach § 80 Abs. 2 BetrVG handelte.
25 Ebenso *Kraft* ZFA 1983, 171, 184 ff.; *Kort* NZA 2010, 1267, 1267; ders. ZD 2017, 3, 5.
26 *Gola/Pötters* RDV 2017, 111, 114.

Thüsing/Schmidt

Abs. 1 BDSG insgesamt, beinhaltet dieser Begriff eine umfassende Verhältnismäßigkeitsprüfung.[27] Zunächst gilt auch hier der Vorrang der Anonymisierung und Pseudonymisierung.[28] Grundrechtsschonend ist etwa eine anonymisierte Arbeitszeitauflistung gegenüber einer konkreten Aufzählung geleisteter Arbeitsstunden einzelner Arbeitnehmer.[29]

16 Ob folglich eine Datenverarbeitung unzulässig sein kann, obwohl eine Aufgabe des Betriebsrats vorliegt, ist streitig. Gola geht etwa davon aus, dass die bisherige Auffassung, der Arbeitgeber sei nicht berechtigt oder verpflichtet, sich gegenüber dem Überwachungsrecht des Betriebsrats auf sich aus den Grundrechten der Beschäftigten – hier: dem informationellen Selbstbestimmungsrecht – zu berufen, nicht mehr haltbar sei.[30] Dem Beschäftigten stehe auch in diesem Verhältnis das Recht zu, dass seine gegenläufigen Interessen berücksichtigt werden.[31] Das Widerspruchsrecht aus Art. 21 Abs. 1 S. 1 gelte auch hier.

17 Ein Blick zurück mag die bisherigen Grenzen verdeutlichen: Bereits in der Vergangenheit hat die Rechtsprechung in Einzelfällen zwar eine Beschränkung des Unterrichtungsrechts durch das Persönlichkeitsrecht der betroffenen Arbeitnehmer anerkannt. Eine Schwangerschaft muss dem Betriebsrat nicht mitgeteilt werden, wenn die Arbeitnehmerin dies ausdrücklich nicht wünscht.[32] Diese Entscheidung hat jedoch keinen Zuspruch beim BAG gefunden und ist mit den bisher vom BAG aufgestellten Grundsätzen der Unterrichtungspflicht gegenüber dem Betriebsrat nicht vereinbar:[33] Das BAG geht davon aus, dass die Rechte des Betriebsrats nicht zur Disposition des Arbeitnehmers stehen. Es besteht ein Schutz der Betriebsverfassung vor den durch die Betriebsverfassung Geschützten. Dieser Schutz setzt eine Information in den vom Gesetz genannten Aufgaben des Betriebsrates zwingend voraus.[34]

18 Ebenso entschieden auch das LAG Hessen[35] zur Frage der Erhebung und Verarbeitung von Daten einzelner Mitarbeiter durch den Betriebsrat i.R.v. individuellen Zielvereinbarungen sowie das LAG Schleswig-Holstein[36] noch im Jahr 2016 zur Frage des Einblicks des Betriebsrats in Bruttolohn- und Bruttogehaltslisten auch von solchen Arbeitnehmern, die nicht in dem Betrieb beschäftigt sind, für den der Betriebsrat zuständig ist. Jeweils genügte der Aufgabenbezug zur Rechtfertigung der Datenverarbeitung.

---

27 Zu den allgemeinen Maßstäben s. Thüsing-*Thüsing* Beschäftigtendatenschutz und Compliance, § 3 Rn. 36 ff.; *Wybitul* NZA 2017, 413, 415.
28 *Gola/Pötters* RDV 2017, 111, 114.
29 So auch *BVerwG* v. 19.3.2014 – 6 P.1.13, RDV 2014, 212 ff.; anders hingegen noch *BAG* v. 6.5.2003 – 1 ABR 13/02, BAGE 106,111 ff.
30 *Gola* BB 2017, 1462, 1466; ebenfalls *Gola/Pötters* RDV 2017, 111, 114; vorsichtiger *Kort* ZD 2017, 3, 5; ablehnend *Fitting* § 80 Rn. 61.
31 *Gola* BB 2017, 1462, 1466.
32 *ArbG Berlin* v. 19.12.2007 – 76 BV 13504/07, DB 2008, 536.
33 *BAG* v. 27.2.1968 – 1 ABR 6/67, DB 1968, 1224; *LAG Niedersachsen* v. 22.1.2007 – 11 Sa 614/06, NZA-RR 2007, 585.
34 *BAG* v. 7.2.2012 – 1 ABR 46/10, BAGE 140, 350.
35 *LAG Hessen* v. 24.11.2015 – 16 TaBV 106/15, BeckRS 2016, 66350.
36 *LAG Schleswig-Holstein* v. 9.2.2016 – 1 TaBV 43/15, NZA-RR 2016, 356.

Mit der klarstellenden Vorschrift des § 26 Abs. 1 S. 1 Alt. 2 BDSG hat der Gesetzgeber deutlich gemacht, dass er an diesen Grundsätzen nicht rütteln möchte. In der Gesetzesbegründung findet sich jedoch eine einschränkende Anmerkung, wonach „die Interessen des Arbeitgebers – und auch der Mitarbeitervertretung – an der Datenverarbeitung und das Persönlichkeitsrecht des Beschäftigten zu einem schonenden Ausgleich zu bringen" sind, der beide Interessen möglichst weitgehend berücksichtigt.[37]

19

Ob das BAG in künftigen Entscheidungen bei Anwendbarkeit des § 26 Abs. 1 S. 1 Alt. 2 BDSG und der zugrunde liegenden DS-GVO entsprechend eine umfassende Verhältnismäßigkeitsprüfung verlangt, ist offen. Der in § 26 Abs. 1 S. 1 BDSG verwendete Begriff der Erforderlichkeit könnte Einfallstor für Grundrechte der Betroffenen sein und diese Prüfung ermöglichen. Es ist jedoch kaum ein Fall denkbar, in dem das Persönlichkeitsrecht eines Beschäftigten der Weitergabe an den Betriebsrat entgegenstehen kann, wenn die Information zur Ausübung der Aufgaben des Betriebsrats tatsächlich notwendig ist. Dem Arbeitgeber, der zwischen der Erfüllung seiner Pflichten gegenüber dem Betriebsrat und dem Schutz des Persönlichkeitsrechts seiner Arbeitnehmer navigieren muss, wird es möglich sein, eine grundsätzliche Entscheidung zu treffen: Liegt eine konkreter Aufgabenbezug vor und wird somit die Unterrichtungspflicht aus § 80 Abs. 2 S. 1, S. 2 Hs. 1 BetrVG ausgelöst, muss er personenbezogene Daten weitergeben. Nur wenn ihm ein besonders gelagerter Fall zur Kenntnis gelangt, etwa durch einen Widerspruch eines betroffenen Beschäftigten (Art. 21), muss er konkret prüfen, ob hinsichtlich der Einzelperson die datenschutzrechtliche Erforderlichkeit gewahrt ist.[38] Dieses abgestufte Vorgehen dürfte am besten den Anforderungen der DS-GVO und des BDSG einerseits sowie den Vorgaben des BetrVG andererseits gerecht werden.

20

Mangels höchstrichterlicher Entscheidung verbleibt allerdings ein gewisses Maß an Rechtsunsicherheit. Besonders problematisch dürfte die Weitergabe sensibler Daten wie die Schwangerschaft, Krankheiten oder Behinderung sein. Sollen derartige Daten dem Betriebsrat offengelegt werden, sollte präventiv eine sorgfältige datenschutzrechtliche Erforderlichkeitsprüfung vorgenommen werden. Hierzu ruft § 26 Abs. 3 BDSG n.F. explizit auf, wonach sensible Daten i.S.d. Art. 9 nur offengelegt werden dürfen, wenn dies zur Ausübung von Rechten oder zur Erfüllung rechtlicher Pflichten erforderlich ist **und** Interessen des Beschäftigten nicht entgegenstehen. Der Maßstab ist insoweit strenger als für sonstige personenbezogene Daten. Für diese, tendenziell eher weniger sensiblen Datenverarbeitungen wie etwa personenbezogenen Arbeitszeitkonten dürfte typischerweise das Informationsrecht aus § 80 Abs. 2 S. 1 BetrVG überwiegen und einer Datenweitergabe keine datenschutzrechtlichen Bedenken entgegenstehen.

21

Einen Sonderfall stellen konzerndimensionale Datenverarbeitungen dar. Mangels gesetzlich geregelten Konzernprivilegs handelt es sich bei der Weitergabe von Daten zwischen zwei Konzernunternehmen um rechtfertigungsbedürftige Verarbeitungen unter Dritten. Die DS-GVO, speziell Art. 88 Abs. 2, deuten an, dass konzerndimensionale Verarbeitungen grundsätzlich einem berechtigten Interesse des Verarbeiters entsprechen können und daher nicht **per se** unzulässig sein können.

22

---

37 BT-Drucks. 16/13657, S. 35.
38 So bereits Richardi-*Thüsing* § 80 BetrVG Rn. 65.

Wie weit das Informationsrecht des Betriebsrats bzw. die Unterrichtungspflicht des Arbeitgebers reicht, hängt maßgeblich vom Aufgabenbezug ab: Ist die Einsichtnahme in konzerndimensionale Verarbeitungen etwa zur Ausübung des Kontrollrechts hinsichtlich des Gleichbehandlungsgrundsatzes aus § 75 Abs. 2 BetrVG notwendig, dürfte diese Verarbeitung auch datenschutzrechtlich zulässig sein.[39] Letztlich muss eine Kongruenz zwischen Überwachungsauftrag und Überwachungsmöglichkeit anhand Einsichtnahme in einschlägige Datensätze hergestellt werden. Durch die konzerninterne Weitergabe dürfen Überwachungsrechte des Betriebsrates nicht faktisch ausgehöhlt werden. Im Gegenteil: Das, was der Arbeitgeber sieht, muss auch dem Betriebsrat im Rahmen seiner Aufgaben offengelegt werden. Ausnahmen mögen im Einzelfall bei besonderer Schutzbedürftigkeit einzelner Beschäftigter denkbar sein, wiederum etwa bei besonders sensiblen Daten.

23 Jedenfalls wird man die Deckungsgleichheit von arbeitgeberseitigen Verarbeitungen und der Weitergabe an den Betriebsrat durch eine Betriebsvereinbarung herstellen können. Die DS-GVO erkennt die rechtfertigende Wirkung von Kollektivvereinbarungen an, ferner liegt in der Weitergabe an den Betriebsrat keine Schwächung des Persönlichkeitsschutzes, sondern eine Stärkung im Wege kollektiven Schutzes.[40] Soweit man also Konzerndatenverarbeitungen vorsieht und eine Einbeziehung des Betriebsrats wünscht, sollte zur Schaffung letztverbindlicher Rechtssicherheit eine entsprechende Betriebsvereinbarung abgeschlossen werden, die auch eine Weitergabe bzw. Einsichtnahme durch den Betriebsrat legitimiert.

24 **3. § 26 Abs. 1 S. 2 BDSG n.F. – repressive Zwecke.** Neben die Möglichkeit präventiven Vorgehens tritt mit § 26 Abs. 1 S. 2 BDSG, der § 32 Abs. 1 S. 2 BDSG a.F. wörtlich in das neue Recht überführt, weiterhin eine Spezialvorschrift für den Fall repressiver Maßnahmen hinzu. Demnach sind repressive Überwachungen zunächst nur bei konkretem Straftatverdacht zulässig. Ob daraus im Umkehrschluss ein Verbot der repressiven Überwachung bei bloßem Verdacht schwerwiegender Pflichtverletzungen herzuleiten ist, war lange Zeit umstritten.[41] Das BAG hat nun Rechtsklarheit geschaffen[42]: § 32 Abs. 1 S. 2 BDSG a.F. entfaltet keine Sperrwirkung gegenüber § 32 Abs. 1 S. 1 BDSG a.F., wenn der Arbeitgeber wegen des Verdachts schwerwiegender, im Beschäftigungsverhältnis begangener Pflichtverletzungen, die nicht zugleich einen Straftatbestand erfüllen, personenbezogene Daten verarbeitet. Mit anderen Worten: Eine Datenerhebung zur Verfolgung des Verdachts einer schwerwiegenden Pflichtverletzung ist nach § 32 Abs. 1 S. 1 BDSG a.F. möglich. Ob

---

39 Ähnlich bereits *LAG Schleswig-Holstein* v. 9.2.2016 – 1 TaBV 43/15, NZA-RR 2016, 356 zum Einblick des Betriebsrats in Bruttolohn- und Bruttogehaltslisten auch von solchen Arbeitnehmern, die nicht in dem Betrieb beschäftigt sind, für den der Betriebsrat zuständig ist.
40 BeckOK DatenSR-*Riesenhuber* Art. 88 Rn. 68; s. auch *Schmidt* Datenschutz für „Beschäftigte", S. 266 ff.
41 So etwa jurisPR ArbR-*Brink* 36/2016 Anm. 2.; dagegen bereits *Thüsing* NZA 2009, 865, 868; *Gola/Thüsing/Schmidt* DuD 2017, 244, 246; *Gola/Klug* NJW 2017, 2593, 2595; ErfK-*Franzen* § 32 BDSG Rn. 31, der allerdings § 32 Abs. 1 S. 2 BDSG für anwendbar hält; s. auch *Kempter/Steinat* DB 2016, 2415, 2416 f. und *Grimm* JM 2016, 17, 19.
42 *BAG* v. 27.7.2017 – 2 AZR 681/16, NZA 2017, 1327 sowie v. 29.6.2017 – 2 AZR 597/16, NZA 2017, 1179 Rn. 34 ff.; s. auch *Hodis-Mayer* RDV 2019, 164.

die Maßnahme im Einzelfall gemessen an den Vorgaben dieser Vorschrift rechtmäßig ist, hängt dann wiederum maßgeblich von Anlass und Eingriffsintensität ab.

Dies gilt auch bei Anwendung des § 26 BDSG. Eine andere Auslegung – wie sie noch von der Vorinstanz, dem LAG Baden-Württemberg, vorgenommen wurde – verstieße gegen die Grundsätze der DS-GVO.[43] Schließlich würde für einen bestimmten, an sich legitimen Zweck qua Gesetz eine Datenverarbeitung unabhängig von einer Verhältnismäßigkeitsprüfung ausgeschlossen. Dies kann nicht in Einklang mit dem in Art. 6 kodifizierten sowie in ErwG 4 konkretisierten Grundsatz der Verhältnismäßigkeit gebracht werden. Wieder einmal hat somit nicht der Gesetzgeber Klarheit geschaffen, sondern die Erfurter Richter. Die Systematik der Erlaubnistatbestände des BDSG war so heftig umstritten, dass sich eine Klarstellung im Rahmen des Datenschutzanpassungsgesetzes geradezu aufdrängte. Da sich der Gesetzgeber im Verfahren zu § 26 BDSG eindeutig darauf beschränkt, die Rechtsprechung wiederzugeben, ist die Entscheidung des BAG zur Systematik der Erlaubnistatbestände vollständig auf die künftige Rechtslage zu übertragen.

25

Da der Gesetzgeber mit § 33 Abs. 1 Nr. 2 lit. a BDSG zulässig Ausnahmen von den strengen Informationspflichten aus Art. 14 zulässt, können Nachforschungen zu repressiven Zwecken künftig auch heimlich erfolgen. Voraussetzung hierfür ist, dass (a) die Mitteilung die Geltendmachung, Ausübung oder Verteidigung zivilrechtlicher Ansprüche beeinträchtigen würde oder (b) die Verarbeitung Daten aus zivilrechtlichen Verträgen beinhaltet und der Verhütung von Schäden durch Straftaten dient und das berechtigte Interesse der betroffenen Person an der Informationserteilung nicht überwiegt. Diese Voraussetzungen werden bei konkretem Verdacht schwerwiegender Pflichtverletzungen in aller Regel vorliegen, da eine Mitteilung über die Datenverarbeitung (sprich: Überwachung) häufig den Zweck der Maßnahme konterkariete. Zudem dürfte das berechtige Interesse der betroffenen Person kaum einmal überwiegen, da bei einem fundierten Verdacht einer schweren Pflichtverletzung das arbeitgeberseitige Aufklärungsinteresse aus dem vom Betroffenen selbst gesetzten Risiko folgt. Insoweit hat der Gesetzgeber durch § 33 Abs. 1 Nr. 2 lit. a BDSG die bisherige Rechtslage aufrechterhalten, nach der eine Information des Beschäftigten ebenfalls nicht notwendig war, solange der Geschäftszweck gefährdet würde.[44]

26

4. Praxishinweise für repressives Vorgehen. Erstens ist eine frühzeitige und möglichst umfangreiche Einbindung eines bestehenden Betriebsrates sinnvoll. Ein solcher Einbezug des Konzern- bzw. örtlichen Betriebsrats entspricht dem von Art. 88 vorgezeichneten Weg des Schutzes durch kollektive Instrumente. Kollektive Regelung kann in geeigneten Fällen ausreichenden Schutz bieten.[45] Gerade die Unterstützung bzw. Kontrolle durch einen Arbeitnehmervertreter ist als geeigneter Schutzmechanismus anerkannt.[46]

27

---

43 So auch das BAG parallel zur noch anwendbaren DSRL 95/46/EG, s. *BAG* v. 29.6.2017 – 2 AZR 597/16, NZA 2017, 1179 Rn. 34 ff.
44 *Gola/Pötters/Wronka* Handbuch Arbeitnehmerdatenschutz, S. 383.
45 Vgl. BeckOK DatenSR-*Riesenhuber* Art. 88 Rn. 68; instruktiv *Schmidt* Datenschutz für „Beschäftigte", S. 266 ff.
46 BeckOK DatenSR-*Riesenhuber* Art. 88 Rn. 68.

28   Zweitens sieht Art. 38 Abs. 1 vor, dass der Verantwortliche sicherstellt, dass der DSB ordnungsgemäß und frühzeitig in alle mit dem Schutz personenbezogener Daten zusammenhängenden Fragen eingebunden wird. Zudem gehört es nach Art. 39 Abs. 1 lit. b zu den Kernaufgaben eines DSB, die Einhaltung der Verordnung und ihrer Grundlagen zu überwachen. Hierbei agiert der Konzerndatenschutzbeauftragte als weisungsfreie und neutrale Stelle,[47] die mit den Grenzen erlaubter Datenverarbeitungen besonders gut vertraut ist. Sein Wort wird daher Gewicht haben. Auch hierdurch werden rechtswidrige Ermittlungsmaßnahmen bestmöglich verhindert.

29   Drittens muss das **Prinzip der Vertraulichkeit** als ein wesentlicher Grundsatz des Datenschutzrechtes, wie es in Art. 5 Abs. 1 lit. f zum Ausdruck kommt, bestmöglich beachtet werden. Gerade im Bereich repressiver Ermittlungen gewinnt dieses Prinzip noch an Bedeutung: Stellt sich ein Verdacht als unzutreffend heraus, ist die Rehabilitation häufig schwierig – es könnte „etwas hängen" bleiben. Daher ist zu vermeiden, dass Verdachtsmomente überhaupt betriebsbekannt werden. Dies kann durch die Zugriffsbeschränkungen auf den zwingend erforderlichen Personenkreis (Need-to-Know Prinzip) und die Anonymisierung des Berichtswesens sichergestellt werden. Ferner kann ein Vier-Augen-Prinzip dafür sorgen, dass nicht einzelne Mitarbeiter unberechtigte Ermittlungen anstellen.

30   Viertens ist die **Dokumentation** der Ermittlungen und des Ergebnisses der Aufklärungsmaßnahmen zwingend. Dies sieht bereits § 26 Abs. 1 S. 2 BDSG für repressive Maßnahmen vor, der von „zu dokumentierenden" Anhaltspunkten spricht. Hierfür muss der konkrete Tatverdacht aktenkundig gemacht werden, wozu entstandene Schäden, der Verdächtigenkreis und die Verdachtsgrundlage schriftlich zu fixieren sind.[48] Darüber hinaus erweitert die DS-GVO für Verantwortliche die Sanktionierung missachteter Nachweispflichten. So schreibt Art. 5 Abs. 2 vor, dass der für die Verarbeitung Verantwortliche nachweisen können muss, dass er die in Art. 5 Abs. 1 geregelten Datenschutzgrundsätze einhält. Nach Art. 24 Abs. 1 muss der für die Verarbeitung Verantwortliche nachweisen können, dass er personenbezogene Daten in Übereinstimmung mit der Verordnung verarbeitet. Verstöße gegen diese Nachweispflicht können mit Bußgeldern von bis zu vier Prozent des Umsatzes geahndet werden.

31   § 33 BDSG a.F., die bisherige Zentralvorschrift für Inhalt und Umfang der Betroffeneninformation, ist durch die weitreichenderen Betroffenenrechte der Art. 12 ff. abgelöst worden. Grundsätzlich muss der Verantwortliche betroffene Personen von der Verarbeitung ihrer personenbezogenen Daten „in präziser, transparenter, verständlicher und leicht zugänglicher Form in einer einfachen und klaren Sprache" unterrichten, Art. 12 Abs. 1.[49] Heimliches Vorgehen ist im Rahmen repressiver Maßnahmen gegen einzelne Beschäftigte zwar weiterhin zulässig.[50] Dies wird durch § 33 Abs. 1 Nr. 2 BDSG sichergestellt. Allerdings muss in der Regel spätestens eine Information erfolgen, wenn die Ermittlungen abgeschlossen sind – sei es, weil sich ein Verdacht vollständig bestätigt hat oder entkräftet wurde. Entscheidend ist in Anwendung des § 33 Abs. 1 Nr. 2 BDSG letztlich, ab welchem Zeitpunkt der Zweck der Maßnahme durch eine Information des Beschäftigten nicht mehr gefährdet ist.

---

47   S. ausführlich BeckOK DatenSR-*Moos* § 4f Rn. 69.
48   ErfK-*Franzen* § 32 BDSG Rn. 32.
49   *Wybitul* BB 2016, 1077-1080.
50   *Thüsing/Rombey* NZA 2018, 1105, 1110; s. ferner oben III. 2. lit. a.

5. Rückgriffsmöglichkeit auf allgemeine Erlaubnistatbestände der DS-GVO. Im **32** Rahmen des bisher geltenden BDSG war umstritten, inwiefern § 32 Abs. 1 BDSG gegenüber den Erlaubnistatbeständen des § 28 BDSG Sperrwirkung entfaltet.[51] Der Gesetzgeber hatte im Zuge verschiedener Nachbesserungen an §§ 28, 32 BDSG keine Klarstellung hinsichtlich des Verhältnisses der allgemeinen Erlaubnistatbeständen des § 28 BDSG a.F. und den besonderen des § 32 Abs. 1 BDSG vorgenommen. Diese Streitfrage dürfte nunmehr einer einfachen Antwort zuführbar sein: Da Art. 88 eine nationale Ausgestaltungsbefugnis nur für den Beschäftigungskontext gewährt, finden für beschäftigungsfremde Zwecke die allgemeinen Vorschriften der DS-GVO Anwendung.[52] Dies sind insbesondere Art. 6 Abs. 1 sowie Art. 9 Abs. 2. Für beschäftigungsfremde Zwecke enthält die DS-GVO keine Öffnungsklausel für den nationalen Gesetzgeber. Die Abgrenzung findet somit über den Begriff des Beschäftigungszwecks statt. Zutreffender Ansicht zufolge dient eine Datenverarbeitung dann Beschäftigungszwecken, soweit Pflichten aus dem Beschäftigungsverhältnis betroffen sind, d.h. sowohl Haupt- als auch Nebenpflichten.[53] Dies ist auch künftig richtig.

III. Einwilligung (§ 26 Abs. 2)

Die Einwilligung ist als originärer Ausdruck informationeller Selbstbestimmung **33** wesentliches Instrument des Datenschutzrechts.[54] Mit § 26 Abs. 2 BDSG wird erstmalig vom Gesetzgeber ausdrücklich festgehalten, dass eine Einwilligung auch im Beschäftigungsverhältnis rechtfertigend wirken kann. Lange Zeit war diese Frage in der Literatur höchst umstritten.[55] Zwischenzeitlich hatte das BAG zwar Klarheit geschaffen[56], doch ist eine gesetzliche Klarstellung für die Rechtslage unter Geltung der DS-GVO zu begrüßen. Dass der deutsche Gesetzgeber mit seiner Einschätzung auf einer Linie mit den Wertungen der DS-GVO liegt, zeigt nicht zuletzt ErwG 155.

Inhaltlich hat der Gesetzgeber Anregungen der Literatur aufgegriffen und sich auf **34** die Regelung der Umstände einer wirksamen Einwilligungserklärung durch Beschäftigte fokussiert. Dreh- und Angelpunkt der Bewertung ist die im Beschäftigungskontext regelmäßig problematische Freiwilligkeit der Erklärung. Als nicht abschließende Beispiele[57] nennt § 26 Abs. 2 BDSG die Erreichung eines rechtlichen oder wirtschaftlichen Vorteils für die beschäftigte Person oder die Verfolgung gleichgelagerter Interessen des Arbeitgebers und der beschäftigten Person. Diese beiden Fallgruppen können als gesetzliches Leitbild verstanden werden. Jedenfalls wenn Vorteile erlangt werden oder Arbeitgeber und Beschäftigter ähnliche Interessen verfolgen, ist die Einwilligung freiwillig.

---

51 S. zum Streitstand Gola/Schomerus-*Gola/Klug/Körffer* § 28b Rn. 7; Simitis-*Ehmann* § 28b Rn. 2 ff.
52 So auch *Wybitul* NZA 2017, 413, 416; BeckOK DatenSR-*Riesenhuber* § 26 Rn. 8.
53 ErfK-Franzen § 32 BDSG Rn. 4; Auernhammer-*Forst* § 32 Rn. 37; *Gola/Jaspers* RDV 2009, 212, 214; *Franzen* RdA 2010, 257, 260; wohl auch Simitis-*Seifert* § 32 Rn. 17 („im Zusammenhang mit [...] Beschäftigungsverhältnis").
54 Zur Einwilligung und ihrer Form *Thüsing/Forst/Schmidt* RDV 2017, 116.
55 S. den Streitstand bei Thüsing-*Thüsing/Traut* Beschäftigtendatenschutz und Compliance, § 5 Rn. 10 ff.
56 *BAG* v. 11.12.2014 – 8 AZR 1011/13, AP BGB § 611 Persönlichkeitsrecht Nr. 42.
57 So auch *Wybitul* NZA 2017, 413, 416.

35 Der Umkehrschluss, dass eine Einwilligung in aller Regel unfreiwillig und damit unzulässig sein soll, wenn die damit zu rechtfertigende Datenverarbeitung für den betroffenen Beschäftigten insgesamt als nachteilig zu bewerten ist, überzeugt in dieser Absolutheit nicht.[58] In Ausübung seiner grundrechtlichen Freiheiten muss es dem Beschäftigten möglich sein, für ihn objektiv nachteilige Datenverarbeitungen zu erlauben. Andernfalls höhlte man das Institut der Einwilligung gänzlich aus, da eine vorteilhafte Datenverarbeitung im Zweifel ohnehin bereits nach § 26 Abs. 1 S. 1 BDSG als erforderlich und damit zulässig einzustufen ist – wo dem Betroffenen kein Nachteil entsteht, ist die Eingriffstiefe gering und somit eine Datenverarbeitung eher zulässig. Daher bleibt es für Fälle, in denen objektiv kein Nutzen der Datenverarbeitung für den Beschäftigten erkennbar ist, bei der Notwendigkeit einer umfassenden Prüfung der Freiwilligkeit. So dürfte die entgeltfreie Teilnahme an einem auf der Internetplattform des Arbeitgebers präsentierten Werbevideos dem Beschäftigten weder einen rechtlichen oder wirtschaftlichen Vorteil bringen noch verfolgen beide gleichgelagerte Interessen. Möchte der Beschäftigte aber aus ideellen Gründen teilnehmen – und sei es aus einem öffentlichen Geltungsbedürfnis –, kann § 26 Abs. 2 BDSG im Wege einer umgekehrten Vermutung ihm dies nicht unmöglich machen.

36 Der Begriff der Freiwilligkeit sollte daher – soweit keine der gesetzlich aufgeführten Fallgruppen einschlägig ist – wie bisher anhand einer umfassenden Abwägung der Umstände vorgenommen werden. Freiwilligkeit ist mehr als das bloße Fehlen von Willensmängeln. Die Art. 29 Arbeitsgruppe ist der Ansicht, dass eine Einwilligung nur freiwillig sei, wenn sie verweigert oder zurückgenommen werden könnte, ohne dass der Beschäftigte Nachteile befürchten müsse. Maßgeblich ist insoweit ein verständiger Beschäftigter im konkreten Fall.[59] Differenzieren wird man insoweit nach dem Stadium des Vertragsverhältnisses: Während vor Vertragsschluss eine freiwillige Offenbarung in aller Regel aufgrund des faktischen Zwangs zur Auskunftserteilung ausgeschlossen scheint, dürfte eine freiwillige Entscheidung im laufenden Arbeitsverhältnis eher möglich sein.[60]

37 Bisher bedurfte die Einwilligung eines Beschäftigten nach § 26 Abs. 2 S. 3 BDSG a.F. der Schriftform, soweit nicht wegen besonderer Umstände eine andere Form angemessen war. Was bereits bisher nach richtiger Auffassung galt – Schriftlichkeit im datenschutzrechtlichen Sinne ist nicht mit der Schriftform des § 126 Abs. 1 BGB gleichzusetzen – ist nunmehr mit der Neufassung des § 26 Abs. 2 S. 3 BDSG auch noch einmal vom Gesetzgeber ausdrücklich unterstrichen worden:[61] Die Einwilligung kann auch im Beschäftigungsverhältnis in elektronischer Form abgegeben werde.[62]

38 Es gilt damit letztlich ein eigener „Schriftlichkeitsbegriff" im BDSG: § 126 BGB fordert eine eigenhändige Unterschrift, § 126a BGB eine damit vergleichbare, qualifi-

---

58 Zu eng daher Wybitul NZA 2017, 413, 416.
59 Thüsing-*Thüsing/Traut* Beschäftigtendatenschutz und Compliance, § 5 Rn. 14.
60 In diese Richtung auch die Gesetzesbegründung BT-Drucks. 18/11325, S. 97; ausführlich *Schmidt* Datenschutz für „Beschäftigte", S. 235 ff.
61 S. instruktiv zum Schriftformerfordernis der Einwilligung nach bisheriger Rechtslage *Thüsing/Forst/Schmidt* RDV 2017, 116.
62 S. ausführlich hierzu *Thüsing/Rombey* NZA 2019, 1399.

zierte elektronische Signatur. § 26 Abs. 2 S. 3 BDSG verlangt, jedenfalls in seiner Neufassung, beides nicht. Der Begriff im BDSG ist vielmehr deutlich weitergehend.[63] § 26 Abs. 2 S. 3 BDSG erfüllt damit nur noch die von der DS-GVO geforderte Nachweisfunktion, die bisherige Warnfunktion für den einwilligenden Beschäftigten dagegen entfällt.[64] Damit wird ein wichtiges Ziel des Koalitionsvertrags, Bundesgesetze „digitaltauglich" zu gestalten, durch eine „erneute, ehrgeizige Überprüfung der Schriftformerfordernisse"[65] im Beschäftigungskontext erfüllt. Denn die Form der Einwilligung kann fortan sowohl durch eine dauerhafte Speicherung derselben in einer E-Mail[66] als auch etwa durch eine Button-Lösung gewahrt werden, soweit letztere hinreichend erkennbar sowie eindeutig ist und sich die so abgegebene Erklärung dauerhaft abspeichern lässt.

Das Einholen von Einwilligungen in elektronischer oder in Textform dürfte in der betrieblichen Praxis schon bislang bereits eher den Regelfall darstellen.[67] Daneben erlaubt § 26 Abs. 2 S. 3 BDSG-E ein Abweichen von der Schriftlichkeit im Falle des Vorliegens besonderer Umstände. Besonderheiten im Sinne dieser Vorschrift könnten sich insofern gegenüber der allgemeinen Regelung in Art. 7 auch aus den für Beschäftigungsverhältnisse insgesamt spezifischen Umständen ergeben.[68] Es kommt also auf eine Gesamtbetrachtung des Vertragsverhältnisses an.[69] Arbeitet ein Beschäftigter vollständig von zuhause aus am PC und pflegt keinerlei Schriftverkehr mit seinem Arbeitgeber, wird eine Einwilligung via E-Mail sicherlich dem Gebot des § 26 Abs. 2 S. 3 BDSG genügen. Wichtig bleibt in der Praxis eine lückenlose – ggf. auch digitale – Dokumentation der erteilten Einwilligungen der Beschäftigten durch den Arbeitgeber. 39

In jedem Fall, unabhängig von der Form der Erklärung, hat der Arbeitgeber die beschäftigte Person über den Zweck der Datenverarbeitung und über ihr Widerrufsrecht nach Art. 7 Abs. 3 auch weiterhin in Textform aufzuklären. 40

IV. § 26 Abs. 3 BDSG n.F.: Personenbezogene Daten und besondere Kategorien personenbezogener Daten

Eine Sonderregelung für die Verarbeitung sensibler Daten[70] wurde in § 26 Abs. 3 BDSG aufgenommen. Bisher enthielt das BDSG a.F. in § 28 Abs. 6 einen allgemeinen Erlaubnistatbestand zur Verarbeitung besonderer Kategorien personenbezogener Daten. Art. 9 Abs. 1 wertet insoweit tendenziell strenger. Um die Möglichkeiten der Verarbeitung für Arbeitgeber nicht zu stark einzuschränken, dürfen nach § 26 Abs. 3 BDSG in Abweichung von Art. 9 Abs. 1 besondere Kategorien personenbezogener Daten für Zwecke des Beschäftigungsverhältnisses verarbeitet werden, wenn dies zur Ausübung von Rechten oder zur Erfüllung rechtlicher Pflichten aus dem Arbeitsrecht, dem Recht der sozialen Sicherheit und des Sozialschutzes erfor- 41

---

63 *Thüsing/Rombey* NZA 2019, 1399, 1402.
64 *Thüsing/Rombey* NZA 2019, 1399.
65 Koalitionsvertrag von CDU/CSU und SPD, 19. Legislatur, Zeilen 2021 f.
66 BT-Drucks. 19/11181, S. 17.
67 *Wybitul* NZA 2017, 413, 417; *Thüsing/Forst/Schmidt* RDV 2017, 116.
68 *Wybitul* NZA 2017, 413, 417.
69 *Thüsing/Forst/Schmidt* RDV 2017, 116.
70 Zum Begriff s. Kommentierung Art. 9.

derlich ist und kein Grund zu der Annahme besteht, dass das schutzwürdige Interesse der betroffenen Person an dem Ausschluss der Verarbeitung überwiegt.

42 Durch die Bezugnahme auf § 26 Abs. 2 BDSG gelten die dort getroffenen prozeduralen Vorkehrungen zur Sicherung der Freiwilligkeit einer Einwilligung auch für die Einwilligung in die Verarbeitung besonderer Kategorien personenbezogener Daten. Hiermit macht der Gesetzgeber deutlich, dass er Art. 9 Abs. 2 lit. a ausgestaltet, wonach eine qualifizierte Einwilligung bei der Verarbeitung sensibler Daten notwendig ist.[71]

43 Die angeordnete entsprechende Geltung von § 22 Abs. 2 BDSG soll die im Rahmen von Art. 88 Abs. 2 sowie Art. 9 Abs. 2 notwendigen besonderen Schutzmaßnahmen für die Betroffenen darstellen.

V. § 26 Abs. 4 BDSG n.F.: Betriebsvereinbarungen als eigenständiger Rechtfertigungsmaßstab

44 **1. Die Klarstellung durch Art. 88 Abs. 1 und § 26 Abs. 4 BDSG.** Im Erlassverfahren der DS-GVO war lange Zeit unklar, ob künftig Kollektivvereinbarungen und insbesondere Betriebsvereinbarungen weiterhin als Rechtfertigungsinstrument in der betrieblichen Praxis eingesetzt werden könnten.[72] Dies entsprach seit einer grundlegenden Entscheidung des BAG der Rechtslage in Deutschland.[73] Dies wird sich künftig nicht ändern: Die rechtfertigende Wirkung von Betriebsvereinbarungen ergibt sich nun aus Art. 9 und Art. 88, wonach die Mitgliedstaaten nicht nur durch Rechtsvorschriften, sondern auch durch Kollektivvereinbarungen spezifischere Regelungen im Beschäftigungskontext schaffen können. Der Begriff der Kollektivvereinbarung im Unionsrecht ist hierbei weit auszulegen.[74] Er umfasst Tarifverträge und Betriebsvereinbarungen[75], einschließlich ihrer verschiedenen Erscheinungsformen wie Haus- oder Verbandstarifverträgen sowie Konzernbetriebsvereinbarungen. Der deutsche Gesetzgeber hat es mit dem Rechtsanwender gut gemeint und nunmehr gleich zwei Klarstellungen hinsichtlich der Rechtfertigungswirkung von Kollektivvereinbarungen in § 26 BDSG aufgenommen: Bereits der Hinweis in § 26 Abs. 6 BDSG, wonach die Beteiligungsrechte der Interessenvertretungen der Beschäftigten unberührt bleiben, hätte genügt, um die Möglichkeit der Ausgestaltung der betrieblichen Datenschutzpraxis durch Kollektivvereinbarungen sicherzustellen. Doch doppelt hält besser: Zusätzlich hat sich der Gesetzgeber zu einer klarstellenden Regelung in § 26 Abs. 4 BDSG entschieden, wonach die Verarbeitung personenbezogener Daten, einschließlich besonderer Kategorien personenbezogener Daten von Beschäftigten für Zwecke des Beschäftigungsverhältnisses, auf der Grundlage von Kollektivvereinbarungen zulässig ist.

---

71 Vgl. BeckOK DatenSR-*Riesenhuber* § 26 BDSG Rn. 13.
72 Zur Diskussion ausführlich Thüsing-*Thüsing/Granetzny* Beschäftigtendatenschutz und Compliance, § 4 Rn. 4.
73 *BAG* v. 27.5.1986 – 1 ABR 48/84, BAGE 52, 88; bestätigt in *BAG* v. 30.8.1995 – 1 ABR 4/95, BAGE 80, 366; v. 20.12.1995 – 7 ABR 8/95, BAGE 82, 36; im Anschluss Gola/Schomerus-*Gola/Klug/Körffer* § 4 Rn. 7; Simitis-*Sokol* § 4 Rn. 11; *Kort* RDV 2012, 8, 15.
74 BeckOK DatenSR-*Riesenhuber* Art. 88 Rn. 51.
75 Hinsichtlich der Rechtfertigung durch Betriebsvereinbarung enthält ErwG 155 nun eine ausdrückliche Einbeziehung.

2. Grenzen der Regelungsautonomie. So richtig der Hinweis auf die rechtferti- 45
gende Wirkung von Kollektivvereinbarungen ist, so offen bleibt mit der gewählten
Formulierung, welchen Regelungsspielraum die Verhandlungspartner haben. Unbe-
antwortet ist somit die bereits unter Anwendung der Datenschutz-Richtlinie 95/46/
RG streitige Frage, ob und inwiefern Betriebsvereinbarungen von unionsrechtlich
vorgegebenen Datenschutzstandard abweichen dürfen.[76] Da diese vollharmonisie-
rend wirkt[77], spricht viel dafür, dass diese jedenfalls den äußeren Rahmen einer
Abweichung vorgibt.

a) Bisher § 75 Abs. 2 S. 1 BetrVG. Nach bisherigem Recht gibt § 75 Abs. 2 S. 1 46
BetrVG den konkreten Rahmen der Verschiebung der Grenzlinien zulässiger Verarbeitung vor – sowohl was eine Verbesserung als auch eine Verschlechterung des
Persönlichkeitsschutzes anbetrifft.[78] Demnach müssen Arbeitgeber und Betriebsrat die freie Entfaltung der Persönlichkeit der im Betrieb beschäftigten Arbeitnehmer
schützen und fördern. Im Ergebnis läuft dies auf eine Kontrolle vergleichbar der
Kontrolle am BDSG hinaus, wenn auch mit einem um einige Pegelstriche großzügi-
geren Maßstab.[79] Die Betriebsvereinbarung darf um die Schutzgrenze des BDSG
herum oszillieren, sie im Einzelfall unterschreiten, wenn sie sie in anderen Fällen
überschreitet. Mit anderen Worten: Die Wertungen der Betriebsparteien sind
grundsätzlich zu respektieren. Wo aber keine Rechtfertigung der Regelung ersichtlich oder vorgetragen ist, schlägt das Persönlichkeitsrecht durch.

b) Ergänzend: Art. 88 Abs. 2. In der Normenhierarchie oberhalb des § 75 Abs. 2 S. 2 47
BetrVG tritt nun mit der unmittelbar wirkenden DS-GVO ein eigenständiger Maßstab hinzu. Nach Art. 88 Abs. 2 müssen nationale Vorschriften und Kollektivvereinbarungen angemessene und besondere Maßnahmen zur Wahrung der menschlichen
Würde, der berechtigten Interessen und der Grundrechte der betroffenen Person
umfassen. Verstoßen nationale Vorschriften oder Kollektivvereinbarungen gegen
den durch Art. 88 Abs. 2 festgelegten Standard, sind diese unanwendbar.[80]

aa) Abweichungsmöglichkeit vom Standard der DS-GVO? Inwiefern Abweichun- 48
gen vom Schutzstandard zulässig sind, wird in der Literatur nicht einheitlich beantwortet. Die h.M. erachtet ein Unterschreiten als unzulässig[81], teils wird differenzierend davon ausgegangen, dass es nicht auf eine „Mehr" oder „Weniger", sondern
auf eine andere Art der Regelung hinauslaufe.[82] Vielfach lasse sich eine spezifi-

---

76 Vgl. auch Art. 88 Rn. 24 ff.
77 *EuGH* v. 24.11.2011 – C-468/10, ECLI:EU:C:2011:777, ASNEF.
78 *BAG* v. 27.5.1986 – 1 ABR 48/84, BAGE 52, 88; bestätigt in *BAG* v. 30.8.1995 – 1 ABR 4/
95, BAGE 80, 366; v. 20.12.1995 – 7 ABR 8/95, BAGE 82, 36; *Fitting* § 77 Rn. 52; *Franzen*
RdA 2010, 257, 20.
79 *Kock/Franke* NZA 2009, 646, 647 bezeichnen diese Fälle als „kaum [...] denkbar"; s. auch
Lücke NZA 2019, 658.
80 *Gola/Pötters/Wronka* Handbuch Arbeitnehmerdatenschutz, S. 169.
81 *Gola/Thüsing/Pötters* RDV 2016, 55; *Gola/Thüsing/Schmidt* DuD 2017, 244; *Düwell/Brink*
NZA 2016, 665, 666 f.; *Franzen* EuZA 2017, 313, 345; *Körner* NZA 2016, 1383 f.; *Kort* NZA
2016 Beil. 2, 62, 66; *Gola/Pötters/Wronka* Handbuch Arbeitnehmerdatenschutz, S. 169;
Paal/Pauly-Pauly Art. 88 Rn. 4: präzisieren, ergänzen, anheben.
82 BeckOK DatenSR-*Riesenhuber* Art. 88 Rn. 67; ähnlich *Jerchel/Schubert* DuD 2016, 782,
783; *Traut* RDV 2016, 312, 314; *Taeger/Rose* BB 2016, 819, 830.

49 Richtig dürfte folgende Wertung sein: Art. 88 Abs. 2 regelt Rechtsfolgen für den Fall, dass in Anwendung von Art. 88 Abs. 1 spezifischere nationale Vorschriften und Regelungen vom Schutzstandard der DS-GVO zunächst **zulasten der Betroffenen** abweichen, da nur dann angemessene und besondere Maßnahmen zu deren Gunsten denkbar sind. Wer das Datenschutzniveau im Betrieb verbessert, kann und muss nicht zugleich Maßnahmen zum Schutz der menschlichen Würde oder der Grundrechte der betroffenen Personen ergreifen. Daher folgt bereits aus der Existenz von Art. 88 Abs. 2, dass in einzelnen Punkten das Niveau der DS-GVO unterschritten werden darf, wenn zugleich durch ausgleichende Maßnahmen die Grundrechte der von der Datenverarbeitung betroffenen Personen geschützt werden. Andernfalls bedürfte es der Bestimmung des Art. 88 Abs. 2 nicht, wenn im Rahmen des Abs. 1 ohnehin nur Verbesserungen möglich wären. Ein generelles Abweichen „nach unten" ist hingegen unzulässig. Insoweit ist der h.M. zuzustimmen.[85] Werden also etwa Betroffenenrechte in einer Betriebsvereinbarung ohne sachlichen Grund und ohne ausgleichenden Mechanismus eingeschränkt, dürfte dies der Klausel des Art. 88 Abs. 2 widersprechen.[86]

50 Folglich ist nicht jedes partielle Abweichen „nach unten" vom Schutzstandard der DS-GVO unzulässig; vielmehr ist eine Gesamtbetrachtung der Regelung vorzunehmen und zu prüfen, ob die von Art. 88 Abs. 2 geforderten Maßnahmen zum Schutz der Betroffenen enthalten sind.[87] Es verbleibt also ein Regelungsspielraum in Ausgestaltung des Art. 88 Abs. 1, der es den Mitgliedstaaten und den kollektiven Interessenvertretungen ermöglichen soll, passgenaue und eben spezifischere Vorschriften zu schaffen. Spezifisch i.S. von „eigentümlich"[88] meint, dass häufig kein Abweichen in einzelnen Punkten festzustellen ist, sondern eine verschiedenartige Regelung insgesamt vorliegt. Diese ist dann nicht an einzelnen Vorgaben der DS-GVO zu messen, sondern im Wege einer Gesamtbetrachtung anhand des Art. 88 Abs. 2 zu prüfen.

51 § 75 Abs. 2 S. 2 BetrVG ist demzufolge weiter zurückgedrängt als nach bisheriger Rechtslage.[89] Zwar kann die zu dieser Vorschrift ergangene Rechtsprechung[90] weiter berücksichtigt werden, doch werden Anpassungen im Hinblick auf die Vorgaben der DS-GVO und insbesondere Art. 88 Abs. 2 notwendig sein. Während nämlich § 75 Abs. 2 S. 2 BetrVG den Schutz des Persönlichkeitsrechts eher abstrakt umschreibt, benennt Art. 88 Abs. 2 a.E. das Erfordernis konkreter Maßnahmen,

---

83 BeckOK DatenSR-*Riesenhuber* Art. 88 Rn. 67.
84 Paal/Pauly-*Pauly* Art. 88 Rn. 4; BeckOK Daten SR-*Riesenhuber* Art. 88 Rn. 72; *Wybitul/Sörup/Pötters* ZD 2015, 559, 561; a.A. *Franzen* EuZA 2017, 313, 345; *Spelge* DuD 2016, 775, 778.
85 Vgl. *Gola/Thüsing/Pötters* RDV 2016, 55; *Gola/Thüsing/Schmidt* DuD 2017, 244.
86 Vgl. Paal/Pauly-*Pauly* Art. 88 Rn. 12.
87 So wohl auch BeckOK DatenSR-*Riesenhuber* Art. 88 Rn. 69; *Wybitul* ZD 2016, 203, 207.
88 So bereits *Düwell/Brink* NZA 2016, 665, 666.
89 Ebenso *Wybitul* ZD 2016, 203, 207; *Wurzberger* ZD 2017, 258.
90 S. insbesondere *BAG* v. 26.8.2008 – 1 ABR 16/07, BAGE 127, 276, Rn. 15.

etwa bei der Einführung konzernweiter Datenweitergaben oder hinsichtlich der Transparenz einer Verarbeitung. Diesen Anforderungen müssen Betriebsvereinbarungen künftig genügen. Für Kollektivvereinbarungen ist Art. 88 Abs. 2 jedoch einschränkend auszulegen im Hinblick auf die zu ergreifenden besonderen Maßnahmen.[91] Angesichts des eingeschränkten Geltungsbereichs und auch wegen der häufig beschränkten inhaltlichen Regelung – kaum eine Betriebsvereinbarung regelt umfassend datenschutzrechtliche Fragen im Betrieb – sind besondere Maßnahmen nur hinsichtlich der durch die Kollektivvereinbarung eröffneten Datenverarbeitung notwendig.[92] Eine allgemeine Pflicht zur Aufnahme der als „insbesondere" in Art. 88 Abs. 2 genannten Fallgruppen gibt es hingegen nicht.

bb) Orientierungshilfen in Art. 88 Abs. 2 – Transparenz, Konzerndatenverarbeitung, Überwachungssysteme. Somit sind die zu ergreifenden Maßnahmen je nach Eingriffsintensität der einzelnen Datenverarbeitung zu bestimmen. Dennoch lassen sich die Anforderungen, welche Art. 88 Abs. 2 an Betriebsvereinbarungen und hierin zu ergreifende konkrete Maßnahmen stellt, exemplarisch anhand der explizit aufgeführten Fallbeispiele herausarbeiten. 52

Betriebsvereinbarungen müssen dem Transparenzgrundsatz genügen. Dieser wird in der DS-GVO zu einem der Eckpfeiler eines modernen Datenschutzrechts erhoben: Letztlich beruht das gesamte Konzept der Betroffenenrechte auf diesem Grundsatz.[93] So formuliert Art. 13 Abs. 2 ausdrücklich, dass die Informationen zur Verfügung zu stellen sind, die eine „faire und transparente Verarbeitung" gewährleisten. Der in Art. 5 Abs. 1 lit. a aufgeführte Grundsatz der Transparenz setzt voraus, dass alle Informationen und Mitteilungen zur Verarbeitung personenbezogener Daten leicht zugänglich und verständlich sowie in klarer und einfacher Sprache abgefasst sind.[94] Sollen demnach durch Betriebsvereinbarungen bestimmte Arten von Datenverarbeitungen legitimiert werden, muss sichergestellt sein, dass die betroffenen Beschäftigten erfahren, welche Daten zu welchen Zwecken verarbeitet werden. **In praxi** wird dies bedeuten, dass Betriebsvereinbarungen zumindest die Transparenzvorschriften der Art. 12–15 wiedergeben oder in Bezug nehmen müssen.[95] 53

Als weitere Fallgruppe benennt Art. 88 Abs. 2 den gesamten Bereich der **Konzerndatenverarbeitungen**. Offenbar hat der Grundverordnungsgeber erkannt, dass im Konzernbereich etwa zur Rationalisierung von Abrechnungssystemen ein Datenfluss von praktischem Interesse sein kann. Auch wenn das deutsche Datenschutzrecht sowie die zugrunde liegende DSRL 95/46/EG kein Konzernprivileg kannten[96], könnten Mitgliedstaaten in Ausfüllung der Öffnungsklausel des Art. 88 einen entsprechenden Erlaubnistatbestand schaffen. Der Verordnungsgeber macht deutlich, dass er ein legitimes Interesse an konzern- bzw. gruppenweiten Datenübermittlun- 54

---

91 Ebenso, wenn auch im Ausgangspunkt weiter Paal/Pauly-*Pauly* Art. 88 Rn. 12.
92 Paal/Pauly-*Pauly* Art. 88 Rn. 12; vgl. auch *Wybitul* ZD 2016, 203, 207.
93 S. Paal/Pauly-*Paal* Art. 14 Rn. 4; zum Transparenzgrundsatz im Beschäftigungskontext *Byers* NZA 2017, 1086, 1087 ff.
94 Vgl. ErwG 39; ausführlich Paal/Pauly-*Pauly* Art. 88 Rn. 14.
95 *Wybitul* ZD 2016, 203, 204.
96 Zur bisherigen Rechtslage s. Thüsing-*Thüsing* Beschäftigtendatenschutz und Compliance, § 17 Rn. 3.

gen zu bestimmten Zwecken grundsätzlich anerkennt.[97] Zugleich stellt er klar, dass ein entsprechender, durch nationale Vorschriften auf Grundlage des Art. 88 zugelassener Datenfluss wiederum durch Maßnahmen zum Schutz der betroffenen Personen abgesichert sein muss. Wenn also Betriebsvereinbarungen die Weitergabe von Daten an eine Konzernzentrale regeln, muss darauf geachtet werden, dass Grundrechte und Interessen der Beschäftigten gewahrt bleiben. Hier dürfte wiederum der Transparenzgrundsatz von besonderer Bedeutung sein sowie die Sicherung eines einheitlich hohen Schutzniveaus auch beim Empfänger der Daten.

55 Auch den Problemkreis der arbeitgeberseitigen Überwachungssysteme spricht Art. 88 Abs. 2 an. In diesem Bereich werden durch Betriebsvereinbarungen in der Praxis prozedurale Voraussetzungen zur Überwachung zu präventiven und repressiven Zwecken geschaffen, die die allgemeinen Erlaubnistatbestände und Vorgaben der Rechtsprechung für den jeweiligen Betrieb ausgestalten. Hierbei handelt es sich nach § 87 Abs. 1 Nr. 6 BetrVG um einen Fall der erzwingbaren Mitbestimmung. Künftig wird wegen Art. 88 Abs. 2 noch genauer zu prüfen sein, inwiefern eine Betriebsvereinbarung zur Mitarbeiterüberwachung die Rechte und Interessen der betroffenen Beschäftigten berücksichtigt. Was konkret möglich ist – und was nicht –, lässt sich nur anhand der Umstände des Einzelfalls wie Anlass und Eingriffstiefe sowie der Einhaltung der Vorgaben in der Umsetzung durch prozedurale Absicherungen beantworten. In sachlicher Hinsicht gilt Art. 88 Abs. 2 allerdings nicht für den Bereich der vollständig nicht automatisierten Verarbeitung, die erst durch die nationale Vorschrift des § 26 Abs. 2 BDSG in das Datenschutzrecht einbezogen wird.[98] Soweit also Torkontrollen oder mündliche Befragungen zur Überwachung durchgeführt werden, ist der Maßstab nicht Art. 88 Abs. 2, sondern nationale Vorschriften wie etwa § 75 Abs. 2 S. 1 BetrVG.

56 **cc) Praxishinweise. – (1) Benennung der Betriebsvereinbarung als Erlaubnisnorm.** Diskutiert wird in der Literatur die Frage, ob eine Betriebsvereinbarung nur dann als Erlaubnisnorm wirken könne, wenn dies ausdrücklich festgestellt wird.[99] Hierfür wird angeführt, dass wegen des Verbots mit Erlaubnisvorbehalt nur eine ausdrückliche Erlaubnisnorm rechtfertigend wirken könne.[100] Da Betriebsvereinbarungen wie andere Rechtsvorschriften zur Rechtfertigung einer Datenverarbeitung herangezogen werden können, sollten sie zur Schaffung von Rechtssicherheit auch entsprechend eindeutig formuliert werden. So sollten bestehende Betriebsvereinbarungen daraufhin kontrolliert werden, ob konkrete Datenströme ausdrücklich legitimiert werden und ggf. Anpassungen vorgenommen werden. Für noch abzuschließende Kollektivvereinbarungen sollte der Maßstab ebenfalls Beachtung finden.

57 **(2) Keine Notwendigkeit umfassender Regelung datenschutzrechtlicher Fragen.** Die Anforderungen, die Art. 88 Abs. 2 an Betriebsvereinbarungen stellt, sind auch umstritten im Hinblick auf die zu ergreifenden Maßnahmen („diese Vorschriften umfassen Maßnahmen"). Teilweise wird daher davon ausgegangen, dass jede mitgliedstaatliche Regelung des Datenschutzrechts, sei sie gesetzlich, sei sie kollektiv-

---

97 Paal/Pauly-*Pauly* Art. 88 Rn. 15.
98 BeckOK DatenSR-*Riesenhuber* Art. 88 Rn. 91.
99 So *Wurzberger* ZD 2017, 258; *Sörup/Marquardt* ArbRAktuell 2016, 103, 106.
100 *Wurzberger* ZD 2017, 258, 260.

vertraglich, zumindest die genannten Einzelbereiche regeln müsse.[101] Dagegen sprechen jedoch bereits praktische Gesichtspunkte: Kollektivvereinbarungen regeln häufig datenschutzrechtliche Fragen im Betrieb nicht vollumfänglich, sondern bereichsspezifisch. Auch haben bestimmte Sachverhalte, etwa die in Art. 88 Abs. 2 genannte Konzerndatenverarbeitung, für viele Unternehmen und Betriebe gar keine Relevanz – dann können und werden diese hierzu auch keine Regelungen treffen.[102] Wer durch Kollektivvereinbarung nicht abweicht, kann auch keine schützenden Maßnahmen ergreifen.[103] **Impossibilium nulla est obligatio.** Zudem würde der Optionscharakter des Art. 88 Abs. 2 verfehlt:[104] Es bleibt Mitgliedstaaten und Kollektivvertragsparteien unbenommen, nur einzelne Bereiche zu regeln, in denen ein besonderes Regelungsbedürfnis erkannt wird. Letztlich könnten inhaltsleere Wiederholungen dessen, was aufgrund der DS-GVO ohnehin gilt – etwa die besonderen Transparenzvorschriften und Betroffenenrechte –, zu Verwirrung und somit einer faktischen Verschlechterung des Datenschutzniveaus führen.

VI. § 26 Abs. 5 BDSG n.F.

§ 26 Abs. 5 BDSG stellt wohl eine Angstklausel des Gesetzgebers dar. Art. 88 Abs. 2 nennt Anforderungen an nationale Vorschriften in Ausgestaltung des Beschäftigtendatenschutzes. Danach umfassen diese Vorschriften angemessene und besondere Maßnahmen. Offenbar sind dem Gesetzgeber keine eigenen konkreten Maßnahmen in diesem Sinne eingefallen – wie auch bei einer abstrakten Abwägungsklausel wie § 26 Abs. 1 S. 1 BDSG oder der Verbesserung des Datenschutzniveaus durch besondere Anforderungen an eine Einwilligung. Daher hat sich der Gesetzgeber darauf zurückgezogen, die Verantwortung an den Datenverarbeiter weiterzugeben. Dieser muss geeignete Maßnahmen ergreifen, um sicherzustellen, dass insbesondere die in Art. 5 der Verordnung (EU) 2016/679 dargelegten Grundsätze für die Verarbeitung personenbezogener Daten eingehalten werden. So oder so: Da Art. 88 Abs. 1 ohnehin nur spezifischere Vorschriften erlaubt, kann von den Grundsätzen des Art. 5 der Verordnung ohnehin nicht abgewichen werden. Daher ist § 26 Abs. 5 BDSG ein bloß deklaratorisches Hinweisschild für Arbeitgeber.

58

VII. § 26 Abs. 6 BDSG n.F.: Beteiligungsrechte der Interessenvertretung

Eine weitere deklaratorische Feststellung[105] wurde in den folgenden Abs. 6 aufgenommen. Dass die Beteiligungsrechte der Interessenvertretungen der Beschäftigten unberührt bleiben, wurde wortgleich § 32 Abs. 3 BDSG entnommen. Mitbestimmungsrechte des Betriebsrats, etwa nach § 87 Abs. 1 Nr. 6 BetrVG, werden durch das BDSG n.F. nicht eingeschränkt. Nunmehr korrespondiert dies mit dem Erlaubnistatbestand des § 26 Abs. 1 S. 1 Alt. 2 BDSG, wonach eine Verarbeitung zur Ausübung oder Erfüllung der sich aus einem Gesetz ergebenden Rechte und Pflichten der Interessenvertretung der Beschäftigten zulässig sein kann. Während § 26 Abs. 6 BDSG darauf hinweist, dass die Beteiligungsrecht bestehen bleiben, sichert § 26

59

---

101 *Körner* Wirksamer Beschäftigtendatenschutz im Lichte der Europäischen Datenschutz-Grundverordnung, S. 68.
102 Paal/Pauly-*Pauly* Art. 88 Rn. 13; *Wybitul* ZD 2016, 203, 207.
103 So auch BeckOK DatenSR-*Riesenhuber* Art. 88 Rn. 51.
104 BeckOK DatenSR-*Riesenhuber* Art. 88 Rn. 51.
105 BeckOK DatenSR-*Riesenhuber* § 32 BDSG a.F. Rn. 173.

Abs. 1 S. 1 Alt. 2 BDSG dies mit einem eigenen Erlaubnistatbestand ab. Soweit jedoch eine Datenverarbeitung erfolgen soll, sind die dargelegten Maßstäbe im Rahmen des § 26 Abs. 1 S. 1 Alt. 2 BDSG zu berücksichtigen.[106]

VIII. § 26 Abs. 7 und 8 BDSG n.F. – sachlicher und persönlicher Anwendungsbereich

60 In sich systematisch schlüssig hat der Gesetzgeber nun am Ende des § 26 BDSG den Anwendungsbereich des Beschäftigtendatenschutzes festgelegt, soweit dieser von den Vorgaben der DS-GVO abweicht.

61 Wie bisher, ist dies im Hinblick auf den sachlichen Anwendungsbereich der Fall. Nach Art. 2 Abs. 1 gilt diese nur für die ganz oder teilweise automatisierte Verarbeitung personenbezogener Daten sowie für die nichtautomatisierte Verarbeitung personenbezogener Daten, die in einem Dateisystem gespeichert sind oder gespeichert werden sollen.[107] Vollständig manuelle Informationserhebungen, etwa mündlicher Art, die nicht in einer Datei gespeichert werden sollen, unterfallen daher nicht dem sachlichen Anwendungsbereich der Verordnung. Gleiches gilt nach § 1 Abs. 1 S. 1 BDSG[108] Für den Beschäftigtendatenschutz war dies bislang mit § 32 Abs. 2 BDSG a.F. anders und auch unter Geltung des § 26 BDSG ist der sachliche Anwendungsbereich deutlich erweitert. Nach § 26 Abs. 7 BDSG sind nämlich auch solche Informationserhebungen des Arbeitgebers datenschutzrechtlich zu rechtfertigen, bei denen personenbezogene Daten, einschließlich besonderer Kategorien personenbezogener Daten, von Beschäftigten verarbeitet werden, ohne dass sie in einem Dateisystem gespeichert sind oder gespeichert werden sollen. Grundsätzlich unterfällt damit jede Informationserhebung hinsichtlich personenbezogener Daten Beschäftigter durch den Arbeitgeber dem Datenschutzrecht – seien es stichprobenweise Torkontrollen, handschriftliche Notizen des Arbeitgebers über ein Bewerbungsgespräch oder insgesamt das arbeitgeberseitige Fragerecht.[109] Ein Verstoß gegen die Vorgaben der Verordnung im Rahmen der Öffnungsklausel des Art. 88 kann denklogisch nicht vorliegen, da die Verordnung für diese Art der Informationserhebung überhaupt nicht gilt, vgl. Art. 2 Abs. 1.[110]

62 In personeller Hinsicht wurde der Beschäftigtenbegriff des § 3 Abs. 11 BDSG a.F. vollständig in das neue Recht überführt. Inhaltlich ergeben sich also keine Änderungen.[111] Nachdem der Beschäftigtenbegriff bisher im Allgemeinen Teil des BDSG in § 3 Abs. 11 BDSG a.F. etwas versteckt war, ist die jetzige Regelung innerhalb der Zentralvorschrift des Beschäftigtendatenschutzes zu begrüßen. Die lange herrschende Rechtsunsicherheit, ob und inwiefern Leiharbeitnehmer dem Beschäftigtendatenschutz beim Entleiher unterfallen, wird durch § 26 Abs. 8 BDSG nunmehr beseitigt. Abs. 8 Nr. 1 bezieht Leiharbeitnehmer auch im Verhältnis zum Entleiher in den persönlichen Anwendungsbereich des § 26 BDSG ein. Unter teleologischen

---

106 S. oben Rn. 10.
107 S. hierzu Kommentierung Art. 2.
108 S. hierzu Kommentierung Art. 2.
109 Vgl. *Gola* BB 2017, 1462, 1472.
110 Ebenso Paal/Pauly-*Pauly* Art. 88 Rn. 17.
111 S. zum Beschäftigtenbegriff ausführlich Simitis-*Seifert* § 3 Rn. 279 ff; *Forst* RDV 2014, 128.

Gesichtspunkten entspricht dieses Ergebnis der bisher ganz h.M.;[112] bisher wurde eine Einbeziehung vorwiegend mit Blick auf das Fehlen der Analogievoraussetzungen abgelehnt.[113]

Artikel 89 Garantien und Ausnahmen in Bezug auf die Verarbeitung zu im öffentlichen Interesse liegenden Archivzwecken, zu wissenschaftlichen oder historischen Forschungszwecken und zu statistischen Zwecken

(1) ¹Die Verarbeitung zu im öffentlichen Interesse liegenden Archivzwecken, zu wissenschaftlichen oder historischen Forschungszwecken oder zu statistischen Zwecken unterliegt geeigneten Garantien für die Rechte und Freiheiten der betroffenen Person gemäß dieser Verordnung. ²Mit diesen Garantien wird sichergestellt, dass technische und organisatorische Maßnahmen bestehen, mit denen insbesondere die Achtung des Grundsatzes der Datenminimierung gewährleistet wird. ³Zu diesen Maßnahmen kann die Pseudonymisierung gehören, sofern es möglich ist, diese Zwecke auf diese Weise zu erfüllen. ⁴In allen Fällen, in denen diese Zwecke durch die Weiterverarbeitung, bei der die Identifizierung von betroffenen Personen nicht oder nicht mehr möglich ist, erfüllt werden können, werden diese Zwecke auf diese Weise erfüllt.

(2) Werden personenbezogene Daten zu wissenschaftlichen oder historischen Forschungszwecken oder zu statistischen Zwecken verarbeitet, können vorbehaltlich der Bedingungen und Garantien gemäß Absatz 1 des vorliegenden Artikels im Unionsrecht oder im Recht der Mitgliedstaaten insoweit Ausnahmen von den Rechten gemäß der Artikel 15, 16, 18 und 21 vorgesehen werden, als diese Rechte voraussichtlich die Verwirklichung der spezifischen Zwecke unmöglich machen oder ernsthaft beeinträchtigen und solche Ausnahmen für die Erfüllung dieser Zwecke notwendig sind.

(3) Werden personenbezogene Daten für im öffentlichen Interesse liegende Archivzwecke verarbeitet, können vorbehaltlich der Bedingungen und Garantien gemäß Absatz 1 des vorliegenden Artikels im Unionsrecht oder im Recht der Mitgliedstaaten insoweit Ausnahmen von den Rechten gemäß der Artikel 15, 16, 18, 19, 20 und 21 vorgesehen werden, als diese Rechte voraussichtlich die Verwirklichung der spezifischen Zwecke unmöglich machen oder ernsthaft beeinträchtigen und solche Ausnahmen für die Erfüllung dieser Zwecke notwendig sind.

(4) Dient die in den Absätzen 2 und 3 genannte Verarbeitung gleichzeitig einem anderen Zweck, gelten die Ausnahmen nur für die Verarbeitung zu den in diesen Absätzen genannten Zwecken.

– *ErwG: 156–163*
– *BDSG n.F.: §§ 27, 28*

---

112 S. nur Simitis-*Seifert* § 3 Rn. 283; jetzt auch Henssler/Willemsen/Kalb-*Lembke* Vorb. BDSG a.F. Rn. 17; differenzierend *Schmidt* Datenschutz für „Beschäftigte", S. 258 ff.
113 So etwa *Forst* RdA 2014, 128, 129; ebenso *Schmidt* Datenschutz für „Beschäftigte", S. 83.

Übersicht

	Rn		Rn
A. Einordnung und Hintergrund	1	1. Ausnahmen nach Abs. 2	44
I. Erwägungsgründe	3	2. Ausnahmen nach Abs. 3	47
II. Normgenese und Umfeld	7	3. Schranken des Abs. 4	49
1. RL 95/46/EG	8	IV. §§ 27, 28 BDSG	51
2. BDSG a.F.	9	1. § 27 Abs. 2 BDSG	55
3. Verhältnis zu anderen Normen der DS-GVO	10	2. § 28 Abs. 2, Abs. 3 und Abs. 4 BDSG	58
B. Kommentierung	15	C. Praktische Hinweise	62
I. Zwecke des Art. 89 Abs. 1 DS-GVO	15	I. Relevanz für öffentliche Stellen	62
1. Im öffentlichen Interesse liegende Archivzwecke	15	II. Relevanz für nichtöffentliche Stellen	63
2. Wissenschaftliche Forschungszwecke	21	III. Relevanz für betroffene Personen	64
3. Historische Forschungszwecke	37	IV. Relevanz für Aufsichtsbehörden	65
4. Statistische Zwecke	38	V. Relevanz für das Datenschutzmanagement	66
II. Geeignete Garantien (Abs. 1)	40	VI. Sanktionen	68
III. Öffnungsklauseln zu Betroffenenrechten (Abs. 2, 3 und 4)	44		

Literatur: *Art.-29-Datenschutzgruppe* Leitlinien in Bezug auf die Einwilligung nach Verordnung 2016/679 (WP 259 rev. 0.1. v. 10.4.2018); *Brössler/Hurtz* Regierung einigt sich auf Tracing-App – und die Kritiker sind begeistert, S.Z. v. 26.4.2020[1]; *Datenethikkommission* Abschlussgutachten v. Oktober 2019; *Gemini* Wissenschaftliche Forschung und Datenschutz – Neuerungen durch die Datenschutz-Grundverordnung DuD 2018, 640; *GMDS* und *GDD* Datenschutzrechtliche Anforderungen an die medizinische Forschung unter Berücksichtigung der DS-GVO v. 15.5.2017; *Golla/von Schönfeld* Kratzen und Schürfen im Datenmilieu – Web Scraping in sozialen Netzwerken zu wissenschaftlichen Forschungszwecken, K&R 2019, 15; *Hornung/Hofmann* Die Auswirkungen der europäischen Datenschutzreform, ZD-Beil. 4/2017, 1; *Hurtz* App zum Ärgern, S.Z. v. 21.4.2020; *Konferenz der unabhängigen Datenschutzbehörden des Bundes und der Länder (Datenschutzkonferenz)* Beschluss zur Auslegung des Begriffs „bestimmte Bereiche wissenschaftlicher Forschung" im Erwägungsgrund 33 der DS-GVO v. 3.4.2019; *Roßnagel* Datenschutz in der Forschung – Die neuen Datenschutzregelungen in der Forschungspraxis von Hochschulen ZD 2019, 157; *Schaar* Anpassung von Einwilligungserklärungen für wissenschaftliche Forschungsprojekte – Die informierte Einwilligung nach der DS-GVO und den Ethikrichtlinien ZD 2017, 213; *Schwartmann* Ein Pandemieplan für Hochschulen, F.A.Z. v. 22.4.2020; *Schwartmann/Mühlenbeck* Die Corona-App und der Datenschutz, F.A.Z. Einspruch v. 6.4.2020; *Thüsing/Kugelmann/Schwartmann* Datenschutz-Experten beurteilen Corona-App, F.A.Z. v. 9.4.2020; *Weichert* Die Forschungsprivilegierung in der DS-GVO – Gesetzlicher Änderungsbedarf bei der Verarbeitung personenbezogener Daten für Forschungszwecke ZD 2019, 18; *Wissenschaftlicher Dienst des Deutschen Bundestages* Ausarbeitung zu Einzelfragen zum Handy-Tracking in Deutschland im Zusammenhang mit der Corona-Pandemie 2020.[2]

---

[1] Abrufbar unter https://www.sueddeutsche.de/digital/corona-tracing-dezentral-regierung-1.4888963, zuletzt abgerufen am 28.4.2020.
[2] Abrufbar unter https://www.bundestag.de/resource/blob/692998/c88738c96c087f66748ac75a0a7788b2/WD-3-098-20-pdf-data.pdf, zuletzt abgerufen am 4.5.2020.

A. Einordnung und Hintergrund

Art. 89 soll die Verarbeitung personenbezogener Daten zu Forschungs-, Archiv- und Statistikzwecken erleichtern. Dabei steht die Vorschrift im Kontext anderer Regelungen der DS-GVO, die ebenfalls die Datenverarbeitung zu Forschungs-, Archiv- und Statistikzwecken privilegieren.[3] Diese Regelungen sollen gemeinsam einen angemessenen Ausgleich zwischen der Forschungsfreiheit und dem Recht auf Schutz personenbezogener Daten schaffen.[4]

1

Art. 89 ergänzt die Erlaubnisnormen aus Art. 6 und 9 (insbesondere Art. 6 Abs. 1 lit. a, e und f sowie Art. 9 Abs. 2 lit. a und j)[5], enthält jedoch selbst **keinen eigenständigen Erlaubnistatbestand** zur Datenverarbeitung.[6] Vielmehr setzt Art. 89 die Zulässigkeit der Verarbeitung nach Art. 6, 9 oder nach anderen datenschutzrechtlichen Erlaubnistatbeständen voraus und stellt deren Zulässigkeit unter den **Vorbehalt weiterer geeigneter Garantien**. Insofern folgen die **Privilegierungen** für die in Art. 89 genannten Verarbeitungszwecke u.a. aus einem Zusammenspiel von Art. 6 und 9 mit Art. 89. So enthält etwa ErwG 33 im Hinblick auf die Einwilligung zu wissenschaftlichen Forschungszwecken Erleichterungen für Verantwortliche (dazu Rn. 22 f. und Rn. 30). Ferner können – vorbehaltlich der Garantien nach Art. 89 Abs. 1 – insbesondere auch sensible Daten nach Art. 9 Abs. 1 gem. Art. 9 Abs. 2 lit. j unter erleichterten Voraussetzungen verarbeitet werden. Hinzu tritt, dass eine auf die in Art. 89 genannten Zwecke gerichtete Weiterverarbeitung grundsätzlich gem. Art. 5 Abs. 1 lit. b nicht als unvereinbar mit den ursprünglichen Zwecken der Verarbeitung von personenbezogenen Daten gilt.[7] Ferner gewährt Art. 5 Abs. 1 lit. e eine Erleichterung vom Grundsatz der Speicherbegrenzung im Hinblick auf Datenverarbeitungen zu Zwecken nach Art. 89.[8] Diese Privilegierungen gelten jedoch gem. Art. 89 Abs. 4 nur dann, wenn der Verantwortliche ausschließlich die in Art. 89 genannten Zwecke verfolgt (zu Abs. 4 vgl. ab Rn. 49).[9] In der Praxis muss der Verantwortliche, sofern er die entsprechenden Regeln zur Datenminimierung, insbesondere die Pseudonymisierung, einhält, keine weiteren Abwägungen zur Sicherstellung ausreichender Garantien in Bezug auf Freiheiten und Rechte der Betroffenen mehr treffen.[10]

2

I. Erwägungsgründe

Der europäische Gesetzgeber hat in den ErwG 156 ff. Hintergrundinformationen und Auslegungshilfen zu Art. 89 bereitgestellt. Dabei erläutern die Erwägungsgründe die privilegierte Behandlung von Datenverarbeitungen nach Art. 89. Während **ErwG 156**

3

---

3 Vgl. Art. 5 Abs. 1 lit. b und e; Art. 9 Abs. 2 lit. j; Art. 14 Abs. 5 lit. b; Art. 17 Abs. 3 lit. d.
4 *Roßnagel* ZD 2019, 157, 159.
5 Wybitul-*Steinhaus* Art. 89 Rn. 3.; Ehmann/Selmayr-*Raum* Art. 89 Rn. 1 und 9; Gierschmann-*Nolte* Einl. zu Art. 89; Sydow-*Hense* Art. 89 Rn. 1; Sydow-*Hense* Art. 89 Rn. 12.
6 Kühling/Buchner-*Buchner/Tinnefeld* Art. 89 Rn. 1; Wybitul-*Steinhaus* Art. 89 Rn. 1; Ehmann/Selmayr-*Raum* Art. 89 Rn. 1. BeckOK DatenSR-*Eichler* Art. 89 Rn. 1; Gierschmann-*Nolte* Art. 89 Rn. 14; Paal/Pauly-*Pauly* Art. 89 Rn. 1.
7 S. Kommentierung Art. 5 Rn. 37 ff.; ErwG 50 S. 4; Wybitul-*Steinhaus* Art. 89 Rn. 4 f. Kühling/Buchner-*Buchner/Tinnefeld* Art. 89 Rn. 1.
8 Vgl. dazu Gierschmann-*Nolte* Art. 89 Rn. 24 ff.; Kühling/Buchner-*Buchner/Tinnefeld* Art. 89 Rn. 2; Simitis/Hornung/Spiecker gen. Döhmann-*Caspar* Art. 89 Rn. 36.
9 Kühling/Buchner-*Buchner/Tinnefeld* Art. 89 Rn. 1, 27; vgl. Wybitul-*Steinhaus* Art. 89 Rn. 1.
10 Vgl. Wybitul-*Steinhaus* Art. 89 Rn. 1, 7.

zunächst den Wortlaut der Verordnung wiederholt, stellt S. 3 heraus, dass eine Weiterverarbeitung i.S.d. Art. 89 Abs. 1 nur dann erfolgen darf, wenn der Verantwortliche geprüft hat, ob es möglich ist, die Zwecke durch eine Verarbeitung, bei der die Identifizierung der betroffenen Person nicht oder nicht mehr möglich ist (z.B. die Pseudonymisierung von Daten), zu erfüllen. ErwG 156 S. 5 und 6 beziehen sich wohl auf Art. 89 Abs. 2 und betonen, dass es den Mitgliedstaaten erlaubt sein sollte, Präzisierungen, Ausnahmen und spezifische Verfahren für die Ausübung und Einschränkung der Betroffenenrechte vorzusehen. In **ErwG 157** betont der Verordnungsgeber die Bedeutung der Möglichkeit der Verknüpfung verschiedener Register für medizinische Forschungen, für Forschungen in den Sozialwissenschaften und als Basis für politische Maßnahmen zur Verbesserung der Lebensqualität. Weiterhin betont er die gesellschaftliche Bedeutung von Archiven (**ErwG 158**) und statuiert in S. 2, dass öffentliche oder private Stellen dazu verpflichtet sein sollten, Aufzeichnungen von bleibendem Wert für das allgemeine öffentliche Interesse zu erwerben, zu erhalten, zu bewerten, aufzubereiten, zu beschreiben, mitzuteilen, zu fördern, zu verbreiten sowie Zugang dazu bereitzustellen. S. 3 enthält die Empfehlung, dass es den Mitgliedstaaten erlaubt sein sollte vorzusehen, dass personenbezogene Daten zu Archivzwecken weiterverarbeitet werden dürfen. **ErwG 159** empfiehlt den Begriff des wissenschaftlichen Forschungszwecks weit auszulegen und die Verarbeitung für die technologische Entwicklung und die Demonstration, die Grundlagenforschung, die angewandte Forschung und die privat finanzierte Forschung mit einzuschließen (vgl. ErwG 159 S. 2). **ErwG 160** stellt klar, dass auch die historische und genealogische Forschung privilegiert sein soll. Die Privilegierung soll somit insgesamt betrachtet dem in Art. 179 Abs. 1 AEUV festgeschriebenen **Ziel eines europäischen Raumes für Forschung** dienen.

4 Gleich mehrfach betont der Verordnungsgeber in den Erwägungsgründen, dass die Regelungen der DS-GVO nicht für **verstorbene Personen** gelten.[11] Damit wiederholt er die Klarstellung aus ErwG 27 zu Art. 4 Nr. 1. Jedoch sollten Verantwortliche vor der Verarbeitung der Daten Verstorbener prüfen, ob sich diese – gegebenenfalls auch mittelbar – auf noch lebende natürliche Personen beziehen.[12] Weiterhin können die Mitgliedstaaten Regelungen zu den personenbezogenen Daten Verstorbener erlassen (vgl. ErwG 27 S. 2). Hierunter fallen in Deutschland etwa das Bundesarchivgesetz sowie die einzelnen Landesarchivgesetze (zur Frage des Verhältnisses der DS-GVO zum bereichsspezifischen Datenschutzrecht auf mitgliedstaatlicher Ebene, insbesondere den Archivgesetzen vgl. Rn. 19).[13]

5 **ErwG 161** betont, dass für Einwilligungen zur Teilnahme an **klinischen Forschungen** auch die hier maßgebliche EU-Verordnung aus dem Jahr 2014 beachtet werden muss.[14] Möchten Verantwortliche die Verarbeitung personenbezogener Daten zur wis-

---

11 ErwG 158 und 160; Ehmann/Selmayr-*Raum* Art. 89 Rn. 23; Gola-*Pötters* Art. 89 Rn. 18.
12 Siehe auch *Art.-29-Datenschutzgruppe* Stellungnahme 4/2007 zum Begriff „personenbezogene Daten" 01248/DE, WP 136, S. 26. Vgl. dazu zudem die Kommentierung zu Art. 4 Nr. 1 Rn. 12.
13 Weitere Regelungen, die über den Tode der betroffenen Person hinaus Bestand haben, finden sich in den ärztlichen Berufsordnungen, § 16 BStatG, § 30 AO und § 35 Abs. 5 SGB I.
14 VO (EU) Nr. 2014/536 des europäischen Parlaments und des Rates vom 16.4.2014 über klinische Prüfungen mit Humanarzneimitteln. Diese Verordnung setzt in den Art. 29 ff. zusätzliche Anforderungen, insbesondere in Bezug auf die Informiertheit, an Einwilligungen von Prüfungsteilnehmern klinischer Untersuchungen.

senschaftlichen Forschung auf Einwilligungen stützen, sollten sie zudem gegebenenfalls die entsprechenden Ethikrichtlinien der jeweiligen Fachrichtung beachten.[15] Zum Verhältnis der DS-GVO zur VO (EU) Nr. 536/2014 im Rahmen klinischer Prüfungen vgl. Rn. 32.

Die Verarbeitung personenbezogener Daten zu **statistischen Zwecken** erläutert der europäische Gesetzgeber in den **ErwG 162** und **163**. Dabei definiert er statistische Zwecke als jeden für die Durchführung statistischer Untersuchungen und die Erstellung statistischer Ergebnisse erforderlichen Vorgang der Erhebung und Verarbeitung personenbezogener Daten.[16] Statistische Ergebnisse, welche keine personenbezogenen Daten mehr enthalten, können dabei für verschiedene Zwecke verwendet werden, bspw. für wissenschaftliche Forschungszwecke. Damit schließt ErwG 162 die Verwendung der statistischen Ergebnisse zu gewerblichen Zwecken, bspw. der Marktforschung, nicht aus. ErwG 163 gibt zudem Hinweise zu europäischen Statistiken und verweist auf VO (EU) Nr. 2009/223, welche zur Vertraulichkeit solcher Statistiken weitere Anforderungen aufstellt. 6

II. Normgenese und Umfeld

Die jetzige Form des Art. 89 ist Ergebnis eines langen und wechselhaften Gesetzgebungsprozesses.[17] Die endgültige Fassung der Norm ist deutlich weniger restriktiv als frühere Kommissions- und Parlamentsentwürfe.[18] Diese Entwürfe enthielten insbesondere weitergehende Pflichten, personenbezogene Daten zu anonymisieren und zu pseudonymisieren. Diese Anforderungen stießen insbesondere in der Fachliteratur und der Wissenschaft auf Kritik.[19] Die Kritiker der damaligen Entwurfsfassungen beanstandeten unter anderem, dass einzelne Studienreihen durch eine derartige Regelung deutlich erschwert würden. Auf diese Kritik hin wandelte der europäische Gesetzgeber die Norm in ihrer jetzigen Form so ab, dass sie explizit Abweichungen vom Schutzstandard der DS-GVO und von bestimmten Betroffenenrechten ermöglicht.[20] 7

1. RL 95/46/EG. Bereits die Datenschutzrichtlinie beinhaltete verschiedene Regelungen zur Privilegierung der Datenverarbeitungen für historische, statistische und wissenschaftliche Forschungszwecke. So erleichterte Art. 6 Abs. 1 lit. b die Datenverarbeitung für andere als die ursprünglichen Forschungszwecke, Art. 6 Abs. 1 lit. e erleichterte eine längere Speicherung im Falle geeigneter Garantien, Art. 11 Abs. 2 entschärfte die Informationspflichten und Art. 13 Abs. 2 reduzierte die Auskunfts- 8

---

15 Vgl. zur Einwilligung für wissenschaftliche Forschungsprojekte insgesamt *Schaar* ZD 2017, 213 ff.
16 ErwG 162 S. 3.
17 Kühling/Buchner-*Buchner/Tinnefeld* Art. 89 Rn. 5 ff.; Wybitul-*Steinhaus* Art. 89 Rn. 5
18 Vgl. Vorschlag für Verordnung des Europäischen Parlaments und des Rates KOM (2012) 11 endg. sowie Rats-Dok. 9565/15. Ausführlich dazu vgl. Ehmann/Selmayr-*Raum* Art. 89 Rn. 13 ff. und 22; Gola-*Pötters* Art. 89 Rn. 1 sowie Simitis/Hornung/Spiecker gen. Döhmann-*Caspar* Art. 89 Rn. 7.
19 Vgl. Ehmann/Selmayr-*Raum* Art. 89 Rn. 14; *Taupitz* MedR 2012, 423.
20 Vgl. zum Ganzen etwa Gola-*Pötters* Art. 89 Rn. 1, 2; Kühling/Buchner-*Buchner/Tinnefeld* Art. 89 Rn. 5 ff.; Ehmann/Selmayr-*Raum* Art. 89 Rn. 12 ff.; Gierschmann-*Nolte* Art. 89 Rn. 11 ff.

pflichten.²¹ Eine ähnlich konzipierte Regelung wie in Art. 89 kannte die DSRL jedoch nicht.²²

9 **2. BDSG a.F.** Das BDSG a.F. setzte die Anforderungen der Datenschutzrichtlinie um. Für öffentliche Stellen regelte es in § 14 Abs. 2 Nr. 9, Abs. 5 Nr. 2 BDSG a.F. zwei Zulässigkeitstatbestände für die Verarbeitung zur Durchführung wissenschaftlicher Forschung. Daneben fand sich in § 40 BDSG a.F. eine spezifische Regelung für die Verarbeitung und Nutzung personenbezogener Daten durch Forschungseinrichtungen, die insbesondere eine strenge Zweckbindung sowie ein Anonymisierungsgebot enthielt.²³ Daneben galten strenge Voraussetzungen für die Veröffentlichung personenbezogener Daten (vgl. § 40 Abs. 3 BDSG a.F.).²⁴ In § 28 Abs. 2 Nr. 3 und Abs. 6 Nr. 4 BDSG a.F. fanden sich ähnliche Regelungen für nichtöffentliche Stellen.

10 **3. Verhältnis zu anderen Normen der DS-GVO.** Art. 89 steht im Zusammenhang mit einer Vielzahl verschiedener Normen innerhalb der DS-GVO, insbesondere mit Art. 6 Abs. 1 S. 1 lit. e, Abs. 2 und 3, Art. 23, 25 und 85.

11 Zunächst ist fraglich, in welchem **Verhältnis Art. 89 und Art. 85**, insbesondere im Hinblick auf deren Öffnungsklauseln in Abs. 2, zueinander stehen (vgl. dazu auch Rn. 46).²⁵ Problematisch ist hierbei insbesondere, dass Art. 85 Abs. 2 bei der Verarbeitung zu wissenschaftlichen Zwecken umfangreiche Abweichungen oder Ausnahmen von den Vorschriften der DS-GVO gestattet, während Art. 89 Abs. 2 im Rahmen einer Verarbeitung zu wissenschaftlichen Forschungszwecken auf eine Beschränkung der Art. 15, 16, 18, 21 begrenzt ist.²⁶ Würde der „wissenschaftliche Zweck" gegenüber dem „wissenschaftlichen Forschungszweck" als Oberbegriff verstanden, so könnte anzunehmen sein, dass für die Öffnungsklausel in Art. 89 Abs. 2 letztlich kein eigener Anwendungsbereich verbleibt.²⁷ Vor dem Hintergrund begrifflicher Abgrenzungsschwierigkeiten sowie aufgrund der Aussage von ErwG 153 S. 3, der die Anwendbarkeit von Art. 85 auch auf Nachrichten- und Pressearchive erstreckt und damit mit Art. 89 Abs. 3 kollidiert, ergeben sich somit Überschneidungen zwischen Art. 85 Abs. 2 und Art. 89 Abs. 2.²⁸ Zunächst ist festzuhalten, dass Art. 89 Abs. 1 hinsichtlich des Erfordernisses geeigneter Garantien gegenüber Art. 85 spezieller ist und diesen daher verdrängt.²⁹ Im Hinblick auf das Konkurrenzverhältnis von Art. 89 Abs. 2 und Art. 85 Abs. 2 ist maßgeblich, inwiefern die Zwecke i.S.v. Art. 89 mit der Ausübung der Meinungs- und Informationsfreiheit verbunden sind oder der Ausübung der Forschungs-

---

21 Ehmann/Selmayr-*Raum* Art. 89 Rn. 12; Simitis/Hornung/Spiecker gen. Döhmann-*Caspar* Art. 89 Rn. 4; Kühling/Buchner-*Buchner/Tinnefeld* Art. 89 Rn. 4.
22 Gierschmann-*Nolte* Art. 89 Rn. 11; Gola-*Pötters* Art. 89 Rn. 3.
23 Dazu auch BeckOK DatenSR-*Eichler* Art. 89 Rn. 9; Simitis/Hornung/Spiecker gen. Döhmann-*Caspar* Art. 89 Rn. 5.
24 BeckOK DatenSR-*Eichler* Art. 89 Rn. 9; Gierschmann-*Nolte* Art. 89 Einl. zu Art. 89 sowie Rn. 49.
25 Dazu Gola-*Pötters* Art. 89 Rn. 4 und 17 f.; Kühling/Buchner-*Buchner/Tinnefeld* Art. 89 Rn. 24; Sydow-*Hense* Art. 89 Rn 13.
26 Gierschmann-*Nolte* Art. 89 Rn. 6; Kühling/Buchner-*Buchner/Tinnefeld* Art. 89 Rn. 24;
27 In diese Richtung wohl Kühling/Buchner-*Buchner/Tinnefeld* Art. 89 Rn. 24 sowie Gola-*Pötters* Art. 89 Rn. 17 und 18. Dazu auch Sydow-*Hense* Art. 89 Rn. 13.
28 Gierschmann-*Nolte* Art. 89 Rn. 6.
29 Gola-*Pötters* Art. 89 Rn. 17; Simitis/Hornung/Spiecker gen. Döhmann-*Caspar* Art. 89 Rn. 2. In diesem Sinne wohl auch Paal/Pauly-*Pauly* Art. 89 Rn. 13.

und Wissenschaftsfreiheit dienen.[30] Insofern ergeben sich für das Begriffsverständnis der Zwecke nach Art. 89 inhaltliche Restriktionen, um Kollisionen mit Art. 85 Abs. 2 zu vermeiden (vgl. dazu Ausführungen unter Rn. 46).[31]

Im **Verhältnis des Art. 89 Abs. 2 und 3 zu Art. 23**, der seinerseits eine Öffnungsklausel für mitgliedstaatliches Recht enthält, stellt sich die Frage, ob die hohen Voraussetzungen des Art. 23 im Falle einer Einschränkung der Betroffenenrechte durch die geringeren Anforderungen in Art. 89 Abs. 2 und 3 im Falle der Zwecke nach Abs. 1 verdrängt werden.[32] Art. 23 enthält im Vergleich zu Art. 89 Abs. 2, 3 einen breiteren Katalog an Betroffenenrechten, die durch mitgliedstaatliches Recht eingeschränkt werden können, stellt demgegenüber aber auch höhere Voraussetzungen für eine Einschränkung dieser auf.[33] Dies hat zur Folge, dass die Voraussetzungen für eine Einschränkung der Betroffenenrechte nach Art. 89 Abs. 2 und 3 im Falle einer Datenverarbeitung innerhalb der Zwecke von Art. 89 Abs. 1 geringer sind als im Rahmen einer Verarbeitung nach Art. 23. Dies entspricht zwar letztlich der angestrebten Privilegierung von Datenverarbeitungen nach Art. 89.[34] Um aber zu vermeiden, dass das Anforderungsprofil des Art. 23 im Rahmen von Art. 89 durch dessen geringere Voraussetzungen unterlaufen wird, ist davon auszugehen, dass Art. 89 Abs. 2 und 3 gegenüber Art. 23 keine gänzliche Sperrwirkung entfalten, so dass entsprechend Art. 23 auch im Rahmen von Art. 89 Abs. 2 und 3 innerhalb von dessen Tatbestandsvoraussetzungen stets die Notwendigkeit und Verhältnismäßigkeit einer Einschränkung der Betroffenenrechte zu untersuchen ist (vgl. dazu auch Rn. 44).[35]

12

Soweit die Verarbeitung nach Art. 89 Abs. 1 öffentlichen Interessen dient, ist insbesondere das **Verhältnis zu Art. 6 Abs. 1 S. 1 lit. e, Abs. 2, 3 und Art. 9 Abs. 2 lit. j** zu klären. Die Vorschrift eröffnet dem Gesetzgeber im Rahmen eines Regelungsauftrages die Möglichkeit spezifische Maßnahmen für den öffentlichen Bereich zu treffen. Die Regelungsspielräume des nationalen Gesetzgebers i.R.v. Art. 6 Abs. 2, 3 werden hierbei durch Art. 89 nicht eingeschränkt, allenfalls konkretisiert.[36] Hierbei ist gleichwohl zu beachten, dass sich Art. 6 Abs. 2, 3 auf die Schaffung spezifischer Vorschriften bezieht, während Art. 89 Abs. 2 und 3 Ausnahmen von der Verordnung erlauben.[37] Insofern sind gegebenenfalls Art. 6 Abs. 1 lit. e, Abs. 2, 3, Art. 9 Abs. 2 lit. j sowie Art. 89 bei dem Erlass spezifischer mitgliedstaatlicher Regelungen für den öffentlichen Bereich kumulativ anzuwenden, so dass sowohl die Schaffung spezifischer Regelungen als auch die Einschränkung von Betroffenenrechten im öffentlichen Bereich

13

---

30 Kühling/Buchner-*Buchner/Tinnefeld* Art. 89 Rn. 24; Gierschmann-*Nolte* Art. 89 Rn. 6; Simitis/Hornung/Spiecker gen. Döhmann-*Caspar* Art. 89 Rn. 28
31 Simitis/Hornung/Spiecker gen. Döhmann-*Caspar* Art. 89 Rn. 10.
32 Simitis/Hornung/Spiecker gen. Döhmann-*Caspar* Art. 89 Rn. 64.
33 Vgl. dazu ausführlich die Kommentierung zu Art. 23.
34 Gierschmann-*Nolte* Art. 89 Rn. 10.
35 Übereinstimmend BeckOK DatenSR-*Eichler* BeckOK Art. 89 Rn. 17; Simitis/Hornung/Spiecker gen. Döhmann-*Caspar* Art. 89 Rn. 65; Gierschmann-*Nolte* Art. 89 Rn. 10; Gola-*Pötters* Art. 89 Rn. 23 f. Wohl auch Sydow-*Hense* Art. 89 Rn. 14 f.
36 Gola-*Pötters* Art. 89 Rn. 5; Gierschmann-*Nolte* Art. 89 Rn. 9; Ehmann/Selmayr-*Raum* Art. 89 Rn. 20.
37 Dazu Gierschmann-*Nolte* Rn. 9.

möglich ist.[38] Der nationale Gesetzgeber kann daher im Rahmen von Art. 6 Abs. 1 S. 1 lit. e, Abs. 2 und 3 sowie Art. 89 Abs. 2 und 3 Datenverarbeitungen zu den in Art. 89 Abs. 1 genannten Zwecken für den öffentlichen Bereich umfassend regulieren.[39]

14 Die **Regelungen der Art. 25, 32** finden im Rahmen von Art. 89 Abs. 1 uneingeschränkt Anwendung, so dass ihr inhaltlicher Gehalt in Art. 89 aufgeht.[40]

B. Kommentierung

I. Zwecke des Art. 89 Abs. 1 DS-GVO

15 **1. Im öffentlichen Interesse liegende Archivzwecke.** Nach Art. 89 Abs. 1 unterliegt die Verarbeitung zu im öffentlichen Interesse liegenden Archivzwecken geeigneten Garantien. Der Begriff des Archivs ist in der DS-GVO nicht definiert, wird aber in den Erwägungsgründen näher beschrieben. Nach ErwG 158 S. 2 sind **Archive** Datensammlungen von Behörden oder öffentlichen oder privaten Stellen, „die Aufzeichnungen von öffentlichem Interesse führen".[41] Bei einer Datenverarbeitung zu Archivzwecken geht es also darum, **Aufzeichnungen von bleibendem Wert für das allgemeine öffentliche Interesse** zu erwerben, zu erhalten, zu bewerten, aufzubereiten, zu beschreiben, mitzuteilen, zu fördern, zu verbreiten sowie Zugang dazu bereitzustellen (vgl. ErwG 158 S. 2). Die Privilegierung greift also dem Wortlaut von Art. 89 Abs. 1 folgend nur im Falle von **im öffentlichen Interesse liegenden Archivzwecken**.[42] Dies schließt zumindest eine Archivierung ausschließlich zu wirtschaftlichen oder privaten Zwecken aus dem Tatbestand von Art. 89 aus.[43] Von der Privilegierung können gleichwohl nicht nur öffentliche Stellen, sondern auch private Stellen, etwa **Unternehmensarchive**, erfasst sein, soweit die Archivierung im öffentlichen Interesse liegt.[44] Ebenso macht es für die Privilegierung nach der DS-GVO keinen Unterschied, ob die Archive digital oder analog betrieben werden.[45]

16 Die Archivierung liegt etwa dann im **öffentlichen Interesse**, wenn es um „Aufzeichnungen von bleibendem Wert" geht.[46] ErwG 158 S. 2 nennt im Rahmen der Archivzwecke als zulässige Weiterverarbeitungen im öffentlichen Interesse exemplarisch etwa eine Archivierung im Zusammenhang mit der Bereitstellung spezifischer Informationen im Zusammenhang mit dem politischen Verhalten unter ehemaligen totalitären Regimen, Völkermord, Verbrechen gegen die Menschlichkeit, insbesondere dem Holocaust, und Kriegsverbrechen.[47] Eine Beschränkung auf eine bestimmte

---

38 Vgl. zur schwierigen Abgrenzung von Art. 89 und Art. 9 Abs. 2 lit. j Gola-*Pötters* Art. 89 Rn. 4.
39 *Rossnagel* ZD 2019, 157, 159; Gierschmann-*Nolte* Art. 89 Rn. 9; Kühling/Buchner-*Buchner/Tinnefeld* Art. 89 Rn. 29; Ehmann/Selmayr-*Raum* Art. 89 Rn. 20; Gola-*Pötters* Art. 89 Rn. 5.
40 Gola-*Pötters* Art. 89 Rn. 13; Kühling/Buchner-*Buchner/Tinnefeld* Art. 89 Rn. 3 und 16, 19; Simitis/Hornung/Spiecker gen. Döhmann-*Caspar* Art. 89 Rn. 49.
41 Vgl. ErwG 158 S. 2.
42 BeckOK DatenSR-*Eichler* Art. 89 Rn. 21; Paal/Pauly-*Pauly* Art. 89 Rn. 6; Sydow-*Hense* Art. 89 Rn. 7; Simitis/Hornung/Spiecker gen. Döhmann-*Caspar* Art. 89 Rn. 26.
43 Gierschmann-*Nolte* Art. 89 Rn. 17; Simitis/Hornung/Spiecker gen. Döhmann-*Caspar* Art. 89 Rn. 26.
44 Dazu BeckOK DatenSR-*Eichler* Art. 89 Rn. 6.1; Ehmann/Selmayr-*Raum* Art. 89 Rn. 23.
45 Übereinstimmend Gierschmann-*Nolte* Art. 89 Rn. 16.
46 Vgl. ErwG 158 S. 2.
47 Vgl. dazu auch Ehmann/Selmayr-*Raum* Art. 89 Rn. 24; Paal/Pauly-*Pauly* Art. 89 Rn. 6.

Kategorie von Archiven folgt daraus nicht; entscheidend ist vielmehr der politische, kulturelle, soziale oder rechtliche Wert und die Bedeutung der archivierten Informationen, um ein öffentliches Interesse zu begründen.[48] Ein öffentliches Interesse wird in diesem Sinne daher in der Regel dann bestehen, wenn ein „Anliegen der Allgemeinheit"[49] betroffen ist.

Fraglich ist ein öffentliches Interesse bspw. bei **Familienarchiven**, auch wenn diese im Rahmen von sogenannten Depositalverträgen in staatliche Archive übergegangen sind.[50] Hierbei ist zu beachten, dass Archive, die ausschließlich familiären Zwecken dienen, ohnehin nicht dem Anwendungsbereich der DS-GVO nach Art. 2 Abs. 2 lit. c unterfallen.[51] Die **Indexierung von Websites und Informationen durch Suchmaschinen** unterfällt vor dem Hintergrund der Notwendigkeit eines öffentlichen Interesses nicht der Privilegierung aus Art. 89, weil das Auffindbarmachen der Webinhalte zwar auch dem Zugang zu Informationen von öffentlichem Interesse dienen kann, ihre Zweckrichtung allerdings letztlich nicht auf die Aufbewahrung von Unterlagen von bleibendem Wert ist, sondern sie vielmehr auf die Verfolgung wirtschaftlicher Interessen ausgerichtet sind.[52] Demgegenüber können **Online- und Pressearchive** der Privilegierung von Art. 89 unterfallen, allerdings wird hier oftmals Art. 85 eine Anwendbarkeit von Art. 89 ausschließen.[53]   **17**

Zu den Aufgaben eines Archivs gehört es, dass die gesammelten Daten durch Erhaltung, Bewertung, Aufbereitung, Beschreibung und Verbreitung nutzbar gemacht werden.[54] Die bloße **Aufbewahrung**, die lediglich dazu dient, gesetzlichen Vorhaltepflichten nachzukommen, ist hingegen kein Archivzweck i.S.v. Art. 89.[55]   **18**

Da nach ErwG 27 die DS-GVO nicht für die Verarbeitung personenbezogener Daten Verstorbener gilt (vgl. dazu bereits Rn. 4), findet Art. 89 nur Anwendung auf die Archivierung von Unterlagen und Informationen über noch lebende Personen (vgl. ErwG 158 S. 1).[56]   **19**

Das bereichsspezifische Datenschutzrecht im Hinblick auf die Archivierung von Unterlagen findet sich in § 28 BDSG, im Bundesarchivgesetz (BArchG) sowie den Landesarchivgesetzen (LArchG). Hierbei ist insbesondere das **Zusammenspiel von DS-GVO und den Archivgesetzen** bedeutsam. Art. 5 Abs. 1 lit. c und e privilegiert im Hinblick auf eine Weiterverarbeitung von Daten die in Art. 89 genannten Zwecke. Insofern besteht für Verantwortliche nach der Verarbeitung personenbezogener Daten im Rahmen der Primärnutzung nach Art. 5 Abs. 1 lit. c und e eine erweiterte   **20**

---

48 Gierschmann-*Nolte* Art. 89 Rn. 17.
49 In diesem Sinne *GMDS* und *GDD* Datenschutzrechtliche Anforderungen an die medizinische Forschung unter Berücksichtigung der DS-GVO v. 15.5.2017, S. 8.
50 Vgl. *OVG Lüneburg* v. 17.9.2002 – 11LB 123/02. Dazu auch BeckOK DatenSR-*Eichler* Art. 89 Rn. 6.1; Ehmann/Selmayr-*Raum* Art. 89 Rn. 23;
51 Dazu Gierschmann-*Nolte* Art. 89 Rn. 17.
52 Simitis/Hornung/Spiecker gen. Döhmann-*Caspar* Art. 89 Rn. 27.
53 Simitis/Hornung/Spiecker gen. Döhmann-*Caspar* Art. 89 Rn. 28.
54 ErwG 158 S. 2; Plath-*Grages* Art. 89 Rn. 10; vgl. Wybitul-*Steinhaus* Art. 89 Rn. 10.
55 Vgl. Roßnagel-*Johannes* Europäische Datenschutz-Grundverordnung, § 4 Rn. 134; Kühling/Buchner-*Buchner/Tinnefeld* Art. 89 Rn. 10; Paal/Pauly-*Pauly* Art. 89 Rn. 6.
56 Kühling/Buchner-*Buchner/Tinnefeld* Art. 89 Rn. 11; Gierschmann-*Nolte* Art. 89 Rn. 17; Gola-*Pötters* Art. 89 Rn. 22.

Weiterverarbeitungsbefugnis, zudem ausweislich Art. 17 Abs. 3 lit. d keine Löschpflicht. Die DS-GVO sieht somit eine Weiterverarbeitung und Sekundärnutzung von personenbezogenen Daten zu im öffentlichen Interesse liegenden Archivzwecken ausdrücklich vor. Das BArchG hingegen sieht eine Anbietungspflicht von Unterlagen gegenüber dem Archiv nur dann vor, wenn keine gesetzliche Löschpflicht besteht (vgl. § 6 Abs. 2 Nr. 2 BArchG). Eine derartige Löschpflicht ergibt sich im deutschen Recht aus zahlreichen Spezialgesetzen (vgl. etwa §§ 112, 113 Abs. 2 S. 3 BBG, §§ 24 ff. BPolG, §§ 58c ff. SG). Das deutsche Recht hebelt insoweit die „Archivfreundlichkeit" der DS-GVO aus. Verantwortliche haben daher stets sorgsam zu prüfen, ob sich aus einer spezialgesetzlichen Regelung eine Löschpflicht bezüglich der verarbeiteten Daten ergibt. Falls dies nicht der Fall ist, so unterliegen sie nach der DS-GVO und dem BArchG bzw. dem jeweiligen LArchG einer gesetzlichen Anbietungspflicht gegenüber dem jeweiligen Archiv. § 4 Abs. 2 Nr. 1 ArchivG NRW statuiert in diesem Sinne eine Anbietungspflicht selbst dann, wenn die angebotenen Unterlagen einer landes- oder bundesrechtlichen Löschpflicht unterliegen.[57]

21 **2. Wissenschaftliche Forschungszwecke.** Als weitere Kategorie privilegierter Datenverarbeitungen nennt Art. 89 Abs. 1 die Verarbeitung zu wissenschaftlichen Forschungszwecken. Eine Definition der wissenschaftlichen Forschung enthält die DS-GVO nicht. Im Ausgangspunkt ist zu beachten, dass sich das „öffentliche Interesse" nur auf die Tatbestandsvariante der Archivzwecke bezieht, sich aber nicht auch auf die wissenschaftlichen Forschungszwecke erstreckt.[58] Anders als nach der Datenschutzrichtlinie privilegiert Art. 89 dabei nicht sämtliche wissenschaftliche Zwecke, sondern nur **wissenschaftliche Forschungszwecke** (zur daraus folgenden Konkurrenz mit Art. 85 vgl. Rn. 10). Mit dieser restriktiveren Formulierung möchte der europäische Gesetzgeber klarstellen, dass **nicht jede reine Analyse größerer Datenmengen privilegiert** sein soll (zu Einzelfällen vgl. Rn. 24 ff.).[59]

22 Der Begriff der **wissenschaftlichen Forschung** im Sinne der DS-GVO ist **weit auszulegen.**[60] Neben der Grundlagenforschung umfasst er bspw. auch technologische Entwicklungen sowie angewandte und privat finanzierte Forschung.[61] Demzufolge ist nicht ausschlaggebend, wer die wissenschaftliche Forschung finanziert, sie kann daher sowohl öffentlich als auch privat oder gemischt finanziert sein.[62] Entscheidend ist bei privat finanzierter Forschung, dass der Auftraggeber keinen Einfluss auf die Forschungsarbeit und die Ergebnisse nimmt.[63] Die Privilegierung gilt daher nur für die unabhängige Forschung.[64] Unter den Forschungsbegriff kann etwa auch die in der Pra-

---

57 Dazu *Schwartmann* F.A.Z. v. 25.3.2020, S. N. 4.
58 Übereinstimmend Kühling/Buchner-*Buchner/Tinnefeld* Art. 89 Rn. 9. Wohl auch Paal/Pauly-*Pauly* Art. 89 Rn. 5 ff. sowie Ehmann/Selmayr-*Raum* Art. 89 Rn. 23. Differenzierend fordert *Weichert* ZD 2020, 18, 21 zumindest ein „überwiegendes Allgemeininteresse".
59 Vgl. Kühling/Buchner-*Buchner/Tinnefeld* Art. 89 Rn. 12; Ehmann/Selmayr-*Raum* Art. 89 Rn. 25; BeckOK DatenSR-*Eichler* Art. 89 Rn. 6.
60 So auch Paal/Pauly-*Pauly* Art. 89 Rn. 89 Rn. 7; Gierschmann-*Nolte* Art. 89 Rn. 19; Kühling/Buchner-*Buchner/Tinnefeld* Art. 89 Rn. 13; Sydow-*Hense* Art. 89 Rn. 8; Simitis/Hornung/Spiecker gen. Döhmann-*Caspar* Art. 89 Rn. 15.
61 ErwG 159 S. 2.
62 Gierschmann-*Nolte* Art. 89 Rn. 21; *Weichert* ZD 2020, 18, 19.
63 Vgl. *Hornung/Hofmann* ZD-Beil. 2017, 1, 5. Übereinstimmend *Weichert* ZD 2020, 18, 19.
64 *Weichert* ZD 2020, 18, 19.

xis immer relevantere sozialwissenschaftliche Forschung in den sozialen Medien fallen.[65] Im Allgemeinen kann auch im Rahmen der DS-GVO angelehnt an die Rechtsprechung des BVerfG gelten, dass als Forschung „jede geistige Tätigkeit mit dem Ziel, in methodischer, systematischer und nachprüfbarer Weise neue Erkenntnisse zu gewinnen"[66] anzusehen ist.[67] Wissenschaftliche Forschung ist demnach jeder „ernsthafte planmäßige Versuch zur Ermittlung der Wahrheit"[68].

Wenn die Art.-29-Datenschutzgruppe abweichend von dem Begriffsverständnis der wissenschaftlichen Forschung i.S.d. Rechtsprechung des BVerfG und von ErwG 159 der Ansicht ist, dass „der Begriff [der wissenschaftlichen Forschung] nicht über seine allgemeine Bedeutung hinaus ausgeweitet werden sollte und (...), **wissenschaftliche Forschung**, in diesem Kontext als ein Forschungsprojekt, das in Übereinstimmung mit den maßgeblichen, für den Sektor relevanten methodischen und ethischen Standards und in Übereinstimmung mit bewährten Verfahren entwickelt wird [zu verstehen ist]"[69],[70] so ist zu beachten, dass sich dieses Begriffsverständnis der Art.-29-Datenschutzgruppe auf die Frage nach den Anforderungen für eine wirksame Einwilligung in wissenschaftliche Forschung bezieht.[71] In diesem Rahmen ist ein restriktiveres Begriffsverständnis erforderlich, das sich allerdings wohl nicht im Allgemeinen auf das Begriffsverständnis i.R.v. Art. 89 bezieht und übertragen lässt. Die Anforderungen an die Wirksamkeit einer Einwilligung in eine Datenverarbeitung zu wissenschaftlichen Forschungszwecken nach Art. 4 Nr. 11, Art. 5 Abs. 1 lit. b, Art. 7 und ErwG 33 verengen nämlich insoweit das Begriffsverständnis der wissenschaftlichen Forschung i.S.v. Art. 89 und ErwG 159 für den Fall der Einwilligung, weil die Voraussetzungen für eine wirksame Einwilligung insoweit strenger sind und andernfalls eine wirksame Einwilligung in eine Datenverarbeitung zu wissenschaftlichen Forschungszwecken mangels Bestimmtheit und hinreichender Zweckbindung nicht möglich wäre.[72] Insofern gelten für den Begriff der wissenschaftlichen Forschung nach Art. 89 und die Einwilligung in eine Datenverarbeitung zu Zwecken der wissenschaftlichen Forschung unterschiedliche Maßstäbe (dazu auch Rn. 30). Der Anwendungsbereich der wissenschaftlichen Forschung ist somit weiter als die Anforderungen an die

---

65 Vgl. hierzu *Golla/Hofmann/Bäcker* DuD 2018, 89 ff.
66 Simitis/Hornung/Spiecker gen. Döhmann-*Caspar* Art. 89 Rn. 11 unter Verweis auf BVerfGE 47, 327, 367.
67 Übereinstimmend *Roßnagel* ZD 20198, 157, 158; *Weichert* ZD 2020, 18, 19; Gierschmann-*Nolte* Art. 89 Rn. 18 unter Verweis auf BVerfGE 35, 79, 113; 47, 327, 367; 90, 1, 12; Simitis/Hornung/Spiecker gen. Döhmann-*Caspar* Art. 89 Rn. 11.
68 *GMDS* und *GDD* Datenschutzrechtliche Anforderungen an die medizinische Forschung unter Berücksichtigung der DS-GVO v. 15.5.2017, S. 8 unter Verweis auf *BVerfG* v. 29.5.1973 – 1 BvR 424/71 bzw. 1 BvR 325/72 (Hochschul-Urteil), S. 8 Fn. 4.
69 *Art.-29-Datenschutzgruppe* WP 259 rev. 0.1. v. 10.4.2018, Leitlinien in Bezug auf die Einwilligung nach Verordnung 2016/679, S. 33.
70 Dazu auch BeckOK DatenSR-*Eichler* Art. 89 Rn. 6.
71 Übereinstimmend *DSK* Beschluss zur Auslegung des Begriffs „bestimmte Bereiche wissenschaftlicher Forschung" im ErwG 33 der DS-GVO v. 3.4.2019, S. 1.
72 *DSK* Beschluss zur Auslegung des Begriffs „bestimmte Bereiche wissenschaftlicher Forschung" im ErwG 33 der DS-GVO v. 3.4.2019, S. 1.

Zweckbindung der Einwilligung im Rahmen einer konkreten Datenverarbeitung zu wissenschaftlichen Forschungszwecken.[73]

24 Vor dem Hintergrund des sehr weiten Begriffsverständnisses der wissenschaftlichen Forschung ist fraglich, ob eine Berufung auf die Privilegierung aus Art. 89 nur unter gewissen Voraussetzungen zulässig bzw. gegebenenfalls auszuschließen ist.

25 Fraglich ist daher etwa, ob die **wissenschaftliche Lehre** begrifflich unter die wissenschaftlichen Forschungszwecke zu fassen ist. Dies ist nach dem Wortlaut sowie Sinn und Zweck von Art. 89 zweifelhaft.[74] Zwar fällt auch die wissenschaftliche Lehre unter den Schutzbereich der Wissenschaftsfreiheit aus Art. 13 GRCh,[75] gleichwohl ist davon auszugehen, dass die wissenschaftliche Lehre von der Privilegierung des Art. 89 nicht mit umfasst sein soll.[76] Denn der Verordnungsgeber hat durch seine Wortwahl eine eindeutige Abgrenzung zum allgemeinen Begriff der Wissenschaft i. S. v. Art. 13 GRCh vorgenommen und will so wohl den Anwendungsbereich von Art. 89 auf denjenigen der wissenschaftlichen Forschung begrenzen.[77] Dies zeigt sich bereits daran, dass der Verordnungsgeber im Rahmen von Art. 85 den weiten Begriff der „wissenschaftlichen Zwecke" verwendet, demgegenüber bei Art. 89 von der Verwendung dieses Begriffs abgesehen hat und stattdessen auf „wissenschaftliche Forschungszwecke" Bezug nimmt. Diese Annahme wird zudem dadurch gestützt, dass ErwG 159 zwar beispielhafte Ausführungen zum Umfang des Begriffs der wissenschaftlichen Forschungszwecke enthält, die wissenschaftliche Lehre nicht erwähnt.[78] Vielmehr soll Art. 89 ausweislich von ErwG 159 S. 3 dem in Art. 179 Abs. 1 AEUV festgeschriebenen Ziel dienen, einen einheitlichen europäischen „Raum der Forschung" zu schaffen.[79] Insofern spricht auch der Telos der Vorschrift gegen eine Erstreckung des Begriffs der wissenschaftlichen Forschung auf die wissenschaftliche Lehre. Ob der Begriff der „Demonstration" zu wissenschaftlichen Forschungszwecken in ErwG 159 S. 2 die wissenschaftliche Lehre zumindest teilweise erfasst, erscheint fraglich.[80] Hätte der Verordnungsgeber mit der Demonstration zumindest auch die wissenschaftliche Lehre gemeint, so ist mit Blick auf die sprachlichen Differenzierungen im Rahmen von Art. 89 – auch im Vergleich zu Art. 85 – davon auszugehen, dass er die wissenschaftliche Lehre zumindest in den ErwG ausdrücklich erwähnt hätte. Näherliegend dürfte die Annahme sein, dass der Begriff der Demonstration etwa die Darlegung und Vorführung des Versuchsaufbaus eines Forschungsprojekts und dessen Durchführung oder die Präsentation eines bestimmten Forschungsprojekts meint und nicht die wissenschaftliche Lehre bzw. wissenschaftliche Lehrtätigkeit als solche.

---

73 *DSK* Beschluss zur Auslegung des Begriffs „bestimmte Bereiche wissenschaftlicher Forschung" im ErwG 33 der DS-GVO v. 3.4.2019, S. 1.
74 Kühling/Buchner-*Buchner/Tinnefeld* Art. 89 Rn. 13.
75 Vgl. Meyer-*Bernsdorff* Charta der Grundrechte der Europäischen Union Art. 13 Rn. 15. Dazu auch Kühling/Buchner-*Buchner/Tinnefeld* Art. 89 Rn. 13.
76 In diesem Sinne auch Simitis/Hornung/Spiecker gen. Döhmann-*Caspar* Art. 89 Rn. 11. Dazu auch Kühling/Buchner-*Buchner/Tinnefeld* Art. 89 Rn. 13.
77 Kühling/Buchner-*Buchner/Tinnefeld* Art. 89 Rn. 13 m.w.N.; BeckOK DatenSR-*Eichler* Art. 89 Rn. 6; Ehmann/Selmayr-*Raum* Art. 25.
78 Dazu Kühling/Buchner-*Buchner/Tinnefeld* Art. 89 Rn. 13 Fn. 12.
79 Ehmann/Selmayr-*Raum* Art. 25; Simitis/Hornung/Spiecker gen. Döhmann-*Caspar* Art. 89 Rn. 12.
80 Simitis/Hornung/Spiecker gen. Döhmann-*Caspar* Art. 89 Rn. 12 m. w. N.

Erforderlich ist zudem insbesondere eine **Abgrenzung der wissenschaftlichen For-** 26
schungszwecke von kommerziellen Vorhaben. Außerhalb der wissenschaftlichen Forschung liegen Datenverarbeitungen, bei denen es vorrangig um die Optimierung von Diensten oder Dienstleistungen (etwa einer Suchmaschine oder eines News-Feeds) sowie um die **Verbesserung von Markt- und Wettbewerbschancen**, etwa bei Datenverarbeitungen zur Entwicklung neuer Produkte, geht.[81] Insofern ist die **Markt- und Meinungsforschung** zumindest dann nicht von der Privilegierung des Art. 89 erfasst, sofern es lediglich um Absatzinteressen geht.[82] Eine andere Beurteilung kann sich wiederum dann ergeben, wenn anhand wissenschaftlicher Maßstäbe der Erkenntnisgewinn im Rahmen der Datenverarbeitungen im Vordergrund steht.[83] Erforderlich ist stets eine Einzelfallbetrachtung.[84] Letztlich ergibt sich die Notwendigkeit eines restriktiven Verständnisses im Falle von **Mehrfachzwecken** (sowohl finanzielle Interessen als auch wissenschaftliche Forschungszwecke) daraus, dass Art. 89 Abs. 4 eine missbräuchliche Berufung auf das Forschungsprivileg ausdrücklich sperrt (vgl. dazu auch i.R.v. Abs. 4 Rn. 50).[85] Insofern ist es für private Unternehmen – unabhängig von sonstigen Rechtmäßigkeitsanforderungen der DS-GVO – jedenfalls unzulässig, etwa Nutzerdaten „auf Vorrat" zu Forschungszwecken zu erheben, um diese zunächst einmal speichern und zu einem späteren Zeitpunkt – ohne weitere Kontrollmöglichkeit für die betroffenen Personen – weiterverarbeiten oder Dritten zur Verfügung stellen zu können.[86] Die Zulässigkeit eines **Web-Scraping** durch eine automatische Erhebung personenbezogener Daten aus Nutzerprofilen und Webpräsenzen der Nutzer hängt somit maßgeblich davon ab, inwiefern es dabei tatsächlich um wissenschaftliche Forschungszwecke oder aber um Datenverarbeitungen zu sonstigen Zwecken geht.[87] Um in den Anwendungsbereich der Privilegierung aus Art. 89 Abs. 1 zu gelangen, ist daher stets eine **enge Zweckbindung** bei der Verarbeitung von Daten zu wissenschaftlichen Forschungszwecken zu fordern.[88]

Dies bedeutet gleichwohl nicht, dass private Unternehmen, da diese zumindest auch 27
wirtschaftliche Interessen verfolgen, keine wissenschaftliche Forschung betreiben könnten.

Die Datenethikkommission empfiehlt in diesem Zusammenhang die Entwicklung von 28
Datentreuhand-Systemen[89], bei denen Nutzer ihre personenbezogenen Daten über Privacy Management Tools (PMT) und Privacy Information Management Systems (PIMS) verwalten können.[90] Mit Hilfe derartiger Modelle könnten Nutzer ihre Daten

---

81 *Weichert* ZD 2020, 18, 20; Simitis/Hornung/Spiecker gen. Döhmann-*Caspar* Art. 89 Rn. 16.
82 Simitis/Hornung/Spiecker gen. Döhmann-*Caspar* Art. 89 Rn. 18; *Weichert* ZD 2020, 18, 20.
83 *Weichert* ZD 2020, 18, 20; Simitis/Hornung/Spiecker gen. Döhmann-*Caspar* Art. 89 Rn 18.
84 Sydow-*Hense* Art. 89 Rn. 19; Simitis/Hornung/Spiecker gen. Döhmann-*Caspar* Art. 89 Rn. 18.
85 Gierschmann-*Nolte* Art. 89 Rn. 21.
86 Zu Missbrauchsfällen vgl. *Weichert* ZD 2020, 18, 20. Übereinstimmend Ehmann/Selmayr-*Raum* Art. 89 Rn. 47. Vgl. dazu auch Ausführungen unter Rn. 40.
87 Dazu *Golla/von Schönfeld* K&R 2019, 15, 19.
88 *Weichert* ZD 2020, 18, 21.
89 Zu Datentreuhand-Systemen vgl. *Datenethikkommission* Abschlussgutachten v. Oktober 2019, S. 133 sowie mit teilweise weitreichenden Ansätzen *Blankertz* Stiftung Neue Verantwortung – Designing Data Trusts v. Feb. 2020, S. 2 und 17.
90 Vgl. dazu *Datenethikkommission* Abschlussgutachten v. Oktober 2019, S. 133.

etwa ausdrücklich auch zur Verarbeitung zu wissenschaftlichen Forschungszwecken (etwa Auswertung des Energieverbrauchs smarter Endgeräte im SmartHome[91] zur wissenschaftlichen Forschung, z.B. Auswirkungen auf das Klima, aber auch im Rahmen der Pandemiebekämpfung[92]) unter konkreten Zweckbindungen freigeben. Die Aufgabe des Treuhänders, für dessen Organisation die Datenethikkommission unabhängige Gremien wie Stiftungen empfiehlt,[93] läge darin, als Treuhänder der Privatsphäre zu agieren.[94] Insbesondere im Rahmen von Single-Sign-On-Systemen und Datentreuhandmodellen liegen in der Praxis somit wichtige Anwendungsfelder für Art. 89 für private Unternehmen, insbesondere dann, wenn Nutzer ihre Daten ausdrücklich zu Forschungszwecken freigeben und in eine entsprechende Datenverarbeitung entsprechend Art. 4 Nr. 11, Art. 5 Abs. 1 lit. b, Art. 7 (ggf. Art. 9 Abs. 2 lit. a) und ErwG 33 einwilligen. Auch unabhängig von einer Einwilligung kann eine Datenverarbeitung zu Forschungszwecken, etwa nach Art. 6 Abs. 1 lit. f, Art. 9 Abs. 2 lit. i, e und j, zulässig sein. In diesem Falle erlangt das Widerspruchsrecht nach Art. 21 Abs. 6 besondere Bedeutung (vgl. dazu Rn. 34 und 45).

29 Von besonderer Bedeutung ist Art. 89 insbesondere bei der wissenschaftlichen Forschung im **Gesundheitswesen**.[95] Da Art. 89 selbst keinen eigenständigen Erlaubnistatbestand darstellt, sind in datenschutzrechtlicher Hinsicht insbesondere die Anforderungen nach Art. 4 Nr. 11, Art. 5 Abs. 1 lit. b, e, Art. 7 und Art. 9 Abs. 2 lit. a und j zu beachten. Die Verarbeitung von Gesundheitsdaten zu wissenschaftlichen Forschungszwecken kann im Grundsatz entweder aufgrund einer Einwilligung (Art. 4 Nr. 11, Art. 7, Art. 9 Abs. 2 lit. a) oder aufgrund eines gesetzlichen Erlaubnistatbestands (Art. 9 Abs. 2 lit. j) erfolgen.[96]

30 Hinsichtlich der Einwilligung in die Verarbeitung von Gesundheitsdaten zu wissenschaftlichen Forschungszwecken sieht **ErwG 33** Erleichterungen vor. Während Art. 4 Nr. 11 eine Einwilligung für einen bestimmten Fall und in informierter Weise voraussetzt, trägt ErwG 33 dem Umstand Rechnung, dass die Zwecke wissenschaftlicher Forschung zum Zeitpunkt der Erhebung womöglich (noch) nicht vollständig angegeben werden können (vgl. ErwG 33 S. 1). Aus diesem Grund soll es nach ErwG 33 S. 2 erlaubt sein, die Einwilligung auch für bestimmte Bereiche wissenschaftlicher For-

---

91 Bsp. aus *Blankertz* Stiftung Neue Verantwortung – Designing Data Trusts v. Feb. 2020, S. 18.
92 Vgl. dazu Rn. 35.
93 *Datenethikkommission* Abschlussgutachten v. Oktober 2019, S. 134.
94 Dazu *Schwartmann/Mühlenbeck* Die Corona-App und der Datenschutz, F.A.Z. Einspruch v. 6.4.2020; *Illner* im Interview mit *Prof. Schwartmann* Chance oder Risiko: Verändert die Coronakrise unsere Sichtweise auf das Thema Datenschutz? v. 20.3.2020, abrufbar unter https://web.de/magazine/news/coronavirus/chance-risiko-veraendert-coronakrise-sichtweise-thema-datenschutz-34533122, zuletzt abgerufen am 27.4.2020.
95 *Paal/Pauly-Pauly* Art. 89 Rn. 7; *Gierschmann-Nolte* Art. 89 Rn. 21; *GMDS* und *GDD* Datenschutzrechtliche Anforderungen an die medizinische Forschung unter Berücksichtigung der DS-GVO v. 15.5.2017, S. 14 ff. und 19 ff.
96 Vgl. dazu Ehmann/Selmayr-*Raum* Art. 89 Rn. 32 ff.; *Weichert* ZD 2020, 18, 21; Simitis/Hornung/Spiecker gen. Döhmann-*Caspar* Art. 89 Rn. 37 ff.; *Roßnagel* ZD 2019, 157, 160 f.; *Gierschmann-Nolte* Art. 89 Rn. 32; *GMDS* und *GDD* Datenschutzrechtliche Anforderungen an die medizinische Forschung unter Berücksichtigung der DS-GVO v. 15.5.2017, S. 14 ff. und 19 ff.

schung oder Teile von Forschungsprojekten zu erteilen (vgl. ErwG 33 S. 2 und 3).[97] Eine derartige Einwilligung in eine Datenverarbeitung zu Forschungszwecken wird insbesondere unter dem Begriff **broad consent** diskutiert.[98] Ein anderer Ansatz der Einholung wirksamer Einwilligungen stellt die sukzessive und für den Einzelfall angepasste Einwilligungserklärung (sog. **dynamic consent**) dar.[99] Diese Form der Einwilligung ermöglicht es der betroffenen Person, im Zuge hinreichender Transparenz das Forschungsprojekt und dessen Fortgang zu überwachen und ggf. jederzeit die Einwilligung widerrufen zu können.[100] Die DSK sieht es in diesem Zusammenhang als nicht mit ErwG 33 vereinbar an, wenn die Verwendung der Gesundheitsdaten pauschal auf bestimmte Forschungsbereiche ausgeweitet wird.[101] Vielmehr ist möglichst präzise das jeweilige Forschungsvorhaben und die spezifische Sicherungsmaßnahme zu erfassen.[102] ErwG 33 eröffnet daher nicht die Möglichkeit einer Generalermächtigung in unspezifische Forschungsvorhaben, vgl. dazu Rn. 21 f. Die von der Bundesregierung eingesetzte Datenethikkommission (DEK) empfiehlt die Einführung von Mustervorlagen zur Einholung von Einwilligungserklärungen, die Entwicklung innovativer Einwilligungsmodelle sowie digitaler Einwilligungsassistenten, um die forschungsbezogene Verarbeitung von Gesundheitsdaten zu erleichtern.[103] Zu derartigen **Privacy Management Tools** vgl. auch Rn. 28.

Fragen eines broad bzw. dynamic consents werden insbesondere im Zusammenhang mit **Biobanken, sonstigen Gesundheitsdatenbanken** oder im Rahmen von **Langzeitstudien** relevant.[104] Denn hier ist die wissenschaftliche Forschung auf die umfassende Erhebung und Aufbereitung von Daten und Biomaterialien angewiesen, um fortlaufend auf hinreichende Informationen zur Verfolgung der jeweiligen Forschungsfrage zurückgreifen zu können.[105] Hier ist den Anforderungen der DS-GVO und ErwG 33 ausreichend Rechnung zu tragen. Daneben stellt sich auch im Zuge **elektronischer Patientenakten** und sonstiger Sammlungen mit Gesundheitsdaten die Frage, inwieweit diese das Forschungsprivileg aus Art. 89 für sich in Anspruch nehmen können. Zur Problematik der Anonymisierung und Pseudonymisierung von Gesundheitsdaten siehe Rn. 42.

31

---

97 Dazu; Simitis/Hornung/Spiecker gen. Döhmann-*Caspar* Art. 89 Rn. 37 ff.; Ehmann/Selmayr-*Raum* Art. 89 Rn. 32 ff.; Gierschmann-*Nolte* Art. 89 Rn. 36; *Weichert* ZD 2020, 18, 21.
98 *Datenethikkommission* Abschlussgutachten v. Oktober 2019, S. 126; *DSK* Beschluss zur Auslegung des Begriffs „bestimmte Bereiche wissenschaftlicher Forschung" im ErwG 33 der DS-GVO v. 3.4.2019, S. 1; Simitis/Hornung/Spiecker gen. Döhmann-*Caspar* Art. 89 Rn. 37; Ehmann/Selmayr-*Raum* Art. 89 Rn. 33; BeckOK DatenSR-*Eichler* BeckOK Art. 89 Rn. 2.1; Gola-*Pötters* Art. 89 Rn. 3.
99 *Datenethikkommission* Abschlussgutachten v. Oktober 2019, S. 126; Simitis/Hornung/Spiecker gen. Döhmann-*Caspar* Art. 89 Rn. 41; Ehmann/Selmayr-*Raum* Art. 89 Rn. 33 und 36.
100 Dazu Simitis/Hornung/Spiecker gen. Döhmann-*Caspar* Art. 89 Rn. 41; Ehmann/Selmayr-*Raum* Art. 89 Rn. 36.
101 *DSK* Beschluss zur Auslegung des Begriffs „bestimmte Bereiche wissenschaftlicher Forschung" im ErwG 33 der DS-GVO v. 3.4.2019, S. 1.
102 *DSK* Beschluss zur Auslegung des Begriffs „bestimmte Bereiche wissenschaftlicher Forschung" im ErwG 33 der DS-GVO v. 3.4.2019, S. 1. Dazu auch *Weichert* ZD 2020, 18, 21.
103 *Datenethikkommission* Abschlussgutachten v. Oktober 2019, S. 126.
104 Vgl. *Roßnagel* ZD 2019, 567, 160; dazu auch die Kommentierung zu Art. 9 Rn. 93.
105 Simitis/Hornung/Spiecker gen. Döhmann-*Caspar* Art. 89 Rn. 37; Ehmann/Selmayr-*Raum* Art. 89 Rn. 35.

32 Im Rahmen **klinischer Prüfungen** ist zu beachten, dass die Anforderungen der DS-GVO gem. ErwG 156 S. 7, 161 hinter der VO (EU) Nr. 536/2014[106] zurücktreten.[107] Insofern gelten die spezifischen Anforderungen nach Art. 29 VO (EU) Nr. 536/2014 sowie auf mitgliedstaatlicher Ebene § 40 Abs. 2a S. 2 Nr. 2 AMG hinsichtlich einer informierten Einwilligung.

33 Im Rahmen einer Verarbeitung von Gesundheitsdaten zu Forschungszwecken außerhalb einer Einwilligung der betroffenen Person statuiert **Art. 9 Abs. 2 lit. j i.V.m. Abs. 4** die maßgeblichen Rechtmäßigkeitsanforderungen.[108] Hiernach ist insbesondere Voraussetzung, dass eine unionsrechtliche oder mitgliedstaatliche Regelung existiert, die in angemessenem Verhältnis zu dem verfolgten Ziel steht und angemessene und spezifische Schutzmaßnahmen vorsieht sowie für die in Art. 89 Abs. 1 benannten Zwecke erforderlich ist.[109]

34 Eine Regelung zur Verarbeitung von Gesundheitsdaten unabhängig vom Vorliegen einer Einwilligung enthält insbesondere das **Digitale-Versorgung-Gesetz (DVG)**[110], das im Dezember 2019 in Kraft trat. Das Gesetz soll auch Gesundheitsdaten zu Forschungszwecken besser nutzbar machen und sieht zu diesem Zwecke vor, dass in einem Forschungsdatenzentrum Gesundheitsdaten der Versicherten in einer Forschungsdatenbank zusammengeführt werden.[111] Die Datenverarbeitung erfolgt kraft gesetzlicher Erlaubnis nach § 303b SGB V und setzt keine Einwilligung der betroffen Person voraus. Diese Möglichkeit sieht die DS-GVO nach Art. 9 Abs. 2 lit. j vor. Problematisch ist allerdings im Hinblick auf den Patientendatenschutz die Frage, inwieweit sich Betroffene einer ungewollten Datenverarbeitung erwehren können. Art. 21 Abs. 6 statuiert zu diesem Zweck ein spezifisches Widerspruchsrecht für Datenverarbeitungen im Rahmen von Art. 89 Abs. 1. Von einer Befugnis zur Einschränkung von Art. 21 nach Art. 89 Abs. 2 wurde – soweit ersichtlich – neben § 27 Abs. 2 BDSG (vgl. dazu Rn. 33 ff.) bislang keinen Gebrauch gemacht. Fragwürdig ist allerdings, wie es sich auswirkt, wenn auch die Möglichkeit des Widerspruchsrechts nach Art. 21 Abs. 6 durch mitgliedstaatliches Recht ausgeschlossen würde. Die Befugnis einer Beschränkung von Art. 21 Abs. 6 folgt aus Art. 89 Abs. 2.[112] In diesem Fall bestünde die Möglichkeit, sensible Daten nach Art. 9 Abs. 2 lit. j i.V.m. Art. 89 Abs. 1 und 2 ohne Einwilligung der betroffenen Person zu Forschungszwecken zu verarbeiten und auch das

---

106 Verordnung (EU) Nr. 536/2014 des Europäischen Parlaments und des Rates vom 16.4.2014 über klinische Prüfungen mit Humanarzneimitteln und zur Aufhebung der Richtlinie 2001/20/EG, ABl. L 158/1.
107 Ehmann/Selmayr-*Raum* Art. 89 Rn. 10 und 34. Dazu auch Kommentierung zu Art. 9 Rn. 93.
108 *GMDS* und *GDD* Datenschutzrechtliche Anforderungen an die medizinische Forschung unter Berücksichtigung der DS-GVO v. 15.5.2017, S. 19 f.
109 Vgl. dazu ausführlich Kommentierung zu Art. 9 Rn. 204 ff.
110 Gesetz für eine bessere Versorgung durch Digitalisierung und Innovation (Digitale-Versorgung-Gesetz – DVG) v. 9.12.2019, BGBl. I 2019 S. 2562.
111 Dazu BT-Drucks. 19/13438, S. 2 sowie *Martini/Hohmann/Kolain* Widerspruch nicht ganz ausgeschlossen v. 3.12.2019 Gastbeitrag auf netzpolitik.org, abrufbar unter https://netzpolitik.org/2019/ein-bisschen-widerspruch-digitale-versorgung-gesundheitsdaten/, zuletzt abgerufen am 27.4.2020.
112 Dazu Gierschmann-*Nolte* Art. 89 Rn. 35.

Widerspruchsrecht weitestgehend einzuschränken. Inwiefern in einem solchen Fall die Anforderungen aus Art. 9 Abs. 2 lit. j gewahrt sind, müsste dann eingehend untersucht werden.

Die Frage der wirksamen Einwilligung in eine Verarbeitung von Gesundheitsdaten wird zudem derzeit (Stand: April 2020) im Zusammenhang mit sog. **„Corona-Apps"** zur Eindämmung der COVID-19-Pandemie diskutiert.[113] Hierbei stellt sich u. a. die Frage, ob Art. 89 Anwendung finden kann. Da eine Verarbeitung von Gesundheitsdaten sich am Maßstab von Art. 9 messen lassen muss, ist als Erlaubnistatbestand vorrangig Art. 9 Abs. 2 lit. a einschlägig.[114] Fraglich ist, ob die Datenverarbeitung zu wissenschaftlichen Forschungszwecken i. S. d. Art. 89 erfolgt.[115] Es bestehen derzeit sowohl zentrale als auch dezentrale Ansätze zur Ausgestaltung der Infrastruktur einer Corona-App (vgl. dazu Art. 4 Nr. 5 Rn. 109).[116] Die Art der Ausgestaltung ist dabei unter anderem für die Frage relevant, ob die Datenverarbeitung zu wissenschaftlichen Forschungszwecken erfolgt. Sie kann Aufschluss über die Zweckbestimmung der Datenverarbeitung der jeweiligen App geben, die über die Anwendbarkeit von Art. 89 entscheidet. Dabei ist eine sorgfältige Abgrenzung zu kommerziellen Vorhaben (entsprechend den in Rn. 26 entwickelten Vorgaben) von besonderer Bedeutung.[117] 35

Weitere gesetzliche Erlaubnistatbestände zur Verarbeitung von Gesundheitsdaten zu Forschungszwecken finden sich im mitgliedstaatlichen, bereichsspezifischen Datenschutzrecht, etwa in den **Krankenhausgesetzen** der Länder (z.B. Art. 27 Abs. 4 BayKrG, § 6 Abs. 2 GDSG NRW), im **Krebsregistergesetz** oder im **Sozialdatenschutz** (§ 287 SGB V, § 75 SGB X).[118] 36

3. Historische Forschungszwecke. Der europäische Gesetzgeber gibt keine Erklärung zu der Frage, warum Art. 89 die historischen Forschungszwecke explizit neben den wissenschaftlichen Forschungszwecken nennt. Es ist nicht davon auszugehen, dass der Gesetzgeber der historischen Forschung damit den Status als Wissenschaft absprechen 37

---

113 Vgl. dazu auch Art. 4 Nr. 1 Rn. 47, Art. 4 Nr. 5 Rn. 109 sowie Art. 9 Rn. 92, 131 und 202. Ausführlich dazu auch *Wissenschaftlicher Dienst des Deutschen Bundestages* Ausarbeitung zu Einzelfragen zum Handy-Tracking in Deutschland im Zusammenhang mit der Corona-Pandemie 2020, WD 3 – 3000 – 098/20, S. 4 ff.
114 Dazu Art. 9 Rn. 131 und 202. Zur Notwendigkeit einer vorrangig freiwilligen Nutzung der App sowie zum Ganzen vgl. *Thüsing/Kugelmann/Schwartmann* Datenschutz-Experten beurteilen Corona-App, F.A.Z. v. 9.4.2020 sowie *Schwartmann/Mühlenbeck* Die Corona-App und der Datenschutz, FAZ Einspruch v. 6.4.2020; vgl. auch *Wissenschaftlicher Dienst des Deutschen Bundestages* Ausarbeitung zu Einzelfragen zum Handy-Tracking in Deutschland im Zusammenhang mit der Corona-Pandemie 2020, WD 3 – 3000 – 098/20, S. 8.
115 Kritisch dazu *Hurtz* App zum Ärgern, S. Z. v. 21.4.2020, S. 5.
116 Dazu *Wissenschaftlicher Dienst des Deutschen Bundestages* Ausarbeitung zu Einzelfragen zum Handy-Tracking in Deutschland im Zusammenhang mit der Corona-Pandemie 2020, WD 3 – 3000 – 098/20, S. 4 f.; *Brössler/Hurtz* Regierung einigt sich auf Tracing-App – und Kritiker sind begeistert, S. Z. v. 26.4.2020; *Hurtz* App zum Ärgern, S. Z. v. 21.4.2020, S. 5 sowie *Schwartmann/Mühlenbeck* Die Corona-App und der Datenschutz, F.A.Z. Einspruch v. 26.4.2020.
117 Zu den (datenschutz-)rechtlichen Implikationen von COVID-19 im Rahmen von Hochschulen im Hinblick auf Prüfungen und Online-Lehre vgl. *Schwartmann* Ein Pandemieplan für Hochschulen, F.A.Z. v. 22.4.2020, S. N4.
118 Dazu *Roßnagel* ZD 2019, 157, 162; Gola-*Pötters* Art. 89 Rn. 7; Ehmann/Selmayr-*Raum* Art. 89 Rn. 37 und 59 f.

möchte.[119] Eine mögliche Erklärung hierfür ist, dass historische Forschung meist Quellen auswertet, die zunächst nicht zu Forschungszwecken angelegt wurden.[120] Entsprechend liegt datenschutzrechtlich die Problematik weniger in der Datenerhebung als in einer möglichen Zweckänderung bereits archivierter Daten. Grundsätzlich ist aber davon auszugehen, dass begrifflich die historischen Forschungszwecke von den wissenschaftlichen Forschungszwecken miterfasst sind und sich insoweit keine abweichende datenschutzrechtliche Beurteilung ergibt. Die ausdrückliche Erwähnung historischer Forschungszwecke im Rahmen von Art. 89 hat insofern deklaratorischen Charakter.[121]

38 **4. Statistische Zwecke.** Statistische Zwecke sind nach ErwG 162 S. 3 alle für die Durchführung statistischer Untersuchungen und die Erstellung statistischer Ergebnisse erforderlichen Vorgänge der Erhebung und Verarbeitung personenbezogener Daten. Während die Weiterverwendung der Ergebnisse für die Einordnung als statistischer Zweck zunächst nicht relevant ist, setzt die Verordnung jedoch voraus, dass die Ergebnisse keine personenbezogenen Daten (mehr) beinhalten und nicht für Entscheidungen gegenüber einzelnen natürlichen Personen verwendet werden.[122] ErwG 162 S. 5 stellt insofern klar, dass eine Datenverarbeitung nur dann zu statistischen Zwecken i.S. d Art. 89 Abs. 1 erfolgt, wenn deren Ergebnisse aggregierte Daten sind.[123]

39 Anwendungsfelder von Datenverarbeitungen zu statistischen Zwecken liegen insbesondere in der **Reichweitenmessung** sowie der **Werbung**.[124] Vor dem Hintergrund des ErwG 163 soll Art. 89 insbesondere die vertraulichen Informationen, die die statistischen Behörden der Union und der Mitgliedstaaten zur Erstellung der **amtlichen europäischen und nationalen Statistiken** erheben, besonders schützen (vgl. ErwG 163 S. 1).

II. Geeignete Garantien (Abs. 1)

40 Art. 89 Abs. 1 S. 2 stellt klar, dass „insbesondere" das Prinzip der **Datenminimierung** aus Art. 5 Abs. 1 lit. c sowie die **technisch-organisatorischen Anforderungen** des Art. 25 Abs. 1 für Datenverarbeitung zu den genannten Zwecken gelten.[125] Zudem muss der Verantwortliche auch Maßnahmen umsetzen, die die Vertraulichkeit und Integrität von Daten gem. Art. 5 Abs. 1 lit. f[126] und die Zweckbindung gem. Art. 5 Abs. 1 lit. b[127] schützen.[128] Der Verantwortliche muss also auch für nach Art. 89 privilegierte Verarbeitungen geeignete technische und organisatorische Maßnahmen zur Datenminimierung treffen. Dadurch möchte der europäische Gesetzgeber eine **ungeregelte Datenvorratshaltung zu Forschungszwecken** verhindern.[129] Zusätzlich bedarf die Verarbeitung weiterhin eines

---

119 So auch Gola-*Pötters* Art. 89 Rn. 18.
120 Ehmann/Selmayr-*Raum* Art. 89 Rn. 27.
121 Gierschmann-*Nolte* Art. 89 Rn. 20.
122 Vgl. ErwG 162 S. 4 und 5.
123 BeckOK DatenSR-*Eichler* BeckOK Art. 89 Rn. 7; Kühling/Buchner-*Buchner/Tinnefeld* Art. 89 Rn. 15.
124 Simitis/Hornung/Spiecker gen. Döhmann-*Caspar* Art. 89 Rn. 22.
125 Zum Verhältnis von Art 89 und Art. 25 vgl. bereits Rn. 14.
126 Vgl. auch Art. 32.
127 Vgl. Art. 6 Abs. 4.
128 Kühling/Buchner-*Buchner/Tinnefeld* Art. 89 Rn. 19.
129 Vgl. dazu Rn. 26 sowie Ehmann/Selmayr-*Raum* Art. 89 Rn. 47.

Garantien und Ausnahmen   **Art. 89**

Rechtfertigungsgrundes nach der DS-GVO, bspw. aus Art. 6 oder 9. Art. 89 Abs. 1 ist kein eigenständiger Erlaubnistatbestand.[130]

Die in Art. 89 Abs. 1 beschriebenen technischen und organisatorischen Maßnahmen umfassen explizit die **Pseudonymisierung**[131] personenbezogener Daten. Grundsätzlich muss der Verantwortliche jedoch zunächst vorrangig prüfen, ob die Zwecke nicht auch durch die Verarbeitung **anonymisierter Daten** erreicht werden können (vgl. Art. 89 Abs. 1 S. 4).[132] Gemäß des Grundsatzes der Datenminimierung darf der Verantwortliche in diesem Fall lediglich die anonymisierten Daten verarbeiten.[133] Eine möglichst frühzeitige Pseudonymisierung dürfte jedenfalls in allen verbleibenden Fällen geboten sein, in denen eine Anonymisierung nicht umsetzbar ist. Der Verantwortliche kann jedoch dann etwa von einer Pseudonymisierung absehen, wenn diese die Erreichung der Forschungs- und Statistikzwecke unmöglich machen würde.[134]   **41**

Problematisch ist die Anordnung des Art. 89 Abs. 1 allerdings in Bezug auf solche Daten, die letztlich einer Anonymisierung oder Pseudonymisierung niemals zugänglich sind bzw. durch eine Anonymisierung oder Pseudonymisierung der Forschungszweck stets gefährdet würde.[135] Insbesondere bei genetischen Daten sowie im Allgemeinen bei Gesundheitsdaten ist je nach Art und Umfang der Datenerhebung und der vorhandenen Informationen eine Identifizierbarkeit der betroffenen Person stets gegeben, weil das Datum (z.B. eine bestimmte genetische Information) naturgemäß bei nur einer Person vorhanden ist.[136] Insbesondere etwa bei der Feststellung genetischer Prädispositionen zur Ermittlung äußerst seltener Erbkrankheiten können in Deutschland etwa nur wenige Menschen betroffen sein, so dass eine Anonymisierung des Datums in der Praxis faktisch nahezu unmöglich ist, ohne den Informationsgehalt des Datums zu Forschungszwecken erheblich zu beschneiden. Hinzu tritt, dass unter Umständen bei der Feststellung von Risiken eine Kontaktierung der betroffenen Person zwecks Behandlung oder des Spenders von Biomaterial möglich bleiben muss.[137] Vor dem Hintergrund der Rechtsprechung des EuGH in der Rs. Breyer, die letztlich das Vorliegen einer Anonymisierung faktisch ausschließt, kollidiert insofern die Prämisse der DS-GVO, dass eine Anonymisierung von Daten grundsätzlich möglich ist, mit dem Verständnis des Personenbezugs in der Praxis.[138]   **42**

Die zu treffenden Maßnahmen müssen im Unterschied zu § 9 S. 2 BDSG a.F. nicht an dem vom Betroffenen gewünschten Schutzniveau ausgerichtet werden, sondern gem. Art. 32 Abs. 1 an einem objektiven Maßstab. Damit ist auch die Möglichkeit ausge-   **43**

---

130 Gola-*Pötters* Art. 89 Rn. 8; Sydow-*Hense* Art. 89 Rn. 1; Kühling/Buchner-*Buchner/Tinnefeld* Art. 89 Rn. 1; Paal/Pauly-*Pauly* Art. 89 Rn. 1; Ehmann/Selmayr-*Raum* Art. 89 Rn. 1; BeckOK DatenSR-*Eichler* Art. 89 Rn. 1.
131 Vgl. Kommentierung zu Art. 4 Nr. 5.
132 BeckOK DatenSR-*Eichler* Art. 89 Rn. 15; Ehmann/Selmayr-*Raum* Art. 89 Rn. 50 sowie ErwG 156 S. 3; Kühling/Buchner-*Buchner/Tinnefeld* Art. 89 Rn. 17.
133 Vgl. auch ErwG 156 S. 3.
134 Gola-*Pötters* Art. 89 Rn. 10.
135 Sydow-*Hense* Art. 89 Rn. 11; Kühling/Buchner-*Buchner/Tinnefeld* Art. 89 Rn. 17; Simitis/Hornung/Spiecker gen. Döhmann-*Caspar* Art. 89 Rn. 55.
136 Ehmann/Selmayr-*Raum* Art. 89 Rn. 46; Sydow-*Hense* Art. 89 Rn. 11.
137 Kühling/Buchner-*Buchner/Tinnefeld* Art. 89 Rn. 17; Ehmann/Selmayr-*Raum* Art. 89 Rn. 46.
138 Dazu auch Gierschmann-*Nolte* Art. 89 Rn. 27.

schlossen, Studienteilnehmer von Forschungsprojekten in ein niedrigeres, dem Risiko nicht angemessenes Schutzniveau einwilligen zu lassen.[139]

III. Öffnungsklauseln zu Betroffenenrechten (Abs. 2, 3 und 4)

44 **1. Ausnahmen nach Abs. 2.** Gemäß Art. 89 Abs. 2 dürfen Mitgliedstaaten unter bestimmten Voraussetzungen Ausnahmen von den in Abs. 2 benannten Betroffenenrechten vorsehen, wenn die personenbezogenen Daten zu wissenschaftlichen oder historischen Forschungszwecken oder zu statistischen Zwecken verarbeitet werden. Insofern beschränkt sich Abs. 2 auf diese Zwecke und enthält für im öffentlichen Interesse liegende Archivzwecke eine spezifische Regelung in Art. 89 Abs. 3. Gemäß Art. 89 Abs. 2 können sich die Ausnahmen auf das Auskunftsrecht (Art. 15), das Berichtigungsrecht (Art. 16), das Recht auf Einschränkung der Verarbeitung (Art. 18) und das Widerspruchsrecht (Art. 21) erstrecken. Nicht einschränkbar ist hingegen etwa das Recht auf Datenübertragbarkeit (Art. 20). Die Ausnahmen dürfen die Mitgliedstaaten jedoch nur dann vorsehen, soweit sie die Garantien des Art. 89 Abs. 1 umsetzen und die entsprechenden Rechte voraussichtlich (das heißt, im vom Mitgliedstaat erwarteten Regelfall) die **Verwirklichung der Zwecke unmöglich** machen oder **ernsthaft beeinträchtigen**. Die Ausnahmen müssen für die Erfüllung der Zwecke **notwendig** sein.[140] Dies erfordert eine Verhältnismäßigkeitsprüfung im Einzelfall.[141] Ausreichend ist im Rahmen von Abs. 2 dabei, dass die benannten Betroffenenrechte im Regelfall (vgl. „voraussichtlich" in Art. 89 Abs. 2) dazu führen, dass die Zwecke unmöglich oder ernsthaft beeinträchtigt werden.[142] Erforderlich ist also eine Prognoseentscheidung des Gesetzgebers.[143] Dass die Betroffenenrechte die Verwirklichung der spezifischen Zwecke i.S.v. Abs. 1 unmöglich machen, wird in der Praxis jedoch der Ausnahmefall sein.[144] Insbesondere im Hinblick auf das Auskunftsrecht ist fraglich, inwieweit dieses die Verwirklichung der in Abs. 2 benannten Zwecke unmöglich oder wesentlich erschweren könnte, dient es doch zur Gewährleistung von Transparenz gegenüber der betroffenen Person.[145]

45 Im Rahmen der in Abs. 2 benannten beschränkbaren Betroffenenrechte ist insbesondere die Möglichkeit der Beschränkung der Widerspruchsrechts über Art. 21 Abs. 6 hinaus von besonderer Relevanz.[146] Insbesondere insofern die Datenverarbeitung nicht aufgrund einer Einwilligung, sondern eines gesetzlichen Erlaubnistatbestandes erfolgt (dazu bereits Rn. 27 und 34), schränkt dies die Möglichkeiten der betroffenen Person, sich einer ungewollten Datenverarbeitung zu erwehren, massiv ein.[147]

---

139 Ehmann/Selmayr-*Raum* Art. 89 Rn. 36.
140 Art. 89 Abs. 2. Dazu BeckOK DatenSR-*Eichler* Art. 89 Rn. 17.
141 BeckOK DatenSR-*Eichler* Art. 89 Rn. 17; Gola-*Pötters* Art. 89 Rn. 25; Paal/Pauly-*Pauly* Art. 89 Rn. 14; Sydow-*Hense* Art. 89 Rn. 14.
142 Übereinstimmend Kühling/Buchner-*Buchner/Tinnefeld* Art. 89 Rn. 23; Gola-*Pötters* Art. 89 Rn. 24; Paal/Pauly-*Pauly* Art. 89 Rn. 14.
143 Paal/Pauly-*Pauly* Art. 89 Rn. 14.
144 Gola-*Pötters* Art. 89 Rn. 24. Selbst die Möglichkeit einer ernsthaften Beeinträchtigung wird von BeckOK DatenSR-*Eichler* Art. 89 Rn. 19 bezweifelt.
145 BeckOK DatenSR-Eichler Art. 89 Rn. 19; Simitis/Hornung/Spiecker gen. Döhmann-*Caspar* Art. 89 Rn. 64.
146 Dazu Gierschmann-*Nolte* Art. 89 Rn. 35 und 45.
147 Simitis/Hornung/Spiecker gen. Döhmann-*Caspar* Art. 89 Rn. 46.

Die DS-GVO lässt das Verhältnis dieser Öffnungsklausel zu der Privilegierung des 46
Art. 85 Abs. 2 für Datenverarbeitungen zu den dort ebenfalls genannten wissenschaftlichen Zwecken weitgehend offen. Die Öffnungsklausel des Art. 85 Abs. 2 geht über die in Art. 89 Abs. 2 normierte hinaus.[148] Diese Doppelung ist wohl dem politischen Druck der Interessenvertretungen der Wirtschaft geschuldet.[149] Vgl. dazu bereits Rn. 12.

2. Ausnahmen nach Abs. 3. Art. 89 Abs. 3 statuiert die Möglichkeit der Mitgliedstaaten zur Einschränkung der Betroffenenrechte für im öffentlichen Interesse liegende Archivzwecke. Für diese können die Mitgliedstaaten – weitergehender als im Rahmen von Abs. 2 –[150] zusätzlich die Mitteilungspflicht bei Berichtigung, Löschung oder Einschränkung der Verarbeitung (Art. 19) sowie das Recht auf Datenübertragbarkeit (Art. 20) einschränken. Die Voraussetzungen entsprechen ansonsten denen des Art. 89 Abs. 2.[151] 47

Die entsprechenden mitgliedstaatlichen Regelungen können dabei insbesondere 48
Bestandteil einer im Rahmen von Art. 6 Abs. 1 S. 1 lit. e, Abs. 2 und 3, Art. 9 Abs. 2 lit. j i.V.m. Art. 89 Abs. 3 geschaffenen Rechtsgrundlage sein.[152] Der deutsche Gesetzgeber hat von Art. 89 Abs. 3 in § 28 Abs. 2–4 BDSG Gebrauch gemacht (vgl. dazu Rn. 37 ff.).[153]

3. Schranken des Abs. 4. Mit Art. 89 Abs. 4 stellt der europäische Gesetzgeber klar, 49
dass die Privilegierungen und Ausnahmen nicht mehr gelten, soweit die personenbezogenen Daten über die in der Vorschrift genannten Zwecke hinausgehend auch für andere Zwecke verarbeitet werden sollen.

Abs. 4 beschränkt damit den Anwendungsbereich der mitgliedstaatlichen Ausnahme- 50
regelungen.[154] Letztlich verhindert die Vorschrift so eine „Flucht in die Privilegierung"[155], indem die Einschränkung der Betroffenenrechte nur insoweit möglich ist, wie die Datenverarbeitung auch die privilegierten Zwecke verfolgt. Abs. 4 soll so den Missbrauch von Art. 89 verhindern, indem im Falle von Mehrfachzwecken die Privilegierung aus Art. 89 in Anspruch genommen wird, obwohl zumindest nicht nur Zwecke nach Art. 89 Abs. 2 und 3 verfolgt werden.[156] Abs. 4 verhindert also die Umgehung der Voraussetzungen der DS-GVO, indem die Vorschrift außerhalb von Art. 89 liegenden Zwecken die Privilegierung entzieht.[157] Hieraus ergeben sich in der Praxis zahlreiche Abgrenzungsschwierigkeiten, insbesondere im Falle von Mehrfachzwecken bei privaten Unternehmen, indem zwischen privilegierten Zwecken und die nicht-privilegierten Zwecken sorgsam zu unterscheiden ist.[158] Entscheidend wird hierbei insbesondere

---

148 Vgl. zum Verhältnis der Öffnungsklauseln auch Kommentierung zu Art. 85 Rn. 25.
149 Vgl. Gola-*Pötters* Art. 89 Rn. 17.
150 Paal/Pauly-*Pauly* Art. 89 Rn. 16.
151 Ehmann/Selmayr-*Raum* Art. 89 Rn. 52; Paal/Pauly-*Pauly* Art. 89 Rn. 16.
152 Gierschmann-*Nolte* Art. 89 Rn. 43.
153 Dazu BeckOK DatenSR-*Eichler* Art. 89 Rn. 23.
154 Gola-*Pötters* Art. 89 Rn. 27; Paal/Pauly-*Pauly* Art. 89 Rn. 18.
155 Paal/Pauly-*Pauly* Art. 89 Rn. 18; Ehmann/Selmayr-*Raum* Art. 89 Rn. 53; Sydow-*Hense* Art. 89 Rn. 19.
156 Kühling/Buchner-*Buchner/Tinnefeld* Art. 89 Rn. 27; Gola-*Pötters* Art. 89 Rn. 27.
157 Sydow-*Hense* Art. 89 Rn. 19; Paal/Pauly-*Pauly* Art. 89 Rn. 18.
158 Ehmann/Selmayr-Raum Art. 89 Rn. 54.

sein, inwiefern im Falle von Mehrfachzwecken die Zwecke bereits zum Zeitpunkt der Datenerhebung vorliegen oder erst nachträglich hinzutreten.[159]

IV. §§ 27, 28 BDSG

51 Art. 89 enthält in dessen Abs. 2 und 3 **zwei Öffnungsklauseln**.[160] Zum einen können die Mitgliedstaaten die Verarbeitung personenbezogener Daten zu wissenschaftlichen oder historischen Forschungszwecken oder zu statistischen Zwecken privilegieren. Dabei können Sie **Ausnahmen von den Rechten der Art. 15, 16, 18 und 21** vorsehen (Art. 89 Abs. 2). Darüber hinaus können die Mitgliedstaaten für die Verarbeitung personenbezogener Daten für im öffentlichen Interesse liegende Archivzwecke **Ausnahmen von den Rechten gem. Art. 15, 16, 18, 19, 20 und 21** regeln (Art. 89 Abs. 3).

52 Der deutsche Gesetzgeber hat von den Öffnungsklauseln in Art. 89 Abs. 2 und 3 durch §§ 27 Abs. 2 und 28 Abs. 2–4 BDSG Gebrauch gemacht.[161]

53 Zu §§ 27, 28 BDSG vgl. auch die Kommentierung im Rahmen von Art. 9 Rn. 235 ff.

54 Soweit spezialgesetzliche Regelungen Anwendung finden (z.B. **Krankenhausgesetz** der Länder wie Art. 27 Abs. 4 BayKrG, § 6 Abs. 2 GDSG NRW, **Krebsregistergesetz**, **Sozialdatenschutz** gem. § 287 SGB V, § 75 SGB X[162], **Bundes- oder Landesarchivgesetze** wie § 6 Abs. 2 Nr. 2 BArchG oder **Arzneimittelgesetz** gem. § 40 Abs. 2a S. 2 Nr. 2 AMG), hat das bereichsspezifische Datenschutzrecht Vorrang vor den §§ 27, 28 BDSG, vgl. dazu auch Rn. 32 und 36.[163]

55 **1. § 27 Abs. 2 BDSG.** Der deutsche Gesetzgeber hat von der Öffnungsklausel des Art. 89 Abs. 2 in § 27 Abs. 2 S. 1 BDSG Gebrauch gemacht.[164] Dabei schränkt er die Rechte der betroffenen Personen aus den Art. 15, 16, 18 und 21 zunächst grundsätzlich ein, soweit diese Rechte die Verwirklichung der Forschungs- oder Statistikzwecke unmöglich machen oder ernsthaft beeinträchtigen und die Beschränkung für die Zweckerfüllung notwendig ist. Diese Einschränkung ist recht unspezifisch gehalten. Die Erfüllung der aufgezählten Betroffenenrechte ist im Regelfall vor allem eine Kostenfrage. Eine Verarbeitung, die diese Rechte berücksichtigt, erfordert in der Regel ein umfassendes (und dementsprechend aufwändiges) Datenschutz-Managementsystem.[165] Der Anwendungsbereich dieser Privilegierung dürfte wohl eher gering sein und sich vor allem auf solche Fälle beschränken, bei denen die Forschungsarbeit an sich

---

159 So Simitis/Hornung/Spiecker gen. Döhmann-*Caspar* Art. 89 Rn. 67 f.
160 Vgl. dazu Ausführungen ab Rn. 44.
161 BT-Drucks. 18/11325, S. 99 f.
162 Dazu ausführlich Ehmann/Selmayr-*Raum* Art. 89 Rn. 59 ff.
163 Zum bereichsspezifischen Datenschutzrecht vgl. auch Kühling/Buchner-*Buchner/Tinnefeld* Art. 89 Rn. 30 f. sowie Sydow-*Hense* Art. 89 Rn 22.
164 Vgl. BT-Drucks. 18/11325, S. 99.
165 Wobei eine solche finanzielle Belastung die Verwirklichung der Forschungs- oder Statistikzwecke nicht unmöglich machen oder ernsthaft beeinträchtigen soll, Simitis/Hornung/Spiecker gen. Döhmann-*Caspar* Art. 89 Rn. 64.

durch die entsprechenden Betroffenenrechte beeinträchtigt ist.[166] Dies könnte bspw. der Fall sein, wenn die zuständige Ethikkommission ein medizinisches Forschungsprojekt zum Schutz der betroffenen Personen stoppen würde.[167]

56 Umfangreicher sind hingegen die in § 27 Abs. 2 S. 2 BDSG geregelten Ausnahmen zu den Rechten aus Art. 15. Danach besteht das Auskunftsrecht dann nicht, wenn die Daten für Zwecke der wissenschaftlichen Forschung erforderlich sind und die Auskunftserteilung einen unverhältnismäßigen Aufwand erfordern würde. Das kann bspw. bei solchen Forschungsvorhaben der Fall sein, die mit besonders großen Datenmengen arbeiten.[168] Es ist fraglich, ob diese weitergehende Privilegierung mit dem Wortlaut des Art. 89 Abs. 2 vereinbar ist.[169] Die Öffnungsklausel gilt einerseits lediglich für Beschränkungen, die für Forschungszwecke „notwendig" sind, nicht bereits bei „erforderlichen" Beschränkungen. Auch fordert die Öffnungsklausel zumindest eine „ernsthafte Beeinträchtigung" und lässt gerade nicht bereits einen „unverhältnismäßigen Aufwand" genügen. Bis die Frage der Vereinbarkeit des § 27 Abs. 2 S. 2 BDSG mit den geltenden europarechtlichen Vorgaben abschließend geklärt ist, bleibt die deutsche Ausnahmeregelung dennoch maßgeblich. Hinsichtlich der Forschungsvorhaben von Hochschulen ist zu beachten, dass hier vor allem die Landesdatenschutzgesetze anzuwenden sind.[170]

57 In § 27 Abs. 4 BDSG schränkt der deutsche Gesetzgeber die Veröffentlichung personenbezogener Daten zu wissenschaftlichen oder historischen Forschungszwecken oder zu statistischen Zwecken ein. Diese Veröffentlichung ist nur erlaubt, wenn die betroffene Person eingewilligt hat oder wenn die Veröffentlichung für die Darstellung von Forschungsergebnissen über Ereignisse der Zeitgeschichte unerlässlich ist. Die Regelung ähnelt weitgehend dem § 40 Abs. 3 BDSG a.F.[171] Damit nimmt das BDSG eine Einschränkung auf, die in der DS-GVO verschiedenen Entwürfen im Laufe des Gesetzgebungsprozesses vorhanden war, jedoch in der endgültigen Norm nach Protesten aus der Wissenschaft gestrichen wurde.[172] Hintergrund war, dass befürchtet wurde, dass die geschaffene Privilegierung für Datenverarbeitungen i.S.d. Art. 89 Abs. 1 letztlich aufgehoben würde, wenn die Veröffentlichung der Forschungsergebnisse wiederum einwilligungspflichtig ausgestaltet würde.[173] Es ist fraglich, ob die Einschränkung nach § 27 Abs. 4 BDSG von den Öffnungsklauseln des Art. 89 tatsächlich gedeckt ist. Diese umfassen ihrem Wortlaut nach lediglich Privilegierungen der Datenverarbeitung zu wissenschaftlichen und historischen Forschungszwecken und erstrecken sich nicht auf die daran anschließende Veröffentlichung.[174]

---

166 So wird die Privilegierung bspw. im Bereich der Marktforschung aus diesem Grund nicht greifen. Für die Durchführung von Markt- und Meinungsumfragen sind Ausnahmen von den Betroffenenrechten nicht unbedingt notwendig. Vgl. *Hornung/Hofmann* ZD-Beil. 2017, 1, 11.
167 Vgl. BT-Drucks. 18/11325, S. 99. Dazu auch Ehmann/Selmayr-*Raum* Art. 89 Rn. 57.
168 Vgl. BT-Drucks. 18/11325, S. 99 f. Vgl. auch Ehmann/Selmayr-*Raum* Art. 89 Rn. 57.
169 Kritisch auch BeckOK DatenSR-*Eichler* Art. 89 Rn. 21.
170 *Roßnagel* ZD 2019, 157, 159.
171 Vgl. BT-Drucks 18/11325, S. 100.
172 Vgl. Gola-*Pötters* Art. 89 Rn. 1.
173 Gola-*Pötters* Art. 89 Rn. 1.
174 Daher wird zum Teil vertreten, dass § 27 Abs. 4 BDSG auf die Öffnungsklausel des Art. 85 DS-GVO zu stützen ist, vgl. *Geminn* DuD 2018, 640, 642.

58 2. § 28 Abs. 2, Abs. 3 und Abs. 4 BDSG. Der deutsche Gesetzgeber hat die Öffnungsklausel des Art. 89 Abs. 3 für Datenverarbeitungen zu im öffentlichen Interesse liegenden Archivzwecken in § 28 Abs. 2, Abs. 3 und Abs. 4 BDSG für eine eigene Regelung genutzt.[175] Vgl. ergänzend die Ausführungen zu § 28 in Art. 9 Rn. 256.

59 § 28 Abs. 2 BDSG schränkt das Auskunftsrecht gegenüber Betreibern von Archiven ein, wenn das Archivgut nicht durch den Namen der Person erschlossen ist oder die Angaben im Rahmen der Auskunftsanfrage kein Auffinden des betreffenden Archivguts mit vertretbarem Aufwand ermöglichen. Eine entsprechende Einschränkung findet sich auch in § 14 BArchG. Gut geführte Archive sind meistens so aufgebaut, dass sie durch entsprechende Register das Auffinden von Archivgütern anhand von vergleichsweise wenigen Informationen ermöglichen. Aus diesem Grund könnte dieser Ausnahmetatbestand in der Praxis gegebenenfalls eine eher geringere Rolle spielen.

60 Das Recht auf Berichtigung schränkt § 28 Abs. 3 BDSG für solche personenbezogenen Daten ein, die zu Archivzwecken im öffentlichen Interesse verarbeitet werden. Jedoch räumt das BDSG den betroffenen Personen in diesen Fällen ein Recht auf Gegendarstellung ein. Die Gegendarstellung muss vom Archiv den Unterlagen beigefügt werden. § 28 Abs. 3 BDSG schützt die Archivintegrität.[176] Denn für ein Archiv kann es gegebenenfalls auch notwendig sein, fehlerhafte Informationen zu archivieren. Nur so können Forscher nachvollziehen, wie die originale Informationslage handelnder Personen aussah. Mit dem Recht auf Gegendarstellung bringt der deutsche Gesetzgeber diese Interessen des Archivs an originalen historischen Dokumenten mit dem Recht auf informationelle Selbstbestimmung der betroffenen Personen in Einklang.

61 Eine weitere Ausnahme sieht § 28 Abs. 4 BDSG für die Rechte aus Art. 18 Abs. 1 lit. a, b und d sowie aus den Art. 20 und 21 vor. Diese Rechte bestehen nicht, soweit sie voraussichtlich die Verwirklichung der im öffentlichen Interesse liegenden Archivzwecke unmöglich machen oder ernsthaft beeinträchtigen und die Ausnahmen für die Erfüllung der öffentlichen Archivzwecke erforderlich sind. Bei dem nicht von der Ausnahmeregelung erfassten Art. 18 Abs. 1 lit. c handelt es sich um das Recht auf Einschränkung der Verarbeitung in Fällen, in denen der Verantwortliche die personenbezogenen Daten für die Zwecke der Verarbeitung nicht mehr benötigt, die betroffene Person sie jedoch zur Geltendmachung, Ausübung oder Verteidigung von Rechtsansprüchen benötigt.

C. Praktische Hinweise

I. Relevanz für öffentliche Stellen

62 Die Regelungen und Privilegierungen des Art. 89 in Verbindung mit den hierauf beruhenden Normen des BDSG haben bspw. für Universitäten, öffentliche Bibliotheken, öffentliche Archive und auch die öffentliche Verwaltung eine nicht zu unterschätzende Relevanz. Die Privilegierungen in Bezug auf bestimmte Betroffenenrechte ermöglichen erst eine finanzierbare Arbeit vieler dieser Stellen.

---

175 BT-Drucks. 18/11325, S. 100.
176 Taeger/Gabel-*Louven* § 28 BDSG Rn. 8

II. Relevanz für nichtöffentliche Stellen

Art. 89 differenziert nicht zwischen öffentlichen Stellen und nichtöffentlichen Stellen. Auch von nichtöffentlichen Stellen betriebene Forschungseinrichtungen oder Archive können von den Privilegierungen profitieren. Nichtöffentliche Stellen sollten daher insbesondere beachten, dass die Studienteilnehmer auch nicht durch Einwilligungserklärungen auf ein nach Art. 32 Abs. 1 angemessenes Schutzniveau verzichten können.[177]   63

III. Relevanz für betroffene Personen

Betroffene Personen werden durch Art. 89 Abs. 2 und 3 bzw. dessen Umsetzungsnormen in einigen ihrer durch die Verordnung ansonsten vorgesehenen Rechte gegenüber Verantwortlichen eingeschränkt.   64

IV. Relevanz für Aufsichtsbehörden

Aufsichtsbehörden müssen sich mit Art. 89 und den entsprechenden Umsetzungen im nationalen Recht auseinandersetzen, um prüfen zu können, welche Verantwortlichen sich in welchem Umfang auf die entsprechenden Privilegierungen berufen dürfen.   65

V. Relevanz für das Datenschutzmanagement

Verantwortliche, die von den Privilegierungen des Art. 89 Gebrauch machen wollen, müssen genau darauf achten, dass sie die privilegierten Daten strikt von anderen personenbezogenen Daten trennen und sonstige angemessene Maßnahmen zum Schutz betroffener Personen und ihrer Daten ergreifen.   66

Darüber hinaus sollte der Verantwortliche mit Blick auf seine Nachweispflichten aus Art. 5 Abs. 2 und Art. 24 Abs. 2 genau dokumentieren, weshalb er davon ausgeht, dass die in Art. 89 Abs. 2 aufgezählten Betroffenenrechte die Verwirklichung der Forschungs- oder Statistikzwecke ernsthaft beeinträchtigen oder unmöglich machen würden.   67

VI. Sanktionen

Art. 89 selbst ist nicht sanktionsbewehrt. Jedoch müssen Verantwortliche mit Sanktionen rechnen, wenn sie die Privilegierungen des Art. 89 in Anspruch nehmen, ohne die Voraussetzungen zu erfüllen. Dies stellt einen Verstoß gegen die entsprechenden Betroffenenrechte dar, welcher nach Art. 83 Abs. 5 lit. b mit Geldbußen von 20 000 000 EUR oder 4 % des gesamten weltweiten Jahresumsatzes geahndet werden kann, je nachdem, welcher der Beträge höher ist.   68

Artikel 90   Geheimhaltungspflichten

(1) ¹Die Mitgliedstaaten können die Befugnisse der Aufsichtsbehörden im Sinne des Artikels 58 Absatz 1 Buchstaben e und f gegenüber den Verantwortlichen oder den Auftragsverarbeitern, die nach Unionsrecht oder dem Recht der Mitgliedstaaten oder nach einer von den zuständigen nationalen Stellen erlassenen Verpflichtung dem Berufsgeheimnis oder einer gleichwertigen Geheimhaltungspflicht unterliegen, regeln, soweit dies notwendig und verhältnismäßig ist, um das Recht auf Schutz der personenbezogenen Daten mit der Pflicht zur Geheimhaltung in Einklang zu bringen. ²Diese

---

177   Vgl. Ehmann/Selmayr-*Raum* Art. 89 Rn. 49.

Vorschriften gelten nur in Bezug auf personenbezogene Daten, die der Verantwortliche oder der Auftragsverarbeiter bei einer Tätigkeit erlangt oder erhoben hat, die einer solchen Geheimhaltungspflicht unterliegt.

(2) Jeder Mitgliedstaat teilt der Kommission bis zum 25. Mai 2018 die Vorschriften mit, die er aufgrund von Absatz 1 erlässt, und setzt sie unverzüglich von allen weiteren Änderungen dieser Vorschriften in Kenntnis.
- *ErwG: 164*
- *BDSG n.F.: § 29*

Übersicht

	Rn		Rn
A. Einordnung und Hintergrund	1	IV. Mitteilungspflicht (Abs. 2)	15
I. Erwägungsgründe	2	C. Praktische Hinweise	16
II. BDSG	3	I. Relevanz für öffentliche Stellen	16
III. Normgenese und Umfeld	6		
1. RL 95/46/EG	7	II. Relevanz für nichtöffentliche Stellen	17
2. BDSG a.F.	8		
B. Kommentierung im Einzelnen	9	III. Relevanz für betroffene Personen	18
I. Untersuchungsbefugnisse der Aufsichtsbehörde	10	IV. Relevanz für Aufsichtsbehörden	19
II. Berufsgeheimnis oder gleichwertige Geheimhaltungspflicht	11	V. Relevanz für das Datenschutzmanagement	20
III. Regelungsumfang der Mitgliedstaaten	14	VI. Sanktionen	21

A. Einordnung und Hintergrund

1 Art. 90 Abs. 1 S. 1 enthält eine Öffnungsklausel, die es den Mitgliedstaaten ermöglicht, eigene Rechtsvorschriften zu den Befugnissen der Aufsichtsbehörde gegenüber Geheimnisträgern zu erlassen. Beschränken können die Mitgliedstaaten das Recht der Aufsichtsbehörde auf Zugang zu allen personenbezogenen Daten und Informationen (Art. 58 Abs. 1 lit. e) sowie das Zugangsrecht zu den Geschäftsräumen der Verantwortlichen (Art. 58 Abs. 1 lit. f). Damit ermöglicht es die DS-GVO den Mitgliedstaaten, den Konflikt zwischen Berufsgeheimnis und Datenschutz teilweise zu entschärfen.[1] Dies ist auch deshalb relevant, weil die Regelungen der DS-GVO ansonsten auch auf Berufsgeheimnisträger uneingeschränkt anwendbar wären.[2] Die Öffnungsklausel in Art. 90 Abs. 1 S. 1 ist dabei fakultativ ausgestaltet. Sie muss also nicht von den Mitgliedstaaten genutzt, bzw. durch mitgliedstaatliche Regelungen ausgeformt werden.

---

1 Auch an anderer Stelle befasst die DS-GVO sich mit dem Spannungsfeld zwischen dem Recht betroffener Personen auf Schutz ihrer personenbezogenen Daten und Berufsgeheimnispflichten. Beispielsweise entfällt nach Art. 14 Abs. 5 lit. d die Informationspflicht der Abs. 1 bis 4 des Art. 14, wenn die personenbezogenen Daten dem Berufsgeheimnis unterliegen. Teilweise wird die Regelung in Art. 90 als verfehlt angesehen, da gerade die hier relevanten Daten mit besonderer Sensibilität einer Aufsicht bedürften, vgl. *Dammann* ZD 2016, 307, 308. Diese Ansicht ist insofern nicht unproblematisch, als dass sie die Mitarbeiter der Aufsichtsbehörden als unfehlbar und nicht als potentielles (wenn auch geringes) Risiko für sensible Informationen ansieht. Berufsgeheimnisse schützen die Informationen der Bürger unter anderem auch vor einer Einsichtnahme durch staatliche Stellen.

2 Vgl. hierzu *Zikesch/Kramer* ZD 2015, 565, 565 f.; Kühling/Buchner-*Herbst* Art. 90 Rn. 2; Ehmann/Selmayr-*Ehmann/Kranig* Art. 90 Rn. 2.

Der deutsche Gesetzgeber hat von der Öffnungsklausel in § 29 Abs. 3 BDSG Gebrauch gemacht. Diese Vorschrift soll Berufsgeheimnisträger vor allgemeinen datenschutzrechtlichen Verpflichtungen nach der Verordnung schützen, welche ihre Berufspflichten übermäßig beeinträchtigen könnten.

I. Erwägungsgründe

ErwG 164 präzisiert die Zielrichtung der Öffnungsklausel des Art. 90 Abs. 1 S. 1. Zudem stellt dieser Erwägungsgrund klar, dass die Vorschrift die Verpflichtung der Mitgliedstaaten zum Erlass von Vorschriften über das Berufsgeheimnis nicht beeinträchtigt, wenn die Verabschiedung derartiger Regelungen aufgrund des Unionsrechts erforderlich ist.

II. BDSG

Der deutsche Gesetzgeber macht in § 29 Abs. 3 S. 1 BDSG von der Öffnungsklausel des Art. 90 Abs. 1 S. 1 für solche Personen[3] bzw. Normadressaten Gebrauch, die in § 203 Abs. 1, 2a und 3 StGB genannt sind. § 29 Abs. 3 S. 1 BDSG verweist noch auf die bis zum 8.11.2017 gültige Fassung des § 203 StGB. Hierbei ist allerdings zu beachten, dass § 203 Abs. 1 StGB bei der genannten Gesetzesänderung inhaltlich weitestgehend unverändert geblieben ist. § 203 Abs. 2a StGB findet sich inhaltlich nunmehr in § 203 Abs. 4 S. 1 StGB. Unklar bleibt dabei, ob sich der Verweis in § 29 Abs. 3 S. 1 BDSG auf die neu eingeführten „sonstigen mitwirkenden Personen" aus § 203 Abs. 3 StGB n.F. beziehen soll[4]. Diese Personen sind in die Tätigkeit des Berufsgeheimnisträgers in einer solchen Weise eingebunden, dass sie Beiträge leisten, allerdings ohne wie die Gehilfen in seine Sphäre eingegliedert zu sein.[5] Als solche Personen nennt die Gesetzesbegründung z.B. Bereitsteller von informationstechnischen Anlagen und Systemen zur externen Speicherung von Daten.[6] Eine Einbeziehung dieser Personen würde die Untersuchungsbefugnisse von Aufsichtsbehörden gegenüber IT-Dienstleistern, die überwiegend mit Berufsgeheimnisträgern zusammenarbeiten, in erheblicher Weise beschränken. Es wäre daher wünschenswert, dass der Gesetzgeber eine Anpassung der Verweisung vornimmt, um Klarheit und Rechtssicherheit zu schaffen. Gegenüber den in § 203 Abs. 1, Abs. 2a und Abs. 3 StGB genannten Personen und ihren Auftragsverarbeitern[7] stehen den Aufsichtsbehörden die Rechte aus Art. 58 Abs. 1 lit. e und f nicht zu, soweit die entsprechende Untersuchung der Aufsichtsbehörden zu einem Verstoß gegen die Geheimhaltungspflicht führen würde.[8] Diese Regelung wird voraussichtlich zu praxisrelevanten Unklarheiten führen, da eine Aufsichtsbehörde ohne entsprechende

---

3 § 29 Abs. 3 S. 1 BDSG meint mit „Personen" nicht „betroffene Personen" i.S.v. Art. 4 Nr. 1, sondern Verantwortliche und Auftragsverarbeiter im Sinne von Normadressaten der Verordnung.
4 So Taeger/Gabel-*Louven* Art. 90 Rn. 6.
5 BeckOK StGB-*Weidemann* § 203 Rn. 30.
6 BT-Drucks. 18/11936, S. 22.
7 Die Einbeziehung von Auftragsverarbeitern ist nach der Gesetzesbegründung dem vermehrten Einsatz von externen IT-Dienstleistern geschuldet, die von Berufsgeheimnisträgern zur Verschwiegenheit verpflichtet wurden und andernfalls vertragsbrüchig werden müssten, vgl. BT-Drucks. 18/11325, S. 101.
8 § 29 Abs. 3 S. 1 BDSG.

Untersuchungsmaßnahmen regelmäßig nicht überprüfen kann, inwiefern die Untersuchung überhaupt zu einer Verletzung entsprechender Geheimhaltungspflichten führen würde. Entsprechend werden Berufsgeheimnisträger künftig voraussichtlich weitgehend von den Kontrollen nach Art. 58 Abs. 1 lit. e und f ausgenommen sein, sobald sie gegenüber einer Aufsichtsbehörde darlegen, dass von einer Untersuchungsmaßnahme nach Art. 58 Abs. 1 lit. e oder lit. f auch geheimhaltungspflichtige Daten betroffen wären.[9]

4 Durch die Beschränkung auf die genannten Absätze des § 203 StGB fasst § 29 Abs. 3 BDSG andere, dem Berufsgeheimnis ähnliche Geheimhaltungspflichten nicht unter den besonderen Schutz vor den Untersuchungsbefugnissen der Aufsichtsbehörden. Von den Beschränkungen nach § 29 Abs. 3 BDSG sind bspw. das Statistikgeheimnis (§ 16 Abs. 1 BStatG) oder das Meldegeheimnis (§ 7 BMG) nicht erfasst. Als weitere gem. Art. 90 Abs. 1 S. 1 schutzwürdige Geheimhaltungspflichten kämen insbesondere spezielle Amtsgeheimnisse in Betracht, etwa das Steuergeheimnis (§ 30 AO).[10] Bei diesen Amtsgeheimnissen gilt die Geheimhaltungspflicht für die Institution und nicht für einzelne Personen. Die Mitarbeiter dieser Institutionen sind dann mittelbar über Arbeits- oder Dienstrecht verpflichtet,[11] was aber keine entsprechenden Einschränkungen der Untersuchungsbefugnisse der Aufsichtsbehörden nach sich zieht. Auch das Bankgeheimnis ist von den Einschränkungen der behördlichen Untersuchungsbefugnisse nach § 29 Abs. 3 BDSG nicht umfasst.

5 Ergänzend stellt § 1 Abs. 2 S. 3 BDSG klar, dass unter anderem die Verpflichtung zur Wahrung gesetzlicher Geheimhaltungspflichten von den Vorgaben des BDSG unberührt bleibt.

III. Normgenese und Umfeld

6 Art. 90 wurde im Laufe des Gesetzgebungsprozesses kaum verändert und war kein Gegenstand größerer Diskussionen.[12]

7 **1. RL 95/46/EG.** Die Datenschutzrichtlinie erwähnte zwar das Berufsgeheimnis in Art. 8 Abs. 3, beinhaltete jedoch keine spezifische Regelung zu den Befugnissen von Aufsichtsbehörden gegenüber Geheimnisträgern.

8 **2. BDSG a.F.** Das BDSG a.F. schloss in § 1 Abs. 3 BDSG a.F. spezifischere bundesgesetzliche Geheimhaltungspflichten vom Anwendungsbereich des BDSG a.F. aus.[13] Anders als die DS-GVO war das BDSG a.F. als Auffanggesetz ausgestaltet,[14] so dass etwa Geheimhaltungspflichten nach § 43a BRAO den Regelungen des BDSG a.F. vorgingen.

---

9 Kritisch hierzu auch *Jensen* ZD-Aktuell 2017, 05596; *Weichert* DuD 2017, 538, 543; *Vereinigung für Datenschutz e.V.* Stellungnahme v. 1.2.2017, S. 9 f.; Kühling/Buchner-*Herbst* Art. 90 Rn. 27–30; Simitis/Hornung/Spiecker gen. Döhmann-*Caspar* Art. 90 Rn. 27–32.
10 Weitere besondere Amtsgeheimnisse sind etwa das Sozialgeheimnis (§ 35 SGB I), das Postgeheimnis (§ 39 PostG) oder das Fernmeldegeheimnis (§ 88 TKG).
11 Paal/Pauly-*Pauly* Art. 90 Rn. 6.
12 Kühling/Buchner-*Herbst* Art. 90 Rn. 5.
13 Vgl. auch Wybitul-*Steinhaus* Art. 90 Rn. 7.
14 Vgl. zur neuen Gesetzeslage auch § 1 Abs. 2 BDSG.

B. Kommentierung im Einzelnen

Die Regelung des Art. 90 Abs. 1 S. 1 bezieht sich gem. Art. 90 Abs. 1 S. 2 ausschließlich **9** auf solche personenbezogenen Daten, die der Verantwortliche oder sein Auftragsverarbeiter bei einer Tätigkeit erhoben oder erlangt hat, die einer Geheimhaltungspflicht unterliegt.[15] So gilt es etwa bei Ärzten als Geheimnisträgern zu unterscheiden, ob es um patientenbezogene Daten oder nicht patientenbezogene Daten geht, da letztere nicht unter die Regelungen des Art. 90 Abs. 1 fallen. Gleiches gilt bspw. für personenbezogene Daten von Bewerbern oder Mitarbeitern, die ein Anwalt verarbeitet.[16] In derartigen Fällen würde es an dem in § 29 Abs. 3 BDSG bestimmten Erfordernis fehlen, dass die Inanspruchnahme der Untersuchungsbefugnisse der Aufsichtsbehörde zu einem Verstoß gegen Geheimhaltungspflichten führen würde.

I. Untersuchungsbefugnisse der Aufsichtsbehörde

Art. 90 Abs. 1 S. 1 schränkt lediglich die Befugnisse der Aufsichtsbehörden aus Art. 58 **10** Abs. 1 lit. e und f ein, also die Befugnis der Aufsichtsbehörde, Zugang zu allen relevanten Daten sowie den Geschäftsräumen zu erhalten. Nicht umfasst ist bspw. Art. 58 Abs. 1 lit. a, nach dem die Aufsichtsbehörde vom Verantwortlichen die Bereitstellung aller relevanten Daten verlangen kann. Daraus wird teilweise gefolgert, dass die Aufsichtsbehörden durch die Anweisung, Informationen bereitzustellen, den bezweckten Geheimnisschutz unterlaufen können.[17] Sinnvoller Weise kann Art. 58 Abs. 1 lit. a indes nicht dahingehend ausgelegt werden, dass nationale Vorschriften zum Berufsgeheimnis oder andere Geheimhaltungspflichten umgangen werden. Entsprechend dürfen Aufsichtsbehörden richtigerweise auch nicht durch ein entsprechendes Auskunftsverlangen das Verbot des direkten Zugangs zu bestimmten Daten umgehen.[18] Für punktuelle Untersuchungen zu einem individuellem Fall kann der durch die Geheimhaltungspflicht Begünstigte zudem in die Untersuchung durch die Aufsichtsbehörde einwilligen.[19] Das Anfordern abstrakter Angaben dürfte hingegen in der Regel nicht zu einem Verstoß gegen Geheimhaltungspflichten führen und somit nicht gegen § 29 Abs. 3 BDSG verstoßen.

II. Berufsgeheimnis oder gleichwertige Geheimhaltungspflicht

Geheimhaltungspflichten i.S.v. Art. 90 Abs. 1 S. 1 können aus dem Unionsrecht, dem **11** nationalen Recht oder von entsprechenden nationalen zuständigen Stellen, wie bspw.

---

15 Simitis/Hornung/Spiecker gen. Döhmann-*Caspar* Art. 90 Rn. 13; Sydow-*Tiedemann* Art. 90 Rn. 6; a.A. Taeger/Gabel-*Louven* Art. 90 Rn. 8; dazu, welche Unterschiede sich hier je nach Tätigkeitsfeld bei einem Geheimnisträger ergeben können, vgl. *Conrad* ZD 2014, 165 ff.
16 Kühling/Buchner-*Herbst* Art. 90 Rn. 21 ff.; vgl. zur aufsichtsbehördlichen Prüfung technisch-organisatorischer Datenschutzverstöße Simitis/Hornung/Spiecker gen. Döhmann-*Caspar* Art. 90 Rn. 28.
17 Gola/Heckmann-*Lapp* § 29 BDSG Rn. 26; BeckOK DatenSR-*Uwer* § 29 BDSG Rn 32; Ehmann/Selmayr-*Ehmann/Kranig* Art. 90 Rn. 11.
18 So auch Kühling/Buchner-*Herbst* Art. 90 Rn. 7; a.A. Ehmann/Selmayr-*Ehmann/Kranig* Art. 90 Rn. 11.
19 Simitis/Hornung/Spiecker gen. Döhmann-*Caspar* Art. 90 Rn 20.

einer Berufskammer,[20] erlassen werden. Sie können als Berufsgeheimnis oder als ähnliche Verschwiegenheitspflicht ausgeformt sein.

12 In Deutschland können sich Geheimhaltungspflichten aus der Zugehörigkeit zu einer bestimmten Berufsgruppe ergeben. Dies betrifft bspw. Anwälte (§ 43a Abs. 2 BRAO), Notare (§ 18 BNotO), Sozialarbeiter oder auch Angehörige eines Unternehmens der privaten Kranken-, Lebens- oder Unfallversicherung. Deren Geheimhaltungspflichten sind gem. § 203 StGB strafbewehrt. § 203 StGB statuiert zudem andere gleichwertige Verschwiegenheitspflichten, etwa solche für Berufspsychologen oder Eheberater.[21] Weitere ähnlich ausgestaltete Geheimhaltungspflichten können sich aus speziellen Amtsgeheimnissen ergeben.[22]

13 Keine Geheimhaltungspflichten i.S.d. Art. 90 Abs. 1 sind hingegen vertragliche Geheimhaltungspflichten.[23] Darunter fällt in Deutschland bspw. auch das gewohnheitsrechtlich begründete Bankgeheimnis[24], welches als schuldrechtliche Pflicht ausgestaltet ist und keine absolute Wirkung entfaltet.[25] Teilweise wird zwar vertreten, dass es auf die Ausgestaltung als schuldrechtliche Pflicht nicht ankomme. Die Bank befinde sich in einer ähnlichen Kollisionslage wie Berufsgeheimnisträger. Denn wie bei Berufsgeheimnisträgern stelle die Weitergabe von Daten eine Verletzung des Rechts auf informationelle Selbstbestimmung und des allgemeinen Persönlichkeitsrechts der betroffenen Person dar und könne deliktische Schadensersatzansprüche nach sich ziehen[26]. Diese Ansicht verkennt jedoch, dass Berufsgeheimnisträger oder Verarbeiter gleichwertiger Geheimhaltungspflichten direkt von den sie betreffenden Gesetzen auf mitgliedstaatlicher Ebene verpflichtet werden und somit unter anderem auch ausreichend Klarheit besteht, wann die Weitergabe von Daten unrechtmäßig ist. Etwaige deliktische Schadensersatzansprüche dürften hingegen nicht ausreichend konkret sein, um eine solche Geheimhaltungspflicht zu konstituieren. Gleiches gilt auch für berufsethische Verhaltenskodizes, die weder „Recht" noch von einer zuständigen Stelle erlassene Regeln sind.[27]

III. Regelungsumfang der Mitgliedstaaten

14 Die Mitgliedstaaten können gem. Art. 90 Abs. 1 S. 1 die entsprechenden Rechte der Aufsichtsbehörden lediglich insoweit einschränken, als dies notwendig und verhältnismäßig ist, um das Recht zum Schutz der personenbezogenen Daten mit der Pflicht zur Geheimhaltung in Einklang zu bringen. Damit stellt der europäische Gesetzgeber klar, dass die Öffnungsklausel lediglich dazu dient, die widerstreitenden Interessen von Berufsgeheimnisträgern, sich rechtskonform zu verhalten, mit der Aufgabenerfüllung der Aufsichtsbehörden in Einklang zu bringen. Wie genau die Mitgliedstaaten die Notwendigkeit und Verhältnismäßigkeit im Einzelnen sicherstellen, bleibt weitgehend

---

20 Vgl. Plath-*Grages* Art. 90 Rn. 4; Sydow-*Tiedemann* Art. 90 Rn. 7; Kühling/Buchner-*Herbst* Art. 90 Rn. 11.
21 Kühling/Buchner-*Herbst* Art. 90 Rn. 16; BeckOK DatenSR-*Uwer* Art. 90 Rn. 10.
22 Siehe oben unter A. II. Rn. 4.
23 Kühling/Buchner-*Herbst* Art. 90 Rn. 13; Sydow-*Tiedemann* Art. 90 Rn. 7.
24 Specht/Mantz-*Heinson* § 14 Rn. 4; Heidel/Schall-*Klappstein* nach § 372 Rn. 30 ff.
25 Vgl. BGH NJW 2007, 2106, 2107; Paal/Pauly-*Pauly* Art. 90 Rn. 6; Kühling/Buchner-*Herbst* Art. 90 Rn. 18.
26 Taeger/Gabel-*Louven* Art. 90 Rn 7.
27 Kühling/Buchner-*Herbst* Art. 90 Rn. 19.

ihnen überlassen. Das Erfordernis der Verhältnismäßigkeit schließt jedoch Regelungen der Mitgliedstaaten aus, die den Aufsichtsbehörden gegenüber Berufsgeheimnisträgern die entsprechenden Rechte grundsätzlich entziehen. Dies würde die Aufgaben der Datenschutzaufsicht in ihrem Wesensgehalt angreifen und wäre somit wohl unverhältnismäßig.[28] Dennoch wird zum Teil vertreten, dass bspw. die Rechte der Aufsichtsbehörden gegenüber der anwaltlichen Schweigepflicht prinzipiell zurückzutreten haben.[29] Der Regelungsumfang der Mitgliedstaaten wird im Rahmen von Art. 288 UAbs. 2 AEUV durch den Wortlaut des Art. 90 Abs. 1 bestimmt.

IV. Mitteilungspflicht (Abs. 2)

Die Mitgliedstaaten mussten der Kommission bis zum 25.5.2018 mitteilen, welche Vorschriften sie auf Grundlage von Art. 90 Abs. 1 erlassen. Der Wortlaut des Art. 90 Abs. 2 lässt offen, ob die Mitteilungspflicht nur für neu geschaffene Normen oder auch für bereits bestehende Regelungen der Mitgliedstaaten gelten soll, die bereits die Anforderungen von Art. 90 Abs. 1 erfüllen. Angesichts des in beiden Fällen vergleichbaren Interesses der Kommission an einer Mitteilung ist hier wohl davon auszugehen, dass auch Altregelungen der Mitteilungspflicht unterliegen.[30] Zudem sind nach richtiger Ansicht auch nach dem Stichtag noch Änderungen der Gesetze oder Neuregelungen durch die Mitgliedstaaten möglich.[31] Solche Änderungen sind dann unverzüglich mitzuteilen. 15

C. Praktische Hinweise

I. Relevanz für öffentliche Stellen

Art. 90 kann nur dort für öffentliche Stellen Relevanz entfalten, wo diese Personen i.S.v. § 203 Abs. 1, Abs. 2a und Abs. 3 StGB beschäftigen oder als deren Auftragsverarbeiter tätig werden. 16

II. Relevanz für nichtöffentliche Stellen

Die Regelung ist für Berufsgeheimnisträger im Sinne von § 203 Abs. 1, Abs. 2a und Abs. 3 StGB relevant. 17

III. Relevanz für betroffene Personen

In der Praxis dürften Art. 90 und § 29 Abs. 3 BDSG die effektive Durchsetzung von Betroffenenrechten im Rahmen von Beschwerden bei den Aufsichtsbehörden erschweren. In diesem Zusammenhang sind auch die in § 29 Abs. 1 und Abs. 2 BDSG vorgesehenen Einschränkungen der Betroffenenrechte zu berücksichtigen. 18

IV. Relevanz für Aufsichtsbehörden

Die Datenschutzaufsichtsbehörden müssen bei Kontrollen von Geheimnisträgern genau prüfen, ob gegebenenfalls ihre Rechte nach Art. 58 Abs. 1 lit. e und f gegenüber dem Geheimnisträger eingeschränkt sind. Entsprechend ist es wichtig für die Auf- 19

---

28 So auch Ehmann/Selmayr-*Ehmann/Kranig* Art. 90 Rn. 8.
29 Gola-*Piltz* Art. 90 Rn. 10; vgl. allgemein BeckOK DatenSR-*Uwer* Art. 90 Rn. 14.
30 So auch Kühling/Buchner-*Herbst* Art. 90 Rn. 24; Sydow-*Tiedemann* Art. 90 Rn. 21.
31 Wybitul-*Steinhaus* Art. 90 Rn. 6; a.A. *Gola/Pötters/Thüsing* RDV 2016, 57, 59.

sichtsbehörde, bereits im Vorfeld einer geplanten Untersuchung zu prüfen, welche personenbezogenen Daten möglicherweise von einschlägigen Berufsgeheimnissen umfasst sein können.

V. Relevanz für das Datenschutzmanagement

20 Geheimnisträger, die in ihrem Mitgliedstaat von der Regelung entsprechend Art. 90 erfasst sind, müssen sicherstellen, dass sie personenbezogene Daten, welche sie im Rahmen ihrer der Geheimhaltungspflicht unterliegenden Tätigkeit erlangt haben, von anderen personenbezogenen Daten trennen. Das Datenschutzmanagement solcher Berufsgeheimnisträger sollte dabei im besten Fall ermöglichen, dass die Aufsichtsbehörde Zugang zu den im Unternehmen verarbeiteten personenbezogenen Daten erhält, ohne dabei Daten, die der Geheimhaltungspflicht unterliegen, einsehen zu können. Dies kann etwa durch eine logisch und gegebenenfalls auch physisch klar getrennte Speicherung beziehungsweise Aufbewahrung von Patienten- oder Mandantenakten und anderen durch Berufsgeheimnisse geschützten Informationen erreicht werden.

VI. Sanktionen

21 Art. 83 sieht keine direkten Sanktionen bei Verstößen gegen Art. 90 vor. Allerdings stellt das Nichtgewähren des Zugangs einer Aufsichtsbehörde unter Verstoß gegen Art. 58 Abs. 1 eine Ordnungswidrigkeit im Sinne von Art. 83 Abs. 5 lit. e dar. Insofern sollten Berufsgeheimnisträger gründlich prüfen, ob und in welchem Umfang sie Aufsichtsbehörden den Zugang zu Daten, Informationen und Geschäftsräumen verweigern. In der Praxis dürfte in Zweifelsfällen ein Hinweis auf eine nach der Auffassung des Berufsgeheimnisträgers (möglicherweise) vorliegende Einschränkung der Untersuchungsbefugnisse der Aufsichtsbehörde zweckmäßig sein.

Artikel 91 Bestehende Datenschutzvorschriften von Kirchen und religiösen Vereinigungen oder Gemeinschaften

(1) Wendet eine Kirche oder eine religiöse Vereinigung oder Gemeinschaft in einem Mitgliedstaat zum Zeitpunkt des Inkrafttretens dieser Verordnung umfassende Regeln zum Schutz natürlicher Personen bei der Verarbeitung an, so dürfen diese Regeln weiter angewandt werden, sofern sie mit dieser Verordnung in Einklang gebracht werden.

(2) Kirchen und religiöse Vereinigungen oder Gemeinschaften, die gemäß Absatz 1 umfassende Datenschutzregeln anwenden, unterliegen der Aufsicht durch eine unabhängige Aufsichtsbehörde, die spezifischer Art sein kann, sofern sie die in Kapitel VI niedergelegten Bedingungen erfüllt.

Übersicht

	Rn		Rn
I. Europarechtliche Grundlage	1	1. Zweck der Vorschrift	8
II. Pendelblick zum deutschen Verfassungsrecht	3	2. Abs. 1	9
		a) Anwendungsbereich	10
III. Bisherige Rechtslage unter Geltung der Datenschutzrichtlinie 95/46/EG	5	b) Reine Weitergeltung bisheriger Regeln?	11
IV. Genese der Vorschrift	7	c) „Umfassende Regeln zum Schutz natürlicher Personen bei der Verarbeitung"	12
V. Kommentierung	8		

	Rn		Rn
d) „In-Einklang-bringen" mit der DS-GVO	13	1. Wesentlicher Inhalt der katholischen Regelung (Kirchliches Datenschutzgesetz – KDG)	18
3. Abs. 2	14		
4. Fehlende Verfahrensregelungen	16	2. Wesentlicher Inhalt der evangelischen Regelung (EKD-Datenschutzgesetz – DSG-EKD)	22
VI. Umsetzung der Sonderregelung durch die beiden Amtskirchen	17		
		VII. Praktische Relevanz	25
		VIII. Übersicht	27

Literatur: *Dammann* Erfolge und Defizite der EU-Datenschutzgrundverordnung – Erwarteter Fortschritt, Schwächen und überraschende Innovationen, ZD 2016, 307; *Germann* Das kirchliche Datenschutzrecht als Ausdruck kirchlicher Selbstbestimmung, ZevKR 2003, 446; *Gmeiner* Zur Vorlageberechtigung des (Interdiözesanen) Datenschutzgerichts an den EuGH, RDV 2019, 180; *Gola* Beschäftigtendatenschutz und EU-Datenschutzgrundverordnung, EuZW 2012, 332; *Golland* Reformation 2.0 – Umsetzung der Anforderungen der Datenschutz-Grundverordnung durch die evangelische und katholische Kirche, RDV 2018, 8; *Hense* Europäisierung des Religionsverfassungsrechts und kirchlicher Datenschutz, BRJ 2018, 37; *Hoeren* Kirchlicher Datenschutz nach der Datenschutzgrundverordnung – Eine Vergleichsstudie zum Datenschutzrecht der evangelischen und katholischen Kirche, NVwZ 2018, 373; *Joussen* Das neue Beschäftigtendatenschutzgesetz in der EKD, ZMV 2018, 118; *Kleine* Das neue Datenschutzgesetz für die Evangelischen Kirche – praktische Anforderungen und Herausforderungen für die Gliedkirchen der EKD, KuR 2018, 199; *Losem* Arbeitnehmerdatenschutz in der Kirche im Spannungsfeld zwischen europäischem und nationalem Recht, KuR 2013, 231; *Preuß* Das Datenschutzrecht der Religionsgemeinschaften – Eine Untersuchung de lege lata und de lege ferenda nach Inkrafttreten der DS-GVO, ZD 2015, 217; *Ronellenfitsch* Bestandsschutz der Religionsgemeinschaften nach der DS-GVO, DÖV 2018, 1017; *Sydow* Perspektiven der kirchlichen Gerichtsbarkeit – Die Datenschutzgerichte der katholischen Kirche als (über-)spezialisierte kirchliche Verwaltungsgerichtsbarkeit, KuR 2019, 1; *Sydow/Otto* Vollstreckung kirchlicher Bußgeldbescheide im Bereich des Datenschutzrechts, KuR 2018, 59; *Tinnefeld* Das Verhältnis von DS-GVO und nationalen kirchlichen Sonderwegen – Anforderungen an das kirchliche Selbstbestimmungsrecht, ZD 2020, 145; *Ullrich* Neue Datenschutzregelung für die Einrichtungen der katholischen Kirche, ZMV 2018, 114; *Wiszkocsill* Die Regelungskompetenz der Kirchen im Datenschutz, ZAT 2018, 116; *Wuermeling* Beschäftigtendatenschutz auf der europäischen Achterbahn, NZA 2012, 368; *Ziegenhorn/von Aswege* Kirchlicher Datenschutz nach staatlichen Grenzen? Zur Auffangfunktion des staatlichen und den Spielräumen des innerkirchlichen Datenschutzrechts, KuR 2015, 198; *Ziegenhorn/Drossel* Die Anwendung kirchlicher Regeln zum Datenschutz unter der EU-Datenschutz-Grundverordnung am Beispiel des § 2 Abs. 8 KDO, KuR 2016, 230; *Ziekow* Datenschutz und evangelisches Kirchenrecht: Eigenartigkeit und Eigengeartetheit des Datenschutzgesetzes der EKD, 2002.

I. Europarechtliche Grundlage

Art. 91 enthält nach Maßgabe des Art. 17 AEUV und ErwG 165 eine Sonderregelung für die bestehenden Datenschutzvorschriften der Kirchen. Gemäß Art. 91 Abs. 1 dürfen die Kirchen und Religionsgemeinschaften ihre eigenen Datenschutzregelungen weiter anwenden, wenn sie mit der DS-GVO „in Einklang" gebracht werden. Damit statuiert Art. 91 Abs. 1 eine in europäischen Vorgaben in dieser Klarheit noch nie dagewesene Bezugnahme auf ein besonderes Datenschutzrecht – die zuvor aus euro- 1 parechtlichen Gesichtspunkten maßgebliche Datenschutzrichtlinie 95/46/EG äußerte sich gar nicht dazu. Überdies macht Art. 91 Abs. 2 es zur Voraussetzung für die Errichtung einer kircheneigenen Datenschutzaufsicht, dass die Bedingungen des Kap. VI der DS-GVO erfüllt werden.

2 Diese spezifisch für religiöse Vereinigungen geschaffene Sonderregelung trägt der besonderen Stellung der Kirchen auch im Europarecht Rechnung. Nach Art. 17 Abs. 1 AEUV achtet die Union den Status, den Kirchen und religiöse Vereinigungen oder Gemeinschaften in den Mitgliedstaaten nach deren Rechtsvorschriften genießen, und beeinträchtigt ihn nicht. Damit sichert Art. 17 Abs. 1 AEUV den Status der Kirchen und religiösen Vereinigungen oder Gemeinschaften mit einer Garantie im Rang des Primärrechts.[1] Und auch auf Ebene des Sekundärrechts formuliert ErwG 165, dass „diese Verordnung den Status, den Kirchen und religiöse Vereinigungen oder Gemeinschaften in den Mitgliedstaaten nach deren bestehenden verfassungsrechtlichen Vorschriften genießen" achtet oder anders formuliert nicht beeinträchtigt. Aus der „Nicht-Beeinträchtigung" des Status der Kirchen in den mitgliedstaatlichen Rechtsordnungen nach Maßgabe der europäischen Vorgaben folgt, dass das Unionsrecht keine Eingriffe in den Status der Kirchen vornimmt. Dabei gilt nach der Rechtsprechung des Gerichtshofs, dass eine bloße Achtung auch umfasst, dass Grundfreiheiten eine Einschränkung erfahren können, wenn diese Einschränkungen zum Schutz der Belange, die sie gewährleisten sollen, erforderlich sind und soweit sie nicht mit weniger einschränkenden Maßnahmen erreicht werden können.[2] Geht es nach Art. 17 AEUV gerade darum, den durch die nationale Verfassungsordnung bestimmten Status der Kirchen zu achten, so kann dies allein bereits Einschränkungen der Grundfreiheiten rechtfertigen, wenn dies zum Schutz des zu achtenden Status der Kirchen in Deutschland erforderlich ist.

II. Pendelblick zum deutschen Verfassungsrecht

3 Der Status der Kirchen und religiösen Vereinigungen wird in Deutschland maßgeblich durch Art. 140 GG i.V.m. Art. 137 WRV bestimmt.[3] Danach ordnet und verwaltet jede Religionsgesellschaft ihre Angelegenheiten selbstständig innerhalb der Schranken des für alle geltenden Gesetzes. Dieses institutionelle kirchliche Selbstbestimmungsrecht als **lex regia** folgt letztlich aus historischen Entwicklungen, wird jedoch auch aus der Religionsfreiheit nach Art. 4 Abs. 1, 2 GG sowie als Entsprechung des Neutralitätsprinzips aus Art. 33 Abs. 3 GG hergeleitet.[4]

---

1 Vgl. zu Art. 17 AEUV ausführlich Calliess/Ruffert-*Waldhoff* EUV/AEUV, 5. Aufl. 2016, Art. 17 AEUV Rn. 1 ff.; Grabitz/Hilf/Nettesheim-*Classen* EUV/AEUV, 68. EGL 2019, Art. 17 AEUV Rn. 2 ff.
2 Zur ähnlich gelagerten Achtung der nationalen Identität gem. Art. 21 AEUV vgl. *EuGH* v. 12.5.2011 – C-391/09, BeckRS 2011, 80519 – Runevic-Vardyn und Wardyn; *EuGH* v. 22.12.2010 – C-208/09, BeckRS 2010, 91487 – Sayn-Wittgenstein. Gleichwohl ist darauf hinzuweisen, dass es der *EuGH* mit der Achtung des kirchlichen Selbstbestimmungsrechts in jüngerer Zeit nicht immer allzu ernst nimmt, s. dazu *Thüsing/Rombey* NZA 2019, 6 ff.; vgl. zudem instruktiv *Bieniek/Gundel* FS Moll, 2019, S. 63 ff.
3 Vgl. zum kirchlichen Selbstbestimmungsrecht *De Wall/Muckel* Kirchenrecht, 5. Aufl. 2017; § 11 Rn. 1 ff.; Hömig/Wolff-*Wolff* GG, 12. Aufl. 2018, Art. 140 Rn. 14 f. sowie im Kontext von Art. 91 DS-GVO *Tinnefeld* ZD 2020, 145, 146.
4 Dazu Maunz/Dürig-*Korioth* GG, 89. EGL 2019, Art. 137 WRV Rn. 17 m.w.N.

Für das Bundesverfassungsgericht gehört der Status der Kirchen, Religions- und Weltanschauungsgemeinschaften zum nationalen Kulturraum, der zur Verwirklichung demokratischer Selbstbestimmung einer übermäßigen unionsrechtlichen Überformung entzogen sein muss, um eine Verletzung von Art. 79 Abs. 3 GG in Verbindung mit dem Demokratieprinzip des Art. 20 Abs. 1 GG zu vermeiden. Die im Bereich der Einbeziehung des Transzendenten in das öffentliche Leben gewachsenen Überzeugungen und Wertvorstellungen beruhen nach seiner Sicht auf spezifischen historischen Traditionen und Erfahrungen und sind daher identitätsbildend.[5] Art. 17 Abs. 1 AEUV ermöglicht mit seinem Verweis auf die mitgliedstaatlichen Rechtsordnungen, diese Ausformung der nationalen Identität (Art. 4 Abs. 2 EUV) mit dem Unionsrecht in Einklang zu bringen. Indem Art. 17 Abs. 1 AEUV auf den Status abstellt, den Kirchen und religiöse Vereinigungen oder Gemeinschaften in den Mitgliedstaaten nach deren Rechtsvorschriften genießen, nimmt er für den Mitgliedstaat Deutschland auf die genannte grundlegende verfassungsrechtliche Regelung des Art. 140 GG i.V.m. Art. 137 WRV Bezug.

III. Bisherige Rechtslage unter Geltung der Datenschutzrichtlinie 95/46/EG

Die Datenschutzrichtlinie 95/46/EG sah keine Ausnahmeregelung für Religionsgemeinschaften vor. Ebenso wenig war es den Mitgliedstaaten möglich, auf nationaler Ebene Sonderregelungen vorzusehen. Ferner differenzierte die RL 95/46/EG nicht zwischen öffentlichen und nichtöffentlichen Stellen. Dies führte zu der Frage, ob die Bundesrepublik Deutschland die sekundärrechtlichen Vorgaben derart hätte umsetzen müssen, dass das BDSG auch auf öffentlich-rechtliche Religionsgemeinschaften Anwendung findet.[6] Hätte man dies bejaht, hätte die Anwendbarkeit des BDSG auf öffentlich-rechtliche Religionsgemeinschaften insoweit über eine richtlinienkonforme Auslegung hergestellt werden müssen.[7] Die Subsumtionslösung setzte sich jedoch nicht durch. Vielmehr wurde für öffentlich-rechtliche Religionsgemeinschaften herrschend die Exemtionslösung favorisiert, wonach das BDSG für nicht anwendbar gehalten wurde.[8] Zur Begründung wurde überwiegend auf § 15 Abs. 4 BDSG a.F. rekurriert.[9] Über den Umweg des Art. 8 Abs. 2 lit. d RL 95/46/EG sowie ErwG 35 wurde eine Europarechtswidrigkeit der kircheneigenen Datenverarbeitung vermieden.[10] Auf privatrechtlich organisierte Religionsgesellschaften war das BDSG dagegen unstreitig anwendbar (nichtöffentliche Stellen). Streit herrschte jedoch im Hinblick auf selbstständige, privatrechtlich organisierte Einrichtungen der öffentlich-rechtlichen Religionsgemeinschaften. Vielfach wurde das BDSG hier als für alle geltendes Gesetz i.S.d. Art. 140 GG i.V.m. Art. 137 Abs. 3 WRV qualifiziert; die Religionsgemeinschaften seien hier nicht stärker beeinträchtigt als andere privatrechtliche Organisationen, weshalb aufgrund der geringeren Intensität der kirchlichen Beeinträchtigung im privatrechtlich organisierten Bereich eine Abwägung zwischen Kir-

---

5 *BVerfG* v. 30.6.2009 – 2 BvE 2, 5/08, 2 BvR 1010, 1022, 1259/08, 182/09, BVerfGE 123, 267, 363 (zum Vertrag von Lissabon).
6 Zu dieser und weiteren vielschichtigen Fragen vgl. die Monographie von *Ziekow* Datenschutz und evangelisches Kirchenrecht, 2002.
7 Simitis-*Dammann* § 2 BDSG Rn. 106; s. auch Paal/Pauly-*Pauly* Art. 91 Rn. 17.
8 Näher Paal/Pauly-*Pauly* Art. 91 Rn. 7 ff.
9 Vertiefend *Preuß* ZD 2015, 217, 220.
10 Sydow-*Hense* Art. 91 Rn. 3; zum Streitstand ausführlich *Preuß* ZD 2015, 217, 220 f.

chenautonomie und informationellem Selbstbestimmungsrecht gefordert wurde.[11] Manche hielten hingegen das BDSG für überhaupt nicht anwendbar, indem bestritten wurde, dass es sich um ein für alle geltendes Gesetz gem. Art. 140 GG i.V.m. Art. 137 Abs. 3 WRV handelt.[12] Indes wurde auch hier – den Gedanken der Subsumtionslösung folgend – die konträre Auffassung vertreten, das BDSG komme uneingeschränkt zum Zuge; eine Anwendung des kirchlichen Datenschutzrechts sei allein bei Kerntätigkeiten der religiösen Betätigung sachgemäß.[13]

6 Diese undurchsichtige Unterscheidung zwischen der jeweiligen Organisationsform der Religionsgemeinschaft führte – so verbreitete Kritik – im Ergebnis dazu, dass das Verhältnis der staatlichen und kirchlichen Bestimmungen im Einzelfall schwer zu ermitteln war.[14]

IV. Genese der Vorschrift

7 Die Entstehung einer Sonderregelung für Religionsgemeinschaften war von Beginn an bereits in Art. 85 DS-GVO-E vorgesehen.[15] Gleichwohl herrschte im Laufe der Beratungen im EU-Parlament die Auffassung vor, der Begriff der „umfassenden" Regelungen sollte durch „angemessene" Regelungen ersetzt werden, wobei diese angestrebte Angemessenheitsschwelle anhand einer Vereinbarkeitsbescheinigung festgestellt werden sollte, Art. 38 i.V.m. Art. 85 Nr. 2 DS-GVO-E.[16] Erst im Jahre 2014 gewann die Auffassung des Rates der EU wieder Oberhand, wonach zur ursprünglichen Fassung des Art. 85 DS-GVO-E zurückgekehrt werden sollte.[17] Diese Fassung entsprach im Wesentlichen dem heutigen Wortlaut des Art. 91. Insgesamt wurde damit eine Sonderbestimmung geschaffen, die die europarechtlichen Vorgaben hinsichtlich des notwendigen Datenschutzstandards auf das Notwendigste beschränkt.[18]

V. Kommentierung

8 **1. Zweck der Vorschrift.** Abs. 1 der Norm verfolgt eine doppelte Zwecksetzung: Zum einen wird die Harmonisierung des innerhalb der Religionsgemeinschaften geltenden Datenschutzniveaus mit der DS-GVO intendiert. Zum anderen soll aber auch der primär- und verfassungsrechtlich gewährleistete Status der Kirchen geachtet werden.[19] Beides in Ausgleich zu bringen, stellt einen Balanceakt dar. Um diesen zu meistern, wurde eine Bereichsausnahme geschaffen, die zwar einer Öffnungsklausel gleichkommt, jedoch explizite konditionelle Vorgaben für die datenschutzrechtlichen Sonderregeln der Religionsgemeinschaften statuiert. Abs. 2 verfolgt die Zielsetzung, die Einhaltung dieser Vorgaben sicherzustellen, indem sich diejenigen Religionsgemeinschaften, die eigene Datenschutzregeln anwenden, einer unabhängigen Aufsicht zu unterwerfen haben.[20]

---

11 *Germann* ZevKR 2003, 446, 472.
12 Dazu *Preuß* ZD 2015, 217, die die Gemengelage als „wirr" bezeichnet.
13 Simitis-*Dammann* § 2 BDSG Rn. 109.
14 *Preuß* ZD 2015, 217, 223.
15 Kommissionsvorschlag v. 25.1.2012, KOM (2012) 11 endgültig.
16 *Preuß* ZD 2015, 217, 224.
17 Sydow-*Hense* Art. 91 Rn. 12.
18 Instruktiv *Ziegenhorn/von Aswege* KuR 2015, 198, 210.
19 Sydow-*Hense* Art. 91 Rn. 1.
20 Plath-*Grages* Art. 91 Rn. 5.

2. Abs. 1. Soweit eine Kirche, religiöse Vereinigung oder Gemeinschaft zum Zeit- 9
punkt des Inkrafttretens der DS-GVO umfassende Regeln zum Schutz der von der
Datenverarbeitung betroffenen Personen anwendet, können diese Regeln, sofern sie
mit der DS-GVO in Einklang gebracht werden, weiter angewandt werden. Damit
schafft die DS-GVO ein völliges Novum des Datenschutzrechts, indem erstmalig ein
paralleles Bestehen staatlicher und kirchlicher Datenschutzrechte normiert wird.[21]

a) Anwendungsbereich. Die Norm erfasst Kirchen, religiöse Vereinigungen sowie 10
Gemeinschaften und differenziert damit nicht zwischen öffentlich-rechtlichen und privaten Organisationsformen. Insoweit ist der Streit hinsichtlich der Unterscheidung
nach der jeweiligen Organisationsform der Religionsgemeinschaft hinfällig geworden.[22] Die DS-GVO findet somit sowohl auf privatrechtlich als auch auf öffentlich-
rechtlich organisierte Religionsgemeinschaften Anwendung. Trotz dieser Erkenntnis
ist unklar, wie es sich mit den selbstständigen, privatrechtlich organisierten Einrichtungen der öffentlich-rechtlichen Religionsgemeinschaften verhält. Grund dessen ist
ein Blick auf Art. 17 Abs. 1 AEUV, der letztlich allein Organisationen mit religiösen
und weltanschaulichen Eigenschaften adressiert[23] – mit anderen Worten also die Achtung der Religionsgemeinschaften selbst.[24] Deren Betätigungen im privatrechtlich
organisierten Bereich indessen, sei es aus karitativen, sei es aus eigenwirtschaftlichen
Zwecken, werden jedoch nicht notwendigerweise erfasst.[25] Tariert man den Anwendungsbereich des Art. 91 Abs. 1 nämlich am Schutzbereich des Art. 17 Abs. 1 AEUV
aus, fielen vielschichtige Betätigungsformen, die nicht zum religiösen Kernbereich
gehören, aus dem Geltungsbereich der Norm heraus. Zu Recht weisen jedoch Stimmen aus dem Schrifttum darauf hin, dass die eigentlich von Art. 91 Abs. 1 angestrebte
Erweiterung des Anwendungsbereichs dann ins Gegenteil verkehrt würde, zumal es in
diesem Fall von der schwerlich trennscharf zu ziehenden Grenzlinie zwischen Rand-
und Kernbereich abhinge, ob der Anwendungsbereich eröffnet ist.[26] Ferner würde es
den Religionsgemeinschaften wenig helfen, wenn zwar ihr Status geachtet würde, ihre
Tätigkeiten jedoch nur in begrenztem Umfang geschützt wären. Insoweit wird zu
Recht auf den Ansatz des Bundesverfassungsgerichts verwiesen, der hier fruchtbar
gemacht werden kann. Nach dessen Judikatur unterfallen karitative Betätigungen
ebenfalls dem Schutzbereich der Religionsfreiheit.[27] Somit ist eine Anwendbarkeit des
Art. 91 Abs. 1 auch auf selbstständige, zivilrechtlich organisierte Einrichtungen öffentlich-rechtlicher Religionsgemeinschaften zu bejahen, letztlich um den Bereich eigener
Rechtssetzung zu gewährleisten.[28]

b) Reine Weitergeltung bisheriger Regeln? Eine streng am Wortlaut der Norm orien- 11
tierte Auslegung führt zu dem Ergebnis, dass die Norm reinen Bestandsschutz
gewährt – denn nur zum Zeitpunkt des Inkrafttretens der DS-GVO bereits angewen-

---

21 BeckOK DatenSR-*Mundil* 31. Ed. 2020, Art. 91 Rn. 1 sieht darin ein „vollständiges
   Novum"; vgl. auch Taeger/Gabel-*Reiher/Kinast* Art. 91 Rn. 4.
22 Paal/Pauly-*Pauly* Art. 91 Rn. 18; der frühere Streit wird angedeutet in Rn. 5.
23 Calliess/Ruffert-*Waldhoff* EUV/AEUV, 5. Aufl. 2016, Art. 17 AEUV Rn. 12.
24 Zutreffend Paal/Pauly-*Pauly* Art. 91 Rn. 10.
25 So zutreffend Paal/Pauly-*Pauly* Art. 91 Rn. 10.
26 So etwa BeckOK DatenSR-*Mundil* 31. Ed. 2020, Art. 91 Rn. 15; vgl. dort auch das Beispiel
   zu den Abgrenzungsschwierigkeiten zwischen Rand- und Kernbereich.
27 *BVerfG* v. 15.1.2002 – 1 BvR 1783/99, BVerfGE 104, 337.
28 BeckOK DatenschutzR-*Mundil* 31. Ed. 2020, Art. 91 Rn. 15.

dete Regeln können danach mit der DS-GVO in Einklang gebracht und in Folge dessen auch weiter angewandt werden.[29] Andersherum gewendet bliebe es Religionsgemeinschaften, die zum Zeitpunkt des Inkrafttretens (noch) keine eigenen Datenschutzregeln anwenden, verwehrt, solche in Zukunft zu schaffen. Ein derart nah am Wortlaut haftendes Verständnis vermag jedoch nicht zu überzeugen. Vielmehr gebietet die Ratio der Norm eine andere Lesart. Art. 91 Abs. 1 bezweckt es gerade, das Nebeneinander von staatlichen und kirchlichen Datenschutzregeln zu ermöglichen.[30] Bestehende Vorschriften sollen zwar fraglos an das Niveau der DS-GVO angeglichen werden. Religionsgemeinschaften, die bislang keine eigenen Datenschutzregeln anwenden, sollen dadurch jedoch nicht dauerhaft an der Schaffung eigener Regelungen gehindert werden.[31] Anderenfalls müsste man auch zu dem Ergebnis kommen, dass die Norm mit dem verfassungsrechtlich gewährleisteten Selbstbestimmungsrecht der Kirchen aus Art. 140 GG i.V.m. Art. 137 Abs. 3 WRV kollidiert.[32] Ebenso stünde dieses Ergebnis in eklatantem Widerspruch zu ErwG 165, der in Übereinstimmung mit dem Primärrechtsgrundsatz des Art. 17 Abs. 1 AEUV gerade die Achtung des Status der Kirchen verspricht. Es wäre widersprüchlich, den Religionsgemeinschaften mit der einen Hand ein eigenes Datenschutzregime zu geben, um es ihnen anschließend mit der anderen Hand für die Zukunft wieder zu nehmen.[33] Auch kann die Vielfalt der Religionen gem. Art. 22 GRCh sowie der Gleichheitsgrundsatz aus Art. 20 GRCh für eine extensive Auslegung ins Feld geführt werden.[34] Deshalb ist davon auszugehen, dass Art. 91 Abs. 1 keine bloße Bestandsschutzvorschrift darstellt, mit der Folge, dass der Norm kein Verbot zum Erlass neuer Datenschutzregeln zu entnehmen ist.[35] Religionsgemeinschaften, die bislang keine eigenen Datenschutzvorschriften anwenden, werden also durch die Norm nicht am Neuerlass solcher Regeln gehindert – nur, dass etwaige Neuregelungen bei ihrer Implementierung denklogisch bereits dem Datenschutzstandard der DS-GVO entsprechen müssen, und nicht erst anschließend damit in Einklang zu bringen sind.

12 c) „Umfassende Regeln zum Schutz natürlicher Personen bei der Verarbeitung". Die Formulierung der „umfassenden" Regeln, die zum Schutz natürlicher Personen bei der Verarbeitung durch die Religionsgemeinschaften angewendet werden müssen, stellt einen unbestimmten Rechtsbegriff dar, der der Konkretisierung bedarf. Das grammatikalische Verständnis der Norm legt es nahe, dass die Religionsgemeinschaften innerhalb ihrer eigenen Regeln eine umfassende Rechtsangleichung durchführen und zu allen in der DS-GVO geregelten Punkten Stellung beziehen müssen. Bliebe es bei diesem Ergebnis, käme es denknotwendig zu einem Exklusivitätsverhältnis zwischen kirchlicher Regelung und DS-GVO. Da die Norm aber eine Parallelität beider

---

29 In diese Richtung Kühling/Buchner-*Herbst* Art. 91 Rn. 13; vgl. auch Gola-*Gola* Art. 91 Rn. 3; gegen eine Erweiterung des zeitlichen Rahmens wendet sich der Hessische DSB *Ronellfitsch* DÖV 2018, 1017, 1025.
30 Sydow-*Hense* Art. 91 Rn. 1; s. auch Rn. 8.
31 So auch Paal/Pauly-*Pauly* Art. 91 Rn. 19.
32 Überzeugend *Preuß* ZD 2015, 217, 224.
33 Plath-*Grages* Art. 91 Rn. 3.
34 BeckOK DatenSR-*Mundil* 31. Edition 2020, Art. 91 Rn. 18.
35 Paal/Pauly-*Pauly* Art. 91 Rn. 19; Plath-*Grages* Art. 91 Rn. 3; Sydow-*Hense* Art. 91 Rn. 14; so im Ergebnis auch Taeger/Gabel-*Reiher/Kinast* Art. 91 Rn. 22.

Regelungssysteme bezweckt, scheint dieses Ergebnis nicht zwingend.[36] Es ist überzeugender, keine übertriebenen Anforderungen an den Umfang der Regeln zu stellen, sondern vielmehr in Fällen, in denen die kircheneigene Regel keinerlei Vorgaben macht, subsidiär auf die Anwendung der DS-GVO zurückzugreifen – gerade, da es in der Folge nicht zu einer Aushöhlung des Datenschutzniveaus kommen kann, findet doch die DS-GVO subsidiäre Anwendung. Anderenfalls würde die religionsgesellschaftliche Sonderregelung untergraben.[37] Es ist deshalb als bewusste Gestaltung des europäischen Verordnungsgebers zu begreifen, dass dieser den Begriff „Regeln" und nicht etwa „Kirchengesetz" oder „Ordnung" aufgenommen hat.[38] Mithin sind die Regelungen der Religionsgemeinschaften weiterhin anwendbar, selbst dann, wenn sie nicht allumfassend sind, so dass es in solchen Fällen zu einem Rückgriff auf die DS-GVO kommt. Bei den Vorgaben der DS-GVO zuwiderlaufenden Regeln dagegen käme eine europarechtskonforme Auslegung zum Zuge, als ultima ratio eine Substitution der betreffenden Regelung durch die entsprechende Bestimmung der DS-GVO. Um dem Wortlaut der „umfassenden" Regeln dennoch genügend Geltung zu verschaffen, ist jedoch einschränkend zu fordern, dass es sich bei den kircheneigenen Datenschutzregeln nicht um bloße Teilmaterien handeln darf.[39] Allerdings zeichnen sich derartige Entwicklungen aktuell nicht ab – prima facie scheinen sowohl das KDG als auch das DSG-EKD größtenteils mit der DS-GVO in Einklang zu stehen.[40]

d) „In-Einklang-bringen" mit der DS-GVO. Auch hier stellt sich die Frage, auf welche Weise die umfassenden Regeln der Religionsgemeinschaften mit der DS-GVO in Einklang gebracht werden müssen. Zunächst einmal ist festzustellen, dass der Verordnungsgeber mit den „umfassenden Regeln" das quantitative, mit dem „In-Einklang-Bringen" das qualitative Schutzniveau der kircheneigenen Regeln sicherstellen will. Da es gerade das erklärte Ziel der Norm ist, eine Harmonisierung der staatlichen und kircheneigenen Datenschutzregeln herbeizuführen, ist fraglich, ob für eine Abweichung vom Datenschutzstandard der DS-GVO Raum bleibt. Dies wird teilweise verneint,[41] vor allem indem i.R.d. Art. 91 Abs. 1 das „In-Einklang-Bringen" mit einer völligen Übereinstimmung mit dem Standard der DS-GVO gleichgesetzt wird.[42] Der Gestaltungsspielraum der Religionsgemeinschaften wäre unter Anlegung dieses engen Begriffsverständnisses auf eine reine Konkretisierung der Bestimmungen der DS-GVO begrenzt.[43] Gleichwohl gilt, dass die Gleichsetzung von „In-Einklang-Bringen" und völliger Übereinstimmung letztlich den Sinn des Art. 91 völlig in Frage stellen würde.[44] Denn warum sollte man den Religionsgemeinschaften überhaupt eine eigene Sonderregelung widmen, wenn diese doch ohnehin gehalten wären, ihre eigenen Datenschutzbestimmungen vollständig auf das europäisch vorgegebene Datenschutzniveau anzupassen.[45] Das wäre überdies auch nicht mit den erwähnten primär- und

---

36 Darauf zu Recht hinweisend Paal/Pauly-*Pauly* Art. 91 Rn. 12.
37 Ausführlich Sydow-*Hense* Art. 91 Rn. 18.
38 Paal/Pauly-*Pauly* Art. 91 Rn. 14.
39 Sydow-*Hense* Art. 91 Rn. 18.
40 S. dazu Rn. 17 ff.
41 *Gola* EuZW 2012, 332, 336; *Wuermeling* NZA 2012, 368, 369.
42 Kühling/Buchner-*Herbst* Art. 91 Rn. 15; Paal/Pauly-*Pauly* Art. 91 Rn. 16.
43 S. Paal/Pauly-*Pauly* Art. 91 Rn. 16.
44 Etwa *Ziegenhorn/Drossel* KuR 2016, 230, 231 f.; *Losem* KuR 2013, 231, 242.
45 *Dammann* ZD 2016, 307, 311.

verfassungsrechtlichen Gewährleistungen hinsichtlich der Achtung des Status der Kirchen zu vereinbaren. Gestützt wird diese Sichtweise ferner durch eine systematische Gegenüberstellung mit Abs. 2, dessen Vorgaben im Hinblick auf die allgemeinen Aufsichtsbehörden deutlich strikter sind, so dass es letztlich im Rahmen des Abs. 1 einen gewissen Gestaltungsspielraum des Rechtsetzers geben muss. Indes ist dieser Regelungsspielraum dergestalt einzuschränken, dass die Leitgedanken der DS-GVO ein gewisses Datenschutzniveau zur Orientierung vordefinieren.[46] Man mag Art. 88 Abs. 2 entsprechend heranziehen. Selbst wenn mithin alles in allem eine weitgehende Kongruenz der staatlichen und religiösen Regelungssysteme zu erwarten ist, dürften im Zuge des „In-Einklang-Bringens" Abweichungen nach oben unproblematisch und auch Abweichungen nach unten jedenfalls im Einzelfall zulässig sein.[47]

14 **3. Abs. 2.** Wie bereits beschrieben, war es noch unter Geltung der RL 95/46/EG unklar, ob die allgemeinen Aufsichtsbehörden auch für die öffentlich-rechtlichen Religionsgemeinschaften zuständig waren, was überwiegend mangels Anwendbarkeit des BDSG auf eben diese verneint wurde.[48] Zwar ordneten die §§ 15 ff. KDO und §§ 17 ff. DSG-EKD in ihren vorherigen Fassungen die Bestellung eines kirchlichen Datenschutzbeauftragten an, dem eine Aufsichtsfunktion zukam – eine von dem Datenschutzbeauftragten getrennte und von der Kirchenleitung vollkommen unabhängige Aufsicht existierte hingegen nicht.[49] Auch wenn sich dies nach der Novellierung der kircheigenen Datenschutzvorschriften zum 24.5.2018 ändern wird – die bestehenden Durchsetzungsmöglichkeiten entsprachen zuvor nicht den Vorgaben der Art. 51–59[50] – ordnet Art. 91 Abs. 2 nun an, dass auch Kirchen, religiöse Vereinigungen oder Gemeinschaften, die eigene Datenschutzregeln im Sinne des Art. 91 Abs. 1 anwenden, der Aufsicht durch unabhängige Aufsichtsbehörden unterliegen.

15 Es gilt jedoch zu klären, was mit der Formulierung gemeint ist, dass diese Aufsichtsbehörden auch „spezifischer Art" sein können, sofern sie den Bedingungen des Kap. VI (Art. 51 ff.) nachkommen.[51] Damit kann letztlich nur die Schaffung einer unabhängigen kircheneigenen Aufsicht gemeint sein.[52] Zwar könnte man mit Blick auf die Verwendung des Begriffes „Behörde" annehmen, es müsse sich um eine öffentlich-rechtliche Einrichtung im engeren Sinne handeln – aus dem Kontext der Norm folgt jedoch zweifelsohne, dass auch selbstverwaltende kircheneigene Aufsichtsbehörden zulässig sein müssen, soweit diese nur die Voraussetzungen erfüllen, die die DS-GVO an die

---

46 In eine ähnliche Richtung Auernhammer-*Jacob* Art. 91 Rn. 13, der jedoch unglücklich auf den schwer fassbaren Begriff des „Wesensgehalts" der DS-GVO abstellt.
47 Ähnlich Sydow-*Hense* Art. 91 Rn. 23.
48 Vgl. Rn. 5.
49 So die Kritik von Paal/Pauly-*Pauly* Art. 91 Rn. 20; s. aber Auernhammer-*Jacob* Art. 91 Rn. 16, der darauf hinweist, dass die katholische und evangelische Kirche bereits „im Vorgriff auf die gesetzliche Umsetzung in der EU-DatSchGrVO die eigenen gesetzlichen Grundlagen angepasst und angefangen [haben], die kirchlichen Aufsichtsbehörden entsprechend unabhängig aufzustellen".
50 S. dazu Rn. 18, 23.
51 Vertiefend BeckOK DatenSR-*Mundil* 31. Ed. 2020, Art. 91 Rn. 21 f.
52 So auch *Albrecht/Jotzo* Das neue Datenschutzrecht der EU, 2016, S. 136; *Tinnefeld* ZD 2020, 145, 147.

unabhängigen Aufsichtsbehörden stellt.[53] Dieses Ergebnis ist im Einklang mit ErwG 165 über eine primärrechtskonforme Auslegung zu erreichen.[54]

4. Fehlende Verfahrensregelungen. Erstaunlich ist, dass der europäische Verordnungsgeber keinerlei Vorgaben hinsichtlich eines Überprüfungsverfahrens in Art. 91 aufgenommen hat. So wird also nicht festgestellt, ob umfassende Regeln der Religionsgemeinschaften bestehen, die in Einklang mit der DS-GVO gebracht wurden sowie, ob etwaige kircheneigene Aufsichtsbehörden spezifischer Art sind und die Vorgaben des Kap. VI der DS-GVO erfüllt wurden.[55] Die etwaige Feststellung einer möglichen Verletzung der Verordnungsvorgaben wird deshalb im Rahmen eines – von der Kommission angestrengten – Vertragsverletzungsverfahrens dem EuGH obliegen.

16

VI. Umsetzung der Sonderregelung durch die beiden Amtskirchen

Von der Möglichkeit, kircheneigenes Recht zu schaffen, haben sowohl die katholische als auch die evangelische Kirche Gebrauch gemacht. Dies ist zu begrüßen, gehören doch die beiden Amtskirchen, auch was sensible Daten anbelangt – man denke etwa an kirchliche Krankenhäuser –, zu den größten Datenverarbeitern. Am 20.11.2017 hat die Vollversammlung des Verbandes der Diözesen Deutschlands das Kirchliche Datenschutzgesetz verabschiedet, das am 24.5.2018 in Kraft gesetzt wurde.[56] Auf evangelischer Seite ist die umfassende Novellierung des EKD-Datenschutzgesetzes (DSG-EKD) bereits am 15.11.2017 auf der 4. Tagung der 12. Synode der EKD beschlossen worden. Am 7.12.2017 hat die Kirchenkonferenz der EKD ihre Zustimmung zu diesem Kirchengesetz erteilt, so dass es ebenfalls am 24.5.2018 in Kraft getreten ist und damit zugleich das bisherige DSG-EKD abgelöst hat.[57] Sowohl KDG als auch DSG-EKD entsprechen der Struktur nach der DS-GVO, so sind etwa die Kapitelüberschriften an die DS-GVO angelehnt.[58]

17

1. Wesentlicher Inhalt der katholischen Regelung (Kirchliches Datenschutzgesetz – KDG). Die Begründung des KDG fasst dessen wesentlichen Inhalt prägnant zusammen: Die DS-GVO beabsichtigt eine deutliche Erhöhung des Niveaus des Datenschutzes, eine Stärkung der Datenschutzaufsicht und deren Unabhängigkeit sowie eine größere Datensicherheit.[59] Diese Anliegen greift das KDG auf. Insbesondere

18

---

53 Auernhammer-*Jacob* Art. 91 Rn. 18; Plath-*Grages* Art. 91 Rn. 6; überdies ist darauf hinzuweisen, dass die Vorgaben des Kapitels VI der DS-GVO nach Art. 91 Abs. 2 strikt umgesetzt werden müssen. Dies ergibt sich aus einem systematischen Vergleich mit Art. 91 Abs. 1; der dort nach überzeugender Sichtweise bestehende Spielraum des kirchlichen Rechtssetzers im Rahmen des „In-Einklang-Bringens" besteht hier nämlich gerade nicht; vgl. dazu Rn. 13.
54 Instruktiv Sydow-*Hense* Art. 91 Rn. 27 f., der zu Recht darauf hinweist, dass eine kirchliche Aufsichtsbehörde, die den Vorgaben des Kap. VI der DS-GVO entsprechen muss, „nicht minderer Qualität als eine staatliche Behörde" ist.
55 Auernhammer-*Jacob* Art. 91 Rn. 19.
56 Abrufbar unter https://www.datenschutz-kirche.de/node/297, Abruf v. 30.3.2020.
57 Abrufbar unter https://www.ekd.de/ekd_de/ds_doc/s17_03_Beschluss_Datenschutzgesetz.pdf, Abruf v. 30.3.2020; hilfreiche Hinweise zum Verständnis des kirchlichen Rechts finden sich auf der Seite der EKD: https://datenschutz.ekd.de/portfolio_category/handreichung, Abruf. v. 30.3.2020.
58 *Hoeren* NVwZ 2018, 373, 374.
59 S. dazu Rn. 8. Im Folgenden teilweise wörtlich zitiert.

wird sichergestellt, dass kirchliche Stellen einer kircheneigenen unabhängigen Datenschutzaufsicht unterliegen, welche die Vorgaben des Kap. VI der DS-GVO über die unabhängigen Aufsichtsbehörden erfüllt. Zu diesem Zweck werden die Datenschutzaufsichten mit der notwendigen Unabhängigkeit versehen und mit den nach den Vorgaben der EU erforderlichen Kompetenzen, Rechten und Möglichkeiten zur Durchsetzung ausgestattet. Hierzu gehört bspw. die Möglichkeit der Verhängung von Bußgeldern, § 51 KDG. Allerdings sind derartige Bußgelder nach § 51 Abs. 5 KDG auf 500 000 EUR gedeckelt;[60] die DS-GVO dagegen sieht in Art. 83 eine Beschränkung auf 20 Mio. EUR vor. Ebenso wird nach Maßgabe des § 51 Abs. 6 der Kreis sanktionsfähiger Stellen dergestalt eingeschränkt, dass kirchliche Stellen regelmäßig ausgenommen sind.[61] Im Übrigen schreiben die DS-GVO und ihr nachfolgend das KDG im Wesentlichen die bereits bisher geltenden datenschutzrechtlichen Grundprinzipien (Verbot mit Erlaubnisvorbehalt, Datenvermeidung und Datensparsamkeit, Zweckbindung, Transparenz) fort und entwickeln sie weiter. Dabei wird den gesteigerten Ansprüchen an die Informationspflichten gegenüber den betroffenen Personen und an die Rechte der Betroffenen auf Benachrichtigung, Berichtigung, Löschung, Datenübertragbarkeit, Widerspruch etc. Rechnung getragen (Kap. 3). Beachtenswert ist, dass gem. § 19 Abs. 4 KDG im Fall der Unmöglichkeit oder Unverhältnismäßigkeit des Rechts auf Löschung wegen der besonderen Art der Speicherung an die Stelle der Löschung ein Recht auf Einschränkung der Verarbeitung tritt, soweit die Verarbeitung zuvor nicht unrechtmäßig war. Ausführlich geregelt werden auch die Pflichten des sog. Verantwortlichen, d.h. der Stelle, die über die Zwecke und Mittel der Verarbeitung personenbezogener Daten entscheidet (§§ 31 ff. KDG). Bzgl. der Auftragsdatenverarbeitung stellt § 29 Abs. 9 KDG ein Schriftformerfordernis auf. Zur Benennung von betrieblichen Datenschutzbeauftragten, ihrer Rechtsstellung und ihren Aufgaben finden sich ebenfalls detaillierte (und von Art. 37 Abs. 1 DS-GVO abweichende) Regelungen im KDG (§§ 36 ff. KDG). Gleiches gilt für die Datenübermittlung in Länder außerhalb der Europäischen Union und des Europäischen Wirtschaftsraums (§§ 39 ff. KDG). Kap. 7 des KDG ist der Beschwerde der betroffenen Person bei der Datenschutzaufsicht, den gerichtlichen Rechtsbehelfen, der Haftung und den Sanktionen gewidmet. Kap. 8 enthält Vorschriften über besondere Verarbeitungssituationen, die das eigens hierfür geschaffene Verarbeitungsverbot aus § 11 KDG ergänzen (etwa § 53 KDG, der sich mit der Datenverarbeitung für Zwecke des Beschäftigungsverhältnisses befasst[62]); darauf folgen in Kap. 9 die Schlussbestimmungen. Mit seinen insgesamt 58 Paragraphen regelt das KDG den Schutz personenbezogener Daten bei deren Verarbeitung sehr viel ausführlicher als zuvor die KDO (23 Paragraphen).

19 Die bisher geltende KDO sah keinen gerichtlichen Rechtsbehelf vor. Das KDG hat dagegen nunmehr einem entsprechenden Erfordernis der DS-GVO Rechnung getragen: § 49 Abs. 1 KDG zufolge hat jede natürliche oder juristische Person das Recht auf einen gerichtlichen Rechtsbehelf gegen einen sie betreffenden rechtsverbindlichen Bescheid der Datenschutzaufsicht. Darüber hinaus hat gem. § 49 Abs. 2 KDG jede

---

60 Kritisch zur Beschränkung des Bußgeldrahmens *Golland* RDV 2018, 8, 12.
61 Dieser Sonderbehandlung kritisch gegenüberstehend *Hoeren* NVwZ 2018, 373, 374, der darauf verweist, dass auf diese Weise das Handeln der beiden Amtskirchen datenschutzrechtlich privilegiert wird.
62 S. zum katholischen Beschäftigtendatenschutz nach § 53 KDG *Ullrich* ZMV 2018, 114; vgl. auch Specht/Mantz-*Paschke* Hdb. DatenSR, 2019, § 27 Rn. 11 ff.

betroffene Person das Recht auf einen gerichtlichen Rechtsbehelf, wenn sie der Ansicht ist, dass ihre Rechte infolge einer nicht im Einklang mit dem KDG stehenden Verarbeitung ihrer personenbezogenen Daten verletzt wurden. § 49 Abs. 3 KDG sieht vor, dass für gerichtliche Rechtsbehelfe das „kirchliche Gericht in Datenschutzangelegenheiten" zuständig ist, welches in Ermangelung einer kirchlichen Verwaltungsgerichtsbarkeit neu zu errichten ist.[63]

Damit war ebenfalls bis zum 24.5.2018 ein Rechtsweg zu schaffen, um sicherzustellen, dass sich von der Verarbeitung personenbezogener Daten betroffene Personen wirksam gegen Maßnahmen der datenverarbeitenden Stelle oder gegen einen sie betreffenden Beschluss der Datenschutzaufsicht (des Diözesandatenschutzbeauftragten) wehren können. 20

Die KDSGO gibt vor, auf der Ebene des VDD ein gemeinsames Gericht erster Instanz für alle (Erz-)Diözesen (sog. kleine Datenschutzkammer), bestehend aus einem Vorsitzenden und zwei beisitzenden Richtern, zu errichten. Darüber hinaus wird ein ebenfalls gemeinsames Gericht zweiter Instanz für alle (Erz-)Diözesen (sog. große Datenschutzkammer), bestehend aus einem Vorsitzenden und vier beisitzenden Richtern, installiert. Gegen die Entscheidung der kleinen Datenschutzkammer soll der betroffenen Person das Recht der Beschwerde zur großen Datenschutzkammer zustehen. Die KDSGO ist in Abweichung von der Kirchlichen Arbeitsgerichtsordnung (KAGO) bewusst knapp und einfach gehalten. Es bleibt abzuwarten, ob sich dieser allein aus zwei Instanzen bestehende Rechtsweg innerhalb der kirchlichen Gerichtsbarkeit mit dem staatlichen Rechtsweg vereinbaren lässt.[64] 21

2. Wesentlicher Inhalt der evangelischen Regelung (EKD-Datenschutzgesetz – DSG-EKD).
Im Zuge der Anpassung an die Vorgaben der DS-GVO ist das DSG-EKD novelliert und an die Begrifflichkeiten der DS-GVO angepasst worden. Dabei wächst der Umfang des DSG-EKD von vormals 27 Paragraphen auf nun 56 Paragraphen an, wodurch das Kirchengesetz deutlich umfassendere Regeln i.S.v. Art. 91 Abs. 1 enthält. 22

Inhaltlich erfahren im Zuge des „In-Einklang-Bringens" mit dem Datenschutzstandard der DS-GVO nach Art. 91 Abs. 1 die von der Datenverarbeitung Betroffenen eine Stärkung ihrer Datenschutzrechte. Nach den allgemein geltenden Bestimmungen (Kap. 1) und den Grundsätzen zur Verarbeitung personenbezogener Daten, insbesondere der Statuierung des präventiven Verbots mit Erlaubnisvorbehalt (Kap. 2), werden in den §§ 16–25 DSG-EKD die aus dem Transparenzprinzip folgenden Rechte – parallel zu den verstärkten Betroffenenrechten unter Geltung der DS-GVO – angehoben (Kap. 3). Wie bereits die katholische trägt auch die evangelische Kirche gesteigerten Ansprüchen an die Informationspflichten gegenüber den betroffenen Personen und an die Rechte der Betroffenen auf Benachrichtigung, Berichtigung, Löschung, Datenübertragbarkeit, Widerspruch, usw. Rechnung. Auch hier kann es wie schon bei der katholischen Regelung zu einem Recht auf Einschränkung der Verarbeitung nach § 21 Abs. 4 DSG-EKD kommen, soweit die Löschung wegen der besonderen Speicherart 23

---

63 Zur kirchlichen Datenschutzgerichtsbarkeit ausführlich *Sydow* KuR 2019, 1.
64 *Hoeren* NVwZ 2018, 373, 375, nimmt an, dass der Rechtsweg zu den staatlichen Gerichten dennoch gegeben sein müsse und die kirchliche Gerichtsbarkeit insoweit mit Schiedsgerichten vergleichbar sei; s. ferner *Gmeiner* RDV 2019, 180, der die Vorlageberechtigung des (Interdiözesanen) Datenschutzgerichts an den EuGH bejaht.

nicht oder nur mit unverhältnismäßigen Kosten möglich ist.[65] Neben der Fixierung der Pflichten der verantwortlichen Stellen und Auftragsverarbeiter (Kap. 4) und den grundsätzlichen Vorgaben für den örtlichen Datenschutzbeauftragen (Kap. 5) erhalten jedoch vor allem die kircheneigenen Aufsichtsbehörden spezifischer Art in Übereinstimmung mit Art. 91 Abs. 2 ein Mehr an Kontrollmöglichkeiten. So widmen sich die §§ 39–45 DSG-EKD ausweislich der Überschrift des 6. Kap. der vor der Reform in diesem Maße nicht verwirklichten Unabhängigkeit der Aufsichtsbehörden.[66] Auch werden die Aufsichtsbehörden gem. § 45 DSG-EKD mit der Möglichkeit zur Verhängung von Bußgeldern versehen. Im Gegensatz zur DS-GVO, die in Art. 83 Abs. 5 eine Höchstsanktion von 20 Mio. EUR oder 4 % des weltweiten Vorjahresumsatzes vorsieht, enthält die Regelung des § 45 DSG-EKD – ebenso wie auch das katholische Pendant – in Abs. 5 eine Beschränkung auf 500 000 EUR.[67]

24 Zusätzlich werden in Kap. 7 die Rechtsbehelfe des von der Verarbeitung Betroffenen durch ein Recht auf Beschwerde in § 46 DSG-EKD und einen Anspruch auf Schadensersatz nach § 48 DSG-EKD verbessert. Zusätzlich kennt auch die Neufassung weiterhin eine kirchliche Verwaltungsgerichtsbarkeit, § 45 DSG-EKD, so dass eine solche – anders als beim KDG – nicht erst neu installiert werden muss.[68] Nach einigen Vorschriften über besondere Verarbeitungssituationen – z.B. bei Dienst- und Arbeitsverhältnissen[69] oder Gottesdiensten und sonstigen kirchlichen Veranstaltungen – (Kap. 8) schließt das DSG-EKD mit den Schlussbestimmungen (Kap. 9).

VII. Praktische Relevanz

25 Die Sonderregel des Art. 91 Abs. 1 bringt zum Ausdruck, dass es eine Parallelität europäischer – respektive auf Öffnungsklauseln beruhender staatlicher – und umfassender kirchlicher Datenschutzrechte geben kann, soweit die Regelungsmaterien in Einklang miteinander stehen. Insoweit befasst sich das europäische Datenschutzrecht erstmals mit Fragen des kirchlichen Datenschutzrechts – und klärt zugleich bislang kontrovers diskutierte Fragen. Allerdings entfachen sich auch neue Diskussionen, die vor allem um die Fragestellung kreisen, ob die Tatbestandsmerkmale streng am Wortlaut orientiert auszulegen sind oder nicht eher dem Zweck der Vorschrift Vorzug zu geben ist. Unklar bleibt auch, ob selbstständige privatrechtliche Einrichtungen öffentlich-rechtlicher Religionsgemeinschaften ebenfalls von Art. 91 Abs. 1 erfasst werden. Weiterhin von praktischer Relevanz ist die in Art. 91 Abs. 2 vorgegebene Zuständigkeit einer unabhängigen Aufsichtsbehörde auch für Kirchen, religiöse Vereinigungen oder Gemeinschaften. Hier ist fraglich, wie genau die Wendung, die unabhängige Aufsichtsbehörde könne auch „spezifischer Art" sein, zu verstehen ist.

---

65 Diese Sonderregelung auf Grund der fehlenden Rückausnahme für unrechtmäßige Verarbeitungen ablehnend *Hoeren* NVwZ 2018, 374, 375.
66 Zur vor der Novellierung nicht verwirklichten Errichtung einer völlig unabhängigen Aufsichtsbehörde – abgesehen vom Datenschutzbeauftragten – vgl. Rn. 14.
67 Kritisch zur Beschränkung des Bußgeldrahmens abermals *Golland* RDV 2018, 8, 12.
68 Hinsichtlich Art. 77 ff. und der Implementierung innerkirchlichen Rechtsschutzes vgl. Sydow-*Hense* Art. 91 Rn. 30 f.
69 S. zum evangelischen Beschäftigtendatenschutz nach § 49 DSG-EKD *Joussen* ZMV 2018, 118; vgl. auch Specht/Mantz-*Paschke* Hdb. DatenSR, 2019, § 27 Rn. 11 ff.

Festzuhalten bleibt, dass es den Religionsgemeinschaften nach der DS-GVO – unter **26** Beachtung fest vorgegebener konditioneller Kriterien – weiterhin möglich bleibt, eigene Regelungssysteme zum Datenschutz zu unterhalten. In der Gesamtbewertung lässt sich feststellen: Während die Norm alte Rechtsunsicherheiten beseitigt, wirft sie zugleich eine Vielzahl neuer Fragen auf.

VIII. Übersicht

1. Relevanz für öffentliche Stellen: Ja, im Hinblick auf die Umsetzung der Sonderreg- **27** lung des Art. 91 Abs. 1 durch die beiden Amtskirchen.
2. Relevanz für nichtöffentliche Stellen: Ja, im Hinblick auf die Umsetzung der Sonderreglung des Art. 91 Abs. 1 durch die beiden Amtskirchen. Insbesondere dann, wenn es zu einer gemeinsamen Verantwortlichkeit oder einer Auftragsverarbeitung zwischen einem privatwirtschaftlichen Unternehmen und einer kirchlichen Einrichtung kommt, ist Vorsicht geboten, da derzeit noch nicht abschließend geklärt ist, ob neben den kircheneigenen Datenschutzgesetzen auch das allgemeine Datenschutzrecht zur Anwendung gelangen kann (und umgekehrt). Weitere Besonderheiten gelten, wenn die Auftragsverarbeitung Drittstaatenbezug aufweist; virulent wird die Problematik etwa bei internetbasierten Dienstleistungen (bspw. US-amerikanische Cloud-Anwendungen).
3. Relevanz für betroffene Personen: Ja, im Hinblick auf die Umsetzung der Sonderreglung durch die beiden Amtskirchen nach Maßgabe des Art. 91 Abs. 1. Da jedoch höchstens eine minimale Absenkung der europäischen Datenschutzvorgaben durch die Religionsgemeinschaften denkbar ist, sollten die Auswirkungen im Ergebnis gering sein.
4. Relevanz für Aufsichtsbehörden: Ja, insoweit ist Art. 91 Abs. 2 zu beachten.
5. Relevanz für das Datenschutzmanagement: Ja, für das Datenschutzmanagement der betreffenden Religionsgemeinschaften, bspw. hinsichtlich des „In-Einklang-Bringens" der eigenen, umfassenden Datenschutzregeln mit dem Datenschutzstandard der DS-GVO gem. Art. 91 Abs. 1.

Kapitel X
Delegierte Rechtsakte und Durchführungsrechtsakte

Artikel 92 Ausübung der Befugnisübertragung

(1) Die Befugnis zum Erlass delegierter Rechtsakte wird der Kommission unter den in diesem Artikel festgelegten Bedingungen übertragen.

(2) Die Befugnis zum Erlass delegierter Rechtsakte gemäß Artikel 12 Absatz 8 und Artikel 43 Absatz 8 wird der Kommission auf unbestimmte Zeit ab dem 24. Mai 2016 übertragen.

(3) ¹Die Befugnisübertragung gemäß Artikel 12 Absatz 8 und Artikel 43 Absatz 8 kann vom Europäischen Parlament oder vom Rat jederzeit widerrufen werden. ²Der Beschluss über den Widerruf beendet die Übertragung der in diesem Beschluss angegebenen Befugnis. ³Er wird am Tag nach seiner Veröffentlichung im Amtsblatt der Europäischen Union oder zu einem im Beschluss über den Widerruf angegebenen späteren Zeitpunkt wirksam. ⁴Die Gültigkeit von delegierten Rechtsakten, die bereits in Kraft sind, wird von dem Beschluss über den Widerruf nicht berührt.

(4) Sobald die Kommission einen delegierten Rechtsakt erlässt, übermittelt sie ihn gleichzeitig dem Europäischen Parlament und dem Rat.

(5) ¹Ein delegierter Rechtsakt, der gemäß Artikel 12 Absatz 8 und Artikel 43 Absatz 8 erlassen wurde, tritt nur in Kraft, wenn weder das Europäische Parlament noch der Rat innerhalb einer Frist von drei Monaten nach Übermittlung dieses Rechtsakts an das Europäische Parlament und den Rat Einwände erhoben haben oder wenn vor Ablauf dieser Frist das Europäische Parlament und der Rat beide der Kommission mitgeteilt haben, dass sie keine Einwände erheben werden. ²Auf Veranlassung des Europäischen Parlaments oder des Rates wird diese Frist um drei Monate verlängert.

– *ErwG: 166, 167, 168, 169, 170*

Übersicht

	Rn		Rn
A. Einordnung und Kontext	1	III. Widerrufsmöglichkeiten	
I. Erwägungsgründe	1	(Abs. 3)	8
II. Normgenese	3	IV. Übermittlung delegierter	
B. Kommentierung	4	Rechtsakte (Abs. 4)	12
I. Einführende Bestimmungen		V. Mögliche Einwände (Abs. 5)	14
(Abs. 1)	6	C. Praxishinweise	16
II. Dauer der Befugnisübertragung (Abs. 2)	7		

Literatur: *Craig* Delegated Acts, Implementing Acts and the New Comitology Regulation, European Law Review 36/2011, 671; *Gaitzsch* Tertiärnormsetzung in der Europäischen Union: eine Untersuchung der Normsetzungsbefugnisse der Europäischen Kommission nach Art. 290 und Art. 291 Abs. 24 AEUV, 2015; *Groß* Exekutive Vollzugsprogrammierung durch tertiäres Gemeinschaftsrecht?, DÖV 2004, 20; *Kühling/Martini* Die Datenschutz-Grundverordnung: Revolution oder Evolution im europäischen und deutschen Datenschutzrecht?, EuZW 2016, 448; *Weiß* Der Europäische Verwaltungsverbund: Grundfragen, Kennzeichen, Herausforderungen, 2010.

A. Einordnung und Kontext

I. Erwägungsgründe

1 Gegenstand der Vorschrift sind die Regelungen zur Befugnis der Kommission bezüglich des Erlasses von delegierten Rechtsakten nach Art. 290 AEUV im Anwendungsbereich der DS-GVO.[1] Diese Befugnis soll laut ErwG 166 dazu dienen, die Zielvorgaben dieser Verordnung zu erfüllen, d.h. die Grundrechte und Grundfreiheiten natürlicher Personen und insbesondere ihr Recht auf Schutz ihrer personenbezogenen Daten zu wahren und den freien Verkehr personenbezogener Daten innerhalb der Union zu gewährleisten. Unter **delegierten Rechtsakten** versteht Art. 290 Abs. 1 AEUV Rechtsakte ohne Gesetzescharakter mit allgemeiner Geltung zur Ergänzung oder Änderung bestimmter, nicht wesentlicher Vorschriften eines Gesetzgebungsaktes.[2]

2 Laut ErwG 166 sollen derartige delegierte Rechtsakte (erster Anwendungsfall) insbesondere in Bezug auf (a) die für Zertifizierungsverfahren geltenden Kriterien und Anforderungen, (b) die durch standardisierte **Bildsymbole** darzustellenden Informationen und (c) die Verfahren für die Bereitstellung dieser Bildsymbole erlassen werden (siehe **Art. 12 Abs. 8**). Der zweite Anwendungsfall sind die **Anforderungen an Zertifizierungsverfahren** (siehe **Art. 43 Abs. 8**).[3] Dadurch ist der Anwendungsbereich von Art. 92 (anders als derjenige von Art. 93, dazu Art. 93 Rn. 6) äußerst begrenzt.[4]

II. Normgenese

3 Von den zahlreichen Vorschlägen, die im Normsetzungsverfahren gemacht wurden,[5] sind nur noch diese beiden übriggeblieben, da man sich aufgrund der Kritik am Kommissionsentwurf[6] dafür entschied, den Begriff der **„nicht wesentlichen Vorschriften"** in Art. 290 Abs. 1 AEUV, der (nur) zu einer gewissen Handlungsfreiheit im operativen Geschäft dienen soll, eng auszulegen und alle wesentlichen Bestimmungen dem regulären Normsetzungsverfahren zu unterwerfen.[7] So enthielt der Vorschlag der Kommission allein 26 derartige Ermächtigungsnormen, derjenige des Parlaments immerhin noch zehn. Im Ratsentwurf wurde daraus einzig die Bestimmung hinsichtlich der Anforderungen an Zertifizierungsverfahren, die sich heute in Art. 43 Abs. 8 findet (bzw. in Art. 39a Abs. 7 in der damaligen Zählung).[8] Im **Trilogkompromiss** wurde noch die Befugnis im Zusammenhang mit Bildsymbolen hinzugefügt (Art. 12 Abs. 8, seinerzeit Art. 12 Abs. 4c des Entwurfs).[9] In diesem Zusammenhang wurde auch die **Einwendungsfrist** für Rat und Parlament in Abs. 5 S. 1 von zwei auf drei Monate verlängert und deren **Verlängerungsmöglichkeit** in Abs. 5 S. 2 auf drei Monate festgelegt.[10]

---

1 ErwG 166; vgl. auch Ehmann/Selmayr-*Ehmann* Art. 92 Rn. 1.
2 Kühling/Buchner-*Herbst* Art. 92 Rn. 1.
3 Kühling/Buchner-*Herbst* Art. 92 Rn. 1; vgl. auch Ehmann/Selmayr-*Ehmann* Art. 92 Rn. 1.
4 Sydow-*Sydow* Art. 92 Rn. 14.
5 Dazu Näheres bei Sydow-*Sydow* Art. 92 Rn. 14; vgl. auch Plath-*Jenny* Art. 92 Rn. 3 m.w.N.
6 Nachweise bei Sydow-*Sydow* Art. 92 Rn. 14 (dort Fn. 17).
7 Gola-*Nguyen* Art. 92/93 Rn. 1; Kühling/Buchner-*Herbst* Art. 92 Rn. 4.
8 Kühling/Buchner-*Herbst* Art. 92 Rn. 4.
9 Kühling/Buchner-*Herbst* Art. 92 Rn. 4.
10 Kühling/Buchner-*Herbst* Art. 92 Rn. 4.

B. Kommentierung

Zentral zum Gesamtverständnis der Norm ist die **Differenzierung zwischen delegierten Rechtsakten** i.S.v. Art. 290 AEUV (sog. „Tertiärrecht"[11]) **und Durchführungsrechtsakten** i.S.v. Art. 291 AEUV, wie sie der Vertrag von Lissabon eingeführt hat.[12] 4

In einer gewissen Analogie zu Art. 80 Abs. 1 GG betrifft Art. 92 nicht nur (1.) den **Adressaten** der Befugnisübertragung (die Kommission), sondern (2.) auch die **Bedingungen**, unter denen eine derartige **Befugnisübertragung** möglich ist und (3.) die **Anforderungen an den Erlass delegierter Rechtsakte** durch die zuvor mit entsprechenden Kompetenzen ausgestattete Kommission (Abs. 3).[13] 5

I. Einführende Bestimmungen (Abs. 1)

Abs. 1 enthält einleitende Bestimmungen, die in den nachfolgenden Absätzen weiter konkretisiert werden.[14] In Zusammenschau mit Abs. 2 wird in Abs. 1 zudem klargestellt, dass die Befugnisübertragungen nach Art. 12 Abs. 8 und Art. 43 Abs. 8 den Anforderungen des Art. 92 unterliegen.[15] 6

II. Dauer der Befugnisübertragung (Abs. 2)

Nach Abs. 2 erfolgt die Befugnisübertragung prinzipiell auf **unbestimmte Zeit**, sie ist jedoch unter den Bedingungen von Abs. 3 **widerruflich**. Mit dieser Festlegung wird dem in Art. 290 Abs. 2 AEUV normierten Gebot entsprochen, dass im Basisrechtsakt selbst die Dauer der Befugnisübertragung geregelt sein muss.[16] 7

III. Widerrufsmöglichkeiten (Abs. 3)

Nach Abs. 3 können Rat und Parlament die Übertragung von Rechtsetzungsbefugnissen an die Kommission **jederzeit widerrufen** (vgl. Art. 290 Abs. 2 lit. a AEUV)[17]. Der Widerruf wird gem. Art. 290 Abs. 2 AEUV vom Europäischen Parlament mit der Mehrheit seiner Mitglieder und vom Rat mit qualifizierter Mehrheit beschlossen.[18] Die **qualifizierte Mehrheit** des Rates ist, weil seinem Beschluss keine Initiative der 8

---

11 Zum Begriff *Groß* DÖV 2004, 20; *Gaitzsch* Tertiärnormsetzung in der Europäischen Union. Eine Untersuchung der Normsetzungsbefugnisse der Europäischen Kommission nach Art. 290 und Art. 291 Abs. 2–4 AEUV; *Weiß* Der Europäische Verwaltungsverbund: Grundfragen, Kennzeichen, Herausforderungen. Näheres und weitere Differenzierungen dazu bei Sydow-*Sydow* Art. 92 Rn. 6.
12 *Craig* European Law Review 36 (2011), 671; Gola-*Nguyen* Art. 92/93 Rn. 1; BeckOK DatenSR-*Gundel* Art. 92 Rn. 1 ff.; Sydow-*Sydow* Art. 92 Rn. 5.
13 Sydow-*Sydow* Art. 92 Rn. 4.
14 *Craig* European Law Review 36 (2011), 671; Ehmann/Selmayr-*Ehmann* Art. 92 Rn. 3; Sydow-*Sydow* Art. 92 Rn. 24.
15 Auernhammer-*Witzleb* Art. 92 Rn. 6; siehe auch: Paal/Pauly-*Pauly* Art. 92 Rn. 7 ff. und Gola-*Nguyen* Art. 92/93 Rn. 6 f.
16 Auernhammer-*Witzleb* Art. 92 Rn. 8; Kühling/Buchner-*Herbst* Art. 92 Rn. 8; Paal/Pauly-*Pauly* Art. 92 Rn. 9.
17 Ehmann/Sebmayr-*Ehmann* Art. 92 Rn. 3; Kühling/Buchner-*Herbst* Art. 92 Rn. 7 f.; Auernhammer-*Witzleb* Art. 92 Rn. 8; Paal/Pauly-*Pauly* Art. 92 Rn. 10; Simitis/Hornung/Spiecker gen. Döhmann-*Schiedermair* Art. 92 Rn. 9 f.
18 Auernhammer-*Witzleb* Art. 92 Rn. 9.

Kommission vorausgeht, nach Art. 238 Abs. 2 AEUV zu berechnen: Abweichend von Art. 16 Abs. 4 EUV ist also eine Mehrheit von mindestens 72 % der Mitglieder des Rats erforderlich, sofern die von ihnen vertretenen Mitgliedstaaten zusammen mindestens 65 % der Bevölkerung der Union ausmachen.[19]

9 Die Übersetzung der DS-GVO springt zwischen den Begriffen „Einspruch", „Widerruf" und Erhebung von „Einwänden" hin und her. Diese Wörter dürfen nicht streng im Sinne des deutschen Verwaltungsprozessrechts verstanden werden. Sie sind eher anschaulich gemeint.

10 Gründe für den Widerruf (eigentlich: Einspruch) müssen nicht angegeben werden.[20] Jedoch bedarf der Widerruf/Einspruch laut Abs. 3 S. 3 der **Publikation im Amtsblatt**, die nach Ablauf der Widerrufsfrist erfolgt, sofern kein Einspruch erfolgte. Weitere Formerfordernisse bestehen nicht.[21] Der Widerruf wird **am Tage nach seiner Veröffentlichung im Amtsblatt L der EU wirksam** (oder zu einem **im Widerrufsbeschluss genannten späteren Zeitpunkt**).[22]

11 Abs. 3 S. 4 legt aus Gründen der Rechtssicherheit fest, dass der Widerruf/Einspruch **nicht die Wirksamkeit bereits auf dieser Grundlage in Kraft getretener delegierter Rechtsakte berührt** (trotz des Entfallens der Rechtsgrundlage ex tunc).[23]

IV. Übermittlung delegierter Rechtsakte (Abs. 4)

12 Um Parlament und Rat die Erhebung von Einwänden (siehe Abs. 5) zu ermöglichen, sind ihnen nach Abs. 4 delegierte Rechtsakte zu übermitteln. Diese Übermittlung hat nach Abs. 4 **gleichzeitig** an beide zu erfolgen. Weitere Verfahrens- oder Formvorgaben sieht Art. 92 nicht vor (und ebenso wenig Art. 290 AEUV).[24] Laut ErwG 166 hat die Kommission indes bei der Vorbereitung des Rechtsakterlasses **angemessene Konsultationen** durchzuführen, zu denen auch **Sachverständigenanhörungen** gehören.[25] Zudem soll (laut demselben Erwägungsgrund) die Kommission bei der Vorbereitung und Ausarbeitung delegierter Rechtsakte gewährleisten, dass die einschlägigen Dokumente dem Europäischen Parlament und dem Rat **gleichzeitig, rechtzeitig und auf angemessene Weise** zugeleitet werden.[26]

13 Erst nach einer dergestalt vollzogenen Übermittlung beginnt die **Dreimonatsfrist** nach Abs. 5 zu laufen. Nach **Ablauf dieser Frist**, tritt der delegierte Rechtsakt **in Kraft**, es sei denn, dass er selbst einen späteren Inkrafttretenstermin vorsieht.[27] Die Kommission soll mithin durch Abs. 4 dazu angehalten werden, im eigenen Interesse die delegierten Rechtsakte möglichst frühzeitig an Parlament und Rat zu übersenden.[28]

---

19 Kühling/Buchner-*Herbst* Art. 92 Rn. 9 m.w.N.
20 „[F]rei widerruflich", Sydow-*Sydow* Art. 92 Rn. 28.
21 Sydow-*Sydow* Art. 92 Rn. 28; vgl. auch Kühling/Buchner-*Herbst* Art. 92 Rn. 9.
22 Paal/Pauly-*Paal* Art. 92 Rn. 14 m.w.N.
23 Auernhammer-*Witzleb* Art. 92 Rn. 9.
24 Kühling/Buchner-*Herbst* Art. 92 Rn. 14.
25 Kühling/Buchner-*Herbst* Art. 92 Rn. 14.
26 Paal/Pauly-*Pauly* Art. 92 Rn. 20 f.
27 Auernhammer-*Witzleb* Art. 92 Rn. 9; Kühling/Buchner-*Herbst* Art. 92 Rn. 13.
28 Kühling/Buchner-*Herbst* Art. 92 Rn. 13.

V. Mögliche Einwände (Abs. 5)

Die Frist für die Erhebung von Einwänden durch Parlament und Rat gegen den dele- 14
gierten Rechtsakt beträgt gem. Abs. 5 S. 1 **drei Monate** ab Erlass des delegierten
Rechtsakts durch die Kommission. Sie kann auf Initiative des Europäischen Parlaments bzw. des Rats laut S. 2 **um drei Monate verlängert** werden.

Parlament und Rat haben bei der Entscheidung über die Erhebung von Einwänden 15
Ermessen.[29] Für sie gelten nach Art. 290 Abs. 2 AEUV dieselben Mehrheitserfordernisse wie beim Widerruf der Befugnisübertragung nach Abs. 4.[30] Sie nehmen ihre Kontrollbefugnisse **unabhängig voneinander** wahr. Allerdings ist – auch wenn Abs. 3 nicht die Angabe von Gründen fordert – hier zum Zwecke der gegenseitigen Information eine **Begründung ratsam**, so sieht es auch die Kommission.[31]

C. Praxishinweise

Die Vorschrift regelt die Befugnis zum Erlass delegierter Rechtsakte. Wenn solche 16
Rechtsakte erlassen werden, werden dann können diese abhängig von ihren Gehalten erhebliche praktisch Wirkungen entfalten.[32]

Artikel 93 Ausschussverfahren

(1) ¹Die Kommission wird von einem Ausschuss unterstützt. ²Dieser Ausschuss ist ein Ausschuss im Sinne der Verordnung (EU) Nr. 182/2011.

(2) Wird auf diesen Absatz Bezug genommen, so gilt Artikel 5 der Verordnung (EU) Nr. 182/2011.

(3) Wird auf diesen Absatz Bezug genommen, so gilt Artikel 8 der Verordnung (EU) Nr. 182/2011 in Verbindung mit deren Artikel 5.

– ErwG: 167, 168, 169, 170

Übersicht

	Rn		Rn
A. Einordnung und Kontext	1	2. Von der Verweisung erfasste Befugnisübertragungen	12
I. Erwägungsgründe	1		
II. Normgenese und Materialien	4		
1. Datenschutz-Richtlinie 95/46/EG (DSRL)	4	3. Verfahren beim Erlass von Durchführungsrecht zur DS-GVO	15
2. Entwürfe zur DS-GVO	7		
B. Kommentierung	9	III. Verweisung auf Art. 8 i.V.m. Art. 5 VO (EU) Nr. 182/2011 (Abs. 3) für Fälle äußerster Dringlichkeit	20
I. Ausschuss aus Vertretern der Mitgliedstaaten (Abs. 1)	9		
II. Verweisung auf Art. 5 VO (EU) Nr. 182/2011 (Abs. 2)	11	C. Praxishinweise	22
1. Verfahrensarten	11		

---

29 Auernhammer-*Witzleb* Art. 92 Rn. 11; ausführlich dazu auch Paal/Pauly-*Pauly* Art. 92 Rn. 22 ff.
30 Kühling/Buchner-*Herbst* Art. 92 Rn. 16.
31 Näheres dazu bei Auernhammer-*Witzleb* Art. 92 Rn. 11 m.w.N.
32 Siehe weiterführend auch Gola-*Nguyen* Art. 92/93 Rn. 4.

Literatur: *Gaitzsch* Tertiärnormsetzung in der Europäischen Union: eine Untersuchung der Normsetzungsbefugnisse der Europäischen Kommission nach Art. 290 und Art. 291 Abs. 2–4 AEUV, 2015; *Hornung* Eine Datenschutz-Grundverordnung für Europa? – Licht und Schatten im Kommissionsentwurf vom 25.1.2012, ZD 2012, 99; *Sydow* Europäische Exekutive Rechtsakte zwischen Kommission, Komitologieausschüssen, Parlament und Rat, JZ 2012, 157.

A. Einordnung und Kontext

I. Erwägungsgründe

1 Der Ausschuss, der keinesfalls mit dem Datenschutzausschuss nach Art. 68 ff. zu verwechseln ist[1] (insoweit ist der Wortlaut der Norm unglücklich gewählt) ist der Sache nach ein **Komitologieausschuss**.[2] Derartige Ausschüsse aus **Vertretern der Mitgliedstaaten** werden zu verschiedenen Themen eingesetzt. Nach der **Verordnung (EU) Nr. 182/2011 des Europäischen Parlaments und des Rates vom 16. Februar 2011 zur Festlegung der allgemeinen Regeln und Grundsätze**, nach denen die Mitgliedstaaten die Wahrnehmung der Durchführungsbefugnisse durch die Kommission kontrollieren,[3] verfügen derartige Ausschüsse über **zwei Handlungsformen/Verfahrensarten**: das **Beratungsverfahren** und das **Prüfverfahren** (auf diese beiden wurden die im **Beschluss 1999/468/EG** vorgesehenen Verfahren durch die **Komitologie-VO** reduziert[4]).

2 Die Einsetzung von Komitologieausschüssen dient der Koordination der Umsetzung von EU-Rechtsakten in den Mitgliedstaaten, **Art. 291 Abs. 1 AEUV**. Diese stellt eine spezielle Ausprägung des Grundsatzes der loyalen Zusammenarbeit nach **Art. 4 Abs. 2 AEUV** dar.[5] Dieser erfordert wiederum ein Verfahren, bei dem die Mitgliedstaaten, deren Souveränität ja insoweit betroffen ist, an der EU-Normsetzung beteiligt werden.[6] Ein solches Verfahren ist gem. **Art. 291 Abs. 1, 289 Abs. 1 AEUV das Komitologieverfahren**, das in einer Art Gegenstromverfahren (bzw. als System wechselseitiger Kompensation[7]) aufgebaut ist.

3 Direkt in den Erwägungsgründen erwähnt wird der Komitologieausschuss nicht. Dass es eines solchen bedarf, ergibt sich aber insbesondere aus ErwG 168, in dem vom Erlass von Durchführungsrechtsakten sowie von Standardvertragsklauseln die Rede ist.

II. Normgenese und Materialien

4 **1. Datenschutz-Richtlinie 95/46/EG (DSRL).** Art. 31 der DSRL 95/46 (DSRL) verwies beim Erlass von Durchführungsrechtsakten auf den **Beschlusses 1999/468/EG**.[8] Dieser enthielt bis zu seiner Aufhebung durch Art. 12 VO (EU) Nr. 182/2011 die wesentlichen Verfahrensvorschriften zum Erlass von Durchführungsrechtsakten. Seit-

---

1 Kühling/Buchner-*Herbst* Art. 93 Rn. 9; Plath-*Jenny* Art. 93 Rn. 2.
2 Zu diesen *Sydow* JZ 2012, 157.
3 ABl. EU 2011 L 55, 13; sog. „Komitologie-VO", vgl. Auernhammer-*Witzleb* Art. 93 DS-GVO, Rn. 2 ff.; Ehmann/Selmayr-*Ehmann* Art. 93 Rn. 5.
4 Kühling/Buchner-*Herbst* Art. 93 Rn. 8.
5 Sydow-*Sydow* Art. 93 Rn. 3.
6 Sydow-*Sydow* Art. 93 Rn. 4.
7 Sydow-*Sydow* Art. 93 Rn. 5.
8 Kühling/Buchner-*Herbst* Art. 93 Rn. 3.

her betraf die Verweisung die **VO (EU) Nr. 182/2011**.[9] Die DS-GVO hat diese Verweisung übernommen.

In der Tradition der Befugnisübertragungen zum Erlass von Durchführungsrechtsakten für Feststellungen zum angemessenen Schutzniveau in einem Drittland (**Art. 25 Abs. 4 und 6 DSRL**) stehen auch die Instrumente des **Angemessenheitsbeschlusses** nach Art. 45 Abs. 3 und 5 und der **Standarddatenschutzklauseln** Art. 46 Abs. 2 lit. c und d DSRL.

Demgegenüber ist in Gestalt des **Kohärenzverfahrens nach Art. 63** ein in dieser Weise neues Instrument (vgl. Art. 63 Rn. 8 ff.) an die Stelle der Maßnahmen im Zusammenhang mit Ausnahmegenehmigungen von Mitgliedstaaten für Datenübermittlungen in Drittstaaten mit nicht angemessenem Schutzniveau (**Art. 26 Abs. 3 DSRL**) getreten, vgl. Art. 46 Abs. 4.[10]

2. Entwürfe zur DS-GVO. Die jetzige Gestaltung von Art. 93 entspricht weitgehend dem Kommissionsvorschlag und dem Ratsentwurf. Ein Vorschlag des Parlaments zur Streichung des Abs. 3 (sofort geltende Durchführungsrechtsakte) fand letztlich keine Berücksichtigung.[11]

Gegenüber dem Kommissionsvorschlag wurden die Anwendungsspielräume nach entsprechender Kritik[12] zwar deutlich reduziert (zehn Ermächtigungen statt über 20[13]). Gleichwohl verfügt Art. 93 damit über einen größeren Anwendungsbereich als Art. 92 (Art. 93 Rn. 2).

B. Kommentierung

I. Ausschuss aus Vertretern der Mitgliedstaaten (Abs. 1)

Der Ausschuss aus Vertretern der Mitgliedstaaten arbeitet dergestalt mit dem **Datenschutzausschuss** nach Art. 68 ff. zusammen, dass Letzterer dem Komitologieausschuss seine **Stellungnahmen weiterleitet** (Art. 70 Abs. 3). Hieraus ergibt sich, dass der Komitologieausschuss nicht ‚nur' bei der Durchführung europäischen Sekundärrechts in den Mitgliedstaaten mitarbeitet, sondern auch über **gewisse Kontrollfunktionen** verfügt.[14]

Vorsitzender des Ausschusses ist ein nicht-stimmberechtigter Vertreter der Kommission, vgl. Art. 3 Abs. 2 VO (EU) Nr. 182/2011.[15]

II. Verweisung auf Art. 5 VO (EU) Nr. 182/2011 (Abs. 2)

1. Verfahrensarten. Art. 93 Abs. 2 nennt zwei Handlungsformen bzw. Verfahrensarten, in deren Form die Kommission bei der Anwendung der DS-GVO handeln kann: (a) die Festlegung bzw. den Erlass und die Genehmigung von **Standardvertragsklau-**

---

9 Kühling/Buchner-*Herbst* Art. 93 Rn. 4.
10 Kühling/Buchner-*Herbst* Art. 93 Rn. 5.
11 Dazu Kühling/Buchner-*Herbst* Art. 93 Rn. 6.
12 Vgl. etwa *Hornung* ZD 2012, 99, 105.
13 Kühling/Buchner-*Herbst* Art. 93 Rn. 7.
14 Sydow-*Sydow* Art. 93 Rn. 5.
15 Kühling/Buchner-*Herbst* Art. 93 Rn. 8.

seln/**Standarddatenschutzklauseln** als eine Art **Durchführungsrecht i.w.S.**[16] und (b) den **Erlass von Durchführungsrecht i.e.S.** Zu beidem muss die Kommission ausdrücklich ermächtigt sein.

12 2. **Von der Verweisung erfasste Befugnisübertragungen.** Für das erstgenannte Verfahren (a) finden sich folgende Einzelermächtigungen, die den Erlass von **Standardvertragsklauseln/Standarddatenschutzklauseln betreffen**[17]:
- Art. 43 Abs. 9 (Festlegung/Förderung/Anerkennung von technischen Standards für Zertifizierungsverfahren und Datenschutzsiegel und -prüfzeichen);
- Art. 45 Abs. 3 (Datenübermittlung an ein Drittland oder eine internationale Organisation aufgrund eines Angemessenheitsbeschlusses);
- Art. 45 Abs. 5 UAbs. 1 (Widerruf, Änderung oder Aussetzung eines Angemessenheitsbeschlusses nach Art. 45 Abs. 3 in Fällen **ohne äußerste Dringlichkeit**); Achtung: Fälle von **äußerster Dringlichkeit werden von Abs. Art. 47 Abs. 3 erfasst (Format** und der Verfahren für den Informationsaustausch über verbindliche **interne Datenschutzvorschriften**);
- Art. 61 Abs. 9 (**Gegenseitige Amtshilfe** und der Ausgestaltung des elektronischen Informationsaustausches);
- Art. 67 (Durchführungsrechtsakte von allgemeiner Tragweite bezüglich des elektronischen Informationsaustauschs).

13 Diese Fälle sind aber weniger an die Mitgliedstaaten selbst adressiert als an die dortigen Datenverarbeiter. Dabei betreffen die Verhaltensregeln jedermann; die **Standarddatenschutzklauseln** sind hingegen nach der zutreffenden Formulierung von Gernot Sydow „lediglich ein **Angebot an den Datenverarbeiter**, dessen Nutzung rechtliche Vorteile und Erleichterungen nach sich zieht".[18]

14 **Ermächtigungsklauseln zum Erlass von Durchführungsrecht i.e.S.** (b) finden sich hingegen in folgenden Bestimmungen der DS-GVO:
- Art. 28 Abs. 7 (Festlegung von Standardvertragsklauseln für die Auftragsverarbeitung);
- Art. 40 Abs. 9 (Allgemeingültigkeitsbeschluss bezogen auf genehmigte Verhaltensregeln);
- Art. 46 Abs. 2 lit. c (Erlass von Standarddatenschutzklauseln für Übermittlungen an ein Drittland oder eine internationale Organisation);
- Art. 46 Abs. 2 lit. d (Genehmigung von Standarddatenschutzklauseln von Aufsichtsbehörden für dieselben Fälle).

15 3. **Verfahren beim Erlass von Durchführungsrecht zur DS-GVO.** Der Erlass von Durchführungsrecht ist dreistufig aufgebaut:[19]
1. **Ermächtigung** der Kommission zum Erlass desselben (vgl. die Verweise in Rn. 14),
2. **Festlegung** des Komitologieverfahrens (hier durch die jeweiligen Verweise in den Abs. 2 und 3 auf die ‚Komitologie-VO,),

---

16 Sydow-*Sydow* Art. 93 Rn. 15.
17 Siehe dazu auch Gola-*Nguyen* Art. 92/93 Rn. 8; Paal/Pauly-*Pauly* Art. 93 Rn. 15.
18 Sydow-*Sydow* Art. 93 Rn. 16.
19 Sydow-*Sydow* Art. 93 Rn. 18 f.

3. **Erlass** des Durchführungsrechts durch die Kommission unter Beteiligung des für die DS-GVO gem. Abs. 1 eingesetzten Komitologieausschusses.[20]

Nach der Komitologie-VO stehen (,nur noch, vgl. Rn. 1) zwei Verfahrensarten zur Verfügung: (a) das **Beratungsverfahren** und (b) das **Prüfverfahren**. 16

Im (a) **Beratungsverfahren** gibt der Komitologieausschuss ein **konsultatives Votum** zu von der Kommission geplanten Durchführungsrechtsakten ab. Der Ausschuss entscheidet in derartigen Fällen gem. Art. 4 Komitologie-VO mit **einfacher Mehrheit**.[21] 17

Im (b) **Prüfverfahren** kann der Komitologieausschuss bezogen auf von der Kommission geplante Durchführungsrechtsakte ein **Veto** abgeben. Hierbei sind die **Quorumsregelungen** deutlich komplexer. Sie richten sich nach Art. 5 Abs. 1 Komitologie-VO i.V.m. Art. 16 Abs. 4 und 5 EUV sowie Art. 238 AEUV nach den Anforderungen, die das Primärrecht für **Ratsentscheidungen** vorsieht.[22] 18

Das **Prüfverfahren ist gleichsam das Standardverfahren bei der Beteiligung des Komitologieausschusses nach der DS-GVO**, denn bezüglich des Erlasses von Durchführungsrechtsakte verweisen die in Art. 93 Abs. 2 enumerativ aufgelisteten Klauseln (vorliegend unter Rn. 12 zu finden) alle auf das Prüfverfahren. Dieses steht in einem gewissen Widerspruch dazu, dass sonst die Komitologie-VO das **Beratungsverfahren** als das Regelverfahren vorsieht.[23] Diese Umkehr des Regel-Ausnahme-Verhältnisses hat der DS-GVO namentlich von Gernot Sydow triftige Kritik eingetragen,[24] mag aber auch mit der besonderen Sensibilität des Datenschutzrechts zu rechtfertigen sein. 19

III. Verweisung auf Art. 8 i.V.m. Art. 5 VO (EU) Nr. 182/2011 (Abs. 3) für Fälle äußerster Dringlichkeit

Art. 8 Abs. 1 VO (EU) Nr. 182/2011 eröffnet die Möglichkeit der Befugnisübertragung an die Kommission zum Erlass **sofort geltender Durchführungsrechtsakte** für **hinreichend begründete Fälle äußerster Dringlichkeit**.[25] Art. 8 VO (EU) Nr. 182/2011 sieht für solche Fälle vor, dass die Kommission zunächst den Durchführungsrechtsakt ohne Beteiligung des Ausschusses erlässt. Dabei bleibt der Durchführungsrechtsakt für einen Zeitraum von höchstens 6 Monaten in Kraft; in dieser Zeit ist er (spätestens 14 Tage nach seinem Erlass) dem Ausschuss zur Stellungnahme vorzulegen.[26] 20

Die Verweisung in Art. 93 Abs. 3 auf **Art. 5 i.V.m. Art. 8** der VO (EU) Nr. 182/2011 sorgt dafür, dass die Kommission bei einer ablehnenden Stellungnahme des Ausschusses den Durchführungsrechtsakt unverzüglich aufzuheben hat. 21

---

20 Sydow-*Sydow* Art. 93 Rn. 19; weitergehend auch Gola-*Nguyen* Art. 92/93 Rn. 9.
21 Sydow-*Sydow* Art. 93 Rn. 21.
22 *Gaitzsch* Tertiärnormsetzung in der Europäischen Union: eine Untersuchung der Normsetzungsbefugnisse der Europäischen Kommission nach Art. 290 und Art. 291 Abs. 2–4 AEUV, 2015, S. 174 ff.; Sydow-*Sydow* Art. 93 Rn. 22 m.w.N.
23 Sydow-*Sydow* Art. 93 Rn. 25 f.
24 Sydow-*Sydow* Art. 93 Rn. 38.
25 Kühling/Buchner-*Herbst* Art. 93 Rn. 22; Paal/Pauly-*Pauly* Art. 93 Rn. 16; Plath-*Jenny* Art. 93 Rn. 9.
26 Gola-*Nguyen* Art. 92/93 Rn. 11; Kühling/Buchner-*Herbst* Art. 93 Rn. 22; Paal/Pauly-*Pauly* Art. 93 Rn. 17.

C. Praxishinweise

22 Durchführungsakte sind im Wege der **Nichtigkeitsklage** nach Art. 263 Abs. 1 AEUV angreifbar.[27]

23 **Standarddatenschutzklauseln** bieten – wie in Rn. 12 dargestellt – eine „Angebot an den Datenverarbeiter", das man dringend annehmen sollte, da „dessen Nutzung rechtliche Vorteile und Erleichterungen nach sich zieht".[28]

---

27 Paal/Pauly-*Pauly* Art. 93 Rn. 17; Sydow-*Sydow* Art. 93 Rn. 38.
28 Sydow-*Sydow* Art. 93 Rn. 16.

Kapitel XI
Schlussbestimmungen

Artikel 94 Aufhebung der Richtlinie 95/46/EG
(1) Die Richtlinie 95/46/EG wird mit Wirkung vom 25. Mai 2018 aufgehoben.
(2) ¹Verweise auf die aufgehobene Richtlinie gelten als Verweise auf die vorliegende Verordnung. ²Verweise auf die durch Artikel 29 der Richtlinie 95/46/EG eingesetzte Gruppe für den Schutz von Personen bei der Verarbeitung personenbezogener Daten gelten als Verweise auf den kraft dieser Verordnung errichteten Europäischen Datenschutzausschuss.

– *ErwG: 171*
– *Bezüge zum BDSG n.F. oder anderen Vorschriften: Art. 8 Abs. 1 DSAnpUG-EU*

Übersicht

	Rn		Rn
A. Einordnung und Hintergrund	1	2. Verweise auf die Art.-29-	
I. Erwägungsgründe	1	Datenschutzgruppe	23
II. BDSG n.F.	4	C. Praxishinweise	24
III. Normengenese und -umfeld	5	I. Relevanz für öffentliche	
B. Kommentierung	8	Stellen	24
I. Regelungsinhalt	8	II. Relevanz für nichtöffentliche	
II. Abs. 1	9	Stellen	25
1. Aufhebung der Richtlinie	9	III. Relevanz für betroffene Personen	26
2. Fortgeltung auf der Richtlinie beruhender Rechtsakte	12	IV. Relevanz für Aufsichtsbehörden	27
III. Abs. 2	17	V. Relevanz für das Datenschutzmanagement	28
1. Verweise auf die Datenschutzrichtlinie	17		

Literatur: *Bader/Ronellenfitsch* BeckOK VwVfG, 2017; *Maier/Schaller* ePrivacy-VO – alle Risiken der elektronischen Kommunikation gebannt?, ZD 2017, 373; *Maunz/Dürig* Grundgesetz-Kommentar, 80. Aufl. 2017; *Moos* Unmittelbare Anwendbarkeit der Cookie-Richtlinie – Mythos oder Wirklichkeit?, K&R 2012, 635; *Nebel/Richter* Datenschutz bei Internetdiensten nach der DS-GVO – Vergleich der deutschen Rechtslage mit dem Kommissionsentwurf, ZD 2012, 407; *Neumann* Der Kommissionsvorschlag für einen europäischen Kodex für die elektronische Kommunikation – Geplante Änderungen im Bereich der Marktregulierung, N&R 2016, 262; *Roßnagel* Das neue Datenschutzrecht – Europäische Datenschutz-Grundverordnung und deutsche Datenschutzgesetze, 2017; *ders.* Handbuch Datenschutzrecht, 2003; *Stelkens/Bonk/Sachs* Verwaltungsverfahrensgesetz, Kommentar, 8. Aufl. 2014.

A. Einordnung und Hintergrund

I. Erwägungsgründe

ErwG 171 enthält Hinweise dazu, in welchem zeitlichen Rahmen der Übergang von der Richtlinie zur Verordnung in der Praxis vollzogen werden soll. Bereits laufende Verarbeitungen sollen innerhalb von zwei Jahren nach dem Inkrafttreten der Verordnung mit dieser in Einklang gebracht werden. Eine weitergehende Übergangsfrist wird nicht eingeräumt. Mit Geltung der DS-GVO müssen die Verantwortlichen ihre 1

Art. 94 Aufhebung der Richtlinie 95/46/EG

Datenverarbeitungen an die neue Rechtslage angepasst haben. Da bis zu diesem Zeitpunkt sowohl die Richtlinie als auch das derzeitige BDSG noch gelten, kann eine frühere Anpassung aber von den Verantwortlichen nicht verlangt werden, ihre Vorbereitungen müssen allerdings bereits weit vorher begonnen haben, um zum Stichtag die neue Rechtslage einhalten zu können.

2 Der ErwG stellt außerdem klar, dass datenschutzrechtliche Einwilligungen, die gem. der Richtlinie abgegeben wurden, nicht automatisch mit ihr außer Kraft treten, sondern wirksam bleiben, wenn die Art der Einwilligung den Bedingungen der Verordnung entspricht. Nicht den Bedingungen der Verordnung entsprechend sind gem. Art. 8 Abs. 1 S. 1 z.B. Einwilligungen von Jugendlichen unter sechzehn Jahren bei der Nutzung von Diensten der Informationsgesellschaft, wenn nicht der jeweilige Mitgliedstaat eine niedrigere Altersgrenze festgelegt hat. In Deutschland wurde keine niedrigere Altersgrenze festgelegt.

3 Entscheidungen und Beschlüsse der Kommission sowie Genehmigungen der Aufsichtsbehörden, die auf der Richtlinie beruhen, bleiben in Kraft bis sie geändert, ersetzt oder aufgehoben werden.

II. BDSG n.F.

4 Gemäß Art. 8 Abs. 1 DSAnpUG-EU trat das neue an die Verordnung angepasste BDSG am 25.5.2018 in Kraft und das zuvor geltende alte BDSG außer Kraft. Zwischen der DS-GVO und dem neuen BDSG besteht damit zeitliche Synchronität.

III. Normengenese und -umfeld

5 **Art. 32 Abs. 1 S. 1 DSRL** ließ den Mitgliedstaaten drei Jahre nach Annahme der Richtlinie Zeit, um sie im nationalstaatlichen Recht umzusetzen. Gemäß Art. 32 Abs. 2 DSRL hatten die Mitgliedstaaten dafür Sorge zu tragen, dass Verarbeitungen, die bei Inkrafttreten der innerstaatlichen Umsetzungen bereits begonnen hatten, drei Jahre nach dem Inkrafttreten der innerstaatlichen Umsetzungsakte mit diesen in Einklang gebracht wurden. Der Übergangszeitraum von der Annahme der Richtlinie bis zur Verbindlichkeit der neuen Rechtslage für alle verantwortlichen Stellen konnte also bis zu sechs Jahre betragen. Allerdings konnten die verantwortlichen Stellen sich erst ab Inkrafttreten der innerstaatlichen Umsetzung an die konkrete neue Rechtslage anpassen, so dass von einem Übergangszeitraum von drei Jahren für bereits begonnene Datenverarbeitungen gesprochen werden muss.

6 Im Kommissionsentwurf stand die Norm noch in Art. 88 und enthielt in Abs. 1 keine Datumsangabe. Parlaments- und Ratsentwurf enthielten keine Änderungen zur Vorschrift.

7 **ErwG 171** war im Kommissionsentwurf ErwG 134 und enthielt ebenfalls keine Zeitangaben und auch keine Hinweise auf die Fortgeltung von Einwilligungen. Der Parlamentsentwurf wollte die Fortgeltung von Beschlüssen und Genehmigungen, die in dem ErwG enthalten ist, auf fünf Jahre nach Inkrafttreten der Verordnung begrenzen, hat sich hiermit aber nicht durchgesetzt. Im Ratsentwurf findet sich dann der Übergangszeitraum und, wenn auch mit anderem Wortlaut, die weitere Wirksamkeit von Einwilligungen. Außerdem sollten laut dem Ratsentwurf die Regelungen über Datenschutzfolgenabschätzungen und die vorherige Konsultation nicht auf bereits begon-

B. Kommentierung

I. Regelungsinhalt

Die Norm regelt in Abs. 1 das Außerkrafttreten der Datenschutzrichtlinie 95/46/EG und in Abs. 2 den Umgang mit Verweisen in Gesetzen auf die aufgehobene Richtlinie und auf die Art.-29-Datenschutzgruppe.

II. Abs. 1

1. Aufhebung der Richtlinie. Die **DSRL** wurde mit Wirkung vom 25.2.2018, dem ersten Tag der Anwendbarkeit der DS-GVO (s. Art. 99), **aufgehoben**. Die DSRL hat damit das Datenschutzrecht in der EU über mehr als zwanzig Jahre hinweg geprägt.

Nicht außer Kraft traten damit die **nationalen Regelungen**, die die Richtlinie umsetzten. Sie unterlagen allerdings ab diesem Datum dem **Anwendungsvorrang** der Verordnung.[1] Um die Rechtsanwendung zu erleichtern und für Rechtssicherheit zu sorgen, sollten solche Regelungen in nationalen Gesetzen gestrichen oder angepasst werden, die ansonsten von der DS-GVO verdrängt würden. Das Bundesdatenschutzgesetz war bei Geltungsbeginn der Verordnung bereits umfassend überarbeitet worden und tritt in seiner neuen Fassung am 25.5.2018 in Kraft. Mit dem zweiten Gesetz zur Anpassung des Datenschutzrechts an die DS-GVO und zur Umsetzung der JI-Richtlinie v. 20.11.2019[2] wurden Änderungen an über einhundertfünfzig weiteren Gesetzen vorgenommen, die datenschutzrechtliche Regelungen enthalten. In allen Bundesländern wurden Landesdatenschutzgesetze verabschiedet, die in vergleichbarer Weise an die DS-GVO angepasst sind. Auch auf Landesebene wurden bereits datenschutzrechtliche Normen in vielen Spezialgesetzen angepasst. Allerdings existiert weiterhin eine Fülle von Gesetzen auf Bundes- und Landesebene, die datenschutzrechtliche Regelungen enthalten, die (unter anderem) auf der Datenschutzrichtlinie beruhen und angepasst werden müssen, wie z.B. das Telekommunikationsgesetz und das Telemediengesetz.

Die Verantwortlichen mussten ihre **Verarbeitungstätigkeiten** bis zum 25.5.2018 der neuen Rechtslage nach der DS-GVO **angepasst** haben, denn ab diesem Zeitpunkt konnten sie sich auf die alte Rechtslage hinsichtlich neuer und fortlaufender Verarbeitungen nicht mehr berufen.

2. Fortgeltung auf der Richtlinie beruhender Rechtsakte. ErwG 171 konkretisiert das Außerkrafttreten der Datenschutzrichtlinie bezüglich auf der Richtlinie beruhender Rechtsakte. So sollen datenschutzrechtliche **Einwilligungen**, die vor dem 25.5.2018 gem. der Richtlinie abgegeben wurden, wirksam bleiben und müssen nicht neu erteilt werden, wenn die Art der Einwilligung der Verordnung entspricht. Entsprechen Einwilligungen aus der Zeit vor Anwendung der Verordnung also den Art. 7 und 8, können sie auch über den 25.5.2018 hinaus als wirksame Rechtsgrundlage gem. Art. 6

---

1 Zum Anwendungsvorrang Roßnagel-*Roßnagel* Das neue Datenschutzrecht, § 2 BDSG, I.
2 Zweites Gesetz zur Anpassung des Datenschutzrechts an die Verordnung (EU) 2016/679 und zur Umsetzung der RL (EU) 2016/680 (Zweites Datenschutz-Anpassungs- und Umsetzungsgesetz EU – 2. DSAnpUG-EU) vom 20.11.2019, BGBl. 2019 S. 1625.

Abs. 1 UAbs. 1 lit. a genutzt werden, bis sie widerrufen werden. Der Düsseldorfer Kreis beschloss im September 2016, dass für die Fortgeltung von Einwilligungen nicht entscheidend sein soll, ob hinsichtlich einer Einwilligung Informationspflichten nach Art. 13 eingehalten wurden.[3] Dies ist kritisch im Hinblick auf (nicht nur aber insbesondere) die Informationspflicht gem. Art. 13 Abs. 2 lit. c, die hinsichtlich des Widerrufsrechts aus Art. 7 Abs. 3 S. 1 gilt. Allerdings ist die Pflicht, die betroffene Person von dem Widerrufsrecht in Kenntnis zu setzen nicht nur in Art. 13, sondern auch in Art. 7 Abs. 2 S. 2 selbst enthalten, so dass der Beschluss zumindest diese Informationspflicht nicht betrifft. Je nachdem, welche weiteren Informationspflichten nicht eingehalten wurden, können außerdem die Einwilligungen schon nach alter Rechtslage unwirksam sein und somit ebenso nicht **fort**gelten können. Der fragliche Beschluss des Düsseldorfer Kreises ist daher mit äußerster Vorsicht zu genießen. Den Verantwortlichen ist zu empfehlen, wenn möglich, Einwilligungen nach der neuen Rechtslage einzuholen.

13 Ebenfalls in Kraft bleiben sollen gem. ErwG 171 **Entscheidungen und Beschlüsse der Kommission** und **Genehmigungen der Aufsichtsbehörden**, die auf der Datenschutzrichtlinie beruhen, bis sie geändert, ersetzt oder aufgehoben werden. Für die Fortgeltung von Angemessenheitsbeschlüssen der Kommission nach Art. 25 Abs. 6 DSRL zum Schutzniveau eines Drittlands etwa aufgrund innerstaatlicher Rechtsvorschriften oder internationaler Verpflichtungen (z.B. zum „Privacy-Shield"[4]), besteht diesbezüglich aber eine Sonderregelung in Art. 45 Abs. 9. Auch hinsichtlich der Fortgeltung von Genehmigungen der Aufsichtsbehörden nach Art. 26 Abs. 2 und Feststellungen der Kommission nach Art. 26 Abs. 4 DSRL enthält die DS-GVO Spezialregelungen in Art. 46 Abs. 5 S. 1 bzw. S. 2.

14 Die **Fortgeltung** von Behördenentscheidungen ist relevant für den Bereich **verbindlicher Unternehmensregelungen (Binding Corporate Rules/BCR)**. Gegenstand der Genehmigung nach § 4c Abs. 2 S. 1 BDSG a.F. sollen, trotz des Wortlauts, wie im neuen Art. 47 Abs. 1, die verbindlichen Unternehmensregelungen selbst sein.[5] Genehmigungen nach § 4c Abs. 2 BDSG a.F. beruhen mittelbar auf Art. 26 Abs. 2 DSRL und bleiben daher in Kraft, bis sie geändert ersetzt oder aufgehoben werden.

15 Fraglich ist, ob unter Genehmigungen der Aufsichtsbehörden auch die (wenigen) bisher **anerkannten Verhaltensregeln**[6] zu verstehen sind, so dass auch diese zunächst **weitergelten** könnten, bis sie geändert, ersetzt oder aufgehoben werden. Dagegen scheint zunächst zu sprechen, dass im Gegensatz zu den Verarbeitungen nach § 4c Abs. 2 BDSG a.F. Verhaltensregeln nach § 38a Abs. 2 BDSG a.F. nicht „genehmigt" wurden, sondern nur ihre Überprüfung vorgeschrieben war. Das Ergebnis dieser Prüfung wird

---

3 *Düsseldorfer Kreis* Fortgeltung bisher erteilter Einwilligungen unter der DS-GVO, v. 13./14.9.2016.
4 „Durchführungsbeschluss (EU) 2016/1250 der Kommission vom 12. Juli 2016 gem. der Richtlinie 95/46/EG des Europäischen Parlaments und des Rates über die Angemessenheit des vom EU-US-Datenschutzschild gebotenen Schutzes", ABL. EU 2016 L 207/1.
5 Simitis-*Petri* § 4c Rn. 67.
6 Unionsweit gibt es bisher den „Ehrenkodex der Federation of European Direct Marketing", in Deutschland außerdem die „Verhaltensregeln des Gesamtverbands der Deutschen Versicherungswirtschaft" und den „Geo-Business Code of Conduct" des Selbstregulierung Informationswirtschaft (SRIW) e.V. und der Kommission für Geoinformationswirtschaft (GIW) v. 13.1.2015.

von der Literatur als feststellender Verwaltungsakt eingeordnet.[7] Auch der Begriff der Genehmigung in Art. 40 Abs. 5 S. 2 wird allerdings als feststellender Verwaltungsakt, nicht als Erlaubnis, verstanden.[8] Die DS-GVO versteht demnach unter Genehmigungen mehr als nur die förmliche Erlaubnis im Sinne des deutschen Verwaltungsrechts. Die Rechtsnatur der behördlichen Entscheidung über Verhaltensregeln nach altem und neuen Recht ist identisch, so dass der Wortlaut von § 38a Abs. 2 BDSG a.F. nicht gegen eine Anwendung des in ErwG 171 S. 3 etablierten Grundsatzes spricht.

Ebenfalls nicht gegen eine Fortgeltung spricht eine eventuelle Bindung der Aufsichtsbehörden. Die Aufsichtsbehörden, die Verhaltensregeln genehmigt haben, wären gerade nicht unauflösbar an bereits anerkannte Verhaltensregeln gebunden, sondern können die Anerkennungsentscheidung aufgrund der geänderten Rechtslage nach § 49 Abs. 2 S. 1 Nr. 4 VwVfG widerrufen. Der Widerrufstatbestand ist zwar dann nicht erfüllt, wenn der Begünstigte von der Vergünstigung bereits Gebrauch gemacht hat. Dies könnte bei Verhaltensregeln der Fall sein, da die verantwortlichen Stellen die Verhaltensregeln bereits seit einiger Zeit nutzen. Allerdings ist das Tatbestandsmerkmal für feststellende Verwaltungsakte, wenn überhaupt, nur dann anwendbar, wenn die Aufnahme einer Tätigkeit nur aufgrund der Feststellung möglich ist.[9] Dies ist bei Verhaltensregeln nicht der Fall. Diese konkretisieren nur die Anwendung abstrakter Normen, die aber in Bereichen, in denen keine Verhaltensregeln existieren, ständig angewendet werden und die Verarbeitung personenbezogener Daten in dem jeweils festgelegten Ausmaß ermöglichen. Die Aufsichtsbehörden werden daher anerkannte Verhaltensregeln in der Regel widerrufen können, da sich mit der DS-GVO und dem neuen BDSG die Rechtslage geändert hat. Angesichts der geringen Anzahl anerkannter Verhaltensregeln erscheint es auch nicht unangemessen, die Verantwortung der Überprüfung der Verhaltensregeln den Aufsichtsbehörden aufzuerlegen und ansonsten grundsätzlich von einer Fortgeltung der Verhaltensregeln über den 25.5.2018 hinaus auszugehen. Allerdings wären die Verantwortlichen sicher gut beraten, den Kontakt zu den Aufsichtsbehörden aufzunehmen und mit ihnen gemeinsam an der Überarbeitung der Verhaltensregeln zu arbeiten. In der Praxis ist es ohnehin wahrscheinlicher, dass Aufsichtsbehörden und Verantwortliche in Austausch über Verhaltensregeln treten, als dass die Verantwortlichen auf einer Bindung genehmigter Verhaltensregeln bestehen und die Aufsichtsbehörde daher ein förmliches Widerrufsverfahren einleitet.

III. Abs. 2

1. Verweise auf die Datenschutzrichtlinie. Gemäß Abs. 2 S. 1 der Norm gelten **Verweise** auf die aufgehobene Richtlinie als Verweise **auf die DS-GVO**. Verweise können sowohl im Unionsrecht[10] als auch im Recht der Mitgliedstaaten, etwa § 13 Abs. 1 S. 1 TMG, enthalten sein. Dies bedeutet für den Rechtsanwender, dass er zunächst prüfen muss, ob die verweisende Norm noch anwendbar ist oder von der DS-GVO verdrängt

---

7 Simitis-*Petri* § 38a Rn. 25; Roßnagel-*Roßnagel* Handbuch Datenschutzrecht, 2003, Kap. 3.6 Rn. 137.
8 Kühling/Buchner-*Bergt* Art. 40 Rn. 40.
9 *OVG Berlin* NVwZ-RR 1988, 6, 9; Stelkens/Bonk/Sachs-*Sachs* § 49 Rn. 77; Bader/Ronellenfitsch-*Abel* § 49 VwVfG, Rn. 62.1.
10 Einige Beispiele bei BeckOK DatenSR-*Schild* Art. 94 Rn. 6 ff.

wird. Ist die verweisende Norm noch anwendbar, muss ermittelt werden, auf welche einschlägigen Normen der DS-GVO verwiesen wird.

18 Im Fall von § 13 Abs. 1 S. 1 TMG bedeutet Art. 94 Abs. 2 S. 1 etwa Folgendes: § 13 Abs. 1 S. 1 TMG wird von den Art. 12, 13 und 14 verdrängt und ist grundsätzlich nicht weiter anzuwenden.[11] Der Verweis wäre also gegenstandslos. Allerdings könnte § 13 Abs. 1 S. 1 TMG über die Öffnungsklausel in Art. 6 Abs. 2 i.V.m. Abs. 1 UAbs. 1 lit. c für öffentliche Stellen weiter angewendet werden. In diesem Fall muss ermittelt werden, auf welche Normen der DS-GVO sie verweisen soll. § 13 Abs. 1 S. 1 TMG wird der Diensteanbieter verpflichtet, die Nutzer über die Verarbeitung ihrer personenbezogenen Daten in Staaten außerhalb des Anwendungsbereichs der Richtlinie 95/46/EG zu informieren. Die Norm verweist also auf den räumlichen Anwendungsbereich der Richtlinie, der in deren Art. 4 Nr. 1 geregelt ist. Der räumliche Anwendungsbereich der Verordnung ist in Art. 3 geregelt. Der Verweis § 13 Abs. 1 S. 1 TMG ist also als Verweis auf Art. 3 zu verstehen.

19 Weiterhin ist zu fragen, ob der Verweis darauf abstellt, dass die Verarbeitung in Staaten stattfindet, die selbst die Richtlinie/Verordnung nicht anzuwenden haben oder darauf, dass auf Verarbeitungen in einem Staat die Richtlinie/Verordnung nicht anwendbar ist. Aufgrund des Marktortprinzips[12] in Art. 3 Abs. 2 gibt es eigentlich keine Staaten, auf die die Verordnung nicht anwendbar sein kann. Vergleichbares galt, wenn auch nicht so klar, auch schon nach Art. 4 Abs. 1 lit. c DSRL. Eine Auslegung des Verweises im zweiten Sinn würde die Informationspflicht entwerten. Der Verweis knüpft nicht an die Verarbeitungstätigkeit, sondern an die Bindungswirkung der Verordnung gegenüber den Mitgliedstaaten und stellt, sowohl bisher als auch in Zukunft, auf Verarbeitungen außerhalb der Union und des EWR ab.

20 Für den Fall, dass sich tatsächlich Unterschiede ergeben zwischen der alten und neuen Rechtslage auf die verwiesen wird, wird man wohl grundsätzlich davon ausgehen müssen, dass der EU-Gesetzgeber die Geltung der neuen Rechtslage erreichen wollte und die Verweise nicht auf den Inhalt der Richtlinie zu reduzieren sind.[13] Allerdings wird an diesem Problem deutlich, dass es sich bei Art. 94 Abs. 2 S. 1 nur um eine **Übergangsregelung handelt**. Die weiter anwendbaren Verweise sollten im Sinn der Rechtssicherheit baldmöglichst angepasst werden. Dies ist in großen Teilen bereits durch die dargestellten Gesetzgebungsverfahren[14] geschehen.

21 **Zu weitgehend** erscheint es, über den Begriff „Verweis" eine Fortgeltung der **Auslegung** von Normen der Datenschutzrichtlinie durch den EuGH oder die Art.-29-Datenschutzgruppe für entsprechende Normen in der DS-GVO zu erstrecken.[15] Unter einem Verweis im Sinne der Norm sind Verweise auf die Datenschutzrichtlinie in Gesetzen zu verstehen, wie z.B. in § 13 Abs. 1 S. 1 TMG. Nicht als solcher Verweis zu verstehen ist es, wenn Gerichte oder auch die Art.-29-Datenschutzgruppe Normen der Richtlinie ausgelegt haben. Dies führt daher auch nicht dazu, dass dieses Normverständnis automatisch auf „inhaltsgleiche" Normen der DS-GVO übertragen werden kann.

---

11 Roßnagel-*Geminn/Richter* Das neue Datenschutzrecht, 2018, § 4 Rn. 276 f.
12 Roßnagel-*Husemann* Das neue Datenschutzrecht, 2017, § 3 Rn. 15 ff.
13 Vgl. auch *Gola* Art. 94 Rn. 13.
14 Rn. 10.
15 So aber BeckOK DatenSR-*Schild* Art. 94 Rn. 12.

Die Auslegung entsprechender Normen der Richtlinie kann zwar ein Ausgangspunkt 22
für die Auslegung von Normen der Verordnung sein und wird häufig ein fruchtbarer
Ausgangspunkt sein. Die **Verordnung** muss aber **autonom ausgelegt** werden, dies
schon deshalb, weil es sich um eine Verordnung handelt und nicht um eine Richtlinie.
Auch wenn der Verordnungsgeber sich bei der Formulierung stark am Richtlinientext
orientiert hat, können Normen der DS-GVO eine andere Funktion haben als wortgleiche oder entsprechende Normen in der Richtlinie. Die Normen der DS-GVO müssen in ihrer jeweils spezifischen Schutzfunktion für die Grundrechte der betroffenen
Personen und unter Berücksichtigung ihres jeweiligen Adressaten (Verantwortlicher,
betroffene Person, Aufsichtsbehörde, Datenschutzausschuss, Kommission, Mitgliedstaat) ausgelegt werden. In diesen Punkten unterscheiden sie sich auch von wortgleichen Regelungen der Richtlinie. Die Auslegung einzelner Normen der DS-GVO
durch den EuGH oder auch die Art.-29-Datenschutzgruppe kann zu gleichen oder
ähnlichen Ergebnissen führen wie unter der Richtlinie. Zwingend ist dies aber nicht.

2. Verweise auf die Art.-29-Datenschutzgruppe. Verweise auf die Art.-29-Daten- 23
schutzgruppe gelten gem. Abs. 2 S. 2 der Norm ab dem 25.5.2018 als Verweise auf den
gem. Art. 68 Abs. 1 eingerichteten Europäischen Datenschutzausschuss, der die Art.-29-Datenschutzgruppe ersetzt.[16]

C. Praxishinweise

I. Relevanz für öffentliche Stellen

Öffentliche Stellen, die personenbezogene Daten verarbeiten, unterlagen, wie auch 24
private Verarbeiter, der Regelungsarchitektur der DSRL nur noch bis zum 24.5.2018.
Gerade für die öffentlichen Stellen können aber nationale Datenschutzregeln, die
ursprünglich auf der Richtlinie beruhen, insbesondere durch die Öffnungsklausel in
Art. 6 Abs. 2 i.V.m. Art. 6 Abs. 1 UAbs. 1 lit. c weitergelten. Viele dieser Regelungen
wurden inzwischen im Hinblick auf die Verordnung überarbeitet und sind in dieser
angepassten Form weiterhin in Kraft, wie insbesondere die Landesdatenschutzgesetze.

II. Relevanz für nichtöffentliche Stellen

Datenschutzrechtliche Einwilligungen, die vor der Geltung der Verordnung gem. der 25
Datenschutzrichtlinie abgegeben wurden, können weiter als wirksame Rechtsgrundlage angesehen werden, wenn sie auch den Vorgaben der Verordnung entsprechen.
Sie müssen dann nicht neu eingeholt werden.

III. Relevanz für betroffene Personen

Betroffene Personen müssen ab Außerkrafttreten der DSRL nicht mehr darauf war- 26
ten, dass der nationale Gesetzgeber die europäischen Vorgaben umsetzt. Die ihnen in
Zukunft von der Verordnung zugesprochenen Rechte gelten unmittelbar.

IV. Relevanz für Aufsichtsbehörden

Die Aufsichtsbehörden in Bund und Ländern waren noch bis zum 24.5.2018 an die 27
alte Rechtslage gebunden und üben ihre Aufgaben und Befugnisse entsprechend dem
bis zu diesem Datum geltenden Bundesdatenschutzgesetz und den Landesgesetzen

---

16 Vgl. ErwG 139.

aus. Die sie betreffenden Regelungen im deutschen Recht treten nicht automatisch am 25.5.2018 außer Kraft. Bundesdatenschutzgesetz und Landesdatenschutzgesetze sind aber vollständig angepasst worden, sowie eine große Anzahl weitere Gesetze auf Bundes- und Landesebene.

V. Relevanz für das Datenschutzmanagement

28 Sollen Datenverarbeitungen aufgrund von bestehenden Einwilligungen nach dem 24.5.2018 fortgeführt werden, müssen die Einwilligungen auf ihre Übereinstimmung mit der DS-GVO überprüft werden.

Artikel 95   Verhältnis zur Richtlinie 2002/58/EG

Diese Verordnung erlegt natürlichen oder juristischen Personen in Bezug auf die Verarbeitung in Verbindung mit der Bereitstellung öffentlich zugänglicher elektronischer Kommunikationsdienste in öffentlichen Kommunikationsnetzen in der Union keine zusätzlichen Pflichten auf, soweit sie besonderen in der Richtlinie 2002/58/EG festgelegten Pflichten unterliegen, die dasselbe Ziel verfolgen.

– *ErwG: 173*
– *Bezüge zum BDSG n.F. oder anderen Vorschriften: §§ 88 ff. TKG*

Übersicht

	Rn		Rn
A. Einordnung und Hintergrund	1	1. Art. 95	14
I. Erwägungsgründe	1	2. Telekommunikationsdatenschutz nach der ePrivacy-VO	15
II. TKG und TMG	3		
III. Normengenese und -umfeld	5		
B. Kommentierung	7	C. Praxishinweise	20
I. Regelungsinhalt	7	I. Relevanz für öffentliche Stellen und nichtöffentliche Stellen	20
II. Verhältnis zur Richtlinie 2002/58/EG	8	II. Relevanz für betroffene Personen	21
III. Folgen für die Anwendbarkeit des TKG und des TMG	9	III. Relevanz für Aufsichtsbehörden	22
IV. Anpassung und Überprüfung der Richtlinie	12	IV. Relevanz für das Datenschutzmanagement	23
V. Ausblick	14		

A. Einordnung und Hintergrund

I. Erwägungsgründe

1 Gemäß ErwG 173 S. 1 sollte die DS-GVO „auf alle Fragen des Schutzes der Grundrechte und Grundfreiheiten bei der Verarbeitung personenbezogener Daten Anwendung finden, die nicht den in der RL 2002/58/EG des Europäischen Parlaments und des Rates bestimmten Pflichten, die dasselbe Ziel verfolgen, unterliegen, einschließlich der Pflichten des Verantwortlichen und der Rechte natürlicher Personen." Der ErwG erklärt damit die unklare Formulierung in Art. 95 („Diese Verordnung erlegt ... keine zusätzlichen Pflichten auf ...") dahingehend, dass die Verordnung nicht angewendet wird, soweit der Anwendungsbereich der RL 2002/58/EG (ePrivacy-RL) eröffnet ist und sie Spezialregelungen enthält.

Verhältnis zur Richtlinie 2002/58/EG   **Art. 95**

Der ErwG enthält weiterhin die Absicht, die ePrivacy-RL anzupassen, um das Ver- **2**
hältnis zwischen ihr und der DS-GVO klarzustellen. Zuletzt verlangt der ErwG, die
ePrivacy-RL insbesondere auf ihre Kohärenz mit der DS-GVO hin zu überprüfen.

II. TKG und TMG

Die ePrivacy-RL wurde in Deutschland hauptsächlich durch die Datenschutzregelun- **3**
gen in §§ 88 ff. TKG umgesetzt. Viele, aber nicht alle, der dortigen Regelungen beruhen auf der Richtlinie. Die Datenschutzregeln des TMG beruhen hingegen nicht auf
der Richtlinie. Die ePrivacy-RL gilt gem. ihrem Art. 3 „... für die Verarbeitung personenbezogener Daten in Verbindung mit der Bereitstellung öffentlich zugänglicher
elektronischer Kommunikationsdienste in öffentlichen Kommunikationsnetzen ..."
Elektronische Kommunikationsdienste sind gem. Art. 2 lit. c der RL 2002/21/EG
Dienste, die „ganz oder überwiegend in der Übertragung von Signalen" bestehen.
Elektronische Kommunikationsdienste, die **ganz** in der Signalübertragung bestehen
sind gem. § 1 Abs. 1 S. 1 TMG keine Telemediendienste, sondern reine Telekommunikationsdienste. Elektronische Kommunikationsdienste, die nur **überwiegend** aber
nicht ganz in der Signalübertragung bestehen, unterfallen aber grundsätzlich sowohl
dem Telekommunikations- als auch dem Telemediengesetz. Die ePrivacy-RL kann
daher grundsätzlich auf solche Telemediendienste anwendbar sein, die überwiegend in
der Signalübertragung bestehen. Für diese Dienste gelten aber gem. § 11 Abs. 3 TMG
aus den Datenschutzregeln der §§ 11 ff. TMG nur § 15 Abs. 8 und § 16 Abs. 2 Nr. 4
TMG, die nicht auf der ePrivacy-RL beruhen. Alle Telemediendienste, die **nicht** überwiegend in der Signalübertragung bestehen, sondern in relevantem Umfang Inhalte
anbieten (z.B. Webseiten, Video-Plattformen, Soziale Netzwerke u.a.) unterfallen der
ePrivacy-RL gar nicht.

In 2019 entschied der EuGH,[1] dass Web-Mailer (Gmail) nicht ganz oder überwiegend **4**
in der Signalübertragung bestehen und daher nicht als elektronische Kommunikationsdienste einzuordnen sind. Allerdings scheint die neue Richtlinie über den europäischen Kodex für die elektronische Kommunikation (EU) 2018/1972 E-Mail-Dienste
inklusive Web-Mailern allgemein als elektronische Kommunikationsdienste einzuordnen.[2] Die Richtlinie ist noch nicht im deutschen Recht umgesetzt, so dass noch abzuwarten ist, wie Web-Mailer in Zukunft eingeordnet werden. Auch die bereits länger
erwartete ePrivacy-Verordnung[3] (ePrivacy-VO), die die ePrivacy-RL ablösen soll,

---

1 *EuGH* v. 13.6.2019 – C-193/18, ECLI:EU:C:2019:498, Google.
2 RL (EU) 2018/1972 des Europäischen Parlaments und des Rates v. 11.12.2018 über den
  europäischen Kodex für die elektronische Kommunikation, ErwG 10, 15 und 17 im Hinblick
  auf Art. 2 Abs. 4 der Richtlinie.
3 *EU-Kommission* Vorschlag für eine Verordnung des Europäischen Parlaments und des
  Rates über die Achtung des Privatlebens und den Schutz personenbezogener Daten in der
  elektronischen Kommunikation und zur Aufhebung der Richtlinie 2002/58/EG (Verordnung
  über Privatsphäre und elektronische Kommunikation), Brüssel, 10.1.2017, COM(2017) 10
  final; *EU-Parlament* Report on the proposal for a regulation of the European Parliament
  and of the Council concerning the respect for private life and the protection of personal data
  in electronic communications and repealing Directive 2002/58/EC (Regulation on Privacy
  and Electronic Communications), 20.10.2017, A8-0324/2017; zuletzt Entwurf der finnischen
  Ratspräsidentschaft, Rat der Europäischen Union, Brüssel, 4.10.2019, COD 12633/19.

dürfte in diesen Komplex mit hineinspielen, da sie auf den Begriffsbestimmungen der RL (EU) 2018/1972 aufbauen soll.

III. Normengenese und -umfeld

5 Eine Vorgängernorm in der Datenschutzrichtlinie war nicht notwendig, da die beiden RL 95/46/EG und 2002/58/EG bisher auf einer Normhierarchiestufe standen und ihr Konkurrenzverhältnis im Wege der Spezialität zu lösen war. Beide Richtlinien wurden durch nationale Gesetze umgesetzt, die Datenschutzrichtlinie maßgeblich durch die Bundes- und Landesdatenschutzgesetze, die ePrivacy-RL maßgeblich durch die Datenschutzregelungen des Telekommunikationsgesetzes.

6 Art. 95 war bereits im Kommissionsentwurf als Art. 89 enthalten und hat sich seitdem wenig verändert. Die finale Norm besteht mit Ausnahme einer redaktionellen Änderung aus dem ersten Absatz der Norm im Kommissionsentwurf. Im Kommissionsentwurf war noch ein zweiter Absatz enthalten, der die Streichung von Art. 1 Abs. 2 der RL 2002/58/EG vorsah. Dieser enthält erstens den Hinweis darauf, dass es sich bei der ePrivacy-RL um eine Detaillierung und Ergänzung der DSRL handelt und zweitens den Hinweis darauf, dass die Richtlinie auch den Schutz von Teilnehmern regelt, bei denen es sich um juristische Personen handelt. Der Ratsentwurf schlug vor, den zweiten Absatz zu streichen und setzte sich hiermit durch. Die Anpassung des Verweises an die DS-GVO bleibt daher eine Aufgabe, die auch in ErwG 173 S. 2 angesprochen ist. Allerdings wird diese Anpassung wohl im Hinblick auf die ePrivacy-VO nicht mehr vorgenommen. ErwG 173 war ebenfalls bereits im Kommissionsentwurf vorhanden als ErwG 135. S. 3 fehlte, die S. 1 und 2 waren bis auf redaktionelle Veränderungen identisch mit der finalen Version. Der Parlamentsentwurf hatte keine Vorschläge für den ErwG, der Ratsentwurf führte S. 3 ein.

B. Kommentierung

I. Regelungsinhalt

7 Die Norm regelt das Verhältnis der DS-GVO zur sogenannten ePrivacy-RL. Da die DS-GVO grundsätzlich auf Datenverarbeitungen aus allen Bereichen anwendbar ist, würden ohne diese Regelung auch alle Umsetzungsnormen der ePrivacy-RL im Telekommunikationsgesetz, dem Anwendungsvorrang der DS-GVO unterliegen. Dies war vom Verordnungsgeber aber nicht gewollt. Viele Regelungen der §§ 88 ff. TKG unterliegen durch Art. 95 nicht dem Anwendungsvorrang der Verordnung. Die Norm wird aber voraussichtlich nur für relativ kurze Zeit relevant sein, da die ePrivacy-RL ihrerseits durch die ePrivacy-Verordnung (ePrivacy-VO) abgelöst werden soll.

II. Verhältnis zur Richtlinie 2002/58/EG

8 Gemäß Art. 95 erlegt die DS-GVO „natürlichen oder juristischen Personen in Bezug auf die Verarbeitung in Verbindung mit der Bereitstellung öffentlich zugänglicher elektronischer Kommunikationsdienste in öffentlichen Kommunikationsnetzen in der Union keine zusätzlichen Pflichten auf, soweit sie besonderen in der RL 2002/58/EG festgelegten Pflichten unterliegen, die dasselbe Ziel verfolgen". Diese umständliche und wenig eindeutige Formulierung wurde schon seit dem Kommissionsentwurf dahingehend ausgelegt, dass die DS-GVO nicht zur Anwendung kommt soweit der

Anwendungsbereich der ePrivacy-RL eröffnet ist und diese Spezialregelungen enthält.[4] Im Hinblick auf ErwG 173 kommt auch keine andere Auslegung in Betracht.

III. Folgen für die Anwendbarkeit des TKG und des TMG

Da die DS-GVO nicht anwendbar ist, soweit die ePrivacy-RL anwendbar ist, unterliegen solche Regelungen im nationalen Recht nicht dem Anwendungsvorrang der DS-GVO, die auf der Richtlinie beruhen. Dies sind viele aber nicht alle der Regelungen der §§ 88 ff. TKG. Überdies kommen noch weitere Gründe – insbesondere mehrere Öffnungsklauseln – in Betracht, aus denen Regelungen der §§ 88 ff. TKG anwendbar bleiben können. Im Bereich des Telekommunikationsdatenschutzes entsteht dadurch zunächst ein komplexes und schwer zu durchschauendes Geflecht von Normen. **Anwendbar bleiben** z.B. teilweise **§ 88 TKG** (Vertraulichkeit der Kommunikation), weitgehend **§§ 96 und 98 TKG** (Verarbeitung von Verkehrsdaten und Standortdaten) und viele weitere mit unterschiedlichem Maß und Adressatenkreis.[5]

Nicht auf der ePrivacy-RL beruht bspw. § 115 Abs. 4 S. 1 TKG, der die **Kontrolle** der Einhaltung der Datenschutzregelungen des Telekommunikationsgesetzes dem **Bundesbeauftragten für den Datenschutz** überträgt. Da die Einrichtung von Aufsichtsbehörden und die Aufgabenverteilung unter ihnen aber gem. Art. 51 Abs. 1 Sache der Mitgliedstaaten ist, kann die Zuständigkeit des Bundesbeauftragten für den Telekommunikationsbereich nach § 115 Abs. 4 TKG weiter angewendet werden. Web-Mailer sind von dieser Zuständigkeitsnorm aber nach dem Urteil des EuGH[6] zumindest bis zu einer Umsetzung der Richtlinie (EU) 2018/1972 nicht umfasst.

Die Datenschutzregeln des **Telemediengesetzes** fallen **nicht** unter **Art. 95**, da sie nicht auf der ePrivacy-RL beruhen. Sie unterliegen grundsätzlich dem Anwendungsvorrang der DS-GVO, es sei denn es bestehen z.B. Öffnungsklauseln, etwa für öffentliche Stellen.[7]

IV. Anpassung und Überprüfung der Richtlinie

Gemäß ErwG 173 S. 2 soll die ePrivacy-RL angepasst werden, um das Verhältnis zur DS-GVO klar zu stellen. Da das Konkurrenzverhältnis durch Art. 95 selbst geregelt wird, kann sich dies nur auf die Anpassung von Verweisen beziehen. Viele Erwägungsgründe und Artikel der ePrivacy-RL verweisen derzeit auf die Datenschutzrichtlinie und müssten auf die DS-GVO umgestellt werden. Art. 94 nimmt dies zwar eigentlich schon vor, aus Gründen der Rechtssicherheit wäre eine Anpassung aber geboten. Allerdings wird die ePrivacy-RL ohnehin voraussichtlich bald durch die geplante ePrivacy-VO abgelöst, so dass davon ausgegangen werden kann, dass die Verweise der Richtlinie nicht mehr angepasst werden. Dringender für die Rechtsanwendung erscheint grundsätzlich die Anpassung der Umsetzungsnormen im Telekommunikationsgesetz. Auch diese wird aber sinnvollerweise das Inkrafttreten der ePrivacy-VO abwarten, da sich hierdurch Änderungen ergeben dürften und einige TKG-Normen voraussichtlich vom Anwendungsvorrang der ePrivacy-VO verdrängt würden.

---

4 Nebel/Richter ZD 2012, 408.
5 Ausführlich und im Einzelnen Roßnagel-*Geminn/Richter* Das neue Datenschutzrecht, 2017, § 4 BDSG, VIII.
6 *EuGH* v. 13.6.2019 – C-193/18.
7 Ausführlich und im Einzelnen Roßnagel-*Geminn/Richter* Das neue Datenschutzrecht, 2017, § 4 BDSG, IX.

13 Eine Überprüfung der ePrivacy-RL auf ihre Kohärenz mit der DS-GVO, wie sie in ErwG 173 S. 3 gefordert wird, wird durch die voraussichtliche Verabschiedung der ePrivacy-VO erledigt.

V. Ausblick

14 **1. Art. 95.** Mit Inkrafttreten der ePrivacy-VO und der gleichzeitigen Aufhebung der ePrivacy-RL (Art. 27 ePrivacy-VO-KOM) würde Art. 95 gegenstandslos. Die Norm könnte dahingehend geändert werden, dass sie das Verhältnis von ePrivacy-VO und DS-GVO ausdrücklich regelt.

15 **2. Telekommunikationsdatenschutz nach der ePrivacy-VO.** Durch die ePrivacy-VO wird voraussichtlich daran festgehalten, den Telekommunikationsdatenschutz als Spezialgebiet im Datenschutz zu erhalten und er soll eigene Regelungen erhalten, die der DS-GVO vorgehen. Gleichzeitig werden allgemeiner Datenschutz und Telekommunikationsdatenschutz aufeinander abgestimmt. Gemäß Art. 1 Abs. 3 des Kommissionsentwurfs zur ePrivacy-VO (ePrivacy-VO-KOM) soll die ePrivacy-VO die DS-GVO präzisieren und ergänzen. Die DS-GVO wird also als subsidiäres Auffanggesetz zur spezielleren ePrivacy-VO gelten und in einem vergleichbaren Verhältnis stehen, wie bisher das Telekommunikations- zum Bundesdatenschutzgesetz und wie die ePrivacy-RL zur DSRL. Die bisherigen folgenden Entwürfe haben an dieser Systematik nichts geändert.

16 Im Gegensatz zur ePrivacy-RL wird die ePrivacy-VO direkt anwendbares Recht darstellen, dass mit ihm kollidierendes Recht der Mitgliedstaaten im Rahmen seines Anwendungsvorrangs verdrängt. Der Anwendungsvorrang der ePrivacy-VO würde weite Teile der Datenschutzregeln in §§ 88 ff. TKG betreffen.[8] Da die ePrivacy-VO konzeptionell auf der ePrivacy-RL beruht, werden damit grundsätzlich genau jene Normen verdrängt, die durch Art. 95 vom Anwendungsvorrang der DS-GVO ausgenommen wären. Die ePrivacy-VO wird grundsätzlich auf solche Dienste anwendbar sein, auf die bisher auch die ePrivacy-RL anwendbar ist, nämlich insbesondere auf elektronische Kommunikationsdienste, die ganz oder überwiegend in der Signalübertragung bestehen. Umfasst sein sollen auch sogenannte „interpersonelle Kommunikationsdienste" aber keine inhaltlichen Angebote.[9] Die DS-GVO kommt einerseits außerhalb dieses Anwendungsbereichs zur Anwendung, andererseits auch dann, wenn der Anwendungsbereich eröffnet ist, aber die ePrivacy-VO keine Regelung enthält oder selbst auf die DS-GVO verweist. Der räumliche Anwendungsbereich der ePrivacy-VO folgt gem. Art. 3 Abs. 1 lit. a ePrivacy-VO-KOM dem Marktortprinzip der DS-GVO.[10]

---

[8] Hierzu ausführlich Roßnagel-*Geminn/Richter* Das neue Datenschutzrecht, 2017, § 8 BDSG, II.

[9] Für den Begriff der elektronischen Kommunikationsdienste soll nach dem Kommissionsentwurf die Definition der „Richtlinie über den europäischen Kodex für die elektronische Kommunikation" gelten, Richtlinie (EU) 2018/1972 des Europäischen Parlaments und des Rates vom 11. Dezember 2018 über den europäischen Kodex für die elektronische Kommunikation, ErwG 10, 15 und 17 im Hinblick auf Art. 2 Abs. 4 der Richtlinie; s. hierzu *Neumann* N&R 2016, 262 ff.; der Bericht des Parlaments schlägt hingegen vor, entsprechende Definitionen in der Verordnung selbst aufzunehmen, der letzte Entwurf der finnischen Ratspräsidentschaft stellt ebenfalls auf die Definitionen in der Kodex-Richtlinie ab.

[10] Zum Anwendungsbereich der ePrivacy-VO s. Roßnagel-*Husemann* Das neue Datenschutzrecht, 2017, § 3 BDSG, I. Rn. 19 ff.

Art. 95

Inhaltlich neu gegenüber der ePrivacy-RL ist, dass der sachliche Anwendungsbereich auch sogenannte Over-the-Top-Kommunikationsdienste (OTT) erfassen soll. Diese sollen mit den klassischen TK-Diensten gleichgestellt werden.[11] Der Entwurf der Kommission regelt insbesondere die Verarbeitung von Kommunikationsdaten. Kommunikationsdaten sind nach Art. 4 Abs. 3 lit. a ePrivacy-VO-KOM die Inhalte der Kommunikation sowie Kommunikationsmetadaten. Der Begriff der Metadaten umfasst die bisherigen Verkehrs- und Standortdaten. Der Entwurf enthält diesbezüglich Vorschriften über die Verarbeitung, Regelungen zur Einwilligung und über Betroffenenrechte. Wie schon in der ePrivacy-RL wird aber die Verarbeitung von Bestandsdaten nicht geregelt. Sie wird nach der DS-GVO zu beurteilen sein.

17

Neues enthalten außerdem Art. 8 und 9 ePrivacy-VO-KOM. Art. 8 Abs. 1 ePrivacy-VO-KOM erlaubt die Nutzung der Speicherfunktion eines Endgeräts (PC, Smartphone, etc.) sowohl zum Speichern von Informationen als auch zum Auslesen gespeicherter Informationen durch andere Personen als den Nutzer nur unter bestimmten Voraussetzungen, insbesondere im Fall einer Einwilligung des Nutzers. Diese Regelung ist nicht auf elektronische Kommunikationsdienste beschränkt und erfasst damit teilweise auch die Verarbeitung von Nutzungsdaten durch Telemediendiensteanbieter, die in Zukunft ansonsten (zumindest für private Diensteanbieter) gem. der DS-GVO zu verarbeiten sind. Die Regelung wäre unter anderem auf die Verarbeitung von Cookies anwendbar und etabliert mit dem Einwilligungserfordernis eine direkt anwendbare Opt-in-Regelung für Cookies. Hierdurch würde sich der bisherige Streit um die Umsetzung der Cookie-Richtlinie[12] in Deutschland endgültig erledigen.[13] Nach Art. 9 Abs. 1 ePrivacy-VO-KOM sollen für die Einwilligung grundsätzlich die Regelungen der Datenschutz-Grundverordnung gelten. Abs. 2 präzisiert aber, dass die Einwilligung nach Art. 8 Abs. 1 lit. b ePrivacy-VO-KOM, also insbesondere für Cookies, durch die Einstellungen des Internet-Browsers erklärt werden kann.

18

Gemäß § 115 Abs. 4 S. 1 TKG ist weiterhin der Bundesbeauftragte für den Datenschutz und die Informationsfreiheit zuständig für die Kontrolle der Datenschutzregelungen des Telekommunikationsgesetzes. Da Art. 18 Abs. 1 ePrivacy-VO-KOM hinsichtlich der Aufsichtsbehörden auf die DS-GVO verweist, würde dies voraussichtlich auch unter der ePrivacy-VO weitergelten. Allerdings ist § 115 Abs. 4 S. 1 TKG auf Telekommunikationsdienste beschränkt und wäre nicht anwendbar, soweit in Art. 8 ePrivacy-VO-KOM auch Dienste betroffen sind, die nicht ganz oder überwiegend in der Signalübertragung bestehen. Für diese Dienste könnten dann nach § 40 Abs. 1 BDSG die Landesbeauftragten zuständig sein. Allerdings ist diesbezüglich noch die Umsetzung der Kodex-Richtlinie ins deutsche Recht abzuwarten.[14]

19

---

11 S. hierzu *Maier/Schaller* ZD 2017, 373.
12 RL 2009/136/EG, die Änderungen an der ePrivacy-RL vornahm.
13 Zum Streitstand s. z.B. *Moos* K&R 2012, 635; zuletzt hat der *EuGH* in der „Planet49"-Entscheidung klargestellt, dass Art. 5 Abs. 3 S. 1 ePrivacy-RL in der durch die Cookie-RL geänderten Fassung für das Setzen von Cookies eine ausdrückliche und aktive Einwilligung des Teilnehmers oder Nutzers erfordert. Die Opt-out-Regelung des § 15 Abs. 3 TMG kann damit schon jetzt endgültig nicht mehr als Umsetzung von Art. 5 Abs. 3 S. 1 ePrivacy-RL angesehen werden. Daher ist auch Art. 95 DS-GVO auf § 15 Abs. 3 TMG nicht anwendbar.
14 S. Rn. 5.

C. Praxishinweise

I. Relevanz für öffentliche Stellen und nichtöffentliche Stellen

20 Durch Art. 95 bleiben einige Datenschutzregelungen der §§ 88 ff. TKG auch nach dem 25.5.2018 anwendbar. Sollte allerdings die ePrivacy-VO in Kraft treten, wird sie genau diese Regelungen verdrängen und selbst direkt anwendbar sein.

II. Relevanz für betroffene Personen

21 Für die betroffenen Personen bedeutet Art. 95, dass einige der telekommunikationsspezifischen Datenschutzregeln der §§ 88 ff. TKG erhalten bleiben, bis die ePrivacy-VO in Kraft tritt und den Telekommunikationsdatenschutz neu regelt.

III. Relevanz für Aufsichtsbehörden

22 Wie die Zuständigkeit für den Datenschutz bei elektronischen Kommunikationsdiensten in Zukunft geregelt sein wird, ist noch unklar. Werden die derzeitigen nationalen Regelungen in § 115 Abs. 4 S. 1 TKG und § 40 Abs. 1 BDSG nicht geändert, bleibt es dabei, dass die Bundesbeauftragte für Telekommunikationsdienste und die Landesbeauftragten für Telemediendienste zuständig bleiben.

IV. Relevanz für das Datenschutzmanagement

23 Bei Verabschiedung der ePrivacy-VO wird diese zu Anpassungsbedarf führen.

Artikel 96 Verhältnis zu bereits geschlossenen Übereinkünften

Internationale Übereinkünfte, die die Übermittlung personenbezogener Daten an Drittländer oder internationale Organisationen mit sich bringen, die von den Mitgliedstaaten vor dem 24. Mai 2016 abgeschlossen wurden und die im Einklang mit dem vor diesem Tag geltenden Unionsrecht stehen, bleiben in Kraft, bis sie geändert, ersetzt oder gekündigt werden.

– *ErwG: 102*

Übersicht

	Rn		Rn
A. Einordnung und Hintergrund	1	IV. Anwendbarkeit	16
I. Erwägungsgründe	1	V. Fazit	20
II. BDSG n.F.	2	C. Praxishinweise	21
III. Normengenese und -umfeld	3	I. Relevanz für öffentliche Stellen und nichtöffentliche Stellen	21
B. Kommentierung	5		
I. Regelungsinhalt	5	II. Relevanz für betroffene Personen	22
II. Internationale Übereinkünfte	6		
III. Fortgeltung	9	III. Relevanz für Aufsichtsbehörden	23
1. Einklang mit dem vor dem 24.5.2016 geltenden Unionsrecht	10	IV. Relevanz für das Datenschutzmanagement	24
2. Zeitpunkt des Abschlusses	13		

A. Einordnung und Hintergrund

I. Erwägungsgründe

Gemäß S. 1 des ErwG 102 werden internationale Abkommen zwischen der **Union** und Drittländern über die Übermittlung von personenbezogenen Daten von der Verordnung nicht berührt. Dies schließt auch die darin enthaltenen „geeigneten Garantien" für die betroffenen Personen ein. S. 1 des ErwG ist für Art. 96 nicht relevant, da letzterer sich auf Abkommen der **Mitgliedstaaten** bezieht. Gemäß ErwG 102 S. 2 können Mitgliedstaaten Übereinkünfte hinsichtlich der Übermittlung personenbezogener Daten schließen, „sofern sich diese Übereinkünfte weder auf diese Verordnung noch auf andere Bestimmungen des Unionsrechts auswirken und ein angemessenes Schutzniveau für die Grundrechte der betroffenen Personen umfassen." Der Grundsatz aus S. 1, dass Abkommen der Union von der Verordnung nicht berührt werden, gilt für die Übereinkünfte der Mitgliedstaaten mit Drittländern also gerade nicht. 1

II. BDSG n.F.

Das BDSG enthält hierzu keine Angaben. 2

III. Normengenese und -umfeld

Die Norm war im Kommissionsentwurf noch nicht vorhanden. Sie wurde erst im Ratsentwurf als Art. 89a eingeführt und wurde seitdem nur redaktionell verändert. Das Datum des Inkrafttretens wurde im finalen Text ausdrücklich genannt und anstatt wie zu Beginn ausdrücklich auf die DSRL wird auf die vor dem Inkrafttreten der Verordnung geltende Rechtsordnung verwiesen. 3

ErwG 102 war im Kommissionsentwurf noch ErwG 79 und bestand nur aus dem ersten Satz der finalen Fassung, bezog sich also nur auf Abkommen der **Union**. Der Parlamentsentwurf wollte anfügen, dass dadurch, dass solche Abkommen durch die Verordnung nicht berührt würden, ein angemessenes Schutzniveau für die betroffenen Personen gewährt würde. Dieser Vorschlag setzte sich aber nicht durch. Der Vorschlag des Rates entspricht fast der finalen Version. Er fügt den zweiten Satz an, spricht aber noch von enthaltenen Schutzklauseln, anstatt von einem angemessenen Schutzniveau. 4

B. Kommentierung

I. Regelungsinhalt

Die Norm regelt die **Fortgeltung von internationalen Übereinkünften**, die die Übermittlung personenbezogener Daten an Drittländer oder internationale Organisationen mit sich bringen. 5

II. Internationale Übereinkünfte

Internationale Übereinkünfte im Sinne der Vorschrift sind vor allem völkerrechtliche Verträge, wie zum Beispiel die **Datenschutzkonvention des Europarats** von 1981.[1] Überdies kommen **Rechtshilfeabkommen** in Betracht, die auch in Art. 48 genannt 6

---

[1] Convention for the Protection of Individuals with regard to Automatic Processing of Personal Data, Treaty No. 108, 28.1.1981; hierzu ausführlicher Sydow-*Towfigh/Ulrich* Art. 96 Rn. 5.

werden. Als Beispiel wird hier teilweise der Vertrag v. 14.10.2003 zwischen Deutschland und den USA über die Rechtshilfe in Strafsachen[2] genannt.[3] Der Vertrag enthält z.B. in Art. 6 eine Regelung über grenzüberschreitende Vernehmungen per Video-Konferenz und Regeln über die Verwendung personenbezogener Daten durch den ersuchenden Staat in Art. 9. Allerdings ist die Datenschutzgrundverordnung gem. Art. 2 Abs. 2 lit. auf den Bereich der Strafverfolgung und Strafvollstreckung gar nicht anwendbar, so dass dieses Rechtshilfeabkommen gerade kein Anwendungsfall von Art. 97 ist. Ein einschlägiges Beispiel ist hingegen das **Haager Übereinkommen über die Beweisaufnahme im Ausland in Zivil- und Handelssachen** vom 18.3.1970.[4]

7   Die Norm betrifft nur Übereinkünfte der Mitgliedstaaten, nicht solche der Union. Allerdings sind solche Übereinkünfte erfasst, die die Union abschließt ohne hierfür die Kompetenz zu haben, so dass alle Mitgliedstaaten zustimmen müssen.[5]

8   Die Übermittlung personenbezogener Daten in die USA im Rahmen des „EU-US Privacy Shield" fällt **nicht** unter die Regelung. Ihre Zulässigkeit beruht auf einem Angemessenheitsbeschluss der Kommission gem. Art. 45, der auf die Regelungen zum Privacy-Shield verweist. Die Fortgeltung dieses Beschlusses bemisst sich nach Art. 45 Abs. 9 und nicht nach Art. 96.

III. Fortgeltung

9   Übereinkünfte, die vor dem 24.5.2016 abgeschlossen wurden, **bleiben** auch nach dem Geltungsbeginn der DS-GVO ab dem 25.5.2018 **in Kraft**, wenn sie mit dem Unionsrecht vor dem 24.5.2018, also insbesondere der Datenschutzrichtlinie, in Einklang stehen. Abkommen, die nach dem 24.5.2016 abgeschlossen wurden, bleiben nicht in Kraft, wenn sie nur der alten Rechtslage entsprachen. Sie müssen also schon ab dem 24.5.2016 der DS-GVO entsprechen. Dies ist nachvollziehbar, da die finale DS-GVO zu diesem Datum bereits in Kraft war.

10 **1. Einklang mit dem vor dem 24.5.2016 geltenden Unionsrecht.** Übereinkünfte, die vor dem 24.5.2016 abgeschlossen wurden, gelten nur dann fort, wenn sie mit dem vor diesem Datum geltenden Unionsrecht in Einklang stehen. Hiermit ist insbesondere **Einklang mit der Datenschutzrichtlinie** gemeint.

11 Gemäß ErwG 11 DSRL ist die Richtlinie als Erweiterung und Konkretisierung der **Datenschutzkonvention** des Europarats zu verstehen, so dass von einer Vereinbarkeit der Konvention mit der Richtlinie auszugehen ist.

12 Das **Haager Übereinkommen über die Beweisaufnahme im Ausland in Zivil- und Handelssachen**[6] enthält in seinem Art. 13 die Erlaubnis zur Übermittlung von Beweisergebnissen an die anfordernden Behörden aus Drittländern. Die Beweisergebnisse werden in vielen Fällen personenbezogene Daten enthalten. Diese Übermittlungserlaubnis ist durch das Zustimmungsgesetz nach Art. 59 Abs. 2 S. 1 GG eine Erlaubnisvorschrift im Rang einfachen Bundesrechts. Die Befugnis für die Mitgliedstaaten, solche Erlaubnisnormen zu schaffen folgt aus Art. 7 lit. e oder f DSRL. Die innerstaatlichen

---

2 BGBl. 2007 II S. 1652.
3 Kühling/Buchner-*Kühling/Raab* Art. 96 Rn. 3.
4 BGBl. 1977 II S. 1472.
5 Kühling/Buchner-*Kühling/Raab* Art. 96 Rn. 3; Paal/Pauly-*Pauly* Art. 96 Rn. 9.
6 S. auch Rn. 17, BGBl. 1977 II S. 1472.

Vorschriften müssen aber auch die weiteren Vorgaben der Richtlinie umsetzen, wie z.B. die Datenschutzprinzipien aus Art. 6 DSRL und die Betroffenenrechte gem. Art. 10 ff. DSRL. Das Haager Übereinkommen enthält diese Vorgaben nicht. Es muss daher bis zum 25.5.2018 mit den Maßgaben des Bundesdatenschutzgesetzes angewendet werden, das die Vorgaben der Datenschutzrichtlinie umsetzt. Hierdurch kann Einklang mit dem vor dem 24.5.2016 geltenden Unionsrecht angenommen werden.

2. Zeitpunkt des Abschlusses. Da die Norm zwischen solchen Übereinkünften unterscheidet, die vor und nach dem 24.5.2016 abgeschlossen wurden, kommt es darauf an, zu bestimmen, wann Übereinkünfte als abgeschlossen gelten. Dabei ist zu unterscheiden: 13

Völkerrechtliche Verträge, die einer gesetzlichen Zustimmung bedürfen, werden im Anschluss an das Gesetz ratifiziert. Erst wenn alle Staaten den Vertrag ratifiziert haben, gilt es als abgeschlossen,[7] es sei denn, in dem Abkommen ist etwas anderes geregelt. So trat die Datenschutzkonvention des Europarats schon nach der Ratifikation durch fünf Staaten in Kraft, da dies in Art. 22 Abs. 2 der Konvention so festgelegt war. Der Zeitpunkt des Abschlusses liegt damit aber **häufig Jahre nach der ursprünglichen Unterzeichnung** des Abkommens. 14

Verwaltungsabkommen nach Art. 59 Abs. 2 S. 2 GG bedürfen nicht der Zustimmung durch Gesetz. Sie können aber je nach Inhalt der vorherigen Zustimmung des Bundesrats gem. Art. 80 Abs. 2 GG analog bedürfen.[8] Liegt diese Voraussetzung vor, sind sie mit dem Zeitpunkt der Unterzeichnung durch die jeweils notwendige Anzahl von Unterzeichnerstaaten abgeschlossen i.S.v. Art. 96. 15

IV. Anwendbarkeit

Die Fortgeltung von Übereinkommen nach Art. 96 wirft die Frage nach ihrer **Anwendbarkeit** auf. Völkerrechtliche Verträge werden gem. Art. 59 Abs. 2 S. 1 GG per „Transformationsgesetz" oder „Rechtsanwendungsbefehl" im innerstaatlichen Recht im Rang eines **Bundesgesetzes** verankert.[9] Sie unterliegen als solche aber grundsätzlich dem Anwendungsvorrang der DS-GVO. Auch **Verwaltungsabkommen** unterliegen dem Anwendungsvorrang der DS-GVO, da sie durch **Rechtsverordnungen** umgesetzt werden. Dies kann dazu führen, dass internationale Übereinkünfte gem. Art. 96 zwar fortgelten, aber in weiten Teilen nicht anwendbar wären. Es ist fraglich, ob dies dem Sinn und Zweck der Vorschrift entsprechen würde. Anderseits wäre eine generelle weitere Anwendbarkeit kaum mit der Verordnung zu vereinbaren. Die Datenschutzkonvention des Europarats etwa enthält so grundlegende und allgemeine Datenschutzregeln, dass ihre Anwendung wiederum zentrale Regelungen der DS-GVO verdrängen würde. Dies spricht dafür, die Verordnung an dieser Stelle beim Wort zu nehmen und nur die **Fortgeltung** der Übereinkünfte anzunehmen. Sie unterliegen dem Anwendungsvorrang der DS-GVO und werden teilweise weitgehend von ihr verdrängt oder modifiziert. Es ist im Einzelnen zu prüfen, welche Teile von Abkommen nicht von der Verordnung verdrängt werden und in welcher Form sie anwendbar bleiben. Dies wird z.B. für die **Datenschutzkonvention** des Europarats bedeuten, dass sie in weiten Teilen von der DS-GVO verdrängt wird. 16

---

[7] Paal/Pauly-*Pauly* Art. 96 Rn. 8; Kühling/Buchner-*Kühling/Raab* Art. 96 Rn. 3.
[8] Maunz/Dürig-*Nettesheim* Art. 59 Rn. 156 ff.
[9] Maunz/Dürig-*Nettesheim* Art. 59 Rn. 97.

17 Im **Haager Übereinkommen über die Beweisaufnahme im Ausland in Zivil- und Handelssachen**[10] ist in Art. 13 geregelt, dass die Schriftstücke aus denen sich die Erledigung des Ersuchens ergibt, an die ersuchende Behörde weiterzuleiten sind. Dies wird regelmäßig die Übermittlung personenbezogener Daten in Drittstaaten beinhalten. Die DS-GVO gilt grundsätzlich auch für die Datenverarbeitung durch Gerichte[11] und Justizbehörden, so dass insbesondere die Vorschriften der Art. 6 und 44 ff. anzuwenden sind. Gemäß **Art. 48** kann die Übermittlung personenbezogener Daten auf Verlangen eines Gerichts oder einer Behörde eines Drittlands auf ein Rechtshilfeabkommen wie das Haager Übereinkommen gestützt werden.[12] Aufgrund dieser Regelung kommt es nicht darauf an, dass das deutsche Umsetzungsgesetz des Haager Übereinkommens in der Anwendung durch die DS-GVO verdrängt wird. Das Abkommen gilt fort und kann damit selbst die Übermittlung gem. Art. 48 rechtfertigen. Die Übermittlung findet dann nach Art. 6 Abs. 1 UAbs. 1 lit. e oder f i.V.m. Art. 48 statt. Da das Übereinkommen damit aber nur über die DS-GVO anwendbar ist, **gelten für die Übermittlung auch alle anderen relevanten Regelungen der Verordnung**. Dies bedeutet insbesondere, dass eine Erlaubnis nach Art. 6 erfüllt sein muss, und dass die Datenschutzgrundsätze aus Art. 5, die Betroffenenrechte in den Art. 12 ff. und die Regelungen zum Datenschutz durch Technik und zur Sicherheit der Verarbeitung aus Art. 24, 25 und 32 einzuhalten sind.

18 Es unterfällt auch der **Zuständigkeit der Aufsichtsbehörden**, zu kontrollieren, ob die Vorgaben der DS-GVO bei der Übermittlung von Beweiserhebungsergebnissen nach dem Haager Übereinkommen eingehalten werden. Die Übermittlung fällt nicht unter die Ausnahme in Art. 55 Abs. 3. Dort sind justizielle Tätigkeiten der Gerichte aus der Zuständigkeit der Aufsichtsbehörden ausgenommen. Art. 55 Abs. 3 soll laut ErwG 20 verhindern, dass durch die Datenschutzaufsicht die Unabhängigkeit der Justiz beeinträchtigt wird. Allerdings handelt es sich zwar bei der Beweiserhebung, nicht aber bei der Übermittlung der Beweisergebnisse um eine justizielle Tätigkeit.

19 **Justizielle Tätigkeiten** sind alle Tätigkeiten, die mit einer gerichtlichen Entscheidung im Zusammenhang stehen (Art. 55 Abs. 3). Beweisaufnahmen sind klassische justizielle Tätigkeiten, die die Entscheidungsfindung des Gerichts maßgeblich beeinflussen. Die Beweisaufnahme in Erledigung von Anfragen nach dem Haager Übereinkommen steht zwar gerade nicht im Zusammenhang mit einer eigenen Entscheidung des Gerichts, sondern stellt lediglich eine Hilfe zu einer fremden Entscheidung dar. Allerdings kann sich das Gericht in der Beweisaufnahme durchaus eingeschränkt sehen, wenn es datenschutzrechtliche Sanktionen zu befürchten hat. Diese Befürchtung könnte auf Beweisaufnahmen in eigenen Rechtssachen des Gerichts ausstrahlen, auch wenn hier keine Zuständigkeit der Aufsichtsbehörden besteht. Eine Zuständigkeit der Aufsichtsbehörden für die Datenverarbeitung für **Beweiserhebungen** auch in Fällen von Anfragen nach dem Haager Abkommen ist daher abzulehnen. Die Zusammenfassung und **Übermittlung** der Beweiserhebungsergebnisse an die anfragende Stelle steht hingegen in keinem Zusammenhang mit der Unabhängigkeit des Gerichts in seiner Entscheidungsfindung und untersteht daher der Zuständigkeit der Aufsichtsbehörden.

---

10 BGBl. 1977 II S. 1472.
11 Diese sind allerdings gem. Art. 55 Abs. 3 im Rahmen ihrer justiziellen Tätigkeit nicht der Aufsicht durch die Aufsichtsbehörden unterstellt, s. Rn. 18 f.
12 Kühling/Buchner-*Schröder* Art. 48 Rn. 16.

V. Fazit

Im Ergebnis ist damit der Unterschied zwischen Übereinkünften vor und nach dem 24.5.2016 nicht so groß, wie die Norm zunächst vermuten lässt. Die vor dem Datum geschlossenen Übereinkünfte gelten (wenn sie im Einklang mit dem zuvor geltenden Unionsrecht stehen) fort, werden aber im Anwendungsbereich der DS-GVO nur über die DS-GVO und mit ihren Maßgaben anwendbar. Die nach dem Datum geschlossenen Übereinkünfte müssen schon selbst mit der DS-GVO übereinstimmen, um überhaupt fort zu gelten und Rechtsgrundlage für eine Übermittlung in Drittländer nach Art. 48 sein können. 20

C. Praxishinweise

I. Relevanz für öffentliche Stellen und nichtöffentliche Stellen

Internationale Übereinkünfte, die die Übermittlung personenbezogener Daten in ein Drittland beinhalten, können zwar nach Art. 96 fortgelten, ihre Anwendbarkeit ergibt sich aber erst über Art. 48. Auch alle übrigen Regelungen der DS-GVO sind für die Übermittlung zu beachten. 21

II. Relevanz für betroffene Personen

Betroffene Personen können sich hinsichtlich der Übermittlung personenbezogener Daten an Drittländer aufgrund internationaler Übereinkünfte auf ihre Rechte nach der DS-GVO berufen und sich an die Aufsichtsbehörden wenden. 22

III. Relevanz für Aufsichtsbehörden

Zu überprüfen, ob die Vorgaben der Verordnung bei der Übermittlung personenbezogener Daten aufgrund von Rechtshilfeabkommen eingehalten werden, liegt in der Zuständigkeit der Aufsichtsbehörden, auch wenn es sich bei der übermittelnden Stelle um ein Gericht handelt. 23

IV. Relevanz für das Datenschutzmanagement

Eine besondere Relevanz ist derzeit nicht erkennbar. 24

Artikel 97   Berichte der Kommission

(1) ¹Bis zum 25. Mai 2020 und danach alle vier Jahre legt die Kommission dem Europäischen Parlament und dem Rat einen Bericht über die Bewertung und Überprüfung dieser Verordnung vor. ²Die Berichte werden öffentlich gemacht.

(2) Im Rahmen der Bewertungen und Überprüfungen nach Absatz 1 prüft die Kommission insbesondere die Anwendung und die Wirkungsweise

a) des Kapitels V über die Übermittlung personenbezogener Daten an Drittländer oder an internationale Organisationen insbesondere im Hinblick auf die gemäß Artikel 45 Absatz 3 der vorliegenden Verordnung erlassenen Beschlüsse sowie die gemäß Artikel 25 Absatz 6 der Richtlinie 95/46/EG erlassenen Feststellungen,
b) des Kapitels VII über Zusammenarbeit und Kohärenz.

(3) Für den in Absatz 1 genannten Zweck kann die Kommission Informationen von den Mitgliedstaaten und den Aufsichtsbehörden anfordern.

(4) Bei den in den Absätzen 1 und 2 genannten Bewertungen und Überprüfungen berücksichtigt die Kommission die Standpunkte und Feststellungen des Europäischen Parlaments, des Rates und anderer einschlägiger Stellen oder Quellen.

(5) Die Kommission legt erforderlichenfalls geeignete Vorschläge zur Änderung dieser Verordnung vor und berücksichtigt dabei insbesondere die Entwicklungen in der Informationstechnologie und die Fortschritte in der Informationsgesellschaft.

– *ErwG: 106*

Übersicht

	Rn		Rn
A. Einordnung und Hintergrund	1	VII. Vorschläge zur Änderung der Verordnung	17
I. Erwägungsgründe	1	C. Praxishinweise	20
II. BDSG oder andere Vorschriften	2	I. Relevanz für öffentliche Stellen und nichtöffentliche Stellen	20
III. Normengenese und -umfeld	3	II. Relevanz für betroffene Personen	21
B. Kommentierung	6	III. Relevanz für Aufsichtsbehörden	22
I. Regelungsinhalt	6	IV. Relevanz für das Datenschutzmanagement	23
II. Frist	7		
III. Form der Berichte	9		
IV. Inhalt der Berichte	10		
V. Einholen von Informationen	14		
VI. Beachtung der Standpunkte anderer Stellen	16		

A. Einordnung und Hintergrund

I. Erwägungsgründe

1 ErwG 106 verlangt, dass die Kommission die Wirkungsweise von bestimmten Feststellungen zum Schutzniveau in Drittländern überwacht. Auch die Wirkungsweise von Feststellungen nach Art. 26 Abs. 6 und Abs. 4 DSRL soll überwacht werden. In ihren Angemessenheitsbeschlüssen soll die Kommission Mechanismen zur Überprüfung vorsehen, die in Konsultationen mit dem jeweiligen Drittland bestehen sollten. Die Wirkungsweise der Beschlüsse soll die Kommission bewerten und hierüber dem Datenschutzausschuss, dem Parlament und dem Rat Bericht erstattet werden. Die fortwährende Überwachung der angesprochenen Beschlüsse selbst ist in Art. 45 Abs. 4 geregelt, der geforderte Überprüfungsmechanismus in Art. 45 Abs. 3 S. 2. Die Berichtspflicht hingegen ist in Art. 97 Abs. 2 lit. a geregelt.

II. BDSG oder andere Vorschriften

2 Hierzu gibt es keine Angaben.

III. Normengenese und -umfeld

3 Art. 33 DSRL sah bisher vor, dass die Kommission dem Parlament und dem Rat regelmäßig über die Durchführung der Richtlinie berichtet, und dem Bericht ggf. Änderungsvorschläge beifügt. Die Berichte waren zu veröffentlichen. Der erste Bericht war sechs Jahre nach der Annahme der Richtlinie fällig. Der erste Durchführungsbericht

erschien 2003.[1] Weitere Berichte in dieser Reihe erschienen nicht. Am 4.11.2010 veröffentlichte die Kommission stattdessen eine Mitteilung in der sie darüber berichtete, inwiefern die DSRL den aktuellen Herausforderungen des Datenschutzes noch gewachsen sei, und in der sie ein neues Gesamtkonzept für den Datenschutz in der EU ankündigte und umrisshaft vorstellte.[2] Am 25.1.2012 folgte dann der Kommissionsentwurf der DS-GVO.[3]

Der Kommissionsentwurf enthielt eine erste Version der Vorschrift in Art. 90. Sie war mit „Bewertung" überschrieben und entsprach inhaltlich in etwa den heutigen Abs. 1 und 5. Der Parlamentsentwurf enthielt keine Änderungsvorschläge. Der Ratsentwurf enthielt neben Vorschlägen für die Aufteilung in verschiedene Absätze den Vorschlag, in Abs. 2 das Kapitel VII über Zusammenarbeit und Kohärenz zum inhaltlichen Schwerpunkt der Berichte zu machen. Die finale Version entstand erst in den Trilog-Verhandlungen. 4

Die erste, kürzere, Version von ErwG 106 findet sich in Art. 81b des Ratsentwurfs. Hinzu kamen im Trilog die S. 2–4 der finalen Version und die Erweiterung der Adressaten des Berichts im letzten Satz, der laut dem Ratsentwurf nur an den Datenschutzausschuss gerichtet werden sollte. 5

B. Kommentierung

I. Regelungsinhalt

Die Norm enthält die Pflicht der Kommission, in festen Abständen einen Bericht über die Bewertung und Überprüfung der DS-GVO vorzulegen. Die Norm enthält neben den zeitlichen auch inhaltliche und formelle Vorgaben für den Bericht. 6

II. Frist

Der erste Bericht ist am 25.5.2020 fällig, also nach zwei Jahren Anwendung der DS-GVO. Damit ist der erste Bericht vier Jahre früher fällig als nach der DSRL. Dies liegt daran, dass die DS-GVO nicht erst durch nationales Recht der Mitgliedstaaten umgesetzt werden muss. 7

Danach sind die Berichte alle vier Jahre fällig, also zum 25.5.2024, 2028, etc. Art. 33 DSRL hatte nach dem ersten Bericht lediglich „regelmäßige" Berichte verlangt, mit dem Ergebnis, dass nach dem ersten Bericht 2003 kein weiterer Bericht folgte. Dies ist nach Art. 97 Abs. 1 S. 1 nicht möglich. 8

III. Form der Berichte

Die Norm enthält nur wenige formale Vorgaben. Die Berichte sind gem. Art. 97 Abs. 1 S. 1 dem Europäischen **Parlament** und dem **Rat** der Europäischen Union vorzulegen. 9

---

1 *EU-Kommission* Bericht der Kommission, Erster Bericht über die Durchführung der Datenschutzrichtlinie (EG 95/46), Brüssel, 15.5.2003, KOM(2003) 265 endgültig.
2 *EU-Kommission* Gesamtkonzept für den Datenschutz in der Europäischen Union, Brüssel, 4.11.2010, KOM(2010) 609 endgültig.
3 *EU-Kommission* Vorschlag für Verordnung des Europäischen Parlaments und des Rates zum Schutz natürlicher Personen bei der Verarbeitung personenbezogener Daten und zum freien Datenverkehr (Datenschutz-Grundverordnung), Brüssel, 25.1.2012, KOM(2012) 11 endgültig.

Gemäß S. 2 sind sie auch zu **veröffentlichen**. Es ist davon auszugehen, dass dies auf der Internetpräsenz der EU erfolgen wird. Auch eine Veröffentlichung oder ein Hinweis im Amtsblatt der Europäischen Union kommt in Betracht.[4] Die Berichte sind in alle vierundzwanzig[5] Amtssprachen der EU zu übersetzen.

IV. Inhalt der Berichte

10 Abs. 2 setzt zwei inhaltliche Schwerpunkte für die Berichte, legt die Inhalte damit aber keineswegs abschließend fest. Inhalt der Berichte ist grundsätzlich gem. Abs. 1 – auf den Abs. 2 diesbezüglich auch verweist – die Überprüfung und Bewertung der gesamten Verordnung. Die Berichte haben sich sowohl auf die Umsetzung der DS-GVO in den Mitgliedstaaten als auch auf die Bewertung der Regelungen der DS-GVO selbst im Hinblick auf ihre in Art. 1 niedergelegten Ziele zu beziehen.

11 Erster inhaltlicher Schwerpunkt ist die Bewertung und Überprüfung der Anwendung und Wirkungsweise des Kapitels V über die Übermittlung personenbezogener Daten an Drittländer. Hierzu gehört ausdrücklich insbesondere die Überprüfung von Angemessenheitsbeschlüssen nach Art. 45 Abs. 3 und Art. 25 Abs. 6 DSRL. Zum Beispiel ist damit die Überprüfung und Bewertung des Privacy-Shield-Beschlusses[6] erfasst. Die Fragestellung der Überprüfung und Bewertung muss dabei einerseits lauten, ob einzelne Angemessenheitsbeschlüsse (noch) der tatsächlichen Situation entsprechen und andererseits, ob die Instrumente des Kapitels V insgesamt in der Lage sind, personenbezogene Daten, die in Drittländer übermittelt werden im Hinblick auf die Ziele der DS-GVO ausreichend zu schützen. Am 23.10.2019 hat die EU-Kommission bereits ihren dritten jährlichen Bericht über den „Privacy-Shield" veröffentlicht und das durch diesen gewährte adäquate Datenschutzniveau grundsätzlich bestätigt.[7]

12 Der zweite inhaltliche Schwerpunkt der Überprüfung und Bewertung der Verordnung soll in der Anwendung und Wirkungsweise des Kapitels VII über Zusammenarbeit und Kohärenz bestehen. Im Blick des Berichts wird hierbei insbesondere stehen müssen, ob und wie die Regelungen des Kapitels angewendet werden und ob die Anwendung die Ziele einer wirksamen Zusammenarbeit und einer möglichst einheitlichen Anwendung der Verordnung (Art. 61 Abs. 1 S. 1, 70 Abs. 1) fördern. Dabei dürfte der Bericht sich etwa darauf beziehen, wie oft zu welchen Themen und mit welchem Ergebnis eine Streitbeilegung oder ein Dringlichkeitsverfahren durchgeführt wurden, wie der Informationsaustausch funktioniert und wie sich allgemein die Zusammenarbeit zwischen den Aufsichtsbehörden, dem Datenschutzausschuss und der Kommission, inklusive der zentralen Anlaufstellen entwickelt. Außerdem wird voraussichtlich die Arbeit des Datenschutzausschusses ein wichtiges Berichtsthema darstellen.

---

4 So auch Kühling/Buchner-*Kühling/Raab* Art. 97 Rn. 7.
5 Für das Irische gilt derzeit noch eine voraussichtlich Ende 2021 auslaufende Ausnahmeregelung im Hinblick auf das Amtsblatt der EU.
6 „Durchführungsbeschluss (EU) 2016/1250 der Kommission vom 12. Juli 2016 gem. der Richtlinie 95/46/EG des Europäischen Parlaments und des Rates über die Angemessenheit des vom EU-US-Datenschutzschild gebotenen Schutzes", ABl. EU L 207/1 v. 1.8.2016.
7 *EU-Kommission* Report from the Commission to the European Parliament and the Council on the third annual review of the functioning of the EU-U.S. Privacy Shield Brüssel, 23.10.2019, COM(2019) 495 final.

Über diese beiden Schwerpunkte hinaus ist aber nach Abs. 1 S. 1 die Bewertung und 13
Überprüfung der gesamten Verordnung Aufgabe der Kommission. Die Überprüfung und Bewertung selbst hat sich also auf alle Bereiche der Verordnung, auch angrenzende Regelungen und ihr Zusammenspiel mit der Verordnung, zu erstrecken. Die Berichte müssen sich zumindest auf alle Bereiche erstrecken, zu denen es relevante Ergebnisse gibt. Diese sollten sowohl beinhalten, welche Bereiche reibungslos funktionieren als auch, an welchen Stellen es Defizite oder Fehlentwicklungen gibt oder auch, welche Instrumente den gewünschten Effekt erzielen oder nicht. Insbesondere neue oder stark ausgebaute Instrumente wie die Datenschutzfolgenabschätzung, die Zertifizierung oder Privacy by Design, genehmigte Verhaltensregeln, Auftragsverarbeitung u.v.a. können hier weitere Berichtsthemen bilden, außerdem natürlich grundlegende Themen wie die Rolle der Einwilligung, das neue Konzept der Zweckbindung usw.

V. Einholen von Informationen

Gemäß Abs. 3 kann die Kommission Informationen von Mitgliedstaaten und Aufsichts- 14
behörden einholen. Dies muss nicht immer in Form konkreter Anfragen bestehen. Die Kommission kann auch auf Informationen zugreifen, die die Aufsichtsbehörden und Mitgliedstaaten ihr ohnehin bereitstellen müssen. Dies können z.B. die jährlichen **Tätigkeitsberichte** der Aufsichtsbehörden nach Art. 59 sein. Die Mitgliedstaaten müssen in den Bereichen, in denen ihnen Öffnungsklauseln zur Verfügung stehen, über ihre Rechtssetzungsaktivitäten berichten, etwa gem. Art. 85 Abs. 3 oder Art. 88 Abs. 3.

Neben den kondensierten Tätigkeitsberichten bestehen aber selbstverständlich noch 15
viel konkretere und umfassendere Informationen bei den Aufsichtsbehörden. Diese können nach Art. 58 Informationen einholen, **Untersuchungen** durchführen, gem. Art. 57 Abs. 1 lit. g untereinander Informationen austauschen, sie bekommen **Bürgeranfragen**, sie können gem. Art. 36 an **Datenschutzfolgenabschätzungen** beteiligt werden und sie können gem. Art. 30 Abs. 4 die **Verzeichnisse der Verarbeitungstätigkeiten** abfragen. Die Aufsichtsbehörden dürften daher eine sehr wichtige Informationsquelle hinsichtlich der Berichtspflichten der Kommission darstellen.

VI. Beachtung der Standpunkte anderer Stellen

Nach Abs. 4 sind Standpunkte und Feststellungen des Parlaments, des Rates und ande- 16
rer einschlägiger Stellen oder Quellen bei den Überprüfungen und Bewertungen nach Abs. 1 zu beachten. Eine andere relevante Stelle ist zum Beispiel der **Datenschutzausschuss**, der gem. Art. 71 ebenfalls jährlich an die Kommission berichtet. Sein Bericht hat sich gem. Art. 71 Abs. 2 insbesondere auf bestimmte Aspekte des Kapitels VII zu beziehen und ist damit für die Inhalte nach Art. 97 Abs. 2 lit. b von besonderer Relevanz. Als weitere relevante Stellen kommen zum Beispiel auch **Verbraucherschutzverbände**,[8] Industrieverbände oder wissenschaftliche Gutachten in Betracht. Einzelne Verantwortliche oder betroffene Personen kommen zwar grundsätzlich auch in Betracht. Ob sie als relevante Stellen eingeordnet werden oder inwiefern ihre Stellungnahmen beachtet werden, wird aber vom Einzelfall abhängen. Stellungnahmen von Verbänden beider Seiten dürften deutlich erfolgversprechender sein. Es besteht zwar eine Pflicht der Kommission, diese Stellungnahmen zu beachten. Da sie nur zu beachten sind, besteht aber keine Pflicht, ihnen auch zu folgen.

---

8 BeckOK DatenSR-*Brink* Art. 97 Rn. 18.

VII. Vorschläge zur Änderung der Verordnung

17 Gemäß Abs. 5 der Vorschrift hat die Kommission, falls sie zu dem Ergebnis kommt, dass dies erforderlich ist, Vorschläge für Veränderungen an der Verordnung vorzulegen. Hierbei hat sie insbesondere die Entwicklungen der Informationstechnologie und die Fortschritte der Informationsgesellschaft zu berücksichtigen. Der Absatz enthält keinen ausdrücklichen Hinweis darauf, wem die Kommission diese Vorschläge vorzulegen hat. Es kommen aber nur **Parlament und Rat** in Frage, da diese die Änderungen beschließen müssen. Zusätzlich sollten die Vorschläge, wie üblich, der Öffentlichkeit übermittelt werden.

18 Die Vorschrift scheint vom Wortlaut her auf **Veränderungen an der Verordnung selbst** beschränkt zu sein. Es dürfte aber kein Zweifel darüber bestehen, dass Änderungen auch in einer Aufhebung der Verordnung und einer völlig neuen Regelung bestehen können. Dennoch darf vermutet werden, dass die DS-GVO auf absehbare Zeit erhalten bleiben wird und eher durch interne Änderungen oder zusätzliche Regelungen (wie z.B. die ePrivacy-VO) ergänzt wird. Die Änderung oder Einführung anderer Datenschutzregelwerke als der Verordnung selbst ist in Art. 98 geregelt.

19 **Änderungsbedarf** besteht von Beginn an, da die DS-GVO gerade auf die angesprochenen Fragen der Fortschritte bei der Informationstechnologie und der Informationsgesellschaft nur wenige konkrete Antworten bereithält und daher schon für den aktuellen Entwicklungsstand nicht auf der Höhe der Zeit ist. Dringend nötig gewesen wären, nur als Beispiel, etwa spezifische Erlaubnistatbestände und Betroffenenrechte für Big Data, Ubiquitous Computing und Smart Everything. Spezifische Problemlagen auch selbst spezifisch zu regeln, entspricht aber nicht dem Regelungsansatz der DS-GVO. Wahrscheinlicher ist es daher, dass diese konkreten Fragestellungen unterhalb der Verordnung, etwa durch Verhaltensregeln, Datenschutzfolgenabschätzungen, Zertifizierungen und im Rahmen von Öffnungsklauseln angegangen werden, als dass tatsächlich bald Änderungen am Verordnungstext vorgenommen werden. Wichtige Weichenstellungen zur Konkretisierung und Änderung der DS-GVO werden also, nicht immer aber häufig, auf Anwendungs- und Aufsichtsebene getroffen werden, anstatt i.R.v. Art. 97 Abs. 5.

C. Praxishinweise

I. Relevanz für öffentliche Stellen und nichtöffentliche Stellen

20 Datenverarbeitende Stellen oder besser ihre Verbände können Stellungnahmen an die Kommission einreichen, die diese für ihre Berichte zu beachten hat.

II. Relevanz für betroffene Personen

21 Betroffene Personen können ihre Standpunkte hinsichtlich der DS-GVO grundsätzlich auch an die Kommission senden. Ihre Anliegen können aber effektiver von Verbraucherschutzverbänden und Datenschutzorganisationen eingebracht werden.

III. Relevanz für Aufsichtsbehörden

22 Aufsichtsbehörden können von der Kommission als Informationsquelle für die Berichte in Anspruch genommen werden, können sich aber auch proaktiv einbringen. Ihre Stellungnahmen sind von der Kommission in jedem Fall zu beachten.

IV. Relevanz für das Datenschutzmanagement

Eine besondere Relevanz ist derzeit nicht erkennbar. 23

Artikel 98 Überprüfung anderer Rechtsakte der Union zum Datenschutz

¹Die Kommission legt gegebenenfalls Gesetzgebungsvorschläge zur Änderung anderer Rechtsakte der Union zum Schutz personenbezogener Daten vor, damit ein einheitlicher und kohärenter Schutz natürlicher Personen bei der Verarbeitung sichergestellt wird. ²Dies betrifft insbesondere die Vorschriften zum Schutz natürlicher Personen bei der Verarbeitung solcher Daten durch die Organe, Einrichtungen, Ämter und Agenturen der Union und zum freien Verkehr solcher Daten.

- *ErwG: 17, 173*
- *BDSG n.F. oder anderen Vorschriften: Art. 2 Abs. 3 DS-GVO*

Übersicht

	Rn		Rn
A. Einordnung und Hintergrund	1	I. Relevanz für öffentliche Stellen und nichtöffentliche Stellen	9
I. Erwägungsgründe	1		
II. BDSG n.F.	2	II. Relevanz für betroffene Personen	10
III. Normengenese und -umfeld	3		
B. Kommentierung	6	III. Relevanz für Aufsichtsbehörden	11
I. Regelungsinhalt	6		
II. Satz 1	7	IV. Relevanz für das Datenschutzmanagement	12
III. Satz 2	8		
C. Praxishinweise	9		

A. Einordnung und Hintergrund

I. Erwägungsgründe

In ErwG 17 wird gefordert: „Die Verordnung (EG) Nr. 45/2001 und sonstige Rechtsakte der Union, die diese Verarbeitung personenbezogener Daten regeln, sollten an die Grundsätze und Vorschriften der vorliegenden Verordnung angepasst und im Lichte der vorliegenden Verordnung angewandt werden." Dies muss im Zusammenhang damit gesehen werden, dass die DS-GVO gem. Art. 2 Abs. 3 S. 2 nicht für die Verarbeitung personenbezogener Daten durch die Organe, Einrichtungen, Ämter und Agenturen der Union gilt. ErwG 173 S. 3 fordert zudem die Überprüfung der RL 2002/58/EG.[1] 1

II. BDSG n.F.

Hierzu gibt es keine Entsprechung. 2

III. Normengenese und -umfeld

Art. 98 kam in seiner finalen Form erst in den Trilog-Verhandlungen neu hinzu. Allerdings war bereits im Parlamentsentwurf, damals in Art. 89a, vorgesehen, dass der Rechtsrahmen zur Verarbeitung durch Organe Einrichtungen, Dienststellen und Agenturen der Union, überarbeitet werden solle – sogar mit festem Datum. Dies findet sich nun in abgeschwächter Form in Art. 98 S. 2 und Art. 2 Abs. 3 S. 2. 3

---

1 Zu ErwG 173 s. Art. 95.

4 In Art. 89a Abs. 2 enthielt der Parlamentsentwurf eine Regelung, die die DS-GVO auf die Verarbeitung durch die Organe, Einrichtungen, Ämter und Agenturen der Union für anwendbar erklären sollte, soweit sie nicht der VO (EG) Nr. 45/2001 unterliege. Die finale Entscheidung, dass nur die VO (EG) Nr. 45/2001 auf solche Verarbeitungen anwendbar sein soll, findet sich seit dem Trilog in Art. 2 Abs. 3 S. 1.

5 ErwG 17 war bereits im Kommissionsentwurf als ErwG 14 angelegt. Allerdings war die Anpassung der VO (EG) Nr. 45/2001 noch nicht vorgesehen. Diese Passage kam im Parlamentsentwurf hinzu. Der Ratsentwurf fügte dann noch die Formulierung „und sonstige Rechtsinstrumente der Union, die diese Verarbeitung personenbezogener Daten regeln" ein.

B. Kommentierung

I. Regelungsinhalt

6 Die Norm enthält die Aufforderung an die Kommission, „gegebenenfalls", also wenn nötig und zweckmäßig, Änderungsvorschläge für andere Datenschutzrechtsakte der Union zu unterbreiten, insbesondere für solche Rechtsakte, die Verarbeitungen von Organen, Einrichtungen, Ämtern und Agenturen der Union betreffen. Das Ziel solcher Aktivitäten ist die Herstellung eines einheitlichen und kohärenten Grundrechtsschutzes im Einklang mit der DS-GVO. Die Norm ist nicht mehr als ein Appell, denn selbstverständlich kann die Kommission ohnehin derartige Gesetzgebungsvorschläge unterbreiten. Sie wird durch die Vorschrift auch nicht dazu gezwungen.

II. Satz 1

7 Gemäß S. 1 soll die Kommission Gesetzgebungsvorschläge zur Änderung „anderer Rechtsakte" der Union zum Datenschutz vorlegen. „Andere Rechtsakte" meint andere als die DS-GVO. Änderungen der DS-GVO selbst sind in Art. 97 Abs. 5 geregelt. Nicht nur die Änderung, sondern auch die Aufhebung solcher Rechtsakte ist selbstverständlich im Rahmen der Unionsgesetzgebung möglich. Ziel der Änderungen an anderen Rechtsakten ist es, einen in der Union einheitlichen und mit der DS-GVO (vgl. Art. 2 Abs. 3 S. 2) kohärenten Datenschutz herzustellen. Die DS-GVO wird damit auch im Hinblick auf die weitere Rechtsentwicklung als Herzstück, Fundament und Maßstab des EU-Datenschutzes angesehen. Ein solcher anderer Rechtsakt wird z.B. die geplante ePrivacy-VO sein.

III. Satz 2

8 S. 2 stellt klar, dass diese Gesetzgebungsaktivitäten insbesondere Vorschriften für die **Verarbeitung durch Organe, Einrichtungen, Ämter und Agenturen der Union** betreffen soll, also insbesondere die VO (EG) Nr. 45/2001. S. 2 war praktisch unnötig, da sein Regelungsinhalt durch Art. 2 Abs. 3 S. 2 eigentlich schon abgedeckt ist, noch dazu in verbindlicherer Form. Die EU-Kommission legte bereits im Januar 2017 einen Vorschlag zur Überarbeitung der Verordnung vor. Inzwischen wurde die VO (EG) Nr. 45/2001 durch die VO (EU) 2018/1725 v. 23.10.2018 ersetzt. VO (EG) Nr. 45/2001 wurde mit Wirkung zum 11.12.2018 aufgehoben, VO (EU) 2018/1725 trat am selben Tag in Kraft.

C. Praxishinweise

I. Relevanz für öffentliche Stellen und nichtöffentliche Stellen

In der Zukunft könnten (und werden) sich weitere Neuerungen im Datenschutzrecht der Union ergeben. Die ePrivacy-VO[2] stellt diesbezüglich wohl das am stärksten erwartete Projekt dar.   9

II. Relevanz für betroffene Personen

Für betroffene Personen hat die Norm selbst keine direkte Relevanz.   10

III. Relevanz für Aufsichtsbehörden

Die Aufsichtsbehörden können sich in weitere Gesetzgebungsprojekte mit ihren Standpunkten und Erfahrungen einbringen.   11

IV. Relevanz für das Datenschutzmanagement

Eine besondere Relevanz ist derzeit nicht erkennbar.   12

---

2 S. hierzu Art. 95.

Artikel 99 Inkrafttreten und Anwendung

(1) Diese Verordnung tritt am zwanzigsten Tag nach ihrer Veröffentlichung[1] im Amtsblatt der Europäischen Union in Kraft.

(2) Sie gilt ab dem 25. Mai 2018.

Diese Verordnung ist in allen ihren Teilen verbindlich und gilt unmittelbar in jedem Mitgliedstaat.

– BDSG n.F. oder andere Vorschriften: Art. 8 Abs. 1 DSAnpUG-EU

Übersicht

	Rn		Rn
A. Einordnung und Hintergrund	1	I. Relevanz für öffentliche Stellen und nichtöffentliche Stellen	9
I. Erwägungsgründe	1		
II. BDSG n.F.	2	II. Relevanz für betroffene Personen	10
III. Normengenese und -umfeld	3		
B. Kommentierung	4	III. Relevanz für Aufsichtsbehörden	11
I. Regelungsinhalt	4		
II. Abs. 1: Inkrafttreten	5	IV. Relevanz für das Datenschutzmanagement	12
III. Abs. 2: Geltungsbeginn	7		
C. Praxishinweise	9		

---

1 **Anm. d. Verlages:** Veröffentlicht am 4.5.2016.

Art. 99

A. Einordnung und Hintergrund

I. Erwägungsgründe

1 Hierzu gibt es keine Angaben.

II. BDSG n.F.

2 Gemäß Art. 8 Abs. 1 DSAnpUG-EU trat das neue an die Verordnung angepasste Bundesdatenschutzgesetz am 25.5.2018 in Kraft und das zuvor geltende alte Bundesdatenschutzgesetz außer Kraft. Zwischen der Datenschutz-Grundverordnung und dem neuen Bundesdatenschutzgesetz besteht damit zeitliche Synchronität.

III. Normengenese und -umfeld

3 Art. 99 war bis zum Ratsentwurf noch Art. 91. Seit dem Kommissionsentwurf ist nur das konkrete Datum des Geltungsbeginns in Abs. 2 hinzugekommen. Ansonsten haben sich keine Änderungen ergeben.

B. Kommentierung

I. Regelungsinhalt

4 Die Norm regelt den Zeitpunkt des **Inkrafttretens** und den **Geltungsbeginn** der DS-GVO. Zwischen den beiden Zeitpunkten bestand ein zweijähriger Übergangszeitraum, in dem sich insbesondere die Verantwortlichen und die Aufsichtsbehörden auf die neue Rechtslage einstellen konnten und mussten (s. Art. 94).

II. Abs. 1: Inkrafttreten

5 Gemäß Abs. 1 der Norm tritt die DS-GVO am zwanzigsten Tag nach ihrer Veröffentlichung im Amtsblatt der Europäischen Union in Kraft. Sie wurde am 4.5.2016 im Amtsblatt veröffentlicht und ist daher seit dem **24.5.2016** in Kraft. Auch wenn die DS-GVO erst zwei Jahre später galt (s. Abs. 2), entfaltete auch das Inkrafttreten bereits Wirkungen. So mussten internationale Übereinkünfte, die Übermittlung personenbezogener Daten in Drittländer mit sich bringen und die nach dem 24.5.2016 geschlossen wurden, bereits der DS-GVO entsprechen, um nach Geltungsbeginn der Verordnung in Kraft zu bleiben. Solche Übereinkünfte, die **vor** dem 24.5.2016 geschlossen wurden blieben auch dann anwendbar, wenn sie lediglich der zuvor geltenden Rechtslage entsprechen (s. Art. 96).

6 Datenschutzregeln der Kirchen, die zum Zeitpunkt des Inkrafttretens der Verordnung angewendet werden, dürfen gem. Art. 91 Abs. 1 nur dann weiter angewandt werden, wenn sie mit der Verordnung in Einklang gebracht werden. Trotz des insofern unklaren Wortlauts in Art. 96 und Art. 91 Abs. 1 ist davon auszugehen, dass solche Übereinkommen und Regelwerke nicht nur über das Inkrafttreten, sondern auch über den Geltungsbeginn hinaus in Kraft bleiben, bzw. weiter angewandt werden können und im Fall von Art. 91 Abs. 1 bis zum Geltungsbeginn mit der DS-GVO in Einklang gebracht werden müssen.

III. Abs. 2: Geltungsbeginn

7 Geltungsbeginn der DS-GVO ist gem. Abs. 2 der Norm der **25.5.2018**. Seit diesem Tag ist sie für alle Adressaten **direkt verbindliches Recht** und entfaltet ihren **Anwendungs-**

vorrang[2] gegenüber den Rechtsvorschriften der Mitgliedstaaten. Ab diesem Zeitpunkt werden alle Verarbeitungen personenbezogener Daten im Anwendungsbereich an der DS-GVO gemessen und müssen ihr entsprechen.

Die **Aufsichtsbehörden** konnten und sollten diese Umstellung durch Beratung und Hinweise fördern. Sie konnten allerdings **nicht vor Geltungsbeginn** am 25.5.2018 **präventive Verfügungen** erlassen, die die Verantwortlichen im konkreten Einzelfall zur Durchführung dieser Umstellung verpflichten und diese Verpflichtung mit Zwangsgeldern durchsetzen. Die Ermächtigungsgrundlagen der Aufsichtsbehörden nach Art. 58 gelten erst ab dem 25.5.2018. Mit den Ermächtigungsgrundlagen der Aufsichtsbehörden aus dem bis zum 24.5.2018 geltenden Bundesdatenschutzgesetz konnten ebenfalls vor dem 25.5.2018 keine Vorschriften der DS-GVO durchgesetzt werden, da diese Vorschriften erst dann anwendbar werden.[3]

C. Praxishinweise

I. Relevanz für öffentliche Stellen und nichtöffentliche Stellen

Öffentliche und nichtöffentliche Stellen, die personenbezogene Daten verarbeiten müssen ab dem 25.4.2018 die neue Rechtslage einhalten und ihre Verarbeitungssysteme seit diesem Datum hierauf eingerichtet haben.

II. Relevanz für betroffene Personen

Betroffene Personen können sich ab dem 25.5.2018 unmittelbar auf ihre Rechte aus der DS-GVO berufen, ohne einen Umsetzungsakt abwarten zu müssen.

III. Relevanz für Aufsichtsbehörden

Aufsichtsbehörden konnten mit der Durchsetzung der DS-GVO ab deren Geltung am 25.5.2018 beginnen.

IV. Relevanz für das Datenschutzmanagement

Bis zum 25.5.2018 musste die Verarbeitung personenbezogener Daten bei den Verantwortlichen und Auftragsverarbeitern an die neue Rechtslage angepasst sein.

---

2 Zum Anwendungsvorrang Roßnagel-*Roßnagel* Das neue Datenschutzrecht, 2017, § 2 I.
3 *VG Karlsruhe* v. 6.7.2017 – 10 K 7698/16, ZD 2017, 543.

Anhänge

Anhang 1
Erwägungsgründe der DS-GVO

DAS EUROPÄISCHE PARLAMENT UND DER RAT DER EUROPÄISCHEN UNION –

gestützt auf den Vertrag über die Arbeitsweise der Europäischen Union, insbesondere auf Artikel 16,

auf Vorschlag der Europäischen Kommission,

nach Zuleitung des Entwurfs des Gesetzgebungsakts an die nationalen Parlamente,

nach Stellungnahme des Europäischen Wirtschafts- und Sozialausschusses[1],

nach Stellungnahme des Ausschusses der Regionen[2],

gemäß dem ordentlichen Gesetzgebungsverfahren[3],

in Erwägung nachstehender Gründe:

(1) Der Schutz natürlicher Personen bei der Verarbeitung personenbezogener Daten ist ein Grundrecht. Gemäß Artikel 8 Absatz 1 der Charta der Grundrechte der Europäischen Union (im Folgenden „Charta") sowie Artikel 16 Absatz 1 des Vertrags über die Arbeitsweise der Europäischen Union (AEUV) hat jede Person das Recht auf Schutz der sie betreffenden personenbezogenen Daten.

(2) Die Grundsätze und Vorschriften zum Schutz natürlicher Personen bei der Verarbeitung ihrer personenbezogenen Daten sollten gewährleisten, dass ihre Grundrechte und Grundfreiheiten und insbesondere ihr Recht auf Schutz personenbezogener Daten ungeachtet ihrer Staatsangehörigkeit oder ihres Aufenthaltsorts gewahrt bleiben. Diese Verordnung soll zur Vollendung eines Raums der Freiheit, der Sicherheit und des Rechts und einer Wirtschaftsunion, zum wirtschaftlichen und sozialen Fortschritt, zur Stärkung und zum Zusammenwachsen der Volkswirtschaften innerhalb des Binnenmarkts sowie zum Wohlergehen natürlicher Personen beitragen.

(3) Zweck der Richtlinie 95/46/EG des Europäischen Parlaments und des Rates[4] ist die Harmonisierung der Vorschriften zum Schutz der Grundrechte und Grundfreiheiten natürlicher Personen bei der Datenverarbeitung sowie die Gewährleistung des freien Verkehrs personenbezogener Daten zwischen den Mitgliedstaaten.

(4) Die Verarbeitung personenbezogener Daten sollte im Dienste der Menschheit stehen. Das Recht auf Schutz der personenbezogenen Daten ist kein uneingeschränk-

---

1 ABl. C 229 vom 31.7.2012, S. 90.
2 ABl. C 391 vom 18.12.2012, S. 127.
3 Standpunkt des Europäischen Parlaments vom 12. März 2014 (noch nicht im Amtsblatt veröffentlicht) und Standpunkt des Rates in erster Lesung vom 8. April 2016 (noch nicht im Amtsblatt veröffentlicht). Standpunkt des Europäischen Parlaments vom 14. April 2016.
4 Richtlinie 95/46/EG des Europäischen Parlaments und des Rates vom 24. Oktober 1995 zum Schutz natürlicher Personen bei der Verarbeitung personenbezogener Daten und zum freien Datenverkehr (ABl. L 281 vom 23.11.1995, S. 31).

Anhang 1   Erwägungsgründe der DS-GVO

tes Recht; es muss im Hinblick auf seine gesellschaftliche Funktion gesehen und unter Wahrung des Verhältnismäßigkeitsprinzips gegen andere Grundrechte abgewogen werden. Diese Verordnung steht im Einklang mit allen Grundrechten und achtet alle Freiheiten und Grundsätze, die mit der Charta anerkannt wurden und in den Europäischen Verträgen verankert sind, insbesondere Achtung des Privat- und Familienlebens, der Wohnung und der Kommunikation, Schutz personenbezogener Daten, Gedanken-, Gewissens- und Religionsfreiheit, Freiheit der Meinungsäußerung und Informationsfreiheit, unternehmerische Freiheit, Recht auf einen wirksamen Rechtsbehelf und ein faires Verfahren und Vielfalt der Kulturen, Religionen und Sprachen.

(5) Die wirtschaftliche und soziale Integration als Folge eines funktionierenden Binnenmarkts hat zu einem deutlichen Anstieg des grenzüberschreitenden Verkehrs personenbezogener Daten geführt. Der unionsweite Austausch personenbezogener Daten zwischen öffentlichen und privaten Akteuren einschließlich natürlichen Personen, Vereinigungen und Unternehmen hat zugenommen. Das Unionsrecht verpflichtet die Verwaltungen der Mitgliedstaaten, zusammenzuarbeiten und personenbezogene Daten auszutauschen, damit sie ihren Pflichten nachkommen oder für eine Behörde eines anderen Mitgliedstaats Aufgaben durchführen können.

(6) Rasche technologische Entwicklungen und die Globalisierung haben den Datenschutz vor neue Herausforderungen gestellt. Das Ausmaß der Erhebung und des Austauschs personenbezogener Daten hat eindrucksvoll zugenommen. Die Technik macht es möglich, dass private Unternehmen und Behörden im Rahmen ihrer Tätigkeiten in einem noch nie dagewesenen Umfang auf personenbezogene Daten zurückgreifen. Zunehmend machen auch natürliche Personen Informationen öffentlich weltweit zugänglich. Die Technik hat das wirtschaftliche und gesellschaftliche Leben verändert und dürfte den Verkehr personenbezogener Daten innerhalb der Union sowie die Datenübermittlung an Drittländer und internationale Organisationen noch weiter erleichtern, wobei ein hohes Datenschutzniveau zu gewährleisten ist.

(7) Diese Entwicklungen erfordern einen soliden, kohärenteren und klar durchsetzbaren Rechtsrahmen im Bereich des Datenschutzes in der Union, da es von großer Wichtigkeit ist, eine Vertrauensbasis zu schaffen, die die digitale Wirtschaft dringend benötigt, um im Binnenmarkt weiter wachsen zu können. Natürliche Personen sollten die Kontrolle über ihre eigenen Daten besitzen. Natürliche Personen, Wirtschaft und Staat sollten in rechtlicher und praktischer Hinsicht über mehr Sicherheit verfügen.

(8) Wenn in dieser Verordnung Präzisierungen oder Einschränkungen ihrer Vorschriften durch das Recht der Mitgliedstaaten vorgesehen sind, können die Mitgliedstaaten Teile dieser Verordnung in ihr nationales Recht aufnehmen, soweit dies erforderlich ist, um die Kohärenz zu wahren und die nationalen Rechtsvorschriften für die Personen, für die sie gelten, verständlicher zu machen.

(9) Die Ziele und Grundsätze der Richtlinie 95/46/EG besitzen nach wie vor Gültigkeit, doch hat die Richtlinie nicht verhindern können, dass der Datenschutz in der Union unterschiedlich gehandhabt wird, Rechtsunsicherheit besteht oder in der Öffentlichkeit die Meinung weit verbreitet ist, dass erhebliche Risiken für den Schutz natürlicher Personen bestehen, insbesondere im Zusammenhang mit der Benutzung des Internets. Unterschiede beim Schutzniveau für die Rechte und Freiheiten von natürlichen Personen im Zusammenhang mit der Verarbeitung personenbezogener Daten in den Mitgliedstaaten, vor allem beim Recht auf Schutz dieser Daten, können

den unionsweiten freien Verkehr solcher Daten behindern. Diese Unterschiede im Schutzniveau können daher ein Hemmnis für die unionsweite Ausübung von Wirtschaftstätigkeiten darstellen, den Wettbewerb verzerren und die Behörden an der Erfüllung der ihnen nach dem Unionsrecht obliegenden Pflichten hindern. Sie erklären sich aus den Unterschieden bei der Umsetzung und Anwendung der Richtlinie 95/46/EG.

(10) Um ein gleichmäßiges und hohes Datenschutzniveau für natürliche Personen zu gewährleisten und die Hemmnisse für den Verkehr personenbezogener Daten in der Union zu beseitigen, sollte das Schutzniveau für die Rechte und Freiheiten von natürlichen Personen bei der Verarbeitung dieser Daten in allen Mitgliedstaaten gleichwertig sein. Die Vorschriften zum Schutz der Grundrechte und Grundfreiheiten von natürlichen Personen bei der Verarbeitung personenbezogener Daten sollten unionsweit gleichmäßig und einheitlich angewandt werden. Hinsichtlich der Verarbeitung personenbezogener Daten zur Erfüllung einer rechtlichen Verpflichtung oder zur Wahrnehmung einer Aufgabe, die im öffentlichen Interesse liegt oder in Ausübung öffentlicher Gewalt erfolgt, die dem Verantwortlichen übertragen wurde, sollten die Mitgliedstaaten die Möglichkeit haben, nationale Bestimmungen, mit denen die Anwendung der Vorschriften dieser Verordnung genauer festgelegt wird, beizubehalten oder einzuführen. In Verbindung mit den allgemeinen und horizontalen Rechtsvorschriften über den Datenschutz zur Umsetzung der Richtlinie 95/46/EG gibt es in den Mitgliedstaaten mehrere sektorspezifische Rechtsvorschriften in Bereichen, die spezifischere Bestimmungen erfordern. Diese Verordnung bietet den Mitgliedstaaten zudem einen Spielraum für die Spezifizierung ihrer Vorschriften, auch für die Verarbeitung besonderer Kategorien von personenbezogenen Daten (im Folgenden „sensible Daten"). Diesbezüglich schließt diese Verordnung nicht Rechtsvorschriften der Mitgliedstaaten aus, in denen die Umstände besonderer Verarbeitungssituationen festgelegt werden, einschließlich einer genaueren Bestimmung der Voraussetzungen, unter denen die Verarbeitung personenbezogener Daten rechtmäßig ist.

(11) Ein unionsweiter wirksamer Schutz personenbezogener Daten erfordert die Stärkung und präzise Festlegung der Rechte der betroffenen Personen sowie eine Verschärfung der Verpflichtungen für diejenigen, die personenbezogene Daten verarbeiten und darüber entscheiden, ebenso wie – in den Mitgliedstaaten – gleiche Befugnisse bei der Überwachung und Gewährleistung der Einhaltung der Vorschriften zum Schutz personenbezogener Daten sowie gleiche Sanktionen im Falle ihrer Verletzung.

(12) Artikel 16 Absatz 2 AEUV ermächtigt das Europäische Parlament und den Rat, Vorschriften über den Schutz natürlicher Personen bei der Verarbeitung personenbezogener Daten und zum freien Verkehr solcher Daten zu erlassen.

(13) Damit in der Union ein gleichmäßiges Datenschutzniveau für natürliche Personen gewährleistet ist und Unterschiede, die den freien Verkehr personenbezogener Daten im Binnenmarkt behindern könnten, beseitigt werden, ist eine Verordnung erforderlich, die für die Wirtschaftsteilnehmer einschließlich Kleinstunternehmen sowie kleiner und mittlerer Unternehmen Rechtssicherheit und Transparenz schafft, natürliche Personen in allen Mitgliedstaaten mit demselben Niveau an durchsetzbaren Rechten ausstattet, dieselben Pflichten und Zuständigkeiten für die Verantwortlichen und Auftragsverarbeiter vorsieht und eine gleichmäßige Kontrolle der Verarbeitung personenbezogener Daten und gleichwertige Sanktionen in allen Mitgliedstaaten

sowie eine wirksame Zusammenarbeit zwischen den Aufsichtsbehörden der einzelnen Mitgliedstaaten gewährleistet. Das reibungslose Funktionieren des Binnenmarkts erfordert, dass der freie Verkehr personenbezogener Daten in der Union nicht aus Gründen des Schutzes natürlicher Personen bei der Verarbeitung personenbezogener Daten eingeschränkt oder verboten wird. Um der besonderen Situation der Kleinstunternehmen sowie der kleinen und mittleren Unternehmen Rechnung zu tragen, enthält diese Verordnung eine abweichende Regelung hinsichtlich des Führens eines Verzeichnisses für Einrichtungen, die weniger als 250 Mitarbeiter beschäftigen. Außerdem werden die Organe und Einrichtungen der Union sowie die Mitgliedstaaten und deren Aufsichtsbehörden dazu angehalten, bei der Anwendung dieser Verordnung die besonderen Bedürfnisse von Kleinstunternehmen sowie von kleinen und mittleren Unternehmen zu berücksichtigen. Für die Definition des Begriffs „Kleinstunternehmen sowie kleine und mittlere Unternehmen" sollte Artikel 2 des Anhangs zur Empfehlung 2003/361/EG der Kommission[5] maßgebend sein.

(14) Der durch diese Verordnung gewährte Schutz sollte für die Verarbeitung der personenbezogenen Daten natürlicher Personen ungeachtet ihrer Staatsangehörigkeit oder ihres Aufenthaltsorts gelten. Diese Verordnung gilt nicht für die Verarbeitung personenbezogener Daten juristischer Personen und insbesondere als juristische Person gegründeter Unternehmen, einschließlich Name, Rechtsform oder Kontaktdaten der juristischen Person.

(15) Um ein ernsthaftes Risiko einer Umgehung der Vorschriften zu vermeiden, sollte der Schutz natürlicher Personen technologieneutral sein und nicht von den verwendeten Techniken abhängen. Der Schutz natürlicher Personen sollte für die automatisierte Verarbeitung personenbezogener Daten ebenso gelten wie für die manuelle Verarbeitung von personenbezogenen Daten, wenn die personenbezogenen Daten in einem Dateisystem gespeichert sind oder gespeichert werden sollen. Akten oder Aktensammlungen sowie ihre Deckblätter, die nicht nach bestimmten Kriterien geordnet sind, sollten nicht in den Anwendungsbereich dieser Verordnung fallen.

(16) Diese Verordnung gilt nicht für Fragen des Schutzes von Grundrechten und Grundfreiheiten und des freien Verkehrs personenbezogener Daten im Zusammenhang mit Tätigkeiten, die nicht in den Anwendungsbereich des Unionsrechts fallen, wie etwa die nationale Sicherheit betreffende Tätigkeiten. Diese Verordnung gilt nicht für die von den Mitgliedstaaten im Rahmen der Gemeinsamen Außen- und Sicherheitspolitik der Union durchgeführte Verarbeitung personenbezogener Daten.

(17) Die Verordnung (EG) Nr. 45/2001 des Europäischen Parlaments und des Rates[6] gilt für die Verarbeitung personenbezogener Daten durch die Organe, Einrichtungen, Ämter und Agenturen der Union. Die Verordnung (EG) Nr. 45/2001 und sonstige Rechtsakte der Union, die diese Verarbeitung personenbezogener Daten regeln, sollten an die Grundsätze und Vorschriften der vorliegenden Verordnung

---

5 Empfehlung der Kommission vom 6. Mai 2003 betreffend die Definition der Kleinstunternehmen sowie der kleinen und mittleren Unternehmen (C (2003) 1422) (ABl. L 124 vom 20.5.2003, S. 36).
6 Verordnung (EG) Nr. 45/2001 des Europäischen Parlaments und des Rates vom 18. Dezember 2000 zum Schutz natürlicher Personen bei der Verarbeitung personenbezogener Daten durch die Organe und Einrichtungen der Gemeinschaft und zum freien Datenverkehr (ABl. L 8 vom 12.1.2001, S. 1).

angepasst und im Lichte der vorliegenden Verordnung angewandt werden. Um einen soliden und kohärenten Rechtsrahmen im Bereich des Datenschutzes in der Union zu gewährleisten, sollten die erforderlichen Anpassungen der Verordnung (EG) Nr. 45/2001 im Anschluss an den Erlass der vorliegenden Verordnung vorgenommen werden, damit sie gleichzeitig mit der vorliegenden Verordnung angewandt werden können.

(18) Diese Verordnung gilt nicht für die Verarbeitung von personenbezogenen Daten, die von einer natürlichen Person zur Ausübung ausschließlich persönlicher oder familiärer Tätigkeiten und somit ohne Bezug zu einer beruflichen oder wirtschaftlichen Tätigkeit vorgenommen wird. Als persönliche oder familiäre Tätigkeiten könnte auch das Führen eines Schriftverkehrs oder von Anschriftenverzeichnissen oder die Nutzung sozialer Netze und Online-Tätigkeiten im Rahmen solcher Tätigkeiten gelten. Diese Verordnung gilt jedoch für die Verantwortlichen oder Auftragsverarbeiter, die die Instrumente für die Verarbeitung personenbezogener Daten für solche persönlichen oder familiären Tätigkeiten bereitstellen.

(19) Der Schutz natürlicher Personen bei der Verarbeitung personenbezogener Daten durch die zuständigen Behörden zum Zwecke der Verhütung, Ermittlung, Aufdeckung oder Verfolgung von Straftaten oder der Strafvollstreckung, einschließlich des Schutzes vor und der Abwehr von Gefahren für die öffentliche Sicherheit, sowie der freie Verkehr dieser Daten sind in einem eigenen Unionsrechtsakt geregelt. Deshalb sollte diese Verordnung auf Verarbeitungstätigkeiten dieser Art keine Anwendung finden. Personenbezogene Daten, die von Behörden nach dieser Verordnung verarbeitet werden, sollten jedoch, wenn sie zu den vorstehenden Zwecken verwendet werden, einem spezifischeren Unionsrechtsakt, nämlich der Richtlinie (EU) 2016/680 des Europäischen Parlaments und des Rates[7] unterliegen. Die Mitgliedstaaten können die zuständigen Behörden im Sinne der Richtlinie (EU) 2016/680 mit Aufgaben betrauen, die nicht zwangsläufig für die Zwecke der Verhütung, Ermittlung, Aufdeckung oder Verfolgung von Straftaten oder der Strafvollstreckung, einschließlich des Schutzes vor und der Abwehr von Gefahren für die öffentliche Sicherheit, ausgeführt werden, so dass die Verarbeitung von personenbezogenen Daten für diese anderen Zwecke insoweit in den Anwendungsbereich dieser Verordnung fällt, als sie in den Anwendungsbereich des Unionsrechts fällt. In Bezug auf die Verarbeitung personenbezogener Daten durch diese Behörden für Zwecke, die in den Anwendungsbereich dieser Verordnung fallen, sollten die Mitgliedstaaten spezifischere Bestimmungen beibehalten oder einführen können, um die Anwendung der Vorschriften dieser Verordnung anzupassen. In den betreffenden Bestimmungen können die Auflagen für die Verarbeitung personenbezogener Daten durch diese zuständigen Behörden für jene anderen Zwecke präziser festgelegt werden, wobei der verfassungsmäßigen, organisatorischen und administrativen Struktur des betreffenden Mitgliedstaats Rechnung zu tragen ist. Soweit diese Verordnung für die Verarbeitung personenbezogener Daten durch private Stellen gilt, sollte sie vorsehen, dass die Mitgliedstaaten einige Pflichten

---

7 Richtlinie (EU) 2016/680 des Europäischen Parlaments und des Rates vom 27. April 2016 zum Schutz natürlicher Personen bei der Verarbeitung personenbezogener Daten durch die zuständigen Behörden zum Zwecke der Verhütung, Aufdeckung, Untersuchung oder Verfolgung von Straftaten oder der Strafvollstreckung sowie zum freien Datenverkehr und zur Aufhebung des Rahmenbeschlusses 2000/383/JI des Rates (siehe Seite 89 dieses Amtsblatts).

Anhang 1 Erwägungsgründe der DS-GVO

und Rechte unter bestimmten Voraussetzungen mittels Rechtsvorschriften beschränken können, wenn diese Beschränkung in einer demokratischen Gesellschaft eine notwendige und verhältnismäßige Maßnahme zum Schutz bestimmter wichtiger Interessen darstellt, wozu auch die öffentliche Sicherheit und die Verhütung, Ermittlung, Aufdeckung und Verfolgung von Straftaten oder die Strafvollstreckung zählen, einschließlich des Schutzes vor und der Abwehr von Gefahren für die öffentliche Sicherheit. Dies ist beispielsweise im Rahmen der Bekämpfung der Geldwäsche oder der Arbeit kriminaltechnischer Labors von Bedeutung.

(20) Diese Verordnung gilt zwar unter anderem für die Tätigkeiten der Gerichte und anderer Justizbehörden, doch könnte im Unionsrecht oder im Recht der Mitgliedstaaten festgelegt werden, wie die Verarbeitungsvorgänge und Verarbeitungsverfahren bei der Verarbeitung personenbezogener Daten durch Gerichte und andere Justizbehörden im Einzelnen auszusehen haben. Damit die Unabhängigkeit der Justiz bei der Ausübung ihrer gerichtlichen Aufgaben einschließlich ihrer Beschlussfassung unangetastet bleibt, sollten die Aufsichtsbehörden nicht für die Verarbeitung personenbezogener Daten durch Gerichte im Rahmen ihrer justiziellen Tätigkeit zuständig sein. Mit der Aufsicht über diese Datenverarbeitungsvorgänge sollten besondere Stellen im Justizsystem des Mitgliedstaats betraut werden können, die insbesondere die Einhaltung der Vorschriften dieser Verordnung sicherstellen, Richter und Staatsanwälte besser für ihre Pflichten aus dieser Verordnung sensibilisieren und Beschwerden in Bezug auf derartige Datenverarbeitungsvorgänge bearbeiten sollten.

(21) Die vorliegende Verordnung berührt nicht die Anwendung der Richtlinie 2000/31/EG des Europäischen Parlaments und des Rates[8] und insbesondere die der Vorschriften der Artikel 12 bis 15 jener Richtlinie zur Verantwortlichkeit von Anbietern reiner Vermittlungsdienste. Die genannte Richtlinie soll dazu beitragen, dass der Binnenmarkt einwandfrei funktioniert, indem sie den freien Verkehr von Diensten der Informationsgesellschaft zwischen den Mitgliedstaaten sicherstellt.

(22) Jede Verarbeitung personenbezogener Daten im Rahmen der Tätigkeiten einer Niederlassung eines Verantwortlichen oder eines Auftragsverarbeiters in der Union sollte gemäß dieser Verordnung erfolgen, gleich, ob die Verarbeitung in oder außerhalb der Union stattfindet. Eine Niederlassung setzt die effektive und tatsächliche Ausübung einer Tätigkeit durch eine feste Einrichtung voraus. Die Rechtsform einer solchen Einrichtung, gleich, ob es sich um eine Zweigstelle oder eine Tochtergesellschaft mit eigener Rechtspersönlichkeit handelt, ist dabei nicht ausschlaggebend.

(23) Damit einer natürlichen Person der gemäß dieser Verordnung gewährleistete Schutz nicht vorenthalten wird, sollte die Verarbeitung personenbezogener Daten von betroffenen Personen, die sich in der Union befinden, durch einen nicht in der Union niedergelassenen Verantwortlichen oder Auftragsverarbeiter dieser Verordnung unterliegen, wenn die Verarbeitung dazu dient, diesen betroffenen Personen gegen Entgelt oder unentgeltlich Waren oder Dienstleistungen anzubieten. Um festzustellen, ob dieser Verantwortliche oder Auftragsverarbeiter betroffenen Personen, die sich in

---

8 Richtlinie 2000/31/EG des Europäischen Parlaments und des Rates vom 8. Juni 2000 über bestimmte rechtliche Aspekte der Dienste der Informationsgesellschaft, insbesondere des elektronischen Geschäftsverkehrs, im Binnenmarkt („Richtlinie über den elektronischen Geschäftsverkehr") (ABl. L 178 vom 17.7.2000, S. 1).

der Union befinden, Waren oder Dienstleistungen anbietet, sollte festgestellt werden, ob der Verantwortliche oder Auftragsverarbeiter offensichtlich beabsichtigt, betroffenen Personen in einem oder mehreren Mitgliedstaaten der Union Dienstleistungen anzubieten. Während die bloße Zugänglichkeit der Website des Verantwortlichen, des Auftragsverarbeiters oder eines Vermittlers in der Union, einer E-Mail-Adresse oder anderer Kontaktdaten oder die Verwendung einer Sprache, die in dem Drittland, in dem der Verantwortliche niedergelassen ist, allgemein gebräuchlich ist, hierfür kein ausreichender Anhaltspunkt ist, können andere Faktoren wie die Verwendung einer Sprache oder Währung, die in einem oder mehreren Mitgliedstaaten gebräuchlich ist, in Verbindung mit der Möglichkeit, Waren und Dienstleistungen in dieser anderen Sprache zu bestellen, oder die Erwähnung von Kunden oder Nutzern, die sich in der Union befinden, darauf hindeuten, dass der Verantwortliche beabsichtigt, den Personen in der Union Waren oder Dienstleistungen anzubieten.

(24) Die Verarbeitung personenbezogener Daten von betroffenen Personen, die sich in der Union befinden, durch einen nicht in der Union niedergelassenen Verantwortlichen oder Auftragsverarbeiter sollte auch dann dieser Verordnung unterliegen, wenn sie dazu dient, das Verhalten dieser betroffenen Personen zu beobachten, soweit ihr Verhalten in der Union erfolgt. Ob eine Verarbeitungstätigkeit der Beobachtung des Verhaltens von betroffenen Personen gilt, sollte daran festgemacht werden, ob ihre Internetaktivitäten nachvollzogen werden, einschließlich der möglichen nachfolgenden Verwendung von Techniken zur Verarbeitung personenbezogener Daten, durch die von einer natürlichen Person ein Profil erstellt wird, das insbesondere die Grundlage für sie betreffende Entscheidungen bildet oder anhand dessen ihre persönlichen Vorlieben, Verhaltensweisen oder Gepflogenheiten analysiert oder vorausgesagt werden sollen.

(25) Ist nach Völkerrecht das Recht eines Mitgliedstaats anwendbar, z. B. in einer diplomatischen oder konsularischen Vertretung eines Mitgliedstaats, so sollte die Verordnung auch auf einen nicht in der Union niedergelassenen Verantwortlichen Anwendung finden.

(26) Die Grundsätze des Datenschutzes sollten für alle Informationen gelten, die sich auf eine identifizierte oder identifizierbare natürliche Person beziehen. Einer Pseudonymisierung unterzogene personenbezogene Daten, die durch Heranziehung zusätzlicher Informationen einer natürlichen Person zugeordnet werden könnten, sollten als Informationen über eine identifizierbare natürliche Person betrachtet werden. Um festzustellen, ob eine natürliche Person identifizierbar ist, sollten alle Mittel berücksichtigt werden, die von dem Verantwortlichen oder einer anderen Person nach allgemeinem Ermessen wahrscheinlich genutzt werden, um die natürliche Person direkt oder indirekt zu identifizieren, wie beispielsweise das Aussondern. Bei der Feststellung, ob Mittel nach allgemeinem Ermessen wahrscheinlich zur Identifizierung der natürlichen Person genutzt werden, sollten alle objektiven Faktoren, wie die Kosten der Identifizierung und der dafür erforderliche Zeitaufwand, herangezogen werden, wobei die zum Zeitpunkt der Verarbeitung verfügbare Technologie und technologische Entwicklungen zu berücksichtigen sind. Die Grundsätze des Datenschutzes sollten daher nicht für anonyme Informationen gelten, d. h. für Informationen, die sich nicht auf eine identifizierte oder identifizierbare natürliche Person beziehen, oder personenbezogene Daten, die in einer Weise anonymisiert worden sind, dass die betrof-

fene Person nicht oder nicht mehr identifiziert werden kann. Diese Verordnung betrifft somit nicht die Verarbeitung solcher anonymer Daten, auch für statistische oder für Forschungszwecke.

(27) Diese Verordnung gilt nicht für die personenbezogenen Daten Verstorbener. Die Mitgliedstaaten können Vorschriften für die Verarbeitung der personenbezogenen Daten Verstorbener vorsehen.

(28) Die Anwendung der Pseudonymisierung auf personenbezogene Daten kann die Risiken für die betroffenen Personen senken und die Verantwortlichen und die Auftragsverarbeiter bei der Einhaltung ihrer Datenschutzpflichten unterstützen. Durch die ausdrückliche Einführung der „Pseudonymisierung" in dieser Verordnung ist nicht beabsichtigt, andere Datenschutzmaßnahmen auszuschließen.

(29) Um Anreize für die Anwendung der Pseudonymisierung bei der Verarbeitung personenbezogener Daten zu schaffen, sollten Pseudonymisierungsmaßnahmen, die jedoch eine allgemeine Analyse zulassen, bei demselben Verantwortlichen möglich sein, wenn dieser die erforderlichen technischen und organisatorischen Maßnahmen getroffen hat, um – für die jeweilige Verarbeitung – die Umsetzung dieser Verordnung zu gewährleisten, wobei sicherzustellen ist, dass zusätzliche Informationen, mit denen die personenbezogenen Daten einer speziellen betroffenen Person zugeordnet werden können, gesondert aufbewahrt werden. Der für die Verarbeitung der personenbezogenen Daten Verantwortliche, sollte die befugten Personen bei diesem Verantwortlichen angeben.

(30) Natürlichen Personen werden unter Umständen Online-Kennungen wie IP-Adressen und Cookie-Kennungen, die sein Gerät oder Software-Anwendungen und -Tools oder Protokolle liefern, oder sonstige Kennungen wie Funkfrequenzkennzeichnungen zugeordnet. Dies kann Spuren hinterlassen, die insbesondere in Kombination mit eindeutigen Kennungen und anderen beim Server eingehenden Informationen dazu benutzt werden können, um Profile der natürlichen Personen zu erstellen und sie zu identifizieren.

(31) Behörden, gegenüber denen personenbezogene Daten aufgrund einer rechtlichen Verpflichtung für die Ausübung ihres offiziellen Auftrags offengelegt werden, wie Steuer- und Zollbehörden, Finanzermittlungsstellen, unabhängige Verwaltungsbehörden oder Finanzmarktbehörden, die für die Regulierung und Aufsicht von Wertpapiermärkten zuständig sind, sollten nicht als Empfänger gelten, wenn sie personenbezogene Daten erhalten, die für die Durchführung – gemäß dem Unionsrecht oder dem Recht der Mitgliedstaaten – eines einzelnen Untersuchungsauftrags im Interesse der Allgemeinheit erforderlich sind. Anträge auf Offenlegung, die von Behörden ausgehen, sollten immer schriftlich erfolgen, mit Gründen versehen sein und gelegentlichen Charakter haben, und sie sollten nicht vollständige Dateisysteme betreffen oder zur Verknüpfung von Dateisystemen führen. Die Verarbeitung personenbezogener Daten durch die genannten Behörden sollte den für die Zwecke der Verarbeitung geltenden Datenschutzvorschriften entsprechen.

(32) Die Einwilligung sollte durch eine eindeutige bestätigende Handlung erfolgen, mit der freiwillig, für den konkreten Fall, in informierter Weise und unmissverständlich bekundet wird, dass die betroffene Person mit der Verarbeitung der sie betreffenden personenbezogenen Daten einverstanden ist, etwa in Form einer schriftlichen

Erklärung, die auch elektronisch erfolgen kann, oder einer mündlichen Erklärung. Dies könnte etwa durch Anklicken eines Kästchens beim Besuch einer Internetseite, durch die Auswahl technischer Einstellungen für Dienste der Informationsgesellschaft oder durch eine andere Erklärung oder Verhaltensweise geschehen, mit der die betroffene Person in dem jeweiligen Kontext eindeutig ihr Einverständnis mit der beabsichtigten Verarbeitung ihrer personenbezogenen Daten signalisiert. Stillschweigen, bereits angekreuzte Kästchen oder Untätigkeit der betroffenen Person sollten daher keine Einwilligung darstellen. Die Einwilligung sollte sich auf alle zu demselben Zweck oder denselben Zwecken vorgenommenen Verarbeitungsvorgänge beziehen. Wenn die Verarbeitung mehreren Zwecken dient, sollte für alle diese Verarbeitungszwecke eine Einwilligung gegeben werden. Wird die betroffene Person auf elektronischem Weg zur Einwilligung aufgefordert, so muss die Aufforderung in klarer und knapper Form und ohne unnötige Unterbrechung des Dienstes, für den die Einwilligung gegeben wird, erfolgen.

(33) Oftmals kann der Zweck der Verarbeitung personenbezogener Daten für Zwecke der wissenschaftlichen Forschung zum Zeitpunkt der Erhebung der personenbezogenen Daten nicht vollständig angegeben werden. Daher sollte es betroffenen Personen erlaubt sein, ihre Einwilligung für bestimmte Bereiche wissenschaftlicher Forschung zu geben, wenn dies unter Einhaltung der anerkannten ethischen Standards der wissenschaftlichen Forschung geschieht. Die betroffen Personen sollten Gelegenheit erhalten, ihre Einwilligung nur für bestimme Forschungsbereiche oder Teile von Forschungsprojekten in dem vom verfolgten Zweck zugelassenen Maße zu erteilen.

(34) Genetische Daten sollten als personenbezogene Daten über die ererbten oder erworbenen genetischen Eigenschaften einer natürlichen Person definiert werden, die aus der Analyse einer biologischen Probe der betreffenden natürlichen Person, insbesondere durch eine Chromosomen, Desoxyribonukleinsäure (DNS)- oder Ribonukleinsäure (RNS)-Analyse oder der Analyse eines anderen Elements, durch die gleichwertige Informationen erlangt werden können, gewonnen werden.

(35) Zu den personenbezogenen Gesundheitsdaten sollten alle Daten zählen, die sich auf den Gesundheitszustand einer betroffenen Person beziehen und aus denen Informationen über den früheren, gegenwärtigen und künftigen körperlichen oder geistigen Gesundheitszustand der betroffenen Person hervorgehen. Dazu gehören auch Informationen über die natürliche Person, die im Zuge der Anmeldung für sowie der Erbringung von Gesundheitsdienstleistungen im Sinne der Richtlinie 2011/24/EU des Europäischen Parlaments und des Rates[9] für die natürliche Person erhoben werden, Nummern, Symbole oder Kennzeichen, die einer natürlichen Person zugeteilt wurden, um diese natürliche Person für gesundheitliche Zwecke eindeutig zu identifizieren, Informationen, die von der Prüfung oder Untersuchung eines Körperteils oder einer körpereigenen Substanz, auch aus genetischen Daten und biologischen Proben, abgeleitet wurden, und Informationen etwa über Krankheiten, Behinderungen, Krankheitsrisiken, Vorerkrankungen, klinische Behandlungen oder den physiologischen oder biomedizinischen Zustand der betroffenen Person unabhängig von der Herkunft der Daten, ob sie nun von einem Arzt oder sonstigem Angehörigen eines

---

9 Richtlinie 2011/24/EU des Europäischen Parlaments und des Rates vom 9. März 2011 über die Ausübung der Patientenrechte in der grenzüberschreitenden Gesundheitsversorgung (ABl. L 88 vom 4.4.2011, S. 45).

Gesundheitsberufes, einem Krankenhaus, einem Medizinprodukt oder einem In-Vitro-Diagnostikum stammen.

(36) Die Hauptniederlassung des Verantwortlichen in der Union sollte der Ort seiner Hauptverwaltung in der Union sein, es sei denn, dass Entscheidungen über die Zwecke und Mittel der Verarbeitung personenbezogener Daten in einer anderen Niederlassung des Verantwortlichen in der Union getroffen werden; in diesem Fall sollte die letztgenannte als Hauptniederlassung gelten. Zur Bestimmung der Hauptniederlassung eines Verantwortlichen in der Union sollten objektive Kriterien herangezogen werden; ein Kriterium sollte dabei die effektive und tatsächliche Ausübung von Managementtätigkeiten durch eine feste Einrichtung sein, in deren Rahmen die Grundsatzentscheidungen zur Festlegung der Zwecke und Mittel der Verarbeitung getroffen werden. Dabei sollte nicht ausschlaggebend sein, ob die Verarbeitung der personenbezogenen Daten tatsächlich an diesem Ort ausgeführt wird. Das Vorhandensein und die Verwendung technischer Mittel und Verfahren zur Verarbeitung personenbezogener Daten oder Verarbeitungstätigkeiten begründen an sich noch keine Hauptniederlassung und sind daher kein ausschlaggebender Faktor für das Bestehen einer Hauptniederlassung. Die Hauptniederlassung des Auftragsverarbeiters sollte der Ort sein, an dem der Auftragsverarbeiter seine Hauptverwaltung in der Union hat, oder – wenn er keine Hauptverwaltung in der Union hat – der Ort, an dem die wesentlichen Verarbeitungstätigkeiten in der Union stattfinden. Sind sowohl der Verantwortliche als auch der Auftragsverarbeiter betroffen, so sollte die Aufsichtsbehörde des Mitgliedstaats, in dem der Verantwortliche seine Hauptniederlassung hat, die zuständige federführende Aufsichtsbehörde bleiben, doch sollte die Aufsichtsbehörde des Auftragsverarbeiters als betroffene Aufsichtsbehörde betrachtet werden und diese Aufsichtsbehörde sollte sich an dem in dieser Verordnung vorgesehenen Verfahren der Zusammenarbeit beteiligen. Auf jeden Fall sollten die Aufsichtsbehörden des Mitgliedstaats oder der Mitgliedstaaten, in dem bzw. denen der Auftragsverarbeiter eine oder mehrere Niederlassungen hat, nicht als betroffene Aufsichtsbehörden betrachtet werden, wenn sich der Beschlussentwurf nur auf den Verantwortlichen bezieht. Wird die Verarbeitung durch eine Unternehmensgruppe vorgenommen, so sollte die Hauptniederlassung des herrschenden Unternehmens als Hauptniederlassung der Unternehmensgruppe gelten, es sei denn, die Zwecke und Mittel der Verarbeitung werden von einem anderen Unternehmen festgelegt.

(37) Eine Unternehmensgruppe sollte aus einem herrschenden Unternehmen und den von diesem abhängigen Unternehmen bestehen, wobei das herrschende Unternehmen dasjenige sein sollte, das zum Beispiel aufgrund der Eigentumsverhältnisse, der finanziellen Beteiligung oder der für das Unternehmen geltenden Vorschriften oder der Befugnis, Datenschutzvorschriften umsetzen zu lassen, einen beherrschenden Einfluss auf die übrigen Unternehmen ausüben kann. Ein Unternehmen, das die Verarbeitung personenbezogener Daten in ihm angeschlossenen Unternehmen kontrolliert, sollte zusammen mit diesen als eine „Unternehmensgruppe" betrachtet werden.

(38) Kinder verdienen bei ihren personenbezogenen Daten besonderen Schutz, da Kinder sich der betreffenden Risiken, Folgen und Garantien und ihrer Rechte bei der Verarbeitung personenbezogener Daten möglicherweise weniger bewusst sind. Ein solcher besonderer Schutz sollte insbesondere die Verwendung personenbezogener Daten von Kindern für Werbezwecke oder für die Erstellung von Persönlichkeits-

oder Nutzerprofilen und die Erhebung von personenbezogenen Daten von Kindern bei der Nutzung von Diensten, die Kindern direkt angeboten werden, betreffen. Die Einwilligung des Trägers der elterlichen Verantwortung sollte im Zusammenhang mit Präventions- oder Beratungsdiensten, die unmittelbar einem Kind angeboten werden, nicht erforderlich sein.

(39) Jede Verarbeitung personenbezogener Daten sollte rechtmäßig und nach Treu und Glauben erfolgen. Für natürliche Personen sollte Transparenz dahingehend bestehen, dass sie betreffende personenbezogene Daten erhoben, verwendet, eingesehen oder anderweitig verarbeitet werden und in welchem Umfang die personenbezogenen Daten verarbeitet werden und künftig noch verarbeitet werden. Der Grundsatz der Transparenz setzt voraus, dass alle Informationen und Mitteilungen zur Verarbeitung dieser personenbezogenen Daten leicht zugänglich und verständlich und in klarer und einfacher Sprache abgefasst sind. Dieser Grundsatz betrifft insbesondere die Informationen über die Identität des Verantwortlichen und die Zwecke der Verarbeitung und sonstige Informationen, die eine faire und transparente Verarbeitung im Hinblick auf die betroffenen natürlichen Personen gewährleisten, sowie deren Recht, eine Bestätigung und Auskunft darüber zu erhalten, welche sie betreffende personenbezogene Daten verarbeitet werden. Natürliche Personen sollten über die Risiken, Vorschriften, Garantien und Rechte im Zusammenhang mit der Verarbeitung personenbezogener Daten informiert und darüber aufgeklärt werden, wie sie ihre diesbezüglichen Rechte geltend machen können. Insbesondere sollten die bestimmten Zwecke, zu denen die personenbezogenen Daten verarbeitet werden, eindeutig und rechtmäßig sein und zum Zeitpunkt der Erhebung der personenbezogenen Daten feststehen. Die personenbezogenen Daten sollten für die Zwecke, zu denen sie verarbeitet werden, angemessen und erheblich sowie auf das für die Zwecke ihrer Verarbeitung notwendige Maß beschränkt sein. Dies erfordert insbesondere, dass die Speicherfrist für personenbezogene Daten auf das unbedingt erforderliche Mindestmaß beschränkt bleibt. Personenbezogene Daten sollten nur verarbeitet werden dürfen, wenn der Zweck der Verarbeitung nicht in zumutbarer Weise durch andere Mittel erreicht werden kann. Um sicherzustellen, dass die personenbezogenen Daten nicht länger als nötig gespeichert werden, sollte der Verantwortliche Fristen für ihre Löschung oder regelmäßige Überprüfung vorsehen. Es sollten alle vertretbaren Schritte unternommen werden, damit unrichtige personenbezogene Daten gelöscht oder berichtigt werden. Personenbezogene Daten sollten so verarbeitet werden, dass ihre Sicherheit und Vertraulichkeit hinreichend gewährleistet ist, wozu auch gehört, dass Unbefugte keinen Zugang zu den Daten haben und weder die Daten noch die Geräte, mit denen diese verarbeitet werden, benutzen können.

(40) Damit die Verarbeitung rechtmäßig ist, müssen personenbezogene Daten mit Einwilligung der betroffenen Person oder auf einer sonstigen zulässigen Rechtsgrundlage verarbeitet werden, die sich aus dieser Verordnung oder – wann immer in dieser Verordnung darauf Bezug genommen wird – aus dem sonstigen Unionsrecht oder dem Recht der Mitgliedstaaten ergibt, so unter anderem auf der Grundlage, dass sie zur Erfüllung der rechtlichen Verpflichtung, der der Verantwortliche unterliegt, oder zur Erfüllung eines Vertrags, dessen Vertragspartei die betroffene Person ist, oder für die Durchführung vorvertraglicher Maßnahmen, die auf Anfrage der betroffenen Person erfolgen, erforderlich ist.

Anhang 1   Erwägungsgründe der DS-GVO

(41) Wenn in dieser Verordnung auf eine Rechtsgrundlage oder eine Gesetzgebungsmaßnahme Bezug genommen wird, erfordert dies nicht notwendigerweise einen von einem Parlament angenommenen Gesetzgebungsakt; davon unberührt bleiben Anforderungen gemäß der Verfassungsordnung des betreffenden Mitgliedstaats. Die entsprechende Rechtsgrundlage oder Gesetzgebungsmaßnahme sollte jedoch klar und präzise sein und ihre Anwendung sollte für die Rechtsunterworfenen gemäß der Rechtsprechung des Gerichtshofs der Europäischen Union (im Folgenden „Gerichtshof") und des Europäischen Gerichtshofs für Menschenrechte vorhersehbar sein.

(42) Erfolgt die Verarbeitung mit Einwilligung der betroffenen Person, sollte der Verantwortliche nachweisen können, dass die betroffene Person ihre Einwilligung zu dem Verarbeitungsvorgang gegeben hat. Insbesondere bei Abgabe einer schriftlichen Erklärung in anderer Sache sollten Garantien sicherstellen, dass die betroffene Person weiß, dass und in welchem Umfang sie ihre Einwilligung erteilt. Gemäß der Richtlinie 93/13/EWG des Rates[10] sollte eine vom Verantwortlichen vorformulierte Einwilligungserklärung in verständlicher und leicht zugänglicher Form in einer klaren und einfachen Sprache zur Verfügung gestellt werden, und sie sollte keine missbräuchlichen Klauseln beinhalten. Damit sie in Kenntnis der Sachlage ihre Einwilligung geben kann, sollte die betroffene Person mindestens wissen, wer der Verantwortliche ist und für welche Zwecke ihre personenbezogenen Daten verarbeitet werden sollen. Es sollte nur dann davon ausgegangen werden, dass sie ihre Einwilligung freiwillig gegeben hat, wenn sie eine echte oder freie Wahl hat und somit in der Lage ist, die Einwilligung zu verweigern oder zurückzuziehen, ohne Nachteile zu erleiden.

(43) Um sicherzustellen, dass die Einwilligung freiwillig erfolgt ist, sollte diese in besonderen Fällen, wenn zwischen der betroffenen Person und dem Verantwortlichen ein klares Ungleichgewicht besteht, insbesondere wenn es sich bei dem Verantwortlichen um eine Behörde handelt, und es deshalb in Anbetracht aller Umstände in dem speziellen Fall unwahrscheinlich ist, dass die Einwilligung freiwillig gegeben wurde, keine gültige Rechtsgrundlage liefern. Die Einwilligung gilt nicht als freiwillig erteilt, wenn zu verschiedenen Verarbeitungsvorgängen von personenbezogenen Daten nicht gesondert eine Einwilligung erteilt werden kann, obwohl dies im Einzelfall angebracht ist, oder wenn die Erfüllung eines Vertrags, einschließlich der Erbringung einer Dienstleistung, von der Einwilligung abhängig ist, obwohl diese Einwilligung für die Erfüllung nicht erforderlich ist.

(44) Die Verarbeitung von Daten sollte als rechtmäßig gelten, wenn sie für die Erfüllung oder den geplanten Abschluss eines Vertrags erforderlich ist.

(45) Erfolgt die Verarbeitung durch den Verantwortlichen aufgrund einer ihm obliegenden rechtlichen Verpflichtung oder ist die Verarbeitung zur Wahrnehmung einer Aufgabe im öffentlichen Interesse oder in Ausübung öffentlicher Gewalt erforderlich, muss hierfür eine Grundlage im Unionsrecht oder im Recht eines Mitgliedstaats bestehen. Mit dieser Verordnung wird nicht für jede einzelne Verarbeitung ein spezifisches Gesetz verlangt. Ein Gesetz als Grundlage für mehrere Verarbeitungsvorgänge kann ausreichend sein, wenn die Verarbeitung aufgrund einer dem Verantwortlichen obliegenden rechtlichen Verpflichtung erfolgt oder wenn die Verarbeitung zur

---

10 Richtlinie 93/13/EWG des Rates vom 5. April 1993 über missbräuchliche Klauseln in Verbraucherverträgen (ABl. L 95 vom 21.4.1993, S. 29).

Wahrnehmung einer Aufgabe im öffentlichen Interesse oder in Ausübung öffentlicher Gewalt erforderlich ist. Desgleichen sollte im Unionsrecht oder im Recht der Mitgliedstaaten geregelt werden, für welche Zwecke die Daten verarbeitet werden dürfen. Ferner könnten in diesem Recht die allgemeinen Bedingungen dieser Verordnung zur Regelung der Rechtmäßigkeit der Verarbeitung personenbezogener Daten präzisiert und es könnte darin festgelegt werden, wie der Verantwortliche zu bestimmen ist, welche Art von personenbezogenen Daten verarbeitet werden, welche Personen betroffen sind, welchen Einrichtungen die personenbezogenen Daten offengelegt, für welche Zwecke und wie lange sie gespeichert werden dürfen und welche anderen Maßnahmen ergriffen werden, um zu gewährleisten, dass die Verarbeitung rechtmäßig und nach Treu und Glauben erfolgt. Desgleichen sollte im Unionsrecht oder im Recht der Mitgliedstaaten geregelt werden, ob es sich bei dem Verantwortlichen, der eine Aufgabe wahrnimmt, die im öffentlichen Interesse liegt oder in Ausübung öffentlicher Gewalt erfolgt, um eine Behörde oder um eine andere unter das öffentliche Recht fallende natürliche oder juristische Person oder, sofern dies durch das öffentliche Interesse einschließlich gesundheitlicher Zwecke, wie die öffentliche Gesundheit oder die soziale Sicherheit oder die Verwaltung von Leistungen der Gesundheitsfürsorge, gerechtfertigt ist, eine natürliche oder juristische Person des Privatrechts, wie beispielsweise eine Berufsvereinigung, handeln sollte.

(46) Die Verarbeitung personenbezogener Daten sollte ebenfalls als rechtmäßig angesehen werden, wenn sie erforderlich ist, um ein lebenswichtiges Interesse der betroffenen Person oder einer anderen natürlichen Person zu schützen. Personenbezogene Daten sollten grundsätzlich nur dann aufgrund eines lebenswichtigen Interesses einer anderen natürlichen Person verarbeitet werden, wenn die Verarbeitung offensichtlich nicht auf eine andere Rechtsgrundlage gestützt werden kann. Einige Arten der Verarbeitung können sowohl wichtigen Gründen des öffentlichen Interesses als auch lebenswichtigen Interessen der betroffenen Person dienen; so kann beispielsweise die Verarbeitung für humanitäre Zwecke einschließlich der Überwachung von Epidemien und deren Ausbreitung oder in humanitären Notfällen insbesondere bei Naturkatastrophen oder vom Menschen verursachten Katastrophen erforderlich sein.

(47) Die Rechtmäßigkeit der Verarbeitung kann durch die berechtigten Interessen eines Verantwortlichen, auch eines Verantwortlichen, dem die personenbezogenen Daten offengelegt werden dürfen, oder eines Dritten begründet sein, sofern die Interessen oder die Grundrechte und Grundfreiheiten der betroffenen Person nicht überwiegen; dabei sind die vernünftigen Erwartungen der betroffenen Personen, die auf ihrer Beziehung zu dem Verantwortlichen beruhen, zu berücksichtigen. Ein berechtigtes Interesse könnte beispielsweise vorliegen, wenn eine maßgebliche und angemessene Beziehung zwischen der betroffenen Person und dem Verantwortlichen besteht, z. B. wenn die betroffene Person ein Kunde des Verantwortlichen ist oder in seinen Diensten steht. Auf jeden Fall wäre das Bestehen eines berechtigten Interesses besonders sorgfältig abzuwägen, wobei auch zu prüfen ist, ob eine betroffene Person zum Zeitpunkt der Erhebung der personenbezogenen Daten und angesichts der Umstände, unter denen sie erfolgt, vernünftigerweise absehen kann, dass möglicherweise eine Verarbeitung für diesen Zweck erfolgen wird. Insbesondere dann, wenn personenbezogene Daten in Situationen verarbeitet werden, in denen eine betroffene Person vernünftigerweise nicht mit einer weiteren Verarbeitung rechnen muss, könn-

ten die Interessen und Grundrechte der betroffenen Person das Interesse des Verantwortlichen überwiegen. Da es dem Gesetzgeber obliegt, per Rechtsvorschrift die Rechtsgrundlage für die Verarbeitung personenbezogener Daten durch die Behörden zu schaffen, sollte diese Rechtsgrundlage nicht für Verarbeitungen durch Behörden gelten, die diese in Erfüllung ihrer Aufgaben vornehmen. Die Verarbeitung personenbezogener Daten im für die Verhinderung von Betrug unbedingt erforderlichen Umfang stellt ebenfalls ein berechtigtes Interesse des jeweiligen Verantwortlichen dar. Die Verarbeitung personenbezogener Daten zum Zwecke der Direktwerbung kann als eine einem berechtigten Interesse dienende Verarbeitung betrachtet werden.

(48) Verantwortliche, die Teil einer Unternehmensgruppe oder einer Gruppe von Einrichtungen sind, die einer zentralen Stelle zugeordnet sind können ein berechtigtes Interesse haben, personenbezogene Daten innerhalb der Unternehmensgruppe für interne Verwaltungszwecke, einschließlich der Verarbeitung personenbezogener Daten von Kunden und Beschäftigten, zu übermitteln. Die Grundprinzipien für die Übermittlung personenbezogener Daten innerhalb von Unternehmensgruppen an ein Unternehmen in einem Drittland bleiben unberührt.

(49) Die Verarbeitung von personenbezogenen Daten durch Behörden, Computer-Notdienste (Computer Emergency Response Teams – CERT, beziehungsweise Computer Security Incident Response Teams – CSIRT), Betreiber von elektronischen Kommunikationsnetzen und -diensten sowie durch Anbieter von Sicherheitstechnologien und -diensten stellt in dem Maße ein berechtigtes Interesse des jeweiligen Verantwortlichen dar, wie dies für die Gewährleistung der Netz- und Informationssicherheit unbedingt notwendig und verhältnismäßig ist, d. h. soweit dadurch die Fähigkeit eines Netzes oder Informationssystems gewährleistet wird, mit einem vorgegebenen Grad der Zuverlässigkeit Störungen oder widerrechtliche oder mutwillige Eingriffe abzuwehren, die die Verfügbarkeit, Authentizität, Vollständigkeit und Vertraulichkeit von gespeicherten oder übermittelten personenbezogenen Daten sowie die Sicherheit damit zusammenhängender Dienste, die über diese Netze oder Informationssysteme angeboten werden bzw. zugänglich sind, beeinträchtigen. Ein solches berechtigtes Interesse könnte beispielsweise darin bestehen, den Zugang Unbefugter zu elektronischen Kommunikationsnetzen und die Verbreitung schädlicher Programmcodes zu verhindern sowie Angriffe in Form der gezielten Überlastung von Servern („Denial of service"-Angriffe) und Schädigungen von Computer- und elektronischen Kommunikationssystemen abzuwehren.

(50) Die Verarbeitung personenbezogener Daten für andere Zwecke als die, für die die personenbezogenen Daten ursprünglich erhoben wurden, sollte nur zulässig sein, wenn die Verarbeitung mit den Zwecken, für die die personenbezogenen Daten ursprünglich erhoben wurden, vereinbar ist. In diesem Fall ist keine andere gesonderte Rechtsgrundlage erforderlich als diejenige für die Erhebung der personenbezogenen Daten. Ist die Verarbeitung für die Wahrnehmung einer Aufgabe erforderlich, die im öffentlichen Interesse liegt oder in Ausübung öffentlicher Gewalt erfolgt, die dem Verantwortlichen übertragen wurde, so können im Unionsrecht oder im Recht der Mitgliedstaaten die Aufgaben und Zwecke bestimmt und konkretisiert werden, für die eine Weiterverarbeitung als vereinbar und rechtmäßig erachtet wird. Die Weiterverarbeitung für im öffentlichen Interesse liegende Archivzwecke, für wissenschaftliche oder historische Forschungszwecke oder für statistische Zwecke sollte als verein-

barer und rechtmäßiger Verarbeitungsvorgang gelten. Die im Unionsrecht oder im Recht der Mitgliedstaaten vorgesehene Rechtsgrundlage für die Verarbeitung personenbezogener Daten kann auch als Rechtsgrundlage für eine Weiterverarbeitung dienen. Um festzustellen, ob ein Zweck der Weiterverarbeitung mit dem Zweck, für den die personenbezogenen Daten ursprünglich erhoben wurden, vereinbar ist, sollte der Verantwortliche nach Einhaltung aller Anforderungen für die Rechtmäßigkeit der ursprünglichen Verarbeitung unter anderem prüfen, ob ein Zusammenhang zwischen den Zwecken, für die die personenbezogenen Daten erhoben wurden, und den Zwecken der beabsichtigten Weiterverarbeitung besteht, in welchem Kontext die Daten erhoben wurden, insbesondere die vernünftigen Erwartungen der betroffenen Personen, die auf ihrer Beziehung zu dem Verantwortlichen beruhen, in Bezug auf die weitere Verwendung dieser Daten, um welche Art von personenbezogenen Daten es sich handelt, welche Folgen die beabsichtigte Weiterverarbeitung für die betroffenen Personen hat und ob sowohl beim ursprünglichen als auch beim beabsichtigten Weiterverarbeitungsvorgang geeignete Garantien bestehen.

Hat die betroffene Person ihre Einwilligung erteilt oder beruht die Verarbeitung auf Unionsrecht oder dem Recht der Mitgliedstaaten, was in einer demokratischen Gesellschaft eine notwendige und verhältnismäßige Maßnahme zum Schutz insbesondere wichtiger Ziele des allgemeinen öffentlichen Interesses darstellt, so sollte der Verantwortliche die personenbezogenen Daten ungeachtet der Vereinbarkeit der Zwecke weiterverarbeiten dürfen. In jedem Fall sollte gewährleistet sein, dass die in dieser Verordnung niedergelegten Grundsätze angewandt werden und insbesondere die betroffene Person über diese anderen Zwecke und über ihre Rechte einschließlich des Widerspruchsrechts unterrichtet wird. Der Hinweis des Verantwortlichen auf mögliche Straftaten oder Bedrohungen der öffentlichen Sicherheit und die Übermittlung der maßgeblichen personenbezogenen Daten in Einzelfällen oder in mehreren Fällen, die im Zusammenhang mit derselben Straftat oder derselben Bedrohung der öffentlichen Sicherheit stehen, an eine zuständige Behörde sollten als berechtigtes Interesse des Verantwortlichen gelten. Eine derartige Übermittlung personenbezogener Daten im berechtigten Interesse des Verantwortlichen oder deren Weiterverarbeitung sollte jedoch unzulässig sein, wenn die Verarbeitung mit einer rechtlichen, beruflichen oder sonstigen verbindlichen Pflicht zur Geheimhaltung unvereinbar ist.

(51) Personenbezogene Daten, die ihrem Wesen nach hinsichtlich der Grundrechte und Grundfreiheiten besonders sensibel sind, verdienen einen besonderen Schutz, da im Zusammenhang mit ihrer Verarbeitung erhebliche Risiken für die Grundrechte und Grundfreiheiten auftreten können. Diese personenbezogenen Daten sollten personenbezogene Daten umfassen, aus denen die rassische oder ethnische Herkunft hervorgeht, wobei die Verwendung des Begriffs „rassische Herkunft" in dieser Verordnung nicht bedeutet, dass die Union Theorien, mit denen versucht wird, die Existenz verschiedener menschlicher Rassen zu belegen, gutheißt. Die Verarbeitung von Lichtbildern sollte nicht grundsätzlich als Verarbeitung besonderer Kategorien von personenbezogenen Daten angesehen werden, da Lichtbilder nur dann von der Definition des Begriffs „biometrische Daten" erfasst werden, wenn sie mit speziellen technischen Mitteln verarbeitet werden, die die eindeutige Identifizierung oder Authentifizierung einer natürlichen Person ermöglichen. Derartige personenbezogene Daten sollten nicht verarbeitet werden, es sei denn, die Verarbeitung ist in den in dieser Verordnung dargelegten besonderen Fällen zulässig, wobei zu berücksichtigen ist, dass im Recht

der Mitgliedstaaten besondere Datenschutzbestimmungen festgelegt sein können, um die Anwendung der Bestimmungen dieser Verordnung anzupassen, damit die Einhaltung einer rechtlichen Verpflichtung oder die Wahrnehmung einer Aufgabe im öffentlichen Interesse oder die Ausübung öffentlicher Gewalt, die dem Verantwortlichen übertragen wurde, möglich ist. Zusätzlich zu den speziellen Anforderungen an eine derartige Verarbeitung sollten die allgemeinen Grundsätze und andere Bestimmungen dieser Verordnung, insbesondere hinsichtlich der Bedingungen für eine rechtmäßige Verarbeitung, gelten. Ausnahmen von dem allgemeinen Verbot der Verarbeitung dieser besonderen Kategorien personenbezogener Daten sollten ausdrücklich vorgesehen werden, unter anderem bei ausdrücklicher Einwilligung der betroffenen Person oder bei bestimmten Notwendigkeiten, insbesondere wenn die Verarbeitung im Rahmen rechtmäßiger Tätigkeiten bestimmter Vereinigungen oder Stiftungen vorgenommen wird, die sich für die Ausübung von Grundfreiheiten einsetzen.

(52) Ausnahmen vom Verbot der Verarbeitung besonderer Kategorien von personenbezogenen Daten sollten auch erlaubt sein, wenn sie im Unionsrecht oder dem Recht der Mitgliedstaaten vorgesehen sind, und – vorbehaltlich angemessener Garantien zum Schutz der personenbezogenen Daten und anderer Grundrechte – wenn dies durch das öffentliche Interesse gerechtfertigt ist, insbesondere für die Verarbeitung von personenbezogenen Daten auf dem Gebiet des Arbeitsrechts und des Rechts der sozialen Sicherheit einschließlich Renten und zwecks Sicherstellung und Überwachung der Gesundheit und Gesundheitswarnungen, Prävention oder Kontrolle ansteckender Krankheiten und anderer schwerwiegender Gesundheitsgefahren. Eine solche Ausnahme kann zu gesundheitlichen Zwecken gemacht werden, wie der Gewährleistung der öffentlichen Gesundheit und der Verwaltung von Leistungen der Gesundheitsversorgung, insbesondere wenn dadurch die Qualität und Wirtschaftlichkeit der Verfahren zur Abrechnung von Leistungen in den sozialen Krankenversicherungssystemen sichergestellt werden soll, oder wenn die Verarbeitung im öffentlichen Interesse liegenden Archivzwecken, wissenschaftlichen oder historischen Forschungszwecken oder statistischen Zwecken dient. Die Verarbeitung solcher personenbezogener Daten sollte zudem ausnahmsweise erlaubt sein, wenn sie erforderlich ist, um rechtliche Ansprüche, sei es in einem Gerichtsverfahren oder in einem Verwaltungsverfahren oder einem außergerichtlichen Verfahren, geltend zu machen, auszuüben oder zu verteidigen.

(53) Besondere Kategorien personenbezogener Daten, die eines höheren Schutzes verdienen, sollten nur dann für gesundheitsbezogene Zwecke verarbeitet werden, wenn dies für das Erreichen dieser Zwecke im Interesse einzelner natürlicher Personen und der Gesellschaft insgesamt erforderlich ist, insbesondere im Zusammenhang mit der Verwaltung der Dienste und Systeme des Gesundheits- oder Sozialbereichs, einschließlich der Verarbeitung dieser Daten durch die Verwaltung und die zentralen nationalen Gesundheitsbehörden zwecks Qualitätskontrolle, Verwaltungsinformationen und der allgemeinen nationalen und lokalen Überwachung des Gesundheitssystems oder des Sozialsystems und zwecks Gewährleistung der Kontinuität der Gesundheits- und Sozialfürsorge und der grenzüberschreitenden Gesundheitsversorgung oder Sicherstellung und Überwachung der Gesundheit und Gesundheitswarnungen oder für im öffentlichen Interesse liegende Archivzwecke, zu wissenschaftlichen oder historischen Forschungszwecken oder statistischen Zwecken, die auf Rechtsvorschriften der Union oder der Mitgliedstaaten beruhen, die einem im öffentlichen Interesse lie-

genden Ziel dienen müssen, sowie für Studien, die im öffentlichen Interesse im Bereich der öffentlichen Gesundheit durchgeführt werden. Diese Verordnung sollte daher harmonisierte Bedingungen für die Verarbeitung besonderer Kategorien personenbezogener Gesundheitsdaten im Hinblick auf bestimmte Erfordernisse harmonisieren, insbesondere wenn die Verarbeitung dieser Daten für gesundheitsbezogene Zwecke von Personen durchgeführt wird, die gemäß einer rechtlichen Verpflichtung dem Berufsgeheimnis unterliegen. Im Recht der Union oder der Mitgliedstaaten sollten besondere und angemessene Maßnahmen zum Schutz der Grundrechte und der personenbezogenen Daten natürlicher Personen vorgesehen werden. Den Mitgliedstaaten sollte gestattet werden, weitere Bedingungen – einschließlich Beschränkungen – in Bezug auf die Verarbeitung von genetischen Daten, biometrischen Daten oder Gesundheitsdaten beizubehalten oder einzuführen. Dies sollte jedoch den freien Verkehr personenbezogener Daten innerhalb der Union nicht beeinträchtigen, falls die betreffenden Bedingungen für die grenzüberschreitende Verarbeitung solcher Daten gelten.

(54) Aus Gründen des öffentlichen Interesses in Bereichen der öffentlichen Gesundheit kann es notwendig sein, besondere Kategorien personenbezogener Daten auch ohne Einwilligung der betroffenen Person zu verarbeiten. Diese Verarbeitung sollte angemessenen und besonderen Maßnahmen zum Schutz der Rechte und Freiheiten natürlicher Personen unterliegen. In diesem Zusammenhang sollte der Begriff „öffentliche Gesundheit" im Sinne der Verordnung (EG) Nr. 1338/2008 des Europäischen Parlaments und des Rates[11] ausgelegt werden und alle Elemente im Zusammenhang mit der Gesundheit wie den Gesundheitszustand einschließlich Morbidität und Behinderung, die sich auf diesen Gesundheitszustand auswirkenden Determinanten, den Bedarf an Gesundheitsversorgung, die der Gesundheitsversorgung zugewiesenen Mittel, die Bereitstellung von Gesundheitsversorgungsleistungen und den allgemeinen Zugang zu diesen Leistungen sowie die entsprechenden Ausgaben und die Finanzierung und schließlich die Ursachen der Mortalität einschließen. Eine solche Verarbeitung von Gesundheitsdaten aus Gründen des öffentlichen Interesses darf nicht dazu führen, dass Dritte, unter anderem Arbeitgeber oder Versicherungs- und Finanzunternehmen, solche personenbezogene Daten zu anderen Zwecken verarbeiten.

(55) Auch die Verarbeitung personenbezogener Daten durch staatliche Stellen zu verfassungsrechtlich oder völkerrechtlich verankerten Zielen von staatlich anerkannten Religionsgemeinschaften erfolgt aus Gründen des öffentlichen Interesses.

(56) Wenn es in einem Mitgliedstaat das Funktionieren des demokratischen Systems erfordert, dass die politischen Parteien im Zusammenhang mit Wahlen personenbezogene Daten über die politische Einstellung von Personen sammeln, kann die Verarbeitung derartiger Daten aus Gründen des öffentlichen Interesses zugelassen werden, sofern geeignete Garantien vorgesehen werden.

(57) Kann der Verantwortliche anhand der von ihm verarbeiteten personenbezogenen Daten eine natürliche Person nicht identifizieren, so sollte er nicht verpflichtet sein, zur bloßen Einhaltung einer Vorschrift dieser Verordnung zusätzliche Daten ein-

---

11 Verordnung (EG) Nr. 1338/2008 des Europäischen Parlaments und des Rates vom 16. Dezember 2008 zu Gemeinschaftsstatistiken über öffentliche Gesundheit und über Gesundheitsschutz und Sicherheit am Arbeitsplatz (ABl. L 354 vom 31.12.2008, S. 70).

Anhang 1   Erwägungsgründe der DS-GVO

zuholen, um die betroffene Person zu identifizieren. Allerdings sollte er sich nicht weigern, zusätzliche Informationen entgegenzunehmen, die von der betroffenen Person beigebracht werden, um ihre Rechte geltend zu machen. Die Identifizierung sollte die digitale Identifizierung einer betroffenen Person – beispielsweise durch Authentifizierungsverfahren etwa mit denselben Berechtigungsnachweisen, wie sie die betroffene Person verwendet, um sich bei dem von dem Verantwortlichen bereitgestellten Online-Dienst anzumelden – einschließen.

(58) Der Grundsatz der Transparenz setzt voraus, dass eine für die Öffentlichkeit oder die betroffene Person bestimmte Information präzise, leicht zugänglich und verständlich sowie in klarer und einfacher Sprache abgefasst ist und gegebenenfalls zusätzlich visuelle Elemente verwendet werden. Diese Information könnte in elektronischer Form bereitgestellt werden, beispielsweise auf einer Website, wenn sie für die Öffentlichkeit bestimmt ist. Dies gilt insbesondere für Situationen, wo die große Zahl der Beteiligten und die Komplexität der dazu benötigten Technik es der betroffenen Person schwer machen, zu erkennen und nachzuvollziehen, ob, von wem und zu welchem Zweck sie betreffende personenbezogene Daten erfasst werden, wie etwa bei der Werbung im Internet. Wenn sich die Verarbeitung an Kinder richtet, sollten aufgrund der besonderen Schutzwürdigkeit von Kindern Informationen und Hinweise in einer dergestalt klaren und einfachen Sprache erfolgen, dass ein Kind sie verstehen kann.

(59) Es sollten Modalitäten festgelegt werden, die einer betroffenen Person die Ausübung der Rechte, die ihr nach dieser Verordnung zustehen, erleichtern, darunter auch Mechanismen, die dafür sorgen, dass sie unentgeltlich insbesondere Zugang zu personenbezogenen Daten und deren Berichtigung oder Löschung beantragen und gegebenenfalls erhalten oder von ihrem Widerspruchsrecht Gebrauch machen kann. So sollte der Verantwortliche auch dafür sorgen, dass Anträge elektronisch gestellt werden können, insbesondere wenn die personenbezogenen Daten elektronisch verarbeitet werden. Der Verantwortliche sollte verpflichtet werden, den Antrag der betroffenen Person unverzüglich, spätestens aber innerhalb eines Monats zu beantworten und gegebenenfalls zu begründen, warum er den Antrag ablehnt.

(60) Die Grundsätze einer fairen und transparenten Verarbeitung machen es erforderlich, dass die betroffene Person über die Existenz des Verarbeitungsvorgangs und seine Zwecke unterrichtet wird. Der Verantwortliche sollte der betroffenen Person alle weiteren Informationen zur Verfügung stellen, die unter Berücksichtigung der besonderen Umstände und Rahmenbedingungen, unter denen die personenbezogenen Daten verarbeitet werden, notwendig sind, um eine faire und transparente Verarbeitung zu gewährleisten. Darüber hinaus sollte er die betroffene Person darauf hinweisen, dass Profiling stattfindet und welche Folgen dies hat. Werden die personenbezogenen Daten bei der betroffenen Person erhoben, so sollte dieser darüber hinaus mitgeteilt werden, ob sie verpflichtet ist, die personenbezogenen Daten bereitzustellen, und welche Folgen eine Zurückhaltung der Daten nach sich ziehen würde. Die betreffenden Informationen können in Kombination mit standardisierten Bildsymbolen bereitgestellt werden, um in leicht wahrnehmbarer, verständlicher und klar nachvollziehbarer Form einen aussagekräftigen Überblick über die beabsichtigte Verarbeitung zu vermitteln. Werden die Bildsymbole in elektronischer Form dargestellt, so sollten sie maschinenlesbar sein.

(61) Dass sie betreffende personenbezogene Daten verarbeitet werden, sollte der betroffenen Person zum Zeitpunkt der Erhebung mitgeteilt werden oder, falls die Daten nicht von ihr, sondern aus einer anderen Quelle erlangt werden, innerhalb einer angemessenen Frist, die sich nach dem konkreten Einzelfall richtet. Wenn die personenbezogenen Daten rechtmäßig einem anderen Empfänger offengelegt werden dürfen, sollte die betroffene Person bei der erstmaligen Offenlegung der personenbezogenen Daten für diesen Empfänger darüber aufgeklärt werden. Beabsichtigt der Verantwortliche, die personenbezogenen Daten für einen anderen Zweck zu verarbeiten als den, für den die Daten erhoben wurden, so sollte er der betroffenen Person vor dieser Weiterverarbeitung Informationen über diesen anderen Zweck und andere erforderliche Informationen zur Verfügung stellen. Konnte der betroffenen Person nicht mitgeteilt werden, woher die personenbezogenen Daten stammen, weil verschiedene Quellen benutzt wurden, so sollte die Unterrichtung allgemein gehalten werden.

(62) Die Pflicht, Informationen zur Verfügung zu stellen, erübrigt sich jedoch, wenn die betroffene Person die Information bereits hat, wenn die Speicherung oder Offenlegung der personenbezogenen Daten ausdrücklich durch Rechtsvorschriften geregelt ist oder wenn sich die Unterrichtung der betroffenen Person als unmöglich erweist oder mit unverhältnismäßig hohem Aufwand verbunden ist. Letzteres könnte insbesondere bei Verarbeitungen für im öffentlichen Interesse liegende Archivzwecke, zu wissenschaftlichen oder historischen Forschungszwecken oder zu statistischen Zwecken der Fall sein. Als Anhaltspunkte sollten dabei die Zahl der betroffenen Personen, das Alter der Daten oder etwaige geeignete Garantien in Betracht gezogen werden.

(63) Eine betroffene Person sollte ein Auskunftsrecht hinsichtlich der sie betreffenden personenbezogenen Daten, die erhoben worden sind, besitzen und dieses Recht problemlos und in angemessenen Abständen wahrnehmen können, um sich der Verarbeitung bewusst zu sein und deren Rechtmäßigkeit überprüfen zu können. Dies schließt das Recht betroffener Personen auf Auskunft über ihre eigenen gesundheitsbezogenen Daten ein, etwa Daten in ihren Patientenakten, die Informationen wie beispielsweise Diagnosen, Untersuchungsergebnisse, Befunde der behandelnden Ärzte und Angaben zu Behandlungen oder Eingriffen enthalten. Jede betroffene Person sollte daher ein Anrecht darauf haben zu wissen und zu erfahren, insbesondere zu welchen Zwecken die personenbezogenen Daten verarbeitet werden und, wenn möglich, wie lange sie gespeichert werden, wer die Empfänger der personenbezogenen Daten sind, nach welcher Logik die automatische Verarbeitung personenbezogener Daten erfolgt und welche Folgen eine solche Verarbeitung haben kann, zumindest in Fällen, in denen die Verarbeitung auf Profiling beruht. Nach Möglichkeit sollte der Verantwortliche den Fernzugang zu einem sicheren System bereitstellen können, der der betroffenen Person direkten Zugang zu ihren personenbezogenen Daten ermöglichen würde. Dieses Recht sollte die Rechte und Freiheiten anderer Personen, etwa Geschäftsgeheimnisse oder Rechte des geistigen Eigentums und insbesondere das Urheberrecht an Software, nicht beeinträchtigen. Dies darf jedoch nicht dazu führen, dass der betroffenen Person jegliche Auskunft verweigert wird. Verarbeitet der Verantwortliche eine große Menge von Informationen über die betroffene Person, so sollte er verlangen können, dass die betroffene Person präzisiert, auf welche Information oder welche Verarbeitungsvorgänge sich ihr Auskunftsersuchen bezieht, bevor er ihr Auskunft erteilt.

Anhang 1 — Erwägungsgründe der DS-GVO

(64) Der Verantwortliche sollte alle vertretbaren Mittel nutzen, um die Identität einer Auskunft suchenden betroffenen Person zu überprüfen, insbesondere im Rahmen von Online-Diensten und im Fall von Online-Kennungen. Ein Verantwortlicher sollte personenbezogene Daten nicht allein zu dem Zweck speichern, auf mögliche Auskunftsersuchen reagieren zu können.

(65) Eine betroffene Person sollte ein Recht auf Berichtigung der sie betreffenden personenbezogenen Daten besitzen sowie ein „Recht auf Vergessenwerden", wenn die Speicherung ihrer Daten gegen diese Verordnung oder gegen das Unionsrecht oder das Recht der Mitgliedstaaten, dem der Verantwortliche unterliegt, verstößt. Insbesondere sollten betroffene Personen Anspruch darauf haben, dass ihre personenbezogenen Daten gelöscht und nicht mehr verarbeitet werden, wenn die personenbezogenen Daten hinsichtlich der Zwecke, für die sie erhoben bzw. anderweitig verarbeitet wurden, nicht mehr benötigt werden, wenn die betroffenen Personen ihre Einwilligung in die Verarbeitung widerrufen oder Widerspruch gegen die Verarbeitung der sie betreffenden personenbezogenen Daten eingelegt haben oder wenn die Verarbeitung ihrer personenbezogenen Daten aus anderen Gründen gegen diese Verordnung verstößt. Dieses Recht ist insbesondere wichtig in Fällen, in denen die betroffene Person ihre Einwilligung noch im Kindesalter gegeben hat und insofern die mit der Verarbeitung verbundenen Gefahren nicht in vollem Umfang absehen konnte und die personenbezogenen Daten – insbesondere die im Internet gespeicherten – später löschen möchte. Die betroffene Person sollte dieses Recht auch dann ausüben können, wenn sie kein Kind mehr ist. Die weitere Speicherung der personenbezogenen Daten sollte jedoch rechtmäßig sein, wenn dies für die Ausübung des Rechts auf freie Meinungsäußerung und Information, zur Erfüllung einer rechtlichen Verpflichtung, für die Wahrnehmung einer Aufgabe, die im öffentlichen Interesse liegt oder in Ausübung öffentlicher Gewalt erfolgt, die dem Verantwortlichen übertragen wurde, aus Gründen des öffentlichen Interesses im Bereich der öffentlichen Gesundheit, für im öffentlichen Interesse liegende Archivzwecke, zu wissenschaftlichen oder historischen Forschungszwecken oder zu statistischen Zwecken oder zur Geltendmachung, Ausübung oder Verteidigung von Rechtsansprüchen erforderlich ist.

(66) Um dem „Recht auf Vergessenwerden" im Netz mehr Geltung zu verschaffen, sollte das Recht auf Löschung ausgeweitet werden, indem ein Verantwortlicher, der die personenbezogenen Daten öffentlich gemacht hat, verpflichtet wird, den Verantwortlichen, die diese personenbezogenen Daten verarbeiten, mitzuteilen, alle Links zu diesen personenbezogenen Daten oder Kopien oder Replikationen der personenbezogenen Daten zu löschen. Dabei sollte der Verantwortliche, unter Berücksichtigung der verfügbaren Technologien und der ihm zur Verfügung stehenden Mittel, angemessene Maßnahmen – auch technischer Art – treffen, um die Verantwortlichen, die diese personenbezogenen Daten verarbeiten, über den Antrag der betroffenen Person zu informieren.

(67) Methoden zur Beschränkung der Verarbeitung personenbezogener Daten könnten unter anderem darin bestehen, dass ausgewählte personenbezogenen Daten vorübergehend auf ein anderes Verarbeitungssystem übertragen werden, dass sie für Nutzer gesperrt werden oder dass veröffentliche Daten vorübergehend von einer Website entfernt werden. In automatisierten Dateisystemen sollte die Einschränkung der Verarbeitung grundsätzlich durch technische Mittel so erfolgen, dass die personenbezogenen Daten in keiner Weise weiterverarbeitet werden und nicht verändert werden können.

Erwägungsgründe der DS-GVO   **Anhang 1**

Auf die Tatsache, dass die Verarbeitung der personenbezogenen Daten beschränkt wurde, sollte in dem System unmissverständlich hingewiesen werden.

(68) Um im Fall der Verarbeitung personenbezogener Daten mit automatischen Mitteln eine bessere Kontrolle über die eigenen Daten zu haben, sollte die betroffene Person außerdem berechtigt sein, die sie betreffenden personenbezogenen Daten, die sie einem Verantwortlichen bereitgestellt hat, in einem strukturierten, gängigen, maschinenlesbaren und interoperablen Format zu erhalten und sie einem anderen Verantwortlichen zu übermitteln. Die Verantwortlichen sollten dazu aufgefordert werden, interoperable Formate zu entwickeln, die die Datenübertragbarkeit ermöglichen. Dieses Recht sollte dann gelten, wenn die betroffene Person die personenbezogenen Daten mit ihrer Einwilligung zur Verfügung gestellt hat oder die Verarbeitung zur Erfüllung eines Vertrags erforderlich ist. Es sollte nicht gelten, wenn die Verarbeitung auf einer anderen Rechtsgrundlage als ihrer Einwilligung oder eines Vertrags erfolgt. Dieses Recht sollte naturgemäß nicht gegen Verantwortliche ausgeübt werden, die personenbezogenen Daten in Erfüllung ihrer öffentlichen Aufgaben verarbeiten. Es sollte daher nicht gelten, wenn die Verarbeitung der personenbezogenen Daten zur Erfüllung einer rechtlichen Verpflichtung, der der Verantwortliche unterliegt, oder für die Wahrnehmung einer ihm übertragenen Aufgabe, die im öffentlichen Interesse liegt oder in Ausübung einer ihm übertragenen öffentlichen Gewalt erfolgt, erforderlich ist. Das Recht der betroffenen Person, sie betreffende personenbezogene Daten zu übermitteln oder zu empfangen, sollte für den Verantwortlichen nicht die Pflicht begründen, technisch kompatible Datenverarbeitungssysteme zu übernehmen oder beizubehalten. Ist im Fall eines bestimmten Satzes personenbezogener Daten mehr als eine betroffene Person tangiert, so sollte das Recht auf Empfang der Daten die Grundrechte und Grundfreiheiten anderer betroffener Personen nach dieser Verordnung unberührt lassen. Dieses Recht sollte zudem das Recht der betroffenen Person auf Löschung ihrer personenbezogenen Daten und die Beschränkungen dieses Rechts gemäß dieser Verordnung nicht berühren und insbesondere nicht bedeuten, dass Daten, die sich auf die betroffene Person beziehen und von ihr zur Erfüllung eines Vertrags zur Verfügung gestellt worden sind, gelöscht werden, soweit und solange diese personenbezogenen Daten für die Erfüllung des Vertrags notwendig sind. Soweit technisch machbar, sollte die betroffene Person das Recht haben, zu erwirken, dass die personenbezogenen Daten direkt von einem Verantwortlichen einem anderen Verantwortlichen übermittelt werden.

(69) Dürfen die personenbezogenen Daten möglicherweise rechtmäßig verarbeitet werden, weil die Verarbeitung für die Wahrnehmung einer Aufgabe, die im öffentlichen Interesse liegt oder in Ausübung öffentlicher Gewalt – die dem Verantwortlichen übertragen wurde, – oder aufgrund des berechtigten Interesses des Verantwortlichen oder eines Dritten erforderlich ist, sollte jede betroffene Person trotzdem das Recht haben, Widerspruch gegen die Verarbeitung der sich aus ihrer besonderen Situation ergebenden personenbezogenen Daten einzulegen. Der für die Verarbeitung Verantwortliche sollte darlegen müssen, dass seine zwingenden berechtigten Interessen Vorrang vor den Interessen oder Grundrechten und Grundfreiheiten der betroffenen Person haben.

(70) Werden personenbezogene Daten verarbeitet, um Direktwerbung zu betreiben, so sollte die betroffene Person jederzeit unentgeltlich insoweit Widerspruch gegen eine

1933

Anhang 1   Erwägungsgründe der DS-GVO

solche – ursprüngliche oder spätere – Verarbeitung einschließlich des Profilings einlegen können, als sie mit dieser Direktwerbung zusammenhängt. Die betroffene Person sollte ausdrücklich auf dieses Recht hingewiesen werden; dieser Hinweis sollte in einer verständlichen und von anderen Informationen getrennten Form erfolgen.

(71) Die betroffene Person sollte das Recht haben, keiner Entscheidung – was eine Maßnahme einschließen kann – zur Bewertung von sie betreffenden persönlichen Aspekten unterworfen zu werden, die ausschließlich auf einer automatisierten Verarbeitung beruht und die rechtliche Wirkung für die betroffene Person entfaltet oder sie in ähnlicher Weise erheblich beeinträchtigt, wie die automatische Ablehnung eines Online-Kreditantrags oder Online-Einstellungsverfahren ohne jegliches menschliche Eingreifen. Zu einer derartigen Verarbeitung zählt auch das „Profiling", das in jeglicher Form automatisierter Verarbeitung personenbezogener Daten unter Bewertung der persönlichen Aspekte in Bezug auf eine natürliche Person besteht, insbesondere zur Analyse oder Prognose von Aspekten bezüglich Arbeitsleistung, wirtschaftliche Lage, Gesundheit, persönliche Vorlieben oder Interessen, Zuverlässigkeit oder Verhalten, Aufenthaltsort oder Ortswechsel der betroffenen Person, soweit dies rechtliche Wirkung für die betroffene Person entfaltet oder sie in ähnlicher Weise erheblich beeinträchtigt. Eine auf einer derartigen Verarbeitung, einschließlich des Profilings, beruhende Entscheidungsfindung sollte allerdings erlaubt sein, wenn dies nach dem Unionsrecht oder dem Recht der Mitgliedstaaten, dem der für die Verarbeitung Verantwortliche unterliegt, ausdrücklich zulässig ist, auch um im Einklang mit den Vorschriften, Standards und Empfehlungen der Institutionen der Union oder der nationalen Aufsichtsgremien Betrug und Steuerhinterziehung zu überwachen und zu verhindern und die Sicherheit und Zuverlässigkeit eines von dem Verantwortlichen bereitgestellten Dienstes zu gewährleisten, oder wenn dies für den Abschluss oder die Erfüllung eines Vertrags zwischen der betroffenen Person und einem Verantwortlichen erforderlich ist oder wenn die betroffene Person ihre ausdrückliche Einwilligung hierzu erteilt hat. In jedem Fall sollte eine solche Verarbeitung mit angemessenen Garantien verbunden sein, einschließlich der spezifischen Unterrichtung der betroffenen Person und des Anspruchs auf direktes Eingreifen einer Person, auf Darlegung des eigenen Standpunkts, auf Erläuterung der nach einer entsprechenden Bewertung getroffenen Entscheidung sowie des Rechts auf Anfechtung der Entscheidung. Diese Maßnahme sollte kein Kind betreffen.

Um unter Berücksichtigung der besonderen Umstände und Rahmenbedingungen, unter denen die personenbezogenen Daten verarbeitet werden, der betroffenen Person gegenüber eine faire und transparente Verarbeitung zu gewährleisten, sollte der für die Verarbeitung Verantwortliche geeignete mathematische oder statistische Verfahren für das Profiling verwenden, technische und organisatorische Maßnahmen treffen, mit denen in geeigneter Weise insbesondere sichergestellt wird, dass Faktoren, die zu unrichtigen personenbezogenen Daten führen, korrigiert werden und das Risiko von Fehlern minimiert wird, und personenbezogene Daten in einer Weise sichern, dass den potenziellen Bedrohungen für die Interessen und Rechte der betroffenen Person Rechnung getragen wird und unter anderem verhindern, dass es gegenüber natürlichen Personen aufgrund von Rasse, ethnischer Herkunft, politischer Meinung, Religion oder Weltanschauung, Gewerkschaftszugehörigkeit, genetischen Anlagen oder Gesundheitszustand sowie sexueller Orientierung zu diskriminierenden Wirkungen oder zu einer Verarbeitung kommt, die eine solche Wirkung hat. Automatisierte

Entscheidungsfindung und Profiling auf der Grundlage besonderer Kategorien von personenbezogenen Daten sollten nur unter bestimmten Bedingungen erlaubt sein.

(72) Das Profiling unterliegt den Vorschriften dieser Verordnung für die Verarbeitung personenbezogener Daten, wie etwa die Rechtsgrundlage für die Verarbeitung oder die Datenschutzgrundsätze. Der durch diese Verordnung eingerichtete Europäische Datenschutzausschuss (im Folgenden „Ausschuss") sollte, diesbezüglich Leitlinien herausgeben können.

(73) Im Recht der Union oder der Mitgliedstaaten können Beschränkungen hinsichtlich bestimmter Grundsätze und hinsichtlich des Rechts auf Unterrichtung, Auskunft zu und Berichtigung oder Löschung personenbezogener Daten, des Rechts auf Datenübertragbarkeit und Widerspruch, Entscheidungen, die auf der Erstellung von Profilen beruhen, sowie Mitteilungen über eine Verletzung des Schutzes personenbezogener Daten an eine betroffene Person und bestimmten damit zusammenhängenden Pflichten der Verantwortlichen vorgesehen werden, soweit dies in einer demokratischen Gesellschaft notwendig und verhältnismäßig ist, um die öffentliche Sicherheit aufrechtzuerhalten, wozu unter anderem der Schutz von Menschenleben insbesondere bei Naturkatastrophen oder vom Menschen verursachten Katastrophen, die Verhütung, Aufdeckung und Verfolgung von Straftaten oder die Strafvollstreckung – was auch den Schutz vor und die Abwehr von Gefahren für die öffentliche Sicherheit einschließt – oder die Verhütung, Aufdeckung und Verfolgung von Verstößen gegen Berufsstandsregeln bei reglementierten Berufen, das Führen öffentlicher Register aus Gründen des allgemeinen öffentlichen Interesses sowie die Weiterverarbeitung von archivierten personenbezogenen Daten zur Bereitstellung spezifischer Informationen im Zusammenhang mit dem politischen Verhalten unter ehemaligen totalitären Regimen gehört, und zum Schutz sonstiger wichtiger Ziele des allgemeinen öffentlichen Interesses der Union oder eines Mitgliedstaats, etwa wichtige wirtschaftliche oder finanzielle Interessen, oder die betroffene Person und die Rechte und Freiheiten anderer Personen, einschließlich in den Bereichen soziale Sicherheit, öffentliche Gesundheit und humanitäre Hilfe, zu schützen. Diese Beschränkungen sollten mit der Charta und mit der Europäischen Konvention zum Schutz der Menschenrechte und Grundfreiheiten im Einklang stehen.

(74) Die Verantwortung und Haftung des Verantwortlichen für jedwede Verarbeitung personenbezogener Daten, die durch ihn oder in seinem Namen erfolgt, sollte geregelt werden. Insbesondere sollte der Verantwortliche geeignete und wirksame Maßnahmen treffen müssen und nachweisen können, dass die Verarbeitungstätigkeiten im Einklang mit dieser Verordnung stehen und die Maßnahmen auch wirksam sind. Dabei sollte er die Art, den Umfang, die Umstände und die Zwecke der Verarbeitung und das Risiko für die Rechte und Freiheiten natürlicher Personen berücksichtigen.

(75) Die Risiken für die Rechte und Freiheiten natürlicher Personen – mit unterschiedlicher Eintrittswahrscheinlichkeit und Schwere – können aus einer Verarbeitung personenbezogener Daten hervorgehen, die zu einem physischen, materiellen oder immateriellen Schaden führen könnte, insbesondere wenn die Verarbeitung zu einer Diskriminierung, einem Identitätsdiebstahl oder -betrug, einem finanziellen Verlust, einer Rufschädigung, einem Verlust der Vertraulichkeit von dem Berufsgeheimnis unterliegenden personenbezogenen Daten, der unbefugten Aufhebung der Pseudony-

misierung oder anderen erheblichen wirtschaftlichen oder gesellschaftlichen Nachteilen führen kann, wenn die betroffenen Personen um ihre Rechte und Freiheiten gebracht oder daran gehindert werden, die sie betreffenden personenbezogenen Daten zu kontrollieren, wenn personenbezogene Daten, aus denen die rassische oder ethnische Herkunft, politische Meinungen, religiöse oder weltanschauliche Überzeugungen oder die Zugehörigkeit zu einer Gewerkschaft hervorgehen, und genetische Daten, Gesundheitsdaten oder das Sexualleben oder strafrechtliche Verurteilungen und Straftaten oder damit zusammenhängende Sicherungsmaßregeln betreffende Daten verarbeitet werden, wenn persönliche Aspekte bewertet werden, insbesondere wenn Aspekte, die die Arbeitsleistung, wirtschaftliche Lage, Gesundheit, persönliche Vorlieben oder Interessen, die Zuverlässigkeit oder das Verhalten, den Aufenthaltsort oder Ortswechsel betreffen, analysiert oder prognostiziert werden, um persönliche Profile zu erstellen oder zu nutzen, wenn personenbezogene Daten schutzbedürftiger natürlicher Personen, insbesondere Daten von Kindern, verarbeitet werden oder wenn die Verarbeitung eine große Menge personenbezogener Daten und eine große Anzahl von betroffenen Personen betrifft.

(76) Eintrittswahrscheinlichkeit und Schwere des Risikos für die Rechte und Freiheiten der betroffenen Person sollten in Bezug auf die Art, den Umfang, die Umstände und die Zwecke der Verarbeitung bestimmt werden. Das Risiko sollte anhand einer objektiven Bewertung beurteilt werden, bei der festgestellt wird, ob die Datenverarbeitung ein Risiko oder ein hohes Risiko birgt.

(77) Anleitungen, wie der Verantwortliche oder Auftragsverarbeiter geeignete Maßnahmen durchzuführen hat und wie die Einhaltung der Anforderungen nachzuweisen ist, insbesondere was die Ermittlung des mit der Verarbeitung verbundenen Risikos, dessen Abschätzung in Bezug auf Ursache, Art, Eintrittswahrscheinlichkeit und Schwere und die Festlegung bewährter Verfahren für dessen Eindämmung betrifft, könnten insbesondere in Form von genehmigten Verhaltensregeln, genehmigten Zertifizierungsverfahren, Leitlinien des Ausschusses oder Hinweisen eines Datenschutzbeauftragten gegeben werden. Der Ausschuss kann ferner Leitlinien für Verarbeitungsvorgänge ausgeben, bei denen davon auszugehen ist, dass sie kein hohes Risiko für die Rechte und Freiheiten natürlicher Personen mit sich bringen, und angeben, welche Abhilfemaßnahmen in diesen Fällen ausreichend sein können.

(78) Zum Schutz der in Bezug auf die Verarbeitung personenbezogener Daten bestehenden Rechte und Freiheiten natürlicher Personen ist es erforderlich, dass geeignete technische und organisatorische Maßnahmen getroffen werden, damit die Anforderungen dieser Verordnung erfüllt werden. Um die Einhaltung dieser Verordnung nachweisen zu können, sollte der Verantwortliche interne Strategien festlegen und Maßnahmen ergreifen, die insbesondere den Grundsätzen des Datenschutzes durch Technik (data protection by design) und durch datenschutzfreundliche Voreinstellungen (data protection by default) Genüge tun. Solche Maßnahmen könnten unter anderem darin bestehen, dass die Verarbeitung personenbezogener Daten minimiert wird, personenbezogene Daten so schnell wie möglich pseudonymisiert werden, Transparenz in Bezug auf die Funktionen und die Verarbeitung personenbezogener Daten hergestellt wird, der betroffenen Person ermöglicht wird, die Verarbeitung personenbezogener Daten zu überwachen, und der Verantwortliche in die Lage versetzt wird, Sicherheitsfunktionen zu schaffen und zu verbessern. In Bezug auf Entwicklung,

Gestaltung, Auswahl und Nutzung von Anwendungen, Diensten und Produkten, die entweder auf der Verarbeitung von personenbezogenen Daten beruhen oder zur Erfüllung ihrer Aufgaben personenbezogene Daten verarbeiten, sollten die Hersteller der Produkte, Dienste und Anwendungen ermutigt werden, das Recht auf Datenschutz bei der Entwicklung und Gestaltung der Produkte, Dienste und Anwendungen zu berücksichtigen und unter gebührender Berücksichtigung des Stands der Technik sicherzustellen, dass die Verantwortlichen und die Verarbeiter in der Lage sind, ihren Datenschutzpflichten nachzukommen. Den Grundsätzen des Datenschutzes durch Technik und durch datenschutzfreundliche Voreinstellungen sollte auch bei öffentlichen Ausschreibungen Rechnung getragen werden.

(79) Zum Schutz der Rechte und Freiheiten der betroffenen Personen sowie bezüglich der Verantwortung und Haftung der Verantwortlichen und der Auftragsverarbeiter bedarf es – auch mit Blick auf die Überwachungs- und sonstigen Maßnahmen von Aufsichtsbehörden – einer klaren Zuteilung der Verantwortlichkeiten durch diese Verordnung, einschließlich der Fälle, in denen ein Verantwortlicher die Verarbeitungszwecke und -mittel gemeinsam mit anderen Verantwortlichen festlegt oder ein Verarbeitungsvorgang im Auftrag eines Verantwortlichen durchgeführt wird.

(80) Jeder Verantwortliche oder Auftragsverarbeiter ohne Niederlassung in der Union, dessen Verarbeitungstätigkeiten sich auf betroffene Personen beziehen, die sich in der Union aufhalten, und dazu dienen, diesen Personen in der Union Waren oder Dienstleistungen anzubieten – unabhängig davon, ob von der betroffenen Person eine Zahlung verlangt wird – oder deren Verhalten, soweit dieses innerhalb der Union erfolgt, zu beobachten, sollte einen Vertreter benennen müssen, es sei denn, die Verarbeitung erfolgt gelegentlich, schließt nicht die umfangreiche Verarbeitung besonderer Kategorien personenbezogener Daten oder die Verarbeitung von personenbezogenen Daten über strafrechtliche Verurteilungen und Straftaten ein und bringt unter Berücksichtigung ihrer Art, ihrer Umstände, ihres Umfangs und ihrer Zwecke wahrscheinlich kein Risiko für die Rechte und Freiheiten natürlicher Personen mit sich oder bei dem Verantwortlichen handelt es sich um eine Behörde oder öffentliche Stelle. Der Vertreter sollte im Namen des Verantwortlichen oder des Auftragsverarbeiters tätig werden und den Aufsichtsbehörden als Anlaufstelle dienen. Der Verantwortliche oder der Auftragsverarbeiter sollte den Vertreter ausdrücklich bestellen und schriftlich beauftragen, in Bezug auf die ihm nach dieser Verordnung obliegenden Verpflichtungen an seiner Stelle zu handeln. Die Benennung eines solchen Vertreters berührt nicht die Verantwortung oder Haftung des Verantwortlichen oder des Auftragsverarbeiters nach Maßgabe dieser Verordnung. Ein solcher Vertreter sollte seine Aufgaben entsprechend dem Mandat des Verantwortlichen oder Auftragsverarbeiters ausführen und insbesondere mit den zuständigen Aufsichtsbehörden in Bezug auf Maßnahmen, die die Einhaltung dieser Verordnung sicherstellen sollen, zusammenarbeiten. Bei Verstößen des Verantwortlichen oder Auftragsverarbeiters sollte der bestellte Vertreter Durchsetzungsverfahren unterworfen werden.

(81) Damit die Anforderungen dieser Verordnung in Bezug auf die vom Auftragsverarbeiter im Namen des Verantwortlichen vorzunehmende Verarbeitung eingehalten werden, sollte ein Verantwortlicher, der einen Auftragsverarbeiter mit Verarbeitungstätigkeiten betrauen will, nur Auftragsverarbeiter heranziehen, die – insbesondere im Hinblick auf Fachwissen, Zuverlässigkeit und Ressourcen – hinreichende Garantien

dafür bieten, dass technische und organisatorische Maßnahmen – auch für die Sicherheit der Verarbeitung – getroffen werden, die den Anforderungen dieser Verordnung genügen. Die Einhaltung genehmigter Verhaltensregeln oder eines genehmigten Zertifizierungsverfahrens durch einen Auftragsverarbeiter kann als Faktor herangezogen werden, um die Erfüllung der Pflichten des Verantwortlichen nachzuweisen. Die Durchführung einer Verarbeitung durch einen Auftragsverarbeiter sollte auf Grundlage eines Vertrags oder eines anderen Rechtsinstruments nach dem Recht der Union oder der Mitgliedstaaten erfolgen, der bzw. das den Auftragsverarbeiter an den Verantwortlichen bindet und in dem Gegenstand und Dauer der Verarbeitung, Art und Zwecke der Verarbeitung, die Art der personenbezogenen Daten und die Kategorien von betroffenen Personen festgelegt sind, wobei die besonderen Aufgaben und Pflichten des Auftragsverarbeiters bei der geplanten Verarbeitung und das Risiko für die Rechte und Freiheiten der betroffenen Person zu berücksichtigen sind. Der Verantwortliche und der Auftragsverarbeiter können entscheiden, ob sie einen individuellen Vertrag oder Standardvertragsklauseln verwenden, die entweder unmittelbar von der Kommission erlassen oder aber nach dem Kohärenzverfahren von einer Aufsichtsbehörde angenommen und dann von der Kommission erlassen wurden. Nach Beendigung der Verarbeitung im Namen des Verantwortlichen sollte der Auftragsverarbeiter die personenbezogenen Daten nach Wahl des Verantwortlichen entweder zurückgeben oder löschen, sofern nicht nach dem Recht der Union oder der Mitgliedstaaten, dem der Auftragsverarbeiter unterliegt, eine Verpflichtung zur Speicherung der personenbezogenen Daten besteht.

(82) Zum Nachweis der Einhaltung dieser Verordnung sollte der Verantwortliche oder der Auftragsverarbeiter ein Verzeichnis der Verarbeitungstätigkeiten, die seiner Zuständigkeit unterliegen, führen. Jeder Verantwortliche und jeder Auftragsverarbeiter sollte verpflichtet sein, mit der Aufsichtsbehörde zusammenzuarbeiten und dieser auf Anfrage das entsprechende Verzeichnis vorzulegen, damit die betreffenden Verarbeitungsvorgänge anhand dieser Verzeichnisse kontrolliert werden können.

(83) Zur Aufrechterhaltung der Sicherheit und zur Vorbeugung gegen eine gegen diese Verordnung verstoßende Verarbeitung sollte der Verantwortliche oder der Auftragsverarbeiter die mit der Verarbeitung verbundenen Risiken ermitteln und Maßnahmen zu ihrer Eindämmung, wie etwa eine Verschlüsselung, treffen. Diese Maßnahmen sollten unter Berücksichtigung des Stands der Technik und der Implementierungskosten ein Schutzniveau – auch hinsichtlich der Vertraulichkeit – gewährleisten, das den von der Verarbeitung ausgehenden Risiken und der Art der zu schützenden personenbezogenen Daten angemessen ist. Bei der Bewertung der Datensicherheitsrisiken sollten die mit der Verarbeitung personenbezogener Daten verbundenen Risiken berücksichtigt werden, wie etwa – ob unbeabsichtigt oder unrechtmäßig – Vernichtung, Verlust, Veränderung oder unbefugte Offenlegung von oder unbefugter Zugang zu personenbezogenen Daten, die übermittelt, gespeichert oder auf sonstige Weise verarbeitet wurden, insbesondere wenn dies zu einem physischen, materiellen oder immateriellen Schaden führen könnte.

(84) Damit diese Verordnung in Fällen, in denen die Verarbeitungsvorgänge wahrscheinlich ein hohes Risiko für die Rechte und Freiheiten natürlicher Personen mit sich bringen, besser eingehalten wird, sollte der Verantwortliche für die Durchführung einer Datenschutz-Folgenabschätzung, mit der insbesondere die Ursache, Art, Besonderheit und Schwere dieses Risikos evaluiert werden, verantwortlich sein. Die Ergeb-

nisse der Abschätzung sollten berücksichtigt werden, wenn darüber entschieden wird, welche geeigneten Maßnahmen ergriffen werden müssen, um nachzuweisen, dass die Verarbeitung der personenbezogenen Daten mit dieser Verordnung in Einklang steht. Geht aus einer Datenschutz-Folgenabschätzung hervor, dass Verarbeitungsvorgänge ein hohes Risiko bergen, das der Verantwortliche nicht durch geeignete Maßnahmen in Bezug auf verfügbare Technik und Implementierungskosten eindämmen kann, so sollte die Aufsichtsbehörde vor der Verarbeitung konsultiert werden.

(85) Eine Verletzung des Schutzes personenbezogener Daten kann – wenn nicht rechtzeitig und angemessen reagiert wird – einen physischen, materiellen oder immateriellen Schaden für natürliche Personen nach sich ziehen, wie etwa Verlust der Kontrolle über ihre personenbezogenen Daten oder Einschränkung ihrer Rechte, Diskriminierung, Identitätsdiebstahl oder -betrug, finanzielle Verluste, unbefugte Aufhebung der Pseudonymisierung, Rufschädigung, Verlust der Vertraulichkeit von dem Berufsgeheimnis unterliegenden Daten oder andere erhebliche wirtschaftliche oder gesellschaftliche Nachteile für die betroffene natürliche Person. Deshalb sollte der Verantwortliche, sobald ihm eine Verletzung des Schutzes personenbezogener Daten bekannt wird, die Aufsichtsbehörde von der Verletzung des Schutzes personenbezogener Daten unverzüglich und, falls möglich, binnen höchstens 72 Stunden, nachdem ihm die Verletzung bekannt wurde, unterrichten, es sei denn, der Verantwortliche kann im Einklang mit dem Grundsatz der Rechenschaftspflicht nachweisen, dass die Verletzung des Schutzes personenbezogener Daten voraussichtlich nicht zu einem Risiko für die persönlichen Rechte und Freiheiten natürlicher Personen führt. Falls diese Benachrichtigung nicht binnen 72 Stunden erfolgen kann, sollten in ihr die Gründe für die Verzögerung angegeben werden müssen, und die Informationen können schrittweise ohne unangemessene weitere Verzögerung bereitgestellt werden.

(86) Der für die Verarbeitung Verantwortliche sollte die betroffene Person unverzüglich von der Verletzung des Schutzes personenbezogener Daten benachrichtigen, wenn diese Verletzung des Schutzes personenbezogener Daten voraussichtlich zu einem hohen Risiko für die persönlichen Rechte und Freiheiten natürlicher Personen führt, damit diese die erforderlichen Vorkehrungen treffen können. Die Benachrichtigung sollte eine Beschreibung der Art der Verletzung des Schutzes personenbezogener Daten sowie an die betroffene natürliche Person gerichtete Empfehlungen zur Minderung etwaiger nachteiliger Auswirkungen dieser Verletzung enthalten. Solche Benachrichtigungen der betroffenen Person sollten stets so rasch wie nach allgemeinem Ermessen möglich, in enger Absprache mit der Aufsichtsbehörde und nach Maßgabe der von dieser oder von anderen zuständigen Behörden wie beispielsweise Strafverfolgungsbehörden erteilten Weisungen erfolgen. Um beispielsweise das Risiko eines unmittelbaren Schadens mindern zu können, müssten betroffene Personen sofort benachrichtigt werden, wohingegen eine längere Benachrichtigungsfrist gerechtfertigt sein kann, wenn es darum geht, geeignete Maßnahmen gegen fortlaufende oder vergleichbare Verletzungen des Schutzes personenbezogener Daten zu treffen.

(87) Es sollte festgestellt werden, ob alle geeigneten technischen Schutz- sowie organisatorischen Maßnahmen getroffen wurden, um sofort feststellen zu können, ob eine Verletzung des Schutzes personenbezogener Daten aufgetreten ist, und um die Aufsichtsbehörde und die betroffene Person umgehend unterrichten zu können. Bei

der Feststellung, ob die Meldung unverzüglich erfolgt ist, sollten die Art und Schwere der Verletzung des Schutzes personenbezogener Daten sowie deren Folgen und nachteilige Auswirkungen für die betroffene Person berücksichtigt werden. Die entsprechende Meldung kann zu einem Tätigwerden der Aufsichtsbehörde im Einklang mit ihren in dieser Verordnung festgelegten Aufgaben und Befugnissen führen.

(88) Bei der detaillierten Regelung des Formats und der Verfahren für die Meldung von Verletzungen des Schutzes personenbezogener Daten sollten die Umstände der Verletzung hinreichend berücksichtigt werden, beispielsweise ob personenbezogene Daten durch geeignete technische Sicherheitsvorkehrungen geschützt waren, die die Wahrscheinlichkeit eines Identitätsbetrugs oder anderer Formen des Datenmissbrauchs wirksam verringern. Überdies sollten solche Regeln und Verfahren den berechtigten Interessen der Strafverfolgungsbehörden in Fällen Rechnung tragen, in denen die Untersuchung der Umstände einer Verletzung des Schutzes personenbezogener Daten durch eine frühzeitige Offenlegung in unnötiger Weise behindert würde.

(89) Gemäß der Richtlinie 95/46/EG waren Verarbeitungen personenbezogener Daten bei den Aufsichtsbehörden generell meldepflichtig. Diese Meldepflicht ist mit einem bürokratischen und finanziellen Aufwand verbunden und hat dennoch nicht in allen Fällen zu einem besseren Schutz personenbezogener Daten geführt. Diese unterschiedslosen allgemeinen Meldepflichten sollten daher abgeschafft und durch wirksame Verfahren und Mechanismen ersetzt werden, die sich stattdessen vorrangig mit denjenigen Arten von Verarbeitungsvorgängen befassen, die aufgrund ihrer Art, ihres Umfangs, ihrer Umstände und ihrer Zwecke wahrscheinlich ein hohes Risiko für die Rechte und Freiheiten natürlicher Personen mit sich bringen. Zu solchen Arten von Verarbeitungsvorgängen gehören insbesondere solche, bei denen neue Technologien eingesetzt werden oder die neuartig sind und bei denen der Verantwortliche noch keine Datenschutz-Folgenabschätzung durchgeführt hat bzw. bei denen aufgrund der seit der ursprünglichen Verarbeitung vergangenen Zeit eine Datenschutz-Folgenabschätzung notwendig geworden ist.

(90) In derartigen Fällen sollte der Verantwortliche vor der Verarbeitung eine Datenschutz-Folgenabschätzung durchführen, mit der die spezifische Eintrittswahrscheinlichkeit und die Schwere dieses hohen Risikos unter Berücksichtigung der Art, des Umfangs, der Umstände und der Zwecke der Verarbeitung und der Ursachen des Risikos bewertet werden. Diese Folgenabschätzung sollte sich insbesondere mit den Maßnahmen, Garantien und Verfahren befassen, durch die dieses Risiko eingedämmt, der Schutz personenbezogener Daten sichergestellt und die Einhaltung der Bestimmungen dieser Verordnung nachgewiesen werden soll.

(91) Dies sollte insbesondere für umfangreiche Verarbeitungsvorgänge gelten, die dazu dienen, große Mengen personenbezogener Daten auf regionaler, nationaler oder supranationaler Ebene zu verarbeiten, eine große Zahl von Personen betreffen könnten und – beispielsweise aufgrund ihrer Sensibilität – wahrscheinlich ein hohes Risiko mit sich bringen und bei denen entsprechend dem jeweils aktuellen Stand der Technik in großem Umfang eine neue Technologie eingesetzt wird, sowie für andere Verarbeitungsvorgänge, die ein hohes Risiko für die Rechte und Freiheiten der betroffenen Personen mit sich bringen, insbesondere dann, wenn diese Verarbeitungsvorgänge den betroffenen Personen die Ausübung ihrer Rechte erschweren. Eine Datenschutz-Folgenabschätzung sollte auch durchgeführt werden, wenn die personenbezogenen Daten

für das Treffen von Entscheidungen in Bezug auf bestimmte natürliche Personen im Anschluss an eine systematische und eingehende Bewertung persönlicher Aspekte natürlicher Personen auf der Grundlage eines Profilings dieser Daten oder im Anschluss an die Verarbeitung besonderer Kategorien von personenbezogenen Daten, biometrischen Daten oder von Daten über strafrechtliche Verurteilungen und Straftaten sowie damit zusammenhängende Sicherungsmaßregeln verarbeitet werden. Gleichermaßen erforderlich ist eine Datenschutz-Folgenabschätzung für die weiträumige Überwachung öffentlich zugänglicher Bereiche, insbesondere mittels optoelektronischer Vorrichtungen, oder für alle anderen Vorgänge, bei denen nach Auffassung der zuständigen Aufsichtsbehörde die Verarbeitung wahrscheinlich ein hohes Risiko für die Rechte und Freiheiten der betroffenen Personen mit sich bringt, insbesondere weil sie die betroffenen Personen an der Ausübung eines Rechts oder der Nutzung einer Dienstleistung bzw. Durchführung eines Vertrags hindern oder weil sie systematisch in großem Umfang erfolgen. Die Verarbeitung personenbezogener Daten sollte nicht als umfangreich gelten, wenn die Verarbeitung personenbezogene Daten von Patienten oder von Mandanten betrifft und durch einen einzelnen Arzt, sonstigen Angehörigen eines Gesundheitsberufes oder Rechtsanwalt erfolgt. In diesen Fällen sollte eine Datenschutz-Folgenabschätzung nicht zwingend vorgeschrieben sein.

(92) Unter bestimmten Umständen kann es vernünftig und unter ökonomischen Gesichtspunkten zweckmäßig sein, eine Datenschutz-Folgenabschätzung nicht lediglich auf ein bestimmtes Projekt zu beziehen, sondern sie thematisch breiter anzulegen – beispielsweise wenn Behörden oder öffentliche Stellen eine gemeinsame Anwendung oder Verarbeitungsplattform schaffen möchten oder wenn mehrere Verantwortliche eine gemeinsame Anwendung oder Verarbeitungsumgebung für einen gesamten Wirtschaftssektor, für ein bestimmtes Marktsegment oder für eine weit verbreitete horizontale Tätigkeit einführen möchten.

(93) Anlässlich des Erlasses des Gesetzes des Mitgliedstaats, auf dessen Grundlage die Behörde oder öffentliche Stelle ihre Aufgaben wahrnimmt und das den fraglichen Verarbeitungsvorgang oder die fraglichen Arten von Verarbeitungsvorgängen regelt, können die Mitgliedstaaten es für erforderlich erachten, solche Folgeabschätzungen vor den Verarbeitungsvorgängen durchzuführen.

(94) Geht aus einer Datenschutz-Folgenabschätzung hervor, dass die Verarbeitung bei Fehlen von Garantien, Sicherheitsvorkehrungen und Mechanismen zur Minderung des Risikos ein hohes Risiko für die Rechte und Freiheiten natürlicher Personen mit sich bringen würde, und ist der Verantwortliche der Auffassung, dass das Risiko nicht durch in Bezug auf verfügbare Technologien und Implementierungskosten vertretbare Mittel eingedämmt werden kann, so sollte die Aufsichtsbehörde vor Beginn der Verarbeitungstätigkeiten konsultiert werden. Ein solches hohes Risiko ist wahrscheinlich mit bestimmten Arten der Verarbeitung und dem Umfang und der Häufigkeit der Verarbeitung verbunden, die für natürliche Personen auch eine Schädigung oder eine Beeinträchtigung der persönlichen Rechte und Freiheiten mit sich bringen können. Die Aufsichtsbehörde sollte das Beratungsersuchen innerhalb einer bestimmten Frist beantworten. Allerdings kann sie, auch wenn sie nicht innerhalb dieser Frist reagiert hat, entsprechend ihren in dieser Verordnung festgelegten Aufgaben und Befugnissen eingreifen, was die Befugnis einschließt, Verarbeitungsvorgänge zu untersagen. Im Rahmen dieses Konsultationsprozesses kann das Ergebnis einer im Hinblick auf die

betreffende Verarbeitung personenbezogener Daten durchgeführten Datenschutz-Folgenabschätzung der Aufsichtsbehörde unterbreitet werden; dies gilt insbesondere für die zur Eindämmung des Risikos für die Rechte und Freiheiten natürlicher Personen geplanten Maßnahmen.

(95) Der Auftragsverarbeiter sollte erforderlichenfalls den Verantwortlichen auf Anfrage bei der Gewährleistung der Einhaltung der sich aus der Durchführung der Datenschutz-Folgenabschätzung und der vorherigen Konsultation der Aufsichtsbehörde ergebenden Auflagen unterstützen.

(96) Eine Konsultation der Aufsichtsbehörde sollte auch während der Ausarbeitung von Gesetzes- oder Regelungsvorschriften, in denen eine Verarbeitung personenbezogener Daten vorgesehen ist, erfolgen, um die Vereinbarkeit der geplanten Verarbeitung mit dieser Verordnung sicherzustellen und insbesondere das mit ihr für die betroffene Person verbundene Risiko einzudämmen.

(97) In Fällen, in denen die Verarbeitung durch eine Behörde – mit Ausnahmen von Gerichten oder unabhängigen Justizbehörden, die im Rahmen ihrer justiziellen Tätigkeit handeln –, im privaten Sektor durch einen Verantwortlichen erfolgt, dessen Kerntätigkeit in Verarbeitungsvorgängen besteht, die eine regelmäßige und systematische Überwachung der betroffenen Personen in großem Umfang erfordern, oder wenn die Kerntätigkeit des Verantwortlichen oder des Auftragsverarbeiters in der umfangreichen Verarbeitung besonderer Kategorien von personenbezogenen Daten oder von Daten über strafrechtliche Verurteilungen und Straftaten besteht, sollte der Verantwortliche oder der Auftragsverarbeiter bei der Überwachung der internen Einhaltung der Bestimmungen dieser Verordnung von einer weiteren Person, die über Fachwissen auf dem Gebiet des Datenschutzrechts und der Datenschutzverfahren verfügt, unterstützt werden Im privaten Sektor bezieht sich die Kerntätigkeit eines Verantwortlichen auf seine Haupttätigkeiten und nicht auf die Verarbeitung personenbezogener Daten als Nebentätigkeit. Das erforderliche Niveau des Fachwissens sollte sich insbesondere nach den durchgeführten Datenverarbeitungsvorgängen und dem erforderlichen Schutz für die von dem Verantwortlichen oder dem Auftragsverarbeiter verarbeiteten personenbezogenen Daten richten. Derartige Datenschutzbeauftragte sollten unabhängig davon, ob es sich bei ihnen um Beschäftigte des Verantwortlichen handelt oder nicht, ihre Pflichten und Aufgaben in vollständiger Unabhängigkeit ausüben können.

(98) Verbände oder andere Vereinigungen, die bestimmte Kategorien von Verantwortlichen oder Auftragsverarbeitern vertreten, sollten ermutigt werden, in den Grenzen dieser Verordnung Verhaltensregeln auszuarbeiten, um eine wirksame Anwendung dieser Verordnung zu erleichtern, wobei den Besonderheiten der in bestimmten Sektoren erfolgenden Verarbeitungen und den besonderen Bedürfnissen der Kleinstunternehmen sowie der kleinen und mittleren Unternehmen Rechnung zu tragen ist. Insbesondere könnten in diesen Verhaltensregeln – unter Berücksichtigung des mit der Verarbeitung wahrscheinlich einhergehenden Risikos für die Rechte und Freiheiten natürlicher Personen – die Pflichten der Verantwortlichen und der Auftragsverarbeiter bestimmt werden.

(99) Bei der Ausarbeitung oder bei der Änderung oder Erweiterung solcher Verhaltensregeln sollten Verbände und oder andere Vereinigungen, die bestimmte Kategorien von Verantwortlichen oder Auftragsverarbeitern vertreten, die maßgeblichen

Interessenträger, möglichst auch die betroffenen Personen, konsultieren und die Eingaben und Stellungnahmen, die sie dabei erhalten, berücksichtigen.

(100) Um die Transparenz zu erhöhen und die Einhaltung dieser Verordnung zu verbessern, sollte angeregt werden, dass Zertifizierungsverfahren sowie Datenschutzsiegel und -prüfzeichen eingeführt werden, die den betroffenen Personen einen raschen Überblick über das Datenschutzniveau einschlägiger Produkte und Dienstleistungen ermöglichen.

(101) Der Fluss personenbezogener Daten aus Drittländern und internationalen Organisationen und in Drittländer und internationale Organisationen ist für die Ausweitung des internationalen Handels und der internationalen Zusammenarbeit notwendig. Durch die Zunahme dieser Datenströme sind neue Herausforderungen und Anforderungen in Bezug auf den Schutz personenbezogener Daten entstanden. Das durch diese Verordnung unionsweit gewährleistete Schutzniveau für natürliche Personen sollte jedoch bei der Übermittlung personenbezogener Daten aus der Union an Verantwortliche, Auftragsverarbeiter oder andere Empfänger in Drittländern oder an internationale Organisationen nicht untergraben werden, und zwar auch dann nicht, wenn aus einem Drittland oder von einer internationalen Organisation personenbezogene Daten an Verantwortliche oder Auftragsverarbeiter in demselben oder einem anderen Drittland oder an dieselbe oder eine andere internationale Organisation weiterübermittelt werden. In jedem Fall sind derartige Datenübermittlungen an Drittländer und internationale Organisationen nur unter strikter Einhaltung dieser Verordnung zulässig. Eine Datenübermittlung könnte nur stattfinden, wenn die in dieser Verordnung festgelegten Bedingungen zur Übermittlung personenbezogener Daten an Drittländer oder internationale Organisationen vorbehaltlich der übrigen Bestimmungen dieser Verordnung von dem Verantwortlichen oder dem Auftragsverarbeiter erfüllt werden.

(102) Internationale Abkommen zwischen der Union und Drittländern über die Übermittlung von personenbezogenen Daten einschließlich geeigneter Garantien für die betroffenen Personen werden von dieser Verordnung nicht berührt. Die Mitgliedstaaten können völkerrechtliche Übereinkünfte schließen, die die Übermittlung personenbezogener Daten an Drittländer oder internationale Organisationen beinhalten, sofern sich diese Übereinkünfte weder auf diese Verordnung noch auf andere Bestimmungen des Unionsrechts auswirken und ein angemessenes Schutzniveau für die Grundrechte der betroffenen Personen umfassen.

(103) Die Kommission darf mit Wirkung für die gesamte Union beschließen, dass ein bestimmtes Drittland, ein Gebiet oder ein bestimmter Sektor eines Drittlands oder eine internationale Organisation ein angemessenes Datenschutzniveau bietet, und auf diese Weise in Bezug auf das Drittland oder die internationale Organisation, das bzw. die für fähig gehalten wird, ein solches Schutzniveau zu bieten, in der gesamten Union Rechtssicherheit schaffen und eine einheitliche Rechtsanwendung sicherstellen. In derartigen Fällen dürfen personenbezogene Daten ohne weitere Genehmigung an dieses Land oder diese internationale Organisation übermittelt werden. Die Kommission kann, nach Abgabe einer ausführlichen Erklärung, in der dem Drittland oder der internationalen Organisation eine Begründung gegeben wird, auch entscheiden, eine solche Feststellung zu widerrufen.

(104) In Übereinstimmung mit den Grundwerten der Union, zu denen insbesondere der Schutz der Menschenrechte zählt, sollte die Kommission bei der Bewertung des Drittlands oder eines Gebiets oder eines bestimmten Sektors eines Drittlands berücksichtigen, inwieweit dort die Rechtsstaatlichkeit gewahrt ist, der Rechtsweg gewährleistet ist und die internationalen Menschenrechtsnormen und -standards eingehalten werden und welche allgemeinen und sektorspezifischen Vorschriften, wozu auch die Vorschriften über die öffentliche Sicherheit, die Landesverteidigung und die nationale Sicherheit sowie die öffentliche Ordnung und das Strafrecht zählen, dort gelten. Die Annahme eines Angemessenheitsbeschlusses in Bezug auf ein Gebiet oder einen bestimmten Sektor eines Drittlands sollte unter Berücksichtigung eindeutiger und objektiver Kriterien wie bestimmter Verarbeitungsvorgänge und des Anwendungsbereichs anwendbarer Rechtsnormen und geltender Rechtsvorschriften in dem Drittland erfolgen. Das Drittland sollte Garantien für ein angemessenes Schutzniveau bieten, das dem innerhalb der Union gewährleisteten Schutzniveau der Sache nach gleichwertig ist, insbesondere in Fällen, in denen personenbezogene Daten in einem oder mehreren spezifischen Sektoren verarbeitet werden. Das Drittland sollte insbesondere eine wirksame unabhängige Überwachung des Datenschutzes gewährleisten und Mechanismen für eine Zusammenarbeit mit den Datenschutzbehörden der Mitgliedstaaten vorsehen, und den betroffenen Personen sollten wirksame und durchsetzbare Rechte sowie wirksame verwaltungsrechtliche und gerichtliche Rechtsbehelfe eingeräumt werden.

(105) Die Kommission sollte neben den internationalen Verpflichtungen, die das Drittland oder die internationale Organisation eingegangen ist, die Verpflichtungen, die sich aus der Teilnahme des Drittlands oder der internationalen Organisation an multilateralen oder regionalen Systemen insbesondere im Hinblick auf den Schutz personenbezogener Daten ergeben, sowie die Umsetzung dieser Verpflichtungen berücksichtigen. Insbesondere sollte der Beitritt des Drittlands zum Übereinkommen des Europarates vom 28. Januar 1981 zum Schutz des Menschen bei der automatischen Verarbeitung personenbezogener Daten und dem dazugehörigen Zusatzprotokoll berücksichtigt werden. Die Kommission sollte den Ausschuss konsultieren, wenn sie das Schutzniveau in Drittländern oder internationalen Organisationen bewertet.

(106) Die Kommission sollte die Wirkungsweise von Feststellungen zum Schutzniveau in einem Drittland, einem Gebiet oder einem bestimmten Sektor eines Drittlands oder einer internationalen Organisation überwachen; sie sollte auch die Wirkungsweise der Feststellungen, die auf der Grundlage des Artikels 25 Absatz 6 oder des Artikels 26 Absatz 4 der Richtlinie 95/46/EG erlassen werden, überwachen. In ihren Angemessenheitsbeschlüssen sollte die Kommission einen Mechanismus für die regelmäßige Überprüfung von deren Wirkungsweise vorsehen. Diese regelmäßige Überprüfung sollte in Konsultation mit dem betreffenden Drittland oder der betreffenden internationalen Organisation erfolgen und allen maßgeblichen Entwicklungen in dem Drittland oder der internationalen Organisation Rechnung tragen. Für die Zwecke der Überwachung und der Durchführung der regelmäßigen Überprüfungen sollte die Kommission die Standpunkte und Feststellungen des Europäischen Parlaments und des Rates sowie der anderen einschlägigen Stellen und Quellen berücksichtigen. Die Kommission sollte innerhalb einer angemessenen Frist die Wirkungsweise der letztgenannten Beschlüsse bewerten und dem durch diese Verordnung eingesetzten Ausschuss im Sinne der Verordnung (EU) Nr. 182/2011 des Europäischen Parla-

ments und des Rates[12] sowie dem Europäischen Parlament und dem Rat über alle maßgeblichen Feststellungen Bericht erstatten.

(107) Die Kommission kann feststellen, dass ein Drittland, ein Gebiet oder ein bestimmter Sektor eines Drittlands oder eine internationale Organisation kein angemessenes Datenschutzniveau mehr bietet. Die Übermittlung personenbezogener Daten an dieses Drittland oder an diese internationale Organisation sollte daraufhin verboten werden, es sei denn, die Anforderungen dieser Verordnung in Bezug auf die Datenübermittlung vorbehaltlich geeigneter Garantien, einschließlich verbindlicher interner Datenschutzvorschriften und auf Ausnahmen für bestimmte Fälle werden erfüllt. In diesem Falle sollten Konsultationen zwischen der Kommission und den betreffenden Drittländern oder internationalen Organisationen vorgesehen werden. Die Kommission sollte dem Drittland oder der internationalen Organisation frühzeitig die Gründe mitteilen und Konsultationen aufnehmen, um Abhilfe für die Situation zu schaffen.

(108) Bei Fehlen eines Angemessenheitsbeschlusses sollte der Verantwortliche oder der Auftragsverarbeiter als Ausgleich für den in einem Drittland bestehenden Mangel an Datenschutz geeignete Garantien für den Schutz der betroffenen Person vorsehen. Diese geeigneten Garantien können darin bestehen, dass auf verbindliche interne Datenschutzvorschriften, von der Kommission oder von einer Aufsichtsbehörde angenommene Standarddatenschutzklauseln oder von einer Aufsichtsbehörde genehmigte Vertragsklauseln zurückgegriffen wird. Diese Garantien sollten sicherstellen, dass die Datenschutzvorschriften und die Rechte der betroffenen Personen auf eine der Verarbeitung innerhalb der Union angemessene Art und Weise beachtet werden; dies gilt auch hinsichtlich der Verfügbarkeit von durchsetzbaren Rechten der betroffenen Person und von wirksamen Rechtsbehelfen einschließlich des Rechts auf wirksame verwaltungsrechtliche oder gerichtliche Rechtsbehelfe sowie des Rechts auf Geltendmachung von Schadenersatzansprüchen in der Union oder in einem Drittland. Sie sollten sich insbesondere auf die Einhaltung der allgemeinen Grundsätze für die Verarbeitung personenbezogener Daten, die Grundsätze des Datenschutzes durch Technik und durch datenschutzfreundliche Voreinstellungen beziehen. Datenübermittlungen dürfen auch von Behörden oder öffentlichen Stellen an Behörden oder öffentliche Stellen in Drittländern oder an internationale Organisationen mit entsprechenden Pflichten oder Aufgaben vorgenommen werden, auch auf der Grundlage von Bestimmungen, die in Verwaltungsvereinbarungen – wie beispielsweise einer gemeinsamen Absichtserklärung –, mit denen den betroffenen Personen durchsetzbare und wirksame Rechte eingeräumt werden, aufzunehmen sind. Die Genehmigung der zuständigen Aufsichtsbehörde sollte erlangt werden, wenn die Garantien in nicht rechtsverbindlichen Verwaltungsvereinbarungen vorgesehen sind.

(109) Die dem Verantwortlichen oder dem Auftragsverarbeiter offenstehende Möglichkeit, auf die von der Kommission oder einer Aufsichtsbehörde festgelegten Standard-Datenschutzklauseln zurückzugreifen, sollte den Verantwortlichen oder den Auftragsverarbeiter weder daran hindern, die Standard-Datenschutzklauseln auch in

---

12 Verordnung (EU) Nr. 182/2011 des Europäischen Parlaments und des Rates vom 16. Februar 2011 zur Festlegung der allgemeinen Regeln und Grundsätze, nach denen die Mitgliedstaaten die Wahrnehmung der Durchführungsbefugnisse durch die Kommission kontrollieren (ABl. L 55 vom 28.2.2011, S. 13).

umfangreicheren Verträgen, wie zum Beispiel Verträgen zwischen dem Auftragsverarbeiter und einem anderen Auftragsverarbeiter, zu verwenden, noch ihn daran hindern, ihnen weitere Klauseln oder zusätzliche Garantien hinzuzufügen, solange diese weder mittelbar noch unmittelbar im Widerspruch zu den von der Kommission oder einer Aufsichtsbehörde erlassenen Standard-Datenschutzklauseln stehen oder die Grundrechte und Grundfreiheiten der betroffenen Personen beschneiden. Die Verantwortlichen und die Auftragsverarbeiter sollten ermutigt werden, mit vertraglichen Verpflichtungen, die die Standard-Schutzklauseln ergänzen, zusätzliche Garantien zu bieten.

(110) Jede Unternehmensgruppe oder jede Gruppe von Unternehmen, die eine gemeinsame Wirtschaftstätigkeit ausüben, sollte für ihre internationalen Datenübermittlungen aus der Union an Organisationen derselben Unternehmensgruppe oder derselben Gruppe von Unternehmen, die eine gemeinsame Wirtschaftstätigkeit ausüben, genehmigte verbindliche interne Datenschutzvorschriften anwenden dürfen, sofern diese sämtliche Grundprinzipien und durchsetzbaren Rechte enthalten, die geeignete Garantien für die Übermittlungen beziehungsweise Kategorien von Übermittlungen personenbezogener Daten bieten.

(111) Datenübermittlungen sollten unter bestimmten Voraussetzungen zulässig sein, nämlich wenn die betroffene Person ihre ausdrückliche Einwilligung erteilt hat, wenn die Übermittlung gelegentlich erfolgt und im Rahmen eines Vertrags oder zur Geltendmachung von Rechtsansprüchen, sei es vor Gericht oder auf dem Verwaltungswege oder in außergerichtlichen Verfahren, wozu auch Verfahren vor Regulierungsbehörden zählen, erforderlich ist. Die Übermittlung sollte zudem möglich sein, wenn sie zur Wahrung eines im Unionsrecht oder im Recht eines Mitgliedstaats festgelegten wichtigen öffentlichen Interesses erforderlich ist oder wenn sie aus einem durch Rechtsvorschriften vorgesehenen Register erfolgt, das von der Öffentlichkeit oder Personen mit berechtigtem Interesse eingesehen werden kann. In letzterem Fall sollte sich eine solche Übermittlung nicht auf die Gesamtheit oder ganze Kategorien der im Register enthaltenen personenbezogenen Daten erstrecken dürfen. Ist das betreffende Register zur Einsichtnahme durch Personen mit berechtigtem Interesse bestimmt, sollte die Übermittlung nur auf Anfrage dieser Personen oder nur dann erfolgen, wenn diese Personen die Adressaten der Übermittlung sind, wobei den Interessen und Grundrechten der betroffenen Person in vollem Umfang Rechnung zu tragen ist.

(112) Diese Ausnahmen sollten insbesondere für Datenübermittlungen gelten, die aus wichtigen Gründen des öffentlichen Interesses erforderlich sind, beispielsweise für den internationalen Datenaustausch zwischen Wettbewerbs-, Steuer- oder Zollbehörden, zwischen Finanzaufsichtsbehörden oder zwischen für Angelegenheiten der sozialen Sicherheit oder für die öffentliche Gesundheit zuständigen Diensten, beispielsweise im Falle der Umgebungsuntersuchung bei ansteckenden Krankheiten oder zur Verringerung und/oder Beseitigung des Dopings im Sport. Die Übermittlung personenbezogener Daten sollte ebenfalls als rechtmäßig angesehen werden, wenn sie erforderlich ist, um ein Interesse, das für die lebenswichtigen Interessen – einschließlich der körperlichen Unversehrtheit oder des Lebens – der betroffenen Person oder einer anderen Person wesentlich ist, zu schützen und die betroffene Person außerstande ist, ihre Einwilligung zu geben. Liegt kein Angemessenheitsbeschluss vor, so können im Unionsrecht oder im Recht der Mitgliedstaaten aus wichtigen Gründen

des öffentlichen Interesses ausdrücklich Beschränkungen der Übermittlung bestimmter Kategorien von Daten an Drittländer oder internationale Organisationen vorgesehen werden. Die Mitgliedstaaten sollten solche Bestimmungen der Kommission mitteilen. Jede Übermittlung personenbezogener Daten einer betroffenen Person, die aus physischen oder rechtlichen Gründen außerstande ist, ihre Einwilligung zu erteilen, an eine internationale humanitäre Organisation, die erfolgt, um eine nach den Genfer Konventionen obliegende Aufgabe auszuführen oder um dem in bewaffneten Konflikten anwendbaren humanitären Völkerrecht nachzukommen, könnte als aus einem wichtigen Grund im öffentlichen Interesse notwendig oder als im lebenswichtigen Interesse der betroffenen Person liegend erachtet werden.

(113) Übermittlungen, die als nicht wiederholt erfolgend gelten können und nur eine begrenzte Zahl von betroffenen Personen betreffen, könnten auch zur Wahrung der zwingenden berechtigten Interessen des Verantwortlichen möglich sein, sofern die Interessen oder Rechte und Freiheiten der betroffenen Person nicht überwiegen und der Verantwortliche sämtliche Umstände der Datenübermittlung geprüft hat. Der Verantwortliche sollte insbesondere die Art der personenbezogenen Daten, den Zweck und die Dauer der vorgesehenen Verarbeitung, die Situation im Herkunftsland, in dem betreffenden Drittland und im Endbestimmungsland berücksichtigen und angemessene Garantien zum Schutz der Grundrechte und Grundfreiheiten natürlicher Personen in Bezug auf die Verarbeitung ihrer personenbezogener Daten vorsehen. Diese Übermittlungen sollten nur in den verbleibenden Fällen möglich sein, in denen keiner der anderen Gründe für die Übermittlung anwendbar ist. Bei wissenschaftlichen oder historischen Forschungszwecken oder bei statistischen Zwecken sollten die legitimen gesellschaftlichen Erwartungen in Bezug auf einen Wissenszuwachs berücksichtigt werden. Der Verantwortliche sollte die Aufsichtsbehörde und die betroffene Person von der Übermittlung in Kenntnis setzen.

(114) In allen Fällen, in denen kein Kommissionsbeschluss zur Angemessenheit des in einem Drittland bestehenden Datenschutzniveaus vorliegt, sollte der Verantwortliche oder der Auftragsverarbeiter auf Lösungen zurückgreifen, mit denen den betroffenen Personen durchsetzbare und wirksame Rechte in Bezug auf die Verarbeitung ihrer personenbezogenen Daten in der Union nach der Übermittlung dieser Daten eingeräumt werden, damit sie weiterhin die Grundrechte und Garantien genießen können.

(115) Manche Drittländer erlassen Gesetze, Vorschriften und sonstige Rechtsakte, die vorgeben, die Verarbeitungstätigkeiten natürlicher und juristischer Personen, die der Rechtsprechung der Mitgliedstaaten unterliegen, unmittelbar zu regeln. Dies kann Urteile von Gerichten und Entscheidungen von Verwaltungsbehörden in Drittländern umfassen, mit denen von einem Verantwortlichen oder einem Auftragsverarbeiter die Übermittlung oder Offenlegung personenbezogener Daten verlangt wird und die nicht auf eine in Kraft befindliche internationale Übereinkunft wie etwa ein Rechtshilfeabkommen zwischen dem ersuchenden Drittland und der Union oder einem Mitgliedstaat gestützt sind. Die Anwendung dieser Gesetze, Verordnungen und sonstigen Rechtsakte außerhalb des Hoheitsgebiets der betreffenden Drittländer kann gegen internationales Recht verstoßen und dem durch diese Verordnung in der Union gewährleisteten Schutz natürlicher Personen zuwiderlaufen. Datenübermittlungen sollten daher nur zulässig sein, wenn die Bedingungen dieser Verordnung für Daten-

übermittlungen an Drittländer eingehalten werden. Dies kann unter anderem der Fall sein, wenn die Offenlegung aus einem wichtigen öffentlichen Interesse erforderlich ist, das im Unionsrecht oder im Recht des Mitgliedstaats, dem der Verantwortliche unterliegt, anerkannt ist.

(116) Wenn personenbezogene Daten in ein anderes Land außerhalb der Union übermittelt werden, besteht eine erhöhte Gefahr, dass natürliche Personen ihre Datenschutzrechte nicht wahrnehmen können und sich insbesondere gegen die unrechtmäßige Nutzung oder Offenlegung dieser Informationen zu schützen. Ebenso kann es vorkommen, dass Aufsichtsbehörden Beschwerden nicht nachgehen oder Untersuchungen nicht durchführen können, die einen Bezug zu Tätigkeiten außerhalb der Grenzen ihres Mitgliedstaats haben. Ihre Bemühungen um grenzüberschreitende Zusammenarbeit können auch durch unzureichende Präventiv- und Abhilfebefugnisse, widersprüchliche Rechtsordnungen und praktische Hindernisse wie Ressourcenknappheit behindert werden. Die Zusammenarbeit zwischen den Datenschutzaufsichtsbehörden muss daher gefördert werden, damit sie Informationen austauschen und mit den Aufsichtsbehörden in anderen Ländern Untersuchungen durchführen können. Um Mechanismen der internationalen Zusammenarbeit zu entwickeln, die die internationale Amtshilfe bei der Durchsetzung von Rechtsvorschriften zum Schutz personenbezogener Daten erleichtern und sicherstellen, sollten die Kommission und die Aufsichtsbehörden Informationen austauschen und bei Tätigkeiten, die mit der Ausübung ihrer Befugnisse in Zusammenhang stehen, mit den zuständigen Behörden der Drittländer nach dem Grundsatz der Gegenseitigkeit und gemäß dieser Verordnung zusammenarbeiten.

(117) Die Errichtung von Aufsichtsbehörden in den Mitgliedstaaten, die befugt sind, ihre Aufgaben und Befugnisse völlig unabhängig wahrzunehmen, ist ein wesentlicher Bestandteil des Schutzes natürlicher Personen bei der Verarbeitung personenbezogener Daten. Die Mitgliedstaaten sollten mehr als eine Aufsichtsbehörde errichten können, wenn dies ihrer verfassungsmäßigen, organisatorischen und administrativen Struktur entspricht.

(118) Die Tatsache, dass die Aufsichtsbehörden unabhängig sind, sollte nicht bedeuten, dass sie hinsichtlich ihrer Ausgaben keinem Kontroll- oder Überwachungsmechanismus unterworfen werden bzw. sie keiner gerichtlichen Überprüfung unterzogen werden können.

(119) Errichtet ein Mitgliedstaat mehrere Aufsichtsbehörden, so sollte er mittels Rechtsvorschriften sicherstellen, dass diese Aufsichtsbehörden am Kohärenzverfahren wirksam beteiligt werden. Insbesondere sollte dieser Mitgliedstaat eine Aufsichtsbehörde bestimmen, die als zentrale Anlaufstelle für eine wirksame Beteiligung dieser Behörden an dem Verfahren fungiert und eine rasche und reibungslose Zusammenarbeit mit anderen Aufsichtsbehörden, dem Ausschuss und der Kommission gewährleistet.

(120) Jede Aufsichtsbehörde sollte mit Finanzmitteln, Personal, Räumlichkeiten und einer Infrastruktur ausgestattet werden, wie sie für die wirksame Wahrnehmung ihrer Aufgaben, einschließlich derer im Zusammenhang mit der Amtshilfe und Zusammenarbeit mit anderen Aufsichtsbehörden in der gesamten Union, notwendig sind. Jede Aufsichtsbehörde sollte über einen eigenen, öffentlichen, jährlichen Haushaltsplan verfügen, der Teil des gesamten Staatshaushalts oder nationalen Haushalts sein kann.

(121) Die allgemeinen Anforderungen an das Mitglied oder die Mitglieder der Aufsichtsbehörde sollten durch Rechtsvorschriften von jedem Mitgliedstaat geregelt werden und insbesondere vorsehen, dass diese Mitglieder im Wege eines transparenten Verfahrens entweder – auf Vorschlag der Regierung, eines Mitglieds der Regierung, des Parlaments oder einer Parlamentskammer – vom Parlament, der Regierung oder dem Staatsoberhaupt des Mitgliedstaats oder von einer unabhängigen Stelle ernannt werden, die nach dem Recht des Mitgliedstaats mit der Ernennung betraut wird. Um die Unabhängigkeit der Aufsichtsbehörde zu gewährleisten, sollten ihre Mitglieder ihr Amt integer ausüben, von allen mit den Aufgaben ihres Amts nicht zu vereinbarenden Handlungen absehen und während ihrer Amtszeit keine andere mit ihrem Amt nicht zu vereinbarende entgeltliche oder unentgeltliche Tätigkeit ausüben. Die Aufsichtsbehörde sollte über eigenes Personal verfügen, das sie selbst oder eine nach dem Recht des Mitgliedstaats eingerichtete unabhängige Stelle auswählt und das ausschließlich der Leitung des Mitglieds oder der Mitglieder der Aufsichtsbehörde unterstehen sollte.

(122) Jede Aufsichtsbehörde sollte dafür zuständig sein, im Hoheitsgebiet ihres Mitgliedstaats die Befugnisse auszuüben und die Aufgaben zu erfüllen, die ihr mit dieser Verordnung übertragen wurden. Dies sollte insbesondere für Folgendes gelten: die Verarbeitung im Rahmen der Tätigkeiten einer Niederlassung des Verantwortlichen oder Auftragsverarbeiters im Hoheitsgebiet ihres Mitgliedstaats, die Verarbeitung personenbezogener Daten durch Behörden oder private Stellen, die im öffentlichen Interesse handeln, Verarbeitungstätigkeiten, die Auswirkungen auf betroffene Personen in ihrem Hoheitsgebiet haben, oder Verarbeitungstätigkeiten eines Verantwortlichen oder Auftragsverarbeiters ohne Niederlassung in der Union, sofern sie auf betroffene Personen mit Wohnsitz in ihrem Hoheitsgebiet ausgerichtet sind. Dies sollte auch die Bearbeitung von Beschwerden einer betroffenen Person, die Durchführung von Untersuchungen über die Anwendung dieser Verordnung sowie die Förderung der Information der Öffentlichkeit über Risiken, Vorschriften, Garantien und Rechte im Zusammenhang mit der Verarbeitung personenbezogener Daten einschließen.

(123) Die Aufsichtsbehörden sollten die Anwendung der Bestimmungen dieser Verordnung überwachen und zu ihrer einheitlichen Anwendung in der gesamten Union beitragen, um natürliche Personen im Hinblick auf die Verarbeitung ihrer Daten zu schützen und den freien Verkehr personenbezogener Daten im Binnenmarkt zu erleichtern. Zu diesem Zweck sollten die Aufsichtsbehörden untereinander und mit der Kommission zusammenarbeiten, ohne dass eine Vereinbarung zwischen den Mitgliedstaaten über die Leistung von Amtshilfe oder über eine derartige Zusammenarbeit erforderlich wäre.

(124) Findet die Verarbeitung personenbezogener Daten im Zusammenhang mit der Tätigkeit einer Niederlassung eines Verantwortlichen oder eines Auftragsverarbeiters in der Union statt und hat der Verantwortliche oder der Auftragsverarbeiter Niederlassungen in mehr als einem Mitgliedstaat oder hat die Verarbeitungstätigkeit im Zusammenhang mit der Tätigkeit einer einzigen Niederlassung eines Verantwortlichen oder Auftragsverarbeiters in der Union erhebliche Auswirkungen auf betroffene Personen in mehr als einem Mitgliedstaat bzw. wird sie voraussichtlich solche Auswirkungen haben, so sollte die Aufsichtsbehörde für die Hauptniederlassung des Verantwortlichen oder Auftragsverarbeiters oder für die einzige Niederlassung des Verant-

wortlichen oder Auftragsverarbeiters als federführende Behörde fungieren. Sie sollte mit den anderen Behörden zusammenarbeiten, die betroffen sind, weil der Verantwortliche oder Auftragsverarbeiter eine Niederlassung im Hoheitsgebiet ihres Mitgliedstaats hat, weil die Verarbeitung erhebliche Auswirkungen auf betroffene Personen mit Wohnsitz in ihrem Hoheitsgebiet hat oder weil bei ihnen eine Beschwerde eingelegt wurde. Auch wenn eine betroffene Person ohne Wohnsitz in dem betreffenden Mitgliedstaat eine Beschwerde eingelegt hat, sollte die Aufsichtsbehörde, bei der Beschwerde eingelegt wurde, auch eine betroffene Aufsichtsbehörde sein. Der Ausschuss sollte – im Rahmen seiner Aufgaben in Bezug auf die Herausgabe von Leitlinien zu allen Fragen im Zusammenhang mit der Anwendung dieser Verordnung – insbesondere Leitlinien zu den Kriterien ausgeben können, die bei der Feststellung zu berücksichtigen sind, ob die fragliche Verarbeitung erhebliche Auswirkungen auf betroffene Personen in mehr als einem Mitgliedstaat hat und was einen maßgeblichen und begründeten Einspruch darstellt.

(125) Die federführende Behörde sollte berechtigt sein, verbindliche Beschlüsse über Maßnahmen zu erlassen, mit denen die ihr gemäß dieser Verordnung übertragenen Befugnisse ausgeübt werden. In ihrer Eigenschaft als federführende Behörde sollte diese Aufsichtsbehörde für die enge Einbindung und Koordinierung der betroffenen Aufsichtsbehörden im Entscheidungsprozess sorgen. Wird beschlossen, die Beschwerde der betroffenen Person vollständig oder teilweise abzuweisen, so sollte dieser Beschluss von der Aufsichtsbehörde angenommen werden, bei der die Beschwerde eingelegt wurde.

(126) Der Beschluss sollte von der federführenden Aufsichtsbehörde und den betroffenen Aufsichtsbehörden gemeinsam vereinbart werden und an die Hauptniederlassung oder die einzige Niederlassung des Verantwortlichen oder Auftragsverarbeiters gerichtet sein und für den Verantwortlichen und den Auftragsverarbeiter verbindlich sein. Der Verantwortliche oder Auftragsverarbeiter sollte die erforderlichen Maßnahmen treffen, um die Einhaltung dieser Verordnung und die Umsetzung des Beschlusses zu gewährleisten, der der Hauptniederlassung des Verantwortlichen oder Auftragsverarbeiters im Hinblick auf die Verarbeitungstätigkeiten in der Union von der federführenden Aufsichtsbehörde mitgeteilt wurde.

(127) Jede Aufsichtsbehörde, die nicht als federführende Aufsichtsbehörde fungiert, sollte in örtlichen Fällen zuständig sein, wenn der Verantwortliche oder Auftragsverarbeiter Niederlassungen in mehr als einem Mitgliedstaat hat, der Gegenstand der spezifischen Verarbeitung aber nur die Verarbeitungstätigkeiten in einem einzigen Mitgliedstaat und nur betroffene Personen in diesem einen Mitgliedstaat betrifft, beispielsweise wenn es um die Verarbeitung von personenbezogenen Daten von Arbeitnehmern im spezifischen Beschäftigungskontext eines Mitgliedstaats geht. In solchen Fällen sollte die Aufsichtsbehörde unverzüglich die federführende Aufsichtsbehörde über diese Angelegenheit unterrichten. Nach ihrer Unterrichtung sollte die federführende Aufsichtsbehörde entscheiden, ob sie den Fall nach den Bestimmungen zur Zusammenarbeit zwischen der federführenden Aufsichtsbehörde und anderen betroffenen Aufsichtsbehörden gemäß der Vorschrift zur Zusammenarbeit zwischen der federführenden Aufsichtsbehörde und anderen betroffenen Aufsichtsbehörden (im Folgenden „Verfahren der Zusammenarbeit und Kohärenz") regelt oder ob die Aufsichtsbehörde, die sie unterrichtet hat, den Fall auf örtlicher Ebene regeln sollte.

Dabei sollte die federführende Aufsichtsbehörde berücksichtigen, ob der Verantwortliche oder der Auftragsverarbeiter in dem Mitgliedstaat, dessen Aufsichtsbehörde sie unterrichtet hat, eine Niederlassung hat, damit Beschlüsse gegenüber dem Verantwortlichen oder dem Auftragsverarbeiter wirksam durchgesetzt werden. Entscheidet die federführende Aufsichtsbehörde, den Fall selbst zu regeln, sollte die Aufsichtsbehörde, die sie unterrichtet hat, die Möglichkeit haben, einen Beschlussentwurf vorzulegen, dem die federführende Aufsichtsbehörde bei der Ausarbeitung ihres Beschlussentwurfs im Rahmen dieses Verfahrens der Zusammenarbeit und Kohärenz weitestgehend Rechnung tragen sollte.

(128) Die Vorschriften über die federführende Behörde und das Verfahren der Zusammenarbeit und Kohärenz sollten keine Anwendung finden, wenn die Verarbeitung durch Behörden oder private Stellen im öffentlichen Interesse erfolgt. In diesen Fällen sollte die Aufsichtsbehörde des Mitgliedstaats, in dem die Behörde oder private Einrichtung ihren Sitz hat, die einzige Aufsichtsbehörde sein, die dafür zuständig ist, die Befugnisse auszuüben, die ihr mit dieser Verordnung übertragen wurden.

(129) Um die einheitliche Überwachung und Durchsetzung dieser Verordnung in der gesamten Union sicherzustellen, sollten die Aufsichtsbehörden in jedem Mitgliedstaat dieselben Aufgaben und wirksamen Befugnisse haben, darunter, insbesondere im Fall von Beschwerden natürlicher Personen, Untersuchungsbefugnisse, Abhilfebefugnisse und Sanktionsbefugnisse und Genehmigungsbefugnisse und beratende Befugnisse, sowie – unbeschadet der Befugnisse der Strafverfolgungsbehörden nach dem Recht der Mitgliedstaaten – die Befugnis, Verstöße gegen diese Verordnung den Justizbehörden zur Kenntnis zu bringen und Gerichtsverfahren anzustrengen. Dazu sollte auch die Befugnis zählen, eine vorübergehende oder endgültige Beschränkung der Verarbeitung, einschließlich eines Verbots, zu verhängen. Die Mitgliedstaaten können andere Aufgaben im Zusammenhang mit dem Schutz personenbezogener Daten im Rahmen dieser Verordnung festlegen. Die Befugnisse der Aufsichtsbehörden sollten in Übereinstimmung mit den geeigneten Verfahrensgarantien nach dem Unionsrecht und dem Recht der Mitgliedstaaten unparteiisch, gerecht und innerhalb einer angemessenen Frist ausgeübt werden. Insbesondere sollte jede Maßnahme im Hinblick auf die Gewährleistung der Einhaltung dieser Verordnung geeignet, erforderlich und verhältnismäßig sein, wobei die Umstände des jeweiligen Einzelfalls zu berücksichtigen sind, das Recht einer jeden Person, gehört zu werden, bevor eine individuelle Maßnahme getroffen wird, die nachteilige Auswirkungen auf diese Person hätte, zu achten ist und überflüssige Kosten und übermäßige Unannehmlichkeiten für die Betroffenen zu vermeiden sind. Untersuchungsbefugnisse im Hinblick auf den Zugang zu Räumlichkeiten sollten im Einklang mit besonderen Anforderungen im Verfahrensrecht der Mitgliedstaaten ausgeübt werden, wie etwa dem Erfordernis einer vorherigen richterlichen Genehmigung. Jede rechtsverbindliche Maßnahme der Aufsichtsbehörde sollte schriftlich erlassen werden und sie sollte klar und eindeutig sein; die Aufsichtsbehörde, die die Maßnahme erlassen hat, und das Datum, an dem die Maßnahme erlassen wurde, sollten angegeben werden und die Maßnahme sollte vom Leiter oder von einem von ihm bevollmächtigen Mitglied der Aufsichtsbehörde unterschrieben sein und eine Begründung für die Maßnahme sowie einen Hinweis auf das Recht auf einen wirksamen Rechtsbehelf enthalten. Dies sollte zusätzliche Anforderungen nach dem Verfahrensrecht der Mitgliedstaaten nicht ausschließen. Der Erlass eines rechtsverbindlichen Beschlusses setzt voraus,

dass er in dem Mitgliedstaat der Aufsichtsbehörde, die den Beschluss erlassen hat, gerichtlich überprüft werden kann.

(130) Ist die Aufsichtsbehörde, bei der die Beschwerde eingereicht wurde, nicht die federführende Aufsichtsbehörde, so sollte die federführende Aufsichtsbehörde gemäß den Bestimmungen dieser Verordnung über Zusammenarbeit und Kohärenz eng mit der Aufsichtsbehörde zusammenarbeiten, bei der die Beschwerde eingereicht wurde. In solchen Fällen sollte die federführende Aufsichtsbehörde bei Maßnahmen, die rechtliche Wirkungen entfalten sollen, unter anderem bei der Verhängung von Geldbußen, den Standpunkt der Aufsichtsbehörde, bei der die Beschwerde eingereicht wurde und die weiterhin befugt sein sollte, in Abstimmung mit der zuständigen Aufsichtsbehörde Untersuchungen im Hoheitsgebiet ihres eigenen Mitgliedstaats durchzuführen, weitestgehend berücksichtigen.

(131) Wenn eine andere Aufsichtsbehörde als federführende Aufsichtsbehörde für die Verarbeitungstätigkeiten des Verantwortlichen oder des Auftragsverarbeiters fungieren sollte, der konkrete Gegenstand einer Beschwerde oder der mögliche Verstoß jedoch nur die Verarbeitungstätigkeiten des Verantwortlichen oder des Auftragsverarbeiters in dem Mitgliedstaat betrifft, in dem die Beschwerde eingereicht wurde oder der mögliche Verstoß aufgedeckt wurde, und die Angelegenheit keine erheblichen Auswirkungen auf betroffene Personen in anderen Mitgliedstaaten hat oder haben dürfte, sollte die Aufsichtsbehörde, bei der eine Beschwerde eingereicht wurde oder die Situationen, die mögliche Verstöße gegen diese Verordnung darstellen, aufgedeckt hat bzw. auf andere Weise darüber informiert wurde, versuchen, eine gütliche Einigung mit dem Verantwortlichen zu erzielen; falls sich dies als nicht erfolgreich erweist, sollte sie die gesamte Bandbreite ihrer Befugnisse wahrnehmen. Dies sollte auch Folgendes umfassen: die spezifische Verarbeitung im Hoheitsgebiet des Mitgliedstaats der Aufsichtsbehörde oder im Hinblick auf betroffene Personen im Hoheitsgebiet dieses Mitgliedstaats; die Verarbeitung im Rahmen eines Angebots von Waren oder Dienstleistungen, das speziell auf betroffene Personen im Hoheitsgebiet des Mitgliedstaats der Aufsichtsbehörde ausgerichtet ist; oder eine Verarbeitung, die unter Berücksichtigung der einschlägigen rechtlichen Verpflichtungen nach dem Recht der Mitgliedstaaten bewertet werden muss.

(132) Auf die Öffentlichkeit ausgerichtete Sensibilisierungsmaßnahmen der Aufsichtsbehörden sollten spezifische Maßnahmen einschließen, die sich an die Verantwortlichen und die Auftragsverarbeiter, einschließlich Kleinstunternehmen sowie kleiner und mittlerer Unternehmen, und an natürliche Personen, insbesondere im Bildungsbereich, richten.

(133) Die Aufsichtsbehörden sollten sich gegenseitig bei der Erfüllung ihrer Aufgaben unterstützen und Amtshilfe leisten, damit eine einheitliche Anwendung und Durchsetzung dieser Verordnung im Binnenmarkt gewährleistet ist. Eine Aufsichtsbehörde, die um Amtshilfe ersucht hat, kann eine einstweilige Maßnahme erlassen, wenn sie nicht binnen eines Monats nach Eingang des Amtshilfeersuchens bei der ersuchten Aufsichtsbehörde eine Antwort von dieser erhalten hat.

(134) Jede Aufsichtsbehörde sollte gegebenenfalls an gemeinsamen Maßnahmen von anderen Aufsichtsbehörden teilnehmen. Die ersuchte Aufsichtsbehörde sollte auf das Ersuchen binnen einer bestimmten Frist antworten müssen.

(135) Um die einheitliche Anwendung dieser Verordnung in der gesamten Union sicherzustellen, sollte ein Verfahren zur Gewährleistung einer einheitlichen Rechtsanwendung (Kohärenzverfahren) für die Zusammenarbeit zwischen den Aufsichtsbehörden eingeführt werden. Dieses Verfahren sollte insbesondere dann angewendet werden, wenn eine Aufsichtsbehörde beabsichtigt, eine Maßnahme zu erlassen, die rechtliche Wirkungen in Bezug auf Verarbeitungsvorgänge entfalten soll, die für eine bedeutende Zahl betroffener Personen in mehreren Mitgliedstaaten erhebliche Auswirkungen haben. Ferner sollte es zur Anwendung kommen, wenn eine betroffene Aufsichtsbehörde oder die Kommission beantragt, dass die Angelegenheit im Rahmen des Kohärenzverfahrens behandelt wird. Dieses Verfahren sollte andere Maßnahmen, die die Kommission möglicherweise in Ausübung ihrer Befugnisse nach den Verträgen trifft, unberührt lassen.

(136) Bei Anwendung des Kohärenzverfahrens sollte der Ausschuss, falls von der Mehrheit seiner Mitglieder so entschieden wird oder falls eine andere betroffene Aufsichtsbehörde oder die Kommission darum ersuchen, binnen einer festgelegten Frist eine Stellungnahme abgeben. Dem Ausschuss sollte auch die Befugnis übertragen werden, bei Streitigkeiten zwischen Aufsichtsbehörden rechtsverbindliche Beschlüsse zu erlassen. Zu diesem Zweck sollte er in klar bestimmten Fällen, in denen die Aufsichtsbehörden insbesondere im Rahmen des Verfahrens der Zusammenarbeit zwischen der federführenden Aufsichtsbehörde und den betroffenen Aufsichtsbehörden widersprüchliche Standpunkte zu dem Sachverhalt, vor allem in der Frage, ob ein Verstoß gegen diese Verordnung vorliegt, vertreten, grundsätzlich mit einer Mehrheit von zwei Dritteln seiner Mitglieder rechtsverbindliche Beschlüsse erlassen.

(137) Es kann dringender Handlungsbedarf zum Schutz der Rechte und Freiheiten von betroffenen Personen bestehen, insbesondere wenn eine erhebliche Behinderung der Durchsetzung des Rechts einer betroffenen Person droht. Eine Aufsichtsbehörde sollte daher hinreichend begründete einstweilige Maßnahmen in ihrem Hoheitsgebiet mit einer festgelegten Geltungsdauer von höchstens drei Monaten erlassen können.

(138) Die Anwendung dieses Verfahrens sollte in den Fällen, in denen sie verbindlich vorgeschrieben ist, eine Bedingung für die Rechtmäßigkeit einer Maßnahme einer Aufsichtsbehörde sein, die rechtliche Wirkungen entfalten soll. In anderen Fällen von grenzüberschreitender Relevanz sollte das Verfahren der Zusammenarbeit zwischen der federführenden Aufsichtsbehörde und den betroffenen Aufsichtsbehörden zur Anwendung gelangen, und die betroffenen Aufsichtsbehörden können auf bilateraler oder multilateraler Ebene Amtshilfe leisten und gemeinsame Maßnahmen durchführen, ohne auf das Kohärenzverfahren zurückzugreifen.

(139) Zur Förderung der einheitlichen Anwendung dieser Verordnung sollte der Ausschuss als unabhängige Einrichtung der Union eingesetzt werden. Damit der Ausschuss seine Ziele erreichen kann, sollte er Rechtspersönlichkeit besitzen. Der Ausschuss sollte von seinem Vorsitz vertreten werden. Er sollte die mit der Richtlinie 95/46/EG eingesetzte Arbeitsgruppe für den Schutz der Rechte von Personen bei der Verarbeitung personenbezogener Daten ersetzen. Er sollte aus dem Leiter einer Aufsichtsbehörde jedes Mitgliedstaats und dem Europäischen Datenschutzbeauftragten oder deren jeweiligen Vertretern gebildet werden. An den Beratungen des Ausschusses sollte die Kommission ohne Stimmrecht teilnehmen und der Europäische Datenschutzbeauftragte sollte spezifische Stimmrechte haben. Der Ausschuss sollte zur ein-

heitlichen Anwendung der Verordnung in der gesamten Union beitragen, die Kommission insbesondere im Hinblick auf das Schutzniveau in Drittländern oder internationalen Organisationen beraten und die Zusammenarbeit der Aufsichtsbehörden in der Union fördern. Der Ausschuss sollte bei der Erfüllung seiner Aufgaben unabhängig handeln.

(140) Der Ausschuss sollte von einem Sekretariat unterstützt werden, das von dem Europäischen Datenschutzbeauftragten bereitgestellt wird. Das Personal des Europäischen Datenschutzbeauftragten, das an der Wahrnehmung der dem Ausschuss gemäß dieser Verordnung übertragenen Aufgaben beteiligt ist, sollte diese Aufgaben ausschließlich gemäß den Anweisungen des Vorsitzes des Ausschusses durchführen und diesem Bericht erstatten.

(141) Jede betroffene Person sollte das Recht haben, bei einer einzigen Aufsichtsbehörde insbesondere in dem Mitgliedstaat ihres gewöhnlichen Aufenthalts eine Beschwerde einzureichen und gemäß Artikel 47 der Charta einen wirksamen gerichtlichen Rechtsbehelf einzulegen, wenn sie sich in ihren Rechten gemäß dieser Verordnung verletzt sieht oder wenn die Aufsichtsbehörde auf eine Beschwerde hin nicht tätig wird, eine Beschwerde teilweise oder ganz abweist oder ablehnt oder nicht tätig wird, obwohl dies zum Schutz der Rechte der betroffenen Person notwendig ist. Die auf eine Beschwerde folgende Untersuchung sollte vorbehaltlich gerichtlicher Überprüfung so weit gehen, wie dies im Einzelfall angemessen ist. Die Aufsichtsbehörde sollte die betroffene Person innerhalb eines angemessenen Zeitraums über den Fortgang und die Ergebnisse der Beschwerde unterrichten. Sollten weitere Untersuchungen oder die Abstimmung mit einer anderen Aufsichtsbehörde erforderlich sein, sollte die betroffene Person über den Zwischenstand informiert werden. Jede Aufsichtsbehörde sollte Maßnahmen zur Erleichterung der Einreichung von Beschwerden treffen, wie etwa die Bereitstellung eines Beschwerdeformulars, das auch elektronisch ausgefüllt werden kann, ohne dass andere Kommunikationsmittel ausgeschlossen werden.

(142) Betroffene Personen, die sich in ihren Rechten gemäß dieser Verordnung verletzt sehen, sollten das Recht haben, nach dem Recht eines Mitgliedstaats gegründete Einrichtungen, Organisationen oder Verbände ohne Gewinnerzielungsabsicht, deren satzungsmäßige Ziele im öffentlichem Interesse liegen und die im Bereich des Schutzes personenbezogener Daten tätig sind, zu beauftragen, in ihrem Namen Beschwerde bei einer Aufsichtsbehörde oder einen gerichtlichen Rechtsbehelf einzulegen oder das Recht auf Schadensersatz in Anspruch zu nehmen, sofern dieses im Recht der Mitgliedstaaten vorgesehen ist. Die Mitgliedstaaten können vorsehen, dass diese Einrichtungen, Organisationen oder Verbände das Recht haben, unabhängig vom Auftrag einer betroffenen Person in dem betreffenden Mitgliedstaat eine eigene Beschwerde einzulegen, und das Recht auf einen wirksamen gerichtlichen Rechtsbehelf haben sollten, wenn sie Grund zu der Annahme haben, dass die Rechte der betroffenen Person infolge einer nicht im Einklang mit dieser Verordnung stehenden Verarbeitung verletzt worden sind. Diesen Einrichtungen, Organisationen oder Verbänden kann unabhängig vom Auftrag einer betroffenen Person nicht gestattet werden, im Namen einer betroffenen Person Schadenersatz zu verlangen.

(143) Jede natürliche oder juristische Person hat das Recht, unter den in Artikel 263 AEUV genannten Voraussetzungen beim Gerichtshof eine Klage auf Nichtigerklärung eines Beschlusses des Ausschusses zu erheben. Als Adressaten solcher

Beschlüsse müssen die betroffenen Aufsichtsbehörden, die diese Beschlüsse anfechten möchten, binnen zwei Monaten nach deren Übermittlung gemäß Artikel 263 AEUV Klage erheben. Sofern Beschlüsse des Ausschusses einen Verantwortlichen, einen Auftragsverarbeiter oder den Beschwerdeführer unmittelbar und individuell betreffen, so können diese Personen binnen zwei Monaten nach Veröffentlichung der betreffenden Beschlüsse auf der Website des Ausschusses im Einklang mit Artikel 263 AEUV eine Klage auf Nichtigerklärung erheben. Unbeschadet dieses Rechts nach Artikel 263 AEUV sollte jede natürliche oder juristische Person das Recht auf einen wirksamen gerichtlichen Rechtsbehelf bei dem zuständigen einzelstaatlichen Gericht gegen einen Beschluss einer Aufsichtsbehörde haben, der gegenüber dieser Person Rechtswirkungen entfaltet. Ein derartiger Beschluss betrifft insbesondere die Ausübung von Untersuchungs-, Abhilfe- und Genehmigungsbefugnissen durch die Aufsichtsbehörde oder die Ablehnung oder Abweisung von Beschwerden. Das Recht auf einen wirksamen gerichtlichen Rechtsbehelf umfasst jedoch nicht rechtlich nicht bindende Maßnahmen der Aufsichtsbehörden wie von ihr abgegebene Stellungnahmen oder Empfehlungen. Verfahren gegen eine Aufsichtsbehörde sollten bei den Gerichten des Mitgliedstaats angestrengt werden, in dem die Aufsichtsbehörde ihren Sitz hat, und sollten im Einklang mit dem Verfahrensrecht dieses Mitgliedstaats durchgeführt werden. Diese Gerichte sollten eine uneingeschränkte Zuständigkeit besitzen, was die Zuständigkeit, sämtliche für den bei ihnen anhängigen Rechtsstreit maßgebliche Sach- und Rechtsfragen zu prüfen, einschließt. Wurde eine Beschwerde von einer Aufsichtsbehörde abgelehnt oder abgewiesen, kann der Beschwerdeführer Klage bei den Gerichten desselben Mitgliedstaats erheben.

Im Zusammenhang mit gerichtlichen Rechtsbehelfen in Bezug auf die Anwendung dieser Verordnung können einzelstaatliche Gerichte, die eine Entscheidung über diese Frage für erforderlich halten, um ihr Urteil erlassen zu können, bzw. müssen einzelstaatliche Gerichte in den Fällen nach Artikel 267 AEUV den Gerichtshof um eine Vorabentscheidung zur Auslegung des Unionsrechts – das auch diese Verordnung einschließt – ersuchen. Wird darüber hinaus der Beschluss einer Aufsichtsbehörde zur Umsetzung eines Beschlusses des Ausschusses vor einem einzelstaatlichen Gericht angefochten und wird die Gültigkeit des Beschlusses des Ausschusses in Frage gestellt, so hat dieses einzelstaatliche Gericht nicht die Befugnis, den Beschluss des Ausschusses für nichtig zu erklären, sondern es muss im Einklang mit Artikel 267 AEUV in der Auslegung des Gerichtshofs den Gerichtshof mit der Frage der Gültigkeit befassen, wenn es den Beschluss für nichtig hält. Allerdings darf ein einzelstaatliches Gericht den Gerichtshof nicht auf Anfrage einer natürlichen oder juristischen Person mit Fragen der Gültigkeit des Beschlusses des Ausschusses befassen, wenn diese Person Gelegenheit hatte, eine Klage auf Nichtigerklärung dieses Beschlusses zu erheben – insbesondere wenn sie unmittelbar und individuell von dem Beschluss betroffen war –, diese Gelegenheit jedoch nicht innerhalb der Frist gemäß Artikel 263 AEUV genutzt hat.

(144) Hat ein mit einem Verfahren gegen die Entscheidung einer Aufsichtsbehörde befasstes Gericht Anlass zu der Vermutung, dass ein dieselbe Verarbeitung betreffendes Verfahren – etwa zu demselben Gegenstand in Bezug auf die Verarbeitung durch denselben Verantwortlichen oder Auftragsverarbeiter oder wegen desselben Anspruchs – vor einem zuständigen Gericht in einem anderen Mitgliedstaat anhängig ist, so sollte es mit diesem Gericht Kontakt aufnehmen, um sich zu vergewissern, dass ein solches ver-

wandtes Verfahren existiert. Sind verwandte Verfahren vor einem Gericht in einem anderen Mitgliedstaat anhängig, so kann jedes später angerufene Gericht das Verfahren aussetzen oder sich auf Anfrage einer Partei auch zugunsten des zuerst angerufenen Gerichts für unzuständig erklären, wenn dieses später angerufene Gericht für die betreffenden Verfahren zuständig ist und die Verbindung von solchen verwandten Verfahren nach seinem Recht zulässig ist. Verfahren gelten als miteinander verwandt, wenn zwischen ihnen eine so enge Beziehung gegeben ist, dass eine gemeinsame Verhandlung und Entscheidung geboten erscheint, um zu vermeiden, dass in getrennten Verfahren einander widersprechende Entscheidungen ergehen.

(145) Bei Verfahren gegen Verantwortliche oder Auftragsverarbeiter sollte es dem Kläger überlassen bleiben, ob er die Gerichte des Mitgliedstaats anruft, in dem der Verantwortliche oder der Auftragsverarbeiter eine Niederlassung hat, oder des Mitgliedstaats, in dem die betroffene Person wohnt; dies gilt nicht, wenn es sich bei dem Verantwortlichen um eine Behörde eines Mitgliedstaats handelt, die in Ausübung ihrer hoheitlichen Befugnisse tätig geworden ist.

(146) Der Verantwortliche oder der Auftragsverarbeiter sollte Schäden, die einer Person aufgrund einer Verarbeitung entstehen, die mit dieser Verordnung nicht im Einklang steht, ersetzen. Der Verantwortliche oder der Auftragsverarbeiter sollte von seiner Haftung befreit werden, wenn er nachweist, dass er in keiner Weise für den Schaden verantwortlich ist. Der Begriff des Schadens sollte im Lichte der Rechtsprechung des Gerichtshofs weit auf eine Art und Weise ausgelegt werden, die den Zielen dieser Verordnung in vollem Umfang entspricht. Dies gilt unbeschadet von Schadenersatzforderungen aufgrund von Verstößen gegen andere Vorschriften des Unionsrechts oder des Rechts der Mitgliedstaaten. Zu einer Verarbeitung, die mit der vorliegenden Verordnung nicht im Einklang steht, zählt auch eine Verarbeitung, die nicht mit den nach Maßgabe der vorliegenden Verordnung erlassenen delegierten Rechtsakten und Durchführungsrechtsakten und Rechtsvorschriften der Mitgliedstaaten zur Präzisierung von Bestimmungen der vorliegenden Verordnung im Einklang steht. Die betroffenen Personen sollten einen vollständigen und wirksamen Schadenersatz für den erlittenen Schaden erhalten. Sind Verantwortliche oder Auftragsverarbeiter an derselben Verarbeitung beteiligt, so sollte jeder Verantwortliche oder Auftragsverarbeiter für den gesamten Schaden haftbar gemacht werden. Werden sie jedoch nach Maßgabe des Rechts der Mitgliedstaaten zu demselben Verfahren hinzugezogen, so können sie im Verhältnis zu der Verantwortung anteilmäßig haftbar gemacht werden, die jeder Verantwortliche oder Auftragsverarbeiter für den durch die Verarbeitung entstandenen Schaden zu tragen hat, sofern sichergestellt ist, dass die betroffene Person einen vollständigen und wirksamen Schadenersatz für den erlittenen Schaden erhält. Jeder Verantwortliche oder Auftragsverarbeiter, der den vollen Schadenersatz geleistet hat, kann anschließend ein Rückgriffsverfahren gegen andere an derselben Verarbeitung beteiligte Verantwortliche oder Auftragsverarbeiter anstrengen.

(147) Soweit in dieser Verordnung spezifische Vorschriften über die Gerichtsbarkeit – insbesondere in Bezug auf Verfahren im Hinblick auf einen gerichtlichen Rechtsbehelf einschließlich Schadenersatz gegen einen Verantwortlichen oder Auftragsverarbeiter – enthalten sind, sollten die allgemeinen Vorschriften über die Gerichtsbarkeit, wie sie etwa in der Verordnung (EU) Nr. 1215/2012 des Europäischen

Parlaments und des Rates[13] enthalten sind, der Anwendung dieser spezifischen Vorschriften nicht entgegenstehen.

(148) Im Interesse einer konsequenteren Durchsetzung der Vorschriften dieser Verordnung sollten bei Verstößen gegen diese Verordnung zusätzlich zu den geeigneten Maßnahmen, die die Aufsichtsbehörde gemäß dieser Verordnung verhängt, oder an Stelle solcher Maßnahmen Sanktionen einschließlich Geldbußen verhängt werden. Im Falle eines geringfügigeren Verstoßes oder falls voraussichtlich zu verhängende Geldbuße eine unverhältnismäßige Belastung für eine natürliche Person bewirken würde, kann anstelle einer Geldbuße eine Verwarnung erteilt werden. Folgendem sollte jedoch gebührend Rechnung getragen werden: der Art, Schwere und Dauer des Verstoßes, dem vorsätzlichen Charakter des Verstoßes, den Maßnahmen zur Minderung des entstandenen Schadens, dem Grad der Verantwortlichkeit oder jeglichem früheren Verstoß, der Art und Weise, wie der Verstoß der Aufsichtsbehörde bekannt wurde, der Einhaltung der gegen den Verantwortlichen oder Auftragsverarbeiter angeordneten Maßnahmen, der Einhaltung von Verhaltensregeln und jedem anderen erschwerenden oder mildernden Umstand. Für die Verhängung von Sanktionen einschließlich Geldbußen sollte es angemessene Verfahrensgarantien geben, die den allgemeinen Grundsätzen des Unionsrechts und der Charta, einschließlich des Rechts auf wirksamen Rechtsschutz und ein faires Verfahren, entsprechen.

(149) Die Mitgliedstaaten sollten die strafrechtlichen Sanktionen für Verstöße gegen diese Verordnung, auch für Verstöße gegen auf der Grundlage und in den Grenzen dieser Verordnung erlassene nationale Vorschriften, festlegen können. Diese strafrechtlichen Sanktionen können auch die Einziehung der durch die Verstöße gegen diese Verordnung erzielten Gewinne ermöglichen. Die Verhängung von strafrechtlichen Sanktionen für Verstöße gegen solche nationalen Vorschriften und von verwaltungsrechtlichen Sanktionen sollte jedoch nicht zu einer Verletzung des Grundsatzes „ne bis in idem", wie er vom Gerichtshof ausgelegt worden ist, führen.

(150) Um die verwaltungsrechtlichen Sanktionen bei Verstößen gegen diese Verordnung zu vereinheitlichen und ihnen mehr Wirkung zu verleihen, sollte jede Aufsichtsbehörde befugt sein, Geldbußen zu verhängen. In dieser Verordnung sollten die Verstöße sowie die Obergrenze der entsprechenden Geldbußen und die Kriterien für ihre Festsetzung genannt werden, wobei diese Geldbußen von der zuständigen Aufsichtsbehörde in jedem Einzelfall unter Berücksichtigung aller besonderen Umstände und insbesondere der Art, Schwere und Dauer des Verstoßes und seiner Folgen sowie der Maßnahmen, die ergriffen worden sind, um die Einhaltung der aus dieser Verordnung erwachsenden Verpflichtungen zu gewährleisten und die Folgen des Verstoßes abzuwenden oder abzumildern, festzusetzen sind. Werden Geldbußen Unternehmen auferlegt, sollte zu diesem Zweck der Begriff „Unternehmen" im Sinne der Artikel 101 und 102 AEUV verstanden werden. Werden Geldbußen Personen auferlegt, bei denen es sich nicht um Unternehmen handelt, so sollte die Aufsichtsbehörde bei der Erwägung des angemessenen Betrags für die Geldbuße dem allgemeinen Einkommensniveau in dem betreffenden Mitgliedstaat und der wirtschaftlichen Lage der Personen Rechnung tragen. Das Kohärenzverfahren kann auch genutzt werden, um eine

---

13 Verordnung (EU) Nr. 1215/2012 des Europäischen Parlaments und des Rates vom 12. Dezember 2012 über die gerichtliche Zuständigkeit und die Anerkennung und Vollstreckung von Entscheidungen in Zivil- und Handelssachen (ABl. L 351 vom 20.12.2012, S. 1).

Anhang 1   Erwägungsgründe der DS-GVO

kohärente Anwendung von Geldbußen zu fördern. Die Mitgliedstaaten sollten bestimmen können, ob und inwieweit gegen Behörden Geldbußen verhängt werden können. Auch wenn die Aufsichtsbehörden bereits Geldbußen verhängt oder eine Verwarnung erteilt haben, können sie ihre anderen Befugnisse ausüben oder andere Sanktionen nach Maßgabe dieser Verordnung verhängen.

(151) Nach den Rechtsordnungen Dänemarks und Estlands sind die in dieser Verordnung vorgesehenen Geldbußen nicht zulässig. Die Vorschriften über die Geldbußen können so angewandt werden, dass die Geldbuße in Dänemark durch die zuständigen nationalen Gerichte als Strafe und in Estland durch die Aufsichtsbehörde im Rahmen eines Verfahrens bei Vergehen verhängt wird, sofern eine solche Anwendung der Vorschriften in diesen Mitgliedstaaten die gleiche Wirkung wie die von den Aufsichtsbehörden verhängten Geldbußen hat. Daher sollten die zuständigen nationalen Gerichte die Empfehlung der Aufsichtsbehörde, die die Geldbuße in die Wege geleitet hat, berücksichtigen. In jedem Fall sollten die verhängten Geldbußen wirksam, verhältnismäßig und abschreckend sein.

(152) Soweit diese Verordnung verwaltungsrechtliche Sanktionen nicht harmonisiert oder wenn es in anderen Fällen – beispielsweise bei schweren Verstößen gegen diese Verordnung – erforderlich ist, sollten die Mitgliedstaaten eine Regelung anwenden, die wirksame, verhältnismäßige und abschreckende Sanktionen vorsieht. Es sollte im Recht der Mitgliedstaaten geregelt werden, ob diese Sanktionen strafrechtlicher oder verwaltungsrechtlicher Art sind.

(153) Im Recht der Mitgliedstaaten sollten die Vorschriften über die freie Meinungsäußerung und Informationsfreiheit, auch von Journalisten, Wissenschaftlern, Künstlern und/oder Schriftstellern, mit dem Recht auf Schutz der personenbezogenen Daten gemäß dieser Verordnung in Einklang gebracht werden. Für die Verarbeitung personenbezogener Daten ausschließlich zu journalistischen Zwecken oder zu wissenschaftlichen, künstlerischen oder literarischen Zwecken sollten Abweichungen und Ausnahmen von bestimmten Vorschriften dieser Verordnung gelten, wenn dies erforderlich ist, um das Recht auf Schutz der personenbezogenen Daten mit dem Recht auf Freiheit der Meinungsäußerung und Informationsfreiheit, wie es in Artikel 11 der Charta garantiert ist, in Einklang zu bringen. Dies sollte insbesondere für die Verarbeitung personenbezogener Daten im audiovisuellen Bereich sowie in Nachrichten- und Pressearchiven gelten. Die Mitgliedstaaten sollten daher Gesetzgebungsmaßnahmen zur Regelung der Abweichungen und Ausnahmen erlassen, die zum Zwecke der Abwägung zwischen diesen Grundrechten notwendig sind. Die Mitgliedstaaten sollten solche Abweichungen und Ausnahmen in Bezug auf die allgemeinen Grundsätze, die Rechte der betroffenen Person, den Verantwortlichen und den Auftragsverarbeiter, die Übermittlung von personenbezogenen Daten an Drittländer oder an internationale Organisationen, die unabhängigen Aufsichtsbehörden, die Zusammenarbeit und Kohärenz und besondere Datenverarbeitungssituationen erlassen. Sollten diese Abweichungen oder Ausnahmen von Mitgliedstaat zu Mitgliedstaat unterschiedlich sein, sollte das Recht des Mitgliedstaats angewendet werden, dem der Verantwortliche unterliegt. Um der Bedeutung des Rechts auf freie Meinungsäußerung in einer demokratischen Gesellschaft Rechnung zu tragen, müssen Begriffe wie Journalismus, die sich auf diese Freiheit beziehen, weit ausgelegt werden.

(154) Diese Verordnung ermöglicht es, dass bei ihrer Anwendung der Grundsatz des Zugangs der Öffentlichkeit zu amtlichen Dokumenten berücksichtigt wird. Der Zugang der Öffentlichkeit zu amtlichen Dokumenten kann als öffentliches Interesse betrachtet werden. Personenbezogene Daten in Dokumenten, die sich im Besitz einer Behörde oder einer öffentlichen Stelle befinden, sollten von dieser Behörde oder Stelle öffentlich offengelegt werden können, sofern dies im Unionsrecht oder im Recht der Mitgliedstaaten, denen sie unterliegt, vorgesehen ist. Diese Rechtsvorschriften sollten den Zugang der Öffentlichkeit zu amtlichen Dokumenten und die Weiterverwendung von Informationen des öffentlichen Sektors mit dem Recht auf Schutz personenbezogener Daten in Einklang bringen und können daher die notwendige Übereinstimmung mit dem Recht auf Schutz personenbezogener Daten gemäß dieser Verordnung regeln. Die Bezugnahme auf Behörden und öffentliche Stellen sollte in diesem Kontext sämtliche Behörden oder sonstigen Stellen beinhalten, die vom Recht des jeweiligen Mitgliedstaats über den Zugang der Öffentlichkeit zu Dokumenten erfasst werden. Die Richtlinie 2003/98/EG des Europäischen Parlaments und des Rates[14] lässt das Schutzniveau für natürliche Personen in Bezug auf die Verarbeitung personenbezogener Daten gemäß den Bestimmungen des Unionsrechts und des Rechts der Mitgliedstaaten unberührt und beeinträchtigt diesen in keiner Weise, und sie bewirkt insbesondere keine Änderung der in dieser Verordnung dargelegten Rechte und Pflichten. Insbesondere sollte die genannte Richtlinie nicht für Dokumente gelten, die nach den Zugangsregelungen der Mitgliedstaaten aus Gründen des Schutzes personenbezogener Daten nicht oder nur eingeschränkt zugänglich sind, oder für Teile von Dokumenten, die nach diesen Regelungen zugänglich sind, wenn sie personenbezogene Daten enthalten, bei denen Rechtsvorschriften vorsehen, dass ihre Weiterverwendung nicht mit dem Recht über den Schutz natürlicher Personen in Bezug auf die Verarbeitung personenbezogener Daten vereinbar ist.

(155) Im Recht der Mitgliedstaaten oder in Kollektivvereinbarungen (einschließlich „Betriebsvereinbarungen") können spezifische Vorschriften für die Verarbeitung personenbezogener Beschäftigtendaten im Beschäftigungskontext vorgesehen werden, und zwar insbesondere Vorschriften über die Bedingungen, unter denen personenbezogene Daten im Beschäftigungskontext auf der Grundlage der Einwilligung des Beschäftigten verarbeitet werden dürfen, über die Verarbeitung dieser Daten für Zwecke der Einstellung, der Erfüllung des Arbeitsvertrags einschließlich der Erfüllung von durch Rechtsvorschriften oder durch Kollektivvereinbarungen festgelegten Pflichten, des Managements, der Planung und der Organisation der Arbeit, der Gleichheit und Diversität am Arbeitsplatz, der Gesundheit und Sicherheit am Arbeitsplatz sowie für Zwecke der Inanspruchnahme der mit der Beschäftigung zusammenhängenden individuellen oder kollektiven Rechte und Leistungen und für Zwecke der Beendigung des Beschäftigungsverhältnisses.

(156) Die Verarbeitung personenbezogener Daten für im öffentlichen Interesse liegende Archivzwecke, zu wissenschaftlichen oder historischen Forschungszwecken oder zu statistischen Zwecken sollte geeigneten Garantien für die Rechte und Freiheiten der betroffenen Person gemäß dieser Verordnung unterliegen. Mit diesen Garan-

---

14 Richtlinie 2003/98/EG des Europäischen Parlaments und des Rates vom 17. November 2003 über die Weiterverwendung von Informationen des öffentlichen Sektors (ABl. L 345 vom 31.12.2003, S. 90).

tien sollte sichergestellt werden, dass technische und organisatorische Maßnahmen bestehen, mit denen insbesondere der Grundsatz der Datenminimierung gewährleistet wird. Die Weiterverarbeitung personenbezogener Daten zu im öffentlichen Interesse liegenden Archivzwecken, zu wissenschaftlichen oder historischen Forschungszwecken oder zu statistischen Zwecken erfolgt erst dann, wenn der Verantwortliche geprüft hat, ob es möglich ist, diese Zwecke durch die Verarbeitung von personenbezogenen Daten, bei der die Identifizierung von betroffenen Personen nicht oder nicht mehr möglich ist, zu erfüllen, sofern geeignete Garantien bestehen (wie z. B. die Pseudonymisierung von personenbezogenen Daten). Die Mitgliedstaaten sollten geeignete Garantien in Bezug auf die Verarbeitung personenbezogener Daten für im öffentlichen Interesse liegende Archivzwecke, zu wissenschaftlichen oder historischen Forschungszwecken oder zu statistischen Zwecken vorsehen. Es sollte den Mitgliedstaaten erlaubt sein, unter bestimmten Bedingungen und vorbehaltlich geeigneter Garantien für die betroffenen Personen Präzisierungen und Ausnahmen in Bezug auf die Informationsanforderungen sowie der Rechte auf Berichtigung, Löschung, Vergessenwerden, zur Einschränkung der Verarbeitung, auf Datenübertragbarkeit sowie auf Widerspruch bei der Verarbeitung personenbezogener Daten zu im öffentlichen Interesse liegende Archivzwecken, zu wissenschaftlichen oder historischen Forschungszwecken oder zu statistischen Zwecken vorzusehen. Im Rahmen der betreffenden Bedingungen und Garantien können spezifische Verfahren für die Ausübung dieser Rechte durch die betroffenen Personen vorgesehen sein – sofern dies angesichts der mit der spezifischen Verarbeitung verfolgten Zwecke angemessen ist – sowie technische und organisatorische Maßnahmen zur Minimierung der Verarbeitung personenbezogener Daten im Hinblick auf die Grundsätze der Verhältnismäßigkeit und der Notwendigkeit. Die Verarbeitung personenbezogener Daten zu wissenschaftlichen Zwecken sollte auch anderen einschlägigen Rechtsvorschriften, beispielsweise für klinische Prüfungen, genügen.

(157) Durch die Verknüpfung von Informationen aus Registern können Forscher neue Erkenntnisse von großem Wert in Bezug auf weit verbreiteten Krankheiten wie Herz-Kreislauferkrankungen, Krebs und Depression erhalten. Durch die Verwendung von Registern können bessere Forschungsergebnisse erzielt werden, da sie auf einen größeren Bevölkerungsanteil gestützt sind. Im Bereich der Sozialwissenschaften ermöglicht die Forschung anhand von Registern es den Forschern, entscheidende Erkenntnisse über den langfristigen Zusammenhang einer Reihe sozialer Umstände zu erlangen, wie Arbeitslosigkeit und Bildung mit anderen Lebensumständen. Durch Register erhaltene Forschungsergebnisse bieten solide, hochwertige Erkenntnisse, die die Basis für die Erarbeitung und Umsetzung wissensgestützter politischer Maßnahmen darstellen, die Lebensqualität zahlreicher Menschen verbessern und die Effizienz der Sozialdienste verbessern können. Zur Erleichterung der wissenschaftlichen Forschung können daher personenbezogene Daten zu wissenschaftlichen Forschungszwecken verarbeitet werden, wobei sie angemessenen Bedingungen und Garantien unterliegen, die im Unionsrecht oder im Recht der Mitgliedstaaten festgelegt sind.

(158) Diese Verordnung sollte auch für die Verarbeitung personenbezogener Daten zu Archivzwecken gelten, wobei darauf hinzuweisen ist, dass die Verordnung nicht für verstorbene Personen gelten sollte. Behörden oder öffentliche oder private Stellen, die Aufzeichnungen von öffentlichem Interesse führen, sollten gemäß dem Unionsrecht oder dem Recht der Mitgliedstaaten rechtlich verpflichtet sein, Aufzeichnungen

von bleibendem Wert für das allgemeine öffentliche Interesse zu erwerben, zu erhalten, zu bewerten, aufzubereiten, zu beschreiben, mitzuteilen, zu fördern, zu verbreiten sowie Zugang dazu bereitzustellen. Es sollte den Mitgliedstaaten ferner erlaubt sein vorzusehen, dass personenbezogene Daten zu Archivzwecken weiterverarbeitet werden, beispielsweise im Hinblick auf die Bereitstellung spezifischer Informationen im Zusammenhang mit dem politischen Verhalten unter ehemaligen totalitären Regimen, Völkermord, Verbrechen gegen die Menschlichkeit, insbesondere dem Holocaust, und Kriegsverbrechen.

(159) Diese Verordnung sollte auch für die Verarbeitung personenbezogener Daten zu wissenschaftlichen Forschungszwecken gelten. Die Verarbeitung personenbezogener Daten zu wissenschaftlichen Forschungszwecken im Sinne dieser Verordnung sollte weit ausgelegt werden und die Verarbeitung für beispielsweise die technologische Entwicklung und die Demonstration, die Grundlagenforschung, die angewandte Forschung und die privat finanzierte Forschung einschließen. Darüber hinaus sollte sie dem in Artikel 179 Absatz 1 AEUV festgeschriebenen Ziel, einen europäischen Raum der Forschung zu schaffen, Rechnung tragen. Die wissenschaftlichen Forschungszwecke sollten auch Studien umfassen, die im öffentlichen Interesse im Bereich der öffentlichen Gesundheit durchgeführt werden. Um den Besonderheiten der Verarbeitung personenbezogener Daten zu wissenschaftlichen Forschungszwecken zu genügen, sollten spezifische Bedingungen insbesondere hinsichtlich der Veröffentlichung oder sonstigen Offenlegung personenbezogener Daten im Kontext wissenschaftlicher Zwecke gelten. Geben die Ergebnisse wissenschaftlicher Forschung insbesondere im Gesundheitsbereich Anlass zu weiteren Maßnahmen im Interesse der betroffenen Person, sollten die allgemeinen Vorschriften dieser Verordnung für diese Maßnahmen gelten.

(160) Diese Verordnung sollte auch für die Verarbeitung personenbezogener Daten zu historischen Forschungszwecken gelten. Dazu sollte auch historische Forschung und Forschung im Bereich der Genealogie zählen, wobei darauf hinzuweisen ist, dass diese Verordnung nicht für verstorbene Personen gelten sollte.

(161) Für die Zwecke der Einwilligung in die Teilnahme an wissenschaftlichen Forschungstätigkeiten im Rahmen klinischer Prüfungen sollten die einschlägigen Bestimmungen der Verordnung (EU) Nr. 536/2014 des Europäischen Parlaments und des Rates[15] gelten.

(162) Diese Verordnung sollte auch für die Verarbeitung personenbezogener Daten zu statistischen Zwecken gelten. Das Unionsrecht oder das Recht der Mitgliedstaaten sollte in den Grenzen dieser Verordnung den statistischen Inhalt, die Zugangskontrolle, die Spezifikationen für die Verarbeitung personenbezogener Daten zu statistischen Zwecken und geeignete Maßnahmen zur Sicherung der Rechte und Freiheiten der betroffenen Personen und zur Sicherstellung der statistischen Geheimhaltung bestimmen. Unter dem Begriff „statistische Zwecke" ist jeder für die Durchführung statistischer Untersuchungen und die Erstellung statistischer Ergebnisse erforderliche Vorgang der Erhebung und Verarbeitung personenbezogener Daten zu verstehen.

---

15 Verordnung (EU) Nr. 536/2014 des Europäischen Parlaments und des Rates vom 16. April 2014 über klinische Prüfungen mit Humanarzneimitteln und zur Aufhebung der Richtlinie 2001/20/EG Text von Bedeutung für den EWR (ABl. L 158 vom 27.5.2014, S. 1).

Anhang 1 Erwägungsgründe der DS-GVO

Diese statistischen Ergebnisse können für verschiedene Zwecke, so auch für wissenschaftliche Forschungszwecke, weiterverwendet werden. Im Zusammenhang mit den statistischen Zwecken wird vorausgesetzt, dass die Ergebnisse der Verarbeitung zu statistischen Zwecken keine personenbezogenen Daten, sondern aggregierte Daten sind und diese Ergebnisse oder personenbezogenen Daten nicht für Maßnahmen oder Entscheidungen gegenüber einzelnen natürlichen Personen verwendet werden.

(163) Die vertraulichen Informationen, die die statistischen Behörden der Union und der Mitgliedstaaten zur Erstellung der amtlichen europäischen und der amtlichen nationalen Statistiken erheben, sollten geschützt werden. Die europäischen Statistiken sollten im Einklang mit den in Artikel 338 Absatz 2 AEUV dargelegten statistischen Grundsätzen entwickelt, erstellt und verbreitet werden, wobei die nationalen Statistiken auch mit dem Recht der Mitgliedstaaten übereinstimmen müssen. Die Verordnung (EG) Nr. 223/2009 des Europäischen Parlaments und des Rates[16] enthält genauere Bestimmungen zur Vertraulichkeit europäischer Statistiken.

(164) Hinsichtlich der Befugnisse der Aufsichtsbehörden, von dem Verantwortlichen oder vom Auftragsverarbeiter Zugang zu personenbezogenen Daten oder zu seinen Räumlichkeiten zu erlangen, können die Mitgliedstaaten in den Grenzen dieser Verordnung den Schutz des Berufsgeheimnisses oder anderer gleichwertiger Geheimhaltungspflichten durch Rechtsvorschriften regeln, soweit dies notwendig ist, um das Recht auf Schutz der personenbezogenen Daten mit einer Pflicht zur Wahrung des Berufsgeheimnisses in Einklang zu bringen. Dies berührt nicht die bestehenden Verpflichtungen der Mitgliedstaaten zum Erlass von Vorschriften über das Berufsgeheimnis, wenn dies aufgrund des Unionsrechts erforderlich ist.

(165) Im Einklang mit Artikel 17 AEUV achtet diese Verordnung den Status, den Kirchen und religiöse Vereinigungen oder Gemeinschaften in den Mitgliedstaaten nach deren bestehenden verfassungsrechtlichen Vorschriften genießen, und beeinträchtigt ihn nicht.

(166) Um die Zielvorgaben dieser Verordnung zu erfüllen, d. h. die Grundrechte und Grundfreiheiten natürlicher Personen und insbesondere ihr Recht auf Schutz ihrer personenbezogenen Daten zu schützen und den freien Verkehr personenbezogener Daten innerhalb der Union zu gewährleisten, sollte der Kommission die Befugnis übertragen werden, gemäß Artikel 290 AEUV Rechtsakte zu erlassen. Delegierte Rechtsakte sollten insbesondere in Bezug auf die für Zertifizierungsverfahren geltenden Kriterien und Anforderungen, die durch standardisierte Bildsymbole darzustellenden Informationen und die Verfahren für die Bereitstellung dieser Bildsymbole erlassen werden. Es ist von besonderer Bedeutung, dass die Kommission im Zuge ihrer Vorbereitungsarbeit angemessene Konsultationen, auch auf der Ebene von Sachverständigen, durchführt. Bei der Vorbereitung und Ausarbeitung delegierter Rechts-

---

16 Verordnung (EG) Nr. 223/2009 des Europäischen Parlaments und des Rates vom 11. März 2009 über europäische Statistiken und zur Aufhebung der Verordnung (EG, Euratom) Nr. 1101/2008 des Europäischen Parlaments und des Rates über die Übermittlung von unter die Geheimhaltungspflicht fallenden Informationen an das Statistische Amt der Europäischen Gemeinschaften, der Verordnung (EG) Nr. 322/97 des Rates über die Gemeinschaftsstatistiken und des Beschlusses 89/382/EWG, Euratom des Rates zur Einsetzung eines Ausschusses für das Statistische Programm der Europäischen Gemeinschaften (ABl. L 87 vom 31.3.2009, S. 164).

akte sollte die Kommission gewährleisten, dass die einschlägigen Dokumente dem Europäischen Parlament und dem Rat gleichzeitig, rechtzeitig und auf angemessene Weise übermittelt werden.

(167) Zur Gewährleistung einheitlicher Bedingungen für die Durchführung dieser Verordnung sollten der Kommission Durchführungsbefugnisse übertragen werden, wenn dies in dieser Verordnung vorgesehen ist. Diese Befugnisse sollten nach Maßgabe der Verordnung (EU) Nr. 182/2011 des Europäischen Parlaments und des Rates ausgeübt werden. In diesem Zusammenhang sollte die Kommission besondere Maßnahmen für Kleinstunternehmen sowie kleine und mittlere Unternehmen erwägen.

(168) Für den Erlass von Durchführungsrechtsakten bezüglich Standardvertragsklauseln für Verträge zwischen Verantwortlichen und Auftragsverarbeitern sowie zwischen Auftragsverarbeitern; Verhaltensregeln; technische Standards und Verfahren für die Zertifizierung; Anforderungen an die Angemessenheit des Datenschutzniveaus in einem Drittland, einem Gebiet oder bestimmten Sektor dieses Drittlands oder in einer internationalen Organisation; Standardschutzklauseln; Formate und Verfahren für den Informationsaustausch zwischen Verantwortlichen, Auftragsverarbeitern und Aufsichtsbehörden im Hinblick auf verbindliche interne Datenschutzvorschriften; Amtshilfe; sowie Vorkehrungen für den elektronischen Informationsaustausch zwischen Aufsichtsbehörden und zwischen Aufsichtsbehörden und dem Ausschuss sollte das Prüfverfahren angewandt werden.

(169) Die Kommission sollte sofort geltende Durchführungsrechtsakte erlassen, wenn anhand vorliegender Beweise festgestellt wird, dass ein Drittland, ein Gebiet oder ein bestimmter Sektor in diesem Drittland oder eine internationale Organisation kein angemessenes Schutzniveau gewährleistet, und dies aus Gründen äußerster Dringlichkeit erforderlich ist.

(170) Da das Ziel dieser Verordnung, nämlich die Gewährleistung eines gleichwertigen Datenschutzniveaus für natürliche Personen und des freien Verkehrs personenbezogener Daten in der Union, von den Mitgliedstaaten nicht ausreichend verwirklicht werden kann, sondern vielmehr wegen des Umfangs oder der Wirkungen der Maßnahme auf Unionsebene besser zu verwirklichen ist, kann die Union im Einklang mit dem in Artikel 5 des Vertrags über die Europäische Union (EUV) verankerten Subsidiaritätsprinzip tätig werden. Entsprechend dem in demselben Artikel genannten Grundsatz der Verhältnismäßigkeit geht diese Verordnung nicht über das für die Verwirklichung dieses Ziels erforderliche Maß hinaus.

(171) Die Richtlinie 95/46/EG sollte durch diese Verordnung aufgehoben werden. Verarbeitungen, die zum Zeitpunkt der Anwendung dieser Verordnung bereits begonnen haben, sollten innerhalb von zwei Jahren nach dem Inkrafttreten dieser Verordnung mit ihr in Einklang gebracht werden. Beruhen die Verarbeitungen auf einer Einwilligung gemäß der Richtlinie 95/46/EG, so ist es nicht erforderlich, dass die betroffene Person erneut ihre Einwilligung dazu erteilt, wenn die Art der bereits erteilten Einwilligung den Bedingungen dieser Verordnung entspricht, so dass der Verantwortliche die Verarbeitung nach dem Zeitpunkt der Anwendung der vorliegenden Verordnung fortsetzen kann. Auf der Richtlinie 95/46/EG beruhende Entscheidungen bzw. Beschlüsse der Kommission und Genehmigungen der Aufsichtsbehörden bleiben in Kraft, bis sie geändert, ersetzt oder aufgehoben werden.

Anhang 1   Erwägungsgründe der DS-GVO

(172) Der Europäische Datenschutzbeauftragte wurde gemäß Artikel 28 Absatz 2 der Verordnung (EG) Nr. 45/2001 konsultiert und hat am 7. März 2012[17] eine Stellungnahme abgegeben.

(173) Diese Verordnung sollte auf alle Fragen des Schutzes der Grundrechte und Grundfreiheiten bei der Verarbeitung personenbezogener Daten Anwendung finden, die nicht den in der Richtlinie 2002/58/EG des Europäischen Parlaments und des Rates[18] bestimmte Pflichten, die dasselbe Ziel verfolgen, unterliegen, einschließlich der Pflichten des Verantwortlichen und der Rechte natürlicher Personen. Um das Verhältnis zwischen der vorliegenden Verordnung und der Richtlinie 2002/58/EG klarzustellen, sollte die Richtlinie entsprechend geändert werden. Sobald diese Verordnung angenommen ist, sollte die Richtlinie 2002/58/EG einer Überprüfung unterzogen werden, um insbesondere die Kohärenz mit dieser Verordnung zu gewährleisten –

HABEN FOLGENDE VERORDNUNG ERLASSEN:

---

17 ABl. C 192 vom 30.6.2012, S. 7.
18 Richtlinie 2002/58/EG des Europäischen Parlaments und des Rates vom 12. Juli 2002 über die Verarbeitung personenbezogener Daten und den Schutz der Privatsphäre in der elektronischen Kommunikation (Datenschutzrichtlinie für elektronische Kommunikation) (ABl. L 201 vom 31.7.2002, S. 37).

Anhang 2
BDSG n.F.

Bundesdatenschutzgesetz (BDSG)[1]

vom 30.6.2017 (BGBl. I S. 2097),
geändert durch Art. 12 G vom 20.11.2019 (BGBl. I S. 1626)

Teil 1
Gemeinsame Bestimmungen

Kapitel 1
Anwendungsbereich und Begriffsbestimmungen

§ 1 Anwendungsbereich des Gesetzes

(1) Dieses Gesetz gilt für die Verarbeitung personenbezogener Daten durch
1. öffentliche Stellen des Bundes,
2. öffentliche Stellen der Länder, soweit der Datenschutz nicht durch Landesgesetz geregelt ist und soweit sie
   a) Bundesrecht ausführen oder
   b) als Organe der Rechtspflege tätig werden und es sich nicht um Verwaltungsangelegenheiten handelt.

Für nichtöffentliche Stellen gilt dieses Gesetz für die ganz oder teilweise automatisierte Verarbeitung personenbezogener Daten sowie die nicht automatisierte Verarbeitung personenbezogener Daten, die in einem Dateisystem gespeichert sind oder gespeichert werden sollen, es sei denn, die Verarbeitung durch natürliche Personen erfolgt zur Ausübung ausschließlich persönlicher oder familiärer Tätigkeiten.

(2) Andere Rechtsvorschriften des Bundes über den Datenschutz gehen den Vorschriften dieses Gesetzes vor. Regeln sie einen Sachverhalt, für den dieses Gesetz gilt, nicht oder nicht abschließend, finden die Vorschriften dieses Gesetzes Anwendung. Die Verpflichtung zur Wahrung gesetzlicher Geheimhaltungspflichten oder von Berufs- oder besonderen Amtsgeheimnissen, die nicht auf gesetzlichen Vorschriften beruhen, bleibt unberührt.

(3) Die Vorschriften dieses Gesetzes gehen denen des Verwaltungsverfahrensgesetzes vor, soweit bei der Ermittlung des Sachverhalts personenbezogene Daten verarbeitet werden.

---

1 **Anm. d. Verlages:**
  Dieses Gesetz wurde verkündet als Artikel 1 des Datenschutz-Anpassungs- und -Umsetzungsgesetzes EU und ist am 25.5.2018 in Kraft getreten.

(4) Dieses Gesetz findet Anwendung auf öffentliche Stellen. Auf nichtöffentliche Stellen findet es Anwendung, sofern

1. der Verantwortliche oder Auftragsverarbeiter personenbezogene Daten im Inland verarbeitet,
2. die Verarbeitung personenbezogener Daten im Rahmen der Tätigkeiten einer inländischen Niederlassung des Verantwortlichen oder Auftragsverarbeiters erfolgt oder
3. der Verantwortliche oder Auftragsverarbeiter zwar keine Niederlassung in einem Mitgliedstaat der Europäischen Union oder in einem anderen Vertragsstaat des Abkommens über den Europäischen Wirtschaftsraum hat, er aber in den Anwendungsbereich der Verordnung (EU) 2016/679 des Europäischen Parlaments und des Rates vom 27. April 2016 zum Schutz natürlicher Personen bei der Verarbeitung personenbezogener Daten, zum freien Datenverkehr und zur Aufhebung der Richtlinie 95/46/EG (Datenschutz-Grundverordnung) (ABl. L 119 vom 4.5.2016, S. 1; L 314 vom 22.11.2016, S. 72; L 127 vom 23.5.2018, S. 2) in der jeweils geltenden Fassung fällt.

Sofern dieses Gesetz nicht gemäß Satz 2 Anwendung findet, gelten für den Verantwortlichen oder Auftragsverarbeiter nur die §§ 8 bis 21, 39 bis 44.

(5) Die Vorschriften dieses Gesetzes finden keine Anwendung, soweit das Recht der Europäischen Union, im Besonderen die Verordnung (EU) 2016/679 in der jeweils geltenden Fassung, unmittelbar gilt.

(6) Bei Verarbeitungen zu Zwecken gemäß Artikel 2 der Verordnung (EU) 2016/679 stehen die Vertragsstaaten des Abkommens über den Europäischen Wirtschaftsraum den Mitgliedstaaten der Europäischen Union gleich. Andere Staaten gelten insoweit als Drittstaaten.

(7) Bei Verarbeitungen zu Zwecken gemäß Artikel 1 Absatz 1 der Richtlinie (EU) 2016/680 des Europäischen Parlaments und des Rates vom 27. April 2016 zum Schutz natürlicher Personen bei der Verarbeitung personenbezogener Daten durch die zuständigen Behörden zum Zwecke der Verhütung, Ermittlung, Aufdeckung oder Verfolgung von Straftaten oder der Strafvollstreckung sowie zum freien Datenverkehr und zur Aufhebung des Rahmenbeschlusses 2008/977/JI des Rates (ABl. L 119 vom 4.5.2016, S. 89) stehen die bei der Umsetzung, Anwendung und Entwicklung des Schengen-Besitzstands assoziierten Staaten den Mitgliedstaaten der Europäischen Union gleich. Andere Staaten gelten insoweit als Drittstaaten.

(8) Für Verarbeitungen personenbezogener Daten durch öffentliche Stellen im Rahmen von nicht in die Anwendungsbereiche der Verordnung (EU) 2016/679 und der Richtlinie (EU) 2016/680 fallenden Tätigkeiten finden die Verordnung (EU) 2016/679 und die Teile 1 und 2 dieses Gesetzes entsprechend Anwendung, soweit nicht in diesem Gesetz oder einem anderen Gesetz Abweichendes geregelt ist.

§ 2 Begriffsbestimmungen

(1) Öffentliche Stellen des Bundes sind die Behörden, die Organe der Rechtspflege und andere öffentlich-rechtlich organisierte Einrichtungen des Bundes, der bundesunmittelbaren Körperschaften, der Anstalten und Stiftungen des öffentlichen Rechts sowie deren Vereinigungen ungeachtet ihrer Rechtsform.

(2) Öffentliche Stellen der Länder sind die Behörden, die Organe der Rechtspflege und andere öffentlich-rechtlich organisierte Einrichtungen eines Landes, einer Gemeinde, eines Gemeindeverbandes oder sonstiger der Aufsicht des Landes unterstehender juristischer Personen des öffentlichen Rechts sowie deren Vereinigungen ungeachtet ihrer Rechtsform.

(3) Vereinigungen des privaten Rechts von öffentlichen Stellen des Bundes und der Länder, die Aufgaben der öffentlichen Verwaltung wahrnehmen, gelten ungeachtet der Beteiligung nichtöffentlicher Stellen als öffentliche Stellen des Bundes, wenn
1. sie über den Bereich eines Landes hinaus tätig werden oder
2. dem Bund die absolute Mehrheit der Anteile gehört oder die absolute Mehrheit der Stimmen zusteht.

Andernfalls gelten sie als öffentliche Stellen der Länder.

(4) Nichtöffentliche Stellen sind natürliche und juristische Personen, Gesellschaften und andere Personenvereinigungen des privaten Rechts, soweit sie nicht unter die Absätze 1 bis 3 fallen. Nimmt eine nichtöffentliche Stelle hoheitliche Aufgaben der öffentlichen Verwaltung wahr, ist sie insoweit öffentliche Stelle im Sinne dieses Gesetzes.

(5) Öffentliche Stellen des Bundes gelten als nichtöffentliche Stellen im Sinne dieses Gesetzes, soweit sie als öffentlich-rechtliche Unternehmen am Wettbewerb teilnehmen. Als nichtöffentliche Stellen im Sinne dieses Gesetzes gelten auch öffentliche Stellen der Länder, soweit sie als öffentlich-rechtliche Unternehmen am Wettbewerb teilnehmen, Bundesrecht ausführen und der Datenschutz nicht durch Landesgesetz geregelt ist.

Kapitel 2
Rechtsgrundlagen der Verarbeitung personenbezogener Daten

§ 3 Verarbeitung personenbezogener Daten durch öffentliche Stellen

Die Verarbeitung personenbezogener Daten durch eine öffentliche Stelle ist zulässig, wenn sie zur Erfüllung der in der Zuständigkeit des Verantwortlichen liegenden Aufgabe oder in Ausübung öffentlicher Gewalt, die dem Verantwortlichen übertragen wurde, erforderlich ist.

§ 4 Videoüberwachung öffentlich zugänglicher Räume

(1) Die Beobachtung öffentlich zugänglicher Räume mit optisch-elektronischen Einrichtungen (Videoüberwachung) ist nur zulässig, soweit sie
1. zur Aufgabenerfüllung öffentlicher Stellen,
2. zur Wahrnehmung des Hausrechts oder
3. zur Wahrnehmung berechtigter Interessen für konkret festgelegte Zwecke

erforderlich ist und keine Anhaltspunkte bestehen, dass schutzwürdige Interessen der betroffenen Personen überwiegen. Bei der Videoüberwachung von
1. öffentlich zugänglichen großflächigen Anlagen, wie insbesondere Sport-, Versammlungs- und Vergnügungsstätten, Einkaufszentren oder Parkplätzen, oder

2. Fahrzeugen und öffentlich zugänglichen großflächigen Einrichtungen des öffentlichen Schienen-, Schiffs- und Busverkehrs

gilt der Schutz von Leben, Gesundheit oder Freiheit von dort aufhältigen Personen als ein besonders wichtiges Interesse.

(2) Der Umstand der Beobachtung und der Name und die Kontaktdaten des Verantwortlichen sind durch geeignete Maßnahmen zum frühestmöglichen Zeitpunkt erkennbar zu machen.

(3) Die Speicherung oder Verwendung von nach Absatz 1 erhobenen Daten ist zulässig, wenn sie zum Erreichen des verfolgten Zwecks erforderlich ist und keine Anhaltspunkte bestehen, dass schutzwürdige Interessen der betroffenen Personen überwiegen. Absatz 1 Satz 2 gilt entsprechend. Für einen anderen Zweck dürfen sie nur weiterverarbeitet werden, soweit dies zur Abwehr von Gefahren für die staatliche und öffentliche Sicherheit sowie zur Verfolgung von Straftaten erforderlich ist.

(4) Werden durch Videoüberwachung erhobene Daten einer bestimmten Person zugeordnet, so besteht die Pflicht zur Information der betroffenen Person über die Verarbeitung gemäß den Artikeln 13 und 14 der Verordnung (EU) 2016/679. § 32 gilt entsprechend.

(5) Die Daten sind unverzüglich zu löschen, wenn sie zur Erreichung des Zwecks nicht mehr erforderlich sind oder schutzwürdige Interessen der betroffenen Personen einer weiteren Speicherung entgegenstehen.

Kapitel 3
Datenschutzbeauftragte öffentlicher Stellen

§ 5 Benennung

(1) Öffentliche Stellen benennen eine Datenschutzbeauftragte oder einen Datenschutzbeauftragten. Dies gilt auch für öffentliche Stellen nach § 2 Absatz 5, die am Wettbewerb teilnehmen.

(2) Für mehrere öffentliche Stellen kann unter Berücksichtigung ihrer Organisationsstruktur und ihrer Größe eine gemeinsame Datenschutzbeauftragte oder ein gemeinsamer Datenschutzbeauftragter benannt werden.

(3) Die oder der Datenschutzbeauftragte wird auf der Grundlage ihrer oder seiner beruflichen Qualifikation und insbesondere ihres oder seines Fachwissens benannt, das sie oder er auf dem Gebiet des Datenschutzrechts und der Datenschutzpraxis besitzt, sowie auf der Grundlage ihrer oder seiner Fähigkeit zur Erfüllung der in § 7 genannten Aufgaben.

(4) Die oder der Datenschutzbeauftragte kann Beschäftigte oder Beschäftigter der öffentlichen Stelle sein oder ihre oder seine Aufgaben auf der Grundlage eines Dienstleistungsvertrags erfüllen.

(5) Die öffentliche Stelle veröffentlicht die Kontaktdaten der oder des Datenschutzbeauftragten und teilt diese Daten der oder dem Bundesbeauftragten für den Datenschutz und die Informationsfreiheit mit.

§ 6 Stellung

(1) Die öffentliche Stelle stellt sicher, dass die oder der Datenschutzbeauftragte ordnungsgemäß und frühzeitig in alle mit dem Schutz personenbezogener Daten zusammenhängenden Fragen eingebunden wird.

(2) Die öffentliche Stelle unterstützt die Datenschutzbeauftragte oder den Datenschutzbeauftragten bei der Erfüllung ihrer oder seiner Aufgaben gemäß § 7, indem sie die für die Erfüllung dieser Aufgaben erforderlichen Ressourcen und den Zugang zu personenbezogenen Daten und Verarbeitungsvorgängen sowie die zur Erhaltung ihres oder seines Fachwissens erforderlichen Ressourcen zur Verfügung stellt.

(3) Die öffentliche Stelle stellt sicher, dass die oder der Datenschutzbeauftragte bei der Erfüllung ihrer oder seiner Aufgaben keine Anweisungen bezüglich der Ausübung dieser Aufgaben erhält. Die oder der Datenschutzbeauftragte berichtet unmittelbar der höchsten Leitungsebene der öffentlichen Stelle. Die oder der Datenschutzbeauftragte darf von der öffentlichen Stelle wegen der Erfüllung ihrer oder seiner Aufgaben nicht abberufen oder benachteiligt werden.

(4) Die Abberufung der oder des Datenschutzbeauftragten ist nur in entsprechender Anwendung des § 626 des Bürgerlichen Gesetzbuchs zulässig. Die Kündigung des Arbeitsverhältnisses ist unzulässig, es sei denn, dass Tatsachen vorliegen, welche die öffentliche Stelle zur Kündigung aus wichtigem Grund ohne Einhaltung einer Kündigungsfrist berechtigen. Nach dem Ende der Tätigkeit als Datenschutzbeauftragte oder als Datenschutzbeauftragter ist die Kündigung des Arbeitsverhältnisses innerhalb eines Jahres unzulässig, es sei denn, dass die öffentliche Stelle zur Kündigung aus wichtigem Grund ohne Einhaltung einer Kündigungsfrist berechtigt ist.

(5) Betroffene Personen können die Datenschutzbeauftragte oder den Datenschutzbeauftragten zu allen mit der Verarbeitung ihrer personenbezogenen Daten und mit der Wahrnehmung ihrer Rechte gemäß der Verordnung (EU) 2016/679, diesem Gesetz sowie anderen Rechtsvorschriften über den Datenschutz im Zusammenhang stehenden Fragen zu Rate ziehen. Die oder der Datenschutzbeauftragte ist zur Verschwiegenheit über die Identität der betroffenen Person sowie über Umstände, die Rückschlüsse auf die betroffene Person zulassen, verpflichtet, soweit sie oder er nicht davon durch die betroffene Person befreit wird.

(6) Wenn die oder der Datenschutzbeauftragte bei ihrer oder seiner Tätigkeit Kenntnis von Daten erhält, für die der Leitung oder einer bei der öffentlichen Stelle beschäftigten Person aus beruflichen Gründen ein Zeugnisverweigerungsrecht zusteht, steht dieses Recht auch der oder dem Datenschutzbeauftragten und den ihr oder ihm unterstellten Beschäftigten zu. Über die Ausübung dieses Rechts entscheidet die Person, der das Zeugnisverweigerungsrecht aus beruflichen Gründen zusteht, es sei denn, dass diese Entscheidung in absehbarer Zeit nicht herbeigeführt werden kann. Soweit das Zeugnisverweigerungsrecht der oder des Datenschutzbeauftragten reicht, unterliegen ihre oder seine Akten und andere Dokumente einem Beschlagnahmeverbot.

Anhang 2

BDSG n.F.

§ 7 Aufgaben

(1) Der oder dem Datenschutzbeauftragten obliegen neben den in der Verordnung (EU) 2016/679 genannten Aufgaben zumindest folgende Aufgaben:

1. Unterrichtung und Beratung der öffentlichen Stelle und der Beschäftigten, die Verarbeitungen durchführen, hinsichtlich ihrer Pflichten nach diesem Gesetz und sonstigen Vorschriften über den Datenschutz, einschließlich der zur Umsetzung der Richtlinie (EU) 2016/680 erlassenen Rechtsvorschriften;
2. Überwachung der Einhaltung dieses Gesetzes und sonstiger Vorschriften über den Datenschutz, einschließlich der zur Umsetzung der Richtlinie (EU) 2016/680 erlassenen Rechtsvorschriften, sowie der Strategien der öffentlichen Stelle für den Schutz personenbezogener Daten, einschließlich der Zuweisung von Zuständigkeiten, der Sensibilisierung und der Schulung der an den Verarbeitungsvorgängen beteiligten Beschäftigten und der diesbezüglichen Überprüfungen;
3. Beratung im Zusammenhang mit der Datenschutz-Folgenabschätzung und Überwachung ihrer Durchführung gemäß § 67 dieses Gesetzes;
4. Zusammenarbeit mit der Aufsichtsbehörde;
5. Tätigkeit als Anlaufstelle für die Aufsichtsbehörde in mit der Verarbeitung zusammenhängenden Fragen, einschließlich der vorherigen Konsultation gemäß § 69 dieses Gesetzes, und gegebenenfalls Beratung zu allen sonstigen Fragen.

Im Fall einer oder eines bei einem Gericht bestellten Datenschutzbeauftragten beziehen sich diese Aufgaben nicht auf das Handeln des Gerichts im Rahmen seiner justiziellen Tätigkeit.

(2) Die oder der Datenschutzbeauftragte kann andere Aufgaben und Pflichten wahrnehmen. Die öffentliche Stelle stellt sicher, dass derartige Aufgaben und Pflichten nicht zu einem Interessenkonflikt führen.

(3) Die oder der Datenschutzbeauftragte trägt bei der Erfüllung ihrer oder seiner Aufgaben dem mit den Verarbeitungsvorgängen verbundenen Risiko gebührend Rechnung, wobei sie oder er die Art, den Umfang, die Umstände und die Zwecke der Verarbeitung berücksichtigt.

Kapitel 4
Die oder der Bundesbeauftragte für den Datenschutz und die Informationsfreiheit

§ 8 Errichtung

(1) Die oder der Bundesbeauftragte für den Datenschutz und die Informationsfreiheit (Bundesbeauftragte) ist eine oberste Bundesbehörde. Der Dienstsitz ist Bonn.

(2) Die Beamtinnen und Beamten der oder des Bundesbeauftragten sind Beamtinnen und Beamte des Bundes.

(3) Die oder der Bundesbeauftragte kann Aufgaben der Personalverwaltung und Personalwirtschaft auf andere Stellen des Bundes übertragen, soweit hierdurch die Unabhängigkeit der oder des Bundesbeauftragten nicht beeinträchtigt wird. Diesen Stellen dürfen personenbezogene Daten der Beschäftigten übermittelt werden, soweit deren Kenntnis zur Erfüllung der übertragenen Aufgaben erforderlich ist.

§ 9 Zuständigkeit

(1) Die oder der Bundesbeauftragte ist zuständig für die Aufsicht über die öffentlichen Stellen des Bundes, auch soweit sie als öffentlich-rechtliche Unternehmen am Wettbewerb teilnehmen, sowie über Unternehmen, soweit diese für die geschäftsmäßige Erbringung von Telekommunikationsdienstleistungen Daten von natürlichen oder juristischen Personen verarbeiten und sich die Zuständigkeit nicht bereits aus § 115 Absatz 4 des Telekommunikationsgesetzes ergibt. Die Vorschriften dieses Kapitels gelten auch für Auftragsverarbeiter, soweit sie nichtöffentliche Stellen sind, bei denen dem Bund die Mehrheit der Anteile gehört oder die Mehrheit der Stimmen zusteht und der Auftraggeber eine öffentliche Stelle des Bundes ist.

(2) Die oder der Bundesbeauftragte ist nicht zuständig für die Aufsicht über die von den Bundesgerichten im Rahmen ihrer justiziellen Tätigkeit vorgenommenen Verarbeitungen.

§ 10 Unabhängigkeit

(1) Die oder der Bundesbeauftragte handelt bei der Erfüllung ihrer oder seiner Aufgaben und bei der Ausübung ihrer oder seiner Befugnisse völlig unabhängig. Sie oder er unterliegt weder direkter noch indirekter Beeinflussung von außen und ersucht weder um Weisung noch nimmt sie oder er Weisungen entgegen.

(2) Die oder der Bundesbeauftragte unterliegt der Rechnungsprüfung durch den Bundesrechnungshof, soweit hierdurch ihre oder seine Unabhängigkeit nicht beeinträchtigt wird.

§ 11 Ernennung und Amtszeit

(1) Der Deutsche Bundestag wählt ohne Aussprache auf Vorschlag der Bundesregierung die Bundesbeauftragte oder den Bundesbeauftragten mit mehr als der Hälfte der gesetzlichen Zahl seiner Mitglieder. Die oder der Gewählte ist von der Bundespräsidentin oder dem Bundespräsidenten zu ernennen. Die oder der Bundesbeauftragte muss bei ihrer oder seiner Wahl das 35. Lebensjahr vollendet haben. Sie oder er muss über die für die Erfüllung ihrer oder seiner Aufgaben und Ausübung ihrer oder seiner Befugnisse erforderliche Qualifikation, Erfahrung und Sachkunde insbesondere im Bereich des Schutzes personenbezogener Daten verfügen. Insbesondere muss die oder der Bundesbeauftragte über durch einschlägige Berufserfahrung erworbene Kenntnisse des Datenschutzrechts verfügen und die Befähigung zum Richteramt oder höheren Verwaltungsdienst haben.

(2) Die oder der Bundesbeauftragte leistet vor der Bundespräsidentin oder dem Bundespräsidenten folgenden Eid: „Ich schwöre, dass ich meine Kraft dem Wohle des deutschen Volkes widmen, seinen Nutzen mehren, Schaden von ihm wenden, das Grundgesetz und die Gesetze des Bundes wahren und verteidigen, meine Pflichten gewissenhaft erfüllen und Gerechtigkeit gegen jedermann üben werde. So wahr mir Gott helfe." Der Eid kann auch ohne religiöse Beteuerung geleistet werden.

(3) Die Amtszeit der oder des Bundesbeauftragten beträgt fünf Jahre. Einmalige Wiederwahl ist zulässig.

§ 12 Amtsverhältnis

(1) Die oder der Bundesbeauftragte steht nach Maßgabe dieses Gesetzes zum Bund in einem öffentlich-rechtlichen Amtsverhältnis.

(2) Das Amtsverhältnis beginnt mit der Aushändigung der Ernennungsurkunde. Es endet mit dem Ablauf der Amtszeit oder mit dem Rücktritt. Die Bundespräsidentin oder der Bundespräsident enthebt auf Vorschlag der Präsidentin oder des Präsidenten des Bundestages die Bundesbeauftragte ihres oder den Bundesbeauftragten seines Amtes, wenn die oder der Bundesbeauftragte eine schwere Verfehlung begangen hat oder die Voraussetzungen für die Wahrnehmung ihrer oder seiner Aufgaben nicht mehr erfüllt. Im Fall der Beendigung des Amtsverhältnisses oder der Amtsenthebung erhält die oder der Bundesbeauftragte eine von der Bundespräsidentin oder dem Bundespräsidenten vollzogene Urkunde. Eine Amtsenthebung wird mit der Aushändigung der Urkunde wirksam. Endet das Amtsverhältnis mit Ablauf der Amtszeit, ist die oder der Bundesbeauftragte verpflichtet, auf Ersuchen der Präsidentin oder des Präsidenten des Bundestages die Geschäfte bis zur Ernennung einer Nachfolgerin oder eines Nachfolgers für die Dauer von höchstens sechs Monaten weiterzuführen.

(3) Die Leitende Beamtin oder der Leitende Beamte nimmt die Rechte der oder des Bundesbeauftragten wahr, wenn die oder der Bundesbeauftragte an der Ausübung ihres oder seines Amtes verhindert ist oder wenn ihr oder sein Amtsverhältnis endet und sie oder er nicht zur Weiterführung der Geschäfte verpflichtet ist. § 10 Absatz 1 ist entsprechend anzuwenden.

(4) Die oder der Bundesbeauftragte erhält vom Beginn des Kalendermonats an, in dem das Amtsverhältnis beginnt, bis zum Schluss des Kalendermonats, in dem das Amtsverhältnis endet, im Fall des Absatzes 2 Satz 6 bis zum Ende des Monats, in dem die Geschäftsführung endet, Amtsbezüge in Höhe der Besoldungsgruppe B 11 sowie den Familienzuschlag entsprechend Anlage V des Bundesbesoldungsgesetzes. Das Bundesreisekostengesetz und das Bundesumzugskostengesetz sind entsprechend anzuwenden. Im Übrigen sind § 12 Absatz 6 sowie die §§ 13 bis 20 und 21a Absatz 5 des Bundesministergesetzes mit den Maßgaben anzuwenden, dass an die Stelle der vierjährigen Amtszeit in § 15 Absatz 1 des Bundesministergesetzes eine Amtszeit von fünf Jahren tritt. Abweichend von Satz 3 in Verbindung mit den §§ 15 bis 17 und 21a Absatz 5 des Bundesministergesetzes berechnet sich das Ruhegehalt der oder des Bundesbeauftragten unter Hinzurechnung der Amtszeit als ruhegehaltsfähige Dienstzeit in entsprechender Anwendung des Beamtenversorgungsgesetzes, wenn dies günstiger ist und die oder der Bundesbeauftragte sich unmittelbar vor ihrer oder seiner Wahl zur oder zum Bundesbeauftragten als Beamtin oder Beamter oder als Richterin oder Richter mindestens in dem letzten gewöhnlich vor Erreichen der Besoldungsgruppe B 11 zu durchlaufenden Amt befunden hat.

§ 13 Rechte und Pflichten

(1) Die oder der Bundesbeauftragte sieht von allen mit den Aufgaben ihres oder seines Amtes nicht zu vereinbarenden Handlungen ab und übt während ihrer oder seiner Amtszeit keine andere mit ihrem oder seinem Amt nicht zu vereinbarende entgeltliche oder unentgeltliche Tätigkeit aus. Insbesondere darf die oder der Bundesbeauftragte neben ihrem oder seinem Amt kein anderes besoldetes Amt, kein Gewerbe und keinen Beruf ausüben und weder der Leitung oder dem Aufsichtsrat oder Verwal-

tungsrat eines auf Erwerb gerichteten Unternehmens noch einer Regierung oder einer gesetzgebenden Körperschaft des Bundes oder eines Landes angehören. Sie oder er darf nicht gegen Entgelt außergerichtliche Gutachten abgeben.

(2) Die oder der Bundesbeauftragte hat der Präsidentin oder dem Präsidenten des Bundestages Mitteilung über Geschenke zu machen, die sie oder er in Bezug auf das Amt erhält. Die Präsidentin oder der Präsident des Bundestages entscheidet über die Verwendung der Geschenke. Sie oder er kann Verfahrensvorschriften erlassen.

(3) Die oder der Bundesbeauftragte ist berechtigt, über Personen, die ihr oder ihm in ihrer oder seiner Eigenschaft als Bundesbeauftragte oder Bundesbeauftragter Tatsachen anvertraut haben, sowie über diese Tatsachen selbst das Zeugnis zu verweigern. Dies gilt auch für die Mitarbeiterinnen und Mitarbeiter der oder des Bundesbeauftragten mit der Maßgabe, dass über die Ausübung dieses Rechts die oder der Bundesbeauftragte entscheidet. Soweit das Zeugnisverweigerungsrecht der oder des Bundesbeauftragten reicht, darf die Vorlegung oder Auslieferung von Akten oder anderen Dokumenten von ihr oder ihm nicht gefordert werden.

(4) Die oder der Bundesbeauftragte ist, auch nach Beendigung ihres oder seines Amtsverhältnisses, verpflichtet, über die ihr oder ihm amtlich bekanntgewordenen Angelegenheiten Verschwiegenheit zu bewahren. Dies gilt nicht für Mitteilungen im dienstlichen Verkehr oder über Tatsachen, die offenkundig sind oder ihrer Bedeutung nach keiner Geheimhaltung bedürfen. Die oder der Bundesbeauftragte entscheidet nach pflichtgemäßem Ermessen, ob und inwieweit sie oder er über solche Angelegenheiten vor Gericht oder außergerichtlich aussagt oder Erklärungen abgibt; wenn sie oder er nicht mehr im Amt ist, ist die Genehmigung der oder des amtierenden Bundesbeauftragten erforderlich. Unberührt bleibt die gesetzlich begründete Pflicht, Straftaten anzuzeigen und bei einer Gefährdung der freiheitlichen demokratischen Grundordnung für deren Erhaltung einzutreten. Für die Bundesbeauftragte oder den Bundesbeauftragten und ihre oder seine Mitarbeiterinnen und Mitarbeiter gelten die §§ 93, 97 und 105 Absatz 1, § 111 Absatz 5 in Verbindung mit § 105 Absatz 1 sowie § 116 Absatz 1 der Abgabenordnung nicht. Satz 5 findet keine Anwendung, soweit die Finanzbehörden die Kenntnis für die Durchführung eines Verfahrens wegen einer Steuerstraftat sowie eines damit zusammenhängenden Steuerverfahrens benötigen, an deren Verfolgung ein zwingendes öffentliches Interesse besteht, oder soweit es sich um vorsätzlich falsche Angaben der oder des Auskunftspflichtigen oder der für sie oder ihn tätigen Personen handelt. Stellt die oder der Bundesbeauftragte einen Datenschutzverstoß fest, ist sie oder er befugt, diesen anzuzeigen und die betroffene Person hierüber zu informieren.

(5) Die oder der Bundesbeauftragte darf als Zeugin oder Zeuge aussagen, es sei denn, die Aussage würde
1. dem Wohl des Bundes oder eines Landes Nachteile bereiten, insbesondere Nachteile für die Sicherheit der Bundesrepublik Deutschland oder ihre Beziehungen zu anderen Staaten, oder
2. Grundrechte verletzen.

Betrifft die Aussage laufende oder abgeschlossene Vorgänge, die dem Kernbereich exekutiver Eigenverantwortung der Bundesregierung zuzurechnen sind oder sein könnten, darf die oder der Bundesbeauftragte nur im Benehmen mit der Bundesregierung aussagen. § 28 des Bundesverfassungsgerichtsgesetzes bleibt unberührt.

(6) Die Absätze 3 und 4 Satz 5 bis 7 gelten entsprechend für die öffentlichen Stellen, die für die Kontrolle der Einhaltung der Vorschriften über den Datenschutz in den Ländern zuständig sind.

§ 14 Aufgaben

(1) Die oder der Bundesbeauftragte hat neben den in der Verordnung (EU) 2016/679 genannten Aufgaben die Aufgaben,

1. die Anwendung dieses Gesetzes und sonstiger Vorschriften über den Datenschutz, einschließlich der zur Umsetzung der Richtlinie (EU) 2016/680 erlassenen Rechtsvorschriften, zu überwachen und durchzusetzen,
2. die Öffentlichkeit für die Risiken, Vorschriften, Garantien und Rechte im Zusammenhang mit der Verarbeitung personenbezogener Daten zu sensibilisieren und sie darüber aufzuklären, wobei spezifische Maßnahmen für Kinder besondere Beachtung finden,
3. den Deutschen Bundestag und den Bundesrat, die Bundesregierung und andere Einrichtungen und Gremien über legislative und administrative Maßnahmen zum Schutz der Rechte und Freiheiten natürlicher Personen in Bezug auf die Verarbeitung personenbezogener Daten zu beraten,
4. die Verantwortlichen und die Auftragsverarbeiter für die ihnen aus diesem Gesetz und sonstigen Vorschriften über den Datenschutz, einschließlich den zur Umsetzung der Richtlinie (EU) 2016/680 erlassenen Rechtsvorschriften, entstehenden Pflichten zu sensibilisieren,
5. auf Anfrage jeder betroffenen Person Informationen über die Ausübung ihrer Rechte aufgrund dieses Gesetzes und sonstiger Vorschriften über den Datenschutz, einschließlich der zur Umsetzung der Richtlinie (EU) 2016/680 erlassenen Rechtsvorschriften, zur Verfügung zu stellen und gegebenenfalls zu diesem Zweck mit den Aufsichtsbehörden in anderen Mitgliedstaaten zusammenzuarbeiten,
6. sich mit Beschwerden einer betroffenen Person oder Beschwerden einer Stelle, einer Organisation oder eines Verbandes gemäß Artikel 55 der Richtlinie (EU) 2016/680 zu befassen, den Gegenstand der Beschwerde in angemessenem Umfang zu untersuchen und den Beschwerdeführer innerhalb einer angemessenen Frist über den Fortgang und das Ergebnis der Untersuchung zu unterrichten, insbesondere, wenn eine weitere Untersuchung oder Koordinierung mit einer anderen Aufsichtsbehörde notwendig ist,
7. mit anderen Aufsichtsbehörden zusammenzuarbeiten, auch durch Informationsaustausch, und ihnen Amtshilfe zu leisten, um die einheitliche Anwendung und Durchsetzung dieses Gesetzes und sonstiger Vorschriften über den Datenschutz, einschließlich der zur Umsetzung der Richtlinie (EU) 2016/680 erlassenen Rechtsvorschriften, zu gewährleisten,
8. Untersuchungen über die Anwendung dieses Gesetzes und sonstiger Vorschriften über den Datenschutz, einschließlich der zur Umsetzung der Richtlinie (EU) 2016/680 erlassenen Rechtsvorschriften, durchzuführen, auch auf der Grundlage von Informationen einer anderen Aufsichtsbehörde oder einer anderen Behörde,
9. maßgebliche Entwicklungen zu verfolgen, soweit sie sich auf den Schutz personenbezogener Daten auswirken, insbesondere die Entwicklung der Informations- und Kommunikationstechnologie und der Geschäftspraktiken,

10. Beratung in Bezug auf die in § 69 genannten Verarbeitungsvorgänge zu leisten und
11. Beiträge zur Tätigkeit des Europäischen Datenschutzausschusses zu leisten.

Im Anwendungsbereich der Richtlinie (EU) 2016/680 nimmt die oder der Bundesbeauftragte zudem die Aufgabe nach § 60 wahr.

(2) Zur Erfüllung der in Absatz 1 Satz 1 Nummer 3 genannten Aufgabe kann die oder der Bundesbeauftragte zu allen Fragen, die im Zusammenhang mit dem Schutz personenbezogener Daten stehen, von sich aus oder auf Anfrage Stellungnahmen an den Deutschen Bundestag oder einen seiner Ausschüsse, den Bundesrat, die Bundesregierung, sonstige Einrichtungen und Stellen sowie an die Öffentlichkeit richten. Auf Ersuchen des Deutschen Bundestages, eines seiner Ausschüsse oder der Bundesregierung geht die oder der Bundesbeauftragte ferner Hinweisen auf Angelegenheiten und Vorgänge des Datenschutzes bei den öffentlichen Stellen des Bundes nach.

(3) Die oder der Bundesbeauftragte erleichtert das Einreichen der in Absatz 1 Satz 1 Nummer 6 genannten Beschwerden durch Maßnahmen wie etwa die Bereitstellung eines Beschwerdeformulars, das auch elektronisch ausgefüllt werden kann, ohne dass andere Kommunikationsmittel ausgeschlossen werden.

(4) Die Erfüllung der Aufgaben der oder des Bundesbeauftragten ist für die betroffene Person unentgeltlich. Bei offenkundig unbegründeten oder, insbesondere im Fall von häufiger Wiederholung, exzessiven Anfragen kann die oder der Bundesbeauftragte eine angemessene Gebühr auf der Grundlage der Verwaltungskosten verlangen oder sich weigern, aufgrund der Anfrage tätig zu werden. In diesem Fall trägt die oder der Bundesbeauftragte die Beweislast für den offenkundig unbegründeten oder exzessiven Charakter der Anfrage.

§ 15 Tätigkeitsbericht

Die oder der Bundesbeauftragte erstellt einen Jahresbericht über ihre oder seine Tätigkeit, der eine Liste der Arten der gemeldeten Verstöße und der Arten der getroffenen Maßnahmen, einschließlich der verhängten Sanktionen und der Maßnahmen nach Artikel 58 Absatz 2 der Verordnung (EU) 2016/679, enthalten kann. Die oder der Bundesbeauftragte übermittelt den Bericht dem Deutschen Bundestag, dem Bundesrat und der Bundesregierung und macht ihn der Öffentlichkeit, der Europäischen Kommission und dem Europäischen Datenschutzausschuss zugänglich.

§ 16 Befugnisse

(1) Die oder der Bundesbeauftragte nimmt im Anwendungsbereich der Verordnung (EU) 2016/679 die Befugnisse gemäß Artikel 58 der Verordnung (EU) 2016/679 wahr. Kommt die oder der Bundesbeauftragte zu dem Ergebnis, dass Verstöße gegen die Vorschriften über den Datenschutz oder sonstige Mängel bei der Verarbeitung personenbezogener Daten vorliegen, teilt sie oder er dies der zuständigen Rechts- oder Fachaufsichtsbehörde mit und gibt dieser vor der Ausübung der Befugnisse des Artikels 58 Absatz 2 Buchstabe b bis g, i und j der Verordnung (EU) 2016/679 gegenüber dem Verantwortlichen Gelegenheit zur Stellungnahme innerhalb einer angemessenen Frist. Von der Einräumung der Gelegenheit zur Stellungnahme kann abgesehen wer-

den, wenn eine sofortige Entscheidung wegen Gefahr im Verzug oder im öffentlichen Interesse notwendig erscheint oder ihr ein zwingendes öffentliches Interesse entgegensteht. Die Stellungnahme soll auch eine Darstellung der Maßnahmen enthalten, die aufgrund der Mitteilung der oder des Bundesbeauftragten getroffen worden sind.

(2) Stellt die oder der Bundesbeauftragte bei Datenverarbeitungen durch öffentliche Stellen des Bundes zu Zwecken außerhalb des Anwendungsbereichs der Verordnung (EU) 2016/679 Verstöße gegen die Vorschriften dieses Gesetzes oder gegen andere Vorschriften über den Datenschutz oder sonstige Mängel bei der Verarbeitung oder Nutzung personenbezogener Daten fest, so beanstandet sie oder er dies gegenüber der zuständigen obersten Bundesbehörde und fordert diese zur Stellungnahme innerhalb einer von ihr oder ihm zu bestimmenden Frist auf. Die oder der Bundesbeauftragte kann von einer Beanstandung absehen oder auf eine Stellungnahme verzichten, insbesondere wenn es sich um unerhebliche oder inzwischen beseitigte Mängel handelt. Die Stellungnahme soll auch eine Darstellung der Maßnahmen enthalten, die aufgrund der Beanstandung der oder des Bundesbeauftragten getroffen worden sind. Die oder der Bundesbeauftragte kann den Verantwortlichen auch davor warnen, dass beabsichtigte Verarbeitungsvorgänge voraussichtlich gegen in diesem Gesetz enthaltene und andere auf die jeweilige Datenverarbeitung anzuwendende Vorschriften über den Datenschutz verstoßen.

(3) Die Befugnisse der oder des Bundesbeauftragten erstrecken sich auch auf

1. von ihrer oder seiner Aufsicht unterliegenden Stellen erlangte personenbezogene Daten über den Inhalt und die näheren Umstände des Brief-, Post- und Fernmeldeverkehrs und
2. personenbezogene Daten, die einem besonderen Amtsgeheimnis, insbesondere dem Steuergeheimnis nach § 30 der Abgabenordnung, unterliegen.

Das Grundrecht des Brief-, Post- und Fernmeldegeheimnisses des Artikels 10 des Grundgesetzes wird insoweit eingeschränkt.

(4) Die öffentlichen Stellen des Bundes sind verpflichtet, der oder dem Bundesbeauftragten und ihren oder seinen Beauftragten

1. jederzeit Zugang zu den Grundstücken und Diensträumen, einschließlich aller Datenverarbeitungsanlagen und -geräte, sowie zu allen personenbezogenen Daten und Informationen, die zur Erfüllung ihrer oder seiner Aufgaben notwendig sind, zu gewähren und
2. alle Informationen, die für die Erfüllung ihrer oder seiner Aufgaben erforderlich sind, bereitzustellen.

Für nichtöffentliche Stellen besteht die Verpflichtung des Satzes 1 Nummer 1 nur während der üblichen Betriebs- und Geschäftszeiten.

(5) Die oder der Bundesbeauftragte wirkt auf die Zusammenarbeit mit den öffentlichen Stellen, die für die Kontrolle der Einhaltung der Vorschriften über den Datenschutz in den Ländern zuständig sind, sowie mit den Aufsichtsbehörden nach § 40 hin. § 40 Absatz 3 Satz 1 zweiter Halbsatz gilt entsprechend.

Kapitel 5
Vertretung im Europäischen Datenschutzausschuss, zentrale Anlaufstelle, Zusammenarbeit der Aufsichtsbehörden des Bundes und der Länder in Angelegenheiten der Europäischen Union

§ 17 Vertretung im Europäischen Datenschutzausschuss, zentrale Anlaufstelle

(1) Gemeinsamer Vertreter im Europäischen Datenschutzausschuss und zentrale Anlaufstelle ist die oder der Bundesbeauftragte (gemeinsamer Vertreter). Als Stellvertreterin oder Stellvertreter des gemeinsamen Vertreters wählt der Bundesrat eine Leiterin oder einen Leiter der Aufsichtsbehörde eines Landes (Stellvertreter). Die Wahl erfolgt für fünf Jahre. Mit dem Ausscheiden aus dem Amt als Leiterin oder Leiter der Aufsichtsbehörde eines Landes endet zugleich die Funktion als Stellvertreter. Wiederwahl ist zulässig.

(2) Der gemeinsame Vertreter überträgt in Angelegenheiten, die die Wahrnehmung einer Aufgabe betreffen, für welche die Länder allein das Recht zur Gesetzgebung haben, oder welche die Einrichtung oder das Verfahren von Landesbehörden betreffen, dem Stellvertreter auf dessen Verlangen die Verhandlungsführung und das Stimmrecht im Europäischen Datenschutzausschuss.

§ 18 Verfahren der Zusammenarbeit der Aufsichtsbehörden des Bundes und der Länder

(1) Die oder der Bundesbeauftragte und die Aufsichtsbehörden der Länder (Aufsichtsbehörden des Bundes und der Länder) arbeiten in Angelegenheiten der Europäischen Union mit dem Ziel einer einheitlichen Anwendung der Verordnung (EU) 2016/679 und der Richtlinie (EU) 2016/680 zusammen. Vor der Übermittlung eines gemeinsamen Standpunktes an die Aufsichtsbehörden der anderen Mitgliedstaaten, die Europäische Kommission oder den Europäischen Datenschutzausschuss geben sich die Aufsichtsbehörden des Bundes und der Länder frühzeitig Gelegenheit zur Stellungnahme. Zu diesem Zweck tauschen sie untereinander alle zweckdienlichen Informationen aus. Die Aufsichtsbehörden des Bundes und der Länder beteiligen die nach den Artikeln 85 und 91 der Verordnung (EU) 2016/679 eingerichteten spezifischen Aufsichtsbehörden, sofern diese von der Angelegenheit betroffen sind.

(2) Soweit die Aufsichtsbehörden des Bundes und der Länder kein Einvernehmen über den gemeinsamen Standpunkt erzielen, legen die federführende Behörde oder in Ermangelung einer solchen der gemeinsame Vertreter und sein Stellvertreter einen Vorschlag für einen gemeinsamen Standpunkt vor. Einigen sich der gemeinsame Vertreter und sein Stellvertreter nicht auf einen Vorschlag für einen gemeinsamen Standpunkt, legt in Angelegenheiten, die die Wahrnehmung von Aufgaben betreffen, für welche die Länder allein das Recht der Gesetzgebung haben, oder welche die Einrichtung oder das Verfahren von Landesbehörden betreffen, der Stellvertreter den Vorschlag für einen gemeinsamen Standpunkt fest. In den übrigen Fällen fehlenden Einvernehmens nach Satz 2 legt der gemeinsame Vertreter den Standpunkt fest. Der nach den Sätzen 1 bis 3 vorgeschlagene Standpunkt ist den Verhandlungen zu Grunde zu legen, wenn nicht die Aufsichtsbehörden von Bund und Ländern einen anderen Standpunkt mit einfacher Mehrheit beschließen. Der Bund und jedes Land haben jeweils eine Stimme. Enthaltungen werden nicht gezählt.

(3) Der gemeinsame Vertreter und dessen Stellvertreter sind an den gemeinsamen Standpunkt nach den Absätzen 1 und 2 gebunden und legen unter Beachtung dieses Standpunktes einvernehmlich die jeweilige Verhandlungsführung fest. Sollte ein Einvernehmen nicht erreicht werden, entscheidet in den in § 18 Absatz 2 Satz 2 genannten Angelegenheiten der Stellvertreter über die weitere Verhandlungsführung. In den übrigen Fällen gibt die Stimme des gemeinsamen Vertreters den Ausschlag.

§ 19 Zuständigkeiten

(1) Federführende Aufsichtsbehörde eines Landes im Verfahren der Zusammenarbeit und Kohärenz nach Kapitel VII der Verordnung (EU) 2016/679 ist die Aufsichtsbehörde des Landes, in dem der Verantwortliche oder der Auftragsverarbeiter seine Hauptniederlassung im Sinne des Artikels 4 Nummer 16 der Verordnung (EU) 2016/679 oder seine einzige Niederlassung in der Europäischen Union im Sinne des Artikels 56 Absatz 1 der Verordnung (EU) 2016/679 hat. Im Zuständigkeitsbereich der oder des Bundesbeauftragten gilt Artikel 56 Absatz 1 in Verbindung mit Artikel 4 Nummer 16 der Verordnung (EU) 2016/679 entsprechend. Besteht über die Federführung kein Einvernehmen, findet für die Festlegung der federführenden Aufsichtsbehörde das Verfahren des § 18 Absatz 2 entsprechende Anwendung.

(2) Die Aufsichtsbehörde, bei der eine betroffene Person Beschwerde eingereicht hat, gibt die Beschwerde an die federführende Aufsichtsbehörde nach Absatz 1, in Ermangelung einer solchen an die Aufsichtsbehörde eines Landes ab, in dem der Verantwortliche oder der Auftragsverarbeiter eine Niederlassung hat. Wird eine Beschwerde bei einer sachlich unzuständigen Aufsichtsbehörde eingereicht, gibt diese, sofern eine Abgabe nach Satz 1 nicht in Betracht kommt, die Beschwerde an die Aufsichtsbehörde am Wohnsitz des Beschwerdeführers ab. Die empfangende Aufsichtsbehörde gilt als die Aufsichtsbehörde nach Maßgabe des Kapitels VII der Verordnung (EU) 2016/679, bei der die Beschwerde eingereicht worden ist, und kommt den Verpflichtungen aus Artikel 60 Absatz 7 bis 9 und Artikel 65 Absatz 6 der Verordnung (EU) 2016/679 nach. Im Zuständigkeitsbereich der oder des Bundesbeauftragten gibt die Aufsichtsbehörde, bei der eine Beschwerde eingereicht wurde, diese, sofern eine Abgabe nach Absatz 1 nicht in Betracht kommt, an den Bundesbeauftragten oder die Bundesbeauftragte ab.

Kapitel 6
Rechtsbehelfe

§ 20 Gerichtlicher Rechtsschutz

(1) Für Streitigkeiten zwischen einer natürlichen oder einer juristischen Person und einer Aufsichtsbehörde des Bundes oder eines Landes über Rechte gemäß Artikel 78 Absatz 1 und 2 der Verordnung (EU) 2016/679 sowie § 61 ist der Verwaltungsrechtsweg gegeben. Satz 1 gilt nicht für Bußgeldverfahren.

(2) Die Verwaltungsgerichtsordnung ist nach Maßgabe der Absätze 3 bis 7 anzuwenden.

(3) Für Verfahren nach Absatz 1 Satz 1 ist das Verwaltungsgericht örtlich zuständig, in dessen Bezirk die Aufsichtsbehörde ihren Sitz hat.

(4) In Verfahren nach Absatz 1 Satz 1 ist die Aufsichtsbehörde beteiligungsfähig.

(5) Beteiligte eines Verfahrens nach Absatz 1 Satz 1 sind
1. die natürliche oder juristische Person als Klägerin oder Antragstellerin und
2. die Aufsichtsbehörde als Beklagte oder Antragsgegnerin.

§ 63 Nummer 3 und 4 der Verwaltungsgerichtsordnung bleibt unberührt.

(6) Ein Vorverfahren findet nicht statt.

(7) Die Aufsichtsbehörde darf gegenüber einer Behörde oder deren Rechtsträger nicht die sofortige Vollziehung gemäß § 80 Absatz 2 Satz 1 Nummer 4 der Verwaltungsgerichtsordnung anordnen.

§ 21 Antrag der Aufsichtsbehörde auf gerichtliche Entscheidung bei angenommener Rechtswidrigkeit eines Beschlusses der Europäischen Kommission

(1) Hält eine Aufsichtsbehörde einen Angemessenheitsbeschluss der Europäischen Kommission, einen Beschluss über die Anerkennung von Standardschutzklauseln oder über die Allgemeingültigkeit von genehmigten Verhaltensregeln, auf dessen Gültigkeit es für eine Entscheidung der Aufsichtsbehörde ankommt, für rechtswidrig, so hat die Aufsichtsbehörde ihr Verfahren auszusetzen und einen Antrag auf gerichtliche Entscheidung zu stellen.

(2) Für Verfahren nach Absatz 1 ist der Verwaltungsrechtsweg gegeben. Die Verwaltungsgerichtsordnung ist nach Maßgabe der Absätze 3 bis 6 anzuwenden.

(3) Über einen Antrag der Aufsichtsbehörde nach Absatz 1 entscheidet im ersten und letzten Rechtszug das Bundesverwaltungsgericht.

(4) In Verfahren nach Absatz 1 ist die Aufsichtsbehörde beteiligungsfähig. An einem Verfahren nach Absatz 1 ist die Aufsichtsbehörde als Antragstellerin beteiligt; § 63 Nummer 3 und 4 der Verwaltungsgerichtsordnung bleibt unberührt. Das Bundesverwaltungsgericht kann der Europäischen Kommission Gelegenheit zur Äußerung binnen einer zu bestimmenden Frist geben.

(5) Ist ein Verfahren zur Überprüfung der Gültigkeit eines Beschlusses der Europäischen Kommission nach Absatz 1 bei dem Gerichtshof der Europäischen Union anhängig, so kann das Bundesverwaltungsgericht anordnen, dass die Verhandlung bis zur Erledigung des Verfahrens vor dem Gerichtshof der Europäischen Union auszusetzen sei.

(6) In Verfahren nach Absatz 1 ist § 47 Absatz 5 Satz 1 und Absatz 6 der Verwaltungsgerichtsordnung entsprechend anzuwenden. Kommt das Bundesverwaltungsgericht zu der Überzeugung, dass der Beschluss der Europäischen Kommission nach Absatz 1 gültig ist, so stellt es dies in seiner Entscheidung fest. Andernfalls legt es die Frage nach der Gültigkeit des Beschlusses gemäß Artikel 267 des Vertrags über die Arbeitsweise der Europäischen Union dem Gerichtshof der Europäischen Union zur Entscheidung vor.

Teil 2
Durchführungsbestimmungen für Verarbeitungen zu Zwecken gemäß Artikel 2 der Verordnung (EU) 2016/679

Kapitel 1
Rechtsgrundlagen der Verarbeitung personenbezogener Daten

Abschnitt 1
Verarbeitung besonderer Kategorien personenbezogener Daten und Verarbeitung zu anderen Zwecken

§ 22 Verarbeitung besonderer Kategorien personenbezogener Daten

(1) Abweichend von Artikel 9 Absatz 1 der Verordnung (EU) 2016/679 ist die Verarbeitung besonderer Kategorien personenbezogener Daten im Sinne des Artikels 9 Absatz 1 der Verordnung (EU) 2016/679 zulässig

1. durch öffentliche und nichtöffentliche Stellen, wenn sie
   a) erforderlich ist, um die aus dem Recht der sozialen Sicherheit und des Sozialschutzes erwachsenden Rechte auszuüben und den diesbezüglichen Pflichten nachzukommen,
   b) zum Zweck der Gesundheitsvorsorge, für die Beurteilung der Arbeitsfähigkeit des Beschäftigten, für die medizinische Diagnostik, die Versorgung oder Behandlung im Gesundheits- oder Sozialbereich oder für die Verwaltung von Systemen und Diensten im Gesundheits- und Sozialbereich oder aufgrund eines Vertrags der betroffenen Person mit einem Angehörigen eines Gesundheitsberufs erforderlich ist und diese Daten von ärztlichem Personal oder durch sonstige Personen, die einer entsprechenden Geheimhaltungspflicht unterliegen, oder unter deren Verantwortung verarbeitet werden,
   c) aus Gründen des öffentlichen Interesses im Bereich der öffentlichen Gesundheit, wie des Schutzes vor schwerwiegenden grenzüberschreitenden Gesundheitsgefahren oder zur Gewährleistung hoher Qualitäts- und Sicherheitsstandards bei der Gesundheitsversorgung und bei Arzneimitteln und Medizinprodukten erforderlich ist; ergänzend zu den in Absatz 2 genannten Maßnahmen sind insbesondere die berufsrechtlichen und strafrechtlichen Vorgaben zur Wahrung des Berufsgeheimnisses einzuhalten, oder
   d) aus Gründen eines erheblichen öffentlichen Interesses zwingend erforderlich ist,
2. durch öffentliche Stellen, wenn sie
   a) zur Abwehr einer erheblichen Gefahr für die öffentliche Sicherheit erforderlich ist,
   b) zur Abwehr erheblicher Nachteile für das Gemeinwohl oder zur Wahrung erheblicher Belange des Gemeinwohls zwingend erforderlich ist oder
   c) aus zwingenden Gründen der Verteidigung oder der Erfüllung über- oder zwischenstaatlicher Verpflichtungen einer öffentlichen Stelle des Bundes auf dem Gebiet der Krisenbewältigung oder Konfliktverhinderung oder für humanitäre Maßnahmen erforderlich ist

und soweit die Interessen des Verantwortlichen an der Datenverarbeitung in den Fällen der Nummer 1 Buchstabe d und der Nummer 2 die Interessen der betroffenen Person überwiegen.

(2) In den Fällen des Absatzes 1 sind angemessene und spezifische Maßnahmen zur Wahrung der Interessen der betroffenen Person vorzusehen. Unter Berücksichtigung des Stands der Technik, der Implementierungskosten und der Art, des Umfangs, der Umstände und der Zwecke der Verarbeitung sowie der unterschiedlichen Eintrittswahrscheinlichkeit und Schwere der mit der Verarbeitung verbundenen Risiken für die Rechte und Freiheiten natürlicher Personen können dazu insbesondere gehören:

1. technisch organisatorische Maßnahmen, um sicherzustellen, dass die Verarbeitung gemäß der Verordnung (EU) 2016/679 erfolgt,
2. Maßnahmen, die gewährleisten, dass nachträglich überprüft und festgestellt werden kann, ob und von wem personenbezogene Daten eingegeben, verändert oder entfernt worden sind,
3. Sensibilisierung der an Verarbeitungsvorgängen Beteiligten,
4. Benennung einer oder eines Datenschutzbeauftragten,
5. Beschränkung des Zugangs zu den personenbezogenen Daten innerhalb der verantwortlichen Stelle und von Auftragsverarbeitern,
6. Pseudonymisierung personenbezogener Daten,
7. Verschlüsselung personenbezogener Daten,
8. Sicherstellung der Fähigkeit, Vertraulichkeit, Integrität, Verfügbarkeit und Belastbarkeit der Systeme und Dienste im Zusammenhang mit der Verarbeitung personenbezogener Daten, einschließlich der Fähigkeit, die Verfügbarkeit und den Zugang bei einem physischen oder technischen Zwischenfall rasch wiederherzustellen,
9. zur Gewährleistung der Sicherheit der Verarbeitung die Einrichtung eines Verfahrens zur regelmäßigen Überprüfung, Bewertung und Evaluierung der Wirksamkeit der technischen und organisatorischen Maßnahmen oder
10. spezifische Verfahrensregelungen, die im Fall einer Übermittlung oder Verarbeitung für andere Zwecke die Einhaltung der Vorgaben dieses Gesetzes sowie der Verordnung (EU) 2016/679 sicherstellen.

§ 23 Verarbeitung zu anderen Zwecken durch öffentliche Stellen

(1) Die Verarbeitung personenbezogener Daten zu einem anderen Zweck als zu demjenigen, zu dem die Daten erhoben wurden, durch öffentliche Stellen im Rahmen ihrer Aufgabenerfüllung ist zulässig, wenn

1. offensichtlich ist, dass sie im Interesse der betroffenen Person liegt und kein Grund zu der Annahme besteht, dass sie in Kenntnis des anderen Zwecks ihre Einwilligung verweigern würde,
2. Angaben der betroffenen Person überprüft werden müssen, weil tatsächliche Anhaltspunkte für deren Unrichtigkeit bestehen,
3. sie zur Abwehr erheblicher Nachteile für das Gemeinwohl oder einer Gefahr für die öffentliche Sicherheit, die Verteidigung oder die nationale Sicherheit, zur Wahrung erheblicher Belange des Gemeinwohls oder zur Sicherung des Steuer- und Zollaufkommens erforderlich ist,

Anhang 2 BDSG n.F.

4. sie zur Verfolgung von Straftaten oder Ordnungswidrigkeiten, zur Vollstreckung oder zum Vollzug von Strafen oder Maßnahmen im Sinne des § 11 Absatz 1 Nummer 8 des Strafgesetzbuchs oder von Erziehungsmaßregeln oder Zuchtmitteln im Sinne des Jugendgerichtsgesetzes oder zur Vollstreckung von Geldbußen erforderlich ist,
5. sie zur Abwehr einer schwerwiegenden Beeinträchtigung der Rechte einer anderen Person erforderlich ist oder
6. sie der Wahrnehmung von Aufsichts- und Kontrollbefugnissen, der Rechnungsprüfung oder der Durchführung von Organisationsuntersuchungen des Verantwortlichen dient; dies gilt auch für die Verarbeitung zu Ausbildungs- und Prüfungszwecken durch den Verantwortlichen, soweit schutzwürdige Interessen der betroffenen Person dem nicht entgegenstehen.

(2) Die Verarbeitung besonderer Kategorien personenbezogener Daten im Sinne des Artikels 9 Absatz 1 der Verordnung (EU) 2016/679 zu einem anderen Zweck als zu demjenigen, zu dem die Daten erhoben wurden, ist zulässig, wenn die Voraussetzungen des Absatzes 1 und ein Ausnahmetatbestand nach Artikel 9 Absatz 2 der Verordnung (EU) 2016/679 oder nach § 22 vorliegen.

§ 24 Verarbeitung zu anderen Zwecken durch nichtöffentliche Stellen

(1) Die Verarbeitung personenbezogener Daten zu einem anderen Zweck als zu demjenigen, zu dem die Daten erhoben wurden, durch nichtöffentliche Stellen ist zulässig, wenn
1. sie zur Abwehr von Gefahren für die staatliche oder öffentliche Sicherheit oder zur Verfolgung von Straftaten erforderlich ist oder
2. sie zur Geltendmachung, Ausübung oder Verteidigung zivilrechtlicher Ansprüche erforderlich ist,

sofern nicht die Interessen der betroffenen Person an dem Ausschluss der Verarbeitung überwiegen.

(2) Die Verarbeitung besonderer Kategorien personenbezogener Daten im Sinne des Artikels 9 Absatz 1 der Verordnung (EU) 2016/679 zu einem anderen Zweck als zu demjenigen, zu dem die Daten erhoben wurden, ist zulässig, wenn die Voraussetzungen des Absatzes 1 und ein Ausnahmetatbestand nach Artikel 9 Absatz 2 der Verordnung (EU) 2016/679 oder nach § 22 vorliegen.

§ 25 Datenübermittlungen durch öffentliche Stellen

(1) Die Übermittlung personenbezogener Daten durch öffentliche Stellen an öffentliche Stellen ist zulässig, wenn sie zur Erfüllung der in der Zuständigkeit der übermittelnden Stelle oder des Dritten, an den die Daten übermittelt werden, liegenden Aufgaben erforderlich ist und die Voraussetzungen vorliegen, die eine Verarbeitung nach § 23 zulassen würden. Der Dritte, an den die Daten übermittelt werden, darf diese nur für den Zweck verarbeiten, zu dessen Erfüllung sie ihm übermittelt werden. Eine Verarbeitung für andere Zwecke ist unter den Voraussetzungen des § 23 zulässig.

(2) Die Übermittlung personenbezogener Daten durch öffentliche Stellen an nichtöffentliche Stellen ist zulässig, wenn

1. sie zur Erfüllung der in der Zuständigkeit der übermittelnden Stelle liegenden Aufgaben erforderlich ist und die Voraussetzungen vorliegen, die eine Verarbeitung nach § 23 zulassen würden,
2. der Dritte, an den die Daten übermittelt werden, ein berechtigtes Interesse an der Kenntnis der zu übermittelnden Daten glaubhaft darlegt und die betroffene Person kein schutzwürdiges Interesse an dem Ausschluss der Übermittlung hat oder
3. es zur Geltendmachung, Ausübung oder Verteidigung rechtlicher Ansprüche erforderlich ist

und der Dritte sich gegenüber der übermittelnden öffentlichen Stelle verpflichtet hat, die Daten nur für den Zweck zu verarbeiten, zu dessen Erfüllung sie ihm übermittelt werden. Eine Verarbeitung für andere Zwecke ist zulässig, wenn eine Übermittlung nach Satz 1 zulässig wäre und die übermittelnde Stelle zugestimmt hat.

(3) Die Übermittlung besonderer Kategorien personenbezogener Daten im Sinne des Artikels 9 Absatz 1 der Verordnung (EU) 2016/679 ist zulässig, wenn die Voraussetzungen des Absatzes 1 oder 2 und ein Ausnahmetatbestand nach Artikel 9 Absatz 2 der Verordnung (EU) 2016/679 oder nach § 22 vorliegen.

Abschnitt 2
Besondere Verarbeitungssituationen

§ 26 Datenverarbeitung für Zwecke des Beschäftigungsverhältnisses

(1) Personenbezogene Daten von Beschäftigten dürfen für Zwecke des Beschäftigungsverhältnisses verarbeitet werden, wenn dies für die Entscheidung über die Begründung eines Beschäftigungsverhältnisses oder nach Begründung des Beschäftigungsverhältnisses für dessen Durchführung oder Beendigung oder zur Ausübung oder Erfüllung der sich aus einem Gesetz oder einem Tarifvertrag, einer Betriebs- oder Dienstvereinbarung (Kollektivvereinbarung) ergebenden Rechte und Pflichten der Interessenvertretung der Beschäftigten erforderlich ist. Zur Aufdeckung von Straftaten dürfen personenbezogene Daten von Beschäftigten nur dann verarbeitet werden, wenn zu dokumentierende tatsächliche Anhaltspunkte den Verdacht begründen, dass die betroffene Person im Beschäftigungsverhältnis eine Straftat begangen hat, die Verarbeitung zur Aufdeckung erforderlich ist und das schutzwürdige Interesse der oder des Beschäftigten an dem Ausschluss der Verarbeitung nicht überwiegt, insbesondere Art und Ausmaß im Hinblick auf den Anlass nicht unverhältnismäßig sind.

(2) Erfolgt die Verarbeitung personenbezogener Daten von Beschäftigten auf der Grundlage einer Einwilligung, so sind für die Beurteilung der Freiwilligkeit der Einwilligung insbesondere die im Beschäftigungsverhältnis bestehende Abhängigkeit der beschäftigten Person sowie die Umstände, unter denen die Einwilligung erteilt worden ist, zu berücksichtigen. Freiwilligkeit kann insbesondere vorliegen, wenn für die beschäftigte Person ein rechtlicher oder wirtschaftlicher Vorteil erreicht wird oder Arbeitgeber und beschäftigte Person gleichgelagerte Interessen verfolgen. Die Einwilligung hat schriftlich oder elektronisch zu erfolgen, soweit nicht wegen besonderer Umstände eine andere Form angemessen ist. Der Arbeitgeber hat die beschäftigte Person über den Zweck der Datenverarbeitung und über ihr Widerrufsrecht nach Artikel 7 Absatz 3 der Verordnung (EU) 2016/679 in Textform aufzuklären.

(3) Abweichend von Artikel 9 Absatz 1 der Verordnung (EU) 2016/679 ist die Verarbeitung besonderer Kategorien personenbezogener Daten im Sinne des Artikels 9 Absatz 1 der Verordnung (EU) 2016/679 für Zwecke des Beschäftigungsverhältnisses zulässig, wenn sie zur Ausübung von Rechten oder zur Erfüllung rechtlicher Pflichten aus dem Arbeitsrecht, dem Recht der sozialen Sicherheit und des Sozialschutzes erforderlich ist und kein Grund zu der Annahme besteht, dass das schutzwürdige Interesse der betroffenen Person an dem Ausschluss der Verarbeitung überwiegt. Absatz 2 gilt auch für die Einwilligung in die Verarbeitung besonderer Kategorien personenbezogener Daten; die Einwilligung muss sich dabei ausdrücklich auf diese Daten beziehen. § 22 Absatz 2 gilt entsprechend.

(4) Die Verarbeitung personenbezogener Daten, einschließlich besonderer Kategorien personenbezogener Daten von Beschäftigten für Zwecke des Beschäftigungsverhältnisses, ist auf der Grundlage von Kollektivvereinbarungen zulässig. Dabei haben die Verhandlungspartner Artikel 88 Absatz 2 der Verordnung (EU) 2016/679 zu beachten.

(5) Der Verantwortliche muss geeignete Maßnahmen ergreifen, um sicherzustellen, dass insbesondere die in Artikel 5 der Verordnung (EU) 2016/679 dargelegten Grundsätze für die Verarbeitung personenbezogener Daten eingehalten werden.

(6) Die Beteiligungsrechte der Interessenvertretungen der Beschäftigten bleiben unberührt.

(7) Die Absätze 1 bis 6 sind auch anzuwenden, wenn personenbezogene Daten, einschließlich besonderer Kategorien personenbezogener Daten, von Beschäftigten verarbeitet werden, ohne dass sie in einem Dateisystem gespeichert sind oder gespeichert werden sollen.

(8) Beschäftigte im Sinne dieses Gesetzes sind:
1. Arbeitnehmerinnen und Arbeitnehmer, einschließlich der Leiharbeitnehmerinnen und Leiharbeitnehmer im Verhältnis zum Entleiher,
2. zu ihrer Berufsbildung Beschäftigte,
3. Teilnehmerinnen und Teilnehmer an Leistungen zur Teilhabe am Arbeitsleben sowie an Abklärungen der beruflichen Eignung oder Arbeitserprobung (Rehabilitandinnen und Rehabilitanden),
4. in anerkannten Werkstätten für behinderte Menschen Beschäftigte,
5. Freiwillige, die einen Dienst nach dem Jugendfreiwilligendienstegesetz oder dem Bundesfreiwilligendienstgesetz leisten,
6. Personen, die wegen ihrer wirtschaftlichen Unselbstständigkeit als arbeitnehmerähnliche Personen anzusehen sind; zu diesen gehören auch die in Heimarbeit Beschäftigten und die ihnen Gleichgestellten,
7. Beamtinnen und Beamte des Bundes, Richterinnen und Richter des Bundes, Soldatinnen und Soldaten sowie Zivildienstleistende.

Bewerberinnen und Bewerber für ein Beschäftigungsverhältnis sowie Personen, deren Beschäftigungsverhältnis beendet ist, gelten als Beschäftigte.

§ 27 Datenverarbeitung zu wissenschaftlichen oder historischen Forschungszwecken und zu statistischen Zwecken

(1) Abweichend von Artikel 9 Absatz 1 der Verordnung (EU) 2016/679 ist die Verarbeitung besonderer Kategorien personenbezogener Daten im Sinne des Artikels 9 Absatz 1 der Verordnung (EU) 2016/679 auch ohne Einwilligung für wissenschaftliche oder historische Forschungszwecke oder für statistische Zwecke zulässig, wenn die Verarbeitung zu diesen Zwecken erforderlich ist und die Interessen des Verantwortlichen an der Verarbeitung die Interessen der betroffenen Person an einem Ausschluss der Verarbeitung erheblich überwiegen. Der Verantwortliche sieht angemessene und spezifische Maßnahmen zur Wahrung der Interessen der betroffenen Person gemäß § 22 Absatz 2 Satz 2 vor.

(2) Die in den Artikeln 15, 16, 18 und 21 der Verordnung (EU) 2016/679 vorgesehenen Rechte der betroffenen Person sind insoweit beschränkt, als diese Rechte voraussichtlich die Verwirklichung der Forschungs- oder Statistikzwecke unmöglich machen oder ernsthaft beeinträchtigen und die Beschränkung für die Erfüllung der Forschungs- oder Statistikzwecke notwendig ist. Das Recht auf Auskunft gemäß Artikel 15 der Verordnung (EU) 2016/679 besteht darüber hinaus nicht, wenn die Daten für Zwecke der wissenschaftlichen Forschung erforderlich sind und die Auskunftserteilung einen unverhältnismäßigen Aufwand erfordern würde.

(3) Ergänzend zu den in § 22 Absatz 2 genannten Maßnahmen sind zu wissenschaftlichen oder historischen Forschungszwecken oder zu statistischen Zwecken verarbeitete besondere Kategorien personenbezogener Daten im Sinne des Artikels 9 Absatz 1 der Verordnung (EU) 2016/679 zu anonymisieren, sobald dies nach dem Forschungs- oder Statistikzweck möglich ist, es sei denn, berechtigte Interessen der betroffenen Person stehen dem entgegen. Bis dahin sind die Merkmale gesondert zu speichern, mit denen Einzelangaben über persönliche oder sachliche Verhältnisse einer bestimmten oder bestimmbaren Person zugeordnet werden können. Sie dürfen mit den Einzelangaben nur zusammengeführt werden, soweit der Forschungs- oder Statistikzweck dies erfordert.

(4) Der Verantwortliche darf personenbezogene Daten nur veröffentlichen, wenn die betroffene Person eingewilligt hat oder dies für die Darstellung von Forschungsergebnissen über Ereignisse der Zeitgeschichte unerlässlich ist.

§ 28 Datenverarbeitung zu im öffentlichen Interesse liegenden Archivzwecken

(1) Abweichend von Artikel 9 Absatz 1 der Verordnung (EU) 2016/679 ist die Verarbeitung besonderer Kategorien personenbezogener Daten im Sinne des Artikels 9 Absatz 1 der Verordnung (EU) 2016/679 zulässig, wenn sie für im öffentlichen Interesse liegende Archivzwecke erforderlich ist. Der Verantwortliche sieht angemessene und spezifische Maßnahmen zur Wahrung der Interessen der betroffenen Person gemäß § 22 Absatz 2 Satz 2 vor.

(2) Das Recht auf Auskunft der betroffenen Person gemäß Artikel 15 der Verordnung (EU) 2016/679 besteht nicht, wenn das Archivgut nicht durch den Namen der Person erschlossen ist oder keine Angaben gemacht werden, die das Auffinden des betreffenden Archivguts mit vertretbarem Verwaltungsaufwand ermöglichen.

(3) Das Recht auf Berichtigung der betroffenen Person gemäß Artikel 16 der Verordnung (EU) 2016/679 besteht nicht, wenn die personenbezogenen Daten zu Archivzwecken im öffentlichen Interesse verarbeitet werden. Bestreitet die betroffene Person die Richtigkeit der personenbezogenen Daten, ist ihr die Möglichkeit einer Gegendarstellung einzuräumen. Das zuständige Archiv ist verpflichtet, die Gegendarstellung den Unterlagen hinzuzufügen.

(4) Die in Artikel 18 Absatz 1 Buchstabe a, b und d, den Artikeln 20 und 21 der Verordnung (EU) 2016/679 vorgesehenen Rechte bestehen nicht, soweit diese Rechte voraussichtlich die Verwirklichung der im öffentlichen Interesse liegenden Archivzwecke unmöglich machen oder ernsthaft beeinträchtigen und die Ausnahmen für die Erfüllung dieser Zwecke erforderlich sind.

§ 29 Rechte der betroffenen Person und aufsichtsbehördliche Befugnisse im Fall von Geheimhaltungspflichten

(1) Die Pflicht zur Information der betroffenen Person gemäß Artikel 14 Absatz 1 bis 4 der Verordnung (EU) 2016/679 besteht ergänzend zu den in Artikel 14 Absatz 5 der Verordnung (EU) 2016/679 genannten Ausnahmen nicht, soweit durch ihre Erfüllung Informationen offenbart würden, die ihrem Wesen nach, insbesondere wegen der überwiegenden berechtigten Interessen eines Dritten, geheim gehalten werden müssen. Das Recht auf Auskunft der betroffenen Person gemäß Artikel 15 der Verordnung (EU) 2016/679 besteht nicht, soweit durch die Auskunft Informationen offenbart würden, die nach einer Rechtsvorschrift oder ihrem Wesen nach, insbesondere wegen der überwiegenden berechtigten Interessen eines Dritten, geheim gehalten werden müssen. Die Pflicht zur Benachrichtigung gemäß Artikel 34 der Verordnung (EU) 2016/679 besteht ergänzend zu der in Artikel 34 Absatz 3 der Verordnung (EU) 2016/679 genannten Ausnahme nicht, soweit durch die Benachrichtigung Informationen offenbart würden, die nach einer Rechtsvorschrift oder ihrem Wesen nach, insbesondere wegen der überwiegenden berechtigten Interessen eines Dritten, geheim gehalten werden müssen. Abweichend von der Ausnahme nach Satz 3 ist die betroffene Person nach Artikel 34 der Verordnung (EU) 2016/679 zu benachrichtigen, wenn die Interessen der betroffenen Person, insbesondere unter Berücksichtigung drohender Schäden, gegenüber dem Geheimhaltungsinteresse überwiegen.

(2) Werden Daten Dritter im Zuge der Aufnahme oder im Rahmen eines Mandatsverhältnisses an einen Berufsgeheimnisträger übermittelt, so besteht die Pflicht der übermittelnden Stelle zur Information der betroffenen Person gemäß Artikel 13 Absatz 3 der Verordnung (EU) 2016/679 nicht, sofern nicht das Interesse der betroffenen Person an der Informationserteilung überwiegt.

(3) Gegenüber den in § 203 Absatz 1, 2a und 3 des Strafgesetzbuchs genannten Personen oder deren Auftragsverarbeitern bestehen die Untersuchungsbefugnisse der Aufsichtsbehörden gemäß Artikel 58 Absatz 1 Buchstabe e und f der Verordnung (EU) 2016/679 nicht, soweit die Inanspruchnahme der Befugnisse zu einem Verstoß gegen die Geheimhaltungspflichten dieser Personen führen würde. Erlangt eine Aufsichtsbehörde im Rahmen einer Untersuchung Kenntnis von Daten, die einer Geheimhaltungspflicht im Sinne des Satzes 1 unterliegen, gilt die Geheimhaltungspflicht auch für die Aufsichtsbehörde.

§ 30 Verbraucherkredite

(1) Eine Stelle, die geschäftsmäßig personenbezogene Daten, die zur Bewertung der Kreditwürdigkeit von Verbrauchern genutzt werden dürfen, zum Zweck der Übermittlung erhebt, speichert oder verändert, hat Auskunftsverlangen von Darlehensgebern aus anderen Mitgliedstaaten der Europäischen Union genauso zu behandeln wie Auskunftsverlangen inländischer Darlehensgeber.

(2) Wer den Abschluss eines Verbraucherdarlehensvertrags oder eines Vertrags über eine entgeltliche Finanzierungshilfe mit einem Verbraucher infolge einer Auskunft einer Stelle im Sinne des Absatzes 1 ablehnt, hat den Verbraucher unverzüglich hierüber sowie über die erhaltene Auskunft zu unterrichten. Die Unterrichtung unterbleibt, soweit hierdurch die öffentliche Sicherheit oder Ordnung gefährdet würde. § 37 bleibt unberührt.

§ 31 Schutz des Wirtschaftsverkehrs bei Scoring und Bonitätsauskünften

(1) Die Verwendung eines Wahrscheinlichkeitswerts über ein bestimmtes zukünftiges Verhalten einer natürlichen Person zum Zweck der Entscheidung über die Begründung, Durchführung oder Beendigung eines Vertragsverhältnisses mit dieser Person (Scoring) ist nur zulässig, wenn
1. die Vorschriften des Datenschutzrechts eingehalten wurden,
2. die zur Berechnung des Wahrscheinlichkeitswerts genutzten Daten unter Zugrundelegung eines wissenschaftlich anerkannten mathematisch-statistischen Verfahrens nachweisbar für die Berechnung der Wahrscheinlichkeit des bestimmten Verhaltens erheblich sind,
3. für die Berechnung des Wahrscheinlichkeitswerts nicht ausschließlich Anschriftendaten genutzt wurden und
4. im Fall der Nutzung von Anschriftendaten die betroffene Person vor Berechnung des Wahrscheinlichkeitswerts über die vorgesehene Nutzung dieser Daten unterrichtet worden ist; die Unterrichtung ist zu dokumentieren.

(2) Die Verwendung eines von Auskunfteien ermittelten Wahrscheinlichkeitswerts über die Zahlungsfähig- und Zahlungswilligkeit einer natürlichen Person ist im Fall der Einbeziehung von Informationen über Forderungen nur zulässig, soweit die Voraussetzungen nach Absatz 1 vorliegen und nur solche Forderungen über eine geschuldete Leistung, die trotz Fälligkeit nicht erbracht worden ist, berücksichtigt werden,
1. die durch ein rechtskräftiges oder für vorläufig vollstreckbar erklärtes Urteil festgestellt worden sind oder für die ein Schuldtitel nach § 794 der Zivilprozessordnung vorliegt,
2. die nach § 178 der Insolvenzordnung festgestellt und nicht vom Schuldner im Prüfungstermin bestritten worden sind,
3. die der Schuldner ausdrücklich anerkannt hat,
4. bei denen
    a) der Schuldner nach Eintritt der Fälligkeit der Forderung mindestens zweimal schriftlich gemahnt worden ist,
    b) die erste Mahnung mindestens vier Wochen zurückliegt,

c) der Schuldner zuvor, jedoch frühestens bei der ersten Mahnung, über eine mögliche Berücksichtigung durch eine Auskunftei unterrichtet worden ist und
d) der Schuldner die Forderung nicht bestritten hat oder
5. deren zugrunde liegendes Vertragsverhältnis aufgrund von Zahlungsrückständen fristlos gekündigt werden kann und bei denen der Schuldner zuvor über eine mögliche Berücksichtigung durch eine Auskunftei unterrichtet worden ist.

Die Zulässigkeit der Verarbeitung, einschließlich der Ermittlung von Wahrscheinlichkeitswerten, von anderen bonitätsrelevanten Daten nach allgemeinem Datenschutzrecht bleibt unberührt.

Kapitel 2
Rechte der betroffenen Person

§ 32 Informationspflicht bei Erhebung von personenbezogenen Daten bei der betroffenen Person

(1) Die Pflicht zur Information der betroffenen Person gemäß Artikel 13 Absatz 3 der Verordnung (EU) 2016/679 besteht ergänzend zu der in Artikel 13 Absatz 4 der Verordnung (EU) 2016/679 genannten Ausnahme dann nicht, wenn die Erteilung der Information über die beabsichtigte Weiterverarbeitung

1. eine Weiterverarbeitung analog gespeicherter Daten betrifft, bei der sich der Verantwortliche durch die Weiterverarbeitung unmittelbar an die betroffene Person wendet, der Zweck mit dem ursprünglichen Erhebungszweck gemäß der Verordnung (EU) 2016/679 vereinbar ist, die Kommunikation mit der betroffenen Person nicht in digitaler Form erfolgt und das Interesse der betroffenen Person an der Informationserteilung nach den Umständen des Einzelfalls, insbesondere mit Blick auf den Zusammenhang, in dem die Daten erhoben wurden, als gering anzusehen ist,
2. im Fall einer öffentlichen Stelle die ordnungsgemäße Erfüllung der in der Zuständigkeit des Verantwortlichen liegenden Aufgaben im Sinne des Artikels 23 Absatz 1 Buchstabe a bis e der Verordnung (EU) 2016/679 gefährden würde und die Interessen des Verantwortlichen an der Nichterteilung der Information die Interessen der betroffenen Person überwiegen,
3. die öffentliche Sicherheit oder Ordnung gefährden oder sonst dem Wohl des Bundes oder eines Landes Nachteile bereiten würde und die Interessen des Verantwortlichen an der Nichterteilung der Information die Interessen der betroffenen Person überwiegen,
4. die Geltendmachung, Ausübung oder Verteidigung rechtlicher Ansprüche beeinträchtigen würde und die Interessen des Verantwortlichen an der Nichterteilung der Information die Interessen der betroffenen Person überwiegen oder
5. eine vertrauliche Übermittlung von Daten an öffentliche Stellen gefährden würde.

(2) Unterbleibt eine Information der betroffenen Person nach Maßgabe des Absatzes 1, ergreift der Verantwortliche geeignete Maßnahmen zum Schutz der berechtigten Interessen der betroffenen Person, einschließlich der Bereitstellung der in Artikel 13 Absatz 1 und 2 der Verordnung (EU) 2016/679 genannten Informationen für die Öffentlichkeit in präziser, transparenter, verständlicher und leicht zugänglicher Form in einer klaren und einfachen Sprache. Der Verantwortliche hält schriftlich fest,

aus welchen Gründen er von einer Information abgesehen hat. Die Sätze 1 und 2 finden in den Fällen des Absatzes 1 Nummer 4 und 5 keine Anwendung.

(3) Unterbleibt die Benachrichtigung in den Fällen des Absatzes 1 wegen eines vorübergehenden Hinderungsgrundes, kommt der Verantwortliche der Informationspflicht unter Berücksichtigung der spezifischen Umstände der Verarbeitung innerhalb einer angemessenen Frist nach Fortfall des Hinderungsgrundes, spätestens jedoch innerhalb von zwei Wochen, nach.

§ 33 Informationspflicht, wenn die personenbezogenen Daten nicht bei der betroffenen Person erhoben wurden

(1) Die Pflicht zur Information der betroffenen Person gemäß Artikel 14 Absatz 1, 2 und 4 der Verordnung (EU) 2016/679 besteht ergänzend zu den in Artikel 14 Absatz 5 der Verordnung (EU) 2016/679 und der in § 29 Absatz 1 Satz 1 genannten Ausnahme nicht, wenn die Erteilung der Information

1. im Fall einer öffentlichen Stelle
    a) die ordnungsgemäße Erfüllung der in der Zuständigkeit des Verantwortlichen liegenden Aufgaben im Sinne des Artikels 23 Absatz 1 Buchstabe a bis e der Verordnung (EU) 2016/679 gefährden würde oder
    b) die öffentliche Sicherheit oder Ordnung gefährden oder sonst dem Wohl des Bundes oder eines Landes Nachteile bereiten würde

und deswegen das Interesse der betroffenen Person an der Informationserteilung zurücktreten muss,

2. im Fall einer nichtöffentlichen Stelle
    a) die Geltendmachung, Ausübung oder Verteidigung zivilrechtlicher Ansprüche beeinträchtigen würde oder die Verarbeitung Daten aus zivilrechtlichen Verträgen beinhaltet und der Verhütung von Schäden durch Straftaten dient, sofern nicht das berechtigte Interesse der betroffenen Person an der Informationserteilung überwiegt, oder
    b) die zuständige öffentliche Stelle gegenüber dem Verantwortlichen festgestellt hat, dass das Bekanntwerden der Daten die öffentliche Sicherheit oder Ordnung gefährden oder sonst dem Wohl des Bundes oder eines Landes Nachteile bereiten würde; im Fall der Datenverarbeitung für Zwecke der Strafverfolgung bedarf es keiner Feststellung nach dem ersten Halbsatz.

(2) Unterbleibt eine Information der betroffenen Person nach Maßgabe des Absatzes 1, ergreift der Verantwortliche geeignete Maßnahmen zum Schutz der berechtigten Interessen der betroffenen Person, einschließlich der Bereitstellung der in Artikel 14 Absatz 1 und 2 der Verordnung (EU) 2016/679 genannten Informationen für die Öffentlichkeit in präziser, transparenter, verständlicher und leicht zugänglicher Form in einer klaren und einfachen Sprache. Der Verantwortliche hält schriftlich fest, aus welchen Gründen er von einer Information abgesehen hat.

(3) Bezieht sich die Informationserteilung auf die Übermittlung personenbezogener Daten durch öffentliche Stellen an Verfassungsschutzbehörden, den Bundesnachrichtendienst, den Militärischen Abschirmdienst und, soweit die Sicherheit des Bundes berührt wird, andere Behörden des Bundesministeriums der Verteidigung, ist sie nur mit Zustimmung dieser Stellen zulässig.

§ 34 Auskunftsrecht der betroffenen Person

(1) Das Recht auf Auskunft der betroffenen Person gemäß Artikel 15 der Verordnung (EU) 2016/679 besteht ergänzend zu den in § 27 Absatz 2, § 28 Absatz 2 und § 29 Absatz 1 Satz 2 genannten Ausnahmen nicht, wenn

1. die betroffene Person nach § 33 Absatz 1 Nummer 1, 2 Buchstabe b oder Absatz 3 nicht zu informieren ist, oder
2. die Daten
   a) nur deshalb gespeichert sind, weil sie aufgrund gesetzlicher oder satzungsmäßiger Aufbewahrungsvorschriften nicht gelöscht werden dürfen, oder
   b) ausschließlich Zwecken der Datensicherung oder der Datenschutzkontrolle dienen

und die Auskunftserteilung einen unverhältnismäßigen Aufwand erfordern würde sowie eine Verarbeitung zu anderen Zwecken durch geeignete technische und organisatorische Maßnahmen ausgeschlossen ist.

(2) Die Gründe der Auskunftsverweigerung sind zu dokumentieren. Die Ablehnung der Auskunftserteilung ist gegenüber der betroffenen Person zu begründen, soweit nicht durch die Mitteilung der tatsächlichen und rechtlichen Gründe, auf die die Entscheidung gestützt wird, der mit der Auskunftsverweigerung verfolgte Zweck gefährdet würde. Die zum Zweck der Auskunftserteilung an die betroffene Person und zu deren Vorbereitung gespeicherten Daten dürfen nur für diesen Zweck sowie für Zwecke der Datenschutzkontrolle verarbeitet werden; für andere Zwecke ist die Verarbeitung nach Maßgabe des Artikels 18 der Verordnung (EU) 2016/679 einzuschränken.

(3) Wird der betroffenen Person durch eine öffentliche Stelle des Bundes keine Auskunft erteilt, so ist sie auf ihr Verlangen der oder dem Bundesbeauftragten zu erteilen, soweit nicht die jeweils zuständige oberste Bundesbehörde im Einzelfall feststellt, dass dadurch die Sicherheit des Bundes oder eines Landes gefährdet würde. Die Mitteilung der oder des Bundesbeauftragten an die betroffene Person über das Ergebnis der datenschutzrechtlichen Prüfung darf keine Rückschlüsse auf den Erkenntnisstand des Verantwortlichen zulassen, sofern dieser nicht einer weitergehenden Auskunft zustimmt.

(4) Das Recht der betroffenen Person auf Auskunft über personenbezogene Daten, die durch eine öffentliche Stelle weder automatisiert verarbeitet noch nicht automatisiert verarbeitet und in einem Dateisystem gespeichert werden, besteht nur, soweit die betroffene Person Angaben macht, die das Auffinden der Daten ermöglichen, und der für die Erteilung der Auskunft erforderliche Aufwand nicht außer Verhältnis zu dem von der betroffenen Person geltend gemachten Informationsinteresse steht.

§ 35 Recht auf Löschung

(1) Ist eine Löschung im Fall nicht automatisierter Datenverarbeitung wegen der besonderen Art der Speicherung nicht oder nur mit unverhältnismäßig hohem Aufwand möglich und ist das Interesse der betroffenen Person an der Löschung als gering anzusehen, besteht das Recht der betroffenen Person auf und die Pflicht des Verantwortlichen zur Löschung personenbezogener Daten gemäß Artikel 17 Absatz 1 der Verordnung (EU) 2016/679 ergänzend zu den in Artikel 17 Absatz 3 der Verordnung

(EU) 2016/679 genannten Ausnahmen nicht. In diesem Fall tritt an die Stelle einer Löschung die Einschränkung der Verarbeitung gemäß Artikel 18 der Verordnung (EU) 2016/679. Die Sätze 1 und 2 finden keine Anwendung, wenn die personenbezogenen Daten unrechtmäßig verarbeitet wurden.

(2) Ergänzend zu Artikel 18 Absatz 1 Buchstabe b und c der Verordnung (EU) 2016/679 gilt Absatz 1 Satz 1 und 2 entsprechend im Fall des Artikels 17 Absatz 1 Buchstabe a und d der Verordnung (EU) 2016/679, solange und soweit der Verantwortliche Grund zu der Annahme hat, dass durch eine Löschung schutzwürdige Interessen der betroffenen Person beeinträchtigt würden. Der Verantwortliche unterrichtet die betroffene Person über die Einschränkung der Verarbeitung, sofern sich die Unterrichtung nicht als unmöglich erweist oder einen unverhältnismäßigen Aufwand erfordern würde.

(3) Ergänzend zu Artikel 17 Absatz 3 Buchstabe b der Verordnung (EU) 2016/679 gilt Absatz 1 entsprechend im Fall des Artikels 17 Absatz 1 Buchstabe a der Verordnung (EU) 2016/679, wenn einer Löschung satzungsgemäße oder vertragliche Aufbewahrungsfristen entgegenstehen.

§ 36 Widerspruchsrecht

Das Recht auf Widerspruch gemäß Artikel 21 Absatz 1 der Verordnung (EU) 2016/679 gegenüber einer öffentlichen Stelle besteht nicht, soweit an der Verarbeitung ein zwingendes öffentliches Interesse besteht, das die Interessen der betroffenen Person überwiegt, oder eine Rechtsvorschrift zur Verarbeitung verpflichtet.

§ 37 Automatisierte Entscheidungen im Einzelfall einschließlich Profiling

(1) Das Recht gemäß Artikel 22 Absatz 1 der Verordnung (EU) 2016/679, keiner ausschließlich auf einer automatisierten Verarbeitung beruhenden Entscheidung unterworfen zu werden, besteht über die in Artikel 22 Absatz 2 Buchstabe a und c der Verordnung (EU) 2016/679 genannten Ausnahmen hinaus nicht, wenn die Entscheidung im Rahmen der Leistungserbringung nach einem Versicherungsvertrag ergeht und

1. dem Begehren der betroffenen Person stattgegeben wurde oder
2. die Entscheidung auf der Anwendung verbindlicher Entgeltregelungen für Heilbehandlungen beruht und der Verantwortliche für den Fall, dass dem Antrag nicht vollumfänglich stattgegeben wird, angemessene Maßnahmen zur Wahrung der berechtigten Interessen der betroffenen Person trifft, wozu mindestens das Recht auf Erwirkung des Eingreifens einer Person seitens des Verantwortlichen, auf Darlegung des eigenen Standpunktes und auf Anfechtung der Entscheidung zählt; der Verantwortliche informiert die betroffene Person über diese Rechte spätestens zum Zeitpunkt der Mitteilung, aus der sich ergibt, dass dem Antrag der betroffenen Person nicht vollumfänglich stattgegeben wird.

(2) Entscheidungen nach Absatz 1 dürfen auf der Verarbeitung von Gesundheitsdaten im Sinne des Artikels 4 Nummer 15 der Verordnung (EU) 2016/679 beruhen. Der Verantwortliche sieht angemessene und spezifische Maßnahmen zur Wahrung der Interessen der betroffenen Person gemäß § 22 Absatz 2 Satz 2 vor.

Kapitel 3
Pflichten der Verantwortlichen und Auftragsverarbeiter

§ 38 Datenschutzbeauftragte nichtöffentlicher Stellen

(1) Ergänzend zu Artikel 37 Absatz 1 Buchstabe b und c der Verordnung (EU) 2016/679 benennen der Verantwortliche und der Auftragsverarbeiter eine Datenschutzbeauftragte oder einen Datenschutzbeauftragten, soweit sie in der Regel mindestens 20 Personen ständig mit der automatisierten Verarbeitung personenbezogener Daten beschäftigen. Nehmen der Verantwortliche oder der Auftragsverarbeiter Verarbeitungen vor, die einer Datenschutz-Folgenabschätzung nach Artikel 35 der Verordnung (EU) 2016/679 unterliegen, oder verarbeiten sie personenbezogene Daten geschäftsmäßig zum Zweck der Übermittlung, der anonymisierten Übermittlung oder für Zwecke der Markt- oder Meinungsforschung, haben sie unabhängig von der Anzahl der mit der Verarbeitung beschäftigten Personen eine Datenschutzbeauftragte oder einen Datenschutzbeauftragten zu benennen.

(2) § 6 Absatz 4, 5 Satz 2 und Absatz 6 finden Anwendung, § 6 Absatz 4 jedoch nur, wenn die Benennung einer oder eines Datenschutzbeauftragten verpflichtend ist.

§ 39 Akkreditierung

Die Erteilung der Befugnis, als Zertifizierungsstelle gemäß Artikel 43 Absatz 1 Satz 1 der Verordnung (EU) 2016/679 tätig zu werden, erfolgt durch die für die datenschutzrechtliche Aufsicht über die Zertifizierungsstelle zuständige Aufsichtsbehörde des Bundes oder der Länder auf der Grundlage einer Akkreditierung durch die Deutsche Akkreditierungsstelle. § 2 Absatz 3 Satz 2, § 4 Absatz 3 und § 10 Absatz 1 Satz 1 Nummer 3 des Akkreditierungsstellengesetzes finden mit der Maßgabe Anwendung, dass der Datenschutz als ein dem Anwendungsbereich des § 1 Absatz 2 Satz 2 unterfallender Bereich gilt.

Kapitel 4
Aufsichtsbehörde für die Datenverarbeitung durch nichtöffentliche Stellen

§ 40 Aufsichtsbehörden der Länder

(1) Die nach Landesrecht zuständigen Behörden überwachen im Anwendungsbereich der Verordnung (EU) 2016/679 bei den nichtöffentlichen Stellen die Anwendung der Vorschriften über den Datenschutz.

(2) Hat der Verantwortliche oder Auftragsverarbeiter mehrere inländische Niederlassungen, findet für die Bestimmung der zuständigen Aufsichtsbehörde Artikel 4 Nummer 16 der Verordnung (EU) 2016/679 entsprechende Anwendung. Wenn sich mehrere Behörden für zuständig oder für unzuständig halten oder wenn die Zuständigkeit aus anderen Gründen zweifelhaft ist, treffen die Aufsichtsbehörden die Entscheidung gemeinsam nach Maßgabe des § 18 Absatz 2. § 3 Absatz 3 und 4 des Verwaltungsverfahrensgesetzes findet entsprechende Anwendung.

(3) Die Aufsichtsbehörde darf die von ihr gespeicherten Daten nur für Zwecke der Aufsicht verarbeiten; hierbei darf sie Daten an andere Aufsichtsbehörden übermit-

teln. Eine Verarbeitung zu einem anderen Zweck ist über Artikel 6 Absatz 4 der Verordnung (EU) 2016/679 hinaus zulässig, wenn

1. offensichtlich ist, dass sie im Interesse der betroffenen Person liegt und kein Grund zu der Annahme besteht, dass sie in Kenntnis des anderen Zwecks ihre Einwilligung verweigern würde,
2. sie zur Abwehr erheblicher Nachteile für das Gemeinwohl oder einer Gefahr für die öffentliche Sicherheit oder zur Wahrung erheblicher Belange des Gemeinwohls erforderlich ist oder
3. sie zur Verfolgung von Straftaten oder Ordnungswidrigkeiten, zur Vollstreckung oder zum Vollzug von Strafen oder Maßnahmen im Sinne des § 11 Absatz 1 Nummer 8 des Strafgesetzbuchs oder von Erziehungsmaßregeln oder Zuchtmitteln im Sinne des Jugendgerichtsgesetzes oder zur Vollstreckung von Geldbußen erforderlich ist.

Stellt die Aufsichtsbehörde einen Verstoß gegen die Vorschriften über den Datenschutz fest, so ist sie befugt, die betroffenen Personen hierüber zu unterrichten, den Verstoß anderen für die Verfolgung oder Ahndung zuständigen Stellen anzuzeigen sowie bei schwerwiegenden Verstößen die Gewerbeaufsichtsbehörde zur Durchführung gewerberechtlicher Maßnahmen zu unterrichten. § 13 Absatz 4 Satz 4 bis 7 gilt entsprechend.

(4) Die der Aufsicht unterliegenden Stellen sowie die mit deren Leitung beauftragten Personen haben einer Aufsichtsbehörde auf Verlangen die für die Erfüllung ihrer Aufgaben erforderlichen Auskünfte zu erteilen. Der Auskunftspflichtige kann die Auskunft auf solche Fragen verweigern, deren Beantwortung ihn selbst oder einen der in § 383 Absatz 1 Nummer 1 bis 3 der Zivilprozessordnung bezeichneten Angehörigen der Gefahr strafgerichtlicher Verfolgung oder eines Verfahrens nach dem Gesetz über Ordnungswidrigkeiten aussetzen würde. Der Auskunftspflichtige ist darauf hinzuweisen.

(5) Die von einer Aufsichtsbehörde mit der Überwachung der Einhaltung der Vorschriften über den Datenschutz beauftragten Personen sind befugt, zur Erfüllung ihrer Aufgaben Grundstücke und Geschäftsräume der Stelle zu betreten und Zugang zu allen Datenverarbeitungsanlagen und -geräten zu erhalten. Die Stelle ist insoweit zur Duldung verpflichtet. § 16 Absatz 4 gilt entsprechend.

(6) Die Aufsichtsbehörden beraten und unterstützen die Datenschutzbeauftragten mit Rücksicht auf deren typische Bedürfnisse. Sie können die Abberufung der oder des Datenschutzbeauftragten verlangen, wenn sie oder er die zur Erfüllung ihrer oder seiner Aufgaben erforderliche Fachkunde nicht besitzt oder im Fall des Artikels 38 Absatz 6 der Verordnung (EU) 2016/679 ein schwerwiegender Interessenkonflikt vorliegt.

(7) Die Anwendung der Gewerbeordnung bleibt unberührt.

Kapitel 5
Sanktionen

§ 41 Anwendung der Vorschriften über das Bußgeld- und Strafverfahren

(1) Für Verstöße nach Artikel 83 Absatz 4 bis 6 der Verordnung (EU) 2016/679 gelten, soweit dieses Gesetz nichts anderes bestimmt, die Vorschriften des Gesetzes über Ordnungswidrigkeiten sinngemäß. Die §§ 17, 35 und 36 des Gesetzes über Ordnungswidrigkeiten finden keine Anwendung. § 68 des Gesetzes über Ordnungswidrigkeiten findet mit der Maßgabe Anwendung, dass das Landgericht entscheidet, wenn die festgesetzte Geldbuße den Betrag von einhunderttausend Euro übersteigt.

(2) Für Verfahren wegen eines Verstoßes nach Artikel 83 Absatz 4 bis 6 der Verordnung (EU) 2016/679 gelten, soweit dieses Gesetz nichts anderes bestimmt, die Vorschriften des Gesetzes über Ordnungswidrigkeiten und der allgemeinen Gesetze über das Strafverfahren, namentlich der Strafprozessordnung und des Gerichtsverfassungsgesetzes, entsprechend. Die §§ 56 bis 58, 87, 88, 99 und 100 des Gesetzes über Ordnungswidrigkeiten finden keine Anwendung. § 69 Absatz 4 Satz 2 des Gesetzes über Ordnungswidrigkeiten findet mit der Maßgabe Anwendung, dass die Staatsanwaltschaft das Verfahren nur mit Zustimmung der Aufsichtsbehörde, die den Bußgeldbescheid erlassen hat, einstellen kann.

§ 42 Strafvorschriften

(1) Mit Freiheitsstrafe bis zu drei Jahren oder mit Geldstrafe wird bestraft, wer wissentlich nicht allgemein zugängliche personenbezogene Daten einer großen Zahl von Personen, ohne hierzu berechtigt zu sein,
1. einem Dritten übermittelt oder
2. auf andere Art und Weise zugänglich macht

und hierbei gewerbsmäßig handelt.

(2) Mit Freiheitsstrafe bis zu zwei Jahren oder mit Geldstrafe wird bestraft, wer personenbezogene Daten, die nicht allgemein zugänglich sind,
1. ohne hierzu berechtigt zu sein, verarbeitet oder
2. durch unrichtige Angaben erschleicht

und hierbei gegen Entgelt oder in der Absicht handelt, sich oder einen anderen zu bereichern oder einen anderen zu schädigen.

(3) Die Tat wird nur auf Antrag verfolgt. Antragsberechtigt sind die betroffene Person, der Verantwortliche, die oder der Bundesbeauftragte und die Aufsichtsbehörde.

(4) Eine Meldung nach Artikel 33 der Verordnung (EU) 2016/679 oder eine Benachrichtigung nach Artikel 34 Absatz 1 der Verordnung (EU) 2016/679 darf in einem Strafverfahren gegen den Meldepflichtigen oder Benachrichtigenden oder seine in § 52 Absatz 1 der Strafprozessordnung bezeichneten Angehörigen nur mit Zustimmung des Meldepflichtigen oder Benachrichtigenden verwendet werden.

§ 43 Bußgeldvorschriften

(1) Ordnungswidrig handelt, wer vorsätzlich oder fahrlässig
1. entgegen § 30 Absatz 1 ein Auskunftsverlangen nicht richtig behandelt oder
2. entgegen § 30 Absatz 2 Satz 1 einen Verbraucher nicht, nicht richtig, nicht vollständig oder nicht rechtzeitig unterrichtet.

(2) Die Ordnungswidrigkeit kann mit einer Geldbuße bis zu fünfzigtausend Euro geahndet werden.

(3) Gegen Behörden und sonstige öffentliche Stellen im Sinne des § 2 Absatz 1 werden keine Geldbußen verhängt.

(4) Eine Meldung nach Artikel 33 der Verordnung (EU) 2016/679 oder eine Benachrichtigung nach Artikel 34 Absatz 1 der Verordnung (EU) 2016/679 darf in einem Verfahren nach dem Gesetz über Ordnungswidrigkeiten gegen den Meldepflichtigen oder Benachrichtigenden oder seine in § 52 Absatz 1 der Strafprozessordnung bezeichneten Angehörigen nur mit Zustimmung des Meldepflichtigen oder Benachrichtigenden verwendet werden.

Kapitel 6
Rechtsbehelfe

§ 44 Klagen gegen den Verantwortlichen oder Auftragsverarbeiter

(1) Klagen der betroffenen Person gegen einen Verantwortlichen oder einen Auftragsverarbeiter wegen eines Verstoßes gegen datenschutzrechtliche Bestimmungen im Anwendungsbereich der Verordnung (EU) 2016/679 oder der darin enthaltenen Rechte der betroffenen Person können bei dem Gericht des Ortes erhoben werden, an dem sich eine Niederlassung des Verantwortlichen oder Auftragsverarbeiters befindet. Klagen nach Satz 1 können auch bei dem Gericht des Ortes erhoben werden, an dem die betroffene Person ihren gewöhnlichen Aufenthaltsort hat.

(2) Absatz 1 gilt nicht für Klagen gegen Behörden, die in Ausübung ihrer hoheitlichen Befugnisse tätig geworden sind.

(3) Hat der Verantwortliche oder Auftragsverarbeiter einen Vertreter nach Artikel 27 Absatz 1 der Verordnung (EU) 2016/679 benannt, gilt dieser auch als bevollmächtigt, Zustellungen in zivilgerichtlichen Verfahren nach Absatz 1 entgegenzunehmen. § 184 der Zivilprozessordnung bleibt unberührt.

Teil 3
Bestimmungen für Verarbeitungen zu Zwecken gemäß Artikel 1 Absatz 1 der Richtlinie (EU) 2016/680

Kapitel 1
Anwendungsbereich, Begriffsbestimmungen und allgemeine Grundsätze für die Verarbeitung personenbezogener Daten

§ 45 Anwendungsbereich

Die Vorschriften dieses Teils gelten für die Verarbeitung personenbezogener Daten durch die für die Verhütung, Ermittlung, Aufdeckung, Verfolgung oder Ahndung von Straftaten oder Ordnungswidrigkeiten zuständigen öffentlichen Stellen, soweit sie Daten zum Zweck der Erfüllung dieser Aufgaben verarbeiten. Die öffentlichen Stellen gelten dabei als Verantwortliche. Die Verhütung von Straftaten im Sinne des Satzes 1 umfasst den Schutz vor und die Abwehr von Gefahren für die öffentliche Sicherheit. Die Sätze 1 und 2 finden zudem Anwendung auf diejenigen öffentlichen Stellen, die für die Vollstreckung von Strafen, von Maßnahmen im Sinne des § 11 Absatz 1 Nummer 8 des Strafgesetzbuchs, von Erziehungsmaßregeln oder Zuchtmitteln im Sinne des Jugendgerichtsgesetzes und von Geldbußen zuständig sind. Soweit dieser Teil Vorschriften für Auftragsverarbeiter enthält, gilt er auch für diese.

§ 46 Begriffsbestimmungen

Es bezeichnen die Begriffe:
1. „personenbezogene Daten" alle Informationen, die sich auf eine identifizierte oder identifizierbare natürliche Person (betroffene Person) beziehen; als identifizierbar wird eine natürliche Person angesehen, die direkt oder indirekt, insbesondere mittels Zuordnung zu einer Kennung wie einem Namen, zu einer Kennnummer, zu Standortdaten, zu einer Online-Kennung oder zu einem oder mehreren besonderen Merkmalen, die Ausdruck der physischen, physiologischen, genetischen, psychischen, wirtschaftlichen, kulturellen oder sozialen Identität dieser Person sind, identifiziert werden kann;
2. „Verarbeitung" jeden mit oder ohne Hilfe automatisierter Verfahren ausgeführten Vorgang oder jede solche Vorgangsreihe im Zusammenhang mit personenbezogenen Daten wie das Erheben, das Erfassen, die Organisation, das Ordnen, die Speicherung, die Anpassung, die Veränderung, das Auslesen, das Abfragen, die Verwendung, die Offenlegung durch Übermittlung, Verbreitung oder eine andere Form der Bereitstellung, den Abgleich, die Verknüpfung, die Einschränkung, das Löschen oder die Vernichtung;
3. „Einschränkung der Verarbeitung" die Markierung gespeicherter personenbezogener Daten mit dem Ziel, ihre künftige Verarbeitung einzuschränken;
4. „Profiling" jede Art der automatisierten Verarbeitung personenbezogener Daten, bei der diese Daten verwendet werden, um bestimmte persönliche Aspekte, die sich auf eine natürliche Person beziehen, zu bewerten, insbesondere um Aspekte der Arbeitsleistung, der wirtschaftlichen Lage, der Gesundheit, der persönlichen Vorlieben, der Interessen, der Zuverlässigkeit, des Verhaltens, der Aufenthaltsorte oder der Ortswechsel dieser natürlichen Person zu analysieren oder vorherzusagen;

5. „Pseudonymisierung" die Verarbeitung personenbezogener Daten in einer Weise, in der die Daten ohne Hinzuziehung zusätzlicher Informationen nicht mehr einer spezifischen betroffenen Person zugeordnet werden können, sofern diese zusätzlichen Informationen gesondert aufbewahrt werden und technischen und organisatorischen Maßnahmen unterliegen, die gewährleisten, dass die Daten keiner betroffenen Person zugewiesen werden können;
6. „Dateisystem" jede strukturierte Sammlung personenbezogener Daten, die nach bestimmten Kriterien zugänglich sind, unabhängig davon, ob diese Sammlung zentral, dezentral oder nach funktionalen oder geografischen Gesichtspunkten geordnet geführt wird;
7. „Verantwortlicher" die natürliche oder juristische Person, Behörde, Einrichtung oder andere Stelle, die allein oder gemeinsam mit anderen über die Zwecke und Mittel der Verarbeitung von personenbezogenen Daten entscheidet;
8. „Auftragsverarbeiter" eine natürliche oder juristische Person, Behörde, Einrichtung oder andere Stelle, die personenbezogene Daten im Auftrag des Verantwortlichen verarbeitet;
9. „Empfänger" eine natürliche oder juristische Person, Behörde, Einrichtung oder andere Stelle, der personenbezogene Daten offengelegt werden, unabhängig davon, ob es sich bei ihr um einen Dritten handelt oder nicht; Behörden, die im Rahmen eines bestimmten Untersuchungsauftrags nach dem Unionsrecht oder anderen Rechtsvorschriften personenbezogene Daten erhalten, gelten jedoch nicht als Empfänger; die Verarbeitung dieser Daten durch die genannten Behörden erfolgt im Einklang mit den geltenden Datenschutzvorschriften gemäß den Zwecken der Verarbeitung;
10. „Verletzung des Schutzes personenbezogener Daten" eine Verletzung der Sicherheit, die zur unbeabsichtigten oder unrechtmäßigen Vernichtung, zum Verlust, zur Veränderung oder zur unbefugten Offenlegung von oder zum unbefugten Zugang zu personenbezogenen Daten geführt hat, die verarbeitet wurden;
11. „genetische Daten" personenbezogene Daten zu den ererbten oder erworbenen genetischen Eigenschaften einer natürlichen Person, die eindeutige Informationen über die Physiologie oder die Gesundheit dieser Person liefern, insbesondere solche, die aus der Analyse einer biologischen Probe der Person gewonnen wurden;
12. „biometrische Daten" mit speziellen technischen Verfahren gewonnene personenbezogene Daten zu den physischen, physiologischen oder verhaltenstypischen Merkmalen einer natürlichen Person, die die eindeutige Identifizierung dieser natürlichen Person ermöglichen oder bestätigen, insbesondere Gesichtsbilder oder daktyloskopische Daten;
13. „Gesundheitsdaten" personenbezogene Daten, die sich auf die körperliche oder geistige Gesundheit einer natürlichen Person, einschließlich der Erbringung von Gesundheitsdienstleistungen, beziehen und aus denen Informationen über deren Gesundheitszustand hervorgehen;
14. „besondere Kategorien personenbezogener Daten"
   a) Daten, aus denen die rassische oder ethnische Herkunft, politische Meinungen, religiöse oder weltanschauliche Überzeugungen oder die Gewerkschaftszugehörigkeit hervorgehen,
   b) genetische Daten,
   c) biometrische Daten zur eindeutigen Identifizierung einer natürlichen Person,

d) Gesundheitsdaten und
e) Daten zum Sexualleben oder zur sexuellen Orientierung;
15. „Aufsichtsbehörde" eine von einem Mitgliedstaat gemäß Artikel 41 der Richtlinie (EU) 2016/680 eingerichtete unabhängige staatliche Stelle;
16. „internationale Organisation" eine völkerrechtliche Organisation und ihre nachgeordneten Stellen sowie jede sonstige Einrichtung, die durch eine von zwei oder mehr Staaten geschlossene Übereinkunft oder auf der Grundlage einer solchen Übereinkunft geschaffen wurde;
17. „Einwilligung" jede freiwillig für den bestimmten Fall, in informierter Weise und unmissverständlich abgegebene Willensbekundung in Form einer Erklärung oder einer sonstigen eindeutigen bestätigenden Handlung, mit der die betroffene Person zu verstehen gibt, dass sie mit der Verarbeitung der sie betreffenden personenbezogenen Daten einverstanden ist.

§ 47 Allgemeine Grundsätze für die Verarbeitung personenbezogener Daten

Personenbezogene Daten müssen
1. auf rechtmäßige Weise und nach Treu und Glauben verarbeitet werden,
2. für festgelegte, eindeutige und rechtmäßige Zwecke erhoben und nicht in einer mit diesen Zwecken nicht zu vereinbarenden Weise verarbeitet werden,
3. dem Verarbeitungszweck entsprechen, für das Erreichen des Verarbeitungszwecks erforderlich sein und ihre Verarbeitung nicht außer Verhältnis zu diesem Zweck stehen,
4. sachlich richtig und erforderlichenfalls auf dem neuesten Stand sein; dabei sind alle angemessenen Maßnahmen zu treffen, damit personenbezogene Daten, die im Hinblick auf die Zwecke ihrer Verarbeitung unrichtig sind, unverzüglich gelöscht oder berichtigt werden,
5. nicht länger als es für die Zwecke, für die sie verarbeitet werden, erforderlich ist, in einer Form gespeichert werden, die die Identifizierung der betroffenen Personen ermöglicht, und
6. in einer Weise verarbeitet werden, die eine angemessene Sicherheit der personenbezogenen Daten gewährleistet; hierzu gehört auch ein durch geeignete technische und organisatorische Maßnahmen zu gewährleistender Schutz vor unbefugter oder unrechtmäßiger Verarbeitung, unbeabsichtigtem Verlust, unbeabsichtigter Zerstörung oder unbeabsichtigter Schädigung.

Kapitel 2
Rechtsgrundlagen der Verarbeitung personenbezogener Daten

§ 48 Verarbeitung besonderer Kategorien personenbezogener Daten

(1) Die Verarbeitung besonderer Kategorien personenbezogener Daten ist nur zulässig, wenn sie zur Aufgabenerfüllung unbedingt erforderlich ist.

(2) Werden besondere Kategorien personenbezogener Daten verarbeitet, sind geeignete Garantien für die Rechtsgüter der betroffenen Personen vorzusehen. Geeignete Garantien können insbesondere sein

1. spezifische Anforderungen an die Datensicherheit oder die Datenschutzkontrolle,
2. die Festlegung von besonderen Aussonderungsprüffristen,
3. die Sensibilisierung der an Verarbeitungsvorgängen Beteiligten,
4. die Beschränkung des Zugangs zu den personenbezogenen Daten innerhalb der verantwortlichen Stelle,
5. die von anderen Daten getrennte Verarbeitung,
6. die Pseudonymisierung personenbezogener Daten,
7. die Verschlüsselung personenbezogener Daten oder
8. spezifische Verfahrensregelungen, die im Fall einer Übermittlung oder Verarbeitung für andere Zwecke die Rechtmäßigkeit der Verarbeitung sicherstellen.

§ 49 Verarbeitung zu anderen Zwecken

Eine Verarbeitung personenbezogener Daten zu einem anderen Zweck als zu demjenigen, zu dem sie erhoben wurden, ist zulässig, wenn es sich bei dem anderen Zweck um einen der in § 45 genannten Zwecke handelt, der Verantwortliche befugt ist, Daten zu diesem Zweck zu verarbeiten, und die Verarbeitung zu diesem Zweck erforderlich und verhältnismäßig ist. Die Verarbeitung personenbezogener Daten zu einem anderen, in § 45 nicht genannten Zweck ist zulässig, wenn sie in einer Rechtsvorschrift vorgesehen ist.

§ 50 Verarbeitung zu archivarischen, wissenschaftlichen und statistischen Zwecken

Personenbezogene Daten dürfen im Rahmen der in § 45 genannten Zwecke in archivarischer, wissenschaftlicher oder statistischer Form verarbeitet werden, wenn hieran ein öffentliches Interesse besteht und geeignete Garantien für die Rechtsgüter der betroffenen Personen vorgesehen werden. Solche Garantien können in einer so zeitnah wie möglich erfolgenden Anonymisierung der personenbezogenen Daten, in Vorkehrungen gegen ihre unbefugte Kenntnisnahme durch Dritte oder in ihrer räumlich und organisatorisch von den sonstigen Fachaufgaben getrennten Verarbeitung bestehen.

§ 51 Einwilligung

(1) Soweit die Verarbeitung personenbezogener Daten nach einer Rechtsvorschrift auf der Grundlage einer Einwilligung erfolgen kann, muss der Verantwortliche die Einwilligung der betroffenen Person nachweisen können.

(2) Erfolgt die Einwilligung der betroffenen Person durch eine schriftliche Erklärung, die noch andere Sachverhalte betrifft, muss das Ersuchen um Einwilligung in verständlicher und leicht zugänglicher Form in einer klaren und einfachen Sprache so erfolgen, dass es von den anderen Sachverhalten klar zu unterscheiden ist.

(3) Die betroffene Person hat das Recht, ihre Einwilligung jederzeit zu widerrufen. Durch den Widerruf der Einwilligung wird die Rechtmäßigkeit der aufgrund der Einwilligung bis zum Widerruf erfolgten Verarbeitung nicht berührt. Die betroffene Person ist vor Abgabe der Einwilligung hiervon in Kenntnis zu setzen.

(4) Die Einwilligung ist nur wirksam, wenn sie auf der freien Entscheidung der betroffenen Person beruht. Bei der Beurteilung, ob die Einwilligung freiwillig erteilt wurde, müssen die Umstände der Erteilung berücksichtigt werden. Die betroffene Person ist auf den vorgesehenen Zweck der Verarbeitung hinzuweisen. Ist dies nach den Umständen des Einzelfalles erforderlich oder verlangt die betroffene Person dies, ist sie auch über die Folgen der Verweigerung der Einwilligung zu belehren.

(5) Soweit besondere Kategorien personenbezogener Daten verarbeitet werden, muss sich die Einwilligung ausdrücklich auf diese Daten beziehen.

§ 52 Verarbeitung auf Weisung des Verantwortlichen

Jede einem Verantwortlichen oder einem Auftragsverarbeiter unterstellte Person, die Zugang zu personenbezogenen Daten hat, darf diese Daten ausschließlich auf Weisung des Verantwortlichen verarbeiten, es sei denn, dass sie nach einer Rechtsvorschrift zur Verarbeitung verpflichtet ist.

§ 53 Datengeheimnis

Mit Datenverarbeitung befasste Personen dürfen personenbezogene Daten nicht unbefugt verarbeiten (Datengeheimnis). Sie sind bei der Aufnahme ihrer Tätigkeit auf das Datengeheimnis zu verpflichten. Das Datengeheimnis besteht auch nach der Beendigung ihrer Tätigkeit fort.

§ 54 Automatisierte Einzelentscheidung

(1) Eine ausschließlich auf einer automatischen Verarbeitung beruhende Entscheidung, die mit einer nachteiligen Rechtsfolge für die betroffene Person verbunden ist oder sie erheblich beeinträchtigt, ist nur zulässig, wenn sie in einer Rechtsvorschrift vorgesehen ist.

(2) Entscheidungen nach Absatz 1 dürfen nicht auf besonderen Kategorien personenbezogener Daten beruhen, sofern nicht geeignete Maßnahmen zum Schutz der Rechtsgüter sowie der berechtigten Interessen der betroffenen Personen getroffen wurden.

(3) Profiling, das zur Folge hat, dass betroffene Personen auf der Grundlage von besonderen Kategorien personenbezogener Daten diskriminiert werden, ist verboten.

Kapitel 3
Rechte der betroffenen Person
§ 55 Allgemeine Informationen zu Datenverarbeitungen

Der Verantwortliche hat in allgemeiner Form und für jedermann zugänglich Informationen zur Verfügung zu stellen über

1. die Zwecke der von ihm vorgenommenen Verarbeitungen,
2. die im Hinblick auf die Verarbeitung ihrer personenbezogenen Daten bestehenden Rechte der betroffenen Personen auf Auskunft, Berichtigung, Löschung und Einschränkung der Verarbeitung,

3. den Namen und die Kontaktdaten des Verantwortlichen und der oder des Datenschutzbeauftragten,
4. das Recht, die Bundesbeauftragte oder den Bundesbeauftragten anzurufen, und
5. die Erreichbarkeit der oder des Bundesbeauftragten.

§ 56 Benachrichtigung betroffener Personen

(1) Ist die Benachrichtigung betroffener Personen über die Verarbeitung sie betreffender personenbezogener Daten in speziellen Rechtsvorschriften, insbesondere bei verdeckten Maßnahmen, vorgesehen oder angeordnet, so hat diese Benachrichtigung zumindest die folgenden Angaben zu enthalten:
1. die in § 55 genannten Angaben,
2. die Rechtsgrundlage der Verarbeitung,
3. die für die Daten geltende Speicherdauer oder, falls dies nicht möglich ist, die Kriterien für die Festlegung dieser Dauer,
4. gegebenenfalls die Kategorien von Empfängern der personenbezogenen Daten sowie
5. erforderlichenfalls weitere Informationen, insbesondere, wenn die personenbezogenen Daten ohne Wissen der betroffenen Person erhoben wurden.

(2) In den Fällen des Absatzes 1 kann der Verantwortliche die Benachrichtigung insoweit und solange aufschieben, einschränken oder unterlassen, wie andernfalls
1. die Erfüllung der in § 45 genannten Aufgaben,
2. die öffentliche Sicherheit oder
3. Rechtsgüter Dritter

gefährdet würden, wenn das Interesse an der Vermeidung dieser Gefahren das Informationsinteresse der betroffenen Person überwiegt.

(3) Bezieht sich die Benachrichtigung auf die Übermittlung personenbezogener Daten an Verfassungsschutzbehörden, den Bundesnachrichtendienst, den Militärischen Abschirmdienst und, soweit die Sicherheit des Bundes berührt wird, andere Behörden des Bundesministeriums der Verteidigung, ist sie nur mit Zustimmung dieser Stellen zulässig.

(4) Im Fall der Einschränkung nach Absatz 2 gilt § 57 Absatz 7 entsprechend.

§ 57 Auskunftsrecht

(1) Der Verantwortliche hat betroffenen Personen auf Antrag Auskunft darüber zu erteilen, ob er sie betreffende Daten verarbeitet. Betroffene Personen haben darüber hinaus das Recht, Informationen zu erhalten über
1. die personenbezogenen Daten, die Gegenstand der Verarbeitung sind, und die Kategorie, zu der sie gehören,
2. die verfügbaren Informationen über die Herkunft der Daten,
3. die Zwecke der Verarbeitung und deren Rechtsgrundlage,
4. die Empfänger oder die Kategorien von Empfängern, gegenüber denen die Daten offengelegt worden sind, insbesondere bei Empfängern in Drittstaaten oder bei internationalen Organisationen,

Anhang 2 — BDSG n.F.

5. die für die Daten geltende Speicherdauer oder, falls dies nicht möglich ist, die Kriterien für die Festlegung dieser Dauer,
6. das Bestehen eines Rechts auf Berichtigung, Löschung oder Einschränkung der Verarbeitung der Daten durch den Verantwortlichen,
7. das Recht nach § 60, die Bundesbeauftragte oder den Bundesbeauftragten anzurufen, sowie
8. Angaben zur Erreichbarkeit der oder des Bundesbeauftragten.

(2) Absatz 1 gilt nicht für personenbezogene Daten, die nur deshalb verarbeitet werden, weil sie aufgrund gesetzlicher Aufbewahrungsvorschriften nicht gelöscht werden dürfen oder die ausschließlich Zwecken der Datensicherung oder der Datenschutzkontrolle dienen, wenn die Auskunftserteilung einen unverhältnismäßigen Aufwand erfordern würde und eine Verarbeitung zu anderen Zwecken durch geeignete technische und organisatorische Maßnahmen ausgeschlossen ist.

(3) Von der Auskunftserteilung ist abzusehen, wenn die betroffene Person keine Angaben macht, die das Auffinden der Daten ermöglichen, und deshalb der für die Erteilung der Auskunft erforderliche Aufwand außer Verhältnis zu dem von der betroffenen Person geltend gemachten Informationsinteresse steht.

(4) Der Verantwortliche kann unter den Voraussetzungen des § 56 Absatz 2 von der Auskunft nach Absatz 1 Satz 1 absehen oder die Auskunftserteilung nach Absatz 1 Satz 2 teilweise oder vollständig einschränken.

(5) Bezieht sich die Auskunftserteilung auf die Übermittlung personenbezogener Daten an Verfassungsschutzbehörden, den Bundesnachrichtendienst, den Militärischen Abschirmdienst und, soweit die Sicherheit des Bundes berührt wird, andere Behörden des Bundesministeriums der Verteidigung, ist sie nur mit Zustimmung dieser Stellen zulässig.

(6) Der Verantwortliche hat die betroffene Person über das Absehen von oder die Einschränkung einer Auskunft unverzüglich schriftlich zu unterrichten. Dies gilt nicht, wenn bereits die Erteilung dieser Informationen eine Gefährdung im Sinne des § 56 Absatz 2 mit sich bringen würde. Die Unterrichtung nach Satz 1 ist zu begründen, es sei denn, dass die Mitteilung der Gründe den mit dem Absehen von oder der Einschränkung der Auskunft verfolgten Zweck gefährden würde.

(7) Wird die betroffene Person nach Absatz 6 über das Absehen von oder die Einschränkung der Auskunft unterrichtet, kann sie ihr Auskunftsrecht auch über die Bundesbeauftragte oder den Bundesbeauftragten ausüben. Der Verantwortliche hat die betroffene Person über diese Möglichkeit sowie darüber zu unterrichten, dass sie gemäß § 60 die Bundesbeauftragte oder den Bundesbeauftragten anrufen oder gerichtlichen Rechtsschutz suchen kann. Macht die betroffene Person von ihrem Recht nach Satz 1 Gebrauch, ist die Auskunft auf ihr Verlangen der oder dem Bundesbeauftragten zu erteilen, soweit nicht die zuständige oberste Bundesbehörde im Einzelfall feststellt, dass dadurch die Sicherheit des Bundes oder eines Landes gefährdet würde. Die oder der Bundesbeauftragte hat die betroffene Person zumindest darüber zu unterrichten, dass alle erforderlichen Prüfungen erfolgt sind oder eine Überprüfung durch sie stattgefunden hat. Diese Mitteilung kann die Information enthalten, ob datenschutzrechtliche Verstöße festgestellt wurden. Die Mitteilung der oder des Bundesbeauftragten an die betroffene Person darf keine Rückschlüsse auf den

Erkenntnisstand des Verantwortlichen zulassen, sofern dieser keiner weitergehenden Auskunft zustimmt. Der Verantwortliche darf die Zustimmung nur insoweit und solange verweigern, wie er nach Absatz 4 von einer Auskunft absehen oder sie einschränken könnte. Die oder der Bundesbeauftragte hat zudem die betroffene Person über ihr Recht auf gerichtlichen Rechtsschutz zu unterrichten.

(8) Der Verantwortliche hat die sachlichen oder rechtlichen Gründe für die Entscheidung zu dokumentieren.

§ 58 Rechte auf Berichtigung und Löschung sowie Einschränkung der Verarbeitung

(1) Die betroffene Person hat das Recht, von dem Verantwortlichen unverzüglich die Berichtigung sie betreffender unrichtiger Daten zu verlangen. Insbesondere im Fall von Aussagen oder Beurteilungen betrifft die Frage der Richtigkeit nicht den Inhalt der Aussage oder Beurteilung. Wenn die Richtigkeit oder Unrichtigkeit der Daten nicht festgestellt werden kann, tritt an die Stelle der Berichtigung eine Einschränkung der Verarbeitung. In diesem Fall hat der Verantwortliche die betroffene Person zu unterrichten, bevor er die Einschränkung wieder aufhebt. Die betroffene Person kann zudem die Vervollständigung unvollständiger personenbezogener Daten verlangen, wenn dies unter Berücksichtigung der Verarbeitungszwecke angemessen ist.

(2) Die betroffene Person hat das Recht, von dem Verantwortlichen unverzüglich die Löschung sie betreffender Daten zu verlangen, wenn deren Verarbeitung unzulässig ist, deren Kenntnis für die Aufgabenerfüllung nicht mehr erforderlich ist oder diese zur Erfüllung einer rechtlichen Verpflichtung gelöscht werden müssen.

(3) Anstatt die personenbezogenen Daten zu löschen, kann der Verantwortliche deren Verarbeitung einschränken, wenn
1. Grund zu der Annahme besteht, dass eine Löschung schutzwürdige Interessen einer betroffenen Person beeinträchtigen würde,
2. die Daten zu Beweiszwecken in Verfahren, die Zwecken des § 45 dienen, weiter aufbewahrt werden müssen oder
3. eine Löschung wegen der besonderen Art der Speicherung nicht oder nur mit unverhältnismäßigem Aufwand möglich ist.

In ihrer Verarbeitung nach Satz 1 eingeschränkte Daten dürfen nur zu dem Zweck verarbeitet werden, der ihrer Löschung entgegenstand.

(4) Bei automatisierten Dateisystemen ist technisch sicherzustellen, dass eine Einschränkung der Verarbeitung eindeutig erkennbar ist und eine Verarbeitung für andere Zwecke nicht ohne weitere Prüfung möglich ist.

(5) Hat der Verantwortliche eine Berichtigung vorgenommen, hat er einer Stelle, die ihm die personenbezogenen Daten zuvor übermittelt hat, die Berichtigung mitzuteilen. In Fällen der Berichtigung, Löschung oder Einschränkung der Verarbeitung nach den Absätzen 1 bis 3 hat der Verantwortliche Empfängern, denen die Daten übermittelt wurden, diese Maßnahmen mitzuteilen. Der Empfänger hat die Daten zu berichtigen, zu löschen oder ihre Verarbeitung einzuschränken.

(6) Der Verantwortliche hat die betroffene Person über ein Absehen von der Berichtigung oder Löschung personenbezogener Daten oder über die an deren Stelle tretende Einschränkung der Verarbeitung schriftlich zu unterrichten. Dies gilt nicht, wenn bereits die Erteilung dieser Informationen eine Gefährdung im Sinne des § 56 Absatz 2 mit sich bringen würde. Die Unterrichtung nach Satz 1 ist zu begründen, es sei denn, dass die Mitteilung der Gründe den mit dem Absehen von der Unterrichtung verfolgten Zweck gefährden würde.

(7) § 57 Absatz 7 und 8 findet entsprechende Anwendung.

§ 59 Verfahren für die Ausübung der Rechte der betroffenen Person

(1) Der Verantwortliche hat mit betroffenen Personen unter Verwendung einer klaren und einfachen Sprache in präziser, verständlicher und leicht zugänglicher Form zu kommunizieren. Unbeschadet besonderer Formvorschriften soll er bei der Beantwortung von Anträgen grundsätzlich die für den Antrag gewählte Form verwenden.

(2) Bei Anträgen hat der Verantwortliche die betroffene Person unbeschadet des § 57 Absatz 6 und des § 58 Absatz 6 unverzüglich schriftlich darüber in Kenntnis zu setzen, wie verfahren wurde.

(3) Die Erteilung von Informationen nach § 55, die Benachrichtigungen nach den §§ 56 und 66 und die Bearbeitung von Anträgen nach den §§ 57 und 58 erfolgen unentgeltlich. Bei offenkundig unbegründeten oder exzessiven Anträgen nach den §§ 57 und 58 kann der Verantwortliche entweder eine angemessene Gebühr auf der Grundlage der Verwaltungskosten verlangen oder sich weigern, aufgrund des Antrags tätig zu werden. In diesem Fall muss der Verantwortliche den offenkundig unbegründeten oder exzessiven Charakter des Antrags belegen können.

(4) Hat der Verantwortliche begründete Zweifel an der Identität einer betroffenen Person, die einen Antrag nach den §§ 57 oder 58 gestellt hat, kann er von ihr zusätzliche Informationen anfordern, die zur Bestätigung ihrer Identität erforderlich sind.

§ 60 Anrufung der oder des Bundesbeauftragten

(1) Jede betroffene Person kann sich unbeschadet anderweitiger Rechtsbehelfe mit einer Beschwerde an die Bundesbeauftragte oder den Bundesbeauftragten wenden, wenn sie der Auffassung ist, bei der Verarbeitung ihrer personenbezogenen Daten durch öffentliche Stellen zu den in § 45 genannten Zwecken in ihren Rechten verletzt worden zu sein. Dies gilt nicht für die Verarbeitung von personenbezogenen Daten durch Gerichte, soweit diese die Daten im Rahmen ihrer justiziellen Tätigkeit verarbeitet haben. Die oder der Bundesbeauftragte hat die betroffene Person über den Stand und das Ergebnis der Beschwerde zu unterrichten und sie hierbei auf die Möglichkeit gerichtlichen Rechtsschutzes nach § 61 hinzuweisen.

(2) Die oder der Bundesbeauftragte hat eine bei ihr oder ihm eingelegte Beschwerde über eine Verarbeitung, die in die Zuständigkeit einer Aufsichtsbehörde in einem anderen Mitgliedstaat der Europäischen Union fällt, unverzüglich an die zuständige Aufsichtsbehörde des anderen Staates weiterzuleiten. Sie oder er hat in diesem Fall die betroffene Person über die Weiterleitung zu unterrichten und ihr auf deren Ersuchen weitere Unterstützung zu leisten.

§ 61 Rechtsschutz gegen Entscheidungen der oder des Bundesbeauftragten oder bei deren oder dessen Untätigkeit

(1) Jede natürliche oder juristische Person kann unbeschadet anderer Rechtsbehelfe gerichtlich gegen eine verbindliche Entscheidung der oder des Bundesbeauftragten vorgehen.

(2) Absatz 1 gilt entsprechend zugunsten betroffener Personen, wenn sich die oder der Bundesbeauftragte mit einer Beschwerde nach § 60 nicht befasst oder die betroffene Person nicht innerhalb von drei Monaten nach Einlegung der Beschwerde über den Stand oder das Ergebnis der Beschwerde in Kenntnis gesetzt hat.

Kapitel 4
Pflichten der Verantwortlichen und Auftragsverarbeiter

§ 62 Auftragsverarbeitung

(1) Werden personenbezogene Daten im Auftrag eines Verantwortlichen durch andere Personen oder Stellen verarbeitet, hat der Verantwortliche für die Einhaltung der Vorschriften dieses Gesetzes und anderer Vorschriften über den Datenschutz zu sorgen. Die Rechte der betroffenen Personen auf Auskunft, Berichtigung, Löschung, Einschränkung der Verarbeitung und Schadensersatz sind in diesem Fall gegenüber dem Verantwortlichen geltend zu machen.

(2) Ein Verantwortlicher darf nur solche Auftragsverarbeiter mit der Verarbeitung personenbezogener Daten beauftragen, die mit geeigneten technischen und organisatorischen Maßnahmen sicherstellen, dass die Verarbeitung im Einklang mit den gesetzlichen Anforderungen erfolgt und der Schutz der Rechte der betroffenen Personen gewährleistet wird.

(3) Auftragsverarbeiter dürfen ohne vorherige schriftliche Genehmigung des Verantwortlichen keine weiteren Auftragsverarbeiter hinzuziehen. Hat der Verantwortliche dem Auftragsverarbeiter eine allgemeine Genehmigung zur Hinzuziehung weiterer Auftragsverarbeiter erteilt, hat der Auftragsverarbeiter den Verantwortlichen über jede beabsichtigte Hinzuziehung oder Ersetzung zu informieren. Der Verantwortliche kann in diesem Fall die Hinzuziehung oder Ersetzung untersagen.

(4) Zieht ein Auftragsverarbeiter einen weiteren Auftragsverarbeiter hinzu, so hat er diesem dieselben Verpflichtungen aus seinem Vertrag mit dem Verantwortlichen nach Absatz 5 aufzuerlegen, die auch für ihn gelten, soweit diese Pflichten für den weiteren Auftragsverarbeiter nicht schon aufgrund anderer Vorschriften verbindlich sind. Erfüllt ein weiterer Auftragsverarbeiter diese Verpflichtungen nicht, so haftet der ihn beauftragende Auftragsverarbeiter gegenüber dem Verantwortlichen für die Einhaltung der Pflichten des weiteren Auftragsverarbeiters.

(5) Die Verarbeitung durch einen Auftragsverarbeiter hat auf der Grundlage eines Vertrags oder eines anderen Rechtsinstruments zu erfolgen, der oder das den Auftragsverarbeiter an den Verantwortlichen bindet und der oder das den Gegenstand, die Dauer, die Art und den Zweck der Verarbeitung, die Art der personenbezogenen Daten, die Kategorien betroffener Personen und die Rechte und Pflichten des Verantwortlichen festlegt. Der Vertrag oder das andere Rechtsinstrument haben insbesondere vorzusehen, dass der Auftragsverarbeiter

Anhang 2 BDSG n.F.

1. nur auf dokumentierte Weisung des Verantwortlichen handelt; ist der Auftragsverarbeiter der Auffassung, dass eine Weisung rechtswidrig ist, hat er den Verantwortlichen unverzüglich zu informieren;
2. gewährleistet, dass die zur Verarbeitung der personenbezogenen Daten befugten Personen zur Vertraulichkeit verpflichtet werden, soweit sie keiner angemessenen gesetzlichen Verschwiegenheitspflicht unterliegen;
3. den Verantwortlichen mit geeigneten Mitteln dabei unterstützt, die Einhaltung der Bestimmungen über die Rechte der betroffenen Person zu gewährleisten;
4. alle personenbezogenen Daten nach Abschluss der Erbringung der Verarbeitungsleistungen nach Wahl des Verantwortlichen zurückgibt oder löscht und bestehende Kopien vernichtet, wenn nicht nach einer Rechtsvorschrift eine Verpflichtung zur Speicherung der Daten besteht;
5. dem Verantwortlichen alle erforderlichen Informationen, insbesondere die gemäß § 76 erstellten Protokolle, zum Nachweis der Einhaltung seiner Pflichten zur Verfügung stellt;
6. Überprüfungen, die von dem Verantwortlichen oder einem von diesem beauftragten Prüfer durchgeführt werden, ermöglicht und dazu beiträgt;
7. die in den Absätzen 3 und 4 aufgeführten Bedingungen für die Inanspruchnahme der Dienste eines weiteren Auftragsverarbeiters einhält;
8. alle gemäß § 64 erforderlichen Maßnahmen ergreift und
9. unter Berücksichtigung der Art der Verarbeitung und der ihm zur Verfügung stehenden Informationen den Verantwortlichen bei der Einhaltung der in den §§ 64 bis 67 und § 69 genannten Pflichten unterstützt.

(6) Der Vertrag im Sinne des Absatzes 5 ist schriftlich oder elektronisch abzufassen.

(7) Ein Auftragsverarbeiter, der die Zwecke und Mittel der Verarbeitung unter Verstoß gegen diese Vorschrift bestimmt, gilt in Bezug auf diese Verarbeitung als Verantwortlicher.

§ 63 Gemeinsam Verantwortliche

Legen zwei oder mehr Verantwortliche gemeinsam die Zwecke und die Mittel der Verarbeitung fest, gelten sie als gemeinsam Verantwortliche. Gemeinsam Verantwortliche haben ihre jeweiligen Aufgaben und datenschutzrechtlichen Verantwortlichkeiten in transparenter Form in einer Vereinbarung festzulegen, soweit diese nicht bereits in Rechtsvorschriften festgelegt sind. Aus der Vereinbarung muss insbesondere hervorgehen, wer welchen Informationspflichten nachzukommen hat und wie und gegenüber wem betroffene Personen ihre Rechte wahrnehmen können. Eine entsprechende Vereinbarung hindert die betroffene Person nicht, ihre Rechte gegenüber jedem der gemeinsam Verantwortlichen geltend zu machen.

§ 64 Anforderungen an die Sicherheit der Datenverarbeitung

(1) Der Verantwortliche und der Auftragsverarbeiter haben unter Berücksichtigung des Stands der Technik, der Implementierungskosten, der Art, des Umfangs, der Umstände und der Zwecke der Verarbeitung sowie der Eintrittswahrscheinlichkeit und der Schwere der mit der Verarbeitung verbundenen Gefahren für die Rechtsgüter der betroffenen Personen die erforderlichen technischen und organisatorischen Maß-

nahmen zu treffen, um bei der Verarbeitung personenbezogener Daten ein dem Risiko angemessenes Schutzniveau zu gewährleisten, insbesondere im Hinblick auf die Verarbeitung besonderer Kategorien personenbezogener Daten. Der Verantwortliche hat hierbei die einschlägigen Technischen Richtlinien und Empfehlungen des Bundesamtes für Sicherheit in der Informationstechnik zu berücksichtigen.

(2) Die in Absatz 1 genannten Maßnahmen können unter anderem die Pseudonymisierung und Verschlüsselung personenbezogener Daten umfassen, soweit solche Mittel in Anbetracht der Verarbeitungszwecke möglich sind. Die Maßnahmen nach Absatz 1 sollen dazu führen, dass

1. die Vertraulichkeit, Integrität, Verfügbarkeit und Belastbarkeit der Systeme und Dienste im Zusammenhang mit der Verarbeitung auf Dauer sichergestellt werden und
2. die Verfügbarkeit der personenbezogenen Daten und der Zugang zu ihnen bei einem physischen oder technischen Zwischenfall rasch wiederhergestellt werden können.

(3) Im Fall einer automatisierten Verarbeitung haben der Verantwortliche und der Auftragsverarbeiter nach einer Risikobewertung Maßnahmen zu ergreifen, die Folgendes bezwecken:

1. Verwehrung des Zugangs zu Verarbeitungsanlagen, mit denen die Verarbeitung durchgeführt wird, für Unbefugte (Zugangskontrolle),
2. Verhinderung des unbefugten Lesens, Kopierens, Veränderns oder Löschens von Datenträgern (Datenträgerkontrolle),
3. Verhinderung der unbefugten Eingabe von personenbezogenen Daten sowie der unbefugten Kenntnisnahme, Veränderung und Löschung von gespeicherten personenbezogenen Daten (Speicherkontrolle),
4. Verhinderung der Nutzung automatisierter Verarbeitungssysteme mit Hilfe von Einrichtungen zur Datenübertragung durch Unbefugte (Benutzerkontrolle),
5. Gewährleistung, dass die zur Benutzung eines automatisierten Verarbeitungssystems Berechtigten ausschließlich zu den von ihrer Zugangsberechtigung umfassten personenbezogenen Daten Zugang haben (Zugriffskontrolle),
6. Gewährleistung, dass überprüft und festgestellt werden kann, an welche Stellen personenbezogene Daten mit Hilfe von Einrichtungen zur Datenübertragung übermittelt oder zur Verfügung gestellt wurden oder werden können (Übertragungskontrolle),
7. Gewährleistung, dass nachträglich überprüft und festgestellt werden kann, welche personenbezogenen Daten zu welcher Zeit und von wem in automatisierte Verarbeitungssysteme eingegeben oder verändert worden sind (Eingabekontrolle),
8. Gewährleistung, dass bei der Übermittlung personenbezogener Daten sowie beim Transport von Datenträgern die Vertraulichkeit und Integrität der Daten geschützt werden (Transportkontrolle),
9. Gewährleistung, dass eingesetzte Systeme im Störungsfall wiederhergestellt werden können (Wiederherstellbarkeit),
10. Gewährleistung, dass alle Funktionen des Systems zur Verfügung stehen und auftretende Fehlfunktionen gemeldet werden (Zuverlässigkeit),
11. Gewährleistung, dass gespeicherte personenbezogene Daten nicht durch Fehlfunktionen des Systems beschädigt werden können (Datenintegrität),

12. Gewährleistung, dass personenbezogene Daten, die im Auftrag verarbeitet werden, nur entsprechend den Weisungen des Auftraggebers verarbeitet werden können (Auftragskontrolle),
13. Gewährleistung, dass personenbezogene Daten gegen Zerstörung oder Verlust geschützt sind (Verfügbarkeitskontrolle),
14. Gewährleistung, dass zu unterschiedlichen Zwecken erhobene personenbezogene Daten getrennt verarbeitet werden können (Trennbarkeit).

Ein Zweck nach Satz 1 Nummer 2 bis 5 kann insbesondere durch die Verwendung von dem Stand der Technik entsprechenden Verschlüsselungsverfahren erreicht werden.

§ 65 Meldung von Verletzungen des Schutzes personenbezogener Daten an die oder den Bundesbeauftragten

(1) Der Verantwortliche hat eine Verletzung des Schutzes personenbezogener Daten unverzüglich und möglichst innerhalb von 72 Stunden, nachdem sie ihm bekannt geworden ist, der oder dem Bundesbeauftragten zu melden, es sei denn, dass die Verletzung voraussichtlich keine Gefahr für die Rechtsgüter natürlicher Personen mit sich gebracht hat. Erfolgt die Meldung an die Bundesbeauftragte oder den Bundesbeauftragten nicht innerhalb von 72 Stunden, so ist die Verzögerung zu begründen.

(2) Ein Auftragsverarbeiter hat eine Verletzung des Schutzes personenbezogener Daten unverzüglich dem Verantwortlichen zu melden.

(3) Die Meldung nach Absatz 1 hat zumindest folgende Informationen zu enthalten:
1. eine Beschreibung der Art der Verletzung des Schutzes personenbezogener Daten, die, soweit möglich, Angaben zu den Kategorien und der ungefähren Anzahl der betroffenen Personen, zu den betroffenen Kategorien personenbezogener Daten und zu der ungefähren Anzahl der betroffenen personenbezogenen Datensätze zu enthalten hat,
2. den Namen und die Kontaktdaten der oder des Datenschutzbeauftragten oder einer sonstigen Person oder Stelle, die weitere Informationen erteilen kann,
3. eine Beschreibung der wahrscheinlichen Folgen der Verletzung und
4. eine Beschreibung der von dem Verantwortlichen ergriffenen oder vorgeschlagenen Maßnahmen zur Behandlung der Verletzung und der getroffenen Maßnahmen zur Abmilderung ihrer möglichen nachteiligen Auswirkungen.

(4) Wenn die Informationen nach Absatz 3 nicht zusammen mit der Meldung übermittelt werden können, hat der Verantwortliche sie unverzüglich nachzureichen, sobald sie ihm vorliegen.

(5) Der Verantwortliche hat Verletzungen des Schutzes personenbezogener Daten zu dokumentieren. Die Dokumentation hat alle mit den Vorfällen zusammenhängenden Tatsachen, deren Auswirkungen und die ergriffenen Abhilfemaßnahmen zu umfassen.

(6) Soweit von einer Verletzung des Schutzes personenbezogener Daten personenbezogene Daten betroffen sind, die von einem oder an einen Verantwortlichen in einem anderen Mitgliedstaat der Europäischen Union übermittelt wurden, sind die in Absatz 3 genannten Informationen dem dortigen Verantwortlichen unverzüglich zu übermitteln.

(7) § 42 Absatz 4 findet entsprechende Anwendung.

(8) Weitere Pflichten des Verantwortlichen zu Benachrichtigungen über Verletzungen des Schutzes personenbezogener Daten bleiben unberührt.

§ 66 Benachrichtigung betroffener Personen bei Verletzungen des Schutzes personenbezogener Daten

(1) Hat eine Verletzung des Schutzes personenbezogener Daten voraussichtlich eine erhebliche Gefahr für Rechtsgüter betroffener Personen zur Folge, so hat der Verantwortliche die betroffenen Personen unverzüglich über den Vorfall zu benachrichtigen.

(2) Die Benachrichtigung nach Absatz 1 hat in klarer und einfacher Sprache die Art der Verletzung des Schutzes personenbezogener Daten zu beschreiben und zumindest die in § 65 Absatz 3 Nummer 2 bis 4 genannten Informationen und Maßnahmen zu enthalten.

(3) Von der Benachrichtigung nach Absatz 1 kann abgesehen werden, wenn

1. der Verantwortliche geeignete technische und organisatorische Sicherheitsvorkehrungen getroffen hat und diese Vorkehrungen auf die von der Verletzung des Schutzes personenbezogener Daten betroffenen Daten angewandt wurden; dies gilt insbesondere für Vorkehrungen wie Verschlüsselungen, durch die die Daten für unbefugte Personen unzugänglich gemacht wurden;
2. der Verantwortliche durch im Anschluss an die Verletzung getroffene Maßnahmen sichergestellt hat, dass aller Wahrscheinlichkeit nach keine erhebliche Gefahr im Sinne des Absatzes 1 mehr besteht, oder
3. dies mit einem unverhältnismäßigen Aufwand verbunden wäre; in diesem Fall hat stattdessen eine öffentliche Bekanntmachung oder eine ähnliche Maßnahme zu erfolgen, durch die die betroffenen Personen vergleichbar wirksam informiert werden.

(4) Wenn der Verantwortliche die betroffenen Personen über eine Verletzung des Schutzes personenbezogener Daten nicht benachrichtigt hat, kann die oder der Bundesbeauftragte förmlich feststellen, dass ihrer oder seiner Auffassung nach die in Absatz 3 genannten Voraussetzungen nicht erfüllt sind. Hierbei hat sie oder er die Wahrscheinlichkeit zu berücksichtigen, dass die Verletzung eine erhebliche Gefahr im Sinne des Absatzes 1 zur Folge hat.

(5) Die Benachrichtigung der betroffenen Personen nach Absatz 1 kann unter den in § 56 Absatz 2 genannten Voraussetzungen aufgeschoben, eingeschränkt oder unterlassen werden, soweit nicht die Interessen der betroffenen Person aufgrund der von der Verletzung ausgehenden erheblichen Gefahr im Sinne des Absatzes 1 überwiegen.

(6) § 42 Absatz 4 findet entsprechende Anwendung.

§ 67 Durchführung einer Datenschutz-Folgenabschätzung

(1) Hat eine Form der Verarbeitung, insbesondere bei Verwendung neuer Technologien, aufgrund der Art, des Umfangs, der Umstände und der Zwecke der Verarbeitung voraussichtlich eine erhebliche Gefahr für die Rechtsgüter betroffener Personen

zur Folge, so hat der Verantwortliche vorab eine Abschätzung der Folgen der vorgesehenen Verarbeitungsvorgänge für die betroffenen Personen durchzuführen.

(2) Für die Untersuchung mehrerer ähnlicher Verarbeitungsvorgänge mit ähnlich hohem Gefahrenpotential kann eine gemeinsame Datenschutz-Folgenabschätzung vorgenommen werden.

(3) Der Verantwortliche hat die Datenschutzbeauftragte oder den Datenschutzbeauftragten an der Durchführung der Folgenabschätzung zu beteiligen.

(4) Die Folgenabschätzung hat den Rechten der von der Verarbeitung betroffenen Personen Rechnung zu tragen und zumindest Folgendes zu enthalten:
1. eine systematische Beschreibung der geplanten Verarbeitungsvorgänge und der Zwecke der Verarbeitung,
2. eine Bewertung der Notwendigkeit und Verhältnismäßigkeit der Verarbeitungsvorgänge in Bezug auf deren Zweck,
3. eine Bewertung der Gefahren für die Rechtsgüter der betroffenen Personen und
4. die Maßnahmen, mit denen bestehenden Gefahren abgeholfen werden soll, einschließlich der Garantien, der Sicherheitsvorkehrungen und der Verfahren, durch die der Schutz personenbezogener Daten sichergestellt und die Einhaltung der gesetzlichen Vorgaben nachgewiesen werden sollen.

(5) Soweit erforderlich, hat der Verantwortliche eine Überprüfung durchzuführen, ob die Verarbeitung den Maßgaben folgt, die sich aus der Folgenabschätzung ergeben haben.

§ 68 Zusammenarbeit mit der oder dem Bundesbeauftragten

Der Verantwortliche hat mit der oder dem Bundesbeauftragten bei der Erfüllung ihrer oder seiner Aufgaben zusammenzuarbeiten.

§ 69 Anhörung der oder des Bundesbeauftragten

(1) Der Verantwortliche hat vor der Inbetriebnahme von neu anzulegenden Dateisystemen die Bundesbeauftragte oder den Bundesbeauftragten anzuhören, wenn
1. aus einer Datenschutz-Folgenabschätzung nach § 67 hervorgeht, dass die Verarbeitung eine erhebliche Gefahr für die Rechtsgüter der betroffenen Personen zur Folge hätte, wenn der Verantwortliche keine Abhilfemaßnahmen treffen würde, oder
2. die Form der Verarbeitung, insbesondere bei der Verwendung neuer Technologien, Mechanismen oder Verfahren, eine erhebliche Gefahr für die Rechtsgüter der betroffenen Personen zur Folge hat.

Die oder der Bundesbeauftragte kann eine Liste der Verarbeitungsvorgänge erstellen, die der Pflicht zur Anhörung nach Satz 1 unterliegen.

(2) Der oder dem Bundesbeauftragten sind im Fall des Absatzes 1 vorzulegen:
1. die nach § 67 durchgeführte Datenschutz-Folgenabschätzung,
2. gegebenenfalls Angaben zu den jeweiligen Zuständigkeiten des Verantwortlichen, der gemeinsam Verantwortlichen und der an der Verarbeitung beteiligten Auftragsverarbeiter,

3. Angaben zu den Zwecken und Mitteln der beabsichtigten Verarbeitung,
4. Angaben zu den zum Schutz der Rechtsgüter der betroffenen Personen vorgesehenen Maßnahmen und Garantien und
5. Name und Kontaktdaten der oder des Datenschutzbeauftragten.

Auf Anforderung sind ihr oder ihm zudem alle sonstigen Informationen zu übermitteln, die sie oder er benötigt, um die Rechtmäßigkeit der Verarbeitung sowie insbesondere die in Bezug auf den Schutz der personenbezogenen Daten der betroffenen Personen bestehenden Gefahren und die diesbezüglichen Garantien bewerten zu können.

(3) Falls die oder der Bundesbeauftragte der Auffassung ist, dass die geplante Verarbeitung gegen gesetzliche Vorgaben verstoßen würde, insbesondere weil der Verantwortliche das Risiko nicht ausreichend ermittelt oder keine ausreichenden Abhilfemaßnahmen getroffen hat, kann sie oder er dem Verantwortlichen und gegebenenfalls dem Auftragsverarbeiter innerhalb eines Zeitraums von sechs Wochen nach Einleitung der Anhörung schriftliche Empfehlungen unterbreiten, welche Maßnahmen noch ergriffen werden sollten. Die oder der Bundesbeauftragte kann diese Frist um einen Monat verlängern, wenn die geplante Verarbeitung besonders komplex ist. Sie oder er hat in diesem Fall innerhalb eines Monats nach Einleitung der Anhörung den Verantwortlichen und gegebenenfalls den Auftragsverarbeiter über die Fristverlängerung zu informieren.

(4) Hat die beabsichtigte Verarbeitung erhebliche Bedeutung für die Aufgabenerfüllung des Verantwortlichen und ist sie daher besonders dringlich, kann er mit der Verarbeitung nach Beginn der Anhörung, aber vor Ablauf der in Absatz 3 Satz 1 genannten Frist beginnen. In diesem Fall sind die Empfehlungen der oder des Bundesbeauftragten im Nachhinein zu berücksichtigen und sind die Art und Weise der Verarbeitung daraufhin gegebenenfalls anzupassen.

§ 70 Verzeichnis von Verarbeitungstätigkeiten

(1) Der Verantwortliche hat ein Verzeichnis aller Kategorien von Verarbeitungstätigkeiten zu führen, die in seine Zuständigkeit fallen. Dieses Verzeichnis hat die folgenden Angaben zu enthalten:
1. den Namen und die Kontaktdaten des Verantwortlichen und gegebenenfalls des gemeinsam mit ihm Verantwortlichen sowie den Namen und die Kontaktdaten der oder des Datenschutzbeauftragten,
2. die Zwecke der Verarbeitung,
3. die Kategorien von Empfängern, gegenüber denen die personenbezogenen Daten offengelegt worden sind oder noch offengelegt werden sollen,
4. eine Beschreibung der Kategorien betroffener Personen und der Kategorien personenbezogener Daten,
5. gegebenenfalls die Verwendung von Profiling,
6. gegebenenfalls die Kategorien von Übermittlungen personenbezogener Daten an Stellen in einem Drittstaat oder an eine internationale Organisation,
7. Angaben über die Rechtsgrundlage der Verarbeitung,
8. die vorgesehenen Fristen für die Löschung oder die Überprüfung der Erforderlichkeit der Speicherung der verschiedenen Kategorien personenbezogener Daten und

9. eine allgemeine Beschreibung der technischen und organisatorischen Maßnahmen gemäß § 64.

(2) Der Auftragsverarbeiter hat ein Verzeichnis aller Kategorien von Verarbeitungen zu führen, die er im Auftrag eines Verantwortlichen durchführt, das Folgendes zu enthalten hat:
1. den Namen und die Kontaktdaten des Auftragsverarbeiters, jedes Verantwortlichen, in dessen Auftrag der Auftragsverarbeiter tätig ist, sowie gegebenenfalls der oder des Datenschutzbeauftragten,
2. gegebenenfalls Übermittlungen von personenbezogenen Daten an Stellen in einem Drittstaat oder an eine internationale Organisation unter Angabe des Staates oder der Organisation und
3. eine allgemeine Beschreibung der technischen und organisatorischen Maßnahmen gemäß § 64.

(3) Die in den Absätzen 1 und 2 genannten Verzeichnisse sind schriftlich oder elektronisch zu führen.

(4) Verantwortliche und Auftragsverarbeiter haben auf Anforderung ihre Verzeichnisse der oder dem Bundesbeauftragten zur Verfügung zu stellen.

§ 71 Datenschutz durch Technikgestaltung und datenschutzfreundliche Voreinstellungen

(1) Der Verantwortliche hat sowohl zum Zeitpunkt der Festlegung der Mittel für die Verarbeitung als auch zum Zeitpunkt der Verarbeitung selbst angemessene Vorkehrungen zu treffen, die geeignet sind, die Datenschutzgrundsätze wie etwa die Datensparsamkeit wirksam umzusetzen, und die sicherstellen, dass die gesetzlichen Anforderungen eingehalten und die Rechte der betroffenen Personen geschützt werden. Er hat hierbei den Stand der Technik, die Implementierungskosten und die Art, den Umfang, die Umstände und die Zwecke der Verarbeitung sowie die unterschiedliche Eintrittswahrscheinlichkeit und Schwere der mit der Verarbeitung verbundenen Gefahren für die Rechtsgüter der betroffenen Personen zu berücksichtigen. Insbesondere sind die Verarbeitung personenbezogener Daten und die Auswahl und Gestaltung von Datenverarbeitungssystemen an dem Ziel auszurichten, so wenig personenbezogene Daten wie möglich zu verarbeiten. Personenbezogene Daten sind zum frühestmöglichen Zeitpunkt zu anonymisieren oder zu pseudonymisieren, soweit dies nach dem Verarbeitungszweck möglich ist.

(2) Der Verantwortliche hat geeignete technische und organisatorische Maßnahmen zu treffen, die sicherstellen, dass durch Voreinstellungen grundsätzlich nur solche personenbezogenen Daten verarbeitet werden können, deren Verarbeitung für den jeweiligen bestimmten Verarbeitungszweck erforderlich ist. Dies betrifft die Menge der erhobenen Daten, den Umfang ihrer Verarbeitung, ihre Speicherfrist und ihre Zugänglichkeit. Die Maßnahmen müssen insbesondere gewährleisten, dass die Daten durch Voreinstellungen nicht automatisiert einer unbestimmten Anzahl von Personen zugänglich gemacht werden können.

§ 72 Unterscheidung zwischen verschiedenen Kategorien betroffener Personen

Der Verantwortliche hat bei der Verarbeitung personenbezogener Daten so weit wie möglich zwischen den verschiedenen Kategorien betroffener Personen zu unterscheiden. Dies betrifft insbesondere folgende Kategorien:
1. Personen, gegen die ein begründeter Verdacht besteht, dass sie eine Straftat begangen haben,
2. Personen, gegen die ein begründeter Verdacht besteht, dass sie in naher Zukunft eine Straftat begehen werden,
3. verurteilte Straftäter,
4. Opfer einer Straftat oder Personen, bei denen bestimmte Tatsachen darauf hindeuten, dass sie Opfer einer Straftat sein könnten, und
5. andere Personen wie insbesondere Zeugen, Hinweisgeber oder Personen, die mit den in den Nummern 1 bis 4 genannten Personen in Kontakt oder Verbindung stehen.

§ 73 Unterscheidung zwischen Tatsachen und persönlichen Einschätzungen

Der Verantwortliche hat bei der Verarbeitung so weit wie möglich danach zu unterscheiden, ob personenbezogene Daten auf Tatsachen oder auf persönlichen Einschätzungen beruhen. Zu diesem Zweck soll er, soweit dies im Rahmen der jeweiligen Verarbeitung möglich und angemessen ist, Beurteilungen, die auf persönlichen Einschätzungen beruhen, als solche kenntlich machen. Es muss außerdem feststellbar sein, welche Stelle die Unterlagen führt, die der auf einer persönlichen Einschätzung beruhenden Beurteilung zugrunde liegen.

§ 74 Verfahren bei Übermittlungen

(1) Der Verantwortliche hat angemessene Maßnahmen zu ergreifen, um zu gewährleisten, dass personenbezogene Daten, die unrichtig oder nicht mehr aktuell sind, nicht übermittelt oder sonst zur Verfügung gestellt werden. Zu diesem Zweck hat er, soweit dies mit angemessenem Aufwand möglich ist, die Qualität der Daten vor ihrer Übermittlung oder Bereitstellung zu überprüfen. Bei jeder Übermittlung personenbezogener Daten hat er zudem, soweit dies möglich und angemessen ist, Informationen beizufügen, die es dem Empfänger gestatten, die Richtigkeit, die Vollständigkeit und die Zuverlässigkeit der Daten sowie deren Aktualität zu beurteilen.

(2) Gelten für die Verarbeitung von personenbezogenen Daten besondere Bedingungen, so hat bei Datenübermittlungen die übermittelnde Stelle den Empfänger auf diese Bedingungen und die Pflicht zu ihrer Beachtung hinzuweisen. Die Hinweispflicht kann dadurch erfüllt werden, dass die Daten entsprechend markiert werden.

(3) Die übermittelnde Stelle darf auf Empfänger in anderen Mitgliedstaaten der Europäischen Union und auf Einrichtungen und sonstige Stellen, die nach den Kapiteln 4 und 5 des Titels V des Dritten Teils des Vertrags über die Arbeitsweise der Europäischen Union errichtet wurden, keine Bedingungen anwenden, die nicht auch für entsprechende innerstaatliche Datenübermittlungen gelten.

§ 75 Berichtigung und Löschung personenbezogener Daten sowie Einschränkung der Verarbeitung

(1) Der Verantwortliche hat personenbezogene Daten zu berichtigen, wenn sie unrichtig sind.

(2) Der Verantwortliche hat personenbezogene Daten unverzüglich zu löschen, wenn ihre Verarbeitung unzulässig ist, sie zur Erfüllung einer rechtlichen Verpflichtung gelöscht werden müssen oder ihre Kenntnis für seine Aufgabenerfüllung nicht mehr erforderlich ist.

(3) § 58 Absatz 3 bis 5 ist entsprechend anzuwenden. Sind unrichtige personenbezogene Daten oder personenbezogene Daten unrechtmäßig übermittelt worden, ist auch dies dem Empfänger mitzuteilen.

(4) Unbeschadet in Rechtsvorschriften festgesetzter Höchstspeicher- oder Löschfristen hat der Verantwortliche für die Löschung von personenbezogenen Daten oder eine regelmäßige Überprüfung der Notwendigkeit ihrer Speicherung angemessene Fristen vorzusehen und durch verfahrensrechtliche Vorkehrungen sicherzustellen, dass diese Fristen eingehalten werden.

§ 76 Protokollierung

(1) In automatisierten Verarbeitungssystemen haben Verantwortliche und Auftragsverarbeiter mindestens die folgenden Verarbeitungsvorgänge zu protokollieren:
1. Erhebung,
2. Veränderung,
3. Abfrage,
4. Offenlegung einschließlich Übermittlung,
5. Kombination und
6. Löschung.

(2) Die Protokolle über Abfragen und Offenlegungen müssen es ermöglichen, die Begründung, das Datum und die Uhrzeit dieser Vorgänge und so weit wie möglich die Identität der Person, die die personenbezogenen Daten abgefragt oder offengelegt hat, und die Identität des Empfängers der Daten festzustellen.

(3) Die Protokolle dürfen ausschließlich für die Überprüfung der Rechtmäßigkeit der Datenverarbeitung durch die Datenschutzbeauftragte oder den Datenschutzbeauftragten, die Bundesbeauftragte oder den Bundesbeauftragten und die betroffene Person sowie für die Eigenüberwachung, für die Gewährleistung der Integrität und Sicherheit der personenbezogenen Daten und für Strafverfahren verwendet werden.

(4) Die Protokolldaten sind am Ende des auf deren Generierung folgenden Jahres zu löschen.

(5) Der Verantwortliche und der Auftragsverarbeiter haben die Protokolle der oder dem Bundesbeauftragten auf Anforderung zur Verfügung zu stellen.

§ 77 Vertrauliche Meldung von Verstößen

Der Verantwortliche hat zu ermöglichen, dass ihm vertrauliche Meldungen über in seinem Verantwortungsbereich erfolgende Verstöße gegen Datenschutzvorschriften zugeleitet werden können.

Kapitel 5
Datenübermittlungen an Drittstaaten und an internationale Organisationen

§ 78 Allgemeine Voraussetzungen

(1) Die Übermittlung personenbezogener Daten an Stellen in Drittstaaten oder an internationale Organisationen ist bei Vorliegen der übrigen für Datenübermittlungen geltenden Voraussetzungen zulässig, wenn
1. die Stelle oder internationale Organisation für die in § 45 genannten Zwecke zuständig ist und
2. die Europäische Kommission gemäß Artikel 36 Absatz 3 der Richtlinie (EU) 2016/680 einen Angemessenheitsbeschluss gefasst hat.

(2) Die Übermittlung personenbezogener Daten hat trotz des Vorliegens eines Angemessenheitsbeschlusses im Sinne des Absatzes 1 Nummer 2 und des zu berücksichtigenden öffentlichen Interesses an der Datenübermittlung zu unterbleiben, wenn im Einzelfall ein datenschutzrechtlich angemessener und die elementaren Menschenrechte wahrender Umgang mit den Daten beim Empfänger nicht hinreichend gesichert ist oder sonst überwiegende schutzwürdige Interessen einer betroffenen Person entgegenstehen. Bei seiner Beurteilung hat der Verantwortliche maßgeblich zu berücksichtigen, ob der Empfänger im Einzelfall einen angemessenen Schutz der übermittelten Daten garantiert.

(3) Wenn personenbezogene Daten, die aus einem anderen Mitgliedstaat der Europäischen Union übermittelt oder zur Verfügung gestellt wurden, nach Absatz 1 übermittelt werden sollen, muss diese Übermittlung zuvor von der zuständigen Stelle des anderen Mitgliedstaats genehmigt werden. Übermittlungen ohne vorherige Genehmigung sind nur dann zulässig, wenn die Übermittlung erforderlich ist, um eine unmittelbare und ernsthafte Gefahr für die öffentliche Sicherheit eines Staates oder für die wesentlichen Interessen eines Mitgliedstaats abzuwehren, und die vorherige Genehmigung nicht rechtzeitig eingeholt werden kann. Im Fall des Satzes 2 ist die Stelle des anderen Mitgliedstaats, die für die Erteilung der Genehmigung zuständig gewesen wäre, unverzüglich über die Übermittlung zu unterrichten.

(4) Der Verantwortliche, der Daten nach Absatz 1 übermittelt, hat durch geeignete Maßnahmen sicherzustellen, dass der Empfänger die übermittelten Daten nur dann an andere Drittstaaten oder andere internationale Organisationen weiterübermittelt, wenn der Verantwortliche diese Übermittlung zuvor genehmigt hat. Bei der Entscheidung über die Erteilung der Genehmigung hat der Verantwortliche alle maßgeblichen Faktoren zu berücksichtigen, insbesondere die Schwere der Straftat, den Zweck der ursprünglichen Übermittlung und das in dem Drittstaat oder der internationalen Organisation, an das oder an die die Daten weiterübermittelt werden sollen, bestehende Schutzniveau für personenbezogene Daten. Eine Genehmigung darf nur dann erfolgen, wenn auch eine direkte Übermittlung an den anderen Drittstaat oder die

andere internationale Organisation zulässig wäre. Die Zuständigkeit für die Erteilung der Genehmigung kann auch abweichend geregelt werden.

§ 79 Datenübermittlung bei geeigneten Garantien

(1) Liegt entgegen § 78 Absatz 1 Nummer 2 kein Beschluss nach Artikel 36 Absatz 3 der Richtlinie (EU) 2016/680 vor, ist eine Übermittlung bei Vorliegen der übrigen Voraussetzungen des § 78 auch dann zulässig, wenn
1. in einem rechtsverbindlichen Instrument geeignete Garantien für den Schutz personenbezogener Daten vorgesehen sind oder
2. der Verantwortliche nach Beurteilung aller Umstände, die bei der Übermittlung eine Rolle spielen, zu der Auffassung gelangt ist, dass geeignete Garantien für den Schutz personenbezogener Daten bestehen.

(2) Der Verantwortliche hat Übermittlungen nach Absatz 1 Nummer 2 zu dokumentieren. Die Dokumentation hat den Zeitpunkt der Übermittlung, die Identität des Empfängers, den Grund der Übermittlung und die übermittelten personenbezogenen Daten zu enthalten. Sie ist der oder dem Bundesbeauftragten auf Anforderung zur Verfügung zu stellen.

(3) Der Verantwortliche hat die Bundesbeauftragte oder den Bundesbeauftragten zumindest jährlich über Übermittlungen zu unterrichten, die aufgrund einer Beurteilung nach Absatz 1 Nummer 2 erfolgt sind. In der Unterrichtung kann er die Empfänger und die Übermittlungszwecke angemessen kategorisieren.

§ 80 Datenübermittlung ohne geeignete Garantien

(1) Liegt entgegen § 78 Absatz 1 Nummer 2 kein Beschluss nach Artikel 36 Absatz 3 der Richtlinie (EU) 2016/680 vor und liegen auch keine geeigneten Garantien im Sinne des § 79 Absatz 1 vor, ist eine Übermittlung bei Vorliegen der übrigen Voraussetzungen des § 78 auch dann zulässig, wenn die Übermittlung erforderlich ist
1. zum Schutz lebenswichtiger Interessen einer natürlichen Person,
2. zur Wahrung berechtigter Interessen der betroffenen Person,
3. zur Abwehr einer gegenwärtigen und erheblichen Gefahr für die öffentliche Sicherheit eines Staates,
4. im Einzelfall für die in § 45 genannten Zwecke oder
5. im Einzelfall zur Geltendmachung, Ausübung oder Verteidigung von Rechtsansprüchen im Zusammenhang mit den in § 45 genannten Zwecken.

(2) Der Verantwortliche hat von einer Übermittlung nach Absatz 1 abzusehen, wenn die Grundrechte der betroffenen Person das öffentliche Interesse an der Übermittlung überwiegen.

(3) Für Übermittlungen nach Absatz 1 gilt § 79 Absatz 2 entsprechend.

§ 81 Sonstige Datenübermittlung an Empfänger in Drittstaaten

(1) Verantwortliche können bei Vorliegen der übrigen für die Datenübermittlung in Drittstaaten geltenden Voraussetzungen im besonderen Einzelfall personenbezogene

Daten unmittelbar an nicht in § 78 Absatz 1 Nummer 1 genannte Stellen in Drittstaaten übermitteln, wenn die Übermittlung für die Erfüllung ihrer Aufgaben unbedingt erforderlich ist und
1. im konkreten Fall keine Grundrechte der betroffenen Person das öffentliche Interesse an einer Übermittlung überwiegen,
2. die Übermittlung an die in § 78 Absatz 1 Nummer 1 genannten Stellen wirkungslos oder ungeeignet wäre, insbesondere weil sie nicht rechtzeitig durchgeführt werden kann, und
3. der Verantwortliche dem Empfänger die Zwecke der Verarbeitung mitteilt und ihn darauf hinweist, dass die übermittelten Daten nur in dem Umfang verarbeitet werden dürfen, in dem ihre Verarbeitung für diese Zwecke erforderlich ist.

(2) Im Fall des Absatzes 1 hat der Verantwortliche die in § 78 Absatz 1 Nummer 1 genannten Stellen unverzüglich über die Übermittlung zu unterrichten, sofern dies nicht wirkungslos oder ungeeignet ist.

(3) Für Übermittlungen nach Absatz 1 gilt § 79 Absatz 2 und 3 entsprechend.

(4) Bei Übermittlungen nach Absatz 1 hat der Verantwortliche den Empfänger zu verpflichten, die übermittelten personenbezogenen Daten ohne seine Zustimmung nur für den Zweck zu verarbeiten, für den sie übermittelt worden sind.

(5) Abkommen im Bereich der justiziellen Zusammenarbeit in Strafsachen und der polizeilichen Zusammenarbeit bleiben unberührt.

Kapitel 6
Zusammenarbeit der Aufsichtsbehörden

§ 82   Gegenseitige Amtshilfe

(1) Die oder der Bundesbeauftragte hat den Datenschutzaufsichtsbehörden in anderen Mitgliedstaaten der Europäischen Union Informationen zu übermitteln und Amtshilfe zu leisten, soweit dies für eine einheitliche Umsetzung und Anwendung der Richtlinie (EU) 2016/680 erforderlich ist. Die Amtshilfe betrifft insbesondere Auskunftsersuchen und aufsichtsbezogene Maßnahmen, beispielsweise Ersuchen um Konsultation oder um Vornahme von Nachprüfungen und Untersuchungen.

(2) Die oder der Bundesbeauftragte hat alle geeigneten Maßnahmen zu ergreifen, um Amtshilfeersuchen unverzüglich und spätestens innerhalb eines Monats nach deren Eingang nachzukommen.

(3) Die oder der Bundesbeauftragte darf Amtshilfeersuchen nur ablehnen, wenn
1. sie oder er für den Gegenstand des Ersuchens oder für die Maßnahmen, die sie oder er durchführen soll, nicht zuständig ist oder
2. ein Eingehen auf das Ersuchen gegen Rechtsvorschriften verstoßen würde.

(4) Die oder der Bundesbeauftragte hat die ersuchende Aufsichtsbehörde des anderen Staates über die Ergebnisse oder gegebenenfalls über den Fortgang der Maßnahmen zu informieren, die getroffen wurden, um dem Amtshilfeersuchen nachzukommen. Sie oder er hat im Fall des Absatzes 3 die Gründe für die Ablehnung des Ersuchens zu erläutern.

(5) Die oder der Bundesbeauftragte hat die Informationen, um die sie oder er von der Aufsichtsbehörde des anderen Staates ersucht wurde, in der Regel elektronisch und in einem standardisierten Format zu übermitteln.

(6) Die oder der Bundesbeauftragte hat Amtshilfeersuchen kostenfrei zu erledigen, soweit sie oder er nicht im Einzelfall mit der Aufsichtsbehörde des anderen Staates die Erstattung entstandener Ausgaben vereinbart hat.

(7) Ein Amtshilfeersuchen der oder des Bundesbeauftragten hat alle erforderlichen Informationen zu enthalten; hierzu gehören insbesondere der Zweck und die Begründung des Ersuchens. Die auf das Ersuchen übermittelten Informationen dürfen ausschließlich zu dem Zweck verwendet werden, zu dem sie angefordert wurden.

Kapitel 7
Haftung und Sanktionen

§ 83 Schadensersatz und Entschädigung

(1) Hat ein Verantwortlicher einer betroffenen Person durch eine Verarbeitung personenbezogener Daten, die nach diesem Gesetz oder nach anderen auf ihre Verarbeitung anwendbaren Vorschriften rechtswidrig war, einen Schaden zugefügt, ist er oder sein Rechtsträger der betroffenen Person zum Schadensersatz verpflichtet. Die Ersatzpflicht entfällt, soweit bei einer nicht automatisierten Verarbeitung der Schaden nicht auf ein Verschulden des Verantwortlichen zurückzuführen ist.

(2) Wegen eines Schadens, der nicht Vermögensschaden ist, kann die betroffene Person eine angemessene Entschädigung in Geld verlangen.

(3) Lässt sich bei einer automatisierten Verarbeitung personenbezogener Daten nicht ermitteln, welche von mehreren beteiligten Verantwortlichen den Schaden verursacht hat, so haftet jeder Verantwortliche beziehungsweise sein Rechtsträger.

(4) Hat bei der Entstehung des Schadens ein Verschulden der betroffenen Person mitgewirkt, ist § 254 des Bürgerlichen Gesetzbuchs entsprechend anzuwenden.

(5) Auf die Verjährung finden die für unerlaubte Handlungen geltenden Verjährungsvorschriften des Bürgerlichen Gesetzbuchs entsprechende Anwendung.

§ 84 Strafvorschriften

Für Verarbeitungen personenbezogener Daten durch öffentliche Stellen im Rahmen von Tätigkeiten nach § 45 Satz 1, 3 oder 4 findet § 42 entsprechende Anwendung.

Teil 4
Besondere Bestimmungen für Verarbeitungen im Rahmen von nicht in die Anwendungsbereiche der Verordnung (EU) 2016/679 und der Richtlinie (EU) 2016/680 fallenden Tätigkeiten

§ 85 Verarbeitung personenbezogener Daten im Rahmen von nicht in die Anwendungsbereiche der Verordnung (EU) 2016/679 und der Richtlinie (EU) 2016/680 fallenden Tätigkeiten

(1) Die Übermittlung personenbezogener Daten an einen Drittstaat oder an über- oder zwischenstaatliche Stellen oder internationale Organisationen im Rahmen von nicht in die Anwendungsbereiche der Verordnung (EU) 2016/679 und der Richtlinie (EU) 2016/680 fallenden Tätigkeiten ist über die bereits gemäß der Verordnung (EU) 2016/679 zulässigen Fälle hinaus auch dann zulässig, wenn sie zur Erfüllung eigener Aufgaben aus zwingenden Gründen der Verteidigung oder zur Erfüllung über- oder zwischenstaatlicher Verpflichtungen einer öffentlichen Stelle des Bundes auf dem Gebiet der Krisenbewältigung oder Konfliktverhinderung oder für humanitäre Maßnahmen erforderlich ist. Der Empfänger ist darauf hinzuweisen, dass die übermittelten Daten nur zu dem Zweck verwendet werden dürfen, zu dem sie übermittelt wurden.

(2) Für Verarbeitungen im Rahmen von nicht in die Anwendungsbereiche der Verordnung (EU) 2016/679 und der Richtlinie (EU) 2016/680 fallenden Tätigkeiten durch Dienststellen im Geschäftsbereich des Bundesministeriums der Verteidigung gilt § 16 Absatz 4 nicht, soweit das Bundesministerium der Verteidigung im Einzelfall feststellt, dass die Erfüllung der dort genannten Pflichten die Sicherheit des Bundes gefährden würde.

(3) Für Verarbeitungen im Rahmen von nicht in die Anwendungsbereiche der Verordnung (EU) 2016/679 und der Richtlinie (EU) 2016/680 fallenden Tätigkeiten durch öffentliche Stellen des Bundes besteht keine Informationspflicht gemäß Artikel 13 Absatz 1 und 2 der Verordnung (EU) 2016/679, wenn
1. es sich um Fälle des § 32 Absatz 1 Nummer 1 bis 3 handelt oder
2. durch ihre Erfüllung Informationen offenbart würden, die nach einer Rechtsvorschrift oder ihrem Wesen nach, insbesondere wegen der überwiegenden berechtigten Interessen eines Dritten, geheim gehalten werden müssen, und deswegen das Interesse der betroffenen Person an der Erteilung der Information zurücktreten muss.

Ist die betroffene Person in den Fällen des Satzes 1 nicht zu informieren, besteht auch kein Recht auf Auskunft. § 32 Absatz 2 und § 33 Absatz 2 finden keine Anwendung.

§ 86 Verarbeitung personenbezogener Daten für Zwecke staatlicher Auszeichnungen und Ehrungen

(1) Zur Vorbereitung und Durchführung staatlicher Verfahren bei Auszeichnungen und Ehrungen dürfen sowohl die zuständigen als auch andere öffentliche und nichtöffentliche Stellen die dazu erforderlichen personenbezogenen Daten, einschließlich besonderer Kategorien personenbezogener Daten im Sinne des Artikels 9 Absatz 1 der Verordnung (EU) 2016/679, auch ohne Kenntnis der betroffenen Person verarbei-

ten. Für nichtöffentliche Stellen gilt insoweit § 1 Absatz 8 entsprechend. Eine Verarbeitung der personenbezogenen Daten nach Satz 1 für andere Zwecke ist nur mit Einwilligung der betroffenen Person zulässig.

(2) Soweit eine Verarbeitung ausschließlich für die in Absatz 1 Satz 1 genannten Zwecke erfolgt, sind die Artikel 13 bis 16, 19 und 21 der Verordnung (EU) 2016/679 nicht anzuwenden.

(3) Bei der Verarbeitung besonderer Kategorien personenbezogener Daten im Sinne des Artikels 9 Absatz 1 der Verordnung (EU) 2016/679 sieht der Verantwortliche angemessene und spezifische Maßnahmen zur Wahrung der Rechte der betroffenen Person gemäß § 22 Absatz 2 vor.

Stichwortverzeichnis

Fettgedruckte Zahlen bezeichnen die Artikel der DS-GVO,
die mager gedruckten Zahlen die Randnummern.

1&1 Telecom GmbH
– Bußgeld **83** 55, 63, Anhang § 41 BDSG 30

2. DSAnpUG-EU 85 6

**Abberufung des Datenschutzbeauftragten
38** 18
– auf Verlangen der Aufsichtsbehörde **38** 20
– Voraussetzungen **58** Anhang § 40 BDSG 38
Abbildung von Personen
– Einwilligung **6** 27
– Informationspflichten **13** 101
– KUG **6** 29
– Recht am eigenen Bild **6** 190
Abgestuftes Schutzkonzept 9 2
Abgrenzung der Anwendungsbereiche von DS-GVO und Richtlinie (EU) 2016/680 57 30
**Abhilfebefugnisse der Aufsichtsbehörde
36** 4; **58** 76; **83** 29
– Anweisung zur Datenverarbeitung **58** 91
– Anweisung zur Rechtsdurchsetzung von Betroffenenrechten **58** 88
– Aussetzung der Datenübermittlung in Drittländer **58** 116
– Beanstandung **58** 84
– Berichtigung **58** 104
– Beschränkung der Verarbeitung **58** 100
– Durchsetzung der Benachrichtigungspflicht **58** 96
– Geldbußen **58** 111, 190
– Löschung **58** 104
– Tätigkeitsbericht **59** 14, 21
– Verarbeitungsverbot **58** 101
– Verwarnung **58** 82
– Warnung **58** 80
– Widerruf der Zertifizierung **58** 109
Absolutes Verarbeitungsverbot
– nach Widerspruch **21** 39
Abstimmungsschwierigkeiten 64 38
Account-ID 4 104
Akkreditierung 57 95; **64** 16

**Akkreditierung einer Überwachungsstelle
41** 53
– Anwendungshinweise der DSK **41** 22
– Leitlinien 1/2019 des EDSA **41** 6
Akkreditierungsstelle 64 16
Akustischer Fingerabdruck 22 72
Algorithmische Systeme
– Datenethikkommission **4** 74
– Nachvollziehbarkeit durch Transparenz
5 34
Algorithmus
– Profiling **22** 69
– Pseudonymisierung **4** 97
– übersteigende Zusammenhänge **22** 56
Alkohol-Interlock-Programm 22 72
Allgemein zugängliche Daten 84 Anhang
§ 42 BDSG 7
Allgemeines Widerspruchsrecht 21 2, 16
– Aktivlegitimation **21** 21
– Anwendungsbereich **21** 18
– Betroffenheit **21** 30
– Beweggrund besondere Situation **21** 22
– Folgen **21** 39
– Form **21** 35
– Frist **21** 36
– prüffähige Begründung **21** 43
– unentgeltliches **21** 38
Allgemeingültigkeitsbeschluss 93 14
Allgemeinverbindlichkeitserklärung 70 26
Alteinwilligungen 6 20
Altersgrenze
– Bundesbeauftragte(r) **53** 36
Altpannen 33 41
Ambient Assisted Living-System 22 72
Amtliches Dokument 86 6
Amtseid 53 26
Amtsermittlungsgrundsatz 2 70
Amtshaftung 34 51
Amtshilfe 50 1, 6; **66** 2; **93** 12
Amtshilfeersuchen s.a. *Gegenseitige Amtshilfe*
– gegenseitige Amtshilfe **61** 1
Amtszeit
– außerordentliche Beendigung **53** 44

2021

- Mitglieder der Aufsichtsbehörde 53 38 f.; 54 42
Analyse des Surfverhaltens 9 47
Anbieterwechsel 20 124
Anderes Rechtsinstrument zur Auftragsverarbeitung 28 93, 97
- Unterauftragsverarbeiter 28 157
- Vertrag *s. Vertrag zur Auftragsverarbeitung*
Anerkennung von technischen Standards für Zertifizierungsverfahren 93 12
Anforderungen an Zertifizierungsverfahren 92 2
Angemessene Frist 64 31
Angemessenes Datenschutzniveau 49 1
Angemessenes Schutzniveau für Datentransfers in ein Drittland 45 11
Angemessenheitsbeschluss der Kommission 45 3, 6 ; 46 5; 49 1, 31; 93 12
- angemessenes Schutzniveau für Datentransfers in ein Drittland 45 11
- Datenübermittlung 45 1
- Durchführungsrechtsakt 45 35
- Prüfung durch die Kommission 45 7
- Rechtsfolge 45 34
- Rechtssituation des Drittlandes 45 29
- Wirksamkeit früherer Entscheidungen 45 41
Anlaufstelle 26 81
- Aufgabe des Vertreters 27 60
- gemeinsam für die Verarbeitung Verantwortliche 26 99
Anonymisierung 4 80, 93
- Voraussetzungen 4 95
Ansprüche, zivilrechtliche 23 58
Anspruchsberechtigter 17 17
Anspruchsgegner 17 18, 45
Anstalten des öffentlichen Rechts 2 60; 4 Anhang § 2 BDSG 14
Anwaltsgeheimnis 2 68
Anwendung der Vorschriften über das Bußgeld- und Strafverfahren 83 Anhang § 41 BDSG 1
- juristische Person 83 Anhang § 41 BDSG 8
- OWiG 83 Anhang § 41 BDSG 5, 13
- Unternehmensgeldbuße 83 Anhang § 41 BDSG 9
  - Erkennbarkeit des Pflichtverstoßes 83 Anhang § 41 BDSG 21 ff.
  - Höhe der Bußgelder 83 Anhang § 41 BDSG 33, 35 f.
  - Sanktionierung von Unternehmen 83 Anhang § 41 BDSG 18
  - Schuld 83 Anhang § 41 BDSG 14 ff.
  - Verfahrensgelder 83 Anhang § 41 BDSG 48

- Verhältnismäßigkeit 83 Anhang § 41 BDSG 27, 29 f.
- zuständiges Gericht 83 Anhang § 41 BDSG 32
Anwendungsbereich des Art. 21 21 7
Anwendungsvorrang der DS-GVO 22 155; 94 10; 99 7
Apollonia-Fall 17 4, 62
Apotheken
- Benennung eines Datenschutzbeauftragten 37 22
Arbeitnehmerdatenschutz 9 134; *s.a. Beschäftigtendatenschutz*
Arbeitsmedizin 9 194
Arbeitsrecht und Sozialrecht 9 132
Archivgut 4 68
Archivzwecke
- Auskunftsrecht 89 59
- Definition 89 15
- Einschränkung von Rechten 89 61
- Öffnungsklausel 89 58
- Recht auf Gegendarstellung 89 60
Art. 88 *s. Beschäftigtendatenschutz*
Art.-29-Datenschutzgruppe 33 23; 65 4, 33; 66 5; 70 1; 73 9; 75 1
- Auftragsverarbeitung 28 20
- Weisungsgebundenheit 29 5
Arztpraxen
- Benennung eines Datenschutzbeauftragten 37 22
Atemalkoholgehalt 22 72
Auf Anfrage der Aufsichtsbehörde 31 27
Auf rechtmäßige Weise 5 18
Aufbewahrungspflichten 15 Anhang § 34 BDSG 9
Aufdrängende Sonderzuweisung 78 40
Aufenthalt
- in der Union 3 23
Aufgaben des EDSA 70 7
- Akkreditierung von Zertifizierungsstellen 70 21
- Arbeitsgremien 70 27
- Austausch von Informationen 70 27
- Beratung der Kommission 70 12
- Beteiligung im Kohärenzverfahren 70 11
- Empfehlungen zum Verschlüsselungsverfahren 70 19
- Festlegung eines Verfahrens zur Meldung von Datenschutzverletzungen 70 18
- Informationsaustausch 70 13
- Konsultation interessierter Kreise 70 33
- Leitlinien 70 18
- Personalaustausch 70 27
- Registerführung 70 28
- Schulungsprogramme 70 27

- Setzung von soft law **70** 14, 16
- Stellungnahmen gegenüber der Kommission **70** 24
- Verhaltensregeln **70** 21
- Veröffentlichung der Dokumente **70** 30, 32
- Veröffentlichung der Ergebnisse der Konsultation **70** 33

Aufhebung der Richtlinie 95/46/EG 94 8 f., 12 f.
- Fortgelten von Einwilligungen **94** 2
- Praxishinweise **94** 24
- Übergangsfrist **94** 1
- verbindliche Unternehmensregelungen **94** 14

Aufsichtsbehörde 4 315
- Abberufungsrecht (DSB) **58** Anhang § 40 BDSG 38
- Alleinstellungsmerkmal der Grundrechtsverwirklichung **51** 32
- Anwendung der GewO **58** Anhang § 40 BDSG 42
- Anwendung der GRCh **51** 26
- Aufgaben **51** 4, 20; **57** 1, 16, 23; **58** 21
- Auftragsverarbeitung **28** 199
- Auskunftsverpflichtung gegenüber ~ **58** Anhang § 40 BDSG 25
- Auskunftsverweigerungsrecht **58** Anhang § 40 BDSG 26
- Bearbeitung von Beschwerden **57** 63, 68
- Befugnisse *s. Befugnisse der Aufsichtsbehörde*
- Befugnisse gegenüber Vertreter **27** 73
- Befugnisse nach Einlegung einer Beschwerde **77** 8
- Beratung **57** 50, 55
- Beratung bei der DSFA **57** 85
- Beratungspflicht (DSB) **58** Anhang § 40 BDSG 36
- Beschluss **78** 26
- Beschwerdeformular **57** 115
- betrieblicher Datenschutzbeauftragter **58** Anhang § 40 BDSG 35
- betroffene ~ **77** 8 f.
- Blacklist **57** 82
- Bußgelder in 2019 **83** 7
- Datenverarbeitung durch öffentliche Stellen **51** 33
- Datenverarbeitung durch private Stellen **51** 34
- Datenverarbeitung zu anderen Zwecken **58** Anhang § 40 BDSG 12
- Datenverarbeitung zu Aufsichtszwecken **58** Anhang § 40 BDSG 7
- demokratische Legitimation **52** 12; **53** 25
- DSFA **35** 141; **57** 82
- Durchsetzung der DS-GVO **57** 40
- Effektivität der Aufgabenerfüllung **58** 22
- Entscheidungsbefugnisse **52** 53
- Entsendung eines Stellvertreters in den EDSA **68** 54 ff., 60
- Erlass von einstweiligen Maßnahmen **66** 1
- Errichtung *s. Errichtung der Aufsichtsbehörde*
- Festlegung von Standardvertragsklauseln **57** 80
- freier Datenverkehr **51** 30
- Frist für schriftliche Empfehlung **36** 15
- Funktion **51** 19 f., 47
- gemeinsame Maßnahmen **62** 7
- gemeinsamer Vertreter **51** 49
- Genehmigung von Verhaltensregeln **40** 91, 95
- gerichtliche Kontrolle **52** 12
- Gewerbeaufsicht **58** Anhang § 40 BDSG 23
- Grundlagen **51** 1
- Grundrechtsschutz **51** 29; **57** 34
- Haushaltsplan **52** 50
- Hinweise zum Zusammenarbeitsverfahren **60** 48
- Information von Betroffenen **57** 60
- Informationsaustausch **60** 24
- internes Verzeichnis über Verstöße gegen die DS-GVO **57** 107
- Klage gegen Entscheidungen des EDSA **68** 27
- Klagerecht **58** 9
- Kohärenzverfahren **63** 6, 30
- Konsultationsersuchen des Verantwortlichen **36** 15
- Koordination und Kooperation **51** 5
- Kosten *s. Kosten der Aufsichtsbehörde*
- Mitglieder **52** 3
- Öffentlichkeitsarbeit **57** 44
- Ordnungswidrigkeiten **58** Anhang § 40 BDSG 17
- örtliche Zuständigkeit **55** 7
- Personalauswahl **52** 45
- Personalhoheit **52** 44
- Personalverwaltung **52** 46
- persönliche Unabhängigkeit **52** 34
- prozessuale Stellung **51** 63
- Prüfung der Verhaltensregeln **40** 91, 94
- Recht auf ein bestimmtes Tätigwerden der ~ **77** 13
- Rechtsgrundlagen **51** 45
- Rechtsposition **52** 23
- Rechtsschutz **51** 62; *s.a. Rechtsschutz der Aufsichtsbehörde*
- Rechtsschutz bei Untätigkeit **77** 12
- Rechtsschutz gegen Untätigkeit **77** 10

- Ressourcen **52** 41
- Stellung in der EU **51** 43
- Strafverfolgung **58** Anhang § 40 BDSG 17, 22
- Tätigkeitsbericht **57** 109
- Überwachungsaufgabe **57** 40
- Unabhängigkeit **51** 22, 36; *s.a. Unabhängigkeit der Aufsichtsbehörde*
- Unterrichtungsbefugnisse **58** Anhang § 40 BDSG 20
- Untersuchungen **57** 74
- Verhaltensregeln **57** 88
- Verhältnis zum Vertreter **27** 94
- Verhältnismäßigkeit **58** 22
- Verschwiegenheitspflicht **58** Anhang § 40 BDSG 20
- Vorschläge zur Mängelbeseitigung **36** 21
- VVT **30** 91
- Whitelist **57** 83
- Ziel **51** 21
- Zugangsbefugnis **58** Anhang § 40 BDSG 31
- Zusammenarbeit **51** 8, 46; **57** 69
- Zusammenarbeit mit Vertreter **27** 65
- Zuständigkeit **51** 9
- Zuständigkeit für Beschwerden **51** 10; **77** 6 f.
- Zuständigkeit für Maßnahmen **77** 7
- Zuständigkeit nach Landesrecht **58** 11
- Zuständigkeit nach § 40 BDSG **58** Anhang § 40 BDSG 1, 5

Aufsichtsbehörden der Länder
55 40; *s.a. Aufsichtsbehörde*
- Zulässigkeit der Datenverarbeitung **58** Anhang § 40 BDSG 6

Auftragsdatenverarbeitung
- Prüfungs- oder Wartungsleistungen **28** 12

Auftragsverarbeiter **4** 171; **20** 35; **30** 14; **33** 64; *s.a. Vertreter für im Drittland niedergelassene ~*
- Abgrenzung zum gemeinsam Verantwortlichen **28** 48
- Abgrenzung zum Verantwortlichen **28** 27
- Auswahlpflicht bei Unterauftragsverarbeitern **28** 158
- Begriff **28** 28
- Datenschutzbeauftragter **28** 6
- Dokumentation der Weisungen **28** 113
- Dritter **28** 32
- Drittland **28** 55
- DSFA **35** 133
- Empfänger **28** 33
- Ermessensspielraum **28** 41, 142
- Form der Genehmigung **28** 164
- Haftung **28** 181
- Hauptniederlassung **4** 280; **56** 39
- Informationspflicht bei rechtswidrigen Weisungen **28** 115
- Internet-Dienstanbieter **4** 183
- Löschung oder Rückgabe personenbezogener Daten **28** 135
- Mitwirkungspflicht bei Zertifizierung **42** 46
- Nachweis der Pflichtenerfüllung **28** 139
- Personenverschiedenheit vom Verantwortlichen **28** 30
- Pflicht zur weiteren Speicherung **28** 137
- Pflichten **28** 108
- Rechnungsprüfer und Steuerberater **4** 184
- Überprüfungsrecht des Verantwortlichen **28** 139
- Umgang mit rechtswidrigen Weisungen **28** 116
- Verarbeitungspflicht **28** 114
- Vertreter für im Drittland niedergelassene ~ **27** 2
- VVT **30** 68
- Weisungsgebundenheit **28** 34, 43; **29** 27
- Zusammenarbeit mit Aufsichtsbehörde **31** 17, 22

Auftragsverarbeiter im Drittland **28** 56
Auftragsverarbeitung **4** 155, 176
- Abgrenzung zu gemeinsam Verantwortlichen **26** 59
- Abgrenzung zur Funktionsübertragung **28** 48
- anderes Rechtsinstrument zur ~ **28** 93
- Anpassung von Altverträgen **28** 195
- Arbeitsteilung **28** 1
- Art.-29-Datenschutzgruppe **28** 20
- Begriff **28** 29
- Berufsgeheimnis **28** 80
- Cloud **28** 1
- Datenschutzkonferenz **28** 23
- Datenschutzkonferenz Kurzpapier Nr. 16 **26** 12
- Datenschutzmanagement **28** 200
- Erlaubnistatbestand **28** 72
- Geheimhaltungs- oder Geheimnispflichten **28** 78
- Gesetzgebungsverfahren **28** 14
- Landesrecht **28** 191
- Normzweck **28** 1
- Offenlegung **28** 63
- optionale Inhalte im Vertrag **28** 197
- Outsourcing **28** 1
- Privilegierung **28** 58, 67, 74
- Prüfungs- oder Wartungsleistungen **28** 81
- Sanktionen bei Zuwiderhandlungen **28** 13, 188
- Sondervorschriften **28** 191
- Sozialdaten **28** 191

- Umfang des Weisungsrechts **28** 111
- Unterauftragsnehmer **28** 144
- Unterauftragsverarbeiter **28** 122
- Verarbeitungstätigkeit **28** 75
- Vertrag **28** 93; *s.a. Vertrag zur Auftragsverarbeitung*
- Weisungsgebundenheit **4** 177

Ausdrückliche Einwilligung 22 91
Ausdrückliche Informationspflichten 76 9
Auskunft 34 55
Auskunfteien 22 115
- ermittelter Wahrscheinlichkeitswert **22** 118

Auskunftsrecht 20 23
- Antrag **15** 4
- Auskunft an den/die BfDI **15** Anhang § 34 BDSG 19
- Betroffenenrechte **15** 33
- Datenkategorien **15** 30
- Dauer der Speicherung **15** 32
- Drittlandtransfers **15** 36
- Einschränkungen **15** 46, 48 f., Anhang § 34 BDSG 2; **89** 56
- Empfänger **15** 31
- Erteilen der Auskunft **15** 11
- Herausgabe von Kopien **15** 37
- Identifizierung **15** 19
- Inhalt der Auskunft **15** 26
- Mitwirkungspflichten **15** Anhang § 34 BDSG 22
- Modalitäten der Auskunftsverweigerung **15** Anhang § 34 BDSG 15
- Umfang **15** 19, 38

Auskunftsverfahren
- Frist **15** 14
- Kosten **15** 18

Auskunftsverweigerungsrecht 58 55
- gegenüber Aufsichtsbehörde **58** Anhang § 40 BDSG 26

Auslegung der Erklärung 21 43
Ausnahmen und Erlaubnisvorbehalt nach Art. 9 Abs. 2 9 119
- Arbeits- und Sozialrecht **9** 132
- Einwilligung **9** 122
- Gesundheitsversorgung **9** 186
- Schutz lebenswichtiger Interessen **9** 142

Ausnahmen von der Löschungspflicht 17 19, 59 f., 64
Ausnahmen von der Transparenzpflicht 76 8
Ausschließliches Beruhen auf einer automatisierten Entscheidung 22 75
- conditio sine qua non-Formel **22** 74

Ausschließliches Beruhen auf einer automatisierten Verarbeitung 22 63
- Beispielsfälle **22** 69

Außen- und Sicherheitspolitik
- gemeinsame **2** 36

Aussetzung des Verfahrens
- Antragserfordernis **81** 22
- Anwendungsbereich **81** 7
- betroffene Gerichte **81** 8
- Ermessen **81** 16 f.
- Folgen **81** 15
- Gerichtsbarkeit **81** 9
- grenzüberschreitende Dimension **81** 10
- Pflicht zur Kontaktaufnahme zwischen den Gerichten **81** 11
- Rechtsschutz **81** 19
- Rechtsvereinheitlichung **81** 3
- Verfahrensgegenstand **81** 5 f.
- Voraussetzungen **81** 4
- Zuständigkeit des Gerichts **81** 21

Austausch auf elektronischem Wege im Kohärenzverfahren 63 19
Ausübung öffentlicher Gewalt 6 101; **23** 36
Auswahl des Auftragsverarbeiters 28 89
Auswirkungen automatisierter Einzelfallentscheidungen 22 37
- Entfaltung der rechtlichen Wirkung **22** 47
- faktische Folgen **22** 52
- öffentlich-rechtliche Maßnahmen **22** 40
- rechtliche Wirkung **22** 38, 42, 46, 51
- Sozialadäquanz von Beeinträchtigungen **22** 53

Automatisierte Verarbeitung 22 29; *s. a. Ausschließliches Beruhen auf einer automatisierten Verarbeitung; Auswirkungen automatisierter Einzelfallentscheidungen; Entscheidung i.S.d. Art. 22 Abs. 1*
- ausdrückliche Einwilligung **22** 91
- ausschließlich auf einer ~ beruhend **22** 63
- Auswirkungen automatisierter Einzelfallentscheidungen **22** 38
- besondere Kategorien personenbezogener Daten **22** 147
- Datenschutzmanagement **22** 186
- Entscheidung i.S.d. Art. 22 Abs. 1 **22** 31
- erforderlich zur Vertragserfüllung **22** 79
- Erlaubnisvorbehalte **22** 147
- Erlaubnisvorbehalte (§ 37 BDSG) **22** 159
- Involvierung einer natürlichen Person **22** 138
- Öffnungsklausel des Art. 22 Abs. 2 lit. b **22** 84
- Praxishinweise **22** 174
- Recht auf Anfechtung der Entscheidung **22** 141
- Suchmaschinenergebnisse **22** 35
- verpflichtende Schutzmaßnahmen des Verantwortlichen **22** 133, 135
- Versicherungen **22** 160, 166

BCR s. *Binding Corporate Rules*
Beacons 21 99
Beanstandung 58 29, 84
Befugnisse
– hoheitliche 23 36
Befugnisse der Aufsichtsbehörde 58 2
– Abberufung des Datenschutzbeauftragten 58 175
– Abhilfe s. *Abhilfebefugnisse der Aufsichtsbehörde*
– Adressaten 58 43
– Akkreditierung 58 141
– Angemessenheitsentscheidungen der Europäischen Kommission 58 117
– Anordnung der sofortigen Vollziehung 58 161
– Auftragsverarbeiter 58 43
– Auskunft 58 174
– Berufsgeheimnisträger 58 69
– Ermessen 58 37
– Genehmigungs~ 58 121
– Grundlagen 58 37
– Rechtsschutz der Verantwortlichen 58 159
– Stellungnahmen gegenüber Parlament und Regierung 58 129
– Untersuchung s. *Untersuchungsbefugnisse der Aufsichtsbehörde*
– Verfahrensgarantien 58 4, 151, 153
– Vertreter i.S.d. Art. 27 58 46
– Vorverfahren 58 157
– Warnung 58 130
– Zugang zu Geschäftsräumen 58 71
Befugnisübertragung 92 5; 93 12
– Dauer 92 7
– Einspruch 92 9
– Widerruf 92 8
Begrenzte Wirkung 56 56
– Abstimmungsverfahren 56 61
– zuständige Aufsichtsbehörde 56 55, 59
Begriffsbestimmungen 4 2; s.a. *Personenbezogene Daten*
– Aufsichtsbehörde 4 315
– Auftragsverarbeiter 4 171
– betroffene Aufsichtsbehörde 4 319
– biometrische Daten 4 244
– Dateisystem 4 110
– Dienst der Informationsgesellschaft 4 346
– Dritter 4 199
– Einwilligung 4 205
– Empfänger 4 186
– genetische Daten 4 233
– Gesundheitsdaten 4 257
– grenzüberschreitende Verarbeitung 4 329
– Hauptniederlassung 4 267
– internationale Organisationen 4 351

– maßgeblicher und begründeter Einspruch 4 340
– personenbezogene Daten 4 9
– Profiling 4 69
– Pseudonymisierung 4 79
– Scoring 4 75
– Unternehmen 4 295
– Unternehmensgruppe 4 300
– Verantwortlicher 4 121
– Verarbeitung 4 48
– verbindliche interne Datenschutzvorschriften 4 307
– Verletzung des Schutzes personenbezogener Daten 4 222
– Verschlüsselung 4 96
– Vertreter 4 284
Behörden 4 137, Anhang § 2 BDSG 5
– Begriff 27 50
– der Länder 4 Anhang § 2 BDSG 19
– im funktionellen Sinne 4 Anhang § 2 BDSG 6
Behördlicher Notdienst 33 62
Behördliches Datenpannenportal 34 15
Beipack-Werbung 21 71
Beleihung 2 65
Beliehene 4 Anhang § 2 BDSG 7, 42
Benachrichtigung der von einer Verletzung des Schutzes personenbezogener Daten betroffenen Person 28 131
Benachrichtigungspflicht bei Datenschutzverstößen 58 96
Benachrichtigungspflicht des Verantwortlichen 34 1, 33
– Aufsichtsbehörden 34 57
– Ausnahmen 34 19 f., 22, 34, 39
– behördliche Aufforderung 34 46
– betroffene Personen 34 54
– Datenschutzmanagement 34 59
– Empfänger 34 6
– Form 34 12
– Frist 34 8
– Inhalt 34 10
– Kinder 34 17
– nachträgliche Maßnahmen 34 24
– öffentliche Bekanntmachung 34 14
– öffentliche Stelle 34 51
– öffentliche Zustellung 34 14
– Pflichtiger 34 5
– Risikobewertung 34 2
– Sanktionen 34 60
– Schadensfall 34 4
– Schutzverletzung 34 2
– Daten Verstorbener 34 7
– Sprache 34 16
– Strafverfolgung 34 8

- Unentgeltlichkeit **34** 18
- Unmöglichkeit **34** 31
- unverhältnismäßiger Aufwand **34** 29
- Verkehrssicherungspflichten **34** 53
- Verschwiegenheitspflicht **34** 36
- vertragliches Rücksichtnahmegebot **34** 52
- Verwendungsverbot **34** 50
- Werbung **34** 13

Benachteiligungsverbot 38 22

Benennungspflicht (Datenschutzbeauftragter) 37 14
- Anforderungen **37** 23
- betroffene Personen **37** 55
- Datenschutzmanagement **37** 57
- Mitbestimmung **37** 27
- nichtöffentliche Stellen **37** 54
- öffentliche Stellen **37** 28, 53
- Personal-/Betriebsrat **37** 32
- private Stellen **37** 15, 17 f., 22
- Sanktionen **37** 58
- Schwellenwert bei privaten Stellen **37** 29
- Zeitpunkt **37** 23

Beratung durch Aufsichtsbehörden 33 107

Berechtigter Grund 17 28 f.

Berechtigtes Interesse 6 145
- Interessenabwägung **6** 148

Berichte der Kommission 97 3, 6, 16
- Einholung von Informationen **97** 14
- Privacy Shield **97** 11
- Vorschläge zur Änderung der Verordnung **97** 17

Berichterstattung des EDSA 71 1
- Anwendungshilfen **71** 20
- Auslegungshilfen **71** 20
- Berichtszeitraum **71** 13
- Drittländer **71** 9
- Harmonisierung **71** 18
- Inhalt **71** 16
- internationale Organisationen **71** 9
- Publikation auf der Website **71** 4
- Soft Law **71** 2
- Sprache **71** 14
- Transparenzschaffung **71** 15

Berichtigung 16 4, 25
- Adressat der Verpflichtung **16** 21
- Aktivlegitimation **16** 11
- Beschränkungen **16** 19
- Darlegungs- und Beweislast **16** 23
- Datenschutzmanagement **16** 26
- ergänzende Erklärung **16** 16
- Fake News **16** 10
- Frist **16** 17
- non liquet **16** 9
- Personenbezug der Daten **16** 12
- Recht auf ~ **16** 3
- Rechtsschutz **16** 24
- unvollständige personenbezogene Daten **16** 14
- Vervollständigungsrecht **16** 15
- Voraussetzungen **16** 5

Berufe, reglementierte 23 49

Berufsgeheimnis 9 219; **14** 77; **28** 80

Berufsgeheimnisträger 34 36; **58** 10, 66
- Auftragsverarbeiter **58** 67

Berufsordnung für Rechtsanwälte
- Schutz des Mandatsgeheimnisses **32** 16

Berufsqualifikationen 23 48

Beschäftigte 35 87

Beschäftigtendatenschutz 2 78; **88** Anhang § 26 BDSG 58
- Abweichung vom Schutzniveau der DS-GVO **88** 38
- Anwendungsbereich **88** Anhang § 26 BDSG 60
- Beschäftigung **88** 14
- Beschäftigungszwecke **88** Anhang § 26 BDSG 2 f.
- Beteiligungsrechte der Interessenvertretungen **88** Anhang § 26 BDSG 59
- Datenschutzrichtlinie 94/46/EG **88** 1
- Deutsche Spezifizierungsrechtsakte **88** 47
- Einwilligung **88** Anhang § 26 BDSG 33
- Erforderlichkeit der Datenverarbeitung **88** Anhang § 26 BDSG 5
- Funktionen des Art. 88 **88** 13
- Gestaltungsspielraum der Mitgliedstaaten **88** 42
- Gestaltungsvorgaben **88** 22
- Informationsrechte des Betriebsrats **88** Anhang § 26 BDSG 11
- Kollektivvereinbarungen **88** 41, Anhang § 26 BDSG 44
- Konzerndatenverarbeitung **88** Anhang § 26 BDSG 54
- mitgliedstaatliche Spezifizierungsrechtsakte **88** 39
- partielle Regelung **88** 20
- Pflicht zur Mitteilung von Spezifizierungsrechtsakten **88** 46
- Regelung des § 26 BDSG **88** Anhang § 26 BDSG 1
- Regelungsgegenstände **88** 19
- Relevanz für Aufsichtsbehörden **88** 57
- Relevanz für betroffene Personen **88** 56
- Relevanz für nichtöffentliche Stellen **88** 54
- Relevanz für öffentliche Stellen **88** 54
- repressive Überwachungsmaßnahmen **88** Anhang § 26 BDSG 24
- Sanktionen **88** 59
- spezifischere Vorschriften **88** 6

Beschäftigung
- Begriff **88** 14

Beschäftigungskontext
- Begriff **88** 16
- Beschäftigte **88** 15
- Beschäftigung **88** 14
- freie Mitarbeiter **88** 15
- Unternehmenskauf **88** 17

Beschäftigungszwecke 88 Anhang § 26 BDSG 2

Beschluss 1999/468/EG 93 1

Beschlussfassung nach Art. 65 Abs. 5
- Unterrichtungspflichten des Vorsitzes des EDSA **65** 18

Beschränkung der Verarbeitung 58 100

Beschränkung von Betroffenenrechten 23 6, 9, 23
- Berufsqualifikationen **23** 48
- Bündnisverpflichtungen **23** 29
- Gefahrenabwehr **23** 37
- Justiz **23** 44
- Landesverteidigung **23** 28
- nationale Sicherheit **23** 25
- öffentliche Sicherheit **23** 31
- Rechte anderer Personen **23** 53
- Regelungsform **23** 18
- Schutz des öffentlichen Interesses **23** 40
- Strafverfolgung **23** 35
- Strafvollstreckung **23** 36
- zivilrechtliche Ansprüche **23** 58
- Zwecke **23** 10

Beschränkungsrecht
- fakultatives **23** 6

Beschwerde 21 131; **56** 10
- Befugnis **77** 14
- Benachrichtigungspflicht der Behörde **77** 20
- Berechtigung **77** 14, 16
- Einlegung einer ~ **77** 4
- Form **77** 19
- Frist **77** 19
- Hinweis für Aufsichtsbehörden **77** 28
- Informationspflicht über das Recht auf ~ **77** 23
- Rechtsbehelfsbelehrung **77** 21 f.
- Regelung im BDSG **77** 24
- Unzulässigkeit **77** 14
- Verwaltungsgebühr **77** 18

Beschwerdeformular 57 115
- Sprache **57** 118

Besondere Kategorien personenbezogener Daten 22 146
- Auftragsverarbeitung **28** 69

Beteiligte
- Kohärenzverfahren **63** 13

Betrieblicher/behördlicher Datenschutzbeauftragter
- Zusammenarbeit **31** 26

Betriebs- und Geschäftsgeheimnisse 2 68
- Amtshilfe **61** 30
- Zusammenarbeit **31** 25

Betriebsvereinbarungen 6 72; **88** Anhang § 26 BDSG 53, 56

Betroffene Aufsichtsbehörde 4 319; **55** 35; **66** 6, 21
- Begriff **66** 20
- Dringlichkeitsverfahren **66** 10
- Erlass vorläufiger Maßnahmen **66** 9
- Rechte im Dringlichkeitsverfahren **66** 20
- Voraussetzungen **4** 323

Betroffene Behörde
- Zusammenarbeitsverfahren **60** 23

Betroffene Personen
- Ansprüche gegen Vertreter **27** 92
- Kohärenzverfahren **63** 27

Betroffenenrechte 11 20; **58** 104
- Einschränkungen **89** 44, 55

Beweislast 57 131

Beweislastumkehr 5 96

Beweisverwendungsverbot
- Anwendungsbereich **83** Anhang § 43 BDSG 15
- im Bußgeldverfahren **83** Anhang § 43 BDSG 9
- im Strafverfahren **84** Anhang § 42 BDSG 16
- Reichweite **83** Anhang § 43 BDSG 13
- Unionsrechtskonformität **83** Anhang § 43 BDSG 22

Bewertungsportale 85 21

BfDI s. *Bundesbeauftragte(r)*

Big Data 4 86, 105; **17** 46
- Definition **6** 281
- Zweckänderung **6** 288

Big Data-Anwendungen 4 255; **22** 68

Bildsymbole 12 74; **13** 23; **14** 23
- maschinenlesbare **12** 77
- standardisierte **12** 76

Binding Corporate Rules 4 303; **22** 185; **57** 102
- Abschluss von Verträgen **47** 15
- allgemeine Datenschutzgrundsätze **47** 33
- Änderungen der ~ **47** 55
- Anforderung nach Art. 47 Abs. 2 **47** 25
- Angaben zur Struktur **47** 28
- Arbeitnehmer **47** 17
- Compliance Organisation **47** 47
- Datenübermittlung/verarbeitete Daten **47** 29
- Definition **47** 4

- durchsetzbare Rechte für Betroffene 47 19
- externe Verbindlichkeit 47 32
- Freelancer 47 17
- freier Fluss personenbezogener Daten 47 9
- Gegenstand der Genehmigung 47 63
- Genehmigung 58 149
- Genehmigungsvoraussetzungen 47 11
- Genese 47 2
- Gestaltungshinweise 47 68
- Gestaltungsspielraum 47 10
- Gruppe von Unternehmen mit gemeinsamer Wirtschaftstätigkeit 47 6
- gruppeninternes Beschwerdeverfahren 47 52
- Haftung eines Gruppenmitgliedes in der Union 47 40
- Information der Betroffenen 47 43
- interne rechtliche Verbindlichkeit 47 13
- interne Verbindlichkeit 47 32
- Konkretisierungsgrad 47 27
- Legalisierungswirkung der Genehmigung 47 63
- Meldung von beeinträchtigenden Drittstaatenbestimmungen 47 60
- Mittel zur Herstellung von Verbindlichkeit 47 14
- Rechte der betroffenen Person 47 36
- Rechtsnatur 47 5
- Rechtsweg bei Nichterteilung der Genehmigung 47 66
- relevante Working Paper 47 2
- Relevanz für betroffene Personen 47 71
- Relevanz für das Datenschutzmanagement 47 73
- Relevanz für Verarbeiter und Auftragsverarbeiter 47 67
- Sanktionen 47 18, 74
- Schulung 47 62
- subjektiv-rechtlicher Anspruch auf Genehmigung 47 64
- Unternehmensgruppe 47 6
- Verfahren der Aufsichtsbehörde 47 65
- Zusammenarbeit mit der Aufsichtsbehörde 47 58
- Zuständigkeit der Aufsichtsbehörde 47 65
- zweistufige Rechtfertigung 47 7
- zwingende Vorschriften von Drittstaaten 47 9

Binnenmarkt 1 2; 66 7
Binnenmarktinformationssystem 63 20; 67 12
Biodatenbanken 9 94
Biometrie 4 247
Biometrische Daten 4 102, 253; 9 73
- Begriff 4 248
- eingescannte Unterschriften 9 82
- Identifikation 9 80
- Rohdaten 9 77
- Templates 9 77
- Videoüberwachung 4 256; 9 81

Biometrisches Merkmal 22 71
Blacklist 35 6, 160; 57 82
Blockchain 32 57
Body-Cams 9 81
Bonitätsauskünfte 22 13
Brexit 45 48
Bring your own Device 24 23; 33 51
Bundesbeauftragte(r) 53 2; 54 3; 63 23
- Altersgrenze 53 36
- Amtseid 53 26
- Amtsenthebung 53 49
- Amtsverhältnis 53 6
- Amtszeit 53 5, 7; 54 10, 44
- Aufgaben 57 4, 28, 31
- Ausstattung 52 6
- Befugnisse 58 5
- demokratische Legitimation 51 44
- Ende der Amtszeit 54 14
- Ernennungsverfahren 53 3, 23; 54 9
- Ernennungsvoraussetzungen 53 4, 35; 54 8
- Errichtung 54 32
- Kooperation 58 8
- persönliche Stellung 52 5
- Rechte und Pflichten 54 50
- Rechtsänderung 51 12; 52 8
- Rechtsstellung 51 13
- reguläre Beendigung des Amtes 53 42
- sachliche Zuständigkeit 55 39
- Stellvertreter 54 33
- Stellvertretung 53 8
- Verschwiegenheitspflicht 54 16, 63
- Wiederwahl 54 11, 47
- Zeugenaussageberechtigung 54 63
- Zeugnisverweigerungsrecht 54 63
- Zugangs- und Betretungsrechte 58 7
- Zuständigkeit 55 5

Bundesgerichte 55 6
Bundesoberbehörden 4 Anhang § 2 BDSG 10
Bundesrat 4 Anhang § 2 BDSG 13
Bundestag 4 Anhang § 2 BDSG 13
Bundesunmittelbare Körperschaften 4 Anhang § 2 BDSG 14
Bundeszentralstellen 4 Anhang § 2 BDSG 10
Bündnisverpflichtungen 23 29
Bußgeld 35 208; 83 5
- abschreckende Wirkung 83 34
- Adressat 83 18, 40
- Anforderungen an die Verhängung von ~ 83 32
- Anwendbarkeit des Ordnungswidrigkeitenrechts 83 30

2029

- Aufsichtspraxis 2019   83 7
- Berücksichtigung von geeigneten TOM   83 54
- Einhaltung genehmigter Verhaltensregeln   83 59
- gegen Behörden   83 21
- gegen Mitarbeiter   83 25
- gegen öffentliche Stellen   83 21, Anhang § 43 BDSG 6
- Höhe   83 36; *s.a. Bußgeldhöhe*
- Kategorien personenbezogener Daten   83 52
- Nachtatverhalten   83 61
- Praxis   *s. Bußgeldpraxis*
- Praxishinweise   83 133, 135, 140
- Regelung des § 41 BDSG   *s. Anwendung der Vorschriften über das Bußgeld- und Strafverfahren*
- Schadensminimierung   83 61
- Schuldprinzip   83 40
- Tatbestände   83 109, 112, 118
- Verfahrensgarantie   83 45
- Verhältnismäßigkeit   83 33
- Verschulden   83 49
- Verstoß   83 48
- Verstoß gegen Art. 6 Abs. 1 lit. a   6 35
- Verzicht   83 68
- Wiederholungstäter   83 56
- Zusammenarbeit mit Aufsichtsbehörde   31 35; 83 62
- zuständige Aufsichtsbehörde   83 14

Bußgeldhöhe   83 7, 32, 36, 69, 106, Anhang § 41 BDSG 33, 35 f.; *s.a. Bußgeldkonzept der DSK*
- Bestimmung im Einzelfall   83 78, 82
- Bußgeldkonzept der DSK   83 91
- Dauerverstöße   83 104
- Harmonisierung der ~   83 89
- Höchstbeträge   83 70
- Mehrfachverstöße   83 102
- Niederlande   83 100
- Unternehmensbegriff   83 72

Bußgeldkonzept der DSK   83 91, Anhang § 41 BDSG 36
- Anwendung   83 92
- Größenklasse des Unternehmens   83 95
- Kriterien für die Bemessung   83 94
- Mittelwert des Jahresumsatzes   83 96
- Modifizierung   83 98
- Schweregrad der Tat   83 97

Bußgeldpraxis   83 120
- Google, 50 Mio. EUR   83 121 f., 124, 126

Bußgeldtatbestände
- BDSG   83 Anhang § 43 BDSG 2

Bußgeldverfahrensrecht
- Verfassungswidrigkeit   83 Anhang § 41 BDSG 51
- zuständiges Gericht   83 Anhang § 41 BDSG 51

Call-Center   4 182; 24 23
Chancengleichheit
- Verfahren   23 46

Chat bei WhatsApp oder Facebook   9 164
Cloud
- Auftragsverarbeitung   28 1

CLOUD Act   48 7
Codes of Conduct   70 26
Compliance   5 87
- Screening von Beschäftigtendaten   88 Anhang § 26 BDSG 7

Consent Management Plattformen   7 20
Cookies   3 37; 4 215; 7 33
Corona-App   4 47, 109; 9 131, 140, 202; 89 35
Creative Commons (CC)-Lizenzen   12 74
Customer Relationship Systemen   7 20

DAkkS   64 16
Damokles-Rechtsprechung   83 Anhang § 41 BDSG 56
Darlegungs- und Beweislast
- Rechtmäßigkeit der Verarbeitung   28 182

Daseinsvorsorge
- öffentliches Interesse   6 95

Dashboards   25 41
Data Protection Policies   24 22
Data Strategy   25 38
Data-Mining   22 68
Dateisystem   2 17; 4 110
- Begriff   4 116
- Digitalisierung   4 120
- Entscheidung Zeugen Jehovas   4 119

Daten
- anonyme   4 43
- Personenbezug   16 12
- pseudonymisierte   4 43
- Unrichtigkeit   16 5
- Unvollständigkeit   16 14

Daten in Sozialen Netzwerken   9 164
Daten zum Sexualleben   9 97, 99
Daten zur sexuellen Orientierung   9 97, 100
Datenbasis
- Profiling   4 73

Datenerhebung
- manuelle   2 30

Datenethikkommission   22 28

Datenexport in Drittländer 42 26
Datenminimierung 4 84; 5 52; 11 4; 25 7, 11, 25, 32, 39, 72
– Pseudonymisierung 5 55
Datenschutz Compliance Management System 18 5
Datenschutz durch Technikgestaltung 25 5, 10, 18, 23
Datenschutz-Richtlinie 95/46 70 1; *s.a. DSRL*
Datenschutz-Richtlinie für Polizei und Justiz (RL 2016/680) 70 31
Datenschutz-Richtlinie für Polizei und Justiz (RL 2916/680) 55 61
Datenschutz-Zertifizierung *s. Zertifizierung*
Datenschutzaufsichtsbehörde *s. Aufsichtsbehörde*
Datenschutzbeauftragter 33 72; 35 123; 37 1
– Abberufung 58 175
– Abberufung durch Aufsichtsbehörde 58 Anhang § 40 BDSG 38
– Abberufungsschutz 38 18
– Abgrenzung zum Vertreter 27 22
– Altbestellungen 37 33
– Anwalt der Betroffenen 38 25
– Anzeige von Datenschutzverstößen 39 20
– Aufgaben 39 1, 8
– Aufgaben bei der DSFA 35 24
– Auftragsverarbeiter 28 6
– BDSG 37 6; 39 2
– BDSG n.F. 38 2
– Befristung 37 24
– Benachteiligungsverbot 38 22
– Benennung 39 29
– Beratung 39 11
– Beratung durch Aufsichtsbehörden 58 Anhang § 40 BDSG 36
– Beratung- und Überwachungsauftrag bei der DSFA 35 123
– Berichtsweg 38 23
– Dokumentation der Tätigkeit 39 28
– DSFA 35 122; 39 16
– externer ~ 37 48
– Fähigkeit zur Aufgabenerfüllung 37 46
– Fort- und Weiterbildung 38 14
– freiwillige Benennung 37 40
– frühzeitige Einbindung 38 7
– Garantenstellung 39 14
– Geheimhaltungspflicht 38 27
– gemeinsamer 37 34
– Haftung 39 25
– Hinweise 24 3, 26
– Interessenkollision bei Tätigkeit als Vertreter 27 23
– Interessenkonflikt 35 130; 38 28
– interner ~ 37 48

– juristische Person 37 49
– Kontrolle des Betriebsrates 39 15
– Konzern 37 34
– Kündigungsschutz 38 21
– öffentliche Stellen 37 6, 14; 38 2, 24; 39 2
– Öffnungsklausel 37 39
– ordnungsgemäße Einbindung 38 7
– Pflicht zur Benennung *s. Benennungspflicht (DSB)*
– Praxishinweise 38 34
– Qualifikation 37 43
– risikoorientierte Tätigkeit 39 23
– Sanktionen 38 39; 39 34
– Schulung der Mitarbeiter 39 10
– Stellenbeschreibung 38 34 f.
– Stellung 38 1
– Überwachungsauftrag 39 12
– Überwachungsgarant 39 14
– Unterrichtungs- und Beratungsauftrag 39 9
– Unterstützung 38 9
– Verbände/Vereinigungen 37 42
– Verhältnis zur Aufsichtsbehörde 39 19
– Veröffentlichung der Kontaktdaten 37 51
– vertrauliche Kommunikation 30 41
– VVT 30 32
– Weisungsfreiheit 38 17
– Zugang zu Daten und Verarbeitungen 38 13
Datenschutzfolgenabschätzung 5 93; 28 131; 30 16; 35 1, 34; 64 11, 13; 97 15
– ähnlicher Verarbeitungsvorgang 35 159
– Altfälle 35 113
– Aufgaben des DSB 35 24
– Aufsichtsbehörde 57 82
– Auftragsverarbeiter 35 133
– Auslöser 35 40
– Ausnahme von der Durchführungspflicht 35 154
– automatisierte Verarbeitung 22 188
– Beratung durch Aufsichtsbehörde 58 123
– Beratungsersuchen des Verantwortlichen 36 4
– Berichtsphase 35 201
– Beteiligte 35 116
– Bewertung persönlicher Aspekte 35 44
– Bewertungsphase 35 180
– Bußgeld 35 208
– Daten gefährdeter Personen 35 86
– Datenschutzmanagement 35 215
– DSB 35 122
– Durchführung 35 167
– Einbindung des Datenschutzbauftragten 35 12
– Einsatz neuer Technologie 35 91
– Eintrittswahrscheinlichkeit und Schwere 35 192

- gemeinsam Verantwortliche **35** 120
- Konsultation **58** 124
- Konsultation der Aufsichtsbehörde **35** 141, 202
- Konsultationspflicht **36** 10
- Kriterien für hohes Risiko **35** 53
- Maßnahmephase **35** 196
- Mindestinhalt **35** 168
- neue Technologien **35** 3
- Prognoseentscheidung **35** 36
- Prüfgegenstand **35** 176
- Prüfschema **35** 142
- Prüfverfahren **35** 18
- Rechtmäßigkeitsprüfung **35** 150
- Schwellenwertanalyse **35** 101
- Überprüfung **35** 204
- Verantwortlicher **35** 133
- Vorbereitungsphase **35** 171
- Vorprüfung **35** 143
- Zeitpunkt **35** 109
- Zusammenarbeitsverfahren **60** 17

Datenschutzfreundliche Technik 25 58
Datenschutzkonferenz 51 61; **57** 46; **64** 6
- Auftragsverarbeitung **26** 12; **28** 23

Datenschutzkonvention des Europarats 96 6, 11

Datenschutzmanagement
- Auftragsverarbeitung **28** 200
- Berücksichtigung von Berichtigungsanträgen **16** 26
- Dokumentation von TOM **24** 32
- DSFA **35** 215
- Festlegungen zum Vertreter **27** 97
- gegenseitige Amtshilfe **61** 46
- Geheimhaltungspflichten **90** 20
- gemeinsam Verantwortliche **26** 101
- PDCA-Zyklus **24** 33
- Privacy by Default **25** 83
- Privacy by Design **25** 83
- VVT **30** 30
- Weisungsgebundenheit **29** 26
- Zusammenarbeit mit den Aufsichtsbehörden **31** 34

Datenschutzniveau 1 1
Datenschutzpflichten 28 160
Datenschutzprüfzeichen 42 15
Datenschutzrecht
- Verbotsprinzip **5** 23

Datenschutzrichtlinien 24 22
Datenschutzsiegel 42 15
Datenschutzsiegel und -prüfzeichen 42 59; **93** 12
Datenschutzstrategie 4 134
Datenschutzverstoß
- Wettbewerbsrecht **80** 3

Datenschutzvorkehrungen 24 21
- Angemessenheit **24** 25

Datenschutzvorschriften von Kirchen 91 8 f., 14
- Anwendungsbereich **91** 10
- EKD-Datenschutzgesetz **91** 22
- kirchliches Datenschutzgesetz **91** 18
- Umsetzung durch die Amtskirchen **91** 17

Datenschutzvorschriften von religiösen Gemeinschaften s. Datenschutzvorschriften von Kirchen

Datenschutzvorschriften von religiösen Vereinigungen s. Datenschutzvorschriften von Kirchen

Datensicherheit 25 8, 17, 60
- Abdingbarkeit **32** 20
- Adressaten **32** 21
- Anomalie-Erkennung **32** 54
- Belastbarkeit **32** 61
- Blockchain **32** 57
- Business Continuity Management (BCM) **32** 69, 94
- Canarytoken **32** 54
- Datensicherungskonzepte **32** 70
- Datenveränderung **32** 102
- Datenverlust **32** 102
- Disaster-Recovery **32** 65
- Geldbußen **32** 128
- genehmigte Verhaltensregeln **32** 110
- genehmigte Zertifizierungsverfahren **32** 110
- Haftung **32** 131
- Hinweis für Betroffene **32** 136
- Honeytoken **32** 54
- Implementierungskosten **32** 95
- Integrität **32** 55
- Konsultation der Aufsichtsbehörden **32** 135
- Kontrollrechte der Aufsicht **32** 120
- Mandantenfähigkeit **32** 52
- Notfallplanungen **32** 69
- öffentliche Stellen **32** 138
- Portscans **32** 75
- Pseudonymisierung **32** 30
- quantitative Risikobewertung **32** 90
- Rechtemanagement **32** 50
- Sanktionsmöglichkeiten der Aufsichtsbehörden **32** 123
- Schwachstellen- und Patchmanagement **32** 75
- Social Engineering **32** 105
- Stand der Technik **32** 83
- TOM **32** 26
- Überprüfung, Bewertung und Evaluierung **32** 73
- unterstellte natürliche Personen **32** 113

- Verantwortlichkeiten 32 78
- Verarbeitungsverbot 32 126
- Verfügbarkeit 32 58
- Verfügbarkeitsangriffe 32 62
- Verschlüsselung 32 33
- Vertraulichkeit 32 45
- Weitergabekontrolle 32 53
- Zugangskontrollen 32 50
- Zugriffskontrolle 32 52
- Zutrittskontrolle 32 46

Datensparsamkeit 4 84; 11 4
Datentransfers an Drittländer 46 2; 57 100
- Anordnung der Aussetzung 58 116
- Fehlen eines Angemessenheitsbeschlusses 46 7
- Garantien 46 8
- Voraussetzungen 46 4

Datentransfers an internationale Organisationen 46 2
Datentreuhand-Systeme 89 27
Datentreuhänder 4 109
Datenübermittlung 49 4
- Anwendungsbereich des Art. 48 48 3
- Auftragsverarbeiter 48 5
- CLOUD Act 48 7
- Drittland 49 6; 93 12
- durch öffentliche Stellen 6 Anhang § 25 BDSG 1
- Einwilligung der betroffenen Person 49 5
- erforderlich für Vertragsdurchführung 49 8
- internationale Übereineinkommen 48 6
- Rechtfertigungen 48 8
- Urteile und Verwaltungsentscheidungen aus Drittländern 48 2
- Verbot der ~ 48 1
- Vereinigtes Königreich und Nordirland 48 10

Datenübermittlung auf der Grundlage eines Angemessenheitsbeschlusses 45 1
Datenübermittlung aus Register 49 19, 27
Datenverarbeiter 93 13
Datenverarbeitung
- Beschränkung 18 18
- Dokumentation 18 5
- ehrenamtliche Funktion 2 41
- Einschränkung 18 4
- Geltendmachung rechtlicher Interessen 18 13, 17
- Informationspflicht 18 20
- Unrechtmäßigkeit 18 11
- Verarbeitungsverbot 18 15
- Widerspruch 18 14
- Zweckbindung 16 15; 18 5

Datenverarbeitung durch politische Parteien 6 97

Datenverarbeitung zu im öffentlichen Interesse liegenden Archivzwecken 9 250
Datenverarbeitung zu wissenschaftlichen oder historischen Forschungszwecken und zu statistischen Zwecken
- BDSG § 27 9 236

Datenverarbeitungsanlage 2 27
Datenvermeidung und Datensparsamkeit 25 7
Dating-Apps 9 102
Deep Learning 22 26
Delegationsermächtigung 76 5
Delegierte Rechtsakte 92 1
- Begründung der Entscheidung über die Erhebung von Einwänden 92 15
- Frist für die Erhebung von Einwänden 92 14
- Übermittlung 92 12

Delisting 4 67
Deutsche Akkreditierungsstelle 43 11
Device-ID 4 104
Dienste der Informationsgesellschaft 4 346
- Begriff 8 18

Dienstleistung 4 349
Digitale behördliche Kommunikation 4 166
Digitale Kommunikation 6 122
Digitale-Versorgung-Gesetz
- Patientendatenschutz 89 34

Digitaler Nachlass
- Rechtsprechung 4 17

Digitalisierung 4 120
Direkterhebung 13 15
Direktes Angebot für Kinder 8 24, 27
Direktmarketing 6 165
Direktwerbung 17 30; 22 59
- Begriff 21 68

Diskriminierung 35 65
Do-Not-Track-Technologie 21 103
Dokumentation
- Weisungen 29 15

Dokumentation von Schutzverletzungen 33 84
- Aufbewahrungsdauer 33 87
- Sprache 33 86

Dokumentationspflichten 5 86; 30 16
Dokumentenmanagementsysteme 25 43
Dokumentenzugang 86 5, 7
- Begriff des amtlichen Dokuments 86 6
- Dokument im Besitz einer verpflichteten Stelle 86 10
- private Einrichtungen 86 9
- Rechtsanspruch auf ~ 86 13

Double-Opt-In 7 20; 8 78
Dreimonatsfrist
- Übermittlung delegierter Rechtsakte 92 13

2033

Dringlichkeit 93 20
Dringlichkeitsmaßnahmen
– gemeinsame Maßnahmen 62 30 f.
Dringlichkeitsverfahren 63 9; 66 1, 4, 10, 21; 72 10
– Beschlussfassung 66 17
– Fallgestaltungen 66 9
– Rechte der betroffenen Aufsichtsbehörde 66 20
– unverzügliche Mitteilungspflicht der betroffenen Aufsichtsbehörde 66 14
– Voraussetzungen 66 8, 11
– Zusammenarbeitsverfahren 60 42
Dritter 4 199, 201
– Auftragsverarbeiter 28 32
– Praxisbeispiele 4 204
Dritterhebung 13 15, 67
Drittland 48 2; 49 1; 93 12
– Anforderungen an Datenübermittlung in ein ~ 49 6 ff., 12, 14 f., 17 ff., 21, 26, 28, 30, 32
– Auftragsverarbeiter 28 55
– Übergangsregelung 46 34
Drittländer 50 1 f.
DS-GVO
– freier Datenverkehr 51 23, 28
– Grundrechtsschutz 51 23, 25
DSAnpUG-EU 25 1 f., 79
DSB *s. Datenschutzbeauftragter*
DSFA *s. Datenschutzfolgenabschätzung*
DSK *s. Datenschutzkonferenz*
DSRL 71 5; 72 2; 93 4
– Harmonisierungswirkung 27 9
Dual Use 8 30
Durchführung einer DSFA 35 15
Durchführungsrechtsakt 61 38; 62 32; 92 4
– einheitliche Bedingungen 67 7
– Erlass 67 2
– Prüfverfahren 67 8
– Rechtsschutz 67 19
Durchführungsrechtsakte von allgemeiner Tragweite 93 12
Durchsetzung von Rechtsansprüchen und justizielle Tätigkeiten
– Verarbeitung sensibler Daten 9 169
Durchsetzungsverfahren 27 73, 78
Dynamische IP-Adressen 4 44

E-Commerce-Richtlinie 2 52
E-Mail-Adressen 4 46
E-Mail-Verschlüsselung 32 39
Edge-Computing-Lösungen 5 57
EDPB *s. EDSA*

EDSA 53 12; 54 25; 55 14; 57 105; 63 15; 64 11 f., 16 ff., 20 ff., 27, 30, 33, 35, 38; 65 1; 67 5; 75 1
– Abstimmungsregeln 72 1
– Anwendung der Regeln der DS-GVO 51 15
– Aufgaben 51 17; 52 28; *s.a. Aufgaben des EDSA*
– Aufsicht 64 43
– Berichterstattung *s. Berichterstattung des EDSA*
– Beschlussfassung 68 45
– Beschlussfassung mit einfacher Mehrheit 72 6
– Beteiligung am Verfahren vor dem ~ 66 3
– betroffene Personen 64 40
– Bindungswirkung 51 48
– Dringlichkeitsbefugnisse der Kommission 70 29
– Dringlichkeitsverfahren 66 17, 20
– eigene Rechtspersönlichkeit 68 22
– Eilverfahren 66 6
– Einrichtung der Union 68 21
– Entstehung 68 5
– Funktion 52 26
– Geldbußen 68 112; 70 46
– gemeinsamer Vertreter 51 6
– Geschäftsordnung 64 6; 65 33; 70 3; *s.a. EDSA-GO*
– Haushalt 70 37
– Kommission 68 65
– Leitlinien 24 3; 33 108; 57 106
– Leitlinien 1/2019 *s. Leitlinien 1/2019 des EDSA*
– Leitlinien 4/2018 zur Akkreditierung von Zertifizierungsstellen 70 38
– Memorandum of Understanding 70 9
– Netzwerk 72 4
– obligatorisches Stellungnahmeverfahren 64 10
– öffentliche Stellen 64 42
– Organisationsform 68 24
– personelle Zusammensetzung 68 44, 51, 54 f.
– Quoren 72 1
– Rechtsschutz 52 29
– Rechtsschutz gegen Beschluss *s. Rechtsschutz gegen Beschluss des EDSA*
– Stellungnahme 64 7
– Stellungnahmeverfahren 64 4
– Stimmrecht des EDSB 68 104
– technische Expertise 72 4
– Transparenzgrundsatz 72 18
– Übermittlung von Beschlüssen 74 12

- Umlaufverfahren **74** 8
- Unabhängigkeit **51** 14; *s.a. Unabhängigkeit des EDSA*
- Unternehmen/Verantwortlicher **64** 41
- Verfahren **64** 8
- Verfahren nach Beschlussfassung nach Art. 65 Abs. 5 **65** 18
- Verfahren zur Streitbeilegung *s. Streitbeilegung durch den EDSA*
- Vertretung der deutschen Aufsichtsbehörden **68** 71 f., 76, 78, 80, 85; *s.a. Vertretung der deutschen Aufsichtsbehörden im EDSA*
- Vertretung durch den Vorsitz **68** 32, 36
- Voraussetzungen für das Stattfinden der Sitzungen **74** 8
- Vorsitz *s. Vorsitz des EDSA*
- Wahlrecht der Mitglieder **73** 7
- Website **76** 10
- Zugang zu den Dokumenten **76** 3
- Zugang zu Sitzungen **72** 16

EDSA-GO **71** 4; **72** 1; **76** 5
- Abstimmungsverfahren **72** 14
- Änderung **72** 15
- Beschlussfähigkeit **72** 14
- Beschlussfassung über die GO **72** 11
- Einberufung von Plenarsitzungen **72** 14
- Entscheidung im Umlaufverfahren **72** 15
- Fachuntergruppen **72** 15
- Fristen **74** 15
- Haushalt **72** 14
- internes Informations- und Kommunikationssystem **72** 15
- Leitgrundsätze **72** 13
- Sitz **72** 14
- Sprache **72** 14
- Tagesordnung der Plenarsitzungen **72** 15
- Teilnahme an Sitzungen **72** 14
- Vertraulichkeitsregelungen **72** 15
- Vertretung vor dem EuGH **72** 15
- Vorsitzende(r) **72** 14
- Zulassung externer Parteien **72** 15
- Zusammensetzung **72** 14

EDSB **75** 5
- Mitglied im EDSA **73** 7
- Stimmberechtigung **72** 8

Effet utile **58** 35
eIDAS-Verordnung **33** 18
Eil-Beschluss **66** 9
Eil-Stellungnahme **66** 9
Eilfälle **66** 1
- Art. 66 **66** 6

Eilverfahren **66** 17
- Voraussetzung **66** 18

Einflussnahme
- Dienstaufsicht **52** 37
- direkte **52** 36
- indirekte **52** 37

Eingescannte Unterschriften **9** 82
Einheitliche Anwendung der DS-GVO **64** 1
Einheitliche Rechtsanwendung **64** 1
Einmonatsfrist **21** 124, 129
Einrichtung
- feste **3** 2

Einschränkung der Datenverarbeitung
- Ausnahmen **18** 17
- Beschränkungen durch Gesetzgeber **18** 19
- bestrittene Richtigkeit der Daten **18** 7
- Fake News **18** 9
- komplexe Datenbankstrukturen **18** 16
- non liquet **18** 8
- Recht auf ~ **18** 4
- rechtliches Interesse **18** 13
- Rechtsfolge **18** 15
- Rechtsschutz **18** 21
- Sanktionen **18** 21
- Unrechtmäßigkeit **18** 11
- Voraussetzungen **18** 6
- Widerspruch **18** 14

Einspruch **56** 66
Einspruchslösung **28** 153
Einstweilige Maßnahmen
- Amtshilfe **61** 36

Eintrittswahrscheinlichkeit und Schwere **25** 49, 53
Einwendungsfrist nach Art. 92 Abs. 5 **92** 3
Einwilligung **4** 205; **6** 8; **7** 2; **9** 122; **49** 5; **70** 17; *s.a. Minderjährige*
- Abbildung von Personen **6** 27
- Anforderungen **7** 6, 22
- an die Gestaltung **7** 27
- Anforderungen an ~ **49** 6 f.
- Anklicken eines Kästchens **7** 33
- Beschäftigtendatenschutz **88** Anhang § 26 BDSG 33
- Beweislast **7** 19
- Definition **7** 3
- Einholung bei gemeinsam Verantwortlichen **6** 17
- elektronische **7** 33
- Folgen des Widerrufs **7** 40
- Form **7** 20, 31
- Freiwilligkeit **7** 44; **9** 124; **88** Anhang § 26 BDSG 36
- Informiertheit **7** 23
- Inhalt **7** 211
- Kind **7** 7
- konkludente ~ **7** 36
- Koppelungsverbot **7** 45
- mandated Choice **9** 123
- Minderjährige **8** 12

2035

- Nachweispflicht **6** 16
- Online **4** 213
- Rechtsnatur **6** 12; **7** 17
- Sanktion bei Verstoß **7** 16
- Schriftform **88** Anhang § 26 BDSG 37
- schriftliche **7** 25
- Schutz lebensnotwendiger Interessen **6** 85
- Transparenz **7** 25
- Übergangsregelungen **7** 12
- vorformulierte Erklärung **6** 19
- Widerruf **6** 31; **7** 38
- Wirksamkeit **6** 13

Einwirkungsbefugnisse 58 15

EKD-Datenschutzgesetz (EKD-DSG) 91 22

Elektronische Akte
- Zuständigkeit der Aufsichtsbehörde **55** 69

Elektronische Form 27 30; **28** 167
- Abgrenzung vom elektronischen Format **27** 30

Elektronische Kommunikation
- Amthilfe **61** 34

Elektronische Patientenakten 89 31

Elektronische Übermittlung
- gemeinsame Maßnahmen **62** 19
- Zusammenarbeitsverfahren **60** 43 f.

Elektronischer Informationsaustausch 67 4, 10
- IMI **67** 12
- nationale Ebene **67** 15

Elektronisches Format 27 30; **28** 178
- Gleichwertig mit Schriftlichkeit **27** 31; **28** 167

Eltern 35 88

Empfänger 4 186
- Auftragsverarbeiter **28** 33
- Ausnahmen bei Behörden **4** 196
- Begriff **30** 54
- Offenlegung personenbezogener Daten durch Verantwortlichen **4** 193
- Voraussetzungen **4** 190

Empfänger personenbezogener Daten
- Begriff **14** 33
- Informationspflichten über ~ **14** 32

ENISA 25 35, 40, 46, 54, 77

Entbindung von der beruflichen Schweigepflicht 9 126

Entgeltlichkeit der Leistung 3 33

Entscheidung i.S.d. Art. 22 Abs. 1 22 32
- SmartHome-Systeme **22** 36
- Unterworfen-Sein des Betroffenen **22** 34

Entwurf für einen Code of Conduct zum Einsatz DS-GVO konformer Pseudonymisierung 4 90

ePrivacy-RL 2 53; **95** 1, 7

ePrivacy-VO 32 10; **33** 21; **95** 7, 15

Erforderlichkeit der Datenverarbeitung im Beschäftigungsverhältnis 88 Anhang § 26 BDSG 5
- Screening **88** Anhang § 26 BDSG 7

Erfüllung eines Vertrages 6 42 ff., 46
- Vertragspartei **6** 49
- vorvertragliche Maßnahmen **6** 54

Erhebliches öffentliches Interesse 9 176
- Gefahrenabwehr **9** 179

Erkennungsalgorithmen 22 71

Erlass sofort geltender Durchführungsrechtsakte
- Dringlichkeit **93** 20

Erlass von Durchführungsrecht 93 11

Erlaubnis *sui generis* **22** 2

Erlaubnistatbestand 6 9
- Auftragsverarbeitung **28** 73

Ermächtigungsklauseln zum Erlass von Durchführungsrecht 93 14

Ermessensspielraum
- Auftragsverarbeiter **28** 41

Ernsthafte Beeinträchtigung 21 116

Errichtung der Aufsichtsbehörde 54 1, 3 f., 26, 29
- Bundes- und Landesebene **54** 32
- Verfahren zur Ernennung der Mitglieder **54** 39
- Voraussetzungen für die Ernennung der Mitglieder **54** 36

Ersatzvornahme 34 49

Erweitertes Führungszeugnis 10 8

ErwG 65 17 12, 39

ErwG 66 17 12, 50

Ethik-Kommission 25 38

EU-US Privacy Shield 45 46

EuGH-Entscheidung Fashion-ID 30 19

Europäische Behördenkooperation 51 2

Europäische Bürgerbeauftragter
- Unabhängigkeit **69** 56

Europäische Zentralbank
- Unabhängigkeit **69** 58

Europäischer Datenschutzbeauftragter 53 33; **68** 16; *s.a. EDSB*
- Aufgaben **68** 49

Europäischer Rechnungshof
- Unabhängigkeit **69** 57

Europäischer Wirtschaftsraum 2 95

Europäisches Datenschutzsiegel 42 44; **64** 16

Europäisierung der Aufsicht 51 37 f.

European Data Protection Board *s. EDSA*

Evaluierung 35 59

Exterritoriale Wirkung
- gemeinsame Maßnahmen **62** 21 ff.

Exzessive Anfragen 57 129

Face-ID 4 253; 9 80
Facebook Fanpage
– EuGH-Entscheidung 26 24
– gemeinsame Verantwortlichkeit 4 141
– Praxishinweise 4 159, 163
Fahrzeugeinstellungen 21 106
Fairly 5 29
Fairness 5 27
Fake News 16 10, 25; 18 9
Faktische Folgen 22 52
Fakultative Öffnungsklausel 86 11
Familienarchive
– öffentliches Interesse 89 15
Fashion ID 4 53, 145
– EuGH-Entscheidung 26 36
Federführende Aufsichtsbehörde 55 47; 56 20; 65 21, 23
– Abstimmungsverfahren bei begrenzter Wirkung 56 61
– Ansprechpartner bei grenzüberschreitenden Fragen 56 69
– Bekanntgabe von Maßnahmen 60 36
– Beschluss gegenüber Beschwerdeführer 60 38
– Beschluss gegenüber Verantwortlichem/Auftragsverarbeiter 60 37
– Beschlüsse 56 4, 45
– betroffene Personen 60 47
– gemeinsam Verantwortliche 26 100
– grenzüberschreitende Verarbeitung 56 24
– Informationspflicht 60 26
– Kohärenzverfahren 63 14
– nationales Recht 56 51
– nichtöffentliche Stellen 60 46
– öffentliche Stellen 60 45
– Ort der (Haupt-)Niederlassung 56 26
– Teilbeschlüsse 60 39
– Unternehmensgruppe 56 41
– WP 244 56 13
– Zusammenarbeit mit betroffener Behörde 56 46
– Zusammenarbeitsverfahren 60 8 f., 19 ff.
– Zuständigkeit 55 7; 56 1, 14, 16
– Zuständigkeit bei begrenzter Wirkung *s. Begrenzte Wirkung*
Fernabsatz 4 350
Föderalismus 53 28
Form
– Vertrag über Auftragsverarbeitung 28 178
Forschung 9 211
Forum Shopping 56 16 f., 35, 70; 63 8
Fotomodell-Vertrag 21 127
Fragerecht des Arbeitgebers
– Vorstrafen 10 7
Freie Mitarbeiter 88 15

Freier Datenverkehr 51 23, 28; 57 114
– Aufsichtsbehörde 51 30
– Zuständigkeit anderer Behörden 51 31
Freiheit der Meinungsäußerung und Informationsfreiheit 85 15 ff.
Fristen
– Abgabe der Stellungnahme 74 14
– Rückäußerungsfrist für nationale Aufsichtsbehörden zu einer Stellungnahme 74 14
– Verfahren der verbindlichen Streitbeilegung 74 14
Funktions- und Organisationseinheiten 4 191
Funktionsexzess 28 185; 29 22, 24
Funktionsübertragung 4 180; 28 51
– Abgrenzung zur Auftragsverarbeitung 28 48

Garantien
– Auftragsverarbeiter 46 35
– Binding Corporate Rules 46 20
– geeignete 46 13, 15
– genehmigungsfreie 46 16
– genehmigungspflichtige 46 28
– modifizierte Standarddatenschutzklauseln 46 23
– rechtlich bindendes Dokument 46 18
– Standarddatenschutzklauseln 46 21
– Verhaltensregeln 46 25
– Vertragsklauseln 46 29
– Verwaltungsvereinbarungen 46 32
– Zertifizierung 46 27
Gebot der Aktualisierung 5 62
Geeignete Garantien 49 1, 5; 89 40
– Datenminimierung 89 40
– Pseudonymisierung 89 41
Gefahrenabwehr 6 268; 23 37
Gefahrenabwehrrecht
– Beispiele 9 185
– erhebliches öffentliches Interesse 9 179
– Verarbeitung von Gesundheitsdaten 9 185
Gegendarstellung 16 2
Gegenseitige Amtshilfe 61 1, 10, 16
– Ablehnung 61 24
– Berechtigte 61 19
– Betriebs- und Geschäftsgeheimnisse 61 30
– betroffene Personen 61 43
– Form 61 34
– Frist 61 20
– Gebühren 61 35
– Hinweise für Aufsichtsbehörden 61 44
– Informationspflichten 61 33
– internationale Unternehmen 61 42
– öffentliche Stellen 61 41
– Sprache 61 31

2037

- Übermittlung maßgeblicher Informationen 61 13
- Unzuständigkeit 61 25
- Verpflichtete 61 19
- Verstoß gegen die DS-GVO 61 27
- Verstoß gegen nationales Recht 61 29
- Verstoß gegen Unionsrecht 61 28
- Vorkehrungen 61 17

Geheimhaltungspflichten 9 219; 28 78
- Datenschutzbeauftragter 38 27
- Einschränkung Untersuchungsbefugnisse 90 1, 10
- erfasste Daten 90 9
- erfasste Pflichten 90 3, 12
- Erwägungsgrund 90 2
- nicht erfasste Pflichten 90 4, 13
- Öffnungsklausel 90 14
- praktische Hinweise 90 16

Geldbußen 17 90; 58 13, 28, 111, 113
- Anweisungen der Aufsichtsbehörden 58 188
- gegen Vertreter 27 75
- Nichtbenennung eines Vertreters 27 86; 28 188; 29 24
- Sonderregelung 83 130

Geldwäschegesetz 22 177
Gelegentliche Verarbeitung 27 39; 30 96
- Voraussetzungen 27 41, 44
- voraussichtlich keine Risiken für Rechte und Freiheiten natürlicher Personen 27 46

Geltendmachung, Ausübung oder Verteidigung eines Rechtsanspruches 21 56
Geltungsbeginn der DS-GVO 99 4, 7
Gemeinsam für die Verarbeitung Verantwortliche
- Abgrenzung zum Auftragsverarbeiter 28 48
- Abgrenzung zur Auftragsverarbeitung 26 59
- Anlaufstelle für betroffene Personen 26 81
- Art.-29-Datenschutzgruppe 26 10
- Auftraggeber einer Auftragsverarbeitung 26 62
- Begriff 26 17
- Datenschutzmanagement 26 101
- Definition gemeinsam 4 149
- DSFA 35 120
- Einholung der Einwilligung 6 17
- Entscheidung über Zweck und Mittel der Verarbeitung 4 153; 26 22
- Entscheidung Zeugen Jehovas (EuGH) 26 32
- EuGH-Rechtsprechung 4 140
- Facebook Fanpages (EuGH) 26 24
- Fallbeispiele 26 94
- Fashion ID 26 36
- gemeinsame Entscheidung durch Beitragen zur Verarbeitung 26 47
- gemeinsame Entscheidung über Zwecke und Mittel 26 52
- gemeinsame Zwecke 26 46
- Gesetzgebungsverfahren 26 7
- Grad der Verantwortlichkeit 26 50
- Haftung 26 87
- Hauptniederlassung 56 38
- Leitlinien aus der Rechtsprechung 4 147
- Meldepflichten bei Schutzverletzungen 33 52
- Notwendigkeit einer DSFA 26 21
- Rechte betroffener Personen 26 84
- Rechtsprechung des EuGH 26 23
- Regelung in Art. 26 26 1
- Sanktionen 26 87, 90
- Vereinbarung s. *Vereinbarung zwischen gemeinsam Verantwortlichen*
- Vereinbarung zwischen ~ 26 68
- Zugang zu personenbezogenen Daten 26 44

Gemeinsame Maßnahmen der Aufsichtsbehörden 62 7
- Berechtigte 62 14
- betroffene Personen 62 35
- Einleitung des Verfahrens 62 18
- einstweilige Maßnahmen 62 30
- exterritoriale Wirkung 62 21
- grenzüberschreitende Datenverarbeitung 62 15
- Haftung 62 25
- internationale Unternehmen 62 34
- öffentliche Stellen 62 33
- Praxishinweise 62 36
- Rechtsschutz 62 37

Gemeinsame Nutzung von Infrastrukturen oder Plattformen 26 93
Gemeinsame Verantwortung 30 43
Gemeinsamer Datenschutzbeauftragter 37 37
Gemeinsamer Standpunkt
- gemeinsame Maßnahmen 62 17
- Zusammenarbeitsverfahren 60 12

Gemeinsamer Vertreter
- Aufgaben 51 7
- Funktion 51 52

Genehmigte Verhaltensregeln 24 26
Genehmigtes Zertifizierungsverfahren 24 26; 25 16, 68
Genehmigung von Verhaltensregeln 64 15
Genehmigung von Vertragsklauseln
- Zusammenarbeitsverfahren 60 17
Genehmigungsbefugnisse 58 121
Genehmigungslösung 28 152

Genetische Daten 4 233; **9** 62
- Umfang des Schutzes **4** 237
Geoblocking **17** 54, 56
Gerichtsstandsvereinbarung **79** 35
Gerichtsverfahren **23** 44
Gerichtsverwaltung **4** Anhang § 2 BDSG 9
Gesamtschuldnerische Haftung
- Auftragsverarbeiter **28** 181
Geschäftsgeheimnisgesetz **4** 15
Geschäftsgeheimnisse **14** 52; **54** 67
- Zusammenarbeit mit Aufsichtsbehörde **31** 25
Geschäftsordnung **65** 29
- EDSA **64** 6
Gesetzessystematik des Art. 22 **22** 2
Gesetzgebungskompetenz des Bundes **68** 85, 89
Gesetzgebungskörperschaften **4** Anhang § 2 BDSG 22
Gesetzgebungsorgane **4** Anhang § 2 BDSG 13
Gesichtserkennung **22** 69
Gesichtsfotos
- automatisierte Untersuchung auf Erbkrankheiten **22** 26
- automatisierte Untersuchung auf Gendefekte **22** 26
Gesichtslose Erkennung von Personen **22** 71
Gesundheits-App **9** 126
Gesundheitsdaten **4** 257; **6** 139; **9** 15, 84, 126; **89** 36, 42
- Begriff **4** 260; **9** 87
- Biodatenbanken **9** 94
- Digitale-Versorgung-Gesetz **89** 34
- Einwilligung **89** 30
- Forschungszwecke **9** 214
- Gefahrenabwehrrecht **9** 185
- klinische Prüfungen **9** 94; **89** 32
- Langzeitstudien **89** 31
- Lifestyle- und Gesundheits-Apps **4** 266
- Übermittlung von Daten **9** 96
- wissenschaftliche Forschung **89** 29
- Zoonosenforschung **9** 93
Gesundheitsdatenbanken
- Einwilligung **89** 31
Gesundheitskarte **6** 93
Gesundheitsversorgung **9** 186
Gewerbeaufsicht **58** Anhang § 40 BDSG 42
- Unterrichtung durch Aufsichtsbehörde **58** Anhang § 40 BDSG 343
Gewerkschaften
- qualifizierte Verbände **80** 18
Gewerkschaftszugehörigkeit **9** 57

Google II **17** 55
Google Spain Entscheidung **17** 2, 9, 11, 33, 44 f., 54, 60, 89
Governancestruktur **75** 1, 4, 13
Grenzüberschreitende Relevanz **65** 3
Grenzüberschreitende Verarbeitung **4** 329
- erhebliche Auswirkungen **56** 25
- Leitlinien **56** 25
- Voraussetzungen **4** 335; **56** 24
- zuständige Aufsichtsbehörde **56** 1
Grundrechte
- Wesensgehalt **23** 7
Grundrechtsschutz **51** 24; **52** 14
Grundsatz der Transparenz **14** 11
Grundsatz der Zweckbindung **5** 43
Gutachten der Datenethikkommission **4** 30
- Profiling **4** 74
- Scoring **4** 74
Gütesiegelverfahren **42** 11

Haager Übereinkommen **96** 6, 12, 17
Haftung
- Datenschutzbeauftragter **39** 25
- des Auftragsverarbeiters **28** 181
- für Unterauftragsverarbeiter **28** 170
- gemeinsam Verantwortlichen **26** 87
- Vertreter **27** 73
Hambacher Erklärung zur künstlichen Intelligenz **22** 27
Harmonisierung **64** 13; **67** 15
Hauptniederlassung **4** 267 f.; **56** 30
- Auftragsverarbeiter **56** 39
- Bestimmung der ~ **56** 32
- Briefkastenfirma **4** 279
- gemeinsam für die Verarbeitung Verantwortliche **56** 38
- Unternehmensgruppe **4** 283; **56** 41
- Verantwortlicher **4** 275; **56** 31
Hauptverwaltung **4** 280; **56** 31, 39
Haushaltsplan **52** 51
Haushaltsprivileg **2** 37, 66
Herausgabe von Kopien **15** 37
Hinweis auf einen vermeintlichen Verstoß **58** 60
Hinweispflicht auf Widerspruchsrecht **21** 81
- Form **21** 86
- Inhalt **21** 86
- Normadressaten **21** 83
- prozedurale Vorgaben **21** 92
Historische Forschungszwecke **89** 37
Home-Office **24** 23

2039

Identifizierbare Person 4 33
Identifizierte Person 4 32
Identifizierung 20 39
Identifizierung der betroffenen Person
– keine Pflicht 11 5
– nicht erforderlich für Verarbeitung 11 1, 9
Im öffentlichen Interesse liegende Archivzwecke 21 118
IMI 63 20 f.; 67 12
Implementierungskosten 25 11, 48, 83; 36 12
In ähnlicher Weise erheblich beeinträchtigend 22 52
Incident Response Plan 33 111
Incident Response Team 33 72
Indexierung von Websites und Informationen durch Suchmaschinen
– öffentliches Interesse 89 15
Individualrechtsschutz 66 6
Informationen 4 26
– identifizierbare Person 4 33
– identifizierte Person 4 32
– Personenbezug 4 29
– Sachdaten 4 30
Informationen bei Erhebung personenbezogener Daten 13 10, 45
– allgemeine 13 20
– Anwendung des Art. 13 13 12
– Ausnahmen 13 66
– automatisierte Entscheidungsfindung 13 57
– BDSG 13 68
– Bereitstellungspflicht 13 55
– Bestehen von Betroffenenrechten 13 51
– Bildsymbole 13 23
– Checkliste 13 98
– Dauer der Speicherung 13 49
– Direkterhebung 13 15
– elektronische Form 13 31
– Empfänger 13 41
– Kontaktdaten des Datenschutzbeauftragten 13 36
– leicht zugängliche Form 13 22
– leichte Verständlichkeit 13 21
– Medienbrüche 13 25
– Name und Kontaktdaten des Verantwortlichen 13 34
– Recht auf Widerruf der Einwilligung 13 53
– Showstopper 13 27
– Übermittlung in Drittländer 13 43
– Verfolgung berechtigter Interessen 13 40
– Zeitpunkt 13 32
– Zweck der Verarbeitung 13 38
– Zweckänderung 13 63
Informations- und Mitteilungspflichten 5 40; 6 Anhang § 4 BDSG 28; 12 10, 13; 17 13 f.; 51 f.; 23 12

– Anwendung des Art. 12 12 15
– Ausnahmen 12 63
– Bildaufnahmen 11 11
– Bildsymbole 12 74
– Datenerhebung erfolgt nicht bei der betroffenen Person 14 13
– Entgelt 12 68
– exzessive Anträge 12 66
– federführende Aufsichtsbehörde 60 26
– Form 12 34
– Kinder 12 32
– leicht zugängliche 12 28
– Maßstab 12 31
– Medienbruch 12 39
– offenkundig unbegründeter Antrag 12 65
– präzise 12 24
– Sprache 12 29
– Transparenz 12 27
– Transparenzgebot 12 18
– unentgeltliche 12 62
– verständliche 12 25
– Zweifel an der Identität des Antragstellers 12 70
Informationsaustausch 61 1, 10; 63 21; 93 12
– Aufsichtsbehörden 60 24
Informationsfreiheitgesetz
– Dokumentenzugang 86 13
Informationspflicht über das Beschwerderecht 77 23
Informationspflichten bei indirekter Datenerhebung 14 18
– Ausnahmen 14 68, 78
– BDSG 14 78
– Berufsgeheimnis 14 77
– Beschwerderecht bei Aufsichtsbehörde 14 47
– Bestehen einzelner Betroffenenrechte 14 44
– Bildsymbole 14 23
– Datenschutzmanagement 14 105
– Dauer der Speicherung 14 41
– Empfänger 14 32
– Form 14 21
– Geschäftsgeheimnisse 14 52
– Kategorien personenbezogener Daten 14 31
– Kontaktdaten des DSB 14 28
– Name und Kontaktdaten des Verantwortlichen 14 26
– Praxishinweise 14 94
– Profiling 14 50
– Pseudonymisierung 14 67
– Quelle der Daten 14 48
– Übermittlung in Drittländer 14 34
– Unmöglichkeit 14 72

– Unverhältnismäßigkeit **14** 72
– Verfolgung berechtigter Interessen **14** 43
– Widerruf der Einwilligung **14** 46
– Zeitpunkt **14** 55
– zusätzliche Informationen **14** 36
– Zweckänderung **14** 63
– Zweckbindung **14** 29
Informationsrechte des Betriebsrates 88 Anhang § 26 BDSG 11
Informationsverpflichtung 17 50
Inhaltsverschlüsselung 32 39
Inkompatibilität 52 39
Inkrafttreten der DS-GVO 99 4 f.
Integrität und Vertraulichkeit 5 74
Intelligentes Videoüberwachungssystem 22 69
Interessenabwägung 9 117
Interessenkonflikt 35 119
Internal Investigations 10 3
Internationale Abkommen 96 1
Internationale Organisationen 4 351; **50** 1 f.; **70** 27; **93** 12
Internationale Übereinkünfte
– Begriff **96** 6
– Praxishinweise **96** 21
Internationale Zusammenarbeit 50 1, 4
Interner Datenschutzbeauftragter
– Zusammenarbeit mit Aufsichtsbehörde **31** 26
Internet of Things (IoT) 4 86; **5** 57; **35** 93
Internet-Blog 85 20
Internet-Dienstanbieter
– Voraussetzung für Aufragsverarbeitung **4** 183
Internetaktivitäten 3 35
Involvierung einer natürlichen Person 22 138
ISO 27001 25 46

Jahresbericht 59 2
Jahresbericht des EDSA 71 1
Joint-Controllerships 35 120
Journalistische Tätigkeiten
– audiovisueller Bereich **85** 22
– Auslegung **85** 19
– Bewertungsportale **85** 21
– Internet-Blog **85** 20
– soziale Netzwerke **85** 21
– Suchmaschinenbetreiber **85** 21
Juristische Person 4 14; **17** 17 f., 45
Justiz 55 3
– Anwendung der DS-GVO **55** 59 f.
– rechtsprechende Tätigkeit **55** 71
– Staatsanwaltschaft **55** 62
– Verarbeitung von sensiblen Daten **9** 175

– Verarbeitungen im Rahmen der justiziellen Tätigkeit **55** 66
Justizielle Tätigkeit 55 3, 66; **96** 19
– Verwaltungstätigkeiten **55** 68

Kaufleute 4 Anhang § 2 BDSG 32
KI 22 6
– Löschungspflicht von personenbezogenen Daten **17** 78
KI-Entscheidung im Arbeitsverhältnis 22 57
Kinder 6 163; **8** 1, 10; **17** 12, 36 ff., 40 f.; **35** 87; s.a. *Minderjährige*
– direktes Angebot für ~ **8** 24
– Einwilligung **7** 7, 9
Kirchendatenschutz
– Sicherheit der Verarbeitung **32** 14
Kirchliches Datenschutzgesetz (KDG) 91 18
Klagebefugnis betroffener Personen
– Auftragsverarbeiter **28** 183
Kleinstunternehmen 4 298
– Verhaltensregeln **40** 60
Klinische Prüfungen 9 94; **89** 32
KMU 4 298; **30** 15
– Verhaltensregen **40** 60
Ko-Regulierung 42 8
Kohärenz 63 1, 8 ff., 12, 16; **64** 4
Kohärenzmechanismus 64 7, 23
Kohärenzverfahren 20 126; **35** 7; **46** 33; **51** 54; **56** 27; **57** 71; **63** 1 ff., 5, 8, 15, 17, 23; **64** 1, 3 f., 11, 13, 17 ff., 21, 30; **66** 2, 6; **67** 4; **72** 10; **78** 5 f., 66, 68 ff.; **93** 6
– Aufsichtsbehörden **63** 6, 22, 30
– Austausch der Beteiligten untereinander auf elektronischem Wege **63** 19
– Beteiligte **63** 13
– Beteiligung der Kommission **63** 18
– effektive Zusammenarbeit der Aufsichtsbehörden **67** 10
– federführende Aufsichtsbehörde **63** 14
– Grundsätze **63** 9
– kleines ~ **67** 15
– Kommission **64** 1 f.
– nichtöffentliche Stellen **63** 28
– Relevanz für betroffene Personen **63** 27
– Stellungnahme Ausschusses **63** 9
– Streitbeilegung durch den Ausschuss **63** 9
– vorheriges Zusammenarbeitsverfahren **60** 32
– zentrale Anlaufstelle **63** 6
– Ziel **63** 12
Kollektivvereinbarungen 23 20; **88** Anhang § 26 BDSG 44
Komitologie-VO 93 1, 15
Komitologieausschuss 70 30; **72** 5; **93** 2, 9, 15

2041

Komitologieverfahren 67 9; **93** 15
Kommission 63 18; **64** 5, 18, 23 f., 27 f., 31;
  65 1; **75** 1
– Befugnis nach Art. 67 **67** 5
– Beteiligung im Kohärenzverfahren **63** 18
– Durchführungsrechtsakt **67** 7
– Durchsetzungsbefugnisse **67** 1
– IMI **67** 12
– Unabhängigkeit **67** 14; **69** 60
Kommissionsentwurf KOM (2012 endg.) 71 8
Konkretisierende Anordnung 25 82
Konkretisierungsdefizit 25 26
Konsultation 58 14
Konsultationsersuchen 36 15
– Basisinformationen **36** 25
Konsultationspflicht 36 3
– Öffnungsklauseln **36** 33
Konsultatives Votum 93 17
Kontaktdaten 30 40
Kontaktdaten des Datenschutzbeauftragten
  36 28
Kontrollbefugnisse 6 273
Konzern 4 302; **56** 42
– Meldepflichten bei Schutzverletzungen
  33 52
Konzerndatenschutzbeauftragter 37 34
– leichte Erreichbarkeit **37** 35
Koordinierung im Dringlichkeitsverfahren
– Voraussetzungen für nationale ~ **66** 3
Kopplungsverbot 7 46
Körperschaften
– bundesunmittelbare **2** 60
Kosten der Aufsichtsbehörde 57 119
– Gebühren bei exzessivem Antrag **57** 126
– Kleinstunternehmen **57** 125
– offenkundig unbegründete Anfrage **57** 128
– Zusammenarbeit mit dem Datenschutzbeauftragten **57** 122
Kosten des Überwachungsvorgangs 41 75
Kreditanstalt für Wiederaufbau 4 Anhang § 2
  BDSG 38
Kreditinformationssysteme 15 Anhang § 30
  BDSG 4
Kreditscoring 22 109, 112
Kreditwirtschaft 4 Anhang § 2 BDSG 37
Kryptographische (Berechnungs-)Verfahren
  4 98
Kündigungsschutz
– Datenschutzbeauftragter **38** 21
Kunsturhebergesetz 85 8
– Anwendung **6** 29

Landesbeauftragte 53 2
Landesverteidigung 23 28

Langzeitstudien
– Einwilligung **89** 31
Laterionsbasierte Verfahren 21 99
Laufwerksverschlüsselung 32 40
Lawfulness 5 18
Lebenszyklusmanagement 25 13
Leistungsketten 28 162
Leiter einer nationalen Datenschutzbehörde
– Mitglied im EDSA **73** 7
Leitlinien 33 95
Leitlinien 1/2019 des EDSA 40 18, 22
– Akkreditierungsanforderungen für Überwachungsstellen **41** 6
– Altregelungen **40** 21
– Stellungnahme des EDSA **41** 20
– Widerruf einer Akkreditierung **41** 18
– Zweck **40** 19
Leitungsorgane 53 15
Lichtbilder 4 45
Lifestyle- und Gesundheits-Apps 4 266
– Corona-App **9** 92
Like-Button 3 37
Lock-in-Effekt 20 124
Lohn- und Gehaltsabrechnung
– Auftragsverarbeitung **4** 185
Löschkonzept 25 39, 64
– DIN 66398 **17** 85
Löschpflicht 21 62
– Zeitpunkt der Löschung **21** 62
Löschung 6 Anhang § 4 BDSG 40; **17** 42 f., 71
Löschung oder Rückgabe personenbezogener
  Daten 28 135
Löschungsanspruch 17 11, 14, 19, 21, 32, 38,
  41, 54, 70
Löschungsgrund 17 21, 31, 35, 38, 47
Löschungspflicht 17 13, 15 f., 21, 23, 68 ff., 72;
  23 55
– Backupsysteme **17** 77
– Buchhaltungssoftware **17** 76
– HR-Software **17** 75
– KI **17** 78
– nationale Aufbewahrfristen **17** 83
– Radierverbot **17** 84
– Umsetzung der ~ in der Unternehmenspraxis **17** 73
– § 35 BDSG **17** Anhang § 35 BDSG 2
Löschungsrecht 17 9 f., 12, 16, 26, 28, 36, 44,
  50, 53, 91

Marktortprinzip 3 25; **17** 89; **27** 1; **55** 17, 27;
  56 21
Marktverhaltensregeln 80 3
Maßgeblicher und begründeter Einspruch 4 340
– Zusammenarbeitsverfahren **60** 30

Medienbruch 12 39; 21 126
Medienkompetenz 57 48
Medienprivileg 17 66 ff.; 85 5 f.
– Recht auf Vergessenwerden 85 44
Mehrdimensionaler Personenbezug 21 33
Mehrheitsanforderungen 72 2
Melde- und Benachrichtigungspflichten bei Schutzverletzungen 33 1
– Altpannen 33 39
– Anwendung 33 26
– Aufsichtsbehörden 33 107
– Auftragsverarbeiter 33 51, 64
– behördlicher Notdienst 33 62
– Bekanntwerden 33 37
– betroffene Personen 33 106
– BYOD 33 51
– Datenschutzbeauftragter 33 116
– Datenschutzmanagement 33 111
– Definition 33 25
– Form 33 77
– Frist 33 58
– Inhalt 33 69
– Kennenmüssen 33 38
– Konzern 33 52
– Landesgesetze 33 12
– Nemo-tenetur-Grundsatz 33 88
– nichtöffentliche Stellen 33 105
– öffentliche Stellen 33 104
– Risikobewertung 33 44
– Sanktionen 33 118
– Schäden 33 42
– schrittweise Informationen 33 82
– Sprache 33 81
– unbefugte Offenlegung 33 33
– unbefugter Zugang 33 33
– Veränderung 33 30
– Verantwortlicher 33 51
– Verlust 33 30
– Verlust von Datenträgern 33 36
– Vernichtung 33 30
– Vertragsmanagement 33 117
– Vertreter in der Union 33 53
– Wartungsarbeiten 33 32
– zuständige Behörde 33 54
Meldefrist 33 58
– technische Hindernisse beim Empfänger 33 63
Meldepflicht 36 1
Meldung von Verletzungen des Schutzes personenbezogener Daten 28 131
Memorandum of Understanding 75 2, 10
– Zusammenarbeit von EDSA und EDSB 74 10
Menschliche Letztentscheidung 22 75
MiFID II-Richtlinie 32 13

Minderjährige 8 11
– allgemeines Vertragsrecht 8 62
– Altersgrenze 8 45
– Einwilligung 8 12
– Einwilligung des Trägers der elterlichen Verantwortung 8 35
– Rechtsfolgen fehlender Dokumentation 8 58
Mitglieder der Aufsichtsbehörde
– Amtszeit 53 38 f.; 54 42
– außerordentliche Beendigung der Amtszeit 53 44
– Beendigung des Beschäftigungsverhältnisses 54 55
– Einflussnahme 52 35
– Enthebung 53 44
– Erfahrung 53 31
– Ernennungsverfahren 53 17 f., 20
– Ernennungsvoraussetzungen 53 29, 32
– Geschenke 54 54
– Integrität 52 38
– Leitungsorgane 53 15; 54 30
– Nebentätigkeiten 52 40; 54 52
– Pflichten 54 49
– Qualifikation 53 31
– Rücktritt 53 41
– Sachkunde 53 31
– schwere Verfehlung 53 46
– Stellvertreter eines Leitungsorgans 53 16
– verbotene Tätigkeiten und Vergütungen 54 51
– Verschwiegenheitspflicht 54 59
– Verwaltungsorganisation 52 47
– Vorschlagsrecht 53 22
– Vorschlagsrecht zur Ernennung 53 1
– Wiederwahl 54 45
Mitteilungspflicht
– Art und Weise 19 15
– Ausschluss 19 8
– Beschränkungen 19 18
– Empfänger 19 12
– Interessenabwägung 19 11
– Rechtsschutz 19 19
– Sanktionen 19 19
– Unmöglichkeit 19 9
– Unterrichtungspflicht 19 17
– Unverhältnismäßigkeit 19 10
– Veränderung personenbezogener Daten 19 6
Mitteilungspflicht an die Kommission 51 55
– Verletzung 51 56
Mittelbare Staatsverwaltung 4 Anhang § 2 BDSG 14, 23
Model-Release-Vertrag 21 127
Mülldetektion 22 51

2043

Muster und Hinweise zum VVT 30 99
Musterfeststellungsklage 80 12

Nachberichtspflicht 19 6 f.
Nachfrist 65 14
Nachhaltigkeit in der Datenwirtschaft 25 25
Nachweis 30 1
Nachweisbarkeit
– Weisungen 29 15
Nachweispflicht 5 12; **11** 12; **24** 10
– Einwilligung 6 16
– Form 5 88
Namensbezogene Recherche 17 20, 44
Naming and Shaming 71 3
Nationale Akkreditierungsstelle 57 99
Nationale Kennziffer 87 1, 4
– Deutschland 87 9
Naturkatastrophen 23 33
Natürliche Person 4 14; **17** 17 f.
Ne bis in idem 34 49
Nebentätigkeiten
– Mitglieder der Aufsichtsbehörde 54 52
Negative Personalvorauswahl 22 56
Negative Prognose 21 117
Negativlisten 64 13
– fakultative 64 13
Nemo tenetur 33 10, 88
Netz der nationalen Koordinatoren 63 21
NetzDG 16 10
Netzwerk europäischer Verwaltungskooperation 51 39
Neue Technologien 35 95
NGO
– Priviligierung bei der Verarbeitung 9 149
Nichtigkeitsklage
– Durchführungsakte 93 22
Nichtigkeitsklage vor dem EuGH
– Klageberechtigung bei Anfechtung 67 19
Nichtöffentliche Stellen
– Kohärenzverfahren 63 28
Niederlassung 3 16, 18; **4** 323; **79** 25
– Haupt~ s. dort
– Tochtergesellschaft 3 21
– Vorliegen einer ~ 56 28
– Zuständigkeit der Aufsichtsbehörden 55 22, 42
– Zweigstelle 3 21
Niederlassungsort
– Vertreter 27 52
Niederlassungsprinzip 3 8
NIS-Richtlinie 33 16
Normwiederholungsverbot 21 54
Notare 4 Anhang § 2 BDSG 21
Notwendige Garantien 25 43

Offenbarungsbefugnis 34 39
Offenkundig unbegründete Anfragen 57 128
Offenlegung 4 193
– Auftragsverarbeitung 28 63
– unbefugte 4 231
Offensichtlich öffentlich gemachte Daten 9 159
Öffentlich-rechtliche Rundfunkanstalten der Länder 85 36
Öffentliche Archive 5 73
Öffentliche Bekanntmachung 34 14, 33
Öffentliche Gesundheit 9 198
Öffentliche Sicherheit 13 81
Öffentliche Stelle
– Begriff 27 50
– Datensicherheit 32 138
– Kohärenzverfahren 63 29
Öffentliches Interesse 6 88, 199; **9** 180
– Abgrenzung zu privatem Interesse 6 95
Öffentliches Interesse im Bereich der öffentlichen Gesundheit 9 196
Öffentliches Verfahrensverzeichnis 30 7
Öffentlichkeitsarbeit
– Aufsichtsbehörde 57 44, 47
Öffentlichkeitsarbeit öffentlicher Stellen 6 122
Öffentlichmachen 9 161
Öffentlichmachen bei Anfertigung von Personenfotografien 9 165
Öffnungsklauseln 4 6; **5** 16; **6** 195, Anhang § 4 BDSG 5; **23** 3; **25** 3; **51** 27; **55** 36; **56** 51
– Art. 30 30 2
– Bewertung des BDSG 6 208
– mitgliedschaftlicher Gestaltungsraum 6 196
– unionsrechtskonforme Nutzung 6 205
One-Stop-Shop-Prinzip 4 334; **56** 16, 69
One-Stop-Shop-System 55 42; **83** 14
Online- und Pressearchive 89 15
Online-Assessment 22 56
Online-Marketing 6 169
Online-Recruiting 22 56
Online-Werbung 21 74
Onlinevertragsabschluss 22 83
Opportunitätsprinzip 34 48
Opt In 4 215
Optionale Datenverarbeitung 6 64
Optoelektronische Vorrichtungen 35 46
Ordnungswidrigkeiten 6 269; **58** 114
– Straftaten 10 3
Ordnungswidrigkeitenverfahren
– Beteiligung der Aufsichtsbehörden 58 169
Örtliche Zuständigkeit
– Aufsichtsbehörde 55 41
Outsourcing
– Auftragsverarbeitung 28 1

Page Controller Addendum 4 159, 163
Parlamentarische Kontrolle 59 10
Patientengeheimnis 2 68
PDCA-Zyklus 5 93; 24 33
Personalized Pricing 22 62
Personenbezogene Daten 4 9; *s.a. Verarbeitung; Verarbeitung durch öffentliche Stellen*
– Aktualisierung unrichtig gewordener Daten 5 62
– besonders sensible Daten 9 2
– betroffene Person 4 13
– biometrische Daten 4 244
– digitaler Nachlass 4 17
– dynamische IP-Adresse 4 39
– E-Mail-Adressen 4 46
– Einwilligung in die Verarbeitung *s. Einwilligung*
– genetische Daten 4 233
– Gesundheitsdaten 4 257
– Identifizierung 11 5
– Informationen 4 26
– Informationen bei Erhebung *s. Informationen bei Erhebung von personenbezogenen Daten*
– Lichtbilder 4 45
– Nachvollziehbarkeit der Verarbeitung 5 34
– Profiling 4 69
– Pseudonymisierung 4 79
– rechtmäßige Verarbeitung *s. Rechtmäßigkeit der Verarbeitung*
– sachlich richtig 5 59
– Speicherbegrenzung 5 67
– strafrechtliche Verurteilungen *s. Straftaten*
– unbefugte Offenlegung 4 231
– ungeborenes Leben 4 25
– Veränderung 4 230
– Verarbeitung 4 48; 5 6
– Verarbeitung durch öffentliche Stellen 6 108
– Verletzung des Schutzes von ~ 4 222
– Verlust 4 229
– Vernichtung 4 228
– Verschlüsselung 4 96
– Verstorbene 4 16
– Weiterverarbeitung 6 232
Personenfotos 9 165; 13 101
– Informationspflichten 14 101
Personenverschiedenheit von Verantwortlichem und Auftragsverarbeiter 28 30
Persönlichkeitsverletzungen 82 44
Petitionsrecht 77 1 f., 4
Pflichten des Auftragsverarbeiters 28 108
– Verarbeitung nur auf dokumentierte Weisung 28 110

Planungsphase 25 73
Politische Meinungen 9 41
Polizeifestigkeit der öffentlichen Verwaltung 58 36
Popularklagen 80 2, 5, 19
Positivliste 64 11 f.
Postdienst
– Zusammenarbeit mit Aufsichtsbehörde 31 15
Praxishilfe zur Accountability 5 93
Pre-Trial-Discovery 15 39, Anhang § 34 BDSG 4
Predictive Policing 22 61
Presseprivileg 85 37
Prinzip der innerbetrieblichen Selbstkontrolle 36 7
Privacy by Default 25 25, 60; 35 94
– Adressat 25 62
Privacy by Design 4 85; 25 19 f., 25, 46, 77, 83; 35 94
– Adressat 25 27
– Planungsphase 25 30
Privacy Enhancing Technologies 6 253; 25 19
Privacy-Shield 94 13; 96 8
Private Rundfunkveranstalter 85 36
Privilegierte Datenverarbeitungen 21 9, 114; 28 67; 89 1
– Archivzwecke 89 15
– Auftragsverarbeitung 28 58, 74
– Betroffenenrechte 89 44, 47
– Erwägungsgründe 89 3
– geeignete Garantien 89 40
– Gesetzgebungsprozess 89 7 f.
– historische Zwecke 89 37
– Öffnungsklauseln 89 51
– Praxishinweise 89 62
– Regelung in den §§ 27, 28 BDSG 89 52
– Sanktionen 89 68
– Schranken 89 49
– statistische Zwecke 89 6, 38
– Verhältnis des Art. 89 zu anderen Vorschriften der DS-GVO 89 10, 12 f.
– Verstorbene 89 4, 19
– wissenschaftliche Forschungszwecke 89 21
Profiling 3 4; 4 69; 6 168; 13 57; 14 50; 21 20; 22 29, 66; 35 59
– Anwendungsfälle 22 69
– Benennung Vertreter 27 1
– Datenanalyse 4 71
– Datenbasis 4 73
– Datensammlung 4 71
– Gefängnis 22 69
– Krankenhaus 22 69
– Logistikeinrichtung 22 69
– Pflegeeinrichtung 22 69

– Pflichten 4 78
Prognoseentscheidung 35 36
Programmsätze 5 10
Prüfschleife 22 186
Prüfung und Wartung als Auftragsverarbeitung 28 83
Prüfverfahren 67 8
Pseudonyme
– Beispiele 4 102
Pseudonymisierung 4 79, 82; 6 242; **11** 6; **13** 65; **20** 38; **25** 1, 32 ff., 42 f., 51
– Abgrenzung zur Anonymisierung 4 93
– Anforderungen 4 89
– Anwendung eines Algorithmus 4 97
– auf rücknehmbare Weise 4 100
– Big Data 4 86
– Bußgeld 4 108
– Bußgeldhöhe 4 87
– Internet of Things 4 86
– Smart-TV 4 104
– Verfahren 4 97
– Verfügbarkeitsanforderungen 4 99
– Wirksamkeit 4 92
Pseudonymisierungslisten 4 98
Pseudonymisierungsverfahren 40 72

Qualifizierte Einwilligung 22 91
– Voraussetzungen 22 150
Qualifizierte elektronische Signatur 27 35
Qualifizierte Verbände
– Vertretungsbefugnis 80 17
Quorumsregelungen 93 18

Rassische und ethnische Herkunft 9 36
Rat 75 1
Reaktionstest 21 133
Real Time Bidding 6 169
Rechenschaftspflicht 5 80; 21 133; 24 32; 35 16; 59 10
– Auslegung 5 85
– Inhalt 5 87
Rechnungshof 55 64
Recht am Bild 21 127
Recht auf Anfechtung der automatisierten Entscheidung 22 141
Recht auf Beschwerde 55 29
Recht auf Darlegung des eigenen Standpunkts 22 140
Recht auf Datenübertragbarkeit 20 1, 9
– Abbedingbarkeit 20 82
– Adressaten 20 32
– Antrag 20 78, 131, 133
– Kündigung 20 80

– offenkundig unbegründet oder exzessiv 20 132
– Auftragsverarbeiter 20 35
– automatisierte Verfahren 20 66
– Behinderungsverbot 20 84 ff.
– Berechtigte 20 30
– Bereitstellen personenbezogener Daten 20 42 f.
– aktives Handeln 20 49 f.
– Angaben der Person 20 46 f.
– automatisierte Prozesse 20 51 f.
– gelöschte Daten 20 54
– neu generierte Daten 20 53
– Schutzbedürftigkeit 20 44
– Umfang 20 55 f.
– betroffene Person 20 30, 124
– Darlegungs- und Beweislast 20 83
– Datenschutzmanagement 20 129
– Einschränkungen 20 103
– Verarbeitungen im öffentlichen Interesse und in Ausübung öffentlicher Gewalt 20 101 f.
– Einwilligung 20 58 f.
– rechtswidrige Datenverarbeitung 20 64
– Widerruf 20 60
– Erwirkungsrecht 20 89 ff.
– Mitwirkungspflicht 20 95 f.
– technische Möglichkeiten 20 92 ff.
– Format 20 134
– gängiges 20 70 ff.
– interoperables 20 74 ff.
– maschinenlesbares 20 73
– strukturiertes 20 68 f.
– Frist 20 79
– Identifizierung 20 39
– Inhalt 20 11
– Kohärenzverfahren 20 126
– Kontrollfunktion 20 24
– mehrmalige Ausübung 20 81, 132
– nichtöffentliche Stellen 20 121, 123
– Vorkehrungen 20 122
– öffentliche Stellen 20 118, 120
– Vorkehrungen 20 119
– personenbezogene Daten 20 37, 129
– Anonymisierung 20 40
– Pseudonymisierung 20 38
– Rechte anderer 20 41
– Recht auf Löschung/Vergessenwerden 20 99
– Rechte und Freiheiten anderer Personen 20 106 ff.
– Beeinträchtigung 20 112 ff., 134
– Verhinderungspflicht 20 115 ff.
– rechtswidrige Datenverarbeitung 20 64 f.
– standardisierte Prozesse 20 130

- Systematik 20 22
- Verantwortliche 20 31 f., 34, 97 f.
  - gemeinsam Verantwortliche 20 34
  - Mitwirkungspflicht 20 33, 95 f.
- Verbraucherrechte 20 27
- Vertrag 20 61
  - Beendigung 20 62
  - rechtswidrige Datenverarbeitung 20 64
  - Zusammenhang mit Auskunftsrecht 20 23

Recht auf Löschung 20 99
Recht auf Vergessen I 6 115; 17 4, 62
- BVerfG vom 6.11.2019 85 48

Recht auf Vergessen II 6 115; 17 5
- BVerfG vom 6.11.2019 85 47

Recht auf Vergessenwerden 17 1 f., 12 f., 44, 53; 20 99; 85 44
- Entwicklung 85 45

Rechte betroffener Personen
- Auftragsverarbeiter 28 125
- Geltendmachung von ~ bei gemeinsam Verantwortliche 26 84
- gemeinsam Verantwortliche 26 81

Rechtfertigung der Verarbeitung
- Vertragserfüllung s. *Erfüllung eines Vertrages*

Rechtliche Verpflichtung 6 68
- Erforderlichkeit 6 75
- Verantwortlicher 6 70
- Voraussetzung 6 71

Rechtmäßgkeit der Verarbeitung 6 1
- Einwilligung 6 8, 12
- Erlaubnistatbestände 6 7

Rechtmäßigkeit
- Maßnahme einer Aufsichtsbehörde 66 2

Rechtmäßigkeit der Datenverarbeitung
- Schutz lebenswichtiger Interessen *s. dort*

Rechtmäßigkeit der Verarbeitung *s.a. Rechtliche Verpflichtung; Wahrnehmung berechtigter Interessen*
- Änderung des Zwecks 6 231
- Aufgabe in Ausübung öffentlicher Gewalt 6 101 f., 104 f., 107
- Erforderlichkeit 6 38, 58, 63
- Fallgruppen 6 65
- rechtliche Verpflichtung 6 68
- Rechtsgrundlagen 6 214
- Verstoß gegen Art. 6 Abs. 1 lit. a 6 35
- Wahrnehmung berechtigter Interessen 6 135
- Wahrnehmung von Aufgaben im öffentlichen Interesse 6 88, 92 f., 100
- Widerruf 6 33

Rechtsanwälte 4 Anhang § 2 BDSG 21
Rechtsbehelf gegen Behörde 78 1

Rechtsetzungskompetenz und Verwaltungskompetenz 51 40
Rechtshilfeabkommen 96 6
Rechtspflege 2 61, 63; 4 Anhang § 2 BDSG 11
Rechtsprechende Tätigkeit 55 71
Rechtsschutz der Aufsichtsbehörde 58 163
- Beteiligung bei Ordnungswidrigkeiten 58 169
- Feststellungsklage 58 168
- Klagerecht 58 164, 166

Rechtsschutz des Verantwortlichen 58 33, 159
Rechtsschutz gegen Auftragsverarbeiter *s. Rechtsschutz gegen Verantwortliche*
Rechtsschutz gegen Beschluss des EDSA 65 27
- Frist 65 26
- Klageberechtigung 65 26

Rechtsschutz gegen Beschlüsse der Aufsichtsbehörde 78 17
- Aktivlegitimation 78 21
- außergerichtliche Rechtsbehelfe 78 36
- Klageart 78 31
- Klagegegner 78 33
- nationales Prozessrecht 78 73
- Praxishinweise 78 78 f., 83 f.
- rechtsverbindlicher Beschluss 78 25 f., 30
- Regelung der BDSG 78 40 f., 61
- Vorverfahren 78 43

Rechtsschutz gegen Bußgeld 83 Anhang § 41 BDSG 53
Rechtsschutz gegen Entscheidungen der Aufsichtsbehörde
- Betroffenheit 78 23

Rechtsschutz gegen Verantwortliche 79 1, 9, 17
- andere Rechtsbehelfe 79 19
- Aufsichtsbehörden 79 44
- betroffene Personen 79 11, 43
- DS-GVO-widrige Datenverarbeitung 79 15
- einstweiliger Rechtsschutz 79 29, 34
- Gerichtsstandsvereinbarung 79 35
- internationale Zuständigkeit 79 24
- Klagebefugnis 79 12
- Klagegegner 79 16
- nationales Prozessrecht 79 21
- nichtöffentliche Stellen 79 39
- öffentliche Stellen 79 36
- örtliche Zuständigkeit 79 4, 30
- Rechtsverletzung des Klägers 79 13

Rechtsverbindliche Beschlüsse 65 1
Redaktionsversehen 21 54; 64 14

2047

Register

- strafrechtliche Verurteilungen **10** 10
- umfassendes **10** 11
Regulierte Selbstregulierung 4 312
Reichweite des Löschungsanspruchs 17 54
Reichweitenmessung 89 39
Relatives Verarbeitungsverbot 21 18, 119
Relevanzschwelle 36 3
Religionsgemeinschaften 4 Anhang § 2 BDSG 26
Religiöse Überzeugungen 9 48, 54
Repressive Überwachungsmaßnahmen 88 Anhang § 26 BDSG 24
- Praxishinweise **88** Anhang § 26 BDSG 27
Retargeting 6 169
Richtigkeit 5 11, 59
- Betroffenenrechte **5** 65
- erforderlichenfalls **5** 63
- Verarbeitungszweck **5** 64
Risiken für Rechte und Freiheiten natürlicher Personen 27 46
Risikoabschätzung 23 72
Risikoanalyse 22 177; **25** 18, 49, 53 f., 56, 83
Risikobasierter Ansatz 25 17, 49; **35** 20; **36** 7
Risikobewertung 30 16; **34** 2
- Leitlinien **34** 3
- Schutzverletzungen **33** 44
Risikoprognose 35 37
Rohdaten 4 248; **9** 77

Sachdaten 4 30
Sachverständigenanhörung 92 12
Safe Harbor 45 44; **58** 117
Sanktionen 22 189; **51** 65
- Geheimhaltungspflichten **90** 21
- gemeinsam Verantwortliche **26** 90
- Mitgliedstaaten **84** 24
- Notifizierung **84** 29
- Öffnungsklausel des Art. 84 **84** 4
- strafrechtliche ~ **84** 8
- Tätigkeitsbericht **59** 22
- Umsetzung im nationalen Strafrecht **84** 17
- Verfahrensgarantien **84** 13
- verwaltungsrechtliche ~ **84** 9
Schadensersatzanspruch 28 181
- abweichende vertragliche Vereinbarung **82** 47
- Anspruch aus § 83 BDSG **82** 45
- Anspruchsverpflichteter **82** 22
- Berechtigte **82** 23
- betroffene Personen **82** 51
- Beweislastumkehr **82** 30
- Darlegungs- und Beweislast **82** 28
- Datenschutzmanagement **82** 54

- Gerichtsstand **82** 38
- Gesamtschuldnerschaft **82** 35
- immaterielle Schäden **82** 10
- Kausalität **82** 24
- mitgliedstaatliche Regelung **80** 11
- Mitverschulden **82** 34
- Nachweis der Nichtverantwortlichkeit **82** 33
- nichtöffentliche Stellen **82** 50
- öffentliche Stellen **82** 49
- Schuldnerinnenausgleich **82** 37
- Verjährung **82** 42
- Verschulden **82** 29; **83** 27
- Voraussetzungen **82** 4, 7
Schadenshöhe 82 11
Schadensminderungspflicht 34 54
Schriftform 6 23; **27** 30; **28** 167
Schriftformerfordernis
- Einwilligung **6** 23
Schriftliche Empfehlung 36 4
Schriftlichkeit 28 168, 179
- Abgrenzung zur elektronischen Form **27** 30
- Abgrenzung zur Schriftform **27** 30
- Begriff **27** 29
- Benennung Vertreter **27** 25
- Formzweck **27** 34; **28** 169
- Gleichwertigkeit mit elektronischem Format **27** 31; **28** 167
- Textform **27** 35
- Website **27** 35
SCHUFA 15 Anhang § 30 BDSG 4
Schutz lebenswichtiger Interessen 6 80; **9** 143
- Betroffene **6** 84
- Einwilligung **6** 85
- Epidemien **6** 83
- höchstpersönliche Rechtsgüter **6** 82
- humanitäre Notlagen **6** 83
- Nutzung von Social-Media-Profilen **9** 148
Schutzniveau in einem Drittland 71 10
Scoring 4 75; **22** 13, 68, 92; **35** 59
- Anwendungsfälle **22** 99
- Legaldefinition **22** 96
- Verwendung **22** 101
- Zulässigkeit **22** 95
Screening von Beschäftigtendaten 88 Anhang § 26 BDSG 7
- Heimlichkeit **88** Anhang § 26 BDSG 8
Security Breach Notification Laws 33 3
Sekretariat 75 3
- Abschluss einer Anwendungsvereinbarung **75** 8
- Aufgaben **75** 11
- Berichterstattung **75** 7
- elektronische Kommunikation **75** 12

- Formate für eine standardisierte Kommunikation im Kohärenzverfahren **75** 12
- One-Stop-Shop **75** 12
- Verschwiegenheitspflicht **76** 5

Selbstbelastungsfreiheit 58 Anhang § 40 BDSG 27; **83** Anhang § 43 BDSG 11
Selbstdatenschutz 57 43
Selbstregulierung 24 28
Sensible Daten
- Analyse des Surfverhaltens **9** 47
- Anwendung von Art. 6 Abs. 4 **6** 236
- Archivierungs-, Forschungs- und statistische Zwecke **9** 204
- biometrische Daten **9** 73
- Durchsetzung von Rechtsansprüchen **9** 169, 173
- erhebliches öffentliches Interesse **9** 176
- genetische Daten **9** 62
- Gesundheitsdaten **9** 83
- Gesundheitsvorsorge **9** 186
- Gewerkschaftszugehörigkeit **9** 57
- Kategorien **9** 26
- NGO **9** 149
- offensichtlich öffentlich gemachte Daten **9** 159
- öffentliche Gesundheit **9** 196
- politische Meinungen **9** 41
- religiöse oder weltanschauliche Überzeugungen **9** 48
- Sexualleben **9** 97
- sexuelle Orientierung **9** 97
- Tendenzbetriebe **9** 149
- Verarbeitung durch Justiz **9** 175
- Zugehörigkeit zu einer bestimmten Bevölkerungsgruppe **9** 36
- Zulässigkeit der Verarbeitung **9** 23
- Zuordnung zu einer Datenkategorie **9** 35

SEO-Verfahren 22 35
SGB 9 106
Showstopper 13 27
Sicherheit
- nationale **23** 25
- öffentliche **2** 44; **23** 31

Sicherheit der Verarbeitung 28 131; **33** 27
Sicherungsmaßregeln
- Begriff **10** 3

Sichtweise des Durchschnittsmenschen 22 56
Significant adverse Effects 22 44
Skandalisierungspflicht 33 89
Skimming 33 26
Smart Cam
- Profiling **22** 69

Smart Metering-Systemen 6 95
Smart Pricing 22 62
Smart-TV 4 104

SmartHome-Plattformen 22 72
SmartHome-Systeme 22 36
Social Media-Plattformen
- biometrische Fotos **4** 255

Social-Plug-In 4 145
Soft Law 71 2
Sole Interlocutor 56 14
Sozialadäquanz 22 53
Sozialdaten 28 192
Soziale Netzwerke 17 11, 45; **25** 65; **85** 21
Sozialgeheimnis 9 224
- Meldepflicht bei Verletzung **33** 25

Sparkassen 4 Anhang § 2 BDSG 39
Speicherbegrenzung 5 67
- Archivzwecke **5** 73
- Ausnahme **5** 72

Sperrfrist 74 14
Sperrung 21 63
Spezifischere Vorschriften 88 6
Sprachassistenzsysteme 21 106; **22** 72
Sprachduktus 22 72
SSL-Decryption 32 42
Staatsanwaltschaft 2 63; **55** 62
Stand der Technik 25 11, 44 ff., 83
Standarddatenschutzklauseln 64 18; **93** 11, 23
- Genehmigung durch Aufsichtsbehörde **58** 145

Standardvertragsklauseln 28 174; **64** 17, 19; **93** 11
Standpunkt der Betroffenen 35 13
Statistische Zwecke
- Definition **89** 38
- Erwägungsgründe **89** 6

Status quo bias 25 60
Stellen
- nichtöffentliche **2** 72, 74
- öffentliche **2** 72

Stelleninterne Prozesse 21 122
Stellungnahme 64 34; **93** 21
Stellungnahmeverfahren
- acht Wochen-Frist für Stellungnahme des Ausschusses **64** 29
- erforderliche Unterlagen **64** 25
- fakultativ **64** 8
- Fristen **64** 29
- obligatorisch **64** 8, 10
- unverzügliche Unterrichtung des Ausschusses nach Eingang der Unterlagen **64** 27
- Verwendung des standardisierten Formats **64** 26
- zweckdienliche Informationen **64** 25

Stellungnahmeverfahren nach Art. 64 64 1
Stellvertreterregelung 54 33
Steuergeheimnis
- Meldepflicht bei Verletzung **33** 25

2049

Stichentscheid 74 4
Stiftungen 2 60
Stiftungen des öffentlichen Rechts 4 Anhang
§ 2 BDSG 14
Störung der wirtschaftlichen oder persönlichen Entfaltung 22 55
Strafrechtliche Verurteilungen 10 1
– Begriff 10 3
Straftaten 6 269; 10 3, 12; 23 33
– Verfolgung 2 94
– Zulässigkeit der Verarbeitung von Daten über ~ 10 1, 4 f., 14
Straftaten nach dem BDSG 84 Anhang § 42 BDSG 1
– Antragserfordernis 84 Anhang § 42 BDSG 14, 16
– Erschleichen von Daten 84 Anhang § 42 BDSG 12
– Tatbestände 84 Anhang § 42 BDSG 3
– unbefugte Verarbeitung 84 Anhang § 42 BDSG 12
– unbefugte Weitergabe von Daten 84 Anhang § 42 BDSG 5
Strafverfolgung 2 44; 23 35
Strafverfolgungsbehörden 23 35
Strafvollstreckung 2 44, 94; 23 36
Strafvollzugsbehörden 2 63
Streitbeilegung durch den Ausschuss 63 10
Streitbeilegung durch den EDSA
– Annahme des endgültigen Beschlusses 65 19
– Beschluss mit einfacher Mehrheit 65 14
– Einleitung des Verfahrens 65 12
– Fehlen einer Stellungnahme 65 10
– Hauptniederlassung 65 9
– Nachfrist 65 14
– Ruhen des nationalen Verfahrens 65 16
– Stimmberechtigung des EDSB 65 17
– Stimmgleichheit 65 15
– Verfahren 65 6, 11
– Verfahren nach Beschlussfassung 65 18
– Veröffentlichung des endgültigen Beschlusses 65 25
– Zusammenarbeit nach Art. 60 ff. 65 8
– Zuständigkeit einer betroffenen Aufsichtsbehörde 65 9
Streitbeilegungsverfahren 64 37
Subdienstleister 33 68
Subunternehmer 28 144
Suchmaschinen
– Geoblocking 17 56
Suchmaschinenbetreiber 17 2, 11, 19, 44, 52, 89; 85 21
– Pflicht zur Entfernung von Links 85 46
Suchmaschinenergebnisse 22 35

Suizidgefahr des Nutzers 9 148
SWIFT Abkommen 49 30

Tagging 25 39
Target Advertising 22 60
Tarifverträge 6 72
Tätigkeitsbericht 59 3
– Adressaten 59 24
– Berichtszeitraum 59 28
– Entstehungsgeschichte 59 6
– Funktionen 59 10
Technisch-organisatorische Maßnahmen s. TOM
Technische Spezifikation 21 101
Technologieneutralität 2 29
Technologieoffenheit 57 114
Telearbeit 24 23
Telekommunikationsdatenschutz 2 55
Telekommunikationsdienst
– Zusammenarbeit mit Aufsichtsbehörde 31 15
Telekommunikationsgesetz 2 54
– Anwendbarkeit 95 9
Telematikdaten 21 106
Telematikgeräte 21 100
Telemediengesetz 2 57
– Anwendbarkeit 95 11
Templates 4 248; 9 77
Tendenzbetriebe
– Privilegierung bei der Verarbeitung 9 149, 151
Territoriale Souveränität 55 31 f.
Territorialprinzip 55 19
– BDSG 2 82
Textform 27 35
Tochtergesellschaft 3 21
TOM 24 13; 25 31, 35, 43, 58, 83; 30 33
– Angemessenheit 30 64
– Auftragsverarbeiter 28 89
– Begriff 25 32
– Dokumentation 24 32
– Kriterien für Geeignetheit 24 18
– Pflicht zur Aktualisierung und Überprüfung 24 15
– Pseudonymisierung 25 33
– Umsetzungspflicht 24 15
Touch-ID 4 253; 9 80
Träger der elterlichen Verantwortung 8 36; 17 38 ff.
Transparenz 5 33, 93
– Bildsymbole 12 74
– Einwilligung 7 25
– Inhalt 5 38
– Zweck 5 34

2050

Transparenzgebot **12** 18; **76** 9
- Anforderungen **12** 22
- Anwendung **12** 19
- Rechtsfolgen einer Verletzung **12** 40
- zulässige Abweichungen **23** 4
Transparenzverordnung **76** 3, 7
Transportverschlüsselung **32** 39
Treu und Glauben **21** 19
Trilog **92** 3
Trilogverfahren **21** 28
- Art. 74 **74** 2

Übermittlung in Drittland **14** 34
Übermittlung personenbezogener Daten an ein Drittland **44** 1
- Drittland **44** 7
- Übermittlung **44** 5
- Weiterübermittlung **44** 6
Übermittlung personenbezogener Daten an Internationale Organisationen **44** 8
Überprüfungsrecht des Verantwortlichen **28** 139
Überwachung **35** 24
Überwachungsauftrag
- risikoorientiert **30** 16
Überwachungsstelle **41** 52
- Akkreditierungsanforderungen **41** 6
- Anforderungen **41** 56
- Anwendungshinweise der DSK **41** 22
- Befugnisse **41** 65
- Beschwerdeverfahren **41** 63
- Ergreifen geeigneter Maßnahmen bei Verletzung von Verhaltensregeln **41** 68
- Fachwissen **41** 57
- Gebühren für die Akkreditierung **41** 74
- Verfahren zur Bewertung **41** 59
- Widerruf der Akkreditierung **41** 71
Überwiegen schutzwürdiger Interessen des Verantwortlichen **21** 50
Überwiegendes öffentliches Interesse **21** 51
Umweltinformationsgesetz
- Dokumentenzugang **86** 13
Unabhängigkeit der Aufsichtsbehörde **52** 1; **53** 14; **54** 28
- Ausstattung **52** 2
- DSRL **52** 7
- EDSA **52** 9, 25
- Finanzkontrolle **52** 49
- Rechtsgrundlagen **52** 13
- verfahrensrechtliche Ausprägung **52** 22
- Verhältnis zur Kommission **52** 30
Unabhängigkeit der Justiz **23** 44; **55** 3, 66
Unabhängigkeit des EDSA **69** 1, 8, 27 f.
- Abgrenzung zu Art. 52 **69** 38 f.

- Ausstattung **69** 50
- hybride Unabhängigkeitsverfassung **69** 61
- Personalhoheit **69** 48
- persönliche Unabhängigkeit **69** 42
- Reichweite **69** 33
- Weisungsfreiheit **69** 62 f., 65 f., 69
Unbefugte Offenlegung **33** 33
Unbefugter Zugang **33** 33
Unbeteiligte Betroffene **21** 28
Unionsorgane **2** 20
Unrichtigkeit **16** 7; **18** 7
- Kennzeichnungspflicht **16** 7
- Tatsachen **16** 5
- Werturteil **16** 5
Unrichtigkeit personenbezogener Daten **16** 5
- Voraussetzungen **16** 7
Untätigkeit der Aufsichtsbehörde
- Begriff **78** 48
- fehlende Unterrichtung **78** 51
- Nichtbefassen **78** 49
- Rechtsschutz **77** 10; **78** 45 f.
Untätigkeitsklage **57** 87; **78** 45
- Aktivlegitimation **78** 46
- Frist **78** 62
- Klageziel **78** 56
- Passivlegitimation **78** 55
Unterauftragnehmer **28** 122, 144
Unterauftragsverarbeiter **28** 122, 144
- Datenschutzpflichten **28** 160
- Einspruchslösung **28** 153
- Genehmigung durch Verantwortlichen **28** 147
- Genehmigungslösung **28** 152
- Haftung **28** 170
- Vertrag oder anderes Rechtsinstrument **28** 157
Unterauftragsverarbeitung
- Genehmigung **28** 123
Unterlassungs- und Beseitigungsanspruch **82** 21
Unternehmen **4** 295
- datenschutzrechtlicher Begriff **4** 297
- Geltungsbereich der DS-GVO **4** 298
Unternehmensarchive
- öffentliches Interesse **89** 15
Unternehmensdatenschutz **57** 103
Unternehmensgeldbuße **83** Anhang § 41 BDSG 9
- Haftung für Mitarbeiter **83** Anhang § 41 BDSG 10
- Mitarbeiter-Exzesse **83** Anhang § 41 BDSG 10
- Schuldzurechnung **83** Anhang § 41 BDSG 11

Unternehmensgruppe 4 300
- gemeinsame Nutzung von Infrastrukturen und Plattformen 26 93
- Hauptniederlassung 4 283; 56 41
- Übermittlung von Daten 4 303
- Vertreter 27 21
- Voraussetzungen 56 41

Unternehmenskauf
- Offenlegung von Beschäftigtendaten 88 17

Unternehmensverbände
- verantwortliche Person 4 136

Unterrichtung über Abhilfe
- Frist 12 51

Unterrichtung über Nichtabhilfe
- Frist 12 57

Unterrichtungspflicht 11 16
Unterrichtungspflicht bei Nichtabhilfe 21 59
Unterstützungspflicht des Auftragsverarbeiters 28 125, 130
Untersuchungsbefugnisse 36 4
Untersuchungsbefugnisse der Aufsichtsbehörde 58 15, 51
- Anweisung zur Herausgabe von Informationen 58 52
- Auskunftsverweigerungsrecht 58 55
- Berufsgeheimnisträger 58 66
- datenschutzrechtliche Kontrolle 58 56
- Geldbuße 58 189
- Hinweis auf einen vermeintlichen Verstoß 58 60
- Überprüfung von Zertifizierungen 58 58
- Zugang zu Informationen 58 64

Unverzüglich 17 47, 88
Urkundeneinsicht 34 55

Veränderung der Daten 4 230; 33 30
Veränderung personenbezogener Daten 19 6
Veränderungen personenbezogener Daten
s. *Mitteilungspflicht*
Verantwortlicher 4 121, 128; 5 15; 17 18, 25, 29, 33, 35, 45, 49, 51, 57, 90; 30 14, 17; s.a. *Privacy by Default; Privacy by Design*
- Adressat der Berichtigungspflicht 16 21
- Benachrichtigungspflicht s. *Benachrichtigungspflicht des Verantwortlichen*
- Datenschutzstrategie 4 134
- Dokumentationspflichten bei Minderjährigen 8 57
- Erforderlichkeit der Datenverarbeitung 6 63
- gesetzlicher Vertreter 30 39
- Haftung 24 30
- Hauptniederlassung 56 31

- Hinweispflicht auf Betroffenenrechte 22 171
- Implementierung geeigneter Datenschutzvorkehrungen 24 22
- Informationen zum ~ 30 38
- Inspektion beim Auftragsverarbeiter 28 141
- Interessenabwägung 6 155
- juristische Personen 4 135
- Kategorien 23 68
- ladungsfähige Anschrift 30 39
- Leitlinien für die Praxis 4 133
- Mitwirkungspflicht bei Zertifizierung 42 46
- Nachprüfungspflichten bei Minderjährigen 8 49, 52
- Nachweispflicht 5 82; 24 10
- Nachweispflicht bei Nicht-Identifizierung des Betroffenen 11 12
- Normadressaten 4 131
- Pflichten bei Rechtewahrnehmung durch Betroffenen 12 41 f., 44
- Privacy by Default 25 60
- Privacy by Design 25 27
- Rechenschaftspflicht 5 80
- Rechtsprechung des EuGH 4 130
- Rechtsschutz gegen Maßnahmen der Aufsichtsbehörde 58 159
- Schutz lebenswichtiger Interessen 6 81
- Tatbestandsmerkmale 4 130
- Umsetzung geeigneter TOM 24 13
- unselbständige Niederlassungen 4 135
- Unternehmensverbände 4 136
- Unterrichtung über Abhilfemaßnahmen bei Rechtewahrnehmung 12 51
- Unterrichtung über Nichtabhilfe bei Rechtewahrnehmung 12 57
- Unterrichtungspflicht nach Art. 11 Abs. 2 S. 1 11 16, 18
- Verarbeitung von sensiblen Daten 9 27
- Verarbeitungsverbot bei automatisierter Entscheidung 22 29
- verpflichtende Schutzmaßnahmen bei automatisierter Verarbeitung 22 133, 135
- Verpflichtung zur ordnungsgemäßen Verarbeitung 24 9
- Vertreter 30 42
- Vertreter für im Drittland niedergelassene ~ s. *Vertreter*
- Weisungspflicht 29 76
- Zusammenarbeit mit Aufsichtsbehörde 31 17, 22
- Zweigstellen 4 135

Verarbeitung 4 48, 50; 5 6
- auf rechtmäßige Weise 5 18

- Berufsgeheimnis **9** 219
- Einschränkung *s. Verarbeitungseinschränkung*
- Einwilligung der betroffenen Person *s. Einwilligung*
- faire **5** 30
- Geheimhaltungspflicht **9** 219
- Grundsätze des Art. 5 **5** 10
- Identifizierung der betroffenen Person nicht erforderlich **11** 1
- Inhalt **4** 54
- Integrität und Vertraulichkeit **5** 74
- mehrere Personen betroffen **5** 22
- Rechtmäßigkeit *s. Rechtmäßigkeit der Verarbeitung*
- Speicherbegrenzung **5** 67
- strafrechtliche Verurteilungen *s. Straftaten*
- Transparenz **5** 33
- Treu und Glauben **5** 27
- Weiterverarbeitung **5** 47
- Zweckänderung **5** 47
- Zweckbindung **5** 43

Verarbeitung besonderer Kategorien personenbezogener Daten 88 Anhang § 26 BDSG 41
- BDSG **9** 6
- BDSG § 22 **9** 103
- gemeinsame Verantwortlichkeit **9** 32
- grundsätzliches Verbot **9** 33
- Verbot mit Erlaubnisvorbehalt **9** 28
- Zulässigkeit **9** 1, 23

Verarbeitung durch öffentliche Stellen 6 108, 116
- Adressaten **6** 117
- BDSG § 3 **6** 110
- Erforderlichkeit **6** 131
- Nutzung digitaler Angebote **6** 124
- Personenfotografien **6** 122
- Umfang der Ermächtigung **6** 119
- Voraussetzung **6** 126

Verarbeitung im öffentlichen Interesse 56 6
- Zuständigkeit der Aufsichtsbehörde **55** 53

Verarbeitung nach Art. 9 Abs. 3 DS-GVO 9 219

Verarbeitung trotz Widerspruch 21 132

Verarbeitung und Freiheit der Meinungsäußerung und Informationsfreiheit 85 1
- Abweichungen und Ausnahmen **85** 32, 41
- Erforderlichkeit **85** 33
- Kunsturhebergesetz **85** 39
- RStV **85** 36
- Umfang **85** 34
- Ursprungslandprinzip **85** 41
- Aufsichtsbehörde **85** 54 ff.
- Ausschließlichkeit des Zwecks **85** 28, 30 f.
- betroffene Person **85** 52 f.
- Freiheit der Meinungsäußerung und Informationsfreiheit **85** 15 ff.
- journalistische Zwecke **85** 19 ff., 27
- Landesrecht **85** 7
- literarische Zwecke **85** 24, 26 f.
- Medienprivileg **85** 5 f.
- Mitteilungspflicht **85** 42 f.
- nichtöffentliche Stellen **85** 50
- öffentliche Stellen **85** 49
- Sanktionen **85** 61
- Verhältnis von Art. 85 Abs. 1 und Abs. 2 **85** 2, 9, 11 ff.
- wissenschaftliche oder künstlerische Zwecke **85** 24 f., 27

Verarbeitung von Beschäftigtendaten zu betriebsverfassungsrechtlichen Zwecken 88 Anhang § 26 BDSG 10

Verarbeitung zu Archiv-, Forschungs- oder statistischen Zwecken 6 292

Verarbeitung zu betriebsverfassungsrechtlichen Zwecken
- Aufgabenbezug **88** Anhang § 26 BDSG 14
- Konzerndatenverarbeitung **88** Anhang § 26 BDSG 22

Verarbeitungen für wissenschaftliche oder historische Forschungszwecke 9 210

Verarbeitungseinschränkung 4 59
- Archivgut **4** 68
- Delisting **4** 67
- Inhalt **4** 64
- Mitteilungspflichten **4** 63
- Recht des Betroffenen **4** 62
- Voraussetzungen **4** 60

Verarbeitungskategorien 23 68

Verarbeitungstätigkeit 28 74

Verarbeitungsübersicht 30 13

Verarbeitungsverbot 58 101

Verband
- gerichtliche Vertretung **80** 13
- Vertretung in einem anderen Land **80** 16
- Vertretungsbefugnis in Einzelfällen **80** 6

Verbandsklagemöglichkeit 22 61

Verbandsklagen 80 20

Verbindliche interne Datenschutzvorschriften 4 307; *s. a. Binding Corporate Rules*
- Zusammenarbeitsverfahren **60** 17

Verbindliche unternehmensinterne Datenschutzvorschriften 31 26

Verbot der Verarbeitung nach Art. 9 Abs. 1 9 33

Verbot mit Erlaubnisvorbehalt 6 6; **9** 28

Verbotsprinzip 5 23

Verbraucherinformationsgesetz
- Dokumentenzugang **86** 13

Verbraucherkredite 15 Anhang § 30 BDSG 2
Vereinbarung zwischen gemeinsam Verantwortlichen 26 68
– Fehlen der ~ 26 69
– Festlegung der Verpflichtungen 26 76
– Form 26 72
– Inhalt 26 75
– Transparenz 26 74
– Vertrag 26 70
– wesentliche Inhalte 26 97
– Zugänglichkeit für betroffene Personen 26 83
– zwingender Charakter 26 68
Vereinheitlichung der Datenschutzpraxis 57 18
Vereinigungen des Privatrechts 4 Anhang § 2 BDSG 27
Verfahrensverzeichnis 30 13
Verfügbare Technologien 36 12
Vergabe von Studienplätzen 22 26
Verhaltensbeobachtung 3 35
Verhaltensregeln 24 26; 28 172; 33 95; 40 1, 17; 57 88; 64 15; s.a. *Überwachungstelle*
– Allgemeingültigkeitserklärung 40 104
– Änderungen 40 53
– Anwendungsbeispiel 40 77
– Anwendungsbereich 40 57
– Aufsichtsbehörde 40 91
– Berechtigung zur Vorlage von ~ 40 50
– Bindungswirkung von genehmigten ~ 40 46
– Datenexport in ein Drittland 40 58, 81
– Datenschutzvorfälle 40 76
– Erhebung personenbezogener Daten 40 71
– Erweiterung 40 55
– Funktion 40 42
– Gebühren im Verfahren 40 108
– Genehmigung Aufsichtsbehörde 58 136
– Genehmigung von nationalen ~ 40 34
– Genehmigung von transnationalen ~ 40 36
– Genehmigung von ~ 40 27
– Information für Kinder 40 73
– Inhalte 40 67
– Kleinstunternehmen 40 60
– KMU 40 60
– Leitlinien des EDSA 1/2019 s. *Leitlinien 1/2019 des EDSA*
– Präzisierung von Vorschriften 40 63
– Pseudonymisierung 40 72
– Rechtsfolgen 40 109
– regulierte Selbstregulierung 40 15
– Überwachungstelle 41 6
– Veröffentlichung von genehmigten ~ 40 100 f.
– Voraussetzungen für die Einreichung eines Entwurfs von ~ 40 25

– Zusammenarbeitsverfahren 60 17
– zwingender Inhalt 40 84
Verhältnis von Art. 9 zu Art. 6 Abs. 4 9 20
Verhältnismäßigkeit 23 62, 64
Verhältnismäßigkeitsprinzip 66 7
Verkehrssicherungspflicht 33 26
Verletzung des Schutzes personenbezogener Daten 4 222
– Inhalt 4 224
Verlust von Daten 4 229; 33 30
Verlust von Datenträgern 33 36
Vernichtung der Daten 33 30
Veröffentlichung 74 14
Veröffentlichungsrecht
– Einschränkungen 89 57
Verordnung (EG) Nr. 1049/2001 76 7
Verordnung (EU) Nr. 182/2011 93 1
Verordnungsgemäße Verarbeitung 24 10
Verpflichtung auf die Vertraulichkeit 29 10
Verschleierung von Pflichtinformationen 21 89
Verschlüsselung 4 96; 32 33; 34 22
– E-Mails 32 39
– Sicherheit 32 35
– Verfahren 32 34
Verschlüsselungsverfahren 70 44
Verschwiegenheitspflicht 54 16, 65
– Geltungsbereich 54 62
– Mitglieder der Aufsichtsbehörde 54 59
Versicherungsprämie 22 166
Versicherungsvertrag 22 161
Versicherungswesen 4 Anhang § 2 BDSG 37
Verstorbener 4 16
Vertrag
– Unterauftragsverarbeiter 28 157
– zur Auftragsverarbeitung 28 93
Vertrag zugunsten Dritter 15 41
Vertrag zur Auftragsverarbeitung 28 96; s.a. *Pflichten des Auftragsverarbeiters*
– alle erforderlichen Maßnahmen 28 119
– Art der Verarbeitung 28 102
– betroffene Personen 28 105
– Unterstützungspflicht des Auftragsverarbeiters 28 125
– Bindung in Bezug auf den Verantwortlichen 28 98
– Form 28 178
– Gegenstand und Dauer der Verarbeitung 28 101
– Kategorien der personenbezogenen Daten 28 103
– Löschung von personenbezogenen Daten 28 135
– Nachweis der Pflichtenerfüllung 28 139
– Pflichten des Auftragsverarbeiters 28 108

- Pflichten und Rechte des Verantwortlichen **28** 106
- Rückgabe von personenbezogenen Daten **28** 135
- Überprüfungsrecht des Verantwortlichen **28** 139
- Unterauftragsverarbeiter **28** 122
- Unterstützungspflicht des Auftragsverarbeiters **28** 130
- Verarbeitung nur auf dokumentierte Weise **28** 110
- Verpflichtung zur Vertraulichkeit der Verarbeitung **28** 117
- Weisungsrecht **28** 111
- Zweck der Verarbeitung **28** 102

Vertragliche Rücksichtnahme 34 52
Vertragsgestaltung 25 76
Vertragsklauseln
- Genehmigung durch Aufsichtsbehörde **58** 147

Vertragsmanagement 22 186
Vertrauliche Informationen 54 62
Vertraulichkeit 5 93
Vertraulichkeit der Verarbeitung 28 117
Vertreter 4 284
- Abgrenzung zum Datenschutzbeauftragten **27** 22
- Anforderungen **27** 20
- Anlaufstelle für Dritte **27** 60
- Aufgaben **27** 55
- Auftrag **27** 27, 57, 71, 89
- Ausnahmen von der Benennungspflicht **27** 37, 49
- Beendigung der Benennung **27** 36
- Begriff **4** 287; **27** 19
- Benennungspflicht **27** 24
- deliktisches Handeln **27** 81
- Erfüllungsgehilfe **27** 83
- Exklusivität der Vertretung **27** 62
- Fehlen jeglicher Vertretungsbefugnis **27** 61
- Festlegungen im Datenschutzmanagement **27** 97
- Führen des VVT **27** 68
- Geldbußen **27** 75
- gesetzliche Aufgaben **27** 56
- Haftung **27** 73
- Mandat **27** 27, 57, 71, 89
- Mindestinhalt der Benennung **27** 25
- Niederlassungsort **27** 52
- Pflicht zur Information über Benennung **27** 91
- Qualifikation **27** 20
- Rechtsfolgen bei Verstößen gegen Benennungspflicht **27** 85; **29** 24
- Schriftlichkeit der Benennung **27** 25
- Unternehmensgruppe **27** 21
- Unwirksamkeit der Benennung **27** 63
- Verantwortlichkeit **27** 73
- Verantwortlichkeit für eigene Zuwiderhandlungen **27** 79
- Versicherbarkeit der Tätigkeit als Vertreter **27** 90
- Weisungsgebundenheit **27** 58
- Zusammenarbeit mit Aufsichtsbehörde **27** 65; **31** 17
- Zwangsmittel der Aufsichtsbehörde **27** 82

Vertreter für im Drittland niedergelassene Auftragsverarbeiter 27 2
- Leitlinien des EDSA **27** 13

Vertreter für im Drittland niedergelassene Verantwortliche 27 2
- Leitlinien des EDSA **27** 13

Vertretung der deutschen Aufsichtsbehörden im EDSA 68 92
- Aufsichtsbehörden der Kirchen **68** 96
- federführende Behörde **68** 97
- medienrechtliche Aufsichtsbehörden **68** 96
- Regelung im Konfliktfall **68** 97
- Vorabkoordination **68** 94

Vertretungen
- diplomatische **3** 5, 41
- konsularische **3** 5, 41

Vervollständigung
- Recht auf ~ **16** 3

Verwaltungsabkommen 96 15 f.
Verwaltungskooperation 57 105
Verwaltungsrechtsweg 78 40
Verwaltungsvereinbarungen
- Genehmigung durch Aufsichtsbehörde **58** 148

Verwaltungsvollstreckung 58 34 f.
Verwaltungsvorbehalt 58 31
Verwaltungszusammenarbeit 63 21
Verwarnung 58 62, 82
Verweigerung der Müllabfuhr 22 51
Verweise auf die DSRL 94 17
Verwendung 22 101, 108
Verwendung standardisierter Formats 63 19
Verwendungsverbot 33 10, 98 f.
- Anwendungsbereich **83** Anhang § 43 BDSG 15
- im Bußgeldverfahren **83** Anhang § 43 BDSG 9
- im Strafverfahren **84** Anhang § 42 BDSG 16
- irrtümliche Meldungen **33** 102
- Reichweite **83** Anhang § 43 BDSG 13
- Unionsrechtskonformität **83** Anhang § 43 BDSG 22

- Zivilprozess **33** 100
- Zufallsfunde **33** 101
Verzeichnis von Verarbeitungstätigkeiten *s. VVT*
Videoüberwachung **6** Anhang § 4 BDSG 1; **9** 81; **23** 74; **35** 47
- Aufgabenwahrnehmung öffentlicher Stellen **6** Anhang § 4 BDSG 14
- berechtigte Interessen **6** Anhang § 4 BDSG 18
- Beweisverwertung **6** Anhang § 4 BDSG 42
- biometrische Daten **4** 256
- Geldbuße **6** Anhang § 4 BDSG 41
- Hausrecht **6** Anhang § 4 BDSG 15
- Informationspflichten **6** Anhang § 4 BDSG 29
- Inhalt der Information **6** Anhang § 4 BDSG 32
- Löschpflichten **6** Anhang § 4 BDSG 40
- private Verantwortliche **6** 202, Anhang § 4 BDSG 9
- Zeitpunkt der Information **6** Anhang § 4 BDSG 30
- Zulässigkeit **6** Anhang § 4 BDSG 11
- Zweckbindung **6** Anhang § 4 BDSG 37
Völkerrechtliche Verträge **96** 14
Volkszählungsurteil **5** 59
Vorabkontrolle **35** 21; **36** 6
Vorbeugender Rechtsschutz gegen Bußgeld **83** Anhang § 41 BDSG 53
Voreingestelltes Ankreuzkästchen **4** 214
Voreinstellungen **25** 1, 5, 10 ff., 15, 18, 23, 25, 63, 66, 80
Vorherige Konsultation **28** 131; **36** 9
Vorratsdatenspeicherung **23** 62
Vorschriften
- außenwirksame **23** 21
Vorsitz des EDSA **73** 1; **75** 5
- Abwahl **73** 12
- Amtszeit **73** 9
- Anmeldungsfrist von Tagesordnungspunkten **74** 6
- Aufgaben **74** 1
- Einberufung zu Plenarsitzungen **74** 5
- Ende der Amtszeit **73** 11
- interne Aufgabenverteilung **74** 18
- interne Geschäftsverteilung **74** 3
- Kohärenzverfahren **74** 4
- Kompetenzen **74** 16
- Pflichten **74** 17
- Rechte **74** 17
- Rotation unter den Mitgliedstaaten **73** 10
- Sekretariat **74** 9
- Stichentscheid **74** 4, 11
- Tagesordnung **74** 5

- Verantwortung **74** 13
- Wahl **73** 5
- Wahl der Stellvertreter **73** 6
- Wiederwahl **73** 9
Vorstrafen
- Fragerecht des Arbeitgebers **10** 7
Vorverfahren **58** 156; **78** 43
Vorvertragliche Maßnahmen **6** 54
VVT **5** 93; **24** 32; **30** 2, 13; **35** 16; **97** 15; *s.a. Verantwortlicher*
- Änderungshistorie **30** 90
- Anforderung **30** 7
- Aufbewahrungsfristen **30** 61
- Aufsichtsbehörde **30** 28, 70, 75, 87, 91
- Auftragsverarbeiter **30** 68, 71
- Auftragsverarbeitung **30** 36
- Außenverhältnis **30** 23
- Behörden **30** 57
- Beschreibung der Kategorien betroffener Personen **30** 48
- Datenkategorien **30** 61
- Datenschutzbeauftragter **30** 32
- Datenschutzmanagement **30** 30
- Detaillierung **30** 23
- Dokumentation **30** 35, 82
- Dokumentation der Zugriffsberechtigten **30** 7
- Dokumentation des Zwecks **30** 44, 46
- Dokumentation geeigneter Garantien **30** 59
- DSB **30** 75
- elektronisches Format **30** 87
- Empfänger **30** 37
- Empfänger in Drittländern **30** 56, 83
- Erstellung und Pflege **30** 26
- EuGH-Entscheidung Fashion-ID **30** 19
- Fachverantwortung **30** 35
- Fristen für die Löschung **30** 61
- Führen durch Vertreter **27** 68
- Führung **30** 28, 74
- Garantien **30** 84
- gemeinsame Verantwortung **30** 43
- Geschäftsprozess **30** 35
- Gliederung **30** 33
- Informationen zum Auftragsverarbeiter **30** 78
- Informationen zum Verantwortlichen **30** 38, 79
- Informationspflichten **30** 63
- internationale Organisationen **30** 8, 56, 58, 83
- interne Dokumentation **30** 70
- Kategorien personenbezogener Daten **30** 49
- Kategorien von Empfängern **30** 54

- Kategorien von Verarbeitungen 30 68, 81
- KMU 30 92
- KMU ab 250 Mitarbeiter 30 15
- Leistung 30 68, 81
- Leitung der Datenverarbeitung 30 37
- Löschkonzept 30 61
- Mindestanforderung 30 34
- Möglichkeitsvorbehalt 30 63
- Muster und Hinweise 30 99
- Nachweis der Einhaltung der DS-GVO 30 22
- Pflichtangaben 30 35
- prozessorientierte Übersicht über Verarbeitungen 30 18
- regelmäßige Verarbeitung 30 94
- Sanktionen 30 98
- Schriftlichkeit 30 87
- Sicherheitskonzept 30 65, 69
- Speicherfrist 30 90
- Sprache 30 89
- TOM 30 33, 64, 86
- Verantwortlicher 30 17, 33, 38
- Vertreter i.S.v. Art. 4 Nr. 17 30 17
- zugriffsberechtigte Personen 30 37
- Zusammenarbeit mit Aufsichtsbehörde 31 3, 11
- Zweck 30 18, 24

Wahrnehmung berechtigter Interessen 6 135, 141
- Direktmarketing 6 165
- Erforderlichkeit 6 151
- Interessenabwägung 6 155
- konzerninterne Datenübermittlung 6 184
- Onlinemarketing und -werbung 6 169
- Profilbildung 6 168
- Voraussetzungen 6 145

Waren/Dienstleistungen 3 3, 10, 30

Warndateien
- Zulässigkeit 10 9

Warnung 58 62, 80, 130

Wartungsarbeiten 33 32

Web-Mailer 95 4

Web-Scraping 89 26

Webseiten-Verschlüsselung 32 41

Webseitenbetreiber 17 52

Website
- Schriftlichkeit 27 35

Weisung
- Art der Erteilung 29 14
- Begriff 29 11
- Dokumentation 29 15
- Nachweisbarkeit 29 15
- Rechtswidrigkeit 28 116

Weisungsfreiheit des Datenschutzbeauftragten 38 17

Weisungsgebundenheit 28 34; 29 18
- Art.-29-Datenschutzgruppe 29 5
- Auftragsverarbeiter 28 34; 29 1, 27
- Ausnahmen 29 21
- Datenschutzmanagement 29 26
- Missachtung durch Auftragsverarbeiter 28 44
- Normzweck 29 1
- Sanktionen 29 24
- unterstellte Personen 29 1
- Verarbeitungsverbot außerhalb der ~ 29 13
- Vertreter 27 58

Weisungsgebundenheit nach Art. 29
- Anwendungsbereich 29 6
- Freelancer 29 8
- Leiharbeitnehmer 29 8

Weisungskette 29 1, 18

Weisungspflicht 29 17

Weitere Auftragsverarbeiter 30 83

Weitergabekontrolle 32 53

Weiterverarbeitung 5 47, 51
- Änderung des Zwecks 6 232
- BDSG §§ 23 ff. 6 260
- Folgen 6 251
- Geeignete Garantien 6 253
- Informationspflicht 6 255
- Prüfung der Vereinbarkeit 6 239

Weiträumige Überwachung öffentlich zugänglicher Bereiche
- DSFA 35 46

Weltanschauliche Überzeugungen 9 48, 55

Werbescoring 21 79

Werbezwecke 9 129

Werbung
- statistische Zwecke 89 39

Wesensgehalt der Grundrechte 23 7

Wesensgehaltsgarantie 23 62

Whitelist 35 7, 153; 57 83

Widerruf 17 25, 48
- Einwilligung 6 8, 31

Widerruf der Akkreditierung 41 71

Widerruf der Befugnisübertragung
- Publikation im Amtsblatt 92 10
- qualifizierte Mehrheit 92 8

Widerruf der Einwilligung 7 38; 21 18
- Einschränkung des Rechts auf ~ 7 42
- Folgen 7 40

Widerspruch 6 31; 17 26 f., 48
- absolutes Verarbeitungsverbot bei begründetem ~ 21 60
- Ausnahmen vom Verarbeitungsverbot 21 47
- automatisiertes Verfahren 21 96
- proprietäre Dienste 21 100

2057

- Einschränkung der Verarbeitung 21 40
- Prüfung 21 42
- Sperrung der Daten 21 63
Widerspruch, automatisiertes Verfahren
- Dienst der Informationsgesellschaft 21 98
Widerspruch gegen Direktwerbung 21 65
- Form 21 77
- Frist 21 77
- legale Restzwecke 21 80
- Rechtsfolge 21 78
- Voraussetzungen 21 66, 73
Widerspruchsrecht 23 15; *s.a. Allgemeines* ~
- Abwehrrecht 21 1
- allgemeines ~ 21 2
- Datenverarbeitung nach Art. 21 Abs. 6 21 2
- Direktwerbung *s. Widerspruchsrecht gegen Direktwerbung*
Wiederholungsverbot 53 35, 42, 49; **54** 53; **57** 29
Wiederwahl
- Mitglieder der Aufsichtsbehörde 54 45
Wissenschaftliche Forschung
- Abgrenzung zu kommerziellen Vorhaben 89 26
- Definition 89 21, 24
- Gesundheitswesen 89 29
- private Unternehmen 89 27
Wissenschaftliche Forschung und Statistik
- Widerspruch 21 107, 111

ZASt *s. Zentrale Anlaufstelle*
Zentrale Anlaufstelle 51 51; **57** 73; **63** 22 f.
- Amtshilfe 61 19
- Aufgaben 63 24
- gemeinsame Maßnahmen 62 14
- Zusammenarbeitsverfahren 60 11
Zertifikate
- Gültigkeit 42 57
- Widerruf 42 49
Zertifizierung 42 6, 11, 15, 18; **57** 93; **64** 16
- Anforderung 42 34
- Aufsichtsbehörden 42 37, 63
- Datenexport in Drittländer 42 26
- Gegenstand 42 29
- Genehmigung von Zertifizierungskriterien 42 39
- Mitwirkungspflicht 42 46
- Rechtsfolge 42 52
- Überprüfung 58 58
- Widerruf 43 32; **57** 94; **58** 109
Zertifizierungskriterien 57 92
Zertifizierungsstellen 43 6 f.; **64** 16
- Akkreditierung 43 10; **58** 141
- Anforderungen 43 19

- Befristung einer Akkreditierung 43 30
- Fachwissen 43 22
- Sanktionen 43 39
- Unabhängigkeit 43 23
- Verantwortlichkeit 43 28
- Widerruf der Akkreditierung 43 31
Zertifizierungsverfahren 24 26; **28** 172
Zeugen Jehovas
- EuGH-Entscheidung 26 32
- Reichweite der gemeinsamen Verantwortlichkeit 4 143
Zeugenaussageberechtigung 54 63
Zeugnisverweigerungsrecht 54 63
Zoonosenforschung 9 93
Zugang zu den Informationen 58 64
Zugang zu Geschäftsräumen
- Aufsichtsbehörde 58 71
Zugang zu personenbezogenen Daten 29 9
Zugangs- und Betretungsrechte 58 7
Zugangsbefugnis
- Aufsichtsbehörde 58 Anhang § 40 BDSG 31
Zugangskontrollen 32 50
Zugangskontrollsystem 22 72
Zugangssicherheit 32 46
- Maßnahmen der Abstrahlsicherheit 32 51
Zugriffskontrolle 32 52
Zusammenarbeit 65 1, 3
- Betretung von Grundstücken und Geschäftsräumen 31 6
- Informationen bereitstellen 31 5 f.
- Mitwirkungs- und Duldungsverpflichtung 31 28
- Pflicht des Vertreters 31 18
- polizeilich-justizielle 2 34
- Verzeichnis von Verarbeitungstätigkeiten 31 11
- Zugang zu den Grundstücken und Diensträumen 31 5
Zusammenarbeit der Aufsichtsbehörden 60 16
Zusätzliche Bedingungen nach Art. 9 Abs. 4 DS-GVO 9 227
Zuständigkeit bei Rechtsbehelf gegen Aufsichtsbehörde 78 63
- international 78 64
- örtlich 78 64, 67
- sachlich 78 64
Zuständigkeit der Aufsichtsbehörden 55 16; **58** 41; *s.a. Federführende Aufsichtsbehörde*
- Aufgabenerfüllung im Hoheitsgebiet 55 31
- Ausrichtung der Verarbeitungstätigkeit 55 26
- Auswirkungen der Verarbeitung auf Betroffene 55 24

- Beschwerde **55** 29
- Eingang einer Beschwerde **55** 48
- federführende Aufsichtsbehörde **55** 47; **56** 1
- Hoheitsprinzip **55** 20
- innerstaatliche Regelungen **55** 36; **56** 8; *s.a. Bundesbeauftragte(r)*
- Justiz **55** 59, 69
- Niederlassung **55** 22
- örtliche ~ **55** 41
- örtliche ~ bei mehreren inländischen Niederlassungen **55** 42
- parallele ~ **55** 33
- Territorialprinzip **55** 19
- Verarbeitung im öffentlichen Interesse **55** 23, 53

Zutrittskontrolle **32** 46

Zwangsmaßnahmen gegenüber Behörden **58** 31
Zwangsmittel
- gegen Vertreter **27** 82

Zwangsvollstreckung **23** 59
Zweckändernde Weiterverarbeitung
- Vereinbarkeitsprüfung **6** 244

Zweckänderung **17** 24
- zweckändernde Weiterverarbeitung nach Datenübermittlung **6** Anhang § 25 BDSG 11

Zweckbindung **6** 227; **13** 38; **17** 22
- Datenminimierung **5** 53

Zweckbindungsgrundsatz **11** 7
Zweigstelle **3** 21
Zweitbefassung **64** 24
Zweiwege-Verschlüsselungsalgorithmen **4** 100
Zwingendes öffentliches Interesse **21** 53

Blitzschnell nachschlagen

Die Reihe „Textbuch Deutsches Recht"

- handliche Sammlungen der wichtigsten Gesetze für Ausbildung und Praxis
- optimale Orientierung und problemloses Zitieren durch Satznummerierung

Prof. Dr. Rolf Schwartmann/
RA Andreas Jaspers (Hrsg.)
Datenschutz-Grundverordnung und Bundesdatenschutzgesetz
Vorschriftensammlung
2017. € 21,99

Prof. Dr. Rolf Schwartmann/
RA Andreas Jaspers (Hrsg.)
Internet- und Datenschutzrecht
Vorschriftensammlung
2018. € 31,99

C.F. Müller GmbH, Waldhofer Straße 100, 69123 Heidelberg. Bestell-Tel. 089/2183-7923, Bestell-Fax 089/2183-7620, E-Mail: kundenservice@cfmueller.de, www.cfmueller.de

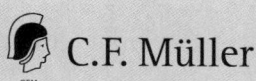 Jura auf den gebracht